Keller/Munzig (Hrsg.)

KEHE
Grundbuchrecht

NOTARKOMMENTAR

KEHE
Grundbuchrecht

9. Auflage 2024

Begründet von
Joachim Kuntze, Rudolf Ertl, Hans Herrmann und
Dieter Eickmann

Herausgegeben von
Ulrich Keller und **Jörg Munzig**

Bearbeitet von
Ulrich Keller, Patrick Meier, Jörg Munzig, Matthias Nicht, Joachim Püls, Werner Sternal und **Michael Volmer**

Zitiervorschlag:
KEHE/*Keller*, GBR, § 1 GBO Rn 1

Hinweis
Die Ausführungen in diesem Werk wurden mit Sorgfalt und nach bestem Wissen erstellt. Sie stellen jedoch lediglich Arbeitshilfen und Anregungen für die Lösung typischer Fallgestaltungen dar. Die Eigenverantwortung für die Formulierung von Verträgen, Verfügungen und Schriftsätzen trägt der Benutzer. Herausgeber, Autoren und Verlag übernehmen keinerlei Haftung für die Richtigkeit und Vollständigkeit der in diesem Buch enthaltenen Ausführungen.

Anregungen und Kritik zu diesem Werk senden Sie bitte an
info@notarverlag.de
Autoren und Verlag freuen sich auf Ihre Rückmeldung.

Copyright 2024 by Deutscher Notarverlag, Bonn
Satz: Reemers publishing services GmbH, Krefeld
Druck: Druckerei C.H. Beck, Nördlingen
ISBN 978-3-95646-285-6

Das Werk einschließlich aller seiner Teile ist urheberrechtlich geschützt. Jede Verwertung außerhalb der engen Grenzen des Urheberrechtsgesetzes ist ohne Zustimmung des Verlages unzulässig und strafbar. Das gilt insbesondere für Vervielfältigungen, Übersetzungen, Mikroverfilmungen und die Einspeicherung und Verarbeitung in elektronische Systeme.

Bibliografische Information der Deutschen Bibliothek
Die Deutsche Bibliothek verzeichnet diese Publikation in der Deutschen Nationalbibliografie; detaillierte bibliografische Daten sind im Internet über http://dnb.d-nb.de abrufbar.

Vorwort zur 9. Auflage

Völlig zu Unrecht wird dem Grundstücks- und Grundbuchverfahrensrecht nachgesagt, es sei statisch und beinahe langweilig. Die zahlreichen Gesetzesänderungen seit Erscheinen der achten Auflage beweisen das Gegenteil. Die vorliegende neunte Auflage unseres umfassenden Kommentars zum Grundbuchrecht stellt in vielen Abschnitten und Vorschriften eine völlige Neubearbeitung dar. Einzuarbeiten waren unter anderem das WEMoG vom 16.10.2020 (BGBl. I S. 2187), das für das Wohnungs- und Teileigentum grundlegende Reformen enthielt, das Gesetz zur Reform des Vormundschafts- und Betreuungsrechts vom 4.5.2021 (BGBl. I S. 882), das auch für das Grundbuchrecht wichtige Neuregelungen zur Vertretung und zu gerichtlichen Genehmigungserfordernissen brachte, das Baulandmobilisierungsgesetz vom 14.6.2021 (BGBl. I S. 1802), das Gesetz zur Modernisierung des notariellen Berufsrechts vom 25.6.2021 (BGBl. I S. 2154), das Sanktionsdurchsetzungsgesetz II vom 19.12.2022 (BGBl. I S. 2606) und insbesondere das am 1.1.2024 in Kraft getretene Gesetz zur Modernisierung des Personengesellschaftsrechts vom 10.8.2021 (BGBl. I S. 3436) mit seinen grundlegenden Änderungen zur Gesellschaft bürgerlichen Rechts und deren Grundbuchfähigkeit. Mit Berücksichtigung dieser und weiterer Gesetzesänderungen befindet sich die neunte Auflage auf dem Gesetzgebungsstand zum 1.1.2024. Bei den Nebengesetzen zum Grundbuchrecht, die vollständig kommentiert oder wenigstens abgedruckt sind, konnte auch die Neufassung der Verwaltungsvorschrift Sachsen für Grundbuchsachen vom 17.5.2023 eingefangen werden.

Die Kommentierungen, von der Einleitung über die ausführliche Kommentierung der GBO bis zu den Nebengesetzen, wurden überarbeitet, aktualisiert und teilweise umfassend neu konzipiert. In den Blick genommen wurden dabei nicht lediglich das Grundbuchverfahren, sondern auch materiellrechtliche Fragestellungen und notarielle Fragen des Beurkundungsrechts. Rechtsprechung und Literatur sind umfänglich bis September 2023 berücksichtigt.

Mit der Neuauflage ist eine Änderung im Bearbeiterkreis verbunden. Für die Bearbeitung des § 22 GBO und weiterer Vorschriften konnten wir Notar Priv.-Doz. Dr. Patrick Meier gewinnen. Frau Aline Kalb, der wir für die Bearbeitung der Normen in der achten Auflage sehr dankbar sind, konnte die Bearbeitung leider nicht weiterführen.

Auch in der neunten Auflage sollen entsprechend dem Anspruch der Gründungsautoren des KEHE sowohl das Grundbuchverfahrensrecht in seinen rechtssystematischen Grundlagen als auch seine praktische Umsetzung durch Notar, Grundbuchamt und Gerichtsbarkeit dargestellt, und wenn nötig auch kritisch hinterfragt werden. Wie im Vorwort zur siebten und zur achten Auflage sei hier an die Worte Dieter Eickmanns, eines der Gründungsautoren, erinnert, wonach es eben nicht genügt, zu wissen „wie man es macht", sondern es wichtig ist zu wissen, „warum man es so und nicht anders macht!"

Berlin und Neu-Ulm

Oktober 2023
Ulrich Keller, Jörg Munzig

Inhaltsübersicht

Vorwort zur 9. Auflage	V
Autorenverzeichnis	XIX
Bearbeiterverzeichnis	XXI
Abkürzungsverzeichnis	XXIII
Literaturverzeichnis	XXXI

Teil 1 Einleitung – Grundlagen des Grundstücks- und Grundbuchrechts ... 1

§ 1	Die Bedeutung des Grundbuchs und des Grundbuchrechts	1
§ 2	Grundsätze des Eintragungsverfahrens	31
§ 3	Objekte des Immobiliarsachenrechts	74
§ 4	Eigentum und Grundbuchfähigkeit eines Rechtsträgers	155
§ 5	Rechtslage zwischen Auflassung und Eintragung	169
§ 6	Eintragungen in Abteilung II des Grundbuchs	184
§ 7	Eintragungen in Abteilung III des Grundbuchs	258
§ 8	Internationale Bezüge	283

Teil 2 Grundbuchordnung ... 401

Erster Abschnitt: Allgemeine Vorschriften ... 401

§ 1	[Amtsgericht als Grundbuchamt; Zuständigkeit]	401
§ 2	[Grundbuchbezirke; Liegenschaftskataster]	410
§ 3	[Grundbuchblatt; buchungsfreie Grundstücke; Buchung von Miteigentumsanteilen]	417
§ 4	[Gemeinschaftliches Grundbuchblatt; Personalfolium]	423
§ 5	[Vereinigung von Grundstücken]	427
§ 6	[Zuschreibung als Bestandteil]	434
§ 6a	[Erbbaurecht an mehreren Grundstücken]	439
§ 7	[Abschreibung eines Grundstücksteils]	440
§ 8	[Erbbaurecht vor 1919]	450
§ 9	[Subjektiv-dingliche Rechte]	452
§ 10	[Aufbewahrung von Urkunden]	457
§ 10a	[Aufbewahrung auf Datenträgern]	461
§ 11	[Ausgeschlossene Organe]	464
§ 12	[Einsicht in das Grundbuch]	466
§ 12a	[Verzeichnisse]	479
§ 12b	[Einsicht in geschlossene Grundbücher]	482
§ 12c	[Zuständigkeiten des Urkundsbeamten der Geschäftsstelle]	483
§ 12d	Anwendung der Verordnung (EU) 2016/679	490

Zweiter Abschnitt: Eintragungen in das Grundbuch ... 492

Vorbemerkungen		492
§ 13	[Antragsgrundsatz]	492
§ 14	[Antragsbefugnis des Vollstreckungsgläubigers]	512

Inhaltsübersicht

§ 15	[Vertretung im Grundbuchverfahren]	516
§ 16	[Bedingte Anträge]	535
§ 17	[Erledigungsreihenfolge]	542
§ 18	[Vollzugshindernisse]	549
§ 19	[Eintragungsbewilligung]	576
§ 20	[Einigung]	623
§ 21	[Bewilligungserfordernis bei subjektiv-dinglichen Rechten]	673
§ 22	[Berichtigung des Grundbuchs]	676
§ 23	[Löschung von Rechten auf Lebenszeit]	725
§ 24	[Löschung zeitlich beschränkter Rechte]	742
§ 25	[Löschung von Vormerkungen und Widersprüchen]	747
§ 26	[Übertragung und Belastung von Briefrechten]	758
§ 27	[Löschung von Grundpfandrechten]	777
§ 28	[Bezeichnung des Grundstücks und einzutragender Geldbeträge]	785
§ 29	[Nachweis der Eintragungsbewilligung]	792
§ 29a	[Glaubhaftmachung]	831
§ 30	[Eintragungsantrag]	833
§ 31	[Rücknahme Eintragungsantrag]	836
§ 32	[Registerbescheinigung] (bis 31.12.2023 geltende Fassung)	841
§ 32	[Registerbescheinigung] (seit 1.1.2024 geltende Fassung)	842
§ 33	[Nachweis über Güterstand]	855
§ 34	[Bescheinigung nach § 21 Abs. 3 BNotO]	855
§ 35	[Nachweis der Erbfolge]	858
§ 36	[Gerichtliches Zeugnis]	891
§ 37	[Gerichtliches Zeugnis bei Hypothek, Grundschuld oder Rentenschuld]	895
§ 38	[Behördenersuchen]	896
§ 39	[Voreintragungsgrundsatz]	912
§ 40	[Voreintragungsverzicht]	923
§ 41	[Eintragung bei Briefhypothek]	931
§ 42	[Eintragung bei Briefgrundschulden und Briefrentenschulden]	937
§ 43	[Hypothek für Forderung aus Schuldverschreibung]	939
§ 44	[Bezugnahme auf Eintragungsbewilligung, Datum, Unterschrift]	941
§ 45	[Reihenfolge der Eintragungen; Rang]	951
§ 46	[Löschung]	963
§ 47	[Angabe des Gemeinschaftsverhältnisses] (bis 31.12.2023 geltende Fassung)	967
§ 47	[Angabe des Gemeinschaftsverhältnisses] (seit 1.1.2024 geltende Fassung)	967
§ 48	[Gesamtbelastungen]	987
§ 49	[Altenteil, Leibgeding]	994
§ 50	[Teilschuldverschreibung auf Inhaber]	998
§ 51	[Nacherbenvermerk]	1000
§ 52	[Testamentsvollstreckervermerk]	1016

§ 53	[Amtswiderspruch und Amtslöschung]	1023
§ 54	[Öffentliche Lasten]	1041
§ 55	[Bekanntmachung der Eintragungen]	1045
§ 55a	[Mehrere Grundbuchämter zuständig]	1049
§ 55b	[Benachrichtigung an Betroffenen nicht notwendig]	1050

Dritter Abschnitt: Hypotheken-, Grundschuld-, Rentenschuldbrief ... 1051

§ 56	[Inhalt des Hypothekenbriefes]	1051
§ 57	[Weiterer Inhalt des Hypothekenbriefes]	1052
§ 58	[Verbindung mit Schuldurkunde]	1054
§ 59	[Hypothekenbrief bei Gesamtrechten]	1055
§ 60	[Aushändigung des Hypothekenbriefes]	1056
§ 61	[Herstellung eines Teilhypothekenbriefes]	1060
§ 62	[Nachträgliche Eintragungen auf dem Brief]	1062
§ 63	[Nachträgliche Gesamtbelastung]	1064
§ 64	[Verteilung einer Gesamthypothek]	1065
§ 65	[Umwandlung des Grundpfandrechts; Forderungswechsel]	1065
§ 66	[Hypothekenbrief für mehrere Rechte]	1066
§ 67	[Neue Brieferteilung]	1068
§ 68	[Inhalt eines neu erteilten Briefes]	1069
§ 69	[Unbrauchbarmachung eines Hypothekenbriefes]	1070
§ 70	[Anwendung auf Grundschuld- und Rentenschuldbrief]	1071

Vierter Abschnitt: Beschwerde ... 1073

Vorbemerkungen		1073
§ 71	[Beschwerde]	1079
§ 72	[Beschwerdeentscheidung, Zuständigkeit]	1108
§ 73	[Beschwerdeeinlegung]	1110
§ 74	[Beschwerde, neue Tatsachen und Beweise]	1120
§ 75	[Abhilfe der Beschwerde]	1124
§ 76	[Beschwerde, einstweilige Anordnung]	1129
§ 77	[Entscheidung des Beschwerdegerichts]	1134
§ 78	[Rechtsbeschwerde]	1148
§§ 79, 80	[Weiteres Beschwerdeverfahren]	1169
§ 81	[Ergänzende Regelungen]	1169

Fünfter Abschnitt: Verfahren des Grundbuchamts in besonderen Fällen ... 1178

Vorbemerkungen ... 1178

I. Grundbuchberichtigungszwang ... 1179

§ 82	[Verpflichtung zur Grundbuchberichtigung] (bis 31.12.2023 geltende Fassung)	1179
§ 82	[Verpflichtung zur Grundbuchberichtigung] (seit 1.1.2024 geltende Fassung)	1179
§ 82a	[Grundbuchberichtigung von Amts wegen]	1193
§ 83	[Mitteilungspflicht des Nachlassgerichts]	1196

Inhaltsübersicht

II. Löschung gegenstandsloser Eintragungen ... 1198
§ 84 [Löschung gegenstandsloser Eintragung] ... 1198
§ 85 [Einleitung des Löschungsverfahrens] ... 1206
§ 86 [Anregung des Löschungsverfahrens durch Beteiligten] ... 1208
§ 87 [Löschung einer Eintragung] ... 1209
§ 88 [Verfahren] ... 1213
§ 89 [Beschwerde gegen den Feststellungsbeschluß] ... 1215

III. Klarstellung der Rangverhältnisse ... 1217
§ 90 [Beseitigung von Unklarheiten] ... 1217
§ 91 [Einleitung des Verfahrens] ... 1219
§ 92 [Beteiligte im Verfahren] ... 1221
§ 93 [Anzeigepflicht] ... 1223
§ 94 [Ermittlungen von Amts wegen] ... 1224
§ 95 [Wechsel des Berechtigten] ... 1226
§ 96 [Bestellung eines Pflegers] ... 1227
§ 97 [Bestellung eines Zustellungsbevollmächtigten] ... 1228
§ 98 [Öffentliche Zustellung] ... 1229
§ 99 [Vorlage von Urkunden] ... 1230
§ 100 [Ladung zum Verhandlungstermin] ... 1230
§ 101 [Ladungsfrist] ... 1231
§ 102 [Termin zur Klärung der Rangordnung] ... 1232
§ 103 [Vorschlag durch Grundbuchamt] ... 1234
§ 104 [Zustellung des Vorschlags; Widerspruch gegen den Vorschlag] ... 1235
§ 105 [Wiedereinsetzung in den vorigen Stand] ... 1236
§ 106 [Aussetzung des Verfahrens] ... 1238
§ 107 [Fortsetzung des Verfahrens] ... 1240
§ 108 [Feststellung der Rangordnung] ... 1240
§ 109 [Einstellung des Verfahrens] ... 1242
§ 110 [Beschwerde] ... 1243
§ 111 [Umschreibung des Grundbuchs] ... 1245
§ 112 [Eintragung der neuen Rangordnung] ... 1246
§ 113 [Löschung des Einleitungsvermerks] ... 1246
§ 114 [Kosten des Verfahrens erster Instanz] ... 1247
§ 115 [Kosten eines erledigten Rechtsstreits] ... 1248

Sechster Abschnitt: Anlegung von Grundbuchblättern ... 1249
§ 116 [Anlegung eines Grundbuchblattes] ... 1249
§ 117 [Nachweis des Liegenschaftskatasters] ... 1250
§ 118 [Feststellungen von Amts wegen] ... 1250
§ 119 [Aufgebotsverfahren] ... 1251
§ 120 [Inhalt des Aufgebots] ... 1251
§ 121 [Bekanntmachung] ... 1252

§ 122	[Bekanntmachung des Eigentümers]	1254
§ 123	[Eintragung des Eigentümers]	1254
§ 124	[Eintragung beschränkter dinglicher Rechte]	1256
§ 125	[Widerspruch]	1257

Siebenter Abschnitt: Das maschinell geführte Grundbuch 1258
Vorbemerkung zu § 126 GBO 1258

§ 126	[Maschinelles Grundbuch/automatisierte Datei]	1264
§ 127	[Ermächtigung/Erlass Rechtsverordnung]	1272
§ 128	[Freigabe; Aussonderung Grundbuch]	1277
§ 129	[Eintragung/Wirksamwerden]	1280
§ 130	[Nichtanwendbare Normen]	1282
§ 131	[(Amtlicher) Ausdruck]	1283
§ 132	[Einsicht in das maschinelle Grundbuch]	1286
§ 133	[Zulässigkeit der Einrichtung eines automatisierten Verfahrens]	1288
§ 133a	Erteilung von Grundbuchabdrucken durch Notare; Verordnungsermächtigung	1297
§ 134	[BMJ/Ermächtigung zum Erlass von Rechtsverordnungen]	1302
§ 134a	Datenübermittlung bei der Entwicklung von Verfahren zur Anlegung des Datenbankgrundbuchs	1303

Achter Abschnitt: Elektronischer Rechtsverkehr und elektronische Grundakte 1306
Vorbemerkungen 1306

§ 135	Elektronischer Rechtsverkehr und elektronische Grundakte; Verordnungsermächtigungen	1306
§ 136	Eingang elektronischer Dokumente beim Grundbuchamt	1311
§ 137	Form elektronischer Dokumente	1313
§ 138	Übertragung von Dokumenten	1317
§ 139	Aktenausdruck, Akteneinsicht und Datenabruf	1318
§ 140	Entscheidungen, Verfügungen und Mitteilungen	1320
§ 141	Ermächtigung des Bundesministeriums der Justiz und für Verbraucherschutz	1322

Neunter Abschnitt: Übergangs- und Schlußbestimmungen 1324

§ 142	[Inkrafttreten der GBO; Verhältnis zum EGBGB]	1324
§ 143	[Geltung landesrechtlicher Vorbehalte]	1326
§ 144	[Einschränkungen der landesrechtlichen Vorbehalte]	1329
§ 145	[Fortführung alter Grundbücher]	1330
§ 146	[Mehrere fortgeführte Grundbücher für ein Grundstück]	1331
§ 147	[Grundstücksbezeichnung im fortgeführten Grundbuch]	1332
§ 148	[Wiederherstellung von Grundbüchern und Urkunden]	1332
§ 149	[Vorbehalt für Baden-Württemberg]	1336
§ 150	[Maßgaben für das Beitrittsgebiet]	1337
§ 151	[Übergangsvorschrift zu § 15 Abs. 3]	1340

Inhaltsübersicht

Teil 3 Verordnung zur Durchführung der Grundbuchordnung (Grundbuchverfügung – GBV) 1341
Vorbemerkungen 1341

Abschnitt I: Das Grundbuch 1344

Unterabschnitt 1. Grundbuchbezirke 1344
§ 1 [Grundbuchbezirk und Gemeindebezirk] 1344

Unterabschnitt 2. Die äußere Form des Grundbuchs 1345
§ 2 [Führung in Bänden oder Loseblattform] 1345
§ 3 [Nummerierung der Grundbuchblätter] 1346

Abschnitt II: Das Grundbuchblatt 1348
§ 4 [Aufbau des Grundbuchblattes] 1348
§ 5 [Aufschrift des Grundbuchblattes] 1349
§ 6 [Bestandsverzeichnis des Grundbuchs] 1350
§ 7 [Vermerke zu subjektiv-dinglichen Rechten] 1358
§ 8 [Buchung ideeller Miteigentumsanteile] 1359
§ 9 [Eintragungen in Abteilung I] 1362
§ 10 [Eintragungen in Abteilung II] 1365
§ 11 [Eintragungen in Abteilung III] 1374
§ 12 [Vormerkung und Widerspruch] 1382

Abschnitt III: Die Eintragungen 1384
§ 13 [Veränderungen im Bestandsverzeichnis] 1384
§ 14 [Veränderung eines subjektiv-dinglichen Rechts] 1389
§ 15 [Bezeichnung von Berechtigten] (bis 31.12.2023 geltende Fassung) 1390
§ 15 [Bezeichnung von Berechtigten] (seit 1.1.2024 geltende Fassung) 1391
§ 16 [Eintragung eines neuen Eigentümers] 1396
§ 17 [Eintragungen bei einzelnen Rechten] 1396
§ 17a [Löschungen im Bestandsverzeichnis] 1399
§ 18 [Rangvermerke] 1399
§ 19 [Halbspaltige Eintragung der Vormerkung] 1400
§ 20 [Eintragung in mehreren Spalten] 1402
§ 21 [Vornahme der Eintragung] 1402
§ 22 [Verweis auf Grundbuchmuster] 1404
§ 23 (aufgehoben) 1404

Abschnitt IV: Die Grundakten 1405
§ 24 [Inhalt der Grundakte] 1405
§ 24a [Gestaltung der Eintragungsunterlagen] 1406

Abschnitt V: Der Zuständigkeitswechsel 1408
§ 25 [Zuständigkeitswechsel des Grundbuchamts] 1408
§ 26 [Abgabe des Grundbuches an ein anderes Grundbuchamt] 1411

§ 27	[Verweisung bei Wechsel des Grundbuchbezirks]	1412
§ 27a	[Zuständigkeitswechsel im Loseblattgrundbuch]	1412

Abschnitt VI: Die Umschreibung von Grundbüchern 1413

§ 28	[Umschreibung eines unübersichtlichen Grundbuchblattes]	1413
§ 29	[Von Amts wegen vorzunehmende Eintragungen]	1414
§ 30	[Eintragungen im neuen Grundbuchblatt]	1415
§ 31	[Verweis auf Muster]	1418
§ 32	[Fortführung der Grundakte]	1418
§ 33	[Neufassung einzelner Abteilungen]	1419

Abschnitt VII: Die Schließung des Grundbuchblatts 1421

§ 34	[Voraussetzungen der Schließung]	1421
§ 35	[Wegfall des Grundstücks]	1421
§ 36	[Rötung und Schließungsvermerk]	1423
§ 37	[Grundbuchblattnummer]	1423

Abschnitt VIII: Die Beseitigung einer Doppelbuchung 1424

§ 38	[Doppelbuchung]	1424

Abschnitt IX: Die Bekanntmachung der Eintragungen 1426

§ 39	[Eintragungsbekanntmachung]	1426
§ 40	[Mitteilung von Zuständigkeitswechsel]	1427
§ 41	(weggefallen)	1427
§ 42	[Unterschriftsleistung bei Mitteilungen]	1427

Abschnitt X: Grundbucheinsichten und -abschriften 1428

§ 43	[Einsichtsrecht von Behörden und Notaren]	1428
§ 44	[Beglaubigter Auszug]	1429
§ 45	[Teilweise Abschrift]	1430
§ 46	[Einsichtsgewährung in Grundakte]	1431
§ 46a	[Protokollierung der Einsicht]	1432

Abschnitt XI: Hypotheken-, Grundschuld- und Rentenschuldbriefe 1435

§ 47	[Äußere Form des Hypothekenbriefes]	1435
§ 48	[Vermerk bei Teillöschung]	1435
§ 49	[Nachträgliche Vermerke]	1436
§ 49a	[Versendung des Briefes]	1436
§ 50	[Verbindung mit Urkunden]	1437
§ 51	[Grundschuld- und Rentenschuldbriefe]	1437
§ 52	[Briefvordrucke]	1437
§ 53	[Unbrauchbarmachung]	1438

Abschnitt XII: Das Erbbaugrundbuch 1439

§ 54	[Anwendung der allgemeinen Vorschriften]	1439
§ 55	[Grundbuchblattnummer]	1440
§ 56	[Bestandsverzeichnis]	1440

Inhaltsübersicht

§ 57	[Abteilung I]	1443
§ 58	[Muster]	1443
§ 59	[Grundpfandrechtsbriefe]	1444
§ 60	[Erbbaurecht nach § 8 GBO]	1444

Abschnitt XIII: Vorschriften über das maschinell geführte Grundbuch ... 1445

Unterabschnitt 1. Das maschinell geführte Grundbuch ... 1445

§ 61	Grundsatz	1445
§ 62	Begriff des maschinell geführten Grundbuchs	1446
§ 63	Gestaltung des maschinell geführten Grundbuchs; Verordnungsermächtigung	1450
§ 64	Anforderungen an Anlagen und Programme	1451
§ 65	Sicherung der Anlagen und Programme	1455
§ 66	Sicherung der Daten	1457

Unterabschnitt 2. Anlegung des maschinell geführten Grundbuchs ... 1459

§ 67	Festlegung der Anlegungsverfahren	1459
§ 68	Anlegung des maschinell geführten Grundbuchs durch Umschreibung	1461
§ 69	Anlegung des maschinell geführten Grundbuchs durch Neufassung	1463
§ 70	Anlegung des maschinell geführten Grundbuchs durch Umstellung	1465
§ 71	Freigabe des maschinell geführten Grundbuchs	1467
§ 71a	Anlegung des Datenbankgrundbuchs	1469
§ 72	Umschreibung, Neufassung und Schließung des maschinell geführten Grundbuchs	1473
§ 73	Grundakten	1475

Unterabschnitt 3. Eintragungen in das maschinell geführte Grundbuch ... 1476

§ 74	Veranlassung der Eintragung	1476
§ 75	Elektronische Unterschrift	1478
§ 76	Äußere Form der Eintragung	1482
§ 76a	Eintragungen in das Datenbankgrundbuch; Verordnungsermächtigung	1483

Unterabschnitt 4. Einsicht in das maschinell geführte Grundbuch und Abschriften hieraus ... 1486

§ 77	Grundsatz	1486
§ 78	Ausdrucke aus dem maschinell geführten Grundbuch	1487
§ 79	Einsicht	1489

Unterabschnitt 5. Automatisierter Abruf von Daten ... 1492

§ 80	Abruf von Daten	1492
§ 81	Genehmigungsverfahren, Einrichtungsvertrag	1495
§ 82	Einrichtung der Verfahren	1498
§ 83	Abrufprotokollierung	1500
§ 84	Kontrolle	1503
§ 85	Erteilung von Grundbuchabdrucken durch Notare	1504
§ 85a	Protokollierung der Mitteilung des Grundbuchinhalts durch den Notar	1506

Unterabschnitt 6. Zusammenarbeit mit den katasterführenden Stellen und Versorgungsunternehmen ... 1508

§ 86 Zusammenarbeit mit den katasterführenden Stellen ... 1508
§ 86a Zusammenarbeit mit Versorgungsunternehmen ... 1509

Unterabschnitt 7. Hypotheken-, Grundschuld- und Rentenschuldbriefe ... 1510

§ 87 Erteilung von Briefen ... 1510
§ 88 Verfahren bei Schuldurkunden ... 1512
§ 89 Ergänzungen des Briefes ... 1512

Unterabschnitt 8. Schlußbestimmungen ... 1513

§ 90 Datenverarbeitung im Auftrag ... 1513
§ 91 Behandlung von Verweisungen, Löschungen ... 1514
§ 92 Ersetzung von Grundbuchdaten, Ersatzgrundbuch ... 1515
§ 92a Zuständigkeitswechsel ... 1516
§ 93 Ausführungsvorschriften; Verordnungsermächtigung ... 1517

Abschnitt XIV: Vermerke über öffentliche Lasten ... 1519

§ 93a Eintragung öffentlicher Lasten ... 1519
§ 93b Eintragung des Bodenschutzlastvermerks ... 1519

Abschnitt XV: Vorschriften über den elektronischen Rechtsverkehr und die elektronische Grundakte ... 1520

§ 94 Grundsatz ... 1520
§ 95 Allgemeine technische und organisatorische Maßgaben ... 1520
§ 96 Anlegung und Führung der elektronischen Grundakte ... 1522
§ 97 Übertragung von Papierdokumenten in die elektronische Form ... 1524
§ 98 Übertragung elektronischer Dokumente in die Papierform oder in andere Dateiformate ... 1526
§ 99 Aktenausdruck, Akteneinsicht und Datenabruf ... 1528
§ 100 Wiederherstellung des Grundakteninhalts ... 1529
§ 100a Zuständigkeitswechsel ... 1530
§ 101 Ausführungsvorschriften ... 1530

Abschnitt XVI: Übergangs- und Schlussvorschriften ... 1531

§ 102 [Beibehaltung bisheriger Bezirke] ... 1531
§ 103 [Fortführung früherer Hefte] ... 1531
§ 104 [Verwendung des neuen Grundbuchmusters] ... 1531
§ 105 [Nummerierung alter Grundbuchblätter] ... 1532
§ 106 [Umschreibung alter Blätter] ... 1533
§ 107 [Fortführung der Grundakten] ... 1533
§ 108 [Umstellung auf Loseblattgrundbuch] ... 1533
§ 109 [Vordrucke für Grundpfandrechtsbriefe] ... 1534
§ 110 [Vorbehalt für Landesrecht] ... 1534
§ 111 [Vorbehalt des Landesrechts] ... 1535

Inhaltsübersicht

§ 112	[Nachweis ausländischer staatlicher Stellen]	1535
§ 113	[Bewilligungsstellen im Beitrittsgebiet]	1536
§ 114	[Übergangsvorschrift zum Datenbankgrundbuch]	1540

Anlagen zur GBV 1542

Teil 4 Verordnung über die Anlegung und Führung der Wohnungs- und Teileigentumsgrundbücher (Wohnungsgrundbuchverfügung – WGV) 1603

§ 1	[Anlegung des Grundbuchs]	1603
§ 2	[Bezeichnung als Wohnungsgrundbuch]	1604
§ 3	[Eintragungen im Bestandsverzeichnis]	1605
§ 4	[Beschränkte dingliche Rechte am ganzen Grundstück]	1611
§ 5	[Grundpfandrechtsbriefe]	1612
§ 6	[Abschreibung im Grundstücksgrundbuch]	1612
§ 7	(aufgehoben)	1613
§ 8	[Wohnungs- und Teilerbbaurecht]	1613
§ 9	[Verweis auf Muster]	1613
§ 10	[Ermächtigung an Landesrecht]	1614
§ 11	[Inkrafttreten]	1614

Teil 5 Verordnung über die Anlegung und Führung von Gebäudegrundbüchern (Gebäudegrundbuchverfügung – GGV) 1615

§ 1	Anwendungsbereich	1615
§ 2	Grundsatz für vorhandene Grundbuchblätter	1618
§ 3	Gestaltung und Führung neu anzulegender Gebäudegrundbuchblätter	1619
§ 4	Nachweis des Gebäudeeigentums oder des Rechts zum Besitz gemäß Artikel 233 § 2a EGBGB	1621
§ 5	Eintragung des dinglichen Nutzungsrechts	1627
§ 6	Eintragung des Gebäudeeigentums gemäß Artikel 233 §§ 2b und 8 EGBGB	1629
§ 7	Vermerk zur Sicherung der Ansprüche aus der Sachenrechtsbereinigung aus dem Recht zum Besitz gemäß Artikel 233 § 2a EGBGB	1630
§ 8	Nutzungsrecht, Gebäudeeigentum oder Recht zum Besitz für mehrere Berechtigte	1631
§ 9	Nutzungsrecht oder Gebäudeeigentum auf bestimmten Grundstücksteilen	1633
§ 10	Nutzungsrecht, Gebäudeeigentum oder Recht zum Besitz auf nicht bestimmten Grundstücken oder Grundstücksteilen	1634
§ 11	Widerspruch	1635
§ 12	Aufhebung des Gebäudeeigentums	1639
§ 13	Bekanntmachungen	1642
§ 14	Begriffsbestimmungen, Teilung von Grundstück und von Gebäudeeigentum	1643
§ 15	Überleitungsvorschrift	1645

Teil 6 Grundbuchbereinigungsgesetz (GBBerG) 1647

Abschnitt 1: Behandlung wertbeständiger und ähnlicher Rechte 1647

§ 1	Umstellung wertbeständiger Rechte	1647
§ 2	Umgestellte wertbeständige Rechte	1647

§ 3	Umstellung anderer wertbeständiger Rechte	1648
§ 4	Grundbuchvollzug	1648

Abschnitt 2: Überholte Dienstbarkeiten und vergleichbare Rechte ... 1651
§ 5	Erlöschen von Dienstbarkeiten und vergleichbaren Rechten	1651
§ 6	Berechtigte unbekannten Aufenthalts, nicht mehr bestehende Berechtigte	1655
§ 7	[Verkaufserlaubnis]	1658

Abschnitt 3: Nicht eingetragene dingliche Rechte ... 1659
§ 8	Nicht eingetragene Rechte	1659
§ 9	Leitungen und Anlagen für die Versorgung mit Energie und Wasser sowie die Beseitigung von Abwasser	1662
§ 9a	[Leitungssammelkanäle und Unterhaltungspflichten]	1675

Abschnitt 4: Ablösung von Grundpfandrechten ... 1676
§ 10	Ablöserecht	1676

Abschnitt 5: Sonstige Erleichterungen ... 1678
§ 11	Ausnahmen von der Voreintragung des Berechtigten	1678
§ 12	Nachweis der Rechtsnachfolge bei Genossenschaften	1679
§ 13	Dingliche Rechte im Flurneuordnungsverfahren	1681
§ 14	Gemeinschaftliches Eigentum von Ehegatten	1682
§ 15	Aufgebotsverfahren nach § 10 Abs. 1 Satz 1 Nr. 7 des Entschädigungsgesetzes	1683
Anhang GBBerG: Sachenrechts-Durchführungsverordnung		1686

Teil 7 Gesetz über Maßnahmen auf dem Gebiet des Grundbuchwesens (GBMaßnG) ... 1691
Vorbemerkungen ... 1691

Erster Abschnitt: Eintragung der Umstellung ... 1691
§ 1	[Eintragung Umstellungsbetrag]	1691
§ 2	[Beschwerdeverfahren]	1692
§ 3	[Umstellung nach 1965]	1692
§ 4	[Umstellungsschutzvermerk]	1692
§ 5	[Löschung des Umstellungsschutzvermerks]	1693
§ 6	[Briefvorlage]	1694
§ 7	[Umrechnung]	1694
§ 8	[Grundbuchberichtigung nach 1965]	1694
§ 9	[Zulässigkeit Umstellungsverfahren]	1695
§ 10	[Anspruch auf Hypothekenbestellung]	1695
§ 11	[Grundschulden, Rentenschulden]	1695
§ 12	[Reallasten]	1695
§ 13	[Eintragungsgebühren]	1695

Zweiter Abschnitt: Umstellungsgrundschulden ... 1696
§ 14	[Eintragung Umstellungsgrundschuld]	1696
§ 15	[Erlöschen der Umstellungsgrundschuld]	1696

Inhaltsübersicht

§ 16	[Antragsfrist]	1696
§ 17	[Rangänderungen]	1696

Dritter Abschnitt: Löschung umgestellter Grundpfandrechte und Schiffshypotheken 1696

§ 18	[Ausnahmen von § 29 GBO]	1696
§ 19	[Rentenschuld, Reallast]	1697
§ 20	[Schiffshypothek]	1697

Vierter Abschnitt: Öffentliche Last der Hypothekengewinnabgabe 1697

§ 21	[Änderungsvorschrift]	1697

Fünfter Abschnitt: Abgeltungshypotheken und Abgeltungslasten 1700

§ 22	[Eintragung Abgeltungshypothek]	1700
§ 23	[Erlöschen der Abgeltungslast]	1700
§ 24	[Löschung der Abgeltungshypothek]	1700
§ 25	[Bestehenbleiben einer Forderung]	1701

Sechster Abschnitt: Zusätzliche Vorschriften des Grundbuchrechts 1702

§ 26	[Vereinfachte Kraftloserklärung eines Grundpfandrechtsbriefes]	1702
§ 26a	Eintragungen im Zusammenhang mit der Einführung des Euro	1704
§ 27	[Änderungsvorschrift]	1706
§ 28	[Verordnungsermächtigung]	1706
§ 29	[Änderungsvorschrift]	1706
§ 30	[Gesetz über Maßnahmen auf dem Gebiete des Grundbuchwesens (GBMG)]	1706
§ 31	Maßgaben des Rechtspflegergesetzes	1707
§ 32	[Zuständigkeit für Grundbuchführung]	1707

Siebenter Abschnitt: Änderung der Zivilprozeßordnung 1707

§ 33	[Änderungsvorschrift]	1707

Achter Abschnitt: Änderung der Kostenordnung 1707

§ 34	[Änderungsvorschrift]	1707

Neunter Abschnitt: Schlußbestimmungen 1708

§ 35	[Vorbehalt für Saarland]	1708
§ 36	[Vorbehalt für Berlin]	1708
§ 36a	[Maßgaben im Beitrittsgebiet]	1708
§ 37	[Inkrafttreten]	1709

Teil 8 Anhänge 1711

Anhang 1: Anlage zur Grundbuchordnung 1711
Anhang 2: Verwaltungsvorschrift des Sächsischen Staatsministeriums der Justiz über die Behandlung von Grundbuchsachen (VwV Grundbuchsachen – VwVBGBS) 1725
Stichwortverzeichnis 1741

Autorenverzeichnis

Richterin Aline Kalb, Mühlhausen, Bearbeitung §§ 22 bis 26, 53, 54 GBO in der 8. Auflage
Prof. Dipl.-Rpfl. Ulrich Keller, Hochschule für Wirtschaft und Recht, Berlin
Dr. iur. Patrick Meier, Notar in Bischofsheim i.d. Rhön, Privatdozent an der Universität Würzburg
Dr. iur. Dipl.-Kfm. Jörg Munzig, Notar in Neu-Ulm
Prof. Dr. Matthias Nicht, Hochschule für Wirtschaft und Recht, Berlin
Dr. iur. Joachim Püls, Notar in Dresden
VorsRiOLG a.D. Werner Sternal, Köln
Michael Volmer, Notar in Aschaffenburg, Lehrbeauftragter an der Universität Passau

Bearbeiterverzeichnis

Prof. Dipl.-Rpfl. Ulrich Keller, Hochschule für Wirtschaft und Recht, Berlin	Einleitung §§ 1–7; GBO §§ 1–12d, 44–50, 56–70, 116–125, 142–151; GBV §§ 1–60, 93a, 93b, 102–114; WGV §§ 1–11; GGV §§ 1–15; GBBerG §§ 1–15; GBMaßnG §§ 1–37
Dr. iur. Patrick Meier, Notar in Bischofsheim i.d. Rhön, Privatdozent an der Universität Würzburg	GBO §§ 22–26, 53, 54
Dr. iur. Dipl.-Kfm. Jörg Munzig, Notar in Neu-Ulm	GBO §§ 19–21, 27, 28, 51, 52
Prof. Dr. Matthias Nicht, Hochschule für Wirtschaft und Recht, Berlin	Einleitung § 8
Dr. iur. Joachim Püls, Notar in Dresden	GBO §§ 55–55b, 126–141; GBV §§ 61–93, 94–101
VorsRiOLG a.D. Werner Sternal, Köln	GBO §§ 71–115
Michael Volmer, Notar in Aschaffenburg, Lehrbeauftragter an der Universität Passau	GBO §§ 13–18, 29–43

Abkürzungsverzeichnis

Wegen der hier nicht aufgeführten Abkürzungen wird auf die Abkürzungshinweise in der Kommentierung, und auf *Kirchner*, Abkürzungsverzeichnis der Rechtssprache, 10. Auflage, Berlin 2021, verwiesen.

a.A.	anderer Ansicht
a.a.O.	am angegebenen Ort
a.E.	am Ende
a.F.	alte Fassung
ABl.	Amtsblatt
Abs.	Absatz
Abschn.	Abschnitt
Abt.	Abteilung
abw.	abweichend
AcP	Archiv für die civilistische Praxis (Band, Seite)
ÄndG	Änderungsgesetz
AG	Amtsgericht auch Aktiengesellschaft
AgrarR	Agrarrecht (Zeitschrift für das gesamte Recht der Landwirtschaft)
AktO	Aktenordnung
Anh.	Anhang
Anl.	Anlage
Anm.	Anmerkung
Art.	Artikel
Aufl.	Auflage
AV	Allgemeine Verfügung
AVA	Allgemeine Verwaltungsvorschrift für die Ausstellung von Bescheinigungen nach dem Wohnungseigentumsgesetz
AVO	Ausführungsverordnung
bad.	badisch
BAnz	Bundesanzeiger
BauGB	Baugesetzbuch
BauR	Baurecht (Jahrgang, Seite)
bay.	bayerisch
BayBS	Bereinigte Sammlung des bay. Landesrechts
BayBSVJu	Bereinigte Sammlung der bay. Justizverwaltungsvorschriften
BayJMBl.	Bayerisches Justizministerialblatt
BayObLG	Bayerisches Oberstes Landesgericht
BayObLGZ	Entscheidungssammlung des BayObLG in Zivilsachen
BayRS	Bayerische Rechtssammlung
BayVBl.	Bayerische Verwaltungsblätter
BB	Der Betriebs-Berater (Jahrgang, Seite)
BBauBl.	Bundesbaublatt
BBauG	Bundesbaugesetz (jetzt Baugesetzbuch)
BBergG	Bundesberggesetz
Bd.	Band
BdF	Bundesminister der Finanzen
BDSG	Bundesdatenschutzgesetz
Beil.	Beilage
Bek.	Bekanntmachung
Bem.	Bemerkung
beN	besonderes elektronisches Notarpostfach

Abkürzungsverzeichnis

Beschl.	Beschluss
bestr.	bestritten
Betr.	Der Betrieb (Jahrgang, Seite)
betr.	betreffend
BeurkG	Beurkundungsgesetz
BezG	Bezirksgericht
BFH	Bundesfinanzhof
BGB	Bürgerliches Gesetzbuch
BGBl.	Bundesgesetzblatt
BGH	Bundesgerichtshof
BGHZ	Entscheidungssammlung des BGH in Zivilsachen (Band, Seite)
BJM	Bundesjustizministerium
Bl.	Blatt
BlGWB	Blätter für Grundstücks-, Bau- und Wohnungsrecht
BNotO	Bundesnotarordnung
BoSoG	Bodensonderungsgesetz
BRS	Baurechtssammlung. Begründet von Thiel, weitergeführt von Gelzer (Band, Seite)
BrZ	Britische Zone
BS	Bereinigte Sammlung
BStBl.	Bundessteuerblatt
BT	Bundestag
BtOG	Betreuungsorganisationsgesetz
Buchst.	Buchstabe
Büro (oder JurBüro)	Das juristische Büro (Jahrgang, Seite)
BVerfG	Bundesverfassungsgericht
BVerfGE	Entscheidungen des Bundesverfassungsgerichts (Band, Seite)
BVerfGG	Bundesverfassungsgerichtsgesetz
BVerwG	Bundesverwaltungsgericht
BWNotZ	Zeitschrift für das Notariat in Baden-Württemberg (Jahrgang, Seite)
bzw.	beziehungsweise
DaBaGG	Gesetz zur Einführung eines Datenbankgrundbuchs
DDR	Deutsche Demokratische Republik
DFG	Deutsche Freiwillige Gerichtsbarkeit (Jahrgang, Seite)
dgl.	dergleichen, desgleichen
d.h.	das heißt
DJ	Deutsche Justiz (Jahrgang, Seite)
DJZ	Deutsche Juristen-Zeitung (Jahrgang, Seite)
DNotI-Report	Informationsdienst des Deutschen Notarinstituts (Jahrgang, Seite)
DNotV	Zeitschrift des Deutschen Notarvereins (Jahrgang, Seite)
DNotZ	Deutsche Notar-Zeitschrift (Jahrgang, Seite)
DONot	Dienstordnung für Notare
DÖV	Die Öffentliche Verwaltung (Jahrgang, Seite)
DR	Deutsches Recht (Jahrgang, Seite)
DRiZ	Deutsche Richterzeitung (Jahrgang, Seite)
DRspr	Deutsche Rechtsprechung
DRZ	Deutsche Rechtszeitschrift (Jahrgang, Seite)
DSGVO	Datenschutz-Grundverordnung
DtZ	Deutsch-Deutsche Rechts-Zeitschrift (Jahrgang, Seite)
DV	Deutsche Verwaltung (Jahrgang, Seite)
DVBl.	Deutsches Verwaltungsblatt (Jahrgang, Seite)

DVO	Durchführungsverordnung
DWW	Deutsche Wohnungswirtschaft (Jahrgang, Seite)
ebA	elektronisch beglaubigte Abschriften
e.G.	eingetragene Genossenschaft
EG	Einführungsgesetz
eGA	elektronische Grundakte
eGbR	eingetragene Gesellschaft bürgerlichen Rechts
EGVP	Elektronisches Gerichts- und Verwaltungspostfach
eIDAS – VO	eIDAS-Verordnung über elektronische Identifizierung und Vertrauensdienste
Einl.	Einleitung
einschl.	einschließlich
EntschG	Gesetz über die Entschädigung nach dem Gesetz zur Regelung offener Vermögensfragen
ErbbauRG	Erbbaurechtsgesetz
ErbbauZ	Zeitschrift für Erbbaurecht (Jahrgang, Seite)
ErgBd.	Ergänzungsband
Erl.	Erlass
ERV	Gesetz zur Förderung des elektronischen Rechtsverkehrs mit den Gerichten
ERVGBG	Gesetz zur Einführung des elektronischen Rechtsverkehrs und der elektronischen Akte im Grundbuchverfahren sowie zur Änderung weiterer grundbuch-, register- und kostenrechtlicher Vorschriften
ERVV	Elektronischer-Rechtsverkehr-Verordnung
EStG	Einkommensteuergesetz
ESÜ	Haager Übereinkommen über den internationalen Schutz von Erwachsenen
EuGH	Europäischer Gerichtshof
EuGüVO	Europäische Güterverordnung
ev.	eventuell
e.V.	eingetragener Verein
EWIV	Europäische wirtschaftliche Interessenvereinigung
FA	Finanzamt
FamFG	Gesetz über das Verfahren in Familiensachen und in den Angelegenheiten der freiwilligen Gerichtsbarkeit
FamRZ	Zeitschrift für das gesamte Familienrecht (Jahrgang, Seite)
ff.	und folgende (Seiten, Paragrafen)
FGG-RG	Gesetz zur Reform des Verfahrens in Familiensachen und in den Angelegenheiten der freiwilligen Gerichtsbarkeit
FGPrax	Praxis der Freiwilligen Gerichtsbarkeit (Jahrgang, Seite)
FinMin	Finanzministerium
FIU	Financial Intelligence Unit
FlstNr.	Flurstücksnummer
fr.	früher
FS	Festschrift (für ...; Jahr, Seite)
Fußn. (oder Fn.)	Fußnote
G	Gesetz
GB (oder Gb)	Grundbuch
GBA	Grundbuchamt
GBBerG	Grundbuchbereinigungsgesetz
GBl.	Gesetzblatt
GBGeschO	Geschäftsordnung für die Grundbuchämter

Abkürzungsverzeichnis

GBMaßnG		Gesetz über Maßnahmen auf dem Gebiete des Grundbuchwesens
GBO		Grundbuchordnung
GbR		Gesellschaft bürgerlichen Rechts
GBV		Grundbuchverfügung
GemErl.		Gemeinsamer Erlass
GG		Grundgesetz
GGV		Verordnung über die Anlegung und Führung von Gebäudegrundbüchern
GmbH		Gesellschaft mit beschränkter Haftung
GNotKG		Gesetz über Kosten der freiwilligen Gerichtsbarkeit für Gerichte und Notare (Gerichts- und Notarkostengesetz)
GNotKG KV		Kostenverzeichnis zum Gerichts- und Notarkostengesetz
GrdstVG		Grundstückverkehrsgesetz
GrEstG		Grunderwerbssteuergesetz
GS		Gesetzessammlung für die Königlichen Preußischen Staaten
GSZ		Zeitschrift für das Gesamte Sicherheitsrecht (Jahrgang, Seite)
GVBl.		Gesetz- und Verordnungsblatt (Jahrgang, Seite)
GVG		Gerichtsverfassungsgesetz
GVO		Grundstücksverkehrsordnung
GWG		Geldwäschegesetz
Halbs. (oder Hs.)		Halbsatz
HannRpfl		Hannoversche Rechtspflege (Jahr, Seite), später NdsRpfl.
HansJVBl.		Hanseatisches Justizverwaltungsblatt
hess.		hessisch
HEZ		Höchstrichterliche Entscheidung
HFR		Höchstrichterliche Finanz-Rechtsprechung
HGA		Hypothekengewinnabgabe
HGB		Handelsgesetzbuch
h. L.		herrschende Lehre
h.M.		herrschende Meinung
HöfeO		Höfeordnung
HRR		Höchstrichterliche Rechtsprechung
HW		Haus und Wohnung (Jahrgang, Seite)
i.d.F.		in der Fassung
i.S.		im Sinne
i.V.m.		in Verbindung mit
InsO		Insolvenzordnung
JA		Juristische Arbeitsblätter
JBl.		Justizblatt
JFG		Jahrbuch der Entscheidungen in Angelegenheiten der freiwilligen Gerichtsbarkeit und des Grundbuchrechts (Jahrgang, Seite)
JM		Justizministerium
JMBl.		Justizministerialblatt
JR		Juristische Rundschau (Jahrgang, Seite)
Jura		Juristische Ausbildung (Jahrgang, Seite)
JurBüro (oder Büro)		Das Juristische Büro (Jahrgang, Seite)
JuS		Juristische Schulung (Jahrgang, Seite)
Justiz		Die Justiz, Amtsblatt des Justizministeriums Baden-Württemberg (Jahrgang, Seite)
JVBl.		Justizverwaltungsblatt (Jahrgang, Seite)

JW	Juristische Wochenschrift (Jahrgang, Seite)
JZ	Juristenzeitung (Jahrgang, Seite)
KG	Kammergericht auch Kommanditgesellschaft
KGaA	Kommanditgesellschaft auf Aktien
KGJ	Jahrbuch für Entscheidungen des Kammergerichts
KRG	Kontrollratsgesetz
KSÜ	Haager Kinderschutzübereinkommen
KTS	Zeitschrift für Konkurs-, Treuhand- und Schiedsgerichtswesen (Jahrgang, Seite)
LAG	Gesetz über den Lastenausgleich
LAnpG	Landwirtschaftsanpassungsgesetz
lfd. Nr.	laufende Nummer
LFGG	(bad-württ) Landesgesetz über die freiwillige Gerichtsbarkeit
LG	Landgericht
LM	Nachschlagewerk des Bundesgerichtshofs in Zivilsachen, herausgegeben von Lindenmaier, Möhring u.a.
LPartG	Gesetz über die Eingetragene Lebenspartnerschaft
Lw	Landwirtschaft
LZ	Leipziger Zeitschrift für Deutsches Recht (Band, Seite)
MBl.	Ministerialblatt (Jahrgang, Seite)
MDR	Monatsschrift für Deutsches Recht (Jahrgang, Seite)
Min.	Ministerium
MittBayNot	Mitteilungen des Bay. Notarvereins, der Notarkasse und der Landesnotarkammer Bayern (Jahrgang, Seite)
MittRhNotK	Mitteilungen der Rheinischen Notarkammer (Jahrgang, Seite)
MoPeG	Gesetz zur Modernisierung des Personengesellschaftsrechts
Motive EEG	Die preußischen Gesetzentwürfe über Grundeigenthum und Hypothekenrecht nebst Motiven, 1869 hrsg. vom Königlichen Justiz-Ministerium (Preußen)
MRG	Militärregierungsgesetz
MRVO	Militärregierungsverordnung
MSA	Haager Übereinkommen über die Zuständigkeit der Behörden und das anzuwendende Recht auf dem Gebiet des Schutzes von Minderjährigen
mwN	mit weiteren Nachweisen
N	Note
n.F.	neue Fassung
nachst.	nachstehend
nds.	niedersächsisch
NdsRpfl.	Niedersächsische Rechtspflege (Jahrgang, Seite)
NJW	Neue Juristische Wochenschrift (Jahrgang, Seite)
NJW-RR	NJW-Rsprs-Report Zivilrecht (1986 ff.)
NotBZ	Zeitschrift f. d. notarielle Beratungs- und Beurkundungspraxis (Jahrgang, Seite)
notar	Zeitschrift des Deutschen Notarvereins
Nr.	Nummer
NRW	Nordrhein-Westfalen
NVwZ	Neue Zeitschrift für Verwaltungsrecht (Jahrgang, Seite)
OGH	Oberster Gerichtshof für die britische Zone
OHG	offene Handelsgesellschaft
OLG	Oberlandesgericht

Abkürzungsverzeichnis

OLGZ	Entscheidungen der Oberlandesgerichte in Zivilsachen (ab 1965; Jahrgang, Seite) (früher OLGE)
OVG	Oberverwaltungsgericht
PartG	Partnerschaftsgesellschaft
PartGG	Partnerschaftsgesellschaftsgesetz
PartGmbB	Partnerschaftsgesellschaft mit beschränkter Berufshaftung
pr.	preußisch
RdErl.	Runderlass
RdJ	Reichsminister der Justiz
RdL	Recht der Landwirtschaft (Jahrgang, Seite)
Rdn./Rn	Randnummer
Recht	Das Recht (Beilage zur Deutschen Justiz)
RegBl.	Regierungsblatt
RegVBG	Register-Verfahrensbeschleunigungsgesetz
RG	Reichsgericht
RGBl.	Reichsgesetzblatt
RGZ	Entscheidungen des Reichsgerichts in Zivilsachen (Band, Seite)
RJA	Reichsjustizamt, Entscheidungssammlung in Angelegenheiten der freiwilligen Gerichtsbarkeit (Band, Seite)
RJM	Reichsjustizministerium
RhPf	Rheinland-Pfalz
RLA	Rundschau für den Lastenausgleich
RNotZ	Rheinische Notarzeitung (vormals MittRhNotk)
Rom I-VO	Verordnung (EG) Nr. 593/2008 des Europäischen Parlaments und des Rates vom 17. Juni 2008 über das auf vertragliche Schuldverhältnisse anzuwendende Recht (Rom I).
Rpfleger	Der Deutsche Rechtspfleger (Jahrgang, Seite)
RpflJB	Rechtspfleger-Jahrbuch (Jahrgang, Seite)
RpflStud.	Rechtspfleger-Studienhefte (Jahrgang, Seite)
RReport	Rechtsprechungs-Report der betr. Oberlandesgerichte
RVG	Rechtsanwaltsvergütungsgesetz
S.	Seite
s.	siehe
SachenRBerg	Sachenrechtsbereinigungsgesetz
SachenR-DV	Verordnung zur Durchführung des Grundbuchbereinigungsgesetzes und anderer Vorschriften auf dem Gebiet des Sachenrechts
SanktDG	Sanktionsdurchsetzungsgesetz
SCE	Societas Cooperativa Europaea, Europäische Genossenschaft
SchlHA	Schleswig-Holsteinische Anzeigen (Jahrgang, Seite)
SchRG	Gesetz zur Regelung der landwirtschaftlichen Schuldverhältnisse
SE	Societas Europaea, Europäische Aktiengesellschaft
SeuffA	Seufferts Archiv für Entscheidungen der obersten Gerichte (Band, Nr.)
SeuffBl.	Seufferts Blätter für Rechtsanwendung (Jahrgang, Seite)
SJZ	Süddeutsche Juristenzeitung (Jahrgang, Seite)
sog.	sogenannt
Sp.	Spalte
StAnz.	Staatsanzeiger
StBauFG	Städtebauförderungsgesetz (jetzt Baugesetzbuch)
StPO	Strafprozessordnung

Abkürzungsverzeichnis

str.	strittig
stRspr.	ständige Rechtsprechung
TE	Teileigentum
TrEinV	Transparenzregistereinsichtnahmeverordnung
TSG	Transsexuellengesetz
TV	Testamentsvollstrecker
u.	und
u.a.	unter anderem
u.U.	unter Umständen
unbestr.	unbestritten
Urt.	Urteil
UVZ	Urkundenverzeichnis
v.	vom, von
VerBl.	Verwaltungsblatt (Jahrgang, Seite)
VereinfVO	Vereinfachungsverordnung
VermG	Vermögensgesetz
VersR	Versicherungsrecht (Jahrgang, Seite)
Vfg.	Verfügung
VG	Verwaltungsgericht
VGH	Verwaltungsgerichtshof
vgl.	vergleiche
VO	Verordnung
VOBl.	Verordnungsblatt
VollzVO	Vollzugsverordnung
Vorbem.	Vorbemerkung
vorst.	vorstehend
VwVGBS	Verwaltungsvorschrift des Sächsischen Staatsministeriums der Justiz über die Behandlung von Grundbuchsachen
VZOG	Vermögenszuordnungsgesetz
WarnErgBd.	Warneyer, Die Rechtsprechung des Reichsgerichts auf dem Gebiete des Zivilrechts (Ergänzungsband)
WarnJ	Warneyer, Jahrbuch der Entscheidungen des RG (Jahrgang, Seite)
WE	Der Wohnungseigentümer (Jahrgang, Seite)
WEG	Gesetz über das Wohnungseigentum und das Dauerwohnrecht
WEMoG	Wohnungseigentumsmodernisierungsgesetz
WG	Wechselgesetz
WGV	Verordnung über die Anlegung und Führung der Wohnungs- und Teileigentumsgrundbücher
WiGBl.	Gesetzblatt der Verwaltung des Vereinigten Wirtschaftsgebietes
WM	Wertpapier-Mitteilungen (Jahrgang, Seite)
WSG	Wohnsiedlungsgesetz
WuM	Wohnungswirtschaft und Mietrecht (Jahrgang, Seite)
württ.	württembergisch
WürttNV	Württ. Notarverein, Mitteilungen aus der Praxis (Jahrgang, Seite)
WürttZ	Zeitschrift für die freiwillige Gerichtsbarkeit in Württemberg (Jahrgang, Seite)

Abkürzungsverzeichnis

z.B.	zum Beispiel
ZBlFG	Zentralblatt für freiwillige Gerichtsbarkeit und Notariat sowie Zwangsversteigerung
ZfIR	Zeitschrift für Immobilienrecht (Jahrgang, Seite)
Ziff.	Ziffer
ZIP	Zeitschrift für Wirtschaftsrecht (Jahrgang, Seite)
ZJBl.	Zentraljustizblatt für die britische Zone
ZMR	Zeitschrift für Miet- und Raumrecht (Jahrgang, Seite)
ZPO	Zivilprozeßordnung i.d.F. v. 12.9.1950 (BGBl. 533)
ZRP	Zeitschrift für Rechtspolitik (Jahrgang, Seite)
ZS	Zivilsenat
ZustAnpV	Zuständigkeitsanpassungsverordnung
ZVG	Gesetz über die Zwangsversteigerung und die Zwangsverwaltung
ZZP	Zeitschrift für Zivilprozeß (Jahrgang, Seite)
z.Zt.	zur Zeit

Literaturverzeichnis

Altmeppen, GmbHG – Kommentar, 11. Aufl. 2023

Anders/Gehle, ZPO mit GVG und anderen Nebengesetzen – Kommentar, 81. Aufl. 2023 (vormals *Baumbach/Lauterbach/Hartmann/Anders/Gehle*)

Armbrüster/Preuß (Hrsg.), BeurkG mit NotAktVV und DONot – Kommentar, 9. Aufl. 2023

Arnold/Meyer-Stolte/Rellermeyer/Hintzen/Georg, Rechtspflegergesetz – Kommentar, 9. Aufl. 2022

Balser/Bögner/Ludwig, Vollstreckung im Grundbuch, 10. Aufl. 1994

Bar, v., Internationales Privatrecht, Band 2, 1991

Bärmann, Wohnungseigentumsgesetz – Kommentar, 15. Aufl. 2023

Bauer/Schaub (Hrsg.), GBO – Kommentar, 5. Aufl. 2023

Baur/Stürner, Sachenrecht, 18. Aufl. 2009

Baur/Stürner/Bruns, Zwangsvollstreckungs-, Konkurs- und Vergleichsrecht II. Insolvenzrecht, 14. Aufl. 2022

BeckOK-BGB, 67. Edition, Stand: 1.8.2023

BeckOK-GBO, 50. Edition, Stand: 1.8.2023

Bengel/Simmerding, Grundbuch, Grundstück, Grenze, Kommentar zur GBO unter Berücksichtigung katasterrechtlicher Fragen, 5. Aufl. 2000

Böttcher, ZVG – Kommentar, 7. Aufl. 2022

Bumillers/Harders/Schwamb, FamFG-Kommentar, 13 Aufl. 2022

Demharter, GBO – Kommentar, 33. Aufl. 2023

Dörndorfer, RPflG – Kommentar, 4. Aufl. 2023

Eickmann, Grundstücksrecht in den neuen Bundesländer, 1996

Eickmann (Hrsg.), Sachenrechtsbereinigung – Kommentar, Grundwerk mit 23. Ergänzungslieferung, Stand: 06/2008

Eickmann/Böttcher, Grundbuchverfahrensrecht, 5. Aufl. 2019

Eickmann/Böttcher, Zwangsversteigerungs- und Zwangsverwaltungsrecht, 3. Aufl. 2013

Elzer/Fritsch/Meier (Hrsg.), Wohnungseigentumsrecht, 4. Aufl. 2023

Erman, BGB, 16. Aufl. 2020

Faßbender/Hötzel/von Jeinsen/Pikalo, HöfeO, 3. Aufl. 1994

Fieberg/Reichenbach/Messerschmidt/Neuhaus, Vermögensgesetz, 37. Aufl. 2016

Frenz/Miermeister, BNotO – Kommentar, 5. Aufl. 2020

Gaul/Schilken/Becker-Eberhard, Zwangsvollstreckungsrecht, 12. Aufl. 2010

Grüneberg (Hrsg.), Bürgerliches Gesetzbuch, 82. Aufl. 2023

Güthe/Triebel, GBO – Kommentar, 6. Aufl. 1936

Hausmann/Odersky, Internationales Privatrecht in der Notar- und Gestaltungspraxis, 4. Aufl. 2021

Heck, Grundriss des Sachenrechts, 1930

Hesse/Saage/Fischer, GBO – Kommentar, 4. Aufl. 1957

Holzer, Die Richtigstellung des Grundbuchs, 2005

Holzer/Kramer, Grundbuchrecht, 2. Aufl., 2004

Literaturverzeichnis

Hopt, Handelsgesetzbuch, 42. Aufl. 2023

Hügel (Hrsg.), GBO – Kommentar, 4. Aufl. 2020

Hügel, Wohnungseigentum, 5. Aufl. 2021

Ingenstau/Hustedt, ErbbauRG, 12. Aufl. 2022

Jaeger, InsO – Kommentar, 2004 ff.

Jaeger/Henckel, KO – Kommentar, 9. Aufl. 1977 ff.

Jansen, FGG – Kommentar, 3. Aufl. 2006

Jauernig/Hess, Zivilprozessrecht, 30. Aufl. 2011

Jennißen, WEG, 7. Aufl. 2021

jurisPK-BGB, 8. Aufl. 2017

Kayser/Thole (Hrsg.), Heidelberger Kommentar zur InsO, 11. Aufl. 2023

Keller (Hrsg.), Handbuch Zwangsvollstreckungsrecht, 2013

Keller, Insolvenzrecht, 2. Aufl. 2020

Keller/Padberg, Nutzungsrechte an Grundstücken in den neuen Bundesländern, 1996

Kretzschmar, Einführung in das Grundbuchrecht, 1902

Kropholler, Internationales Privatrecht, 6. Aufl. 2006

Kübler/Prütting/Bork/Jacoby (Hrsg.), InsO – Kommentar, Stand: 09/2023

Kuhn/Uhlenbruck, KO – Kommentar, 11. Aufl. 1994

Lemke (Hrsg.), GBO – Kommentar, 3. Aufl. 2022

Meikel, GBO – Kommentar, 12. Aufl. 2020

Müller-Lukoschek, Die neue EU-Erbrechtsverordnung, 2. Aufl. 2015

Münchener Kommentar zum BGB, 9. Aufl. 2021 ff.

Münchener Kommentar zum FamFG, 3. Aufl. 2018 ff.

Münchener Kommentar zur InsO, 5. Aufl. 2019 ff.

Münchener Kommentar zur ZPO, 6. Aufl. 2020

Musielak/Borth/Frank, Familiengerichtliches Verfahren, 7. Aufl. 2022

Musielak/Voit (Hrsg.), ZPO – Kommentar, 20. Aufl. 2023

Nomos-Kommentar zum BGB, Band 3 – Sachenrecht, 5. Aufl. 2022

Pajunk, Die Beurkundung als materielles Formerfordernis der Auflassung, 2002

Predari, GBO – Kommentar, 1901

Prütting, Sachenrecht, 37. Aufl. 2020

Prütting/Helms (Hrsg.), FamFG – Kommentar, 6. Aufl. 2023

Reithmann/Albrecht, Handbuch der notariellen Vertragsgestaltung, 8. Aufl. 2001, Nachtrag 2002

Reithmann/Martiny, Internationales Vertragsrecht, 9. Aufl. 2021

Reul/Heckschen/Wienberg, Insolvenzrecht in der Gestaltungspraxis, 3. Aufl. 2022

RGRK-Reichsgerichtsräte-Kommentar, BGB, 12. Aufl. 1979 ff.

Riecke/Schmid/(Hrsg.), WEG – Kommentar, 5. Aufl. 2019

Ring, Reform des Personengesellschaftsrechts, 2023

Rosenberg/Schwab/Gottwald, Zivilprozessrecht, 18. Aufl. 2018

Schapp/Schur, Sachenrecht, 4. Aufl. 2010

Schippel/Eschwey, BNotO – Kommentar, 11. Aufl. 2023

K. Schmidt (Hrsg.), InsO – Kommentar, 20. Aufl. 2023

Schnorr, Die Gemeinschaft nach Bruchteilen (§§ 741–758 BGB), 2004

Schöner/Stöber, Grundbuchrecht, 16. Aufl. 2020

Schotten/Schmellenkamp, Das Internationale Privatrecht in der notariellen Praxis, 2. Aufl. 2007

Schulte-Bunert/Weinreich (Hrsg.), FamFG – Kommentar, 7. Aufl. 2023

Soergel, BGB – Kommentar, 13. Aufl. 2000–2014

Staudinger, BGB – Kommentar, Neubearbeitungen 2010–2023

Stein/Jonas (Hrsg.), ZPO – Kommentar, 22. Aufl. 2002 ff.

Sternal, FamFG – Kommentar, 21. Aufl. 2023

Stöber, Zwangsversteigerungsgesetz, 23. Aufl. 2022

Stöber, Zwangsvollstreckung in das unbewegliche Vermögen, 10. Aufl. 2023

Stöber/Rellermeyer, Forderungspfändung, 17. Aufl. 2020

Thomas/Putzo, ZPO, FamFG – Kommentar, 44. Aufl. 2023

Uhlenbruck/Hirte/Vallender (Hrsg.), InsO – Kommentar, 15. Aufl. 2019

Vossius, Sachenrechtsbereinigungsgesetz, 2. Aufl. 1996

Westermann/Gursky/Eickmann, Sachenrecht, 8. Aufl. 2011

Wilhelm, Sachenrecht, 4. Aufl. 2010

Wilmowski, v., KO – Kommentar, 5. Aufl. 1901

Wilsch, Die Grundbuchordnung für Anfänger, 2011

Winkler, BeurkG – Kommentar, 20. Aufl. 2022

Winkler/Schlögen, Erbbaurecht, 7. Aufl. 2021

Wolff/Raiser, Sachenrecht, 10. Aufl. 1957

Wolf/Wellenhofer, Sachenrecht, 28. Aufl. 2013

Wolfsteiner, Die vollstreckbare Urkunde, 4. Aufl. 2019

Zimmermann, Erbschein, Erbscheinsverfahren, Europäisches Nachlasszeugnis, 3. Aufl. 2016

Zöller, ZPO – Kommentar, 34. Aufl. 2022

Teil 1: Einleitung
Grundlagen des Grundstücks- und Grundbuchrechts

§ 1 Die Bedeutung des Grundbuchs und des Grundbuchrechts

A. Grundstücks- und Grundbuchrecht 1
  I. Grundsatz von Einigung und Eintragung ... 1
  II. Liegenschaftsrecht und seine Teilgebiete .. 4
    1. Begriffliches 5
    2. Materielles Grundstücksrecht 6
    3. Grundbuchverfahrensrecht 7
B. Funktionen des Grundbuchs 8
  I. Grundbuchgrundstück als Basis 8
  II. Aufgaben des Grundbuchs 9
    1. Abbildung dinglicher Rechte 9
    2. Die drei Hauptwirkungen der Grundbucheintragung 10
    3. Warn- und Schutzfunktion 11
  III. Transparenz und Diskretion im Grundbuch 12
    1. Rechtspolitik und Grundbuch 12
    2. Der öffentliche Wille nach Transparenz 13
    3. Der private Wille nach Diskretion 17
    4. Das Grundbuch im Widerstreit der Interessen 20
      a) Die zivilrechtliche Aufgabe des Grundbuchs 20
      b) Muss das Grundbuch dem öffentlichen Willen nach Transparenz folgen? ... 21
    5. Transparenz und Grundbucheinsicht ... 22
      a) Die Begrenzung der Einsicht auf berechtigtes Interesse 22
      b) Datenhoheit und Datensparsamkeit . 23
      c) Einsichtsgewährung aufgrund öffentlichen Interesses? 24
  IV. Bedeutung der Grundbucheintragung dinglicher Rechte 27
    1. Grundsatz 27
    2. Tatbestands- und Rechtsscheinwirkung ... 28
    3. Rechtsändernde und berichtigende Eintragungen 29
  V. Eintragungsarten 30
C. Materielle und verfahrensrechtliche Erklärungen 31
  I. Wechselwirkungen des materiellen und formellen Rechts 31
    1. Verwirklichungsfunktion des Verfahrensrechts 31
    2. Materielle Wirkungen von Grundbucherklärungen 33
  II. Trennung von materiellen und formellen Erklärungen 34
  III. Willenserklärungen und Rechtsgeschäfte des bürgerlichen Rechts 35
  IV. Prozess- und Verfahrenshandlungen 36
  V. Trennung von Doppeltatbeständen 43
    1. Doppeltatbestand, Einzeltatbestand und Doppelnatur 44
    2. Arten von Doppeltatbeständen 47
  VI. Rechtsnatur von Einzeltatbeständen 50

D. Voraussetzungen der Rechtsänderung und der Eintragung 56
  I. Voraussetzungen der dinglichen Rechtsänderung 56
  II. Voraussetzungen der Grundbucheintragung 57
  III. Ausnahmsweise Prüfung schuldrechtlicher Vereinbarungen 59
E. Eintragungsfähigkeit und Grundbucheintragungen 61
  I. Bedeutung der Eintragungsfähigkeit 61
  II. Voraussetzungen der Eintragungsfähigkeit . 62
  III. Kein Katalog der eintragungsfähigen Rechte 63
  IV. Eintragungsbedürftigkeit und Eintragungsfähigkeit 64
  V. Unwirksame und fehlerhafte Eintragungen 66
    1. Voraussetzungen für die Wirksamkeit einer Eintragung 66
    2. Fehlerhafte Eintragungen 67
    3. Verfahrens- oder Zuständigkeitsverstöße 68
    4. Überflüssige Inhalte 69
F. Der Begriff des „Rechts" im BGB und in der GBO 70
  I. Dingliches Recht im Sinne des BGB 70
  II. Buchrecht 71
  III. „Recht" im Sinne der GBO 72
  IV. Öffentliche Liegenschaftsrechte 73
  V. Zu Unrecht gelöschte Rechte 74
  VI. Keine Unterscheidung zwischen Voll- und Buchrecht 75
G. Rechtsquellen der Eintragungsfähigkeit 76
  I. Dingliche Rechte, Grundsatz der Geschlossenheit 76
  II. Vormerkungen 79
  III. Widersprüche 80
  IV. Verfügungsbeeinträchtigungen 81
  V. Vermerke sonstiger Art 82
    1. Allgemeines 82
    2. Eintragung von Vermerken mit sachenrechtlicher Bedeutung 83
      a) Gemeinsames Wesensmerkmal 83
      b) Einzelfälle eintragungsfähiger sachenrechtlicher Vermerke 84
      c) Klarstellungsvermerke und Wirksamkeitsvermerke 85
    3. Eintragung von Vermerken sonstiger Art 86
      a) Gemeinsamkeiten 86
      b) Eintragungsfähigkeit und Eintragungsvoraussetzungen 87
      c) Verfahrensrechtliche Vermerke des Grundbuchrechts 88
      d) Vermerk über die dingliche Zwangsvollstreckungsunterwerfung 89

Keller 1

e) Vermerke über die Anhängigkeit eines gerichtlichen Verfahrens 90	g) Vermerke über öffentlich-rechtliche Vorkaufsrechte 92
f) Vermerke über öffentliche Lasten .. 91	h) Register für öffentliche Rechtsverhältnisse 93

A. Grundstücks- und Grundbuchrecht

I. Grundsatz von Einigung und Eintragung

1 Der Gesetzgeber des Bürgerlichen Gesetzbuches hatte sich mit der Regelung des § 873 BGB ausdrücklich für den sog. Buchungszwang im Immobiliarsachenrecht ausgesprochen:[1] Rechtsgeschäftliche Begründung und Änderung von Rechten an Grundstücken bedürfen zu ihrer Wirksamkeit der Eintragung in das Grundbuch. Partikularrechte einzelner Länder des Deutschen Reichs vor 1900 kannten verschiedene Formen des Grundbuchs, insbes. solche, bei welchen nur Grundpfandrechte eingetragen wurden; beschränkte dingliche Rechte (Dienstbarkeiten, Servituten) konnten dagegen vielfach ohne Grundbucheintragung entstehen.[2] Das römische Recht kannte im Übrigen keine Trennung von Mobiliar- und Immobiliarsachenrecht und ließ bei der Übereignung von Grundstücken wie bei beweglichen Sachen das Traditionsprinzip gelten.[3]

2 Die rechtsgeschäftliche Verfügung über Grundstücke, grundstücksgleiche Rechte und Rechte an Grundstücken setzt nach § 873 Abs. 1 BGB Einigung der Beteiligten und hoheitliche Eintragung in das Grundbuch voraus. Die staatliche Mitwirkung am Grundstücksverkehr ist nicht im Sinne obrigkeitlicher Überwachung zu begreifen, sondern als Garant der Rechtssicherheit entsprechend der volkswirtschaftlichen Bedeutung des Grund und Bodens als Grundlage freier Marktwirtschaft. Sie dient der Sicherheit aller, die Rechte und Pflichten in Bezug auf Grundstücke haben. Der Doppeltatbestand von rechtsgeschäftlicher Willenserklärung und hoheitlichem Eintragungsverfahren, der zu einem Ineinandergreifen von materiellem und formellem Recht führt und insbes. öffentlichen Glauben an die Richtigkeit des Inhalts des Grundbuchs beinhaltet, gehört zu den Besonderheiten des deutschen Liegenschaftsrechts, das gerade aber auch dadurch die erwähnte Rechtssicherheit garantiert.[4] Im Vergleich zu Rechtsordnungen, die kein Grundbuchsystem kennen und beispielsweise wie die USA daraus resultierende Rechtsunsicherheit im Grundstücksverkehr durch den Abschluss entsprechender Versicherungen abdecken (title-insurance),[5] ist dem deutschen Grundbuchsystem mit Buchungszwang, gerade auch mit dem öffentlichen Glauben des Grundbuchinhalts, der Vorzug zu geben, insbes. weil für den Rechtsverkehr das staatlich organisierte Grundbuchsystem nicht teurer ist als die private Absicherung rechtlicher Risiken durch Versicherungen.[6]

3 Voraussetzung der Anwendung des § 873 BGB ist, dass jedes am Rechtsverkehr teilnehmende Grundstück in einem amtlichen Verzeichnis, dem Liegenschaftskataster, sowie in einem mit ihm übereinstimmenden Grundbuch (§§ 2 Abs. 2, 3 Abs. 1 GBO) geführt wird. Ein funktionsfähiges Grundbuch setzt ein funktionsfähiges Liegenschaftskataster voraus. Der Staat muss ferner Vorsorge treffen, dass die Amtsgerichte als für die Führung des Grundbuchs zuständigen Organe (§ 1 Abs. 1 GBO) organisatorisch und insbes. personell in der Lage sind, nach rechtsstaatlichen Grundsätzen die anfallenden Grundstücksgeschäfte in Zusammenarbeit mit den für ihre Beurkundung, Genehmigung und Abwicklung zuständigen Behörden, Gerichten und anderen Organen der Rechtspflege (insbes. Notare) zu einem reibungslosen Vollzug zu bringen.[7]

---

1 Motive zum BGB, Bd. 3, S. 19 ff.; Staudinger/*Chr. Heinze*, BGB, § 873 Rn 1, 2; Meikel/*Böhringer*, 10. Aufl. 2010, Einl. A 35 ff.
2 Motive zum BGB, Bd. 3, S. 9 ff.; sehr krit. dazu *v. Gierke*, Entwurf eines BGB (Leipzig 1889), S. 311 ff.; eingehend Meikel/*Böhringer*, Einl. A 29 ff.; Bauer/Schaub/*Bauer*, GBO, AT A Rn 42; *Güthe/Triebel*, Einl. Rn 7 ff.; eingehend ferner *Aubert*, Beiträge zur Geschichte der deutschen Grundbücher, ZfRG Bd. XIV, 1; *Böhringer*, BWNotZ 1986, 1; 1989, 25; *ders.*, BWNotZ 1999, 161; *Stewing*, Rpfleger 1989, 445.
3 Meikel/*Böhringer*, 10. Aufl. 2010, Einl A 4 ff.
4 Staudinger/*Chr. Heinze*, BGB, § 873 Rn 4; eingehend *Hedemann*, Die Fortschritte des Zivilrechts im XIX. Jh., Bd. II. Die Entwicklung des Bodenrechts von der französischen Revolution bis zur Gegenwart. 1. Das materielle Bodenrecht (1930); 2. Die Entwicklung des formellen Bodenrechts (1935); *Schubert*, Die Entstehung der Vorschriften des BGB über Besitz und Eigentumsübergang (1966); *Baur*, Entwicklungstendenzen im Sachenrecht, JurJb 8, 19 (1977/78); *Baur*, Die gegenseitige Durchdringung von privatem und öffentlichem Recht im Bereich des Bodeneigentums, in: FS Sentis, 1977, S. 181.
5 Meikel/*Böhringer*, 10. Aufl. 2010, Einl A 59 ff.
6 *Eickelberg*, Rpfleger 2013, 253; eingehend auch *Wagemann*, Funktion und Bedeutung von Grundstücksregistern (2002).
7 Zur Haftung des Dienstherrn bei mangelnder Personalausstattung des Grundbuchamtes und überlanger Verfahrensdauer BGHZ 170, 260 = NJW 2007, 830.

Aus dem Doppeltatbestand des § 873 BGB folgt zweierlei:
- Eine Rechtsänderung kann rechtsgeschäftlich weder allein durch Einigung (Ausnahme z.B. § 1154 Abs. 1 S. 1 Hs. 1 BGB) noch allein durch Grundbucheintragung stattfinden.
- Die Voraussetzungen und Wirkungen der dinglichen Rechtsänderung richten sich nach materiellem Recht (z.B. §§ 873, 875, 877 BGB). Die Voraussetzungen für die Vornahme und die Wirksamkeit der Grundbucheintragung richten sich nach Verfahrensrecht der GBO und ergänzend dem FamFG.

Ein Verfahrensverstoß allein verhindert nicht die materielle Rechtsänderung (vgl. § 19 GBO Rdn 2; vgl. § 20 GBO Rdn 4), wenn die Eintragung als solche wirksam ist und mit dem rechtsgeschäftlichen Willenselement der Beteiligten übereinstimmt. Fehlt es aber am rechtsgeschäftlichen Willenselement oder stimmt es nicht mit der Eintragung überein, bewirkt die Grundbucheintragung keine Rechtsänderung; es besteht mit der Eintragung eine Grundbuchunrichtigkeit, die durch §§ 891–893 BGB rechtliche Wirkungen entfalten kann.

II. Liegenschaftsrecht und seine Teilgebiete

Materielles Grundstücksrecht, Grundbuchverfahrensrecht, öffentliches Bodenrecht mit dazugehörigem Verfahrensrecht und Immobiliarvollstreckungsrecht sind selbstständige Teilgebiete des Liegenschaftsrechts, die eine getrennte Kodifizierung erfahren und sich trotz ihrer engen Verflechtung eigenständig entwickelt haben. Sie unterscheiden sich nach Wesen, Voraussetzungen und Wirkungen voneinander, auch wenn sie sich letztlich ergänzen.[8] Die engsten Verflechtungen bestehen freilich zwischen materiellem Grundstücksrecht des BGB und dem Grundbuchverfahrensrecht; das landesrechtliche Katasterrecht mit formellen Regelungen zum Liegenschaftskataster ist dabei notwendige Voraussetzung der Verkehrsfähigkeit eines Grundstücks durch Buchung im Bestandsverzeichnis des Grundbuchs. Das öffentliche Recht dringt besonders mit den Beschränkungen des Baurechts und des Bauordnungsrechts in das Grundstücksrecht ein, ist aber aus dem Grundbuch regelmäßig nicht ersichtlich (vgl. § 54 GBO; dazu siehe auch Rdn 9). Das Immobiliarvollstreckungsrecht hat mit dem Gesetz über die Zwangsversteigerung und die Zwangsverwaltung (ZVG) wesentlich ein funktionierendes Grundbuch als Voraussetzung: Ein Grundstück kann nur dann zwangsversteigert werden, wenn es ordnungsgemäß gebucht ist[9] und die Eigentums- und Belastungsverhältnisse klar und eindeutig sind.[10]

1. Begriffliches

„**Liegenschaftsrecht**" umfasst als Oberbegriff das gesamte materielle und formelle Recht.[11] Unter „**Grundbuchrecht**" versteht man heute meist nur das formelle Recht;[12] man sollte aber besser den Begriff *Grundbuchverfahrensrecht* verwenden (oder das Attribut „formelles" voranstellen), um Unklarheiten zu vermeiden.[13]

2. Materielles Grundstücksrecht

Das **materielle Grundstücksrecht** regelt Voraussetzungen und Wirkungen einer dinglichen Rechtsänderung am Grundstück. Aus materiell-rechtlicher Sicht ist die inhaltliche Richtigkeit des Grundbuchs zu beurteilen. Materielles Grundstücksrecht ist im Wesentlichen im BGB, dem ErbbauRG und dem WEG enthalten. Aber auch die GBO enthält materielles Grundstücksrecht, so z.B. in den § 3 Abs. 1 S. 2 und § 49 GBO.[14]

---

8 Staudinger/*Chr. Heinze*, BGB, Vor §§ 873 ff. Rn 8 f.
9 BGH NJW 1973, 1077; BGH NJW-RR 2006, 662; BGH NJW-RR 2013, 789; Staudinger/*Picker*, BGB, § 891 Rn 25 ff., 31; *Demharter*, § 2 Rn 26; *Lemke/Schneider*, § 2 Rn 26 ff.; zur Besonderheit unklaren Grenzverlaufs BGH NJW 2014, 636 m. Anm. *Hasselblatt* = ZfIR 2014, 155 m. Anm. *Becker*; vorgehend OLG Brandenburg NZI 2012, 774.
10 Eingehend dazu *Böttcher/Keller/Schneider/Beeneken*, Das ZVG auf dem Prüfstand – Rechtstatsachenforschung zum Reformbedarf des ZVG (2017).
11 Staudinger/*Chr. Heinze*, BGB, Vor §§ 873 ff. Rn 8.
12 *Ertl*, Rpfleger 1980, 1, 2; Staudinger/*Chr. Heinze*, BGB, Vor §§ 873 ff. Rn 24.
13 *Güthe/Triebel*, Einl. Rn 28 f.; *Heck*, Grundriß des Sachenrechts, § 35; *Triebel*, Materielles Grundbuchrecht (1937), S. 7; Bauer/Schaub/*Bauer*, AT A Rn 36.
14 *Güthe/Triebel*, Einl. Rn 28; Bauer/Schaub/*Bauer*, AT A Rn 36.

3. Grundbuchverfahrensrecht

7 Das Verfahren der Eintragung im Grundbuch wird durch das formelle Grundbuchrecht (**Grundbuchverfahrensrecht**) geregelt. Das Grundbuchverfahrensrecht regelt die Voraussetzungen einer Grundbucheintragung, welcher Form sie genügen muss und ob die Eintragung ordnungsgemäß erfolgt ist. Es ist im Wesentlichen in der GBO und ihren Ausführungsvorschriften (insbes. die gem. § 1 Abs. 4 erlassene GBV) enthalten. Grundbuchverfahrensrechtliche Normen finden sich allerdings auch im WEG (§ 7 Abs. 1, 2, 4 und 5, §§ 9 Abs. 1, 32 Abs. 2 S. 2, Abs. 3) und im ErbbauRG (§§ 14–17). Das formelle Grundbuchrecht ist nicht nur Teil des Liegenschaftsrechts, sondern auch des allgemeinen Verfahrensrechts, insbes. Teil der sog. freiwilligen Gerichtsbarkeit, für die das FamFG gilt (dazu Einl. § 2 Rdn 51 ff.).[15]

B. Funktionen des Grundbuchs

I. Grundbuchgrundstück als Basis

8 Das materielle Grundstücksrecht betrifft das Grundstück im Rechtssinne, das im Bestandverzeichnis des Grundbuchs unter einer eigenen laufenden Nummer eingetragen ist. Dieses „**Grundbuchgrundstück**" ist nicht notwendig identisch mit dem katastertechnischen Flurstück und erst recht nicht mit dem Grundstück im Sinne des täglichen Sprachgebrauchs, dessen Grenzen sich nach der natürlichen Anschauung und nicht nach dem Ergebnis einer amtlichen Vermessung oder nach dem rechtlich maßgeblichen Inhalt des Grundbuchs richten (eingehend vgl. § 2 GBO Rdn 4 ff.).[16]

Der Buchungszwang wird im Grundbuchverfahrensrecht nicht lückenlos durchgehalten. Von der Buchung befreit sind nach § 3 Abs. 2 GBO die Grundstücke, deren Eigentum auch ohne Grundbucheintragung leicht feststellbar ist und die nur begrenzt dem Rechtsverkehr unterliegen. Jede Durchbrechung des Buchungszwanges, auch wenn sie mit öffentlichen Interessen begründet wird, führt aber zu Rechtsunsicherheit.[17] Daher ist es begrüßenswert, wenn Grundstücke im Grundbuch gebucht sind, auch wenn sie nicht dem Buchungszwang unterliegen, bei Grundstücken des Bundes, der Länder und der Gebietskörperschaften ist dies regelmäßig der Fall.

II. Aufgaben des Grundbuchs

1. Abbildung dinglicher Rechte

9 Das Grundbuch bildet die privaten dinglichen Rechte an Grundstücken ab. Es soll über diese Rechtsverhältnisse möglichst erschöpfend und zuverlässig Auskunft geben.[18] Das Grundbuch ist die Rechtsgrundlage für den Verkehr mit Grundstücken, Wohnungseigentum, Erbbaurechten oder selbstständigem Gebäudeeigentum (Art. 231 § 5 und Art. 233 § 4 EGBGB) und für die Beziehungen zwischen dem Eigentümer und den dinglichen Berechtigten, insbes. Grundpfandrechtsgläubigern.

2. Die drei Hauptwirkungen der Grundbucheintragung

10 Eine Grundbucheintragung beinhaltet drei Hauptwirkungen:[19]

– Die Konstitutivfunktion nach den §§ 873 Abs. 1, 875 Abs. 1, 877, 883 Abs. 1, 899 Abs. 1 BGB.
– Hieraus folgt die Richtigkeitsvermutung gem. § 891 BGB.
– Hierauf basierend der öffentliche Glaube nach den §§ 892, 893 BGB.

Der Buchungszwang des § 873 BGB hat dabei als notwendige Folge die Richtigkeitsvermutung des Grundbuchs und seinen öffentlichen Glauben. Sie gewährleisten im Grundstücksrecht die Sicherheit des Rechtsverkehrs.

---

15 *Ertl*, Rpfleger 1980, 1. Zu den Rechtsquellen des Grundbuchverfahrensrechts *Schöner/Stöber*, Grundbuchrecht, Rn 29 ff.; Staudinger/*Chr. Heinze*, BGB, Vor § 873 Rn 27 ff.; eingehend zur Anwendung des FamFG auch *Böttcher*, Rpfleger 2011, 53.
16 Staudinger/*Chr. Heinze*, BGB, Vor § 873 Rn 15 ff.
17 *Feyock*, Sonderheft der DNotZ zum Deutschen Notartag 1956, 13, 21.
18 RGZ 61, 374, 377; 143, 159, 165; 145, 343, 354; OLG Hamm NJW 1986, 3213, 3214; Meikel/*Böttcher*, Einl. A 9.
19 Meikel/*Böttcher*, Einl. A 10 ff.

Der Buchungszwangs und die Richtigkeitsvermutung dienen dem rechtsgeschäftlichen Rechtsverkehr. Es ist daher Sache der Beteiligten selbst, die Richtigkeit des Grundbuchs zu gewährleisten. Das Grundbuchamt greift nicht etwa von Amts wegen ein, wenn eine Grundbuchunrichtigkeit vorliegt; eine berichtigende Eintragung erfolgt nicht von Amts wegen. Im Falle des sog. Grundbuchberichtigungszwangs nach §§ 82 ff. GBO etwa hat das Grundbuchamt die Beteiligten zur entsprechenden Grundbuchberichtigung anzuhalten, die Grundbuchberichtigung von Amts wegen ist seltenster Ausnahmefall (eingehend § 82a GBO Rdn 2 ff.). Selbst in dem Falle, bei welchem die Grundbuchunrichtigkeit auf einer Rechtsverletzung des Grundbuchamts beruht, wird eine entsprechende Eintragung nicht von Amts wegen rückgängig gemacht. Zur Verhinderung gutgläubigen Erwerbs und zur Vermeidung von Amtshaftungsansprüchen ist lediglich die Eintragung eines Amtswiderspruchs nach § 53 Abs. 1 S. 1 GBO geboten (siehe § 53 GBO Rdn 24 ff.).

3. Warn- und Schutzfunktion

Die **Warn- und Schutzfunktion** als weitere Aufgabe des Grundbuchs ist seit dem Vordringen öffentlich-rechtlicher Beschränkungen des Grundstücksrechts und insbes. der Grundstücksnutzung nur lückenhaft ausgeprägt.[20] Je mehr das öffentliche Recht in den privaten Grundstücksverkehr eingreift, desto dringender wird zur Verhinderung einer mit rechtsstaatlichen Grundsätzen (Art. 20 Abs. 3 GG) nicht in Einklang stehenden Unsicherheit im Grundstücksverkehr eine befriedigende Lösung des Problems, ob und wie das Grundbuch eine zusätzliche Warn- und Schutzfunktion gegenüber den Staatsbürgern übernehmen kann und muss.[21] Das Grundbuch wäre aber überfordert, wenn es auch Auskunft über sämtliche öffentlichen Rechte, Lasten und Beschränkungen geben müsste oder wenn man an die Grundbucheintragung eine Vermutung oder Fiktion der Richtigkeit oder der Vollständigkeit von Rechtsverhältnissen öffentlichen Rechts knüpfen wollte.[22] Gerade durch die landesrechtlich geregelte Baulast mit ihrer inhaltlichen Nähe zur Dienstbarkeit und ihrer Eintragung im Baulastenverzeichnis der örtlichen Verwaltungsbehörde[23] wird dies deutlich (siehe hierzu auch § 6 Einl. Rdn 170 ff.). Weitere praktische Fälle sind die Verfügungsbeeinträchtigungen und sog. Veränderungssperren im Flurneuordnungsverfahren oder Sanierungsverfahren (§ 144 BauGB).[24]

III. Transparenz und Diskretion im Grundbuch

1. Rechtspolitik und Grundbuch

Fraglich ist, ob dem Grundbuch auch eine öffentliche Funktion der Verlautbarung von Rechtsverhältnissen zukommt oder künftig zukommen soll.[25] Diese Frage stellt sich vor allem vor dem Hintergrund gesellschaftlicher, rechts- und fiskalpolitischer Diskussionen um eine Transparenz von Erwerbsvorgängen und Eigentumsverhältnissen an Immobilien. Exemplarisch stellt sich die Frage hinsichtlich möglicher Geldwäschegeschäfte sowie des Eigentums von „anonymen Gesellschaften oder Konzernen" insbesondere an zu Wohnzwecken dienenden Immobilien. Rechtspolitisch reicht sie bis zur Forderung nach der Enteignung oder Vergesellschaftung solcher Eigentümer.

2. Der öffentliche Wille nach Transparenz

Der Aspekt der Geldwäsche ist bei Immobilientransaktionen durchaus relevant. Man mag dabei zunächst an den Fall der Angabe eines zu niedrigen Kaufpreises bei der notariellen Beurkundung des Grundstückskaufvertrages denken, um Notargebühren, Grundbuchgebühren und Grunderwerbsteuer zu sparen. Bekanntlich ist der beurkundete Vertrag als Scheingeschäft nach § 117 BGB nichtig, der in Wirklichkeit mit dem richtigen Kaufpreis geschlossene Vertrag ist wegen Formmangels nichtig

---

20 Instruktiv dazu Meikel/*Böttcher*, Einl A 14; *Eickmann/Böttcher*, Grundbuchverfahrensrecht, Rn 6.
21 Eingehend auch *Flik*, Rpfleger 1997, 333.
22 BGH NJW 1972, 488; BGH NJW 1973, 1278.
23 Eingehend *Keller/Padberg*, Nutzungsrechte an Grundstücken in den neuen Ländern (1996), S. 188 ff.
24 Siehe auch Meikel/*Böhringer*, 10. Aufl. 2010, Einl. A 46 ff.; Meikel/*Böttcher*, Einl. A 14; MüKo-BGB/*Mohr*, Vor § 1018 Rn 20; Staudinger/*Picker*, BGB, § 892 Rn 66; Schöner/Stöber, Grundbuchrecht, Rn 3 ff., 3195 ff.; *Eickmann/Böttcher*, Grundbuchverfahrensrecht, Rn 7; *Meendermann/Lassek*, NJW 1993, 424.; *Masloh*, NJW 1995, 1993; *Michalski*, MittBayNot 1988, 204.
25 Eingehend auch *Keller*, RpflStud 2021, 35.

(§§ 311b Abs. 1, 125 BGB).[26] Die Formnichtigkeit würde mit Eintragung des Erwerbers als Eigentümer in das Grundbuch geheilt (§ 311b Abs. 1 S. 2 BGB).[27] Eine weitergehende Nichtigkeit wegen Steuerhinterziehung nach § 134 BGB mit § 370 Abs. 1 Nr. 1 AO[28] oder wegen Sittenwidrigkeit nach § 138 BGB nimmt der BGH nur dann an, wenn die Erlangung der Steuervorteile der alleinige oder der Hauptzweck der vertraglichen Vereinbarung gewesen ist.[29]

14 Die wirkliche Geldwäsche erfolgt aber umgekehrt, indem eine Immobilie in kurzer Zeit mehrfach an juristische Personen zu überhöhten Werten veräußert werden. Die Financial Intelligence Unit (FIU) analysiert als Zentralstelle für Finanztransaktionsuntersuchungen[30] entsprechende Verdachtsmeldungen nach dem Geldwäschegesetz.[31] An sie haben die nach § 2 GwG verpflichteten Institutionen und Personen Verdachtsmeldungen zu richten (§ 27 GwG). In ihren Jahresberichten stellt die FIU typische Fallgestaltungen von Immobilientransaktionen vor, bei welchen der Verdacht von Geldwäsche besteht. So interessant einzelne Sachverhalte sein mögen, und so sehr man im Einzelfall den Verdacht von Geldwäsche teilen mag, bleibt doch die FIU das Ergebnis oft schuldig. Diese Fragen mögen sich auch Notare stellen, die als sogenannte Verpflichtete nach § 2 Abs. 1 Nr. 10 GwG den besonderen Sorgfaltspflichten nach §§ 10 ff. GwG unterliegen und beispielsweise die Identität ihrer Mandanten feststellen müssen – für einen Notar schon wegen § 9 BeurkG nichts neues –, aber auch bei verstärkten Sorgfaltspflichten (§ 15 GwG) prüfen müssen, wer der wirtschaftlich Berechtigte einer Transaktion ist, und Informationen über die Herkunft von Vermögenswerten einholen müssen (§ 15 Abs. 5 lit. c) GwG). In jedem Fall hat der Notar die Überprüfung von Transaktionen und die Überwachung von Geschäftsbeziehungen in einem Umfang sicherzustellen, der es ermöglicht, ungewöhnliche oder verdächtige Transaktionen zu erkennen und zu melden (§ 14 Abs. 2 S. 2 GwG). Konsequent hierzu verbietet § 16a GwG beim Grundstückserwerb mit einem vereinbarten Kaufpreis oder einer sonst vereinbarten Gegenleitung von mehr als 10.000 EUR die Barzahlung.[32] Die unbare Entrichtung hat der Notar zu prüfen und er darf erst dann den Antrag auf Eigentumsumschreibung stellen (§ 16a Abs. 3 GwG). Die notarielle Prüfung ist nicht erforderlich, wenn die Entrichtung der Gegenleistung über ein Notaranderkonto vereinbart wird (§ 16a Abs. 4 GwG). Das kollidiert aber mit § 57 Abs. 2 Nr. 1 BeurkG, der diese Variante nur bei einem besonderen Sicherungsinteresse der Parteien zulässt, insbesondere um eine Überlastung mit Gebühren zu vermeiden.[33]

15 Zweck des Geldwäschegesetzes ist es, Transaktionen aufzudecken, die mit unversteuerten Einkünften finanziert werden oder gar der Terrorismusfinanzierung dienen. Dahinter steht auch der Gedanke, dass stets eine natürliche Person als wirtschaftlich Berechtigter (§ 3 GwG) hinter einer Transaktion insbesondere durch juristische Personen oder Handelsgesellschaften steht. Dazu ist ein Transparenzregister eingerichtet (§§ 15 ff. GwG), das ursprünglich online einsehbar sein sollte[34] und mit der Überschrift „Wirtschaftlich Berechtigte eintragen, Einsicht nehmen und Unstimmigkeiten melden" schon einen leicht denunziatorischen Charakter vermittelt. Der EuGH entschied allerdings mit Urt. v. 22.11.2022, dass die freie Einsicht in das Transparenzregister gegen Art. 7 (Achtung des Privat- und Familienlebens) sowie Art. 8 (Schutz personenbezogener Daten) der Charta der Grundrechte der Europäischen Union verstößt.[35] Die Einsichtnahme ist nunmehr geregelt in der Transparenzregistereinsichtnahmeverordnung (TrEinV) vom 16.3.2023.[36]

16 Das Sanktionsdurchsetzungsgesetz II vom 19.12.2022[37] enthält mit Art. 1 ein Sanktionsdurchsetzungsgesetz, mit welchem eine neue Zentralstelle für Sanktionsdurchsetzung beim Bundesministerium für Finanzen geschaffen wird. Aufgabe der Zentralstelle ist es, die Durchsetzung der vom Rat der Europäischen

---

26 BGHZ 74/116 = NJW 1979, 1350 = Rpfleger 1979, 252; BGHZ 87, 150 = NJW 1983, 1610 = Rpfleger 1983, 306 (jeweils zur Falschbezeichnung eines Grundstücksteils); allgemein MüKoBGB/*Armbrüster*, § 117 Rn 28.
27 RGZ 60, 334, 340.
28 Motive zum BGB, Band I S. 210 ff.; MüKoBGB/*Armbrüster*, § 134 Rn 57 m.w.N.; differenzierend Staudinger/*Sack/Seibl*, BGB, § 134 Rn 286, 290 ff.
29 BGHZ 14, 25; BGH NJW 1965, 588; BGH NJW-RR 2002, 1527; BGH NJW-RR 2006, 283.
30 Https://www.zoll.de/DE/FIU/fiu_node.html.
31 Gesetz über das Aufspüren von Gewinnen aus schweren Straftaten – Geldwäschegesetz vom 23.6.2017 (BGBl I S. 1822); Gesetzentwurf mit Begründung vom 17.3.2017, BT-Drucks 18/11555.
32 Eingefügt durch Art. 4 Nr. 5 Sanktionsdurchsetzungsgesetz II vom 19.12.2022 (BGBl I, 2022, 2606).
33 NK-BGB/*Grziwotz*, Anh. § 925 ff. Rn 70 m.w.N.
34 Https://www.transparenzregister.de/treg/de/start;jsessionid=4BBDC232503D7B12497CE338F1C5B4B9.app21?0.
35 EuGH NJW 2023, 199.
36 BGBl I 2023, Nr. 83.
37 Sanktionsdurchsetzungsgesetz II vom 19.12.2022 (BGBl I, 2022, 2606).

Union im Bereich der Gemeinsamen Außen- und Sicherheitspolitik beschlossenen wirtschaftlichen Sanktionsmaßnahmen im Inland zu gewährleisten und mit ausländischen Behörden bei der Durchsetzung dieser Sanktionsmaßnahmen zusammenzuarbeiten (§ 1 Abs. 1 SanktDG). Es wird dazu auch ein Vermögensregister für „verdächtige" Personen und Gesellschaften eingeführt (§ 14 SanktDG). Begleitend dazu wurde das Geldwäschegesetz umfassend erweitert, insbesondere zur Stärkung des sogenannten Transparenzregisters. Dieses soll auch Angaben zu Immobilienbesitz enthalten (§ 19a GwG). Dazu sollten die Grundbuchämter bis 31.7.2023 die erforderlichen Daten übermitteln, soweit diese auf Basis bereits verfügbarer strukturierter Daten vorliegen (§ 19b GwG).[38]

3. Der private Wille nach Diskretion

Gerade der Gedanke, hinter jeder Transaktion einer juristischen Person müsse auch eine natürliche Person als wirtschaftlich Berechtigter stehen, ist Ausdruck aktuellen gesellschaftlichen und politischen Zeitgeistes, der das Immobilieneigentum juristischer Personen als mindestens verdächtig empfindet. Noch schlimmer ist es, wenn die juristische Person als „anonymer Konzern" erscheint, bei welchem die Gesellschafterverhältnisse nicht mehr erkennbar sind. **17**

Dagegen muss festgestellt werden, dass gerade das Rechtsinstitut der juristischen Person mit dem eingetragenen Verein (§§ 21 ff. BGB) als Urbild die rechtliche und auch wirtschaftliche Unabhängigkeit von den Mitgliedern oder Gesellschaftern als Wesenskern innehat.[39] Gerade beim eingetragenen Verein, aber noch stärker bei der Aktiengesellschaft als „kapitalistischem Verein"[40] ist die Trennung der juristischen Person von Vermögen und Haftung der einzelnen Mitglieder essentiell. Die Möglichkeiten, breit gestreut Kapital zu erhalten und zugleich unternehmerisches Haftungsrisiko zu minimieren, sind entscheidende Bausteine der Gesellschafts- und Wirtschaftsordnung seit der späten Neuzeit.[41] Es wäre zu einfach gedacht und nachgerade naiv, hinter jeder juristischen Person eine oder wenige natürliche Personen zu suchen oder hinter Publikumsgesellschaften stets Steuerhinterziehung und kapitalistische Ausbeutung zu vermuten. Konsequent wäre es natürlich, den Grundstückserwerb seitens juristischer Personen oder Personengesellschaften zu verbieten und nur natürliche Personen als Rechtsinhaber zuzulassen. Dann wären wir mit unserer Rechts- und Wirtschaftsordnung wieder im Mittelalter. **18**

Ein letzter Hort gesellschaftsrechtlicher Diskretion war die Gesellschaft bürgerlichen Rechts (GbR) nach §§ 705 ff. BGB. Sie war und ist gerade als Besitzgesellschaft für Immobilien beliebt,[42] weil sie den Gesellschaftern Vorteile bietet: Die gesamthänderische Bindung nach § 719 BGB schützt anders als bei der Bruchteilsgemeinschaft nach §§ 741 ff. BGB vor Veränderungen im Gesellschafterbestand,[43] die ertragsteuerliche Neutralität der Gesellschaft lässt Gewinne und Verluste unmittelbar den Gesellschaftern zugutekommen.[44] Bis 31.12.2023 wurden mangels Eintragung der Gesellschaft bürgerlichen Rechts in ein Gesellschaftsregister die Gesellschafter namentlich im Grundbuch benannt (dazu § 47 Rdn 36 ff.).[45] Wegen der durch § 12 GBO begrenzten Möglichkeit der Grundbucheinsicht konnten die Gesellschafter zumindest bezogen auf ihren Grundbesitz Diskretion walten lassen. Die durch das Gesetz zur Modernisierung des Personengesellschaftsrechts[46] seit 1.1.2024 geltenden Regelungen zum Gesellschaftsregister für die GbR (§§ 707 ff. BGB) und die Neuregelung des § 47 Abs. 2 GBO haben auch diese Diskretion beseitigt (eingehend § 47 GBO Rdn 47 ff.). Weil die GbR nur noch dann grundbuchfähig ist, wenn sie im Gesellschaftsregister eingetragen ist, besteht ein faktischer Eintragungszwang für das Gesellschaftsregister und selbst die Gesellschaft bürgerlichen Rechts als einfache und diskrete Gesellschaftsform hat ihre Unschuld verloren. **19**

---

38 Eingehend: *Wilsch*, ZfIR 2023, 68.
39 Zu den historischen Grundlagen: *K. Schmidt*, Gesellschaftsrecht, § 8 II.
40 *K. Schmidt*, Gesellschaftsrecht, § 26 I. 2.
41 *K. Schmidt*, Gesellschaftsrecht, § 26 II. 1.
42 Zur Innengesellschaft von Eheleuten zwecks Anschaffung, Bezahlung und Nutzung einer selbstgenutzten Immobilie: BGH NJW-RR 1991, 422.
43 Eingehend: MüKoBGB/*Schäfer*, 8. Aufl. 2020, Vor § 705 Rn 124 ff.
44 Gesonderte und einheitliche Feststellung von Grundlagen für die Einkommensbesteuerung nach § 157 Abs. 2 oder §§ 179 ff. AO.
45 Umfassend: Meikel/*Böhringer*, § 47 Rn 240 ff.
46 MoPeG v. 10.8.2021 (BGBl I, 2021, 3436).

4. Das Grundbuch im Widerstreit der Interessen
a) Die zivilrechtliche Aufgabe des Grundbuchs

20 Die Einrichtung des Grundbuchs und der Buchungszwang des § 873 BGB stellen für das Immobiliarsachenrecht und den Rechts- und Kreditverkehr ein hoch zu schätzendes Gut dar. Das Grundbuch gewährleistet mit seinem öffentlichen Glauben (§§ 891 ff. BGB) Rechtssicherheit und Rechtsklarheit und vermeidet Risiken, die bei einem lediglich fakultativ wirkenden Grundbuch oder gar bei losen Urkundensammlungen bestehen und mit teuren Ausfallversicherungen abgedeckt werden müssen (siehe Rdn 2). Die vielleicht hohen Kosten der Einrichtung und Führung des Grundbuchs durch die Justiz – die aber auch nicht geringen Gebühreneinnahmen unberücksichtigt – sind damit eine lohnende Investition des Staates in seine Rechts- und Wirtschaftsordnung.[47]

Das Grundbuch ist ein genuin zivilrechtliches Instrument, es hat nicht die Aufgabe, öffentliche Lasten kundzutun (§ 54 GBO) oder wirtschaftliche Begleitumstände zu offenbaren. Dazu gehört, dass das Grundbuch nur sehr bedingt über die Lage eines Grundstücks Auskunft gibt, diese lediglich mittelbar durch Bezugnahme auf das Liegenschaftskataster und die amtliche Karte nach § 2 Abs. 2 GBO Grundbuchinhalt ist (siehe § 2 GBO Rdn 8). Dazu gehört auch, dass das Grundbuch wegen der Bestandteilseigenschaft eines Bauwerks nach § 94 BGB keine verlässliche Auskunft über die Bebauung und Nutzung eines Grundstücks gibt. Die Angaben in Spalte 3c des Bestandsverzeichnisses nehmen nicht am öffentlichen Glauben des Grundbuchs teil (§ 2 GBO Rdn 16).[48]

Dass das Grundbuch dabei nicht immer die Interessen des Immobilengewerbes bedient, ist hinzunehmen. Es ist etwa nicht Aufgabe des Grundbuchs, den Wert einer Immobilie oder Wertentwicklungen darzustellen. Daher ist als Grundlage der Eintragung des rechtsgeschäftlichen Erwerbs in Abteilung I Spalte 4 das Datum der Auflassungserklärung (§§ 873, 925 BGB) einzutragen, nicht etwa das eines Kaufvertrages. Oftmals werden aber auch entsprechend § 44 Abs. 2 GBO der Notar und die UVZ (früher URNr.) angegeben, wofür aber kein Anlass besteht (siehe § 44 GBO Rdn 28; § 9 GBV Rdn 8). Die Angabe der Auflassung erfordert keine inhaltliche Bezugnahme im Sinne von § 874 BGB und § 44 Abs. 2 GBO, und das bloß schnellere Auffinden der Urkunde in der Grundakte zum Zwecke der Erforschung des schuldrechtlichen Erwerbsgrundes ist nicht vom Zweck des Grundbuchs gedeckt. Für den Rechtsverkehr muss es lediglich aussagen, wer Eigentümer ist, nicht warum[49] und erst recht nicht auf Grund welchen schuldrechtlichen Kausalgeschäfts.

b) Muss das Grundbuch dem öffentlichen Willen nach Transparenz folgen?

21 Dies führt zur Frage, ob das Grundbuch in seiner Konzeption und seinem Inhalt dem gesellschaftlichen Willen nach Transparenz wirtschaftlicher Vorgänge folgen muss. De lege lata lautet die Antwort sicherlich: Nein. Das schließt nicht aus, de lege ferenda das Grundbuch für weitere Tatbestände zu öffnen. Man könnte es beispielsweise mit dem Liegenschaftskataster zusammenführen[50] oder auch schuldrechtliche Kausalgeschäfte zum Gegenstand der Publizität machen. Wollte man beim Eigentum juristischer Personen oder Personengesellschaften den oder die wirtschaftlich Berechtigten darstellen, wäre auch eine Verknüpfung mit dem Transparenzregister nach §§ 15 ff. GwG oder wenigstens dem Handelsregister denkbar.

Dies alles bedürfte bundesgesetzlicher Regelung, da die Transformation des Grundbuchs in ein allgemeines Liegenschafts-Informationssystem auch Grundlagen des bürgerlichen Rechts betrifft und damit der konkurrierenden Gesetzgebungskompetenz des Bundes unterliegt (Art. 74 Abs. 1 Nr. 1 GG). Es wäre das Grundbuch dann aber kein genuin zivilrechtliches Register mehr. Es wäre auch die Unabhängigkeit der Grundbuchführung gefährdet, denn der Gesetzgeber des BGB und der Grundbuchordnung legte mit § 1

---

[47] Eingehend: *Eickelberg*, Rpfleger 2013, 253.
[48] Staudinger/*Picker*, BGB, § 891 Rn 1.
[49] BGHZ 7, 64 (Nichtigkeit der Grundbucheintragung, die „mit vorgehaltener Pistole" durch einen Oberst der Sowjetarmee in einem ehemaligen Westsektor Berlins erzwungen wurde).
[50] In der ehemaligen DDR wurden Grundbuch und Liegenschaftskataster durch den sogenannten Liegenschaftsdienst als Verwaltungsbehörde geführt; dazu *Schöner/Stöber*, Grundbuchrecht, 12. Aufl. 2001, Rn 54a; eingehend *Moser-Merdian/Flik/Keller*, Das Grundbuchverfahren in den neuen Bundesländern, 3. Aufl. 1995, Rn 1 ff., 98 ff.; *v. Schuckmann*, Rpfleger 1991, 139.

GBO das Grundbuch bewusst in die Hände der auch seinerzeit schon einigermaßen unabhängigen Justiz.[51] Zivilrechtliche Erwerbsvorgänge gehören in die Hand der Justiz, nicht in die Zuständigkeit einer weisungsgebundenen Verwaltungsbehörde.

5. Transparenz und Grundbucheinsicht

a) Die Begrenzung der Einsicht auf berechtigtes Interesse

Die Beschränkung der Grundbucheinsicht auf ein berechtigtes Interesse durch § 12 GBO ist Ausdruck der Funktion des Grundbuchs als Instrument des Zivilverfahrensrechts.[52] Die Grundbucheinsicht etwa des Notars vor einer Beurkundung nach § 21 BeurkG gewährleistet ebenso Rechtssicherheit wie das Erfordernis der Voreintragung im Grundbuchverfahren (§ 39 GBO).[53] Dass lediglich wirtschaftliche Interessen wie eine mögliche Kaufabsicht ein berechtigtes Interesse an einer Einsicht nicht begründen, ist ebenso allgemein bekannt wie verständlich (§ 12 GBO Rdn 5).[54] Wer möchte schon als Grundstückseigentümer von fremden Personen ungefragt darauf angesprochen werden, ob er seine Immobilie veräußern wolle?

Gesetzgeberischer Reformbedarf wird gerne mit Verweis auf ausländische Rechtsordnungen begründet. So hat bekanntlich Österreich sowohl ein technisch hochentwickeltes wie auch allgemein öffentliches Grundbuchsystem.[55] Ein allgemeiner Verweis auf ausländische Rechtsordnungen ist für sich genommen aber untauglich und stellt kein sachliches Argument für und wider eine Regelung dar. Denn es gibt zahlreiche Länder, die es wieder anders machen. Stets ist zu untersuchen, aus welcher historischen Entwicklung ein Tatbestand hervorging, welche – auch gesellschaftsrechtlichen Entwicklungen – er nahm und wie er im eigenen Land rezipiert wird.[56]

b) Datenhoheit und Datensparsamkeit

Das Postulat nach Transparenz bei Transaktionen und Rechtsinhabern kollidiert mit dem privaten Interesse des Rechtsinhabers an der Diskretion über seine Eigentums- und Rechtsverhältnisse. Dieses private Interesse ist Ausdruck des Rechts auf informationelle Selbstbestimmung als Ausfluss des allgemeinen Persönlichkeitsrechts aus Art. 2 Abs. 1 GG. Das Recht gewährleistet dem Einzelnen die Befugnis, selbst über die Preisgabe und Verwendung persönlicher Daten zu entscheiden.[57] Insofern entspricht die mehr als einhundert Jahre alte Vorschrift des § 12 GBO den Anforderungen modernen Verfassungsrechts. Die Führung des Einsichtsprotokolls nach § 12 Abs. 4 GBO mit § 46a GBV gewährleistet ebenso die Wahrung des Grundrechts aus Art. 2 Abs. 1 GG.[58] Auch erfüllt § 12 GBO die Anforderungen der Datenschutz-Grundverordnung (DGSVO).[59] Art. 5 ff. DSGVO verlangen, dass personenbezogene Daten rechtmäßig und transparent sowie in nachvollziehbarer Weise verarbeitet werden. Die Grundbucheinsicht unter den Voraussetzungen des § 12 GBO entspricht diesen Anforderungen (siehe § 12 GBO Rdn 3). Wollte man das Grundbuch zu einem öffentlichen Register machen, wäre danach einerseits zu fragen, ob ein solcher Eingriff in das individuelle Grundrecht aus Art. 2 Abs. 1 GG geeignet, erforderlich und angemessen ist.[60] Andererseits wäre zu fragen, ob die Veröffentlichung des Grundbuchinhalts unter dem Aspekt der Datensparsamkeit aus Art. 5 Abs. 1 und Art. 6 Abs. 1 DSGVO erforderlich ist.

---

51 Dazu bereits: *Güthe/Triebel*, § 1 Rn 7, 8.
52 Meikel/*Böttcher*, § 12 Rn 1 ff.
53 Kritisch aber: Meikel/*Böttcher*, § 39 Rn 1, 2; *Eickmann/Böttcher*, Grundbuchverfahrensrecht, Rn 215.
54 Meikel/*Böttcher*, § 12 Rn 6 ff.; Lemke/*Schneider*, § 12 GBO Rn 15.
55 Https://www.oesterreich.gv.at/themen/bauen_wohnen_und_umwelt/grundbuch/Seite.600340.html.
56 Zur Grundbucheinsicht im digitalen Zeitalter *Böhringer*, ZfIR 2022, 536.
57 BVerfGE 65, 1 = NJW 1984, 419 (Volkszählung); BVerfGE 120, 274 = NJW 2008, 822 (Online-Durchsuchung); BVerfGE 130, 1 = NJW 2012, 907; Maunz/Dürig/*di Fabio*, GG, 2020, Art. 2 Rn 173 ff.; zur juristischen Person als Träger des Grundrechts Maunz/Düring/*di Fabio*, GG, Art. 2 Rn 224; *Jarass/Pieroth*, GG, Art. 2 Rn 52 m.w.N.
58 *Böhringer*, Rpfleger 2014, 401; zur unzulässigen Bevorzugung einer Sparkasse gegenüber einer Bank bei der Anwendung von § 43 GBV: BVerfGE 64, 229 = NJW 1983, 2811 = Rpfleger 1983, 338.
59 Verordnung (EU) 2016/679 vom 27.4.2016 zum Schutz natürlicher Personen bei der Verarbeitung personenbezogener Daten, zum freien Datenverkehr und zur Aufhebung der Richtlinie 95/46/EG (ABl L 119/1 vom 4.5.2016).
60 Allgemein zu den Schranken des Grundrechts: *Jarass/Pieroth*, GG, Art. 2 Rn 53 ff.

c) Einsichtsgewährung aufgrund öffentlichen Interesses?

24 Zuletzt stellt sich die Frage, wann ein besonderes öffentliches Interesse an völliger Transparenz des Grundbuchinhalts oder wenigstens an Grundbucheinsicht besteht. Erörtert wird dies zumeist am Interesse der Presse an einer Grundbucheinsicht.[61] Dabei darf die Pressefreiheit des Art. 5 Abs. 1 S. 2 GG nicht pauschal und schrankenlos als Argument für ein Einsichtsrecht herangezogen werden. Auch die Pressefreiheit unterliegt kollidierenden Schranken durch die Grundrechte anderer.[62]

Prominent hatte der BGH im Jahre 2011 über die Grundbucheinsicht beim damaligen Bundespräsidenten zu entscheiden, durch welche ein Journalist durch Einsicht in Abteilung III des Grundbuchs die Finanzierung der Immobilie herauszufinden glaubte.[63] Der BGH betonte unter Verweis auf Rechtsprechung des Bundesverfassungsgerichts, dass in einer Abwägung der Grundrechte das Interesse der Presse an der Kenntnisnahme des Grundbuchinhalts sich als gegenüber dem Persönlichkeitsrecht der Eingetragenen vorrangig erweist, wenn es sich um eine Frage handelt, die die Öffentlichkeit wesentlich angeht – was vorliegend mit Blick auf die herausgehobene politische Stellung eines der Eigentümer der Fall war – und wenn die Recherche der Aufbereitung einer ernsthaften und sachbezogenen Auseinandersetzung dient.[64] Dabei darf das Grundbuchamt auch keine Vorauswahl treffen, indem es Einsicht nur auf bestimmte Abteilungen des Grundbuchs gewährt.[65] Zu einer solchen Beurteilung ist das Grundbuchamt jedenfalls dann nicht befugt, wenn sich die journalistische Recherche nach dem Inhalt des Gesuchs auf einen Sachverhalt bezieht, der nicht durch eine unmittelbar aus dem Inhalt des Grundbuchs zu erzielende Information zu klären ist. In einem solchen Fall darf das Grundbuchamt der Presse nicht vorschreiben, welche Teile des nach § 12 Abs. 1 S. 1 GBO in seiner Gesamtheit – wenn auch beschränkt durch das Erfordernis eines berechtigten Interesses – der Kenntnisnahme durch Dritte zugänglichen Grundbuchs für die Recherche von Nutzen sein können.[66] Ob im Rahmen der Abwägung der Grundrechte dem betroffenen Eigentümer rechtliches Gehör gewährt werden soll, klärte der BGH leider nicht. Überwiegend wird die Gewährung rechtlichen Gehörs vor einer Einsicht abgelehnt.[67] Soweit aber eine Gefährdung des Recherchezweckes nicht zu befürchten ist, sollte sie in Betracht gezogen werden (dazu § 12 GBO Rdn 15). Immerhin erklärte der Betroffene in einem späteren Fernsehinterview, dass er bis zur Entscheidung des BGH von dem Begehren auf Grundbucheinsicht keinerlei Kenntnis hatte. Und unabhängig davon fragt sich der des Grundbuchwesens kundige Leser, was denn mit einer Einsichtnahme in Abteilung III des Grundbuchs wirklich festgestellt werden wollte. Die Finanzierung einer Immobilie muss erstens keineswegs grundbuchlich gesichert werden. Hätte zweitens der Eigentümer die Finanzierungsverhältnisse verschleiern wollen, hätte er dies legal beispielsweise durch Bestellung und Abtretung einer Eigentümerbriefgrundschuld (§§ 1196, 1192, 1154 Abs. 1 BGB) tun können. Die Meinung, aus Eintragungen in Abteilung III könne man zwingend auf Finanzierungsverhältnisse schließen, ist schon arg naiv.

25 Mit Beschluss vom 9.1.2020 lehnte der BGH dagegen das Einsichtsgesuch eines Mitglieds des Abgeordnetenhauses von Berlin ab.[68] Im Sachverhalt der Entscheidung des KG erreichte die in hohem Maße kontrovers geführte politische Debatte um Enteignungen oder die Vergesellschaftung privater Grundstückseigentümer und Wohnungsunternehmen im Land Berlin auch das Grundbuchrecht. Das Einsichtsbegehren wurde auf Art. 45 Abs. 2 der Berliner Verfassung gestützt, wonach jeder Abgeordnete das Recht hat, Einsicht in Akten und sonstige amtliche Unterlagen der Verwaltung zu nehmen. Die Einsichtnahme darf danach nur abgelehnt werden, soweit überwiegend öffentliche Interessen einschließlich des Kernbereichs exekutiver Eigenverantwortung oder überwiegende private Interessen an der Geheimhaltung dies zwingend erfordern. Das Einsichtsbegehren hatte konkret den Zweck, zu erforschen, welche Unter-

---

61 Allgemein: BVerfG NJW 2001, 503 = Rpfleger 2001, 15; Meikel/*Böttcher*, § 12 Rn 6; *Demharter*, § 12 Rn 10.
62 *Jarass/Pieroth*, GG, Art. 5 Rn 39 ff. m.w.N.
63 BGH NJW-RR 2011, 1651 = ZfIR 2011, 822 m. Anm. *Böttcher*, ZfIR 2011, 812; weitere Fälle: OLG Stuttgart IMR 2012, 391 m. Anm. *Grziwotz* (Grundstücksübertragung unter Familienangehörigen im Vorfeld der Insolvenzveröffnung über das Vermögen der Familie Schlecker); OLG Düsseldorf FGPrax 2016, 8 m. Anm. *Keller* = NJW 2016, 89 = Rpfleger 2016, 151 (Grundstücksgeschäfte einer Sparkasse); OLG München NJW-RR 2017, 168 (Einsicht in Wohnungs-/Teileigentumsgrundbuch bei Betrieb eines Versandladens mit neonazistischem Propagandamaterial).
64 BGH NJW-RR 2011, 1651, Begr. Rn 8.
65 BGH NJW-RR 2011, 1651, Begr. Rn 10 ff.
66 BGH NJW-RR 2011, 1651, Begr. Rn 12.
67 Meikel/*Böttcher*, § 12 Rn 82; Lemke/*Schneider*, § 12 Rn 70.
68 BGH NJW 2020, 1511 = Rpfleger 2020, 448; vorgehend KG FGPrax 2019, 150 m. Anm. *Keller*; dazu auch *Gmeiner*, Rpfleger 2020, 1.

nehmen Eigentümer einer Gesamtheit von Wohnimmobilien sind, um der Forderung nach ihrer möglichen Vergesellschaftung Ausdruck verleihen zu können. Zutreffend lehnte der BGH eine Grundbucheinsicht ab. Einem Abgeordneten des Deutschen Bundestages oder der Volksvertretung eines Landes steht nämlich nicht allein aufgrund seiner Stellung als Abgeordneter ein Anspruch auf Grundbucheinsicht zu. Die Kontrollfunktion der Parlamente gegenüber Regierung und Verwaltung kann ein öffentliches Interesse an der Grundbucheinsicht nur begründen, wenn die Grundbucheinsicht der Aufklärung von Missständen oder Fehlverhalten im Bereich der Exekutive dient und nicht lediglich allgemeinen Informationszwecken.

Schwierig ist die Abgrenzung zwischen sachlichem öffentlich Interesse und Berichterstattung des Boulevardjournalismus: Beispiel ist ein Sachverhalt, der seriöse sachliche Berichterstattung zum Gegenstand haben kann, vielleicht aber auch in den Bereich der sog. Regebogenpresse gehört. Der seinerzeit amtierende Bundesgesundheitsminister erwarb zusammen mit seinem Ehemann im Sommer 2020 eine Immobilie im vornehmen Berliner Stadtteil Dahlem. Die Berliner Tageszeitung „Tagesspiegel" wollte den Kaufpreis wissen, der Minister versuchte dies über den Weg des Presserechts mit einstweiliger Verfügung vergeblich zu verhindern. Das zuständige AG bestätigte die Grundbucheintragung und teilte auch den Kaufpreis mit.[69] Der „Tagesspiegel" vermutete Unregelmäßigkeiten bei der möglichen Finanzierung, die Berichterstattung hierzu ist aber vage geblieben. Wenige Wochen später wurde berichtet, dass der Minister einem befreundeten Geschäftsführer einer Beratungsfirma eine Eigentumswohnung abgekauft habe. Der Freund wurde später zu einem hohen Gehalt als Berater in das Bundesministerium berufen.[70] Auch hier gab das AG bereitwillig Auskunft zum Kaufpreis. Unabhängig von der Frage, ob in diesen Fällen ein berechtigtes Interesse an der Grundbucheinsicht bestand, verwundert es, dass die Modalitäten des jeweiligen Kaufvertrages, die ja gar nicht Inhalt des Grundbuchs sind, mitgeteilt wurden. Zwar ist es üblich, dass schon bei Eintragung der Auflassungsvormerkung der schuldrechtliche Vertrag vorgelegt wird, der durch ihn begründete Anspruch ist ja Gegenstand der Vormerkung. Auch mag es üblich sein, die Auflassung im Kaufvertrag zu erklären. Zwingend ist das aber nicht, und das schuldrechtliche Kausalgeschäft wie erst recht der Kaufpreis sind nicht Bestandteil der Grundbucheintragung. Im Rahmen der Eigentumsumschreibung nach § 20 GBO ist er völlig unwichtig und für das Grundbuchamt letztlich nur zur Bestimmung des Geschäftswerts für die Eintragungsgebühr nach GNotKG KV 14110 relevant. Die bereitwillige Auskunft über den Kaufpreis einer Immobilie ist daher nicht Gegenstand der Einsicht nach § 12 GBO. Auch wenn der BGH zutreffend betont, die Einsicht erstrecke sich auch auf die Grundakten, ist fraglich, ob damit jeder Inhalt der Grundakte von § 12 GBO gedeckt ist. Um dies zu vermeiden, können die Notare die Ausfertigung der Erwerbsurkunde zur Eintragung der Vormerkung nur auszugsweise (ohne Kaufpreisangabe) dem Grundbuchamt vorlegen oder die Auflassung gleich getrennt vom schuldrechtlichen Grundgeschäft beurkunden.[71]

IV. Bedeutung der Grundbucheintragung dinglicher Rechte
1. Grundsatz
Die Eintragung in das Grundbuch hat folgende Bedeutungen:[72]

- Sie ist **Publizitätsakt**, der das vorgenommene **Rechtsgeschäft vollendet** (§§ 873 Abs. 1, 875 Abs. 1, 877 BGB), vergleichbar dem Besitzwechsel nach § 929 S. 1 BGB bei beweglichen Sachen,
- Sie schafft die **Basis der gesetzlichen Vermutung** des § 891 BGB, vergleichbar dem Besitz (bzw. der Besitzverschaffungsmacht) bei beweglichen Gegenständen, und

---

69 Tagesspiegel vom 15.8.2020 und vom 25.11.2020.
70 Tagesspiegel vom 22. und vom 23.12.2020.
71 Zur Erteilung von Ausfertigungen einer Grundstückskaufvertragsurkunde mit Auflassungserklärung BGH DNotZ 2020, 522 = MittBayNot 2020, 483 m. Anm. *Greger*.
72 Eingehend zur Bedeutung des Grundbuchs im Grundstücksverkehr insbes. aus älterer Literatur *Bruhn*, Rpfleger 1948, 6; *ders.*, Rpfleger 1949, 203; *ders.*, Rpfleger 1949, 539; *ders.*, Rpfleger 1951, 64; *ders.*, Rpfleger 1951, 147; *ders.*, Rpfleger 1951, 399; *Haegele*, Rpfleger 1949, 247; *Weber*, DNotZ 1950, 88; *Hieber*, DNotZ 1950, 116; *Heseler*, NJW 1950, 521; *Giese*, DNotZ 1951, 390; *Weitnauer*, DNotZ 1951, 486; *v. Spreckelsen*, DNotZ 1952, 457; *Weber*, DNotZ 1955 453; *Pikalo*, DNotZ 1957, 227; *Schönfeld*, JZ 1959, 140; *Westermann*, JuS 1963, 1; *Seidl*, DNotZ 1964, 67; *Haegele*, Rpfleger 1964, 3; *Lutter*, AcP 164 (1964) 122; *Wacke*, ZZP 1969, 377; *Wiegand*, JuS 1975, 205; *Reithmann*, DNotZ 1979, 67; *Sachse*, NJW 1979, 195; *Walter*, JA 1981, 322; *Kollhosser*, JA 1984, 558; 1984, 714; *Berg*, MittBayNot 1988, 197; *Michalski*, MittBayNot 1988, 204.

– sie ist **Grundlage des Schutzes durch den öffentlichen Glauben** des Grundbuchs nach den §§ 892, 893 BGB bei Verfügungen über eingetragene Rechte und bei Leistungen an den Eingetragenen.[73]

2. Tatbestands- und Rechtsscheinwirkung

28 Eintragungen in das Grundbuch haben eine **Tatbestands-** (§§ 873 Abs. 1, 875 Abs. 1, 877 BGB) und **Rechtsscheinwirkung** (§§ 891–893 BGB), grundsätzlich aber keine materielle Rechtskraftwirkung (siehe § 2 Einl. Rdn 106 ff.); Eintragungen bewirken die Rechtsänderung nur, wenn die übrigen materiell-rechtlichen Voraussetzungen (Einigung, Aufhebungserklärung) vorliegen.[74]

3. Rechtsändernde und berichtigende Eintragungen

29 Die Unterscheidung zwischen rechtsändernden und berichtigenden Eintragungen ist für die Frage relevant, ob das Grundbuch durch die Eintragung richtig oder unrichtig geworden ist. Zwar ist dies im Hinblick auf die Bewilligung selbst nicht relevant, denn eine Rechtsänderung kann auch aufgrund einer Berichtigungsbewilligung herbeigeführt werden, wie auch das Grundbuch berichtigt werden kann aufgrund einer Bewilligung, die eine Rechtsänderung intendierte. Von Bedeutung ist hier der Wortlaut des Eintragungsvermerks:[75] Lässt er allein auf eine Berichtigung schließen, tritt keine Rechtsänderung ein, auch wenn die materiell-rechtlichen Voraussetzungen im Übrigen (§§ 873 Abs. 1, 875 Abs. 1, 877 BGB) gegeben sind (siehe § 22 GBO Rdn 8).[76] Sollte laut des Eintragungsvermerks unzweifelhaft eine konstitutive Eintragung vorgenommen werden, ist keine wirksame Berichtigung anzunehmen.[77] Auf diese Weise kann auch die Art der Bewilligung (Änderungs- oder Berichtigungsbewilligung) eine Rolle spielen, da das Grundbuchamt diejenige Art Eintragung vornehmen will, die mit der Bewilligung beabsichtigt wird. Bei der **Löschung** eines Rechts aufgrund Bewilligung soll stets genügen, wenn in der Bewilligung die Löschung gestattet wird, weil es einerlei sei, ob das Recht tatsächlich bereits erloschen sei oder infolge der Eintragung des Löschungsvermerks aufgrund einer Löschungsbewilligung erlöschen soll.[78] Aus dem Wortlaut des Eintragungsvermerks „Gelöscht am ..." ist hier im Übrigen nichts herleitbar. Dem kann so pauschal aber nicht zugestimmt werden: Für das Erlöschen eines Rechts ist nicht eine Löschungsbewilligung, sondern eine Aufgabeerklärung notwendig (§ 875 Abs. 1 S. 1 BGB). In einer Löschungsbewilligung in Form der Änderungsbewilligung liegt natürlich auch die notwendige materiell-rechtliche Erklärung. Konzediert der Berechtigte dagegen lediglich das Nichtbestehen seines Rechts in einer Berichtigungsbewilligung, so mag es sich zwar oft genauso verhalten, allein es ist nicht zwingend, dass er damit auch das Recht aufgibt, wenn ihm gar nicht bewusst ist, dass mit seiner Erklärung diese Rechtsfolge verbunden ist. Instruktiv ist hierzu ein Fall des BayObLG,[79] bei welchem der Insolvenzverwalter die Löschung einer von der Rückschlagsperre des § 88 InsO betroffenen Sicherungshypothek nach §§ 866, 867 ZPO beantragt und bewilligt hatte und das BayObLG annahm, die Sicherungshypothek sei analog § 868 ZPO zur Eigentümergrundschuld geworden.[80] Es hatte dabei in seiner Begründung ausgeführt, der Insolvenzverwalter sei sich wohl nicht bewusst gewesen, dass er mit seiner Erklärung (konstitutiv) ein Eigentümerrecht aufhebe.

V. Eintragungsarten

30 Inhaltlich ist bei Eintragungen zu unterscheiden zwischen

– Rechtsverhältnissen und tatsächlichen Angaben über das Grundstück (§ 6 GBV) und den Berechtigten (§ 15 GBV) und

---

73 Staudinger/*Picker*, BGB, § 892 Rn 11 ff.; § 893 Rn 1.
74 Nach den Grundbuchrechtsordnungen der Hansestädte Hamburg und Lübeck sowie in Mecklenburg vor Inkrafttreten des BGB hatte die Eintragung formale Rechts- oder Bestandskraft; dazu Prot. der Sitzung v. 16.10.1875, abgedr. bei *Jakobs/Schubert*, Beratung BGB §§ 854–1017, S. 70; siehe auch Prot. der Sitzungen v. 11. und 13.10.1876, abgedr. a.a.O., S. 90, 92; *Johow*, Begründung Vorentwurf Sachenrecht, S. 186, abgedr. bei *Schubert*, Vorlagen der Redaktoren, Sachenrecht I, S. 310; Planck/*Strecker*, BGB, S. 15; Motive zum BGB, Bd. 3, S. 15.
75 *Güthe/Triebel*, § 19 Rn 24, § 22 Rn 8 ff.
76 *Güthe/Triebel*, § 22 Rn 11.
77 *Güthe/Triebel*, § 22 Rn 9.
78 Meikel/*Böttcher*, § 22 Rn 106 a.E.; *Eickmann/Böttcher*, Grundbuchverfahrensrecht, Rn 363; *Schöner/Stöber*, Grundbuchrecht, Rn 368.
79 BayObLG ZIP 2000, 1263; dazu *Keller*, ZIP 2000, 1324.
80 Nach BGHZ 166, 74 soll die Hypothek materiell-rechtlich erlöschen, eingehend K. Schmidt/*Keller*, InsO, § 88 Rn 40 ff.

- dinglichen Rechten, Vormerkungen, Widersprüchen, Verfügungsbeschränkungen, Vermerken mit sachenrechtlicher Bedeutung und Vermerke sonstiger Art (siehe § 6 Einl. Rdn 3, 38, 57, 77).

Hinsichtlich der Typen von Eintragungen ist zu unterscheiden zwischen

- Eintragungen im eigentlichen Sinne einschließlich Löschungen von Rechten (vgl. Rdn 61 ff.),
- eintragungsbedürftigen und eintragungsfähigen Eintragungen (vgl. Rdn 64 ff.),
- richtigen und unrichtigen Eintragungen (siehe § 2 Einl. Rdn 120 ff., 132 ff.) sowie
- wirksamen und unwirksamen Eintragungen (siehe Rdn 66 ff.).

C. Materielle und verfahrensrechtliche Erklärungen
I. Wechselwirkungen des materiellen und formellen Rechts
1. Verwirklichungsfunktion des Verfahrensrechts

Das Grundbuchverfahrensrecht dient der Verwirklichung des materiellen Rechts, indem es die notwendige Eintragung herbeiführt (siehe Rdn 10). Es hat daher eine **dienende Funktion**[81] und muss sich dem materiellen Recht unterordnen, wo es mit diesem in Konflikt zu geraten droht. Es gilt ebenso wie für die ZPO oder die StPO: Die Verfahrensbestimmungen der Prozessordnungen sind Hilfsmittel für die Verwirklichung oder Wahrung von Rechten; dabei soll die Durchsetzung des materiellen Rechts so wenig wie möglich an Verfahrensfragen scheitern. 31

Das bedeutet aber nicht, einer mehr oder minder konsequenten Subsidiarität oder gar immanenten Pflicht zur Missachtung des Grundbuchverfahrensrechts das Wort zu reden. Die Lösungen für Probleme sind weiterhin zunächst im Verfahrensrecht zu suchen.[82] Dies gilt insbes. dort, wo das Verfahrensrecht an die Form einer Erklärung höhere Anforderungen stellt als das materielle Recht. Zwar bedarf die Einigung nach § 873 BGB grundsätzlich keiner bestimmten Form, die Eintragungsbewilligung nach § 19 GBO bedarf aber selbstverständlich mindestens öffentlich-beglaubigter Form (§ 29 Abs. 1 S. 1 GBO). Auch kann ein schuldrechtlicher Vertrag nach den Regeln des BGB lediglich mündlich geschlossen werden. Wenn der Kläger im Zivilprozess das Zustandekommen aber nicht beweisen kann, weil der Vertragspartner dies bestreitet und kein Zeugenbeweis erbracht werden kann, wird er seine Klage aber dennoch verlieren. Auch hier zeigt sich, dass das Verfahrensrecht im Interesse der Rechtssicherheit formell höhere Anforderungen stellen darf als das materielle Recht. Das Verfahrensrecht darf gerade hinsichtlich seiner Formerfordernisse nicht beliebig missachtet werden, um einem vermeintlich höheren Ziel zum Erfolg zu verhelfen. Zum Tragen kommt das Verhältnis zum materiellen Recht in solchen Fällen, in denen das Verfahrensrecht schweigt oder in denen es für zwei Lösungswege offen ist. Dann muss derjenige Weg gegangen werden, der die Ziele und Wertungen des materiellen Rechts beachtet und ihnen zum Durchbruch verhilft. Zu nennen sind bspw. die Fragen, ob der Rechtserwerb nach § 878 BGB stattfinden kann, wenn der verlierende Teil den Antrag gestellt hat, oder ob das Grundbuchamt in Kenntnis der bestehenden Grundbuchunrichtigkeit einen Erwerb kraft öffentlichen Glaubens durch Vornahme der Eintragung ermöglichen darf. 32

2. Materielle Wirkungen von Grundbucherklärungen

Verfahrensrechtliche Grundbucherklärungen können materielle Nebenwirkungen haben: Die Aushändigung der Eintragungsbewilligung bewirkt Bindung an die Einigung (§ 873 Abs. 2 Fall 4 BGB). Die Eintragungsbewilligung kann Grundbuchinhalt werden und dadurch am öffentlichen Glauben teilnehmen (sog. mittelbare Eintragung § 874 BGB, § 44 Abs. 2 GBO). Die Einreichung des Antrags beim Grundbuchamt beeinflusst die Wirksamkeit von Verfügungsbeschränkungen für die konkrete Verfügung (§ 878 BGB) und den Umfang des Schutzes durch den öffentlichen Glauben (§ 892 Abs. 2 BGB). Die durch § 17 GBO vorgeschriebene Reihenfolge der Erledigung von Eintragungsanträge nach dem Zeitpunkt des Antragseingangs entscheidet nach § 879 Abs. 1 BGB über den Rang dinglicher Rechte (vgl. auch § 45 Abs. 1, 2 GBO). 33

---

81 Allg. für das Prozessrecht BGHZ 10, 350, 359; BGH NJW 1960, 1947, 1948; zum Grundbuchverfahren *Eickmann/Böttcher*, Grundbuchverfahrensrecht, Rn 148, 227, 270.

82 Siehe auch *Habscheid*, ZZP 1990 (1977), 199, 200; *Quack*, Rpfleger 1978, 197, 198.

II. Trennung von materiellen und formellen Erklärungen

34 Die getrennte Kodifizierung und die verschiedenen Denkweisen des materiellen und formellen Rechts führen auch im Liegenschaftsrecht zu einer getrennten rechtlichen Behandlung der Erklärungen des materiellen Grundstücks- und formellen Grundbuchrechts und der sonstigen materiellen Rechtsänderungs- und formellen Eintragungsvoraussetzungen. Vorschriften aus dem einen Rechtsgebiet können nicht unmittelbar auf das andere angewandt werden (siehe Rdn 36 ff.). Zwingende Vorschriften des materiellen Rechts sind von Ordnungsvorschriften des Verfahrensrechts, rechtsgeschäftliche Willenserklärungen von Verfahrenshandlungen, Einigung von Bewilligung zu unterscheiden.

Gleichwohl darf man nicht übersehen, dass die Erklärungen oftmals dieselbe Grundlage haben, also eine *tatsächliche*, Erklärung, die *rechtlich*, verschieden zu werten ist („gemischtrechtlicher Doppeltatbestand", vgl. Rdn 43). Die Unterscheidung zwischen materiell-rechtlichen und formell-rechtlichen Erklärungen ist nicht lediglich anhand der Begriffe nachvollziehbar, denn derjenige Begriff, der typischerweise formell-rechtlich gewertet wird, nämlich die Bewilligung, ist nicht auf die Erklärung nach § 19 GBO beschränkt. So ist für die Vormerkung oder den Widerspruch die Bewilligung desjenigen erforderlich, dessen Recht vom zu sichernden schuldrechtlichen Anspruch (Vormerkung) oder vom Grundbuchberichtigungsanspruch (Widerspruch) betroffen wird (§§ 885 Abs. 1 S. 1 Alt. 2, 899 Abs. 1 S. 1 Alt. 2 BGB). Diese Bewilligung ist als rechtsgeschäftliche Willenserklärung Voraussetzung für die materiell-rechtliche Wirksamkeit der Eintragung; einer Einigung im Sinne des § 873 Abs. 1 BGB bedarf es bei Vormerkung und Widerspruch aus guten Gründen nicht.[83]

III. Willenserklärungen und Rechtsgeschäfte des bürgerlichen Rechts

35 Willenserklärungen und Rechtsgeschäfte sind im Allgemeinen Teil des BGB (§§ 116 ff. BGB) geregelt:

– Die beiden Merkmale der **Willenserklärung** sind der auf die Herbeiführung einer bestimmten materiell-rechtlichen Wirkung gerichtete innere Wille (subjektiver Tatbestand) und die nach außen gerichtete, in irgendeiner Form erkennbare Erklärung dieses Willens (objektiver Tatbestand).

– Als **Rechtsgeschäft** bezeichnet man den Gesamttatbestand, der mindestens eine Willenserklärung enthalten muss, aber auch weitere als Grundlage der gewollten Rechtswirkung erforderlichen Voraussetzungen umfasst, z.B. eine weitere Willenserklärung bei einem Vertrag, einen Realakt wie die Übergabe bei § 929 S. 1 BGB oder die Grundbucheintragung bei § 873 Abs. 1 BGB.[84] Letztere werden als mehraktige Rechtsgeschäfte bezeichnet. Das Rechtsgeschäft kann fehlerhaft oder nichtig sein, wenn bestimmte Wirksamkeitsvoraussetzungen (z.B. Geschäftsfähigkeit oder Formerfordernisse) nicht erfüllt sind;[85] das ist zu unterscheiden vom unvollendeten Rechtsgeschäft, bei dem eine oder mehrere Tatbestandsvoraussetzungen fehlen und noch eintreten können.

IV. Prozess- und Verfahrenshandlungen

36 Die Grundsätze des Zivilprozessrechts zu Prozesshandlungen[86] gelten grundsätzlich auch in der freiwilligen Gerichtsbarkeit und damit im Grundbuchverfahrensrecht.[87] Als wesentlich sind zu nennen:

37 Der „Prozesshandlung" des Zivilprozessrechts entspricht in der freiwilligen Gerichtsbarkeit die **„Verfahrenshandlung"**.

---

83 Für die Vormerkung: Planck/*Strecker*, BGB, § 885 Anm. 2b a; *Güthe/Triebel*, § 19 Rn 15; Staudinger/*Kesseler*, BGB, § 885 Rn 2; MüKo-BGB/*Lettmaier*, § 885 Rn 14; eingehend bereits *Heck*, Grundriß des Sachenrechts, § 47 III.; ganz anders *Trupp*, JR 1990, 184 (Einräumung einer Vormerkung sei gar kein materiell-rechtlicher Akt); dagegen Staudinger/*Kesseler*, BGB, § 885 Rn 3; zum Widerspruch nach § 899 BGB Planck/*Strecker*, BGB § 899 Anm. 3a b; Staudinger/*Picker*, BGB, § 899 Rn 37; MüKo-BGB/*Lettmaier*, § 899 Rn 12.

84 Staudinger/*Singer*, BGB, Vor §§ 116 ff. Rn 14 ff.; Grüneberg/*Ellenberger*, BGB; Überblick vor § 104 Rn 1 ff.; *Medicus*, Allgemeiner Teil des BGB, Rn 202 ff.

85 Grüneberg/*Ellenberger*, BGB, Überblick vor § 104 Rn 3.

86 BGHZ 12, 284; 16, 388, 390; 20, 198; 31, 77, 83; 75, 348; Rosenberg/Schwab/*Gottwald*, Zivilprozessrecht, §§ 63 ff.; Zöller/*Greger*, ZPO, vor § 128 Rn 14 ff.; Grüneberg/*Ellenberger*, BGB, Überblick vor § 104 Rn 3.

87 MüKo-FamFG/*Pabst*, vor § 2 ff. Rn 25; Bassenge/Roth/*Gottwald*, FamFG, § 1 Rn 2; Meikel/*Böttcher*, Einl. C 1, 2; *Habscheid*, Freiwillige Gerichtsbarkeit, § 7 III.

Verfahrenshandlungen sind alle bewussten verfahrensgestaltenden Betätigungen (Erklärungen, Handlungen und Unterlassungen), deren Voraussetzungen und Wirkungen im Verfahrensrecht geregelt sind. Sie tragen zur Gestaltung eines Verfahrens, aber nicht (oder allenfalls mittelbar über die gerichtliche Entscheidung) zur Änderung der materiellen Rechtslage bei.

„Erwirkungshandlungen" (insbes. Anträge) verfolgen den Zweck, eine gerichtliche Entscheidung herbeizuführen.[88] Ihre Wirkungen treten nicht von selbst, sondern erst durch hoheitliche Willensbetätigung ein. Sie können so lange einseitig zurückgenommen werden, bis eine Prozesssituation vorliegt, die im Interesse der Gegenpartei nicht mehr ohne deren Einwilligung verändert oder aufgehoben werden darf.[89] Das wird man auf Verfahrenshandlungen in der freiwilligen Gerichtsbarkeit übertragen können.

„Bewirkungshandlungen" sind Handlungen oder Erklärungen, durch die unmittelbar eine prozessuale Rechtswirkung erzeugt wird (z.B. Klagerücknahme, Verzicht oder Anerkenntnis).[90] Ist der intendierte prozessuale Erfolg eingetreten, scheidet grundsätzlich ein Widerruf aus.[91] Auch dies wird man auf Verfahrenshandlungen in der freiwilligen Gerichtsbarkeit übertragen können.

Für Verfahrenshandlungen gilt das entsprechende Verfahrensrecht, dessen Lücken in erster Linie durch allgemeine Verfahrensgrundsätze und analoge Anwendung anderer wesensgleicher oder ähnlicher Verfahrensvorschriften ausgefüllt werden müssen. Die ergänzende Heranziehung des Zivilprozessrechts in der freiwilligen Gerichtsbarkeit einschließlich des Grundbuchverfahrensrechts findet dort ihre Grenzen, wo dies mit dem Gesetz oder mit den wesensbedingten Unterschieden der Verfahrensgestaltung nicht mehr vereinbar ist.[92] Schweigt das anwendbare Verfahrensrecht, kann unter Beachtung des Grundsatzes, dass Verfahrensrecht im Gegensatz zum BGB reines Zweckmäßigkeitsrecht ist,[93] das bürgerliche Recht entsprechend, niemals unmittelbar angewandt werden.[94]

Verfahrenshandlungen können je nach Gesetz oder Zweck abgegeben werden:[95]

– formfrei, schriftlich, elektronisch oder beglaubigt,
– im, vor oder außerhalb des Verfahrens,
– gegenüber dem Gericht und/oder einem Beteiligten,
– regelmäßig einseitig, unter Umständen vertragsmäßig.

Ihr Inhalt ist grundsätzlich auslegungsfähig. Befristungen sind meistens, Bedingungen jedenfalls dann unzulässig, wenn ihr Eintritt mit verfahrensrechtlichen Mitteln nicht sicher festgestellt werden kann.

Sie sind bis zur Entscheidung widerruflich und nur unwiderruflich, wenn dies das Gesetz vorschreibt, der Verfahrenszweck verlangt oder ein anderer durch sie eine vorteilhafte Verfahrensstellung erlangt hat (siehe auch Rdn 38 ff.). Wirksamkeit und Unwiderruflichkeit können, müssen aber nicht zusammentreffen. Verfahrenshandlungen müssen zur Zeit der Entscheidung wirksam sein. Mängel können vorher behoben, Willensmängel nicht durch Anfechtung, sondern nur durch Berichtigung, Ergänzung oder Widerruf geltend gemacht werden. Verfahrenshandlungen können vor der Entscheidung unwirksam werden, nicht nur durch Widerruf; der Widerruf ist selbst eine neue Verfahrenshandlung, so dass eine Zurücknahme nicht widerrufen werden kann, sondern nur eine Neuvornahme möglich ist. Verfahrenshandlungen verlieren ohne oder gegen den Willen des Erklärenden ihre Wirksamkeit durch Maßnahmen des Gerichts (z.B. Zurückweisung des Antrags), sonstige Ereignisse (z.B. Verlust des Antragsrechts) oder Handlungen anderer Beteiligter (z.B. beim Prozessanerkenntnis des Beklagten nach § 307 ZPO, dadurch, dass der Kläger auf ein Anerkenntnisurteil verzichtet oder die Klage zurücknimmt[96]).

---

88 Zöller/*Greger*, ZPO, vor § 128 Rn 14; Musielak/*Musielak*, ZPO, Einl. Rn 61.
89 Zöller/*Greger*, ZPO, vor § 128 Rn 18, 23; Musielak/*Musielak*, ZPO, Einl. Rn 63.
90 Zöller/*Greger*, ZPO, vor § 128 Rn 14; Musielak/*Musielak*, ZPO, Einl. Rn 61.
91 Zöller/*Greger*, ZPO, vor § 128 Rn 18; Musielak/*Musielak*, ZPO, Einl. Rn 63.
92 BGHZ 14, 179, 183; BayObLGZ 1950, 397, 399.
93 BGHZ 10, 350, 359.
94 BGHZ 12, 284, 285; 16, 388, 390; 20, 198, 205; 75, 340, 348; 80, 390, 391; Rosenberg/Schwab/*Gottwald*, Zivilprozessrecht, § 65 Rn 1.
95 Rosenberg/Schwab/*Gottwald*, Zivilprozessrecht, § 65 Rn 3 ff.
96 BGHZ 10, 333, 335.

V. Trennung von Doppeltatbeständen

43 In Einzelfällen einer Eintragung ist zur Beantwortung der Frage nach dem Charakter einer der Eintragung zugrunde liegenden Erklärung als solche des Verfahrensrechts oder solche des materiellen Rechts zu prüfen, ob ein „Doppeltatbestand" (vgl. Rdn 44 ff.) oder ein „Einzeltatbestand" (vgl. Rdn 50) vorliegt.

1. Doppeltatbestand, Einzeltatbestand und Doppelnatur

44 Ein **„Doppeltatbestand"** ist ein Komplex von Erklärungen oder Handlungen, der nur äußerlich als Einheit erscheint – bei Erklärungen kann das so weit gehen, dass tatsächlich nur eine Erklärung vorhanden ist (vgl. Rdn 34) –, sich in Wirklichkeit aber aus mehreren Bestandteilen zusammensetzt, von denen jeder unabhängig vom anderen rechtlich selbstständig geregelt ist. Typisches Beispiel: Kauf und Übereignung von Waren, die nach laienhafter Auffassung eine Einheit bilden, rechtlich aber zu trennen sind.

45 Ein **„Einzeltatbestand"** ist eine Erklärung oder Handlung, die nicht in mehrere rechtlich selbstständige Teile zerlegbar ist.

46 Die Begriffe „Doppeltatbestand" und „Doppelnatur" werden nicht einheitlich gebraucht. Unter „Doppelnatur" wird hier die Rechtsnatur eines nicht mehr teilbaren Einzeltatbestandes mit materiell-rechtlichem und zugleich verfahrensrechtlichem Wesen verstanden, während der Doppeltatbestand durch Zerlegung in einzelne selbstständige Bestandteile eine klare Antwort auf die Frage nach der Rechtsnatur jedes dieser Teile ermöglicht.

2. Arten von Doppeltatbeständen

47 **Materiell-rechtliche Doppeltatbestände** sind allgemein anerkannt, z.B. Auftrag und Vollmacht, Übergabe der Sache und Eigentumsübertragung, Erbschaft und Vermächtnis.

48 Der typische Fall eines **verfahrensrechtlichen Doppeltatbestandes** ist der in § 30 GBO geregelte gemischte Antrag (siehe § 30 GBO Rdn 14 ff.), der gleichzeitig auch die Bewilligung (§ 19 GBO) enthält.

49 Ein **gemischtrechtlicher Doppeltatbestand** setzt sich aus einem materiell-rechtlichen und einem verfahrensrechtlichen Bestandteil zusammen (siehe auch Rdn 34). Anerkanntes Beispiel: Die im Zivilprozess erklärten bürgerlich-rechtlichen Gestaltungsgeschäfte der Aufrechnung, Anfechtung, Kündigung oder des Widerrufs, die nicht dadurch Prozesshandlung werden, dass man sie im Prozess erklärt oder geltend macht. Umgekehrt wird die Prozesshandlung (z.B. Klagerücknahme) nicht dadurch zum Rechtsgeschäft, dass sie unmittelbar mit einem Rechtsgeschäft (z.B. Erlass einer Forderung) vorgenommen wird. Weitere Beispiele: Ein Schuldanerkenntnis kann zugleich ein Prozessanerkenntnis (§ 781 BGB, § 307 ZPO), ein Erlassvertrag zugleich ein Klageverzicht (§ 397 BGB, § 306 ZPO) sein. Zur Rechtsnatur des Prozessvergleichs werden verschiedene Ansätze vertreten (siehe Rdn 51).[97] In den Fällen gemischtrechtlicher Doppeltatbestände sind die Voraussetzungen und Wirkungen des Rechtsgeschäfts nach materiellem Recht und ihre Geltendmachung im Prozess nach Prozessrecht zu beurteilen (eingehend zu den grundbuchverfahrensrechtlichen Doppeltatbeständen siehe § 2 Einl. Rdn 68 ff.).[98]

VI. Rechtsnatur von Einzeltatbeständen

50 Einzeltatbestände lassen sich nicht mehr in rechtlich selbstständig zu beurteilende Teile zerlegen. Ist ihre Rechtsnatur bestritten, so gibt es zwei Möglichkeiten: die Lehre von der Doppelnatur und die Trennungstheorie.

---

[97] Eingehend MüKo-ZPO/*Wolfsteiner*, § 794 Rn 11 ff.; relevant ist dies bei prozessualen oder materiell-rechtlichen Mängeln des Vergleichs, dazu *Stein/Jonas/Münzberg*, ZPO, § 794 Rn 66, 68 ff.

[98] BGHZ 16, 124, 128; Zöller/*Greger*, ZPO, § 145 Rn 11; Grüneberg/*Ellenberger*, BGB, vor § 104 Rn 37 (der allerdings von einer „Doppelnatur" anstelle eines „Doppeltatbestandes" spricht); Rosenberg/Schwab/*Gottwald*, Zivilprozessrecht, § 63 Rn 10 ff.; § 102.

51 Während nur noch dem doppelfunktionellen Prozessvergleich[99] materielle und prozessuale Wirkungen beigemessen werden, ohne ihn als Doppeltatbestand anzusehen, sind Klageverzicht (§ 306 ZPO),[100] Prozessanerkenntnis (§ 307 ZPO)[101] und notarielle Zwangsvollstreckungsunterwerfung (§ 794 Abs. 1 Nr. 5 ZPO)[102] als reine Prozesshandlungen anerkannt, wobei die beiden erstgenannten Rechtshandlungen Teil eines gemischtrechtlichen Doppeltatbestandes sein können.

52 Die Lehre von der Doppelnatur geht einer klaren Stellungnahme aus dem Weg, steht später aber vor neuen ungelösten Problemen, die letztlich doch entweder einheitlich nach materiellem oder Verfahrensrecht entschieden werden müssen. Das Musterbeispiel einer „dem Verfahrensrecht angehörenden rechtsgeschäftlichen Willenserklärung" bietet die inzwischen zu Recht aufgegebene Ansicht von der echten Doppelnatur der Eintragungsbewilligung (vgl. § 19 GBO Rdn 10, siehe hierzu auch § 2 Einl. Rdn 4, 66 ff.).

53 Die Voraussetzungen und Wirkungen der Rechtsgeschäfte sind im materiellen Recht, die der Verfahrenshandlungen im Verfahrensrecht geregelt. Nach diesem Grundsatz ist die Rechtsnatur zu ermitteln.

54 In Zweifelsfällen ist für die Rechtsnatur allein entscheidend, auf welchem Rechtsgebiet die Handlung ihre unmittelbare Hauptwirkung entfaltet.[103] Hat die Beendigung der Verfahrenswirkung auch das Ende der materiellen Wirkung zur Folge (z.B. Klagerücknahme trotz § 212 BGB a.F. bzw. § 204 Abs. 2 S. 1 Alt. 2 BGB[104] oder Rücknahme des Eintragungsantrags trotz § 878 BGB), so spricht dies für ein verfahrensrechtliches Wesen, bleibt die materielle Wirkung bestehen, so für eine materielle Rechtsnatur (siehe auch § 2 Einl. Rdn 66).

55 Verfahrenshandlungen können auch außerhalb eines Verfahrens oder vor einem Verfahren abgegeben werden, wenn nur die bezweckte Hauptwirkung auf verfahrensrechtlichem Gebiet liegt.[105] Ein Beispiel ist die Zwangsvollstreckungsunterwerfung nach § 794 Abs. 1 Nr. 5 ZPO, die auch dann eine Verfahrenshandlung bleibt, wenn es nie zu einer Zwangsvollstreckung kommt.

D. Voraussetzungen der Rechtsänderung und der Eintragung
I. Voraussetzungen der dinglichen Rechtsänderung

56 Die Voraussetzungen der dinglichen Rechtsänderung bzw. der besonderen dinglichen Wirkung bestimmter Schutzvermerke (insbes. Vormerkung und Widerspruch) sind im materiellen Recht geregelt. Eine dingliche Rechtsänderung im Grundstücksrecht und die besondere dingliche Wirkung treten nur ein, wenn folgende Voraussetzungen gemeinsam erfüllt sind und eine inhaltliche Übereinstimmung vorliegt:[106]

– Die Einigung der Beteiligten nach § 873 Abs. 1 BGB (ggf. besondere Form nach § 925 Abs. 1 BGB), aber in den besonderen Fällen der §§ 875 Abs. 1, 885 Abs. 1 S. 1 Alt. 2, 899 Abs. 2 S. 1 Alt. 2, 890, 927 Abs. 2, 928, 1109 Abs. 2, 1132 Abs. 2, 1168 Abs. 2, 1188 Abs. 1, 1196 Abs. 2 BGB, §§ 8 Abs. 1, 9 Abs. 1 Nr. 2, 30 Abs. 2 WEG und bei den anderen Eigentümerrechten als der Eigentümergrundschuld, die nicht geregelt sind, aber ebenfalls nur einer materiell-rechtlichen Erklärung des Eigentümers gegenüber dem Grundbuchamt bedürfen, genügt die einseitige empfangsbedürftige – materiell-rechtliche! – Willenserklärung, und
– die Grundbucheintragung, die das Grundbuchamt grundsätzlich ohne Prüfung der materiell-rechtlichen Voraussetzungen vorzunehmen hat, ggf. noch
– die Zustimmung Dritter (z.B. §§ 876, 1183 BGB, § 9 Abs. 2 WEG),

---

[99] BGHZ 16, 388, 390; BGH NJW 1980, 1753, 1754; BGHZ 79, 71, 74; BGH NJW 1993, 1995, 1996; BGH NJW 2000, 1942, 1943; Rosenberg/Schwab/*Gottwald*, Zivilprozessrecht, § 129 Rn 32 m.w.N.
[100] Grüneberg/*Ellenberger*, BGB, vor § 104 Rn 37; Zöller/*Feskorn*, ZPO, vor § 306 Rn 5.
[101] BGH NJW 1981, 2193, 2194; Grüneberg/*Ellenberger*, BGB, vor § 104 Rn 37; Zöller/*Feskorn*, ZPO, vor § 306 Rn 5.
[102] BGH NJW 1985, 2423; Grüneberg/*Ellenberger*, BGB, vor § 104 Rn 37.
[103] Rosenberg/Schwab/*Gottwald*, Zivilprozessrecht, § 63 Rn 1 f.
[104] *Jauernig/Hess*, Zivilprozessrecht, § 30 IV.
[105] Rosenberg/Schwab/*Gottwald*, Zivilprozessrecht, § 63 Rn 9; *Jauernig/Hess*, Zivilprozessrecht, § 30 IV.
[106] Staudinger/*Chr. Heinze*, BGB, § 873 Rn 6 ff., 206 ff.

- weitere Voraussetzungen, etwa bei Briefrechten die Übergabe des Briefes (§§ 1117 Abs. 1, 1192 Abs. 1 BGB) oder ein Übergabeersatz (§§ 1117 Abs. 2, 1192 Abs. 1 BGB), die zugleich eine Alternative zur Eintragung bei späteren Übertragungen und Belastungen bilden (§§ 1154 Abs. 1 S. 1, 1192 Abs. 1 BGB), und
- zur Bestellung von Hypotheken außerdem das Entstehen einer Forderung (§ 1163 Abs. 1 S. 1 BGB).

Diese Voraussetzungen sind zwingend. Fehlt eine, wird das Grundbuch durch die Eintragung unrichtig (§ 894 BGB), auch wenn die formellen Bestimmungen der GBO beachtet wurden. Neben diesen zivilrechtlichen Voraussetzungen müssen bestimmte öffentlich-rechtliche Genehmigungserfordernisse erfüllt werden (z.B. Genehmigung nach dem GrdstVG, vgl. §§ 1, 2, 7 Abs. 1 GrdstVG); deren Fehlen führt dann zur Grundbuchunrichtigkeit, wenn die Genehmigung materiell-rechtliches Erfordernis des Rechtserwerbs ist (siehe hierzu Rdn 58 ff.).

II. Voraussetzungen der Grundbucheintragung

57 Die Voraussetzungen einer Grundbucheintragung richten sich nach Grundbuchverfahrensrecht der GBO und bestimmten öffentlich-rechtlichen Normen (z.B. GrEStG, BauGB, GrdstVG, GVO). Sind sie nicht erfüllt, kann die Eintragung nicht vorgenommen und der darauf gerichtete Antrag muss zurückgewiesen werden. Gegenstand und Umfang der Prüfung und der Eintragungstätigkeit des Grundbuchamtes werden nur durch die Eintragungsvoraussetzungen des Grundbuchverfahrensrechts (und ggf. der erwähnten anderen öffentlich-rechtlichen Normen) bestimmt. In der Regel ergeben sich folgende Voraussetzungen für die Eintragung in das Grundbuch:[107]

- Eintragungsantrag des Betroffenen oder Begünstigten (§ 13 Abs. 1 GBO),
- Eintragungsbewilligung des Betroffenen (§ 19 GBO) in der Form des § 29 Abs. 1 S. 1 GBO,
- Voreintragung des Betroffenen oder ihre Entbehrlichkeit (§§ 39, 40 GBO) und
- Eintragungsfähigkeit des einzutragenden Rechts und seines Inhalts sowie in besonderen Fällen
- bei Briefgrundpfandrechten die Vorlage des Briefes (§§ 41, 42 GBO) und bei Inhaber- oder Orderhypotheken die Vorlage des Inhaber- oder Orderpapiers (§ 43 GBO),
- nach § 20 GBO bei der Auflassung eines Grundstücks oder der vertraglichen Begründung von Wohnungseigentum (§§ 3, 4 WEG; siehe § 20 GBO Rdn 7) der Nachweis der formgemäßen Einigungserklärungen in öffentlicher Urkunde (§ 29 Abs. 1 S. 1 GBO gilt für die Erklärungen selbst, § 29 Abs. 1 S. 2 für den Nachweis der Auflassungsform [gleichzeitige Anwesenheit vor dem Notar]) und bei der Bestellung, Änderung und Übertragung eines Erbbaurechts der Nachweis der Einigungserklärungen in der Form des § 29 Abs. 1 S. 1 GBO,
- Bei Berichtigung des Grundbuchs durch Eintragung des Eigentümers oder Erbbauberechtigten deren Zustimmung (§ 22 Abs. 2 GBO) in der Form des § 29 Abs. 1 S. 1 GBO und
- bei der Löschung eines Grundpfandrechts die Zustimmung des Grundstückseigentümers (§ 27 GBO) in der Form des § 29 Abs. 1 S. 1 GBO sowie
- Vorlage bestimmter öffentlich-rechtlicher Bescheinigungen, z.B. der grunderwerbssteuerlichen Unbedenklichkeitsbescheinigung (§ 22 Abs. 1 S. 1 GrEStG) oder der Bescheinigung der Gemeinde über die Nichtausübung oder das Nichtbestehen des Vorkaufsrechts (§ 28 Abs. 1 S. 2 BauGB).

58 Dies sind **Ordnungsvorschriften**, deren Beachtung zwar Amtspflicht des Grundbuchamts ist, deren Verletzung aber den Eintritt der materiellen Rechtsänderung nicht hindert. Unterliegt die Verfügung selbst – also das materiell-rechtliche Rechtsgeschäft – einer öffentlich-rechtlichen Genehmigungspflicht (insbes. § 2 GrdstVG oder § 2 GVO in den neuen Bundesländern), so muss diese Genehmigung vorliegen und dem Grundbuchamt nachgewiesen werden. Trägt das Grundbuchamt ein, ohne dass die notwendige Genehmigung erteilt war, so wird das Grundbuch unrichtig (vgl. z.B. § 7 Abs. 2 GrdstVG). Stellt das Genehmigungserfordernis nur eine formelle Voraussetzung dar, ist die Eintragung wirksam. Das ist insbes. bei § 22 GrdEStG und § 28 BauGB der Fall.[108]

---

107 Meikel/*Böttcher*, Einl D, § 19 Rn 8; Meikel/*Böttcher*, 10. Aufl.2010, Einl E 2.

108 Zum Vorkaufsrecht Meikel/*Grziwotz*, Einl. F Rn 231 ff.; zur Unbedenklichkeitsbescheinigung nach § 22 GrdEStG BayObLG Rpfleger 1975, 227; OLG Frankfurt a.M. MittBayNot 2006, 334; *Demharter*, § 20 Rn 50.

III. Ausnahmsweise Prüfung schuldrechtlicher Vereinbarungen

Da das Grundbuchamt außer in den im § 20 GBO genannten Fällen grundsätzlich nicht das dingliche Rechtsgeschäft prüft, ist schon wegen des Abstraktionsprinzips das Kausalgeschäft[109] für das Grundbuchamt ebenfalls nicht von Interesse. **Ausnahmsweise ist das Grundbuchamt zur Prüfung des schuldrechtlichen Grundgeschäfts berufen**, wenn das Kausalgeschäft nach dem Willen der Beteiligten für die Wirksamkeit oder den Inhalt verfahrensrechtlicher Eintragungsvoraussetzungen erforderlich ist. Das ist zu bejahen, wenn das Grundgeschäft oder einzelne schuldrechtliche Vereinbarungen

- zum Inhalt des einzutragenden Rechts erhoben werden (vgl. § 2 Einl. Rdn 114) oder für dessen Auslegung bedeutsam sind (siehe § 2 Einl. Rdn 88),
- nach dem erklärten Willen der Beteiligten zur Voraussetzung des Entstehens oder Erlöschens eines dinglichen Rechts gemacht werden (dann als bedingtes Recht soweit zulässig),[110]
- Voraussetzung der Vormerkungsfähigkeit des schuldrechtlichen Anspruchs sind (vgl. § 6 Einl. Rdn 14 ff.),
- für die Wirksamkeit einer Vollmacht bedeutsam sind (siehe § 19 GBO Rdn 95) oder
- vom Grundbuchamt z.B. zur Frage des § 181 BGB, der Bewilligungsberechtigung des Vorerben,[111] der Erwerbsfähigkeit des Erwerbers (siehe § 20 GBO Rdn 49 ff.) oder öffentlich-rechtlicher Genehmigungspflichten[112] geprüft werden müssen.[113]

In den Fällen der so genannten Fehleridentität zwischen Kausal- und Erfüllungsgeschäft (insbes. bei § 138 BGB) hat das Grundbuchamt die Unwirksamkeit des Erfüllungsgeschäfts und die Auswirkungen auf sachenrechtliche Erklärungen zu beachten.[114]

E. Eintragungsfähigkeit und Grundbucheintragungen

I. Bedeutung der Eintragungsfähigkeit

Das Grundbuchamt muss die Eintragungsfähigkeit eines Rechts oder eines Vermerks **selbstständig prüfen**, gleichgültig, ob eine Eintragung auf Antrag, auf Ersuchen nach § 38 GBO erfolgt oder von Amts wegen vorzunehmen ist. Es muss dabei in Zweifelsfällen seiner Auslegungs- und Umdeutungspflicht nachkommen (siehe § 2 Einl. Rdn 75 ff.). Die Prüfungspflicht ergibt sich auch aus § 53 Abs. 1 S. 2 GBO, wonach eine inhaltlich unzulässige Eintragung von Amts wegen gelöscht werden muss.

II. Voraussetzungen der Eintragungsfähigkeit

Sachlich: Eintragungsfähig sind alle dinglichen Rechte, Vormerkungen, Widersprüche, Verfügungsbeschränkungen und sonstigen Vermerke, deren Eintragung im Gesetz ausdrücklich vorgeschrieben oder zugelassen ist.[115] Eintragungsfähig ist eine Tatsache auch dann, wenn das Gesetz die Eintragung zwar nicht ausdrücklich regelt, an die Eintragung oder Nichteintragung aber eine Rechtswirkung materieller oder formeller Art knüpft. Das gilt insbes. für die Verfügungsbeeinträchtigungen, bei deren Nichteintragung gutgläubiger Erwerb nach § 892 Abs. 1 S. 2 BGB droht.

Persönlich: Als Berechtigter, Begünstigter oder Geschützter kann eingetragen werden, wer als natürliche oder juristische Person rechtsfähig ist oder wem das Gesetz die Befugnis verleiht, selbstständig am Rechtsverkehr teilzunehmen (§ 14 Abs. 2 BGB; siehe § 4 Einl. Rdn 42 ff.).

---

109 OLG Frankfurt a.M. Rpfleger 1980, 292 = DNotZ 1981, 40; Meikel/*Böttcher*, GBO, Einl D 97, 101.
110 BGH DNotZ 1990, 169, 170 = Rpfleger 1989, 278.
111 OLG Düsseldorf Rpfleger 1957, 413; OLG Hamm Rpfleger 1971, 147.
112 BVerwGE 19, 79, 81; BayObLG DNotZ 1981, 570 = Rpfleger 1981, 233.
113 Insgesamt dazu auch *Köther*, Der Umfang der Prüfungspflicht in GB-Recht (Diss. Würzburg 1981), S. 128 f.; Meikel/*Böttcher*, GBO, Einl. D 93 ff.
114 Meikel/*Böttcher*, GBO, Einl. D 100; *Schöner/Stöber*, Grundbuchrecht, Rn 208; *Eickmann/Böttcher*, Grundbuchverfahrensrecht, Rn 275; *Köther*, Der Umfang der Prüfungspflicht in GB-Recht (Diss. Würzburg 1981), S. 128; allgemein Staudinger/*Chr. Heinze*, BGB, § 873 Rn 131.
115 Meikel/*Grziwotz*, Einl. B 2; *Eickmann/Böttcher*, Grundbuchverfahrensrecht, Rn 174; *Schöner/Stöber*, Grundbuchrecht, Rn 22 ff.

III. Kein Katalog der eintragungsfähigen Rechte

63 Vorschriften zur Eintragungsfähigkeit finden sich überwiegend im materiellen Sachenrecht und verstreut in zahlreichen anderen Gesetzen, insbes. im öffentlichen Recht. § 84 Abs. 3 GBO und die §§ 4–23 GBV enthalten hierzu Hinweise.

IV. Eintragungsbedürftigkeit und Eintragungsfähigkeit

64 **Eintragungsbedürftig** ist, was dem Buchungszwang deshalb unterliegt, weil das Gesetz die Rechtswirksamkeit von der Grundbucheintragung abhängig macht. Hier handelt es sich um die dinglichen Rechte, die nach § 873 Abs. 1 BGB nur durch Einigung und Eintragung entstehen und belastet sowie nach § 877 BGB inhaltlich verändert werden können, aber auch um andere Eintragungen, z.B. die Vormerkung (§ 883 Abs. 1 S. 1 BGB), den Widerspruch (§ 899 Abs. 1 BGB), die Zustellungserleichterung nach § 800 Abs. 2 ZPO (§ 800 Abs. 1 S. 2 ZPO). Die verdinglichten Regelungen aus einem Begleitschuldverhältnis des dinglichen Rechts sind mit der Bezugnahme nach § 44 Abs. 2 GBO über § 874 BGB mittelbarer Inhalt der Grundbucheintragung. Eintragungsbedürftig sind auch grundbuchverfahrensrechtlich relevante Vermerke wie die Vorlöschungsklausel nach § 23 Abs. 2 GBO (vgl. § 23 GBO Rdn 38).

Der **Rechtshängigkeitsvermerk** (siehe Rdn 90; § 22 GBO Rdn 69, 70) muss hier ebenfalls genannt werden, denn die subjektive Erstreckung der materiellen Rechtskraft entgegen dem öffentlichen Glauben des Grundbuchs (vgl. § 325 Abs. 2 ZPO) tritt nur nach einer Eintragung uneingeschränkt ein.[116] Bei Beschränkungen des öffentlichen Rechts, beispielsweise im Umlegungsverfahren, regeln besondere Vorschriften die Eintragung entsprechender Vermerke (beispielsweise Umlegungsverfahren §§ 45, 51, 54 Abs. 1 S. 2 BauGB; Verfügungsbeschränkung nach Bundesversorgungsgesetz, § 75 Abs. 1 S. 2 und 3 BVersG; Verfügungsbeschränkung nach Ausgleichsleistungsgesetz und Flächenerwerbsverordnung in den neuen Bundesländern nach § 3 Abs. 10 S. 1 AusglLeistG mit § 13 Abs. 1 und 3 FlErwVO). Im Flurbereinigungsverfahren besteht dagegen keine Verfügungsbeeinträchtigung,[117] die Eintragung eines entsprechenden Vermerks in das Grundbuch sieht das Gesetz daher nicht vor, es wird gleichwohl vertreten, dass ein solcher einzutragen sei.[118]

65 **Eintragungsfähig** kann auch sein, was nicht eintragungsbedürftig ist und nicht eine der drei materiellen Hauptwirkungen der Grundbucheintragung bewirkt, z.B. ausnahmsweise trotz § 54 GBO eintragbare öffentliche Lasten, wie die im Umlegungsverfahren festgesetzte Geldleistung, § 64 Abs. 3, 6 BauGB oder der Enteignungsvermerk nach § 108 Abs. 6 BauGB.

Auch der **Wirksamkeitsvermerk** (dazu Rdn 85) bei Eintragung eines Rechts gegenüber einer Vormerkung hinsichtlich § 883 Abs. 2 BGB gehört hierher, denn das Ausbleiben der relativen Unwirksamkeit ist unabhängig von der Eintragung und ein Zessionar des gesicherten Anspruchs kann sich zum Bestand und Umfang des der Vormerkung gegenüber wirksamen Rechts nie auf den Grundbuchstand berufen.[119]

V. Unwirksame und fehlerhafte Eintragungen

1. Voraussetzungen für die Wirksamkeit einer Eintragung

66 Eine wirksame Eintragung im Rechtssinne liegt nur vor, wenn die **Erfordernisse des § 44 Abs. 1 S. 2 Hs. 2 oder S. 3 GBO** erfüllt sind (siehe hierzu auch § 44 GBO Rdn 14), beim elektronischen Grundbuch muss nach § 129 Abs. 1 S. 1 GBO die Aufnahme in den Datenspeicher in wiedergabefähiger Form erfolgt sein. **Unwirksam** können Eintragungen ferner wegen eines dem Eintragungsakt oder -inhalt anhaftenden schwerwiegenden Mangels sein. Sie unterliegen der Amtslöschung, weil sie keine Eintra-

---

116 Zur Zulässigkeit der Eintragung nur aufgrund einstweiliger Verfügung bei fehlender Bewilligung des Buchberechtigten grundlegend BGH DNotZ 2013, 765 = Rpfleger 2013, 377 = ZfIR 2013, 423 m. Anm. *Wilsch*; ebenso OLH Schleswig SchlHA 2012, 348; OLG Köln Rpfleger 2012, 522; a.A. (urkundlicher Nachweis der Rechtshängigkeit genügend) OLG Frankfurt a.M. FGPrax 2009, 250; OLG Brandenburg, Beschl. v. 27.11.2007 – 5 Wx 29/07, juris; OLG Braunschweig NJW-RR 2005,

1099; BayObLG NJW-RR 2003, 234; OLG München NJW-RR 2000, 384; OLG Schleswig NJW-RR 1994, 1498; OLG Zweibrücken NJW 1989, 1098; OLG Stuttgart MDR 1979, 853.
117 OVG Koblenz DNotZ 1968, 548; Meikel/*Grziwotz*, Einl. F 55, 61; *Schöner/Stöber*, Grundbuchrecht, Rn 4030, 4033.
118 *Schöner/Stöber*, Grundbuchrecht, Rn 4037; a.A. (de lege ferenda) *Flik*, BWNotZ 1987, 88.
119 Statt vieler Staudinger/*Picker*, BGB, § 892 Rn 56 m.w.N.

gungen im Rechtssinn sind (siehe Rdn 57 ff.). Auch hier ist der zugrunde liegende Antrag noch nicht erledigt, und bezüglich weiterer Anträge ist § 17 GBO zu beachten.

2. Fehlerhafte Eintragungen

Fehlerhaft sind Eintragungen, die unter Verletzung gesetzlicher Vorschriften vorgenommen werden (siehe hierzu § 53 GBO Rdn 15 ff.). Der Fehler kann sich auf die Eintragungstätigkeit des Grundbuchamts beschränken oder auf den Eintragungsinhalt auswirken und unterschiedliche Folgen materiell- und verfahrensrechtlicher Art auslösen (vgl. Rdn 58 ff.). 67

3. Verfahrens- oder Zuständigkeitsverstöße

Verfahrens- oder Zuständigkeitsverstöße[120] des Grundbuchamts haben grundsätzlich **keinen Einfluss auf die Wirksamkeit** des Grundbuchinhalts.[121] Es tritt auch keine Grundbuchunrichtigkeit ein, solange nur die Eintragung durch die dingliche Einigung gedeckt wird (zu Einzelheiten vgl. auch § 22 GBO Rdn 26). Das gilt auch, wenn sich die Eintragung inhaltlich vom Antrag und der Bewilligung unterscheidet, denn dann sind gleichfalls nur Sollvorschriften des Verfahrensrechts verletzt. 68

4. Überflüssige Inhalte

Überflüssige Inhalte, insbesondere Wiederholung gesetzlicher Regelungen, sind wegen der Gefährdung der Übersichtlichkeit des Grundbuchs unzulässig und tunlichst zu vermeiden.[122] Dies hindert nicht die **Zulässigkeit eines Klarstellungsvermerks** (siehe dazu auch Rdn 85), sei es in der Grundbucheintragung selbst, sei es in der in Bezug genommenen Eintragungsbewilligung, wenn die Fassung der Eintragung bzw. der Bewilligung ohne diesen Vermerk Umfang und Inhalt des Rechts nicht in einer Weise verlautbart, die Zweifel ausschließt.[123] Ein Klarstellungsvermerk ist aber dort nicht zulässig, wo eine an sich unzulässige Eintragung zu einer wirksamen gemacht werden soll. Eine inhaltlich unzulässige Eintragung ist keine Eintragung und deshalb von Amts wegen zu löschen (§ 53 Abs. 1 S. 2 GBO). Problematisch ist dies oft bei mangelhafter Eintragung eines schlagwortartigen Inhalts eines Rechts in Abteilung II des Grundbuchs.[124] Eine Eintragung wird auch nicht durch einen unzulässigen Zusatz insgesamt inhaltlich unzulässig.[125] Aus der anerkannten Möglichkeit für das Grundbuchamt, Klarstellungsvermerke einzutragen, der Beseitigungskompetenz für gegenstandslose Eintragungen im Verfahren nach den §§ 84 ff. GBO und dem Rechtsgedanken der Regelung des § 9 Abs. 2 GBO wird man annehmen dürfen, dass das Grundbuchamt überflüssige Inhalte **von Amts wegen löschen** kann (vgl. Rdn 57).[126] 69

F. Der Begriff des „Rechts" im BGB und in der GBO
I. Dingliches Recht im Sinne des BGB

Dingliche Rechte haben ihre Rechtsgrundlage im materiellen Sachenrecht des BGB und unterscheiden sich von schuldrechtlichen Ansprüchen (§§ 194 Abs. 1, 241 BGB) und Rechten (Rücktritt, Minderung). Dingliche Rechte sind Rechte einer Person gegenüber anderen Personen, aber in Ansehung einer Sache.[127] Beim Eigentum ist die unmittelbare Herrschaft über die Sache grundsätzlich unbeschränkt, bei den übrigen dinglichen Rechten geht es um die Herrschaft in bestimmten Beziehungen, weshalb man insoweit generell von beschränkten dinglichen Rechten spricht. Dingliche Rechte wirken absolut gegen- 70

---

120 Meikel/*Grziwotz*, Einl. B 82 ff.
121 Staudinger/*Chr. Heinze*, BGB, § 873 Rn 283; *Schöner/Stöber*, Grundbuchrecht, Rn 31.
122 RGZ 119, 211, 213; KG JFG 3, 399, 400; BayObLGZ 1953, 247, 251; BayObLG Rpfleger 1953, 451; BayObLGZ 2000, 224, 225 = Rpfleger 2000, 543; OLG Hamm Rpfleger 2001, 297; *Demharter*, Anh. zu § 13 Rn 22, § 44 Rn 14; a.A. *Schöner/Stöber*, Grundbuchrecht, Rn 28.
123 OLG Hamm Rpfleger 2001, 297; Meikel/*Grziwotz*, Einl. B 54; *Demharter*, § 44 Rn 14; *Schöner/Stöber*, Grundbuchrecht, Rn 294 ff.; *Böhringer*, NotBZ 2004, 13; *Holzer*, NotBZ 2008, 14; zum Anspruch auf klare Verlautbarung des Rechtsinhalts RGZ 132, 106; OLG Hamm Rpfleger 1985, 17; OLG Hamm MittRhNotK 1985, 121 = Rpfleger 1985, 286; BayObLGZ 1988, 124; BayObLG NJW-RR 1991, 88 = Rpfleger 1990, 503; zur Heilung einer zunächst formunwirksamen Auflassung BGHZ 160, 368 = DNotZ 2005, 385 = NJW 2004, 3626; zur Unzulässigkeit des Vermerks bei erneuter Auflassung aber BayObLG FGPrax 2002, 99.
124 LG Chemnitz MittBayNot 2006, 335 = Rpfleger 2006, 319.
125 OLG Frankfurt a.M. NJW-RR 1997, 1447, 1448; *Demharter*, § 44 Rn 14, § 53 Rn 43.
126 Ähnlich *Holzer*, Die Richtigstellung des Grundbuchs (Diss. 2005), S. 211 ff.; Meikel/*Schneider*, § 53 Rn 134.
127 Meikel/*Grziwotz*, Einl. B 7.

über jedermann und nicht lediglich relativ zwischen Vertragspartnern. Das BGB bezeichnet nur die materiell-rechtlich wirksamen dinglichen Rechte als „Recht"; eine Ausnahme bildet § 894 BGB am Ende, wo mit dem „durch die Berichtigung betroffen[en]" Recht nur das Buchrecht gemeint ist und sein kann. Zu den materiell-rechtlich wirksamen dinglichen Rechten gehören auch die zu Unrecht gelöschten Rechte, da sie solange außerhalb des Grundbuchs weiter bestehen, bis ein lastenfreier Erwerb kraft öffentlichen Glaubens stattgefunden hat. Andere Rechtsgebilde wie z.B. das Anwartschaftsrecht (siehe § 5 Einl. Rdn 6), die Sondernutzungsrechte (siehe § 3 Einl. Rdn 101 ff.), die als „Belastung" eingetragenen Regelungen nach § 1010 BGB (siehe § 4 Einl. Rdn 22 ff.) und die verdinglichten Rechtsverhältnisse eines Begleitschuldverhältnisses – „verdinglicht", teils kraft Gesetzes, teils kraft Grundbucheintragung, ist ein Rechtsverhältnis, das die Rechtsbeziehungen zwischen mehreren Personen untereinander regelt und in das der Sonderrechtsnachfolger mit dem Erwerb des dinglichen Rechts eintritt, ohne dass es dazu einer Forderungsabtretung, Schuldübernahme oder sonstigen Vereinbarung über den Eintritt in das Rechtsverhältnis bedarf[128] – sind keine dinglichen Rechte im Sinne des BGB.

II. Buchrecht

71 Der Begriff „**Buchrecht**" taucht im BGB nicht auf. Abgesehen vom Sinn der Unterscheidung zwischen Brief- und Buchgrundpfandrechten (vgl. § 1116 BGB), versteht man unter dem materiell-rechtlichen Buchrecht ein Recht, das nur im Grundbuch eingetragen ist, aber im Übrigen nicht besteht, sei es wegen des Fehlens einer Wirksamkeitsvoraussetzung, sei es, weil es auf anderem Wege als nach § 875 Abs. 1 BGB wieder erloschen ist. Das Buchrecht ist aber materiell-rechtlich nicht wirkungslos, und zwar aufgrund der Richtigkeitsvermutung (§ 891 BGB) sowie erst recht aufgrund der Fiktion[129] des öffentlichen Glaubens nach den §§ 892, 893 BGB; es hat ferner nach § 879 Abs. 2 BGB eine rangwahrende Wirkung, wenn die fehlende (oder fehlerhafte[130]) Einigung nachgeholt wird. Das Buchrecht genießt weitgehenden Bestandsschutz durch § 71 Abs. 2 S. 1 GBO, falls es am öffentlichen Glauben teilnimmt. Die §§ 23 Abs. 1, 24 GBO hingegen bewirken keinen Bestandsschutz für ein bloßes Buchrecht, denn wenn Rückstände vorliegen, ist das Recht ja insoweit noch gar nicht erloschen (vgl. § 23 GBO Rdn 1, 38 ff.). Das Gegenstück zum Buchrecht bildet das zu Unrecht gelöschte Recht, das zwar materiell-rechtlich besteht, aber eben nicht im Grundbuch eingetragen ist (siehe auch Rdn 74).

III. „Recht" im Sinne der GBO

72 Wenn die GBO von einem Recht spricht, so geht sie damit einerseits über den Begriff des dinglichen Rechts im materiellen Sinne hinaus, bleibt andererseits aber auch dahinter zurück:[131]

– Die GBO verwendet den Begriff des Rechts auch für Vormerkungen, Widersprüche, Verfügungsbeschränkungen und sonstige Vermerke aller Art. Dies lässt sich u.a. § 84 Abs. 3 GBO entnehmen. Die Frage des materiell-rechtlichen Bestandes ist im Grundsatz ohne Bedeutung.
– Voraussetzung ist jedoch das Vorliegen einer wirksamen Eintragung dieses „Rechts" (vgl. Rdn 66 ff.). Gelöschte Rechte gehören selbst dann nicht zu den Rechten im Sinne der GBO, wenn sie zu Unrecht gelöscht wurden.

IV. Öffentliche Liegenschaftsrechte

73 Öffentliche Liegenschaftsrechte sind Rechte des öffentlichen Bodenrechts mit absoluten materiellen Wirkungen, die wie die Rechte im Sinne des BGB die Rechtsbeziehungen an einem Grundstück beeinflussen, ihnen zum Teil im Rang vorgehen, aber überwiegend außerhalb des Grundbuchs bestehen und die Funktionsfähigkeit des Grundbuchs jedenfalls dann in bedenklicher Weise aushöhlen, wenn sie im Grundstücksverkehr nicht erkennbar sind und trotzdem nicht für eintragungsfähig gehalten oder nicht rechtzeitig eingetragen werden.[132] Bestes Negativbeispiel ist die in den landesrechtlichen Bauordnungen

---

128 *Ertl*, DNotZ 1988, 4, 17; *Amann*, DNotZ 1989, 531, 534.
129 Staudinger/*Picker*, BGB, § 892 Rn 9 m.w.N.
130 Staudinger/*St. Heinze*, BGB, § 879 Rn 63; MüKo-BGB/*Lettmaier*, § 879 Rn 34.
131 Siehe auch Meikel/*Grziwotz*, Einl. B 7.
132 Dazu Meikel/*Böhringer*, 10. Aufl. 2010, Einl. A 48 ff.; Staudinger/*Seiler*, BGB, Einl. zum SachenR, Rn 87 ff.; *Walter*, JA 1981, 322; *Michalski*, MittBayNot 1988, 204.

geregelte Baulast, die im öffentlichen Interesse zugunsten der Baubehörde gleiche Inhalte haben kann wie die Dienstbarkeit als Grundstücksrecht (vgl. § 6 Einl. Rdn 170 ff.).[133]

V. Zu Unrecht gelöschte Rechte

Dingliche Rechte und Vormerkungen bleiben bei einer zu Unrecht erfolgten Löschung außerhalb des Grundbuchs bestehen und müssen auf Antrag grundsätzlich wieder mit dem alten Inhalt und Rang eingetragen werden (vgl. § 22 GBO Rdn 84 ff.). Sie haben weder die von der Eintragung abhängigen Buchrechtswirkungen der §§ 891 Abs. 1, 892, 893 BGB, noch sind sie Rechte i.S.d. GBO. Es ist umstritten, ob die unberechtigte Löschung eines Widerspruchs das Grundbuch unrichtig macht und eine Wiedereintragung des alten Widerspruchs oder die Eintragung eines neuen Widerspruchs zu erfolgen hat (siehe dazu § 22 GBO Rdn 97 ff.). Wird ein bloßes Buchrecht formell unberechtigt gelöscht, so verliert es die Wirkungen nach den §§ 891 ff. BGB.

74

VI. Keine Unterscheidung zwischen Voll- und Buchrecht

Aus der verfahrensrechtlichen Lehre (Ziel einer Bewilligung ist die Änderung des Grundbuchinhalts[134]) folgt, dass für das Grundbuchamt allein das Buchrecht maßgebend ist und dass die Berichtigungsbewilligung ebenso wie eine Änderungsbewilligung zu behandeln ist. Im Grundbuchverfahren kommt es nur auf die wirksame Eintragung oder Löschung in Übereinstimmung mit dem Antrag und der Bewilligung an, nicht auf ihre materiellen Wirkungen oder die materiell-rechtlichen Voraussetzungen für diese Wirkung (Ausnahme im Anwendungsbereich des § 20 GBO).

75

G. Rechtsquellen der Eintragungsfähigkeit

I. Dingliche Rechte, Grundsatz der Geschlossenheit

Im Sachenrecht herrscht im Gegensatz zum Schuldrecht keine inhaltliche Vertragsfreiheit. Zahl und Art der dinglichen Rechte sind im Gesetz erschöpfend bestimmt, ihr Inhalt zwingend vorgeschrieben und jedes dingliche Recht in seinen Merkmalen von jedem anderen dinglichen Recht abgegrenzt (**numerus clausus der Sachenrechte**).[135] Es gibt dingliche Rechte mit einem gesetzlich gebotenen Mindestinhalt und einem vom Gesetz abgesteckten Rahmen, der dinglichen oder verdinglichten Vereinbarungen und vertraglichen Verfügungsbeschränkungen zugänglich ist.

76

Die gegen das **Wesen des bestellten dinglichen Rechts** verstoßenden Vereinbarungen sind nichtig, ggf. auch das gesamte Recht (§ 139 BGB). Auf schuldrechtlicher Ebene gelten solche Schranken natürlich nicht, freilich mit der Folge, dass Sonderrechtsnachfolger nicht gebunden sind (anders bei den verdinglichten Begleitschuldverhältnissen). Die Typengrenzen der einzelnen Rechte müssen gewahrt bleiben. Das lässt sich gut veranschaulichen zwischen den beschränkten Dienstbarkeiten (Grunddienstbarkeit, beschränkte persönliche Dienstbarkeiten) und dem Nießbrauch sowie zwischen den Dienstbarkeiten überhaupt und der Reallast: Mittels einer beschränkten Dienstbarkeit kann auch die Nutzung (eine der drei Inhaltsmöglichkeiten nach § 1018 Fall 1 BGB) in mehreren Beziehungen gestattet werden, und nach § 1030 Abs. 2 BGB können von der umfassenden Nutzungsmöglichkeit eines Nießbrauchs einzelne herausgenommen werden. Das darf aber nie so weit gehen, dass durch die beschränkte Dienstbarkeit eine nahezu vollständige Nutzung möglich ist oder dass sich der Nießbrauch nur noch auf einzelne Nutzungsmöglichkeiten beschränkt.[136] Dienstbarkeiten sind auf Seiten des Verpflichteten passive Rechte, während eine Reallast zu Leistungen verpflichtet.[137] Alles, was also über § 1021 BGB hinausgeht, muss als Reallast eingetragen werden. Auch von der anderen Seite her betrachtet, bedarf es beim Nießbrauch der Wahrung der begriffswesentlichen Grenze zum Eigentum.[138] Anders formuliert: Der typische Cha-

77

---

133 Eingehend auch *Keller/Padberg*, Nutzungsrechte an Grundstücken in den neuen Ländern (1996), S. 188 ff.
134 *Eickmann/Böttcher*, Grundbuchverfahrensrecht, Rn 121 m.w.N.
135 BayObLGZ 1964, 1, 3; BayObLGZ 1967, 275, 277 = Rpfleger 1968, 52; BayObLGZ 1980, 232, 235 = MittBayNot 1980, 201.
136 Siehe auch OLG Hamm Rpfleger 1983, 144.
137 Dazu auch BGH NJW 2005, 894, 896; BayObLGZ 1972, 364, 367 = Rpfleger 1973, 55, 56.
138 BayObLGZ 1972, 364, 367 = Rpfleger 1973, 55, 56.

rakter des jeweiligen Rechts muss erhalten sein. Also kann es z.B. kein unveräußerliches oder unvererbliches Erbbaurecht geben (vgl. § 1 ErbbauRG).

78 Die Eintragungsfähigkeit der einzelnen dinglichen Rechte und ihres Inhalts richtet sich nach den für sie maßgeblichen sachenrechtlichen Vorschriften des materiellen Rechts, die im BGB, im ErbbauRG, dem WEG, anderen Bundesgesetzen, durch Art. 55 ff. EGBGB vorbehaltenem Landesrecht und Sondervorschriften (z.B. § 49 GBO) geregelt sind.

II. Vormerkungen

79 Ihre Eintragungsfähigkeit und Rechtsnatur richtet sich nach unterschiedlichen Vorschriften:
– Vormerkungen zur Sicherung eines schuldrechtlichen Anspruchs auf eine dingliche Rechtsänderung nach § 883 Abs. 1 BGB (siehe § 6 Einl. Rdn 14 ff.),
– hypothekenrechtliche Löschungsvormerkungen nach § 1179 BGB (siehe § 7 Einl. Rdn 69 ff.),
– Vormerkungen aufgrund öffentlichen Rechts nach der jeweiligen Norm, z.B. gem. § 28 Abs. 2 S. 3 Hs. 1 BauGB im Verfahren über das gesetzliche Vorkaufsrecht (Eintragung auf Ersuchen der Gemeinde, siehe auch § 6 Einl. Rdn 232 ff.) und
– verfahrensrechtliche Vormerkungen (Schutzvermerk auf grundbuchmäßige Erledigung) nach § 18 Abs. 2 S. 1 und § 76 Abs. 1 GBO (vgl. hierzu 18 GBO Rdn 103 ff., § 76 GBO Rdn 10 ff.).

Die ersten drei genannten Vormerkungen sind echte Vormerkungen mit den Wirkungen nach §§ 883 Abs. 2, 888 BGB. Der Schutzvermerk nach §§ 18 Abs. 2, 76 Abs. 1 GBO hat diese Wirkungen nicht.[139]

III. Widersprüche

80 Eintragungsfähigkeit und Rechtsnatur beruhen auf verschiedenen Vorschriften im BGB, in der GBO und im öffentlichen Recht. Folgende sind zu nennen:
– Widerspruch nach § 899 Abs. 1 BGB (siehe § 1139 BGB für einen Fall der erleichterten Eintragbarkeit, insgesamt zu § 899 Abs. 1 BGB: vgl. § 6 Einl. Rdn 57 ff.),
– der dem gleichstehende Amtswiderspruch nach § 53 Abs. 1 S. 1 GBO (siehe § 53 GBO Rdn 24 ff.) und
– die Widersprüche beim Fehlen materiell-rechtlich erforderlicher öffentlich-rechtlicher Genehmigungen von Grundstücksveräußerungen (z.B. § 7 Abs. 2 S. 1 GrdstVG, § 22 Abs. 6 S. 2 BauGB), die einem Widerspruch nach § 899 Abs. 1 BGB gleichstehen und auf Ersuchen der zuständigen Behörde eingetragen werden, sofern diese kraft besonderer Vorschrift zur Stellung eines Ersuchens ermächtigt ist (§ 38 GBO Rdn 35),
– Widerspruch nach § 23 Abs. 1 GBO (vgl. § 23 GBO Rdn 31 ff.) und
– Schutzvermerke nach § 18 Abs. 2 S. 1 und § 76 Abs. 1 GBO.

Die beiden letztgenannten Widersprüche sind keine echten Widersprüche mit dem Zweck der Sicherung des außerbuchlichen Rechtsbestandes.

IV. Verfügungsbeeinträchtigungen

81 Verfügungsbeeinträchtigungen sind eintragungsfähig, wenn
– das Gesetz die Eintragung ausdrücklich vorsieht, oder
– an die Nichteintragung nachteilige Rechtsfolgen geknüpft werden, insbesondere weil § 892 Abs. 1 S. 2 BGB an die Nichteintragung den guten Glauben der vollen Verfügungsbefugnis des Rechtsinhabers knüpft und insoweit gutgläubigen Erwerb ermöglicht.

Die Eintragung eines Vermerks zur Verfügungsbeeinträchtigung ist häufig ausdrücklich geregelt, z.B. nach § 2113 Abs. 3, § 2211 Abs. 2 BGB bei Nacherbschaft oder Testamentsvollstreckung,[140] oder nach § 32 InsO bei den Verfügungsbeeinträchtigungen des Insolvenzrechts.[141] Zu beachten sind auch

---

139 Meikel/*Böttcher*, § 18 Rn 127.
140 Meikel/*Grziwotz*, Einl. B 49; Staudinger/*Chr. Heinze*, BGB, Vor §§ 873 ff. Rn 55 ff.
141 Eingehend K. Schmidt/*Keller*, InsO, § 32 Rn 27 ff.

Vorschriften des öffentlichen Rechts und des Strafverfahrensrechts, die eine Eintragung vorsehen, z.B. § 111c Abs. 3 S. 1 StPO für die vorläufige Beschlagnahme oder § 111f Abs. 4 mit § 111h Abs. 1 StPO für das Veräußerungsverbot beim Vermögensarrest zur Sicherung der Einziehung oder des Wertersatzes bei der Vermögensabschöpfung. Die Frage der Eintragung öffentlich-rechtlicher Verfügungsbeeinträchtigungen ist in Einzelfällen umstritten (dazu Rdn 90 und § 6 Einl. Rdn 88 ff.).

Ein gesetzliches Verbot i.S.d. § 134 BGB ist keine Verfügungsbeeinträchtigung im hier beschriebenen Sinne.[142] Das hiergegen verstoßende Rechtsgeschäft ist nichtig, gutgläubiger Erwerb in irgendeiner Weise ist nicht denkbar. Das gesetzliche Verbot ist nicht eintragungsfähig, es ergibt sich ja bereits aus dem Gesetz selbst.

Die Unterscheidung zwischen absolut wirkenden Verfügungsbeeinträchtigungen (Verfügungsentziehungen) und relativ wirkenden Verfügungsverboten[143] ist für die Eintragung selbst weniger von Bedeutung. Sie hat im BGB ihren Grund in der Rechtsgeschichte, da bei Kodifizierung des BGB unter dem Gedanken der Freiheit des Rechtsverkehrs der lediglich relativen Wirkung einer Verfügungsbeeinträchtigung der Vorzug gegeben wurde.[144] Die relative Unwirksamkeit tritt nicht ein, wenn der von dem Verbot Geschützte zustimmt. Insofern wird durch eine relative Unwirksamkeit auch ein verdeckter Genehmigungstatbestand normiert.

Heute bevorzugt man aus Gründen der Rechtsklarheit eher die absolute Wirkung von Verfügungsbeeinträchtigungen. So spricht bspw. § 2113 BGB scheinbar von Unwirksamkeit nur gegenüber dem Nacherben, sie wird aber allgemein als absolute Unwirksamkeit verstanden.[145] Die Unwirksamkeit einer vormerkungswidrigen Verfügung nach § 883 Abs. 2 BGB kann dagegen nur vom Vormerkungsberechtigten geltend gemacht werden, sie wirkt nur relativ. Der Wandel in der Rechtsdogmatik wird vor allem im Insolvenzrecht deutlich.[146] §§ 7 und 15 KO sprachen noch von „Unwirksamkeit gegenüber den Konkursgläubigern",[147] zu § 81 Abs. 1 S. 1 InsO betont der Gesetzgeber die absolute Unwirksamkeit einer Verfügung des Schuldners nach Insolvenzeröffnung.[148] Im Bereich des Immobiliarsachenrechts ist ein wirksamer Rechtserwerb in Anwendung des § 892 BGB denkbar. Die Verweisung auf § 892 Abs. 1 S. 2 BGB in § 81 Abs. 1 S. 2 InsO ist dann eher als gedanklicher Hinweis denn als echte Verweisung zu sehen. Würden § 81 Abs. 1 S. 2 InsO oder auch § 91 Abs. 2 InsO fehlen, wären die Vorschriften des bürgerlichen Rechts gleichwohl anwendbar. Die Anwendbarkeit des § 878 BGB ergibt sich schon daraus, dass diese Vorschrift gerade den Fall des § 91 Abs. 1 InsO, nämlich den Eintritt einer Verfügungsbeeinträchtigung vor Wirksamwerden der Verfügung durch Grundbucheintragung, betrifft. Gleiches gilt für den Gutglaubensschutz des § 892 Abs. 1 S. 2 BGB in Ansehung einer nicht im Grundbuch eingetragenen Verfügungsbeeinträchtigung. Zu §§ 7 und 15 KO, den Vorgängerregelungen zu §§ 81 und 91 InsO, wurde vertreten, die Verweisung auf § 892 BGB sei deshalb erforderlich, weil diese Vorschrift in ihrem Wortlaut nur Verfügungsbeeinträchtigung mit relativer Unwirksamkeit benennt, während die Unwirksamkeit des § 7 Abs. 1 KO eine absolute sei.[149] Dies ist nicht richtig. Der Wortlaut des § 892 Abs. 1 S. 2 BGB ist historisch allein dahin zu verstehen, dass bei der Konzeption des Bürgerlichen Gesetzbuchs ausgehend vom früheren Pandektenrecht jede Verfügungsbeeinträchtigung, sofern es nicht um ein absolutes gesetzliches Verbot handelte, nur relative Unwirksamkeit nach sich zog.[150] Auch im Wortlaut des § 7 Abs. 1 KO war schließlich nur von Unwirksamkeit der Verfügung des Schuldners gegenüber den Konkursgläubigern die Rede, obgleich dies allgemein als absolute Unwirksamkeit verstanden wurde. Völlig unstreitig ist § 892 Abs. 1 S. 2 BGB unmittelbar auf alle Arten relativer Verfügungsverbote und absolut wirkender Verfügungsentziehungen anzuwenden.[151]

---

142 Unklar bei MüKo-BGB/*Kohler*, § 892 Rn 59.
143 Umfassend zur Systematik *Böttcher*, Rpfleger 1983, 49; *ders.*, Rpfleger 1983, 187; *ders.*, Rpfleger 1984, 377; *ders.*, Rpfleger 1985, 381; eingehend auch Meikel/*Böttcher*, Nach § 20 Rn 2 ff.
144 RGZ 83, 184; 157, 295; zu dieser Frage bereits Staudinger/*Riezler*, BGB, 1. Aufl. 1899, § 135 Anm. 9; RGRK/*Degg*, BGB, 7. Aufl. 1929, § 135 Anm. 2 mit Hinw. auf RGZ 83, 184, 189, wonach die Unwirksamkeit von jedermann geltend gemacht werden könne.
145 MüKo-BGB/*Grunsky*, § 2113 Rn 9 ff.; Grüneberg/*Weidlich*, BGB, § 2113 Rn 8.
146 Eingehend *Keller*, Insolvenzrecht, Rn 819 ff.
147 Dazu noch *v. Wilmowski*, KO, § 7 Anm. 2, 3; *Jaeger*, KO, § 7 Anm. 7 ff.; *Kuhn/Uhlenbruck*, KO, § 7 Rn 6a; Jaeger/*Henckel*, KO, § 7 Rn 17 ff.
148 BT-Drucks 12/2443, 136.
149 So *v. Wilmowsi*, KO, § 7 Anm. 7; *Kuhn/Uhlenbruck*, KO, § 7 Rn 12; Westermann/*Eickmann*, Sachenrecht, § 84 II. 2.
150 Motive zum BGB, Bd. 1, S. 212.
151 Grüneberg/*Herrler*, BGB, § 892 Rn 17.

Die Unterscheidung zwischen absolut und relativ wirkenden Verfügungsbeeinträchtigung ist für das Grundbuchverfahren relevant, wenn weitere Eintragungen beantragt werden, die der Verfügungsbeeinträchtigung widersprechen. Während hier bei absolut wirkenden Verfügungsbeeinträchtigungen grundsätzlich keine Eintragung mehr erfolgen kann, bewirkt das relativ wirkende Verfügungsverbot keine sog. Grundbuchsperre. Nachfolgende Eintragungen dürfen nicht mit dem Grund zurückgewiesen werden, sie verstoßen gegen das Verfügungsverbot. Es ist vielmehr Sache des Verbotsgeschützten, gegen die spätere Eintragung vorzugehen. Typisch ist dies bei der Vormerkung (§ 883 Abs. 2, § 888 BGB), es gilt aber auch bei der vorläufigen Beschlagnahme nach § 111c Abs. 3 mit § 111d Abs. 1 S. 1 StPO. Auch hier können trotz vorläufiger Beschlagnahme seitens der Staatsanwaltschaft weitere Eintragungen vorgenommen werden.

V. Vermerke sonstiger Art

1. Allgemeines

82 Sie verlautbaren keine dinglichen Rechte, Vormerkungen, Widersprüche oder Verfügungsbeschränkungen. Sie sind in den verschiedensten Gesetzen des materiellen und formellen, privaten und öffentlichen Rechts zu finden. Einige von ihnen haben materielle, andere verfahrensrechtliche Wirkungen, manche nur eine Warn- und Schutzfunktion ohne sonstige Wirkungen.

2. Eintragung von Vermerken mit sachenrechtlicher Bedeutung

a) Gemeinsames Wesensmerkmal

83 **Gemeinsames Wesensmerkmal** der Vermerke mit sachenrechtlicher Bedeutung ist ihre Bedeutung und Wirkung, die sie für die materielle Rechtslage haben oder jedenfalls haben können. Ihre Eintragungsfähigkeit ist teils gesetzlich geregelt, teils durch Rechtsprechung und Lehre entwickelt.

b) Einzelfälle eintragungsfähiger sachenrechtlicher Vermerke

84 Als eintragungsfähige Vermerk sind zu nennen:
- Rangvermerke über abweichende Rangbestimmung (§ 879 Abs. 3 BGB), Rangänderung (§ 880 BGB), Rangvorbehalt (§ 881 BGB).
- Rangvermerk nach § 112 GBO aufgrund eines Rangfeststellungsbeschlusses des GBA nach §§ 90 ff. GBO.
- Mithaftvermerke (§ 48 GBO) bei Gesamtbelastung mehrerer Grundstücke mit einem Recht.
- Verpfändungs- und Pfändungsvermerke (dazu eingehend § 20 GBO Rdn 1115 ff.; § 26 GBO Rdn 72; § 10 GBV Rdn 21 ff.; § 11 GBV Rdn 24).[152]
- Löschungsvermerke (§ 46 GBO): Sie stellen keine bloßen Vermerke dar, sondern sind echte Eintragungen in das Grundbuch (dazu siehe § 46 GBO Rdn 4).

c) Klarstellungsvermerke und Wirksamkeitsvermerke

85 Ihre Eintragungsfähigkeit ist gesetzlich nicht geregelt, jedoch allgemein anerkannt.[153] Zu nennen sind:
- **Klarstellungsvermerke:** Sie kommen nur in Betracht, wenn das Recht wirksam im Grundbuch eingetragen ist und lediglich seine buchmäßige Verlautbarung mangels notwendiger oder wünschenswerter Klarheit unzureichend erscheint. Denn der Eintragungsvermerk ist vom Grundbuchamt so

---

152 Siehe auch Meikel/*Böttcher*, Nach § 20 Rn 17 ff.
153 Dazu RGZ 132, 106, 112; BayObLGZ 1952, 141, 142; BayObLGZ 1961, 23, 24; BayObLGZ 1988, 124, 126 = Rpfleger 1988, 237; BayObLG Rpfleger 1976, 250, 251; BayObLG 1979, 123; BayObLG NJW-RR 1991, 88 = Rpfleger 1990, 503; BayObLG FGPrax 1997, 135; BayObLGZ 2002, 30 = DNotZ 2002, 731 = Rpfleger 2002, 303; KG DNotZ 1956, 555, 558; OLG Düsseldorf DNotZ 1958, 155, 157; OLG Frankfurt a.M. Rpfleger 1980, 185, 186; OLG Hamm Rpfleger 1957, 19; OLG Hamm Rpfleger 1985, 17, 20 (Klarstellung bei Rangverhältnis); OLG Hamm Rpfleger 1985, 286 (Klarstellung zu Zinsen bei Teillöschung Grundpfandrechten); OLG Stuttgart Rpfleger 1981, 355; Meikel/*Grziwotz*, Einl. B Rn 54, 55; Bauer/Schaub/*Bauer*, AT A Rn 80; *Demharter*, § 22 Rn 19 (Wirksamkeitsvermerk); § 53 Anm. 7 (Klarstellungsvermerk); *Schöner/Stöber*, Grundbuchrecht, Rn 294 ff.; *Haegele* und *Riedel*, Rpfleger 1963, 262; *Meyer-Stolte*, Rpfleger 1985, 287; *Demharter*, Rpfleger 1987, 497; *Eickmann*, RpflStud 1984, 1; *Frank*, MittBayNot 1996, 271; *Stöber*, MittBayNot 1997, 143 (je zum Wirksamkeitsvermerk).

klar und eindeutig zu fassen, dass jedermann Art, Umfang, Inhalt und Rang der Eintragung aus dem Grundbuch erkennen kann. Erfüllt er diese Anforderungen nur unzulänglich, kann das Grundbuchamt (von Amts wegen) bestehende Zweifel, Unklarheiten, Ungenauigkeiten, Zweideutigkeiten durch einen entsprechenden Klarstellungsvermerk beheben, aber nicht die erfolgte Eintragung (ganz oder teilweise) inhaltlich verändern, berichtigen oder löschen. Die erstmalige Eintragung eines Klarstellungsvermerks oder seine Wiedereintragung kann beantragt oder mit Fassungsbeschwerde verlangt werden.[154] Ein Klarstellungsvermerk kommt beispielsweise nicht in Betracht, wo der Berechtigte einer Grunddienstbarkeit im Grundbuch eindeutig durch Angabe einer Parzellennummer (aber falsch) bezeichnet ist.[155] Dagegen kann die falsche Schreibweise eines Grundschuldgläubigers durch Klarstellungsvermerk berichtigt werden, es kann aber nicht der versehentlich völlig falsch eingetragene Gläubiger durch den richtigen ersetzt werden, dies wäre ein Fall des § 53 Abs. 1 S. 1 GBO. Auch können die Beteiligten mit Hilfe der Fassungsbeschwerde und des Klarstellungsvermerks nicht lediglich eine bestimmte ihnen angenehme Formulierung der Grundbucheintragung erzwingen.

– **Wirksamkeitsvermerke**: Sie sind eine besondere Art von Vermerken mit lediglich deklaratorischer Bedeutung. Sie sind nach materiellem Recht nicht notwendig, aber in bestimmten Fällen empfehlenswert, z.B. um aus dem Grundbuch ersichtlich zu machen, dass ein eingetragenes Recht gegenüber einer Verfügungsbeschränkung oder gegenüber dem Nacherben wirksam ist (siehe hierzu § 45 GBO Rdn 12; § 46 GBO Rdn 12; § 51 GBO Rdn 19),[156] dass die Eintragung des Eigentumswechsels auf einer anderen (erneuten) Auflassung beruht,[157] dass sich das später bestellte Finanzierungsgrundpfandrecht gegen die für den Käufer bereits eingetragene Eigentumsvormerkung durchsetzt. Diese letztgenannte Funktion des Wirksamkeitsvermerks ist inzwischen allgemein anerkannt.[158] Der Vermerk stellt dann einen Ersatz für den in der Praxis üblichen Rangrücktritt der Vormerkung hinter vom Erwerber bestellte Grundpfandrechte dar. Eine relative Unwirksamkeit nach §§ 883 Abs. 2 mit § 888 BGB tritt dann nicht ein; die Frage der Rangfähigkeit der Vormerkung i.S.d. § 879 BGB ist eigentlich eine solche der vollen Wirksamkeit späterer Verfügungen.[159] Der Wirksamkeitsvermerk kann auch bezüglich einer Rückauflassungsvormerkung eingetragen werden.[160] Umstritten ist die Art der Eintragung (richtigerweise wird man entsprechend § 18 GBV sowohl bei der Vormerkung als auch dem Grundpfandrecht eine Eintragung vornehmen).[161]

3. Eintragung von Vermerken sonstiger Art

a) Gemeinsamkeiten

Einzige Gemeinsamkeit dieser Vermerke: Sie haben **keine materiell-rechtliche Bedeutung und Wirkung** wie die sachenrechtlichen Vermerke; sind keine Verfügungsbeschränkungen.

86

---

154 OLG Düsseldorf Rpfleger 1963, 288; OLG Stuttgart Rpfleger 1981, 355; BayObLGZ 1984, 240; BayObLGZ 1990, 189; BayObLGZ 1988, 124 = Rpfleger 1988, 237; *Demharter*, § 71 Rn 46, 47; *Schöner/Stöber*, Grundbuchrecht, Rn 485.
155 BGH MittBayNot 1994, 35; gegen OLG Düsseldorf DNotZ 1988, 122.
156 BayObLG FGPrax 1997, 135; KG JFG 1913, 111; OLG Hamm Rpfleger 1957, 19; § 51 Rn 25; zum Rangrücktritt des Nacherbenvermerks RGZ 135, 384; OLG Hamm, Rpfleger 1957, 19; OLG Hamburg, DNotZ 1967, 376; Meikel/*Böttcher*, § 45 Rn 19; Meikel/*Böhringer*, § 51 Rn 119 m.w.N.; *Demharter*, § 51 Rn 25 und § 45 Rn 18; *Mensch*, RpflStud 2020, 110.
157 Dazu KG JFG 4, 329, 334; BayObLG Rpfleger 1979, 123; Staudinger/*Chr. Heinze*, BGB, § 873 Rn 199.
158 BGHZ 141, 169 = DNotZ 1999, 1000 = MDR 1999, 796 m. Anm. *Stickelbrock*, = MittRhNotK 1999, 279 m. Anm. *H. Schmidt*, = NJW 1999, 2275 = Rpfleger 1999, 383 (Entscheidung nach § 79 Abs. 2 GBO auf Vorlage OLG Hamm Rpfleger 1999, 68 gegen OLG Köln Rpfleger 1998, 106); OLG Köln RNotZ 2001, 203; OLG Saarland BWNotZ 1995, 170 m. Anm. *Bühler*, = Rpfleger 1995, 404; OLG München BWNotZ 2002, 12 m. Anm. *Lehmann*; LG Amberg MittBayNot 1996, 41; Grüneberg/*Herrler*, BGB, § 883 Rn 22; Meikel/*Grziwotz*, Einl B 55; Meikel/*Böttcher*, § 45 Rn 18a; Meikel/*Böttcher*, § 17 GBV Rn 6a; *Demharter*, § 22 Rn 19; *Schöner/Stöber*, Grundbuchrecht, Rn 296, 1523a; *Lehmann*, NJW 1993, 1558; *ders.*, NJW 1999, 3318; *Frank*, MittBayNot 1996, 271; *Gursky*, DNotZ 1998, 273; *Stöber*, MittBayNot 1997, 143 (Wirksamkeitsvermerk und Zwangsversteigerung); *Keller*, BWNotZ 1998, 25.
159 Dazu bereits die Motive zum BGB, Bd. I, S. 212 letzter Satz; eingehend *Keller*, BWNotZ 1998, 25, Abschn. II 2. a) mit umfangreichen Nachw.; *Lehmann*, BWNotZ 2002, 14, krit. hiergegen *Schöner/Stöber*, Grundbuchrecht, Rn 1523a a.E.
160 OLG München BWNotZ 2002, 12 m. Anm. *Lehmann*; LG Krefeld NotBZ 2002, 39 = Rpfleger 2002, 72.
161 So auch BGHZ 141, 169; *Schöner/Stöber*, Grundbuchrecht, Rn 1523a.

b) Eintragungsfähigkeit und Eintragungsvoraussetzungen

87 **Eintragungsfähigkeit und Eintragungsvoraussetzungen** solcher Vermerke richten sich nach den allgemeinen Grundsätzen, ohne Rücksicht darauf, ob sie privat- oder öffentlich-rechtlicher Art sind.

c) Verfahrensrechtliche Vermerke des Grundbuchrechts

88 Sie sind im formellen Grundbuchrecht geregelt und haben **keine materiell-rechtlichen Wirkungen**.[162] Das Grundbuchamt hat sie trotzdem als Ordnungsvorschrift zu beachten.[163]

Einzelfälle:

Vermerk eines subjektiv-dinglichen Rechts am herrschenden Grundstück, § 9 GBO (siehe hierzu § 9 GBO Rdn 7 ff.; § 21 GBO Rdn 2).

Löschungserleichterungsvermerk, §§ 23, 24 GBO (siehe hierzu § 23 GBO Rdn 38 ff.).

Umstellungsschutzvermerk, § 4 GBMaßnG (dazu siehe § 21 GBMaßnG Rdn 4).

d) Vermerk über die dingliche Zwangsvollstreckungsunterwerfung

89 Gemäß § 800 Abs. 1 ZPO kann sich der Eigentümer in einer nach § 794 Abs. 1 Nr. 5 ZPO aufgenommenen Urkunde eines deutschen Notars (§§ 8 ff., 14 Abs. 1 BeurkG)[164] in Ansehung der Ansprüche eines Grundpfandrechts[165] oder einer Reallast[166] der sofortigen Zwangsvollstreckung in der Weise unterwerfen,[167] dass sie aus der Urkunde gegen den jeweiligen Eigentümer des mit dem Grundpfandrecht oder der Reallast belasteten Grundstücks (Miteigentumsanteils, Wohnungs- oder Teileigentums, Erbbaurechts) zulässig sein soll.[168] Die Unterwerfung bedarf der unmittelbaren Eintragung in das Grundbuch (§ 800 Abs. 1 S. 2 ZPO, siehe § 7 Einl. Rdn 78).[169] Das Grundbuchamt hat den Vermerk einzutragen, wenn die Eintragungsvoraussetzungen vorliegen, aber keine weitergehende Prüfung vorzunehmen. Nur wenn die Unwirksamkeit der Unterwerfung zweifelsfrei feststeht, darf es die Eintragung ablehnen. Zweifelsfragen materiell-, vollstreckungs-, und beurkundungsrechtlicher Art sind nicht im Grundbuchverfahren zu entscheiden. Bei einer Veräußerung des Pfandobjekts ist eine erneute dingliche Unterwerfungserklärung durch den Erwerber zwar möglich,[170] aber nicht erforderlich; er haftet für den dinglichen Anspruch des Rechts als neuer Eigentümer. Die bereits erklärte Unterwerfungserklärung wirkt auch gegen ihn, er ist Rechtsnachfolger im Sinne des § 727 ZPO. Die Eintragung des Vermerks nach § 800 ZPO hat dabei keine große Bedeutung, sie ist insbesondere nicht Voraussetzung für die Haftung des Erwerbers als Rechtsnachfolger. Sie besagt auch nichts über die Wirksamkeit der Unterwerfungserklärung. Als prozessuales Nebenrecht teilt sie das rechtliche Schicksal des Grundpfandrechts, bei dem sie eingetragen ist, ohne dessen Inhalt zu ändern. Sie nimmt (anders als das Grundpfandrecht) weder an der Bestandsvermutung noch am öffentlichen Glauben des GB (§§ 891, 892 BGB) teil.[171] Die vollstreckungsrechtliche Bedeutung des § 800 ZPO ist gering. Sie besteht nur darin, dass § 800 Abs. 2 ZPO bei der Vollstreckung gegen den Rechtsnachfolger von der eigentlich nach § 750 Abs. 2 ZPO erforderlichen Zustellung des amtlichen Abdrucks des Grundbuchblattes zusammen mit der Zustellung der vollstreckbaren Ausfertigung

---

162 BGH DNotZ 1976, 490, 494 zu § 23 GBO.
163 BayObLGZ 1971, 105.
164 BayObLG 1973, 213 = DNotZ 1974, 50 = Rpfleger 1973, 361.
165 Zur Zulässigkeit der Unterwerfung hinsichtlich eines rangmäßig bestimmten Teilbetrages BGHZ 108, 372.
166 Nach Neuregelung des § 794 Abs. 1 Nr. 5 ZPO durch die 2. Zwangsvollstreckungsnovelle v. 17.12.1997 (BGBl I 1997, 3039) ist persönliche Vollstreckungsunterwerfung hinsichtlich jedes einer vergleichsweisen Regelung zugänglichen Anspruchs möglich, damit auch die Leistungen aus einer Reallast betreffend; anders noch BayObLG DNotZ 1959, 402; zum Übergangsrecht Art. 3 Abs. 4 der 2. Zwangsvollstreckungsnovelle.
167 Der notariellen Beurkundung bedarf nur die Unterwerfungserklärung, nicht zwingend die Grundpfandrechtsbestellung selbst, BGHZ 73, 156 = DNotZ 1979, 342 = NJW 79 928 = Rpfleger 1979, 132; zum früheren Streitstand *Schöner/Stöber*, Grundbuchrecht, Rn 2037.
168 Siehe auch Bauer/Schaub/*Krauß*, AT D Rn 114 ff.; *Schöner/Stöber*, Grundbuchrecht, Rn 2035 ff.; *Haegele*, Rpfleger 1961, 137; *Dieckmann*, Rpfleger 1963, 267; *Wolfsteiner*, DNotZ 1968, 392; *ders.*, DNotZ 1990, 531; *Stöber*, Rpfleger 1994, 393.
169 *Schöner/Stöber*, Grundbuchrecht, Rn 2049.
170 *Wolfsteiner*, DNotZ 1968, 392.
171 BGHZ 108, 372, 376 = DNotZ 1990, 586 m. Anm. *Wolfsteiner*, = NJW 1990, 258 = Rpfleger 1990, 16.

der Unterwerfungsurkunde mit Rechtsnachfolgeklausel (§ 727 ZPO) befreit.[172] De lege ferenda verlangt daher *Wolfsteiner* zu Recht die ersatzlose Streichung des § 800 ZPO.[173]

e) Vermerke über die Anhängigkeit eines gerichtlichen Verfahrens

Gemeinsamkeit: Vermerke über anhängige Rechtsstreite bilden keine Grundbuchsperre und keine Verfügungsbeschränkung, sondern sind nur Hinweis auf mögliche nachteilige Folgen eines Verfahrens. Eintragungsfähig sind sie wegen der Warn- und Schutzfunktion des Grundbuchs. Durch solche Vermerke werden Eintragungen und Löschungen im Grundbuch nicht gehindert.

Einzelfälle eintragungsfähiger Vermerke:

– Vermerk über **Anhängigkeit eines Rangklarstellungsverfahrens** nach § 91 Abs. 3 GBO (siehe hierzu § 91 GBO Rdn 8).[174]

– Vermerk über Anhängigkeit eines Zivilprozesses („**Rechtshängigkeitsvermerk**"):[175] Ein solcher Vermerk ist unbestritten eintragungsfähig als Schutz dagegen, dass die Rechtskrafterstreckung des Urteils gegen Rechtsnachfolger (die die Rechtshängigkeit nicht kennen) entfällt (§ 325 Abs. 1, 2 ZPO).[176] Gesetzlich vorgesehen ist ein Rechtshängigkeitsvermerk im Falle des § 113 Abs. 3 S. 2 SachenRBerG bei Anhängigkeit eines Rechtsstreits über das Bestehen eines ehemals volkseigenen Miteigentumsanteils nach § 459 ZGB oder des Anspruchs auf Bestellung einer Dienstbarkeit nach § 116 SachenRBerG (§ 116 Abs. 2 S. 2 SachenRBerG),[177] sowie im Falle des § 8 Abs. 4 GBBerG bei Klage auf Eintragung eines Mitbenutzungsrechts nach § 321 ZGB.[178] In den Fällen persönlicher Übereignungspflicht oder Pflicht zur Bestellung eines Grundstücksrechts ist die Sicherung des entsprechenden Anspruchs durch Vormerkung (§ 883 Abs. 1 BGB) statt durch Rechtshängigkeitsvermerk geboten.[179] Streitig war, ob die Eintragung (gem. § 899 BGB) nur aufgrund einstweiliger Verfügung oder Bewilligung des Betroffenen[180] oder auch (analog § 22 GBO) bei Nachweis der Rechtshängigkeit in Form des § 29 zulässig ist.[181] Der BGH hat diese Streitfrage mit Beschluss v. 7.3.2013 dahingehend entschieden, dass eine Eintragung ohne Bewilligung des Buchberechtigten nur im Wege einstweiliger Verfügung erfolgen kann.[182] Mithin gilt § 899 Abs. 2 BGB; die Eintragung (allein) aufgrund Nachweises der Rechtshängigkeit ist damit nicht möglich. Es gibt aber auch Fälle, in denen die nach § 899 Abs. 2 BGB zu einer einstweiligen Verfügung erforderliche Glaubhaftmachung nicht möglich ist oder nicht gelingt, aber der Nachweis der Rechtshängigkeit ohne Schwierigkeiten erbracht werden kann.[183]

– „**Enteignungsvermerke**" (vgl. § 84 Abs. 3 GBO) als Vermerke über Anhängigkeit eines Enteignungsverfahrens aufgrund bundes- oder landesrechtlicher Enteignungsgesetze: Eintragung auf Ersuchen der Enteignungsbehörde (vgl. § 38 GBO Rdn 38; Art. 52, 53 EGBGB).

---

172 BGH Rpfleger 1990, 16; *Wolfsteiner*, DNotZ 1988, 234; ders., DNotZ 1990, 531; zur Klauselerteilung gegen den Rechtsnachfolger eingehend *Scheel*, NotBZ 2000, 45, 146, 289 und NotBZ 2001, 248 und 286.

173 MüKo-ZPO/*Wolfsteiner*, § 800 Rn 2.

174 Siehe auch *Demharter*, § 91 Rn 5; Bauer/Schaub/*Waldner*, § 91 Rn 5; Meikel/*Schneider*, § 91 Rn 7.

175 Zur Streitfrage, ob die Rechtshängigkeit als Verfügungsbeschränkung anzusehen sei Meikel/*Böttcher*, Nach § 20 Rn 23; die Frage wurde bereits in den Motiven zum BGB erörtert, Bd. III, S. 217.

176 BayObLG NJW-RR 2003, 234 = Rpfleger 2003, 122; OLG Stuttgart BWNotZ 1979, 146 = DNotZ 1980, 106; OLG München NJW 1966, 1366 m. Anm. *Wächter* = Rpfleger 1966, 306 m. Anm. *Haegele*; OLG München MittBayNot 2000, 40 = NJW 2000, 384 = Rpfleger 2000, 106; OLG Schleswig DNotZ 1995, 83 = Rpfleger 1994, 455; Grüneberg/*Herrler*, BGB, § 899 Rn 9; Schöner/Stöber, Grundbuchrecht, Rn 1650 ff.; *Löscher*, JurBüro 1966, 267; *Haegele*, Rpfleger 1966, 307.

177 Dazu Eickmann/*Eickmann*, SachenRBerG, § 113 Rn 18; *Vossius*, SachenRBerG § 113 Rn 27; zu § 116 SachenRBerG *Keller*, Rpfleger 1996, 231.

178 Dazu Eickmann/*Böhringer*, GBBerG, § 8 Rn 51; *Flik/Keller*, DtZ 1996, 330.

179 OLG Stuttgart BWNotZ 1997, 16 = Rpfleger 1997, 15; OLG Koblenz Rpfleger 1992, 106; OLG Braunschweig MDR 1992, 74; Schöner/Stöber, Grundbuchrecht, Rn 1653; zu den Fällen der Sachenrechtsbereinigung *Flik/Keller*, DtZ 1996, 330.

180 So OLG München NJW 1966, 1030; *Wächter*, NJW 1966, 1366; MüKo-BGB/*Kohler*, § 899 Rn 31; Staudinger/Picker, BGB, § 899 Rn 102.

181 So OLG Frankfurt a.M. FGPrax 2009, 250; OLG Braunschweig NJW-RR 2005, 1099; BayObLG NJW-RR 2003, 234 = Rpfleger 2003, 122; OLG München NJW-RR 2000, 384; OLG Stuttgart DNotZ 1980, 106; OLG Zweibrücken DNotZ 1989, 580 = Rpfleger 1989, 276; OLG Schleswig NJW-RR 1995, 1498 = Rpfleger 1994, 455; Schöner/Stöber, Grundbuchrecht, Rn 1654 ff.; *Rahn*, BWNotZ 1960, 61; Grüneberg/*Herrler*, BGB, § 899 Rn 5; Soergel/*Stürner*, BGB, § 899 Rn 14.

182 BGH NJW 2013, 2357 = DNotZ 2013, 765 = Rpfleger 2013, 377 = ZfIR 2013, 423 m. Anm. *Wilsch*.

183 So OLG Zweibrücken DNotZ 1989, 580 = Rpfleger 1989, 276.

- Die Eintragung eines **„Flurbereinigungsvermerks"** über die Anhängigkeit eines Flurbereinigungsverfahrens, in dem kein allgemeines Verfügungsverbot besteht, ist gesetzlich nicht vorgeschrieben, aber zulässig[184] und sinnvoll, weil das Verfahren für die Beteiligten und Erwerber eines im Flurbereinigungsgebiet liegenden Grundstücks mit Rechtsfolgen (§ 15 FlurbG), für das Grundbuchamt mit Mitteilungspflichten (§ 12 Abs. 3 FlurbG)[185] und für den Notar mit Belehrungspflichten[186] verbunden ist.[187]
- Bei Durchführung des **notariellen Vermittlungsverfahrens** in der Sachenrechtsbereinigung (§§ 87 ff. SachenRBerG)[188] ist auf Ersuchen des Notars ein entsprechender Vermerk in das GB einzutragen (§ 92 Abs. 5 SachenRBerG).[189] Er ist dem Rechtshängigkeitsvermerk verwandt und verhindert im Hinblick auf eine Veräußerung des Grundstücks gutgläubigen Erwerb frei von den Ansprüchen aus der Sachenrechtsbereinigung (§ 111 Abs. 1 SachenRBerG). Bei Eintragung des Vermerks ist der Inhaber der möglichen Ansprüche als Begünstigter namentlich zu bezeichnen.[190] Dem Grundbuchamt steht bei der Eintragung keine materielle Prüfungskompetenz des notariellen Ersuchens zu.[191] Nach Verjährung der Bereinigungsansprüche zum Ablauf des 31.12.2011 dürfte ein notarielles Vermittlungsverfahren aber nicht mehr in Betracht kommen (eingehend § 3 Einl. Rdn 238, 239).
- Zur Sicherung der **Ansprüche aus der Sachenrechtsbereinigung**, insbes. wenn kein selbstständiges Gebäudeeigentum besteht, kann nach Art. 233 § 2c Abs. 2 EGBGB ein Vermerk in Abt. II des Grundbuchs eingetragen werden. Er verhindert gutgläubigen Erwerb des Grundstücks frei von Ansprüchen aus der Sachenrechtsbereinigung und hat die Wirkungen einer Vormerkung. Die Voraussetzungen der Eintragung regelt § 4 Abs. 4 GGV (vgl. § 4 GGV Rdn 17 ff.).[192] Der Vermerk hindert aber ebenso wenig wie eine Vormerkung (§ 886 BGB) nicht die Verjährung der Ansprüche aus der Sachenrechtsbereinigung.

f) Vermerke über öffentliche Lasten

91 **Eintragungsfähigkeit** öffentlicher Lasten setzt **nach § 54 GBO** voraus, dass sie besonders zugelassen oder angeordnet ist (siehe § 54 GBO Rdn 4 ff.). Diese Vorschrift, die kein Dogma sein sollte,[193] wird von der h.M. zu Unrecht als Argument gegen die Eintragungsfähigkeit öffentlich-rechtlicher Verfügungsbeschränkungen und Vorkaufsrechte benutzt im Gegensatz zu der hier vertretenen Ansicht (siehe § 6 Einl. Rdn 93 ff.).

Einzelfälle eintragungsfähiger Vermerke: Beitrag nach § 64 Abs. 3; 6 BauGB.

g) Vermerke über öffentlich-rechtliche Vorkaufsrechte

92 **Die Eintragungsfähigkeit solcher Vermerke ist umstritten** und nicht für alle öffentlich-rechtlichen Vorkaufsrechte gleich zu beantworten (siehe § 6 Einl. Rdn 932 ff.).[194]

h) Register für öffentliche Rechtsverhältnisse

93 Vor „Nebengrundbüchern" muss gewarnt werden, weil sie das vorbildliche deutsche Grundbuch durch Führung mehrerer Register praktisch entwerten, dessen Qualität auch nicht annähernd erreichen und zu dem Irrtum verführen, die Eintragungen darin müssten mit den gleichen Wirkungen wie das Grundbuch ausgestattet sein. Es gibt Verfügungsbeschränkungen und andere auf öffentlichem Recht beruhende Rechtsverhältnisse, die in das Grundbuch eingetragen werden können und bei Einführung eines Registers für öffentliches Recht aus dem Grundbuch entfernt werden müssten.

---

184 Vgl. *Flik*, Rpfleger 1997, 333; *ders.*, BWNotZ 1987, 88; a.A. *Schöner/Stöber*, Grundbuchverfahrensrecht, Rn 4037.
185 Meikel/*Grziwotz*, Einl F Rn 59.
186 Vgl. *Tönnies*, MittRhNotK 1987, 93.
187 Zur Rechtslage bei Flurbereinigung vgl. Meikel/*Grziwotz*, Einl F Rn 56 ff.; *Schöner/Stöber*, Grundbuchrecht, Rn 4030 ff.
188 Dazu eingehend Eickmann/*Albrecht*, SachenRBerG, § 87 ff.; *Vossius*, SachenRBerG, § 87 ff.; *Schöner/Stöber*, Grundbuchrecht, Rn 4290 ff.
189 Der Notar hat bei Stellung eines schlüssigen Antrags umgehend um Eintragung zu ersuchen, so Eickmann/*Albrecht*, SachenRBerG, § 92 Rn 35; in: RVI/*Faßbender*, SachenRBerG, § 92 Rn 6; a.A. *Vossius*, SachenRBerG, § 92 Rn 30.
190 OLG Brandenburg Rpfleger 1999, 487.
191 *Vossius*, SachenRBerG, § 92, Rn 33; *Schöner/Stöber*, Grundbuchrecht, Rn 4291.
192 Eingehend *Schöner/Stöber*, Grundbuchrecht, Rn 4292a ff.
193 *Flik*, Rpfleger 1997, 333 ff.; *Quack*, Rpfleger 1979, 281, 283.
194 Zur Nicht-Eintragungsfähigkeit öffentlich-rechtlicher Vorkaufsrechte BayObLGZ 2000, 225 = FGPrax 2000, 125 = Rpfleger 2000, 543.

Dies wäre nicht sinnvoll und ist praktisch kaum durchführbar, weil am einzelnen Grundstück neben Rechtsverhältnissen des bürgerlichen Rechts auch solche des öffentlichen Rechts bestehen oder jedenfalls bestehen können. Deshalb erscheint es richtiger, das bereits vorhandene Grundbuch für die Sichtbarkeit von Rechtsverhältnissen des öffentlichen Rechts in den Fällen zu verwenden, in denen sie im privaten Grundstücksverkehr auf andere Weise nicht erkennbar sind. Diese Warnung gilt auch und insbes. für die landesrechtlich bestehenden Baulastenverzeichnisse (dazu § 6 Einl. Rdn 170 ff.).[195]

§ 2 Grundsätze des Eintragungsverfahrens

	Rdn
A. Grundsätze der GBO als Entscheidungsgrundlagen	1
I. Grundsätze des Sachenrechts und des Grundbuchverfahrensrechts	1
II. Eintragungsgrundsatz	2
III. Antragsgrundsatz	3
IV. Bewilligungsgrundsatz	4
V. Voreintragungsgrundsatz	5
VI. Prioritätsgrundsatz	6
VII. Bestimmtheitsgrundsatz	7
VIII. Beweisgrundsätze	8
IX. Publizitätsgrundsatz	9
X. Legalitätsprinzip	10
B. Grundlagen der Pflichten des Grundbuchamts	11
I. Allgemeines	11
II. Rechtsgrundlagen der Amtspflichten	12
III. Rechte und Pflichten des Grundbuchamts	13
IV. Rechte und Pflichten der Beschwerdegerichte	14
V. Amtspflichten im Antrags- und Amtsverfahren	16
VI. Folgen der Verletzung gesetzlicher Vorschriften durch das Grundbuchamt	17
1. Verfahrensrechtlich	17
2. Materiell-rechtlich	18
C. Pflichten des Grundbuchamts im Antragsverfahren	20
I. Oberster Grundsatz des Antragsverfahrens	20
II. Rechtsgrundlagen der Eintragungspflicht	21
III. Ermittlung, Beweiserhebung und Beweissicherung	23
1. Feststellungslast des Antragstellers	23
2. Verwahrungspflichten des Grundbuchamts	24
IV. Hinweispflicht des Grundbuchamts	25
V. Rechtliches Gehör	27
VI. Prüfungspflicht des Grundbuchamts	29
1. Allgemeines	29
2. Keine Begrenzung durch und auf Antrag und Bewilligung	30
3. Maßgeblicher Zeitpunkt	31
4. Feststellungslast	32
VII. Pflicht des Grundbuchamts zur Wahrung der materiell-rechtlichen Richtigkeit des Grundbuchs	34
1. Herleitung	34
2. Prüfung der Einigungen i.S.d. § 20 GBO	36
3. Abweichende Betrachtung für Löschungen	37
4. Voraussetzungen für die Ablehnung eines Antrags	38
5. Ausnahmecharakter	39
6. Vorübergehende Unrichtigkeit nicht ausreichend	40
7. Zur Gesetzesverletzung i.S.d. § 53 Abs. 1 S. 1 GBO	41
8. Einzelfälle	42
VIII. AGB-Kontrolle durch das Grundbuchamt	43
IX. Prüfungsschema zum Antragsverfahren	48
D. Pflichten des Grundbuchamts im Amtsverfahren	49
I. Das Amtsverfahren als Ausnahme	49
II. Umfang der Pflichten	50
E. Anwendung des FamFG im Grundbuchverfahren	51
I. Grundsätze	51
II. Amtsverfahren und Antragsverfahren	52
III. Beteiligtenbegriff	53
IV. Beteiligten- und Verfahrensfähigkeit	54
V. Gewinnung der Entscheidungsgrundlagen	56
VI. Rechtliches Gehör	58
VII. Wirksamwerden von Entscheidungen, Rechtsbehelf und Abänderungsbefugnis	61
F. Grundbuchverfahrensrechtliche Erklärungen	66
I. Bedeutung	66
II. Formell- und gemischtrechtliche Doppeltatbestände	68
III. Einordnung bestimmter Erklärungen	71
1. Grundbucherklärungen	71
2. Keine Grundbucherklärungen	72
3. Abweichungen	73
4. Gemäß § 20 GBO nachzuweisende Einigungen	74
G. Auslegung und Umdeutung im BGB und Grundbuchrecht	75
I. Bedeutung der Auslegung	75
II. Auslegungspflicht im Grundbuchrecht	76
III. Allgemeine Auslegungsgrundsätze	77
IV. Besonderheiten bei der Auslegung im Grundbuchverkehr	80

---

[195] Dazu *Keller/Padberg*, Nutzungsrechte an Grundstücken in den neuen Bundesländern, 1996, S. 188 ff.; *Sachse*, NJW 1979, 195; *Ring*, DNotZ 1986, 234; *Drischler*, Rpfleger 1986, 289; *Lohre*, NJW 1987, 877; *Michalski*, MittBayNot 1988, 204, 207; *Masloh*, NJW 1995, 1993.

V. Auslegung von Gesetzen 82
  1. Allgemeines 82
  2. Besonderheiten für die GBO, dienende Funktion des Verfahrensrechts 83
VI. Auslegung von Grundbucheintragungen ... 84
  1. Nächstliegende Bedeutung von Eintragungsvermerk und Bewilligung 84
  2. Einzelfälle der Auslegung 85
  3. Widersprüchlichkeiten und Unklarheiten 86
  4. Heranziehung in Bezug genommener Urkunden zur Auslegung 87
  5. Heranziehung anderer Umstände zur Auslegung 88
VII. Auslegung der Bewilligung und anderer Grundbucherklärungen 89
  1. Auslegung eine Amtspflicht des Grundbuchamts 89
  2. Auslegung im Eintragungsverfahren ... 90
  3. Einzelfälle 92
VIII. Umdeutung von Grundbucherklärungen ... 93
IX. Umdeutung von Grundbucheintragungen .. 95
  1. Grundsätzliche Zulässigkeit 95
  2. Bestand des konvertierten Rechts von Anfang an 97
  3. Einzelfälle 99
X. Auslegung und Umdeutung des Antrags und anderer Verfahrenshandlungen 100
XI. Auslegung gerichtlicher und behördlicher Hoheitsakte und materiell-rechtlicher Willenserklärungen 102
  1. Auslegung von Hoheitsakten 102
  2. Auslegung materiell-rechtlicher Willenserklärungen 103
XII. Nachprüfung der Auslegung im Beschwerdeverfahren 104
XIII. Nachprüfung der Auslegung in anderen Verfahren 105
H. Inhalt der Grundbucheintragungen 106
  I. Eintragung im Rechtssinn 106
  II. Fassung einer Eintragung 107
  III. Inhalt des Grundbuchs 108
  IV. Anforderungen an den Eintragungsvermerk bei dinglichen Rechten 109
  V. Anforderungen an den Eintragungsvermerk bei Vormerkungen und Widersprüchen 111
  VI. Anforderungen an den Eintragungsvermerk bei sonstigen Rechten im Sinne der GBO .. 112
  VII. Bezugnahme auf die Bewilligung 113
  VIII. Unvollständige Eintragungen 115
  I. Eintragung von Bedingungen und Zeitbestimmungen 116
  I. Differenzierung 116
  II. Eintragung im Grundbuch 118
J. Unwirksame Eintragungen 120
  I. Voraussetzungen der Unwirksamkeit der Eintragung 120
  II. Teilweise Unwirksamkeit einer Eintragung 122
  III. Keine Unwirksamkeit einer Eintragung 123
  IV. Folgen der unwirksamen Eintragung und Löschung 125
    1. Keine Grundbucheintragung im Rechtssinn 125
    2. Keine materiell-rechtlichen Wirkungen . 126
    3. Verfahrensrechtliche Bedeutung 127
  V. Inhaltlich unzulässige Eintragungen 130
K. Wirksame fehlerhafte Eintragungen 132
  I. Grundsätzliches zu fehlerhaften Eintragungen 132
  II. Unterschied zu unrichtigen Eintragungen .. 133
  III. Einzelfälle wirksamer fehlerhafter Eintragungen 134

A. Grundsätze der GBO als Entscheidungsgrundlagen

I. Grundsätze des Sachenrechts und des Grundbuchverfahrensrechts

1 **Die Grundsätze des materiellen Grundstücksrechts** dienen dem Bedürfnis des Grundstücksverkehrs nach Sicherheit und Klarheit. Zu nennen sind:

– **Absolutheitsgrundsatz**: Jedes dingliche Recht wirkt als Recht einer Person über eine Sache (Grundstück) gegen jedermann.
– Grundsatz der beschränkten Zahl dinglicher Rechte (**numerus clausus**): Er zwingt die Beteiligten, sich zur Regelung dinglicher Rechtsverhältnisse der gesetzlich festgelegten dinglichen Rechte zu bedienen (siehe dazu § 1 Einl. Rdn 76).
– **Eintragungsgrundsatz**: Er dient der „Sichtbarmachung" dinglicher Rechte (siehe dazu Rdn 2; § 1 Einl. Rdn 9 ff.).
– **Einigungsgrundsatz**: Er verwirklicht die Privatautonomie (vgl. dazu Rdn 4; § 1 Einl. Rdn 31).
– **Prioritätsgrundsatz**: Das früher eingetragene Recht geht den nachfolgenden Rechten am gleichen Grundstück vor (vgl. dazu Rdn 6).
– **Bestimmtheitsgrundsatz**: Inhaber, Gegenstand und Inhalt dinglicher Rechte müssen bestimmt und für Dritte genau feststellbar sein (vgl. dazu Rdn 7).
– **Publizitätsgrundsatz**: Das Grundbuch nimmt dem als Inhaber eines Rechts Eingetragenen die Beweislast ab und schützt den redlichen Grundstücksverkehr durch den öffentlichen Glauben (siehe dazu Rdn 9, § 1 Einl. Rdn 9 ff.).

- **Abstraktionsgrundsatz**: Das schuldrechtliche Grundgeschäft und das Verfügungsgeschäft sind zwei unterschiedliche Rechtsgeschäfte; ein Kausalvertrag bewirkt keine dingliche Rechtsänderung. Dingliche Rechtsverhältnisse sind von einer Zweckbestimmung und vom Bestand des schuldrechtlichen Geschäfts unabhängig (siehe dazu § 1 Einl. Rdn 19).

Die Grundsätze des Grundbuchverfahrensrechts dürfen nicht isoliert vom materiellen Grundstücksrecht betrachtet werden. Sie haben meistens ein Gegenstück im materiellen Recht, das sie trotz der Unterschiede oder scheinbaren Widersprüche sinnvoll ergänzen. Auch die Grundsätze des Grundbuchverfahrens haben, wie alle Grundsätze, Grenzen, in deren Bereich der Grundsatz abgeschwächt oder durch andere Grundsätze überlagert wird. Rechtsfragen können mitunter gerade im Verfahrensrecht mangels gesetzlicher Vorschriften nur nach diesen Grundsätzen gelöst werden. Die Berufung auf einen Grundsatz muss diese Grenzen beachten, sonst wird das Ergebnis fragwürdig oder falsch. Das Grundbuchverfahrensrecht hat aus diesen Gründen eine dienende Funktion gegenüber dem materiellen Recht. Prüfungsrecht und Prüfungspflichten des Grundbuchamts waren und sind daher immer wieder Gegenstand wissenschaftlicher Untersuchungen.[1]

II. Eintragungsgrundsatz

Im materiellen Recht ist die Grundbucheintragung entweder eine notwendige Voraussetzung, ohne die ein dingliches Recht nicht bestellt, geändert oder aufgehoben werden kann (§§ 873, 875 BGB), wobei insoweit auf den Vorgang des Eintragens selbst abgestellt ist,[2] oder eine Maßnahme, um bei unrichtigem GB (§ 894 BGB) den Zwiespalt zwischen Buchlage und wahrer Rechtslage zu beseitigen und sich gegen die Gefahren der Richtigkeitsvermutung (§ 891 BGB) und des öffentlichen Glaubens des Grundbuchs (§§ 892, 893 BGB) zu schützen. Das materielle Recht setzt das Vorhandensein des Grundbuchs voraus und knüpft seine Wirkungen an den Grundbuchinhalt ohne Rücksicht darauf, ob er formell ordnungsgemäß zustande gekommen ist.

Das Grundbuchverfahrensrecht regelt den Weg bis zur Eintragung und befasst sich demgemäß mit den formellen Voraussetzungen und der Art und Weise der Eintragungstätigkeit des Grundbuchamts. Es bestimmt ferner, wann überhaupt eine wirksame Eintragung vorliegt, die das materielle Recht voraussetzt (siehe § 1 Einl. Rdn 56 ff.).[3]

III. Antragsgrundsatz

Antragsverfahren: Das Grundbuchverfahrensrecht verwirklicht die Privatautonomie durch das Antragserfordernis des § 13 GBO. Das Grundbuchamt darf ohne Antrag weder Eintragungen noch Löschungen noch Berichtigungen vornehmen und nicht mehr und nichts anderes eintragen, als vom Antragsteller beantragt worden ist; die genaue Fassung der Eintragung einschließlich der Bezeichnung des Berechtigten bleibt allerdings dem Grundbuchamt überlassen. Der Antragsteller hat die erforderlichen Unterlagen dem Grundbuchamt vorzulegen. Das Grundbuchamt ist zu eigenen Ermittlungen oder Beweiserhebungen weder berechtigt noch verpflichtet (vgl. Rdn 51 ff.).

Amtsverfahren: In den Fällen des Amtsverfahrens überwiegt das öffentliche Interesse an der Richtigkeit und Vollständigkeit des Grundbuchs diese privaten Interessen. Das Grundbuchamt muss von Amts wegen tätig werden, Ermittlungen anstellen und Beweise erheben.

Die Stellung eines **Antrags** hat unmittelbare **materiell-rechtliche Wirkungen** in den Fällen der §§ 878, 892 Abs. 2 BGB, und mittelbare über §§ 17, 45 GBO in Bezug auf den Rang nach § 879 BGB.

---

1 Beispielhaft: *Liebers*, Die Prüfungspflicht des Grundbuchrichters gegenüber Eintragungsanträgen und -ersuchen (Diss. Berlin 1954); *Riedl*, Prüfungsrecht und Prüfungspflicht im Grundbuchwesen (Diss. Köln 1962); *Vassel*, Das Grundbucheintragungsverfahren und die materielle Richtigkeit des Grundbuches (Diss. Marburg 1970); *Köther*, Der Umfang der Prüfungspflicht im Grundbuchrecht (Diss. Würzburg 1981); *Rühl*, Materiellrechtliche Prüfungspflichten im Eintragungsverfahren nach der Grundbuchordnung (Diss. Freiburg 1990); *Glahs*, Die Sachverhaltsermittlung und Beweislastverteilung im Grundbuchantragsverfahren (Diss. Bochum 1993); *Venjakob*, Das Legalitätsprinzip im Grundbuchverfahren (Diss. Münster 1996).
2 RGZ 131, 97, 100; Soergel/*Stürner*, BGB, § 873 Rn 18.
3 Teilweise a.A. hinsichtlich der §§ 892, 893 BGB: *Lutter*, AcP 164 (1964), 122, 152 ff.

IV. Bewilligungsgrundsatz

4 **Das materielle Grundstücksrecht beruht auf dem Einigungsgrundsatz** und verlangt neben der Grundbucheintragung die Einigung der an der Rechtsänderung beteiligten Personen (§ 873 Abs. 1 BGB); in bestimmten Fällen genügt eine einseitige materielle Willenserklärung (siehe § 1 Einl. Rdn 50).

Das Grundbuchverfahren begnügt sich grundsätzlich für die Eintragung **mit der einseitigen verfahrensrechtlichen Eintragungsbewilligung** des von der Eintragung Betroffenen (§ 19 GBO). Das Gesetz geht von der durch die praktische Erfahrung begründeten Erwartung aus, dass der Betroffene eine für ihn rechtlich nachteilige Eintragung nur bewilligt, wenn er sich mit dem Begünstigten über die dingliche Rechtsänderung bereits einig ist oder noch einigen wird. Diese Regelung erleichtert, beschleunigt und verbilligt das Grundbuchverfahren für die Beteiligten und für das Grundbuchamt. Das Gesetz nimmt damit bewusst in Kauf, dass das Grundbuch mangels einer Einigung unrichtig werden kann (siehe § 19 GBO Rdn 3 ff.; § 22 GBO Rdn 2).

Die bloße **Bewilligung genügt in bestimmten Fällen nicht** (§ 20 GBO). Bei der Übertragung des Eigentums an einem Grundstück, bei der Bestellung, Inhaltsänderung und Übertragung eines Erbbaurechts und (wegen des § 4 Abs. 1 WEG) bei der Einräumung und Aufhebung von Wohnungseigentum (siehe § 20 GBO Rdn 14) verdient das Interesse an der Richtigkeit des Grundbuchs den Vorrang vor der verfahrensmäßigen Erleichterung (siehe § 20 GBO Rdn 5), so dass die **Einigung nachzuweisen** ist (siehe dazu auch § 1 Einl. Rdn 57).

Die **Pflicht des Grundbuchamts**, trotz einer Bewilligung eine **Eintragung nicht vorzunehmen, durch die das Grundbuch unrichtig wird**, ist im Gesetz nicht ausdrücklich geregelt, ergibt sich aber aus der Funktion des Grundbuchs, Rechtssicherheit und Rechtsklarheit zu garantieren (siehe Rdn 10).

V. Voreintragungsgrundsatz

5 Der durch eine Eintragung **Betroffene** (§ 19 GBO) muss nach § 39 Abs. 1 GBO im Grundbuch **voreingetragen** sein, **damit** seine **Bewilligung** den **Grundbuchvollzug rechtfertigt**.

Die Legitimations- und Schutzfunktion des § 39 Abs. 1 GBO (vgl. § 39 GBO Rdn 2) und die Aufgabe, den Grundbuchinhalt nicht nur im Endzustand, sondern in seinen Entwicklungsstufen klar und verständlich wiederzugeben,[4] ist im Schrifttum auf berechtigte Kritik gestoßen. Die Voreintragung ist ein überflüssiges, kostspieliges und gelegentlich sogar schädliches Instrument des Grundbuchverfahrensrechts, das in der Praxis durch § 185 Abs. 1 BGB umgangen werden kann (vgl. § 19 GBO Rdn 54 ff.); sie ist deshalb durch erweiterte Anwendung der §§ 39 Abs. 2, 40 GBO zu vermeiden, wenn sie keine eigenständige Bedeutung haben würde, sondern sofort wieder aus dem Grundbuch zu löschen wäre.[5] In § 39 Abs. 1 GBO kann man zudem eine Reminiszenz an das Transkriptions- und Inskriptionssystem erblicken, das im 18. Jahrhundert in den linksrheinischen, französischrechtlichen Gebieten galt; auch dieser Charakter spricht für eine **einschränkende Auslegung des § 39 Abs. 1 GBO**.

Gleichwohl gibt es Stimmen, die vor einer zu großzügigen und auf erweiternde Auslegung der Parteierklärungen gestützten Anwendung des § 185 BGB im Grundbuchverfahren warnen und jedenfalls in zweifelhaften Fällen die Voreintragung insbesondere der Erben empfehlen, auch wenn dies nach den §§ 39 Abs. 2, 40 GBO nicht notwendig ist.[6] Eigentlich ist dies dann eine Frage der Legitimation nach § 35 Abs. 1 S. 2 Hs. 1 GBO, denn die Eintragung des Erblassers führt zur Geltung der §§ 891 ff. BGB zugunsten des wahren Erben[7] und i.V.m. § 2366 BGB auch zugunsten des Scheinerben.[8] Ebenso verhält es sich bei der Abtretung eines Briefgrundpfandrechts und der Anwendung des § 1155 BGB.[9]

Praktische Bedeutung erwächst der Frage bei der Grundstücksveräußerung und der **Bestellung von Finanzierungsgrundpfandrechten** durch den Bevollmächtigten des Eigentümers nach dessen Tod aufgrund **transmortaler Vollmacht** insbesondere des Vorsorgebevollmächtigten. Hier wird teilweise ver-

---

4 RGZ 133, 279, 283.
5 *Eickmann/Böttcher*, Grundbuchverfahrensrecht, Rn 215 ff., 227 ff.; Meikel/*Böttcher*, § 39 Rn 3.
6 *Vollhardt*, MittBayNot 1986, 114, 115; *Egerland*, NotBZ 2005, 286 ff.
7 Staudinger/*Picker*, BGB, § 892 Rn 46.
8 Staudinger/*Picker*, BGB, § 891 Rn 55, 67.
9 *Ertl*, DNotZ 1990, 684, 702.

treten, § 40 GBO sei entsprechend anzuwenden und es könne von der Voreintragung der Erben abgesehen werden.[10] Teilweise wird streng am Voreintragungsgrundsatz festgehalten und verlangt, die Erben voreinzutragen, auch wenn aufgrund der transmortalen Vollmacht die Eintragung gar nicht auf deren Bewilligung beruht[11] und auch ein Nachweis der Erbfolge nicht erforderlich ist (siehe § 40 GBO Rdn 30 ff.).[12]

VI. Prioritätsgrundsatz

Jedes Recht an einem Grundstück (oder grundstücksgleichen Recht) erhält mit seiner Entstehung – falls § 879 Abs. 2 BGB eingreift, bereits mit seiner Eintragung – einen **bestimmten Rang** im Verhältnis zu den anderen am gleichen Grundstück lastenden Rechten, der für das Bestehenbleiben und ggf. für die Befriedigungsreihenfolge bei einer Zwangsvollstreckung in das Grundstück entscheidend ist und dadurch den wirtschaftlichen Wert des Rechts beeinflusst. Das Rangverhältnis richtet sich nach dem auf dem Prioritätsgrundsatz beruhenden § 879 Abs. 1, 2 BGB nach dem Zeitpunkt der Eintragung (zum Rang siehe auch § 17 GBO Rdn 2; § 19 GBO Rdn 62; § 45 GBO Rdn 17 ff.; zum sehr seltenen Rangklarstellungsverfahren vgl. §§ 90 ff. GBO), der Rang außerhalb des Grundbuchs entstehender Rechte untereinander und im Verhältnis zu eingetragenen Rechten grundsätzlich nach der Entstehungszeit (siehe dazu auch § 45 GBO Rdn 13). Gesetzliche Privilegien mit verkehrsfeindlichen Auswirkungen genießen vor allem öffentliche Lasten (§ 54 GBO), gesetzliche Vorkaufsrechte (siehe dazu § 6 Einl. Rdn 233 ff.) und sonstige öffentliche Rechtsverhältnisse an Grundstücken (siehe dazu § 1 Einl. Rdn 97, Rdn 170 ff.).

Es gibt Eintragungen, die in keinem Rangverhältnis stehen, aber nach dem Zeitpunkt der maßgeblichen Voraussetzungen für die Wirksamkeit eines dinglichen Rechts von Bedeutung sind oder jedenfalls sein können (z.B. gem. §§ 878, 892, 893, 2113 BGB). Beispiele dafür sind der Widerspruch (§ 899 BGB) und die im Grundbuch verlautbarten Verfügungsbeschränkungen (siehe § 6 Einl. Rdn 88 ff.; § 19 GBO Rdn 89) sowie die Vormerkung, insbes. hinsichtlich ihrer Wirkung nach § 883 Abs. 2 BGB.[13]

Im Grundbuchverfahren gelten wegen der **materiell-rechtlichen Bedeutung der Reihenfolge der Eintragungen** die §§ 17 und 45 GBO, die beide auf dem **Prioritätsgrundsatz** beruhen. § 17 GBO regelt die „Entscheidungsreihenfolge des Grundbuchamts" über die Eintragungsanträge (vgl. § 17 GBO Rdn 1 ff., 27 ff.), § 45 GBO die „Eintragungsreihenfolge" (vgl. § 45 GBO Rdn 2) entsprechend dem Eingangszeitpunkt des Antrags (§ 13 Abs. 1 S. 2). Die Einhaltung der §§ 17, 45 durch das Grundbuchamt ist nicht nur für das echte Rangverhältnis nach § 879 BGB, sondern auch für die Fälle von Bedeutung, in denen es auf die unter Buchst. b geschilderte Wirksamkeitsreihenfolge nicht rangfähiger Eintragungen ankommt (siehe § 45 GBO Rdn 9 ff.).

VII. Bestimmtheitsgrundsatz

Das materielle Grundstücksrecht wird vom Grundsatz der Bestimmtheit der dinglichen Rechte beherrscht. Diesem materiellen Grundsatz entspricht der Verfahrensgrundsatz, dass das Grundbuchamt nur klare und eindeutige Eintragungsunterlagen verwenden darf.[14] Der Grundsatz wird durch die Möglichkeit der Auslegung gemildert (vgl. Rdn 75 ff.).

Der Bestimmtheitsgrundsatz ist nicht bei allen dinglichen Rechten gleich streng ausgeprägt: Während die §§ 1113 Abs. 1, 1191 Abs. 1, 1199 Abs. 1 BGB bei Grundpfandrechten eine „bestimmte Geldsumme"[15] verlangen, genügt bei Reallasten die „Bestimmbarkeit".[16] Bei Dienstbarkeiten können wirtschaftliche

---

10 OLG Köln FGPrax 2018, 106 m. Anm. *Bestelmeyer* = MittBayNot 2018, 538 = Rpfleger 2018, 444; OLG Frankfurt/M. MittBayNot 2018, 247 = ZNotP 2018, 233; OLG Stuttgart FGPrax 2019, 13 m. Anm. *Kramer* = MittBayNot 2019, 343 m. Anm. *Böttcher* = Rpfleger 2019, 76; dazu *Becker*, MittBayNot 2019, 315; OLG Dresden NotBZ 2020, 472; OLG Celle DNotZ 2020, 672 = FGPrax 2020, 10 = MittBayNot 2020, 137; KG FGPrax 2021, 4 = MittBayNot 2021, 445 = Rpfleger 2021, 210; OLG Düsseldorf FamRZ 2021, 1675; OLG Karlsruhe FGPrax 2022, 5.

11 OLG Oldenburg FGPrax 2021, 153 m. Anm. *Dressler-Berlin* = Rpfleger 2021, 484; OLG Bremen FGPrax 2022, 3 = MittBayNot 2022, 339 = NotBZ 2022, 392; Thür. OLG NotBZ 2022, 460 m. Anm. *Roos*.

12 KG DNotZ 2021, 703 m. Anm. *Meier* = FGPrax 2021, 99 m. Anm. *Milzer* = Rpfleger 2021, 405.

13 Eingehend Staudinger/*Kesseler*, BGB, § 883 Rn 272 m.w.N.

14 BGHZ 73, 211, 214 ff. = Rpfleger 1979, 56 f.

15 MüKo-BGB/*Lieder*, § 1113 Rn 38 ff.

16 BGHZ 22, 54, 58; MüKo-BGB/*Mohr*, § 1105 Rn 29.

oder technische Veränderungen[17] oder normale Bedürfnissteigerungen[18] zu einer Änderung oder Erweiterung des dinglichen Inhalts führen. Die Bestimmung des Ausübungsortes einer Dienstbarkeit kann auch durch die tatsächliche Ausübung bestimmt werden,[19] und zwar ohne dass bestimmte Konstellationen (z.B. wegen einer „essentiellen Bedeutung" des Ortes[20]) eine vertragliche Vereinbarung erfordern.[21] Auch im Hypothekenrecht wird die Zinsänderung innerhalb des eingetragenen Höchstbetrages nicht als Verstoß gegen den Bestimmtheitsgrundsatz angesehen.[22] Nach Einführung eines variablen Verzugszinses durch § 288 Abs. 1, 2 BGB ist selbst die Angabe eines Höchstzinssatzes entbehrlich (siehe auch § 7 Einl. Rdn 20).[23] Bei Vormerkungen haben sich die Bestimmtheits- oder Bestimmbarkeitsanforderungen in der Regel nicht am vorgemerkten Anspruch, sondern an dem durch die Vormerkung vorbereiteten Recht zu orientieren (siehe § 6 Einl. Rdn 31).[24]

VIII. Beweisgrundsätze

8   Der Zweck des Grundbuchs erfordert nicht nur inhaltlich bestimmte, sondern auch beweissichere Eintragungsunterlagen (§ 29 GBO).

In **Antragsverfahren** ist grundsätzlich nur der Urkundsbeweis nach § 29 GBO statthaft. Unter bestimmten Voraussetzungen ist diese Beweismittelbeschränkung durchbrochen durch gesetzliche Vermutungen (§ 891 BGB, § 15 GBO, § 24 Abs. 3 BNotO), Sondervorschriften (vgl. § 29 GBO Rdn 13 ff.) und nicht zuletzt durch freie Beweiswürdigung unter Verwertung von Erfahrungssätzen. Die GBO enthält in den §§ 32–37 zudem Beweisregeln und Beweiserleichterungen. Die notwendigen Beweise haben die Beteiligten dem Grundbuchamt vorzulegen (Beibringungsgrundsatz).

In **Amtsverfahren** werden hingegen die Beweise nicht nur durch das Grundbuchamt erhoben (§ 26 FamFG), sondern es sind alle förmlichen Beweismittel der freiwilligen Gerichtsbarkeit (**§§ 29 ff. FamFG**) zulässig.[25] Vielfach wird man sogar die Beweiserhebung im **Freibeweisverfahren**[26] für zulässig erachten müssen.[27] Deutlich wird dies am Verfahren zur Anlegung eines Grundbuchblattes für ein bisher nicht gebuchtes Grundstück nach §§ 116 ff. GBO, bei welchem das Grundbuchamt von Amts wegen den Eigentümer zu ermitteln hat (§ 118 GBO) und im Ergebnis zwingend zu einer Eintragung kommen muss (vgl. dazu § 123 GBO Rdn 1).

Im Gegensatz zum Grundbuchverfahrens herrscht im **materiellen Grundstücksrecht** weitgehend **Formfreiheit** mit Ausnahme der Auflassungsform (§ 925 Abs. 1 BGB). Dies ist durchaus sinnvoll, weil für die Grundbucheintragung doch beweissichere Eintragungsunterlagen benötigt werden, so dass das Grundbuchverfahrensrecht als Korrektiv gegen allzu große Laxheit eingreifen kann. Dabei darf nicht wegen der dienenden Funktion des Verfahrensrechts argumentiert werden, das Verfahrensrecht dürfe keine höheren Anforderungen stellen als das materielle Recht. Vielmehr sind sowohl das Verfahrensrecht als auch das materielle Recht durch förmliche Gesetze geregelt, die unter sich gleichrangig auch unterschiedliche Formerfordernisse aufstellen können. Dies gilt nicht nur im Grundbuchverfahrensrecht. Auch im Zivilprozessrecht ist beispielsweise eine Vollmacht schriftlich vorzulegen (§ 88 ZPO), auch wenn sie materiell-rechtlich formlos erteilt werden kann (§ 167 Abs. 2 BGB). Auch nützt der beste mündlich geschlossene Vertrag nichts, wenn man ihn bei Bestreiten des Gegners im Prozess nicht beweisen kann.

---

17 BGH DNotZ 1989, 562, 564.
18 BayObLGZ 1959, 478, 484.
19 BGHZ 90, 181; BGH DNotZ 2002, 721 = Rpfleger 2002, 511.
20 OLG Hamm OLGZ 1967, 456, 459; KG DNotZ 1973, 373, 375; OLG Celle NdsRpfl. 1978, 57; LG Aachen MittRhNotK 1981, 110; OLG Hamm OLGZ 1981, 270, 272 f.; OLG Celle NdsRpfl. 1982, 198, 199; Bauer/Schaub/*Bayer*, GBO, AT C Rn 257 m.w.N.; offen gelassen von BGH Rpfleger 1981, 286; DNotZ 2002, 721, 723.
21 *Dümig*, DNotZ 2002, 725, 727.
22 BGHZ 35, 22, 26; BGH DNotZ 1963, 436; Rpfleger 1975, 296; KG Rpfleger 1971, 316.
23 BGH NJW 2006, 1341 = DNotZ 2006, 526 = Rpfleger 2006, 313; LG Traunstein MittBayNot 2004, 440, 441; LG Schweinfurt Rpfleger 2004, 622; OLG Hamm DNotJ-Report 2005, 198; *Wolfsteiner*, MittBayNot 2003, 295; *Böhringer*, Rpfleger 2004, 623; **a.A.** früher SchlHOLG MittBayNot 2003, 295; OLG Celle DNotJ-Report 2004, 202.
24 Zu den Anforderungen an die Bestimmbarkeit der Lage der Flächen, an denen Sondernutzungsrechte bestellt werden sollen OLG Saarbrücken MittBayNot 2005, 43.
25 *Eickmann/Böttcher*, Grundbuchverfahrensrecht, Rn 21.
26 Dazu MüKo-FamFG/*Ulrici*, vor § 23 Rn 15 ff.
27 Vgl. *Eickmann/Böttcher*, Grundbuchverfahrensrecht, Rn 22; Meikel/*Böttcher*, Einl. C 93 ff.

IX. Publizitätsgrundsatz

Der Inhalt des Grundbuchs gilt nach den §§ 892, 893 BGB als richtig, wenn kein Widerspruch eingetragen und der Erwerber in Unkenntnis der wahren Rechtslage ist, und zwar unabhängig davon, ob der Erwerber das Grundbuch eingesehen hat oder nicht. Diese materielle Publizität ermöglicht einen *Erwerb kraft öffentlichen Glaubens*.

Die Vermutung der Richtigkeit und der öffentliche Glaube des Grundbuchs (§§ 891, 892, 893 BGB), die zu den wichtigsten Grundsätzen des bürgerlichen Rechts für den Erwerb und Verlust von Rechten an Grundstücken gehören, können nur deshalb unabhängig von einer konkreten Kenntnisnahme des Grundbuchinhalts Grundlagen des Grundstücksverkehrs sein, weil nach § 12 Abs. 1 S. 1 und S. 2 Fall 1 GBO jedem die Einsicht in das Grundbuch und in die in Bezug genommenen Urkunden gestattet ist, der ein berechtigtes Interesse darlegt (**formelle Publizität**). Dies wird noch dadurch verstärkt, dass der Einsichtnehmende nach § 12 Abs. 2 GBO die Erteilung von Abschriften verlangen kann.

Das Recht, auch die noch nicht erledigten Eintragungsanträge einzusehen (§ 12 Abs. 1 S. 2 Fall 2 GBO) und Abschriften davon zu verlangen (§ 12 Abs. 2 GBO), steht im Zusammenhang mit der Verfahrensvorschrift des § 17 GBO und beschränkt sich deshalb auf die unerledigten Anträge, die das Grundbuchamt bei seiner Entscheidung im Rahmen des § 17 GBO beachten muss (siehe dazu § 12 GBO Rdn 10).

X. Legalitätsprinzip

Der Legalitätsgrundsatz beinhaltet zweierlei:

– Das Grundbuchamt hat im Antrags- und Amtsverfahren die Gesetzmäßigkeit jeder Eintragung und Löschung zu prüfen und (auch gegen den Willen der Beteiligten) alle im Einzelfall einschlägigen gesetzlichen Vorschriften materiell- und verfahrensrechtlicher, privat- und öffentlich-rechtlicher Art zu beachten, auch bloße Ordnungsvorschriften, deren Verletzung eine Eintragung nicht unwirksam und das Grundbuch nicht unrichtig machen würde.
– Das Grundbuchamt hat die Pflicht, über die Richtigkeit des Grundbuchs zu wachen, und darf nicht dabei mitwirken, das Grundbuch durch eine Eintragung unrichtig zu machen. Ein entsprechender Antrag, der im Übrigen den gesetzlichen Anforderungen gerecht wird, ist zurückzuweisen, wenn für das Grundbuchamt feststeht, dass der Vollzug des Begehrens zur Grundbuchunrichtigkeit führte (siehe im Einzelnen Rdn 34 ff.).

B. Grundlagen der Pflichten des Grundbuchamts

I. Allgemeines

Das Grundbuchamt ist an Recht und Gesetz gebunden. Davon werden die Normen des Grundbuchverfahrensrechts auf jeden Fall erfasst, und damit auch insbes. der Antrags-, Bewilligungs-, Voreintragungs-, Prioritäts- und Beweisgrundsatz.[28] Die GBO enthält, anders als z.B. die Preußische Grundbuchordnung v. 5.5.1872 (GS, 446) in ihrem § 46 Abs. 1, keine Norm, die ausdrücklich besagt, das Grundbuchamt habe die „Rechtsgültigkeit der vollzogenen Auflassung, Eintragungs- oder Löschungsbewilligung nach Form und Inhalt zu prüfen".[29] Schon die Motive befinden hierzu:[30]

Die Prüfungspflicht des Grundbuchamts braucht nicht hervorgehoben zu werden; denn sie ergibt sich daraus, dass dem Grundbuchamte die Anordnung der Eintragung übertragen ist und dass das Gesetz die Voraussetzungen für die Zulässigkeit der Anordnung bestimmt.

II. Rechtsgrundlagen der Amtspflichten

Rechtsgrundlagen der dem Grundbuchamt obliegenden Pflichten sind das Grundbuchverfahrensrecht und das materielle Recht. Das Fehlen einer konkreten Handlungsanweisung in Gesetzesform ist unerheb-

---

28 Eingehend auch Meikel/*Böttcher*, Einl. D; *Schöner/Stöber*, Grundbuchrecht, Rn 206 ff.; *Eickmann/Böttcher*, Grundbuchverfahrensrecht, 6. Kap.
29 So § 46 Abs. 1 S. 1 PreußGBO.
30 Motive zur GBO S. 86; siehe auch *Dümig*, Rpfleger 2004, 1, 13.

lich. Derartiges gehört nämlich nicht in ein Gesetz, sondern allenfalls in Verwaltungsvorschriften (Dienstanweisungen). Derjenige, der mit Grundbuchsachen betraut wurde, sollte schon aufgrund seiner Ausbildung in der Lage sein, dem Gesetz das für seine Arbeit Notwendige zu entnehmen. Manchem, das zu diesem Problemkreis gesagt wird, kann man also nur mit Unverständnis begegnen.

III. Rechte und Pflichten des Grundbuchamts

13 Das Grundbuchamt hat die Pflicht, das Grundbuch zu führen und eingehende Anträge zu bearbeiten. Dabei hat es die gesetzlichen Vorgaben zu beachten. Eine inhaltliche Prüfung, die es sodann vornimmt, ist schlichtweg seine gesetzliche Aufgabe. Im Gegenteil, die Beteiligten haben ein Recht darauf, dass das Grundbuchamt seinen gesetzlichen Pflichten nachkommt und sich in deren Grenzen bewegt.

IV. Rechte und Pflichten der Beschwerdegerichte

14 Auch das Beschwerde- und das Rechtsbeschwerdegericht treten dem Antragsteller nicht gegenüber als jemand, der Ansprüche stellen kann.

15 Das Beschwerdegericht tritt an die Stelle des Grundbuchamts, aber wegen der Möglichkeit für den Beschwerdeführer, nach § 74 GBO neue Tatsachen und Beweise vorzulegen, ist es möglich, dass das Beschwerdegericht eine seinerzeit richtige Entscheidung des Grundbuchamtes aufheben muss.

V. Amtspflichten im Antrags- und Amtsverfahren

16 Zwischen diesen beiden Verfahrensarten bestehen grundlegende Unterschiede. Deshalb können die Pflichten des Grundbuchamts im Antrags- und Amtsverfahren nicht gleich sein (siehe dazu Rdn 20 ff.).

VI. Folgen der Verletzung gesetzlicher Vorschriften durch das Grundbuchamt

1. Verfahrensrechtlich

17 Hat das Grundbuchamt unter Verletzung gesetzlicher Vorschriften eine Eintragung vorgenommen, so hat es wegen seiner Gesetzesbindung die dadurch entstandene Rechtslage zu prüfen und je nach dem Ergebnis seiner Prüfung

– von Amts wegen selbst tätig zu werden; z.B. durch Eintragung eines Amtswiderspruchs, Vornahme einer Amtslöschung, Umdeutung und Klarstellung (siehe Rdn 34) oder allgemein Behebung des Mangels oder,

– falls dies ausscheidet, eine Antragstellung der Beteiligten zur Berichtigung des Grundbuchs anzuregen und

– über einen ggf. noch nicht erledigten Antrag zu entscheiden.

2. Materiell-rechtlich

18 Die Verletzung einer Amtspflicht erfüllt den objektiven Tatbestand der Amtshaftung nach Art. 34 GG, § 839 Abs. 1 BGB. Auch die pflichtwidrige Verweigerung oder Verzögerung einer dem Grundbuchamt obliegenden Amtshandlung (z.B. Grundbucheintragung) ist eine Amtspflichtverletzung.[31] Richter und Rechtspfleger des Grundbuchamts genießen das Richterprivileg des § 839 Abs. 2 BGB nicht, weil Grundbucheintragungen und Entscheidungen nach § 18 GBO das maßgebliche Kriterium der materiellen Rechtskraft[32] nicht erfüllen.

19 Sachenrechtlich hat die Gesetzesverletzung als solche keine Folgen. Das Grundbuch ist nur dann unrichtig, wenn sich Einigung (ggf. einseitige Erklärung) und Eintragung nicht decken (siehe § 1 Einl. Rdn 31).

---

31 BGH DNotZ 1982, 238; Grüneberg/*Sprau*, BGB, § 839 Rn 114.

32 BGHZ 51, 326, 329; BGH NJW 2003, 3693, 3696, 3698; Grüneberg/*Sprau*, BGB, § 839 Rn 65.

C. Pflichten des Grundbuchamts im Antragsverfahren

I. Oberster Grundsatz des Antragsverfahrens

Das Gesetz überlässt die Wahrung der Interessen an der Richtigkeit und Vollständigkeit des Grundbuchs den Beteiligten selbst, indem es eine Eintragung in das Grundbuch grundsätzlich aufgrund der bloßen Bewilligung des verlierenden Teils zulässt. Das Grundbuchamt darf nicht ohne oder gegen den Willen der Beteiligten tätig werden, nicht über den Antrag hinausgehen und nicht hinter ihm zurückbleiben (siehe § 13 GBO Rdn 1, 6). Es hat über jeden Antrag zu entscheiden, entweder durch Eintragung oder Löschung, Antragszurückweisung oder vorläufig durch Zwischenverfügung (§ 18 GBO). Bei mehreren Anträgen lässt § 16 Abs. 2 GBO eine Bestimmung durch den Antragsteller zu, dass der eine Antrag nicht ohne den anderen erledigt werden darf; § 17 GBO bestimmt, welcher Antrag zuerst erledigt werden muss. Der Antragsteller hat ein Recht darauf, dass das Grundbuchamt die Eintragung vornimmt, sobald alle Eintragungsvoraussetzungen vorliegen, da er – soweit der Eintragungsgrundsatz gilt – die erstrebten materiell-rechtlichen Wirkungen nicht ohne Mitwirkung des Grundbuchamts herbeiführen kann.

II. Rechtsgrundlagen der Eintragungspflicht

Formell-rechtlich wird die Eintragungspflicht des Grundbuchamts im Antragsgrundsatz des § 13 Abs. 1 GBO deutlich und in § 18 GBO, aus welchem deutlich wird, dass die Möglichkeit der Antragszurückweisung eingeschränkt ist. Materiell-rechtlich ergibt sich dies aus den Normen, die die Eintragung für eine Rechtsänderung fordern, also insbes. die §§ 873 Abs. 1, 875, 877 BGB.

Das Grundbuchamt muss selbst entscheiden. Aussetzung und Ruhen des Verfahrens oder Verweisung auf den Prozessweg sind dem Grundbuchverfahrensrecht fremd. Eine bestimmte Frist kennt die GBO nicht. Aus der möglichen Fristsetzung zur Behebung eines Mangels nach § 18 Abs. 1 S. 1 Alt. 2 GBO wird man bereits einfachrechtlich die Pflicht des Grundbuchamts zur Entscheidung innerhalb angemessener Frist folgern können; verfassungsrechtlich folgt das aus dem Justizgewährungsanspruch, der auch das Recht auf eine Entscheidung in angemessener Zeit beinhaltet.[33] Wenn die Warn- und Schutzfunktion des Grundbuchs es gebietet, hat das Grundbuchamt solche Anträge, an deren schneller Erledigung ein sachlich berechtigtes Interesse besteht, bevorzugt zu behandeln, falls § 17 GBO im Einzelfall nicht entgegensteht.

Eine Haftung des Landes als Dienstherr nach Art. 39 GG mit § 839 BGB kann in Betracht kommen, wenn es keine ausreichenden Personalmaßnahmen vorgenommen hat, um sicherzustellen, dass Anträge in angemessener Zeit erledigt werden können.[34]

III. Ermittlung, Beweiserhebung und Beweissicherung

1. Feststellungslast des Antragstellers

Im Antragsverfahren gilt § 26 FamFG nicht. Das Grundbuchamt hat keine Sachverhaltsermittlungen und Beweiserhebungen vorzunehmen.[35] Der Antragsteller muss die Entscheidungsgrundlagen in der vorgeschriebenen Form selbst beschaffen und dem Grundbuchamt vorlegen, auch im Grundbuchberichtigungsverfahren aufgrund nachgewiesener Unrichtigkeit nach § 22 GBO, in dem der Antragsgrundsatz mit allen sich daraus ergebenden Folgen gilt. Er trägt die Gefahr der Zurückweisung, wenn er dem Grundbuchamt nicht die erforderliche Gewissheit über das Bestehen aller Eintragungsvoraussetzungen verschaffen kann (sog. Feststellungslast); für eintragungshindernde Umstände gilt jedoch das Gegenteil.[36] Das Grundbuchamt hat jedoch die von der Eintragung Betroffenen, also die am Verfahren materiell Be-

---

[33] Dreier/*Schulze-Fielitz*, GG, Art. 19 Abs. 4 Rn 37, Art. 20 (Rechtsstaat) Rn 197 ff.

[34] BGHZ 170, 260 = NJW 2007, 830 = DNotZ 2007, 371 = Rpfleger 2007, 254; teilw. in Abweichung von BGHZ 111, 272; zur verzögerten Erteilung einer öffentlich-rechtlichen Genehmigung BGHZ 65, 182; 134, 316.

[35] BGHZ 30, 255, 258; 35, 135, 139; BayObLG Rpfleger 1997, 15, 16; *Demharter*, § 1 Rn 46, § 13 Rn 5; Meikel/*Böttcher*, Einl. C 86 ff.

[36] Meikel/*Böttcher*, Einl. C 114 ff.

teiligten, selbst zu ermitteln.[37] Schwerwiegende Bedenken werden in der Rechtsprechung und Literatur gegen die Verwertung pflichtwidrig erhobener oder zurückbehaltener Beweise geltend gemacht.[38]

2. Verwahrungspflichten des Grundbuchamts

24 Das Grundbuchamt hat nach § 10 Abs. 1 S. 1 GBO die Urkunden aufzubewahren, auf die eine Eintragung sich gründet oder Bezug nimmt. Außerhalb eines Antragsverfahrens hat das Grundbuchamt keine Pflicht zur Verwahrung von Urkunden, die nicht nach § 10 Abs. 1 S. 1 GBO Gegenstand der Verwahrungspflicht sind. Das Grundbuchamt ist jedoch befugt, solche Unterlagen zu den Akten zu nehmen, die im Hinblick auf seine Pflicht, die materiell-rechtliche Richtigkeit des Grundbuchs zu wahren, für spätere Eintragungen wichtig werden könnten.[39]

IV. Hinweispflicht des Grundbuchamts

25 Der Gedanke einer Aufklärungs- oder, um eine Verwechslung mit der Sachverhaltsaufklärung zu vermeiden, Hinweispflicht des Grundbuchamts steckt schon hinter § 18 GBO aber er ergibt sich insbes. aus § 139 ZPO, der insoweit einen allgemeinen, nicht auf den Zivilprozess beschränkten Grundsatz der Fürsorge des Gerichts normiert.[40] Verfassungsrechtlich ist zudem eine solche Pflicht aus Art. 3 Abs. 1 GG zu entnehmen (Willkürverbot als Ausdruck der Gleichbehandlung im Verfahren).[41]

26 Die Aufklärungspflicht hat im Antragsverfahren aber Grenzen.[42] Das Grundbuchamt hat auf Vervollständigung der Unterlagen und Beseitigung derjenigen **berechtigten Zweifel** hinzuwirken, die **aufgrund konkreter Umstände des Einzelfalles** befürchten lassen, dass das Grundbuch durch die begehrte Eintragung dauernd unrichtig wird.[43] Das Grundbuchamt darf aber nicht in anderen Grundbuchblättern oder Grundakten selbst nach Eintragungshindernissen forschen,[44] entfernt liegenden Möglichkeiten oder bloßen Vermutungen nachgehen, um eine in Form des § 29 GBO vorgelegten Entscheidungsgrundlagen zu entkräften;[45] materielle Voraussetzungen aufzuklären, von deren Prüfung es durch das Verfahrensrechte entbunden ist. Dies erfolgt im Rahmen der Hinweispflicht oder zur Gewährung rechtlichen Gehörs. Eine Zwischenverfügung ist aber nicht statthaft, man wird jedoch in entsprechender Anwendung des § 18 Abs. 1 S. 1 Alt. 2 GBO dem Grundbuchamt eine Fristsetzung zur Beibringung derjenigen Beweise gestatten, die seine Bedenken entkräften.[46]

V. Rechtliches Gehör

27 Nach Art. 103 Abs. 1 GG hat **jedermann** vor Gericht **Anspruch auf rechtliches Gehör**.[47] Jeder Verfahrensbeteiligte kann mit der Rüge, in seinem Anspruch auf rechtliches Gehör verletzt zu sein, auch **Verfassungsbeschwerde** erheben (§ 90 Abs. 1 BVerfGG). Rechtliches Gehör ist auch **im Grundbuchverfahren** zu gewähren, für welches der Rechtspfleger zuständig ist (§ 3 Nr. 1 Buchst. h RPflG; dazu § 1 GBO Rdn 16 ff.).

Das BVerfG verneint in gerichtlichen Verfahren der Zuständigkeit des Rechtspflegers die unmittelbare Anwendung von Art. 103 Abs. 1 GG, weil der Rechtspfleger nicht Richter im Sinne des Art. 92 GG sei.[48]

---

37 BayObLG Rpfleger 1997, 15, 16.
38 KG OLG 1943, 173; Rpfleger 1968, 224, 225; BayObLG 1973, 246, 249; *Wolfsteiner*, DNotZ 1987, 67, 70; *Ertl*, DNotZ 1990, 684, 700.
39 BayObLGZ 1975, 264, 266 = Rpfleger 1975, 360; BayObLG DNotZ 1990, 739, 740; a.A. *Ertl*, DNotZ 1990, 684, 700 unter Hinw. auf BGHZ 84, 202, 207 = DNotZ 1983, 309, 312.
40 Stein/Jonas/*Kern*, ZPO, § 139 Rn 14.
41 BVerfG NJW 1993, 1699 = Rpfleger 1993, 32; Meikel/ *Böttcher*, Einl. C 82 ff.
42 Dazu Meikel/*Böttcher*, Einl. C 81.

43 BGHZ 35, 135, 139 f.; OLG Hamm Rpfleger 1973, 137; BayObLGZ 1974, 336, 340 = Rpfleger 1974, 396.
44 OLG Düsseldorf Rpfleger 1966, 261.
45 OLG Hamm Rpfleger 1969, 359; BayObLG Rpfleger 1971, 430; KG DNotZ 1966, 277.
46 *Ertl*, DNotZ 1990, 684, 701; allg. Staudinger/*Picker*, BGB, § 891 Rn 83 ff.
47 BVerfGE 36, 85 = MDR 1974, 207 = NJW 1974, 133 = Rpfleger 1974, 12; BVerfG NJW 1995, 2095.
48 BVerfGE 101, 397 = DNotZ 2000, 387 = FamRZ 2000, 731 = MDR 2000, 655 = NJW 2000, 1709; Rpfleger 2000, 205.

Es geht stattdessen davon aus, dass sich im Verfahren vor dem Rechtspfleger die Pflicht zur Anhörung der in ihren Rechten Betroffenen nach dem rechtsstaatlichen Grundsatz des fairen Verfahrens nach Art. 3 Abs. 2 GG bestimmt. Diese Feststellungen werden zu Recht kritisiert.[49] Differenzierend legt insbesondere *Habscheid* dar, dass das **rechtliche Gehör des Art. 103 Abs. 1 GG Ausfluss des höherrangigen Rechtes auf Gewährung eines fairen Verfahrens** ist, das selbstverständlich auch für Verfahren gilt, für welche der Rechtspfleger zuständig ist.[50] Verletzungen des Grundsatzes des fairen Verfahrens sind als Verstoß gegen das Willkürverbot des Art. 3 GG zu werten. Letztlich hat sich die vom BVerfG verstandene Anhörung in Verfahren vor dem Rechtspfleger nach den Grundsätzen zu richten, die für das rechtliche Gehör nach Art. 103 Abs. 1 GG entwickelt worden sind und gelten.[51]

Das Grundrecht auf Gewährung rechtlichen Gehörs gibt den Beteiligten eines gerichtlichen Verfahrens ein Recht darauf, sich vor Erlass der Entscheidung zu dem zugrunde liegenden Sachverhalt, aber auch zur Rechtslage zu äußern.[52] Das Gericht hat den Vortrag zur Kenntnis zu nehmen und bei seiner Entscheidung in Erwägung zu ziehen.[53]

Im **Antragsverfahren** ist das rechtliche Gehör dadurch gewahrt, dass das Grundbuchamt zur Eintragung die Bewilligung aller Personen benötigt, deren Rechtsstellung durch die Eintragung ungünstiger gestaltet wird oder werden kann.[54] Damit ist regelmäßig bereits durch den Antragsgrundsatz des § 13 GBO und das formelle Konsensprinzip des § 19 GBO das rechtliche Gehör der Beteiligten gewahrt. In Verfahren der Grundbuchberichtigung auf Grund nachgewiesener Unrichtigkeit ist vor der Berichtigung dem formell Betroffenen rechtliches Gehör zu gewähren (siehe § 22 GBO Rdn 172). Ob in jedem Fall vor Erlass eines Zurückweisungsbeschlusses nach § 18 GBO rechtliches Gehör gewährt und die Zurückweisung angekündigt werden muss, ist Frage des Einzelfalles. Ist bereits eine ordnungsgemäße Zwischenverfügung ergangen, ist eine nochmalige Anhörung vor der Zurückweisung entbehrlich. Soll die Zurückweisung sofort erfolgen, kann vorher rechtliches Gehör gewährt werden. Maßgebend sollte aber nicht die Erwägung sein, dass durch Antragsrücknahme die Zurückweisung vermieden werden könnte. Erst recht ist eine Zwischenverfügung mit der Aufforderung zur Antragsrücknahme unzulässig.

In den **Amtsverfahren** ist stets rechtliches Gehör zu gewähren, insbesondere vor Eintragung eines Amtswiderspruchs oder einer Amtslöschung nach § 53 GBO. Auch das Verfahren der Löschung wegen Gegenstandslosigkeit sieht mit den §§ 85 ff. GBO eine Beteiligung des Betroffenen vor.

Ob bei der **Gewährung von Grundbucheinsicht** nach § 12 GBO dem betroffenen Rechtsinhaber rechtliches Gehör zu gewähren ist, hängt von dem Sachvortrag zum berechtigten Interesse desjenigen ab, der Einsicht begehrt (eingehend § 12 GBO Rdn 16, 17).

VI. Prüfungspflicht des Grundbuchamts

1. Allgemeines

Das Grundbuchamt hat die Einhaltung der Normen des Grundbuchverfahrensrechts zu überwachen. Die Prüfungspflicht umfasst auch materiell-rechtliche Fragen, die insbes. für die Eintragungsfähigkeit und für die Wahrung der Richtigkeit des Grundbuchs zu beurteilen sind. Der Mindestumfang der Prüfung ergibt sich aus dem Antrag und den vorgelegten Eintragungsunterlagen.

---

49 Treffend als „unbekümmert begründet" bezeichnet: *Eickmann*, Rpfleger 2000, 245, Fußnote 1; ferner *Eickmann/Sonnenfeld/Dümig*, Rpfleger 2000, 245; *Langenfeld*, ZEV 2000, 195; *Gottwald*, FamRZ 2000, 1477; *E. Schneider*, Rpfleger 2000, 519 (Rezension zu v. Münch, GG. 5. Aufl. München 2000); *Heß/Vollkommer*, JZ 2000, 785; *Pawlowski*, JZ 2000, 913; *Berkemann*, JR 2001, 19; *Dümig*, Rpfleger 2001, 469.
50 *Habscheid*, Rpfleger 2001, 1 und 209.
51 *Dümig*, Rpfleger 2001, 469, Abschnitt B. I.; eingehend auch MüKoZPO/*Rauscher*, Einl Rn 199–218; Stein/Jonas/*Kern*, ZPO, Vor § 128 Rn 15 ff.; Zöller/*Greger*, ZPO, Vor § 128 Rn 3 ff.
52 BVerfGE 84, 188 = NJW 1991, 2823; BVerfG 86, 133, 144 = DtZ 1992, 327 = NJW 1972, 2877 (Leitsatz) = VwZ 1992, 401; BVerfG (Kammerbeschluss) NJW 1996, 3202.
53 BVerfGE 1, 418 = NJW 1953, 177; BVerfGE 6, 12 = NJW 1957, 17 und 1957, 947 (Leitsatz) m. abl. Anm. *Schätzler* = Rpfleger 1957, 11 m. Anm. *Oldorf*; BVerfG 7, 239 = NJW 1958, 297 (Leitsatz) = Rpfleger 1958, 261; BVerfGE 10, 177 = MDR 1960, 24 = NJW 1960, 31; BVerfG NJW 1991, 2757; BVerfGE 55, 95, 98; BVerfGE 67, 96, 99.BVerfG NJW-RR 1993, 253; BVerfG NJW 1994, 1210; BVerfG MDR 2013, 1113.
54 Eingehend Meikel/*Böttcher*, Einl. C 82 ff.

2. Keine Begrenzung durch und auf Antrag und Bewilligung

30 Der Umfang der Prüfung kann nicht durch die Beteiligten begrenzt werden. Der Antragsteller bestimmt mit seinem Begehren nur die Richtung der Prüfung. Das Grundbuchamt hat alle ihm zur Verfügung stehenden Informationen zu nutzen, um das Vorliegen der Eintragungsvoraussetzungen festzustellen. Insofern wird die Prüfung durch die Beteiligten beschränkt oder determiniert. Die fehlende Beschränkung korrespondiert mit der fehlenden materiellen Rechtskraft.

3. Maßgeblicher Zeitpunkt

31 Alle Eintragungsvoraussetzungen müssen bis zur und bei Vornahme der Eintragung vorliegen.[55] Hiervon ist nach ihrem einmal erfolgten Eintritt für den Regelfall auszugehen. Bestehen aber aufgrund konkreter Anhaltspunkte berechtigte Zweifel darüber, muss das Grundbuchamt ihre Behebung durch Zwischenverfügung verlangen.[56] Eignet sich das Grundbuchverfahren wegen der Beweismittelbeschränkung (§ 29 Abs. 1 GBO) für die Führung des Nachweises nicht, genügt die Ausräumung bestehender Zweifel; der volle Nachweis darf dann nicht verlangt werden.[57] So genügt z.B. bei ernsthaften, auf Tatsachen beruhenden Zweifeln an der Geschäftsfähigkeit die Ausräumung dieser Zweifel.[58]

4. Feststellungslast

32 Da es im Antragsverfahren keine widerstreitenden Parteien gibt, passt auch nicht der Begriff der Beweislast; stattdessen ist in Bezug auf die Eintragungsvoraussetzungen von der Feststellungslast zu sprechen.[59] Der Antragsteller trägt sie für alle Umstände und Erklärungen, die die begehrte Eintragung voraussetzt.[60] Im Fall ihrer Unerweislichkeit (*non liquet*) ist der Antrag zurückzuweisen.[61] Dabei ist wie in der Schlüssigkeitsprüfung einer zivilprozessualen Klage vorzugehen: Der Antragsteller muss also das Nichtvorliegen von Einwendungen wie Beeinträchtigungen der Verfügungsbefugnis, Sittenwidrigkeit, Vertragsaufhebung, Widerruf, Anfechtung oder fehlende Geschäftsfähigkeit nicht nachweisen, sondern es ist insoweit vom Regelfall, d.h. von der Ordnungsmäßigkeit auszugehen.[62] Die Feststellungslast für solche eintragungshindernden Umstände trifft das Grundbuchamt.[63] Das bedeutet, im Zweifel ist dem Antrag zu entsprechen und die begehrte Eintragung vorzunehmen.

33 Rechtsvermutungen und weitere Regel-/Ausnahmevorschriften sind für die Feststellungslast von besonderer Bedeutung. Das Grundbuchamt hat den Inhalt des Grundbuchs wegen der Vermutung des § 891 BGB den weiteren Eintragungen zugrunde zu legen, sofern es nicht die volle Überzeugung von der Unrichtigkeit der Eintragung oder Löschung erlangt hat. Wer sich auf eine dem Grundbuch widersprechende Rechtslage beruft, muss dem Grundbuchamt die volle Überzeugung von der Unrichtigkeit verschaffen; er trägt dann also die Feststellungslast. Sind die Voraussetzungsnormen, rechtsändernden oder rechtsvernichtenden Normen als Regel-/Ausnahmevorschriften ausgestaltet (z.B. durch den Wortlaut „es sei denn", „dies gilt nicht" oder „ausgenommen") ist darauf abzustellen, ob die Regelnorm oder die Ausnahmenorm für den Antragsteller günstig ist. Für die ihm günstige Ausnahme trifft den Antragsteller die Feststellungslast, für die ihm ungünstige nicht.

---

55 OLG München NotBZ 2016, 63.
56 BGHZ 35, 135, 139; OLG Hamm Rpfleger 1973, 137; BayObLGZ 1974, 336, 340 = Rpfleger 1974, 396; siehe auch BayObLGZ 1959, 297 = DNotZ 1960, 50; BayObLGZ 1967, 13 = Rpfleger 1967, 145; KG DNotZ 1972, 18.
57 Siehe auch Meikel/*Böttcher*, GBO, Einl. C 97 ff.
58 BayObLGZ 1989, 111, 112 f. = NJW-RR 1989, 910, 911.
59 Siehe auch Meikel/*Böttcher*, Einl. C 121.
60 Meikel/*Böttcher*, Einl. C 126; *Schöner/Stöber*, Grundbuchrecht, Rn 209a.
61 Meikel/*Böttcher*, Einl. C 121, 126.
62 BayObLGZ 1989, 111, 112 f. = NJW-RR 1989, 910, 911; Meikel/*Böttcher*, Einl. C 125; *Schöner/Stöber*, Grundbuchrecht, Rn 209a.
63 Meikel/*Böttcher*, Einl. C 125; *Schöner/Stöber*, Grundbuchrecht, Rn 209a.

VII. Pflicht des Grundbuchamts zur Wahrung der materiell-rechtlichen Richtigkeit des Grundbuchs

1. Herleitung

Die Pflicht des Grundbuchamts zur Wahrung der materiell-rechtlichen Richtigkeit folgt nicht ohne weiteres aus der Gesetzesbindung. Sie erklärt sich aber aus der historischen Kontinuität des Grundbuchverfahrensrechts.[64] Bestimmend für das heutige Recht waren nicht zuletzt wegen der Zusammensetzung der I. BGB-Kommission, die durch den preußischen Richter *Reinhold Johow* auch den GBO-Entwurf von 1888 fertigte, und der Kommission des Reichsjustizamts, die die Bundesratsvorlage der GBO auf der Basis des Entwurfs von 1888 erstellte, die preußische Entwicklung und die preußischen Gesetze, die einen Vorbildcharakter in den Partikularstaaten hatten. Zu Zeiten des ALR v. 5.2.1794 und der Allgemeinen Hypotheken-Ordnung v. 20.12.1783 galt das auch so bezeichnete strenge Legalitätsprinzip, das die Prüfungspflicht des Grundbuchamts sogar auf die gesamte schuldrechtliche Beziehung der Parteien erstreckte, so dass jede Kleinigkeit, die für den Rechtsbestand unerheblich war, dennoch zu Beanstandungen führen konnte.[65] Diese Bevormundung wurde mit dem *Gesetz über den Eigenthumserwerb und die dingliche Belastung der Grundstücke, Bergwerke und selbstständigen Gerechtigkeiten* (EEG) und der *Grundbuch-Ordnung* v. 5.5.1872 (GS 433, 446) beseitigt.[66] Von nun an sollte es nur noch um die Entstehung der dinglichen Rechte gehen. Den Gesetzesverfassern war dies gegenwärtig, ohne dass sie daran dachten, etwas Entsprechendes ausdrücklich kodifizieren zu müssen.[67]

34

Mittlerweile hat der Gedanke der **Wahrung der materiell-rechtlichen Richtigkeit** des Grundbuchs mit den Verfahren nach den §§ 82 ff., 84 ff. und 90 ff. GBO Eingang in das positive Recht gefunden. § 53 Abs. 1 GBO lässt sich hingegen nicht überzeugend ins Feld führen, da die Entfernung einer unwirksamen Eintragung materiell-rechtlich belanglos ist[68] und der Amtswiderspruch die Unrichtigkeit des Grundbuchs nicht beseitigt.

35

2. Prüfung der Einigungen i.S.d. § 20 GBO

Fehlt eine materielle Voraussetzung, die zugleich Verfahrensvoraussetzung ist, also insbes. im Hinblick auf § 20 GBO, dann hat das Grundbuchamt schon aufgrund des einfachen Rechts die Eintragung abzulehnen. Auf die Pflicht zur Wahrung der materiell-rechtlichen Richtigkeit des Grundbuchs muss man sich in solchen Fällen überhaupt nicht berufen.[69] Die Pflicht zur Beachtung des § 20 GBO geht auch weiter, denn das Grundbuchamt darf die Eintragung auch dann nicht vornehmen, wenn eine künftige Behebung des materiell-rechtlichen Mangels in Betracht kommt.[70]

36

3. Abweichende Betrachtung für Löschungen

Zwischen „Eintragungen" und „Löschungen" ist zu unterscheiden. Zu Unrecht gelöschte Rechte bleiben außerhalb des Grundbuchs bestehen. Sie können entweder (soweit rechtlich noch möglich) im Wege der Grundbuchberichtigung wieder eingetragen oder durch wirksame Nachholung der materiellen Voraussetzungen aufgehoben werden.[71] Bis zu ihrer Wiedereintragung sind sie aber aus dem Grundbuch nicht ersichtlich; sie sind also keine Buchrechte und haben nicht deren Wirkung und sind auch keine Rechte im Sinne der GBO (siehe § 1 Einl. Rdn 74). Für Löschungen fehlen deshalb die Gründe, die bei Eintragungen dafür sprechen, eine vorübergehende Unrichtigkeit nicht zur Antragszurückweisung ausreichen zu lassen. Das Grundbuchamt darf das Grundbuch durch eine Löschung jedenfalls dann nicht bewusst vorübergehend unrichtig werden lassen, wenn die zur Unrichtigkeit führenden Tatsachen feststehen.

37

---

[64] *Dümig*, Rpfleger 2004, 1, 13.
[65] Vgl. *Förster*, Allgemeine Hypotheken-Ordnung für die gesamten Königlichen Staaten vom 20.12.1783 etc. (Berlin 1855), S. 48 ff.; *Koch*, Allgemeine Hypotheken-Ordnung für die gesamten Königlichen Staaten etc. (Berlin 1856), S. 64 ff.
[66] Vgl. Motive EEG, S. 26, 87 f., 162, 169; *Dernburg/Hinrichs*, Das Preußische Hypothekenrecht, Erste Abtheilung, Die Allgemeinen Lehren des Grundbuchrechts (Leipzig 1877), S. 47.
[67] Siehe auch *Eickmann/Böttcher*, Grundbuchverfahrensrecht, Rn 270.
[68] Teilw. a.A. *Lutter*, AcP 164 (1964), 122, 152 ff.
[69] Staudinger/*Chr. Heinze*, BGB, § 873 Rn 239 ff.; siehe auch *Nieder*, NJW 1984, 329, 337.
[70] Staudinger/*Chr. Heinze*, BGB, § 873 Rn 239 ff.; *Schöner/Stöber*, Grundbuchrecht, Rn 209a; *Nieder*, NJW 1984, 329, 337.
[71] Staudinger/*Chr. Heinze*, BGB, § 875 Rn 71.

4. Voraussetzungen für die Ablehnung eines Antrags

38 Einigkeit besteht darüber, dass die zur Unrichtigkeit führenden Tatsachen zur Überzeugung des Grundbuchamts feststehen,[72] aber nicht in Form des § 29 Abs. 1 GBO nachgewiesen sein müssen.[73] Das gilt auch, wenn es sich um Erklärungen von Beteiligten handelt.[74] Bloße Möglichkeiten oder Wahrscheinlichkeiten reichen dazu nicht.[75] Berechtigte Zweifel aufgrund konkreter Umstände verpflichten das Grundbuchamt zur Anhörung der Beteiligten. Nach dem Ergebnis der Prüfung des Grundbuchamts muss wenigstens ein so hoher Grad an Überzeugung erreicht sein, dass er nach allgemeiner Lebenserfahrung unter Berücksichtigung der Regeln über die Feststellungslast und der Umstände des Einzelfalles der Gewissheit über die Grundbuchunrichtigkeit gleichkommt.

5. Ausnahmecharakter

39 Die Pflicht des Grundbuchamts zur Wahrung der materiell-rechtlichen Richtigkeit des Grundbuchs hat Ausnahmecharakter. Die GBO stellt mit dem Bewilligungsgrundsatz das Interesse an einer möglichst raschen Eintragung höher als das Interesse an der vollständigen Richtigkeit des Grundbuchs, zumal der Eintragung oder deren Ablehnung keine irgendwie geartete Rechtskraftwirkung zukommt (Ausnahme formale Rechtskraft des Ranges bei Verstoß gegen § 17 GBO; siehe § 45 GBO Rdn 44 ff.).[76] Zudem ist stets zu bedenken, dass ein Erwerb kraft öffentlichen Glaubens nach §§ 892, 893 BGB das Grundbuch nicht unrichtig macht, sondern im Gegenteil ein materiell-rechtlich wirksamer Rechtserwerb erfolgt.

6. Vorübergehende Unrichtigkeit nicht ausreichend

40 Eine vorübergehende Unrichtigkeit genügt im Anwendungsbereich des § 19 GBO nicht zur Zurückweisung eines *Eintragungs*antrags,[77] beim § 20 GBO aber sehr wohl; Letzteres ist freilich, wie schon erwähnt, keine Frage der Pflicht des Grundbuchamts zur Wahrung der materiell-rechtlichen Richtigkeit des Grundbuchs. Für Löschungsanträge gilt Abweichendes (siehe Rdn 37). Der Grund dafür, dass eine dauernde Unrichtigkeit vermieden werden muss, liegt im materiellen Recht. Das BGB lässt in den §§ 879 Abs. 2 BGB (vgl. auch § 1117 Abs. 1 BGB) ausdrücklich eine der Eintragung nachfolgende Einigung zu und macht damit deutlich, dass es demjenigen, der nach § 19 GBO die Eintragung zu bewilligen hat, überlassen bleibt, ob er damit eine vorübergehende Grundbuchunrichtigkeit herbeiführt, durch die auch regelmäßig vor allem er selbst benachteiligt wird.

7. Zur Gesetzesverletzung i.S.d. § 53 Abs. 1 S. 1 GBO

41 Auch eine unrichtige Eintragung ist eine formell wirksame und zu beachtende Eintragung (siehe § 1 Einl. Rdn 68 ff.); sie kann auch nachträglich materiell richtig werden. Sie kann, aber muss nicht eine Amtspflichtverletzung enthalten.[78] Umgekehrt ist es möglich, dass das Grundbuchamt mit der Vornahme einer materiell-rechtlich richtigen Eintragung eine Gesetzesverletzung durch Missachtung von Ordnungsvorschriften begeht (siehe § 1 Einl. Rdn 68).

8. Einzelfälle

42 Folgende Einzelfälle, in denen das Grundbuchamt die beantragte Eintragung nicht vornehmen darf, sollen beispielhaft genannt werden: Das Grundbuchamt hat Kenntnis davon, dass

– dem Erwerber durch einstweilige Verfügung oder Urteil der Erwerb des dinglichen Rechts oder die Durchführung der Grundbucheintragung verboten ist (vgl. § 20 GBO Rdn 68 ff.),

---

[72] BGHZ 35, 135, 139 = Rpfleger 1961, 233, 235; BayObLGZ 1969, 281; 81, 112; 85, 293; 87, 360.
[73] BayObLGZ 1967, 13 = Rpfleger 1967, 145; *Demharter*, Anh. zu § 13 Rn 29.
[74] BayObLG DNotZ 1990, 739, 740; a.A. *Ertl*, DNotZ 1990, 684, 700.
[75] BayObLGZ 1981, 110, 112.
[76] Vgl. BGH DNotZ 1986, 227, 228; OLG Hamm Rpfleger 1973, 137; DNotZ 1979, 752, 757; BayObLGZ 1979, 434, 437; 81, 110, 112 = DNotZ 1981, 750; Staudinger/*Chr. Heinze*, BGB, § 873 Rn 284, § 891 Rn 72 ff.; *Schöner/Stöber*, Grundbuchrecht, Rn 209a; *Demharter*, Anh. zu § 13 Rn 41 ff.; *Schmidt*, MittBayNot 1978, 89; *Ritzinger*, BWNotZ 1981, 6, 10; *Wolfsteiner*, DNotZ 1987, 67, 77; *Ertl*, DNotZ 1990, 684, 702.
[77] BGH DNotZ 1986, 227, 228; *Demharter*, Anh. zu § 13 Rn 42; Staudinger/*Chr. Heinze*, BGB, § 873 Rn 284; *Wolfsteiner*, DNotZ 1987, 67, 74.
[78] Dazu BGHZ 97, 184, 186 f. = Rpfleger 1986, 215 f.

- der Widerspruch nach § 899 BGB deshalb unzulässig ist, weil das Grundbuch nicht unrichtig geworden sein kann,[79]
- ein Verstoß gegen ein gesetzliches Verbot i.S. § 134 BGB vorliegt[80] oder
- ein Briefgrundpfandrecht abgetreten ist.[81]

Sehr zweifelhaft ist aber, ob z.B. Sittenwidrigkeit nach § 138 Abs. 1 BGB,[82] Wucher[83] oder ein Verstoß gegen Treu und Glauben (§ 242 BGB) im Grundbuchverfahren abschließend beurteilt werden können.[84]

VIII. AGB-Kontrolle durch das Grundbuchamt

Ob das Grundbuchamt im Rahmen der Prüfung der Eintragungsfähigkeit eines Rechtes auch die Zulässigkeit allgemeiner Geschäftsbedingungen prüfen darf, ist umstritten. Die Meinungen im Schrifttum[85] reichen von der gänzlichen Ablehnung oder zumindest einer Beschränkung der Kontrolle durch das Grundbuchamt auf Ausnahmefälle aus Sorge um die Sicherheit und Schnelligkeit des Grundbuchverfahrens bis zur Bejahung einer uneingeschränkten und zum Teil über den Gesetzeswortlaut hinausgehenden Kontrollpflicht des Grundbuchamts. Die Rechtsprechung hatte sich bisher fast nur mit Fällen der Bestellung von Grundpfandrechten zu befassen,[86] vereinzelt auch mit Fällen der Begründung von Wohnungs- und Teileigentum.[87] Zur Gemeinschaftsordnung der Gemeinschaft der Wohnungseigentümer sieht der BGH jedoch grundsätzlich keinen Anwendungsbereich für eine AGB-Kontrolle.[88]

Rechtsprechung und Literatur zur AGB-Kontrolle haben weit mehr als bei früheren Anlässen (z.B. zu § 1365 BGB)[89] zur Klärung vieler Zweifelsfragen der Aufklärungs- und Prüfungspflicht des Grundbuchamts beigetragen. Sie haben deshalb für Umfang und Grenzen der im Gesetz nicht geregelten Pflichten des Grundbuchamts über den aktuellen Anlass hinaus auch für die Zukunft eine große Bedeutung. Die zweifellos vorhandenen Verstöße gegen die §§ 305 ff. BGB und andere Vorschriften (z.B. §§ 138, 242 BGB) können aber meist nicht im Grundbuchverfahren, sondern erst später bei der Ausübung des eingetragenen Rechts beanstandet oder verhindert werden.[90]

Das Anwendungsgebiet der §§ 305 ff. BGB im Sachenrecht ist beschränkt. Denn die Normen sind trotz der Inkorporation in das BGB materiell-rechtliche Sondervorschriften zur Verhinderung des Missbrauchs der vom Klauselverwender allein in Anspruch genommenen Vertragsgestaltung[91] und sind nur auf den der Vertragsfreiheit zugänglichen Inhalt dinglicher Rechte anwendbar. Ist eine Regelung bereits nach §§ 134, 138 BGB unzulässig oder widerspricht ein Rechtsinhalt dem numerus clausus der Sachenrechte, ergibt sich bereits hieraus die Unzulässigkeit einer Grundbucheintragung. Deshalb können und müssen auf eine nach § 134 oder § 138 BGB nichtige Einigung die §§ 305 ff. BGB nicht angewandt werden.[92]

---

79 BayObLGZ 1974, 263 = DNotZ 1975, 149, 150.
80 BGHZ 76, 371 = DNotZ 1980, 475; *Schöner/Stöber*, Grundbuchrecht, Rn 210.
81 BayObLG DNotZ 1990, 739, 741.
82 BGH Rpfleger 1997, 152; Staudinger/*Chr. Heinze*, BGB, § 873 Rn 132.
83 Staudinger/*Chr. Heinze*, BGB, § 873 Rn 138.
84 *Schöner/Stöber*, Grundbuchrecht, Rn 210; offengelassen in BayObLGZ 1979, 434, 437; 81, 110, 112.
85 Eingehend Meikel/*Böttcher*, Einl. D 116 ff.; Staudinger/ *Chr. Heinze*, BGB, § 873 Rn 43, 44; *Eickmann/Böttcher*, Grundbuchverfahrensrecht, Rn 279 ff.; *Schöner/Stöber*, Grundbuchrecht, Rn 211 ff.; *Eickmann*, Rpfleger 1978, 1; *Heß*, BWNotZ 1978, 1; *Schmidt*, MittBayNot 1978, 89; *Schmid*, BB 1979, 1639; *Schöner*, DNotZ 1979, 624; *Böhringer*, BWNotZ 1980, 129; *Schmitz*, MittBayNot 1982, 57. *Schlenker*, Die Bedeutung des AGBG im Grundbuchantragsverfahren (Diss. Tübingen 1982).
86 Überblick bei *Ertl*, DNotZ 1981, 155; ferner BayObLG Rpfleger 1981, 297; 1981, 396.
87 BayObLG NJW-1992, 83; OLG Hamburg NJWE-MietR 1996, 271; KG NotBZ 2017, 338.
88 BGHZ 227, 289 = DNotZ 2021, 754 = ZfIR 2021, 394 m. Anm. *Heinemann*; dazu *Elzer*, NotBZ 2022, 241; ebenso BayObLG, Beschl. v. 17.11.2004 – 2Z BR 171/04, juris; OLG Hamm NJW-RR 2008, 1545; LG Hamburg ZWE 2012, 55.
89 Zum Prüfungsumfang des Grundbuchamtes nur bei konkreten Anhaltspunkten BGHZ 35, 135; BGH DNotZ 2013, 686 = Rpfleger 2013, 378; BayObLG MittBayNot 2000, 439; OLG Celle NJW-RR 2000, 384; OLG Zweibrücken FGPrax 2003, 249; OLG Schleswig MittBayNot 2006, 38.
90 *Eickmann*, ZIP 1989, 137; zur Sicherungsvereinbarung bei Grundschulden BGH DNotZ 1982, 314; BGH DNotZ 1987, 487; BGH DNotZ 1987, 493; BGH DNotZ 1987, 495; BGH DNotZ 1988, 484; BGH DNotZ 1989, 609; BGH DNotZ 1989, 618; BGH DNotZ 1989, 621; BGH DNotZ 1992, 562; BGH NJW 1994, 1796; grundlegend zum formularmäßig bestimmten Zustimmungsvorbehalt zur Abtretung des Rückgewähranspruchs BGHZ 232, 265 = DNotZ 2023, 133 m. Anm. *Rebhan* = MittBayNot 2022, 549 = ZfIR 2022, 547, dazu *Volmer*, ZfIR 2022, 435; zu Dienstbarkeiten BGH DNotZ 1988, 572; BGH DNotZ 1988, 576; BGH DNotZ 1990, 169.
91 *Heinrichs*, NJW 1977, 1505.
92 BGHZ 76, 371 = DNotZ 1980, 475; dazu *Vogt*, LM Nr. 2 zu § 1136 BGB.

In den der AGB-Prüfung unterliegenden Fällen geht es weniger um die Fragen der Eintragungsfähigkeit der Grundbucheintragung als solcher,[93] sondern darum, ob das Grundbuch durch die Eintragung eines nach den §§ 305 ff. BGB „unwirksamen" oder „teilweise unwirksamen" Rechts unrichtig werden würde (§ 894 BGB) oder ob und wie später die Ausübung des wirksam eingetragenen Rechts verhindert werden kann.[94]

45 Für die AGB-Kontrolle im Grundbuchverfahren gelten die allgemeinen Normen und Grundsätze des Grundbuchverfahrensrechts, denn die §§ 305 ff. BGB enthalten keine besonderen Grundbuchvorschriften.[95]

46 Die AGB-Kontrolle gehört nur dann zu den **Pflichten des Grundbuchamts**, wenn es **im Einzelfall** aufgrund **konkreter Anhaltspunkte** berechtigte Zweifel hat, ob es wegen einer zu befürchtenden Grundbuchunrichtigkeit die Eintragung verweigern muss. Eine Antragszurückweisung (nach Zwischenverfügung) ist nur zulässig, wenn das Grundbuchamt weiß, dass eine AGB vorliegt und das Grundbuch durch die Eintragung im Anwendungsbereich des § 20 GBO vorübergehend und im Anwendungsbereich des § 19 GBO dauernd unrichtig würde. Die AGB-Kontrolle kann das Grundbuchamt bei der Notwendigkeit der Vornahme von Wertungen (§§ 307, 308 BGB) vor beträchtliche Schwierigkeiten stellen; daher ist sie in solchen Fällen grundsätzlich dem Prozessgericht zu überlassen.[96]

47 Praktische Bedeutung hat die AGB-Kontrolle im Grundbuchverfahren nur, wenn formularmäßige Klauseln Bestandteil der Bewilligung (§ 19 GBO) sind, am ehesten denkbar bei Verstößen gegen § 309 BGB im Rahmen von Grundschuldbestellungen, eingeschränkt bei Verstößen gegen § 308 BGB und nur in extremen Ausnahmefällen bei Verstößen gegen § 307 BGB. Wegen des § 305c Abs. 2 BGB bedarf das Grundgeschäft und folglich auch die Eintragung einer Vormerkung zur Sicherung des schuldrechtlichen Anspruchs durchweg keiner Prüfung.[97] Die Voraussetzungen einer AGB-Prüfung können vorliegen bei der Eintragung von Regelungen nach §§ 10 ff. WEG (siehe § 3 Einl. Rdn 96 ff.) und von Vereinbarungen nach § 2 ErbbauRG (siehe § 3 Einl. Rdn 176 ff.); sie sind vermeidbar bei formularmäßig bestellten Hypotheken durch den Vermerk eines Widerspruchs gem. § 1157 BGB. Insbesondere Sicherungsgrundschulden (siehe § 7 Einl. Rdn 59 ff.) werden durchweg formularmäßig bestellt, eine AGB-Kontrolle beschränkt sich dabei aber auf den dinglichen des abstrakten Rechts. Eine AGB-Prüfung kommt ferner in Betracht, wenn im Rahmen von AGB eine Vollmacht erteilt wurde, wobei die Prüfungskompetenz des Grundbuchamts auf offensichtliche Unwirksamkeitsgründe beschränkt ist; eine offensichtliche Unwirksamkeit nach § 308 Nr. 4 BGB liegt in der Regel *nicht* vor, wenn eine nach außen unbeschränkte Vollmacht ausreichenden Bindungen im Innenverhältnis unterliegt. Eine AGB-Prüfung kommt ferner in Betracht, wenn im Rahmen von AGB eine Vollmacht erteilt wurde, wobei die Prüfungskompetenz des Grundbuchamts auf offensichtliche Unwirksamkeitsgründe beschränkt ist; eine offensichtliche Unwirksamkeit nach § 308 Nr. 4 BGB liegt in der Regel *nicht* vor, wenn eine nach außen unbeschränkte Vollmacht ausreichenden Bindungen im Innenverhältnis unterliegt.[98]

Zu Sonderfragen der AGB-Kontrolle bei Vormerkungen siehe § 6 Einl. Rdn 20; beim Wohnungseigentum siehe § 3 Einl. Rdn 54, 124; beim Erbbaurecht siehe § 3 Einl. Rdn 189 und bei Grundpfandrechten siehe § 7 Einl. Rdn 25, 48.

IX. Prüfungsschema zum Antragsverfahren

48 In der Kommentar- wie auch der spärlichen Lehrbuchliteratur zum Grundbuchverfahrensrecht werden verschiedene Prüfungsschemata dargestellt, mit welchen die Voraussetzungen der Grundbucheintragung im Antragsverfahren geprüft werden können.[99] Die Schemata basieren auf der kurzen **Prüfungsreihen-**

---

93 So *Schlenker/Schmid*, Rpfleger 1987, 133.
94 *Ertl*, Rpfleger 1980, 1, 8; DNotZ 1981, 149, 159; *Schöner/Stöber*, Grundbuchrecht, Rn 212.
95 BayObLGZ 1979, 434 = DNotZ 1980, 357; BayObLG Rpfleger 1981, 297; 1981, 396; *Schöner/Stöber*, Grundbuchrecht, Rn 211; *Schmidt*, MittBayNot 1978, 89; *Ritzinger*, BWNotZ 1981, 6; *Schmitz*, MittBayNot 1982, 57.
96 *Demharter*, § 19 Rn 41; *Schöner/Stöber*, Grundbuchrecht, Rn 212.
97 *Schöner/Stöber*, Grundbuchrecht, Rn 218.
98 BayObLGZ 2002, 296; BayObLG ZfIR 2003, 513.
99 Meikel/*Böttcher*, 10. Aufl. 2010, Einl. E; *Schöner/Stöber*, Grundbuchrecht, Rn 206; *Eickmann/Böttcher*, Grundbuchverfahrensrecht, 5. Aufl. 2019, Rn 271; *Böttcher*, Grundbuchrecht, 7. Aufl. 2023, S. 2; *Böttcher*, Fallbearbeitung im Grundbuchrecht, 2. Aufl. 1997, S. XXIII; *Stöber/Morvilius*, GBO-Verfahren und Grundstückssachenrecht, 3. Aufl. 2012, § 7 ff.; *Holzer/Kramer*, Grundbuchrecht, 1994, 4. Teil Rn 9; *Wilsch*, Die Grundbuchordnung für Anfänger, 2011, Rn 269 ff.

folge der Vorschriften „§§ 13, 19, 29, 39 GBO", differenzieren diese aber natürlich aus. Für das Grundbuchamt wie auch für den Antragsteller ist Folgendes Prüfungsschema empfehlenswert:

Prüfungsschema zum Grundbuchverfahren
A. Zuständigkeit
  I. Sachliche Zuständigkeit (§ 1 Abs. 1 Satz 1 GBO)
  II. Örtliche Zuständigkeit (§ 1 Abs. 1 Satz 2, Abs. 2 GBO)
  III. Funktionelle Zuständigkeit (§ 3 Nr. 1 Buchst. h RPflG)
B. Erledigungsreihenfolge mehrerer Anträge (§ 17 GBO)
C. Prüfung der Eintragungsvoraussetzungen
  I. Antrag (§ 13 GBO)
    1. Antragserklärung
    2. Antragsberechtigung (§ 13 Abs. 1 GBO)
    3. Inhalt des Antrags
    4. Vertretung bei Antragstellung durch Notar (§ 15 Abs. 2 GBO)
  II. Bewilligung (§ 19 GBO)
    1. Erklärung
    2. Bewilligungsberechtigung des Erklärenden
      a) unmittelbar Betroffener
        aa) Rechtsinhaberschaft
        bb) Bewilligungsbefugnis
      b) mittelbar Betroffene
        aa) Rechtsinhaberschaft
        bb) Bewilligungsbefugnis
    3. Inhalt der Bewilligung
      a) Bezeichnung des Grundstücks (§ 28 GBO)
      b) Eintragungsfähigkeit des Rechts als solchem
      c) Eintragungsfähigkeit des Inhalts im Konkreten
      d) Berechtigter und Anteilsverhältnis mehrerer Berechtigter (§ 47 GBO)
    4. Vertretung
      a) Nachweis der Vertretungsmacht
      b) Umfang der Vertretungsmacht
      c) Erfordernis familien-/betreuungsgerichtlicher Genehmigung
    5. Erklärung zur Eintragungsfähigkeit (§ 15 Abs. 3 GBO)
  III. Form
    1. Antrag
      a) Antragstellung (§ 30 GBO)
      b) Form der Rücknahme (§ 31 GBO)
    2. Bewilligung und eintragungsbegründende Erklärung (§ 29 Abs. 1 Satz 1 GBO)
    3. eintragungsbegründende Tatsachen (§ 29 Abs. 1 Satz 2 GBO)
      a) unmittelbar eintragungsbegründende Tatsachen
      b) mittelbar eintragungsbegründende Tatsachen
    4. eintragungshindernde Umstände
    5. Behördenerklärungen (§ 29 Abs. 3 GBO)
    6. Vertretungsbefugnis bei Gesellschaften (§§ 32, 34 GBO, § 21 BNotO)
    7. Vertretungsbefugnis bei ehelichem Güterrecht (§§ 33, 34 GBO)
    8. Nachweis der Erbfolge (§ 35 GBO)
  IV. Voreintragung des Betroffenen (§ 39 GBO)
    1. Grundsatz (§ 39 GBO)
    2. Ausnahme (§ 40 GBO)
  V. Briefvorlage (§ 41 GBO)
  VI. öffentlich-rechtliche Genehmigungen (z.B.)
    1. Vorkaufsrecht der Gemeinde (§§ 24 ff. BauGB)
    2. Genehmigung im Umlegungsgebiet (§§ 45, 51, 54 BauGB)

3. Genehmigung im Sanierungsgebiet (§§ 143, 144 BauGB)
4. Land- und forstwirtschaftliche Grundstücke (§ 2 GrdstVG)
5. Unbedenklichkeitsbescheinigung (§ 22 GrdEStG)
6. Grundstücksverkehrsordnung (§ 2 GVO, §§ 30a, 30b VermG)

D. **Anwendung § 20 GBO (Besonderheit zu Teil C.)**
   II. Auflassung/Bestellung, Inhaltsänderung, Übertragung Erbbaurecht (§ 20 GBO)
      1. Rechtsfähigkeit, Geschäftsfähigkeit der Beteiligten
      2. Verfügungsberechtigung des verfügenden Teils
         a) Rechtsinhaberschaft
         b) Verfügungsbefugnis
      3. Inhalt der Erklärungen
         a) Eigentumsübertragung
            aa) übereinstimmende Willenserklärungen
            bb) Form der Auflassung (§ 925 Abs. 1 BGB)
            cc) unbedingt, unbefristet (§ 925 Abs. 2 BGB)
         b) Bestellung, Inhaltsänderung Erbbaurecht
            aa) gesetzlicher Inhalt des Rechts
            bb) vertraglicher Inhalt des Rechts
         c) Übertragung Erbbaurecht – Erklärung der Einigung
         d) Bezeichnung des Grundstücks (§ 28 GBO)
         e) Anteilsverhältnis mehrerer Berechtigter (§ 47 GBO)
      4. Vertretung
         a) Nachweis der Vertretungsmacht
         b) Umfang der Vertretungsmacht
         c) Erfordernis familien-/betreuungsgerichtlicher Genehmigung

D. Pflichten des Grundbuchamts im Amtsverfahren

I. Das Amtsverfahren als Ausnahme

49 Nur ausnahmsweise und nur in den gesetzlich geregelten Fällen wird das Grundbuchamt von Amts wegen tätig. Es muss in diesen Fällen ohne Antrag und sogar gegen den Willen der Beteiligten tätig werden, weil das Gesetz das öffentliche Interesse an der Richtigkeit und Vollständigkeit des Grundbuchs über die privaten Interessen stellt (vgl. auch § 13 GBO Rdn 3 ff.).

II. Umfang der Pflichten

50 In einem Amtsverfahren hat das Grundbuchamt nach § 26 FamFG die Pflicht, selbstständig den Sachverhalt aufzuklären und die notwendigen Beweise ggf. auch im Freibeweisverfahren, zu erheben.[100] Für einzelne Verfahrensarten gelten zusätzliche Sondervorschriften, z.B. für das Grundbuchanlegungsverfahren (siehe § 3 GBO Rdn 8 ff.), den Grundbuchberichtigungszwang nach §§ 82 ff. GBO, die Löschung gegenstandsloser Eintragungen gem. §§ 84 ff. GBO, das Rangklarstellungsverfahren nach §§ 90 ff. GBO und die Anlegung von Grundbüchern nach §§ 116 ff. GBO. Das Grundbuchamt hat diejenigen anzuhören, deren grundbuchmäßige oder materielle Rechte durch die angestrebte Maßnahme beeinträchtigt werden können (siehe Rdn 59); in eilbedürftigen Fällen ist der Anspruch auf rechtliches Gehör eingeschränkt, insbes., wenn ansonsten der Verfahrenszweck vereitelt zu werden droht.[101]

---

100 *Eickmann/Böttcher*, Grundbuchverfahrensrecht, Rn 21.   101 *Eickmann/Böttcher*, Grundbuchverfahrensrecht, Rn 25 ff.

E. Anwendung des FamFG im Grundbuchverfahren
I. Grundsätze

Das Grundbuchverfahren gehört zur so genannten Freiwilligen Gerichtsbarkeit. Es gilt damit auch das FamFG[102] insoweit, als es nicht durch Spezialregelungen in der GBO verdrängt wird, oder seine allgemeinen Lehren nicht wegen der Besonderheiten des Grundbuchverfahrens unanwendbar sind.[103] Es sind nur wenige Grundsätze des FamFG einer Übernahme in das Grundbuchverfahren zugänglich. Angesichts der zunehmenden Bestrebungen in der allgemeinen Verfahrensrechtslehre, die verschiedenen gerichtlichen Verfahren einander anzunähern und bei aller Wahrung ihrer Eigenständigkeit dort zu vereinheitlichen, wo dies ohne schwerwiegende Substanzverluste möglich ist, sollte auch versucht werden, die das Grundbuchverfahren mit den anderen Verfahren der freiwilligen Gerichtsbarkeit verbindenden Gemeinsamkeiten zu suchen und herauszuarbeiten.[104]

II. Amtsverfahren und Antragsverfahren

Die das FamFG beherrschende Unterscheidung zwischen Amts- und Antragsverfahren findet sich auch in der GBO, wenngleich hier das Antragsverfahren der absolute Regelfall ist (§ 13 GBO). Die Amtsverfahren (§§ 53, 84, 90 GBO) sind sowohl systematisch als auch praktisch von nachrangiger Bedeutung. Allerdings enthält die GBO Fälle, bei welchen einzelne Eintragungen im Zusammenhang mit einer beantragten Eintragung vom Amts wegen vorzunehmen sind (§ 9 Abs. 2 und 3, § 18 Abs. 2, § 23 Abs. 1, § 45 Abs. 1 und 2, §§ 48, 51, 52, § 68 Abs. 3, § 76 Abs. 2 GBO).[105]

III. Beteiligtenbegriff

Er ist ein zentraler Begriff im FamFG (§§ 7 ff. FamFG); den Beteiligten in einem Verfahren muss insbes. rechtliches Gehör gewährt werden und ebenso sind ihnen regelmäßig die ergehenden Entscheidungen bekanntzumachen.[106] Das FamFG unterscheidet zwischen dem formell Beteiligten, dem materiell Beteiligten und insbes. der Verfahrensfähigkeit.

Diese Grundsätze können auch auf das Grundbuchverfahren übertragen werden:[107] So ist im Antragsverfahren jedenfalls Beteiligter, wer einen Eintragungsantrag gestellt hat. Zu eng ist es jedoch, die Beteiligtenstellung auf ihn zu beschränken.[108] Diese Auffassung ist schon deshalb nicht zutreffend, weil sie sich nicht mit einem anderen Grundsatz verträgt, nämlich dem, dass beschwerdeberechtigt jeder ist, dem ein Antragsrecht zusteht, auch wenn er im konkreten Fall davon keinen Gebrauch gemacht hat (vgl. dazu § 71 GBO Rdn 60 ff.). Wer beschwerdeberechtigt ist, muss jedoch als Beteiligter in das Verfahren einbezogen werden, d.h. er muss vom Verfahrensgang und Verfahrensabschluss unterrichtet werden, damit er von seinem Beschwerderecht sinnvollen Gebrauch machen kann und dessen Ausübung nicht von Zufälligkeiten abhängig wird. Beteiligter im Grundbuchverfahren ist also jeder, dem nach § 13 Abs. 2 GBO ein Antragsrecht zusteht, ohne Rücksicht darauf, ob er es im Einzelfalle ausgeübt hat oder nicht.[109] Wer einen Antrag gestellt hat, obwohl er nicht antragsberechtigt ist, ist nur insoweit beteiligt, als er ein Recht auf Verbescheidung dieses Antrages hat; eine echte Beteiligtenstellung gewinnt er dadurch nicht.[110]

In die Amtsverfahren muss als Beteiligter jeder mit einbezogen werden, dessen materielle Rechtsstellung durch das Verfahren betroffen werden könnte.[111]

Auch **Verfahrensstandschaft** ist möglich und bei verfahrensunfähigen Personen (§ 9 FamFG) sogar notwendig.[112]

---

102 Gesetz über das Verfahren in Familiensachen und in den Angelegenheiten der freiwilligen Gerichtsbarkeit v. 17.12.2008 (BGBl I 2008, 2586).
103 Eingehend *Böttcher*, Rpfleger 2011, 53.
104 Dazu *Eickmann*, in: FS H. Winter, 1982, Bd. 35.
105 Zu den Amtsverfahren und ihren Besonderheiten *Eickmann*, RpflStud 1984, 1.
106 MüKo-FamFG/*Pabst*, § 7 Rn 1, 3.
107 *Böttcher*, Rpfleger 2011, 53, 54.
108 So OLG Hamm OLGZ 1965, 342.
109 Ebenso: *Eickmann/Böttcher*, Grundbuchverfahrensrecht, Rn 14; *Eickmann*, in: FS H. Winter, 1982, S. 11, 16; Meikel/*Böttcher*, Einl. C 22, 23.
110 Eingehend *Eickmann/Böttcher*, Grundbuchverfahrensrecht, Rn 15 ff.
111 Beispiele siehe bei *Eickmann/Böttcher*, Grundbuchverfahrensrecht, Rn 14.
112 Meikel/*Böttcher*, Einl. C 29; *Böttcher*, Rpfleger 2011, 53, 56.

IV. Beteiligten- und Verfahrensfähigkeit

54 Beteiligtenfähigkeit ist die Fähigkeit, in einem Verfahren der freiwilligen Gerichtsbarkeit Beteiligter zu sein. Diese Fähigkeit hat im Allgemeinen jeder, der rechtsfähig ist, da § 9 FamFG dem § 50 ZPO entspricht.[113] Am Grundbuchverfahren beteiligt zu sein, bedeutet regelmäßig, ein Recht an einem Grundstück oder ein Recht an einem solchen Recht inne zu haben oder erwerben zu wollen. Auch dies ist grundsätzlich nur demjenigen möglich, der rechtsfähig ist. Beteiligtenfähig im Grundbuchverfahren ist deshalb, wer nach dem maßgebenden materiellen Recht Inhaber eines Grundstücksrechtes sein kann. Ausnahmsweise wird dies auch bei Gebilden zugelassen, denen (noch) keine Rechtsfähigkeit zukommt (vgl. dazu § 4 Einl. Rdn 42 ff.). Das Grundbuchamt hat keine Nachforschungen darüber anzustellen, ob einem Beteiligten die Beteiligtenfähigkeit zukommt, solange dies nach der von den Beteiligten gewählten Bezeichnung glaubhaft ist und keine entgegenstehenden Tatsachen bekannt sind.

55 Verfahrensfähigkeit ist die Fähigkeit, im eigenen Namen und ohne Mitwirkung eines gesetzlichen Vertreters Verfahrenshandlungen selbstständig vornehmen zu können; d.h. für das Grundbuchverfahren: im eigenen Namen selbstständig Eintragungsanträge, Bewilligungen sowie andere Grundbucherklärungen abgeben zu können.[114] Im Grundbuchverfahren ist die Beurteilung der Verfahrensfähigkeit grundsätzlich nach § 9 FamFG zu beurteilen, wobei die Nr. 3, 4 des § 9 Abs. 1 FamFG als Spezialvorschriften für betreuungs- und unterbringungsrechtliche Verfahren nicht gelten.[115] Für die Verfahrensfähigkeit von juristischen Personen des öffentlichen Rechts und für Behörden gilt § 9 Abs. 3 FamFG.

V. Gewinnung der Entscheidungsgrundlagen

56 Im Grundbuchverfahren finden sich sowohl Elemente des Amtsermittlungsgrundsatzes (§ 26 FamFG), wie auch des zivilprozessualen Beibringungsgrundsatzes.

So wird man der Struktur des grundbuchrechtlichen Antragsverfahrens am besten gerecht, wenn man es als eine Mischung aus beiden Elementen begreift: Zwar obliegt es allein dem Grundbuchamt, den Umfang der erforderlichen Beweise zu bestimmen (Gedanke der Amtsermittlung), jedoch ist den Beteiligten aufgegeben, diese Beweise herbeizuschaffen (Gedanke des Beibringungsgrundsatzes). Man könnte diese eigentümliche Verfahrensstruktur[116] als „grundbuchrechtlichen Beibringungsgrundsatz" bezeichnen. Im Amtsverfahren freilich gilt der Amtsermittlungsgrundsatz des § 26 FamFG uneingeschränkt.

57 Ein wesentlicher Unterschied im Beweisverfahren ergibt sich auch hinsichtlich der zulässigen Beweismittel: Während im FG-Verfahren alle Beweismittel der ZPO zugelassen sind und im Rahmen des sog. Freibeweises darüber hinaus auch andere Mittel der gerichtlichen Überzeugungsbildung, wird das Grundbuchverfahren beherrscht vom Grundsatz der Beweismittelbeschränkung des § 29 GBO. Nur ausnahmsweise sind im Antragsverfahren auch andere Beweismittel zugelassen. In den Amtsverfahren freilich gelten auch insoweit die Grundsätze des FamFG ohne Einschränkung, insbes. auch die sich aus § 29 FamFG ergebende Zulässigkeit aller Beweismittel.[117] Inwieweit der Freibeweis in den Amtsverfahren der GBO zulässig ist und wann der Strengbeweis erhoben werden muss, kann nicht für alle Verfahren generell entschieden werden.[118]

VI. Rechtliches Gehör

58 Rechtliches Gehör ist unmittelbar aus Art. 103 GG aber auch als Ausfluss des Anspruchs faires Verfahren aus Art. 3 Abs. 1 GG (Willkürverbot als Ausfluss des Gebots sachlicher Gleichbehandlung) in jedem staatlichen Verfahren zu gewähren (siehe oben Rdn 27).[119]

---

113 MüKo-FamFG/*Pabst*, § 9 Rn 2, 3.
114 *Eickmann/Böttcher*, Grundbuchverfahrensrecht, Rn 17.
115 *Böttcher*, Rpfleger 2011, 53, 57.
116 Eingehend *Eickmann/Böttcher*, Grundbuchverfahrensrecht, Rn 19 ff.
117 MüKo-FamFG/*Ulrici*, § 29 Rn 5, 12.

118 *Eickmann/Böttcher*, Grundbuchverfahrensrecht, Rn 22.
119 Grundlegend BVerfG NJW 2003, 1924; ferner Meikel/*Böttcher*, Einl. C 82; *Demharter*, § 1 Rn 48; *Ertl*, Rpfleger 1980, 1, 9; *Eickmann*, Rpfleger 1982, 456; *Huhn*, RpflStud 1978, 30, 33; *Nieder*, NJW 1984, 329, 338.

Es können folgende **Grundsätze** formuliert werden:

– Einer Gewährung rechtlichen Gehörs an andere Beteiligte als den Antragsteller bedarf es nicht, wenn die aus dem vorliegenden Vertragswerk bekannten Tatsachen die Eintragung rechtfertigen und zur Eintragung führen.
– Beanstandet das Grundbuchamt den Antrag oder will es ihn zurückweisen, so ist allen materiell Beteiligten rechtliches Gehör zu gewähren. Dies geschieht durch Zustellung der Zwischenverfügung an alle Beteiligten bzw. durch Anheimgabe einer Stellungnahme für alle Beteiligten vor der Zurückweisung.
– In den Amtsverfahren ist grundsätzlich allen materiell Beteiligten rechtliches Gehör in Form einer Gelegenheit zur Stellungnahme zu gewähren. Der Verfahrenszweck (Eilbedürftigkeit!) kann es jedoch gebieten, davon im Einzelfalle abzusehen.
– Vor einer Grundbuchberichtigung aufgrund Unrichtigkeitsnachweises (§ 22 GBO) ist denjenigen rechtliches Gehör zu gewähren, deren grundbuchmäßiges Recht durch die begehrte Eintragung beeinträchtigt werden kann.[120] Das gilt insbes. auch dann, wenn die Unrichtigkeit durch öffentliche Urkunde nachgewiesen ist.

Eine Fortsetzung des Verfahrens auf Gehörsrüge nach § 44 FamFG ist nur möglich, soweit die verfahrensabschließende Entscheidung des Grundbuchamts noch nicht ergangen ist oder aufgehoben werden kann. Beispielsweise ist gegen eine bereits erfolgte Grundbuchberichtigung, bei welcher einem formell Betroffenen kein rechtliches Gehör gewährt wurde, trotz § 44 FamFG nicht mehr rückgängig zu machen. Einem Zurückweisungsbeschluss kann dagegen ohne weiteres abgeholfen werden.

VII. Wirksamwerden von Entscheidungen, Rechtsbehelf und Abänderungsbefugnis

Nach § 39 FamFG hat die gerichtliche Entscheidung eine Rechtsbehelfsbelehrung zu enthalten (vgl. auch § 232 ZPO). Dies gilt im Grundbuchverfahren sowohl für die Zwischenverfügung als auch die Zurückweisung.[121] Die Belehrung muss Auskunft geben über Beschwerdeberechtigung, Adressat und ggf. Frist. Die Eintragungsmitteilung nach § 55 GBO muss keine Belehrung darüber enthalten, dass gegen die Eintragung keine Beschwerde gegeben ist.

Nach § 40 FamFG werden gerichtliche Entscheidungen mit der Bekanntgabe an den jeweiligen Adressaten wirksam. Für das Grundbuchverfahren muss dabei aber auch § 15 FamFG beachtet werden, ferner die Unterscheidung zwischen Zwischenverfügung und Zurückweisung in § 18 GBO. Der Beschluss, der ein Amtswiderspruchs- oder Amtslöschungsverfahren einstellt und die Feststellungsbeschlüsse nach §§ 87 und 108 GBO sind der Zurückweisung gleichgestellt verfahrensabschließende Entscheidungen. Das FamFG kennt in §§ 38 ff. FamFG nur den Beschluss als endgültige Entscheidung; wenngleich es in Sonderverfahren, wie etwa der Erbscheinserteilung auch besondere „Ankündigungsentscheidungen" gibt (§ 352 FamFG).

Eine Entscheidung über den Eintragungsantrag ergeht auch durch die antragsgemäß vorgenommene Eintragung im Grundbuch; für sie gelten jedoch Sonderregeln: Die Eintragungen im Grundbuch werden mit ihrer Vollendung, d.h. mit der in § 44 Abs. 1 S. 2 GBO vorgeschriebenen Unterzeichnung wirksam.

Die Eintragungsverfügung ist lediglich ein Internum des Gerichts, sie ist keine Entscheidung (Verfügung) im hier behandelten Sinne.

Bei der Bekanntgabe der Entscheidungen sind zwei Fragen zu unterscheiden:

– An wen ist bekanntzumachen?
– In welcher Form muss dies geschehen?

Adressat der Bekanntgabe ist im Antragsverfahren der Antragsteller, also derjenige von mehreren Antragsberechtigten, der den Eintragungsantrag tatsächlich gestellt hat; hat der beurkundende Notar gem. § 15 GBO den Antrag gestellt, so ist an ihn bekanntzumachen.

---

120 BGH Rpfleger 2005, 135; BayObLGZ 1994, 177 (= Nacherbenvermerk); LG Nürnberg-Fürth MittBayNot 1992, 336; *Demharter*, § 1 Rn 50.

121 *Böttcher*, Rpfleger 2011, 53, 60.

Darüber hinaus erscheint es jedoch erforderlich, die ergangenen Entscheidungen den **anderen Antragsberechtigten bekanntzugeben**, auch wenn sie den Eintragungsantrag nicht gestellt haben. Die Notwendigkeit dafür ergibt sich sowohl aus der Tatsache, dass jeder Antragsberechtigte, auch wenn er von seinem Antragsrecht keinen Gebrauch gemacht hat, nach allgemeiner Auffassung beschwerdeberechtigt ist, als auch aus der hier vertretenen Beteiligteneigenschaft jedes Antragsberechtigten. Wenn einem Beteiligten ein Beschwerderecht eingeräumt ist, muss ihm die seiner Anfechtung zugängliche Entscheidung auch vom Gericht bekanntgegeben werden. Dies ist Voraussetzung dafür, dass er sich darüber schlüssig werden kann, ob er sein Beschwerderecht ausüben will.[122] Dass jedem Beteiligten die Endentscheidung zugehen muss, ist allgemeine Meinung. Im Amtsverfahren ist jeder materiell Beteiligte Adressat der Entscheidungen.

Die **Form der Bekanntmachung** richtet sich gem. § 15 FamFG danach, ob mit der Bekanntmachung eine Frist in Lauf gesetzt wird:[123]

- Bei Zwischenverfügungen wird stets eine Frist in Lauf gesetzt; die Fristsetzung zur Behebung der Eintragungshindernisse ist wesentlicher Bestandteil der Entscheidung. Zwischenverfügungen sind stets dem oder den Adressaten zuzustellen. Gleiches gilt für die Löschungsankündigung nach § 87 Buchst. b GBO;
- Zurückweisungsbeschlüsse sind im Regelfall mit der unbefristeten Erinnerung anfechtbar. Es genügt deshalb, sie in der Regel durch einfachen Brief mitzuteilen.
- Einstellungsbeschlüsse in den Verfahren nach §§ 53, 84 GBO unterliegen – sofern man ihre Anfechtung überhaupt bejaht – der unbefristeten Erinnerung; sie sind daher gleichfalls nur mitzuteilen;
- Feststellungsbeschlüsse nach § 87 Buchst. c GBO unterliegen gem. § 89 Abs. 1 GBO der befristeten Erinnerung. Sie sind daher zuzustellen.
- Rangänderungsvorschläge gem. § 103 GBO sind nach der ausdrücklichen Regelung in § 104 Abs. 1 GBO zuzustellen;
- Beschlüsse nach § 105 Abs. 2 Hs. 2 GBO (Zurückweisung oder Verwerfung eines Wiedereinsetzungsantrages) sind mit befristeter Erinnerung anfechtbar, sie sind daher zuzustellen;
- Aussetzungsbeschlüsse nach § 106 GBO sind nur mitzuteilen, wenn sie nach § 106 Abs. 1 GBO ergehen, also ein Aussetzungsantrag vorliegt; ergehen sie nach Abs. 2, so enthalten sie eine Fristsetzung, sind also dann zuzustellen;
- bei Feststellungsbeschlüssen nach § 108 GBO ist zu unterscheiden, ob sie zugleich über den Widerspruch eines Beteiligten entscheiden oder nicht. Im ersteren Falle sind sie gem. § 108 Abs. 2 GBO zuzustellen, im zweiten Falle genügt die einfache Bekanntgabe;
- Einstellungsbeschlüsse nach § 109 GBO unterliegen keiner Anfechtung; sie sind deshalb lediglich bekanntzugeben.

64 Das Gericht kann nach § 48 FamFG seine **Entscheidungen ändern**; dieser Grundsatz erfährt eine ganze Reihe von Ausnahmen.[124]

Abänderungsverbote ergeben sich für das Grundbuchverfahren

- bei vollzogenen Eintragungen: Sobald eine Eintragung unterschrieben ist, kann sie grundsätzlich nicht mehr geändert werden, weil sich dann der Rechtserwerb vollendet hat, bzw. bei Fehlen materiell-rechtlicher Voraussetzungen oder bei bloß berichtigenden Eintragungen jedenfalls die Vermutung des § 891 BGB einsetzt und die Möglichkeit gutgläubigen Erwerbs besteht.
    - Ausnahmen davon bilden die Löschung gem. §§ 53, 84 GBO. Ausnahmen könnten ferner dann für zulässig erachtet werden, wenn es sich um Eintragungen handelt, die nicht dem öffentlichen Glauben des Grundbuchs unterliegen,[125] weil hier die vorerwähnte ratio des Grundsatzes nicht zutreffen kann.[126]
    - Zulässig ist jedoch die nachträgliche Klarstellung von Eintragungen: Ihre Voraussetzung ist stets, dass durch die Klarstellung keine Änderung in der materiellen Rechtslage, die das Buch verlautbart, herbeigeführt wird; zulässig z.B. also die Richtigstellung tatsächlicher Angaben über die Be-

---

122 Meikel/*Böttcher*, Einl. C 89.
123 *Böttcher*, Rpfleger 2011, 53, 60.
124 Zu Grundfragen MüKo-FamFG/*Ulrici*, § 48 Rn 1, 2.
125 Beispiele bei Grüneberg/*Herrler*, BGB, § 892 Rn 9 ff.
126 OLG Hamm DNotZ 1950, 296.

bauung des Grundstückes, Änderung der Straßenbezeichnung etc., die Richtigstellung von Namensbezeichnung bei unveränderter Identität,[127] die Änderung von Gesellschaftsformen bei gleichbleibender Identität z.B. Umwandlung einer OHG in eine KG oder BGB-Gesellschaft bei unverändertem Gesellschafterbestand.[128]

- bei zurückgewiesenen Anträgen: Hier bedarf es nach § 48 Abs. 1 S. 2 FamFG eines neuen Antrages. Ihn kann der bisherige Antragsteller, aber auch ein anderer Antragsberechtigter stellen.[129] Man wird es als ein nobile officium ansehen müssen, dass das Grundbuchamt auf die Änderung seiner Rechtsauffassung hinweist;[130] wenn man es zulässt, dass ein anderer Antragsberechtigter den erforderlichen Antrag stellt, wird dieser Hinweis wohl an alle Antragsberechtigten ergehen müssen:
- bei Entscheidungen, die der sofortigen Beschwerde unterliegen;
- bei Entscheidungen, die formell oder materiell rechtskräftig geworden sind.

Beim Rechtsmittel der Beschwerde sind die §§ 58 ff. FamFG neben den Sondervorschriften der §§ 71 ff. GBO anzuwenden; letztere gehen als leges speciales aber vor.[131] Beispielsweise ist § 75 FamFG betreffend die Sprungrechtsbeschwerde nicht anwendbar.[132]

F. Grundbuchverfahrensrechtliche Erklärungen

I. Bedeutung

Grundbucherklärungen sind alle zum Grundbuchvollzug erforderlichen Erklärungen von Beteiligten oder Behörden. Sie dürfen als Voraussetzungen der Grundbucheintragung verwendet werden, wenn sie wirksam sind und nach Form und Inhalt den Vorschriften des Grundbuchverfahrensrechts entsprechen. Die Wirksamkeit von Grundbucherklärungen richtet sich nur nach formellem Recht. Für Grundbucherklärungen gilt unmittelbar die Formvorschrift des § 29 Abs. 1 GBO, für andere sog. mittelbar eintragungsbedürftige Erklärungen kann die Anwendung vom Gesetz vorgeschrieben werden (z.B. § 60 Abs. 2 GBO) oder sich aus der Notwendigkeit des Nachweises dieser Erklärung ergeben (Fälle des § 20 GBO).

Ist die Bewilligung des unmittelbar Betroffenen fehlerhaft, kann dies im Wege der Zwischenverfügung beanstanden; fehlt eine Bewilligung als unmittelbar eintragungsbedürftige Erklärung, ist sie ebenfalls mit Zwischenverfügung nach § 18 GBO anzufordern. Bei anderen Grundbucherklärungen als denjenigen des unmittelbar Betroffenen hat das Grundbuchamt das Fehlen oder die Fehlerhaftigkeit stets mit einer Zwischenverfügung zu beanstanden.[133]

II. Formell- und gemischtrechtliche Doppeltatbestände

Grundbucherklärungen können einen formell-rechtlichen Doppeltatbestand und insbes. einen gemischtrechtlichen Doppeltatbestand mit materiell-rechtlichen Erklärungen (vgl. § 1 Einl. Rdn 43 ff.) bilden. Es liegt dann eine tatsächliche Erklärung vor, die verfahrensrechtlich zweifach zu werten ist (bestes Beispiel der gemischte Antrag nach § 30 GBO) oder die die materiell-rechtliche Verfügungserklärung und die Bewilligung nach § 19 GBO oder Zustimmung nach § 27 GBO enthält. Möglich ist sogar eine Kombination formell- und gemischtrechtlicher Doppeltatbestände, z.B. der Antrag des Eigentümers auf Teilung oder Vereinigung eines Grundstücks, der zugleich die Bewilligung und die materiell-rechtliche Teilungs- bzw. Vereinigungserklärung (§ 890 Abs. 1 BGB) enthält.

Die Wirksamkeit bestimmt sich nach dem Rechtsgebiet, für das die Wertung erfolgen soll, also beim gemischtrechtlichen Doppeltatbestand nach materiellem Recht in Bezug auf die Wertung als materiellrechtliche Verfügungserklärung und nach Grundbuchverfahrensrecht für die Verwendung als Grundbucherklärung, beim formell-rechtlichen Doppeltatbestand insgesamt nach Grundbuchverfahrensrecht.

---

127 LG Darmstadt DNotZ 1952, 198.
128 BayObLG DNotZ 1951, 430 u. *Eickmann*, Rpfleger 1985, 85, 89.
129 *Demharter*, § 18 Rn 18.
130 KG JW 1937, 478.
131 *Böttcher*, Rpfleger 2011, 53, 61 ff.
132 *Demharter*, § 78 Rn 5; *Böttcher*, Rpfleger 2011, 53, 63.
133 Eingehend Meikel/*Böttcher*, § 18 Rn 75 ff.

70 Beispiele für einen gemischtrechtlichen Doppeltatbestand sind:
- Aufgabeerklärung nach § 875 Abs. 1 S. 2 Alt. 1 BGB und Löschungsbewilligung nach § 19 GBO,
- Eigentümerzustimmung zur Löschung eines Grundpfandrechts nach § 1183 S. 2 Alt. 1, 1192 Abs. 1 BGB und nach § 27 S. 1 GBO,
- Eigentümerzustimmung zum Rangrücktritt eines Grundpfandrechts nach § 880 Abs. 2 S. 2 BGB und Bewilligung nach § 19 GBO,
- Zustimmung Dritter nach § 876 S. 3 Alt. 1 BGB und Bewilligung nach § 19 GBO,
- Bestellungserklärung zu einer Eigentümergrundschuld nach § 1196 Abs. 2 BGB oder eines sonstigen Eigentümerrechts und Eintragungsbewilligung nach § 19 GBO,
- Bewilligung einer Vormerkung oder eines Widerspruchs nach §§ 885 Abs. 1 S. 1 Alt. 2, 899 Abs. 2 S. 1 Alt. 2 BGB und Eintragungsbewilligung nach § 19 GBO,
- Erklärung zur Dereliktion nach § 928 Abs. 1 BGB und Eintragungsbewilligung nach § 19 GBO,
- Verteilungserklärung nach §§ 1132 Abs. 2, 875 Abs. 1 S. 2 Alt. 1 BGB und Eintragungsbewilligung nach § 19 GBO,
- Verzichtserklärung nach § 1168 Abs. 2 S. 1 Alt. 1 und Eintragungsbewilligung nach § 19 GBO,
- Bestellung einer Inhaberhypothek nach § 1188 Abs. 1 Hs. 1 BGB und Eintragungsbewilligung nach § 19 GBO,
- Erklärung des Veräußerers zur Auflassung nach §§ 873 Abs. 1, 925 Abs. 1 BGB und Eintragungsbewilligung nach § 19 GBO und
- Teilungserklärung nach §§ 8 Abs. 1, 30 Abs. 2 WEG und Eintragungsbewilligung nach § 19 GBO.

III. Einordnung bestimmter Erklärungen
1. Grundbucherklärungen
71 Die wichtigsten Grundbucherklärungen sind
- Eintragungsbewilligung (gleichgültig, ob Eintragungs-, Löschungs- oder Berichtigungsbewilligung) der mittelbar und unmittelbar von der Eintragung Betroffenen nach § 19 GBO,
- sonstige zur Eintragung erforderlichen Erklärungen von Beteiligten, nämlich
  - die Zustimmungen nach § 22 Abs. 2, § 27 S. 1, § 66 GBO und die Erklärungen nach §§ 3 Abs. 6 Hs. 1, § 26 Abs. 1, § 45 Abs. 3 GBO sowie
  - Erklärungen, die zur Ergänzung und Begründung der eigentlichen Grundbucherklärungen für die Eintragung benötigt werden, wie z.B. Vollmachten, Vollmachtsbestätigungen, Zustimmungen, Genehmigungen, und
- Erklärungen und Ersuchen von Behörden, aufgrund deren eine Eintragung vorgenommen werden soll (§ 29 Abs. 3 GBO).

2. Keine Grundbucherklärungen
72 Keine Grundbucherklärungen sind
- zur Eintragung nicht erforderliche Erklärungen, insbes. solche, die zwar für die dingliche Rechtsänderung unerlässlich, vom Grundbuchamt aber im Eintragungsverfahren nicht zu prüfen sind (z.B. Einigung gem. § 873 Abs. 1 BGB oder einseitige materielle Bestellungs-, Änderungs- oder Aufgabeerklärungen),
- die „anderen Voraussetzungen der Eintragung" (§ 29 Abs. 1 S. 2 GBO), die für die Grundbucheintragung bedeutsam sind, aber nicht in Erklärungen bestehen, sondern in hoheitlichen Maßnahmen im weitesten Sinne (gerichtliche oder behördliche Entscheidungen oder Feststellungen usw.) und rein tatsächlichen Vorgängen[134] (z.B. Geburt, Tod vgl. § 29 GBO Rdn 77),
- Erklärungen und Handlungen, die sich nicht auf die Vornahme einer Grundbucheintragung beziehen, also entweder die Eintragung verhindern sollen (z.B. Widerruf der Eintragungsbewilligung) oder eine andere Tätigkeit des Grundbuchamts begehren oder gestatten (z.B. Bestimmungen über die Brieferteilung nach § 60 Abs. 2 GBO), und
- sonstige Verfahrenshandlungen, die keine Erklärungen sind, z.B. Vorlage und Zurücknahme von Urkunden.

---
134 *Dümig*, Rpfleger 2002, 53, 56.

Die **Antragsverbindung nach § 16 Abs. 2 GBO** ist keine Grundbucherklärung, denn sie hindert höchstens die Vornahme derjenigen Eintragung, die an den Vollzug des anderen Antrags gekoppelt ist; nach demzufolge zutreffender allgemeiner Ansicht (vgl. § 16 GBO Rdn 19)[135] ist die Antragsverbindung formfrei, ja sogar stillschweigend möglich.

3. Abweichungen

Dem **Antrag** und der **Antragsvollmacht** kann man die Eigenschaft als Grundbucherklärung nicht abstreiten, denn sie sind für das Grundbuchamt eine zwingende Voraussetzung zur Vornahme einer Eintragung. Andererseits sind die **Antragsrücknahme** und der **Widerruf der Antragsvollmacht** wiederum Erklärungen, die sich gegen die Vornahme einer Eintragung richten, aber § 31 GBO schreibt die Anwendung von § 29 Abs. 1 S. 1 und Abs. 3 GBO vor. Diese Besonderheiten sprechen nicht gegen die jeweilige dogmatische Einordnung, sondern stützen sie, denn für den Antrag und die Antragsvollmacht müsste man eigentlich § 29 Abs. 1 S. 1 GBO anwenden, was der konstitutive Dispens durch § 30 GBO gerade verdeutlicht.

73

4. Gemäß § 20 GBO nachzuweisende Einigungen

Fraglich ist der Charakter der Erklärungen, die nach § 20 GBO nachzuweisen sind. Nicht haltbar ist in jedem Fall die Annahme,[136] die nach § 20 GBO nachzuweisende Einigung sei eine von der Einigung nach § 873 Abs. 1 BGB streng zu trennende „verfahrensrechtliche Erklärung".[137] Man muss entweder – wie beim Prozessvergleich (siehe § 1 Einl. Rdn 51) – von einer Doppelnatur ausgehen oder den Charakter als Grundbucherklärung vollständig verneinen. Letzteres ist vorzugswürdig, da die hauptsächliche Wirkung im materiellen Recht liegt, denn eine Missachtung des § 20 GBO durch das Grundbuchamt ist folgenlos, wenn die Einigung tatsächlich formgerecht (§ 925 BGB) erklärt, dem Grundbuchamt aber nicht vorgelegt worden ist. Wegen der Notwendigkeit des Nachweises, der von § 20 GBO angeordnet wird, ergibt sich die Anwendung des § 29 Abs. 1 S. 1 GBO für die Erklärungen als solche, für die Formerfordernisse der Auflassung gilt § 29 Abs. 1 S. 2 GBO.

74

G. Auslegung und Umdeutung im BGB und Grundbuchrecht

I. Bedeutung der Auslegung

Der Auslegung kommt im Grundbuchverfahrensrecht eine größere Bedeutung zu, als allgemein angenommen wird.[138] Die Auslegung darf nie die besonderen Umstände des Einzelfalles außer Acht lassen. Deshalb muss vor einer Verallgemeinerung veröffentlichter Entscheidungen ohne Prüfung ihrer Besonderheiten gewarnt werden.

75

II. Auslegungspflicht im Grundbuchrecht

Die durch § 242 BGB ergänzten Auslegungsvorschriften der §§ 133 und 157 BGB beherrschen als allgemeiner Rechtsgrundsätze das gesamte private und öffentliche, materielle und formelle Recht, auch das materielle und formelle Grundstücksrecht.[139] Das Grundbuchamt hat im Antrags- und Amtsverfahren die Pflicht, die Auslegungsgrundsätze zu berücksichtigen (vgl. Rdn 25); die Beteiligten haben ein Recht auf deren Beachtung.[140]

76

---

135 BayObLGZ 1975, 1, 5 = Rpfleger 1975, 94; OLG Frankfurt a.M. Rpfleger 1980, 107, 108; *Rademacher*, MittRhNotK 1983, 81, 84; *Güthe/Triebel*, § 16 Rn 16; *Hesse/Saage/Fischer*, § 16 Anm. II 2; Meikel/*Böttcher*, § 16 Rn 14; *Demharter*, § 16 Rn 10; Bauer/Schaub/*Wilke*, GBO, § 16 Rn 26; *Schöner/Stöber*, Grundbuchrecht, Rn 92; siehe auch schon *Predari*, § 16 Anm. 6.
136 Holzer/*Kramer*, Grundbuchrecht, 4. Teil Rn 162.
137 Jeweils in Rezensionen zu Holzer/*Kramer*, Grundbuchrecht (1. Aufl. 1995 und 2. Aufl. 2004); *Böttcher*, Rpfleger 1995, 274; *Dümig*, MittBayNot 2004, 419.

138 Meikel/*Böhringer*, 10. Aufl. 2010, Einl. G 1; *Demharter*, § 19 Rn 28 ff.; *Schöner/Stöber*, Grundbuchrecht, Rn 172; eingehend dazu *Böhringer*, Rpfleger 1988, 389; *Wulf*, MittRhNotK 1996, 41; DNotZ 1997, 331; krit. MüKo-BGB/*Mohr*, § 1018 Rn 18 ff.; MüKo-BGB/*Mohr*, § 1105 Rn 27 ff.
139 *Riedel*, Rpfleger 1966, 356; *Böhringer*, RpflStud 2019, 8 mit umfangr. Rechtspr.
140 BayObLGZ 1952, 24, 28; Meikel/*Böhringer*, 10. Aufl. 2010, Einl. G 8 m.w.N.

III. Allgemeine Auslegungsgrundsätze

77 **Auslegung bedeutet** Ermittlung des wirklichen Inhalts und Sinnes einer Erklärung, deren Wortlaut wegen Unklarheiten zu Zweifeln Anlass gibt. Die Auslegung darf nicht gegen den erklärten oder mutmaßlichen Willen nach objektiven Gesichtspunkten erfolgen[141] und nicht zu einer Umdeutung im Sinne des § 140 BGB führen, wohl aber zu einer Berichtigung eines misslungenen Ausdrucks. Allgemein gilt natürlich, dass eine Auslegung unnötig und unzulässig ist, wenn eine Erklärung eindeutig und klar formuliert ist.[142] Dabei ist nicht am Wortlaut selbst zu kleben, das Grundbuchamt darf insbesondere keine bestimmte Wortwahl verlangen. So kann auch die Auflassungserklärung als eindeutig ermittelt werden, wenn sie nicht – wie allgemein üblich – demonstrativ in der notariellen Urkunde erklärt wird. Auch muss das Wort „Eintragungsbewilligung" oder das Verb „bewillige" nicht wörtlich erklärt werden.[143]

78 Um den wirklichen Willen zu erforschen, muss losgelöst vom buchstäblichen Sinn des Ausdrucks der Gesamtinhalt der Erklärung einschließlich aller Begleitumstände gewürdigt und der Zusammenhang aller einzelnen Teile in der Erklärung miteinander berücksichtigt werden.[144] **Ausgangspunkt** ist die Ermittlung des **inneren Willens des Erklärenden**, der auch bei vollständig abweichender Erklärung entscheidend ist, wenn der Empfänger ihn verstanden hat.[145] Im **nächsten Schritt** ist festzustellen, wie der **Erklärungsempfänger** die Willenserklärung bei objektiver Würdigung aller Umstände und mit Rücksicht auf Treu und Glauben zu verstehen hatte.[146] Entscheidend ist nicht der verborgene, unkontrollierbare innere Wille des Erklärenden,[147] sondern der Inhalt und allgemein verständliche Sinn der Erklärung unter Berücksichtigung des ganzen Zusammenhangs entsprechend den zwischen objektiv denkenden Menschen herrschenden Anschauungen und der Verkehrssitte.[148]

Auslegung muss das richtige Maß finden zwischen dem Bestreben des Erklärenden an der Durchsetzung seines Willens und dem berechtigten Interesse des Erklärungsempfängers an einem Schutz gegen die Verwertung der ihm nicht erkennbaren Umstände. Die Spannbreite reicht von der weitgehenden Berücksichtigung des subjektiven Willens beim Testament bis zum strengsten Maßstab der Auslegung sogenannter Erklärungen an die Öffentlichkeit.[149]

Bei Auslegung von empfangsbedürftigen Erklärungen und Verträgen ist nur verwertbar, was dem Erklärungsempfänger im Zeitpunkt des Zugangs der Erklärung erkennbar war.[150] Bei Erklärungen an eine unbestimmte Personenmehrheit ist maßgebend, was die Allgemeinheit erkennen kann.[151] Andererseits ist der vom Empfänger richtig verstandene, aber Dritten verborgene Wille dann maßgebend und für eine anderweitige Auslegung nach objektiven Gesichtspunkten kein Raum, wenn beide Parteien sich über die Bedeutung einer objektiv zweideutigen Erklärung einig waren.[152] Dies gilt aber nur im Innenverhältnis unter diesen Vertragspartnern, dagegen nicht für eine in die Rechtssphäre Dritter eingreifende Auslegung.

79 Bei Auslegung **formbedürftiger Erklärungen**[153] stellt sich die Formfrage erst, wenn zuvor der Erklärungsinhalt durch Auslegung ermittelt worden ist.[154] Dabei ist auch die Berücksichtigung von **Umständen außerhalb der Urkunde** zulässig und geboten.[155] Zur Wahrung der vorgeschriebenen Form muss aber der Wille in der Urkunde, bei der Auflassung in den in der Auflassungsform des § 925 Abs. 1 BGB abgegebenen Erklärungen, irgendeinen, wenn auch unvollkommenen Ausdruck in der formgemäßen Erklärung gefunden haben.[156] Selbst bei unrichtiger Bezeichnung des Vertragsgegenstands im Urkundentext (§ 311b Abs. 1 BGB) gilt die gesetzliche Form bezüglich des wirklich gewollten Gegenstands

---

141 BGHZ 19, 269, 272, 273.
142 BGHZ 86, 41 = DNotZ 1984, 38 = Rpfleger 1983, 111; BayObL DNotZ 1979, 426 = Rpfleger 1979, 134; BayObLG Rpfleger 1980, 433; BayObLG Rpfleger 1982, 131; BayObLGZ Rpfleger 1984, 351.
143 KG DNotZ 1958, 203; zur Bestellung eines Erbbaurechts BayObLG Rpfleger 1984, 266; allg. *Kanzleiter*, MittBayNot 2001, 203; *Reithmann*, DNotZ 2001 563.
144 BGH LM Nrn. 1, 3 zu § 133 B.
145 BGH NJW 1984, 721.
146 BGH NJW 1984, 721.
147 RGZ 131, 350.
148 RGZ 131, 350; BGHZ 16, 8; 16, 76; 79, 18.
149 *Westermann*, DNotZ 1958, 260, *Jahr*, JuS 1989, 252.
150 RGZ 101, 247; BGHZ 36, 33; 103, 280; BGH NJW 1970, 321; 1982, 2235; 1986, 1683; 1988, 2879.
151 BGHZ 53, 307.
152 BGHZ 20, 109; 86, 41; BGH LM Nr. 22 zu § 133C; WM 1981, 266; 1981, 1137; 1984, 91; NJW 1988, 202.
153 Dazu *Köbl*, DNotZ 1983, 207, 212.
154 BGHZ 80, 242 = WM 1981, 746; BGH WM 1984, 91.
155 BGH LM Nr. 1 zu § 133 A; BGHZ 63, 362; 86, 46.
156 BGH LM Nr. 2 zu § 133 B; Nr. 19 zu § 125; BGHZ 63, 362; 74, 116, 119 f.; 87, 150, 154; krit. zur sog. Andeutungstheorie MüKo-BGB/*Busche*, § 133 Rn 58 m.w.N.

als erfüllt, wenn beide Vertragspartner über den wirklich gewollten Gegenstand einig sind, ihn aber infolge eines beiderseitigen Irrtums unrichtig bezeichnet haben.[157] Für die Auflassungserklärung nach § 925 Abs. 1 BGB gilt materiell-rechtlich das Gleiche, aber eine solcherart fehlerhaft beurkundete Auflassung kann nur mit einem Nachtragsvermerk in der Form des § 29 Abs. 1 S. 1 GBO im Grundbuchverfahren verwendet werden. Zur Bezeichnung des in Wirklichkeit gewollten Grundstücks vgl. § 28 GBO Rdn 11 ff.

IV. Besonderheiten bei der Auslegung im Grundbuchverkehr

Auf diesen allgemeinen Grundsätzen beruht auch die **Auslegung im Grundbuchverkehr**, für die **zwei Besonderheiten** von zusätzlicher Bedeutung sind:[158] 80

– Entsprechend der Aufgabe des Grundbuchs, sichere Rechtsverhältnisse zu schaffen und das Vertrauen auf die Richtigkeit und Vollständigkeit des Grundbuchinhalts zu schützen – insbes. im Hinblick auf die formelle Publizität nach § 12 Abs. 1 S. 1 und S. 2 Fall 1 GBO –, muss bei der Auslegung von Grundbucherklärungen und des Grundbuchs selbst dem **Standpunkt eines objektiven Betrachters** in besonderem Maße Rechnung getragen werden.[159]
– Da das Grundbuchamt seine Tätigkeit auf die ihm vorgelegten Urkunden stützen muss und keine Amtsermittlungen anstellen und keine sonstigen Beweismittel verwerten darf, können **für die Auslegung nur die für die Eintragung verwendbaren Urkunden**, Unterlagen und Umstände herangezogen werden.[160] Für die Auslegung kann nicht auf Umstände Bezug genommen werden, die außerhalb dieser Urkunden liegen und nicht ohne weiteres erkennbar sind.[161]

Diese Besonderheiten ergeben sich aus dem Bestimmtheits-, Beweis- und Publizitätsgrundsatz (siehe § 1 Einl. Rdn 12 ff.). Treffen diese Besonderheiten nicht zu, gelten die allgemeinen Auslegungsregeln. 81

V. Auslegung von Gesetzen

1. Allgemeines

Gesetze sind in Anwendung des durch des § 133 BGB ausgesprochenen Gedankens so auszulegen, dass man durch Erforschung des Zwecks feststellt, was der Gesetzgeber gewollt hat.[162] Für die Auslegung ist der in der Bestimmung zum Ausdruck kommende *objektive* Wille maßgebend, wie er sich aus dem Wortlaut und Sinnzusammenhang ergibt,[163] bei klarem Willen des Gesetzgebers im Ausnahmefall auch gegen den Wortlaut der Norm.[164] Ein abweichender Gesetzeswortlaut hindert insbes. dann nicht, „wenn der zur Entscheidung stehende Interessenkonflikt bei Erlass des Gesetzes noch nicht ins Auge gefasst werden konnte".[165] Die Auslegung und Anwendung der Gesetze ist grundsätzlich Sache der Gerichte, aber die vom BVerfG nach Verfassungsrecht bestimmten Maßstäbe und Grenzen der Gesetzesauslegung sind für die Fachgerichte verbindlich.[166] 82

2. Besonderheiten für die GBO, dienende Funktion des Verfahrensrechts

Die GBO enthält Zweckvorschriften, die daher entsprechend ihrem Zweck ausgelegt werden müssen. Endzweck der Normen ist die Verwirklichung des materiellen Rechts; das Grundbuchverfahrensrecht 83

---

[157] RGZ 61, 264, 265; 63, 164, 169; 73, 154, 157; 133, 279, 281; BGH LM Nr. 22 zu § 133 C = DNotZ 1965, 38; WM 1967, 701, 702; NJW 1969, 2043, 2045; WM 1971, 1084, 1085; 73, 869, 870; BGHZ 87, 150, 153 ff.; siehe aber auch BGHZ 74, 116, 119 f. Zur Falschbezeichnung in formbedürftigen Verträgen siehe ferner *Köbl*, DNotZ 1983, 207, 212; *Hagen*, WM 1981, 422, 424; DNotZ 1984, 267, 284.
[158] BayObLGZ 1974, 112, 114; 1983, 118, 123; 1990, 51, 55; Meikel/*Böhringer*, 10. Aufl. 2010, Einl. G 15 ff., G 85 ff.; allg. auch *Bühler*, BWNotZ 1964, 141.
[159] BGHZ 59, 205, 208 f.; 60, 226, 230; 145, 16, 20 f.; BGH DNotZ 2002, 721, 722 = Rpfleger 2002, 511.
[160] KG DNotZ 1958, 203; BayObLG Rpfleger 1976, 13; BayObLG Rpfleger 1982, 141.
[161] RG JW 1933, 605; RGZ 131, 158; RGZ 152, 189; OLG Hamburg NJW 1966, 2411.
[162] BGHZ 2, 176, 184; 3, 82, 89.
[163] BVerfGE 1, 299, 312; 10, 234, 244; 11, 126, 130 ff.; 33, 265, 294.
[164] BGHZZ 17, 275; 18, 49.
[165] BGHZ 17, 266, 275 ff.; 18, 44, 48.
[166] BVerfGE 40, 88 ff. = Rpfleger 1975, 294 f.

hat also – wie jedes Verfahrensrecht[167] – eine **dienende Funktion** (siehe § 1 Einl. Rdn 16).[168] Eine Auslegung darf daher nicht dazu führen, eine materiell-rechtliche Wertung ad absurdum zu führen.

VI. Auslegung von Grundbucheintragungen
1. Nächstliegende Bedeutung von Eintragungsvermerk und Bewilligung

84 Auch Grundbucheintragungen sind der Auslegung zugänglich.[169] Eine Auslegung ist natürlich nur dann erforderlich, wenn der Grundbuchinhalt nicht eindeutig ist und verschiedene Schlussfolgerungen zulässt. Das kann insbesondere bei Rechten in Abteilung II des Grundbuchs der Fall sein, insbesondere auch bei vor langer Zeit eingetragenen Rechten. Die Grundbucheintragung muss nach ihrem **Wortlaut und Sinn** ausgelegt werden, wie er sich **aus dem Grundbuch selbst** und der zulässig **in Bezug genommenen Bewilligung** für einen unbefangenen Betrachter als nächstliegende Bedeutung des Eingetragenen ergibt.[170] Außerhalb dieser Urkunden liegende Umstände dürfen nur insoweit herangezogen werden, als sie nach den besonderen Verhältnissen des Einzelfalles für jedermann ohne weiteres erkennbar sind.[171] Maßstab der Auslegung ist der Wortlaut der Eintragung nebst der in Bezug genommenen Urkunden, nicht aber der Wille des Antragstellers, auch wenn er im Antrag oder in der Bewilligung geäußert wurde.[172] Erst recht dürfen vermeintliche Vorstellungen der Beteiligten aus der Zeit der Begründung eines Rechts nicht zu dessen Auslegung herangezogen werden, wenn sie sich nicht in der Eintragungsbewilligung als erklärter Wille manifestiert haben. Für die Auslegung einer Grundbucheintragung ist maßgebend, was **Wortlaut und Sinn des Eintrags und der in Bezug genommenen Eintragungsbewilligung** für einen **unbefangenen Dritten** als **nächstliegende Bedeutung** des Eintrags und der darin zulässigerweise in Bezug genommenen Unterlagen ergeben.[173] Aus diesem Grund kann das Rechtsbeschwerdegericht Grundbucheintragungen stets selbstständig auslegen.[174]

2. Einzelfälle der Auslegung

85 Beispielhaft seien nachfolgend Einzelfälle der Rechtsprechung der Auslegung von Grundbucheintragungen genannt, bei welchen Eintragungen ihrer nächstliegenden Bedeutung entsprechend als auslegungsfähig anerkannt wurden:[175]

Beispiele

- **Ersuchen auf Eintragung eines Widerspruchs statt einer Vormerkung**: KG JW 1937, 2918.
- **Antrag auf Voreintragung oder Grundbuchberichtigung nach § 14 GBO**: BayObLG DNotZ 1979, 428 = Rpfleger 1979, 406.
- **Bestimmung zur Briefübergabe nach § 60 GBO**: BayObLG NJW-RR 1986, 380.
- **Zustimmung zur Weiterveräußerung in Auflassungserklärung**: RGZ 54, 362; BayObLGZ DNotZ 1971, 45; BayObLGZ 1972, 397; BayObLG MittBayNot 1988, 22; BayObLGZ Rpfleger 1984, 112.

---

167 Vgl. BGHZ 10, 350, 359; BGH NJW 1960, 1947, 1948.
168 *Eickmann/Böttcher*, Grundbuchverfahrensrecht, Rn 148, 227, 270.
169 Grundlegend bereits RGZ 121, 43; 136, 232, 234; 139, 118, 130; 142, 156, 159; RG JW 1926, 2547; BGH ZfIR 2023, 181.
170 Eingehend Staudinger/*Chr. Heinze*, BGB, § 873 Rn 269 ff.
171 RGZ 136, 232, 234; BGHZ 47, 190, 195; 59, 205, 208; 60, 226, 230; 92, 351, 355; 145, 16, 20; OLG München NJW 2014, 3584; BGH DNotZ 2002, 721, 722 = Rpfleger 2002, 511; Meikel/*Böhringer*, 10. Aufl. 2010, Einl. G 97, 104 m.w.N.
172 BGHZ 92, 351, 355; 113, 374, 378; BGH ZWE 2013, 402; BayObLG Rpfleger 2002, 563; OLG Karlsruhe BWNotZ 2014, 54, 55; OLG München, Beschl. v. 31.7.2017 – 34 Wx 36/17, juris; *Demharter*, § 19 Rn 28.
173 So wörtlich treffend Staudinger/*Chr. Heinze*, BGB, § 873 Rn 269 mit Bezugnahme auf RGZ 136, 232, 234; BGHZ 37, 147, 149; 47, 190, 196; 59, 205, 208; 113, 374, 378; 130, 159, 166; BGH DNotZ 1963, 436, 437; 1976, 16; BGH NJW 1985, 385, 386; BGH 2014, 311; BGH NZM 2013, 324, 325; BayObLG MDR 1974, 589; BayObLG MDR 1981, 142; BayObLG DNotZ 1984, 565; BayObLG NJW-RR 1988, 140; KG OLGZ 1982, 131, 135; OLG Düsseldorf NJW-RR 1987, 1102; OLG Frankfurt/M. NJW-RR 1997, 1447; OLG München Rpfleger 2008, 632, 633; OLG München RNotZ 2009, 168, 169; OLG Karlsruhe BWNotZ 2014, 54.
174 BGHZ 37, 147, 148; 59, 205, 208; 92, 351, 355; KG DNotZ 1956, 555, 556; BayObLG Rpfleger 1983, 143 = DNotZ 1984, 565; Staudinger/*Chr. Heinze*, BGB, § 873 Rn 271; anders MüKo-BGB/*Mohr*, § 1105 Rn 31.
175 Umfassend Meikel/*Böhringer*, GBO, 10. Aufl. 2010, Einl. G 48 ff., 92 ff.; *Böhringer*, RpflStud 2019, 8, 10 ff.

Zur Auslegung des Inhalts einer Dienstbarkeit:
- **Inhalt einer Baubeschränkung**: BGH DNotZ 1966, 486.
- **Bestimmung des Ausübungsbereichs:** BGH DNotZ 1982, 229 = Rpfleger 1981, 286; BGH DNotZ 1985, 37 = Rpfleger 1984, 227 m. Anm. *Böttcher*; BGH DNotZ 2002, 721 = Rpfleger 2002, 511.
- **Auslegung als Grunddienstbarkeit** trotz Bezeichnung als beschränkte persönlicher Dienstbarkeit: BGH DNotZ 1969, 357.
- **Altrechtliche Dienstbarkeit als Grunddienstbarkeit**: OLG Karlsruhe BWNotZ 2022, 188.
- **Inhalt eines Geh- und Fahrtrecht**: BGH DNotZ 1965, 474; BGH DNotZ 1966, 484; BGH DNotZ 1976, 529.
- **Umfang** einer Dienstbarkeit: BGH DNotZ 1959, 240.
- **Bezeichnung des Berechtigten**: BayObLG Rpfleger 1976, 250.

Zur Auslegung von Erklärungen bei sonstigen beschränkten dinglichen Rechten:
- **Nießbrauch**: BGH DNotZ 1974, 294, 295.
- **Vorkaufsrecht**: BGH DNotZ 1963, 235, 238.
- **Erbbaurecht**: BGH DNotZ 1973, 20; BGH DNotZ 1976, 16.

Zur Auslegung von Erklärungen zur Eintragung einer Vormerkung:
- **Identität von Kauffläche mit vermessener Fläche**: BGH DNotZ 1967, 756; BGH DNotZ 1971, 96.

Zur Auslegung von Erklärungen zur Eintragung bei Grundpfandrechten:
- **Bestimmung von Grundschuldzinsen**: BGH DNotZ 1963, 436.
- **Abtretung rückständiger Zinsen**: BGH NJW 1961, 1524.
- **Antrag und Zustimmung zur Löschung nach § 27 GBO**: LG Frankenthal MittBayNot 1988, 180.
- **Auslegung einer löschungsfähigen Quittung**: OLG Hamm DNotZ 2005, 630 = Rpfleger 2005, 252; LG Hof Rpfleger 1982, 174 m. Anm. *Böttcher*.

Zur Auslegung von Erklärungen zur Eintragung bei Wohnungs- und Teileigentum:
- Regelungen der Gemeinschaftsordnung als **Inhalt des Sondereigentums**: BayObLGZ 1977, 226, 230; BayObLGZ 1978, 214, 217.
- Lage der Flächen, an denen **Sondernutzungsrechte** bestellt werden sollen: OLG Saarbrücken MittBayNot 2005, 43 ff.
- Bestimmung des **Wohnungseigentums**: OLG Stuttgart Rpfleger 1981, 109.

3. Widersprüchlichkeiten und Unklarheiten

Für die Auslegung bilden das Grundbuch und die nach § 874 BGB in Bezug genommene Bewilligung eine Einheit.[176] Bei **widersprüchlichem oder unklarem Eintragungsvermerk** entscheidet der Wortlaut der Bewilligung über den Inhalt der Eintragung.[177] Danach entscheidet bei **Widersprüchen oder Unklarheiten zwischen dem Eintragungsvermerk und der in Bezug genommenen Bewilligung** der Wortlaut der Bewilligung über den Inhalt der Eintragung. Das kann aber nur gelten, wenn auch wirksam eine Bezugnahme nach § 874 BGB erfolgt ist. Andernfalls wäre dieses Postulat mit dem Publizitätsprinzip nicht vereinbar. Bei der Auslegung kommt dem Eintragungsvermerk die primäre Bedeutung für den Inhalt des Grundbuchs zu.[178] Ein Vorzug der Bewilligung kommt allenfalls in Sonderfällen in Betracht.[179]

---

176 RGZ 113, 223, 229; BGHZ 21, 34, 41; 35, 378, 381 f.; BGH DNotZ 2002, 721, 722; BayObLGZ 1981, 117, 119; 86, 513, 516; OLG Düsseldorf NJW-RR 1987, 1102; BayObLG MittBayNot 1989, 312, 313; Staudinger/*Chr. Heinze*, BGB, § 873 Rn 269.

177 KG DNotZ 1956, 555, 556 f.; ebenso Meikel/*Böhringer*, 10. Aufl. 2010, Einl. G 107.

178 *Ertl*, MittBayNot 1989, 297, 299; *Reuter*, MittBayNot 1994, 115, 116.

179 *Ertl*, MittBayNot 1989, 297, 299.

4. Heranziehung in Bezug genommener Urkunden zur Auslegung

87 Es geht zu weit, für die Auslegung alle der Eintragung zugrunde liegenden Urkunden heranzuziehen, sofern sie nur jedermann zugänglich sind. Es sind nur solche öffentliche oder öffentlich beglaubigte Urkunden verwertbar, die die folgenden beiden Voraussetzungen erfüllen:[180]

- Im Eintragungsvermerk oder in der zum Grundbuchinhalt gewordenen Bewilligung (vgl. § 44 GBO Rdn 27 ff.) muss auf diese Urkunden Bezug genommen worden sein. Nur dadurch wird ihre Bedeutung als „Grundbuchinhalt" hervorgehoben. Bezugnahmen sind möglich auf Anlagen im Sinne § 9 Abs. 1 S. 2 BeurkG, andere Grundbucheintragungen und öffentliche oder öffentlich beglaubigte Urkunden.[181] Wurde auf einen bestimmten Teil oder Abschnitt einer Urkunde verwiesen, ist zwar nur er Inhalt des Grundbuchs, d.h. *Gegenstand* der Auslegung, aber als *Mittel* der Auslegung ist er dennoch verwertbar.[182] Dementsprechend sind in der Urkunde enthaltende Abreden auch dann zu berücksichtigen, wenn sie vereinbarungsgemäß nicht eingetragen werden sollen.
- Die Urkunden müssen jedermann (wie das Grundbuch) zugänglich sein, was bei den in §§ 12, 124 GBO, § 46 GBV genannten Urkunden und Akten des gleichen Gerichts zutrifft.

5. Heranziehung anderer Umstände zur Auslegung

88 Umstände außerhalb der genannten Urkunden dürfen zur Ermittlung des Inhalts und des Umfangs des eingetragenen Rechts nur insoweit herangezogen werden, als sie nach den besonderen Verhältnissen des Einzelfalles für jedermann ohne weiteres erkennbar sind.[183] Dazu gehören insbes. Orientierungshilfen in der Natur, z.B. Bäume, Hecken, Zäune und Gräben;[184] das ist zwar anerkannt, aber im Hinblick auf den Bestimmtheitsgrundsatz wegen der leicht möglichen Veränderungen bedenklich. Karten, Skizzen, Lagepläne usw. sind gem. § 9 Abs. 1 S. 3 BeurkG als zur Urkunde gehörig anzusehen, wenn sie darauf verweist;[185] die Verbindung mit Schnur und Prägesiegel ist nicht konstitutiv (vgl. Wortlaut § 44 S. 2 BeurkG).

VII. Auslegung der Bewilligung und anderer Grundbucherklärungen

1. Auslegung eine Amtspflicht des Grundbuchamts

89 Die Bewilligung und die sonstigen Grundbucherklärungen sind unter Beachtung des § 28 GBO[186] und der für ihre Auslegung gezogenen Grenzen der Auslegung zugänglich, die unter Beachtung der Grundsätze der §§ 133, 157 BGB und der Besonderheiten des Grundbuchverkehrs zu den Amtspflichten des Grundbuchamts gehört,[187] sofern nicht die Eindeutigkeit der Erklärungen eine Auslegung ausschließt.[188] Grundbucherklärungen, insbes. Bewilligungen als Verfahrenshandlung, unterliegen der freien Auslegung durch das Gericht der Rechtsbeschwerde (vgl. § 78 GBO Rdn 71 ff.).[189]

2. Auslegung im Eintragungsverfahren

90 Zur Auslegung einer Bewilligung, die durch Bezugnahme zum Inhalt des Grundbuchs geworden ist, ist auf Wortlaut und Sinn abzustellen, wie er sich für einen unbefangenen Betrachter als nächstliegende Bedeutung der Erklärung ergibt.[190] Der Wille der an der Grundbucherklärung Beteiligten ist gegenüber

---

180 Staudinger/*Chr. Heinze*, BGB, § 873 Rn 276; Meikel/ *Böhringer*, 10. Aufl. 2010, Einl. G 103 ff.
181 BGH DNotZ 1970, 567.
182 Staudinger/*Chr. Heinze*, BGB, § 873 Rn 276; a.A. *Weber*, DNotZ 1972, 133, 140; Meikel/*Böhringer*, 10. Aufl. 2010, Einl. G 103.
183 RGZ 136, 232, 234; BGHZ 47, 190, 195; 59, 205, 208; 60, 226, 230; 92, 351, 355; 145, 16, 20; BGH DNotZ 2002, 721, 722 = Rpfleger 2002, 511; Meikel/*Böhringer*, 10. Aufl. 2010, Einl. G 97, 104 m.w.N.
184 Staudinger/*Chr. Heinze*, BGB, § 873 Rn 278; Meikel/ *Böhringer*, 10. Aufl. 2010, Einl. G 104.
185 Staudinger/*Chr. Heinze*, BGB, § 873 Rn 274.
186 BayObLG DNotZ 1983, 434; 88, 177; OLG Zweibrücken Rpfleger 1988, 183; eingehend Meikel/*Böhringer*, 10. Aufl. 2010, Einl G 41 ff.; *Böhringer*, Rpfleger 1988, 389, 391.
187 KG DNotZ 1958, 203; OLG Karlsruhe DNotZ 1958, 257; OLG Köln Rpfleger 1960, 56; KG DNotZ 1968, 95; BayObLG Rpfleger 1976, 304; BayObLG MittBayNot 1999, 561 (zum Wohnungsrecht gehörende Räume); OLG München ZfIR 2006, 738.
188 BGHZ 32, 60; BGH MittBayNot 1998, 30 = Rpfleger 1998, 104 (Falschbezeichnung des zu belastenden Grundstücks); BayObLGZ 1979, 12; 1984, 122, 1990, 51.
189 OLG Hamm Rpfleger 1998, 511; *Demharter*, § 78 Rn 15 m.w.N.
190 BGHZ 59, 205; BGH NJW 1985, 386; BayObLG DNotZ 1976, 744; 1980, 101; 1984, 562; 1989, 568; Rpfleger 1977, 360; 1982, 141; 1987, 156.

demjenigen zweitrangig, was ein potentieller Betrachter als objektiven Inhalt der Grundbucherklärung ansehen muss.[191] Für das Eintragungsverfahren, also die vorgelagerte Auslegung durch das Grundbuchamt, kann im Grunde nichts anderes gelten, so dass auch andere Urkunden und Umstände einer Auslegung nur im beschriebenen Umfang (vgl. Rdn 87) zugrunde gelegt werden können. Diese Argumentation betrifft freilich die Bewilligung und die anderen Grundbucherklärungen nur soweit, als eine Bezugnahme stattfinden soll und nach § 44 Abs. 2 S. 1 GBO muss. Im Interesse späterer Rechtsnachfolger und Dritter dürfen zur Auslegung nur die allgemein für jedermann ohne weiteres erkennbaren und die aus den Eintragungsunterlagen konkret ersichtlichen Umstände herangezogen werden, wie sie jeder dinglich Berechtigte und Verpflichtete aus dem Urkunden entnehmen muss, die die Grundlage des eingetragenen Rechtes und der sich daraus ergebenden Verpflichtungen bilden.[192]

Stillschweigende oder schlüssige Erklärungen genügen dem Grundbuchverkehr nur ausnahmsweise, wenn sie ohne Widerspruch zum Inhalt der beurkundeten Erklärungen einen unbedingt zwingenden und eindeutigen Schluss zulassen.[193] Die Auslegung muss zu einem den Anforderungen des Grundbuchverkehrs an Klarheit und Bestimmtheit entsprechenden zweifelsfreien und eindeutigen Ergebnis führen.[194] Es genügt nicht, dass das Grundbuchamt einen eintragungsfähigen Inhalt als möglich erachtet[195] oder dass mehrere Auslegungen möglich sind, von denen jede zu einem anderen auslegungsfähigen Ergebnis führt.[196] Das Grundbuchamt darf aber nicht alle entfernt liegenden Möglichkeiten heranziehen, für die keine konkreten Anhaltspunkte ersichtlich sind, und selbst naheliegenden Zweifeln am Erklärungsinhalt nicht nachgehen, wenn zur Behebung solcher Zweifel Umstände außerhalb der Eintragungsunterlagen zu berücksichtigen wären, die nicht offenkundig sind.[197] Es ist vielmehr für die Auslegung vom Regelfall auszugehen.[198] Das Nächstliegende ist maßgebend, solange keine gegenteiligen Anhaltspunkte ersichtlich sind; es bedarf keiner Hervorhebung.[199] Das Grundbuchamt begeht keine Gesetzesverletzung, wenn es aufgrund einer rechtlich vertretbaren Auslegung die Eintragung vornimmt.[200]

3. Einzelfälle

Beispiele zu grundlegenden Auslegungsfragen aus der Rechtsprechung:

- Auslegung einer Abtretungserklärung: BGH Rpfleger 1969, 202.
- Auslegung einer Aufgabeerklärung: BGHZ 60, 46, 52 = DNotZ 1973, 367, 370.
- Auslegung einer Auflassung (siehe auch § 20 GBO Rdn 88): BayObLGZ 1974, 112, 115 = DNotZ 1974, 442; BayObLGZ 1977, 189 = Rpfleger 1977, 360.[201]
- Auslegung einer Eintragungsbewilligung (siehe auch § 19 GBO Rdn 15): BGH DNotZ 1970, 567; BayObLG Rpfleger 1976, 304.
- Auslegung eines Löschungsantrags, einer Löschungsbewilligung oder einer Löschungszustimmung (siehe auch § 27 GBO Rdn 13): BayObLGZ 1973, 220; BayObLGZ 1976, 372; BayObLG Rpfleger 1980, 19.
- Auslegung einer Rangänderungsbewilligung: BayObLG DNotZ 1980, 230.
- Auslegung einer Teilungserklärung nach § 8 WEG: BayObLGZ 1978, 305, 307.
- Auslegung von Vollmachten und einer Vollmacht: OLG Köln Rpfleger 1981, 440; BayObLG DNotZ 1997, 470 ff. m. Anm. *Brambring*.
- Auslegung von Grundbucherklärungen durch das Rechtsbeschwerdegericht: BayObLG DNotZ 1980, 100; 82, 254.

Eine besondere Problematik besteht oft bei der **Veräußerung einer nicht vermessenen Teilfläche**,[202] der Eintragung einer Vormerkung hierfür und abschließender Zerlegung, Teilung und Eigentumseintragung, wenn die Planskizze der Vormerkung mit der Flurkarte der Zerlegung nicht übereinstimmt, insbes.

---

191 BayObLGZ 1974, 112, 115 = Rpfleger 1974, 222.
192 OLG Karlsruhe DNotZ 1958, 257.
193 BayObLG Rpfleger 1976, 13 = DNotZ 1976, 373.
194 KG DNotZ 1958, 204; BayObLGZ 1953, 333, 335; 80, 108, 113; 83, 118, 123 = DNotZ 1984, 563.
195 KG DNotZ 1958, 204.
196 OLG Hamm DNotZ 1970, 417.
197 BayObLG DNotZ 1976, 371, 374.
198 OLG Köln NJW 1960, 1108; *Riedel*, Rpfleger 1966, 359.

199 RGZ 136, 232; BayObLG Rpfleger 1976, 304 = DNotZ 1976, 744.
200 KG Rpfleger 1972, 58; OLG Frankfurt Rpfleger 1976, 132.
201 Dazu auch *Kanzleiter*, MittBayNot 2001, 203; *Reithmann*, DNotZ 2001, 563.
202 Grundlegend BGHZ 150, 334 = DNotZ 2002, 937 = MittBayNot 2002, 390 m. Anm. *Kanzleiter*; BGH DNotZ 2004, 916.

wenn Flächenabweichungen gegeben sind.[203] Ob in diesen Fällen das vermessene Teilstück mit dem Vertragsgegenstand identisch ist, ist durch Auslegung zu ermitteln. Zu prüfen ist, ob der Vertragsgegenstand wesentlich durch die Lage in der Natur gekennzeichnet ist. Eine Flächenabweichung ist dann sekundär, wenn es den Parteien wesentlich auf die natürliche Grenze in der Natur ankam.[204] War der Vertragsgegenstand dagegen explizit durch die Flächenangabe gekennzeichnet, entspricht bei einer Flächenabweichung die vermessene Teilfläche nicht dem Vertragsgegenstand. Anhaltspunkte hierfür können insbes. auch Vereinbarungen zu Ausgleichszahlungen des Kaufpreises bei Abweichungen sein. Für das Grundbuchverfahren ist diese Fragestellung relevant, wenn die Parteien zur Abgabe des Messungsanerkenntnisses und der Auflassungserklärung Vollmachten erteilt haben. Das Messungsanerkenntnis des Vertreters ist bei relevanter Flächenabweichung von der Vollmacht nicht gedeckt.[205] Erklären die Parteien selbst das Messungsanerkenntnis, sind Flächenabweichungen nicht relevant; das Grundbuchamt hat bei Eintragung des Eigentumswechsels die Übereinstimmung mit dem Vertragsgegenstand nicht zu prüfen.

VIII. Umdeutung von Grundbucherklärungen

93 Entspricht ein nichtiges Rechtsgeschäft den Erfordernissen eines anderen Rechtsgeschäfts, so gilt das letztere, wenn anzunehmen ist, dass dessen Geltung bei Kenntnis der Nichtigkeit gewollt sein würde (§ 140 BGB). Dieser Grundsatz der Umdeutung kann auch im Grundbuchverfahren gelten. Die **Umdeutung von Erklärungen** (§ 140 BGB) ist im Grundbuchverfahren **nicht völlig ausgeschlossen,** sondern stets vom Grundbuchamt mit den ihm zur Verfügung stehenden Mitteln zu prüfen, wenn Grundbucherklärungen trotz Auslegung nicht zur Eintragung ausreichen.[206]

Eine Umdeutung setzt voraus, dass die Grundbucherklärung mit dem durch Auslegung ermittelten Inhalt nicht zur gewünschten Eintragung führen kann, aber mit einem anderen Inhalt objektiv den Erfordernissen und dem wirtschaftlichen Ergebnis eines anderen eintragungsfähigen Rechts voll oder wenigstens weitgehend entspricht und mit diesem Inhalt nach dem hypothetischen Willen der Beteiligten bei Kenntnis der wahren Rechtslage gewollt wäre; dabei muss dieses Ergebnis aufgrund der vorgelegten Urkunden gefunden werden.[207] Ist die Erklärung in diesem Sinn umdeutungsfähig, dann ist das Grundbuchamt wegen des Antragsgrundsatzes aber nicht ohne weiteres zur selbstständigen Vornahme einer Eintragung mit dem durch die Umdeutung gefundenen Inhalt berechtigt.[208] Zumindest wird man das Grundbuchamt für verpflichtet ansehen müssen, den Antragsteller vor der Eintragung anzuhören.

94 Eine Umdeutung ist unzulässig, wenn diese Voraussetzungen nicht mit der für das Grundbuchverfahren erforderlichen Klarheit festgestellt werden können.[209] Der hypothetische Wille der Beteiligten kann nicht gegen ihren Willen und nicht nach rein objektiven Gesichtspunkten ermittelt werden.[210]

IX. Umdeutung von Grundbucheintragungen
1. Grundsätzliche Zulässigkeit

95 Die Umdeutung einer unwirksamen Eintragung in eine wirksame wird unter Hinweis auf den hoheitlichen Charakter der Eintragung und die Publizitätsfunktion des Grundbuchs grundsätzlich zutreffend verneint.[211] Allerdings spricht der öffentliche Glaube[212] nicht gegen die Umdeutung: Der Einsichtneh-

---

203 Eingehend auch *Schöner/Stöber*, Grundbuchrecht, Rn 863 ff.
204 BGH DNotZ 1971, 95; BGH NJW 1995, 957; BGH DNotZ 2004, 916.
205 Allg. zur Auslegung der Vollmacht BayObLG DNotZ 1997, 470 = MittBayNot 1996, 431; OLG München NotBZ 2007, 419.
206 KG Rpfleger 1968, 50, 51; BayObLG Rpfleger 1997, 373; *Westermann*, NJW 1970, 1023.
207 BayObLG Rpfleger 1997, 373; Bauer/Schaub/*Bauer*, GBO, AT A Rn 70; Meikel/*Böhringer*, 10. Aufl. 2010, Einl. G 132 f.; *Demharter*, § 19 Rn 30; *Schöner/Stöber*, Grundbuchrecht, Rn 173.
208 Staudinger/*Chr. Heinze*, BGB, § 873 Rn 67.
209 OLG Hamm Rpfleger 1957, 117; KG Rpfleger 1968, 50, 51; OLG Düsseldorf DNotZ 1977, 305, 307; OLG Stuttgart OLGZ 1979, 21, 25; BayObLGZ 1983, 117, 123; OLG Bremen OLGZ 1987, 10, 11; BayObLG Rpfleger 1997, 373.
210 BGHZ 19, 269, 272; a.A. wohl *Hieber*, DNotZ 1954, 304.
211 BayObLG NJW-RR 1997, 1511, 1512 = DNotZ 1998, 295, 298 (*obiter dictum*); *Demharter*, § 53 Rn 4; Staudinger/*Chr. Heinze*, BGB, § 873 Rn 280; MüKo-BGB/*Busche*, § 140 Rn 7; Meikel/*Böhringer*, 10. Aufl. 2010, Einl. G 139 m.w.N.; Meikel/*Schneider*, § 53 Rn 34; offengelassen BayObLG MittBayNot 1995, 460, 461.
212 So Staudinger/*Chr. Heinze*, BGB, § 873 Rn 280; MüKo-BGB/*Busche*, § 140 Rn 7.

mende muss ebenso wie der nachfolgend Eingetragene aufgrund des äußeren Anscheins im laienhaften Verständnis zunächst von einer wirksamen Eintragung ausgehen. Erkennen sie die Unwirksamkeit, so haben sie redlicherweise ihre Rechtskenntnis auch dahingehend einzusetzen, die Eintragung umzudeuten.[213] Ausgehend davon, dass § 140 BGB einen allgemeinen Rechtsgedanken ausspricht und dass eine Auslegung nicht klar gegen die Umdeutung abgrenzbar ist, muss man es im Ausnahmefall aber für **möglich** halten, eine **Grundbucheintragung umzudeuten**.[214] Dem Grundsatz sind wegen der notwendigen Klarheit und Bestimmtheit aber sehr enge Grenzen gesetzt. Die Umdeutung darf nicht zu einem Mehr führen, sondern **nur zu einem Minus oder** zu einem inhaltlich und wirtschaftlich ähnlichen **Aliud**. Die Umdeutung muss sich auch innerhalb der Grenzen zulässiger Auslegung bewegen. Die Eintragung eines Grundstücksrechts mit unwirksamem Rechtsinhalt kann nur dann geheilt werden, wenn die Umdeutung aus dem Eintragungstext und der Eintragungsbewilligung herleitbar ist. Die Umdeutung oder Konversion darf schließlich nicht dazu missbraucht werden, unliebsame Rechte, etwa eine Verbotsdienstbarkeit, in den gewünschten Inhalt umzudeuten, wenn der eingetragene Rechtsinhalt klar und eindeutig ist. Dabei darf auch nicht „vom Ende her" gedacht werden, dass etwa der Inhalt der Verbotsdienstbarkeit nach den angeblichen Vorstellungen der Beteiligten im Zeitpunkt ihrer Begründung herangezogen werden müsse. Dies wäre eine zu weitgehende Auslegung der Grundbucheintragung (dazu auch Rdn 84).

Das Verbot für das Grundbuchamt, ohne weiteres eine Eintragung aufgrund umgedeuteter Erklärungen vorzunehmen, und die Einschränkungen bei der Umdeutung des Antrags sprechen nicht gegen die Zulässigkeit der Eintragungskonversion und stehen auch nicht im Widerspruch dazu, denn bei beidem geht es darum zu fragen, wie sich das Grundbuchamt richtigerweise zu verhalten hat. Wurde aber eine unwirksame Eintragung vorgenommen, so muss man mit den Gegebenheiten umgehen und eine vernünftige Lösung suchen. Schließlich ist auch zu bedenken, dass das Grundbuchamt ja mit der Vornahme der unwirksamen Eintragung einen Gesetzesverstoß begangen hat, dessen Folgen mit der Umdeutung gemildert werden können. 96

2. Bestand des konvertierten Rechts von Anfang an

Die Konversion schafft nicht an irgendeinem Tage nach der Eintragung etwas Neues, sondern bezieht sich auf das eingetragene Recht, so dass es mit dem umgedeuteten, d.h. gesetzlich erlaubten Inhalt von Anfang an bestand.[215] Hierbei von einer Rückwirkung zu reden, diese gar zu verneinen, falls nachfolgende Rechte eingetragen wurden,[216] geht folglich am Problem vorbei.[217] Ein **später eingetragener Berechtigter** hat sein Recht nur mit **Rang nach der (konvertierten) Eintragung** erworben, weil die materielle Publizität des Grundbuchs – auf den öffentlichen Glauben berufen sich diejenigen, die eine angebliche Rückwirkung verneinen wollen – einer Umdeutung nicht im Wege steht.[218] 97

Zur **Klarstellung** ist es in diesem Falle möglich und empfehlenswert, den zulässigen – wirklichen! – Inhalt des Rechts **in der Veränderungsspalte** zu beschreiben.[219] Der von *Böhringer*[220] und *Demharter*[221] vorgeschlagene Weg der **Amtslöschung und Neueintragung** ist weder möglich noch notwendig. Die Löschung nach § 53 Abs. 1 S. 2 GBO ist **nicht möglich**, weil eine zulässige Umdeutung kraft Gesetzes erfolgt und somit im Ergebnis gar keine inhaltlich unzulässige Eintragung vorliegt. Die Löschung ist nicht notwendig, weil der Antrag vollzogen wurde und etwaige Unklarheiten durch den dargestellten Vermerk beseitigt werden.[222] 98

---

213 Meikel/*Schneider*, § 53 Rn 34; siehe auch LG Darmstadt Rpfleger 2004, 349, 350.
214 OLG Jena JW 1929, 3319; LG Darmstadt Rpfleger 2004, 349 f.; Bauer/Schaub/*Bauer*, § 53 Rn 21; Meikel/*Schneider*, § 53 Rn 34; *Funk*, MittBayNot 1997, 217; *Amann*, DNotZ 1998, 6; *Dümig*, ZfIR 2002, 960, 964.
215 Grüneberg/*Ellenberger*, BGB, § 140 Rn 1; Meikel/*Schneider*, § 53 Rn 34.
216 So Meikel/*Böhringer*, 10. Aufl. 2010, Einl. G 140; Staudinger/*Ertl*, 12. Aufl. (1989), BGB, § 873 Rn 168.
217 Meikel/*Schneider*, § 53 Rn 34.
218 *Dümig*, ZfIR 2002, 960, 964.
219 Bauer/Schaub/*Bauer*, § 53 Rn 18; Meikel/*Schneider*, § 53 Rn 28; *Dümig*, ZfIR 2002, 960, 964.
220 Meikel/*Böhringer*, 10. Aufl. 2010, Einl. G 140.
221 *Demharter*, § 53 Rn 4.
222 *Dümig*, ZfIR 2002, 960, 964.

3. Einzelfälle

99 Beispielhaft für zulässige oder unzulässige Umdeutungen sind zu nennen:

– **Keine Umdeutung einer nichtigen Grunddienstbarkeit in eine beschränkte persönliche Dienstbarkeit**: OLG München NJW 1957, 1765; OLG Hamm Rpfleger 1989, 338.
– **Keine Umdeutung einer nichtigen Veräußerung in eine Nießbrauchsbestellung**: a.A. RGZ 110, 391.
– **Keine Umdeutung eines unzulässigen Löschungserleichterungsvermerks in eine Vollmacht**: OLG München NotBZ 2013, 113; OLG München FGPrax 2012, 250 = MittBayNot 2013, 225.
– **Umdeutung der Verlängerung eines Nießbrauchs in eine Neubestellung**: OLG Hamm FGPrax 2015, 112 = Rpfleger 2015, 139; OLG Braunschweig NotBZ 2012, 384.
– **Umdeutung eines unzulässig preislimitierten Vorkaufsrechts**: OLG Zweibrücken DNotZ 2012, 452; OLG München Rpfleger 2008, 129.

X. Auslegung und Umdeutung des Antrags und anderer Verfahrenshandlungen

100 Der Antrag und die Vollmacht zur Stellung eines Antrags sowie andere Verfahrenshandlungen, die eine Eintragung verhindern sollen (z.B. Widerruf der Eintragungsbewilligung) oder eine andere Tätigkeit des Grundbuchamts begehren oder gestatten, sind natürlich ebenfalls auslegungsfähig.[223] Der Antrag soll umgedeutet werden können, „wenn die vorgelegten Urkunden eine abschließende Würdigung gestatten und keine Ermittlungen, die unzulässig wären, erforderlich sind."[224]

101 Bevor das Grundbuchamt in solchen Fällen eine Eintragung oder andere begehrte Maßnahme vornimmt oder ablehnt, muss demjenigen, dessen Erklärung umgedeutet werden soll, und denjenigen Beteiligten, die dadurch in ihren grundbuchmäßigen oder verfahrensmäßigen Rechten betroffen werden, rechtliches Gehör gewährt werden. Die darauffolgende Einlassung oder gar das Schweigen können dann der endgültigen Entscheidung zugrunde gelegt werden. Es wird sich im Ergebnis darum handeln, dass die ursprüngliche Erklärung nun als in dem umgedeuteten Sinne modifiziert anzusehen ist.

XI. Auslegung gerichtlicher und behördlicher Hoheitsakte und materiell-rechtlicher Willenserklärungen

1. Auslegung von Hoheitsakten

102 Öffentlich-rechtliche Erklärungen sind ebenfalls nach den Grundsätzen der §§ 13, 157 BGB auszulegen.[225] Die Auslegung solcher Hoheitsakte obliegt dem Grundbuchamt, für dessen Entscheidung der Inhalt des Hoheitsaktes von Bedeutung ist.[226] bei der Auslegung kommt es auf den nach außen erkennbaren Mangel der Behörde, die dem Hoheitsakt erlassen hat, nicht auf die subjektive Beurteilung der Parteien.[227]

2. Auslegung materiell-rechtlicher Willenserklärungen

103 Zur Auslegung außerhalb des Grundbuchverfahrens von materiell-rechtlichen Willenserklärungen, insbes. der Einigung nach § 873 BGB, werden unterschiedliche Meinungen vertreten:

– Nach einer Ansicht wird zur Auslegung solcher dinglichen Erklärungen nicht gefragt: „Was haben die Beteiligten gewollt und wie musste der Erklärungsempfänger dies verstehen?", sondern: „Wie musste die Erklärung von jedem ursprünglichen und künftigen dinglichen berechtigt und verpflichtet unter Anwendung der im Grundbuchverkehr geltenden Grundsätze objektiv verstanden werden?".[228]

---

223 Vgl. BayObLG DNotZ 1979, 428, 429; NJW-RR 1986, 380; Meikel/*Böhringer*, 10. Aufl. 2010, Einl. G 83.
224 OLG Köln JMBl NRW 1982, 76, 77 (in Rpfleger 1982, 61 und DNotZ 1982, 442 nicht abgedr.) m.w.N.
225 MüKo-BGB/*Busche*, § 133 Rn 36.
226 Meikel/*Böhringer*, 10. Aufl. 2010, Einl. G Rn 84.
227 RGZ 109, 380; 119, 364; 147, 29.
228 RGZ 131, 168; BGHZ 60, 231; Staudinger/*Chr. Heinze*, BGB, § 873 Rn 40, 41; *Wolff/Raiser*, Sachenrecht, § 38 II 3.

- Nach anderer Ansicht bedürfen dingliche Willenserklärungen außerhalb des Grundbuchverfahrens nicht des strengen Auslegungsmaßstabes.[229] Denn die allgemeinen Auslegungsregeln gelten immer dann, wenn sie nicht aus besonderen Gründen eingeschränkt werden müssen.[230]

Für die Anwendung der verschiedenen Auslegungsgrundsätze gelten folgende Regeln:[231]
- Die allgemeinen Auslegungsgrundsätze gelten, wenn im Verhältnis zwischen den an der Einigung Beteiligten festgestellt werden muss, ob und mit welchem Inhalt sie die Einigung erklärt haben und ob zwischen ihnen Willensübereinstimmung bestanden hat.
- Die strengen Auslegungsmaßstäbe des Grundbuchverkehrs sind anzuwenden, wenn das Grundbuchamt die Eintragungsgrundlagen prüfen oder ein Gericht aus der Sicht eines durch den öffentlichen Glauben des Grundbuchs geschützten dritte den Inhalt des Grundbuchs oder die zu dessen Auslegung heranzuziehen Urkunden und sonstigen Umstände feststellen muss.

XII. Nachprüfung der Auslegung im Beschwerdeverfahren

Da das Beschwerdegericht vollständig an die Stelle des Grundbuchamts tritt, ist es natürlich nicht an eine Auslegung durch das Grundbuchamt gebunden (vgl. § 77 GBO Rdn 5); es prüft umfassend und erneut die gesamte Angelegenheit.[232] Das Gericht der weiteren Beschwerde hat nach § 78 S. 1 GBO nur ein Nachprüfungsrecht in rechtlicher Hinsicht, es handelt sich mithin um eine Rechtsbeschwerde. Das Rechtsbeschwerdegericht hat aber ein eigenes Recht zur Auslegung von Grundbucherklärungen (insbes. Antrag[233] und Bewilligung[234]), anderen Verfahrenshandlungen und Grundbucheintragungen einschließlich aller in Bezug genommenen Urkunden[235] sowie Verwaltungsakten und Gerichtsentscheidungen (vgl. § 78 GBO Rdn 71 ff.).[236]

XIII. Nachprüfung der Auslegung in anderen Verfahren

Im Zivilprozess und anderen Verfahren ist das erkennende Gericht in seiner Entscheidung über die Auslegung des Grundbuchinhalts, der Grundbucherklärungen und der dinglichen Willenserklärungen völlig frei, gleichgültig, ob der Prozess über dingliche Rechte und Ansprüche oder über Haftpflichtfragen geführt wird.[237] Auch das Revisionsgericht hat das freie Auslegungsrecht.[238]

H. Inhalt der Grundbucheintragungen

I. Eintragung im Rechtssinn

Inhalt des Grundbuchs sind nur wirksame Eintragungen. Eine Eintragung im Rechtssinn liegt nur dann vor, wenn die zwingenden Vorschriften des Grundbuchverfahrensrechts beachtet worden sind: Leistung beider Unterschriften nach § 44 Abs. 1 S. 2 Hs. 2 oder S. 3 GBO bzw. Aufnahme in den Datenspeicher in wiedergabefähiger Form beim elektronischen Grundbuch nach § 129 Abs. 1 S. 1 GBO.

II. Fassung einer Eintragung

Der Zweck des Grundbuchs verlangt so klare und eindeutige Eintragungen, dass jedermann Art, Inhalt und Umfang des eingetragenen Rechts und seine Wirkungen erkennen kann. Die dazu notwendige Fassung (Formulierung) des Eintragungsvermerks ist bei den einzelnen Grundbucheintragungen verschieden. Selbstständige Rechte und Vormerkungen sind (wie Grundstücke im Rechtssinn) grundsätzlich

---

229 BayObLG DNotZ 1995, 56; Staudinger/*Chr. Heinze*, BGB, § 873 Rn 59, 60.
230 MüKo-BGB/*Lettmaier*, § 873 Rn 65; *Westermann*, DNotZ 1958, 259.
231 BayObLGZ 1974, 122 = Rpfleger 1974, 222; BayObLGZ DNotZ 1976, 373; OLG Hamm Rpfleger 1983, 349; Meikel/*Böhringer*, 10. Aufl. 2010, Einl. G 87.
232 Meikel/*Böhringer*, 10. Aufl. 2010, Einl. G 111.
233 BayObLG DNotZ 1979, 428, 429.
234 *Demharter*, § 78 Rn 15 m.w.N.; a.A. noch OLG Hamm Rpfleger 1988, 404, 405, aber stillschweigend aufgegeben in Rpfleger 1998, 511.
235 KG DNotZ 1956, 555, 556; BayObLG Rpfleger 1983, 143 = DNotZ 1984, 565.
236 Meikel/*Böhringer*, 10. Aufl. 2010, Einl. G 114 f.; *Demharter*, § 78 Rn 15 ff.
237 Meikel/*Böhringer*, 10. Aufl. 2010, Einl. G 116.
238 RGZ 136, 232, 234; 142, 156, 159; BGHZ 37, 147, 148 f.; 59, 205, 208; 92, 351, 355.

im Grundbuch unter einer besonderen Nummer einzutragen[239] und Nebeneintragungen bei dem zu ihnen gehörenden Recht. Das Grundbuchamt hat den Wortlaut knapp, klar und allgemein verständlich zu halten[240] (zu Klarstellungsvermerken siehe § 1 Einl. Rdn 69, 85). Es ist an Fassungsvorschläge nicht gebunden (zur Fassungsbeschwerde siehe § 71 GBO Rdn 35).[241]

III. Inhalt des Grundbuchs

108 Der Inhalt des Grundbuchs setzt sich aus dem **Eintragungsvermerk und der zulässigerweise in Bezug genommenen Eintragungsbewilligung** und den sie ergänzenden oder ersetzenden Urkunden (§§ 874, 885 Abs. 2 BGB; § 44 Abs. 2 GBO) zusammen.[242] Er ist so zu verstehen, wie er sich für einen unbefangenen Betrachter als nächstliegende Bedeutung ergibt; außerhalb dieser Urkunden liegende Umstände dürfen nur insoweit herangezogen werden, als sie nach den besonderen Verhältnissen des Einzelfalles für jedermann ohne weiteres erkennbar sind.[243] Eintragungen in der Ergänzungsspalte sind als Ergänzungen der Hauptspalte anzusehen und haben grundsätzlich die gleiche Stellung wie die Eintragungen in der Hauptspalte, zu der sie gehören (siehe § 10 GBV Rdn 1, § 11 GBV Rdn 1). Bei Widersprüchen oder Unklarheiten zwischen dem Eintragungsvermerk und der in Bezug genommenen Bewilligung kommt dem Eintragungsvermerk wegen des Publizitätsprinzips eine dominierende rechtliche Bedeutung für den Inhalt des Grundbuchs zu.[244]

IV. Anforderungen an den Eintragungsvermerk bei dinglichen Rechten

109 Aus dem Eintragungsvermerk selbst müssen sich ergeben:
– Art und gesetzliche Bezeichnung des Rechts (z.B. Hypothek, Nießbrauch, Vorkaufsrecht usw.), bei Dienstbarkeiten und Reallasten zudem der wesentliche konkrete Inhalt wenigstens schlagwortartig bezeichnet[245] (z.B. Wohnungsrecht, Rentenrecht; nicht genügend, und deshalb als inhaltlich unzulässig nach § 53 Abs. 1 S. 2 GBO zu löschen, wenn nur einer der drei Typen des § 1018 BGB angegeben wird, z.B. „Benutzungsrecht und Benutzungsbeschränkung"[246] oder „Nutzungsrecht an einem Teil der Grundstücksfläche"[247]),
– Bedingungen und Befristungen, die den sachenrechtlichen Bestand des Rechts, die Übertragung oder Inhaltsänderung des Rechts betreffen (vgl. Rdn 116),
– Inhalt und Umfang des Rechts, soweit keine Bezugnahme zulässig ist (z.B. Rangvorbehalte, Höchstbetrag nach § 882 BGB, Ausschluss der Brieferteilung bei einem Grundpfandrecht[248]),
– Der sachenrechtliche (bei Berichtigungen auch der erb- oder gesellschaftsrechtliche) Grund der Eintragung, der sich ebenso aus der Zusammenschau mit der Bewilligung ergeben kann (anders nur bei Löschungen, bei denen dies nicht klar werden muss; zur Frage, ob in der Bewilligung hierzu Angaben notwendig sind, siehe § 22 GBO Rdn 149, 150),
– Der Berechtigte (vgl. § 47 GBO Rdn 1 ff., zu den subjektiv-dinglichen Rechten siehe § 9 GBO Rdn 2 ff.) und
– Das betroffene Grundstück oder Recht, bei Gesamtbelastungen alle Grundstücke (vgl. § 48 GBO Rdn 3 ff.).

---

239 BayObLGZ 1984, 252, 256.
240 BayObLGZ 1956, 196, 201 = DNotZ 1956, 547, 552; *Demharter*, § 44 Rn 13.
241 BGHZ 47, 41, 46; BayObLGZ 1972, 373, 377 = Rpfleger 1973, 56, 57; BayObLG Rpfleger 1975, 362, 363; *Demharter*, § 44 Rn 13; *Schöner/Stöber*, Grundbuchrecht, Rn 223.
242 RGZ 113, 223, 229; BGHZ 21, 34, 41; 35, 378, 381; BGH DNotZ 2002, 721, 722; BayObLGZ 1981, 117, 119; BayObLGZ 1986, 513, 516; OLG Düsseldorf NJW-RR 1987, 1102; Staudinger/*Chr. Heinze*, BGB, § 874 Rn 23.
243 RGZ 136, 232, 234; BGHZ 47, 190, 195 f.; 59, 205, 208 f.; 60, 226, 230 f.; 92, 351, 355; 145, 16, 20 f.; BGH DNotZ 2002, 721, 722 = Rpfleger 2002, 511; Meikel/*Böhringer*, 10. Aufl. 2010, Einl. G 97, 104 m.w.N.
244 *Ertl*, MittBayNot 1989, 297, 299; *Reuter*, MittBayNot 1994, 115, 116.
245 Allg. Ansicht: BGHZ 35, 378, 382; BayObLGZ 1981, 117, 119 f.; BayObLG Rpfleger 1986, 296; DNotZ 1989, 572; Rpfleger 1998, 334; OLG Karlsruhe Rpfleger 2005, 79, 80; Staudinger/*Chr. Heinze*, BGB, § 873 Rn 264; *Demharter*, § 44 Rn 17; *Schöner/Stöber*, Grundbuchrecht, Rn 1145, je m.w.N.
246 BayObLGZ 1990, 35 = DNotZ 1991, 258.
247 OLG Karlsruhe Rpfleger 2005, 79.
248 Siehe auch Staudinger/*Chr. Heinze*, BGB, § 874 Rn 4.

Fehlen diese Angaben, so hat die Eintragung die Rechtsänderung nicht im gewünschten Umfang bewirkt oder es liegt sogar ein inhaltlich unzulässiges Recht vor;[249] eine Bezugnahme auf die Bewilligung ist insoweit ausgeschlossen.[250] Erfahren die belasteten Grundstücke nachträglich Veränderungen durch Teilungen und Vereinigungen in der Art, dass die ursprünglichen Grundstücke so nicht mehr bestehen und im Bestandsverzeichnis eingetragen sind, werden diese Veränderungen aber nicht in der Sp. 2 (Abt. II) oder Sp. 3 (Abt. III) fortgeschrieben, so ist dennoch kein lastenfreier Erwerb möglich, weil das Grundbuch aus der Gesamtsicht eben keine Lastenfreiheit ausweist.[251]

Damit keine ordnungswidrige Eintragung vorliegt, müssen

110

- bei mehreren Berechtigten das Gemeinschaftsverhältnis (vgl. § 47 GBO Rdn 1 ff.),
- bei Belastung mehrerer Grundstücke evtl. Mithaftvermerke (vgl. § 48 GBO Rdn 12 ff.),
- tatsächliche Angaben über das Grundstück (siehe § 6 GBV Rdn 1 ff.) und über den Berechtigten (siehe § 15 GBV Rdn 1 ff.) und
- der Tag der Eintragung

angegeben werden.

V. Anforderungen an den Eintragungsvermerk bei Vormerkungen und Widersprüchen

Für den Eintragungsvermerk der im Sachenrecht geregelten Vormerkungen und Widersprüche gelten die gleichen Grundsätze wie bei dinglichen Rechten (siehe hierzu auch § 6 Einl. Rdn 38 ff.).[252]

111

VI. Anforderungen an den Eintragungsvermerk bei sonstigen Rechten im Sinne der GBO

Zu den sonstigen Rechten im Sinne der GBO gehören die nichtsachenrechtlichen Vormerkungen und Widersprüche (vgl. § 6 Einl. Rdn 73 ff.), Verfügungsbeschränkungen (vgl. § 6 Einl. Rdn 88 ff.) und sonstigen Vermerke (vgl. § 1 Einl. Rdn 97 ff.). Mit folgenden Ausnahmen gelten die gleichen Grundsätze wie bei dinglichen Rechten:

112

- Angaben zum Umfang und Inhalt sind nur nötig, wenn das Gesetz allein ihn nicht eindeutig genug bestimmt (deshalb z.B. wichtig, ob allgemeines Verfügungsverbot oder nur Veräußerungs- oder Belastungsbeschränkung). Vermerke mit ausschließlicher Warn- und Schutzfunktion richten sich an die Allgemeinheit und haben keinen besonderen eintragungsfähigen Inhalt.
- Ein bestimmter Berechtigter kann fehlen, z.B. beim Umlegungs-, Sanierungs-, Entwicklungs- oder Enteignungsvermerk (siehe § 1 Einl. Rdn 79, 97), ist dann auch nicht einzutragen. Ist dennoch ein „Berechtigter" (z.B. die ersuchende Behörde oder Körperschaft) eingetragen, dann liegt insoweit eine teilweise[253] inhaltliche Unzulässigkeit vor, die die Wirksamkeit des im Übrigen allen gesetzlichen Anforderungen genügenden Vermerks unberührt lässt. Soll nur ein bestimmter Berechtigter geschützt werden, muss der Eintragungsvermerk aber den Berechtigten bezeichnen.[254]

VII. Bezugnahme auf die Bewilligung

Nach § 44 Abs. 2 GBO ist von den Bezugnahmemöglichkeiten der §§ 874, 885 Abs. 2,[255] § 1115 Abs. 1 Hs. 2 und Abs. 2 BGB, § 14 Abs. 1 ErbbauRG, §§ 7 Abs. 3, 32 Abs. 2 S. 1 WEG[256] Gebrauch zu machen (siehe § 44 GBO Rdn 27 ff.); beim Leibgeding kann sogar hinsichtlich der Art der einzelnen Rechte einschließlich des Gemeinschaftsverhältnisses der Berechtigten auf die Bewilligung Bezug genommen werden (siehe § 49 GBO Rdn 1, 6). Vor der Neufassung des § 44 GBO durch das RegVBG v. 20.12.1993

113

---

249 Staudinger/*Chr. Heinze*, BGB, § 873 Rn 290 ff.
250 Staudinger/*Chr. Heinze*, BGB, § 874 Rn 19; fraglich deshalb BayObLGZ 1961, 23, 32.
251 OLG Köln Rpfleger 1998, 333.
252 BayObLGZ 1956, 201 = DNotZ 1956, 547.
253 Bedenklich deshalb BayObLG DNotZ 1988, 784, 785, das eine vollständige Löschung nach § 53 Abs. 1 S. 2 GBO fordert, dazu *Sieveking*, DNotZ 1988, 785, 786.
254 RGZ 89, 152, 159 (Verfügungsbeschränkungen nach den §§ 135, 136 BGB).
255 In entsprechender Anwendung des § 885 Abs. 2 BGB kann beim Widerspruch nach § 899 BGB zur Beschreibung des zu schützenden Rechts auf die Bewilligung oder einstweilige Verfügung Bezug genommen werden; Staudinger/*Picker*, BGB, § 899 Rn 79.
256 Siehe auch Staudinger/*Chr. Heinze*, BGB, § 874 Rn 3.

(BGBl I 1993, 2182) war man der Ansicht, dass von der zulässigen Bezugnahme nur abgesehen werden soll, wenn sich der Inhalt des Rechts mit wenigen Worten eindeutig bezeichnen lässt[257] oder wenn die Aufnahme einer Besonderheit des Rechtsinhalts in den Eintragungsvermerk wegen ihrer Bedeutung für den Rechtsverkehr geboten erscheint[258] – z.B. Ausschluss der Übertragbarkeit einer Hypothek, Vorkaufsrecht für mehrere oder alle Verkaufsfälle (§ 6 Einl. Rdn 224) und Sondernutzungsrechte bei WEG (§ 3 Einl. Rdn 125 ff.).[259] An Letzterem ist weiterhin festzuhalten und im Hinblick auf den Tatbestand, dass im Fall der unberechtigten Löschung eines vererblichen Vorkaufsrechts nach dem Tode des eingetragenen Berechtigten der Eigentümer nach einem lastenfreien Erwerb nicht schadensersatzpflichtig ist[260] und damit die Amtshaftung eintritt, weitergehend zu fordern, die Vererblichkeit eines Vorkaufsrechts und sonstige Eintragungen in den Eintragungsvermerk aufzunehmen, die das Risiko einer unberechtigten Löschung in sich bergen;[261] dass diese Vorgehensweise gegen § 44 Abs. 2 S. 1 GBO verstößt,[262] liegt jedenfalls nicht auf der Hand, da die Eintragung der Vererblichkeit doch den „Umfang der Belastung aus dem Grundbuch erkennbar" (so der Wortlaut des § 44 Abs. 2 S. 1 GBO) macht.

Die materielle Rechtslage hängt nicht davon ab, ob die Bewilligung mit der Einigung korrespondiert oder ob das Grundbuchamt die Eintragung übereinstimmend mit der Bewilligung (und dem Antrag) vornimmt. Allein maßgebend ist, ob die Eintragung mit der Einigung oder der Aufhebungserklärung übereinstimmt oder nicht (vgl. § 1 Einl. Rdn 56 ff.).[263]

114 Auch die Bewilligung selbst kann auf bestimmte, allgemein zugängliche weitere Eintragungsgrundlagen Bezug nehmen (vgl. § 19 GBO Rdn 21 ff.).[264] Eine Bezugnahme auf die Bewilligung ist natürlich nur hinsichtlich des dinglichen Inhalts des Rechts, nicht in Bezug auf schuldrechtliche Vereinbarungen möglich. In der Urkunde muss daher klargestellt werden, was dinglich und was schuldrechtlich ist.[265] Dabei ist entscheidend, welchen Eindruck ein außenstehender Leser von dieser Grundlage gewinnt.[266] Das OLG Frankfurt a.M. hat insoweit die „räumliche" Stellung des entsprechenden Zusatzes *im Text der Eintragungsbewilligung* zum entscheidenden Kriterium bestimmt; maßgeblich sei, ob er vor oder nach der wörtlichen Bewilligung stehe.[267]

VIII. Unvollständige Eintragungen

115 Eintragungen, denen ein wesentliches Erfordernis fehlt, sind in der Regel unwirksam (oft inhaltlich unzulässig). Sie können unter bestimmten Umständen und mit Wirkung ex nunc vervollständigt werden.

I. Eintragung von Bedingungen und Zeitbestimmungen
I. Differenzierung

116 Zu unterscheiden ist, was bedingt oder befristet ist: das dingliche Recht selbst (sein Rechtsbestand), die Übertragung oder Änderung dieses Rechts, die Ausübung des Rechts, die Vormerkung oder der vorgemerkte Anspruch. Das Grundbuchamt hat dies zu prüfen, ggf. durch Auslegung[268] oder Aufklärung durch Anhörung der Beteiligten.

Ein bedingtes oder befristetes Recht liegt vor, wenn das materiell-rechtliche Entstehen oder Erlöschen des Rechts[269] in sachenrechtlich zulässiger Weise von einer aufschiebenden oder auflösenden Bedingung oder einen Anfangs- oder Endtermin i.S.d. § 158 BGB abhängig ist. Das für Beginn oder Ende des dinglichen Rechts maßgebliche Ereignis muss mit genügender Bestimmtheit feststellbar sein,[270] z.B. Kündigung oder Dauer eines bestimmten Vertragsverhältnisses,[271] und muss sich nicht in Form des § 29 GBO feststellen lassen.[272] Kann aber bei einer auflösenden Bedingung der Bedingungseintritt nicht durch öf-

---

257 RGZ 50, 145, 153; BayObLGZ 1956, 196, 201 = DNotZ 1956, 547, 552.
258 Staudinger/*Chr. Heinze*, BGB, § 874 Rn 1.
259 *Ertl*, Rpfleger 1979, 81.
260 BGH ZfIR 2005, 106.
261 *Dümig*, ZfIR 2005, 108, 109.
262 So *Demharter*, Rpfleger 2005, 185, 186.
263 Staudinger/*Chr. Heinze*, BGB, § 873 Rn 262.
264 Staudinger/*Chr. Heinze*, BGB, § 873 Rn 278.
265 Meikel/*Böttcher*, § 19 Rn 115.
266 OLG Frankfurt a.M. NJW-RR 1997, 1447, 1448.
267 OLG Frankfurt a.M. NJW-RR 1997, 1447, 1448.
268 KG DNotZ 1956, 555; BayObLGZ 1973, 24 = Rpfleger 1973, 134; *Ertl*, MittBayNot 1989, 297, 299.
269 Staudinger/*Chr. Heinze*, BGB, § 873 Rn 120.
270 BayObLG Rpfleger 1984, 405.
271 BayObLG Rpfleger 1985, 488; MittBayNot 1990, 174.
272 OLG Zweibrücken DNotZ 1990, 177.

fentliche Urkunde i.S.d. § 29 Abs. 1 S. 2 GBO nachgewiesen werden, kann dies bei der Löschung eines Rechtes Schwierigkeiten bereiten, weil dann die Bewilligung des Buchberechtigten zur Löschung erforderlich ist.

Zulässig ist auch eine bedingte oder befristete Vormerkung.[273] Davon zu unterscheiden ist die mögliche Bedingtheit oder Befristung des zu sichernden Anspruchs nach § 883 Abs. 1 S. 2 BGB. Allgemein kann ein Grundstücksrecht aber nicht zugleich bedingt und unbedingt[274] und nicht mit einem zeitlich vor der Eintragung gegen den Anfangstermin bestellt werden, weil die Eintragung eine notwendige Voraussetzung für die Entstehung des Rechts ist.[275] Es kann aber zugleich bedingt und befristet,[276] aufschiebend und auflösend bedingt, für die Zeit zwischen einen Anfangs- und Endtermin bestellt und als solches eingetragen werden.[277] Ein subjektiv-dingliches Vorkaufsrecht (§ 1094 Abs. 2 BGB) kann auch unter der auflösenden Bedingung bestellt werden, dass es für bestimmte Teile des herrschenden Grundstücks erlischt, sobald diese vom Grundstück abgetrennt werden, und für den jeweiligen Eigentümer des Restgrundstücks bestehen bleibt.[278]

Während Bedingungen und Befristungen des materiellen Rechts grundsätzlich möglich sind, ist die Bewilligung der Eintragung grundsätzlich bedingungs- und befristungsfeindlich (zu Besonderheiten im Rahmen des § 26 siehe § 26 GBO Rdn 12 ff.).[279] der staatliche Hoheitsakt der Grundbucheintragung darf im Interesse der Rechtssicherheit nicht durch ein zukünftiges ungewisses Ereignis oder einen Endtermin außer Kraft gesetzt werden. Deshalb sind Antrag und Bewilligung bedingungsfeindlich und bei Abhängigkeit von einem Endtermin unwirksam.

Kein bedingtes oder befristetes Recht oder keine bedingte oder befristete Vormerkung liegen insbes. vor, wenn

117

- die Ausübung, zeitlich beschränkt (z.B. Fahrtrecht an Werktagen von 9 bis 11 Uhr) oder von bestimmten Voraussetzungen (z.B. Zahlung einer Ausübungsvergütung) abhängig ist[280] (ein auflösend bedingtes Recht liegt hingegen vor, wenn das Recht durch Verzug mit den Entschädigungszahlungen erlöschen soll),
- es sich um Rechtsbedingungen handelt,[281]
- der durch eine Vormerkung zu sichernde Anspruch einer näheren Bestimmung nach den §§ 315 ff. BGB bedarf (z.B. Geländebestimmungsrecht[282]) oder
- bloß (zulässige) Vollzugsvorbehalte vorliegen, die allein verfahrensrechtliche Bedeutung besitzen; davon zu unterscheiden ist freilich die Einräumung gegenseitiger Rechte mit wechselseitiger Abhängigkeit, z.B. gegenseitige Fahrtrechte, von denen keines vor dem anderen entsteht oder jedes mit dem anderen erlöschen soll.

II. Eintragung im Grundbuch

Bereits aus §§ 161, 163 BGB ergibt sich, sofern nicht ausnahmsweise eine gesetzliche Vorschrift entgegensteht (z.B. § 925 Abs. 2 BGB, §§ 4 Abs. 2 S. 2, 33 Abs. 1 S. 2, 31 Abs. 3 WEG, §§ 1 Abs. 4 S. 1, 11 Abs. 1 S. 2 ErbbauRG), die Zulässigkeit bedingter und befristeter Verfügungen über dingliche Rechte.[283] Durch die Verfügung unter einer aufschiebenden Bedingung oder eines Anfangstermins erhält der Erwerber (§§ 161 Abs. 1, 163 BGB), und bei einer auflösenden Bedingung oder einem Endtermin der Verfügende (§§ 161 Abs. 2, 163 BGB), ein Anwartschaftsrecht, das nur durch einen Dritterwerb kraft öffentlichen Glaubens zerstört werden kann (§§ 161 Abs. 3, 892 Abs. 1 S. 1, § 893 BGB). Bei einer aufschiebenden Bedingung oder einem Anfangstermin besteht aufgrund der Eintragung des Rechtserwerbs schon gar kein derartiges Verlustrisiko. Im Fall der auflösenden Bedingung oder eines Endtermins besteht gleichfalls kein Risiko, wenn die **Bedingtheit oder Befristung im Eintragungsvermerk erwähnt** wird.

118

---

273 *Ertl*, Rpfleger 1977, 353; *ders.*, MittBayNot 1989, 297.
274 BayObLGZ 1978, 233 = Rpfleger 1978, 409.
275 BGHZ 61, 209 = NJW 1973, 1838.
276 OLG Köln DNotZ 1963, 48.
277 Staudinger/*Chr. Heinze*, BGB, § 873 Rn 120.
278 BayObLGZ 1973, 21 = DNotZ 1973, 415.

279 Bauer/Schaub/*Kössinger*, § 19 Rn 56 ff.
280 OLG Karlsruhe DNotZ 1968, 432, 434.
281 Dazu Grüneberg/*Ellenberger*, BGB, Vor § 158 Rn 5.
282 BayObLGZ 1973, 309, 312 = Rpfleger 1974, 65.
283 OLG Hamm Rpfleger 1959, 19; Staudinger/*Chr. Heinze*, BGB, § 873 Rn 117.

Unmittelbar in das Grundbuch einzutragen ist daher die Tatsache der Bedingung oder Befristung,[284] eine **Bezugnahme nach § 874 BGB ist nur** möglich **in Bezug auf die nähere Ausgestaltung** des Bedingungseintritts (vgl. auch § 56 Abs. 2 GBV).[285] Änderungen der Bedingung oder Befristung sind wie die Inhaltsänderung des Rechts zu behandeln.[286] Eine bedingte oder befristete Übertragung oder Änderung eines Rechts muss aus dem Eintragungsvermerk unmittelbar hervorgehen.

119 Allein beim **Eigentum** ergibt sich hier ein **Problem**, das auf den ersten Blick überrascht, verbietet § 925 Abs. 2 BGB doch eine bedingte Auflassung. Aber Folgendes sei zur Verdeutlichung genannt:

Beispiel: A, B und C sind Eigentümer in Erbengemeinschaft. B und C übertragen ihre Erbanteile an A unter einer auflösenden Bedingung.[287] A lässt nun das Grundstück an X auf.

Wollte man die Bedingtheit bei der Grundbuchberichtigung auf A berücksichtigen, müsste der Eintragungsvermerk lauten: „Erbanteile B und C auf A auflösend bedingt übertragen, eingetragen am …". Wird nun X als Eigentümer eingetragen, stellt sich die Frage, ob nun aus dem Grundbuch hinreichend klar wird, dass dessen Rechtserwerb wieder nach § 161 Abs. 2 BGB entfallen kann. Im Fall der Anlegung eines neuen Grundbuchblatts oder der Übernahme des Grundstücks auf ein für X bereits bestehendes ist gar nichts mehr ersichtlich. Es sollte also entsprechend § 51 GBO von Amts wegen die auflösende Bedingtheit des Eigentums des A eingetragen werden.[288] Gleiches gilt für einen Endtermin. Sodann kann ohne weiteres die Umschreibung auf X erfolgen; in das neue Blatt ist dann natürlich der Vermerk zu A zu übernehmen. Stimmen B und C der Auflassung an X zu, so ist der Vermerk von Amts wegen wieder zu löschen. Bei der Belastung des Grundstücks mit einem beschränkten dinglichen Recht unter Mitwirkung von B und C ist ein Wirksamkeitsvermerk einzutragen, so wie bei einer Eigentumsvormerkung, wenn der Vormerkungsberechtigte der beeinträchtigenden Verfügung zugestimmt hat (siehe dazu § 1 Einl. Rdn 65, 85).

Fehlende oder unrichtige Eintragung der Bedingung oder Zeitbestimmung führt materiell nur zum Entstehen des bedingten oder befristeten Rechts (wenn die Einigung die Bedingung oder Befristung umfasst); macht aber das Grundbuch unrichtig und ermöglicht den gutgläubigen Erwerb des unbedingten oder unbefristeten Rechts.[289]

J. Unwirksame Eintragungen

I. Voraussetzungen der Unwirksamkeit der Eintragung

120 Nur bei einem schwerwiegenden Mangel ist nach dem für nichtige Hoheitsakte geltenden Grundsatz (§ 44 VwVfG) eine Eintragung im Grundbuch nichtig.[290] Dazu gehören

- **Einträge ohne** nach § 44 Abs. 1 S. 2 Hs. 2 oder S. 3 GBO[291] (siehe § 44 GBO Rdn 23 ff.) bzw. nach § 129 Abs. 1 S. 1 GBO[292] **wirksamen Eintragungsakt** oder solche, die unter Bedrohung mit Lebensgefahr erzwungen wurden,[293] nicht aber die durch Geschäftsunfähigkeit oder Willensmangel des Beamten beeinflusste Eintragung,
- **Löschungen,** die auf andere als in § 46 GBO vorgeschriebene Weise erfolgt sind,[294] z.B. bloßes Durchstreichen, Röten, Einklammern, Radieren, was technisch jeweils im maschinell geführten

---

284 KG DNotZ 1956, 555; BayObLG Rpfleger 1967, 12, 1973, 134; OLG Frankfurt a.M. Rpfleger 1974, 430; OLG Düsseldorf OLGZ 1983, 352; OLG Köln Rpflegr 1963, 381.
285 *Demharter*, § 44 Rn 20; Meikel/*Böttcher*, § 10 Rn 25, § 11 Rn 19; Meikel/*Grziwotz*, Einl. B 12; Schöner/Stöber, Grundbuchrecht, Rn 266.
286 BayObLGZ 1959, 520.
287 Zur Erbteilsübertragung MüKo-BGB/*Gergen*, § 2033 Rn 11 ff.; *Schöner/Stöber*, Grundbuchrecht, Rn 958.
288 Bauer/Schaub/*Bauer*, AT A Rn 184; siehe auch *Staudenmaier*, BWNotZ 1959, 191; *Keller*, BWNotZ 1962, 286; *Winkler*, MittBayNot 1978, 1, 2, 4.
289 RG DNotZ 1934, 616; BGH FGPrax 2021, 1 m. Anm. *Dressler-Berlin* = MittBayNot 2021, 239 m. Anm.
Reymann = ZfIR 2021, 32 m. Anm. *Otto*; OLG Karlsruhe DNotZ 1968, 435; Staudinger/*Chr. Heinze*, BGB, § 873 Rn 183; § 874 Rn 21.
290 Siehe auch Staudinger/*Chr. Heinze*, BGB, § 873 Rn 290 ff.
291 Zu landesrechtlichen Besonderheiten in Baden-Württemberg und den neuen Ländern (vgl. §§ 143 Abs. 1 S. 1 Hs. 1, 144 Nr. 1 S. 3) siehe Meikel/*Böhringer*, § 143 Rn 3 f., § 144 Rn 82 ff.; Meikel/*Böttcher*, § 1 Rn 8 ff.; *Schöner/Stöber*, Grundbuchrecht, Rn 227.
292 Meikel/*Böttcher*, § 44 Rn 7; Meikel/*Dressler-Berlin*, § 129 Rn 1, 6.
293 BGHZ 7, 64, 69.
294 OLG Frankfurt a.M. Rpfleger 1981, 479; Staudinger/*Chr. Heinze*, BGB, § 875 Rn 64.

Grundbuch gar nicht mehr möglich ist; hierbei handelt es sich um keine Eintragung/Löschung sondern nur um graphische Zeichen.
- **Inhaltlich unzulässige Eintragungen** (§ 53 Abs. 1 S. 2 GBO), d.h. solche, deren Wirkungslosigkeit aus dem Grundbuchinhalt selbst ohne Zuhilfenahme anderer, außerhalb des Grundbuch liegender Auskunfts- oder Beweismittel ersichtlich ist (vgl. § 53 GBO Rdn 41 ff.) und
- Bezugnahmen auf die Bewilligung hinsichtlich solcher Umstände, die im Eintragungsvermerk enthalten sein müssen.

Eintragungen im falschen Grundbuchblatt, das nach dem Grundbuchsystem nicht das für diese Eintragung maßgebliche Grundbuch im Sinne des BGB ist, sind entgegen einer teilweise vertretenen Ansicht[295] nicht unwirksam, da es an der Offensichtlichkeit fehlt.[296] Das Grundbuch ist nur unrichtig. Liegt hingegen Notorietät vor, d.h. wird aus der Eintragung selbst klar, dass sie sich auf ein anderes Grundbuchblatt bezieht, so liegt wegen dieser Widersprüchlichkeit eine inhaltlich unzulässige Eintragung vor (vgl. § 53 GBO Rdn 40 ff.).

121

II. Teilweise Unwirksamkeit einer Eintragung

Eine Eintragung kann auch nur teilweise unwirksam sein:

122

- Genügt die restliche Eintragung für sich den wesentlichen Erfordernissen einer wirksamen Grundbucheintragung, so ist dieser Teil wirksam und nur der andere unwirksam.[297] Die unwirksame Begründung von Sondereigentum an einem Gebäudeteil berührt die Aufteilung der Miteigentumsanteile nicht; es entsteht ein „isolierter" Miteigentumsanteil.[298] Ein weiterer Fall ist die unwirksame Angabe eines „Berechtigten", wenn es keinen gibt, wie z.B. bei Umlegungs-, Sanierungs-, Entwicklungs- oder Enteignungsvermerken.
- Bei Doppelbuchungen können, je nachdem, welche Bedeutung man § 892 BGB insoweit zumisst,[299] allenfalls nur die Teile unwirksam sein, die eine von der anderen Eintragung abweichende oder ihr widersprechende Wirkung hätten. Soweit sie übereinstimmen, kann ihre Wirksamkeit nicht berührt werden. Zur Behebung der Doppelbuchung vgl. § 38 GBV.

III. Keine Unwirksamkeit einer Eintragung

Keine unwirksamen Eintragungen sind

123

- trotz eines Fehlers wirksame Eintragungen (siehe Rdn 132 ff.),
- gegenstandslose Eintragungen i.S.d. § 84 Abs. 2 GBO und
- unrichtige Eintragungen i.S.d. § 22 GBO.

Fraglich ist dies für überflüssige Eintragungen, da sie wegen der Gefährdung der Übersichtlichkeit des Grundbuchs unzulässig sind.[300] Da sie aber eben aufgrund ihrer Überflüssigkeit keine Bedeutung haben können, ist es müßig, eine Einordnung vorzunehmen. Sie können jedoch von Amts wegen entfernt werden.[301]

124

IV. Folgen der unwirksamen Eintragung und Löschung

1. Keine Grundbucheintragung im Rechtssinn

Die unwirksame Eintragung oder Löschung ist keine Grundbucheintragung im Rechtssinn. Die Wirkungslosigkeit gilt für und gegen jedermann, auch wenn er die Unwirksamkeit der Eintragung oder Löschung nicht erkannt hat oder schuldlos nicht erkennen konnte.

125

---

295 Staudinger/*Ertl*, 12. Aufl. (1989), BGB, § 873 Rn 178.
296 Staudinger/*Chr. Heinze*, BGB, § 873 Rn 294.
297 KGJ 38, 262, 268; 42, 256, 260; BGH DNotZ 1967, 106, 107; § 53 Rn 20.
298 BGHZ 109, 179, 184 f. = Rpfleger 1990, 62 f.; BGH Rpfleger 2005, 17 ff.; OLG Hamm MittRhNotK 1991, 12 ff.; *Röll*, MittBayNot 1990, 85 ff.
299 Dazu umfassend Staudinger/*Picker*, BGB, § 892 Rn 29.
300 RGZ 119, 211, 213; KG JFG 3, 399, 400; BayObLGZ 1953, 247, 251; BayObLG Rpfleger 1953, 451; BayObLGZ 2000, 224, 225 = Rpfleger 2000, 543; OLG Hamm Rpfleger 2001, 297; *Demharter*, Anh. zu § 13 Rn 22, § 44 Rn 14.
301 Siehe auch Meikel/*Schneider*, § 53 Rn 134.

2. Keine materiell-rechtlichen Wirkungen

126 Unwirksame Eintragungen und Löschungen haben **keine materiell-rechtlichen Wirkungen,** also (im Gegensatz zu den Buchrechten) nicht die Wirkungen der §§ 879, 891, 892, 893 BGB, und machen das Grundbuch nicht unrichtig i.S.d. § 894 BGB.[302] Gegen sie kann kein Widerspruch (§ 899 BGB) und kein Amtswiderspruch (§ 53 Abs. 1 S. 1 GBO) eingetragen werden, weil sie am öffentlichen Glauben des Grundbuchs nicht teilnehmen.[303]

3. Verfahrensrechtliche Bedeutung

127 Unwirksame Eintragungen und Löschungen haben auch keine verfahrensrechtlichen Wirkungen, beenden das Eintragungsverfahren nicht und lassen die formellen und materiellen Wirkungen des nicht erledigten Antrags fortbestehen.[304] Das Verfahren zur Löschung nach § 22 Abs. 1 GBO ist gegen solche „Eintragungen" nicht eröffnet (vgl. § 22 GBO Rdn 9).

128 Die Maßnahmen des Grundbuchamts müssen dieser Rechtslage Rechnung tragen und die Wirkungslosigkeit der unwirksamen Eintragung oder Löschung im Grundbuch sichtbar machen. Im Fall der inhaltlichen Unzulässigkeit ergibt sich das aus § 53 Abs. 1 S. 2 GBO, aber auch im Übrigen hat das Grundbuchamt den unwirksamen Eintrag **von Amts wegen zu löschen.**[305] Zudem ist der Antrag, der mit der unwirksamen Eintragung vollzogen werden sollte, noch unerledigt und über ihn ist neu zu entscheiden.[306] Dabei ist zu beachten, dass er nach § 17 später eingegangenen Anträgen vorzuziehen ist, wenn er dasselbe Recht betrifft. War der Antrag selbst mangelhaft, so ist er erst mit der Behebung des Mangels als eingegangen anzusehen, da in unzulässiger Weise die Zurückweisung unterblieben ist (vgl. § 18 GBO Rdn 53).

129 Bei unwirksamen Löschungen muss das Grundbuchamt, wenn kein Löschungsantrag vorliegt, von Amts wegen die Unwirksamkeit der Löschung durch einen Vermerk klarstellen und die buchungstechnischen Hilfsmittel (insbes. Rötung) beseitigen.[307] Liegt ein noch unerledigter Löschungsantrag vor, hat es im Löschungsvermerk (z.B. gegenüber den in der Zwischenzeit erfolgten anderen Eintragungen) klarzustellen, wann die Löschung wirksam geworden ist.

V. Inhaltlich unzulässige Eintragungen

130 „**Inhaltlich unzulässig**" (§ 53 Abs. 1 S. 2 GBO) ist eine Grundbucheintragung nur, wenn ihre rechtliche Wirkungslosigkeit aus dem Grundbuchinhalt selbst, also aus dem Eintragungsvermerk und der zulässig in Bezug genommenen Bewilligung, ohne Zuhilfenahme anderer, außerhalb des Grundbuchs liegender Auskunfts- oder Beweismittel ersichtlich ist.[308]

131 In diesem Sinne wirkungslos sind Eintragungen, die einen Rechtszustand verlautbaren, den es als solchen nicht geben kann.[309] Folgende vier Fallgruppen werden gebildet (vgl. § 53 GBO Rdn 40 ff.):[310]

– Etwas seiner **Art nach nicht Eintragungsfähiges** wird eingetragen; z.B. Miete,[311] bloß schuldrechtliches Vorkaufsrecht nach §§ 463 ff. BGB, Pfändung des Grundbuchberichtigungsanspruchs nach § 894 BGB,[312] Eigentumsbeschränkungen nach BGB oder Nachbarrecht, Überbaurente entgegen § 914 Abs. 2 S. 1 BGB, Übertragung oder Belastung eines Nießbrauchs oder einer beschränkten persönlichen Dienstbarkeit entgegen § 1059 S. 1, § 1092 Abs. 1 S. 1 BGB, Vorkaufsrecht der Miterben §§ 2034 ff. BGB,[313] Abtretung des Auseinandersetzungsanspruchs eines Miterben,[314] Beschränkun-

---

302 Für §§ 892, 893 BGB teilweise a.A. *Lutter*, AcP 164 (1964), 122, 152 ff.
303 BGH DNotZ 1962, 399; OLG Düsseldorf DNotZ 1958, 156; OLG Frankfurt a.M. Rpfleger 1975, 305; OLG Hamm DNotZ 1977, 308, 312; BayObLG Rpfleger 1986, 372; 1988, 102.
304 OLG München NotBZ 2016, 63.
305 *Holzer*, Die Richtigstellung des GB, S. 94: Nur Rötung, da Eintragung als solche schon unwirksam.
306 OLG Hamm DNotZ 1954, 209; Rpfleger 1976, 131.
307 Siehe auch *Holzer*, Die Richtigstellung des GB, S. 93.
308 RGZ 88, 83, 86; 113, 223, 229; BayObLGZ 1957, 217, 224 = DNotZ 1958, 409, 413; BayObLGZ 1975, 398, 403 = Rpfleger 1976, 66, 67; Meikel/*Schneider*, § 53 Rn 130 m.w.N.
309 *Demharter*, § 53 Rn 42; Bauer/Schaub/*Bauer*, GBO, § 53 Rn 69; Meikel/*Schneider*, § 53 Rn 130, je m.w.N.
310 Bauer/Schaub/*Bauer*, § 53 Rn 72 ␣.; Meikel/*Schneider*, § 53 Rn 140 ff.; siehe auch *Eickmann/Böttcher*, Grundbuchverfahrensrecht, Rn 408.
311 RGZ 54, 233, 235 f.; OLG Hamm DNotZ 1957, 314, 315.
312 KGJ 47, 169, 179 ff.
313 BayObLGZ 1952, 231, 247.
314 BayObLGZ 1930, 129, 131.

gen der Erbauseinandersetzung nach § 2042 Abs. 2, § 751 S. 1 BGB;[315] zum Streit um die Eintragungsfähigkeit von öffentlich-rechtlichen Beschränkungen, Vorkaufsrechten und Lasten vgl. § 6 Einl. Rdn 97, 170 ff.
- Das Recht wird mit einem **gesetzlich nicht erlaubten Inhalt** eingetragen.
- Das Recht wird ohne dessen **Essentialia** eingetragen.
- In sich **widersprüchliche oder unklare** Eintragungen werden vorgenommen.

K. Wirksame fehlerhafte Eintragungen
I. Grundsätzliches zu fehlerhaften Eintragungen

Vergleichbar dem in § 44 VwVfG kodifizierten Grundsatz sind Eintragungen, die das Grundbuch unter Verletzung einer Vorschrift des materiellen oder formellen Rechts vorgenommen hat, in der Regel wirksame Eintragungen, es sei denn, es liegen schwerwiegende Mängel vor.

132

II. Unterschied zu unrichtigen Eintragungen

Eine andere Frage ist es, ob die wirksame Eintragung materiell-rechtlich richtig ist. Dafür ist allein die Kongruenz zwischen Einigung und Eintragung entscheidend. Verstöße gegen Ordnungsvorschriften des Grundbuchverfahrensrechts bewirken allein niemals eine Unrichtigkeit des Grundbuchs (auch nicht im Fall der Missachtung des § 20 GBO, denn eine dann eintretende Grundbuchunrichtigkeit ist nicht die Folge des Gesetzesverstoßes des Grundbuchamtes, sondern sie findet ihre Ursache in der Verletzung des materiellen Rechts). Liegt aber dennoch Grundbuchunrichtigkeit vor, so ist ein Amtswiderspruch nach § 53 Abs. 1 S. 1 GBO einzutragen. Nur für wirksame Eintragungen stellt sich die Frage, ob sie unrichtig sind; eine Eintragung, die unrichtig und unwirksam zugleich ist, kann es nicht geben.[316] Unrichtige Eintragungen unterliegen nur der Berichtigung auf Antrag, und zwar entweder aufgrund einer Berichtigungsbewilligung (§ 19 GBO) oder nach § 22 Abs. 1 aufgrund eines Unrichtigkeitsnachweises. Unwirksame Eintragungen sind hingegen von Amts wegen aus dem Grundbuch zu entfernen.

133

III. Einzelfälle wirksamer fehlerhafter Eintragungen

Die Eintragung ist wirksam bei

134

- **Verfahrensverstößen** (z.B. gegen §§ 13, 19, 20, 39 GBO), weil Verfahrensnormen lediglich Ordnungsvorschriften sind.
- **Zuständigkeitsverstößen**, z.B. gegen die örtliche (siehe § 1 GBO Rdn 14; praktisch nicht vorstellbar) oder funktionelle Zuständigkeit des Grundbuchamtes (siehe § 1 GBO Rdn 16 ff.), **anders** dagegen **bei Unterschriftsleistung** durch einen Urkundsbeamten, sonstigen Beamten, Bediensteten oder Nichtbediensteten anstelle des Rechtspflegers, weil dann ein Verstoß gegen die zwingende Vorschrift des § 44 Abs. 1 S. 2 Hs. 2 GBO vorliegt).
- **Fassungsfehlern** und offensichtlichen Unrichtigkeiten, die vom Grundbuchamt durch Vervollständigung des Eintragungsvermerks oder Klarstellungsvermerk selbst behoben werden können.[317] Anders ist die zu beurteilen bei solchen Inhaltsfehlern, die über bloße Ungenauigkeiten hinausgehen, also insbes. die Essentialia betreffen; insoweit kann zwar eine Auslegung erfolgen, so dass eine bloße Bestimmbarkeit ausreicht,[318] aber es darf dazu nicht die in Bezug genommene Bewilligung zu Hilfe genommen werden.[319]
- **Gegenstandslosen Eintragungen**, die aus rechtlichen oder tatsächlichen Gründen bedeutungslos sind (§ 84 Abs. 2, 3 GBO) und vom Grundbuchamt im Amtslöschungsverfahren beseitigt werden können (§ 85 GBO).

---

315 KG DNotZ 1935, 599; 44, 15.
316 *Ertl*, DNotZ 1990, 684, 686.
317 BayObLG MittBayNot 2004, 191; *Schöner/Stöber*, Grundbuchrecht, Rn 290 ff.; vgl. auch OLG Frankfurt/M. Rpfleger 1964, 116; BayObLGZ 1961, 23, 32; OLG Frankfurt/M. Rpfleger 1980, 185, 186.
318 BGHZ 123, 297, 301 DNotZ 1994, 230 = NJW 1993, 3197 = Rpfleger 1994, 157; BayObLGZ 1961, 23, 32; OLG Frankfurt/M. Rpfleger 1980, 185, 186; Staudinger/*Chr. Heinze*, BGB, § 874 Rn 19; Meikel/*Schneider*, § 53 Rn 165; siehe aber BayObLGZ 1984, 239, 243 f. = Rpfleger 1985, 102, 103.
319 **A.A.** BayObLGZ 1961, 23, 32; anders wiederum BayObLGZ 1984, 239, 243 f. = Rpfleger 1985, 102, 103.

§ 3 Objekte des Immobiliarsachenrechts

A. Grundstück, Schiffe, Schiffsbauwerke und Luftfahrzeuge 1
  I. Grundstück im Rechtssinne 1
  II. Schiffe, Schiffsbauwerke und Luftfahrzeuge 2
  III. Sonstige Rechtsobjekte 5
  IV. Nachbarrechtliche Beschränkungen aufgrund Landesrechts 12
B. Wohnungs- und Teileigentum 14
  I. Grundlagen zu Wohnungs- und Teileigentum 14
    1. Gesetzliche Grundlagen 14
    2. Grundstrukturen des Wohnungseigentums 15
  II. Sachenrechtliche Grundlagen des Wohnungseigentums 16
    1. Wohnungs- und Teileigentum 16
    2. Rechtsnatur des Wohnungs- und Teileigentums 17
    3. Stellung des Wohnungs- oder Teileigentümers 18
    4. Einheit von Gebäude und Grundstück .. 19
    5. Sondereigentum vor Gebäudeerrichtung 20
    6. Verhältnis von Wohnungseigentumsgröße und Miteigentumsanteil 22
    7. Abgrenzung von Gemeinschafts- und Sondereigentum 23
    8. Änderung von Sondereigentum 24
    9. Rechtliche Eigenständigkeit des Wohnungs- oder Teileigentums 25
    10. Abgrenzungen von anderen Rechtsinstituten 26
  III. Gegenstand des Gemeinschafts- und Sondereigentums 27
    1. Bestimmtheitsgrundsatz 27
    2. Gemeinschaftseigentum 28
    3. Sondereigentum 31
      a) Allgemeines 31
      b) Wohnungen und nicht zu Wohnzwecken dienende Räume 33
      c) Balkone, Loggias, Terrassen, Dachgärten 35
      d) Garagenplätze, Doppel- und Sammelgaragen 37
      e) Annexeigentum 38
    4. Konstruktive Gebäudeteile und Versorgungsanlagen 40
    5. Mitsondereigentum 47
    6. Abgesondertes Miteigentum 51
    7. Gewöhnliches Eigentum einzelner Wohnungs- oder Teileigentümer 53
  IV. Die Begründung von Wohnungseigentum . 54
    1. Die Begründung nach § 3 oder § 8 WEG 54
    2. Grundsatz von Einigung und Eintragung im WEG 56
    3. Beteiligte Eigentümer 59
    4. Zustimmung der dinglich Berechtigten zur Begründung von WE 60
    5. Mindestinhalt der Erklärungen über Begründung von WE 61

  V. Änderungen im Wohnungseigentum 66
    1. Vereinigung und Bestandteilszuschreibung 66
    2. Unterteilung von Wohnungseigentum .. 67
    3. Teilung des Miteigentumsanteils ohne Änderung der Raumeinheit 68
    4. Vergrößerung oder Verkleinerung von Miteigentumsanteilen ohne Änderung des damit verbundenen Sondereigentums .. 69
    5. Änderung des Sondereigentums ohne Änderung der Miteigentumsanteile 70
    6. Bildung eines neuen WE-Rechtes aus anderen WE-Rechten 75
    7. Neuerrichtung und Änderung von Räumen 76
    8. Hinzuerwerb neuer Grundstücksflächen 78
  VI. Belastung des Wohnungseigentums 79
    1. Belastung des einzelnen WE-Rechtes .. 79
    2. Belastung des ganzen Grundstücks 81
  VII. Aufhebung von Sondereigentum 83
  VIII. Veräußerungsbeschränkung nach § 12 WEG und Belastungsbeschränkungen 85
    1. Voraussetzungen für die Begründung von Veräußerungsbeschränkungen 85
    2. Wirkung der Veräußerungsbeschränkung 88
    3. Unterscheidung zu schuldrechtlicher Veräußerungsbeschränkung 89
    4. Nach § 12 WEG genehmigungspflichtige Veräußerungsgeschäfte 90
  IX. Rechtsverhältnis der Wohnungseigentümer untereinander 96
    1. Grundsatz 96
    2. Entstehung der Wohnungseigentümergemeinschaft 97
    3. Gemeinschaftsordnung 99
    4. Eintragungsfähigkeit von Gemeinschaftsregelungen 105
    5. Vertragsfreiheit und ihre Ausnahmen .. 106
    6. Zwingendes Recht für die Gemeinschaftsordnung nach WEG 107
    7. Einzelfälle eintragungsfähiger Gemeinschaftsregelungen 108
    8. Zusammenfassende Übersicht zu Gemeinschaftsregelungen 109
  X. Sondernutzungsrecht 110
    1. Der Begriff des Sondernutzungsrechts . 110
    2. Begründung von Sondernutzungsrechten 112
    3. Übertragung des Sondernutzungsrechts 117
    4. Die Aufhebung des Sondernutzungsrechts 118
  XI. Eintragung im Wohnungsgrundbuch 119
    1. Formelle Eintragungsvoraussetzungen . 119
    2. Prüfung der Gemeinschaftsordnung durch das Grundbuchamt 124
    3. Eintragung 125
  XII. Verpflichtungsgeschäft und Vormerkung .. 129
    1. Erfordernis notarieller Beurkundung ... 129
    2. Vormerkungsfähigkeit schuldrechtlicher Ansprüche 131

XIII. Dauerwohn- und Dauernutzungsrecht 135	3. Rechtsfolgen der Unwirksamkeit des Erbbaurechts 195
1. Allgemeines 135	V. Erbbauzins (§§ 9, 9a ErbbauRG) 196
2. Berechtigter 137	1. Erbbauzins als Gegenleistung der Bestellung des Erbbaurechts 196
3. Inhalt 139	2. Sicherung durch Reallast 197
4. Bestellung, Erwerb 146	3. Voraussetzungen 200
5. Besonderheiten 147	4. Schuldrechtliche Verpflichtungen auf Neufestsetzung des Erbbauzinses 207
6. Erlöschen 149	5. Vormerkungsfähigkeit des Anspruchs auf Neufestsetzung 209
C. Erbbaurecht und Wohnungserbbaurecht 150	6. Anpassung nicht wertgesicherter Erbbauzinsreallasten 211
I. Rechtsgrundlagen des Erbbaurechts 150	VI. Sonstige Belastungen des Erbbaurechts 213
1. Gesetzliche Grundlagen 150	VII. Wohnungserbbaurecht (§ 30 WEG) 214
2. Wesen des Erbbaurechts 151	1. Sonderform des Erbbaurechts 214
3. Grundstrukturen des Erbbaurechts 154	2. Rechtsverhältnis zwischen Grundstückseigentümer und Wohnungserbbauberechtigten 215
II. Sachenrechtliche Vereinbarungen über das Erbbaurecht 155	3. Begründung von Wohnungserbbaurecht 216
1. Einigung und Eintragung 155	4. Rechtsverhältnis der Wohnungserbbauberechtigten untereinander 218
2. Bedingte und befristete Bestellung des Erbbaurechts 156	VIII. Schuldrechtliches Verpflichtungsgeschäft und Vormerkung 220
3. Inhalt der Einigung 158	IX. Eintragungen nach Erlöschen des Erbbaurechts 223
4. Inhalt der Erbbaurechtsbestellung 159	1. Rechtsfolgen des Erlöschens durch Zeitablauf 223
5. Gesetzlicher Inhalt: § 1 Abs. 1 ErbbauRG 160	2. Dingliche Sicherung der Entschädigungsforderung und Erneuerung 224
6. Erbbauberechtigter 162	D. Selbstständiges Gebäudeeigentum 227
7. Erbbaugrundstück 164	I. Gebäudeeigentum nach dem Recht der ehemaligen DDR 227
8. Beschränkung des Ausübungsbereichs auf einzelne Gebäude oder Gebäudeteile ... 166	II. Seit 3.10.1990 geltendes Recht 229
9. Zulässigkeit eines Gesamterbbaurechts 170	1. Bestandsschutz für bestehendes Gebäudeeigentum 229
10. Untererbbaurecht 171	2. Neubegründung 230
11. Bauwerk 172	3. Grundbucheintragung 231
12. Dauer des Erbbaurechts 174	4. Rechtliche Behandlung 233
III. Rechtsverhältnis zwischen Eigentümer und Erbbauberechtigten 176	5. Aufhebung 234
1. Schuldverhältnis und seine Verdinglichung 176	6. Vereinigung mit dem Grundeigentum in einer Hand 235
2. Eintragungsfähigkeit „verdinglichter" Vereinbarungen 177	7. Grundzüge der Sachenrechtsbereinigung 236
3. Eintragungsfähige Vereinbarungen 179	8. Verjährung der Ansprüche auf Sachenrechtsbereinigung 238
4. Veräußerungs- und Belastungsbeschränkung nach § 5 ErbbauRG 180	
5. AGB-Kontrolle durch das Grundbuchamt 189	
IV. Grundbucheintragung des Erbbaurechts 190	
1. Grundbücher für Grundstück und Erbbaurecht 192	
2. Erfordernis der ersten Rangstelle nach § 10 ErbbauRG 193	

A. Grundstück, Schiffe, Schiffsbauwerke und Luftfahrzeuge
I. Grundstück im Rechtssinne

Objekt des Immobiliarrechts und damit auch des Grundbuchverfahrensrechts ist das im Geltungsbereich des BGB und der GBO gelegene **Grundstück**. Der Begriff des Grundstücks wird im BGB überhaupt nicht, in der GBO mit den §§ 2 ff. GBO lediglich deduktiv definiert (eingehend § 2 GBO Rdn 4 ff.).

Ein Grundstück ist bereits wegen § 873 BGB nur dann verkehrsfähig, wenn es im Grundbuch eingetragen ist. Buchungsfreie Grundstücke nach § 3 Abs. 2 GBO bedürfen daher der Einbuchung, wenn sie dem Rechtsverkehr zugänglich gemacht werden sollen (eingehend § 3 GBO Rdn 5).

II. Schiffe, Schiffsbauwerke und Luftfahrzeuge

2 Das BGB wendet das Immobiliarsachenrecht auch auf Schiffe und Schiffsbauwerke an, wenn diese im Schiffsregister eingetragen sind. **Schiffe und Schiffsbauwerke**, zu denen auch Schwimmdocks gehören,[1] können in das **Schiffsregister** oder in das **Schiffsbauregister** eingetragen werden. Das Verfahrensrecht ist in der Schiffsregisterordnung geregelt (SchRegO, in der v. 25.12.1993 an geltenden Fassung der Bekanntmachung v. 26.5.1994, BGBl I 1994, 1114; zuletzt geändert durch Art. 15 des Gesetzes zur Förderung des elektronischen Rechtsverkehrs mit den Gerichten v. 10.10.2013, BGBl I 2013, 8378).[2] Das für die Führung des Schiffsregisters und Schiffsbauregisters zuständige Amtsgericht wird nach §§ 1 und 3 SchRegO bestimmt. Seeschiffsregister und Binnenschiffsregister werden getrennt geführt (§ 3 Abs. 1 SchRegO). Es besteht Buchungszwang und Anmeldepflicht nach Maßgabe des § 10 SchRegO. Danach ist ein Seeschiff eintragungspflichtig, wenn es nach § 1 des Flaggenrechtsgesetzes die Bundesflagge zu führen hat (§ 10 Abs. 1 SchRegO). Ein Binnenschiff ist allgemein formuliert eintragungspflichtig, wenn es zu gewerblichen Zwecken des Güterverkehrs bestimmt ist (§ 10 Abs. 2 SchRegO). Ähnlich wie bei Grundstücken besteht für Schiffe des Bundes, eines Landes oder einer öffentlich-rechtlichen Körperschaft oder Anstalt keine Eintragungspflicht (§ 10 Abs. 3 SchRegO).

3 Den Gleichklang zwischen dem Immobiliarsachenrecht und dem Sachenrecht an eingetragenen Schiffen stellt das **Gesetz über Rechte an eingetragenen Schiffen** und Schiffsbauwerken (SchRG v. 15.11.1940, RGBl I 1940, 1499, zuletzt geändert durch Gesetz v. 21.1.2013, BGBl I 2013, S. 91) her. Zum Eigentumsübergang an Seeschiffen genügt nach § 2 Abs. 1 SchRG die Einigung der Parteien; für Binnenschiffe ist nach § 3 Abs. 1 SchRG auch die Eintragung im Schiffsregister erforderlich. Nur bei Eintragung im Schiffsregister sind Schiffe sachenrechtlich dem unbeweglichen Vermögen gleichgestellt. Der öffentliche Glaube des Schiffsregisters erstreckt sich auf das Eigentum, auf das Bestehen oder Nichtbestehen einer Schiffshypothek oder eines Nießbrauchs (§§ 16, 17 SchRG).

Ein nicht eingetragenes Schiff oder Schiffsbauwerk ist bewegliches Vermögen, Übereignung erfolgt nach §§ 929 ff. BGB, Zwangsvollstreckung erfolgt nach §§ 808 ff. ZPO.[3]

Die Anwendung des Immobiliarsachenrechts auf eingetragene Schiffe und Schiffsbauwerke erfolgte nicht allein zum Schutz des Rechtsverkehrs. Wesentlich will der Gesetzgeber die Möglichkeit schaffen, durch Bestellung einer Schiffshypothek nach §§ 24 ff. SchRG das Schiff oder Schiffsbauwerk der rechtssicheren Kreditsicherung zur Verfügung zu stellen.

Als Folge der Anwendung des Immobiliarsachenrechts ist auch das eingetragene Schiff oder Schiffsbauwerk der Zwangsvollstreckung in das unbewegliche Vermögen nach Maßgabe der §§ 162 ff. ZVG unterworfen.[4]

4 Eine gleiche Systematik besteht bei **Luftfahrzeugen**, die in der **Luftfahrzeugrolle** eingetragen sind (Gesetz über Rechte an Luftfahrzeugen – LuftFzg v. 26.2.1959, BGBl III 1959, 403–9, zuletzt geändert durch Verordnung v. 4.5.2021, BGBl I 2021, 882). Auf Luftfahrzeuge ist das Immobiliarsachenrecht anzuwenden; sie unterliegen auch der Zwangsvollstreckung in das unbewegliche Vermögen (§§ 171a ff. ZVG), wenn sie in die Luftfahrzeugrolle eingetragen sind (§ 99 LuftfzRG). Hier sind zu unterscheiden die Registrierung des Luftfahrzeugs durch Eintragung in die Luftfahrzeugrolle und die Eintragung im Register für Pfandrechte an Luftfahrzeugen. Erstere ist Voraussetzung für zweites.[5] Die Luftfahrzeugrolle wird beim Luftfahrtbundesamt Braunschweig geführt (§ 64 LuftVG), das Register für Pfandrechte vom Amtsgericht Braunschweig (§ 78 LuftfzRG). Öffentlichen Glauben genießt nur das Register für Pfandrechte, nicht die Luftfahrzeugrolle.

---

1 Eingehend *Hornung*, Rpfleger 2003, 232.
2 Eingehend *Hornung*, Rpfleger 1985, 271; *ders.*, Rpfleger 1985, 345.
3 BGHZ 112, 4, 5.
4 Dazu Steiner/*Hagemann*, ZVG, § 162 Rn 40, § 170a Rn 9 ff.; Böttcher/*Keller*, ZVG, vor §§ 162 Rn 1, 2.
5 Zum Pfandrechtsregister Steiner/*Hagemann*, ZVG, § 171b Rn 10–16.

III. Sonstige Rechtsobjekte

Grundstücksgleiche Rechte sind beschränkte dingliche Rechte an Grundstücken, die kraft besonderer gesetzlicher Regelung materiell-rechtlich und formell-rechtlichen den Grundstücken gleichgesetzt sind.[6] Sie sind insbes. veräußerbar, vererblich und belastbar mit Grundpfandrechten. An erster Stelle ist das Erbbaurecht zu nennen, dem der Gesetzgeber mit den §§ 1012 ff. BGB zunächst wenig Bedeutung beimaß, was sich mit Einführung der ErbbauVO im Jahre 1919 jedoch rasch änderte (eingehend Rdn 150).[7]

Weiteres grundstücksgleiches Recht kraft Bundesrecht ist das **Bergwerkseigentum** (§ 9 Abs. 1 S. 2 BBergG).[8] Das Bergwerkseigentum entsteht mit Zustellung der Berechtsamsurkunde an den Antragsteller (§ 17 Abs. 1 BBergG). Grundbucheintragung erfolgt nach § 17 Abs. 3 S. 1 BBergG auf Ersuchen der zuständigen Behörde. Bergwerkseigentum, das nach Art. 67 EGBGB durch Landesrecht weiterbestanden hat, bleibt aufrechterhalten und ist als grundstücksgleiches Recht nach § 9 BBergG zu behandeln (§ 149 Abs. 1 S. 1 Nr. 1 mit § 151 Abs. 2 und § 176 BBergG).[9]

Auf sonstige grundstücksgleiche Rechte ist das Immobiliarsachenrecht anzuwenden, soweit solche Rechte kraft fortgeltenden Landesrechtes weiterbestehen. Zu nennen sind **Abbaugerechtigkeiten** nach Art. 68 EGBGB oder **Nutzungsrechte** nach Art. 196 EGBGB, bspw. das selbstständige **Fischereirecht in Bayern**[10] oder auch in Brandenburg. Beispielhaft ist weiter hinzuweisen auf das Bayerische Gesetz über Graphitgewinnung v. 12.11.1937 Art. 4 Abs. IV (BayBS IV, 164) oder das Gesetz über die Bestellung von **Salzabbaugerechtigkeiten in der Provinz Hannover** v. 4.8.1904 (GVBl Sb III, 751). Zum Überleitungsrecht in Hessen, Niedersachsen, Westfalen, Rheinland-Pfalz, Schleswig-Holstein vgl. Art. 40 PreußAGBGB (GVBl II, 230–2; GVBl Sb III, 400; SVG NW 40; GVBl Rh-Pf 1968 Nr. 1a, 400–1; GS Schl-H, 400).[11]

Das Sachenrecht der Länder des Deutschen Reiches zur Zeit des Inkrafttretens des BGB kannte im Übrigen eine Vielzahl grundstücksgleicher Rechte oder veräußerlicher und vererblicher Gerechtigkeiten. Die landesrechtlichen Vorbehalte regeln Art. 65 ff. EGBGB. Von den überholten grundstücksgleichen Rechte sind beispielhaft zu nennen die Apothekerprivilegien aus der Zeit vor 1810, Schiffsmühlengerechtigkeiten, Fährgerechtigkeiten, Abdeckereigerechtigkeiten, Eisenerzgrabrechte oder gar Kirchstuhlgerechtsame (Art. 133 EGBGB).[12] Nach Art. 80 Abs. 2 EGBGB können **Pfarrnutzungsrechte** oder Pfründerechte als fortgeltende Rechte bestehen.[13]

Kohleabbaugerechtigkeiten des Königreichs Sachsen und der ehemals sächsischen Landesteile des Königsreichs Preußen[14] sind als grundstücksgleiche Rechte durch § 5 Abs. 2 GBBerG zum 25.12.1993 aufgehoben (siehe § 5 GBBerG Rdn 6).

Stockwerkseigentum hat seinen Ursprung in französischen Recht und wurde in den napoleonisch beeinflussten Ländern Baden, dem rechtsrheinischen Bayern, Sachsen-Meiningen, Frankfurt am Main, aber auch Schleswig eingeführt.[15] Für Württemberg ist es gewohnheitsrechtlich anerkannt.[16] Die Länder sind befugt, altrechtlich bestehendes Stockwerkseigentum in eigener Kompetenz gesetzlich zu regeln (Art. 218 EGBGB).[17] Hiervon haben Baden-Württemberg (§ 36 BaWü AGBGB mit Art. 226–231 WürttAGBGB),[18] Hessen (Gesetz zur Überleitung des Stockwerkseigentums v. 6.2.1962, GVBl I 1962, 17) und Rheinland-Pfalz (Art. 216–219 Rheinhess. AGBGB) Gebrauch gemacht. Zu unterscheiden sind unechtes und echtes Stockwerkseigentum. Unechtes Stockwerkseigentum nach Art. 131 EGBGB besteht in Miteigentum am Grundstück und vereinbarter Gebrauchsregelung am Gebäude mit dauerhaftem Aus-

---

6 Staudinger/*Chr. Heinze*, BGB, § 873 Rn 23.
7 Staudinger/*Rapp*, BGB, ErbbauRG Einl Rn 3.
8 *Ring*, NotBZ 2006, 37.
9 Zum Bergwerkseigentum nach preußischem Recht Güthe/*Triebel*, Kommentierung zu Art. 22 PrAGGBO.
10 Zur Grundbucheintragung BayObLGZ 1991, 291; 1994, 66 = Rpfleger 1994, 453; *Demharter*, § 3 Rn 7; *Böhringer*, BWNotZ 1986, 126; zu weiteren grundstücksgleichen Rechten in Bayern Art. 40 Abs. 2 BayAGGVG.
11 Eingehend Staudinger/*Mayer*, BGB, Art. 69 EGBGB Rn 51 ff.
12 Eingehend zu allem *Predari*, § 3 Anm. D.
13 Güthe/*Triebel*, Bd. 2, S. 1965; Soergel/*Hartmann*, BGB, Art. 69 EGBGB Rn 4, 5.
14 Staudinger/*Wagner*, BGB, 1. Aufl. 1900, Art. 67 EGBGB Anm. A zweiter Abs.
15 Staudinger/*Wagner*, BGB, 1. Aufl. 1900, Art. 13 EGBGB Anm. 2.
16 Ablehnend aber Motive zum BGB, Bd. III, S. 44 f.
17 Zur möglichen Umstellung auf das Datenbankgrundbuch *Jung*, Rpfleger 2020, 425.
18 Dazu *Hammer*, BWNotZ 1967, 20; *Thümmel*, JZ 1980, 125, *ders.*, BWNotZ 1980, 97 und 1984, 5; *Zipperer*, BWNotZ 1985, 49.

schluss des Anspruchs auf Aufhebung der Gemeinschaft.[19] Echtes Stockwerkseigentum nach Art. 182 EGBGB ist ähnlich dem Wohnungseigentum (§ 1 Abs. 2 und 3 WEG) Alleineigentum am Stockwerk verbunden mit Miteigentum am Grundstück. Es ist als Grundstückseigentum heute noch zulässig, soweit es vor dem 1.1.1900 begründet worden ist. Eine Neubegründung ist durch Art. 189 Abs. 1 S. 3 EGBGB ausgeschlossen.[20]

11 Die **Bahneinheit** als Rechtsgesamtheit der von einer Eisenbahn oder Kleinbahn genutzten Grundstücke ist nach Art. 112 EGBGB als grundstücksgleiches Recht anerkannt.[21] Die praktische Bedeutung des Eigentums an einer Bahneinheit ist gering, da mit Staatsvertrag v. 31.3.1920 (RGBl I 1920, 774) die Bahnen durch das Reich übernommen wurden. Das früher als Sondervermögen des Bundes geführte Eisenbahnvermögen wurde durch das Eisenbahnneuordnungsgesetz v. 27.12.1993 (BGBl I S. 2378) auf die DB AG und später auf die DB Netz AG übertragen. Diese Übertragung hat nicht dazu geführt, dass das bahnnotwendige Eisenbahnvermögen freies zivilrechtliches Vermögen der DB AG oder der DB Netz AG geworden ist. Vielmehr setzen sich die aus den früheren Widmungen folgenden Beschränkungen unverändert fort. Sie lasten als Inhaltsbeschränkungen auf dem bahnnotwendigen Vermögen und gehen deshalb auch durch einen Erwerb der Grundstücke, auf denen sich Eisenbahninfrastruktur befindet, nicht verloren, sondern binden den Erwerber.[22]

Landesrechtliche Regelungen gelten noch in Berlin, Nordrhein-Westfalen und Schleswig-Holstein mit dem Preußischen Bahneinheiten-Gesetz v. 19.8.1895 i.d.F. d. Bek. v. 31.12.1971, zul. geänd. d. VO v. 16.9.2003 (GVOBl, 503). Für Baden-Württemberg ist § 35 Abs. 3 S. 3 LFGG zu beachten. Zu einer Bahneinheit gehören der Bahnkörper und die übrigen Grundstücke, welche dauernd, unmittelbar oder mittelbar, dem Bahnunternehmen gewidmet sind, mit den damit verbundenen Gebäuden, sowie die für das Bahnunternehmen dauernd eingeräumten Rechte an fremden Grundstücken, die von dem Bahnunternehmer angelegten, zum Betrieb und zur Verwaltung der Bahn erforderlichen Fonds, die Kassenbestände der laufenden Bahnverwaltung, die aus dem Betrieb des Bahnunternehmens unmittelbar erwachsenen Forderungen und Ansprüche, die dem Bahnunternehmer gehörigen beweglichen körperlichen Sachen zur Herstellung, Erhaltung oder Erneuerung der Bahn oder der Bahngebäude oder die dem Betrieb des Bahnunternehmens dienen.

IV. Nachbarrechtliche Beschränkungen aufgrund Landesrechts

12 Soweit das Landesrecht Legalservituten begründet hat, können diese in das Grundbuch nicht eingetragen werden.[23] Beschränkungen des Eigentümers, die das Landesnachbarrecht nicht oder nicht mehr vorsieht, können vertraglich vereinbart werden. Insofern ist auch die Bestellung einer Grunddienstbarkeit zulässig.[24]

Öffentliches Recht geworden und daher für das Grundbuch bezüglich einer Neubegründung unbeachtlich geworden sind Sondernutzungsrechte nach dem Wasserrecht (§§ 7, 8 WHG), Jagdrechte (§ 1 BJagdG) und Rechte an Kirchenstühlen und Begräbnisstätten (Art. 133 EGBGB).[25]

13 **Nutzungsrechte an Gemeindevermögen** können öffentlich-rechtlicher oder privater Natur sein.[26] Soweit sie als radizierte Gemeinderechte oder radizierte Gerechtsame im Grundbuch eingetragen sind, sind sie unabhängig von ihrer Natur nach Grundbuchrecht zu behandeln.[27] Demgemäß ist ein solches Recht als subjektiv-dingliches Recht zu behandeln. Weil es sich um einen nicht wesentlichen Bestandteil des Grundstücks handelt,[28] bestehen gegen die isolierte Übertragbarkeit keine Bedenken,[29] auch nicht auf ein Wohnungseigentum.[30]

---

19 MüKo-BGB/*Säcker*, Art. 131 EGBGB Rn 2.
20 Meikel/*Böhringer*, § 136 Rn 31.
21 Güthe/*Triebel*, Art. 31 PaAGGBO Rn 2 ff.; zur Zwangsvollstreckung Steiner/*Hagemann*, ZVG, Einl Rn 36; Stöber/*Keller*, ZVG, § 2 EGZVG Rn 14.
22 Grundlegend BGHZ 226, 49.
23 Güthe/*Triebel*, § 13 vor VRB 65; Soergel/*Hartmann*, BGB, Art. 124 EGBGB Rn 3.
24 Nachw. der landesrechtlichen Regelung bei Soergel/*Siebert*, BGB, Art. 124 EGBGB; Staudinger/*Mayer*, BGB, Art. 124 EGBGB.
25 Dazu Soergel/*Hartmann*, BGB, Art. 133 EGBGB Rn 3; Staudinger/*Merten*, BGB, Art. 133 EGBGB Rn 15 ff.
26 Für Bayern vgl. *Glaser*, MittBayNot 1988, 113.
27 BayObLGZ 1964, 212.
28 BayObLGZ 1964, 212; 1970, 25.
29 BayObLGZ 1964, 212.
30 BayObLG MittBayNot 1985, 131.

Ist ein Gemeindenutzungsrecht im Bestandsverzeichnis eingetragen, so ist es von Amts wegen zu löschen, wenn dem Grundbuchamt die öffentlich-rechtliche Natur des Rechtes nachgewiesen wird. Steht die öffentlich-rechtliche Natur nicht fest, so ist nach § 22 GBO zu löschen, wenn eine Löschung nachgewiesen ist. Für den Nachweis reicht die Erklärung der Beteiligten in der Form des § 29 GBO aus.[31]

B. Wohnungs- und Teileigentum
I. Grundlagen zu Wohnungs- und Teileigentum
1. Gesetzliche Grundlagen

Materiell-rechtliche Grundlage von Wohnungs- und Teileigentum (WE oder TE) ist das Wohnungseigentumsgesetz (WEG) v. 15.3.1951 (BGBl I 1951, 175), das grundlegend durch die WEG-Reform v. 26.3.2007 (BGBl I 2007, 370) sowie durch das Wohnungseigentumsmodernisierungsgesetz (WEMoG) v. 16.10.2020 (BGB I 2020, 2187) geändert und modernisiert wurde.[32] Die Änderungen des WEMoG sind am 1.12.2020 in Kraft getreten. Sie enthalten neben grundlegenden Änderungen zum Gemeinschaftsrecht auch Änderungen zur Sondereigentumsfähigkeit von Stellplätzen oder Grundstücksflächen, was auch Bedeutung für die Begründung von Sondernutzungsrechten hat (siehe Rdn 110 ff.). Sachenrechtliche Änderungen des WEMoG betreffen WE und TE, das nach dem 1.12.2020 begründet worden ist. Für das bestehende WE oder TE bleiben die bis dato getroffenen Regelungen zum Sondereigentum, zu Sondernutzungsrechten sowie zur Gemeinschaftsordnung bestehen.

Die GBO findet als Verfahrensgesetz für Wohnungs- und Teileigentum unmittelbar schon deshalb Anwendung, weil es sich hierbei um echtes Grundstücks(mit-)eigentum i.S.d. §§ 741 ff., 1008 ff. und § 873 ff. BGB handelt (siehe Rdn 2, 4). Für die Gestaltung und Führung der Grundbücher ist die Wohnungsgrundbuchverfügung (WGV) zu beachten.

Streitigkeiten der Wohnungseigentümergemeinschaft werden verfahrensrechtlich nach §§ 43 ff. WEG, in Anwendung der ZPO und ergänzend des FamFG geregelt.[33]

An einer ehemaligen Reichsheimstätte konnte WE begründet werden. Die Reichsheimstätte ist durch Gesetz v. 1.10.1993 (BGBl I 1993, 912) aufgehoben worden.[34] WE kann auch an Grundstücken begründet werden, für welche die HöfeO gilt. Nach Bildung von WE am Hofstellengrundstück führt die Veräußerung einer Einheit zum Wegfall der Höfeeigenschaft.[35]

WE kann an einem Erbbaurecht bestellt werden, es liegt dann sog. Wohnungserbbaurecht nach § 30 WEG vor (dazu Rdn 214 ff.).

2. Grundstrukturen des Wohnungseigentums

Das WEG fügt sich seiner Struktur nach folgenden Überlegungen in das Sachen-, Schuld- und Grundbuchrecht ein:[36]

- **Sachenrechtlich:** WE ist echtes Eigentum bürgerlichen Rechts in Form einer rechtlichen Verbindung von Miteigentum am Grundstück und Gebäude (§ 1008 BGB) mit Sondereigentum an bestimmten Räumen (§ 1 Abs. 2 und 3 WEG). Es ist damit echtes Grundstückseigentum und nicht lediglich grundstücksgleiches Recht.[37]
- **Schuldrechtlich:** Das Rechtsverhältnis der WEer untereinander ist auf der Grundlage der §§ 9a ff. WEG durch eine wie ein Statut verbindliche Gemeinschaftsordnung geregelt, die neben gesetzlichen

---

31 BayObLG MittBayNot 1990, 33.
32 BT-Drucks 19/18791, S. 25 ff.; *Hinz*, ZMR 2020, 264; *Müller*, ZWE 2020, 445; *Wilsch*, FGPrax 2020, 1; *Wobst*, MittBayNot 2021, 1; *Wobst*, ZWE 2021, 17; *Suilmann*, ZWE 2021, 246; *Elzer*, MDR 2021, 334; zur Rechtsgeschichte allgemein Staudinger/*Rapp*, BGB, Einl. WEG Rn 58 ff.; MüKo-BGB/*Krafka*, Einl. WEG Rn 6 ff.
33 Umfassend Elzer/Fritsch/Meier/*Agatsy*, Wohnungseigentumsrecht, § 3 Rn 5 ff.
34 *Schöner/Stöber*, Grundbuchrecht, Rn 3904; *Ehrenforth*, NJW 1993, 2082; *Hornung*, Rpfleger 1994, 277.
35 OLG Oldenburg Rpfleger 1939, 149 m. Anm. *Hornung*.
36 Bärmann/*Armbrüster*, WEG, § 1 Rn 3 ff.; MüKo-BGB/*Krafka*, Einl. WEG Rn 27 ff.; *Weitnauer*, DNotZ Sonderheft 1977, 34 ff.
37 BGHZ 49, 250 = NJW 1968, 499; BGHZ 108, 156 = NJW 1989, 2534; BGHZ 116, 392 = NJW 1992, 978; Riecke/Schmid/*Schneider*, WEG, § 1 Rn 21; Bärmann/*Armbrüster*, WEG, § 1 Rn 6; zu früher vertretenen Theorien Staudinger/*Rapp*, BGB, Einl WEG Rn 2 ff., 23 ff.; *Bärmann*, NJW 1989, 1057; *F. Schmidt*, NotBZ 2005, 309.

(§§ 10 ff. WEG) auch vertragliche, beschlussmäßige und richterliche Regelungen enthalten kann (dazu siehe Rdn 96 ff.).

– **Mitgliedschaftsrechtlich:** Zur Vereinfachung der Verwaltungsorganisation und Haftungsbegrenzung der WEer bestimmt § 9a WEG in Fortführung der Rechtsprechung des BGH[38] die Teilrechtsfähigkeit der Wohnungseigentümergemeinschaft bis hin zur Grundbuchfähigkeit (siehe § 4 Einl. Rdn 57).[39]

– **Grundbuchverfahrensrechtlich:** Für jedes WE oder TE wird wegen seiner rechtlichen Selbstständigkeit ein besonderes Grundbuchblatt als „Wohnungs- oder Teileigentumsgrundbuch" geführt (siehe dazu Rdn 119 ff.).

II. Sachenrechtliche Grundlagen des Wohnungseigentums

1. Wohnungs- und Teileigentum

16 Zwischen **Wohnungs- und Teileigentum** (§ 1 Abs. 2, §§ 3, 6 WEG) besteht in der sachenrechtlichen Behandlung kein Unterschied. Ob Räume als WE oder als TE zu nutzen sind, hängt technisch von der baulichen Ausgestaltung ab, rechtlich ist die Zuordnung bei Begründung nach § 3 oder § 8 WEG maßgebend.[40] Die Bezeichnung im Aufteilungsplan gibt in der Regel vor, ob WE oder TE vorliegt; sie ist für das Grundbuchamt bei der Eintragung aber nicht verbindlich, es hat selbstständig festzustellen, ob WE oder TE vorliegt.[41] Da das Grundbuchamt aber keine Amtsermittlung vornimmt und erst Recht das Objekt nicht besichtigt, wird es regelmäßig von der Zuordnung im Aufteilungsplan ausgehen. Entsprechend dieser Zuordnung kann seitens der Miteigentümer auch verlangt werden, dass die Räume als Wohnung oder auch nicht zu Wohnzwecken genutzt werden (zum Begriff der „Wohnung" vgl. Rdn 33 ff.).[42]

Eine Umwandlung von WE in TE oder umgekehrt ist damit nicht lediglich Sache des einzelnen Eigentümers, sondern sachenrechtlich eine Angelegenheit der Gemeinschaft der Eigentümer (dazu Rdn 59, 74).[43] Sie müssen durch einstimmige Vereinbarung eine Änderung der Zweckbestimmung vornehmen.[44] Im Einzelfall kann aus der Pflicht zur gegenseitigen Treue ein Zustimmungsanspruch bestehen (§ 10 Abs. 2 WEG).[45] Eine Zustimmung der Grundpfandrechtsgläubiger oder sonst dinglich Berechtigter ist nicht erforderlich.[46] Die Gemeinschaftsordnung kann im Rahmen einer Öffnungsklausel Regelungen zur Umwandlung von WE in TE enthalten und sogar den Verwalter zu entsprechenden Erklärungen ermächtigen.[47] Keine Umwandlung im sachenrechtlichen Sinne liegt bei bloßer Nutzungsänderung einzelner Räume vor, wenn etwa innerhalb einer Wohnung ein bisheriges Kinderzimmer zum Home-Office gemacht wird.[48]

---

38 BGHZ 163, 154 = NJW 2005, 2063.
39 OLG Celle DNotZ 2008, 616 = Rpfleger 2008, 296; OLG Hamm DNotZ 2010, 130 = Rpfleger 2010, 132; OLG Hamm Rpfleger 2010, 583; Bärmann/*Suilmann*, WEG, § 9a Rn 4 ff.; MüKo-BGB/*Krafka*, Einl. WEG Rn 55 ff.; MüKo-BGB/*Burgmair*, § 9a WEG Rn 3 ff.; Schöner/Stöber, Grundbuchrecht, Rn 2838c m.w.N.
40 Zur grundlegenden praktischen Bedeutung Elzer/Fritsch/Meier/*Elzer*, Wohnungseigentumsrecht, § 1 Rn 8 ff.
41 BGH NZM 2010, 407; KG MittBayNot 2008, 209.
42 BayObLGZ 1973, 1, 8 = Rpfleger 1973, 139; OLG Düsseldorf Rpfleger 1976, 215; Bärmann/*Armbrüster*, WEG, § 1 Rn 27 ff.; Schöner/Stöber, Grundbuchrecht, Rn 2872a; zur zulässigen Nutzung von TE als muslimisches Gemeindezentrum OLG Frankfurt a.M. NZM 2013, 153 = ZWE 2013, 211.
43 BGH NJW 2004, 364; BGH NJW-RR 2012, 1036 = NZM 2012, 613; BGH NJW 2018, 41 = ZfIR 2018, 17; BayObLGZ 1974, 217; BayObLGZ 1983, 79 = DNotZ 1984, 104; BayObLGZ 1989, 28; BayObLG Rpfleger 1991, 500; BayObLGZ 1997, 233; BayObLG WuM 1998, 112; BayObLG NJW-RR 2001, 1163; OLG Hamm DNotZ 2004, 389; allg. Bärmann/*Armbrüster*, WEG, § 1 Rn 38 ff.; a.A. Riecke/Schmid/*Elzer*, WEG, § 3 Rn 20 ff. m.w.N.
44 Bärmann/*Armbrüster*, WEG, § 1 Rn 38 ff.
45 Bärmann/*Armbrüster*, WEG, § 1 Rn 39 ff.
46 KG ZWE 2011, 84.
47 BayObLG NJW-RR 2001, 1163 = MittBayNot 2001, 205; KG ZWE 2011, 84; a.A. *Ott*, ZfIR 2005, 129.
48 OLG Hamm ZMR 2006, 634 (Gäste-WC in Küche).

2. Rechtsnatur des Wohnungs- und Teileigentums

WE und TE ist **echtes Eigentum** und nicht lediglich ein grundstücksgleiches Recht.[49] Es verbindet das Alleineigentum an einer Wohnung oder sonstigen Raumeinheit (Sondereigentum) mit Bruchteilseigentum am Grundstück,[50] bei dem das Sondereigentum als Bestandteil des Miteigentumsanteils dessen rechtliches Schicksal teilt,[51] wozu ein verdinglichtes Mitgliedschaftsrecht an der nach § 9a WEG rechtsfähigen Gemeinschaft tritt.[52] Trotz der wirtschaftlichen Erstrangigkeit des Sondereigentums steht juristisch das Miteigentum im Vordergrund, ähnlich dem Gebäude als wesentlichem Bestandteil des Grundstücks nach § 94 BGB.[53]

Da das WE und TE wie ein selbstständiges Grundstück behandelt wird, sind die Vereinigung oder die Bestandteilszuschreibung eines Grundstücks[54] oder Miteigentumsanteils möglich (vgl. § 5 GBO Rdn 9 ff.; § 6 GBO Rdn 9 ff.).[55]

An WE kann jedoch kein Unterwohnungseigentum in Form neuerlichen WE oder TE gebildet werden, das würde dann zu Unter-WE an einzelnen Räumen eines bestehenden Sondereigentums führen und zu Unterbruchteilseigentum am Grundstück, was es begrifflich nicht gibt. Allerdings kann WE oder TE in weitere WE oder TE unterteilt werden (dazu Rdn 67).[56]

3. Stellung des Wohnungs- oder Teileigentümers

Jeder Wohnungseigentümer hat als Inhaber eines ideellen Anteils am Gemeinschaftseigentum (§ 1 Abs. 5 WEG; § 1008 BGB) und Alleineigentümer am realen Bereich seines Sondereigentums (§§ 5 Abs. 1, 13 WEG) **in beiden Sphären eine echte Eigentümerstellung.** Das WEG verbietet die völlige Trennung des Sondereigentums vom Miteigentumsanteil (§ 6 WEG) und Vereinbarungen, wonach ein Miteigentümer kein Sondereigentum erhalten[57] oder Sondereigentum mit Gesamthandseigentum an dem Grundstück verbunden würde.[58]

4. Einheit von Gebäude und Grundstück

Die rechtliche **Einheit von Grundstück, Gebäude und wesentlichen Gebäudebestandteilen** (§§ 93, 94 BGB) ist nur im unumgänglich notwendigem Umfang durch das Sondereigentum durchbrochen[59] und durch **zwingendes Recht** gewahrt:

– § 1 Abs. 4 WEG: WE kann zwar nur an einem einzigen Grundstück begründet werden, jedoch zugleich an den mehreren Gebäuden auf dem Grundstück (Mehrhausanlagen).[60] Unzulässig ist die Verbindung des Sondereigentums mit dem Miteigentum an mehreren Grundstücken (§ 4 Abs. 4 WEG). Mehrere Grundstücke müssen daher rechtlich zu einem Grundstück vereinigt oder als Bestandteil zugeschrieben werden (§§ 5, 6 GBO).[61] Ob eine katastertechnische Verschmelzung mehrerer Flurstücke erfolgen muss, ist eine Frage des öffentlichen Baurechts, sachenrechtlich erforderlich ist sie nicht. WE und TE kann auch an einem mit einem Erbbaurecht belasteten Grundstück begründet werden, wenn das im Erbbaurecht errichtete Gebäude und das in WE aufzuteilende Gebäude verschiedene Gebäude sind und an der Fläche, auf die sich die Ausübung des Erbbaurechts erstreckt, kein Sonder-

---

49 BGHZ 49, 250 = NJW 1968, 499; BGHZ 108, 156 = NJW 1989, 2534; BGHZ 116, 392 = NJW 1992, 978; Riecke/Schmid/*Schneider*, WEG, § 1 Rn 21; Bärmann/*Armbrüster*, WEG, § 1 Rn 6; Weitnauer/*Briesemeister*, WEG, vor § 1 Rn 25; zu früher vertretenen Theorien Staudinger/*Rapp*, BGB, Einl WEG Rn 2 ff., 23 ff.; *Bärmann*, NJW 1989, 1057; *F. Schmidt*, NotBZ 2005, 309.
50 Zur Dogmatik des Wohnungseigentums MüKo-BGB/*Krafka*, Einl. WEG Rn 27 ff.
51 Bärmann/*Armbrüster*, WEG, § 1 Rn 13 ff.
52 BT-Drucks 19/18791, S. 45 ff.; eingehend zur Rechts- und Parteifähigkeit Staudinger/*Kreuzer*, BGB, § 10 WEG Rn 243 ff.; Bärmann/*Suilmann*, WEG, § 9a Rn 4 ff.; Riecke/Schmid/*Schneider*, WEG, § 1 Rn 13 ff.; *Hügel*, DNotZ 2005, 753.
53 BGHZ 49, 250, 251 = NJW 1968, 499; BayObLGZ 1993, 298 = Rpfleger 1994, 108.
54 BayObLG Rpfleger 1993, 108.
55 BayObLGZ 1988, 4 = Rpfleger 1988, 140.
56 OLG Köln Rpfleger 1984, 268; OLG München ZWE 2013, 355; Bärmann/*Armbrüster*, WEG, § 2 Rn 95 ff.
57 Weitnauer/*Briesemeister*, WEG, § 3 Rn 20 ff.
58 Bärmann/*Armbrüster*, WEG, § 3 Rn 21 ff.; Weitnauer/*Briesemeister*, WEG, § 3 Rn 11.
59 Weitnauer/*Briesemeister*, WEG, Vorb. 21 ff. vor § 1.
60 OLG Köln DNotZ 1962, 210; OLG Frankfurt a.M. NJW 1963, 814; BGHZ 50, 56 = Rpfleger 1968, 181; Bärmann/*Armbrüster*, WEG, § 1 Rn 51 ff., § 3 Rn 12 ff.; zu Fragen der Gemeinschaftsordnung Elzer/Fritsch/Meier/*Elzer*, Wohnungseigentumsrecht, § 1 Rn 557 ff.
61 OLG Hamm Rpfleger 1998, 155.

eigentum oder Sondernutzungsrecht eines WE begründet wird.[62] An einem Überbau kann Sondereigentum begründet werden, wenn der Überbau von dem aufzuteilenden Grundstück ausgeht.[63] Gegenüber dem belasteten Grundstück muss der Überbau abgesichert sein, in der Regel erfolgt dies durch Dienstbarkeit nach § 1018 BGB.[64]

– §§ 1 Abs. 5, 5 Abs. 2 WEG: Am Grundstück selbst, an konstruktiven Gebäudeteilen und dem gemeinschaftlichen Gebrauch dienenden Anlagen kann kein Sondereigentum bestehen.
– § 6 Abs. 1 WEG: Sondereigentum teilt stets das rechtliche Schicksal des Miteigentumsanteils.
– § 11 WEG: Die Aufhebung der WE-Gemeinschaft kann nicht erzwungen werden. Nur wenn alle Miteigentumsanteile und damit das gesamte Sondereigentum sich in der Hand desselben Eigentümers befinden, kann er das WE wieder aufheben. Der Erwerb mehrerer Wohnungseigentumseinheiten führt aber selbstverständlich nicht zu einer Konsolidation, das WE bleibt auch in der Hand desselben Eigentümers rechtlich selbstständig.

5. Sondereigentum vor Gebäudeerrichtung

20 **Sondereigentum an Räumen** bedarf einer baulichen Substanz. Gegenüber der „Fertigstellungstheorie" hat sich die Meinung von der „schrittweisen Entstehung von Sondereigentum" durchgesetzt, wonach die Anwartschaft des Miteigentümers fortschreitend in Sondereigentum an jedem einzelnen seiner Sondereigentums-Räume übergeht, sobald der Raum (Rohbau ohne Fenster und Türen) durch seine Ummauerung seine natürliche und rechtliche Grenze erhalten hat.[65] Nicht alle Räume müssen im Sondereigentum stehen (§ 5 Abs. 3 WEG). Art und Zahl der Raumeinheiten und Gebäude sind rechtlich unerheblich.[66]

21 **WE kann** damit **vor Herstellung eines Raumes wirksam begründet**, im Grundbuch eingetragen, veräußert und belastet werden,[67] selbst wenn zum Zeitpunkt der Grundbucheintragung nach öffentlichem Recht ein Bauverbot besteht.[68] Gleich zu behandeln ist der Fall, dass nur tatsächliche Hindernisse entgegenstehen.[69] Ebenso sind nachträglich auftretende rechtliche oder tatsächliche Hindernisse unbeachtlich.[70]

Notwendig, aber auch genügend sind der Aufteilungsplan nach § 7 Abs. 4 Nr. 1 WEG und die Abgeschlossenheitsbescheinigung zu § 3 Abs. 3 WEG (dazu Rdn 121). Probleme ergeben sich, wenn die tatsächliche Bauausführung vom Aufteilungsplan abweicht. An Räumen, die Aufteilungsplan als Gemeinschaftseigentum gekennzeichnet sind, kann allein durch die andere Bauausführung kein Sondereigentum entstehen.[71] Ebenso kann bei wesentlichen Abweichungen vom Aufteilungsplan Sondereigentum nicht entstehen, wenn die Räume, die im Sondereigentum stehen sollen, sich nach dem Aufteilungsplan nicht identifizieren lassen.[72] Praktisch bedeutsam ist dies bei „gefangenen" Räumen, insbes. bei Spitzböden, die als Gemeinschaftseigentum ausgewiesen durch nachträgliche bauliche Änderung einem Sondereigentum zugeschlagen werden. Wurde Teileigentum an einer erst zu errichtenden Garage begründet, diese aber nicht endgültig errichtet, und haben die Wohnungseigentümer kein Interesse an der Errichtung, kann es nach Treu und Glauben geboten sein, dass die Wohnungseigentümer ohne Zahlung eines Wert-

---

62 OLG Hamm RR 1999, 234.
63 Zur Problematik bei Grenzüberbauung. OLG Hamm OLGZ 1977, 264; Rpfleger 1984, 98; OLG Stuttgart DNotZ 1983, 444; OLG Karlsruhe DNotZ 1986, 753 m. Anm. *Ludwig*; Bärmann/*Armbrüster*, WEG, § 1 Rn 56 ff.; *Weitnauer*, ZfBR 1982, 101; *Röll*, MittBayNot 1983, 5; *Demharter*, Rpfleger 1983, 133; *Ludwig*, DNotZ 1983, 411; *Brünger*, MittRhNotK 1987, 269. LG Bautzen RR 201, 591; dazu auch OLG Karlsruhe DNotZ 1986, 753 und OLG Köln NZM 1998, 1015.
64 Staudinger/*Rapp*, BGB, § 1 WEG Rn 29 ff.; Riecke/Schmid/*Schneider*, WEG, § 1 Rn 193 ff.; NK-BGB/*Heinemann*, § 1 WEG Rn 5; *Schöner/Stöber*, Grundbuchrecht, Rn 2817 m.w.N.; Elzer/Fritsch/Meier/*Elzer*, Wohnungseigentumsrecht, § 1 Rn 40 ff.; *Rastätter*, BWNotZ 1988, 134; *Elzer*, NotBZ 2020, 201.
65 BayObLGZ 1973, 80; OLG Karlsruhe DNotZ 1973, 235; *Röll*, DNotZ 1977, 69, 71; BGHZ 110, 36, 38 = Rpfleger 1990, 159; eingehend Staudinger/*Rapp*, BGB, § 5 WEG Rn 46 ff.
66 *Weitnauer/Briesemeister*, WEG, § 3 Rn 24.
67 BGH DNotZ 1990, 259; eingehend *Schöner/Stöber*, Grundbuchrecht, Rn 2873.
68 BGH DNotZ 1990, 259.
69 *Demharter*, Anh. § 3 Rn 8.
70 *Demharter*, Anh. § 3 Rn 8; a.A. OLG Hamm NJW RR 1991, 335 mit Anm. *Weitnauer*, MittBayNot 1991, 143; *Hauger*, DNotZ 1992, 498.
71 BGHZ 208, 29 = NJW 2016, 473; *Grziwotz*, ZfIR 2016, 125.
72 BGH NJW 2004, 1798 = Rpfleger 2004, 207; NK-BGB/*Heinemann*, § 2 WEG Rn 17; m.w.N.; eingehend Bärmann/*Armbrüster*, WEG, § 2 Rn 71 ff.; *Schöner/Stöber*, Grundbuchrecht, Rn 2875; *Armbrüster*, ZWE 2005, 182; *Abramenko*, ZMR 1998, 741; *Kanzleiter*, DNotZ 2018, 246.

ausgleiches die Miteigentumsanteile, die mit dem Sondereigentum an der geplanten Tiefgarage verbunden wurden, übernehmen und das Sondereigentum aufgehoben wird.[73]

6. Verhältnis von Wohnungseigentumsgröße und Miteigentumsanteil

Das WEG zwingt nicht zu einem bestimmten Größen- oder Wertverhältnis zwischen Miteigentumsanteil und Sondereigentum. Wie ihr Verhältnis festgelegt wird, ist der freien Bestimmung der WEer überlassen,[74] was eine den praktischen Bedürfnissen entsprechende Vergrößerung oder Verkleinerung des Sondereigentums erleichtert. Trotzdem empfiehlt sich entweder ein objektiver Maßstab bei der Bruchteilsfestsetzung oder eine angemessene Verteilung von Nutzen und Lasten.[75] Auf Grund der Kostenverteilung nach § 16 Abs. 1 WEG ist es üblich, die Miteigentumsanteile im Verhältnis der Wohnungsgrößen zueinander zu bestimmen. Änderungen ungerechter Regelungen können im Verfahren nach § 10 Abs. 2 WEG erzwungen werden.[76]

7. Abgrenzung von Gemeinschafts- und Sondereigentum

Der Bestimmtheitsgrundsatz zwingt zur **genauen Abgrenzung** zwischen **Gemeinschafts- und Sondereigentum** und zwischen den Sondereigentumsbereichen der einzelnen Wohnungseigentümer. Sie erfolgt durch Gesetz (§§ 1 Abs. 5; 5 Abs. 1–3 WEG), den zum Grundbuchinhalt gemachten Vereinbarungen i.V.m. Aufteilungsplan (§§ 3; 7 Abs. 3; 4 Abs. 1 WEG), bauliche Abgeschlossenheit der Raumeinheiten (§§ 3 Abs. 2; 7 Abs. 4 Nr. 2 WEG) und die Vermutungswirkung des § 1 Abs. 5 WEG, die im Zweifel für gemeinschaftliches Eigentum spricht.[77] Der Aufteilungsplan als Bestandteil der Bewilligung nach § 7 Abs. 4 Nr. 1 WEG wird durch Bezugnahme Inhalt des Wohnungsgrundbuchs.[78] Soweit es sich um die Abgrenzung von Sondereigentum und Gemeinschaftseigentum handelt, nimmt er am öffentlichen Glauben des Grundbuchs teil.[79] Deshalb ist im Aufteilungsplan Sondereigentum von Gemeinschaftseigentum genau abzugrenzen[80] und wenn sich auf dem Grundstück mehrere selbstständige Bauwerke befinden, im Lageplan der Standort der Baukörper innerhalb des Grundstücks festzulegen.[81] Das Erfordernis der Abgeschlossenheitsbescheinigung zu § 3 Abs. 3 WEG bezieht sich nicht auf die Abschließung gegen Räume auf einem anderen Grundstück.[82]

Sind Räume im Aufteilungsplan nicht genau als Sondereigentum beschrieben, entsteht an ihnen auch kein Sondereigentum, sie sind dann Gemeinschaftseigentum.[83] Gleiches gilt bei Abweichungen der Bauausführung vom Aufteilungsplan.[84] Oft treten solche Unstimmigkeiten erst in einem Zwangsversteigerungsverfahren zu Tage, wenn der zur Verkehrswertermittlung nach § 74a Abs. 5 ZVG beauftragte Sachverständige die Räume besichtigt.[85]

---

73 BayObLGZ 2001, 328.
74 BGH Rpfleger 1976, 352; BGH Rpfleger 1986, 430 = DNotZ 1987, 208.
75 *Röll*, NJW 1976, 1473; DNotZ 1977, 73.
76 BayObLGZ 1985, 47; Bärmann/*Suilmann*, WEG, § 10 Rn 116 ff.; Weitnauer/*Gottschalg*, WEG, § 16 Rn 4.
77 OLG Hamm DNotZ 1977, 308, 309; *Röll*, DNotZ 1977, 643.
78 Bärmann/*Armbrüster*, WEG, § 7 Rn 95.
79 BayObLG DNotZ 1982, 244 m.w.N.
80 OLG Frankfurt a.M. Rpfleger 1980, 391; zu den Voraussetzungen an die Bestimmtheit von Räumen, Gebäuden, Garagen, die erst noch gebaut werden sollen OLG Frankfurt a.M. Rpfleger 1978, 380; Bärmann/*Armbrüster*, WEG, § 7 Rn 83 ff.; zur Abweichung des Aufteilungsplanes von der Teilungserklärung BayObLG DNotZ 1982, 244; zur Abweichung der Bauausführung vom Aufteilungsplan BGHZ 208, 29 = NJW 2016, 473; BayObLGZ 1981, 332 = DNotZ 1982, 242; BayObLG DNotZ 1990, 263; OLG Stuttgart OLGZ 1979, 21; OLG Celle OLGZ 1981, 106; *Röll*, Rpfleger 1983, 382.
81 OLG Bremen DNotZ 1980, 489.
82 BayObLG DNotZ 1991, 480.
83 OLG Frankfurt a.M. FGPrax 1997, 139 = Rpfleger 1997, 374.
84 BGH NJW 2004, 1798 = Rpfleger 2004, 207; BGHZ 208, 29 = NJW 2016, 473; NK-BGB/*Heinemann*, § 2 WEG Rn 17; m.w.N.; eingehend Staudinger/*Rapp*, BGB, § 7 WEG, Rn 41 ff.; Bärmann/*Armbrüster*, WEG, § 7 Rn 71 ff.; Bärmann/Seuß/*Schneider*, Praxis des Wohnungseigentums, A Rn 296 ff.; *Schöner/Stöber*, Grundbuchrecht, Rn 2875; *Armbrüster*, ZWE 2005, 182; *Abramenko*, ZMR 1998, 741; *Rapp*, MittBayNot 2016, 474; *Elzer*, IMR 2016, 75.
85 Stöber/*Keller*, ZVG. § 15 Rn 397 ff.

8. Änderung von Sondereigentum

24 Die Änderung von Sondereigentum ist eine **Inhaltsänderung des Miteigentums**, auf die materiell und verfahrensrechtlich §§ 876; 877 BGB entsprechend anzuwenden ist;[86] sie bedarf der Einigung in der Form der Auflassung und der Eintragung in das Grundbuch.[87]

9. Rechtliche Eigenständigkeit des Wohnungs- oder Teileigentums

25 **Jedes WE-Recht ist eine rechtlich selbstständige Einheit;** an ihm kann Allein-, Mit- und Gesamthandseigentum erworben werden.[88] Es wird wie Eigentum veräußert und belastet[89] und kann herrschendes Grundstück subjektiv-dinglicher Rechte sein.[90]

10. Abgrenzungen von anderen Rechtsinstituten

26 Wohnungseigentum unterscheidet sich von sonstigen Eigentumsformen:

- Das **Miteigentum** mit Vereinbarungen nach § 1010 BGB ist gewöhnliches Miteigentum (§ 1008 BGB) mit verdinglichten schuldrechtlichen Vereinbarungen über Verwaltung und Benutzung, aber ohne Raumeigentum (siehe § 4 Einl. Rdn 22 ff.). Der durch § 1010 BGB als dingliche Vereinbarung mögliche Ausschluss des Aufhebungsanspruchs ist bei WE bereits durch § 11 WEG gesetzlich zwingend.
- Das **Gesamthandseigentum** hat gesamthänderische Bindungen der Eigentümer zur Folge (siehe § 4 Einl. Rdn 31 ff.); WE ist als Miteigentum nach Bruchteilen selbstständig (§ 741 BGB). Selbstverständlich können mehrere Personen in Gesamthandsgemeinschaft Eigentümer von WE sein.
- Das **Erbbaurecht** ist ein beschränktes dingliches Recht auf bauliche Nutzung eines fremden Grundstücks, das als grundstücksgleiches Recht wie ein Grundstück veräußert und belastet werden kann (siehe Rdn 150 ff.).
- Das **Wohnungserbbaurecht** ist ein besonders ausgestaltetes Erbbaurecht, bei welchem das Bauwerk seinerseits in WE und TE aufgeteilt ist; es ist als solches kein selbstständiges Eigentum, eigentumsfähig ist das jeweilige WE oder TE des aufgeteilten Erbbaurechts (siehe Rdn 214 ff.).
- **Sondernutzungsrechte**, die durch die Gemeinschaftsordnung als Gebrauchsregelungen bestimmt oder durch die WE-Eigentümer vereinbart werden, sind keine dinglichen Rechte, sondern durch Grundbucheintragung verdinglichte Vereinbarungen der WEer über den ausschließlichen Gebrauch bestimmter Teile des gemeinschaftlichen Eigentums, insbes. Garten oder Pkw-Stellplätze (vgl. Rdn 110 ff.).
- Die **Wohnbesitzberechtigung**[91] war als Eigennutzung ihrer zur späteren Überführung in WE vorgesehenen Wohnung eine Beteiligung an einem aus ihren Beiträgen gebildeten Treuhandvermögen.[92] Die Wohnbesitzberechtigung wurde mit Gesetz v. 11.7.1985 (BGBl I 1985, 1277) ersatzlos aufgehoben.
- Das **Stockwerkseigentum** gibt es landesrechtlich noch z.B. in Baden-Württemberg[93] oder nach Rheinischem Code civil Art. 553 und 664 (siehe Rdn 10).[94]
- Das **Gebäudeeigentum im Beitrittsgebiet** (siehe Rdn 227 ff.) ist echtes Grundstückseigentum; daran ist WE aber nicht begründbar.[95]

---

[86] BayObLGZ 1958, 263, 267; BayObLGZ 1958, 273, 276 = DNotZ 1959, 91.
[87] BayObLG DNotZ 1986, 237; Weitnauer/*Briesemeister*, WEG, vor § 1 Rn 1.
[88] BayObLGZ 1969, 82; *Weitnauer*, DNotZ 1960, 115, 118; *Diester*, Rpfleger 1969, 432.
[89] Weitnauer/*Briesemeister*, WEG, vor § 1 Rn 61 ff.
[90] BayObLG MittBayNot 1990, 353; LG Essen Rpfleger 1972, 367; AG Coburg MittBayNot 1990, 114; Weitnauer/*Briesemeister*, WEG, vor § 1 Rn 60 ff.
[91] Gesetz v. 23.3.1976, BGBl I 1976, 737.
[92] Dazu *Pick*, NJW 1976, 1049; *Brambring*, NJW 1976, 1493; *Schopp*, Rpfleger 1976, 380; *Weitnauer*, DNotZ-Sonderheft 1977, 34.
[93] Dazu *Thümmel*, BWNotZ 1980, 97; 1984, 5; vgl. EGBGB Art. 131, 182.
[94] OLG Düsseldorf DNotZ 1990, 109.
[95] OLG Jena, FGPrax 1996, 194 = Rpfleger 1996, 194.

III. Gegenstand des Gemeinschafts- und Sondereigentums

1. Bestimmtheitsgrundsatz

Der Bestimmtheitsgrundsatz des Sachenrechts erfordert eine klare Abgrenzung zwischen Gegenständen und Räumen im gemeinschaftlichen Eigentum (§ 1 Abs. 5 und § 5 Abs. 2 WEG), im Sondereigentum an Räumen (§ 1 Abs. 2 und 3, § 5 Abs. 1 WEG), an Stellplätzen (§ 3 Abs. 1 S. 2 WEG) oder an außerhalb des Gebäudes liegenden Teilen des Grundstücks (sog. **Annexeigentum** nach § 3 Abs. 2 WEG), in den Sonderformen des „Mitsondereigentums" und des „abgesonderten Miteigentums", eine Abgrenzung zu Sondernutzungsrechten sowie schließlich zum gewöhnlichem Eigentum einzelner Miteigentümer oder Dritter.

2. Gemeinschaftseigentum

Das Grundstück selbst und Grundstücksflächen im Freien sind grundsätzlich **gemeinschaftliches Eigentum** (§ 1 Abs. 5 WEG). An Flächen im Freien, z.B. Hof und Garten, Lager- oder Kfz-Stellplätzen war bis 30.11.2020 auch bei dauerhafter Markierung kein Sondereigentum denkbar, sondern nur die Bestellung eines Sondernutzungsrechts als Gebrauchsregelung möglich (siehe Rdn 110 ff.). § 3 Abs. 1 S. 2 WEG in der seit 1.12.2020 geltenden Fassung ermöglicht die Begründung von Sondereigentum auch an Stellplätzen. Damit sind ausdrücklich auch Stellplätze im Freien gemeint, nicht lediglich Tiefgaragenstellplätze.[96] Ferner erlaubt § 3 Abs. 2 WEG seit 1.12.2020 auch die Begründung von Sondereigentum an Flächen, die als dienende Flächen einem WE oder TE zugeordnet sind (sog. Annexeigentum). Die zeitliche Abgrenzung ist von Bedeutung, weil bei bestehendem, bis 30.11.2020 begründetem WE oder TE diese Flächen nur durch Begründung eines Sondernutzungsrechtes als Gebrauchsregelung einem Sondereigentum zugeordnet werden konnten und diese Rechtslage weiterhin bestehen bleibt. Die Begründung eines Sondernutzungsrechts ist aber auch nach 1.12.2020 weiterhin zulässig, § 3 Abs. 1 S. 2 und Abs. 2 WEG stellen kein zwingendes Recht dar. Terrassen und Balkone, die gegenüber der umgebenden freien Grundstücksfläche baulich eingefriedet und damit abgegrenzt sind, können sondereigentumsfähig sein. Maßgebend ist die bauliche Anlage. So konnten ebenerdige Terrassen, die eben keine räumliche Abgrenzung durch eine Mauer aufweisen, bis 30.11.2020 nicht sondereigentumsfähig sein.[97]

Gemeinschaftliches Eigentum sind alle konstruktiven Teile des Gebäudes, die dem gemeinschaftlichen Gebrauch der WEer dienenden Anlagen und Einrichtungen (§§ 1 Abs. 5, 5 Abs. 2 WEG) und die äußere Gestaltung des Gebäudes betreffenden Bestandteile, auch wenn sie mit Räumen des Sondereigentums in Verbindung stehen (§ 5 Abs. 1 WEG). Bei mehreren Einfamilienhäusern auf dem Grundstück sind die Außenwände jedes Gebäudes zwingend gemeinschaftliches Eigentum,[98] ebenso bei Hälften eines Doppelhauses.[99] Das Dach sowie die Dachkonstruktion sind ebenso zwingend gemeinschaftliches Eigentum wie tragende Wände außerhalb und innerhalb von Sondereigentum. Ein Spitzboden ist regelmäßig Gemeinschaftseigentum, er kann aber auch sondereigentumsfähig sein.[100] Wird der Spitzboden, der zunächst im Aufteilungsplan nicht als Sondereigentum deklariert ist, von dem Eigentümer der darunter liegenden WE ausgebaut und nutzbar gemacht, ist die sachenrechtliche Zuordnung zu ändern, was in der Praxis oft unterbleibt und dann erst in einem Zwangsversteigerungsverfahren oder bei Streit zwischen den Eigentümern offenbar wird.

Zwingend Gemeinschaftseigentum sind auch Fenster und Wohnungseingangstüren.[101] Die Teilungserklärung kann hierzu aber Kostentragungsregelungen für Instandhaltung oder Erneuerung enthalten. Die häufig anzutreffenden Unterscheidungen zwischen Außenseite und Innenseite von Türen oder Fenstern sind regelmäßig in diesem Sinne auszulegen.[102] Regelt die Gemeinschaftsordnung eine Kostentragungspflicht der Sondereigentümer für Fensterglas, so gilt dies nicht für die Kosten des Austausches de-

---

96 Ausdrücklich BT-Drucks 19/18791, S. 39.
97 KG ZWE 2015, 118; *Grziwotz*, NotBZ 2013, 161, 169.
98 BGHZ 50, 56 = Rpfleger 1968, 181.
99 BayObLGZ 1966, 20 = Rpfleger 1966, 149.
100 BayObLG NZM 2001, 384; Bärmann/*Armbrüster*, WEG, § 5 Rn 55S.
101 BGH NJW 2014, 379 = Rpfleger 2014, 70 = MittBayNot 2014, 238; BGH ZWE 2019, 488; OLG Düsseldorf WE 1998, 228; OLG Frankfurt a.M. ZMR 2009, 215; OLG Karlsruhe ZWE 2011, 38; LG Koblenz ZMR 2015, 57.
102 Riecke/Schmid/*Schneider*, WEG, § 5 Rn 26a; Bärmann/*Armbrüster*, WEG, § 5 Rn 55F m.w.N.

fekter Fenster. Diese sind dann durch die Gemeinschaft zu tragen.[103] Daher kann auch geregelt werden, dass die Instandhaltung, nicht aber der Austausch durch den jeweiligen Miteigentümer zu übernehmen ist.

29 Zwingendes Gemeinschaftseigentum sind der Versorgung aller dienende Anlagen wie die zentrale Heizungsanlage sowie die sie betreffenden Räume, Abwasserhebeanlagen, Aufzugsanlage, die gemeinschaftliche Briefkastenanlage oder das Klingeltableau der Hausanlage.[104] Bei Heizungsanlagen wird häufig bestimmt, dass die Rohre und Steigleitungen ab Eintritt in das WE Sondereigentum seien.[105] Das kann nur für den Heizkörper selbst richtig sein, Steigleitungen und Zuleitungen aber sind Gemeinschaftseigentum, ebenso Verbraucherfassungsgeräte.[106] Zuordnungen in der Gemeinschaftsordnung sind ähnlich wie bei Fenstern als Instandhaltungs- und Kostentragungsregelungen auszulegen. Solaranlagen sind Gemeinschaftseigentum, wenn sie alle WE mit Energie versorgen. Sie können auch Sondereigentum sein, wenn sie nur ein WE versorgen.[107]

Die zwingende gesetzliche Vorschrift des § 5 Abs. 2 WEG bezweckt ausschließlich die ungestörte Raumnutzung des gemeinschaftlichen Gebäudes, bezieht sich also nicht auf einen unbebauten Grundstücksteil. Nehmen das Wohngebäude und eine daneben errichtete Garage die gesamte Grundstücksbreite zur öffentlichen Zuwegung ein, so kann aus § 5 Abs. 2 WEG nicht die zwingende Notwendigkeit abgeleitet werden, dass die Garage im Gemeinschaftseigentum stehen muss, um für die Wohnungseigentümer den Zugang zu der hinter der Garage liegenden unbebauten Grundstücksfläche zu sichern.[108]

Unbebaute Flächen konnten bis 30.11.2020 nicht Gegenstand von Sondereigentum sein.[109] Seit 1.12.2020 sind sie als Annexeigentum nach § 3 Abs. 2 WEG sondereigentumsfähig. Wird auf einer im Aufteilungsplan als Teileigentum beschriebenen Fläche eine Anlage errichtet, die unter § 5 Abs. 2 WEG fällt, so entsteht daran kein gemeinschaftliches Eigentum, das Grundbuch ist unrichtig.[110] Möglich ist ein Anpassungsanspruch der Wohnungs- bzw. Teileigentümer untereinander.

30 Zum gemeinschaftlichen Eigentum gehören außerdem die Räume und zu ihnen gehörenden Bestandteile, an denen kein Sondereigentum gegründet worden ist (§ 1 Abs. 5 WEG) und die sondereigentumsfähigen Gegenstände, die zum gemeinschaftlichen Eigentum erklärt sind (§ 5 Abs. 3 WEG), sowie gemeinschaftliche Gelder (Verwaltungsvermögen) als gemeinschaftliches Eigentum (§ 9a Abs. 3 WEG).[111]

3. Sondereigentum

a) Allgemeines

31 Sondereigentum sind die gem. § 3 Abs. 1 oder § 8 Abs. 1 WEG bestimmten Räume und die zu diesen Räumen gehörenden wesentlichen Bestandteile des Gebäudes, die die Voraussetzungen des § 5 Abs. 1 WEG erfüllen, also verändert, beseitigt oder eingefügt werden können, ohne dass dadurch das Gemeinschaftseigentum oder ein auf Sondereigentum beruhendes Recht eines anderen Wohnungseigentümers beeinträchtigt oder die äußere Gestaltung des Gebäudes verändert wird. An einer Doppelhaushälfte insgesamt unter Einbeziehung ihrer konstruktiven Teile kann das Sondereigentum wirksam nicht begründet werden.[112]

Bei der Begründung von WE oder TE müssen nicht alle sondereigentumsfähigen Räume aufgeteilt werden (§ 5 Abs. 3 WEG). Einem Sondereigentum nicht zugeordnete Räume bleiben Gemeinschaftseigentum, auch wenn sie als solche sondereigentumsfähig sind.

---

103 AG Rheinbach ZMR 2017, 936.
104 Umfassend alphabetisch geordnet Riecke/Schmid/*Schneider*, WEG, § 5 Rn 27 ff.; Bärmann/*Armbrüster*, WEG, § 5 Rn 55A ff.; Timme/*Gerono*, WEG, § 5 Rn 37 ff.; MüKo-BGB/*Krafka*, § 1 WEG Rn 42 ff., § 5 Rn 11 ff.; Staudinger/*Rapp*, BGB, § 5 WEG Rn 27 ff.
105 Eingehend Elzer/Fritsch/Meier/*Elzer*, Wohnungseigentumsrecht, § 1 Rn 138 ff.
106 OLG Hamburg ZMR 1999, 502; OLG Hamburg ZMR 2004, 291 (Wasserzähler); Bärmann/*Armbrüster*, WEG, § 5 Rn 55V ff.; Riecke/Schmid/*Schneider*, WEG, § 5 Rn 77; differenzierend *Grziwotz*, NotBZ 2013, 161.
107 Bärmann/*Armbrüster*, WEG, § 5 Rn 55S; zu sog. Aufdachanlagen BGH NJW 2014, 845.
108 OLG Hamm Rpfleger 2001, 344.
109 OLG Karlsruhe DNotZ 1973, 235; OLG Hamm Rpfleger 1975, 27; OLG Frankfurt a.M. Rpfleger 1975, 179; OLG Frankfurt a.M. Rpfleger 1978, 381; BayObLG Rpfleger 1986, 217.
110 OLG Düsseldorf Rpfleger 1986, 131.
111 Eingehend *Schöner/Stöber*, Grundbuchrecht, Rn 2838a ff.
112 OLG Düsseldorf Rpfleger 2004, 691; Einzelbeispiele bei Elzer/Fritsch/Meier/*Elzer*, Wohnungseigentumsrecht, § 1 Rn 11 ff.

Nicht sondereigentumsfähig sind Räume, die den einzigen Zugang zu Gemeinschaftseigentum[113] oder zur gemeinschaftlichen Heizanlage[114] oder sonstigen zentralen Versorgungseinrichtungen darstellen[115] oder die den gemeinschaftlichen Zugang zu mehreren Sondereigentumseinheiten gewähren wie z.B. ein Vorflur.[116] An solchen Räumen können nur Sondernutzungsrechte bestellt werden.[117]

Bis 30.11.2020 konnten unbebaute Flächen nicht Gegenstand des Sondereigentums sein,[118] außer wenn darauf noch Räume oder Gebäude errichtet werden sollten und die üblichen Aufteilungsunterlagen vorlagen.[119] Seit 1.12.2020 sind Stellplätze nach § 3 Abs. 1 S. 2 WEG sondereigentumsfähig. Es können dies gerade auch Stellplätze im Freien sein,[120] Tiefgaragenstellplätze sind bereits nach der Grundregel des § 3 Abs. 1 WEG sondereigentumsfähig (siehe Rdn 37 ff.). § 3 Abs. 1 S. 2 mit Abs. 3 WEG verlangt für die Sondereigentumsfähigkeit von Stellplätzen keine Abgeschlossenheit, sie müssen nicht durch Poller oder Grenzsteine voneinander abgegrenzt sein. Sie müssen lediglich im Aufteilungsplan eindeutig bestimmt sein.[121]

§ 3 Abs. 3 WEG verlangt für die Räume des Sondereigentums eine **Abgeschlossenheit.** Diese ist zu verstehen als zivilrechtlicher Begriff der eindeutigen Abgrenzung der einzelnen Einheiten untereinander und vom Gemeinschaftseigentum.[122] Da § 3 Abs. 3 WEG als Soll-Vorschrift ausgestaltet ist, entsteht Sondereigentum auch bei fehlender Abgeschlossenheit; fällt sie nachträglich weg, beseitigt sie die ursprüngliche Eigenschaft nicht und macht das Grundbuch nicht unrichtig.[123] Ist das Sondereigentum nur über ein Nachbargrundstück erreichbar, kann der zur Abgeschlossenheit notwendige Zugang zum Gemeinschaftseigentum[124] hergestellt werden durch eine Grunddienstbarkeit zur Benutzung der sich auf dem Nachbargelände befindenden, in fremdem Eigentum stehenden Treppe oder des Treppenhauses.[125] Die Dienstbarkeit sichert den Zugang aber nur dann auf Dauer, wenn sie ausschließlich die erste Rangstelle im Grundbuch des Nachbargrundstücks hat.[126] Unschädlich für die Abgeschlossenheit ist die Belastung der Einheit mit einem die Mitbenutzung ermöglichenden Ausgangs- oder Durchgangsrecht für andere Miteigentümer.[127] Sie wird nur verlangt gegenüber fremden Räumen, die im Gemeinschaftseigentum oder Sondereigentum eines anderen WEers stehen[128] und nachgewiesen sind durch die Aufteilungspläne und die Abgeschlossenheitsbescheinigung. Gehören zum Sondereigentum mehrere Wohnungen, müssen sie nur in sich, aber nicht als Gesamtheit abgeschlossen sein.[129] Das Erfordernis besteht nicht für die Abschließung gegenüber Räumen auf einem anderen Grundstück.[130] Daher sind Dienstbarkeiten auf Unterlassung der Errichtung von Abgrenzungsmauern in Einheiten auf verschiedenen Grundstücken möglich. Eine Wohnung ist auch dann in sich abgeschlossen, wenn sich die Räume dieses Sondereigentums in mehreren Etagen befinden und dort nur über das gemeinschaftliche Treppenhaus zugänglich sind (zur grundbuchrechtlichen Prüfung der Teilungserklärung und Abgeschlossenheitsbescheinigung siehe Rdn 120 ff.).[131]

b) Wohnungen und nicht zu Wohnzwecken dienende Räume

Sondereigentum besteht an zu Wohnzwecken oder nicht zu Wohnzwecken dienenden Räumen. Sie sind dann Sondereigentum, wenn sie nach § 3 Abs. 1 oder § 8 WEG zum Sondereigentum bestimmt und nach Lage und Größe aus dem Aufteilungsplan ersichtlich und gemäß § 7 Abs. 4 Nr. 1 WEG genau bezeichnet sind.

---

113 BayObLG Rpfleger 1986, 220.
114 BayObLG Rpfleger 2004, 214.
115 BGH Rpfleger 1991, 454.
116 BGH DNotZ 1990, 48; Bärmann/*Armbrüster*, WEG, § 2 Rn 106 ff., § 3 Rn 27.
117 BayObLG DNotZ 1992, 490.
118 OLG Karlsruhe DNotZ 1973, 235; OLG Hamm Rpfleger 1975, 27; BayObLG Rpfleger 1986, 217.
119 OLG Frankfurt a.M. Rpfleger 1978, 381; OLG Düsseldorf Rpfleger 1986, 131.
120 Ausdrücklich BT-Drucks 19/18791, S. 39.
121 BT-Drucks 19/18791, S. 39; Bärmann/*Armbrüster*, WEG, § 3 Rn 56, 57.
122 GmS-OGB BGHZ 119, 42 = NJW 1992, 3290; Bärmann/*Armbrüster*, WEG, § 3 Rn 72 ff.
123 BayObLGZ 1998, 6 = FGPrax 1998, 52; BayObLG MittbayNot 1999, 179; OLG Köln Rpfleger 1994, 348.
124 Bärmann/*Armbrüster*, WEG, § 3 Rn 82.
125 OLG Düsseldorf NJW RR 1987, 333.
126 BGH Rpfleger 1991, 454.
127 OLG Zweibrücken MittBayNot 1993, 86 m. Anm. *Böll*; BayObLG Rpfleger 1989, 99.
128 LG München I DNotZ 1973, 417.
129 BayObLG DNotZ 1971, 473.
130 BayObLGZ 1990, 279 ff.
131 LG Bielefeld Rpfleger 2000, 387; Bärmann/*Armbrüster*, WEG, § 3 Rn 78.

Zum Begriff der „**Wohnung**" und der „**nicht zu Wohnzwecken dienenden Räume**" gilt nach wie vor die Definition der Verwaltungsvorschrift v. 19.3.1974 (BAnz Nr. 58), auch wenn diese durch die Allgemeine Verwaltungsvorschrift für die Ausstellung von Bescheinigungen nach dem Wohnungseigentumsgesetz (AVA) vom 6.6.2021[132] abgelöst worden ist:[133]

Eine Wohnung ist die Summe der Räume, welche die Führung eines Haushaltes ermöglichen; dazu gehören stets eine Küche oder ein Raum mit Kochgelegenheit sowie Wasserversorgung, Ausguss und WC. Die Eigenschaft als Wohnung geht nicht dadurch verloren, dass Einzelräume vorübergehend oder dauernd zu beruflichen oder gewerblichen Zwecken benutzt werden. Nicht zu Wohnzwecken dienende Räume sind z.B. Läden, Werkstatträume, sonstige gewerbliche Räume, Praxisräume, Garagen und dergleichen.

Die Innenseiten von Räumen, insbes. der Bodenbelag, Innenputz an Wänden, Tapeten, abhängende Deckenkonstruktionen, können zum Sondereigentum an dem mit ihnen in einem räumlichen Zusammenhang stehenden WE-Recht gehören, wenn ein so hinreichend umgrenzter Raum vorhanden ist, dass sie nur von dieser Wohnung aus betreten werden können.[134] Soweit die Innenseiten aber konstruktiven Charakter für das Gebäude selbst haben, sind sie zwingend Gemeinschaftseigentum. Unstreitig ist dies bei tragenden Wänden der Fall (siehe Rdn 28 ff., 40 ff.), es kann aber auch der Estrich des Bodens zwingend Gemeinschaftseigentum sein; maßgebend ist die konkrete Bauausführung.

34 **Kellerräume, -abteile, Speicher und sonstige Nebenräume**[135] können entweder unselbstständige Einzelräume von Sondereigentum an einer Wohnung oder selbstständiges TE[136] oder gemeinschaftliches Eigentum sein (z.B. Heizkeller, Waschküchen). Räume, die den einzigen Zugang zu einem gemeinschaftlichen Raum oder zu einer gemeinschaftlichen Einrichtung bilden, sind zwingend Gemeinschaftseigentum,[137] wenn eine Benutzung durch alle WE erfolgt. Maßgebend ist stets der Umfang der Benutzung. Ein Vorflur, der den einzigen Zugang zu mehreren Eigentumswohnungen bildet, kann nicht im Sondereigentum stehen.[138] Zulässig ist die Begründung von TE nur an Kellerräumen[139] oder Garagen.[140] Sondernutzungsrechte an Wohnräumen[141] sind jedoch rechtlich mehr als bedenklich wegen der möglichen Täuschung der Erwerber, die glauben, „richtiges" WE zu erwerben. Kellerräume, die den einzigen Zugang zu einem im gemeinschaftlichen Eigentum stehenden Geräte- oder Heizungsraum bilden, können nicht im Sondereigentum stehen.[142]

Der Eigenschaft als gemeinschaftliches Eigentum eines Speicherraumes steht nicht entgegen, dass der Raum nur über das Sondereigentum eines Wohnungseigentümers erreichbar ist, wenn nach Beschaffenheit und Zugang der Raum nicht dem ständigen Mitgebrauch aller Wohnungseigentümer dienen kann.[143] Trifft die Teilungserklärung zur Nutzung eines Spitzbodens des gemeinschaftlichen Wohnhauses keine Regelung und ist dieser von dem Bereich des gemeinschaftlichen Eigentums nicht begehbar, sondern nur über eine im Bereich des Sondereigentums installierte Auszugstreppe zu erreichen, so ist zwar gemeinschaftliches Eigentum beim Zugang nicht unbedingt notwendig, jedoch die Gemeinschaftsordnung dahin auszulegen, dass der Spitzboden nicht der Gemeinschaft aller Wohnungseigentümer zugänglich sein und nur zur Durchführung von Instandhaltungs- oder Instandsetzungsarbeiten betreten werden soll.[144] Der Raum kann aber auch Sondereigentum sein, wenn er seiner Beschaffenheit nach nicht dem ständigen Mitgebrauch aller Wohnungseigentümer dient.[145]

---

132 BAnz AT v. 12.7.2021 B2; geändert durch Verwaltungsvorschrift vom 19.12.2022 (BAnz AT v. 28.12.2022 B3).
133 Bärmann/*Armbrüster*, WEG, § 3 Rn 96.
134 OLG München, ZMR 2012, 118 = DNotZ 2012, 364; früher schon BayObLG Rpfleger 1974, 316; OLG Frankfurt a.M. Rpfleger 1975, 178.
135 BayObLG DNotZ 1981, 123; 81, 565; BGH MDR 1981, 145.
136 Gilt nicht für Toiletten, die nicht zu einer Wohnung gehören; OLG Düsseldorf Rpfleger 1976, 215.
137 BGH DNotZ 1992, 224.
138 OLG Hamm Rpfleger 1986, 374 m. Anm. *Röll*, DNotZ 87228; OLG Oldenburg Rpfleger 1989, 365; dazu Bärmann/*Armbrüster*, WEG, § 2 Rn 108; § 3 Rn 86.
139 BayObLGZ 1991, 375 ff. = DNotZ 1992, 718 = Rpfleger 1992, 154 m. Anm. *Eckhardt*.
140 OLG Hamm Rpfleger 1993, 445.
141 **A.A.** LG Braunschweig Rpfleger 1991, 201.
142 BayObLG Rpfleger 1995, 409.
143 BayObLG Rpfleger 1996, 25 m.w.N.
144 OLG Hamm Rpfleger 2001, 126.
145 BayObLGZ 1991, 165 = NJW RR 1995, 908; BayObLG NJW RR 1995, 908; BayObLGZ 2001, 25.

c) Balkone, Loggias, Terrassen, Dachgärten

Ein Balkon einer Wohnung gehört zu deren Sondereigentum. **Konstruktive Teile** wie Außenwände und Giebelseiten sind aber zwingend Gemeinschaftseigentum.[146] Balkone können auch Gemeinschaftseigentum sein, auch wenn sie nur von einer Wohnung aus zugänglich sind.[147] Ebenerdige Terrassen und Dachterrassen, die von verschiedenen Wohnungen aus zugänglich sind und keinen umgrenzten Raum bilden,[148] sind Gemeinschaftseigentum. Annexeigentum nach § 3 Abs. 2 WEG kann nur gebildet werden, wenn es sich um Flächen außerhalb des Gebäudes handelt, also bei einer ebenerdigen Terrasse, nicht aber bei einer Dachterrasse.[149]

35

Einzelgaragen können wie unselbstständige Nebenräume zum Sondereigentum an einer bestimmten Wohnung gehören oder – besser – selbstständiges TE sein. Sie zum Gemeinschaftseigentum zu erklären und mit Sondernutzungsrechten zu belegen ist nicht ratsam, weil damit die Verkehrsfähigkeit eingeschränkt ist.

36

d) Garagenplätze, Doppel- und Sammelgaragen

An **Garagenstellplätzen in Gebäuden** können die gleichen Eigentumsverhältnisse begründet werden wie an Einzelgaragen.[150] Ratsam ist in jedem Fall die Bestimmung eines jeden Garagenstellplatzes zu einem eigenen TE. Der Garagenstellplatz muss im Aufteilungsplan klar bestimmt sein. Sollen Garagen dennoch gemeinschaftliches Eigentum sein, so genügen für den Aufteilungsplan Grundrisse ohne Schnitte und Ansichten.[151] Ist eine Sammelgarage als Ganzes selbstständiges TE, können sich daran mehrere Bruchteilseigentümer beteiligen und die Stellplatzbenutzung nach § 1010 Abs. 1 BGB regeln.[152] Auch hier ist aber die Bildung von TE für jeden Garagenstellplatz vorzugswürdig. Eine Tiefgarage kann insgesamt auch dann im Sondereigentum stehen, wenn sie den Notausgang für die Wohnanlage enthält.[153] Garagenplätze auf dem nicht überdachten Oberdeck eines Gebäudes sind sondereigentumsfähig.[154] In einer Sammelverschiebeparkanlage kann die Zuordnung und Nutzung einzelner Stellplätze nicht nur durch eine Benutzungsregelung gem. § 1010 BGB, sondern auch durch eine Gebrauchsregelung mit Sondernutzungsrecht erfolgen.[155] Das an einer Doppelstockgarage gemäß Teilungserklärung gebildete Sondereigentum erstreckt sich auf die dazugehörige Hebeanlage, wenn durch diese keine weitere Garageneinheit betrieben wird.[156] An einzelnen Bauteilen einer Doppelstockgarage kann auch dann Sondereigentum bestehen, wenn die zugehörige Hydraulikanlage infolge des Betriebs mehrerer Garageneinheiten zwingendes Gemeinschaftseigentum darstellt. Sind in einer Teilungserklärung Mehrfach-Parker (Duplex-Garage) als Sondereigentum aufgeführt, sind einzelne Bauteile des Mehrfach-Parkers aber nur dann sondereigentumsfähig, wenn sie ausschließlich einer Sondereigentumseinheit und nicht dem gemeinschaftlichen Gebrauch dienen.[157]

37

An **ebenerdigen Stellplätzen im Freien** war bis 30.11.2020 kein Sondereigentum möglich.[158] Seit 1.12.2020 ermöglicht dies § 3 Abs. 1 S. 2 WEG. Eine Abgeschlossenheit durch Eckpfosten oder Überdachung ist nicht erforderlich. Erforderlich ist nach § 3 Abs. 3 WEG eine konkrete Bestimmung im Aufteilungsplan.

---

146 BayObLGZ 1974, 269; 1982, 203 = Rpfleger 1982, 278; OLG Frankfurt a.M. NJW 1975, 2297; OLG Köln Rpfleger 1976, 185; *Diester*, NJW 1961, 302.
147 KG FGPrax 2017, 7 = Rpfleger 2017, 273; zur Kostentragungsregelung BGH NJW 2013, 681 = MittBayNot 2013, 128 m. Anm. *Kreuzer*.
148 OLG Köln Rpfleger 1982, 278; Bärmann/*Armbrüster*, WEG, § 5 Rn 55T.
149 Bärmann/*Armbrüster*, WEG, § 3 Rn 66; *Elzer*, ZNotP 2021, 97.
150 Eingehend Bärmann/*Armbrüster*, WEG, § 3 Rn 56, 63; § 5 Rn 55G; *Schöner/Stöber*, Grundbuchrecht, Rn 2835 ff.; *Böttcher*, Rpfleger 2004, 25; *Ertl*, DNotZ 1988, 4; *Noack*, Rpfleger 1976, 193; *Röll*, Rpfleger 1996, 322; *Reinold*, MittBayNot 2001, 540; *Staudenmaier*, BWNotZ 1975, 17.
151 BayObLG Rpfleger 1993, 398.
152 BayObLGZ 1994, 195 = Rpfleger 1995, 67; a.A. *Schöner*, Rpfleger 1997, 416; dazu *Frank*, MittBayNot 1994, 512; zur Begründung eines Sondernutzungsrechts *Böttcher*, Rpfleger 2004, 26.
153 OLG Frankfurt a.M. FGPrax 1995, 101.
154 BayObLGZ 1986, 33; KG NJW RR 1996, 587; OLG Hamm DNotZ 1999, 216; LG Lübeck Rpfleger 1976, 252; LG Aachen Rpfleger 1984, 184 a.A.; OLG Frankfurt a.M. Rpfleger 1983, 482; OLG Köln DNotZ 1984, 700 m. Anm. *Schmidt*; LG Braunschweig Rpfleger 1981, 298; *Merle*, Rpfleger 1977, 196; *Höchelmann/Sauren*, Rpfleger 1999, 14.
155 OLG Frankfurt a.M. Rpfleger 2000, 212.
156 BGH, ZMR 2012, 377 = RNotZ 2012,186.
157 OLG München FGPrax 2016, 203; LG München, ZMR 2013, 308 = RNotZ 2013, 177; eingehend Bärmann/*Armbrüster*, WEG, § 3 Rn 58 ff.
158 OLG Hamm Rpfleger 1975, 27 = BayObLGZ 1986, 29 = Rpfleger 1986, 217; zur Umdeutung in Sondernutzungsrecht OLG Köln, MittRh Not 1996, 61; *Abramenko*, Rpfleger 1998, 313.

e) Annexeigentum

38 Seit 1.12.2020 ist nach § 3 Abs. 2 WEG die Bildung von Sondereigentum an außerhalb des Gebäudes liegenden Teilen des Grundstücks zulässig. Damit sind insbesondere Gartenflächen, Stellplätze, Terrassen, Wege oder Abstellflächen sondereigentumsfähig.[159] Annexeigentum kann aber nicht an Gebäudeteilen begründet werden, also nicht an Balkonen oder Dachterrassen, die ja schon Gegenstand des gewöhnlichen Sondereigentums sein können. Nach der bis 30.11.2020 geltenden Rechtslage konnten mangels Abgeschlossenheit an den außerhalb des Gebäudes liegenden Teilen des Grundstücks nur Sondernutzungsrechte bestellt werden (dazu Rdn 110 ff.). Die bis dato wirksam bestellten Sondernutzungsrechte gelten selbstverständlich fort. Auch ist es weiterhin zulässig, statt des Annexeigentums Sondernutzungsrechte an bestimmten Flächen zu begründen.

Die Sondereigentumsfähigkeit von Teilen des Grundstücks außerhalb des Gebäudes ist zwingend verbunden mit Sondereigentum an WE oder TE, es ist also kein eigenständiges Sondereigentum möglich, zutreffend wird daher von **Annexeigentum** gesprochen.[160] Das Annexeigentum muss im Aufteilungsplan bestimmt bezeichnet sein, Abgeschlossenheit nach § 3 Abs. 3 WEG ist nicht erforderlich. Das Annexeigentum muss aber vom Sondereigentum, zu welchem es gehört, oder vom gemeinschaftlichen Eigentum, von einem öffentlichen Grundstück, insbesondere einem Weg, oder von einem Nachbargrundstück mit dinglicher Absicherung erreicht werden können.[161]

39 Die Bezeichnung im Aufteilungsplan muss sich auf die Nummer des Sondereigentums im Aufteilungsplan beziehen, zu der das Annexeigentum gehören soll. Sachliche Voraussetzung der Begründung ist ferner, dass es sich um dienende Flächen handelt, das WE oder TE also die wirtschaftliche Hauptsache bildet. § 3 Abs. 2 WEG formuliert diese Voraussetzung als Ausschlusskriterium und stellt damit eine Beweislastregel dahingehend auf, dass der dienende Charakter der Annex-Fläche vermutet wird. Bei der Begründung des WE oder TE nach § 3 oder § 8 WEG und der Eintragung in das Grundbuch muss daher der dienende Charakter des Annexeigentums nicht begründet oder erläutert werden, nur wenn das Grundbuchamt konkrete Zweifel hieran hat, darf es die Bildung des Annexeigentums beanstanden.

Das Annexeigentum ist anders das Sondereigentum an Stellplätzen nach § 3 Abs. 1 S. 2 WEG nicht selbstständig. Es gehört zum Sondereigentum der Wohnung oder des Teileigentums. Es kann damit nicht selbstständig veräußert oder belastet werden. Eine Übertragung innerhalb der WE- oder TE-Eigentümer ist aber zulässig. Die Umwandlung eines bisherigen Sondernutzungsrechts in Annexeigentum bedarf der Zustimmung aller Miteigentümer, da damit die Umwandlung von Gemeinschafts- in Sondereigentum verbunden ist.

4. Konstruktive Gebäudeteile und Versorgungsanlagen

40 Konstruktive Teile des Gebäudes, z.B. Fundamente, tragende Wände,[162] Außenwände, Decken,[163] Dächer, Schornsteine, Brandmauern,[164] Außenputz,[165] Isolierschicht am Flachdach,[166] schwimmender Estrich,[167] Schließanlagen[168] sind zwingend Gemeinschaftseigentum (§ 5 Abs. 2 WEG), auch wenn mehrere selbstständige Gebäude auf dem gleichen Grundstück stehen, z.B. Einfamilienhäuser,[169] Doppelhäuser.[170]

41 **Nicht konstruktive Bestandteile** des Gebäudes, z.B. nichttragende Wände, Fußbodenbelag, Wand- und Deckenputz, Wandverkleidungen, Innenanstrich, Tapeten, Einbauschränke, Fenster, Innentüren, Rollläden sind

– **Sondereigentumsfähige Bestandteile** des WE-Rechtes, mit dem sie in räumlicher Verbindung stehen;

---

159 Elzer/Fritsch/Meier/*Elzer*, Wohnungseigentumsrecht, § 1 Rn 124 ff.; eingehend *Elzer*, ZNotP 2021, 97.
160 Bärmann/*Armbrüster*, WEG, § 3 Rn 84 ff.; *Elzer*, ZNotP 2021, 97.
161 Lehmann-Richter/*Wobst*, WEG-Reform 2020, Rn 1717; *Falkner*, DNotZ 2023, 5.
162 BayObLGZ 1982, 203.
163 Zum Einbau eines Parketts mit Entfernung alten Bodenbelags LG Hamburg ZMR 2017, 828.
164 BayObLGZ 1971, 279.
165 OLG Düsseldorf BauR 1975, 62.
166 OLG Frankfurt a.M. OLGZ 1987, 23.
167 OLG München Rpfleger 1986, 437.
168 LG Hamburg ZWE 2017, 49.
169 BGHZ 50, 56 = DNotZ 1968, 420.
170 BayObLGZ 1966, 20 = Rpfleger 1966, 149.

- **zwingend Gemeinschaftseigentum,** wenn sie die äußere Gestaltung des Gebäudes betreffen (§ 5 Abs. 1 WEG), z.B. Wohnungsabschlusstüren,[171] Außenfenster, und zwar die Innen- wie die Außenseite,[172] Außenläden, Außenfensterbänke,[173] was bei Rollläden, die deshalb Sondereigentum sind, nicht zutrifft.[174] Innerhalb des Gebäudes ist an dem Luftraum über der Kehlbalkendecke einer Dachgeschosswohnung Sondereigentum nur möglich, wenn nach Plan das Sondereigentum entsprechend ausgedehnt wurde;[175]
- **gewöhnliches Eigentum** eines WEer oder Dritten, wenn sie nicht wesentliche Scheinbestandteile (§ 95 Abs. 2 BGB) sind, z.B. Wandvertäfelungen.[176]

Bei **Versorgungsanlagen und Leitungen,** z.B. für Heizung, Elektrizität, Gas, Wasser, Abwasser, Telefon, ist zu unterscheiden:[177]

42

- Sie sind **Gemeinschaftseigentum,** soweit sie dem gemeinschaftlichen Gebrauch aller WEer dienen (§ 5 Abs. 2 WEG), also bis zur Abzweigung von den Hauptleitungen zu den Einzelwohnungen, ggf. bis zur ersten Absperrungsmöglichkeit, auch wenn sie sich im Bereich des Sondereigentums befinden.[178] Die Teilungserklärung kann die Grenze zwischen dem Gemeinschafts- und dem Sondereigentum nur zugunsten, nicht aber zuungunsten des Gemeinschaftseigentums verschieben.[179] Versorgungsleitungen, die wesentliche Bestandteile des Gebäudes sind, stehen also zwingend im Gemeinschaftseigentum, soweit sie im räumlichen Bereich des Gemeinschaftseigentums verlaufen. Das gilt auch dann, wenn ein Leitungsstrang ausschließlich der Versorgung einer einzelnen Wohnung dient.[180]
- Sie sind **Sondereigentum** unter den Voraussetzungen des § 5 Abs. 1 WEG, z.B. Etagenheizung, Heizkörper,[181] Öfen, Herde, Wasch- und Badeeinrichtungen, Leitungen einer Gemeinschaftsanlage von der Hauptleitung bzw. Abzweigung zur Einzelwohnung ggf. bis zur ersten Absperrmöglichkeit, wenn ihre Veränderung und Beschädigung nicht in das gemeinschaftliche Eigentum eingreift. Heiz- und Messeinrichtungen, die nur einer Wohnung dienen, können Sondereigentum sein, auch wenn sie sich in den Räumen eines anderen Sondereigentums befinden, wenn die Beteiligten mit dinglicher Wirkung eine Regelung der Gebrauchs- und Zugangsrechte schaffen.[182] Eine in einer WE eingebaute Fußbodenheizung ist Sondereigentum, ihre Zuleitung zur zentralen Heizungsversorgung, die wegen der Verbrauchserfassung im Übrigen über einen eigenen Heizwasserkreislauf erfolgen muss, ist aber zwingend Gemeinschaftseigentum. Der nachträgliche Einbau einer Fußbodenheizung stellt im Übrigen eine bauliche Veränderung i.S.d. § 20 WEG dar.[183] Ein Zustimmungsanspruch zum Einbau einer Fußbodenheizung besteht nach § 20 Abs. 3 WEG nur dann, wenn gewährleistet ist, dass diese ordnungsgemäß eingebaut und angeschlossen ist, die Verbrauchserfassung gesichert ist und die Kostentragung für die Instandhaltung geregelt ist.[184] Eine Abwasserhebeanlage die sich im gemeinschaftlichen Heizungskeller befindet, jedoch lediglich der Abwasserentsorgung einer Wohnung dient, kann Sondereigentum sein,[185] dient sie der Entsorgung des Hauses, ist sie Gemeinschaftseigentum. **Rauchmelder** innerhalb des WE sollen zwingend Gemeinschaftseigentum sein.[186] Maßgebend ist, aber was die Eigentümergemeinschaft zum Einbau beschließt. Bestimmt sie die Vollausstattung aller WE und TE, sind die Rauchmelder Gemeinschaftseigentum; ein solcher Beschluss entspricht auch den Grundsätzen ordnungsmäßiger Verwaltung.[187] Dies gilt insbes., weil alle Landesbauordnungen den Einbau von Rauchmeldern vorschreiben.

---

171 LG Stuttgart Rpfleger 1973, 401.
172 BGH NJW 2014, 379 = Rpfleger 2014, 70 = MittBayNot 2014, 238; BGH ZWE 2019, 488; OLG Düsseldorf WE 1998, 228; OLG Frankfurt a.M. ZMR 2009, 215; OLG Karlsruhe ZWE 2011, 38; LG Koblenz ZMR 2015, 57.
173 OLG Frankfurt a.M. NJW 1975, 2297.
174 LG Memmingen Rpfleger 1978, 101.
175 OLG Düsseldorf DNotZ 1995, 82.
176 RGZ 158, 367.
177 Dazu *Diester*, Rechtsfragen, Rn 128 ff.; *Conitz*, Rpfleger 1973, 390; *Schopp*, Rpfleger 1974, 91; *Hurst*, DNotZ 1984, 66 ff., 140 ff. m.w.N.
178 BGHZ 73, 302 = Rpfleger 1979, 255; BGH NJW 2013, 1154 = DNotZ 2013, 522 = Rpfleger 2013, 318.
179 BGHZ 50, 56.
180 BGH NJW 2013, 1154.
181 BGH NZM 2011, 750 = ZMR 2011, 971 m. abl. Anm. *Jenißen*; OLG Hamburg ZMR 1999, 502.
182 LG Mönchengladbach Rpfleger 2002, 201.
183 Zur Regelungssystematik BT-Drucks 19/18791, S. 61 ff.; *Bärmann/Dötsch*, WEG, § 20 Rn 9 ff.
184 *Bärmann/Dötsch*, WEG, § 20 Rn 325.
185 OLG Düsseldorf FGPrax 2001, 16.
186 OLG Frankfurt a.M. ZMR 2009, 864; *Bärmann/Armbrüster*, WEG, § 5 Rn 55B.
187 BGH ZMR 2013, 642; LG Hamburg ZWE 2017, 330; dazu *Müller*, WuM 2017, 585; zur Mietwohnung BGH NJW 2015, 2488; dazu *Oppermann*, WuM 2016, 3.

43 An **Sonderfällen** sind zu nennen: Anlagen samt Leitungen, die auch andere Gebäude mitversorgen, z.B. gewerblich betriebene Heiz- und Warmwasseranlagen, Antennenanlagen, können Sondereigentum sein.[188] Die Heizungsanlage selbst kann auch dann kein Sondereigentum darstellen, wenn sie nur die Einheiten der Gemeinschaft versorgt, selbst wenn sie nur in einem von mehreren Gebäuden auf dem Grundstück untergebracht ist.[189] Möglich ist Sondereigentum dagegen, wenn die Anlage bestimmungsgemäß von vornherein durch einen Miteigentümer, der die Anlage errichtet hat, betrieben werden soll und die Anlage dafür bestimmt und ausgelegt ist, außer den Wohnungen der Gemeinschaft eine Anzahl von weiteren Gebäuden mit Wärme zu versorgen.[190] Befindet sich die Heizungsanlage in einem im Sondereigentum eines Wohnungseigentümers befindlichen Raum und versorgt diese Anlage nicht alle Wohneinheiten sondern nur einzelne, kann sie Sondereigentum sein.[191] Bei Anlagen außerhalb des WE-Gebäudes (z.B. großen Fernheizwerken, Elektrizitäts- oder Gaswerken) sind die Leitungen von der Grundstücksgrenze bis zum Gebäude und die im Gebäude befindlichen Heizstationen kein Grundstücksbestandteil (§ 95 Abs. 2 BGB).

44 Im Gebäude befindliche **Gemeinschaftseinrichtungen**, die allen WEer dienen, sind Gemeinschaftseigentum (§ 5 Abs. 2 WEG), z.B. Treppenhaus, Lift, Waschmaschinenraum,[192] Heizungsraum.[193] Sondereigentumsfähig ist ein Schwimmbad mit Sauna, selbst wenn es in seinem Fassungsvermögen nur auf die Zahl der Wohnungseigentümer zugeschnitten ist in deren gemeinschaftlichem Eigentum das die Anlage enthaltende Gebäude steht.[194]

45 **Gemeinschaftsräume**, z.B. Heizkeller, Abstell- oder Trockenräume, Waschküche, Flur,[195] Hallenbad, Sauna sind in aller Regel Gemeinschaftseigentum, können aber bei Abgeschlossenheit als Sondereigentum mit einem Miteigentumsanteil verbunden werden. Die gemeinschaftliche Zweckbestimmung hindert eine Bildung von WE oder TE nicht.[196]

46 **Gemeinschaftsanlagen im Freien**, z.B. Kinderspielplatz, Trockenplatz, Liegewiese, Freibad, Kfz-Stellplatz können nur zum gemeinschaftlichen Eigentum gehören.

5. Mitsondereigentum

47 Dieser Begriff bezeichnet eine besondere Gemeinschaftsform von Sondereigentum an einem Raum oder sonstigen sondereigentumsfähigen Gegenständen, die den Eigentümern von zwei oder mehreren, nicht jedoch allen Raumeinheiten als Bruchteilseigentum zustehen. Beispiele: gemeinsame Speicher oder Keller für zwei Eigentumswohnungen; nichttragende Wände zwischen zwei Wohnungen; gemeinsame Teile einer Wasserleitung zwischen Hauptstrang und Verteilerstelle, die von da ab getrennt zu zwei Wohnungen führen.

48 Zulässig ist kraft Gesetzes entstehendes Mitsondereigentum als „Nachbareigentum", an nicht im Gemeinschaftseigentum stehenden, zwei Wohneinheiten voneinander trennenden Gebäudeteilen (z.B. an nichttragenden Trennwänden einschließlich darin befindlicher, nur von den beiden Miteigentümern benutzten Zu- oder Ableitungen zu einer im Gemeinschaftseigentum stehenden Versorgungsleitung).[197]

49 Abzulehnen ist die vertragliche Begründung von Mitsondereigentum an einem sondereigentumsfähigen Raum (z.B. ein Keller für zwei Wohnungen) durch Verbindung mit mehreren Miteigentumsanteilen, weil das WEG eine solche Eigentumsart nicht kennt und daher rechtsgeschäftlich nicht begründen lässt.[198] Dem nicht bestreitbaren Bedürfnis an einer solchen Lösung kann durch Sondernutzungsrecht abgeholfen werden.[199]

---

188 BGH DNotZ 1975, 553 = Rpfleger 1975, 124; BGHZ 73, 302; *Schopp*, Rpfleger 1974, 91; a.A. *Conitz*, Rpfleger 1973, 390; LG Bayreuth Rpfleger 1973, 401.
189 BGH Rpfleger 1979, 255.
190 BGH Rpfleger 1975, 124.
191 BayObLG Rpfleger 2000, 326 = NJW RR 2000, 1032.
192 BayObLG NJW 1975, 2296.
193 BGH MittBayNot 1990, 30.
194 BGHZ 78, 225 = Rpfleger 1981, 96.
195 OLG Hamm DNotZ 1987, 225 = Rpfleger 1986, 374.
196 *Röll*, Teilungserklärung, S. 22, 23.
197 *Demharter*, Anh. § 3 Rn 19; Weitnauer/*Briesemeister*, WEG, § 3 Rn 34; a.A. BGH NJW 2001, 1212 = DNotZ 2002, 127; OLG Zweibrücken Rpfleger 1987, 106 = DNotZ 1988, 705; OLG Schleswig DNotZ 2007, 620.
198 BayObLG Rpfleger 1988, 102 = DNotZ 1988, 316; BayObLG Rpfleger 1986, 220 = DNotZ 1986, 494; OLG Düsseldorf Rpfleger 1975, 308; OLG Oldenburg DNotZ 1990, 48; Weitnauer/*Briesemeister*, WEG, § 3 Rn 32; § 5 Rn 17; a.A. *Hurst*, DNotZ 1968, 151; LG Kempten DNotZ 1976, 600.
199 *Röll*, Rpfleger 1976, 285.

Unzulässig ist die Bildung von Mitsondereigentum durch Verbindung von Sondereigentum an einer WE, die in Miteigentum zu Bruchteilen steht, weil sie zwei Eigentumseinheiten an einem einzigen WE-Recht zur Folge hätte.[200]

6. Abgesondertes Miteigentum

Darunter versteht man eine besondere Form von **gemeinschaftlichem Eigentum** einzelner WEer **an einem nicht sondereigentumsfähigen Gebäudeteil**, der nur einzelnen WE-Rechten dient. Beispiele: Treppenhäuser und Lifte in großen Wohnanlagen mit mehreren Gebäuden; Sammelgaragen, in denen nicht alle WEer einen Stellplatz haben; WE in Form von mehreren Einfamilienhäusern.[201]

Eine solche Aufspaltung des Gemeinschaftseigentums verstößt gegen das WEG.[202] Das WEG kennt nur gemeinschaftliches Eigentum aller WEer und gestattet Sonderregelungen durch Sondernutzungsrechte (siehe Rdn 110 ff.), Gruppen- und Sonderstimmrechte, von § 16 WEG abweichende Vereinbarungen.

7. Gewöhnliches Eigentum einzelner Wohnungs- oder Teileigentümer

Gewöhnliches Eigentum einzelner WEer oder Dritter sind die nichtwesentlichen Bestandteile des Gebäudes, die nicht die Voraussetzungen der §§ 93, 94 BGB erfüllen und daher rechtlich selbstständig sein können. Sie unterliegen nicht der Bindung des § 6 Abs. 1 WEG und gehören weder zum Sondereigentum noch zum Gemeinschaftseigentum.[203] Die Wohnungseigentümer können den Einbau von Rauchmeldern in Wohnungen dann beschließen, wenn das Landesrecht eine entsprechende eigentumsbezogene Pflicht vorsieht. Rauchmelder, die aufgrund eines Beschlusses der Wohnungseigentümer angebracht worden sind, stehen nicht im Sondereigentum, sondern gehören zum Verwaltungsvermögen der beschließenden Gemeinschaft.[204]

IV. Die Begründung von Wohnungseigentum

1. Die Begründung nach § 3 oder § 8 WEG

Materiell-rechtlich erfolgt die Begründung durch

– Vertrag aller Miteigentümer (§ 3 WEG)[205] oder
– einseitige Teilungserklärung des/der Grundstückseigentümer/s (§ 8 WEG)[206]

und in jedem Fall

– Eintragung im Grundbuch (§ 4 Abs. 1 WEG).

In der Grundbuchpraxis erfolgt meistens Teilung nach § 8 WEG, die materiell-rechtlich keiner, verfahrensrechtlich der Form des § 29 Abs. 1 S. 1 GBO bedarf. Die notarielle Beurkundung wird oft gewählt, um bei späteren Beurkundungsgeschäften eine Verweisung nach § 13a BeurkG zu ermögliche. Die Begründung von WE oder TE unter einer Bedingung oder Zeitbestimmung ist nicht möglich (§ 4 Abs. 2 S. 2 WEG). Eine einseitig aufgestellte Gemeinschaftsordnung gem. § 8 WEG unterliegt der Inhaltskontrolle gem. § 242 BGB.[207] Eine AGB-Kontrolle wird seitens des BGH aber verneint (siehe Rdn 124).[208]

Im Zeitpunkt des Eingangs der Eintragungsbewilligung beim Grundbuchamt brauchen die Beteiligten weder bei § 3 WEG noch bei § 8 WEG Miteigentümer des Grundstücks zu sein; es genügt, wenn das Mit-

---

200 OLG Köln Rpfleger 1984, 268; *Weitnauer*, DNotZ 1960, 115.
201 Zur Bildung von Untergemeinschaften vor allem betreffend die Instandhaltungs- und Kostentragungspflichten BGH ZWE 2015, 335; MüKo-BGB/*Krafka*, WEG, § 1 Rn 25; Weitnauer/*Briesemeister*, WEG, § 3 Rn 32.
202 BGHZ 50, 56 = DNotZ 1968, 420; BayObLGZ 1981, 407 = DNotZ 1982, 246; Weitnauer/*Briesemeister*, WEG, § 3 Rn 32; § 5 Rn 17; bejahend *Hurst*, DNotZ 1968, 297.
203 BGH DNotZ 1975, 533 = Rpfleger 1975, 124; BayObLGZ 1969, 29 = Rpfleger 1969, 206.
204 BGH NJW 2013, 3092 = ZMR 2013, 642 = Rpfleger 2013, 498 = ZNotP 2013, 236.
205 Eingehend auch *Schöner/Stöber*, Grundbuchrecht, Rn 2814, 2840 ff.
206 Eingehend auch *Schöner/Stöber*, Grundbuchrecht, Rn 2815, 2846.
207 BGH NJW 2012, 676; BGH NZM 2019, 221.
208 BGHZ 227, 289 = DNotZ 2021, 754 = ZfIR 2021, 394 m. Anm. *Heinemann*; dazu *Elzer*, NotBZ 2022, 241; ebenso BayObLG, Beschl. v. 17.11.2004 – 2Z BR 171/04, juris; OLG Hamm NJW-RR 2008, 1545; LG Hamburg ZWE 2012, 55.

eigentum im Zeitpunkt der Anlegung der WE- oder TE-Grundbücher besteht.[209] Alle WE-Erwerber müssen im Falle des § 8 WEG spätestens gleichzeitig mit Einräumung von Sondereigentum Miteigentümer des Grundstücks sein;[210] auch ist es zulässig, dass sie sowohl die Zahl der Miteigentumsanteile verändern, sie z.B. zusammenlegen, als auch diesen dann neuen Anteilen das Sondereigentum an einer Wohnung oder an Teileigentum zuordnen.[211] Hierzu ist jedoch ein dinglicher Vertrag notwendig,[212] ebenso wie bei Veränderung der Miteigentumsquoten.[213]

Bei Begründung nach § 3 WEG erhält jeder Miteigentümer eigenes Sondereigentum,[214] bei Begründung nach § 8 WEG werden der oder die bisherigen Grundstückseigentümer im gleichen Eigentumsverhältnis Eigentümer eines jeden WE oder TE. Die einseitige Teilung (§ 8 WEG) ist möglich bei allen Formen des Eigentums, auch bei Bruchteils- oder Gesamthandsgemeinschaft.[215]

Die Teilungserklärung bei der Aufteilung nach § 8 WEG kann Bestimmungen über den Inhalt des Sondereigentums enthalten.[216] Sollen Wohnungen vor Grundbuchvollzug der Teilungserklärung veräußert werden, ist aus beurkundungsrechtlichen Gründen (§ 13a BeurkG) die notarielle Beurkundung der Teilungserklärung erforderlich, um auf sie in den späteren Urkunden Bezug nehmen zu können.

55 Öffentlich-rechtliche Beschränkungen sind für die Begründung WE und TE nach folgenden Rechtsgrundlagen denkbar:
- **Untersagung der Begründung** im Bebauungsplan, wenn durch die Teilung Verhältnisse entstehen, die den Festsetzungen des Bebauungsplans widersprechen (allg. § 19 Abs. 2 BauGB).
- **Genehmigungspflicht der Begründung** nach **Erhaltungssatzung** aufgrund Ermächtigung nach § 172 Abs. 1 S. 4 BauGB in Gebieten einer Satzung nach § 172 Abs. 1 S. 1 Nr. 2 BauGB durch Rechtsverordnung mit einer Geltungsdauer von höchstens fünf Jahren.[217] Das Grundbuchamt darf aber den Vollzug einer Teilungserklärung nicht deshalb verweigern, weil dem teilenden Eigentümer die Begründung von WE oder TE im Hinblick auf einen Beschluss über die Aufstellung einer Erhaltungsverordnung gemäß § 15 Abs. 1 S. 2 i.V.m. § 172 Abs. 2 BauGB vorläufig untersagt worden ist; es kommt nicht darauf an, ob die vorläufige Untersagung im Grundbuch eingetragen ist. Die vorläufige Untersagung ist als behördliches Veräußerungsverbot im Sinne von § 136 BGB anzusehen und begründet daher nur eine relative Unwirksamkeit.[218]
- **Genehmigungspflicht in Gebieten mit angespanntem Wohnungsmarkt** nach § 201a S. 3 und 4 § 250 Abs. 1 BauGB, wenn das Land die Gebiete durch Rechtsverordnung, die ausreichend begründet sein muss, bestimmt hat.[219] Das Genehmigungserfordernis gilt nach § 250 Abs. 1 S. 2 BauGB nicht, wenn sich in dem Wohngebäude nicht mehr als fünf Wohnungen befinden. Die Genehmigungspflicht gilt zunächst bis zum 31.12.2025.[220] Anders als bei § 172 BauGB ist das Fehlen der Genehmigung ein Eintragungshindernis.[221]
- **Genehmigungspflicht in Gebieten mit Fremdenverkehrsfunktion** nach § 22 Abs. 1 S. 1 Nr. 1 BauGB aufgrund Regelung im Bebauungsplan oder durch eine Satzung.[222]
- **Genehmigungspflicht für die Teilung nach § 3 WEG** in den neuen Bundesländern nach § 2 Abs. 1 S. 1 Nr. 1 GVO.[223]
- **Genehmigungspflicht im Sanierungsgebiet** nach § 144 Abs. 2 Nr. 5 BauGB.
- **Genehmigungspflicht im Umlegungsverfahren** nach § 51 Abs. 1 S. 1 Nr. 1 BauGB.

---

209 Weitnauer/*Briesemeister*, WEG, § 3 Rn 14.
210 Bärmann/*Armbrüster*, WEG, § 3 Rn 10; Weitnauer/*Briesemeister*, WEG, § 3 Rn 5.
211 BGHZ 86, 393 = Rpfleger 1983, 270; *Weitnauer*, DNotZ 1960, 118.
212 BGHZ 86, 389 = Rpfleger 1983, 270.
213 BayObLG DNotZ 1986, 277.
214 OLG Frankfurt a.M. OLGZ 1969, 387.
215 BayObLGZ 1969, 69, 85 = Rpfleger 1969, 165.
216 KG NJW 1956, 1680; BayObLGZ 1957, 107.
217 Bärmann/*Armbrüster*, WEG, § 1 Rn 17; Riecke/Schmid/*Schneider*, WEG, § 7 Rn 78; *Grziwotz*, MittBayNot 2014, 394.
218 BGH MittBayNot 2020, 385 = NJW-RR 2020, 395 = Rpfleger 2020, 375 = ZfIR 2020, 239 m. Anm. *Böttcher* = ZNotP 2021, 126.
219 Z.B. Umwandlungsverordnung nach § 250 BauGB des Landes Berlin v. 21.9.2021 (GVBl. S. 1175).
220 Eingehend *Böhringer*, Rpfleger 2021, 562; *Grziwotz*, NotBZ 2021, 361.
221 KG FGPrax 2023, 49.
222 Bärmann/*Armbrüster*, WEG, § 2 Rn 15.
223 Eingehend Hügel/*Müller*, Handbuch Wohnungseigentum, § 2 Rn 75; *Frenz*, DtZ 1994, 56; *Böhringer*, Rpfleger 1993, 225.

2. Grundsatz von Einigung und Eintragung im WEG

Zur Einräumung von Sondereigentum und zur im Gesetz nicht geregelten Änderung des sachenrechtlichen Inhalts des WE sind Einigung durch vertragliche Vereinbarung aller Miteigentümer in Auflassungsform (§ 4 Abs. 2 WEG)[224] und Grundbucheintragung erforderlich (§ 4 Abs. 1 WEG). Formmängel des Gründungsaktes werden durch den gutgläubigen Erwerb eines Dritten geheilt.[225] Zu den Eintragungsvoraussetzungen im Grundbuchverfahren vgl. § 20 GBO Rdn 13, 105; zur Übertragung von WE vgl. § 20 GBO Rdn 106 ff.; zu Verkehrsbeschränkungen in Fremdenverkehrsgebieten vgl. § 20 GBO Rdn 149.[226]

Statt der Einigung genügt die einseitige, materiellrechtlich formlos wirksame Erklärung, wenn nur ein einziger WEer oder eine als Eigentümer eingetragene Personenmehrheit betroffen wird, die nach der Rechtsänderung das vorher zwischen ihnen bestehende Gemeinschaftsverhältnis unverändert fortsetzt. Dies folgt aus der einseitigen Verfügungs- und Normsetzungsbefugnis des Eigentümers,[227] die in § 8 WEG ihren Ausdruck findet.[228]

> **Beispiel:** Die Miterben A, B und C können die Teilungserklärung nach § 8 WEG abgeben, wenn sie an allen WE-Rechten wie vorher Miterben bleiben. Sie müssen aus dem Gesamthandseigentum Miteigentum zu je $1/3$ bilden (§§ 873, 925 BGB) und WE vertraglich begründen (§§ 3, 4 WEG), wenn jeder von ihnen allein ein eigenes WE-Recht verbunden mit einem Drittel-Miteigentumsanteil erhalten soll.

3. Beteiligte Eigentümer

An der **Einräumung von Sondereigentum** sind alle Miteigentümer beteiligt.[229] Dies gilt auch dann, wenn einem Wohnungseigentümer an den gemeinschaftlichen Räumen ein Sondernutzungsrecht zusteht.[230]

An der **Inhaltsänderung** von WE sind nur die davon berührten WEer beteiligt; der Mitwirkung auch der WEer, deren Miteigentumsanteil, Gemeinschafts- oder Sondereigentum keine Änderung erfährt, bedarf es nicht.[231]

Auch die bloße **Umwandlung von TE in WE** ist nach dieser Regel zu behandeln, es sei denn, in der Gemeinschaftsordnung wurde die Mitwirkung der übrigen Eigentümer ausdrücklich ausgeschlossen.[232] Keine materielle Änderung stellt die Änderung der Beschreibung „Gewerbe- und Lagerraum" in „Kellerteil" dar.[233]

Wird ein **WE oder TE** durch den Eigentümer lediglich **untergeteilt**, so ist die Zustimmung der übrigen Wohnungseigentümer oder Dritter nicht erforderlich, sofern die Gemeinschaftsordnung nichts Abweichendes bestimmt.[234]

4. Zustimmung der dinglich Berechtigten zur Begründung von WE

Die Zustimmung dinglich Berechtigter am Grundstück ist nur notwendig, soweit die dinglich Berechtigten davon betroffen werden oder möglicherweise nachteilig berührt werden können.[235] Wurde die Zustimmung erteilt und vorgelegt, so wirkt sie gegen Sonderrechtsnachfolger; jedoch ist deren gutgläubiger Erwerb im Vertrauen auf den Rechtszustand des Grundbuchs möglich.[236]

---

224 Dazu BGH MittBayNot 1990, 30.
225 BGH 109, 179 = Rpfleger 1990, 62.
226 BGH MittBayNot 1990, 30.
227 BayObLG Rpfleger 1974, 315 = DNotZ 1975, 32.
228 BGH Rpfleger 1976, 352 = DNotZ 1976, 741.
229 Weitnauer/*Briesemeister*, WEG, § 3 Rn 20 ff.
230 BayObLG Rpfleger 1993, 488 = MitBayNot 1994, 287 = MittRhNot 1994, 224.
231 BGHZ 49, 250 = DNotZ 1968, 417; BGH Rpfleger 1976, 352; BayObLGZ 1983, 79.
232 BayObLG DNotZ 1990, 42.
233 BayObLG Rpfleger 1991, 455.
234 BayObLG Rpfleger 1991, 455; vgl. BGHZ 73, 150; BGH, NJW 2012, 2434.
235 BGHZ 66, 341, 345; BGHZ 73, 145, 149; BGHZ 91, 343 = DNotZ 1984, 695 = Rpfleger 1984, 408; BayObLGZ 1974, 217 = DNotZ 1975, 32 = Rpfleger 1974, 314; eingehend auch Bärmann/*Armbrüster*, WEG, § 2 Rn 22 ff.
236 OLG Hamm Rpfleger 1995, 246.

Einzelfälle:

- **Grundstück ist als Ganzes belastet:** Zustimmung nicht erforderlich, wenn Haftungsobjekt als Ganzes unverändert bleibt.[237] Die Zustimmung ist auch nicht wegen des Vorrangs möglicher künftiger Hausgeldansprüche in der Rangklasse des § 10 Abs. 1 Nr. 2 ZVG erforderlich.[238]
- **Gesamtbelastung an allen Miteigentumsanteilen oder WE-Rechten:** Keine Zustimmung des dinglich Berechtigten nötig, weil das Haftungsobjekt als Ganzes unverändert bleibt.
- **Selbstständige Belastung des Miteigentumsanteils** oder WE-Rechts: Zustimmung der dinglich Berechtigten notwendig[239] aber keine Freigabe bezüglich des nicht belasteten Miteigentumsanteils oder WE-Rechtes.[240]
- **Rechtsausübung beschränkt auf den in Sondereigentum zu überführenden Gebäudeanteil** (z.B. Wohnungsrecht oder Dauerwohnrecht): Zustimmung des Berechtigten nicht erforderlich.[241] Die spätere Inhaltsänderung oder Aufhebung des WE-Rechts, an dem diese Belastung fortbesteht, bedarf der Zustimmung des Berechtigten.
- **Bei Benutzungsregelung nach § 1010** BGB (siehe § 4 Einl. Rdn 22): Zustimmung des Berechtigten nicht nötig, da sie wie eine Dienstbarkeit an dem WE-Recht, dem die der Benutzungsregelung unterliegende Wohnung zugeordnet ist, fortbesteht,[242] ebenso bei Vereinbarung einer Veräußerungsbeschränkung.[243]
- **Vormerkung auf Bildung oder Übertragung von WE:** Zur Abänderung einer im Grundbuch eingetragenen Vereinbarung, die die sachenrechtliche Gestaltung des WE oder die Gemeinschaftsordnung (siehe Rdn 96 ff.) betrifft, ist Zustimmung des Vormerkungsberechtigten nötig.[244]

5. Mindestinhalt der Erklärungen über Begründung von WE

61 Das Grundstück muss nach § 28 GBO bezeichnet und ein Grundstück im Rechtssinne sein (§ 1 Abs. 4 WEG).

Alle Miteigentumsanteile müssen nach Bruchteilen bestimmt sein (§ 1008 BGB) und zusammen ein Ganzes ergeben (z.B. 1000/1000stel).[245]

Mit jedem Miteigentumsanteil muss Sondereigentum an einer bestimmten Wohnung oder an nicht zu Wohnzwecken dienenden bestimmten Räumen verbunden und in Übereinstimmung mit dem Aufteilungsplan „bestimmt" bezeichnet werden (§ 3 Abs. 1; § 7 Abs. 4 Nr. 1 WEG). Dabei sind alle zu demselben WE oder TE gehörenden Einzelräume und Teile des Grundstücks mit der jeweils gleichen Nummer zu kennzeichnen.[246] Das gilt ebenso für Kellerräume wie für Flächen im Annexeigentum nach § 3 Abs. 2 WEG. Jede Einheit soll in sich abgeschlossen sein (§ 3 Abs. 3; § 7 Abs. 4 Nr. 2 WEG). Der notwendige Aufteilungsplan muss alle Gebäudeteile, auch einen nur beschränkt nutzbaren Spitzboden enthalten. Die Darstellung im Schnittplan genügt nicht.[247]

Entsteht ein isolierter Miteigentumsanteil durch Verbindung mit Räumen, die nicht Gegenstand von Sondereigentum sein können (§ 5 Abs. 2 WEG), oder durch einen Widerspruch zwischen Aufteilungserklärung und Plan, so bleibt der Gründungsakt wirksam, jedoch sind die Eigentümer verpflichtet, den Gründungsakt so zu ändern, dass der isolierte Miteigentumsanteil verschwindet.[248] Zur Änderung ist in jedem Fall die Zustimmung der nachteilig betroffenen dinglich Berechtigten erforderlich (§§ 876, 877 BGB).

62 Teileigentum an einem Tiefgaragenstellplatz kann auch in der Weise begründet werden, dass mit dem Miteigentumsanteil das Sondereigentum an einer erst noch zu errichtenden Tiefgarage verbunden wird.

---

237 BGHZ 49, 250; BayObLGZ 1958, 263; BayObLG Rpfleger 1974, 314.
238 BGH NJW 2012, 1226 = DNotZ 2012, 531 = Rpfleger 2012, 376.
239 BayObLGZ 1974, 217, 221 = DNotZ 1975, 31, 34.
240 Unrichtig daher LG Wuppertal Rpfleger 1987, 366.
241 BayObLGZ 1957, 102 = NJW 1957, 1840; Weitnauer/*Briesemeister*, WEG, § 3 Rn 21.
242 OLG Hamm MDR 1968, 413.
243 OLG Frankfurt a.M. Rpfleger 1996, 340.
244 BayObLG Rpfleger 1974, 314.
245 Zu Rechenfehlern bei der Aufteilung siehe *Röll*, MittBayNot 1996, 175.
246 BayObLG Rpfleger 1991, 414.
247 BayObLG DNotZ 1997, 377.
248 BGHZ 109, 179 = Rpfleger 1990, 62; BGHZ 130, 159 = Rpfleger 1996, 19; NK-BGB/*Heinemann*, § 3 WEG Rn 5; Bärmann/*Armbrüster*, WEG, § 2 Rn 63 ff.; *Schöner/Stöber*, Grundbuchrecht, Rn 2833 ff.

Wird die Tiefgarage nicht errichtet und haben die Eigentümer kein Interesse an der Errichtung, kann es nach Treu und Glauben geboten sein, den bestehenden Zustand in der Weise zu bereinigen, dass die Wohnungseigentümer ohne Zahlung eines Wertausgleichs die Miteigentumsanteile übernehmen, die mit dem Sondereigentum an der Tiefgarage verbunden sind und das Sondereigentum aufgehoben wird.[249]

Wird bei der Bauausführung von dem Aufteilungsplan in einer Weise abgewichen, die es unmöglich macht, die errichteten Räume einer in dem Aufteilungsplan zugewiesenen Raumeinheit zuzuordnen, so entsteht an diesen errichteten Räumen kein Sondereigentum sondern gemeinschaftliches Eigentum.[250] Wird deswegen nur ein isolierter Miteigentumsanteil erworben, sind die Miteigentümer verpflichtet, soweit zumutbar, die Teilungserklärung samt Plan der tatsächlichen Bebauung anzupassen.[251] Bei nur minimalen Abweichungen von ca. 3 % der Sondereigentumsfläche soll nach einer vermittelnden Ansicht sich die dingliche Rechtslage an den tatsächlichen Verhältnissen orientieren.[252] Der BGH ist jedoch streng, gewährt auch bei geringen Abweichungen dem betroffenen Eigentümer einen Anspruch auf plangerechte Herstellung des Sondereigentums und lässt diesen nur unter sehr engen Voraussetzungen entfallen.[253]

63

Die Art der Abgrenzung von Tiefgaragen-Stellplätzen muss in der Teilungserklärung nicht erwähnt sein,[254] Wohnungen oder Räume, die nicht zum Sondereigentum erklärt sind, gehören zum Gemeinschaftseigentum. Räumlichkeiten, die den einzigen Zugang zu einem im gemeinschaftlichen Eigentum stehenden Raum bilden, müssen grundsätzlich gemeinschaftliches Eigentum sein.[255] Jedoch kann ein solcher Raum dann im Sondereigentum stehen, wenn der Raum seiner Beschaffenheit nach, nicht dem ständigen Mitgebrauch der Wohnungseigentümer dient.[256] Ein Kellerraum, der den einzigen Zugang zu einem im gemeinschaftlichen Eigentum stehenden Geräteraum bildet, kann daher nicht im Sondereigentum stehen.[257] Andererseits steht es der Begründung von WE nicht entgegen, dass ein im gemeinschaftlichen Eigentum stehender Spitzboden nur über eine Wohnung erreichbar ist, wenn dieser nach Beschaffenheit und Zugang nicht im ständigen Mitgebrauch aller Wohnungseigentümer ist.[258]

Wenn die Begründung von Sondereigentum an einem Gebäudeteil gegen zwingende gesetzliche Vorschriften verstößt, entsteht[259] ebenfalls ein isolierter Miteigentumsanteil, der – im Zweifel – anteilig an die anderen Miteigentümer zu übertragen ist,[260] wenn die vorgesehene Einheit nicht vorhanden oder sonderrechtsunfähig ist. Anderenfalls besteht ein Anspruch auf Mitwirkung bei Beseitigung des Gründungsmangels.[261] Ist die Aufteilung in WE ganz oder teilweise nichtig, wird dieser Fehler insgesamt durch den gutgläubigen Erwerb einer Wohnung durch einen Dritten geheilt.[262] Wird das Gebäude abweichend vom Aufteilungsplan an anderer Stelle auf dem Grundstück errichtet, so entsteht trotzdem WE, wenn Gemeinschaftseigentum und Sondereigentum zweifelsfrei abgrenzbar sind.[263]

64

Die Rechtsverhältnisse der WEer untereinander können, müssen aber nicht, in einer Gemeinschaftsordnung geregelt werden. Es gilt dann die „gesetzliche Gemeinschaftsregelung" der §§ 10 ff. WEG (siehe Rdn 96 ff.).

65

---

249 BayObLG Rpfleger 2002, 199.
250 Umfassend auch Bärmann/*Armbrüster*, WEG, § 2 Rn 73 ff.
251 BGH NJW 2004, 1798 = Rpfleger 2004, 207 = ZfIR 2004, 108 m. Anm. *Armbrüster*.
252 BayObLG NZM 1998, 973; OLG Düsseldorf OLGZ 1977, 467; OLG Celle OLGZ 1981, 106; KG NZM 2001, 1127; OLG Frankfurt a.M. ZMR 2012, 30; OLG Zweibrücken FGPrax 2006, 103; Bärmann/*Armbrüster*, WEG, § 2 Rn 79; *Huber*, NotBZ 2013, 415; *Kanzleiter*, DNotZ 2018, 246; kritisch aber Hügel/*Elzer*, WEG, § 3 Rn 100.
253 Grundlegend BGHZ 208, 29 = NJW 2016, 473 = MittBayNot 2016, 505 = DNotZ 2016, 278.
254 LG Nürnberg MittBayNot 1997, 37.
255 BGH Rpfleger 1991, 454 = DNotZ 1992, 224.
256 BayObLGZ 1991, 165, 169; BayObLGZ 1992, 492.
257 BayObLG DNotZ 1995, 631.
258 BayObLG DNotZ 1996, 27; NJW RR 2001, 801.
259 Nach BGH MittBayNot 1990, 30; m. Anm. *Röll*, MittBayNot 1990, 85.
260 BGH DNotZ 1990, 377; Bärmann/*Armbrüster*, WEG, § 2 Rn 63 ff.
261 BGH Rpfleger 1996, 21; BGHZ 208, 29.
262 BGH Rpfleger 1996, 21.
263 BayObLG DNotZ 1990, 263.

V. Änderungen im Wohnungseigentum

1. Vereinigung und Bestandteilszuschreibung

66 § 890 BGB ist auch beim WE anwendbar (im Einzelnen siehe § 5 GBO Rdn 9 ff.).[264] Vereinigung von Wohnungs- oder Teileigentumseinheiten setzt nicht die Abgeschlossenheit der daraus gebildeten Einheit voraus.[265]

2. Unterteilung von Wohnungseigentum

67 Die **Unterteilung eines WE-Rechtes** in zwei oder mehrere in sich wiederum abgeschlossene, rechtlich selbstständige Raumeinheiten ohne Veräußerung von WE durch Teilungserklärung (§ 8 WEG) und Grundbucheintragung ist zulässig,[266] wenn alle im Sondereigentum stehenden Räume mit einem Miteigentumsanteil verbunden werden (Gebot der Komplettaufteilung).[267] Anderenfalls ist die Unterteilung nichtig, und die vorgenommenen Eintragungen im Grundbuch sind inhaltlich unzulässig.[268] Ob sich daran gutgläubiger Erwerb anschließen kann, ist streitig, nach richtiger Ansicht aber zu verneinen, weil der gute Glaube des § 892 BGB sich nicht auf inhaltliche unzulässige Eintragungen bezieht.[269]

Erforderlich für eine zulässige Unterteilung sind ein Aufteilungsplan und eine neue Abgeschlossenheitsbescheinigung auch dann, wenn das WE durch die Vereinigung zweier Einheiten entstanden ist und der frühere Rechtszustand wiederhergestellt werden soll.[270] Werden bei Unterteilung versehentlich im Gemeinschaftseigentum stehende Räume als Sondereigentum ausgewiesen, so ist die Unterteilung nicht insgesamt unzulässig, lediglich bezüglich des Gemeinschaftseigentums liegt eine inhaltlich unzulässige Eintragung vor.[271]

Zur Unterteilung ist die Zustimmung der dinglich Berechtigten nicht erforderlich, jedoch kann in entsprechender Anwendung des § 12 WEG sie von der Zustimmung des Verwalters oder anderer WEer abhängig gemacht werden, wobei diese nur aus wichtigem Grund verweigert werden darf.[272] Dies gilt auch für die Veräußerung eines Teilrechts.[273]

Werden bei der Unterteilung bisher im Sondereigentum stehende Räume oder Gebäudeteile in gemeinschaftliches Eigentum überführt, so ist die Mitwirkung der übrigen Eigentümer gem. § 4 WEG erforderlich[274] und die Zustimmung der am abgehenden Sondereigentum dinglich Berechtigten.[275] Das Stimmrecht bleibt stets unverändert, gleichgültig wie die Stimmregelung ist.[276]

3. Teilung des Miteigentumsanteils ohne Änderung der Raumeinheit

68 Die Bildung von Bruchteilseigentum an einem selbstständigen WE-Recht ist nur zusammen mit der Veräußerung eines Miteigentumsanteils möglich, z.B. bei Übertragung eines hälftigen Miteigentumsanteils unter Eheleuten, damit beide Miteigentümer zu je 1/2 des WE-Rechts werden. Vereinbarungen, wonach sie am Sondereigentum nicht oder mit einem anderen Bruchteil als am Gemeinschaftseigentum beteiligt werden soll, sind unzulässig. Eine Vorratsteilung ohne gleichzeitige Bildung neuer selbstständiger WE-Rechte (z.B. zur Quotenbelastung) ist nicht zulässig.[277]

---

264 OLG Hamburg Rpfleger 1966, 79 = DNotZ 1966, 176; OLG Frankfurt a.M. Rpfleger 1973, 394; OLG Zweibrücken MittBayNot 1990, 175; Elzer/Fritsch/Meier/*Elzer*, Wohnungseigentumsrecht, § 1 Rn 179 ff.; *Röll*, Rpfleger 1976, 285; *Nieder*, BWNotZ 1984, 49, 50.
265 KG OLGZ 1989, 385 = NJW-RR 1989, 360.
266 BGHZ 49, 250 = NJW 1968, 499; BayObLGZ 1977, 1; BayObLGZ 1988, 102; BayObLGZ 1988, 256; Bärmann/*Armbrüster*, WEG, § 2 Rn 95 ff.
267 BayObLGZ 1987, 390 = DNotZ 1988, 316; Bärmann/*Armbrüster*, WEG, § 2 Rn 100.
268 BayObLGZ 1995, 399 = Rpfleger 1996, 240 = DNotZ 1996, 660.
269 BayObLG DNotZ 1996, 660; eingehend Bärmann/*Armbrüster*, WEG, § 2 Rn 101 ff.
270 BayObLG DNotZ 1995, 59. Zur Prüfungspflicht des GBA OLG Köln Rpfleger 1982, 374; zur Veräußerung nach Unterteilung BGHZ 73, 150 = Rpfleger 1979, 96; zum Stimmrecht nach Unterteilung OLG Düsseldorf NJW-RR 1990, 521.
271 BayObLG 1998, 70 = FGPrax 1998, 88; BayObLG DNotZ 2000, 205.
272 BGHZ 49, 250.
273 BGHZ 73, 150 = Rpfleger 1979, 96.
274 BGH DNotZ 1999, 662.
275 BayObLG DNotZ 1999, 665.
276 OLG Düsseldorf NJW RR 1990, 521; OLG Hamm RNotZ 2002, 575.
277 BayObLGZ 1974, 466 = Rpfleger 1975, 90.

4. Vergrößerung oder Verkleinerung von Miteigentumsanteilen ohne Änderung des damit verbundenen Sondereigentums

Die Änderung der Miteigentumsanteile ist ohne Mitwirkung der übrigen WEer zulässig. Eine solche Inhaltsänderung des WE erfordert Abänderungsvereinbarungen und Teilauflassungen zwischen den beteiligten WEer und Grundbucheintragung, wobei die Auflassungserklärungen nicht erkennen lassen müssen, welchem bestimmten WE-Recht der von einem anderen abgespaltene Miteigentumsanteil zugeschlagen wird.[278] Notwendig sind die Zustimmung der dinglichen Berechtigten an den WE-Rechten, deren Anteil kleiner wird und die Pfandunterstellung der vergrößerten Miteigentumsanteile.[279] Befinden sich die davon berührten Miteigentumsanteile in einer Hand, kann sie der Eigentümer allein ohne Auflassung durch einseitige Erklärung und Grundbucheintragung vornehmen. Lediglich die Zustimmung der am verkleinerten WE-Recht eingetragenen dinglich Berechtigten ist notwendig.[280] Veränderungen der Miteigentumsanteile müssen im Endeffekt zu einer einheitlichen Belastung des gewinnenden Miteigentums führen. Wenn nicht Pfanderstreckung gem. § 1131 BGB erfolgen kann, ist Nachverpfändung notwendig.[281] Ist die Begrenzung des Sondereigentums nach dem Aufteilungsplan und der Bauausführung eindeutig, kann Sondereigentum an einem Raum auch dann entstehen, wenn es an einer tatsächlichen Abgrenzung des Raums gegen fremdes Sondereigentum fehlt.[282]

5. Änderung des Sondereigentums ohne Änderung der Miteigentumsanteile

Hier ist zu unterscheiden:

Ein Sondereigentumsraum wird Gemeinschaftseigentum: Nötig sind Vereinbarungen des betroffenen Wohnungseigentümer einerseits mit allen WEer andererseits in Auflassungsform und Grundbucheintragung,[283] auch wenn dies nur für einen Teil der Räume zutrifft.[284]

Die Zustimmung der dinglich Berechtigten an dem betroffenen WE ist erforderlich,[285] Ersetzung durch Unschädlichkeitszeugnis möglich. Weiterhin muss ein berichtigter Aufteilungsplan vorgelegt werden.[286] Da ein Beschluss der Eigentümergemeinschaft hierüber nicht ausreicht, ist auch ein Eigentümerbeschluss, in dem eine Vollmacht zur Umwandlung von Gemeinschaftseigentum in Sondereigentum enthalten ist, nichtig.[287]

Das Erfordernis der Zustimmung kann durch Regelung in der Teilungserklärung nicht abbedungen werden.[288]

Die vorweggenommene Zustimmung oder Ermächtigung, Sondereigentum in gemeinschaftliches Eigentum umzuwandeln oder umgekehrt, kann nicht mit einer die Sondernachfolge bindenden Wirkung als „Inhalt des Sondereigentums" vereinbart werden.[289]

Ein berichtigter amtlicher Aufteilungsplan ist nicht erforderlich, wenn der betroffene Raum auch ohne einen solchen in der Eintragsbewilligung eindeutig und zweifelsfrei bezeichnet werden kann.[290]

Ein zum Gemeinschaftseigentum gehörender Raum wird Sondereigentum und umgekehrt:[291] Nötig ist eine Vereinbarung aller Wohnungseigentümer einerseits mit dem Wohnungseigentümer, dem das Sondereigentum zugewiesen wird, in Auflassungsform und Grundbucheintragung sowie Zustimmung

---

278 Allg. *Böttcher*, BWNotZ 1996, 80; *Böhringer*, NotBZ 1999, 154.
279 BayObLGZ 1993, 166; Rpfleger 1993, 444.
280 BayObLGZ 1958, 263 = NJW 1958, 2116 = DNotZ 1959, 40; BGH DNotZ 1976, 741 = Rpfleger 1976, 352; BayObLGZ 1984, 10 = DNotZ 1984, 381.
281 BayObLG Rpfleger 1993, 44; OLG Hamm Rpfleger 1986, 375; dagegen mit beachtlichen Argumenten *Böttcher*, Rpfleger 2004, 34 m.w.N.
282 BGHZ 177, 338 = NJW 2008, 2982.
283 BGHZ 139, 352 = BGH Rpfleger 1999, 66; BayObLG DNotZ 1983, 752, 753; BayObLGZ 1989, 390, 394. BayObLGZ 1987, 394 Rpfleger 1988, 103; BayObLGZ 1997, 233 = Rpfleger 1998, 19; NK-BGB/*Heinemann*, § 4 WEG Rn 9; Weitnauer/*Briesemeister*, WEG, § 5 Rn 13; *Tasche*, DNotZ 1972, 710.
284 BGHZ 139, 352 = BGH Rpfleger 1999, 66.
285 BayObLG MittBayNot 1998, 180.
286 BayObLGZ 1997, 347 Rpfleger 1998, 194.
287 BayObLG 1986, 444 = Rpfleger 1987, 64.
288 BayObLG Rpfleger 1998, 19.
289 BayObLG Rpfleger 1998, 19; BayObLG 1997, 233 = Rpfleger 1998, 19; KG FGPrax 1998, 94; a.A. *Röll*, DNotZ 1998, 345.
290 BayObLG Rpfleger 1998, 194; DNotZ 1990, 208.
291 Vgl. BayObLGZ 1991, 313; OLG München DNotZ 2007, 946 = Rpfleger 2007, 459; dazu *Böttcher*, ZfIR 2008, 116.

aller dinglich Berechtigten[292] auch wenn ein Wohnungseigentümer an diesem Raum ein Sondernutzungsrecht hat.[293] Abweichende Vereinbarungen sind ungültig.[294]

72 Gleiches gilt, wenn eine Fläche, die bisher als Sondernutzungsrecht einem WE zugewiesen war, diesem als **Annexeigentum** (Rdn 38, 39) **zugewiesen** werden soll, da die Fläche bisher Gemeinschaftseigentum war.

73 **Ein Sondereigentumsraum wird abgetrennt und mit einem anderen Miteigentumsanteil verbunden** (Raumveräußerung/Raumtausch ohne Veränderung der Miteigentumsanteile): nötig Vereinbarung der davon betroffenen WEer in Auflassungsform und Grundbucheintragung sowie Zustimmung der am verkleinerten Sondereigentum eingetragenen dinglich Berechtigten, aber keine Mitwirkung der übrigen Wohnungseigentümer.[295] Auf gleiche Weise kann ein vollständiger Austausch des Sondereigentums unter Beibehaltung der jeweiligen Miteigentumsanteile vereinbart werden.[296] Auch bei irrtümlich von beiden Vertragsparteien zunächst bezeichneten Kellern.[297] Veränderungen der Räume des Sondereigentums bedürfen eines neuen, bestätigten Aufteilungsplanes und einer Abgeschlossenheitsbescheinigung,[298] außer wenn von vornherein in sich geschlossene Räume übertragen werden[299] und die Abgeschlossenheit der bisherigen Einheit erhalten bleibt. Erfordert die Verbindung des erworbenen Raumes mit der neuen Einheit einen Wanddurchbruch, so ist die Zustimmung aller Wohnungseigentümer erforderlich, wenn es sich um eine tragende Wand handelt.[300]

Einer solchen Zustimmung der übrigen Eigentümer bedarf es nicht, wenn die Abgeschlossenheit des um den hinzuerworbenen Raum vergrößerten WE nur durch einen Deckendurchbruch hergestellt werden kann.[301]

74 **Umwandlung von TE in WE oder WE in TE:** Gegenüber dem betreffenden Eigentümer hat die Gemeinschaft den Anspruch, dass WE nur als Wohnung und TE nicht zu Wohnzwecken genutzt wird.[302] Widerspricht die tatsächliche Nutzung der Beschreibung als WE oder TE, läuft der Eigentümer Gefahr, dass die Gemeinschaft auf die festgelegte Nutzung besteht. Eine Umwandlung bedarf als Inhaltsänderung der Gemeinschaftsordnung der Mitwirkung aller Wohnungs- und Teileigentümer und Eintragung im Grundbuch.[303] Ein neuer Aufteilungsplan ist nicht erforderlich.[304] Die Umwidmung von TE in WE, die Begründung von Sondernutzungsrechten und die Umwandlung von Gemeinschaftseigentum in Sondereigentum sind einer Beschlussfassung der Eigentümer durch Mehrheit von vorneherein entzogen. Allein ein bestandskräftiger Beschluss über die Zustimmung zur Vornahme baulicher Veränderungen durch einen WEer beim Ausbau der gemeinschaftlichen Dachgeschossfläche zu Wohnzwecken vermag ohne das Hinzutreten weiterer, ganz außergewöhnlicher Umstände einen Anspruch auf entsprechende Anpassung der dinglichen Rechtslage und der Teilungserklärung nicht zu begründen.[305] Die Gemeinschaftsordnung kann aber eine Öffnungsklausel oder einen Änderungsvorbehalt beinhalten, wonach Umwandlungen mit Mehrheitsbeschluss zulässig sein können.[306] Enthält die Teilungserklärung eine Regelung, wonach für einen eventuellen Ausbau des Teileigentums/Dachraum die Zustimmungen der Wohnungs-/

---

292 BayObLGZ 1973, 267 = Rpfleger 1974, 111; BayObLG DNotZ 1982, 244; BGH DNotZ 1987, 208.
293 BayObLGZ 1991, 313; Rpfleger 1993, 488.
294 BayObLG Rpfleger 2002, 140 = DNotZ 2002, 150.
295 BGH Rpfleger 1976, 352; BayObLGZ 1976, 227 = DNotZ 1976, 743; OLG Celle Rpfleger 1974, 267 = DNotZ 1975, 42; OLG München FGPrax 2017, 207 = Rpfleger 2017, 610; *Tasche*, DNotZ 1972, 710.
296 BayObLG Rpfleger 1984, 268.
297 BayObLGZ 1996, 149.
298 OLG Zweibrücken FGPrax 2001, 105 = MittbayNot 2001, 318.
299 OLG Celle DNotZ 1975, 44.
300 BayObLG MittBayNot 1997, 366.
301 BayObLGZ 1998, 2.
302 Zur Nutzung von Teileigentum als Asylbewerberunterkunft BGH NJW 2018, 41 = ZfIR 2018, 17.
303 BGHZ 73, 152 = NJW 1979, 870 = DNotZ 1979, 493; BGH NJW-RR 2012, 1036 = NZM 2012, 613; BayObLG ZfIR 2001, 297; OLG München MittBayNot 2017, 238; KG NotBZ 2016, 39; eingehend auch Bärmann/*Armbrüster*, WEG, § 1 Rn 38 ff.; *Böttcher*, RpflStud 2014, 118; *Weber*, IMR 2015, 470; etwas unklar als „schuldrechtliche Vereinbarung" bezeichnet bei Elzer/Fritsch/Meier/*Elzer*, Wohnungseigentumsrecht, § 1 Rn 193.
304 OLG Bremen DNotI Report 2002, 70.
305 BGH NJW-RR 2012, 1036.
306 BayObLG ZMR 1998, 241; BayObLG NJW 2001, 1163; OLG München ZWE 2013, 355; Riecke/Schmid/*Schneider*, WEG, § 3 Rn 47; Bärmann/*Armbrüster*, WEG, § 1 Rn 42; allg. zu Öffnungsklauseln Staudinger/*Kreuzer*, BGB, § 10 WEG Rn 168 ff.; Bärmann/*Suilmann*, WEG, § 10 Rn 140 ff.; Elzer/Fritsch/Meier/*Elzer*, Wohnungseigentumsrecht, § 1 Rn 229 ff.; *Hügel*, ZWE 2001, 578.

Teileigentümer und der Hausverwaltung nicht erforderlich sind, ist damit die Mitwirkung der übrigen Eigentümer bei der Umwandlung von TE in WE aber nicht abbedungen.[307]

Die Mitwirkung von Sonderrechtsnachfolgern ist entbehrlich, wenn sie durch Vereinbarung oder vereinbarungsersetzende Regelung (§§ 5 Abs. 4; 8 Abs. 2; 10 Abs. 2 WEG) ausgeschlossen wurden.[308]

Die bauliche Veränderung des Gemeinschaftseigentums bedarf als bauliche Veränderung und als eine, von der festgelegten abweichenden Gebrauchsregelung der Beschlussfassung nach § 20 WEG,[309] nicht jedoch die bloße Veränderung „Gewerbe- und Lagerraum" in „Kellerabteil".[310]

6. Bildung eines neuen WE-Rechtes aus anderen WE-Rechten

Der Eigentümer mehrerer WE-Rechte kann durch einseitige Erklärung ohne Mitwirkung der übrigen WEer[311] Teile seiner Miteigentumsanteile abtrennen, diese zu einem neuen Miteigentumsanteil vereinigen und mit diesem gleichzeitig neues Sondereigentum verbinden.[312] Dadurch entsteht ein neues WE-Recht unter gleichzeitiger Veränderung der dazu verwendeten alten WE-Rechte.[313] Abgeschlossenheitsbescheinigung und Aufteilungsplan sind auch dann nötig, wenn der frühere Rechtszustand wiederhergestellt werden soll.[314] Auf jeden Fall ist aber keine Veränderung des Gesamtstimmrechts möglich. Teilt ein WEer sein WE ohne Zustimmung der übrigen WEer nachträglich auf und veräußert die neu geschaffenen Einheiten an verschiedene Dritte, entstehen bei Geltung des Kopfstimmrechts keine weiteren Stimmrechte.[315]

75

7. Neuerrichtung und Änderung von Räumen

Die Rechtsverhältnisse müssen der neuen baulichen Lage angepasst werden, da WE als Raumeigentum rechtlich mit den räumlichen Gegebenheiten übereinstimmen muss. Ist bspw. das mit den Miteigentumsanteilen an zwei Speichern verbundene Sondereigentum nicht entstanden, wegen eines Widerspruchs zwischen Aufteilungserklärung und Aufteilungsplan, besteht gegen die übrigen Eigentümer gerichteter Anspruch auf Begründung von Sondereigentum, das mit dem isolierten Miteigentumsanteil verbunden werden kann.[316] Bis zur Neuregelung gehören neue Räume zum Gemeinschaftseigentum.[317] Wird ein neues Gebäude errichtet, so ist die Bildung von neuen Wohnungseinheiten dadurch möglich, dass das bestehende Sondereigentum in Gemeinschaftseigentum umgewandelt wird, der vorhandene Miteigentumsanteil aufgespalten und mit jedem Teil Sondereigentum verbunden wird, das durch Umwandlung von Gemeinschaftseigentum geschaffen wird. Mitwirkung aller WEer und Zustimmung der dinglichen Berechtigten ist erforderlich.[318] Die Einräumung eines umfassenden Sondernutzungsrechts an einer Grundstücksfläche mit dem Recht, diese zu bebauen, enthält nicht die vorweggenommene Einigung über die Einräumung von Sondereigentum an den Räumen in dem zu errichtenden Gebäude zugunsten des Sondernutzungsberechtigten.[319]

76

Die in einer Gemeinschaftsordnung enthaltene Ermächtigung zur Schaffung von neuem WE durch Umwandlung von Gemeinschaftseigentum in Sondereigentum kann nicht in einer die Sondereigentümer bindenden Weise als Inhalt des Sondereigentums vereinbart werden.[320] Dagegen ist die in den Kaufverträgen über WE dem Bauträger erteilte Vollmacht zur Schaffung neuer Einheiten durch Umwandlung von Gemeinschaftseigentum in Sondereigentum grundsätzlich unwiderruflich[321] und schließt das Recht ein, Untervollmacht zu erteilen.

---

307 OLG München MittBayNot 2017, 478 = NotBZ 2017, 73.
308 BayObLG Rpfleger 1998, 19.
309 Umfassend Bärmann/*Dötsch*, WEG, § 20 Rn 1 ff.
310 BayObLG Rpfleger 1991, 455.
311 BayObLG ZfIR 2001, 142.
312 BayObLG MittBayNot 1996, 104 = Rpfleger 1996, 240; *Röll*, DNotZ 1993, 159; *Rapp*, MittBayNot 2016, 344.
313 BayObLG 1976, 227 = Rpfleger 1976, 403 = DNotZ 1976, 743; eingehend *Böttcher*, RpflStud 2014, 81.
314 BayObLG Rpfleger 1994, 498.
315 BGH NJW 2012, 2334 = Rpfleger 2012, 430; Bestätigung von BGHZ 73, 150.
316 BayObLGZ 2000, 243.
317 BayObLGZ 1973, 267 = Rpfleger 1974, 111; *Diester*, Rpfleger 1965, 193, 210; *Tasche*, DNotZ 1972, 710.
318 BayObLGZ 1994, 233.
319 BayObLG Rpfleger 2000, 544; BayObLG Rpfleger 2002, 141.
320 BayObLGZ 2000, 1 = Rpfleger 2000, 54 m.w.N.; *Röll*, ZWE 2000, 446.
321 BayObLGZ 2001, 279 = Rpfleger 2002, 141.

77 Die Veränderung von Räumen durch Vereinigung in entsprechender Anwendung des § 890 Abs. 1 BGB kann ohne Zustimmung der übrigen Miteigentümer auch dann erfolgen, wenn ein Wanddurchbruch zwischen den beiden Wohneinheiten erfolgt, vorausgesetzt es handelt sich um eine nicht tragende Wand und es erfolgt kein wesentlicher Eingriff in die Substanz des Gemeinschaftseigentums, insbes. hinsichtlich von Gefahren für die konstruktive Stabilität des Gebäudes und dessen Brandsicherheit.[322]

Wird ein Raum über dem WE – z.B. Speicher – übertragen, so ist keine Zustimmung der übrigen Sondereigentum und der dinglich Berechtigten erforderlich, wenn die Abgeschlossenheit des um den hinzuerworbenen Raum vergrößerten WE nur durch einen Durchbruch der im Gemeinschaftseigentum stehenden, einen tragenden Bestandteil darstellenden Decke hergestellt werden kann.[323]

Der Anspruch auf zu errichtendes WE kann durch Vormerkung gesichert werden.[324] Ein Aufteilungsplan muss nicht vorgelegt werden.[325]

8. Hinzuerwerb neuer Grundstücksflächen

78 Zuerwerb ist zulässig und setzt voraus:
– Auflassung des Grundstücksveräußerers an alle WEer und Umwandlung der gewöhnlichen Miteigentümer in Miteigentümer nach WEG;[326]
– Vereinigung oder Bestandteilszuschreibung der erworbenen Fläche mit dem WE-Grundstück (wegen § 1 Abs. 4 WEG);
– gegebenenfalls Einräumung von Sondereigentum an der Zuerwerbsfläche;
– Grundbucheintragung.

Ebenso bei Abveräußerung: Stimmen einzelne WEer einer Veräußerung von Teilen des gemeinschaftlichen Grundstücks nicht zu, können sie nicht durch einen Mehrheitsbeschluss dazu verpflichtet werden; weil die Veräußerung die sachenrechtlichen Grundlagen der Gemeinschaft betrifft, stellt sie keine Verwaltung i.S.v. § 21 Abs. 3 WEG dar und kann auch nicht Gegenstand einer Vereinbarung sein.[327]

Zustimmung nach § 12 WEG und Zustimmung der dinglich Berechtigten am WE ist wegen Vergrößerung des Belastungsobjekts nicht nötig.

Keine gesetzliche Pflicht der WEer zum Zuerwerb, auch wenn er unentgeltlich ist, sofern die Erwerbspflicht nicht als Inhalt des Sondereigentums eingetragen ist.[328]

Der Anspruch auf Auflassung kann an nur einem WE nicht vorgemerkt werden.[329]

Zur Abschreibung der Teilfläche ist die vorherige Aufhebung des gesamten WE nicht erforderlich.[330]

Die Zerlegung des WE-Grundstücks in mehrere Grundstücke bedarf der Auflassungsform und der Zustimmung der dinglich Berechtigten.[331]

VI. Belastung des Wohnungseigentums

1. Belastung des einzelnen WE-Rechtes

79 Uneingeschränkt zulässig ist die Belastung mit **Grundpfandrechten**, Reallast, Nießbrauch, dinglichem Vorkaufsrecht;[332] schuldrechtliches Vorkaufsrecht ist nur als „Inhalt des Sondereigentums" eintragungsfähig.[333] Die Belastung von noch nicht gebildetem WE kann nicht als vorläufige Belastung des Miteigentumsanteils ausgelegt werden.[334]

---

322 BGH DNotZ 2002, 127 = FGPrax 2001, 65.
323 BayObLG DNotZ 1999, 210.
324 BayObLG Rpfleger 1992, 292.
325 BayObLGZ 1992, 40 = Rpfleger 1992, 292.
326 OLG Zweibrücken MittBayNot 1990, 175; OLG Zweibrücken NJW RR 1990, 782 = DNotZ 1991, 605; LG Dortmund Rpfleger 1992, 478; ausführlich *Meyer-Stolte*, Rpfleger 1990, 291 und *Mottau*, Rpfleger 1990, 455.
327 BGH, NJW 2013, 1962.
328 BayObLGZ 1973, 30 = Rpfleger 1973, 140.
329 BayObLGZ 1974, 125 = Rpfleger 1974, 261.
330 LG Ravensburg Rpfleger 1990, 291; *Röll*, Rpfleger 1990, 277; a.A. – wohl aufgrund Irrtums – OLG Zweibrücken Rpfleger 1988, 479.
331 OLG Frankfurt a.M. Rpfleger 1990, 292.
332 OLG Celle DNotZ 1955, 320; allgemein Bärmann/*Armbrüster*, WEG, § 1 Rn 149 ff.
333 *Diester*, Rpfleger 1965, 203.
334 OLG Hamm Rpfleger 1983, 395.

Mit **Dienstbarkeiten** ist eine Belastung nur zulässig, soweit es als Raumeigentum seiner Natur nach die Grundlage für deren Ausübung bieten kann,[335] auch mit Wohnungsrecht, Dauerwohn- oder Dauernutzungsrecht, sofern es sich um aus dem Sondereigentum fließende Befugnisse handelt,[336] sogar dann, wenn das Objekt der Ausübungsberechtigung zum gemeinschaftlichen Eigentum gehört.[337] Zulässig daher auch Grunddienstbarkeit, durch die einem anderen Wohnungseigentümer die Mitbenutzung eines Raumes im Sondereigentum und der Zugang zu diesem durch andere Räume[338] eingeräumt werden oder die Nutzung eines Raumes zu Wohnzwecken für einen anderen Miteigentümer,[339] auch eine Dienstbarkeit zur Benutzung eines Stellplatzes, selbst dann, wenn das Sondereigentum nur aus diesem Stellplatz besteht,[340] nicht dagegen Belastung eines Stellplatzes mit einem Wohnungsrecht.[341]

Möglich ist die Belastung des WE mit einem Sondernutzungsrecht nach § 31 WEG.[342] Möglich die Erstreckung des Wohnungsrechts auch auf ein Sondernutzungsrecht des WE.[343]

Unzulässig sind Dienstbarkeiten, die eine Verpflichtung zu positivem Handeln begründen, auch wenn sie in die Form einer Unterlassungsdienstbarkeit gekleidet sind,[344] wie Wärmebezugsverpflichtungen[345] oder eine Verpflichtung, eine Einheit unentgeltlich als Hausmeisterwohnung zur Verfügung zu stellen.[346] Unzulässig sind ferner bei Bestehen einer Tankstellendienstbarkeit und Bildung von WE Beschränkung der Dienstbarkeit auf eine Einheit, wenn Gemeinschaftsflächen durch die Ausübung betroffen sind, selbst wenn für das TE ein dahingehendes Sondernutzungsrecht besteht.[347] Bestritten ist die Möglichkeit, den Ausübungsbereich der Dienstbarkeit auf das Sondernutzungsrecht zu beschränken.[348] Die Entscheidung muss sicherlich danach getroffen werden, welche Auswirkungen die Dienstbarkeit für sämtliche Mitglieder der Miteigentümergemeinschaft hat.

80

2. Belastung des ganzen Grundstücks

Die Belastung des ganzen WE-Grundstücks durch alle WEer ist nach allgemeinen Grundsätzen zulässig. Dienstbarkeiten, die ihrer Natur nach nicht an einzelnem WE-Recht, sondern nur am Grundstück als Ganzem bestehen können, sind in Abteilung II jedes einzelnen Wohnungsgrundbuchs mit Hinweis darauf einzutragen, dass das Recht am ganzen Grundstück besteht (§ 4 WGV).[349]

81

Keine sachenrechtliche Verfügung über das WE ist die Einräumung, Übertragung, Änderung und Aufhebung von Sondernutzungsrechten, weil sie keine dinglichen Rechte sind, nicht den sachenrechtlichen Gegenstand des WE betreffen, sondern das Rechtsverhältnis der WEer untereinander (siehe dazu Rdn 110 ff.).

82

VII. Aufhebung von Sondereigentum

Die Aufhebung von Sondereigentum stellt eine Inhaltsänderung dar, da WE in gewöhnliches Miteigentum (§ 1008 BGB) oder bei Vereinigung aller Anteile in einer Hand in Alleineigentum umgewandelt wird. Eine Aufgabe durch Verzicht ist nicht möglich.[350] Das gilt bereits bei einem einfachen Miteigentumsanteil an einem Grundstück,[351] und erst recht für ein WE oder TE, weil damit auch ein Austritt aus der Gemeinschaft und den damit verbunden Pflichten verbunden wäre.[352]

83

---

335 KG DNotZ 1968, 57; Riecke/Schmid/*Schneider*, WEG, § 1 Rn 109 ff.; Bärmann/*Armbrüster*, WEG, § 1 Rn 149 ff.; Weitnauer/*Briesemeister*, WEG, § 3 Rn 116 ff.
336 BGHZ 37, 208 = Rpfleger 1962, 373; Weitnauer/*Briesemeister*, WEG, § 3 Rn 116, 119.
337 BGH DNotZ 1990, 493 m. Anm. *Amann* (zur Pflicht ein Fenster geschlossen zu halten); enger BayObLGZ 1974, 396 = Rpfleger 1975, 22; OLG Karlsruhe Rpfleger 1975, 356; Weitnauer/*Briesemeister*, WEG, § 3 Rn 116 ff.; dazu *Ertl*, FS für Bärmann und Weitnauer (1990), S. 251 zur Belastung von WE mit einem Wohnungsrecht.
338 OLG Zweibrücken MittBayNot 1993, 86.
339 OLG Zweibrücken FGPrax 1997, 33; *Demharter*, Anh. § 3 N 47; a.A. KG FGPrax 1995, 226.
340 BayObLGZ 1987, 359 = Rpfleger 1988, 62.
341 BayObLGZ 1986, 441 = Rpfleger 1986, 62.
342 BayObLGZ 1957, 110 = NJW 1957, 1840.
343 *Röll*, Rpfleger 1978, 352.
344 BGH WM 1984, 820; 1985, 808.
345 BayObLGZ 1976, 219; BayObLG Rpfleger 1980, 279.
346 BayObLGZ 1979, 444 = Rpfleger 1980, 150.
347 OLG Karlsruhe Rpfleger 1975, 356; *Röll*, Rpfleger 1978, 352.
348 Abl. BayObLGZ 1974, 396; DNotZ 1990, 496 = Rpfleger 1975, 22; diff. Dafür *Amann*, Anm. DNotZ 1990, 498 ff.
349 BayObLG Rpfleger 1995, 455.
350 BayObLGZ 1991, 90 = Rpfleger 1991, 247; OLG Düsseldorf ZfIR 2001, 221 = FGPrax 2001, 8; OLG Zweibrücken ZfIR 2002, 830 = FGPrax 2002, 200.
351 BGHZ 115, 1 = NJW 1991, 2488; BGHZ 172, 209 = NJW 2007, 2254 = DNotZ 2007, 840 m. Anm. *Kesseler*.
352 BGHZ 172, 338 = Rpfleger 2007, 537.

84 **Voraussetzungen der Aufhebung** sind die Einigung aller Wohnungseigentümer über die Aufhebung in Auflassungsform (§ 4 Abs. 1 WEG) oder, bei Vereinigung aller WE-Rechte in einer Hand, Antrag nach § 9 Abs. 1 Nr. 3 WEG und die Grundbucheintragung mit Schließung der Grundbücher. Notwendig ist dazu Zustimmung der dinglich Berechtigten, deren Rechte nicht am ganzen WE-Grundstück oder nicht an allen einzelnen WE-Rechten lasten.[353]

VIII. Veräußerungsbeschränkung nach § 12 WEG und Belastungsbeschränkungen
1. Voraussetzungen für die Begründung von Veräußerungsbeschränkungen

85 Eine Veräußerung des Miteigentumsanteils erstreckt sich auch auf das Sondereigentum (§ 6 Abs. 2 WEG), wirtschaftlich stellt das Sondereigentum den Hauptbestandteil des WE oder TE dar. Möglich ist die Veräußerung an mehrere Personen zu Bruchteilen[354] oder eines ideellen Bruchteils am WE, ferner, wenn das WE mehrere abgeschlossene Raumeinheiten umfasst, eines Bruchteils an dem WE, verbunden mit einer abgeschlossenen Raumeinheit.[355]

Als Inhalt des WE und TE kann im Rahmen der Gemeinschaftsordnung vereinbart werden, dass die Veräußerung der Zustimmung der übrigen Miteigentümer oder eines Dritten bedarf (§ 12 WEG).[356] Als Dritter wird in der Regel der WEG-Verwalter bestimmt. Von der Zustimmungspflicht können bestimmte Rechtsgeschäfte ausgenommen werden, z.B. die Veräußerung an Ehegatten/Lebenspartner, an Verwandte in gerader Linie, die Veräußerung durch den Insolvenzverwalter oder die Veräußerung im Wege der Zwangsvollstreckung (eing. Rdn 90 ff.).[357]

86 Die **Begründung der Veräußerungsbeschränkung** nach § 12 WEG erfolgt durch Erklärung des oder der teilenden Eigentümer nach § 3 oder 8 WEG durch Festlegung in der Gemeinschaftsordnung; nachträglich erfordert sie eine Vereinbarung aller WEer. Eine Veräußerungsbeschränkung ist dahingehend möglich, dass zu einer rechtsgeschäftlichen Übertragung unter Lebenden[358] – dazu gehört auch die Übertragung zur Erfüllung eines Vermächtnisses oder einer Teilungsanordnung[359] – die Zustimmungen anderer WEer oder eines Dritten, insbes. des Verwalters, aber nicht eines Grundpfandrechtsgläubigers § 1136 BGB,[360] erforderlich sind.[361] Unzulässig ist eine Vereinbarung dahingehend, dass der veräußernde Eigentümer die Kosten übernimmt.[362]

Die **Begründung der Veräußerungsbeschränkung** nach § 12 WEG erfordert ferner **Grundbucheintragung** als Inhalt des Sondereigentums (eing. § 3 GBV Rdn 8). Die nachträgliche Begründung erfolgt als Inhaltsänderung durch Vereinbarung aller Wohnungseigentümer[363] mit Zustimmung aller dinglich Berechtigten.

Die **Zustimmung des Verwalters** wird ersetzt durch die **Zustimmung aller Wohnungseigentümer**.[364] Die Bestimmung einer Teilungserklärung, dass zur Veräußerung eines WE die Zustimmung der „Mehrheit der übrigen Wohnungseigentümer" erforderlich ist, ist dahin auszulegen, dass als zustimmungsberechtigt die Eigentümerversammlung bezeichnet wird, die darüber im Rahmen ordnungsgemäßer Verwaltung mit der dafür in der Gemeinschaftsordnung vorgesehenen Mehrheit zu entscheiden hat.[365] Der Verwalter muss in eigener Person erklären, Bevollmächtigung ist unzulässig.[366] Dies gilt auch, wenn der Veräußerer Verwalter ist.[367] Erklärt der Verwalter, der zugleich Erwerber ist, die Zustimmung nach § 12 Abs. 1 WEG auch gegenüber dem Veräußerer, so ist dies wirksam. § 181 BGB findet keine Anwendung.[368] Da §§ 182 ff. BGB für die Zustimmung gelten, kann sie auch vor der Veräußerung erteilt werden.[369] Wird die Zustimmung verweigert, so kann das Grundbuchamt trotzdem eintragen, wenn ihm die

---

353 OLG Frankfurt a.M. DNotZ 1991, 604; *Schöner/Stöber*, Grundbuchrecht, Rn 2994 ff.
354 BGHZ 49, 250 = Rpfleger 1968, 114.
355 BGHZ 49, 250 = Rpfleger 1968, 114; *Riedel*, JZ 1951, 625.
356 Allgemein *Elzer*, NotBZ 2019, 370.
357 Elzer/Fritsch/Meier/*Abramenko*, Wohnungseigentumsrecht, § 1 Rn 255 ff.
358 BayObLGZ 1976, 330 = Rpfleger 1974, 104.
359 BayObLGZ 1982, 50 = Rpfleger 1982, 177.
360 Weitnauer/*Lüke*, WEG, § 12 Rn 14.
361 Bärmann/*Suilmann*, WEG, § 12 Rn 6, 7.
362 OLG Hamm Rpfleger 1989, 451.
363 *Haegele*, Rpfleger 1967, 285; *Lutter*, DNotZ 1960, 237.
364 BayObLGZ 1980, 29 OLG Zweibrücken MittBayNot 1989, 29; zum Verwalter als mittelbarer Stellvertreter der Gemeinschaft Bärmann/*Suilmann*, WEG, § 12 Rn 26.
365 OLG Hamm NJW-RR 2015, 1351 = Rpfleger 2016, 94.
366 *Demharter*, Anh. § 3 Rn 23.
367 OLG Düsseldorf Rpfleger 1985, 61; MittBayNot 1986, 180.
368 KG Rpfleger 2004, 281.
369 BayObLGZ DNotZ 1992, 229.

Auflassung und eine rechtskräftige Verpflichtung zur Erteilung der erforderlichen Zustimmung vorgelegt werden.[370] Zustimmung der Gläubiger, deren Grundpfandrechte das ganze Grundstück belasten, ist in keinem Fall erforderlich.[371]

Eine Versagung der Zustimmung ist nur aus wichtigem Grund zulässig (§ 12 Abs. 2 WEG),[372] der nur in der Person des Erwerbers liegen kann,[373] wobei der Betroffene Anspruch auf eine in Form und Inhalt genügende Erklärung hat.[374]

Nach § 12 Abs. 4 WEG können die WEer durch einfache Stimmenmehrheit beschließen, dass eine Veräußerungsbeschränkung aufgehoben wird. Diese Befugnis kann nicht eingeschränkt oder ausgeschlossen werden. Ist ein Mehrheitsbeschluss gefasst, kann die Veräußerungsbeschränkung im Grundbuch gelöscht werden. Der Bewilligung gem. § 19 GBO bedarf es nicht, wenn der Mehrheitsbeschluss nachgewiesen wird. Für diesen Nachweis ist § 26 Abs. 4 WEG entsprechend anzuwenden: Soweit die Verwaltereigenschaft durch eine öffentlich beglaubigte Urkunden nachgewiesen werden muss, genügt die Vorlage einer Niederschrift über den Bestellungsbeschluss, bei der die Unterschriften unter die Niederschrift durch die zuständigen Personen öffentlich beglaubigt sind (§ 29 Abs. 1 S. 1 GBO). Für die Wiedereinführung der Veräußerungsbeschränkung genügt dagegen ein Mehrheitsbeschluss nicht, vielmehr ist hier eine Vereinbarung erforderlich, die im Grundbuch eingetragen werden muss, wenn sie auch gegen Sondernachfolger gelten soll.

2. Wirkung der Veräußerungsbeschränkung

Die Verfügungsbeschränkung bewirkt eine Grundbuchsperre von ihrer Eintragung an,[375] jedoch nicht für die Eintragung einer Auflassungsvormerkung.[376] Zustimmungsbedürftige Verfügungen dürfen nur unter Nachweis der Zustimmung (in Form des § 29 GBO) im Grundbuch eingetragen werden (§ 12 Abs. 3 WEG). Erklärt der Verwalter, der zugleich Erwerber ist, die Zustimmung nach § 12 WEG auch gegenüber dem Erwerber, so ist dies wirksam.[377] Nach der Begründung von WE und TE gem. § 8 WEG gilt die Beschränkung ab der Eigentumseintragung des ersten WE-Erwerbers.[378]

Im Grundbuch eingetragene Befreiungen, bspw. bei Veräußerung durch Insolvenzverwalter, im Falle der Zwangsversteigerung, Veräußerung an Verwandte bestimmten Grades, sind nach den allgemeinen Regeln auslegungsfähig.[379]

Selbst wenn die Zustimmung zur Veräußerung erteilt worden ist, so ist diese nicht immer auch als Zustimmung zu einem kurze Zeit später geschlossenen Vertrag mit dem gleichen Erwerber zu veränderten Bedingungen auszulegen.[380]

Die Zustimmung des Verwalters zu der Veräußerung von WE nach § 12 WEG bleibt auch dann wirksam, wenn die Bestellung des Verwalters vor dem in § 878 BGB genannten Zeitpunkt endet. Im Grundbuchverfahren ist grundsätzlich nicht zu prüfen, ob der Verwalter, dessen Zustimmung zur Veräußerung nach § 12 WEG in der Form des § 29 Abs. 1 GBO dem Grundbuchamt vorliegt, auch noch in dem Zeitpunkt zum Verwalter bestellt war, in dem der Umschreibungsantrag eingereicht worden ist.[381]

3. Unterscheidung zu schuldrechtlicher Veräußerungsbeschränkung

Eine schuldrechtliche Veräußerungsbeschränkung mit den Inhalt, das WE nicht oder nur unter bestimmten Voraussetzungen zu veräußern oder zu belasten (§ 137 S. 2 BGB) wirkt zwar durch Eintragung als Inhalt des Sondereigentums auch gegen einen Sondernachfolger, macht aber ein dagegen verstoßendes Rechtsgeschäft nicht unwirksam, lösen höchstens Schadensersatzfolgen aus und bewirken keine Grundbuchsperre.[382]

---

370 *Demharter*, Anh. § 3 Rn 25.
371 OLG Frankfurt a.M. Rpfleger 1996, 340.
372 Umfassend mit Rechsprechungsnachweisen Bärmann/Suilmann, WEG, § 12 Rn 49 ff.; Elzer/Fritsch/Meier/Abramenko, Wohnungseigentumsrecht, § 1 Rn 260.
373 BayObLGZ 1990, 27.
374 OLG Hamm Rpfleger 1992, 94.
375 Ebenso *Demharter*, Anh. § 3 Rn 24; a.A. OLG Hamm Rpfleger 1994, 460; mit rechtlicher Invollzugsetzung der Gemeinschaft.
376 BayObLGZ 1964, 237 = DNotZ 1964, 722.
377 KG NJW RR 2004, 1161.
378 OLG Hamm Rpfleger 1994, 460.
379 BayObLGZ 1994, 18; KG Rpfleger 1996, 448 für eine Befreiung von Ehegatten von der Genehmigungspflicht bei einer Auflassung nach Rechtskraft des Scheidungsurteils.
380 BayObLG DNotZ 1992, 229.
381 BGHZ 195, 120 = NJW 2013, 299.
382 OLG Frankfurt a.M. DNotZ 1959, 476.

4. Nach § 12 WEG genehmigungspflichtige Veräußerungsgeschäfte

90 Bei Veräußerungsbeschränkungen mit dem gesetzlichen Inhalt des § 12 Abs. 1 WEG sind **genehmigungsbedürftig**:[383] Veräußerungen von WE, auch innerhalb der Gemeinschaft[384] und Rückauflassungen an den veräußernden WEer[385] sowie eines ideellen Bruchteils am WE,[386] auch im Wege der Zwangsvollstreckung einschließlich der Versteigerung nach § 17 WEG; durch den Insolvenzverwalter; unter nahen Verwandten, unter Wohnungseigentümer;[387] an den Grundpfandgläubiger zur Rettung seines Grundpfandrechts;[388] Rückauflassung nach Vertragsaufhebung;[389] des Bruchteils eines WE-Rechtes;[390] des ganzen WE-Rechtes an andere Wohnungseigentümer;[391] quotenmäßige Änderung von Miteigentümerbruchteilen mehrerer WE-Rechte; Übertragung eines WE von der Erbengemeinschaft auf einen Miterben in Erfüllung einer Vermächtnis- oder Teilungsanordnung,[392] nicht die Verfügung eines Miterben über einen Erbanteil.[393] Die Übertragung eines WE von der Erbengemeinschaft auf sämtliche Miterben zu Bruchteilen unterliegt nicht dem von den Wohnungseigentümern für den Fall der „Veräußerung" vereinbarten Erfordernis der Zustimmung des Verwalters.[394]

91 **Die Erstveräußerung durch den Eigentümer (Bauträger)**, der selbst gem. § 8 WE gebildet hat, bedarf der Zustimmung des Verwalters,[395] wenn die Teilungserklärung das Zustimmungserfordernis enthält und für die Erstveräußerung eine Ausnahme ausdrücklich nicht vorgesehen ist. Unschädlich ist eine nach der Gemeinschaftsordnung befreite Erstveräußerung erst mehrere Jahre nach Begründung des WE.[396]

92 **Die Einschränkung des gesetzlichen Inhalts** durch Grundbucheintragung der Vorwegzustimmung oder Ausnahme von der Zustimmungspflicht in besonderen Fällen, z.B. bei Veräußerungen im Wege der Zwangsvollstreckung, durch Insolvenzverwalter, ist zulässig. Ist die Veräußerung an den Ehegatten vom Zustimmungserfordernis ausgenommen, so ist keine Zustimmung erforderlich, wenn die Auflassung bindend erklärt wurde vor der Rechtskraft des Scheidungsurteils[397] oder bei Auflassung nach Rechtskraft des Scheidungsurteils, jedoch aufgrund einer vorher getroffenen bindenden Scheidungsvereinbarung.[398] Ist die Veräußerung an Ehegatten nicht zustimmungspflichtig, ist diese Regelung schon wegen Art. 3 Abs. 3 GG zwingend auch dahin auszulegen, dass auch die Veräußerung an den oder die Lebenspartner/in nach LPartG nicht der Zustimmung bedarf.

93 **Eine Erweiterung der Zustimmungspflicht** ist zulässig für Unterteilung ohne Veräußerung,[399] zur Veräußerung von Sondereigentum ohne Änderung der Miteigentümeranteile.[400]

94 **Belastungsbeschränkungen:** Nach dem Wortlaut des § 12 WEG ist eine solche nicht zulässig. Die Vereinbarung einer Zustimmungspflicht zur Belastung mit Dauerwohn-, Dauernutzungs- und dinglichen Wohnungsrechten soll aber zulässig sein.[401] § 12 Abs. 2 WEG analog (Versagung nur aus wichtigem Grunde möglich) gilt nur, wenn auch dies ausdrücklich vereinbart ist.[402]

95 **Unwirksam sind** ein völliges Veräußerungsverbot, da es dem Wesen des WE widersprechen würde;[403] ebenso die Abhängigkeit von der Zustimmung eines Grundpfandrechtsgläubigers (§ 1136 BGB).[404] Unzulässig ist ein allgemeines Veräußerungsverbot oder Verbot der Veräußerung an bestimmte Personen, da § 12 WEG die Ausnahme von § 137 BGB ist und daher eine erweiternde Auslegung nicht möglich ist. Wurde die Regelung eingetragen, so ist sie für das Grundbuchamt unbeachtlich.[405] Zulässig ist immer nur die Vereinbarung einer Zustimmungspflicht, niemals einer Veräußerungssperre.

---

383 Eingehend Bärmann/*Suilmann*, WEG, § 12 Rn 16 ff.
384 OLG Celle Rpfleger 1974, 388; BayObLGZ 1977, 40; KG Rpfleger 1978, 382; BayObLG Rpfleger 1982, 177.
385 BayObLGZ 1976, 331 = Rpfleger 1977, 104.
386 OLG Celle Rpfleger 1974, 438; a.A. *Schmedes*, Rpfleger 1974, 421.
387 BayObLGZ 1977, 40.
388 LG Düsseldorf Rpfleger 1981, 193.
389 BayObLGZ 1976, 328.
390 OLG Celle Rpfleger 1974, 438.
391 BayObLGZ 1977, 40.
392 BayObLGZ 1982, 46 = Rpfleger 1982, 177.
393 OLG Hamm DNotZ 1980, 53.
394 OLG Karlsruhe NJW-RR 2013, 338 = DNotZ 2013, 122.
395 BGH Rpfleger 1991, 246; OLG Köln Rpfleger 1992, 293.
396 OLG Köln Rpfleger 1992, 293.
397 OLG Schleswig Rpfleger 1994, 18.
398 KG FGPrax 1996, 140.
399 BGHZ 49, 250, 257 = Rpfleger 1968, 114.
400 OLG Celle DNotZ 1975, 42.
401 BGHZ 37, 203 = DNotZ 1963, 180.
402 Bärmann/*Suilmann*, WEG, § 12 Rn 21.
403 BayObLGZ 1960, 476 = DNotZ 1961, 266.
404 Riecke/Schmid/*Schneider*, WEG, § 12 Rn 86; Staudinger/*Kreuzer*, BGB, § 12 WEG Rn 32a; Weitnauer/*Lüke*, WEG, § 12 Rn 14; a.A. Bärmann/*Suilmann*, WEG, § 12 Rn 35; *Hügel*, MittBayNot 2016, 109.
405 BayObLG MittBayNot 1984, 88.

IX. Rechtsverhältnis der Wohnungseigentümer untereinander

1. Grundsatz

Die Wohnungseigentümergemeinschaft wurde im Jahre 2005 durch ein obiter dictum des BGH[406] als parteifähig anerkannt. Der Gesetzgeber folgte dem im Rahmen der WEG-Reform 2007 mit Neuregelung des § 10 WEG, der weitgehend die selbstständige Teilnahme am Rechtsverkehr zuließ. Durch das WEMoG 2020 wurde die WEG-Gemeinschaft gegenüber den Miteigentümern durch § 9a WEG weiter verselbstständigt und mit § 9b WEG der WEG-Verwalter als gesetzlicher Vertreter etabliert,[407] die WEer-Gemeinschaft ist gleichwohl keine juristische Person, sie ist als Sonderform der Gemeinschaft nach §§ 741 ff. BGB, die ihrerseits keine Rechtsfähigkeit besitzt, als Verband sui generis anzusehen.[408]

96

Für Verbindlichkeiten der Gemeinschaft haben die Miteigentümer im Innenverhältnis nach § 16 WEG einzustehen, sie haften aber auch gegenüber Gläubigern nach § 9a Abs. 4 WEG. Die WEG-Gemeinschaft kann selbst Schuldnerin der Zwangsvollstreckung sein, ist selbst aber nicht insolvenzfähig (§ 9a Abs. 5 WEG).[409] Die Rechtsbeziehungen der WEer untereinander regeln sich nach §§ 10 ff. WEG. Eintritt in die WEer-Gemeinschaft und Ausscheiden aus ihr vollziehen sich kraft Gesetzes mit dem Erwerb und Verlust des WE-Rechts. Die §§ 23 ff. WEG regeln die Beschlussfassung der WEG-Gemeinschaft, die §§ 18, 26 ff. WEG regeln die Rechte und Pflichten der WEG-Verwaltung, wobei insbesondere der schwerfällige und kaum verständliche § 27 WEG in der Fassung der WEG-Reform 2007 aufgrund der Annäherung der WEG-Gemeinschaft an eine juristische Person durch das WEMoG 2020 weitgehend entschärft worden ist.[410]

2. Entstehung der Wohnungseigentümergemeinschaft

Die Gemeinschaft der Wohnungseigentümer entsteht mit Anlegung der Wohnungsgrundbücher (§ 9a Abs. 1 S. 2 WEG). Bei der Teilung nach § 8 WEG entsteht dann zumindest vorläufig eine Ein-Personen-Gesellschaft.[411]

97

Aus der Ein-Personen-Gesellschaft wird eine „echte" Gesellschaft, wenn mindestens ein WE oder TE veräußert wird. Im Vorfeld des Eigentumserwerbs mit Grundbucheintragung wurde bis 2020 von einer sog. werdenden Eigentümergemeinschaft gesprochen. Diese entstand, wenn ein gültiger Erwerbsvertrag vorlag, der Erwerber die Wohnung in Besitz genommen hat und eine Auflassungsvormerkung für ihn im Grundbuch eingetragen war.[412] Nach Eintragung der Vormerkung für den ersten WE-Erwerber entsprechend § 877 BGB für eine Änderung der Gemeinschaftsordnung war dessen Zustimmung erforderlich.[413] Der in dem Grundbuch als Eigentümer eingetragene Veräußerer haftete nicht gesamtschuldnerisch für die Lasten der Wohnung, wenn der Erwerber als werdender Wohnungseigentümer anzusehen war.[414] Die Rechtsstellung des Erwerbers als werdender Eigentümer ist seit 1.12.2020 in § 8 Abs. 3 WEG geregelt.[415]

98

3. Gemeinschaftsordnung

Die Gemeinschaftsordnung beinhaltet alle für das Verhältnis der WEer untereinander (Innenverhältnis) verbindlichen Regelungen für und gegen jeden WEer und Sondernachfolger. Sie wirken kraft Gesetzes, auch wenn ein Miteigentümer sie nicht kennt, an ihnen nicht mitgewirkt, gegen sie gestimmt, sich ihnen nicht rechtsgeschäftlich unterworfen hat oder diese Wirkungen gar nicht will. Sie hat die **Wirkung eines „Statuts"** wie die Satzung eines Vereins.[416] Dritte erhalten durch sie keinen unmittelbaren Anspruch.[417]

99

---

406 BGHZ 163, 154 = NJW 2005, 2061.
407 BT-Drucks 19/18791, S. 45 ff.
408 Bärmann/*Suilmann*, WEG, § 9a Rn 22 ff., § 10 Rn 33.
409 LG Dresden NJW 2006, 2710 = ZIP 2006, 1210, dazu EwiR 2006, 465 *Köster/Sankol*.
410 BT-Drucks 19/18791, S. 48 ff., 74 ff.
411 Bärmann/*Suilmann*, WEG, § 9a Rn 29; *Tank*, MietRB 2021, 214.
412 BGHZ 177, 53 = NJW 2008, 2639 = DNotZ 2008, 930; *Wenzel*, NZM 2008, 625; *Becker*, ZfIR 2008, 869; *Hügel*, ZWE 2010, 122.
413 So auch BayObLGZ 1974, 217 = Rpfleger 1974, 314 = DNotZ 1975, 31 für die „faktische WE-Gemeinschaft"; ebenso BayObLG Rpfleger 1994, 18.
414 BGHZ 193, 219 = NJW 2012, 2650.
415 BT-Drucks 19/18791, S. 43; Bärmann/*Armbrüster*, WEG, § 8 Rn 41 ff.
416 BayObLGZ 1959, 457, 465 = NJW 1960, 292; eingehend Staudinger/*Kreuzer*, BGB, § 10 WEG Rn 120 ff.; Elzer/Fritsch/Meier/*Elzer*, Wohnungseigentumsrecht, § 1 Rn 202 ff.; *Diester*, Rpfleger 1965, 199; *Röll*, Rpfleger 1976, 283.
417 OLG Frankfurt a.M. MDR 1983, 580.

Die Gemeinschaftsordnung wird regelmäßig mit Begründung von WE nach § 3 WEG und insbes. nach § 8 WEG in der sog. Teilungserklärung festgelegt. Eine **nachträgliche Änderung der Gemeinschaftsordnung** bedarf als Inhaltsänderung der **Zustimmung aller Miteigentümer** sowie der dinglich Berechtigten am jeweiligen WE (§§ 877, 876 BGB) sowie der Grundbucheintragung.[418] Die **Eintragung** einer Änderung **in das Grundbuch** erfolgt auf Bewilligung aller Miteigentümer und dinglich Berechtigter, notarielle Beurkundung ist nicht erforderlich, es genügt die Form des § 29 Abs. 1 S. 1 GBO.[419] Eine Änderung der Gemeinschaftsordnung durch Mehrheitsbeschluss wirkt bestenfalls schuldrechtlich zwischen den zustimmenden Eigentümern, bindet die Eigentümer, die nicht zugestimmt haben, aber nicht; erst recht wirkt sie nicht gegen Rechtsnachfolger. Allerdings gestattet das WEG an vielen Stellen Änderungen der Gemeinschaftsordnung mit qualifizierten Mehrheiten der Eigentümerversammlung, bspw. zur Kostenverteilung nach § 16 Abs. 2 S. 2 WEG oder zu den Kosten einer baulichen Veränderung nach § 21 Abs. 2 WEG

100 Die **Gemeinschaftsordnung** besteht aus:[420]
– Zwingenden Vorschriften der §§ 10 ff. WEG;
– Rechtsgeschäftlichen Vereinbarungen, die als Inhalt des Sondereigentums im Grundbuch eingetragen sind (§ 10 Abs. 3 WEG);
– Beschlüssen der WEer gem. § 23 WEG und ihnen gleichstehenden Entscheidungen des Gerichts gem. § 44 WEG, insbes. bei sog. Beschlussersetzungsklagen;
– Abdingbaren gesetzlichen Vorschriften der §§ 10 bis 29 WEG;
– Subsidiär geltenden gesetzlichen Vorschriften der §§ 742 ff. BGB. Diese werden durch die Anerkennung der WEG-Gemeinschaft als rechtsfähigem Verband weitgehend durch §§ 9a ff. WEG verdrängt.[421]

101 **Nicht zur Gemeinschaftsordnung gehören** die nicht im Grundbuch eingetragenen schuldrechtlichen Regelungen (§§ 746 ff. BGB) und die dinglichen Vereinbarungen mit absoluter sachenrechtlicher Wirkung, z.B. § 5 Abs. 3 WEG. Die Veräußerung von Teilen des gemeinschaftlichen Grundstücks betrifft die sachenrechtlichen Grundlagen der Gemeinschaft. Sie stellt daher keine Verwaltung i.S.v. §§ 18, 19 WEG dar und kann weder Gegenstand eines Mehrheitsbeschlusses und auch nicht Gegenstand einer Vereinbarung im Sinne der Gemeinschaftsordnung sein.[422]

102 Zwischen Vereinbarungen und Beschlüssen ist zu unterscheiden:[423]

Durch **Vereinbarungen** werden Angelegenheiten geregelt, die sachenrechtlich das Gemeinschaftseigentum, insbes. Veränderungen, betreffen. Sie werden einstimmig durch alle Miteigentümer gefasst. Typische Fälle einer Vereinbarung sind die Begründung von Sondernutzungsrechten am Gemeinschaftseigentum oder die Umwandlung von Gemeinschaftseigentum in Sondereigentum. Vereinbarungen wirken gegen den jeweiligen Sonderrechtsnachfolger nur, wenn sie aufgrund einer Bewilligung aller WEer ins Grundbuch eingetragen worden sind (§ 10 Abs. 3 WEG); ohne Eintragung auch dann nicht, wenn sie dem Sondernachfolger bekannt sind.

Beschlüsse werden mit Mehrheit der WEer in einer Versammlung (§§ 23 ff. WEG) gefasst, die Gegenstände einer Beschlussfassung ergeben sich wesentlich aus §§ 19, 20 WEG.[424] Bei der Beschlussfassung hat nach § 25 Abs. 2 S. 1 WEG grundsätzlich jeder Miteigentümer eine Stimme, auch wenn ihm mehrere WE oder TE gehören. Abweichend wird in Gemeinschaftsordnungen das Stimmrecht häufig nach der Größe des Miteigentumsanteils in Anlehnung an § 16 Abs. 2 WEG bestimmt. Die Stimmenmehrheit kann durch die Subtraktionsmethode ermittelt werden, wenn für den Zeitpunkt der Abstimmung die Anzahl der anwesenden und vertretenen Wohnungseigentümer und – bei Abweichung vom Kopfprinzip – auch deren Stimmkraft feststeht.[425] Wird gemäß der Teilungserklärung die Vertretung der Wohnungs-

---

[418] Eingehend Elzer/Fritsch/Meier/*Elzer*, Wohnungseigentumsrecht, § 1 Rn 147 ff., 220 ff.
[419] Timme/*Kral*, WEG, § 8 Rn 46, 47, 51 ff., 60.
[420] Eingehend Bärmann/*Suilmann*, WEG, § 10 Rn 2 ff.
[421] Bärmann/*Suilmann*, WEG, § 9a Rn 22 ff.
[422] BGH NJW 2013, 1962 = ZNotP 2013, 181.
[423] BayObLGZ 1978, 377 = DNotZ 1979, 174; BayObLGZ 1983, 79; eingehend Bärmann/*Suilmann*, WEG, § 10 Rn 170 ff.; *Tasche*, DNotZ 1974, 581; *Schmidt*, DNotZ 1975, 138; zur Bestimmtheit der Beschlussfassung *Abramenko*, ZfIR 2014, 725.
[424] Bärmann/*Dötsch*, WEG, § 19 Rn 32 ff.
[425] BGH Rpfleger 2003, 21.

eigentümer, die nicht anwesend und auch nicht anderweitig vertreten sind, vom Verwalter ausgeübt, so führt dies auch bei „einstimmigem Beschluss" nicht zu einer Vereinbarung.[426] Beschlüsse der Wohnungseigentümer und gerichtliche Entscheidungen (§ 44 WEG) hierzu entfalten Wirkung auch ohne Grundbucheintrag gegen den Sonderrechtsnachfolger; sie können auch nicht eingetragen werden.[427]

103 Werden Gegenstände, die einer Vereinbarung bedürfen,[428] durch Beschluss geregelt und nicht innerhalb der Monatsfrist des § 45 WEG angefochten (sog. Pseudo-Vereinbarung), sollten sie nach früherer Rechtslage auch gegen Sonderrechtsnachfolger wirken.[429] Die Frage, ob ein Sondernutzungsrecht durch eine solche Pseudo-Vereinbarung begründet werden kann, verneinte der BGH; er betrachtete die Beschlussfassung als nichtig.[430] Nichtig wäre auch die Begründung von Annexeigentum nach § 3 Abs. 2 WEG durch Beschlussfassung. Ein nichtiger Beschluss könnte allenfalls in eine schuldrechtliche Gebrauchsregelung umgedeutet werden. Mit der Neuregelung des § 10 Abs. 3 WEG durch das WEMoG zum 1.12.2020 ist das Verhältnis von Vereinbarungen und Beschlüssen als sog. Pseudo-Vereinbarungen klargestellt:[431] Vereinbarungen bedürfen zur Wirkung auch gegenüber Rechtsnachfolgern, mithin zur Verdinglichung,[432] der Grundbucheintragungen, Beschlüsse werden nicht eingetragen. Das kann aber nur gelten, wenn Beschlüsse wirksam gefasst sind und sich auf Gegenstände beziehen, die der Beschlussfassung zugänglich sind. Würde die Eigentümergemeinschaft eine sog. Pseudo-Vereinbarung mit Mehrheit beschließen, bedürfte diese zu ihrer Wirksamkeit gegenüber Rechtsnachfolgern der Grundbucheintragung. Das Grundbuchamt muss eine solche Eintragung aber ablehnen, insbesondere weil die Beschlussfassung mangels Beschlusskompetenz nichtig ist. Pseudo-Vereinbarungen, die in Form einer Beschlussfassung zustande gekommen sind, kann es damit nicht mehr geben.[433]

104 Eine wichtige Ausnahme besteht aber, wenn die **Gemeinschaftsordnung** durch Änderungsvorbehalt oder **Öffnungsklauseln** vorsieht, dass Regelungsgegenstände, die an sich nur durch Vereinbarung getroffen werden müssen, durch Mehrheitsbeschluss getroffen werden können; Öffnungsklauseln sind grundsätzlich zulässig (§ 5 Abs. 4 S. 1 WEG).[434] Sie können bereits bei Begründung des WE und TE Teil der Gemeinschaftsordnung sein, sie können zwischen den Miteigentümern einstimmig auch nachträglich vereinbart werden. Die Vereinbarung einer solchen Öffnungsklausel im Rahmen der Änderung der Gemeinschaftsordnung bedarf ihrerseits der Grundbucheintragung, sie bedarf aber nicht der Zustimmung der dinglich Berechtigten entsprechend § 876 BGB.[435] Wird aufgrund der Öffnungsklausel zulässig ein Beschluss gefasst, bedarf dieser **vereinbarungsersetzende Beschluss** auch der **Grundbucheintragung** (§ 10 Abs. 3 S. 1 WEG).[436] Zur Eintragung eines solchen Beschlusses bedarf es der Bewilligungen der Wohnungseigentümer nicht, wenn der Beschluss durch eine Niederschrift, bei der die Unterschriften der in § 24 Abs. 6 WEG bezeichneten Personen öffentlich beglaubigt sind, oder durch ein Urteil in einem Verfahren nach § 44 Abs. 1 S. 2 WEG nachgewiesen ist (§ 7 Abs. 2 S. 1 WEG). Antragsberechtigt nach § 13 GBO ist auch die Gemeinschaft der Wohnungseigentümer (§ 7 Abs. 2 S. 2 WEG). Die Gesetzesbegründung zu § 7 Abs. 2 WEG führt an, dass eine inhaltliche Prüfung von Beschlüssen durch das Grundbuchamt nicht vorgesehen sei, weil die Anfechtung von Beschlüssen den Eigentümern obliege.[437] Das ist missverständlich. Selbstverständlich hat das Grundbuchamt zu prüfen, ob der Beschluss auf Grundlage einer Öffnungsklausel der Gemeinschaftsordnung gefasst worden ist. Ist das nicht der Fall, und ist der Beschluss demzufolge nichtig, kann er nicht eingetragen werden. Ist der Beschluss nur anfechtbar, weil der betreffende Tagesordnungspunkt bei der Einladung zur Versammlung nicht genannt war,[438] ist er dennoch wirksam, das Grundbuchamt darf die Eintragung nicht ablehnen.

---

426 OLG Düsseldorf RR 2000, 1683.
427 Vgl. dazu näher *Demharter*, DNotZ 1991, 28.
428 Dazu Staudinger/*Lehmann-Richter*, BGB, § 21 WEG Rn 10, 11.
429 BayObLG DNotZ 1984, 101 = Rpfleger 1983, 348; eingehend zu vereinbarändernden und vereinbarungswidrigen Beschlüssen Bärmann/*Suilmann*, WEG, § 10 Rn 83 ff.
430 BGHZ 145, 158 = NJW 2000, 3500 = DNotZ 2000, 854 = Rpfleger 2001, 19; BayObLGZ 1986, 444 für die Umwandlung von Gemeinschaftseigentum in Sondereigentum; eingehend Staudinger/*Häublein*, BGB, § 23 WEG Rn 101 ff.; allgemein zur Nichtigkeit BGHZ 107, 271 = NJW 1989, 2059 = DNotZ 1990, 34.
431 BT-Drucks 19/18791, S. 40, 41, 60.
432 Bärmann/*Suilmann*, WEG, § 10 Rn 133 ff.
433 Im Ergebnis ebenso Bärmann/*Dötsch*, WEG, § 19 Rn 47 ff.
434 Eingehend Staudinger/*Kreuzer*, BGB, § 10 WEG Rn 168 ff.; Bärmann/*Suilmann*, WEG, § 10 Rn 145 ff.
435 OLG Düsseldorf NJW 2004, 1394 = NotBZ 2004, 205 m. Anm. *Hügel* = Rpfleger 2004, 347 = ZMR 2004, 286 m. Anm. *Schneider*.
436 Eingehend *Abramenko*, ZMR 2020, 453; *Drasdo*, GE 2021, 609.
437 BT-Drucks 19/18791, S. 42.
438 Bärmann/*Merle*, WEG, § 24 Rn 40.

4. Eintragungsfähigkeit von Gemeinschaftsregelungen

105 **Eintragungsfähig** sind nur die nach §§ 3, 10 Abs. 2 WEG vereinbarten oder nach § 8 WEG einseitig „zum Inhalt des Sondereigentums" erklärten Regelungen über das Verhältnis der WEer untereinander, soweit sie sich im gesetzlich zulässigen Rahmen halten. Die vorweggenommene Zustimmung oder Ermächtigung, Gemeinschaftseigentum in Sondereigentum umzuwandeln, kann nicht mit einer die Sondernachfolger bindenden Wirkung als Inhalt des Sondereigentums vereinbart und daher auch nicht im Grundbuch eingetragen werden.[439] Eine Vereinbarung, welche die Ausübung einer für das gemeinsame Grundstück bestellten Grunddienstbarkeit betrifft, regelt das Verhältnis der WEer untereinander und ist daher im Grundbuch eintragungsfähig.[440] Vereinbarungen i.S.d. § 10 Abs. 3 WEG bedürfen zur materiellen Wirksamkeit nicht der für die sachenrechtliche Einigung (§ 873 BGB) vorgeschriebenen Auflassungsform (§ 4 Abs. 2 WEG, § 925 Abs. 1 BGB). Enthält die Gemeinschaftsordnung daneben die Wiederholung gesetzlicher Bestimmungen, so genügt bei der Eintragung trotzdem die globale Bezugnahme auf die Gemeinschaftsordnung.[441]

Besteht für den jeweiligen Eigentümer eines in WE aufgeteilten Grundstücks eine Grunddienstbarkeit z.B. zur Benutzung von Garagen, an einem anderen Grundstück, so kann eine Regelung der WEer über die Ausübung der Dienstbarkeit als Inhalt des Sondereigentums in die Wohnungsgrundbücher eingetragen werden.[442]

Nicht eintragungsfähig sind die nicht abgeänderten gesetzlichen Regelungen der §§ 10 ff. WEG; §§ 741 ff. BGB.

5. Vertragsfreiheit und ihre Ausnahmen

106 Zur Regelung der internen Rechtsbeziehung besteht grundsätzlich Vertragsfreiheit, mit folgenden **Ausnahmen:**

– zwingendes Recht des WEG (vgl. Rdn 89);
– zwingendes Recht der §§ 741 ff. BGB, soweit nicht bereits das WEG eine Regelung trifft;
– allgemeine Grenzen der Vertragsfreiheit (§§ 134, 138 BGB);
– die Vertragsfreiheit einschränkendes Sonderrecht.

6. Zwingendes Recht für die Gemeinschaftsordnung nach WEG

107 Zwingendes Recht der Gemeinschaftsordnung sind insbes. folgende Tatbestände:[443]

– § 5 Abs. 2 WEG: bestimmte Teile des Gebäudes sind nicht sondereigentumsfähig; nur umgekehrt kann Sondereigentum zum Gemeinschaftseigentum erklärt werden und damit in die Verwaltungszuständigkeit der WEer fallen;[444]
– § 6 WEG: Unselbstständigkeit des Sondereigentums;
– § 9b Abs. 1 S. 3 WEG: Eine Beschränkung des Umfangs der Vertretungsmacht des Verwalters oder der Wohnungseigentümer ist Dritten gegenüber unwirksam;
– § 11 WEG: kein Anspruch auf Aufhebung der Gemeinschaft;
– § 12 Abs. 2 S. 1 WEG: Versagung der Zustimmung zur Veräußerung nur aus wichtigem Grund;
– § 17 Abs. 3 und 4 WEG: Voraussetzungen zum Ausschluss des Entziehungsrechts des WE/TE;
– § 9b, § 26 Abs. 5, § 26a mit § 19 Abs. 2 Nr. 6 WEG: Bestellung eines Verwalters; nur eine natürliche oder juristische Person oder eine Personengesellschaft des Handelsrechts dürfen berufen werden.[445] Verneint wurde die Zulässigkeit der Bestellung einer BGB-Gesellschaft zum Verwalter.[446] Seit 1.1.2024 dürfte aber mindestens die im Gesellschaftsregister eingetragene BGB-Gesellschaft (§ 705 Abs. 2, § 707 BGB) fähig zum Verwalteramt sein.

---

439 BayObLGZ 1997, 233; KG FGPrax 1998, 94; ZMR 1999, 204 ff.; BayObLGZ 2000, 2; Rpfleger 2002, 141 = DNotZ 2000, 467.
440 LG Kassel Rpfleger 2003, 123.
441 OLG Hamm DNotZ 1997, 972.
442 BayObLGZ 1990, 124.
443 Bärmann/*Suilmann*, WEG, § 10 Rn 33 ff.
444 BGH NJW 2013, 1154 = Rpfleger 2013, 318.
445 BGH DNotZ 1990, 34; KG Rpfleger 1995, 17 = FGPrax 1995, 24.
446 BGHZ 107, 271 = NJW 1989, 2059 = DNotZ 1990, 34; BGH ZMR 2006, 375; BGH NJW 2009, 2449; KG NJW 1995, 62; BayObLG NJW RR 1989, 526.

- § 23 Abs. 3 WEG: Schriftliche Abstimmung außerhalb der Versammlung nur einstimmig;[447]
- § 24 Abs. 2 WEG: Minderheitsrecht zur Einberufung der Versammlung;[448]
- § 26 WEG: Bestellung, Abberufung und Amtsdauer des Verwalters; Erforderlichkeit eines zertifizierten Verwalters nach § 19 Abs. 2 Nr. 6 und § 26a WEG; ob die Bestellung eines Verwalters in der Teilungserklärung durch den nach § 8 WEG teilenden Eigentümer wirksam ist, war lange umstritten;[449] der BGH hielt die Bestellung für unwirksam, sobald sich die Eigentümergemeinschaft gebildet hatte.[450] Da diese auch als Ein-Personen-Gesellschaft mit Anlegung der Grundbücher entsteht (§ 9a Abs. 1 S. 2 WEG), ist eine Erstbestellung wohl nicht mehr zulässig.[451] Wird die Firma des Verwalters als Einzelkaufmann in eine GmbH umgewandelt, so geht das Verwalteramt erst aufgrund eines bestätigenden Mehrheitsbeschlusses der Eigentümer auf diese über.[452] Der WE-Verwalter kann sein Amt nicht ohne Mitsprache der WEer auf einen Dritten übertragen. Dies gilt auch dann, wenn die Verwaltungsgesellschaft durch Verschmelzung in einem anderen Rechtsträger aufgegangen ist.[453] Der Verwalter braucht und darf aufgrund der Rechtsfähigkeit der WEG-Gemeinschaft Forderungen der WEer nicht mehr im eigenen Namen als gewillkürter Verfahrensstandschafter gerichtlich geltend machen, er ist gesetzlicher Vertreter der Gemeinschaft nach § 9b WEG.[454] Nichtig ist eine Vereinbarung, dass zum Verwalter nur WEer bestellt werden dürfen.[455]
- §§ 43 ff. WEG: Verfahren in WEG-Sachen.

Die **Nichtigkeit einzelner Bestimmungen** der Gemeinschaftsordnung berührt die Wirksamkeit der übrigen nicht.[456] Das Grundbuchamt darf aber gegen zwingendes Recht verstoßende Vereinbarungen nicht eintragen und hat daher die Gemeinschaftsordnung dahingehend zu prüfen, ob sie gegen zwingendes Recht verstößt.

7. Einzelfälle eintragungsfähiger Gemeinschaftsregelungen

Zulässig sind Gemeinschaftsregelungen mit folgenden Inhalten:[457]

108

- Zweckbestimmungen im engeren Sinne, wonach WE oder TE nur zu bestimmten Arten der Nutzung verwendet werden dürfen,[458] bspw. für sog. betreutes Wohnen oder als Studierendenwohnheim, als Hotel oder Restaurant, oder eben bestimmte Nutzungen ausgeschlossen sind.
- Gegenseitige schuldrechtliche Vorkaufsrechte; nicht die nur als Belastung eintragungsfähigen dinglichen Vorkaufsrechte;[459]
- Richtlinien für den Verwaltervertrag, nicht der Abschluss dieses Vertrages selbst;[460]
- Voraussetzungen für Geldstrafen, die wie Vereinsstrafen (nicht Vertragsstrafen) wirken;[461]
- Schiedsvereinbarungen;[462]
- Haftungsregelungen, nach welcher Einzelrechtsnachfolger des Sondereigentums für fällige Geldschulden der Rechtsvorgänger haften;[463] diese sind nach § 7 Abs. 3 S. 2 WEG ausdrücklich in das Grundbuch einzutragen (vgl. auch § 3 Abs. 2 WGV).[464] Die ausdrückliche Eintragung ist seit 1.12.2020 auch für Altfälle vorgeschrieben. Die Übergangsregelung des § 48 Abs. 3 WEG enthält dazu in S. 3 eine Ausschlussfrist bis 31.12.2025. Ist die nachträgliche Eintragung nicht bis zu diesem Zeitpunkt erfolgt, kann die Haftungsregelung dem Sonderrechtsnachfolger nicht entgegengehalten werden. Im Übrigen haftet der WE-Erwerber grundsätzlich nicht für vom Veräußerer geschuldete Hausgelder oder Sonderumlagen.[465]

---

447 BayObLGZ 1980, 331 = MittBayNot 1981, 27.
448 BayObLGZ 1972, 314 = NJW 1973, 151.
449 BGH NJW 2002, 3240 = DNotZ 2002, 945.
450 BGH NZM 2022, 425 = ZNotP 2022, 246 = ZfIR 2022, 336 m. Anm. *Abramenko*; BayObLG MittBayNot 1994, 429; *Müller*, ZWE 2002, 391.
451 Eingehend Bärmann/*Becker*, WEG, § 26 Rn 88 ff., 93.
452 BayObLG Rpfleger 2002, 305.
453 LG Frankfurt a.M. NJW-RR 2012, 1483.
454 BGHZ 188, 157 = NJW 2011, 1361 = DNotZ 2011, 547; dazu *Elzer*, DNotZ 2011, 486.
455 BayObLG Rpfleger 1995, 155.
456 BGHZ 47, 172, 179.
457 Einzelfälle bei Bärmann/*Suilmann*, WEG, § 10 Rn 54 ff.
458 *Elzer*, ZNotP 2019, 188, *ders.*, ZNotP 2021, 467; *Schmidt-Räntsch*, DNotZ 2021, 879.
459 OLG Celle DNotZ 1955, 320; OLG Bremen Rpfleger 1977, 313.
460 Weitnauer/*Lüke*, WEG, § 10 Rn 37, 38.
461 BayObLGZ 1959, 457, 465 = NJW 1960, 292.
462 BayObLGZ 1973, 1 = Rpfleger 1973, 139.
463 Elzer/Fritsch/Meier/*Abramenko*, Wohnungseigentumsrecht, § 1 Rn 243 ff.; überholt OLG Düsseldorf DNotZ 1973, 553; OLG Frankfurt a.M. Rpfleger 1980, 349; OLG Köln DNotZ 1981, 584; BGH Rpfleger 1994, 498.
464 Eingehend *Böhringer*, Rpfleger 2022, 375.
465 BGHZ 198, 216 = NJW 2013, 3515; BGH NJW 2014, 2445; *Röll*, NJW 1976, 937, ohne solche Regelung nur Haftung für die Verbindlichkeiten, die nach dem Eigentumserwerb durch Beschluss begründet wurden: BGHZ 104, 197 = DNotZ 1989, 148 = Rpfleger 1988, 357; BGH DNotZ 1990, 371.

- Vereinbarungen über Vertretung nach außen mit entsprechenden Vollmachten z.B. für Verwalter oder Mitglieder des Verwaltungsbeirats sind seit Einführung des § 9b WEG zum 1.12.2020 nicht mehr zulässig.[466]
- Zugangsfiktion für die Ladung zur Eigentümerversammlung bei Versendung an die zuletzt angegebene Adresse;[467] Vertretung in Eigentümerversammlungen nur durch bestimmte Personen.[468]
- Dingliche Unterwerfung des WE unter die Zwangsvollstreckung wegen bestimmter Wohngeldbeträge analog § 800 ZPO.[469] Vollstreckbar ist eine solche Unterwerfungserklärung aber nur, wenn sie den Geldbetrag konkret bezeichnet; wegen künftiger unbestimmter Beträge (etwa „wegen des jeweils zu zahlenden Hausgeldes") ist eine Unterwerfungserklärung nicht vollstreckbar.[470] Der praktische Nutzen der Vollstreckungsunterwerfung ist daher gering. Ist in der Gemeinschaftsordnung geregelt, dass der WEer bei einer Veräußerung seinem Erwerber eine entsprechende Unterwerfungserklärung abzunötigen hat, kann die Zustimmung nach § 12 WEG hiervon abhängig gemacht werden. Ist kein Zustimmungserfordernis nach § 12 WEG gegeben, kann die WEG-Gemeinschaft die Unterwerfungserklärung des Erwerbers nicht erzwingen. Auch der Erwerber des WE kann sich aber nur wegen eines bestimmten Geldbetrages der Zwangsvollstreckung unterwerfen.
- Nicht mehr die Pflicht zum Zuerwerb von Grundstücksflächen oder deren Veräußerung, weil dies die sachenrechtlichen Grundlagen der Gemeinschaft betrifft.[471]
- Verteilung von Betriebskosten abweichend von § 16 WEG;[472] hierfür besteht nach § 16 Abs. 2 S. 2 WEG zusätzlich eine Beschlusskompetenz; die WEG-Gemeinschaft hat dabei ein weites Gestaltungsermessen; wird eine Kostenverteilung mehrheitlich abgelehnt, besteht ein Individualanspruch auf Änderung nur unter den Voraussetzungen des § 10 Abs. 2 WEG.
- Gebrauchsregelungen nach § 10 Abs. 1 S. 2, § 14 WEG; Beispiele: Verbot gewerblicher Nutzung; Erfordernis der Zustimmung anderer WEer oder des Verwalters zur Vermietung;[473] eine relative Vermietungsbeschränkung zulasten des jeweiligen Eigentümers ist zulässig, wenn dem Sondereigentümer ein angemessener Raum zur freien Verfügung verbleibt;[474] Pflicht zur Teilnahme an Gemeinschaftsanlagen (z.B. Gemeinschaftsantennen); vereinbarungswidriger Gebrauch hat nur Unterlassungs- und Schadensersatzansprüche zur Folge, aber keine absolute Wirkung gegen Dritte (z.B. auch nicht gegen den Mieter).
- Begründung von Sondernutzungsrechten als besondere Gebrauchsregelungen (siehe Rdn 110 ff.).
- Vereinbarung über die Ausübung einer für das gemeinschaftliche Grundstück bestellten Grunddienstbarkeit durch einen Miteigentümer.[475]
- Stimmrechtsregelung: Vetorecht oder Mitstimmrecht eines Eigentümers;[476] vom Kopfprinzip des § 25 WEG abweichende Stimmrechtsregelungen (häufig Stimmrecht nach Größe Miteigentumsanteil).[477] Steht das WE zwei Eigentümern je zur Hälfte zu und teilen diese dasselbe in der Weise auf, dass einer von ihnen zugleich Alleineigentümer einer weiteren Wohnung wird, so kommt bei gesetzlichem Kopfstimmrecht zu dem der Rechtsgemeinschaft zustehenden Stimmrecht ein durch die Alleinberechtigung begründetes weiteres Stimmrecht dazu.[478]
- Vereinbarungen, dass bestimmte bauliche Veränderungen am gemeinschaftlichen Eigentum ohne Zustimmung aller Wohnungseigentümer vorgenommen werden dürfen.[479] Im Übrigen regelt § 20 WEG seit 1.12.2020 eine abgestufte Entscheidungskompetenz für bauliche Veränderungen: Grundsätzlich können sie durch Mehrheitsbeschluss gestattet werden (§ 20 Abs. 1 WEG); gegenüber nicht betroffenen Eigentümern besteht ein Anspruch auf Erteilung der Zustimmung (§ 20 Abs. 3 WEG), wobei das Maß der Beeinträchtigung niedrig anzusetzen ist; gegenüber allen besteht ein privilegierter Zustimmungsanspruch in den Fällen des § 20 Abs. 2 WEG.[480] Die Kosten und Nutzungen baulicher Veränderungen regelt § 21 WEG, der in Abs. 5 abweichende Beschlussfassungen zulässt.

---

466 Weitnauer/*Lüke*, WEG, § 10 Rn 41; zu den Grenzen solcher Vollmachten BayObLG DNotZ 1975, 308.
467 BGH, NJW 2013, 3098; BGH NZM 2021, 278; OLG Hamburg ZMR 2006, 704.
468 OLG Karlsruhe OLGZ 1976, 273; BGH Rpfleger 1987, 106.
469 OLG Celle DNotZ 1955, 320.
470 BGH DNotZ 2013, 120 = Rpfleger 2013, 37; zur Person des Gläubigers BGH ZIP 2010, 202.
471 BGH NJW-RR 2012, 1036 = NZM 2012, 613; anders früher BayObLGZ 1973, 30 = Rpfleger 1973, 140.
472 BGHZ 92, 18 = Rpfleger 1984, 465.
473 BGHZ 37, 203 = DNotZ 1963, 180; BayObLGZ 1987, 291; eingehend Elzer/Fritsch/Meier/*Elzer*, Wohnungseigentumsrecht, § 1 Rn 284.
474 OLG Frankfurt a.M. NJW RR 2004, 662.
475 OLG Köln Rpfleger 1993, 335; BayObLG DNotZ 1991, 600.
476 BayObLG Rpfleger 1997, 375.
477 BayObLG Rpfleger 1982, 143; 1986, 220.
478 OLG Düsseldorf NJW RR 2004, 662.
479 BayObLG Rpfleger 1986, 217.
480 Umfassend Bärmann/*Dötsch*, WEG, § 20 Rn 1 ff.

8. Zusammenfassende Übersicht zu Gemeinschaftsregelungen

Zusammenfassend können folgende Regelungen des WEG in der Gemeinschaftsordnung abbedungen oder abweichend geregelt werden:[481]

109

WEG	Abänderbarkeit
§ 1	Nicht änderbar.
§ 2	Nicht änderbar.
§ 3	Nicht änderbar.
§ 4	Nicht änderbar.
§ 5	Nicht änderbar.
§ 6	Nicht änderbar.
§ 7	Nicht änderbar.
§ 8	Nicht änderbar.
§ 9	Nicht änderbar.
§ 9a	Abs. 1 nicht änderbar; Abs. 2 im Einzelfall änderbar (BGH NZM 2022, 107); Abs. 3–5 nicht änderbar.
§ 9b	Abs. 1 und 2 nicht änderbar; es kann in der Gemeinschaftsordnung aber bestimmt werden, welcher der Wohnungseigentümer die Gemeinschaft der Wohnungseigentümer vertritt.
§ 10	Nicht änderbar.
§ 11	Nicht änderbar, soweit Abs. 1 S. 3 nichts anderes regelt.
§ 12	Nicht änderbar.
§ 13	Änderbar, soweit Sondereigentum insgesamt nicht ausgehöhlt wird.
§ 14	Abs. 1 nicht änderbar; Ausgestaltung des zulässigen Rahmens möglich; Abs. 2 und 3 nicht änderbar.
§ 15	Nicht änderbar.
§ 16	Änderbar, insbesondere zum Kostenverteilungsschlüssel.
§ 17	Abs. 1 nicht änderbar; Abs. 2 kann durch Beispiele ergänzt werden; Abs. 4 nicht änderbar.
§ 18	Abs. 1 nicht änderbar; Teil des gemeinschaftlichen Eigentums kann aber in die Verwaltungshoheit eines WE gegeben werden; Abs. 2–4 nicht änderbar; Klarstellungen oder Ersatzansprüche können vereinbart werden.
§ 19	Abs. 1 änderbar, soweit Verwaltungsrechte der Wohnungseigentümer im Kern unberührt; Katalog Abs. 2 änder- und erweiterbar.
§ 20	Abs. 1 änderbar; Abs. 2–4 können ergänzt werden.
§ 21	Änderbar.
§ 22	Änderbar.

---

481 Darstellung weitgehend entnommen aus Elzer/Fritsch/Meier/*Elzer*, Wohnungseigentumsrecht, § 1 Rn 210 ff.

WEG	Abänderbarkeit
§ 23	Abs. 1 S. 1 änderbar, aber nicht mit dem Ziel, nur noch schriftliche Beschlüsse zu erlauben (OLG Frankfurt/M. OLGZ 1975, 100); Abs. 1 S. 2 und Abs. 2 änderbar; Abs. 3 S. 1 mit Zustimmungen aller Wohnungseigentümer änderbar (OLG Hamm, WE 1993, 94; LG München I, ZMR 2014, 53); Abs. 4 nicht änderbar.
§ 24	Abs. 1 nicht änderbar; Minderheitenrecht Abs. 2 zweite Alt. nicht zum Nachteil der WE einschränkbar (BayObLG NJW 1973, 151); Abs. 3 nicht zum Nachteil der WE einschränkbar; Abs. 4–6 änderbar; Führung der Beschluss-Sammlung nicht disponibel; Abs. 7 und 8 können ergänzt und modifiziert werden.
§ 25	Änderbar; zu Abs. 4 gelten die Grenzen aus §§ 134, 138, 315 BGB.
§ 26	Nach Abs. 5 sind Abweichungen von Abs. 1–3 nicht zulässig; Abs. 4 nicht änderbar.
§ 26a	Nicht änderbar.
§ 27	Änderbar.
§ 28	Änderbar; nicht zulässig ist eine von Wirtschaftsplänen und Abrechnungen gänzlich unabhängige Umlage der Kosten; Umlage der Kosten für Wärme und Warmwasser zwingend nach HeizkostenV.
§ 29	Änderbar; Verwalter kann aber nicht zugleich Beirat sein.
§ 30	Nicht änderbar.
§ 31	Abs. 1 S. 1, Abs. 2 und 3 nicht änderbar.
§ 32	Nicht änderbar.
§ 33	Abs. 1 nicht änderbar.
§ 34	Nicht änderbar.
§ 35	Änderbar.
§ 36	Abs. 2 und 3 nicht änderbar.
§ 37	Änderbar.
§ 38	Änderbar.
§ 39	Änderbar.
§ 40	Änderbar.
§ 41	Abs. 3 nicht änderbar.
§ 42	Änderbar.

X. Sondernutzungsrecht

1. Der Begriff des Sondernutzungsrechts

Sondernutzungsrechte können an Teilflächen des gemeinschaftlichen Eigentums oder am gesamten gemeinschaftlichen Eigentum bestellt werden,[482] auch bei einem im Miteigentum stehenden Teileigentum.[483] Sondernutzungsrechte können allein durch schuldrechtliche Vereinbarung der Miteigentümer begründet werden. Sie gelten dann aber auch nur zwischen diesen und nicht für oder gegen Sonderrechtsnachfolger. Diese Geltung verschafft allein die Grundbucheintragung (§ 10 Abs. 3 WEG). Ein Sondernutzungsrecht mit dinglicher Wirkung für und gegenüber Rechtsnachfolgern entsteht daher keinesfalls durch jahrelangen Gebrauch seitens eines Miteigentümers, erst recht nicht kraft angeblichen Gewohnheitsrechts.[484] Als Sondernutzungsrecht bezeichnet man daher die **durch Grundbucheintragung verdinglichte Rechtsstellung eines WEers** auf der Grundlage der § 5 Abs. 4, § 10 Abs. 1 S. 2 und Abs. 3 WEG, die weder ein selbstständiges dingliches Recht noch ein rein schuldrechtlicher Anspruch ist, sie ist „Zweckbestimmung mit Vereinbarungscharakter".[485] Ein Sondernutzungsrecht, welches den Gebrauch des Gemeinschaftseigentums betrifft, kann auch dem bloßen Bruchteil eines WE oder TE zugeordnet werden.[486]

110

Die Eigenarten des Sondernutzungsrechts bestehen darin, dass es durch eine Vereinbarung der Miteigentümer oder einseitige Erklärung im Rahmen der Begründung nach § 8 WEG über den Gebrauch von gemeinschaftlichem Eigentum gem. § 10 Abs. 1 S. 2 WEG begründet und einem bestimmten WE oder TE zugeordnet wird, dem begünstigten Wohnungseigentümer nicht ohne seine Mitwirkung entzogen werden kann, an außenstehende Dritte nicht übertragbar ist (§ 6 WEG bzw. § 399 BGB) und durch Eintragung im Grundbuch mit „verdinglichten" Wirkungen gem. § 10 Abs. 3 WEG ausgestattet werden kann, wonach zum Inhalt des Sondereigentums des begünstigten Wohnungseigentümers positiv seine ausschließliche Benutzungsberechtigung und zum Inhalt des Sondereigentums aller übrigen Wohnungseigentümer negativ der Ausschluss ihrer eigenen gesetzlichen Berechtigung zum Mitgebrauch gehört (§ 5 Abs. 4 WEG).[487] Inhalt des Sondereigentums der übrigen Eigentümer wird nur der Ausschluss der eigenen Berechtigung[488] mit der Folge, dass nur inhaltliche, nicht räumliche Erweiterungen der Zustimmung der eingetragenen Gläubiger nicht bedürfen. Sondernutzungsrechte müssen nicht auf bestimmte Einzelnutzungen beschränkt werden.[489] Ist ein Sondernutzungsrecht im Grundbuch eingetragen, obwohl es nicht oder nicht im eingetragenen Umfang besteht, kann ein Erwerber des berechtigten WE es kraft guten Glaubens nach § 892 BGB erwerben.[490]

Zur praktischen Bedeutung von Sondernutzungsrechten[491] bei Flächen im Freien, Nebenräumen, ebenerdigen Terrassen, Stellplätzen im Freien[492] oder in Sammelgaragen; ganzen Gebäuden oder Gebäudeteilen,[493] an Grundstücken Dritter, an denen zugunsten des in WE aufgeteilten Grundstücks eine Grunddienstbarkeit bestellt ist[494] als Inhalt auch möglich die Befugnis zu baulichen Veränderungen.[495]

Seit 1.12.2020 ist nach § 3 Abs. 1 S. 2 WEG an **Stellplätzen**, insbesondere auch an Stellplätzen im Freien, die Begründung von **Teileigentum** möglich. Ferner kann an sonstigen Flächen, insbesondere Gartenflächen, ein sog. **Annexeigentum** nach § 3 Abs. 2 WEG begründet werden (Rdn 38, 39). Diese Rechtsinsti-

111

---

482 BayObLGZ 1981, 56 = Rpfleger 1981, 229; zur Rspr. von 2010–2014 *Hogenschurz*, ZfIR 2014, 717.
483 BGH NJW-RR 2012, 1157 = DNotZ 2012, 769; BayObLG 1994, 195; eingehend Elzer/Fritsch/Meier/*Scheffler*, Wohnungseigentumsrecht, § 1 Rn 96 ff.; *Schöner/Stöber*, Grundbuchrecht, Rn 2910 ff.
484 Zur stillschweigenden Begründung zwischen Miteigentümern BayObLG ZMR 2001, 987; etwas unklar Elzer/Fritsch/Meier/*Abramenko*, Wohnungseigentumsrecht, § 1 Rn 545.
485 BGH Rpfleger 1979, 57; BayObLGZ 1974, 396 = Rpfleger 1975, 22, 23; Bärmann/*Schneider*, WEG, § 16 Rn 179; Staudinger/*Rapp*, BGB, § 5 WEG Rn 79 ff.; Elzer/Fritsch/Meier/*Abramenko*, Wohnungseigentumsrecht, § 1 Rn 505 ff.
486 BGH NJW-RR 2012, 1157; anders noch KG Rpfleger 2004, 347.
487 BGHZ 91, 343 = DNotZ 1984, 695 = Rpfleger 1979, 108.
488 OLG Hamm Rpfleger 1997, 376.
489 BayObLGZ 1981, 56; KG Rpfleger 1983, 20; BayObLG DNotZ 1990, 381. BayObLGZ 1990, 124 = Rpfleger 1990, 354; OLG Köln, Rpfleger 1993, 335; dazu auch OLG Stuttgart Rpfleger 1990, 254.
490 BayObLG DNotZ 1990, 382 ff. m. Anm. *Weitnauer*; einschränkend OLG Zweibrücken FGPrax 2013, 25 = RNotZ 2013, 301; weitergehend F. *Schmidt*, ZWE 2013, 86.
491 Bärmann/*Schneider*, WEG, § 16 Rn 189; *Ertl*, DNotZ 1977, 669; Rpfleger 1979, 81; *Elzer*, NotBZ 2013, 289.
492 *Elzer*, NZM 2016, 529.
493 BayObLGZ 1981, 56 = Rpfleger 1981, 299; OLG Düsseldorf MittRhNotK 1986, 169.
494 BayObLG MittBayNot 1990, 353.
495 BayObLG DNotZ 1990, 377.

tute können das Sondernutzungsrecht in den Hintergrund treten lassen, weil sie für den Rechtsverkehr praktikabler sind, insbesondere das frei verfügbare Teileigentum an Stellplätzen, oder weil sie die Nutzungsbefugnis klarer darstellen, insbesondere das Annexeigentum.[496] Zwar kann bspw. für Gartenflächen auch weiterhin ein Sondernutzungsrecht begründet werden, das Annexeigentum erscheint aber attraktiver. Dies wird die Kautelarpraxis regeln.[497] Bis 1.12.2020 begründete Sondernutzungsrechte bleiben als solche selbstverständlich bestehen. Ihre Umwandlung in Annexeigentum oder in Sondereigentum nach § 3 Abs. 1 S. 2 WEG bedarf der Zustimmung sämtlicher Miteigentümer.

2. Begründung von Sondernutzungsrechten

112 Sie erfolgt zusammen mit der Begründung von Sondereigentum entweder nach § 3 oder § 8 WEG und Eintragung im Grundbuch. Die nachträgliche Begründung erfordert eine **einstimmige Vereinbarung** der Miteigentümer und wegen § 876 BGB auch die Zustimmung der an jedem WE dinglich Berechtigten (§ 5 Abs. 4 S. 2 WEG).[498] Das gilt auch dann, wenn ein Sondernutzungsrecht zunächst nur schuldrechtlich vereinbart war und später mit Grundbucheintragung verdinglicht werden soll.[499]

Die Zustimmung von Miteigentümern ist entbehrlich bei der Begründung von Sondernutzungsrechten an Flächen, von deren Mitgebrauch sie bereits durch die Gemeinschaftsordnung oder kraft Vereinbarung ausgeschlossen sind.[500] Wird dem Verwalter in der Teilungserklärung Vollmacht für die Zuteilung von Sondernutzungsrechten erteilt, so müssen diese bereits als Inhalt des Sondereigentums vereinbart und entsprechend dem Bestimmtheitsgrundsatz im Grundbuch in der Teilungserklärung zweifelsfrei bezeichnet sein.[501] Die Zustimmung eines Dritten (§§ 876, 877 BGB) ist dann nicht erforderlich, wenn durch die Vereinbarung gleichzeitig das zu seinen Gunsten belastete WE mit einem Sondernutzungsrecht verbunden wird; hierfür kommt es nicht auf die Gleichwertigkeit der Rechte an (Sondernutzungsrechte an einem Kellerraum und an einer abzutrennenden Teilfläche eines Kellerraums).[502]

113 Die Begründung durch **Mehrheitsbeschluss** ist nicht möglich, ein entsprechender Beschluss ist **nichtig**.[503] Die erforderliche dingliche Einigung aller Miteigentümer ist formfrei möglich;[504] Bindung an die Einigung besteht nur nach Maßgabe der §§ 877, 873 Abs. 2 BGB. Haben die Wohnungseigentümer eine Abänderung der in der Teilungserklärung niedergelegten Regelung hinsichtlich der Lage eines Sondernutzungsrechts allstimmig beschlossen, liegt der Sache nach eine Vereinbarung über die Abänderung der Teilungserklärung vor.[505] Das Sondernutzungsrecht bedarf zur Wirkung für und gegenüber Rechtsnachfolgern der Grundbucheintragung (§ 10 Abs. 3 S. 1 WEG; dazu Rdn 126); diese erfolgt auf Bewilligung aller Eigentümer in der Form des § 29 Abs. 1 S. 1 GBO. Die Sonderregelung des § 7 Abs. 2 S. 1 WEG, die lediglich den Nachweis der Beschlussfassung durch das Protokoll der Eigentümerversammlung verlangt, gilt nur für Beschlüsse, die aufgrund einer Vereinbarung (Öffnungsklausel der Gemeinschaftsordnung) gefasst werden (§ 5 Abs. 4 S. 1 WEG), nicht für die Vereinbarung selbst.[506] Die Vereinbarung eines Sondernutzungsrechts wirkt ohne Eintragung im Grundbuch für und gegen Sonderrechtsnachfolger der Wohnungseigentümer nur durch Abtretung bzw. Schuldübernahme, wobei die nicht im Grundbuch eingetragene Vereinbarung hinfällig wird, wenn ein Sonderrechtsnachfolger nicht an sie gebunden ist. Sie bindet dann auch die übrigen an der Vereinbarung beteiligten Wohnungseigentümer nicht mehr.[507]

Die betroffene Fläche muss bestimmbar sein.[508] Ist sie im Aufteilungs- oder einem anderen Plan nicht gekennzeichnet, jedoch bei der Begründung auf diesen Plan Bezug genommen, so entsteht das Recht nicht;[509] dies gilt auch dann, wenn in einer für zwei Sondernutzungsrechte vorgesehenen Gesamtfläche keine Abgrenzung der einzelnen Sondernutzungsflächen zueinander markiert ist,[510] wenn die Flächen

---

496 Bärmann/*Schneider*, WEG, § 16 Rn 177.
497 Allgemein noch zur Rechtslage bis 1.12.2020 *Francastel*, RNotZ 2015, 385; *Hügel*, NotBZ 2020, 14.
498 Bärmann/*Schneider*, WEG, § 16 Rn 193 ff.
499 OLG München, Beschl. v. 22.12.2017 – 34 Wx 139/17.
500 BayObLG Rpfleger 1991, 308.
501 LG Bielefeld Rpfleger 1993, 241.
502 OLG München FGPrax 2013, 216 = NotBZ 2013, 274.
503 BGHZ 145, 158 = NJW 2000, 3500 = DNotZ 2000, 854 = Rpfleger 2001, 19.
504 BayObLG DNotZ 1979, 174; Rpfleger 1980, 111.
505 BayObLG Rpfleger 2001, 407.
506 Bärmann/*Armbrüster*, WEG, § 7 Rn 62 ff.
507 OLG Köln DNotZ 2002, 223 ff.
508 BGH ZMR 2002, 763; BayObLZ ZMR 1994, 231; KG ZWE 2007, 447; Bärmann/*Schneider*, WEG, § 16 Rn 215 ff.
509 BayObLG Rpfleger 1994, 294 = DNotZ 1994, 244.
510 OLG Hamm Rpfleger 2000, 385.

gesondert genutzt werden sollen. Besteht ein Widerspruch in den Größenangaben zwischen Aufteilungserklärung und Lageplan, so ist dieser entscheidend.[511]

Der teilende Alleineigentümer kann einseitig das Sondernutzungsrecht an einer erst künftig auf dem gemeinschaftlichen Eigentum zu errichtenden Wohnung, z.B. einer Penthousewohnung, begründen, wenn durch die Teilungserklärung diejenigen Eigentümer, die nicht Berechtigte sind, vom Mitgebrauch ausgeschlossen werden und den Berechtigten das inhaltlich klar und eindeutig bezeichnete Benutzungsrecht zugestanden wird.[512] Genügend ist „zu beliebiger, rechtlich zulässiger Nutzung".[513] Liegt die Fläche innerhalb des Gebäudes, dann kann auf Merkmale Bezug genommen werden, die mit dem Gebäude dauerhaft verbunden sind.[514] Jedoch ist unabhängig vom konkreten Inhalt das Sondernutzungsrecht auf die bezeichnete Fläche beschränkt. Daraus ergibt sich, dass bei der Bestellung des Sondernutzungsrechts nur diejenigen Dienstbarkeitsberechtigten zustimmen müssen, deren Recht die konkrete Fläche mitumfasst,[515] nicht diejenigen, deren Rechte in der Ausübung auf eine andere Fläche beschränkt sind. Bedingte Sondernutzungsrechte sind möglich, sofern die Bedingung dem Bestimmtheitsgrundsatz genügt.[516] Bei einer Vorratsteilung nach § 8 WEG kann der teilende Eigentümer Sondernutzungsrechte einseitig in der Weise begründen, dass er sich selbst oder ermächtigten Dritten die Begründung vorbehält.[517] Eine in der Gemeinschaftsordnung vorweggenommene Ermächtigung des aufteilenden Eigentümers zur Neubegründung von Sondernutzungsrechten ohne Zustimmung der dinglich Berechtigten kann nicht in einer die dinglich Berechtigten bindenden Weise als Inhalt des Sondereigentums vereinbart werden.[518] Auch kann die Gemeinschaft von der Nutzung der Fläche zunächst nur ausgeschlossen werden (negatives Sondernutzungsrecht), an den teilenden Eigentümer oder ermächtigten Dritten das Recht zugewiesen werden, Sondernutzungsrechte daran zuzuteilen (positives Sondernutzungsrecht), nunmehr ständige Rechtsprechung.[519] Ist der Mitgebrauch des Gemeinschaftseigentums einzelnen Wohnungseigentümern entzogen, ohne dass zunächst dieser Gebrauch im Rahmen eines Sondernutzungsrechts einem Eigentümer zugewiesen wurde, so werden diese Eigentümer von der späteren Begründung bzw. Übertragung des Sondernutzungsrechts nicht berührt; ihre Zustimmung ist daher nicht erforderlich; jedoch ist es zulässig, die Übertragung von der Zustimmung des Verwalters abhängig zu machen.[520] Der Ausschluss unter einer aufschiebenden Bedingung ist möglich. Auch ist keine Zustimmung derjenigen dinglich Berechtigten erforderlich, die an den Miteigentumsanteilen der ausgeschlossenen Eigentümer Rechte besitzen.[521]

Sind in der Teilungserklärung alle Wohnungseigentümer bis auf den teilenden Eigentümer vom Gebrauch bestimmter Stellplätze ausgeschlossen worden und wurde diesem die Zuweisung von Sondernutzungsrechten an Stellplätzen vorbehalten, bedarf die endgültige Zuweisung eines Sondernutzungsrechts der Zustimmung aller an dem Miteigentumsanteil des Bauträgers eingetragenen dinglichen Berechtigten. Die vorbehaltene Zuweisung eines Sondernutzungsrechts bedarf aber keiner Zustimmung der anderen Wohnungseigentümer.[522] Ist der Veräußerer von WE nach dem Kaufvertrag ermächtigt, die Teilungserklärung hinsichtlich einer Sondernutzungsfläche zulasten des Erwerbers abzuändern, so kann dies auch die Befugnis einschließen, einem anderen Erwerber von Sondereigentum das Sondernutzungsrecht an der Fläche einzuräumen. Die Ermächtigung des Auflassungsberechtigten, Nutzungsrechte hinsichtlich Kfz-Stellplätzen zugunsten des jeweiligen Eigentümers eines abgeschriebenen Grundstücksteils zu bestellen, ist keine solche zur Bestellung von Sondernutzungsrechten.[523]

Käufer von WE können jedenfalls nicht vor Eintragung von Auflassungsvormerkungen Gebrauchsregelungen mit dinglicher Wirkung treffen.

---

511 BayObLG NJW RR 2002, 966.
512 OLG Düsseldorf Rpfleger 2001, 534 = DNotZ 2002, 157 = NJW RR 2001, 1379.
513 BayObLG 1981, 61; BayObLG MittBayNot 1999, 180; LG Wuppertal MittRhNot 1989, 17.
514 BayObLG 1985, 204 = MittBayNot 1985, 203.
515 BayObLGZ 2002, 107 = Rpfleger 2002, 432.
516 LG Koblenz Rpfleger 2003, 416.
517 Bärmann/*Schneider*, WEG, § 16 Rn 206 ff.
518 BayObLG Rpfleger 2005, 136.
519 BayObLG Rpfleger 1997, 64.
520 BGHZ 73, 149 = Rpfleger 1979, 57; BayObLGZ 1985, 124 = Rpfleger 1985, 292.
521 BayObLG Rpfleger 1986, 257; BayObLG Rpfleger 1990, 63 mit abl. Anm. *Brüggel*; Rpfleger 1996, 339; OLG Düsseldorf Rpfleger 1993, 193.
522 BayObLG MittBayNot 1990, 108.
523 BayObLG Rpfleger 2002, 260.

Sind einzelne Wohnungseigentümer durch eine im Grundbuch eingetragene Gebrauchsregelung vom Mitgebrauch einer genau bestimmten Gemeinschaftsfläche ausgeschlossen, so bedarf es nicht ihrer Mitwirkung bei einer Vereinbarung, durch die das Sondernutzungsrecht an dieser Fläche einem bestimmten Eigentümer zugewiesen wird.[524]

116 Eine Inhaltsänderung bedarf der Zustimmung aller Wohnungseigentümer.[525] Die Verlegung eines auf gemeinschaftlichem Eigentum ruhenden Sondernutzungsrecht an einen anderen Stellplatz bedarf materiellrechtlich sowohl einer schuldrechtlichen als auch einer formfreien dinglichen Einigung aller Wohnungseigentümer, grundbuchrechtlich jedoch der Bewilligung aller Wohnungseigentümerin der Form des § 29 Abs. 1 GBO.[526]

3. Übertragung des Sondernutzungsrechts

117 Die „**isolierte Übertragung eines Sondernutzungsrechts**" auf den Eigentümer eines anderen WE-Rechts derselben WE-Gemeinschaft bedarf einer Vereinbarung zwischen dem bisher und dem neu benutzungsberechtigten Wohnungseigentümer, aber nach dem Gesetz keiner Zustimmung der anderen WEer oder des Verwalters, sofern ihre Wirksamkeit nicht nach § 12 WEG davon abhängig gemacht worden ist.[527] Die Neuzuordnung ist deshalb nur an dem von ihr betroffenen und begünstigten WE im Grundbuch einzutragen.[528] Ob ein gutgläubiger Erwerb eines eingetragenen Sondernutzungsrechts bei rechtsgeschäftlichem Erwerb möglich ist,[529] ist umstritten, aber entsprechend § 893 BGB zu bejahen.

4. Die Aufhebung des Sondernutzungsrechts

118 Die **Aufhebung des Sondernutzungsrechts** kann nicht ohne oder gegen den Willen des begünstigten Wohnungseigentümer und der an diesem WE-Recht dinglichen Berechtigten erfolgen.[530] Die Aufgabe- bzw. Zustimmungserklärung in der Form des § 29 GBO und die Eintragung der Aufhebung im Grundbuch bedürfen der Zustimmung der übrigen WEer[531] und der eingetragenen Auflassungsberechtigten nicht, sondern nur der Löschungserklärung des begünstigten Eigentümers[532] und etwaiger dinglicher Berechtigter an dessen WE.[533]

Bei einer Teilung nach § 8 WEG ist, solange der Aufteilende noch Alleineigentümer geblieben ist, die Aufhebung eines Sondernutzungsrechts auch durch letztwillige Verfügung möglich. Die Außenwirkung tritt ein mit Testamentseröffnung durch das Nachlassgericht.[534] Das Grundbuchamt darf den verfahrensrechtlichen Vollzug der Aufhebung eines Sondernutzungsrechts (hier: Nutzung des allein dem Eigentümer der Erdgeschosswohnung zugänglichen Gartens) nicht davon abhängig machen, ob das – nunmehr unbeschränkte – Gemeinschaftseigentum allen Wohnungseigentümern ohne weiteres zugänglich ist.[535]

XI. Eintragung im Wohnungsgrundbuch

1. Formelle Eintragungsvoraussetzungen

119 Die Eintragung in das Grundbuch setzt das Vorliegen einer Eintragungsbewilligung und der Anlagen, bestehend in Aufteilungsplan und Abgeschlossenheitsbescheinigung sowie etwa erforderlicher Genehmigungen voraus.[536] Im Zeitpunkt des Eingangs beim Grundbuchamt brauchen die Beteiligten nach § 3 WEG noch nicht Miteigentümer des Grundstücks zu sein. Es genügt, wenn sich Miteigentum im Zeitpunkt der Eintragung des WE nachweisen lässt. Beanstandet das Grundbuchamt unvollständige Anlagen

---

524 BayObLG Rpfleger 2001, 588; ausführlich *Böttcher*, Rpfleger 2004, 32.
525 BayObLG Rpfleger 2001, 404 = DNotZ 2002, 142; ausführlich Bärmann/*Schneider*, WEG, § 16 Rn 230 ff.; *Böttcher*, Rpfleger 2004, 33.
526 BayObLGZ 2001, 73 = DNotZ 2002, 142.
527 BGHZ 73, 145= Rpfleger 1979, 57; ebenso BayObLG DNotZ 1979, 307; eingehend Bärmann/*Schneider*, WEG, § 16 Rn 259 ff.; *Schöner/Stöber*, Grundbuchrecht, Rn 2963 ff.
528 *Weitnauer*, Rpfleger 1978, 342; *Ertl*, Rpfleger 1979, 81, 83; *Ertl*, DNotZ 1979, 172.
529 Dafür: BayObLG DNotZ 1990, 381; OLG Stuttgart OLGZ 1986, 35; *Ertl*, DNotZ 1988, 4.
530 BayObLGZ 1974, 217 ff. = Rpfleger 1974, 314.
531 BLG Düsseldorf DNotZ 1996, 674 m. zust. Anm. *Lühe* u. *Becher*.
532 BGHZ 145, 133.
533 BayObLGZ 2000, 96.
534 BayObLGZ 2004, 387 = BayObLG Rpfleger 2005, 420.
535 OLG Düsseldorf RNotZ 2013, 356 = ZWE 2013, 210.
536 NK-BGB/*Heinemann*, § 7 WEG Rn 4 ff.; *Schöner/Stöber*, Grundbuchrecht, Rn 2851 ff.

nicht, so können sich Amtshaftungsansprüche ergeben.[537] Umstritten ist, ob für die Begründung nach § 3 WEG auch § 20 GBO gilt, dem Grundbuchamt also die Einigung nachzuweisen ist. Eine Meinung verlangt nur eine Eintragungsbewilligung sämtlicher Eigentümer und der dinglich Betroffenen (siehe § 20 Rdn 13).[538] Dagegen spricht der Normzweck des § 20 GBO und der Verweis in § 4 Abs. 2 WEG auf § 925 BGB.[539] Unbestritten gilt § 20 GBO, wenn die Beteiligten erst als Miteigentümer eingetragen werden müssen und damit ein Eigentumserwerb am Grundstück logisch vorausgeht.[540] Für eine Aufteilung nach § 8 WEG stellt die Teilungserklärung zugleich die Eintragungsbewilligung dar. Sie kann in öffentlich-beglaubigter Form abgegeben werden (§ 29 Abs. 1 S. 1 GBO). Wegen der Verweisungsmöglichkeit bei späteren Beurkundungen aufgrund § 13a BeurkG und möglicher Unterwerfungserklärungen nach § 794 Abs. 1 Nr. 5 ZPO, wird die Teilungserklärung nach § 8 WEG aber in aller Regel notariell beurkundet.

Anlage der Teilungserklärung ist neben dem Aufteilungsplan die Abgeschlossenheitsbescheinigung (§ 7 Abs. 4 Nrn. 1 und 2 WEG); hierfür gilt die Allgemeine Verwaltungsvorschrift für die Ausstellung von Bescheinigungen nach dem Wohnungseigentumsgesetz (AVA) vom 6.6.2021,[541] welche die lange Zeit geltende Allg. Verwaltungsvorschrift vom 19.3.1974 (BAnz Nr. 58) ablöste.[542] Die Abgeschlossenheitsbescheinigung soll die Prüfung des § 3 Abs. 3 WEG erleichtern, bindet das Grundbuchamt jedoch nicht.[543] Nach § 7 Abs. 4 S. 3 bis 6 i.d.F. der WEG-Reform 2007 konnten die Landesregierungen durch Rechtsverordnung bestimmen, dass und in welchen Fällen der Aufteilungsplan (S. 1 Nr. 1) und die Abgeschlossenheit (S. 1 Nr. 2) von einem öffentlich bestellten oder anerkannten Sachverständigen für das Bauwesen statt von der Baubehörde ausgefertigt und bescheinigt werden. Diese Regelung wurde durch das WEMoG zum 1.12.2020 gestrichen.[544]

120

Die Abgeschlossenheitsbescheinigung des Aufteilungsplanes ist Voraussetzung für die Eintragung im Grundbuch.[545] Für die Vereinigung von zwei baulich zusammengelegten WE-Rechten bedarf es keiner neuen Abgeschlossenheitsbescheinigung. Durch die rechtliche Vereinigung von bereits bestehenden Miteigentumsanteilen wird der Inhalt der Rechte nicht verändert.[546] Wird sie nach Vorlage an das Grundbuchamt widerrufen, so ist dies vom Grundbuchamt nur dann zu beachten, wenn eine räumliche Abgeschlossenheit nicht gegeben ist.[547] Das Grundbuchamt hat die Abgeschlossenheit selbstständig zu prüfen und ist an die erteilte Abgeschlossenheitsbescheinigung nicht gebunden, wenn sich aus den Eintragungsunterlagen eindeutig die Unrichtigkeit der Bescheinigung ergibt.[548] Stimmen wörtliche Beschreibung in der Aufteilungserklärung und Angaben in dem Aufteilungsplan nicht überein, ist grundsätzlich keiner der sich widersprechenden Erklärungsinhalte vorrangig und Sondereigentum damit nicht entstanden.[549] Die Räume bleiben gemeinschaftliches Eigentum; es besteht lediglich die Verpflichtung der Eigentümer untereinander, den Gründungsakt zu ändern. Bei abweichender Bauausführung und dadurch bedingtem gemeinschaftlichen Eigentum an Räumen, die nicht zugeordnet werden können, sind die Miteigentümer verpflichtet, den Teilungsplan anzupassen, soweit dies zumutbar ist.[550] Das Gleiche gilt, wenn die als Aufteilungsplan vorgelegten Bauzeichnungen – Grundrisse und Schnitte – sich widersprechen.[551] Allgemeinen Zweifeln, die sich nicht aus den vorgelegten Eintragungsunterlagen ergeben, hat das Grundbuchamt nicht nachzugehen,[552] da wegen der Soll-Vorschrift des § 3 Abs. 2 S. 1 WEG das Fehlen der Abgeschlossenheit nur in eindeutigen Fällen ein Eintragungshindernis darstellt.

121

---

537 BGHZ 124, 100 = Rpfleger 1994, 245.
538 OLG Zweibrücken OLGZ 1982, 265; offengelassen BayObLG DNotZ 1990, 38; *Demharter*, Anh. § 3 Rn 28, § 20 Rn 10.
539 *Schöner/Stöber*, Grundbuchrecht, Rn 2842; Hügel/*Hügel*, § 20 Rn 28; Bärmann/*Armbrüster*, WEG, § 4 Rn 22.
540 *Demharter*, Anh. § 3 Rn 28.
541 BAnz AT v. 12.7.2021 B2; geändert durch Verwaltungsvorschrift vom 19.12.2022 (BAnz AT v. 28.12.2022 B3).
542 Dazu *Wobst*, DNotZ 2021, 582.
543 GmS-OGB NJW 1992, 3290; umfassend Riecke/Schmid/*Schneider*, WEG, § 7 Rn 151 ff.; *Sommer/Sommer*, ZMR 2021, 90.
544 BT-Drucks 19/18791, S. 43.
545 Allgemein Elzer/Fritsch/Meier/*Elzer*, Wohnungseigentumsrecht, § 1 Rn 74 ff.
546 Hans OLG Hamburg Rpfleger 2004, 620.
547 BayObLG DNotZ 1991, 477.
548 BayObLGZ 1984, 136 = MittBayNot 1984, 184; OLG Frankfurt a.M. Rpfleger 1977, 312 = DNotZ 1977, 635; BayObLG DNotZ 1991, 477.
549 BGH Rpfleger 1996, 19.
550 BGH NJW 2004, 1798 = Rpfleger 2004, 207.
551 BayObLG Rechtspfleger 1993, 335.
552 BayObLG MittBayNot 1990, 109.

Das Grundbuchamt darf und soll die Abgeschlossenheit selbst prüfen.[553] Die Prüfung der Bescheinigung ist darauf zu beschränken, ob die Erklärung von der zuständigen Behörde bzw. dem einem zugelassenen Sachverständigen abgegeben wurde, formell ordnungsmäßig ist und nicht in offensichtlichem Widerspruch zu den vorgelegten Unterlagen steht.[554] Ist der Plan, auf den Bezug genommen wird, in sich widersprüchlich oder widerspricht der Plan der Aufteilungserklärung, so liegt keine wirksame Ausgeschlossenheitsbescheinigung vor.[555] Bautechnische Vorschriften sind für das Grundbuchamt unbeachtlich,[556] daher auch das Verlangen der Behörde, die Bescheinigung wegen deren Nichterfüllung zurückzugeben oder die deswegen erfolgende Kraftloserklärung der Bescheinigung.[557] Die baurechtliche Zulässigkeit ist nicht zu prüfen, da das WE trotz baurechtlicher Unzulässigkeit sachenrechtlich entstehen kann.[558]

122 Der Aufteilungsplan muss von der Baubehörde bzw. dem Sachverständigen mit Unterschrift oder Siegel oder Stempel versehen sein[559] und die Grenzen von Sondereigentum und Gemeinschaftseigentum klar bezeichnen.[560] Alle zu dem jeweiligen Sondereigentum gehörenden Räume müssen mit der gleichen Nummer gekennzeichnet sein, auch dann, wenn die im Grundbuch noch nicht vollzogene Eintragungsbewilligung nachträglich (z.B. durch Tausch von Nebenräumen) geändert wurde.[561] Dies gilt nicht für eine Änderung nach Vollzug der Aufteilung im Grundbuch. Bestritten, ob der Standort der Gebäude auf dem Grundstück im Aufteilungsplan ausgewiesen sein muss.[562] Auf jeden Fall ist ein Aufteilungsplan erforderlich für Gebäude, die in Sondereigentum aufgeteilt werden.[563] Zu prüfen hat das Grundbuchamt die Übereinstimmung von Teilungserklärung und Aufteilungsplan,[564] die übereinstimmen müssen.[565] Wird in einer Teilungserklärung das Sondereigentum als „Pkw-Garage (Einstellplatz)" beschrieben und sind in dem als Anlage beigefügten Aufteilungsplan die betreffenden Garagengebäude zwar eingezeichnet, jedoch handschriftlich gestrichen und mit dem Vermerk versehen „Stellplätze, keine Garagen", so besteht ein unauflöslicher Widerspruch zwischen Teilungserklärung und Aufteilungsplan, der der Entstehung von Sondereigentum entgegensteht.[566] Werden Raumteile nicht deutlich als Sondereigentum gekennzeichnet, entsteht gemeinschaftliches Eigentum.[567] Weicht die tatsächliche Bauausführung vom Aufteilungsplan ab, entsteht Sondereigentum nur in dem von Aufteilungserklärung und Aufteilungsplan ausgewiesenen Umfang.[568]

123 Nicht zwingend erforderlich ist es, dass schon bei Beglaubigung der Teilungserklärung der Aufteilungsplan als Anlage mit beigeheftet wird.[569] Vielmehr genügt es, dass der Aufteilungsplan bis zur Eintragung vorgelegt wird und die Zusammengehörigkeit von Aufteilungsplan und Eintragungsbewilligung verdeutlicht.[570] Stimmt der vorläufige Aufteilungsplan, auf dessen Grundlage die Teilungserklärung abgegeben wurde, nicht mit dem amtlichen Aufteilungsplan überein, kann dieser Mangel nicht durch eine sogenannte Identitätserklärung des Notars behoben werden.[571] Steht die Übereinstimmung nicht zweifelsfrei fest, ist zurückzuweisen.[572]

Öffentlich-rechtlich kommt nur die Genehmigung nach § 22 Abs. 1 BauGB in Frage.[573] Zusätzliche Ausnahmeregelungen sind möglich für Berlin, Hamburg und Bremen (§ 246 BauGB). Das Grundbuchamt ist nur dann berechtigt, eine Genehmigung oder ein Negativattest zu verlangen, wenn die Gemeinde vorher ausdrücklich das Vorliegen einer nach dem Gesetz notwendigen Satzung mitgeteilt hat (§ 22 Abs. 2 BauGB).

---

553 BayObLGZ 1971, 105; 246; 1984, 138, Rpfleger 1989, 99; KG Rpfleger 1985, 105; *Wilsch*, ZfIR 2021, 11.
554 BGHZ 110, 36 = Rpfleger 1996, 159.
555 BayObLG Rpfleger 1993, 335.
556 BayObLGZ 1989, 447 = Rpfleger 1990, 114.
557 BayObLGZ 1990, 168 = Rpfleger 1990, 457; abl. dazu *Böttcher*, Rpfleger 1990, 497.
558 BGH DNotZ 1990, 259.
559 Dazu ausführlich OLG Hamm Rpfleger 1976, 317; BayObLG 1980, 229 = Rpfleger 1980, 431.
560 BayObLG Rpfleger 1994, 314.
561 BayObLG Rpfleger 1991, 414.
562 Dafür OLG Hamm Rpfleger 1976, 317; dagegen *Demharter*, Rpfleger 1976, 317; hinsichtlich der Notwendigkeit von Grundrissen, Schnitten und Ansichten aller Teile des Gebäudes BayObLG Rpfleger 1993, 398; DNotZ 1998, 377.
563 BayObLG DNotZ 1998, 377; *Lotter*, MittBayNot 1993, 144.
564 BayObLG Rpfleger 1993, 335.
565 OLG Köln NJW RR 1993, 204.
566 OLG Hamm Rpfleger 2003, 574.
567 BayObLG MittBayNot 1988, 236.
568 Dazu näher *Streblow*, MittRhNot 1987, 141; *Röll*, MittBayNot 1991, 240; zu einem aufteilungswidrigen Gebäudestandort BayObLGZ 1989, 440 = Rpfleger 1990, 204; BGH NJW 2004, 1798 = Rpfleger 2004, 207.
569 Allgemein *Grziwotz*, ZfIR 2016, 125.
570 BayObLGZ 2002, 397 = Rpfleger 2003, 289.
571 BayObLGZ 2002, 379.
572 Ebenso *Böttcher*, Rpfleger 2003, 26.
573 BGBl I 2004, 1369.

Zu eigenen Ermittlungen ist das Grundbuchamt weder berechtigt noch verpflichtet. Das Grundbuchamt hat dann zu prüfen, ob die Satzung eine entsprechende Genehmigungspflicht begründet. Ist dies nicht der Fall, kann eine entsprechende Genehmigung oder ein Negativattest nicht verlangt werden.[574]

Ist aber grundsätzlich eine Genehmigungspflicht gegeben, weil das Grundstück in dem angegebenen Bereich liegt, so hat das Grundbuchamt Genehmigung oder Negativbescheinigung zu verlangen (§ 22 Abs. 6 BauGB). Dies gilt solange, bis die Gemeinde die Aufhebung der Satzung dem Grundbuchamt mitgeteilt hat (§ 22 Abs. 8 BauGB).

Eine steuerliche Unbedenklichkeitsbescheinigung ist für die Begründung von Sondereigentum nach § 3 WEG nicht erforderlich, wenn die bisherigen Anteile gleichbleiben.

2. Prüfung der Gemeinschaftsordnung durch das Grundbuchamt

Eine **Inhaltsprüfung** obliegt dem Grundbuchamt für die Regelungen, die gem. § 10 Abs. 3 WEG durch Grundbucheintragung verdinglicht werden sollen.[575] Verstöße gegen zwingendes Recht, die die Nichtigkeit zur Folge hätten (§ 134 BGB), sind zu beanstanden.[576] Ist auch nur eine Regelung der Gemeinschaftsordnung unwirksam, so kann die Eintragung insgesamt nicht vorgenommen werden.[577] Daraus ergibt sich, dass eine Beanstandung ausnahmsweise auch dann erfolgen darf, wenn zweifelsfrei feststeht, dass eine Bestimmung unwirksam oder unbeachtlich ist.[578]

124

Aus praktischen Gründen sind Vereinbarungen über das Verhältnis der Eigentümer untereinander auch insoweit eintragungsfähig, als lediglich eine gesetzliche Regelung wiederholt wird.[579] Ob der öffentliche Glaube sich auf Vereinbarungen der WEer und TEer über ihr Verhältnis untereinander bezieht, ist bestritten.[580] Die §§ 138, 242 BGB sind jedoch nur zu beachten, soweit nicht eine wertende Beurteilung und Berücksichtigung aller Umstände erforderlich ist, die den Verfahren nach § 44 WEG vorbehalten bleiben muss. Stimmrechtsregelungen mit Vetorecht eines Eigentümers oder Stimmenmehrheit eines Eigentümers sind bspw. grundsätzlich zulässig.[581]

Zu einer **AGB-Kontrolle** der Gemeinschaftsordnung ist das Grundbuchamt weder berechtigt noch verpflichtet.[582] Dazu besteht auch kein rechtliches Bedürfnis. Eine Prüfung von Klauseln, die gegen §§ 305 ff. BGB verstoßen oder unzumutbar sind (§ 242 BGB), und ihre rechtskräftige Abänderung bleibt dem Verfahren nach §§ 44 ff. WEG vorbehalten,[583] weil die Gemeinschaftsordnung als Statut einer richterlichen Inhaltskontrolle ebenso unterworfen ist wie Satzungen sonstiger Art. So sind bspw. Zugangsfiktionen in der Gemeinschaftsordnung, wonach die Einladung zur Eigentümerversammlung an die „zuletzt genannte Anschrift des Eigentümers" genüge, im Rahmen einer AGB-Kontrolle – und auch sonst – nicht zu beanstanden.[584]

3. Eintragung

Das **Wohnungsgrundbuch als besonderes Grundbuchblatt** für das einzelne WE- oder TE-Recht bildet die Grundlage für die rechtliche Selbstständigkeit des WE-Rechts und macht durch den der Bewilligung als Anlage beigefügten Aufteilungsplan (§ 7 Abs. 4 WEG) die Aufteilung des Gebäudes und die Lage und

125

---

574 So schon für die bisherige Rechtlage OLG Hamm FGPrax 1999, 132; OLG Zweibrücken Rpfleger 1999, 441; *Griwotz*, DNotZ 1997, 936.
575 OLG Köln DNotZ 1982, 756; Riecke/Schmid/*Schneider*, WEG, § 7 Rn 105 ff.
576 OLG Düsseldorf DNotZ 1973, 552; BayObLG DNotZ 1989, 428 m. Anm. *Weitnauer*.
577 BayObLGZ 2000, 96; ebenso *Demharter*, WEG, Anh. § 3 Rn 20.
578 BayObLGZ 1997, 139 = Rpfleger 1997, 375.
579 OLG Hamm FGPrax 1997, 59.
580 OLG Stuttgart OLGZ 1986, 35; BayObLG DNotZ 1990, 381 m. Anm. *Weitnauer*; OLG Hamm Rpfleger 1994, 60; dagegen *Demharter*, DNotZ 1991, 28; *Demharter*, MittBayNot 1995, 34.
581 BayObLG Rpfleger 1997, 375.
582 BGHZ 227, 289 = DNotZ 2021, 754 = ZfIR 2021, 394 m. Anm. *Heinemann*; noch offengelassen in BGHZ 99, 94; dazu *Elzer*, NotBZ 2022, 241; OLG Karlsruhe NJW-RR 1987, 651 = Rpfleger 1987, 412; BayObLG NJW RR 1992, 83; OLG Frankfurt a.M. FGPrax 1998, 85; BayObLG, Beschl. v. 17.11.2004 – 2Z BR 171/04, juris; OLG Hamm NJW-RR 2008, 1545; LG Hamburg ZWE 2012, 55; Staudinger/*Rapp*, BGB, § 7 WEG Rn 35 ff.; Riecke/Schmid/*Schneider*, WEG, § 7 Rn 142 ff., § 8 Rn 59 ff.; Weitnauer/*Briesemeister*, WEG, § 7 Rn 25 ff.; Schöner/Stöber, Grundbuchrecht, Rn 2857; 2815; *Ertl*, DNotZ 1981, 149 m.w.N.; *Röll*, DNotZ 1978, 720; *Schmidt*, BauR 1979, 187; *Röll*, Rpfleger 1997, 108.
583 BGHZ 99, 90 = JZ 1987, 463; BayObLG Rpfleger 1990, 160 m. Anm. *Böttcher*, = DNotZ 1989, 428 m. Anm. *Weitnauer*.
584 A.A. aber LG Magdeburg Rpfleger 1007, 108.

Größe der im Sonder- und Gemeinschaftseigentum stehenden Gebäudeteile für den allgemeinen Rechtsverkehr ersichtlich. Das Grundbuchverfahren entspricht den allgemeinen Vorschriften und Grundsätzen des Grundbuchrechts, ergänzt durch §§ 7 bis 9 WEG und die WGV.[585]

In den Eintragungsvermerk im Bestandsverzeichnis sind aufzunehmen:

126
- **Das einzelne WE-Recht:** der Miteigentumsbruchteil mit Bezeichnung des Grundstücks, das mit ihm verbundene Sondereigentum unter seiner in Bewilligung und Aufteilungsplan angegebenen Nummer und die übrigen in § 3 Abs. 1 WGV vorgeschriebenen Angaben (dazu mit Mustern siehe § 3 WGV Rdn 1 ff., 10 ff.);
- **Veräußerungsbeschränkungen** nach § 12 WEG (siehe § 3 WGV Rdn 8);
- **Haftungsregelungen** für Einzelrechtsnachfolger nach § 7 Abs. 3 S. 2 WEG (siehe § 3 WGV Rdn 9);
- **Vermerke** nach § 9 GBO (siehe § 3 WGV Rdn 6);
- **Sondernutzungsrechte**, deren Bestehen im Grundbuch zwar auch durch Bezugnahme nach § 874 BGB materiell-rechtlich wirksam ist, deren unmittelbare Eintragung mittels schlagwortartiger Bezeichnung im Bestandsverzeichnis nicht lediglich auf ausdrücklichen Antrag[586] in jedem Fall zu empfehlen ist, bezüglich ihres genauen Inhalts ist Bezugnahme zulässig.[587]
- **Annexeigentum** nach § 3 Abs. 2 WEG ist bereits durch die Eintragungsbewilligung und die bestimmte Bezeichnung im Aufteilungsplan Gegenstand des WE oder TE. Bei der Eintragung muss nicht gesondert hierauf hingewiesen werden, ähnlich wie bei Sondernutzungsrechten kann dies aber hilfreich sein.

Ist eine Eintragung erfolgt, jedoch versehentlich anlässlich einer Bestandsabschreibung nicht in das Bestandsverzeichnis des neu angelegten Grundbuchs übernommen worden, so wird das Grundbuch lediglich unrichtig; der Gutglaubensschutz des § 892 BGB kann eingreifen. Die Bindungswirkung des § 10 Abs. 3 WEG wird jedoch nicht beseitigt.[588]

127 **Bezugnahme auf die Eintragungsbewilligung ist nach § 7 Abs. 3 WEG geboten** sowohl bezüglich des Gegenstands (§ 5 Abs. 1–3 WEG: Räume, Bestandteile, Anlagen, Einrichtungen) als auch des Inhalts des Sondereigentums (§ 10 Abs. 3 WEG). Wohnungsgrößen sind niemals Teil der Eintragungsbewilligung. Wurden sie falsch angegeben, bedarf es keiner Grundbuchberichtigung.[589]

128 **Eintragungen**, die sich auf das **Grundstück als Ganzes** beziehen (vgl. Rdn 44, 62), sind in allen Wohnungsgrundbüchern dieses Grundstücks einzutragen und als solche besonders erkennbar zu machen (§ 4 WGV). Soll eine Änderung der als Inhalt des Sondereigentums im Grundbuch eingetragenen Gemeinschaftsordnung eingetragen werden (z.B. Änderung der Kostenverteilung), so kann in entsprechender Anwendung des Unschädlichkeitszeugnisses festgestellt werden, dass dies für die dinglich Berechtigten an den rechtlich nachteilig betroffenen WE-Einheiten unschädlich ist.

XII. Verpflichtungsgeschäft und Vormerkung

1. Erfordernis notarieller Beurkundung

129 **Notarielle Beurkundung (§ 311b BGB) ist notwendig**, wenn die Verpflichtung gerichtet ist auf Einräumung, Erwerb oder Aufhebung von Sondereigentum (§ 4 Abs. 3 WEG);[590] Übertragung des ganzen WE-Rechtes oder eines Bruchteilsanteils;[591] Übertragung eines Miteigentumsanteils ohne Sondereigentum und Übertragung des Sondereigentums an einem Raum ohne Änderung des Miteigentumsanteils, weil hier echtes Eigentum übertragen wird; Übereignung einer unbebauten Fläche mit Aufhebung des Sondereigentums;[592] Änderung der Vereinbarungen über den Gegenstand des Gemeinschafts- oder Sondereigentums.

---

585 *Schöner/Stöber*, Grundbuchrecht, Rn 2860 ff.; *Diester*, Rpfleger 1965, 193; *Diester*, 1967, 270; *Ritzinger*, BWNotZ 1973, 104; zu den verschiedenen Eintragungen auch bei Veränderungen *Schneider*, ZfIR 2020, 822.
586 LG Köln Rpfleger 1992, 479.
587 OLG Hamm DNotZ 1985, 552 = Rpfleger 1985, 109; zur Formulierung *Ertl*, DNotZ 1977, 671; *Schöner/Stöber*, Grundbuchrecht, Rn 2915.
588 OLG Hamm Rpfleger 1994, 60.
589 Ebenso *Röll*, Rpfleger 1994, 501; a.A. LG Passau Rpfleger 1994, 500; zur Auslegung der Eintragung, wenn der Erklärungsinhalt der Bewilligung in der Teilungserklärung und die zeichnerische Darstellung im Aufteilungsplan sich widersprechen vgl. OLG Stuttgart OLGZ 1981, 160 = Rpfleger 1981, 109.
590 Dazu BGH DNotZ 1978, 148.
591 BGH MDR 1974, 744 = Rpfleger 1974, 260.
592 BayObLGZ 1974, 118 = DNotZ 1975, 36, 42.

Keine Beurkundungspflicht besteht bei Verpflichtungsgeschäften zu einer Änderung der im Grundbuch eingetragenen Gemeinschaftsregelungen i.S.d. § 10 Abs. 3 WEG.[593]

Der Kaufvertrag über ein Grundstück mit einem vom Verkäufer (Bauträger) zu erstellenden Gebäude oder WE ist ein gemischter Kauf-Werkvertrag,[594] der als Gesamtheit beurkundungspflichtig ist[595] einschließlich der Baubeschreibung.[596]

2. Vormerkungsfähigkeit schuldrechtlicher Ansprüche

Nach Anlegung des Wohnungsgrundbuchs können schuldrechtliche Ansprüche nach den allgemeinen Grundsätzen der §§ 883 ff. BGB vorgemerkt werden.[597]

Vor Anlegung des Wohnungsgrundbuchs und auch vor Baugenehmigung oder Baubeginn ist der Anspruch auf Übertragung von Miteigentum und Einräumung von Sondereigentum am noch ungeteilten Grundstück vormerkungsfähig, wenn erstens der Miteigentumsanteil ziffernmäßig bestimmt ist[598] und zweitens entweder der Aufteilungsplan oder ein sonst allseits anerkannter Plan über die Beschaffenheit des künftigen Gebäudes und der darin vorgesehenen Wohnungen vorliegt[599] oder das zu bildende Sondereigentum in der Urkunde auf andere Weise bestimmt oder eindeutig bestimmbar bezeichnet ist.[600] Ist das Gebäude bereits errichtet, erübrigt sich ein Aufteilungs- oder Bauplan, wenn die Wohnung in der Bewilligung so beschrieben ist, dass sie daraus in der Örtlichkeit zweifelsfrei festgestellt werden kann.[601]

Der Anspruch auf Errichtung des Bauwerks kann nicht durch Vormerkung gesichert werden.[602] In der Insolvenz des veräußernden Bauträgers ist daher nur der Übereignungsanspruch durch die Vormerkung gesichert (§ 106 Abs. 2 InsO), der Werkvertrag unterliegt dem Wahlrecht des § 103 InsO.[603]

Ob eine Vormerkung an allen oder nur einzelnen WE-Rechten eingetragen werden muss, richtet sich nach dem Einzelfall.[604]

XIII. Dauerwohn- und Dauernutzungsrecht

1. Allgemeines

Gesetzliche Grundlage des Dauerwohn- und Dauernutzungsrechts ist § 31 WEG.[605] Die beiden Arten unterscheiden sich lediglich durch die verschiedene Art der Nutzung. Eine Vermischung beider Nutzungs-

---

593 BGH NJW 1984, 612 = DNotZ 1984, 238; *Ertl*, DNotZ 1979, 266 ff.
594 BGHZ 60, 362, 364; 63, 96, 97; 100, 391; 101, 350; BGH DNotZ 1976, 414; 1977, 618; 1987, 681; 1988, 292; *Brambring*, NJW 1978, 777, 779.
595 BGHZ 63, 359, 361 = DNotZ 1975, 358.
596 BGH DNotZ 1978, 148 in Abweichung von BGHZ 63, 359.
597 BayObLGZ 1974, 118 = Rpfleger 1974, 261 = DNotZ 1975, 36.
598 BGH DNotZ 1986, 273.
599 BayObLGZ 1974, 118 = DNotZ 1975, 36.
600 OLG Frankfurt a.M. DNotZ 1972, 180.
601 BayObLGZ 1977, 155 = DNotZ 1977, 544 = Rpfleger 1977, 300; dazu *Schmedes*, Rpfleger 1975, 284; *Meyer-Stolte*, Rpfleger 1977, 121; *Glage*, NJW 1968, 813.
602 So richtig BGH DNotZ 1977, 234 = Rpfleger 1977, 17; *Ertl*, Rpfleger 1977, 81 Fn 3; *Weitnauer*, DNotZ 1977, 225; *Lichtenberger*, NJW 1977, 519.
603 Einfügung der Vorgängerregelung des § 24 KO durch Gesetz vom 22.6.1977, BGBl I 1977, 998; dazu *Kissel*, NJW 1977, 1760; später auch BGH DNotZ 1978, 623.
604 Dazu BayObLGZ 1974, 118 = Rpfleger 1974, 261; *Röll*, DNotZ 1977, 69, 77.
605 Literaturauswahl: *Adam*, Zur dinglichen Absicherung eines Rechts zum Wohnen, MittBayNot 2007, 403; *Constantin*, Der Schutz des Eigentümers gegen unberechtigte Vermietung durch den Dauerwohn- oder Dauernutzungsberech-

tigten nach dem WEG NJW 1969, 1417; *Diester*, Kann ein Dauerwohnrecht auf die Lebensdauer des Berechtigten befristet werden? NJW 1963, 18; *Drasdo*, Time-Sharing als Urlaubsidee – ein Relikt der Vergangenheit? NJW-Spezial 2005, 289; *Drasdo*, Immobilienverwaltung: Time-Sharing-Objekte, NJW-Spezial 2010, 481; *Frank*, Zum Verhältnis von Mietvertrag und dinglichem Wohnrecht, DNotZ 1999, 503; *Franzen*, Neue Regeln zum Time-Sharing, NZM 2011, 217; *Gralka*, Timesharing und Dauernutzungsrecht NJW 1987, 1997; *Hoffmann*, Probleme des Timesharing MittBayNot 1987, 77; *Klingenstein*, Können Erbbaurecht und Dauerwohnrecht auf Lebenszeit der Berechtigten bestellt werden? BWNotZ 1965, 228; *Marc C. Lehmann*, Dauerwohn- und Dauernutzungsrechte nach dem WEG I RNotZ 2011, 1; *Lotter*, Aktuelle Fragen des Dauerwohnrechtes MittBayNot 1999, 354; *Jörg Mayer*, Zur Störfallvorsorge beim Dauerwohnrecht, DNotZ 2003, 908; *Ulrich Mayer*, Dauerwohnrecht statt Wohnungsrecht – unentdeckte Gestaltungsmöglichkeiten beim Übergabevertrag, ZNotP 2000, 354; *Schmidt* Dauerwohn- und Dauernutzungsrecht für mehrere Personen WEZ 1987, 119; *Staak*, Der Heimfallanspruch des Grundstückseigentümers beim Dauerwohnrecht SchlHA 1959, 141; *Weitnauer*, Können Erbbaurecht und Dauerwohnrecht zugunsten des Eigentümers bestellt werden? DNotZ 1958, 352; *Wolf*, Modernisierung auf der Grundlage des Dauerwohnrechtes nach dem WEG BlGBW 1977, 124.

formen ist möglich, wenn kein Verwendungszweck überwiegt.[606] Es ähnelt dem dinglichen Wohnungsrecht (§ 1093 BGB). Als Grundstücksbelastung stellt es ein reines Nutzungsrecht ohne Eigentumsgarantie dar. Es ist **unveräußerlich**, vererblich, dinglich aber nicht belastbar.

Zwischen Eigentümer und Berechtigten besteht ein gesetzliches Schuldverhältnis (vgl. §§ 32 ff. WEG). Bestritten ist, ob und wie weit die Vorschriften über Nießbrauch und beschränkt persönliche Dienstbarkeit ergänzend anzuwenden sind.[607] Die Umdeutung eines Dauerwohnrechts in eine beschränkte persönliche Dienstbarkeit ist nicht möglich. Dagegen kann ein Anspruch auf Bestellung von WE in einen Anspruch auf Bestellung eines Dauerwohnrechts umgedeutet werden.[608] Im Gegensatz zum WE fehlt beim Dauerwohnrecht an einer organisierten Gemeinschaft der Dauerwohnberechtigten. Dauerwohnrecht und entsprechend Dauernutzungsrechte schaffen lediglich Beziehungen zwischen dem Eigentümer und jedem einzelnen Berechtigten. Deshalb ist es auch nicht notwendig, dass mehrere Dauerwohnrechte der an demselben Gebäude nebeneinander bestehen.

136 **Belastungsgegenstand** kann Alleineigentum am Grundstück, WE, Erbbaurecht und Wohnungserbbaurecht sein.[609] Ein ideeller Miteigentumsanteil kann nicht belastet werden.[610] Belastung mehrerer Grundstücke ist mit einem Gesamtdauerwohnrecht möglich, wenn die Wohnung sich auf mehrere Grundstücke erstreckt.[611] Steht dem WEer nur ein Sondernutzungsrecht an der im Gemeinschaftseigentum befindlichen Garage zu, kann er die Garage nicht mit einem Dauernutzungsrecht zugunsten eines Dritten dinglich belasten.[612]

2. Berechtigter

137 Berechtigter können sein Alleininhaber, Bruchteilsgemeinschaft, Gesamtgläubigerschaft i.S.d. § 428 BGB[613] sowie eine Gesamthandsgemeinschaft.

138 Die Zulässigkeit des **Eigentümerdauerwohnrechts** ist nicht bestritten.[614] Für die Zulassung spricht ein praktisches Bedürfnis, insbes. bei bevorstehender Veräußerung.

3. Inhalt

139 Belastungsgegenstand des **Dauerwohnrechts** kann eine Wohnung sein, jedoch auch nur ein einzelner Raum oder ein ganzes Gebäude.[615]

Belastungsgegenstand beim **Dauernutzungsrecht** ist jeder Raum, der Gegenstand von Teileigentum sein kann, daneben auch Wohnungen, beispielsweise bei vorübergehender, wenn auch längerdauernder beruflicher Nutzung als Büro.

Beide Arten von Rechten können sich auch auf einen außerhalb des Gebäudes liegenden Teil des Grundstücks erstrecken.[616] Ist Inhalt eines Dauerwohnrechts die Befugnis zur Mitbenutzung des Gartens, bedarf es der Vorlage eines gesonderten Plans, der Lage und Größe der Gartenfläche ausweist, auch dann nicht, wenn die im Wesentlichen landwirtschaftlich genutzte Fläche des belasteten Grundstücks von erheblicher Größe ist.[617]

140 **Zulässig ist die Bestellung für unbestimmte Zeit.** Erfolgt die Bestellung zulässigerweise befristet,[618] wirkt diese gegen gutgläubige Erwerber nur, wenn sie sich aus dem Grundbuch selbst ergibt.[619] Unzuläs-

---

606 BayObLGZ 60, 237, DNotZ 1960, 596.
607 OLG Frankfurt a.M. NJW 1954, 1613; BayObLGZ 57, 107; BayObLG NJW-RR 1996, 397; Staudinger/*Spiegelberger*, BGB, § 31 WEG Rn 10; Bärmann/*Schneider*, WEG, § 31 Rn 2; Timme/*Munzig*, WEG, § 31 Rn 5.
608 Vgl. BGH NJW 1963, 339.
609 Vgl. *Weitnauer*, DNotZ 1953, 124.
610 Vgl. BayObLGZ 57, 102.
611 LG Hildesheim NJW 1960, 49.
612 OLG Hamburg ZMR 2004, 616.
613 BGHZ 46, 253; Timme/*Munzig*, WEG, § 31 Rn 26 ff.; *Fassbender*, DNotZ 1965, 662.
614 Dafür *Diester*, WEG, § 31 Bem. 2a; Staudinger/*Spiegelberger*, BGB, § 31 WEG Rn 41, § 31 Bem. 12; BayObLGZ 97, 163 a.A. LG Münster DNotZ 1953, 150; AG Düsseldorf DNotZ 1958, 426; Grüneberg/*Wicke*, BGB, § 31 WEG Bem. 3; Weitnauer/*Mansel* WEG, vor § 31 Rn 2.
615 LG Münster DNotZ 1953, 148; *Diester*, WEG, § 31 Bem. I 2a.
616 Vgl. LG Münster DNotZ 1953, 150.
617 BayObLGZ 1997, 163; OLG München, Beschl. v. 11.4. 2013 – 34 Wx 120/13 – juris.
618 Vgl. *Hoche*, DNotZ 1953, 154.
619 KG DNotZ 1956, 556.

sig ist eine Befristung auf den Tod des Berechtigten.[620] Der beschränkte Maßstab für die Auslegung von Grundbucheintragungen lässt es ohne ausdrückliche Anhaltspunkte in der in Bezug genommenen Eintragungsbewilligung nicht zu, den Inhalt eines Dauerwohnrechts i.S.d. § 33 WEG dahin auszulegen, dass das Recht befristet durch den Tod des Berechtigten bestellt werden soll.[621] Eine Kündigung, wie sie etwa bei Mietverträgen möglich ist, kommt bei Dauerwohnrechten nicht in Betracht.[622]

Auf jeden Fall unzulässig ist eine Befristung, die dazu führt, dass für die Ausübung das Merkmal der Dauer beseitigt wird. Unzulässig ist daher die Bestellung von 52 auf eine Woche befristeten Dauernutzungsrechten an einem WE-Hotelappartement.[623] Verträge über die Teilzeitnutzung auf die Dauer von mindestens drei Jahren unterliegen dem Gesetz über die Veräußerung von Teilzeitnutzungsrechten an Wohngebäuden.[624]

Vereinbarungen nach § 33 Abs. 4 WEG müssen eingetragen sein; Bezugnahme auf die Eintragungsbewilligung genügt. Zulässig ist die Abrede, eine Wohnung nur mit Zustimmung des Eigentümers zu vermieten (§ 33 Abs. 4 Nr. 1 WEG).[625] Auch der **Ausschluss** von bestimmten Nutzungsarten ist zulässig. **Instandsetzungspflichten** für das ganze Gebäude sind nur zulässig, wenn sich das Dauerwohnrecht auf das ganze Gebäude bezieht;[626] zulässig sind Verpflichtungen zur Unterhaltung des dem gemeinschaftlichen Gebrauch dienenden Eigentums; auch Schiedsgutachterklausel sind zulässig.[627] Die in einem Vertrag über die Bestellung eines Dauerwohnrechts enthaltene Regelung, wonach der Wohnungsberechtigte eine monatliche Nutzungsgebühr zu zahlen hat, die die „Kosten für die Instandhaltung und Instandsetzung der gemeinschaftlichen Anlagen und Einrichtungen des Grundstücks" umfasst, ist dahingehend auszulegen, dass auch die gemeinschaftlich genutzten aufstehenden Gebäudeteile als Bestandteil des Grundstücks erfasst werden. Danach zählen zu den gemeinschaftlichen Anlagen und Einrichtungen des Grundstücks zwar jedenfalls das Treppenhaus aber weder das Dach noch die Balkone.[628] Sieht der notarielle Vertrag zwischen Vater und Sohn über die Bestellung eines Dauerwohnrechts „für den Fall einer grundlegenden Veränderung der wirtschaftlichen Verhältnisse" eine Anpassung der monatlichen Gegenleistung vor, so ist diese Klausel nach dem Preisindex für die Lebenshaltung aller privaten Haushalte des statistischen Bundesamtes auszulegen.[629]

141

Zulässig ist eine **Vereinbarung der Zustimmung** des Eigentümers oder eines Dritten **zur Veräußerung** des Dauerwohnrechts (§ 35 WEG). Aus Gründen der Rechtssicherheit und Grundbuchklarheit sollte in diesem Fall eine Bezugnahme auf die Eintragungsbewilligung, die von der h.M. für zulässig gehalten wird, unterbleiben.

142

Zulässig ist eine **Heimfallvereinbarung** (§ 36 WEG). Die Voraussetzungen können beliebig vereinbart werden. Bestritten ist die Zulässigkeit eines Heimfallanspruchs für den Fall des Todes des Berechtigten. Dies ist zu bejahen.[630] Zulässig im Falle der Veräußerung, unzulässig für jeden Fall der Veräußerung.[631] Eine Entschädigung muss nur bei langfristigen Dauerwohnrechten vereinbart sein (§ 41 Abs. 3 WEG). Dies ist unabdingbar.[632] Jedoch sind Vereinbarungen über Berechnung und Höhe der Entschädigung sowie Art der Zahlung zulässig. Bei offensichtlich unangemessener Vergütung kann das Grundbuchamt die Eintragung ablehnen.[633]

143

Der Ersteher einer Eigentümerwohnung muss ein bei der Feststellung des geringsten Gebots berücksichtigtes Grundpfandrecht oder Wohnrecht gegen sich gelten lassen.[634] Zulässig ist die Vereinbarung, dass das Dauerwohnrecht bei **Zwangsversteigerung** auch dann bestehen bleibt, wenn es nicht in das geringste Gebot fällt (§ 39 WEG).[635] Die Vereinbarung bedarf der Grundbucheintragung, wobei materiell-recht-

144

---

620 OLG Neustadt NJW 1961, 1974 = DNotZ 1962, 221 = Rpfleger 1962, 22; MüKo-BGB/*Krafka*, § 33 WEG Rn 3; Grüneberg/*Wicke*, BGB, § 33 WEG Rn 2; Staudinger/*Spiegelberger*, BGB, § 33 WEG Rn 5.
621 OLG Hamm NZM 2012, 318 = RNotZ 2012, 60 (LS).
622 LG Frankfurt a.M. NZM 2000, 877.
623 OLG Stuttgart MittBayNot 1987, 99; Staudinger/*Spiegelberger*, BGB, § 31 WEG Rn 40.
624 Vgl. §§ 481 ff. BGB; früher Teilzeit WohnRG v. 20.12.1996, BGBl I 1996, 2134.
625 BayObLGZ 60, 239.
626 BayObLG NJW 1960, 540.
627 Vgl. Weitnauer/*Mansel*, WEG, § 33 Rn 11.
628 BGH NJW-RR 2012, 218 = NZM 2012, 311.
629 OLG Hamburg NJW-RR 1987, 467.
630 Im Einzelnen Staudinger/*Spiegelberger*, BGB, § 31 WEG Rn 41 m.w.N.
631 Weitnauer/*Mansel*, WEG, § 36 Rn 8 m.w.N.
632 BGHZ 27, 162.
633 Bärmann/*Schneider*, WEG, § 41 Rn 222 ff.
634 LG Münster JurBüro 2011, 552.
635 Eingehend Bärmann/*Schneider*, WEG, § 39 Rn 20 ff.

liche eine Bezugnahme auf die Eintragungsbewilligung genügt, eine unmittelbare Eintragung aber unbedingt ratsam ist.[636] Die für die Vereinbarung notwendige **Zustimmung** der im Rang vorgehenden **Grundpfandrechtsgläubiger** ist beim Recht der Zustimmenden zu vermerken.[637]

Eine Eintragung ist auch vor Erteilung der Zustimmung zulässig, wirkt dann jedoch nicht gegenüber denjenigen Grundpfandgläubigern, die ihre Zustimmung nicht erteilt haben.

145 Eine **bedingte** Bestellung ist unzulässig (§ 33 Abs. 1 S. 2 WEG) Ungewisse künftige Ereignisse können durch Vereinbarungen eines **bedingten** Heimfallanspruchs berücksichtigt werden.[638] Äußerste Grenze ist eine beabsichtigte Gesetzumgehung.

4. Bestellung, Erwerb

146 Der zur Begründung notwendige Aufteilungsplan muss lediglich in einem Stockwerksplan die Lage der erfassten Räume und ihre Abgrenzung zu weiteren Räumen darstellen.[639]

Gutgläubiger Erwerb ist möglich.[640] Zustande kommt er gem. §§ 31 ff. WEG durch formlose Einigung und Eintragung.

Bei Dauerwohn- und -nutzungsrecht ist die Vorlage der Unterlagen nach § 32 Abs. 1 und 2 WEG notwendig. Bestritten ist, ob das Grundbuchamt auch eine materiell-rechtliche Prüfung der Vereinbarungen vornehmen darf.[641] Verpflichtet zur materiell-rechtlichen Prüfung ist das Grundbuchamt nicht.[642]

Eine Bestellung ist auch möglich, wenn das Gebäude noch nicht errichtet ist, sofern die Bauplanung abgeschlossen vorliegt (§ 32 Abs. 2 Nr. 1 WEG).

5. Besonderheiten

147 Die **Übertragung des Dauerwohnrechts und deren Vererblichkeit** dürfen nicht ausgeschlossen sein (§ 33 Abs. 1 WEG). Eine Genehmigung des Familien- oder Betreuungsgerichts ist nach §§ 1850 Nr. 1, 1643 Abs. 1 BGB bei Veräußerung erforderlich, nach § 1850 Nr. 6 BGB bei Erwerb.

Zulässig ist es, **für den Fall der Veräußerung oder bei Eintritt sonstiger Bedingungen ein Heimfallrecht** zu vereinbaren, bspw. bei Veräußerung an einen anderen als einen bestimmten Kreis von Personen. Der Heimfall ähnlich § 2 Nr. 4 ErbbauRG ist in § 36 WEG ausdrücklich zugelassen.[643] Das Grundbuchamt hat bei der Eintragung der Heimfallvereinbarung die möglichen Heimfallgründe nur auf rechtliche Zulässigkeit zu prüfen (§§ 134, 138 BGB), nicht auf Zweckmäßigkeit; Gleiches gilt für den Entschädigungsanspruch nach § 36 Abs. 3 WEG.[644]

148 Eine **Belastung** des Rechtes ist nur mit einem Nießbrauch möglich. Weiterhin ist Verpfändung und Pfändung möglich. Insoweit ist ein Vermerk im Grundbuch notwendig.

6. Erlöschen

149 Ein Erlöschen des Dauerwohn- und Dauernutzungsrechts nach § 875 BGB geschieht nicht durch die Zerstörung des Gebäudes.[645] Ist das Recht an einem Erbbaurecht begründet, so erlischt es nicht beim Heimfall des Erbbaurechts (§ 42 Abs. 2 WEG). Diese Regelung ist jedoch mit dinglicher Wirkung abdingbar.[646] In jedem Fall erlischt das Recht jedoch bei einem Erlöschen des Erbbaurechts.[647] Wird das belastete Grundstück geteilt, erlischt es an der nicht belasteten Teilfläche in entsprechender Anwendung des § 1026 BGB.[648] Kein Erlöschensgrund liegt vor bei Heimfall (§ 36 Abs. 1 WEG) oder bei Vereinigung in einer Person (§ 889 BGB).

---

636 Weitnauer/*Mansel*, WEG, § 39 Bem. 13, verlangt unmittelbare Eintragung; zum Streitstand Bärmann/*Schneider*, § 39 Rn 50, 51.
637 LG Hildesheim Rpfleger 1966, 116; *Bärmann/Schneider*, WEG, § 39 Rn 51; Weitnauer/*Mansel*, WEG, § 39 Rn 13. *Demharter*, § 45 Rn 49.
638 Vgl. Weitnauer/*Mansel*, WEG, § 33 Rn 3.
639 BayObLG MittBayNot 1997, 289.
640 BayObLG Rpfleger 1989, 503 (LS).
641 Dafür Staudinger/*Spiegelberger*, BGB, § 32 WEG Rn 18 ff. insb. Rn 24. Weitnauer/*Mansel*, WEG, § 32 Rn 7 ff.; abl. Bärmann/*Schneider*, WEG, § 32 Rn 17.
642 **A.A.** OLG Düsseldorf Rpfleger 1977, 446.
643 Eingehend Timme/*Munzig*, WEG, § 36 Rn 7 ff.
644 Timme/*Munzig*, WEG, § 10 Rn 40.
645 *Bärmann/Pick*, WEG, § 31 Rn 91.
646 Staudinger/*Spiegelberger*, BGB, § 42 WEG Rn 6.
647 Staudinger/*Spiegelberger*, BGB, § 42 WEG Rn 7.
648 BayObLG NJW-RR 1996, 397 = MittBayNot 1995, 458.

C. Erbbaurecht und Wohnungserbbaurecht
I. Rechtsgrundlagen des Erbbaurechts
1. Gesetzliche Grundlagen

Das Erbbaurecht in seinen verschiedenen Ausprägungen hat folgende Rechtsgrundlagen: 150

– Für „neue" Erbbaurechte: ErbbauRG v. 15.1.1919 (RGBl I 1919, 72), seinerzeit noch als ErbbauVO betitelt, seit G v. 23.11.2007 (BGBl I 2007, 2614) zutreffend als „Gesetz" betitelt.
– Für „alte" Erbbaurechte, die vor dem 22.1.1919 begründet worden sind: §§ 1012–1017 BGB; § 8 GBO; § 60 GBV (§ 38 ErbbauRG). Ein Erbbaurecht alter Art kann durch Inhaltsänderung in ein solches nach dem Erbbaurechtsgesetz umgewandelt werden.[649]
– Für Wohnungserbbaurechte: § 30 WEG.
– Zum Erbbaurecht als Heimstätte: Das Reichsheimstättengesetz wurde mit Gesetz v. 17.6.1993 (BGBl I 1993, 912) aufgehoben.
– Zum Gesamterbbaurecht siehe § 6a GBO.[650]
– Für das Grundbuchverfahren gelten insbes. die §§ 14–17 ErbbauRG und §§ 54–59 GBV.

2. Wesen des Erbbaurechts

Das Erbbaurecht ist das einer natürlichen oder juristischen Person zustehende subjektiv-persönliche veräußerliche und vererbliche Recht, für eine bestimmte Zeit auf oder unter fremdem Boden ein Bauwerk haben (§ 1012 BGB; § 1 Abs. 1 ErbbauRG). Jede baurechtlich zulässige Art von Bauwerk genügt.[651] 151

Das Erbbaurecht ist ein auf bauliche Nutzung eines fremden Grundstücks gerichtetes dingliches Recht, es ist keine Sache und keine besondere Art von Eigentum bürgerlichen Rechts. Ein Erbbaurecht kann einem anderen als Bestandteil zugeschrieben oder mit einem anderen Erbbaurecht vereinigt werden, wenn beide Erbbaurechte die gleiche Laufzeit haben.[652] 152

Als **„grundstücksgleiches Recht"** wird das Erbbaurecht für seine Laufzeit einem Grundstück gleichgestellt und kann selbstständig wie ein Grundstück veräußert und mit dinglichen Rechten belastet werden (§ 11 Abs. 1 ErbbauRG). Es wird daher zutreffend als „juristisches Grundstück" bezeichnet und behandelt.[653] Auch ein in Wohnungseigentum aufgeteiltes Grundstück kann mit einem Erbbaurecht belastet werden.[654] 153

3. Grundstrukturen des Erbbaurechts

Sachenrechtlich sind Eigentum am Grundstück und am neu errichteten und bei Erbbaurechtsbestellung bereits vorhandenen Bauwerk auf die Dauer des Erbbaurechts getrennt (§ 12 ErbbauRG). 154

Es besteht **kein gesetzliches Schuldverhältnis** zwischen Grundstückseigentümer und Erbbauberechtigten; aber bestimmte schuldrechtliche Vereinbarungen können durch Eintragung als „Inhalt des Erbbaurechts" für und gegen die Sonderrechtsnachfolger verdinglicht werden (siehe Rdn 176 ff.).

Verfahrensrechtlich werden zwei Grundbücher (§ 14 ErbbauRG) wegen der sachenrechtlichen Trennung von Grundstück und Erbbaurecht geführt (vgl. Rdn 192).

Steuerrechtlich und wirtschaftlich wird das Erbbaurecht weitgehend wie Grundstückseigentum behandelt.[655]

II. Sachenrechtliche Vereinbarungen über das Erbbaurecht
1. Einigung und Eintragung

Das Erbbaurecht entsteht durch Einigung und Eintragung (§ 873 Abs. 1 BGB). Die Einigung ist materiell formlos wirksam; § 925 BGB gilt nicht (§ 11 Abs. 1 ErbbauRG). Ist im schuldrechtlichen Erbbau- 155

---

649 LG Frankfurt a.M., DNotZ 1956, 488.
650 Ferner BayObLGZ 2003, 218.
651 BGH Rpfleger 1994, 461.
652 BayObLGZ 1995, 379 = MittBayNot 1996, 34.

653 Staudinger/*Rapp*, BGB, § 11 ErbbauRG Rn 2.
654 *Demharter*, Anh. § 8 Rn 7; DNotI-Report 1998, 13.
655 *Ingenstau/Hustedt*, ErbbauRG, Anh. I.

rechtsvertrag die Einigung enthalten, so erfasst § 11 Abs. 2 ErbbauRG i.V.m. § 311b BGB das ganze Geschäft. Die Eintragung muss am Grundstück an erster Rangstelle erfolgen (vgl. Rdn 193 ff.). Wird ein eingetragenes, noch nicht erloschenes Erbbaurecht auch in seinem gesetzlichen Inhalt (etwa Bebauungsbefugnis, Erbbauzeit) abgeändert, bedarf es zur Grundbucheintragung nicht erst der Aufhebung des bestehenden Erbbaurechts mit anschließender Neubestellung.[656] Ein bereits bestehendes Erbbaurecht kann daher auch nahezu in seinem ganzen Inhalt neu gestaltet werden. Eine teilweise Neubestellung liegt aber dann vor, wenn ein bisher nicht belastetes Grundstück oder ein nicht belasteter Grundstücksteil mit dem Erbbaurecht belastet werden soll.

2. Bedingte und befristete Bestellung des Erbbaurechts

156 **Zulässig** ist die Bestellung des Erbbaurechts unter einer aufschiebenden Bedingung[657] oder ab bestimmtem Anfangstermin (z.B. ab Grundbucheintragung) oder bis zu einem bestimmten Endtermin (zur Dauer Rdn 174).[658]

157 **Nicht zulässig** ist die Bestellung unter einer auflösenden Bedingung (§ 1 Abs. 4 ErbbauRG) oder mit ungewissem Anfangs- oder Endtermin, z.B. Befristung auf Lebenszeit des Erbbauberechtigten[659] oder des Grundstückseigentümers[660] oder die Bestellung durch einen nicht befreiten Vorerben ohne Zustimmung des Nacherben.[661]

3. Inhalt der Einigung

158 Die Einigung muss Bestimmungen enthalten über:
- Bestellung des Erbbaurechts und Art des zulässigen Bauwerks (vgl. Rdn 160 ff., 172 ff.);
- Erbbauberechtigten, bei mehreren deren das Gemeinschaftsverhältnis (vgl. Rdn 162, 163);
- Erbbaugrundstück (vgl. Rdn 164 ff.);
- Inhalt des Erbbaurechts (vgl. Rdn 176 ff.);
- Zeitdauer (siehe Rdn 174 ff.).

4. Inhalt der Erbbaurechtsbestellung

159 Für die Wirksamkeit der Erbbaurechtsbestellung reicht es nicht aus, dass man sich über die Bestellung, eines Erbbaurechts einig ist. Zur Eintragung im Grundbuch ist vielmehr erforderlich, dass Einigung und Eintragungsbewilligung Art, Inhalt und Umfang des dinglichen Rechts festlegen. Zu diesen Einzelheiten gehört eine Bezeichnung des Bauwerks, das der Berechtigte haben darf, mindestens wie die Bebauung ungefähr beschaffen sein soll, ob es sich z.B. um ein Wohnhaus oder um ein Bauwerk oder um mehrere handeln soll.[662]

Sollte das vorgesehene Bauwerk nicht den gesamten Umfang des Grundstücks einnehmen, kann das Erbbaurecht auf den unbebauten Teil erstreckt werden, wenn das Bauwerk wirtschaftlich die Hauptsache bleibt (§ 1 Abs. 2 ErbbauRG). Auch dies muss ggf. durch Angabe von Einzelheiten in der Einigung und Eintragungsbewilligung enthalten sein. Die Erstreckungsvereinbarung hat grundsätzlich die genauen Einzelheiten anzugeben. Jedoch ist Auslegung möglich, dass das ganze Grundstück betroffen sein soll, wenn es sich um Befugnisse handelt, deren Ausübung für eine ordnungsmäßige Nutzung des vom Erbbaurecht erfassten Bauwerkes zwingend erforderlich ist.[663] Da die Entstehung des Erbbaurechts dessen Eintragung im Grundbuch voraussetzt, ist eine Bestimmung des Anfangszeitpunktes nur zulässig, wenn dieser Zeitpunkt sich mit der Eintragung deckt oder ihr nachfolgt. Eine derartige Zeitbestimmung bildet einen wesentlichen Teil des Erbbaurechts und bedarf der Einigung der Parteien.

---

656 OLG München FGPrax 2013, 155 = Rpfleger 2013, 506.
657 RGZ 61, 1.
658 Ingenstau/Hustedt, ErbbauRG, § 1 Rn 35, 40.
659 BGHZ 52, 271 = Rpfleger 1969, 346 = DNotZ 1970, 32; OLG Celle Rpfleger 1964, 213; Staudinger/*Rapp*, BGB, § 1 ErbbauRG Rn 28, 31.
660 BGHZ 52, 271; *Schöner/Stöber*, Grundbuchrecht, Rn 1682.
661 BGHZ 52, 271; *Ingenstau/Hustedt*, ErbbauRG, § 1 Rn 108; a.A. *Winkler*, DNotZ 1970, 651; Staudinger/*Rapp*, BGB, § 1 ErbbauRG Rn 38a.
662 BGHZ 47, 190, 193; BGH WM 1969, 564, 566; BGH Rpfleger 1973, 355 = DNotZ 1974, 90.
663 KG Rpfleger 1991, 496.

5. Gesetzlicher Inhalt: § 1 Abs. 1 ErbbauRG

Der gesetzliche Inhalt ergibt sich aus § 1 Abs. 1 ErbbauRG. Ist keine Erstreckung nach Abs. 2 vereinbart und eingetragen,[664] bleibt die Ausübung des Erbbaurechts auf den für das Bauwerk benötigten Teil des Grundstücks beschränkt. Erbbaurecht als solches lastet materiell am ganzen Grundstück; nur der Ausübungsbereich ist beschränkt.[665] Das Grundbuchamt darf die Erstreckung nur ablehnen, wenn es konkrete Anhaltspunkte dafür hat, dass die hinzukommende unbebaute Fläche nicht Nebenfläche nach § 1 Abs. 2 ErbbauRG ist.[666]

Besteller eines Erbbaurechts kann jeder Grundstückseigentümer sein, auch eine Gemeinschaft von Miteigentümern für einen Miteigentümer (§ 1009 BGB) oder eine Erbengemeinschaft für einen Miterben.[667]

6. Erbbauberechtigter

Erbbauberechtigter kann jede rechts- und erwerbsfähige natürliche oder juristische Person sein, nicht der jeweilige Eigentümer eines anderen Grundstücks (§ 1 Abs. 1 ErbbauRG). Ein Eigentümererbbaurecht ist zulässig.[668]

Das **Gemeinschaftsverhältnis** muss im Grundbuch eingetragen werden (§ 47 GBO). Zulässig sind wie beim Eigentum: Bruchteilsgemeinschaft (vgl. § 4 Einl. Rdn 10 ff.), Gesamthandsgemeinschaften (siehe § 4 Einl. Rdn 31 ff.), Erbengemeinschaft unter Voraussetzung des § 2041 BGB (siehe § 20 GBO Rdn 54); ob Gesamtberechtigung nach § 428 BGB zulässig ist, ist streitig (vgl. § 47 GBO Rdn 23);[669] nach richtiger Ansicht aber wegen des sachenrechtlichen Charakters des Erbbaurechts zu verneinen.[670]

7. Erbbaugrundstück

Zwischen Belastungsgegenstand und Ausübungsbereich ist zu unterscheiden (vgl. Rdn 166 ff.). Belastungsgegenstand ist das ganze Grundstück oder eine nach § 7 Abs. 1 GBO abzuschreibende reale Fläche,[671] nicht ideeller Miteigentumsanteil.[672]

Der **Ausübungsbereich** des Erbbaurechts kann aber auf den für das Bauwerk erforderlichen Teil beschränkt sein, es gilt auch hier § 7 Abs. 2 GBO.[673] Durch Einigung und Eintragung kann diese Einschränkung[674] oder Erstreckung auf die für das Bauwerk nicht benötigte Fläche dinglicher Inhalt werden.[675] Das Erbbaurecht kann auch auf einen für das Bauwerk nicht erforderlichen Teil des Grundstücks erstreckt werden, sofern das Bauwerk wirtschaftlich die Hauptsache bleibt. Maßgeblich ist allein, ob die Nutzung des Bauwerks das eigentliche Motiv für die Bestellung des Erbbaurechts und die Nutzung der weiteren Flächen eine Nebenfolge derselben ist. Ergibt sich die Nebenflächennutzung aus der Bauwerksbenutzung und ist die erstere damit letztlich untergeordnet, so ergibt sich auch hieraus bereits die Hauptsacheeigenschaft des Bauwerks. Bei einer der Pferdeaufzucht oder -haltung dienenden Anlage bleibt das Bauwerk wirtschaftlich die Hauptsache, da die Bedeutung von Koppeln für den Auslauf hinter diejenige der Stallgebäude zurücktritt.[676]

8. Beschränkung des Ausübungsbereichs auf einzelne Gebäude oder Gebäudeteile

Eine horizontale Beschränkung (z.B. auf Stockwerk, Stockwerksanteil, ober- oder unterirdischen Teil) verstößt gegen § 1 Abs. 3 ErbbauRG[677] und ist nur in der Form des Wohnungserbbaurechts zulässig (siehe dazu Rdn 214 ff.).

---

664 BGH Rpfleger 1973, 355; Palandt/*Wicke*, BGB, § 1 ErbbauRG Anm. 2.
665 BayObLG DNotZ 1958, 409.
666 BayObLG DNotZ 1985, 375 = Rpfleger 1984, 313.
667 LG Düsseldorf DNotZ 1955, 155.
668 BGH NJW 1982, 2381 = Rpfleger 1982, 143 = MittBayNot 1982, 127; OLG Düsseldorf DNotZ 1958, 423; *Weitnauer*, DNotZ 1958, 352.
669 Dafür OLG Hamm RNotZ 2006, 478; LG Hagen DNotZ 1950, 381; LG Bielefeld Rpfleger 1985, 248; *Ingenstau/Hustedt*, ErbbauRG, § 1 Rn 40; Palandt/*Wicke*, BGB, § 1 ErbbauRG Rn 9.
670 So auch Meikel/*Böhringer*, § 47 Rn 123; Staudinger/*Rapp*, BGB, § 1 ErbbauRG Rn 4; MüKo-BGB/*Weiß*, § 1 ErbbauRG Rn 68 ff.; *Schöner/Stöber*, Grundbuchrecht, Rn 1685; *Böttcher*, Praktische Fragen des Erbbaurechts, Rn 64, 65.
671 KG OLG 1914, 86.
672 BayObLGZ 1920, 405; Zum Gesamterbbaurecht am ideellen Miteigentumsanteil eines Zuwegungsgrundstücks vgl. *Dickgräf*, DNotZ 1996, 338.
673 Staudinger/*Rapp*, BGB, § 1 ErbbauRG Rn 16; zur Teilung des Erbbaurechts *Muttay*, Rpfleger 1995, 216.
674 BayObLGZ 1957, 217 = Rpfleger 1957, 383; OLG Frankfurt a.M. DNotZ 1967, 690.
675 OLG Hamm Rpfleger 1972, 171 = DNotZ 1972, 496.
676 OLG München, Beschl. v. 9.7.2012, 34 Wx 434/11, juris.
677 OLG Düsseldorf DNotZ 1974, 698; *Krämer*, DNotZ 1974, 653.

167 Eine **vertikale Beschränkung mehrerer am gleichen Grundstück bestellter Erbbaurechte** auf je ein selbstständiges Gebäude ohne Grundstücksteilung ist ebenfalls unzulässig.[678]

168 **Vertikale Beschränkung des Ausübungsbereichs** auf eines von mehreren selbstständigen Gebäuden auf dem gleichen Grundstück ist zulässig, wenn das Erbbaurecht am ganzen Grundstück an erster Rangstelle lastet;[679] denn hier keine Beschränkung auf Gebäudeteil (§ 1 Abs. 3 ErbbauRG), sondern auf Grundstücksteil (§ 1 Abs. 2 ErbbauRG).

169 **Die vertikale Beschränkung des Erbbaurechts auf eines (einzelne) von mehreren Grundstücken**, auf denen der Erbbauberechtigte ein einziges Gebäude in grenzüberschreitender Bauweise entweder aufgrund mehrerer Einzel- oder Gesamtbaurechte (sog. **Nachbarerbbaurechte**) oder auf dem Erbbaugrundstück und dem eigenen Nachbargrundstück errichtet, verstößt nicht gegen § 1 Abs. 3 ErbbauRG und ist daher wirksam.[680] Den abweichenden Ansichten, dass sie stets[681] oder jedenfalls dann unwirksam ist, wenn die Errichtung eines Gebäudes auf dem Erbbaugrundstück und einem anderen Grundstück schon zur Zeit des Vertragsabschlusses von den Vertragsparteien vereinbart war,[682] oder dass sie nur zulässig ist, wenn der vertikal abgetrennte Gebäudeteil nach der der Verkehrsanschauung nicht widersprechenden Anschauung der Beteiligten als selbstständige Baulichkeit anzusehen ist,[683] ist nicht zu folgen.

Denn die vertikale Beschränkung des Erbbaurechts auf ein Grundstück in Übereinstimmung mit den abgemarkten Grundstücksgrenzen wird vom Wortlaut und Sinn des Verbotes des § 1 Abs. 3 ErbbauRG nicht erfasst und entspricht dem Bestimmtheitsgrundsatz.[684]

9. Zulässigkeit eines Gesamterbbaurechts

170 Ein **Gesamterbbaurecht als Belastung mehrerer Grundstücke** mit einem einzigen Erbbaurecht ist **zulässig**[685] durch anfängliche Gesamtbelastung,[686] durch Teilung des Grundstücks ohne Teilung des Erbbaurechts (siehe § 7 GBO Rdn 4)[687] oder nachträgliche Erstreckung auf ein weiteres Grundstück ohne Vereinigung.[688] Bis zum Inkrafttreten des § 6a GBO konnte ein Gesamterbbaurecht auch an mehreren nicht aneinander grenzenden Grundstücken ohne Einschränkung bestellt werden.[689] Ein im Eigentum der Wohnungserbbauberechtigten stehendes Erbbaugrundstück kann dem Wohnungserbbaurecht als Bestandteil zugeschrieben werden.[690] Zur Erstreckung ist keine Zustimmung der am Erbbaurecht dinglich Berechtigten nötig,[691] auch keine Zustimmung des Erbbauberechtigten; selbst dann nicht, wenn eine vom Erbbaurecht nunmehr nicht mehr erfasste Fläche ohne Erbbaurecht abgeschrieben wird (§ 1026 BGB). Die Vereinigung mehrerer Erbbaurechte zum Gesamterbbaurecht ist möglich bei gleicher Erbbaurechtsdauer.[692] Nicht zulässig ist die Teilung des Erbbaurechts ohne Teilung des Grundstücks (vgl. § 7 GBO Rdn 5).

10. Untererbbaurecht

171 Zulässig ist ein **Untererbbaurecht**, wenn es am Obererbbaurecht an erster Rangstelle eingetragen wird und sich in dessen Rahmen hält,[693] obwohl dagegen auch gewichtige Bedenken erhoben werden.[694] Soll

---

678 OLG Frankfurt a.M. DNotZ 1967, 688; Rpfleger 1967, 280; *Ingenstau/Hustedt*, ErbbauRG, § 1 Rn 74 ff. m.w.N. Die a.A. (LG Kassel Rpfleger 1955, 231) verstößt gegen § 10 Abs. 1 ErbbauRG.
679 BayObLGZ 1957, 217 = Rpfleger 1957, 383; Pfälz. OLG Zweibrücken MitBayNot 1996, 299.
680 *Weitnauer*, DNotZ 1958, 414; *Schraepfer*, NJW 1972, 1981; OLG Stuttgart Rpfleger 1975, 351; *Rothoeft*, NJW 1974, 665; *Esser*, NJW 1974, 921; *Stahl-Sura*, DNotZ 1981, 604.
681 KGJ 25 A 139; OLG Köln MittBayNot 2014, 157.
682 BGH DNotZ 1973, 609.
683 BayObLGZ 1957, 217 = Rpfleger 1957, 383.
684 OLG Düsseldorf DNotZ 1974, 698; OLG Stuttgart Rpfleger 1975, 131; MüKo-BGB/*Weiß*, § 1 ErbbauRG Rn 48 ff.; Grüneberg/*Wicke*, BGB, § 1 ErbbauRG Rn 1; Staudinger/*Rapp*, BGB, § 1 ErbbauRG Rn 34; *Ingenstau/Hustedt*, ErbbauRG, § 1 Rn 76 ff. *Schöner/Stöber*, Grundbuchrecht, Rn 1694; a.A. *Winkler/Schlögel*, Erbbaurecht, § 3 Rn 70 ff.

685 BGHZ 65, 345 = Rpfleger 1976, 126; OLG Hamm DNotZ 1960, 154 = Rpfleger 1961, 18; 88, 355; OLG Stuttgart Rpfleger 1975, 131; BayObLGZ 1990, 356 = Rpfleger 1990, 513; Staudinger/*Rapp*, BGB, § 1 ErbbauRG Rn 22.
686 BGHZ 65, 345 = Rpfleger 1976, 126 = DNotZ 1976, 369.
687 KGJ 51, 229.
688 BayObLG Rpfleger 1984, 313.
689 *Demharter*, DNotZ 1986, 457.
690 BayObLG NJW RR 1999, 1104; unschlüssig. OLG Köln Rpfleger 1988, 355 m. abl. Anm. *Meyer-Stolte*.
691 BayObLG DNotZ 1960, 540; *Haegele*, Rpfleger 1967, 279, 280. Zur Bestandteilszuschreibung OLG Hamm DNotZ 1974, 94.
692 BayObLGH 1995, 397 ff.
693 BGHZ 62, 179 = Rpfleger 1974, 219; OLG Celle DNotZ 1972, 538; *Ingenstau/Hustedt*, ErbbauRG, § 11 Rn 14 ff.
694 Siehe dazu Staudinger/*Rapp*, BGB, § 11 ErbbauRG Rn 11; *Schneider*, DNotZ 1976, 411.

11. Bauwerk

Bei Bestellung eines Erbbaurechts müssen dingliche Einigung und Grundbucheintrag mindestens die ungefähre Beschaffenheit des Bauwerks oder der zulässigen mehreren Bauwerke bezeichnen.[696] Der Begriff „Bauwerk" umfasst nicht nur Gebäude, sondern jede unbewegliche, durch Verwendung von Arbeit und Material in fester Verbindung mit dem Erdboden hergestellte Sache;[697] jede baurechtlich zulässige Art von Bauwerken genügt.[698] Mindestens die ungefähre Beschaffenheit des Bauwerkes oder der mehreren Bauwerke muss angegeben sein.[699] Z.B. Brücken, Seilbahnen, Leitungsmasten, Keller,[700] unterirdische Tankanlagen,[701] Gleisanlagen,[702] Gastank,[703] Tankstelle[704] oder „jede zulässige Art von Bauwerken". Zerschlägt sich später die Möglichkeit der Bebauung, so berührt dies die Wirksamkeit der Bestellung nicht.[705] Auch das „Haben" eines landwirtschaftlichen Betriebes, wenn im Vordergrund der Bestellung die Bewirtschaftung und Erhaltung vorhandener oder zu errichtender Wohn- und Wirtschaftsgebäude steht und die nicht überbauten Flächen als Nutzungsfläche i.S.d. § 1 Abs. 2 ErbbauRG anzusehen sind, genügt[706] oder eine Golfanlage.[707] **Kein Bauwerk** im Sinne des ErbbauRG sind: Lose angelegte Rohrleitungen;[708] nicht fest verankerte Maschinen,[709] Sportplatz als solcher;[710] Bauwerk aber z.B. mit Zuschauertribünen oder Wirtschaftsgebäude,[711] Tennisplatz mit Kindergarten.[712] Der Begriff des Bauwerkes ist großzügig auszulegen; jedoch darf z.B. nicht durch ein kleines Gebäude (Garage) im Verhältnis zum großen Grundstück eine unzulässige Erbpacht herbeigeführt werden.[713] Besteht bereits bei der Bestellung ein öffentlich-rechtliches Bebauungsverbot, so entsteht das Erbbaurecht wirksam nicht.[714]

172

Die Art des Bauwerkes muss im Vertrag festgelegt sein;[715] nicht ausreichend, dass Gebäude als Mietwohnungen oder als Eigenheime errichtet werden dürfen;[716] zulässig aber, dass Gebäude aller Art in Übereinstimmung mit dem zu erstellenden Bebauungsplan errichtet werden dürfen.[717] Notwendig, aber auch genügend sind zusätzliche Angaben, wie viele Gebäude auf den einzelnen Grundstücken errichtet werden und welcher Art diese Gebäude sein sollen. Vereinbarungen über die Zahl der Stockwerke und die Höchstgrenze der zu bebauenden Grundstücksflächen[718] sind zwar zweckmäßig, um spätere Streitigkeiten auszuschließen, aber nicht erforderlich.[719] Die Angabe „Einfamilienhaus", oder „Reihenhaus" muss vielmehr genügen.[720] Auch wenn nur von einem „Bauwerk" die Rede ist, können die näheren Umstände im Zeitpunkt der Eintragung den sicheren Schluss auf ein hinreichend bezeichnetes Recht zulassen, etwa ein „Wohngebäude" zu haben.[721]

173

---

695 LG Traunstein Rpfleger 1987, 242; vgl. auch *Habel*, MittBayNot 1998, 315.
696 BGHZ 47, 190; BGHZ 101, 143; OLG Hamm MittBayNot 2020, 346 = Rpfleger 2020, 326.
697 RGZ 56, 43.
698 BGH Rpfleger 1994, 461; Staudinger/*Rapp*, BGB, § 1 ErbbauRG Rn 11; MüKo-BGB/*Weiß*, § 1 ErbbauRG Rn 10 ff.
699 BGHZ 47, 19; dazu auch BGH DNotZ 1969, 489; Rpfleger 1973, 355; KG Rpfleger 1979, 208; OLG Hamm Rpfleger 1983, 349; OLG Frankfurt a.M. OLGZ 1983, 165.
700 KG JW 1933, 1335.
701 *Grund*, BWNotZ 1952, 83.
702 KG KGJ 29, 132.
703 LG Oldenburg Rpfleger 1983, 105.
704 BayObLG MDR 1958, 691.
705 BGHZ 101, 143 = Rpfleger 1987, 361.
706 Thür. OLG Jena Rpfleger 1996, 242.
707 BGH DNotZ 1992, 567.
708 KG KGJ 29, 133.
709 BayObLGZ 6, 596.
710 LG Braunschweig MDR 1953, 480.
711 LG Paderborn MDR 1976, 579.
712 LG Itzehoe Rpfleger 1973, 304.
713 BayObLGZ 1997, 103.
714 BGHZ 96, 388.
715 BGHZ 47, 190; OLG Frankfurt a.M. Rpfleger 1975, 305; KG Rpfleger 1979, 208; OLG Hamm Rpfleger 1983, 342; Staudinger/*Rapp*, BGB, § 1 ErbbauRG Rn 14.
716 OLG Hamm NJW 1966, 1416.
717 BGHZ 101, 143 = DNotZ 1988, 161 = Rpfleger 1987, 361.
718 *Ripfel*, NJW 1957, 1826 hält sie für nötig.
719 BGHZ 47, 190.
720 *Lutter*, DNotZ 1960, 87 Fn 39.
721 OLG München FGPrax 2013, 62 = NotBZ 2013, 118 = RNotZ 2013, 226.

12. Dauer des Erbbaurechts

174 Die Festlegung der Dauer bedarf als wesentlicher Teil des dinglichen Inhalts der Einigung und Eintragung.[722] Das Gesetz bestimmt weder eine Dauer noch Mindest- oder Höchstdauer, lässt damit auch „ewige Erbbaurechte" zu.[723] Das Erbbaurecht kann nur nicht vor seiner Grundbucheintragung beginnen; schuldrechtlich können seine Wirkungen aber vorgezogen werden.[724] Außerdem ist ein „Beginn" vor Eintragung ausdrücklich auszulegen als zulässige Berechnung eines Endtermins.[725] Der Tag seines Erlöschens muss von Anfang an und für jeden Dritten eindeutig bestimmt (nicht bloß bestimmbar) sein. In diesem Rahmen kann es entweder auf bestimmte Zahl von Jahren ab Grundbucheintragung, Beurkundungstag oder sonst bestimmtem Datum oder unter Angabe des Tages des Zeitablaufes bestellt werden.[726] Kurze Dauer beeinträchtigt Beleihungsfähigkeit und öffentliche Förderung (z.B. § 33 Abs. 2 WoBauG).

175 **Automatische Verlängerung** um bestimmte Zeit kann als dinglicher Inhalt vereinbart und eingetragen werden (z.B. falls nicht sechs Monate vor normalem Zeitablauf ein Vertragsteil der Verlängerung widerspricht), weil die Mindestdauer von Anfang an bestimmt und für Dritte erkennbar ist.[727]

III. Rechtsverhältnis zwischen Eigentümer und Erbbauberechtigten

1. Schuldverhältnis und seine Verdinglichung

176 Da es kein gesetzliches Schuldverhältnis zwischen dem Grundstückseigentümer und Erbbauberechtigten gibt,[728] sind sie darauf angewiesen, ihr Rechtsverhältnis untereinander vertraglich zu regeln. Weder aus dem Erbbaurechtsvertrag noch aus sonstigen Rechtsnormen lässt sich eine bspw. Verpflichtung des Grundstückseigentümers zugunsten von Erbbauberechtigten ableiten, gegen einen Bebauungsplan der Gemeinde betreffend Nachbargrundstücke von Erbbaurechtsgrundstücken vorzugehen oder gegen eine Nachbarbebauung Rechtsmittel zu ergreifen. Soweit durch etwaige planerische Entscheidungen der Gemeinde subjektive Rechtspositionen eines Erbbauberechtigten beeinträchtigt werden, ist es Sache der Erbbauberechtigten, ihre Rechte selbst wahrzunehmen.[729]

Durch die Grundbucheintragung als Inhalt des Erbbaurechts können schuldrechtliche Vereinbarungen im gesetzlich zugelassenen Rahmen **verdinglichte Wirkung** für und gegen den/die Sonderrechtsnachfolger, nach h.L. nicht auch gegen Dritte,[730] aber nicht volle Wirkungen eines dinglichen Rechts erhalten und deshalb auch nicht mit dem öffentlichen Glauben des Grundbuchs ausgestattet werden.[731] Die Vereinbarungen bestehen im Innenverhältnis zwischen den Vertragspartnern auch ohne Eintragung, die hier (im Gegensatz zu den Fällen des § 873 BGB) keine Konstitutiv-, sondern Erstreckungswirkung für und gegen Sonderrechtsnachfolger hat.[732] Zum Unterschied davon sind die Verfügungsbeschränkungen des § 5 ErbbauRG dinglich wirkende absolute Beschränkungen der Verfügungsmacht des Erbbauberechtigten (siehe Rdn 180 ff.), der Erbbauzins ein (nicht zwingend vorgeschriebenes) dingliches Recht am Erbbaurecht, das Erneuerungsvorrecht ein dem subjektiv-dinglichen Vorkaufsrecht ähnliches und mit Vormerkungswirkung ausgestattetes Rechtsgebilde und der Entschädigungsanspruch ein reallastähnliches dingliches Recht, das nach dem Erlöschen des Erbbaurechts an dessen Stelle tritt (siehe Rdn 224 ff.).

Für rein schuldrechtliche Vereinbarungen besteht Vertragsfreiheit, soweit nicht zwingendes Recht entgegensteht. Sie wirken nur bei vereinbartem Eintritt in das bestehende Schuldverhältnis für und gegen Sonderrechtsnachfolger.[733] Die Vereinbarung eines einseitigen Kündigungsrechts oder Rücktrittsrechts vom eingetragenen Erbbaurecht verstößt gegen den Charakter des Erbbaurechts als dingliches Recht und ist daher nach Eintragung nicht zulässig;[734] solange das Erbbaurecht noch nicht eingetragen ist, ist ein Rücktritt möglich.[735]

---

722 BGH Rpfleger 1973, 355.
723 Dazu Staudinger/*Rapp*, BGB, § 1 ErbbauRG Rn 16; *Winkler/Schlögel*, Erbbaurecht, § 2 Rn 146.
724 BayObLGZ 1991, 98 ff. = Rpfleger 1991, 303.
725 Pfälz. OLG Zweibrücken Rpfleger 1995, 155; vgl. auch LG Würzburg Rpfleger 1975, 249; BayObLGZ 1991, 97 = Rpfleger 1991, 303; *Promberger*, Rpfleger 1975, 233.
726 LG Würzburg Rpfleger 1975, 249; *Promberger*, Rpfleger 1975, 233.
727 BHGZ 1952, 271 = DNotZ 1970, 32, 35.
728 Staudinger/*Rapp*, BGB, § 1 ErbbauRG Rn 40; § 2 Rn 1.

729 OLG München, Beschl. v. 18.10.2011 – 34 Wx 341/11, nicht veröffentlicht.
730 **A.A.** BGH NJW 1954, 1453.
731 *Ingenstau/Hustedt*, ErbbauRG, § 2 Rn 2 ff.; Staudinger/*Rapp*, BGB, § 2 ErbbauRG Rn 2 ff.; *Rahn*, BWNotZ 1961, 53, 57.
732 Staudinger/*Ertl*, BGB (12. Aufl.), § 873 Rn 17, 20; *Schöner/Stöber*, Grundbuchrecht, Rn 1745.
733 OLG Hamm DNotZ 1976, 534.
734 BGH DNotZ 1969, 490.
735 BGHZ 96, 395 = DNotZ 1986, 286.

2. Eintragungsfähigkeit „verdinglichter" Vereinbarungen

Nur die vom Gesetz nach § 2 ErbbauRG für die Verdinglichung zugelassenen Vereinbarungen dürfen in das Grundbuch eingetragen werden.[736] Die Bestimmungen der ErbbauRG, welche Vereinbarungen zum Inhalt des Erbbaurechts gemacht werden können, sind dabei eng auszulegen.[737] Die Beteiligten haben unzweideutig und übereinstimmend zu erklären, was als Inhalt des Erbbaurechts eingetragen werden soll. Allgemeine Formulierungen z.B. „Erbbaurecht mit dem gesetzlichen und, soweit zulässig, vertraglichen Inhalt" oder „alle Vereinbarungen dieses Vertrages sind Inhalt des Erbbaurechts" sind unzulässig und bedürfen einer Klarstellung durch die Beteiligten, um welche einzelnen Vereinbarungen es sich dabei handelt.[738] Das Grundbuchamt hat durch Zwischenverfügung darauf hinzuwirken. Zweifel an der Eintragungsfähigkeit können nur durch Nachweis in der Form des § 29 GBO zerstreut werden.[739]

177

Die Eintragung einer **nicht eintragungsfähigen Vereinbarung** hat das Grundbuchamt abzulehnen. Ist die Eintragung erfolgt, so hat das Grundbuchamt nach den Umständen des Einzelfalles zu klären, ob nur diese Vereinbarung zwar keine verdinglichte, aber eine rein schuldrechtliche Wirkung zwischen den Vertragspartnern hat (was im Zweifel anzunehmen ist; § 139 BGB) oder ob das ganze Erbbaurecht nichtig, das Grundbuch also unrichtig (§ 894 BGB) ist oder ob eine wegen inhaltlicher Unzulässigkeit teilweise unwirksame Eintragung ohne jede materiell- oder verfahrensrechtliche Wirkung vorliegt. Gleich welche dieser Rechtsfolgen im Einzelfall eintritt, ein gutgläubiger Erwerb von Rechten aus der nicht eintragungsfähigen Vereinbarung kommt nicht in Betracht, weil auch die eintragungsfähigen Vereinbarungen nicht mit dem öffentlichen Glauben ausgestattet sind. Das Grundbuchamt hat von Amts wegen nur die nicht eintragungsfähige Vereinbarung, nicht das ganze Erbbaurecht zu löschen (§ 53 Abs. 1 S. 2 GBO). Ein Amtswiderspruch (§ 53 Abs. 1 S. 1 GBO) oder Widerspruch (§ 899 BGB) kommt nicht gegen die nicht eintragungsfähige Vereinbarung, aber allenfalls gegen die Eintragung des Erbbaurechts in Betracht, wenn die Voraussetzungen dafür vorliegen (vgl. § 53 GBO Rdn 12 ff.).

178

3. Eintragungsfähige Vereinbarungen

Zum sog. **vertraglichen dinglicher Inhalt** des Erbbaurechts gehören insbes. folgende Regelungen:

179

– § 2 Nr. 1 ErbbauRG: Einrichtung, **Instandhaltung und Verwendung des Bauwerks** (z.B. Pflicht zum Bauen);[740] bei bestimmter Verwendung des Bauwerks und Instandhaltungspflicht, auch ein Besichtigungsrecht des Eigentümers;[741] unzulässig Zustimmungspflicht des Grundstückseigentümers zur Vermietung und Verpachtung des Bauwerkes durch den Erbbauberechtigten;[742]
– § 2 Nr. 2 ErbbauRG: **Versicherung des Bauwerks** und sein Wiederaufbau bei Zerstörung;[743]
– § 2 Nr. 3 ErbbauRG: **Tragung öffentlicher und privatrechtlicher Lasten** und Abgaben; derartige Vereinbarungen wirken nur im Innenverhältnis zwischen Erbbauberechtigten und Grundstückseigentümer.[744] Die Übernahme der Verkehrssicherungspflicht und der daraus sich ergebenden Haftung durch den Erbbauberechtigten kann nicht zum dinglichen Inhalt des Erbbaurechtes gemacht werden.[745]
– § 2 Nr. 4 ErbbauRG: **Verpflichtung zur Übertragung** des Erbbaurechts an den Grundstückseigentümer oder an einen von ihm benannten Dritten bei Eintritt bestimmter Voraussetzungen (**Heimfall**; §§ 4, 6 Abs. 2, 9 Abs. 3 ErbbauRG).[746] Die Voraussetzungen des Heimfalls sind konkret zu benennen, sie dürfen nicht gegen gesetzliche Verbote verstoßen oder sittenwidrig sein.[747] Zulässig sind insbes. der Verstoß gegen die Bauverpflichtung, Nutzungsänderung ohne Zustimmung des Grundstückseigentümers,[748] oder nicht verdinglichten Verpflichtungen aus dem Erbbaurechtsvertrag.[749] Üblich

---

736 Staudinger/*Rapp*, BGB, § 2 ErbbauRG Rn 2 ff.; *Ingenstau/Hustedt*, ErbbauRG, § 2 Rn 2 ff.
737 BayObLGZ 1991, 98 ff.
738 BayObLGZ 1967, 48; BayObLGZ 1969, 97 = DNotZ 1969, 492.
739 BayObLGZ 1991, 98 ff.
740 OLG Kiel OLGZ 1926, 126; OLG Saarbrücken FGPrax 2020, 171.
741 LG Regensburg Rpfleger 1991, 363.
742 BayObLGZ 2001, 301, 304 = Rpfleger 2002, 140 = DNotZ 2002, 150 bestritten; a.A. *Böttcher*, Rpfleger 2004, 21 m.w.N.
743 Dazu BGHZ 48, 296; 59; 205; BGH DNotZ 1968, 802.
744 *Winkler/Schlögel*, Erbbaurecht, § 4 Rn 76.
745 BayObLGZ 1999, 252 = Rpfleger 2000, 61.
746 Eingehend Staudinger/*Rapp*, BGB, § 2 ErbbauRG Rn 19 ff.; MüKo-BGB/*Weiß*, § 2 ErbbauRG Rn 28 ff.
747 Einzelfälle bei Staudinger/*Rapp*, BGB, § 2 ErbbauRG Rn 21.
748 BGH NJW 2015, 3436.
749 OLG München ZWE 2016, 18.

und zulässig ist auch die Vereinbarung des Heimfallanspruchs für den Fall der Insolvenz des Erbbauberechtigten oder der Zwangsvollstreckung in das Erbbaurecht. Die Verwendung eines unbestimmten Rechtsbegriffes zur Beschreibung der Voraussetzungen, bei deren Eintritt der Heimfall des Rechtes verlangt werden kann, ist wirksam;[750] bestritten ist, ob das Verlangen nach § 3 zur Übertragung an Dritte ausgeschlossen werden kann, was wegen des sachenrechtlichen Typenzwangs zu verneinen ist.[751] Vereinbarungen über Zustimmungsvorbehalte des Grundstückseigentümers, die unter § 5 fallen, können wegen § 6 Abs. 2 ErbbauRG nicht zur Voraussetzung für einen Heimfallanspruch gem. § 2 Nr. 4 ErbbauRG gemacht werden.[752] Streitig ist bei der Geltendmachung des Heimfalls, ob dieser auch gegenüber einem Erwerber des Erbbaurechts durchgesetzt werden kann, wenn der Grund des Heimfalls sich bei dem früheren Erbbauberechtigten verwirklicht hat; mit dem BGH ist dies zu verneinen.[753]

- § 2 Nr. 5 ErbbauRG: Verpflichtung zur **Zahlung von Vertragsstrafen**;[754]
- § 2 Nr. 6 ErbbauRG: Einräumung eines **Vorrechts auf Erneuerung** des Erbbaurechts nach dessen Ablauf (dazu siehe Rdn 224 ff.);
- § 2 Nr. 7 ErbbauRG: Verpflichtung des Grundstückseigentümers zum **Verkauf des Grundstücks** an den jeweiligen Erbbauberechtigten;[755] nicht eintragungsfähig die (nicht ohne weiteres sittenwidrige oder gegen §§ 305 ff. BGB verstoßende) Vereinbarung einer sog. Kaufzwangklausel über die Verpflichtung des Erbbauberechtigten zum Ankauf des Grundstücks;[756] das Ankaufsrecht hat nicht die Wirkung einer Auflassungsvormerkung, Belastungen des Grundstücks wirken auch gegen den Erbbauberechtigten; da der aufschiebend bedingte Anspruch aus dem Ankaufsrecht vormerkungsfähig ist, kann bereits mit Eintragung des Erbbaurechts eine entsprechende Vormerkung eingetragen werden.[757]
- § 27 Abs. 1 S. 2 ErbbauRG: Vereinbarungen über die **Höhe der Entschädigung**, der Art ihrer Zahlung oder ihre Ausschließung bei Erlöschen durch Zeitablauf (§§ 27, 28, 29 ErbbauRG; vgl. Rdn 223 ff.);
- § 32 Abs. 1 ErbbauRG: Vereinbarungen über die Höhe, die Zahlungsart oder den Ausschluss der **Vergütung beim Heimfall** (§§ 32 Abs. 2, 33, 34 ErbbauRG);[758] die angemessene Vergütung bezieht sich auf den objektiven Verkehrswert zur Zeit der Erfüllung des Heimfallanspruchs, der aus dem realen Wert des Bauwerks, dem Ertragswert des Erbbaurechts und dem Wert für den Rückerhalt der Bodennutzung zu berechnen ist; zu einer Entschädigung für bereits vorher vorhandene Bauwerke besteht bei Ende des Erbbaurechtsvertrags grundsätzlich keine Veranlassung.[759] Weit verbreitet ist die Vereinbarung einer Vergütung in Höhe von zwei Dritteln des Werts des Bauwerks.[760] Grundsätzlich kann eine Vergütung oder Entschädigung auch ganz ausgeschlossen werden, was aber gegen § 11 Abs. 2 S. 1 BauGB verstoßen kann, wenn Grundstückseigentümerin ein juristische Person des öffentlichen Rechts ist.[761] Ist der Heimfall ohne Vergütung oder Entschädigung vereinbart, kann diese Vereinbarung ferner im Falle späterer Insolvenz des Erbbauberechtigten für den Insolvenzverwalter nach §§ 129, 133 Abs. 1 InsO wegen vorsätzlicher Benachteiligung anfechtbar sein.[762] Die Anfechtung führt zum Wegfall des Heimfallanspruchs für den Fall der Insolvenz des Erbbauberechtigten; der Vertragsinhalt wird nicht etwa in einen Heimfall mit Vergütung oder Entschädigung umgedeutet.[763] Die

---

750 BGH Rpfleger 2003, 569.
751 Wie hier *Winkler/Schlögel*, Erbbaurecht, § 4 Rn 102 m.w.N.; a.A. Palandt/*Wicke*, BGB, § 3 ErbbauRG Rn 1; Staudinger/*Rapp*, BGB, § 2 ErbbauRG Rn 25; Einzelfälle: OLG Hamm DNotZ 1966, 41; BGH WM 1973, 1074; OLG Braunschweig Rpfleger 1975, 399; BGH DNotZ 1985, 370 = Rpfleger 1984, 352; zum Streit über die Rechtsnatur des Heimfallanspruchs *Winkler/Schlögel*, Erbbaurecht, § 4 Rn 91; *Rahn*, BWNotZ 1961, 53; *Weichhaus*, Rpfleger 1979, 329; *Scharen*, Rpfleger 1983, 342; *Behmer*, Rpfleger 1983, 477.
752 BayObLG Rpfleger 1991, 303.
753 BGH DNotZ 2016, 448; Staudinger/*Rapp*, BGB, § 2 ErbbauRG Rn 20b.
754 Dazu BGH NJW 1970, 243; BGHZ 109, 230, 233; Staudinger/*Rapp*, BGB, § 2 ErbbauRG Rn 5.
755 OLG Hamm DNotZ 1974, 178 = Rpfleger 1974, 68; NJW 1977, 203.
756 BGHZ 68, 1 = LM § 138 (Bc) BGB Nr. 30a m. Anm. *Räfle* = DNotZ 1977, 629; BGH NJW 1979, 2387; Staudinger/*Rapp*, BGB, § 2 ErbbauRG Rn 36; *Ingenstau/Hustedt*, ErbbauRG, § 2 Rn 76 ff.; *Makke*, NJW 1977, 2233; *Uibel*, NJW 1979, 24; *Demmer*, NJW 1983, 1636).
757 *Winkler/Schlögel*, Erbbaurecht, § 4 Rn 62; a.A. Staudinger/*Rapp*, BGB, § 2 ErbbauRG Rn 32.
758 Dazu BGHZ 111, 154 = DNotZ 1991, 393 (Abweichung von BGH NJW 1976, 895).
759 OLG Brandenburg, Urt. v. 12.1.2012, 5 U 7/11, juris.
760 Eingehend *Winkler/Schlögel*, Erbbaurecht, § 4 Rn 113 ff. m.w.N.
761 OLG Stuttgart ErbbauZ 2022, 167 m. Anm. *Nagel*.
762 BGH NJW 2007, 2325 = NZI 2007, 462 = ZIP 2007, 1120.
763 Eingehend *Keller*, NZI 2012, 777.

Gefahr der Anfechtbarkeit führt aber nicht zur Unzulässigkeit der Vereinbarung des entschädigungslosen Heimfalls als solchem, da diese als anfechtbare Rechtshandlung nach § 133 Abs. 1 InsO nicht mehr anfechtbar ist, wenn sie mehr als zehn Jahre vor dem Insolvenzantrag erfolgt ist. Im Übrigen kann aber der Grundstückseigentümer in der Insolvenz des Erbbauberechtigten den Heimfallanspruch aussonderungsgleich (§ 47 InsO) geltend machen.[764]
- § 5 Abs. 1 und 2 ErbbauRG: **Veräußerungs- und Belastungsbeschränkungen** (dazu Rdn 180 ff.);
- **Nicht als Inhalt**, sondern als Belastung des Erbbaurechts sind eintragungsfähig: Erbbauzinsreallast (siehe Rdn 196 ff.); Vorkaufsrecht am Erbbaurecht für den jeweiligen Grundstückseigentümer; umgekehrt am Grundstück Vorkaufsrecht für den jeweiligen Erbbauberechtigten (siehe § 6 Einl. Rdn 201, 216);
- Strittig ist, ob neben oder anstelle dinglich wirkender Vereinbarungen nach § 2 ErbbauRG gleichlautende Dienstbarkeiten oder Reallasten eingetragen werden können.[765] Soweit die zusätzliche Belastung dem Berechtigten keinen weitergehenden Schutz als die Vereinbarung nach § 2 gewährt, dürfte die Frage wegen fehlenden Rechtsschutzinteresses zu verneinen sein.

4. Veräußerungs- und Belastungsbeschränkung nach § 5 ErbbauRG

Die Veräußerung oder die Belastung des Erbbaurechts mit Grundpfandrechten und Reallasten kann von der Zustimmung des jeweiligen Grundstückseigentümers abhängig gemacht werden. Anders als bei der Veräußerungsbeschränkung des § 12 WEG kann die Zustimmungspflicht auch für die Belastung des Erbbaurechts vereinbart werden, sie kann aber nicht von der Zustimmung eines Dritten abhängig gemacht werden. Die Vereinbarung nach § 5 ErbbauRG bedarf der Eintragung in das Grundbuch, die nach § 56 Abs. 2 GBV auch unmittelbar erfolgen soll. Materiellrechtlich ist die Vereinbarung als Inhalt des Erbbaurechts auch durch Bezugnahme nach § 14 Abs. 2 ErbbauRG wirksam eingetragen. Die Zustimmungspflicht gilt zugunsten des Eigentümers des Grundstücks, der im Zeitpunkt der Veräußerung oder der Belastung als solcher im Grundstücksgrundbuch eingetragen ist. Bei einem Eigentumswechsel vor Eingang des zustimmungspflichtigen Vorgangs beim Grundbuchamt wird die vom Rechtsvorgänger erteilte Zustimmung nicht wirkungslos; dies war lange umstritten, wird zutreffend aber bejaht.[766] Entscheidend wird die erteilte Zustimmung unwiderruflich, sobald die schuldrechtliche Vereinbarung über die Veräußerung wirksam geworden ist.[767] Tritt der Eigentumswechsel erst ein, nachdem die Zustimmungserklärung durch Eingang beim Grundbuchamt bindend geworden ist, ist der Nachfolger schon wegen § 878 BGB daran gebunden.[768] Vor Eingang der Zustimmung ist die Eintragung einer Vormerkung möglich.[769]

180

Die Zustimmungspflicht des **§ 5 Abs. 1 ErbbauRG** betrifft die Veräußerung des Erbbaurechts. Nicht anwendbar ist § 5 Abs. 1 ErbbauRG auf die Teilung des Erbbaurechts[770] oder die Aufteilung nach §§ 3 oder 8 WEG als Wohnungserbbaurecht.[771] Nicht erforderlich ist die Zustimmung zur Umwandlung von Gesamthandsberechtigten am Erbbaurecht in Bruchteilseigentum.[772] Ist bei der Bestellung eines Erbbaurechts ein Zustimmungsvorbehalt des Grundstückseigentümers für die Übertragung des Erbbaurechts mit der Maßgabe begründet worden, dass die Übertragung an den Ehegatten seiner Zustimmung nicht bedarf, so gilt das selbstverständlich auch für die Übertragung an einen oder eine eingetragenen Lebenspartner/in nach LPartG. Die Regelung kann aber nicht dahin ausgelegt werden, dass die Teilübertragung und anschließende Einbringung des Erbbaurechts in eine mit dem Ehegatten gebildete BGB-Gesellschaft von dem Befreiungstatbestand erfasst wird.[773] Eine im Jahre 1983 erfolgte Eintragung der Ehegatten, die diese nach Einbringung des Erbbaurechts in eine BGB-Gesellschaft entsprechend der damaligen Recht-

181

---

764 BGH NJW 2007, 2325, Begr. Rn 8; *Winkler/Schlögel*, Erbbaurecht, § 4 Rn 87a m.w.N.
765 Dafür: Grüneberg/*Wicke*, BGB, § 2 ErbbauRG Rn 1; *Ingenstau/Hustedt*, ErbbauRG, § 2 Rn 3; dagegen: *Schöner/Stöber*, Grundbuchrecht, Rn 1747.
766 OLG München DNotZ 2021, 341 = FGPrax 2020, 294 = MittBayNot 2021, 29 m. Anm. *Rapp* = Rpfleger 2020, 646; zu § 12 WEG ebenso BGH DNotZ 2019, 844 m. Anm. *Kössinger* = Rpfleger 2019, 378; anders noch OLG Düsseldorf Rpfleger 1996, 340; allg. MüKo-BGB/*Weiß*, § 5 ErbbauRG Rn 4.
767 BGH DNotZ 2018, 440 = FGPrax 2017, 41 = MittBayNot 2018, 244 m. Anm. *Kössinger* = NJW 2017, 3514 = Rpfleger 2018, 8 = ZfIR 2017, 782 m. Am. *Kesseler*; dazu *Rapp*, DNotZ 2018, 413.
768 OLG Köln Rpfleger 1996, 106.
769 OLG Hamm Rpfleger 1985, 233 für Sicherungshypotheken aufgrund einstweiliger Verfügung.
770 OLG Düsseldorf NJW-RR 2016, 720 = NotBZ 2016, 314.
771 OLG Celle Rpfleger 1981, 22.
772 LG Lübeck Rpfleger 1991, 201.
773 OLG Hamm Rpfleger, 2013, 138 = RNotZ 2013, 134.

sprechung als gesamthänderische Erbbauberechtigte ausweist, ist nicht deshalb unter Verletzung gesetzlicher Vorschriften erfolgt, weil eine Zustimmung des Grundstückseigentümers nicht nachgewiesen worden ist.[774] Als Veräußerung ist auch die Übertragung des Erbbaurechts im Wege vorweggenommener Erbfolge zu behandeln, weshalb das Grundbuchamt den Vollzug der Umschreibung von der Vorlage einer Zustimmungserklärung des Eigentümers abhängig machen kann.[775]

Erforderlich ist die Zustimmung nach § 8 ErbbauRG auch für die Erteilung des Zuschlags in der Zwangsversteigerung[776] oder für eine Veräußerung durch den Insolvenzverwalter. § 8 ErbbauRG ist eine nachgiebige Vorschrift, die genannten Tatbestände können auch von der Zustimmungspflicht ausgenommen werden.

182 **Unzulässig ist ein völliges Veräußerungsverbot**,[777] weil es mit dem Wesen des Erbbaurechts als „veräußerliches Recht" nicht vereinbar wäre, und ein über § 5 Abs. 2 ErbbauRG hinausgehendes Belastungsverbot.

183 Ist das Erbbaurecht insolvenzrechtlich anfechtbar bestellt oder übertragen worden, fingiert das auf Rückübertragung gem. § 143 Abs. 1 S. 1 InsO lautende Urteil nach Rechtskraft gem. § 894 ZPO die Einigungserklärung des formal Erbbauberechtigten und muss von dem aus dem Urteil Berechtigten (Insolvenzverwalter) in notariell beurkundeter Form angenommen werden (§ 20 GBO). Im Fall der Rückübertragung nach § 143 Abs. 1 S. 1 InsO besteht kein Zustimmungserfordernis entsprechend § 5 Abs. 1 ErbbauRG. Für die Rückübertragung eines Erbbaurechts in die Insolvenzmasse infolge eines schuldrechtlichen Rückgewähranspruchs ist im Grundbuchverfahren eine Unbedenklichkeitsbescheinigung nach § 22 GrEStG vorzulegen.[778]

184 Der Notar ist auf der Grundlage von § 17 Abs. 1 S. 1 BeurkG verpflichtet, die Erwerber eines Erbbaurechts darauf hinzuweisen, dass der Grundstückseigentümer seine Zustimmung zur Veräußerung des Erbbaurechts erteilen, jedoch zur Belastung verweigern kann, wenn die Zustimmungsbedürftigkeit dieser Verfügungen Inhalt des Erbbaurechts ist (§ 5 ErbbauRG) und der Notar aufgrund einer in dem Kaufvertrag enthaltenen Belastungsvollmacht damit rechnen muss, dass der Erwerber das Recht zur Finanzierung des Kaufpreises belasten will.[779] Seine Belehrungspflicht erstreckt sich weiter auch darauf, dem Käufer die ihnen im Falle einer nur eingeschränkten Zustimmungserteilung der Grundstückseigentümerin drohenden Gefahren aufzeigen, ebenso wie auch die bestehenden Möglichkeiten, dem wirksam zu begegnen, da für den Fall, dass der Eigentümer der Veräußerung, nicht aber mit der beabsichtigten Belastung des Erbbaurechts einverstanden war, der Vollzug des beurkundeten bzw. zu beurkundenden Rechtsgeschäfts gefährdet war.[780]

185 Die Zustimmungspflicht des **§ 5 Abs. 2 ErbbauRG** betrifft die Belastung des Erbbaurechts mit Grundpfandrechten und Reallasten. Zustimmungspflichtig sind auch Inhaltsänderungen, die den Umfang des Rechts erweitern. Zur Eintragung einer Reallast, mit der ein erhöhter Erbbauzins vereinbart wurde, ist die Zustimmung des Eigentümers nicht erforderlich.[781] Die Belastung mit Hypotheken nach § 1287 S. 2 BGB und § 650e BGB[782] ist zustimmungspflichtig.[783] Unter Belastungen sind auch die Zwangssicherheitshypothek nach §§ 866, 867 ZPO[784] oder die Arresthypothek (§ 932 ZPO)[785] zu verstehen, auch wenn mit ihr Aufwendungen zum Aufbau und zur Unterhaltung der Existenz des Erbbauberechtigten gesichert werden sollen. Unzulässig sind solche Eintragungen nur dann, wenn hierdurch das Erbbaurecht selbst notleidend wird oder der Erbbauberechtigte das Erbbaurecht unter Entfremdung seines ursprünglichen Zwecks spekulativ ausnutzt.

---

774 BGHZ 146, 341.
775 OLG HammDNotZ 2012, 373 = NotBZ 2012, 113.
776 Nicht bereits für die Anordnung, eingehend Stöber/*Keller*, ZVG, § 15 Rn 87 ff.
777 BayObLGZ 1960, 476 = DNotZ 1961, 266; 1972, 260 = DNotZ 1973, 237.
778 KG Rpfleger 2012, 525 = ZInsO 2012, 1170 = ZIP 2012, 1722.
779 OLG Hamm, Urt. v. 1.6.2012 – 11 U 45/11, nicht veröffentlicht.
780 BGH NJW 2005, 3495.
781 LG Münster Rpfleger 1994, 207.
782 BayOBLGZ 1996, 301 = Rpfleger 1997, 256; *Ingenstau/Husted*t, ErbbauRG, § 5 Rn 20; § 6 Rn 1912, 13.
783 BayObLGZ 1996, 107 = Rpfleger 1996, 447.
784 BayObLG FG Prax 1996, 128; OLG München ErbbauZ 2021, 177 m. Anm. *Mönig* = NJW-RR 2018, 916 = Rpfleger 2018, 541.
785 OLG Schleswig Rpfleger 2000, 495.

Zustimmungspflichtig ist wegen § 42 Abs. 2 WEG die **Belastung des Erbbaurechts mit** dem eigentumsähnlichen **Dauerwohn- oder Dauernutzungsrecht**.[786]

Der Ausschluss der Zustimmung zur Belastung für bestimmte Fälle im Voraus kann nicht zum dinglichen Inhalt des Erbbaurechtes gemacht werden.[787] § 5 Abs. 2 ErbbauRG kann nicht auf sonstige Belastungen[788] und Beschränkung der Grundpfandrechtsbestellung zu bestimmtem Zweck oder für bestimmte Gläubiger angewendet werden.[789] Die Bestellung eines Vorkaufsrechtes bedarf daher in keinem Fall der Zustimmung.[790]

Die Eintragung von Vormerkungen für Ansprüche auf Bestellung der in § 5 Abs. 2 ErbbauRG genannten Rechte ist nicht zustimmungspflichtig;[791] eine Zustimmungsbedürftigkeit kann auch nicht als Inhalt des Erbbaurechts vereinbart und für solche Vormerkungen eingetragen werden, die nach § 33 ErbbauRG beim Heimfall erlöschen.[792]

186

Der Eigentümer darf die **Zustimmung nur aus wichtigem Grund versagen**. Bei der Veräußerung des Erbbaurechts ist wesentlich auf die Zuverlässigkeit oder Bonität des Erwerbers abzustellen. Seine Weigerung, schuldrechtliche Verpflichtungen des Erbbaurechtsvertrages zu übernehmen, stellt aber einen wichtigen Grund für eine Versagung der Zustimmung dar.[793] Sehr zweifelhaft ist es, die Zustimmung zur Veräußerung des Erbbaurechts zu verweigern, wenn sich aus der Auslegung des Erbbaurechtsvertrags ergibt, dass der Erbbauberechtigte Kirchenmitglied sein muss, der Erwerber aber aus der Kirche ausgetreten ist. Eine derartige Zweckbestimmung des Erbbaurechts, wonach dieses nur für Kirchenmitglieder zu bestellen ist, verstoße weder gegen die guten Sitten noch gegen ein gesetzliches Verbot.[794]

187

Die Zustimmung zur Belastung mit Grundpfandrechten kann versagt werden, wenn die Belastung mit den Regeln einer ordnungsgemäßen Wirtschaft nicht vereinbar ist, allgemein muss dem Erbbauberechtigten ein wirtschaftlicher Gegenwert für die Belastung zufließen.[795] Daher kann die Zustimmung versagt werden, wenn die Belastung und die damit zusammenhängende Darlehensgewährung in keinem Zusammenhang mit dem Bauwerk steht.[796] Im Übrigen wird auch argumentiert, wegen § 32 und § 33 Abs. 2 ErbbauRG dürfe die Zustimmung nur bis zur Höhe der zu zahlenden Vergütung beim Heimfall erteilt werden; dies sei unter Berücksichtigung möglicher Wertverluste des Bauwerks je nach Alter geboten.[797] Dem kann nicht pauschal zugestimmt werden, insbesondere ergibt sich aus § 32 und § 33 Abs. 3 ErbbauRG keine gesetzliche Regel oder kein Tatbestand eines wichtigen Grundes, die Zustimmung bei höherer Belastung des Erbbaurechtes zu verweigern. Maßgebend ist stets, ob im Einzelfall eine Belastung wirtschaftlich sinnvoll ist. Dabei ist wesentlich zu prüfen, ob ein durch das Grundpfandrecht gesicherte Darlehen der Werterhaltung oder Werterhöhung des Bauwerks dient. Auch ist es pauschal nicht zutreffend, bei hohem Alter des Bauwerks von einer Wertminderung auszugehen. Natürlich ist es schwierig, für den Fall eines künftigen Heimfalls den Wert des Bauwerks und der zu zahlenden Vergütung zu prognostizieren, gerade deshalb verbieten sich aber pauschalierende Annahmen oder Zusammenhänge zwischen §§ 5, 7 Abs. 1 und §§ 32, 33 ErbbauRG. Sinnvoll und aus Sicht des Eigentümers notwendig ist aber die Vereinbarung einer Einmalvalutierungsabrede bei der Bestellung des Grundpfandrechts, sodass bei jeder Neuvalutierung der Eigentümer prüfen kann, ob diese seinen Interessen widerspricht.

Das Grundbuchamt prüft nicht, ob ein wichtiger Grund für eine Verweigerung der Zustimmung vorliegt. Maßgebend ist allein, dass sie in der Form des § 29 GBO vorgelegt wird.

---

786 MüKo-BGB/*Weiß*, § 5 ErbbauRG Rn 12 m.w.N.; dazu auch *Weitnauer*, DNotZ 1953, 119; 63, 185; 68, 304.
787 BayObLGZ 1999, 252.
788 OLG Hamm OLGZ 1986, 14 = Rpfleger 1986, 51.
789 BayObLGZ 1959, 319 = DNotZ 1960, 104.
790 OLG Braunschweig Rpfleger 1992, 193.
791 OLG Hamburg NJW-Spezial 2018, 206; Staudinger/*Rapp*, BGB, § 5 ErbbauRG Rn 16; *Schöner/Stöber*, Grundbuchrecht, Rn 1786.
792 *Ingenstau/Hustedt*, ErbbauRG, § 6 Rn 11; Staudinger/*Rapp*, BGB, § 33 ErbbauRG Rn 12.
793 OLG Oldenburg Rpfleger 1998, 203; BayObLGZ 1997, 37, zur Übernahme schuldrechtlich vereinbarter Anpassungsklauseln zum Erbbauzins OLG Celle DNotZ 1984, 387; OLG Hamm Rpfleger 1986, 241, aufgehoben durch BGH Rpfleger 1987, 257; Staudinger/*Rapp*, BGB, § 7 ErbbauRG Rn 26d; Grüneberg/*Wicke*, BGB, § 7 ErbbauRG Rn 2; eingehend *Winkler/Schlögel*, Erbbaurecht, § 4 Rn 201 ff.
794 So OLG Schleswig ErbbauZ 2021, 19 m. Anm. *Schäfer*.
795 BayObLGZ 1986, 501; BayObLGZ DNotZ 1989, 368; OLG Rostock ErbbauZ 2020, 61 m. Anm. *Mönig*.
796 OLG Hamm NJW 1968, 544; OLG Frankfurt a.M. Rpfleger 1977, 308; BayObLGZ DNotZ 1989, 368.
797 Staudinger/*Rapp*, BGB, § 7 ErbbauRG Rn 27.

188 Die **Zustimmung** kann durch **gerichtliche Entscheidung** ersetzt werden (§ 7 Abs. 3 ErbbauRG), wobei das Gericht der freiwilligen Gerichtsbarkeit zuständig ist für den Zustimmungsanspruch, für weitergehende Ansprüche das Prozessgericht.[798] Der Antrag auf Ersetzung der Zustimmung des Grundstückseigentümers zur Belastung des Erbbaurechts kann zeitlich auch vor der Bestellung des Grundpfandrechts gestellt und gerichtlich beschieden werden. Das zu bestellende Grundpfandrecht muss dann aber nach Kapitalbetrag, Zinsen und Nebenleistungen genau bezeichnet werden. Die Interessen des Grundstückseigentümers gegenüber den Risiken einer Neuvalutierung werden ausreichend gewahrt, wenn die kreditgebende Bank auf Veranlassung des Erbbaurechtsinhabers erklärt, dass die Grundschuld ausschließlich zur Besicherung eines bestimmten Darlehens dienen soll, durch das bauliche Maßnahmen an dem Gebäude finanziert werden sollen.[799] Der gerichtlichen Ersetzung der Zustimmung des Grundstückseigentümers zum Erwerb des Erbbaurechtes durch den Ersteher in der Zwangsversteigerung aus einem vorrangigen Grundpfandrecht steht nicht entgegen, dass der im Grundbuch eingetragene Anspruch auf den Erbbauzins in Wegfall gerät und der Ersteher nicht zur freiwilligen Übernahme der schuldrechtlichen Verpflichtung zur Zahlung des Erbbauzinses bereit ist.[800]

Für die Eintragung einer Bauunternehmersicherungshypothek (§ 650e BGB) kann der Bauunternehmer aus eigenem Recht die Ersetzung der Zustimmung beantragen. Bei Eintragung einer Sicherungshypothek im Wege der Zwangsvollstreckung kann ebenso der Gläubiger die Ersetzung beantragen.[801] Ein Widerruf der erteilten Zustimmung nach Wirksamwerden der Einigung gem. § 873 Abs. 2 BGB ist unbeachtlich.[802]

5. AGB-Kontrolle durch das Grundbuchamt

189 Wie auch im allgemeinen Grundbuchverfahren ist bei der Erbbaurechtsbestellung streitig, ob das Grundbuchamt die verdinglichten Vereinbarungen über das Rechtsverhältnis zwischen Eigentümer und Erbbauberechtigten der AGB-Kontrolle (§§ 305–310 BGB) unterziehen muss, wenn die Voraussetzungen des § 305 BGB vorliegen.[803] Gerade beim Erbbaurecht ist diese Frage relevant, da Gebietskörperschaften und Kirchen als Grundstückseigentümer standardisierte Verträge verwenden.[804] Folgende Maßgaben sind zu überlegen:

– Ob und in welchem Umfang diese Vereinbarungen AGB sind und ob sie z.B. auf die Bemessung des Erbbauzinses (der keiner AGB-Kontrolle unterliegt) einen Einfluss ausgeübt haben, wird das Grundbuchamt selten mit Sicherheit feststellen können. Bspw. kann die Vereinbarung einer Gemeinde mit einem Erbbauberechtigten, nach welcher die Zustimmung zur Veräußerung des Erbbaurechts verweigert werden kann, wenn der Kaufpreis den Verkehrswert des Gebäudes erheblich übersteigt, der Inhaltskontrolle des § 307 BGB standhalten, wenn die Vergabe der Grundstücke an sozial Schwächere erfolgt ist und außer den nach sozialen Gesichtspunkten bemessenen Erbbauzinsen und einem Betrag für Grundstücksnebenkosten nichts für die Einräumung des Erbbaurechts an die Gemeinde zu zahlen war.[805] Dagegen widerspricht eine formularmäßig verwendete Klausel, wonach die Abwendungsbefugnis des Grundstückseigentümers nach § 27 Abs. 3 ErbbauRG schuldrechtlich oder als Inhalt des Erbbaurechts ausgeschlossen ist, dem gesetzlichen Leitbild des Erbbaurechts und ist nach § 307 Abs. 1, Abs. 2 Nr. 1 BGB im Zweifel unwirksam.[806]

– Die §§ 305 ff. BGB gehen davon aus, dass anstelle unwirksamer Vereinbarungen sich der Inhalt des Vertrages nach den gesetzlichen Vorschriften richtet. Solche gibt es beim Erbbaurecht zwischen Grundstückseigentümer und Erbbauberechtigten nicht. Eine unwirksame Klausel würde also ersatzlos wegfallen. Eine Lückenausfüllung nach §§ 157, 242, 315 BGB kann das Grundbuchamt nicht vornehmen (zu ebendieser Rechtsfolge bei insolvenzrechtlicher Anfechtbarkeit einer Heimfallvereinbarung oben Rdn 179).

---

798 BGH Rpfleger 1987, 61; OLG Hamm Rpfleger 1994, 19 für eine kirchenaufsichtliche Genehmigung; allgemein MüKo-BGB/*Weiß*, § 7 ErbbauRG Rn 17.
799 OLG Hamm, Beschl. v. 15.6.2012, 15 W 261/11, juris.
800 OLG Frankfurt a.M. FGPrax 2012, 89 = Rpfleger 2012, 314.
801 Ebenso *Demharter*, Anh. § 8 Rn 11.
802 BGH NJW 1973, 63.
803 Dazu bereits *Eickmann*, Rpfleger 1978, 1, 4; abl. Staudinger/*Rapp*, BGB, § 2 ErbbauRG Rn 6; *Schöner/Stöber*, Grundbuchrecht, Rn 1723; *Winkler/Schlögel*, Erbbaurecht, § 4 Rn 21; *Ertl*, Rpfleger 1980, 1, 8.
804 Staudinger/*Rapp*, BGB, § 2 ErbbauRG Rn 11a.
805 OLG München ErbbauZ 2021, 47 m. Anm. *Mönig* = MittBayNot 2022, 31.
806 BGH NJW-RR 2019, 755 = MittBayNot 2019, 571 m. Anm. *Binkowsi/Mönig* = Rpfleger 2019, 381 = ZfIR 2019, 489; dazu *Amann*, MittBayNot 2019, 539.

- Der Erbbauberechtigte selbst, der die Vereinbarung getroffen hat, kann gegen den Grundstückseigentümer auch im Fall der Eintragung die Unwirksamkeit von AGB-Klauseln geltend machen. Sein Sonderrechtsnachfolger ist dadurch geschützt, dass sich der Grundstückseigentümer und der Grundstückserwerber bezüglich der verdinglichten Vereinbarungen nicht auf den öffentlichen Glauben des Grundbuchs berufen können.

IV. Grundbucheintragung des Erbbaurechts

Zu den Voraussetzungen der Grundbucheintragung des Erbbaurechts siehe § 20 GBO (vgl. § 20 GBO Rdn 101) sowie § 10 GBV (vgl. § 10 GBV Rdn 14) und für das Erbbaugrundbuch §§ 54 ff. GBV.

Die Eintragung im Bestandsverzeichnis sowie in Abt. I des Erbbaugrundbuchs muss enthalten:
- Bezeichnung als „Erbbaurecht",
- den Erbbauberechtigten, bei mehreren das Gemeinschaftsverhältnis,
- die Bezeichnung des Erbbaugrundstücks,
- die Dauer des Erbbaurechts.

Wenn entsprechende Vereinbarungen getroffen worden sind, muss der Eintragungsvermerk außerdem enthalten:
- bei zulässiger aufschiebend bedingter Bestellung den Hinweis auf die Bedingung;
- Veräußerungs- und Belastungsbeschränkungen nach § 5 ErbbauRG (§ 56 Abs. 2 GBV); bezüglich der Ausnahmen von solchen Beschränkungen genügt eine Bezugnahme auf die Bewilligung;[807]
- Lösungserleichterungsvermerk nach §§ 23 Abs. 2; 24 GBO;
- Eine Bezugnahme auf die Bewilligung ist zulässig und geboten (§ 14 Abs. 2 ErbbauRG) zur näheren Bezeichnung des sachenrechtlichen Inhalts und der als Inhalt des Erbbaurechts vereinbarten Regelungen über das Rechtsverhältnis zwischen Grundstückseigentümer und Erbbauberechtigten.

1. Grundbücher für Grundstück und Erbbaurecht

Das mit dem Erbbaurecht belastete Grundstück bleibt weiterhin im bisherigen Grundbuchblatt eingetragen, es muss nicht auf ein eigenes Grundbuchblatt übertragen werden. Es muss sich lediglich ergeben, dass das Erbbaurecht in Abt. II erste Rangstelle hat. Daneben ist für das Erbbaurecht als grundstücksgleiches Recht das Erbbaugrundbuch maßgebend.

Jedes von beiden ist nur für bestimmte Eintragungen „das Grundbuch". Nach ihm richten sich die Folgen, wenn sich Eintragungen in beiden Grundbüchern widersprechen oder im maßgeblichen Grundbuch fehlen. Eintragung und Unterlassung des durch eine Ordnungsvorschrift angeordneten Vermerks im anderen Grundbuchblatt (z.B. § 14 Abs. 1 S. 2, Abs. 3 S. 2 ErbbauRG) sind materiell ohne Bedeutung, ersetzen die Eintragung im maßgeblichen Grundbuch nicht und haben nicht die Wirkungen der §§ 873, 891, 892 BGB.

Die Eintragungen im Grundbuch des belasteten Grundstücks sind maßgeblich für Entstehung, Dauer, Rang, Bestand und Erlöschen des Erbbaurechts als dingliches Recht. Nur zur näheren Bezeichnung seines Inhalts kann auf das Erbbaugrundbuch Bezug genommen werden (§ 14 Abs. 2 ErbbauRG).

Das Erbbaugrundbuch ist für alle übrigen Eintragungen über das Erbbaurecht „das Grundbuch" (§ 14 Abs. 3 ErbbauRG), also für Erbbaurechtsinhalt, Übertragung und Belastung des Erbbaurechts, Verfügungsbeschränkungen des Erbbauberechtigten. Zur näheren Bezeichnung des Inhalts kann auf die Bewilligung Bezug genommen werden (§ 14 Abs. 1 S. 3 ErbbauRG); siehe hierzu auch §§ 54 ff. GBV.

2. Erfordernis der ersten Rangstelle nach § 10 ErbbauRG

Die Eintragung des Erbbaurechts im Grundstücksgrundbuch darf nur an erster Rangstelle erfolgen (§ 10 Abs. 1 ErbbauRG), sofern keine Ausnahme besteht. Andernfalls ist es nichtig[808] und muss als „inhaltlich unzulässig" von Amts wegen gelöscht werden;[809] eine Heilung durch den Vollzug von Rangrücktritten ist

---

807 BayObLGZ 1979, 227 = DNotZ 1980, 50.
808 *Ingenstau/Hustedt*, ErbbauRG, § 10 Rn 25.
809 OLG Hamm Rpfleger 1976, 131 = DNotZ 1977, 613; OLG Frankfurt a.M. Rpfleger 1973, 400.

nicht möglich. Mit Löschung der inhaltlich unzulässigen Eintragung ist der Antrag auf Eintragung des Erbbaurechts nicht vollzogen und muss neu verbeschieden werden.

Erste Rangstelle ist ausnahmsweise nicht erforderlich in folgenden Fällen:

194
- **§ 10 Abs. 1 S. 2 ErbbauRG:** Rechte, die zur Erhaltung der Wirksamkeit gegenüber dem öffentlichen Glauben keiner Eintragung bedürfen, können im Rang vorgehen: z.b. altrechtliche Dienstbarkeiten;[810] gesetzliche Vorkaufsrechte; öffentliche Lasten; Vermerke über Verfügungsbeschränkungen z.B. Nacherbenvermerk;[811] nicht Vormerkungen.[812]
- **Landesrechtliche Ausnahmen:** z.B. Hamburg (Art. 42a AGBGB); PreußVO v. 30.4.1919 (GBl S. 1919, 88).[813] Die entsprechende bayerische VO wurde zum 1.1.1982 aufgehoben. In Baden-Württemberg ist von dem Vorbehalt nunmehr Gebrauch gemacht worden.[814]
- **Gesetzliche** Rangverschlechterung: Nach unrechtmäßiger Löschung kann das Erbbaurecht im Rang hinter zwischenzeitlich eingetragenen anderen Rechten wieder eingetragen werden.[815]
- **Gleichrangige Vorkaufsrechte** für den jeweiligen Erbbauberechtigten auf Dauer des Erbbaurechts sind zulässig.[816] Möglicherweise gilt dies auch für sonstige subjektiv-dingliche Rechte für den Erbbauberechtigten.[817]
- **Bestritten ist,** ob andere Vorkaufsrechte Gleichrang haben dürfen.[818] Das Grundbuchamt sollte dies wegen der äußerst unsicheren Rechtslage verhindern.
- **Eingetragene Verfügungsbeschränkungen** des Eigentümers hindern die Entstehung des Erbbaurechts nicht; dies gilt für die öffentlich-rechtlichen Beschränkungen des Umlegungsvermerks nach § 54 Abs. 1 BauGB, die Sanierungs- und Entwicklungsvermerke nach §§ 143, 170 BauGB, den Heimstättenvermerk und auch für den Nacherbenvermerk, weil zu diesen kein Rangverhältnis besteht.[819] Die Bestellung eines Erbbaurechts im Nachrang zu einem Versteigerungsvermerk ist nur mit Zustimmung aller betreibenden Gläubiger möglich.[820]

3. Rechtsfolgen der Unwirksamkeit des Erbbaurechts

195 **Zwei Fallgruppen** sind zu unterscheiden:
- **Ist das Grundbuch unrichtig** (§ 894 BGB), ist ein gutgläubiger Erwerb des Erbbaurechts selbst und von Rechten Dritter am Erbbaurecht möglich. Dagegen kann ein Amtswiderspruch in das Grundstücks-Grundbuch eingetragen werden.[821] Wird das Erbbaurecht im Wege der Grundbuchberichtigung gelöscht, sollen nach der in der bis zur 6. Auflage vertretenen Meinung die an ihm eingetragenen gutgläubig erworbenen Rechte Dritter am Grundstück im Rang vor den übrigen Belastungen weiterbestehen.[822] Nach der vorzugswürdigen Ansicht erlöschen die Rechte und es steht den Grundpfandrechtsgläubigern nurmehr ein Pfandrecht an den Bereicherungsansprüchen des Erbbauberechtigten gegen den Grundstückseigentümer wegen der Werterhöhung des Grundstücks zu.[823] Nach einer weiteren Ansicht gilt das Erbbaurecht gegenüber den Pfandrechtsgläubigern als bestehend; wenn diese ihre Rechte geltend machen, erwirbt der Ersteher in der Zwangsversteigerung das Erbbaurecht.[824]
- **Ist die Eintragung des Erbbaurechts inhaltlich unzulässig** und deshalb von Amts wegen zu löschen, greift der Gutglaubensschutz nicht ein. Wer ein solches nicht existentes Erbbaurecht oder ein Recht daran erwerben will (z.B. Grundpfandrechtsgläubiger), wird trotz seiner Eintragung im Erbbaugrundbuch und trotz seiner Gutgläubigkeit nicht geschützt und erwirbt auch kein dingliches Recht am Grundstück.[825]

---

810 BayObLGZ 1982, 210 = Rpfleger 1982, 339.
811 OLG Hamm Rpfleger 1989, 232.
812 *Ingenstau/Hustedt*, ErbbauRG, § 10 Rn 8.
813 Aufgehoben in Niedersachsen (VO v. 26.3.1970, GVBl. S. 135) und Schleswig-Holstein (AGBGB 25 I Nr. 11); dazu OLG Hamm DNotZ 1966, 102; OLG Hamburg DNotZ 1967, 373; Staudinger/*Rapp*, BGB, § 10 ErbbauRG Rn 14; *Schöner/Stöber*, Grundbuchrecht, Rn 1735; *Winkler*, DNotZ 1970, 654.
814 VO v. 17.1.1994, GBl 49.
815 BGHZ 51, 50 = Rpfleger 1969, 113.
816 BGH Rpfleger 1954, 514; NJW 1973, 1838.
817 *Winkler/Schlögel*, Erbbaurecht, § 2 Rn 102.

818 OLG Düsseldorf NJW 1956, 875; Staudinger/*Rapp*, BGB, § 10 ErbbauRG Rn 8 f.; *Schöner/Stöber*, Grundbuchrecht, Rn 1738.
819 LG Hamm Rpfleger 1989, 232 = MittBayNot 1989, 154 = DNotZ 1990, 46 unter Aufgabe seiner früheren Rspr.; *Schöner/Stöber*, Grundbuchrecht, Rn 1737; *Winkler/Schlögel*, Erbbaurecht, § 2 Rn 107 ff.
820 *Schöner/Stöber*, Grundbuchrecht, Rn 1737.
821 BayObLGZ 1986, 294 = Rpfleger 1986, 471.
822 BGH WM 1963, 533; *Ingenstau/Hustedt*, ErbbauRG, § 11 Rn 15; *Mohrbutter/Riedel*, NJW 1957, 1500.
823 Ebenso *Schöner/Stöber*, Grundbuchrecht, Rn 1744.
824 MüKo-BGB/*v. Oefele*, 3. Aufl. 1997), § 11 ErbbauVO Rn 15.
825 *Ingenstau/Hustedt*, ErbbauRG, § 11 Rn 55 ff.; *Schöner/Stöber*, Grundbuchrecht, Rn 1743.

V. Erbbauzins (§§ 9, 9a ErbbauRG)

1. Erbbauzins als Gegenleistung der Bestellung des Erbbaurechts

Als Gegenleistung für die Gewährung des Erbbaurechts wird regelmäßig die Zahlung eines Erbbauzinses als wiederkehrendes Entgelt vereinbart. Daneben ist auch eine einmalige Entschädigung zulässig; sie ist Kaufpreis der Bestellung des Erbbaurechts als Rechtskauf.

Insgesamt sind Vereinbarungen über einmalige Zahlungen des Erbbauberechtigten oder über einen Erbbauzins fakultativ. Das Erbbaurecht könnte auch unentgeltlich bestellt werden.[826]

2. Sicherung durch Reallast

Der Erbbauzins wird regelmäßig durch eine Reallast am Erbbaurecht gesichert,[827] die in wiederkehrenden Geldleistungen[828] an den jeweiligen Eigentümer des Erbbaugrundstücks besteht (§ 9 Abs. 1 ErbbauRG), daher nicht dem jeweiligen Inhaber eines Miteigentumsanteils am Erbbaurechtsgrundstück zugewiesen werden kann,[829] vom Gesetz nicht zwingend vorgeschrieben ist[830] und wie jedes andere dingliche Recht gem. § 91 ZVG grundsätzlich erlischt, wenn es bei Versteigerung des Grundstücks nicht in das geringste Gebot fällt,[831] sofern keine Vereinbarung nach § 9 Abs. 3 Nr. 1 u. S. 2 ErbbauRG getroffen wurde.

Wegen der Dauer eines Erbbaurechts stellt die Anpassung der Erbbauzinsleistungen an die künftige Preisentwicklung mehr als bei der gewöhnlichen Reallast bei der Erbbauzinsreallast ein besonderes Problem dar. Hierzu werden sog. Wertsicherungsklauseln vereinbart, die verschiedene Ausprägungen haben können. Bedeutsam sind die sog. „echte Gleitklausel" und der Leistungsvorbehalt. Bei der echten Gleitklausel soll sich die Leistung automatisch verändern, wenn sich eine vereinbarte Bezugsgröße ändert, die inhaltlich mit der vereinbarten Leistung nicht vergleichbar ist. Der Leistungsvorbehalt begründet dagegen einen schuldrechtlichen Anspruch auf Neuvereinbarung der Leistung bei Änderung der Bezugsgröße. Als Bezugsgröße wird meist der Verbraucherpreisindex des Statistischen Bundesamtes vereinbart, der als rein statistische Größe mit der Leistung eines Erbbauzinses nicht vergleichbar ist.

Echte Gleitklauseln zur künftigen Bestimmung der Höhe des Erbbauzinses sind als Inhalt der Reallast möglich. § 1105 Abs. 1 S. 2 BGB fordert für die Leistung der Reallast eine Bestimmbarkeit, die durch eine Gleitklausel gewährleistet ist. Ein Leistungsvorbehalt kann wegen seiner nur schuldrechtlichen Wirkung dagegen nicht Inhalt einer Reallast sein.

Nach § 9 Abs. 3 Nr. 1 ErbbauRG kann seit dem 1.10.1994 als Inhalt der Reallast bestimmt werden, dass diese im Falle der Zwangsversteigerung des Erbbaurechts bestehen bleibt, auch wenn sie nach den Bestimmungen des ZVG nicht als bestehenbleibendes Recht in das geringste Gebot fällt. Es kann ferner ein Rangvorbehalt zugunsten des Erbbauberechtigten gegenüber dem Grundstückseigentümer als Reallastberechtigtem zum Inhalt der Reallast gemacht werden.[832] Gerade das Bestehenbleiben der Reallast in der Zwangsversteigerung bei Betreiben aufgrund eines vorrangigen Rechts schützt den Grundstückseigentümer.[833] Nahezu überflüssig ist daher die früher gebräuchliche Vereinbarung zwischen Kreditgeber und Grundstückseigentümer zum Vorrang eines Grundpfandrechts vor der Reallast und deren Bewerkstelligung des Bestehenbleibens über § 59 ZVG (sog. Stillhaltevereinbarung). Bei Erbbaurechten, die vor dem 1.10.1994 bestellt worden sind, kann die Versteigerungsfestigkeit als Inhaltsänderung i.S.d. § 877 BGB nachträglich vereinbart werden.[834]

Die nach § 10 Abs. 1 Nr. 2 ZVG geltende Rangklasse für Ansprüche der WEG-Gemeinschaft in der Immobiliarvollstreckung von Wohnungs- oder Teileigentum gilt auch für Wohnungs- und Teilerbbaurecht. Es erfasst die laufenden und die rückständigen Beträge aus dem Jahr der Beschlagnahme und den letzten zwei Jahren, wobei diese höchstens 5 % des nach § 74a Abs. 5 ZVG festgesetzten Verkehrswertes betra-

---

826 Allg *Winkler/Schlögel*, Erbbaurecht, § 6 Rn 9 ff.
827 BGH DNotZ 1986, 472 = Rpfleger 1986, 92.
828 OLG Celle DNotZ 1955, 316. *Haegele*, Rpfleger 1957, 7.
829 BayObLG DNotZ 1991, 398.
830 BGH NJW 1970, 944.
831 BGHZ 100, 107 = MittBayNot 1987, 194 = Rpfleger 1987, 257.
832 Eingehend Staudinger/*Rapp*, BGB, § 9 ErbbauRG Rn 28; MüKo-BGB/*Weiß*, § 9 ErbbauRG Rn 16 ff.
833 Zur Problematik MüKo-BGB/*Weiß*, § 9 ErbbauRG Rn 20 ff.
834 Zur Genehmigungspflicht im Umlegungsgebiet OLG Sachsen-Anhalt RNotZ 2021, 527.

gen dürfen. Bei einer vor Inkrafttreten des § 10 Abs. 1 Nr. 2 ZVG am 1.7.2007 getroffenen Vereinbarung zum Erbbauzins nach § 9 Abs. 3 S. 1 Nr. 1 ErbbauRG würde die Zwangsversteigerung wegen Hausgeldansprüche zum Untergang der Erbbauzinsreallast führen. Deshalb wurde § 9 Abs. 3 S. 1 Nr. 1 ErbbauRG dahingehend erweitert, dass der Untergang des Erbbauzinses am Wohnungserbbaurecht auch dann unterbleibt, wenn die Zwangsversteigerung wegen rückständiger Hausgeldansprüche aus der Rangklasse 2 des § 10 Abs. 1 ZVG erfolgt (vgl. auch § 52 Abs. 2 S. 2 a) ZVG). Dies gilt jedoch nicht automatisch, sondern muss vereinbart werden.[835] War allerdings die Erbbauzinsreallast bereits am 1.7.2007 versteigerungsfest bestimmt, muss die Neufassung des § 9 Abs. 3 S. 1 Nr. 1 ErbbauRG auch für Hausgeldrückstände gelten. Die Regelung kann einerseits bei der Neubegründung von Wohnungserbbaurechten vereinbart werden, aber auch bei bereits bestehenden Wohnungserbbaurechten. Sieht der Grundstückseigentümer davon ab, seinen Anspruch auf Erbbauzins durch Eintragung einer Reallast auf dem Erbbaurecht zu sichern, kann er seine Zustimmung zur Erteilung des Zuschlags in der Zwangsversteigerung nicht davon abhängig machen, dass der Ersteher den lediglich schuldrechtlichen Anspruch auf Zahlung des Erbbauzinses übernimmt.[836]

3. Voraussetzungen

200 Als dingliche Belastung setzt die Erbbauzinsreallast Einigung und Eintragung am Erbbaurecht und eintragungsfähigen Inhalt voraus.

Berechtigter kann nur der jeweilige Eigentümer des Erbbaugrundstücks sein;[837] nicht ein anderer Berechtigter,[838] auch nicht der jeweilige Eigentümer eines Miteigentumsanteils.[839]

201 Der Erbbauzins muss nach Zeit und Höhe für die ganze Dauer des Erbbaurechtes bestimmt oder bestimmbar sein (§ 1105 BGB). Mehrere Formen der künftigen Angleichungspflicht durch sog. Wertsicherungsklauseln sind möglich.[840]

Der häufigste Fall sind Gleitklauseln in Form von **Preisindexklauseln**. Sie führen zur automatischen Angleichung an die geänderten Verhältnisse des Verbraucherpreisindexes. Veröffentlicht wird nur noch der Preisindex aller Verbraucher in Deutschland (VPI oder PID).[841] Grundsätzlich müssen Preisindexklauseln nicht mehr durch die Deutsche Bundesbank genehmigt werden; das WährG ist bereits 1999 aufgehoben worden. Die an seine Stelle getretene Preisklauselverordnung ist seit 14.9.2007 durch das Preisklauselgesetz (PrKG v. 7.9.2007, BGBl I 2007, 2246) ersetzt. Die Wirksamkeit einer vor Inkrafttreten des Preisklauselgesetzes vereinbarten Wertsicherungsklausel, für die keine Genehmigung oder ein Negativattest vorliegt, beurteilt sich nach den Vorschriften des PrKG.[842] § 9 Abs. 2 ErbbauRG a.F. wurde bereits durch Art. 11a EuroEinführungsG v. 9.6.1998 (BGBl I 1998, 1242) gestrichen.[843]

Handelt es sich um Wohngebäude, so muss bei der Vereinbarung des Erbbauzinses § 9a ErbbauRG beachtet sein, wenn die Erhöhung automatisch ohne vorhergehende Einigung der Parteien erfolgen soll. Bemisst sich die vereinbarte Anpassung der Höhe des Erbbauzinses statt nach der Entwicklung des seit 2003 nicht mehr festgestellten Lebenshaltungskostenindexes eines 4-Personen-Arbeitnehmerhaushalts mit mittlerem Einkommen des allein verdienenden Haushaltsvorstands nunmehr nach der Entwicklung des Verbraucherpreisindexes (VPI), bleiben die ursprünglich vereinbarten Anpassungsvoraussetzungen maßgeblich.[844] Macht der Erbbaurechtsnehmer geltend, als sozialer Wohnungsträger sei ihm angesichts der negativen Mietzinsentwicklung eine kostendeckende Vermietung nicht möglich, so verkennt er den Charakter des § 9a ErbbauRG, der lediglich eine Billigkeitskontrolle der Anpassungsklausel beinhaltet.[845]

---

835 Staudinger/*Rapp*, BGB, § 9 ErbbauRG Rn 32b.
836 OLG Hamm FGPrax 2012, 229.
837 BayObLGZ 1961, 23 = NJW 1961, 1263.
838 OLG Düsseldorf DNotZ 1977, 305.
839 BayObLGZ 1990, 212 = DNotZ 1991, 389 = Rpfleger 1990, 507.
840 Allg. *Hustedt*, RNotZ 2002, 277.
841 Dazu *Reul*, DNotZ 2003, 92.
842 OLG Celle, NJW-RR 2008, 896; hierzu *Reul*, NotBZ 2008, 453; OLG Brandenburg, ZMR 2013, 184; OLG Celle, Beschl. v. 11.5.2015 – 8 U 125/14, n.v.
843 Zum früheren Stand siehe 6. Aufl., Einl F 46 ff. Zum Erbbaurecht ohne Erbbauzins *Groth*, DNotZ 1983, 652; 1984, 372; *Tradt*, DNotZ 1984, 370; *Eichel*, MittRhNotK 1995, 193; *Limmer*, ZNotP 1999, 148.
844 BGH NJW-RR 2012, 1223 = ZNotP 2012, 237.
845 OLG Braunschweig, Urt. v. 8.12.2011 – 8 U 172/10, juris.

Ebenfalls genehmigungsfrei sind **Leistungsvorbehaltsklauseln**, die hinsichtlich des Ausmaßes der Änderung des geschuldeten Betrages einen Ermessensspielraum lassen, der es ermöglicht, die neue Höhe der Geldschuld nach Billigkeitsgrundsätzen zu bestimmen (§ 1 Abs. 2 Nr. 1 PrKG). Die Sicherung des Leistungsvorbehalts im Grundbuch erfolgt durch Bestellung einer Vormerkung zur Sicherung des Anspruchs auf Bestellung einer geänderten Erbbauzinsreallast. Eine Eintragung im Grundbuch ist nur dann möglich, wenn die Obergrenze der Belastung in die Vorbehaltsklausel aufgenommen ist.[846] Genehmigungsfrei sind weiter Spannungsklauseln (§ 1 Abs. 2 Nr. 2 PrKG). Bei der Spannungsklausel muss der gewählte Vergleichsmaßstab zuverlässig feststellbar sein, beispielsweise der Wert des belasteten Grundstücks,[847] nicht der Wert oder Ertrag mehrerer anderer Grundstücke gleicher Art und Lage.[848] Wird der Wert oder Preis von Naturalien vereinbart, so brauchen diese nicht aus dem Grundstück gewonnen sein.

202

Genehmigungsfrei und eintragungsfähig sind weiter Wahlschulden, bei denen der Eigentümer die eine oder die andere Leistung verlangen darf, sofern nicht eine der Leistungen nach den ausgeführten Grundsätzen genehmigungspflichtig ist. Für die Eintragungsfähigkeit ist die Bestimmbarkeit maßgebend. Reine Sachleistungen sind ausreichend bestimmbar.[849] Kostenelementeklauseln (§ 1 Abs. 2 Nr. 3 PrKG) dürften beim Erbbauzins kaum vereinbart werden.

Umstellungen auf den neuen Preisindex sind auch nachträglich als solche Inhaltsänderung möglich. Wird nachträglich eine solche eingetragen, so wird eine bereits eingetragene Vormerkung zur Sicherung des Anspruchs auf Abänderung der Erbbauzinsreallast damit gegenstandslos.[850] Umstritten ist, ob nach Eintragung einer Anpassungsvereinbarung künftige Erhöhungen der Eintragung im Grundbuch bedürfen.[851] Wenn überhaupt, ist eine Eintragung nur in der Veränderungsspalte möglich.

203

Der Zuständigkeits- und Rechtsmittelstreitwert einer Klage auf Erhöhung des Erbbauzinses wird nach § 9 ZPO berechnet. Er bemisst sich nach dem Unterschiedsbetrag zwischen der bisher gezahlten und der mit der Klage verlangten Höhe des Erbbauzinses. Maßgeblich ist der dreieinhalbfache Jahresbetrag des geforderten Mehrbetrags, wenn nicht, bei bestimmter Dauer des Erbbaurechts, der Gesamtbetrag der verlangten Erhöhungsbeträge geringer ist.[852] Kein Anspruch auf eine über die vereinbarte Index-Regelung hinausgehende Anpassung des Erbbauzinses bei Abschluss des Erbbaurechtsvertrages nach Bekanntgabe der Aufhebung der sog. Preisstoppregelungen.[853]

Ein **Verstoß** macht nicht nur den Erbbauzins, sondern im Zweifel den ganzen Vertrag nichtig (§ 139 BGB). Der unzulässige Erbbauzins (aus dem Grundbuch ersichtlich) ist von Amts wegen zu löschen (§ 53 Abs. 1 S. 2 GBO). Gegen das Erbbaurecht, weil nur „im Zweifel" nichtig und unter Verletzung des § 16 Abs. 2 GBO eingetragen (Erbbaurecht ohne Erbbauzins kaum gewollt), ein Amtswiderspruch nach § 53 Abs. 1 S. 1 GBO einzutragen.[854]

204

Der Erbbauzins kann mit dinglicher Wirkung nicht rückwirkend für die Zeit vor seiner Eintragung bestellt und nicht rückwirkend erhöht werden.[855] Zulässig ist, dass Leistungen für den Zeitraum vor Eintragung zu einem Betrag zusammengefasst werden und der Anspruch im Zeitpunkt der Eintragung zugleich entsteht[856] oder dass ein nichteingetragenes Nutzungsentgelt vereinbart wird. Eine dagegen verstoßende Eintragung für die Zeit vorher führt nur zur Unzulässigkeit der vor der Eintragung liegenden Erbbauzinsbeträge, nicht des ganzen Erbbauzinses.

205

Der Rang der Erbbauzinsreallast ist gesetzlich nicht vorgeschrieben. Der Erbbauzins kann deshalb z.B. hinter Grundpfandrechte für Finanzierungsgläubiger zurücktreten, was aber das Risiko für den Grundstückseigentümer beinhaltet, dass der Erbbauzins in der Zwangsversteigerung nicht in das geringste Gebot fällt und erlischt; der Grundstückseigentümer erhält dann für die restliche Laufzeit keinen Erbbauzins![857] Dafür ist nun eine Vereinbarung nach § 9 Abs. 3 Nr. 1 ErbbauRG möglich. Dazu ist aber die Zustimmung der vorgehenden Rechte erforderlich (§ 9 Abs. 3 S. 2 ErbbauRG).

206

---

846 BGH NJW 1995, 2780 = DNotZ 1996, 93.
847 BGHZ 22, 220.
848 OLG Hamm NJW 1967, 2362 = DNotZ 1968, 244; OLG Düsseldorf DNotZ 1969, 279.
849 OLG Schleswig DNotZ 1975, 720 m.w.N.
850 BayObLG Rpfleger 1996, 445 ff.
851 Vgl. dazu BayObLG Rpfleger 1996, 446.
852 BGH NJW-RR 2012, 473.
853 OLG Hamm, Urt. v. 12.1.2012, 5 U 91/11, juris.
854 *Mohrbutter/Riedel*, NJW 1957, 1500.
855 OLG Frankfurt a.M. Rpfleger 1973, 136.
856 BGH DNotZ 1975, 154 = Rpfleger 1975, 56: so in der Regel sonst nicht eintragungsfähige Vereinbarung auslegbar.
857 Vgl. BGHZ 81, 358 = NJW 1982, 234.

4. Schuldrechtliche Verpflichtungen auf Neufestsetzung des Erbbauzinses

207 Schuldrechtliche Vereinbarungen sind neben dem für die ganze Erbbaurechtsdauer fest bestimmten Erbbauzins **zulässig, wenn** in bestimmten Zeitabständen der Erbbauzins entsprechend den wirtschaftlichen Verhältnissen (z.B. Änderung des Bodenwertes, der Mieten, Beamtenbezüge, Index für Lebenshaltung) neu festgesetzt werden soll.[858] Bei einem Eigentümererbbaurecht ist wegen der Personengleichheit die Bestellung schuldrechtlicher Verpflichtungen auf Anpassung des Erbbauzinses nicht möglich.[859]

Wurde bei der Ausgabe des Erbbaurechtes an einem mit Wohngebäuden bebauten Grundstück im Beitrittsgebiet der Erbbauzins nur vorläufig bestimmt, weil der Grundstückswert nicht feststellbar war, bedeutet die nach Festsetzung des Grundstückswertes vorgenommene Neufestsetzung des Erbbauzinses keine Anpassung nach § 9a ErbbauRG.[860]

208 **§ 9a ErbbauRG** beschränkt bei Wohnzwecken dienenden Erbbaurechten die Zulässigkeit schuldrechtlicher Vereinbarungen, schließt sie aber nicht aus. Dabei ist ein Erhöhungsanspruch regelmäßig als unbillig anzusehen, wenn und soweit die nach der vereinbarten Bemessungsgrundlage zu errechnende Erhöhung über die seit Vertragsabschluss eingetretene Änderung der allgemeinen wirtschaftlichen Verhältnisse hinausgeht.[861] § 9a ErbbauRG erfasst Gleit- und Spannungsklauseln und Leistungsvorbehalte (siehe dazu auch § 28 GBO Rdn 23).[862] Bei gewerblichen Zwecken dienenden Erbbaurechten gilt § 9a ErbbauRG nicht, bei gemischter Nutzung teilweise.[863] Das Grundbuchamt hat die Anpassungsklausel nicht auf ihre Vereinbarkeit mit § 9a ErbbauRG zu prüfen, weil diese Vorschrift nicht die Wirksamkeit der Vereinbarung, sondern der Geltendmachung des jeweiligen Erhöhungsverlangens betrifft.[864] Erfüllt die in einem Erbbaurechtsbestellungsvertrag vereinbarte wertsichernde Klausel ab einem bestimmten Zeitpunkt ihren Zweck nicht mehr, ist im Wege der ergänzenden Vertragsauslegung zu ermitteln, was die Vertragspartner nach Treu und Glauben für diesen Fall vereinbart hätten; führt die Auslegung zu keinem Ergebnis, kommt die Erhöhung des Erbbauzinses wegen Wegfalls der Geschäftsgrundlage in Betracht. In beiden Fällen sind nicht die seit Vertragsabschluss, sondern die seit der letzten aufgrund der Klausel vorgenommenen Erhöhung geänderten Verhältnisse maßgebend.[865] Dem Erbbauberechtigten steht bei seitens der öffentlichen Hand nicht mehr gewährter Anschlussförderung nach den Grundsätzen des Wegfalls der Geschäftsgrundlage gegen den Grundstückseigentümer als Erbbaurechtsverpflichteten ein Anspruch auf Anpassung des zu zahlenden Erbbauzinses zu, soweit die Parteien des Erbbaurechtsvertrages die Gewährung einer Anschlussförderung „mitbedacht" haben und die sich als Äquivalent darstellenden und im Erbbaurechtsvertrag geregelten Verpflichtungen des Erbbauberechtigten zur Errichtung und Unterhaltung von Wohnraum im sozialen Wohnungsbau über den Zeitraum der 15-jährigen Erstförderung hinausgehen.[866]

5. Vormerkungsfähigkeit des Anspruchs auf Neufestsetzung

209 **Der künftige schuldrechtliche Anspruch aus einem Leistungsvorbehalt** auf Eintragung einer Reallast, wonach der dann neu festgesetzte Erbbauzins zu entrichten ist, kann durch Vormerkung gesichert werden, wenn er nach Inhalt und Gegenstand genügend bestimmt oder bestimmbar ist.[867] Da die Erbbauzinsreallast bereits eine Wertsicherung durch Gleitklausel beinhalten kann, ist die Sicherung des Anspruchs auf Bestellung einer neuen Erbbauzinsreallast durch Vormerkung nur noch in Altfällen aus der Zeit vor der Anpassung des § 9 ErbbauRG an § 1105 BGB gegeben oder wenn heute noch – unnötigerweise – ein Leistungsvorbehalt als Wertsicherung vereinbart wird.[868] Soll im Erbbaugrundbuch eine Vormerkung, die einen schuldrechtlichen Anspruch auf regelmäßige Anpassung des Erbbauzinses sichert, an gleicher Rangstelle durch eine im Wesentlichen inhaltsgleiche dingliche Wertsicherungsklausel (Gleitklausel) ausgewechselt werden, bedarf es der Zustimmung der nachrangig Berechtigten. Die Sicherungsvormerkung kann nicht dafür verwendet werden, der Gleitklausel den Rang der Vormerkung einzuräumen.[869]

---

858 BGHZ 22, 220 = DNotZ 1957, 300; BGHZ 61, 209 = DNotZ 1974, 90.
859 BBGH Rpfleger 1982, 143 = NJW 1982, 2381 = MittBayNot 1982, 127.
860 BGH Rpfleger 2003, 171.
861 LG Braunschweig ErbbauZ 2022, 70.
862 BGH NJW 1977, 433.
863 BGH NJW 1970, 944.
864 LG Flensburg Rpfleger 1975, 132; *Schöner/Stöber*, Grundbuchrecht, Rn 1826.
865 BGHZ 81, 135; BGHZ 119, 220; BGHZ 191, 336.
866 KG ZfIR 2011, 763 = WuM 2011, 709.
867 BGHZ 22, 220; BayObLGZ 1969, 97, 102 = Rpfleger 1969, 241; OLG Hamm FGPrax 1995, 136; OLG Hamm Rpfleger 1995, 499 m.w.N.
868 Eingehend MüKo/*Weiß*, ErbbauRG, § 9 Rn 46 ff., 55, 59 ff.
869 OLG Braunschweig FGPrax 2015, 197.

Die Bestimmbarkeit ist bei einem Wohnungserbbaurecht hinreichend, wenn die Änderung von einer wesentlichen Änderung der wirtschaftlichen Verhältnisse, die sich aus einer Änderung der Lebenshaltungskosten sowie der Löhne und Gehälter ergeben, abhängig ist.[870] Der Anspruch auf Bestellung je einer Reallast für jede künftige Erhöhung des Erbbauzinses kann durch eine einzige Vormerkung gesichert werden. Die erstmalige und die späteren Umschreibungen der Vormerkung in die Reallast erschöpfen ihre Sicherungswirkung für die zukünftigen Erhöhungen nicht.[871] Erfolgt die spätere Erhöhung im Rahmen der vorgemerkten Vereinbarung, so bedarf es einer Vorrangseinräumung nachrangiger Gläubiger nicht.[872]

Sind mehrere rangfolgende Reallasten zugunsten des Eigentümers wegen der Beträge eingetragen, um die der Erbbauzins in der Folgezeit erhöht wurde, so können diese mehreren Reallasten zu einer einheitlichen Reallast als Inhaltsänderung zusammengefasst werden.

Beispiele von Bezugsgrößen für die Vormerkungsfähigkeit dieses Anspruchs:[873]

- Bestimmter Preisindex für Lebenshaltung, der vom Statistischen Bundesamt oder Landesamt ermittelt wird;[874]
- jeweiliges Gehalt einer bestimmten Beamtengruppe[875] oder bestimmter Handwerkerlohn;[876]
- Grundstückswert des Erbbaugrundstücks[877] oder eines Grundstücks gleicher Art und Lage;[878]
- Mietzins[879] oder Pachtzins;[880]
- Umsatzentwicklung auf dem Erbbaugrundstück.[881]

Die **Vormerkungsfähigkeit** des vereinbarten Anspruchs auf Neufestsetzung des Erbbauzinses richtet sich nach § 883 BGB (siehe § 6 Einl. Rdn 14 ff.).

6. Anpassung nicht wertgesicherter Erbbauzinsreallasten

Gerade bei älteren Erbbaurechten und Erbbauzinsreallasten fehlen Wertsicherungsklauseln. Es stellt sich dann die Frage, unter welchen Voraussetzungen der Grundstückseigentümer eine Anpassung des Erbbauzinses verlangen kann. Für das Grundbuchverfahren ist diese Frage insoweit nicht relevant, als die Eintragung einer neuen Reallast oder einer Wertsicherungsklausel der Bewilligung des Erbbauberechtigten bedarf. Es ist dann eine materiellrechtliche Frage, unter welchen Voraussetzungen der Grundstückseigentümer hierauf einen Anspruch hat.

Ein Anpassungsanspruch besteht, wenn eine sog. Äquivalenzstörung gegeben ist.[882] Zwar ist es allgemeines Risiko langfristiger Verträge, dass sich die den Wert der vereinbarten Leistungen beeinflussenden Verhältnisse während der Vertragsdauer zugunsten des einen oder des anderen Vertragspartners ändern. Eine Äquivalenzstörung kann in solchen Fällen ein Anpassungsverlangen aber dann rechtfertigen, wenn das Gleichgewicht zwischen Leistung und Gegenleistung so stark gestört ist, dass die Grenze des übernommenen Risikos überschritten wird und die benachteiligte Vertragspartei der getroffenen Vereinbarung ihr Interesse nicht mehr auch nur annähernd gewahrt sehen kann.[883] Ein Anpassungsanspruch kann auch aus § 242 BGB hergeleitet werden, bspw. wenn ohne konkrete anderweitige Anhaltspunkte nicht angenommen werden kann, dass der Erbbaurechtsbesteller bei Vertragsabschluss das Risiko eines Geldwertschwundes um mehr als 3/5 übernommen hat.[884] Aus dem Grundgedanken des § 9a Abs. 1 S. 2 ErbbauRG kann auch entnommen werden, dass in der Regel ist bei einem Vertrag ohne wertsichernde Klausel für den Umfang der Anpassung des Erbbauzinses die seit Vertragsabschluss eingetretene Steigerung der Lebenshaltungskosten und der Einkommen nach dem Mittelwert aus beiden Komponenten maßgebend, weil sich darin die Entwicklung der allgemeinen

---

870 OLG Hamm Rpfleger 1995, 499.
871 BayObLG Rpfleger 1977, 55 = DNotZ 1978, 239. Dazu OLG Frankfurt a.M. Rpfleger 1978, 312.
872 LG Marburg Rpfleger 1991, 453.
873 *Schöner/Stöber*, Grundbuchrecht, Rn 1830 ff.; *Winkler/Schlögel*, Erbbaurecht, § 6 Rn 96 ff.
874 BGHZ 61, 209 = DNotZ 1974, 90; OLG Celle Rpfleger 1984, 462.
875 OLG Hamm DNotZ 1964, 346.
876 OLG Oldenburg DNotZ 1962, 250.
877 OLG Düsseldorf DNotZ 1976, 539; KG Rpfleger 1976, 244.
878 OLG Düsseldorf DNotZ 1969, 297.
879 BGH DNotZ 1960, 380.
880 OLG Düsseldorf DNotZ 1969, 297.
881 BGH WM 1973, 999.
882 BGHZ 77, 194 = NJW 1980, 2241; BGHZ 81, 135; BGHZ 90, 227 = NJW 1984, 2212; BGHZ 91, 32 = NJW 1985, 126; BGHZ 94, 257 = NJW 1985, 2524; BGHZ 97, 171 = NJW 1986, 2698; BGHZ 119, 220; BGHZ 191, 336 = NJW 2012, 526; eingehend *Winkler/Schlögel*, Erbbaurecht, § 6 Rn 229 ff.
883 BGH NJW 1974, 1186 (Bestellung des Erbbaurechtes von 1939 bis zum Jahre 1975).
884 BGHZ 91, 32 = NJW 1985, 126.

wirtschaftlichen Verhältnisse widerspiegelt und der Gesetzgeber zum Ausdruck gebracht hat, dass eine über die Änderung dieser Verhältnisse nicht hinausgehende Erhöhung regelmäßig der Billigkeit entspricht.[885]

212 Grundlegende Leitsätze formulierte der BGH in zwei Entscheidungen. Danach ist festzuhalten:[886]

Praxistipp
1. Bei Erbbaurechtsverträgen ohne Anpassungsklausel kann eine Änderung der vereinbarten Erbbauzinsen wegen Veränderung des Verhältnisses zwischen Leistung und Gegenleistung nur verlangt werden, wenn das Gleichgewicht zwischen Leistung und Gegenleistung (oder jedenfalls das ursprünglich zugrunde gelegte Verhältnis zwischen Leistung und Gegenleistung) so stark gestört ist, dass die Grenze des übernommenen Risikos überschritten wird.
2. Beurteilungsgrundlage hierfür ist die Entwicklung der Lebenshaltungskosten.
3. Es kommt nicht auf die durchschnittliche jährliche Steigerung der Lebenshaltungskosten, sondern auf das Ausmaß des Kaufkraftschwundes insgesamt an.
4. Bei einer Steigerung der Lebenshaltungskosten um 150,3 % ist die Grenze des für den Geldgläubiger Tragbaren überschritten.
5. Der ursprünglich schlechte Zustand des Erbbaurechtsgeländes und die zu dessen Verbesserung erbrachten Aufwendungen des Erbbauberechtigten sind weder beim Grund noch beim Umfang der Anpassung zu berücksichtigen, wenn jedenfalls der beim Abschluss des Erbbaurechtsvertrags zugrunde gelegte Grundstückspreis dem damaligen tatsächlichen Wert des Grundstücks entsprach.
6. Erfüllt die in einem Erbbaurechtsbestellungsvertrag vereinbarte wertsichernde Klausel ab einem bestimmten Zeitpunkt ihren Zweck nicht mehr, ist im Wege der ergänzenden Vertragsauslegung zu ermitteln, was die Vertragspartner nach Treu und Glauben für diesen Fall vereinbart hätten; führt die Auslegung zu keinem Ergebnis, kommt die Erhöhung des Erbbauzinses wegen Wegfalls der Geschäftsgrundlage in Betracht. In beiden Fällen sind nicht die seit Vertragsabschluss, sondern die seit der letzten aufgrund der Klausel vorgenommenen Erhöhung geänderten Verhältnisse maßgebend.

VI. Sonstige Belastungen des Erbbaurechts

213 Das Erbbaurecht ist als grundstücksgleiches Recht wie ein Grundstück belastbar (siehe Rdn 5). Möglich ist auch die Bestellung eines Gesamtgrundpfandrechts am Erbbaurecht und am Erbbaurechtsgrundstück.[887] **Besonderheiten ergeben sich bei der Belastung mit Dienstbarkeiten, Dauerwohn- und Dauernutzungsrechten,** weil der Erbbauberechtigte anderen nur solche Rechte einräumen kann, die ihm selbst aufgrund des Erbbaurechts gegen den Grundstückseigentümer zustehen. Diese Frage bedarf jeweils der Prüfung im Einzelfall. Unzulässig ist z.B. die Bestellung einer Tankstellendienstbarkeit am Erbbaurecht, das die Errichtung eines Wohngebäudes gestattet.[888] Zulässig ist jedoch eine Dienstbarkeit am Erbbaurecht, die sich auf das ganze Grundstück erstreckt, wenn sich – zumindest durch Auslegung – ergibt, dass das Erbbaurecht sich auf das ganze Grundstück erstreckt und die Dienstbarkeit die Benutzung des Bauwerkes ermöglicht.[889] Erfasst das Erbbaurecht nicht das ganze Grundstück, kann und muss die Dienstbarkeit sowohl am Grundstück als auch am Erbbaurecht bestellt werden.

VII. Wohnungserbbaurecht (§ 30 WEG)

1. Sonderform des Erbbaurechts

214 **Das Wohnungserbbaurecht ist eine besondere Art des Erbbaurechts** auf der Rechtsgrundlage des § 30 WEG.[890]

---

885 *Winkler/Schlögel*, Erbbaurecht, § 6 Rn 232.
886 BGHZ 90, 227 = NJW 1984, 2212; BGHZ 191, 336 = NJW 2012, 526.
887 OLG München JFG 1923, 151.
888 BayObLGZ 1958, 105 = Rpfleger 1959, 17 = DNotZ 1958, 542.
889 KG Rpfleger 1991, 496 ff. = DNotZ 1992, 312.
890 Zur Bestellung an sog. alten Erbbaurechten *Weitnauer*, DNotZ 1951, 493; *Diester*, Rpfleger 1965, 213; OLG Saarbrücken Rpfleger 1968, 57.

2. Rechtsverhältnis zwischen Grundstückseigentümer und Wohnungserbbauberechtigten

Das Rechtsverhältnis zwischen Grundstückseigentümer und den Wohnungserbbauberechtigten beurteilt sich

- **sachenrechtlich** nach ErbbauRG und den sachenrechtlichen Vereinbarungen des Erbbaurechts;
- **schuldrechtlich** nach den als Inhalt des Erbbaurechts eingetragenen Vereinbarungen und etwaigen rein schuldrechtlichen Vereinbarungen;
- **bezüglich des Erbbauzinses** nach dessen Inhalt, also nur bei Aufteilung des Erbbauzinses (aufgrund Vereinbarung mit dem Grundstückseigentümer, entsprechender Grundbucheintragung und Zustimmung der Berechtigten am Grundstück) beschränkt auf den anteiligen Erbbauzins, andernfalls unter Haftung für den unveränderten Gesamterbbauzins.[891]

215

3. Begründung von Wohnungserbbaurecht

Jeder **Wohnungserbbauberechtigte muss Bruchteilsberechtigter am Erbbaurecht** sein oder gleichzeitig werden. Eine Begründung ist auch am Gesamterbbaurecht möglich.[892] Die Begründung erfolgt gemäß §§ 3 oder 8 WEG durch Verbindung eines jeden Mitberechtigungsanteils mit Sondereigentum an einer bestimmten Wohnung (siehe Rdn 17).[893] Nach § 12 ErbbauRG ist Sondereigentum möglich, weil jeder Mitberechtigte Miteigentümer am Gebäude ist, also rechtlich Miteigentümer an den zum gemeinschaftlichen Eigentum gehörenden Teilen des Gebäudes und Alleineigentümer seines Sondereigentums werden kann. Streitig ist, ob eine Teilung nach § 8 WEG auch dann möglich ist, wenn bereits ein Erbbaurecht besteht, das in Wohnungs- und Teilerbbaurechte aufgeteilt ist.[894] Zutreffend steht hier § 12 ErbbauRG entgegen, weil das Gebäude nicht mehr in der Verfügungsgewalt des Grundstückseigentümers steht.[895]

216

Als **Inhaltsänderung des Erbbaurechts** bedarf die Vorratsteilung nach § 8 WEG nicht der Zustimmung des Grundstückseigentümers,[896] auch nicht nach § 5 Abs. 1 ErbbauRG,[897] der nur für Veräußerung des Erbbaurechts selbst gilt.[898] Ein bestehendes Zustimmungserfordernis wird Bestandteil jeder Wohnungs- oder Teileigentumseinheit. Die Aufhebung dieses Erfordernisses an einer Einheit bedarf weder der Zustimmung der übrigen Wohnungserbbauberechtigten noch der dinglich Berechtigten.[899]

217

Die Umwandlung von Gesamthandseigentum einer Erbengemeinschaft in Bruchteilseigentum bedarf nicht der Zustimmung nach § 5 ErbbauRG.[900] Bei Zuschreibung des belasteten Grundstücks zum Erbbaurecht und dessen Aufhebung verwandelt sich das Wohnungserbbaurecht nicht ohne weiteres in Wohnungseigentum um.[901]

4. Rechtsverhältnis der Wohnungserbbauberechtigten untereinander

Das Rechtsverhältnis der Wohnungserbbauberechtigten untereinander richtet sich nach §§ 10 ff. WEG (siehe Rdn 96 ff.). Zwischen ihnen kann kein Erbbauzins vereinbart werden.[902]

218

Die Eintragung im Wohnungserbbaurechtsgrundbuch erfolgt entsprechend §§ 7 und 9 WEG (dazu § 8 WGV). Es werden also neben dem Grundbuchblatt des Grundstücks je ein besonderes Grundbuchblatt (Wohnungserbbaugrundbuch) für jeden Anteil angelegt (§ 30 Abs. 3 WEG).[903]

219

Die **Veräußerung** des Wohnungserbbaurechts richtet sich einerseits nach den Bestimmungen des Erbbaurechts, andererseits zusätzlich nach den Regeln des WEG. Die Aufhebung des Wohnungserbbau-

---

891 *Winkler/Schlögel*, Erbbaurecht, § 3 Rn 119 ff.
892 BayObLGZ 1989, 354 = MDR 1990, 53.
893 Eingehend Bärmann/*Schneider*, WEG, § 30 Rn 8 ff.; Ausgeschlossen ist die Begründung von Wohnungs- und Teileigentum durch den Grundstückseigentümer, wenn das zu teilende Gebäude Bestandteil eines bereits bestehenden Erbbaurechts ist, OLG Karlsruhe FGPrax 2023, 9 m. Anm. *Forschner*.
894 Bejahend OLG München ZfIR 2023, 501 m. abl. Anm. *Schneider*.
895 OLG Karlsruhe DNotZ 2023, 460 = ZfIR 2023, 508.
896 BayObLG DNotZ 1978, 626.
897 LG München I MittBayNot 1977, 68; LG Augsburg MittBayNot 1979, 68.
898 OLG Celle Rpfleger 1981, 22.
899 BayObLGZ 1989, 354 = MDR 1990, 53.
900 LG Lübeck Rpfleger 1991, 201.
901 BayObLGZ 1999, 63 = Rpfleger 1999, 327.
902 OLG Düsseldorf DNotZ 1977, 305.
903 Eingehend Bärmann/*Schneider*, WEG, § 30 Rn 37 ff.; zur „Pfanderstreckung" von Grundschulden von Wohnungserbbaurechten auf Wohnungseigentum siehe BayObLG DNotZ 1995, 61.

rechts führt nicht dazu, dass sich die Wohnungserbbaurechte in Wohnungseigentum umwandeln, selbst dann, wenn das Grundstück im Eigentum der Wohnungserbbauberechtigten steht. Vielmehr ist ein Vertrag über die Aufteilung des Grundstücks in Wohnungseigentum erforderlich.

VIII. Schuldrechtliches Verpflichtungsgeschäft und Vormerkung

220 **Die Beurkundungsform des § 311b BGB** gilt beim Erbbaurecht für das schuldrechtliche Verpflichtungsgeschäft (§ 11 Abs. 2 ErbbauRG) auf Bestellung, Erwerb und Übertragung eines Erbbaurechts, sowie auf Änderung des sachenrechtlichen Inhalts, wenn darin eine weitergehende Belastung des Grundstücks liegt.

221 Eine Beurkundungspflicht ist zweifelhaft bei:
- Verpflichtung zur Aufhebung des Erbbaurechts (von § 11 ErbbauRG nicht umfasst): Beurkundung nur, wenn Verpflichtung einer Teilaufhebung gleichkommt;[904]
- Änderung der als „Inhalt des Erbbaurechts" eingetragenen verdinglichten Vereinbarungen, die ihrem Wesen nach „verdinglichter" schuldrechtlicher Art, aber kein „dingliches Recht" sind:[905] grundsätzlich nein; aber Beurkundungspflicht bei Vereinbarung von Heimfall- oder Verkaufsverpflichtungen und Erneuerungsvorrecht. Zur Vermeidung von Zweifelsfällen ist die Beurkundung der in § 2 ErbbauRG genannten Vereinbarungen ratsam.[906]

222 **Vormerkungsfähig** ist der schuldrechtliche Anspruch auf Bestellung, Übertragung, Änderung und Aufhebung des Erbbaurechts nach den für Vormerkungen geltenden allgemeinen Grundsätzen (siehe § 6 Einl. Rdn 14 ff.).

IX. Eintragungen nach Erlöschen des Erbbaurechts

1. Rechtsfolgen des Erlöschens durch Zeitablauf

223 Erlischt das Erbbaurecht durch Zeitablauf, ist das **Grundbuch bezüglich des Erbbaurechts unrichtig** (§ 894 BGB). Die Löschung erfolgt nicht von Amts wegen, sondern nur auf Antrag (§ 22 GBO) und nur unter Beachtung des § 24 GBO (im Einzelnen vgl. § 24 GBO Rdn 11).[907] Eine Aufhebung bedarf der Zustimmung der am Erbbaurecht dinglich Berechtigten nicht, wenn deren Rechte nach Aufhebung am Grundstück weiter bestehen.[908] Umstritten ist die Frage, ob für das Erbbaurecht begründete subjektiv dingliche Rechte für das Erbbaurechtsgrundstück weiterbestehen;[909] dies ist zu bejahen.[910] Mit dem Erlöschen des Erbbaurechts werden für den jeweiligen Erbbauberechtigten bestellte Grunddienstbarkeiten mit dem Inhalt von Wege- und Leitungsrechten Bestandteile des Erbbaugrundstücks.[911]

2. Dingliche Sicherung der Entschädigungsforderung und Erneuerung

224 **In Höhe der Entschädigungsforderung**, über die nach § 27 Abs. 1 S. 2 ErbbauRG dinglich wirkende Vereinbarungen sowohl wegen der Höhe, der Art der Festsetzung und Zahlung als auch wegen eines Ausschlusses getroffen werden können und die nach § 27 Abs. 2 ErbbauRG in bestimmten Fällen zwingend zwei Drittel des gemeinen Wertes des Bauwerkes betragen muss, entsteht kraft Gesetzes ein dingliches Recht am Grundstück (§ 28 ErbbauRG). Daran haben etwaige Realgläubiger die gleichen Rechte, die sie bei Zwangsversteigerung des Erbbaurechts hätten (§ 29 ErbbauRG). Der Entschädigungsanspruch erlischt nicht durch das Angebot auf Verlängerung des Erbbaurechts seitens des Grundstückseigentümers.[912]

Die Löschung eines durch Zeitablauf erloschenen Erbbaurechts im Grundbuch kann auf Antrag des Grundstückseigentümers im Wege der Grundbuchberichtigung daher nur dann erfolgen, wenn gleichzeitig eben-

---

904 Staudinger/*Rapp*, BGB, § 11 ErbbauRG Rn 23; *Wufka*, DNotZ 1986, 473.
905 Staudinger/*Rapp*, BGB, § 11 ErbbauRG Rn 23.
906 *Winkler/Schlögel*, Erbbaurecht, § 4 Rn 34.
907 Eingehend *Grziwotz*, MittBayNot 2013, 517.
908 BayObLG MittBayNot 1997, 39.
909 Ablehnend LG Verden Nds Rechtspfleger 1964, 249; *Ingenstau/Hustedt*, ErbbauRG, § 12 Rn 27; RGRK/*Räfle*, BGB, § 12 ErbbauVO Rn 23.
910 Ebenso *Böttcher*, Rpfleger 2004, 23 m.w.N.
911 BGHZ 192, 335–340 = ZNotP 2012, 177; Staudinger/*Rapp*, BGB, § 12 ErbbauRG Rn 25 ff.
912 BGH NJW 1981, 1045.

falls auf Antrag des Eigentümers die Entschädigungsforderung des Erbbauberechtigten für den Eigentumsverlust an dem Bauwerk in das Grundbuch eingetragen wird.[913] Die Löschung des Erbbaurechts ist ohne gleichzeitige Eintragung einer Entschädigungsforderung des Erbbauberechtigten vorzunehmen, wenn der Ausschluss einer solchen Forderung zum Inhalt des Erbbaurechts gemacht worden ist.[914]

Im Falle eines dinglich wirkenden Erneuerungsvorrechts (§§ 2 Nr. 6, 31 Abs. 1 ErbbauRG) ist von Amts wegen zur Erhaltung des Vorrechtes eine Vormerkung mit dem bisherigen Rang des Erbbaurechts einzutragen, falls das Erbbaurecht vor Ablauf von drei Jahren gelöscht wird (§ 31 Abs. 4 ErbbauRG). 225

Zur Rechtsnatur des dinglichen Entschädigungsanspruchs werden drei Meinungen vertreten: 226
- **Ein nicht eintragungsfähiges dingliches Recht eigener Art.**[915] Dagegen spricht, dass private dingliche Rechte außerhalb des Grundbuchs eine Gefahr für den Rechtsverkehr jedenfalls dann sind, wenn sie durch einen gutgläubigen Erwerb nicht erlöschen.
- **Dingliches Recht einer Sicherungshypothek,** die kraft Gesetzes außerhalb des Grundbuchs entsteht (ähnlich § 1287 BGB) und im Wege der Grundbuchberichtigung auf Antrag eingetragen werden kann.[916] Dagegen spricht, dass keineswegs immer die Höhe der Forderung und ihre Zahlungsweise nach § 27 Abs. 1 ErbbauRG dinglich geregelt ist und dass sowohl in diesen als auch in den Fällen des § 27 Abs. 2 ErbbauRG darüber ein jahrelanger Streit bestehen, eine Sicherungshypothek also nicht eingetragen und damit das Erbbaurecht solange auch nicht gelöscht werden kann.
- **Ein eintragungsfähiges dingliches Recht eigener Art** an der gleichen Rangstelle, an der das erloschene Erbbaurecht steht, das mit dem Erlöschen des Erbbaurechts kraft Gesetzes entsteht, wie eine Reallast zu behandeln ist und im Wege der Grundbuchberichtigung eingetragen werden kann.[917] Diese Lösung ist nicht nur rechtlich zulässig, sondern als einzige praktisch durchführbar und brauchbar, da ihre Eintragung auch vor der Festsetzung der Höhe erfolgen kann und die Löschung des Erbbaurechts im Grundbuch im Streitfall nicht verzögert.

D. Selbstständiges Gebäudeeigentum

I. Gebäudeeigentum nach dem Recht der ehemaligen DDR

Eine Besonderheit des Bodenrechts der ehemaligen DDR war die Zulassung eines vom **Grundeigentum getrennten, selbstständigen Eigentums an Gebäuden**.[918] Gebäude und andere Baulichkeiten waren auch nach § 295 Abs. 1 ZGB[919] grundsätzlich wesentlicher Bestandteil des Grundstücks. Selbstständiges Gebäudeeigentum konnte nur aufgrund besonderer Rechtsvorschriften entstehen; ein – wie häufig behauptet – faktisches Gebäudeeigentum allein durch fremde Bebauung eines Grundstücks oder Gebäudeeigentum aufgrund der „sozialen Wirklichkeit in der ehemaligen DDR" gibt es nicht.[920] Indes existierten in Ausführung des § 295 Abs. 2 ZGB zahlreiche Vorschriften, die ein selbstständiges Gebäudeeigentum zuließen.[921] 227

---

913 BGHZ 197, 140 = NJW-RR 2013, 1102 = Rpfleger 2013, 441 = ZNotP 2013, 150; OLG München FGPrax 2019, 6 = MittBayNot 2019, 144 m. Anm. *Winkler*; KG DNotZ 2022, 618 = FGPrax 2022, 1 = MittBayNot 2022, 236 = Rpfleger 2022, 245.
914 KG FGPrax 2019, 51 = MittBayNot 2019, 341.
915 *Planck*, ErbbauVO § 28 Anm. 2.
916 Staudinger/*Rapp*, BGB, § 28 ErbbauRG Rn 1; Soergel/*Stürner*, BGB, § 28 ErbbauVO Rn 1; *Winkler/Schlögel*, Erbbaurecht, § 5 Rn 236 ff.
917 *Ingenstau/Hustedt*, ErbbauRG, § 28 Rn 4; RGRK/*Räfle*, BGB, § 28 ErbbauVO Rn 1; *Erman/Hagen*, BGB, § 28 ErbbauRG Rn 1; Palandt/*Wicke*, BGB, § 28 ErbbauRG Rn 1.
918 Eingehend *Böhringer*, Besonderheiten des Liegenschaftsrechts in den neuen Bundesländern, 1993; *Eickmann*, Grundstücksrecht in den neuen Bundesländern, 3. Aufl., 1996; Eickmann/*Böhringer*, Sachenrechtsbereinigung, Kommentierung zu Art 233 EGBGB; *Keller*, Die Behandlung von Gebäudeeigentum im Grundbuchverfahren, 1994; *Moser-Merdian/Flik/Keller*, Besonderheiten des Grundstücksrechts in den neuen Bundesländern, 3. Aufl. 1995; *Schöner/Stöber*, Grundbuchrecht, Rn 699a ff., 4267 ff.; v. *Oefele/Winkler*, Handbuch des Erbbaurechts, 3. Aufl. 2003, 7. Kap. (in späteren Auflagen nicht mehr bearbeitet).
919 Zivilgesetzbuch der Deutschen Demokratischen Republik v. 19.6.1975 (GBl I, 465).
920 Dazu grundlegend BGHZ 121, 347 = DNotZ 1993, 734 = NJW 1993, 1706; so auch bereits Rohde/*Zänker*, S. 606.
921 Umfassend bereits Rohde/*Rohde*, S. 283 ff., S. 605; ferner *Moser-Merdian/Flik/Keller*, Rn 209 ff.; Eickmann, Grundstücksrecht in den neuen Bundesländern, Rn 127, 140b; *Böhringer*, Besonderheiten des Liegenschaftsrechts, Rn 478 ff.; Eickmann/*Böhringer*, SachenRBerG, Art. 233 § 2b EGBGB Rn 6 ff., Art. 233 § 4 Rn 2–25; *Schmidt-Räntsch*, Eigentumszuordnung und Rechtsträgerschaft, 1992, S. 99, 101; *Schöner/Stöber*, Grundbuchrecht, Rn 699a ff.; *Lehmann/Zisowski*, DtZ 1992, 375; *Hügel*, MittBayNot 1993, 196; *Kassebohm*, VIZ 1993, 425; *Keller*, MittBayNot 1994, 389; *Stellwaag*, VIZ 1995, 573; *Böhringer*, VIZ 1996, 131; *Stellwaag*, VIZ 1996, 377.

Die für die heutige Rechtspraxis **wichtigsten Fälle** des **selbstständigen Gebäudeeigentums** sind:[922]
- Gebäudeeigentum aufgrund verliehenen oder zugewiesenen Nutzungsrechts für ein Eigenheim (§ 286 Abs. 1 Nr. 1, 2 ZGB).
- Gebäudeeigentum der Arbeiterwohnungsbaugenossenschaften aufgrund verliehenen Nutzungsrechts.[923]
- Gebäudeeigentum der Landwirtschaftlichen Produktionsgenossenschaften kraft umfassender Nutzungsbefugnis an eingebrachten Grundstücken (§§ 18, 27 LPGG[924]).
- das Gebäudeeigentum der volkseigenen Betriebe auf nicht volkseigenen Grundstücken (§ 459 ZGB).

Das Gebäudeeigentum für Wochenendhäuser zur Erholung und Freizeitgestaltung aufgrund Nutzungsvertrags nach §§ 312 ff. ZGB (§ 286 Abs. 1 Nr. 4 ZGB) war bereits nach § 296 ZGB dem Recht der beweglichen Sachen zugeordnet, hieran hat sich nach der Überleitung des Zivilrechts nichts geändert,[925] es stellt kein selbstständiges Gebäudeeigentum in Sinne des Grundstücks- und Grundbuchrechts dar.

Die Fälle des Gebäudeeigentums lassen sich in zwei Gruppen einteilen, dieser Kategorienbildung liegt auch die Regelungssystematik der Art. 231 § 5, Art. 233 § 2b,[926] 2c, 4 EGBGB zugrunde:[927]

- Dem **Gebäudeeigentum aufgrund eines Nutzungsrechts** liegt als rechtliche Voraussetzung ein verliehenes oder zugewiesenes Nutzungsrecht zugrunde; das Nutzungsrecht wurde wesentlich an Bürger zum Eigenheimbau vergeben, das Gebäudeeigentum stand in deren persönlichem Eigentum (§ 288 Abs. 4 ZGB); für das Verhältnis zwischen Grundstück, Nutzungsrecht und Gebäudeeigentum bestimmt zwar Art. 231 § 5 Abs. 2 EGBGB, dass das Nutzungsrechts wesentlicher Bestandteil des Gebäudeeigentums sei, gleichwohl ist dieses Verhältnis mit dem des Erbbaurechts stark verwandt und vergleichbar.[928]
- Das **Gebäudeeigentum ohne dingliches Nutzungsrecht** ist kraft besonderer Vorschriften dann entstanden, wenn sozialistische Genossenschaften oder volkseigene Betriebe eine besondere Befugnis zur Grundstücksnutzung innehatten; das Gebäudeeigentum diente dabei stets genossenschaftlicher oder industrieller Nutzung.

228 An **volkseigenen Grundstücken** konnten nach dem Gesetz v. 14.12.1970[929] durch den Rat des Kreises **Nutzungsrechte** zum Bau von Eigenheimen **verliehen** werden. Das Nutzungsrecht wurde in Abteilung II des Grundbuchs des volkseigenen Grundstücks eingetragen (§ 4 Abs. 3 NutzRG), für das Gebäudeeigentum wurde nach § 4 Abs. 4 NutzRG ein eigenes Grundbuch angelegt. Das Nutzungsrecht entstand mit dem in der Urkunde genannten Zeitpunkt, die Grundbucheintragung war lediglich deklaratorisch.[930] Die LPG konnte in ähnlicher Weise an den von ihr genutzten – nicht notwendig in ihrem Eigentum stehenden[931] – Grundstücken mit Zustimmung des Rates des Kreises Nutzungsrechte an ihre Mitglieder nach Verordnung v. 9.9.1976[932] zuweisen. Auch für dieses Gebäudeeigentum wurde ein Gebäudegrundbuch angelegt, das Nut-

---

922 Umfassende Darstellungen bei Eickmann/*Böhringer*, SachenRBerG, Art. 233 § 4 EGBGB Rn 6a ff.
923 VO über die Arbeiterwohnungsbaugenossenschaften v. 21.11.1963 (GBl I, 109).
924 Gesetz über die Landwirtschaftlichen Produktionsgenossenschaften v. 2.7.1982 (GBl I, 443).
925 Eickmann/*Böhringer*, SachenRBerG, Art. 233 § 4 EGBGB Rn 18; MüKo-BGB/*Holch*, Zivilrecht im Einigungsvertrag, 1991 Art. 231 § 5 EGBGB Rn 10 ff.; *Janke*, DtZ 1992, 115; *Purps*, VIZ 1994, 390; Zwangsvollstreckung in diese Gebäude erfolgt als Mobiliarvollstreckung, *Keller*, Rpfleger 1994, 194, Abschn. III 1.; *Stöber*, ZVG, Einl. Rn 14.5; Zöller/*Seibel*, ZPO, § 808 Rn 1917, § 864 Rn 11.
926 Nach Abs. 1 dieser Vorschrift konnte zugunsten von bestimmten Genossenschaften noch besonderes Gebäudeeigentum entstehen, dazu MüKo-BGB/*v. Oefele*, 4. Aufl. 2006, Art. 233 § 2b EGBGB Rn 6 ff.; Eickmann/*Böhringer*, SachenRBerG, Art. 233 § 2b Rn 4, 6 ff.
927 Zu dieser Systematik bereits *Keller*, Die Behandlung von Gebäudeeigentum im Grundbuchverfahren, S. 2 ff.; *Keller*,
Grundstücke in Vollstreckung und Insolvenz, Rn 366 ff.; *v. Oefele*/*Winkler*, Handbuch des Erbbaurechts, Rn 7.3 ff.
928 Zu den Unterschieden MüKo-BGB/*Holch*, Zivilrecht im Einigungsvertrag, 1991 Art. 231 § 5 EGBGB Rn 21; *v. Oefele*/*Winkler*, Handbuch des Erbbaurechts, Rn 7.8 ff.
929 Gesetz über die Verleihung von Nutzungsrechten an volkseigenen Grundstücken v. 14.12.1970 (GBl I, 372).
930 § 36 Grundbuchverfahrensordnung v. 30.12.1975 (GBl I, 42); *Böhringer*, Besonderheiten des Liegenschaftsrechts, Rn 487; *Keller*, MittBayNot 1994, 389, Abschn. II. 1.
931 Das umfassende Nutzungsrecht gem. § 18 LPG-G bezog sich auf Grundstücke in Eigentum oder Rechtsträgerschaft der Genossenschaft, aber auch auf Grundstücke in Privateigentum, die von den Mitgliedern in die Genossenschaft eingebracht worden sind, dazu *Keller*/*Padberg*, S. 5 ff.
932 VO über die Bereitstellung von genossenschaftlich genutzten Bodenflächen zur Errichtung von Eigenheimen auf dem Lande v. 9.9.1976 (GBl I, 426).

zungsrecht wurde jedoch lediglich im Bestandsverzeichnis des Grundbuchs des betroffenen Grundstücks vermerkt und nicht ähnlich einer Belastung in Abteilung II des Grundstücksgrundbuchs eingetragen.[933]

Gebäudeeigentum der Landwirtschaftlichen Produktionsgenossenschaften entstand kraft Gesetzes mit Errichtung des Gebäudes oder einer sonstigen Baulichkeit nach § 27 LPG-G.[934] Voraussetzung war lediglich, dass das betroffene Grundstück dem umfassenden Nutzungsrecht der Genossenschaft nach § 18 LPG-G unterlag, es musste nicht in ihrem Eigentum stehen. Für das Gebäudeeigentum wurde kein Grundbuch angelegt, sein Bestehen wurde nicht im Grundbuch des betroffenen Grundstücks vermerkt.[935] Gebäudeeigentum für volkseigene Betriebe auf nicht volkseigenen Grund und Boden konnte nach § 459 ZGB entstehen, wenn aufgrund eines Nutzungsvertrages mit dem Eigentümer ein Gebäude errichtet wurde oder ein errichtetes Gebäude soweit instandgesetzt wurde, dass es einer Neuerrichtung gleichkam.[936] Der Nutzungsvertrag musste dabei den Anforderungen der Verordnung vom 7.4.1984[937] entsprechen, insbes. musste die Gebäudeerrichtung nach § 4 dieser Verordnung ausdrücklich gestattet sein. Für das so entstandene Gebäudeeigentum sollte zwar nach § 8 Abs. 1 Nr. 2 der Verordnung ein Grundbuch angelegt werden, dies erfolgte regelmäßig aber nicht.

II. Seit 3.10.1990 geltendes Recht

1. Bestandsschutz für bestehendes Gebäudeeigentum

Art. 231 § 5 und Art. 233 § 3 Abs. 2 EGBGB enthielten zunächst nur einen **Bestandsschutz**[938] für beschränkte dingliche Rechte an Grundstücken im Beitrittsgebiet und damit auch für das selbstständige Gebäudeeigentum. Nach Art. 233 § 4 EGBGB sind auf das Gebäudeeigentum kraft dinglichen Nutzungsrechts die sich auf Grundstücke beziehenden Vorschriften entsprechend anzuwenden,[939] das nutzungsrechtslose Gebäudeeigentum nach § 27 LPGG schien dagegen vom Gesetzgeber zunächst vergessen worden zu sein, gleichwohl galt der Bestandsschutz des Art. 231 § 5 EGBGB auch hierfür, das nutzungsrechtslose Gebäudeeigentum wird nun durch Art. 233 § 2b EGBGB geregelt. Für das Gebäudeeigentum nach § 459 ZGB gilt Art. 233 § 8 EGBGB.

Durch das RegVBG wurden die Regelungen des Einführungsgesetzes zum Bürgerlichen Gesetzbuch dahin ergänzt, dass für jede Art des Gebäudeeigentums ein Grundbuch anzulegen ist (Art. 233 § 2b Abs. 2 S. 1, § 2c Abs. 1 EGBGB) und das dingliche Nutzungsrecht oder das Bestehen des nutzungsrechtslosen Gebäudeeigentums wie eine Belastung in das Grundbuch des betroffenen Grundstücks einzutragen ist (Art. 233 § 2b Abs. 2 S. 3, § 2c Abs. 1 S. 2, § 4 Abs. 1 S. 2 EGBGB). Das Gebäudeeigentum ist erst bei Erfüllung dieser beiden Voraussetzungen auch im Hinblick auf § 892 BGB voll verkehrsfähig (Art. 233 § 2c Abs. 3, § 4 Abs. 1 S. 3 EGBGB).[940] **Nicht im Grundbuch** des betroffenes Grundstücks **eingetragenes Gebäudeeigentum erlischt** durch **gutgläubigen Erwerb** des Grundstücks nach Ablauf des 31.12.2000 gem. Art. 231 § 5 Abs. 3 EGBGB, das Gebäude wird dann wesentlicher Bestandteil

---

933 Nr. 90 und Anlage 12 Nr. 3 Abs. 2 der Anweisung Nr. 4/87 des Ministers des Innern und Chefs der Deutschen Volkspolizei über Grundbuch und Grundbuchverfahren unter COLIDO-Bedingungen–COLIDO-Grundbuchanweisung v. 27.10.1987; dazu *Etzbach*, in: RVI Syst Darst V, Rn 1946, 48.

934 Dazu und zur Überleitung nach dem Anpflanzungseigentumsgesetz *Keller/Padberg*, S. 82 ff.

935 *Böhringer*, Besonderheiten des Liegenschaftsrechts, Rn 509; *Böhringer*, MittBayNot 1992, 112; die Regelung des Art. 233 § 2b EGBGB war eine erste Reaktion des Gesetzgebers hierauf, dazu MüKo-BGB/*v. Oefele*, 4. Aufl. 2006, Art. 233 § 2b Rn 7 ff.; zur Gesetzgebungsgeschichte und den rechtlichen Schwierigkeiten der Grundbuchanlegung Bauer/v. Oefele/*Krauß*, 1. Aufl. 1999, E I Rn 219 ff.

936 Dazu MüKo-BGB/*v. Oefele*, 4. Aufl. 2006, Art. 233 § 8 EGBGB Rn 4 ff.; *Lambsdorff/Stuth*, VIZ 1992, 348; *Volhard*, VIZ 1993, 481; *Gruber*, VIZ 1999, 129; ob im Einzelfall Gebäudeeigentum entstanden ist, ist in der Rspr.

str., eher großzügig LG Dresden VIZ 1995, 666; LG Frankfurt/Oder VIZ 1994, 367; eingehend dazu *Keller*, FGPrax 1997, 1, Abschn. IV. 1.; soweit bedeutende Erweiterungs- und Erhaltungsmaßnahmen an bestehenden Gebäuden durchgeführt wurden, entstand ein volkseigener Miteigentumsanteil am Grundstück nach § 459 Abs. 1 S. 2 ZGB.

937 VO über die Sicherung des Volkseigentums bei Baumaßnahmen von Betrieben auf vertraglich genutzten nichtvolkseigenen Grundstücken v. 7.4.1984 (GBl I, 129).

938 Allg. MüKo-BGB/*Quack*, 4. Aufl. 2006, Art. 233 § 3 EGBGB Rn 12 ff.

939 Allg. MüKo-BGB/*v. Oefele*, 4. Aufl. 2006, Art. 233 § 4 EGBGB Rn 49 ff.

940 Zu den Voraussetzungen der Verkehrsfähigkeit *Moser-Merdian/Flik/Keller*, Rn 213, 217; Eickmann/*Böhringer*, SachenRBerG, Art. 233 § 4 EGBGB Rn 21 ff.; *Lehmann*, DtZ 1992, 375; *Flik*, DtZ 1996, 162; eingehend *Keller*, FGPrax 1997, 1, Abschn. IV. 2.

des Grundstücks, der Gebäudeeigentümer hat Anspruch auf Wertersatz in Höhe des Wertes seines Gebäudeeigentums im Zeitpunkt des Erlöschens (Art. 231 § 5 Abs. 3 S. 2 EGBGB).

2. Neubegründung

230 Das Entstehen von selbstständigem Gebäudeeigentum ist nach dem 3.10.1990 noch möglich, wenn Gebäude am 3.10.1990 oder danach errichtet werden, soweit dies aufgrund eines vor dem 3.10.1990 begründeten Nutzungsrechts zulässig ist (arg ex Art. 233 § 4 Abs. 3 S. 1 EGBGB).[941]

In den Fällen nutzungsrechtslosen Gebäudeeigentums kann Gebäudeeigentum nach dem 2.10.1990 nicht mehr entstehen,[942] früher entstandenes aber übertragen werden.

3. Grundbucheintragung

231 Die Anlegung und Führung des Gebäudegrundbuchs sowie die Eintragung des Nutzungsrechts oder Vermerks über Bestehen des Gebäudeeigentums im Grundbuch des betroffenen Grundstücks regelt in Ausübung der Verordnungsermächtigung aus Art. 18 Abs. 1, Abs. 4 Nr. 2, 3 RegVBG, Art. 12 Abs. 1 Nr. 2 des 2. VermRÄndG[943] die Gebäudegrundbuchverfügung v. 15.7.1994 (BGBl 1994, 1606). Ihre Vorschriften finden nach § 1 Nr. 1 GGV auf jede Art des Gebäudeeigentums Anwendung. Als zentrale Vorschrift bestimmt § 4 GGV die für eine Anlegung eines Gebäudegrundbuchs erforderlichen Nachweise je nach Art des Gebäudeeigentums.[944] So kann für das Gebäudeeigentum kraft dinglichen Nutzungsrechts das Grundbuch angelegt werden, wenn die Nutzungsurkunde vorgelegt wird und das Bestehen des Gebäudes bescheinigt werden kann (§ 4 Abs. 1 GGV). Gebäudeeigentum nach § 27 LPG-G kann praktisch nur durch bestandskräftigen Bescheid der Oberfinanzdirektion[945] gem. §§ 2, 3 VZOG nachgewiesen werden. Bezüglich des Gebäudeeigentums nach § 459 ZGB bestimmt § 4 Abs. 3 GGV die erforderlichen Nachweise.[946] Die Gestaltung des Gebäudegrundbuchs orientiert sich nach § 3 GGV am Erbbaugrundbuch. Für die Eintragung des Nutzungsrechts oder des Vermerks über Bestehen des Gebäudeeigentums im Grundbuch des betroffenen Grundstücks gelten die §§ 5, 6 GGV. Zum Schutz des Grundstückseigentümers sollte durch Eintragung eines besonderen Widerspruchs mit zeitlich begrenzter Wirkung nach § 11 GGV dessen möglicher Grundbuchberichtigungsanspruch gegen den Gebäudenutzer gesichert werden;[947] dieses besondere Widerspruchsverfahren ist auf Anträge, die nach 31.12.1996 beim Grundbuchamt eingegangen sind, nicht mehr anzuwenden (§ 11 Abs. 5 Nr. 1 GGV; zur möglichen Geltung des § 11 GBV bis 31.12.2000 siehe § 11 GGV Rdn 10).[948]

232 Da nach Art. 231 § 5 Abs. 3 EGBGB mit Ablauf des 31.12.2000 hinsichtlich des nicht im Grundstücksgrundbuch vermerkten Nutzungsrechts oder Gebäudeeigentums der **öffentliche Glaube des Grundbuchs nach § 892 BGB** und damit zugunsten eines Erwerbers des Grundstücks das Gebäude als wesentlicher Bestandteil des Grundstücks gilt, ist die Grundbucheintragung des Nutzungsrechts oder des

---

941 So BezG Cottbus ZOV 1992, 304; Eickmann/*Böhringer*, SachenRBerG, Art. 233 § 4 EGBGB Rn 2a; *Schöner/Stöber*, Grundbuchrecht, Rn 4268; *Purps*, DtZ 1995, 390; a.A. *Wilhelms*, DtZ 1995, 228.

942 *Eickmann*, Grundstücksrecht in den neuen Bundesländern, Rn 97–99; einen Sonderfall regelt Art 233 § 2b Abs. 1 S. 1 EGBGB, wonach in den Fällen der Grundstücksnutzung für Wohnungswirtschaftsbetriebe und LPG in den Fällen des Besitzmoratoriums des Art. 233 § 2a Abs. 1 S. 1 Buchst. a und b EGBGB auch nach 3.10.1990 Gebäudeeigentum entstanden ist; dazu Eickmann/*Böhringer*, SachenRBerG, Art. 233 § 2b EGBGB Rn 4.

943 Nach Ansicht des LG Schwerin Rpfleger 1998, 283, fehle der Gebäudegrundbuchverfügung eine ausreichende Ermächtigungsgrundlage; dazu auch *Moser-Merdian/Flik/Keller*, Rn 264.

944 Ausführlich dazu *Keller*, Die Behandlung von Gebäudeeigentum im Grundbuchverfahren, S. 19 ff.; Bauer/v. Oefele/*Krauß*, 1. Aufl. 1999, E I Rn 205 ff.; Meikel/*Böttcher*, 10. Aufl. 2010, § 4 GGV Rn 3 ff.; *Keller*, MittBayNot 1994, 389.

945 Dazu und zur Rechtsunsicherheit der früheren Regelung bezüglich Zuständigkeit des Grundbuchamts oder der Oberfinanzdirektion Bauer/v. Oefele/*Krauß*, 1. Aufl. 1999, E I Rn 219 ff.; *Keller*, MittBayNot 1994, 389, Abschn. III. 2.

946 Str. ist hier, ob die Verweisung des Art. 233 § 8 S. 2 EGBGB auch das Zuordnungsverfahren nach Art. 233 § 2b Abs. 3 EGBGB erfasst, in diesem Sinne erwägend *Keller*, Die Behandlung von Gebäudeeigentum im Grundbuchverfahren, S. 17; anders *Schmidt-Räntsch/Sternal*, in: Rechtshandbuch Vermögen und Investitionen, § 4 GGV Rn 11; zum Streitstand ausgleichend Bauer/v. Oefele/*Krauß*, 1. Aufl. 1999, E I Rn 249.

947 Dazu noch *Keller*, Die Behandlung von Gebäudeeigentum im Grundbuchverfahren, S. 19 ff.; Bauer/v. Oefele/*Krauß*, 1. Aufl. 1999, E I Rn 314 ff.; Meikel/*Böttcher*, 10. Aufl. 2010§ 11 GGV Rn 4 ff.

948 Diese Regelung wurde nicht durch die Eigentumsfristengesetze verlängert, dazu Bauer/v. Oefele/*Krauß*, 1. Aufl. 1999, E I Rn 339, 340.

Vermerks über selbstständiges Gebäudeeigentum sowie die Anlegung eines Gebäudegrundbuches nur unter Berücksichtigung eines möglicherweise eingetretenen gutgläubig lastenfreien Erwerbs möglich. Die GGV berücksichtigt in ihren Regelungen[949] nämlich nicht, dass seit 31.12.2000 gutgläubiger Erwerb hinsichtlich des nicht grundbuchersichtlichen Gebäudeeigentums oder auch der Ansprüche nach dem SachenRBerG (nachfolgend siehe Rdn 57 ff.) eingetreten sein kann. Die Eintragung von Nutzungsrecht und Gebäudeeigentum oder auch des Vermerks nach Art. 233 § 2c Abs. 2 EGBGB allein auf Grundlage der Nachweise nach § 4 Abs. 4 Nr. 1–4 GGV ohne Bewilligung des betroffenen Grundstückseigentümers ist daher nicht zulässig, wenn am Grundstück nach dem 31.12.2000 ein Eigentumswechsel erfolgt ist. Unter Berücksichtigung der Möglichkeit gutgläubig lastenfreien Erwerbs darf eine Eintragung des Vermerks nur noch auf Bewilligung des im Grundbuch eingetragenen Grundstückseigentümers oder aufgrund gerichtlicher Entscheidung erfolgen, wenn nach dem 31.12.2000 ein Eigentumswechsel stattgefunden hat; das Erlöschen des Gebäudeeigentums oder der Ansprüche aus dem SachenRBerG wird durch Art. 231 § 5 Abs. 3 EGBGB oder § 111 SachenRBerG impliziert und vermutet. Sollten das Gebäudeeigentum oder die Ansprüche aus dem SachenRBerG nicht durch gutgläubigen Erwerb erloschen sein, hat der Berechtigte gegen den Eigentümer einen entsprechenden Anspruch nach § 894 BGB.

4. Rechtliche Behandlung

Für das fortgeltende Gebäudeeigentum gilt Grundstücksrecht mit Ausnahme der §§ 927, 928 BGB (vgl. Art. 233 § 4 Abs. 1, § 26 Abs. 4, § 8 S. 2 EGBGB). Das Gebäudeeigentum wird nach allgemeinem Grundstücksrecht übertragen und belastet.[950]

233

5. Aufhebung

Sie erfolgt gem. § 875 BGB; § 876 BGB gilt entsprechend.[951] Ist das Gebäudeeigentum **nicht im Grundbuch eingetragen**, so ist gegenüber dem Grundbuchamt eine notariell beurkundete (!) Aufhebungserklärung abzugeben, Art. 233 § 4 Abs. 6 S. 2, § 2 Abs. 4, § 8 S. 2 EGBGB.[952] Die Zustimmung dinglich Berechtigter am Grundstück nach § 876 S. 1 BGB ist nicht erforderlich, wenn das betreffende Recht mit demselben Inhalt und Rang am Grundstück lastet und der Berechtigte deshalb durch die Aufhebung keinen Rechtsverlust erleidet.[953]

234

Nach allgemeiner Ansicht kann auch das Grundstück dem Gebäudeeigentum als Bestandteil nach § 890 Abs. 2 BGB zugeschrieben und anschließend das Gebäudeeigentum aufgehoben werden. Dieser Weg wird gewählt, wenn das Gebäudeeigentum mit Grundpfandrechten belastet, das Grundstück als ehemals Volkseigentum aber unbelastet ist. § 1131 BGB gilt dabei auch für die nach dem ZGB bestellten Aufbauhypotheken (§ 456 ZGB).[954]

6. Vereinigung mit dem Grundeigentum in einer Hand

Vereinigen sich Grundstücks- und Gebäudeeigentum in einer Hand, so gilt § 78 SachenRBerG. Er macht deutlich, dass – dem Rechtsgedanken des § 889 BGB folgend – das Gebäudeeigentum durch die Vereinigung nicht erlischt. Der Eigentümer ist jedoch unter bestimmten Voraussetzungen dazu verpflichtet, das Gebäudeeigentum aufzugeben (vgl. dazu § 82 GBO Rdn 43).

235

---

949 Zur Vereinbarkeit mit der Verordnungsermächtigung des § 1 Abs. 4 GBO OLG Brandenburg VIZ 2002, 488; anders LG Schwerin VIZ 1999, 425.
950 *Schöner/Stöber*, Grundbuchrecht, Rn 4268, 4272, dort auch zum Überleitungsrecht hinsichtlich Art. 233 § 2b Abs. 4 und 6 EGBGB.
951 Dazu u. zu den Zweifelsfragen, die der damit verbundene Erwerb des Grundstückseigentümers aufwirft *Eickmann*, Grundstücksrecht in den neuen Bundesländern, Rn 165.
952 Dazu OLG Jena NotBZ 1998, 32 = Rpfleger 1998, 195; *Schöner/Stöber*, Grundbuchrecht, Rn 4274; *Böhringer*, DtZ 1994, 266; *Schmidt*, VIZ 1995, 377; *Krauß*, NotBZ 1997, 60.
953 OLG Dresden NotBZ 1997, 212 m. Anm. *Sommer*; *Eickmann/Böhringer*, SachenRBerG, Art. 233 § 4 EGBGB Rn 35; *Schöner/Stöber*, Grundbuchrecht, Rn 4274; zum gleichen Fall der Aufhebung eines Erbbaurechts BayObLG DNotZ 1985, 372 = Rpfleger 1984, 145; BayObLG Rpfleger 1987, 156.
954 Dazu LG Dresden NotBZ 1999, 87 m. Anm. *Hügel* = Rpfleger 1999, 271; LG Mühlhausen NotBZ 1998, 196 = Rpfleger 1998, 196; Eickmann/*Böhringer*, SachenRBerG, Art. 233 § 4 EGBGB Rn 1927, 32 ff.; Bauer/v. Oefele/*Krauß*, 1. Aufl. 1999, E I Rn 443 ff.; *Schöner/Stöber*, Grundbuchrecht, Rn 4276; *Moser-Merdian/Flik/Keller*, Rn 258 ff.; *Böhringer*, DtZ 1994, 266; *Hügel*, MittBayNot 1993, 196; *Keller*, MittBayNot 1994, 289, Abschn. IX.

7. Grundzüge der Sachenrechtsbereinigung

236 Ziel des Sachenrechtsbereinigungsgesetzes ist nach § 1 Abs. 1 Nr. 1 Buchst. a, b, § 3 Abs. 2 SachenRBerG primär die Anpassung des Gebäudeeigentums an das Sachenrecht des BGB, doch soll auch eine sonstige Bebauung eines Grundstücks durch jemand anderen als den Grundstückseigentümer durch das Sachenrechtsbereinigungsgesetz geregelt werden (§ 1 Abs. 1 Nr. 1 Buchst. c SachenRBerG);[955] Voraussetzung einer Sachenrechtsbereinigung ist insbes. nicht zwingend das Bestehen selbstständigen Gebäudeeigentums oder die Anlegung eines Gebäudegrundbuchs. Die Sachenrechtsbereinigung für diese Fälle regelt Kapitel 2 des Gesetzes.[956] Der Nutzer des Gebäudes kann grundsätzlich wählen, ob er gegenüber dem Grundstückseigentümer die **Bestellung eines Erbbaurechts** nach §§ 32 ff. SachenRBerG oder den **Ankauf des Grundstücks** nach §§ 61 ff. SachenRBerG verlangt.[957] Für den Inhalt des Erbbaurechts und insbes. die Höhe des Erbbauzinses enthalten die §§ 42 ff. SachenRBerG Sonderregelungen. So soll insbes. die Höhe des Erbbauzinses abhängig von der Nutzungsart des Gebäudes und der Dauer des Erbbaurechts sein,[958] zugunsten des Erbbauberechtigten kann der Erbbauzins in der sogenannten Eingangsphase nach § 51 SachenRBerG auch ermäßigt werden. Mit Eintragung des Erbbaurechts in das Grundbuch und Anlegung des Erbbaugrundbuchs[959] erlischt selbstständiges Gebäudeeigentum nach § 59 SachenRBerG, den Fortbestand dinglicher Rechte am Grundstück regeln §§ 33 SachenRBerG. Für den Kaufvertrag über das Grundstück enthält §§ 61 ff. SachenRBerG besondere Regelungen, die Höhe des Kaufpreises soll nach § 68 SachenRBerG regelmäßig die Hälfte des Verkehrswerts des unbebauten Grundstücks betragen.[960] Mit Eigentumserwerb des Grundstücks erlischt selbstständiges Gebäudeeigentum nicht.[961] Nach § 78 SachenRBerG darf der Eigentümer nicht mehr über Gebäude oder Grundstück getrennt verfügen. Soweit und sobald das Gebäudeeigentum lastenfrei ist, hat er die Pflicht, dieses nach § 875 BGB, Art. 233 § 4 Abs. 6 S. 1 EGBGB, § 78 Abs. 1 S. 3 SachenRBerG aufzuheben, um Gebäude und Grundstück zusammenzuführen.[962]

237 Die **Sachenrechtsbereinigung** erfolgt grundsätzlich auf **privatrechtlichem Weg**,[963] die Beteiligten sind nicht an eine Frist gebunden. Eine solche besteht lediglich durch § 111 SachenRBerG in der Gefahr des Anspruchsverlustes durch gutgläubig lastenfreien Grundstückserwerb. Soweit sich Gebäudenutzer und Grundstückseigentümer nicht über eine Durchführung der Bereinigung einigen können, kann ein Vermittlungsverfahren beim Notar nach §§ 87 ff. SachenRBerG[964] angestrengt werden.[965]

8. Verjährung der Ansprüche auf Sachenrechtsbereinigung

238 Die **Ansprüche des Nutzers nach dem 2. Kap. des SachenRBerG unterliegen der Verjährung**.[966] Unter Berücksichtigung der Neuregelungen zur Verjährung nach §§ 194 ff. BGB zum 1.1.2002 und dem Überleitungsrecht nach Art. 229 § 6 EGBGB sind die Ansprüche mit Ablauf des 31.12.2011 verjährt.[967] Als Folge der Verjährung bei bestehendem Gebäudeeigentum können keine Bereinigungsansprüche nach dem SachenRBerG mehr geltend gemacht werden, das Gebäudeeigentum selbst ist als Sachenrechtsinstitut unbefristet und besteht weiter. Auch bei Zerstörung des Gebäudes kann aufgrund des Nutzungsrechtes ein neues Gebäude errichtet werden (Art. 233 § 4 Abs. 3 EGBGB). Bei Bebauung mit Billigung staatlicher Stellen, bei welcher kein Gebäudeeigentum entstanden ist, die nach § 1 Abs. 1 Nr. 1 Buchst. c

---

955 Ausführlich Eickmann/*Rothe*, SachenRBerG, § 1 Rn 68 ff.; *Vossius*, SachenRBerG, § 1 Rn 20 ff.
956 Allgemein zum Anwendungsbereich des Gesetzes *Herbig/Gaitzsch/Hügel/Weser*, S. 59 ff.; *Moser-Merdian/Flik/Keller*, Rn 219 ff.; *Eickmann*, Rn 296 ff.; *v. Oefele/Winkler*, Handbuch des Erbbaurechts, Rn 8.1 ff.; *Schöner/Stöber*, Grundbuchrecht, Rn 4283 ff.; *Leutheusser-Schnarrenberger*, DtZ 1993, 34; *Keller*, RpflStud 1994, 129; *Schmidt-Räntsch*, VIZ 1994, 441; *Grün*, NJW 1994, 2641; *Czub*, NJ 1994, 555; *ders.*, NJ 1995, 10; *Krauß*, MittBayNot 1995, 253, 353; *Frenz*, NJW 1995, 2657; *Vossius*, DtZ 1995, 154; *v. Oefele*, DtZ 1995, 158; *Eickmann*, DNotZ 1996, 139.
957 Dazu Eickmann/*Wittmer*, SachenRBerG, § 61 Rn 12 ff.; *Vossius*, DtZ 1995, 154; *Etzbach*, VIZ 1996, 305.
958 Nach § 43 Abs. 2 SachenRBerG soll bei Eigenheimen der Erbbauzins regelmäßig zwei Prozent jährlich des Bodenwerts betragen; das Erbbaurecht soll in diesem Fall eine regelmäßige Dauer von neunzig Jahren haben (§ 51 Abs. 2 Nr. 1 SachenRBerG).
959 Dazu *v. Oefele/Winkler*, Handbuch des Erbbaurechts, Rn 8.11 ff.; *Keller*, RplfStud 1994, 129, Abschn. IV. 7.
960 Eickmann/*Bischoff*, SachenRBerG, § 68 Rn 1 ff.
961 So allein LG Schwerin DNotZ 1993, 512 m. abl. Anm. *Faßbender*.
962 *Krauß*, NotBZ 1999, 215; *Böhringer*, VIZ 2004, 345.
963 In diesem Sinne sehr lobend *Vossius*, VIZ 1997, 4.
964 Dazu Eickmann/*Albrecht*, SachenRBerG, § 87 Rn 2 ff.; *Vossius*, SachenRBerG, vor § 87 Rn 2, 26 ff.
965 Zu den Rechtswirkungen der Feststellung nach § 106 Abs. 2 SachenRBerG BGH NJW 2015, 3032 = NotBZ 2015, 382 = Rpfleger 2015, 528.
966 *Schmidt-Räntsch/Czub*, ZfIR 2007, 517; *Maletz*, ZfIR 2007, 613; *Schmidt-Räntsch*, ZfIR 2012, 217.
967 BGH DNotZ 2015, 199 = NotBZ 2015, 147 m. Anm. *Böhringer* = Rpfleger 2015, 194 = ZfIR 2015, 152 m. Anm. *Maletz*.

SachenRBerG auch zur Sachenrechtsbereinigung berechtigt waren, endete aber das Besitzrecht des Nutzers und er hat das Gebäude an den Grundstückseigentümer herauszugeben.[968] Die Anerkennung der Verjährung war im Sachverhalt der Entscheidung des BGH[969] logisch und notwendig: Der Nutzer ließ aufgrund einstweiliger Verfügung einen Schutzvermerk nach Art. 233 § 2c EGBGB in das Grundstücksgrundbuch eintragen, betrieb danach aber keine Sachenrechtsbereinigung. Nach mehr als zehn Jahre verlangte der Grundstückseigentümer entsprechend § 886 BGB die Löschung des Vermerks.

Soweit Gebäudeeigentum besteht, führt die Verjährung zu einer Konservierung des Rechtszustandes. Zu unterscheiden ist, ob selbstständiges Gebäudeeigentum besteht oder lediglich eine Bebauung des fremden Grundstücks.[970]

239 Ein im Grundbuch eingetragene Gebäudeeigentum bleibt bestehen, der Nutzer ist insbes. im Falle des sog. verliehenen Nutzungsrechts nicht zur Zahlung von Nutzungsentgelt an den Grundstückseigentümer verpflichtet. Eine Sachenrechtsbereinigung kann nur noch freiwillig durchgeführt werden. Hinsichtlich des im Grundbuch eingetragenen selbstständigen Gebäudeeigentums heißt dies aber auch, dass es als Rechtsinstitut zeitlich unbefristet besteht, wenn die Beteiligten keine Sachenrechtsbereinigung in die Wege leiten. Ein umsichtiger Grundstückseigentümer sollte die Einrede der Verjährung gegen die Ansprüche solcher Nutzer nicht erheben. Er wäre vielmehr bestrebt, die Bereinigung ungeachtet der eingetretenen Verjährung herbeizuführen, weil er sonst ein weitgehend wertloses Grundstück behielte.

Besteht kein Gebäudeeigentum hat der Nutzer entsprechend § 29 Abs. 5 und § 81 Abs. 1 S. 1 Nr. 2 SachenRBerG einen Anspruch auf Wertersatz für das von ihm errichtete Gebäude.[971] Der Grundstückseigentümer kann den Anspruch des Nutzers nach der Erhebung der Einrede der Verjährung entsprechend § 29 Abs. 5 S. 2 SachenRBerG dadurch abwenden, dass er seinen eigenen primären Bereinigungsanspruch geltend macht. Die Ansprüche nach § 29 Abs. 5 und § 81 SachenRBerG verjähren einheitlich entsprechend § 196 BGB in zehn Jahren.

§ 4 Eigentum und Grundbuchfähigkeit eines Rechtsträgers

A. Wesensmerkmale des Eigentums 1	V. Eintragungsfähige Beschränkungen 28
I. Wesen und Inhalt des Eigentums 1	VI. Nicht eintragungsfähige Beschränkungen .. 29
II. Arten des Eigentums 2	VII. Praktische Bedeutung 30
B. Eintragungsfähigkeit privatrechtlicher Eigentumsbeschränkungen 6	E. Gesamthandseigentum 31
I. Arten 6	I. Rechtsnatur 31
II. Privates Nachbarrecht 7	II. Eintragungsfähigkeit 32
III. Überbaurente (§ 913 BGB) und Notwegrente (§ 917 BGB) 8	III. Bezeichnung der Gesamthänder 34
C. Miteigentum nach Bruchteilen 10	IV. Eigentum einer Gesamthandsgemeinschaft 35
I. Rechtsnatur 10	V. Eintragungsfähigkeit von Verfügungen über Erbanteile 36
II. Rechtsverhältnis der Miteigentümer untereinander 11	VI. Vermerk von Verfügungen über Gesamthandsanteile 39
III. Entstehen 13	F. Grundbuchfähigkeit eines Rechtsträgers .. 42
IV. Selbstständigkeit eines Bruchteils 18	I. Rechtsfähigkeit, Eintragungsfähigkeit, Erwerbsfähigkeit, Grundbuchfähigkeit 42
V. Veräußerung des Miteigentumsanteils 19	II. Sonderfälle der Grundbuchfähigkeit 52
VI. Veräußerung des Grundstücks 20	1. Gesellschaft bürgerlichen Rechts 52
VII. Grundbucheintragung 21	a) Rechtsgeschichtliche Entwicklung . 52
D. Regelungen der Miteigentümer nach § 1010 BGB 22	b) Die Rechtsfähigkeit der Gesellschaft bürgerlichen Rechts seit 1.1.2024 ... 56
I. Rechtsnatur 22	2. Grundbuchfähigkeit der Wohnungseigentümergemeinschaft 57
II. Wirkungen 23	3. Der nicht rechtsfähige Verein, Vorgesellschaften und ausländische Gesellschaften 59
III. Eintragungsfähigkeit 26	
IV. Berechtigter 27	

---

968 *Schmidt-Räntsch*, ZfIR 2012, 217, 220 ff.
969 BGH DNotZ 2015, 199 = NotBZ 2015, 147 m. Anm. *Böhringer* = Rpfleger 2015, 194 = ZfIR 2015, 152 m. Anm. *Maletz*.
970 BGH NotBZ 2018, 182 m. Anm. *Ring* = ZfIR 2018, 265 m Anm. *Maletz*.
971 Zur Rechtslage bei sog. unechten Datschen BGH, Urt. v. 9.7.2021 – V ZR 179/20, juris.

A. Wesensmerkmale des Eigentums
I. Wesen und Inhalt des Eigentums

1 Das Eigentum ist das umfassende dingliche Recht an einer Sache, es ist im Sachenrecht als solches nicht ausdrücklich definiert. Die rechtlichen Befugnisse des Eigentümers ergeben sich wesentlich aus §§ 903 BGB mit der verfassungsrechtlichen Institutsgarantie des Art. 14 GG.[1] Eintragungsfähig und -bedürftig sind (§ 9 GBV) die Person des oder der Eigentümer, die am öffentlichen Glauben nicht teilnehmende[2] sachenrechtliche Grundlage der Eigentumseintragung (z.B. Auflassung, Erbschein, Testament, Eintragungsersuchen, Enteignungsbeschluss; vgl. § 9 GBV Rdn 5 ff.). Von den zahlreichen Eigentumsbeschränkungen[3] sind nur einzelne eintragungsfähig (siehe § 6 Einl. Rdn 77 ff.).

II. Arten des Eigentums

2 **Das BGB** kennt Alleineigentum, Miteigentum nach Bruchteilen und Gesamthandseigentum. Objekte des Eigentums sind das Grundstück im Rechtssinne, Wohnungs- und Teileigentum nach WEG, grundstücksgleiche Rechte. Im Beitrittsgebiet gibt es das aus dem Recht der DDR fortgeführte selbstständige Gebäudeeigentum, in einzelnen Bundesländern ferner altrechtliches Stockwerkseigentum nach Art. 131 und 182 EGBGB (siehe § 3 Einl. Rdn 10).

3 **Nicht eintragungsfähig**, weil mit dem geltenden Recht unvereinbar, ist ein Gesamtberechtigungsverhältnis mehrerer Eigentümer nach § 428 BGB (vgl. dazu § 47 GBO Rdn 22); die Gesamtberechtigung ist nur schuldrechtlich relevant, sie kann aber als Berechtigungsverhältnis bei dinglichen Rechten Gegenstand der Grundbucheintragung sein, soweit aus dem dinglichen Recht auch Ansprüche fließen.[4] Unzulässig ist das sog. subjektiv dingliche Eigentum, bei dem der jeweilige Eigentümer eines Grundstücks auch Eigentümer eines anderen Grundstücks sein soll (anders wiederum für dingliche Rechte, vgl. nur §§ 1018, 1094 Abs. 2, § 1105 Abs. 2 BGB). Als gewisse Hilfskonstruktion bei wirtschaftlichen Nebenflächen und sog. dienenden Grundstücken erlaubt § 3 Abs. 4 GBO die Buchung von Miteigentumsanteilen im Grundbuch des herrschenden Grundstücks (vgl. § 3 GBO Rdn 8 ff.).

Das BGB kennt auch kein gestuftes Ober- und Untermiteigentum.[5] Das wirtschaftliche Eigentum i.S.v. § 39 Abs. 1 Nr. 2 AO ist lediglich steuerrechtlich von Bedeutung. Ebenso ist der Begriff des „wahren Eigentümers" als wirtschaftlich Berechtigtem im Sinne des § 3 GwG sachenrechtlich untauglich (siehe auch Einl. § 1 Rdn 12 ff.).

Bergwerkseigentum gem. § 9 Abs. 1 BBergG ist als besondere Eigentumsform für den Abbau von Bodenschätzen geregelt.

Bei Sicherungseigentum oder Treuhandeigentum ist der Sicherungsnehmer oder Treunehmer sachenrechtlich Eigentümer und als solcher in das Grundbuch einzutragen, Beschränkungen aus dem Sicherungsvertrag oder dem Treuhandverhältnis sind sachenrechtlich nicht von Bedeutung und nicht eintragungsfähig.[6]

4 **Beim Eigentum mehrerer Personen** ist zwischen Miteigentum nach Bruchteilen (siehe Rdn 10 ff.) und den verschiedenen Arten von Gesamthandseigentum (siehe Rdn 31 ff.) zu unterscheiden. Deshalb verlangt § 47 GBO bei Eintragung der Eigentümer wie auch mehrerer Berechtigter eines Grundstücksrechts stets die Angabe des Gemeinschaftsverhältnisses.

5 **Bezeichnungsarten:** Natürliche Personen sind nach § 15 Abs. 1 Nr. 1 GBV mit ihrem Namen und dem Geburtsdatum (subsidiär mit dem Wohnort) einzutragen. OHG und KG sowie Partnergesellschaft, Europäische Wirtschaftliche Interessenvereinigung (EWIV) oder Societas Europaea (SE) sind unter ihrer

---

[1] Vgl. MüKo-BGB/*Säcker*, § 903 Rn 7 ff.; Grüneberg/*Herrler*, BGB, vor § 903 Rn 2 ff.; Erman/*Lorenz*, BGB, vor § 903 Rn 3 ff.
[2] BGHZ 7, 64; Meikel/*Schneider*, § 9 GBV Rn 2.
[3] MüKo-BGB/*Säcker*, § 903 Rn 18 ff.; Grüneberg/*Herrler*, BGB, § 903 Rn 11 ff.
[4] BayObLGZ 1963, 128 = DNotZ 1964, 343; Bauer/Schaub/*Wegmann*, § 47 Rn 61 m.w.N.
[5] BayObLGZ 1974, 466 = Rpfleger 1975, 90; BayObLG DNotZ 1971, 659.
[6] BGH NJW 1954, 190; Grüneberg/*Herrler*, BGB, § 903 Rn 38; zur Sicherungsübertragung von Grundstücken *Serick*, Eigentumsvorbehalt und Sicherungsübertragung, Bd. I § 17 III.

Firma (§ 124 Abs. 1 HGB) einzutragen. Der Inhaber eines Handelsgeschäfts als Einzelkaufmann ist als natürliche Person unter seinem Namen einzutragen, nicht unter seiner im Handelsregister eingetragenen Firma.[7] Er ist juristisch Alleineigentümer seines gesamten Vermögens, eine Unterscheidung zwischen Privatvermögen und Unternehmensvermögen kennt das bürgerliche Recht nicht. Juristische Personen sind unter ihrem Namen oder ihrer Firma in das Grundbuch einzutragen (siehe § 15 GBV Rdn 7 ff.).

B. Eintragungsfähigkeit privatrechtlicher Eigentumsbeschränkungen

I. Arten

Die Beschränkungen des Eigentums sind entweder öffentlich-rechtlicher oder privatrechtlicher Art; die privatrechtlichen Beschränkungen sind teils gesetzlichen, teils vertraglichen Ursprungs. Ihre Eintragungsfähigkeit ist unterschiedlich geregelt (eingehend zu den Verfügungsbeschränkungen siehe § 6 Einl. Rdn 77 ff.).

II. Privates Nachbarrecht

Die im privaten Nachbarrecht geregelten gesetzlichen Beschränkungen[8] sind weder eintragungsfähig noch eintragungsbedürftig, z.B. die gesetzliche Pflicht zur Duldung eines Überbaus (§ 912 BGB) oder Notweges oder einer Notleitung (§ 917 BGB).[9] Als Grunddienstbarkeit können aber die vom Gesetz nach Umfang oder Inhalt abweichenden oder zur Beseitigung von Zweifeln klarstellenden Vereinbarungen über den Überbau oder den Notweg eingetragen werden.[10]

III. Überbaurente (§ 913 BGB) und Notwegrente (§ 917 BGB)

Diese Renten sind nicht eintragungsfähig. Sie ruhen auf dem rentenpflichtigen Grundstück als gesetzliche Last ohne Eintragung mit Rang vor allen (auch älteren) Rechten (§§ 914 Abs. 1 und 2, 917 Abs. 2 BGB).[11]

Vertragliche Regelungen über diese Renten wirken gegen Dritte nur bei Grundbucheintragung (z.B. Feststellung der Höhe, Inhaltsänderung, Verzicht), die in Abt. II des Blattes des rentenpflichtigen Grundstücks erfolgt und nach § 9 GBO am rentenberechtigten Grundstück vermerkt werden kann.[12]

C. Miteigentum nach Bruchteilen

I. Rechtsnatur

Miteigentum nach Bruchteilen (§ 1008 BGB) ist eine Eigentumsart, deren Wesen sich aus der Bruchteilsgemeinschaft ergibt (§§ 741 ff. BGB).[13] Das Eigentumsrecht mehrerer Personen erstreckt sich zwar auf das ganze Grundstück, aber nur in einem ziffernmäßig bestimmten ideell gedachten und räumlich nicht bestimmbaren Anteil. Das Anteilsrecht eines jeden Miteigentümers ist echtes Eigentumsrecht, über das er nach den sachenrechtlichen Grundsätzen (§§ 873; 925 BGB) und den unabdingbaren Grundregeln der §§ 741; 747 BGB frei verfügen kann.[14] Die Gemeinschaft nach §§ 741 ff. BGB, die Grundlage des Bruchteilseigentums ist, stellt ihrem Wesen nach deshalb auch kein Schuldverhältnis dar.[15] Mit Ausnahme der WEG-Gemeinschaft (§ 9a WEG; dazu Rdn 57) ist sie deshalb auch nicht rechtsfähig.

---

7 BayObLGZ 1971, 373 = Rpfleger 1973, 56; Bauer/Schaub/*Kössinger*, AT B 28.
8 Das BGB enthält bewusst nur die Beschränkungen des Eigentums, die das Eigentum im Interesse des privaten Rechtslebens begrenzen, vgl. Motive zum BGB, Bd. III, S. 258.
9 Zum Notwegerecht in Konkurrenz zur Dienstbarkeit BGH NJW-RR 2022, 1100 = ZNotP 2022, 445 = ZfIR 2022, 453 m. Anm. *Grziwotz*; zur Anwendung des § 917 BGB auf eine Notleitung BGH NJW 1981, 1036; BGH NJW 1991, 176; OLG Hamm NJW-RR 1992, 723; Staudinger/*Roth*, BGB, § 917 Rn 4 ff.; MüKo-BGB/*Säcker*, § 917 Rn 14; Erman/*Lorenz*, BGB, § 917 Rn 1, 2 a.E.
10 Zur Überbaurente BGHZ 15, 216; zur Eintragbarkeit OLG Düsseldorf Rpfleger 1978, 16; Staudinger/*Roth*, BGB, § 912 Rn 36; Grüneberg/*Herrler*, BGB, § 912 Rn 11; § 917 Rn 11; Erman/*Lorenz*, BGB, § 912 Rn 12.
11 Staudinger/*Roth*, BGB, § 914 Rn 2 ff.
12 BayObLG DNotZ 1977, 111 = Rpfleger 1976, 180; OLG Düsseldorf Rpfleger 1978, 16; OLG Bremen DNotZ 1965, 295; KG Rpfleger 1968, 52 zust. *Haegele*; Staudinger/*Roth*, BGB, § 914 Rn 5; MüKo-BGB/*Säcker*, § 914 Rn 3; a.A. *Bessel*, DNotZ 1968, 617.
13 MüKo-BGB/*K. Schmidt*, § 1008 Rn 1 ff.; Erman/*Aderhold*, BGB, vor § 1008; Meikel/*Grziwotz*, Einl. B 87 ff.; Schöner/Stöber, Grundbuchrecht, Rn 258.
14 RGZ 56, 96, 100; 69, 36, 40; 147, 201, 209; BGHZ 36, 365, 368; Staudinger/*Thole*, BGB, § 1008 Rn 2, 6; Grüneberg/*Herrler*, BGB, § 1008 Rn 1.
15 BGHZ 62, 243, 246; Grüneberg/*Sprau*, BGB, § 741 Rn 8.

II. Rechtsverhältnis der Miteigentümer untereinander

11 **Das Innenverhältnis** richtet sich nach §§ 741 ff. BGB, die in beschränktem Umfang abweichende oder ergänzende Regelungen teils durch Vertrag, teils durch Mehrheitsbeschluss (§§ 745, 749 Abs. 2 BGB) und nach § 1010 BGB Vereinbarungen mit verdinglichten Wirkungen gestatten (siehe Rdn 22 ff.) und wie nach §§ 10 ff. WEG eine Art Statut bilden (siehe § 3 Einl. Rdn 96 ff.).

12 **Der Miteigentümer** tritt in diese Gemeinschaft mit dem rechtsgeschäftlichen Erwerb ein und auch wenn er es nicht weiß oder nicht will. Kraft Gesetzes tritt er mit dem Erwerb des Miteigentumsanteils ein. Aus der Gemeinschaft scheidet er mit dem Verlust seines Eigentums aus.[16]

III. Entstehen

13 **Bruchteileigentum entsteht** durch rechtsgeschäftlichen oder gesetzlichen Eigentumsübergang auf mehrere Personen, sofern sich nicht aus dem Gesetz oder aus den Vereinbarungen ein anderes Gemeinschaftsverhältnis ergibt.[17]

14 **Unzulässig** ist die quotenmäßige Vorratsteilung des Alleineigentums in gewöhnliches Miteigentum und Belastung eines angeblichen Miteigentumsanteils (Quotenbelastung) durch den Alleineigentümer.[18] Eine Ausnahme stellt die sogenannte Vorratsteilung bei Aufteilung von Wohnungs- und Teileigentum nach § 8 WEG dar.

15 **Am Miteigentumsanteil kann keine Bruchteilsgemeinschaft entstehen.** Eine irgendwie geartete Unterbruchteilsgemeinschaft gibt es nicht.[19] Bei Teilveräußerung spaltet sich der Anteil in neue Bruchteile. Durch Hinzuerwerb vereinigen sich die Anteile des gleichen Miteigentümers zu einem neuen Bruchteil. Mit der Vereinigung aller Anteile in einer Hand verwandelt sich Bruchteilseigentum kraft Gesetzes in Alleineigentum. Diese Regeln werden durchbrochen bei Bruchteilsgemeinschaften besonderen Rechts,[20] insbes. nach WEG.[21] Nicht zu verwechseln ist dies mit dem Erwerb eines Bruchteils durch eine Gesamthandsgemeinschaft,[22] dies ist ohne weiteres möglich und häufig der Fall, z.B. bei Eigentum von Ehegatten je zur Hälfte und gesetzlicher Erbfolge nach dem Tod eines (Ehegatten-)Miteigentümers.

16 Die „**Auflassung eines halben Miteigentumsanteils**" durch alle Miteigentümer an einen Dritten hat deshalb die nächstliegende Bedeutung, dass jeder Veräußerer die Hälfte seines Miteigentumsanteils an den Erwerber übertragen und der Erwerber diese Anteile erwerben will.[23] Ebenso wenn „A und B ihr Grundstück an X und Y zum Miteigentum je zur Hälfte" auflassen. Anders wenn A seinen Hälfteanteil an X und B seinen Hälfteanteil an Y auflässt, was bei unterschiedlicher Belastung der Anteile von Bedeutung ist. Ist nämlich nur Anteil A z.B. mit einer Grundschuld belastet, trifft diese Belastung nur den X als Erwerber dieses Miteigentumsanteils.

17 **Strittig ist, ob beim Erwerb durch Gesamthänder** (z.B. Ehegatten in Gütergemeinschaft) zuerst wenigstens eine logische Sekunde Bruchteilseigentum entstehen und dieses erst dann kraft Gesetzes in Gesamthandseigentum übergehen kann. Nach der sog. Durchgangstheorie sei dies so zu sehen, die Unmittelbarkeitstheorie geht dagegen von unmittelbarem Erwerb in Gesamthandseigentum aus.[24]

IV. Selbstständigkeit eines Bruchteils

18 **Die Selbstständigkeit eines auf den Alleineigentümer übergegangenen Miteigentumsanteils muss ausnahmsweise aufrecht erhalten bleiben, wenn** der Anteil im Zeitpunkt der Belastung noch im Eigentum eines Dritten stand und der vom nunmehrigen Alleineigentümer hinzuerworbene Eigentumsbruchteil einer besonderen, die Ausscheidung aus dem Alleineigentum zulassenden oder gebietenden Rechts-

---

16 Staudinger/*Eickelberg*, BGB, § 747 Rn 30.
17 Staudinger/*Eickelberg*, BGB, § 741 Rn 224.
18 BGHZ 49, 250, 253 = Rpfleger 1968, 114; MüKo-BGB/*K. Schmidt*, § 1008 Rn 4; Grüneberg/*Herrler*, BGB, § 1008 Rn 2.
19 BGHZ 13, 133, 141 = NJW 1954, 1035; BayObLG Rpfleger 1979, 302; Grüneberg/*Herrler*, BGB, § 1008 Rn 5.
20 Staudinger/*Eickelberg*, BGB, § 741 Rn 177 ff.
21 BGHZ 49, 250, 252.
22 Meikel/*Griwotz*, Einl. B 84; *Schöner/Stöber*, Grundbuchrecht, Rn 258.
23 BayObLGZ 1977, 189 = Rpfleger 1977, 360; OLG Frankfurt a.M. Rpfleger 1978, 213.
24 Zur Durchgangs- und Unmittelbarkeitstheorie *Hofmann*, FamRZ 1972, 117; *Tiedtke*, FamRZ 1976, 510; im Sinne der Unmittelbarkeitstheorie BGHZ 82, 346 = Rpfleger 1982, 135.

zuständigkeit unterliegt (vgl. § 7 GBO Rdn 27 ff.).[25] Insbesondere bei der Belastung eines ehemaligen Miteigentumsanteils mit einem Grundpfandrecht ist dies wegen § 864 Abs. 2 ZPO erforderlich. Lastet z.B. auf einem Miteigentumsanteil eine Zwangssicherungshypothek und erwirbt diesen Anteil der andere Miteigentümer, so dass Alleineigentum entsteht, bleibt die Sicherungshypothek am ehemaligen Miteigentumsanteil weiter bestehen. Die Belastungssituation wird aus dem Zusammenhang der Eintragungen in den Abteilungen I und III deutlich, sie wird nicht ausdrücklich im Grundbuch vermerkt.

V. Veräußerung des Miteigentumsanteils

Der Miteigentümer kann seinen Anteil frei veräußern und belasten (§ 747 S. 1 BGB). Nur die Bestellung eines auf Nutzung des ganzen Grundstücks oder realen Teiles gerichteten dinglichen Rechts an einem ideellen Bruchteilsanteil ist praktisch nicht möglich und daher rechtlich nicht zulässig,[26] auch nicht bei Regelungen nach § 1010 BGB (siehe Rdn 22 ff.).

19

VI. Veräußerung des Grundstücks

An der Veräußerung und Belastung des ganzen Grundstücks müssen alle Miteigentümer mitwirken.[27] Ist dies nicht der Fall, können die Erklärungen nicht als Verfügung nur über die Anteile der mitwirkenden Miteigentümer umgedeutet werden, auch dann nicht, wenn zunächst alle mitgewirkt haben und die Erklärungen eines von ihnen unwirksam sind oder werden.[28] Bei Bestellung einer Gesamthypothek an zwei Miteigentumsanteilen hat die Unwirksamkeit der Bestellung an einem Anteil nicht ohne weiteres die Unwirksamkeit der Bestellung am anderen Anteil zur Folge. Letztlich handelt es sich hier um Fragen der Auslegung der Willenserklärungen der Beteiligten und die Folgen einer Teilnichtigkeit nach § 139 BGB.

20

VII. Grundbucheintragung

Die **Grundbucheintragung von Miteigentum nach Bruchteilen** erfolgt in Abt. I unter Angabe der Größe der Bruchteile (§ 47 GBO). Eine buchmäßige Verselbstständigung der Miteigentumsanteile ist unter den Voraussetzungen des § 3 Abs. 4, 5 GBO möglich. Wird der Anteil an einer Erbengemeinschaft geteilt, entsteht eine Bruchteilsgemeinschaft an diesem Erbteil, die aus praktischen Gründen im Grundbuch eingetragen werden kann, obwohl rechtlich keine Bruchteilsgemeinschaft am Nachlassgrundstück entsteht, dieses steht weiterhin im gesamthänderischen Eigentum der Erbengemeinschaft.[29] Die **a.A.**[30] wird überwiegend abgelehnt. Überträgt aber ein Miterbe seinen Anteil an alle übrigen Miterben, so entsteht insoweit keine Bruchteilsgemeinschaft; der Erbteil wächst den Miterben zur gesamten Hand an.[31]

21

D. Regelungen der Miteigentümer nach § 1010 BGB
I. Rechtsnatur

Durch die **Grundbucheintragung als „Belastung eigener Art"**, die keinem der sonst im BGB vorkommenden Typen von dinglichen Rechten entspricht,[32] können die Miteigentümer ihr Rechtsverhältnis untereinander nach § 1010 BGB regeln.[33] Bestellung, Änderung und Aufhebung dieser „Belastung" richten sich materiell nach §§ 873 ff. BGB und formell nach § 19 GBO.[34]

22

---

25 Dazu RGZ 94, 154, 157; BGH ZIP 1985, 372; BayObLGZ 1974, 466 = Rpfleger 1975, 90; BayObLG DNotZ 1971, 659; MüKo-BGB/*K. Schmidt*, § 1008 Rn 14.
26 BGHZ 36, 187, 188 = NJW 1962, 634; KG DNotZ 1975, 105; Staudinger/*Eickelberg*, BGB, § 747 Rn 13.
27 RGZ 146, 364; BGHZ 36, 368; Grüneberg/*Herrler*, BGB, § 1008 Rn 4.
28 OLG Düsseldorf JMBl. NRW 1959, 180; Staudinger/*Eickelberg*, BGB, § 747 Rn 74.
29 OLG Düsseldorf Rpfleger 1968, 188; OLG Köln Rpfleger 1974, 109; *Demharter*, § 47 Rn 9; Grüneberg/*Herrler*, BGB, § 1008 Rn 3; *Haegele*, Rpfleger 1968, 173.
30 BayObLGZ 1967, 405 = Rpfleger 1968, 187.
31 BayObLG 1980, 328; Grüneberg/*Weidlich*, BGB, § 2033 Rn 4.

32 BayObLGZ 1973, 84 = Rpfleger 1973, 246; BayObLG DNotZ 1976, 744; OLG Hamm DNotZ 1973, 546.
33 MüKo-BGB/*K. Schmidt*, § 1010 Rn 9 ff.; Erman/*Aderhold*, BGB, § 1008 Rn 1 ff.; Meikel/*Grziwotz*, Einl. B 87 ff.; Schöner/Stöber, Grundbuchrecht, Rn 1459 ff.
34 OLG Hamm DNotZ 1973, 546 = Rpfleger 1973, 167; BayObLG BWNotZ 1981, 148 = MittBayNot 1981 183 = Rpfleger 1981, 352; OLG Nürnberg MittBayNot 2021, 33; Schöner/Stöber, Grundbuchrecht, Rn 1461; Staudinger/*Thole*, BGB, § 1010 Rn 5; dort auch Hinweise zur – umstrittenen – dogmatischen Erklärung und zu abw. Auffassungen; zu nachträglichen Änderungen der eingetragenen Vereinbarungen *Heitmann*, Rpfleger 1999, 431.

II. Wirkungen

23 **Wirkungen gegen** alle späteren Sondernachfolger erhalten diese Regelungen nur durch Grundbucheintragung, ohne Eintragung nach h.M.[35] selbst dann nicht, wenn der Sondernachfolger sie kennt,[36] gegen den Gesamtrechtsnachfolger wirken sie stets. Die Wirkungen bestehen nur unter den Miteigentümern (= „inter partes"), also nicht wie bei echten dinglichen Rechten absolut gegen alle.[37]

24 **Wirkungen für** Sondernachfolger und Gesamtrechtsnachfolger haben die Regelungen auch ohne Eintragung.[38]

25 **Eintragungen nach § 1010 sind keine Verfügungsbeschränkung.**[39] Ein Verstoß ist zwar vertragswidrig, aber sachenrechtlich wirksam; z.B. Nießbrauchbestellung für einen Dritten an einem Miteigentumsanteil, wenn jedem von drei Miteigentümern das Recht zur Verwaltung und Alleinnutzung an einem der drei auf dem Grundstück stehenden Gebäude zugewiesen ist.[40]

III. Eintragungsfähigkeit

26 **Eintragungsfähig** als „Belastung einzelner oder aller Miteigentumsanteile" sind die Regelungen nur bei Bruchteilseigentum, nicht bei Gesamthandseigentum, auch bei Alleineigentum belastet mit Bruchteilsnießbrauch.[41] Ob eine Benutzungsregelung auch bei Anteilsbuchung nach § 3 Abs. 4 GBO eingetragen werden kann, wenn sich alle Anteile noch in einer Hand befinden (§ 3 Abs. 6 GBO), ist streitig.[42] Sie stehen in einem echten Rangverhältnis zu anderen Belastungen.[43] Bei der Beendigung des Gemeinschaftsverhältnisses, z.B. wenn ein Miteigentümer Alleineigentümer wird, sollen sie nicht erlöschen.[44] Sie werden in Abteilung II des Grundbuchs eingetragen. Es genügt der Eintragungsvermerk „Verwaltungs- und Benutzungsregelung";[45] auf Bewilligung und allgemein zugängliche Karte kann Bezug genommen werden.

IV. Berechtigter

27 **Der Berechtigte dieser Belastung** muss in der Bewilligung und im Grundbuch bezeichnet werden.[46]

Berechtigte können sein:
- **subjektiv-dinglich** die jeweiligen Eigentümer einzelner oder aller übrigen Miteigentumsanteile; schließen alle Miteigentümer für immer die Aufhebung ihrer Gemeinschaft aus, dann ist dies in der Regel als Belastung aller Anteile zugunsten der jeweiligen Eigentümer aller übrigen Anteile zu verstehen;[47]
- **subjektiv-persönlich**: alle oder einzelne Miteigentümer, deren Berechtigung dann mit dem Verlust ihres Miteigentums erlischt.[48]
- **Streitig ist, ob auch Dritte berechtigt sein können.**[49] Zutreffend wird dies jedoch abgelehnt,[50] weil § 1010 nur die Verdinglichung der das Rechtsverhältnis der Miteigentümer untereinander betreffenden Regelungen zulässt,[51] und für Benutzungsrechte Dritter Dienstbarkeiten bestellt werden können.

---

35 Krit. Staudinger/*Thole*, BGB, § 1010 Rn 1; *Ertl*, DNotZ 1979, 267, 271.
36 OLG München NJW 1955, 637; krit. Erman/*Aderhold*, § 1010 Rn 2, m. Hinw. auf BGHZ 40, 326 = NJW 1964, 648, wonach der Veräußerer eines Grundstücks die Pflicht habe, dafür zu sorgen, dass auch durch einen Erwerber die Vereinbarungen eingehalten würden.
37 OLG Köln DNotZ 1971, 373, 376.
38 OLG München NJW 1955, 637; BayObLG Rpfleger 1980, 478; Staudinger/*Eickelberg*, BGB, § 746 Rn 3.
39 BayObLG DNotZ 1982, 250, 251; *Walter*, DNotZ 1975, 518.
40 BGHZ 40, 326 = NJW 1964, 648.
41 Staudinger/*Chr. Heinze*, BGB, § 1066 Rn 1915, 16; Erman/*Aderhold*, BGB, § 1010 Rn 4; a.A. LG München I MittBayNot 1972, 294.
42 Bejahend LG Memmingen MittBayNot 1999, 77 m. zust. Anm *Rehle*; abl. *Vossius*, MittBayNot 1994, 12; *Frank*, MittBayNot 1994, 512.
43 LG Saarbrücken Rpfleger 1965, 56; Erman/*Aderhold*, BGB, § 1010 Rn 5.
44 OLG München FGPrax 2018, 158.
45 BayObLGZ 1973, 84 = Rpfleger 1973, 246.
46 BayObLG DNotZ 1976, 744; OLG Hamm DNotZ 1973, 546 = Rpfleger 1973, 167; BayObLG MittBayNot 1981, 183.
47 BayObLG DNotZ 1976, 744; BayObLG MittBayNot 1981, 183.
48 BayObLG MittBayNot 1964, 275; OLG Hamm DNotZ 1973, 546 = Rpfleger 1973, 167.
49 Bejahend OLG Hamm DNotZ 1973, 546 = Rpfleger 1973, 167; MüKo-BGB/*K. Schmidt*, § 1010 Rn 10; *Döbler*, MittRhNotK 1983, 181; *Hilgers*, MittRhNotK 1970, 627; offengelassen von BayObLG MittBayNot 1981, 183.
50 Grüneberg/*Herrler*, BGB, § 1010 Rn 2; Schöner/Stöber, Grundbuchrecht, Rn 1464; *Pöschl*, BWNotZ 1974, 79; *Fleitz*, BWNotZ 1977, 36, 40.
51 Staudinger/*Thole*, BGB, § 1010 Rn 6; *Ertl*, Rpfleger 1979, 81.

V. Eintragungsfähige Beschränkungen

Eintragungsfähig sind nur die in § 1010 BGB bestimmten Regelungen über die Verwaltung und Benutzung (§§ 744 ff. BGB),[52] den Ausschluss des Anspruchs auf Aufhebung der Gemeinschaft (§§ 749 ff. BGB),[53] das Weiterbestehen der in §§ 755, 756 BGB genannten Ansprüche gegen Sondernachfolger.[54] Nicht eintragungsfähig sind satzungsähnliche Bestimmungen, die die interne Willensbildung der Miteigentümer und deren Vertretung gegenüber Dritten regeln.[55] Wegen des praktischen Bedürfnisses und der Lebenserfahrung, dass Regelungen über Nutzen und Lasten zusammengehören, ist die Eintragungsfähigkeit der Pflicht zur Lasten- und Kostentragung zu bejahen.[56]

28

VI. Nicht eintragungsfähige Beschränkungen

Nicht eintragungsfähig sind z.B. Teilungsvereinbarungen,[57] Vereinbarungen gegen zwingendes Recht z.B. §§ 741, 747, 749 Abs. 2,[58] 751 S. 2 BGB, § 84 Abs. 2 InsO oder Regelungen, die nicht die Miteigentumsanteile betreffen, sondern ein daran eingetragenes dingliches Recht.

29

VII. Praktische Bedeutung

§ 1010 BGB schafft interne Bindungen, die an das Gemeinschaftsrecht des §§ 10 WEG erinnern, trotzdem aber davon zu unterscheiden sind. Bei Sondereigentum besteht Eigentum (§ 13 WEG), bei § 1010 BGB kein dingliches Recht, sondern ein „verdinglichtes" Rechtsverhältnis („inter partes") auf Benutzung von Wohnungen, Gebäudeteilen oder Flächen im Freien. Im Rang hinter Grundpfandrechten eingetragene Vereinbarungen nach § 1010 BGB sind bei Zwangsversteigerung der Gefahr des Ausfalls ausgesetzt, Regelungen nach § 10 Abs. 2 WEG nicht. Wohnungseigentum ist wie Eigentum belastbar, der Miteigentumsanteil trotz § 1010 BGB nur mit Einschränkungen. § 12 WEG ermöglicht Verfügungsbeschränkungen, § 1010 BGB nicht. Die Grundsätze für die Übertragung von Sondernutzungsrechten im WEG-Recht gelten für Benutzungsregelungen nach § 1010 BGB nicht, auch nicht analog.[59] Zur Vereinbarung einer Benutzungsregelung an mehreren Wohnungen müssen diese nicht im Sinne von § 3 Abs. 3 WEG abgeschlossen sein. Der Erwerber eines Miteigentumsanteils an einem Grundstück kann nach §§ 748, 755 BGB für Verbindlichkeiten seines Rechtsvorgängers haften, wenn der Anspruch im Grundbuch eingetragen ist;[60] nach § 16 WEG haftet nur der jeweilige Eigentümer.

30

E. Gesamthandseigentum

I. Rechtsnatur

Diese Eigentumsart ist aus dem Wesen der Gesamthandsgemeinschaft abgeleitet und kann daher nur an den zum Vermögen einer Gesamthandsgemeinschaft gehörenden Grundstücken entstehen.[61] Der einzelne Gesamthänder hat im Gegensatz zum Bruchteilseigentum keinen sachenrechtlich fassbaren Anteil, er ist mitberechtigt an der Gesamthand, der ihrerseits das Grundstück und gegebenenfalls andere Vermögensgegenstände zustehen. Sein Eigentum ist beschränkt durch das gleiche Eigentumsrecht der übrigen Gesamthänder. Über das Grundstück können daher nur alle Gesamthänder gemeinsam verfügen. Der Übergang von Anteilen der Gesamthänder erfolgt nach dem für sie geltenden Recht außerhalb des Grundbuchs, also nicht nach Sachenrecht (siehe dazu Rdn 39 ff.).

31

---

52 Zu einzelnen Benutzungsregelungen wie Zuweisung von Stockwerken, Gängen, Hofflächen, Zufahrten oder Garten *Schöner/Stöber*, Grundbuchrecht, Rn 1467.
53 Der Anspruch auf Aufhebung kann auch für eine bestimmte Zeit oder Zeitabschnitte ausgeschlossen werden, BayObLG DNotZ 1999, 1011 = Rpfleger 1999, 529.
54 Dazu Staudinger/*Thole*, BGB, § 1010 Rn 9.
55 OLG Hamm FGPrax 2017, 103 = MittBayNot 2018, 37.
56 BayObLG DNotZ 1993, 391 = Rpfleger 1993, 59; LG Bonn MittRhNotK 1984, 81; LG Traunstein MittBayNot 1978, 157; Staudinger/*Thole*, BGB, § 1010 Rn 15; MüKo-BGB/*K. Schmidt*, § 1010 Rn 9; Meikel/*Grziwotz*, Einl. B 87; *Schöner/Stöber*, Grundbuchrecht, Rn 1467;

a.A. OLG Hamm DNotZ 1973, 546; LG Köln MittRhNotK 1984, 105.
57 OLG Frankfurt Rpfleger 1976, 397; OLG Köln Rpfleger 1971, 217.
58 Zum wichtigen Grund BGH MittBayNot 1995, 118 = NJW-RR 1995, 334 und BGH DNotZ 1995, 604 = NJW 1995, 267.
59 BayObLG DNotZ 1982, 250.
60 Staudinger/*Eickelberg*, BGB, § 755 Rn 2.
61 Meikel/*Grziwotz*, GBO, Einl B 97 ff.; *Schöner/Stöber*, Grundbuchrecht, Rn 259 ff., 980 ff.; *Jaschke*, Gesamthand und Grundbuchrecht, 1991.

II. Eintragungsfähigkeit

32 **Eintragungsfähig sind nur die vom Gesetz zugelassenen Gesamthandsgemeinschaften.** Es sind dies der nichtrechtsfähige Verein,[62] die Gesellschaft bürgerlichen Rechts, die Gütergemeinschaft, die fortgesetzte Gütergemeinschaft und die Erbengemeinschaft. Eine vertragliche Begründung anderer Gesamthandsgemeinschaften ist nicht zulässig. Die Gesellschaft bürgerlichen Rechts (§§ 705 ff. BGB) und der nicht rechtsfähige Verein (§ 54 BGB) waren bis 31.12.2023 ebenfalls als Gesamthandsgemeinschaften qualifiziert. Mit Inkrafttreten der umfassenden Neuregelungen zur Gesellschaft bürgerlichen und ihrer Anerkennung der Teilrechtsfähigkeit, insbesondere durch Eintragung in das Gesellschaftsregister (§§ 707 ff. BGB) zum 1.1.2024[63] ist ihre Qualifikation als Gesamthandsgemeinschaft in den Hintergrund getreten (eingehend Rdn 57 ff.; § 47 GBO Rdn 36 ff.).

33 Die eheliche Vermögensgemeinschaft nach DDR-Recht, die bei einer Option nach Art. 234 § 4 Abs. 2 EGBGB fortbesteht, ist ein Gesamthandsverhältnis; auf sie finden die §§ 1450–1470 BGB entsprechende Anwendung, Art. 234 §§ 4a Abs. 2 EGBGB. Im Übrigen sind die Eheleute nach Art. 234 § 4a Abs. 1 S. 1 EGBGB jedenfalls seit 25.12.1993[64] kraft Gesetzes Miteigentümer je zur Hälfte (dazu auch § 14 GBBerG Rdn 2 ff.).[65]

III. Bezeichnung der Gesamthänder

34 Im Grundbuch sind **alle Gesamthänder** unter ihrem Namen mit dem konkreten Gesamthandsverhältnis ohne Angabe ihres rechnerischen Anteils an der Gesamthand einzutragen (§ 9 GBV).[66] Insbesondere haben bei Eintragung der Erbengemeinschaft die Erbquoten für das Grundbuch keine Bedeutung, weil über das Grundstück nur alle Erben gemeinsam verfügen können. Finden innerhalb der Erbengemeinschaft weitere Erbfälle statt, sind Ober- und Untererbengemeinschaft strikt voneinander zu trennen und als solche bei der Eintragung kenntlich zu machen. Ist eine Person Miterbe in verschiedenen Ober- und Untererbengemeinschaften, ist sie jeweils zu nennen, so oft sie Miterbe ist. Jede Erbengemeinschaft und jede Berechtigung muss gesondert erkennbar sein, weil jeder Miterbenanteil selbstständig übertragbar ist (§ 2033 BGB); ein Miterbe kann also bspw. seinen Anteil der Erbengemeinschaft nach A übertragen, den nach B aber behalten. Die Erbteilsübertragung ist dann nur eintragbar, wenn der Miterbe jeweils gesondert genannt ist. Es ist nicht richtig, die Erben allein mit der pauschalen Angabe „in verschiedenen Erbengemeinschaften" einzutragen.[67]

IV. Eigentum einer Gesamthandsgemeinschaft

35 Im **Eigentum einer Gesamthandsgemeinschaft** können Grundstücke, Miteigentumsanteile, Wohnungs- und Teileigentum sowie Gebäudeeigentum stehen.

V. Eintragungsfähigkeit von Verfügungen über Erbanteile

36 **Übertragung des Erbanteils** (§ 2033 BGB) wird am Nachlassgrundstück durch Grundbuchberichtigung eingetragen (§ 22 GBO), ebenso eine Teilabtretung,[68] die unter Angabe der dadurch entstandenen Bruchteilsberechtigung[69] am Erbteil eintragungsfähig ist. Um eine Erbteilsübertragung handelt es sich rechtlich auch dann, wenn sämtliche Miterben ihre Anteile veräußern und das Grundstück einziger Nachlassgegen-

---

62 Zur Grundbuchfähigkeit politischer Parteien als nichtrechtsfähige Vereine OLG Zweibrücken FGPrax 2000, 3; LG Berlin Rpfleger 2003, 291.
63 Gesetz zur Modernisierung des Personengesellschaftsrechts v. 10.8.2021 (BGBl I, 2021 S. 3436).
64 Inkrafttreten der Vorschrift, eingefügt durch RegVBG v. 20.12.1993 (BGBl I 1993, 2215); zur umstrittenen Frage der Rückwirkung zum 3.10.1990 BezG Frankfurt/Oder FamRZ 1993, 1205; LG Chemnitz DtZ 1994, 288; eine solche abl. BezG Meiningen NJ 1993, 373; LG Stendal NJ 1994, 322; MüKo-BGB/*Gernhuber*, 4. Aufl. 2006, Art 234 § 4 EGBGB Rn 453 f. (zugleich sehr kritisch gegen die Norm insgesamt).
65 Dazu eingehend LG Dresden Rpfleger 1996, 405 m. Anm. *Böhringer*; *Schöner/Stöber*, Grundbuchrecht, Rn 3402; *Eickmann/Böhringer*, SachenRBerG, § 14 GBBerG Rn 9 ff.; *Böhringer*, Rpfleger 1994, 282; *ders.*, NotBZ 1998, 227; *Peters*, DtZ 1994, 399; *Lipp*, FamRZ 1995, 65.
66 OLG Frankfurt a.M. MittBayNot 1983, 167; *Demharter*, § 47 Rn 22.
67 BayObLGZ 1990, 188 = BWNotZ 1991, 56 = MittBayNot 1990, 308 = Rpfleger 1990, 503; *Schöner/Stöber*, Rn 259, 805.
68 BGH DNotZ 1964, 622; *Staudenmaier*, DNotZ 66 724.
69 *Schöner/Stöber*, Grundbuchrecht, Rn 965.

stand ist, es liegt nicht etwa eine Verfügung über das Grundstück i.S.d. §§ 873, 925 BGB vor.[70] Eine aufschiebend bedingte Abtretung eines Erbteils ist zulässig, § 925 Abs. 2 BGB gilt hier nicht. Sie macht das Grundbuch erst bei Bedingungseintritt unrichtig; aber die nach § 161 BGB entstandene Verfügungsbeschränkung ist bereits vorher eintragbar.[71] Auflösend bedingte Abtretung ist zulässig[72] und nach § 22 GBO eintragungsfähig, aber nicht ohne, sondern nur mit gleichzeitiger Eintragung der Verfügungsbeschränkung des § 161 BGB,[73] weil das Grundbuch sonst unrichtig würde.

Verpfändung und Pfändung eines Erbteils ist zulässig und kann im Weg der Grundbuchberichtigung im Grundbuch vermerkt werden.[74] Ebenso ist Nießbrauchbestellung am Erbanteil zulässig und eintragbar. 37

Eintragung der Übertragung des verpfändeten oder gepfändeten Erbanteils im Grundbuch ist ohne Zustimmung des Pfandrechtsgläubigers zulässig, wenn der Pfandrechtsvermerk spätestens gleichzeitig eingetragen wird und bleibt, weil das Grundbuch dadurch nicht unrichtig wird und Pfandrecht bestehen bleibt, auch wenn der Erwerber als Alleineigentümer eingetragen wird.[75] 38

VI. Vermerk von Verfügungen über Gesamthandsanteile

Anteile an der Gesellschaft bürgerlichen Rechts, der OHG oder KG: Verfügungen über diese Anteile am Gesellschaftsvermögen sind zulässig, wenn der Gesellschaftsvertrag sie gestattet oder alle Gesellschafter zustimmen. Treffen diese Voraussetzungen zu, sind die Übertragung und Nießbrauchbestellung am Gesellschafteranteil als Grundbuchberichtigung eintragungsfähig.[76] Die berichtigende Eintragung eines Vermerks über die außerhalb des Grundbuchs erfolgte Verpfändung des Anteils (§§ 1273 ff. BGB) ist nicht zulässig, da die Verpfändung keine Verfügungsbeeinträchtigung gegenüber der Gesellschaft bezogen auf das Grundstück beinhaltet, sondern eine des Gesellschafters bezogen auf seinen Gesellschaftsanteil.[77] Ebenso ist eine Pfändung im Wege der Zwangsvollstreckung (§ 859 ZPO) nicht eintragungsfähig, da das Verfügungsverbot im Pfändungsbeschluss den Gesellschaftsanteil und nicht die zum Gesellschaftsvermögen gehörenden Gegenstände betrifft.[78] Der Pfändungsgläubiger kann nur die Auflösung der Gesellschaft oder bei OHG und KG das Ausscheiden seines Schuldners als Gesellschafter betreiben, er kann nicht unmittelbar auf das Grundstück als Gesellschaftsvermögen Zugriff nehmen. 39

Anteile an familienrechtlichen Gesamthandsgemeinschaften: Verfügungen über diese Anteile sind bis zur Auseinandersetzung nicht möglich (§§ 1419; 1471 Abs. 2, 1487 Abs. 1 BGB. Nach Beendigung der Gütergemeinschaft sind die Anteile aber pfändbar (§ 860 ZPO), Pfändung deshalb sodann eintragungsfähig. 40

Ist eine Erbengemeinschaft an einer Gesamthandsgemeinschaft beteiligt (durch Tod eines Gesamthänders ohne Anwachsung), kann der Miterbe durch Verfügung über den Erbanteil mittelbar auch über seinen Gesamtgutsanteil verfügen.[79] Solche Verfügungen über den Erbanteil sind daher am Gesamtgutsanteil eintragungsfähig, wenn gleichzeitig die übrigen Erben eingetragen werden.[80] 41

---

70 BayObLGZ 1967, 408 = Rpfleger 1968, 188 m. Anm. *Haegele*; möglicher Grundstückserwerb besteht auch im sukzessiven Ausscheiden der Erben aus der Erbengemeinschaft durch Abschichtung und Anwachsung der Anteile an den verbleibenden Erben, der dann Alleineigentümer wird, dazu BGHZ 138, 8 = DNotZ 1999, 60 m. Anm. *Rieger*, = MittBayNot 1998, 188 m. Anm. *Reimann* = NJW 1998, 1557 = Rpfleger 1998, 287; eingehend *Schöner/Stöber*, Grundbuchrecht, Rn 976a ff.
71 *Winkler*, MittBayNot 1978, 1, 4; LG Nürnberg-Fürth MittBayNot 1982, 21.
72 Grüneberg/*Weidlich*, BGB, § 2033 Rn 9.
73 *Winkler*, MittBayNot 1978, 1; Meikel/*Böttcher*, § 22 Rn 40.
74 BayObLGZ 1959, 50 = NJW 1959, 1780 = Rpfleger 1960, 157; OLG Frankfurt a.M. Rpfleger 1979, 205; Grüneberg/*Weidlich*, BGB, § 2033 Rn 18; *Schöner/Stöber*, Grundbuchrecht, Rn 974.
75 BayObLGZ 1959, 50 = NJW 1959, 1780 = Rpfleger 1960, 15; dazu *Ripfel*, NJW 1958, 694.
76 OLG Hamm Rpfleger 1977, 136; LG Hamburg Rpfleger 1982, 142; a.A. *Rupp/Fleischmann*, Rpfleger 1984, 223.
77 BGH ZIP 2015, 1965 = ZfIR 2016, 838.
78 OLG Zweibrücken Rpfleger 1982, 413; OLG Hamm DNotZ 1987, 357 = Rpfleger 1987, 196 unter Aufgabe seiner in Rpfleger 1977, 136 vertretenen Ansicht; *Demharter*, Anh. § 13 Rn 21; *Schöner/Stöber*, Grundbuchrecht, Rn 1674 m.w.N.
79 Staudinger/*Thiele*, BGB, § 1471 Rn 10.
80 OLG Hamm DNotZ 1966, 744.

F. Grundbuchfähigkeit eines Rechtsträgers

I. Rechtsfähigkeit, Eintragungsfähigkeit, Erwerbsfähigkeit, Grundbuchfähigkeit

42 Die Voraussetzungen der Rechtsfähigkeit sind durch Gesetz, Rechtsprechung und Rechtslehre weitgehend geklärt. Für die Voraussetzungen der Eintragungsfähigkeit und Grundbuchfähigkeit trifft dies nicht durchweg zu, obwohl es sich hier um wichtige Fragen im Grundstücksverkehr und Grundbuchverfahren handelt. Grundsätzlich ist die Grundbuchfähigkeit Ausfluss der Rechtsfähigkeit, es gelten aber auch Besonderheiten (siehe Rdn 52 ff.). **Rechtsfähigkeit** ist die Fähigkeit einer Person oder einer Gesellschaft, Träger von Rechten und Pflichten zu sein. Sie kommt allen natürlichen und juristischen Personen zu.

43 Jede **natürliche Person** (§ 1 BGB) kann Trägerin von Grundstücksrechten, insbesondere des Eigentums, sein. Wegen §§ 1923 Abs. 2, 2101 Abs. 1 S. 1 BGB kann auch eine ungeborene Person in das Grundbuch eingetragen werden,[81] sie muss dann durch bestimmende Merkmale, wie sie sich bspw. aus der Verfügung von Todes ergeben, bezeichnet werden. Eine verstorbene Person kann grundsätzlich nicht in das Grundbuch eingetragen werden; einzutragen sind die Erben nach § 35 GBO. Ausnahmsweise wirkt die Eintragung eines Verstorbenen nach von ihm als Erwerber erklärter Auflassung für die Erben, soweit die Einigung noch besteht (siehe § 20 GBO Rdn 52).[82]

44 Die **juristische Person des Zivilrechts** ist rechts- und grundbuchfähig; sie ist mit ihrem Namen (beim e.V.) oder ihrer Firma (bei AG, e.G., KGaA, GmbH) mit Angabe des Registergerichts und der Registernummer in das Grundbuch einzutragen.

45 Einer **Personengesellschaft** wird durch gesetzliche Regelung die Fähigkeit zuerkannt, aktiv am Rechtsverkehr teilzunehmen (siehe bereits oben Rdn 5); an erster Stelle ist § 124 Abs. 1 HGB für die OHG und die KG zu nennen (siehe auch Rdn 52). Ihre Eintragung erfolgt allein unter der Firma mit Angabe des Registergerichts und der Registernummer, jedoch ohne Nennung der Gesellschafter, die ja ihrerseits im Handelsregister eingetragen sind.

46 Bei der **Gesamthand** (siehe oben Rdn 31 ff.) sind Träger von Rechten und Pflichten die Mitglieder der Gemeinschaft. Daher sind bei der Gütergemeinschaft (§§ 1415 ff. BGB) die Eheleute Berechtigte, bei der Erbengemeinschaft (§§ 2032 ff. BGB) die Erben.[83] **Erbengemeinschaften** werden daher auch nicht als rechtsfähig angesehen.[84] Eine Grundbuchfähigkeit der Erbengemeinschaft als Rechtspersönlichkeit ist zu verneinen.

47 Eine Sonderstellung nimmt die Gesellschaft bürgerlichen Rechts ein, welcher der Gesetzgeber eine Rechtsfähigkeit zubilligt, wenn sie als solche am Rechtsverkehr teilnimmt und insbesondere im Gesellschaftsregister eingetragen ist (§ 705 Abs. 2, §§ 707 ff. BGB; dazu Rdn 57).

48 Der Begriff „Rechtsfähigkeit" ist gerade bei Personengesellschaften vorsichtig zu verwenden, er führt oft zu unklaren Grenzziehungen zum Begriff der juristischen Person.[85] Bei den Handelsgesellschaften sprach man daher früher zutreffender von „Teilrechtsfähigkeit". Der Gesetzgeber billigt mit § 14 Abs. 2 BGB den Personengesellschaften eine Teilrechtsfähigkeit zu, sie sind aber nicht juristische Personen mit eigener Rechtspersönlichkeit und den weiteren Eigenschaften der juristischen Person, wie insbes. die Möglichkeit der Fremdorganschaft oder der fehlenden persönlichen Haftung des Gesellschafters. Um Missverständnisse zu vermeiden, wäre es besser, statt des Begriffes der Rechtsfähigkeit weiterhin den der Teilrechtsfähigkeit zu gebrauchen (eingehend auch § 47 GBO Rdn 36 ff.). Treffend sprach bspw. die Insolvenzordnung in dem bis 31.12.2023 geltenden Wortlaut des § 11 Abs. 2 Nr. 1 InsO in all diesen Fällen von „*Gesellschaften ohne Rechtspersönlichkeit*". Damit wurde zutreffend ausgedrückt, dass diesen Gesellschaften die selbstständige Teilnahme am Rechtsverkehr zugebilligt wird, ohne dass sie aber juristische Personen sind. Leider hat der Gesetzgeber mit Inkrafttreten des Gesetzes zur Modernisierung des Personengesellschaftsrechts zum 1.1.2024 diese Terminologie aufgegeben und durch den Begriff „*rechtsfähige Personengesellschaft*" ersetzt.[86]

---

81 Meikel/*Schneider*, Vor GBV Rn 161.
82 Meikel/*Schneider*, Vor GBV Rn 161.
83 BGHZ 34, 293, 296; BGH NJW 1988, 556.
84 BGH Rpfleger 2002, 625 f.; siehe auch LG Berlin ZEV 2004, 428 (LS); krit. *Ann*, MittBayNot 2003, 193, 195.
85 Dazu MüKo-BGB/*Schäfer*, BGB, § 705 Rn 307 ff.; bejahend z.B. *Raiser*, AcP 194 (1994), 495, 503 ff., 510; 199 (1999), 104, 107 f.; siehe auch *Dümig*, ZfIR 2004, 704, 707.
86 Art. 35 Nr. 7 MoPeG v. 10.8.2021 (BGBl I, 2021 S. 3436).

Als **Eintragungsfähigkeit** wird die Eigenschaft bezeichnet, die der Inhalt einer Eintragung im Grundbuch haben muss, um wirksam zu sein. Sie steht im Gegensatz zum nicht eintragungsfähigen Inhalt des Grundbuchs, der wegen seiner Unwirksamkeit nicht eingetragen werden darf und im Verstoßfall nach § 53 Abs. 1 S. 2 GBO von Amts wegen gelöscht werden muss.

49

Mit dem Begriff der **Erwerbsfähigkeit** versucht man vorrangig Konstellationen zu erfassen, in denen einem Erwerbskandidaten der Erwerb versagt bleiben soll (z.B. infolge eines Erwerbsverbots durch eine einstweilige Verfügung).[87] Es wird aber auch auf das Problem hingewiesen, dass die Erben in Erbengemeinschaft – die Erbengemeinschaft selbst ist nicht rechtsfähig[88] – nur im Rahmen einer Surrogation nach § 2041 S. 1 BGB ein Recht erwerben können.[89]

50

Unter „**Grundbuchfähigkeit**" verstehen manche die Eigenschaft, Eigentümer eines Grundstücks oder Berechtigter eines beschränkten dinglichen Rechts an einem Grundstück oder Grundstücksrecht zu sein.[90] Diese Begriffsbildung ist sinnlos, weil es dann keinen Unterschied zur Rechtsfähigkeit gibt.[91] Bei der Grundbuchfähigkeit geht es folglich nur um die Bezeichnung des Berechtigten im Grundbuch.

51

Teilweise wird es als zulässig angesehen, einen nicht bekannten Erwerber als Berechtigten einer Hypothek[92] oder einer Vormerkung in das Grundbuch einzutragen, wenn die Person hinreichend bestimmt ist (z.B. noch nicht geborene Abkömmlinge, noch unbekannte Erben, zu bestimmender Dritter bei Vormerkung).[93]

II. Sonderfälle der Grundbuchfähigkeit
1. Gesellschaft bürgerlichen Rechts
a) Rechtsgeschichtliche Entwicklung

Die Gesellschaft bürgerlichen Rechts (GbR) wurde ursprünglich als bloßes Beteiligungsverhältnis der Gesellschafter i.S.d. § 47 GBO bewertet; demgemäß wurden die Gesellschafter als Berechtigte angesehen und in das Grundbuch eingetragen.[94] Der BGH hatte mit Urt. v. 29.1.2001 grundlegend die Rechts- und Parteifähigkeit der (Außen-)Gesellschaft bürgerlichen Rechts anerkannt.[95] In der Folge dieser Entscheidung wurde in der gesellschaftsrechtlichen und vor allem in der grundbuchrechtlichen Rechtsprechung und Literatur über die Frage diskutiert, ob die GbR allein unter ihren Gesellschafternamen in das Grundbuch eingetragen werden kann oder ob weiterhin die Gesellschafter namentlich zu bezeichnen sind.[96]

52

Der seinerzeit für das Grundbuchverfahrensrecht zuständige II. Zivilsenat des BayObLG verneinte beispielsweise eine mögliche Rechtsfähigkeit.[97] Der dritte Senat des BayObLG[98] und das PfälzOLG Zweibrücken[99] betrachteten hingegen die GbR als Berechtigte des im Grundbuch eingetragenen Eigentums oder beschränkten dinglichen Rechts; in beiden Fällen ging es um kostenrechtliche[100] Fragestellungen.

53

---

87 Vgl. *Demharter*, § 19 Rn 95.
88 BGH Rpfleger 2002, 625.
89 *Demharter*, § 19 Rn 95.
90 *Pohlmann*, WM 2002, 1421, 1429; *Wertenbruch*, WM 2003, 1785.
91 Siehe auch *Wagner*, ZIP 2005, 637, 638, 642.
92 Z.B. Staudinger/*Wolfsteiner*, BGB, § 1113 Rn 63; MüKo-BGB/*Lieder*, § 1113 Rn 49 m.w.N.
93 Staudinger/*Scherübl*, BGB, 12. Aufl. (1981) § 1115 Rn 4; Staudinger/*Kesseler*, BGB, § 883 Rn 100 ff.; MüKo-BGB/*Lettmaier*, BGB, § 883 Rn 30; Schreiber/*Preuß*, Immobilienrecht, Kap. 14 Rn 22 ff.; Schöner/Stöber, Grundbuchrecht, Rn 905, 906, 1494; eingehend auch zu insolvenzrechtlichen Fragen *Preuß*, AcP (201) 2001, 580; *dies.*, DNotZ 2002, 283; krit. MüKo-BGB/*Lieder*, § 1113 Rn 49; Staudinger/*Wolfsteiner*, BGB, § 1113 Rn 63.

94 OLG Düsseldorf Rpfleger 1997, 429 f.; Voraufl. GBO, § 47 Rn 6, GBV, § 15 Rn 6; Bauer/v. Oefele/*Wegmann*, GBO, § 47 Rn 53; Bauer/v. Oefele/*Bauer*, AT I Rn 25, 28 m.w.N.
95 BGHZ 146, 341 = DNot 2001, 234 = MittBayNot 2001, 192 = NJW 2001, 1056 = NotBZ 2001, 100 = Rpfleger 2001, 246 = ZIP 2001, 330.
96 Umfassend *Zorn*, Die bürgerlichrechtliche Gesellschaft und das Grundbuch, 2014 (Diss. Münster 2012).
97 BayObLGZ 2002, 330, 335 = Rpfleger 2003, 78, 79 m. Anm. *Dümig*; BayObLG Rpfleger 2004, 93; 2005, 19; LG Dresden NotBZ 2002, 384 m. Anm. *Hammer*.
98 BayObLGZ 2002, 137, 141 f. = Rpfleger 2002, 536, 537.
99 PfälzOLG Zweibrücken MittBayNot 2004, 468, 469.
100 Dazu auch *Dümig*, JurBüro 2002, 567 ff.

Der IX. Zivilsenat des BGH hat die Frage der Grundbuchfähigkeit in einer vollstreckungsrechtlichen Entscheidung offengelassen.[101] Die grundbuchverfahrensrechtliche Literatur war nahezu unüberschaubar.[102] Sie vertrat teilweise eine Eintragung allein der GbR ohne namentliche Nennung der Gesellschafter.[103] Teilweise wurde vorgeschlagen, die GbR zwar als Eigentümer anzusehen, in das Grundbuch aber dennoch die Gesellschafter „als Gesellschaft bürgerlichen Rechts" einzutragen.[104]

Der später für das Grundbuchverfahrensrecht zuständige V. Zivilsenat des BGH entschied mit Beschl. v. 4.12.2008,[105] dass die GbR unter ihrem eigenen Namen ohne Nennung der Gesellschafter in das Grundbuch einzutragen sei. Da die GbR sonst in keinem öffentlichen Register eingetragen ist und damit die Gesellschafterstruktur nicht für den Rechtsverkehr publiziert wird, obgleich dies etwa hinsichtlich der persönlichen Haftung erforderlich ist, hätte dies zu schwerwiegenden Fragestellungen des Grundstücksverkehrs der GbR geführt. Der V. Zivilsenat des BGH war sich dieser Fragestellungen bewusst, stellte sie aber in die Verantwortung des Gesetzgebers.

54 Der Gesetzgeber reagierte auf diese Rechtsprechung mit Einführung des § 47 Abs. 2 GBO und des § 899a BGB.[106] Danach war die GbR zwar als teilrechtsfähige Gesellschaft ohne Rechtspersönlichkeit selbst Inhaberin von Rechten am Grundstück, einzutragen war sie aber mit namentlicher Nennung der Gesellschafter (eingehend vgl. § 47 GBO Rdn 36 ff.). Zugleich bestimmte § 899a BGB für die Eintragung der Gesellschafter die Vermutung der Richtigkeit des Grundbuchs dahingehend, dass hinsichtlich von Verfügungen über das der GbR zustehende Grundstücksrecht die eingetragenen Gesellschafter vertretungsberechtigte Gesellschafter der GbR seien.[107] Die Eintragungsunterlagen mussten die Gesellschafter namentlich und vollständig bezeichnen. Zum Nachweis des Bestehens der GbR bei ihrer Eintragung war die Vorlage eines Gesellschaftsvertrages in der Form des § 29 GBO aber nicht erforderlich.[108]

---

101 BGH Rpfleger 2004, 718, 719 f.
102 *Bieder*, NZI 2001, 235; *Demharter*, Rpfleger 2001, 329; *Dauner-Lieb*, DStR 2001, 356; *Habersack*, BB 2001, 477; *Römermann*, DB 2001, 428; *Pfeifer*, NZG 2001, 296; *Schemmann*, DNotZ 2001, 244; *K. Schmidt*, NJW 2001, 993; *Stöber*, MDR 2001, 544; *Ulmer*, ZIP 2001, 585, *Westermann*, NZG 2001, 289; *Wagner*, ZIP 2005, 637; *Eickmann*, ZfIR 2001, 433; *Hadding*, ZGR 2001, 712, 724; *Dümig*, Rpfleger 2002, 53; *Wertenbruch*, NJW 2002, 324, 329; *Ulmer/Steffek*, NJW 2002, 330; *Pohlmann*, WM 2002, 1421, 1429; *Demuth*, BB 2002, 1555; *Dümig*, ZfIR 2002, 796; *Hammer*, NotBZ 2002, 385; *Dümig*, Rpfleger 2003, 80; *ders.*, EWiR 2004, 113; *Langenfeld*, BWNotZ 2003, 1; *Pohlmann*, EWiR 2003, 107; *Ott*, NJW 2003, 1223; *Nagel*, NJW 2003, 1646; *Wertenbruch*, WM 2003, 1785; *Hess*, ZZP 117, 267, 298; *Wagner*, ZZP 117, 305, 348; *Lautner*, MittBayNot 2005, 93, 94; *Böhringer*, Rpfleger 2005, 225, 226; *Wagner*, ZIP 2005, 637, 641; *Demharter*, NJW-Sonderheft BayObLG 2005, 18, 19, 23; *Meikel/Böhringer*, § 47 Rn 240 ff.; *Demharter*, § 19 Rn 108; MüKo-BGB/*Schäfer*, § 705 Rn 312 ff.; *Grüneberg/Sprau*, BGB, § 705 Rn 24; *K. Schmidt*, Gesellschaftsrecht, § 60 II. 1.; grundlegend bereits *Güthe/Triebel*, § 47 Rn 7 und Legitimationsfragen „Gemeinschaft" Abschnitt II.; eine Grundbuchfähigkeit bejahten bereits *Jaschke*, Gesamthand und Grundbuchrecht, S. 63; *Timm*, NJW 1995, 3209; *Eickmann*, ZfIR 2001, 433; *Dümig*, Rpfleger 2002, 59; *ders.*, ZfIR 2002, 796; *Ott*, NJW 2003, 1223; im Rahmen einer Kostenentscheidung nur scheinbar die Grundbuchfähigkeit bejahend BayObLG 2002, 137 = Rpfleger 2002, 536 m. Anm. *Demharter*.
103 *Dümig*, Rpfleger 2003, 80; *ders.*, EWiR 2004, 113; *Eickmann*, ZfIR 2001, 433; *Pohlmann*, EWiR 2003, 107; *Ulmer/Steffek*, NJW 2002, 330; *Wagner*, ZIP 2005, 637, 645; zweifelnd *Lautner*, MittBayNot 2001, 425; *K. Schmidt*, Gesellschaftsrecht, § 60 II. 1.; a.A. BayObLGZ 2002, 330 = Rpfleger 2003, 78; LG Aachen Rpfleger 2003, 496; LG Berlin Rpfleger 2004, 283; BayObLGZ Rpfleger 2004, 93; 2005, 19; Meikel/*Böhringer*, § 47 Rn 240 ff.; Meikel/ *Schneider*, § 15 GBV Rn 90 ff.; *Demharter*, § 19 Rn 108; Staudinger/*Gursky*, BGB, Neubearb. 2002, § 891 Rn 26, § 892 Rn 46; *Schöner/Stöber*, Grundbuchrecht, Rn 241a, 981; *Ann*, MittBayNot 2001, 197, 198; *Stöber*, MDR 2001, 544; *Demharter*, Rpfleger 2001, 329; *Abel/Eitzert*, DZWiR 2001, 353, 359; *C. Münch*, DNotZ 2001, 535, 540; *Keller*, NotBZ 2001, 397; *Böhringer*, BWNotZ 2002, 42; *Heil*, NJW 2002, 2158; ZEV 2002, 269, 270; *Demharter*, Rpfleger 2002, 538; *Schöpflin*, NZG 2003, 117; *Keil*, DZWIR 2003, 120; *Vogt*, Rpfleger 2003, 491; *Böhringer*, BWNotZ 2003, 129, 138; *Keil*, EWiR 2003, 913; *Weigl*, MittBayNot 2004, 202; *Heil*, DNotZ 2004, 379; *Kremer*, RNotZ 2004, 239; *Demharter*, NJW-Sonderheft BayObLG 2005, 18, 20, 23; *Böhringer*, Rpfleger 2005, 225, 226; *Lautner*, MittBayNot 2005, 93, 100; . siehe ferner LG Leipzig NotBZ 2002, 307; LG Dresden NotBZ 2002, 384; OVG NRW NVwZ-RR 2003, 149; OLG Celle NJW 2004, 1743.
104 Staudinger/*Picker*, BGB, § 899a Rn 2, 3; *Nagel*, NJW 2003, 1646, 1647 f.; *Wertenbruch*, WM 2003, 1785, 1785 f.; *Lautner*, MittBayNot 2005, 93, 100.
105 BGHZ 179, 102 = NJW 2009, 594 = NotBZ 2009, 98 = DNotZ 2009, 115 = Rpfleger 2009, 141; eingehend mit umfangreichen Nachw. Meikel/*Böhringer*, § 47 Rn 240 ff.; *Zorn*, Die bürgerlichrechtliche Gesellschaft und das Grundbuch, 2014, S. 54 ff.
106 Eingefügt durch Gesetz v. 11.8.2009 (BGBl I 2009, 2713) mit Wirkung vom 18.8.2009; eingehend *Zorn*, Die bürgerlichrechtliche Gesellschaft und das Grundbuch, 2014, S. 71 ff.
107 Auch zur Frage, ob § 899a BGB auch schuldrechtlich wirkt Staudinger/*Picker*, BGB; § 899a Rn 7, 11.
108 BGHZ 189, 274 = NJW 2011, 1958 = DNotZ 2011, 711 = Rpfleger 2011, 483; BGH NJW-RR 2012, 86; zur Löschung einer für die GbR eingetragenen Sicherungshypothek im Wege der Zwangsvollstreckung BGH Rpfleger 2012, 61 = NotBZ 2012, 30 = ZfIR 2012, 58 m. Anm. *Schneider*, abl. zu letzterem Fall *Böttcher* in Anm. zu KG ZfIR 2014, 191.

55 Bei **Zwangsvollstreckungsmaßnahmen** gegen die GbR mussten nach § 736 ZPO sämtliche Gesellschafter verurteilt sein.[109] Richtigerweise war und ist im Zivilprozessrecht und damit Zwangsvollstreckungsrecht die GbR als parteifähig anzusehen, die Vorschrift des § 736 ZPO war so zu verstehen, als ein Vollstreckungstitel gegen die Gesellschaft als solche vorliegen muss. Mit der Anerkennung der Parteifähigkeit und insbes. der Akzessorietät der Haftung der Gesellschafter entsprechend § 128 HGB[110] galt auch § 129 Abs. 4 HGB, wonach aus einen Titel gegen die Gesellschaft nicht in Privatvermögen eines Gesellschafters vollstreckt werden kann.[111]

Da die GbR bereits durch § 11 Abs. 2 Nr. 1 InsO als insolvenzverfahrensfähig anerkannt war, galt hinsichtlich der Eintragung eines Insolvenzverfahrens in das Grundbuch ebenfalls die Trennung von Gesellschaftsvermögen und Gesellschaftervermögen.[112] Wegen § 899a BGB war in der Insolvenz eines Gesellschafters der Insolvenz vermerkt aber auch bei der GbR einzutragen, um den guten Glauben an die Vertretungsbefugnis dieses Gesellschafters zu zerstören.[113] aus dem Insolvenzvermerk musste hervorgehen, dass er sich nur gegen den insolventen Gesellschafter richtet.

b) Die Rechtsfähigkeit der Gesellschaft bürgerlichen Rechts seit 1.1.2024

56 Seit 1.1.2024[114] wird mit den umfangreichen Neuregelungen der §§ 705 ff. BGB die am Rechtsverkehr teilnehmende (Außen-)Gesellschaft als rechtsfähig anerkannt (§ 705 Abs. 2 BGB).[115] Maßgebend für die Verfassung der GbR ist nach wie vor der Gesellschaftsvertrag, den die Gesellschafter schließen, die §§ 708 ff. BGB sind grundsätzlich nachgiebige Regelungen. Sie beinhalten den Grundsatz der gemeinschaftlichen Geschäftsführung und der gemeinschaftlichen Vertretung nach §§ 715, 720 BGB, sowie Grundsätze der persönlichen Haftung nach §§ 721 ff. BGB. Das Ausscheiden aus der Gesellschaft wird durch §§ 723 ff. BGB differenziert geregelt, die Auflösung durch §§ 729 ff. BGB.

Die Gesellschaft kann zur Eintragung in das Gesellschaftsregister angemeldet werden (§§ 707 ff. ZPO).[116] Mit der Eintragung in das Gesellschaftsregister führt die Gesellschaft den Rechtsformzusatz „eGbR" (§ 707a Abs. 2 BGB). Die Anmeldung und Eintragung ist aber nicht konstitutive Voraussetzung der Rechtsfähigkeit.[117] Dieser Dualismus – Rechtsfähigkeit durch Teilnahme am Rechtsverkehr und fakultative Eintragung in das Gesellschaftsregister – führt zu einigen Ungereimtheiten hinsichtlich der Grundbuchfähigkeit vor der Eintragung im Gesellschaftsregister, der Anwendung von § 40 GBO und vor allem der Zwangsvollstreckung gegen die rechtsfähige, aber nicht im Gesellschaftsregister eingetragene GbR (dazu § 47 GBO Rdn 49, 50a, 53).

Für das Grundbuchverfahren bestimmt § 47 Abs. 2 GBO in der seit 1.1.2024 geltenden Fassung, dass die eGbR mit dem im Gesellschaftsregister eingetragenen Namen als Berechtigte zu bezeichnen ist. Die Grundbuchfähigkeit setzt damit die Registereintragung voraus, auch wenn sie nicht zwingende Voraussetzung der Rechtsfähigkeit ist (eingehend vgl. § 47 GBO Rdn 36 ff.).[118] Gesellschafterwechsel sind künftig lediglich für das Gesellschaftsregister relevant, nicht mehr für das Grundbuchverfahren.[119]

Die Vertretung der GbR wird im Grundbuchverfahren durch Verweis auf das Gesellschaftsregisger nachgewiesen (§ 32 GBO).

Eintragungen der GbR mit namentlicher Nennung der Gesellschafter bleiben aber im Grundbuch bestehen. Ihre Umstellung oder Berichtigung auf den im Gesellschaftsregister eingetragenen Namen soll durch

---

109 Allg. MüKo-ZPO/*Heßler*, § 736 Rn 8 ff.; *Zöller/Seibel*, ZPO, § 736 Rn 1, 2.
110 BGHZ 146, 341; eingehend MüKo-BGB/*Schäfer*, § 714 Rn 35 ff.
111 MüKo-BGB/*Schäfer*, § 714 Rn 52 ff.
112 Eingehend auch K. Schmidt/*Keller*, InsO, § 32 Rn 24 ff.
113 K. Schmidt/*Keller*, InsO, § 32 Rn 26 unter ausdr. Aufgabe früherer Ansicht; *Keller*, Rpfleger 2000, 201; *ders.*, NotBZ 2001, 397.
114 Gesetz zur Modernisierung des Personengesellschaftsrechts v. 10.8.2021 (BGBl I, 2021, 3436).
115 BT-Drucks 19/27635, S. 103 ff.; allgemein *Schäfer/Grunewald*, Das neue Gesellschaftsrecht, 2022; *Ring*, Reform des Personengesellschaftsrechts, 2023; *Lieder/Hilser*, NotBZ 2021, 401; *Noack*, BB 2021, 643; *Heckschen/Nolting*, BB 2021, 2946; *Hermanns*, DNotZ 2022, 3; *Hell*, JA 2022, 12; *Rubner/Leuering*, NJW-Spezial 2023, 15; *Bebenroth*, RpflStud 2023, 1 und 37.
116 Eingehend *Ring*, § 1 Rn 47 ff.; *Bärwaldt/Richter*, DB 2021, 2476; *Späth-Weinreich*, BWNotZ 2021, 90; *dies.*, BWNotZ 2022, 12.
117 Eingehend *Ring*, § 2 Rn 10 ff.
118 Eingehend auch *Reymann*, DNotZ 2021, 103; *Bolkart*, MittBayNot 2021, 319; *Böhringer*, NotBZ 2022, 161.
119 Zu Nachfolgeklauseln des Gesellschaftsvertrages *Heinze*, EE 2023, 8.

das Grundbuchamt im Zusammenhang mit beantragten Eintragungen gegenüber den Gesellschaftern geltend gemacht werden (eingehend vgl. § 47 GBO Rdn 55 ff.).

Für das Zwangsvollstreckungsrecht für oder gegen die GbR geht § 736 ZPO in der seit 1.1.2024 geltenden Fassung ebenfalls von der Eintragung in das Gesellschaftsregister aus (mit Übergangsrecht vgl. § 47 GBO Rdn 51 ff.).[120] Für die Zwangsvollstreckung gegen die nicht im Gesellschaftsregister eingetragene GbR erscheint das problematisch, wenn die Gesellschafter ihre Eintragung in das Gesellschaftsregister nicht betreiben. Hier wird ein Vollstreckungstitel gegen die namentlich bezeichneten Gesellschafter genügen müssen (eingehend § 47 GBO Rdn 53).

2. Grundbuchfähigkeit der Wohnungseigentümergemeinschaft

57 Die Gemeinschaft der Wohnungseigentümer ist nach § 9a WEG Inhaberin der als Gemeinschaft gesetzlich begründeten und rechtsgeschäftlich erworbenen Rechte und Pflichten, sie ist insoweit rechtsfähig, jedoch nicht juristische Person.[121] Die Gemeinschaft der Wohnungseigentümer kann im Rahmen dieser Rechtsfähigkeit auch Rechte am Grundstück (Wohnungseigentum) erwerben, sie kann insbes. auch als Eigentümerin in das Grundbuch eingetragen werden.[122] Die Eintragung erfolgt nach § 9a Abs. 1 S. 3 WEG unter genauer Bezeichnung der Gemeinschaft durch Nennung der Adresse des Wohnungseigentums, jedoch ohne Nennung der einzelnen Wohnungseigentümer oder des WEG-Verwalters.[123] Dies gilt insbes. für die Eintragung einer Zwangshypothek zugunsten der Gemeinschaft wegen rückständiger Hausgelder.[124]

58 Die WEG-Gemeinschaft wird durch den Verwalter organschaftlich vertreten (§ 9b WEG). Der Nachweis der Verwaltereigenschaft wird durch das Protokoll der Versammlung über die Bestellung geführt (§ 26 Abs. 4 mit § 24 Abs. 6 WEG).

3. Der nicht rechtsfähige Verein, Vorgesellschaften und ausländische Gesellschaften

59 Dem **nicht eingetragenen Verein** (§ 54 BGB) wurde seitens der Rechtsprechung die Grundbuchfähigkeit verweigert,[125] seitens der Literatur zugebilligt.[126] Allerdings billigte die Rechtsprechung dem nicht rechtsfähigen Verein im Übrigen weitgehend Rechtsfähigkeit zu.[127] Nach § 54 BGB in der seit 1.1.2024 geltenden Fassung erlangt der nicht wirtschaftlich tätige Verein die Rechtsfähigkeit als juristische Person durch Eintragung in das Vereinsregister nach §§ 21 ff. BGB. Solange er nicht im Vereinsregister eingetragen ist, gelten die §§ 24 ff. BGB. Er soll damit auch unter seinem Namen grundbuchfähig sein.[128] Der wirtschaftlich tätige Verein ist der GbR gleichgestellt und kann wie diese Rechtsfähigkeit erlangen; er kann durch Eintragung in das Gesellschaftsregister auch Grundbuchfähigkeit erlangen (vgl. § 47 GBO Rdn 16).[129]

60 Für **politische Parteien** ist wegen § 3 S. 1 PartG anerkannt, dass sie grundbuchfähig sind;[130] zum Nachweis der Vertretungsberechtigung genügen eine Bescheinigung des Bundeswahlleiters und ein Auszug aus dem Parteienverzeichnis.[131] Anders sieht es für die Ortsverbände aus; sie können nicht mit ihrem Namen in das Grundbuch eingetragen werden.[132]

61 Die **Vor-OHG oder Vor-KG** sind als solche grundbuchfähig.[133] Nach Eintragung in das Handelsregister ist die Firma der Handelsgesellschaft in das Grundbuch einzutragen, und zwar nicht im Antragsverfahren

---

120 Zur Prozessführung *Neumayer/Zeyher*, NZG 2022, 1707.
121 BGHZ 163, 154 = NJW 2005, 2061 = DNotZ 2005, 776 = Rpfleger 2005, 521.
122 OLG Hamm ZWE 2009, 452; OLG Celle Rpfleger 2008, 296; LG Frankenthal MittBayNot 2008, 128; Meikel/*Böttcher*, Einl C 62; Staudinger/*Kreuzer*, BGB, Neubearb. 2005, § 10 WEG Rn 78, 243, 254 ff., 266, 298; MüKo-BGB/*Burgmair*, § 9a WEG Rn 36 ff.; Grüneberg/*Wicke*, WEG, § 10 Rn 26; a.A. LG Nürnberg-Fürth ZMR 2006, 812 m. Anm. *Schneider*; LG Heilbronn ZMR 2007, 649 m. Anm. *Hügel*; LG Hannover ZMR 2007, 893 m. Anm. *Kümmel*.
123 Meikel/*Böttcher*, Einl. C Rn 63.
124 Dazu auch *Zeiser*, Rpfleger 2003, 550; eingehend zur Zwangsvollstreckung Elzer/Fritsch/Meier/*Keller*, Wohnungseigentumsrecht, § 5 Rn 52 ff.
125 Eintragung aller Mitglieder nach BGH MittBayNot 2016, 405 = NotBZ 2016, 384 m. Anm. *Waldner* = Rpfleger 2016, 470; LG Hagen Rpfleger 2007, 26; ebenso schon RGZ 127, 309.
126 *Stoltenberg*, MDR 1989, 494, 497; MüKo-BGB/*Arnold*, § 54 Rn 23, 26; Grüneberg/*Ellenberger*, BGB, § 54 Rn 8.
127 Zur Rechtsentwicklung MüKo-BGB/*Arnold*, § 54 Rn 3 ff.
128 *Ring*, § 7 Rn 3, 5.
129 *Ring*, § 7 Rn 8 ff.
130 PfälzOLG Zweibrücken Rpfleger 1999, 531; LG Berlin Rpfleger 2003, 291; OLG Celle NJW 2004, 1743; Meikel/*Böttcher*, Einl. C 47; Grüneberg/*Ellenberger*, BGB, § 54 Rn 8; a.A. LG Koblenz Rpfleger 1999, 387 (aufgehoben durch PfälzOLG Zweibrücken Rpfleger 1999, 531); *Holzer*, Die Richtigstellung des Grundbuchs, S. 151.
131 LG Berlin Rpfleger 2003, 291.
132 OLG Celle NJW 2004, 1743; Grüneberg/*Ellenberger*, BGB, § 54 Rn 8.
133 Meikel/*Schneider*, § 15 GBV Rn 44 ff.

nach § 22 Abs. 1 S. 1 GBO, sondern von Amts wegen als Namensberichtigung.[134] Gleiches gilt für die **Vor-GmbH** als Vorstufe der juristischen Person ab Abschluss des Gesellschaftsvertrages und Betreiben der Registereintragung bis zur Eintragung in das Handelsregister.[135] Entsprechendes gilt für den Vor-Verein, die Vor-AG und die Vor-Genossenschaft.

Personen- oder Kapitalgesellschaften des Auslands werden als rechtsfähig und als grundbuchfähig anerkannt, wenn dies durch das Internationale Privatrecht geregelt ist (eingehend Einl. § 8 Rdn 40 ff.). 62

§ 5 Rechtslage zwischen Auflassung und Eintragung

A. Rechtsstellung des Auflassungsempfängers	1
I. Kein Eigentumsvorbehalt, keine Zug-um-Zug-Leistung	1
II. Begriffe „Anwartschaft" und „Anwartschaftsrecht"	2
III. Vorstufen des Grundstückseigentums	3
IV. Verkehrsfähigkeit des Rechts	4
V. Verfahrensrechtliche Stellung des Auflassungsempfängers	5
B. Anwartschaftsrecht des Auflassungsempfängers	6
I. „Gesichertes" Anwartschaftsrecht	6
II. „Unsichere" Anwartschaft des Auflassungsempfängers	15
III. Recht des Auflassungsempfängers aus Auflassung und Vormerkung	18
IV. Durch Anwartschaftsrecht und Vormerkung gesichertes Recht	23
C. Schutz des Auflassungsempfängers	25
I. Grundlagen des rechtsgeschäftlichen Eigentumserwerbs	25
II. Anwartschaftsschutz	26
III. Vormerkungsschutz	27
IV. Gutglaubensschutz	28
V. Schutz durch einen Vermerk im Grundbuch	29
VI. Schutz gegen Rechtsvorgänge außerhalb des Grundbuchs	30
D. Verkäuferschutz und Käuferschutz im Grundstücksverkehr	31
I. Maßnahmen zum Schutz des Verkäufers ...	31
II. Maßnahmen zum Schutz des Käufers	32
III. Maßnahmen zum Schutz des Zweiterwerbers	33
IV. Der sicherste Weg	34
E. Verpfändung und Pfändung	35
I. Verpfändung des schuldrechtlichen Anspruchs	36
II. Verpfändung des Anwartschaftsrechts	39
III. Pfändung des schuldrechtlichen Anspruchs	41
IV. Pfändung des Anwartschaftsrechts	43
V. Verbot der Doppelsicherung	45
VI. Rang der Sicherungshypothek gegenüber anderen Rechten	46
VII. Rang mehrerer Sicherungshypotheken untereinander	47
VIII. Aufhebung der Sicherungshypothek	48

A. Rechtsstellung des Auflassungsempfängers

I. Kein Eigentumsvorbehalt, keine Zug-um-Zug-Leistung

Die Rechte des Erwerbers nach erklärter Auflassung bis zur Grundbucheintragung als Eigentümer sind gesetzlich nicht geregelt. Sie sind durch Rechtsprechung und Literatur mit den Begriffen „Anwartschaft" und „Anwartschaftsrecht" in dinglicher Hinsicht ausgestaltet worden.[1] 1

---

134 Meikel/*Schneider*, § 15 GBV Rn 44 ff.; *Holzer*, Die Richtigstellung des Grundbuchs, S. 150, 167 f., 272.
135 Meikel/*Schneider*, § 15 GBV Rn 27 m.w.N.
1 An grundlegender Rechtsprechung sind zu erwähnen: BGHZ 45, 186 = JZ 1966, 796 m. Anm. *Kuchinke*, (Anwartschaft als sonstiges Recht i.S.d. § 823 BGB); BGHZ 49, 197 = DNotZ 1968, 483 = NJW 1968, 1087 m. Anm. *Rose*, dazu *Mattern*, LM § 857 ZPO Nr. 9/10 (Pfändung des Anwartschaftsrechts); BGH DNotZ 1976, 96 = Rpfleger 1975, 432, dazu *Münzberg*, in: FS Schiedermair (1976), S. 439 (Erlöschen des Anwartschaftsrechts mit Antragsrückweisung); BGHZ 83, 395 = DNotZ 1982, 619 m. Anm. *Ludwig* (Aufhebung Grundstückskaufvertrag); BGHZ 89, 41 = DNotZ 1984, 319, dazu *Hagen*, DNotZ 1984, 267 (Abtretung Auflassungsanspruch); BGHZ 106, 108 = DNotZ 1990, 289 = Rpfleger 1989, 192, dazu *Hintzen*, Rpfleger 1989, 439; *Medicus*, DNotZ 1990, 275; *Ertl*, MittBayNot 1989, 53 (Voraussetzungen des Anwartschaftsrechts); BGHZ 114, 161 (deliktsrechtl. Schutz des anwartschaftsberechtigten Grundstückskäufers); BGHZ 128, 184 (Anfechtung Grundstücksübereignung durch Gläubiger; Anwartschaftsrecht als Rechtsposition); BGHZ 149, 1 = DNotZ 2002, 275 = NJW 2002, 213 = NZI 2002, 30 (Schutz der Vormerkung in der Insolvenz). Umfassende Erläuterungen bietet folgende Literatur: Staudinger/*Pfeifer/Diehn*, BGB, § 925 Rn 120 ff.; MüKo-BGB/*Lettmaier*, § 873 Rn 92; MüKo-BGB/*Ruhwinkel*, § 925 Rn 35 ff.; Erman/*Lorenz*, BGB, § 925 Rn 51 ff.; Grüneberg/*Herrler*, BGB, § 925 Rn 23 ff.; Schöner/Stöber, Grundbuchrecht, Rn 1555 ff., 1589 ff., 1595 ff., 3106, 3318; Westermann/*Eickmann*, Sachenrecht, § 75 I. 6.; Baur/*Stürner*, Sachenrecht, Rn 19.15; Wolff/*Raiser*, Sachenrecht, § 38 III. 1.; MüKo-ZPO/*Smid*, § 848 Rn 9; Zöller/*Herget*, ZPO, § 848 Rn 13; Schuschke/Walker/*Schuschke*, Vollstreckung und Vorläufiger Rechtsschutz; § 848 Rn 5 ff.; *Stöber/Rellermeyer*, Forderungspfändung, Rn G.26 ff., G.64 ff.

Die rechtsgeschäftliche Eigentumsübertragung gem. §§ 873, 925 BGB kann nicht von einer Bedingung (z.B. Kaufpreiszahlung) oder Zeitbestimmung abhängig gemacht werden. Deshalb gibt es (anders als beim Kauf beweglicher Sachen; § 449 BGB) keinen Eigentumsvorbehalt (§ 925 Abs. 2 BGB). Eine Zug-um-Zug-Leistung von Kaufpreiszahlung und Erklärung der Auflassung bietet dem Käufer keine Sicherheit dafür, dass er eingetragen wird (siehe Rdn 31, 32). Eine Zug-um-Zug-Leistung von Kaufpreiszahlung und Grundbucheintragung ist durch § 16 Abs. 1 GBO ausgeschlossen. Die Vorleistung einer Vertragsseite ist daher unvermeidlich. Um deren Risiken möglichst klein zu halten, sind Maßnahmen notwendig, von denen die meisten ohne Vormerkung und ohne Einschaltung eines Notars nicht denkbar wären (vgl. Rdn 25 ff., 31 ff.).[2] Bei der Vertragsgestaltung ist Folgendes zu berücksichtigen:

- Der Anwartschaftsschutz des Auflassungsempfängers ist in keiner Stufe absolut (siehe Rdn 26). Er bedarf der Ergänzung durch zusätzliche Maßnahmen (siehe Rdn 27 ff., 32).
- Die Eintragung einer Vormerkung gewährt noch keinen wirksamen Schutz (siehe Rdn 27). Der Berechtigte benötigt dazu einen durchsetzbaren Anspruch (siehe Rdn 25).
- Durch Betreuungstätigkeiten eines Notars (§§ 14 Abs. 4, 23, 24 BNotO) können die mit der Vorleistung des Veräußerers oder des Erwerbers verbundenen Risiken nur verringert, nicht ausgeschlossen werden (dazu siehe Rdn 5).[3]

II. Begriffe „Anwartschaft" und „Anwartschaftsrecht"

2   Diese beiden Begriffe, für die es keine gesetzliche Definition gibt, werden in unterschiedlichem Sinn verwendet.[4] Über die im Gesetz nicht geregelte Frage, unter welchen Voraussetzungen der Auflassungsempfänger ein Anwartschaftsrecht als „selbstständig verkehrsfähige Vorstufe des Grundstückseigentums"[5] hat, herrscht Streit.[6] In der Rechtsprechung des BGH[7] zeichnet sich aber eine eindeutige Haltung ab, an der sich die Praxis orientieren kann (nachfolgend siehe Rdn 4).

Ein „Anwartschaftsrecht" liegt danach nur vor, wenn bei einem mehraktigen Entstehungstatbestand eines Rechts schon so viele Erfordernisse erfüllt sind, dass von einer gesicherten Rechtsstellung des Erwerbers gesprochen werden kann, die der andere Vertragsteil bzw. ein Dritter nicht mehr durch einseitige Erklärungen, Handlungen oder Unterlassungen zerstören kann.[8]

Beim Erwerb des Eigentums am Grundstück erfolgt in der Regel zuerst die Auflassung und dann die Eintragung im Grundbuch. Es ist nach materiellem Recht auch möglich, dass in umgekehrter Reihenfolge die Eintragung vorausgeht und als erste Voraussetzung des mehraktigen Tatbestands ein „Bucheigentum" entsteht, das als unrichtig (§ 894 BGB), aber wirksam eingetragenes Recht Buchrechtswirkungen hat, die wesentlich stärker als die des (nicht eintragungsfähigen) Anwartschaftsrechts des Auflassungsempfängers sind. Dieser umgekehrten Reihenfolge steht die vom Grundbuchamt zu beachtende Verfahrensvorschrift des § 20 GBO entgegen (siehe hierzu § 2 Einl. Rdn 74). In Fällen des § 19 GBO ist sie möglich, wenn sie zu einer vorübergehenden Unrichtigkeit führt.

III. Vorstufen des Grundstückseigentums

3   Erste Voraussetzung des Rechts des Auflassungsempfängers ist eine wirksame Auflassung (§ 925 BGB), weil ohne sie die mehraktige Eigentumsübertragung noch nicht begonnen hat und sich daran auch dann nichts ändert, wenn zur Sicherung des Anspruchs auf Eigentumsverschaffung eine Vormerkung eingetragen ist.[9]

---

2 Siehe auch Staudinger/*Pfeifer/Diehn*, BGB, § 925 Rn 143 ff.; *Schöner/Stöber*, Grundbuchrecht, Rn 852, 1477.
3 Bundesnotarkammer DNotZ 1987, 1, *Brambring*, DNotZ 1990, 615, 616, 628; *Ertl*, DNotZ 1969, 650, 660.
4 MüKo-BGB/*Gaier*, Einl. 13 zu §§ 854 ff.; MüKo-BGB/*Lettmaier*, § 873 Rn 92.
5 BGHZ 83, 395, 399.
6 Meinungsüberblick bei OLG Hamm DNotZ 1975, 488; Westermann/*Eickmann*, Sachenrecht, § 75 I 6; Staudinger/*Pfeifer/Diehn*, BGB, § 925 Rn 121 f.; Grüneberg/*Herrler*, BGB, § 925 Rn 25; MüKo-BGB/*Ruhwinkel*, § 925 Rn 32.
7 *Hagen*, DNotZ 1984, 267, 269.
8 BGHZ 27, 360, 368; 35, 85, 87; 37, 319, 321; 45, 186, 189; grundlegend zuletzt betont in BGHZ 106, 108.
9 BGHZ 89, 41, 44 = DNotZ 1984, 319, 320.

Auf dem Weg zum Erwerb des Eigentums am Grundstück (§ 873 Abs. 1 BGB) gibt es Vorstufen mit unterschiedlichen Voraussetzungen und Wirkungen:

1. Stufe: Auflassung (§ 925 BGB; § 20 GBO) ohne Bewilligung
2. Stufe: Auflassung und Bewilligung (§ 19 GBO) ohne Antrag
3. Stufe: Auflassung, Bewilligung und Antrag des Veräußerers (§ 13 GBO)
4. Stufe: Auflassung, Bewilligung und Antrag des Erwerbers (§ 13 GBO)
5. Stufe: Auflassung und Vormerkung; keine Bewilligung der Eigentumsumschreibung
6. Stufe: Auflassung, Bewilligung (§ 19 GBO) und Vormerkung
7. Stufe: Auflassung, Bewilligung, Erwerberantrag und Vormerkung.

Der Erwerb einer Vormerkung (§§ 883, 885 BGB) verläuft in ähnlichen Stufen, ist aber (wie § 873 Abs. 1 BGB zeigt) keine rechtlich notwendige Vorstufe des Grundstückseigentums. Die Vormerkung ist allerdings ein im Grundstücksverkehr übliches Sicherungsmittel zum Schutz des Anspruchs auf Eigentumsverschaffung (siehe Rdn 24, 32; § 6 Einl. Rdn 3 ff.), ohne dass die Rechtsstellung des Auflassungsempfängers weniger gesichert wäre.[10]

Diese Stufen sind aus verschiedenen Gründen von Bedeutung:

– Wie ist der Auflassungsempfänger in den einzelnen Stufen gegen Beeinträchtigungen seiner Rechtsstellung geschützt? Dies ist wichtig für die Frage, welche Sicherheit der Käufer hat, wenn er vor dem Eigentumserwerb den Kaufpreis zahlt (siehe dazu Rdn 32).
– In welcher dieser Stufen kann über das Recht des Auflassungsempfängers wirksam verfügt werden, wann ist es also „verkehrsfähig" (vgl. Rdn 4)?
– Die Fragen, ob ein Recht besteht und ob es verkehrsfähig ist, sind voneinander zu trennen.[11] Denn es gibt Rechte (Rechtspositionen), die nicht oder nur eingeschränkt verkehrsfähig sind (z.B. §§ 1059 ff., 1092 BGB).

IV. Verkehrsfähigkeit des Rechts

Nach ständiger Rechtsprechung des BGH liegt ein übertragbares und damit pfändbares und verpfändbares Recht eines Auflassungsempfängers erst dann vor, wenn ein Antrag auf Eigentumsumschreibung vom Erwerber beim Grundbuch gestellt ist oder eine Auflassungsvormerkung vorliegt.[12] Übertragbar, verpfändbar und pfändbar ist es nach Auffassung des BGH in der Stufe 4 (siehe Rdn 6), Stufe 6 (siehe Rdn 18, 20), kombinierten Stufe 7 (siehe Rdn 23), ungeklärt ob bereits in der Stufe 5 (siehe Rdn 21).

Nach einer in der Literatur verbreiteten Auffassung genügt für die Annahme einer verkehrsfähigen Anwartschaft, der noch die spezifischen Schutzwirkungen des Anwartschaftsrechts fehlen, bereits die rechtswirksame Auflassung.[13]

V. Verfahrensrechtliche Stellung des Auflassungsempfängers

Die Rechtslage zwischen Auflassung und Eintragung wird vom Grundbuchverfahrensrecht bestimmt, das – wie z.B. §§ 873, 874, 878, 879, 892 BGB zeigen – Wechselwirkungen mit dem materiellen Recht hat (vgl. § 1 Einl. Rdn 31 ff.). Die Rechtsstellung des Auflassungsempfängers ist nicht gesichert, wenn der Eigentumsumschreibung ein Eintragungshindernis (§ 18 GBO) entgegensteht, das zur Zurückweisung seines Antrags führt (vgl. dazu § 18 GBO Rdn 34 ff.).[14]

---

10 BGHZ 45, 186, 190; für den Fall der Sicherung eines künftigen Anspruchs bei Insolvenz des Verkäufers ausdrücklich BGHZ 149, 1.
11 Staudinger/*Busche*, BGB, Einl. zu § 398 Rn 2 ff., 47 ff.; § 399 Rn 84, 90; § 413 Rn 18 ff.
12 So BGHZ 106, 108 unter Hinweis auf BGH DNotZ 1976, 96, 97, BGHZ 83, 395, 399; 89, 41, 44.
13 Überblick bei Staudinger/*Chr. Heinze*, BGB, § 873 Rn 183.
14 BGH DNotZ 1976, 96 = Rpfleger 1975, 432; siehe auch zur umstr. Frage sofortiger Zurückweisung *Böttcher*, MittBayNot 1987, 9; *ders.*, MittBayNot 1987, 65; *Schöner/Stöber*, Grundbuchrecht, Rn 434 ff.; *Demharter*, § 18 Rn 8, 16, 21; Meikel/*Böttcher*, § 18 Rn 30 ff.

Antrag (§ 13 GBO), Bewilligung (§ 19 GBO), Nachweis der Auflassung (§§ 20, 29 GBO) und Voreintragung des Veräußerers (§ 39 Abs. 1 GBO) sind nicht die einzigen Eintragungsvoraussetzungen im Grundbuchverfahren (siehe § 1 Einl. Rdn 57). Mit der im Grundstücksverkehr (z.B. vom Käufer oder Kreditgeber) gewünschten Sicherheit lässt sich feststellen, an welchem Rang die Vormerkung eingetragen ist, aber nie vorausschauend beurteilen, ob der Antrag zur Eintragung des Eigentumsüberganges führen wird.

Daraus folgt zweierlei: Das Misstrauen gegen das nicht eintragungsfähige Anwartschaftsrecht ist durchaus berechtigt. Die dem „werdenden Eigentümer"[15] zum Eigentumserwerb fehlende Eintragung im Grundbuch kann durch nichts ersetzt werden, auch nicht durch eine Notarbestätigung (siehe auch Rdn 32).[16]

B. Anwartschaftsrecht des Auflassungsempfängers

I. „Gesichertes" Anwartschaftsrecht

6 Das durch § 878 BGB, §§ 13, 17 GBO gesicherte Recht des Auflassungsempfängers, der selbst den Umschreibungsantrag gestellt hat, ist nach BGH ein vom schuldrechtlichen Anspruch unabhängiges, dem späteren Vollrecht vergleichbares, selbstständig verkehrsfähiges Recht (Anwartschaftsrecht).[17] Weil der Erwerb des Eigentums am Grundstück Einigung und Eintragung erfordert (§ 873 Abs. 1 BGB), kann man ein verkehrsfähiges Anwartschaftsrecht nicht unabhängig vom Vorliegen der Eintragungsvoraussetzungen annehmen.[18]

7 Voraussetzungen dafür sind (Stufe 4 siehe Rdn 3):[19]

1. Auflassung (§ 925 BGB, §§ 20, 29 GBO), die wirksam, bindend und dem Grundbuchamt nachgewiesen sein muss (siehe hierzu § 20 GBO Rdn 90 ff.);
2. Eintragungsantrag des Auflassungsempfängers (§ 13 GBO), der nicht zurückgenommen und nicht zurückgewiesen sein darf;[20]
3. Eintragungsbewilligung des von der Eintragung Betroffenen (§§ 19, 29, 39 Abs. 1 GBO), die wirksam, unwiderruflich und dem Grundbuchamt nachgewiesen sein muss.

Wer die Bewilligung des Betroffenen (§§ 19, 39 Abs. 1 GBO) zu den Eintragungsvoraussetzungen rechnet (vgl. § 20 GBO Rdn 11 ff.) und berücksichtigt, dass die Bewilligung und die Auflassung dem Grundbuchamt nachgewiesen werden muss (§§ 19, 20, 29 GBO), kann von einem verkehrsfähigen Recht nicht sprechen, wenn der Veräußerer zwar die Auflassung und Bewilligung erklärt, aber dem Auflassungsempfänger die zur Grundbucheintragung notwendige Urkunde vorenthalten kann.[21]

Der Gesetzgeber normiert in § 140 Abs. 2 InsO zur Frage des maßgeblichen Zeitpunkts für den Abschluss einer insolvenzrechtlich anfechtbaren Rechtshandlung das Anwartschaftsrecht in Anlehnung an diese Voraussetzungen.[22] Neben der nach § 873 Abs. 2 BGB bindend erklärten Einigung verlangt er den Eintragungsantrag durch den Erwerber. Hierzu lässt der BGH – anders als die Gesetzesbegründung[23] – nur den Eintragungsantrag des Erwerbers selbst genügen, der durch den Notar nach § 15 Abs. 2 GBO gestellte Antrag solle nicht genügen, weil der Notar den Antrag auch selbstständig zurücknehmen könnte (§ 24 Abs. 3 S. 1 BeurkG).[24] Das ist zu kurz gedacht, denn der Notar ist ebenso wie der Anwalt im Zivilprozess Bevollmächtigter der Beteiligten und diesen gegenüber verantwortlich.[25] Da nach § 13 Abs. 1 S. 3 GBO

---

15 Vgl. BGHZ 87, 138 (Kostentragungspflicht des WE-Eigentümers nach Veräußerung); 106, 113 („werdender WE-Eigentümer").
16 *Ertl*, DNotZ 1969, 650.
17 BGHZ 45, 186, 188; 49, 197, 200; 83, 395, 399; 106, 108; BGH DNotZ 1976, 96, 97.
18 So BGHZ 106, 108, 111.
19 Staudinger/*Chr. Heinze*, BGB, § 873 Rn 183 ff.; Staudinger/*Pfeifer/Diehn*, BGB, § 925 Rn 12 ff.; MüKo-BGB/*Ruhwinkel*, § 925 Rn 32; Grüneberg/*Herrler*, BGB, § 925 Rn 23 ff.; *Schöner/Stöber*, Grundbuchrecht, Rn 3318.
20 BGH DNotZ 1976, 96 = Rpfleger 1975, 432; BGH DNotZ 1990, 289 = Rpfleger 1989, 192.
21 Ebenso zu § 20 GBO LG Bonn Rpfleger 1989, 449 (Eintragung Pfändungsvermerk); MüKo-BGB/*Ruhwinkel*, § 925 Rn 37; *Kerbusch*, Rpfleger 1988, 475, 477 in Anm. zu LG Fulda Rpfleger 1988, 252; *Hintzen*, Rpfleger 1989, 439, 441 Fn 39 f.; vgl. auch *Weser*, MittBayNot 1993, 253, 256.
22 BT-Drucks 12/2443, S. 166; BGHZ 45, 186, 188; BGHZ 49, 197; BGHZ 83, 195, 399; BGHZ 106, 108; kritisch zum Wertungswiderspruch zu § 147 InsO mit § 91 Abs. 2 InsO und § 878 BGB Jaeger/*Henckel*, InsO, § 147 Rn 13; MüKo-*Kirchhof/Piekenbrock*, § 147 Rn 5.
23 BT-Drucks 12/2443, S. 166 rechte Spalte
24 BGH NJW 2001, 2477.
25 Eingehend: *Keller*, Insolvenzrecht, Rn 1544.

(dazu § 13 GBO Rdn 30 ff.) ein Antrag auf Eigentumsumschreibung nur durch den Notar gestellt werden soll, liefe diese Annahme auf das Ergebnis hinaus, dass ein Anwartschaftsrecht gar nicht mehr möglich wäre.

Das Anwartschaftsrecht des Auflassungsempfängers **erlischt** (samt Pfandrecht),[26] wenn die Auflassung unwirksam ist oder wird (siehe Rdn 3, 9). Es verliert seine Verkehrsfähigkeit, wenn eine der dazu notwendigen Voraussetzungen wegfällt, also wenn die Bewilligung vor der Grundbucheintragung unwirksam wird, wenn der Auflassungsempfänger seinen Antrag zurücknimmt, wenn sein Antrag (zu Recht oder Unrecht) zurückgewiesen wird und er kein Rechtsmittel einlegt, die Beschwerde zurückgewiesen wird oder zwar Erfolg hat, aber als neuer Antrag zu behandeln ist (vgl. § 74 GBO Rdn 5 ff.). In solchen Fällen geht eine Übertragung, Verpfändung, Pfändung ins Leere.

Welche **Ausnahmen** es davon gibt, bedarf einer Klärung.

– Wenn die Auflassung unwirksam wird, kann sie nicht wieder aufleben. Nur eine neue Auflassung kann zusammen mit der Eintragung den Eigentumsübergang herbeiführen (vgl. Rdn 30; § 20 GBO Rdn 99).
– Das Anwartschaftsrecht samt einem Pfandrecht, das vorher daran bestanden hat, besteht (soweit nicht in wirksam entstandene Rechte Dritter eingegriffen wird; siehe Rdn 26) weiter, wenn die Antragszurückweisung zu Unrecht erfolgt ist, im Rechtsmittelverfahren aufgehoben, die Beschwerde nicht auf neues Vorbringen gestützt (§ 74 GBO) und der zu Unrecht aufgehobene Antrag wieder als unerledigt angesehen wird mit der Folge, dass seine früheren Wirkungen, auch die aus § 878 BGB und § 17 GBO wieder aufleben (vgl. § 17 GBO Rdn 29; § 18 GBO Rdn 83; § 74 GBO Rdn 9).[27]
– Sind vor der Antragszurückweisung durch Auflassung und Vormerkung die Voraussetzungen der Verkehrsfähigkeit (also auf andere Weise als durch Antragstellung) eingetreten (siehe Rdn 18 ff.), dann ist folgende für Pfandrechtsgläubiger wichtige Frage zu klären: Handelt es sich hier um zwei verschiedene Rechte, von denen das eine durch Antragszurückweisung erloschen und das andere nicht verpfändet (gepfändet) ist? Oder liegt ein einziges Recht vor, dessen Verkehrsfähigkeit weiterbesteht, weil durch die Antragszurückweisung weder die Auflassung noch die Vormerkung unwirksam geworden ist und beide zusammen die Verkehrsfähigkeit bewirken. Die letztere Auffassung, für die vieles[28] spricht, wird bejaht.[29]

Bei wirksamer Übertragung dieses Rechts tritt der Anwartschaftserwerber in die volle dingliche und grundbuchmäßige Stellung des Auflassungsempfängers aus der Auflassung, Bewilligung und Antrag einschließlich der sich aus § 17 GBO ergebenden Verfahrenslage anstelle des Auflassungsempfängers ein. Der Anwartschaftserwerber erwirbt das Eigentum am Grundstück unmittelbar vom eingetragenen Eigentümer ohne Zwischenerwerb des Anwartschaftsveräußerers.[30]

Das Anwartschaftsrecht ist ein dem späteren Vollrecht vergleichbares, vom schuldrechtlichen Anspruch unabhängiges Recht.[31] Wer sein Grundstück ohne Rechtsgrund aufgelassen hat, kann die Verfügung über das Anwartschaftsrecht nur durch gerichtliches Veräußerungsverbot gegen den Auflassungsempfänger verhindern, das gegen einen Dritten nur wirkt, wenn er das Verbot kennt.[32]

Das Anwartschaftsrecht ist **kein dingliches Recht,** noch kein Eigentum, wegen § 925 Abs. 2 BGB kein bedingtes Eigentum und auch kein beschränktes dingliches Recht am Grundstück.[33] Es kann nicht im Grundbuch eingetragen und nicht gutgläubig erworben werden (siehe Rdn 28 ff.). Es ist kein die Veräußerung hinderndes Recht i.S.d. § 771 ZPO[34] und berechtigt in der Insolvenz des Veräußerers nicht zur Aussonderung nach § 47 InsO, vielmehr ist hier die Erfüllung des schuldrechtlichen Vertrages nach §§ 103, 106 InsO zu beurteilen.[35]

---

26 BGH DNotZ 1976, 96 = Rpfleger 1975, 432.
27 RGZ 135, 378, 385; BGHZ 45, 186, 191; BayObLG Rpfleger 1983, 101; KG DNotZ 1934, 284, 285.
28 Auch die Formulierung in BGHZ 106, 108, 111.
29 Z.B. von LG Düsseldorf Rpfleger 1985, 305 m. Anm. Münzberg; Stöber/Rellermeyer, Forderungspfändung, Rn G.83.
30 BGHZ 49, 197, 205.
31 BGHZ 83, 395, 399; 106, 108, 111.
32 Löwisch/Friedrich, JZ 1972, 302, 303.
33 Staudinger/Pfeifer/Diehn, BGB, § 925 Rn 124.
34 Anders beim Anwartschaftsrecht aus Eigentumsvorbehalt, vgl. Zöller/Herget, ZPO, § 771 Rn 14 m.w.N.
35 Dazu BGHZ 149, 1; MüKo-InsO/Ott/Vuia, § 106 Rn 18 ff.; Uhlenbruck/Wegener, InsO, § 106 Rn 3, 25 ff.; Keller, Insolvenzrecht, Rn 1311 ff.

13 **Der Grundstückseigentümer bleibt verfügungsberechtigt.** Er kann sein Grundstück wirksam an einen Dritten auflassen (oder ein dingliches Recht bestellen, siehe Rdn 26), selbst wenn dieser die erste Auflassung kennt.[36] Dritte können aber wegen § 17 GBO nicht als Eigentümer oder dinglich Berechtigte im Grundbuch eingetragen werden, wenn nicht der vom Auflassungsempfänger vorher gestellte Antrag zurückgenommen oder (zu Recht oder Unrecht) zurückgewiesen wird oder das Grundbuchamt gegen die verfahrensrechtliche (materiell nicht beachtliche) Vorschrift des § 17 GBO verstößt.

14 Durch Verfügungsbeschränkungen kann ein nach § 878 BGB gesichertes Anwartschaftsrecht nicht mehr beeinträchtigt werden.[37] Umgekehrt kann in das Anwartschaftsrecht die Zwangsvollstreckung betrieben werden;[38] es fällt bei Insolvenz des Auflassungsempfängers in die Insolvenzmasse (§ 35 InsO). Der Schutz des Auflassungsempfängers ist aber nicht absolut (siehe Rdn 26).

II. „Unsichere" Anwartschaft des Auflassungsempfängers

15 Der Auflassungsempfänger kann auf Grund Auflassung, Bewilligung und Antrag des Veräußerers (§§ 13, 19 GBO; siehe Rdn 3 Stufe 3) im Grundbuch eingetragen werden und das Eigentum am aufgelassenen Grundstück erwerben (§ 873 Abs. 1 BGB). Er ist aber nicht gegen eine Antragszurücknahme des Veräußerers (siehe § 13 GBO Rdn 66 ff.) und auch nicht gegen Beeinträchtigungen der Verfügungs- und Bewilligungsbefugnis des Veräußerers gesichert.

Deshalb kann die „unsichere" Anwartschaft des Auflassungsempfängers (siehe Rdn 3 Stufen 1, 2, 3) nach BGH[39] nicht wirksam übertragen, verpfändet, gepfändet werden. Die gegenteilige Meinung in Rechtsprechung[40] und Lehre (vgl. Rdn 2),[41] der Auflassungsempfänger habe durch Auflassung, ohne eigenen Antrag und ohne Vormerkung ein bereits verkehrsfähiges Vermögensrecht, ist abzulehnen, weniger wegen der „Unsicherheit" der Anwartschaft als deshalb, um der Eigendynamik, die diese Rechtsfigur ohne Not entwickelt, Einhalt zu gebieten.

16 Der Auflassungsempfänger ist stattdessen auf andere, im Gesetz selbst angelegte Vertragsgestaltungen angewiesen, z.B. auf die Mitwirkung des Grundstückseigentümers bei der Belastung des Grundstücks zur Kaufpreisfinanzierung, Verpfändung des vorgemerkten schuldrechtlichen Anspruchs (siehe Rdn 36; § 20 GBO Rdn 115), Einwilligung des Grundstückseigentümers (§ 185 Abs. 1 BGB) zur Weiterveräußerung des noch in seinem Eigentum stehenden Grundstücks an einen Dritten (vgl. § 20 GBO Rdn 138).[42]

17 Eine Verfügung über das „künftige" Anwartschaftsrecht zu einem Zeitpunkt, in dem eine zu seiner Verkehrsfähigkeit notwendige Voraussetzung noch fehlt (siehe Rdn 7, 20), ist unwirksam und bleibt nach der von BGHZ 106, 108 bestätigten Auffassung[43] auch dann unwirksam, wenn diese Voraussetzung später mit rückwirkender Kraft eintritt. Ein solcher Fall liegt z.B. vor, wenn zur Zeit der Verfügung (Übertragung, Verpfändung, Pfändung) die Auflassung schwebend unwirksam war und durch Genehmigung rückwirkend (§ 184 Abs. 1 BGB) wirksam wird oder wenn in der Zeit zwischen Antragsrückweisung und Aufhebung des Zurückweisungsbeschlusses (als kein Eintragungsverfahren anhängig war) die Verfügung erfolgt ist und erst später der zurückgewiesene Antrag wieder auflebt (Unterschied zu den obenstehenden Ausführungen, Fall 2 siehe Rdn 9).

III. Recht des Auflassungsempfängers aus Auflassung und Vormerkung

18 **Meinung des BGH:** Das Recht des Auflassungsempfänger, für den eine Vormerkung eingetragen ist, wurde vom BGH mit der Begründung als selbstständig verkehrsfähiges Anwartschaftsrecht anerkannt, dass in diesem Fall auch ohne eigenen Antrag des Auflassungsempfängers sein Recht wegen des durch §§ 883 Abs. 2,

---

36 RGZ 55, 340, 341; 113, 403, 407; BGHZ 45, 186, 190; 49, 197, 200; BGH DNotZ 1976, 96 = Rpfleger 1975, 432; BayObLG 1983, 249.
37 Siehe auch Staudinger/*Pfeifer/Diehn*, BGB, § 925 Rn 137.
38 BGHZ 49, 197.
39 BGH DNotZ 1995, 47 = NJW 1994, 2947 = Rpfleger 1995, 101; Erman/*Lorenz*, BGB, § 925 Rn 53.
40 Z.B. KG JFG 4, 339, 342; BayObLGZ 1971, 307, 311.
41 Auch in Staudinger/*Pfeifer/Diehn*, BGB, § 925 Rn 125, 133 ff., 136.
42 BGHZ 106, 108, 111; zur konkludent erteilten Ermächtigung BGH NJW 1997, 936; OLG Hamm NJW-RR 2001, 376; dazu auch Staudinger/*Pfeifer/Diehn*, BGB, § 925 Rn 126; Erman/*Lorenz*, BGB, § 925 Rn 54.
43 BGH DNotZ 1976, 96 = Rpfleger 1975, 432.

888 BGB gewährten Schutzes vom Veräußerer nicht mehr einseitig zerstört werden kann.[44] Nach OLG Düsseldorf[45] ist die Verkehrsfähigkeit bereits bei Auflassung und Antrag des Auflassungsempfängers auf Eintragung einer Auflassungsvormerkung zu bejahen, also zu dem auch für die Gutgläubigkeit des Auflassungsempfängers nach § 892 Abs. 2 BGB oder dem nach § 878 BGB maßgebenden Zeitpunkt (siehe Rdn 28).

Die **Gegenmeinung** lehnt ein durch Vormerkung gesichertes Anwartschaftsrecht ab.[46] Ein vom Anspruch auf Eigentumsverschaffung abhängiges Anwartschaftsrecht ist kein mit dem abstrakten Volleigentum vergleichbares Recht. Einer Anwartschaft ohne Antrag des Auflassungsempfängers fehlt der Schutz der § 878 BGB, §§ 13, 17 GBO. Wird die Auflassung trotz Vormerkung unwirksam, (z.B. durch Insolvenz des Veräußerers oder weil das Grundbuchamt einen anderen als Eigentümer eintragen muss), dann wird der Auflassungsempfänger nur geschützt, wenn ihm die Vormerkung zusteht und der vorgemerkte Anspruch wirksam ist (§§ 883 Abs. 2, 888 Abs. 1 BGB). Versagt der Vormerkungsschutz, hilft auch das von Auflassung und Vormerkung abhängige Anwartschaftsrecht nicht weiter.

Die Verkehrsfähigkeit ist zu bejahen (Stufe 6 siehe Rdn 3), wenn Auflassung und Bewilligung der Eigentumsumschreibung vorliegen, eine Vormerkung für den Auflassungsempfänger zur Sicherung seines (wirksamen, verkehrsfähigen) Anspruchs auf Verschaffung des Eigentums am aufgelassenen Grundstück eingetragen ist (§§ 883, 885 BGB) und Auflassung und Vormerkung (auf die sich die Verkehrsfähigkeit der Rechtsstellung stützt) sich beide in einer Hand befinden. Nicht das Recht des Auflassungsempfängers ist vom vorgemerkten Anspruch abhängig, sondern lediglich seine Verkehrsfähigkeit (siehe Rdn 3). Die Verkehrsfähigkeit eines Rechts setzt nicht voraus, dass es gegen jede Art der Zerstörung gesichert ist (siehe Rdn 26).[47] Das gesicherte Anwartschaftsrecht kann erlöschen (siehe Rdn 8) und wird trotzdem nahezu unbestritten für verkehrsfähig gehalten.

Die Verkehrsfähigkeit besteht nicht, wenn die Voraussetzungen dafür noch nicht vorliegen oder weggefallen sind (zur Begründung vgl. Rdn 7 ff.).

Einzelfälle:

– Auflassung ohne Bewilligung (§ 19 GBO; Stufe 5 siehe § 19 GBO Rdn 3): Der Veräußerer hat in dieser Stufe noch nicht alles verfahrensrechtlich zur Eigentumsumschreibung Erforderliche getan.[48] Einem Antrag des Auflassungsempfängers steht noch ein Eintragungshindernis (§ 18 GBO) entgegen, das zur Zurückweisung seines Antrags führt (siehe Rdn 5). Dagegen kann in der Stufe 6 (Auflassung und Bewilligung) der Auflassungsempfänger seine Eintragung als Eigentümer durch einen Antrag selbst herbeiführen. Auf eine Mitwirkung des Veräußerers ist er nicht mehr angewiesen.
– Unwirksamkeit des vorgemerkten Anspruchs:
In diesem Fall ist auch die Vormerkung unwirksam (siehe § 6 Einl. Rdn 12). Es fehlt eine der Voraussetzungen der Verkehrsfähigkeit, wenn sich das Anwartschaftsrecht nicht auf Auflassung, Eintragungsbewilligung und Antragstellung stützen kann.
– Ausschluss der Abtretung/Verpfändung (§§ 399, 1274 BGB): Da dem Anspruch die erforderliche Verkehrsfähigkeit fehlt,[49] kann der Auflassungsempfänger seine Rechtsstellung aus Auflassung und Vormerkung nicht oder jedenfalls nicht ohne Zustimmung des Grundstückseigentümers übertragen oder verpfänden.
– Bei der Pfändung ist zu unterscheiden:
– Ist die Abtretung des Anspruchs durch Vereinbarung ausgeschlossen (§ 399 BGB Fall 2), so ist er trotzdem pfändbar (§ 851 Abs. 2 ZPO).
– Ist sie wegen Veränderung des Leistungsinhalts ausgeschlossen (§ 399 BGB Fall 1), so ist er nicht pfändbar.[50]

---

44 BGHZ 83, 395, 399; 89, 41, 44; 106, 108; ebenso OLG Hamm NJW 1975, 879; OLG Düsseldorf DNotZ 1981, 130 = Rpfleger 1981, 199 m. Anm. *Eickmann*; Grüneberg/*Herrler*, BGB, § 925 Rn 25; MüKo-BGB/*Ruhwinkel*, § 925 Rn 35; *Demharter*, Anh. zu § 26 Rn 53.
45 OLG Düsseldorf DNotZ 1981, 130 = Rpfleger 1981, 199 m. Anm. *Eickmann*.
46 So *Vollkommer*, Rpfleger 1969, 409, 414; *ders.*, Rpfleger 1972, 18; *Eickmann*, in Anm. zu OLG Düsseldorf Rpfleger 1981, 199; *Reinicke/Tiedtke*, NJW 1982, 2281, 2285; *Münzberg*, in Anm. zu LG Düsseldorf Rpfleger 1985, 305; *Böttcher*, in Anm. zu LG Fulda Rpfleger 1988, 252, 254; *Hintzen*, Rpfleger 1989, 439, 441; *Jauernig*, BGB, § 873 Anm. 3; Staudinger/*Pfeifer/Diehn*, BGB, § 925 Rn 140.
47 BGHZ 49, 197, 202.
48 Staudinger/*Pfeifer/Diehn*, BGB; § 925 Rn 134 f.
49 Staudinger/*Busche*, BGB, Einl. zu § 398 Rn 63 ff.; § 399 Rn 90.
50 *Stöber/Rellermeyer*, Forderungspfändung, Rn A.16, G.27, G.85.

- Anwartschaftsrecht und Vormerkung nicht in einer Hand: Wenn sich das Anwartschaftsrecht auf Auflassung und Antragstellung stützt (wie in den Fällen siehe Rdn 6, 24), ist es unabhängig vom vorgemerkten Anspruch verkehrsfähig. Ist es von Auflassung und Vormerkung abhängig, muss es sich in der Hand des Vormerkungsberechtigten befinden (siehe dazu Rdn 18, 20, 22).

22 Abtretung des Anwartschaftsrechts und des Anspruchs:
- Die Abtretung des Anwartschaftsrechts ist von der Einhaltung der Auflassungsform abhängig (§ 925 Abs. 1 BGB), sie ist bedingungsfeindlich (§ 925 Abs. 2 BGB), bedarf keiner Zustimmung des Grundstückseigentümers, keiner Anzeige an ihn und keiner Eintragung (dazu vgl. § 20 Rdn 109 ff.).[51]
- Die Abtretung des Anspruchs auf Eigentumsverschaffung ist formlos wirksam, kann von Bedingungen und Zeitbestimmungen abhängig gemacht werden, bedarf keiner Zustimmung des Veräußerers, keiner Anzeige an ihn und keiner Eintragung bei der Vormerkung, die mit dem Anspruch übergeht (siehe § 6 Einl. Rdn 12). Sie kann aber bei der Vormerkung vermerkt werden (siehe hierzu § 20 GBO Rdn 109 ff.).
- Die Abtretung des Anwartschaftsrechts und des Anspruchs sind rechtlich voneinander unabhängig. Die Beteiligten werden aber bedenken müssen, dass die auf Auflassung und Vormerkung gestützte Rechtsstellung des Auflassungsempfängers nicht wirksam übertragen werden kann und erlischt, wenn sie nicht mehr dem Vormerkungsberechtigten zusteht (siehe hierzu Rdn 21 Fall 5).

IV. Durch Anwartschaftsrecht und Vormerkung gesichertes Recht

23 Wenn Auflassung, Bewilligung und Antrag des Auflassungsempfängers vorliegen (Stufe 7 siehe Rdn 3) und für ihn eine Vormerkung eingetragen ist, hat der Auflassungsempfänger nach geltendem Recht die sicherste – kumulierte – Rechtsstellung, die ihm Anwartschafts-, Vormerkungs- und Gutglaubensschutz gewährt.[52]

24 Eine Übertragung (Verpfändung) des Anwartschaftsrechts erst in dieser letzten Stufe wird in der Praxis kaum Bedeutung haben, ist aber (anders als siehe Rdn 21) auch unabhängig von bzw. neben der Übertragung (Verpfändung) des Anspruchs möglich (siehe Rdn 6, 7). Sicherer für einen Dritten (Anwartschaftserwerber, Pfandrechtsgläubiger) ist wegen der nie auszuschließenden Gefahr einer Antragszurückweisung (siehe Rdn 5, 8) die Übertragung (Verpfändung) des Anspruchs samt Vormerkung (siehe Rdn 22) allerdings nur, wenn der Anspruch und die Vormerkung besteht und die Abtretung des Anspruchs nicht ausgeschlossen ist.

C. Schutz des Auflassungsempfängers
I. Grundlagen des rechtsgeschäftlichen Eigentumserwerbs

25 Nach Grundbuchrecht richtet sich die Frage, ob der Auflassungsempfänger eingetragen wird, nach Sachenrecht ob er Eigentum erwirbt, nach Schuld- und Sachenrecht, ob er durch eine eingetragene Vormerkung wirklich gesichert ist, nach Schuldrecht ob er auf Verschaffung des Eigentums einen Anspruch (§§ 241, 194 BGB) hat und das Eigentum behalten darf. Denn wenn der Auflassungsempfänger das Eigentum ohne Rechtsgrund erhalten hat, kann der Veräußerer die Rückübereignung verlangen (§ 812 BGB) und seinen Rückübereignungsanspruch erforderlichenfalls aufgrund einstweiliger Verfügung durch Vormerkung sichern lassen (§ 885 Abs. 1 BGB; siehe hierzu auch Rdn 11).

II. Anwartschaftsschutz

26 Der Schutz des Auflassungsempfängers gegen Beeinträchtigungen seiner Rechtsstellung besteht nur während des Eintragungsverfahrens, ist nicht vom Anspruch abhängig, aber in keiner Stufe absolut (siehe Rdn 8, 13, 20).[53] Denn dieser Schutz setzt voraus, dass der Antrag zur Eintragung führt (§ 878 BGB), das Grundbuchamt sich an die Antragsreihenfolge hält (§ 17 GBO), der Antrag nicht zurückgenommen und

---

51 BGHZ 49, 197, 202; 83, 395, 399; BayObLG NJW-RR 1988, 330; krit. bzgl. Eintragung MüKo-BGB/*Ruhwinkel*, § 925 Rn 39.

52 Siehe auch Staudinger/*Pfeifer/Diehn*, BGB, § 925 Rn 141.

53 Siehe auch Staudinger/*Pfeifer/Diehn*, BGB, § 925 Rn 125c, 138.

nicht zurückgewiesen wird oder mindestens durch Aufhebung des Zurückweisungsbeschlusses wieder auflebt, bevor das Eigentum auf einen Dritten übergegangen ist. Ein unter Verstoß gegen § 17 GBO oder nach Antragszurückweisung für einen Dritten eingetragenes Recht ist durch Einigung und Eintragung wirksam entstanden; das Grundbuch ist richtig (vgl. § 18 GBO Rdn 116 ff.).[54] Verliert der Veräußerer vor Vollendung des Eigentumserwerbs des Auflassungsempfängers sein Eigentum,[55] wird die Auflassung und mit ihr das Recht des Auflassungsempfängers unwirksam.[56]

III. Vormerkungsschutz

Die Vormerkung (§§ 883, 885 BGB) teilt das rechtliche Schicksal des vorgemerkten Anspruchs (siehe § 6 Einl. Rdn 8 ff.). Sie schützt den Vormerkungsberechtigten gem. §§ 883 Abs. 2; 888 Abs. 1 BGB gegen Vereitelung oder Beeinträchtigung seines Anspruchs auf Eigentumsverschaffung vor und nach Erklärung der Auflassung bis zum Eigentumsübergang, bei Eintragung vormerkungswidriger Verfügungen auch noch nach der Eigentumsumschreibung. Der Vormerkungsschutz ist ein zentrales Instrument im Grundstücksverkehr, auch und gerade dann, wenn der Anwartschaftsschutz versagt. Verfügungen über den Anspruch (samt Vormerkung) sind vor und nach Erklärung der Auflassung möglich (vgl. § 20 GBO Rdn 108 ff.),[57] von der Verkehrsfähigkeit des Anspruchs abhängig (§ 399 BGB; siehe Rdn 21), aber nicht davon, dass auch über das Anwartschaftsrecht verfügt wird.

27

IV. Gutglaubensschutz

Ein gutgläubiger Auflassungsempfänger bedarf auch im Grundbuchverfahren eines auf § 892 Abs. 2 BGB und § 17 GBO gestützten Schutzes. Der bei Stellung des Antrags auf Eintragung der Vormerkung bestehende gute Glaube bleibt auch für den späteren Erwerb des durch die Vormerkung gesicherten dinglichen Rechts maßgebend.[58] Dieser Erwerberschutz, auf den die Praxis vertraut, darf nicht in Frage gestellt werden und dem Auflassungsempfänger während des für seinen Eigentumserwerb notwendigen Grundbuchverfahrens nicht verloren gehen (Fall 2 siehe hierzu Rdn 9, Rdn 26, 30).

28

Anders ist die Rechtslage eines Dritten (z.B. des Zweiterwerbers C). Er kann weder den vorgemerkten Anspruch (siehe § 6 Einl. Rdn 13) noch das Anwartschaftsrecht des Auflassungsempfängers gutgläubig erwerben.[59]

V. Schutz durch einen Vermerk im Grundbuch

Das Anwartschaftsrecht des Auflassungsempfängers ist nicht eintragungsfähig (siehe Rdn 12). Dadurch unterscheidet es sich in einem wesentlichen Punkt vom „Bucheigentum", dem die Auflassung fehlt (siehe Rdn 2).

29

Zur Übertragung, Verpfändung, Pfändung des Anwartschaftsrechts ist keine Eintragung im Grundbuch erforderlich (siehe Rdn 22).[60] Ob eine solche Verfügung eingetragen werden kann, ist umstritten. Die h.M. geht davon aus, dass ein Vermerk nur dann möglich und zulässig ist, wenn für den Auflassungsempfänger eine Vormerkung eingetragen ist.[61] Dies ist höchstrichterlich keineswegs gefestigt[62] und durchaus umstritten.[63]

---

54 BGHZ 45, 186, 191; 49, 197, 201.
55 BGH LM § 185 Nr. 6.
56 Vgl. Staudinger/*Pfeifer/Diehn*, BGB, § 925 Rn 138.
57 KG Rpfleger 1971, 312; *Vollkommer*, Rpfleger 1969, 409, 412.
58 BGHZ 25, 16; BGH DNotZ 1981, 179, 181 = Rpfleger 1981, 55; BayObLG MittBayNot 1991, 78; Staudinger/*Kesseler*, BGB, § 883 Rn 341 ff.; § 892 Rn 57, 58, 187; MüKo-BGB/*Lettmaier*, § 885 Rn 51; Schöner/Stöber, Grundbuchrecht, Rn 1536; *Linden*, MittBayNot 1981, 169, 172; *Wacke*, NJW 1981, 1577.
59 Zum Anwartschaftsrecht MüKo-BGB/*Ruhwinkel*, § 925 Rn 36; Staudinger/*Pfeifer/Diehn*, BGB, § 925 Rn 129; zum gutgläubigen Zweiterwerb der Vormerkung BGHZ 25, 16; BayObLGZ 1999, 226 = MittBayNot 2000, 38 = Rpfleger 2000, 9.
60 BGHZ 49, 197, 202.
61 So *Demharter*, Anh. § 26 Rn 53; MüKo-BGB/*F. Schäfer*, BGB, § 1274 Rn 38; Schöner/Stöber, Grundbuchrecht, Rn 1594, 1601; *Vollkommer*, Rpfleger 1969, 409, 411.
62 Deshalb warnend *Münzberg*, in Anm. zu LG Düsseldorf Rpfleger 1985, 305, 306.
63 Gegen Eintragungsfähigkeit Staudinger/*Pfeifer/Diehn*, BGB, § 925 Rn 129.

Die Frage nach Sinn und Folgen der Eintragung eines solchen Vermerks ist keineswegs geklärt. Sie bedarf einer eingehenden Prüfung, insbes. im Hinblick darauf, dass die Vormerkung (anders als das Anwartschaftsrecht) mit dem Anspruch erlischt und dann samt einem solchen Vermerk der Grundbuchberichtigung unterliegt, dass Vormerkung und Anwartschaftsrecht nicht die gleichen Voraussetzungen haben und ein unterschiedliches rechtliches Schicksal haben können, dass der Eigentümer durch die Vormerkung, durch die Auflassung und durch Verfügungen über das Anwartschaftsrecht nicht in seiner Verfügungsbefugnis über das Grundstück beeinträchtigt wird und dass der gutgläubige Erwerb eines Anwartschaftsrechts ausgeschlossen ist (siehe Rdn 12, 28). Hat der Vermerk einen Sinn, müsste er am Grundstück (nicht an der Vormerkung) eingetragen werden und dürfte nicht von der Existenz der Vormerkung abhängig sein.

VI. Schutz gegen Rechtsvorgänge außerhalb des Grundbuchs

30 Zwischen Auflassung und Eintragung können Rechtsvorgänge außerhalb des Grundbuchs stattfinden, die die zu diesem Zeitpunkt bestehende Rechtsstellung des Auflassungsempfängers gefährden.

– Gemäß § 878 BGB hindert eine nachträglich eingetretene Verfügungsbeschränkung die Rechtsänderung und die Grundbucheintragung nicht. Dieser Schutz genügt nicht (siehe Rdn 1, 26 ff., 32).
– Veränderungen im Wege einer Gesamtrechtsnachfolge machen weder eine neue Auflassung noch eine neue Bewilligung erforderlich. Dies ist bei Eintritt der Erbfolge unbestritten, muss aber auch für andere Fälle einer Gesamtrechtsnachfolge gemäß den in der Rechtsprechung zu § 40 GBO entwickelten Grundsätzen gelten (vgl. § 40 GBO Rdn 8).
– Nach dem Surrogationsprinzip erübrigt sich bei Veränderungen des aufgelassenen Grundstücks (z.B. im Flurbereinigungs-, Umlegungs-, Grenzregelungsverfahren) eine neue Auflassung.
– Unter dem Gesichtspunkt des Erwerberschutzes (siehe Rdn 28, 32) hat das Grundbuchamt bei Anträgen auf Eintragung eines Vermerks über eine Verfügungsbeschränkung den in § 17 GBO verankerten Grundsatz der Entscheidungsreihenfolge zu beachten,[64] eine Verletzung macht das Grundbuch aber nicht unrichtig.[65]
– Aus Gründen des Vertrauensschutzes und der Rechtssicherheit kann Gesetzesänderungen (z.B. über Einführung eines Genehmigungszwangs oder gesetzlichen Vorkaufsrechts) in aller Regel keine Rückwirkung beigemessen werden.
– Rechtsvorgänge, die nicht eintragungsfähig und dem öffentlichen Glauben des Grundbuchs entzogen sind, bedrohen den Grundstücksverkehr (dazu siehe § 1 Einl. Rdn 10 ff.). Im Interesse der Rechtssicherheit aller am Grundstücksverkehr Beteiligten wird man Abhilfe schaffen müssen.

D. Verkäuferschutz und Käuferschutz im Grundstücksverkehr

I. Maßnahmen zum Schutz des Verkäufers

31 Dem Schutz des Verkäufers gegen die Risiken des Verlustes seines Eigentums vor Kaufpreiszahlung dienen z.B.:

– **Trennung von Kaufvertrag und Auflassung** mit der Verpflichtung des Verkäufers zur späteren Auflassung erst nach Kaufpreiszahlung.[66]
– **Übertragung des Eigentums** (§ 873 BGB) verbunden mit einem Rücktrittsvorbehalt vom schuldrechtlichen Vertrag (§ 346 BGB, z.B. bei Zahlungsverzug), der durch Vormerkung für den Verkäufer gesichert werden kann.
– **Bei Messungskauf** (Verkauf einer noch nicht vermessenen Teilfläche) Übertragung des Eigentums am ganzen Grundstück verbunden mit der durch Vormerkung gesicherten Verpflichtung zur Rückübereignung der nichtverkauften Fläche (siehe Rdn 6), erwägenswert z.B. wenn der Käufer das Grundstück zur Finanzierung des Kaufpreises belasten muss und der Verkäufer dabei nicht mitwirken will.

---

64 Siehe auch allg. Meikel/*Böttcher*, Einl. D 8, 9; zur Anwendung des § 17 GBO Meikel/*Böttcher*, § 17 Rn 24; *Eickmann/Böttcher*, Grundbuchverfahrensrecht, Rn 339 ff.; *Eickmann*, Rpfleger 1972, 77; *Böttcher*, Rpfleger 1983, 49, 55.

65 *Demharter*, § 17 Rn 17.
66 OLG Frankfurt DNotZ 1990, 672; *Kanzleiter*, DNotZ 1996, 249.

- **Vollzugsvorbehalt** nach § 16 Abs. 2 GBO, wonach die Auflassung nicht ohne Kaufpreishypothek eingetragen werden darf (siehe § 16 GBO Rdn 14 ff.).
- **Vorbehalt der Eintragungsbewilligung** (§ 19 GBO) in der Weise, dass in der Urkunde nur die Auflassung erklärt, aber die Eintragung nicht bewilligt und nicht beantragt wird (siehe § 20 GBO Rdn 6)[67] und dem Notar entweder die Eintragungsbewilligung in einer eigenen Urkunde (§§ 39, 40 BeurkG) zur Treuhandverwahrung übergeben oder eine Vollmacht zur Bewilligung und Antragstellung mit der Weisung erteilt wird, von der Bewilligung oder Vollmacht erst nach Bestätigung des Verkäufers über den Empfang des Kaufpreises Gebrauch zu machen.
- **Vorbehalt der Eigentumsumschreibung** durch Anweisung an den Notar gem. § 51 Abs. 1 BeurkG, bis zum Nachweis der Kaufpreiszahlung nur auszugsweise Ausfertigungen und Abschriften der Urkunde ohne Wortlaut der Auflassung und Eintragungsbewilligung zu erteilen.[68]
- **Schuldrechtliche Vereinbarung** über den zeitlichen Aufschub des Vollzugs der Auflassung im Grundbuch,[69] nicht empfehlenswert, weil sie weder vom Grundbuchamt noch vom Notar beachtet werden muss.
- **Verzicht auf das eigene Antragsrecht** der Beteiligten und (verdrängende) Vollmacht für den Notar, in ihrem Namen den Grundbuchvollzug zu beantragen;[70] nach h.M. unzulässig und deshalb nicht empfehlenswert.[71]

II. Maßnahmen zum Schutz des Käufers

Die Zahlung des Kaufpreises ohne Sicherung ist Vertrauensangelegenheit. Deshalb wird dem Käufer empfohlen, seine Leistungen von einem vorherigen Schutz abhängig zu machen, z.B.

32

- **Übertragung des Eigentums** an den Käufer, bevor er den Kaufpreis zu zahlen hat. Dies ist i.d.R. dem Verkäufer nicht ohne weiteres zumutbar.
- **Vormerkungsschutz**: Kaufpreiszahlung erst nach Eintragung der Auflassungsvormerkung, die den Anspruch des Käufers auf Eigentumsübertragung sichert. Die Belastung des Grundstücks mit einer Vormerkung ist eine im Grundstücksverkehr übliche Vorleistung des Verkäufers. Er kann sich (allerdings nicht absolut) auf verschiedene Weise schützen, z.B. durch eine vom Notar treuhänderisch verwahrte und überwachte Löschungsbewilligung des Käufers oder Vollmacht zur Löschung der Vormerkung,[72] Sicherheitsleistung (§§ 232 ff. BGB; z.B. Bankbürgschaft) oder Hinterlegung eines zur Löschung der Vormerkung einschließlich Prozesskosten ausreichenden Betrages.[73] Dem Käufer bietet erst die Eintragung der Vormerkung im Grundbuch insbes. im Hinblick auf Zwangsvollstreckung (§ 883 Abs. 2 S. 2 BGB) und Insolvenz des Verkäufers (§ 106 InsO) hinreichend Schutz. Die häufig anzutreffende Formulierung der Kaufpreisfällig nach „Sicherstellung" der Eintragung durch entsprechenden Eintragungsantrag des Notars und Vergewisserung, dass keine vorrangigen Anträge gestellt sind, ist für den Käufer keinesfalls hinzunehmen. Das Grundbuchamt könnte nämlich unter Verstoß gegen § 17 GBO wirksam Eintragungen im Range vor der beantragten Vormerkung vornehmen und den Rechtserwerb des Käufers noch vereiteln. Auch könnte bereits vor dem Antrag auf Eintragung der Vormerkung eine Verfügungsentziehung z.B. nach § 21 Abs. 2 Nr. 2 mit § 24 Abs. 1 oder § 27 Abs. 2 mit § 80 Abs. 1 InsO wirksam geworden sein, was einen wirksamen Erwerb der Vormerkung auch nach § 878 BGB ausschließt. Im Bereich des Bauträgervertrages verstößt eine entsprechende Klausel zudem gegen den zwingenden Wortlaut des § 3 Abs. 2 MaBV und gegen die VO über Abschlagszahlungen bei Bauträgerverträgen vom 23.5.2001.[74] Der Notar hat über die Re-

---

67 Siehe auch *Weser*, MittBayNot 1993, 253.
68 *Reithmann*, DNotZ 1975, 324, 330; *Ertl*, DNotZ 1975, 644, 646; *Eckhardt*, DNotZ 1983, 96.
69 BGH DNotZ 1990, 289, 290; OLG Düsseldorf NJW 1954, 1041.
70 OLG Hamm DNotZ 1975, 686.
71 OLG Frankfurt a.M. DNotZ 1992, 389; OLG Hamm DNotZ 1975, 686; zur Unzulässigkeit des Verzichts auf das Antragsrecht nach § 13 GBO *Demharter*, § 13 Rn 57; Bauer/Schaub/*Bauer*, § 13 Rn 59; *Schöner/Stöber*, Grundbuchrecht, Rn 88, 183; *Herrmann*, MittBayNot 1975, 173; *Ertl*, DNotZ 1975, 644, 665.
72 Beck'sches Notarhandbuch/*Amann*, A I Rn 173.
73 Dazu *Burkhardt*, BWNotZ 1985, 156, 160 ff.; *Brambring*, DNotZ 1990, 615, 616; *Möller*, MittRhNotK 1990, 33.
74 BGBl I S. 981; erlassen aufgrund Art. 244 EGBGB; dazu *Schöner/Stöber*, Grundbuchrecht, Rn 3208 m.w.N.; soweit die Kaufpreisfälligkeit gegen § 3 Abs. 2 MaBV verstößt, ist die entsprechende Vertragsklausel nach BGHZ 146, 250 = DNotZ 2001, 201 m. Anm. *Fr. Schmidt* = NJW 2001, 818, nichtig; dazu auch Grüneberg/*Sprau*, BGB, § 632a Rn 3; Erman/*Schwenker*, BGB, § 632a Rn 13; zur Nichtigkeit einer Unterwerfungsklausel BGHZ 139, 387 = DNotZ 1999, 53 m. Anm. *Wolfsteiner* = NJW 1999, 51.

gelungen der MaBV zu belehren und gegebenenfalls seine Beurkundungstätigkeit zu versagen (§§ 12, 18 MaBV, § 4 BeurkG).[75]
- **Anwartschaftsschutz** (§§ 878 BGB, 17 GBO), der in den einzelnen Stufen zwischen Auflassung und Eintragung unterschiedlich groß (siehe Rdn 3) und nicht absolut ist (siehe Rdn 26).
- **Verfahrensschutz:** Dazu gehören eigene Antragstellung des Erwerbers, Unwiderruflichkeit der Eintragungsbewilligung und das originäre Recht des Erwerbers auf Urschrift oder Ausfertigung der für den Grundbuchvollzug notwendigen Urkunden.
- **Gutglaubensschutz,** den es beim Grundstückserwerb vom eingetragenen Bucheigentümer (§§ 892, 893 BGB) gibt, nur beschränkt beim Vormerkungserwerb,[76] gar nicht beim Anwartschaftserwerb (siehe Rdn 28).
- Abwicklung der Kaufpreiszahlung über **Notaranderkonto** (§ 23 BNotO; §§ 54a ff. BeurkG; vgl. auch § 16a Abs. 4 GwG).[77]

III. Maßnahmen zum Schutz des Zweiterwerbers

33 Verkauft der Auflassungsempfänger B das noch im Eigentum des A stehende Grundstück weiter an C, gibt es Vertragsgestaltungen mit unterschiedlichen Voraussetzungen und Folgen für den Schutz des Zweiterwerbers C:

- **Grundstücksübertragung**: Diese Vertragsgestaltung, die gem. § 185 Abs. 1 BGB eine Verfügungsermächtigung durch A voraussetzt, hat den Vorteil, dass eine Zwischeneintragung des B und ein gutgläubiger Erwerb des Grundstücks durch C (der das Eigentum von A erwirbt) möglich ist. In der Praxis, die das geringste Risiko sucht und den öffentlichen Glauben des Grundbuchs zu schätzen weiß, wird dieser Weg (ergänzt durch Übertragung des Anspruchs samt Vormerkung) häufig beschritten. Bestehen Zweifel, ob B zur Grundstücksübertragung von A ermächtigt worden ist, sollte B sich als Eigentümer eintragen lassen (§ 39 Abs. 1 GBO). Dann kann er selbst sein Grundstück an C verkaufen, ihm eine Vormerkung bestellen und das Eigentum übertragen.
- **Anspruchsübertragung**: Sie ist als zusätzliche Sicherung des Zweiterwerbers C empfehlenswert, weil mit dem Anspruch auch die Vormerkung übergeht und dem C Vormerkungsschutz gewährt (siehe oben Rdn 27; § 6 Einl. Rdn 14). Die Rechtsstellung des C ohne Anspruch und ohne Vormerkung wäre wesentlich schwächer. Trotzdem ist zu beachten: Die abgetretene Vormerkung kann nicht die gleiche Sicherheit bieten wie eine originär von A für C bestellte Vormerkung. Denn ein nicht bestehender Anspruch kann nicht gutgläubig erworben werden. Es ist daher besonders zu prüfen und sicherzustellen, dass der vorgemerkte Anspruch besteht und erfüllt werden kann im Hinblick auf mögliche Genehmigungserfordernisse oder Rücktrittsrechte, wozu auch gehört, dass der Erstkäufer B seinen Kaufpreis an A bereits gezahlt hat.
Keine endgültige Lösung gibt es für den Fall, dass Auflassungsempfänger B seinen Anspruch an C abtritt und vor Erfüllung des Vertrages mit A in Insolvenz fällt. Der Kaufvertrag zwischen A und B wandelt sich nach § 103 InsO in ein besonderes Schuldverhältnis, nach welchem die ursprünglichen Ansprüche nicht mehr geltend gemacht werden können.[78] Der Insolvenzverwalter ist in der Insolvenz des Ersterwerbers gegenüber dem Zweiterwerber nicht zur Erfüllung verpflichtet (§ 106 InsO gilt hier nicht),[79] wählt er die Nichterfüllung des Vertrages, geht die Abtretung des Auflassungsanspruchs an C unter, weil ein abgetretener Anspruch nicht mehr existiert. Bei der Ausübung des Wahlrechts muss der Insolvenzverwalter im Übrigen nicht beachten, ob der Zweitkäufer C seinen Kaufpreis bereits gezahlt hat, da dieser wegen § 105 S. 2 InsO ohnehin nicht zurückgefordert werden könnte. Der Zweitkäufer hat damit keinen vollwertigen Schutz gegen die Insolvenz des Erstkäufers, die Abtretung des Auflassungsanspruchs und der Vormerkung schützt ihn hiervor nicht.[80] Umgekehrt kann dem B nicht

---

75 *Schöner/Stöber*, Grundbuchrecht, Rn 3206.
76 Staudinger/*Picker*, BGB, § 892 Rn 57 ff.
77 *Brambring*, DNotZ 1990, 615.
78 In einer Entwicklungslinie von sog. Erlöschenstheorie zur „Theorie der Nicht-Erfüllbarkeit" BGHZ 103, 250 = NJW 1988, 1790; BGHZ 106, 236 = NJW 1989, 1282; BGHZ 116, 156 = NJW 1992, 507; BGHZ 129, 336, 338; BGHZ 135, 25,

26; BGHZ 147, 28; zuletzt BGHZ 150, 354 = DNotZ 2002, 648 = NJW 2002, 2783 = NZI 2002, 375; dazu MüKo-InsO/*Kreft*, § 103 Rn 8–13; Uhlenbruck/*Berscheid*, InsO, § 103 Rn 3–8; Gottwald/*Huber*, InsRHdB, § 34.
79 DNotI-Report 1999, 65.
80 Siehe auch *Schöner/Stöber*, Grundbuchrecht, Rn 3147.

zugemutet werden, den Auflassungsanspruch unbedingt ohne Sicherung der Kaufpreiszahlung an C abzutreten. Vorgeschlagen wird eine Abtretung auflösend bedingt durch Zahlungsverzug des C und Rücktritt des B oder durch Eintragung des B als Eigentümer und Eintragung einer originären Vormerkung für C.[81]

- **Übertragung des Anwartschaftsrechts** (vgl. § 20 GBO Rdn 129): Sie hat eine Reihe von Nachteilen (siehe Rdn 8, 12, 21, 24 und 26) und sollte nur in Erwägung gezogen werden, wenn die Grundstücksübertragung an § 185 Abs. 1 BGB scheitert, die Anspruchsübertragung nicht zulässig (§ 399 BGB) oder der Anspruch nicht vorgemerkt ist.
- **Übertragung von Grundstück, Anspruch und Anwartschaft:** Dieser dreifache Weg hat keine Vorteile, sondern den Nachteil, dass ein Zwischenerwerb des Eigentums am Grundstücks durch B (von dem dann C das Eigentum erwerben könnte) nicht möglich ist, weil keine wirksame Auflassung von A an B, sondern (wegen Übertragung der Anwartschaft) eine Auflassung von A an C vorliegt (siehe § 20 GBO Rdn 127).
- **Rechtskauf** (§ 453 BGB): Verkauft der Auflassungsempfänger B lediglich seinen Anspruch (gegen A) an C (also nicht das Grundstück),[82] dann kann der Zweiterwerber C das Eigentum am Grundstück nur erwerben, wenn B ihm das Grundstück (vgl. § 20 GBO Rdn 134) oder das Anwartschaftsrecht überträgt. Denn A, der die Auflassung bereits an B erklärt und den gegen ihn gerichteten Anspruch auf Auflassung erfüllt hat (§ 362 Abs. 1 BGB[83]), könnte die nochmalige Auflassung an C verweigern.

IV. Der sicherste Weg

Für den Verkäufer: Der für ihn sicherste Weg, sich vor Erklärung der Auflassung und vor Bewilligung einer Vormerkung den vollen Kaufpreis auszahlen zu lassen und die unvermeidliche Vorleistung allein dem Käufer aufzubürden, ist dem Käufer nur zumutbar, wenn er zum Verkäufer volles Vertrauen hat und kein vernünftiger Grund zu Zweifeln an der Vertragstreue des Verkäufers besteht. In der Regel ist entsprechend den Umständen des Einzelfalles ein ausgewogener Ausgleich zwischen den berechtigten Sicherungsbedürfnissen des Verkäufers und des Käufers zu suchen.

Für den Auflassungsempfänger: Ihm ist neben einer möglichst frühen Vormerkung die eigene Antragstellung auf Eintragung der Vormerkung und der Eigentumsumschreibung zu empfehlen. Sein Recht aus der Auflassung führt, wenn die Eintragungsvoraussetzungen vorliegen, dem Antrag keine vorausgehenden Anträge entgegenstehen (§ 17 GBO) und das Grundbuchamt nicht gegen diese Vorschrift verstößt, mit der Eintragung im Grundbuch zum Eigentumserwerb.

Für Zweiterwerber und Pfandrechtsgläubiger: Übertragung (Verpfändung, Pfändung) des Rechts des Auflassungsempfängers und des vorgemerkten Anspruchs sind von unterschiedlichen Voraussetzungen abhängig und haben unterschiedliche Wirkungen. Die Doppel-Übertragung (Verpfändung, Pfändung) von Anwartschaft und Anspruch ist als der sicherste Weg empfohlen worden.[84] Diese Empfehlung lässt sich allenfalls (nicht immer) bei der Pfändung aufrechterhalten. Von der erst relativ spät zulässigen Übertragung und Verpfändung des Anwartschaftsrechts wird man in aller Regel abraten und stattdessen im Einzelfall prüfen müssen, welcher Weg schneller und sicherer zum Ziel führt oder ob die Übertragung oder Belastung des Grundstücks unter Mitwirkung des Grundstückseigentümers in Betracht kommt (siehe Rdn 33).

E. Verpfändung und Pfändung

Zur Grundbuchbehandlung der Verpfändung vgl. § 20 GBO Rdn 132 ff. und der Pfändung vgl. § 20 GBO Rdn 136. In den folgenden Fällen sind bezeichnet:

A = Grundstückseigentümer; B = Käufer und Auflassungsempfänger; X = Pfandrechtsgläubiger.

---

81 OLG Schleswig NotBZ 2002, 459; so bereits *Röll*, MittBayNot 1974, 251.
82 Dazu *Wolfsteiner*, Rpfleger 1976, 120; *Ertl*, DNotZ 1977, 81, 97.
83 Vollständige Leistungserfüllung tritt freilich erst mit Eintragung des Erwerbes als Eigentümer ein, RGZ 85, 402; 113, 403; BGHZ 2, 369; 14, 313, 316; BGH DNotZ 1995, 47 = NJW 1994, 2947 = Rpfleger 1995, 101 (zur Abtretung des Auflassungsanspruchs); OLG Jena DNotZ 1997, 158 = Rpfleger 1996, 101; *Schöner/Stöber*, Grundbuchrecht, Rn 1584 m.w.N.
84 *Reithmann*, DNotZ 1983, 716, 721; *Münzberg*, in: Anm. zu LG Düsseldorf Rpfleger 1985, 305, 308; krit. *Amann*, DNotZ 1997, 113, 120.

I. Verpfändung des schuldrechtlichen Anspruchs

36 **Voraussetzungen:** B kann durch Vertrag mit X seinen schuldrechtlichen Anspruch auf Eigentumsverschaffung ohne Grundbucheintragung und ohne Zustimmung des A an X verpfänden, sofern dieser Anspruch verpfändbar ist (siehe Rdn 21), muss die Verpfändung aber dem A anzeigen (§§ 1273 Abs. 2, 1205, 1280 BGB). Die Verpfändung ist formlos wirksam (siehe hierzu § 20 GBO Rdn 115).

37 Der **Verpfändungsvermerk** kann bei der Vormerkung des B im Wege der Grundbuchberichtigung eingetragen werden (siehe hierzu § 20 GBO Rdn 133).[85]

38 **Die Sicherungshypothek kraft Gesetzes** (§ 1287 BGB) entsteht mit der Eintragung des B als Eigentümer, wenn sie „in Gemäßheit der §§ 1281; 1282 BGB" erfolgt ist.[86] Sie entsteht nicht, wenn die Verpfändung nicht wirksam ist, der Ausschluss der §§ 1281; 1282 BGB oder eine auflösende Bedingung vereinbart ist, wonach die Verpfändung mit der Eintragung der Auflassung oder vorher (z.B. mit Eintragungsverfügung des Rechtspflegers) erlischt.[87] Das Grundbuch ist unrichtig (§ 894 BGB), solange die außerhalb des Grundbuchs entstandene Sicherungshypothek besteht und nicht im Grundbuch eingetragen ist. Ihre Eintragung erfolgt nach § 22 GBO und nur auf Antrag (vgl. § 20 GBO Rdn 122 ff.).[88]

II. Verpfändung des Anwartschaftsrechts

39 **Voraussetzungen:** Der Auflassungsempfänger B kann nur ein verkehrsfähiges Anwartschaftsrecht in Auflassungsform (§ 925 Abs. 1 BGB) ohne Grundbucheintragung (siehe Rdn 29) und ohne Zustimmung des A an X verpfänden. Die Verpfändung kann (anders als die Abtretung) bedingt oder befristet vereinbart werden. Eine Anzeige an A ist (im Gegensatz zu § 1280 BGB) nach h.M. zur Wirksamkeit der Verpfändung nicht notwendig, aber empfehlenswert (im Einzelnen siehe § 20 GBO Rdn 132 ff.).

40 **Mit Eintragung des B als Eigentümer entsteht eine Sicherungshypothek kraft Gesetzes** analog § 1287 BGB für den Verpfändungsgläubiger X.[89] Ist das verpfändete Anwartschaftsrecht oder das Verpfändungspfandrecht bei Eintragung des B als Eigentümer erloschen (siehe Rdn 8), entsteht keine Sicherungshypothek.[90] Zur Unrichtigkeit des Grundbuchs siehe oben (vgl. Rdn 38), zur Eintragung vgl. § 20 GBO (vgl. § 20 GBO Rdn 134).

III. Pfändung des schuldrechtlichen Anspruchs

41 **Voraussetzungen** (§§ 828; 829 ZPO): Die Pfändung setzt einen wirksamen und pfändbaren Anspruch des B gegen A auf Eigentumsverschaffung (siehe Rdn 21), einen gerichtlichen Pfändungsbeschluss und die Zustellung dieses Beschlusses an den Vollstreckungsschuldner B und an den Grundstückseigentümer A als Drittschuldner voraus. Der Pfändungsvermerk kann bei der Vormerkung des B eingetragen werden (siehe § 20 GBO Rdn 125).

42 **Mit Eintragung des B als Eigentümer entsteht eine Sicherungshypothek kraft Gesetzes** außerhalb des Grundbuchs, sofern die Auflassung unter Beachtung der Vorschriften des § 848 Abs. 2 ZPO und § 925 BGB erfolgt ist (§ 848 Abs. 2 S. 2 ZPO). Die Rechtslage ist im Übrigen wie bei der Sicherungshypothek nach § 1287 BGB (siehe hierzu Rdn 38).

IV. Pfändung des Anwartschaftsrechts

43 **Voraussetzungen:** Die Pfändung setzt ein wirksames, pfändbares Anwartschaftsrecht des B, einen gerichtlichen Pfändungsbeschluss und die Zustellung dieses Beschlusses an den Auflassungsempfänger

---

[85] BayObLGZ 1967, 295, 297 = MittBayNot 1967, 275 = NJW 1968, 705 = Rpfleger 1968, 18; BayObLGZ 1976, 190, 192; *Amann*, DNotZ 1997, 113.
[86] BayObLGZ 1967, 295, 300; *Vollkommer*, Rpfleger 1969, 410.
[87] Dazu *Reithmann*, DNotZ 1983, 716.
[88] Dazu BayObLGZ 1967, 295; BayObLG DNotZ 1983, 758 = Rpfleger 1983, 344; BayObLGZ 1985, 332 = DNotZ 1986, 345 m. Anm. *Reithmann* = Rpfleger 1986, 48;
BayObLGZ 1987, 59 = DNotZ 1987, 625 m. Anm. *Weirich* = Rpfleger 1987, 299; LG Augsburg Rpfleger 1984, 263; MüKo-BGB/*F. Schäfer*, § 1274 Rn 33; Bauer/Schaub/Kössinger, § 20 Rn 236 ff.; gegen BayObLG *Schöner/Stöber*, Grundbuchrecht, Rn 1555 ff., insbes. 1576a ff.; *Stöber*, DNotZ 1985, 587.
[89] BGHZ 49, 197, 205; *Hoche*, NJW 1955, 652.
[90] BGH DNotZ 1976, 96 = Rpfleger 1975, 432.

B voraus (dazu vgl. § 20 GBO Rdn 132). Einer Zustellung an den Grundstückseigentümer A bedarf es nach h.M. nicht, auch muss kein Sequester bestellt werden, da die Auflassung bereits erklärt ist.[91] (Zur Streitfrage, ob die Pfändung im Grundbuch bei der Vormerkung des B vermerkt werden kann, siehe Rdn 29.)

Mit Eintragung des B als Eigentümer erwirbt der Pfändungsgläubiger X eine Sicherungshypothek kraft Gesetzes außerhalb des Grundbuchs analog § 848 Abs. 2 ZPO.[92] Die Rechtslage ist im Übrigen die gleiche wie bei der Sicherungshypothek nach § 848 Abs. 2 ZPO oder § 1287 BGB. Ist das gepfändete Anwartschaftsrecht nicht entstanden, erloschen, nicht pfändbar oder ist die Pfändung vorher unwirksam geworden, entsteht keine Sicherungshypothek.[93] Streitig ist, ob der Pfändungsgläubiger selbst die Eigentumsumschreibung auf den Vollstreckungsschuldner beantragen kann (dazu § 13 GBO Rdn 95).[94] Bejaht man dies, muss er natürlich die Voraussetzungen des Eigentumserwerbs (Auflassungserklärung, öffentlich-rechtliche Genehmigungen) nachweisen.[95]

44

V. Verbot der Doppelsicherung

Die Frage, ob zwei oder nur eine Sicherungshypothek bei Verpfändung (Pfändung) des schuldrechtlichen Anspruchs und Anwartschaftsrechts entstehen kann, ist nach dem Grundsatz des Verbots der Doppelsicherung zu beantworten.[96] Dafür, dass das Pfandrecht am Anwartschaftsrecht stärker als das am schuldrechtlichen Anspruch ist, fehlt jeglicher Anhaltspunkt.[97] Wenn beide Verpfändungen (Pfändungen) zur Entstehung einer Sicherungshypothek geführt haben und nicht ins Leere gegangen sind, erwirbt der Pfandrechtsgläubiger nur die mit dem besseren Rang ausgestattete Sicherungshypothek, die an die Stelle des früher entstandenen Pfandrechts tritt.

45

VI. Rang der Sicherungshypothek gegenüber anderen Rechten

Die Sicherungshypothek erhält außerhalb des Grundbuchs ohne Eintragung Rang vor allen Belastungen, die B am Grundstück bestellt, selbst wenn Bewilligung und Antrag auf deren Eintragung zeitlich vor der Verpfändung bzw. Pfändung liegen[98] aber Rang nach einer Kaufpreishypothek oder anderen gemäß einem (ausdrücklich oder stillschweigend) erklärten Vorbehalt nach § 16 Abs. 2 GBO gleichzeitig mit der Auflassung einzutragenden Belastungen, z.B. Reallast, Wohnungsrecht für den Verkäufer, Grunddienstbarkeit für den jeweiligen Eigentümer des dem Verkäufer verbleibenden Restgrundstücks.[99]

46

VII. Rang mehrerer Sicherungshypotheken untereinander

Nach dem für den Rang dinglicher Rechte **maßgeblichen Prioritätsgrundsatz** sind vier Zeitpunkte denkbar: 1. Entstehung des Pfandrechts, 2. Eintragung des Vermerks bei der Vormerkung, 3. Eintragung des Eigentumsüberganges, 4. Eintragung der Sicherungshypothek im Grundbuch.

47

Nach hier vertretener Auffassung[100] entscheidet der Zeitpunkt der Entstehung des Pfandrechts über den Rang. Die Sicherungshypotheken der §§ 1287 BGB, 848 ZPO treten kraft Gesetzes an die Stelle des Pfandrechts und bedürfen zur Entstehung ebenso wenig ihrer Eintragung im Grundbuch (§ 873 BGB gilt für sie nicht) wie eines Vermerks bei der Vormerkung, der im Übrigen bei Pfandrechten am Anwartschaftsrecht gar nicht zulässig wäre (siehe Rdn 29).

---

91 BGHZ 49, 197, 203; umfassend *Stöber/Rellermeyer*, Forderungspfändung, Rn G.72 ff.
92 BGHZ 49, 197, 206.
93 So BGH DNotZ 1976, 96 = Rpfleger 1975, 432; BGHZ 106, 108.
94 Bejahend KG JFG 4, 339, 343; BayObLG JFG 9, 233, 235; OLG München MittBayNot 1953, 10; LG Essen NJW 1955, 1401; MüKo-BGB/*Ruhwinkel*, § 925 Rn 43; MüKo-ZPO/*Smid*, § 857 Rn 46; *Grüneberg/Herrler*, BGB § 925 Rn 26; Meikel/*Böttcher*, § 13 Rn 53; *Hoche*, NJW 1955, 931, 932; *Vollkommer*, Rpfleger 1969, 409, 411; *Hintzen*, Rpfleger 1989, 439, 441.
95 OLG Nürnberg FGPrax 2020, 268.
96 *Grüneberg/Herrler*, BGB, § 1113 Rn 10; *Reuter*, MittBayNot 1970, 132.
97 *Vollkommer*, Rpfleger 1969, 409, 413.
98 So BGHZ 49, 197, 202; a.A. *Böttcher*, in Anm zu LG Fulda Rpfleger 1988, 252, 253 für Rechte Dritter zur Kaufpreisfinanzierung.
99 BayObLGZ 1972, 46 = DNotZ 1972, 536; eingehend zur Entstehung und zum Rang *Schöner/Stöber*, Grundbuchrecht, Rn 1562, 1597; *Böttcher*, in: Anm. zu LG Fulda Rpfleger 1988, 252; *Kerbusch*, in: Anm. zu LG Fulda Rpfleger 1988, 475, 476; *Hintzen*, Rpfleger 1989, 439, 441.
100 Ebenso *Vollkommer*, Rpfleger 1969, 413; *Stöber/Rellermeyer*, Forderungspfändung, Rn G.82.

Da das Pfandrecht am Anwartschaftsrecht nach h.M. keiner Anzeige der Verpfändung bzw. Zustellung der Pfändung an den Eigentümer A bedarf (siehe Rdn 39, 43) und deshalb vor dem Pfandrecht am Anspruch entstehen kann, wird die gleichzeitige Doppelpfändung von Anspruch und Anwartschaftsrecht empfohlen.[101] Auf jeden Fall sollte der Anspruch gepfändet werden, sofern er pfändbar ist (siehe Rdn 21).[102] Denn in der Praxis gibt es Fälle, in denen das Anwartschaftsrecht nicht pfändbar ist oder nach der Pfändung (samt Pfandrecht) erlischt.

VIII. Aufhebung der Sicherungshypothek

48 Die kraft Gesetzes im Wege der Surrogation aus dem Pfandrecht entstandenen Hypotheken (§ 1287 S. 2 BGB; § 848 Abs. 2 ZPO) sind eintragungsfähige Sicherungshypotheken i.S. des § 1184 BGB, die ohne Eintragung im Grundbuch entstehen und fortbestehen.[103] Nach ihrer Eintragung im Grundbuch erfolgt ihre Aufhebung gem. §§ 875, 1183 BGB.

Die Aufhebung vor ihrer Eintragung ist im Gesetz nicht geregelt. Zur Wahl stehen[104] die unmittelbare Anwendung der §§ 875, 1183 BGB mit Voreintragung (vgl. § 20 GBO Rdn 118, 126) und anschließender Löschung des Rechts (ihr Vorteil ist die Vermutungswirkung des § 891 Abs. 2 BGB) und wie in den Fällen der Art. 189 Abs. 3 und Art. 233 § 3 Abs. 2 EGBGB und anderer Ausnahmeregelungen (vgl. § 39 GBO Rdn 8 ff.)[105] die analoge Anwendung des in §§ 875, 1183 BGB zum Ausdruck gebrachten Rechtsgedankens ohne Voreintragung und ohne Löschung (diese Lösung ist schneller und billiger). In beiden Fällen kann die Aufhebung unter einer Bedingung erklärt werden,[106] z.B. dass die für den Gläubiger bestellte Grundschuld an der bedungenen Rangstelle materiell-rechtlich wirksam entsteht.

§ 6 Eintragungen in Abteilung II des Grundbuchs

A. Überblick zu Abteilung II 1	V. Verfahrensrechtliche Voraussetzungen der Grundbucheintragung 30
I. Eintragung von beschränkten dinglichen Rechten und Verfügungsbeeinträchtigungen 1	1. Anforderungen an die Bestimmtheit der Bewilligung 31
II. Gliederung der Eintragungen 2	2. Ist in Fällen des § 311b Abs. 1 BGB die notarielle Urkunde vorzulegen? 36
B. Die Vormerkung 3	VI. Grundbucheintragung der Vormerkung 38
I. Wesen und Wirkungen der Vormerkung des § 883 BGB 3	1. Eintragungsvermerk 38
1. Vormerkung als Sicherungsinstrument . 3	2. Bedingte und befristete Vormerkung ... 39
2. Gesetzliche Grundlagen der Vormerkung 5	3. Bezugnahme auf die Eintragungsbewilligung 40
3. Schuldverhältnis und Anspruch 8	4. Eine oder mehrere selbstständige Vormerkungen? 41
4. Sicherungswirkungen der Vormerkung . 9	VII. Einzelfälle 43
5. Gutgläubiger Erwerb der Vormerkung . 13	**C. Widerspruch nach § 899 BGB** 57
II. Voraussetzungen der Vormerkungsfähigkeit eines Anspruchs 14	I. Wesen und Wirkungen des Widerspruchs .. 57
1. Der gesicherte Anspruch 14	II. Rechtsgrundlagen 59
2. Auflassungsvormerkung 15	III. Unzulässigkeit eines Widerspruchs 60
3. Schuldner des Anspruchs 18	IV. Wirkungen des Widerspruchs 62
4. Anspruchsberechtigter 19	V. Voraussetzungen der Wirksamkeit des Widerspruchs 65
5. Bestehen und Erlöschen des Anspruchs 20	VI. Verfahrensrechtliche Voraussetzungen der Grundbucheintragung 68
III. Bedingte, befristete und künftige Ansprüche 21	VII. Grundbucheintragung 71
1. Rechtsgrundlage ihrer Vormerkungsfähigkeit 21	VIII. Besondere Arten sachenrechtlicher Widersprüche 73
2. Vormerkungsfähigkeit bedingter und befristeter Ansprüche 23	
3. Künftige Ansprüche 25	
IV. Wiederaufladen einer Vormerkung mit einem neuen Anspruch 29	

---

101 *Münzberg*, in: Anm. zu LG Düsseldorf Rpfleger 1985, 305, 308; *Stöber/Rellermeyer*, Forderungspfändung, Rn G.88 ff.
102 Vgl. auch *Amann*, DNotZ 1997, 121.
103 Staudinger/*Wolfsteiner*, BGB, § 1184 Rn 12.
104 Dazu Staudinger/*Chr. Heinze*, BGB, § 875 Rn 69.
105 Meikel/*Böttcher*, § 39 Rn 35 ff.
106 Siehe auch Staudinger/*Chr. Heinze*, BGB, § 875 Rn 28.

Eintragungen in Abteilung II des Grundbuchs — § 6 Einl.

1. Widerspruch nach § 1139 BGB bei Darlehensbuchhypotheken 73
2. Widerspruch nach § 1157 BGB 75

D. Eintragungsfähigkeit von Verfügungsbeeinträchtigungen 77
I. Eintragungsfähigkeit allgemein 77
II. Voraussetzungen der Grundbucheintragung 82
III. Nicht eintragungsfähige Verfügungsbeschränkungen 84
IV. Rechtsgeschäftliche Verfügungsbeschränkungen 85
   1. Grundsatz 85
   2. Eintragungsfähige Verfügungsbeschränkungen 86
   3. Ähnliche Wirkungen 87
V. Eintragungsfähige Verfügungsbeschränkungen 88
   1. Verfügungsentziehungen 88
   2. Verfügungsbeschränkung bei bedingten Berechtigten 90
   3. Relative gesetzliche Verfügungsverbote 92
   4. Relative gerichtliche/behördliche Verfügungsverbote 93
   5. Beschlagnahme des gesamten Vermögens 94
   6. Verfügungsverbote mit Grundbucheintragung 95
   7. Grundbuchvermerke über Zugehörigkeit zu Sondervermögen 96
   8. Grundbuchvermerke über öffentlich-rechtliche Verfahren 97

E. Dienstbarkeiten 98
I. Definition und Abgrenzung 98
II. Grunddienstbarkeit 99
   1. Allgemeines 99
   2. Belastungsgegenstand (dienendes Grundstück) 100
   3. Berechtigter (herrschendes Grundstück) 106
   4. Inhalt der Grunddienstbarkeit 111
     a) Allgemeines 111
     b) Recht zur Benutzung in einzelnen Beziehungen 116
     c) Verbot der Vornahme gewisser Handlungen 121
     d) Ausschluss der Ausübung von Rechten nachbarrechtlicher Art 130
   5. Entstehen der Dienstbarkeit 131
     a) Entstehen kraft Gesetzes oder durch Verwaltungsakt 131
     b) Rechtsgeschäftliche Begründung ... 132
   6. Erlöschen der Grunddienstbarkeit 135
III. Beschränkte persönliche Dienstbarkeit 143
   1. Begriff § 1090 BGB 143
   2. Belastungsgegenstand 144
   3. Berechtigter 145
   4. Vorteil 150
   5. Inhalt 151
   6. Entstehen und Erlöschen 156
   7. Wohnungsrecht (§ 1093 BGB) 158
   8. Überleitungsrecht im Beitrittsgebiet 169
IV. Baulast 170
   1. Zweck und Anwendungsbereich der Baulast 170
   2. Rechtsbeziehungen zwischen den an der Baulast Beteiligten 172
   3. Gegenstand der Baulast 174
   4. Eintragung in das Baulastenverzeichnis 176

F. Nießbrauch 177
I. Gegenstand des Nießbrauches 177
II. Berechtigte des Nießbrauchs 186
III. Inhalt 188
IV. Übertragung, Pfändung 193
   1. Grundsatz 193
   2. Übertragbarkeit bei juristischen Personen 196
V. Erlöschensgründe 199

G. Vorkaufsrecht und Wiederkaufsrecht ... 202
I. Vorkaufsrechte und verwandte Rechtsformen 202
   1. Arten von Vorkaufsrechten 202
   2. Verwandte Rechtsformen 203
II. Dingliches Vorkaufsrecht (§ 1094 BGB) ... 204
   1. Wesen und Rechtsgrundlagen 204
   2. Wirkungen des Vorkaufsrechts 206
   3. Entstehung und Grundbucheintragung . 207
   4. Berechtigter des Vorkaufsrechts 209
   5. Mehrheit von Vorkaufsberechtigten 212
   6. Für jeden Berechtigten ein eigenes Vorkaufsrecht 215
   7. Belastungsobjekt 217
   8. Zwingender gesetzlicher Inhalt 220
   9. Zulässige abweichende Vereinbarungen 222
   10. Grundbucheintragung 223
   11. Genehmigungsbedürftigkeit der Vorkaufsrechtsbestellung 225
   12. Erlöschen des Vorkaufsrechts 227
III. Siedlungsrechtliche Wiederkaufsrechte 228
   1. Gesetzliche Grundlage (§§ 20, 21 RSG) 228
   2. Rechtsnatur eines dinglichen Rechts ... 229
   3. Voraussetzungen 230
   4. Wiederkaufsrecht für das Siedlungsunternehmen (§ 20 RSG) 231
   5. Wiederkaufsrecht für den früheren Eigentümer (§ 21 RSG) 232
IV. Gesetzliche Vorkaufsrechte 233
   1. Eintragungsfähigkeit 233
   2. Nicht eintragungsfähige Vorkaufsrechte 234
   3. Gesetzliche Vorkaufsrechte nach Landesrecht 235
   4. Beispiele nicht eintragungsfähiger landesrechtlicher Vorkaufsrechte 236
   5. Beispiele eintragungsfähiger landesrechtlicher Vorkaufsrechte 237
   6. Vormerkungsfähigkeit des gesetzlichen Vorkaufsrechts nach § 28 BauGB 239

H. Reallasten und Altenteil 240
I. Das Wesen der Reallast 240
II. Zulässiger und unzulässiger Inhalt 241
   1. Belastungsgegenstand 241
   2. Berechtigter 242
   3. Inhalt der Reallast 250
III. Pfändung und Verpfändung 257
   1. Pfändung 257
   2. Verpfändung 258
IV. Altenteil 259
   1. Begriffsbestimmung 259
   2. Regelmäßiger Inhalt der Rechte 261

A. Überblick zu Abteilung II

I. Eintragung von beschränkten dinglichen Rechten und Verfügungsbeeinträchtigungen

1 In Abteilung II des Grundbuchs sind „Lasten und Beschränkungen" einzutragen (dazu § 4 GBV Rdn 3). Die Abteilung dient damit einerseits zur Eintragung der beschränkten dinglichen Rechte wie Dienstbarkeiten oder Reallasten, ferner aber zur Eintragung von Vormerkungen oder Verfügungsbeeinträchtigungen, die das Eigentum in Abteilung I betreffen. Sie ist insoweit Auffangabteilung für alle Eintragungen, die keine Grundpfandrechte sind und nicht Rechte am Grundstück selbst betreffen, diese Eintragungen erfolgen in der Veränderungsspalte der jeweiligen Abteilung. Die Eintragung von Verfügungsbeeinträchtigungen und Vormerkungen bezogen auf das Eigentum dient einerseits der Übersichtlichkeit der Abteilung I, trägt aber andererseits auch zu Unübersichtlichkeit bei, indem neben der Abteilung I stets auch Abteilung II beachtet werden muss. Vormerkungen und Verfügungsbeeinträchtigungen, die ein bestimmtes Recht betreffen, sind in der Veränderungsspalte des jeweiligen Rechts einzutragen (§ 10 Abs. 5 GBV).

Im Rahmen der Entwicklung eines Datenbankgrundbuchs muss die bestehende Gliederung der Abteilungen nicht zwingend sein, auch die Grundbücher einzelner Länder kannten vor der Vereinheitlichung des Grundbuchmusters unterschiedliche Varianten. Es kann insbes. überlegt werden, Vormerkungen und Verfügungsbeeinträchtigungen in einer eigenen Spalte zu Abteilung I einzutragen.

II. Gliederung der Eintragungen

2 In der folgenden Darstellung sind die Eintragungen in Abteilung II des Grundbuchs wie folgt gegliedert und dargestellt:

B. Die Vormerkung
C. Der Widerspruch nach § 899 BGB
D. Verfügungsbeeinträchtigungen des Eigentums
E. Die Dienstbarkeiten
F. Der Nießbrauch
G. Das Vorkaufsrecht
H. Reallast und Altenteil

B. Die Vormerkung

I. Wesen und Wirkungen der Vormerkung des § 883 BGB

1. Vormerkung als Sicherungsinstrument

3 **Die Vormerkung ist kein dingliches Recht, sondern ein sachenrechtliches Sicherungsmittel**, das dem geschützten schuldrechtlichen Anspruch dingliche Wirkungen im Sinne einer dinglichen Gebundenheit des Grundstücks verleiht,[1] als **grundbuchmäßiges Recht** nach den Vorschriften des Grundbuchrechts zu behandeln ist und trotz seines dinglichen Charakters das rechtliche Schicksal des vorgemerkten schuldrechtlichen Anspruchs teilt, also als akzessorisches Sicherungsmittel eigener Art **schuldrechtliche und sachenrechtliche Elemente in sich vereinigt**. Der Vormerkungsschutz ermöglicht es dem Vormerkungsberechtigten, sich nicht nur kurzfristig zwischen Verpflichtungsgeschäft und Eigentumsumschreibung, sondern langfristig meistens abhängig von Bedingungen oder Zeitbestimmungen eine mit dinglichen Wirkungen ausgestattete, unter bestimmten Voraussetzungen eigentumsähnliche Rechtsstellung zu verschaffen. Die Gefahren der Vormerkung bestehen im Rechtsschein ihrer Eintragung, die nicht immer eine Gewähr für einen wirksamen Vormerkungsschutz bietet. Durch Übertragung, Verpfändung und Pfändung des vorgemerkten Anspruchs nimmt der Anspruchserwerber oder Pfandrechtsgläubiger am Vormerkungsschutz wie an den Gefahren des Vormerkungsscheines teil.[2]

---

1 BGHZ 60, 46, 49 = DNotZ 1973, 367, 368; BayObLGZ 1973, 309, 312 = Rpfleger 1974, 65; Staudinger/*Kesseler*, BGB, § 883 Rn 2a ff.; MüKo-BGB/*Lettmaier*, § 883 Rn 5 ff.; *Knöpfle*, JuS 1981, 157; *Schneider*, DNotZ 1982, 523.

2 *Ertl*, DNotZ 1977, 81; *Ertl*, MittBayNot 1989, 53, 57. Zur Durchsetzung und Abtretung des Anspruchs auf Löschungszustimmung DNotI-Report 2000, 141; zur Pfändung des Eigentumsverschaffungsanspruchs DNotI-Report 2002, 137.

Von der Vormerkung nach § 883 BGB sind **Vormerkungen anderer Art** zu **unterscheiden**. Zu nennen ist insbes. die **Amtsvormerkung nach § 18 Abs. 2 GBO**, die im Hinblick auf §§ 17, 45 GBO lediglich – aber auch immerhin – rangwahrende Wirkung hat (eingehend § 18 GBO Rdn 110 ff.). 4

2. Gesetzliche Grundlagen der Vormerkung

Nach Schuldrecht ist der schuldrechtliche Anspruch zu beurteilen,[3] also ob er entstanden, geändert, übertragen oder erloschen ist, welchen Inhalt er hat[4] und ob er verkehrsfähig ist (§ 399 BGB; der Ausschluss der Abtretbarkeit ist im Grundbuch eintragungsfähig).[5] 5

Nach Sachenrecht richten sich die Vormerkungsfähigkeit, Voraussetzungen und Wirkungen der Vormerkung, auf die wegen ihres dinglichen Charakters verschiedene für dingliche Rechte geltende Rechtssätze entsprechend angewendet werden müssen.[6] 6

Grundbuchrecht gilt für die verfahrensmäßige Behandlung (siehe Rdn 30 ff.). 7

3. Schuldverhältnis und Anspruch

Das Schuldverhältnis ist die Rechtsbeziehung zwischen Gläubiger und Schuldner. Aus ihm entstehen meistens eine Reihe von Einzelansprüchen,[7] von denen nicht alle vormerkungsfähig sind. Die Vormerkung hat die Aufgabe, die **Verwirklichung des Anspruchs** in die Wege zu leiten, den **Vormerkungsberechtigten** gegen **Vereitelung oder Beeinträchtigung seines Anspruchs zu schützen** und den Rechtserwerb im Range der Vormerkung zu sichern.[8] Gerade im Zusammenhang mit der Veräußerung des Grundstücks und der Sicherung der Rechtsposition des Erwerbers hat die sog. Auflassungsvormerkung große praktische Bedeutung (eingehend zu der Rechtslage zwischen Auflassung und Eintragung § 5 Einl. Rdn 23 ff.). 8

4. Sicherungswirkungen der Vormerkung

Die Sicherungswirkungen der Vormerkung nach § 883 BGB lassen sich in vier Kategorien untergliedern:[9] 9

– **Sicherungswirkung** (§ 883 Abs. 2 BGB; § 888 Abs. 1 BGB), aber keine Verfügungsbeschränkung und keine Grundbuchsperre zur Folge; die Vormerkung hindert den Schuldner nicht an vormerkungswidrigen Verfügungen (siehe § 19 GBO Rdn 92 ff.);[10]
– **Rangwirkung** (§ 883 Abs. 3 BGB), die dem vorgemerkten dinglichen Recht bei dessen Eintragung kraft Gesetzes den Rang der Vormerkung verleiht;
– **Vollwirkung** durch **Insolvenzschutz** (§ 106 InsO) und **Schutzwirkung gegen Zwangsvollstreckungsmaßnahmen** (§ 883 Abs. 2 S. 2 BGB, § 48 ZVG):[11] Die wirksame Vormerkung gibt dem Berechtigten in der Insolvenz gegenüber dem Insolvenzverwalter den Anspruch auf Erfüllung des gesicherten Anspruchs, auch wenn im Übrigen ein nicht erfüllter Vertrag nach § 103 InsO nicht erfüllt werden muss. In der Zwangsversteigerung ist bei der Bildung des geringsten Gebots die Vormerkung wie das eingetragene dingliche Recht zu behandeln (§ 48 ZVG).[12] Sie ist als Recht in der Rangklasse des § 10 Abs. 1 Nr. 4 ZVG zu berücksichtigen und geht ggf. vorrangigen Ansprüchen – auch den Ansprüchen der WEG-Gemeinschaft aus § 10 Abs. 1 Nr. 2 ZVG – nach, wenn aus diesen die Zwangsversteigerung betrieben wird.[13]

---

3 BayObLGZ 1973, 309, 312 = DNotZ 1974, 174; eingehend MüKo/*Lettmaier*, BGB, § 883 Rn 14 ff.
4 Dazu *Ertl*, Rpfleger 1977, 347.
5 Staudinger/*Busche*, BGB, Einl. zu § 398 Rn 47 ff.; BayObLG MittBayNot 1999, 70 = DNotZ 1999, 736; nicht eintragbar zusätzlicher Ausschluss der Verpfändbarkeit, OLG Köln RNotZ 2004, 263.
6 BGHZ 60, 46 = DNotZ 1973, 368.
7 Grüneberg/*Grüneberg*, BGB, vor § 241 Rn 3 ff.; *Ertl*, Rpfleger 1977, 347.
8 BayObLG DNotZ 1976, 160 = Rpfleger 1975, 395.
9 Staudinger/*Kesseler*, BGB, § 883 Rn 4.
10 RGZ 132, 419, 424; Staudinger/*Kesseler*, BGB, § 883 Rn 236 m.w.N.; dennoch wird der Veräußerer eines Grundstücks durch die Vormerkung faktisch an einer weiteren Verwertung des Grundstücks gehindert; zu den Risiken *Hagenbucher*, MittBayNot 2003, 249.
11 MüKo-BGB/*Lettmaier*, BGB, § 883 Rn 73 ff.; Schöner/Stöber, Grundbuchrecht, Rn 1532.
12 Schöner/Stöber, Grundbuchrecht, Rn 1533; *Keller*, Insolvenzrecht, Rn 1273 ff.; *Ertl*, Rpfleger 1977, 84; MittBayNot 2004, 206 m. Anm. *Amann*, MittBayNot 2004, 165 zum Schutz der Eigentumsvormerkung im Insolvenzverfahren gegen vormerkungswidrige Belastungen, sowie *ders.*, MittBayNot 2005, 111; zum Vormerkungsschutz in der Bauträgerinsolvenz *Kesseler*, RNotZ 2004, 177, sowie *ders.*, MittBayNot 2005, 108; zur Insolvenzfestigkeit der abgetretenen Vormerkung DNotI-Report 1999, 65 ff.; zur Insolvenzfestigkeit des vorgemerkten künftigen Anspruchs BGH DNotI-Report 2001, 188.
13 BGH NJW 2014, 2445 = ZfIR 2014, 654.

- **Vollwirkung** gegen eine **Haftungsbeschränkung des Erben** des Verpflichteten insbes. bei Nachlassinsolvenz nach § 1975 BGB mit § 106 InsO.

10 **Die Vormerkung ist nur wirksam, wenn ihre materiellen Voraussetzungen vorliegen** und sich inhaltlich decken:
- schuldrechtlicher Anspruch (§§ 194 Abs. 1, 241 BGB), der einen vormerkungsfähigen Inhalt haben muss (dazu siehe Rdn 14 ff.);
- materielle Bewilligungserklärung oder einstweilige Verfügung (§ 885 Abs. 1 BGB; vgl. hierzu Rdn 30 ff.);
- Eintragung der Vormerkung im Grundbuch.

Die Reihenfolge der Voraussetzungen ist nicht relevant, was vor allem bei der Sicherung bedingter oder künftiger Ansprüche eine Rolle spielt.[14] Der Rang der Vormerkung bzw. des durch sie gesicherten Rechts richtet sich stets nach dem Zeitpunkt der Eintragung im Grundbuch (§ 883 Abs. 2 S. 1 und § 879 Abs. 2 BGB).

11 Die **Aufhebung der Vormerkung** setzt eine Aufgabeerklärung (§ 875 Abs. 1 BGB) und die Löschung im Grundbuch voraus, die Löschung allein genügt nicht. Die zu Unrecht gelöschte Vormerkung bleibt materiell wirksam[15] und muss nach § 894 BGB[16] möglichst wieder mit altem Rang und Hinweis auf ihre frühere Eintragung und unrechtmäßige Löschung eingetragen werden (vgl. dazu § 22 GBO Rdn 93 und zum Sonderfall des § 25 vgl. § 25 GBO Rdn 33).

12 **Die Vormerkung teilt als akzessorisches Sicherungsmittel das rechtliche Schicksal des vorgemerkten Anspruchs.** Sie ist von dessen Bestehen abhängig,[17] geht mit ihm auf den neuen Gläubiger über,[18] erlischt mit ihm,[19] kann bei dauernden Einreden gegen den Anspruch beseitigt werden (§ 886 BGB).

5. Gutgläubiger Erwerb der Vormerkung

13 Die Vormerkung als sachenrechtliches Sicherungsmittel kann im Wege sog. **gutgläubigen Ersterwerbs** erworben werden, wenn die Bewilligung von einem Nichtberechtigten abgegeben worden ist, der als Berechtigter im Grundbuch eingetragen war (§ 892 Abs. 1 S. 1 BGB) oder wenn der Berechtigte verfügungsbeeinträchtigt war (§ 892 Abs. 1 S. 2 BGB).[20] Sie ermöglicht aber keinen gutgläubigen Erwerb eines nicht bestehenden Anspruchs,[21] fingiert nicht das Bestehen des Anspruchs[22] und heilt einen Formmangel des schuldrechtlichen Geschäfts nicht.[23]

Wird ein bestehender Anspruch, für den eine Vormerkung eingetragen, aber sachenrechtlich nicht wirksam entstanden ist, an einen gutgläubigen Zweiterwerber weiterübertragen, so erwirbt dieser mit dem bestehenden Anspruch auch die Vormerkung (sog. **gutgläubiger Zweiterwerb**).[24] Wegen der Abhängigkeit des Vormerkungserwerbs vom Bestand des Anspruchs bietet die abgetretene Vormerkung aber nie die gleiche Sicherheit wie die originäre.[25]

Davon zu unterscheiden ist der gutgläubig lastenfreie Erwerb bei Abtretung der wirksam bestehenden Vormerkung (richtig: Abtretung des zugrundeliegenden gesicherten schuldrechtlichen Anspruchs): Ein gutgläubiger Zweiterwerber eines Grundstücks – auch wenn die Auflassung im Kaufvertrag erklärt ist – erwirbt lastenfrei,[26] wenn sich die Übereignung durch den Veräußerer an den Zweiterwerber als Erfüllung des gesicherten Anspruchs darstellt.[27]

---

14 Staudinger/*Kesseler*, BGB, § 885 Rn 21, 22; BGH DNotZ 1981, 179, 181.
15 BGH DNotZ 1973, 367.
16 LG Konstanz MittRhNotK 1984, 81.
17 BayObLG Rpfleger 1980, 294.
18 BayObLGZ 1971, 310; BGH DNotI-Report 2000, 168 Erlöschen der Vormerkung bei Ausfall der Bedingung des gesicherten Anspruchs.
19 BGH DNotZ 1981, 181.
20 BGHZ 25, 16, 23 = NJW 1957, 1229; BGHZ 28, 182 = DNotZ 1959, 36; BGHZ 57, 341; BGH DNotZ 1981, 179 = JR 1982, 61, Anm. *Goetzke* und *Habermann*; *Ludwig*, DNotZ 1987, 403.
21 RGZ 139, 353, 356.
22 BGH DNotZ 1970, 597.
23 BGH DNotZ 1961, 314.
24 BGHZ 25, 16; eingehend Staudinger/*Kessler*, § 883 Rn 303 ff., 411 ff.; MüKo-BGB/*Lettmaier*, § 885 Rn 47; *Schöner/Stöber*, Grundbuchrecht, Rn 1535.
25 Dazu je m.w.N. Staudinger/*Kesseler*, BGB, § 883 Rn 428a; *Schöner/Stöber*, Grundbuchrecht, Rn 1535; *Amann*, NotBZ 2005, 1, 9.
26 BGHZ 25, 16, 23; BGH DNotZ 1995, 47 = NJW 1994, 2947; BGH ZNotP 2023, 99.
27 Zum gutgläubigen Vormerkungserwerb und gutgläubig lastenfreien Erwerb vgl. auch DNotI-Report 96/9, 73 und ausführlich m.w.N. Bauer/Schaub/*Lieder*, AT C Rn 94 ff.

II. Voraussetzungen der Vormerkungsfähigkeit eines Anspruchs

1. Der gesicherte Anspruch

Nur ein **Anspruch auf** eine **eintragungsfähige dingliche Rechtsänderung** ist vormerkungsfähig,[28] z.B. auf Bestellung, Änderung, Übertragung oder Aufhebung eines dinglichen Rechts. Was nicht eintragungsfähig ist oder im konkreten Fall (z.B. Dienstbarkeit[29] oder Anspruch auf Übertragung einer Teilfläche[30] jeweils am Miteigentumsanteil) oder am vormerkungsbelasteten Objekt nicht eingetragen werden kann (z.B. vorläufige Eigentümergrundschuld),[31] kann nicht vorgemerkt werden. Nach dem Bestimmtheitsgrundsatz muss der Inhalt des Anspruchs aus dem Grundbuch oder der in Bezug genommenen Bewilligung für jeden Dritten eindeutig erkennbar sein.[32] Erbrechtliche Ansprüche sind vor dem Tod des Erblassers nicht vormerkbar, selbst wenn dieser durch eine bindende Verfügung beschränkt ist,[33] weil noch kein Anspruch (auch kein künftiger) des Begünstigten besteht. Die erbvertragliche Erwerbsaussicht kann durch die Verpflichtung, ein Grundstück nicht zu veräußern und es im Fall des Verstoßes auf Verlangen auf den Vertragserben zu übertragen, gesichert werden; dieser Anspruch ist vormerkungsfähig.[34] Nach dem Tod des Erblassers sind auf eintragungsfähige dingliche Rechtsänderungen gerichtete erbrechtliche Ansprüche durch Vormerkung sicherbar, wenn dem Bedachten auch das Recht auf Sicherung letztwillig zugewendet wurde.[35] Zur Vormerkung für den Versprechensempfänger oder den noch zu benennenden Dritten vgl. Rdn 19, 48.

14

2. Auflassungsvormerkung

Für den Anspruch **auf Auflassung und Eigentumsverschaffung** gilt:

15

Der „Anspruch auf Auflassung" ist auf Erklärung der Auflassung gerichtet und mit der wirksamen Erklärung der Auflassung erfüllt.[36] **Der „Anspruch auf Eigentumsverschaffung"** (z.B. § 433 Abs. 1 S. 1 BGB) geht weiter und kann auch noch nach wirksamer Auflassung vorgemerkt werden und nach Eintragung des Eigentumsüberganges vorgemerkt bleiben, bis der Anspruchsberechtigte das von vormerkungswidrigen Verfügungen freie Eigentum erhält.[37]

Die Bezeichnung „Auflassungsvormerkung" hat sich eingebürgert. Begrifflich zutreffender ist die Bezeichnung **„Eigentumsvormerkung"**.[38]

16

Schuldrechtlicher Anspruch und dingliches Recht: Die Bezeichnung „Recht" hat sich (begrifflich falsch) für viele schuldrechtliche Ansprüche eingebürgert, die keine dinglichen Rechte sind, zu nennen sind:

17

– Ankaufs-, Options-, Grunderwerbsrecht (siehe Rdn 51);
– Vorkaufsrecht, das entweder ein dingliches Recht (§§ 1094 ff. BGB) oder ein schuldrechtlicher Anspruch auf Vorkauf (§§ 463 ff. BGB; siehe hierzu Rdn 53) sein kann;
– Wiederkaufs-, Rückkaufs-, Rückerwerbsrecht (siehe Rdn 54).

Deshalb ist in diesen Fällen die Bezeichnung „Vormerkung zur Sicherung des Ankaufsrechts (Wiederkaufs-, Vorkaufsrechts)" unzutreffend[39] und muss richtig lauten: „*Vormerkung zur Sicherung des Anspruchs auf Übertragung des Eigentums aus der Ankaufsvereinbarung (Wiederkaufs-, Rückerwerbs-, Vorkaufsvereinbarung; Verkaufsangebot)*". Es handelt sich um eine Vormerkung für einen bedingten oder künftigen Anspruch, was im Eintragungsvermerk verlautbart werden kann, aber nicht muss.

---

28 BayObLGZ 1963, 131 = DNotZ 1964, 343.
29 BayObLG Rpfleger 1972, 442.
30 BayObLG DNotZ 1987, 367 = Rpfleger 1987, 154.
31 BayObLGZ 1969, 316 = DNotZ 1970, 155.
32 BayObLG Rpfleger 1957, 49.
33 BayObLG DNotZ 1953, 599; OLG Hamm DNotZ 1966, 181 = Rpfleger 1966, 366; OLG Düsseldorf DNotI-Report 2003, 58; *Schöner/Stöber*, Grundbuchrecht, Rn 1484.
34 BayObLG DNotZ 1989, 370 = Rpfleger 1989, 190.
35 BGH MittBayNot 2001 489 m.w.N.
36 BayObLG DNotZ 1972, 233, 234.
37 KG DNotZ 1971, 418, 420; BayObLG Rpfleger 1975, 395; *Ertl*, DNotZ 1977, 81, 89; *Schöner/Stöber*, Grundbuchrecht, Rn 1486.
38 Staudinger/*Kesseler*, BGB, § 883 Rn 113 ff.; *Wörbelauer*, DNotZ 1963, 580; 652; 718; *Weirich*, DNotZ 1982, 669.
39 BayObLGZ 1967, 275 = Rpfleger 1968, 52, i.d.R. aber umdeutungsfähig.

3. Schuldner des Anspruchs

18 **Anspruchsschuldner** bei Eintragung der Vormerkung muss der Eigentümer des von der Vormerkung betroffenen Grundstücks oder der Inhaber des betroffenen Rechts sein.[40] Bei WEG kann ein das ganze Grundstück betreffender Anspruch daher nur in allen Wohnungsgrundbüchern vorgemerkt werden, sonst ist er inhaltlich unzulässig.[41] Vormerkbar ist aber auch ein nur gegen die Erben durchsetzbarer Anspruch, sofern er aus einer Erblasserschuld stammt und keine Eigenverbindlichkeit des künftigen Erben darstellt (vgl. Rdn 49).[42]

4. Anspruchsberechtigter

19 **Anspruchsgläubiger** muss der Vormerkungsberechtigte sein, der seiner Person nach bestimmt und bei Verträgen zugunsten Dritter durch sachliche, auch Dritten zugängliche Merkmale eindeutig bestimmbar sein muss.[43] Die Eintragung einer Vormerkung für eine Vor-GmbH oder eine noch nicht im Handelsregister eingetragene OHG oder KG ist selbstverständlich möglich, da diese Vorgesellschaften bereits grundbuchfähig sind (§ 4 Einl. Rdn 42 ff., 61).[44]

Es genügt aber nicht, wenn der Vormerkungsberechtigte durch den Vertragspartner oder durch Dritte erst bestimmt werden muss.[45] Verpflichtet sich jemand in einem echten Vertrag zugunsten Dritter zur Grundstücksübereignung an einen vom Versprechensempfänger noch zu benennenden Dritten, ist nur der Anspruch des Versprechensempfängers (§ 335 BGB) auf Übereignung an den Dritten vormerkungsfähig.[46] Hat sich der Eigentümer eines Grundstücks zur Belastung des Grundstücks mit einem Grundstücksrecht verpflichtet und sollen die Ansprüche sowohl des Versprechensempfängers als auch des Dritten durch eine Vormerkung gesichert werden, müssen zwei Vormerkungen im Grundbuch eingetragen werden.[47] Keine Vormerkbarkeit besteht bei unechtem Vertrag zugunsten Dritter hinsichtlich des Anspruchs des Dritten.[48]

Steht der Anspruch mehreren Gläubigern zu, ist die Eintragung des Berechtigungsverhältnisses erforderlich; eine Rangänderung bei einem unteilbaren Anspruch ist dann nur insgesamt und mit Bewilligung aller Berechtigten möglich.[49] Eine Vormerkung soll bei Gütergemeinschaft für einen Ehegatten allein in das Grundbuch eingetragen werden können,[50] wenn das Grundbuchamt weiß, dass das Grundstück in eheliches Gesamtgut fällt. Dies gilt für Ehegatten, die Miteigentumsanteile erwerben, entsprechend. Bei einer korrespondierenden vertraglichen Verpflichtung kann eine Auflassungsvormerkung zugunsten beider Ehegatten als Miteigentümer eingetragen werden. Probleme können sich bei Berechtigten ergeben, die in einem ausländischen Güterstand leben, der einem Alleinerwerb entgegensteht. Weil mit der Vormerkung aber noch nicht das Eigentum selbst entsteht, kann das Grundbuchamt die Eintragung einer Vormerkung für einen mit einem Ausländer verheirateten Erwerber nicht mit dieser Begründung ablehnen.[51] Zur Frage, ob zur Sicherung eines Anspruchs für mehrere Gläubiger eine oder mehrere Vormerkungen eingetragen werden müssen siehe Rdn 41 ff.

5. Bestehen und Erlöschen des Anspruchs

20 Der Anspruch muss wirksam bestehen oder wenigstens ein bedingter oder künftiger Anspruch i.S.d. § 883 Abs. 1 S. 2 BGB sein. Auch wenn das schuldrechtliche Verpflichtungsgeschäft unwirksame AGB-Klau-

---

40 Vormerkung zur Sicherung eines Anspruchs gegen den jeweiligen Eigentümer eines Grundstücks ist unzulässig, DNotI-Report 2002, 113 ff.
41 BayObLG MittBayNot 2002, 189 = DNotZ 2002, 784 = DNotI-Report 2002, 53; wegen praktischer Schwierigkeiten bei Nichtmitwirkung einzelner Eigentümer kommt – wenn möglich – alternativ Verfügung als Verfügung über einzelne Miteigentumsanteile in Betracht, *Hoffmann*, MittBayNot 2002, 155 ff.
42 BGHZ 12, 120 = NJW 1954, 633; KG JFG 1921, 32; BayObLG DNotZ 1953, 599, 600; BayObLG DNotZ 1978, 159 = Rpfleger 1978, 135.
43 BGHZ 28, 99; RGZ 61, 355; 128, 246; BayObLG MittBayNot 1975, 93; LG Köln Rpfleger 1982, 17; Grüneberg/*Herrler*, BGB, § 883 Rn 11 ff.
44 BayObLG DNotZ 1979, 502 = Rpfleger 1979, 303; BayObLG DNotZ 1986, 156 = Rpfleger 1985, 353; *Schöner/Stöber*, Grundbuchrecht, Rn 990.
45 BGH DNotZ 1983, 484 = Rpfleger 1983, 169.
46 BGH DNotZ 1983, 484; OLG München RNotZ 2016, 388; OLG München MittBayNot 2017, 586; *Denck*, NJW 1984, 1009; *Hörer*, Rpfleger 1984, 36; DNotI-Report 8/94, 1; 20, 96, 177.
47 KG FGPrax 2016, 196 = NotBZ 2017, 44.
48 DNotI-Report 23/96, 211.
49 BayObLG MittBayNot 1999, 72 = DNotZ 1999, 818 m. Anm. *Kutter*.
50 OLG Nürnberg FGPrax 2020, 212 = NotBZ 2021, 158.
51 BayObLG DNotZ 1987, 101 = Rpfleger 1986, 294.

seln enthalten sollte, bleibt der Vertrag in der Regel im Übrigen wirksam (§ 306 Abs. 1 BGB) und beeinträchtigt die Wirksamkeit des vorzumerkenden Anspruchs nicht.[52]

Ist das Rechtsgeschäft formbedürftig (z.B. § 311b Abs. 1, § 518 BGB), entsteht der Anspruch bei Formverstoß nicht und kann auch nicht wirksam vorgemerkt werden.[53] Die Heilung des Formmangels nach § 311b Abs. 1 S. 2 BGB tritt erst mit Eigentumseintragung ein. Die eingetragene Vormerkung entfaltet keine Schutzwirkung, was insbes. beim sog. Schwarzkauf relevant ist, bei welchem die Parteien in der notariellen Urkunde einen unrichtigen (zu niedrigen) Kaufpreis angeben.

Besteht zwischen dem Verpflichteten und dem Berechtigten Streit über das Bestehen des Anspruchs, ist dieser Rechtsstreit nicht vorgreiflich für den Rechtsstreit, in welchem die Löschung der Vormerkung begehrt wird.[54]

Das Grundbuch ist in Bezug auf eine eingetragene Vormerkung dann unrichtig, wenn der durch sie gesicherte Anspruch erloschen oder weggefallen ist. Die Vormerkung ist in ihrem Bestand als akzessorisches Sicherungsmittel vom Bestand des Anspruchs abhängig. Die Löschung erfolgt als Grundbuchberichtigung mit Unrichtigkeitsnachweis oder auf Bewilligung des Vormerkungsberechtigten. Dient die Vormerkung der Sicherung eines Rückforderungsrechts, das auf einen Dritten erst nach dem Tode desjenigen übergehen soll, welchem es versprochen wird (Vertrag zugunsten Dritter nach §§ 328, 331 BGB), gehört der Anspruch aus dem Vertrag bis zum Eintritt des Todesfalles noch zum Vermögen des Versprechensempfängers, der die Rechtsstellung des Dritten noch frei verändern kann. Der Nachweis der Unrichtigkeit des Grundbuchs ist in diesem Fall erbracht, wenn ein notarieller Vertrag vorgelegt wird, in dem der Versprechensempfänger und der Versprechende den ursprünglichen Vertrag zugunsten Dritter aufheben.[55]

Die Vormerkung selbst verjährt nicht (§ 902 BGB). Ist aber der gesicherte Anspruch verjährt, besteht ein Anspruch auf Aufhebung nach § 886 BGB.[56] Die Löschung im Grundbuch erfolgt allein auf Bewilligung des Vormerkungsberechtigten, es liegt kein Fall der Grundbuchberichtigung vor, da § 886 BGB keinen Erlöschenstatbestand darstellt.

III. Bedingte, befristete und künftige Ansprüche

1. Rechtsgrundlage ihrer Vormerkungsfähigkeit

Bedingte und künftige Ansprüche sind zu unterscheiden, auch bezüglich ihrer Vormerkungsfähigkeit.[57] Gemeinsame Voraussetzung ihrer Vormerkungsfähigkeit ist eine feste, die Gestaltung des Anspruchs bestimmende Rechtsgrundlage.[58]

Vormerkungen für bedingte und befristete Ansprüche bewirken vollen Vormerkungsschutz ab dem Zeitpunkt der Eintragung der Vormerkung, für künftige Ansprüche sowohl Sicherungs- und Rangschutz als auch Insolvenzschutz.[59]

2. Vormerkungsfähigkeit bedingter und befristeter Ansprüche

Alle bedingten und befristeten Ansprüche sind vormerkungsfähig, sofern sie von einer echten Bedingung oder Zeitbestimmung i.S. §§ 158 ff. BGB abhängen und die sonstigen Voraussetzungen erfüllen.[60] Jedenfalls gelten für sie die für künftige Ansprüche bestehenden Einschränkungen nicht.[61] Denn sie beruhen

---

52 Dazu *Schöner/Stöber*, Grundbuchrecht, Rn 1487 a.E.; *Eickmann*, Rpfleger 1978, 1, 4.
53 Zur Beurkundungspflicht bei Grundstücksverträgen vgl. *Hagen*, DNotZ 1984, 267.
54 BGH NJW-RR 2023, 210.
55 OLG München MittBayNot 2021, 586; ähnlich OLG Stuttgart FGPrax 2020, 118 = MittBayNot 2021, 42; OLG Düsseldorf FGPrax 2020, 255 = DNotZ 2021, 199 = Rpfleger 2021, 17.
56 BGH DNotZ 2022, 376 = NJW 2022, 1176 = ZfIR 2022, 179 m. Anm. *Giesen*.
57 BGHZ 12, 115 = NJW 1954, 633; KG Rpfleger 1972, 94 = DNotZ 1972, 173; BayObLG Rpfleger 1977, 361; BayObLGZ 1977, 247 = Rpfleger 1978, 14 = DNotZ 1978, 39; BayObLGZ 1977, 268 = Rpfleger 1978, 135 = DNotZ 1978, 159; OLG Hamm Rpfleger 1978, 137 = DNotZ 1978, 356; BayObLG DNotZ 1989, 370; *Lichtenberger*, NJW 1977, 1755; Rspr.- und Lit.-Überblick: *Ertl*, Rpfleger 1977, 345; *ders.*, Rpfleger 1978, 15.
58 BGHZ 12, 115, 118; DNotI-Report 2000/125.
59 Grundlegend BGHZ 149, 1; eingehend *Keller*, Insolvenzrecht, Rn 863 ff.
60 OLG Hamm Rpfleger 1978, 137; *Ertl*, Rpfleger 1977, 353; *Lichtenberger*, NJW 1977, 1757.
61 BayObLGZ 1977, 247; 77, 268.

auf einem bereits „begründeten Rechtsverhältnis",[62] das gegenseitige Gebundenheit (§§ 160; 162 BGB) und vollen Vormerkungsschutz auch gegen Insolvenz und Zwangsversteigerung[63] von der Eintragung der Vormerkung an bewirkt, nicht erst ab Eintritt der Bedingung.[64] Vormerkbar ist daher der auf den Tod des Erwerbers befristete Übereignungsanspruch.[65] Der einschränkenden Ansicht, bedingte Ansprüche seien nicht vormerkbar, wenn ihre Entstehung von der Willkür des demnächst Verpflichteten abhängt,[66] kann für die vom Verhalten des Gläubigers oder Schuldner abhängigen Potestativbedingungen, die ja echte Bedingungen sind, nicht zugestimmt werden.[67] Vormerkungsfähig ist daher auch ein mehrfach aufschiebend bedingter Rückübereignungsanspruch zur Sicherung eines schuldrechtlichen Verfügungsverbots, wenn die Bedingung erst nach dem Tod des Grundstückseigentümers eintreten kann und der Eintritt der Bedingung von einem Verhalten des Erben abhängig sein kann.[68] Vormerkungsfähig ist auch der vorbehaltene Rückübereignungsanspruch für den Fall, dass der Erwerber oder dessen Gesamtrechtsnachfolger nicht durch güterrechtliche Vereinbarungen sicherstellt, dass der Ehegatte im Fall der Auflösung der Ehe weder an dem übertragenen Grundstück noch an dessen Wertsteigerung wertmäßig beteiligt ist.[69]

24 Ob aus einem „Vertragsabschluss unter Wollensbedingungen" bereits ein bedingter, daher vormerkbarer Anspruch oder wie in der Regel noch kein Schuldverhältnis, also auch kein Anspruch entstanden ist, hängt vom Einzelfall ab.[70]

3. Künftige Ansprüche

25 **Nicht jeder künftige Anspruch ist vormerkungsfähig.** Denn ein künftiger Anspruch ist noch kein Anspruch.[71] Vormerkungsfähig ist ein künftiger Anspruch nur, wenn sein Rechtsboden durch ein rechtsverbindliches Angebot oder Abkommen soweit vorbereitet ist, dass eine wenn auch nur vorläufige, aber **vom Verpflichteten nicht mehr einseitig zerstörbare Bindung** an das Rechtsgeschäft besteht,[72] die nicht mehr von der Willkür des künftig Verpflichteten abhängig sein darf.[73] Vormerkungsfähigkeit ist z.B. zu bejahen, wenn seine Entstehung nur noch vom Willen des demnächst Berechtigten abhängt.[74] Eingetragen werden kann auch eine Vormerkung, die gesetzliche Rückübertragungsansprüche, wie die des Schenkers gem. §§ 528, 530 BGB sichern soll.[75]

26 **Schwebend unwirksame Ansprüche sind nur wie künftige Ansprüche vormerkungsfähig.** Kennzeichen für sie ist ein Schwebezustand, weil ein nachholbares Wirksamkeitserfordernis (z.B. Genehmigung von Behörden, Gerichten, Dritten) fehlt, mit dessen Eintritt das Rechtsgeschäft rückwirkend von Anfang an wirksam wird.[76] Für die umstrittene Frage ihrer Vormerkungsfähigkeit vor Erteilung der fehlenden Genehmigung ist nach unserer Ansicht zu unterscheiden:

27 **Sie ist zu bejahen**, wenn für den künftig Verpflichteten bereits eine Gebundenheit besteht, wonach er die fehlende Genehmigung herbeiführen und alles unterlassen muss, was die Genehmigung gefährden oder vereiteln könnte.[77] **Beispiele:** wenn Genehmigung fehlt nach GrdstVG, § 51 BauGB § 75 BVG; §§ 1 ff.

---

62 BGHZ 38, 369, 371.
63 Grüneberg/*Herrler*, BGB; § 883 Rn 24 ff.
64 Staudinger/*Gursky*, BGB, § 883 Rn 272 ff.
65 BGH DNotZ 2002, 793 m. Anm. *Schmucker*, = DNotI-Report 2002, 140 f.; DNotI-Report 2001, 113 ff.
66 KG Rpfleger 1972, 94.
67 OLG Hamm Rpfleger 1978, 138; BayObLG DNotZ 1979, 27; 89, 370, 373 und 1996, 374 m. Anm. *Liedel*.
68 BGH DNotZ 1997, 720 zu BayObLG DNotZ 1997, 155 (Vorlage an den BGH wegen Abweichung von OLG Hamm DNotZ 1995, 315).
69 BayObLG MittBayNot 2002, 396 = DNotZ 2002, 784.
70 Dazu RGZ 72, 385; BGH DNotZ 1963, 230; *Ertl*, Rpfleger 1977, 347, und 1978, 16.
71 *Ertl*, Rpfleger 1977, 347, 354.
72 BGHZ 166, 319, 323; BayObLG Rpfleger 1977, 361; 1989, 190; OLG Hamm Rpfleger 1978, 137; Staudinger/

Kesseler, BGB, § 883 Rn 205 ff.; MüKo-BGB/*Lettmaier*, § 883 Rn 28 ff.
73 KG Rpfleger 1972, 94.
74 BGHZ 12, 115, 117; RGZ 151, 75, 77; BGH DNotZ 1982, 238, 239; BayObLG DNotZ 1990, 297.
75 BGH MittBayNot 2002, 393 = BGH DNotI-Report 2002, 117 = DNotZ 2002, 775 m. Anm. *Schippers*; die Entscheidung erging auf die Divergenzvorlage des BayObLG DNotI-Report 2001, 164 zu OLG Hamm MittBayNot 2000, 429 = Rpfleger 2000, 449, das Vormerkungsfähigkeit verneint hatte; für Vormerkungsfähigkeit auch OLG Düsseldorf DNotI-Report 2002, 133.
76 Grüneberg/*Ellenberger*, BGB, vor § 104 Rn 31 f.; *Ertl*, Rpfleger 1977, 349.
77 RGZ 129, 357, 359; BGH DNotZ 1966, 739, 742; Grüneberg/*Grüneberg*, BGB, § 242 Rn 32 ff.

Preisklauselgesetz (PrKlG) mit Ausnahmetatbeständen in § 3 Abs. 1;[78] § 1365 BGB; § 5 ErbbauRG; § 12 WEG und bei allen relativen Veräußerungs- und Belastungsbeschränkungen. Beim Erfordernis familien- oder betreuungsgerichtlicher Genehmigung nach § 1821 Abs. 1 Nr. 1, 5 BGB hat das Grundbuchamt nur zu prüfen, ob die Genehmigung rechtskräftig und dem gesetzlichen Vertreter bekannt gemacht worden ist; nicht zu prüfen ist die Mitteilung an den Geschäftsgegner nach § 1829 Abs. 1 S. 2 BGB.[79]

Sie ist zu verneinen, wenn der künftig Verpflichtete nicht in solcher Weise gebunden ist, vor allem, wenn die zur wirksamen Vertretung erforderlichen Erklärungen, Genehmigungen, Beschlüsse noch nicht vorliegen und grundlos verweigert werden können.[80] **Beispiele**: wenn Genehmigung fehlt durch den ohne Vertretungsmacht Vertretenen, Testamentsvollstrecker, Insolvenzverwalter, Eltern, Vormund, Vormundschaftsgericht, Gemeinderat (wenn Beschlussorgan), Aufsichtsbehörden für Gemeinden, Kirchen, Stiftungen.

28

IV. Wiederaufladen einer Vormerkung mit einem neuen Anspruch

Ist der gesicherte Anspruch einer eingetragenen Vormerkung weggefallen und damit die Vormerkung erloschen, steht sie aber noch im Grundbuch, soll nach einer Entscheidung des BGH v. 26.11.1999[81] die Vormerkung mit einem neuen, inhaltsgleichen Anspruch „wieder aufgeladen" werden können. Die Sicherungswirkung für den neuen Anspruch gelte aber erst ab Eintragung des neuen Anspruchs zur Vormerkung. Diese Rechtsprechung hat allerorten heftige Kritik hervorgerufen.[82] Der BGH hat in weiteren Entscheidungen aber an der Möglichkeit des Wiederaufladens der Vormerkung festgehalten.[83]

29

Praktisch ist auch fraglich, auf welche Weise dieses „Wiederaufladen" eingetragen werden solle, *Schöner/Stöber* schlagen eine entsprechende Anwendung der Forderungsauswechslung der Hypothek nach § 1180 BGB vor.[84] Nach **a.A.** soll eine analoge Anwendung von § 877 BGB genügen.[85] Zum anderen ist aber wesentlich, dass der BGH die strenge Akzessorietät der Vormerkung zugunsten scheinbarer Verfahrensvereinfachung negiert. Entscheidend verstößt die Rechtsprechung auch gegen die Grundsätze der Rangbestimmung nach § 879 BGB sowie § 883 Abs. 2 S. 1 BGB, der gerade Vormerkungsschutz ab Eintragung gewährt. Wird bei einem Wiederaufleben die Sicherungswirkung wieder neu begründet, ist sie in Kongruenz zum Rangverhältnis aber aus dem Grundbuch nunmehr schwer erkennbar. Bei Eintragung der Sicherung des neuen Anspruchs ist daher durch Rangvermerk darauf hinzuweisen, dass die Vormerkungswirkung erst mit Eintragung des neu gesicherten Anspruchs besteht.

V. Verfahrensrechtliche Voraussetzungen der Grundbucheintragung

Eintragung, Berichtigung und Löschung der Vormerkung richten sich nach allgemeinem Verfahrensrecht, nötig also Antrag (§ 13 GBO) und Bewilligung (§ 19 GBO). Die Bewilligung muss alle Voraussetzungen des § 19 GBO erfüllen. Für Vormerkungen gelten also die allgemeinen Grundsätze des Bewilligungsprinzips und der Prüfungs-, Aufklärungs- und Eintragungspflicht des Grundbuchamtes, das zur Feststellung der Vormerkungsfähigkeit Fragen des Sachen- und Schuldrechts prüfen muss. Bloße Zweifel an der Wirksamkeit oder Zweckmäßigkeit des zugrundeliegenden Vertrags können jedoch die Zu-

30

---

78 Der frühere Genehmigungstatbestand nach § 3 WährG ist im Zuge der Errichtung der Europäischen Zentralbank und der Einführung des EUR weggefallen, vgl. EuroEG v. 9.6.1998, BGBl 1998, 1242 (Art. 9 § 4). Die Genehmigung von Wertsicherungsklauseln richtete sich danach nach dem Preisangaben- und Preisklauselgesetz, BGBl I 1997, 1870, i.V.m. der Preisklauselverordnung v. 23.9.1998, BGBl I 1998, 3043; seit 2007 ist sie im Preisklauselgesetz vom 7.9.2007 (BGBl I 2007, 2248) geregelt.
79 KG NotBZ 2018, 61 = Rpfleger 2017, 266 m. abl. Anm. *Dressler*, allg. BayObLG DNotZ 1994, 182.
80 BayObLG Rpfleger 1977, 361.
81 BGHZ 143, 175 = NJW 2000, 805 = DNotZ 2000, 639 = MittBayNot 2000, 104 m. abl. Anm. *Demharter*; folgend KG Rpfleger 2011, 365; OLG Nürnberg FGPrax 2012, 155; eingehend auch *Amann*, MittBayNot 2000, 197; *Wacke*, DNotZ 2000, 615.
82 Staudinger/*Chr. Heinze*, BGB, § 873 Rn 215, § 883 Rn 361 m.w.N., § 885 Rn 81, § 886 Rn 39; MüKo/*Lettmaier*, BGB, § 885 Rn 31 ff.; *Amann*, MittBayNot 2000, 197; *Volmer*, ZfIR 2000, 207; *Demharter*, MittBayNot 2000, 106.
83 BGH NJW 2008, 578 = MittBayNot 2008, 212 m. Anm. *Demharter*; BGH JZ 2012, 1132; im Zusammenhang mit Wiederaufleben der Zwangssicherungshypothek bei Insolvenzfreigabe BGHZ 166, 74, 82; weiterhin eingehend krit. *Amann*, NotBZ 2012, 201; *Böttcher*, RpflStud 2013, 73; *Amann*, DNotZ 2014, 178.
84 *Schöner/Stöber*, Grundbuchrecht, Rn 1488.
85 BGH NJW 2012, 2654; dazu MüKo-BGB/*Lettmaier*, § 885 Rn 38, 39.

rückweisung des Eintragungsantrags nicht rechtfertigen,[86] so ist etwa Verstoß gegen das Schenkungsverbot von § 1804 BGB hier ohne Bedeutung.[87]

1. Anforderungen an die Bestimmtheit der Bewilligung

31 **Die Bestimmtheit des schuldrechtlichen Anspruchs richtet sich nach Schuldrecht.** Danach müssen der Gläubiger bestimmt, bei Verträgen zugunsten Dritter bestimmbar, der Schuldner bestimmt und der Inhalt der Leistung bestimmt oder eindeutig bestimmbar sein.[88] Wegen der durch die Vormerkung vermittelten Drittwirkung des gesicherten Anspruchs (Sicherungs- und Rangwahrungswirkung) genügen die Bestimmtheitsanforderungen des Schuldrechts nicht immer den Anforderungen des Sachenrechts, die nicht bei allen dinglichen Rechten gleich streng sind (vgl. § 2 Einl. Rdn 7). Grundsätzlich muss der Anspruch, um vormerkungsfähig zu sein, den für das dingliche Recht geltenden Bestimmtheits- oder Bestimmbarkeitsanforderungen entsprechen, das die Vormerkung vorbereiten soll. In Ausnahmefällen (z.B. wenn die Vormerkung am ganzen Grundstück lastet, der Anspruch sich aber nur auf einen Grundstücksteil bezieht) sind an die Bestimmtheit der Vormerkung keine strengeren Anforderungen zu stellen als an die des zu sichernden Anspruchs.[89] So bedarf es z.B. keiner näheren Bezeichnung der Teilfläche, wenn das Geländebestimmungsrecht einem Vertragsteil oder Dritten zugewiesen ist.[90] Bezieht sich der Anspruch dagegen auf eine im Vertrag bereits bestimmte Fläche, muss sie in der Bewilligung so genau bezeichnet werden, dass sich ihre Größe und Lage in einer dem Verkehrsbedürfnis entsprechenden Weise zweifelsfrei ergibt, z.B. durch Flächenbeschreibung oder allgemein zugängliche Karte (vgl. § 28 GBO Rdn 17 ff.).[91] Der zukünftige oder bedingte Anspruch auf Übertragung eines Miteigentumsanteils an einem Grundstück kann durch eine Vormerkung gesichert werden, wenn die Quote bei Eintragung noch nicht bestimmt ist; die Bestimmung kann einem Dritten überlassen werden.[92] Der Anspruch auf Aufteilung und Übertragung einer noch zu begründenden Teileigentumseinheit kann vorgemerkt werden, wenn das Sondereigentum so beschrieben ist, dass es in der Örtlichkeit zweifelsfrei festgestellt ist oder wenn ein Bestimmungsrecht eines Vertragspartners besteht.[93]

32 Die Erklärungen zu den nach Sachenrecht zu beurteilenden Voraussetzungen müssen dem **Bestimmtheitsgrundsatz des Sachen- und Grundbuchrechts** entsprechen. Dazu gehören die Erklärungen darüber, dass, von wem, für wen, an welchem Grundstück oder Recht, ob unter Vorbehalt des § 16 Abs. 2, an einer bestimmten Rangstelle die Vormerkung bewilligt wird und welcher Art der im Eintragungsvermerk anzugebende Anspruch ist. Die unterschiedlichen Anforderungen des Schuld-, Sachen- und Grundbuchrechts haben zur Folge, dass nicht jeder schuldrechtlich wirksame Anspruch sachenrechtlich bestimmt genug für eine wirksame Vormerkung oder grundbuchrechtlich verwendbar für die Eintragung einer Vormerkung ist.

33 **Die Eintragung des Schuldgrundes des vorgemerkten Anspruchs im Grundbuch** ist in der Regel entbehrlich,[94] vor allem, wenn der gesicherte Anspruch ohne Verwechslungsgefahr festgestellt werden kann[95] oder wenn von zwei künftigen Ansprüchen des gleichen Gläubigers, die auf die gleiche Leistung gerichtet sind und deren Entstehung in der gleichen Urkunde vorbereitet ist, je nach der künftigen Entwicklung nur der eine oder der andere Anspruch entstehen kann.[96] Ist der Schuldgrund weder im Eintragungsvermerk noch in der in Bezug genommenen Bewilligung angegeben, darf die Amtslöschung nur unter den Voraussetzungen des § 53 Abs. 1 S. 2 GBO erfolgen, z.B. wenn die Vormerkung einen so widerspruchsvollen Inhalt hat, dass trotz zulässiger Auslegung der vorgemerkte Anspruch nicht sicher festgestellt werden kann.

34 **In der Eintragungsbewilligung muss der Schuldgrund schlüssig dargestellt werden.** Darauf hat das Grundbuchamt vor der Eintragung notfalls durch Zwischenverfügung zur Schaffung klarer Rechtsverhältnisse hinzuwirken.[97] Als verfahrensrechtliche Eintragungsvoraussetzung muss die Bewilligung

---

[86] BayObLG DNotZ 1995, 63.
[87] BayObLG 2003, 126.
[88] Grüneberg/*Grüneberg*, BGB, § 241 Rn 2 ff.; *Ertl*, Rpfleger 1977, 347.
[89] BayObLGZ 1956, 408, 409 = Rpfleger 1957, 49; DNotZ 1989, 365, 366.
[90] BGH Rpfleger 1969, 44; BayObLG DNotZ 1974, 175; 85, 44.
[91] BGH DNotZ 1973, 96; BayObLG DNotZ 1974, 173; 1974, 176; 1981, 560; 1984, 440; 1985, 44.
[92] OLG Düsseldorf DNotZ 1997, 162.
[93] LG Dresden MittBayNot 2002, 115.
[94] Staudinger/*Kesseler*, BGB, § 885 Rn 108 ff.; MüKo-BGB/*Lettmaier*, § 885 Rn 25.
[95] BGH NJW 1952, 62; KG Rpfleger 1969, 49.
[96] KG DNotZ 1972, 173, 175.
[97] KG Rpfleger 1969, 49, 50; *Jansen*, DNotZ 1953, 382, 385.

zwar nicht alle Einzelheiten des Schuldverhältnisses enthalten.[98] Der Bewilligende darf sich aber nicht nur auf Rechtsausführungen beschränken, sondern muss in der Bewilligung den vorzumerkenden Anspruch und die anspruchsbegründenden Tatsachen (vgl. §§ 253 Abs. 2 Nr. 2, 592 ZPO) schlüssig wiedergeben, damit das Grundbuchamt daraus Art und Inhalt des Anspruchs selbst nachprüfen und seine Vormerkungsfähigkeit feststellen kann.

Die Wirksamkeit des Anspruchs muss dem Grundbuchamt nicht nachgewiesen werden.[99] Das Grundbuchamt hat auch nicht zu prüfen, ob das schuldrechtliche Grundgeschäft wirksam ist.[100] Es genügt, dass der Anspruch nach Eintragung der Vormerkung entstehen kann. Denn das Grundbuch ist nicht dazu bestimmt, über die Wirksamkeit des gesicherten Anspruchs Auskunft zu geben.[101] Das Gesetz begründet nämlich (anders als in § 1138 BGB) keine Vermutung und keine Fiktion für das Bestehen des vorgemerkten Anspruchs, ermöglicht keinen gutgläubigen Erwerb des Anspruchs und gestattet die Eintragung einer Vormerkung für einen noch nicht entstandenen „künftigen" Anspruch (siehe Rdn 25 ff.). Gelangt das Grundbuchamt aber aus den ihm vorgelegten Urkunden und Erklärungen oder ihm sonst bekannten Umständen zur Gewissheit, dass der Anspruch nicht besteht und auch künftig nicht wirksam werden kann, muss es die Eintragung ablehnen[102] und vorher begründeten Zweifeln aufgrund konkreter Anhaltspunkte des Einzelfalles nachgehen.

35

2. Ist in Fällen des § 311b Abs. 1 BGB die notarielle Urkunde vorzulegen?

Eine Ansicht verneint diese Frage mit dem Hinweis, dass das Bestehen des Anspruchs nicht nachgewiesen werden muss[103] und lässt zur Eintragung der Auflassungsvormerkung die Angabe der Urkunde nach Datum, Namen und UR-Nr. des Urkundsnotars genügen, ohne die Urkundenvorlage zu verlangen.[104]

36

Zutreffend ist die Pflicht zu bejahen.[105] Denn wir halten den Nachweis darüber, dass eine notarielle Beurkundung stattgefunden hat, und über die Einhaltung der Beurkundungsvorschriften durch Vorlage der Urkunde (oder eines begl. Auszugs, woraus sich die Wahrung der Urkundsform und die Kennzeichnung des vorzumerkenden Anspruchs ergibt) in den Fällen des § 311b Abs. 1 BGB für eine Voraussetzung der Eintragungsfähigkeit der Vormerkung, die das Grundbuchamt von Amts wegen prüfen muss. Aus einem Rechtsgeschäft, das entweder nie geschlossen worden ist oder nach einer (bewusst oder irrtümlich) falschen Behauptung des Bewilligenden dem § 311b Abs. 1 BGB entsprechen soll, aber in Wirklichkeit wegen Verstoßes gegen den Beurkundungszwang nichtig ist (§ 125 BGB), kann kein wirksamer Anspruch, also auch kein vormerkungsfähiger künftiger Anspruch entstehen.[106] Die Eintragung der Vormerkung ohne Vorlage dieser Urkunde wäre eine dauernd unrichtige Eintragung,[107] die sich nach Urkundenvorlage als eine von Anfang an inhaltlich unzulässige Eintragung entpuppt (vgl. hierzu § 22 GBO Rdn 28 ff.)[108] und nur deshalb den Schein eines Vormerkungsschutzes vortäuscht und einem Missbrauch gegen spätere dinglich Berechtigte Vorschub leistet,[109] weil sich das Grundbuchamt vor der Eintragung keinen Einblick in die Urkunde verschafft hat. Daran darf das Grundbuchamt nicht mitwirken, zumal der Zweck des § 19 GBO, den Grundbuchverkehr zu erleichtern, fehlt und die Urkundenvorlage dem Bewilligenden ohne Schwierigkeiten möglich gewesen wäre. Die Heilung nach § 311b Abs. 1 S. 2 BGB ist in diesem Zeitpunkt noch nicht eingetreten; sie hat keine rückwirkende Kraft,[110] die Eintragung ist und bleibt wirkungslos.[111] Die Möglichkeit einer „Heilung" nach § 242 BGB ist auf die gegen Treu und Glauben verstoßenden Ausnahmefälle beschränkt,[112] die nur vom Prozessgericht, nicht vom Grundbuchamt abschließend beurteilt werden können. Im Übrigen hat das Grundbuchamt anders als ein Prozessgericht keine Pflicht zur Prüfung der Wirksamkeit des vorzumerkenden Anspruchs. Dies ergibt sich daraus, dass (von Ausnahmen abgesehen) auch künftige (also noch nicht wirksame) Ansprüche vorgemerkt werden können.

37

---

98 KG Rpfleger 1969, 49, 50.
99 KG Rpfleger 1969, 49; KG Rpfleger 1971, 312; KG Rpfleger 1972, 94; OLG München FGPrax 2020, 262 m. Anm. *Bestelmeyer* = Rpfleger 2021, 87.
100 A.A. für Sittenwidrigkeit OLG Braunschweig FGPrax 2022, 197 m. abl. Anm. *Dressler-Berlin* = NotBZ 2023, 47 = ZfIR 2022, 378 m. abl. Anm. *Zimmer*.
101 KG Rpfleger 1969, 49; *Jansen*, DNotZ 1953, 384.
102 KG Rpfleger 1969, 49; Staudinger/*Kesseler*, BGB, § 885 Rn 93 ff.
103 KG DNotZ 1972, 173, 174; *Jansen*, DNotZ 1953, 585.

104 *Schöner/Stöber*, Grundbuchrecht, Rn 1514.
105 Staudinger/*Kesseler*, BGB, § 885 Rn 93 ff.; *Eickmann/Böttcher*, Grundbuchverfahrensrecht, Rn 276; *Ertl*, Rpfleger 1979, 361.
106 RGZ 151, 75.
107 BGH DNotZ 1961, 316.
108 *Ertl*, Rpfleger 1977, 354.
109 *Lichtenberger*, NJW 1977, 1755, 1758.
110 BGHZ 32, 12; 54, 63.
111 BGH NJW 1983, 1545.
112 *Hagen*, DNotZ 1984, 267, 292.

VI. Grundbucheintragung der Vormerkung

1. Eintragungsvermerk

38 Der Eintragungsvermerk muss den Vormerkungsberechtigten, Schuldner und Leistungsgegenstand enthalten,[113] bei mehreren Berechtigten deren Gemeinschaftsverhältnis.[114] Als Berechtigter kann auch der jeweilige Eigentümer eines anderen Grundstücks eingetragen werden,[115] eine GmbH in Gründung[116] oder ein Dritter unter den genannten Voraussetzungen. Richtet sich das Gemeinschaftsverhältnis nach § 472 BGB (Vorkaufsrecht), ist keine Gemeinschaftsangabe erforderlich.[117] Der Eintragungsvermerk muss Art und Umfang des Anspruchs enthalten, z.B. dass er auf Einräumung, Aufhebung, Inhaltsänderung oder Rangänderung eines bestimmten dinglichen Rechts (z.B. Erbbaurecht; Grunddienstbarkeit usw.), Übereignung des ganzen Grundstücks, einer Teilfläche,[118] eines bestimmten Miteigentumsanteils oder Begründung von Wohnungseigentum gerichtet ist.[119]

2. Bedingte und befristete Vormerkung

39 „Bedingte" oder „befristete" Vormerkungen müssen als solche im Eintragungsvermerk bezeichnet werden.[120] Davon zu unterscheiden ist die Vormerkung für einen bedingten oder befristeten Anspruch (siehe Rdn 23 ff.), bei dem die Bedingung oder Zeitbestimmung nicht in den Eintragungsvermerk aufgenommen werden muss[121] und die bedingte (befristete) Abtretung des durch Vormerkung gesicherten Anspruchs, die im Grundbuch als solche ausdrücklich eingetragen werden kann und (zur Vermeidung einer Unrichtigkeit) muss.[122] Wurde zur Sicherung eines befristet eingeräumten Ankaufsrechts eine ebenfalls zeitlich befristete Auflassungsvormerkung eingetragen, stellt die Verlängerung der Annahmefrist eine wesentliche Änderung des Inhalts des sich hieraus ergebenden Anspruchs dar, sodass zur Erhaltung der Sicherungswirkung die Verlängerung der Eintragung in das Grundbuch bedarf.[123]

3. Bezugnahme auf die Eintragungsbewilligung

40 **Bezugnahme auf die Bewilligung** oder einstweilige Verfügung ist zur näheren Bezeichnung des Anspruchs gemäß § 885 Abs. 2 BGB zulässig und geboten[124] z.B. wegen der Beschreibung der erst zu vermessenden Fläche.

4. Eine oder mehrere selbstständige Vormerkungen?

41 **Eine einzige Vormerkung genügt,** wenn ein Anspruch identisch bleibt, auch wenn er mehreren Gläubigern gleichzeitig oder nacheinander zusteht, z.B., wenn der Anspruch mehreren in Gemeinschaftsverhältnis stehenden Berechtigten[125] oder zunächst beiden Ehegatten je zur Hälfte und nach Tod des einen dem anderen allein zusteht[126] oder ein Anspruch an mehrere Bedingungen geknüpft ist[127] oder bei einheitlichem Lebenssachverhalt Übereignungsansprüche aus An- und Vorkaufsrecht gesichert werden.[128]

Der Begriff der Sukzessivberechtigung umfasst verschiedene Fallgruppen.[129] Zur sukzessiv ausnützbaren Vormerkung des Anspruchs auf Neufestsetzung des Erbbauzinses siehe § 3 Einl. Rdn 209 ff. Die Identität des gesicherten Anspruchs kann in den häufigen Fällen eines Rückübertragungsanspruchs, der zunächst Ehegatten gemeinsam und später dem Überlebenden von ihnen zustehen soll, durch Erbregelung, Vorausabtretung oder eine entsprechende Gestaltung des Gemeinschaftsverhältnisses erreicht werden.[130]

---

113 KG Rpfleger 1969, 50; DNotZ 1972, 173.
114 BayObLG DNotZ 1976, 603.
115 RGZ 128, 246, 248.
116 BayObLGZ 1979, 172 = Rpfleger 1979, 303.
117 BayObLG NJW 1968, 553.
118 BGH Rpfleger 1972, 437.
119 *Ertl*, Rpfleger 1977, 351; *Jansen*, DNotZ 1953, 384.
120 *Ertl*, Rpfleger 1977, 353.
121 *Ertl*, MittBayNot 1989, 297 und BayObLG MittBayNot 1989, 312.
122 BayObLG Rpfleger 1986, 217.
123 OLG Frankfurt a.M. DNotZ 1994, 247 m. Anm. *Promberger*.
124 KG JFG 9, 202.
125 BayObLGZ 1963, 128 = DNotZ 1964, 343; OLG Köln Rpfleger 1975, 19.
126 LG Oldenburg Rpfleger 1974, 263; BayObLGZ 1984, 252 = DNotZ 1985, 702; *Haegele*, Rpfleger 1975, 157.
127 BayObLG MittBayNot 2000, 109 = DNotZ 1999, 1011 = DNotI-Report 1999, 152.
128 BayObLG DNotI-Report 2003, 15; BGH DNotZ 2003, 434.
129 *Liedel*, DNotZ 1991, 855. Zur Sukzessivberechtigung DNotI-Report 2001, 113 ff.
130 *Amann*, MittBayNot 1990, 225; die Entscheidung des BayObLG MittBayNot 1990, 243 betraf einen Sonderfall und ist überholt durch BayObLG DNotZ 1996, 366 (m. Anm. *Liedel*); vgl. auch *Schöner/Stöber*, Grundbuchrecht, Rn 1495 ff.

Mehrere selbstständige Vormerkungen sind erforderlich, wenn verschiedene Ansprüche vorliegen, und zwar für jeden Anspruch eine Vormerkung[131] z.B. für den Anspruch, der zunächst nur A und nach Ablauf von 5 Jahren nur B zusteht, falls A dann nicht mehr lebt,[132] oder für Ansprüche des A aus schuldrechtlichen Vereinbarungen über Vorkaufsrecht und Ankaufsrecht (siehe dazu Rdn 51 ff.)[133] oder wenn die Auslegung ergibt, dass zwei Ansprüche zeitlich hintereinander geschaffen werden sollten.[134]

42

VII. Einzelfälle

Anspruch auf Übereignung einer nicht vermessenen Fläche ist vormerkbar, wenn die Fläche so genau bezeichnet ist, dass sich ihre Größe und Lage in einer dem Verkehrsbedürfnis entsprechenden Weise zweifelsfrei ergibt oder Flächenbestimmungsrecht nach §§ 315, 317 BGB besteht (im Einzelnen vgl. § 28 GBO Rdn 17).[135]

43

Wirksame Ansprüche sind auch vormerkungsfähig[136] bei Abhängigkeit von einer **Zug-um-Zug-Leistung** oder Vorausleistung oder wenn der Käufer das **Wahlrecht** auf Übereignung eines von zwei Grundstücken hat, vor Ausübung dieses Wahlrechtes eintragbar an beiden Grundstücken, nachher nur noch am ausgewählten.[137]

44

Bedingte oder befristete Ansprüche sind bereits vor Eintritt der Bedingung oder Zeitbestimmung vormerkbar, z.B. aus einem erst mit Baugenehmigung wirksamen Kauf,[138] bei Kauf unter auflösender Bedingung der Kaufpreiszahlung, aus auflösend bedingter Schenkung.[139]

45

Schwebend unwirksame Ansprüche sind nach den für künftige Ansprüche geltenden Grundsätzen teils vor und teils erst nach der erforderlichen Genehmigung vormerkungsfähig (vgl. im Einzelnen Rdn 25 ff.).

46

Künftige Ansprüche aus Angebot (§ 145 BGB) sind unter den erläuterten Voraussetzungen vormerkungsfähig (siehe Rdn 25):

47

– **Vormerkungsfähig** z.B.: Auflassungsanspruch des Angebotsempfängers aus beurkundetem Verkaufsangebot, das für den Anbietenden dauernd oder befristet unwiderruflich ist,[140] das erst nach dem Tod des Anbietenden,[141] nur nach Eintritt einer Bedingung oder zeitlich befristet angenommen werden darf.[142] Vormerkungsfähig ist auch der Anspruch aus einem bedingten und befristeten Angebot.[143]
– **Nicht vormerkungsfähig** z.B.: Anspruch aus einem nicht beurkundeten, daher formnichtigen Verkaufsangebot.[144]

Künftige Ansprüche aus Vorvertrag[145] sind nur unter den erläuterten Voraussetzungen **vormerkbar**, z.B. wenn sich der Grundstückseigentümer in einem beurkundeten Vorvertrag zum Abschluss eines Kaufhauptvertrages verpflichtet hat.[146] **Nicht vormerkungsfähig** z.B. aus nicht beurkundetem Vorvertrag und nicht für Dritte aus unechtem Vertrag nach §§ 328 ff. BGB, also nicht für Kinder des Übernehmers, wenn sich der Übernehmer gegenüber dem Übergeber zur späteren Übergabe des Grundbesitzes an eines seiner Kinder verpflichtet hat.[147] Bei einem echten Vertrag zugunsten eines noch zu benennenden Dritten ist nur der Anspruch des Versprechensempfängers, nicht der des noch unbekannten Dritten vormerkungsfähig.[148]

48

---

131 BayObLG MittBayNot 2000, 109 = DNotZ 1999, 1011; BayObLG DNotZ 2002, 293, hierzu Anm. *Giehl*, MittBayNot 2002, 158; BayObLG DNotI-Report 2002, 14 und 149 f.
132 BayObLGZ 1975, 215 = Rpfleger 1975, 334; zur Alternativberechtigung BayObLG 1984, 252 = DNotZ 1985, 702.
133 OLG Köln Rpfleger 1960, 56.
134 BayObLG MittBayNot 1990, 243.
135 BayObLG DNotZ 1985, 44; *Schöner/Stöber*, Grundbuchrecht, Rn 1503 ff.; *Wirner*, MittBayNot 1981, 221; *Stumpp*, Rpfleger 1973, 389.
136 *Ertl*, Rpfleger 1977, 349.
137 BayObLGZ 1973, 309, 312 = DNotZ 1975, 36, 39; OLG Frankfurt a.M. MittBayNot 1983, 59.
138 OLG Frankfurt a.M. DNotZ 1972, 180.
139 BGH NJW 1952, 1171.
140 RG JW 1936, 647; BGH DNotZ 1982, 239.
141 KG JFG 1921, 32.
142 Zur Eintragung der Fristverlängerung: OLG Köln Rpfleger 1977, 166; *Promberger*, Rpfleger 1977, 157.
143 BayObLG MittBayNot 1989, 312; *Ertl*, MittBayNot 1989, 297.
144 BGH DNotZ 1961, 315, 316.
145 *Grüneberg/Ellenberger*, BGB, vor § 145 Rn 19 ff.
146 BGH LM § 883 BGB Nr. 13; DNotZ 1975, 546.
147 BayObLGZ 1976, 297 = Rpfleger 1977, 60.
148 BGH DNotZ 1983, 484; BayObLG MittBayNot 1986, 175.

49 **Künftige Ansprüche aus Testament oder Erbvertrag** sind vor dem Erbfall nicht vormerkungsfähig,[149] sondern erst, wenn mit dem Erbfall der Anspruch entstanden ist, weil die letztwillige Verfügung wirksam ist und das Grundstück zum Nachlass gehört.[150] Verpflichtet sich aber der Grundstückseigentümer gegenüber dem von ihm erbvertraglich eingesetzten Erben, das Grundstück nicht ohne dessen Zustimmung zu veräußern oder zu belasten und bei einem Verstoß gegen diese Verpflichtung, das Eigentum an dem Grundstück auf den als Erbe Eingesetzten zu übertragen, so kann zu dessen Gunsten eine Auflassungsvormerkung eingetragen werden.[151]

50 **Erst nach dem Tode des Verpflichteten zu erfüllende Auflassungsansprüche aus Verträgen unter Lebenden** sind vormerkungsfähig, z.B. wenn erst die Erben des Schenkers zur Erfüllung der Schenkung verpflichtet sind,[152] aus einem nach dem Tode des Verpflichteten ausübbaren Wiederkaufsrecht[153] oder Ankaufsrecht.[154]

51 **Ansprüche aus Ankaufsrecht** sind differenziert zu beurteilen:[155]
– entweder als Verkaufsangebot (bei einseitigen Erklärungen; siehe dazu Rdn 47);
– oder als Kaufvorvertrag: in der Regel nur bei unvollständig geregelten Vertragsverhältnissen, die erst durch später zu treffende Vereinbarungen vervollständigt werden müssen (siehe hierzu Rdn 48);
– oder als bedingter Kaufvertrag, der durch einseitige Ausübungserklärung des Ankaufsberechtigten zustande kommt (siehe hierzu auch Rdn 54).

52 **Ansprüche aus Options- oder Grunderwerbsrecht** sind nach den Grundsätzen für „Ankaufsrechte" zu beurteilen.[156] Statt „Ankauf" kann der Erwerb im Tauschweg, als Schenkung, gemischte Schenkung, Ausstattung erfolgen.[157]

53 **Ansprüche aus dem schuldrechtlichen Vorkaufsrecht** (§§ 463 ff. BGB) sind vormerkungsfähig,[158] auch wenn die Rechtsnatur des Vorkaufsrechts umstritten ist.[159] Die Wirksamkeit und Vormerkungsfähigkeit ist von der Einhaltung der Form des § 311b Abs. 1 BGB abhängig.[160] Auch der Anspruch der Gemeinde aus einem gesetzlichen Vorkaufsrecht kann nach Eintritt des Vorkaufsfalles durch Vormerkung gesichert werden (einzutragen auf Ersuchen der Gemeinde, § 28 Abs. 2 S. 3 BauGB).

54 **Rückübereignungsansprüche aus Wiederkaufsrecht** (§ 456 ff. BGB) oder „Rücktrittsvorbehalt" (§ 346 BGB) sind durch Ausübung des Wiederkaufsrechts (Rücktrittsrecht) bedingte Ansprüche und als solche vormerkungsfähig,[161] auch wenn dieses Recht nach dem Tode des Verpflichteten ausgeübt werden kann,[162] aber nicht, wenn es bei Eintritt der Bedingung nicht mehr besteht.[163] Nicht vormerkungsfähig ist der Anspruch auf Rückgewähr nach AnfG.[164]

55 **Bedingte Übereignungs- oder Rückübereignungsansprüche** aus Vereinbarungen über die Geschäftsgrundlage von Schenkungs- oder Übergabeverträgen sind vormerkungsfähig, z.B. für den Fall, dass die Ehe zwischen Übergeber und Erwerber geschieden wird; wenn der Übergeber bei Vorversterben des Erwerbers das Grundstück nicht zurückerhält; wenn der Grundbesitz ohne Zustimmung des Veräußerers

---

149 BGHZ 12, 115, 118 = NJW 1954, 633.
150 BayObLG Rpfleger 1981, 190; eingehend m.w.N. Staudinger/*Kesseler*, BGB, § 883 Rn 81 ff.
151 BayObLGZ 1978, 287 = Rpfleger 1978, 442; *Schöner/Stöber*, Grundbuchrecht, Rn 1484, 1485.
152 BayObLGZ 1975, 215 = Rpfleger 1975, 334.
153 BayObLG DNotZ 1970, 150.
154 BayObLG DNotZ 1956, 206; *Haegele*, Rpfleger 1966, 367; 1969, 41; 1969, 271; 1975, 157; *Safferling*, Rpfleger 1973, 413; *Angermaier*, MittBayNot 1973, 77; BGH DNotZ 1953, 275, 276 m. Hinw., dass Verträge solcher Art ihre Begrenzung nur in § 2301 Abs. 1 BGB finden.
155 BGHZ 71, 276; DNotZ 1961, 314; 1961, 485; 1963, 230; 1975, 546; 1978, 37; 1979, 682; 1984, 319; MüKo/*Lettmaier*, § 883 Rn 51; *Schöner/Stöber*, Grundbuchrecht, Rn 1453 ff.
156 Staudinger/*Schermaier*, BGB, Vor 37 ff. zu § 463.
157 Dazu Grüneberg/*Ellenberger*, BGB, vor § 145 Rn 23.
158 Staudinger/*Schermaier*, BGB, Vor 7 ff. zu § 463; *Schöner/Stöber*, Grundbuchrecht, Rn 1441.
159 Zum Meinungsstand Staudinger/*Schermaier*, BGB, Vorbem. 7 ff. zu § 463.
160 *Schöner/Stöber*, Grundbuchrecht, Rn 1487.
161 BGHZ 38, 369, 371; BayObLGZ 1961, 63 = DNotZ 1961, 587; OLG Zweibrücken Rpfleger 1981, 189; LG Nürnberg-Fürth MittBayNot 1987, 131 mit Anm. *Eckhard*; *Schöner/Stöber*, Grundbuchrecht, Rn 1606; *Ripfel*, BWNotZ 1969, 26; zur insolvenzrechtlichen Behandlung einer Rücktrittsvereinbarung für den Fall der Insolvenz des Vertragspartners BGH ZIP 2017, 2267 = ZfIR 2018, 111.
162 BayObLGZ 1969, 258 = DNotZ 1970, 150; OLG München FGPrax 2017, 248.
163 OLG Stuttgart Rpfleger 1974, 66.
164 OLG Frankfurt a.M. OLGZ 1979, 75, 77.

(oder erbvertraglich als Erbe Eingesetzten) veräußert, belastet wird, in Insolvenz, Zwangsversteigerung gerät; nicht bis zu einem Endtermin an jemanden aus einem bestimmten Personenkreis (z.B. Abkömmlinge) übergeben wird.[165]

Wird bei der Teilung eines Grundstücks in Wohnungs- oder Teileigentum eine bestehende Auflassungsvormerkung in den einzelnen Wohnungsgrundbuchblättern vermerkt, können später nicht einzelne Wohnungen aus der Vormerkung „freigegeben" werden. Die Vormerkung kann nur insgesamt gelöscht werden.[166] 56

C. Widerspruch nach § 899 BGB
I. Wesen und Wirkungen des Widerspruchs

Der Widerspruch ist kein dingliches Recht, aber ein sachenrechtliches Sicherungsmittel, das als „Schutzeintragung" den Widerspruchsberechtigten gegen die aus § 892 BGB drohenden Gefahren eines unrichtig eingetragenen anderen Rechts schützt.[167] Er ist keine Verfügungsbeschränkung und keine Grundbuchsperre. Er wird als grundbuchmäßiges Recht im Sinne der GBO behandelt. 57

Gemeinsamkeiten bestehen mit den Widersprüchen nach §§ 1139; 1157 BGB und vor allem dem Amtswiderspruch nach § 53 Abs. 1 S. 1 GBO. 58

II. Rechtsgrundlagen

Die materiell-rechtlichen Voraussetzungen für einen Widerspruch sowie seine Wirkungen ergeben sich aus §§ 899, 894, 892 Abs. 1 BGB. Zu den grundbuchverfahrensrechtlichen Voraussetzungen der Eintragung siehe nachfolgend Rdn 68 ff.), zur Löschung siehe § 25 GBO, zur Grundbuchberichtigung siehe § 22 GBO Rdn 97 ff. 59

III. Unzulässigkeit eines Widerspruchs

Aus dem Wesen des Widerspruchs ergibt sich, dass seine Eintragung unzulässig ist, wenn er sich gegen eine keinem gutgläubigen Erwerb zugängliche Eintragung richten würde. 60

> **Beispiele:** Widerspruch gegen eine Vormerkung, die nicht gutgläubig erworben werden kann, z.B. Vormerkung für einen nichtigen Anspruch (siehe hierzu Rdn 20);[168] Widerspruch gegen Widerspruch;[169] Widerspruch gegen Verfügungsbeschränkung;[170] Widerspruch gegen eine nicht eintragungsfähige Vereinbarung über das Schuldverhältnis zwischen Grundstückseigentümer und Erbbauberechtigten (siehe § 3 Einl. Rdn 195). Widerspruch gegen die Eintragung einer Verfügungsbeschränkung; dagegen ist ein Widerspruch zulässig gegen die zu Unrecht erfolgte Löschung einer Verfügungsbeschränkung (siehe § 22 GBO Rdn 108).[171]

Zu den Folgen der unzulässigen Eintragung siehe § 2 Einl. Rdn 120 ff.; zur Unrichtigkeit eines Widerspruchs vgl. § 22 GBO Rdn 97 ff.

Widerspruch und Vormerkung haben die gleiche Rechtsnatur und für bestimmte Voraussetzungen gleiche rechtliche Regelungen (§§ 899 Abs. 2, 885 BGB). Trotzdem bestehen Wesensunterschiede:[172] Die Vormerkung dient der Verwirklichung eines schuldrechtlichen Anspruchs auf eine dingliche Rechts- 61

---

165 Dazu OLG Hamm Rpfleger 1978, 137; BayObLGZ 1977, 268 = DNotZ 1978, 159; BayObLGZ 1978, 287 = Rpfleger 1978, 442; OLG Zweibrücken OLGZ 1981, 167, 168; OLG Düsseldorf OLGZ 1984, 90; BayObLG DNotZ 1989, 370; Staudinger/*Kesseler*, BGB, § 883 Rn 140, 141; Schöner/Stöber, Grundbuchrecht, Rn 1489; *Picalo*, DNotZ 1972, 644, 650; *Haegele*, Rpfleger 1975, 157; *Lichtenberger*, NJW 1977, 1755; *Ertl*, Rpfleger 1977, 345, 352 ff.; *Kohler*, DNotZ 1989, 339.
166 OLG Frankfurt a.M. FGPrax 2021, 106 m. Anm. *Centner* = DNotZ 2022, 69 m. Anm. *Reymann* = NotBZ 2021, 427 = MittBayNot 2022, 149 = ZfIR 2021, 585 m. Anm. *Volmer*.
167 Staudinger/*Picker*, BGB, § 899 Rn 4.
168 KG OLGZ 1978, 122; BayObLG MittBayNot 2000, 38; OLG Düsseldorf DNotI-Report 2000, 113.
169 RGZ 117, 352.
170 Grüneberg/*Herrler*, BGB, § 899 Rn 2; Staudinger/*Picker*, BGB, § 899 Rn 41 ff.; Bauer/Schaub/*Lieder*, AT C Rn 202.
171 Staudinger/*Picker*, BGB, § 899 Rn 41.
172 Zur einstweiligen Verfügung auf Eintragung eines Widerspruchs, wenn sachlich eine Vormerkung geboten wäre, LG Cottbus, Urt. v. 16.6.2022 – 2 O 108/22, juris.

änderung (siehe Rdn 3, 9), der Widerspruch dem Schutz eines dinglichen Berichtigungsanspruchs). Treffend wird bei *Baur/Stürner* formuliert:[173] „Die Vormerkung *prophezeit* (eine künftige Rechtsänderung), der Widerspruch *protestiert* (gegen die Richtigkeit des Grundbuchs)."

IV. Wirkungen des Widerspruchs

62 **Der wirksame Widerspruch verhindert den gutgläubigen Erwerb** des dinglichen Rechts, gegen das er gerichtet ist, durch Beseitigung der Fiktion des § 892 BGB, auf die sich ohne Eintragung des Widerspruchs nicht nur der Widerspruchsberechtigte, sondern auch jeder Dritte berufen kann.[174]

63 **Weitergehende materielle Wirkungen hat er nicht.** Hinzuweisen ist aber auf die §§ 900 Abs. 1 S. 3, 902 Abs. 2, 927 Abs. 3 BGB. Der Widerspruch bewirkt keine Verfügungsbeschränkung und keine Grundbuchsperre,[175] beeinträchtigt weder das Bestehen[176] noch die Richtigkeitsvermutung des betroffenen Rechts.[177] §§ 879, 891, 892 BGB gelten für ihn nicht. Daher kommt ihm auch kein eigenes Rangverhältnis zu,[178] keine Vermutung der Richtigkeit[179] und kein Gutglaubensschutz bei Erwerb des Widerspruchs.[180]

64 **Der Widerspruch ist untrennbarer Bestandteil des von ihm geschützten dinglichen Rechts**, teilt also dessen rechtliches Schicksal.[181]

V. Voraussetzungen der Wirksamkeit des Widerspruchs

65 **Der Widerspruch ist materiell nur wirksam, wenn folgende Voraussetzungen** vorliegen und sich inhaltlich decken:
– § 899 Abs. 2 BGB: materielle Bewilligungserklärung desjenigen, dessen Recht durch die Grundbuchberichtigung betroffen wird oder einstweilige Verfügung oder vorläufig vollstreckbares Urteil (§ 895 ZPO; vgl. hierzu § 25 GBO Rdn 6 ff.).
– Das betroffene Recht muss unrichtig (§ 894 BGB) sein, also mit der wirklichen Rechtslage nicht in Einklang stehen und einem gutgläubigen Erwerb durch einen Dritten zugänglich sein (dazu siehe § 22 GBO Rdn 97 ff.).[182]
– Der Widerspruchsberechtigte muss einen dinglichen Anspruch nach § 894 BGB auf Berichtigung des vom Widerspruch betroffenen Rechts haben.[183]
– Eintragung des Widerspruchs im Grundbuch mit dem vorgeschriebenen Inhalt (siehe Rdn 71 ff.).

66 **Nur der materiell wirksame Widerspruch hat die Schutzwirkung** des § 892 Abs. 1 BGB. Fehlt eine Voraussetzung von Anfang an, ist er wirkungslos. Fällt eine Voraussetzung nachträglich weg, verliert er rückwirkend seine Wirkungen.[184] Ob der zu Unrecht gelöschte Widerspruch materiell-rechtlich bestehen bleibt und wieder eingetragen werden kann, ist streitig (vgl. § 22 GBO Rdn 107). Es wird vertreten, dass er ähnlich der zu Unrecht gelöschten Vormerkung seine Wirkung behält.[185] Richtigerweise wird man aber auf die spezielle Funktion der Zerstörung guten Glaubens abstellen müssen, die mit Löschung – ob berechtigt oder nicht – verlorengeht.[186] Der aufgrund einstweiliger Verfügung eingetragene Widerspruch verliert mit der Aufhebung dieser Entscheidung seine materiellen Wirkungen (siehe § 25 GBO Rdn 6).

67 **Kein Verbot der Doppelsicherung**, wenn bereits ein Widerspruch aufgrund einstweiliger Verfügung eingetragen ist, dann ist aufgrund Bewilligung ein zweiter Widerspruch eintragungsfähig, der zwar keine anderen Wirkungen hat, aber seine Schutzwirkung nicht nach § 25 GBO verliert (dazu siehe § 25 GBO Rdn 6).[187]

---

173 *Baur/Stürner*, SachenR, § 20 Rn 12 mit Bezugnahme auf *Reichel*, DogmJ 46, 66.
174 Staudinger/*Picker*, BGB, § 899 Rn 5.
175 RGZ 117, 351, 352; Staudinger/*Picker*, BGB, § 899 Rn 17.
176 BGHZ 25, 16, 26.
177 BGH DNotZ 1970, 411, 412.
178 RGZ 129, 124.
179 Grüneberg/*Herrler*, BGB, § 899 Rn 7.
180 RGZ 117, 352; BayObLGZ 1952, 26.
181 BGH WM 1972, 384; RGZ 158, 40, 43; Staudinger/*Picker*, BGB, § 899 Rn 22; Bauer/Schaub/*Lieder*, AT C Rn 244.
182 Staudinger/*Picker*, BGB, § 899 Rn 34.
183 Staudinger/*Picker*, BGB, § 899 Rn 26 ff.
184 Grüneberg/*Herrler*, BGB, § 899 Rn 8.
185 *Güthe/Triebel*, GBO, § 22 Rn 7; Westermann/Gursky/*Eickmann*, Sachenrecht, § 83 Rn 16.
186 Staudinger/*Picker*, BGB, § 899 Rn 94.
187 KG JFG 1912, 303; Staudinger/*Picker*, BGB, § 899 Rn 69: Eintragung nicht eines zweiten Widerspruchs, sondern Hinweis in der Veränderungsspalte auf die zusätzliche Eintragungsgrundlage.

VI. Verfahrensrechtliche Voraussetzungen der Grundbucheintragung

Die Voraussetzungen der Eintragung, Löschung und Berichtigung des Widerspruchs richten sich nach den allgemeinen Regelungen des Grundbuchrechts. Nötig sind **Antrag** (§ 13 GBO) **und Bewilligung** (§ 19 GBO) in der Form des § 29 GBO.

Die Bewilligung muss alle Voraussetzungen erfüllen, die an eine wirksame Bewilligung gestellt werden. Aus ihr muss sich ergeben:
- wer die Eintragung des Widerspruchs bewilligt;
- der Berechtigte und sein Recht, die durch den Widerspruch geschützt werden sollen; bei mehreren Berechtigten alle;
- das betroffene Recht, gegen das sich der Widerspruch richtet;
- der Inhalt des Berichtigungsanspruchs, dessen Schutz der Widerspruch dient; dagegen nicht der Grund der Unrichtigkeit.[188]

Die einstweilige Verfügung muss die gleichen Voraussetzungen erfüllen. Andernfalls bildet sie keine ausreichende Eintragungsgrundlage.

VII. Grundbucheintragung

Aus dem Eintragungsvermerk müssen sich ergeben: die Art der Eintragung als „Widerspruch", der Widerspruchsberechtigte (bei mehreren alle), das vom Widerspruch betroffene Recht, bei bedingtem oder befristetem Widerspruch die Bezeichnung als „bedingt" bzw. „befristet".

Bezugnahme auf die Bewilligung (einstw. Verfügung) ist zulässig zur näheren Bezeichnung der Unrichtigkeit, gegen die sich der Widerspruch richtet (analog § 885 Abs. 2 BGB); wichtig zur Unterscheidung des Widerspruchs nach § 899 von denen nach § 1139 oder 1157 BGB.

VIII. Besondere Arten sachenrechtlicher Widersprüche

1. Widerspruch nach § 1139 BGB bei Darlehensbuchhypotheken

Der Widerspruch schützt den Eigentümer gegen die aus § 1138 BGB drohenden Folgen der Unrichtigkeit des Grundbuchs, die bis zur Darlehenshingabe bestehen. Er hat rückwirkende Kraft, wenn der Widerspruch aufgrund eines vor Ablauf eines Monats nach Hypothekeneintragung beim Grundbuchamt eingegangenen Antrags in das Grundbuch eingetragen wird.

Voraussetzungen:
- Einseitige Erklärung des Eigentümers in Form des § 29 GBO, dass das Darlehen nicht ausbezahlt worden ist (kein Nachweis und keine Glaubhaftmachung nötig) und Antrag des Eigentümers in Form des § 29 GBO,[189] weil kein Grund für Durchbrechung des Bewilligungsgrundsatzes besteht, also „gemischter Antrag" (§ 30 GBO) nötig ist; fristgerechter Eingang des Antrags beim Grundbuchamt;
- Darlehensbuchhypothek (nicht Briefrecht, Grundschuld, Sicherungshypothek oder Hypothek für andere als Darlehensforderungen);
- Grundbucheintragung des Widerspruchs, wobei mindestens aus der in Bezug genommenen Bewilligung die besondere Art dieses Widerspruchs erkennbar sein muss (am besten als „Widerspruch nach § 1139 BGB" oder „Widerspruch wegen unterbliebener Darlehenshingabe").

2. Widerspruch nach § 1157 BGB

Er schützt den Eigentümer gegen Verlust der eintragungsfähigen, aber nicht eingetragenen Einreden (§ 1137 BGB) im Falle des Überganges der Hypothek auf einen neuen Gläubiger, der die Einreden nicht

---

[188] KG JFG 2, 293.
[189] Str., ebenso *Demharter*, GBO, § 30 Rn 4; MüKo-BGB/*Lieder*, § 1139 Rn 5; Bauer/Schaub/*Schaub*, GBO, § 30 Rn 19; a.A. formlos: Grüneberg/*Herrler*, BGB, § 1139 Rn 1; *Schöner/Stöber*, Grundbuchrecht, Rn 2641; Bauer/Schaub/*Lieders*, AT C Rn 219.

kennt. Die Vorschrift gilt bei Grundpfandrechten aller Art, auch bei Eigentümergrundschulden.[190] Der Widerspruch geht mit dem Eigentum am Grundstück auf den neuen Eigentümer über.

76 **Voraussetzungen:** Wie für Widerspruch des § 899 BGB; aus dem Grundbuchvermerk oder der in Bezug genommenen Bewilligung muss sich ergeben, dass und welche Einreden durch den Widerspruch geschützt werden sollen. Diesen besonderen Inhalt muss daher auch die Bewilligung haben. Der Eigentümer kann diesen Widerspruch, der nachträglich nur auf Bewilligung des Hypothekengläubigers oder einstw. Verfügung eingetragen werden darf, gleichzeitig mit der Eintragung der Hypothek für sich selbst bewilligen und beantragen.[191] Er kann sich z.B. gegen den Verlust von Einreden aufgrund eines AGB-Verstoßes gegenüber einem gutgläubigen Hypothekenerwerber schützen.[192]

D. Eintragungsfähigkeit von Verfügungsbeeinträchtigungen
I. Eintragungsfähigkeit allgemein

77 **Zur Entscheidung über die Eintragungsfähigkeit** ist zu prüfen, ob es sich überhaupt um eine Verfügungsbeeinträchtigung handelt, wenn ja, ob sie absoluter, relativer oder vertraglicher Art ist, einen gutgläubigen Erwerb verhindert, mit Grundbucheintragung oder außerhalb des Grundbuchs entsteht, auf privatem oder öffentlichem Recht beruht und ob das Gesetz ihre Eintragungsfähigkeit regelt.[193]

Die Eintragungsfähigkeit von Verfügungsbeeinträchtigungen sowohl des Privatrechts vor allem aber des öffentlichen Rechts ist gesetzlich nicht systematisch geregelt. Es werden unterschiedliche Meinungen vertreten:

Eintragungsfähig sind als Schutz gegen einen gutgläubigen Erwerb unbestritten alle relativen, nicht eintragungsfähig absolute und vertragliche Verfügungsbeschränkungen, sofern sie nicht durch eine abweichende Gesetzesbestimmung für eintragungsfähig erklärt werden.[194]

78 **Verfügungsverbote des öffentlichen Rechts** entstehen und erlöschen außerhalb des Grundbuchs und schließen einen gutgläubigen Erwerb aus. Sie sind deshalb nicht eintragungsbedürftig und nicht eintragungsfähig, sofern das Gesetz nicht ihre Eintragung ausdrücklich vorschreibt oder zulässt.[195]

79 Bei Verfügungsbeschränkungen, deren absolute oder relative Natur umstritten[196] bzw. deren Eintragungsfähigkeit nicht gesetzlich geregelt ist, ist die Bestimmung der Eintragungsfähigkeit schwieriger. Es gibt nämlich unstreitig Verfügungsverbote und andere Rechtsverhältnisse des öffentlichen Rechts, die nicht eintragungsbedürftig, aber eintragungsfähig sind und vom öffentlichen Glauben des Grundbuchs nicht erfasst werden (z.B. die Vermerke über die Einleitung eines Umlegungs-, Enteignungs-, Sanierungs- oder Entwicklungsverfahrens; siehe hierzu auch § 1 Einl. Rdn 79, 97).

80 Unter Beachtung des Wirksamwerdens und der Wirkungen privatrechtlicher und öffentlich-rechtlicher Verfügungsbeschränkungen sowie der Funktion des Grundbuchs lässt sich eine logische Systematik erstellen. Verfügungsbeschränkungen sind danach eintragungsfähig:

– Wenn die Eintragung (ausnahmsweise) konstitutiv wirkt, also die Beschränkung erst herbeiführt, das Gesetz ihre Eintragung vorschreibt oder zulässt oder an ihre Eintragung oder Nichteintragung eine Rechtswirkung, insbes. die Möglichkeit gutgläubigen Erwerbs, knüpft[197] oder

---

190 RGZ 135, 364.
191 BGHZ 66, 341 (zu § 23 GBO).
192 *Schöner/Stöber*, Grundbuchrecht, Rn 2340; *Ertl*, DNotZ 1981, 149, 161.
193 In dieser Unterscheidung bereits Motive zum BGB, Band III S. 215 ff.; allgemein auch Bauer/Schaub/*Lieder*, AT H Rn 7 ff.; Meikel/*Grziwotz*, Einl B Rn 48 ff.; Meikel/*Böttcher*, GBO, nach § 20 Rn 9 ff.; *Schöner/Stöber*, Grundbuchrecht, Rn 24 ff.; vgl. die grundlegende Systematik von *Böttcher*, Rpfleger 1983, 49; *ders.*, Rpfleger 1983, 187; *ders.*, Rpfleger 1984, 377; *ders.*, Rpfleger 1985, 381.

194 MüKo-BGB/*H. Schäfer*, § 892 Rn 59 ff.; *Güthe/Triebel*, GBO, vor § 13 Rn 63 ff.; Bauer/Schaub/*Lieder*, AT H Rn 10; *Demharter*, GBO, Anh. zu § 13 Rn 23.
195 RGZ 55, 270, 273; Grüneberg/*Herrler*, BGB, vor § 873 Rn 9; Meikel/*Böttcher*, GBO, nach § 20 Rn 25 ff.
196 Siehe auch *Sieveking*, DNotZ 1988, 786.
197 Ebenso Meikel/*Böttcher*, GBO, nach § 20 Rn 25; Bauer/Schaub/*Lieder*, AT H Rn 11; Eickmann/*Böttcher*, Grundbuchverfahrensrecht, Rn 174; *Böttcher*, Rpfleger 1983, 49, 54; allg. auch BayObLGZ 2000, 125 = FGPrax 2000, 125 = Rpfleger 2000, 543 (keine Eintragungsfähigkeit Vorkaufsrecht nach Bayer. NaturschutzG); *Demharter*, GBO, Anh. § 13 Rn 14.

- Wenn zwar eine ausdrückliche Gesetzesbestimmung über die Eintragungsfähigkeit fehlt, die Eintragung wegen der Warn- und Schutzfunktion des Grundbuchs zur Verhinderung einer mit rechtsstaatlichen Grundsätzen nicht in Einklang stehenden Unsicherheit im Grundstücksverkehr aber notwendig ist, weil die Verfügungsbeschränkung sonst im Rechtsverkehr nicht genügend erkennbar wäre (siehe § 1 Einl. Rdn 11).[198]

Eintragungsfähig sind demnach von den Verfügungsbeschränkungen (gleich ob privat- oder öffentlich-rechtlich):

- alle relativen als Schutz gegen gutgläubigen Erwerb (§ 135 Abs. 2 BGB);
- von den absoluten diejenigen,
  - die nur durch Eintragung entstehen,
  - die nur bei Eintragung einen gutgläubigen Erwerb verhindern,
  - die ohne Grundbuchvermerk nicht erkennbar wären;
- von den rechtsgeschäftlichen (§ 137 BGB) nur diejenigen, die durch Eintragung Inhalt eines eintragungsfähigen Rechts werden können.

Nicht eintragungsfähig sind die Verfügungsbeschränkungen, deren Eintragungsfähigkeit durch das Gesetz ausdrücklich oder bei Gesetzesauslegung **verneint wird**. Die umgekehrte Regelung, wonach die Eintragungsfähigkeit nur besteht, wenn sie „gesetzlich besonders zugelassen oder angeordnet ist", gilt nur für öffentliche Lasten (§ 54 GBO) und kann wegen der Warn- und Schutzfunktion des Grundbuchs auf Verfügungsbeschränkungen privat- oder öffentlich-rechtlicher Art nicht angewendet werden.

II. Voraussetzungen der Grundbucheintragung

Es gilt der Antragsgrundsatz, sofern nicht ausnahmsweise die Eintragung von Amts wegen vorgeschrieben ist (z.B. §§ 51, 52 GBO). Auch öffentlich-rechtliche Verfügungsbeschränkungen hat das Grundbuchamt nur auf Ersuchen (§ 38 GBO) oder auf eine wie ein Ersuchen zu behandelnde Mitteilung[199] der dafür zuständigen Behörde einzutragen, allerdings mit der im Interesse des Rechtsverkehrs gebotenen Vordringlichkeit. Ein Amtsverfahren, wonach das Grundbuchamt ohne Ersuchen oder Mitteilung der zuständigen Behörde stets von Amts wegen tätig werden müsste, ist weder im Gesetz vorgesehen noch geboten. Die Verantwortung für ein rechtzeitiges Ersuchen an das Grundbuchamt tragen die dafür zuständigen Behörden.

Außerdem gilt der Bewilligungsgrundsatz, der als verfahrensrechtlicher Grundsatz neben § 38 GBO seine volle Bedeutung behält (vgl. § 38 GBO Rdn 73). Die Eintragung der Verfügungsbeschränkungen kann daher entweder auf Ersuchen der zuständigen Behörde[200] unter den Voraussetzungen des § 38 GBO oder auf Bewilligung desjenigen erfolgen, dessen grundbuchmäßiges Recht von der Eintragung der Verfügungsbeschränkung betroffen (= beeinträchtigt) wird oder werden kann. Bei Verfügungsbeschränkungen, die erst mit Grundbucheintragung entstehen oder gleichzeitig mit dem davon betroffenen Recht eingetragen werden,[201] handelt es sich um eine Bewilligung i.S.d. § 19 GBO, bei außerhalb des Grundbuchs entstandenen Verfügungsbeschränkungen um eine „Berichtigungsbewilligung",[202] an deren Stelle die Eintragung auch unter Nachweis der Entstehung der Verfügungsbeschränkung beantragt werden kann.[203]

III. Nicht eintragungsfähige Verfügungsbeschränkungen

Nicht in das Grundbuch eintragungsfähig sind sowohl bestimmte Beschränkungen des Privatrechts wie auch des öffentlichen Rechts. Unter Berücksichtigung der vorstehend dargestellten Grundsätze besteht im jeweiligen Fall auch kein Bedürfnis für eine Grundbucheintragung. An **Einzelfällen sind zu nennen**:

---

198 Siehe auch *Eickmann/Böttcher*, Grundbuchverfahrensrecht, Rn 7; *Ertl*, Rpfleger 1980, 1, 6; *Michalski*, MittBayNot 1988, 204, 207.
199 BayObLGZ 1970, 185 = Rpfleger 1970, 346.
200 BayObLGZ 1964, 394 = DNotZ 1965, 684; OLG Frankfurt a.M. Rpfleger 1972, 104.
201 LG Koblenz Rpfleger 1971, 22.
202 OLG Frankfurt a.M. Rpfleger 1972, 104.
203 BayObLGZ 1964, 394 = DNotZ 1965, 684.

- Verfügungsbeschränkung und Genehmigungserfordernis nach § 2 GrdstVG; dieses ist durch die Art des Grundstücks erkennbar;
- Verfügungsbeschränkungen nach Gemeinde-, Kirchen-, Stiftungsrecht; diese sind aus der Person des Vertragspartners erkennbar (siehe dazu § 20 GBO Rdn 183 ff.);
- Verfügungsbeschränkung bei Ehegatten im gesetzlichen Güterstand der Zugewinngemeinschaft nach § 1365 BGB und bei eingetragenen Lebenspartnern nach § 8 Abs. 2 LPartG (vgl. § 19 GBO Rdn 95 ff.); diese Verfügungsbeschränkung ist aus dem Grundbuch nicht ersichtlich, sie gilt nach h.M. auch nur, wenn dem Vertragspartner die Tatbestandsvoraussetzungen bekannt sind, gutgläubiger Erwerb ist dann ohnehin ausgeschlossen.[204]
- Verfügungsbeschränkung bei Gütergemeinschaft (§§ 1422 ff., 1450 ff., 1487 BGB); die Verfügungsbeschränkung ist aus dem Grundbuch ersichtlich, da die Eheleute im Gesamthandsverhältnis der Gütergemeinschaft (§ 47 GBO) eingetragen sind. Gehört das Grundstück zum Gesamtgut und ist ein Ehegatte allein als Eigentümer eingetragen, besteht die Gefahr gutgläubigen Erwerbs nach § 892 Abs. 1 S. 1 BGB, jedoch nicht hinsichtlich der Verfügungsbeschränkung des § 1424 BGB sondern schon wegen der unrichtigen Eintragung der Rechtsinhaberschaft selbst.

IV. Rechtsgeschäftliche Verfügungsbeschränkungen

1. Grundsatz

85 **Sie sind nicht eintragungsfähig** (§ 137 S. 1 BGB), sofern nicht ausnahmsweise das Gesetz die Eintragungsfähigkeit vorsieht.[205]

2. Eintragungsfähige Verfügungsbeschränkungen

86 **Eintragungsfähig** sind rechtsgeschäftliche Verfügungsbeschränkungen nur als Inhalt eines Erbbaurechts (§ 5 ErbbauRG), Wohnungs- oder Teileigentums (§ 12 WEG), Dauerwohn- oder Dauernutzungsrecht (§ 35 WEG). Dazu siehe § 3 Einl. Rdn 85 ff., 180 ff.

3. Ähnliche Wirkungen

87 **Ähnliche Wirkungen** wie durch eine Verfügungsbeschränkung können erreicht und durch Grundbucheintragung sichtbar gemacht werden durch:[206]
- Eintragung einer Vormerkung (§ 883 BGB) zur Sicherung des bedingten Übereignungsanspruchs bei Zuwiderhandlung gegen die rechtsgeschäftliche Verpflichtung, nicht zu veräußern oder nicht zu belasten.
- Eintragung einer Sicherungshypothek für eine Vertragsstrafe bei Zuwiderhandlung.[207]
- Eintragung über Ausschluss oder Beschränkung der Abtretbarkeit oder Verpfändbarkeit (§§ 399, 1274) einer Hypothekenforderung[208] oder einer Grundschuld.[209] Ob ein Abtretungsausschluss auch bei einer Vormerkung eintragbar ist, ist streitig,[210] aber wohl zu bejahen. Das Problem ist mit dem bei der Hypothek identisch.
- Eintragung der auflösenden Bedingung, wonach ein übertragbares Recht bei Abtretung, Verpfändung oder Pfändung erlischt.[211]
- Eintragung der Verpfändung eines übertragbaren Rechts, z.B. eines Erbanteils,[212] eines Nacherbenrechts.[213]

---

204 Umfassend zur Beachtung des § 1365 BGB im Grundbuchverfahren *Schöner/Stöber*, Grundbuchrecht, Rn 3352 ff., 3394, 3423c.
205 Dazu RGZ 73, 18; BGHZ 56, 275, 278 (zur gemeinsamen Verfügung von Testamentsvollstrecker und Erbe); Staudinger/*Kohler*, BGB, § 137 Rn 3; *Picalo*, DNotZ 1972, 644.
206 Vgl. Staudinger/*Kohler*, BGB, § 137 Rn 7 ff.
207 RGZ 73, 18.
208 OLG Hamm DNotZ 1968, 631 = NJW 1968, 1289 = Rpfleger 1968, 283; *Schöner/Stöber*, Grundbuchrecht, Rn 2379; *Däubler*, NJW 1968, 1117.

209 OLG Köln DNotZ 1970, 419, 422; a.A. Meikel/*Böttcher*, GBO, § 26 Rn 19, 23; *Däubler*, NJW 1968, 1117, 1122; *Böttcher*, Rpfleger 1983, 49, 51.
210 Bejahend BayObLG Rpfleger 1999, 67; LG Oldenburg Rpfleger 1995, 208; abl. LG Berlin Rpfleger 2003, 291.
211 KGJ 40, 132; KGJ 49, 187. Dazu RG DNotZ 1934, 616; *Furtner*, NJW 1966, 184; *Schlosser*, NJW 1970, 682.
212 RGZ 90, 232.
213 RGZ 83, 438.

- **Durch sog. „verdrängende Vollmacht"** kann keine Verfügungsbeschränkung begründet werden. Ihre Zulässigkeit wird überwiegend verneint;[214] falls man sie bejaht, ist sie nicht eintragungsfähig (vgl. auch § 13 GBO Rdn 100).[215]

V. Eintragungsfähige Verfügungsbeschränkungen

1. Verfügungsentziehungen

Die Fälle des völligen Entzugs der Verfügungsbefugnis haben drei gemeinsame Besonderheiten:[216]

88

Erstens: Der Rechtsinhaber verliert seine Verfügungsbefugnis, die regelmäßig einem Verwalter übertragen wird.

Zweitens: Die Beschränkungen wirken absolut, zwar nur im Rahmen ihres Schutzzweckes, aber mit der Wirkung einer Grundbuchsperre.

Drittens: Der gutgläubige Erwerber wird geschützt (§ 892 Abs. 1 S. 2 BGB), deshalb ist die Eintragungsfähigkeit zu bejahen.

Für die Rechtspraxis sind vier Einzelfälle der Verfügungsentziehung besonders zu nennen:

- **Der Insolvenzvermerk** (§ 32 InsO) wird auf Ersuchen des Insolvenzgerichts (§ 32 Abs. 2 S. 1 InsO) oder auf Antrag des Insolvenzverwalters (§ 32 Abs. 2 S. 2 InsO) unter Vorlage des Eröffnungsbeschlusses (§ 27 InsO) und der Bestallungsurkunde (§ 56 Abs. 2 InsO) eingetragen;[217] er ist auch bei Insolvenzeröffnung im Ausland einzutragen, wenn nach Kollisionsrecht inländisches Vermögen erfasst ist (Art. 14, 29 EuInsVO; § 346 InsO).[218]

89

- **Der Vermerk über Nachlassverwaltung** (§§ 1975 ff., 1984 BGB) wird auf Antrag des Nachlassverwalters im Wege der Grundbuchberichtigung ohne Zustimmung der Erben unter Vorlage des Anordnungsbeschlusses (§§ 1981, 1983 BGB) oder auf Ersuchen des Nachlassgerichts, das dazu ebenfalls verpflichtet ist, eingetragen (vgl. hierzu § 38 GBO Rdn 23).[219]
- **Der Testamentsvollstreckervermerk** (§§ 2197 ff., 2211 BGB) wird von Amts wegen (§ 52 GBO) gleichzeitig mit Eintragung des Erben – nicht ohne sie[220] – ohne Namen des Testamentsvollstreckers und ohne Angabe seiner Befugnisse eingetragen; nur bei Testamentsvollstreckung nach § 2222 BGB zur Wahrnehmung der Rechte des Nacherben ist diese Aufgabe zu vermerken.[221] Der Testamentsvollstrecker kann auf die Eintragung des Vermerks nicht verzichten.[222]
- **Der Vermerk über den Entzug des Verfügungsrechts des Vorerben** (§§ 2129, 1052 BGB) wird nicht von Amts wegen, sondern auf Antrag des Nacherben oder des Verwalters im Wege der Grundbuchberichtigung unter Vorlage des Anordnungsbeschlusses eingetragen.[223]

2. Verfügungsbeschränkung bei bedingten Berechtigten

Die Fälle der Anwartschaft eines bedingt Berechtigten haben folgende Besonderheiten:

90

- Dem Rechtsinhaber wird die Verfügungsbefugnis nicht entzogen, sondern nur beschränkt.
- Die Beschränkung wirkt absolut, aber erst nach Eintritt der Bedingung.
- Der gutgläubige Erwerber wird geschützt (§ 161 Abs. 3 BGB), daher Eintragungsfähigkeit der Verfügungsbeschränkung.[224]

---

214 H.M. BGHZ 20, 364 (Stimmrechtsbeschneidung des Kommanditisten); *Weitnauer*, in: FS Weber, 1975, S. 437.
215 *Ertl*, DNotZ 1975, 644, 656. Zur verdrängenden Vollmacht im Grundbuchverfahren OLG Frankfurt a.M. DNotZ 1992, 389; OLG Hamm DNotZ 1975, 686; zur Unzulässigkeit hinsichtlich des Verzichts auf das Antragsrecht nach § 13 GBO *Demharter*, GBO, § 13 Rn 57; Bauer/Schaub/*Bauer*, GBO, § 13 Rn 66; *Herrmann*, MittBayNot 1975, 173.
216 Grundlegend zur Systematik Meikel/*Böttcher*, GBO, nach § 20 Rn 59 ff.; Bauer/Schaub/*Lieder*, AT H Rn 15 ff.
217 Eingehend *Schöner/Stöber*, Grundbuchrecht, Rn 1632 ff.; *Frege/Keller/Riedel*, Rn 796 ff.; *K. Schmidt/Keller*, InsO, § 32 Rn 27 ff.
218 Grundlegend BGHZ 95, 256; eingehend HK-InsO/*Swierczock*, InsO, § 346 Rn 7 ff.
219 Staudinger/*Dobler*, BGB, § 1984 Rn 13; a.A. nur Nachlassverwalter, Nachlassgericht ist nicht berechtigt MüKo-BGB/*Kipper*, § 1983 Rn 2; Grüneberg/*Weidlich*, BGB, § 1983 Rn 2.
220 KG DNotZ 1956, 195.
221 KG JW 1938, 1411.
222 *Demharter*, GBO, § 52 Rn 15. Schöner/*Stöber*, Grundbuchrecht, Rn 3466.
223 MüKo-BGB/*Lieder*, § 2129 Rn 3; Erman/*M. Schmidt*, BGB, § 2129 Rn 2; Grüneberg/*Weidlich*, BGB, § 2129 Rn 1.
224 Siehe auch Meikel/*Böttcher*, GBO, Nach § 20 Rn 15; *Eickmann/Böttcher*, Grundbuchverfahrensrecht, Rn 376 ff.

91 Einzelfälle eintragungsfähiger Vermerke:
- **Der Nacherbenvermerk** (§§ 2100 ff. BGB) ist von Amts wegen (§ 51 GBO) gleichzeitig mit Eintragung des Vorerben, nicht ohne sie, unter genauer Bezeichnung aller Nacherben und Ersatznacherben (§ 2102 BGB[225]) und weiterer Nacherben[226] und unter Angabe der Befreiung von §§ 2113 Abs. 1, 2114 BGB einzutragen,[227] siehe dazu § 51 GBO Rdn 13 ff.[228]
- Der Vermerk über die Verfügungsbeschränkung des Rechtsinhabers **bei auflösend bedingter oder von Endtermin abhängiger Verfügung** (§ 161 BGB) wird von Amts wegen mit der Eintragung des Erwerbers, wenn das Grundbuchamt weiß, dass er unter einer auflösenden Bedingung oder Endtermin erworben hat, eingetragen, wodurch eine Verfügungsbeschränkung i.S.d. § 161 BGB ausgelöst wird.
- Der Vermerk über die Verfügungsbeschränkung des Rechtsinhabers **bei aufschiebend bedingter oder von Anfangstermin abhängiger Verfügung** (§ 161 BGB) wird im Wege der Grundbuchberichtigung auf Antrag (§ 13 GBO) und entweder Berichtigungsbewilligung des Betroffenen (§§ 19; 22 GBO) oder Nachweis dieser Verfügung (vgl. § 22 GBO Rdn 108) in Form des § 29 GBO eingetragen.

3. Relative gesetzliche Verfügungsverbote

92 **Relative Verfügungsverbote, die auf Gesetz beruhen (§ 135 BGB)** sind eintragungsfähig als Schutz gegen gutgläubigen Erwerb (§ 135 Abs. 2 BGB). Der Vermerk muss unmittelbar in das Grundbuch eingetragen werden, Bezugnahme genügt nicht.[229]

Einzelfälle eintragungsfähiger Vermerke über gesetzliche Verfügungsverbote können sich noch aus landesrechtlichen Verfügungsbeschränkungen aus der Zeit vor Inkrafttreten des BGB (Art. 168 EGBGB) ergeben.[230] Sperrvermerke des Versicherungsaufsichtswesens für das Sicherungsvermögen, über das nur mit Zustimmung eines Treuhänders verfügt werden darf, sieht das Versicherungsaufsichtsrecht nicht mehr vor (Vgl. §§ 125 ff. VAG).[231]

4. Relative gerichtliche/behördliche Verfügungsverbote

93 Relative Veräußerungs- und Belastungsverbote, die in bestimmten Verfahren von einem Gericht oder einer Behörde erlassen werden (§ 136 BGB) sind eintragungsfähig als Schutz gegen gutgläubigen Erwerb (§ 135 Abs. 2 BGB).[232]

Einzelfälle eintragungsfähiger Vermerke:
- **Vermerk über Zwangsversteigerung** (§§ 20 ff. ZVG) und Zwangsverwaltung (§§ 146 ff. ZVG); Grundbucheintragung auf Ersuchen des Versteigerungsgerichts (§ 19 ZVG; vgl. dazu § 38 GBO Rdn 49 ff.);[233]
- Die Anordnung eines **allgemeinen Verfügungsverbots** oder auch lediglich eines Zustimmungsvorbehalts im **Insolvenzeröffnungsverfahren** nach § 21 Abs. 2 Nr. 2 InsO hat nach § 24 Abs. 1 InsO mit der Verweisung auf § 80 Abs. 1 InsO in jedem Fall die **Wirkung einer Verfügungsentziehung**; eine Verfügung des Schuldners ohne Zustimmung des vorläufigen Insolvenzverwalters (§ 21 Abs. 2 Nr. 1 mit § 22 InsO) ist stets absolut unwirksam.[234] Die Eintragung des entsprechenden Vermerks nach § 23 Abs. 3 GBO mit § 32 InsO in das Grundbuch bildet wie der Insolvenzvermerk selbst eine Grundbuchsperre.

---

225 BGHZ 40, 115, 124; OLG Hamm DNotZ 1970, 688; *Demharter*, GBO, § 51 Rn 17 m.w.N.
226 KG JW 1938, 1411; OLG Hamm Rpfleger 1975, 134; BayObLGZ 1982, 453 = Rpfleger 1983, 104.
227 Staudinger/*Avenarius*, BGB, § 2100 Rn 107 ff.
228 Siehe auch *Schöner/Stöber*, Grundbuchrecht, Rn 3476 ff.
229 BayObLGZ 1964, 394 = DNotZ 1965, 684; LG Wiesbaden Rpfleger 1968, 393 m. Anm. *Haegele*; LG Koblenz Rpfleger 1971, 22 m. Anm. *Haegele*; OLG Frankfurt a.M. Rpfleger 1972, 164 m. Anm. *Haegele*; LG Bonn DNotZ 1979, 309; *Pöschl*, BWNotZ 1964, 301; eingehend zu den Verfügungsverboten im Grundbuch Bauer/Schaub/*Lieder*, AT H Rn 45 ff.
230 Dazu RGZ 132, 145; Staudinger/*Wagner*, EGBGB, 1. Aufl. 1899, Art. 168 Anm. 2; *Güthe/Triebel*, GBO, Vorbem vor § 13 Rn 64 ff.
231 Zur früheren Eintragung eines sog. Sperrvermerks *Schöner/Stöber*, Grundbuchrecht, Rn 2004, 4065 ff.
232 Siehe auch Meikel/*Böttcher*, GBO, nach § 20 Rn 154 ff.
233 *Schöner/Stöber*, Grundbuchrecht, Rn 1619 ff.
234 Uhlenbruck/*Vallender*, InsO, § 24 Rn 2 m.w.N.; zur missverständlichen Terminologie des Gesetzes Meikel/*Böttcher*, GBO, Nach § 20 Rn 59.

- Verbote aufgrund **einstweiliger Verfügung** (§§ 935; 938 ZPO): auf Ersuchen des Prozessgerichts (§ 941 ZPO; vgl. hierzu § 38 Rdn 16 ff.);[235]
- Verbote nach §§ 52; 53 FlurberG: auf Ersuchen des Flurbereinigungsamts; **Flurbereinigung** bewirkt grundsätzlich keine Verfügungsbeschränkung.[236] Siehe hierzu § 38 GBO Rdn 32; § 10 GBV Rdn 32;
- Beschlagnahme eines Grundstücks oder Rechts im Rahmen vorläufiger Sicherung **strafrechtlicher Vermögensabschöpfung**:[237] Nach § 111c Abs. 3 StPO ist ein Vermerk über die Beschlagnahme in das Grundbuch einzutragen. Die §§ 111j ff. StPO regeln hierzu die Zuständigkeit des Gerichts oder der Staatsanwaltschaft, enthalten aber keine explizite Vorschrift zur Grundbucheintragung auf Ersuchen nach § 38 GBO. Die Beschlagnahme hat die Wirkung eines Veräußerungsverbots i.S.d. § 136 BGB (§ 111d Abs. 1 StPO). Ein Vermögensarrest wird durch Eintragung einer Sicherungshypothek nach § 111f Abs. 2 StPO bewirkt.

5. Beschlagnahme des gesamten Vermögens

Die von einem Gericht oder Behörde angeordnete Beschlagnahme des gesamten Vermögens hat die Wirkung eines absoluten Verfügungsverbotes nach § 134 BGB (so ausdrücklich etwa § 292 StPO), bei dem ein Gutglaubensschutz ausgeschlossen ist. Obwohl eine ausdrückliche Gesetzesvorschrift über die Eintragungsfähigkeit fehlt, sind Beschlagnahmeanordnungen dieser Art wegen der Warn- und Schutzfunktion des Grundbuchs eintragungsfähig.[238]   94

Einzelfälle eintragungsfähiger Vermerke:

- Die Vermögensbeschlagnahme nach § 290 oder § 443 StPO ist auf Ersuchen des Gerichts oder der Staatsanwaltschaft unter Vorlage der Beschlagnahmeanordnung oder Hinweis auf Bekanntmachung im Bundesanzeiger einzutragen (§ 292 Abs. 1 StPO).
- Beschlagnahme zur Sicherung der Einziehung (§ 111c Abs. 3 S. 1 StPO); zur Sicherung des Vermögensarrestes erfolgt nach § 111f Abs. 2 S. 1 StPO durch Eintragung einer Sicherungshypothek.[239]

6. Verfügungsverbote mit Grundbucheintragung

Verfügungsverbote, die durch Grundbucheintragung entstehen, also ohne diese nicht wirksam sind und absolute Wirkungen haben, sind logisch auch eintragungsfähig.   95

Einzelfälle:[240]

- Veräußerungs- und Belastungsverbot nach § 75 BVersG: eintragungsfähig an dem mit Kapitalabfindung erworbenen oder wirtschaftlich gestärkten Grundstück, Erbbaurecht, Wohnungseigentum oder Wohnungserbbaurecht auf die Höchstdauer von fünf Jahren. Löschung nach Fristablauf gem. § 22 oder § 87 BVersG.[241]
- Veräußerungs- und Belastungsverbot nach dem bis 31.12.1996 geltenden § 610 Abs. 2 RVO: auf Ersuchen des Trägers der Unfallversicherung eintragungsfähig an dem mit Abfindungssumme erworbenen Grundstück oder grundstücksgleichen Recht auf Höchstdauer von fünf Jahren.[242]
- Veräußerungsverbot nach § 35 Abs. 6 S. 2 BauGB in der bis 1.1.1998 geltenden Fassung: auf Ersuchen der Baugenehmigungsbehörde zeitlich unbefristet eintragungsfähig, aber nicht als Belastungsverbot.[243] Das Veräußerungsverbot ist mit Neufassung des BauGB entfallen.[244]
- Verfügungsbeschränkung nach Ausgleichsleistungsgesetz und Flächenerwerbsverordnung in den neuen Bundesländern nach § 3 Abs. 10 S. 1 AusglLG mit § 13 Abs. 1 und 3 FlErwVO.

---

235 Siehe auch Bauer/Schaub/*Lieder*, AT H Rn 41; *Schöner/Stöber*, Grundbuchrecht, Rn 1642 ff.
236 OVG Koblenz DNotZ 1968, 548; Meikel/*Grziwotz*, Einl. F 56 ff.; siehe auch *Schöner/Stöber*, Grundbuchrecht, Rn 4030 ff.
237 Gesetz zur Reform der strafrechtlichen Vermögensabschöpfung v. 13.4.2017 (BGBl I 2017, 872).
238 Ebenso *Eickman/Böttcher*, Grundbuchverfahrensrecht, Rn 166 ff.; a.A. Staudinger/*Chr. Heinze*, BGB, Vor § 873 Rn 82; Bauer/Schaub/*Lieder*, AT H Rn 40.
239 Zur Mehrfachsicherung einer Forderung der Staatsanwaltschaft BGH NJW 2023, 2783 = ZfIR 2023, 504 m. Anm. *Savini*.

240 Siehe auch Bauer/Schaub/*Waldner*, GBO, AT H Rn 63 ff.
241 *Wolber*, Rpfleger 1982, 210; siehe auch *Schöner/Stöber*, Grundbuchrecht, Rn 4061.
242 Zu Wirkung, Eintragung und Löschung *Wolber*, Rpfleger 1978, 433; 82, 210; *ders.*, Rpfleger 1982, 210; *Böhringer*, BWNotZ 2002, 49.
243 *Schöner/Stöber*, Grundbuchrecht, Rn 3854.
244 Neufassung durch Gesetz v. 27.8.1997 (BGBl I 1997, 2141); zur Frage der Zulässigkeit einer Baulast mit dem Inhalt des Veräußerungsverbots in Zusammenhang mit § 35 Abs. 5 BauGB *Schöner/Stöber*, Grundbuchrecht, Rn 3855.

7. Grundbuchvermerke über Zugehörigkeit zu Sondervermögen

96 Einzelfälle eintragungsfähiger Vermerke:

- Reichsheimstättenvermerk nach § 4 RHeimstG; zur Eintragung des Vermerks §§ 5, 61 GBV;[245] zur Löschung ist keine Bewilligung des Heimstätters erforderlich.[246] Das RHeimstG, das Gesetz zur Änderung des RHeimstG und die DurchführungsVO sind mit Gesetz v. 1.10.1993 (BGBl I 1993, 912) aufgehoben worden und haben deshalb nur noch übergangsweise Bedeutung.[247]
- Hofvermerk nach Höfeordnung auf Ersuchen des Landwirtschaftsgerichts (§ 3 HöfeO); bei nachträglich hinzuerworbenem Grundstück genügt in der Regel der Antrag des Hofeigentümers[248] Eintragungsfähig ist auch ein Vermerk über die Nutzverwaltung des überlebenden Ehegatten;[249] nicht zulässig ist die Eintragung des Hofvermerks bei Bildung von Wohnungseigentum.[250] Zum Vermerk § 5 GBV (dazu vgl. § 20 GBO Rdn 193, § 35 GBO Rdn 73 ff.; § 38 GBO Rdn 24).[251]
- Fideikommissvermerk (vgl. Art. 59 EGBGB): Fideikommissvermögen kann nach Inkrafttreten des BGB nicht mehr neu begründet werden (dazu siehe § 20 GBO Rdn 194).[252]
- Rentengutssperrvermerk (nach Landesrecht).[253]

8. Grundbuchvermerke über öffentlich-rechtliche Verfahren

97 Unsere Rechtsordnung kennt Grundbuchvermerke, die auf die Einleitung eines mit absoluten Verfügungsbeschränkungen verbundenen Verfahrens des öffentlichen Rechts hinweisen, lediglich deklaratorische Bedeutung haben und vom öffentlichen Glauben des Grundbuchs nicht erfasst werden.[254]

Einzelfälle eintragungsfähiger Vermerke:

- Umlegungsvermerk (§§ 45 ff., 54 Abs. 1 BauGB): Die Eintragung erfolgt nach § 54 Abs. 1 S. 2 BauGB von Amts wegen[255] oder auf Ersuchen der Umlegungsbehörde[256] (vgl. hierzu; § 20 GBO Rdn 152).[257]
- Grenzregelungsverfahren (§§ 80 ff. BauGB) nicht eintragungsfähig, nicht mit Verfügungsbeschränkungen verbunden;[258]
- Sanierungs- und Entwicklungsvermerk (§§ 143; 165 Abs. 9 BauGB): auf Ersuchen der Gemeinde unter Vorlage der rechtsverbindlichen Satzung über die förmliche Festlegung des Sanierungsgebiets bzw. Entwicklungsbereichs (vgl. hierzu § 20 GBO Rdn 152);[259]
- Enteignungsvermerk nach § 108 Abs. 6 BauGB (und anderen Enteignungsgesetzen): auf Ersuchen der Enteignungsbehörde (siehe hierzu Rdn 30; § 20 GBO Rdn 157);[260]
- Entschuldungsvermerk nach § 80 SchRG.[261]

---

245 Siehe auch *Schöner/Stöber*, Grundbuchrecht, Rn 3904 ff.
246 BayObLGZ 1981, 156 = Rpfleger 1981, 354.
247 *Schöner/Stöber*, GBRGrundbuchrecht, Rn 3904; *Ehrenforth*, NJW 1993, 2082; *Hornung*, Rpfleger 1994, 277; zur Löschung von Grundpfandrechten bei der Heimstätte und Eintragung eines Fortgeltungsvermerks OLG Hamm FGPrax 1995, 181 = NJW-RR 1995, 1357 = Rpfleger 1995, 502 m. Anm. *Knees*.
248 OLG Celle Rpfleger 1974, 433; *Demharter*, GBO, Anh. § 44 Rn 119.
249 *Herminghausen*, DNotZ 1960, 43.
250 Zur Bildung von Wohnungseigentum OLG Hamm DNotZ 1989, 448 = NJW-RR 1989, 141 = Rpfleger 1989, 18; OLG Oldenburg Rpfleger 1993, 149 m. Anm. *Hornung*; *Schöner/Stöber*, Grundbuchrecht, Rn 2848; zur Veräußerung allg. BGH Rpfleger 1982, 340; OLG Hamm Rpfleger 1981, 234.
251 Siehe auch *Schöner/Stöber*, Grundbuchrecht, Rn 559.
252 Siehe auch Staudinger/*Mayer*, BGB, Art. 59 EGBGB; grundlegend zur Abwicklung des Fideikommissvermögens *Güthe/Triebel*, PrAGGBO, Art. 15 Rn 5.
253 Dazu Staudinger/*Albrecht*, BGB, Art. 62 EGBGB.
254 Ausführlich zu Verfügungsbeschränkungen des öffentlichen Rechts *Meikel/Grziwotz*, Einl. F; Bauer/Schaub/*Waldner*, AT H Rn 63 ff.
255 *Meikel/Grziwotz*, Einl. F Rn 40; *Schöner/Stöber*, Grundbuchrecht, Rn 3860.
256 Zum Ersuchen der Umlegungsstelle BayObLGZ 1970, 182 = MittBayNot 70 107 = Rpfleger 1970, 346; OLG Frankfurt am Main Rpfleger 1974, 436; *Schmid*, BWNotZ 1974, 149.
257 Siehe auch *Schöner/Stöber*, Grundbuchrecht, Rn 3856 ff.
258 Siehe auch *Meikel/Grziwotz*, Einl. F Rn 52 ff.; *Schöner/Stöber*, Grundbuchrecht, Rn 3879 ff.; *Waibel*, Rpfleger 1976, 347.
259 Siehe auch *Meikel/Grziwotz*, Einl. F Rn 65 ff.; *Schöner/Stöber*, Grundbuchrecht, Rn 3884 ff.
260 *Schöner/Stöber*, Grundbuchrecht, Rn 4095.
261 *Schöner/Stöber*, Grundbuchrecht, Rn 4055 ff.

E. Dienstbarkeiten

I. Definition und Abgrenzung

Das BGB gibt keine Definition des Begriffs Dienstbarkeit. Auch altrechtliche Servituten sind grundsätzlich nach Dienstbarkeitsrecht zu behandeln, obwohl insoweit eine Eintragungspflicht nicht besteht. Im BGB geregelt sind:[262]

- Grunddienstbarkeiten §§ 1018 ff. BGB: Sie geben nur dem jeweiligen Eigentümer eines Grundstücks Rechte an einem anderen Grundstück;
- beschränkte persönliche Dienstbarkeiten §§ 1090 ff. BGB: Sie können nur bestimmten natürlichen oder juristischen Personen gegenüber einem anderen Grundstück zustehen;
- Nießbrauch §§ 1030 ff. BGB: Er kann einer bestimmten natürlichen oder juristischen Person, an einer Sache, an einem Recht oder an einem Vermögensbegriff zustehen. Seinem Wesen nach ist er ebenfalls Dienstbarkeit.[263]

Die Dienstbarkeiten sind zu unterscheiden:

- von den gesetzlichen Verfügungsbeschränkungen des Eigentums.
- von der Reallast. Die Dienstbarkeit gibt die Befugnis zur unmittelbaren oder mittelbaren Einwirkung auf das Grundstück zum Zweck der Nutzung, während der Reallast Leistungen des Grundstückseigentümers verdinglicht. Eine Mischung aus Reallast und beschränkter persönlicher Dienstbarkeit stellt das Altenteils- oder Leibgedingsrecht dar;[264]
- vom Erbbaurecht. Die Dienstbarkeit gibt die Befugnis zur Nutzung mit einem sachlich engeren Umfang (bei der Grunddienstbarkeit) oder nur einer bestimmten natürlichen oder juristischen Person (beim Nießbrauch) oder in beider Hinsicht (bei der beschränkten persönlichen Dienstbarkeit);
- von den grundstücksgleichen Berechtigungen des Landesrechts.[265]
- von den öffentlichen Lasten. Diese sind nicht eintragungsfähig. Damit steht nicht im Widerspruch, dass die Begründung einer Dienstbarkeit von an sich öffentlich-rechtlichem Inhalt durch privatrechtlichen Begründungsakt möglich ist mit der Folge, dass dem Berechtigten jeweils ein Privatrecht erwächst.

Altrechtl. bayer. **Forstrechte** und Forstnebenrechte sind im Regelfall Grunddienstbarkeiten oder beschränkte persönliche Dienstbarkeiten.[266] Die Neubestellung ist untersagt.[267]

II. Grunddienstbarkeit

1. Allgemeines

Die Grunddienstbarkeit erzeugt dingliche Rechtsbeziehungen unmittelbar zwischen dem dienenden und herrschenden Grundstück (oder grundstücksgleichen Recht). Da sie mit dem Eigentum am herrschenden Grundstück untrennbar verbunden ist, bildet sie einen Bestandteil dieses Grundstücks (§ 96 BGB).[268] Mit der Bewilligung einer „beschränkten persönlichen Dienstbarkeit" zugunsten der jeweiligen Eigentümer eines Grundstücks kann eine Grunddienstbarkeit gewollt sein.[269]

2. Belastungsgegenstand (dienendes Grundstück)

Belastungsgegenstand können **Grundstücke** und **grundstücksgleiche Rechte** sein.[270] Grundstücksgleiche Rechte sind außer dem Erbbaurecht (vgl. § 11 Abs. 1 S. 1 ErbbauRG), die in den Art. 63, 68, 196 EGBGB erwähnten, der Landesgesetzgebung vorbehaltenen Erbpacht-, Abbau- und sonstigen Rechte. Keine grundstücksgleichen Rechte sondern echtes Grundstückseigentum sind Wohnungs- und Teileigentum und selbstständiges Gebäudeeigentum im Beitrittsgebiet. Auch sie können mit einer Dienstbarkeit

---

262 Eingehend auch MüKo-BGB/*Mohr*, vor § 1018 Rn 14 ff.
263 BayObLGZ 1972, 367 = Rpfleger 1973, 55.
264 RGZ 152, 107; 162, 56.
265 Zu den selbstständigen Gerechtigkeiten Staudinger/*Weber*, BGB, Vor §§ 1018–1029 Rn 10; NK-BGB/*Otto*, § 1018 Rn 14.
266 BayObLG BayVerwBl 76, 570; BayObLGZ 1976, 58.
267 Art. 33 ForstG v. 28.3.1852, BayBS IV 533; Art. 2 Abs. 1 ForstrechteG v. 3.4.1958, GVBl, 43; vgl. dazu auch BayObLG 1975, 70.
268 Im Einzelnen dazu RGZ 142, 237.
269 BGH MDR 69, 380.
270 Zum Begriff des Grundstücks BGHZ 49, 145, 146.

belastet werden, wenn sich der Ausübungsbereich auf das konkrete Wohnungs- oder Teileigentum oder das Gebäude erstreckt. Soll das ganze Grundstück belastet werden, bedarf es der Bewilligung sämtlicher Eigentümer bei Wohnungs- und Teileigentum oder der Bewilligung auch des Grundstückseigentümers bei Gebäudeeigentum. Der WEG-Verwalter ist nicht kraft § 9b Abs. 1 WEG befugt, die Eintragung zu bewilligen.[271]

101 Ob und unter welchen Voraussetzungen **mehrere Grundstücke** mit der gleichen Dienstbarkeit belastet werden können, ist streitig.[272] Die Frage ist zu bejahen,[273] jedenfalls dann, wenn sich der Ausübungsbereich auf mehrere Grundstücke erstreckt.[274] Dies ist nicht der Fall, wenn ein unbebautes Grundstück als Gartenland wegen eines Wohnungsrechtes belastet wird.[275]

102 Dem **Gemeingebrauch** gewidmete Grundstücke im **öffentlichen oder privaten Besitz** – insbes. öffentliche Wege – können Belastungsgegenstand sein, soweit nicht die öffentlich-rechtliche Zweckbestimmung der betreffenden Fläche entgegensteht.

Bedeutung hat dies für das Bestehenbleiben von Dienstbarkeiten bei Zuschreibung von Grundstücksflächen zu öffentlichen Straßen. Eine grundsätzliche Löschung der Dienstbarkeiten ist nicht empfehlenswert, da bei einer Entwidmung der öffentlichen Fläche unvorhergesehene neue Rechtslagen entstehen können.

Auch mehrere inhaltsgleiche und sich dadurch gegenseitig beeinträchtigenden Dienstbarkeiten können mit gleichem Rang für jeweils verschiedene Berechtigte bestellt werden.[276] Dies ist gerade bei dem Gemeingebrauch dienenden Grundstück relevant, wenn eine Dienstbarkeit zugunsten der Kommune oder des Landkreises bestellt wird und eine inhaltsgleiche zugunsten des jeweiligen Eigentümers eines anderen Grundstücks. Der Gemeingebrauch kann auch landesrechtlich durch Baulast gesichert werden (dazu Rdn 170 ff.).[277]

103 Auch **buchungsfreie** und nicht eingetragene Grundstücke können Gegenstand einer Dienstbarkeit sein. Hierfür gelten die in Art. 128 EGBGB vorbehaltenen landesrechtlichen Vorschriften.[278]

104 Zulässig ist die Belastung realer **Grundstücksteile**, d.h. bestimmter abgegrenzter Grundflächen, die zusammen mit anderen unter einer einheitlichen Nummer im Bestandsverzeichnis vorgetragen sind. Die sonst erforderliche vorherige Abschreibung (§ 7 Abs. 2 GBO) ist nicht erforderlich, wenn keine Verwirrung zu befürchten ist und eine amtliche Karte (§ 2 Abs. 3 GBO) vorgelegt wird. Wird ein belastetes Grundstück mit einem Teil des herrschenden Grundstücks vereinigt, so erstreckt sich die Dienstbarkeit nicht auf den zum dienenden Grundstück hinzugekommenen Grundstücksteil.[279]

Davon **zu unterscheiden** ist die Belastung des ganzen Grundstücks bei gleichzeitiger **Beschränkung** der **Ausübung auf eine bestimmte Teilfläche** (vgl. §§ 1023, 1026 BGB). In diesem Fall kommt § 7 GBO nicht zur Anwendung.[280] Schwierigkeiten bereitet in der Praxis oft die Festlegung der Teilfläche. Sie muss so genau bezeichnet sein, dass sie aus dem Eintragungsvermerk selbst in Verbindung mit der darin in zulässigem Umfang in Bezug genommenen Eintragungsbewilligung erkennbar ist. Die Eintragungsbewilligung muss diese Fläche daher wörtlich oder im Zusammenhang mit einer Karte genau bezeichnen. Die Fläche kann auch dadurch im Grundbuch bezeichnet werden, dass sie in den bezuggenommenen Eintragungsbewilligungen oder sonstigen Eintragungsgrundlagen durch weitere Bezugnahme auf eine bereits bestehende Anlage oder auf andere Merkmale beschrieben wird, die für jedermann in der Natur

---

271 OLG München FGPrax 2022, 201 = DNotZ 2023, 213 = Rpfleger 2023, 24; **a.A.** OLG Nürnberg FGPrax 2021, 203.
272 BayObLGZ 1955, § 174; OLG Frankfurt a.M. NJW 1969, 469; BayObLG DNotZ 1966, 174; BayObLGZ 1989, 446 ausdr. bejahend für die beschränkte persönliche Dienstbarkeit Staudinger/*Weber*, BGB, § 1018 Rn 61; Soergel/*Stürner*, BGB, § 1018 Rn 39c; gegen eine einheitliche Dienstbarkeit *Haegele*, Rpfleger 1969, 267; Meisner/*Ring*, § 27 III 4. Für eine einheitliche Dienstbarkeit *Hergeth*, NJW 1966, 1060; *Demharter*, GBO, § 48 Rn 8.
273 Überzeugend BayObLGZ 1989, 446.
274 BayObLGZ DNotZ 1991, 254.
275 LG Koblenz Rpfleger 1998, 197; zur Frage, wann die Ausübung der Dienstbarkeit sich notwendig auf mehrere Grundstücke erstreckt, vgl. *Demharter*, GBO, § 48 Rn 8; Staudinger/*Weber*, BGB, § 1018 Rn 61 m.w.N.
276 BGHZ 46, 254.
277 Dazu Staudinger/*Weber*, BGB, Vor §§ 1018–1029 Rn 11 ff.; *Keller/Padberg*, Nutzungsrechte an Grundstücken in den neuen Ländern (1996), S. 188 ff.
278 Dazu Staudinger/*Hönle*, BGB, Art. 128 EGBGB Rn 1 f.
279 BGH DNotZ 1978, 156 = Rpfleger 1978, 52.
280 KGJ 50 Nr. 40 35 A 258; BGHZ 59, 11; KG Rpfleger 1973, 300; BayObLG MittBayNot 1968, 215; eingehend Staudinger/*Weber*, BGB, § 1018 Rn 63 ff.

ohne weiteres erkennbar sind.[281] Die Merkmale brauchen nicht unveränderlich zu sein. Es genügt, wenn sie die Ausübungsstelle im Zeitpunkt der Bestellung der Dienstbarkeit in einer jeden Zweifel ausschließenden Weise bestimmen.[282] Enthält die Eintragungsbewilligung die Befugnis des Eigentümers des herrschenden oder dienenden Grundstücks, die von der Ausübung betroffene Fläche nach eigener Wahl irgendwo auf dem dienenden Grundstück tatsächlich festzulegen, so ist die Ausübung der Dienstbarkeit nicht mehr auf einen Teil des Grundstücks beschränkt,[283] jedoch trotzdem zulässig.[284] Das sachenrechtliche Bestimmtheitsgebot schließt grundsätzlich nicht aus, dass die Beteiligten die Bestimmung des Ausübungsbereichs der Dienstbarkeit der tatsächlichen Ausübung überlassen.[285]

Die Belastung eines **ideellen Miteigentumsbruchteils** ist unzulässig, da die Dienstbarkeit auf reale Nutzung gerichtet ist und daher in der Regel das ganze Grundstück ergreift.[286] Steht das zu belastende Grundstück im Miteigentum, so muss die Dienstbarkeit von sämtlichen Miteigentümern bestellt werden. Die Frage, ob eine Belastung möglich ist, wenn es um den Ausschluss teilbarer Befugnisse geht, ist noch nicht entschieden.[287]

105

Eine **Ausnahme** gilt für das **Wohnungs-** bzw. **Teileigentum** (§ 1 Abs. 2 WEG). Es ist selbstständig belastbar, soweit sich die Dienstbarkeitsausübung auf den Gebrauch des Sondereigentums beschränkt.[288] Gehört zum Inhalt des Wohnungseigentums ein Sondernutzungsrecht an Gemeinschaftsflächen, so kann das Wohnungseigentum auch mit einer Dienstbarkeit dahingehend belastet werden, dass die Ausübung dieses Nutzungsrechtes ausgeschlossen ist,[289] also zugunsten des jeweiligen Eigentümers eines anderen Wohnungseigentums in der Weise, dass die Ausübung des Sondernutzungsrechtes an einer bestimmten Fläche ausgeschlossen wird.[290] Wird ein Wohnungseigentum mit einem Wohnungsrecht des Inhalts belastet, dass der Berechtigte neben den Räumen auch die vom Sondernutzungsrecht erfasste Gemeinschaftsfläche benutzen darf, so wird auf jeden Fall die alleinige Nutzungsbefugnis an diesem Teil der Fläche kraft Gesetzes auf den Wohnungsberechtigten mitübertragen.[291]

Wird das belastete dienende Grundstück geteilt in Wohnungseigentum, so führt dies zu selbstständigen Einzelrechten.[292]

Unzulässig ist die Bestellung der Dienstbarkeit an einem Dauerwohn- oder Dauernutzungsrecht nach § 31 WEG,[293] erst recht an einem Wohnungseigentum, wenn der Ausübungsbereich ausschließlich das Sondernutzungsrecht am gemeinschaftlichen Eigentum ist.[294]

3. Berechtigter (herrschendes Grundstück)

Herrschendes Grundstück kann nur ein **selbstständiges** Grundstück im Rechtssinne sein,[295] auch wenn es im Wohnungs- oder Teileigentum aufgeteilt ist;[296] bei altrechtlichen Grunddienstbarkeiten, die im Grundbuch nicht eingetragen werden brauchen, auch das Grundstück im wirtschaftlichen Sinn.[297] Die Hinzupachtung von Flächen zum herrschenden Grundstück schafft grundsätzlich keine Erweiterung des Umfangs einer Dienstbarkeit.[298] Für den ideellen Anteil eines Miteigentümers kann eine Grunddienstbarkeit nicht bestellt werden,[299] jedoch für eine Wohnungseigentumseinheit[300] und auch für die WEG-Gemeinschaft als solche.[301] Unzulässig ist die Bestellung für den jeweiligen Mieter oder Nutzer

106

---

281 BGH NJW 1969, 502, 203; BayObLGZ 1988, 106.
282 BGH NJW 1969, 502, 203; BayObLGZ 1988, 106.
283 BGH NJW 1969, 502; BayObLG Rpfleger 1966, 367.
284 BGH Rpfleger 1981, 286.
285 BGH Rpfleger 2002, 311.
286 BGHZ 36, 189.
287 Dazu allg. Staudinger/*Weber*, BGB, § 1018 Rn 125 ff.
288 BayObLGZ 1976, 221 = Rpfleger 1976, 397; KG DNotZ 1968, 751; BayObLGZ 1979, 444 ff.; Rpfleger 1980, 150; BayObLGZ 1987, 360, auch wenn als Objekt Gemeinschaftseigentum betroffen ist BayObLG MittBayNot 1982, 273; BGH NJW 1989, 2391; Staudinger/*Weber*, BGB, § 1018 Rn 57 ff.; allg. dazu *Zimmermann*, Rpfleger 1981, 333 ff.
289 OLG Hamm Rpfleger 1980, 469.
290 OLG Hamm Rpfleger 1980, 469; a.A. OLG Düsseldorf MittRhNot 1986, 168; BayObLG DNotZ 1990, 496 m. abl.
Anm. v. *Amann*; BayObLG Rpfleger 1997, 431. Zulässig bspw. ein Terrassenalleinnutzungsrecht BayObLG Rpfleger 1985, 486 (LS).
291 BayOLG Rpfleger 1998, 68.
292 OLG Hamm Rpfleger 1980, 468.
293 BayObLG NJW 1975, 79.
294 BayObLG NJW RR 1997, 1236.
295 BGH ZfIR 2023, 181.
296 OLG Düsseldorf MittRhNot 1988, 175.
297 Vgl. zu Letzterem *Westermann/Gursky/Eickmann*, Sachenrecht, § 71, II.
298 BGH Rpfleger 2003, 493.
299 Vgl. RGJW 1933, 626; KGJW 1933, 20 ff.
300 BayObLGZ 1976, 221 = MittBayNot 1976, 141; *Bolz*, MittBayNot 1985, 130.
301 BGH NJW 2011, 1351; NK-BGB/*Otto*, § 1018 Rn 35.

einer Wohnung.[302] Das herrschende Grundstück kann im Miteigentum mehrerer Personen stehen, von denen eine zugleich Alleineigentümerin des dienenden Grundstücks ist (§ 1009 Abs. 2 BGB).

107 Unzulässig ist die Bestellung einer Grunddienstbarkeit zugunsten eines realen **Grundstücksanteils**.[303] Der Teil muss zuvor als selbstständiges Grundstück im Rechtssinne gebildet werden. Zulässig ist dagegen die Bestellung mit der Maßgabe, dass die Ausübung auf den Vorteil eines realen Teils des herrschenden Grundstücks beschränkt ist.[304] Zulässig ist also die **Beschränkung der Ausübung** der Dienstbarkeit zugunsten eines realen Teiles des herrschenden Grundstücks. Zulässig ist die Sicherung des **Anspruchs auf Einräumung** einer Grunddienstbarkeit zugunsten einer erst noch durch Vermessung zu bildenden Grundstücksfläche durch Vormerkung in der Weise, dass der Anspruchsberechtigte als solcher namentlich bezeichnet wird.[305] Wird dem herrschenden Grundstück ein anderes nicht berechtigtes **als Bestandteil zugeschrieben**, so wirkt die Grunddienstbarkeit nicht ohne weiteres für den zugeschriebenen Teil.[306] Die **Vereinigung** von Grundstücken als solche, von denen eines herrschendes Grundstück einer Grunddienstbarkeit ist, lässt grundsätzlich eine Verwirrung des Grundbuchs nicht besorgen und ist daher zulässig.[307] Wird das herrschende Grundstück mit einem weiteren Grundstück vereinigt, so besteht die Grunddienstbarkeit formell für das neue Gesamtgrundstück, berechtigt bleibt jedoch nur der bisherige Grundstücksteil. Wird später die Vereinigung aus irgendeinem Grund rückgängig gemacht, so erlischt die Berechtigung für den zugeschriebenen Teil.[308] Der gleiche Grundsatz muss auch umgekehrt für die Vereinigung eines Grundstücks mit dem dienenden Grundstück gelten. Formal erstreckt sich die Berechtigung aus der Grunddienstbarkeit auf das Gesamtgrundstück. Die Ausübung der Berechtigung ist aber zugunsten desjenigen Teils des Gesamtgrundstückes beschränkt, der das ursprünglich herrschende Grundstück bildet. Wird die Vereinigung später rückgängig gemacht, erlischt für das durch Vereinigung mit dem ursprünglich herrschenden Grundstück verbundene Grundstück die Berechtigung.[309]

108 Die Frage, ob **eine** Dienstbarkeit zugunsten der Eigentümer **mehrerer Grundstücke** als Gesamtberechtigte an der gleichen Fläche zulässig ist, ist umstritten.[310] Von der Rechtsprechung wird die Frage zu Recht überwiegend bejaht.[311] Zugunsten des jeweiligen Eigentümers jedes von mehreren hintereinander liegenden Grundstücken kann an jedem der davor liegenden ein jeweils an derselben Stelle auszuübendes Geh- und Fahrrecht begründet werden.[312]

109 Zulässig ist die Bestellung einer Grunddienstbarkeit auch dann, wenn **Eigentümer** des dienenden und herrschenden Grundstücks **identisch** sind.[313] Zulässig ist auch die Bestellung inhaltsgleicher Grunddienstbarkeiten am Erbbaurecht und Erbbaugrundstück.[314] Dies ist zweckmäßig, da beim Heimfall des Erbbaurechts die Dienstbarkeit nicht bestehen bleibt (§ 33 ErbbauRG). Der Dienstbarkeitsberechtigte am Grundstück sollte sich außerdem zweckmäßigerweise die Löschung des ihm vorgehenden Erbbaurechts bei Heimfall durch Eintragung einer Löschungsvormerkung sichern.

110 Eine Nachbarschaft zwischen herrschendem und dienendem Grundstück ist häufig, jedoch rechtlich nicht zwingend. Bei voneinander entfernt gelegenen Grundstücken muss das dienende dem herrschenden Grundstück einen **Vorteil** gewähren.[315]

Das Erfordernis des Vorteils kann nicht abbedungen werden,[316] ist jedoch in der Regel wirtschaftlicher Natur.[317] Bloße Annehmlichkeiten,[318] ästhetische[319] und soziale Gesichtspunkte[320] genügen. Nicht erforderlich ist, dass der Vorteil derzeit schon vorhanden oder dauernder Natur ist. Auch künftige[321] und

---

[302] OLG Frankfurt a.M. Rpfleger 2002, 515.
[303] KGJ 53, 171; 50, 131.
[304] BayObLG 1965, 272 = Rpfleger 1966, 367 m. Anm. *Haegele.*
[305] LG München II MittBayNot 1972, 229.
[306] Vgl. BayObLG DJZ 1933, 1439; KG HRR 36 Nr. 804.
[307] LG Aschaffenburg MittBayNot 1970, 111.
[308] BayObLGZ 2002, 372 = Rpfleger 2002, 619.
[309] ByObLGZ 2002, 372.
[310] Vgl. dazu einerseits *Haegele*, Rpfleger 1969, 266, andererseits Staudinger/*Weber*, BGB, § 1018 Rn 51 m.w.N.; eingehend auch *Böttcher*, MittBayNot 1993, 129.
[311] BayObLG 765, 267 = DNotZ 1966, 174 = Rpfleger 1966, 367; KG NJW 1970, 1687 = Rpfleger 1970, 282; OLG Frankfurt a.M. NJW 1969, 469; a.A. LG Dortmund Rpfleger 1963, 167.
[312] BayObLGZ 2002, 263 = Rpfleger 2002, 619 = DNotZ 2002, 950.
[313] BGHZ 41, 210.
[314] *Rutenfranz*, NotZ 1965, 464.
[315] § 1019 BGB; BGH LM Code Civil Nr. 5.
[316] RGZ 60, 319.
[317] RGZ 61, 340 ff.
[318] KG JR 1963, 18.
[319] BGH WM 1967, 582; BGH NJW 1983, 115; Staudinger/*Weber*, BGB, § 1019 Rn 4.
[320] KG JA 216.
[321] RGZ 61, 340.

vorübergehende Vorteile genügen, nicht ein einmaliger Vorgang.[322] Jedoch muss mit dem späteren Eintritt des Vorteils gerechnet werden können, eine bloße vage Möglichkeit genügt nicht. Ein Vorteil ist gegeben, wenn bei Unklarheit darüber, ob ein Überbau unbeabsichtigt oder beabsichtigt erfolgte, durch Eintragung einer Dienstbarkeit auf Duldung des Überbaus neben dem Verzicht auf die Überbaurente Zweifel ausgeschlossen werden.[323] Weiter ist ein Vorteil zu bejahen auch für ein Garagengrundstück als herrschendes Grundstück mit dem Inhalt, kein Gewerbe auszuüben und die einheitliche Gestaltung der umliegenden Siedlung nicht durch bautechnische Maßnahmen zu verändern.[324]

Das Grundbuchamt hat dieses Erfordernis zu prüfen und bei Fehlen den Antrag wegen Nichtigkeit der Bestellung zurückzuweisen (§ 1019 BGB). Jedoch muss für die Verneinung das Grundbuchamt sich auf den Ausschluss aller vorstehend aufgeführten Möglichkeiten stützen können, der jeweils durch Tatsachen untermauert ist.

4. Inhalt der Grunddienstbarkeit

a) Allgemeines

Der Inhalt ist in § 1018 BGB geregelt. Gestattet ist erstens die sog. **Benutzungsdienstbarkeit**, zweitens die **Unterlassungsdienstbarkeit** und drittens die **nachbarrechtliche Dienstbarkeit**. Der gesetzliche Gestaltungsspielraum ist sehr weit.[325] Zulässig ist eine Kombination der verschiedenen zulässigen Möglichkeiten zu einem einheitlichen Recht.[326]

111

Der **Inhalt** muss **bestimmt** sein. Er muss gestatten, dass eine im Gebiet des Grundbuchrechtes bewanderte Person über Inhalt und Umfang der Belastung Aufklärung geben kann.[327] Unzulässig ist eine Dienstbarkeit, die für die Bestimmung des Inhalts verschiedene Auslegungen zulässt (z.B. „Nutzung des Grundstücks in Übereinstimmung mit den Interessen des Natur- und Landschaftsschutzes").[328] Eine Dienstbarkeit kann auch nicht mit dem Inhalt bestellt werden, der Berechtigte dürfe „*jegliche Nutzung im Rahmen der jeweiligen öffentlich-rechtlichen Vorschriften*" ausüben; dies gilt auch dann, wenn die Ausübung auf eine Teilfläche des dienenden Grundstücks begrenzt ist.[329] Die notwendige „Feststellbarkeit für jedermann" verlangt nicht Erkennbarkeit durch Einsicht in das Grundbuch und die Grundakten. Vielmehr bezieht sie sich gerade auf andere Erkenntnismittel, wie etwa Feststellung des bestehenden Zustandes.[330] Es gilt nichts anderes als bei der Bezeichnung der rechtsgeschäftlich festgelegten Ausübungsstelle.[331] Bezugnahme auf Punkte in der Natur oder auf den vorhandenen Zustand genügt.[332] Daher genügt es, wenn Grundstücksnachbarn sich gegenseitig Dienstbarkeiten zur Belastung, Benutzung und Unterhaltung aller bestehenden Versorgungs- und Entsorgungsanlagen bewilligen.[333] Ist die Verpflichtung nicht ausreichend bestimmt, so kann sie nicht Inhalt einer Dienstbarkeit sein.[334]

112

Als Fälle der tatsächlichen Nutzung eines Grundstücks, für die eine Dienstbarkeit bestellt werden kann, kommen in Betracht:[335]

113

– Die Benutzung eines Weges oder einer Straße auf dem Grundstück;[336] die Benutzung kann, muss aber nicht notwendig sein, z.B. weil das abseits gelegene Grundstück sonst keinen Zugang zur Straße be-

- sitzt. Die Benutzung des Weges oder der Straße ist hier vor allem durch Grunddienstbarkeit zu sichern, weil das Interesse, den Weg benutzen zu können, jeder Eigentümer des abseits gelegenen Grundstücks besitzt und nicht bloß ein bestimmter Berechtigter.
- Die Sicherung eines Miet- oder Pachtverhältnisses (Sicherungsdienstbarkeit);[337] die Dienstbarkeit wird neben dem schuldrechtlichen Nutzungsvertrag bestellt und ist auf dessen Laufzeit auflösend bedingt bestellt. Sie sichert die Interessen des Mieters oder Pächters für den Fall eines Eigentumswechsels oder Störungen im Mietverhältnis.
- Die Sicherung nachbarrechtlicher Beziehungen; hier sind zu erwähnen der Überbau über eine Grundstücksgrenze, das Einhalten des bauordnungsrechtlich vorgeschriebenen Bauabstands zur Grenze oder das Betreten eines Grundstücks durch den Nachbarn zur Erhaltung einer Anlage, z.B. eines Zaunes. Auch die bestimmte Art der Bebauung eines Grundstücks kann nachbarrechtlichen Interessen im Hinblick auf die einheitliche Bebauung einer Siedlung dienen, z.B. bei Bestimmung der Fenstergröße oder der Farbgebung eines Hauses. Der Inhalt der Dienstbarkeit, mit welcher solche Interessen geschützt werden sollen, besteht dann nicht in der Benutzung des Grundstücks durch den Berechtigten, sondern in dem Verbot an den Grundstückseigentümer, bestimmte Handlungen vorzunehmen, z.B. das Haus in anderen als den erlaubten Farben zu streichen.
- Die Unterhaltung einer Anlage durch den Berechtigten ist typischer Anwendungsbereich einer Dienstbarkeit als Benutzungsrecht. Die Anlage kann ein Brunnen sein, ein Schuppen oder Bauwerk, eine Pumpanlage, eine Trafostation, ein Funkmast oder eine sonstige bauliche Anlage. Der Berechtigte muss hier zum Betreten des Grundstücks berechtigt sein, um die Anlage benutzen und unterhalten zu können. Damit ist das Verbot an den Eigentümer verbunden, Handlungen, die der Anlage schaden könnten, vorzunehmen, z.B. im Bereich der Anlage Bäume oder Sträucher zu pflanzen.
- Unter- oder oberirdische Leitungen zur Elektrizitätsversorgung, zur Wasser- und Gasversorgung, zur Kanalisation oder zum Fernmeldebetrieb sind ebenfalls durch Dienstbarkeit auf den von ihnen betroffenen Grundstücken zu sichern. Da die Leitung eine Vielzahl von Grundstücken betrifft, sind jeweils auf allen betroffenen Grundstücken inhaltsgleiche Dienstbarkeiten zu bestellen. Diese umfassen für den Berechtigten das Recht, das Grundstück zum Zwecke der Instandhaltung der Leitung betreten zu dürfen, dem Eigentümer wird verboten, innerhalb eines Schutzstreifens Bebauungen oder Anpflanzungen vorzunehmen, die der Leitung schaden könnten. In aller Regel kommt hier die Bestellung einer beschränkten persönlichen Dienstbarkeit z.B. für das Energieversorgungsunternehmen oder den Betreiber der Leitung in Betracht und nicht einer Grunddienstbarkeit für das Kraftwerksgrundstück.
- Die Sicherung von Bezugsverpflichtungen und Wettbewerbsbeschränkungen durch Dienstbarkeit hat sich in der Praxis zu einem wesentlichen Anwendungsfall entwickelt. Vor allem im Brau- und Gaststättengewerbe und im Mineralölhandelsgewerbe werden Bezugsverpflichtungen der Abnehmer von Getränkeherstellern oder Mineralölkonzernen durch Dienstbarkeit auf dem Betriebsgrundstück gesichert. Dem Grundstückseigentümer wird bspw. durch beschränkte persönliche Dienstbarkeit zugunsten eines Mineralölunternehmens untersagt, auf dem Grundstück eine Tankstelle zu betreiben und Kraft- und Schmierstoffe jeder Art zu vertreiben. Durch schuldrechtlichen Vertrag gestattet das Unternehmen dem Grundstückseigentümer gleichzeitig, die eigenen Produkte des Unternehmens zu verkaufen. So wird indirekt die Bezugsverpflichtung für eigene Öle und Kraftstoffe gesichert. Die Dienstbarkeit kann damit auch Mittel der Wettbewerbsbeschränkung sein (siehe Rdn 123 ff.).[338]

114 Die Grunddienstbarkeit kann **aufschiebend** oder **auflösend bedingt** oder **befristet** bestellt werden. Sie kann infolgedessen auch von Gegenleistungen und Entgeltzahlungen abhängig gemacht werden.[339] Zulässig ist es, die Dienstbarkeit so zu gestalten, dass der Berechtigte die einzelnen Ausübungshandlungen nur Zug um Zug gegen die bedungene Gegenleistung oder erst nach deren Empfangnahme vornehmen kann.[340] Eine Grunddienstbarkeit kann auch in der Weise auf bestimmte Zeit bestellt werden, dass sie bei Eintritt des Endtermins jeweils auf weitere bestimmte Zeit in Kraft bleiben soll.[341] Als auflösende Bedingung für eine Dienstbarkeit kann auch die Erklärung eines Dritten vorgesehen werden.[342] Zulässig ist die Bestellung, dass

---

337 BGH NJW-RR 2014, 123; eingehend MüKo-BGB/*Mohr*, Vor § 1018 Rn 18.
338 Westermann/Gursky/*Eickmann*, Sachenrecht, § 122 Rn 2 ff.
339 BGH NJW-RR 2021, 1176 = ZNotP 2021, 417.
340 RGZ 79, 379; BayObLGZ 1913, 143; Recht 1912 Nr. 1618.
341 KG OLG 1943, 225.
342 KG HRR 1941 Nr. 185.

eine Dienstbarkeit erlöschen soll, sobald das Grundstück, zu dessen Gunsten sie bestellt ist, in das Eigentum einer anderen Person als eines Abkömmlings des gegenwärtigen Eigentümers gelangt.[343]

Soll ein dingliches Recht an einem Grundstück unter einer Bedingung oder einer Befristung stehen, wird dies nur dann zum Inhalt des Grundbuchs, wenn die Bedingung oder die Befristung in das Grundbuch selbst aufgenommen werden. Die Bezugnahme auf eine Eintragungsbewilligung, in der die Bedingung oder die Befristung enthalten ist, genügt nicht.[344]

Der Inhalt einer Eintragungsbewilligung wie auch der Eintragung ist auslegungsfähig;[345] es können sich im Inhalt auch **Veränderungen durch Zeitentwicklung** oder **Anpassung an technische Entwicklung** ergeben, die mitunter eine Erweiterung der Dienstbarkeit zur Folge haben können. Dies kann im Einzelfall schwierig festzustellen sein und ist abzugrenzen von einer Inhaltsänderung nach § 877 BGB.[346] Die Hinzupachtung von Flächen zum herrschenden Grundstück schafft aber grundsätzlich keine Erweiterung des Umfangs einer Dienstbarkeit.[347] Ebenso wenig ändern wirtschaftliche Veränderungen, bspw. der Produktion, den Inhalt oder Umfang der Dienstbarkeit. Bspw. ändert sich der Inhalt einer altrechtlichen Dienstbarkeit, die zur Herstellung und Nutzung eines Eiskellers berechtigt, als Folge der wirtschaftlichen und technischen Entwicklung, die einen Eiskeller überflüssig macht, nicht dahingehend, dass der Keller allgemein zu Brauzwecken genutzt werden darf.[348] Die Berechtigung aus einer Grunddienstbarkeit, eine Anlage auf dem dienenden Grundstück mitzubenutzen, bezieht sich aber nicht nur auf die bei der Bestellung des Rechts vorhandene, sondern auch auf eine erneuerte Anlage.[349] Unter den Voraussetzungen des § 1023 BGB kann ein Anspruch auf Verlegung des Ausübungsbereichs bestehen; die Umsetzung erfolgt durch Inhaltsänderung nach § 877 BGB.[350]

Nicht eintragungsfähig sind Duldungs- und Unterlassungspflichten, die bereits **kraft Gesetzes** bestehen. Eine Grunddienstbarkeit kann jedoch auch **neben** einer öffentlichen Last zulässig sein.[351] Weiter ist zu beachten, dass die Eintragung einer Dienstbarkeit zulässig ist, wenn sich die in der Dienstbarkeit beschriebene Pflicht auch aus einem Verwaltungsakt ergibt oder einer öffentlich-rechtlichen Rechtsnorm oder einem Bebauungsplan[352] besteht. Auch wenn in diesen Fällen die Grunddienstbarkeit den gleichen Inhalt hat wie die öffentlich-rechtliche Norm, wird die öffentlich-rechtliche Pflicht dadurch nicht verdinglicht, sondern daneben eine selbstständige privatrechtliche Pflicht begründet, die weitergeht, weil sie vom Willen einer Behörde unabhängig ist.[353] Schließlich kann, auch wenn eine verbindliche, von dem Behördenwillen unabhängige Rechtsnorm vorliegt, eine Dienstbarkeit mit dem gleichen Inhalt unter der aufschiebenden Bedingung bestellt werden, dass sie erst dann wirksam werden soll, wenn die Rechtsnorm wegfällt. Dies hat Sinn gerade bei Beschränkungen, die in Bebauungsplänen oder sogar Flächennutzungsplänen auferlegt sind, zur Sicherung der Rechte des einzelnen Eigentümers gegen spätere Änderung des Bebauungsplanes, die oft aus persönlichen oder politischen Gründen erfolgen.[354] Inhalt einer Dienstbarkeit können auch Vereinbarungen sein, welche eine an sich zweifelhafte Bedeutung oder Tragweite einer Vorschrift oder den Umfang einer öffentlich-rechtlichen Eigentumsbeschränkung klarstellen.[355] Umgekehrt kann die Eintragung einer Grunddienstbarkeit nicht von dem Nachweis einer verwaltungsrechtlich notwendigen Genehmigung abhängig gemacht werden – hier für die Wasserrechtserlaubnis bei Ableitung von Quellwasser.[356] Zulässig ist die Eintragung einer Grunddienstbarkeit auf **Duldung des Überbaues** neben der Eintragung des Verzichtes auf eine Überbaurente, wenn nicht zweifelsfrei feststeht, ob ein entschuldigter oder ein nichtentschuldigter Überbau vorliegt.[357]

115

---

343 KGJ 44, 356.
344 BGH FGPrax 2021, 1 m. Anm. *Dressler-Berlin* = MittBayNot 2021, 239 m. Anm. *Reymann* = ZfIR 2021, 32 m. Anm. *Otto*.
345 BGH NJW 1963, 1247; BGH WM 1971, 1186; BGH WM 1971, 1383; Staudinger/*Weber*, BGB, § 1018 Rn 137 ff.
346 BGHZ 42, 67; 44, 171; BGH NJW 1960, 673; Staudinger/*Weber*, BGB, § 1018 Rn 153 ff.; MüKo-BGB/*Mohr*, § 1018 Rn 58 ff.
347 BGH Rpfleger 2003, 493.
348 BayObLGZ 2003, 279.
349 BGH NJW-RR 2020, 77 = ZNotP 2021. 29.
350 BGH DNotZ 2016, 289 = MittBayNot 2017, 490.
351 KG HRR 1941 Nr. 441 = DNotZ 1941, 351.
352 OLG Hamm FGPrax 1996, 171.
353 Ebenso OLG Hamm Rpfleger 1996, 444.
354 Zu Baubeschränkungen insbes. Staudinger/*Weber*, BGB, § 1018 Rn 106 ff.
355 OLG Celle NJW 1958, 1096.
356 BayObLGZ 1960, 167 = DNotZ 1960, 308.
357 OLG Düsseldorf MittBayNot 1978, 6; Staudinger/*Weber*, BGB, § 1018 Rn 85 ff., 107.

b) Recht zur Benutzung in einzelnen Beziehungen

116 **Benutzen** ist ein fortgesetztes oder doch mehr oder weniger häufig und regelmäßig wiederkehrendes, für den Berechtigten mit einem Vorteil verbundenes Gebrauchmachen von dem belasteten Grundstück.[358] Das Benutzungsrecht kann von Handlungen des Berechtigten bedingt abhängig gemacht werden. Daher kann ein Geh- und Fahrtrecht als Grunddienstbarkeit auch den Inhalt haben, dass man Hin- und Hergehen oder Verweilen darf[359] oder dass der Berechtigte die Verkehrssicherungspflicht für das ganze Grundstück trägt, wenn Ausübungsbereich das gesamte Grundstück ist.[360] Die Befugnis zur Vornahme lediglich einer einmaligen Handlung stellt keine solche Benutzung dar.[361] Zulässig ist die Berechtigung zur Vornahme einer einmaligen Handlung, durch die in erster Linie sichergestellt werden soll, dass auf dem dienenden Grundstück gewisse Handlungen nicht vorgenommen werden dürfen.[362]

Die Dienstbarkeit muss die Befugnis eröffnen zur Benutzung des Grundstücks in **einzelnen** Beziehungen. Dies setzt nicht zwingend voraus, dass dem Eigentümer des belasteten Grundstücks – neben der Nutzung durch den Dienstbarkeitsberechtigten – nicht nur unwesentliche Nutzungsmöglichkeiten verbleiben.[363] An einem Teileigentums-Stellplatz kann das Recht zur Benutzung der Stellfläche eingetragen werden,[364] da dem Teileigentümer die Nutzung der Rechte aus dem Miteigentumsanteil verbleibt.

117 Hinsichtlich des Umfangs einer Benutzung ist streitig, wo die Grenze für die Zulässigkeit einer Grunddienstbarkeit zu ziehen ist.[365] Nach einer Ansicht darf die einzelne und bestimmte Benutzung nicht so umfassend sein, dass der Eigentümer von jeder wirtschaftlich sinnvollen Nutzung des eigenen Grundstücks ausgeschlossen ist.[366] Unzulässig wäre danach eine Dienstbarkeit, die zum Bau eines so umfangreichen Gebäudes berechtigt, dass dem Eigentümer praktisch keine Grundstücksnutzung verbliebe. Nach a.A. kommt es allein auf eine formale Betrachtung nach dem Inhalt der Bewilligung an. Ist danach die Benutzung konkret bestimmt und abstrakt nicht allumfassend, kann auch die **konkrete Benutzung** in einzelnen Beziehungen sich auch in einer Weise **auf die gesamte Grundstücksfläche erstrecken**, dass die Nutzungsbefugnis des Eigentümers praktisch gering oder nur noch theoretisch ist.[367] Hintergrund der unterschiedlichen Ansichten ist die Frage der Abgrenzung der Dienstbarkeit vom Nießbrauch, bei dem der Nutzungsausschluss des Eigentümers die Regel ist.

Die letztgenannte Ansicht ist zutreffend: Die Abgrenzung zwischen einem Nießbrauch und einer Benutzungsdienstbarkeit richtet sich allein formal danach, ob dem Berechtigten eine umfassende Nutzungsbefugnis (ggfs. unter Ausschluss einzelner Nutzungen) oder nur einzelne Nutzungsmöglichkeiten eingeräumt werden.[368] Ein Abstellen auf die verbleibende Nutzungsmöglichkeit des Eigentümers ist nicht zielführend,[369] da bereits bei einem einfachen Geh- und Fahrtrecht auf einem kleinen Grundstück der Eigentümer von sämtlichen Nutzungen ausgeschlossen sein kann. Um die Dienstbarkeit vom Nießbrauch abzugrenzen, kann es daher nur auf den Inhalt der bestellten Dienstbarkeit ankommen, ob dem Berechtigten nur einzelne Nutzungen eingeräumt werden. Dabei muss die Prüfung jeweils beschränkt bleiben auf die Fläche, die von der Dienstbarkeit erfasst wird, um die Abgrenzung gegenüber dem Nießbrauch, in der Ausübung beschränkt auf eine Teilfläche, herbeizuführen. Ob dann bei der tatsächlichen Ausübung

---

358 KGJ 39 A 216.
359 Unmittelbare Eintragung erforderlich, BGH NJW-RR 2022, 594 = MittBayNot 2022, 445 = Rpfleger 2022, 244.
360 BayObLG DNotZ 1991, 257.
361 RGZ 60, 320; BayObLG 1921, 98.
362 BayObLG DNotZ 1966, 538.
363 Gegen BayObLGZ 1979, 444 ff.; Rpfleger 1980, 151, jeweils m.w.N.; nun *Ertl*, DNotZ 1988, 53; BayObLGZ 1987, 360; BayObLGZ 1989, 445.
364 BayObLG 1987, 359 = Rpfleger 1988, 62.
365 Davon zu unterscheiden ist die Frage, ob die Nutzung hinreichend bestimmt ist, dazu BGH DNotZ 2015, 113 = MittBayNot 2015, 398 = Rpfleger 2015, 192.
366 BayObLGZ 1965, 180, 181; BayObLGZ 1979, 444, 448; OLG Köln, MDR 1982, 318; OLG Zweibrücken, DNotZ 1982, 444; BayObLG Rpfleger 1990, 111; offengelassen von BGH Rpfleger 1992, 338 m. Anm. *Schoch*; zu einem Hausmeisterwohnrecht BayObLG Rpfleger 1980, 150; BayObLG MDR 1982, 144 (Holznutzungsrecht);
OLG Köln, DNotZ 1982, 442; OLG Zweibrücken, Rpfleger 1982, 98.
367 OLG Köln FGPrax 2012, 150, 152; Staudinger/*Weber*, BGB, § 1018 Rn 101; Erman/*Grziwotz*, BGB, § 1018 Rn 13; MüKo-BGB/*Mohr*, § 1018 Rn 31; MüKo-BGB/*Pohlmann*, § 1030 Rn 123; NK-BGB/*Otto*, § 1018 Rn 67; *Demharter*, Anh. zu § 44 Rn 16; Bauer/Schaub/*Bayer/Lieder*, AT C Rn 280; Schöner/*Stöber*, Grundbuchrecht, Rn 1130, 1362; *Schöner*, DNotZ 1982, 416, 420; *Ertl*, MittBayNot 1988, 53; *Herrler*, RNotZ 2016, 368, 371; *Kanzleiter*, DNotZ 2010, 845, 850.
368 Zur Abgrenzung bei Wohnungseigentum und unzulässiger Belastung einer Sondernutzungsfläche BGHZ 225, 136 = DNotZ 2021, 37.
369 Eingehend m.w.N. Staudinger/*Weber*, BGB, § 1018 Rn 94, 96 ff.; Lemke/*Böttcher*, BGB, 2. Aufl. 2016, § 1018 BGB Rn 8 ff.; eingehend auch Schöner/*Stöber*, Grundbuchrecht, Rn 1130.

dem Eigentümer noch eine eigene Nutzung verbleibt, ist keine Frage der Zulässigkeit des Inhalts der Dienstbarkeit. Bedenklich ist daher die Auffassung[370] eine Grunddienstbarkeit, eine Teilfläche unter Ausschluss des Eigentümers zu nutzen sei zulässig, da dem Eigentümer die Nutzung der Restfläche verbleibe.[371] Eine Ablehnung der Eintragung kann in jedem Fall nur dann erfolgen, wenn die Unzulässigkeit eindeutig feststeht.[372] Die Eintragung nur „eines Nutzungsrechtes an einem Teil des Grundstücks" ist unzulässig, weil der Eintragungsvermerk den wesentlichen Inhalt des Rechtes nicht erkennen lässt.[373] Ebenso ist eine Dienstbarkeit, „ein Grundstück nach Belieben zu nutzen", unzulässig,[374] auch wenn die Dienstbarkeit mit diesem Inhalt sich nur auf einen Teil des Grundstücks beschränkt.[375]

Steht das herrschende Grundstück im Eigentum mehrerer Personen, so ist bei der Grunddienstbarkeit unzulässig die Eintragung der Benutzungsregelung unter den Berechtigten.[376]

Hauptsächlich kommen in Frage als Benutzungsmöglichkeiten[377]

118

– die Befugnis, das belastete Grundstück zu **betreten**, auch um nur rechtserhebliche Feststellung zu treffen,[378] dort zu gehen, zu fahren – gegebenenfalls auch mit Wasserfahrzeugen, Vieh zu treiben oder es weiden zu lassen, Eisenbahnwaggons über Gleisanlagen des dienenden Grundstücks heranzuführen und abzuholen.[379]
– **Bauwerke** und sonstige Anlagen auf dem Grundstück **zu haben**, z.B. eine Drahtseilbahn,[380] eine Wasserleitung;[381] an eine Giebelmauer auf der Grenze der beiden Grundstücke anzubauen.[382] Besondere Probleme können sich bei Dienstbarkeiten zur Sicherung von Photovoltaikanlagen ergeben, wobei schon streitig sein kann, ob diese wesentlicher Bestandteil des Grundstücks sein muss oder Scheinbestandteil nach § 95 BGB sein kann.[383] Für sog. Freiland-Anlagen, die aus einer gerüstähnlichen Aufständerung aus Stangen oder Schienen sowie darin eingesetzten Photovoltaikmodulen bestehen, verneint der BGH eine Gebäudeeigenschaft im Sinne des § 94 BGB.[384] Zusätzlich zur Benutzungsdienstbarkeit betreffend eine solche Anlage wird regelmäßig eine Vormerkung zur Sicherung des Anspruchs auf Bestellung einer neuen Dienstbarkeit zugunsten eines finanzierenden Kreditinstituts bestellt. Damit soll ein möglicher Wechsel des Anlagenbetreibers z.B. für den Fall der Insolvenz gesichert werden.[385] Zur Sicherung der Unterhaltungspflicht einer Photovoltaikanlage kann auch eine Reallast nach §§ 1105 ff. BGB bestellt werden.[386]
– ein Gewerbe auf dem belasteten Grundstück auszuüben, z.B. eine Tankstelle zu betreiben.[387]
– natürliche Eigenschaften des dienenden Grundstücks zu verwerten, bspw. Ton, Torf und andere Bodenbestandteile zu entnehmen,[388] Kieslager auszubeuten,[389] Wasser oder Eis aus einem Teich zu entnehmen.[390]
– **Unzulässig** als Gegenstand der Dienstbarkeit ist die **Pflicht** des Eigentümers des belasteten Grundstücks zu einem **positiven** Handeln, wenn das positive Handeln den Hauptinhalt der Dienstbarkeit bildet.[391] Dies gilt auch dann, wenn praktisch aufgrund sonstiger Unterlassungsverpflichtungen nur eine Verpflichtung zu positivem Tun übrigbleibt.[392] Unzulässig ist die Verpflichtung zu unterlassen, Wärme zu beziehen, außer aus der im Bereich eines bestimmten Teileigentums gewerblich betriebenen Warmwasseranlage.[393] Die Pflicht zum Handeln kann nur Nebenverpflichtung des Eigen-

---

370 BGH Rpfleger 1992, 338.
371 Nach der hier vertretenen Auffassung zutr. BayObLGZ 1986, 54 = Rpfleger 1986, 255; KG Rpfleger 1991, 441.
372 BayObLGZ 1991, 255.
373 OLG Karlsruhe Rpfleger 2005, 79.
374 BayObLG MDR 2003, 684.
375 OLG Celle NJW RR 2005, 102.
376 BayObLG MittBayNot 1979, 161.
377 Eingehend Staudinger/*Weber*, BGB; § 1018 Rn 92 ff., 103; sehr umfassend insbes. NK-BGB/*Otto*, § 1018 Rn 78 ff.
378 KGJ 36 A 216, 221.
379 RGZ 104, 147; BGH LM § 1018 Nr. 4.
380 BGH LM § 242 D Nr. 31.
381 KGRJA 5, 205.
382 BGH LM § 912 Nr. 19; BGH WM 1976, 128.
383 Staudinger/*Weber*, BGB, § 1018 Rn 104a; *Goecke/Gamon*, WM 2000, 1309; *Ganter*, WM 2002, 105; *Ahnis/Bartsch*, JR 2013, 122; *Reymann*, ZIP 2013, 605.
384 BGHZ 231, 310 = DNotZ 2022, 73 = NJW 2022, 614 m. Anm. *Preussner* = ZNotP 2022, 154.
385 Eingehend *Reymann*, ZIP 2013, 605; *Meier*, MittBayNot 2020, 1.
386 OLG Sachsen-Anhalt FGPrax 2022, 8 = MittBayNot 2023, 143.
387 BGHZ 29, 244; 35, 378.
388 RGJW 2005 393 Nr. 12 a.E.
389 BGHZ 28, 99.
390 RG Warn Rspr. 30 Nr. 171.
391 BGH WM 1984, 820; 85, 808.
392 BayObLG, Rpfleger 1980, 279 für die Verpflichtung, außer Erdgas jede andere Wärmeenergieversorgung zu unterlassen; eingehend Lemke/*Böttcher*, BGB, 2. Aufl. 2016, § 1018 BGB Rn 31.
393 BayObLG DNotZ 77, 303.

tümers des dienenden Grundstücks sein, z.B. die Verpflichtung zur gemeinsamen oder einseitigen Unterhaltung einer Zufahrtsstraße, an der ein Geh- und Fahrtrecht bestellt wird.[394] Die Nebenpflicht kann sowohl für den Eigentümer des herrschenden als auch für den des dienenden Grundstücks allein bestehen, sofern nicht ohnehin gesetzliche Verpflichtungen (§ 1020 S. 2 BGB einerseits; §§ 1021–1023 BGB andererseits) bestehen.

119 Gehört zu der Benutzungsdienstbarkeit eine Anlage (Brunnen, Gebäude, Transformatorenstation, Weg, Brücke, Leitung, Sendemast, Windkraftanlage, Solaranlage), so entsteht die Frage, wer die Anlage zu unterhalten hat und wer die Kosten dafür trägt. Nach § 1020 S. 2 BGB hat der Berechtigte, der auf dem Grundstück eine Anlage betreibt, diese in einem ordnungsgemäßen Zustand zu erhalten. Die Erhaltungspflicht erstreckt sich auch auf notwendige Instandhaltungs- und Reparaturmaßnahmen. Eine Unterhaltungspflicht des Berechtigten besteht gegenüber dem Eigentümer des dienenden Grundstücks aber nur soweit, dass durch den Zustand der Anlage keine Beeinträchtigung des Grundstücks eintritt. Die Erhaltung der Benutzbarkeit und Funktionsfähigkeit der Anlage ist allein Sache des Berechtigten. Diese Unterhaltungspflicht besteht unabhängig davon, wer die Anlage errichtet hat und wem sie gehört.

Durch die Beteiligten kann die Unterhaltung einer Anlage abweichend geregelt werden (§§ 1021 ff. BGB).[395] So kann bestimmt werden, dass der Eigentümer des dienenden Grundstücks die Anlage zu unterhalten hat (§ 1021 Abs. 1 S. 1 BGB).[396] In diesem Fall hat der Eigentümer notwendige Arbeiten vornehmen zu lassen, die Kosten hierfür vorzuschießen oder zu erstatten. Eine solche vereinbarte Unterhaltungspflicht ist Inhalt der Dienstbarkeit und als solcher mit in das Grundbuch einzutragen (es genügt die Eintragung durch Bezugnahme auf die Eintragungsbewilligung).

Wird die Anlage sowohl vom Berechtigten als auch vom Eigentümer benutzt, gilt ebenfalls gesetzliche Unterhaltungspflicht des § 1020 S. 2 BGB.[397] Eine Vereinbarung über die Unterhaltungspflicht kann im Falle der Mitbenutzung auch dahingehend getroffen werden, dass beide Parteien die Kosten der Unterhaltung in einem bestimmten Verhältnis zu tragen haben.[398] Auch eine Unterhaltungspflicht allein des Berechtigten kann vereinbart werden.[399] Eine solche Unterhaltungspflicht allein des Berechtigten kann nach § 1021 Abs. 1 S. 2 BGB aber nur dann als Inhalt der Dienstbarkeit vereinbart werden, wenn tatsächlich eine Mitbenutzung durch den Eigentümer des dienenden Grundstücks erfolgt. Im Falle der alleinigen Nutzung durch den Berechtigten, ist er bereits gesetzlich durch § 1020 S. 2 BGB zur Unterhaltung verpflichtet.[400] In den Fällen der Mitbenutzung der Anlage kann auch vereinbart werden, dass der Eigentümer des dienenden Grundstücks die Unterhaltungskosten ganz oder teilweise zu tragen hat, ohne dass er zur tatsächlichen Unterhaltung der Anlage durch die Vornahme der Reparaturen oder Wartungsarbeiten verpflichtet ist. Der wechselseitige Ausschluss von Unterhaltungspflichten als Inhalt des Begleitschuldverhältnisses zu einer Dienstbarkeit ist aber nicht zulässig.[401]

120 Bei Festlegung der Unterhaltungspflicht für die Anlage ist also zu unterscheiden, ob diese allein vom Berechtigten oder vom Berechtigten und dem Eigentümer gemeinsam genutzt wird:[402]

– Wird die Anlage allein vom Berechtigten genutzt, hat er sie kraft gesetzlicher Regelung in ordnungsgemäßem Zustand zu erhalten und die Kosten der Unterhaltung zu tragen, soweit das Interesse des Grundstückseigentümers dies erfordert, § 1020 S. 2 BGB.

– Abweichend hiervon kann vereinbart werden, dass der Eigentümer die Anlage ganz oder teilweise zu unterhalten hat, soweit das Interesse des Berechtigten an der Benutzung der Anlage dies erfordert, § 1021 Abs. 1 S. 1 BGB; wird nur eine teilweise Unterhaltungspflicht des Eigentümers vereinbart, trifft bezüglich des Restes den Berechtigten die Unterhaltungspflicht aus § 1020 S. 2 BGB.

– Wird die Anlage sowohl vom Berechtigten als auch vom Eigentümer genutzt, besteht die Ausübung der Dienstbarkeit also nur in einer Mitbenutzung und nicht in ausschließlicher Nutzung, trifft grund-

---

394 BayObLGZ 1990, 8.
395 Eingehend Staudinger/*Weber*, BGB, § 1021 Rn 7 ff.; *H. Keller*, MittBayNot 2022, 1.
396 RGZ 56, 378 und RGZ 131, 58 (Wegerecht); RGZ 60, 87 (Schleusenanlage); RGZ 79, 375 (Entwässerungskanal); RGZ 112, 368 (Schiffsanlegestelle); KGJ 51, 242 (Kläranlage); BayObLGZ 1990, 8 (allg. Verkehrssicherungspflichten).
397 BGHZ 161, 115.
398 KG Rpfleger 1970, 281; OLG Köln NJW-RR 1990, 1165.
399 BayObLG DNotZ 1991, 257 = Rpfleger 1990, 197; OLG München FGPrax 2020, 261 = NotBZ 2021, 187 = ZfIR 2021, 749 m. Anm. *Amann*.
400 OLG Hamm Rpfleger 1990, 409.
401 OLG München MittBayNot 2021, 123 = ZfIR 2020, 748.
402 Eingehend *H. Keller*, MittBayNot 2022, 1, 7 m.w.N.

sätzlich auch der Eigentümer des dienenden Grundstücks die Unterhaltungspflicht.[403] Abweichend kann vereinbart werden, dass der Eigentümer des dienenden Grundstücks die Anlage ganz zu unterhalten hat, § 1021 Abs. 1 S. 1 BGB.[404] Auch eine vollständige Unterhaltungspflicht des Berechtigten kann vereinbart werden, § 1021 Abs. 1 S. 2 BGB. Die Tragung der Unterhaltungskosten kann auch quotenmäßig zwischen den Beteiligten aufgeteilt werden.

Die Kosten der erstmaligen Errichtung der Anlage sowie die Kosten einer Brandschutz- oder Haftpflichtversicherung gehören nicht zu den Unterhaltskosten und können nicht nach § 1021 BGB bestimmt werden. Diese Kosten hat der Berechtigte zu tragen. Als Inhalt der Grunddienstbarkeit kann auch nicht bestimmt werden, dass der Berechtigte die privaten und öffentlichen Lasten des Grundstücks ganz oder teilweise zu tragen habe, Hypothekenzinsen, Erschließungskosten und Grundsteuern fallen immer dem Grundstückseigentümer zur Last und können nicht auf den Berechtigten umgelegt werden, § 1047 BGB gilt nicht für die Grunddienstbarkeit.

Einen Sonderfall regelt § 1022 BGB: Wenn der Berechtigte auf einer bereits bestehenden baulichen Anlage des Eigentümers (der tragenden Anlage) eine bauliche Anlage (getragene Anlage) errichtet. Ein Beispiel ist die Errichtung und das Betreiben einer Schiffsanlegestelle an einer befestigten Uferanlage. Für die getragene Anlage des Berechtigten gilt die Unterhaltungspflicht des § 1020 S. 2 BGB. Der Eigentümer des dienenden Grundstücks hat seine tragende Anlage nach § 1022 BGB so zu unterhalten, dass die getragene Anlage des Berechtigten nicht beeinträchtigt wird. Abweichende Vereinbarungen sind zulässig.

c) Verbot der Vornahme gewisser Handlungen

Der **Berechtigte** hat ein **Untersagungsrecht**, der **Eigentümer** des belasteten Grundstückes eine **Unterlassungspflicht**. Durch das Verbot muss eine **bestimmte** Art der qualitativen **tatsächlichen** Nutzung des Grundstücks untersagt werden, die aus dem Eigentum des dienenden Grundstücks heraus grundsätzlich möglich wäre. Bei den Handlungen, die der Eigentümer **nicht** vornehmen darf, muss es sich um **Maßnahmen tatsächlicher Art** handeln, die sich aus dem Eigentum am Grundstück ergeben. Die Unterlassungspflicht muss inhaltlich bestimmt sein, und eine Verschiedenheit der Benutzung des Grundstücks zur Folge haben.[405]

121

Zulässig ist bspw. das **Verbot**, ein Grundstück gar nicht[406] oder nur mit Einfamilienhäusern im Villenstil und solider **Bauausführung**,[407] nur mit Gebäuden bestimmter Höhe oder nur mit Wahrung gewisser **Mindestgrenzabstände**[408] zu bebauen; an einer Hauswand keine Fenster einzubauen, die dem herrschenden Grundstück zugekehrt sind,[409] eine zerstörte Grenzmauer nicht wieder aufzubauen;[410] dass ein Haus nicht oder nur von einer bestimmten Zahl von Personen bewohnt werden dürfe; dass der Eigentümer des belasteten Wegegrundstücks den Weg zu bestimmten Zwecken in tatsächlicher Hinsicht nicht benutzen dürfe[411] oder dass nach der landesrechtlichen Bauordnung bestimmte Abstandsflächen nicht überbaut und für den vom Eigentümer des dienenden Grundstücks selbst einzuhaltenden Grenzabstand nicht angerechnet werden dürfen.

122

Ist der Belastungsgegenstand Wohnungseigentum, so können die aus dem Sondereigentum fließenden Befugnisse Gegenstand einer Belastung des Sondereigentums sein. Das gilt auch dann, wenn das Objekt des Ausübungsberechtigten zum gemeinschaftlichen Eigentum gehört. Zulässig ist daher eine Dienstbarkeit, Fenster ständig geschlossen zu halten.[412]

Durch Dienstbarkeiten zur Sicherung von Wettbewerbsbeschränkungen sichern sich Unternehmen dagegen ab, dass der Belieferte auch die Produkte von Konkurrenzbetrieben vertreibt oder dass andere Gewerbebetriebe in Konkurrenz zu dem berechtigten Gewerbebetrieb treten. Die Dienstbarkeit sichert mit dinglichem Inhalt die Verpflichtung zum Bezug der eigenen Produkte des Berechtigten oder schützt ihn in anderer Weise vor Konkurrenzunternehmen. Sie kann einerseits ein **generelles Wettbewerbsverbot**

123

---

403 BGHZ 161, 113.
404 Eingehend *Volmer*, MittBayNot 2000, 387.
405 KG KGJ 52 A, 152 ff.; BayObLG DNotZ 1990, 506; BayObLG MittBayNot 1989, 273.
406 RGZ 47, 356.
407 BGH LM § 1019 Nr. 2; umfassend Staudinger/*Weber*, BGB, § 1018 Rn 106 ff.
408 Staudinger/*Weber*, BGB, § 1018 Rn 51.
409 AG Lübeck DNotZ 1956, 558.
410 KGJ 26 A 277.
411 KG JW 688 Nr. 15.
412 BGH Rpfleger 1989, 452.

und andererseits ein bestimmtes **Konkurrenzverbot** zum Inhalt haben.[413] Der Inhalt des Rechts kann aber nur nach Maßgabe des § 1018 BGB bestimmt werden: Er darf nur die Benutzung des Grundstücks durch den Berechtigten, und/oder das Unterlassen bestimmter Handlungen zum Gegenstand haben. Inhaltlich unzulässig ist eine Dienstbarkeit, durch die der Vertrieb von Waren untersagt wird, soweit von dem Berechtigten selbst hergestellte oder vertriebene Waren im Ergebnis von dem Verbot ausgenommen sind.[414]

124 Ein häufiges und typisches Beispiel für eine Dienstbarkeit zur Gewerbebetriebsbeschränkung ist das sog. Tankstellenrecht.[415] Gegenüber dem Grundstückseigentümer, der die Tankstelle betreibt, will der Mineralölkonzern sicherstellen, dass seine – und nur seine – Produkte veräußert werden. Als zulässige Inhaltsgestaltung der Dienstbarkeit kommt in Betracht

– eine Benutzungsdienstbarkeit, die dem Berechtigten erlaubt, zu ausschließlicher Benutzung auf dem Grundstück eine Tankstelle zu betreiben und zu unterrichten Der Eigentümer muss diese Gewerbeausübung dulden, darf aber natürlich auch mitarbeiten oder den Betrieb pachten.
– eine Verbotsdienstbarkeit. Inhalt ist das Verbot für den Grundstückseigentümer, selbst oder durch Pächter oder Mieter, jede Art von Kraftstoffen, Schmier- und Mineralölen u.Ä. zu vertreiben, während ihm schuldrechtlich der Vertrieb von eigenen Produkten des Berechtigten oder nach Wahl des Berechtigten gestattet wird.

Dem Berechtigten kann der ausschließliche Betrieb des Gewerbes auf dem Grundstück gestattet werden. Dies ist vor allem dann sinnvoll, wenn der Grundstückseigentümer selbst nichts betreiben will, sondern nur sein Grundstück zur Verfügung stellt. Der Grundstückseigentümer darf wegen der ausschließlichen bestimmten einzelnen Benutzung aber kein eigenes gleichartiges Gewerbe auf dem Grundstück betreiben. Das würde die Ausübung der Dienstbarkeit stören (§§ 1027, 1004 BGB).

125 Dem Eigentümer kann auch untersagt werden, auf dem Grundstück ein bestimmtes Gewerbe zu betreiben. Ihm wird dann eine tatsächliche Handlung verboten, nämlich Kraft- und Schmierstoffe jeder Art zu vertreiben, oder Bier und andere Getränke jeder Art auszuschenken, oder einen Kinobetrieb zu unterhalten. Mit der Verbotsdienstbarkeit wird auf diese Weise dem Eigentümer generell eine bestimmte Betätigung verboten, seine rechtliche Verfügungsfreiheit über das Grundstück wird nicht eingeschränkt.[416] Dieser Inhalt der Verbotsdienstbarkeit beschränkt den Eigentümer nicht nur in seiner tatsächlichen Handlungsfreiheit sondern auch in seiner rechtsgeschäftlichen Freiheit im Hinblick auf die wirtschaftliche Führung eines Gewerbebetriebs. Diese kann durch eine Dienstbarkeit nicht eingeschränkt werden.[417] Zulässig ist daher lediglich das Verbot, auf dem Grundstück überhaupt Waren der bestimmten Art zu vertreiben, wobei der Berechtigte sodann Ausnahmen von diesem Verbot zulassen kann, bzw. seinen Unterlassungsanspruch nach § 1027 BGB eben nicht geltend macht, wenn eigene Produkte vertrieben werden (**Sicherungsdienstbarkeit**; heute häufig bei Tankstellen).[418] Hier kann aber bezüglich der schuldrechtlichen Bezugsverpflichtung ein Knebelungsvertrag mit der Folge der Nichtigkeit aus § 138 BGB gegeben sein,[419] insbes. ist eine zeitlich unbeschränkte Bindung bei Wettbewerbsdienstbarkeiten fragwürdig.[420] Zu beachten ist, dass die zu unterlassenden Handlungen stets genügend **klar** bezeichnet und **bestimmt** abgegrenzt sein müssen.[421] Unzulässig ist daher eine Dienstbarkeit dahingehend, dass auf einem dienenden Grundstück lediglich Bierbrauerei und Landwirtschaft betreiben und jede irgendwie andersgeartete Nutzung ausgeschlossen ist.[422]

---

413 Grundlegend BGHZ 29, 244 = NJW 1959, 670; BGH NJW 1981, 343 (Tankstellenrecht); BayObLG MDR 1980, 579 (Wärmebezug); OLG Karlsruhe DB 1978, 631 (Autoschmierstoffe).
414 BayObLG Rpfleger 1972, 18; BayObLGZ 1952, 287; OLG München DNotZ 2021, 623 = FGPrax 2021, 109 = MittBayNot 2021, 572 m. Anm. Starnecker; Schöner/Stöber, Grundbuchrecht, Rn 1222.
415 Umfassend Kaiser, Die Eignung der Dienstbarkeit als Vertriebsinstrument der Brauerei- und Mineralölwirtschaft (2014).
416 BGHZ 29, 244 = NJW 1959, 670; BGH NJW 1981, 343; BGH NJW 1985, 2485.
417 BGH NJW 1959, 670; BGH NJW 1979, 2150; BGH NJW 1985, 2474; BayObLG Rpfleger 1972, 18; OLG Düsseldorf MittRhNotK 1979, 62.
418 Lemke/Böttcher, 2. Aufl. 2016, § 1018 BGB Rn 32 ff.
419 BGH NJW 1970, 2157; BayObLGZ 1952, 287; 1953, 296; BayObLG Rpfleger 1972, 18; BGH Rpfleger 1975, 171; OLG Düsseldorf Rpfleger 1979, 304 für Heizwärme. BGH DNotZ 1990, 169.
420 BGH Rpfleger 1979, 376; eingehend Staudinger/Weber, BGB, § 1018 Rn 118 ff.; NK-BGB/Otto, § 1018 Rn 55 ff.
421 Für das Wohnungsrecht OLG Frankfurt a.M. Rpfleger 1982, 465.
422 KGJ 53, 155.

Unzulässig sind **Beschränkungen der rechtlichen Verfügungsfreiheit**.[423] Unzulässig ist daher bspw. das Verbot, ein Grundstück zu teilen[424] oder es zu belasten, zu vermieten oder zu verpachten;[425] ein Grundstück nicht ohne ein anderes und nur mit Zustimmung der Genehmigungsbehörde für den Bodenverkehr zu veräußern.[426]

Ein Kontrahierungszwang zugunsten eines bestimmten Lieferanten beschränkt nur die gewerbliche Freiheit und kann nicht Gegenstand einer Dienstbarkeit sein;[427] ebenso die Verpflichtung eines Wohnungseigentümers, die Heizwärme nur von einem bestimmten Wärmeversorgungsunternehmen zu beziehen.[428] Die Verpflichtung zur Unterlassung bestimmter Handlungen ist ausgeschlossen, wenn sie eine Pflicht zu positivem Tun als alleinigen Inhalt praktisch hätte.[429] Zulässig ist die Verbotsdienstbarkeit zur Sicherung eines **Wärmecontracting-Vertrages**, wonach dem Energieunternehmen gestattet wird, auf dem Grundstück eine Heizungsanlage zur Versorgung der dort befindlichen Gebäude zu betreiben, und dem Grundstückseigentümer verboten wird, zu demselben Zweck Anlagen zur Erzeugung von Wärme zur Raumheizung und Warmwasserbereitung zu betreiben oder durch Dritte errichten und betreiben zu lassen oder diese Nutzenergien von Dritten zu beziehen.[430]

Unzulässig ist die Bestellung einer Dienstbarkeit, welche die von den **Behörden gewünschte Nutzungsart** sichern und die Nutzung von Bauwerken bei Erteilung der Baugenehmigung im öffentlichen Interesse einschränken soll, wenn die Beschränkung der Nutzung sich auf die **Person** des Benutzers bezieht. Unzulässig ist daher eine Dienstbarkeit, ein im Außenbereich als Pfründehaus bei einem Bauernhof errichtetes Wohnhaus nur durch Familienangehörige des Landwirts benutzen zu lassen. Unzulässig ist auch eine Dienstbarkeit, ein als Hotel vorgesehenes Gebäude nicht in Eigentumswohnungen aufzuteilen. Nur dann, wenn sich aus der Person dessen, der das Gebäude nutzt, eine andere tatsächliche Nutzungsart ergeben würde, ist die Dienstbarkeit zulässig. Bleibt die Nutzungsart dieselbe, so kann die negative Auswahl der Bewohner nicht Inhalt einer Dienstbarkeit sein.[431] Zulässig, weil eine andere Art der tatsächlichen Nutzung erzwingend, ist das Verbot, eine Wohnung zur Beherbergung mit ständig wechselnden Personen zu nutzen oder ohne Genehmigung der Stadt die Wohnung selbst zu beziehen.[432] Zulässig ist dagegen die Tankstellendienstbarkeit: Der Eigentümer des herrschenden Grundstücks hat das alleinige Recht zum Errichten und Betreiben einer Tankstelle auf dem belasteten Grundstück, auf dem keine weitere Tankstelle von Konkurrenzunternehmen errichtet werden darf.[433]

Das Verbot tatsächlicher Handlung ist **unzulässig**, wenn die Handlung durch das **Gesetz ohnehin verboten** ist, wie bspw. durch das Nachbarrecht oder auf dem Grundstück keine ABC-Waffen und Trägersysteme aufzustellen, zu lagern, zu transportieren oder zu verwenden.[434] Ein Nebeneinander von Duldungsdienstbarkeit und Verzicht auf Überbaurente ist aber zulässig.[435] Ebenso ist eine Dienstbarkeit, mit der die Nutzung eines Grundstücks den Zielen des Naturschutzes unterstellt wird, zulässig und bestimmt genug, wenn geregelt ist, dass alle Handlungen die zu einer Zerstörung, Beschädigung oder nachhaltigen Veränderung des Gebietes entgegen den Zielen des Naturschutzes führen können, untersagt sind.[436]

Nebenpflicht der Unterlassung kann die Pflicht zu einem aktiven Tun sein, wenn das Tun zur Erhaltung des belasteten Grundstücks in einem der Dienstbarkeit entsprechendem Zustand erforderlich ist[437] und nicht die Verpflichtung dazu bereits im Gesetz geregelt ist.[438] Vom Gesetz abweichende Regelungen

---

423 BGHZ 29, 244; BGH NJW 1962, 468 = DNotZ 1963, 44; *Riedel*, Rpfleger 1966, 132; DNotZ 1990, 506, BayObLG m. zust. Anm. *Ring*.
424 KGRecht 1911 Nr. 2570; OLG Düsseldorf NJW 1961, 176.
425 KGJ 36, 219; 51, 297.
426 OLG Frankfurt a.M. Rpfleger 1978, 306.
427 KGJFG 6, 282; KGJ 41, 228; KG OLG 1918, 146; 26, 81.
428 BayObLGZ 1976, 218; Rpfleger 1976, 397.
429 BayObLG Rpfleger 1980, 279.
430 KG FGPrax 2020, 107 = NotBZ 2020, 347 = Rpfleger 2020, 322.
431 Vgl. OLG Düsseldorf NJW 1961, 176.
432 LG Ravensburg Rpfleger 1992, 192; zum Wohnungsbesetzungsrecht OLG Stuttgart MDR 56, 679. BayObLG Rpfleger 1980, 215 m.w.N. BayObLGZ 1982, 184 ff.; BayObLGZ 1989, 89 ff.
433 BGHZ 29, 246; 35, 378; eingehend Staudinger/*Weber*, BGB, § 1018 Rn 112 ff.
434 LG Siegen Rpfleger 1984, 58 m. Anm. *Tröster*.
435 OLG Düsseldorf MittBayNot 1978, 6.
436 OLG Schleswig, Beschl. v. 28.5.2021 – 2 Wx 27/20, juris.
437 BGH DNotZ 1969, 240; Staudinger/*Weber*, BGB, § 1018 Rn 80.
438 OLG Köln Rpfleger 1992, 409 für die Erhaltungspflicht gem. § 1020 S. 2 BGB.

sind eintragungsfähig.[439] Unzulässig ist das Versprechen einer Vertragsstrafe durch den Eigentümer des dienenden Grundstücks für den Fall der Zuwiderhandlung gegen die durch eine Grunddienstbarkeit verbotenen Handlungen, da es sich dabei lediglich um eine persönliche Verpflichtung handelt.[440] Jedoch inhaltlich als Reallast sicherbar.

d) Ausschluss der Ausübung von Rechten nachbarrechtlicher Art

130 Ausschluss ist möglich sowohl nach der aktiven Seite – der Eigentümer hat bestimmte Einwirkung auf das herrschende Grundstück zu unterlassen – Zulässig ist nur eineinhalbgeschossige Bauweise[441] – als auch nach der passiven Seite: Er hat Einwirkungen, die er gem. § 1004 BGB abwehren könnte, zu dulden. Eine Grunddienstbarkeit, nach der der jeweilige Eigentümer des dienenden Grundstücks entschädigungslos alle Einwirkungen von Anlagen auf dem herrschenden Grundstück duldet, auch wenn sich diese künftig ihrem Umfang nach oder durch eine Änderung des Betriebes und der hierbei angewandten Verfahren ändern, ist zulässig.[442] Als Nebenpflicht können auch Verzichte auf Rechtsmittel gegen entsprechende behördliche Bescheide Dienstbarkeitsinhalt sein.[443] Eine Dienstbarkeit ist unzulässig, die lediglich eine gesetzliche Duldungspflicht wiederholt.[444] Ausschluss ist möglich bei Immission nach § 906 BGB.[445] Unter diese Form fallen auch Dienstbarkeiten, die für den Verzicht oder die Herabsetzung der gesetzlichen Überbaurente oder Notwegrente eingetragen werden. Der Rentenanspruch ist ein Teil des Eigentumsrechtes am rentenberechtigten Grundstück. Die Eintragung der Dienstbarkeit sollte am rentenberechtigten Grundstück erfolgen.[446] Zulässig ist der Verzicht auf Bergschädenersatz, jedenfalls dann, wenn gleichzeitig die vertragliche Verpflichtung besteht, den Bergbau auf dem Nachbargelände zu dulden.[447] Zulässig ist der Verzicht auf Schadensersatzansprüche – bei Baumwurf – die zum Inhalt des Eigentums gehören[448] oder auf Rechtsmittel gegen eine nach baurechtlichen Vorschriften erteilte Genehmigung.[449]

Der Umfang des Ausschlusses muss klar eindeutig bestimmt sein. Unzulässig ist daher, weil nicht genügend bestimmt, eine Dienstbarkeit, alle von Bergwerken, Anlagen und Grundstücken eines Eigentümers ausgehenden Einwirkungen zu dulden.[450] Der **Umfang** der Dienstbarkeit kann mit dem Bedürfnis des herrschenden Grundstücks **wachsen**, wenn sich die Bedarfssteigerung in den Grenzen einer der Art nach gleichbleibenden Benutzung dieses Grundstückes hält und nicht auf eine zur Zeit der Dienstbarkeitsbestellung nicht vorhandene oder eine willkürliche Benutzungsänderung zurückzuführen ist.[451]

5. Entstehen der Dienstbarkeit

a) Entstehen kraft Gesetzes oder durch Verwaltungsakt

131 Ein Entstehen „kraft langjähriger Ausübung" oder gar kraft Gewohnheitsrechts ist abgesehen von altrechtlichen Dienstbarkeiten, die bereits vor 1.1.1900 entstanden sind,[452] ausgeschlossen, auch wenn dieser Irrtum weit verbreitet sein mag. Unberührt bleibt in diesen Fällen eine mögliche schuldrechtliche Duldungspflicht aus § 242 BGB. Die Dienstbarkeit kann durch Buchersitzung nach § 900 Abs. 2 BGB entstehen.[453]

Durch öffentlich-rechtliche Verfahren wie Umlegung oder Flurbereinigung kann eine Dienstbarkeit mit Bestandskraft des entsprechenden Verwaltungsaktes entstehen.[454]

---

439 BayObLGZ 1990, 8.
440 BayObLGZ 9, 4187.
441 BGH Rpfleger 2002, 352.
442 BayObLG Rpfleger 2004, 561 = NJW RR 2004, 1460.
443 LG Köln Rpfleger 1994, 56.
444 OLG Köln Rpfleger 1982, 436.
445 BGH LM § 149 HA Nr. 27; KGJ 23 A 229.
446 *Bessel*, DNotZ 1968, 617; *Böck*, MittBayNot 1976, 63; a.A. BayObLG MittBayNot 1976, 63; DNotZ 1977, 111 m.w.N.
447 Vgl. BGH LM § 839 ff. Nr. 14; KG HRR 1933 Nr. 1768; RGZ 119, 211; 130, 350; 166, 110; OLG Hamm MDR 1965, 659; BGH MDR 1970, 998.
448 BayObLG DNotZ 1991, 253.
449 LG Köln Rpfleger 1994, 409.
450 OLG Hamm Rpfleger 1986, 364.
451 BGH NJW RR 2003, 1235; BGH NJW-RR 2003, 1273.
452 Umfassend dazu Staudinger/*Weber*, BGB, § 1018 Rn 18 ff.; NK-BGB/*Otto*, § 1018 Rn 22.
453 Eingehend MüKo-BGB/*H. Schäfer*, § 900 Rn 7.
454 Vgl. dazu Staudinger/*Weber*, BGB; § 1018 Rn 11.

b) Rechtsgeschäftliche Begründung

Die Dienstbarkeit entsteht materiell-rechtlich durch Einigung und Eintragung (§ 873 BGB). Nicht maßgeblich ist, ob der Grundstückseigentümer eine Entschädigung erhält. Diese ist als Kaufpreis des schuldrechtlichen Rechtskaufs anzusehen und nicht Teil des dinglichen Rechtsgeschäfts.[455]

Die Einigung ist formlos möglich, für die Eintragungsbewilligung des Eigentümers gilt natürlich § 29 GBO. Besteht bereits bei der Bestellung eine objektive und dauernde Unmöglichkeit der Ausübung, so kann die Dienstbarkeit nicht wirksam entstehen.[456] Für die gesetzliche Vertretung insbes. minderjähriger Grundstückseigentümer bestehen keine Besonderheiten. Soll die Dienstbarkeiten zugunsten des gesetzlichen Vertreters bestellt werden, besteht aber Vertretungsausschluss nach §§ 1629, 1791, 181 BGB.[457] Wurde die Dienstbarkeit bei fehlender Einigung eingetragen, so kann dem auf Löschung gerichteten Berichtigungsbegehren des Eigentümers der Einwand der unzulässigen Rechtsausführung entgegengehalten werden, wenn er schuldrechtlich zur Bestellung der Dienstbarkeit verpflichtet ist.[458] Dies kann vom Grundbuchamt berücksichtigt werden.

Zur Begründung einer **Eigentümergrunddienstbarkeit** genügt die einseitige Erklärung des Eigentümers gegenüber dem Grundbuchamt.[459] Geht das Eigentum am dienenden Grundstück bei einer Eigentümergrunddienstbarkeit auf einen Dritten über, bevor die Dienstbarkeit eingetragen ist, so muss die Einigung über die Bestellung der Dienstbarkeit noch nachgeholt werden.[460]

Die Eintragung hat an dem dienenden Grundstück zu erfolgen. Sie erfolgt auf Bewilligung des betroffenen Eigentümers, dabei muss wie stets die Bewilligungsbefugnis im Zeitpunkt der Eintragung vorliegen. Hat das Grundbuchamt einen Antrag auf Eintragung über einen langen Zeitraum nicht vollzogen, entsteht die Dienstbarkeit gleichwohl erst mit Eintragung, eine Grundbuchunrichtigkeit lag nicht vor.[461]

Eine Löschungserleichterungsklausel nach §§ 23, 24 GBO ist nur eintragungsfähig, wenn Rückstände von Leistungen möglich sind.[462] Ist das Grundstück in Wohnungs- oder Teileigentum aufgeteilt, so muss das Recht an sämtlichen Einheiten eingetragen sein, andernfalls ist die Eintragung inhaltlich unzulässig i.S.d. § 53 Abs. 1 S. 2 GBO.[463] Der Vermerk am herrschenden Grundstück nach § 9 GBO ist für das Entstehen der Dienstbarkeit unerheblich.

Der **konkrete Inhalt** der Grunddienstbarkeit ist im Eintragungsvermerk anzugeben, Bezugnahme für sich genügt nicht,[464] auch nicht nur teilweise Bezugnahme.[465] Das Recht muss **schlagwortartig** bezeichnet sein; hinsichtlich des detaillierten Inhalts ist auf die Bewilligung Bezug zu nehmen (§ 874 BGB, § 44 Abs. 2 GBO).[466] Eine nur allgemeine Bezeichnung als Benutzungsrecht und Benutzungsbeschränkung genügt nicht,[467] auch wenn es an einem Wohnungseigentum eingetragen ist.[468] Eine zu allgemeine Bezeichnung des Inhalts im Eintragungstext führt zur inhaltlichen Unzulässigkeit der Eintragung. Zwar kann der Eintragungstext auslegungsfähig sein, eine Auslegung einer als „Baubeschränkung" eingetragenen Dienstbarkeit als Gebäudenutzungsrecht ist aber nicht möglich.[469] Weichen die Eintragungen bei dem belasteten Grundstück und im Herrschvermerk nach § 9 GBO voneinander ab, ist der Vermerk auf dem Blatt des dienenden Grundstücks entscheidend.[470] Der Vermerk auf dem Blatt des herrschenden Grundstücks schafft keine Vermutung für das Bestehen der Grunddienstbarkeit oder ihren Inhalt.

Ist eine Dienstbarkeit richtig bewilligt, aber unrichtig eingetragen und deshalb nicht entstanden, so dauert die Pflicht zur Bestellung fort.[471] Der Gutglaubensschutz gilt nicht gegenüber dem Eigentümer des herrschenden Grundstücks; soweit er geglaubt hat, dass beim Erwerb vorgefundene tatsächliche Verhältnisse

---

455 Eingehend zum schuldrechtlichen Verpflichtungsgeschäft MüKo-BGB/*Mohr*, § 1018 Rn 6 ff.
456 BGH Rpfleger 1983, 143.
457 Zur Vertretung von geschäftsunfähigen Kindern, wenn auf beiden Seiten Kinder oder Eltern und Kinder vertreten sind und das Rechtsgeschäft dem vertretenen geschäftsunfähigen Kind nur einen rechtlichen Vorteil bringt, *Meyer-Stolte*, Rpfleger 1974, 85.
458 BGH DNotZ 1976, 22.
459 Staudinger/*Weber*, BGB, § 1018 Rn 48.
460 OLG Hamm Rpfleger 1973, 137.
461 OLG München NotBZ 2016, 63 = Rpfleger 2015, 693.
462 OLG Hamm NJW RR 2001, 1099.
463 BayObLG Rpfleger 1995, 455.
464 RG HRR 36 Nr. 559.
465 OLG Nürnberg NJW RR 2000, 1257.
466 Eingehend Staudinger/*Weber*, BGB, § 1018 Rn 26 ff.
467 BayObLG DNotZ 1991, 258 m.w.N.
468 BayObLG DNotZ 1994, 888.
469 BGH NJW 1965, 2398; großzügiger aber OLG Köln FGPrax 2021, 200 = MittBayNot 2022, 229 = Rpfleger 2022, 18.
470 RG HRR 29 Nr. 304.
471 BGH WM 1971, 1475.

dem Inhalt der Dienstbarkeit entsprechen, kann er nicht geschützt werden.[472] Ist eine Grunddienstbarkeit in grundbuchmäßiger Form bewilligt, so geht mit Übertragung des herrschenden Grundstücks die Anwartschaft hierauf auf den Erwerber über, sodass dieser berechtigt ist, die Eintragung der Dienstbarkeit im Grundbuch zu beantragen.[473]

134 Bei **altrechtlichen Dienstbarkeiten aus der Zeit vor 1900** ist für das seinerzeitige Entstehen die jeweils landesrechtlich vorgeschriebenen Form maßgebend.[474] Einer Eintragung in das Grundbuch bedarf es zur Erhaltung der Wirksamkeit des öffentlichen Glaubens des Grundbuchs grundsätzlich nicht (Art. 187 Abs. 1 S. 1 EGBGB).[475]

Soll eine altrechtliche Dienstbarkeit durch Grundbuchberichtigung eingetragen werden, so setzt diese Eintragung beim Fehlen einer Eintragungsbewilligung oder eines gerichtlichen Urteils oder Vergleichs den vollen Nachweis ihres Entstehens und ihres Fortbestehens voraus in der Form des § 29 GBO.[476] Der Antrag auf erstmalige Eintragung einer altrechtlichen Dienstbarkeit muss so begründet sein, dass der Inhalt des Rechtes und das in Anspruch genommene Grundstück aus dem Sachvortrag des Antragstellers bestimmbar sind.[477] Zum Nachweis des Rechtes kann auf eine, sich bei den Grundakten befindende Urkunde, verwiesen werden.[478] Eine Urkunde, die ein altrechtliches Wegerecht voraussetzt, kann ausreichendes Indiz dafür sein, dass ein solches Wegerecht tatsächlich bestellt worden ist.[479] Bei Teilung des belasteten Grundstücks kann der Nachweis auch durch eine amtliche Bescheinigung des Vermessungsamtes geführt werden.[480]

6. Erlöschen der Grunddienstbarkeit

135 Die Dienstbarkeit erlischt durch **Aufgabeerklärung und Löschung** (§ 875 BGB) am Blatt des dienenden Grundstücks. Das Erlöschen einer Dienstbarkeit bei Teilung des belasteten Grundstücks setzt voraus, dass der Berechtigte nicht nur tatsächlich, sondern nach dem Rechtsinhalt der Dienstbarkeit oder aufgrund rechtsgeschäftlich vereinbarter Ausübungsregelung dauernd rechtlich gehindert ist, die Ausübung auf andere Teile des Grundstücks zu erstrecken.[481] Eine in ihrer Ausübung auf einen bestimmten Teil des Grundstücks beschränkte Dienstbarkeit kann gelöscht werden, wenn die Voraussetzungen für die Beschränkung der Ausübung dem Grundbuchamt nachgewiesen werden. Dazu kann es genügen, dass auf Urkunden, auch amtliche Veränderungsnachweise Bezug genommen wird, die dem Grundbuchamt vorliegen und im Antrag ausreichend bezeichnet sind.[482] Wird die Grunddienstbarkeit an dem Anteil eines Miteigentümers des dienenden Grundstücks gelöscht, so geht sie automatisch auch in allen übrigen Anteilen unter.[483] Ohne Bedeutung ist die Löschung auf dem Blatt des herrschenden Grundstücks. Ist dieses jedoch mit Rechten Dritter belastet, so ist zur Löschung auch deren **Zustimmung** erforderlich, soweit sie von der Löschung berührt werden (§ 876 BGB Art. 120 EGBGB).

Die Aufhebung **nicht eingetragener altrechtlicher Grunddienstbarkeiten** richtet sich nach Landesrecht oder früherem Recht (Art. 187, 128 EGBGB).[484] Für die Löschung **eingetragener altrechtlicher Dienstbarkeiten** wird aus den Erklärungen der Beteiligten zu entnehmen sein, dass sie die Dienstbarkeiten den Vorschriften des BGB unterstellen wollten. Ist eine altrechtliche Dienstbarkeit im Grundbuch eingetragen und wird sie später zu Unrecht gelöscht, so nimmt sie am öffentlichen Glauben des Grundbuches mit der Folge teil, dass ein gutgläubiger Erwerber das dienende Grundstück lastenfrei erwerben kann.[485]

---

472 BGH Rpfleger 1976, 91.
473 OLG Köln OLGZ 1968, 453.
474 Zum Erwerb einer durch unvordenkliche Verjährung erworbenen altrechtlichen Dienstbarkeit LG Regensburg DNotZ 1990, 112; zum Unterschied von altrechtlichen Servituten und Personalobligationen vgl. BayObLG DNotZ 1990, 106; zu den Voraussetzungen der Begründung einer Wegerechtsdienstbarkeit nach dem pfälzischen Zivilrecht des 19. Jahrhunderts und zum Nachweis des (Fort-)Bestehens eines solchen Rechtes OLG Zweibrücken Rpfleger 2003, 645; zum Weiderecht nach badischem Landrecht OLG Karlsruhe, Urt. v. 27.6.2022 – 25 U 477/21, juris; zum 1897 bestellten Recht, „die Fahrt zu nehmen" OLG München, Beschl. v. 16.8.2016 – 34 Wx 172/16, juris.
475 BGH MittBayNot 1988, 174.
476 BayObLGZ 1988, 102 = DNotZ 1989, 164; BayObLG DNotZ 1991, 160; vgl. auch *Odersky*, DNotZ 1991, 108.
477 Thür. OLG Rpfleger 2000, 210.
478 OLG Karlsruhe Rpfleger 2002, 304.
479 OLG Düsseldorf DNotZ 2001, 44.
480 BayObLGZ 1988, 102 = DNotZ 1989, 164; OLG Hamm Rpfleger 2000, 157; LG Landshut MittBayNot 1978, 215; eingehend auch *Schöner/Stöber*, Grundbuchrecht, Rn 1189.
481 BGH Rpfleger 2002, 511.
482 BayObLG Rpfleger 2004, 280; OLG Saarbrücken DNotZ 2019, 869 = FGPrax 2019, 167.
483 BGH NJW 1974, 1553; a.A. *Brachvogel*, NJW 1933, 2011; zur Löschungsbewilligungen bei Wohnungseigentum BayObLG Rpfleger 1983, 434.
484 RGZ 93, 63.
485 BGH MittBayNot 1988, 174.

Die Grunddienstbarkeit ist **unübertragbar**. Mit selbstständiger Übertragung, welche die Trennung vom herrschenden Grundstück bedeutet, erlischt sie.[486] Unzulässig ist daher auch die Umwandlung einer Grunddienstbarkeit in eine beschränkte persönliche Dienstbarkeit oder umgekehrt. Möglich sind nur Löschung und Neubestellung.[487] Dies gilt auch für den Fall der Abtretung des Rechtes von dem Eigentümer des herrschenden Grundstücks an den Erbbauberechtigten des herrschenden Grundstücks.[488]

Wird das herrschende Grundstück in Wohnungseigentum aufgeteilt, so kann nach Begründung der Wohnungseigentümerschaft aufgrund der Bewilligung nur eines einzelnen Wohnungseigentümers auch nicht die Grunddienstbarkeit teilweise gelöscht werden hinsichtlich des ihm zustehenden Wohnungseigentums.[489]

136 Die Dienstbarkeit erlischt durch **Zwangsversteigerung** des dienenden Grundstücks, wenn die Dienstbarkeit im geringsten Gebot nicht berücksichtigt worden ist, gleichgültig aus welchem Grund (§§ 59, 91 ZVG). Auch wenn nur ein Miteigentumsanteil versteigert wird, bei dem nach den Versteigerungsbedingungen die Grunddienstbarkeit nicht in das geringste Gebot fällt, erlischt sie an den übrigen Miteigentumsanteilen; praktisch bedeutsam ist das vor allem bei Versteigerung von Wohnungs- oder Teileigentum und am ganzen Grundstück lastenden Versorgungsrechten.[490]

Zu beachten ist ferner die Ausnahmeregelung in § 9 EGZVG. Danach bleiben bei entspr. landesrechtl. Ausführungsregelung Leibgedings-, Altenteils- und Auszugsrechte trotz Zwangsversteigerung und Nichtaufnahme in das geringste Gebot erhalten, ebenso alle Dienstbarkeiten, die aufgrund des Vorbehalts in Artikel 187 EGBGB durch landesrechtliche Vorschrift vom Eintragungszwang befreit sind.[491]

137 Die bedingte oder befristete Dienstbarkeit erlischt mit **Eintritt der Bedingung oder Befristung**. Bei Löschung ist der Bedingungseintritt durch öffentliche Urkunde nachzuweisen; ist dies nicht möglich, erfolgt die Löschung auf Bewilligung des Dienstbarkeitsberechtigten (§§ 19, 22 GBO).

138 Die Dienstbarkeit erlischt mit **dauerndem Unmöglichwerden der Ausübung** der Grunddienstbarkeit sowie dadurch, dass der notwendige Vorteil für das herrschende Grundstück infolge grundlegender Änderung der tatsächlichen oder rechtlichen Grundlage dauernd wegfällt.[492] Die Löschung im Grundbuch erfolgt im Verfahren nach §§ 84 ff. GBO. Dauernde Unmöglichkeit der Ausübung liegt nicht vor, wenn der Dienstbarkeitsberechtigte den Plan zur Nutzung des dienenden Grundstücks für dauernd aufgibt, solange objektiv die Möglichkeit zur Nutzung noch gegeben ist.[493] Unmöglichkeit der Ausübung liegt auch nicht vor, solange und soweit noch eine teilweise Nutzung möglich ist. Die Widmung einer Fläche für den öffentlichen Verkehr bringt ein Fahrtrecht hieran nicht zum Erlöschen.[494] Wird durch einen Bebauungsplan die Nutzungsmöglichkeit eines Grundstücks geändert, so ist dies ohne Einfluss auf die bestehende Grunddienstbarkeit.[495] Keine Unmöglichkeit besteht bei Änderung des Bedarfs des herrschenden Grundstücks. Dieser Bedarf ist wandelbar.[496] Im Übrigen ist in Bayern ein Erlöschen möglich durch Nichtausübung innerhalb gesetzlich vorgeschriebener Mindestfristen (zehn Jahre nach Art. 56 Abs. 3; Art. 57 Abs. 1 BayAGBGB).[497]

139 Die Dienstbarkeit erlischt durch **Vereinigung** der beteiligten Grundstücke zu einer rechtlichen Einheit und die Zuschreibung des einen Grundstücks als Bestandteil des anderen berühren die Grunddienstbarkeiten **nicht**.[498] Die bestehende Belastung erstreckt sich nicht auf die anderen Teile des neuen Grundstücks. Wird bei der Anlegung des Loseblattgrundbuches die Beschränkung der Belastung nicht mit übernommen, so wird das Grundbuch unrichtig mit der Folge eines möglichen gutgläubigen Erwerbs.

---

486 KG OLGZ 1934, 193.
487 OLG Hamm Rpfleger 1989, 448.
488 OLG Hamm Rpfleger 1980, 225 = DNotZ 1981, 264.
489 BayObLG MittBayNot 1983, 168.
490 KG Rpfleger 1975, 68; DNotZ 1975, 105 m.w.N.; OLG Frankfurt a.M. Rpfleger 1979, 149; eingehend auch NK-BGB/*Keller*, Anhang Zwangsversteigerung Rn 101 m.w.N.
491 *Stöber*, ZVG, § 9 EGZVG Rn 3.3., 3.5; dazu *Hagena*, Rpfleger 1975, 73.
492 BGH WM 1966, 739; OLG Köln Rpfleger 1980, 389; BayObLGZ 1988, 14 = Rpfleger 1988, 246; OLG München, Beschl. v. 31.7.2017 – 34 Wx 36/17, juris; instruktiv zum Wegfall des Vorteils der Nutzung eines Kartoffelkellers zugunsten einer Brennereigenossenschaft OLG München Rpfleger 2020, 255.
493 RG Recht 1924 Nr. 394; KG OLG 1931, 336.
494 BayObLGZ 1971, 1.
495 BGH NJW 1967, 1609.
496 BGH BNotZ 1971, 471; BGH WM 1975, 625 = MittBayNot 1975, 163.
497 BayObLGZ 2003, 278 ff. = Rpfleger 2004, 156.
498 OLG Hamm Rpfleger 2003, 349.

Eine vor dem Inkrafttreten des BGB durch Konfusion erloschene altrechtliche Dienstbarkeit lebt jedoch auch dann nicht wieder auf, wenn die Trennung der Grundstücke nach Inkrafttreten des BGB erfolgt ist.[499]

140 Die Dienstbarkeit erlischt durch **Teilung** des berechtigten oder belasteten Grundstücks. Bei Teilung des berechtigten Grundstücks besteht die Grunddienstbarkeit mit der Einschränkung des § 1025 BGB für die einzelnen Teile grundsätzlich fort. Nicht als Teilung anzusehen ist die Bestellung eines Erbbaurechts am herrschenden Grundstück.[500] Bei Teilung des belasteten Grundstücks werden die von der Ausübung nicht betroffenen Teile des Grundstücks von der Dienstbarkeit frei (§ 1026 BGB). Dies setzt aber voraus, dass der Ausübungsbereich der Dienstbarkeit auf eine Teilfläche beschränkt ist und diese hinreichend bestimmt aus der Eintragungsbewilligung hervorgeht. Im Zusammenhang mit der bei der Teilung vorliegenden Flurkarte kann bestimmt werden, ob die abzuschreibende Teilfläche von der Dienstbarkeit frei wird. Die Eintragungsbewilligung mit ausreichender Bestimmung des Ausübungsbereich und der Kartennachweis der Teilung bilden dann den urkundlichen Nachweis des Erlöschens der Dienstbarkeit nach § 1026 BGB; weitergehende Erklärungen der Beteiligten sind nicht erforderlich.[501] Es kann auch eine Bestätigung des Liegenschaftskatasters genügen.[502] Die Zustimmung der dinglich Berechtigten am herrschenden Grundstück zur pfandfreien Abschreibung von Flächen des belasteten Grundstücks kann durch ein Unschädlichkeitszeugnis ersetzt werden.[503]

141 Die Dienstbarkeit erlischt bei **Zwangsenteignung**, sei es nach den Gesetzen des Bundes (z.B. BauGB; Bundesfernstraßengesetz; Flurbereinigungsgesetz; u.a.), sei es nach den Enteignungsgesetzen der Länder.

142 **Gemäß § 1028 Abs. 1 S. 2 BGB** erlischt die Dienstbarkeit, wenn der Anspruch auf Beseitigung einer der Ausübung der Dienstbarkeit entstehenden Anlage verjährt ist und dadurch die Dienstbarkeit selbst nicht mehr durchsetzbar ist.[504] Der Anspruch auf Beseitigung einer Beeinträchtigung der Grunddienstbarkeit, die durch eine Anlage auf dem dienenden Grundstück verursacht wird, verjährt in entsprechender Anwendung von § 197 Nr. 2 BGB in dreißig Jahren, wenn es um die Verwirklichung des Rechts selbst und nicht nur um eine Störung in der Ausübung geht.[505] Der Anspruch des Berechtigten einer Grunddienstbarkeit auf Beseitigung oder Unterlassung der Beeinträchtigung des Rechts unterliegt aber nicht der Verjährung, wenn es um die Verwirklichung des Rechts selbst, und nicht nur um eine Störung in der Ausübung geht.[506] Der Nachweis in der Form des §§ 22, 29 GBO wäre praktisch nur durch Feststellungsurteil denkbar, vorrangig hat der Grundstückeigentümer den Dienstbarkeitsberechtigten nach § 894 BGB auf Abgabe der Löschungsbewilligung zu verklagen.

III. Beschränkte persönliche Dienstbarkeit
1. Begriff § 1090 BGB

143 Die beschränkte persönliche Dienstbarkeit gibt im Gegensatz zur Grunddienstbarkeit einer **Person** die Befugnis, Grundbesitz in **einzelnen** Beziehungen zu benutzen. Soll das Grundstück im Ganzen genutzt werden, so handelte es sich um einen Nießbrauch, z.B. bei der Nutzung eines Einfamilienhauses samt Garten, wenn dies den gesamten Grundstücksbestand bildet.[507] Eine Dienstbarkeit ist nicht zulässig, wenn die Eintragung den wesentlichen Inhalt des Rechtes nicht erkennen lässt.[508]

---

499 BGHZ 56, 374.
500 OLG Hamm Rpfleger 1980, 225.
501 BayObLG Rpfleger 1987, 451; OLG München, Beschl. v. 25.7.2017 – 34 Wx 390/16, juris; *Schöner/Stöber*, Grundbuchrecht, Rn 1189.
502 BayObLG MittBayNot 1994, 318; OLG Hamm Rpfleger 2000, 157; OLG München, Beschl. v. 3.9.2014 – 34 Wx 90/14, juris; LG Landshut MittBayNot 1978, 215.
503 Art. 120 EGBGB; Pr. AGBGB; Bayer. Gesetz v. 15.6.1898, 14.8.1923, 28.4.1953 – GVBl 1953, 48.
504 BGH DWW 2023, 102; OLG Hamm ZfIR 2016, 725.
505 BGH DNotZ 2014, 992 = NJW 2014, 3780 = ZfIR 2015, 111 m. Anm. *Kesseler* = ZNotP 2014, 264; dazu *Amann*, DNotZ 2014, 164.
506 BGHZ 187, 185 = DNotZ 2011, 281 = NJW 2011, 518 = NotBZ 2011, 92 m. Anm. *Otto* = ZfIR 2011, 21 m. Anm. *Hogenschurz*.
507 Zur Abgrenzung gegenüber dem Nießbrauch, BayObLG Rpfleger 81, 439 = MittBayNot 1981, 185.
508 OLG Karlsruhe MittBayNot 2005, 406.

2. Belastungsgegenstand

Er ist der Gleiche wie bei der Grunddienstbarkeit (vgl. Rdn 100 ff.), auch das eigene Grundstück (vgl. Rdn 146). Die Dienstbarkeit kann als Gesamtbelastung bestellt werden, wenn sich ihr Ausübungsbereich auf mehrere Grundstücke erstreckt.[509]

144

3. Berechtigter

Berechtigter der beschränkten persönlichen Dienstbarkeit muss eine individuell bestimmte – natürliche oder juristische – Person sein. Auch **jur. Personen des öff. Rechts**, wie Anstalten, Stiftungen und Körperschaften, insbes. Gemeinden können Träger sein.[510] Die beschränkte persönliche Dienstbarkeit für eine jur. Person setzt nicht zwingend voraus, dass das Recht, z.B. ein Wohnbesetzungsrecht, zeitlich beschränkt ist.[511] Die Begründung muss in der Weise erfolgen, dass die Dienstbarkeit entweder dem Interesse der Gemeinde oder dem Interesse der Gemeindebürger oder der Allgemeinheit zugutekommt. Zu beachten ist jedoch, dass das Recht nicht bestimmten oder allen Grundstücken der Gemeinde, sondern dieser selbst als Interessenvertretung der Allgemeinheit zusteht.[512] Zulässig ist bspw. eine Dienstbarkeit für die Gemeinde dahingehend, dass ein Grundstück für keinen anderen Zweck als das Einstellen von Kraftfahrzeugen und deren Zufahrt benutzt werden darf.[513] **Behörden** und **Dienststellen** haben keine eigene Rechtspersönlichkeit, können daher nicht Träger von Dienstbarkeiten sein.[514]

145

Dienstbarkeitsberechtigter kann auch der Eigentümer des belasteten Grundstücks sein.[515] Ob eine **Eigentümerdienstbarkeit** ohne jede Einschränkung bestellt werden kann, ist bestritten.[516] Die Rechtsprechung verlangt für die Bestellung einer Eigentümerdienstbarkeit das Vorliegen eines besonderen Bedürfnisses, bspw. die beabsichtigte Veräußerung des Grundstücks.[517] Dies ist abzulehnen. Die Frage, ob dieses Bedürfnis in der Form des § 29 GBO nachzuweisen ist, ist nicht entschieden. Ein solcher Nachweis dürfte stets schwierig sein. Würde man auf den Nachweis verzichten, wäre die Einschränkung der Rechtsprechung ohnehin weitgehend ohne Bedeutung. Ein Grund für die Einschränkung der Rechtsprechung ist darüber hinaus nicht ersichtlich, da für die persönliche Dienstbarkeit die allgemeine Grenze gilt, dass sie einen Vorteil bieten muss (vgl. unten Rdn 150). Dieser Nachweis braucht in der Form des § 29 GBO jedoch nicht geführt werden. Das Grundbuchamt kann daher die Eintragung nur ablehnen, wenn diese offensichtlich niemand einen erlaubten Vorteil bringt oder dieser Vorteil bereits durch andere gesetzliche Bestimmungen hinreichend gesichert ist, da ein Rechtsschutzbedürfnis, das dem „Vorteil" entspricht, dann nicht vorhanden ist.

146

Zugunsten eines Miteigentümers kann eine beschränkte persönliche Dienstbarkeit im Hinblick auf § 1009 Abs. 1 BGB auf jeden Fall ohne Bedürfnisprüfung bestellt werden,[518] auch wenn damit gegen familiäre oder rechtliche Streitigkeiten vorgebeugt werden soll.[519]

Berechtigter kann auch eine **Mehrheit von Personen** sein. Die BGB-Gesellschaft kann ebenfalls Berechtigte sein.[520] Möglich ist eine Bruchteilsgemeinschaft, wenn das Recht teilbar ist, also das Maß der Nutzungen quantitativ festgesetzt ist, bspw. bei Weide-, Forst- und Ausbeuterechten. Ist das Recht unteilbar, so sind Gesamtberechtigungen nach § 428 BGB möglich,[521] auch beim Leibgeding;[522] bei letzterem bedarf es zur Löschung dann der Bewilligung aller Berechtigten. Möglich ist auch die Bestellung mehrerer selbstständiger Dienstbarkeiten gleichen Inhalts und Ranges zugunsten verschiedener Berechtigten mit der Folge, dass die Dienstbarkeiten sich gegenseitig nur in der tatsächlichen Ausübung ihrer Befugnisse beschränken.[523]

147

---

509 BayObLGZ 1989, 442 = Rpfleger 1990, 110.
510 BGH LM § 1028 Nr. 1; BayObLG NJW 1965, 1484 Nr. 5.
511 BayObLG DNotZ 2001, 73 = NJW-RR 2001, 1022; BayObLGZ 2000, 140 = Rpfleger 2000, 384.
512 RGZ 44, 145; 61, 342; BayObLGZ 3, 119.
513 BGH NJW 2021, 1397 = ZNotP 2021, 130; BayObLGZ 1965, 181.
514 KGJ 39 A 210.
515 BGHZ 41, 209 = NJW 1964, 1226; OLG Oldenburg DNotZ 1967, 687 = Rpfleger 1967, 407.
516 Dafür: *Weitnauer*, DNotZ 1964, 716; *Riedl*, Rpfleger 1966, 131; Staudinger/*Reymann*, BGB, § 1090 Rn 4.
517 BGHZ 41, 209; OLG Oldenburg DNotZ 1967, 687; LG Karlsruhe Rpfleger 1956, 344; LG Koblenz NJW 1961, 1281; *Maidl*, MittBayNot 1976, 218; OLG Frankfurt a.M. Rpfleger 1980, 63; OLG Frankfurt a.M. Rpfleger 1984, 264.
518 BayObLG Rpfleger 1992, 192 = DNotZ 1992, 366.
519 LG Frankfurt a.M. Rpfleger 1992, 246.
520 LG Landshut Rpfleger 1997, 433; OLG Köln DNotZ 1967, 501.
521 BGHZ 46, 253 = DNotZ 1967, 187 m. krit. Anm. *Fassbender*.
522 BayObLG MittBayNot 1975, 167.
523 BayObLG Rpfleger 1980, 152; zur Frage, inwieweit Gesellschafter nach § 705 BGB Berechtigte einer Dienstbarkeit sein können vgl. OLG Köln DNotZ 67, 501. *Fassbender*, DNotZ 1965, 662; Staudinger/*Reymann*, BGB; § 1090 Rn 3 m.w.N.

148 Nicht möglich ist die Eintragung einer Dienstbarkeit zugunsten einer bestimmten Person „und deren Rechtsnachfolger",[524] da die Dienstbarkeit unvererblich und grundsätzlich unübertragbar ist.[525] Eine Umdeutung ist unter Umständen dahingehend möglich, dass das Recht zulässigerweise unter einer auflösenden Bedingung oder mit einem Endtermin für die eine Person und unter einer aufschiebenden Bedingung bzw. einem Anfangstermin für die andere bestellt wurde.[526]

Zulässig ist eine beschränkte persönliche Dienstbarkeit für zwei Berechtigte mit der Maßgabe, dass das Recht nach dem Tod des einen dem Überlebenden in vollem Umfang zustehen soll.[527] Unzulässig ist bei einer Dienstbarkeit der Zusatz, dass sie auf den Rechtsnachfolger übergehen soll. Hier liegt eine unzulässige und nicht eintragungsfähige Nebenabrede (§ 1092 BGB) vor. Dies gilt jedoch nicht bei einer juristischen Person oder Handelsgesellschaft.[528] Die Dienstbarkeit wird damit aber nicht von vornherein im Ganzen unwirksam (§ 139 BGB).

149 Die **Bezeichnung** des Berechtigten muss zweifelsfrei erfolgen. Ungenaue Bezeichnungen sind vom Grundbuchamt mit Zwischenverfügung zu beanstanden. Ist jedoch die Eintragung ohne Klarstellung erfolgt, so ist die Eintragung zu überprüfen, ob der Bezeichnete sich zweifelsfrei ermitteln lässt. Die Zweifelsfreiheit kann sich auch aus den gesamten Umständen ergeben.[529]

4. Vorteil

150 **Vorteilhaft** muss auch die beschränkte persönliche Dienstbarkeit sein. Im Gegensatz zu § 1019 BGB bindet § 1091 BGB die Beteiligten nicht; sie sind berechtigt, von diesem Rahmen abzuweichen.[530] Es genügt jeder **erlaubte** und **rechtsschutzwürdige** Zweck, der sich mit privatrechtlichen Mitteln verfolgen lässt.[531] Auch **fremde** Bedürfnisse genügen.[532] Die Förderung öffentlicher Interessen genügt,[533] jedoch darf damit nicht lediglich die vom Gesetzgeber zur Verfügung gestellte öffentlich-rechtliche Rechtsnorm ausgeschlossen werden. Hier würde ein **Rechtsschutzbedürfnis** fehlen.[534] Das Rechtschutzbedürfnis wird bei einer beschränkten persönlichen Dienstbarkeit für die öffentliche Hand nicht dadurch ausgeschlossen, dass eine inhaltsgleiche Grunddienstbarkeit für ein berechtigtes Grundstück besteht.[535] Weiterhin kann eine öffentlich-rechtliche Körperschaft mit der Dienstbarkeit auch solche öffentliche Zwecke verfolgen, die mit öffentlich-rechtlichen Mitteln nicht oder nicht ohne weiteres zu verwirklichen sind.[536] Der Vorteil braucht nicht dauernd bestehen, darf sich jedoch nicht in einem einmaligen Vorgang erschöpfen.

5. Inhalt

151 Dieser deckt sich weitgehend mit der Grunddienstbarkeit. Auf das dort Aufgeführte wird verwiesen (vgl. Rdn 111 ff.). Zum positiven Handeln ist der Eigentümer nur im Rahmen einer Nebenpflicht verpflichtet.[537] Im Übrigen sind alle drei Belastungsarten zulässig, auch der dritte Tatbestand des § 1018 BGB.[538] Die einzelnen Arten können miteinander verbunden werden. Es handelt sich dann um ein einheitliches dingliches Recht, das verschiedene Arten der Belastungen in sich vereinigt.[539] Welche Belastungsart gemeint ist, muss aber in der Eintragungsbewilligung und im Grundbucheintrag zweifelsfrei gekennzeichnet sein.[540]

152 Im **Einzelnen** gilt bspw.:

Zum Recht, in **einzelnen Beziehungen zu nutzen** (dazu auch Rdn 116 ff.): Das Recht, ein Grundstück zu nutzen oder nutzen zu lassen, kann nicht Inhalt sein, auch nicht für einen Teil des Grundstücks,[541] ebenso,

---

524 OLG Hamm Rpfleger 2001, 297.
525 RGZ 119, 214; BGH LM § 1018 Nr. 11.
526 BGHZ 28, 100 m.w.N.
527 BayObLG in BayZ 1929, 162.
528 OLG Düsseldorf MittBayNot 1976, 215a; a.A. LG Bochum Rpfleger 1975, 432.
529 OLG Frankfurt a.M. Rpfleger 1980, 186.
530 RGZ 60, 317.
531 RGZ 159, 197; BGHZ 41, 209; BGH Rpfleger 1983, 15.
532 BGH Rpfleger 1983, 15.
533 BayObLG NJW 1965, 1484 Nr. 5; BGH NJW 1984, 924.
534 Ebenso *Quack*, Rpfleger 1979, 81 ff.
535 BayObLG Rpfleger 1982, 372.
536 BGH Rpfleger 1983, 478; BayObLGZ 1989, 95 = Rpfleger 1989, 401 jeweils m. Anm. *Quack*.
537 BGH LM § 242 D Nr. 31; BayObLG Rpfleger 1980, 385 für Kostentragung des Eigentümers von Heizung und Müllabfuhr; MüKo-BGB/*Mohr*, § 1018 Rn 44.
538 BGHZ 35, 381; BayObLG NJW 1965, 1484 Nr. 5.
539 BGHZ 29, 246; KG HRR 1941 Nr. 185.
540 BGHZ 35, 382. Zur Bestimmbarkeit der Leistung vgl. OLG Hamm DNotZ 86, 826.
541 OLG Zweibrücken Rpfleger 1982, 89; BayObLG Rpfleger 1986, 255 = DNotZ 1986, 33; a.A. bei einem Teil des Grundstücks – da dem Eigentümer die Nutzung der restlichen Fläche verbleibt – BGH Rpfleger 1992, 338 = DNotZ 1993, 55.

dass einem Berechtigten die Nutzung der gesamten Grundstücksfläche überlassen wird, auf der ein Freizeitzentrum errichtet werden soll.[542] Zulässig ist die Begründung eines Teilrechtes (Mitbenutzung) am ganzen Grundstück.[543] Wege- und Durchfahrtsrechte können sich in der Ausübung auf die ganze Fläche des Grundstücks erstrecken oder auf bestimmte Teile beschränken.[544] Das Recht dritter Personen (Besucher, Kunden usw.) den Weg zu benutzen, bedarf jedoch im Gegensatz zur Grunddienstbarkeit einer besonderen Gestattung des Grundstückseigentümers. Eine an sich zulässige Auslegung[545] sollte durch entsprechend klare Fassung der Eintragungsbewilligung vermieden werden.

Zulässig ist das Recht zur Entnahme von Bodenbestandteilen,[546] zur Mitbenutzung von Gleisanlagen.[547] Nicht zulässig ist eine Dienstbarkeit im Hinblick auf die Jagdausübung (§ 3 Abs. 1 BJagdG).

Zulässig ist die Verwendung des Grundstücks für geschäftliche oder gewerbliche Zwecke,[548] soweit kein Nießbrauch vorliegt. Ein Ferienparkbetriebsrecht, wonach eine Eigentumswohnung nur als Ferienwohnung bewirtschaftet und einem wechselnden Personenkreis zur Verfügung gestellt werden darf und wonach allein dem Berechtigten die Verwaltung und Vermietung der Wohnung, die Wärmeversorgung, der Betrieb eines Kabelfernsehens und einer Telefonanlage obliegt, kann Inhalt einer beschränkten persönlichen Dienstbarkeit sein.[549]

Beim **Ausschluss gewisser Handlungen** muss in der Eintragungsbewilligung zweifelsfrei, bestimmt werden,[550] welche Handlungen im Einzelnen zu unterlassen sind. Nur einzelne, nicht alle Benutzungsarten sind ausschließbar. Die Nennung der erlaubten Handlungen genügt.[551] Dem Eigentümer muss eine tatsächliche oder rechtliche[552] Nutzungsart verbleiben. Bei Wohnungseigentum oder Teileigentum genügt für den Eigentümer die Nutzung des Miteigentumsanteils.[553] Die Grenze zur Unzulässigkeit liegt dort, wo durch die Dienstbarkeit eine Verpflichtung zu positivem Tun entsteht. Zulässig ist, wenn nur mittelbarer tatsächlicher Druck entsteht.[554] Dies ist nicht der Fall, wenn aufgrund der Dienstbarkeit nur eine „sinnvolle" Nutzung übrig bleibt, weil der Eigentümer diese Nutzung auch unterlassen kann, ohne die Dienstbarkeit zu verletzen.[555] Daher ist die Untersagung zulässig, das Grundstück zu anderen Zwecken als zum Betrieb einer Behindertenwerkstatt zu nutzen. Weiterhin, Wohnung zu ständig wechselnder Belegung zu nutzen oder selbst zu beziehen[556] oder das belastete Grundstück mit anderen Brennstoffen als Flüssiggas, ausgenommen offenes Kaminfeuer, zu beheizen.[557] Zulässig ist daher, wenn die Dienstbarkeit nur wirtschaftlich den Eigentümer zu einem bestimmten Handeln zwingt.[558]

Die Eintragung darf nur abgelehnt werden, wenn eindeutig feststeht, dass dem Eigentümer keine wirtschaftlich sinnvolle Nutzungsmöglichkeit mehr verbleibt.[559] Der Ausschluss jeder Nutzung einer Wohnung durch Dritte ist unzulässig.[560] Die zu unterlassenden Handlungen müssen zu den belasteten Grundstücken in Beziehung stehen. Es muss sich um Maßnahmen tatsächlicher Art handeln, Beschränkungen der rechtsgeschäftlichen Verfügungsfreiheit sind unzulässig.[561]

Die Verpflichtung, auf einem Grundstück eine Gastwirtschaft oder Bierverkaufsstelle nur mit Zustimmung einer Brauerei zu betreiben, stellt keine rechtliche Verpflichtung des belasteten Eigentümers dar und ist daher zulässig.[562] Dass der Eigentümer **auch** in der rechtlichen Verfügungsmacht beschränkt ist, schadet nicht.[563] Jedoch ist es unzulässig, auf einem Grundstück keine anderen Waren als die eines bestimmten Herstellers zu vertreiben.[564]

---

542 OLG Köln Rpfleger 1982, 61.
543 OLG Frankfurt a.M. Rpfleger 1985, 393.
544 RG Recht 1907 Nr. 3819.
545 BGH NJW 1962, 1393.
546 RG HRR 1936 Nr. 662.
547 BGH LM § 1018 Nr. 4.
548 KGJ 53, 157.
549 BGH Rpfleger 2003, 410.
550 Vgl. dazu KGJ 53, 156; BayObLG NJW 1965, 1484 Nr. 5; OLG Düsseldorf Rpfleger 1979, 305.
551 BayObLGZ 1965, 180 = DNotZ 1966, 99.
552 BayObLG Rpfleger 2005, 419.
553 BayObLG Rpfleger 1988, 62.
554 BGH NJW-RR 2003, 733 ff.
555 BayObLGZ 1985, 285 = Rpfleger 1986, 10; BayObLG Rpfleger 1986, 10 = DNotZ 1986, 231.
556 LG Ravensburg Rpfleger 1992, 192.
557 Pfälz. OLG Zweibrücken Rpfleger 2001, 485.
558 OLG München Rpfleger 2005, 308.
559 BayObLG Rpfleger 1990, 105.
560 BayObLG Rpfleger 1982, 273.
561 RGZ 111, 395; BGHZ 29, 248 ff.
562 OLG Karlsruhe MittBayNot 1986, 256.
563 BayObLG MittBayNot 1989, 214.
564 BayObLGZ 1952, 287; 1953, 295; BGHZ 29, 244.

Bei **Dienstbarkeiten** zur **Sicherung von Wettbewerbsverboten** ist zu beachten: Jede mögliche Handlungsart kann ausgeschlossen werden, bspw. der Betrieb einer Tankstelle,[565] eines Flaschenbierhandels.[566] Bei Bezugs-, Lagerungs- und Handelsverboten muss das Verbot die gesamte Tätigkeitsart umfassen.[567]

Die zeitlich völlig unbeschränkte Unterlassungspflicht zur Sicherung von Wettbewerbsverboten ist sittenwidrig;[568] wegen der Abstraktheit des dinglichen Rechtes wirkt dies jedoch nur dann auf die Dienstbarkeit, wenn eine Verknüpfung mit dem Lieferungsvertrag, also Bezugsbindung vorliegt.[569] Eine Verbotsdienstbarkeit mit Erlaubnisvorbehalt, durch die dem Eigentümer untersagt wird, auf seinem Grundstück eine Gastwirtschaft zu betreiben bzw. Getränke zu vertreiben, ist zulässig, wenn die schuldrechtliche Vereinbarung einer daneben bestehenden Getränkebezugspflicht nicht Inhalt des dinglichen Rechtes geworden ist.[570] Ein wirtschaftlicher Zusammenhang und die Zusammenfassung von Grund- und Erfüllungsgeschäft in einer Urkunde genügen nicht. Selbst die Nichtigkeit des Grundgeschäftes beeinflusst die Wirksamkeit der Dienstbarkeit nicht ohne weiteres.[571]

Zulässig ist daher eine auf immerwährende Zeiten für den Berechtigten eingeräumte Dienstbarkeit, auf dem belasteten Grundstück Biersorten zu vertreiben. Die bloße Absicht der Beteiligten, eine noch abzuschließende Bezugsbindung zu sichern, macht die zeitlich unbefristet bestellte Dienstbarkeit nicht sittenwidrig.[572] Zulässig ist daher, überhaupt auf dem belasteten Grundstück keinen Gewerbebetrieb einzurichten oder eine bestimmte Art des Gewerbes nicht auszuüben.[573] Unzulässig ist es jedoch in jedem Fall, keine anderen Waren als die des Berechtigten zu vertreiben.[574]

154 Die gleichen Beschränkungen gelten auch für Dienstbarkeiten zur Sicherung von Verpflichtungen, die an sich im **öffentlichen Bereich** liegen.[575] Sie sind grundsätzlich zulässig, bspw. die beschränkte persönliche Dienstbarkeit zugunsten einer Gemeinde zum Zwecke der Widmung einer Fläche zur öffentlichen Straße.[576] Sogenannte Wohnungsbesetzungsrechte werden als zulässig angesehen.[577] Zulässig ist auch das Verbot, ein Grundstück oder ein Wohnungseigentum nur eine bestimmte Zeit im Jahr zu bewohnen oder bewohnen zu lassen und es zu anderen Zwecken als denen eines gewerblichen Fremdenverkehrsbeherbergungsbetriebes zu verwenden[578] oder ein Grundstück für andere Zwecke als eine Behindertenwerkstatt zu nutzen.[579] Der Umfang der ausgeschlossenen Rechte muss bestimmbar sein.[580]

Zulässig ist die Verpflichtung, ein Grundstück zu keinem anderen Zweck zu verwenden als zum Einstellen von Pkw,[581] Recht, ein Grundstück zur Straße auszubauen und dem öffentlichen Verkehr zu widmen.[582]

Die äußerste Grenze für die Eintragung solcher Dienstbarkeiten zugunsten öffentlich-rechtlicher Körperschaften ist das **Rechtsschutzinteresse**. Auch öffentlich-rechtliche Körperschaften können einen zulässigen Zweck mit privatrechtlichen Mitteln verfolgen. Was diese Körperschaft ohne weiteres schon auf der Grundlage öffentlich-rechtlicher Vorschriften durchsetzen könnte, bedürfte nicht erst privater Regelungen, sodass ein Rechtsschutzinteresse daran fehlt.[583] Dienstbarkeiten kommen aber dann in Betracht zur

---

565 BGHZ 35, 378.
566 BGH LM § 1090 Nr. 5.
567 BGHZ 74, 296 = Rpfleger 1979, 575.
568 BGH Rpfleger 1979, 376; OLG Düsseldorf Rpfleger 1979, 304.
569 BayObLGZ 1985, 290, 292; BGH Rpfleger 1988, 403 = DNotZ 1988, 572 mit Anm. *Amann*; BGH MittBayNot 1989, 142; BGH DNotZ 1990, 169; BayObLG Rpfleger 1997, 371.
570 OLG München NJW-RR 2004, 164.
571 BGH DNotZ 1990, 169; allg. zur Sittenwidrigkeit BGH WM 1980, 1293.
572 BGH Rpfleger 1988, 403; BGH Rpfleger 1989, 278.
573 BGHZ 74, 293 = NJW 1979, 2150; BGH NJW 1981, 344; BGH NJW 1983, 116; 1984, 924.
574 BGHZ 29, 244.
575 BGH NJW 1984, 924 m.w.N.
576 BayObLGZ 1920, 436.
577 KG NJW 1954, 1245; OLG Stuttgart MDR 1956, 679; OLG Stuttgart MDR 1956, 579. BayObLGZ 1989, 89 = Rpfleger 1989, 401 m. Anm. *Quack*; BayObLGZ 1989, 347 = Rpfleger 1990, 14 m. Anm. *Ertl*, MittBayNot 1990, 26 u. *Ring*, DNotZ 1990, 508; LG Ravensburg Rpfleger 1992, 192; Staudinger/*Reymann*, BGB, § 1090 Rn 18; Lemke/*Böttcher*, 2. Aufl. 2016, BGB, § 1018 BGB Rn 17; zu Baubeschränkungen und Bauverboten BGH JZ 67, 322. NJW 1964, 2297; KG JR 1963, 19; OLG Celle DNotZ 1958, 422.
578 BGH DNotZ 2003, 533 = Rpfleger 2003, 410 (Ferienparkvertriebsrecht); BayObLGZ 1985, 193 ff. = NJW 1985, 2485 = DNotZ 1986, 228.
579 BayObLGZ 1985, 285 = Rpfleger 1986, 10 = DNotZ 1986, 231.
580 OLG Hamm MittBayNot 1986, 197.
581 BayObLGZ 1965, 180; MDR 1965, 743.
582 Dazu *Maidl*, MittBayNot 1976, 218.
583 BGH NJW 1984, 924 = DNotZ 1985, 34 ff.; *Quack*, Rpfleger 1979, 281.

Erreichung öffentlicher Zwecke, falls sich dafür nicht oder nicht ohne weiteres die rechtliche Möglichkeit einer hoheitlichen Anordnung bietet.[584] Zulässig, da über den Rahmen der gesetzl. Regelung (Bayr. DenkmalschutzG) hinausgehend, ist eine beschränkte persönliche Dienstbarkeit, dass bei Gebäuden, die unter Denkmalschutz stehen, Abbruch, Veränderung oder Instandsetzungsmaßnahmen von der schriftlichen Zustimmung des Landesamts für Denkmalpflege abhängig gemacht werden, für den Freistaat Bayern.[585]

Zulässig sind Dienstbarkeiten zur Sicherung von Verpflichtungen, die im öffentlich-rechtlichen Bereich liegen, bspw. die persönliche Dienstbarkeit zugunsten einer Gemeinde zum Zweck der Widmung einer Fläche zur öffentlichen Straße,[586] Wohnbesetzungsrechte zugunsten öffentlich-rechtlicher Körperschaften,[587] Verpflichtung, ein Grundstück zu keinem anderen Zweck zu verwenden als zum Einstellen von Pkw,[588] Recht ein Grundstück zur Straße auszubauen und dem öffentlichen Verkehr zu widmen[589] oder die Verkehrssicherungspflicht zu tragen.[590]

Die dritte Belastungsart – **Ausschluss der Ausübung von Rechten** – kommt insbes. vor bei Immissionen (§ 906 BGB) sowie bei Grenzüberbauten (§ 912 BGB). Möglich ist der Verzicht auf eine Überbaurente dann als Dienstbarkeit, wenn Zweifel über die Entschuldbarkeit des Überbaues vorliegen.[591] Auch hier muss der Rechtsausschluss genügend bestimmt sein[592] (für Bergschädenverzicht).   **155**

6. Entstehen und Erlöschen

Entstehen und Erlöschen der beschränkten persönlichen Dienstbarkeit erfolgen in gleicher Weise wie bei der Grunddienstbarkeit. Eine Vollmacht, Stellplätze zugunsten des jeweiligen Eigentümers einer abgeschriebenen Teilfläche zu bestellen, deckt nicht die Bestellung einer Stellplatzdienstbarkeit zugunsten der Stadt in der Form einer beschränkten persönlichen Dienstbarkeit.[593] Eine beschränkt persönliche Dienstbarkeit entsteht wirksam nicht, wenn ihre Ausübung schon bei der Bestellung objektiv und dauernd unmöglich ist.[594] Ist ein Grundstück, das im Miteigentum steht, mit einer Dienstbarkeit belastet, nach deren Inhalt die Ausübung eines Rechtes ausgeschlossen ist, so kann die Belastung an einem Miteigentumsanteil gelöscht werden.[595] Grundsätzlich ist die beschränkte persönliche Dienstbarkeit nicht übertragbar. Eine Überleitung nach § 93 SGB XII kann nicht erfolgen, deswegen auch nicht im Grundbuch eingetragen werden.[596] Eine Ausnahmebestimmung enthält § 1092 Abs. 2 und 3 BGB. Durch diese Übertragbarkeit wird in vielen Fällen entbehrlich, für Berechtigte Grunddienstbarkeiten zu bestellen, insbes. bei Gas-, Wasser- und Stromleitungsrechten für Versorgungsunternehmen in der Rechtsform der juristischen Person[597] oder Personengesellschaft (§ 1092 Abs. 3 BGB). Werden Genossenschaften verschmolzen, so geht die Dienstbarkeit über.[598]   **156**

Möglich ist die **Überlassung der Ausübung**, wenn der Grundstückseigentümer dies gestattet hat (§ 1092 Abs. 1 BGB). Diese Gestattung bedarf der Eintragung in das Grundbuch, wenn der Inhalt der Dienstbarkeit dadurch erweitert wird.[599] Im Übrigen ist die Dienstbarkeit grundsätzlich nicht übertragbar (§ 1092 Abs. 1 S. 1 BGB). Eine gesetzliche Ausnahmeregel gilt für juristische Personen oder rechtsfähige Personengesellschaften (§§ 1092 Abs. 2, 1059a–d BGB), sowie Leitungsdienstbarkeiten des gleichen Personenkreises (§ 1092, Abs. 3 BGB). Wegen ihrer Nichtübertragbarkeit kann die beschränkt persönliche Dienstbarkeit weder mit einem Nießbrauch (§ 1019 Abs. 2 BGB) noch mit einem **Pfandrecht** (§ 1274   **157**

---

584 BGH NJW 1984, 924.
585 LG Passau MittBayNot 1977, 191.
586 BayObLGZ 1920, 436.
587 OLG Stuttgart MDR 1956, 57; zur Fremdenverkehrsdienstbarkeit im Verhältnis zu § 22 BauGB siehe *Hilt/Herold*, BayVerwBl 1993, 385 u. 423; BVerwG MittBayNot 1996, 237 m. Anm. *Schmidt*; *Griwotz*, MittBayNot 1996, 181.
588 BayObLGZ 1965, 180; MDR 1965, 743.
589 Dazu *Maidl*, MittBayNot 1976, 218.
590 BayObLGZ 1990, 8 = NJW-RR 1990, 600 unter entspr. Anwendung des § 1021 BGB; a.A. OLG Köln Rpfleger 1990, 409.
591 OLG Düsseldorf DNotZ 1978, 353.
592 Dazu ausführlich OLG Hamm MittRhNot 1986, 197.

593 BayObLG Rpfleger 2002, 260.
594 BGH Rpfleger 1985, 185.
595 OLG Hamm Rpfleger 1980, 468; LG Bochum Rpfleger 1982, 372; krit. *Zimmermann*, Rpfleger 1981, 333 ff.
596 OLG Braunschweig FGPrax 1995, 224 = MittRhNot 1996, 222; nicht ausgeschlossen ist aber der Rückgriff des Sozialhilfeträgers auf den unterhaltspflichtigen Grundstückseigentümer, wenn etwa der Wohnungsberechtigte das Wohnungsrecht tatsächlich nicht ausübt und der Grundstückseigentümer damit eigene Aufwendungen erspart oder Einkünfte aus der dann möglichen Grundstücksnutzung erzielt.
597 BGHZ 37, 362.
598 BayObLG Rpfleger 1983, 391.
599 RGZ 159, 204.

Abs. 2 BGB) belastet werden. **Pfändung** ist möglich, wenn den Berechtigten die Überlassung der Ausübung gestattet und dies im Grundbuch eingetragen ist.[600] Die Eintragung der Pfändung im Grundbuch ist nicht Wirksamkeitsvoraussetzung, jedoch zulässige Grundbuchberichtigung. Unter den vorgenannten Voraussetzungen fällt die beschränkte persönliche Dienstbarkeit auch in die Masse bei Insolvenzeröffnung über das Vermögen des Berechtigten.[601]

7. Wohnungsrecht (§ 1093 BGB)

158 Beim Wohnungsrecht nach § 1093 BGB handelt sich um eine Unterart der beschränkten persönlichen Dienstbarkeit.[602] Vom Dauerwohnrecht nach dem Wohnungseigentumsgesetz unterscheidet es sich durch die fehlende Vererblichkeit und die Unmöglichkeit, veräußert zu werden, vom Nießbrauch dadurch, dass der Nießbrauch sämtliche Nutzungen gewährt, von denen allenfalls einzelne ausgeschlossen sein können. Hauptzweck der Benutzung muss das Wohnen sein, doch kann der Berechtigte nebenbei, falls nichts anderes vereinbart wurde, die Räume auch gewerblichen oder geschäftlichen Zwecken dienstbar machen.[603]

159 Die **Bestellung** des Wohnrechts ist schon vor Erstellung der davon betroffenen Gebäude zulässig,[604] auch vor Eigentumsübergang im Grundbuch[605] oder vor Begründung des davon betroffenen Wohnungseigentums.[606]

Die Zustimmung des Ehegatten zur Bestellung ist gem. § 1365 BGB erforderlich, wenn der Wert des Grundstücks durch das Recht so stark gemindert ist, dass dem verfügenden Ehegatten nur ein unwesentlicher Teil seines Gesamtvermögens verbleibt[607] oder bei vorausgehenden Belastungen das Wohnungsrecht den verbleibenden Grundstückswert im Wesentlichen aufzehrt[608] und der Begünstigte dies weiß.

Sind neben dem Wohnungsrecht zulässig verdinglichte schuldrechtliche Ansprüche vereinbart – Geldrente nach Art. 15 § 9 Abs. 2 PrAGBGB für den Fall der Aufgabe des Rechtes – so kann ein Löschungserleichterungsvermerk eingetragen werden.[609]

Räumlichkeiten und Grundstücke[610] müssen in Bewilligung und Grundbuch eindeutig und unmissverständlich bezeichnet sein.[611] Es ist aber nicht Voraussetzung, dass das Gebäude baupolizeilich genehmigt ist oder sich tatsächlich bis an das Lebensende des Berechtigten zum Bewohnen eignet.[612] Es kann sich auch auf unbebaute Grundstücksteile als Belastungsgegenstand erstrecken, sofern damit dem eigenen Bedarf des Wohnberechtigten gedient werden soll,[613] auch auf sanitäre Versorgungs- und Entsorgungsleitungen,[614] daher ist die lastenfreie Abschreibung eines Grundstücksteils nur mit Freigabeerklärung möglich; auch untergeordnete weitere Nutzungen sind zulässig.[615] Auf einen als selbstständiges Teileigentum gebuchten Tiefgaragenplatz kann ein Wohnungsrecht nicht ausgedehnt sein.[616] Wird ein mit einem Wohnungsrecht belastetes Grundstück in Wohnungseigentum aufgeteilt, so kann die Beschränkung des Belastungsgegenstandes des Wohnrechtes auf ein oder mehrere Wohnungseigentumsrechte nur Erfolg haben, wenn der Ausübungsbereich der Dienstbarkeit mit der Nutzungsbefugnis einer oder mehrerer Sondereigentumseinheiten deckungsgleich ist. Geht der Ausübungsbereich der Dienstbarkeit darüber hinaus, muss notwendig das ganze Grundstück mit dem Wohnungsrecht belastet bleiben. Erstreckt sich das Wohnrecht auf die ausschließliche Nutzung der einer Wohnung zugeordneten Terrasse, die nicht Sondereigentum ist, so fehlt die erforderliche Deckungsgleichheit, wenn dem Sondereigentum der betreffenden Wohnung das Sondernutzungsrecht an dieser Terrasse nicht eingeräumt worden ist.[617]

---

600 KG NJW 1968, 1882.
601 BGH LM § 1 Nr. 5.
602 KGJ 53, 158.
603 KGJ 53, 158; RG HRR 1932 Nr. 1660.
604 BayObLGZ 1956, 94 = NJW 1956, 871.
605 BayObLG DNotZ 1980, 543.
606 LG Lübeck Rpfleger 1995, 15.
607 BGH Rpfleger 1989, 404.
608 BGH NJW 1993, 2441.
609 OLG Hamm Rpfleger 2001, 402; allg. dazu Meikel/*Böttcher*, GBO, §§ 23, 24 Rn 39.
610 OLG Oldenburg Rpfleger 1978, 411.
611 OLG Hamm Rpfleger 1962, 59; BayObLG DNotZ 1965, 166.
612 BGH WM 1968, 38.
613 Für den Hausgarten vgl. OLG Schleswig SchlHA 1966, 67; LG München I MittBayNot 1970, 153, vgl. auch LG Koblenz DNotZ 1970, 164; BayObLG Rpfleger 1976, 145.
614 BayPblGZ 1992, 57.
615 Für Garage LG Osnabrück Rpfleger 1972, 308; i.E. ebenso BayObLG Rpfleger 1987, 62 a.E.; für Doppelgarage *Haegele*, Rpfleger 1972, 96.
616 BayObLG Rpfleger 1987, 62.
617 OLG Hamm NJW RR 2000, 1403.

160 Im Übrigen kann jede aus dem Sondereigentum fließende Befugnis des Wohnungseigentums Gegenstand einer Dienstbarkeit sein, auch wenn das Objekt zum gemeinschaftlichen Eigentum gehört,[618] auch ein mit dem Sondereigentum verbundenes Sondernutzungsrecht am gemeinschaftlichen Eigentum.[619] Unzulässig ist nur eine Dienstbarkeit, deren Ausübungsbereich ausschließlich das Sondernutzungsrecht am gemeinschaftlichen Eigentum ist.[620]

Erstreckt sich das Wohnrecht nur auf einen Teil des Gebäudes, so müssen die Räume im Einzelnen angegeben sein. Fehlt es an einer solchen Angabe, so kann dahin ausgelegt werden, dass das Wohnrecht sich auf das gesamte oder alle vorhandenen Gebäude erstreckt.[621] Die Eintragung ist nur am Hausgrundstück möglich, nicht an weiteren Grundstücken.[622]

Bei Gartenbenutzung genügt jedoch die Bezeichnung ohne nähere Konkretisierung.[623] Ein Verstoß gegen dieses Bestimmtheitserfordernis macht die Eintragung unwirksam, sofern nicht nachträglich durch Auslegung eine Bestimmung getroffen werden kann.[624] Die Bestimmung der Räume kann nicht für eine spätere Zeit dem Berechtigten vorbehalten werden.[625] Zulässig ist die Bestellung unter **auflösenden und aufschiebenden Bedingungen**, daher ist die Einräumung der Benutzungsmöglichkeit des einen oder anderen Raumes oder Gebäudes zulässig[626] oder des Erlöschens, wenn der Berechtigte das Anwesen nicht nur vorübergehend verlässt.[627] Für Pfändbarkeit und Verpfändung gelten die Grundsätze für die beschränkt persönliche Dienstbarkeit.

161 Durch das Wohnrecht muss der **Eigentümer** von der **Mitbenutzung** der Räumlichkeiten auf Dauer **ausgeschlossen** sein. Fehlt es am Ausschluss des Eigentümers, so handelt es sich um kein Wohnrecht nach § 1093 BGB, sondern um ein gewöhnliches Benutzungsrecht nach § 1090 BGB mit entsprechenden Rechtsfolgen.[628] Zulässig ist an den gleichen Räumen neben einem Wohnrecht für einen Dritten nach § 793 BGB die Begründung eines Mitbenutzungsrechtes nach § 1090 BGB für den derzeitigen Eigentümer.[629] Unzulässig ist der Inhalt des einheitlichen Wohnungsrechtes, dass der Berechtigte die Wohnung gemeinsam mit dem Eigentümer, bei dessen Vorversterben die Wohnung allein nutzen dürfe.[630] Dies gilt auch für die gleichzeitige Bestellung eines solchen Rechtes sowohl für den Eigentümer als auch für einen Dritten. Nur wenn der Ausschluss für eine kurze vorübergehende Zeit zunächst nicht erfolgt, kann ausnahmsweise eine Eigentümerdienstbarkeit zulässig sein.[631]

162 Neben dem Wohnungsrecht kann ein **Mietvertrag** bestehen.[632] Ein dingliches Wohnrecht ist unzulässig, wenn sich das Recht in seinem Inhalt nach einem Mietvertrag richten soll, der zwischen den Beteiligten besteht.[633] Wird mit dem Wohnrecht lediglich die Verdinglichung der gegenseitigen Ansprüche beabsichtigt, dann ist die Vereinbarung nichtig.[634] Jedoch können ohne rechtlichen Nachteil beide Formen nebeneinander bestehen.[635] Wird das Wohnrecht nach Abschluss des Mietvertrages bestellt, so kann darin auch eine stillschweigende Aufhebung des Mietverhältnisses liegen.[636] Normalerweise berührt jedoch das Schicksal der einen Rechtsform die andere nicht.[637]

Das Entgelt lässt sich jedoch dadurch sichern, dass das Weiterbestehen des Wohnrechts von der rechtzeitigen Zahlung des Entgelts abhängig gemacht und diese **auflösende Bedingung** in das Grundbuch eingetragen wird.[638] Zu beachten ist stets, dass bei Weiterveräußerung des belasteten Grundstücks der Entgelt-

---

618 BGHZ 107, 289.
619 BayObLGZ DNotZ 1998, 125.
620 BayObLG NJW-RR 1998, 1236.
621 BayObLG 1999, 248, 250.
622 BayObLG Rpfleger 1976, 14; zur Verbindung des Wohnungsrechtes mit dem Recht auf Mitbenutzung der Räume eines ganz anderen Gebäudes oder Geschosses OLG Saarbrücken FGPrax 1995, 171.
623 OLG Frankfurt a.M. Rpfleger 1982, 465; OLG Brandenburg FGPrax 2021, 244 m. Anm. *Wilsch* = NotBZ 2021, 389.
624 RGZ 1932, 1368 Nr. 4; BGHZ 35, 26.
625 BayObLG DNotZ 1965, 166.
626 BayObLGZ 1988, 128.
627 BayObLG MittBayNot 1998, 33.
628 KG HRR 1929 Nr. 906; KG Rpfleger 1985, 185; OLG Düsseldorf Rpfleger 1997, 472.
629 OLG Saarbrücken Rpfleger 1992, 16; *Reiff*, Rpfleger 1992, 151.
630 OLG Düsseldorf FGPrax 1997, 171.
631 OLG Oldenburg Rpfleger 1967, 410; ähnl. LG Köln Mitt-RhNot 1973, 583.
632 Vgl. im einzelnen *Haegele*, Rpfleger 1973, 349 ff. m.w.N.
633 OLG Hamm DNotZ 1957, 314 m. Anm. *Jean*; LG Mannheim DNotZ 1972, 617; vgl. auch BGH Rpfleger 1974, 187.
634 RG HRR 1929, 1902; BGH WM 1962, 746; 1965, 649.
635 Vgl. BGH LM § 1090 Nr. 7 WM 1966, 1088.
636 BGH LM § 398 Nr. 20.
637 BGH WM 1966, 1089.
638 OLG Karlsruhe DNotZ 1968, 432; kritisch *Ripfel*, DNotZ 1968, 404; OLG Frankfurt/M. NotBZ 2023, 154.

anspruch nicht entsprechend § 571 BGB automatisch auf den Erwerber übergeht, sondern ausdrücklich abgetreten werden muss.[639] Auf regelmäßig wiederkehrende Leistungen finden die Vorschriften des öffentlichen Mietrechts keine Anwendung.[640]

Als dinglicher Inhalt des Wohnrechts können wiederkehrende Leistungen des Berechtigten dem Grundstückseigentümer gegenüber nicht vereinbart werden. Unzulässig ist daher die Vereinbarung, dass der Wohnungsberechtigte die Hälfte sämtlicher Grundstückslasten zu tragen hat.[641] Der Inhaber eines dinglichen Wohnungsrechts hat sich aber an den Kosten zu beteiligen, die dem Eigentümer durch die gewöhnliche Unterhaltung der zum gemeinschaftlichen Gebrauch der Bewohner bestimmten Anlagen und Einrichtungen entstehen. Die anteilig auf seine Wohnung entfallenden verbrauchsunabhängigen Kosten von Heizung und Warmwasserbereitung trägt der Wohnungsberechtigte auch dann, wenn er die Wohnung nicht nutzt.[642]

163 Für die Instandhaltung der von Wohnungsrecht umfassten Räume gelten die allgemeinen Regelungen der §§ 1020, 1021 BGB. Als Inhalt des Rechtes kann vereinbart werden, dass der **Eigentümer laufende Lasten** zu tragen habe;[643] Gleiches gilt für die Übernahme der Kosten von Schönheitsreparaturen, Strom, Wasser, Abwasser und Heizung,[644] Müllabfuhr, Straßenreinigung und Kaminkehrergebühren.[645] Nebenleistungsverpflichtungen des Eigentümers müssen nicht durch selbstständige Reallasten verdinglicht werden.[646]

164 Erfasst das Wohnrecht nicht das gesamte Gebäude, so hat der Berechtigte die gesetzliche Befugnis zur **Mitbenutzung** der **Gemeinschaftsanlagen.** Was dazu gehört, richtet sich nach den allgemeinen Lebens- und Wohngewohnheiten.[647] Konkretisierung in der Eintragungsbewilligung daher ratsam. Soll das Wohnungsrecht an einem Wohnungseigentum begründet werden, so erfasst es kraft Gesetzes auch ein zum Wohnungseigentum gehörendes Sondernutzungsrecht am gemeinschaftlichen Eigentum, daher nicht eine dahingehende gesonderte Inhaltsvereinbarung möglich.[648] Abweichende Vereinbarungen sind als dinglicher Inhalt zulässig. Nicht zulässig ist die Erstreckung auf rechtlich selbstständige unbebaute Grundstücke.[649]

165 **Berechtigter** kann eine natürliche oder juristische Person sein (§§ 1092 Abs. 2; 1093 Abs. 1 S. 1 BGB). Letztere kann ein privatrechtliches Interesse[650] daran haben, einem bestimmten Personenkreis Räume zu Wohnzwecken zu überlassen.[651] Auch die Bestellung als Eigentümerrecht ist zulässig.[652]

166 Sind **mehrere** für das gleiche Gebäude oder die gleichen Räume dinglich wohnberechtigt, so handelt es sich im Regelfall um ein bloßes Nebeneinander mehrerer selbstständiger Rechte, die sich gegenseitig nur in ihrer Ausübung beschränken.[653] Werden sie gleichzeitig nebeneinander bestellt, so bedarf es keiner Zustimmung der jeweils anderen Berechtigten.[654] Eine Alternative Bestellung unter einer auflösenden Bedingung – volles alleiniges Wohnrecht nach Ableben des mitbenutzungsberechtigten Ehegatten – ist möglich.[655] Als Gemeinschaftsverhältnis sind möglich Gesamthand bei Gesellschaft oder ehelicher Gütergemeinschaft, Gesamtberechtigung nach § 428 BGB (Gesamtgläubigerschaft). Jeder Berechtigte hat dann ein eigenes Recht, die mehreren Rechte sind miteinander verbunden.[656] Stirbt im letzteren Fall ein Berechtigter, so erlischt damit das Wohnrecht nicht.[657] Wird für Ehegatten, die in Gütergemeinschaft leben, ein gemeinsames Wohnrecht bestellt, so fällt dieses in das Gesamtgut.[658] Bruchteilsgemeinschaft ist unzulässig.[659]

---

639 Dazu BGH WM 1965, 651; BGH LM § 398 Nr. 20.
640 BGH WM 1965, 652.
641 BayObLGZ 1988, 268 = Rpfleger 1988, 523 = MittBayNot 1988, 234; OLG Frankfurt a.M. NJW RR 1992, 345.
642 BGHZ 52, 234; BGHZ 191, 213 = DNotZ 2012, 293 = MittBayNot 2012, 289 m. Anm. *Stürner/Klett* = NJW 2012, 522 = ZfIR 2012, 89 m. Anm. *Schmid*; OLG München ZMR 2022, 963.
643 BayObLG 1980, 176 = Rpfleger 1980, 385; BayObLG DNotZ 1981, 124 ff. für Heizung und Müllabfuhrkosten; ausf. dazu *Amann*, DNotZ 1982, 396; LG Gießen Rpfleger 1986, 174; OLG Schleswig NJW-RR 1994, 1359.
644 OLG Nürnberg FGPrax 2021, 14 = NotBZ 2021, 274; **a.A.** LG Itzehoe Rpfleger 1994, 159.
645 LG Kassel Rpfleger 2003, 414.
646 So aber *Schöner/Stöber*, Grundbuchrecht, Rn 1254; OLG Köln MittRhNot 1992, 46.
647 LG Verden Nds. Rpfleger 1965, 84.
648 BayObLGZ 1997, 282 = Rpfleger 1998, 68.
649 BayObLG MittBayNot 1975, 260.
650 RGZ 61, 342.
651 KGJ 53, 158; BayObLGZ 1982, 184; zur Zulässigkeit der Eigentümerdienstbarkeit vgl. OLG Oldenburg DNotZ 67, 687. BGHZ 41, 209 = NJW 1964, 1226.
652 Eingehend auch zur Pfändung des Eigentümerrechts BGHZ 236, 214 = DNotZ 2023, 518 = FGPrax 2023, 97.
653 BayObLG DNotZ 1980, 543.
654 BayObLGZ Rpfleger 1980, 151.
655 OLG Köln MittRhNot 1997, 84.
656 BayObLG 1991, 433 = Rpfleger 1992, 191.
657 BGHZ 46, 253; BGH LM § 1093 Nr. 4; a.A. *Reinecke*, JZ 1967, 417; vgl. auch *Fassbender*, DNotZ 1965, 641.
658 BayObLGZ 1967, 480.
659 BGHZ 46, 254; OLG Köln DNotZ 1965, 686.

Welcher **Personenkreis** gem. § 1093 BGB von den Berechtigten **aufgenommen** werden darf, richtet sich nach der Auffassung des gewöhnlichen Lebens. Die Aufnahme von Besuchern ist grundsätzlich zulässig. Sonstige Personen dürfen nur aufgenommen werden, wenn eine solche Belassung ausdrücklich gestattet ist.[660] Abweichende Vereinbarungen mit dinglicher Wirkung müssen im Grundbuch vermerkt werden.[661]

167

Die **Löschung** erfolgt auf Bewilligung des Berechtigten, bei zulässiger Löschungserleichterung nach §§ 23, 24 GBO[662] auch durch Antrag des Eigentümers mit Vorlage der Sterbeurkunde. Ein möglicher Rückstand von Leistungen, der die Löschungserleichterung ausschließen würde, ist nicht die Verpflichtung bei einem Wohnrecht, das Gebäude endgültig fertigzustellen, jedoch kann die Verpflichtung, zum gemeinschaftlichen Gebrauch bestimmte Anlagen und Einrichtungen im gebrauchsfähigen Zustand zu erhalten, einen solchen Rückstand ermöglichen.[663] Ist die Löschungserleichterung in der Weise formuliert, dass das Wohnrecht auflösend bedingt bis zum Eintritt eines bestimmten Ereignisses bestellt worden ist – „auf die Dauer des ledigen und besitzlosen Standes" – so ist beim Nachweis auch nur eine dieser beiden Voraussetzungen zu löschen.[664] Eine Amtslöschung (§ 84 GBO) ist möglich aus Rechts- oder tatsächlichen Gründen (vgl. § 84 GBO Rdn 2 ff.). Dass ein Wohnrecht längere Zeit nicht ausgeübt wurde, macht die Ausübung noch nicht auf Dauer unmöglich.[665] Eine Verwirkungsmöglichkeit besteht bei dinglichen Rechten nicht. Erfolgt die Löschung nur durch ein Versehen des Grundbuchamtes, so ist ein gutgläubiger Erwerb eines Dritten ausgeschlossen bei einer Übertragung schenkungsweise oder im Weg der vorweggenommenen Erbfolge.[666]

168

Neben den allgemeinen **Erlöschensgründen** für beschränkte persönliche Dienstbarkeiten gilt bei Wohnrechten auch der Untergang des Gebäudes oder Gebäudeteiles.[667] Die Errichtung eines neuen Gebäudes als Ersatz für das zerstörte führt zu keinem Wiederaufleben. Soweit eine Pflicht zur Wiederherstellung aufgrund landesrechtlicher Vorschriften besteht,[668] bleibt das Recht erloschen.[669] Aber der Berechtigte hat obligatorischen Anspruch auf erneute Wohnrechtseinräumung, die sich durch Vormerkung sichern lässt.

Soweit ein Wohnrecht zu einem Altenteil gehört, gilt laut Art. 96 EBGBG Landesrecht. Dinglich ist zu beachten, dass eingetragene Altenteilsrechte nach § 9 Abs. 1 EGZVG Abs. 2 auch dann von einer Zwangsversteigerung des belasteten Grundstücks unberührt bleiben, wenn sie nicht in das geringste Gebot fallen.[670]

8. Überleitungsrecht im Beitrittsgebiet

In den neuen Bundesländern können folgende Nutzungsrechte bestehen:[671]

169

– Eingetragene Dienstbarkeiten und beschränkte dingliche Rechte nach BGB; eingetragen bis 31.12.1976; diese bestehen grundsätzlich mit ihrem eingetragenen Inhalt fort.
– Zwischen 1.1.1976 und 3.10.1990 konnte als Grundstücksrecht das Mitbenutzungsrecht gem. §§ 321, 322 ZGB[672] in das Grundbuch (deklaratorisch) eingetragen werden.[673] Die Überleitung des nicht im Grundbuch eingetragenen Mitbenutzungsrechts sollte zunächst über Art. 233 § 5 EGBGB erfolgen,[674] wurde dann aber durch § 8 GBBerG überholt.
– Am 31.12.2000 nicht im Grundbuch eingetragene beschränkte dingliche Rechte, Mitbenutzungsrechte aber auch altrechtliche Dienstbarkeiten (!) sind zum 1.1.2001 kraft Gesetzes erloschen.[675]

---

660 KG JW 1923, 760 Nr. 2.
661 Zum Recht, einen Lebenspartner aufzunehmen, vgl. BGH Rpfleger 82, 336.
662 BayObLGZ 1979, 373 = Rpfleger 1980, 20 = DNotZ 1980, 157; OLG Düsseldorf Rpfleger 1995, 248.
663 OLG Düsseldorf Rpfleger 2003, 351.
664 BayObLG Rpfleger 1983, 62.
665 BayObLGZ 1986, 221; BayObLGZ 1999, 251; zur Qualifizierung als Zuwendung an den Eigentümer BGHZ 227, 188 = MittBayNot 2022, 26.
666 LG Bielefeld Rpfleger 2002, 200.
667 BGHZ 7, 268; 8, 58; vgl. auch BayObLG NJW 1956, 872. Staudinger/*Reymann*, BGB, § 1093 Rn 57.

668 Vgl. für frühere preußische Landesteile Art. 15 § 5 AGBGB, für Bayern Art. 37 AGBGB, für Württemberg Art. 158 AGBGB.
669 OLG München DNotZ 1954, 103.
670 RGZ 162, 52.
671 Umfassend *Keller/Padberg*, Nutzungsrechte an Grundstücken in den neuen Ländern (1996).
672 Gesetz v. 19.5.1975, Gbl DDR I, 465.
673 BGH NotBZ 2006, 245 m. Anm. *Salzig*.
674 Dazu OLG Sachsen-Anhalt FGPrax 2020, 23 m. Anm. *Keller*.
675 Eingehend *Schmidt-Räntsch*, ZfIR 2011, 625.

Zur Überleitung einzelner Grundstücksnutzung sind ferner zu beachten die §§ 116–119 SachenRBerG[676] sowie § 3 MeliorationsanlagenG v. 21.9.1994 (BGBl I 1994, 2550) und das Anpflanzungseigentumsgesetz v. 21.9.1994 (BGBl I 1994, 2549). Sie gewährten dem Nutzer regelmäßig einen Anspruch auf Bestellung einer Dienstbarkeit.

Von großer praktische Bedeutung ist § 9 GBBerG, wonach für am 3.10.1990 bestandene Grundstücksnutzung insbes. zur Energieversorgung, Wasservers- und -entsorgung oder für Telekommunikationsanlagen kraft Gesetzes beschränkte persönliche Dienstbarkeiten entstanden sind und aufgrund der Bescheinigung der zuständigen Behörde als Grundbuchberichtigung einzutragen sind.[677] Der öffentliche Glaube des Grundbuchs gilt auch hinsichtlich dieser nicht eingetragenen Dienstbarkeiten seit 1.1.2012.[678]

IV. Baulast

1. Zweck und Anwendungsbereich der Baulast

170 Mit Ausnahme von Bayern haben alle Bundesländer in ihren Bauordnungen das Institut der Baulast vorgesehen. Die jeweiligen Vorschriften der Landesbauordnungen lauten wesentlich gleich und gehen auf die entsprechenden Regelungen der Musterbauordnung zurück, die 1960 von einer Arbeitsgemeinschaft der Bauministerien der Länder erarbeitet wurde.[679] Die Baulast dient im Bereich des **öffentlichen Bauordnungs- und Bauplanungsrechts** als **landesrechtlich geregeltes Rechtsinstitut** der Durchsetzung öffentlich-rechtlicher Belange und verpflichtet den Eigentümer eines durch sie belasteten Grundstücks zur Vornahme eines bestimmten Tuns, Duldens oder Unterlassens.

Ihrem Inhalt nach ähnelt die Baulast der Dienstbarkeit, geht aber über den zulässigen Inhalt einer Dienstbarkeit hinaus, da auch ein aktives Handeln Inhalt der Baulast sein kann. Damit enthält die Baulast auch Elemente der Reallast. Der aus der Baulast gegebenenfalls begünstigte Grundstückseigentümer hat keine unmittelbaren Rechtsbeziehungen zum Eigentümer des belasteten Grundstücks, seine Rechtsposition kann nicht mit der des Berechtigten aus der Dienstbarkeit oder der Reallast verglichen werden.

Im Bereich des Baurechts kann aus ordnungrechtlichen und planungsrechtlichen Gründen ein Bedürfnis zur dauerhaften Sicherung bestimmter Zufahrtswege, Versorgungsleitungen oder sonstiger baulicher Anlagen, zur Sicherung der Einhaltung bestimmter Bauabstände oder einer bestimmten Art der Bebauung entstehen. Das Sicherungsbedürfnis an dem Zugang sowie an der sonstigen Erschließung eines Baugrundstücks ist nicht nur ein privatrechtliches Interesse eines anderen Grundstückseigentümers oder sonstigen privatrechtlich Betroffenen, sondern auch ein öffentlich-rechtliches. Die Baulast sichert eine Verpflichtung gegenüber der Baubehörde im Zusammenhang mit der **Sicherstellung der Bebaubarkeit** und der konkreten Bebauung eines Grundstücks oder eines Baugebiets. Der Inhalt der Baulast, sei es eine Handlung ein Dulden oder ein Unterlassen, kann sich nur, anders als bei der Dienstbarkeit, auf Verpflichtungen des öffentlichen Baurechts beziehen.

171 Damit ergibt sich für das Verhältnis zwischen Baulast und Dienstbarkeit folgende Abgrenzungssystematik:

- Ergibt sich das Verbot einer bestimmten Handlung oder die Pflicht zur Vornahme einer Handlung auf einem Grundstück bereits aus Gesetz oder Rechtsverordnung, kann daneben weder eine Dienstbarkeit noch eine Reallast noch eine Baulast gleichen Inhalts bestellt werden.
- Betrifft das Verbot einer bestimmten Handlung oder die Pflicht der Vornahme einer Handlung unmittelbar das privatrechtliche Verhältnis zwischen betroffenem Grundstückseigentümer und Berechtigtem, so ist nur die Bestellung einer Dienstbarkeit oder einer Reallast zulässig, die Bestellung einer Baulast hingegen unzulässig.

---

676 Dazu eingehend *Keller*, Rpfleger 1996, 231.
677 Eingehend *Eickmann/Böhringer*, SachenRBerG, § 9 GBBerG Rn 3 ff.; *Keller/Padberg*, Nutzungsrechte an Grundstücken in den neuen Ländern (1996), S. 92 ff.
678 Eingehend auch *Keller*, LKV 1997, 49 und 309; *Maaß*, NotBZ 2001, 280; *ders.*, NotBZ 2005, 82.

679 Musterbauordnung April 1960, erarbeitet vom Begründungsausschuss der Musterbauordnungskommission, Schriftenreihe des Bundesministers für Wohnungsbau, Bd. 16/17; eingehend auch *Harst*, MittRhNotK 1984, 229.

- Betrifft das Ver- oder Gebot bauplanungs- oder bauordnungsrechtliche Maßgaben für ein Grundstück und liegt daher die Handlung, Duldung oder Unterlassung im öffentlichen Interesse, so kann dafür eine Baulast bestellt werden, gegebenenfalls auch zusätzlich zu einer Dienstbarkeit oder Reallast.
- Der Inhalt der Baulast muss Inhalt und Umfang der übernommenen Verpflichtung eindeutig erkennen lassen, sie muss dem verwaltungsrechtlichen Bestimmtheitsgrundsatz und den gesetzlichen Regelungen des Baurechts entsprechen.

Baulast und Dienstbarkeit schließen sich, abgesehen davon, dass ein aktives Handeln nicht Gegenstand der Dienstbarkeit sein kann, grundsätzlich nicht gegenseitig aus.[680] Für dieselbe Berechtigung zu einer Handlung auf einem Grundstück, oder für ein Verbot oder eine Duldungspflicht, kann im Einzelfall sowohl eine Dienstbarkeit als auch eine Baulast bestellt werden.[681] Während die Dienstbarkeit dem privatrechtlich Berechtigten unmittelbar einen Anspruch aus der Dienstbarkeit gibt, kann die Baulast als öffentlich-rechtliches Institut nur von der Behörde im Wege hoheitlichen Verwaltungshandelns durchgesetzt werden. Die Doppelsicherung derselben Nutzung durch Baulast und Dienstbarkeit kann deshalb auch geboten sein.[682] Die Eintragung einer Dienstbarkeit kann daher auch nicht mit dem Argument abgelehnt werden, die konkrete Sicherung habe durch Baulast zu erfolgen. Auch gibt die Bestellung einer Grunddienstbarkeit nur in besonderen Ausnahmefällen nach § 242 BGB einen Anspruch auf Bewilligung einer Baulast.[683]

2. Rechtsbeziehungen zwischen den an der Baulast Beteiligten

Die Baulast begründet aber als Regelungsinstrument des öffentlichen Rechts öffentlich-rechtliche Verpflichtungen des Eigentümers. Sie wird auch als öffentlich-rechtliche Dienstbarkeit bezeichnet.[684] Anders als die Dienstbarkeit begründet sie ein Dreiecksverhältnis zwischen dem Eigentümer des betroffenen Grundstücks – dem Baulastverpflichteten – demjenigen, welchen die Baulast unmittelbar zustattenkommt – dem Baulastbegünstigten – und der Baubehörde.

Die Baulast wirkt absolut und gegenüber jedermann.[685] Auch der aus der Baulast unmittelbar Begünstigte kann sich über diese nicht hinwegsetzen, sie ist dem Dispositionsrecht des Begünstigten entzogen. Zwischen dem Verpflichteten und der Bauaufsichtsbehörde besteht kein Schuldverhältnis, auch kein Verhältnis aus öffentlich-rechtlichem Vertrag. Die Baubehörde wacht über die Einhaltung der Baulast als Bestandteil der öffentlichen Rechtsordnung, nimmt gegenüber dem Verpflichteten die Stellung eines Berechtigten aus der Baulast ein und kann ihn zu deren Einhaltung zwingen. Die Baulast sichert gegenüber dem Verpflichteten das öffentliche Baurecht, ist aber auch von der Genehmigungsbehörde in jedem Fall zu beachten. Eine baulastwidrige Genehmigung ist rechtswidrig und kann unter den Voraussetzungen des § 48 VwVfG zurückgenommen werden.

Wenn der Verpflichtete oder ein Dritter durch positives Handeln den durch die Baulast gesicherten Zustand stört, ist die Bauaufsichtsbehörde verpflichtet und befugt, hiergegen vorzugehen. Eine derartige Störung kann z.B. dadurch vorgenommen werden, dass der durch Baulast gesicherte Zufahrtsweg zu einem anderen Grundstück mit Betonsteinen versperrt[686] oder ein durch Baulast gesicherter Stellplatz unbrauchbar gemacht oder ein Gebäude als Wohnhaus genutzt wird, obwohl diese Nutzung durch Baulast untersagt ist.[687]

Die Bauaufsichtsbehörde hat in den Fällen der Beeinträchtigung der Baulast die übernommenen Verpflichtungen mit hoheitlichen Mitteln durchzusetzen, da ein Verstoß gegen eine Baulast einem Verstoß gegen eine gesetzliche Vorschrift des Bauordnungsrechts gleichsteht. Es ist als Voraussetzung für das Einschreiten der Behörde nicht nötig, dass zu dem Verstoß gegen die Baulast eine Gefahr oder Störung der Grundstücksnutzung hinzukommen muss. Allein der Verstoß gegen die Baulast genügt für das hoheitliche Einschreiten der Bauaufsicht.

---

680 Eingehend *Steinkamp*, MittRhNotK 1998, 117.
681 BGH NJW 2022, 1447.
682 Zum Anspruch auf Baulasterklärung neben der Dienstbarkeit OLG Hamm, Urt. v. 16.2.2017 – 5 U 78/16, juris.
683 OLG Oldenburg BauR 2014, 1050.
684 VGH Baden-Württemberg, Urt. v. 19.6.1968, *Thiel/Gelzer*, Baurechtssammlung, Bd. 20 Nr. 98.
685 VGH Mannheim, NJW 1990, 268; VG Schleswig, NVwZ 1985, 782.
686 VGH Mannheim BWVBl 1984, 1279.
687 OVG Lüneburg NJW 1984, 380.

Stört der Verpflichtete die Ausübung der Baulast, z.B. indem bei einer Zufahrtsbaulast den Weg versperrt, so kann zunächst nur die Bauaufsichtsbehörde durch Erlass einer Ordnungsverfügung ihn zur Beseitigung der Störung anhalten. Die zivilrechtliche Rspr. verneint einhellig einen eigenen Anspruch des Begünstigten, in diesem Fall des Nutzers des Weges, selbstständig gegen den Störer vorzugehen und gewährt dem Begünstigten keinen Unterlassungsanspruch, wie er ihn als Dienstbarkeitsberechtigter aus §§ 1027, 1004 BGB hätte.[688]

3. Gegenstand der Baulast

174 Als Inhalt der Baulast kann nach den jeweiligen Bestimmungen der landesrechtlichen Bauordnungen (vgl. z.B. § 73 Abs. 1 BauOBln, § 80 Abs. 1 SächsBauO) der Grundstückseigentümer verpflichtet sein,
- eine bestimmte Handlung eines anderen auf dem Grundstück zu dulden,
- selbst die Vornahme einer bestimmten Handlung zu unterlassen, oder
- selbst eine bestimmte Handlung auf dem Grundstück vorzunehmen.

Eine nähere inhaltliche Eingrenzung des zulässigen Inhalts der Baulast wird bauordnungsrechtlich nicht vorgenommen. Wie für die Dienstbarkeit in § 1018 BGB hat der Gesetzgeber auf konkrete inhaltliche Vorgaben oder Beispiele verzichtet. Die inhaltlichen Voraussetzungen zur Baulast ergeben sich aus den öffentlich-rechtlichen Verpflichtungen und Vorgaben des Baurechts. Die Sicherung eines bestimmten bauplanerischen Zustands eines Grundstücks kann ebenso Grundlage der Baulast sein wie eine entsprechende bauordnungsrechtliche Auflage bei Erteilung einer beantragten Baugenehmigung.

Das Tun, Dulden oder Unterlassen muss gerade das Grundstück desjenigen betreffen, der die Baulast bestellt. Der Eigentümer eines Grundstücks kann durch die Baulast nicht zu einem Tun verpflichtet werden, das mit seinem Grundstück in keinem Zusammenhang steht. Weil die Baulast Instrument des Baurechts ist, muss sich die Verpflichtung wenigstens ansatzweise aus dem Baurecht ergeben oder mit diesem im Zusammenhang stehen (**Grundsatz der baurechtlichen Relevanz**). Eine Verpflichtung, die aus grundstücksfremden öffentlichen Interessen dienen soll, ist unzulässig.

175 Beispiele einer Baulast sind stichpunktartig:
- **Zufahrtssicherung**; die Zufahrt zur öffentlichen Straße ist Voraussetzung der Bebaubarkeit eines Grundstücks und damit auch Voraussetzung der Erteilung einer entsprechenden Baugenehmigung. Die Sicherung einer solchen Zufahrt steht in öffentlichem Interesse.[689] Besteht zugunsten des Hinterliegergrundstücks bisher nur eine Grunddienstbarkeit, kann sich für den Berechtigten hieraus der Anspruch gegen den Eigentümer des Vorderliegergrundstücks herleiten, eine Baulast gleichen Inhalts zu bestellen.[690]
- **Sicherung eines Gebäudes auf mehreren Grundstücken**; baurechtlich kann ein Gebäude auf mehreren Grundstücken errichtet werden, wenn gewährleistet ist, dass keine Verhältnisse eintreten, die den baurechtlichen Vorschriften zuwiderlaufen. Das ist dann gewährleistet, wenn die beteiligten Grundstücke zu einem Grundstück vereinigt würden. Ist das aber nicht möglich, sollten sie wenigstens baurechtlich als ein Grundstück betrachtet werden können. Dies sichert die Vereinigungsbaulast.[691] Die Vereinigungsbaulast löst aber nur die öffentlich-baurechtlichen Probleme der Überbauung mehrerer Grundstücke, die sachenrechtliche Problematik des Eigentums am Gebäude bleibt. Diese kann je nach Beschaffenheit des Gebäudes nur durch die Regeln zum Überbau nach §§ 912 ff. BGB und Bestellung einer Dienstbarkeit mit dem Inhalt der Duldung des Gebäudes oder durch Bestellung eines Nachbarerbbaurechts gelöst werden.
- **Sicherung des Bauabstands**; die Bebauung eines Grundstücks kann bis zur Grenze erfolgen, wenn der notwendige Bauabstand auf das Nachbargrundstück verlegt wird. Der benachbarte Grundstückseigentümer übernimmt dann die einzuhaltende Abstandsfläche.

---

688 BGH NJW 1981, 980; BGH NJW 1984, 124; BGH NJW 1985, 1952; OLG Düsseldorf NVwZ-RR 1989, 607; OLG Hamburg Rpfleger 1980, 112; dem folgend auch Verwaltungsgerichte OVG Münster NVwZ-RR 1994, 410; OVG Berlin MDR 1994, 481.

689 VGH Hessen, BauR 1989, 314; OVG Münster, Urt. v. 30.11.1989 – 7 A 772/88, BRS 49 Nr. 130; auch BGH, NJW 1989, 1607.

690 BGH NJW 1990, 192 = Rpfleger 1990, 58.

691 OVG Münster NJW 1988, 278; BVerwG NJW 1991, 2783.

- **Sicherung von Stellplätzen**; eine Baugenehmigung für Anlagen, bei denen Zu- und Abgangsverkehr zu erwarten ist, darf nur erteilt werden, wenn zu der beabsichtigten baulichen Anlage Stellplätze oder Garagen in ausreichender Größe sowie in geeigneter Beschaffenheit hergestellt werden.
- **Veräußerungsverbot als Inhalt der Baulast**; baurechtlich kann die Notwendigkeit bestehen, dass ein Grundstück nur für bestimmte Zwecke genutzt und nicht veräußert wird, z.B. bei der Bebauung eines Grundstücks mit einem Wohnhaus im Außenbereich. Die Wohnbebauung ist hier nur unter bestimmten Voraussetzungen zulässig, § 35 Abs. 1 Nr. 1, 2 BauGB (Altenteilshaus eines landwirtschaftlichen Betriebes).[692] Zugleich mit der Erteilung der Baugenehmigung muss die Behörde sicherstellen, dass die Voraussetzungen des § 35 Abs. 1 Nr. 1 BauGB weiterhin bestehen bleiben, der Grundstückseigentümer das Gebäude also nicht zu anderen als zu Wohnzwecken verwendet oder das Grundstück gar veräußert. Sicherungsmittel dieser Verpflichtung ist die Baulast, durch sie kann der Berechtigte verpflichtet werden, das Gebäude nur zu Wohnzwecken zu nutzen.[693] Ob ihm daneben auch die rechtliche Verfügungsbefugnis über das Grundstück durch eine Baulast mit dem Inhalt eines absolut wirkenden Veräußerungsverbots eingeschränkt werden darf, ist im Hinblick auf § 137 BGB fragwürdig.

4. Eintragung in das Baulastenverzeichnis

Das Baulastenverzeichnis ist durch die untere Bauaufsichtsbehörde für das Gebiet einer Gemeinde zu führen. Die Baulast ist in das Baulastenverzeichnis einzutragen. Die Eintragung ist nach dem Wortlaut der Regelungen der Bauordnungen neben der Verpflichtungserklärung des Eigentümers Voraussetzung für das Entstehen der Baulast. Dem Baulastenverzeichnis selbst kommt wegen der konstitutiv wirkenden Eintragungen ein gewisser Rechtsschein zu. Zugunsten eingetragener Baulasten kann vermutet werden, dass sie bestehen. Allerdings ist dem Baulastenverzeichnis kein öffentlicher Glaube zuzubilligen, wie ihn das Grundbuch nach §§ 891, 892 BGB genießt.

176

Die Baulast erlischt durch schriftlichen Verzicht der Bauaufsichtsbehörde, die Baulast ist im Baulastenverzeichnis zu löschen. Die Bauaufsichtsbehörde hat auf die Baulast zu verzichten, wenn das öffentliche Sicherungsbedürfnis nicht mehr besteht.[694] Dies kann bei einer Abstandsbaulast der Fall sein, wenn eine genehmigte Bebauung ohne Abstandsfläche erfolgt, bei einer Zufahrtsbaulast, wenn das Hinterliegergrundstück einen eigenen Straßenzugang erhält.

Der Baulastbegünstigte, z.B. der Eigentümer eines Hinterliegergrundstücks, kann einem Verzicht der Baubehörde nicht widersprechen. Bei einem Verzicht ist er lediglich zu hören, ein eigenes Einwirkungsrecht auf den Bestand der Baulast steht ihm nicht zu.

F. Nießbrauch

I. Gegenstand des Nießbrauches

Der Nießbrauch stellt eine besonders ausgestaltete Dienstbarkeit dar, kraft deren der Berechtigte den belasteten Gegenstand umfassend nutzen darf.[695] Der Nießbrauch tritt in der Praxis vor allem in folgenden Konstellationen auf:[696]

177

- Nießbrauchsvorbehalt bei vorweggenommener Erbfolge; im Rahmen der Schenkung eines Grundstücks, einer Eigentumswohnung oder eines landwirtschaftlichen Betriebes an seine – späteren – Erben, die aus unterschiedlichen steuerlichen und anderen wirtschaftlichen Gründen schon zu Lebzeiten des – späteren – Erblassers vorgenommen wird, behält sich der Übergeber einen Nießbrauch am Grundbesitz vor, um bis zu seinem Tode praktisch die Rechte aus dem Eigentum doch ausüben zu können.

---

692 Für den Fall des Altenteilshauses als sog. Austragshausdienstbarkeit BayObLG Rpfleger 1989, 401 m. Anm. *Quack.*
693 OVG Lüneburg, Urt. v. 12.12.1986 – 1 A 172/86, BRS 46 Nr. 164; OVG Münster, Urt. v. 31.10.1983 – 10 A 2088/81, n.v.; BVerwG NJW 1991, 2783.
694 VG Berlin, Urt. v. 23.4.2019 – 19 K 304.16, juris.
695 In Abgrenzung zur Dienstbarkeit BGH FGPrax 2015, 7 = MittBayNot 2015, 398 = Rpfleger 2015, 192; Staudinger/*Chr. Heinze,* BGB, Vor § 1030 Rn 4.
696 Staudinger/*Chr. Heinze,* BGB, Vor § 1030 Rn 23, 24.

- Nießbrauch zur Einkommensverlagerung; die Eltern bestellen für ihre minderjährigen Kinder am Mietshaus einen Nießbrauch, damit die Mieteinnahmen als Einkommen der Kinder zu versteuern sind.
- Versorgungsnießbrauch; der Erblasser setzt seiner Ehefrau als Vermächtnis einen Nießbrauch aus.
- Sicherungsnießbrauch; die Bank lässt sich neben einem Grundpfandrecht einen Nießbrauch am Grundstück bestellen.

Mit dem Nießbrauch als dinglichem Recht besteht zwischen dem Eigentümer und dem Berechtigten kraft Gesetzes auch eine schuldrechtliche Beziehungen, aus der bspw. hinsichtlich der Unterhaltungspflichten gegenseitige Ansprüche entstehen können. Diese schuldrechtlichen, kraft Gesetzes bestehenden Rechte und Pflichten des Nießbrauches und Eigentümers gehören ungeachtet ihres schuldrechtlichen Charakters zum Inhalt des Nießbrauchs.[697] Davon zu unterscheiden sind schuldrechtliche Vereinbarungen, die der Nießbrauchsbestellung zugrunde liegen.[698]

178 **Mit einem Nießbrauch können Grundstücke**, Erbbaurechte, eingetragene Schiffe (zu beachten § 9 Abs. 1 Schiffsregistergesetz), sonstige grundstücksgleiche Rechte sowie Wohnungs- und Teileigentum[699] belastet werden. **Die Belastung eines realen Grundstücksteils ist in Anwendung des § 7 Abs. 2 GBO zulässig** (dazu § 7 GBO Rdn 12 ff.).[700] Zulässig ist auch die Beschränkung der Ausübung auf einen bestimmten Grundstücksteil.[701] **Miteigentumsbruchteile**, auch der ideelle Bruchteil eines Alleineigentümers.[702] Zulässig ist auch ein sog. **Quotennießbrauch** am Miteigentumsanteil[703] Bei Übertragung des mit einem Nießbrauch belasteten Miteigentumsanteils ist keine Zustimmung des Nießbrauchers erforderlich.[704]

179 **Eine Grundstückszuschreibung** nach § 890 Abs. 2 BGB bewirkt keine Ausdehnung des Nießbrauchs auf die zugeschriebene Fläche. Bei Vereinigung zweier ranggleich mit Nießbrauch belasteter Grundstücke können die beiden Rechte nicht als einheitliches Recht eingetragen werden.[705]

180 Ein an **mehreren Grundstücken** bestellter Nießbrauch ist kein einheitliches Recht, vielmehr handelt es sich um mehrere Einzelrechte.[706]

181 Zulässig ist eine Nießbrauchsbestellung an **übertragbaren Rechten** also bspw. an einem **Erbteil**,[707] an einer **Hypothek** (§ 1080 BGB), einer **Grund-** und Rentenschuld (§ 1080 BGB). Zulässig ist sie auch an einer **subjektiv-persönlichen Reallast** mit der Folge, dass die einzelnen Leistungen dem Nießbraucher zustehen (a.a.O.) Möglich ist die Bestellung am Dauerwohn- u. Nutzungsrecht (§ 33 WEG; § 1069 BGB). An einer Leibrente (§ 1073 BGB). Bei der Belastung des **Anteils einer BGB-Gesellschaft** ist ein Vermerk im Grundbuch im Wege der Grundbuchberichtigung möglich;[708] werden sämtliche Mitgliedschaftsrechte an einer Gesellschaft auf einen einzigen Erwerber übertragen und war ein Anteil mit einem Nießbrauch belastet, so soll der Antrag, diesen Nießbrauch im Grundbuch einzutragen, zurückzuweisen sein.[709] Bei Nießbrauch an einem Handelsgesellschaftsanteil ist eine Eintragung nicht möglich, da die Firma unter ihrem Namen im Grundbuch eingetragen ist.[710]

182 Bei Nießbrauch an einem **Vermögen** (§§ 1085 ff. BGB) ist die Bestellung nur an den einzelnen Gegenständen möglich. Dies gilt auch für den Nießbrauch an Sondervermögen, wie z.B. am Vorbehaltsgut eines in Gütergemeinschaft lebenden Ehegatten. Denkbar ist die Anwendung von § 1085 BGB ferner als Nießbrauch an Vermögenswerten eines Unternehmens.[711]

---

697 BayObLG DNotZ 1973, 300; Staudinger/*Chr. Heinze*, BGB, Vor § 1030 Rn 6.
698 BGH NJW 1974, 2123.
699 Zur Auslegung eines Nießbrauchsvorbehalts am Wohnungseigentum OLG München NJW-RR 2017, 470; zum Stimmrecht des Eigentümers in der Eigentümergemeinschaft BGHZ 150, 109 = DNotZ 2002, 881 = Rpfleger 2002, 424; *Armbrüster*, DNotZ 1999, 562.
700 Staudinger/*Chr. Heinze*, BGB, § 1030 Rn 3.
701 BayObLGZ 1972, 367 = Rpfleger 1973, 55.
702 Vgl. dazu BGH LM § 743 Nr. 3–4 Abschnitt III; Staudinger/*Chr. Heinze*, BGB, § 1060 Rn 1.
703 LG Wuppertal Rpfleger 1995, 209; LG Köln MittRhNotK 1999, 246; Staudinger/*Chr. Heinze*, BGB, § 1030 Rn 26 ff.; a.A. OLG Schleswig MittBayNot 2009, 376.
704 LG Wuppertal MittRhNot 1996, 234.
705 *Meyer-Stolte*, Rpfleger 1982, 217; a.A. LG Darmstadt Rpfleger 1982, 216.
706 KGJ 43, 347; LG Verden Nds Rpfleger 1965, 252; LG Düsseldorf MittRhNot 1973, 658.
707 RG DNotZ 1937, 578 zu Nr. 12; OLG Hamm DNotZ 1977, 377.
708 OLG Hamm DNotZ 1977, 377 m.w.N.
709 So OLG Düsseldorf DNotZ 1999, 440 mit zu Recht abl. Anm. v. *Kanzleiter*.
710 Dazu OLG München FGPrax 2016, 263 = MittBayNot 2016, 528.
711 Dazu MüKo-BGB/*Pohlmann*, § 1085 Rn 8.

Dies gilt auch für den Nießbrauch an einer **Erbschaft** (§ 1089 BGB), der vom Nießbrauch an einem Erbteil zu unterscheiden ist.[712]

183

An der **gleichen Sache** können mehrere **Nießbrauchsrechte** bestehen (§ 1060 BGB). Ein Rechtsverhältnis, das für die Ausübung der einzelnen Rechte maßgebend ist, braucht nicht ersichtlich zu sein.[713] Gleichrang und verschiedener Rang sind zulässig.[714]

184

Unzulässig ist die Bestellung am Nießbrauch selbst (§§ 1059 S. 1, 1059b BGB) oder an einer beschränkten persönlichen Dienstbarkeit (§§ 1092, 1093 BGB). Unzulässig auch die Bestellungen an bestimmten **Gebäudeteilen**, soweit sie nicht rechtlich verselbstständigt sind. Hier ist nur eine beschränkte persönliche Dienstbarkeit möglich.[715]

185

II. Berechtigte des Nießbrauchs

Berechtigte können **natürliche und juristische Personen** sowie Gesellschaften ohne Rechtspersönlichkeit (GbR, oHG, KG) sein.[716] Der Nießbrauch kann nicht als subjektiv-dingliches Recht für den jeweiligen Eigentümer eines Grundstücks bestellt werden. Bei einer **Mehrzahl von Personen** ist eine Berechtigung nach Bruchteilen[717] möglich oder eine Gesamtberechtigung entsprechend § 428 BGB.[718] Gesamthandsberechtigung nach § 432 BGB wird nicht für zulässig erachtet.[719] Eine Nießbrauchsbestellung für **minderjährige Kinder** durch die Eltern als Eigentümer des Grundstücks begegnet vor allem familienrechtlich Schwierigkeiten (§§ 1626, 1629, 1824 Abs. 2, 181 BGB);[720] sie kann auch steuerrechtlich zweifelhaft sein.[721] Durch die Begründung des gesetzlichen Begleitschuldverhältnisses beinhaltet die Nießbrauchsbestellung regelmäßig keinen rechtlichen Vorteil i.S.d. § 107 BGB.[722]

186

Ein **Eigentümernießbrauch ist zulässig**.[723] Insbesondere sprechen praktische Gründe, etwa bei bevorstehender Veräußerung oder Übergabe an Kinder, für die Zulassung.[724] Allgemein ist das Eigentümerrecht bei beschränkten dinglichen Rechten zulässig, wenn ein besonders schutzwürdiges Interesse besteht. Ohne weiteres zulässig ist ein Nießbrauch am ganzen Grundstück für einen Miteigentümer.[725]

187

III. Inhalt

Der Nießbrauch umfasst grundsätzlich **sämtliche Nutzungen des Grundstücks**. **Abdingbar** (§ 1030 Abs. 2 BGB) mit Eintragungspflicht[726] ist es, einzelne Nutzungen qualitativer Art von dem Recht auszunehmen,[727] soweit dadurch nicht gegen das Wesen des Nießbrauches verstoßen wird, indem die begriffswesentlichen Grenzen zwischen Eigentum und Nießbrauch und damit der Grundsatz der Substanzerhaltung der nießbrauchsbelasteten Sache nicht verletzt werden.[728]

188

Zulässig ist es, das Recht des Eigentümers nach § 1051 BGB abzudingen[729] und das Recht des Nießbrauchers, die Ausübung zu überlassen.[730] Schuldrechtliche Verpflichtungen können mit dinglicher Wirkung beschränkt oder erweitert werden.[731] Eintragbar ist daher beispielsweise eine Vereinbarung, dass der

---

712 MüKo-BGB/*Pohlmann*, § 1089 Rn 2; Staudinger/*Chr. Heinze*, BGB, § 1069 Rn 30; § 1089 Rn 25.
713 OLG Celle Nds. Rpfleger 1949, 30; Staudinger/*Chr. Heinze*, BGB, § 1060 Rn 1.
714 OLG Celle Nds. Rpfleger 1949, 30; Staudinger/*Chr. Heinze*, BGB, § 1060 Rn 1.
715 RGZ 164, 199 ff.
716 RGZ 155, 85; BGHZ 50, 310.
717 RG DR 44 774.
718 BGHZ 46, 255; BGH Rpfleger 1980, 464; KG JW 1933, 402; OLG Hamm DNotZ 1979, 366 ff.; Rpfleger 1980, 21; OLG Frankfurt a.M. MittBayNot 2012, 386.
719 OLG München DNotZ 2010, 120.
720 LG Kaiserslautern MittBayNot 1977, 8; a.A. LG Augsburg MittBayNot 1977, 181.
721 FG Baden-Württemberg EFG 1976, 87.
722 BGHZ 161, 170 DNotZ 2005, 549 = Rpfleger 2005, 189; eingehend Staudinger/*Chr. Heinze*, BGB, Vor § 1030 Rn 28 ff.
723 BGHZ 190, 267 = DNotZ 2012, 137; grundlegend bereits *Harder*, DNotZ 1970, 267 ff.
724 Staudinger/*Chr. Heinze*, BGB, § 1030 Rn 30 m.w.N.; a.A. OLG Düsseldorf NJW 1961, 561; teilw. zust. Soergel/*Siebert*, BGB, § 1030 Rn 3; LG Stade NJW 1968, 1678; *Herder*, NJW 1969, 278; DNotZ 1970, 267; wie hier *Demharter*, GBO, Anh. 34 § 44, Rn 39, 40.
725 OLG Frankfurt a.M. Rpfleger 1994, 205.
726 BayObLGZ 1973, 300.
727 BayObLG DNotZ 1978, 99; MittBayNot 1979, 166; DNotZ 1979, 230 = Rpfleger 1980, 18; eingehend Staudinger/*Chr. Heinze*, BGB, § 1030 Rn 54 ff.
728 BGH Rpfleger 1985, 373; siehe dazu auch BayObLGZ 1979, 276; KG Rpfleger 1992, 14; kritisch dazu *Frank*, DNotZ 1992, 678.
729 BGHZ 1977, 81 = Rpfleger 1977, 25.
730 BGH 1995, 99 = NJW 1995, 2827.
731 BayObLGZ 1972, 366; LG Nürnberg Rpfleger 1979, 199.

Nießbraucher keine Mietverträge mit einer Laufzeit von mehr als 12 Monaten abschließen darf[732] oder dass der Nießbraucher die Kosten für außerordentliche Ausbesserungen und Erneuerungen des Grundstücks zu tragen hat.[733] Unzulässig ist eine Einschränkung dahingehend, dass der Nießbraucher bloß noch einzelne Benutzungen behält. Dies wäre eine Reallast oder beschränkt persönliche Dienstbarkeit. Unzulässig ist, dass der Nießbraucher von den Nutzungen der Sache und seinem Besitzrecht, das ihm die Ziehung der Nutzungen ermöglicht, ausgeschlossen ist,[734] auch zur Bestellung an einem „Holznutzungsrecht" in einem Waldgrundstück.[735]

Die **Grenze zur Dienstbarkeit** liegt dort, wo die Nutzung nur auf eine Nutzungsart beschränkt ist, wenn mehrere Nutzungsmöglichkeiten denkbar sind.[736] Zulässig ist jedoch, den Gebrauch der Sache selbst auszuschließen.[737]

Nicht abdingbar sind allgemein die gesetzlichen Regelungen **§§ 1037 Abs. 1, 1039 Abs. 1 S. 2 BGB**.[738] Als unzulässiges Abbedingen des § 1037 Abs. 1 BGB ist auch die Gestattung anzusehen, auf einer unbebauten Teilfläche ein Bauwerk zu errichten.[739] Nicht zulässig ist es auch, die Haftung des Nießbrauchers gegenüber dem Eigentümer auf diligentia quam in suis zu begrenzen.[740]

189 Unzulässig als Typus ist der **Dispositionsnießbrauch, der dem Nießbraucher eine Verfügungsbefugnis über das Grundstück einräumen soll**.[741] Natürlich kann der Nießbraucher rechtsgeschäftlich zur Verfügung bevollmächtigt werden.[742]

190 **Abdingbar** ist die grundsätzlich (§ 1047 BGB) bestehende Pflicht zur **Lastentragung**. **Unzulässig** ist jedoch ein Nießbrauch, der **dinglich** dem **Eigentümer** eine sonstige Leistungspflicht auferlegt, beispielsweise ein abgeholztes Waldgrundstück wieder aufzuforsten.[743] Dies ergibt sich aus der Eigenschaft des Nießbrauches als besonders geartete Dienstbarkeit. Unzulässig ist die Pflicht zur Tilgung von Grundpfandrechten,[744] von Verzugszinsen oder Zinsen für bloße Forderungen, mögen sie auch durch Grundschuld gesichert sein.

191 Der Nießbrauch erfasst auch die **Bestandteile (§ 93 ff. BGB)**, bei einem Grundstück daher die mit dem Eigentum verbundenen Rechte, deren Ausübung einem anderen überlassen werden kann:[745] Die Erstreckung tritt kraft Gesetzes ein, ein Vermerk im Grundbuch ist überflüssig. **Unzulässig** ist daher der Ausschluss des Nießbrauches an wesentlichen Bestandteilen, beispielsweise an einem bebauten Grundstück mit der Beschränkung, dass sich der Eigentümer die Nutzung einer bestimmten Wohnung vorbehält.[746] Umgekehrt kann für den Nießbraucher nicht auch noch ein Wohnungsrecht eingetragen werden.[747]

192 **Bedingte** und **befristete** Bestellung ist zulässig.[748] Zulässig ist auch die auflösende Bedingung, dass mit dem Tod eines Dritten der Nießbrauch erlöschen soll.[749] Unzulässig ist es, die auflösende Bedingung für die Zeit nach dem Tod des Nießbrauchers zu setzen.[750] Zulässig ist es, die Befriedigung des Berechtigten als auflösende Bedingung zu vereinbaren[751] oder die Kündigung des Nießbrauches als auflösende Bedingung.[752] Wird jedoch nur vereinbart, dass der Berechtigte in diesem Fall „aufgeben muss", so handelt es sich im Regelfall um eine obligatorische Verpflichtung.[753] Die auflösende Bedingung, der Nießbrauch solle auf die Dauer des Mietverhältnisses bestehen, ist zu unbestimmt und daher nicht zulässig.[754]

---

732 LG Aachen Rpfleger 1986, 468.
733 BayObLGZ 1985, 6 = MittBayNot 1985, 70.
734 OLG Hamm Rpfleger 1993, 144.
735 BayObLG Rpfleger 1981, 439; dazu *Schöner*, DNotZ 1982, 416.
736 BayObLG Rpfleger 1981, 439; MittBayNot 1981, 185.
737 BGH LM § 2203 Nr. 1.
738 BayObLG MittBayNot 1977, 120; Rpfleger 1977, 252; DNotZ 1978, 99; LG Köln MittRhNot 1986, 24.
739 KG Rpfleger 1992, 14 = DNotZ 1992, 675 ff.; dagegen zutr. *Frank*, DNotZ 1992, 678.
740 KG DNotZ 2022, 470 m. Anm. *Frank*; OLG Nürnberg FGPrax 2022, 11 = NJW-RR 2022, 391 = NotBZ 2022, 356.
741 BGH NJW 1982, 31; Staudinger/*Chr. Heinze*, BGB, Vor § 1030 Rn 20; *Westermann/Gursky/Eickmann*, Sachenrecht, § 121, III, 3.
742 OLG Celle DNotZ 1974, 731.

743 BayObLGZ 1972, 364 = Rpfleger 1973, 55; BayObLG Rpfleger 1977, 407; BayObLG 1985, 9.
744 OLG Düsseldorf OLGZ 1975, 341.
745 Rentenansprüche aus §§ 912, 919 BGB, subjektiv-dingliche Rechte.
746 BGH NJW 2006, 1881 = Rpfleger 2006, 386; BayObLGZ 1979, 361 = Rpfleger 1980, 17; OLG Köln FGPrax 2016, 201 = NotBZ 2017, 105 = Rpfleger 2017, 139.
747 OLG Hamm FGPrax 1997, 168.
748 OLG München MittBayNot 2017, 583; Soergel/*Siebert*, BGB, § 1030 Rn 11.
749 LG Nürnberg-Fürth DNotZ 1954, 262.
750 Soergel/*Siebert*, BGB, § 1030 Rn 11.
751 RGZ 106, 109.
752 BayObLG MittRhNot 1989, 254.
753 Staudinger/*Chr. Heinze*, BGB, § 1030 Rn 78.
754 BayObLG MittBayNot 1984, 253 = Rpfleger 1984, 405.

IV. Übertragung, Pfändung

1. Grundsatz

Die **Übertragung** des Nießbrauches ist grundsätzlich ausgeschlossen (§ 1059 BGB), damit auch die rechtsgeschäftliche Verpfändung (§ 1274 Abs. 2 BGB). Davon zu unterscheiden ist die Überlassung der Ausübung. Steht der Nießbrauch einer Mehrheit von Personen in Bruchteilsgemeinschaft zu, so liegt in der bei Wegfall eines Berechtigten vereinbarungsgemäß eintretenden „Anwachsung" seines Bruchteils zugunsten der übrigen keine unzulässige Übertragung, sondern die aufschiebend bedingte Entstehung eines zusätzlichen Nießbrauchsbruchteils für die anderen Berechtigten.[755]

193

Die **Pfändung** eines Grundstücksnießbrauches ist zulässig und kann im Grundbuch vermerkt werden.[756] Notwendig ist dies jedoch nicht.[757] Ist die Pfändung im Grundbuch vermerkt, kann sie nur mit Bewilligung des Pfändungsgläubigers gelöscht werden. Weiß das Grundbuchamt, dass eine Pfändung erfolgt, diese jedoch im Grundbuch nicht eingetragen ist, so gilt das Gleiche.[758]

194

Die Berechtigung des Nießbrauchers, die **Ausübung** seines Rechtes einem anderen zu **überlassen** (§ 1059 S. 2 BGB) kann ausgeschlossen werden.[759] Wird dagegen die Ausübung überlassen, so ist dies wegen des schuldrechtlichen Charakters dieser Vereinbarung nicht eintragungsfähig.[760]

195

2. Übertragbarkeit bei juristischen Personen

Eine **Sonderregelung** besteht für **juristische Personen** als Berechtigte (§§ 1059a ff. BGB). Das Recht besteht für „juristische Personen", auch des öffentlichen Rechts,[761] auch solche in Liquidation, sowie für die OHG und KG,[762] nicht dagegen für Einzelunternehmer. Entsprechende Nachfolgeklauseln sind zulässig und eintragungsfähig.[763] **Erwerbender** kann jede Person und Personenmehrheit sein.

196

Möglich ist die Übertragung im Fall der **Gesamtrechtsnachfolge** (§ 339 AktG, § 142 HGB). Keine Gesamtrechtsnachfolge stellt die Umwandlung von Handelsgesellschaften sowie das Absinken einer Personalgesellschaft des Handelsrechtes zur BGB-Gesellschaft dar, da in diesen Fällen der bisherige Rechtsträger, wenn auch in geänderter Form, bestehen bleibt.[764] Der Rechtsübergang tritt außerhalb des Grundbuches ein; das Grundbuch ist lediglich zu berichtigen. Für die bloße Übertragung von Aktiv- und Passivvermögen gilt § 1059a Nr. 2 BGB.

197

Bei **Unternehmensübertragungen** können Nießbrauchsrechte mitübertragen werden, rechtlich notwendig ist dies nicht (§§ 1059a, 1092, Abs. 2 und 3 BGB; § 1098 Abs. 3 BGB).

198

Der Begriff des „Unternehmens" umfasst nicht nur Handelsgeschäfte. Er ist wirtschaftlich zu verstehen.[765]

Für die Rechtswirksamkeit ist die Eintragung im Grundbuch (§ 873 BGB) erforderlich. Einer Zustimmung des Eigentümers des belasteten Grundstücks bedarf es nicht.

Die Feststellung, dass der Nießbrauch sich eignet, den Zwecken des übertragenen Unternehmens oder Unternehmensteiles zu dienen, erfolgt nach Landesrecht.[766]

V. Erlöschensgründe

Der Nießbrauch erlischt durch **Tod** der natürlichen oder Erlöschen der juristischen Person (§ 1061 BGB).

199

---

755 BGH WM 1964, 636.
756 LG Bonn Rpfleger 1979, 349.
757 RGZ 74, 85; BGHZ 62, 133; BayObLG Rpfleger 1998, 69.
758 BayObLG Rpfleger 1998, 69.
759 BGH DNotZ 1986, 23; BGH MittRhNot 1985, 214; BayObLG DNotZ 1973, 300.
760 Staudinger/*Chr. Heinze*, BGB, § 1059 Rn 22 m.w.N.
761 Staudinger/*Chr. Heinze*, BGB, § 1059a Rn 3; BayObLG Rpfleger 1982, 14 (LS)
762 BGHZ 50, 307 m.w.N.
763 OLG Düsseldorf MittBayNot 1976, 215.
764 BGHZ 155, 84.
765 Staudinger/*Chr. Heinze*, BGB, § 1059a Rn 18.
766 Übersicht bei Staudinger/*Chr. Heinze*, BGB, § 1059a Rn 24; NK-BGB/*Lemke*, § 1059a Rn 8; z.B. für Baden-Württemberg AV 15.4.2004, Die Justiz 2004, 231; für Bayern VO v. 14.10.1991, GVBl. 1991, 368; für Berlin AV v. 27.8.1954, ABl 1008; für Niedersachsen VO v. 13.10.2006, GVBl 2006, 461; für Nordrhein-Westfalen VO v. 29.1.2008, GVBl. 2008, 301; für Sachsen VO v. 14.11.2007, GVBl. 2007, 600.

200 Er erlischt durch **Bedingungseintritt oder Endtermin**, aber auch Tod eines Dritten. Das Recht, unter bestimmten Voraussetzungen und mit einer bestimmten Frist zu kündigen, ist als Inhalt des Nießbrauches zwar unzulässig, kann jedoch als auflösende Bedingung gedeutet und formuliert werden.[767] Wird die Geltungsdauer des zeitlich beschränkten Nießbrauches verlängert, so stellt der für den neuen Zeitraum bestellte Nießbrauch eine neue Grundstücksbelastung dar und muss demgemäß eingetragen werden.[768]

Sind mehrere Berechtigte nach Bruchteilen vorhanden, so fällt beim Tod eines Berechtigten die freigewordene Quote an den Eigentümer zurück. Abweichende Vereinbarungen sind jedoch zulässig.[769] Tod eines Gesamt- oder Gesamthandsberechtigten berührt das Recht der übrigen nicht. Besteht der Nießbrauch an dem Anteil eines Gesellschafters und vereinigen sich alle Anteile in der Hand eines Dritten, so soll der Nießbrauch damit erlöschen.[770] Gegen diese Auffassung bestehen berechtigte Bedenken.[771]

201 Der Nießbrauch erlischt wie jedes Grundstücksrecht mit rechtsgeschäftlicher Aufhebung (§ 875, 876 BGB). Ob ein Anspruch auf Aufhebung besteht, ist zivilprozessual zu klären. Jedenfalls erlischt ein Nießbrauch nicht durch Kündigung, wenn der Nießbraucher seine Pflichten aus dem Begleitschuldverhältnis erbringt.[772]

G. Vorkaufsrecht und Wiederkaufsrecht

I. Vorkaufsrechte und verwandte Rechtsformen

1. Arten von Vorkaufsrechten

202 Vorkaufsrechte lassen sich unter verschiedenen Gesichtspunkten unterscheiden:[773]
– nach ihrer Entstehung als rechtsgeschäftliche und gesetzliche Vorkaufrechte. Gesetzliche Vorkaufsrechte sind teils dinglicher, teils schuldrechtlicher Art,
– nach ihrer Rechtsgrundlage als privat- und öffentlich-rechtliche Vorkaufsrechte,
– nach ihrer Wirkung als dingliche und schuldrechtliche Vorkaufsrechte.[774]

Die Unterscheidung der drei Stufen (Entstehung, Vorkaufsfall, Ausübung) des Vorkaufsrechts dient dem besseren Verständnis der rechtlichen Konstruktion. Sie ist für die Beantwortung vieler Rechtsfragen hilfreich, die bei allen Arten von Vorkaufsrechten auftreten können.

2. Verwandte Rechtsformen

203 Zu nennen sind
– das schuldrechtliche Vorkaufsrecht (§§ 463 ff. BGB; zur Sicherung durch Vormerkung siehe Rdn 53),
– das dinglich durch Vormerkung gesicherte Wiederkaufsrecht (siehe Rdn 54),
– das schuldrechtliche Wiederkaufsrecht (§§ 456 ff. BGB),
– das schuldrechtliche Ankaufsrecht,
– das Erneuerungsvorrecht (§§ 2 Nr. 6; 31 ErbbauRG),
– der Heimfallanspruch (§ 2 Nr. 4 ErbbauRG; § 36 WEG).

II. Dingliches Vorkaufsrecht (§ 1094 BGB)

1. Wesen und Rechtsgrundlagen

204 Das dingliche Vorkaufsrecht gewährt dem Vorkaufsberechtigten das Recht, vom Verpflichteten das belastete Grundstück zu den gleichen Vertragsbedingungen zu kaufen, zu denen der Verpflichtete es an einen Dritten verkauft hat. Rechtsgrundlagen sind §§ 1094 ff., ergänzend §§ 463 ff. BGB.

---

767 BayObLG NJW-RR 1990, 87.
768 OGH Brit. Zone MDR 1949, 470; Soergel/*Siebert*, BGB, § 1030 Rn 11; a.A. KG JFG 1913, 75 = HRR 35 Nr. 1516.
769 KG DRZ 1929, 370; RG DR 1944, 774; LG Aachen MittRhNot 1970, 51.
770 OLG Düsseldorf FGPrax 1998, 211.
771 Siehe dazu näher *Kanzleiter*, DNotZ 1999, 443.
772 BGH DNotZ 2022, 931 = NJW 2022, 2394 m. Anm. *Becker* = MittBayNot 2022, 452.
773 Eingehend auch Staudinger/*Schermaier*, BGB, § 1094 Rn 1 ff.; MüKo-BGB/*Westermann*, § 1094 Rn 7 ff.; Erman/*Grziwotz*, BGB, § 1094 Rn 1 ff.; Grüneberg/*Herrler*, BGB, § 1094 Rn 1 ff.; Meikel/*Grziwotz*, Einl. B 493 ff.; Bauer/Schaub/*Lieder*, AT C Rn 111 ff.; Schöner/Stöber, Grundbuchrecht, Rn 1394 ff. (dingliches Vorkaufsrecht), 4108 ff. (öffentlich-rechtliche Vorkaufsrechte).
774 Zur Bestellung nebeneinander BGH NJW 2014, 622 = NotBZ 2014, 251 = Rpfleger 2014, 247.

Das dingliche Vorkaufsrecht ist eine dingliche Belastung des Grundstücks,[775] die durch Einigung und Eintragung entsteht (§ 873 BGB), auf das die §§ 889, 891 ff., 902 BGB anwendbar sind und das nach dem Abstraktionsprinzip von keinem schuldrechtlichen Grundgeschäft abhängig ist.[776]

2. Wirkungen des Vorkaufsrechts

Dem Dritten gegenüber hat es die Wirkung einer Vormerkung zur Sicherung des durch und mit Ausübung des Vorkaufsrechts entstehenden Übereignungsanspruchs (§§ 1098 Abs. 2, 883 ff. BGB) und zwar gegenüber belastenden Verfügungen frühestens ab Eintritt des Vorkaufsfalles,[777] gegenüber der Übertragung des Eigentums aufgrund Kaufs schon mit der Entstehung und nicht erst mit der Ausübung des Vorkaufsrechts.[778] Ein durch Vormerkung gesichertes schuldrechtliches Vorkaufsrecht ist stärker in seinen Wirkungen als ein dingliches Vorkaufsrecht.[779] Das Vorkaufsrecht stellt wie die Vormerkung **keine Grundbuchsperre** dar, weder nach Eintragung noch nach Ausübung.

3. Entstehung und Grundbucheintragung

Das Vorkaufsrecht entsteht durch Einigung und Eintragung.[780] Das schuldrechtliche Verpflichtungsgeschäft zur Vorkaufsrechtsbestellung bedarf der notariellen Beurkundung (§ 311b Abs. 1 BGB).[781] Ein Formmangel wird durch Einigung und Eintragung insoweit geheilt, als zwischen den Parteien im Zeitpunkt des Erfüllungsgeschäfts eine Willensübereinstimmung über die Bestellung des Vorkaufsrechtes noch besteht.[782] Beim schuldrechtlichen Vorkaufsrecht (und der zu seiner Sicherung eingetragenen Vormerkung) ist die Beurkundungsform des § 311b Abs. 1 BGB Wirksamkeitsvoraussetzung,[783] deren Verletzung durch Eintragung der Vormerkung nicht geheilt wird.

Für Grundbucheintragung genügt die Bewilligung des betroffenen Grundstückseigentümers (§ 19 GBO),[784] weil das Vorkaufsrecht eine Belastung des Grundstücks ist.[785] Das notariell beurkundete Verpflichtungsgeschäft muss dem Grundbuchamt weder vorgelegt noch in der Bewilligung erwähnt werden.[786] Das Verpflichtungsgeschäft ist vom Grundbuchamt nicht zu prüfen;[787] aber der Notar hat es zu prüfen und ggf. die Unterschriftsbeglaubigung abzulehnen,[788] wenn die Beurkundungspflicht verletzt ist.[789]

4. Berechtigter des Vorkaufsrechts

Das Vorkaufsrecht kann als subjektiv-persönliches und als subjektiv-dingliches Recht bestellt werden.

Berechtigter des subjektiv-persönlichen Rechts kann jede erwerbsfähige natürliche und juristische Person sein; auch wenn sie bereits ein inhaltlich oder rangmäßig anderes Vorkaufsrecht am gleichen Grundstück hat.[790] **Der Grundstückseigentümer selbst**[791] kann nach den für Eigentümerrechte geltenden Grundsätzen Berechtigter sein, weil das Vorkaufsrecht als dingliche Belastung den § 889 BGB nicht ausschließt[792] und bei Bestellung gem. § 1094 Abs. 2 BGB der Eigentümer des herrschenden und dienenden Grundstücks identisch sein können; das Vorkaufsrecht erlischt im Übrigen nicht mit sonstigem Eigentumserwerb des Berechtigten durch Konsolidation.[793]

---

775 RGZ 167, 300; dazu MüKo-BGB/*Westermann*, § 1094 Rn 4 ff.
776 Grüneberg/*Herrler*, BGB, Überbl. vor § 1094 Rn 1; Staudinger/*Schermaier*, BGB, Einl. zu §§ 1094 ff. Rn 11 m. Hinw. auf die umstr. Meinungen zur Rechtsnatur.
777 RGZ 154, 370; MüKo-BGB/*Westermann*, § 1098 Rn 8.
778 BGHZ 60, 275 = DNotZ 1973, 603.
779 Zur Sicherung eines schuldrechtlichen Ankaufsrechts durch Vormerkung Schöner/Stöber, Grundbuchrecht, Rn 1444 ff., 1603 ff.; *Haegele*, Rpfleger 1963, 142; *Wagner*, NotBZ 2000, 69.
780 BGH DNotZ 1968, 93; BayObLG Rpfleger 1975, 26; Schöner/Stöber, Grundbuchrecht, Rn 1398.
781 RGZ 110, 327; RGZ 125, 261; BGH NJW-RR 1991, 205; Schöner/Stöber, Grundbuchrecht, Rn 1398; krit. dagegen MüKo-BGB/*Westermann*, § 1094 Rn 7; a.A. OLG Hamburg ZEV 2015, 305.
782 BGH DNotZ 1968, 93; BGH DNotZ 1980, 222.
783 Keine Heilung durch Grundbucheintragung, LG München I MittBayNot 1982, 265.
784 RGZ 125, 261, 264.
785 BayObLG DNotZ 1975, 685.
786 LG Verden Rpfleger 1956, 129; *Haegele*, BWNotZ 1971, 49; *Demharter*, GBO, Anh. zu § 44 Rn 82; a.A. OLG Celle NJW 1949, 548.
787 Grüneberg/*Herrler*, BGB, Überbl. vor § 1094 Rn 1.
788 *Haegele*, BWNotZ 1971, 49, 52; Schöner/Stöber, Grundbuchrecht, Rn 1399.
789 BayObLGZ 1986, 342 = MittBayNot 1987, 53; Seybold/Schippel, BNotO, § 14 Rn 11.
790 KGJ 51, 273; LG Lübeck, DNotZ 1963, 755.
791 Bauer/Schaub/*Lieder*, AT C Rn 133; Schöner/Stöber, Grundbuchrecht, Rn 1402.
792 BayObLG MittBayNot 1983, 229 = BayObLG Rpfleger 1984, 142.
793 BayObLG MittBayNot 1983, 229 = BayObLG Rpfleger 1984, 142.

210 **Berechtigter des subjektiv-dinglichen Rechts ist der** jeweilige Eigentümer eines anderen Grundstücks (§ 1094 Abs. 2 BGB), Miteigentumsanteils,[794] Wohnungseigentums, Erbbaurechts oder auch der jeweilige Inhaber eines Miteigentumsanteils an dem mit Vorkaufsrecht belasteten Grundstück (§ 1009 Abs. 1 BGB). Ein „für den Berechtigten und seine Rechtsnachfolger" bestelltes Vorkaufsrecht ist kein subjektiv-dingliches,[795] sondern ein „vererbliches und übertragbares Vorkaufsrecht" (§ 1098 Abs. 1 mit § 473 BGB),[796] dessen Vererblichkeit aber nicht auf die Abkömmlinge des Berechtigten beschränkt werden kann.[797]

211 **Eine Umwandlung** zwischen subjektiv-dinglichem und subjektiv-persönlichem Vorkaufsrecht ist unzulässig (§ 1103 BGB), sie kann nur durch Aufhebung der einen und Neubestellung der anderen Art bewirkt werden. Wird statt des vereinbarten subjektiv-persönlichen ein subjektiv-dingliches Vorkaufsrecht eingetragen, entsteht Letzteres mangels Übereinstimmung von Einigung und Eintragung nicht.[798] Die vom BayObLG[799] offen gelassene Frage, ob wenigstens dann ein subjektiv-persönliches Vorkaufsrecht entstanden ist, wenn seine Eintragung bewilligt worden ist, lässt sich nach den für Grundbucheintragungen geltenden Auslegungsgrundsätzen bejahen.[800] Im umgekehrten Fall[801] kann eine „Umdeutung" helfen (dazu siehe § 2 Einl. Rdn 74 ff.).

5. Mehrheit von Vorkaufsberechtigten

212 **Das Gemeinschaftsverhältnis** richtet sich grundsätzlich nach § 472 BGB und bedarf nach bisher h.M. hierwegen keiner besonderen Eintragung nach § 47 GBO.[802] Hiergegen wird eingewandt,[803] die Regelung des § 47 GBO bezwecke nicht die Verlautbarung der Unteilbarkeit eines Rechtes sondern gerade umgekehrt die Verlautbarung der Verschiedenheit der Gestaltungsmöglichkeiten bei einzelnen Rechten. Auch beim Vorkaufsrecht sei daher anzugeben, zu welchen Bruchteilen oder in welchem Gesamthandsverhältnis die Berechtigten stehen, auch wenn sie das Recht wegen § 472 BGB nur gemeinschaftlich ausüben können. Bei Teilung des herrschenden Grundstücks bleibt das subjektiv-dingliche Vorkaufsrecht für die Teile fortbestehen;[804] unter den jeweiligen Eigentümern der herrschenden Grundstücke entsteht ein Gemeinschaftsverhältnis nach § 472 BGB.

213 **Zulässig** ist ein übertragbares **Vorkaufsrecht für Ehegatten in Gütergemeinschaft**[805] oder sonstige Gesamthänder.

214 **Nicht zulässig** ist ein Vorkaufsrecht für **Bruchteilsberechtigte** und nicht zugunsten eines an der Bestellung nicht beteiligten Dritten;[806] bestritten ist, ob es als Vorkaufsrecht für Gesamtberechtigte nach § 428 BGB in der Weise bestellt werden kann, dass derjenige das Eigentum allein und im Ganzen beanspruchen kann, der das Vorkaufsrecht zuerst ausübt (vgl. § 47 GBO Rdn 11).[807]

6. Für jeden Berechtigten ein eigenes Vorkaufsrecht

215 **Zulässig** sind mehrere Vorkaufsrechte für verschiedene Berechtigte, wenn die Vorkaufsrechte verschiedenen Rang haben.[808]

---

794 Auch zugunsten der übrigen Miteigentumsanteile am selben Grundstück LG Nürnberg NJW 1957, 1521; BayObLG MittBayNot 1982, 177 = Rpfleger 1982, 274; MüKo-BGB/*Westermann*, § 1095 Rn 3.
795 BGH DNotZ 1963, 235.
796 *Schöner/Stöber*, Grundbuchrecht, Rn 1401.
797 LG Stuttgart BWNotZ 1974, 85.
798 BayObLG Rpfleger 1982, 274.
799 BayObLG Rpfleger 1982, 274.
800 Siehe auch MüKo-BGB/*Westermann*, § 1094 Rn 10.
801 BayObLG NJW 1961, 1265.
802 BGHZ 136, 327 = DNotZ 1998, 292 = MittBayNot 1998, 28 = NJW 1997, 3235 = Rpfleger 1998, 17; OLG Frankfurt a.M. NotBZ 1999, 27; BayObLGZ 1958, 202; Meikel/
Böhringer, GBO, § 47 Rn 45; Bauer/Schaub/*Wegmann*, GBO, § 47 Rn 42; *Brückner*, BWNotZ 1998, 170.
803 *Schöner/Stöber*, Grundbuchrecht, Rn 1407, 1407a; Demharter, MittBayNot 1998, 16; *Streuer*, Rpfleger 1998, 154.
804 BayObLGZ 1973, 21 = DNotZ 1973, 415 = Rpfleger 1973, 133; *Panz*, BWNotZ 1995, 156.
805 LG Amberg MittBayNot 1964, 385.
806 LG Düsseldorf RhNotK 1977, 129.
807 Zulässig nach OLG Frankfurt a.M. DNotZ 1986, 239; LG Köln MittRhNotK 1977, 192; *Schöner/Stöber*, Grundbuchrecht, Rn 1406.
808 Zugleich zur Ausübungsbefugnis des rangschlechteren Vorkaufsrechts BGHZ 35, 146 = DNotZ 1961, 544 = NJW 1961, 1669.

Mehrere Vorkaufsrechte sind auch im Gleichrang eintragungsfähig[809] und ohne Bedenken, wenn sie gemäß ihrer dinglichen Ausgestaltung bei der Ausübung nicht kollidieren können.[810] Wie bei ranggleichen Auflassungsvormerkungen[811] ist diese Einschränkung nach richtiger Ansicht nicht notwendig.[812]

7. Belastungsobjekt

Das Vorkaufsrecht ist eintragungsfähig **am ganzen Grundstück**, an einem Miteigentumsanteil (§ 1095 BGB), Wohnungseigentum, Erbbaurecht, Gebäudeeigentum, nicht aber am Gesamthandsanteil[813] oder am Dauerwohnrecht.[814]

Am realen Grundstücksanteil ist es nur eintragungsfähig bei Abschreibung und Verselbstständigung (siehe § 7 GBO Rdn 36)[815] oder als Belastung des ganzen Grundstücks unter Beschränkung des Ausübungsbereichs auf eine dem Bestimmtheitsgrundsatz entsprechend zu bezeichnende Teilfläche.[816]

Nicht bestellbar ist es als **Gesamtbelastung** mehrerer Grundstücke,[817] aber auslegungsfähig als Bestellung mehrerer Einzelvorkaufsrechte.[818] Durch Teilung des dienenden Grundstücks entstehen Einzelvorkaufsrechte.

8. Zwingender gesetzlicher Inhalt

Die §§ 1094 ff. und §§ 463 bis 473 BGB sind für das dingliches Vorkaufsrecht zwingend (§ 1098 Abs. 1 S. 1 BGB) und lassen nur in den vom Gesetz gezogenen Grenzen abweichende Vereinbarungen zu.[819]

Einzelfälle unzulässiger Vereinbarungen: Ein limitiertes Vorkaufsrecht, z.B. zum Höchstpreis, Schätzpreis, Festpreis, ist unzulässig;[820] eine Erstreckung auf Veräußerungsfälle, die kein Kauf sind, ist nicht möglich;[821] Vereinbarungen entgegen § 465 BGB; Vereinbarungen entgegen § 471 BGB, soweit nicht nach § 1098 Abs. 1 S. 2 BGB Abweichungen zulässig sind; § 1103 BGB für das subjektiv-dingliche Vorkaufsrecht; Bestellung mit dem Inhalt, dass es nur ausgeübt werden kann, wenn das Grundstück als „Untersuchungsgebiet" ausgewiesen ist.[822]

9. Zulässige abweichende Vereinbarungen

Als Inhalt des Vorkaufsrechts bedürfen abweichende Vereinbarungen der Eintragung (Bezugnahme genügt).[823] **Beispiele zulässiger Vereinbarungen:**

– Übertragbarkeit oder Vererblichkeit abweichend von § 473 BGB;[824]
– Ausschluss, Einschränkung oder Erweiterung der Übertragbarkeit oder Vererblichkeit abweichend von §§ 1098 Abs. 3, 1059a ff. BGB;[825] übernimmt im Falle des Ausscheidens aus einer OHG ein verbleibender Gesellschafter das Handelsgeschäft, geht das Vorkaufsrecht der OHG auf ihn über;[826]

---

809 OLG Hamm DNotZ 1990, 178 = NJW-RR 1989, 912 = Rpfleger 1989, 362; LG Landshut MittBayNot 1979, 69 m. Anm. *Böck*; LG Düsseldorf Rpfleger 1981, 479 m. Anm. *Zimmermann*; *Demharter*, GBO, Anh. zu § 44 Rn 82; *Schöner/Stöber*, Grundbuchrecht, Rn 1403; *Grüneberg/Herrler*, BGB, § 1094 Rn 1; *Holderbaum*, JZ 1965, 712; *Lütke/Handjery*, Betrieb 1974, 517; *Promberger*, MittBayNot 1974, 145; a.A. LG Darmstadt MDR 1958, 35; MüKo-BGB/*Westermann*, § 1094 Rn 8; einschränkend Staudinger/*Schermaier*, BGB, § 1094 Rn 12.
810 AG Gemünden MittBayNot 1974, 145 zust. *Promberger*; LG Düsseldorf Rpfleger 1981, 479; Grüneberg/*Herrler*, BGB, § 1094 Rn 1; *Haegele*, Rpfleger 1975, 176; a.A. *Zimmermann*, Rpfleger 1980, 326.
811 Dazu Staudinger/*Kesseler*, BGB, § 883 Rn 342.
812 OLG Hamm DNotZ 1990, 178; *Schöner/Stöber*, Grundbuchrecht, Rn 1404.
813 Staudinger/*Schermaier*, BGB, § 1095 Rn 5.
814 BGH BWNotZ 1963, 217.
815 OLG Hamm NJW 1996, 849.
816 BayObLGZ 1997, 160 = NJW-RR 1998, 86 = Rpfleger 1997, 473.
817 BayObLGZ 1951, 618 = DNotZ 1953, 263 m. Anm. *Weber*; BayObLGZ 1974, 365 = Rpfleger 1975, 23.
818 BayObLGZ 1974, 365 = Rpfleger 1975, 23; *Haegele*, Rpfleger 1961, 40.
819 Staudinger/*Schermaier*, BGB, § 1098 Rn 5.
820 RGZ 154, 355, 358; zulässig dagegen bei schuldrechtlichen Vorkaufsrecht; zur Umdeutung in eine Vormerkungsbestellung MüKo-BGB/*Westermann*, § 1094 Rn 6.
821 BGHZ 49, 7 („Ringtausch"); BGH DNotZ 1970, 423.
822 BayObLG Rpfleger 1978, 435.
823 OLG Hamm Rpfleger 1960, 154; OLG Düsseldorf Rpfleger 1967, 13.
824 Zulässig Beschränkung der Vererblichkeit auf bestimmte Personen OLG Hamm Rpfleger 1960, 154; LG Aachen MittRhNotK 1996, 328; LG Würzburg DNotZ 1992, 319; nicht eintragbar: Übertragung der Rechte aus Ausübung BayObLG Rpfleger 1971, 215; Beschränkung der Vererbung auf Abkömmlinge; LG Stuttgart BWNotZ 1974, 85.
825 BGHZ 50, 307 = DNotZ 1969, 161 = Rpfleger 1968, 351.
826 BGHZ 50, 307 = DNotZ 1969, 161 = Rpfleger 1968, 351.

- Vorkaufsrecht für bestimmte, mehrere oder alle Verkaufsfälle abweichend von § 1097 BGB;[827]
- Verlängerung oder Verkürzung der Ausübungsfrist des § 469 Abs. 2 BGB;[828]
- Erstreckung auf Vorkauf an Erben abweichend von § 470 BGB;
- Ausschluss bei freihändigem Verkauf durch Insolvenzverwalter abweichend von § 1098 Abs. 1 S. 2 BGB;
- Höchstbetrag als Wertersatz (§ 882 BGB);
- bedingtes/befristetes Vorkaufsrecht, z.B. auf Dauer eines bestimmten Miet- oder Pachtvertrages.[829]

10. Grundbucheintragung

223 **Aus dem Eintragungsvermerk selbst müssen sich ergeben** die Bezeichnung „Vorkaufsrecht"; der Berechtigte, bei mehreren das Gemeinschaftsverhältnis, sofern es von § 472 BGB abweicht sowie die Bedingung oder Befristung des Vorkaufsrechts.

224 **Bezugnahme auf Bewilligung ist zulässig** zur näheren Bezeichnung des dinglichen Inhalts des Vorkaufsrechts, auch für alle aufgeführten abweichenden Vereinbarungen;[830] z.B. auch ob das Vorkaufsrecht für alle, einzelne oder nur den ersten Verkaufsfall gelten soll.[831] In der Praxis sollte von der zulässigen Bezugnahme abgesehen werden, wenn die Aufnahme in den Eintragungsvermerk wegen ihrer Bedeutung für den Rechtsverkehr geboten erscheint.

11. Genehmigungsbedürftigkeit der Vorkaufsrechtsbestellung

225 **Genehmigungsbedürftig** ist das Vorkaufsrecht, wenn das Grundstück einer allgemeinen Verfügungsbeschränkung unterliegt. Es kommt weder darauf an, ob der Kaufvertrag, der durch Ausübung begründet wird (§ 469 Abs. 2 BGB), genehmigungspflichtig ist[832] noch darauf, ob die Bewilligung einer Vormerkung genehmigungspflichtig ist, weil das dingliche Vorkaufsrecht anders als die Vormerkung eine dingliche Belastung ist.

226 **Einzelfälle** der Genehmigungsbedürftigkeit: Umlegungsverfahren, Sanierungs- und Entwicklungsverfahren, Bestellung am Kindesgrundstück, bei Belastungsbeschränkungen juristischer Personen. **Genehmigungsfreiheit besteht** nach § 1365 BGB und § 2 GrdstVG.[833]

12. Erlöschen des Vorkaufsrechts

227
- Das für **einen Verkaufsfall** bestellte Vorkaufsrecht erlischt, wenn es bei einem solchen nicht fristgemäß ausgeübt wird.[834] Es erlischt mit dem Eigentumserwerb eines Dritten auch dann, wenn es nicht ausgeübt werden konnte, insbes. weil dem Eigentumserwerb des Dritten kein Kauf zugrunde lag.[835] Die Löschung des Vorkaufsrechts ist Grundbuchberichtigung nach § 22 GBO. Ein Unrichtigkeitsnachweis ist im Falle nicht rechtzeitiger Ausübung des Vorkaufsrechts (§ 469 Abs. 2 BGB) kaum denkbar, in den Fällen sonstigen Eigentumserwerbs eines Dritten nicht erforderlich,[836] wenn dieser z.B. auf Zuschlag in der Zwangsversteigerung[837] oder Erbfolge beruht, oder möglich durch notariell beurkundeten Schenkungs- oder Tauschvertrag (§ 311b Abs. 1 BGB).
- Das für **mehrere oder für alle Verkaufsfälle** bestellte Vorkaufsrecht erlischt, wenn es wirksam ausgeübt worden ist.

---

827 Zum Erlöschen nach § 1097 BGH DNotZ 1970, 423; BayObLG MittBayNot 1981, 18; OLG München NotBZ 2010, 232 = Rpfleger 2010, 260.
828 Grüneberg/*Weidenkaff*, BGB, § 469 Rn 4.
829 OLG Zweibrücken DNotZ 1990, 177; BayObLG MittBayNot 1990, 174 = NJW-RR 1990, 1169; dazu Mü-Ko/*Westermann*, BGB, § 1094 Rn 7.
830 Staudinger/*Schermaier*, BGB, § 1094 Rn 27; § 1097 Rn 11, 18.
831 LG Frankfurt a.M. Rpfleger 1979, 454; OLG Köln Rpfleger 1982, 16.
832 Auch die Genehmigung muss innerhalb der Ausübungsfrist erteilt werden BGHZ 32, 375; Grüneberg/*Weidenkaff*, BGB, § 464 Rn 1.
833 BGH NJW 1952, 1055.

834 Zur Ausübungsfrist BGHZ 32, 375.
835 KGJ 40, 133; OLG Stuttgart DNotZ 1998, 305 m. Anm. *Zeiß*, = Rpfleger 1997, 473; OLG Zweibrücken NJW-RR 2000, 94 = Rpfleger 1999, 532; einschränkend für die Auseinandersetzung unter Miteigentümern BayObLG MittBayNot 1981, 18; vgl. allg. Grüneberg/*Herrler*, BGB, § 1097 Rn 2, 3; *Schöner/Stöber*, Grundbuchrecht, Rn 1432a; *Haegele*, Rpfleger 1957, 330.
836 OLG Stuttgart DNotZ 1998, 305 m. Anm. *Zeiß* = Rpfleger 1997, 473; OLG Zweibrücken NJW-RR 2000, 94 = Rpfleger 1999, 532 (rechtliches Gehör am Vorkaufsberechtigten); a.A. LG Koblenz MittRhNotK 1996, 329.
837 Dazu *Stöber*, NJW 1988, 3121; zur Ausübung in der Zwangsversteigerung *Stöber*, ZVG, § 81 Rn 10.2; zur Teilungsversteigerung BGHZ 13, 133.

- Das **nicht vererbliche Vorkaufsrecht** (§ 473 BGB) erlischt mit dem Tod des Berechtigten. Das Vorkaufsrecht ist rückstandsfähiges Recht i.S.d. § 23 GBO.[838] Als möglicher Rückstand ist ähnlich wie bei der Auflassungsvormerkung[839] der Übereignungsanspruch aus dem zu Lebzeiten noch wirksam ausgeübtem Recht anzusehen.

III. Siedlungsrechtliche Wiederkaufsrechte

1. Gesetzliche Grundlage (§§ 20, 21 RSG)

- Gemäß § 20 RSG hat das Siedlungsunternehmen ein Wiederkaufsrecht an der von ihm begründeten Siedlerstelle, wenn der Ansiedler sie ganz oder teilweise veräußert, aufgibt oder nicht dauernd bewohnt oder bewirtschaftet.[840]
- Gemäß § 21 RSG steht dem früheren Eigentümer ein Wiederkaufsrecht gegen das Siedlungsunternehmen zu, wenn es das erworbene Grundstück nicht innerhalb einer Frist von zehn Jahren für Siedlungszwecke verwendet hat.

2. Rechtsnatur eines dinglichen Rechts

Das siedlungsrechtliche Wiederkaufsrecht ist nach Eintragung im Grundbuch ein allen Regeln des Grundbuchrechts unterliegendes Recht mit dinglicher Wirkung, das als „Belastung des Grundstücks" in das Grundbuch einzutragen ist, Dritten gegenüber wie eine Vormerkung auf Rückübereignung des Grundstücks nach § 883 BGB wirkt.[841]

3. Voraussetzungen

Die Voraussetzungen der Entstehung des Wiederkaufsrechts ergeben sich aus dem Gesetz. Als dingliches Recht entsteht es mit Eintragung, die auf Bewilligung des Siedlers (§ 19 GBO) und Antrag des Siedlers oder Siedlungsunternehmens (§ 13 GBO) im Rang nach etwaigen Siedlungskrediten[842] vorzunehmen ist.

4. Wiederkaufsrecht für das Siedlungsunternehmen (§ 20 RSG)

Gesetzlicher Inhalt (§ 20 Abs. 1 RSG): Ausgeschlossen ist das Recht bei Verkauf an eine Körperschaft des öffentlichen Rechts, an Ehegatten oder nahe Verwandte i.S. §§ 20, 4 Abs. 2 RSG. **Vom Wiederkaufsrecht betroffener Grundbesitz** ist nicht nur das hinzuerworbene Grundstück, sondern die ganze, durch den Neuerwerb gestaltete Siedlerstelle.[843]

Die Zeitdauer muss vereinbart und im Grundbuch eingetragen werden, weil das Gesetz keine Vorschriften über die Dauer enthält, aber auch kein „ewiges Recht" zulässt;[844] zweifelhaft ist, ob es mangels Vereinbarung auf 30 Jahre befristet ist (vgl. § 462 BGB); jedenfalls nicht zeitlich unbefristet.[845] **Vereinbarungen über Wiederkaufspreis und nähere Bedingungen** bedürfen der Eintragung. Ohne gegenteilige Vereinbarung gelten §§ 456 ff. BGB und besteht das Wiederkaufsrecht für alle Veräußerungs- und sonstigen Fälle des § 20 Abs. 1 RSG,[846] die vor seinem Zeitablauf stattfinden. Es kann auch für den Fall schlechter Bewirtschaftung vereinbart werden.[847]

---

838 OLG Hamm MittBayNot 1989, 27 = Rpfleger 1989, 148; OLG Zweibrücken MittBayNot 1990, 112 = Rpfleger 1989, 450; *Demharter*, GBO, § 23 Rn 3; a.A. *Streuer*, Rpfleger 1986, 245.
839 Hierzu BayObLG Rpfleger 1990, 504; BayObLG Rpfleger 1991, 288; *Demharter*, GBO, § 23 Rn 11; *Schöner/Stöber*, Grundbuchrecht, Rn 1436; a.A. BGHZ 117, 390 = MittBayNot 1992, 195 m. Anm. *Ertl* = Rpfleger 1992, 287; BGHZ 130, 385 = DNotZ 1996, 453 = Rpfleger 1996, 100; *Streuer*, Rpfleger 1986, 245.
840 Vgl. *Hoche*, NJW 1968, 1661; *Pannwitz*, RdL 1968, 146.
841 So für § 20 RSG BGHZ 57, 356 = DNotZ 1972, 349; BGHZ 59, 94 = Rpfleger 1972, 398 (Bestimmung des Wertersatzes in der Zwangsversteigerung); BGHZ 75, 288 = NJW 1980, 833.
842 BGHZ 57, 356.
843 BGH MDR 1967, 397 = RdL 1967, 75.
844 OLG Hamm Rpfleger 1956, 72 m. Anm. *Haegele*; OLG Stuttgart RdL 1954, 125.
845 **A.A.** LG Verden RdL 1955, 134; zur Löschung OLG Frankfurt a.M. Rpfleger 1976, 401.
846 OLG Celle RdL 1970, 187.
847 BGHZ 97, 238 = DNotZ 1987, 36.

5. Wiederkaufsrecht für den früheren Eigentümer (§ 21 RSG)

232 In Wesen und Wirkungen entspricht es dem Wiederkaufsrecht nach § 20 RSG. Nach Inhalt und Dauer gilt § 21 RSG. Abweichende Vereinbarungen bedürfen der Grundbucheintragung.[848]

IV. Gesetzliche Vorkaufsrechte

1. Eintragungsfähigkeit

233 Nach einer Meinung **sind Gesetzliche Vorkaufsrechte nicht eintragungsfähig**, weil sie kraft Gesetzes entstehen und keiner Eintragung bedürfen; Begründung wie für Verfügungsbeschränkungen öffentlichen Rechts (siehe § 1 Einl. Rdn 92).

Sie sind nach anderer Ansicht **dann eintragungsfähig,** wenn sie allen Anforderungen eines dinglichen Vorkaufsrechts (§§ 1094 ff. BGB) entsprechen, auf andere Weise im Rechtsverkehr nicht genügend erkennbar wären und die Eintragung nicht gesetzlich ausgeschlossen ist. Eintragungsfähig sind danach insbes. solche Vorkaufsrechte, für die § 1098 Abs. 2 BGB für entsprechend anwendbar erklärt wird, während solche Vorkaufsrechte, die aufgrund eines Genehmigungsvorbehalts eine Grundbuchsperre bewirken, keiner Eintragung bedürfen. Eintragungsfähig und -bedürftig ist danach das Vorkaufsrecht von Mietern und Nutzern gem. § 20 VermG und des Berechtigten gem. § 20a VermG.

2. Nicht eintragungsfähige Vorkaufsrechte

234 **Nicht eintragungsfähig** sind z.B.

- § 2034 BGB: das gesetzliche Vorkaufsrecht der Miterben;[849]
- §§ 24, 25 BauGB: Die gesetzlichen Vorkaufsrechte der Gemeinden haben keine dingliche Wirkung.
- § 11 RHeimstG: Das RHeimstG ist mit Wirkung v. 1.10.1993 aufgehoben worden.
- Siedlungsrechtliche Vorkaufsrechte (§§ 1, 4 RSG): Sie sind nicht eintragungsfähig, weil ihre Ausübung in das Genehmigungsverfahren nach GrstVG eingebaut ist, ein Grundbuchvermerk ist also überflüssig;[850]
- § 69 LandbeschaffungsG: besonderer Fall des siedlungsrechtlichen Vorkaufsrechts; wie dieses nicht eintragungsfähig;
- § 2b WohnungsbindungsG (i.d.F. v. 13.9.2001, BGBl I 2001, 2404 zul. geänd. d. Gesetz v. 9.11.2012, BGBl I 20122291): Das Vorkaufsrecht des Mieters beim Verkauf einer öffentlich geförderten Wohnung, die in Wohnungseigentum umgewandelt worden ist oder werden soll, ist mit Novellierung des Wohnungsbindungsgesetz zum 1.1.2002 weggefallen; es hatte ohnehin keine dingliche Wirkung und keinen Einfluss auf das Grundbuchverfahren.[851]
- § 577 Abs. 1 BGB, das dem Vorkaufsrecht des § 2b WoBindG nachgebildet ist; es ist nicht dinglich ausgestaltet;[852] erst ab Ausübung kann eine Vormerkung erzwungen werden.[853]

3. Gesetzliche Vorkaufsrechte nach Landesrecht

235 Ihre Rechtsgrundlagen sind Art. 64, 67, 109, 119 EGBGB.[854] Die Länder haben davon unterschiedlichen Gebrauch gemacht, teils zum privaten Schutz von Mitbeteiligten, teils zur Wahrung öffentlicher Interessen, z.B. am Wiederaufbau, Naturschutz, Landschaftsschutz, Denkmalschutz.[855]

---

848 *Schöner/Stöber*, Grundbuchrecht, Rn 4177, 4178.
849 Dazu BGH DNotZ 1975, 726; BGH Rpfleger 1977, 14; BGH NJW 1982, 330; BayObLGZ 1952, 231; MüKo-BGB/*Gergen*, § 2034 Rn 5.
850 Dazu *Schöner/Stöber*, Grundbuchrecht, Rn 4137 ff.; für die Neuen Bundesländer Meikel/*Böhringer*, Einl. C Rn 1121.
851 Dazu noch *Becker*, MittRhNotK 1980, 213; *ders.*, MittRhNotK 1982, 12; *ders.*, MittRhNotK 1985, 209.
852 *Schöner/Stöber*, Grundbuchrecht, Rn 4185a; *Langhein*, DNotZ 1993, 650; *Götz*, BWNotZ 2000, 9; *F. Schmidt*, MittBayNot 1998, 218; zum Erlöschen bei Eigentumserwerb durch Zwangsversteigerung BGHZ 141, 194b; dazu *Sonnenschein*, JZ 2000, 236.
853 Dazu OLG München NJW-RR 1999, 1314.
854 Überblick bei *Grauel*, MittRhNotK 1993, 243; *Grauel*, RNotZ 2002, 210.
855 Einzelheiten bei *Schöner/Stöber*, Grundbuchrecht, Rn 4187 ff.

4. Beispiele nicht eintragungsfähiger landesrechtlicher Vorkaufsrechte

Landesrechtliche Vorkaufsrechte, die nicht eintragungsfähig sind, sind bspw.:

236

- Art. 3 Bay. Gesetz zum Schutz der Almen und der Förderung der Almwirtschaft;[856]
- Art. 26 BayFischereiG v. 15.8.1908 BayRS IV, 453:de Rechtslage ist dem § 2034 BGB (Vorkaufsrecht der Miterben) ähnlich. Bei Verkauf eines Anteils haben die anderen Mitberechtigten ein gesetzliches Vorkaufsrecht, das aus den gleichen Gründen wie das gesetzliche Vorkaufsrecht der Miterben nicht eintragungsfähig ist. Die Notwendigkeit eines Warn- und Schutzvermerks im Grundbuch besteht hier nicht.
- Art. 34 BayNatSchutzG: Das Vorkaufsrecht des Freistaates Bayern, der Bezirke, Landkreise und Gemeinden ist weitgehend mit dinglicher Wirkung nach § 1098 BGB ausgestattet. Seine Eintragung soll nach BayObLG gleichwohl nicht zulässig sein.[857]

5. Beispiele eintragungsfähiger landesrechtlicher Vorkaufsrechte

Eintragungsfähig sind bspw.:

237

- Das frühere Vorkaufsrecht nach Art. 19 Bayer. DenkmalschutzG gilt nicht mehr für Grundstücke.
- § 44 LandschaftspflegeG des Landes Schleswig-Holstein v. 19.11.1982 (GVOBl, 256).

Es gibt gesetzliche Vorkaufsrechte, die beim Verkauf von Grundstücken der öffentlichen Hand zustehen, allen Voraussetzungen des dinglichen Vorkaufsrechts des BGB entsprechen, allen rechtsgeschäftlichen Vorkaufsrechten (soweit sie nach dem Inkrafttreten des Gesetzes bestellt worden sind) im Range vorgehen und auch gegenüber einem gutgläubigen Grundstückskäufer **Vormerkungswirkung (§ 1098 Abs. 2 BGB)** haben. Ohne Grundbuchvermerk sind sie eine Gefahr für den rechtsgeschäftlichen Erwerber. **Diese Vorkaufsrechte sind eintragungsfähig.** Statt solche Grundstücke in Plänen und Listen festzuhalten, sollten die zuständigen Behörden durch einen Grundbuchvermerk den Rechtsverkehr wirksamer schützen und sich und den Beteiligten die lästigen Vorkaufsrechtsanfragen ersparen.

238

6. Vormerkungsfähigkeit des gesetzlichen Vorkaufsrechts nach § 28 BauGB

Das gesetzliche Vorkaufsrecht der Gemeinde nach BauGB ist nicht im Grundbuch eintragungsfähig, aber nach dem Eintritt des Vorkaufsfalles unter bestimmten Voraussetzungen vormerkungsfähig.[858] Wird das Vorkaufsrecht zu dem im Kaufvertrag vereinbarten Preis ausgeübt, entsteht zwischen der Kommune und dem Eigentümer ein neuer Kaufvertrag, der durch Erklärung der Auflassung zu vollziehen ist.[859] Wird das Vorkaufsrecht preislimitiert ausgeübt, geht das Eigentum auf die Gemeinde kraft Gesetzes mit Bestandskraft des Ausübungsbescheides über (§ 28 BauGB). Gem. § 28 Abs. 2 S. 3 BauGB hat das Grundbuchamt auf Ersuchen der Gemeinde zur Sicherung ihres bedingten (= von der Bestandskraft abhängigen) Anspruchs auf Übereignung des Grundstücks eine Vormerkung in das Grundbuch einzutragen. Dazu ist die Gemeinde erst nach Mitteilung des Kaufvertrages berechtigt. Das Grundbuchamt hat diese Eintragung abzulehnen, wenn es nach Prüfung der ihm vorliegenden Urkunden und Unterlagen zur Überzeugung gelangt, dass ein Vorkaufsrecht nicht bestehen oder nicht ausgeübt wird und folglich auch kein vormerkungsfähiger Anspruch vorliegen kann. Deshalb kann eine solche Vormerkung nicht mehr eingetragen werden, wenn der Käufer im Grundbuch bereits als Eigentümer eingetragen ist.[860]

239

---

856 Gesetz v. 28.4.1932, BayRS 7817–2-E; BayObLGZ 1982, 222, 229 = Rpfleger 1982, 337.
857 BayObLGZ 2000, 224 = MittBayNot 2000, 555 m. Anm. *Frank* = NotBZ 2000, 338 = Rpfleger 2000, 543; zur Ausübung und zur notwendigen Auflassung mit Grundbucheintragung BayObLGZ 1999, 245 = MittBayNot 1999, 555 = NJW-RR 2000, 92.
858 Meikel/*Grziwotz*, Einl. F Rn 256.
859 Meikel/*Grziwotz*, Einl. F Rn 252 ff.; *Huber*, NotBZ 2003, 445 und 2004, 91.
860 BayObLG DNotZ 1984, 378.

H. Reallasten und Altenteil
I. Das Wesen der Reallast

240 Innerhalb der nach dem Typenzwang zulässigen beschränkten dinglichen Rechte am Grundstück ist die Reallast das Leistungsrecht, nach welchem der Berechtigte eine positive Leistung vom Grundstückseigentümer fordern kann.[861] Während die Grunddienstbarkeit dem Berechtigten die eigene Benutzung des Grundstücks in bestimmten Beziehungen gewährt, der Nießbrauch eine umfassende Nutzung, hat der Berechtigte der Reallast kein Recht zur eigenen Benutzung des Grundstücks. Während aber bei Nießbrauch und Dienstbarkeit die Verpflichtung des Grundstückseigentümers zu positiven Handlungen ausgeschlossen ist, ist sie gerade der notwendige Inhalt der Reallast. Sie ist die dingliche Belastung eines Grundstücks mit aus dem Grundstück zu entrichtenden wiederkehrenden Leistungen (§ 1105 Abs. 1 BGB).[862]

Zu unterscheiden sind das Stammrecht und die Einzelleistungen, für die gem. § 1107 BGB das Recht der Hypothekenzinsen entsprechend gilt. Die Einzelleistungen entspringen gemäß dem Inhalt der Reallast aus dem Stammrecht, ohne dass dieses sich dadurch verbraucht oder verzehrt. Die Leistungen erhalten mit ihrem Entstehen eine gewisse rechtliche Eigenständigkeit (vgl. zur Abtretung §§ 1107, 1159 BGB) teilen aber mit dem Stammrecht eine Rangstelle im Grundbuch, eine Bestimmung dahin, dass rückständige Leistungen im Falle der Zwangsversteigerung Nachrang nach dem Stammrecht haben sollen, ist unzulässig.[863] Der Grundstückseigentümer haftet für die Einzelleistungen nach § 1108 BGB grundsätzlich persönlich, die Vorschrift kann als Inhalt der Reallast abbedungen werden (Eintragung durch Bezugnahme nach § 874 BGB genügt).[864]

Die Leistungen sind zwar „aus dem Grundstück" zu erbringen, trotzdem verleiht die Reallast kein Nutzungsrecht am Grundstück; dieses haftet vielmehr nur für die Erbringung der geschuldeten Leistungen; der Gläubiger kann sich nur im Wege der Immobiliarvollstreckung aus dem Grundstück befriedigen (§ 1107 mit § 1147 BGB).[865] Die Reallast ist ein Leistungs- und Verwertungsrecht.[866] Daher muss die Leistung, die nicht in Geld besteht, wenigstens einen Geldwert haben, der Höhe nach bestimmbar sein und gegebenenfalls in eine Geldforderung umgewandelt werden können.[867]

II. Zulässiger und unzulässiger Inhalt
1. Belastungsgegenstand

241 Die Reallast kann an einem Grundstück, einem grundstücksgleichen Recht und auch an einem Wohnungs- oder Teileigentumsrecht bestellt werden. Ein ideeller Bruchteil ist belastbar, sofern er im Eigentum eines Miteigentümers steht (§ 1106 BGB).[868] Dies gilt auch für Miteigentumsanteile am Wohnungseigentum.

Bei der Belastung eines realen Grundstücksteiles ist das Grundstück nach § 7 Abs. 1 GBO zu teilen. Die Anwendung des § 7 Abs. 2 GBO, wonach eine Teilung unterbleiben kann, wenn Verwirrung nicht zu besorgen und der belastete Teil genau bezeichnet ist, ist seit der Änderung des § 7 Abs. 2 GBO durch das DaBaGG v. 1.10.2013 (BGBl I 2013, 3719) nicht mehr möglich (dazu vgl. § 7 GBO Rdn 17). Die Belas-

---

861 Allgemein Staudinger/*Reymann*, BGB, § 1105 Rn 1 ff.; MüKo-BGB/*Mohr*, BGB, § 1105 Rn 8 ff.; Grüneberg/*Herrler*, BGB, § 1105 Rn 1 ff.; Meikel/*Grziwotz*, Einl. B Rn 444 ff.; Bauer/Schaub/*Wegmann*, AT C Rn 593 ff.; Schöner/Stöber, Grundbuchrecht, Rn 1285 ff.; *Böttcher*, ZNotP 2011, 122; *Sokolowski*, ZfIR 2011, 50.
862 Zur Rechtsgeschichte Staudinger/*Reymann*, BGB, Vor § 1105 Rn 1.
863 BGHZ 156, 274 = NotBZ 2004, 277 = Rpfleger 2004, 92; OLG Hamm ZfIR 2002, 994; anders noch BayObLGZ 1990, 282 = DNotZ 1991, 805 = Rpfleger 1991, 50; dazu *Eickmann*, NotBZ 2004, 262; zur Zwangsversteigerung Meikel/*Grziwotz*, Einl. B 460; Schöner/Stöber, Grundbuchrecht, Rn 1317; *Stöber*, NotBZ 2004, 265; *Böttcher*, RpflStud 200 %, 24, zu dieser Problematik bereits *Amann*, DNotZ 1993, 222.
864 MüKo-BGB/*Mohr*, § 1108 Rn 7; Meikel/*Grziwotz*, Einl. B Rn 459.
865 Eingehend Staudinger/*Reymann*, BGB, Vor § 1105 Rn 49 ff.
866 BGH Rpfleger 1978, 207; zu den Unterschieden zum Hypothekenrecht Erman/*Grziwotz*, BGB, vor § 1105 Rn 4.
867 BGHZ 111, 324 = DNotZ 1991, 803 = NJW 1990, 2380 = Rpfleger 1990, 453 (Wertsicherungsklauseln); BayObLGZ 1993, 228 = DNotZ 1993, 473; OLG Celle DNotZ 1952, 126; LG Saarbrücken Rpfleger 2000, 109; Staudinger/*Reymann*, BGB, § 1105 Rn 15; MüKo/*Mohr*, BGB, § 1105 Rn 32; Grüneberg/*Herrler*, BGB, § 1105 Rn 4; Erman/*Grziwotz*, BGB, § 1105 Rn 7 mit zahlr. Bsp.
868 Ausnahme Buchung des Miteigentumsanteils nach § 3 Abs. 4, 6 GBO, BayObLG DNotZ 1976, 28 = Rpfleger 1975, 90; OLG Köln Rpfleger 1981, 481.

tung des ganzen Grundstücks, verbunden mit einer sog. Ausübungsbeschränkung (vgl. § 7 GBO Rdn 36) ist bei der Reallast nicht zulässig; sie ist nur bei Gebrauchs- und Nutzungsrechten, nicht aber bei Verwertungsrechten möglich. Die Gesamtbelastung mehrerer Grundstücke ist zulässig.[869] Vereinigung oder Bestandteilszuschreibungen des belasteten Grundstücks führen aber zu keiner Pfanderstreckung, § 1131 BGB gilt nicht für der Reallast (vgl. auch § 6 GBO Rdn 25).[870]

2. Berechtigter

Die Reallast kann für einen bestimmten Berechtigten (= subjektiv-persönlich) oder für den jeweiligen Eigentümer eines anderen Grundstückes[871] (= subjektiv-dinglich) bestellt werden (§ 1105 Abs. 1, 2 BGB). **242**

Die subjektiv-dingliche Reallast ist wesentlicher Bestandteil des herrschenden Grundstücks und selbstständig nicht übertragbar (§ 96 BGB). Bei Teilung des herrschenden Grundstücks der subjektiv-dinglichen Reallast besteht die Reallast für die einzelnen Grundstücke fort (§ 1109 Abs. 1 S. 1 BGB). Je nach Teilbarkeit der Leistung besteht Bruchteilsgemeinschaft oder Gesamthandsberechtigung nach § 432 BGB.[872] **243**

Die subjektiv-persönliche Reallast ist grundsätzlich übertragbar und vererblich; sie ist nicht übertragbar, wenn die Einzelleistung nicht übertragbar ist (§ 1111 Abs. 2 BGB). Dies ist regelmäßig der Fall, wenn Geldleistungen zur Versorgung des Berechtigten (Leibrente) geschuldet sind oder die Leistungen höchstpersönlichen Charakter haben.[873] Die Reallast kann nicht für einen nicht am Bestellungsvorgang beteiligten Dritten, insbes. nicht für einen noch unbekannten Versprechensempfänger eingetragen werden, da § 328 BGB auf dingliche Rechte nicht anwendbar ist.[874] **244**

Bei mehreren Berechtigten eines subjektiv-persönlich bestellten Rechts ist die Eintragung möglich **245**
– in Bruchteilsgemeinschaft, sofern teilbare Leistungen geschuldet werden und das Recht übertragbar ist,[875]
– in Gesamtberechtigung nach § 428 BGB;[876]
– in Gesellschaft bürgerlichen Rechts;[877]
– bei ehelicher Gütergemeinschaft als Gesamtgutsgegenstand.[878]

Die Reallast kann für mehrere Berechtigte nacheinander in sog. Sukzessiv- oder auch in Alternativberechtigung (hier meist durch § 428 BGB) bestellt werden. Die Sukzessivberechtigung erfolgt durch Bestellung eines Rechts für den jeweiligen Berechtigten unter entsprechender auflösender oder aufschiebender Bedingung mit jeweils gleichem Rechtsinhalt.[879] Es können deshalb auch gleich- oder nachrangig mehrere Reallasten gleichen Inhalts für verschiedene Berechtigte bestellt werden.[880] **246**

Eine Umwandlung der subjektiv-persönlichen in eine subjektiv-dingliche Reallast und umgekehrt ist nicht zulässig (§§ 1110, 1111 BGB); wird das gewünscht, so muss das Recht aufgehoben und in der anderen Art neu bestellt werden. **247**

Die Zulässigkeit einer Reallast für den Eigentümer des belasteten Grundstücks (sei sie subjektiv-dinglich oder subjektiv-persönlich) ist umstritten.[881] Sie ist jedenfalls dann zuzulassen, wenn für ihre Bestellung ein schutzwürdiges eigenes oder fremdes Interesse dargetan wird.[882] Die Lit. verzichtet aber auf das Erfordernis der Darlegung eines besonderen Interesses.[883] **248**

---

869 BayObLG Rpfleger 1981, 353; OLG Hamm DNotZ 1976, 229 (für das Altenteil); Staudinger/*Reymann*, BGB, § 1105 Rn 4; MüKo-BGB/*Mohr*, § 1105 Rn 62; *Hampel*, Rpfleger 1962, 126 m.w.N.
870 Grüneberg/*Herrler*, BGB, § 1106 Rn 4.
871 Nicht aber nur für den Miteigentümer eines anderen Grundstücks, BayObLGZ 1990, 212 = DNotZ 1991, 298 = Rpfleger 1990, 507 (zur Erbbauzins-Reallast).
872 Meikel/*Grziwotz*, Einl. B Rn 447 m.w.N.
873 Diff. zur Vererblichkeit MüKo/*Mohr*, BGB, § 1111 Rn 2.
874 OLG Hamm, NotBZ 2012, 43; Staudinger/*Reymann*, BGB, § 1105 Rn 13 ff.; MüKo-BGB/*Mohr*, § 1105 Rn 59.
875 Staudinger/*Reymann*, BGB, § 1105 Rn 3.
876 BGHZ 46, 253, 255; BayObLGZ 1975, 191 = DNotZ 1975, 619 = Rpfleger 1975, 300.
877 Meikel/*Grziwotz*, Einl. B Rn 447.
878 BayObLG NJW 1966, 56; OLG Oldenburg DNotZ 1969, 46.
879 Zu Alternativberechtigung in Form des § 428 BGB BGHZ 46, 253; Staudinger/*Reymann*, BGB, § 1105 Rn 9; Meikel/*Grziwotz*, Einl. B Rn 447.
880 Staudinger/*Reymann*, BGB, § 1105 Rn 3; *Schöner/Stöber*, Grundbuchrecht, Rn 1293; allg. zur Sukzessivberechtigung *Schöner/Stöber*, Grundbuchrecht, Rn 261a m. umfangr. Nachw.; *Amann*, MittBayNot 1990, 225.
881 *Kirchner*, MittBayNot 1972, 53.
882 BGHZ 41, 209.
883 Staudinger/*Reymann*, BGB, § 1105 Rn 12; MüKo-BGB/*Mohr*, § 1105 Rn 61; *Schöner/Stöber*, Grundbuchrecht, Rn 1292.

249 Streitig ist, ob eine Eigentümerreallast entsprechend § 1163 Abs. 1 S. 2 BGB entstehen kann.[884] Da nach § 1107 BGB bezüglich der Einzelleistungen auf das Recht der Hypothekenzinsen verwiesen ist, sind die dort geltenden Regeln entsprechend anzuwenden. Das bedeutet, dass ein Eigentümerrecht nicht entstehen kann, wenn die Leistung auf bereits fällige, also rückständige Nebenleistungen erfolgt; für die Hypothek gilt dann § 1178 Abs. 1 BGB. Wird auf noch nicht fällige Raten geleistet, also insbes. bei der Ablösung des Rechts, so könnte ein Eigentümerrecht in Betracht kommen. Allerdings sieht das Gesetz – anders als bei der Rentenschuld nach § 1201 BGB – bei der Reallast gerade keine Ablösebefugnis vor. Daher ist im Ergebnis § 1163 Abs. 1 S. 2 BGB nicht anwendbar. Zwar soll eine Ablösebefugnis als Inhalt des Rechts vereinbart werden können,[885] nach dem gesetzlichen Leitbild der Reallast und der fehlenden Akzessorietät scheidet eine Anwendung von § 1163 Abs. 1 S. 2 BGB dennoch aus.

3. Inhalt der Reallast

250 **Art und Umfang der zu erbringenden Leistung:** Gegenstand der Reallast können wiederkehrende Leistungen jeder Art sein. Die Leistungen können in Geld,[886] Naturalleistungen oder in Dienstleistungen (Handlungen) bestehen.[887] Sie müssen in keinem Zusammenhang mit dem Grundstück stehen oder aus dem Grundstück erwirtschaftet werden.[888] Die Verpflichtung des Eigentümers, bestimmte Handlungen zu unterlassen oder Handlungen zu dulden ist bei der Reallast auch als Nebenpflicht unzulässig.[889] Die Reallast gewährt für den Berechtigten kein eigenes Nutzungsrecht, er ist nicht berechtigt, das Grundstück in Besitz zu nehmen oder selbst die geschuldeten Handlungen vorzunehmen. In einzelnen Fällen kann es nach dem Inhalt des Rechts notwendig sein, dass der Berechtigte das Grundstück auch besitzt, z.B. bei einer Reallast mit dem Inhalt der Gewährung eines Wohnungsrechts und der positiven Verpflichtung der Instandhaltung und Beheizung der Wohnung des Berechtigten (Wohnungsreallast).[890] Im Rahmen der Übergabe von Grundbesitz kann auch die persönliche Versorgung des Übergebers durch Bestellung gesichert werden (Sicherungsreallast).[891]

251 Abnahme- und Bezugsverpflichtungen des Grundstückseigentümers gegenüber dem Berechtigten können nicht durch Reallast gesichert werden, der Eigentümer kann nicht dinglich verpflichtet werden, Strom oder Wasser oder bestimmte Waren vom Berechtigten abzunehmen oder zu vertreiben.[892]

252 Die Art der jeweiligen Leistung, die der Eigentümer zu erbringen hat, muss genau bestimmt sein. Die Höhe der einzelnen Leistung muss dagegen nicht genau bestimmt sein, hier genügt eine Bestimmbarkeit an Hand allgemeiner nachprüfbarer Kriterien.[893] Hat zum Beispiel der Eigentümer dem Berechtigten wöchentlich eine standesgemäße Verpflegung und Verköstigung zu gewähren, kann nicht im Voraus bestimmt werden, welchen Umfangs diese jeweils sein wird, als Inhalt der Reallast ist diese Bestimmung gleichwohl zulässig.[894] Eine bestimmbare Leistung liegt bspw. vor bei Übernahme einer persönlichen

---

884 Verneinend: Staudinger/*Reymann*, BGB, § 1105 Rn 60; Grüneberg/*Herrler*, BGB, § 1107 Rn 1; eingehend Mü-Ko-BGB/*Mohr*, § 1105 Rn 11; bejahend aber *v. Lübtow*, FS für *Lehmann*, 1956, S. 355.
885 Staudinger/*Reymann*, BGB, Vor § 1105 Rn 46; § 1105 Rn 60.
886 Zur Sicherung von Rentenkaufverträgen *v. Hertzberg*, MittRhNotK 1988, 55.
887 BayObLG Rpfleger 1981, 106; zur Auslegung als Sicherungsreallast BGH NJW 2014, 1000 = Rpfleger 2014, 126; OLG Sachsen-Anhalt FGPrax 2022, 8 = MittBayNot 2023, 143 (Unterhaltung einer Photovoltaikanlage); mit zahl. Bsp. MüKo-BGB/*Mohr*, § 1105 Rn 12 ff.; Erman/*Grziwotz*, BGB, § 1105 Rn 5, 7; *Schöner/Stöber*, Grundbuchrecht, Rn 1296 ff.
888 Anders noch RG JW 1921, 895.
889 Vgl. zur Abgrenzung BayOLGZ 1959, 301; zur Wohnungsreallast BayObLG Rpfleger 1981, 353.
890 Dazu OLG Zweibrücken DNotZ 1997, 327; als Teil eines Altenteils BGHZ 58, 57; Abgrenzung zur Dienstbarkeit OLG Oldenburg Rpfleger 1978, 411.
891 BGH NJW 2014, 1000 = Rpfleger 2014, 126; dazu auch *Weyland*, MittRhNotK 1997, 55; *Munzig*, FGPrax 2002, 60.
892 *Schöner/Stöber*, Grundbuchrecht, Rn 1300 m.w.N.; a.A. MüKo/*Mohr*, BGB, § 1105 Rn 13; eingehend Staudinger/*Reymann*, BGB, § 1105 Rn 23; *Walter/Maier*, NJW 1988, 377.
893 BGHZ 130, 342 = DNotZ 1996, 93 = NJW 1995, 2780 = Rpfleger 1996, 61; BGHZ 111, 324 = DNotZ 1991, 803 = NJW 1990, 2380 = Rpfleger 1990, 453; BGH DNotZ 1974, 90 = NJW 1973, 1838; KG OLGZ 1984, 425; OLG Frankfurt a.M. Rpfleger 1988, 247; LG Aachen MittRhNotK 1996, 232; vgl. auch: OLG Celle Rpfleger 1984, 462 (= Lebenshaltungskostenindex); OLG Düsseldorf DNotZ 2004, 638 = Rpfleger 2004, 280; OLG Düsseldorf MittRhNotK 1990, 167 (= Unterhalt, soweit Berechtigter nicht selbst in der Lage, sich zu versorgen); Staudinger/*Reymann*, BGB, § 1105 Rn 28 ff.
894 BayObLGZ 1953, 200 = DNotZ 1954, 58 = Rpfleger 1955, 14; ebenso für Wart und Pflege BayObLG DNotZ 1994, 180; krit. dagegen Meikel/*Grziwotz*, Einl. C 299 unter Verw. auf BayObLGZ 1993, 228 = DNotZ 1993, 473 = Rpfleger 1993, 485.

Pflegepflicht, *„soweit sie den Übernehmern unter Berücksichtigung ihrer beruflichen und familiären Verhältnisse, insbesondere unter Berücksichtigung der Betreuung von Kindern der Übernehmer und nach deren körperlichen Fähigkeiten und ihrem Vermögen zur Pflege nach ihrer Ausbildung und ihren Kenntnissen zumutbar ist"*; eine Reallast mit diesem Inhalt ist deshalb eintragbar.[895] Ein Verweis auf die Änderungsmöglichkeit durch § 323 ZPO genügt der Bestimmbarkeit nur dann, wenn erkennbar ist, von welcher tatsächlichen Bemessungsgrundlage ausgegangen wird.[896]

Wertsicherungsklauseln:[897] Nach § 1105 Abs. 1 S. 2 BGB können bei der Reallast, deren Leistung in Geld besteht, Wertsicherungsklauseln zum Inhalt des Rechts gemacht werden. Die Vorschrift wurde eingefügt durch Art. 11a EuroEG v. 9.6.1998 (BGBl I 1998, 1242), nachdem bereits durch das SachenRÄndG v. 21.9.1994 (BGBl I 1994, 2457) eine Änderung des § 9 Abs. 1 ErbbauRG erfolgt war, die hinsichtlich einzelner Wertsicherungsklauseln jedoch für Unklarheiten in der Rechtspraxis sorgte.[898] Als Wertsicherungsklauseln kommen in Betracht:[899]

253

– Die echte **Gleitklausel**; hier ändert sich die Leistung ohne weiteres, wenn sich die Bezugsgröße um eine bestimmte vereinbarte Höhe ändert, Bezugsgröße ist häufig der Verbraucherpreisindex; bei der echten Gleitklausel stehen Bezugsgröße und Leistung in keiner Gleichartigkeit oder Vergleichbarkeit. Die echte Gleitklausel bedarf zu ihrer Wirksamkeit gegebenenfalls der Genehmigung des Bundesamtes für Wirtschaft nach § 1 des Preisklauselgesetzes (PrKlG); genehmigungsfrei sind Verträge über wiederkehrende Leistungen langer Dauer nach § 3 PrKlG. Typische Fälle der Gleitklausel sind die Anknüpfung an die Entwicklung einer bestimmten Beamtenbesoldung.[900] Die Genehmigungspflicht ist vom Grundbuchamt zu beachten. Die Gleitklausel kann Inhalt der Reallast sein.[901]
– Die **Spannungsklausel**; auch hier findet die Änderung der Leistung automatisch statt, Bezugsgröße und Leistung sind aber gleichartig oder wenigstens vergleichbar; zum Beispiel Koppelung des Mietzinses an die Höhe des amtlichen Mietspiegels. Genehmigungspflicht besteht nicht.
– Der **Leistungsvorbehalt**; durch ihn ändert sich die zu erbringende Leistung nicht automatisch; ändert sich die Bezugsgröße, begründet das für die Beteiligten nur einen schuldrechtlichen Anspruch auf Neufestsetzung der Leistung entsprechend der Änderung; Inhalt der Reallast kann der Leistungsvorbehalt aus diesem Grunde **nicht** sein;[902] ferner deshalb nicht weil die Festsetzung von den Beteiligten frei vereinbart werden kann und so als Umfang der Leistung von vornherein nicht bestimmbar ist. Wie bei Erbbauzins kann der Leistungsvorbehalt durch Vormerkung gesichert werden.[903] Einer Genehmigung bedarf der Leistungsvorbehalt nicht.
– Die **Kostenelementeklausel**; sie ist Unterart der Gleitklausel, die Leistung wird an die Entwicklung der Preise für Güter oder Leistungen gekoppelt, jedoch nur insoweit, als diese die Selbstkosten des Gläubigers bei der Erbringung der ihm obliegenden Gegenleistung unmittelbar beeinflussen; die Klausel ist genehmigungsfrei.

Wiederkehr der Leistung: Die zu erbringende Leistung muss nach § 1105 BGB eine wiederkehrende, nicht notwendig eine regelmäßig wiederkehrende sein.[904] Ob eine Leistung nur einmal oder mehrfach

254

---

895 BGHZ 130, 342 = DNotZ 1996, 93 = Rpfleger 1996, 61.
896 BayObLG NJW-RR 1993, 1171; BayObLG DNotZ 1980, 94; OLG Hamm Rpfleger 1988, 57 und 404; OLG Frankfurt a.M. Rpfleger 1988, 247; OLG Oldenburg Rpfleger 1991, 450; LG Augsburg MittBayNot 1986, 259; eingehend *Amann*, DNotZ 1979, 219.
897 Eingehend auch Meikel/*Grziwotz*, Einl. C Rn 299a; Bauer/Schaub/*Maaß*, AT F Rn 209 ff. (zum Erbbauzins); Erman/*Grziwotz*, BGB, § 1105 Rn 6; Grüneberg/*Herrler*, BGB, § 1105 Rn 6; *Schöner/Stöber*, Grundbuchrecht, Rn 1297b ff., 3254 ff.; *Schmidt-Räntsch*, NJW 1998, 3166; *v. Heyntiz*, MittBayNot 1998, 398; *Limmer*, ZNotP 1999, 148; *Reul*, DNotZ 2003, 92.
898 Dazu Bauer/Schaub/*Maaß*, AT F Rn 209 ff.; *v. Oefele*, DNotZ 1995, 643.
899 Eingehend von Staudinger/*Reymann*, BGB, § 1105 Rn 40 ff.; MüKo-BGB/*Mohr*, § 1105 Rn 33 ff.
900 BGHZ 14, 306; 35, 22; 111, 324 = DNotZ 1991, 803 = Rpfleger 1990, 452.
901 BayObLGZ 1996, 159 = DNotZ 1997, 147 m. Anm. *v. Oefele*, = FGPrax 1996, 173 = MittBayNot 1996, 372 m. Anm. *Ring*, = NJW 1997, 468 = Rpfleger 1996, 506; Meikel/*Grziwotz*, Einl. B Rn 454; *Schöner/Stöber*, Grundbuchrecht, Rn 1810 ff.; dazu auch *v. Oefele/Winkler*, Rn 6.78 ff.; *Mohrbutter/Mohrbutter*, ZIP 1995, 806; *Klawikowski*, Rpfleger 1995, 145.
902 BGHZ 130, 342 = DNotZ 1996, 93 = NJW 1995, 2780 = Rpfleger 1996, 61, zur Eintragungsfähigkeit von Pflegeleistungen; offengelassen von BayObLG FGPrax 1996, 130; verneinend auch *Schöner/Stöber*, Grundbuchrecht, Rn 1297e.
903 OLG Düsseldorf DNotZ 1989, 578 = Rpfleger 1989, 231; BayObLGZ MittBayNot 1983, 233; *Schöner/Stöber*, Grundbuchrecht, Rn 1833.
904 RGZ 85, 247; 131, 175; KG OLGZ 1939, 242; OLG Rostock OLGZ 1934, 177.

und damit wiederkehrend erbracht werden soll, bestimmt sich allein danach, ob die Leistungspflicht als wiederkehrende Verpflichtung ausgestaltet ist. Ist dies zu bejahen, hat die Reallast einen zulässigen Inhalt. Wie wahrscheinlich es ist, dass die Pflicht mehrfach entsteht, ist unerheblich.[905] Regelmäßigkeit ist gegeben bei einer Rentenreallast, besteht der Inhalt in der Unterhaltung einer Anlage (Zaun, Mauer, Brunnen), erfolgt diese je nach Notwendigkeit der Instandhaltung in unregelmäßigen Abständen, aber dennoch als wiederkehrende Leistung.[906] Die Reallast soll als Grundstücksrecht auf Dauer angelegt sein, daher können nicht allein einmalige Leistungen gesichert werden. Nicht Inhalt des Rechts kann daher die Verpflichtung sein, einen Zaun, eine Straße, Wasserleitung oder eine Mauer zu errichten,[907] wohl aber sie zu unterhalten. Auch als Nebenpflicht kann eine einmalige Handlung oder Leistung nicht Inhalt der Reallast sein. Eine Leistung, die ihrer Natur nach nur einmal erbracht werden kann (z.B. Tragung der Begräbniskosten), oder nach den getroffenen Vereinbarungen nur einmal erbracht werden muss, ist durch eine eigene Reallast nicht sicherbar, sondern nur im Rahmen eines Altenteils.[908] Zulässig ist die Eintragung einer sog. **Einheitsreallast** als Zusammenfassung mehrerer Einzelrechte zu einem einheitlichen Recht.[909]

255 **Landesrecht:** Nach Art. 115 EGBGB ist es den Ländern erlaubt, Besonderheiten bei der Bestellung von Reallasten und ihrem Inhalt zu bestimmen. Hiervon wurde zahlreich Gebrauch gemacht.[910]

256 Die Eintragung einer **Unterwerfungsklausel** nach § 800 ZPO ist bei der Reallast unzulässig,[911] zulässig ist die Unterwerfung gem. § 794 Abs. 1 Nr. 5 ZPO hinsichtlich der persönlichen Leistungsverpflichtung.[912]

III. Pfändung und Verpfändung

1. Pfändung

257 Die **subjektiv-dingliche** Reallast kann wegen §§ 1110, 96 BGB, § 851 Abs. 1 ZPO nicht gepfändet werden.[913] Pfändbar sind hier lediglich die bereits entstandenen und fälligen Einzelleistungen in Form gewöhnlicher Forderungspfändung. Die **subjektiv-persönliche** Reallast kann auch als Stammrecht gepfändet werden; Ausnahmen gelten, wenn der Anspruch auf die Einzelleistungen unübertragbar ist (Fälle der §§ 399, 400, 413 BGB; Art. 113–115 EGBGB), denn dann ist es auch das Stammrecht (§ 1111 Abs. 2 BGB). Die Reallast wird gepfändet wie eine Buchhypothek (vgl. unten § 7 Einl. Rdn 26 ff.). Bereits entstandene Einzelleistungen sind in Form gewöhnlicher Forderungspfändung selbstständig pfändbar. Künftige Leistungen werden gem. §§ 857 Abs. 6, 830 ZPO gepfändet, also durch Pfändungsbeschluss und Eintragung.

2. Verpfändung

258 Auch hier gilt die Unterscheidung nach der Art der Bestellung in Bezug auf den Berechtigten:
– Die **subjektiv-dingliche** Reallast ist nicht verpfändbar (§§ 1274 Abs. 2, 1110 BGB); eine evtl. dahingehende Vereinbarung wäre unwirksam und daher nicht eintragbar.
– Die **subjektiv-persönliche** Reallast ist als solche verpfändbar. Die Notwendigkeit der Eintragung ergibt sich aus § 1274 Abs. 1 BGB, sie ist keine Grundbuchberichtigung, sondern lässt das Pfandrecht erst entstehen.
– Der Anspruch auf die Einzelleistungen kann wiederum selbstständig verpfändet werden:
– Künftige Leistungen werden gem. § 1154 Abs. 3 BGB behandelt, d.h. die Verpfändung wird mit der Eintragung im Grundbuch wirksam.

---

905 BGHZ 233, 145 = DNotZ 2022, 943 = FGPrax 2022, 145 = NJW 2022, 3288 = NotBZ 2022, 301 = Rpfleger 2022, 561 m. Anm. *Böhringer* = ZfIR 2022, 418 m. Anm. *Giesen*; dazu *Stavorinus*, NotBZ 2022, 286; OLG München NotBZ 2022, 73.
906 RGZ 131, 175; KG JFG 1, 438; MüKo-BGB/*Mohr*, § 1105 Rn 23.
907 RGZ 57, 333; Erman/*Grziwotz*, BGB; § 1105 Rn 5.
908 OLG Hamm Rpfleger 1973, 98; zur Reallast für eine Kaufpreisrente vgl. BayObLG Rpfleger 1981, 106.
909 BayObLGZ 1996, 114 = FGPrax 1996, 130 = MittBayNot 1996, 370 = Rpfleger 1996, 445.
910 Eingehend Meikel/*Grziwotz*, Einl. B Rn 470; Staudinger/*Reymann*, BGB, Vor § 1105 Rn 2, 4 ff.; Erman/*Grziwotz*, BGB, § 1105 Rn 8; MüKo-BGB/*Mohr*, § 1105 Rn 78, 79; *Schöner/Stöber*, Grundbuchrecht, Rn 1318; für Schleswig-Holstein OLG Schleswig SchlHA 2022, 104.
911 BGHZ 156, 274, 277; BayOLGZ 1959, 83; KG DNotZ 1958, 207; MüKo-BGB/*Mohr*, § 1105 Rn 65; *Hieber*, DNotZ 1959, 390.
912 Soergel/*Stürner*, BGB, § 1107 Rn 2.
913 *Stöber*, Forderungspfändung, Rn 1735.

Rückstände werden gem. §§ 1274 Abs. 1, 1279, 1280 BGB durch Verpfändungsvertrag und Anzeige an den Schuldner (= Grundstückseigentümer) verpfändet. Da die Verpfändung **allein** der rückständigen Hypothekenzinsen nicht eintragungsfähig ist und § 1107 BGB auf das Recht der Hypothekenzinsen verweist, wird man auch die Verpfändung **nur der rückständigen Einzelleistungen** der Reallast als nicht eintragungsfähig ansehen müssen. Die Verpfändung von Einzelleistungen ist somit nur eintragbar, wenn entweder nur die laufenden, oder wenn rückständige neben den laufenden Einzelleistungen verpfändet sind.

IV. Altenteil

1. Begriffsbestimmung

Eine besondere Art der Grundstücksbelastung stellt das Altenteil, Auszugs- oder Leibzuchtsrecht oder Leibgeding dar (vgl. auch § 49 GBO Rdn 4 ff., § 10 GBV Rdn 9).[914] Es handelt sich hier nicht um ein eigenes Grundstücksrecht sondern um die Zusammenfassung mehrerer Rechte zu einem bestimmten Zweck.[915] Gesetzlich definiert ist das Altenteil nicht, das Gesetz erwähnt es in bestimmten Zusammenhängen in den Art. 96 EGBGB, § 49 GBO, § 9 EGZVG.

259

Das Altenteil ist eine Zusammenfassung mehrerer beschränkter dinglichen Rechte an einem Grundstück. Es ist Inbegriff von Nutzungen und Leistungen, die aus und auf einem Grundstück zu gewähren sind und der allgemeinen langfristigen meist lebenslänglichen leiblichen und persönlichen Versorgung des Berechtigten dienen.[916] Das Altenteil hat Versorgungs- und Fürsorgecharakter für den Berechtigten. Eine entsprechende Zweckbestimmung hinsichtlich des belasteten Grundstücks wird nicht gefordert.[917] Auch wesentliches Merkmal ist die wirtschaftliche Einheit des oder der belasteten Grundstücke, sie sollen in ihrer Einheit eine wirtschaftliche Existenzgrundlage für den Eigentümer darstellen, der dem Berechtigten das Altenteil gewährt. Fehlt es an einem solchen Charakter der Existenzgrundlage für den Übernehmer und der umfassenden Versorgung für den Übergeber, ist ein Altenteil nicht anzunehmen.

260

Rechte, die durch Altenteil zusammengefasst werden sollen, sind regelmäßig die beschränkte persönliche Dienstbarkeit, das Wohnungsrecht und die Reallast.[918] Diese sind auch entsprechend ihrem jeweils zulässigen Inhalt nach § 873 BGB zu bestellen. Lediglich die Grundbucheintragung wird durch § 49 GBO erleichtert. Er erlaubt es, die einzelnen Rechte durch einen einheitlichen Eintragungsvermerk als Altenteil in das Grundbuch einzutragen, der genaue Inhalt der Rechte ist durch über § 874 BGB hinaus erweiterte Bezugnahme gedeckt.[919]

2. Regelmäßiger Inhalt der Rechte

Inhalt der beschränkten persönlichen Dienstbarkeit ist regelmäßig ein Wohnungsrecht nach § 1093 BGB.[920] Der Inhalt der Reallast ist vielfältiger,[921] hier kann die Zahlung einer Geldrente vereinbart werden, die Leistung von Naturalien, Nahrungsmitteln, Strom, Wasser, Arzneimitteln, Tragung von Arztkosten, auch die Vornahme von Handlungen ist dabei regelmäßig Rechtsinhalt, die Verpflichtung des Eigentümers, die Wohnung sauber und warm zu halten, zu putzen und zu waschen, im Krankheitsfalle den Berechtigten auch zu pflegen. Im Rahmen des Altenteils ist ausnahmsweise auch eine einmalige Leistung als Inhalt der Reallast möglich, zum Beispiel die Verpflichtung zur Tragung der Beerdigungskosten für den Berechtigten.

261

---

914 Eingehend Meikel/*Böhringer*, GBO, § 49 Rn 10 ff., 31 ff.; *Schöner/Stöber*, Grundbuchrecht, Rn 1320 ff.; *Böhringer*, MittBayNot 1988, 103; *Nieder*, BWNotZ 1975, 3; *Wolf*, MittBayNot 1994, 117; *Waldner*, MittBayNot 1996, 177.
915 BGHZ 125, 69 = DNotZ 1994, 881 = NJW 1994, 1158 = Rpfleger 1994, 347.
916 Meikel/*Böhringer*, GBO, § 49 Rn 11 m.w.N.; *Schöner/Stöber*, Grundbuchrecht, Rn 1323.
917 Sicherung der wirtschaftlichen Existenz bei Hofübergabe o.Ä.: BGHZ 125, 69 = DNotZ 1994, 881 = NJW 1994,

1158 = Rpfleger 1994, 347; BayObLG DNotZ 1993, 603; anders noch OLG Köln MittBayNot 1994, 134 = Rpfleger 1992, 431; OLG Zweibrücken DNotZ 1994, 893 = MittBayNot 1994, 136.
918 Umfassend Meikel/*Böhringer*, GBO, § 49 Rn 56 ff.
919 BGH FamRZ 1979, 227; LG Osnabrück Rpfleger 1974, 263.
920 Zu Einzelfragen *Hartung*, Rpfleger 1978, 48.
921 Eingehend Staudinger/*Reymann*, BGB, Vor § 1105 Rn 72 ff.

§ 7 Einl.

Für die einzelnen Rechte gilt: Jedes Recht muss nach Inhalt, Berechtigungsverhältnis und Belastungsgegenstand einzeln zulässig bestimmt werden (kein Wohnungsrecht am Ackergrundstück). Durch die Bezeichnung als Altenteil nach § 49 GBO wird lediglich die Eintragung in das Grundbuch erleichtert.[922]

262 Die Rechte aus dem Altenteil sind regelmäßig auf den Tod des Berechtigten beschränkt bestellt (beim Wohnungsrecht §§ 1090 Abs. 2, 1061 BGB). Eine wichtige Ausnahme gilt dann, wenn Inhalt der Reallast auch die Tragung von Beerdigungskosten und die Grabpflege sind. Dann besteht die Reallast als vererbliches Recht für den Erben des Berechtigten weiter, der Grundstückseigentümer ist nun ihm gegenüber zu dieser Leistung verpflichtet. Eine Löschung des Rechts mit Todesnachweis nach §§ 22, 23 GBO ist dann ausgeschlossen.[923]

§ 7 Eintragungen in Abteilung III des Grundbuchs

A. Hypothek	1
I. Wesen und Arten der Hypothek	1
1. Wesen der Hypothek	1
2. Arten der Hypothek	2
3. Entstehen, Übergang und Erlöschen der Hypothek	5
a) Entstehen	5
b) Übertragung	6
c) Erlöschen	7
II. Zulässiger Inhalt	8
1. Belastungsgegenstand	8
2. Gläubiger	10
3. Forderungsart	14
4. Nebenleistungen	19
a) Arten von Nebenleistungen	19
b) Eintragung von Zinsen	20
c) Bedingungen und Befristungen	23
d) Zusammenfassung von Nebenleistungen	24
5. Sonstiger Inhalt	25
III. Pfändung und Verpfändung	26
1. Pfändung der Hypothek	26
2. Verpfändung	27
IV. Fortgeltende Hypotheken des DDR-Rechts	30
1. Grundsatz	30
2. Fortgeltende Hypothekenarten	31
3. Besonderheiten der ZGB-Hypothek	34
4. Bestimmung des Gläubigers und des Bewilligungsberechtigten	35
B. Die Grundschuld	36
I. Wesen und Arten der Grundschuld	36
II. Inhalt	38
1. Belastungsgegenstand	38
2. Gläubiger	39
3. Forderung	40
4. Nebenleistungen	41
5. Sonstiger Inhalt	42
6. Entstehen und Erlöschen	43
a) Entstehen	43
b) Übertragung	44
c) Erlöschen	45
7. Die Forderungstilgung bei der Sicherungsgrundschuld	47
a) Die Problemstellung gegenüber der Hypothek	47
b) Das Erlöschen der gesicherten Forderung	48
c) Ablösung der Grundschuld	49
d) Tilgungsproblematik bei Zahlung durch Eigentümer oder Schuldner	53
III. Pfändung und Verpfändung	54
1. Pfändung	54
2. Verpfändung	58
IV. Besonderheiten der Sicherungsgrundschuld	59
1. Zwangsvollstreckung durch Finanzinvestoren nach Kreditverkauf	59
2. Risikobegrenzungsgesetz vom 12.8.2008	60
3. Problematik der Einreden bei der Grundschuld	62
4. Vergleichsweiser Schutz der Hypothek	64
5. Zwangsvollstreckung aus der Sicherungsgrundschuld	65
a) Grundsätze der Zwangsvollstreckung	65
b) Erteilung und Prüfung der vollstreckbaren Ausfertigung	67
C. Eintragungen bei Grundpfandrechten	69
I. Löschungsvormerkung	69
1. Löschungsvormerkung bis 1978	69
2. Löschungsvormerkung seit 1978	70
3. Gesetzlich vorgemerkter Löschungsanspruch	72
II. Abtretungsvormerkung	77
III. Zwangsvollstreckungsunterwerfung	78
IV. Wirksamkeitsvermerk	80

---

[922] Umfassend Meikel/*Böhringer*, GBO, § 49 Rn 85 ff.
[923] BayObLG Rpfleger 1983, 308; BayObLG Rpfleger 1988, 98; OLG München FGPrax 2012, 250 = NotBZ 2012, 470; OLG München NotBZ 2013, 113; abweichend OLG Hamm Rpfleger 1988, 248.

A. Hypothek
I. Wesen und Arten der Hypothek
1. Wesen der Hypothek

Die Hypothek sichert eine Forderung des Gläubigers, mag diese gegen den Grundstückseigentümer oder gegen einen Dritten bestehen. Wesensmerkmal im Unterschied zur Grundschuld ist die Akzessorietät zu einer Geldforderung des Gläubigers, nur wenn eine solche besteht, steht auch die Hypothek dem Gläubiger tatsächlich zu. Die Hypothek ist ein Verwertungsrecht, weil sie auf Zahlung der gesicherten Forderung „aus dem Grundstück" (§ 1113 BGB) gerichtet ist. Der Gläubiger kann im Verwertungsfalle durch Zwangsversteigerung oder Zwangsverwaltung auf das Grundstück Zugriff nehmen (§ 1147 BGB, § 866 Abs. 1 ZPO). Die Hypothek stellt im BGB das Grundkonzept der Kreditsicherung am Grundstück dar, der Gesetzgeber war sich der enormen wirtschaftlichen Bedeutung des Realkredits sehr wohl bewusst.[1] Angesichts der unterschiedlichen Regelungen der einzelnen Länder zu Grundpfandrechten regelte er Hypothek und Grundschuld gleichberechtigt und überließ es der Rechts- und Kreditpraxis, sich zwischen akzessorischer Hypothek und nicht akzessorischer Grundschuld als Kreditsicherungsmittel zu entscheiden (zur Ausprägung der Grundschuld, insbes. als Sicherungsgrundschuld Rdn 47 ff., 59 ff.).[2]

2. Arten der Hypothek

Verkehrshypothek: Sie ist als Grundform der Hypothek geregelt, die zum Umlauf in besonderem Maße geeignet ist, weil sie dem Erwerber der Hypothek im Falle der Abtretung im Rahmen des Gutglaubensschutzes (§ 892 BGB) auch hinsichtlich der Forderung und der gegen sie bestehenden Einreden (§ 1137 BGB) besonderen Schutz gewährt.[3] Sie ist entweder Brief- oder Buchrecht, wobei das Gesetz ersteres als Regelfall ansieht, weshalb der Ausschluss der Brieferteilung ausdrücklicher Eintragung bedarf (§ 1116 Abs. 2 S. 3 BGB).

Sicherungshypothek: Sie ist nicht zum Umlauf bestimmt, deshalb ist bei ihr auch der Akzessorietätsgrundsatz strenger verwirklicht: Der Gutglaubensschutz erfasst hier nur das dingliche Recht als solches (§ 1184 Abs. 1 BGB), die Sicherungshypothek ist nur als Buchrecht zulässig (§ 1185 Abs. 1 BGB). Gesetzlich entstehende Hypotheken sind stets Sicherungshypotheken; sie sollen den Gläubiger nur sichern, ihm jedoch nicht einen umlauffähigen Bodenkredit verschaffen. Da sie deswegen gegenüber der Verkehrshypothek ein minderes Recht darstellt, muss die Eigenschaft als Sicherungshypothek ausdrücklich im Grundbuch verlautbart werden (§ 1184 Abs. 2 BGB).[4]

Eine Sicherungshypothek entsteht:

– gem. § 873 BGB, wenn ausdrücklich eine Sicherungshypothek vereinbart und eingetragen wird;
– im Wege der Zwangsvollstreckung gem. §§ 866 Abs. 1, 867 ZPO (im Falle des § 932 ZPO sogar nur als Höchstbetragshypothek);
– aufgrund gerichtlichen oder behördlichen Ersuchens gem. §§ 128, 130 Abs. 1 S. 2 ZVG, § 324 AO, § 7 JBeitrO, Art. 91 EGBGB;
– kraft Gesetzes gem. § 1287 S. 2 BGB, § 848 Abs. 2 ZPO.[5]

Unterarten der Sicherungshypothek sind die **Wertpapierhypothek** (§§ 1187 ff. BGB) und die **Höchstbetragshypothek** (§ 1190 BGB). Letztere ist dadurch charakterisiert, dass die Haftung des Grundstücks zunächst nur nach oben begrenzt ist, weil die gesicherte Forderung ihrer Höhe nach unbestimmt ist (z.B. Ansprüche aus einem Kontokorrentverhältnis) und erst zu einem späteren Zeitpunkt endgültig festgestellt werden soll.[6] Als Sicherungshypotheken werden auch alle fortgeltenden Hypotheken, die nach §§ 452 ff. ZGB-DDR entstanden sind behandelt (Art. 233 § 6 EGBGB; vgl. unten Rdn 30 ff.).

---

1 Motive zum BGB, Bd. III, S. 598 ff.
2 Motive zum BGB, Bd. III, S. 604 ff., insbes. 607; vgl. auch *Nußbaum*, Deutsches Hypothekenwesen, 2. Aufl. 1921, § 12; zur Akzessorietät der Grundpfandrechte im internationalen Vergleich *Stöcker/Stürner*, EuZW 2023, 107, 163.
3 Eingehend Westermann/*Eickmann*, Sachenrecht, § 105.
4 Zu Auslegung und Umdeutung bei Divergenzen zwischen Einigung der Beteiligten und Grundbucheintragung MüKo-BGB/*Lieder*, § 1116 Rn 25 ff., § 1184 Rn 15 ff.
5 Vgl. zu weiteren Fällen MüKo-BGB/*Lieder*, § 1184 Rn 23 ff.
6 Vgl. dazu im Einzelnen: *Bourier*, in: Festgabe für Oberneck, 1930, S. 87 ff. u. *Felgentraeger*, in: FS für J. v. Gierke, 1950, S. 157 ff.

4 **Tilgungshypothek:** Sie ist gesetzlich nicht ausdrücklich geregelt und dadurch gekennzeichnet, dass der Schuldner gleichbleibende, aus Zinsen und Kapitaltilgung sich zusammensetzende einheitliche Jahresleistungen (Annuitäten) zu entrichten hat, die in einem bestimmten Prozentsatz des Kapitals bestehen. Sie muss im Grundbuch nicht als solche bezeichnet werden, da ihre Besonderheit in der Tilgungsbestimmung der Forderung und nicht unmittelbar im Sachenrecht besteht.[7] Durch das fortschreitende Geringerwerden des Zinsanteiles innerhalb dieser Annuitäten ergibt sich ein fortschreitendes Ansteigen des Tilgungsanteiles, und damit die letztendliche Tilgung der Forderung.[8] Die Tilgungshypothek hat heute keine praktische Bedeutung mehr. Praktische Bedeutung hat aber das schuldrechtliche Annuitätendarlehen, das heute regelmäßig durch Grundschuld gesichert wird. Wegen der hier nicht gegebenen Akzessorietät hat die allmähliche Tilgung der Schuld auf den Bestand der Grundschuld aber keinen unmittelbaren Einfluss. Mit der Tilgungshypothek ist die **Abzahlungshypothek** verwandt. Hier ist der Kapitalnennbetrag in gleichhohen Raten zu tilgen, wodurch sich sowohl die Zinsleistungen als auch die zu zahlenden Raten insgesamt verringern. Anders als bei der Tilgungshypothek erhöht sich der Tilgungsanteil innerhalb der Annuität also nicht, die Annuität selbst verringert sich allmählich.[9]

Gesamthypothek: Durch sie wird die Forderung des Gläubigers an mehreren Grundstücken in der Weise gesichert, dass der Gläubiger bis zu seiner vollen Befriedigung wahlweise aus einzelnen oder allen Grundstücken Befriedigung suchen kann (§ 1132 BGB, vgl. auch § 421 BGB). Hieraus ergeben sich Besonderheiten insbes. bei den Auswirkungen der Forderungstilgung auf die einzelnen Grundstücke (vgl. z.B. §§ 1173, 1181 Abs. 2 BGB).

3. Entstehen, Übergang und Erlöschen der Hypothek

a) Entstehen

5 Die Hypothek entsteht durch Einigung zwischen Gläubiger und Grundstückseigentümer und Grundbucheintragung (§ 873 BGB), der u.U. vom Eigentümer personenverschiedene Schuldner der Forderung ist am Bestellungsvorgang nicht beteiligt. Auf den Gläubiger geht die Hypothek nur und erst über, soweit die gesicherte Forderung auch tatsächlich zur Entstehung gelangt (§ 1163 Abs. 1 S. 1 BGB), sie steht solange als vorläufige Eigentümergrundschuld diesem zu (§ 1177 Abs. 1 BGB).[10]

Die Briefhypothek erwirbt der Gläubiger erst mit Übergabe des Hypothekenbriefes (dazu §§ 56 ff. GBO) durch den Eigentümer (§ 1117 Abs. 1 S. 1 BGB), bis dahin steht sie dem Eigentümer zu (§ 1163 Abs. 2 BGB).[11] Dieser kann das Grundbuchamt anweisen, nach Eintragung der Hypothek und Brieferstellung, ihn unmittelbar an den Gläubiger zu übersenden (§ 60 Abs. 2 GBO), das Grundbuchamt wird hier nur als Bote des Eigentümers tätig (siehe hierzu § 60 GBO Rdn 3). Davon zu unterscheiden ist der Fall des § 1117 Abs. 2 BGB, nach welchem die Briefübergabe durch die Vereinbarung zwischen Gläubiger und Eigentümer ersetzt wird, kraft derer sich der Gläubiger sich den Brief vom Grundbuchamt aushändigen lassen darf.[12] Hier entsteht die Briefhypothek für den Gläubiger bereits mit Grundbucheintragung.[13] Die Vereinbarung nach § 1117 Abs. 2 BGB ist im Hinblick auf einen Rechtserwerb nach § 878 oder § 892 Abs. 2 BGB bedeutsam.[14]

b) Übertragung

6 Das Wesen der Verkehrshypothek als Briefrecht besteht v.a. darin, das Recht außerhalb des Grundbuchs übertragen zu können (richtiger: die Forderung, § 1153 BGB). § 1154 Abs. 1 BGB fordert hierfür schriftliche Abtretungserklärung und Übergabe des Hypothekenbriefes an den neuen Gläubiger. Eine Grundbucheintragung ist Grundbuchberichtigung (siehe dazu § 26 GBO Rdn 8 ff.). Übertragung der Buchhypothek erfordert dagegen Eintragung nach § 1154 Abs. 3 BGB; sie erfolgt auf Bewilligung des eingetragenen Gläubigers.

---

7 BGHZ 47, 41 = DNotZ 1967, 753 = NJW 1967, 925 = Rpfleger 1967, 111.
8 Grüneberg/*Herrler*, BGB, § 1113 Rn 28; ausführlich *Kaps*, DR 1941, 401; *Riggers*, JurBüro 1971, 29.
9 Zur Tilgungs- und zur Abzahlungshypothek *Schöner/Stöber*, Grundbuchrecht, Rn 89 ff.; Westermann/*Eickmann*, Sachenrecht, § 112; *Brox*, Rpfleger 1959, 176.
10 MüKo-BGB/*Lieder*, § 1163 Rn 9 ff.
11 MüKo-BGB/*Lieder*, § 1163 Rn 31 ff.
12 MüKo-BGB/*Lieder*, § 1117 Rn 18 ff.
13 KG JFG 8, 226.
14 MüKo-BGB/*H. Schäfer*, § 892 Rn 57; MüKo-BGB/*Lieder*, § 1154 Rn 27; *Schöner/Stöber*, Grundbuchrecht, Rn 121; eingehend *Eickmann*, Rpfleger 1972, 77.

c) Erlöschen

Grundgedanke des BGB im Hypothekenrecht ist das Wechselspiel von Fremdhypothek für den Gläubiger und Eigentümerrecht (siehe bereits § 1163 Abs. 1 S. 1 oder Abs. 2 BGB). Erlischt die gesicherte Forderung, geht die Hypothek kraft Gesetzes auf den Eigentümer über, mangels Forderung wird sie zur Grundschuld (§§ 1163 Abs. 1 S. 2, 1177 Abs. 1 BGB).[15] Unter den Voraussetzungen des § 1142 BGB ist der (vom Schuldner personenverschiedene) Eigentümer auch berechtigt, die Hypothek abzulösen, er zahlt an den Gläubiger mithin nicht auf die geschuldete Forderung. Diese geht zusammen mit der Hypothek auf ihn über (§ 1143 Abs. 1 S. 1, § 1153 BGB).[16]

Der Gläubiger kann auf die Hypothek verzichten (§ 1168 BGB). Der Verzicht bedarf der Grundbucheintragung, es entsteht kraft Gesetzes eine Eigentümergrundschuld (§ 1168 Abs. 1 BGB).

Zur Aufhebung der Hypothek nach § 875 BGB bedarf es wegen der theoretischen Möglichkeit, dass ein (verdecktes) Eigentümerrecht vorliege, der Zustimmung des Eigentümers nach § 1183 BGB; grundbuchrechtlich ist zur Löschung die Zustimmung nach § 27 GBO gefordert (siehe § 27 GBO Rdn 10 ff.; zur sog. **löschungsfähigen Quittung** vgl. § 27 GBO Rdn 25 ff.).[17]

II. Zulässiger Inhalt

1. Belastungsgegenstand

Mit einer Hypothek können ein Grundstück sowie ein grundstücksgleiches Recht, Wohnungs- oder Teileigentumsrecht belastet werden.

Ein ideeller Grundstücksteil ist dann belastbar, wenn er in dem Anteil eines Miteigentümers besteht (§ 1114 BGB); nicht zulässig ist die Belastung eines Gesamthandanteiles[18] oder eines Bruchteiles von Alleineigentum.[19] Im Zusammenhang mit Grundstücksteilung, -vereinigung und Bestandteilszuschreibung sowie bei nachträglichem Hinzuerwerb können hiervon Ausnahmen bestehen (vgl. dazu § 7 GBO Rdn 10 ff.).[20]

Belastbar sind für eine einheitliche Forderung auch mehrere Grundstücke oder mehrere andere Belastungsgegenstände (Gesamthypothek, § 1132 BGB), dabei wird es nicht erforderlich sein, dass die mehreren Belastungsgegenstände gleichartig sind (also nicht nur: mehrere Grundstücke, oder mehrere Miteigentumsanteile usw., sondern auch: Grundstück u. Miteigentumsanteil, oder Miteigentumsanteil und Erbbaurecht usw.).[21] In Verbindung mit § 1114 BGB ist damit auch die Hypothek an einem Grundstück, das mehreren Personen in Bruchteilen zusteht (z.B. Eheleute je zur Hälfte), als Gesamtrecht anzusehen.

2. Gläubiger

Der Gläubiger der Hypothek und der Forderung müssen identisch sein.[22] Ausnahmen bestehen bei der Wertpapierhypothek (§ 1187 BGB: Gläubiger der Hypothek der jeweiligen Besitzer des Papiers; ebenso § 1188 BGB).

Wird die Forderung durch echten Vertrag zugunsten eines Dritten begründet, so ist deshalb nur dieser, nicht der Vertragspartner (= Versprechensempfänger) eintragbar.[23] Die abweichende Auffassung, nach welcher auch der Versprechensempfänger Berechtigter sein kann, ist abzulehnen, weil dem Versprechensempfänger der zu sichernde Anspruch nicht zusteht. Etwas anderes mag gelten für die – seltenen – **unechten** Verträge zugunsten Dritter, weil hier der Anspruch dem Versprechensempfänger zusteht und die Leistung an den Dritten nur eine Erfüllungsmodalität darstellt.

---

15 MüKo-BGB/*Lieder*, § 1163 Rn 21 ff.
16 MüKo-BGB/*Lieder*, § 1142 Rn 3 ff. und § 1143 Rn 11 ff.; Westermann/*Eickmann*, Sachenrecht, § 102.
17 Zur Form BayObLGZ 1995, 104 = Rpfleger 1995, 410.
18 RGZ 117, 267; *Schöner/Stöber*, Grundbuchrecht, Rn 17.
19 Ausnahme Buchung des Miteigentumsanteils nach § 3 Abs. 4, 6 GBO, BayObLG DNotZ 1976, 28 = Rpfleger 1975, 90; OLG Köln Rpfleger 1981, 481; MüKo-BGB/*Lieder*, § 1114 Rn 13.
20 Vgl. auch MüKo-BGB/*Lieder*, § 1114 Rn 15, 22; Meikel/*Grziwotz*, Einl B Rn 581; *Schöner/Stöber*, Grundbuchrecht, Rn 17, 1918.
21 Ausf. zur Gesamthypothek auch MüKo-BGB/*Lieder*, § 1132 Rn 4 ff.; *Schöner/Stöber*, Grundbuchrecht, Rn 2237 ff.
22 BGHZ 29, 363 = DNotZ 1959, 310 = NJW 1959, 984 = Rpfleger 1959, 154 m. Anm. *Haegele*; BayObLGZ 1958, 164 = DNotZ 1958, 639 = NJW 1958, 17.
23 BayObLGZ 1958, 164 = DNotZ 1958, 639 = NJW 1958, 17; MüKo-BGB/*Lieder*, § 1113 Rn 25; *Schöner/Stöber*, Grundbuchrecht, Rn 21; a.A. *Hieber*, DNotZ 1958, 639 u. *Baur/Stürner*, Sachenrecht, § 37 Rn 12.

12 Gläubiger können auch künftige Abkömmlinge oder noch unbekannte Erben eines Verstorbenen sein, nicht aber die Erben eines Lebenden oder von ihm zu bezeichnende Personen.

13 Mehrere Gläubiger der Hypothekenforderung können in Berechtigung nach Bruchteilen oder in Gesamtberechtigung nach § 428 BGB[24] stehen, auch in § 432 BGB, in Gesellschaft bürgerlichen Rechts (zu deren Eintragung vgl. § 4 Einl. Rdn 52 ff.), in Erbengemeinschaft oder in Gütergemeinschaft. Eine alternative Gläubigerstellung kann nicht eingetragen werden,[25] auch kann die Hypothek nicht für den jeweiligen Eigentümer eines anderen Grundstücks bestellt werden.[26]

3. Forderungsart

14 Sicherbar ist jede Geldforderung, sie kann bedingt oder befristet sein und muss nicht auf inländische Währung lauten. Eine Grundbucheintragung ist nach § 28 S. 2 GBO aber nur in Euro[27] und den nach der Verordnung über Grundpfandrechte in ausländischer Währung und in EUR (GBEuroVO) v. 30.10.1997 (BGBl I 1997, 2683) zugelassenen Währungen möglich.[28] Eine Eintragung in sog. Kryptowährung („Bitcoin") ist nicht zulässig, ob dieser Einheit eine Geldfunktion zukommt, ist dabei nicht von Bedeutung.[29]

Nach § 1113 Abs. 2 BGB kann auch für eine künftige Forderung eine Hypothek bestellt werden. Die Forderung muss dann hinsichtlich Inhalt und Gegenstand bestimmbar sein und mindestens auf der Anwartschaft eines formgerechten Angebots beruhen.[30] Im Hinblick auf eine sonst mögliche, gläubigerschädliche Grundbuchblockade sollten auch auf die Hypothek für eine künftige Forderung die Grundsätze angewendet werden, die von Lehre und Rechtsprechung für die Vormerkbarkeit künftiger Ansprüche entwickelt worden sind, eine Sicherung künftiger Forderungen setzt demnach eine Bindung des Schuldners, die einseitig nicht mehr zu beseitigen ist, und die Abhängigkeit der Anspruchsentstehung nur noch vom Willen des Berechtigten voraus (vgl. auch § 6 Einl. Rdn 25). Etwas anderes gilt für die **Höchstbetragshypothek**, mit der auch bloß mögliche, so also noch nicht den genannten Kriterien genügende Forderungen sicherbar sind.

Forderungen aus einem **Wahlschuldverhältnis** können durch Hypothek gesichert werden, wenn wenigstens eine von ihnen auf Geldzahlung gerichtet ist.[31] Auch eine sog. verdeckte Höchstbetragshypothek wird für zulässig angesehen. Bei ihr besteht im Innenverhältnis die Abrede, dass die Hypothek nur der jeweiligen Forderung aus einem Kontokorrent diene.[32]

15 **Öffentlich-rechtliche** Ansprüche, die keine öffentlichen Lasten i.S.d. § 54 GBO sind, können jedenfalls durch Sicherungshypothek gesichert werden.[33]

Ansprüche, die eine öffentliche Last darstellen, sind – neben der schon kraft Gesetzes bestehenden dinglichen Sicherung aus § 10 Abs. 1 Nr. 3 ZVG – nur ausnahmsweise und unter bestimmten Voraussetzungen zusätzlich durch Hypothek sicherbar (vgl. hierzu § 54 GBO Rdn 8 ff.).[34]

---

24 Allg. *Schöner/Stöber*, Grundbuchrecht, Rn 22.
25 MüKo-BGB/*Lieder*, § 1113 Rn 30; *Schöner/Stöber*, Grundbuchrecht, Rn 23; Sukzessivberechtigung in Form auflösend und aufschiebend bedingt bestellter Hypotheken dürfte aber zulässig sein, LG Traunstein MittBayNot 1978, 61; MüKo-BGB/*Lieder*, § 113 Rn 25; Meikel/*Grziwotz*, Einl B 611; a.A. *Schöner/Stöber*, Grundbuchrecht, Rn 23, 261a.
26 KG DNotZ 1932, 110; MüKo-BGB/*Lieder*, § 1113 Rn 27; Meikel/*Grziwotz*, Einl B 611; a.A. Staudinger/*Wolfsteiner*, BGB, § 1113 Rn 54; *Böhringer*, BWNotZ 1988, 1.
27 Zur Umstellung von DM-Rechten auf EUR nach § 26a GBMaßnG siehe dort und i.Ü. *Demharter*, § 28 Rn 21 ff.; *Schöner/Stöber*, Grundbuchrecht, Rn 4300 ff.; *Flik*, BWNotZ 1996, 163; *Rellermeyer*, Rpfleger 1999, 522; *Böhringer*, DNotZ 1999, 692; *ders.*, Rpfleger 2000, 433; *v. Campe*, NotBZ 2000, 2.
28 Dazu *Demharter*, § 28 Rn 26–29.
29 MüKo-BGB/*Lieder*, § 1113 Rn 53; *Spindler/Bille*, WM 2014, 1357; *Beck*, NJW 2015, 580.
30 RGZ 51, 43; ausf. MüKo-BGB/*Lieder*, § 1113 Rn 43, 45 ff.; Staudinger/*Wolfsteiner*, BGB, § 1113 Rn 32; *Westermann*, JZ 1962, 302; a.A. *Schöner/Stöber*, Grundbuchrecht, Rn 30 unter Hinw. auf Motive zum BGB, Bd. III, S. 638.
31 BayObLGZ 2000, 60 = MittBayNot 2000, 320 = Rpfleger 2000, 324; auch BGH DNotZ 1964, 299; BayObLGZ 1964, 32 = DNotZ 1965, 168; Staudinger/*Wolfsteiner*, § 1113 Rn 22; MüKo-BGB/*Lieder*, § 1113 Rn 44.
32 RGZ 60, 243, 247; 152, 213, 219; BayObLGZ 1951, 594; OLG Brandenburg WM 1998, 283; LG Düsseldorf MittBayNot 1977, 23; Staudinger/*Wolfsteiner*, BGB, § 1113 Rn 18, 32; einschränkend MüKo-BGB/*Lieder*, § 1113 Rn 45.
33 *Baur/Stürner*, Sachenrecht, § 37 Rn 7; MüKo-BGB/*Lieder*, § 1113 Rn 75 ff.
34 Vgl. ferner MüKo-BGB/*Lieder*, § 1113 Rn 75 ff.; Meikel/*Grziwotz*, § 54 Rn 58 ff.; großzügiger Staudinger/*Wolfsteiner*, BGB, § 1113 Rn 13 ff.

Wertgesicherte Forderungen sind nur in der Form der Höchstbetragshypothek eintragbar, weil § 1113 Abs. 1 BGB für die Verkehrshypothek eine „bestimmte" d.h. in ihrem Umfang feststehende Geldsumme verlangt.

Eine **mehrfache** Sicherung ein- und derselben Forderung durch mehrere selbstständige Hypotheken (nicht als Gesamthypothek) ist unzulässig („Verbot der Doppelsicherung"), da sonst der Gläubiger für nur eine Forderung mehrfach befriedigt werden könnte.[35] Ausnahmen werden bei der Sicherungshypothek nach §§ 866, 867 ZPO zugelassen, sie ist für dieselbe Forderung auch neben der Verkehrshypothek zulässig.[36]

Eine **Auswechslung** der gesicherten Forderung ist unter den Voraussetzungen des § 1180 BGB möglich. Ob und in welchem Umfang die Hypothek auch Ersatzforderungen, Bereicherungs- oder Rückgewähransprüche aus dem schuldrechtlichen Forderungsverhältnis sichert, ist umstritten.[37]

4. Nebenleistungen

a) Arten von Nebenleistungen

Nebenleistungen sind Beträge, die außerhalb des Kapitals zu entrichten sind (vgl. §§ 1115, 1118 BGB); Tilgungsleistungen sind deshalb keine Nebenleistungen.[38] Als mögliche Nebenleistungen sind zu nennen:

– **Zinsen**. Sie können in einem Prozentsatz oder in einem wiederkehrenden Festbetrag vereinbart werden.[39] Soweit es sich um gesetzlich geschuldete Zinsen handelt (§ 246 BGB), sind sie nicht eintragungsfähig (§ 1118 BGB). Der Verzugszins des § 288 BGB, der nicht[40] dem gesetzlichen Zins von 4 % (§ 246 BGB) entspricht, ist dagegen wie ein vereinbarter Zinssatz in das Grundbuch einzutragen.[41] Strafzinsen bei unpünktlicher Zahlung sind eintragungsfähig, sofern ihr Entstehen von einem Verschulden (Vertretenmüssen) des Eigentümers abhängt.[42] Die Zinsen der Hypothekenforderung unterliegen der Verjährung (§ 902 Abs. 1 S. 2 BGB)[43] ebenso wie die gesicherte Forderung (beachte aber § 216 Abs. 1 BGB).[44]
– **Kündigungskosten**; sie gehören im Rahmen der dinglichen Rechtsverfolgung zu den von § 1118 BGB erfassten Nebenforderungen (vgl. auch § 10 Abs. 2 ZVG).[45]
– **Auszahlungsentschädigung**; sie besteht in einem Entschädigungsbetrag für eine höhere Darlehensauszahlung und ist eintragbar.[46]
– **Verwaltungskostenbeiträge**; sie sind eintragbar als Prozentsatz oder als Geldbetrag.[47]
– **Bürgschaftsgebühren**; eintragungsfähig.[48]
– **Disagio**; das Disagio – auch als Auszahlungsverlust oder Damnum bezeichnet – stellt eine Vorauszahlung von Zinsen dar, da der Darlehensnehmer nicht den vollen Betrag des Darlehens erhält, ihn aber zurückzahlen muss;[49] als Ausgleich ist der Nominalzins der Forderung niedriger bemessen.[50] In dieser Form ist das Disagio Teil der Hauptforderung und nicht selbstständig eintragungsfähig.[51]

---

35 RGZ 98, 106; 163, 121; Staudinger/*Wolfsteiner*, BGB, § 1132 Rn 19; Grüneberg/*Herrler*, BGB, § 1132 Rn 10; *Schöner/Stöber*, Grundbuchrecht, Rn 34; eingehend MüKo-BGB/*Lieder*, § 1113 Rn 79 ff.

36 BayObLG MittBayNot 1991, 26 = Rpfleger 1991, 53; LG Lübeck Rpfleger 1985, 287 (Grundschuld und Zwangshypothek); dazu auch *Schöner/Stöber*, Grundbuchrecht, Rn 2208; MüKo-BGB/*Lieder*, § 1113 Rn 83.

37 BGH NJW 1968, 1134; bejahend MüKo-BGB/*Lieder*, § 1113 Rn 85; Westermann/*Eickmann*, Sachenrecht, § 95 A. II. 3.; Baur/*Stürner*, Sachenrecht, § 37 Rn 48; verneinend Staudinger/*Wolfsteiner*, BGB, § 1163 Rn 23; auf den Parteiwillen abstellend Erman/*Wenzel*, BGB, § 1163 Rn 8.

38 BGH Rpfleger 1967, 111; ausf. *Böttcher*, Rpfleger 1980, 81.

39 KGJ 36, 233; zur Angabe in Prozentsätzen BGHZ 47, 41 = DNotZ 1967, 753 = NJW 1967, 925 = Rpfleger 1967, 111.

40 Änderung des § 288 BGB durch Gesetz zur Beschleunigung fälliger Zahlungen v. 30.3.2000 (BGBl I 2000, 330); durch die Schuldrechtsreform nicht wesentlich geändert (Gesetz zur Modernisierung des Schuldrechts v. 26.11.2001, BGBl I 2001, 3138); dazu Grüneberg/*Grüneberg*, § 288 Rn 1; Haas/u.a./*Medicus*, Das neue Schuldrecht, 2002, 3. Kap. Rn 91.

41 Dazu MüKo-BGB/*Lieder*, § 1118 Rn 3, 5.

42 RGZ 136, 74, 78; OLG München WM 1966, 666 m. Anm. *Koch*; OLG Hamm Rpfleger 1971, 252.

43 Grüneberg/*Herrler*, BGB, § 902 Rn 2.

44 MüKo-BGB/*H.Schäfer*, § 902 Rn 5.

45 Eingehend MüKo-BGB/*Lieder*, § 1118 Rn 7 ff.

46 OLG Karlsruhe Rpfleger 1968, 353.

47 OLG Neustadt DNotZ 1961, 666 m. Anm. *Ripfel*, = NJW 1961, 2260; OLG Frankfurt a.M. Rpfleger 1978, 409.

48 LG Bielefeld Rpfleger 1970, 335.

49 BGHZ 81, 124 = DNotZ 1983, 303 = NJW 1981, 2180; BayObLGZ 1968, 315 = DNotZ 1969, 682 = Rpfleger 1969, 26.

50 BGHZ 133, 355 = DNotZ 1997, 639 = NJW 1996, 3337; BGH NJW 1998, 1062; BGH NJW 2000, 352.

51 Eingehend *Schöner/Stöber*, Grundbuchrecht, Rn 67.

Als Nebenleistung kann es eintragungsfähig sein, wenn der Darlehensgeber den Betrag zwar auszahlt, die Tilgung der Darlehenssumme aber bis zur (vorrangig zu zahlenden) Begleichung des Disagios aussetzt.[52]
- **Geldbeschaffungskosten**; eintragungsfähig.[53]
- **Vorfälligkeitsentschädigung**; eintragungsfähig.[54]

b) Eintragung von Zinsen

20 **Eintragung von Zinsen im Besonderen:** Vereinbarte Zinsen sind als Teil der gesicherten Forderung eintragungsfähig und -bedürftig (§ 1115 Abs. 1 BGB); ergibt sich aus der Eintragungsbewilligung kein Zinssatz, ist die Hypothek unverzinslich, dies muss nicht ausdrücklich eingetragen werden. Der unmittelbaren Eintragung bedarf die Höhe des Zinssatzes; soweit es sich um Jahreszinsen handelt, muss dies nicht ausdrücklich vermerkt werden, Abweichungen sind einzutragen.[55] In der Eintragungsbewilligung müssen der Anfangstag der Verzinsung (Zinsbeginn) und die Fälligkeit der Zinsen angegeben werden.[56] Der Zinsbeginn muss sich aus der Eintragungsbewilligung ohne weiteres ergeben, eine Bestimmung „Zinsen seit Darlehensauszahlung" oder „seit Valutierung" ist zu unbestimmt und unzulässig,[57] es sei denn, dieser Tag ist kalendermäßig bestimmbar.[58] Zinsbeginn ab „Zugang der Kündigung" ist dahin auszulegen, dass der frühestmögliche Zeitpunkt maßgeblich sein soll.[59] Der Zinsbeginn kann vor dem Zeitpunkt der Eintragung der Hypothek liegen.[60]

21 Ist ein variabler oder gleitender Zinssatz vereinbart, müssen sich die Bedingungen der Zinshöhe aus der Eintragungsbewilligung ergeben.[61] In das Grundbuch wird unmittelbar ein sog. Höchstzinssatz eingetragen, der ebenfalls anzugeben ist, im Übrigen ist auf die Bewilligung Bezug zu nehmen. Fehlt diese Bezugnahme, ist die Eintragung hinsichtlich der Zinsen unwirksam.[62] Auch ein Zinszuschlag für den Fall des Verzugs ist zulässig und eintragbar, die Bedingungen für den Eintritt des Verzugs und des Zuschlags sind in der Bewilligung genau anzugeben.

22 Sind als Zinsen die Verzugszinsen des § 288 BGB (5 Prozentpunkte über Basiszins) geschuldet, war lange umstritten, ob auch hier ein Höchstzinssatz angegeben werden muss. Praktisch bedeutsam ist dies bei der Zwangssicherungshypothek (§§ 866, 867 ZPO, wenn der Schuldner zur Zahlung von Verzugszinsen seit Rechtshängigkeit verurteilt worden ist). Der BGH klärte diese Frage im Jahre 2006 dahingehend, dass kein Höchstzins bei der Eintragung angegeben werden muss.[63]

c) Bedingungen und Befristungen

23 Die Tatsache einer Bedingung oder Befristung muss im Buch unmittelbar eingetragen werden.[64] Wegen des Bedingungsinhaltes (= Bezeichnung des Ereignisses, von dem Wirksamkeit abhängen soll) ist Bezugnahme gem. § 874 BGB möglich.

---

52 BayObLGZ 1968, 315 = DNotZ 1969, 682 = Rpfleger 1969, 26.
53 LG Düsseldorf Rpfleger 1963, 50; AG Bonn DNotZ 1955, 400.
54 KG JFG 9, 270; OLG Karlsruhe Rpfleger 1968, 353; zur Regelung des § 247 BGB in der bis 1.1.1987 geltenden Fassung BGH Rpfleger 1981, 226 m. Anm. *Eickmann*.
55 *Schöner/Stöber*, Grundbuchrecht, Rn 56.
56 *Schöner/Stöber*, Grundbuchrecht, Rn 57 a.E.; vgl. auch *Schaefer*, BWNotZ 1955, 237; *Bühler*, BWNotZ 1967, 41 und 113.
57 BayObLGZ 1995, 271 = DNotZ 1996, 96 = NJW-RR 1996, 38; OLG Stuttgart BWNotZ 1974, 38; a.A. LG Aachen MittRhNotK 1985, 38.
58 BayObLG DNotZ 2000, 62 = Rpfleger 1999, 530; zum Ganzen auch *Schöner/Stöber*, Grundbuchrecht, Rn 57.
59 BayObLG DNotZ 2001, 701 = Rpfleger 2001, 172.
60 BGHZ 129, 1 = DNotZ 1996, 84 = NJW 1995, 1081 = Rpfleger 1995, 343 (zum Rangvorbehalt); OLG Stuttgart NJW 1953, 464.
61 BGHZ 35, 22 = DNotZ 1961, 404 = NJW 1961, 1257 = Rpfleger 1961, 231 m. Anm. *Haegele*; BGH DNotZ 1963, 437 (Zinserhöhung darf nicht ausschließlich vom Willen des Gläubigers abhängig sein); BayObLGZ 1975, 126 = DNotZ 1975, 682 = Rpfleger 1975, 221; OLG Stuttgart DNotZ 1955, 80 = NJW 1954, 1646.
62 BGH DNotZ 1975, 680 = NJW 1975, 1314 = Rpfleger 1975, 296.
63 BGH NJW 2006, 1341 = DNotZ 2006, 526 = Rpfleger 2006, 313; LG Traunstein MittBayNot 2004, 440, 441; LG Schweinfurt Rpfleger 2004, 622; OLG Hamm DNotI-Report 2005, 198; *Wolfsteiner*, MittBayNot 2003, 295; *Böhringer*, Rpfleger 2004, 623; a.A. *früher* SchlHOLG MittBayNot 2003, 295; OLG Celle DNotI-Report 2004, 202.
64 *Haegele*, Rpfleger 1964, 179 und 1971, 237.

Ob der Endtermin einer Befristung unmittelbar eingetragen werden muss, ist streitig.[65] Es muss genügen, wenn aus dem Buch die Tatsache der Befristung erkennbar ist. Jeder, der das Buch einsieht, ist ohnehin wegen einer Vielzahl von Umständen genötigt, die Bewilligung einzusehen, das kann dann auch wegen des Endtermins einer Befristung geschehen. Dies bedeutet also keine zusätzliche Erschwernis für denjenigen, der das Grundbuch einsieht, erleichtert aber andererseits die Grundbuchführung.

d) Zusammenfassung von Nebenleistungen

Die Zusammenfassung von Zinsen und anderen Nebenleistungen durch einen einheitlichen Prozentsatz oder Geldbetrag ist grundsätzlich zulässig, jedoch nicht immer zu empfehlen. Der Übersichtlichkeit des Grundbuchs dient es oft mehr, die verschiedenen Nebenleistungen einzeln zu bezeichnen als sie kryptisch zusammengefasst in das Grundbuch einzutragen und die schwierige Differenzierung in der Bewilligung dem Einsichtnehmenden zu überlassen.[66] Es gelten folgende allgemeine **Regeln:**

24

- Einmalige Nebenleistungen: Untereinander zusammenfassbar, **nicht** jedoch mit Zinsen, anderen kontinuierlichen Nebenleistungen und auch nicht mit befristeten Nebenleistungen.
- Kontinuierliche Nebenleistungen: Zusammenfassbar untereinander (wohl auch im Verhältnis Zinsen/andere kontinuierliche Nebenleistungen); **nicht** zusammenfassbar mit befristeten oder einmaligen Nebenleistungen.
- Befristete Nebenleistungen: Zusammenfassbar untereinander, **sofern** gleiche Laufzeit; **nicht** zusammenfassbar mit Zinsen, einmaligen oder kontinuierlichen anderen Nebenleistungen.
- Bedingte Nebenleistungen: Zusammenfassbar, wenn alle einmalig oder (als kontinuierliche) alle gleiche Laufzeit.

5. Sonstiger Inhalt

Inhalt der Hypothek können ferner Zahlungsbestimmungen, Kündigungs- oder Verrechnungsklauseln sein. Sie unterliegen der Inhaltskontrolle durch das Grundbuchamt.[67] Nicht eintragungsfähig sind insbes. Bestimmungen, die dem gesetzlichen Leitbild der Hypothek widersprechen, z.B. kann die Regelung des § 1163 BGB nicht abbedungen werden.[68] Verrechnungsabreden hinsichtlich Zins- und Tilgungsleistungen können zulässig sein.[69] Gegen das Transparenzgebot des § 307 BGB (früher § 9 AGBG) verstößt aber die Bestimmung, dass der effektive Zins nach dem Kapital am Ende des Jahres zu berechnen sind, obwohl vierteljährlich Tilgungsleistungen zu erbringen sind.[70] Sonstige schuldrechtliche Verpflichtungen sind als Inhalt der Hypothek zulässig, wenn ein Verstoß gegen sie einen Kündigungsgrund darstellen soll.[71]

25

III. Pfändung und Verpfändung

1. Pfändung der Hypothek

Nach § 830 ZPO setzt die Pfändung der Forderung, die das Sicherungsrecht Hypothek mit erfasst (vgl. § 1153 BGB) neben dem gerichtlichen Pfändungsbeschluss[72] bei Briefrechten die Übergabe des Briefes (ggf. Wegnahme durch Gerichtsvollzieher), bei Buchrechten die Eintragung in das Grundbuch voraus.[73] Daraus ergibt sich: Die Eintragung der Pfändung ist beim Buchrecht konstitutiver Natur, während sie beim Briefrecht eine Grundbuchberichtigung darstellt.

26

---

65 Bejahend BGHZ 47, 41, 43; OLG Stuttgart OLGZ 1966, 105; OLG Karlsruhe Rpfleger 1968, 352; OLG Zweibrücken Rpfleger 1968, 390; verneinend *Bühler*, BWNotZ 1967, 41, 53; *Schäfer*, BWNotZ 1955, 237; *Haegele*, Rpfleger 1964, 179; *ders.*, Rpfleger 1968, 364, 391; *ders.*, Rpfleger 1971, 237; *ders.*, Rpfleger 1973, 212; *ders.*, Rpfleger 1974, 190; vgl. auch *Schöner/Stöber*, Grundbuchrecht, Rn 266.

66 Vgl. ausf. Staudinger/*Wolfsteiner*, BGB, § 1115 Rn 33; MüKo-BGB/*Lieder*, § 1115 Rn 38 ff. m.w.N.; *Schöner/Stöber*, Grundbuchrecht, Rn 75; *Böttcher*, Rpfleger 1980, 81.

67 Vgl. *Eickmann*, Rpfleger 1973, 341; sowie § 11 GBV Rn 14 ff.

68 RGZ 142, 159; Staudinger/*Wolfsteiner*, BGB, § 1163 Rn 7; MüKo-BGB/*Lieder*, § 1163 Rn 35.

69 Vgl. dazu LG Essen Rpfleger 1961, 296 m. Anm. *Haegele*; LG Koblenz Rpfleger 1963, 198 m. Anm. *Haegele*; Staudinger/*Wolfsteiner*, BGB, Einl. zu § 1113 Rn 27; *Schöner/Stöber*, Grundbuchrecht, Rn 94.

70 BGHZ 106, 42 = NJW 1989, 222.

71 BGHZ 21, 34 = DNotZ 1956, 544 = NJW 1956, 1196 = Rpfleger 1956, 231 m. Anm. *Bruhn*.

72 Zum Inhalt des Beschlusses umfassend *Stöber/Rellermeyer*, Forderungspfändung, Rn F.12 ff.

73 Umfassend *Keller/Schrandt*, HdB ZwV, Rn 3.1198 ff.

Bei Eintragung der Pfändung einer Briefhypothek muss der Pfandgläubiger das Vorliegen des Übergabeerfordernisses durch Vorlage des Briefes nachweisen. Ist er im Besitz des Briefes, so kann das Grundbuchamt die ordnungsgemäße Übergabe oder Wegnahme unterstellen. Die Eintragung der Pfändung einer Buchhypothek setzt neben dem – formlosen – Antrag die Vorlage des Pfändungsbeschlusses voraus, der nicht zugestellt sein muss. Die Vorlage des Vollstreckungstitels an das Grundbuchamt ist entbehrlich, weil mit der Grundbucheintragung ein Grundbuchverfahren und keine Vollstreckungsmaßnahme vorliegt. Sind nach dem Pfändungsbeschluss auch sog. rückständige (im Zeitpunkt der Pfändung bereits fällig gewordene) Zinsen mitgepfändet, werden diese über § 830 Abs. 3 mit § 829 ZPO als gewöhnliche Geldforderung gepfändet. Die Eintragung der Pfändung rückständiger Zinsen erfordert deshalb den Nachweis der Zustellung des Beschlusses an den Grundstückseigentümer als Drittschuldner.[74]

2. Verpfändung

27 **Briefhypothek:** Verpfändet wird die Forderung, dadurch entsteht dann – bei Vorliegen der weiteren Voraussetzungen – das Pfandrecht auch am dinglichen Recht. Nach § 1274 Abs. 1, § 1154 Abs. 1 BGB entsteht das Pfandrecht durch Verpfändungserklärung und Briefübergabe. Die Eintragung ist also auch hier Grundbuchberichtigung. Für sie gilt § 26 GBO (vgl. § 26 GBO Rdn 23 ff.).

Die Briefübergabe kann nach Maßgabe von §§ 1274 Abs. 1 S. 2, 1205, 1206 BGB ersetzt werden, insbes. durch Einräumung des mittelbaren Mitbesitzes am Brief, etwa in der Form der Begründung einer Treuhänderstellung des Notars.[75] Bei Anzeige an das Grundbuchamt soll auch eine Abrede gem. §§ 1117 Abs. 2, 1154 Abs. 1, S. 1 BGB ausreichen.[76]

28 **Buchhypothek:** Die Verpfändung geschieht durch Einigung und Eintragung im Buch, §§ 1274, 873 BGB, verfahrensrechtlich somit gem. §§ 13, 19 GBO.

29 **Zinsen:** Bei der Verpfändung eines Briefrechts ist die Angabe, ob und seit wann Zinsen mit verpfändet sind, stets erforderlich. Beim Buchrecht ist eine solche Angabe nicht geboten, jedoch zweckmäßig. Die Verpfändung von lediglich rückständigen Zinsen allein ist nicht eintragungsfähig; die Verpfändung von Zinsrückständen ist dies nur zusammen mit der von laufenden Zinsen.

IV. Fortgeltende Hypotheken des DDR-Rechts
1. Grundsatz

30 Nach Art. 233 § 3 Abs. 1 EGBGB bleiben Rechte, mit denen ein Grundstück (Erbbaurecht, Gebäudeeigentum) am 2.10.1990 belastet war, mit ihrem bisherigen Inhalt und Rang bestehen. In Art. 233 § 6 EGBGB wird dies für die Hypotheken dahin ergänzt, dass sie künftig wie Sicherungshypotheken zu behandeln sind.[77]

2. Fortgeltende Hypothekenarten

31 In den neuen Bundesländern haben die Hypotheken, die vor dem 3.10.1990 in das Grundbuch eingetragen worden sind noch große Bedeutung. Es sind dies nicht bloß die Hypotheken nach §§ 452 ff. ZGB, sondern auch Rechte die noch vor dem 1.1.1976 (Inkrafttreten des ZGB) in das Grundbuch eingetragen worden sind. Es ergibt sich dabei folgendes zeitliches Schema:[78]

– Bis zum 31.12.1975 galt in der DDR das BGB, sodass Hypotheken und Grundschulden nach §§ 1113 ff. und §§ 1191 ff. BGB in das Grundbuch eingetragen werden konnten. Bereits ab 60 konnten jedoch aufgrund der sog. Finanzierungsverordnung[79] sog. Aufbaugrundschulden bestellt werden.[80]

---

74 *Stöber/Rellermeyer*, Forderungspfändung, Rn F.7 ff.; Keller/*Schrandt*, HdB ZwV, Rn 3.1225 ff.
75 MüKo-BGB/*Lieder*, § 1154 Rn 23.
76 *Wolff/Raiser*, Sachenrecht, § 175 III. 1. Fn 15.
77 Eickmann/*Böhringer*, SachenRBerG, Kommentierung zu Art. 233 § 6 EGBGB, § 10 GBBerG; Meikel/*Böhringer*, 10. Aufl. 2010, Einl C 1126 ff.; *Schöner/Stöber*, Grundbuchrecht, Rn 2767 ff.; *Eickmann*, Grundstücksrecht in den neuen Bundesländern, Rn 324 ff.; *Moser-Merdian/*
Flik/Keller, Das Grundbuchverfahren in den neuen Bundesländern, Rn 286 ff.
78 Vgl. *Moser-Merdian/Flik/Keller*, Rn 284 ff.
79 VO über die Finanzierung von Baumaßnahmen zur Schaffung und Erhaltung von privatem Wohnraum v.28.4.1960 (GBl I, 351).
80 Meikel/*Böhringer*, 10. Aufl. 2010, Einl. C 1144 ff.; zur Fortgeltung nach § 6 Abs. 1 EGZGB auch BGH VIZ 1999, 103 = ZIP 1999, 285 = ZNotP 1999, 37, dazu EWiR 1999, 137 (*Kohler*).

Hinsichtlich sog. Uraltgrundpfandrechte, die vornehmlich noch aus der Zeit vor 1933 stammen, bestehen folgende Besonderheiten:[81] Die Grundpfandrechte sind im Verhältnis 2 : 1 in DM umzurechnen (§ 36a GBMaßnG),[82] soweit es sich um sog. wertbeständige Rechte handelt zusätzlich unter Zuhilfenahme der in den §§ 1–3 GBBerG und § 12 SachenR-DV normierten Umrechnungsfaktoren.[83] Zusätzlich enthält § 10 GBBerG eine Besonderheit zur erleichterten Löschung solcher Rechte, wenn ihr Kapitalbetrag umgerechnet nicht mehr als 6.000 EUR beträgt (eingehend § 10 GBBerG Rdn 2 ff.).[84]

– Vom 1.1.1976 bis 2.10.1990 galt das ZGB der DDR. Dieses regelte die Hypothek nach §§ 452 ff. ZGB, insbes. konnten sog. Aufbauhypotheken nach § 456 ZGB bestellt werden. Die Eintragung in das Grundbuch war nach Art. 233 § 7 EGBGB auch noch nach dem 3.10.1990 möglich, wenn der Eintragungsantrag beim Grundbuchamt vorher eingegangen ist.[85]

– Vom 1.7.1990 bis 2.10.1990 konnte nach dem neu eingefügten § 454a ZGB[86] eine Höchstbetragshypothek bestellt werden. Sie entsprach im Wesentlichen der Höchstbetragshypothek nach § 1190 BGB. Diese mit Schaffung der Wirtschafts- und Währungsunion in das ZGB eingefügte Hypothekenart hat keine praktische Bedeutung mehr erlangt.

– Seit dem 2.10.1990 können Grundpfandrechte wieder nur nach den Regeln des BGB bestellt werden.

Die Hypothek nach § 452 ZGB entstand nach § 453 Abs. 1 ZGB durch schriftlichen Vertrag zwischen Grundstückseigentümer und Gläubiger und Eintragung in das Grundbuch. Sofern es sich nicht um ein Recht zugunsten eines Kreditinstitutes handelte, bedurfte der gesamte Vertrag der Beglaubigung, andernfalls genügte die Beglaubigung der Erklärung des Grundstückseigentümers (§ 453 Abs. 1 S. 2 ZGB). Sie ist stets Buchhypothek. Die Hypothek ist nach § 454 Abs. 1 ZGB streng akzessorisch zur gesicherten Forderung, sie erlischt mit ihr. Ein Entstehen einer Eigentümergrundschuld nach § 1163 BGB sah das ZGB nicht vor. 32

Die sog. Aufbauhypothek nach § 456 ZGB sicherte Kredite für Baumaßnahmen. Die Aufbauhypothek hat nach § 456 Abs. 3 ZGB kraft Gesetzes Vorrang vor allen anderen Grundpfandrechten am Grundstück hat. Dieser gesetzliche Vorrang wurde bereits durch das 1. Zivilrechtsänderungsgesetz mit Wirkung zum 1. Juli 90 außer Kraft gesetzt. Er besteht aber für vor diesem Zeitpunkt eingetragene Rechte eingetragene Rechte fort (Art. 233 § 9 Abs. 3 EGBGB), 33

3. Besonderheiten der ZGB-Hypothek

Für die Überleitung der auch heute noch eingetragenen Hypotheken gelten Art. 233 § 3 und § 6 EGBGB. Im Grundsatz bleibende Rechte mit dem sich aus dem bisherigen Recht ergebenden Inhalt und Rang bestehen. Art. 233 § 6 EGBGB bestimmt aber Besonderheiten für die Übertragung und Aufhebung der Hypothek: 34

– Für die Übertragung der Hypothekenforderung gelten die Vorschriften des BGB, welche für die Übertragung der durch Sicherungshypothek geregelten Forderung bestehen, entsprechend. Weil die Hypotheken stets Buchrecht ist, bedarf es zur Übertragung gem. § 1154 Abs. 3 und § 873 BGB auch der Grundbucheintragung, gutgläubiger Erwerb ohne Forderung ist ausgeschlossen (§ 1185 Abs. 2 BGB).

– Zur Aufhebung der Hypothek bedarf es nicht der Zustimmung des Grundstückseigentümers nach § 1183 BGB, weil aus der Hypothek keine Eigentümergrundschuld werden kann (Art. 233 § 6 Abs. 1 S. 2 EGBGB). Aus dem gleichen Grund ist § 1168 BGB nicht anwendbar (Art. 233 § 6 Abs. 1 S. 3 EGBGB). Damit ist auch die Anwendung des § 27 GBO entbehrlich (Art. 233 § 6 Abs. 1 S. 2 EGBGB).[87]

---

81 Umfassend Meikel/*Böhringer*, 10. Aufl. 2010, Einl. C 1129, 1151 ff.; Eickmann/*Böhringer*, SachenRBerG, § 10 GBBerG Rn 65 ff.
82 Meikel/*Böhringer*, 10. Aufl. 2010, Einl C 1151; die Umstellung erfolgt von Amts wegen, Moser-Merdian/Flik/*Keller*, Rn 291; *Eickmann*, Rn 327.
83 Umfassend Eickmann/*Böhringer*, SachenRBerG, § 2 GBBerG Rn 2, 5 ff., § 4 Rn 4 ff.
84 Umfassend Eickmann/*Böhringer*, SachenRBerG, § 10 GBBerG Rn 1 ff.
85 BGH DtZ 1995, 131 = Rpfleger 1995, 290 = VIZ 1995, 234 = ZIP 1995, 324, dazu EWiR 1995, 455 (*Littbarski*); Eickmann/*Böhringer*, SachenRBerG, Art. 233 § 7 EGBGB Rn 4 ff., 15; *Keller*, FGPrax 1997, 41, 44.
86 Eingefügt durch 1.Zivilrechtsänderungsgesetz v. 28.6.1990 (GBl I, 525).
87 Zum Ganzen Eickmann/*Böhringer*, SachenRBerG, Art. 233 § 6 EGBGB Rn 14 ff.

– Weil Aufbauhypotheken zumeist zinslos oder nur mit geringem Zinssatz im Grundbuch eingetragen sind, bestimmt Art. 233 § 9 Abs. 3 S. 2 EGBGB eine erleichterte Zinserhöhungsklausel für Zinserhöhungen bis zu 13 % (vergleiche ähnlich § 1119 BGB).

4. Bestimmung des Gläubigers und des Bewilligungsberechtigten

35 Soweit bei eingetragenen Grundpfandrechten der Gläubiger nicht mehr bekannt ist oder nicht ermittelt werden kann, bestimmt zum einen Art. 231 § 10 EGBGB die treuhändige Gläubigerschaft des Bundes.[88] Gegenüber dem Grundbuchamt ist die Kreditanstalt für Wiederaufbau bewilligungsbefugt (Art. 231 § 10 Abs. 3 EGBGB).[89] Zusätzlich bestimmt § 113 Nr. 6 GBV umfangreiche Bewilligungsbefugnisse bei Rechtsinhaberschaft ehemals volkseigener Einrichtungen oder staatlicher Stellen (vgl. § 150 Abs. 5 S. 1 GBO mit § 113 Nr. 6 GBV).[90]

B. Die Grundschuld

I. Wesen und Arten der Grundschuld

36 Die Hypothek setzt ihrem Wesen nach eine Forderung voraus, zu deren Sicherung sie bestellt wird § 1113 BGB. Demgegenüber ist die Grundschuld eine Grundstücksbelastung des Inhalts, dass aus dem Grundstück eine bestimmte Geldsumme zu bezahlen ist (§ 1191 BGB).[91] Die gesetzliche Regelform der Grundschuld braucht nicht der Absicherung einer bestimmten Forderung zu dienen, sie kann es jedoch in der Form der sog. **Sicherungsgrundschuld** (dazu Rdn 59 ff.). Ihrer dinglichen Ausgestaltung nach ist die Grundschuld von einer Forderung unabhängig; sie ist im Gegensatz zur Hypothek nicht akzessorisch, sondern abstrakt. Vorbilder für ein solches forderungsunabhängiges Grundpfandrecht fanden sich vor Inkrafttreten des BGB bereits in den Rechtsordnungen verschiedener deutscher Länder. Der Gesetzgeber hat sie übernommen, um der „Geneigtheit der Kapitalisten zur Beleihung des Grundbesitzes" entgegenzukommen.[92] Bedeutsam wie interessant ist, dass die Rechtsentwicklung mit der Ausformung des Rechts der Sicherungsgrundschuld auch den Interessen des Schuldners (Eigentümers) ausreichend Raum gegeben hat, wenn auch in zahlreichen Fällen durch entsprechende Anwendung der hypothekenrechtlichen Grundsätze. Die Entwicklung der Sicherungsgrundschuld ist dennoch ein Beispiel für die Gestaltungstätigkeit von Rechtslehre und Rechtsprechung und deren Vermögen zum billigen Ausgleich widerstreitender Interessen.[93]

37 Eine Sonderform stellt die **Eigentümergrundschuld** dar. Sie tritt in verschiedenen Formen auf:
– Als **ursprüngliche** Eigentümergrundschuld (§ 1196 BGB), mit der sich der Eigentümer eine absolute Rangstelle sichert; sie dient in erster Linie als diskretes Kreditsicherungsmittel, da sie als Briefrecht außerhalb des Grundbuchs abgetreten werden kann;
– als **vorläufige** Eigentümergrundschuld, wenn die Forderung einer Hypothek noch nicht entstanden ist (§ 1163 Abs. 1 S. 1 BGB), wenn der Hypothekenbrief noch nicht übergeben ist und auch keine Vereinbarung nach § 1117 Abs. 2 BGB vorliegt (§ 1163 Abs. 2 BGB), oder wenn bei der Wertpapierhypothek die Voraussetzungen der §§ 1187, 1188 BGB vorliegen. Werden die genannten Voraussetzungen endgültig, weil etwa feststeht, dass die Forderung nicht mehr entstehen kann oder der Brief nicht mehr übergeben wird (etwa in der Insolvenz des Grundstückseigentümers),[94] wird die vorläufige Eigentümergrundschuld zur endgültigen;

---

[88] Umfassend Eickmann/*Böhringer*, SachenRBerG, § 10 GBBerG Rn 87 ff.

[89] Auslöser der gesetzlichen Regelung war das KG, das eine entsprechende Bewilligung der Landesbank Berlin – Girozentrale bei Gläubiger „Eigentum des Volkes, Rechtsträger: Sparkasse der Stadt Berlin" nicht anerkannt hatte, KG Rpfleger 1997, 522 = VIZ 1997, 696; aufgehoben durch BGH NJW 2000, 424 = VIZ 2000, 110.

[90] Siehe auch *Moser-Merdian/Flik/Keller*, Rn 260 ff.

[91] Allg. Meikel/*Grziwotz*, Einl B 663 ff.; *Schöner/Stöber*, Grundbuchrecht, Rn 2277 ff.; *Clemente*, Recht der Sicherungsgrundschuld, 4. Aufl. 2009; Westermann/*Eickmann*, Sachenrecht, § 114 ff.

[92] Motive zum BGB, Bd. III, S. 598, 604 ff., 779 ff.; dazu auch *Nußbaum*, Deutsches Hypothekenwesen, 2. Aufl. 1921, S. 174 ff.; sehr krit. v. *Gierke*, Der Entwurf eines Bürgerlichen Gesetzbuches und das Deutsche Recht, 1889, S. 370.

[93] MüKo-BGB/*Lieder*, § 1191 Rn 1; zu Vor- und Nachteilen der Grundschuld *Schöner/Stöber*, Grundbuchrecht, Rn 2310 ff.

[94] Vgl. dazu *Eickmann*, Rpfleger 1972, 80.

- als **endgültige** Eigentümergrundschuld: Gem. § 1163 Abs. 1 S. 2 BGB, sofern nicht einer der Ausnahmefälle[95] vorliegt; gem. §§ 868, 932 ZPO bei Wegfall der verfahrensrechtlichen Grundlagen einer Zwangs- oder Arresthypothek; bei Ablösung des dinglichen Rechts einer Fremdgrundschuld[96] (sog. „Leistung auf die Grundschuld" entsprechend §§ 1142, 1143 BGB); bei Verzicht eines Grundpfandrechtsgläubigers auf das dingliche Recht (§ 1168 BGB); bei Ausschluss unbekannter Gläubiger gem. §§ 1170, 1171 BGB und bei der Vereinigung des dinglichen Rechts mit dem Eigentum durch Abtretung oder Erbfolge gem. § 889 BGB.

Daneben wird zwischen der **offenen** und der **verdeckten** (oder verschleierten) Eigentümergrundschuld unterschieden.[97] Erstere ist aus dem Grundbuch ersichtlich, wenn und solange Gläubiger der Grundschuld und Grundstückseigentümer dieselbe Person sind. Letztere ist aus dem Grundbuch nicht ersichtlich, wenn aus der Hypothek oder Fremdgrundschuld kraft Gesetzes ein Eigentümerrecht entstanden ist, das Grundbuch diesbezüglich aber nicht berichtigt ist.

II. Inhalt

1. Belastungsgegenstand

Mit der Grundschuld ist wie bei der Hypothek ein Grundstück, grundstücksgleiches Recht oder ein Miteigentumsanteil nach § 1114 BGB belastbar (vgl. Rdn 5 ff.). 38

2. Gläubiger

Es gelten die für die Hypothek bestehenden Regeln. Wegen der fehlenden Akzessorietät der Grundschuld muss der Grundschuldgläubiger aber nicht Inhaber einer gesicherten Forderung sein. Bei der Sicherungsgrundschuld ist dies aber stets der Fall.[98] 39

3. Forderung

Die abstrakte Natur der Grundschuld verbietet die Eintragung einer Forderung oder auch nur die Bezugnahme auf sie. Daraus sollte sich eigentlich auch die Unzulässigkeit der Eintragung des Sicherungszweckes oder der Eigenschaft als Sicherungsgrundschuld ergeben.[99] Mit Einfügung des Abs. 1a zu § 1192 BGB durch das Risikobegrenzungsgesetz v. 12.8.2008 (BGBl I 2008, 1666) führte der Gesetzgeber den Begriff der Sicherungsgrundschuld selbst ein. Ihre rechtspolitische Bewertung ist umstritten.[100] Ob im Hinblick auf die Sichtbarmachung der Verkehrsbeschränkungen des § 1192 Abs. 1a BGB sowie insbes. des § 1193 BGB die Eintragung als „Sicherungsgrundschuld" geboten ist, ist umstritten, im Ergebnis aber zu verneinen (eingehend zur Sicherungsgrundschuld nachfolgend Rdn 59 ff.).[101] Zu beobachten ist, dass die Banken in den Formularen ihrer Grundschuldbestellungen zunehmend jeden Hinweis auf den Sicherungscharakter der Grundschuld vermeiden. 40

4. Nebenleistungen

Auf die Zinsen der Grundschuld finden die für Hypothekenzinsen geltenden Vorschriften Anwendung (§ 1192 Abs. 2 BGB), insbes. sind bei gleitendem Zinssatz ein Höchstzinssatz und die Bedingungen der Varianz anzugeben. Auch bei einer Eigentümergrundschuld sind Zinsen wegen der Möglichkeit späterer Abtretung, trotz § 1197 Abs. 2 BGB, eintragbar;[102] der Zinsbeginn kann bei der Fremd- wie der Ei- 41

---

95 MüKo-BGB/*Lieder*, § 1163 Rn 27 ff.
96 MüKo-BGB/*Lieder*, § 1191 Rn 128; dazu bereits Motive zum BGB, Bd. III, S. 779 unten.
97 *Stöber/Rellermeyer*, Forderungspfändung, Rn A.16, F.153.
98 Andernfalls könnte der Eigentümer nach dem Sicherungsvertrag Befriedigung aus dem Grundstück verweigern, BGH NJW 1982, 2768; BGH NJW-RR 1991, 305; MüKo-BGB/*Lieder*, § 1191 Rn 99 m.w.N.
99 BGH NJW 1986, 53; OLG Köln OLGZ 1969, 427; OLG Düsseldorf MittRhNotK 1977, 35; eingehend MüKo/*Lieder*, BGB, § 1191 Rn 92 m.w.N.
100 Eingehend Staudinger/*Wolfsteiner*, BGB, § 1192 Rn 31 ff.; ferner *Clemente*, ZfIR 2008, 589; *Volmer*, MittBayNot 2009, 1.
101 Staudinger/*Wolfsteiner*, BGB, § 1191 Rn 10; MüKo-BGB/*Lieder*, § 1191 Rn 92; Bauer/Schaub/*Bauer*, AT A Rn 33; *Ollbrich*, ZfIR 2013, 405.
102 KG HRR 1928, 2318; BayObLGZ 1954, 202.

gentümergrundschuld vor dem Zeitpunkt der Eintragung liegen.[103] Die Zinsen der Grundschuld unterliegen der Verjährung nach § 195 BGB.[104]

Andere Nebenleistungen sind bei der Grundschuld nur eintragbar, wenn sie sich ihrer Art nach auf den dinglichen Grundschuldanspruch beziehen. Nicht eintragbar sind deshalb z.B. Geldbeschaffungskosten, Vorfälligkeitsentschädigung, Bürgschaftsgebühren oder Disagio.[105] Zur Vermeidung einer Grundbuchunrichtigkeit muss die Bewilligung die Art der Nebenleistung genau bezeichnen.[106]

5. Sonstiger Inhalt

42 Soweit Klauseln auf das Bestehen einer persönlichen Forderung abstellen, sind sie nicht eintragungsfähig (§ 1192 Abs. 1 BGB), zu nennen sind:

- **Abtretungsausschluss.**[107] Er ist eintragbar, da er unmittelbar das dingliche Recht betrifft.
- **Nur-einmal-Valutierungsklausel:** Durch sie verpflichtet sich der Gläubiger, die Grundschuld nur zur Sicherung einer bestimmten Forderung zu verwenden und die Grundschuld zur Löschung zu bringen, auch wenn ihm nach Tilgung der angesprochenen Forderung noch andere Ansprüche gegen den Eigentümer zustehen sollten. Diese Klausel ist wegen ihres eindeutig schuldrechtlichen Bezuges nicht eintragungsfähig.[108]
- **Forderungsbindungsklausel:** Sie beinhaltet die Abrede, dass nur die aus dem zugrundeliegenden Schuldverhältnis geschuldeten Ansprüche aus dem Grundstück zu zahlen sind. Eine Klausel dieses Inhalts ist wegen ihres schuldrechtlichen und forderungsbezogenen Charakters nicht eintragungsfähig.[109]
- **Übergangsausschluss:** Bei Zahlung des Eigentümers auf das dingliche Recht geht die Grundschuld auf ihn über;[110] dieser Übergang kann nicht durch Vereinbarung ausgeschlossen werden. Davon zu unterscheiden sind Klauseln, die Zahlungen als auf die persönliche Forderung geschehen festlegen; auch sie sind freilich nur schuldrechtlich zulässig und deshalb nicht eintragbar.

6. Entstehen und Erlöschen

a) Entstehen

43 Die Grundschuld entsteht wie die Hypothek durch Einigung zwischen Gläubiger und Grundstückseigentümer und Grundbucheintragung (§ 873 BGB). Bei der Briefgrundschuld ist Briefübergabe nach (§§ 1192 Abs. 1, 1117 BGB) zusätzliche Voraussetzung. Die Vorschriften, welche die Forderung als wesentlich voraussetzen, finden keine Anwendung. Die (Sicherungs-)Grundschuld entsteht für den Gläubiger mithin auch dann, wenn die gesicherte Forderung nicht entsteht.[111]

b) Übertragung

44 Die Übertragung der Grundschuld erfolgt nach §§ 1192 Abs. 1, 413, 398, 1154 BGB durch schriftliche Abtretungserklärung und Übergabe des Grundschuldbriefes an den neuen Gläubiger. Die Übertragung der Buchgrundschuld erfordert dagegen wie bei der Buchhypothek Grundbucheintragung nach § 1154 Abs. 3 BGB.[112]

---

103 Allg. RGZ 136, 232; für die Eigentümergrundschuld BayObLGZ 1978, 136 = DNotZ 1978, 550 = Rpfleger 1978, 309; *Schöner/Stöber*, Grundbuchrecht, Rn 2292, 2358.
104 BGHZ 142, 332 = MittBayNot 1999, 558 = NJW 1999, 3705; vgl. auch Anfragebeschluss des XI. Senats MittBayNot 1999, 474 und Antwort des IX. Senats MittBayNot 1999, 477, der in früherer Entscheidung eine andere Ansicht vertreten hatte (BGH NJW 1996, 253); dazu MüKo-BGB/*Grohte*, § 205 Rn 10; *Sostmann*, MittRhNotK 1999, 274; *Stöber*, MittBayNot 1999, 441; zum Rechtsschutzbedürfnis der Vollstreckungsabwehrklage BGH DNotZ 2017, 177 = NJW 2017, 674; BGH ZfIR 2017, 292.
105 So zu Recht *Stöber*, ZIP 1980, 613; abzulehnen LG Oldenburg Rpfleger 1981, 60 und 1982, 19; LG Osnabrück Rpfleger 1973, 247 m. Anm. *Haegele*.
106 Grundlegend *Stöber*, ZIP 1980, 613; ihm zust. Staudinger/*Wolfsteiner*, BGB, § 1192 Rn 30; MüKo-BGB/*Lieder*,
§ 1192 Rn 5; Westermann/*Eickmann*, Sachenrecht, § 131 IV; eingehend *Schöner/Stöber*, Grundbuchrecht, Rn 2296; a.A. OLG Stuttgart DNotZ 1987, 230 = NJW-RR 1986, 1397 = Rpfleger 1986, 466 = ZIP 1986, 1377; LG Berlin Rpfleger 1985, 56; LG Bielefeld Rpfleger 1999, 388.
107 Vgl. OLG Stuttgart OLGZ 1965, 96, 97; OLG München JFG 1916, 291, 295; OLG Köln DNotZ 1970, 419.
108 Vgl. *Kolbenschlag*, DNotZ 1966, 475; *Dieck*, MittRhNotK 1970, 520, 527.
109 *Schöner/Stöber*, Grundbuchrecht, Rn 22987, 2290.
110 Vgl. MüKo-BGB/*Lieder*, § 1191 Rn 109 m.w.N.
111 Der Gläubiger ist aber zur Rückgewähr des Rechts verpflichtet, BGH NJW-RR 1992, 1005 = ZIP 1992, 755; *Clemente*, Rn 420a.
112 Zur Übertragung durch Nichtberechtigten mit Zustimmung des Berechtigten OLG Düsseldorf Rpfleger 2023, 80.

c) Erlöschen

Zur Aufhebung der Grundschuld nach § 875 BGB bedarf es wie bei der Hypothek der Zustimmung des Eigentümers nach § 1183 BGB.

45

Der Gläubiger kann auf die Grundschuld verzichten (§ 1168 BGB). Der Verzicht bedarf der Grundbucheintragung, es entsteht kraft Gesetzes eine Eigentümergrundschuld (§ 1168 Abs. 1 BGB).

46

7. Die Forderungstilgung bei der Sicherungsgrundschuld

a) Die Problemstellung gegenüber der Hypothek

Die Grundschuld ist in ihrem Bestand von einer Forderung unabhängig, d.h. insbes., sie steht auch nach Erlöschen der Forderung voll dem Gläubiger zu. Um hier einen gerechten Ausgleich zwischen Gläubiger, Schuldner und Grundstückseigentümer zu schaffen, muss bei der Grundschuld ein besonderes System zur Tilgungsproblematik geschaffen werden: Auszugehen ist vom Normalfall, dass die gesicherte Forderung durch den persönlichen Schuldner – der nicht Grundstückseigentümer ist –, getilgt wird. Im Weiteren ist zu überlegen, auf welche Weise und mit welchen Folgen der Grundstückseigentümer – der nicht persönlichen Schuldner ist – oder ein Dritter die Grundschuld ablösen kann. Abschließend ist zu fragen, in welchen Fällen der Grundstückseigentümer, der auch persönliche Schuldner der Forderung ist, eine Zahlung auf die persönliche Forderung oder eine Ablösung der Grundschuld erfolgt; auch hier sind die verschiedenen Folgen zu betrachten. Wenngleich man sich über das jeweilige Ergebnis weitgehend einig ist, besteht doch eine ganz erhebliche Meinungsvielfalt zu den einzelnen Rechtsproblemen, auch die Rechtsprechung ist hier nicht einheitlich.[113]

47

b) Das Erlöschen der gesicherten Forderung

Mit Erlöschen der durch die Grundschuld gesicherten Forderung beziehungsweise aller in die Sicherungsabrede einbezogenen Forderungen,[114] mithin bei Wegfall des Sicherungszweckes geht die Grundschuld nicht kraft Gesetzes auf den Grundstückseigentümer über, sie bleibt in der Hand des Gläubigers (keine analoge Anwendung des § 1163 Abs. 1 S. 2 BGB).[115] Mit Wegfall des Sicherungszweckes hat der Grundstückseigentümer einen schuldrechtlichen Anspruch auf Rückgewähr der von ihm gegebenen Sicherheit, also der Grundschuld. Dieser schuldrechtliche Rückgewähranspruch ist Teil des Sicherungsvertrages, letztlich kann er auch aus § 812 BGB hergeleitet werden.[116] Die Gefahr für den Grundstückseigentümer gegenüber der Hypothek besteht darin, dass der Grundschuldgläubiger trotz Rückgewähranspruch über die Grundschuld verfügen kann, er sie beispielsweise an einen Dritten abtreten kann, und dieser gutgläubig einredefrei erwirbt (§ 1157 S. 2 mit § 892 BGB).[117] Aber auch bei der Hypothek ist der Grundstückseigentümer praktisch nicht besser gestellt, weil trotz der §§ 1163 Abs. 1 S. 2, 1177 Abs. 1 BGB die Hypothek noch als Fremdrecht im Grundbuch eingetragen ist und insoweit die Gefahr eines gutgläubigen Erwerbs besteht. Der Rückgewähranspruch des Eigentümers ist übertragbar[118] und pfändbar, er kann auf drei Arten erfüllt werden:[119]

48

a) **Übertragung der Grundschuld;** der Grundschuldgläubiger hat die Grundschuld nach §§ 1154, 413, 398 BGB an den Grundstückseigentümer zu übertragen, sodass rechtsgeschäftlich eine Eigentümergrundschuld entsteht; hinsichtlich rückständiger Zinsen gilt § 1187 BGB, hinsichtlich der weiteren Verwendung der Grundschuld gilt § 1197 BGB.

---

113 Allg. Westermann/*Eickmann*, Sachenrecht, § 117; *Clemente*, Rn 574 ff.
114 Zur Sicherungsabrede allg. *Clemente*, Rn 262 ff., 282 ff.; *Rauch/Zimmermann*, Rn 203 ff.; zur Unzulässigkeit sog. weiter Sicherungsabrede bei Fremdsicherheit BGHZ 83, 56 und BGHZ 100, 82.
115 RGZ 145, 157; BGH DNotZ 1957, 602 = Rpfleger 1958, 51.
116 BGH Rpfleger 1985, 103; *Schöner/Stöber*, Grundbuchrecht, Rn 2335.
117 BGHZ 59, 1 = NJW 1972, 1463 und BGHZ 85, 388 = NJW 1983, 752; vgl. auch MüKo-BGB/*Lieder*, § 1191 Rn 100 ff.

118 BGH DNotZ 1977, 542 = NJW 1977, 247 = Rpfleger 1977, 56; *Schöner/Stöber*, Grundbuchrecht, Rn 2342; zur Vereinbarung eines Zustimmungsvorbehalts zur Abtretung BGHZ 232, 265 = DNotZ 2023, 133 = MittBayNot 2022, 549.
119 BGHZ 108, 237 = DNotZ 1990, 581 = NJW 1989, 2536 = Rpfleger 1990, 32; BGH NJW 2000, 2499; MüKo/*Lieder*, BGB, § 1191 Rn 146 ff.; Grüneberg/*Herrler*, BGB, § 1191 Rn 32 ff.; *Schöner/Stöber*, Grundbuchrecht, Rn 2304, 2337 ff.; *Clemente*, Rn 395 ff.; *Lettl*, WM 2002, 788; zur Verjährung *Amann*, DNotZ 2002, 94; *Wolfsteiner*, DNotZ 2001, 902; *ders.*, DNotZ 2003, 321.

b) **Verzicht auf die Grundschuld;** der Grundschuldgläubiger hat gem. § 1168 BGB auf die Grundschuld zu verzichten; es entsteht kraft Gesetzes eine Eigentümergrundschuld; im Unterschied zur Übertragung der Grundschuld ist diese Eigentümergrundschuld aber nicht dingliches Surrogat der vorherigen Fremdgrundschuld, sie entsteht gleichsam neu; diese Unterscheidung hat Bedeutung für die Frage der Wirkungen der Pfändung des Rückgewähranspruchs (siehe unten Rdn 54).

c) **Aufhebung der Grundschuld;** der Grundschuldgläubiger hat gem. §§ 875 und 1183 BGB die Grundschuld aufzuheben, sie wird im Grundbuch gelöscht; der Grundstückseigentümer erwirbt kein Grundstücksrecht, nachrangige Berechtigte rücken im Range auf.

In welcher **Art und Weise** der Rückgewähranspruch zu erfüllen ist, richtet sich zunächst nach den Bestimmungen des Sicherungsvertrages. Enthält dieser keine Regelung, kann der Grundstückseigentümer als Berechtigter des Anspruchs wählen.[120] In der Praxis wird regelmäßig die Aufhebung der Grundschuld als Form der Rückgewähr bestimmt (Formulierung in den Bestellungsurkunden: „Der Grundstückseigentümer hat nur Anspruch auf Erteilung einer Löschungsbewilligung"). Als AGB ist dies aber für den Fall unzulässig, bei welchem der Sicherungsgeber im Zeitpunkt der Rückgewähr nicht mehr Grundstückseigentümer ist.[121]

Wird der Rückgewähranspruch gepfändet, kann der Vollstreckungsgläubiger grundsätzlich die Löschung der Grundschuld verlangen.[122] Der Vollstreckungsgläubiger, der einen Anspruch des Sicherungsgebers auf Rückgewähr einer Grundschuld pfändet, ist aber nicht berechtigt, die Sicherungsvereinbarung oder die Geschäftsbeziehung zum Sicherungsnehmer zu kündigen.

c) Ablösung der Grundschuld

49 Wie bei der Hypothek ist auch bei der Grundschuld eine Ablösung durch den Grundstückseigentümer oder durch einen Dritten möglich.[123] Die §§ 1142 und 1150 BGB finden Anwendung.[124] Zwei Fälle sind zu unterscheiden:

– Der Grundstückseigentümer kann die Grundschuld nach § 1142 BGB ablösen, wenn sie ihm gegenüber fällig ist. In der Regel ist bei der Grundschuldbestellung sofortige Fälligkeit der Grundschuld vereinbart.[125] Für die Sicherungsgrundschuld ist aber in § 1193 BGB zwingend vorgeschrieben, dass der Fälligkeit die Kündigung mit sechsmonatiger Frist vorauszugehen hat (eingehend Rdn 60).

– Ein Dritter kann die Grundschuld nach § 1150 BGB ablösen, wenn der Gläubiger Befriedigung aus der Grundschuld verlangt und hierbei ein Rechtsverlust für den Dritten zu befürchten ist.

Die Ablösung betrifft die Grundschuld als Ganzes, nicht die durch sie gesicherte Forderung. Die Folgen der Ablösung der Grundschuld entsprechen nur in analoger Weise derjenigen bei der Hypothek:

50 Bei **Ablösung durch den Grundstückseigentümer** geht analog § 1143 BGB die Grundschuld auf ihn über; zwar geht § 1143 BGB vom Übergang der hypothekarisch gesicherten Forderung aus (der Hypothek folgt nach § 1153 BGB nach), die analoge Anwendung in Bezug auf die Grundschuld ist aber gerechtfertigt, um das Erhaltungsinteresse des Eigentümers zu schützen. Dass die Grundschuld auf den Eigentümer übergeht, ist unbestritten, Streit herrscht lediglich über die analoge Anwendung einzelner Vorschriften.[126] Es ist aber ausdrücklich zu betonen, dass analog § 1143 BGB lediglich die Grundschuld auf den Eigentümer übergeht und nicht die gesicherte Forderung.[127]

---

120 BGHZ 108, 237 = DNotZ 1990, 581 = NJW 1989, 2536 = Rpfleger 1990, 32; im Zusammenhang mit Pfändung *Stöber*, Rpfleger 1959, 84.
121 BGH ZIP 2014, 1725 = DNotI-Report 2014, 134; BGHZ 106, 375.
122 BGH DNotZ 2023, 139 = NJW 2022, 2544 = Rpfleger 2023, 115.
123 Hierauf bereits hinweisend Motive zum BGB, Bd. III, S. 779 unten.
124 RGZ 78, 60; BGH NJW 1976, 2340; BGH ZIP 1985, 732; BGH NJW 1990, 258; zu den unterschiedlichen Ansichten MüKo-BGB/*Lieder*, § 1191 Rn 141 m.w.N.
125 Zur allg. Fälligkeit von Grundschuldkapital und Zinsen *Schöner/Stöber*, Grundbuchrecht, Rn 2286.
126 Eingehend MüKo-BGB/*Lieder*, § 1191 Rn 146 ff.; Grüneberg/*Herrler*, BGB, § 1191 Rn 42 ff.; *Schöner/Stöber*, Grundbuchrecht, Rn 2329 ff.; *Clemente*, Rn 587 ff.; Westermann/*Eickmann*, Sachenrecht, § 117 III.
127 BGHZ 80, 228 (Zahlung auf pers. Forderung und Grundschuld); grundlegend BGHZ 105, 154 NJW 1988, 27; mit Nachw. *Clemente*, Rn 596.

Bei **Ablösung durch einen Dritten** geht gem. §§ 1150 und 268 Abs. 3 BGB ebenfalls die Grundschuld 51
auf den Dritten über. Auch hier findet ein Übergang der gesicherten Forderung nicht statt. Es kann allenfalls ein Erlöschen der Forderung angenommen werden, wenn der Dritte mit seiner Leistung auch die Erfüllung der Forderung bezweckt.[128]

Einer weiteren Geltendmachung der gesicherten Forderung durch den Gläubiger steht die Arglisteinrede 52
aus § 242 BGB entgegen, der Gläubiger würde bei Geltendmachung der Forderung gegen den Schuldner doppelte Befriedigung erlangen.[129] Um eine Rückgriffsmöglichkeit gegen den persönlichen Schuldner zu stärken, kann der Gläubiger die Forderung an den Eigentümer oder den Dritten abtreten, es wird allgemein auch ein Anspruch auf Abtretung bejaht.[130] Ob insbes. der Grundstückseigentümer gegen den persönlichen Schuldner Rückgriff nehmen kann, hängt von den Bestimmungen innerhalb ihres Innenverhältnisses ab. Sie sind nicht als Gesamtschuldner mit gegenseitiger Ausgleichspflicht nach § 426 BGB anzusehen, es besteht keine Zweckgemeinschaft, sondern vielmehr Verschiedenartigkeit von Forderung und dinglichem Recht, die mit einem Gesamtschuldverhältnis nicht vergleichbar ist.[131]

d) Tilgungsproblematik bei Zahlung durch Eigentümer oder Schuldner

Zahlungen seitens des persönlichen Schuldners, des Grundstückseigentümers oder eines Dritten an den 53
Grundschuldgläubiger lassen sich in ihrer jeweiligen Zielrichtung und ihrer jeweiligen Folge allgemein wie folgt darstellen:

- Der persönliche Schuldner, der nicht Grundstückseigentümer ist, zahlt nur auf die persönliche Forderung; eine Ablösung der Grundschuld kann durch ihn nicht erfolgen. Das Erlöschen der Forderung mit dem Wegfall des Sicherungszwecks führt für den Grundstückseigentümer zum Rückgewähranspruch.
- Der Grundstückseigentümer, der nicht auch persönlicher Schuldner der Forderung ist, kann sowohl auf die persönliche Forderung zahlen als auch auf die Grundschuld; auf die persönliche Forderung zahlt er als Dritter i.S.d. § 267 BGB. In den Sicherungsverträgen wird allgemein bestimmt, dass eine Zahlung auch seitens des Grundstückseigentümers stets auf die Forderung erfolgt und nicht auf die Grundschuld; ob eine solche Bestimmung für den Grundstückseigentümer bindend ist, wird mit guten Gründen bezweifelt.[132] Eine solche Leistungsvereinbarung i.S.d. § 366 BGB setzt nämlich voraus, dass der Schuldner aus mehreren Schuldverhältnissen zu gleichartiger Leistung verpflichtet ist. Dies ist beim Grundstückseigentümer, der nicht persönlicher Schuldner der gesicherten Forderung ist, gerade nicht der Fall. Es ist daher von dem Normalfall auszugehen, dass dieser Grundstückseigentümer auf die Grundschuld zahlt und sie in entsprechender Anwendung des § 1142 BGB ablöst. Auf den Grundstückseigentümer geht analog § 1143 BGB nur die Grundschuld über, die persönliche Forderung nicht.
- Der Grundstückseigentümer, der auch persönlicher Schuldner der gesicherten Forderung ist, zahlt entweder auf diese gesicherte Forderung oder auf die Grundschuld. In diesem Fall hat eine entsprechende Vereinbarung über die Verrechnung der Zahlung im Sicherungsvertrag Bedeutung. Regelmäßig wird bestimmt, dass eine Leistung auf die persönliche Forderung verrechnet wird.[133] Fehlt eine entsprechende Vereinbarung, kann der Leistende nach § 366 Abs. 1 BGB wählen, auf welche Schuld die Leistung verrechnet werden soll. Auch hier ist aber im Zweifel anzunehmen, dass der Grundstückseigentümer auf die Forderung zahlt.[134] Denn damit bleibt die Grundschuld als solche erhalten und kann auch nach Wegfall des Sicherungszwecks bei entsprechendem Rückgewähranspruch wiederverwendet werden. Die Leistung auf die gesicherte Forderung dient damit auch dem Grundstückseigentümer. Dagegen ist von einer Ablösung der Grundschuld nach § 1142 BGB auszugehen, wenn für den Grundstückseigentümer konkret die Gefahr besteht, das Grundstück zu verlieren. Wenn insbes. der Gläubiger mit Zwangsvollstreckung in das Grundstück droht, leistet der Grundstücks-

---

128 *Clemente*, Rn 600.
129 RGZ 150, 371, 374; BGHZ 105, 154 = NJW 1988, 27; *Clemente*, Rn 597.
130 BGH ZIP 1981, 588; BGH ZflR 1999, 155; Grüneberg/*Herrler*, BGB, § 1191 Rn 44; *Clemente*, Rn 598, 599; für eine Anwendung des § 1143 BGB auf die Forderung Mü-Ko-BGB/*Lieder*, § 1191 Rn 146.
131 Ausdr. BGHZ 105, 154.
132 Siehe hierzu BGH DNotZ 1996, 1026 = NJW-RR 1995, 1257; dagegen Schöner/*Stöber*, Grundbuchrecht, Rn 2305 Fn 50; MüKo-BGB/*Lieder*, § 1191 Rn 135.
133 Eingehend *Clemente*, Rn 368 ff.
134 Zur Interessenlage BGH NJW 1969, 2237 = Rpfleger 1969, 423; vgl. auch BGH DNotZ 1997, 725 = NJW 1997, 2046.

eigentümer nicht mehr auf die gesicherte Forderung, sondern auf die Grundschuld, um die drohende Zwangsvollstreckung abzuwenden. Eine im Sicherungsvertrag vereinbarte Leistungsbestimmung hat dann keine Wirkung mehr. Der Grundstückseigentümer ist berechtigt, sich über sie hinwegzusetzen.[135] Die vorweggenommene Leistungsbestimmung kann im Übrigen nicht dazu führen, eine sachenrechtliche Befugnis einzuschränken, dies würde gegen § 137 Satz 1 BGB verstoßen; die Ablösung eines Grundpfandrechts nach § 1142 BGB ist mithin eine Verfügung über dieses Grundpfandrecht.

– Mit Ablösung der Grundschuld durch den Grundstückseigentümer, der auch persönlicher Schuldner der gesicherten Forderung ist, geht die Grundschuld entsprechend § 1143 BGB auf den Grundstückseigentümer über. In diesem Fall erlischt aber auch die persönliche Forderung. Dies wird damit begründet, dass die Bestellung der Grundschuld aus der schuldrechtlichen Verpflichtung des Sicherungsvertrages heraus der gesicherten Forderung gegenüber eine Leistung erfüllungshalber i.S.d. § 364 Abs. 2 BGB darstellt: Der Grundstückseigentümer übernimmt mit der Grundschuld eine weitere Verbindlichkeit gegenüber dem Gläubiger, mit deren Erlöschen (Befriedigung) auch die ursprüngliche Forderung erlöschen soll.[136]

– Schließlich ist es den Grundstückseigentümer, der auch persönlicher Schuldner der gesicherten Forderung ist, nicht verwehrt, ausdrücklich sowohl auf die gesicherte Forderung als auch auf die Grundschuld zu leisten.[137]

– Der Dritte, der an den Grundschuld Gläubiger leistet, um einen eigenen Rechtsverlust zu vermeiden, zahlt gem. §§ 1150 und 268 BGB nur auf die Grundschuld. Diese geht gem. § 268 Abs. 3 BGB in entsprechender Höhe auf ihn über. Die gesicherte Forderung verbleibt beim Gläubiger, der sie nach § 242 BGB aber nicht mehr geltend machen kann. Ob der Dritte vom persönlichen Schuldner Regress nehmen kann, hängt von deren Innenverhältnis ab.

– Selbstverständlich darf aber auch ein Dritter auf die gesicherte Forderung zahlen (§ 267 BGB). Für den Grundstückseigentümer entsteht dann lediglich der Rückgewähranspruch.

III. Pfändung und Verpfändung
1. Pfändung

54 Die Grundschuld wird gepfändet wie die Hypothek (§ 857 Abs. 6 ZPO), also durch Pfändungsbeschluss und Briefübergabe(-wegnahme) beim Briefrecht; oder Pfändungsbeschluss nebst Eintragung im Buch beim Buchrecht.

55 Auch bei der **Sicherungsgrundschuld** vollzieht sich die Pfändung des dinglichen Rechts in gleicher Weise. Ratsam ist hier eine sog. Doppelpfändung von Grundschuld und der durch sie gesicherten Forderung, um Einreden des Eigentümers aus dem Sicherungsvertrag abzuwehren.[138]

Häufig ist jedoch hier auch die Pfändung des sog. **Rückgewähranspruchs**;[139] hier pfändet der Gläubiger des Grundstückseigentümers die diesem gegen den Grundschuldgläubiger zustehenden Ansprüche für den Fall, dass der Sicherungszweck der Grundschuld ganz oder teilweise nicht mehr gegeben ist; praktische Bedeutung hat die Pfändung des Rückgewähranspruchs im Rahmen der Zwangsversteigerung des Grundstücks.

Die Erfüllung des Rückgewähranspruchs führt zu unterschiedlichen Folgen:

– Die Erfüllung des gepfändeten **Verzichtsanspruchs** führt zur Entstehung eines Eigentümerrechtes gem. §§ 1168, 1192 BGB. Nach h.M. setzt sich jedoch das Pfandrecht nicht am Eigentümerrecht fort.[140] Der Pfandgläubiger kann deshalb vor der Pfändung des Eigentümerrechts selbst eine Grund-

---

135 BGH NJW 1976, 2132; BGH NJW 1986, 2108; BGH NJW 1987, 838; BGH NJW 1983, 2502; BGH NJW-RR 1987, 1350; BGH WM 1992, 1502; MüKo-BGB/*Lieder*, § 1191 Rn 134; *Clemente*, Rn 574 m.w.N., Rn 582 ff.
136 BGH NJW 1981, 2198; BGH ZIP 1988, 1096; BGH NJW-RR 1990, 813; MüKo-BGB/*Lieder*, BGB, § 1191 Rn 125.
137 BGH WM 1987, 202; *Clemente*, Rn 575.
138 Eingehend *Stöber/Rellermeyer*, Forderungspfändung, Rn F.98 ff.; Keller/*Schrandt*, HdB ZwV, Rn 3.1241 ff.
139 Eingehend *Stöber/Rellermeyer*, Forderungspfändung, Rn F.107 ff.
140 BGHZ 108, 237 = DNotZ 1990, 581 = NJW 1989, 2536 = Rpfleger 1990, 32; *Stöber*, Rpfleger 1959, 84; *Dempewolf*, NJW 1959, 560; a.A. OLG Celle JR 1955, 146; *Tempel*, JuS 1967, 269.

bucheintragung nicht verlangen; sein Pfandrecht surrogiert lediglich im Falle der von ihm erzwungenen oder freiwilligen Abtretung.
- Die Erfüllung des **Aufhebungsanspruchs** führt zum Untergang des Rechts; der Pfandgläubiger mag ihn z.B. verfolgen, um mit einem ihm zustehenden nachrangigen Recht aufrücken zu können;
- Mit Erfüllung des **Übertragungsanspruchs**, also mit Abtretung der Grundschuld vom Gläubiger an den Eigentümer, setzt sich das Pfandrecht an dem Eigentümerrecht fort.[141] Bei einer Umschreibung der Grundschuld ist also das Pfandrecht des Gläubigers mitzuvermerken.

Die Pfändung der Eigentümergrundschuld: Sie wird nach § 857 Abs. 6 ZPO gem. den Regeln des § 830 ZPO gepfändet. Da Grundschuldgläubiger als Vollstreckungsschuldner und Grundstückseigentümer als Drittschuldner identisch sind, ist sie zugleich drittschuldnerloses Recht i.S.d. § 857 Abs. 2 ZPO, was für die Pfändung rückständiger Zinsen Bedeutung hat (§§ 857 Abs. 6, 830 Abs. 3, 829 Abs. 3, 857 Abs. 2 ZPO). Die Beschränkungen des § 1197 BGB treffen den Pfändungsgläubiger nicht, er kann mithin aus der Eigentümergrundschuld die Zwangsversteigerung des Grundstücks betreiben.[142]

Hinsichtlich der Eintragung der Pfändung im Grundbuch sind zu unterscheiden:
- Die **offene** Eigentümergrundschuld: Für sie gilt im Ergebnis nichts anderes als für die Pfändung einer Hypothekenforderung und deren Vollzug im Grundbuch;
- Die **verschleierte** Eigentümergrundschuld:

Pfändung des Briefrechts: Ist das Recht **vollständig** Eigentümerrecht geworden, so wird mit der Wegnahme oder Übergabe des Briefes die mit dem Pfändungsbeschluss ausgesprochene Pfändung wirksam (§§ 857 Abs. 6, 830 Abs. 1 S. 1 u. 2 ZPO). Auf entsprechende Nachweise hin ist die Pfändung im Wege der Grundbuchberichtigung zu vermerken.

Ist das Recht **teilweise** Eigentümerrecht geworden, dann steht dem Grundstückseigentümer ein Anspruch auf Briefaushändigung nicht zu (§ 1145 Abs. 1 S. 1 BGB). Er kann jedoch aufgrund seines Miteigentums am Brief (§§ 852, 1008 BGB) den Anspruch auf Aufhebung der Gemeinschaft § 749 Abs. 1, § 752 BGB) geltend machen und einen Teilbrief erstellen lassen (§ 61 GBO, § 1145 Abs. 1 S. 2 BGB, siehe hierzu § 61 GBO Rdn 1 ff.). Diese Ansprüche zusammen mit dem Berichtigungsanspruch des § 894 BGB muss der Pfandgläubiger pfänden lassen, um die durch Aushändigung des Teilbriefes wirksam gewordene Pfändung – auch wiederum im Berichtigungswege – eintragen zu lassen.

Pfändung des Buchrechts: Die Pfändung des Buchrechts vollzieht sich wie oben (vgl. Rdn 26) dargestellt. Die dazu erforderliche Eintragung setzt jedoch den Nachweis der Unrichtigkeit (= Nachweis der Entstehung der Eigentümergrundschuld) voraus; das Vollstreckungsgericht prüft insoweit nicht.

Als Nachweis sind geeignet
- Löschungsfähige Quittung;
- Erklärung des Gläubigers, dass die Forderung nicht entstanden ist und entstehen wird;
- Verzichtserklärung (§ 1168 BGB);
- Nachweis der Beerbung des Gläubigers durch den Eigentümer;
- Ausschlussurteil (§ 1170 Abs. 2 BGB).

Die Nachweise bedürfen stets der Form des § 29 GBO. Bei der Eintragung der Pfändung ist eine vorherige Umschreibung des Rechts auf den Eigentümer nicht erforderlich (vgl. § 39 GBO Rdn 50).

Die Pfändung einer **künftigen** Eigentümergrundschuld ist nicht eintragungsfähig; sie wäre eine inhaltlich unzulässige Eintragung.

2. Verpfändung

Die Verpfändung einer Grundschuld geschieht gem. § 1191 BGB entsprechend den Vorschriften über die Abtretung des Rechts, §§ 1274, 1154, 1192 BGB.

---

141 *Stöber*, Rpfleger 1959, 84; *Wörbelauer*, NJW 1958, 1706. 142 BGH NJW 1988, 1026; MüKo/*Lieder*, BGB; § 1197 Rn 6 m.w.N.

IV. Besonderheiten der Sicherungsgrundschuld

1. Zwangsvollstreckung durch Finanzinvestoren nach Kreditverkauf

59 Die Immobiliarvollstreckung rückte im Jahre 2007 in das Interesse der Medien, weil im Rahmen der Veräußerung von notleidenden oder nicht sicheren Krediten (non performing loans) an Finanzinvestoren auch „gesunde" Kredite gegenüber Eigenheimbesitzern veräußert wurden und der Zessionar gegen den Kreditnehmer und für diesen angeblich völlig unerwartet die Zwangsvollstreckung aus dem vollem Grundschuldbetrag nebst dinglichen Zinsen betrieben hat. Der BGH stellte dazu fest,[143] dass der wirksamen Abtretung einer Darlehensforderung weder das Bankgeheimnis noch das Bundesdatenschutzgesetz entgegenstehen.[144]

2. Risikobegrenzungsgesetz vom 12.8.2008

60 Durch das sog. Risikobegrenzungsgesetz v. 12.8.2008 (BGBl I 2008, 1666) verschärfte der Gesetzgeber die Möglichkeit der Abtretung einer nicht valutierten Grundschuld; er kodifizierte zudem mit § 1192 Abs. 1a BGB den Begriff der Sicherungsgrundschuld.[145]

Kernpunkte der Änderungen sind folgende:
- Der gutgläubig einredefreie Erwerb der Sicherungsgrundschuld ist ausgeschlossen (§ 1192 Abs. 1a mit Ausschluss des § 1157 S. 2 BGB).
- Das Grundschuldkapital der Sicherungsgrundschuld kann nicht mehr als sofort fällig bestellt werden (§ 1193 Abs. 2 S. 2 BGB); die zwingende Kündigungsfrist beträgt sechs Monate (§ 1193 Abs. 1 S. 2 BGB).[146]

Die Neuregelungen sind auf Grundschulden anzuwenden, die nach dem 19.8.2008 erworben worden sind (Art. 229 § 18 Abs. 2 und 3 EGBGB).

Bei der Grundbucheintragung besteht kein Bedürfnis dafür, die Sicherungsgrundschuld des § 1192 Abs. 1a BGB als solche zu bezeichnen.[147] Die vorstehend genannten Beschränkungen des öffentlichen Glaubens benötigen als negative Tatbestände gerade keiner Grundbucheintragung zur Wirksamkeit. Ferner kann die Sicherungsgrundschuld mit Wegfall des Sicherungszwecks und Übertragung insbes. an den Eigentümer ihren Charakter verlieren und zur „normalen" Grundschuld werden, die Bezeichnung „Sicherungsgrundschuld" im Grundbuch wäre dann unrichtig.

Wolfsteiner bezeichnet insbes. die Neuregelung mit scharfen Worten als *„politisch motivierten Schnellschuss, durch den das Kind mit dem Bade ausgeschüttet worden ist"*.[148] Er sieht § 1192 Abs. 1a BGB ferner als *„weiteren Sargnagel im Prozess der Paralysierung des deutschen Grundbuchs"*.[149] Dem ist zuzustimmen. Insbesondere der Ausschluss des einredefreien Erwerbs der Sicherungsgrundschuld führt zu einer Entwertung dieses Kreditsicherungsmittels hinter die Sicherungshypothek nach §§ 1184 ff. BGB. Eine Sicherungsgrundschuld i.S.d. § 1192 Abs. 1a BGB liegt vor, wenn zwischen Grundschuld und gesicherter Forderung ein Sicherungsvertrag besteht, der sowohl Grundstückseigentümer als auch Gläubiger entsprechend verpflichtet.[150] Die Eigenschaft als Grundschuld kann nachträglich verloren gehen, insbes. bei Trennung von Sicherungsgeber und Eigentum oder Rückgewähr der Grundschuld durch Übertragung.

61 Als Einreden, welche mit Ausschluss des § 1157 BGB auch dem neuen Gläubiger entgegengehalten werden können, sollen solche aus dem Sicherungsvertrag zu verstehen sein, auch wenn sie erst nach der Abtretung der Grundschuld zur eigentlichen Entstehung kommen.[151] Die Rspr. sah dies bislang anders.[152]

---

143 BGHZ 171, 180 = ZIP 2007, 619.
144 *Nobbe*, ZIP 2008, 97; *Clemente*, ZfIR 2007, 737.
145 Allg. *Bachner*, DNotZ 2008, 644; *Bock*, DRiZ 2008, 243; *Fest*, ZfIR 2008, 657; *Redeker*, ZIP 2009, 208; *Zimmer*, NotBZ 2008, 386.
146 Nach SchlOLG, Urt. v. 19.12.2013 – 5 U 91/13, juris, soll die Frist abdingbar sein.
147 Staudinger/*Wolfsteiner*, BGB, § 1191 Rn 10; MüKo-BGB/*Lieder*, § 1191 Rn 92; Bauer/Schaub/*Bauer*, AT A Rn 33; *Ollbrich*, ZfIR 2013, 405.
148 Staudinger/*Wolfsteiner*, BGB, § 1192 Rn 31.
149 Staudinger/*Wolfsteiner*, BGB, § 1192 Rn 32.
150 BGH NJW 2014, 1450 = ZIP 20014, 817; Staudinger/*Wolfsteiner*, BGB, § 1192 Rn 37.
151 BT-Drucks 16/9821, S. 16; Staudinger/*Wolfsteiner*, BGB, § 1192 Rn 43.
152 BGHZ 59, 1; BGH WM 1976, 665; eingehend *Serick*; Eigentumsvorbehalt und Sicherungsübertragung, Bd. II § 28 III. 3.

War die Grundschuld bereits vor dem 19.8.2008 einredefrei erworben worden, führt eine spätere Abtretung nicht zur Anwendung des § 1192 Abs. 1a BGB.[153]

Der Ausschluss der sofortigen Fälligkeit nach § 1193 Abs. 2 S. 2 BGB betrifft im Ergebnis den Anspruch aus der Grundschuld sowie das abstrakte Schuldversprechen;[154] jedoch nicht das gesicherte Forderungskapital.[155] Für die Vollstreckungspraxis unklar ist hier, ob die Kündigung nach § 1193 Abs. 1 BGB ein bei Erteilung der vollstreckbaren Ausfertigung nachzuweisender Umstand i.S.d. § 726 Abs. 1 ZPO, ob der Eigentümer als Schuldner den Gläubiger von der Nachweispflicht befreien kann (eingehend Rdn 67 ff.).

3. Problematik der Einreden bei der Grundschuld

Grundschuld und gesicherte Forderung sind durch die schuldrechtlich wirkende Sicherungsabrede miteinander verknüpft.[156] Sie erlaubt dem Gläubiger die Inanspruchnahme der Grundschuld bei Nichtleistung der gesicherten Forderung und gibt dem Eigentümer den Anspruch auf Rückgewähr bei Wegfall des Sicherungszwecks. Regelmäßig ist der Gläubiger ermächtigt, die Grundschuld auch durch Abtretung zu verwerten.[157] Er hat die Verwertung dem Eigentümer nach § 1234 BGB anzukündigen. Die Abtretung der Forderung erfasst nicht die nicht akzessorische Grundschuld, § 401 BGB gilt nicht. Der Gläubiger ist durch die Sicherungsabrede verpflichtet, beides nur zusammen zu verwerten.[158] Eine gesonderte Abtretung macht ihn mindestens schadensersatzpflichtig gegenüber dem Eigentümer (§ 280 BGB).[159]

62

Wolfsteiner sieht aufgrund des Charakters des Sicherungsvertrages sogar ein Verbot der getrennten Abtretung zugunsten des Sicherungsgebers i.S.d. § 399 erste Alternative.[160] Der Forderungsschuldner ist berechtigt, die Leistung nach § 273 BGB zu verweigern, soweit der Gläubiger die Grundschuld nicht entsprechend zurückgewähren kann. Der Grundstückseigentümer kann die Leistung nach § 1147 BGB verweigern, soweit dies aus der Sicherungsabrede nicht verlangt werden kann oder insbes. bei Drittsicherung der Gläubiger die Forderung nicht an ihn abtreten kann.[161] Soweit die Grundschuld teilweise nicht mehr valutiert, hat der Grundstückseigentümer Anspruch auf Rückgewähr. Er kann diesen aber erst geltend machen, wenn der Sicherungszweck vollständig wegfällt, insbes. deshalb, weil in den Sicherungsabreden regelmäßig die Erfüllung des Rückgewähranspruchs auf die Variante der Aufhebung der Grundschuld beschränkt wird.

Alle Einreden und Zurückbehaltungsrechte können auch dem Zessionar entgegengehalten werden, auch und insbes. beim Auseinanderfallen von Forderungsinhaberschaft und Grundschuldberechtigung (§§ 404, 1157 S. 1 BGB). Sie können mit Vollstreckungsgegenklage nach § 767 ZPO verfolgt werden. Vollstreckungsgegenklage kann erhoben werden, sobald die Vollstreckung droht, in den vorliegenden Fällen mithin nach Erteilung der Rechtsnachfolgeklausel des § 727 ZPO. Das Prozessgericht kann die Zwangsvollstreckung einstweilen einstellen (§ 769 Abs. 1 ZPO). Eine Einstellung durch das Vollstreckungsgericht nach § 769 Abs. 2 ZPO wird bei der Immobiliarvollstreckung eher nicht in Betracht kommen, da meist kein dringender Fall vorliegt.[162]

Das entscheidende Problem der Grundschuld besteht in der Gefahr des gutgläubig einredefreien Erwerbs durch den Zessionar nach §§ 1192, 1138, 892 Abs. 1 S. 1, 1157 S. 2 BGB. Er ist an die Sicherungsabrede nur soweit gebunden, als der Zedent bei Abtretung von Forderung und Grundschuld ihm diese wenigstens mitteilt, wozu er verpflichtet ist und sich andernfalls – dies sei nochmals betont – gegenüber dem Grundstückseigentümer schadensersatzpflichtig macht.[163] Mit gutgläubig einredefreiem Erwerb erhält der Zessionar eine abstrakte Grundschuld, die ihm das Recht zur vollen Leistung nach § 1147 BGB gibt.[164] Be-

63

---

153 BGH NJW 2014, 550 = Rpfleger 2014, 128.
154 BGH DNotZ 2018, 211 = MittBayNot 2017, 618 = NJW 2017, 2469 = ZNotP 2017, 237; dazu *Volmer*, MittBayNot 2017, 560; Staudinger/*Wolfsteiner*, BGB, § 1193 Rn 9, 10; abl. MüKo-BGB/*Lieder*, § 1193 Rn 15, 16.
155 Staudinger/*Wolfsteiner*, BGB, § 1193 Rn 8.
156 Allg. Staudinger/*Wolfsteiner*, BGB, Vor §§ 1191 ff. Rn 20 ff.; *Schöner/Stöber*, Grundbuchrecht, Rn 2316 ff.; *Clemente*, Rn 262 ff.
157 Staudinger/*Wolfsteiner*, BGB, Vor §§ 1191 ff. Rn 92; *Clemente*, Rn 539 ff.
158 BGH ZIP 1986, 1454, dazu EWiR 1986, 1101 (*Gaberdiel*).
159 BGH ZIP 1986, 1454, dazu EWiR 1986, 1101 (*Gaberdiel*).
160 Staudinger/*Wolfsteiner*, BGB, Vor §§ 1191 ff. Rn 179.
161 Staudinger/*Wolfsteiner*, BGB, Vor §§ 1191 ff. Rn 185.
162 Dazu MüKo-ZPO/*K. Schmidt*, § 769 Rn 17; Zöller/*Herget*, ZPO, § 769 Rn 12.
163 BGH NJW 2018, 3441 = Rpfleger 2018, 630.
164 BGHZ 59, 1.

weispflichtig für die positive Kenntnis[165] von der Sicherungsabrede und der möglichen Einreden ist der Grundstückseigentümer. Beweispflichtig für ein mögliches Unverschulden bei Schadensersatzpflicht des Zedenten ist dieser (§ 280 Abs. 1 S. 2 BGB).

Als besonders dramatisch kann hier der Sachverhalt eines Urteils des Bundesgerichtshofs vom 16.1.2001[166] erwähnt werden: Einem hoch verschuldeten jungen Landwirt aus Oberbayern versprachen zwei „Finanzfachleute" zu helfen. Sie ließen unter anderem an seinem Grundbesitz eine hohe Grundschuld zugunsten der örtlichen Volksbank bestellen. Den darauf gewährten Kreditbetrag veruntreuten sie. Nach mehrmaliger Abtretung der Grundschuld erwarb sie eine Gläubigerin, die gegen den Landwirt die Zwangsversteigerung betrieb. Dessen Vollstreckungsgegenklage wurde wesentlich auf § 138 BGB gestützt. Der Bundesgerichtshof stellte die Sittenwidrigkeit des Handelns der Finanzfachleute nicht in Frage, ging aber von einem gutgläubigen Erwerb der Grundschulden durch den letzten Zessionar aus. Selbst wenn auch die Grundschuldbestellung wegen Sittenwidrigkeit nichtig war, wurde sie wegen § 892 BGB gutgläubig erworben.

4. Vergleichsweiser Schutz der Hypothek

64 Die Frage, ob nicht die Hypothek als akzessorisches Grundpfandrecht den Grundstückseigentümer besser schützt, muss verneint werden. Zwar geht mit Erlöschen der gesicherten Forderung die Hypothek auf den Eigentümer über und wird zur Grundschuld (§§ 1163 Abs. 1 S. 2, 1177 Abs. 1 BGB), im Grundbuch bleibt sie aber regelmäßig als Fremdhypothek eingetragen. Das Grundbuch ist insoweit unrichtig (§ 894 BGB, § 22 GBO). Tritt der Gläubiger hier die nicht mehr bestehende Forderung an einen Dritten ab, gilt in Ansehung der Hypothek die Forderung als bestehend (§ 1138 BGB). Der Zessionar erwirbt mit den sonstigen Voraussetzungen des § 892 BGB eine forderungsentkleidete Hypothek, die er gegen den Grundstückseigentümer ungeschmälert geltend machen kann.[167] Die Ansprüche des Grundstückseigentümers gegen den ursprünglichen Hypothekengläubiger regeln sich nach § 816 BGB. Für den Grundstückseigentümer kann streng sachenrechtlich allein die Sicherungshypothek nach §§ 1184 ff. BGB vollen Schutz bieten. Bei ihr ist die Anwendung des § 1138 BGB bei Abtretung der Forderung ausgeschlossen (§ 1185 Abs. 2 BGB).

5. Zwangsvollstreckung aus der Sicherungsgrundschuld

a) Grundsätze der Zwangsvollstreckung

65 Die Kreditpraxis hat sich fast vollständig von der Hypothek ab- und der abstrakten Grundschuld zugewendet. Auch die Beschränkungen der Sicherungsgrundschuld vermochten dies nicht zu ändern, obgleich mit der Bestellung einer Hypothek zur Sicherung eines abstrakten Schuldversprechens aus § 780 BGB die Beschränkungen leicht umgangen werden könnten.[168]

Im Hinblick auf die Kreditpraxis sowie die Immobiliarvollstreckung bietet die abstrakte Grundschuld aber Vorteile, die nicht unterschätzt werden dürfen. Für die Kreditpraxis bietet sie als revolvierende Sicherheit eine flexible Kreditsicherheit durch einfache Auswechslung oder Änderung der gesicherten Forderung im Rahmen des schuldrechtlichen Sicherungsvertrages. Die Vorzüge in der Immobiliarvollstreckung bestehen in der Sicherheit für das Bietgeschäft bei einer Zwangsversteigerung:[169]

Indem durch die Verwertung der abstrakten Sicherheit oder auch den guten Glauben an das Bestehen der gesicherten Forderung die Frage des Bestehens einer persönlichen Forderung vom Vollstreckungsverfahren entkoppelt ist, wird dieses für weitere Verfahrensbeteiligte und insbes. für Bietinteressenten und den Ersteher transparent und verlässlich. Mögliche Streitfragen zwischen Schuldner und betreibendem Gläubiger über die gesicherte Forderung oder Verrechnungsfragen werden nicht innerhalb des Verfahrens ausgetragen, sondern im Innenverhältnis zwischen diesen Beteiligten. Zwar könnte ein Schuldner auch gegen die Verwertung der Grundschuld aus dem Rückgewähranspruch eine Klage nach § 767 ZPO erheben und über § 769 ZPO ein Zwangsversteigerungsverfahren zur Einstellung bringen, dies erfolgt aber höchst selten.

---

165 Es gilt § 892 BGB; BGH ZIP 1998, 899, 903; sehr präzise formuliert bei Staudinger/*Wolfsteiner*, BGB, § 1157 Rn 23; *Clemente*, Rn 626.
166 BGH ZIP 2001, 367.
167 Zu den Einwendungen des Eigentümers Staudinger/*Wolfsteiner*, BGB, § 1138 Rn 28.
168 Staudinger/*Wolfsteiner*, BGB, § 1192 Rn 31.
169 Eingehend *Böttcher/Keller/Schneider/Beeneken*, Das ZVG auf dem Prüfstand – Rechtstatsächliche Forschung zur Ermittlung eines Reformbedarfs des Gesetzes über die Zwangsversteigerung und die Zwangsverwaltung im Auftrag des BMJV, Teil I Rechtstatsachen, 2017, S. 44 ff.

Würde man stattdessen die Grundschuld als akzessorisches Sicherungsmittel ausgestalten und für die Hypothek § 1138 BGB abschaffen, bestünde die Gefahr, das Schuldverhältnis zum Gegenstand des Verfahrens zu machen. Damit würde das Vollstreckungsverfahren mittelbar zu einem Erkenntnisverfahren. Insbesondere würden aber durch Verfahrensverzögerungen weitere Beteiligte in ihren Rechten beeinträchtigt werden, eine Versteigerung könnte auf Dauer nicht erfolgen, und es fände sich kein Bieter, der bereit wäre, das Objekt zu erwerben, weil die Gefahr bestünde, er könnte das Eigentum wieder verlieren."

Die Immobiliarvollstreckung erfolgt bei grundschuldbesicherten Forderungen regelmäßig aus notarieller Urkunde nach § 794 Abs. 1 Nr. 5 ZPO. Vollstreckt wird der Anspruch gegen den Grundstückseigentümer auf Duldung der Zwangsvollstreckung aus §§ 1192, 1147 BGB. Der Anspruch besteht in voller Höhe der Grundschuld nebst der dinglichen Zinsen und sonstigen Nebenleistungen. Zwangsversteigerung und Zwangsverwaltung werden wegen des Anspruchs auf Duldung der Zwangsvollstreckung aus der Grundschuld in der Rangklasse des § 10 Abs. 1 Nr. 4 ZVG betrieben. Im Rahmen der Grundschuldbestellung gibt der Grundstückseigentümer regelmäßig ein abstraktes Schuldversprechen über die Höhe des Grundschuldbetrages ab (§ 780 BGB) und unterwirft sich auch hierwegen der sofortigen Zwangsvollstreckung in sein gesamtes Vermögen.[170] Dies ermöglicht dem Gläubiger zusätzlich die Mobiliarzwangsvollstreckung. Die durch die Grundschuld gesicherten Forderungen werden regelmäßig nicht tituliert, insbes. nicht durch die Grundschuldbestellungsurkunde als Vollstreckungstitel nach § 794 Abs. 1 Nr. 5 ZPO.

Wegen der Zwangsvollstreckung nur aus dem dinglichen Anspruch ist es deshalb richtig, dass das Vollstreckungsgericht zu keiner Zeit das Bestehen der gesicherten Forderung prüft. Auch kann der Gläubiger den vollen Betrag der Zuteilung auf Grundschuld und Nebenleistungen auf seine Forderungen anrechnen, er ist nicht etwa gehalten, Grundschuldzinsen nur auf Forderungszinsen anzurechnen.[171] Der mögliche Rückgewähranspruch des Grundstückseigentümers bei fehlender Valutierung der Grundschuld ist über Vollstreckungsgegenklage nach § 767 ZPO zu beachten, gegen die Zuteilung im Zwangsversteigerungsverfahren kann der Eigentümer Widerspruch nach § 115 ZVG erheben.[172]

b) Erteilung und Prüfung der vollstreckbaren Ausfertigung

Bei Zwangsvollstreckung ist die notarielle Urkunde als Vollstreckungstitel mit einer Vollstreckungsklausel zu versehen, die Vollstreckungsklausel erteilt regelmäßig der Notar (§ 797 Abs. 1 Nr. 2 ZPO).

Bei der Vollstreckung aus einer Sicherungsgrundschuld ist zur Fälligkeit der Grundschuld § 1193 BGB zu beachten. Danach muss eine Kündigungsfrist von sechs Monaten eingehalten werden. Dies gilt auch für die Vollstreckung nur aus den Grundschuldzinsen.[173] Der Nachweis der Kündigung der Grundschuld ist durch den Gläubiger zur Erteilung einer vollstreckbaren Ausfertigung der Urkunde gem. § 726 Abs. 1 ZPO zu erbringen.[174] Streitig ist, ob der Grundstückseigentümer bei der Grundschuldbestellung mit Unterwerfungserklärung einen Nachweisverzicht hierzu erklären darf, so dass die vollstreckbare Ausfertigung ohne Kündigungsnachweis erteilt werden kann.[175] Streitig ist auch, ob das Vollstreckungsgericht

---

170 *Clemente*, Rn 356 ff.; *Schöner/Stöber*, Grundbuchrecht, Rn 2316 ff.; *Clemente*, ZfIR 2004, 497.
171 BGH NJW 1981, 1505 = Rpfleger 1981, 292; *Stöber*, ZVG, § 114 Rn 7.6d.
172 BGHZ 108, 237, 247, 248; MüKo-BGB/*Lieder*, § 1191 Rn 177 ff.; *Steiner/Teufel*, ZVG, § 115 Rn 53; in diesem Sinne bereits *Jaeckel/Güthe*, ZVG, 4. Aufl. 1912, § 115 Rn 5.
173 BGH NJW 2017, 2469 = MittBayNot 2017, 618 = Rpfleger 2017, 567; dazu *Kesseler*, NJW 2017, 2442; *Clemente*, ZfIR 2017, 523; *Volmer*, MittBayNot 2017, 560.
174 BGHZ 227, 154 = DNotZ 2021, 692 m. Anm. *Reymann* = NJW 2020, 3600 = Rpfleger 2021, 180 = ZIP 2020, 2228, dazu EWiR 2020, 739 (*Samhat*); *Everts*, DNotZ 2013, 730; *Derleder*, ZIP 2009, 2221; *Schulz*, Rpfleger 2009, 452; *Volmer*, MittBayNot 2009, 1; a.A. *Zimmer*, NotBZ 2008, 386; *Böhringer*, BWNotZ 2009, 61.
175 Befürwortend die wohl h.M. mit BGH NJW 2017, 2469; BGHZ 227, 154; BGH BWNotZ 2022, 426 (jeweils obiter dictum); LG Meiningen Rpfleger 2013, 691; LG Essen Rpfleger 2011, 288; LG Lübeck Rpfleger 2009, 451; Staudinger/*Wolfsteiner*, BGB, § 1193 Rn 11 m.w.N.; MüKo-BGB/*Lieder*, § 1193 Rn 10, 11; Dassler/u.a./*Hintzen*, ZVG, Vorbem. zu § 15 Rn 44; Schneider/*Goldbach*, ZVG, §§ 15, 16 Rn 252a; *Everts*, DNotZ 2013, 730; *Volmer*, ZfIR 2020, 213; *Böttcher*, ZfIR 2023, 53; ablehnend *Lindemeier*, RNotZ 2020, 86; *Roth*, 2021, 133; eingehend kritisch auch Stöber/*Keller*, ZVG, § 15 Rn 115 ff.; *Keller*, ZNotP 2023, 201; allg. zur Zulässigkeit eines Nachweisverzichts BGHZ 147, 203 = NJW 2001, 2096 = ZIP 2001, 873, dazu EWiR 2001, 693 (*Joswig*); BGH Rpfleger 2006, 27; BGH ZIP 2006, 119.

den Ablauf der Kündigungsfrist des § 1193 Abs. 1 S. 3 BGB zu prüfen hat.[176] Die Prüfung der Rechtmäßigkeit einer Vollstreckungsklausel soll ihm jedenfalls nicht obliegen.[177] Lässt man den Nachweisverzicht zu, trifft gegen die Klauselerteilung im Streitfall den Schuldner die Klagelast nach § 768 ZPO, die Beweispflicht im Zivilprozess für den Zugang der Kündigung trifft aber den Gläubiger. Die Klage nach § 768 ZPO kann bereits dann erhoben werden, wenn die vollstreckbare Ausfertigung erteilt ist, die Zwangsvollstreckung muss noch nicht begonnen haben.[178] Daher ist die notarielle Praxis fragwürdig, bei einem Nachweisverzicht die Vollstreckungsklausel bereits am Tag der Beurkundung zu erteilen, denn dann ist ersichtlich, dass trotz Nachweisverzichts des Schuldners die Kündigung objektiv noch gar nicht erfolgen konnte und die Kündigungsfrist noch gar nicht abgelaufen sein kann.[179] Die notarielle Urkunde als Vollstreckungstitel mit Vollstreckungsklausel sowie beglaubigte Abschriften der öffentlichen oder öffentlich beglaubigte Urkunden, auf welche die Klausel erteilt wurde, müssen dem Grundstückseigentümer als Schuldner vor Beginn der Zwangsvollstreckung zugestellt werden (§ 750 Abs. 2 ZPO).[180] Die Zwangsvollstreckung darf erst nach Ablauf einer zweiwöchigen Wartefrist erfolgen (§ 798 ZPO).

C. Eintragungen bei Grundpfandrechten
I. Löschungsvormerkung
1. Löschungsvormerkung bis 1978

69 Durch Gesetz v. 22.6.1977 (BGBl 1977, 998) ist das Recht der Löschungsvormerkung grundlegend geändert worden.[181] § 1179 BGB in der bis zum 1.1.1978 geltenden Fassung ist anzuwenden auf eine Löschungsvormerkung, die bis zum 31.12.1977 eingetragen worden ist; auf eine Löschungsvormerkung, die nach diesem Zeitpunkt eingetragen wurde, sofern der Antrag vor dem 1.1.1978 beim Grundbuchamt gestellt wurde (Art. 8 § 1 Abs. 2 S. 1 des Gesetzes v. 22.6.1977); sowie auf eine nach dem Hs. 1 genannten Zeitpunkt eingetragene Löschungsvormerkung, sofern sie zugunsten eines gleich- oder nachrangigen Berechtigten oder zugunsten des eingetragenen Gläubigers des betroffenen Rechts – sofern überhaupt zulässig – bestellt wurde, wenn ein gesetzlicher Löschungsanspruch nicht besteht (Art. 8 § 1 Abs. 1 od. 2 des Gesetzes). Im letzteren Fall ist somit die Löschungsvormerkung alten Rechts auch nach dem 31.12.1977 noch eintragungsfähig.

Zu ihr ist zu bemerken: Wegen des Umfanges der Löschungsverpflichtung genügt Bezugnahme auf die Eintragungsbewilligung.[182] Berechtigter der Löschungsvormerkung kann jeder sein, der ein Interesse an der Löschung des Rechts hat.[183]

2. Löschungsvormerkung seit 1978

70 Die Löschungsvormerkung nach § 1179 BGB in der seit dem 1.1.1978 geltenden Fassung kann nur für den Gläubiger eingetragen werden, dem ein anderes Recht als ein Grundpfandrecht zusteht, oder dem ein Anspruch (auch ein künftiger oder bedingter) auf Einräumung eines solchen Rechts oder auf Eigentumsübertragung zusteht.[184] Zu letzterem gehört auch der Heimfallanspruch des Grundstückseigentümers beim Erbbaurecht (§ 2 Nr. 4 ErbbauRG).[185] Nicht mehr zulässig ist die Löschungsvormerkung zugunsten des jeweiligen Inhabers eines Rechtes, wohl aber zugunsten des Berechtigten eines subjektiv-dinglichen Rechts.[186] Ebenfalls unzulässig ist Löschungsvormerkung zugunsten einer Person, unabhängig von deren Stellung als Berechtigter eines dinglichen Rechts.[187]

---

176 Bejahend Dassler/u.a./*Hintzen*, ZVG, Vorbem. zu § 15 Rn 53; *Böttcher*, ZVG, §§ 15, 16 Rn 63a; verneinend Staudinger/*Wolfsteiner*, BGB, § 1193 Rn 6.
177 BGH Rpfleger 2013, 161; BGH NJW-RR 2017, 510; BGH BWNotZ 2022, 426; OLG München Rpfleger 2017, 23.
178 Allg. Ans., statt aller MüKo-ZPO/*K. Schmidt/Brinkmann*, § 768 Rn 7 m.w.N.; grundlegend bereits RGZ 134, 156, 162; RGZ 159, 385, 387.
179 So LG Stade, Beschl. v. 11.6.2015 – 7 T 73/15, juris; die Praxis aber nicht beanstandend BGH BWNotZ 2022, 426; LG Münster ZVI 2022, 67.
180 Unzutreffend BGHZ 227, 154, 159, der von der Erteilung als einfache Klausel nach § 724 ZPO ausgeht; unklar aber auch MüKo-ZPO/*Wolfsteiner*, § 726 Rn 64; bei einer einfachen Klausel wäre dem Schuldner aber der Rechtsbehelf des § 768 ZPO verwehrt.
181 Vgl. umfassend *Stöber*, Rpfleger 1977, 399 und Rpfleger 1977, 425.
182 Vgl. BayObLG DNotZ 1956, 275; LG Ulm BWNotZ 1958, 303; *Jansen*, DNotZ 1956, 385; *Rötelmann*, DNotZ 1958, 545; *Bruhn*, Rpfleger 1958, 56.
183 RGZ 63, 154; vgl. auch *Staudenmaier*, BWNotZ 1962, 49.
184 Ausführlich Meikel/*Grziwotz*, Einl. B Rn 701 ff.; *Stöber*, Rpfleger 1977, 399 und Rpfleger 1977, 425.
185 OLG Hamm Rpfleger 1981, 35; OLG Hamm NJW-RR 2002, 739.
186 BayObLG DNotZ 1980, 483.
187 KG DNotZ 1980, 487.

Eintragung: Die Löschungsvormerkung ist auf Bewilligung des betroffenen Eigentümers einzutragen. Sie hat den Berechtigten, mithin das berechtigte Recht,[188] sowie zweckmäßig den Schuldgrund des Löschungsanspruchs zu enthalten.[189] Eintragung erfolgt bei dem betroffenen Recht (Abt. III) in der Veränderungsspalte (§ 12 Abs. 1 Buchst. c GBV, siehe hierzu § 12 GBV Rdn 4).[190]

3. Gesetzlich vorgemerkter Löschungsanspruch

Der Gesetzgeber trug mit dem Gesetz v. 22.6.1977 der Kreditpraxis Rechnung, die stets einen Löschungsanspruch und eine Löschungsvormerkung gegenüber vorrangigen Grundpfandrechten forderte. Diese bisherige Praxis wurde zum gesetzlichen Regelfall gemacht: Nach § 1179a Abs. 1 S. 1 BGB hat jeder nachrangige Grundpfandrechtsgläubiger gegenüber dem Grundstückseigentümer einen gesetzlichen Anspruch auf Aufhebung einer Eigentümergrundschuld, die aus einem früheren Fremdrecht nach § 1163 Abs. 1 S. 2 BGB oder auch nach §§ 1143 und 1153 BGB entstanden ist.[191] Dieser sog. gesetzliche Löschungsanspruch gehört zum gesetzlichen Inhalt der Hypothek, er kann aber bei Bestellung der Hypothek ausgeschlossen werden (§ 1179a Abs. 5 BGB). Der gesetzliche Löschungsanspruch gegenüber vorrangigen Eigentümergrundpfandrechten hat im Grundbuchverfahren keine Bedeutung, er wird regelmäßig im Zwangsversteigerungsverfahren geltend gemacht. Es darf nicht verhehlt werden, dass er einen Systembruch innerhalb des Hypotheken- und Grundschuldrechts darstellt. Treffend stellt *Wolfsteiner* hierzu fest, dass er als früher vertragliche Vereinbarung zwischen Eigentümer und Gläubiger als Verstoß gegen § 307 Abs. 2 Nr. 1 BGB (früher § 9 Abs. 2 Nr. 1 AGBG) für unwirksam hätte erklärt werden müssen, wäre er nicht im Jahre 1977 Gesetz geworden.[192]

Der gesetzliche Löschungsanspruch bleibt auch bei späterem Eigentumswechsel erhalten (§ 1179a Abs. 1 S. 2 BGB). Veräußert der Grundstückseigentümer nach Entstehen einer Eigentümergrundschuld das Grundstück, wird aus dem Grundpfandrecht zwar eine Fremdgrundschuld, der gesetzliche Löschungsanspruch bleibt aber bestehen. Der gesetzliche Löschungsanspruch ist Kraft gesetzlicher Regelung in § 1179a Abs. 1 S. 3 BGB mit vormerkungsgesicherter Wirkung ausgestattet. Der Grundstückseigentümer kann nicht mit Wirkung gegen den nachrangigen Gläubiger sein Eigentümerrecht an einen Dritten abtreten.

Bei den sog. vorläufigen Eigentümergrundschulden nach § 1163 Abs. 1 S. 1 und Abs. 2 BGB besteht der gesetzliche Löschungsanspruch nach § 1179a Abs. 2 BGB erst dann, wenn endgültig keine Fremdhypothek mehr zur Entstehung gelangen kann. Bei dem schon als Eigentümergrundschuld bestellten Grundpfandrecht nach § 1196 BGB entsteht nach dessen Abs. 3 der gesetzliche Löschungsanspruch erst nach einer späteren Vereinigung von Grundschuld und Eigentum.

Hinsichtlich des Wortlauts des § 1179a Abs. 3 BGB können Missverständnisse auftreten: Der Gesetzgeber wollte hier den Fall regeln, dass der Grundstückseigentümer eine kraft Gesetzes entstandenes Eigentümerrecht an einen Zwischenfinanzierer abtritt, der es dann seinerseits wieder an einen endgültigen Gläubiger abtritt. Es könnte nun passieren, dass der Zwischenfinanzierer der Verfügung über vorrangige Eigentümerrechte zustimmt und insoweit den gesetzlichen Löschungsanspruch des späteren Gläubigers, an den er sein Recht abtreten wird, vereitelt.[193] Dies soll durch § 1179a Abs. 3 BGB verhindert werden.

Die umfassendste Bedeutung kommt dem gesetzlichen Löschungsanspruch erst im Falle der Zwangsversteigerung des Grundstücks oder der Insolvenz des Eigentümers zu, erst dann wird er in der Praxis auch durch den nachrangigen Gläubiger geltend gemacht. Durch den Wegfall eines vorrangigen Eigentümerrechtes muss aber ein nachrangiger Berechtigter eines Löschungsanspruchs nicht in jedem Falle voll befriedigt werden.[194]

---

188 OLG Köln MittRhNotK 1984, 192.
189 KG Rpfleger 1969, 50; BayObLGZ 1956, 196 = DNotZ 1956, 547 = Rpfleger 1956, 313.
190 Siehe auch *Schöner/Stöber*, Grundbuchrecht, Rn 2606 ff.; *Ertl*, Rpfleger 1977, 345.
191 Zur Verfassungsmäßigkeit der Übergangsregelung BGHZ 99, 363 = DNotZ 1987, 510 m. Anm. *Schelter* = NJW 1987, 2078 = Rpfleger 1987, 238; eingehend *Schöner/Stöber*, Grundbuchrecht, Rn 2595 ff.; *Rambold*, Rpfleger 1995, 284.

192 Staudinger/*Wolfsteiner*, BGB, § 1179a Rn 5 ff.
193 Eingehend Westermann/*Eickmann*, Sachenrecht, § 107 III. 3. Buchst. e.
194 Dazu eingehend *Stöber*, ZVG, § 114 Rn 9; Meikel/*Grziwotz*, Einl. B Rn 713; *Eickmann/Böttcher*, Zwangsversteigerungs- und Zwangsverwaltungsrecht, 3. Aufl. 2013, § 21; *Keller*, RpflJB 1993, 213; zur Rspr. des BGH *Stöber* WM 2006, 607.; zur Vormerkungswirkung zuletzt unter Korrektur früherer Rspr. BGHZ 193, 144 (Aufgabe von BGHZ 166, 319 und BGHZ 160, 168).

II. Abtretungsvormerkung

77 Sie sichert den dem Grundstückseigentümer persönlich[195] zustehenden Anspruch auf Abtretung einer Sicherungsgrundschuld nach Tilgung der gesicherten Forderung und Erledigung der Sicherungsvereinbarung (Rückgewähranspruch).[196] Die Eintragung erfolgt auf Bewilligung des betroffenen Grundschuldgläubigers,[197] bei gleichzeitiger Eintragung mit der Grundschuld genügt Bewilligung des Grundstückseigentümers (ähnlich Löschungserleichterungsvermerk nach § 23; vgl. § 23 GBO Rdn 44).[198] Umstritten ist, ob auch bei der Eigentümergrundschuld eine Abtretungsvormerkung eingetragen werden kann, da ja ein „Betroffener" der Vormerkung noch nicht vorliegt.[199]

III. Zwangsvollstreckungsunterwerfung

78 Durch die Unterwerfungserklärung gem. § 794 Abs. 1 Nr. 5, § 800 ZPO wird dem Gläubiger die Zwangsvollstreckung aus dem dinglichen Recht in der Rangklasse des § 10 Abs. 1 Nr. 4 ZVG ermöglicht, ohne zuvor den Eigentümer auf Duldung dieser Zwangsvollstreckung verklagen zu müssen (dazu vgl. auch § 1 Einl. Rdn 89).[200] Gegenüber einem späteren Grundstückseigentümer erleichtert § 800 ZPO die Erteilung und den Nachweis der Vollstreckungsklausel nach § 727 ZPO.[201] Die in § 794 Abs. 1 Nr. 5 ZPO verlangte Urkundenform erfasst nur die dort geregelte Unterwerfungserklärung als solche, nicht jedoch die – gleichzeitige – Bestellung (Bewilligung) des Grundpfandrechts.

Übliche Formulierungen der Eintragung sind: *„Sofort vollstreckbar gegen den jeweiligen Eigentümer"* oder *„Der jeweilige Eigentümer ist der sofortigen Zwangsvollstreckung unterworfen"*. Zulässig jedoch auch *„Sofort vollstreckbar gem. § 800 ZPO"*[202] oder auch *„Vollstreckbar nach § 800 ZPO"*.[203]

Die Unterwerfung kann sich auch nur auf einen Teil des Rechtes beziehen,[204] insbes. „wegen eines zuletzt zu zahlenden Teilbetrages". Zwangsvollstreckung ist aber nur möglich, wenn der von der Unterwerfungserklärung betroffene Teilbetrag selbstständig rangfähig ist, das Grundpfandrecht mithin geteilt wird.[205]

79 Eine vom Veräußerer erteilte **Belastungsvollmacht** soll nach einer Ansicht die Unterwerfungserklärung nicht mit umfassen.[206] Nach weiterer Ansicht soll genügen, dass der Erklärende im Zeitpunkt der Eintragung der Unterwerfungsklausel Eigentümer ist.[207] Das ist bei gewöhnlicher Kaufpreisfinanzierung im Rahmen des Grundstückserwerbs regelmäßig auch nicht der Fall. Diese Ansichten sind abzulehnen, weil sie natürlicher Betrachtung und dem tatsächlichen Willen des Vollmachtgebers, alles zur Finanzierung Erforderliche zu ermöglichen, widersprechen. Nach richtiger Auffassung kann die Unterwerfungserklärung sowohl durch einen Bevollmächtigten,[208] durch einen vollmachtlosen Vertreter[209] sowie durch einen **Nichtberechtigten** abgegeben werden; § 185 BGB ist sowohl in Abs. 1[210] als auch Abs. 2 anwendbar.[211]

---

195 Vgl. dazu BGH Rpfleger 1958, 53.
196 *Schöner/Stöber*, Grundbuchrecht, Rn 2345; *Stöber*, RpflJB 1960, 120; *Wörbelauer*, NJW 1957, 898 und NJW 1958, 1513; *Dempewolf*, NJW 1957, 1257 und NJW 1959, 556.
197 BayObLG MittBayNot 1983, 12 = Rpfleger 1983, 267; OLG Hamm DNotZ 1990, 601 = NJW-RR 1990, 272 = Rpfleger 1990, 157.
198 BGHZ 66, 341 = DNotZ 1976, 490 = Rpfleger 1976, 206.
199 Bejahend Staudinger/*Wolfsteiner*, BGB, § 1191 Rn 186; MüKo-BGB/*Lieder*, § 1191 Rn 137; abl. *Schöner/Stöber*, Grundbuchrecht, Rn 1345.
200 Vgl. ausf. MüKo-ZPO/*Wolfsteiner*, § 794 Rn 126 ff., 249 ff.; *Schöner/Stöber*, Grundbuchrecht, Rn 2036 ff.
201 MüKo-ZPO/*Wolfsteiner*, § 800 Rn 4, 6 ff.
202 LG Weiden Rpfleger 1961, 305.
203 OLG Köln Rpfleger 1974, 150; LG Nürnberg-Fürth Rpfleger 1966, 338.
204 BGHZ 108, 372 = DNotZ 1990, 586 m. Anm. *Wolfsteiner* = NJW 1990, 258 = Rpfleger 1990, 16; OLG Hamm DNotZ 1988, 233 m. Anm. *Wolfsteiner* = NJW 1987, 1090 = Rpfleger 1987, 59; LG Waldshut-Tiengen Rpfleger 1994,

14; MüKo-ZPO/*Wolfsteiner*, § 794 Rn 250; Zöller/*Geimer*, ZPO, § 800 Rn 22; *Schöner/Stöber*, Grundbuchrecht, Rn 2044.
205 OLG Hamm Rpfleger 1984, 60 (Teilung des Rechts mit Unterwerfungserklärung); MüKo-ZPO/*Wolfsteiner*, § 794 Rn 250.
206 OLG Düsseldorf Rpfleger 1988, 357; kritisch dazu *Linderhaus*, Rpfleger 1988, 474; vgl. zur Problematik auch OLG Düsseldorf Rpfleger 1989, 499 und MittRhNotK 1992, 268.
207 BayObLG DNotZ 1987, 216; *Demharter*, § 44 Rn 28.
208 Eingehend *Stöber*, Rpfleger 1994, 393.
209 So bereits RGZ 146, 308.
210 OLG Köln Rpfleger 1991, 13.
211 BGHZ 108, 372, 376; nach BayObLGZ 1970, 254 sollte noch Wiederholung der Vollstreckungsunterwerfung durch den Eigentümer erforderlich sein; ausdrücklich offengelassen von BayObL MittBayNot 1992, 190 = Rpfleger 1992, 99; ebenso wohl auch *Demharter*, § 44 Rn 28; vgl. auch *Schöner/Stöber*, Grundbuchrecht, Rn 2040 Fn 15.

Wurde die Vollstreckungsunterwerfung durch einen Vertreter erklärt, ist in der Zwangsvollstreckung die Vertretungsmacht durch öffentliche oder öffentlich beglaubigte Urkunde nachzuweisen; diese ist dem Schuldner nach § 750 Abs. 2 ZPO zuzustellen.[212] Dieser Fall ist insbes. gegeben, wenn im Rahmen einer Veräußerung der Veräußerer dem Erwerber eine sog. Belastungsvollmacht erteilt, damit dieser das Wohnungs- oder Teileigentum bereits vor dem Eigentumserwerb mit sog Finanzierungsgrundpfandrechten belasten kann.

IV. Wirksamkeitsvermerk

Mit dem Wirksamkeitsvermerk bei einem Grundpfandrecht soll insbes. ausgedrückt werden, dass ein Grundpfandrecht einer Vormerkung gegenüber wirksam i.S.v. § 883 Abs. 2 BGB ist.[213] Er regelt jedoch nur die relative Beziehung im Verhältnis der beiden Rechte zueinander, und auch das nur in Bezug auf das Nichtbestehen eines Anspruches nach § 888 BGB. 80

§ 8 Internationale Bezüge

A. Rechtsfähigkeit, Geschäftsfähigkeit und Vertretung 1	1. Anknüpfung des Gesellschaftsstatuts ... 39
I. Natürliche Personen 1	a) Sitztheorie 39
1. Rechtsfähigkeit 1	aa) Begriff und Gegenüberstellung der Gründungstheorie 39
2. Geschäftsfähigkeit 2	bb) Bestimmung des Sitzes 40
a) Allgemeines 2	cc) Rück- und Weiterverweisung .. 41
b) Anknüpfung 3	b) Staatsverträge 42
aa) Anknüpfungspunkt 3	2. Reichweite des Gesellschaftsstatuts 43
bb) Anknüpfungszeitpunkt 7	a) Erfasste Personenvereinigungen und Vermögensmassen 43
cc) Rück- und Weiterverweisung .. 8	b) Rechtsfähigkeit 45
c) Reichweite des Geschäftsfähigkeitsstatuts 9	c) Sitzverlegung 48
aa) Voraussetzungen und Stufen der Geschäftsfähigkeit 10	d) Besondere Rechtsfähigkeiten; Grundbuchfähigkeit 51
bb) Sonderfälle des Erwerbs und des Geschäftsfähigkeitverlustes 11	e) Vertretungsmacht 54
cc) Folgen mangelnder Geschäftsfähigkeit 14	3. Sonderregelungen durch EG-Recht 57
dd) Einfluss anderer Statute 15	a) Die Rechtsprechung des EuGH 57
d) Schutz der anderen Vertragspartei, Art. 13 Rom I-VO/Art. 12 EGBGB . 18	b) Konsequenzen für das Kollisionsrecht 60
e) Länderübersicht 22	4. Verkehrsschutz analog Art. 13 Rom I-VO/Art. 12 EGBGB 68
3. Vertretung Minderjähriger durch die Eltern 24	5. Nachweise im Grundbuchverfahren 69
a) Staatsverträge und Europäisches Gemeinschaftsrecht 24	6. Supranationale Gesellschaftsformen in der Europäischen Union (EU) 74
b) Autonomes Recht 28	a) Europäische wirtschaftliche Interessenvereinigung (EWIV) 74
4. Vertretung durch Betreuer, Pfleger und Vormunde 31	b) Europäische Aktiengesellschaft (Societas Europaea, SE) 76
a) Staatsverträge 31	c) Europäische Genossenschaft (Societas Cooperativa Europaea, SCE) 77
b) Autonomes Recht, Art. 24 EGBGB . 32	7. Länderübersicht nationaler Gesellschaftsformen 78
5. Handeln durch Testamentsvollstrecker, Nachlassverwalter, Nachlasspfleger und Nachlassinsolvenzverwalter 37	a) Belgien 78
	aa) Gesellschaftsformen 79
II. Juristische Personen und Gesellschaften ... 39	bb) Nachweise 83

---

212 BGH Rpfleger 2007, 37; BGH NJW 2008, 2266; *Stöber*, ZVG, § 15 Rn 40.18; eingehend *Stöber*, Rpfleger 1994, 393; *Böttcher*, BWNotZ 2007, 109; *Bolkart*, MittBayNot 2007, 338.

213 BGHZ 141, 169 = DNotZ 1999, 1000 = MDR 1999, 796 m. Anm. *Stickelbrock*, = MittRhNotK 1999, 279 m. Anm. *H. Schmidt*, = NJW 1999, 2275 = Rpfleger 1999, 383 (Entscheidung nach § 79 Abs. 2 GBO auf Vorlage OLG Hamm Rpfleger 1999, 68 gegen OLG Köln Rpfleger 1998, 106); OLG Köln RNotZ 2001, 203; OLG Saarland BWNotZ 1995, 170 m. Anm. *Bühler* = Rpfleger 1995, 404; OLG München BWNotZ 2002, 12 m. Anm. *Lehmann*; LG Amberg MittBayNot 1996, 41.

b) Dänemark	84	
aa) Gesellschaftsformen	84	
bb) Nachweise	85	
c) Finnland	86	
aa) Gesellschaftsformen	86	
bb) Nachweise	87	
d) Frankreich	88	
aa) Gesellschaftsformen	88	
bb) Nachweise	93	
e) Griechenland	94	
f) Großbritannien	95	
aa) Gesellschaftsformen	95	
bb) Nachweise	99	
g) Irland	102	
h) Italien	103	
aa) Gesellschaftsformen	103	
bb) Nachweise	107	
i) Japan	108	
aa) Gesellschaftsformen	108	
bb) Nachweise	109	
j) Liechtenstein	110	
aa) Gesellschaftsformen	110	
bb) Nachweise	115	
k) Luxemburg	116	
l) Niederlande	118	
aa) Gesellschaftsformen	118	
bb) Nachweise	122	
m) Österreich	123	
aa) Gesellschaftsformen	123	
bb) Nachweise	127	
n) Polen	128	
aa) Gesellschaftsformen	128	
bb) Nachweise	132	
o) Portugal	133	
aa) Gesellschaftsformen	133	
bb) Nachweise	137	
p) Schweden	138	
aa) Gesellschaftsformen	138	
bb) Nachweise	141	
q) Schweiz	142	
aa) Gesellschaftsformen	142	
bb) Nachweise	146	
r) Spanien	147	
aa) Gesellschaftsformen	147	
bb) Nachweise	151	
s) Tschechien	152	
aa) Gesellschaftsformen	152	
bb) Nachweise	153	
t) Ungarn	154	
aa) Gesellschaftsformen	154	
bb) Nachweise	155	
u) USA	156	
aa) Gesellschaftsformen	156	
bb) Nachweise	160	
III. Handeln durch Insolvenzverwalter	164	
IV. Vollmacht	168	
1. Allgemeines	168	
2. Anknüpfung	169	
a) Objektive Anknüpfung	169	
aa) Grundsatz	169	
bb) Sonderfälle, insbesondere bei Grundstücksgeschäften	172	
cc) Rück- und Weiterverweisung	176	
b) Rechtswahl	177	
3. Reichweite des Vollmachtsstatuts	179	
4. Form der Vollmacht	183	
a) Bedeutung des Formstatuts	183	
b) Anknüpfung, Art. 11 Abs. 1 EGBGB	184	
aa) Geschäftsrecht, Art. 11 Abs. 1 Alt. 1 EGBGB	185	
bb) Ortsrecht, Art. 11 Abs. 1 Alt. 2 EGBGB	186	
cc) Keine Anwendung der Art. 11 Abs. 4 EGBGB und Art. 11 Abs. 5 Rom I-VO auf Grundstückssachverhalte	187	
c) § 29 GBO als vorrangige Verfahrensvorschrift	188	
B. Ehewirkungen	189	
I. Allgemeine Ehewirkungen	189	
1. Anknüpfung	190	
a) Staatsverträge	190	
b) EU-Recht	191	
c) Autonome Anknüpfung nach Art. 14 EGBGB	192	
2. Auswirkungen	195	
a) Allgemeine Begriffsbestimmung	195	
b) Einzelne Ehewirkungen	196	
II. Güterrecht	203	
1. Anknüpfung	204	
a) Staatsverträge/Europarecht	204	
b) Autonome Anknüpfung nach Art. 15 EGBGB a.F.	209	
aa) Vorrang des Einzelstatuts, Art. 3a Abs. 2 EGBGB	209	
bb) Objektive Anknüpfung nach Art. 15 Abs. 1 EGBGB a.F.	212	
cc) Rechtswahl nach Art. 15 Abs. 2, 3 EGBGB a.F.	220	
dd) Vertriebenengüterstandsgesetz, Art. 15 Abs. 4 EGBGB a.F.	225	
ee) Übergangsrecht, Art. 220 Abs. 3 EGBGB a.F.	226	
2. Auswirkungen	230	
a) Allgemeines	230	
b) Eigentumsverhältnisse beim Erwerb durch Ehegatten	231	
aa) Allgemeines	231	
bb) Gütergemeinschaft	232	
cc) Gütertrennung	233	
dd) Grundbuchrechtliche Folgen einer Vergemeinschaftung	234	
c) Beschränkungen bei Verfügungen durch Ehegatten	240	
d) Sonstiges	243	
III. Abgrenzung zu anderen Statuten	244	
1. Statut des einzelnen Schuldverhältnisses	244	
2. Sachstatut der Einzelgegenstände	246	
IV. Schutz des Rechtsverkehrs	250	
1. §§ 891 ff. BGB	250	
2. Art. 16 EGBGB a.F.	252	
a) Art. 16 Abs. 1 EGBGB a.F.	253	
b) Art. 16 Abs. 2 EGBGB a.F.	254	
c) Art. 12 EGBGB/Art. 13 Rom I-VO	255	
d) Beachtlichkeit für das Grundbuchamt	256	
3. Praktische Lösungsmöglichkeiten	257	

V. Länderübersicht 258
  1. Australien 258
     a) Internationales Privatrecht (IPR) 258
     b) Sachrecht 259
  2. Belgien 260
     a) IPR 260
     b) Sachrecht 262
  3. Brasilien 263
     a) IPR 263
     b) Sachrecht 264
  4. Dänemark 266
     a) IPR 266
     b) Sachrecht 268
  5. Finnland 270
     a) IPR 270
     b) Sachrecht 271
  6. Frankreich 273
     a) IPR 273
     b) Sachrecht 275
  7. Griechenland 277
     a) IPR 277
     b) Sachrecht 278
  8. Großbritannien/England 279
     a) IPR 279
     b) Sachrecht 280
  9. Irland 281
  10. Italien 282
     a) IPR 282
     b) Sachrecht 284
  11. Kroatien 286
     a) IPR 286
     b) Sachrecht 287
  12. Luxemburg 288
     a) IPR 288
     b) Sachrecht 289
  13. Niederlande 291
     a) IPR 291
     b) Sachrecht 293
  14. Österreich 296
     a) IPR 296
     b) Sachrecht 297
  15. Polen 298
     a) IPR 298
     b) Sachrecht 299
  16. Schweden 301
     a) IPR 301
     b) Sachrecht 302
  17. Schweiz 304
     a) IPR 304
     b) Sachrecht 305
  18. Serbien 307
     a) IPR 307
     b) Sachrecht 308
  19. Spanien 309
     a) IPR 309
     b) Interlokales Privatrecht 310
     c) Sachrecht 311
  20. Tschechien 313
     a) IPR 313
     b) Sachrecht 314
  21. Türkei 315
     a) IPR 315
     b) Sachrecht 316
  22. USA 319
     a) IPR 319
     b) Sachrecht 323
  23. Gesetzlicher Güterstand in sonstigen Staaten 325
C. Grundstücksbezogene Verträge 326
  I. Einleitung 326
  II. Der schuldrechtliche Vertrag 327
    1. Staatsverträge 327
    2. Rechtswahl, Art. 3 Rom I-VO 328
       a) Rechtswahlvereinbarung 328
       b) Grenzen der Rechtswahl 333
    3. Objektive Anknüpfung, Art. 4 Rom I-VO 336
    4. Umfang des Schuldvertragsstatuts 340
    5. Formstatut 344
  III. Die sachenrechtlichen Tatbestände 348
    1. Anknüpfung 348
    2. Reichweite des Sachenrechtsstatuts 349
    3. Formstatut 352
D. Das Grundbuchverfahren 354
  I. Anwendbares Verfahrensrecht 354
  II. Funktionelle Zuständigkeit 355
  III. Ermittlung ausländischen Rechts 356
  IV. Vorliegen einer Auslandsberührung 357
E. Ausländische Urkunden 358
  I. Nachweis der Eintragungsunterlagen, § 29 GBO 358
    1. Grundsätze 358
    2. Nachweis der Echtheit 362
       a) Legalisation 362
       b) Staatsverträge 365
          aa) Bilaterale Abkommen 365
          bb) Londoner Europäisches Übereinkommen zur Befreiung der von diplomatischen oder konsularischen Vertretern errichteten Urkunden von der Legalisation vom 7.6.1968 373
          cc) Haager Übereinkommen zur Befreiung ausländischer öffentlicher Urkunden von der Legalisation vom 5.10.1961 374
       c) Länderübersicht 377
       d) Besondere Staatsverträge betreffend Personenstandsurkunden 378
  II. Nachweis der Erbfolge bzw. Testamentsvollstreckerbefugnis, § 35 GBO 383
    1. Erbschein, § 35 Abs. 1 GBO 383
       a) H.M.: nur deutscher Erbschein 383
       b) Mindermeinung: Substitution durch ausländische Erbbescheinigungen .. 385
    2. Öffentliche Verfügung von Todes wegen und Eröffnungsniederschrift, § 35 Abs. 1 S. 2 GBO 388
       a) Öffentliche Verfügung von Todes wegen 388
       b) Eröffnungsniederschrift 393
       c) Länderübersicht 394
          aa) Belgien 394
          bb) Dänemark 395
          cc) Frankreich 396
          dd) Griechenland 398
          ee) Italien 400

ff) Luxemburg ... 402	a) Staatsverträge/EuErbVO ... 417
gg) Niederlande ... 403	b) Autonomes Recht ... 423
hh) Österreich ... 404	aa) Objektive Anknüpfung Art. 25 Abs. 1 bzw. 26 Abs. 5 S. 1 EGBGB ... 423
ii) Polen ... 408	
jj) Schweiz ... 409	
kk) Spanien ... 411	bb) Vorrang des Einzelstatuts, Art. 3a Abs. 2 EGBGB ... 425
ll) Türkei ... 413	
mm) USA ... 415	cc) Rechtswahl ... 428
3. Testamentsvollstreckerzeugnis, § 35 Abs. 2 GBO ... 416	c) Das Formstatut einer letztwilligen Verfügung ... 430
4. Anknüpfung des Erbstatuts ... 417	III. Urkundensprache ... 434

A. Rechtsfähigkeit, Geschäftsfähigkeit und Vertretung

I. Natürliche Personen

1. Rechtsfähigkeit

1 Rechtsfähigkeit und Geschäftsfähigkeit sind im Grundbuchverfahren vor allem für die **materiell-rechtliche Einigung** beachtlich, deren zivilrechtliche Wirksamkeit gemäß § 20 GBO durch das Grundbuchamt zu beurteilen ist, aber auch für die rein **verfahrensrechtlichen Erklärungen** (Antrag gemäß § 13 GBO und Eintragungsbewilligung gemäß § 19 GBO).[1] Die materiell-zivilrechtliche Rechtsfähigkeit, also die allgemeine Fähigkeit einer natürlichen Person, Träger von Rechten und Pflichten zu sein, bestimmt sich international-privatrechtlich nach **dem Recht des Staates, dem die Person angehört**, Art. 7 Abs. 1 S. 1 EGBGB (neu gefasst durch das Gesetz zur Reform des Vormundschafts- und Betreuungsrechts vom 4. Mai 2021)[2] (zur Anknüpfung samt Verkehrsschutz nach Art. 13 Rom I-VO siehe im Einzelnen Rdn 3 ff.). Die einmal erlangte Rechtsfähigkeit wird durch Erwerb oder Verlust einer Staatsangehörigkeit nicht beeinträchtigt, Art. 7 Abs. 1 S. 2 EGBGB. Diesem Statut unterfallen vor allem der Beginn und das Ende der Rechtsfähigkeit.[3] Nach inländischem Bürgerlichen Recht beginnt die Rechtsfähigkeit der Person mit der **Vollendung der Geburt als Lebendgeburt** (§ 1 BGB). Andere Rechtsordnungen, zu denen die Verweisung in Art. 7 Abs. 1 S. 1 EGBGB führen kann, beurteilen das ggf. anders. Für Todeserklärungen sowie Lebens- und Todesvermutungen kommt es nach dem insoweit maßgebenden Art. 9 EGBGB ebenfalls grundsätzlich auf die Staatsangehörigkeit an. Besondere Rechtsfähigkeiten richten sich nach ihrem eigenen Statut, so die Erbfähigkeit und die erbrechtliche Stellung des Nasciturus nach dem Erbstatut,[4] die (besondere) Fähigkeit zum Erwerb von Grundstücken in einem fremden Staat nach dem jeweiligen Wirkungsstatut (Recht des Staates, in dem die zu beurteilende Rechtshandlung ihre Rechtswirkung entfaltet).[5] Obwohl sich die einzelnen Rechtsordnungen insbesondere beim Beginn der Rechtsfähigkeit[6] unterscheiden, spielen Fragen der Rechtsfähigkeit einer natürlichen Person in der notariellen Praxis und der Praxis der Grundbuchämter eine wohl kaum nennenswerte Rolle.[7]

2. Geschäftsfähigkeit

a) Allgemeines

2 Die materiell-zivilrechtliche Geschäftsfähigkeit ist für das Grundbuchamt ebenfalls bei der Prüfung der Wirksamkeit der **Einigung** im Rahmen des § 20 GBO sowie die der **Eintragungsbewilligung** gemäß § 19 GBO bedeutsam.[8] Nach dem inländischen Internationalen Privatrecht (IPR) unterfällt bei der Verfügung über Grundstücke mit Auslandsberührung die Frage nach der Geschäftsfähigkeit der beteiligten Personen nicht dem Statut dieses Rechtsgeschäfts. Es liegt vielmehr eine gesondert anzuknüpfende Teilfrage vor, für die gem. Art. 7 Abs. 2 S. 1 EGBGB in der Neufassung durch das Gesetz zur Reform des Vormundschafts- und Betreuungsrechts vom 04.Mai 2021 grundsätzlich auf das Recht des Staates abzustellen

---

1 Meikel/*Hertel*, Einl. G Rn 1.
2 Siehe *Dürbeck*, FamRZ 2020, 1789 ff.; *Siegel/Kraus*, DNotZ 2022, 906 ff.; *Wagner*, FamRZ 2022, 405 ff.
3 MüKo-BGB/*Lipp*, Art. 7 Rn 16 ff., 19 f.
4 Erman/*Hohloch*, BGB, Art. 7 Rn 7; Soergel/*Kegel*, BGB, Art. 7 Rn 4.
5 Grüneberg/*Thorn*, BGB, Art. 7 Rn 2.
6 Zum Beispiel § 1 BGB: Vollendung der Geburt; Art. 30 span. Código Civil (CC): das Kind muss mindestens 24 Stunden lang nach der Geburt gelebt haben.
7 Vgl. auch *Schotten/Schmellenkamp*, IPR, Rn 56.
8 Meikel/*Hertel*, Einl. G Rn 1.

ist, in dem die betreffende Person ihren **gewöhnlichen Aufenthalt** hat.[9] Dies gilt auch, soweit die Geschäftsfähigkeit durch Eheschließung erweitert wird, Art. 7 Abs. 2 S. 2 EGBGB. Die einmal erlangte Geschäftsfähigkeit wird durch einen Wechsel des gewöhnlichen Aufenthalts nicht beeinträchtigt. Insoweit liegt eine beachtliche Rechtsänderung im Hinblick auf die Rechtslage vor dem 1.1.2023 vor, denn nach altem Recht vor der Novellierung des Vormundschafts-, Pflegschafts- und Betreuungsrechts wurde die Geschäftsfähigkeit wie die Rechtsfähigkeit über die Staatsangehörigkeit des Betroffenen angeknüpft. Nach neuem Recht werden Rechtsfähigkeit und Geschäftsfähigkeit unterschiedlich angeknüpft (vgl. Art. 7 Abs. 1 S. 1 und Art. 7 Abs. 2 S. 1 EGBGB). Eine Rechtswahl ist in diesem Bereich nicht zulässig; die Bestimmungen des Art. 7 EGBGB stellen **zwingendes Recht** dar.

b) Anknüpfung

aa) Anknüpfungspunkt. Als Anknüpfungspunkt für die Geschäftsfähigkeit schreibt Art. 7 Abs. 1 S. 1 EGBGB nunmehr den **gewöhnlichen Aufenthalt der Person** vor. Damit rückt das Gesetz von der bisherigen Anknüpfung an die Staatsangehörigkeit ab, die insbesondere bei Mehrstaatlern, Geflüchteten und Vertriebenen zu rechtlichen Problemen führen konnte. Der Gesetzgeber ist hiermit einem (auch internationalen und europäischen) Trend gefolgt, die Anknüpfung an das Heimatrecht (Staatsangehörigkeit) durch die Anknüpfung an den gewöhnlichen Aufenthalt zu ersetzen.[10] Hierbei soll der Begriff des gewöhnlichen Aufenthaltes autonom nach nationalem Recht ausgelegt werden.[11]

Die Anknüpfung an den gewöhnlichen Aufenthalt ist auch vorzunehmen, soweit die Geschäftsfähigkeit der Person durch Eheschließung erweitert wird, Art. 7 Abs. 2 S. 2 EGBGB. Es gilt hier folglich Art. 7 Abs. 2 S. 2 EGBGB als **allgemeine Kollisionsregel** des deutschen IPR und nicht etwa das Ehewirkungsstatut des Art. 14 EGBGB.[12] Dies entspricht dem bisherigen Rechtsverständnis, ist nunmehr in Art. 7 Abs. 2 S. 2 EGBGB ausdrücklich klargestellt.

Die einmal erlangte Geschäftsfähigkeit wird durch einen Wechsel des gewöhnlichen Aufenthaltes nicht beeinträchtigt, Art. 7 Abs. 2 S. 3 EGBGB. Diese Vorschrift ist erforderlich, weil ein Statutenwechsel durch den Wechsel des gewöhnlichen Aufenthaltes grundsätzlich möglich ist. Ungeachtet eines solchen Statutenwechsels durch Umzug wird die erlangte Geschäftsfähigkeit rechtlich nicht beeinträchtigt. Dies entspricht im Ergebnis der bis zur Gesetzesreform geltenden Rechtslage. Es soll verhindert werden, dass eine Person, deren Geschäftsfähigkeit bereits gegeben gewesen ist, diese durch den Umzug verliert.[13]

Eine bei Ablauf des 31.12.2022 bestehende Geschäftsfähigkeit besteht fort, Art. 54 Abs. 1 EGBGB.

bb) Anknüpfungszeitpunkt. Maßgeblicher Zeitpunkt für die Anknüpfung nach Art. 7 Abs. 2 S. 1 EGBGB ist derjenige der **Abgabe** der Willenserklärung, die die Frage nach der Geschäftsfähigkeit aufgeworfen hat.[14] Das Gleiche gilt für **verfahrensrechtliche Erklärungen**, deren Rechtswirksamkeit ebenfalls anhand der Geschäftsfähigkeit zu beurteilen ist.

cc) Rück- und Weiterverweisung. Behandelt eine ausländische Rechtsordnung, auf die das deutsche IPR verweist, die Frage der Geschäftsfähigkeit abweichend, so wird dies wegen des allgemeinen Grundsatzes des Art. 4 Abs. 1 EGBGB relevant; eine etwaige **Rück- oder Weiterverweisung** ist somit beachtlich.[15] Dies spielt zum einen dann eine Rolle, wenn das ausländische IPR für das Geschäftsfähigkeitsstatut einen anderen Anknüpfungspunkt als das deutsche wählt, insbesondere wenn das Heimatrecht des Minderjährigen statt auf den gewöhnlichen Aufenthalt auf die Staatsangehörigkeit abstellt. Eine andere Ursache für einen renvoi kann darin liegen, dass die Rechtsordnung, auf die nach deutschem Recht verwiesen wird, die Geschäftsfähigkeit nicht selbstständig anknüpft, sondern als Teilbereich des Wirkungsstatuts behandelt, also das Statut zur Anwendung bringt, das für das Rechtsgeschäft gilt, hinsichtlich dessen die Frage

---

9 Siehe *Dürbeck*, FamRZ 2020, 1789 ff.; *Siegel/Kraus*, DNotZ 2022, 906 ff.; *Wagner*, FamRZ 2022, 405 ff.
10 *Wagner*, FamRZ 2022, 405, 406.
11 *Wagner*, FamRZ 2022, 405, 406.
12 *Wagner*, FamRZ 2022, 405, 406.
13 MüKo-BGB/*Sonnenberger*, Art. 5 EGBGB Anh. I Rn 7. *Wagner*, FamRZ 2022, 405, 406.
14 Reithmann/Martiny/*Hausmann*, Internationales Vertragsrecht, Rn 6126.
15 Hausmann/Odersky/*Hausmann*, § 4 Rn 11; Meikel/*Hertel*, Einl. G Rn 7; *Wagner*, FamRZ 2022, 405, 406.

der Geschäftsfähigkeit aufgeworfen ist.[16] Insbesondere in England, aber auch in den USA und Kanada geht die Tendenz dahin, die Geschäftsfähigkeit für Schuldverträge nach dem „proper law of the contract" und für sachenrechtliche Verfügungsgeschäfte nach der Lex rei sitae zu beurteilen.[17] Auch auf solchen Qualifikationsunterschieden beruhende Rück- und Weiterverweisungen sind beachtlich.[18] Sie führen insbesondere bei der Verweisung auf die Lex rei sitae hinsichtlich der Verfügungsgeschäfte dazu, dass hinsichtlich der dinglichen Rechtsgeschäfte über im Inland belegene Grundstücke die Frage der Geschäftsfähigkeit nach deutschem Recht zu beurteilen ist (§§ 104 ff. BGB).

c) Reichweite des Geschäftsfähigkeitsstatuts

9 Die Ausgliederung des Geschäftsfähigkeitsstatuts als eigenständige Teilfrage wirft an mehreren Stellen Abgrenzungsprobleme zum Wirkungsstatut des geschlossenen Rechtsgeschäfts auf.

10 **aa) Voraussetzungen und Stufen der Geschäftsfähigkeit.** Das nach Art. 7 Abs. 2 S. 1 EGBGB berufene Statut legt die Voraussetzungen der Geschäftsfähigkeit fest, insbesondere das Lebensalter, mit dem sie erreicht wird, ebenso die Tatbestände, die eine Geschäftsfähigkeit ausschließen können, wie etwa den Einfluss geistiger Defekte oder die Auswirkungen einer Trunksucht.[19] Weiterhin befindet es über das Bestehen etwaiger Zwischenstufen zwischen Geschäftsfähigkeit und Geschäftsunfähigkeit (Teilgeschäftsfähigkeiten),[20] nämlich welche Voraussetzungen diese haben und welche Rechtsgeschäfte dadurch möglich sind, z.B. bei der beschränkten Geschäftsfähigkeit nach deutschem Recht.[21]

11 **bb) Sonderfälle des Erwerbs und des Geschäftsfähigkeitverlustes.** Art. 7 Abs. 2 S. 2 EGBGB nennt als besonderen Fall des Erwerbs der Geschäftsfähigkeit, der dem Geschäftsfähigkeitsstatut unterfällt, den in vielen Rechtsordnungen enthaltenen Rechtsgrundsatz „**Heirat macht mündig**".[22] Diese Klarstellung ist sinnvoll, um eine Anknüpfung dieses Tatbestandes an das Ehewirkungsstatut (Art. 14 EGBGB) auszuschließen.[23] Über seinen Wortlaut hinaus erfasst Art. 7 Abs. 2 S. 2 EGBGB nicht nur den Fall, dass durch die Eheschließung die volle Geschäftsfähigkeit erlangt wird, sondern auch den Fall einer Erweiterung, die vor der umfassenden Geschäftsfähigkeit Halt macht.[24] Durch die Ehe verursachte Beschränkungen der Geschäftsfähigkeit fallen allerdings nicht unter Art. 7 Abs. 2 S. 2 EGBGB, sondern unter Art. 14 EGBGB oder, wenn sie auf güterrechtlicher Grundlage beruhen, unter Art. 15 EGBGB a.F.[25]

12 In den Bereich des Geschäftsfähigkeitsstatuts gehören auch Erklärungen zur Geschäftsfähigkeit. Hierbei sind diejenigen Erklärungen zu nennen, die die Handlungsfähigkeit erweitern, insbesondere **Volljährigkeitserklärung** und **Emanzipation**.[26] Die vor allem im romanischen Rechtskreis verbreitete Emanzipation stellt gegenüber der Volljährigkeitserklärung ein Minus dar, da sie nur zu einer Vorstufe der vollen Geschäftsfähigkeit führt; die Minderjährigkeit wird in ihren rechtlichen Wirkungen gemildert, aber es erfolgt keine Volljährigkeitserklärung.[27] Da die Volljährigkeitserklärung nur in ihren Wirkungen über die Emanzipation hinausgehen kann, ansonsten aber zwischen beiden keine Wesensverschiedenheit besteht, sind beide kollisionsrechtlich gleich zu behandeln.[28] Volljährigkeitserklärung und Emanzipation richten sich grundsätzlich nach dem gem. Art. 7 EGBGB zu bestimmenden Statut des gewöhnlichen Aufenthaltes.[29] Soweit sie jedoch auf einem entsprechenden staatlichen Akt einer ausländischen Behörde oder eines ausländischen Gerichts beruhen, liegt eine Anerkennungsfrage

---

16 *Schotten/Schmellenkamp*, IPR, Rn 56.
17 Reithmann/Martiny/*Hausmann*, Internationales Vertragsrecht, Rn 6128; Meikel/*Hertel*, Einl. G Rn 7; vgl. auch IPG 71 Nr. 12 (München); *Süß*, Rpfleger 2003, 53.
18 Meikel/*Hertel*, Einl. G Rn 7.
19 *Schotten/Schmellenkamp*, IPR, Rn 60; Hausmann/Odersky/*Hausmann*, § 4 Rn 19 ff.
20 Hausmann/Odersky/*Hausmann*, § 4 Rn 24, 25.
21 Staudinger/*Hausmann*, BGB, Art. 7 EGBGB Rn 36.
22 Hausmann/Odersky/*Hausmann*, § 4 Rn 34, 36.
23 Hausmann/Odersky/*Hausmann*, § 4 Rn 36; *Wagner*, FamRZ 2022, 405, 406.
24 MüKo-BGB/*Lipp*, Art. 7 Rn 53, 54, 107, 109; als Beispiel: IPG 73 Nr. 1 (Freiburg); Hausmann/Odersky/*Hausmann*, § 4 Rn 34, 36.
25 Grüneberg/*Thorn*, BGB, Art. 7 EGBGB Rn 3; MüKo-BGB/*Lipp*, Art. 7 EGBGB Rn 54.
26 Vgl. Hausmann/Odersky/*Hausmann*, § 4 Rn 32.
27 Reithmann/Martiny/*Hausmann*, Internationales Vertragsrecht Rn 6149; MüKo-BGB/*Lipp*, Art. 7 EGBGB Rn 71 ff.; Hausmann/Odersky/*Hausmann*, § 4 Rn 34.
28 MüKo-BGB/*Lipp*, Art. 7 EGBGB Rn 73.
29 Vgl. AG Moers DAVorm 1997, 925; Reithmann/Martiny/*Hausmann*, Internationales Vertragsrecht, Rn 6149.

vor, so dass gem. §§ 108, 109 FamFG zu entscheiden ist, ob die Volljährigkeitserklärung bzw. Emanzipation in Deutschland anerkannt wird.[30]

Ähnliches wie für die Volljährigkeitserklärung und die Emanzipation gilt für ihr Gegenstück, die **Entmündigung**, und sonstige Entziehungen oder Einschränkungen der Geschäftsfähigkeit. Auch sie sind grundsätzlich nach dem Recht des Staates in dem der Betroffene seinen gewöhnlichen Aufenthalt hat zu beurteilen,[31] jedenfalls soweit nicht Staatsverträge wie etwa das KSÜ (siehe unten, Rdn 25) – für Minderjährige – als Sonderregelung dem EGBGB vorgehen. Die Anerkennung entsprechender Entscheidungen seitens ausländischer Gerichte oder Behörden bemisst sich wiederum nach §§ 108, 109 FamFG, da es sich funktionell um Akte der freiwilligen Gerichtsbarkeit handelt.[32] Ist der Betroffene allerdings ein Deutscher, auch wenn er Mehrstaater ist, so kann die ausländische Entmündigung allenfalls die Wirkungen einer Betreuung nach deutschem Recht in deren weitestreichendem Umfang (insbesondere mit Einwilligungsvorbehalt nach § 1825 BGB n.F.) haben, da eine generelle Entziehung der Geschäftsfähigkeit gegen den durch § 109 Abs. 1 Nr. 4 FamFG geschützten ordre public verstoßen würde.[33]

cc) Folgen mangelnder Geschäftsfähigkeit. Sehr kontrovers diskutiert wird, wie die Folgen einer fehlenden Geschäftsfähigkeit, die sich für das vorgenommene Rechtsgeschäft ergeben, einzuordnen sind.[34] Es geht hierbei darum, ob das Rechtsgeschäft als nichtig, unwirksam, schwebend unwirksam oder nur anfechtbar anzusehen ist und wie seine Wirksamkeit eventuell noch herbeigeführt werden kann, also ob und wodurch eine Heilung stattfinden kann. Eine beachtliche Anzahl von Stimmen spricht sich hier für die Maßgeblichkeit des Wirkungsstatuts aus.[35] Wegen des engen Zusammenhanges zwischen den Abstufungen der Geschäftsfähigkeit und den Rechtsfolgen, die sich aus solchen Abstufungen ergeben, vertritt die h.M. demgegenüber, dass sich auch die Folgen mangelnder Geschäftsfähigkeit nach dem jeweils für die Beurteilung der Geschäftsfähigkeit maßgebenden Recht richten müssen.[36] Ist das Geschäft wegen mangelnder Geschäftsfähigkeit demnach nicht wirksam zustande gekommen, so regelt seine Rückabwicklung das Geschäftsstatut (vgl. auch Art. 12 Abs. 1 lit. e Rom I, Art. 10 Abs. 1 Rom II).[37] Fordert das für die Folgen fehlender Geschäftsfähigkeit maßgebliche Statut die Mitwirkung des gesetzlichen Vertreters, so wird die Folgeproblematik, wer gesetzlicher Vertreter ist, vom Vertretungsstatut bestimmt (vgl. dazu Rdn 24 ff.).[38] Dieses befindet dann auch darüber, ob der gesetzliche Vertreter der Mitwirkung einer anderen Person oder Behörde, insbesondere etwa einer betreuungs- oder familiengerichtlichen Genehmigung, bedarf.[39]

dd) Einfluss anderer Statute. Nicht vom Geschäftsfähigkeitsstatut, sondern vom **Wirkungsstatut** des abgeschlossenen Rechtsgeschäfts ist zu entscheiden, ob und welcher Grad von Geschäftsfähigkeit zu seinem Abschluss erforderlich ist.[40] Dasselbe gilt für den Zeitpunkt, zu dem die Geschäftsfähigkeit vorliegen muss.[41] Sind für bestimmte Rechtsgeschäfte besondere Geschäftsfähigkeiten normiert, gilt insoweit ebenfalls nicht das Geschäftsfähigkeitsstatut.[42] Deshalb unterfällt z.B. die Fähigkeit zum Abschluss von Eheverträgen dem Güterrechtsstatut (Art. 25 EuGüVO), die Fähigkeit zur Errichtung von Testamenten und dem

---

30 Dabei wird davon ausgegangen, dass die Emanzipation oder Volljährigkeitserklärung eines Deutschen oder eines Mehrstaaters, der auch die deutsche Staatsangehörigkeit besitzt, nicht anerkennungsfähig ist; *Schotten/Schmellenkamp*, IPR, Rn 57; MüKo-BGB/*Lipp*, Art. 7 Rn 79 ff.; insoweit a.A. *Hepting*, FamRZ 1975, 451, 453; Staudinger/*Hausmann*, BGB, Art. 7 EGBGB Rn 116.
31 Grüneberg/*Thorn*, BGB, Art. 7 Rn 3.
32 *Böhmer*, StAZ 1992, S. 65, 70; Grüneberg/*Thorn*, BGB, Art. 7 Rn 9.
33 *V. Bar*, IPR II, Rn 48; Grüneberg/*Thorn*, BGB, Art. 7 Rn 9.
34 Vgl. Hausmann/Odersky/*Hausmann*, § 4 Rn 46 m.w.N.
35 OLG Düsseldorf, NJW-RR 1995, 755 = IPRax 1996, 189; mit abl. Anm. *Baetge*, IPRax 1996, 185.
36 OLG Hamm NJW-RR 1996, 1144 ff.; MüKo-BGB/*Lipp*, Art. 7 EGBGB Rn 56; *Schotten/Schmellenkamp*, IPR, Rn 62; *v. Bar*, IPR II, Rn 43; *Baetge*, IPRax 1996, 185, 187; Soergel/*Kegel*, BGB, Art. 7 EGBGB Rn 7; *Wohlgemuth*, RIW 1980, 759, 762.
37 *Kropholler*, IPR, § 42 I 1.
38 Reithmann/Martiny/*Hausmann*, Internationales Vertragsrecht, Rn 6171; Grüneberg/*Thorn*, BGB, Art. 7 EGBGB Rn 5.
39 *Kropholler*, IPR, § 42 I 1; a.A. wohl KG IPRspr 29 Nr. 88; Grüneberg/*Thorn*, BGB, Art. 7 EGBGB Rn 5: Art. 7 bestimmt, ob Mitwirkung des FamG notwendig ist.
40 AG Hildesheim IPRspr 73 Nr. 94; Grüneberg/*Thorn*, BGB, Art. 7 Rn 5; Erman/*Hohloch*, BGB, Art. 7 Rn 13; Soergel/*Kegel*, BGB, Art. 7 EGBGB Rn 8; a.A. für den erforderlichen Grad an Geschäftsfähigkeit: *Schotten/Schmellenkamp*, IPR, Rn 61; Staudinger/*Hausmann*, BGB, Art. 7 EGBGB Rn 43.
41 Soergel/*Kegel*, BGB, Art. 7 EGBGB Rn 11.
42 MüKo-BGB/*Lipp*, Art. 7 EGBGB Rn 16 ff.; Reithmann/Martiny/*Hausmann*, Internationales Vertragsrecht, Rn 6164.

Abschluss von Erb- oder Erbverzichtsverträgen dem Erbstatut (EuErbVO), soweit in diesen Rechten Sonderregeln gegenüber der allgemeinen Geschäftsfähigkeit vorgesehen sind.[43]

16 Ob jemand **Verfügungsmacht** über ein bestimmtes Recht besitzt, stellt ebenfalls keine Frage der Geschäftsfähigkeit dar, sondern ist grundsätzlich nach dem Wirkungsstatut zu bestimmen, da es sich um einen Mangel an Recht, nicht aber an Geschäftsfähigkeit handelt.[44] Die Frage der Verfügungsmacht richtet sich nach der Rechtsordnung, der das zu verfügende Recht unterfällt.[45] Soweit sich Verfügungsbeschränkungen aus anderen Rechtsbereichen ergeben (z.B. Familienrecht, Erbrecht, Insolvenzrecht) unterliegen sie dem Recht, welches auf diese Bereiche anzuwenden ist.

17 Die **Verfahrensfähigkeit**, also die Fähigkeit, Verfahrenshandlungen wirksam selbst vorzunehmen oder entgegenzunehmen, richtet sich im Ausgangspunkt nicht nach Art. 7 EGBGB, weil insoweit eine verfahrensrechtliche Frage vorliegt.[46] Dies gilt auch im Verfahren der freiwilligen Gerichtsbarkeit und damit auch im Grundbuchverfahren, dort insbesondere hinsichtlich von Bewilligungen und Anträgen als Verfahrenshandlungen.[47] Dabei gilt für die Beurteilung der Verfahrensfähigkeit im deutschen Verfahren der freiwilligen Gerichtsbarkeit und damit auch im Grundbuchverfahrensrecht § 9 FamFG, dessen Abs. 5 auf §§ 53–58 ZPO und damit auch auf § 55 ZPO verweist. Gleichwohl ist fraglich und umstritten, in welcher Weise angeknüpft werden soll.[48] Es werden hierzu mehrere Ansichten vertreten. Eine Rechtsansicht knüpft an die lex fori an, stellt also für Verfahren vor den deutschen Gerichten auf das inländische Verfahrensrecht ab. Dieses (§§ 51 Abs. 1 ZPO und 9 Abs. 1 Nr. 1 FamFG) greift für die Beurteilung der Verfahrensfähigkeit auf die Geschäftsfähigkeit nach materiellem Recht zurück. Insoweit muss von dieser Ansicht konsequenterweise auf Art. 7 Abs. 2 S. 1 EGBGB abgestellt werden und damit im Ergebnis auf das Recht am Ort des gewöhnlichen Aufenthaltes des Beteiligten.[49] Führt die Verweisung nicht zur Prozessfähigkeit bzw. Verfahrensfähigkeit, kann diese über § 55 ZPO hergeleitet werden. Hiernach gilt als prozessfähig, wem nach dem Recht des Prozessgerichts die Prozessfähigkeit zustehen würde. Insoweit ist zunächst eine Beurteilung anhand des Rechts des gewöhnlichen Aufenthaltes des Betroffenen vorzunehmen. Führt diese nicht zur Prozessfähigkeit bzw. Verfahrensfähigkeit, dann ist nach inländischem Recht zu beurteilen, ob Geschäftsfähigkeit gegeben wäre und damit Prozessfähigkeit bzw. Verfahrensfähigkeit.

d) Schutz der anderen Vertragspartei, Art. 13 Rom I-VO/Art. 12 EGBGB

18 Im Interesse des Schutzes des gutgläubigen Rechtsverkehrs schränkt Art. 13 Rom I-VO die Wirkungen des Art. 7 EGBGB in erheblicher Weise ein.[50] Nach dem Wortlaut kann sich bei einem Vertragsschluss zwischen Personen, die sich in demselben Staat befinden, eine natürliche Person, die nach dem Recht dieses Staates rechts-, geschäfts- und handlungsfähig wäre, nur dann auf ihre aus dem Recht eines anderen Staates sich ergebende Rechts-, Geschäfts- und Handlungsunfähigkeit berufen, wenn der andere Vertragsteil bei Vertragsabschluss diese Unfähigkeit kannte oder infolge Fahrlässigkeit nicht kannte (im Wortlaut gleich Art. 12 EGBGB). Die Vorschrift gilt für die von der Rom I-VO erfassten Schuldverträge. Demgemäß bleiben von Art. 13 Rom I-VO sachlich ausgenommen alle Verfügungen über Sachen und Rechte und auch die hierfür erforderlichen Verfahrenshandlungen (siehe sogleich Rdn 21).[51] Für Verfügungen über Sachen und Rechte und Verfügungen über im Inland liegende Grundstücke verbleibt es damit bei Art. 12 EGBGB, welcher weiterhin gilt, soweit Art. 13 Rom I-VO nicht eingreift.[52] Verfügungen über ausländische Grundstücke unterfallen gem. Art. 12 S. 2 EGBGB dem Heimatrecht der jeweiligen Partei. Dabei stimmen Art. 13 Rom I-VO und Art. 12 S. 1 EGBGB weitgehend überein, wobei jedoch im Rahmen der Auslegung nicht verkannt werden darf, dass Art. 13 Rom I-VO autonom europäisch aus-

---

43 MüKo-BGB/*Lipp*, Art. 7 EGBGB Rn 17; Reithmann/Martiny/*Hausmann*, Internationales Vertragsrecht, Rn 6168.
44 MüKo-BGB/*Lipp*, Art. 7 EGBGB Rn 70; Soergel/*Kegel*, BGB, Art. 7 EGBGB Rn 8.
45 Siehe Hausmann/Odersky/*Hausmann*, § 4 Rn 52; Staudinger/*Hausmann*, BGB, Art. 7 EGBGB Rn 80; Soergel/*Kegel*, BGB, Art. 7 EGBGB Rn 8.
46 Grüneberg/*Thorn*, BGB, Art. 7 Rn 4; Meikel/*Hertel*, Einl. G Rn 1, 2.
47 Vgl. BayObLGZ 2002, 99, 101; Meikel/*Hertel*, Einl. G Rn 1, 2.
48 Meikel/*Hertel*, Einl. G Rn 2.
49 Meikel/*Hertel*, Einl. G Rn 2.
50 Hausmann/Odersky/*Hausmann*, § 4 Rn 53; *Wagner*, FamRZ 2022, 405.
51 MüKo-BGB/*Spellenberg*, Art. 13 Rom I-VO Rn 2.
52 MüKo-BGB/*Spellenberg*, Art. 13 Rom I-VO Rn 1 f.; Hausmann/Odersky/*Hausmann*, § 4 Rn 60.

zulegen ist, während Art. 12 EGBGB eine nationale deutsche Vorschrift ist.[53] Dabei ist weitgehend anerkannt, dass über den Wortlaut hinaus diese Vorschriften in ihrem jeweiligen Anwendungsbereich auch auf einseitige zugangsbedürftige Rechtsgeschäfte analog anzuwenden sind (Anfechtungen, Kündigungen, Rücktritte).[54] Demgegenüber ist es nicht notwendig, Schenkungen aus dem Anwendungsbereich von Art. 13 Rom I-VO herauszunehmen.[55] Der für den vertrauensbildenden Inlandsbezug notwendige Aufenthalt der Beteiligten im selben Staat bei Vertragsschluss ist im Falle der Stellvertretung in ausreichendem Maße gegeben, wenn der Vertreter sich im Inland befindet.[56] Etwaige vom Vertragspartner aus einem ausländischen Aufenthalt des Vertretenen zu schließende Folgerungen sollte man bei der Frage der Gutgläubigkeit behandeln. Für diesen guten Glauben schadet bereits Fahrlässigkeit. Die bloße Kenntnis der Ausländereigenschaft des Kontrahenten rechtfertigt den Fahrlässigkeitsvorwurf allerdings noch nicht.[57] Insoweit werden üblicherweise die Umstände des jeweiligen Geschäfts in Betracht gezogen; bei alltäglichen Ladengeschäften soll grundsätzlich keine Ermittlungsobliegenheit bestehen, wohingegen bei größeren Geschäften die Gegenseite im erhöhten Maße zur Nachforschung gehalten sei.[58] Der Verkehrsschutz wird in bedenklicher Weise eingeschränkt, wenn eine gesteigerte Ermittlungspflicht immer schon daraus entnommen wird, dass für das fragliche Geschäft die notarielle Beurkundung vorgeschrieben ist (z.B. § 311b Abs. 1 BGB) bzw. dass der Notar gem. seiner aus § 17 Abs. 3 BeurkG folgenden Hinweispflicht den Beteiligten die Möglichkeit der Anwendbarkeit ausländischen Rechts vor Augen geführt hat.[59]

Rechtsfolge des Art. 13 Rom I-VO bzw. Art. 12 S. 1 EGBGB ist, dass der nach dem Recht des Abschlussortes Geschäftsfähige sich auf eine aus dem Geschäftsfähigkeitsstatut (Art. 7 Abs. 2 EGBGB) folgende mangelnde Geschäftsfähigkeit nicht berufen kann. Dies ist von Amts wegen zu berücksichtigen.[60] Ist das Rechtsgeschäft nach Ortsrecht und Fähigkeitsstatut nicht voll gültig, so beurteilen sich die Ungültigkeitsfolgen, wenn sie verschieden sind, nach dem milderen Recht.[61] Es ist umstritten, ob der in seinem Vertrauen geschützte Vertragspartner auch das Recht hat, auf die Begünstigung des Art. 12 S. 1 EGBGB bzw. Art. 13 Rom I-VO zu verzichten, um es bei einer Unwirksamkeit nach dem gem. Art. 7 Abs. 2 EGBGB zu bestimmenden Geschäftsfähigkeitsstatut zu belassen.[62]

19

Keinen Verkehrsschutz gibt es gem. Art. 1 Abs. 2 lit. b) und c) Rom I-VO sowie Art. 12 S. 2 EGBGB bei familien- und erbrechtlichen Rechtsgeschäften, z.B. Ehevertrag, Unterhaltsvereinbarung, Errichtung oder Aufhebung einer Verfügung von Todes wegen, Erbausschlagung, Erbverzicht, Erbvertrag und Erbschaftskauf, sowie auch Verfügungsgeschäfte über Grundstücke, die sich in einem anderen Staat als dem des Vertragsschlusses befinden. Im Umkehrschluss ergibt sich daraus, dass in Deutschland abgeschlossene Verfügungsgeschäfte über in Deutschland belegene Grundstücke dem Verkehrsschutz des Art. 12 S. 1 EGBGB unterfallen.

20

Für die im Grundbuchverfahren erforderliche **Verfahrensfähigkeit** gilt Art. 13 Rom I-VO bzw. Art. 12 EGBGB nicht, da prozessuale Handlungen keine Schuldverträge sind und auch sonst nicht als Rechtsgeschäfte angesehen werden können.[63]

21

---

53 MüKo-BGB/*Spellenberg*, Art. 13 Rom I-VO Rn 4.
54 *Schotten*, DNotZ 1994, 670, 671; Hausmann/Odersky/*Hausmann*, § 4 Rn 59; Staudinger/*Hausmann*, BGB, Art. 13 Rom I-VO Rn 22.
55 So aber *G. Fischer*, Verkehrsschutz im internationalen Vertragsrecht, 1990, S. 42; explizit dagegen: MüKo-BGB/*Spellenberg*, Art. 13 Rom I-VO Rn 27; Staudinger/*Hausmann*, BGB, Art. 13 Rom I-VO Rn 20.
56 *Liessem*, NJW 1989, 497, 501; *Bader*, MittRhNotK 1994, 161, 162; Staudinger/*Hausmann*, BGB, Art. 13 Rom I-VO Rn 41 f.; nach a.A. kommt es auch auf den Aufenthalt des Vertretenen an: *Schotten*, DNotZ 1994, 670, 671; MüKo-BGB/*Spellenberg*, Art. 13 Rom I-VO Rn 64.
57 Grüneberg/*Thorn*, BGB, Art. 13 Rom I-VO Rn 3; Beck'sches Notarhandbuch/*Zimmermann*, H Rn 62; *Schotten*, DNotZ 1994, 670, 672.
58 MüKo-BGB/*Spellenberg*, Art. 13 Rom I-VO Rn 83 ff.; *Schotten*, DNotZ 1994, 670, 672; *Bader*, MittRhNotK 1994, 161, 162.
59 So aber MüKo-BGB/*Spellenberg*, Art. 13 Rom I-VO Rn 85; *v. Bar*, IPR II, Rn 59; Beck'sches Notarhandbuch/*Zimmermann*, H Rn 62; vorsichtiger *Liessem*, NJW 1989, 497, 501; *Bader*, MittRhNotK 1994, 161, 162.
60 Vgl. *v. Bar*, IPR II, Rn 58.
61 MüKo-BGB/*Spellenberg*, Art. 13 Rom I-VO Rn 92.
62 Dafür *Schotten*, DNotZ 1994, 670, 672; dagegen Staudinger/*Hausmann*, BGB, Art. 13 Rom I-VO Rn 63; MüKo-BGB/*Spellenberg*, Art. 13 Rom I-VO Rn 90.
63 Vgl. MüKo-BGB/*Spellenberg*, Art. 13 Rom I-VO Rn 19; Staudinger/*Hausmann*, BGB, Art. 13 Rom I-VO Rn 35 f.

e) Länderübersicht

22 In folgenden ausgewählten Staaten gilt als Volljährigkeitsalter:[64]

Ägypten: 21

Albanien: 18

Algerien: 19

Argentinien: 21

Australien: 18

Belgien: 18

Bosnien-Herzegowina: 18

Brasilien: 18

Bulgarien: 18

China (Volksrepublik): 18

China (Taiwan): 20

Dänemark: 18

Estland: 18

Finnland: 18

Frankreich: 18

Georgien: 18

Griechenland: 18

Großbritannien: 18

(auf der Kanalinsel Jersey allerdings 21)

Irak: 18

Iran: 18

Irland: 18

Israel: 18

Italien: 18

Japan: 20

Kanada: 18 oder 19 (je nach Provinz)

Kenia: 18

Korea (Süd): 20

Kroatien: 18

Kuba: 18

Lettland: 18

Litauen: 18

Luxemburg: 18

Marokko: 20

---

[64] Ausführliche Übersicht bei Staudinger/*Hausmann*, BGB, Anh. zu Art. 7 EGBGB; Meikel/*Hertel*, Einl. G Rn 8; *Süß*, Rpfleger 2003, 53, 54 ff.; weitere Übersichten etwa bei Reithmann/Martiny/*Hausmann*, Internationales Vertragsrecht, Rn 6143 ff.; Beck'sches Notarhandbuch/*Zimmermann*, H Rn 58.

Mazedonien: 18

Neuseeland: 20

Niederlande: 18

Norwegen: 18

Österreich: 18

Philippinen: 18

Polen: 18

Portugal: 18

Rumänien: 18

Russland: 18

Schweden: 18

Schweiz: 18

Serbien: 18

Slowakei: 18

Slowenien: 18

Spanien: 18

Südafrika: 21

Thailand: 20

Tschechische Republik: 18

Türkei: 18

Tunesien: 20

Ukraine: 18

Ungarn: 18

USA: unterschiedlich; wohl überwiegend 18, außer Alabama, Nebraska: 19, Colorado, Mississippi, Puerto Rico, Canal Zone, Guam, Samoa-Inseln: 21

Vietnam: 18

Weißrussland: 18

Zypern: 18

Der Grundsatz „Heirat macht mündig" kommt z.B. in folgenden Rechtsordnungen in Betracht, wobei Voraussetzungen und Umfang allerdings sehr unterschiedlich ausfallen können:[65]   **23**

Albanien, Belarus, Belgien, Brasilien, Irland, Niederlande (Art. 233 B.W.), Österreich (§ 175 ABGB), Polen, Russland, Slowakei, Tschechien, Türkei (Art. 11 Abs. 2 ZGB), Ungarn, USA (hier muss die territoriale Rechtsspaltung beachtet werden).

3. Vertretung Minderjähriger durch die Eltern
a) Staatsverträge und Europäisches Gemeinschaftsrecht

Maßgebend für die Ermittlung des Rechts der Vertretung Minderjähriger durch deren Eltern ist das **materielle Recht**, nicht das Verfahrensrecht.[66] Bei der Feststellung des Rechts, nach dem sich die Befugnis zur Vertretung Minderjähriger entscheidet, spielen **internationale Abkommen** eine ganz erhebliche Rolle, so dass das autonome deutsche Kollisionsrecht weitestgehend verdrängt wird.[67] Im Verhältnis   **24**

---

65 Vgl. ausf.: *Schotten/Schmellenkamp*, IPR, Rn 388; Staudinger/*Hausmann*, BGB, Anh. zu Art. 7 EGBGB.

66 Meikel/*Hertel*, Einl. G Rn 12.

67 Hausmann/Odersky/*Hausmann*, § 5 Rn 2.

zum **Iran** ist insoweit beachtlich Art. 8 Abs. 3 des Niederlassungsabkommens zwischen dem Deutschen Reich und dem Kaiserreich Persien vom 17.2.1929 (RGBl 30 II S. 1006), wonach iranisches Recht dann zur Anwendung kommt, wenn beide Eltern bzw. der überlebende Elternteil und das Kind ausschließlich die iranische Staatsangehörigkeit besitzen.[68]

25 Seit 1.1.2011 (Inkrafttreten) gilt für Deutschland das **Haager Kinderschutzübereinkommen** (KSÜ) vom 19.10.1996.[69] Es erfasst in persönlicher Hinsicht Kinder bis zur Vollendung des 18. Lebensjahrs (Art. 2 KSÜ) und sachliche Maßnahmen zum Schutz der Person oder des Vermögens des Kindes (Art. 1 Abs. 1 lit. a KSÜ), wozu nach Art. 3 lit. a KSÜ auch die Zuweisung, Ausübung und Entziehung der elterlichen Verantwortung sowie deren Übertragung zu rechnen ist. Ist ein Staat nach Art. 5 ff. KSÜ (bzw. der auch insoweit vorrangigen EheVO 2003, siehe Rdn 26)[70] für eine solche Maßnahme zuständig, so wendet er darauf grundsätzlich sein eigenes Sachrecht an, vgl. Art. 15 KSÜ. Anders als das Haager Minderjährigenschutzabkommen (MSA) enthält das KSÜ auch eine Kollisionsnorm über die kraft Gesetzes bestehende elterliche Verantwortung, die nach Art. 16 KSÜ dem Recht am gewöhnlichen Aufenthalt des Kindes unterstellt wird. Nach Art. 21 Abs. 1 KSÜ handelt es sich grundsätzlich um eine Sachnormverweisung. Nur dann, wenn die Verweisung auf das Recht eines Nichtvertragsstaates erfolgt und dieses auf das Recht eines anderen Nichtvertragsstaates weiterverweist, welches die Verweisung annimmt, ist dieser renvoi beachtlich und das Recht des zweiten Nichtvertragsstaates anzuwenden, Art. 21 Abs. 2 KSÜ.

26 Das **Haager Übereinkommen über die Zuständigkeit der Behörden und das anzuwendende Recht auf dem Gebiet des Schutzes von Minderjährigen** (MSA) vom 5.10.1961[71] war anzuwenden (es wird nun weitgehend durch das KSÜ ersetzt, vgl. Art. 51 KSÜ), wenn ein Minderjähriger im Sinne des Art. 12 MSA seinen gewöhnlichen Aufenthalt in einem Vertragsstaat hatte, Art. 13 MSA, ohne dass es auf dessen Staatsangehörigkeit ankäme.[72] Auf die Vertretung durch die Eltern aufgrund gesetzlichen Sorgerechts war es aber nicht anwendbar, weil Art. 3 MSA nach h.M. keine selbstständige Kollisionsnorm ist.[73] Das MSA spielte aber dann eine Rolle, wenn eine behördliche oder gerichtliche Sorgerechtsentscheidung, etwa anlässlich einer Ehescheidung, getroffen wird. Dabei handelt es sich um eine Maßnahme zum Schutz der Person und des Vermögens des Minderjährigen im Sinne des Art. 1 MSA. Zuständig für solche Maßnahmen sind nach Art. 1 MSA die Gerichte und Verwaltungsbehörden des Staates, in dem der Minderjährige seinen gewöhnlichen Aufenthalt hat. Allerdings werden die Zuständigkeitsregeln des MSA weitestgehend durch die EheVO 2003 verdrängt (vgl. Art. 60 lit. a EheVO 2003) wobei Art. 8 Abs. 1 EheVO 2003 jedoch ebenfalls den Gerichten des gewöhnlichen Aufenthalts des Kindes die Regelzuständigkeit zuweist. Sie wenden ihr innerstaatliches Recht an (Gleichlaufgrundsatz, Art. 2 MSA),[74] müssen aber bei Anordnung ihrer Maßnahme ein etwa nach dem Heimatrecht des Minderjährigen bestehendes Gewaltverhältnis, insbesondere also ein gesetzliches Sorgerechtsverhältnis, anerkennen[75] (Art. 3 MSA). Ob auch eine etwa für das Handeln der Eltern als gesetzliche Vertreter erforderliche familiengerichtliche Genehmigung eine „Schutzmaßnahme" im Sinne des MSA darstellt, ist umstritten.[76] Das MSA gilt heute nur noch im Verhältnis zur VR China, soweit die Sonderverwaltungsregion Macau betroffen ist.[77] Die Regelungen des MSA werden insoweit nicht durch das KSÜ verdrängt.

---

68 BGHZ 60, 68, 74; OLG Zweibrücken FamRZ 2001, 920; *Dorsel*, MittRhNotK 1997, 6, 14.
69 Aktueller Vertragsstand unter www.hcch.net/eu/instruments/conventions/full-text, abgerufen am 8.8.2018; vgl. dazu ausf. z.B. *Schulz*, FamRZ 2003, 336; 2011, 156; *Wagner/Janzen*, FPR 2011, 110.
70 Auch hier stellt sich das Problem des Zusammenspiels von Zuständigkeitsrecht der EheVO 2003 und staatsvertraglichem Kollisionsrecht; vgl. *Wagner/Janzen*, FPR 2011, 110, 111 ff.
71 BGBl II 1971, 217; die aktuellen Vertragsstaaten sind abrufbar auf der Homepage der Haager Konferenz: www.hcch.net.
72 *Kropholler*, IPR, § 48 II 1.

73 BGHZ 111, 199; BayObLGZ 1988, 76; OLG Celle FamRZ 1988, 646; OLG Hamburg FamRZ 1987, 974; OLG Stuttgart FamRZ 1989, 895; a.A. *Kropholler*, IPR, § 48 II 1d.
74 Dieses Zusammenspiel von Zuständigkeitsrecht der EheVO 2003 und Kollisionsrecht des Staatsvertrages ist sehr umstritten; vgl. *Rauscher*, Europäisches Zivilprozessrecht, 2004, Art. 3 Brüssel II-VO Rn 3; *Schulz*, FPR 2004, 301; *Solomon*, FamRZ 2004, 1409, 1416; *Puszkajler*, IPRax 2001, 82; *Jayme/Kohler*, IPRax 2000, 457 f.; *Kropholler*, IPR, S. 384; *Gruber*, Rpfleger 2002, 545, 549.
75 Zum Streit über die Bedeutung dieses Begriffes vgl. *Kropholler*, IPR, § 48 II 1d.
76 Dafür: BayObLG IPRspr 85 Nr. 87; dagg.: *Jaspersen*, FamRZ 1996, 393, 395; wohl auch BayObLGZ 1991, 251, 253.
77 *Grüneberg/Thorn*, BGB, Art. 21 EGBGB Rn 6.

Internationale Bezüge § 8 Einl.

Sonderregelungen über die Anerkennung von Sorgerechtsentscheidungen bestehen daneben in der Verordnung (EG) Nr. 2201/2003 des Rates über die Zuständigkeit und die Anerkennung und Vollstreckung von Entscheidungen in Ehesachen und im Verfahren betreffend die elterliche Verantwortung für die gemeinsamen Kinder der Ehegatten (**EheVO 2003** bzw. Brüssel IIa)[78] sowie in Art. 7 des **Luxemburger Europäischen Übereinkommens über die Anerkennung und Vollstreckung von Entscheidungen über das Sorgerecht für Kinder und die Wiederherstellung des Sorgerechtsverhältnisses** vom 20.5.1980,[79] wonach Sorgerechtsentscheidungen, die in einem Vertragsstaat ergangen sind, in jedem anderen Vertragsstaat anerkannt werden müssen. 27

b) Autonomes Recht

Soweit keine der vorgenannten Sondermaterien zum Zuge kommt, richtet sich das Verhältnis zwischen Eltern und ihrem Kind gem. **Art. 21 EGBGB** nach dem Recht des Staates, in dem das Kind seinen gewöhnlichen Aufenthalt hat.[80] Es ist hierbei festzuhalten, dass diese Kollisionsvorschrift nur eingreift, soweit keine staatsvertraglichen Regelungen vorgehen. Faktisch verbleibt im Hinblick auf die gesetzliche Stellvertretung von Kindern nahezu kein Anwendungsraum für Art. 21 EGBGB, weil die Art. 16, 17 KSÜ Verdrängungswirkung entfalten.[81] Das Statut gemäß Art. 21 EGBGB wandelt sich mit einer etwaigen Veränderung des gewöhnlichen Aufenthaltes des Kindes.[82] Geht es um die Vertretung durch die Eltern, so entscheidet demnach der gewöhnliche Aufenthalt des Kindes zum Zeitpunkt der Vornahme des Rechtsgeschäfts. Eine etwaige Rück- oder Weiterverweisung durch die sonach bestimmte Rechtsordnung ist gem. Art. 4 Abs. 1 EGBGB zu beachten.[83] Die Vorfrage, ob Minderjährigkeit gegeben ist, ist dem nach Art. 7 Abs. 2 EGBGB festzulegenden Geschäftsfähigkeitsstatut zu entnehmen.[84] Ebenfalls als selbstständige Vorfrage ist anzuknüpfen gem. Art. 19 Abs. 1, 20 EGBGB die Abstammung,[85] also wer als Eltern bzw. Elternteil anzusehen ist. Ist das Kind adoptiert, beurteilt sich die Wirksamkeit der Adoption als Vorfrage nach Art. 22 EGBGB.[86] 28

Das für das Eltern-Kind-Verhältnis maßgebliche Statut regelt vor allem **Bestand, Inhalt und Umfang des elterlichen Sorgerechts**, und zwar sowohl, soweit es kraft Gesetzes entsteht, wie auch, soweit es auf behördlicher oder gerichtlicher Anordnung, insbesondere nach Scheidung, beruht.[87] Erfasst ist damit vor allem auch die Vertretungsbefugnis der Eltern bzw. eines Elternteils.[88] Gleiches gilt für das Erfordernis, für bestimmte Rechtsgeschäfte einen **(Ergänzungs-)Pfleger** zu bestellen (§ 1809 BGB n.F.),[89] wie auch für das Erfordernis etwaiger gerichtlicher oder sonstiger **Genehmigungen** (§§ 1643, 1850–1854 BGB n.F.).[90] Das Vertretungsstatut bestimmt auch, ob die Zustimmung bereits vor Abschluss des Geschäfts vorliegen muss oder eine nachträgliche Genehmigung ausreichend ist (vgl. § 1856 BGB n.F.), sowie, auf welche Art und Weise die gerichtliche Genehmigung wirksam wird (vgl. §§ 1855–1858 BGB n.F.).[91] Gleiches gilt für die Rechtsfolgen, wenn eine erforderliche Genehmigung nicht erfolgte oder ein erforderlicher Pfleger nicht mitgewirkt hat.[92] 29

Auch auf den Umfang und etwaige Beschränkungen der elterlichen Vertretungsmacht ist die Verkehrsschutzvorschrift des **Art. 13 Rom I-VO** analog anzuwenden.[93] Im Anwendungsbereich des KSÜ ist vorrangig dessen Art. 19 zu beachten. 30

---

78 ABl EG 2000 L 160, S. 19.
79 BGBl II 1990, 220.
80 Hausmann/Odersky/*Hausmann*, § 5 Rn 11; Meikel/*Hertel*, Einl. G Rn 15.
81 Hausmann/Odersky/*Hausmann*, § 5 Rn 11.
82 MüKo-BGB/*Helms*, Art. 21 Rn 15 ff.
83 Grüneberg/*Thorn*, BGB, Art. 21 EGBGB Rn 1; MüKo-BGB/*Helms*, Art. 21 Rn 17.
84 MüKo-BGB/*Helms*, Art. 21 EGBGB Rn 21; *Dorsel*, MittRhNotK 1997, 6, 14.
85 Grüneberg/*Thorn*, BGB, Art. 21 EGBGB Rn 4; Beck'sches Notarhandbuch/*Zimmermann*, H Rn 64.
86 Grüneberg/*Thorn*, BGB, Art. 21 EGBGB Rn 4.
87 MüKo-BGB/*Helms*, Art. 21 EGBGB Rn 19 ff.
88 OLG Hamm FamRZ 2001, 1533, 1534.
89 *Dorsel*, MittRhNotK 1997, 6, 14.
90 MüKo-BGB/*Helms*, Art. 21 Rn 19; OLG Stuttgart NJW-RR 1996, 1288; Grüneberg/*Thorn*, BGB, Art. 21 Rn 5; anders offenbar BGH ZEV 2003, 375, wo auf das Vertragsstatut Rückgriff genommen wird.
91 RGZ 170, 198; Reithmann/Martiny/*Hausmann*, Internationales Vertragsrecht, Rn 6222.
92 *Dorsel*, MittRhNotK 1997, 6, 14; Schotten/Schmellenkamp, IPR, Rn 82; a.A. Reithmann/Martiny/*Hausmann*, Internationales Vertragsrecht, Rn 6224: Vertragsstatut.
93 Grüneberg/*Thorn*, BGB, Art. 13 Rom I-VO Rn 6; Reithmann/Martiny/*Hausmann*, Internationales Vertragsrecht, Rn 6255; Schotten/Schmellenkamp, IPR, Rn 107 (zu Art. 12 EGBGB).

Nicht

4. Vertretung durch Betreuer, Pfleger und Vormunde
a) Staatsverträge

31 Das Internationale Privatrecht der Betreuung, Pflegschaft und Vormundschaft wird weitgehend durch Staatsverträge beherrscht.[94] Für die Anwendung des nationalen Kollisionsrechts verbleibt nur ein sehr schmaler Anwendungsbereich.[95]

Vor allem ist hier, wenn es sich um einen Minderjährigen oder ein Kind handelt, das Haager **Minderjährigenschutzabkommen** bzw. als dessen Nachfolger das Haager **Kinderschutzübereinkommen** zu beachten (vgl. dazu Rdn 25),[96] da die Anordnung einer Vormundschaft, Betreuung oder Pflegschaft Schutzmaßnahmen im Sinne dieser Staatsverträge sind. Insbesondere gilt dies auch für die Bestellung eines Ergänzungspflegers (§ 1809 BGB n.F.).[97]

Für Personen, die das achtzehnte Lebensjahr vollendet haben, gilt seit 1.1.2009 das **Haager Übereinkommen über den internationalen Schutz von Erwachsenen** (ESÜ).[98] Es regelt die Maßnahmen bei internationalen Sachverhalten, die zum Schutz solcher Personen in Betracht kommen, die aufgrund einer Beeinträchtigung oder der Unzulänglichkeit ihrer persönlichen Fähigkeiten nicht in der Lage sind, ihre Interessen zu schützen (Art. 1 Abs. 2 lit. a ESÜ). Die Zuständigkeit zur Einleitung, zur Durchführung, zur Änderung und zur Beendigung solcher Maßnahmen liegt gem. Art. 5 Abs. 1 ESÜ bei dem Vertragsstaat, in dem der Erwachsene seinen gewöhnlichen Aufenthalt hat. Der zuständige Vertragsstaat wendet nach Art. 13 Abs. 1 ESÜ grundsätzlich sein eigenes materielles Recht an. Für das auf Vorsorgevollmachten anwendbare Recht enthält Art. 15 ESÜ eine detaillierte Regelung.[99] Das **deutsch-persische Niederlassungsabkommen** (siehe Rdn 24) erfasst auch Vormundschaft und Pflegschaft. Dieses Abkommen geht insoweit dem KSÜ und dem ESÜ vor.[100]

Gelegentlich enthalten **bilaterale Konsular- und Handelsabkommen** Regelungen des internationalen Vormundschafts- und Pflegschaftsrechts.

b) Autonomes Recht, Art. 24 EGBGB

32 Die autonome Kollisionsnorm des Art. 24 EGBGB spielt wegen der gem. Art. 3 EGBGB vorrangigen Staatsverträge, insbesondere KSÜ und ESÜ eine untergeordnete Rolle.[101] Der praktische Anwendungskorridor ist schmal. Unter die Vorschrift fallen **Betreuung, Pflegschaft und Vormundschaft als sog. Fürsorgeverhältnisse** (Art. 24 Abs. 1 EGBGB). Nicht hierher gehört allerdings die Amtsvormundschaft nach §§ 1786, 1787 BGB,[102] soweit für die Anwendbarkeit dieses Institutes eine entsprechende versteckte Kollisionsnorm im Gesetz enthalten ist.[103] Auch die Beistandschaft (§ 1717 BGB) fällt nicht in den Anwendungsbereich von Art. 24 Abs. 1 EGBGB, da mit § 1717 BGB eine vorgehende Kollisionsregel existiert. Bezeichnet eine ausländische Rechtsordnung das kraft Gesetzes bestehende Sorgerecht der Eltern bzw. eines Elternteiles als Vormundschaft, so handelt es sich hierbei nicht um eine Vormundschaft im Sinne des Art. 24 Abs. 1 EGBGB, sondern es gilt KSÜ bzw. Art. 21 EGBGB.[104] Nach dem ausdrücklichen Wortlaut von Art. 24 Abs. 1 EGBGB in der Neufassung durch das Gesetz zur Reform des Vormundschafts- und Betreuungsrechts vom 4.5.2021 sind Vormundschaften im Sinne des Gesetzes solche, die kraft Gesetzes oder durch Rechtsgeschäft (z.B. Testament) entstehen. Pflegschaften im Sinne des Art. 24 Abs. 1 EGBGB sind auch solche, die die elterliche Sorge ergänzen.[105]

33 Geht es um Entstehung, Ausübung, Änderung und Ende einer gesetzlichen oder auf Rechtsgeschäft beruhenden Vormundschaft, Betreuung oder Pflegschaft (sog. **Fürsorgeverhältnis**), so verweist Art. 24

---

[94] Meikel/*Hertel*, Einl. G Rn 50; Hausmann/Odersky/*Hausmann*, § 5 Rn 2.
[95] *Wagner*, FamRZ 2022, 405, 412.
[96] Meikel/*Hertel*, Einl. G Rn 51.
[97] BayObLGZ 1981, 246, 252; *Süß*, Rpfleger 2003, 53, 56.
[98] BGBl II 2009, 39.
[99] Ausführlich dazu *Wedemann*, FamRZ 2010, 785 ff.
[100] *Wagner*, FamRZ 2022, 405, 412.
[101] Meikel/*Hertel*, Einl. G Rn 54.
[102] MüKo-BGB/*Lipp*, Art. 24 EGBGB Rn 24; Staudinger/*von Hein*, BGB, Art. 24 EGBGB Rn 10.
[103] MüKo-BGB/*Lipp*, Art. 24 Rn 24.
[104] Soergel/*Kegel*, BGB, Art. 24 EGBGB Rn 10; Erman/*Hohloch*, BGB, Art. 24 EGBGB Rn 9.
[105] Vgl. BayObLG FamRZ 1968, 105, 107; LG Berlin FamRZ 1971, 320; LG Berlin FamRZ 1976, 291, 292; Soergel/*Kegel*, BGB, Art. 24 Rn 11; a.A. KG IPRax 1994, 306; *Klinkhardt*, IPRax 1994, 285, 286: das Recht ist maßgebend, das für das Sorgerecht bzw. die Vormundschaft gilt, die durch die Ergänzungspflegschaft ergänzt wird.

Abs. 1 EGBGB in seiner Neufassung durch das Gesetz zur Reform des Vormundschafts- und Betreuungsrechts vom 4.5.2021 auf das Recht des Staates, in dem das Mündel bzw. der Betreute oder Pflegling (sog. **Fürsorgebedürftiger**) seinen **gewöhnlichen Aufenthalt** hat. Der Wechsel des gewöhnlichen Aufenthaltes soll nach der Vorstellung des Gesetzgebers aber nicht zu einer Veränderung der Rechtslage führen[106] (ausgenommen die Maßnahmen des Zuzugsstaates mit Blick auf das Fürsorgeverhältnis). Maßnahmen, die im Inland in Bezug auf ein Fürsorgeverhältnis in der Sichtweise des Art. 24 Abs. 1 EGBGB angeordnet werden, und die Ausübung dieses Fürsorgeverhältnisses unterliegen dem deutschen Recht, Art. 24 Abs. 2 EGBGB n.F. Auf den gewöhnlichen Aufenthalt des Betroffenen kommt es nicht an. Erfasst sein sollen insbesondere **Handlungen des Betreuers oder Vormunds**. Besteht allerdings mit dem Recht eines anderen Staates eine wesentlich **engere Verbindung** als mit dem deutschen Recht, so kann das Recht dieses Staates angewendet werden, Art. 24 Abs. 2 S. 2 EGBGB n.F. Soweit eine ausländische Fürsorgeentscheidung im Inland nach Maßgabe von §§ 108 ff. FamFG anzuerkennen ist, richtet sich deren Ausübung im Inland nach deutschem Recht.[107]

Die Verweisung in Art. 24 Abs. 1 EGBGB ist **Gesamtverweisung**, so dass eine etwaige Rück- oder Weiterverweisung der verwiesenen Rechtsordnung Beachtung finden muss.[108] Die bei der Vormundschaft etwa auftretende Vorfrage, ob die als Mündel in Betracht kommende Person **geschäftsfähig** ist oder nicht, ist anhand des von Art. 7 Abs. 2 EGBGB berufenen Rechts zu beantworten; die etwaige weitere Vorfrage, ob eine Person unter **elterlichem Sorgerecht** steht, entscheidet sich nach Art. 21 EGBGB.[109]   34

Soweit das Gesetz von der Ausübung der Betreuung, Vormundschaft bzw. Pflegschaft spricht, meint es auch die Befugnisse des Betreuers, Vormunds bzw. Pflegers, insbesondere seine **Vertretungsmacht** samt deren Umfang, das Bestehen und die Reichweite eines Einwilligungsvorbehaltes sowie Einschränkungen durch **Genehmigungserfordernisse**, etwa durch das Gericht.[110]   35

Die **Anerkennung** einer im Ausland erfolgten Anordnung oder Aufhebung einer Vormundschaft, Betreuung oder Pflegschaft richtet sich nach Art. 22 ff. ESÜ bzw. aufgrund Art. 24 Abs. 3 EGBGB nach den §§ 108, 109 FamFG (siehe auch Rdn 13).[111] Soweit eine ausländische Fürsorgeentscheidung im Inland nach Maßgabe von §§ 108 ff. FamFG anzuerkennen ist, richtet sich deren Ausübung im Inland nach deutschem Recht.[112]   36

Auch für den Umfang der gesetzlichen Vertretungsmacht des Vormunds, Pflegers oder Betreuers ist Verkehrsschutz entsprechend Art. 13 Rom I-VO bzw. **Art. 12 EGBGB** zu gewähren.[113] Im Anwendungsbereich des KSÜ ist vorrangig dessen Art. 19 zu beachten, im Anwendungsbereich des ESÜ dessen Art. 17.

5. Handeln durch Testamentsvollstrecker, Nachlassverwalter, Nachlasspfleger und Nachlassinsolvenzverwalter

Die Zulässigkeit einer Testamentsvollstreckung beurteilt sich, ebenso wie die Rechtsstellung des **Testamentsvollstreckers**, seine Einzelbefugnisse und die Voraussetzungen seiner Entlassung, nach dem Erbstatut (aus deutscher Sicht nach Art. 25 EGBGB, ab 17.8.2015: EuErbVO).[114] Dieses bestimmt, ob der Testamentsvollstrecker Vertreter der Erben oder Partei kraft Amtes ist, ferner den Umfang seiner Verwaltungs- und Vertretungsbefugnis[115] und inwieweit die Befugnisse des Erben dadurch eingeschränkt sind.   37

Die Rechtsstellung eines **Nachlasspflegers** und eines **Nachlassverwalters** bestimmt sich über die Kollisionsnorm des Art. 24 Abs. 1 EGBGB (siehe oben Rdn 32 ff.). Für die Nachlassverwaltung ergibt sich dies daraus, dass § 1975 BGB sie als besondere Nachlasspflegschaft definiert. Bei **Nachlassinsolvenz** gelten dieselben Grundsätze wie auch sonst für die Vertretung durch einen Insolvenzverwalter (siehe unten Rdn 164 ff.).   38

---

106 *Wagner*, FamRZ 2022, 405, 413.
107 *Wagner*, FamRZ 2022, 405, 413.
108 *Wagner*, FamRZ 2022, 405, 413.
109 Staudinger/*von Hein*, BGB, Art. 24 EGBGB Rn 94.
110 Grüneberg/*Thorn*, BGB, Art. 24 EGBGB Rn 4.
111 Grüneberg/*Thorn*, BGB, Art. 24 EGBGB Rn 9.
112 *Wagner*, FamRZ 2022, 405, 413.
113 Grüneberg/*Thorn*, BGB, Art. 13 Rom I-VO Rn 6.
114 NK-BGB/*Weidlich*, vor §§ 2197–2228 Rn 21; MüKoBGB/*Dutta*, Art. 26 EGBGB Rn 4 ff.
115 BGH NJW 1963, 46, 47; BayObLG Rpfleger 1990, 363, 364; *Dorsel*, MittRhNotK 1997, 6, 15.

II. Juristische Personen und Gesellschaften

1. Anknüpfung des Gesellschaftsstatuts

a) Sitztheorie

39 aa) **Begriff und Gegenüberstellung der Gründungstheorie.** Ausländische Gesellschaften können als Begünstigte in das deutsche Grundbuch eingetragen werden, wenn sie nach dem anzuwendenden Gesellschaftsrecht aus der Perspektive der deutschen Rechtsordnung rechtsfähig sind.[116] Ein förmlicher Beweis der Rechtsfähigkeit gegenüber dem Grundbuchamt ist hierbei im Hinblick auf die **Eintragungsbewilligung** (§ 19 GBO) nicht erforderlich.[117] Vielmehr wird es für ausreichend erachtet, dass der Bestand und die Rechtsfähigkeit des ausländischen Rechtsträgers **nicht ausgeschlossen sind**.[118] Unter Berufung auf die Rechtsprechung[119] wird in der Literatur vertreten, dass das Grundbuchamt **keine Nachforschungen** hinsichtlich der Beteiligtenfähigkeit/Rechtsfähigkeit anstellen dürfe; es sei vielmehr genügend, wenn die begünstigte Gesellschaft beteiligtenfähig sein kann und wenn die in der Bewilligung zur Bezeichnung der Rechtspersönlichkeit gemachten Angaben der Wirklichkeit entsprechen können.[120] Im Hinblick auf die **dingliche Einigung** gemäß § 20 GBO ist die Rechtsfähigkeit der an der Einigung beteiligten Rechtsträger materielle Wirksamkeitsvoraussetzung.[121] Das Grundbuchamt muss das Vorliegen der Rechtsfähigkeit mit Bezug auf § 20 GBO von Amts wegen prüfen.[122] Das Grundbuchamt ist hierzu berechtigt, sich bei berechtigten Zweifeln im Hinblick auf die Rechtsfähigkeit Unterlagen vorlegen zu lassen, z.B. Handelsregisterauszüge.[123] Dieser Grundsatz gilt gleichermaßen für in- und ausländische Rechtspersönlichkeiten. Er dürfte bei ausländischen Rechtspersönlichkeiten regelmäßig zur Anwendung kommen. Die Anknüpfung des Gesellschaftsstatuts ist im deutschen Recht allerdings umstritten, da es hierfür keine geschriebene Kollisionsnorm gibt, vgl. Art. 1 Abs. 2 lit. f und g Rom I-VO. Das EGBGB behandelt das Gesellschaftsstatut selbst nicht ausdrücklich. Andere nationale Kollisionsregeln liegen ebenfalls nicht vor. Die Frage wird auch in rechtsvergleichender Hinsicht von Staat zu Staat in unterschiedlicher Weise behandelt. In der Rechtswirklichkeit stehen im Wesentlichen als Gegenpole die **Sitztheorie** und die **Gründungstheorie** einander gegenüber, wobei auch Zwischenformen vertreten und angewendet werden. Die Gründungstheorie (Inkorporationstheorie) beruft als Gesellschaftsstatut diejenige Rechtsordnung, nach der die Gesellschafter die Gesellschaft errichtet haben.[124] Den Gründern wird dadurch die Parteiautonomie gewährt, das anwendbare Recht nach ihrem Willen festzulegen. Es ist hierzu auf den in der Satzung der Gesellschaft vereinbarten Sitz bei Gründung der Gesellschaft abzustellen. Insoweit dürften sich regelmäßig Parallelen zur Handelsregistereintragung, soweit eine solche im jeweiligen Gründungsstaat vorgesehen ist, ergeben.[125] Nach diesem Anknüpfungsgrundsatz richten sich die internationalen Gesellschaftsrechte etwa in den Staaten des Common Law (insbesondere in den USA und in England), der Schweiz und den Niederlanden.[126] Die Gründungstheorie hat aber auch Anhänger in der deutschen Literatur.[127] Herrschend und in der Rechtsprechung vertreten war in Deutschland dagegen die **Sitztheorie**,[128] welcher häufig sogar gewohnheitsrechtlicher Charakter zugesprochen wurde.[129] Ihr folgt man außerdem grundsätzlich z.B. in Österreich, Frankreich, Belgien, Luxemburg und Griechenland.[130] Anknüpfungspunkt ist im Rahmen der Sitztheorie der objektiv zu bestimmende tatsächliche Sitz der Gesellschaft, auch als **effektiver Verwaltungssitz der Gesellschaft** bezeichnet. Auch heute wird im Inland im Grundsatz von **Sitztheorie** auszugehen sein.[131] Allerdings wird diese grundsätzliche Anwendung der Sitztheorie zur Bestimmung des Gesellschaftsstatutes in mehrfacher Hinsicht zu **durch-**

---

116 Meikel/*Hertel*, Einl. G Rn 73.
117 Meikel/*Hertel*, Einl. G Rn 77.
118 Meikel/*Hertel*, Einl. G Rn 77; Meikel/*Böttcher*, § 19 Rn 165.
119 KG JFG 7, 276; OLD Düsseldorf NJW 1952, 32.
120 Meikel/*Böttcher*, § 19 Rn 165.
121 Meikel/*Böttcher*, § 20 Rn 139.
122 Meikel/*Böttcher*, § 20 Rn 139.
123 Meikel/*Böttcher*, § 20 Rn 139.
124 Siehe: BGH NZG 2009, 68.
125 Vgl. Hausmann/Odersky/*Wall*, § 18 Rn 11.
126 *Kropholler*, IPR, § 55 I; Reithmann/Martiny/*Hausmann*, Internationales Vertragsrecht, Rn 5037; *Schotten/Schmellenkamp*, IPR, Rn 70; *Hoffmann*, ZVglRWiss 101 (2002), 283, 287 ff.; Hausmann/Odersky/*Wall*, § 18 Rn 13.
127 Zum Beispiel: *Neumayer*, ZVglRWiss 83 (1984) 129, 139 ff.
128 Beispielsweise: BGHZ 25, 134, 144; 51, 27, 28; 53, 181, 183; 78, 318, 334; 97, 269, 271; 118, 151, 167; 134, 116, 118; Staudinger/*Großfeld*, BGB, IntGesR Rn 72 ff.
129 *Bungert*, EWS 1993, 17, 18.
130 Beck'sches Notarhandbuch/*Zimmermann*, H Rn 173; Reithmann/Martiny/*Hausmann*, Rn 5035; rechtsvergleichender Überblick bei Staudinger/*Großfeld*, BGB, IntGesR Rn 148 ff.
131 BGHZ 178, 192 (Trabrennbahn), BGH NZG 2016, 1187 = MDR 2017, 299.

brechen sein. Hintergrund ist die mittlerweile gefestigte und ausdifferenzierte Rechtsprechung des EuGH zum Zuzug und Wegzug von Gesellschaften innerhalb der EU (sog. **Binnen-Mobilität**).[132] Der EuGH geht auf der Grundlage des europäischen Primärrechts wegen der Grundsätze der Niederlassungsfreiheit und der Kapitalverkehrsfreiheit (Art. 54, 59 AEUV) davon aus, dass eine innerhalb der EU wirksam gegründete Gesellschaft von den Gerichten und Behörden der Mitgliedstaaten in ihrer jeweiligen Rechtsform anerkannt werden muss. Faktisch bedeutet das die Anwendung der **Gründungstheorie** im Hinblick auf den Zuzug von ausländischen EU-Gesellschaften in den Rechtsraum der Bundesrepublik Deutschland. Wird demnach eine Gesellschaft in einem Mitgliedstaat der EU als rechts- und geschäftsfähige Kapitalgesellschaft (juristische Person) wirksam gegründet, muss das inländische Recht diesen Zustand akzeptieren und den Rechtsträger insoweit als rechts- und parteifähig behandeln.[133] Hinsichtlich des möglichen Wegzugs deutscher Rechtsträger wurden für deutsche GmbHs und AGs im Jahr 2008 die Vorschriften § 4a GmbHG und § 5 AktG neu gefasst. Hierbei wurde das zwingende Erfordernis eines inländischen Verwaltungssitzes fallen gelassen. Für Gesellschaften in der Rechtsform von GmbH und AG ist es daher möglich, den effektiven Verwaltungssitz im Ausland zu haben bzw. ins Ausland zu verlegen, solange nur die in der Satzung vorgesehene Verankerung im Inland (Satzungssitz im Inland) aufrechterhalten bleibt.[134] Damit hat der Gesetzgeber auf sachrechtlicher Ebene die **Gründungstheorie** übernommen.[135] Für Personengesellschaften gilt dies nicht, sondern es bleibt insoweit beim Grundsatz der Sitztheorie.[136] Die Sitztheorie ist zudem nicht anzuwenden, soweit es durch Staatsverträge geboten ist (z.B. Art. XXV Abs. 5 S. 2 des deutsch-amerikanischen Handelsvertrags).[137]

bb) Bestimmung des Sitzes. Sitzstaat ist der Staat, in dem sich der **tatsächliche Sitz der Hauptverwaltung** befindet.[138] Darunter versteht man den Tätigkeitsort der Geschäftsführung und der dazu berufenen Vertretungsorgane, also den Ort, wo die grundlegenden Entscheidungen der Unternehmensleitung effektiv in laufende Geschäftsführungsakte umgesetzt werden.[139] Es wird nicht auf die „großen" unternehmenspolitischen Entscheidungen abgestellt, sondern auf die den „großen" Entscheidungen nachfolgenden täglichen Geschäftsabläufe.[140] Es kommt also nicht auf den Ort der internen Willensbildung an, sondern auf die Umsetzung der laufenden Geschäftsführungsakte nach außen.[141] Im Übrigen sind dabei die **Umstände des Einzelfalles** zu berücksichtigen, etwa Sitz der Generaldirektion, Tagungsort von Vorstand, Aufsichtsrat, Geschäftsführung bzw. Hauptversammlung sowie der Ort der Geschäftsleitung.[142] Eine Anknüpfung an den Sitz bloßer Betriebs- oder Produktionsstätten scheidet ebenso aus, wie die Anknüpfung an untergeordnete Verwaltungstätigkeiten (z.B. Buchhaltung). Die bloße nominelle Festsetzung eines Verwaltungssitzes in der Satzung („Briefkastengesellschaft") ist unerheblich.[143] Eine Schwerpunktbetrachtung ist angezeigt, wenn mehrere Verwaltungsorte in verschiedenen Staaten vorliegen, weil eine Doppel- bzw. Mehrfachanknüpfung vermieden werden sollte.[144] Bei **Zweigniederlassungen** verbietet sich eine selbstständige Anknüpfung an den Ort derselben, da sie rechtlich unselbstständig sind und demgemäß zusammen mit dem Hauptgeschäft eine einheitliche Rechtspersönlichkeit bilden.[145] Im Gegensatz dazu ist im Rahmen des in-

---

132 Ausführlicher Überblick bei Hausmann/Odersky/*Wall*, Internationales Privatrecht in der Notar- und Gestaltungspraxis, § 18 S. 937 ff.

133 Eingehend LG München I IPRax 2021, 285 (zu einer Gesellschaft mit Satzungssitz auf den British Virgin Islands) unter Verweis auf EuGH NJW 1999, 2027 (Centros) und EuGH NJW 2003, 3331 (Inspire Art) und BGHZ 178, 192 (Trabrennbahn).

134 *Däubler/Heuschmid*, NZG 2009, 493, 494; vgl. zu § 4a GmbHG und § 5 AktG auch: *Franz/Laeger*, BB 2008, 678; *Peters*, GmbHR 2008, 245; *Kindler*, IPRax 2009, 189, 194 ff.

135 Grüneberg/*Thorn*, BGB, Anh. zu Art. 12 Rn 1.

136 *Leitzen*, NZG 2009, 728 mit weiteren Nachweisen zum Streitstand in der Literatur. Zur Anmeldung einer inländischen Geschäftsanschrift vgl. OLG Schleswig-Holstein DNotI-Report 2012, 49.

137 Siehe BayObLG, Beschl. v.28.6.2022 – 101 Sch 120/21, juris.

138 BGHZ 53, 181, 183, 151, 204, 206; BGH NJW 2003, 1607, 1608.

139 BGHZ 97, 269, 272; BayObLG NJW 1986, 3029, 3030 f.; OLG Frankfurt NJW 1990, 2204, 2205; OLG Hamburg RIW 1988, 816.

140 *Schotten/Schmellenkamp*, IPR, Rn 70.

141 Reithmann/Martiny/*Hausmann*, Internationales Vertragsrecht, Rn 5083; MüKo-BGB/*Kindler*, IntGesR Rn 316; Staudinger/*Großfeld*, BGB, IntGesR Rn 227; vgl. auch BayObLGZ 1985, 272, 280; OLG München NJW 1986, 2197, 2198.

142 Grüneberg/*Thorn*, BGB, Anh. zu Art. 12 EGBGB, Rn 3.

143 Grüneberg/*Thorn*, BGB, Anh. zu Art. 12 EGBGB, Rn 3.

144 Staudinger/*Großfeld*, BGB, IntGesR Rn 235; Reithmann/Martiny/*Hausmann*, Internationales Vertragsrecht, Rn 5088.

145 BayObLG IPRax 1986, 161; *Kaligin*, DB 1985, 1449, 1450.

ternationalen Konzernrechts die abhängige **Tochtergesellschaft** nach ihrem eigenen Sitz selbstständig zu beurteilen, da ihr eine eigenständige Rechtspersönlichkeit zukommt.[146]

41 cc) **Rück- und Weiterverweisung.** Nach dem Grundsatz des Art. 4 Abs. 1 S. 1 EGBGB sind **Rück- oder Weiterverweisungen** durch das IPR des Sitzstaates zu berücksichtigen.[147] Dies spielt vor allem dann eine Rolle, wenn der Sitzstaat der Gründungstheorie folgt.[148] Als Weiterverweisung wird dies praktisch relevant, wenn eine Gesellschaft ihren Sitz im Ausland hat, sie aber nach dem Recht eines Drittstaates gegründet wurde, was nach dem IPR des Sitzstaates im Wege der Gründungstheorie anerkannt wird.[149] Dann gilt als Gesellschaftsstatut das Recht, nach dem diese Gesellschaft errichtet worden ist.

b) Staatsverträge

42 Der in Art. 3 EGBGB statuierte Vorrang der Staatsverträge gebietet die Beachtung der bilateralen Handels- und Niederlassungsabkommen, die Deutschland mit vielen anderen Staaten geschlossen hat und in denen häufig eine gegenseitige Anerkennung von Handelsgesellschaften vorgesehen ist.[150] Aus diesen Abkommen ergibt sich, teils ausdrücklich, teils konkludent, nach welchem Recht die betreffenden Gesellschaften zu beurteilen sind.[151] Die Anknüpfung ist nicht einheitlich; teilweise wird auf den **Sitz**, teilweise auf das **Gründungsrecht** abgestellt, und bisweilen findet sich auch eine **Kombination** beider Momente.[152] Überwiegend knüpfen die Abkommen an den **Verwaltungssitz** an, so dass ihnen aus Sicht der Bundesrepublik Deutschland nur deklaratorische Bedeutung zukommt.[153] Entsprechende Verträge existieren z.B. mit Frankreich, Italien, den Niederlanden, der Türkei, Griechenland, Polen, Portugal, Tschechien und Ungarn.[154] Ob die Gründungstheorie von Art. 15 Abs. 2 des Niederlassungsvertrages mit Spanien verfolgt wird, ist umstritten.[155] Jedenfalls ergibt sie sich aus der Kollisionsnorm des Art. XXV Abs. 5 des deutsch-amerikanischen Vertrages vom 29.10.1954 (BGBl II 1956, 487), wonach die Rechtsfähigkeit und auch die Vertretung einer in den **USA** wirksam gegründeten Gesellschaft unabhängig von ihrem Verwaltungssitz dem Gründungsrecht unterliegt.[156] Nach teilweise vertretener Meinung setzt die Anerkennung einer in den USA gegründeten Gesellschaft allerdings voraus, dass diese auch tatsächliche Beziehungen zu den USA hat und nicht ihre sämtliche Geschäftstätigkeit in der Bundesrepublik Deutschland entfaltet (völkerrechtliches **genuine-link-Erfordernis**).[157] Diese Einschränkung hat die höchstrichterli-

---

146 Vgl. OLG Hamburg MDR 1976, 402; *Ebenroth*, JZ 1988, 18, 23; *Kropholler*, IPR, § 55 I 3b; Staudinger/*Großfeld*, BGB, IntGesR Rn 230.
147 OLG Hamburg RIW 1988, 816; OLG Frankfurt NJW 1990, 2204, 2205; OLG Hamm RIW 1997, 874, 875; OLG Hamm NZG 2001, 562; *Ebenroth/Eyles*, IPRax 1989, 1, 9.
148 Siehe LG München I IPRax 2021, 285 zu einer auf den British Virgin Islands gegründeten Briefkastengesellschaft mit dortigem Satzungssitz, deren effektive Verwaltung in Monaco belegen ist (das Recht des Fürstentums Monaco folgt der Gründungstheorie).
149 Siehe LG München I IPRax 2021, 285 zu einer auf den British Virgin Islands gegründeten Briefkastengesellschaft mit dortigem Satzungssitz, deren effektive Verwaltung in Monaco belegen ist (das Recht des Fürstentums Monaco folgt der Gründungstheorie).
150 MüKo-BGB/*Kindler*, IntGesR, Rn 426.
151 *Schotten/Schmellenkamp*, IPR, Rn 69; Soergel/*Lüderitz*, BGB, Anh. Art. 10 EGBGB, Rn 12.
152 Siehe zum deutsch-amerikanischen Freundschafts-, Handels- und Schiffahrtsvertrag vom 29.10.1954 BayObLG, Beschl. v. 28.6.2022 – 101 Sch 120/21, juris; *Kropholler*, IPR, § 55 I 1.
153 Staudinger/*Großfeld*, BGB, IntGesR Rn 208.
154 Vgl. im Einzelnen Soergel/*Lüderitz*, BGB, Anh Art. 10, Rn 12.
155 Für Gründungstheorie: *Kropholler*, IPR, § 55 I 1; *Ebenroth/Bippus*, DB 1988, 842, 843; *Sandrock*, RIW 2006, 658, 661 f.; zw. *v. Bar*, IPR II, Rn 629; a.A. *Steiger*, RIW 1999, 169 ff.
156 BGH NJW-RR 2002, 1359, 1360; BGH NJW 2003, 1607; BGH NJW-RR 2004, 1618; BGH DNotZ 2005, 141 m. Anm. *Thölke*; OLG Düsseldorf NJW-RR 1995, 1184, 1185; OLG Koblenz IPRspr. 2003 Nr. 19; OLG München IPRspr. 2008 Nr. 8; ausf. *Kaulen*, IPRax 2008, 389; a.A. *Kegel/Schurig*, IPR, § 17 II 5c; *Berndt*, JZ 1996, 187 ff.; zur Bedeutung für den Wegzug einer deutschen Kapitalgesellschaft in die USA vgl. *Ebke*, RIW 2004, 740, 743; zur Bestimmung des Anknüpfungsmoments im Rahmen des Vertrages: *Kaulen*, IPRax 2008, 389.
157 BayObLG, Beschl. v. 28.6.2022 – 101 Sch 120/21, juris; OLG Düsseldorf WM 1995, 808, 811; *Pfeiffer*, Rpfleger 2006, 173, 174; *Ebenroth/Bippus*, NJW 1988, 2137 f.; *Ebenroth/Kemner/Willburger*, ZIP 1995, 972 ff.; *Bausback*, DNotZ 1996, 254, 258; *Kindler*, BB 2003, 812; MüKo-BGB/*Kindler*, IntGesR, Rn 347; *Mankowski*, EWiR 2003, 661; MüKo-GmbHG/*Weller*, Einleitung Rn 402; *Weller*, IPrax 2017, 167, 170; gegen das Erfordernis eines genuine link *Bungert*, DB 2003, 1043, 1044; *Drouven/Mödl*, NZG 2007, 7, 8; *Ebke*, RIW 2004, 740, 743; Hausmann/Odersky/*Wall*, Internationales Privatrecht in der Notar- und Gestaltungspraxis, § 18 S. 947 Rn 29; *Stürner*, IPRax 2005, 305, 307; Grüneberg/*Thorn*, BGB, Anh zu Art. 12, Rn 3; *Kraft* in Wachter, Praxis des Handels- und Gesellschaftsrechts, § 16 Rn 28; Bamberger/Roth/Hau/Poseck/*Mäsch*, Art. 12 EGBGB Rn 6.

che Rechtsprechung allerdings bislang ausdrücklich offengelassen.[158] Das zwischen der Europäischen Union und dem **Vereinigten Königreich Großbritannien und Nordirland** im Nachgang zum sog. **Brexit** abgeschlossene „Handels- und Kooperationsabkommen zwischen der Europäischen Union und der Europäischen Atomgemeinschaft einerseits und dem Vereinigten Königreich Großbritannien und Nordirland andererseits",[159] das seit dem 1.1.2021 die Rechtsbeziehungen zwischen der EU und dem Vereinigten Königreich regelt, enthält **keine ausdrücklichen Vorschriften** zur Freizügigkeit und Niederlassungsfreiheit, so wie diese aus dem EU-Primärrecht bekannt sind und bislang als Rechtsgrundlage der EU-Binnenmobilität herangezogen werden konnten.[160] Allerdings enthält das bezeichnete Handels- und Kooperationsabkommen Beschränkungsverbote und ein Gleichbehandlungsgebot für sog. „erfasste Unternehmen" im Sinne des Art. SERVIN.2.2. Unter diesem Begriff der erfassten Unternehmen versteht das Handels- und Kooperationsabkommen auch juristische Personen der Vertragspartei Vereinigtes Königreich Großbritannien und Nordirland (SERVIN.1.2 lit h und lit k), jedoch nur soweit diese im Hoheitsgebiet des Vereinigten Königreiches Großbritannien und Nordirland eine sog. **materielle Geschäftstätigkeit** entfalten (sog. „substantive business operations").[161] Hieraus ist zu schlussfolgern, dass eine nach dem 1.1.2021 im Vereinigten Königreich Großbritannien und Nordirland gegründete juristische Person (z.B. englische Limited) als rechtsfähige Kapitalgesellschaft des englischen Rechts im Inland anerkannt wird, **sofern sie im Gründungsstaat materielle Geschäftstätigkeit entfaltet**.[162] Sollte die nach dem 1.1.2021 im Vereinigten Königreich Großbritannien und Nordirland gegründete juristische Person (z.B. englische Limited) ihren Verwaltungssitz nicht im Gründungsstaat haben sondern im Inland, dann ist auf diese Gesellschaft (Briefkastengesellschaft oder Scheinauslandsgesellschaft) die **Sitztheorie** des deutschen IPR anzuwenden.[163] Die rechtliche Konsequenz aufgrund der Anwendung der Sitztheorie besteht bei der ausländischen Kapitalgesellschaft mit Verwaltungssitz im Inland darin, dass das deutsche sachliche Gesellschaftsrecht zur Anwendung berufen wird. Hiernach kann die englische Kapitalgesellschaft mit effektivem Verwaltungssitz im Inland nicht als rechtsfähige Kapitalgesellschaft des deutschen Gesellschaftsrechts behandelt werden, da ihr die **konstitutive Handelsregistereintragung** als Kapitalgesellschaft im Inland fehlt.[164] Die Eintragung der ausländischen Kapitalgesellschaft im Companies House im Vereinigten Königreich Großbritannien und Nordirland ersetzt die inländische Handelsregistereintragung nicht. Im Ergebnis führt dies dazu, dass die nach dem 1.1.2021 gegründete Limited mit Satzungssitz und Registratur im Vereinigten Königreich Großbritannien und Nordirland und effektivem (tatsächlichen) Verwaltungssitz im Inland aus deutscher Sicht als GbR oder OHG zu behandeln sein wird, soweit sie mehrere Gesellschafter hat (wegen der Anknüpfung an den tatsächlichen Verwaltungssitz) und aus Sicht des englischen Rechts als rechtsfähige Kapitalgesellschaft. Es entsteht ein sog. „hinkendes Rechtsverhältnis", da Gründungsstaat und Aufnahmestaat das Rechtssubjekt unterschiedlich rechtlich behandeln.[165] In diesen Fällen kommt ihr als am Wirtschaftsverkehr teilnehmender Außengesellschaft Rechts- und Geschäftsfähigkeit im Inland zu. Hat die Scheinauslandsgesellschaft (z.B. englische Limited mit Verwaltungssitz im Inland und ohne materielle Geschäftstätigkeit im Vereinigten Königreich Großbritannien und Nordirland) nur einen im ausländischen Register gezeigten Gesellschafter, ist sie im Inland als **einzelkaufmännisches Unternehmen** (ohne Handelsregistereintragung) zu behandeln.[166]

Soweit ein **bilaterales Abkommen** das Personalstatut von Gesellschaften abweichend vom deutschen autonomen Kollisionsrecht bestimmt, ist stets sorgfältig zu prüfen, welche ausländischen Personenvereinigungen demnach anerkannt werden müssen und wieweit die Anerkennung im Einzelfall reicht.[167]

---

158 Vgl. BGH NJW 2003, 1607; BGH NJW-RR 2004, 1618; BGH DNotZ 2005, 141 m. Anm. *Thölke*; *Kindler*, BB 2003, 812; *Bungert*, DB 2003, 1043, 1044.
159 ABl 2020 L 444, 14.
160 BGH NZG 2021, 702; OLG München NZG 2021, 1518; OLG Celle WM 2022, 1987; LG Berlin, Urt. v. 28.11.2022 – 101 O 57/22, juris; vgl.OHG Österreich NZG 2022, 1072; Hausmann/Odersky/*Wall*, Internationales Privatrecht in der Notar- und Gestaltungspraxis, § 18 S. 1038 Rn 304.
161 Hausmann/Odersky/*Wall*, Internationales Privatrecht in der Notar- und Gestaltungspraxis, § 18 S. 1039 Rn 306–309.
162 Hausmann/Odersky/*Wall*, Internationales Privatrecht in der Notar- und Gestaltungspraxis, § 18 S. 1039 Rn 309–310.
163 BFH DStR 2022, 250 ff.; Hausmann/Odersky/*Wall*, Internationales Privatrecht in der Notar- und Gestaltungspraxis, § 18 S. 1040 Rn 311, 312.
164 Hausmann/Odersky/*Wall*, Internationales Privatrecht in der Notar- und Gestaltungspraxis, § 18 S. 1040 Rn 312.
165 Hausmann/Odersky/*Wall*, Internationales Privatrecht in der Notar- und Gestaltungspraxis, § 18 S. 1040 Rn 313.
166 LG Berlin, Urt. v. 28.11.2022 – 101 O 57/22.
167 Reithmann/Martiny/*Hausmann*, Internationales Vertragsrecht, Rn 5071.

2. Reichweite des Gesellschaftsstatuts

a) Erfasste Personenvereinigungen und Vermögensmassen

43 Das Gesellschaftsstatut erfasst neben den **Personengesellschaften** die **juristischen Personen**. Seine Grundsätze treffen damit auch auf Vereine und Stiftungen zu.[168]

Der Geltungsanspruch des Gesellschaftsstatuts erstreckt sich auch auf handelsrechtliche Gesellschaften ohne Rechtsfähigkeit sowie allgemein auf Personenvereinigungen und Vermögensmassen mit eigener Organisation, auch wenn sie **nicht rechtsfähig** sind, insbesondere nicht rechtsfähige Vereine oder Partnerschaften.[169] Entscheidend ist das Vorhandensein einer eigenen Organisation.[170] Deshalb kann auch ein Trust in diesem Sinne „Gesellschaft" sein, wenn er eine gesellschaftlich strukturierte Vermögensmasse darstellt (Constructive and Resulting Trust).[171] Reine Innengesellschaften (z.B. zwischen Ehegatten) richten sich dagegen nicht nach dem Gesellschaftsstatut, sondern nach dem Vertragsstatut.[172] Die Grenzlinie dürfte für Gesellschaften nach BGB dort verlaufen, wo der BGH die Trennlinie zwischen rechtsfähiger und nicht rechtsfähiger Gesellschaft bürgerlichen Rechts gesetzt hat (vgl. nunmehr §§ 705 Abs. 2, 740 BGB n.F. in der Fassung des MoPeG).[173]

44 Auch juristische Personen des **öffentlichen Rechts**, in casu eine Hochschule der früheren DDR, hat der BGH[174] der Anknüpfung an den Sitz unterworfen. Hintergrund hierfür ist, dass bei öffentlichen Personenvereinigungen und Vermögensmassen die Anknüpfung nach der im Heimatstaat herrschenden Anknüpfungstheorie zu erfolgen hat.[175]

b) Rechtsfähigkeit

45 Das Gesellschaftsstatut ist seiner Reichweite nach umfassend und gilt grundsätzlich für **alle gesellschaftsrechtlichen Verhältnisse**.[176] Neben der Rechtsnatur, der Gründung, der Firma, der Vertretungsmacht der Organe, der Verfassung und inneren Organisation regelt es daher auch den Beginn und den Umfang der Rechtsfähigkeit.[177] Nach einem ausländischen Gesellschaftsstatut bestehende Gesellschaften werden daher im Inland mit dem Grad an Rechtsfähigkeit anerkannt, den das ausländische Recht ihnen zugesteht, insbesondere ohne dass es bei rechtsfähigen Gesellschaften noch eines besonderen Anerkennungsaktes bedürfte.[178] Anerkennung der Rechtsfähigkeit einer ausländischen Gesellschaft meint hier nichts anderes als die Ermittlung und Anwendung ihres Personalstatuts.[179] Dabei ist die nach dem ausländischen Gesellschaftsrecht zugesprochene Rechtsfähigkeit im Inland selbst dann zu beachten, wenn das deutsche Recht einem entsprechenden Gebilde keine Rechtsfähigkeit zubilligen würde.[180] Umgekehrt hat es dabei auch prinzipiell sein Bewenden, wenn das ausländische Personalstatut einer Personenverbindung keine Rechtsfähigkeit verleiht.[181] Kennt das anwendbare Recht nur eine beschränkte Rechtsfähigkeit, so verlangt auch dies Beachtung. Ein bekanntes Beispiel hierfür ist die aus dem anglo-amerikanischen Rechtskreis kommende **ultra-vires-Lehre**, welche die Rechtsfähigkeit bzw. Vertretungsmacht dahingehend beschränkt, dass Geschäfte die über den eingetragenen Bereich der Geschäftstätigkeit der Gesellschaft hinausgehen, unwirksam sind.[182] Allerdings ist diese Lehre im Interesse des Verkehrsschutzes in den ausländischen Rechtsordnungen nach und nach erheblich zurückgedrängt worden.[183]

---

[168] Vgl. OLG Zweibrücken NZG 2005, 1019 (dazu *Behrens*, ZEuP 2007, 327): Zuzug französischen Vereins nach Deutschland – auch dazu, dass karitative Vereine nicht die Niederlassungsfreiheit nach EU-Recht genießen; KG FGPrax 2012, 128; 41, 44; BGH NJW 1998, 2452.

[169] Grüneberg/*Thorn*, BGB, Anh. zu Art. 12 Rn 22; OLG München IPRspr 1966, 67 Nr. 15.

[170] *Dorsel*, MittRhNotK 1997, 6, 13; Grüneberg/*Thorn*, BGB, Anh. zu Art. 12 Rn 22.

[171] *Dorsel*, MittRhNotK 1997, 6, 13 Fn 118; vgl. auch BGH DNotZ 1969, 300.

[172] Reithmann/Martiny/*Hausmann*, Internationales Vertragsrecht Rn 5184.

[173] BGHZ 146, 341.

[174] BGHZ 128, 41, 44.

[175] Vgl. MüKo-BGB/*Kindler*, IntGesR Rn 915 zu ausländischen öffentlichen Unternehmen.

[176] RGZ 83, 367; 153, 200; BGHZ 25, 134, 144; 78, 318, 334; Soergel/*Lüderitz*, BGB, Art. 10 Anh. Rn 16 ff.; Staudinger/*Großfeld*, BGB, IntGesR Rn 16, 249.

[177] BGHZ 25, 134, 144; 53, 181, 183; 78, 318, 334; 97, 269, 271; 128, 41, 44; BGH NJW 1998, 2452.

[178] BGHZ 25, 134, 144; BayObLG WM 1986, 968, 970; OLG Saarbrücken JZ 1989, 904; *Kropholler*, IPR, § 55 I 2.

[179] *Leible/Hoffmann*, DB 2002, 2203.

[180] Reithmann/Martiny/*Hausmann*, Internationales Vertragsrecht, Rn 5162; Staudinger/*Großfeld*, BGB, IntGesR Rn 265.

[181] Reithmann/Martiny/*Hausmann*, Internationales Vertragsrecht, Rn 5162.

[182] BGH NJW 1998, 2452: jugoslawisches Unternehmen; Reithmann/Martiny/*Hausmann*, Internationales Vertragsrecht, Rn 5163, 5201; *Schotten/Schmellenkamp*, IPR, Rn 73; *Eschelbach*, MittRhNotK 1993, 173, 179 f.

[183] *Dorsel*, MittRhNotK 1997, 6, 13 f.

Von jeher als problematisch erwiesen hat sich die Beurteilung solcher Gesellschaften, die im Ausland nach ausländischem Recht gegründet wurden, aber ihren Verwaltungssitz von vornherein im Inland hatten (sog. **Scheinauslandsgesellschaften** bzw. „pseudo foreign corporations").[184] Nach der Sitztheorie gilt für sie deutsches Recht, soweit es sich hierbei nicht um EU-Gesellschaften handelt.[185] Sie wurden deshalb nicht richtig, da nach falschem Recht errichtet. Solche Gesellschaften wurden früher als nicht bestehend, also von vornherein als nicht rechtsfähig angesehen.[186] Inzwischen hat sich die Einsicht durchgesetzt, dass die Personenvereinigung konsequent nach dem Gesellschaftsstatut, also nach deutschem Recht, in den Numerus clausus der Gesellschaftsformen einzuordnen ist.[187] Der BGH[188] geht dabei von einer Einordnung als rechtsfähige Personengesellschaft, nämlich entweder als BGB-Gesellschaft oder, wenn ein Handelsgewerbe gem. § 1 HGB vorliegt, als OHG aus, soweit mehrere Gesellschafter vorhanden sind (andernfalls liegt ein einzelkaufmännischer Betrieb vor).[189] Mit dieser Maßgabe sind solche Gesellschaften grundsätzlich als grundbuchfähig anzusehen,[190] zumindest für den Fall der gesetzlichen Gründungsoption mit deklaratorisch wirkender Registereintragung. Das wird auf die vollkaufmännische OHG gemäß §§ 105 Abs. 1, 123 Abs. 1 HGB zutreffen, die durch Gesellschaftsvertrag als rechtsfähige Personengesellschaft gegründet werden kann, ohne dass deren Rechtsfähigkeit von der Handelsregistereintragung abhängt. Richtigerweise trifft das auch auf die GbR zu und zwar ungeachtet von § 47a GBO. Auch nach neuem Recht ist die Eintragung der GbR in das Gesellschaftsregister freiwillig und lässt die GbR-Gründung außerhalb des Registers zu (vgl. §§ 705 Abs. 2, 707 Abs. 1 BGB). Zudem handelt es sich bei § 47a GBO um eine grundbuchverfahrensrechtliche Regelung, der keine materiell-rechtliche Rechtswirkung zukommt, so dass ein Eigentumserwerb am Grundstück durch eine GbR grundsätzlich auch ohne Eintragung in das Gesellschaftsregister denkbar ist[191] (wenngleich das praktisch wegen § 47a GBO kaum vorkommen wird). Die vorgenannten Grundsätze gelten auch insoweit, als die Gesellschaft im Gründungsstaat nach dem dortigen Gründungsrecht liquidiert und gelöscht wird.[192] Sie besteht im Inland als sog. Rest- oder Spaltgesellschaft fort; ihr Vermögen wird nicht herrenlos. Der BGH betont, dass eine Gesellschaft, die im Gründungs- bzw. Heimatstaat ihre Rechtsfähigkeit durch staatliche Zwangsmaßnahmen verloren hat, hinsichtlich ihres ausländischen Vermögens weiter existiert, und sei es auch lediglich zum Zwecke der Liquidation – z.B. eine Limited (Ltd.) mit Sitz in Nassau/Bahamas, die im Inland als Grundschuldinhaberin in das Grundbuch eingetragen ist.[193] Es kann hier unter Umständen die Bestellung eines Nachtragsliquidators in Betracht kommen. Insoweit behält sie ihren rechtlichen Status, der ihr nach der Sitztheorie zugeordnet wird. Bei EU-Auslandsgesellschaften, die im Gründungs- bzw. Heimatstaat im Register gelöscht werden, hat das OLG Brandenburg festgestellt, dass diese weiterhin als Restgesellschaft existieren und ihren Status als juristische Person auch bezüglich des Inlandsvermögens behalten, wenn sie nach den Grundsätzen des EuGH als juristische Personen im Inland anzuerkennen waren.[194]

Die gleichen Grundsätze gelten i.d.R. umgekehrt bei Gründung nach deutschem Recht und Verwaltungssitz im (außereuropäischen) Ausland,[195] also bei **Scheininlandsgesellschaften**. Hier bestimmt über die gesellschaftsrechtliche Einordnung das jeweilige ausländische Gesellschaftsrecht.

---

184 Sehr krit.: *Kindler*, NZG 2018, 1 ff.
185 Siehe *Rauscher*, NJW 2017, 3486, 3495.
186 OLG Hamburg NJW 1986, 2199; OLG Oldenburg NJW 1990, 1422; LG Rottweil IPRax 1986, 110; LG Köln RIW 1987, 54; LG Marburg NJW-RR 1993, 222; LG Essen NJW 1995, 1500.
187 BGHZ 151, 204; *Leible/Hoffmann*, DB 2002, 2203 ff.; *Zimmer*, BB 2000, 1361, 1363; *Altmeppen*, DStR 2000, 1061, 1063; *Behrens*, IPRax 2000, 384, 388; *Haas*, DB 1997, 1501, 1506; *Kindler*, RIW 2000, 649, 651.
188 BGHZ 151, 204; BGH NJW 2009, 289 („Trabrennbahn"); vgl. aber auch RG JW 2004, 231, 232: in casu Einstufung als nichtrechtsfähiger Verein; krit. zur Einordnung als Personengesellschaft: *Binz/Mayer*, BB 2005, 2361 ff.
189 Vgl. neuerdings BGHZ 212, 381 ff. = BGH NZG 2017, 347 m. Anm. *Froehner*, NZG 2017, 349 f.; dazu *Rauscher*, NJW 2017, 3486, 3495; vgl. auch LG Berlin, Urt.v. 28.11.2022 – 101 O 57/22, juris.
190 Vgl. aber auch schon BGHZ 97, 269, 270 f., wo für eine Scheinauslandsgesellschaft die passive Parteifähigkeit auf der Basis des Rechtsgedankens des § 50 Abs. 2 ZPO zumindest insoweit anerkannt wurde, als die Gesellschaft Inhaberin einer streitbefangenen Grundbuchposition war.
191 *Ring*, Reform des Personengesellschaftsrechts, Rn 39, 43.
192 BGHZ 212, 381 ff. = BGH NZG 2017, 347 m. Anm. *Froehner*, NZG 2017, 349 f.; OLG Brandenburg ZIP 2016, 1871 ff. = IPRax 2017, 621 ff.
193 BGHZ 212, 381 ff. = BGH NZG 2017, 347 m. Anm. *Froehner*, NZG 2017, 349 f.
194 OLG Brandenburg ZIP 2016, 1871 ff. = IPRax 2017, 621 ff.
195 *Grüneberg/Thorn*, BGB, Anh. zu Art. 12 EGBGB, Rn 10.

c) Sitzverlegung

48 Bei Sitzverlegungen in einen anderen Staat trat nach bisheriger deutscher Sicht regelmäßig ein **Statutenwechsel** ein. Die Rechtsfähigkeit bestand nur dann fort, wenn dies sowohl dem alten Statut als auch dem neuen entsprach.[196] An dieser Sichtweise wird man ungeachtet der neueren Rechtsprechung des EuGH zur grenzüberschreitenden Sitzverlegung[197] von in der EU gegründeten Gesellschaften innerhalb des EU-Binnenraums festzuhalten haben.

49 Erfolgt eine Sitzverlegung vom Ausland nach Deutschland, so führte dies in der Vergangenheit wegen der im Inland herrschenden Sitztheorie zwingend dazu, dass die Gesellschaft infolge des Zuzuges dem deutschen Recht unterliegt (anders allerdings bei Verlegung aus dem europäischen Ausland, siehe Rdn 57 ff.). Sie musste daher nach den hier bestehenden Vorschriften neu gegründet werden.[198] Bis zu einer solchen Neugründung lag eine Scheinauslandsgesellschaft vor,[199] die in Deutschland als Gesellschaft bürgerlichen Rechts oder als OHG einzuordnen und zu behandeln war.[200] Zumindest bei Nicht-EU-Gesellschaften wird man an dieser Sichtweise auf der Grundlage der im Inland noch herrschenden Sitztheorie festzuhalten haben.[201] Bei EU-Gesellschaften folgt die Rechtsprechung des BGH der Sitztheorie nicht mehr, sondern geht auf der Grundlage der EU-Verträge und der Rechtsprechung des EuGH zur Niederlassungsfreiheit der EU-Gesellschaften von der Gründungstheorie aus.[202] Damit und auf der Grundlage der Entscheidungen des EuGH im Sinne von **Vale**[203] und **Polbud**[204] wird man keine Neugründung einer Inlandsgesellschaft für erforderlich halten, sondern die Hereinverschmelzung und den Hereinformwechsel erlauben. Mit dem Gesetz zur Umsetzung der Umwandlungsrichtlinie (Richtlinie (EU) 2019/2121, ABl L 321/1) und zur Änderung weiterer Gesetze vom 23.2.2023 hat der inländische Gesetzgeber im UmwG (§§ 305 ff.) Vorschriften für die grenzüberschreitende Verschmelzung (§§ 305–319 UmwG) und den grenzüberschreitenden Formwechsel (§§ 333–345 UmwG) neu eingeführt, in denen die Zulässigkeit grenzüberschreitender Verschmelzungen (§ 305 Abs. 1 UmwG) und grenzüberschreitender Formwechsel (§ 333 Abs. 1 UmwG) unter Beteiligung von EU-Gesellschaften und EWR-Gesellschaften gesetzlich anerkannt und inhaltlich ausgestaltet worden ist.[205] In konsequenter Fortschreibung der EuGH-Rechtsprechung wird somit die Sitzverlegung in das Inland unter Aufrechterhaltung der Rechtsträgeridentität rechtlich ermöglicht und gewährleistet.

50 Wird in umgekehrter Richtung der tatsächliche Verwaltungssitz einer Gesellschaft von Deutschland **in das Ausland verlegt** (Wegzugsfall), ist das bei den Kapitalgesellschaften wegen § 4a GmbHG und § 5 AktG möglich, ohne Konsequenzen für den Rechtsträger herbeizuführen. Lediglich der Satzungssitz muss nach den gezeigten Vorschriften im Inland belegen sein. Wird der Satzungssitz entgegen §§ 4a GmbHG, 5 AktG in das Ausland verlegt, hat das nach h.M. grundsätzlich die Auflösung der Gesellschaft im Inland zur Folge.[206] Allerdings ist nach der jüngeren Rechtsprechung eine **identitätswahrende Satzungssitzverlegung** in das EU-Ausland bei gleichzeitigem Rechtsformwechsel möglich.[207] Das gilt nach der Rechtsprechung des EuGH selbst dann, wenn der Verwaltungssitz der Gesellschaft im Inland verbleibt.[208] Diese Rechtsprechung des EuGH hat zwischenzeitlich zur Richtlinie (EU) 2019/2121 vom

---

196 *Kropholler*, IPR, § 55 I 2b; Reithmann/Martiny/*Hausmann*, Internationales Vertragsrecht, Rn 5129; BGHZ 97, 269, 271; BGH NJW 2003, 1607, 1608; OLG Frankfurt NJW 1990, 2204; OLG Jena DB 1998, 1178.
197 Vgl. EuGH NZG 2012, 871 ff. (Vale); EuGH NZG 2017, 1308 ff. (Polbud) m. Anm. *Wachter*.
198 BGHZ 97, 269, 271 f.; OLG Nürnberg IPRax 1985, 342; OLG München NJW 1986, 2197; tw. wird auch die Möglichkeit anerkannt, statt einer Neugründung eine Anpassung an das eigene Gesellschaftsrecht im Wege der analogen Anwendung der Vorschriften über eine formwechselnde Umwandlung (§§ 190 ff. UmwG) vorzunehmen: *Kropholler*, IPR, § 55 I 2b; dagg. OLG Nürnberg DNotI-Report 2012, 58: keine grenzüberschreitende Sitzverlegung einer luxemburgischen S.A.R.L. in eine deutsche GmbH.
199 *Leible/Hoffmann*, DB 2002, 2203.
200 BGHZ 151, 204; Grüneberg/*Thorn*, BGB, Anh. zu Art. 12 EGBGB, Rn 5; *Schotten/Schmellenkamp*, IPR, Rn 71; vgl. auch OLG Köln IPRspr 99 Nr. 16 für eine Stiftung.
201 Vgl. zur Migration von EU-Gesellschaften: EuGH NZG 2012, 871 ff. (Vale), EuGH NZG 2017, 1308 ff. (Polbud) m. Anm. *Wachter*.
202 BGHZ 154, 185 ff.; BGH NJW 2004, 3706 ff.; BGH NZG 2005, 508 ff.; BGHZ 164, 148 ff.; BGH NZG 2011, 273 ff.; BGHZ 190, 242 ff.; BGH NZG 2011, 1195 ff.; BGHZ 198, 14 ff.
203 EuGH NZG 2012, 871 ff. (Vale).
204 EuGH NZG 2017, 1308 ff. (Polbud) m. Anm. *Wachter*; zutr. Krit. bei *Kindler*, NZG 2018, 1 ff.
205 BGBl 2023 I Nr. 51 S. 8 ff.
206 OLG München DB 2007, 2530 ff.; OLG Brandenburg GmbHR 2005, 484 ff.; BayObLG GmbHR 2004, 490 ff.
207 EuGH DB 2012, 1614 (Vale); OLG Frankfurt a.M. ZIP 2017, 611 ff.; OLG Saarbrücken NZG 2020, 390 ff.
208 EuGH ZIP 2017, 2145 ff. (Polbud).

27.11.2019 über grenzüberschreitende Umwandlungen, Verschmelzungen und Spaltungen geführt.[209] Diese Richtlinie ist mit dem Gesetz zur Umsetzung der Umwandlungsrichtlinie und zur Änderung weiterer Gesetze vom 23.2.2023 in nationales Recht umgesetzt worden. Der Gesetzgeber hat im UmwG (§§ 305 ff.) Vorschriften für die grenzüberschreitende Verschmelzung (§§ 305–319 UmwG) und den grenzüberschreitenden Formwechsel (§§ 333–345 UmwG) neu eingeführt, in denen die Zulässigkeit grenzüberschreitender Verschmelzungen (§ 305 Abs. 1 UmwG) und grenzüberschreitender Formwechsel (§ 333 Abs. 1 UmwG) unter Beteiligung von EU-Gesellschaften und EWR-Gesellschaften gesetzlich anerkannt und inhaltlich ausgestaltet worden ist.[210] Hierin ist klargestellt worden, dass der grenzüberschreitende identitätswahrende Rechtsformwechsel stattfinden kann.

d) Besondere Rechtsfähigkeiten; Grundbuchfähigkeit

51 Der Begriff „besondere Rechtsfähigkeit" umschreibt die Voraussetzungen, unter denen bestimmte einzelne Rechte und Pflichten erworben werden können.[211] Solche besonderen Rechtsfähigkeiten unterliegen nicht allein dem Gesellschaftsstatut; vielmehr ist auch das für den jeweiligen Vorgang maßgebliche **Wirkungsstatut** zu berücksichtigen.[212] Eine erhebliche Bedeutung hat diese Frage bei der Beteiligung ausländischer Gesellschaften an deutschen Personengesellschaften.[213]

52 Nach der fremdenrechtlichen Norm des **Art. 86 EGBGB** besteht für die Bundesregierung die Möglichkeit, in bestimmten Fällen den Erwerb von Rechten durch ausländische juristische Personen zu beschränken und von der Erteilung einer Genehmigung abhängig zu machen.

53 Während das Problem, ob eine ausländische Gesellschaft Vertragspartner eines Grundstücksgeschäftes sein kann, in erster Linie ein solches des Gesellschaftsstatuts ist, geht es bei der **Grundbuchfähigkeit** darum, ob die ausländische Gesellschaft als Berechtigte im Grundbuch eingetragen werden kann oder ob ihre einzelnen Mitglieder mit einem bestimmten Gemeinschaftszusatz (§ 47 GBO) im Grundbuch zu vermerken sind. Die Grundbuchfähigkeit bemisst sich nach der Rechtsfähigkeit.[214] Einer britischen „private limited company" etwa hatte man vor dem als **Brexit** bezeichneten Austritt des Vereinigten Königreiches Großbritannien und Nordirland Grundbuchfähigkeit zuerkannt.[215] Daran wird auf der Grundlage des nunmehr geltenden Handelsabkommens[216] mit dem Vereinigten Königreich Großbritannien und Nordirland insbesondere dann festzuhalten sein, wenn die Gesellschaft nach dem 1.1.2021 im Ausland gegründet wurde und ihre materielle Geschäftstätigkeit („substantive business operations") im Gründungsstaat ausübt. Für englische Gesellschaften, die zwar im Gründungsstaat registriert gewesen sind oder registriert werden, ihre tatsächliche operative Geschäftstätigkeit jedoch im Inland ausgeübt haben bzw. ausüben, gilt das Vorgesagte nur eingeschränkt, da sie nicht automatisch anerkannt werden. Sie sind vielmehr auf der Grundlage der Sitztheorie im Inland als nicht eingetragene GbR oder OHG zu behandeln, soweit sie mehrere Gesellschafter haben, andernfalls als einzelkaufmännisches Gewerbe.[217] Insoweit wird ihnen zwar auch Rechtsfähigkeit zuerkannt, aber verfahrensrechtlich in Bezug auf das Grundbuch müssen sie sich wie eine nicht im Handels-oder Gesellschaftsregister eingetragene Personengesellschaft behandeln lassen.

e) Vertretungsmacht

54 Das Personalstatut erstreckt sich auch auf die Vertretungsmacht der Organe der Gesellschaft.[218] Es klärt etwa, welches Organ bzw. welche Person zur Vertretung befugt ist, welchen Umfang die Vertretungsbefugnis hat und ob sich die Vertretungsverhältnisse bei Liquidation oder Insolvenz ändern. Das gilt insbesondere für Gesamtvertretungserfordernisse und Verbote des Selbstkontrahierens bzw. der Mehrfachvertretung.[219]

---

209 ABl v. 12.12.2019, L 321/1.
210 BGBl 2023 I Nr. 51 S. 8 ff.
211 MüKo-BGB/*Kindler*, IntGesR, Rn 570.
212 Reithmann/Martiny/*Hausmann*, Internationales Vertragsrecht, Rn 5170; *Schotten/Schmellenkamp*, IPR, Rn 74.
213 Vgl. dazu BayOLG NJW 1986, 3029, 3031; OLG Saarbrücken DNotZ 1990, 194 ff.; *Bungert*, AG 1995, 489, 503; *Großfeld/Strotmann*, IPrax 1990, 298; *Kaligin*, DB 1985, 1449, 1452.
214 *Hügel/Zeiser*, Int. Bez., Rn 98.
215 BayOLG NZG 2003, 290.
216 ABl 2020 L 444, 14.
217 LG Berlin, Urt. v. 28.11.2022 – 101 O 57/22, juris.
218 BGHZ 128, 41, 44; BGH DNotZ 1994, 485, 487.
219 Vgl. OLG Düsseldorf MittRhNotK 1995, 113, 114; *Großfeld/Wilde*, IPrax 1995, 374 f.

55 Das Gesellschaftsstatut gilt freilich nur für die gesetzliche (organschaftliche) Vertretung, nicht jedoch für die Vertretungsmacht von Hilfspersonen aufgrund besonderer Vollmachten (Prokura, Handlungsvollmacht),[220] welche sich nach dem Vollmachtsstatut beurteilen.[221] Hierfür ist das Wirkungsstatut maßgebend. Wirkungsland ist i.d.R. das Land, in dem die Gesellschaft hauptsächlich tätig ist. Handelt es sich um eine englische Ltd. mit Verwaltungssitz in Deutschland ist mithin deutsches Recht anzuwenden.

56 Die Folgen einer fehlerhaften Vertretung für das vom für die Gesellschaft Handelnden abgeschlossene Geschäft, insbesondere dessen Genehmigungsfähigkeit, beurteilen sich nach dem Wirkungsstatut dieses Geschäftes selbst.

3. Sonderregelungen durch EG-Recht
a) Die Rechtsprechung des EuGH

57 Es ist seit langem umstritten, ob die Anwendung und Folgen der Sitztheorie im Rahmen des europäischen Binnenmarktes mit der den Gesellschaften in Art. 49, 54 AEUV garantierten **Niederlassungsfreiheit** zu vereinbaren ist. Der EuGH hat Entscheidungen gefällt, die hier mehr Licht in das Dunkel gebracht haben.

Nach dem Urteil „**Centros**" des EuGH[222] verstößt es gegen die Niederlassungsfreiheit, wenn ein Mitgliedstaat die Eintragung der Zweigniederlassung einer Gesellschaft verweigert, die in einem anderen Mitgliedstaat, in dem sie ihren (nur satzungsmäßigen) Sitz hat, rechtmäßig errichtet worden ist, aber keine Geschäftstätigkeit entfaltet, wenn die Zweigniederlassung es der Gesellschaft ermöglichen soll, ihre gesamte Geschäftstätigkeit in dem Staat auszuüben, in dem diese Zweigniederlassung errichtet wird, ohne dort eine Gesellschaft zu errichten.

58 An dieses Urteil knüpfte der EuGH in seiner Entscheidung „**Überseering**"[223] an. Es verstoße gegen die Niederlassungsfreiheit, wenn einer Gesellschaft, die nach dem Recht des Mitgliedstaats, in dessen Hoheitsgebiet sie ihren satzungsmäßigen Sitz hat, gegründet worden ist, von dem Recht eines anderen Mitgliedstaates, in den sie ihren tatsächlichen Verwaltungssitz verlegt hat, nach dessen Recht deshalb die Rechtsfähigkeit und damit die Parteifähigkeit vor seinen nationalen Gerichten abgesprochen wird. Vielmehr habe dieser andere Mitgliedstaat die Rechtsfähigkeit zu achten, die diese Gesellschaft nach dem Recht ihres Gründungsstaats besitzt.

Diesen Gedanken hat der Gerichtshof in seiner nachfolgenden Entscheidung „**Inspire Art**"[224] nochmals klargestellt und weiter ausgeführt. Nach Ansicht des EuGH steht die Niederlassungsfreiheit einer Regelung eines Mitgliedstaats entgegen, die die Ausübung der Freiheit zur Errichtung einer Zweigniederlassung in diesem Staat durch eine nach dem Recht eines anderen Mitgliedstats gegründete Gesellschaft von bestimmten Voraussetzungen abhängig macht, die im innerstaatlichen Recht für die Gründung von Gesellschaften bezüglich des Mindestkapitals und der Haftung der Geschäftsführer vorgesehen sind. Anders sei es nur dann, wenn im konkreten Fall ein Missbrauch nachgewiesen werde.[225]

59 In jüngerer Zeit hat der EuGH die von ihm aufgestellten Grundsätze in den Entscheidungen „**Vale**"[226] und „**Polbud**"[227] aufrechterhalten und im Hinblick auf grenzüberschreitende Umwandlungsmaßnahmen fortentwickelt. So hat der EuGH in der Entscheidung „**Vale**" ausgesprochen, dass bei einer grenzüberschreitenden Umwandlungsmaßnahme (Verschmelzung) es dem Aufnahmemitgliedstaat verwehrt ist, die Eintragung der ausländischen Rechtsvorgängerin zu verweigern, soweit eine solche Eintragung hinsichtlich eines reinen Inlandssachverhaltes gesetzlich vorgesehen ist. Mithin dürften innerhalb der EU-Mitgliedstaaten einer Hereinverschmelzung keine wesentlichen Bedenken entgegenstehen. Im Sachverhalt der Entscheidung „**Polbud**"[228] wollte eine polnische Gesellschaft ihren Satzungssitz nach Luxemburg verlegen, wobei der effektive Verwaltungssitz in Polen beibehalten werden sollte. Die Konsequenz liegt – wenn die bisherige Grundhaltung des EuGH zur Niederlassungsfreiheit beibehalten wird – darin, dass

---

220 BGH NJW 2004, 1315 ff.; Hausmann/Odersky/*Wall*, § 19 Rn 38.
221 Reithmann/Martiny/*Hausmann*, Internationales Vertragsrecht, Rn 5177; *Dorsel*, MittRhNotK 1997, 6, 13; Staudinger/*Großfeld*, BGB, IntGesR Rn 287.
222 EuGH NJW 1999, 2027.
223 EuGH NJW 2002, 3614.
224 EuGH NJW 2003, 3331.
225 Bestätigt in: EuGH NZG 2017, 1308 ff. (Polbud) m. Anm. *Wachter*; zutr. Kritik bei *Kindler*, NZG 2018, 1 ff.
226 EuGH NZG 2012, 871 ff. (Vale).
227 EuGH NZG 2017, 1308 ff. (Polbud) m. Anm. *Wachter*; zutr. Kritik bei *Kindler*, NZG 2018, 1 ff.
228 EuGH NZG 2017, 1308 ff. (Polbud) m. Anm. *Wachter*; zutr. Kritik bei *Kindler*, NZG 2018, 1 ff.

ein grenzüberschreitender Formwechsel in eine Gesellschaftsform des luxemburgischen Rechts stattfindet. Es erfolgt ein Statutenwechsel in das Gesellschaftsrecht des Zuzugsstaates Luxemburg bei gleichzeitiger Beibehaltung der operativen Strukturen im Wegzugsstaat Polen. Aus polnischer Perspektive entsteht eine Scheinauslandsgesellschaft. Nach dem EuGH darf der Wegzugsstaat diese Veränderung nicht durch nationale Rechtsvorschriften behindern. Einen Rechtsmissbrauch sieht der EuGH nicht.[229]

b) Konsequenzen für das Kollisionsrecht

Die Bedeutung und die **Auswirkungen der Rechtsprechung des EuGH** für das deutsche internationale Gesellschaftsrecht bleiben freilich umstritten.[230] Natürlich hat der EuGH keine kollisionsrechtliche Aussage zur Ermittlung des maßgeblichen Gesellschaftsrechts getroffen.[231] Die Art. 49 und 54 AEUV verpflichten aber die Mitgliedstaaten dazu, dass ihre Rechtssätze im Ergebnis nicht zu einer ungerechtfertigten Behinderung der Niederlassungsfreiheit führen.[232] Auch die Kollisionsnormen haben sich an den wirtschaftlichen Grundfreiheiten des EG-Vertrages messen zu lassen.[233] Die vom EuGH im Einzelnen festzustellende europarechtliche Dimension der Niederlassungsfreiheit bedarf daher der Übersetzung in nationales Kollisionsrecht,[234] was wiederum innerstaatlicher Gesetzgebung und Judikatur[235] obliegt.

60

Diese Vorgaben zwingen, wenn man die Europarechtskonformität bereits auf kollisionsrechtlicher Ebene herstellen will, zu einer weitgehenden Aufgabe der Sitztheorie und zur Anerkennung von Ergebnissen, die in entsprechendem Umfang denen der **Gründungstheorie** entsprechen.[236]

61

Voraussetzung ist dabei zunächst, dass die Gesellschaft einen Erwerbszweck verfolgt und ihren satzungsmäßigen Sitz, ihre Hauptverwaltung oder ihre Hauptniederlassung in einem Mitgliedstaat hat (vgl. Art. 49, 54 AEUV), da dies dazu dient, ihre Zugehörigkeit zur Rechtsordnung eines Mitgliedstaates zu bestimmen.[237] Dasselbe gilt für Gesellschaften, die in diesem Sinne einem Mitgliedstaat des EWR-Abkommens zugehören.[238] Nach dem Recht des Gründungsstaates muss die Gesellschaft wirksam errichtet sein, um auch durch alle anderen Mitgliedstaaten anerkannt zu werden. Dies ist auch dann so und spielt gerade dann eine Rolle, wenn der Gründungsstaat, in dem sich der statutarische Gesellschaftssitz befindet, der Gründungstheorie folgt. Eine solche Gesellschaft soll berechtigt sein, ihre geschäftsmäßige Tätigkeit in jedem Mitgliedstaat unabhängig vom Ort ihrer Gründung auszuüben.[239] Erfasst werden dabei die Fälle der primären wie auch der sekundären Niederlassungsfreiheit, wobei die letztere die Errichtung von Agenturen und Zweigniederlassungen meint. Auch wenn die Gesellschaft im Gründungsstaat nur geringe oder gar keine Geschäftstätigkeit entfaltet und von vornherein bezweckt ist, dass sie ihre Geschäftstätigkeit, ihren tatsächlichen Verwaltungssitz in einem anderen Staat, etwa Deutschland, entfaltet bzw. hat, ist sie anzuerkennen.[240] Das gilt auch, wenn sie in diesem Staat ihrer tatsächlichen Geschäftstätigkeit

62

---

229 EuGH NZG 2017, 1308 ff. (Polbud) m. Anm. *Wachter*; zutr. Kritik bei *Kindler*, NZG 2018, 1 ff.
230 Vgl. z.B. *Kindler*, NZG 2003, 1086; *Altmeppen*, NJW 2004, 97; *Binge/Thölke*, DNotZ 2004, 21; *Geyrhalter/Gänßler*, DStR 2003, 2167; *Hirsch/Britain*, NZG 2003, 1100; *Zimmer*, NJW 2003, 3585; *Weller*, DStR 2003, 1800; *Roth*, IPRax 2003, 117; *Behrens*, IPRax 2003, 193; *Knapp*, DNotZ 2003, 85.
231 *Kindler*, NZG 2003, 1086, 1089; *Altmeppen*, NJW 2004, 97, 99.
232 *Schulz*, NJW 2003, 2705, 2706; *Forsthoff*, DB 2002, 2471, 2474.
233 *Behrens*, IPRax 2003, 193, 202.
234 *Rehberg*, IPRax 2003, 175, 181.
235 Vgl. BGHZ 154, 185 ff.; BGH NJW 2004, 3706 ff.; BGH NZG 2005, 508 ff.; BGHZ 164, 148 ff.; BGH NZG 2011, 273 ff.; BGHZ 190, 242 ff.; BGH NZG 2011, 1195 ff.; BGHZ 198, 14 ff.
236 Vgl. BGH NJW 2003, 1461; BGHZ 154, 185 ff.; BGH NJW 2004, 3706 ff.; BGH NZG 2005, 508 ff.; BGHZ 164, 148 ff.; BGH NZG 2011, 273 ff.; BGHZ 190, 242 ff.; BGH NZG 2011, 1195 ff.; BGHZ 198, 14 ff.; ÖOGH NZG 2000, 36; BayObLG NZG 2003, 290; OLG Zweibrücken BB 2003, 864, geg. LG Frankenthal NJW 2003, 762; OLG Frankfurt RIW 1999, 783; OLG Naumburg GmbHR 2003, 533; KG NZG 2004, 49; *Weller*, DStR 2003, 1800; *Rehberg*, IPRax 2003, 175, 180; *Eidenmüller*, ZIP 2002, 2232, 2238 ff.; *Kallmeyer*, DB 2002, 2521; *Schulz*, NJW 2003, 2705; *Müller*, NZG 2003, 414, 416; a.A. *Kindler*, NZG 2003, 1086, 1089.
237 EuGH NJW 1999, 2027; EuGH NJW 2002, 3614; EuGH NJW 2003, 3331, 3333; ÖOGH NZG 2000, 36; OLG Zweibrücken BB 2003, 864; OLG Celle IPRax 2003, 245, 246; *Roth*, IPRax 2003, 117, 118; vgl. auch *Ahrens*, RNotZ 2003, 388, 389 f.
238 BGH NJW 2005, 3351; OLG Frankfurt IPRax 2004, 56 (betr. Liechtenstein); *Grüneberg/Thorn*, BGB, Anh. zu Art. 12 EGBGB, Rn 6; *Binge/Thölke*, DNotZ 2004, 21, 25; *Weller*, IPRax 2003, 324, 328.
239 *Geyrhalter/Gänßler*, NZG 2003, 409: Folgt der Gründungsstaat selbst der Sitztheorie, so bleibt es dabei. Eine solche Gesellschaft genießt die Vorzüge der Gründungstheorie von vornherein nicht, a.A. *Recq/Hoffmann*, GmbHR 2004, 1070, 1071.
240 EuGH NJW 1999, 2027; EuGH NJW 2003, 3331, 3333; BayObLG NZG 2003, 290, 291; OLG Zweibrücken BB 2003, 864, 866; ÖOGH NZG 2000, 36, 38; *Roth*, IPRax 2003, 117, 126.

eine Zweigniederlassung eintragen lassen möchte, die ja tatsächlich ihre Hauptniederlassung darstellt.[241] Ebenso ist die Gesellschaft (weiterhin) anzuerkennen, wenn sie ihren Sitz zwar ursprünglich im Gründungsstaat hatte, später aber nach Deutschland verlegt.[242] Das Gründungsrecht „wandert" in dieser Situation mit.[243] Die Verlagerung des Verwaltungssitzes darf nicht als Auslöser für einen Statutenwechsel angesehen werden.[244]

63 **Nationale Maßnahmen**, die die so ausgestaltete Niederlassungsfreiheit behindern, sind nur zulässig, wenn sie in nicht diskriminierender Weise angewendet werden, wenn sie aus zwingenden Gründen des Allgemeinwohls gerechtfertigt, zur Erreichung des verfolgten Ziels geeignet sind und nicht über das hinausgehen, was zur Erreichung dieses Ziels erforderlich ist.[245] Ausgeschlossen ist daneben eine missbräuchliche Ausnutzung des Niederlassungsrechts im Einzelfall,[246] wobei hier jedoch nur an begrenzte Ausnahmefälle – etwa den Einsatz von Auslandsgesellschaften zu betrügerischen Zwecken – gedacht ist.[247] Es genügt nicht, dass ein Staatsangehöriger eines Mitgliedstaates, der eine Gesellschaft gründen möchte, dies in einem Mitgliedstaat tut, dessen gesellschaftsrechtliche Vorschriften ihm die größtmögliche Freiheit, z.B. hinsichtlich des Mindestkapitals oder der Haftung, lassen.[248] Im Ergebnis besteht damit für Gesellschaftsneugründungen in der Europäischen Union bzw. dem EWR Rechtswahlfreiheit, soweit das gewählte Gesellschaftsrecht eine solche Wahl annimmt.[249]

64 Wie weit der **Umfang** der aus der Niederlassungsfreiheit abzuleitenden Anerkennungspflicht zu ziehen ist, hat der EuGH nicht abschließend geklärt. Sie umfasst aber in jedem Falle die **Rechtsfähigkeit** der Gesellschaft, und zwar die Rechtsfähigkeit als Gesellschaft des Gründungsrechtes,[250] womit auch im Falle des tatsächlichen Verwaltungssitzes in der Bundesrepublik Deutschland eine Transformation in die Gesellschaftsformen des deutschen Rechts unvereinbar ist.[251] Aus der Entscheidung „**Inspire Art**"[252] ergibt sich unmittelbar auch, dass der Zuzugstaat der ausländischen Gesellschaft keine Sonderfirmierung gegenüber ihrem Gründungsrecht abverlangen darf.[253] Über die bloße Rechtsfähigkeit hinaus erfasst wird von der Beurteilung nach dem Gründungsrecht die Verfassung der Gesellschaft und damit auch die gültigen **Vertretungsverhältnisse**, etwa ob Einzelvertretung zulässig oder Gesamtvertretung erforderlich ist.[254]

65 In konsequenter Fortführung der anzuerkennenden Rechtsfähigkeit hat das BayObLG[255] auch die **Grundbuchfähigkeit** einer Scheinauslandsgesellschaft, in casu einer britischen „private limited company", bejaht.[256] Für die Gesellschaften des EU-Binnenraums trifft das weiterhin zu. Hinsichtlich der britischen „private limited company" muss nach dem Handelsabkommen zwischen der Europäischen Union und dem Vereinigten Königreich Großbritannien und Nordirland mit Wirkung vom 1.1.2021 geprüft werden, ob die nach diesem Datum registrierte „private limited company" in ihrem Gründungsstaat materielle Geschäftstätigkeit entfaltet. Soweit das der Fall ist, wird die britische Gesellschaft nach ihrem Gründungsrecht im Inland auf staatsvertraglicher Grundlage anerkannt. Entfaltet sie im Herkunftsstaat keine materielle Geschäftstätigkeit, wird sie auf der Grundlage der Sitztheorie im Inland als nicht eingetragene GbR oder OHG behandelt, soweit sie mehrere Gesellschafter hat, andernfalls als einzelkaufmännisches Unternehmen.[257]

---

241 OLG Zweibrücken BB 2003, 864, 866; *Binge/Thölke*, DNotZ 2004, 21, 24.
242 Konstellation von „Überseering": EuGH NJW 2002, 3614.
243 *Geyrhalter/Gänßler*, NZG 2003, 409, 411.
244 *Behrens*, IPRax 2003, 193, 203.
245 EuGH NJW 1999, 2027, 2029; 2003, 3331, 3334; *Hirsch/Britain*, NZG 2003, 1100, 1101; *Kanzleiter*, DNotZ 2003, 885.
246 EuGH NJW 1999, 2027, 2028; 2003, 3331; *Hirsch/Britain*, NZG 2003, 1100, 1101; *Geyrhalter/Gänßler*, DStR 2003, 2167, 2169.
247 Vgl. EuGH NJW 2003, 3331, 3333; *Zimmer*, NJW 2003, 3585, 3592; *Ulmer*, NJW 2004, 1201, 1203.
248 EuGH NJW 1999, 2027, 2028; 2003, 3331, 3333; KG NZG 2004, 49, 51; *Hirsch/Britain*, NZG 2003, 1100, 1102; *Binge/Thölke*, DNotZ 2004, 21, 23; vgl. zu den unterschiedlichen Anforderungen an das Mindestkapital in Europa: *Altmeppen*, NJW 2004, 97.
249 *Halbhuber*, ZEuP 2003, 418, 435.
250 EuGH NJW 2002, 3614, 3617; *Halbhuber*, ZEuP 2003, 418, 431; *Binge/Thölke*, DNotZ 2004, 21, 26; *Hirsch/Britain*, NZG 2003, 1100, 1102; *Behrens*, IPRax 2003, 193, 200, 203; *Müller*, NZG 2003, 414, 416.
251 *Zimmer*, NJW 2003, 3585, 3586; *Behrens*, IPRax 2003, 193, 200; *Halbhuber*, ZEuP 2003, 418, 430; *Hirsch/Britain*, NZG 2003, 1100, 1101; *Geyrhalter/Gänßler*, DStR 2003, 2167, 2170; a.A. noch: AG Hamburg NJW 2003, 2835, 2836.
252 EuGH NJW 2003, 3331.
253 *Weller*, DStR 2003, 1800, 1802.
254 *Binge/Thölke*, DNotZ 2004, 21, 26; *Wertenbruch*, NZG 2003, 618, 620; *Altmeppen*, NJW 2004, 97, 104.
255 BayObLG NZG 2003, 290.
256 Zust.: *Behrens*, IPRax 2003, 193, 204: mangelnde Grundbuchfähigkeit selbstverständlich schon für sich eine Verletzung der Niederlassungsfreiheit.
257 LG Berlin, Urt. v. 28.11.2022 – 101 O 57/22, juris.

66 Der EuGH hat in seinen Urteilen „Überseering"[258] und „Inspire Art"[259] unter Bezugnahme auf seine frühere Entscheidung „Daily Mail"[260] betont, dass die Niederlassungsfreiheit als unmittelbar anwendbare Freiheit nicht im Verhältnis der Gesellschaft zu ihrem Gründungsstaat gelte. Dies ist das Resultat des Gedankens, dass die Gesellschaft (nur) nach den Gesetzen ihres Gründungsstaates existiere und unauflöslich mit diesem Recht verbunden sei. Damit sind die sog. **Wegzugsfälle** scharf von den sog. **Zuzugsfällen** zu unterscheiden. Während der Zuzugsstaat die Niederlassungsfreiheit respektieren muss, darf der Gründungsstaat den Wegzug behindern, insbesondere daraus den Verlust der Rechtsfähigkeit ableiten. Diese Unterscheidung wurde in Rechtsprechung und Teilen der Literatur akzeptiert,[261] teilweise aber als unhaltbare Differenzierung abgelehnt.[262] Der EuGH hat inzwischen der erstgenannten Ansicht Recht gegeben.[263] Sie bedeutet vor allem, dass auch beim Wegzug deutscher Gesellschaften ins europäische Ausland das deutsche Gesellschaftsrecht hieran die Rechtsfolge der Auflösung der Gesellschaft knüpfen darf.[264] Zu beachten ist aber nach der jüngeren Rechtsprechung des EuGH, dass der Gründungsstaat eine **Herausumwandlung** in das Gesellschaftsrecht eines anderen EU-Mitgliedsstaates nicht behindern darf, soweit das Recht des Aufnahmestaates eine derartige Umwandlung vorsieht.[265] Insoweit dürfte es nicht zur Auflösung der Gesellschaft im Wegzugsstaat kommen. Eine solche Auflösung und Liquidation wäre dann vorzunehmen, wenn der Wegzug in einen Staat erfolgt, der die Sitztheorie anwendet.[266] Hinzuweisen ist an dieser Stelle auf die Richtlinie (EU) 2019/2121 vom 27.11.2019, mit der eine Harmonisierung in Bezug auf grenzüberschreitende Umwandlungen, Verschmelzungen und Spaltungen angestrebt wird. Mit dem Gesetz zur Umsetzung dieser Umwandlungsrichtlinie und zur Änderung weiterer Gesetze vom 23.2.2023 hat der inländische Gesetzgeber im UmwG (§§ 305 ff.) Vorschriften für die grenzüberschreitende Verschmelzung (§§ 305–319 UmwG) und den grenzüberschreitenden Formwechsel (§§ 333–345 UmwG) neu eingeführt, in denen die Zulässigkeit grenzüberschreitender Verschmelzungen (§ 305 Abs. 1 UmwG) und grenzüberschreitender Formwechsel (§ 333 Abs. 1 UmwG) unter Beteiligung von EU-Gesellschaften und EWR-Gesellschaften gesetzlich anerkannt und inhaltlich ausgestaltet worden ist.

67 In der Folge der europarechtlichen Vorgaben ergibt sich eine gespaltene Anknüpfung des internationalen Gesellschaftsrechts, da es für die Gesellschaften, die nicht durch die Niederlassungsfreiheit geschützt sind, also vor allem im **Verhältnis zu Drittstaaten**, bei dem Grundsatz der Sitztheorie verbleibt.[267]

4. Verkehrsschutz analog Art. 13 Rom I-VO/Art. 12 EGBGB

68 Eine analoge Anwendung der Art. 12, 13 Rom I-VO EGBGB auf juristische Personen ist nicht ausgeschlossen.[268] Demnach ist eine aus dem ausländischen Gesellschaftsstatut sich ergebende Beschränkung der Rechtsfähigkeit oder der Vertretungsmacht unbeachtlich, wenn das Recht des Staates, in dem das Rechtsgeschäft zwischen der Gesellschaft und dem zu schützenden Geschäftspartner zustande kommt, eine solche Beschränkung in Bezug auf vergleichbare Gesellschaften nicht kennt und der Vertragspartner die Beschränkung weder kannte noch kennen musste.[269] Eine derartige Vergleichbarkeit be-

---

258 EuGH NJW 2002, 3614.
259 EuGH NJW 2003, 3331, 3333.
260 EuGH NJW 1989, 2186.
261 OLG Brandenburg, BB 2005, 849; OLG München DNotZ 2008, 397; OLG Hamm NJW 2001, 2183; BayObLG ZNotP 2003, 239; *Weller*, IPRax 2003, 324, 327; *Geyrhalter/Gänßler*, NZG 2003, 409, 411; *Binge/Thölke*, DNotZ 2004, 21, 27; *Horn*, NJW 2004, 893, 897.
262 Vgl. *Roth*, IPRax 2003, 117, 121; *Großerichter*, DStR 2003, 159, 164 f.; *Wertenbruch*, NZG 2003, 618, 619; *Zimmer*, NJW 2003, 3585, 3592; *Roth*, in: FS Heldrich, 2005, S. 973 ff.
263 EuGH DNotZ 2009, 553 („Cartesio"); dazu: *Herrler*, DNotZ 2009, 484; *Leible/Hoffmann*, BB 2009, 58.
264 BayObLG DNotZ 2004, 725: Sitzverlegung deutscher GmbH nach Portugal; OLG Hamm NJW 2001, 2183: Sitzverlegung deutscher GmbH nach England. Eine Vorlage des AG Heidelberg zu diesem Punkt hat EuGH NZG 2001, 1027 wegen offensichtlicher Unzuständigkeit nicht angenommen (Beschl. v. 10.7.2001 – C-86/00); wie sich EuGH GmbHR 2004, 504 („de Lasteyrie du Saillant": Gemeinschaftsrechtswidrigkeit der französischen Wegzugsbeschränkung für natürliche Personen) hier auswirkt, bleibt abzuwarten.
265 EuGH NZG 2017, 1308 ff. (Polbud) m. Anm. *Wachter*.
266 Vgl. *Kindler*, NZG 2018, 1, 4.
267 Vgl. BGH NZG 2009, 289 („Trabrennbahn" – Schweiz); BGH AG 2010, 79 (Singapur); BGH NJW 2003, 1607, 1608; OLG Hamburg RNotZ 2007, 419; KG DB 2005, 1158, 1159 (Isle of Man); *Binge/Thölke*, DNotZ 2004, 21, 28; *Weller*, IPRax 2003, 324, 325, 328; *Grüneberg/Thorn*, BGB, Anh. zu Art. 12, Rn 9; *Geyrhalter/Gänßler*, NZG 2003, 409, 414; a.A. OLG Hamm BB 2006, 2487; zur Vereinbarkeit der Sitztheorie mit dem GATS vgl. *Lehmann*, RIW 2004, 816.
268 BGH NJW 1998, 2452; *Eschelbach*, MittRhNotK 1993, 173, 180; *Dorsel*, MittRhNotK 1997, 6, 14; *Erman/Hohloch*, BGB, Art. 37, Rn 39; a.A. Soergel/*Lüderitz*, BGB, Anh Art. 10, Rn 20; *Bausback*, DNotZ 1996, 254, 260 f.
269 *Schotten/Schmellenkamp*, IPR, Rn 75.

steht etwa zwischen einer amerikanischen „corporation" und einer deutschen AG, zwischen einer britischen „private limited company" und einer deutschen GmbH oder zwischen einer britischen „partnership" und einer deutschen OHG.[270] Bedeutsam ist dies vor allem für Einschränkungen nach Maßgabe der „ultra-vires-Lehre" (siehe Rdn 45).[271] Zu beachten bleibt der Ausschluss bestimmter Rechtsgeschäfte nach Art. 12 S. 2 EGBGB (siehe Rdn 20).[272] Außerdem schadet bereits leichte Fahrlässigkeit, um die Gutgläubigkeit auszuschließen. Insoweit hat der BGH[273] einen strengen Maßstab angelegt: auch bei Eilbedürftigkeit habe man schnelle und zumutbare Auskunftsmöglichkeiten wie z.B. eine telefonische Anfrage beim Bundesministerium für Wirtschaft, bei der Botschaft des ausländischen Staates in Deutschland, der deutschen Botschaft im Ausland, oder der ausländischen Industrie- und Handelskammer. Angesichts dieser – wohl übertriebenen – Anforderungen der Rechtsprechung müssten wohl, soweit zeitlich möglich, auch Eintragungen im ausländischen Handelsregister überprüft werden.

5. Nachweise im Grundbuchverfahren

69 Das anzuwendende Verfahrensrecht ist der **Lex fori** zu entnehmen, so dass hinsichtlich deutscher Grundstücke auch bei Beteiligung ausländischer Gesellschaften nach der **GBO** zu verfahren ist.[274] Das gilt auch für das Beweisverfahren, so dass die erforderlichen Nachweise sich ebenfalls nach der GBO richten.[275] Nimmt eine ausländische Gesellschaft an in das Grundbuch einzutragenden Vorgängen teil, sind i.d.R. die Rechtsfähigkeit der Gesellschaft und die Vertretungsmacht der für sie Handelnden nach dem **für die Gesellschaft maßgeblichen Recht** nachzuweisen.[276] Allerdings kann die deutsche Zweigniederlassung einer ausländischen juristischen Person als Berechtigte im Grundbuch eingetragen werden,[277] unbeschadet der fehlenden Rechtsfähigkeit.[278]

70 Im Rahmen des formellen Bewilligungsprinzips nach **§ 19 GBO** besteht keine besondere Nachforschungspflicht des Grundbuchamts hinsichtlich der Rechtsfähigkeit einer Gesellschaft, die bei der fraglichen Eintragung als gewinnender Teil betroffen ist.[279] Hier genügt es, dass nicht ausgeschlossen werden kann, dass die Rechtsfähigkeit besteht, damit das Grundbuchamt die Eintragung nach § 19 GBO vornimmt.[280]

71 Anders verhält es sich, falls die Gesellschaft Bewilligende nach § 19 GBO ist, und vor allem im Rahmen des **§ 20 GBO**, wenn der Nachweis der rechtlichen Existenz, der Erwerbsfähigkeit einer ausländischen Gesellschaft und der Vertretungsmacht ihres handelnden Organs als Voraussetzungen einer wirksamen Auflassung betroffen ist.[281] Die Nachweiserleichterung des § 32 GBO scheidet hier aus, weil diese Norm für ausländische juristische Personen und Handelsgesellschaften nicht gilt.[282] Aus demselben Grund ist auch eine Bescheinigung eines deutschen Notars nach § 21 BNotO nicht möglich.[283] Sowohl § 32 GBO als auch § 21 BNotO kommen aber in Betracht, wenn die Gesellschaft in der Bundesrepublik Deutschland eine ordnungsgemäß eingetragene Zweigniederlassung (§§ 13d ff. HGB) unterhält.[284] Auch die inländi-

---

270 Reithmann/Martiny/*Hausmann*, Internationales Vertragsrecht, Rn 5203.
271 Vgl. BGH NJW 1998, 2452, 2453; *Schotten/Schmellenkamp*, IPR, Rn 75; *Dorsel*, MittRhNotK 1997, 6, 14.
272 *Dorsel*, MittRhNotK 1997, 6, 14.
273 BGH NJW 1998, 2452, 2453.
274 Vgl. KG FGPrax 2012, 236, 237; BayObLG DNotZ 1987, 98, 99.
275 KG FGPrax 2012, 236, 237; *Bausback*, DNotZ 1996, 254, 263.
276 KG FGPrax 2012, 236, 237; Beck'sches Notarhandbuch/ *Zimmermann*, H Rn 205; *Mödl*, RNotZ 2008, 1, 19.
277 OLG München DNotZ 2013, 474 ff.; Meikel/*Hertel*, Einl. G Rn 73.
278 RG RGZ 62, 7, 10; OLG München DNotZ 2013, 474.
279 *Bausback*, DNotZ 1996, 254, 263; *Dümig*, ZfIR 2003, 191, 192.
280 OLG Frankfurt FGprax 2022, 55; vgl. Meikel/*Böttcher*, § 19 Rn 165; Meikel/*Hertel*, Einl. G Rn 76, 77; *Rehm*, § 5 Zivil-, Handels- und Verfahrensrecht, in: Eidenmüller, Ausländische Kapitalgesellschaften im deutschen Recht, § 5 Rn 8: abstrakte Möglichkeit der Erwerbsfähigkeit, die sich z.B. aus einem Rechtsformzusatz ergeben kann.
281 KG FGPrax 2012, 236, 237; OLG Hamm NJW-RR 1995, 469, 470; *Bausback*, DNotZ 1996, 254, 264; Meikel/*Hertel*, Einl. G Rn 76; MüKo-BGB/*Kindler*, IntGesR, Rn 342.
282 BayObLG NZG 2003, 290; OLG Hamm NJW-RR 1995, 469, 470; OLG Hamm FGPrax 2011, 275, 276; OLG Brandenburg MittBayNot 2011, 222; Meikel/*Hertel*, Einl. G Rn 78; *Mödl*, RNotZ 2008, 1, 19; *Haas*, DB 1997, 1501, 1505; *Bausback*, DNotZ 1996, 254, 265.
283 OLG Hamm NJW-RR 1995, 469; *Bungert*, DB 1995, 963; Meikel/*Roth*, § 32 Rn 59; zurückh. aber im Ergebnis auch gegen die Anwendung von § 21 BNotO; Meikel/*Hertel*, Einl. G, Rn 785, 87; a.A. offenbar *Melchior/Schulte*, NotBZ 2003, 344 ff. (jedenfalls für das Handelsregisterverfahren); Arndt/Lerch/*Sandkühler*, BNotO, § 21 Rn 14; *Limmer*, § 21 Sonstige Bescheinigungen, in: Eylmann/ Vaasen, BNotO/BeurkG, § 21 Rn 9.
284 *Haas*, DB 1997, 1501, 1505; MüKo-BGB/*Kindler*, IntGesR Rn 342; allerdings kann hier das Problem entstehen, dass die Gesellschaft im Heimatregister gelöscht wurde, die Zweigniederlassung aber noch im deutschen Register eingetragen ist, vgl. *Wachter*, DB 2004, 2795, 2797.

Internationale Bezüge   § 8 Einl.

sche Zweigniederlassung einer ausländischen Handelsgesellschaft kann in das Grundbuch eingetragen werden.[285] Ansonsten bedarf es, weil es sich bei der Rechtsfähigkeit und Vertretungsbefugnis um „andere" Eintragungsvoraussetzungen im Sinne des § 29 Abs. 1 S. 2 GBO handelt, grundsätzlich des Nachweises durch öffentliche Urkunden.[286] Kennt das betreffende Land ein dem inländischen Handelsregister vergleichbares Verzeichnis mit den entsprechenden Angaben zur Vertretungsmacht oder den Bescheinigungen nach § 21 BNotO vergleichbare notarielle Zeugnisse, wird der Nachweis i.d.R. leicht zu führen sein.[287] Neben einem Auszug oder Zeugnis seitens des Registergerichts selbst sind auch ausländische **Notarbestätigungen** anzuerkennen, soweit der ausländische Notar dem deutschen funktionell und fachlich entspricht.[288] Hier kann auch ein deutscher Notar in das Register Einsicht nehmen und die Schlussfolgerungen daraus bescheinigen.[289] Hinsichtlich der Rechtswirkungen der Registerbescheinigung eines deutschen Notars, der in das ausländische Register Einsicht genommen hat, ist darauf abzustellen, ob das ausländische Register einen vergleichbaren Inhalt, eine vergleichbare Funktion und Beweiskraft wie das deutsche Handelsregister hat (vgl. § 21 Abs. 1 S. 1 BNotO). Liegt eine derartige funktionelle Vergleichbarkeit vor, ist die besondere Beweiskraft gem. § 21 Abs. 1 BNotO gegeben.[290] Dient das ausländische Register dagegen lediglich der Erfassung der Gesellschaften ohne eine entsprechende registergerichtliche Kontrolle und Prüfung, kann die Einsicht und Bestätigung nicht den Beweis im Sinne des § 21 Abs. 1 S. 2 BNotO bewirken.[291]

Im Geltungsbereich der Sitztheorie ist problematisch, dass sich die Beweiskraft einer nach § 29 Abs. 1 S. 2 GBO beizubringenden öffentlichen Urkunde nicht auf tatsächliche Verhältnisse wie den **Verwaltungssitz** in einem bestimmten Staat erstreckt.[292] Insoweit behilft sich die Rechtsprechung mit einem allgemeinen Erfahrungssatz, wonach eine ausländische Gesellschaft im Gründungsstaat auch ihren tatsächlichen Verwaltungssitz habe.[293] Nur bei konkreten durchgreifenden Zweifeln dürfe die Eintragung abgelehnt werden, wenn nicht die Beteiligten diese Bedenken beseitigen, wofür aber wiederum nicht der volle Beweis in der Form des § 29 GBO erforderlich sei.[294]

72

Schwierigkeiten treten auch dann auf, wenn im Ausland eine dem deutschen Handelsregister vergleichbare Einrichtung fehlt, so namentlich im **anglo-amerikanischen Rechtskreis**.[295] Wo möglich wird man andere öffentliche Urkunden vorlegen (siehe Rdn 160).[296] Im Übrigen wird man im Wege freier Beweiswürdigung den Nachweis auch durch andere Eintragungsunterlagen als geführt ansehen, um so einer etwaigen objektiven Beweisnot entgegenzukommen.[297] Gegebenenfalls dürfte ausreichen, was das betreffende Land in vergleichbaren Fällen dort genügen lässt.[298]

73

---

285 *Schöner/Stöber*, Grundbuchrecht, Rn 243; *Mödl*, RNotZ 2008, 1, 19; zu den Risiken hieraus siehe *Wachter*, DB 2004, 2795, 2797.
286 BayObLG NZG 2003, 290; OLG Hamm NJW-RR 1995, 469, 470; OLG Brandenburg MittBayNot 2011, 222, 223; *Braun*, RIW 1995, 499, 501; MüKo-BGB/*Kindler*, IntGesR Rn 342; Meikel/*Roth*, § 32 Rn 59; *Bausback*, DNotZ 1996, 254, 264 f.
287 Beck'sches Notarhandbuch/*Zimmermann*, H Rn 206; vgl. auch LG Traunstein DNotI-Report 1998, 72; das ausländische Register muss keine so weitreichende Publizitätsfunktion haben wie das deutsche Handelsregister, *Dorsel*, MittRhNotK 1997, 6, 16; vgl. auch KG DNotZ 2012, 604, 605: englisches Register gibt keinen Nachweis der Vertretungsberechtigung.
288 LG Kleve RNotZ 2008, 30; *Dorsel*, MittRhNotK 1997, 6, 16; Meikel/*Hertel*, Einl. G Rn 85, 86; vgl. auch OLG Köln Rpfleger 1989, 66: allerdings zu einem Handelsregisterverfahren; vgl. auch OLG Hamm FGPrax 2011, 275, 276 f.: Bescheinigung eines ausländischen Notars nur, wenn Führung eines primären Nachweises nicht möglich ist oder wenigstens erschwert wird.
289 OLG Brandenburg MittBayNot 2011, 222, 223; OLG Schleswig DNotZ 2008, 709 m. Anm. *Apfelbaum* (vgl.

dazu auch *Geimer*, IPRax 2009, 58); LG Aachen MittBayNot 1990, 125.
290 Meikel/*Hertel*, Einl. G Rn 86.
291 KG DNotZ 2012, 604 f.; Meikel/*Hertel*, Einl. G, Rn 86.
292 MüKo-BGB/*Kindler*, IntGesR, Rn 343.
293 OLG Hamm NJW-RR 1995, 469, 470 f., im Anschl. an: BGH BGHZ 97, 269, 273; vgl. auch LG Traunstein DNotI-Report 1998, 72; OLG München NJW 1986, 2197; OLG Oldenburg NJW 1990, 1422; a.A. OLG Hamm GmbHR 2003, 302; MüKo-BGB/*Kindler*, IntGesR, Rn 343; BayObLG NZG 2003, 290, geht auf die Problematik nicht ein.
294 Vgl. OLG Hamm NJW-RR 1995, 469, 470 f.
295 *Bausback*, DNotZ 1996, 254, 265.
296 *Bausback*, DNotZ 1996, 254, 265; Bescheinigungen eines amerikanischen „Notary Public" reichen dafür aber grundsätzlich nicht (vgl. *Langhein*, Rpfleger 1996, 45, 53).
297 Vgl. OLG Hamm NJW-RR 1995, 469, 471; *Eidenmüller/Rehm*, ZGR 1997, 89, 110; *Bausback*, DNotZ 1996, 254, 265 f.; *Dümig*, ZfIR 2003, 191, 192.
298 KG FGPrax 2012, 236, 237 (dänischer Verein); Beck'sches Notarhandbuch/*Zimmermann*, H Rn 207; *Dorsel*, MittRhNotK 1997, 6, 16.

6. Supranationale Gesellschaftsformen in der Europäischen Union (EU)

a) Europäische wirtschaftliche Interessenvereinigung (EWIV)

74 Bei der EWIV handelt es sich um die erste supranationale europäische Gesellschaftsform, die aus deutscher Sicht einer OHG mit Fremdgeschäftsführung ähnelt.[299] Rechtsgrundlagen sind die EG-Verordnung Nr. 2137/85 vom 25.7.1985 (ABl EG L 199/1; EWIV-VO) und das deutsche Ausführungsgesetz dazu vom 14.4.1988 (BGBl I 514; EWIV-AG). Art. 12 EWIV-VO schreibt zwingend einen mit dem Verwaltungssitz sich deckenden Satzungssitz in der EG vor. Dort ist die EWIV in das Handelsregister einzutragen, Art. 1 Abs. 1, 6 EWIV-VO. Ab der Eintragung steht ihr die Fähigkeit zu, im eigenen Namen Träger von Rechten und Pflichten jeder Art zu sein, Verträge zu schließen oder andere Rechtshandlungen vorzunehmen und vor Gericht zu stehen, Art. 1 Abs. 2 EWIV-VO.

75 Die Geschäftsführung und die Vertretung obliegen den Geschäftsführern, Art. 19, 20 EWIV-VO. Mehrere Geschäftsführer vertreten einzeln, wenn nicht im Gründungsvertrag Gesamtvertretung angeordnet ist, Art. 20 Abs. 2 EWIV-VO. Dritten kann die Gesamtvertretungsberechtigung aber nur entgegengehalten werden, wenn sie ordnungsgemäß im Handelsregister eingetragen und bekannt gemacht wurde, Art. 20 Abs. 2 i.V.m. 8, 9 Abs. 1 EWIV-VO. Unechte Gesamtvertretung eines Geschäftsführers zusammen mit einem Prokuristen ist ausgeschlossen, da Art. 20 Abs. 1 EWIV-VO die ausschließliche Vertretung durch den bzw. die Geschäftsführer vorschreibt.[300] Befreiung von den Beschränkungen des § 181 BGB ist entsprechend der Rechtslage bei der OHG denkbar.[301]

b) Europäische Aktiengesellschaft (Societas Europaea, SE)

76 Als weitere supranationale Gesellschaftsform bietet das Europarecht die SE an. Die maßgebliche EG-Verordnung Nr. 2157/2001 vom 8.10.2001 (ABl EG L 294/1; SE-VO) ist am 8.10.2004 in Kraft getreten. Nach dieser Verordnung (VO) richtet sich primär die rechtliche Verfassung einer SE. Im Übrigen enthält das jeweils anwendbare nationale Gesellschaftsrecht (Art. 9 SE-VO) Regelungen. Insoweit gilt in Deutschland das zugehörige Ausführungsgesetz vom 22.12.2004 (BGBl I 3675; SE-AG). Der Sitz der SE muss in der EU liegen, und zwar in dem Mitgliedstaat, in dem sich ihre Hauptverwaltung befindet, Art. 7 SE-VO. Sie besitzt Rechtspersönlichkeit, Art. 1 Abs. 3 SE-VO. Für die innere Struktur der SE kann zwischen einem dualistischen System (Art. 39 ff. SE-VO; Trennung von Verwaltungs- und Aufsichtsorgan) und einem monistischen System (Art. 43 ff. SE-VO; einheitliches Leitungsgremium[302]) gewählt werden.

c) Europäische Genossenschaft (Societas Cooperativa Europaea, SCE)

77 Die Vertretung einer SCE[303] kann verschieden geregelt sein, ergibt sich aber stets aus dem Handelsregister.[304]

7. Länderübersicht nationaler Gesellschaftsformen

a) Belgien

78 Das belgische Recht der Handelsgesellschaften ist in den „Lois coordonnées des sociétés" geregelt, die ihrerseits den Titel IX des belgischen „Code de commerce" bilden.[305] Alle Handelsgesellschaften sind juristische Personen.[306]

79 **aa) Gesellschaftsformen.** Die **société en nom collectif** (S.N.C.) ist in Belgien die der OHG vergleichbare Gesellschaftsform. Sie wird vom Grundsatz der Einzelvertretungsbefugnis jedes Gesellschafters beherrscht, der jedoch abweichende Vereinbarungen zulässt.[307] Beschränkungen der Vertretungsmacht

---

299 Beck'sches Notarhandbuch/*Zimmermann*, H Rn 202.
300 *Krafka/Willer/Kühn*, Registerrecht, Rn 871.
301 *Krafka/Willer/Kühn*, Registerrecht, Rn 871.
302 Dazu ausführlich *Eder*, NZG 2004, 544; *Spitzbart*, RNotZ 2006, 369, 376 ff.
303 EG-Verordnung Nr. 1435, 2003 v. 22.7.2003 (Abl. EG L 207, 1), vgl. etwa *Schulze*, NZG 2004, 792.
304 *Hügel/Zeiser*, Int. Bez., Rn 109.
305 Reithmann/Martiny/*Hausmann*, Internationales Vertragsrecht, Rn 5247.
306 Reithmann/Martiny/*Hausmann*, Internationales Vertragsrecht, Rn 5247.
307 *Schaub*, NZG 2000, 953, 958.

wirken gutgläubigen Dritten gegenüber nur im Falle ordnungsgemäßer Veröffentlichung in den „Annexes" zum „Moniteur belge" (dem belgischen Staatsanzeiger).[308]

Die Parallele zur Kommanditgesellschaft (KG) bildet die **société en commandite simple** (S.C.S.), bei der die Kommanditisten („associés commandataires") von der Vertretung ausgeschlossen sind. Die persönlich haftenden Gesellschafter vertreten wie bei der S.N.C.[309]

80

Die **société anonyme** (S.A.) – als belgische Variante der Aktiengesellschaft – wird grundsätzlich vom Verwaltungsrat („conseil d'administration") nach außen vertreten, und zwar kollektiv oder – bei entsprechender Satzungsbestimmung – nach den Grundsätzen der Einzel- oder Gesamtvertretung.[310] Beschränkungen der Vertretungsmacht können Dritten selbst dann nicht entgegengehalten werden, wenn sie veröffentlicht wurden.[311]

81

Weiterhin kennt das belgische Recht die **société privée à responsabilité limitée** (S.P.R.L.). Zur Vertretung berechtigt sind deren Geschäftsführer („gérants"), und zwar einzeln, sofern nicht der Gesellschaftsvertrag Gesamtvertretung vorsieht.[312] Sonstige Einschränkungen ihrer Vertretungsmacht sind Dritten gegenüber unwirksam.[313]

82

bb) Nachweise. Beim regional zuständigen Handelsgericht („tribunal de commerce") wird ein Handelsregister („registre de commerce") geführt, aus dem Auszüge erteilt werden, die auch die Vertretungsbefugnis wiedergeben.[314] Daneben werden Abschriften im „registre centrale de commerce" in Brüssel zur Einsicht bereitgehalten.[315] Außerdem ist die Veröffentlichung der Gesellschaftsverträge in den „Annexes" zum „Moniteur belge" vorgesehen, wodurch in der belgischen Notarpraxis die Nachweise geführt werden.[316] Für Genossenschaften, Zivilgesellschaften, Vereine und Handwerker gibt es ein eigenes Register.[317]

83

b) Dänemark

aa) Gesellschaftsformen. Die der OHG vergleichbare **interessentskab** (I.S.) wird durch jeden Gesellschafter vertreten, es sei denn aus dem Gesellschaftsvertrag ergibt sich etwas anderes.[318] Bei der **kommanditselskab** (K.S.) gilt dies nur für die persönlich haftenden Gesellschafter; die Kommanditisten sind von der Vertretung ausgeschlossen.[319] Die dänische Variante der GmbH, **anpartsselskab** (A.p.S.) genannt, wird durch die Geschäftsführer bzw. den Verwaltungsrat, die **aktieselskab** (A.S.) durch ihren Verwaltungsrat vertreten.[320]

84

bb) Nachweise. Für A.p.S. und A.S. besteht ein Register („Erhvervs- oder Seltskabsstyrelsen"), von dem Auszüge angefordert werden können (Adresse: Kampmannsgade 1, 1780 Kobenhavn V, Dänemark), während I.S. und K.S. als Beleg nur eine Abschrift des Gesellschaftsvertrages bieten.[321]

85

c) Finnland

aa) Gesellschaftsformen. Im finnischen Recht gibt es u.a. die offene Handelsgesellschaft („avoin yhtiö", ay), die Kommanditgesellschaft und die Aktiengesellschaft („osakeyhtiö", oy), wobei letztere sich ähnlich dem britischen Recht in die private Aktiengesellschaft und die öffentliche Aktiengesellschaft untergliedert.[322] Die Aktiengesellschaft wird durch den Vorstand und ggf. den geschäftsführenden Direktor in dessen Zuständigkeitsbereich vertreten.[323] Für den Vorstand gilt das Prinzip der Gesamtvertretung.[324]

86

---

308 Reithmann/Martiny/*Hausmann*, Internationales Vertragsrecht, Rn 5248; *Schaub*, NZG 2000, 953, 958.
309 *DNotI* (Hrsg.), Notarielle Fragen des internationalen Rechtsverkehrs, 1995, S. 22; *Schaub*, NZG 2000, 953, 958.
310 *Schaub*, NZG 2000, 953, 958; *DNotI* (Hrsg.), Notarielle Fragen des internationalen Rechtsverkehrs, 1995, S. 27.
311 Reithmann/Martiny/*Hausmann*, Internationales Vertragsrecht, Rn 5250; *Schaub*, NZG 2000, 953, 958.
312 *Schaub*, NZG 2000, 953, 958.
313 *DNotI* (Hrsg.), Notarielle Fragen des internationalen Rechtsverkehrs, 1995, S. 27.
314 Reithmann/Martiny/*Hausmann*, Internationales Vertragsrecht, Rn 5252; *Schaub*, NZG 2000, 953, 959.
315 *Holzborn/Israel*, NJW 2003, 3014, 3016.
316 Reithmann/Martiny/*Hausmann*, Internationales Vertragsrecht, Rn 5252.
317 *Holzborn/Israel*, NJW 2003, 3014, 3016.
318 *Schaub*, NZG 2000, 953, 959.
319 *Schaub*, NZG 2000, 953, 959.
320 *Schaub*, NZG 2000, 953, 959; *Ring/Olsen-Ring*, Einführung in das skandinavische Recht, § 18 Rn 670.
321 *Schaub*, NZG 2000, 953, 959.
322 *Wilske/Miettinen/Kocher*, RIW 2002, 94 ff.
323 *Wilske/Miettinen/Kocher*, RIW 2002, 94, 98.
324 *Wilske/Miettinen/Kocher*, RIW 2002, 94, 98.

87 **bb) Nachweise.** In Helsinki besteht ein Zentralregister für Gesellschaften beim Patent- und Registeramt, das Auszüge erteilt.[325]

d) Frankreich

88 **aa) Gesellschaftsformen.** Die der OHG nahekommende **société en nom collective** (S.N.C.) wird durch einen oder mehrere Geschäftsführer („gérants") vertreten, die auch juristische Personen sein können. Grundsätzlich sind alle Gesellschafter einzelvertretungsbefugte Geschäftsführer.[326] Der Umfang der Vertretungsbefugnis ist durch den Gesellschaftszweck begrenzt.[327]

89 Dasselbe gilt bei der **société en commandite simple** (S.C.S.), die der KG entspricht, hinsichtlich der persönlich haftenden Gesellschafter („associés commandités"), wohingegen den Kommanditisten („associés commanditaires") eine Vertretung verwehrt ist.[328]

90 Die **société anonyme** (S.A.) hat entweder einen Verwaltungsrat („conseil d'administration") oder ein Direktorium („directeur"). Im ersten Fall vertritt der Präsident des Verwaltungsrates („président-directeur general") oder, wenn solche neben ihm bestellt sind, Generaldirektoren.[329] Im zweiten Fall wird durch den Präsidenten des Direktoriums vertreten, wenn dieses aus mehreren Personen besteht, sonst durch den „directeur général unique".[330] Eine Überschreitung des Gesellschaftszwecks kann gutgläubigen Dritten nicht entgegengehalten werden, wobei die Eintragung des Gesellschaftszwecks in das Handelsregister keine Bösgläubigkeit begründet.[331]

91 Bei der **société à responsabilité limitée** (S.A.R.L.) erfolgt die Vertretung durch einen oder mehrere einzelvertretungsbefugte Geschäftsführer („gérants").[332] Deren Vertretungsmacht ist durch den Gesellschaftszweck begrenzt, wobei eine Überschreitung einem gutgläubigen Dritten aber nicht entgegengehalten werden kann.[333] Bei mehreren Geschäftsführern wirkt eine Einschränkung ihrer Einzelvertretungsbefugnis nur im Innenverhältnis, es sei denn, der Vertragspartner wusste positiv, dass die anderen Geschäftsführer gegen den Rechtsakt des Handelnden waren.[334] Seit 2011 gibt es in Frankreich auch den Einzelunternehmer mit beschränkter Haftung („entrepreneur individuel à responsabilité limitée", EIRL).[335]

92 Die besondere Gesellschaftsform der **société par actions simplifiée** (S.A.S.) wird durch den Präsidenten gem. Satzung vertreten.[336] Hinsichtlich der Bedeutung des Gesellschaftszwecks für die Vertretungsbefugnis gelten im Ergebnis die gleichen Grundsätze wie bei der S.A.[337]

93 **bb) Nachweise.** Das für den Gesellschaftssitz zuständige Handelsgericht („tribunal de commerce") führt das Unternehmensregister („registre de commerce et des sociétés").[338] Daneben tritt ein zentrales Register beim „Institut National de la Propriété Industrielle"[339] in Paris, bei dem Duplikate aller lokalen Registerinformationen eingesehen werden können.[340] Eine Bekanntmachung der Eintragungen für ganz Frankreich erfolgt im „Bulletin officiel des annonces et comerciales".[341] Die vom Urkundsbeamten des tribunal de commerce erteilten Abschriften und Auszüge aus dem Handelsregister, die auch die Ver-

---

325 Beck'sches Notarhandbuch/*Zimmermann*, H Rn 210.
326 *Schaub*, NZG 2000, 953, 959.
327 Reithmann/Martiny/*Hausmann*, Internationales Vertragsrecht, Rn 5264; *Chaussade-Klein*, Gesellschaftsrecht in Frankreich, S. 59.
328 *DNotI* (Hrsg.), Notarielle Fragen des internationalen Rechtsverkehrs, 1995, S. 125.
329 Die danebenstehende Vertretungsmacht des gesamten Verwaltungsrates ist praktisch unbedeutend; *Schaub*, NZG 2000, 953, 960; Reithmann/Martiny/*Hausmann*, Internationales Vertragsrecht, Rn 5266.
330 Reithmann/Martiny/*Hausmann*, Internationales Vertragsrecht, Rn 5266.
331 Reithmann/Martiny/*Hausmann*, Internationales Vertragsrecht, Rn 5266.
332 *Schaub*, NZG 2000, 953, 960; *Recq/Hoffmann*, GmbHR 2004, 1070, 1071.
333 Reithmann/Martiny/*Hausmann*, Internationales Vertragsrecht, Rn 5268; *Spahlinger/Wegen*, Internationales Gesellschaftsrecht, Rn 1438: Dem Dritten schadet, wenn er wusste oder unter den gegebenen Umständen hätte wissen müssen, dass der Geschäftsführer nicht im Rahmen des Gesellschaftszwecks handelte.
334 *Frank/Wachter*, RIW 2002, 11, 15; *Karst*, NotBZ 2006, 119, 123.
335 *Peifer*, GmbHR 2010, 972 ff.
336 *Stucki*, DB 1999, 2622, 2624.
337 Vgl. Reithmann/Martiny/*Hausmann*, Internationales Vertragsrecht, Rn 5267.
338 *Holzborn/Israel*, NJW 2003, 3014, 3016.
339 Internet: www.inpi.fr, zuletzt eingesehen am 8.8.2018.
340 *Holzborn/Israel*, NJW 2003, 3014, 3016.
341 Reithmann/Martiny/*Hausmann*, Internationales Vertragsrecht, Rn 5269.

tretungsorgane wiedergeben, sind umso wichtiger, als die französischen Notare anders als die deutschen nach § 21 BNotO nicht für die Ausstellung von Handelsregisterbescheinigungen mit Beweiskraft zuständig sind.[342]

In Frankreich wird der Nachweis der Vertretungsmacht beispielsweise im Rahmen einer notariellen Urkunde durch Beifügen eines beglaubigten Auszuges aus der Satzung bzw. des Gesellschafterbeschlusses, durch den der Geschäftsführer bestellt wurde, sowie eines Auszuges aus dem Handels- und Gesellschaftsregister an die Urkunde geführt.[343] Das Handelsregister genießt öffentlichen Glauben.[344]

e) Griechenland

Es bestehen der deutschen OHG, KG, GmbH und AG vergleichbare Gesellschaftsformen.[345] Das Amtsgericht beim Sitz der Gesellschaft erteilt hier Auszüge aus dem von ihm geführten Register.[346]

94

f) Großbritannien

aa) Gesellschaftsformen. In Großbritannien unterscheidet das Gesellschaftsrecht[347] zwischen „partnerships", die unserem Verständnis von Personenhandelsgesellschaften ähneln, und „companies", die den deutschen Kapitalgesellschaften nahekommen.

95

Die deutsche OHG findet ihre Entsprechung in der **partnership**,[348] welche von jedem Partner mit Einzelvertretungsbefugnis vertreten wird.[349] Davon abweichende Beschränkungen wirken einem Dritten gegenüber nur, wenn sie diesem bekannt sind.[350] Allerdings ist der Umfang der Vertretungsmacht auf Handlungen beschränkt, die im Rahmen des gewöhnlichen Geschäftsbetriebes der konkreten Gesellschaft liegen.[351] Für darüber hinausgehende Geschäfte bedarf es einer ausdrücklichen Bevollmächtigung durch die anderen Partner.[352]

96

Ähnlich einer KG ist bei der **limited partnership** den beschränkt haftenden Gesellschaftern („limited partners") die Vertretung nicht möglich, sondern diese erfolgt durch die persönlich haftenden Gesellschafter („general partners") entsprechend den Regeln bei der partnership.[353]

97

Die unserer Vorstellung einer Kapitalgesellschaft nahekommende Konstruktion des englischen Rechts ist die **company**. Je nach der Haftungsverfassung unterscheidet man die „company limited by shares", die „company limited by guarantee" und die „unlimited company".[354] Zudem wird differenziert zwischen der „public company", die wegen ihrer Kapitalmarktnähe unserer AG vergleichbar ist, und der „private limited company", die als geschlossene Kapitalgesellschaftsform die Parallele zur deutschen GmbH bildet.[355] Nach der aus dem Common Law entwickelten „ultra-vires-Doktrin" waren Rechtsfähigkeit einer „company" und die Vertretungsmacht der für sie Handelnden für bestimmte Rechtsgeschäfte auf den in der Gründungsurkunde festgelegten Gesellschaftszweck („object clause") beschränkt.[356] Diese Doktrin wurde inzwischen abgeschafft.[357] Vertreten wird eine „company" durch das Direktorium („board of directors").[358] Grundsätzlich

98

---

342 *Frank/Wachter*, RIW 2002, 11, 17.
343 *Frank/Wachter*, RIW 2002, 11, 16.
344 *Karst*, NotBZ 2006, 119, 123.
345 DNotI (Hrsg.), Notarielle Fragen des internationalen Rechtsverkehrs, 1995, S. 147 f.
346 Beck'sches Notarhandbuch/*Zimmermann*, H Rn 212.
347 Zu aktuellen Reformvorschlägen vgl. *Lembeck*, NZG 2003, 956.
348 Beck'sches Notarhandbuch/*Zimmermann*, H Rn 230.
349 *Graf v. Bernstorff*, Einführung in das englische Recht, 201.
350 *Schaub*, NZG 2000, 953, 959.
351 Reithmann/Martiny/*Hausmann*, Internationales Vertragsrecht, Rn 5254; *Graf v. Bernstorff*, Einführung in das englische Recht, 201.
352 Reithmann/Martiny/*Hausmann*, Internationales Vertragsrecht, Rn 5254.
353 Reithmann/Martiny/*Hausmann*, Internationales Vertragsrecht, Rn 5255.
354 *Hirsch/Britain*, NZG 2003, 1100 Fn 3; *Holzborn/Israel*, NJW 2003, 3014, 3015 Fn 23.
355 *Holzborn/Israel*, NJW 2003, 3014, 3015 Fn 23.
356 Reithmann/Martiny/*Hausmann*, Internationales Vertragsrecht, Rn 5258; zu den beschränkten Vertretungsbefugnissen des „secretary" siehe *Happ/Holler*, DStR 2004, 730, 735.
357 Vgl. *Fleischer*, NZG 2005, 529, 531; *Lembeck*, NZG 2003, 956, 964; *Kasolowsy*, Die Private Limited Company – England und Wales, in: Hirte/Bücker, Grenzüberschreitende Gesellschaften, § 4 Rn 31; *Neuling*, Deutsche GmbH und englische private company, 121: Gutgläubige Dritte dürfen u.a. darauf vertrauen, dass die Handlungen der „directors" im Rahmen der Satzung erfolgen; *Torwegge*, GmbHR 2006, 919, 921.
358 AG Duisburg NZG 2003, 1072, 1073; *Melchior/Schulte*, NotBZ 2003, 344, 346; Reithmann/Martiny/*Hausmann*, Internationales Vertragsrecht, Rn 5257; ausf. zu Bestellung und Abberufung des Geschäftsführers einer englischen „Limited" vgl. *Stöber*, GmbHR 2006, 746 ff., 1146 ff.

besteht es aus mindestens zwei „directors", die gesamtvertretungsbefugt sind.[359] Nur bei der „private limited company" kann es auch aus nur einem „director" bestehen.[360] Eine Delegation der Vertretungsmacht auf den Präsidenten („chairman of the board"), auf geschäftsführende Direktoren („managing directors") oder ein „committee of directors" ist zulässig und kommt häufig vor,[361] wobei sich Einzelheiten aus der Gründungsurkunde bzw. der Gesellschaftssatzung ergeben.[362] Hört eine englische „Limited" auf zu bestehen, weil sie im dortigen Gesellschaftenregister gelöscht wird, so besteht sie, falls sie noch Vermögen in Deutschland hat, hier als „Restgesellschaft" fort;[363] und zwar als OHG oder Gesellschaft bürgerlichen Rechts (GbR).[364]

99 **bb) Nachweise.** Nachweise bezüglich britischer Gesellschaften sind dadurch erschwert, dass es in Großbritannien kein allgemeines Handelsregister gibt.

100 Von den **partnerships** ist nur die „limited partnership" wegen der dort vorgesehenen Haftungsbeschränkung registrierungspflichtig.[365] Aus der Registrierung kann aber nicht auf eine ordnungsgemäße Gründung geschlossen werden.[366] Außerdem ist die Vertretungsmacht im Register nicht enthalten, so dass sie durch von sämtlichen Partnern ausgestellte Vollmachten nachzuweisen ist.[367]

101 Eine **company** muss beim Gesellschaftsregister („Registry of Companies") eingetragen werden. Für England und Wales liegt das zentrale Register in Cardiff (mit einer Auskunft erteilenden Zweigstelle in London), für Schottland in Edinburgh, für Nordirland in Belfast; für die Kanalinseln wird dort (Jersey, Guernsey, Sark) registriert.[368] Eine Bekanntmachung der Eintragung erfolgt für England und Wales in der „London Gazette", für Schottland in der „Edinburgh Gazette".[369] Vom „Registry of Companies" kann man eine Bescheinigung über die Existenz der Gesellschaft („certificate of incorporation") wie auch eine Abschrift der Satzung erhalten.[370] Zum Nachweis der Vertretungsmacht werden folgende Möglichkeiten vor allem vorgeschlagen:[371] Vorlage des Beschlusses über die Bestellung bzw. der Gesellschaftssatzung, soweit Vertretungsmacht daraus einwandfrei entnehmbar;[372] Bestätigung des „secretary" der Gesellschaft, dass der Handelnde durch ordnungsgemäß verabschiedeten Beschluss des „board of directors", der in Abschrift beigefügt ist, zur Vornahme des betreffenden Geschäfts legitimiert ist,[373] Bescheinigung durch einen „notary public", jedenfalls einen solchen der City of London, der zu dem Kreis englischer Notare gehört, die für die Urkundserstellung zum Rechtsverkehr mit Ländern außerhalb des Common-Law-Rechtskreises zuständig sind (sog. „scrivener notary").[374] Ein „certificate of good standing" enthält keine Angaben zur Vertretungsbefugnis der Organe.[375]

---

359 *Schaub*, NZG 2000, 953, 959; *Wachter*, NotBZ 2004, 41, 45.
360 AG Duisburg NZG 2003, 1072, 1073; *Melchior/Schulte*, NotBZ 2003, 344, 346; *Wachter*, NotBZ 2004, 41, 45.
361 *Schaub*, NZG 2000, 953, 959.
362 *Melchior/Schulte*, NotBZ 2003, 344, 346; Reithmann/Martiny/*Hausmann*, Internationales Vertragsrecht, Rn 5257.
363 OLG Düsseldorf NZG 2010, 1226; KG GmbHR 2010, 316, 317; OLG Nürnberg NZG 2008, 76.
364 OLG Celle DNotI-Report 2012, 135.
365 *Holzborn/Israel*, NJW 2003, 3014, 3016.
366 *Holzborn/Israel*, NJW 2003, 3014, 3016.
367 *Schaub*, NZG 2003, 953, 959.
368 Beck'sches Notarhandbuch/*Zimmermann*, H Rn 228; *Holzborn/Israel*, NJW 2003, 3014, 3015 Fn 1922, auch mit dem Hinweis, dass tw. für das gesamte Vereinigte Königreich eine zentrale Onlineabfrage unter www.companieshouse.gov.uk möglich ist.
369 Reithmann/Martiny/*Hausmann*, Internationales Vertragsrecht, Rn 5262.
370 Beck'sches Notarhandbuch/*Zimmermann*, H Rn 228; *Heinz*, ZNotP 2000, 410, 412; nach *Klein*, Rpfleger 2003, 629, 632 ist zusätzlich auch ein „certificate to do business and borrow" erhältlich. Adressen findet man unter www.companieshouse.gov.uk.
371 LG Berlin DB 2004, 2628, wonach eine Bescheinigung des „Registrars of Companies", in der die Vertretungsbefugten bezeichnet sind, ausreicht. Betrifft nur Handelsregisterverfahren und ist von *Heckschen*, NotBZ 2005, 24 zu Recht kritisch beleuchtet worden. Vgl. auch Meikel/*Hertel*, Einl. G, Rn 81 ff. zum Rechtskreis des Common Law.
372 KG DNotZ 2012, 604, 605; Reithmann/Martiny/*Hausmann*, Internationales Vertragsrecht, Rn 5262; *Schaub*, NZG 2000, 953, 959.
373 *Schaub*, NZG 2000, 953, 959; *Heinz*, ZNotP 2000, 410, 413 mit Formulierungsbeispiel.
374 *Schaub*, NZG 2000, 953, 959, mit Formulierungsbeispiel; *Knoche*, MittRhNotK 1985, 165, 174; Beck'sches Notarhandbuch/*Zimmermann*, H Rn 228; *Heinz*, ZNotP 2000, 410, 415; *Wachter*, NotBZ 2004, 41, 46 u. DNotI-Report 1995, 76, 77 für das Handelsregisterverfahren. Wegen der fehlenden vergleichbaren Vorbildung ist es nach *Heckschen*, NotBZ 2005, 24, 26 – allerdings für das Handelsregisterverfahren – zweifelhaft, ob die Bescheinigung durch jedweden „notary" des Vereinigten Königreichs genügt, vgl. auch KG DNotZ 2012, 604, 606: „Vertretungsbescheinigung durch einen englischen Notar".
375 *Wachter*, ZNotP 2005, 122, 127, 133.

g) Irland

Hinsichtlich der Nachweise gilt im Wesentlichen das Gleiche wie in Großbritannien, wobei sich das Register in Dublin befindet.[376]

102

h) Italien

aa) Gesellschaftsformen. Die unserer OHG im Wesentlichen gleichkommende **società in nome collettivo** (S.N.C.) wird durch einen oder mehrere Geschäftsführer („amministratore") vertreten.[377] Grundsätzlich ist jeder Gesellschafter einzelvertretungsberechtigter Geschäftsführer, wobei abweichende Vereinbarungen häufig und im Handelsregister einzutragen sind.[378] Andernfalls schadet einem Vertragspartner nur die Kenntnis der Beschränkung.[379] Der Umfang der Vertretungsmacht ist im Übrigen durch den Gesellschaftszweck begrenzt.[380]

103

Der deutschen KG entspricht die **società in accommandità semplice** (S.A.S.), die entsprechend den Regeln bei der S.N.C. vertreten wird, aber nur durch die persönlich haftenden Gesellschafter („soci accomandatari"), weil die Kommanditisten („soci accomandanti") hiervon ausgeschlossen sind.[381]

104

Die **società per azioni** (S.p.A.) wird klassischerweise durch die Mitglieder des „consiglio di amministrazione" (Verwaltungsrat) oder einen „amministratore unico" (Geschäftsführer) vertreten.[382] Im statistischen Regelfall des Vorliegens eines Verwaltungsrats gilt nach allerdings umstrittener h.M. im italienischen Schrifttum der Grundsatz der Einzelvertretung durch jedes seines Mitglieder, wobei jedoch Abweichungen wie Gesamtvertretung oder die Übertragung der Vertretungsbefugnis auf den Präsidenten des Verwaltungsrats, einzelne seiner Mitglieder („amministratori delegati") oder einen Verwaltungsausschuss („comitato esecutivo") möglich sind.[383] Eventuelle Beschränkungen der Vertretungsmacht müssen im Register eingetragen sein und sind Dritten gegenüber nicht wirksam, es sei denn, diese haben nachweislich absichtlich zum Schaden der Gesellschaft gehandelt.[384] Umgekehrt wird die Gesellschaft durch einen Rechtsakt, der nicht mehr dem Gesellschaftsgegenstand unterfällt, nur gegenüber gutgläubigen Dritten verpflichtet.[385] Neuerdings stellt das italienische Gesellschaftsrecht auch entsprechend dem deutschen Modell die Möglichkeit zur Verfügung, die S.p.A. so zu organisieren, dass es einen Vorstand („consiglio di gestione") gibt, oder – entsprechend dem monistischen, angelsächsischen System – nur ein Leitungsorgan („consiglio di amministrazione").[386]

105

Als Parallele zur GmbH sieht das italienische Recht die **società a responsabilità limitata** (S.R.L.) vor. Vorbehaltlich einer abweichenden Regelung im Gesellschaftsvertrag wird die Geschäftsführung durch Gesellschafterbeschluss einem oder mehreren Gesellschaftern übertragen.[387] Im Falle der Benennung mehrerer Geschäftsführer bilden diese gemeinschaftlich den Verwaltungsrat.[388] Die Vertretungsmacht des Geschäftsführers ist nach außen hin unbeschränkt.[389] Im Falle eines Verwaltungsrates ist es möglich, einzelnen Geschäftsführern spezielle Geschäftsführungs- und Vertretungskompetenzen für einzelne Sachbereiche zuzuordnen, d.h. sie von der Pflicht zu befreien, vor jeder Handlung die Zustimmung der übrigen Geschäftsführer erlangen zu müssen.[390] Daneben kann eine kollegiale Handlungsweise vorgesehen werden.[391] Die Geschäftsführung kann auch gesellschaftsfremden Personen anvertraut werden.[392]

106

---

376 Beck'sches Notarhandbuch/*Zimmermann*, H Rn 213.
377 *Schaub*, NZG 2000, 953, 960.
378 Reithmann/Martiny/*Hausmann*, Internationales Vertragsrecht, Rn 5271; *Schaub*, NZG 2000, 953, 960.
379 DNotI (Hrsg.), Notarielle Fragen des internationalen Rechtsverkehrs, 1995, S. 206.
380 Reithmann/Martiny/*Hausmann*, Internationales Vertragsrecht, Rn 5271; *Schaub*, NZG 2000, 953, 960.
381 Reithmann/Martiny/*Hausmann*, Internationales Vertragsrecht, Rn 5272; *Schaub*, NZG 2000, 953, 960.
382 *Hartl*, NZG 2003, 667 f.
383 Reithmann/Martiny/*Hausmann*, Internationales Vertragsrecht, Rn 5274; *Schaub*, NZG 2000, 953, 960; *Kindler*, Jahrbuch für italienisches Recht, Band 15/16 (2002, 2003), S. 35, 38 rät dazu, sich auf die h.M. zur Einzelvertretungsbefugnis nicht zu verlassen.
384 *Kindler*, Jahrbuch für italienisches Recht, Band 15/16 (2002, 2003), S. 35, 41 f.
385 DNotI (Hrsg.), Notarielle Fragen des internationalen Rechtsverkehrs, S. 207.
386 *Hartl*, NZG 2003, 667; *Casper/Reiß*, RIW 2004, 428, 429.
387 *Bader*, GmbHR 2005, 1474, 1475; *Deckert/Sangiovanni*, ZVglRWiss 107 (2008) 164, 168, 170.
388 *Buenger*, RIW 2004, 249, 251; *Deckert/Sangiovanni*, ZVglRWiss 107 (2008) 164, 183.
389 *Buenger*, RIW 2004, 249, 251; *Barth*, MittBayNot 2006, 1, 8.
390 *Buenger*, RIW 2004, 249, 252.
391 *Buenger*, RIW 2004, 249, 252.
392 *Catania*, RIW 2007, 367; *Sangiovanni*, GmbHR 2006, 1316, 1318.

107 bb) Nachweise. In Italien existiert ein einheitlich für das gesamte Staatsgebiet und in elektronischer Form geführtes Handelsregister.[393] Der Nachweis der Vertretungsbefugnis kann im Grundbuchverfahren durch einen entsprechenden beglaubigten Auszug geführt werden.[394] Gelegentlich lässt sich dem Register nicht entnehmen, wie weit die Vertretungsbefugnis des Verwaltungsratsvorsitzenden, des Vollzugsausschusses oder des ermächtigten Verwaltungsratsmitglieds reicht, wobei hier eine beglaubigte Abschrift des maßgeblichen Verwaltungsratsbeschlusses aus dem Buch der Sitzungen und Beschlüsse des Verwaltungsrats helfen können.[395]

i) Japan

108 aa) Gesellschaftsformen. In Japan existieren der deutschen AG, GmbH, OHG und KG vergleichbare Gesellschaftsformen.[396] Bei der japanischen OHG („gomei gaisha") sind grundsätzlich alle Gesellschafter vertretungsbefugt, wobei aber die Vertretungsbefugnis auf mehrere Gesellschafter übertragen werden kann.[397] Bei der KG („goshi gaisha") obliegt die Geschäftsführung und -vertretung nur den unbeschränkt haftenden Gesellschaftern.[398] Eine japanische Aktiengesellschaft („kabushikigaisha") wird durch einen oder mehrere Direktoren/Verwaltungsratsmitglieder vertreten.[399] Bestimmen die Direktoren aus ihrer Mitte einen oder mehrere sog. „Daihyô-torishimari-yaku", was in aller Regel der Fall ist, so wird die Gesellschaft nur von diesem/n vollumfänglich (allein) vertreten.[400] Dabei kann auch Gesamtvertretungsbefugnis beschlossen werden.[401] Die GmbH („yugen kaisha") wird vom Gesetz als eine Sonderform der AG behandelt.[402] Bei der 2002 neu eingeführten Gesellschaft mit Ausschussstruktur („iinkai to setchi gaisha") ist die Geschäftsführung und wohl auch die Vertretung den Geschäftsführern übertragen, so dass der Verwaltungsrat im Wesentlichen unter deren Kontrolle steht.[403] Die 2006 eingeführte Hybridgesellschaft, die sowohl Merkmale einer Personenhandels- als auch einer Kapitalgesellschaft in sich vereinigt („godo kaisha") wird in erster Linie durch die Geschäftsführer oder einen anderen Gesellschafter vertreten.[404] Hat die Gesellschaft mehrere Geschäftsführer, vertritt grundsätzlich jeder einzeln.[405]

109 bb) Nachweise. Die Gesellschaften werden in einem dem deutschen Handelsregister vergleichbaren Register eingetragen, aus dem Auszüge erteilt werden.[406] Insbesondere müssen Vor- und Familienname der vertretungsberechtigten Verwaltungsratsmitglieder einer AG eingetragen werden.[407] Die Position des „Daihyô-torishimari-yaku" ist ebenfalls im Handelsregister verzeichnet.[408] Wenn eine Person im japanischen Handelsregister als „Daihyô-torishimari-yaku" eingetragen ist, besteht regelmäßig kein Grund für ein deutsches Gericht, weitere Nachweise zu deren Alleinvertretungsbefugnis zu verlangen.[409]

j) Liechtenstein

110 aa) Gesellschaftsformen. Das liechtensteinische Recht der Handelsgesellschaften ist im Personen- und Gesellschaftsrecht (PGR)[410] geregelt.

Die der deutschen OHG vergleichbare **Kollektivgesellschaft** wird grundsätzlich durch jeden Gesellschafter einzeln vertreten.[411] Abweichende Vereinbarungen, etwa Gesamtvertretung oder die Betrauung eines Nichtgesellschafters mit der Vertretung, sind zulässig; ein Dritter muss sie sich aber nur entgegen

---

393 *Tassinari*, Notarius International, 2004, 62, 89.
394 KG Rpfleger 2013, 196 für S.R.L.
395 *Kindler*, Jahrbuch für italienisches Recht, Band 15/16 (2002, 2003), S. 35, 50.
396 *DNotI* (Hrsg.), Notarielle Fragen des internationalen Rechtsverkehrs, 1995, S. 225 f.
397 *Kawamoto/Kishida/Morita/Kawaguchi*, Gesellschaftsrecht in Japan, Rn 674.
398 *Kawamoto/Kishida/Morita/Kawaguchi*, Gesellschaftsrecht in Japan, Rn 681.
399 *Marutschke*, Einführung in das japanische Recht, 235 ff.; *Kawamoto/Kishida/Morita/Kawaguchi*, Gesellschaftsrecht in Japan, Rn 471 f.
400 *Westhoff*, DNotZ 2013, 4.
401 *Kawamoto/Kishida/Morita/Kawaguchi*, Gesellschaftsrecht in Japan, Rn 479.
402 *Takahashi*, AG 2010, 817.
403 *Kawamoto/Kishida/Morita/Kawaguchi*, Gesellschaftsrecht in Japan, Rn 208 f.
404 *Kaiser*, RIW 2007, 16, 21.
405 *Kaiser*, RIW 2007, 16, 21.
406 Beck'sches Notarhandbuch/*Zimmermann*, H Rn 215; *Nenninger*, MittRhNotK 1995, 82, 94; vgl. auch OLG München FGPrax 2010, 146.
407 *Kawamoto/Kishida/Morita/Kawaguchi*, Gesellschaftsrecht in Japan, Rn 481.
408 *Westhoff*, DNotZ 2013, 4, 5.
409 OLG München FGPrax 2010, 146.
410 Text abrufbar unter http://www.gesetze.li/konso/192600400, zuletzt eingesehen am 8.8.2018.
411 *Schaub*, NZG 2000, 953, 960.

halten lassen, wenn sie im Register eingetragen oder ihm bekannt sind.[412] Der Umfang der Vertretungsbefugnis ist durch den Gesellschaftszweck begrenzt.[413] Die Vertretung kann auf einzelne Niederlassungen beschränkt werden, was Dritten gegenüber aber wiederum eine entsprechende Publikation voraussetzt.[414] Weitergehende Vertretungsbeschränkungen sind unzulässig.[415]

Dieselben Vertretungsregeln gelten bei der **KG**, allerdings bezogen auf die unbeschränkt haftenden Gesellschafter.[416]

111

Die **AG** wird durch die Verwaltung vertreten. Aus der Satzung ergibt sich, ob bei mehreren Verwaltungsratsmitgliedern Einzel- oder Gesamtvertretung herrscht. Fehlt eine diesbezügliche Eintragung im Register, so ist die Mitwirkung von mindestens zwei Verwaltungsratsmitgliedern notwendig.[417] Häufig wird die Vertretung einzelnen Mitgliedern des Verwaltungsrats (Delegierte) oder Nichtgesellschaftern (Direktoren) übertragen.[418] Der Umfang der Vertretungsmacht wird auch gutgläubigen Dritten gegenüber durch den Gesellschaftszweck begrenzt.[419]

112

Die **GmbH**, welche in der liechtensteinischen Praxis allerdings nur eine geringe Rolle spielt, wird grundsätzlich durch alle Gesellschafter gemeinsam vertreten.[420] Abweichende Vereinbarungen, wie etwa die Übertragung der Vertretungsbefugnis auf einen Nichtgesellschafter, setzen gutgläubigen Dritten gegenüber die Eintragung ins Register voraus.[421] Hinsichtlich des Umfangs der Vertretungsbefugnis gelten dieselben Grundsätze wie bei der AG.[422]

113

Die privatrechtliche **Anstalt** wird durch die Verwaltung vertreten, wobei dann, wenn diese aus mehreren Personen besteht, mangels abweichender Eintragung im Öffentlichkeitsregister mindestens zwei Verwaltungsratsmitglieder mitwirken müssen.[423] Der Umfang der Vertretungsbefugnis ist gutgläubigen Dritten gegenüber durch den Anstaltszweck begrenzt. Weitergehende Beschränkungen wirken Dritten gegenüber nur wie bei der Kollektivgesellschaft.[424]

114

Die **Stiftung** ist zwar keine Handelsgesellschaft, sei aber hier erwähnt, da sie den Löwenanteil der juristischen Personen liechtensteinischen Rechts ausmacht.[425] Für ihre Entstehung ist die Eintragung in das Öffentlichkeitsregister notwendig, soweit keine der in Art. 557 PGR (Personen- und Gesellschaftsrecht) statuierten (gewichtigen – z.B. reine oder gemischte Familienstiftungen) Ausnahmen vorliegen.[426] Im Falle einer solchen Ausnahme werden die Gründungsurkunde sowie die Statuten beim Öffentlichkeitsregister hinterlegt.[427] Die Vertretung obliegt grundsätzlich dem Stiftungsrat. Er besteht aus einer oder mehreren natürlichen oder juristischen Personen.[428]

bb) Nachweise. Das Öffentlichkeitsregister wird beim Registergericht in Vaduz, von dem Auszüge erhältlich sind, geführt.[429]

115

k) Luxemburg

Die luxemburgischen Gesellschaftsformen lehnen sich im Wesentlichen an die des engeren Bereichs des Code civil (Frankreich, Belgien) an.[430]

116

Ein Firmenregister existiert beim örtlich zuständigen Amtsgericht, ein Zentralregister in Luxemburg; Auszüge sind erhältlich.[431]

117

---

412 Reithmann/Martiny/*Hausmann*, Internationales Vertragsrecht, Rn 5338.
413 *Schaub*, NZG 2000, 953, 960.
414 *Schaub*, NZG 2000, 953, 960.
415 *Schaub*, NZG 2000, 953, 960.
416 *Schaub*, NZG 2000, 953, 961.
417 *Schaub*, NZG 2000, 953, 961.
418 *Schaub*, NZG 2000, 953, 961.
419 Reithmann/Martiny/*Hausmann*, Internationales Vertragsrecht, Rn 5340.
420 Reithmann/Martiny/*Hausmann*, Internationales Vertragsrecht, Rn 5341.
421 *Schaub*, NZG 2000, 953, 961.
422 Reithmann/Martiny/*Hausmann*, Internationales Vertragsrecht, Rn 5341.
423 Reithmann/Martiny/*Hausmann*, Internationales Vertragsrecht, Rn 5342.
424 Reithmann/Martiny/*Hausmann*, Internationales Vertragsrecht, Rn 5342.
425 *Marxer*, ZEuP 2004, 477, 497.
426 *Marxer*, ZEuP 2004, 477, 498.
427 *Wachter*, ErbStB 2004, 338, 340.
428 *Wachter*, ErbStB 2004, 338, 341.
429 Beck'sches Notarhandbuch/*Zimmermann*, H Rn 217.
430 Vgl. im Einzelnen: Hirte/Bücker/*Putz*, Grenzüberschreitende Gesellschaften, §§ 8, 9.
431 Beck'sches Notarhandbuch/*Zimmermann*, H Rn 218.

l) Niederlande

118 **aa) Gesellschaftsformen.** Die **vennootschap onder firma** (v.o.f.) entspricht der OHG und wird von jedem Gesellschafter einzeln vertreten, wobei diese Vertretungsbefugnis nur für Geschäfte gilt, die dem Gesellschaftszweck dienen, und gesellschaftsvertraglich einzelne Gesellschafter von der Vertretung ausgeschlossen werden können.[432] Ausschluss und Beschränkungen der Vertretungsmacht müssen, damit sie Dritten entgegengehalten werden können, im Handelsregister eingetragen sein.[433]

119 Entsprechendes gilt bei der **commanditaire vennootschap** (C.V.), allerdings nur bezogen auf die persönlich haftenden Gesellschafter, da die Kommanditisten von der Vertretung ausgeschlossen sind und sie nicht einmal aufgrund besonderer Vollmacht für die Gesellschaft handeln dürfen.[434]

120 Bei der niederländischen Parallele zur deutschen AG, der **naamloze vennootschap** (N.V.) vertritt der Vorstand („bestuur").[435] Mehrere Vorstandsmitglieder vertreten grundsätzlich einzeln, wobei abweichende Regelungen, z.B. Gesamtvertretung, möglich sind, Dritten gegenüber aber nur bei Eintragung im Handelsregister wirken.[436] Beschränkungen der Vertretungsmacht, die den Umfang der Befugnisse der Vorstandsmitglieder betreffen, können Dritten gegenüber nicht geltend gemacht werden.[437] Werden allerdings die durch den Gesellschaftszweck gezogenen Grenzen überschritten und wusste die Gegenpartei dies oder musste sie dies wissen, so kann die Gesellschaft das Rechtsgeschäft anfechten.[438]

121 Die Vertretung der der deutschen GmbH entsprechenden **besloten vennootschap** (B.V.) richtet sich nach den gleichen Regeln wie bei der N.V.[439]

122 **bb) Nachweise.** Nachweise können durch Auszüge aus dem Handelsregister erbracht werden. Dieses wird bei den regional zuständigen Industrie- und Handelskammern („Kamers van Koophandel en Fabrieken") geführt.[440]

m) Österreich

123 **aa) Gesellschaftsformen.** Die österreichische **OHG** wird von jedem Gesellschafter einzeln vertreten, es sei denn, es sind Abweichungen hiervon im Handelsregister (sog. „Firmenbuch") eingetragen, § 125 HGB.[441] Der Umfang der Vertretungsmacht kann Dritten gegenüber nicht beschränkt werden.[442]

124 Wie im deutschen Recht sind bei der **KG** nach österreichischem Recht die Kommanditisten von der Vertretung ausgeschlossen, während die persönlich haftenden Gesellschafter entsprechend den Regeln bei der OHG vertreten.

125 Die **GmbH** hat einen oder mehrere Geschäftsführer. Mehrere vertreten gemeinschaftlich, soweit nicht im Gesellschaftsvertrag Abweichendes vereinbart ist.[443] Der Umfang der Vertretungsbefugnis ist Dritten gegenüber unbeschränkt und unbeschränkbar; ggf. kann aber ein Missbrauch der Vertretungsmacht vorliegen.[444]

126 Ähnlich ist es bei der **AG**. Hier vertreten mehrere Vorstandsmitglieder gemeinschaftlich, es sei denn, die Satzung oder der hierzu ermächtigte Aufsichtsrat regeln anderes, z.B. Einzelvertretungsbefugnis.[445] Der

---

432 *Schaub*, NZG 2000, 953, 961; *Mincke*, Einführung in das niederländische Recht, Rn 430.
433 *Van Mourik/Schols/Schmellenkamp/Tomlow/Weber*, Deutsch-Niederländischer Rechtsverkehr in der Notariatspraxis, 1997, S. 70.
434 *Van Mourik/Schols/Schmellenkamp/Tomlow/Weber*, Deutsch-Niederländischer Rechtsverkehr in der Notariatspraxis, 1997, S. 70.
435 Reithmann/Martiny/*Hausmann*, Internationales Vertragsrecht, Rn 5282.
436 *Van Mourik/Schols/Schmellenkamp/Tomlow/Weber*, Deutsch-Niederländischer Rechtsverkehr in der Notariatspraxis, 1997, S. 70.
437 *Mincke*, Einführung in das niederländische Recht, Rn 437; *Krahe*, MittRhNotK 1987, 65, 67 f.
438 *Mincke*, Einführung in das niederländische Recht, Rn 437.
439 *Schaub*, NZG 2000, 953, 961; ausf.: *van Efferink/Ebert/Levedag*, GmbHR 2004, 880, 883 f.
440 *Van Efferink/Ebert/Levedag*, GmbHR 2004, 880, 881 f. (unter Hinweis auf die Abrufbarkeit auf der Internetseite www.kvk.nl); *Krahe*, MittRhNotK 1987, 65, 68.
441 *Schaub*, NZG 2000, 953, 961.
442 Reithmann/Martiny/*Hausmann*, Internationales Vertragsrecht, Rn 5286.
443 *Schaub*, NZG 2000, 953, 961.
444 *Koppensteiner*, GmbH-Gesetz, § 20 Rn 20, 26; *Fritz*, GmbHR 2005, 1339, 1341, 1343.
445 *Holzhammer/Roth*, Gesellschaftsrecht, 160.

Vorstand kann einzelne seiner Mitglieder zur Vornahme bestimmter Rechtgeschäfte oder bestimmter Arten von Rechtsgeschäften ermächtigen, § 71 Abs. 2 S. 2 AktG.

bb) Nachweise. Das Handelsregister („Firmenbuch") entspricht seiner Funktion nach weitgehend dem deutschen, so dass auch Nachweise ohne Schwierigkeiten möglich sind.[446] Geführt wird es vom erstinstanzlichen Gericht (Landesgericht, Kreisgericht), in Wien vom Handelsgericht Wien.[447]

n) Polen

aa) Gesellschaftsformen. Eine **OHG** nach polnischem Recht kann im eigenen Namen Rechte erwerben, darunter das Eigentum an Grundstücken und beweglichen Sachenrechten, Verbindlichkeiten eingehen, klagen und verklagt werden.[448] Sie wird grundsätzlich von jedem Gesellschafter allein vertreten, wobei der Ausschluss einzelner Gesellschafter von der Vertretung ebenso wie eine gemeinschaftliche Vertretung gesellschaftsvertraglich vereinbart werden kann.[449] Die Vertretungsberechtigten müssen in das Handelsregister eingetragen werden.[450]

Bei der **KG** haben die Kommanditisten keine organschaftliche Vertretungsbefugnis, sondern es vertreten die Komplementäre entsprechend den Regeln bei der OHG.[451]

Die polnische **GmbH** wird vom Vorstand vertreten, der aus einem oder mehreren Mitgliedern besteht, wobei der Grundsatz der Vertretung durch zwei Vorstandsmitglieder oder eines Vorstandsmitglieds zusammen mit einem Prokuristen gilt, wenn nicht im Gesellschaftsvertrag Abweichendes, z.B. Alleinvertretungsbefugnis, vorgesehen ist.[452]

Dieselben Regeln gelten für die Vertretungsbefugnis des Vorstands einer polnischen **AG**.[453]

bb) Nachweise. Es existiert ein zentrales Handelsregister in Warschau, durch dessen beglaubigte Auszüge sich Existenz der Gesellschaft und Vertretungsbefugnis der Handelnden nachweisen lassen.[454]

o) Portugal

aa) Gesellschaftsformen. Als Parallele zur deutschen OHG kennt das portugiesische Recht die **sociedade em nome colectivo** (S.N.C.), die von den Geschäftsführern („gerantes") vertreten wird. Deren Vertretungsbefugnis kann durch den Gesellschaftszweck oder durch Gesellschaftsvertrag begrenzt werden.[455] Hatte der Dritte von der Überschreitung dieser Befugnisse keine Kenntnis, kann er das Rechtsgeschäft anfechten; die Eintragung des Gesellschaftszwecks im Handelsregister begründet noch keine Vermutung dieser Kenntnis.[456]

Dieselben Vertretungsleitlinien gelten bei der **sociedade em comandita simples** (S.C.S.), wobei grundsätzlich nur Komplementäre („socios comanditados") Geschäftsführer sein können. Allerdings sind hier die Kommanditisten („socios comanditarios") zur Vertretung berechtigt, wenn sie im Gesellschaftsvertrag hierzu ausdrücklich ermächtigt sind oder auf sie Vertretungsmacht delegiert wurde.[457]

---

446 Reithmann/Martiny/*Hausmann*, Internationales Vertragsrecht, Rn 5290.
447 Reithmann/Martiny/*Hausmann*, Internationales Vertragsrecht, Rn 5290.
448 *Ludwig*, NotBZ 2003, 216, 219.
449 *Knaus/Wakounig*, Steuer- und Gesellschaftsrecht der EU-Beitrittskandidaten, 37.
450 *Knaus/Wakounig*, Steuer- und Gesellschaftsrecht der EU-Beitrittskandidaten, 37.
451 *Knaus/Wakounig*, Steuer- und Gesellschaftsrecht der EU-Beitrittskandidaten, 44; zur Kommanditgesellschaft auf Aktien im polnischen Recht siehe *Wowerka*, WIRO 2008, 257.
452 *Lakomy*, NotBZ 2011, 113, 115.
453 *Knaus/Wakounig* (Hrsg.), Steuer- und Gesellschaftsrecht der EU-Beitrittskandidaten, S. 62.
454 *Ludwig*, NotBZ 2003, 216, 219.
455 *Schaub*, NZG 2000, 953, 961.
456 Reithmann/Martiny/*Hausmann*, Internationales Vertragsrecht, Rn 5300.
457 *Schaub*, NZG 2000, 953, 962.

Nicht

135 Die „sociedade por quotas" (**sociedade de responsabilidade limitada**) hat ebenfalls „gerantes" als Vertreter, die mangels abweichender Satzungsbestimmung gemeinsam vertreten.[458] Eine Delegation auf „gerantes delegades" ist möglich. Außerdem wird die Gesellschaft auch durch Geschäfte verpflichtet, die durch eine Mehrheit der Geschäftsführer abgeschlossen oder genehmigt worden sind.[459]

136 Die portugiesische Variante der AG nennt sich **sociedade anónima** (S.A.). Die Vertretungsmacht wird von den Mitgliedern des Verwaltungsrats („conselho de administracao") gemeinsam ausgeübt, wenn nicht der Gesellschaftsvertrag etwas anderes vorsieht.[460] Auch hier sind aber Rechtsgeschäfte gültig, die eine Mehrheit der Verwaltungsratsmitglieder oder ein im Gesellschaftsvertrag bestimmtes Quorum beschlossen oder genehmigt hat.[461] Beschränkungen des Umfangs der Vertretungsmacht sind selbst dann unbeachtlich, wenn sie im Handelsregister eingetragen sind.[462]

137 **bb) Nachweise.** In Portugal besteht ein Register, das dem deutschen Handelsregister vergleichbar ist und Registerauszüge erteilt.[463] Zuständig für Eintragungen ist die „conservatoria", in deren Bezirk die Handelsgesellschaft ihren Sitz hat, wobei neben diesen lokalen Registern ein Zentralregister für alle Handelsgesellschaften und juristische Personen Portugals in Lissabon („Registo Nacional de Pessoas Colectivas") geführt wird.

p) Schweden

138 **aa) Gesellschaftsformen.** Im schwedischen Recht existiert als offene Handelsgesellschaft die „**handelsbolag**", bei der grundsätzlich jeder Gesellschafter zur Vertretung berechtigt ist und die Vertretungsverhältnisse im Handelsregister einzutragen sind.[464]

139 Bei der Kommanditgesellschaft (**kommanditbolag**) ist der Kommanditist – wie im deutschen Recht – weder geschäftsführungsbefugt noch zur Außenvertretung berechtigt, es sei denn, dass ihm ausdrücklich Prokura oder Vollmacht erteilt worden ist.[465]

140 Die Aktiengesellschaft nach schwedischem Recht (**aktiebolag**) hat als Vertretungsorgan den Vorstand und daneben häufig auch einen geschäftsführenden Direktor, der zur Vertretung im Rahmen der laufenden Verwaltung und dann, wenn ein Vorstandsbeschluss nicht ohne wesentliche Nachteile für die Gesellschaft abgewartet werden kann, berechtigt ist.[466]

141 **bb) Nachweise.** In Schweden gibt es ein zentrales Register nur für Aktiengesellschaften; für Personen- und sonstige Kapitalgesellschaften ist das örtlich zuständige Handelsregister bei den Provinzialregierungen zuständig.[467]

q) Schweiz

142 **aa) Gesellschaftsformen.** Die schweizerische **Kollektivgesellschaft** entspricht unserer OHG und wird von jedem Gesellschafter einzeln vertreten, es sei denn, eine abweichende Regelung ist im Handelsregister eingetragen.[468] Der Umfang der Vertretungsmacht wird durch den Gesellschaftszweck beschränkt; eine weitergehende Beschränkung des Umfangs der Vertretungsmacht hat gutgläubigen Dritten gegenüber keine Wirkung.[469]

143 Entsprechendes gilt für die Vertretung der **KG**, allerdings mit Beschränkung auf die persönlich haftenden Gesellschafter, da die Kommanditisten von der Vertretung ausgeschlossen sind.[470]

---

458 *Schaub*, NZG 2000, 953, 962.
459 *Schaub*, NZG 2000, 953, 962.
460 *Schaub*, NZG 2000, 953, 962.
461 *Schaub*, NZG 2000, 953, 962.
462 *Schaub*, NZG 2000, 953, 962.
463 Beck'sches Notarhandbuch/*Zimmermann*, H Rn 223.
464 *Ring/Olsen-Ring*, Einführung in das skandinavische Recht, § 18 Rn 623.
465 *Ring/Olsen-Ring*, Einführung in das skandinavische Recht, § 18 Rn 635.
466 *Ring/Olsen-Ring*, Einführung in das skandinavische Recht, § 18 Rn 663 ff.
467 Beck'sches Notarhandbuch/*Zimmermann*, H Rn 224.
468 *Schaub*, NZG 2000, 953, 962.
469 Reithmann/Martiny/*Hausmann*, Internationales Vertragsrecht, Rn 5353.
470 *Schaub*, NZG 2000, 953, 962.

Bei der schweizerischen **AG** wird durch die Verwaltung vertreten, die aus einem oder mehreren Mitgliedern bestehen kann, die Aktionäre sein müssen.[471] Mehrere Mitglieder dieses Verwaltungsrates vertreten grundsätzlich einzeln.[472] Der Verwaltungsrat kann die Vertretung einem oder mehreren Mitgliedern (Delegierten) oder Dritten (Direktoren) übertragen, jedoch muss mindestens ein Mitglied des Verwaltungsrats vertretungsbefugt sein.[473] Die Vertretungsbefugnis ist aus dem Handelsregister zu entnehmen.[474] Die grundsätzlich bestehende Handlungsbeschränkung auf den Gesellschaftszweck hat gutgläubigen Dritten gegenüber keine Wirkung.[475]

144

Die **GmbH** wird nach dem gesetzlichen Regelfall durch alle Gesellschafter gemeinschaftlich vertreten, soweit nicht eine abweichende Bestimmung aus dem Handelsregister ersichtlich ist.[476] Im Übrigen gelten für Umfang und Beschränkung der Vertretungsmacht die Regeln wie bei der AG.[477]

145

bb) Nachweise. Das Handelsregister wird in den einzelnen Kantonen von verschiedenen Amtsstellen geführt und ist öffentlich.[478] Handelsregisterauszüge werden erteilt, aus denen zu ersehen ist, wer zur Vertretung berechtigt ist und welche gesetzlich zulässigen Beschränkungen der Vertretungsmacht bestehen.[479]

146

r) Spanien

aa) Gesellschaftsformen. Die der deutschen OHG entsprechende Gesellschaft spanischen Rechts heißt **sociedad colectiva** (S.C.). Obwohl alle Gesellschafter zur Geschäftsführung berechtigt sind, bedarf es zur Vertretung der Gesellschaft nach außen zusätzlich einer ausdrücklichen Ermächtigung.[480] Mangels abweichender Vereinbarungen im Gesellschaftsvertrag, die, um Drittwirkung zu haben, im Handelsregister eingetragen sein müssen, gilt Einzelvertretungsberechtigung.[481] Der Umfang der Vertretungsmacht ist durch den Gesellschaftszweck begrenzt; weitere Beschränkungen sind Dritten gegenüber unwirksam.[482]

147

Dieselben Regeln gelten bei der **sociedad en comandita** (S. en C.), da die Kommanditisten („socios comanditarios") von der Vertretung ausgeschlossen sind, allerdings beschränkt auf die persönlich haftenden Gesellschafter („socios colectivos").[483]

148

Bei der spanischen **sociedad anonima** (S.A.) obliegt die gerichtliche und außergerichtliche Vertretung den Verwaltern („administradores") oder, wenn die Verwaltung mehr als zwei Personen nach dem Modell kollegialer Verwaltung übertragen ist, dem Verwaltungsrat.[484] Als Grundsatz ist von der gemeinschaftlichen Vertretung durch alle Verwaltungsratsmitglieder auszugehen.[485] Eine Übertragung der Vertretungsbefugnisse auf einen geschäftsführenden Ausschuss („comision ejecutiva") oder einzelne Mitglieder des Verwaltungsrats („consejeros delegados") durch die Satzung oder qualifizierten Beschluss des Verwaltungsrats („consejo de administracion") ist möglich.[486] Die Vertretungsbefugnis erstreckt sich auf den Bereich, der vom Gesellschaftszweck gedeckt ist, wobei einem gutgläubigen Dritten diese Einschränkung nicht entgegen gehalten werden kann und dessen guter Glaube auch nicht allein durch die Eintragung des Gesellschaftszwecks im Handelsregister zerstört wird.[487] Sonstige Beschränkungen der Vertretungsmacht sind Dritten gegenüber auch unwirksam, wenn sie im Register eingetragen sind.[488]

149

---

471 Reithmann/Martiny/*Hausmann*, Internationales Vertragsrecht, Rn 5355.
472 *Schaub*, NZG 2000, 953, 962.
473 Reithmann/Martiny/*Hausmann*, Internationales Vertragsrecht, Rn 5355.
474 *Wittibschlager*, Einführung in das schweizerische Recht, Rn 656.
475 *Schaub*, NZG 2000, 953, 962.
476 *Schaub*, NZG 2000, 953, 962.
477 *Schaub*, NZG 2000, 953, 962.
478 *Wachter*, ZErb 2006, 11, 14; das Handelsregister kann auch über Internet eingesehen werden, vgl. *Bärtschi*, NotBZ 2008, 50, 57.
479 Reithmann/Martiny/*Hausmann*, Internationales Vertragsrecht, Rn 5357.
480 Reithmann/Martiny/*Hausmann*, Internationales Vertragsrecht, Rn 5306; *Schaub*, NZG 2000, 953, 962.
481 *Schaub*, NZG 2000, 953, 962.
482 *Schaub*, NZG 2000, 953, 962.
483 Reithmann/Martiny/*Hausmann*, Internationales Vertragsrecht, Rn 5307.
484 *Reckhorn-Hengemühle*, Die spanische Aktiengesellschaft, S. 33.
485 *Reckhorn-Hengemühle*, Die spanische Aktiengesellschaft, S. 34.
486 Reithmann/Martiny/*Hausmann*, Internationales Vertragsrecht, Rn 5308.
487 *Schaub*, NZG 2000, 953, 963.
488 *Schaub*, NZG 2000, 953, 963.

150 Die **sociedad de responsabilidad limitada** (S.R.L.) wird durch einen Einzelverwalter, mehrere Verwalter oder einen Verwaltungsrat als Kollegialorgan vertreten.[489] Mehrere Verwalter können allein- oder gesamtvertretungsberechtigt sein. Eine sonstige Beschränkung der Vertretungsmacht ist Dritten gegenüber unwirksam.[490] Als spezielle Art der S.R.L. gibt es seit einigen Jahren die **Sociedad Limitada Nueva Empresa** (S.L.N.E.).[491] Ihr Verwaltungsorgan kann aus einem oder mehreren Verwaltern bestehen, welche gemeinschaftlich oder einzeln vertretungsbefugt sind; lediglich die Möglichkeit eines Verwaltungsrats ist nicht vorgesehen.[492]

151 **bb) Nachweise.** Das dem deutschen Handelsregister vergleichbare spanische Register wird in der jeweiligen Provinzhauptstadt geführt.[493] Daneben wird bei der Generaldirektion für Register- und Notariatssachen ein allgemeines Gesellschaftsregister für ganz Spanien („Registro Mercantil Central") geführt, welches Registerauszüge erteilt, die verlässlich Auskunft über die Vertretungsbefugnisse geben.[494]

s) Tschechien

152 **aa) Gesellschaftsformen.** Bei der tschechischen **OHG** ist vom Grundsatz der Einzelvertretungsbefugnis jedes Gesellschafters auszugehen, wenn nicht im Gesellschaftsvertrag etwas anderes bestimmt ist,[495] wobei allerdings lediglich eine voll geschäftsfähige natürliche Person handeln kann.[496]

Bei der **KG** sind die Kommanditisten von der organschaftlichen Vertretung ausgeschlossen, da die Geschäftsführung und Vertretung den Komplementären vorbehalten ist.[497] Rechtshandlungen eines Kommanditisten im Namen der KG sind zwar für diese Dritten gegenüber verbindlich, werden jedoch im Innenverhältnis dem Kommanditisten zugerechnet und können entsprechende Haftungstatbestände auslösen.[498]

Eine tschechische **GmbH** hat einen oder mehrere Geschäftsführer, die einzeln oder zusammen vertreten, was im Handelsregister eingetragen wird.[499] Dritten gegenüber kann der Umfang der Vertretungsbefugnis nicht beschränkt werden.[500]

Der Vorstand einer **AG** besteht aus mindestens drei Mitgliedern (Ausnahme: Alleinaktionär).[501]

153 **bb) Nachweise.** Das Handelsregister, von dem Auszüge beantragt werden können, besteht beim Amtsgericht am Sitz des Landgerichts für die Gesellschaften, die ihren Sitz im Bezirk dieses Landgerichts haben.[502]

t) Ungarn

154 **aa) Gesellschaftsformen.** Nach ungarischem Recht sind unter ihrem Firmennamen rechtsfähige **Wirtschaftsgesellschaften** die offene Handelsgesellschaft („közkereseti tarsasag", KKT), die Kommanditgesellschaft („beteti tarsasag", BT), das Gemeinschaftsunternehmen („közös vallalat", KV), die Gesellschaft mit beschränkter Haftung („korlatolt felelossegü tarsasag", KFT) und die Aktiengesellschaft („reszvenytarsasag", RT).[503]

---

489 *Bascopé/Hering*, GmbHR 2005, 609, 612; Reithmann/Martiny/*Hausmann*, Internationales Vertragsrecht, Rn 5309 f.
490 *Bascopé/Hering*, GmbHR 2005, 609, 612.
491 *Vietz*, GmbHR 2003, 26; *Fröhlingsdorf*, RIW 2003, 584; *Lindner*, ZfRV 2004, 204; *Cohnen*, ZVglRWiss 2005, 479.
492 *Vietz*, GmbHR 2003, 26, 27; *Lindner*, ZfRV 2004, 204, 209.
493 Reithmann/Martiny/*Hausmann*, Internationales Vertragsrecht, Rn 5311; Beck'sches Notarhandbuch/*Zimmermann*, H Rn 226.
494 *Schaub*, NZG 2000, 953, 963.
495 *Altmann*, WIRO 2009, 48, 49.
496 *Bohata*, WIRO 2012, 303, 304.
497 *Knaus/Wakounig* (Hrsg.), Steuer- und Gesellschaftsrecht der EU-Beitrittskandidaten, S. 351.
498 *Bohata*, WIRO 2012, 303, 304.
499 *Knaus/Wakounig* (Hrsg.), Steuer- und Gesellschaftsrecht der EU-Beitrittskandidaten, S. 355.
500 *Knaus/Wakounig* (Hrsg.), Steuer- und Gesellschaftsrecht der EU-Beitrittskandidaten, S. 355; ausf.: *Langner*, WIRO 2008, 103.
501 *Knaus/Wakounig* (Hrsg.), Steuer- und Gesellschaftsrecht der EU-Beitrittskandidaten, S. 361; *Fietkau*, RIW 2007, 113.
502 *DNotI* (Hrsg.), Notarielle Fragen des internationalen Rechtsverkehrs, 1995, S. 434.
503 *Knaus/Wakounig* (Hrsg.), Steuer- und Gesellschaftsrecht der EU-Beitrittskandidaten, S. 427.

Die **KKT** wird von jedem Gesellschafter vertreten, wenn der Gesellschaftsvertrag darüber nicht anders verfügt.[504]

Dasselbe gilt bei der **BT** in Bezug auf die Komplementärgesellschafter, da die Kommanditisten grundsätzlich nicht vertretungsbefugt sind.[505]

Eine **KFT** wird durch einen oder mehrere Geschäftsführer vertreten,[506] wobei Einzelvertretungsbefugnis gilt, soweit nichts anderes bestimmt wurde,[507] eine **RT** durch den Vorstand, der aus mindestens drei und höchstens elf Mitgliedern besteht.[508]

bb) Nachweise. Das Handelsregister wird von den Komitatsgerichten (regionale Gerichte Ungarns) geführt.[509]

155

u) USA

aa) Gesellschaftsformen. Die in den Vereinigten Staaten herrschende **Rechtsspaltung** betrifft auch das Gesellschaftsrecht. Es ist daher zwar in den Einzelstaaten unterschiedlich ausgestaltet, jedoch ist in gewissem Umfang eine Vereinheitlichung erreicht worden.[510] Die **ultra-vires**-Lehre spielt in den USA kaum noch eine Rolle, da in den meisten Bundesstaaten die Berufung auf ein Handeln außerhalb des Gesellschaftszwecks nicht mehr möglich ist.[511]

156

Bei der (General) **Partnership** kann jeder Partner einzeln vertreten.[512]

157

Im Falle einer **Limited Partnership** gebührt die Vertretung den persönlich haftenden Gesellschaftern („general partners"); die „limited partners" sind dazu nicht befugt.[513]

Die wichtigste Gesellschaftsform des US-amerikanischen Gesellschaftsrechts ist die **business corporation**.[514] Ihre Hauptformen sind die der deutschen GmbH entsprechende „close corporation" und die aktiengesellschaftsähnliche „public corporation". Beide unterliegen weitgehend den gleichen Vertretungsregelungen.[515] Bezüglich der Organe wird zwischen dem „board of directors", welchem grundsätzlich die Geschäftsführung obliegt, und den „officers", etwa „president", „vice president", „general manager", „secretary und treasurer", unterschieden.[516] Für das „board of directors" gilt der Grundsatz der Gesamtvertretung, wobei es weithin üblich ist, die Wahrnehmung der Vertretungsbefugnis auf ein executive committee, d.h. einen Ausschuss, zu delegieren.[517] Im Übrigen obliegt die Vertretung regelmäßig einem „officer", insbesondere dem „president" oder „general manager", wobei deren Kompetenzen allerdings nicht ohne weiteres umfassend sind.[518] Vor allem der Erwerb von Grundvermögen ist ihnen ohne entsprechende Ermächtigung wohl nicht gestattet.[519]

158

Die in jüngster Zeit vermehrt auftretende Rechtsform der **Limited Liability Company** (LLC) ist keine „corporation", aber mit eigener Rechtspersönlichkeit ausgestattet.[520] Ist im Gesellschaftsvertrag keine andere Regelung enthalten, liegt die Vertretung bei allen Gesellschaftern.[521] Die Vertretungsmacht kann außerdem auf ein gesellschaftsfremdes Management („board of managers") übertragen werden und auch die Aufgabendelegation auf Dritte (i.d.R. „officers") ist möglich.[522]

---

504 *Knaus/Wakounig* (Hrsg.), Steuer- und Gesellschaftsrecht der EU-Beitrittskandidaten, S. 434.
505 *Knaus/Wakounig* (Hrsg.), Steuer- und Gesellschaftsrecht der EU-Beitrittskandidaten, S. 435.
506 *Knaus/Wakounig* (Hrsg.), Steuer- und Gesellschaftsrecht der EU-Beitrittskandidaten, S. 443.
507 *Janssen/Fest*, RIW 2002, 825, 827.
508 *Knaus/Wakounig* (Hrsg.), Steuer- und Gesellschaftsrecht der EU-Beitrittskandidaten, S. 438.
509 *DNotI* (Hrsg.), Notarielle Fragen des internationalen Rechtsverkehrs, 1995, S. 445.
510 Reithmann/Martiny/*Hausmann*, Internationales Vertragsrecht, Rn 5358.
511 Bauer/v. Oefele/*Schaub*, Int. Bezüge, Rn 115.
512 *Schaub*, NZG 2000, 953, 963.
513 *Schaub*, NZG 2000, 953, 963.
514 *Schaub*, NZG 2000, 953, 963; *Fischer*, ZNotP 1999, 352, 354.
515 Reithmann/Martiny/*Hausmann*, Internationales Vertragsrecht, Rn 5364 ff.; allerdings kann bei der „close corporation" u.U. den Anteilseignern selbst die Vertretung zugewiesen und auf ein externes „board of directors" verzichtet werden.
516 *Melchior/Schulte*, NotBZ 2003, 344, 346 f.; *Fischer*, ZNotP 1999, 352, 355.
517 Reithmann/Martiny/*Hausmann*, Internationales Vertragsrecht, Rn 5364.
518 Ausf.: *Bausback*, DNotZ 1996, 254, 261 f. sowie *Fischer*, ZNotP 1999, 352, 355.
519 *Bausback*, DNotZ 1996, 254, 261 f.
520 *Lemaitre/Schnittker/Siegel*, GmbHR 2004, 618, 619.
521 *Lemaitre/Schnittker/Siegel*, GmbHR 2004, 618, 619.
522 *Lemaitre/Schnittker/Siegel*, GmbHR 2004, 618, 619.

159 Ein Business **trust** wird durch einen oder mehrere Treuhänder („trustees") vertreten. Bei mehreren gilt Gesamtvertretung als Grundsatz, der aber durch die Möglichkeit der Delegation von Vertretungsmacht auf einzelne Mitglieder des „board of trustees" durchbrochen ist.[523] Der Umfang der Vertretungsmacht ergibt sich aus dem „trust agreement".[524]

160 **bb) Nachweise.** Wegen des Fehlens eines Registers sind Nachweise über US-amerikanische Firmen nicht einfach zu führen.[525] Eine der Bescheinigung nach § 21 BNotO vergleichbare Bescheinigung eines US-amerikanischen „notary public" scheidet aus, da dieser nicht über die einem deutschen Notar vergleichbare Qualifikation, Amtsstellung und Befugnisse verfügt.[526] Denkbar wäre aber eine gutachterliche Stellungnahme eines Anwalts.[527]

161 Da man bei einer **Partnership** aus den „articles of partnership" ersehen kann, ob ein Geschäft zum üblichen Geschäftskreis gehört, kann eine beglaubigte Abschrift dieser „articles" als entsprechender Nachweis dienen.[528] Sicherheit hinsichtlich der Vertretungsverhältnisse kann aber nur eine von allen Partnern ausgestellte Vollmacht bringen.[529]

162 Bei **corporations** erfolgt die Gründung durch Einreichung der Gründungsurkunde bei der zuständigen Stelle, regelmäßig dem „Secretary of State", des Gründungsstaates, welche hierüber ein „certificate of incorporation", d.h. eine Gründungsbestätigung, ausstellt.[530] Durch ein solches „certificate", dem in aller Regel die „articles of incorporation" (Gründungssatzung) beigefügt sind, lässt sich die Gründung nachweisen.[531] Ist die „corporation" bereits vor längerer Zeit gegründet worden, empfiehlt es sich, den hierfür i.d.R. ebenfalls zuständigen „Secretary of State" ein sogenanntes „certificate of good standing" ausstellen zu lassen, um zu belegen, dass die „corporation" noch besteht.[532] Er ist meistens auch für die Ausstellung der erforderlichen Apostille zuständig.[533] Teilweise wird dazu geraten, sich vom „Secretary of State" dabei auch bestätigen zu lassen, dass die corporation die „franchise taxes" bezahlt hat und ihren jährlichen Beitragspflichten nachgekommen ist, weil bei etwaigen Verstößen dagegen in manchen Staaten die Amtslöschung droht.[534] Statt dieser Unterlagen des „Secretary of State" kann auch eine Erklärung über die Existenz der Gesellschaft durch den „company's secretary" als Nachweis genügen.[535] Mit diesen Unterlagen kann zwar das Bestehen der „corporation", noch nicht aber die Vertretungsmacht des Handelnden belegt werden. Insoweit wird als sicherer Nachweis vorgeschlagen, die Gründungsurkunde sowie Abschriften von Beschlüssen des „board of directors" oder Abschriften der Gesellschaftssatzung vorzulegen, aus denen die Bevollmächtigung bestimmter Personen hervorgeht, wobei die Abschriften vom „secretary" der Gesellschaft beglaubigt und mit dem „corporation seal" („company seal", „corporate seal") versehen sein müssen.[536] Hinzu kommen muss dabei das i.d.R. vom „secretary" der „corporation" ausgestellte „certificate of officer" bzw. „secretary's certificate", in dem die Vertretungsberechtigung zur Vornahme eines bestimmten Rechtsgeschäfts bestätigt wird.[537] Weiterhin wird zu diesen Unterlagen ein „acknowledgement" des „secretary" der „corporation" – eine Art inhaltliche Bestätigung der von ihm im

---

523 Reithmann/Martiny/*Hausmann*, Internationales Vertragsrecht, Rn 5367.
524 *Schaub*, NZG 2000, 953, 963.
525 Meikel/*Hertel*, Einl. G Rn 81.
526 *Fischer*, ZNotP 1999, 352, 354; *Melchior/Schulte*, NotBZ 2003, 344, 347; anderes dürfte für die in den US-Staaten Florida und Alabama (nach dem Vorbild Puerto Ricos) seit einigen Jahren existierenden „Civil Law Notaries", die nach lateinischem Vorbild einschließlich Vollstreckbarkeitserklärung und mit privilegiertem Beweiswert der Urkunde beurkunden (vgl. *Heinz*, RIW 2001, 928, 929), gelten, jedenfalls aber für die „Civil Law Notaries" in Louisiana, die dem lateinischen Notariat zuzuordnen sind, siehe *Lichtenwimmer/Siebenhaar*, MittBayNot 2005, 17.
527 *Kau/Wiehe*, RIW 1991, 32, 35; Beck'sches Notarhandbuch/*Zimmermann*, H Rn 227; *Dorsel*, MittRhNotK 1997, 6, 16.
528 Reithmann/Martiny/*Hausmann*, Internationales Vertragsrecht, Rn 5368; *Schaub*, NZG 2000, 953, 964.
529 Reithmann/Martiny/*Hausmann*, Internationales Vertragsrecht, Rn 5368; *Schaub*, NZG 2000, 953, 964.
530 *Bungert*, Gesellschaftsrecht in den USA, S. 28; Ähnliches dürfte für die LLC gelten, vgl. *Lemaitre/Schnittker/Siegel*, GmbHR 2004, 618, 619; Meikel/*Hertel*, Einl. G Rn 81, 82.
531 *Fischer*, ZNotP 1999, 352, 356 (mit Formulierungsbeispiel).
532 *Fischer*, ZNotP 1999, 352, 356 (mit Formulierungsbeispiel); vgl. auch OLG Köln FGPrax 2013, 74: im Handelsregisterverfahren zum Nachweis der Existenz ist im Allgemeinen ein „certificate of good standing" erforderlich; OLG Hamm IPRax 1998, 358, 360; *Bungert*, IPRax 1998, 339, 347.
533 *Melchior/Schulte*, NotBZ 2003, 344, 347.
534 *Fischer*, ZNotP 1999, 352, 356.
535 *Dorsel*, MittRhNotK 1997, 6, 16.
536 *Schaub*, NZG 2000, 953, 963 f.; Reithmann/Martiny/*Hausmann*, Internationales Vertragsrecht, Rn 5369; Meikel/*Hertel*, Einl. G Rn 81, 82.
537 *Fischer*, ZNotP 1999, 352, 357 (mit Formulierungsbeispiel).

„certificate" gemachten Angaben – gefordert, wobei die Unterschrift des „secretary" zu dieser Erklärung von einem „notary public" beglaubigt wird.[538] Freilich steht ein solches „secretary's certificate" nicht einem beglaubigten Handelsregisterauszug oder einer Bescheinigung nach § 21 BNotO gleich, man wird es aber als ausreichend akzeptieren können, da es auch im US-amerikanischen Rechtsverkehr genügt und dort keine höheren Anforderungen gestellt werden.[539] Außerdem kann die „corporation" Dritten, die auf eine solche Bescheinigung vertrauen, etwaige Fehler der Vollmachtserteilung nicht entgegen halten.[540] Daneben sehen manche US-Bundesstaaten die Möglichkeit vor, dass der unmittelbar für die „corporation" handelnde „officer" gegenüber dem seine Unterschrift beglaubigende „notary public" seine Vertretungsberechtigung für die „corporation" erklärt („acknowledgement by corporation").[541] Dieses eignet sich aber nicht als Nachweis der Vertretungsbefugnis des Bevollmächtigten zum Zweck der Beurkundung vor einem deutschen Notar, soll jedoch nach in der Literatur vertretener Ansicht in den Fällen einer in den USA von einem „notary public" zugunsten einer dann in Deutschland handelnden Person zu beglaubigenden Vollmacht oder der Genehmigung eines in Deutschland von einem vollmachtlos Handelnden vorgenommenen Rechtsgeschäfts genügen.[542]

Bei einem Business **trust** ergibt sich der Umfang der Vertretungsmacht aus dem „trust agreement", so dass man sich davon eine beglaubigte Abschrift zur Verfügung stellen lassen sollte.[543]

163

III. Handeln durch Insolvenzverwalter

Die Auswirkungen grenzüberschreitender Insolvenzen[544] beurteilen sich im Verhältnis der Mitgliedstaaten der EU – mit Ausnahme Dänemarks –, soweit das Verfahren nach dem 31.5.2002 und vor dem 26.6.2017 eröffnet wurde, nach der Verordnung (EG) Nr. 1346/2000 über Insolvenzverfahren (sog. EuInsVO 2000). Für Verfahren, die nach dem 26.6.2017 eröffnet wurden, gilt die neue Verordnung (EU) 2015/848 (sog. EuInsVO 2015). Soweit diese Verordnungen nicht eingreifen, gilt das deutsche internationale Insolvenzrecht, das in den §§ 335 ff. InsO niedergelegt ist. Zur EuInsVO 2000 und zur EuInsVO 2015 gibt es in Art. 102 §§ 1–11 EGInsO und Art. 102a, 102b, 102c §§ 1–26 EGInsO ergänzende Durchführungsbestimmungen.

164

Die Eröffnung eines ausländischen Insolvenzverfahrens wird nach Art. 16 EuInsVO 2000, Art. 19 EuInsVO 2015, § 343 InsO grundsätzlich anerkannt; die Ausnahmen (Verstoß gegen den ordre public) sind in Art. 26 EuInsVO 2000 und Art. 33 EuInsVO 2015 abschließend geregelt. Außerhalb des Geltungsbereichs der EuInsVO normiert § 343 InsO als Anerkennungshindernisse nur das Fehlen der internationalen Zuständigkeit oder den Verstoß gegen den ordre public. Dabei beurteilt sich die internationale Zuständigkeit in spiegelbildlicher Anwendung der deutschen Vorschriften in § 3 Abs. 1 InsO, §§ 12–17 ZPO.[545] Folge der **Anerkennung** ist, dass die Wirkungen des **ausländischen Insolvenzverfahrens** sich auch auf das Inland erstrecken, und zwar entsprechend und unter Zugrundelegung der Vorschriften des Staates, in dem das Verfahren eröffnet wurde, Art. 17 EuInsVO 2000, Art. 20 EuInsVO 2015, § 335 InsO (Grundsatz der Wirkungserstreckung). Es gilt also bei ausländischen Insolvenzverfahren das ausländische Verfahrensrecht (Art. 4 EuInsVO 2000, Art. 7 EuInsVO 2015, sog. „Lex fori concursus") grundsätzlich auch für inländisches Vermögen, soweit nicht in der EuInsVO besondere Anknüpfungen geregelt sind (Art. 5 ff. EuInsVO 2000, Art. 8 ff. EuInsVO 2015). Damit erstrecken sich auch die Verwaltungs- und Verfügungsbefugnisse sowie die Rechtsmacht des Insolvenzverwalters insgesamt grundsätzlich auf das inländische Vermögen.[546] Auch die Befugnisse des Verwalters beurteilen sich nach dem Recht des Staates der Verfahrenseröffnung, vgl. Art. 18 EuInsVO 2000, Art. 21 EuInsVO 2015. Die Eintragung des Insolvenzvermerks im Grundbuch ist nicht Voraussetzung für die Anerkennung der Befug-

165

---

538 *Fischer*, ZNotP 1999, 352, 358 (mit Formulierungsbeispiel).
539 *Fischer*, ZNotP 1999, 352, 359: auch mit Hinweis auf den deutsch-amerikanischen Freundschaftsvertrag; *Melchior/Schulte*, NotBZ 2003, 344, 347; *Langhein*, Rpfleger 1996, 45, 51.
540 *Schaub*, NZG 2000, 953, 964; Reithmann/Martiny/*Hausmann*, Internationales Vertragsrecht, Rn 5369.
541 *Fischer*, ZNotP 1999, 352, 358 (mit Formulierungsbeispiel).
542 *Fischer*, ZNotP 1999, 352, 358 f.
543 Reithmann/Martiny/*Hausmann*, Internationales Vertragsrecht, Rn 5370; *Schaub*, NZG 2000, 953, 964.
544 Ausf. zu den Wirkungen für das deutsche Grundbuch: *Bierhenke*, MittBayNot 2009, 197 ff.
545 Reithmann/Martiny/*Hausmann*, Internationales Vertragsrecht, Rn 5706.
546 Vgl. BGH NJW 2011, 1818; vgl. *Kysel/Röder*, ZIP 2017, 1650 ff. (mit Blick auf die Grundbucheintragung im Inland).

nisse des ausländischen Insolvenzverwalters im deutschen Grundbuchverfahren.[547] Der Insolvenzvermerk wird auf Ersuchen des zuständigen Insolvenzgerichts beim Grundbuchamt eingetragen (Art. 102 § 6 Abs. 1 S. 1 EGInsO, Art. 102c § 8 EGInsO).[548] Die Befugnisse des Insolvenzverwalters sind jedoch vom Grundbuchamt von Amts wegen zu prüfen, wenn er eine Eintragung bewilligt.[549] Territorial beschränkt sind Partikularinsolvenzverfahren, Art. 3 Abs. 4 EuInsVO 2015, § 354 Abs. 1 InsO. Nachgewiesen wird die Bestellung zum Verwalter gem. Art. 19 EuInsVO 2000, Art. 22 EuInsVO 2015 durch eine beglaubigte Abschrift der Entscheidung, durch die der Verwalter bestellt worden ist, oder durch eine andere Bescheinigung des zuständigen Gerichts.

166 Im Übrigen werden die Befugnisse eines ausländischen Verwalters im Inland durch die Sonderanknüpfungen nach Art. 5 ff. EuInsVO 2000, Art. 8 ff. EuInsVO 2015 bzw. §§ 336 ff. InsO begrenzt. Unberührt vom ausländischen Insolvenzverfahren bleiben dabei nach Art. 5 EuInsVO, § 351 InsO **dingliche Rechte** Dritter an, auch unbeweglichen, Gegenständen des Schuldners im Inland. Erfasst wird davon auch die Vormerkung als anderes in öffentlichen Registern eingetragenes und gegen jedermann wirkendes Recht, Art. 5 Abs. 3 EuInsVO 2000, Art. 8 Abs. 3 EuInsVO 2015.[550] Ferner kann ein ausländisches Insolvenzverfahren die Rechte des Schuldners an im Inland belegenen **Immobilien** nur in dem Umfang beschränken wie in inländischen Verfahren, Art. 11 EuInsVO 2000, Art. 14 EuInsVO 2015, § 351 Abs. 2 InsO. Wirkungen eines ausländischen Insolvenzverfahrens, die im Recht des grundstücksregisterführenden Staates nicht vorgesehen sind, können somit auch nicht eintreten.[551] Weitergehend unterstellt Art. 8 EuInsVO 2000, Art. 11 EuInsVO 2015, § 336 InsO die Wirkungen des Insolvenzverfahrens auf einen **Vertrag**, der ein dingliches Recht an einem Grundstück oder ein Recht zur Nutzung eines Grundstücks betrifft, dem Recht des Belegenheitsstaates. Bei Verfügungen des Schuldners über deutsche Grundstücke finden nach Art. 14 EuInsVO 2000, Art. 17 EuInsVO 2015 (beschränkt auf Verfügungen gegen Entgelt), § 349 InsO in jedem Falle die **§§ 878, 892 f. BGB** Anwendung, so dass gutgläubige Erwerber geschützt bleiben.

167 Die **Eintragung der Eröffnung** eines ausländischen Insolvenzverfahrens (Hauptinsolvenzverfahren) in das deutsche Grundbuch ist in Art. 22 EuInsVO 2000, Art. 29 Abs. 1 EuInsVO, § 346 InsO zugelassen. Hierzu stellt der ausländische Insolvenzverwalter des Hauptinsolvenzverfahrens einen entsprechenden Antrag beim zuständigen Insolvenzgericht. Dies dürfte i.d.R. das ausländische Insolvenzgericht am Satzungssitz der Schuldnerin sein. Nach der Rechtsprechung des EuGH ist die örtliche Zuständigkeit am Ort des Satzungssitzes nicht gegeben, wenn der Mittelpunkt der hauptsächlichen wirtschaftlichen Interessen der Schuldnerin erkennbar in einem anderen Mitgliedstaat der EU belegen ist und die Schuldnerin im Gründungsstaat des Satzungssitzes keine Geschäftstätigkeit entfaltet und dies für Dritte auch erkennbar ist.[552] Die Zuständigkeit des Insolvenzgerichts im Inland kann sich abweichend hiervon in entsprechender Anwendung der §§ 3 Abs. 2, 348 Abs. 1 S. 2 InsO, Art. 102 § 1 Abs. 2 S. 2 EGInsO ergeben.[553]

IV. Vollmacht

1. Allgemeines

168 Die Behandlung der rechtsgeschäftlichen Stellvertretung im IPR ist restlos umstritten, und zwar sowohl in den Grundzügen wie auch in den Details. Vorgaben seitens des Gesetzgebers gibt es nicht. Art. 1 Abs. 2 lit. g Rom I-VO, nimmt Fragen der Vertretungsmacht von Stellvertretern aus dem Regelungsprogramm der Rom I-VO heraus.[554] Der Versuch der Haager Konvention, durch das Haager Übereinkommen über das auf die Stellvertretung anwendbare Recht von 1978 Regelungen zu schaffen, muss wohl als gescheitert angesehen werden.[555] Das Abkommen ist bis heute nicht in Kraft getreten. Für das auf Vorsorgevollmachten anwendbare Recht enthält allerdings Art. 15 des **Haager Übereinkommens über den interna-**

---

547 AG Duisburg RNotZ 2010, 402, 403; AG Mannheim ZIP 2016, 2235.
548 AG Mannheim ZIP 2016, 2235; *Kysel/Röder*, ZIP 2017, 1650 ff.
549 OLG Düsseldorf Rpfleger 2012, 515.
550 Reithmann/Martiny/*Hausmann*, Internationales Vertragsrecht, Rn 5758; *Bierhenke*, MittBayNot 2009, 197, 202.
551 Reithmann/Martiny/*Hausmann*, Internationales Vertragsrecht, Rn 5765.
552 Siehe EuGH ZIP 2011, 2153 ff. (Interedil).
553 AG Mannheim ZIP 2016, 2235 ff.
554 Hausmann/Odersky/*Hausmann*, § 6 Rn 1.
555 Vgl. MüKo-BGB/*Spellenberg*, vor Art. 11 Rn 48.

tionalen Schutz von Erwachsenen (ESÜ)[556] eine ausführliche Regelung, welche insoweit den nachfolgenden Ausführungen vorgeht. Art. 15 ESÜ gilt aber auch nur für Vorsorgevollmachten, verstanden als Vollmachten, die ihre Wirkung nach Eintritt einer Fürsorgebedürftigkeit entfalten.[557] Ist die Vollmacht sowohl für diesen Fall wie auch unabhängig von Fürsorgebedürftigkeit erteilt worden, so ist die kollisionsrechtliche Anknüpfung je nach Wirkung gesondert vorzunehmen.[558]

2. Anknüpfung
a) Objektive Anknüpfung

aa) Grundsatz. Anders als manche andere Rechtsordnung unterscheidet das deutsche Sachrecht scharf zwischen drei verschiedenen Rechtsverhältnissen: 169
- dem Innen- bzw. Grundverhältnis zwischen Vertretenem und Stellvertreter;
- der Vollmacht und ihrem Gebrauch gegenüber dem Geschäftsgegner (Außenverhältnis);
- dem dadurch bewirkten Hauptgeschäftsverhältnis zwischen Vertretenem und Geschäftsgegner.[559]

Die damit verbundene **Abstraktheit** der drei Verhältnisse voneinander übertragen Rechtsprechung und h.L. auf die Kollisionsrechtsebene. Die Vollmacht als selbstständiges Rechtsgeschäft wird danach auch eigenständig angeknüpft und erhält internationalprivatrechtlich ein besonderes Vollmachtsstatut.[560] Eine akzessorische Anbindung der Vollmacht an das Statut des Grundverhältnisses zwischen Stellvertreter und Vertretenem findet danach nicht statt, ebenso wenig eine unselbstständige Anknüpfung an das Geschäftsstatut für das Hauptgeschäft zwischen Vertretenem und dessen Vertragspartner.[561]

Die h.M. geht von der Geltung des **Wirkungslandstatuts** für die Vollmacht aus. Gemeint ist damit das 170
Recht des Landes, in dem die Vollmacht nach dem Willen des Vollmachtgebers ihre Wirkungen entfaltet oder entfalten soll.[562] Hintergrund sind Bedürfnisse zum Schutz des Rechtsverkehrs.[563] Der Geschäftspartner des Vertreters soll die Wirksamkeit und den Umfang der Vollmacht leicht prüfen und zuverlässig feststellen können, indem er sich an das ihm i.d.R. vertraute materielle Vertretungsrecht halten kann.[564]

Das Wirkungsland wird grundsätzlich durch den **Gebrauchsort** definiert, also durch den Ort, an dem der 171
Vertreter seine Erklärung abgibt bzw. – beim Empfangsvertreter – eine Erklärung entgegennimmt.[565] Bei Distanzgeschäften entscheidet damit der Ort, wo der Vertreter seine Erklärung abgesendet hat, sei es brieflich, telefonisch oder in anderer Weise.[566] Unmaßgeblich ist hingegen, wo die Erklärung zugeht oder die Vollmacht nachgewiesen wird.[567] Macht der Bevollmächtigte weisungswidrig an einem anderen Ort von der Vollmacht Gebrauch, als er nach dem Willen des Vollmachtgebers sollte, so kommt es wegen des Verkehrsinteresses auf den tatsächlichen Gebrauchsort an, es sei denn, der Dritte kannte den bestimmungswidrigen Gebrauch der Vollmacht oder musste ihn kennen (Rechtsgedanke des Art. 12 S. 1 EGBGB).[568] Wird eine Vollmacht (bestimmungsgemäß) in mehreren Ländern verwendet, so wird sie für jedes Land nach dortigem Recht beurteilt.[569] Das spielt etwa eine Rolle bei Generalvollmachten

---

556 Vgl. z.B. *Kieser*, ZErb 2008, 99 f.; ausf. dazu: *Wedemann*, FamRZ 2010, 785 ff.; *Röthel/Woitge*, IPRax 2010, 494 ff.
557 *Röthel/Woitge*, IPRax 2010, 494, 495.
558 *Röthel/Woitge*, IPRax 2010, 494, 495.
559 *Steding*, ZVglRWiss 1986 (1987), 25.
560 BGHZ 43, 21; 64, 183, 192; BGH DB 1958, 1010; BGH NJW 1982, 2733; AWD 1975, 425; OLG München NJW-RR 1989, 663, 664; *v. Caemmerer*, RabelsZ 24 (1959), 201, 203; Hausmann/Odersky/*Hausmann*, § 6 Rn 5.
561 A.A. MüKo-BGB/*Spellenberg*, vor Art. 11 Rn 145 ff.
562 BGHZ 43, 21, 26; 64, 183, 192; 128, 41, 47; BGH NJW 1954, 1561; 1990, 3088; BGH, DNotZ 1994, 485, 487; OLG Düsseldorf IPRspr 2003 Nr. 25; OLG Hamm IPRspr 2004 Nr. 18; *Steding*, ZVglRWiss 1986 (1987), 25, 43 ff.; Hausmann/Odersky/*Hausmann*, § 6 Rn 8 ff.; a.A. *Ebenroth*, JZ 1983, 821; Soergel/*Lüderitz*, BGB, Anh. Art. 10, Rn 101.
563 BGHZ 64, 183, 192; BGH NJW 1954, 1561; OLG Stuttgart MDR 1981, 405; *Steding*, ZVglRWiss 1986 (1987), 25, 43.

564 BGHZ 64, 183, 192; Reithmann/Martiny/*Hausmann*, Internationales Vertragsrecht, Rn 5442; Hausmann/Odersky/*Hausmann*, § 6 Rn 9.
565 Vgl. OLG Frankfurt AWD 1969, 415 f.; *Dorsel*, MittRhNotK 1997, 6, 7 f.; Hausmann/Odersky/*Hausmann*, § 6 Rn 10 f.
566 OLG Frankfurt AWD 1969, 415, 416; OLG Saarbrücken IPRspr 1968, 69 Nr. 19a; LG Karlsruhe RIW 2002, 153, 155; *Kropholler*, IPR, § 41 I 2a.
567 LG Karlsruhe RIW 2002, 153, 155; Reithmann/Martiny/*Hausmann*, Internationales Vertragsrecht, Rn 5443.
568 *Kropholler*, IPR, § 41 I 2a; *v. Bar*, IPR II, Rn 588; *Schotten/Schmellenkamp*, IPR, Rn 90; in diese Richtung neigen auch BGHZ 43, 21; BGH NJW 1954, 1561; BGH WM 1958, 558.
569 Reithmann/Martiny/*Hausmann*, Internationales Vertragsrecht, Rn 5444; *Schotten/Schmellenkamp*, IPR, Rn 90; anders BGH NJW-RR 1990, 248, 250: bei Dauervollmacht zwischen Ehegatten Wirkungsstatut, von dem schwerpunktmäßig Gebrauch gemacht wird.

für in mehreren Ländern belegenes Vermögen.[570] Zwischen Einzel-, Dauer- und Generalvollmachten wird ansonsten bei der Anknüpfung des Vollmachtsstatuts grundsätzlich nicht unterschieden.[571]

172 **bb) Sonderfälle, insbesondere bei Grundstücksgeschäften.** Wenn und soweit Vollmachten zu **Verfügungen über Grundstücke**, grundstücksgleiche Rechte und dingliche Rechte an solchen ermächtigen, ist Vollmachtsstatut das Belegenheitsrecht (Lex rei sitae) der fraglichen Immobilie.[572] Dasselbe soll gelten für Vollmachten zur **Verwaltung von Immobilien**.[573] Diese Anknüpfungsregeln für die rechtsgeschäftliche Vertretung bei Immobilienverfügungen und -verwaltung wird zum Teil als Konkretisierung des Wirkungsstatuts verstanden;[574] andere sehen dagegen darin eine Ausnahme von den allgemeinen Anknüpfungsregeln des Vollmachtsstatuts.[575] Vollmachten, die sich auf in Deutschland belegene Grundstücke beziehen, richten sich damit nach deutschem Recht, bei Grundstücken im Ausland hingegen nach dem jeweiligen ausländischen Recht.[576] Die Vollmacht beurteilt sich auch und gerade dann nach dem Belegenheitsrecht, wenn von ihr außerhalb des Staates der lex rei sitae Gebrauch gemacht wird.[577]

173 Die Anknüpfung „lege rei sitae" betrifft bei Grundstückssachen nicht auch Vollmachten zum Abschluss des schuldrechtlichen Kausalgeschäfts. Sie zielt in erster Linie auf das dingliche Geschäft (im deutschen Recht die Einigung bzw. Auflassung nach §§ 873, 925 BGB). Wenn und soweit die Vollmacht die **obligatorischen Vereinbarungen über Grundstücke** betrifft, verbleibt es beim allgemeinen Grundsatz der Anwendung des Rechts des Wirkungslandes, konkretisiert durch den Gebrauchsort der Vollmacht.[578]

174 Bei der rechtsgeschäftlichen Stellvertretung bei Grundstücksgeschäften muss nicht nur streng zwischen den schuldrechtlichen Erklärungen, etwa dem Kaufvertrag oder dem Schenkungsvertrag, und den für die dingliche Erfüllung ggf. zusätzlich erforderlichen sachenrechtlichen Erklärungen getrennt werden, sondern auch noch den **verfahrensrechtlichen Erklärungen**, die für einen etwaigen Vollzug im Grundbuch, oder, soweit vorhanden, einem ähnlichen Register erforderlich sind, gesonderte Beachtung geschenkt werden.[579] Aus Sicht deutscher Grundbücher sind hier vor allem Vollmachten gemeint, die (auch) zur Abgabe von Eintragungsanträgen nach § 13 GBO und Eintragungsbewilligungen nach § 19 GBO ermächtigen, da es sich bei beiden um reine Verfahrenshandlungen handelt (vgl. § 13 GBO Rdn 30). So wie Prozessvollmachten nach der Lex fori des Landes zu beurteilen sind, vor dessen Gerichten von ihnen Gebrauch gemacht wird,[580] gilt allgemein für die Vollmacht zur Abgabe verfahrensrechtlicher Erklärungen die Lex fori, d.h. diejenige Verfahrensrechtsordnung, die für die jeweilige Behörde bzw. das jeweilige Gericht gilt.[581] Vollmachten, die auf deutsche Immobilien bezogene Verfahrenserklärungen, insbesondere Anträge und Bewilligungen, betreffen, unterstehen deshalb deutschem Grundbuchrecht.

---

570 Reithmann/Martiny/*Hausmann*, Internationales Vertragsrecht, Rn 5444.
571 Vgl. MüKo-BGB/*Spellenberg*, vor Art. 11 Rn 118.
572 RGZ 149, 93, 94: Verpfändung einer Hypothek an deutschem Grundstück; BGH NJW 1963, 46; RG DNotZ 1944, 151: Bestellung von Eigentümergrundschulden; OLG München NJW-RR 1989, 663, 664; Hausmann/Odersky/*Hausmann*, § 6 Rn 31.
573 BGH JZ 1955, 702 (für Tragweite der Vollmacht, für Erteilung dagegen auf die Staatsangehörigkeit und Erteilungsort abstellend); OLG Frankfurt WM 1963, 872, 875; *Kropholler*, IPR, § 41 I 2d.
574 OLG München NJW-RR 1989, 663, 664; LG Berlin IPRspr 32 Nr. 63; Hausmann/Odersky/*Hausmann*, § 6 Rn 33, 35.
575 Vgl. Reithmann/Martiny/*Hausmann*, Internationales Vertragsrecht, Rn 5464 f.; Hausmann/Odersky/*Hausmann*, § 6 Rn 33 m.w.N.; *Kropholler*, IPR, § 41 I 2d.
576 Zur Formulierung von Vollmachten zur Veräußerung im Ausland gelegenen Grundbesitzes gibt es die von der „Internationalen Union des Lateinischen Notariats" herausgegebene Textsammlung „Texte uniforme de procurati-ons", vgl. Hinweis in DNotZ 1982, 137. Formulierungsbeispiele für internationale Vollmachten auch bei Beck'sches Formularhandbuch zum Bürgerlichen, Handels- und Wirtschaftsrecht Nr. 31–37 und *Wurm/Wagner/Zartmann*, Das Rechtsformularbuch, Rn 9n–9t.
577 Reithmann/Martiny/*Hausmann*, Internationales Vertragsrecht, Rn 5464; *Schotten/Schmellenkamp*, IPR, Rn 91.
578 BGH NJW 1963, 46, 47; Grüneberg/*Thorn*, BGB, Anh. zu Art. 10 Rn 2; Reithmann/Martiny/*Hausmann*, Internationales Vertragsrecht, Rn 5466; *Schotten/Schmellenkamp*, IPR, Rn 91; a.A. Sandrock/Müller, Handbuch der internationalen Vertragsgestaltung, II Rn D 45: Belegenheitsrecht auch für schuldrechtliches Geschäft; entsprechende Ansätze lassen sich auch bei OLG Frankfurt WM 1963, 872, 875 erkennen.
579 Vgl. *Sieghörtner*, ZEV 1999, 461, 464.
580 BGH MDR 1958, 319 f.; BGH NJW 1990, 3088; BGHZ 64, 183, 192; *Kropholler*, IPR, § 41 I 2d; Reithmann/Martiny/*Hausmann*, Internationales Vertragsrecht, Rn 5469.
581 *Sieghörtner*, ZEV 1999, 461, 464.

Übt der Stellvertreter seine charakteristische Berufstätigkeit von einem bestimmten **Geschäftssitz** bzw. einer (eigenen) **Niederlassung** her aus, so soll nach wohl überwiegender Meinung das Recht am Ort dieses Sitzes bzw. der Niederlassung maßgeblich sein, jedenfalls wenn dem Dritten das Handeln von diesem Sitz bzw. dieser Niederlassung aus bekannt oder infolge Fahrlässigkeit unbekannt war; der tatsächliche Gebrauchsort von der Vollmacht soll dann keine Rolle spielen.[582] Unter diese Grundsätze fielen auch Vollmachten, deren Inhalt bzw. Umfang gesetzlich zwingend geregelt ist, wie namentlich die deutsche Prokura, da es auch insoweit um eine rechtsgeschäftlich erteilte Vollmacht geht, so dass sie nicht den gesetzlichen Vertretungsbefugnissen des Gesellschaftsrechts gleichgestellt werden kann.[583]

cc) Rück- und Weiterverweisung. Wegen der damit verfolgten Verkehrsschutzinteressen wird die Verweisung auf das Recht des Wirkungslandes gem. Art. 4 Abs. 1 S. 1 letzter Hs. EGBGB als Sachnormverweisung angesehen.[584] Dies gilt erst recht, soweit es um Vollmachten betreffend das Verfügungsgeschäft oder verfahrensrechtliche Erklärungen geht. Die Frage, wie das ausländische IPR das Vollmachtsstatut anknüpft, spielt demnach keine Rolle. Dies ist umso bedeutsamer, als auch im internationalen Vergleich die Vielfalt der jeweils bevorzugten Anknüpfungen in diesem Bereich sehr hoch ist.[585]

b) Rechtswahl

Die Frage, ob eine Wahl des Vollmachtsstatuts möglich ist, wird in der Rechtsprechung, soweit ersichtlich, gar nicht erörtert.[586] Die h.L. lässt sie zu.[587] Dadurch können Zweifel darüber, welches Recht Erteilung und Umfang der Vertretungsbefugnis regeln sollen, im Vorfeld ausgeräumt werden.[588] Zur Wahl ist der Vollmachtgeber berechtigt, wobei sie jedoch sowohl dem Geschäftspartner wie auch dem Vertreter erkennbar sein muss, da auch deren Interessen durch das anwendbare Vollmachtsstatut berührt werden.[589] Die Befugnis zur Rechtswahl des Vollmachtsstatuts kann auch, wiederum im Wege der Vollmacht, auf den Vertreter übertragen werden.[590] Man wird nicht nur eine ausdrückliche Rechtswahl, sondern auch eine mit hinreichender Sicherheit aus den Umständen des Falles sich ergebende konkludente Rechtswahl genügen lassen.[591] Auch eine Teilrechtswahl des Vollmachtsstatuts kann zugelassen werden, z.B. bei Generalvollmachten eine Rechtswahl nur bzgl. verschiedener Vermögensgegenstände bzw. Vermögensmassen.[592]

Die vorstehend dargelegten Grundsätze beziehen sich jedoch nur auf die Stellvertretung bei Schuldverträgen. Bei einseitigen Rechtsgeschäften soll die Rechtswahl zum Schutze des Dritten ausgeschlossen sein, es sei denn, er hat der Rechtswahl zugestimmt.[593] In jedem Falle nicht möglich ist eine parteiautonome Bestimmung des auf die Vollmacht anwendbaren Rechts, soweit diese zu dinglichen Verfügungen oder verfahrensrechtlichen Erklärungen ermächtigt.[594] Da das Schuldrecht grundsätzlich rechtswahlfreundlich, das Sachen- und das Verfahrensrecht jedoch rechtswahlfeindlich angestellt sind,

---

582 *Kropholler*, IPR, § 41 I 2b, c; Reithmann/Martiny/*Hausmann*, Internationales Vertragsrecht, Rn 5456 ff.; *Schotten/Schmellenkamp*, IPR, Rn 91; a.A. *Steding*, ZVglRWiss 1986 (1987) 25, 45; vgl. auch: BGHZ 43, 21, 26; BGH NJW 1954, 1561; BGH JZ 1963, 167, 168; BGH NJW 1990, 3088; BGH RGZ 38, 194, 196; LG Bielefeld IPRax 1990, 315; OLG Frankfurt AWD 1969, 415; zu Recht weist *Dorsel*, MittRhNotK 1997, 6, 8, darauf hin, dass diese Rechtsprechung nicht als gefestigt angesehen werden kann, und zwar schon deshalb, weil bei den genannten Entscheidungen regelmäßig Gebrauchsort und Niederlassungs- bzw. Sitzort zusammenfielen.

583 Reithmann/Martiny/*Hausmann*, Internationales Vertragsrecht, Rn 5454; a.A. *Rabel*, RabelsZ 3 (1929), 807, 811.

584 H.M.; *Sieghörtner*, ZEV 1999, 461, 464; *Kropholler*, IPR, § 41 I 4; Erman/*Hohloch*, BGB, Art. 12 Anh I Rn 9; in der Rechtsprechung wird das Problem nicht diskutiert, ein „renvoi" allerdings auch nicht geprüft, vgl. BGHZ 128, 41, 47; OLG München NJW-RR 1989, 663, 664 (Vollmacht zur Verfügung über Grundstücke).

585 MüKo-BGB/*Spellenberg*, vor Art. 11 Rn 49.

586 *Dorsel*, MittRhNotK 1997, 6, 11.

587 *Schotten/Schmellenkamp*, IPR, Rn 92 (mit Formulierungsvorschlag); *Steding*, ZVglRWiss 1986 (1987) 25, 45 f.; Reithmann/Martiny/*Hausmann*, Internationales Vertragsrecht, Rn 2435.

588 *Dorsel*, MittRhNotK 1997, 6, 11; *Schotten/Schmellenkamp*, IPR, Rn 92.

589 *Fischer*, IPRax 2005, 269, 272; MüKo-BGB/*Spellenberg*, vor Art. 11 Rn 95 f., der insoweit jeweils Zustimmung verlangt, diese jedoch aus dem Geschäftsabschluss bzw. Vertreterhandeln entnimmt; vgl. auch *Dorsel*, MittRhNotK 1997, 6, 11; Reithmann/Martiny/*Hausmann*, Internationales Vertragsrecht, Rn 5447: zweifelsfreie Erkennbarkeit für Dritten; *Müller*, RIW 1979, 377, 383 f.; *Kropholler*, IPR, § 41 I 2e; *Steding*, ZVglRWiss 1986 (1987) 25, 45 f.: Zustimmung der Gegenpartei.

590 MüKo-BGB/*Spellenberg*, vor Art. 11 Rn 97.

591 MüKo-BGB/*Spellenberg*, vor Art. 11 Rn 99; *Dorsel*, MittRhNotK 1997, 6, 11.

592 *Sieghörtner*, ZEV 1999, 461, 464.

593 *Dorsel*, MittRhNotK 1997, 6, 11.

594 *Sieghörtner*, ZEV 1999, 461, 464; MüKo-BGB/*Spellenberg*, vor Art. 11 Rn 92.

muss dies parallel auch für eine zugehörige Vollmacht entsprechend entschieden werden.[595] Es ist deshalb bei jeder Vollmacht die Frage zu stellen, zu welchen Erklärungen sie ermächtigt, welcher Rechtsnatur diese Erklärungen sind und ob das Statut, dem diese Erklärungen unterfallen, eine Rechtswahl zulässt.[596]

3. Reichweite des Vollmachtsstatuts

179 Zum Vollmachtsstatut gehört zum einen die **wirksame Begründung und Gültigkeit** der Vollmacht.[597] Hierzu rechnet die Frage nach der Erteilung der Vollmacht (durch einseitige Willenserklärung oder durch Vertrag)[598] ebenso wie die Relevanz etwaiger Willensmängel bei der Erteilung[599] und die Frage, wem gegenüber die Vollmachtserklärung abzugeben ist.[600] Weiterhin sind beispielhaft zu nennen die Zulässigkeit einer verdeckten Stellvertretung,[601] die Wirksamkeit unwiderruflich erteilter Generalvollmachten[602] und das Problem, ob auch ein Geschäftsunfähiger Bevollmächtigter sein kann (vgl. § 165 BGB).[603]

180 Das Vollmachtsstatut bestimmt auch über den **Umfang** der Vollmacht und damit über die Frage, ob das vom Vertreter mit dem Dritten abgeschlossene Rechtsgeschäft durch die Vollmacht gedeckt ist.[604] Nach diesem Recht beurteilt sich also, wie die Vollmacht auszulegen ist,[605] ob eine Untervollmacht zulässig ist,[606] was ein Vollmachtsmissbrauch voraussetzt und welche Folgen er zeitigt;[607] allerdings richtet sich eine etwaige Haftung des Vollmachtgebers gegenüber dem Dritten aus anderen Rechtsgründen, wie Culpa in contrahendo oder Delikt, jeweils nach deren Statut und nicht dem Vollmachtsstatut.[608] Bei dem in § 181 BGB geregelten Problemkreis, ob der Bevollmächtigte mit sich selbst kontrahieren bzw. als Mehrfachvertreter auftreten darf, handelt es sich um eine Frage der Tragweite der Vollmacht, die dem Vollmachtsstatut zu unterwerfen ist.[609]

181 Die Reichweite des Vollmachtsstatuts erstreckt sich nicht nur auf Erteilung, Wirksamkeit, Inhalt und Umfang, sondern auch auf die Dauer und die Beendigung, also das **Erlöschen** der Vollmacht.[610] Als Erlöschensgründe sind insoweit etwa denkbar der Ablauf einer gesetzlich festgelegten Gültigkeitsdauer der Vollmacht[611] oder der Eintritt von Geschäftsunfähigkeit.[612] Außerdem sind hier der Einfluss eines Widerrufs der Vollmacht[613] wie auch der Einfluss des Todes des Vollmachtgebers und damit die Zulässigkeit und Wirkungen von post- und transmortalen Vollmachten zu nennen.[614] Auch die Rechtsfolgen der Beendigung des Innenverhältnisses auf den Fortbestand der Vollmacht sind aus dem Vollmachtsstatut abzuleiten, während die Frage, ob und zu welchem Zeitpunkt das der Vollmacht zugrunde liegende Verhältnis beendet worden ist, nach dem auf dieses Grundverhältnis anwendbaren Recht beurteilt werden muss.[615]

182 Nicht vom Vollmachtsstatut zu entscheiden ist, ob bei dem vom Stellvertreter vorgenommenen bzw. vorzunehmenden Hauptgeschäft überhaupt eine **Stellvertretung zulässig** ist oder ob es nur persönlich abge-

---

595 *Sieghörtner*, ZEV 1999, 461, 464.
596 *Sieghörtner*, ZEV 1999, 461, 464.
597 BGH JZ 1963, 167, 168; BGH NJW 1982, 2733; OLG Köln NJW-RR 1996, 411; Hausmann/Odersky/*Hausmann*, § 6 Rn 51.
598 MüKo-BGB/*Spellenberg*, vor Art. 11 Rn 130; Reithmann/Martiny/*Hausmann*, Internationales Vertragsrecht, Rn 5492; Hausmann/Odersky/*Hausmann*, § 6 Rn 51; *Dorsel*, MittRhNotK 1997, 6, 11.
599 MüKo-BGB/*Spellenberg*, vor Art. 11 Rn 130.
600 Reithmann/Martiny/*Hausmann*, Internationales Vertragsrecht, Rn 5492.
601 *Dorsel*, MittRhNotK 1997, 6, 11 f.; a.A. Soergel/*Lüderitz*, BGB, Anh. Art. 10 Rn 103 unter Berufung auf LG und OLG Köln VersR 1982, 985 (Urt. v. 16.2.1982 – 5 U 175/81).
602 LG Berlin IPRspr 32 Nr. 63.
603 *Dorsel*, MittRhNotK 1997, 6, 11; a.A. *Steding*, ZVglRWiss 1986 (1987) 25, 48.
604 BGHZ 43, 21, 26 f.; 64, 183, 192; BGH NJW 1954, 1561; OLG München NJW-RR 1989, 663, 664; Hausmann/Odersky/*Hausmann*, § 6 Rn 54.
605 RG IPRspr 28 Nr. 27; RG DNotZ 1944, 151, 152.
606 OLG Frankfurt WM 1963, 872, 875; LG Karlsruhe RIW 2002, 153, 155; Soergel/*Lüderitz*, BGB, Anh. Art. 10 Rn 102.
607 RGZ 134, 67, 71; RG DNotZ 1944, 151; *Dorsel*, MittRhNotK 1997, 6, 12.
608 *Lüderitz*, JZ 1963, 169, 171, 172.
609 BGH NJW 1992, 618 (für einen Geschäftsführer und gemeinsam mit ihm handelnden Prokuristen); OLG Koblenz RIW 1996, 151; Reithmann/Martiny/*Hausmann*, Internationales Vertragsrecht, Rn 5495; a.A. *Braga*, RabelsZ 24 (1959), 337, 338 f.
610 *Kropholler*, IPR, § 41 I 3; zum Fall der Insolvenz des Vollmachtgebers vgl. LG München NJW-RR 1994, 1150 gegen LG Frankfurt RIW 1980, 291.
611 BGHZ 64, 183, 193.
612 Reithmann/Martiny/*Hausmann*, Internationales Vertragsrecht, Rn 5504.
613 Schotten/Schmellenkamp, IPR, Rn 96.
614 *Sieghörtner*, ZEV 1999, 461, 464.
615 Schotten/Schmellenkamp, IPR, Rn 96.

schlossen werden darf.[616] Hierüber befindet das **Hauptstatut**, das das vom Stellvertreter vorgenommene bzw. vorzunehmende Rechtsgeschäft beherrscht, ebenso wie darüber, ob für dieses Rechtsgeschäft eine Generalvollmacht ausreicht oder eine Spezialvollmacht gegeben sein muss.[617] Sehr umstritten ist die Rechtslage bei der **Vertretung ohne Vertretungsmacht**. Hierbei soll das Geschäftsstatut, das für das vom Vertreter ohne Vertretungsmacht vorgenommene Rechtsgeschäft gilt, befinden über die Zulässigkeit einer Vertretung ohne Vertretungsmacht wie auch darüber, ob und unter welchen Voraussetzungen eine Genehmigung des Vertretenen möglich ist und welche Wirkungen diese nach sich zieht.[618] Dahingegen ist die Einordnung der Haftung des Falsus procurator sehr umstritten.[619]

4. Form der Vollmacht

a) Bedeutung des Formstatuts

Das Formstatut ist vor allem deswegen von Interesse, weil manche Rechtsordnungen die Formvorschriften für bestimmte Rechtsgeschäfte generell auf die Vollmacht zu ihrer Vornahme erstrecken, wohingegen das deutsche Recht von dem Grundsatz ausgeht, dass die Erteilung der Vollmacht nicht der Form bedarf, welche für das Rechtsgeschäft bestimmt ist, auf das sie sich bezieht (§ 167 Abs. 2 BGB). Weiterhin entscheidet das Formstatut u.a. auch darüber, ob eine (General-)Vollmacht, die unwiderruflich erteilt wurde, deshalb formbedürftig ist sowie ob eine aufgrund ihrer Unwiderruflichkeit formbedürftige, aber formlos erteilte Vollmacht als unwirksam oder unter Wegfall der Unwiderruflichkeit als wirksam anzusehen ist.[620]

183

b) Anknüpfung, Art. 11 Abs. 1 EGBGB

Da die Vollmacht eine eigenständige, einseitige empfangsbedürftige Willenserklärung darstellt, beurteilt sich ihre Form nach Art. 11 EGBGB.[621] Art. 11 Rom I-VO ist nicht anzuwenden. Ausreichend ist demnach alternativ entweder die Einhaltung der Formanforderungen des Geschäftsrechts oder des Ortsrechts.[622] Die Verweisung ist dabei in jedem Falle Sachnormverweisung (Art. 3a Abs. 1 EGBGB), so dass es nicht darauf ankommt, wie das Internationale Privatrecht der sonach maßgeblichen Rechtsordnung seinerseits das Formstatut anknüpft.

184

aa) Geschäftsrecht, Art. 11 Abs. 1 Alt. 1 EGBGB. Mit dem Recht, das auf das seinen Gegenstand bildende Rechtsverhältnis anzuwenden ist, meint Art. 11 Abs. 1 Alt. 1 EGBGB das Vollmachtsstatut. Die Rechtsordnung, die das der Vollmacht zugrunde liegende Rechtsverhältnis beherrscht, ist hier ebenso bedeutungslos wie diejenige, die auf das vom Vertreter getätigte Rechtsgeschäft anzuwenden ist.[623] Dies ist das konsequente Resultat aus der Transposition des sachrechtlichen Grundsatzes der Abstraktheit der Vollmacht auf die Ebene des Kollisionsrechtes.

185

bb) Ortsrecht, Art. 11 Abs. 1 Alt. 2 EGBGB. Gemäß Art. 11 Abs. 1 Alt. 2 EGBGB genügt alternativ auch die Einhaltung der Formanforderungen der Rechtsordnung an dem Ort, an dem der Vertretene die Bevollmächtigung erteilt. Dabei kommt es hinsichtlich dieser Ortsform nicht auf den Ort des Zugangs der Vollmachtserklärung an, sondern auf den Ort ihrer Erteilung, ggf. also den, an dem die Vollmachtsurkunde ausgestellt wird.[624]

186

---

616 Grüneberg/*Thorn*, BGB, Anh. zu Art. 10 Rn 3; *Dorsel*, MittRhNotK 1997, 6, 11.
617 Reithmann/Martiny/*Hausmann*, Internationales Vertragsrecht, Rn 5533; *Braga*, RabelsZ 24 (1959) 337, 338.
618 BGH NJW 1992, 618, 619; BGHZ 128, 41, 48; KG IPRax 1998, 280, 283, *Schotten/Schmellenkamp*, IPR, Rn 97; a.A. *Steding*, ZVglRWiss 1986 (1987) 25, 47.
619 Grüneberg/*Thorn*, BGB, Anh. zu Art. 10 Rn 3; OLG Hamburg, Urt. v. 27.5.1987 – 6 U 272/86, VersR 1987, 1216; *Kropholler*, NJW 1965, 1641, 1646; *Fischer*, IPRax 1996, 332, 335: Vollmachtsstatut; a.A. v. *Bar*, IPR II, Rn 593: Geschäftsstatut des Hauptvertrages.
620 *Dorsel*, MittRhNotK 1997, 6, 13.
621 OLG München NJW-RR 1989, 663, 664; OLG Stuttgart MDR 1981, 405.
622 Hausmann/Odersky/*Hausmann*, § 6 Rn 59.
623 Vgl. BGH WM 1965, 868: Formerfordernisse werden nach schweizerischem Recht beurteilt, wenn eine fernmündliche Vollmacht zum Verkauf in der Schweiz belegener Grundstücke in der Schweiz ausgestellt und dort auch von ihr Gebrauch gemacht wird; KG DNotZ 1931, 402; Reithmann/Martiny/*Hausmann*, Internationales Vertragsrecht, Rn 5496; Hausmann/Odersky/*Hausmann*, § 6 Rn 60, 61; a.A. Soergel/*Lüderitz*, BGB, Anh. Art. 10 Rn 108: Statut des Vertretergeschäfts, wenn dieses seiner besonderen Natur wegen eine besondere Form der Vollmacht fordert.
624 OLG Stuttgart MDR 1981, 405; OLG München NJW-RR 1989, 663, 664; *Dorsel*, MittRhNotK 1997, 6, 13.

187 cc) Keine Anwendung der Art. 11 Abs. 4 EGBGB und Art. 11 Abs. 5 Rom I-VO auf Grundstückssachverhalte. Gemäß Art. 11 Abs. 5 Rom I-VO gilt für die Form obligatorischer Verträge über Grundstücke das Recht des Belegenheitsstaates, wenn es international zwingend die Anwendung seiner Formvorschriften vorschreibt (vgl. Rdn 344). Weitergehend unterdrückt Art. 11 Abs. 4 EGBGB für die dinglichen Verfügungen über Sachen, und damit auch über Grundstücke, die Ortsform völlig und schreibt insoweit die Anwendung der Formvorschriften des Rechts vor, das für die Verfügung selbst gilt (siehe Rdn 352). Beide Vorschriften sind nach h.M. nicht zu erstrecken auf etwaige Vollmachten, die hinsichtlich entsprechender Geschäfte erteilt werden.[625] Auch dies ist die Folge der Abstraktheit der Vollmacht vom Hauptgeschäft wie sie sich hinsichtlich der Form in § 167 Abs. 2 BGB niederschlägt.[626] Die Zulässigkeit der Ortsform gilt auch dann, wenn ausnahmsweise nach deutschem Recht entgegen § 167 Abs. 2 BGB und § 311b Abs. 1 BGB auf das obligatorische Geschäft oder § 925 BGB auf die dingliche Verfügung anzuwenden wären.[627] Eine im Ausland erteilte Vollmacht zur Veräußerung eines in Deutschland gelegenen Grundstücks, die aufgrund ihrer besonderen Ausgestaltung, etwa weil sie unwiderruflich erteilt ist, nach deutschem Recht der notariellen Beurkundung bedürfte, ist also auch dann formgültig, wenn sie den Formvorschriften des ausländischen Rechts entspricht, und zwar gilt dies sowohl für den schuldrechtlichen Vertrag im Hinblick auf § 311b Abs. 1 BGB wie auch hinsichtlich der Auflassung im Hinblick auf § 925 BGB.[628]

c) § 29 GBO als vorrangige Verfahrensvorschrift

188 Art. 11 EGBGB betrifft nur materiell-rechtliche Formanforderungen. Das Eintragungsverfahren als solches folgt nur dem Recht am Ort des Registers. Soll daher aufgrund einer im Ausland erteilten Vollmacht eine Eintragung in das deutsche Grundbuch vorgenommen werden, bedarf die Vollmacht unabhängig von den Bestimmungen des Formstatuts der Form, die die Verfahrensvorschriften der Grundbuchordnung (§§ 29 ff. GBO) vorsehen.[629] Die Beglaubigung durch einen ausländischen Notar im Rahmen seiner Zuständigkeit ist ausreichend. Die Legalisierung durch eine deutsche Auslandsvertretung ist möglich. Es steht im Ermessen des Grundbuchamtes, eine solche Legalisierung zu verlangen.[630]

B. Ehewirkungen

I. Allgemeine Ehewirkungen

189 Aus dem Ehewirkungsstatut können sich unter Umständen Beschränkungen der Ehegatten hinsichtlich liegenschaftsrechtlicher Verfügungen ergeben. Derartige Einschränkungen aus dem ausländischen (materiellen) Sachrecht müssen im Rahmen des Grundbuchverfahrens beachtet werden.

1. Anknüpfung

a) Staatsverträge

190 Da die Bundesrepublik Deutschland das Haager Ehewirkungsabkommen zum 23.8.1987 gekündigt hat (BGBl II 1986, 505), ist der einzige für die allgemeinen Wirkungen der Eheschließung gem. Art. 3 Abs. 2 S. 1 EGBGB zu beachtende Staatsvertrag das **Niederlassungsabkommen zwischen dem Deutschen Reich und dem Kaiserreich Persien** vom 17.2.1929.[631] Es unterwirft im Anwendungsbereich sei-

---

625 Vgl. OLG Stuttgart MDR 1981, 405: liechtensteinisches Ortsrecht auch ausreichend für Auflassungsvollmacht, die aufgrund ihrer konkreten Ausgestaltung bei Anwendung deutscher Rechtsgrundsätze notarieller Beurkundung bedürfte; OLG München NJW-RR 1989, 663, 664: deutsche Ortsform für Veräußerungsvollmacht einer Auslandsimmobilie; OLG Nürnberg IPRspr 29 Nr. 26 (Beschluss v. 26.1.2015 – 12 W 46/15): in Österreich ausgestellte unwiderrufliche Grundstücksvollmacht; LG Berlin I IPRspr 30 Nr. 24: in Finnland ausgestellte unwiderruflich erteilte Grundstücksvollmacht; Reithmann/Martiny/*Hausmann*, Internationales Vertragsrecht, Rn 5499; KG DNotZ 1931, 402; a.A. MüKo-BGB/*Spellenberg*, vor Art. 11 Rn 165; *Ludwig*, NJW 1983, 495 ff.

626 Vgl. OLG Stuttgart MDR 1981, 405; OLG München NJW-RR 1989, 663, 664.

627 Vgl. OLG Stuttgart MDR 1981, 405; OLG Nürnberg IPRspr 29 Nr. 26; LG Berlin I IPRspr 30 Nr. 24; Grüneberg/*Thorn*, BGB, Anh. zu Art. 10 Rn 3; a.A. *Ludwig*, NJW 1983, 495 ff.

628 *Schotten/Schmellenkamp*, IPR, Rn 101; Reithmann/Martiny/*Hausmann*, Internationales Vertragsrecht, Rn 5499.

629 *Schotten/Schmellenkamp*, IPR, Rn 101; *Dorsel*, MittRhNotK 1997, 6, 13.

630 Hausmann/Odersky/*Hausmann*, § 6 Rn 67.

631 RGBl II 1930, 1006; Bekanntmachung RGBl II 1931, 9 i.V.m. der Bekanntmachung über die Wiederanwendung der deutsch-iranischen Vorkriegsverträge vom 15.8.1955 BGBl II 1955, 829.

nes Art. 8 Abs. 3 die Angehörigen der Vertragsstaaten den Vorschriften ihres Heimatrechtes. Allerdings greift das Niederlassungsabkommen nur dann ein, wenn beide Ehegatten ausschließlich und gemeinsam entweder die iranische oder die deutsche Staatsangehörigkeit besitzen.[632] Es ist daher anwendbar nur auf rein iranische Ehepaare und rein deutsche Ehepaare, aber nicht, wenn mindestens einer der Eheleute die Staatsangehörigkeit beider Vertragsstaaten besitzt.[633]

b) EU-Recht

Am 24.6.2016 wurde die **Verordnung (EU) 2016/1103 zum internationalen Ehegüterrecht** verabschiedet (**EuGüVO**). Hiermit sollen Regeln bereitgehalten werden für die internationale Zuständigkeit, das anwendbare Recht, die Anerkennung und Vollstreckung von Entscheidungen bezogen auf den Ehegüterstand, mithin bezogen auf das Vermögensrecht der Ehe.[634] Die Verordnung erfasst die ehelichen Güterstände und damit sämtliche vermögensrechtlichen Regelungen, die zwischen den Ehegatten und in deren Rechtsbeziehungen zu Dritten aufgrund der Ehe oder der Auflösung der Ehe gelten. Die EuGüVO bezieht insoweit alle vermögensrechtlichen Beziehungen der Ehegatten ein, sofern sich diese unmittelbar aus der Ehe oder deren Auflösung ergeben.[635] Sie gilt jedoch nicht für die allgemeinen Ehewirkungen. Die Kollisionsregeln der EuGüVO gelten für Ehen, die ab dem 29.1.2019 geschlossen worden sind bzw. in Zukunft werden (vgl. Art. 69 Abs. 3 EuGüVO). Für sog. „Altehen", also solche, die vor dem 29.1.2019 geschlossen worden sind, verbleibt es bei der Anwendung der allgemeinen Grundsätze (§ 14 EGBGB). Wird jedoch im Hinblick auf eine derartige „Altehe" eine Rechtswahl nach dem 29.1.2019 getroffen, sind die Art. 22–24 EuGüVO anzuwenden, soweit vermögensrechtliche Ehewirkungen betroffen sind.

c) Autonome Anknüpfung nach Art. 14 EGBGB

Das auf die allgemeinen Wirkungen einer Ehe anzuwendende Recht bestimmt sich außerhalb der EuGüVO (relevant für sog. „Altehen") nach der sog. Kegelschen Leiter des **Art. 14 Abs. 1 EGBGB**. Sie besteht aus fünf verschiedenen Stufen, wobei die nächste Stufe immer nur dann geprüft werden darf, wenn auf der vorherigen kein Ergebnis erreicht wurde.

Anzuwenden ist danach:

– das Recht des Staates, dem beide Ehegatten angehören, Art. 14 Abs. 1 Nr. 1 Alt. 1 EGBGB, andernfalls
– das Recht des Staates, dem beide während der Ehe zuletzt angehörten, wenn einer von ihnen diesem Staat noch angehört, Art. 14 Abs. 1 Nr. 1 Alt. 2 EGBGB, andernfalls
– das Recht des Staates, in dem beide Ehegatten ihren gewöhnlichen Aufenthalt haben, Art. 14 Abs. 1 Nr. 2 Alt. 1 EGBGB, sonst
– das Recht des Staates, in dem beide ihren gewöhnlichen Aufenthalt während der Ehe zuletzt hatten, wenn einer von ihnen dort noch seinen gewöhnlichen Aufenthalt hat, Art. 14 Abs. 1 Nr. 2 Alt. 2 EGBGB, sonst
– das Recht des Staates, mit dem die Ehegatten auf andere Weise gemeinsam am engsten verbunden sind, Art. 14 Abs. 1 Nr. 3 EGBGB.

Bei Mehrstaatern ist Art. 5 Abs. 1 EGBGB zu beachten. Die Anknüpfung ist **wandelbar**,[636] so dass es auf das Vorliegen der genannten Anknüpfungstatbestände im jeweiligen Zeitpunkt ankommt und bei Veränderung der maßgeblichen Bedingungen ein Statutenwechsel eintreten kann.

Die Verweisung ist **Gesamtverweisung** mit der Folge, dass das IPR der verwiesenen Rechtsordnung darauf zu prüfen ist, wie es die allgemeinen Ehewirkungen anknüpft, und eine etwaige von der deutschen

---

632 Im Bereich des Familienrechts gilt dies allgemein hinsichtlich der am jeweiligen Rechtsverhältnis Beteiligten vgl. BGHZ 60, 68, 74 (für die elterliche Sorge); BGH IPRax 1986, 382 (für elterliche Sorge und Unterhalt); OLG Hamm IPRax 1994, 49, 53; OLG München IPRax 1989, 238, 240 (für Scheidungsstatut); OLG Oldenburg IPRax 1981, 136, 137 (für Ehegattenunterhalt); AG Hamburg IPRspr 92 Nr. 122 (für Anspruch auf Morgengabe); Schotten/Wittkowski, FamRZ 1995, 264, 265; Dörner, IPRax 1994, 33, 34.
633 Schotten/Wittkowski, FamRZ 1995, 264, 265; MüKo-BGB/Siehr, Art. 14 Rn 4.
634 Hausmann/Odersky/Hausmann, § 8 Rn 2.
635 Hausmann/Odersky/Hausmann, § 8 Rn 3.
636 MüKo-BGB/Siehr, Art. 14 Rn 7, 63; Erman/Hohloch, BGB, Art. 14 Rn 10.

Anknüpfung abweichende Behandlung durch das ausländische Recht zu beachten ist.[637] Das kommt etwa in Betracht, wenn das gemeinsame Heimatrecht auf das Recht des gemeinsamen „domicile" oder einer gemeinsamen „residence" verweist.[638] Die Einordnung als IPR-Verweisung gilt auch im Falle des Art. 14 Abs. 1 Nr. 3 EGBGB.[639] Dabei kommt es für die Feststellung der engsten Verbindung insbesondere auf gemeinsame soziale Bindungen und auf subjektive Elemente wie gemeinsame Zukunftspläne an, z.B. die beabsichtigte Begründung einer gemeinsamen Staatsangehörigkeit oder eines gemeinsamen gewöhnlichen Aufenthaltes.[640]

194 Eine **Rechtswahl** des Statuts der allgemeinen Ehewirkungen ist nur in Ausnahmefällen möglich. So erlaubt Art. 14 Abs. 2 EGBGB dann, wenn ein Ehegatte mehreren Staaten angehört, ungeachtet des Art. 5 Abs. 1 EGBGB das Recht eines dieser Staaten zu wählen, falls diesem Staat auch der andere Ehegatte angehört. Greift keine der beiden Alternativen des Art. 14 Abs. 1 Nr. 1 EGBGB ein, kann das Recht des Staates, dem ein Ehegatte angehört, gewählt werden, wenn kein Ehegatte dem Staat angehört, in dem beide ihren gewöhnlichen Aufenthalt haben, oder die Ehegatten ihren gewöhnlichen Aufenthalt nicht in demselben Staat haben, Art. 14 Abs. 3 S. 1 EGBGB. Gemäß Art. 14 Abs. 3 S. 2 EGBGB enden die Wirkungen einer solchen Rechtswahl allerdings, wenn die Eheleute eine gemeinsame Staatsangehörigkeit erlangen. Die Rechtswahl hat in der durch Art. 14 Abs. 4 EGBGB vorgeschriebenen Form zu erfolgen.

Für die allgemeinen Wirkungen einer eingetragenen gleichgeschlechtlichen **Partnerschaft** gilt nicht Art. 14 EGBGB, sondern Art. 17b Abs. 1 S. 1 EGBGB, der das Sachrecht des registerführenden Staates zur Anwendung beruft. Bei Registrierungen in verschiedenen Staaten ersetzen die Wirkungen der letzten die der vorherigen, Art. 17b Abs. 3 EGBGB. Nach der Kappungsklausel in Art. 17b Abs. 4 EGBGB gehen die Wirkungen einer im Ausland registrierten Partnerschaft nicht weiter als diejenigen nach deutschem Recht.[641]

2. Auswirkungen

a) Allgemeine Begriffsbestimmung

195 Das EGBGB enthält keine Definition, was unter allgemeinen Ehewirkungen zu verstehen ist. Im Ergebnis hat Art. 14 EGBGB nur einen geringen unmittelbaren Anwendungsbereich.[642] Erfasst werden in etwa die in den §§ 1353–1362 BGB geregelten Sachbereiche.[643] Im Rahmen einer funktionalen Betrachtungsweise gehören zu den allgemeinen Ehewirkungen alle Fragen, die während einer Ehe (also nicht bei oder nach ihrer Auflösung) das Zusammenleben der Eheleute behandeln, ihre Aufgaben während der Ehe, ihre persönlichen Beziehungen zueinander (nicht jedoch im Verhältnis zu ihren Kindern) und ihr Verhalten zur Aufrechterhaltung der persönlichen, weniger der materiellen Fundamente ihrer Ehe.[644] Die besonders schwierige Abgrenzung zum Güterstatut hat nach Funktion und Zweck der zu beurteilenden Erscheinung zu erfolgen.[645] Regelungen, die für jede Ehe unabhängig vom Güterstand bestehen, unterliegen i.d.R. dem Ehewirkungsstatut, während Vorschriften, die einen bestimmten Güterstand voraussetzen, nach dem Güterrechtsstatut zu beurteilen sind.[646] Gibt es in der fraglichen Rechtsordnung allerdings nur einen einzigen Güterstand, verbleibt es bei der funktionalen Qualifikation der jeweiligen Vorschrift in ihrem Sachzusammenhang unter Heranziehung rechtsvergleichender Aspekte.[647]

b) Einzelne Ehewirkungen

196 Im deutschen Recht wird die Verfügungsmacht der Ehegatten allenfalls durch güterrechtliche Bestimmungen eingeschränkt. In verschiedenen ausländischen Rechten ist dies bisweilen anders geregelt. In

---

[637] Hausmann/Odersky/*Hausmann*, § 8 Rn 18.
[638] AG Heidelberg IPRspr 89 Nr. 93.
[639] *Kropholler*, IPR, § 24 II 2a; Staudinger/*Hausmann*, BGB, Art. 4 EGBGB Rn 204; Grüneberg/*Thorn*, BGB, Art. 4 Rn 7.
[640] *Schotten/Schmellenkamp*, IPR, Rn 113.
[641] Zu den daraus resultierenden Vergleichsschwierigkeiten vgl. *Süß*, DNotZ 2001, 168, 170 ff.; ausf. zum Kollisionsrecht der Partnerschaften außerhalb der traditionellen Ehe siehe *Buschbaum*, RNotZ 2010, 73 ff., 149 ff.
[642] Vgl. *v. Bar*, IPR II, Rn 184; *Schotten/Schmellenkamp*, IPR, Rn 128.
[643] Grüneberg/*Thorn*, BGB, Art. 14 Rn 17; *Kropholler*, IPR, § 45 II 1.
[644] MüKo-BGB/*Looschelders*, Art. 14 Rn 25.
[645] *Schotten/Schmellenkamp*, IPR, Rn 127a.
[646] *Schotten/Schmellenkamp*, IPR, Rn 127a; *Süß*, Rpfleger 2003, 53, 64.
[647] Soergel/*Schurig*, BGB, Art. 15 Rn 32.

manchen Rechten wirkt sich die Eheschließung auf die **Geschäftsfähigkeit** der Ehegatten aus. Geht es dabei um eine Erweiterung, so gilt insoweit nach Art. 7 Abs. 1 S. 2 EGBGB das Geschäftsfähigkeitsstatut (siehe Rdn 11). Wird dagegen eine güterstandsunabhängige Beschränkung vorgeschrieben, ist eine allgemeine Ehewirkung gegeben.[648] Wird dadurch allerdings nur ein Ehegatte, typischerweise die Ehefrau, beschränkt, greift bei hinreichendem Inlandsbezug der Vorbehalt des „ordre public" nach Art. 6 EGBGB.[649] Die Erweiterung der Geschäftsfähigkeit ist dagegen möglich und nach Art. 7 EGBGB zu beurteilen.

Beschränkt kann aber auch nicht die Geschäftsfähigkeit allgemein, sondern nur die **Verpflichtungsfähigkeit** zu bestimmten Rechtsgeschäften werden, und zwar im Sinne eines Ausschlusses oder eines Vorbehalts der Zustimmung des anderen Ehegatten oder bestimmter Aufsichtsbehörden.[650] Gemeint sind etwa Vorschriften, nach denen Schenkungen durch einen Ehegatten der Zustimmung des anderen bedürfen.[651] Hierher gehören auch die Interzessionsverbote, die einem Ehegatten untersagen, für eine Schuld des anderen eine Bürgschaft, Schuldmitübernahme oder Garantie zu übernehmen, damit er sich nicht aus Gründen der emotionalen Beziehung zwischen den Ehegatten übermäßig verpflichtet.[652] Nicht selten wird auch der Abschluss von Rechtsgeschäften zwischen den Ehegatten selbst beschränkt, z.B. der Abschluss von Schenkungen,[653] von Kaufverträgen[654] oder von Gesellschaftsverträgen.[655]

197

Den Einschränkungen der Verpflichtungsfähigkeit stehen die **Verfügungsbeschränkungen** nahe. Auch für sie greift Art. 14 EGBGB, wenn sie nicht güterstandsbezogen sind.[656] Sie können z.B. die Veräußerung von Grundstücken allgemein betreffen.[657] Sie können sich aber auch nur auf Verfügungen über die eheliche Wohnung bzw. das eheliche Heim beschränken.[658] Soweit die EuGüVO auf Ehen, die ab dem 29.1.2019 geschlossen werden, anzuwenden ist, werden Verfügungsbeschränkungen autonom als güterrechtlich zu qualifizieren sein. Dies gilt selbst dann, wenn nach dem betroffenen nationalen Recht eine Einordnung als allgemeine Ehewirkung gegeben ist.[659]

198

Gerade im Hinblick auf Grundbesitz sehen manche Rechte die Entstehung bestimmter **Sicherungsmittel** für den anderen Ehegatten aufgrund Gesetzes vor, z.B. einer Legalhypothek.[660] An deutschen Grundstücken können solche Hypotheken aber nicht kraft Gesetzes und ohne Eintragung entstehen, weil das deutsche Sachenrecht dem entgegensteht und dieses als Lex rei sitae insoweit vorrangig zu beachten ist (siehe Rdn 345).[661] Allerdings kann sich dann zumindest aus dem allgemeinen Ehewirkungsstatut ein Anspruch des einen Ehegatten gegen den anderen auf entsprechende Eintragung eines dinglichen Rechts ergeben, vorausgesetzt, die fragliche Vorschrift will überhaupt auch für außerhalb ihres Geltungsbereichs gelegene Grundstücke das Sicherungsrecht geben.[662]

199

---

648 Staudinger/*Mankowski*, BGB, Art. 14 EGBGB Rn 231; Erman/*Hohloch*, BGB, Art. 14 Rn 30.
649 LG Berlin FamRZ 1993, 198; Grüneberg/*Thorn*, BGB, Art. 14 Rn 18; Reithmann/Martiny/*Hausmann*, Internationales Vertragsrecht, Rn 5862; Hausmann/Odersky/*Hausmann*, § 8 Rn 59.
650 MüKo-BGB/*Looschelders*, Art. 14 Rn 67 ff.
651 Hausmann/Odersky/*Hausmann*, § 8 Rn 60, 61, 62; Reithmann/Martiny/*Hausmann*, Internationales Vertragsrecht, Rn 5865: Art. 224 § 1 Nr. 3 belgischer CC, Art. 1: 88 Abs. 1b niederländisches B.W., Art. 235 Abs. 4 brasilianischer CC.
652 Vgl. Reithmann/Martiny/*Hausmann*, Internationales Vertragsrecht, Rn 5863, 5866: Art. 224 § 1 Nr. 4 belgischer CC, Art. 235 Abs. 3, 242 Abs. 1 brasilianischer CC, Art. 1: 88 Abs. 1c niederländisches B.W., Art. 494 Abs. 1 schweizerisches OR; Soergel/*Schurig*, BGB, Art. 14 Rn 64; a.A. für Bürgschaft vgl. BGH NJW 1977, 1011: Bürgschaftsstatut.
653 KG DR 1939, 938; Reithmann/Martiny/*Hausmann*, Internationales Vertragsrecht, Rn 5876: Art. 1715 niederländisches B.W., Art. 1099 französischer CC.
654 Reithmann/Martiny/*Hausmann*, Internationales Vertragsrecht, Rn 5876: Art. 1595 belgischer und französischer CC, Art. 1503 niederländisches B. W.
655 *Schotten/Schmellenkamp*, IPR, Rn 127.
656 Staudinger/*Mankowski*, BGB, Art. 14 EGBGB Rn 303; Hausmann/Odersky/*Hausmann*, § 8 Rn 65.
657 *Jayme*, in: FS Henrich, 2000, S. 335, 337: Art. 235 Abs. 1 brasilianischer CC; Reithmann/Martiny/*Hausmann*, Internationales Vertragsrecht, Rn 5871: Art. 1682-A Abs. 1 portugiesischer CC, bei entsprechender gerichtlicher Anordnung auch Art. 223, 224 § 1 Nr. 2 belgischer CC, Art. 220–1 französischer CC sowie Art. 178 schweizerisches ZGB.
658 Vgl. OLG Düsseldorf IPRspr 78 Nr. 55; Reithmann/Martiny/*Hausmann*, Internationales Vertragsrecht, Rn 5869: Art. 215 Abs. 3 französischer CC, Art. 215 belgischer CC, Art. 1:88 Abs. 1a niederländisches BW, Art. 1320 spanischer CC, § 97 österreichisches ABGB, Art. 169 schweizerisches ZGB, Skandinavien, England, die meisten US-Staaten und kanadischen Provinzen.
659 Hausmann/Odersky/*Hausmann*, § 8 Rn 65.
660 Reithmann/Martiny/*Hausmann*, Internationales Vertragsrecht, Rn 5872: auch zur „dower" in einigen US-Bundesstaaten.
661 Grüneberg/*Thorn*, BGB, Art. 14 Rn 18; Erman/*Hohloch*, BGB, Art. 14 Rn 32; *Kropholler*, IPR, § 45 II 1; a.A. Soergel/*Schurig*, BGB, Art. 14 Rn 57; Hausmann/Odersky/*Hausmann*, § 8 Rn 70.
662 MüKo-BGB/*Looschelders*, Art. 14 Rn 63, 64.

200 Es besteht weiterhin die Möglichkeit, dass aus dem allgemeinen Ehewirkungsstatut **Eigentumsvermutungen** resultieren,[663] was bei deutschen Grundstücken aber schon wegen §§ 892 f. BGB (siehe Rdn 250 f.) kaum eine Rolle spielen wird.

201 Ähnlich der Schlüsselgewalt des § 1357 BGB können sich auch in anderen Rechtsordnungen **Vertretungs- bzw. Verpflichtungsbefugnisse** des einen Ehegatten im Hinblick auf den anderen aus der Eheschließung ergeben,[664] allerdings werden sie wohl nur selten den Grundstücksverkehr erfassen.

202 **Vollstreckungsverbote** gehören grundsätzlich zum internationalen Verfahrensrecht und unterliegen daher der jeweiligen Lex fori,[665] bei deutschen Grundstücken also dem deutschen Recht. Sie können aber als allgemeine Ehewirkung zu qualifizieren sein, wenn sie während des ehelichen Zusammenlebens den Ehefrieden durch Verhinderung vollstreckungsrechtlicher Zugriffe aufrechterhalten wollen.[666]

II. Güterrecht

203 Dem Ehegüterrecht kommt eine große Bedeutung zu. Denn der Erwerb oder die Veräußerung von inländischem Grundbesitz durch eine verheiratete Person kann **Beschränkungen aufgrund ausländischer Rechte** unterliegen, wenn ein Ehegatte die ausländische Staatsbürgerschaft besitzt oder eine sonstige Auslandsanknüpfung gegeben ist.[667]

1. Anknüpfung
a) Staatsverträge/Europarecht

204 Das **Haager Ehewirkungsabkommen** vom 17.7.1905 hat die Bundesrepublik Deutschland mit Wirkung zum 23.8.1987 gekündigt.[668] Das Übereinkommen hat jedoch noch Einfluss auf diejenigen Ehen mit oder zwischen ausländischen Partnern, die zu einem Zeitpunkt geschlossen worden sind, zu dem die Heimatstaaten noch Vertragsstaaten des Übereinkommens waren.[669] Allerdings ist die Anwendbarkeit des Art. 2 des Übereinkommens, der in Ermangelung eines Ehevertrages für die güterrechtlichen Wirkungen auf das Recht des Heimatstaates des Ehemannes zur Zeit der Eheschließung verwies, erheblich eingeschränkt, da diese Vorschrift gegen Art. 3 Abs. 2 GG verstieß.[670] Die dadurch sich ergebenden Übergangsprobleme sind im Wege einer entsprechenden Anwendung des Art. 220 Abs. 3 EGBGB zu lösen.[671] Deshalb gilt Art. 2 Abs. 1 des Übereinkommens grundsätzlich nur noch für vor dem 1.4.1953 geschlossene Ehen.[672] Auch für diese „Uraltehen" besteht jedoch die Rechtswahlmöglichkeit entsprechend Art. 220 Abs. 3 S. 6 Hs. 2 EGBGB.[673]

205 Auch im Bereich des Güterrechts ist bei rein iranischen Eheleuten das **Niederlassungsabkommen zwischen dem Deutschen Reich und dem Kaiserreich Persien** (siehe Rdn 189) zu beachten, da es nach dem zugehörigen Schlussprotokoll (RGBl II 1930, 1012) ausdrücklich auch für das eheliche Güterrecht gilt. Im Rahmen des persönlichen Anwendungsbereiches dieses Staatsvertrages ist den Ehegatten eine parteiautonome Bestimmung des Güterstatuts verwehrt.[674] Ein wichtiger Unterschied zu Art. 15 EGBGB a.F. besteht auch darin, dass das vom Niederlassungsabkommen bestimmte Güterrechtsstatut wandelbar ist, da es keinen maßgeblichen Zeitpunkt für die Anknüpfung festlegt.[675]

---

663 Soergel/*Schurig*, BGB, Art. 14 Rn 65; Staudinger/*Mankowski*, BGB, Art. 14 EGBGB Rn 304.
664 Vgl. BGH NJW-RR 1990, 248, 250 zum „consentimiento uxoris" nach spanischem Recht; Grüneberg/*Thorn*, BGB, Art. 14 Rn 18; MüKo-BGB/*Looschelders*, Art. 14 Rn 72, 73.
665 MüKo-BGB/*Looschelders*, Art. 14 Rn 66.
666 MüKo-BGB/*Looschelders*, Art. 14 Rn 66: Art. 173 schweizerisches ZGB.
667 Hausmann/Odersky/*Hausmann*, § 9 Rn 1.
668 BGBl II 1986, 505: das Abkommen galt am Schluss nur noch im Verhältnis zu Italien; abgedr. z.B. bei Soergel/*Schurig*, BGB, Anh. Art. 16 Rn 3.
669 *Schotten/Schmellenkamp*, IPR, Rn 133; Staudinger/*Mankowski*, BGB, Art. 15 EGBGB Rn 4.
670 BGH NJW 1987, 583; BGH NJW 88, 638; BGH FamRZ 1988, 40, 41.
671 BGH NJW 1987, 583, 584; 88, 638; BGH FamRZ 1988, 40, 41.
672 *Jayme*, IPRax 1987, 95; *Ultsch*, MittBayNot 1994, 279, 280.
673 Staudinger/*Mankowski*, BGB, Art. 15 EGBGB Rn 4.
674 NK-BGB/*Sieghörtner*, Art. 15 Rn 2; *Schotten/Wittkowski*, FamRZ 1995, 264, 268; Staudinger/*Mankowski*, BGB, Art. 15 EGBGB Rn 4; anders allerdings für die Rechtswahl gem. Art. 25 Abs. 2 EGBGB im Bereich des internationalen Erbrechts: Staudinger/*Dörner*, BGB, Vor Art. 25 EGBGB Rn 149.
675 *Schotten/Wittkowski*, FamRZ 1995, 264, 267 f.

206 Deutschland ist dem **Haager Übereinkommen über das auf Ehegüterstände anzuwendende Recht** vom 14.3.1978[676] bisher nicht beigetreten. Gegenwärtig ist es nur in Frankreich, Luxemburg und den Niederlanden in Kraft (jeweils seit 1.9.1992). Es spielt deshalb aus deutscher Sicht nur dann eine Rolle, wenn eine Gesamtverweisung auf das Recht eines dieser Staaten stattfindet.[677]

Im Hinblick auf das eheliche Güterrecht liegen seit Juni 2016 die Verordnungen (EU) Nr. 2016/1103 zum internationalen Güterrecht (EuGüVO) und (EU) Nr. 2016/1104 zum internationalen Güterrecht eingetragener Lebenspartner (EuPartVO) vor. Sie gelten in Deutschland und in Belgien, Bulgarien, Finnland, Frankreich, Griechenland, Italien, Kroatien, Luxemburg, Malta, Niederlande, Österreich, Portugal, Schweden, Slowenien, Spanien, Tschechien, Zypern. Soweit die anderen EU-Mitgliedstaaten nicht teilnehmen, ist das nationale IPR und IZVR weiterhin anzuwenden.

207 Im Geltungsbereich der EuGüVO werden Rechtsbeziehungen zwischen den Ehegatten und in deren Verhältnis zu Dritten aufgrund der Ehe erfasst mit Blick auf die Vermögensbeziehungen, die sich aus den Güterständen ergeben.[678] Die EuGüVO regelt insbesondere die Zuordnung und Verwaltung des Vermögens in der Ehe, aber auch Vermögensauseinandersetzungen im Falle der Auflösung der Ehe bei Scheidung, Trennung und im Todesfall.[679] Von besonderer Bedeutung dürften hier Verfügungsbeschränkungen sein, die sich aus dem jeweiligen Ehegüterrecht ergeben. Soweit das Güterrechtsstatut zur Begründung oder Übertragung von Rechten an Liegenschaften führt, wird dies in den teilnehmenden Mitgliedstaaten grundsätzlich anerkannt.[680] Probleme können entstehen, wenn das nach dem Güterrechtsstatut entstehende Recht der ausländischen Rechtsordnung im Inland nach der bei Liegenschaften maßgeblichen Lex rei sitae keine Entsprechung findet (sog. „unbekanntes dingliches Recht"). In diesem Fall ist eine Anpassung vorzunehmen (Art. 29 EuGüVO).

Soweit das Registerverfahren beim Grundbuchamt betroffen ist, bleibt es beim inländischen Verfahrens- und Kollisionsrecht.[681] Das bedeutet, das nach dem inländischen Recht des Registerstaates festgelegt wird, unter welchen Voraussetzungen die Eintragung erfolgt und wer sachlich, örtlich und funktionell zuständig ist. Hiernach ist auch zu ermitteln, welche Anträge und Unterlagen zur Eintragung erforderlich sind.

208 Von Bedeutung ist der zeitliche Anwendungsbereich der EuGüVO. Gemäß Art. 69 Abs. 1 gilt diese für Verfahren, öffentliche Urkunden und gerichtliche Vergleiche, die am 29.1.2019 und danach eingeleitet, errichtet und eingetragen werden. Erfasst werden Ehen, die am oder nach dem Stichtag geschlossen werden. Für sog. „Altehen", also solche, die vor dem 29.1.2019 geschlossen worden sind, verbleibt es bei der Anwendung der allgemeinen Grundsätze (§ 14 EGBGB). Wird jedoch im Hinblick auf eine derartige „Altehe" eine Rechtswahl nach dem 29.1.2019 getroffen, sind die Art. 22–24 EuGüVO anzuwenden, soweit vermögensrechtliche Ehewirkungen betroffen sind. Für die grundsätzlich mögliche Anerkennung früherer Rechtsakte gelten Art. 36 ff. EuGüVO.

Die EuGüVO ist auf vier tragende Grundsätze gestützt:
– es gilt ein einheitliches Güterrechtsstatut (Art. 21 ff. EuGüVO),
– das einheitliche Güterrechtsstatut ist wandelbar (Art. 26 Abs. 1 EuGüVO),
– es bestehen Rechtswahlmöglichkeiten (Art. 22 ff. EuGüVO),
– es besteht der Vorrang der Anknüpfung an den gemeinsamen gewöhnlichen Aufenthalt und die gemeinsame Staatsangehörigkeit (Art. 26 Abs. 1 EuGüVO).

Für sog „Altehen", die vor dem Stichtag 29.1.2019 geschlossen worden sind (vgl. Art. 69 Abs. 3 EuGüVO, Art. 229 § 47 Abs. 2 EGBGB) gilt das **autonome Recht weiterhin**, wenn nicht die EuGüVO infolge einer Rechtswahl berufen wird.[682] Das bedeutet, dass die inzwischen aufgehobenen Art. 15, 16 sowie Art. 220 Abs. 3 EGBGB a.F. weiterhin anzuwenden sind.[683]

---

[676] Abgedr. bei RabelsZ 41 (1977) 554 ff. (französischer und englischer Text).
[677] Vgl. z.B. OLG Düsseldorf FGPrax 2000, 5.
[678] Hausmann/Odersky/*Hausmann*, § 9 Rn 5.
[679] Hausmann/Odersky/*Hausmann*, § 9 Rn 5.
[680] Hausmann/Odersky/*Hausmann*, § 9 Rn 8.
[681] Hausmann/Odersky/*Hausmann*, § 9 Rn 8a.
[682] OLG München FGPrax 2020, 207, 208.
[683] Hausmann/Odersky/*Hausmann*, § 9 Rn 15.

b) Autonome Anknüpfung nach Art. 15 EGBGB a.F.

209 **aa) Vorrang des Einzelstatuts, Art. 3a Abs. 2 EGBGB.** Grundsätzlich bestimmt das Güterstatut als Gesamtstatut, ob und inwieweit ein bestimmter Gegenstand durch das Ehegüterrecht in seiner Zuordnung beeinflusst wird.[684] Art. 3a Abs. 2 EGBGB gebietet den Vorrang des Einzelstatuts jedoch für solche Gegenstände, die sich nicht in dem Staat befinden, dessen Recht Güterrechtsstatut ist, wenn sie nach dem Recht desjenigen Staates, in dem sie sich befinden, besonderen Vorschriften unterliegen. Insoweit sind diese Sondervorschriften anzuwenden.

210 Einigkeit besteht dabei darüber, dass Art. 3a Abs. 2 EGBGB solche **materiell-rechtlichen Vorschriften** meint, die von der allgemeinen Grundregel der Zuordnung zum Ehegut für spezielle Fälle aus politischen oder wirtschaftspolitischen Gründen abweichen, etwa im Falle von Fideikommissen, Lehen, Stiftungsgütern, Stammgütern und ähnlichen Sondervermögen, die politischen oder wirtschaftspolitischen Zwecken dienen und bestimmte Personen vor anderen begünstigen.[685] In Deutschland gibt es allerdings keine Gegenstände, die in diesem Sinne güterrechtlich anders behandelt würden als andere Gegenstände der Eheleute, so dass deutsche Grundstücke hier nicht betroffen sind.

211 Es ist umstritten, ob als besondere Vorschriften auch **Kollisionsnormen** anzusehen sind, die eine Vermögensspaltung vorsehen. Die h.M., die dies bejaht,[686] spielt allerdings wiederum nur für ausländische Grundstücke eine Rolle.

212 **bb) Objektive Anknüpfung nach Art. 15 Abs. 1 EGBGB a.F.** Art. 15 Abs. 1 EGBGB a.F. strebt durch die **Verweisung auf Art. 14 EGBGB** den Gleichlauf mit dem allgemeinen Ehewirkungsstatut im Interesse einer möglichst einheitlichen Anknüpfung aller Rechtsbeziehungen zwischen den Ehegatten und im Verhältnis zu ihren Kindern (Familienstatut) an.[687] Indes durchbricht diese Norm den Gleichlauf sogleich auch wieder, indem sie die **Unwandelbarkeit** des objektiven Ehegüterstatuts bezogen auf den Zeitpunkt der Eheschließung als Ausgangspunkt festschreibt. Damit soll das Kontinuitätsinteresse der Ehegatten wie auch des Rechtsverkehrs gewahrt bleiben.[688]

213 Die Verweisung auf Art. 14 EGBGB bewirkt, dass es in erster Linie auf ein **gemeinsames Heimatrecht** der Ehegatten im Zeitpunkt der Eheschließung ankommt (Art. 15 Abs. 1 EGBGB a.F. i.V.m. Art. 14 Abs. 1 Nr. 1 Alt. 1 EGBGB). Bei Mehrstaatern und Staatenlosen sind die zu Art. 5 EGBGB geltenden Grundsätze heranzuziehen. Da Art. 15 Abs. 1 EGBGB auf den Zeitpunkt der Eheschließung abstellt, kann die vergangenheitsbezogene 2. Alternative des Art. 14 Abs. 1 Nr. 1 EGBGB keine Rolle spielen, denn sie bezieht sich auf Gemeinsamkeiten „während der Ehe".[689] Angesichts des Wortlautes des Art. 15 Abs. 1 EGBGB ist es evident, dass eine erst nach der Eheschließung erworbene Staatsangehörigkeit im Zusammenhang mit Art. 14 Abs. 1 Nr. 1 EGBGB ohne Bedeutung ist, selbst wenn bereits bei der Eheschließung die Absicht eines entsprechenden Staatsangehörigkeitserwerbs bestand.[690] Richtigerweise ist auch ein Staatsangehörigkeitserwerb durch die Heirat selbst nicht zu berücksichtigen.[691]

214 Liegt, auch unter Beachtung des Art. 5 EGBGB, keine gemeinsame Staatsangehörigkeit der Eheleute bei Eheschließung vor, so kommt es gem. der Verweisung auf Art. 14 Abs. 1 Nr. 2 Alt. 1 EGBGB auf den **gemeinsamen gewöhnlichen Aufenthalt** in diesem Zeitpunkt an. Dabei ist wiederum unbestritten,

---

684 NK-BGB/*Sieghörtner*, Art. 15 Rn 5; Staudinger/*Mankowski*, BGB, Art. 15 EGBGB Rn 18.
685 *Ludwig*, DNotZ 2000, 663, 669; Hausmann/Odersky/*Hausmann*, § 9 Rn 47.
686 Z.B. Staudinger/*Mankowski*, BGB, Art. 15 EGBGB Rn 20; Hausmann/Odersky/*Hausmann*, § 9 Rn 43, 46 ff.; die Rechtsprechung, die insoweit mit der h.M. konform geht, bezieht sich, soweit ersichtlich, allerdings bisher nur auf das Erbstatut; a.A. Soergel/*Schurig*, BGB, Art. 15 Rn 66.
687 Grüneberg/*Thorn*, BGB, Art. 15 Rn 1.
688 Staudinger/*Mankowski*, BGB, Art. 15 EGBGB Rn 45.
689 Soergel/*Schurig*, BGB, Art. 15 Rn 7; Grüneberg/*Thorn*, BGB, Art. 15 Rn 16; Schotten/Schmellenkamp, IPR, Rn 136.
690 NK-BGB/*Sieghörtner*, Art. 15 Rn 12; BGH NJW 1988, 638; *Jayme*, IPRax 1986, 95.
691 Vgl. BGHZ 72, 163, 165 f., zur Anknüpfung des Ehenamens nach altem IPR; ausführlich Staudinger/*Mankowski*, BGB, Art. 15 EGBGB Rn 32 ff.; Grüneberg/*Thorn*, BGB, Art. 15 Rn 17; a.A. zum alten IPR siehe: OLG Düsseldorf, MittRhNotK 1984, 62, 63, und OLG Karlsruhe NJW 1984, 570 f. sowie BayObLG BayObLGZ 1975, 153 ff.; *Mansel*, Personalstatut, Staatsangehörigkeit und Effektivität, 1988, Rn 281.

dass auch insoweit die vergangenheitsbezogene Variante des Art. 14 Abs. 1 Nr. 2 Alt. 2 EGBGB keine Rolle spielen kann.[692] Unter gewöhnlichem Aufenthalt versteht man dabei den faktischen Wohnsitz, d.h. den räumlichen Bereich, wo eine Person tatsächlich ihren Lebensmittelpunkt hat.[693] Einem bei Heirat noch nicht bestehenden gemeinsamen Aufenthalt kann nicht durch Art. 14 Abs. 1 Nr. 2 EGBGB, sondern nur durch Art. 14 Abs. 1 Nr. 3 EGBGB zum Durchbruch verholfen werden.[694]

Führen weder die Nr. 1 noch die Nr. 2 des Art. 14 Abs. 1 EGBGB zum Ziel, so kommt es gem. dem Auffangtatbestand Art. 14 Abs. 1 Nr. 3 EGBGB auf eine **sonstige gemeinsame engste Verbindung** der Ehegatten an. Auch hier bedingt der in Art. 15 Abs. 1 EGBGB a.F. niedergelegte Grundsatz der Unwandelbarkeit Modifikationen dahingehend, dass diese gemeinsame engste Verbindung gerade bei der Eheschließung vorhanden sein muss. Bedeutsam sind hier vor allem zu diesem Zeitpunkt bereits bestehende gemeinsame Zukunftspläne, die sich auf die in Art. 14 Abs. 1 Nr. 1 und 2 EGBGB niedergelegten Anknüpfungspunkte beziehen, also die bereits bei der Heirat bestehende Absicht, später eine gemeinsame Staatsangehörigkeit oder einen gemeinsamen gewöhnlichen Aufenthalt zu erwerben.[695] Führen solche gemeinsamen Zukunftspläne nicht (allein) zur engsten gemeinsamen Verbindung, so sind andere Gemeinsamkeiten zu berücksichtigen, die vor Eheschließung bestanden haben, insbesondere gemeinsame soziale Bindungen an einen Staat durch Herkunft, Kultur, Sprache oder berufliche Tätigkeit, gemeinsamer schlichter Aufenthalt sowie der Ort der Eheschließung.[696]

215

Da Art. 15 Abs. 1 EGBGB a.F. auf Art. 14 EGBGB in seiner Gesamtheit verweist, ist auch ein zum Zeitpunkt der Eheschließung nach **Art. 14 Abs. 2 oder Abs. 3 EGBGB** gewähltes allgemeines Ehewirkungsstatut für die Bestimmung des Ehegüterstatuts anknüpfungsrelevant. Haben die Eheleute gleichzeitig mit der Wahl des allgemeinen Ehewirkungsstatuts oder später gem. Art. 15 Abs. 2 EGBGB a.F. auch hinsichtlich des Ehegüterstatuts eine parteiautonome Bestimmung getroffen, so geht in güterrechtlicher Hinsicht die Rechtswahl nach Art. 15 Abs. 2 EGBGB a.F., sobald sie getroffen wurde, der Verweisung des Art. 15 Abs. 1 EGBGB a.F. auf Art. 14 Abs. 2 und 3 EGBGB vor. Außerdem bedingt die Unwandelbarkeit des Ehegüterstatuts, dass die Rechtswahl gem. Art. 14 Abs. 2 oder 3 EGBGB vor oder bei der Eheschließung getroffen sein muss, um im Rahmen des Art. 15 Abs. 1 EGBGB a.F. beachtlich sein zu können.[697] Eine (auch unmittelbar) nach der Eheschließung getroffene Rechtswahl muss darauf überprüft werden, ob sie auch eine Rechtswahl im Sinne des Art. 15 Abs. 2 EGBGB a.F. beinhaltet.

216

Der in Art. 15 Abs. 1 EGBGB a.F. niedergelegte Grundsatz der Unwandelbarkeit wird allerdings in mehreren Konstellationen derart durchbrochen, dass hier das Güterstatut doch **wandelbar** ist. Dies spielt vor allem dann eine Rolle, wenn diejenige Rechtsordnung, auf die Art. 15 Abs. 1 EGBGB a.F. verweist, ihrerseits das Ehegüterstatut wandelbar anknüpft. Da für Art. 15 Abs. 1 EGBGB a.F. der Grundsatz der Gesamtverweisung gem. Art. 4 Abs. 1 S. 1 EGBGB anzuwenden ist (siehe Rdn 216), wird solchen „wandelnden" fremden Kollisionsnormen Folge geleistet, denn die Durchführung des „renvoi" hat insoweit Vorrang.[698] Ändert sich hier der nach dem fraglichen fremden IPR maßgebliche Anknüpfungspunkt, so ist der daraus folgende Statutenwechsel als Ergebnis des „renvoi" anzuerkennen.[699] Weitere Fälle der Wandelbarkeit ergeben sich im Anwendungsbereich des deutsch-iranischen Niederlassungsabkommens (siehe Rdn 189, 205), aus dem in Art. 15 Abs. 4 EGBGB a.F. vorbehaltenen Gesetz über den ehelichen Güterstand von Vertriebenen und Flüchtlingen sowie als wichtigste Durchbrechung des Unwandelbarkeitsgrundsatzes aus Art. 15 Abs. 2 EGBGB a.F., der durch die Eröffnung der Rechtswahl den Eheleuten gerade ermöglicht, auf Veränderungen der Lebensverhältnisse zu reagieren.[700]

217

---

692 NK-BGB/*Sieghörtner*, Art. 15 Rn 13; Staudinger/*Mankowski*, BGB, Art. 15 EGBGB Rn 28; *Schotten/Schmellenkamp*, IPR, Rn 136; Grüneberg/*Thorn*, BGB, Art. 15 Rn 16, 18.
693 BGH NJW 1975, 1068 (zum Haager Unterhaltsübereinkommen); MüKo-BGB/*Sonnenberger*, Einl. IPR, Rn 722.
694 Soergel/*Schurig*, BGB, Art. 15 Rn 9; Staudinger/*Mankowski*, BGB, Art. 15 EGBGB Rn 29 f.; Grüneberg/*Thorn*, BGB, Art. 15 Rn 18.
695 Vgl. BGH NJW 1988, 638; Soergel/*Schurig*, BGB, Art. 15 Rn 12; Bamberger/Roth/*Mörsdorf-Schulte*, Art. 15 Rn 55 f.; Staudinger/*Mankowski*, BGB, Art. 15 EGBGB Rn 37.
696 NK-BGB/*Sieghörtner*, Art. 15 Rn 15; Grüneberg/*Thorn*, BGB, Art. 15 Rn 19: hinsichtlich des gemeinsamen schlichten Aufenthalts mit der Einschränkung, dass dieser nicht ganz vorübergehender Natur sein darf, und hinsichtlich des Eheschließungsortes, dass er nicht ganz zufällig gewählt ist.
697 Z.B. *Jayme*, IPRax 1986, 265, 266; *Schotten/Schmellenkamp*, IPR, Rn 136.
698 NK-BGB/*Sieghörtner*, Art. 15 Rn 21; *Schurig*, JZ 1985, 559, 562; Staudinger/*Mankowski*, BGB, Art. 15 EGBGB Rn 51; vgl. zum alten IPR auch: KG IPRspr 34 Nr. 45; OLG Hamm, Beschl. v. 1.2.1974 – 15 Wx 6/74, IPRspr 74 Nr. 62.
699 Erman/*Hohloch*, BGB, Art. 15 Rn 11.
700 Staudinger/*Mankowski*, BGB, Art. 15 EGBGB Rn 46.

218 Für die Verweisung aufgrund Art. 15 Abs. 1 EGBGB a.F. gilt der Grundsatz der Gesamtverweisung des Art. 4 Abs. 1 EGBGB. **Rück- und Weiterverweisungen** des IPR der berufenen Rechtsordnung sind deshalb beachtlich. Relevant ist dies dann, wenn das fremde IPR in der Anknüpfung zwischen allgemeinen Ehewirkungen sowie Ehegüterrecht unterscheidet[701] und die dortige Anknüpfung des Güterstatuts von der deutschen abweicht. Deshalb kann es vor allem zu einem „renvoi" kommen, wenn das gemeinsame Heimatrecht der Ehegatten dem Aufenthalts- oder Domizilprinzip folgt oder wenn die verwiesene Rechtsordnung Mobilien und Immobilien des Ehevermögens trennt, regelmäßig dahingehend, dass Immobilien der jeweiligen Lex rei sitae unterworfen werden, während die Mobilien dem Aufenthalts- bzw. Domizilrecht oder dem (gemeinsamen) Heimatrecht unterliegen.[702] Die nach wie vor heftig umstrittene Frage, ob auch eine Verweisung auf das Recht der engsten Verbindung gem. Art. 15 Abs. 1 EGBGB a.F. i.V.m. Art. 14 Abs. 1 Nr. 3 EGBGB als Gesamtverweisung aufzufassen ist oder ob dies nicht dem Sinn der Verweisung widerspreche (Art. 4 Abs. 1 S. 1 letzter Hs. EGBGB), wird man dahingehend zu beantworten haben, dass es auch hier beim Grundsatz der Gesamtverweisung verbleibt.[703] Ebenso ist auch bei einer Verweisung nach Art. 15 Abs. 1 EGBGB a.F. i.V.m. Art. 14 Abs. 2 und 3 EGBGB ein etwaiger „renvoi" zu beachten.[704] Da auch fremdes Kollisionsrecht dem ordre public widersprechen kann, sind gegen den Gleichberechtigungsgrundsatz verstoßende Anknüpfungen des ausländischen IPR bei entsprechendem Inlandsbezug dem Verdikt des Art. 6 EGBGB verfallen.[705] In manchen Rechtsordnungen bestehen noch solche Anknüpfungen an das Mannesrecht, wenngleich deutlich seltener als früher.

219 Gerade im Bereich des Güterrechts kommt das Phänomen nicht selten vor, dass in einem Staat insoweit **Rechtszersplitterung** herrscht. So gibt es etwa in den USA verschiedene Güterrechtsordnungen in den Einzelstaaten (interlokale Rechtsspaltung). Ähnliches gilt in Spanien, wo in bestimmten Foralrechtsgebieten vom gemeinspanischen Código Civil abweichende Güterrechte bestehen.[706] Andere Staaten spalten das anwendbare Güterrecht personell, insbesondere nach religiösen oder stammesrechtlichen Aspekten auf, so häufig in Asien und Afrika.[707] Im Falle der Verweisung auf einen Staat mit Rechtszersplitterung ist die anwendbare Teilrechtsordnung über Art. 4 Abs. 3 EGBGB zu bestimmen. Danach ist in erster Linie nach dem dort bestehenden interlokalen oder interpersonalen Privatrecht zu verfahren, Art. 4 Abs. 3 S. 1 EGBGB. Fehlt eine solche Regelung, ist die engste Verbindung des Sachverhalts zu einer Teilrechtsordnung festzustellen, Art. 4 Abs. 3 S. 2 EGBGB.

220 **cc) Rechtswahl nach Art. 15 Abs. 2, 3 EGBGB a.F.** Durch die Zulassung einer parteiautonomen Festlegung des Güterstatuts soll den Eheleuten unter bewusster Durchbrechung des Unwandelbarkeitsgrundsatzes die Möglichkeit gegeben werden, das anwendbare Güterrecht an veränderte Lebens- bzw. Vermögensverhältnisse anzupassen. Demgemäß ist eine freie Rechtswahl nicht gestattet, sondern es werden nur bestimmte Rechtsordnungen zur Auswahl gestellt, wenngleich darüber hinaus keine weiteren Voraussetzungen für die Rechtswahl erforderlich sind und die Parteiautonomie erheblich weiter geht als die in Art. 14 Abs. 2 und 3 EGBGB gewährte. Dabei ist es auch unerheblich, wie die gewählte oder abgewählte ausländische Rechtsordnung sowie das Statut der allgemeinen Ehewirkungen zur Rechtswahl des Güterstatuts stehen.[708]

---

701 NK-BGB/*Sieghörtner*, Art. 15 Rn 26; MüKo-BGB/*Siehr*, Art. 15 Rn 123; zu prüfen ist dann natürlich an dieser Stelle die ausländische Kollisionsnorm für das Güterrecht, während die Kollisionsnorm, die dort für die allgemeinen Ehewirkungen besteht, bereits eine Stufe vorher im Rahmen der Verweisung des Art. 14 Abs. 1 EGBGB zu beachten ist.

702 Staudinger/*Mankowski*, BGB, Art. 15 EGBGB Rn 39 f.; vgl. z.B. OLG Hamburg IPRax 2002, 304, 306: nach englischem Recht gilt, wenn ein Ehevertrag fehlt, für das bewegliche Vermögen als Regel das Recht des Staates, in dem die Ehegatten bei Eheschließung ihr „matrimonial domicile" hatten, für unbewegliches Vermögen dagegen die Lex rei sitae.

703 Z.B. AG Hannover FamRZ 2000, 1576; AG Leverkusen FamRZ 2002, 1484, 1485 f.: jew. zu Art. 17 Abs. 1 S. 1 i.V.m. Art. 14 Abs. 1 Nr. 3 EGBGB); *v. Bar/Mankowski*, IPR I, Rn 229; *Rauscher*, NJW 1988, 2151, 2154.

704 Sehr str.; *Kühne*, IPRax 1987, 69, 73; *Rauscher*, NJW 1988, 2151, 2154; *Schotten/Schmellenkamp*, IPR, Rn 166; a.A. *Grüneberg/Thorn*, BGB, Art. 15 Rn 2; *Kartzke*, IPRax 1988, 8, 11; *Erman/Hohloch*, BGB, Art. 15 Rn 7; Staudinger/*Mankowski*, BGB, Art. 15 EGBGB Rn 87.

705 A.A. *Kartzke*, IPRax 1988, 8, 11 f.; *Ebenroth/Eyles*, IPRax 1989, 1, 11; *S. Lorenz*, in: FS Sturm, Bd. II, 1999, S. 1559, 1563 ff.; wie hier *Kropholler*, IPR, § 24 II 2b; Bamberger/Roth/*Mörsdorf-Schulte*, Art. 15 Rn 95; allerdings wird dies dann nicht gelten, wenn die „benachteiligte" Ehegatte dieselben Anknüpfungsmerkmale wie von der fremden Kollisionsnorm vom anderen Ehegatten vorausgesetzt erfüllt.

706 Vgl. den Beispielsfall bei *Kropholler*, IPR, § 29 II 2 sowie *Daum*, Spanien, in: Bergmann/Ferid/Henrich, Internationales Ehe- und Kindschaftsrecht, S. 107.

707 Vgl. MüKo-BGB/*v. Hein*, Art. 4 Rn 239 ff.

708 Staudinger/*Mankowski*, BGB, Art. 15 EGBGB Rn 127.

Art. 15 Abs. 2 Nr. 1 EGBGB a.F. gibt den Eheleuten die Möglichkeit, das Heimatrecht eines von ihnen zum Ehegüterstatut zu wählen. Bei Mehrstaatern steht jedes der Heimatrechte für diese Parteiautonomie zur Auswahl.[709] 221

Gleichrangig neben einem Heimatrecht steht den Ehegatten gem. **Art. 15 Abs. 2 Nr. 2 EGBGB a.F.** das Recht des gewöhnlichen Aufenthaltes eines von ihnen zur Auswahl. Dies gilt auch dann, wenn sie dieselbe Staatsangehörigkeit haben.[710] 222

Mit der durch **Art. 15 Abs. 2 Nr. 3 EGBGB a.F.** eröffneten Möglichkeit, für unbewegliches Vermögen das Recht der jeweiligen Lex rei sitae zu wählen, wird es den Eheleuten an die Hand gegeben, auch eine gegenständlich beschränkte Rechtswahl vorzunehmen. Sie führt zur Spaltung des Güterstatuts und ermöglicht im hier interessierenden Zusammenhang die Berufung deutschen Güterrechts für in Deutschland belegenes unbewegliches Vermögen. Dabei dürfte es keinem Zweifel unterliegen, dass es den Ehegatten offensteht, unbewegliche Vermögensgegenstände, die sich in verschiedenen Staaten befinden, auch entsprechend unterschiedlich zu behandeln.[711] Es steht ihnen frei, für im Staat A belegenen Grundbesitz das dortige Güterrecht zu wählen, für im Staat B belegenes unbewegliches Vermögen es dagegen bei der im Übrigen geltenden Güterrechtsordnung zu belassen. Eine ganz andere, sehr umstrittene Frage ist es, ob auch innerhalb des in einem bestimmten Staat belegenen unbeweglichen Vermögens differenziert und die Wahl der Lex rei sitae entsprechend gegenständlich auf einzelne oder mehrere Gegenstände des Immobiliarvermögens in diesen Staat beschränkt werden kann. Richtigerweise wird man eine solche partielle Rechtswahl erlauben.[712] Der Begriff des „unbeweglichen Vermögens" ist nach deutschem Recht auszufüllen, und zwar für kollisionsrechtliche Zwecke eigenständig.[713] Zum unbeweglichen Vermögen gehören insbesondere Grundstücke, Gebäude und sonstige wesentliche Bestandteile, Zubehör,[714] grundstücksgleiche Rechte wie Erbbaurecht, Wohnungseigentum, Teileigentum, Bergwerkseigentum, Fischereirechte nach Landesrecht, Rechte, die mit dem Eigentum am Grundstück verbunden sind (vgl. § 96 BGB), dingliche Rechte am Grundbesitz, auch Grundpfandrechte.[715] Nicht zum unbeweglichen Vermögen gehören etwa schuldrechtliche Ansprüche auf Übertragung unbeweglichen Vermögens, auch wenn die Ansprüche vormerkungsgesichert sind,[716] auf unbewegliches Vermögen bezogene Miet- und Pachtforderungen,[717] Anteile an Gesamthandsgemeinschaften wie Erbengemeinschaft und Personengesellschaft, auch wenn ihr Vermögen ausschließlich aus Grundbesitz besteht.[718] 223

Es ist zu beachten, dass dann, wenn das von Art. 15 Abs. 1 EGBGB a.F. berufene **ausländische** objektive Güterstatut eine **Rechtswahl** zulässt, auch davon Gebrauch gemacht werden kann. Natürlich handelt es sich dann nicht um eine Rechtswahl gem. Art. 15 Abs. 2 EGBGB a.F., sondern um eine solche aufgrund des ausländischen IPR, welcher über die Beachtlichkeit des „renvoi" auch aus unserer Sicht Anerkennung zukommt.[719] 224

dd) Vertriebenengüterstandsgesetz, Art. 15 Abs. 4 EGBGB a.F. Für Vertriebene, Sowjetzonenflüchtlinge, ihnen gleichgestellte Personen sowie Übersiedler aus der DDR sieht das in Art. 15 Abs. 4 EGBGB a.F. vorbehaltene Gesetz über den ehelichen Güterstand von Vertriebenen und Flüchtlingen vom 4.8.1969 (BGBl I 1969, 1067) eine Überleitung in den Güterstand der Zugewinngemeinschaft nach deutschem Recht vor. In das Gesetz sind im Wege der Analogie auch Spätaussiedler miteinzubeziehen.[720] 225

---

709 Sehr str.; wie hier: *Mansel*, Personalstatut, Staatsangehörigkeit und Effektivität, 1988, Rn 412; Soergel/*Schurig*, BGB, Art. 15 Rn 18; *Siehr*, in: FS Geimer, 2002, S. 1097, 1110; Bamberger/Roth/*Mörsdorf-Schulte*, Art. 15 Rn 65; a.A. ausf.: Staudinger/*Mankowski*, BGB, Art. 15 EGBGB Rn 133 ff.

710 *Schotten/Schmellenkamp*, IPR, Rn 156; *Wegmann*, NJW 1987, 1740, 1742.

711 *Kühne*, IPRax 1987, 69, 73; Staudinger/*Mankowski*, BGB, Art. 15 EGBGB Rn 217.

712 LG Mainz NJW-RR 1994, 73, 74; Soergel/*Schurig*, BGB, Art. 15 Rn 21; Bamberger/Roth/*Mörsdorf-Schulte*, Art. 15 Rn 68; a.A. *Kühne*, IPRax 1987, 69, 73; *Langenfeld*, BWNotZ 1986, 153.

713 *Böhringer*, BWNotZ 1987, 104, 109; die Gegenmeinung will dagegen die Begriffsbildung dem Recht des Lageortes entnehmen, vgl. Soergel/*Schurig*, BGB, Art. 15 Rn 22; *Kühne*, IPRax 1987, 69, 73.

714 A.A. *Schotten/Schmellenkamp*, IPR, Rn 162.

715 A.A. Soergel/*Schurig*, BGB, Art. 15 Rn 22.

716 A.A. *Wegmann*, NJW 1987, 1740, 1743; *Lichtenberger*, in: FS Ferid, 1988, S. 269, 285.

717 A.A. *Dörner*, DNotZ 1988, 67, 96 (zu Art. 25 Abs. 2 EGBGB).

718 *Reithmann*, DNotZ 1996, 227, 228.

719 *Mankowski/Osthaus*, DNotZ 1997, 10, 13 f.; *Schotten/Schmellenkamp*, IPR, Rn 153.

720 *Wandel*, BWNotZ 1994, 85, 87 f.; *Scheugenpflug*, Mitt-RhNotK 1999, 372, 376; Erman/*Hohloch*, BGB, Art. 15 Rn 51; a.A. Grüneberg/*Thorn*, BGB, Anh. zu Art. 15 Rn 1; OLG Hamm FamRZ 2010, 975 ließ das offen.

226 ee) **Übergangsrecht, Art. 220 Abs. 3 EGBGB a.F.** Für vor dem Inkrafttreten des IPR-Neuregelungsgesetzes am 1.9.1986 geschlossene Ehen sieht Art. 220 Abs. 3 EGBGB a.F. intertemporale Regelungen vor. Dabei wird nach dem Zeitpunkt der Eheschließung differenziert.

227 Für **vor dem 1.4.1953 geschlossene Ehen** verweist Art. 220 Abs. 3 S. 6 Hs. 1 EGBGB a.F. auf Art. 15 EGBGB a.F. und damit auf das Recht des Staates, dem der Ehemann zur Zeit der Eheschließung angehörte. War dieser damals Doppelstaater, entscheidet die effektive Staatsangehörigkeit, und zwar selbst dann, wenn er auch Deutscher gewesen sein sollte; Art. 5 Abs. 1 S. 2 EGBGB gilt nicht.[721] Seit 1.9.1986 können solche Ehegatten auch eine Rechtswahl nach Art. 15 Abs. 2, 3 EGBGB treffen, Art. 220 Abs. 3 S. 6 Hs. 2 EGBGB.

228 Bei **Ehen, die nach dem 31.3.1953 und vor dem 9.4.1983 geschlossen wurden**, differenziert Art. 220 Abs. 3 EGBGB a.F. hinsichtlich der güterrechtlichen Wirkungen bis zum 8.4.1983 und ab diesem Zeitpunkt. Für Wirkungen bis zum 8.4.1983 soll nach Art. 220 Abs. 3 S. 1 Nr. 1 EGBGB a.F. in erster Linie das Recht des Staates maßgeblich sein, dem beide Ehegatten bei der Eheschließung angehören. Führt diese Anknüpfung nicht zum Ziel, gilt nach Art. 220 Abs. 3 S. 1 Nr. 2 EGBGB a.F. das Recht, dem die Ehegatten sich unterstellt haben oder von dessen Anwendung sie ausgegangen sind. Ein Unterstellen in diesem Sinne erfordert eine ausdrückliche oder konkludente Rechtswahl.[722] Beim „Ausgehen" setzen demgegenüber die Eheleute die Geltung eines bestimmten Güterrechts als gegeben voraus.[723] Ausreichend ist eine bloße Meinung der Ehegatten über die Anwendbarkeit einer bestimmten Rechtsordnung (ein Inkaufnehmen, Billigen, Hinnehmen, ein gewisses Wollen, sich damit Abfinden).[724] Allerdings kann dabei die Vorstellung der Eheleute, das Güterrecht des Staates, dem der Ehemann angehört, sei als solches zur Anwendung berufen, wegen des verfassungsrechtlichen Gleichheitssatzes des Art. 3 Abs. 2 GG, der die Regelung des Art. 15 EGBGB a.F. zu Fall brachte, nicht unter Art. 220 Abs. 3 S. 1 Nr. 2 Alt. 2 EGBGB a.F. subsumiert werden.[725] Führen Art. 220 Abs. 3 S. 1 Nr. 1 und 2 EGBGB a.F. zu keinem Ergebnis, so soll es gem. Nr. 3 bei dem Recht des Staates, dem der Ehemann bei der Eheschließung angehörte, verbleiben. Diese Regelung ist allerdings verfassungswidrig.[726] Für die Zeit nach dem 8.4.1983 ist für die genannten Ehen ohnehin gem. Art. 220 Abs. 3 S. 2 EGBGB Art. 15 EGBGB a.F. in der neuen Fassung anzuwenden. Für diesen Anknüpfungswechsel hebt die Rechtsprechung darauf ab, wann der zu beurteilende güterrechtliche Vorgang sich abspielt, worunter nicht der Vermögenserwerb, sondern insbesondere die Beendigung der Ehe oder des Güterstandes, etwa durch Tod oder Scheidung, zu verstehen sei.[727] Wandelt sich deswegen ab 9.4.1983 das anwendbare Güterrecht und in der Folge z.B. Gesamthandseigentum in Miteigentum oder umgekehrt, so wird grundbuchrechtlich eine Grundbuchberichtigung erforderlich.[728] Entgegen der Rechtsprechung findet jedoch richtigerweise im Falle des Art. 220 Abs. 3 S. 2 EGBGB a.F. ein Statutenwechsel dergestalt statt, dass der bisherige Güterstand nach seinen Regeln aufzulösen ist und die hieraus sich ergebenden Rechte, Ansprüche usw. vom neuen Güterstand als jeweilige Rechtspositionen der Eheleute übernommen werden.[729] Außerdem besteht grundsätzlich Einigkeit, dass Art. 220 Abs. 3 S. 2 EGBGB a.F. in den Fällen des Art. 220 Abs. 3 S. 1 Nr. 2 EGBGB a.F. keine Anwendung findet, sondern die dort genannten Tatbestände über den 8.4.1983 hinaus weiter wirken.[730]

229 Für **nach dem 8.4.1983 geschlossene Ehen** gilt gem. Art. 220 Abs. 3 S. 5 EGBGB a.F. in vollem Umfang Art. 15 EGBGB a.F.

---

721 Vgl. BGHZ 75, 32, 41; BGH, NJW 1980, 2016, 2017.
722 Vgl. BGH NJW 1987, 583, 584; OLG Hamburg IPRax 2002, 304, 306; *Mansel*, in: FS Geimer, 2002, S. 625, 629; a.A. Soergel/*Schurig*, BGB, Art. 220 Rn 43 f.
723 Staudinger/*Dörner*, BGB, Art. 220 EGBGB Rn 105.
724 NK-BGB/*Sieghörtner*, Anh. III zu Art. 15 Rn 17; *Böhringer*, BWNotZ 1987, 104, 106; *Lichtenberger*, DNotZ 1987, 297, 299.
725 Vgl. BVerfG NJW 2003, 1656, 1657; ähnl. *Puttfarken*, RIW 1987, 834, 840; a.A. BGH NJW 1987, 583, 584; 1988, 638; *Mansel*, in: FS Geimer 2002, S. 625, 636.
726 *Basedow*, NJW 1986, 2971, 2974; *Rauscher*, NJW 1987, 531, 536; *Schurig*, IPRax 1988, 88, 93; a.A. BGH NJW 1987, 538, 584 f.; 1988, 638, 639; *S. Lorenz*, FS Sturm, Bd. II, 1999, S. 1559, 1562 Fn 16; Grüneberg/*Thorn*, BGB, Art. 15 Rn 10.
727 BGH NJW 1987, 583, 584; BGH NJW 1988, 638, 639; BGHZ 119, 392, 398; OLG Hamm IPRax 1994, 49, 53; dem folgend z.B. Erman/*Hohloch*, BGB, Art. 15 Rn 48; *Kropholler*, IPR, § 45 III 4b; *Henrich*, IPRax 1987, 93, 94.
728 Grüneberg/*Thorn*, BGB, Art. 15 Rn 13.
729 Staudinger/*Dörner*, BGB, Art. 220 EGBGB Rn 133 ff.; Soergel/*Schurig*, BGB, Art. 220 Rn 56; grds. auch: *Rauscher*, NJW 1987, 531, 532.
730 BGH NJW 1987, 583, 584; BGH NJW 1988, 638, 639; BGHZ 119, 392, 398.

2. Auswirkungen

a) Allgemeines

Der Begriff „güterrechtliche Wirkungen der Ehe" bezieht sich auf diejenigen materiellen Rechtssätze, die mit der Schaffung, Änderung, Aufhebung und Abwicklung von Sonderordnungen des Vermögens beider Ehegatten zu tun haben.[731] Insbesondere, was die Abgrenzung zu den allgemeinen Ehewirkungen angeht, ist dabei davon auszugehen, dass es fast immer einen Hinweis auf die Zugehörigkeit zum Güterrecht bedeutet, wenn die ausländische Norm nicht unabhängig vom Güterstand, sondern nur bei einem bestimmten Güterstand eingreift.[732] Bei den güterrechtlichen Normen lässt sich, je nachdem ob die vermögensbezogenen Wirkungen einem gemeinsam geäußerten rechtsgeschäftlichen Willen der Beteiligten entspringen oder ganz einfach kraft Gesetzes eintreten, das vertragliche Güterrecht vom gesetzlichen Güterrecht unterscheiden.[733]

b) Eigentumsverhältnisse beim Erwerb durch Ehegatten

aa) Allgemeines. Das Güterstatut regelt die Wirkungen des maßgeblichen Güterstandes, insbesondere, welche Gütermassen zu unterscheiden sind und wie diese im Einzelnen ausgestaltet sind, z.B. Gesamt-, Vorbehalts-, Sonder-, Gemeinschafts- oder Eigengut. Das Güterstatut entscheidet damit auch, welche Art Beteiligung bei gemeinschaftlich gehaltenen Gegenständen vorliegt. Das Gleiche gilt beim Erwerb eines Gegenstandes für die Frage, welcher Masse dieser Gegenstand zugehört, insbesondere, ob ein Erwerb zum Alleineigentum möglich ist oder ob er in ein Gesamtgut fällt,[734] wobei es auch eine Rolle spielen kann, mit welchen Mitteln (Eigen- oder gemeinschaftliche Mittel) der Gegenstand erworben wurde. Im Hinblick auf den Erwerb eines Grundstückes legt das Güterrechtsstatut fest, ob das Grundstück zum Alleineigentum eines Ehepartners erworben wird oder als Teil des Gesamtgutes beider Ehegatten.[735] Damit ist die Güterzuordnung betroffen, nicht jedoch das Grundbuchverfahren, welches sich nach der Lex fori richtet, also nach dem Grundbuchrecht des Inlandes. In zahlreichen Güterständen findet demgemäß bei Begründung der Ehe oder Erwerb des jeweiligen Gegenstandes ein Übergang von Vermögenswerten des einen Ehegatten auf den anderen Ehegatten statt, wobei meist gemeinsames Eigentum begründet wird.[736]

bb) Gütergemeinschaft. Güterstände, bei denen gemeinschaftliches Vermögen gebildet wird, werden regelmäßig als Gütergemeinschaft bezeichnet. Als gesetzlicher Güterstand verliert die umfassende Gütergemeinschaft international allerdings zunehmend an Bedeutung.[737] Auch muss anhand der jeweiligen Rechtsordnung sehr genau geprüft werden, wie weit die Vergemeinschaftung des Vermögens geht und inwieweit Alleineigentum eines Ehegatten, z.B. als Eigen-, Vorbehalts- oder Sondergut, möglich bleibt. Ist vom Übergang in das gemeinschaftliche Vermögen das Vermögen ausgeschlossen, das den Ehegatten jeweils bei der Heirat schon gehörte, und demgemäß im Grundsatz nur das während der Ehe erworbene erfasst, so spricht man gemeinhin von einer Errungenschaftsgemeinschaft. Ist der Grundbesitz von der Vergemeinschaftung ausgeschlossen, handelt es sich um eine Fahrnisgemeinschaft.[738] Jedoch sind die ausländischen Begrifflichkeiten mit Vorsicht zu handhaben. So nennt sich der gesetzliche Güterstand in Dänemark und anderen nordischen Staaten wie Schweden und Norwegen zwar „Gütergemeinschaft", jedoch behält jeder Ehegatte während der Dauer der Ehe bezüglich des von ihm eingebrachten oder währenddessen erworbenen Vermögens die volle und alleinige Verfügungsbefugnis, so dass die Eheleute während der Ehe wie bei der Gütertrennung stehen.[739]

---

731 *Niewöhner*, MittRhNotK 1981, 219.
732 NK-BGB/*Sieghörtner*, Art. 15 Rn 66; Staudinger/*Mankowski*, BGB, Art. 15 EGBGB Rn 233.
733 *Niewöhner*, MittRhNotK 1981, 219.
734 Z.B. RGZ 96, 96, 97 (Erwerb eines Schmerzensgeldanspruchs); BayObLG IPRax 1986, 379; BayObLG BayObLGZ 1992, 85, 86; OLG Oldenburg Rpfleger 1991, 412.
735 Hausmann/Odersky/*Hausmann*, § 9 Rn 160.
736 Reithmann/Martiny/*Hausmann*, Internationales Vertragsrecht, Rn 5911.
737 *Süß*, Rpfleger 2003, 53, 59.
738 Reithmann/Martiny/*Hausmann*, Internationales Vertragsrecht, Rn 5914.
739 *Döbereiner*, MittBayNot 2001, 264, 265 f.; *Süß*, Rpfleger 2003, 53, 59, der, weil ein Anspruch auf Teilung des zur Gemeinschaft gehörenden Vermögens erst bei Beendigung der Ehe besteht, hier von „aufgeschobener Gütergemeinschaft" spricht.

233 **cc) Gütertrennung.** Unter dem Oberbegriff der **Gütertrennung** lassen sich diejenigen Güterstände zusammenfassen, bei denen keine Vergemeinschaftung der Eigentumsverhältnisse stattfindet. Verwendet man den Terminus in dieser Weise, so fallen darunter auch Güterstände, die wie die deutsche Zugewinngemeinschaft oder die österreichische Gütertrennung bei Ehescheidung einen Vermögensausgleich vorsehen, der auf schuldrechtlicher Basis durchgeführt wird.

234 **dd) Grundbuchrechtliche Folgen einer Vergemeinschaftung.** Fällt ein deutsches Grundstück in ein gemeinschaftliches Gut nach ausländischem Güterrecht, so können die Ehegatten nicht als Bruchteilseigentümer eingetragen werden.[740] Vielmehr ist die aus dem fremden Güterrecht sich ergebende gemeinschaftliche Bindung als **gemeinschaftliches Rechtsverhältnis nach § 47 GBO** zu bezeichnen.[741] Dabei muss der ausländische Güterstand genau bezeichnet werden. Dem Rechtsverkehr muss es ermöglicht werden, das vorliegende gemeinschaftliche Verhältnis und dessen Verfügungsbeschränkungen zu ermitteln.[742] Dazu muss der gewählte Güterstand genau genannt werden. Ein pauschaler Verweis reicht nicht aus. Ist die Art der Gesamtberechtigung nach dem ausländischen Recht dem deutschen Recht allerdings vollends wesensfremd, kann sie nicht eingetragen werden.[743] Kommt es in der maßgeblichen Rechtsordnung aufgrund einer Gesetzesänderung zu einem Wechsel des gesetzlichen Güterstandes, so berechtigt dies nicht automatisch zur Eintragung eines Amtswiderspruchs gegen die nach dem früheren Güterstand erfolgte Eintragung, sondern die Überleitung in das neue Recht bestimmt sich nach den im ausländischen Güterrecht vorgesehenen Vorschriften,[744] so dass sich nach diesen beurteilt, ob das Grundbuch tatsächlich unrichtig geworden ist.

235 Im Rahmen des § 47 GBO muss die **Bezeichnung des fremden Güterstandes** hinreichend bestimmt oder bestimmbar erfolgen.[745] Die Angabe in der fremden Sprache ist nicht erforderlich. Andererseits sollten auch nicht einfach nur Begriffe aus deutscher Sicht wie „Gütergemeinschaft" oder „Errungenschaftsgemeinschaft" verwendet werden,[746] da die ausländische Rechtsordnung sich hierunter möglicherweise etwas anderes vorstellt als die deutsche. Klarstellend sollte deshalb ein Hinweis auf das fremde Recht hinzugefügt werden. Empfehlen würde sich z.B. die Formulierung „im (gesetzlichen) Güterstand der ... des ... Rechts".

236 Kommt es infolge der Eheschließung oder des Abschlusses eines entsprechenden aus sich heraus wirkenden Ehevertrages zur Vergemeinschaftung von bisher im Allein- oder Miteigentum stehenden Grundbesitzes, so wird das **Grundbuch unrichtig.** Gemäß § 899 BGB kann daher ein Widerspruch eingetragen werden.

237 **Erwerben** die Ehegatten gemeinsam in einem Güterstand, der gemeinschaftliches Eigentum vorsieht, so gehört das aus dem Güterrecht resultierende Gemeinschaftsverhältnis sowohl zum Inhalt der Auflassung,[747] als auch zur Eintragung gem. § 47 GBO. Erwerben die Ehegatten hier **fälschlicherweise** zum Miteigentum, so ist die Auflassung wie auch der Eigentumsübergang dennoch wirksam, das Grundbuch allerdings wegen des falsch eingetragenen Berechtigungsverhältnisses unrichtig.[748] Dasselbe gilt im Ergebnis, wenn ein Ehegatte zu Alleineigentum erwirbt, obwohl die ausländische Gütergemeinschaft dies im konkreten Fall nicht zulässt. Trotz der Auflassung ausschließlich an einen der Eheleute wird hier das Eigentum auf „güterrechtlichem Wege" mittelbar in das gemeinschaftliche Eigentum der Eheleute überführt (Durchgangserwerb).[749] Ist der Ehegatte als Alleineigentümer schon eingetragen, kann das Grundbuch auf formlosen Antrag ohne Mitwirkung des Veräußerers berichtigt werden.[750] Der Eigentumserwerb der Ehegatten scheitert selbst dann nicht, wenn sie irrtümlicherweise davon ausgegangen sind,

---

740 OLG Düsseldorf IPRspr 77 Nr. 189b; LG Bamberg IPRspr 75 Nr. 215; LG Köln IPRspr 78 Nr. 56; LG Heilbronn IPRspr 80 Nr. 65; LG Stuttgart IPRspr 81 Nr. 66.
741 OLG Zweibrücken MittBayNot 2009, 44 m. Anm. *Süß*; OLG Oldenburg IPRspr 91 Nr. 81.
742 OLG Oldenburg Rpfleger 1991, 412; OLG München NJW-RR 2009, 806, 807; OLG Schleswig FGPrax 2010, 19; Hausmann/Odersky/*Hausmann*, § 9 Rn 169.
743 *Rauscher*, Rpfleger 1985, 52.
744 OLG Frankfurt NJW-RR 1994, 72, 73.
745 OLG Zweibrücken MittBayNot 2009, 44 m. Anm. *Süß*: „zweifelsfreie Bezeichnung".
746 Reithmann/Martiny/*Limmer*, Internationales Vertragsrecht, Rn 1603.
747 Vgl. BayObLGZ 1975, 209; OLG Düsseldorf DNotZ 1979, 219; Reithmann/Martiny/*Limmer*, Internationales Vertragsrecht, Rn 1598 f.
748 BGHZ 82, 346; OLG Schleswig FamRZ 2010, 377, 379; BayObLGZ 1983, 118, 125; *Süß*, Rpfleger 2003, 53, 62.
749 *Süß*, Rpfleger 2003, 53, 62.
750 Vgl. BGHZ 82, 346, 353; Beck'sches Notarhandbuch/*Zimmermann*, H Rn 93.

sie müssten zu gemeinschaftlichem Eigentum erwerben, tatsächlich aufgrund des anwendbaren Güterrechts aber nur eine Bruchteilsgemeinschaft infrage kam. Der Erwerb zum Eigentum in Gütergemeinschaft bzw. zum Gesamtgut ist hier in Miteigentum, im Zweifel zu gleichen Bruchteilen, umdeutbar.[751] Gegenüber dem Grundbuchamt müssen hier die Eheleute einen entsprechenden Antrag stellen bzw. den schon gestellten Antrag berichtigen, und zwar jeweils in der Form des § 29 GBO; ist die unzutreffende Eintragung bereits erfolgt, kann jeder der Eheleute allein die Grundbuchberichtigung verlangen.[752]

Dieselben Grundsätze gelten für eine etwa zugunsten der Eheleute bzw. eines Ehegatten bestellte **Vormerkung**.[753] Auch hier ist eine Bestellung im falschen Berechtigungsverhältnis kein Grund, die Bewilligung oder die Eintragung als unwirksam anzusehen. Wohl aber ist die Eintragung zu berichtigen bzw. darf das Grundbuchamt die Eintragung ablehnen, wenn es von der Unrichtigkeit überzeugt ist.[754] Erwirbt nach dem gesicherten Anspruch ein Ehegatte zu Alleineigentum, obwohl das anwendbare Güterrecht dies nicht zulässt, bleibt die Wirksamkeit der Vormerkung davon ebenfalls unberührt. Auch insoweit gilt der Gedanke des Durchgangserwerbs. Da es einen vormerkungsfähigen Alleinübertragungsanspruch des erwerbenden Ehegatten unabhängig vom Güterstand auch hier nicht gibt, ist die Eintragung nur des erwerbenden Ehegatten als alleinigem Vormerkungsgläubiger unrichtig und darf durch das Grundbuchamt bei sicherer Kenntnis dieses Umstandes auch nicht vorgenommen werden.[755]

238

Eine andere, davon zu trennende Frage ist es, ob dem Grundbuchamt eine **Ermittlungspflicht** obliegt und unter welchen Voraussetzungen es die Eintragung eines (vermeintlich) falschen Berechtigungsverhältnisses verweigern darf bzw. muss. Auf dieser verfahrensrechtlichen Seite gehen Rechtsprechung und Literatur in zutreffender und nahezu einhellig vertretener Auffassung davon aus, dass die Eintragung des beantragten Berechtigungsverhältnisses, z.B. der Alleinberechtigung eines Ehegatten, vom Grundbuchamt nur dann abgelehnt werden darf und muss, wenn das Grundbuchamt sichere Kenntnis davon hat, dass das Grundbuch ansonsten unrichtig werden würde; ein bloßer Verdacht reicht mithin nicht.[756] Das gilt auch bei Eintragung von (Auflassungs-)Vormerkungen.[757] Das BayObLG schließt sogar eine Berechtigung des Grundbuchamtes, weitere Nachforschungen bezüglich des Güterstandes anzustellen, aus.[758]

239

c) Beschränkungen bei Verfügungen durch Ehegatten

Verfügungsbefugnisse der Ehegatten sowie Beschränkungen derselben unterfallen dem Güterstatut,[759] wenn sie integraler Bestandteil des maßgebenden Güterstandes sind und nicht etwa ohne Rücksicht auf diesen generell für Eheleute gelten.[760] Deshalb ist die **Verfügungsbeschränkung nach § 1365 BGB** der güterrechtlichen Anknüpfung zu unterwerfen, da sie nur für die Zugewinngemeinschaft angeordnet ist.[761] Mit Verfügungsbeschränkungen sind neben solchen Zustimmungserfordernissen zugunsten des anderen Ehegatten insbesondere auch etwaige gerichtliche Genehmigungserfordernisse gemeint.

240

Ist der Gegenstand, über den verfügt wird, vor allem aufgrund einer Gütergemeinschaft oder einer Errungenschaftsgemeinschaft, **gemeinschaftliches Vermögen**, so benötigt ein Ehegatte schon häufig wegen dieser dinglichen Zuordnung die Mitwirkung des anderen. Allerdings kann auch bei einem solchen Gesamt- oder Gemeinschaftsgut einem Ehegatten nach der anzuwendenden Rechtsordnung die alleinige

241

---

[751] BayObLGZ 1983, 118; *Süß*, Rpfleger 2003, 53, 62; *Schaub*, in: Bauer/v. Oefele, Int. Bezüge Rn 464.
[752] BayObLGZ 1983, 118; *Süß*, Rpfleger 2003, 53, 62; nach OLG Schleswig FamRZ 2010, 377, 379 reicht allerdings ein nach § 30 GBO formloser Berichtigungsantrag.
[753] Vgl. *Schöner/Stöber*, Grundbuchrecht, Rn 1500: argumentum de maiore ad minus.
[754] OLG Düsseldorf FGPrax 2010, 117.
[755] *Jayme*, IPRax 1986, 290; *Rauscher*, Rpfleger 1985, 52; a.A. wohl BayObLG IPRax 1986, 301; AG Schwabach Rpfleger 1983, 429 m. zust. Anm. *Ertl; Amann*, Rpfleger 1986, 117 ff.; Reithmann/Martiny/*Limmer*, Internationales Vertragsrecht, Rn 1605.
[756] OLG München Rpfleger 2009, 445 (zur Gütergemeinschaft nach niederländischem Recht); BayOLG BayObLGZ 1992, 85; OLG Hamm NJW-RR 1996, 530, 531; OLG Düsseldorf Rpfleger 2000, 107; OLG Karlsruhe Rpfleger 1994, 248; BayObLG MittBayNot 1986, 124; LG Stuttgart IPRspr 81 Nr. 66; LG Duisburg RNotZ 2003, 396; *Süß*, Rpfleger 2003, 53, 62.
[757] A.A. *Rauscher*, Rpfleger 1985, 52 ff.
[758] BayObLG BayObLGZ 1992, 85, 86; vgl. auch: OLG Düsseldorf Rpfleger 2000, 107.
[759] Vgl. OLG Düsseldorf IPRspr 78 Nr. 55; BayObLG JZ 1954, 441; LG Aurich NJW 1991, 642.
[760] MüKo-BGB/*Looschelders*, Art. 15 Rn 33.
[761] BayObLGZ 1976, 15; LG Aachen FamRZ 1962, 385; Soergel/*Schurig*, BGB, Art. 15 Rn 33; *Jayme*, in: FS Henrich, 2000, S. 335, 340 betont dabei zu Recht, dass § 1365 BGB bei Geltung deutschen Güterrechts auch auf bereits eine Bindung erzeugende Vorverträge anzuwenden ist, wie sie im romanischen Rechtskreis bei Grundstücksveräußerungen häufig anzutreffen sind.

Verfügungsbefugnis zustehen, etwa weil von seiner Seite der Gegenstand in das eheliche Vermögen eingebracht wurde. Umgekehrt können sich aber auch trotz dinglicher Zuordnung des Grundbesitzes zum **Alleineigentum** oder Bruchteilseigentum eines Ehegatten zugunsten des anderen Mitwirkungserfordernisse ergeben (vgl. z.B. § 1365 BGB).

242 Das Grundbuchamt ist zur **Prüfung** güterrechtlicher Verfügungsbeschränkungen nur dann verpflichtet und befugt, wenn es zumindest begründeten Anlass zu der auf konkreten Tatsachen gestützten Vermutung hat, dass solche bestehen.[762] Ist nur ein Ehegatte als Eigentümer eingetragen, so streitet bereits die Vermutung des § 891 BGB, die auch vom Grundbuchamt zu beachten und nur durch Unrichtigkeitsnachweis zu widerlegen ist, für sein Alleineigentum (siehe Rdn 250).[763] Selbst dann, wenn das Grundbuchamt konkrete Hinweise dafür hat, dass ausländisches Güterrecht zur Anwendung berufen ist, besteht eine Vermutung für die Geltung des gesetzlichen Güterstandes der maßgeblichen Rechtsordnung und auch dafür, dass keine Vereinbarungen getroffen wurden, die den Umfang der danach zu beurteilenden Verfügungsbefugnis einschränken.[764] Das Grundbuchamt darf hier also keinen Nachweis über das Bestehen dieser Verfügungsbefugnis und darüber, dass keine vom gesetzlichen Güterstand abweichenden Vereinbarungen bestehen, verlangen, es sei denn, es liegen diesbezügliche konkrete Hinweise im Einzelfall vor.[765] Dies gilt auch dann, wenn die Eheleute einen ausländischen Wohnsitz haben.[766] Die gezeigten Grundsätze sind zumindest dann anzuwenden, wenn ein Ehegatte seinen gewöhnlichen Aufenthalt im Inland hat. Haben beide Ehegatten ihren gewöhnlichen Aufenthalt im Ausland, soll das Grundbuchamt nicht mehr auf die bestehende Verfügungsbefugnis vertrauen dürfen.[767] Es soll nunmehr den Inhalt des ausländischen Güterrechts, das im konkreten Fall zur Anwendung berufen ist, erforschen müssen.[768] Im Zweifel wird eine Zwischenverfügung erforderlich sein. Diese Grundsätze beanspruchen Geltung ebenso bei der Eintragung einer Vormerkung, da sie eine Verfügung über das Grundstück darstellt.[769]

Um von der Eigentumszuordnung unabhängige Verfügungsbeschränkungen zum Schutz des Rechtsverkehrs im Grundbuch kenntlich zu machen, findet sich in der Literatur der Vorschlag, auf Antrag relative Verfügungsbeschränkungen nach ausländischem Eherecht in der II. Abteilung des Grundbuchs einzutragen oder aber in das Grundbuch einen Hinweis aufzunehmen, dass die (Bruchteils-)Eigentümer (Ehegatten) im gesetzlichen Güterstand eines (bestimmten) ausländischen Rechts leben.[770]

d) Sonstiges

243 Aus dem Güterrecht können auch Beschränkungen oder Verbote für Rechtsgeschäfte zwischen den Ehegatten resultieren, etwa hinsichtlich des Abschlusses von Schenkungen oder Gesellschaftsverträgen.[771]

III. Abgrenzung zu anderen Statuten

1. Statut des einzelnen Schuldverhältnisses

244 Einzelne Schuldverhältnisse der Ehegatten untereinander oder zu Dritten, insbesondere Schuldverträge, auch Gesellschaftsverhältnisse, werden grundsätzlich nicht vom allgemeinen Ehewirkungsstatut oder Güterrechtsstatut beherrscht, sondern der Rechtsordnung, die auf das einzelne Rechtsverhältnis Anwendung findet, also z.B. Schuldvertrags- oder Gesellschaftsstatut.[772] Das Güterrechtsstatut entscheidet jedoch darüber, ob und inwieweit für solche Rechtsverhältnisse güterrechtliche Tatbestände und Rechts-

---

[762] BGHZ 35, 135; BayObLG MittBayNot 1978, 11; OLG Zweibrücken, Rpfleger 1989, 95 (jew. zu § 1365 BGB); *Süß*, Rpfleger 2003, 53, 63; Hausmann/Odersky/*Hausmann*, § 9 Rn 170.
[763] Vgl. KG NJW 1973, 428; LG Aurich NJW 1991, 624; *Schaub*, in: Bauer/v. Oefele, Int. Bezüge, Rn 302.
[764] KG NJW 1973, 428, 430.
[765] KG NJW 1973, 428, 430.
[766] Vgl. KG NJW 1973, 428, 430; a.A. OLG Hamm IPRspr 1964, 65 Nr. 298; OLG Köln, Urt. v. 14.12.1983 – 2 Wx 33/83, DNotZ 1972, 182; LG Aachen IPRspr 72 Nr. 53 (jew. unter Hinweis auf den hier fehlenden Schutz des Art. 16 EGBGB).
[767] Hausmann/Odersky/*Hausmann*, § 9 Rn 171.
[768] Hausmann/Odersky/*Hausmann*, § 9 Rn 171 (mit Verweis auf OLG Köln DNotZ 1972, 182).
[769] Reithmann/Martiny/*Hausmann*, Internationales Vertragsrecht, Rn 5939; vgl. auch BayObLG FamRZ 1976, 222.
[770] *Reithmann/Martiny/Limmer*, Internationales Vertragsrecht, Rn 1608; ihm folgen Bauer/v. Oefele/*Schaub*, Int. Bezüge Rn 470.
[771] RGZ 163, 367, 376; OLG Stuttgart NJW 1958, 8972; *Kühne*, FamRZ 1969, 371, 376.
[772] BGHZ 119, 392, 394; RG JW 1938, 1718, 1719.

folgen erheblich sind.[773] Solche speziellen güterrechtlichen Tatbestände bzw. Rechtsfolgen können etwa güterrechtliche Schenkungs- oder Gesellschaftsverbote sein.[774]

Diese Grundsätze gelten auch für unbenannte Zuwendungen. Sie sind in erster Linie dem Schuldvertragsstatut nach Art. 3 ff. Rom I-VO zu unterwerfen.[775] 245

2. Sachstatut der Einzelgegenstände

Das Güterstatut muss auch gegenüber den Rechtsordnungen, die die vom Güterrecht beeinflussten Einzelgegenstände in dinglicher Hinsicht beherrschen, abgegrenzt werden, also bei Sachen dem insoweit maßgeblichen Recht des Lageortes (Lex rei sitae). Das Güterrecht nimmt hier in vielfacher Weise Einfluss, etwa auf die Art gemeinschaftlichen Eigentums, die Zuordnung zu den Gütermassen, Regelungen über Verfügungsbefugnisse oder die Besitzlage. Als **Grundsatz** lässt sich für diese Abgrenzung formulieren:[776] Das Güterstatut bestimmt nicht nur, welche Gütermassen überhaupt zu unterscheiden sind, sondern auch, ob der einzelne Gegenstand überhaupt in die Gütermasse fällt, wenn ja, in welche Gütermasse er gehört und welche Lasten und Beschränkungen kraft Güterrechts an ihm entstehen sollen. Ob diese Rechtsänderungen tatsächlich eintreten können, entscheidet das Statut des Einzelgegenstandes. Das Güterstatut sagt also, welche vermögensrechtlichen Folgen die Eheschließung oder ein Ehevertrag, grundsätzlich auch gegenüber Dritten, hervorruft.[777] Das Statut des Einzelgegenstandes befindet darüber, ob es eine solche vom Güterrecht vorgesehene dingliche Änderung auch vollzieht. Ihm obliegen beispielsweise die Ausgestaltung des Inhalts dinglicher Rechte und Pflichten, die Festsetzung, wie über sie verfügt wird, sowie das Aufstellen von Publizitätserfordernissen.[778] Geraten Güterstatut und Einzelstatut in Konflikt, weil sich das anwendbare Güterrecht beispielsweise am Lageort der Sache nicht durchsetzen lässt, so gebührt dem **Einzelstatut** regelmäßig der **Vorrang**.[779] 246

Daher ist es z.B. Sache des Rechts am Belegenheitsort des Grundstückes, bei **beschränkt dinglichen Rechten** die Frage zu beantworten, wie sie entstehen, mit welchem Inhalt sie überhaupt zulässig sind und wie über sie verfügt werden kann.[780] Verlangt das Recht des Lageortes für die Entstehung des dinglichen Rechts eine Übertragungshandlung, während das allgemeine Ehewirkungsstatut bzw. Güterstatut darauf verzichtet, so sind die Eheleute zur Vornahme der Übertragung verpflichtet.[781] Deshalb entstehen die in manchen Rechtsordnungen vorgesehenen Legalhypotheken zugunsten des Ehegatten an einem deutschen Grundstück nicht kraft Gesetzes, da die inländische Lex rei sitae und ihr Eintragungszwang für die unter Lebenden entstehenden dinglichen Rechte dem entgegenstehen.[782] Dasselbe gilt für im allgemeinen Ehewirkungsstatut bzw. Güterrechtsstatut vorgesehene Nießbrauchsrechte. Auch hier ist eine rechtsgeschäftliche Einräumung erforderlich,[783] wozu der Eigentümer-Ehegatte verpflichtet ist. 247

Auch eine güterrechtlich erzwungene automatische **Vergemeinschaftung** eines Gegenstandes ist darauf zu überprüfen, ob sie dem Einzelstatut nicht fremd ist. Das Güterrechtsstatut kann keine Rechtsfolgen anordnen, die dem Einzelgegenstandsstatut nach ihrer Art unbekannt sind, insbesondere kann ein Gemeinschaftseigentum nicht in einem Staat entstehen, in dem es diese Eigentumsform überhaupt nicht gibt.[784] Dabei ist nicht erforderlich, dass dem Einzelstatut der das gemeinschaftliche Eigentum begründende Güterstand genau in der Form auch bekannt ist, wie ihn das Güterstatut vorsieht. Demgemäß kann unproblematisch auch eine in Deutschland belegene Sache zu einem Gesamtgut nach ausländischem Recht, etwa der Errungenschaftsgemeinschaft nach italienischem Recht, erworben werden, weil dem deutschen Recht ein Gesamthandseigentum als solches bekannt ist.[785] Erwirbt ein Ehegatte – oder erwerben beide Ehegatten – von einem Dritten rechtsgeschäftlich ein deutsches Grundstück, so kann eine auf- 248

---

773 NK-BGB/*Sieghörtner*, Art. 15 Rn 96; Soergel/*Schurig*, BGB, Art. 15 Rn 37.
774 BGH BGHZ 119, 392, 394.
775 BGH BGHZ 119, 392, 394 f.; S. *Lorenz*, FamRZ 1993, 393, 394; Staudinger/*Mankowski*, BGB, Art. 15 EGBGB Rn 414 ff.; a.A. *Winkler von Mohrenfels*, IPRax 1995, 379, 381 f.; *Jayme/Kohler*, IPRax 1993, 357, 369.
776 Staudinger/*Mankowski*, BGB, Art. 15 EGBGB Rn 388.
777 NK-BGB/*Sieghörtner*, Art. 15 Rn 98; MüKo-BGB/*Siehr*, Art. 15 Rn 105.
778 *Niewöhner*, MittRhNotK 1981, 219, 221.
779 NK-BGB/*Sieghörtner*, Art. 15 Rn 98; *Niewöhner*, MittRhNotK 1981, 219, 221.
780 Vgl. zum Vindikationslegat: BGH NJW 1995, 58.
781 RG JW 2003, 250; Staudinger/*Mankowski*, BGB, Art. 15 EGBGB Rn 390.
782 Erman/*Hohloch*, BGB, Art. 14 Rn 32; Staudinger/*Mankowski*, BGB, Art. 14 EGBGB Rn 288.
783 AG Frankfurt IPRax 1991, 147.
784 Soergel/*Schurig*, BGB, Art. 15 Rn 36.
785 Vgl. Staudinger/*Mankowski*, BGB, Art. 15 EGBGB Rn 395.

grund Güterrechts vorgesehene Vergemeinschaftung sich erst vollziehen, wenn der rechtsgeschäftliche Erwerb im Grundbuch eingetragen ist, da nach der Lex rei sitae (§§ 873, 925 BGB) dies Voraussetzung für den Eigentumsübergang vom Dritten auf den oder die Ehegatten ist.[786]

249 Vom Güterstatut angeordnete **Verfügungsbeschränkungen**, etwa Zustimmungserfordernisse oder Genehmigungserfordernisse, werden vom deutschen Recht als Sachenrechtsstatut grundsätzlich akzeptiert. Nicht anerkannt werden vom deutschen Sachenrecht als Einzelstatut aber zwischen den Eheleuten (ehe-)vertraglich vereinbarte Verfügungsbeschränkungen – jedenfalls nicht als dinglich wirkend –, da sie als rechtsgeschäftliche Verfügungsverbote dem **§ 137 S. 1 BGB** widersprechen.[787]

IV. Schutz des Rechtsverkehrs

1. §§ 891 ff. BGB

250 Unabhängig von den Vorschriften des IPR greift für deutsche Grundstücke ggf. der gute Glaube des Grundbuchs nach §§ 891 ff. BGB auch bei ausländischem Güterrecht durch.[788] Die für einen gutgläubigen Erwerb nach § 892 BGB vorausgesetzte **Unrichtigkeit** des Grundbuches kann hier v.a. darin bestehen, dass ein Ehegatte als Alleineigentümer eingetragen ist, richtigerweise aufgrund einer vom Güterrecht vorgesehenen Vergemeinschaftung das Grundstück aber beiden Eheleuten als gemeinsames Eigentum zusteht.[789] Der **gute Glaube** wird nur zerstört durch einen eingetragenen Widerspruch oder positive Kenntnis von der Unrichtigkeit. Letztere meint die Kenntnis des gemeinschaftlichen Eigentums. Die Kenntnis, dass eine ausländische Gütergemeinschaft oder Errungenschaftsgemeinschaft auf der Seite des Verfügenden besteht, genügt nicht, da es sich bei dem Grundbesitz auch um einen Eigengutsgegenstand handeln könnte.[790] Eine Eintragung des ausländischen Güterstandes im Güterrechtsregister vernichtet deshalb zwar den Schutz des Art. 16 Abs. 1 EGBGB (siehe Rdn 253), nicht aber ohne weiteres den des § 892 BGB.

251 Die Rechtsvermutung des § 891 BGB ist auch vom **Grundbuchamt** zu beachten und nur durch den vollen Nachweis der Unrichtigkeit des Grundbuchs widerlegbar.[791] Erst dann, wenn das Grundbuchamt aufgrund konkreter Tatsachen sichere Kenntnis von der Unrichtigkeit hat (es gelten die Grundsätze wie oben dargestellt, siehe Rdn 242), kommt es auf die Folgefrage an, ob das Grundbuchamt einen gutgläubigen Erwerb verhindern oder ihm zum Durchbruch verhelfen muss.

2. Art. 16 EGBGB a.F.

252 Als Exklusivnorm, d.h., einseitige Kollisionsnorm zum Schutz des inländischen Rechtsverkehrs, erklärt Art. 16 EGBGB a.F. bestimmte Vorschriften des deutschen Eherechts für anwendbar (für eingetragene Lebenspartner enthält Art. 17b Abs. 2 S. 2 und Abs. 4 eine parallele Regelung).[792] Das Vertrauen des Geschäftsverkehrs in die Anwendung des deutschen Rechts wird insoweit geschützt vor den abweichenden Vorschriften des nach allgemeinen Grundsätzen (Art. 14, 15 EGBGB a.F. bzw. vorrangige Staatsverträge) an sich anwendbaren ausländischen Güterrechts bzw. Rechts der allgemeinen Ehewirkungen. Dadurch sollen Gefahren für den Rechtsverkehr, die sich aus dem ausländischen Recht ergeben können, abgewehrt werden, insbesondere Beschränkungen der Handlungsfreiheit der einzelnen Ehegatten etwa in Form von Zustimmungserfordernissen oder anderen Einschränkungen der Verfügungsbefugnis.[793]

a) Art. 16 Abs. 1 EGBGB a.F.

253 Nach Art. 16 Abs. 1 EGBGB a.F. ist bei Geltung eines ausländischen Güterstatuts und unter der weiteren Voraussetzung, dass ein Ehegatte seinen gewöhnlichen Aufenthalt in Deutschland hat oder hier ein Gewerbe betreibt, § 1412 BGB entsprechend anzuwenden; der fremde gesetzliche Güterstand steht einem vertragsmäßigen dabei gleich. Bei dem genannten Inlandsbezug eines Ehegatten muss es sich nicht um

---

786 Bauer/v. Oefele/*Schaub*, Int. Bezüge, Rn 314.
787 KG NJW 1973, 428, 429; *Jayme/v. Olshausen*, FamRZ 1973, 281, 284.
788 Reithmann/Martiny/*Hausmann*, Internationales Vertragsrecht, Rn 6069; *Bader*, MittRhNotK 1994, 161, 164.
789 *Süß*, Rpfleger 2003, 53, 63.
790 Vgl. *Süß*, Rpfleger 2003, 53, 63.
791 KG NJW 1973, 428; LG Aurich NJW 1991, 642, 643; *Naumann*, RNotZ 2003, 343, 352 f.
792 Staudinger/*Mankowski*, BGB, Art. 16 EGBGB Rn 1, 5.
793 Vgl. Staudinger/*Mankowski*, BGB, Art. 16 EGBGB Rn 2.

den Ehegatten handeln, der im Außenverhältnis gegenüber dem Dritten auftritt, sondern es genügt z.B. auch, dass der Inlandsbezug beim nichtkontrahierenden Ehegatten gegeben ist.[794] Auf Seiten des Dritten ist ein Inlandsbezug, beispielsweise ein gewöhnlicher Aufenthalt in Deutschland oder die deutsche Staatsangehörigkeit, ohne Bedeutung.[795] Da Art. 16 EGBGB a.F. jedoch den inländischen Rechtsverkehr schützen soll, wird man fordern müssen, dass das Rechtsgeschäft, um das es gem. § 1412 Abs. 1 Hs. 1 BGB geht, im Inland vorgenommen worden ist.[796] Nach Art. 16 Abs. 1 EGBGB a.F. i.V.m. § 1412 BGB wird der Verkehrsschutz versagt, wenn der ausländische Güterstand im deutschen Güterrechtsregister eingetragen ist. Ob der Dritte dies wusste, oder dass er das Register gar nicht einsehen konnte, spielt keine Rolle.[797] Schädlich ist außerdem positive Kenntnis davon, dass die Eheleute in einem ausländischen Güterstand leben. Dabei ist nicht erforderlich, dass der Dritte weiß, welcher ausländische Güterstand genau zur Anwendung kommt.[798] Fahrlässigkeit – selbst grobe – reicht ebenso wenig aus wie etwa die Kenntnis davon, dass es sich um ausländische Staatsangehörige handelt. Eine Nachforschungs- oder Ermittlungspflicht hat der Dritte nicht.[799] Rechtsfolge des Gutglaubensschutzes ist, dass die Ehegatten aus ihrem ausländischen Güterstand dem Dritten gegenüber keine Einwendungen gegen das Rechtsgeschäft herleiten können, das zwischen einem von ihnen und dem Dritten vorgenommen worden ist.[800] Vielmehr wird der Dritte derart geschützt, dass ihm gegenüber die Eheleute so behandelt werden, als gelte das deutsche Güterrecht, und zwar mit allen, auch für den Dritten negativen, Konsequenzen, insbesondere Einwendungen der Ehegatten gegen ihn aus §§ 1363 ff., etwa § 1365 BGB.[801] Damit sind insbesondere aus dem ausländischen Güterrecht herrührende Zustimmungserfordernisse und sonstige Verfügungsbeschränkungen ausgeschlossen. Die Eheleute sind so zu behandeln, als lebten sie in deutscher Zugewinngemeinschaft.

b) Art. 16 Abs. 2 EGBGB a.F.

Art. 16 Abs. 2 EGBGB a.F. beruft in bestimmten Fällen die §§ 1357, 1362, 1431 bzw. 1456 BGB unter Verdrängung an sich anwendbaren ausländischen Rechts zur Anwendung. Im Unterschied zu Art. 16 Abs. 1 EGBGB a.F., wo nur positive Kenntnis schadet, ist der Maßstab des guten Glaubens dem § 932 Abs. 2 BGB zu entnehmen, so dass der Dritte keine Kenntnis oder grob fahrlässige Unkenntnis davon haben darf, dass ausländisches Recht zur Anwendung gelangt. Allerdings müssen, um grobe Fahrlässigkeit annehmen zu können, starke Anhaltspunkte vorliegen.[802]

Eine Analogie zu Art. 16 Abs. 2 EGBGB a.F. ist in Betracht zu ziehen, soweit es um Wirkungen ausländischen Rechts geht, die nicht güterrechtlich, sondern als allgemeine Ehewirkungen zu qualifizieren sind, und nicht unter Art. 16 Abs. 2 EGBGB a.F. direkt fallen, aber zu Beschränkungen des inländischen Geschäftsverkehrs führen, z.B. Verbote, sich zugunsten des anderen Ehegatten zu verbürgen, ehebedingte Verminderungen der Geschäftsfähigkeit wie auch Verfügungsbeschränkungen, die aus den allgemeinen Ehewirkungen herrühren.[803]

254

---

794 Staudinger/*Mankowski*, BGB, Art. 16 EGBGB Rn 20 ff.; Bamberger/Roth/*Mörsdorf-Schulte*, Art. 16 Rn 26 f.
795 NK-BGB/*Sieghörtner*, Art. 16 Rn 8; Schotten/Schmellenkamp, IPR, Rn 214; Staudinger/*Mankowski*, BGB, Art. 16 EGBGB Rn 29; Reithmann/Martiny/*Hausmann*, Internationales Vertragsrecht, Rn 6074; diff.: Erman/*Hohloch*, BGB, Art. 16 Rn 11; a.A. Bamberger/Roth/*Mörsdorf-Schulte*, Art. 16 Rn 27.
796 Reithmann/Martiny/*Hausmann*, Internationales Vertragsrecht, Rn 6075; Staudinger/*Mankowski*, BGB, Art. 16 EGBGB Rn 30 ff.; Schotten/Schmellenkamp, IPR, Rn 213, 217; a.A. Soergel/*Schurig*, BGB, Art. 16 Rn 4.
797 Schotten/Schmellenkamp, IPR, Rn 215.
798 NK-BGB/*Sieghörtner*, Art. 16 Rn 11; Schotten/Schmellenkamp, IPR, Rn 216; *Liessem*, NJW 1989, 497, 500; a.A. Grüneberg/*Thorn*, BGB, Art. 16 Rn 2; *Amann*, MittBayNot 1986, 222, 226.

799 Schotten/Schmellenkamp, IPR, Rn 216.
800 Schotten/Schmellenkamp, IPR, Rn 220.
801 NK-BGB/*Sieghörtner*, Art. 16 Rn 12; Schotten/Schmellenkamp, IPR, Rn 220; Bamberger/Roth/*Otte*, Art. 16 Rn 15 f.; vgl. auch LG Aurich NJW 1991, 642, 643.
802 Staudinger/*Mankowski*, BGB Art. 16 EGBGB Rn 54; Erman/*Hohloch*, BGB, Art. 16 Rn 22.
803 Staudinger/*Mankowski*, BGB Art. 16 EGBGB Rn 87 f.; MüKo-BGB/*Spellenberg*, Art. 12 Rn 29; Art. 16 Abs. 1 EGBGB wollen *Naumann*, RNotZ 2003, 343, 352 und *Bader*, MittRhNotK 1994, 161, 163 hier jedoch analog anwenden, was wegen des unterschiedlichen Gutglaubensmaßstabes in den beiden Absätzen eine bedeutende Rolle spielen kann; zur Anwendung des Art. 12 EGBGB neigen LG Aurich NJW 1991, 642, 643; Grüneberg/*Thorn*, BGB, Art. 14 Rn 18.

c) Art. 12 EGBGB/Art. 13 Rom I-VO

255 Die Abgrenzung von Art. 16 Abs. 1 und 2 (ggf. analog) EGBGB a.F. einerseits und Art. 12 EGBGB bzw. Art. 13 Rom I-VO andererseits ist, was die aus der Ehe resultierenden Beschränkungen der Geschäfts- bzw. Handlungsfähigkeit angeht, umstritten.[804] Wegen der geringeren Anforderungen an die Gutgläubigkeit in Art. 16 EGBGB a.F. gegenüber Art. 12 EGBGB bzw. Art. 13 Rom I-VO, bei denen schon einfache Fahrlässigkeit schadet, dürfte die Frage aber nur eine eingeschränkte Bedeutung haben, wenn man wie hier vertreten (vgl. Rdn 254) eine Analogie zu Art. 16 Abs. 2 EGBGB a.F. zulässt.

d) Beachtlichkeit für das Grundbuchamt

256 Nach Stimmen in der Literatur soll auch ein durch Art. 16 EGBGB a.F. geschützter Erwerb durch das Grundbuchamt zu beachten sein.[805] Auch hier ist von dem Grundsatz auszugehen, dass das Grundbuchamt, wenn es aus einem ausländischen Eherecht ein Hindernis für die Grundbucheintragung entnehmen will, dies nur darf, wenn es aufgrund konkreter Anhaltspunkte sichere Kenntnis davon hat (siehe Rdn 242). Hat es allerdings im Einzelfall eine solche sichere Kenntnis, so ist die sich anschließende Frage, ob es einem etwaigen gutgläubigen Erwerb zum Durchbruch verhelfen oder ihn verhindern muss, nach den allgemeinen Regeln hierzu zu entscheiden, da Art. 16 EGBGB a.F. ebenso wie § 892 BGB eine Vorschrift zum Schutz des gutgläubigen Rechtsverkehrs darstellt.[806]

3. Praktische Lösungsmöglichkeiten

257 Der Rückgriff auf die Gutglaubensvorschriften der §§ 892 BGB, Art. 16 EGBGB a.F. ist entbehrlich, wo bereits das anwendbare ausländische Eherecht Mechanismen zum Schutze des Rechtsverkehrs vorsieht und deren Bedingungen eingehalten sind.[807] Im Übrigen besteht selbstverständlich im Rahmen der Vertragsgestaltung die Möglichkeit, auf der Basis der ausländischen Rechtsvorschriften Vorsorge zu treffen, etwa indem man durch Abschluss entsprechender Vereinbarungen, ggf. ehevertraglicher Natur, die Vergemeinschaftung des zu erwerbenden Grundstückes vermeidet oder durch Einholung einer geforderten Zustimmung des Ehegatten.[808] Neben diesen etwa vom materiellen Recht angebotenen Lösungsalternativen stehen die in Art. 14, 15 EGBGB a.F. angebotenen Rechtswahlmöglichkeiten, die jedoch weitergehend das anwendbare materielle Recht überhaupt auswechseln.

V. Länderübersicht

1. Australien

a) Internationales Privatrecht (IPR)

258 Das australische Kollisionsrecht für die güterrechtlichen Wirkungen der Ehe entspricht im Wesentlichen dem britischen (siehe Rdn 279).[809]

b) Sachrecht

259 Auch das Sachrecht unterscheidet sich im hier interessierenden Bereich im Grundsätzlichen vom britischen nicht. Es herrscht der Grundsatz der **Gütertrennung**, so dass jeder Ehegatte Alleineigentümer dessen bleibt, was er vor der Ehe besaß, und dessen wird, was er während der Ehe im eigenen Namen erwirbt.[810] Jeder Ehegatte verwaltet sein Eigentum selbst und hat das Recht, frei darüber zu verfügen.[811] Allerdings haben die Familiengerichte bei Scheidung ein weitreichendes Ermessen, das Vermögen der Eheleute unabhängig von den Eigentumsverhältnissen zu verteilen.[812] Andere Güterstände kennt das

---

804 Vgl. LG Aurich NJW 1991, 642; MüKo-BGB/*Spellenberg*, Art. 12 Rn 28 f.; *Schotten/Schmellenkamp*, IPR, Rn 219; MüKo-BGB/*Siehr*, Art. 14 Rn 91 f.; *Liessem*, NJW 1989, 497 ff.; *Naumann*, RNotZ 2003, 343, 352; Staudinger/*Mankowski*, BGB, Art. 16 EGBGB Rn 87; *Süß*, Rpfleger 2003, 53, 64; Soergel/*Schurig*, BGB, Art. 16 Rn 21; Grüneberg/*Thorn*, BGB, Art. 14 Rn 18.
805 *Naumann*, RNotZ 2003, 343, 352.
806 Nach *Naumann*, RNotZ 2003, 343, 352 f. darf daher das Grundbuchamt die Eintragung nur dann zurückweisen, wenn es aus konkreten Tatsachen erkennen kann, dass dem Vertragspartner die Verfügungsbeschränkung bekannt war, also Bösgläubigkeit gegeben ist; damit schließt er sich der h.M. gegen die Rechtsprechung im Meinungsstreit zum gutgläubigen Erwerb an.
807 Vgl. IPG 1967, 68 Nr. 22 (Köln).
808 Vgl. *Lichtenberger*, DNotZ 1986, 644, 681 ff.
809 Bergmann/Ferid/Henrich/*Rieck*, Internationales Ehe- und Kindschaftsrecht Australien, S. 30.
810 Schotten/Schmellenkamp/*Dorsel*, IPR, Rn 390.
811 Schotten/Schmellenkamp/*Dorsel*, IPR, Rn 390.
812 Schotten/Schmellenkamp/*Dorsel*, IPR, Rn 390.

australische Recht nicht. Die Eheleute können aber eine Vergemeinschaftung von Vermögen durch Begründung eines Trust in einem „marriage settlement" (Ehevertrag) herbeiführen oder in einem solchen andere ehevertragliche Vereinbarungen treffen.[813]

2. Belgien

a) IPR

Belgien hat mit Wirkung **seit 1.10.2004** erstmalig eine kodifizierte Gesamtregelung des Internationalen Privatrechts.[814] Nach Art. 49 des Gesetzbuches zum Internationalen Privatrecht können die Eheleute für die güterrechtlichen Wirkungen der Ehe durch Rechtswahl das Recht des Staates bestimmen, in dem sie ihren ersten gemeinsamen gewöhnlichen Aufenthalt unmittelbar nach Eheschließung nehmen, oder das Recht des Staates, in dem einer der Ehegatten im Augenblick der Rechtswahl seinen gewöhnlichen Aufenthalt hat, oder das Recht des Staates, dessen Staatsangehörigkeit einer von ihnen zum Zeitpunkt der Rechtswahl besitzt. Ist keine Rechtswahl getroffen, so gilt primär als Anknüpfungspunkt der erste gemeinsame gewöhnliche Aufenthalt nach Eheschließung, in Ermangelung eines solchen die Staatsangehörigkeit beider Ehegatten zum Zeitpunkt der Eheschließung, hilfsweise der Ort, wo die Ehegatten die Ehe geschlossen haben. Die Verweisungen sind Sachnormverweisungen (Art. 16 des Gesetzbuches). Sie gelten außerdem nur für Ehen, die nach Inkrafttreten des Gesetzbuches abgeschlossen wurden.[815]

Für **vor dem 1.10.2004** geschlossene Ehen wird das Güterstatut nach dem gemeinsamen Heimatrecht der Ehegatten zur Zeit der Heirat angeknüpft, wobei im Falle der Eheschließung vor dem 1.1.1985 nach belgischem Recht ein ausländischer Ehegatte die belgische Staatsangehörigkeit erwerben konnte, was zu beachten war.[816] Mangels gemeinsamer Staatsangehörigkeit kommt es auf den ersten gemeinsamen ehelichen Wohnsitz an. Ob diese Anknüpfungsregeln auch für vor dem 14.7.1976 (Neufassung des belgischen Ehegüterrechts) geschlossene Ehen gelten oder es bei der vorher gültigen Anknüpfung an die Staatsangehörigkeit des Mannes bleibt, ist unklar.[817] Nach der belgischen Rechtsprechung kann belgisches Recht auch bei Ehegatten mit gemeinsamer ausländischer Staatsangehörigkeit anwendbar sein, wenn sie in Belgien geheiratet und dort auch ihren Lebensmittelpunkt haben.[818] Das Güterstatut ist aus belgischer Sicht grundsätzlich unwandelbar und die Verweisung wohl Gesamtverweisung, was bedeutsam ist, wenn das belgische IPR auf das Recht eines dritten Staates weiterverweist.[819]

b) Sachrecht

Gesetzlicher Güterstand ist die **Errungenschaftsgemeinschaft**,[820] so dass das Gesamtgut vom Eigengut jedes Ehegatten zu unterscheiden ist. Eigengut ist z.B. das voreheliche Vermögen und durch Schenkung oder von Todes wegen erworbenes. Bei Anschaffung von unbeweglichem Vermögen kann Eigengut entstehen, wenn auch nur ein Teil (mindestens 50 %) des Kaufpreises aus Eigengutsmitteln stammt.[821] Über das Gesamtgut kann jeder Ehegatte grundsätzlich frei verfügen, gerade bei Verfügungen über Grundbesitz ist allerdings die Zustimmung des anderen erforderlich.[822] Über sein Eigengut hat jeder Ehegatte die volle Verfügungsbefugnis, wobei Verfügungen über die Ehewohnung, wenn sie in Belgien belegen ist, wiederum die Zustimmung des anderen verlangen.[823] Als Wahlgüterstände kommen insbesondere die Gütergemeinschaft und die Gütertrennung in Frage.[824]

---

813 Schotten/Schmellenkamp/*Dorsel*, IPR, Rn 390.
814 *Pintens*, FamRZ 2004, 1420, 1421; *Pintens*, DNotI Report 2004, 139; Übers. in Ausz. v. *Kemp*, RNotZ 2004, 595.
815 „Proposition de loi portant le code de droit international privé, Exposé des motifs, Commentaire des articles", Art. 127 (abrufbar unter www.ipr.be, zuletzt eingesehen am 8.8.2018).
816 Schotten/Schmellenkamp/*Buchholz*, IPR, Rn 391.
817 Schotten/Schmellenkamp/*Buchholz*, IPR, Rn 391.
818 Schotten/Schmellenkamp/*Buchholz*, IPR, Rn 391.
819 Schotten/Schmellenkamp/*Buchholz*, IPR, Rn 391.
820 *Mauch*, BWNotZ 2001, 25.
821 Zu den weiteren Voraussetzungen vgl. Art. 1402 ff. CC.
822 Schotten/Schmellenkamp/*Buchholz*, IPR, Rn 391.
823 Schotten/Schmellenkamp/*Buchholz*, IPR, Rn 391.
824 *Mauch*, BWNotZ 2001, 25, 26.

3. Brasilien

a) IPR

263 Aus brasilianischer Sicht bestimmt sich das Ehegüterstatut in erster Linie nach dem Recht des Staates, in dem die Verlobten zur Zeit der Eheschließung ihren Wohnsitz haben, hilfsweise nach dem Recht des Staates, nach welchem sie ihren ehelichen Wohnsitz gründen.[825] Das Statut ist grundsätzlich unwandelbar und eine Verweisung auf das Recht eines anderen Staates Sachnormverweisung.[826]

b) Sachrecht

264 Für nach dem 27.12.1977 geschlossene Ehen ist gesetzlicher Güterstand die **Errungenschaftsgemeinschaft**, für vorher geschlossene die allgemeine Gütergemeinschaft.[827] Die allgemeine Gütergemeinschaft kann auch durch Ehevertrag vereinbart werden. Daneben steht als Wahlgüterstand und in bestimmten Fällen als gesetzlicher Güterstand die Gütertrennung zur Verfügung.[828]

265 Unabhängig vom Güterstand und damit als allgemeine Ehewirkung zu qualifizieren ist Art. 235 brasilianischer CC, nach dem u.a. ein Ehegatte nur mit Zustimmung des anderen unbewegliches Vermögen oder Rechte an fremden unbeweglichen Vermögensstücken veräußern oder belasten kann.

4. Dänemark

a) IPR

266 Für Staatsangehörige der Staaten Dänemark, Finnland, Island, Norwegen und Schweden knüpft die zwischen diesen Ländern abgeschlossene sog. **Nordische Konvention** vom 6.2.1931[829] das Güterstatut an das Recht des Vertragsstaates, in dem die Ehegatten bei Eingehung der Ehe ihren Wohnsitz genommen haben, wobei sich dieses Statut mit späterer Wohnsitzverlegung in einen anderen Vertragsstaat wandelt.[830]

267 Nach autonomem dänischen Kollisionsrecht gilt im Übrigen das Recht des Landes, in dem der Ehemann zur Zeit der Eheschließung sein Domizil hatte.[831] Eine Rechtswahl ist nach h.M. grundsätzlich nicht möglich.[832] Die Anknüpfung ist unwandelbar.[833] Eine Verweisung durch das dänische internationale Güterrecht auf eine andere Rechtsordnung ist Sachnormverweisung.[834]

b) Sachrecht

268 Gesetzlicher Güterstand ist die Gütergemeinschaft. Allerdings verbirgt sich hinter diesem Begriff ein besonderes System, bei dem die Eheleute während der Ehe bezüglich des von ihnen in die Ehe eingebrachten oder während der Ehe erworbenen Vermögens, obwohl dieses in die Gemeinschaft fällt, jeweils die volle und alleinige Verfügungsbefugnis behalten, so dass präzisierend von einer auf die Beendigung der Ehe „**aufgeschobenen Gütergemeinschaft**" gesprochen wird.[835] Vertragliche Güterstände gibt es nicht, jedoch bleibt Vorbehaltsgut alles, was dazu durch Ehevertrag erklärt wurde, als solches geschenkt oder durch Erbschaft erlangt wurde wie auch grundsätzlich die Surrogate von Vorbehaltsgut, § 21 EheG.[836]

269 Unbewegliches Vermögen, das der Familie als Wohnung dient oder mit der Erwerbstätigkeit eines Ehegatten verknüpft ist, darf nur mit Einwilligung des anderen veräußert oder verpfändet werden, andernfalls

---

825 Schotten/Schmellenkamp/*G. Schotten*, IPR, Rn 393: auch mit dem Hinweis, dass zwischen den Vertragsstaaten des Codigo Bustamente (alle lateinamerikanischen Staaten außer Argentinien, Kolumbien, Mexiko, Paraguay, Uruguay) dieser vorgeht.
826 Schotten/Schmellenkamp/*G. Schotten*, IPR, Rn 393.
827 Schotten/Schmellenkamp/*G. Schotten*, IPR, Rn 393.
828 Schotten/Schmellenkamp/*G. Schotten*, IPR, Rn 393.
829 Abgedr. bei Bergmann/Ferid/Henrich/*Giesen*, Internationales Ehe- und Kindschaftsrecht Dänemark, S. 45 ff.
830 *Mauch*, BWNotZ 2001, 25, 27.
831 Bergmann/Ferid/Henrich/*Giesen*, Internationales Ehe- und Kindschaftsrecht Dänemark, S. 28.
832 Schotten/Schmellenkamp/*Koenigs*, IPR, Rn 394.
833 Bergmann/Ferid/Henrich/*Giesen*, Internationales Ehe- und Kindschaftsrecht Dänemark, S. 28.
834 Schotten/Schmellenkamp/*Koenigs*, IPR, Rn 394.
835 *Süß*, Rpfleger 2003, 53, 59; Schotten/Schmellenkamp/*Koenigs*, IPR, Rn 394 und *Döbereiner*, MittBayNot 2001, 264, 265 gehen deshalb davon aus, dass vor Eheauflösung kein Gesamthandsvermögen vorliegt.
836 Schotten/Schmellenkamp/*Koenigs*, IPR, Rn 394.

das Rechtsgeschäft zwar nicht ungültig, aber innerhalb bestimmter Fristen durch Urteil aufhebbar ist.[837] Schenkungen zwischen Verlobten und Ehegatten unterliegen nach §§ 29 ff. EheG materiellen und formellen Beschränkungen.[838]

5. Finnland

a) IPR

Auch für Finnland gilt als staatsvertragliche Regelung die o.g. Nordische Konvention (siehe Rdn 260). Im Übrigen kommt nach autonomem finnischen Kollisionsrecht für das Güterrecht grundsätzlich das Wohnsitzrecht zur Anwendung; damit ist auch ein Statutenwechsel möglich.[839]

270

b) Sachrecht

Gesetzlicher Güterstand ist eine Gütertrennung, bei der erst bei Beendigung der Ehe oder Aufhebung der ehelichen Lebensgemeinschaft ein Vermögensausgleich stattfindet.[840] Die daraus resultierende grundsätzlich freie Verfügungsbefugnis jedes Ehegatten wird dadurch eingeschränkt, dass unbewegliches Vermögen, das diesem Vermögensausgleich unterliegt, ohne Einwilligung des anderen Ehegatten weder veräußert noch hypothekarisch belastet werden darf, anderenfalls eine solche Verfügung ungültig ist, wenn der andere Ehegatte innerhalb von sechs Monaten seit Kenntnisnahme Einspruch erhebt.[841] Nicht unter dieses Gattenanteilsrecht fallen insbesondere Gegenstände, die durch Ehevertrag, Schenkungsurkunde oder Testament davon ausgenommen wurden, wie auch Surrogate gattenanteilsfreien Vermögens.[842] Eine weitere Beschränkung ist darin zu sehen, dass Schenkungen zwischen den Ehegatten nur gültig sind, wenn es sich um übliche Schenkungen handelt, die nicht in einem Missverhältnis zu den Verhältnissen des Schenkenden stehen.[843]

271

Vertragliche Güterstände gibt es im finnischen Recht nicht, es sind aber Vereinbarungen über das zum Gattenanteilsrecht gehörende Vermögen möglich.[844]

272

6. Frankreich

a) IPR

Frankreich knüpft für alle seit 1.9.1992 verheiratete Ehegatten über das **Haager Übereinkommen** über das auf Ehegüterstände anzuwendende Recht vom 14.3.1978 an.[845] Es ermöglicht in Art. 3 und 6 den Eheleuten die **Rechtswahl** in einem Umfang wie er im Wesentlichen auch Art. 15 Abs. 2 EGBGB entspricht.[846] Wird davon kein Gebrauch gemacht, stellt Art. 4 Abs. 1 des Übereinkommens grundsätzlich auf das Sachrecht des Staates ab, in dem die Eheleute nach der Eheschließung ihren **ersten gewöhnlichen Aufenthalt** begründen.[847] Ausnahmsweise kommt es stattdessen nach Art. 4 Abs. 2 des Abkommens auf die **gemeinsame Staatsangehörigkeit** an, wenn erstens ein Staat gem. Art. 5 Abs. 1 des Übereinkommens die Erklärung abgibt, dass auf seine Staatsangehörigkeiten das Heimatrecht anzuwenden ist – jedoch hat diese Erklärung keine Wirkung, wenn diese Ehegatten seit mindestens fünf Jahren ihren gewöhnlichen Aufenthalt in einem Staat haben und beibehalten, der noch dem Staatsangehörigkeitsprinzip folgt (den Vorbehalt nach Art. 5 Abs. 1 haben die Niederlande erklärt) – oder wenn zweitens die Ehegatten einem Nichtvertragsstaat angehören, der nach seinem IPR sein eigenes Recht anwendet, und sie ihren ersten gewöhnlichen Aufenthalt nach Eheschließung begründen in einem Staat, der den Vorbehalt nach Art. 5 erklärt hat, oder in einem Nichtvertragsstaat, der dem Staatsangehörigkeitsprinzip folgt, oder wenn drittens die Ehegatten ihren ersten gewöhnlichen Aufenthalt nach Eheschließung nicht im selben Staat begründen.[848] Gehören die Ehegatten

273

---

837 Schotten/Schmellenkamp/*Koenigs*, IPR, Rn 394.
838 Schotten/Schmellenkamp/*Koenigs*, IPR, Rn 394.
839 Bergmann/Ferid/Henrich/*Arends*, Internationales Ehe- und Kindschaftsrecht Finnland, S. 25.
840 Bergmann/Ferid/Henrich/*Arends*, Internationales Ehe- und Kindschaftsrecht Finnland, S. 28.
841 Schotten/Schmellenkamp/*Koenigs*, IPR, Rn 396.
842 Schotten/Schmellenkamp/*Koenigs*, IPR, Rn 396.
843 Schotten/Schmellenkamp/*Koenigs*, IPR, Rn 396.
844 Bergmann/Ferid/Henrich/*Arends*, Internationales Ehe- und Kindschaftsrecht Finnland, S. 29; Schotten/Schmellenkamp/*Koenigs*, IPR, Rn 396.
845 Abgedr. bei: RabelsZ 1977, 554 ff. (französischer und englischer Text).
846 Vgl. ausf.: *DNotI* (Hrsg.), Notarielle Fragen des internationalen Rechtsverkehrs, 1995, S. 143 f.; *Kropholler*, RabelsZ 1993, 207, 216 f.; *v. Bar*, RabelsZ 1993, 63, 108.
847 Vgl. *v. Bar*, RabelsZ 1993, 63, 97; *Graue*, RabelsZ 57, 1993, 26, 54.
848 Schotten/Schmellenkamp/*Schotten/Schmellenkamp*, IPR, Rn 397.

verschiedenen Staaten an und haben sie ihren gewöhnlichen Aufenthalt nicht im selben Staat, richtet sich das Güterstatut nach dem Recht des Staates, mit dem die engste Verbindung besteht, Art. 4 Abs. 3 des Übereinkommens. Nach Art. 7 des Übereinkommens ist das Statut nur in Richtung auf das Recht des gemeinsamen gewöhnlichen Aufenthaltes **wandelbar**, wenn keine Rechtswahl gegeben ist und der gewöhnliche Aufenthaltsstaat zugleich der Heimatstaat der Eheleute ist oder der gewöhnliche Aufenthalt während der Ehe zehn Jahre gedauert hat oder vorher mangels gewöhnlichem Aufenthalt im selben Staat das gemeinsame Heimatrecht gegolten hat.

274 Für **Ehen, die vor** dem Zeitpunkt des **Ehegüterabkommens geschlossen** wurden, ist im Wege der Parteiautonomie maßgeblich das Recht, das die Parteien gewollt haben, hilfsweise ist mangels anderer Anhaltspunkte das Recht des Staates als gewollt anzusehen, in dem die Ehegatten ihren ersten – dauerhaften und nicht nur vorübergehend gewollten – ehelichen Wohnsitz genommen haben.[849] Diese Anknüpfung ist grundsätzlich unwandelbar[850] und Sachnormverweisung.[851]

b) Sachrecht

275 Gesetzlicher Güterstand ist seit 1.12.1966 die **Errungenschaftsgemeinschaft** (Art. 1400 ff. CC), bei der das gemeinschaftliche Vermögen grundsätzlich alles umfasst, was die Ehegatten seit Eheschließung zusammen oder getrennt erwerben.[852] Zum Eigengut des jeweiligen Ehegatten gehören insbesondere die Gegenstände, die ihm am Tage der Eheschließung gehörten, und diejenigen, die er im Verlauf der Ehe durch Erbfolge, Vermächtnis oder Schenkung erwirbt.[853] Das Gesamtgut kann jeder Ehegatte selbst verwalten und auch selbst darüber verfügen. Verkauf oder gesellschaftsrechtlicher Beitrag eines Grundstücks, Hypothekenkredite und Schenkungen erfordern aber die Zustimmung beider Eheleute.[854] Hinsichtlich der Eigengüter sind die Verwaltungs- und Verfügungsbefugnisse des Eigentümerehegatten unantastbar. Es existiert aber als Einschränkung: wenn die Familienwohnung nur einem der Ehegatten alleine gehört, kann dieser ohne Zustimmung des anderen die Wohnung weder verkaufen noch belasten.[855]

276 Als Wahlgüterstände stehen die Gütertrennung (Art. 1536 ff. CC) sowie Modifikationen der Errungenschaftsgemeinschaft bis hin zur universellen Gütergemeinschaft zur Verfügung. Neu ist der deutsch-französische Güterstand der Wahl-Zugewinngemeinschaft.[856] Nach der Eheschließung bestehen allerdings für den Abschluss eines Ehevertrages teilweise zeitliche und inhaltliche Schranken sowie Genehmigungserfordernisse.[857] Güterrechtliche Vereinbarungen müssen, um Wirksamkeit gegenüber gutgläubigen Dritten zu erlangen, auf der Heiratsurkunde vermerkt werden.[858]

7. Griechenland

a) IPR

277 Anknüpfungspunkt für das eheliche Güterrecht ist aus griechischer Sicht nach Art. 14 f. ZGB in erster Linie die gemeinsame Staatsangehörigkeit, andernfalls der gemeinsame gewöhnliche Aufenthalt und hilfsweise die engste Verbindung der Eheleute zum Recht eines Staates. In zeitlicher Hinsicht ist dabei jeweils maßgeblich die Situation „unmittelbar nach der Eheschließung", so dass eine unwandelbare Anknüpfung gegeben ist.[859]

---

849 Schotten/Schmellenkamp/*Schotten/Schmellenkamp*, IPR, Rn 397.
850 Vgl. *Chaussade-Klein*, IPRax 1992, 406, 407.
851 Schotten/Schmellenkamp/*Schotten/Schmellenkamp*, IPR, Rn 397.
852 Schotten/Schmellenkamp/*Schotten/Schmellenkamp*, IPR, Rn 397.
853 *DNotI* (Hrsg.), Notarielle Fragen des internationalen Rechtsverkehrs, 1995, S. 138.
854 *DNotI* (Hrsg.), Notarielle Fragen des internationalen Rechtsverkehrs, 1995, S. 138.
855 *DNotI* (Hrsg.), Notarielle Fragen des internationalen Rechtsverkehrs, 1995, S. 139.
856 Zu dessen Auswirkungen auf das Grundbuchverfahren vgl. *Sengl*, Rpfleger 2011, 125 ff.
857 Vgl. Schotten/Schmellenkamp/*Schotten/Schmellenkamp*, IPR, Rn 397; *Mauch*, BWNotZ 2001, 25, 28.
858 *Hübner/Constantinesco*, Einführung in das französische Recht, S. 216.
859 Schotten/Schmellenkamp/*Priemer*, IPR, Rn 398; *Mauch*, BWNotZ 2001, 25, 29.

b) Sachrecht

Gesetzlicher Güterstand ist die **Gütertrennung** mit einer Art Zugewinnausgleich, wobei Besonderheiten hinsichtlich der Verfügungsbefugnis des einzelnen Ehegatten nicht ersichtlich sind.[860] Als Wahlgüterstand gibt es die Gütergemeinschaft, bei der über die gemeinschaftlichen Gegenstände regelmäßig nur gemeinsam verfügt werden kann.[861]

8. Großbritannien/England

a) IPR

Das britische Ehegüterkollisionsrecht[862] geht vom Gedanken einer jederzeit zulässigen, auch stillschweigend möglichen und grundsätzlich freien Wahl des anzuwendenden Rechts aus.[863] Für das bewegliche Vermögen entscheidet das eheliche Domizil („matrimonial domicile"), worunter man das Domizil des Ehemannes im Zeitpunkt der Eheschließung versteht.[864] Sofern keine Rechtswahl erfolgt, wurde für unbewegliches Vermögen bislang weitgehend von einer Anknüpfung an die jeweilige Lex rei sitae ausgegangen.[865] Die Rechtslage ist allerdings unsicher und neuere Interpretationen tendieren auch insoweit zum Domizilrecht.[866] Ob eine spätere Veränderung des ehelichen Domizils das anwendbare Güterrecht wandelt, wurde zwar in älteren Entscheidungen angenommen, wird aber nicht als völlig gesichert angesehen.[867] Ein solcher Domizilwechsel setzt neben dem Wechsel des Wohnsitzes den „animus manendi", also den Willen, auf unbestimmte Zeit im neuen Rechtsgebiet zu verbleiben, voraus.[868] Die vom britischen internationalen Güterrecht ausgesprochene Verweisung ist Sachnormverweisung.[869]

b) Sachrecht

Das britische Recht kennt keinen Güterstand im eigentlichen Sinn.[870] Der einzige „Güterstand" des britischen Rechts ist damit letztlich die **Gütertrennung**, so dass Eigentümerstellung, Verfügungs- und Erwerbsbefugnis des jeweiligen Ehegatten durch die Ehe nicht beeinträchtigt werden.[871] Allerdings haben die britischen Gerichte die Befugnisse, insbesondere bei Scheidung, die Eigentumsverhältnisse an den Gegenständen der Eheleute zu verändern.[872] Da es keinen anderen Güterstand gibt, kennt das britische Eherecht auch keine Eheverträge im eigentlichen Sinne.[873]

9. Irland

Die zu Großbritannien/England gemachten Ausführungen (vgl. Rdn 279) gelten im Wesentlichen auch für Irland. Nach irischem Recht ist die Übertragung eines Rechts an einer Familienwohnung durch einen Ehegatten unwirksam, wenn sie ohne vorherige Zustimmung des anderen vorgenommen wird, es sei denn, dass die Übertragung aufgrund einer bereits vor Eheschließung eingegangenen vollstreckbaren Abmachung erfolgt oder ein gutgläubiger Erwerb geschützt werden soll.[874]

10. Italien

a) IPR

Das 1995 reformierte IPR Italiens unterstellt die güterrechtlichen Beziehungen zwischen Ehegatten in erster Linie deren gemeinsamen **Heimatrecht** und, falls keine oder mehrere gemeinsame Staatsangehörigkeiten vorliegen, hilfsweise dem Recht des Staates, in dem das eheliche Leben überwiegend geführt

---

860 Schotten/Schmellenkamp/*Priemer*, IPR, Rn 398.
861 *Oehler/Vlassopoulou*, IPRax 1985, 171, 173.
862 Die nachfolgenden Ausführungen gelten grundsätzlich auch für das schottische Recht, vgl. Schotten/Schmellenkamp/*Knoche*, IPR, Rn 399.
863 Schotten/Schmellenkamp/*Knoche*, IPR, Rn 399.
864 Schotten/Schmellenkamp/*Knoche*, IPR, Rn 399.
865 Schotten/Schmellenkamp/*Knoche*, IPR, Rn 399.
866 OLG Hamm FamRZ 2014, 947 m.w.N.
867 Schotten/Schmellenkamp/*Knoche*, IPR, Rn 399; dagg.: Bergmann/Ferid/*Henrich*, Internationales Ehe- und Kindschaftsrecht Vereinigtes Königreich (England), S. 30; vgl. auch OLG Hamburg; IPRax 2002, 304, 306 („matrimonial domicile" bei Eheschließung).
868 Schotten/Schmellenkamp/*Knoche*, IPR, Rn 399.
869 Schotten/Schmellenkamp/*Knoche*, IPR, Rn 399.
870 *Scherpe*, FamRZ 2009, 1536.
871 *Siehr*, FamRZ 1972, 419, 420.
872 Schotten/Schmellenkamp/*Knoche*, IPR, Rn 399; beachte insoweit AG Emmendingen IPRspr 2000 Nr. 54: für die Vermögensaufteilung im Fall der Scheidung ist nach britischem Kollisionsrecht nicht auf die Norm für das Ehegüterrecht, sondern auf die Kollisionsregel für die Ehescheidung zurückzugreifen, was ggf. als versteckte Rückverweisung gem. Art. 4 Abs. 1 S. 1 zu beachten ist.
873 Zu Eheverträgen im Recht von England und Wales siehe *Scherpe*, FamRZ 2009, 1536 ff.
874 Schotten/Schmellenkamp/*Hillers*, IPR, Rn 401.

wird (Art. 29, 30 Abs. 1 IPRG). Das so festgelegte Güterstatut ist wandelbar und verändert sich mit dem maßgeblichen Anknüpfungspunkt.[875] Nach Art. 13 Abs. 1b IPRG wird eine Rückverweisung der sonach berufenen Rechtsordnung auf das italienische Recht angenommen; eine Weiterverweisung auf das Recht eines anderen Staates wird demgegenüber nur dann berücksichtigt, wenn dieser Staat die Verweisung annimmt (Art. 13 Abs. 1a IPRG).[876]

283 Nach Art. 30 Abs. 1 S. 2 IPRG haben die Eheleute die Möglichkeit zu bestimmen, dass ihre güterrechtlichen Beziehungen dem Heimat- oder gewöhnlichen Aufenthaltsrecht eines von ihnen unterliegen. Die Wirksamkeit einer solchen **Rechtswahl** setzt aber gem. Art. 30 Abs. 2 IPRG voraus, dass sie von den Vorschriften des gewählten Rechts oder des Vornahmeortes als rechtswirksam erachtet wird.

b) Sachrecht

284 Der gesetzliche Güterstand ist in Italien die **Errungenschaftsgemeinschaft**, Art. 159 CC. Das italienische Recht spricht insoweit von „comunione dei beni", wörtlich übersetzt also von einer Gütergemeinschaft. In Ermangelung abweichender Eheverträge werden gem. Art. 177 Abs. 1 CC die während der Ehe erworbenen Güter gemeinschaftliches Eigentum. Vor der Eheschließung vorhandenes Vermögen bleibt gem. Art. 179 Abs. 1 CC Alleineigentum des jeweiligen Ehegatten. Nicht Gegenstand der Gütergemeinschaft bilden und persönliche Sachen bleiben außerdem z.B. Sachen, die nach Eheschließung durch Schenkung oder Erbschaft erworben werden, wenn im Zuwendungsakt oder im Testament nicht festgelegt ist, dass sie der Gütergemeinschaft zuzurechnen sind. Außerdem fallen Sachen, die mit Mitteln des Eigengutes erworben werden, nicht in das Gesamtgut, wenn beim Erwerbsakt hierüber eine ausdrückliche Erklärung abgegeben wird und der andere Ehegatte am Erwerbsakt teilnimmt und damit quasi die Herkunft der Mittel aus dem Eigengut bestätigt, Art. 179 Abs. 1f, 2 CC.[877] Die Verwaltung des Gemeinschaftsgutes steht jedem Ehegatten einzeln zu. Bei Verwaltungsmaßnahmen, die über die gewöhnliche Verwaltung hinausgehen, und damit auch bei Immobiliengeschäften, ist aber gem. Art. 180 CC die Zustimmung des anderen Ehegatten erforderlich.[878] Eine Verfügung, die unbewegliche Gegenstände betrifft und ohne erforderliche Zustimmung vorgenommen wird, ist wirksam und kann nur auf Anfechtungsklage des anderen Ehegatten durch Gestaltungsurteil für nichtig erklärt werden.[879] Vorher besteht deshalb auch keine Unrichtigkeit des Grundbuches.[880] Es ist hervorzuheben, dass der Erwerb gleich welcher Sachen von jedem der Ehegatten selbstständig ausgeführt werden kann, Art. 177 lit. a CC.[881]

285 Durch jederzeit zulässigen **Ehevertrag** kann Gütertrennung vereinbart werden oder aber die Errungenschaftsgemeinschaft modifiziert werden, wobei die Möglichkeiten solcher Modifizierungen jedoch stark eingeschränkt sind.[882] Die ehevertraglichen Regelungen sind Dritten gegenüber nur wirksam, wenn ihre wichtigsten Daten am Rand der Eheschließungsurkunde vermerkt sind, Art. 162 f. CC.[883]

11. Kroatien

a) IPR

286 Im kroatischen internationalen Güterrecht gelten entsprechende Regelungen wie im serbischen Recht (siehe Rdn 307).[884]

---

875 *Maglio/Thorn*, ZVglRWiss 1996 (1997), 347, 360; *Süß*, Rpfleger 2003, 53, 60.
876 *Maglio/Thorn*, ZVglRWiss 1996 (1997), 347, 349.
877 *Luther*, Jahrbuch für italienisches Recht 7 (1994), 3, 20; *Dopffel*, FamRZ 1978, 478, 479; *Süß*, Rpfleger 2003, 53, 60.
878 *Süß*, Rpfleger 2003, 53, 63; vgl. auch OLG Zweibrücken Rpfleger 2007, 462.
879 *Dopffel*, FamRZ 1978, 478, 480; Schotten/Schmellenkamp/*Priemer*, IPR, Rn 403; *Kindler*, Einführung in das italienische Recht, § 11 Rn 20.
880 *Süß*, Rpfleger 2003, 53, 63.
881 *DNotI* (Hrsg.), Notarielle Fragen des internationalen Rechtsverkehrs, 1995, S. 216.
882 Schotten/Schmellenkamp/*Priemer*, IPR, Rn 403.
883 *Kindler*, Einführung in das italienische Recht, § 11 Rn 25.
884 Bergmann/Ferid/Henrich/*Hrabar/Korac-Graovac*, Internationales Ehe- und Kindschaftsrecht Kroatien, S. 16.

b) Sachrecht

Gesetzlicher Güterstand ist nach kroatischem Eherecht eine Art **Errungenschaftsgemeinschaft**, bei der zwischen Eigen- und ehelichem Vermögen unterschieden wird, Art. 251 Familiengesetz.[885] Das eheliche Vermögen gehört ihnen, wenn nicht anders vereinbart, zu gleichen Teilen, Art. 253 Abs. 1 Familiengesetz. Nur für Geschäfte der regelmäßigen Verwaltung wird die Zustimmung des anderen Ehegatten vermutet, Art. 255 Familiengesetz.

12. Luxemburg

a) IPR

In Luxemburg gilt das Haager Ehegüterrechtsabkommen (siehe Rdn 207, 274).

b) Sachrecht

Gesetzlicher Güterstand ist die Gütergemeinschaft nach Art. 1400 ff. CC, die inhaltlich eine **Errungenschaftsgemeinschaft** darstellt.[886] Gemeinschaftliches Vermögen wird, was die Ehegatten seit Eheschließung zusammen oder getrennt erwerben.[887] Was ein Ehegatte während der Ehe im Wege der Erbfolge, durch Schenkung oder Vermächtnis erwirbt, gehört zu seinem Eigengut ebenso wie Ersatzgegenstände desselben.[888] Ohne Rücksicht auf den Güterstand bedürfen Verfügungen über Rechte, durch die die Familienwohnung gewährleistet ist, der Zustimmung des anderen Ehegatten, der bei Verstoß Ungültigkeitsklage erheben kann.

Wahlgüterstände sind die vereinbarte Gütergemeinschaft, die Gütertrennung und die Teilhabe am Zugewinn.[889] Für den Abschluss von Eheverträgen nach der Heirat bestehen zeitliche Beschränkungen und Genehmigungserfordernisse.[890]

13. Niederlande

a) IPR

Ebenso wie in Frankreich und Luxemburg gilt in den Niederlanden das **Haager Ehegüterrechtsabkommen** (siehe Rdn 206, 273). Es ist allerdings nur anwendbar für Ehen, die nach Inkrafttreten des Abkommens für die Niederlande (1.9.1992) geschlossen wurden.

Für **vorher geschlossene Ehen** ist die kollisionsrechtliche Lage teilweise unklar.[891] Für bis zum 23.8.1977 eingegangene Ehen ist vom Haager Ehewirkungsabkommen vom 17.10.1905 auszugehen, das in seinem Art. 2 Abs. 1 auf das Heimatrecht des Ehemannes bei Eheschließung abstellt. Nach der niederländischen Rechtsprechung reicht es für die Anwendung dieses Abkommens nicht aus, bei gemischtnationalen Ehen darauf abzustellen, dass der Ehemann die Staatsangehörigkeit eines Vertragsstaates besaß, sondern es muss vielmehr eine Verbindung zu einem anderen Vertragsstaat bestehen, sei es aufgrund des Eheschließungsortes, sei es aufgrund der Staatsangehörigkeit der Ehegatten vor oder nach Eheschließung.[892] Für Fälle, die weder dem Haager Ehewirkungs- noch dem Güterrechtsabkommen unterfallen, gilt folgende Anknüpfungsleiter:[893] In erster Linie ist berufen das Recht, das vor der Eheschließung gewählt wurde, sonst das gemeinsame Heimatrecht vor oder unmittelbar nach Eheschließung, sonst das Recht des ersten gemeinsamen Ehewohnsitzes bei oder kurz nach Eheschließung, hilfsweise das Recht des Staates, zu dem beide Ehegatten die engsten Beziehungen haben. Das sonach festgestellte Statut ist grundsätzlich unwandelbar und die Verweisung wohl als Sachnormverweisung aufzufassen.[894]

---

885 Bergmann/Ferid/Henrich/*Hrabar/Korac-Graovac*, Internationales Ehe- und Kindschaftsrecht Kroatien, S. 26.
886 Bergmann/Ferid/Henrich/*Frank*, Internationales Ehe- und Kindschaftsrecht Luxemburg, S. 49.
887 Schotten/Schmellenkamp/*Schotten/Schmellenkamp*, IPR, Rn 409.
888 Schotten/Schmellenkamp/*Schotten/Schmellenkamp*, IPR, Rn 409.
889 Bergmann/Ferid/Henrich/*Frank*, Internationales Ehe- und Kindschaftsrecht Luxemburg, S. 51.
890 Vgl. Schotten/Schmellenkamp/*Schotten/Schmellenkamp*, IPR, Rn 409.
891 Ausf.: *Van Mourik/Schols/Schmellenkamp/Tomlow/Weber*, Deutsch-niederländischer Rechtsverkehr in der Notariatspraxis, 1997, S. 8 ff.
892 *Van Mourik/Schols/Schmellenkamp/Tomlow/Weber*, Deutsch-niederländischer Rechtsverkehr in der Notariatspraxis, 1997, S. 14.
893 IPG 1987, 88 Nr. 46 (Hamburg); *Klinke*, DNotZ 1981, 351, 356 ff.; Schotten/Schmellenkamp/*Schotten/Schmellenkamp*, IPR, Rn 411.
894 Schotten/Schmellenkamp/*Schotten/Schmellenkamp*, IPR, Rn 412.

b) Sachrecht

293 Gesetzlicher Güterstand ist die **allgemeine Gütergemeinschaft**, Art. 1:93 ff. B.W. Das Gesamtgut umfasst das gesamte gegenwärtige und künftige Vermögen der Ehegatten, Art. 1:94 B.W.[895] Für Eigentum, welches aufgrund letztwilliger Verfügung oder Schenkung erworben wird, gilt dies aber nicht, wenn der Testator oder Schenker bestimmt hat, dass das Eigentum nicht Teil der Gemeinschaft werden soll.[896] Im Übrigen fällt grundsätzlich ein Gegenstand, den ein Ehegatte erwirbt, in das Gemeinschaftsgut.[897] Die Gütergemeinschaft führt aber wohl nicht zu Gesamthandseigentum, sondern nur zu einem besonderen Miteigentum mit starken Bindungen, das dem Begriff des Gesamthandsvermögens stark angenähert ist.[898] Eine Eintragung der Eheleute im Grundbuch in Bruchteilseigentum scheidet aus, und zwar auch, weil die allgemeine Gütergemeinschaft vor Auflösung der Gemeinschaft keine Anteile kennt.[899] Die deutschen Gerichte tragen daher in entsprechenden Fällen die Eheleute „in Gütergemeinschaft niederländischen Rechts" ein.[900] Dies wird in der Literatur als bedenklich angesehen, wenn nur ein Ehegatte das Grundstück erworben oder in die Ehe eingebracht hat.[901] Art. 1:97 B.W. bestimmt nämlich, dass ein Gegenstand der Gütergemeinschaft von dem Ehegatten allein verwaltet wird, von dessen Seite er in die Gemeinschaft gefallen ist.[902] Die damit verbundene alleinige Verfügungsbefugnis des jeweiligen Ehegatten kann aus dem Grundbuch bei Eintragung in Gütergemeinschaft aber nicht mehr entnommen werden.[903] Im niederländischen Grundbuch besteht wohl die Möglichkeit, dass der Erwerbende als Eigentümer eingetragen und vermerkt wird, mit wem er verheiratet ist und in welchem Güterstand er lebt.[904]

294 **Eheverträge** sind nach Eheschließung nur beschränkt möglich.[905] Inhaltlich stehen als Wahlgüterstände insbesondere die Gütergemeinschaft von Früchten und Einkünften, die Gewinn- und Verlustgemeinschaft, die Zugewinngemeinschaft wie auch die Gütertrennung zur Verfügung.[906]

295 Unabhängig vom Güterstand setzen insbesondere Verfügungen über die **Ehewohnung** und **Schenkungen**, die den gewöhnlichen Rahmen überschreiten, die Zustimmung beider Eheleute voraus, Art. 1:88 B.W.[907]

14. Österreich

a) IPR

296 Das österreichische Ehegüterkollisionsrecht stellt in erster Linie auf eine Rechtswahl des Statuts ab, die jederzeit und grundsätzlich unbeschränkt möglich ist, Art. 19 IPRG. Mangels einer solchen parteiautonomen Festlegung des anwendbaren Rechts richtet sich dieses – unwandelbar – nach dem gemeinsamen Heimatrecht zur Zeit der Eheschließung, hilfsweise nach dem gewöhnlichen Aufenthalt der Ehegatten zu diesem Zeitpunkt, Art. 19 i.V.m. Art. 18 IPRG.[908] Es ist allerdings umstritten, ob diese Anknüpfung nach dem IPRG auch für vor seinem Inkrafttreten (1.1.1979) geschlossene Ehen gilt.[909]

---

895 Schotten/Schmellenkamp/*Schotten/Schmellenkamp*, IPR, Rn 412; *Döbereiner*, MittBayNot 2001, 264, 266.
896 *Van Mourik/Schols/Schmellenkamp/Tomlow/Weber*, Deutsch-niederländischer Rechtsverkehr in der Notariatspraxis, 1997, S. 34; *Döbereiner*, MittBayNot 2001, 264, 266.
897 *Van Mourik/Schols/Schmellenkamp/Tomlow/Weber*, Deutsch-niederländischer Rechtsverkehr in der Notariatspraxis, 1997, S. 34.
898 Schotten/Schmellenkamp/*Schotten/Schmellenkamp*, IPR, Rn 412; Bergmann/Ferid/Henrich/*Weber*, Internationales Ehe- und Kindschaftsrecht Niederlande, S. 44 Fn 156; vgl. auch OLG Oldenburg Rpfleger 1991, 412.
899 Vgl. OLG München NJW-RR 2009, 806; OLG Schleswig FamRZ 2010, 377; *Van Mourik/Schols/Schmellenkamp/Tomlow/Weber*, Deutsch-niederländischer Rechtsverkehr in der Notariatspraxis, 1997, S. 33.
900 Vgl. OLG Düsseldorf MittBayNot 2000, 125; OLG Oldenburg Rpfleger 1991, 412; *Döbereiner*, MittBayNot 2001, 264, 266 Fn 23 schlägt vor: „im gesetzlichen Güterstand des niederländischen Rechts".
901 Vgl. *Süß*, Rpfleger 2003, 53, 60.
902 *DNotI* (Hrsg.), Notarielle Fragen des internationalen Rechtsverkehrs, 1995, S. 293; *Sielemann*, MittRhNotK 1971, 1, 3, 18 ff.
903 *Süß*, Rpfleger 2003, 53, 60.
904 Vgl. *van Mourik/Schols/Schmellenkamp/Tomlow/Weber*, Deutsch-niederländischer Rechtsverkehr in der Notariatspraxis, 1997, S. 38: allerdings im Hinblick auf das Zustimmungserfordernis des Art. 1:88 BW.
905 *Mincke*, Einführung in das niederländische Recht, Rn 327; *Mauch*, BWNotZ 2001, 25, 32.
906 Ausf.: *Mincke*, Einführung in das niederländische Recht, Rn 328 ff.
907 *Sielemann*, MittRhNotK 1971, 1, 37 ff.
908 *Wirner*, MittBayNot 1979, 1, 3; *Beitzke*, RabelsZ 1979, 245, 263.
909 Dafür: *Wirner*, MittBayNot 1979, 1, 4; dagg. *Schwimann*, FamRZ 1982, 14, 17; Bergmann/Ferid/Henrich/*Lurger*, Internationales Ehe- und Kindschaftsrecht Österreich, S. 44.

b) Sachrecht

Die **Gütertrennung** ist in Österreich der gesetzliche Güterstand, § 1237 ABGB.[910] Verfügungsbeschränkungen gibt es während der Ehe nicht.[911] Das österreichische Recht kennt die Gütergemeinschaft unter Lebenden und auf den Todesfall als **Wahlgüterstände**,[912] wobei die Gütergemeinschaft inhaltlich sehr verschieden ausgestaltet sein kann, z.B. entsprechend einer Errungenschafts- oder Fahrnisgemeinschaft.[913]

297

15. Polen

a) IPR

Für bis zum 23.8.1972 geschlossene Ehen ist in seinem Anwendungsbereich das Haager Ehewirkungsabkommen zu beachten (vgl. Rdn 206, 273).[914] Im Übrigen war bis 2011 das gemeinsame Heimatrecht, sonst das Recht des gemeinsamen Wohnsitzes und wiederum hilfsweise polnisches Recht berufen, Art. 17 IPRG, wobei die Anknüpfungen wandelbar waren.[915] In Abweichung davon richteten sich die auf einem Ehevertrag beruhenden vermögensrechtlichen Beziehungen aber nach dem Recht, das zur Zeit des Abschlusses dieses Vertrages gegolten hat, Art. 17 § 2 IPRG. Die Verweisung war als Gesamtverweisung anzusehen, wenn auf polnisches Recht zurückverwiesen wurde oder wenn eine Weiterverweisung auf das Heimatrecht der Eheleute erfolgte. Andernfalls lag eine Sachnormverweisung vor.[916] Am 16.5.2011 ist das Gesetz der Republik Polen über das Internationale Privatrecht vom 4.2.2011 („IPRG") in Kraft getreten, welches das Güterrecht wie folgt regelt:

298

Art. 51

1. Die persönlichen und vermögensrechtlichen Verhältnisse zwischen den Ehegatten unterliegen ihrem gemeinsamen Heimatrecht.
2. Mangels eines gemeinsamen Heimatrechts ist das Recht des Staates anzuwenden, in dem beide Ehegatten ihren Wohnsitz haben, und mangels eines Wohnsitzes in demselben Staat, das Recht des Staates, in dem beide Ehegatten ihren gewöhnlichen Aufenthalt haben. Falls die Ehegatten keinen gewöhnlichen Aufenthalt in demselben Staat haben, ist das Recht des Staates anzuwenden, mit dem die Ehegatten auf andere Weise gemeinsam am engsten verbunden sind.

Art. 52

1. Die Ehegatten können ihre vermögensrechtlichen Verhältnisse dem Heimatrecht eines Ehegatten oder dem Recht des Staates, in dem einer von ihnen seinen Wohnsitz oder gewöhnlichen Aufenthalt hat, unterwerfen. Die Rechtswahl kann auch vor der Eheschließung getroffen werden.
2. Ein Ehevertrag unterliegt dem von den Parteien nach Abs. 1 gewählten Recht. Mangels einer Rechtswahl ist auf den Ehevertrag das für die persönlichen und vermögensrechtlichen Verhältnisse zwischen den Ehegatten zum Zeitpunkt des Vertragsschlusses maßgebende Recht anzuwenden.
3. Bei der Wahl des Rechts für die vermögensrechtlichen Verhältnisse oder für den Ehevertrag genügt es, die Form zu wahren, die für die Eheverträge nach dem gewählten Recht oder dem Recht des Staates, in dem die Rechtswahl getroffen worden ist, vorgeschrieben ist."[917]

Art. 53 regelt die Wirksamkeit des Güterstandes gegenüber Dritten.

b) Sachrecht

Als gesetzlichen Güterstand sieht das ZGB die Gütergemeinschaft vor, die der Sache nach eine **Errungenschaftsgemeinschaft** ist (siehe im Einzelnen Art. 31 ff. FVGB).[918]

299

Ehevertraglich kann die Gütergemeinschaft beschränkt oder erweitert, außerdem auch Gütertrennung vereinbart werden.[919]

300

---

910 Schotten/Schmellenkamp/*Wegerhoff*, IPR, Rn 414; *Mauch*, BWNotZ 2001, 25, 33.
911 *Wirner*, MittBayNot 1979, 1.
912 *DNotI* (Hrsg.), Notarielle Fragen des internationalen Rechtsverkehrs, 1995, S. 314.
913 Koziol/Welser/*Kletecka*, Grundriss des bürgerlichen Rechts, Bd. I, 3. Teil, 2. Kap. VI C 2a.
914 Schotten/Schmellenkamp/*Linnenbrink*, IPR, Rn 415.

915 Schotten/Schmellenkamp/*Linnenbrink*, IPR, Rn 415; *Mauch*, BWNotZ 2001, 25, 34.
916 Schotten/Schmellenkamp/*Linnenbrink*, IPR, Rn 415.
917 Übersicht: *Wowerka*, IPrax 2011, 609 ff.
918 Ausf.: *Gralla*, ZNotP 2005, 202 ff.
919 *DNotI* (Hrsg.), Notarielle Fragen des internationalen Rechtsverkehrs, 1995, S. 370.

Nicht

16. Schweden

a) IPR

301 Schweden ist der sog. Nordischen Konvention (siehe Rdn 266) beigetreten, so dass diese vorrangige Beachtung finden muss. Im Übrigen ist für bis zum 23.8.1962 geschlossene Ehen das Haager Ehewirkungsabkommen (vgl. Rdn 204) heranzuziehen.[920] Ist keiner dieser Staatsverträge einschlägig, so stellt das schwedische IPR auf eine etwaige Rechtswahl und, falls eine solche fehlt, auf das Recht des Staates ab, in dem die Ehegatten im Zeitpunkt der Eheschließung ihren gewöhnlichen Aufenthalt genommen hatten, wobei diese Anknüpfung sich bei einem Aufenthaltswechsel wandelt, wenn die Eheleute im neuen Aufenthaltsstaat mindestens zwei Jahre gewohnt haben oder wenn sie dort bereits früher ihren Aufenthalt hatten oder beide dessen Staatsangehörigkeit besitzen.[921]

b) Sachrecht

302 **Gesetzlicher Güterstand** ist eine Kombination von Gütertrennung und Gütergemeinschaft, letztere allerdings aufgeschoben auf die Beendigung der Ehe.[922] Jeder Ehegatte ist Eigentümer der von ihm in die Ehe eingebrachten oder in der Ehe erworbenen Gegenstände.[923] Soweit diese aber zum Gattenanteilsgut gehören, hat der andere Ehegatte einen latenten Anspruch, zukünftig einen Anteil daran zu erhalten.[924] Davon ausgenommen ist das Vorbehaltsgut, wozu insbesondere Gegenstände, die mit Vorbehaltsgutanordnung geschenkt oder von Todes wegen erworben wurden, sowie grundsätzlich auch Surrogate von Vorbehaltsgut gehören.[925] Sofern es sich nicht um Vorbehaltsgut, sondern Ausgleichsgut handelt, darf ein Ehegatte insbesondere nicht ohne Einwilligung des anderen unbewegliches Vermögen veräußern und belasten, andernfalls kann der andere Ehegatte das Rechtsgeschäft innerhalb gewisser Fristen für ungültig erklären lassen.[926] Das Gleiche gilt bei Verfügungen über die Wohnung der Ehegatten.

303 Die Ehegatten können **ehevertraglich** alle oder einzelne Vermögensgegenstände zum Vorbehaltsgut erklären und umgekehrt.[927]

17. Schweiz

a) IPR

304 Das am 1.1.1989 in Kraft getretene schweizerische IPRG stellt für das Güterrecht nach seinem Art. 52 in erster Linie auf eine getroffene Rechtswahl ab. Wählbar ist das Recht des Staates, in dem die Ehegatten ihren gemeinsamen Wohnsitz haben oder nach der Heirat haben werden, wie auch das Recht eines Staates, dessen Staatsangehörigkeit einer von ihnen hat. Eine Teilrechtswahl für Vermögenswerte, die im Ausland belegen sind, dürfte zulässig sein.[928] Mangels Rechtswahl gilt das Recht des Staates, in dem beide Ehegatten ihren Wohnsitz haben bzw. zuletzt gehabt haben, hilfsweise das gemeinsame Heimatrecht und wiederum hilfsweise die Gütertrennung des schweizerischen Sachrechts, Art. 54 IPRG. Das Güterrechtsstatut ist grundsätzlich wandelbar und wechselt insbesondere mit einer Verlegung des gemeinsamen Wohnsitzes in einen anderen Staat, und zwar sogar i.d.R. mit Rückwirkung auf den Zeitpunkt der Eheschließung, Art. 55 IPRG.[929] Diese Verweisungen des schweizerischen Kollisionsrechtes sind regelmäßig Sachnormverweisung, Art. 14 f. IPRG.

b) Sachrecht

305 Seit dem 1.1.1988 ist gesetzlicher Güterstand die sog. **Errungenschaftsbeteiligung**, bei der es sich um eine Gütertrennung mit Ausgleichsansprüchen bei Beendigung des Güterstandes handelt.[930] Jeder Ehegatte ist dabei uneingeschränkt Eigentümer seiner Errungenschaft und seines Eigengutes (Art. 196 ZGB)

---

[920] Schotten/Schmellenkamp/*Koenigs*, IPR, Rn 418.
[921] Schotten/Schmellenkamp/*Koenigs*, IPR, Rn 418.
[922] Bergmann/Ferid/Henrich/*Carsten*, Internationales Ehe- und Kindschaftsrecht Schweden, S. 31; *Süß*, Rpfleger 2003, 53, 59: „aufgeschobene Gütergemeinschaft".
[923] Bergmann/Ferid/Henrich/*Carsten*, Internationales Ehe- und Kindschaftsrecht Schweden, S. 32.
[924] Schotten/Schmellenkamp/*Koenigs*, IPR, Rn 418.
[925] *Ring/Olsen-Ring*, Einführung in das skandinavische Recht, § 15 Rn 434 f.
[926] *Ring/Olsen-Ring*, Einführung in das skandinavische Recht, § 15 Rn 440 ff.
[927] Schotten/Schmellenkamp/*Koenigs*, IPR, Rn 418.
[928] Schotten/Schmellenkamp/*G. Schotten*, IPR, Rn 419; *Schwenzer*, DNotZ 1991, 419, 429.
[929] Schotten/Schmellenkamp/*G. Schotten*, IPR, Rn 419; *Mauch*, BWNotZ 2001, 25, 38.
[930] *Hegnauer*, FamRZ 1986, 317, 320; *Sturm*, FamRZ 1993, 755.

und kann allein darüber verfügen (Art. 201 Abs. 1 ZGB). Allerdings erfordert die Verfügung über im Miteigentum der Ehegatten stehende Vermögenswerte die Zustimmung des anderen Ehegatten.[931] Eine allgemeine Schranke besteht weiterhin dahingehend, dass bei Verfügungen über Rechte an Wohnräumen der Familie der Partner zustimmen muss, Art. 169 ZGB.

Durch **Ehevertrag** kann Gütergemeinschaft (Art. 221 ZGB) oder Gütertrennung (Art. 247 ZGB) vereinbart werden.[932]

18. Serbien

a) IPR

Nach internationalem Güterrecht gilt in erster Linie das gemeinsame Heimatrecht, bei gemischt-nationalen Ehen das Wohnsitzrecht, hilfsweise zuletzt das serbische Recht.[933] Für vertragliche Vermögensbeziehungen ist der Zeitpunkt des Vertragsschlusses maßgebend. Das Güterrechtsstatut ist wandelbar (mit Ausnahme der Eheverträge).[934]

b) Sachrecht

Gesetzlicher Güterstand ist eine Art **Errungenschaftsgemeinschaft**. Was einem Ehegatten vor Eingehen der Ehe gehört, wie auch das Vermögen, das er durch Erbschaft, Schenkung oder anders unentgeltlich erwirbt, ist sein besonderes Vermögen, das er allein verwaltet.[935] Über seinen Anteil am ungeteilten gemeinsamen Vermögen kann grundsätzlich kein Ehegatte allein verfügen oder ihn belasten, Art. 323 des Gesetzes über die Ehe- und Familienbeziehungen.

19. Spanien

a) IPR

Art. 9 Abs. 2 CC beruft für die Wirkungen der Ehe, und damit auch das Güterrecht, das gemeinsame Personalstatut im Zeitpunkt der Eheschließung, hilfsweise das vor Eheschließung gewählte Recht, wenn es entweder das Heimatrecht eines Ehegatten oder das Recht des gemeinsamen gewöhnlichen Aufenthaltes ist, wiederum hilfsweise das Recht des unmittelbar nach Eheschließung bestehenden gemeinsamen gewöhnlichen Aufenthaltes und nochmals ersatzweise das Recht des Ortes der Eheschließung, wobei jeweils die so gewonnene Anknüpfung unwandelbar ist.[936] Diese Verweisung ist Gesamtverweisung, falls die verwiesene Rechtsordnung auf spanisches Recht zurückverweist, andernfalls Sachnormverweisung, Art. 12 Abs. 2 CC.[937] Änderungen des Güterrechts sind nach Art. 9 Abs. 3 CC zulässig, wenn sie entweder dem Recht der Ehewirkungen oder dem Recht der Staatsangehörigkeit oder des gewöhnlichen Aufenthaltes eines Vertragsteiles bei Vertragserrichtung entsprechen.[938]

b) Interlokales Privatrecht

In Spanien herrscht territoriale Güterrechtsspaltung. Der Codigo civil gilt mit seinen güterrechtlichen Vorschriften nur, falls nicht ein sog. Foralrecht für bestimmte Gebiete eingreift. Für die interlokale Anknüpfung gilt hier dieselbe Anknüpfungsleiter wie auf der Ebene des spanischen IPR, Art. 16 Abs. 3 CC (siehe Rdn 309), wobei über das Personalstatut die sog. Gebietszugehörigkeit („vecindad civil") entscheidet.[939] Diese erlangt man über die Gebietszugehörigkeit der Eltern bzw., wenn diese nicht übereinstimmt, über die „vecindad" des Elternteils, zu dem die Abstammung des Kindes früher bestimmt worden ist. Hilfsweise gilt der Geburtsort des Kindes.[940] Die „vecindad" kann sich außerdem durch Option oder Umzug ändern.[941]

---

931 *Wittibschlager*, Einführung in das schweizerische Recht, Rn 177.
932 *Wittibschlager*, Einführung in das schweizerische Recht, Rn 179 ff.; *Mauch*, BWNotZ 2001, 25, 38.
933 Bergmann/Ferid/Henrich/*S. Kraljic/M. Kraljic*, Internationales Ehe- und Kindschaftsrecht Serbien, S. 21.
934 Bergmann/Ferid/Henrich/*S. Kraljic/M. Kraljic*, Internationales Ehe- und Kindschaftsrecht Serbien, S. 21 f.
935 Bergmann/Ferid/Henrich/*S. Kraljic/M. Kraljic*, Internationales Ehe- und Kindschaftsrecht Serbien, S. 28.
936 Schotten/Schmellenkamp/*Eschelbach*, IPR, Rn 423; *Gonzalez-Beilfuss*, IPRax 1992, 396, 397.
937 *Von Hoffmann/Ortiz-Arce*, RabelsZ 1975, 647, 654 f.
938 *Mauch*, BWNotZ 2001, 25, 39.
939 Schotten/Schmellenkamp/*Eschelbach*, IPR, Rn 423.
940 Schotten/Schmellenkamp/*Eschelbach*, IPR, Rn 423.
941 Ausf.: Schotten/Schmellenkamp/*Eschelbach*, IPR, Rn 423.

c) Sachrecht

311 Nach dem gemeinspanischen „Codigo Civil" ist gesetzlicher Güterstand eine **Errungenschaftsgemeinschaft**, bei der zum gemeinsam zu verwaltenden Gesamtgut insbesondere gehört, was der Mann oder die Frau während der Ehe durch Arbeitstätigkeit oder sonst auf Kosten des gemeinsamen Vermögens erwirbt sowie die Früchte und Einkünfte aus Vorbehalts- und Sondergut.[942] Zum Sondervermögen zu rechnen ist v.a. das, was einem Ehegatten bei Beginn der Errungenschaftsgemeinschaft gehört und was er später unentgeltlich oder als Ersatz für bzw. auf Kosten von Sondervermögen erwirbt.[943] Ehevertraglich kann der Güterstand der Teilhabe – eine Art Zugewinngemeinschaft – (Art. 1411 ff. CC) sowie die Gütertrennung (Art. 1435 ff. CC) vereinbart werden.[944]

312 Was die **Foralrechtsgebiete** angeht, so ist gesetzlicher Güterstand die Errungenschaftsgemeinschaft in Aragonien und Navarra, die Gütertrennung in Katalonien und auf den Balearen sowie die Güterverbindung im Baskenland.[945]

20. Tschechien

a) IPR

313 Nach § 21 des tschechischen IPRG unterliegen die persönlichen und vermögensrechtlichen Beziehungen von Eheleuten dem Recht des Staates, dessen Staatsangehörige sie sind, hilfsweise dem tschechischen Recht, wobei die Anknüpfung mit einem Staatsangehörigkeitswechsel wandelbar ist.[946] Treffen die Eheleute auf der Basis des anwendbaren Güterrechts eine vertragliche Vereinbarung, so ist das Güterrechtsstatut von diesem Zeitpunkt an unwandelbar.[947] Die Verweisung des § 21 IPRG ist grundsätzlich Gesamtverweisung, was im Einzelfall auch anders sein kann, wenn „Vernunft oder Billigkeit" dies fordern.[948]

b) Sachrecht

314 Gesetzlicher Güterstand ist die **Errungenschaftsgemeinschaft**, bei der in die Gemeinschaft grundsätzlich alle Gegenstände fallen, die die Ehegatten während der Ehezeit erwerben, mit Ausnahme aber insbesondere solcher, die aufgrund Erbrechts oder Schenkung erlangt werden.[949] Außer in laufenden Angelegenheiten ist für Rechtsgeschäfte über die gemeinschaftlichen Güter die Zustimmung beider Ehegatten erforderlich.[950]

21. Türkei

a) IPR

315 Nach Art. 15 des türkischen IPRG können Eheleute das Recht ihres Wohnsitzes oder eines ihrer Heimatrechte im Zeitpunkt der Eheschließung als Güterstatut wählen.[951] Mangels Rechtswahl gilt in erster Linie ein etwaiges gemeinsames Heimatrecht, hilfsweise das Recht des gemeinsamen Wohnsitzes und, falls ein solcher nicht gegeben ist, wiederum hilfsweise türkisches Recht. Diese Anknüpfungspunkte sind auf den Zeitpunkt der Eheschließung zu prüfen, so dass die Anknüpfung unwandelbar ist.[952]

b) Sachrecht

316 In seinem ab 1.1.2002 neugefassten ZGB hat der türkische Gesetzgeber an die Stelle der bisherigen Gütertrennung die **Errungenschaftsbeteiligung** als gesetzlichen Güterstand gesetzt.[953] Für damals bereits bestehende Ehen sind bei Grundstückskäufen, die nach dem 1.1.2002 geschlossen werden, allein die Vorschriften der Errungenschaftsbeteiligung maßgeblich.[954] Sie wird auch als „Gütertrennung mit Ver-

---

942 *DNotI*, (Hrsg.), Notarielle Fragen des internationalen Rechtsverkehrs, 1995, S. 425.
943 Schotten/Schmellenkamp/*Eschelbach*, IPR, Rn 423.
944 *DNotI* (Hrsg.), Notarielle Fragen des internationalen Rechtsverkehrs, 1995, S. 426.
945 Ausf.: Schotten/Schmellenkamp/*Eschelbach*, IPR, Rn 423.
946 Schotten/Schmellenkamp/*Wittkowski*, IPR, Rn 425; *Mauch*, BWNotZ 2001, 25, 40.
947 Schotten/Schmellenkamp/*Wittkowski*, IPR, Rn 425.
948 Vgl. Schotten/Schmellenkamp/*Wittkowski*, IPR, Rn 425.
949 *DNotI* (Hrsg.), Notarielle Fragen des internationalen Rechtsverkehrs, 1995, S. 437.
950 *DNotI* (Hrsg.), Notarielle Fragen des internationalen Rechtsverkehrs, 1995, S. 438.
951 *Odendahl*, FamRZ 2009, 567, 569.
952 Schotten/Schmellenkamp/*Naumann*, IPR, Rn 426.
953 *Naumann*, RNotZ 2003, 343, 347; Gutachten DNotI-Report 2004, 93, 94; *Öztan*, FamRZ 2005, 328, 331.
954 *Naumann*, RNotZ 2003, 343, 348.

mögensausgleich" bezeichnet, da sie bis zur güterrechtlichen Auseinandersetzung der Gütertrennung gleichkommt.[955] Jeder Ehegatte darf sein Vermögen grundsätzlich alleine verwalten, nutzen und kann darüber verfügen, Art. 223 Abs. 1 ZGB. Beim Erwerb von Grundbesitz steht demnach einer Eintragung zum Bruchteilseigentum oder zum Alleineigentum nichts entgegen, denn es liegt keine Form der Gesamthandsgemeinschaft vor.[956] Sind die Ehegatten Miteigentümer, so ist zu beachten, dass nach Art. 223 Abs. 2 ZGB ein Ehegatte, sofern nichts anderes vereinbart ist, ohne Zustimmung des anderen nicht über einen Miteigentumsanteil rechtsgeschäftlich verfügen kann, wenn der Gegenstand beiden Ehegatten zum Miteigentum gehört. Fehlt diese Zustimmung, ist die Verfügung nichtig.[957]

Als **Wahlgüterstände** stellt das türkische Güterrecht die Gütertrennung, die Gütertrennung mit Aufteilgut und die Gütergemeinschaft in mehreren Varianten zur Verfügung.[958]

317

Eine wichtige **Verfügungsbeschränkung** enthält Art. 194 Abs. 1 ZGB, der unter Geltung jedes Güterstandes anzuwenden ist.[959] Diese Norm fordert für die Verfügung über die Familienwohnung die Zustimmung des Ehepartners, andernfalls das Rechtsgeschäft grundsätzlich nichtig ist.[960] Wegen ihrer Unabhängigkeit vom jeweiligen Güterstand fällt diese Verfügungsbeschränkung unter das allgemeine Ehewirkungsstatut.[961]

318

22. USA

a) IPR

In den USA herrscht sowohl für das IPR wie auch das Zivilrecht **Rechtsspaltung**, da den Einzelstaaten die Kompetenz für diese Materien zukommt. Auf der Ebene des IPR bestehen im hier interessierenden Bereich aber im Wesentlichen die gleichen Grundsätze. Grundlegend ist dabei die Unterscheidung zwischen unbeweglichem und beweglichem Vermögen.

319

Für **unbewegliches Vermögen** gilt die Lex rei sitae. Allerdings wird sie durch die sog. „tracing rule" durchbrochen, wonach erworbener Grundbesitz den Charakter des für seinen Erwerb aufgewandten Vermögens teilt, dieser Charakter sich also an dem Grundbesitz fortsetzt. Die genaue Bedeutung dieser Regel ist allerdings unklar.[962]

320

Bewegliches Vermögen, das bei der Heirat bereits einem Ehegatten gehört, unterliegt nach einer Ansicht dem Recht des Domizils dieses Ehegatten bei der Eheschließung, nach anderer Ansicht dem Recht des ersten gemeinsamen Domizils beider Eheleute.[963] Später erworbene bewegliche Gegenstände richten sich jeweils nach dem Domizil des erwerbenden Ehegatten im Zeitpunkt des Erwerbs.[964] Zum Domizilbegriff ist hier zu sagen, dass man es als Kind erwirbt und dabei von seinem Sorgeberechtigten ableitet.[965] Das „domicile of choice" erlangt man durch den tatsächlichen Aufenthalt und die Absicht, diesen für eine gewisse Dauer zum Zuhause zu machen.[966] Jeder Ehegatte kann sein Domizil frei bestimmen, wobei jedoch ein gemeinsames Domizil der Eheleute vermutet wird, solange nicht einer von ihnen ein eigenes, getrenntes erwirbt.[967]

321

Einen **renvoi** lehnt das amerikanische Recht grundsätzlich ab.[968] Eine **Wahl** des Güterrechtsstatuts wird zugelassen, wenn sie sich auf eine Rechtsordnung mit Nähe zum Sachverhalt richtet, etwa das neue Domizil nach einem Domizilwechsel oder die Lex rei sitae für Grundstücke.[969]

322

---

[955] *Naumann*, RNotZ 2003, 343, 348.
[956] LG Duisburg RNotZ 2003, 396; *Naumann*, RNotZ 2003, 343, 351; *Naumann*, DNotI-Report 2002, 47.
[957] *Naumann*, RNotZ 2003, 343, 350.
[958] Vgl. *Naumann*, RNotZ 2003, 343, 359 f.; *Odendahl*, FamRZ 2003, 648, 656; *Kesen*, ZEV 2003, 152, 153.
[959] *Milzer*, RNotZ 2003, 514; *Naumann*, RNotZ 2003, 343, 350.
[960] *Naumann*, RNotZ 2003, 343, 350 f.
[961] Vgl. Gutachten DNotI-Report 2004, 93, 94; a.A. *Milzer*, RNotZ 2003, 514 f., der auf das Güterstatut abstellt.
[962] Vgl. OLG München MittBayNot 2013, 404 m. Anm. *Süß*; ausf. in: Schotten/Schmellenkamp/*Bardy*, IPR, Rn 429; Würzburger Notarhandbuch/*Hertel*, Teil 7, Kap. 4, Rn 565.
[963] Schotten/Schmellenkamp/*Bardy*, IPR, Rn 429.
[964] Schotten/Schmellenkamp/*Bardy*, IPR, Rn 429.
[965] Schotten/Schmellenkamp/*Bardy*, IPR, Rn 429.
[966] Schotten/Schmellenkamp/*Bardy*, IPR, Rn 429.
[967] Schotten/Schmellenkamp/*Bardy*, IPR, Rn 429.
[968] *Hay*, US-Amerikanisches Recht, Rn 253; *Bardy*, RNotZ 2005, 137, 141: „Ausnahmen werden vor allem im Interesse des internationalen Entscheidungseinklangs gemacht."
[969] *Niewöhner*, MittRhNotK 1981, 219, 234; Schotten/Schmellenkamp/*Bardy*, IPR, Rn 429.

Nicht 365

b) Sachrecht

323 In den meisten US-Bundesstaaten ist **gesetzlicher Güterstand** die Gütertrennung, so dass jeder Ehegatte Alleineigentümer seines Vermögens und grundsätzlich unbeschränkt darüber verfügungsbefugt ist.[970] In Arizona, Idaho, Kalifornien, Louisiana, New Mexico, Nevada, Texas, Washington, Wisconsin und Puerto Rico fungiert dagegen die Errungenschaftsgemeinschaft als gesetzlicher Güterstand, wobei die Verfügungsbefugnisse über das Gesamtgut sehr unterschiedlich geregelt sind.[971] Was einem Ehegatten vor der Eheschließung gehörte, was er durch Schenkung oder von Todes wegen erwirbt und was als Früchte aus „separate property" anzusehen ist, gehört zu seinem Eigengut.[972]

324 Verträge über das Vermögen der Eheleute werden als zulässig angesehen, teilweise aber einer Inhaltsprüfung durch die Gerichte unterzogen.[973]

23. Gesetzlicher Güterstand in sonstigen Staaten

325 Afghanistan: Gütertrennung

Ägypten: Gütertrennung

Albanien: Errungenschaftsgemeinschaft

Algerien: Gütertrennung

Angola: Errungenschaftsgemeinschaft

Aserbaidschan: Errungenschaftsgemeinschaft

Bahamas: Gütertrennung

Belarus (Weißrussland): Errungenschaftsgemeinschaft

Bosnien-Herzegowina: Errungenschaftsgemeinschaft

Bulgarien: Errungenschaftsgemeinschaft

China (Hongkong): Gütertrennung

China (Taiwan): Gütertrennung mit Verwaltungsrecht des Ehemannes, soweit nicht abweichend vereinbart

China (Volksrepublik): Errungenschaftsgemeinschaft

Costa Rica: Gütertrennung mit Ausgleich

Dominikanische Republik: Errungenschaftsgemeinschaft

Elfenbeinküste: Errungenschaftsgemeinschaft

Estland: Errungenschaftsgemeinschaft

Gabun: Errungenschaftsgemeinschaft

Georgien: Errungenschaftsgemeinschaft

Ghana: Errungenschaftsgemeinschaft

Indien: i.d.R. Gütertrennung

Indonesien: Errungenschaftsgemeinschaft

Irak: Gütertrennung

Iran: Gütertrennung

Israel: Zugewinngemeinschaft

Japan: Gütertrennung mit Ausgleich

Kanada: Gütertrennung (Quebec: Errungenschaftsgemeinschaft)

Kasachstan: Errungenschaftsgemeinschaft

---

[970] Schotten/Schmellenkamp/*Bardy*, IPR, Rn 429.
[971] Schotten/Schmellenkamp/*Bardy*, IPR, Rn 429.
[972] *Hay*, US-Amerikanisches Recht, Rn 499.
[973] *Hay*, US-Amerikanisches Recht, Rn 502 ff.

Kenia: Gütertrennung

Kirgisistan: Errungenschaftsgemeinschaft

Korea (Süd): Gütertrennung

Kosovo: Errungenschaftsgemeinschaft

Kroatien: Errungenschaftsgemeinschaft

Kuba: Errungenschaftsgemeinschaft

Kuwait: Gütertrennung

Laos: Errungenschaftsgemeinschaft

Lettland: Errungenschaftsgemeinschaft

Libanon: Gütertrennung

Libyen: Gütertrennung

Liechtenstein: Gütertrennung

Litauen: Errungenschaftsgemeinschaft

Malaysia: Gütertrennung

Marokko: Gütertrennung

Mazedonien: Errungenschaftsgemeinschaft

Mexiko: nur vertragliche Güterstände

Neuseeland: Gütertrennung

Norwegen: Gütertrennung mit aufgeschobener Gütergemeinschaft

Oman: Gütertrennung

Pakistan: Gütertrennung

Philippinen: Gütergemeinschaft

Portugal: Errungenschaftsgemeinschaft

Rumänien: Errungenschaftsgemeinschaft

Russische Föderation: Errungenschaftsgemeinschaft

Saudi-Arabien: Gütertrennung

Singapur: Gütertrennung

Slowakei: Errungenschaftsgemeinschaft

Slowenien: Errungenschaftsgemeinschaft

Sri Lanka: Gütertrennung

Sudan: Gütertrennung

Syrien: Gütertrennung

Tadschikistan: Errungenschaftsgemeinschaft

Tansania: Gütertrennung

Thailand: Errungenschaftsgemeinschaft

Tschad: wohl Gütertrennung

Tunesien: wohl Gütertrennung

Turkmenistan: Errungenschaftsgemeinschaft

Ukraine: Errungenschaftsgemeinschaft

Nicht

Ungarn: Errungenschaftsgemeinschaft

Usbekistan: Errungenschaftsgemeinschaft

Venezuela: Errungenschaftsgemeinschaft

Vereinigte Arabische Emirate: Gütertrennung

Vietnam: Errungenschaftsgemeinschaft

Weißrussland (Belarus): Errungenschaftsgemeinschaft

Zypern: Gütertrennung[974]

C. Grundstücksbezogene Verträge

I. Einleitung

326 Geschäfte mit Grundstücksbezug, z.B. Grundstückskaufverträge, enthalten meist unterschiedliche Bestandteile, die im Falle einer Auslandsberührung nach verschiedenen Aspekten zu behandeln sind. Zu trennen sind zum einen die schuldrechtlichen Vereinbarungen von den dinglichen Rechtsgeschäften und Tatbeständen. Die schuldrechtlichen Erklärungen der Beteiligten werden grundsätzlich vom Schuldvertragsstatut beherrscht, die sachenrechtlichen Tatbestände wie der Eigentumsübergang und etwaige zugehörige Rechtsgeschäfte, z.B. die Auflassung, dagegen vom Sachenrechtsstatut. Daneben treten zum anderen verfahrensrechtliche Fragen. Diese betreffen wiederum einerseits eine etwa die Erklärungen aufnehmende Urkundsperson. So ist für einen deutschen Notar, soweit er im Einzelfall international zuständig ist,[975] allein sein Verfahrensrecht, also BNotO und BeurkG, maßgeblich.[976] Andererseits geht es um von den Beteiligten abgegebene Verfahrenserklärungen. Zu nennen ist dabei insbesondere eine Unterwerfung unter die sofortige Zwangsvollstreckung, die als prozessuale Willenserklärung nach dem Recht des Staates zu beurteilen ist, der sie durchsetzen muss.[977] Vor allem sind hier als verfahrensrechtliche Erklärungen die für die Eintragung im Grundbuch erforderlichen, etwa Bewilligungen und Anträge, betroffen. Für sie gilt wie für das gesamte Grundbuchverfahren, dass das Grundbuchamt sein eigenes Grundbuchrecht anwendet (Lex fori), womit deutsche Grundbuchämter auch bei Auslandsberührung stets nach der GBO zu verfahren haben.[978]

II. Der schuldrechtliche Vertrag

1. Staatsverträge

327 Staatsverträge spielen im Bereich von Immobiliarverträgen keine Rolle. Das Wiener UN-Übereinkommen über Verträge über den internationalen Warenkauf vom 11.4.1980 bezieht sich nur auf Waren (bewegliche Sachen aller Art). Das Römische EWG-Übereinkommen über das auf vertragliche Schuldverhältnisse anzuwendende Recht vom 19.6.1980 hatte für Deutschland keine unmittelbare Wirkung, ist jedoch inhaltlich weitgehend mit der Rom I-VO übereinstimmend.

2. Rechtswahl, Art. 3 Rom I-VO

a) Rechtswahlvereinbarung

328 Art. 3 Rom I-VO geht für das internationale Schuldvertragsrecht vom Grundsatz der Rechtswahl aus. Die Rechtswahl ist ein eigener, **kollisionsrechtlicher Vertrag**, dessen Zustandekommen sich nach dem gewählten Recht beurteilt, Art. 3 Abs. 5 i.V.m. 10 Abs. 1 Rom I-VO. Für die einzuhaltende Form gilt dabei Art. 11 Rom I-VO, vgl. Art. 3 Abs. 5 Rom I-VO.

329 Die von Art. 3 Rom I-VO gewährte Parteiautonomie ist grundsätzlich **frei**, d.h. die Parteien können das anwendbare Recht ohne Beschränkungen festlegen. Auch bei Verträgen über Grundstücke sind die Be-

---

974 *Süß*, Rpfleger 2003, 53, 60 ff.; weitere Übersichten z.B. bei Beck'sches Notarhandbuch/*Zimmermann*, H Rn 133.
975 Vgl. dazu *Winkler*, BeurkG, Einl. Rn 48 ff.
976 *Bärmann*, AcP 1960, 1, 18; *Dumoulin*, DNotZ 1964, 405; Beck'sches Notarhandbuch/*Zimmermann*, H Rn 4.
977 BGH DNotZ 1981, 738, 739; *Ludwig*, NotBZ 2003, 90, 98; vgl. auch § 794 Abs. 1 Nr. 5 ZPO: deutsches Gericht oder deutscher Notar.
978 *Eickmann*, Rpfleger 1983, 465, 472; *Böhringer*, BWNotZ 1988, 49, 51.

teiligten nicht etwa an das Recht des Landes gebunden, wo das Grundstück belegen ist.[979] Deshalb kann für ein in Deutschland belegenes Grundstück ausländisches Recht und ein im Ausland belegenes Grundstück deutsches Recht gewählt werden.[980] Auch ein reines Inlandsgeschäft kann einem ausländischen Recht unterstellt werden, Art. 3 Abs. 3 Rom I-VO.[981]

Nach deutschem IPR unterliegt die Rechtswahl keinen besonderen Formanforderungen. Sie muss aber, wenn sie **stillschweigend** erfolgt, sich eindeutig aus den Bestimmungen des Vertrages oder den Umständen des Falles ergeben, Art. 3 Abs. 1 S. 2 Alt. 2 Rom I-VO, und darf daher nicht vorschnell angenommen werden. Indizien in diese Richtung können z.B. Gerichtsstandsvereinbarungen sein[982] oder die Inbezugnahme einer bestimmten Rechtsordnung, insbesondere durch Zugrundelegung von deren Vorschriften.[983] Eine konkludente Rechtswahl hat die Rechtsprechung häufig angenommen, wenn zwischen deutschen Parteien mit inländischem Wohnsitz Verträge geschlossen wurden, auch wenn der betroffene Grundbesitz im Ausland belegen war.[984]

330

Eine (konkludente) Rechtswahl ist nicht dadurch ausgeschlossen, dass nach der gewählten Rechtsordnung der **Vertrag unwirksam** ist, und zwar selbst dann, wenn die Parteien diese Unwirksamkeitsfolge kennen.[985] Dies ist die konsequente Folge der Trennung von kollisionsrechtlicher Verweisungsvereinbarung und sachrechtlichem (Haupt-)Vertrag.

331

Nach Art. 3 Abs. 1 S. 3 Rom I-VO kann die Rechtswahl sich auch nur auf einen **Teil** des Vertrages beziehen, vorausgesetzt, der betroffene Teil weist eine gewisse Selbstständigkeit auf, d.h., er ist ohne widersprüchliche Ergebnisse abspaltbar.[986]

Die Rechtswahl richtet sich nur auf die **Sachvorschriften** des gewählten Rechts, Art. 20 Rom I-VO.

332

b) Grenzen der Rechtswahl

Ist der Sachverhalt zum Zeitpunkt der Rechtswahl nur mit einem Staat verbunden, schließt dies zwar eine Rechtswahl nicht aus, nach **Art. 3 Abs. 3 Rom I-VO** müssen die zwingenden Vorschriften des „abgewählten Rechts" aber vorrangig Geltung in Anspruch nehmen. Die vorausgesetzte fehlende Auslandsberührung liegt im hier interessierenden Bereich nicht vor, wenn entweder das Grundstück in einem anderen Staat belegen ist oder mindestens ein Beteiligter durch gewöhnlichen Aufenthalt oder Staatsangehörigkeit Bezug zu einem anderen Staat als dem, mit dem der Sachverhalt im Übrigen Beziehungen aufweist, hat. Dann ist der Sachverhalt von vornherein nicht nur mit einem Staat verbunden. Auch der Vertragsabschluss in einem anderen Staat stellt einen hinreichenden Auslandsbezug dar, um die Anwendbarkeit des Art. 3 Abs. 3 Rom I-VO zu verneinen.[987] Zu den Vorschriften des zwingenden Rechts, an die die Vertragsparteien im Falle des Art. 3 Abs. 3 Rom I-VO gebunden bleiben, gehört bei alleinigem Bezug zum deutschen Recht auch § 311b Abs. 1 BGB. Deshalb können deutsche Beteiligte, die in Deutschland einen Vertrag über ein deutsches Grundstück schließen, durch Rechtswahl dieser Formvorschrift nicht entweichen.[988] In ähnlicher Weise wie Art. 3 Abs. 3 Rom I-VO schützt Art. 3

333

---

979 Vgl. BGH BGHZ 52, 239; 73, 391; *Schotten/Schmellenkamp*, DNotZ 1992, 203, 207; MüKo-BGB/*Martiny*, Art. 4 Rom I-VO, Rn 94.
980 Schotten/Schmellenkamp/*Fetsch*, IPR, Rn 365.
981 Grüneberg/*Thorn*, BGB, Art. 3 Rom I-VO Rn 4; *Meyer-Sparenberg*, RIW 1989, 347; a.A. *Kindler*, RIW 1987, 660, 661.
982 Vgl. BGH AWD 1973, 101; BGH, RIW 1976, 447; OLG Frankfurt RIW 1998, 477; Erman/*Hohloch*, BGB, Art. 26 Anh II Art. 3 Rom I-VO, Rn 14.
983 Vgl. BGH NJW-RR 1996, 1034; LG Waldshut-Tiengen IPRspr 83 Nr. 22 für Rechtsgeschäft mit Grundstücksbezug; ansonsten BGHZ 9, 34; BGH NJW 1997, 397, 399; BGH NJW-RR 2000, 1002, 1004; OLG Köln RIW 1984, 314; OLG Köln 1993, 414.
984 Vgl. BGH BGHZ 52, 239; BGH BGHZ 53, 189, 191 f.; BGH BGHZ 73, 391; OLG Köln OLGZ 1977, 201; OLG München NJW-RR 1989, 663, 665; LG Heidelberg IPRspr. 2004 Nr. 21: deutsche Parteien mit inländischem Wohnsitz schließen in Spanien über dort gelegenes Grundstück Vertrag in deutscher Sprache; im Übrigen auch: BGH RIW 1997, 426; OLG Düsseldorf NJW-RR 1991, 55; OLG Karlsruhe NZG 2001, 748.
985 Vgl. BGH BGHZ 53, 189; BGH BGHZ 73, 391; BGH NJW 1969, 1760; jew. zu formnichtigem Grundstücksvertrag; Grüneberg/*Thorn*, BGB, Art. 3 Rom I-VO, Rn 9.
986 MüKo-BGB/*Martiny*, Art. 3 Rom I-VO, Rn 79; Soergel/*v. Hoffmann*, BGB, Art. 27 Rn 57; grundstücksbezogene Beispiele aus der Rechtsprechung: BGH BGHZ 57, 337, 338; LG Aurich AWD 1974, 282.
987 OLG Celle RIW 1991, 421; LG Stade IPRspr 89 Nr. 39; *Schotten/Schmellenkamp*, DNotZ 1992, 203, 208; Grüneberg/*Thorn*, BGB, Art. 3 Rom I-VO Rn 5; Soergel/*v. Hoffmann*, BGB, Art. 27 Rn 88 lässt unter Berufung auf OLG Frankfurt NJW-RR 1989, 1019 u. LG Hamburg NJW-RR 1990, 695, 696 den Abschlussort in einem anderen Staat nicht ausreichen, wenn der Leistungsaustausch selbst nur Inlandsbezüge aufweist.
988 Bauer/v. Oefele/*Schaub*, Int. Bezüge, Rn 449.

Abs. 4 Rom I-VO die zwingenden Bestimmungen des Gemeinschaftsrechts, wenn der Sachverhalt nur Elemente zu Mitgliedstaaten aufweist.

334 **Art. 6 Rom I-VO**, der in bestimmten Fällen von Verbraucherverträgen ein parteiautonomes Abweichen von den zwingenden Bestimmungen des Rechts des Staates, in dem der Verbraucher seinen gewöhnlichen Aufenthalt hat, verbietet, spielt im Immobilienbereich keine Rolle. Er bezieht sich nicht auf Verträge, die ein dingliches Recht an unbeweglichen Sachen oder deren Miete oder Pacht zum Gegenstand haben, Art. 6 Abs. 4 lit. c Rom I-VO.

335 Beachtlich kann aber **Art. 46b EGBGB** sein, wonach bei einem engen Zusammenhang mit einem Mitgliedstaat der EU oder des EWR das auf bestimmten Verbraucherschutzrichtlinien basierende Recht dieses Mitgliedsstaates der Rechtswahl vorgeht.

3. Objektive Anknüpfung, Art. 4 Rom I-VO

336 Für obligatorische Verträge, die ein dingliches Recht an einem Grundstück oder ein Recht zur Nutzung eines Grundstücks (vgl. insoweit aber Einschränkung in Art. 4 Abs. 1 lit. d Rom I-VO) zum Gegenstand haben, beruft **Art. 4 Abs. 1 lit. c Rom I-VO** vorrangig das Recht des Staates, in dem das Grundstück belegen ist, so dass Sachenrechtsstatut und Schuldvertragsstatut hier zusammenfallen.[989] Dazu gehören z.B. Grundstückskauf,[990] -schenkung,[991] -miete und -pacht,[992] ebenso Bauträgerverträge, nicht aber reine Bauverträge, da bei ihnen nicht Grundstücks- oder Grundstücksnutzungsrechte, sondern die auszuführenden Bauleistungen Vertragsgegenstand sind.[993] Ferner betroffen sind Verpflichtungen zur Einräumung oder Aufhebung von Wohnungseigentum (WEG-Teileigentum) oder von Erbbaurechten; desweiteren WEG-Sondernutzungsrechte,[994] Grundpfandrechte, Nießbrauchsrechte und Reallasten. Betrifft der Vertrag Grundstücke, die sich in mehreren Ländern befinden, ist eine Schwerpunktbetrachtung angezeigt. Überwiegt eindeutig ein Grundstück wirtschaftlich, kommt es auf dessen Belegenheit an, andernfalls auf die sonstige engste Verbindung des Vertrages.[995] Sind, beispielsweise bei einem Grundstückstausch, in etwa gleichwertige Grundstücke in verschiedenen Staaten betroffen, kann Art. 4 Abs. 1 lit. c Rom I-VO nicht greifen, sondern die engste Verbindung ist nach Art. 4 Abs. 4 Rom I-VO festzustellen, wobei der Beurkundungsort den Ausschlag geben kann.[996]

337 In Ausnahmefällen setzt **Art. 4 Abs. 3 Rom I-VO** die Regelungen des Art. 4 Abs. 1 und 2 Rom I-VO außer Kraft, wenn nach den Gesamtumständen eine engere Verbindung mit einem anderen Staat besteht.[997] Hierbei spielen gewöhnlicher Aufenthalt und Staatsangehörigkeit der Beteiligten eine große Rolle,[998] wobei ggf. aber schon eine konkludente Rechtswahl zu bejahen sein kann (siehe Rdn 330, 331). Bedeutsam kann auch die beteiligte Urkundsperson sein.[999]

338 Gemäß **Art. 46b Abs. 4 EGBGB** gelten die Vorschriften der §§ 481 ff. BGB für alle Time-sharing- und ähnliche Fälle, bei denen das betreffende Gebäude in einem Staat der EU oder des EWR liegt.

339 Wird nach den vorstehenden Anknüpfungsgrundsätzen auf eine ausländische Rechtsordnung verwiesen, so sind unmittelbar deren **Sachvorschriften** zur Anwendung berufen, Art. 20 Rom I-VO.

---

989 Vgl. Hausmann/Odersky/*Schäuble*, § 16 Rn 72.
990 Vgl. RG RGZ 101, 64; BGH IPRspr 1966, 67 Nr. 28; OLG Frankfurt IPRspr. 2001 Nr. 23 für Kaufvorvertrag.
991 Grüneberg/*Thorn*, BGB, Art. 4 Rom I-VO Rn 16.
992 LG Hamburg IPRspr 91 Nr. 40; Soergel/*v. Hoffmann*, BGB, Art. 28 Rn 163, 180.
993 *Kropholler*, § 52 III 3b; MüKo-BGB/*Martiny*, Art. 4 Rom I-VO Rn 96; *W. Lorenz*, IPRax 1995, 329, 331; *Kartzke*, ZfBR 1994, 1, 4; Soergel/*v. Hoffmann*, BGB, Art. 28 Rn 213.
994 Hausmann/Odersky/*Schäuble*, § 16 Rn 74.
995 *Hegmanns*, MittRhNotK 1987, 1, 2.
996 Vgl. LG Amberg IPRax 1982, 29; Soergel/*v. Hoffmann*, BGB, Art. 28 Rn 159; MüKo-BGB/*Martiny*, Art. 4 Rom I-VO Rn 302.

997 Zum Kaufvertrag über eine Forderung, für die an einem französischen Grundstück eine Hypothek besteht, vgl. BGH NJW 2005, 1041.
998 Z.B. OLG Köln IPRspr. 2000 Nr. 26: bei niederländischem Hausgrundstück über den früheren Art. 28 Abs. 5 EGBGB deutsches Recht angewandt, weil Parteien deutsche Staatsangehörige mit Wohnsitz in Deutschland sind und eine Reservierungsvereinbarung unter Einschaltung eines deutschen Maklers in deutscher Sprache geschlossen wurde.
999 Vgl. OLG Köln RIW 1993, 414, 415; LG Hamburg RIW 1977, 787; LG Amberg IPRax 1982, 29; krit. zu diesem Indiz: *Hegmanns*, MittRhNotK 1987, 1, 2 f.

4. Umfang des Schuldvertragsstatuts

Das durch Art. 3 ff. Rom I-VO zu bestimmende Vertragsstatut regelt die schuldrechtlichen Verhältnisse grundsätzlich **umfassend**. Es betrifft z.B. das gültige Zustandekommen des Vertrages, seinen Inhalt und die daraus resultierenden Rechte, Verpflichtungen und Ansprüche der Parteien. Als eigenständige Teilfragen sind aber v.a. die Form, die Geschäftsfähigkeit und eine etwaige Stellvertretung gesondert nach ihren eigenen Grundsätzen anzuknüpfen. Ebenso das Anfechtungsrecht gem. § 19 AnfG.[1000]

340

Aus **Art. 9 Rom I-VO** ergibt sich, dass sog. Eingriffsnormen des deutschen Rechts unabhängig vom anwendbaren Vertragsstatut anzuwenden sind. Gemeint sind damit deutsche Rechtsvorschriften, die nach ihrem durch Auslegung zu ermittelnden Anwendungswillen auch bei ausländischem Schuldvertragsstatut Geltung beanspruchen. Das sind etwa im deutschen Außenwirtschaftsrecht vorgesehene Beschränkungen.[1001] Allerdings sind die auch den Grundstückskaufvertrag tangierenden Außenwirtschaftsregelungen über den Kapitalverkehr (frühere §§ 22, 23 AWG) inzwischen aufgehoben worden. Weiterhin gehören in den Bereich des Art. 9 Rom I-VO die zwingenden Vorschriften über Mieter- und Pächterschutz, soweit in Deutschland belegener Grundbesitz betroffen ist,[1002] sowie hinsichtlich von Bauträgerverträgen die MaBV mit ihrer in § 12 enthaltenen zivilrechtlichen Sanktion abweichender Vereinbarungen. Die MaBV kann daher nicht durch eine Rechtswahlvereinbarung umgangen werden und sie gilt nicht nur für inländische Vorhaben, sondern unabhängig vom Ort des Vertragsschlusses auch für Objekte im Ausland, wenn der Bauträger in Deutschland seinen Sitz oder die maßgebliche Niederlassung hat.[1003]

341

Ist deutscher Grundbesitz betroffen, setzen sich unabhängig vom Vertragsstatut die inländischen Normen des **Grundstücksverkehrs** und des **Bodenrechts**, insbesondere also das Baurecht und das Grundstücksverkehrsgesetz, auch mit ihren etwaigen Genehmigungserfordernissen, durch.[1004] Dementsprechend bleibt bei ausländischen Grundstücken das dortige Bodenordnungs- und Grundstücksverkehrsrecht, insbesondere etwaige Beschränkungen eines Erwerbs durch Ausländer, zu beachten, selbst wenn deutsches Schuldrecht zur Anwendung berufen ist.[1005]

342

Schließlich können ausländische **Devisenvorschriften** v.a. über Art. VIII des Abkommens von Bretton Woods über den Internationalen Währungsfonds[1006] Geltung beanspruchen, was ggf. dazu führt, dass die Ansprüche aus dem Schuldvertrag nur Charakter nach Art einer Naturalobligation haben, wobei dinglicher Rechtsübergang und Eintragung davon nicht beeinträchtigt werden und auch nicht kondizierbar sind.[1007] Auch Grundstücksverträge können erfasst sein, wenn eine grenzüberschreitende Zahlungsverpflichtung begründet wird.[1008]

343

5. Formstatut

Die Form von Rechtsgeschäften regelt **Art. 11 Rom I-VO**. Ein Schuldvertrag ist formgültig, wenn er alternativ die Formerfordernisse des Rechts, das auf ihn nach den Art. 3 ff. Rom I-VO zur Anwendung kommt, einhält oder aber diejenigen, die am Ort des Vertragsschlusses gelten. Zur Form zu zählen ist dabei v.a. die Frage, ob die Mitwirkung Dritter, z.B. eines Notars, erforderlich ist oder bloße Privatschriftlichkeit ausreichend ist, vielleicht sogar Formfreiheit besteht. Die Verweisung ist Sachnormverweisung, so dass insbesondere nicht relevant ist, wie das IPR am Abschlussort die Formfrage anknüpft. Ein deut-

344

1000 Dazu OLG Stuttgart IPRax 2008, 436 m. Anm. *Koch*, IPRax 2008, 417.
1001 *Kropholler*, IPR, § 52 IX 2a.
1002 MüKo-BGB/*Martiny*, Art. 9 Rom I-VO Rn 128; *Kropholler*, RabelsZ, 1978, 634, 652.
1003 OLG Hamm NJW 1977, 1594; *Reithmann*, in: FS Ferid, 1988, S. 363, 367; *ders.*, ZfBR 1988, 162, 163 f.; *Kohte*, EuZW 1990, 150, 154; Soergel/*v. Hoffmann*, BGB, Art. 34 Rn 50; krit.: *Hegmanns*, MittRhNotK 1987, 1, 8; MüKo-BGB/*Martiny*, Art. 4 Rom I-VO Rn 101.
1004 Reithmann/Martiny/*Freitag*, Internationales Vertragsrecht, Rn 566; Erman/*Hohloch*, BGB, Art. 26 Anh II Art. 9 Rom I-VO Rn 14.
1005 Vgl. IPG 76 Nr. 9 (München); Reithmann/Martiny/*Limmer*, Internationales Vertragsrecht, Rn 1521 ff.; MüKo-BGB/*Martiny*, Art. 9 Rom I-VO Rn 94; da es hier nicht um deutsche Normen geht, ist nicht Art. 9 Rom I-VO Rechtsgrundlage, vgl. zur Problematik: BGH BGHZ 31, 367; BGH BGHZ 64, 183; BGHZ 94, 268.
1006 Abgedr. bei: MüKo-BGB/*Martiny*, Art. 9 Rom I-VO Anh. II Rn 9.
1007 Vgl. Reithmann/Martiny/*Thode*, Internationales Vertragsrecht, Rn 688 ff.; *Hegmanns*, MittRhNotK 1987, 1, 5; *Ebke*, ZVglRWiss 2001, 365; *Bardy*, MittRhNotK 1993, 305, 306; die Einordnung als fehlende Sachurteilsvoraussetzung oder Naturalobligation offenlassend: BGH NJW 1994, 390; BGH RIW 1994, 327.
1008 MüKo-BGB/*Martiny*, Art. 9 Rom I-VO Anh. II Rn 14, 17.

sches Grundstück kann nach Art. 11 Abs. 1 Alt. 2 Rom I-VO also auch im Ausland unter Einhaltung dortiger Formvorschriften veräußert werden.[1009]

345 Zwar macht **Art. 11 Abs. 5 Rom I-VO** vom Alternativitätsgrundsatz eine Ausnahme, wenn obligatorische Verträge, die ein dingliches Recht an einem Grundstück oder ein Recht zur Nutzung eines Grundstücks zum Gegenstand haben, betroffen sind und zwingende Formvorschriften am Belegenheitsort ohne Rücksicht auf den Abschlussort und das Vertragsstatut angewendet werden wollen. § 311b Abs. 1 BGB beansprucht solches für sich nach h.M. aber gerade nicht.[1010] Bei ausländischen Grundstücken setzen sich aber nicht selten über Art. 11 Abs. 5 Rom I-VO die Formerfordernisse des Belegenheitsstaates durch.[1011]

346 Bei einem schuldrechtlichen Vertrag über ein ausländisches Grundstück kann durch die Wahl deutschen Rechts und/oder durch Abschluss im Inland § 311b Abs. 1 BGB zur Anwendung gelangen. Außerdem nimmt es die Rechtsprechung ohne Weiteres hin, dass bei Verträgen zwischen Deutschen im Inland über ausländischen Grundbesitz mit der stillschweigenden **Rechtswahl** deutschen Rechtes als Vertragsstatut dieses in Folge des Art. 11 Abs. 1 Alt. 1 Rom I-VO auch für die Form gilt, selbst wenn der sonach anzuwendende § 311b Abs. 1 BGB im Einzelfall zur Formnichtigkeit führt.[1012] Die Heilungsvorschrift des § 311b Abs. 1 S. 2 BGB muss in derartigen Fällen derart modifiziert werden, dass Heilung eintritt, wenn das Eigentum nach der ausländischen Lex rei sitae übergegangen ist.[1013]

347 Art. 11 Abs. 1 Rom I-VO ist für Schuldverträge wegen der dort gewährten Parteiautonomie (Art. 3 Rom I-VO) kein zwingendes Recht, so dass die Vertragsparteien insbesondere die Maßgeblichkeit der Ortsform ausschließen können.[1014]

III. Die sachenrechtlichen Tatbestände

1. Anknüpfung

348 Das internationale Sachenrecht wird vom Grundsatz der Lex rei sitae beherrscht, Art. 43 Abs. 1 EGBGB, so dass sich deutsche Grundstücke in dinglicher Hinsicht stets nach deutschem, ausländische stets nach dem dortigen Recht richten. Eine Rechtswahl ist hier ausgeschlossen.[1015] Rück- und Weiterverweisungen durch das IPR des Lageortes sind zwar zu beachten; Art. 4 Abs. 1 EGBGB kommen wegen der weltweiten Geltung der Lex rei sitae praktisch aber kaum in Betracht.[1016] Es gilt die Ausweichklausel des Art. 46 EGBGB, soweit eine wesentlich engere Bindung zum Recht eines anderen Staates besteht.

2. Reichweite des Sachenrechtsstatuts

349 Die Lex rei sitae gilt für den gesamten Bereich des Sachenrechts, also insbesondere für Entstehung, Änderung, Übergang, Untergang und Inhalt dinglicher Rechte.[1017]

1009 RG RGZ 121, 154; RG IPRspr 31 Nr. 20; BGH AWD 1970, 564; MüKo-BGB/*Martiny*, Art. 4 Rom I-VO Rn 98; Soergel/*v. Hoffmann*, BGB, Art. 28 Rn 153.

1010 Schotten/Schmellenkamp/*Fetsch*, IPR, Rn 379; Erman/*Hohloch*, BGB, Art. 26 Anh II Art. 11 Rom I-VO Rn 10; a.A. für das Bauherrenmodell: *Reithmann*, in: FS Ferid, 1988, S. 363, 371; Reithmann/Martiny/*Limmer*, Internationales Vertragsrecht, Rn 976 ist bei Bauträgervertrag und Bauherrenmodell für eine Anwendung des Art. 9 Rom I-VO.

1011 Vgl. Art. 119 Abs. 3 S. 2 schweizerisches IPRG: für ein Grundstück in der Schweiz richtet sich die Form nach schweizerischem Recht; spanisches Gesetz über ausländische Investitionen in Spanien: Erwerb spanischen Grundbesitzes nur durch spanischen Notar oder Konsul; vgl. *Winkler*, BeurkG, Einl. Rn 59.

1012 BGH BGHZ 53, 189; BGH BGHZ 57, 337; BGH BGHZ 73, 391; OLG München NJW-RR 1989, 663; OLG Nürnberg NJW-RR 1997, 1484.

1013 BGH BGHZ 52, 239; BGH BGHZ 73, 391; OLG München NJW-RR 1989, 663; OLG Düsseldorf NJW 1981, 529; Soergel/*v. Hoffmann*, BGB, Art. 28 Rn 153.

1014 BGH BGHZ 57, 337: Vereinbarung deutschen Rechts kann stillschweigender Ausschluss der Art. 11 Abs. 1 Alt. 2 EGBGB sein, auch wenn danach der Vertrag formunwirksam wird; Grüneberg/*Thorn*, BGB, Art. 11 Rom I-VO Rn 4, 8; MüKo-BGB/*Spellenberg*, Art. 11 Rom I-VO Rn 38 ff.

1015 BGH NJW 1997, 461, 462; *Wagner*, IPRax 1998, 429, 435; *Junker*, RIW 2000, 241, 251.

1016 Grüneberg/*Thorn*, BGB, Art. 43 Rn 1; Schotten/Schmellenkamp, IPR, Rn 385a.

1017 Grüneberg/*Thorn*, BGB, Art. 43 Rn 3; zum speziellen Veräußerungsrecht aus der Verordnung (EG) Nr. 881/2002 des Rates vom 27.5.2002 über die Anwendung bestimmter spezifischer restriktiver Maßnahmen gegen bestimmte Personen und Organisationen, die mit Osama bin Laden, dem Al-Quaida-Netzwerk und den Taliban in Verbindung stehen vgl. LG Berlin Rpfleger 2006, 183.

Damit richten sich auch das **Eigentum** und sein Übergang nach dem Recht am Belegenheitsort.[1018] Es entscheidet, ob das Verfügungsgeschäft im Verhältnis zum Verpflichtungsgeschäft abstrakt ist oder von letzterem kausal beeinflusst wird,[1019] wobei jedoch die Wirksamkeit des Verpflichtungsgeschäfts in jedem Falle, ggf. als selbstständige Vorfrage, nach seinen eigenen Kollisionsnormen zu klären ist.[1020] Auch Zulässigkeit und Inhalt von Miteigentum bestimmen sich nach der Belegenheit,[1021] eheliche Gemeinschaftsverhältnisse vorrangig nach dem Güterstatut, wenngleich dieses mit der Lex rei sitae verträglich sein muss (siehe Rdn 231).

350

Zum Bereich des Sachenrechtsstatuts zu zählen sind auch die (beschränkt) **dinglichen Rechte**, ihre Entstehung, ihre zulässigen Arten, ihr zulässiger Inhalt, sowie die Verfügungen über sie. Erfasst sind beispielsweise die Grundpfandrechte, die Dienstbarkeiten wie auch die Vormerkung. Die durch ein Grundpfandrecht oder eine Vormerkung gesicherte Forderung richtet sich indes weiterhin nach ihrem eigenen Statut.[1022] Wird durch ein anderes Statut, etwa das Güter- oder das Erbstatut, die Entstehung eines dinglichen Rechts angeordnet, so muss sich dieses nach der Art der Entstehung wie auch dem Inhalt mit dem Sachenrecht am Belegenheitsort vertragen (siehe Rdn 247).

351

3. Formstatut

Für Verfügungsgeschäfte schreibt **Art. 11 Abs. 4 EGBGB** die Einhaltung der Formerfordernisse des Geschäftsstatuts vor, so dass auch insoweit die Lex rei sitae maßgebend ist. Anders als beim schuldrechtlichen Geschäft scheidet hier die Form des Ortes, an dem das Rechtsgeschäft vorgenommen wird, aus. Das Eigentum an deutschem Grundbesitz kann deshalb nur in der durch **§ 925 BGB** vorgeschriebenen Form übertragen werden. Darüber hinaus muss die danach erforderliche Auflassung vor einem deutschen Notar erklärt werden; die Mitwirkung eines ausländischen Notars genügt selbst dann nicht, wenn er von seiner Ausbildung und dem von ihm anzuwendenden Verfahren her einem deutschen Notar gleichwertig erscheint.[1023] Möglich ist aber die Auflassung vor einem deutschen Konsularbeamten, § 12 Nr. 1 Konsulargesetz.

352

Für den deutschen Notar, der die Auflassung nach § 925 BGB entgegen nimmt, stellt sich damit, wenn für den schuldrechtlichen Vertrag in formeller Hinsicht ausländisches Recht zur Anwendung kommt, das Problem der richtigen Anwendung des **§ 925a BGB**. Eine Pflicht zur Prüfung der Wirksamkeit des im Ausland und/oder nach ausländischem Recht abgeschlossenen Vertrages hat er nicht.[1024] Das Grundbuchamt kann die Vorlage des schuldrechtlichen Vertrages nicht verlangen.[1025] Der Notar kann sich allenfalls die Urkunde über den obligatorischen Vertrag vorlegen lassen bzw. bei nur mündlichem Vertragsschluss in der Auflassungsurkunde die Darstellung der Beteiligten hierüber aufnehmen.[1026]

353

D. Das Grundbuchverfahren

I. Anwendbares Verfahrensrecht

Für das gerichtliche Verfahren gilt stets die **Lex fori**, d.h., bei deutschen Grundstücken entscheidet das deutsche Recht, welche Erklärungen (Anträge, Bewilligungen etc.) und Nachweise beizubringen sind.[1027] Daher ist für die verfahrensrechtlich erforderlichen Nachweise von Erklärungen und Tatsachen stets § 29 GBO vor deutschen Grundbuchämtern anwendbar, unabhängig davon, wo solche Erklärungen abgegeben werden oder wo die durch Urkunden zu beweisenden Tatsachen (§ 29 Abs. 1 S. 2 GBO) eingetreten sind.[1028]

354

1018 BGH BGHZ 52, 239; BGH BGHZ 73, 391; BGH NJW 1996, 2233, 2234.
1019 *Kegel/Schurig*, IPR, § 19 II; *Kropholler*, IPR, § 54 I 3b.
1020 Grüneberg/*Thorn*, BGB, Art. 43 Rn 4.
1021 BGH NJW 1998, 1321, 1322.
1022 BGH BGHZ 1, 109; BGH IPG 83 Nr. 19 (Heidelberg).
1023 BGH WM 1968, 1170; OLG Köln OLGZ 1972, 321; KG NJW-RR 1986, 1462; LG Ellwangen/Jagst RIW 2001,

945; *Eickmann*, Rpfleger 1983, 465, 472; Soergel/*Stürner*, BGB, § 925 Rn 19; a.A. *Heinz*, RIW 2001, 928.
1024 Beck'sches Notarhandbuch/*Zimmermann*, H Rn 86.
1025 Beck'sches Notarhandbuch/*Zimmermann*, H Rn 86.
1026 Bauer/v. Oefele/*Schaub*, Int. Bezüge, Rn 456 f.; Staudinger/*Pfeifer*, BGB, § 925a Rn 9.
1027 BeckOK GBO, Hügel/*Zeiser*, Int. Bez., Rn 116.
1028 *Eickmann*, Rpfleger 1983, 465, 472.

II. Funktionelle Zuständigkeit

355 Wenn das deutsche Recht auf ausländisches Recht verweist, kann der Rechtspfleger nach § 5 Abs. 2 RPflG den Antrag dem Richter vorlegen, muss dies aber nicht.[1029] Im Falle einer Rückverweisung des ausländischen Rechts auf das deutsche kann der Richter die Angelegenheit wieder dem Rechtspfleger vorlegen oder selbst bearbeiten (§ 5 Abs. 2 RPflG).[1030]

III. Ermittlung ausländischen Rechts

356 Den Inhalt ausländischen Rechts muss nicht der Antragsteller nachweisen, sondern das Grundbuchamt hat sich die Kenntnis darüber selbst zu verschaffen.[1031] Es gilt insoweit das Freibeweisverfahren, § 26 FamFG.[1032] Das Grundbuchamt hat dabei alle ihm zu Gebote stehenden Quellen auszuschöpfen,[1033] etwa Gesetzestexte, Gerichtsentscheidungen, Sekundärliteratur und Internetrecherche.[1034] Ist das Anfordern eines Gutachtens notwendig, so hat dessen Kosten der Antragsteller zu tragen.[1035]

IV. Vorliegen einer Auslandsberührung

357 Unter welchen Umständen das Grundbuchamt Anlass hat, von einer Auslandsberührung auszugehen, die entsprechende Prüfungen des anwendbaren Rechts gebietet, ist nicht für alle Fälle eindeutig zu sagen.[1036] Sicherlich sind dies die Vornahme des Rechtsgeschäfts im Ausland oder die Beteiligung einer Gesellschaft ausländischen Rechts oder einer Gesellschaft mit Sitz im Ausland.[1037] Ferner, wenn die Urkunde einen Vermerk gem. § 17 Abs. 3 S. 1 BeurkG enthält bzw. ein Beteiligter ausländische Staatsangehörigkeit bzw. Papiere besitzt.[1038] Ein ausländisch klingender Name dürfte aber heute grundsätzlich kaum noch genügen.[1039]

E. Ausländische Urkunden
I. Nachweis der Eintragungsunterlagen, § 29 GBO
1. Grundsätze

358 Für das grundbuchamtliche Verfahren gilt stets die **Lex fori**, so dass für die Form des Nachweises der verfahrensrechtlich erforderlichen Eintragungsunterlagen bei deutschem Grundbesitz stets § 29 GBO anwendbar ist, unabhängig davon, wo die fraglichen Erklärungen (§ 29 Abs. 1 S. 1 GBO) abgegeben werden oder wo die zu beweisenden Tatsachen (§ 29 Abs. 1 S. 2 GBO) eingetreten sind.[1040] Der in Art. 11 Abs. 1 EGBGB niedergelegte Grundsatz der alternativen Anknüpfung an Geschäftsrecht oder Ortsrecht bezieht sich nur auf Rechtsgeschäfte und hat nicht Formvorschriften des Verfahrensrechts zum Gegenstand.[1041] Die Ortsform (vgl. Art. 11 Abs. 1 Alt. 2 EGBGB) reicht daher für verfahrensrechtliche Tatbestände nicht, so dass es unerheblich wäre, ob das ausländische Recht des Ortes, an dem eine für die Eintragung in das Grundbuch relevante Verfahrenserklärung abgegeben wird, überhaupt eine Form für eine vergleichbare Erklärung vorsehen würde.[1042] Von solchen verfahrensrechtlichen Erklärungen abzugrenzen sind etwaige vom Grundbuchamt zu prüfende materiell-rechtliche Erklärungen, wie z.B. gem. § 20 GBO die Auflassung. Soweit solche materiell-rechtlichen Erklärungen auf ihre Wirksamkeit zu überprüfen sind, hat das Grundbuchamt die Formwirksamkeit auf der Basis der Kollisionsnorm des Art. 11 EGBGB bzw. Art. 11 Rom I-VO zu beurteilen.[1043]

359 Nach **§ 29 Abs. 1 S. 1 GBO** soll eine Eintragung in das deutsche Grundbuch nur vorgenommen werden, wenn die Eintragungsbewilligung oder die sonstigen zu der Eintragung erforderlichen Erklärungen durch

---

[1029] Hügel/*Zeiser*, Int. Bez. Rn 3.
[1030] Hügel/*Zeiser*, Int. Bez. Rn 3.
[1031] OLG München Rpfleger 2016, 219; BeckOK GBO, Hügel/*Otto*, § 29 Rn 7; Bauer/v. Oefele/*Knothe*, § 29 Rn 67.
[1032] Hügel/*Zeiser*, Int. Bez., Rn 18.
[1033] Bauer/v. Oefele/*Knothe*, § 29 Rn 67.
[1034] Hügel/*Zeiser*, Int. Bez., Rn 19.
[1035] Hügel/*Zeiser*, Int. Bez., Rn 22.
[1036] Ausf.: Hügel/*Zeiser*, Int. Bez., Rn 23 ff.
[1037] Hügel/*Zeiser*, Int. Bez., Rn 24 f.
[1038] *Eickmann*, RPfleger 1983, 465, 466.
[1039] Zu Recht diff.: Hügel/*Zeiser*, Int. Bez., Rn 27; vgl. auch *Eickmann*, RPfleger 1983, 465, 466.
[1040] *Eickmann*, Rpfleger 1983, 465, 472; *Roth*, IPrax 1994, 86, 87; *Ludwig*, NotBZ 2003, 216; *Bausback*, DNotZ 1996, 254, 264.; BeckOK GBO, Hügel/*Zeiser*, Int. Bez., Rn 116.
[1041] *Langhein*, Rpfleger 1996, 45, 48.
[1042] *Ludwig*, NotBZ 2003, 216.
[1043] Vgl. Bauer/v. Oefele/*Knothe*, Int. Bezüge, Rn 635.

öffentliche oder öffentlich beglaubigte Urkunden nachgewiesen werden. Andere Eintragungsvoraussetzungen (als Erklärungen) bedürfen, soweit sie nicht beim Grundbuchamt offenkundig sind, des Nachweises durch öffentliche Urkunden, § 29 Abs. 1 S. 2 GBO. Solche anderen Voraussetzungen sind vor allem die Existenz bzw. Rechtsfähigkeit einer Gesellschaft sowie die Vertretungsmacht ihrer Organe.[1044] Die öffentliche Urkunde wird in § 415 Abs. 1 ZPO definiert als eine solche, die von einer öffentlichen Behörde innerhalb der Grenzen ihrer Amtsbefugnisse oder von einer mit öffentlichem Glauben versehenen Person innerhalb des ihr zugewiesenen Geschäftskreises in der vorgeschriebenen Form aufgenommen wurde. Bei der an der Schnittstelle zwischen öffentlicher Urkunde und Privaturkunde liegenden öffentlich-beglaubigten Urkunde muss die Unterschrift oder ein Handzeichen durch den Bestätigungsvermerk eines Notars in ihrer Echtheit beglaubigt werden (vgl. § 129 BGB).[1045] Bei der Ausgestaltung dieser Normen hat der Gesetzgeber natürlich in erster Linie an Urkunden gedacht, die von deutschen Gerichten, Notaren oder Behörden erstellt wurden. Auch ausländische Urkunden können jedoch den von § 29 GBO geforderten Formen genügen. **Ausländische Urkunden** sind solche Urkunden, die von einer ausländischen Behörde oder Urkundsperson ausgestellt wurden, auch wenn die Ausstellung im Inland erfolgte.[1046] Keine ausländischen, sondern deutsche Urkunden sind von einem deutschen Konsul im Ausland gem. § 10 Konsulargesetz erstellte Urkunden, so dass hier auch keine Legalisation verlangt werden kann.

Inwieweit ausländische Urkunden als öffentliche oder öffentlich beglaubigte Urkunden im Sinne des § 29 GBO eingeordnet werden können,[1047] ist eine Frage der Substitution.[1048] Dies soll sich hier danach entscheiden, ob die ausländische Urkundsperson nach Vorbild und Stellung einer deutschen gleichsteht und das von ihr beobachtete Urkundsverfahren dem deutschen **gleichwertig** ist.[1049] Für die Beantwortung dieser Frage muss der Formzweck der Vorschrift, bei der das Substitutionsproblem auftritt, die maßgebliche Rolle spielen.[1050] Dabei kann es auch relevant sein, welche Bedeutung das ausländische Recht seiner Urkunde beimisst.[1051]

360

Im Rahmen des § 29 Abs. 1 S. 1 GBO genügt die **öffentliche Beglaubigung**. Der dahinter stehende Formzweck, die Identität des Erklärenden und die Echtheit der Unterschrift zu bezeugen, stellt abstrakt i.d.R. geringere Seriositätsanforderungen an Urkundsperson und -verfahren als die notarielle Beurkundung.[1052] Deshalb wird hier regelmäßig die Gleichwertigkeit der ausländischen Beglaubigung akzeptiert.[1053] Neben entsprechenden Tätigkeiten lateinischer Notare sind auch solche eines „notary public" des anglo-amerikanischen Rechtskreises wie auch überhaupt von Urkundspersonen der meisten Kulturstaaten ausreichend, um den Formzweck des § 29 Abs. 1 S. 1 GBO zu wahren.[1054] Vorausgesetzt wird insoweit die Unterschrift des Erklärenden, die Zuständigkeit der Urkundsperson zur Beglaubigung der Unterschrift sowie ein Beglaubigungsvermerk, der die Echtheit der Unterschrift bezeugt sowie Unterschrift und Siegel der Urkundsperson enthält.[1055] Die Bezeichnung der Person, die die Unterschrift geleistet hat, im Beglaubigungsvermerk selbst wird man nicht verlangen müssen, sondern es genügen lassen, wenn sie sich aus der unterzeichneten Erklärung in Verbindung mit der Unterschrift dieser Person zweifelsfrei ergibt.[1056] Die Bezeugung der Unterschriftsechtheit kann nicht nur durch Bestätigung der Anerkennung oder der Vollziehung der Unterschrift des Erklärenden erfolgen (anders die Soll-Vorschriften des § 40 Abs. 1

361

1044 *Ludwig*, NotBZ 2003, 216, 218.
1045 *Ludwig*, NotBZ 2003, 90, 91.
1046 *Zöller/Geimer*, § 438 Rn 1.
1047 Vgl. OLG Zweibrücken FGPrax 1999, 86; BeckOK GBO, *Hügel/Otto*, § 29 Rn 134.
1048 Allgemein dazu z.B.: *Kropholler*, § 33 I: „Substitution einer ausländischen Rechtserscheinung für die vom materiellen Recht an sich gemeinte inländische".
1049 OLG Zweibrücken Rpfleger 1999, 326; *Eickmann*, Rpfleger 1983, 465, 472; *Ludwig*, NotBZ 2003, 216 f.; *Bausback*, DNotZ 1996, 254, 255; vom Ansatz her etwas anders: *Langhein*, Rpfleger 1996, 45 ff.
1050 *Bausback*, DNotZ 1996, 254, 255; *Ludwig*, NotBZ 2003, 216, 217; vgl. auch *Langhein*, Rpfleger 1996, 45, 49.
1051 *Bausback*, DNotZ 1996, 254, 265; für eine rechtsvergleichende Sichtweise auch *Langhein*, Rpfleger 1996, 45 ff.
1052 Vgl. *Langhein*, Rpfleger 1996, 45, 50.

1053 OLG Zweibrücken Rpfleger 1999, 326; *Bauer/v. Oefele/Knothe*, Int. Bezüge, Rn 634; *Ludwig*, NotBZ 2003, 216, 217; *Langhein*, Rpfleger 1996, 45, 50.
1054 BayOLG IPRax 1994, 122: „US-notary public"; OLG Zweibrücken Rpfleger 1999, 326: „notary public" der kanadischen Provinz Ontario; *Bausback*, DNotZ 1996, 254, 255; *Ludwig*, NotBZ 2003, 216, 217; *Roth*, IPRax 1994, 86, 87.
1055 Vgl. *Ludwig*, NotBZ 2003, 216, 217.
1056 Vgl. OLG Zweibrücken Rpfleger 1999, 326, wo der kanadische „notary public" nur „signature witnessed" ohne Bezeichnung der Person vermerkt hatte, diese sich aber aus der Unterschrift und der unterschriebenen Erklärung ergab; ebenso LG Darmstadt MittBayNot 2008, 317: Beglaubigungsvermerk im Sinne des § 40 Abs. 3 BeurkG nicht erforderlich; a.A. wohl *Ludwig*, NotBZ 2003, 216, 217, der als zwingend erforderlich auch die Bezeichnung der Person im Beglaubigungsvermerk erwähnt.

BeurkG für deutsche Notare), sondern auch in anderer Weise, z.B. indem die Urkundsperson bescheinigt, dass ihr die Unterschrift bekannt war.[1057]

2. Nachweis der Echtheit

a) Legalisation

362 Um ausländische Urkunden den inländischen Urkunden im Rahmen des § 29 GBO gleichzustellen, genügt die Gleichwertigkeit alleine nicht, sondern es ist auch die formell-beweisrechtliche Frage ihrer Echtheit aufzuwerfen.[1058] Anders als inländische öffentliche Urkunden, die gem. § 437 Abs. 1 ZPO die Vermutung der Echtheit für sich haben, kommt ausländischen öffentlichen Urkunden eine vergleichbare Vermutungswirkung nicht zu, § 438 Abs. 1 ZPO. Der Echtheitsnachweis wird im Grundbuchverfahren grundsätzlich durch Legalisation geführt.[1059] Sie genügt gem. § 438 Abs. 2 ZPO sowie gem. dem gleichlautenden § 2 des Gesetzes vom 1.5.1878 betreffend die Beglaubigung öffentlicher Urkunden[1060] für den Beweis der Echtheit. Nach der Definition in Art. 2 S. 2 des Haager Übereinkommens zur Befreiung ausländischer öffentlicher Urkunden von der Legalisation vom 5.10.1961 ist sie die Förmlichkeit, durch welche die diplomatischen oder konsularischen Vertreter des Landes, in dessen Hoheitsgebiet die Urkunde vorgelegt werden soll, die Echtheit der Unterschrift, die Eigenschaft, in welcher der Unterzeichner der Urkunde gehandelt hat, und gegebenenfalls die Echtheit des Siegels oder Stempels, mit dem die Urkunde versehen ist, bestätigen. Ähnlich drückt es auch § 13 Abs. 2 Konsulargesetz aus. Bei beabsichtigter Verwendung in Deutschland sind die deutschen Konsularbeamten, in deren Amtsbereich die öffentliche Urkunde ausgestellt wurde, legalisationsbefugt, § 13 Abs. 1 Konsulargesetz. Gibt es im betreffenden Staat keine deutsche Auslandsvertretung und werden die deutschen Interessen durch einen fremden Konsul wahrgenommen, so sind die von diesem legalisierten Urkunden ohne weiteres anzuerkennen.[1061] Nach § 13 Abs. 3 Konsulargesetz erfolgt die Legalisation durch Anbringung eines entsprechenden Vermerks auf der ausländischen Urkunde.

363 Die in Art. 13 Abs. 2 Konsulargesetz geregelte sog. **Legalisation im engeren Sinne** bestätigt die Echtheit der Unterschrift und die amtliche Eigenschaft des Ausstellers sowie die Echtheit seines Siegels oder Stempels.[1062] Sie besagt jedoch nichts darüber, ob der Aussteller die für ihn geltenden Form- und Zuständigkeitsvorschriften eingehalten hat.[1063] Insoweit kann nach § 13 Abs. 4 Konsulargesetz auf Antrag im Legalisationsvermerk bestätigt werden, dass der Aussteller zur Aufnahme der Urkunde zuständig war und dass die Urkunde in der den Gesetzen des Ausstellungsortes entsprechenden Form aufgenommen worden ist, sofern über die Rechtslage kein Zweifel besteht.[1064] Diese **Legalisation im weiteren Sinne** hat die Qualität eines Rechtsgutachtens, das dem Gericht hilft, ohne es zu binden.[1065] Sie spielt praktisch kaum eine Rolle.[1066] Es entspricht nämlich einem im internationalen Rechtsverkehr anerkannten Erfahrungssatz, dass echte öffentliche Urkunden nicht fehlerhaft und kompetenzwidrig aufgenommen worden sind, so dass das Grundbuchamt nur bei gewichtigen Anhaltspunkten für die formfehlerhafte oder kompetenzwidrige Errichtung sich nicht auf diesen Satz verlassen darf und nicht an ihn gebunden ist.[1067] Nur im Falle solcher gewichtiger Anhaltspunkte kann die Legalisation im weiteren Sinne verlangt werden.[1068]

364 Wie § 438 Abs. 1 ZPO zeigt, besteht kein genereller, sondern nur ein **bedingter Legalisationszwang**. Die Legalisation ist zwar ein hinreichendes, aber kein notwendiges Mittel des Echtheitsnachweises.[1069] Dem Grundbuchamt ist ein Ermessen eingeräumt und es kann daher auf die Legalisation verzichten, wenn es

---

1057 *Reithmann*, DNotZ 1995, 360, 364; *Ludwig*, NotBZ 2003, 216, 217, der zu Recht auch darauf hinweist, dass eine Bescheinigung, wann und von wem dem Notar die Erklärung vorgelegt wurde, keine Unterschriftsbeglaubigung darstellt.
1058 Vgl. MüKo-BGB/*Spellenberg*, Art. 11 Rn 186; *Ludwig*, NotBZ 2003, 216, 221; Zöller/*Geimer*, § 438 Rn 1.
1059 BayObLG MittBayNot 1989, 253 f. OLG Zweibrücken Rpfleger 1999, 326; *Ludwig*, NotBZ 2003, 216, 222; Meikel/*Hertel*, § 29 Rn 415.
1060 RGBl 1878, 89.
1061 KG KGJ 50, 69.
1062 BeckOK GBO, Hügel/*Zeiser*, Int. Bez., Rn 117.
1063 Vgl. KG JW 1933, 524 für Beglaubigungsvermerk nach Staatsvertrag mit der Schweiz.
1064 BeckOK GBO, Hügel/*Zeiser*, Int. Bez., Rn 118.
1065 MüKo-BGB/*Spellenberg*, Art. 11 Rn 189; *Langhein*, Rpfleger 1996, 45, 47.
1066 MüKo-BGB/*Spellenberg*, Art. 11 Rn 189.
1067 OLG Zweibrücken, Beschl. v. 22.1.1999 – 3 W 246/98, Rpfleger 1999, 326: kanadischer „notary public"; LG Wiesbaden, Beschl. v. 30.6.1987 – 4 T 338/87 Rpfleger 1988, 17; *Arnold*, NJW 1971, 2109, 2111; *Roth*, IPRax 1994, 86, 87; *Bausback*, DNotZ 1996, 254, 265.
1068 KG JFG 1920, 171, 178.
1069 *Schaub*, NZG 2000, 953, 956; *Bindseil*, DNotZ 1992, 275, 285.

den Echtheitsnachweis auf andere Weise als erbracht ansieht, z.B. durch die Bescheinigung einer anderen Behörde.[1070] Im Schrifttum geht man unter strenger Auslegung teilweise davon aus, dass die Echtheit der ausländischen Urkunde grundsätzlich durch Legalisation im engeren Sinn nachzuweisen ist.[1071] Allein der Umstand, dass eine Beschaffung der Legalisation auf Schwierigkeiten stößt, reicht für einen Verzicht auf sie aber ebensowenig wie die Geringwertigkeit des betroffenen Grundbesitzes.[1072]

b) Staatsverträge

aa) Bilaterale Abkommen. Mit einigen Staaten unterhält Deutschland bilaterale Staatsverträge, nach denen für die Masse der Urkunden auf Legalisation und Apostille verzichtet wird.[1073] Der Umfang der Befreiung muss anhand des jeweiligen Abkommens geprüft werden. 365

Das **deutsch-belgische Abkommen** vom 13.5.1975 über die Befreiung öffentlicher Urkunden von der Legalisation[1074] sieht in seinem Art. 1 vor, dass sämtliche öffentliche Urkunden zum Gebrauch in dem anderen Staat keiner Förmlichkeit (Legalisation, Apostille usw.) bedürfen. Darunter fallen u.a. Urkunden eines Gerichts, Urkundsbeamten der Geschäftsstelle, Gerichtsvollzieher, Notare, Diplomaten, Konsularbeamte einer Verwaltungsbehörde.[1075] Nach Art. 3 sind belgische Urkunden, die, auch bei Fehlen eines amtlichen Siegels oder Stempels, von einer Person oder Stelle errichtet wurden, die zur Ausstellung solcher öffentlicher Urkunden befugt ist, in Deutschland anzuerkennen, wenn die Legalisationsstelle des belgischen Ministeriums für auswärtige Angelegenheiten die Echtheit der Unterschrift, ggf. des Stempels oder Siegels und die Befugnis des Ausstellers zur Errichtung solcher öffentlicher Urkunden beglaubigt.[1076] 366

Das **deutsch-dänische Beglaubigungsabkommen** vom 17.6.1936[1077] befreit gesiegelte oder gestempelte gerichtliche oder notarielle Urkunden sowie Urkunden von obersten oder höheren Verwaltungsbehörden vollständig von jeder Legalisation. Bei aufgenommenen oder beglaubigten Urkunden des Gerichtsvollziehers, gerichtlicher Hilfsbeamter, der Grundbuchbeamten oder der Urkundsbeamten der Geschäftsstellen genügt eine Zwischenbeglaubigung durch den zuständigen Richter, bei Kollegialgerichten durch den Vorsitzenden, jeweils unter Beifügung von Dienstsiegel oder -stempel. Dänische Urkunden ziviler Behörden über Standesfälle müssen zum Gebrauch in Deutschland von der zuständigen dänischen Ortsverwaltungsbehörde nebst Bescheinigung der Befugnis des Ausstellers zur Ausfertigung der Urkunde unter Beifügung von Dienstsiegel oder -stempel beglaubigt werden, für Urkunden über den Inhalt von Kirchenbüchern ist eine Beglaubigung durch das Kirchenministerium erforderlich.[1078] 367

Im Verhältnis zu Frankreich ist das **deutsch-französische Abkommen** über die Befreiung öffentlicher Urkunden von der Legalisation vom 13.9.1971[1079] beachtlich. Befreit sind u.a. Urkunden eines Gerichts, eines Urkundsbeamten der Geschäftsstelle, eines Gerichtsvollziehers, einer Verwaltungsbehörde und eines Notars.[1080] Für durch einen französischen Notar unterschriftsbeglaubigte Urkunden kann daher weder Legalisation, Apostille, Beglaubigung oder eine ähnliche Förmlichkeit verlangt werden.[1081] Nach Art. 6, 7 des Abkommens kann bei ernsthaften Zweifeln an der Echtheit oder dem öffentlichen Charakter einer Urkunde das Ministerium der Justiz der Französischen Republik um Nachprüfung und Auskunft gebeten werden.[1082] 368

1070 BayObLG MittBayNot 1989, 273, 275; BayObLG DNotZ 1993, 397, Rpfleger 1993, 192, IPRax 1994, 122: mit Siegel versehene Bestätigung der Zuständigkeit des „notary public" seitens eines „Clerk of the Circuit Court" des US-Bundesstaates Indiana ausreichend; OLG Zweibrücken, Rpfleger 1999, 326; OLG Schleswig-Holstein IPRspr 1960, 61 Nr. 22; IPG 69 Nr. 50 (München); Reithmann/Martiny/*Limmer*, Internationales Vertragsrecht, Rn 1537.
1071 So BeckOK GBO; Hügel/*Zeiser*, Int. Bez., Rn 120 m.w.N.
1072 BayObLG IPRax 1994, 122; OLG Schleswig FGPrax 2008, 217; BeckOK GBO; Hügel/*Zeiser*, Int. Bez., Rn 120.
1073 BeckOK GBO, Hügel/*Zeiser*, Int. Bez., Rn 125 ff.
1074 BGBl II 1980, 813; BGBl II 1981, 142; es ist aus belgischer Sicht wegen eines Verfahrensfehlers bei der Ratifikation nicht anwendbar, wohingegen es aus deutscher Sicht als verbindlich angesehen wird, vgl. *DNotI* (Hrsg.), Notarielle Fragen des internationalen Rechtsverkehrs, 1995, S. 53; Beck'sches Notarhandbuch/*Zimmermann*, H Rn 241; *Schaub*, NZG 2000, 953, 957.
1075 Beck'sches Notarhandbuch/*Zimmermann*, H Rn 241.
1076 Bauer/v. Oefele/*Knothe*, Int. Bezüge, Rn 637.
1077 RGBl II 1936, 213; BGBl II 1953, 186.
1078 Bauer/v. Oefele/*Knothe*, Int. Bezüge, Rn 638.
1079 BGBl II 1974, 1074; BGBl II 1975, 353.
1080 Beck'sches Notarhandbuch/*Zimmermann*, H Rn 243; Einzelheiten bei *Arnold*, DNotZ 1975, 581 ff.
1081 LG Wuppertal RNotZ 2005, 123.
1082 *Langhein*, Rpfleger 1996, 45, 47.

369 Nach Art. 24 des **deutsch-griechischen Abkommens** über die gegenseitige Rechtshilfe in Angelegenheiten des bürgerlichen und Handelsrechts vom 11.5.1938[1083] wird für Urkunden des griechischen Gerichtes erster Instanz oder eines Gerichtes höherer Ordnung, einer griechischen obersten Verwaltungsbehörde oder eines griechischen obersten Verwaltungsgerichtes auf jede weitere Beglaubigung verzichtet, wenn die Urkunde von einer dieser Stellen ausgestellt oder beglaubigt und mit ihrem Siegel oder Stempel versehen ist. Die Urkunden der übrigen Gerichte, eines Urkundsbeamten der Geschäftsstelle, eines Notars, eines Gerichtsvollziehers oder des Grundbuchamtes müssen durch den Präsidenten des Gerichtes erster Instanz – bei Urkunden eines Urkundsbeamten eines Gerichts höherer Ordnung durch dessen Präsidenten – unter Beifügung von Amtssiegel oder -stempel – zwischenbeglaubigt werden.

370 Der **deutsch-italienische Vertrag** über den Verzicht auf die Legalisation von Urkunden vom 7.6.1969[1084] befreit von der Legalisation u.a. Urkunden eines Gerichts, der Verwaltungsbehörden, der Notare sowie Urkunden, die von einer diplomatischen oder konsularischen Vertretung eines Vertragsstaates errichtet worden sind.[1085]

371 Nach dem **deutsch-österreichischen Beglaubigungsvertrag** vom 21.6.1923[1086] bedürfen keiner weiteren Beglaubigung von österreichischen Gerichten und Verwaltungsbehörden ausgestellte, mit Siegel oder Stempel versehene Urkunden (Art. 1), ebenso Auszüge aus Kirchenbüchern und Familienstandsregistern (Art. 2), notarielle Urkunden und von Gerichtsvollziehern und gerichtlichen Hilfsämtern ausgeführte und mit dem jeweiligen Siegel versehene Urkunden (Art. 3). Zu den notariellen Urkunden gehört auch die Beglaubigung (Art. 4).

372 Im Verhältnis der Bundesrepublik Deutschland zur Schweiz ist der **deutsch-schweizerische Vertrag** über die Beglaubigung öffentlicher Urkunden vom 14.2.1907[1087] zu beachten. Danach bedürfen die von Gerichten und Gerichtsschreibern (Urkundsbeamten der Geschäftsstelle) aufgenommenen, ausgestellten oder beglaubigten Urkunden, die mit Siegel oder Stempel versehen sind, keiner weiteren Überbeglaubigung (Art. 1). Dasselbe gilt für Urkunden, die von einer der in dem dem Staatsvertrag beigefügten Verzeichnis[1088] aufgeführten obersten oder höheren Verwaltungsbehörde aufgenommen, ausgestellt oder beglaubigt und mit dem Siegel oder Stempel der Behörde versehen sind (Art. 2). Hierbei handelt es sich um die Bundeskanzlei und die jeweiligen Staatskanzleien in den Kantonen Zürich, Bern, Luzern, Solothurn, Basel-Stadt und -Land, Schaffhausen, Sankt Gallen, Aargau, Thurgau und Zug. Das Gleiche gilt bei Urkunden der Standeskanzlei. In den Kantonen Tessin, Wallis, Neuenburg, Freiburg und Jura ist es die Chancellerie d'Etat, in den Kantonen Uri und Unterwalden, Nied dem Wald sowie Graubünden die Standeskanzlei, in den Kantonen Schwyz und Appenzell a. Rhein die Kantonskanzlei, bei letzterem Kanton auch der Landammann und die Standeskommission, im Kanton Unterwalden ob dem Wald die Staatskanzlei und das Landamannamt, im Kanton Glarus die Regierungskanzlei. Auf Urkunden von Notaren erstreckt sich der Staatsvertrag nicht.[1089]

373 **bb) Londoner Europäisches Übereinkommen zur Befreiung der von diplomatischen oder konsularischen Vertretern errichteten Urkunden von der Legalisation vom 7.6.1968.** Nach dem Europäischen Übereinkommen vom 7.6.1968[1090] sind Urkunden, die von den diplomatischen oder konsularischen Vertretern eines Vertragsstaates, gleich an welchem Ort, errichtet worden sind – auch durch Unterschriftsbeglaubigung (Art. 2 Abs. 2) – und in dem Hoheitsgebiet eines anderen Vertragsstaates vorgelegt werden sollen, von der Legalisation befreit. Der Staatsvertrag gilt (Stand: Mitte 2018) im Verhältnis zu folgenden Staaten: Belgien,[1091] Frankreich,[1092] Griechenland,[1093] Irland,[1094] Italien,[1095] Liechtenstein,[1096] Luxemburg,[1097] Niederlande,[1098]

[1083] RGBl II 1939, 848; BGBl II 1952, 634.
[1084] BGBl II 1974, 1069; BGBl II 1975, 660, 931; ausf. dazu: *Arnold*, DNotZ 1975, 581 ff.
[1085] Beck'sches Notarhandbuch/*Zimmermann*, H Rn 245.
[1086] RGBl II 1924, 61; BGBl II 1952, 436.
[1087] RGBl 1907, Nr. 33 v. 23.7.1907, 411 ff.
[1088] Zu dessen aktuellem Stand vgl. BGBl II 1998, 71.
[1089] Vgl. OLG München HRR 37 Nr. 244; Bauer/v. Oefele/*Knothe*, Int. Bezüge, Rn 645; *Schaub*, NZG 2000, 953, 957.
[1090] BGBl II 1971, 86; ausf. dazu: *Arnold*, NJW 1971, 2109.
[1091] www.coe.int/de/web/conventions.
[1092] BGBl II 1971, 1023.
[1093] BGBl II 1979, 338.
[1094] BGBl II 1999, 762.
[1095] BGBl II 1971, 1313.
[1096] BGBl II 1973, 1248.
[1097] BGBl II 1979, 938.
[1098] BGBl II 1971, 1023.

Norwegen,[1099] Österreich,[1100] Polen,[1101] Portugal,[1102] Schweden,[1103] Schweiz,[1104] Spanien,[1105] Tschechien,[1106] Türkei,[1107] Vereinigtes Königreich,[1108] Estland,[1109] Mazedonien, Moldau,[1110] Rumänien,[1111] Zypern.[1112]

cc) Haager Übereinkommen zur Befreiung ausländischer öffentlicher Urkunden von der Legalisation vom 5.10.1961. Das Haager Übereinkommen von 1961[1113] befreit im Verhältnis der Vertragsstaaten öffentliche Urkunden von der Legalisation (Art. 2). Als öffentliche Urkunden werden nach Art. 2 Abs. 1 angesehen: Urkunden eines staatlichen Gerichts oder einer Amtsperson als Organ der Rechtspflege, einschließlich der Urkunden, die von der Staatsanwaltschaft oder einem Vertreter des öffentlichen Interesses, von einem Urkundsbeamten der Geschäftsstelle oder von einem Gerichtsvollzieher ausgestellt sind, weiter Urkunden der Verwaltungsbehörden, notarielle Urkunden sowie amtliche Bescheinigungen, die auf Privaturkunden angebracht sind, wie z.B. über die Registrierung, Sichtvermerke zur Feststellung eines bestimmten Zeitpunktes und Beglaubigungen von Unterschriften. Nicht anzuwenden ist der Staatsvertrag insbesondere auf Urkunden, die von diplomatischen oder konsularischen Vertretern errichtet sind (Art. 1 Abs. 3).

An die Stelle der Legalisation tritt nach Art. 3 Abs. 1, 4 und 5 des Übereinkommens eine standardisierte vereinfachte Form der Echtheitsbestätigung, die von der zuständigen Behörde des Errichtungsstaates erteilt wird, die sog. Apostille. Sie muss gem. Art. 4 Abs. 1 auf der Urkunde selbst oder auf einem mit ihr verbundenen Blatt angebracht werden und dem dem Übereinkommen beigefügten amtlichen Muster entsprechen, das wie folgt aussieht:[1114]

Modèle d'apostille

```
L'apostille aura la forme d'un carré de 9 centimètres de côté au minimum
                            APOSTILLE
                (Convention de La Haye du 5 octobre 1961)
1. Pays:
Le présent acte public
2. a été signé par
3. agissant en qualité de
4. est revêtu du sceau/timbre de
                              Attesté
5. à                                                          6. le

7. par
8. sous N°

9. Sceau/timbre:                                    10. Signature:
```

1099 BGBl II 1981, 561.
1100 BGBl II 1973, 746.
1101 BGBl II 1995, 251.
1102 BGBl II 1983, 116.
1103 BGBl II 1973, 1676.
1104 BGBl II 1971, 1023.
1105 BGBl II 1982, 639.
1106 BGBl II 1998, 2373.
1107 BGBl II 1987, 427.
1108 BGBl II 1971, 1023.
1109 BGBl II 2011, 503.
1110 BGBl II 2002, 1872.
1111 BGBl II 2012, 114.
1112 BGBl II 1971, 1023.
1113 BGBl II 1965, 875.
1114 BGBl II 1965, 883 f.

Nicht

Model of certificate

The certificate will be in the form of a square with sides at least 9 centimetres long
APOSTILLE
(Convention de La Haye du 5 octobre 1961)
1. Country:
This public document
2. has been signed by
3. acting in the capacity of
4. bears the seal/stamp of
Certified
5. at   6. the
7. by
8. N°
9. Seal/Stamp: 10. Signature:

Muster der Apostille

Die Apostille soll die Form eines Quadrats mit Seiten von mindestens 9 Zentimetern haben
APOSTILLE
(Convention de La Haye du 5 octobre 1961)
1. Land:
Diese öffentliche Urkunde
2. ist unterschrieben von
3. in seiner Eigenschaft als
4. sie ist versehen mit dem Siegel/Stempel des (der)
Bestätigt
5. in   6. am
7. durch
8. unter Nr.
9. Siegel/Stempel: 10. Unterschrift:

376 Die Unterschrift und das Siegel oder der Stempel auf der Apostille bedürfen keiner Überbeglaubigung, Art. 5 Abs. 3 des Übereinkommens. Nach Art. 5 Abs. 2 weist sie die Echtheit der Unterschrift, die Eigenschaft, in welcher der Unterzeichner der Urkunde gehandelt hat, und ggf. die Echtheit des Siegels oder Stempels, mit dem die Urkunde versehen ist, nach. Insoweit hat die Apostille den Beweiswert des § 438 Abs. 2 ZPO.[1115] Nicht bewiesen ist dadurch die Zugehörigkeit der apostillierten Urkunde zu den in Art. 1 Abs. 2 des Übereinkommens genannten öffentlichen Urkunden, wenngleich die Apostille dafür zumindest einen Anhaltspunkt bietet.[1116]

[1115] MüKo-BGB/*Spellenberg*, Art. 11 Rn 195; Meikel/*Brambring*, Art. 29 Rn 250.

[1116] *Langhein*, Rpfleger 1996, 45, 47; *Weber*, DNotZ 1967, 469, 473 f.

Internationale Bezüge § 8 Einl.

Wie bei der Legalisation kann auch auf die Apostille verzichtet werden, wenn das Grundbuchamt den Echtheitsnachweis in anderer Weise als erbracht ansieht (siehe Rdn 364).[1117]

Die Vertragsstaaten des Haager Übereinkommens ergeben sich aus der nachfolgenden Länderübersicht (vgl. Rdn 377) und sind dort dadurch gekennzeichnet, dass eine Apostille ausreichend ist.[1118]

c) Länderübersicht

Die Rechtslage bezüglich des Echtheitsnachweises von Urkunden ist ständigen Änderungen unterworfen und nicht selten unklar. Die nachfolgenden Angaben erfolgen daher unter entsprechendem Vorbehalt. Soweit in der folgenden Übersicht[1119] von Zwischen- bzw. Endbeglaubigung die Rede ist, geht es um die Anerkennung deutscher notarieller Urkunden im Ausland. Die Zwischenbeglaubigung erfolgt dabei durch den Präsidenten des Landgerichts, gelegentlich zusätzlich durch den Bundesminister der Justiz, die Endbeglaubigung durch das Auswärtige Amt, das diese Befugnisse an das Bundesverwaltungsamt in Köln delegiert hat.[1120] Soweit in der Übersicht weder bei „Apostille" noch „Legalisation" eine Markierung erscheint, werden Urkunden aus dem betreffenden Staat gegenwärtig von den deutschen Auslandsvertretungen nicht legalisiert. Insoweit werden Beurkundungen durch deutsche Konsularbeamte empfohlen, andernfalls der Echtheitsnachweis auf andere Weise, etwa durch Gutachten.[1121]

377

	Apostille	Zwischenbeglaubigung	Endbeglaubigung	Legalisation
Ägypten		*		*
Äthiopien		*		*
Afghanistan		*		
Albanien		*		*
Algerien		*		*
Andorra	*			
Angola		*		*
Anguilla				*
Antigua u. Barbuda	*			
Argentinien	*			
Armenien	*			
Aserbaidschan				

1117 Vgl. BayOLG, IPRax 1994, 122.
1118 Der aktuelle Stand der Beitrittsstaaten ist abrufbar beim Deutschen Notarinstitut unter www.dnoti.de und dort unter „Arbeitshilfen/IPR" sowie auf der Internetseite der Haager Konferenz (Hague Conference-Status Conventions, www.hcch.net); die Liste der für die Apostille zuständigen Behörden findet man in der Bekanntmachung vom 1.4.1970, BAnz. Nr. 77, 70, samt Änderung vom 26.3.1971, BAnz. Nr. 67, 71, bei *Bülow/Böckstiegel/Geimer/Schütze*, Internationaler Rechtsverkehr (Loseblattsammlung), Bd. III, D II 1f sowie bei *Weingärtner*, Notarrecht Ordnungs-Nr. 420 Vb; die Behörden in den USA finden sich auch auf der genannten Internetseite des Deutschen Notarinstituts (DNotI) sowie – allerdings teilweise veraltet – unter www.travel.state.gov/authentication.html (vgl. MittBayNot 2003, 416); zust. ist in den USA i.d.R. der „Secretary of State" des jeweiligen Bundesstaates oder sein Vertreter; *Melchior/Schulte*, NotBZ 2003, 344, 347) in Großbritannien das Außenministerium (*Wachter*, NotBZ 2004, 41, 46 u. Hinw. auf www.fco.gov.uk).
1119 Mit einigen Aktualisierungen übernommen von: Würzburger Notarhandbuch/*Hertel*, Teil 7, Kap. 1, Rn 27; BeckOK GBO, Hügel/*Zeiser*, Int. Bezüge, Rn 145.1; Beck'sches Notarhandbuch/*Zimmermann*, G nach Rn 255; Bauer/v. Oefele/*Knothe*, Int. Bezüge, Rn 654.
1120 Beck'sches Notarhandbuch/*Zimmermann*, H Rn 250.
1121 Würzburger Notarhandbuch/*Hertel*, Teil 7, Kap. 1, Rn 26.

	Apostille	Zwischenbeglaubigung	Endbeglaubigung	Legalisation
Australien	*			
Bahamas	*			
Bahrein	*		*	
Bangladesch		*		
Barbados	*			
Belarus	*			
Belgien[1122]	*			
Belize	*			
Benin		*		
Bermuda	*			
Bolivien		*		*
Bosnien-Herzegowina	*			
Botswana	*			
Brasilien		*		*
British Virgin Islands	*			
Brunei-Darussalam	*			
Bulgarien	*			
Burkina Faso		*		*
Burundi		*		*
Cayman Islands	*			
Chile		*		*
VR China (Hongkong s.u.)		*	*	*
Costa Rica	*	*		
Dänemark[1123]	*	*		
Dominica	*			
Dominikanische Republik		*		
Dschibuti		*		
Ecuador	*			
Elfenbeinküste		*		
El Salvador	*			
Eritrea		*		
Estland	*			

[1122] Siehe zum bilateralen Abkommen: Rdn 366.
[1123] Siehe zum bilateralen Abkommen: Rdn 367.

	Apostille	Zwischenbeglaubigung	Endbeglaubigung	Legalisation
Fidschi	*			
Finnland	*			
Frankreich[1124]	*			
Gabun		*		
Gambia		*		
Georgien	*	*		
Ghana		*		
Gibraltar	*			
Grenada	*			
Griechenland[1125]	*			
Großbritannien	*			
Guatemala		*		*
Guernsey	*			
Guinea		*		
Guinea Bissau		*		
Guyana		*		*
Haiti		*		
Honduras	*			
Hongkong	*			
Indien		*		
Indonesien		*		*
Irak		*	*	
Iran		*	*	*
Irland	*			
Island	*			
Israel	*			
Italien[1126]	*			
Jamaika		*		*
Japan	*			
Jemen		*		*
Jersey	*			

1124 Siehe zum bilateralen Abkommen: Rdn 368.
1125 Siehe zum bilateralen Abkommen: Rdn 369.
1126 Siehe zum bilateralen Abkommen: Rdn 370.

	Apostille	Zwischenbeglaubigung	Endbeglaubigung	Legalisation
Jordanien		*	*	*
Kambodscha		*	*	
Kamerun		*		
Kanada		*		*
Kasachstan	*			
Katar		*	*	*
Kenia		*		
Kirgisistan		*		*
Kolumbien	*			
Kongo		*		
Korea (Nord)		*		*
Korea (Süd)	*			
Kroatien	*			
Kuba		*		*
Kuwait		*		*
Laos		*		
Lesotho	*			
Lettland	*			
Libanon		*		*
Liberia		*		
Libyen		*		*
Liechtenstein	*			
Litauen	*			
Luxemburg	*			
Madagaskar		*		*
Malawi	*			
Malaysia		*		*
Malediven		*		*
Mali		*	*	
Malta	*			
Marokko		*		
Marschallinseln	*			
Mauretanien		*	*	*
Mauritius	*			

	Apostille	Zwischenbeglaubigung	Endbeglaubigung	Legalisation
Mazedonien	*			
Mexiko	*			
Moldau		*		*
Monaco	*			
Mongolei		*		
Montenegro	*			
Myanmar		*	*	
Namibia	*			
Nauru		*		*
Nepal		*	*	
Neuseeland	*			
Nicaragua		*		*
Niederlande	*			
Niger		*		
Nigeria		*		
Niue	*			
Norwegen	*			
Österreich[1127]	*			
Oman	*	*		
Pakistan		*		
Panama	*			
Paraguay		*		*
Peru	*			
Philippinen		*		
Polen		*		*
Portugal	*			
Puerto Rico	*			
Ruanda		*	*	
Rumänien	*			
Russische Föderation	*			
Salomonen		*		*
Sambia		*		*
Samoa	*			

[1127] Siehe zum bilateralen Abkommen: Rdn 371.

Nicht

	Apostille	Zwischenbeglaubigung	Endbeglaubigung	Legalisation
San Marino	*			
Sao Tome und Principe	*			
Saudi-Arabien		*	*	*
Schweden	*			
Schweiz[1128]	*			
Senegal		*		*
Serbien	*			
Seychellen	*			
Sierra Leone		*		
Simbabwe		*		*
Singapur		*		*
Slowakei	*			
Slowenien	*			
Somalia		*	*	
Spanien	*			
Sri Lanka		*		
St. Kitts und Nevis	*			
St. Lucia	*			
St. Vincent und die Grenadinen	*			
Sudan		*	*	*
Südafrika	*			
Suriname	*			
Swasiland	*			
Syrien		*	*	*
Tadschikistan		*		
Tansania		*		*
Thailand		*		*
Togo		*	*	
Tonga	*			
Trinidad und Tobago	*			
Tschad		*		
Tschechische Republik	*			

[1128] Siehe zum bilateralen Abkommen: Rdn 372.

	Apostille	Zwischenbeglaubigung	Endbeglaubigung	Legalisation
Türkei	*			
Tunesien		*		*
Turkmenistan		*		*
Uganda		*		
Ukraine	*	*		
Ungarn	*			
Uruguay	*	*		
USA	*			
Usbekistan		*		
Venezuela	*			
Verein. Arabische Emirate		*		*
Vietnam		*		
Zaire		*		
Zentralafrikanische Republik		*		
Zypern	*			

d) Besondere Staatsverträge betreffend Personenstandsurkunden

Für Personenstandsurkunden gibt es eine Reihe mehrseitiger und bilateraler Staatsverträge, die den Verzicht auf eine Legalisation und andere dem Echtheitsnachweis dienende Förmlichkeiten vorschreiben, so dass solche Urkunden ohne weiteres gem. § 438 Abs. 2 ZPO einer legalisierten Urkunde gleichstehen. **378**

Zu nennen ist zum einen das **Pariser CIEC-Übereinkommen über die Erteilung gewisser für das Ausland bestimmter Auszüge aus den Personenstandsbüchern** vom 27.9.1956.[1129] Es ist allerdings infolge des nachgenannten Übereinkommens über die Ausstellung mehrsprachiger Auszüge aus Personenstandsbüchern von 1976 gegenstandslos.[1130] **379**

Das **Übereinkommen über die Ausstellung mehrsprachiger Auszüge aus Personenstandsbüchern** vom 8.9.1976[1131] geht im Verhältnis seiner Vertragsstaaten dem vorgenannten Pariser Übereinkommen vor (Art. 14).[1132] Es regelt Auszüge aus Personenstandsbüchern betreffend die Geburt, die Eheschließung oder den Tod einer Person. Diese sind von der Legalisation und anderen Förmlichkeiten befreit, wenn sie gem. den Formblättern ausgestellt werden, die dem Übereinkommen beigefügt sind. Diese Regelungen gelten im Verhältnis zu Belgien, Bosnien und Herzegowina, Estland, Frankreich, Italien, Kroatien, Litauen, Luxemburg, Mazedonien, Moldawien, den Niederlanden, Österreich, Polen, Portugal, der Schweiz, Slowenien, Spanien und der Türkei. **380**

Das **Luxemburger CIEC-Übereinkommen über die kostenlose Erteilung von Personenstandsurkunden und den Verzicht auf ihre Legalisation** vom 26.9.1957[1133] verpflichtet jeden Vertragsstaat zur kostenlosen Erteilung von Abschriften von oder Auszügen aus Personenstandsbüchern, die sich auf Angehörige des ersuchenden Vertragsstaates beziehen, wenn das Ersuchen für Verwaltungszwecke oder **381**

1129 BGBl II 1961, 1055, BGBl II 1962, 42.
1130 BeckOK GBO, Hügel/*Zeiser*, Int. Bez., Rn 136.
1131 BGBl II 1997, 774, BGBl II 1998, 966.
1132 BeckOK GBO, Hügel/*Zeiser*, Int. Bez., Rn 136, 139.
1133 BGBl II 1961, 1067, BGBl II 1962, 43.

zugunsten bedürftiger Personen gestellt wird (Art. 1). Solche Abschriften oder Auszüge bedürfen nach Art. 4 keiner Legalisation, wenn sie mit Unterschrift und Dienstsiegel der erteilenden Behörde versehen sind. Das Übereinkommen betrifft das Verhältnis zu Belgien, Frankreich, Italien, Luxemburg, den Niederlanden, Österreich, Portugal, der Schweiz und der Türkei.

382 Die Bundesrepublik Deutschland hat **bilaterale Abkommen** mit Luxemburg (Abkommen vom 3.6.1982[1134]), Österreich (Vertrag vom 18.11.1980[1135]) und der Schweiz (Abkommen vom 4.11.1985[1136]) geschlossen, nach denen für von dem Standes-/Zivilbeamten eines Vertragsstaates aufgenommene, ausgestellte oder beglaubigte und mit Amtssiegel oder -stempel versehene Urkunden keine Beglaubigung (Legalisation) erforderlich ist.[1137]

II. Nachweis der Erbfolge bzw. Testamentsvollstreckerbefugnis, § 35 GBO

1. Erbschein, § 35 Abs. 1 GBO

a) H.M.: nur deutscher Erbschein

383 Wenn § 35 Abs. 1 GBO zum Nachweis der Erbfolge einen Erbschein fordert, so ist nach Rechtsprechung und h.M. nur ein Erbschein eines deutschen Nachlassgerichtes (oder ein Europäisches Nachlasszeugnis, welches dem Erbschein gleichgestellt ist)[1138] genügend,[1139] es sei denn, eine staatsvertragliche Regelung geböte insoweit auch die Anerkennung eines ausländischen Erbzeugnisses.[1140] Die für den Bereich der freiwilligen Gerichtsbarkeit geltenden Anerkennungsnormen der § 109 FamFG werden insoweit durch § 35 Abs. 1 S. 1 GBO als Sondervorschrift verdrängt.[1141] Das Grundbuchamt solle im Übrigen durch diese Regelung der Notwendigkeit enthoben werden, selbst die oftmals schwierige Prüfung der erbrechtlichen Verhältnisse vorzunehmen.[1142] Außerdem würden unter den Voraussetzungen des § 109 FamFG nur die verfahrensrechtlichen Wirkungen einer ausländischen Entscheidung auf das Inland erstreckt, nicht jedoch materiell-rechtliche Tatbestandswirkungen wie z.B. die Vermutung für die Rechtsinhaberschaft aus dem Erbschein.[1143]

384 Der Hinweis der h.M. auf **staatsvertragliche Regelungen** läuft im Ergebnis im Immobilienbereich leer, da solche für Erbnachweise nicht zum Tragen kommen.[1144] Das folgt für die – zwar nicht staatsvertraglichen, sondern als EG-Verordnung vorrangig beachtlichen – Anerkennungsvorschriften der EuGVO schon daraus, dass diese in ihrem Art. 1 Abs. 2a das Erbrecht aus dem Anwendungsbereich herausnimmt. § 17 des deutsch-türkischen Nachlassabkommens vom 28.5.1929 bezieht sich nur auf beweglichen Nachlass.[1145] Im Übrigen erfassen insbesondere die bilateralen Staatsverträge Deutschlands mit Israel,[1146] Griechenland,[1147] Großbritannien,[1148] den Niederlanden[1149] und der Schweiz[1150]

1134 BGBl II 1983, 698.
1135 BGBl II 1981, 1050.
1136 BGBl II 1988, 126.
1137 Bauer/v. Oefele/*Knothe*, Int. Bezüge, Rn 656.
1138 Das Europäische Nachlasszeugnis steht dem Erbschein gleich. Es kann zum Nachweis der Unrichtigkeit des Grundbuches herangezogen werden, Art. 69 Abs. 5 EuErbVO. Eine Legalisation oder Apostille sind nicht erforderlich, da das Europäische Nachlasszeugnis automatisch und ohne weiteres Verfahren anerkannt werden muss, Art. 69 Abs. 1 S. 1 EuErbVO. Das Europäische Nachlasszeugnis entfaltet insoweit unmittelbare Rechtswirkungen in Bezug auf Verfügungsbefugnisse, vgl. Hausmann/Odersky/*Odersky*, § 15 Rn 369.
1139 KG FGPrax 1997, KG DNotZ 1998, 303; KG NJW-RR 2013, 79.
1140 OLG Zweibrücken Rpfleger 1990, 121; KG JFG 1917, 342; KG DNotZ 1953, 406 KG NJW-RR 1997, 1094; KG Berlin NJW-RR 2013, 135; LG Stuttgart ZEV 2008, 83; KG FGPrax 1997, 132; KG DNotZ 1998, 303; KG NJW-RR 2013, 79; Grüneberg/*Thorn*, BGB, Art. 25 Rn 19; Erman/*Hohloch*, BGB, Art. 25 Rn 55; *Demharter*, § 35 Rn 13.
1141 KG NJW-RR 1997, 1094; KG NJW-RR 2013, 135; *Krzywon*, BWNotZ 1989, 133.
1142 KG NJW-RR 1997, 1094.
1143 *Geimer*, in: FS Ferid, 1988, S. 89, 117; Staudinger/*Dörner*, BGB, Art. 25 EGBGB Rn 914.
1144 *Krzywon*, BWNotZ 1989, 133, 135; Meikel/*Roth*, § 35 Rn 45; zur Bedeutung des Staatsvertrags zwischen dem Großherzogtum Baden und der Schweizerischen Eidgenossenschaft bezüglich der gegenseitigen Bedingungen der Freizügigkeit und weiterer nachbarrechtlicher Verhältnisse v. 6.12.1856 u. 11./14.7.1857 vgl. *Linde*, BWNotZ 1961, 16, 20 ff.
1145 *Zimmermann*, Erbschein und Erbscheinsverfahren, Rn 722; Kaufhold, ZEV 1997, 399, 403; vgl. dazu auch: LG München I FamRZ 2012, 585.
1146 KG NJW-RR 1997, 1094.
1147 Bauer/v. Oefele/*Schaub*, Int. Bezüge, Rn 579.
1148 Bauer/v. Oefele/*Schaub*, Int. Bezüge, Rn 581.
1149 *Van Mourik/Schols/Schmellenkamp/Tomlow/Weber*, Deutsch-Niederländischer Rechtsverkehr in der Notariatspraxis, 1997, S. 133.
1150 Vgl. OLG Stuttgart IPRax 1990, 233; LG Stuttgart ZEV 2008, 83; *Kaufhold*, ZEV 1997, 399, 403; zum Vertrag des Großherzogtums Baden vgl. *Linde*, BWNotZ 1961, 16, 20 ff.

aus unterschiedlichen Gründen Erbbescheinigungen nicht.[1151] Besonders problematisch ist dies allerdings hinsichtlich des deutsch-österreichischen Staatsvertrages über die gegenseitige Anerkennung und Vollstreckung von gerichtlichen Entscheidungen, Vergleichen und öffentlichen Urkunden in Zivil- und Handelssachen vom 6.6.1959.[1152] Selbst wenn nach dem IPR beider Staaten dasselbe Erbrecht zur Anwendung gekommen ist, soll eine Berücksichtigung österreichischer Einantwortungsurkunden im deutschen Grundbuchverfahren aber daran scheitern, dass im österreichischen Verfahren nur der in Österreich belegene Grundbesitz abgehandelt wird, die Einantwortungsurkunden sich also von vornherein nicht auf deutschen Grundbesitz beziehen können.[1153] Schließlich wird darauf verwiesen, dass auch das Europäische Nachlasszeugnis und Art. 39 Abs. 1 EuErbVO dafür sprechen, dass ausländische Erbscheine gerade nicht automatisch anerkannt werden.[1154]

b) Mindermeinung: Substitution durch ausländische Erbbescheinigungen

In der Literatur dringt die Meinung vor, die einen grundsätzlichen Ausschluss ausländischer Erbbescheinigungen aus dem Anwendungsbereich des § 35 Abs. 1 GBO ablehnt.[1155]

385

Voraussetzung für die Berücksichtigung solcher Urkunden soll zunächst die Einhaltung der Anerkennungserfordernisse des **§ 109 FamFG** sein. Die Erteilung einer Bescheinigung über die Erbfolge seitens eines ausländischen Gerichts oder einer Behörde, wohl auch eines Notars,[1156] kommt im Sinne des § 108 FamFG als ein ausländischer Akt der freiwilligen Gerichtsbarkeit in Betracht.[1157] Einer Anerkennung steht nicht entgegen, dass dem ausländischen Erbnachweis ein anderes Erbrecht zugrunde gelegt wurde als das deutsche Nachlassgericht angewendet hätte, denn das deutsche Nachlassgericht kann nach der Rechtsprechung[1158] jederzeit einen Erbschein erteilen und ist dabei an die ausländische Erbbescheinigung nicht gebunden.[1159]

386

Die Einhaltung der Anerkennungsvoraussetzungen des § 109 FamFG reicht jedoch auch nach der Mindermeinung nicht aus, um ausländische Erbnachweise i.R.d. § 35 Abs. 1 GBO einem deutschen Erbschein gleichzustellen. Es müssen insoweit die Kriterien der **Substitution** hinzukommen, d.h., dem fremden Zeugnis muss im Ausstellungsstaat Legitimationswirkung bzw. öffentlicher Glaube ähnlich einem deutschen Erbschein zukommen und die Ausstellungsbehörde muss im Hinblick auf Qualifikation und Verfahrensweise inländischen Nachlassgerichten entsprechen.[1160] Daher scheidet auch nach dieser von Teilen der Literatur vertretenen Ansicht die Anerkennung ausländischer Erbnachweise in den allermeisten Fällen wegen Fehlens dieser Substitutionsvoraussetzungen aus.[1161] Das gilt etwa für Erbbescheinigungen aus Dänemark, den Niederlanden und der Schweiz.[1162] Dagegen sollen polnische Bestätigungen über den Erbschaftserwerb einen deutschen Erbschein ersetzen können.[1163] Französische „actes de notoriété" sollen das nicht können, wohl aber die nach den Rechten der Departements Haut-Rhin, Bas-Rhin und Moselle (früheres Elsass-Lothringen) möglichen „certificats d'heritier".[1164] Ähnlich soll es in Italien sein, wo in den ehemals österreichischen Provinzen Südtirol und Venetien ein „certificato di eredità" erteilt wird.[1165]

387

1151 Umfassende Untersuchung bei *Krzywon*, BWNotZ 1989, 133.
1152 BGBl II 1960, 1246.
1153 Bauer/v. Oefele/*Schaub*, Int. Bezüge, Rn 588; *Süß*, Rpfleger 2003, 53, 65.
1154 BeckOK GBO, Hügel/*Wilsch* § 35 Rn 167a.
1155 Vgl. *Kaufhold*, ZEV 1997, 399 ff.; Bauer/v. Oefele/*Schaub*, Int. Bezüge, Rn 565; *Ludwig*, NotBZ 2003, 216, 220 f.; *Kegel/Schurig*, § 21 IV 4.
1156 Vgl. zu den Erbbescheinigungen niederländischer Notare: van Mourik/Schols/Schmellenkamp/Tomlow/Weber, Deutsch-Niederländischer Rechtsverkehr in der Notariatspraxis, 1997, S. 133.
1157 Vgl. Soergel/*Schurig*, BGB, Art. 25 Rn 74; *Süß*, Rpfleger 2003, 53, 65; *Kaufhold*, ZEV 1997, 399, 403.
1158 KG JFG 1916, 23, 29 f.; BayObLGZ 1965, 377, 383; BayObLG NJW-RR 1991, 1098.
1159 *Kaufhold*, ZEV 1997, 399, 401 f.; MüKo-BGB/*Birk*, Art. 25 Rn 362, 365.
1160 *Kaufhold*, ZEV 1997, 399, 402 f.; Bauer/v. Oefele/*Schaub*, Int. Bezüge, Rn 566.
1161 Länderübersicht über ausländische Erbnachweise bei: *Zimmermann*, Erbschein und Erbscheinsverfahren, Rn 717 ff.
1162 Bauer/v. Oefele/*Schaub*, Int. Bezüge, Rn 572, 585, 589; für die Erbbescheinigung des schweizerischen Rechts a.A. *Kaufhold*, ZEV 1997, 399, 404.
1163 *Ludwig*, NotBZ 2003, 216, 220 f.; vgl. zum polnischen Erbschein allgemein auch: *de Vries*, ZEV 2008, 81.
1164 Bauer/v. Oefele/*Schaub*, Int. Bezüge, Rn 575 f.; insoweit ist zu beachten, dass aufgrund der französischen Erbrechtsreform 2001/2002 eine Aufwertung der Notorietätsurkunde erfolgt, und dass insbes. ein gewisser Gutglaubensschutz mit ihr verbunden ist, ausf.: *Reinl*, Rpfleger 2004, 64.
1165 Bauer/v. Oefele/*Schaub*, Int. Bezüge, Rn 583.

2. Öffentliche Verfügung von Todes wegen und Eröffnungsniederschrift, § 35 Abs. 1 S. 2 GBO

a) Öffentliche Verfügung von Todes wegen

388 Auch durch ausländische Urkundspersonen erstellte öffentliche Urkunden, die Verfügungen von Todes wegen beinhalten, können nach § 35 Abs. 1 S. 2 GBO zum Nachweis der Erbfolge vorgelegt werden.[1166] Das Grundbuchamt kann diese Dokumente berücksichtigen und eine Prüfung der Erbfolge vornehmen, muss das aber nicht.

389 Eine **öffentliche Urkunde** liegt vor, wenn sie von einer öffentlichen Behörde innerhalb der Grenzen ihrer Amtsbefugnisse oder von einer mit öffentlichem Glauben versehenen Person innerhalb des ihr zugewiesenen Geschäftskreises aufgenommen und dabei die vorgeschriebene Form beachtet wurde.[1167] Testamente mit beglaubigter Unterschrift sind keine öffentlichen Urkunden.[1168] Schon deshalb scheiden von einem britischen oder US-amerikanischen „notary public" beglaubigte Testamente aus dem Anwendungsbereich des § 35 Abs. 1 S. 2 GBO aus.[1169] Notare aus dem Bereich des lateinischen Notariats sind hingegen als öffentliche Amtspersonen anzuerkennen.[1170] Von ihnen beurkundete Verfügungen von Todes wegen können daher typischerweise die Erfordernisse des § 35 Abs. 1 S. 2 GBO erfüllen. Ein holographisches Testament, das nach dem Erbfall bei Gericht hinterlegt und inhaltlich in das Hinterlegungsprotokoll aufgenommen wird, wird dadurch nicht zu einer öffentlichen Urkunde.[1171]

390 Die **Prüfungspflicht** des Grundbuchamtes erstreckt sich in formeller Hinsicht zunächst darauf, ob eine öffentliche Urkunde gegeben ist.[1172] Der Echtheitsnachweis muss, soweit eine Apostille nicht genügt oder eine sonstige Erleichterung greift, grundsätzlich durch Legalisation geführt werden (siehe Rdn 362).[1173]

391 Das Grundbuchamt hat die Verfügung auf ihre Wirksamkeit und ihren Inhalt hinsichtlich der Erbfolge zu überprüfen, ggf. auch auszulegen.[1174] Zu diesem Zweck hat es das anwendbare Recht anhand der deutschen Kollisionsregeln zu ermitteln (siehe Rdn 417). Die **Kenntnis des ausländischen Rechts** hat sich das Grundbuchamt, notfalls über Gutachten eines Universitätsinstituts, selbst zu verschaffen.[1175] Ob die Vorlage eines Erbscheins selbst dann nicht verlangt werden kann, wenn die Feststellung des Inhalts der ausländischen Rechtsordnung besondere Schwierigkeiten aufwirft, ist allerdings umstritten.[1176]

392 Einen Nachweis über die **Annahme oder Nichtausschlagung** der Erbschaft darf das Grundbuchamt grundsätzlich nicht verlangen.[1177] Soweit durch die Verfügung von Todes wegen die **gesetzliche Erbfolge** nicht abgeändert wird, muss ein Erbschein selbst dann verlangt werden, wenn die Eröffnungsniederschrift Feststellungen über die gesetzlichen Erben enthält.[1178] Vor allem im romanischen Rechtskreis ist häufig ein echtes materielles **Noterbrecht** in dem Sinn vorgesehen, dass zugunsten der Noterbberechtigten über einen bestimmten Teil des Nachlasses nicht disponiert werden kann, wobei allerdings i.d.R. eine Herabsetzungsklage des Berechtigten vorausgesetzt wird. Hier ist aus dem Testament bzw. Erbvertrag allein die Erbfolge nicht ausreichend nachgewiesen, so dass ein Erbschein verlangt werden kann.[1179]

1166 KG NJW-RR 2013, 135; KG OLGE 3, 221; KG JFG 1917, 342, 345; KG KGJ 36, A 162; Meikel/*Roth*, § 35 Rn 101; *Schöner/Stöber*, Grundbuchrecht, Rn 800; *Kaufhold*, ZEV 1997, 399, 400; BeckOK GBO, Hügel/*Wilsch*, § 35 Rn 172.
1167 Meikel/*Roth*, § 35 Rn 101.
1168 *Süß*, Rpfleger 2003, 53, 66.
1169 *Süß*, Rpfleger 2003, 53, 66; BeckOK GBO, Hügel/*Wilsch*, § 35 Rn 172; anders ist die Lage möglicherweise dann zu beurteilen, wenn ein „Civil Law Notary" nach dem Recht der US-Staaten Louisiana, Florida u. Alabama, welche nach lateinischem Vorbild beurkunden, vgl. *Heinz*, RIW 2001, 928, 929, oder ein englischer „scrivener notary" das Testament beurkundet hat.
1170 *Schöner/Stöber*, Grundbuchrecht, Rn 800.
1171 Meikel/*Roth*, § 35 Rn 102.
1172 Meikel/*Roth*, § 35 Rn 101; *Schöner/Stöber*, Grundbuchrecht, Rn 800.
1173 *Kaufhold*, ZEV 1997, 399, 400.
1174 KG JFG 1917, 342, 345; dabei kann sich auch eine konkludente Rechtswahl durch die Auslegung ergeben, LG München I NJW 2007, 3445.
1175 LG Aachen Rpfleger 1965, 233; *Schöner/Stöber*, Grundbuchrecht, Rn 800; *Kaufhold*, ZEV 1997, 399, 400.
1176 Gegen eine Zulässigkeit des Erbscheinsverlangens auch: Bauer/v. Oefele/*Schaub*, Int. Bezüge, Rn 598; a.A. Meikel/*Roth*, § 35 Rn 122 unter Berufung auf KG OLGE 1910, 94; *Kaufhold*, ZEV 1997, 399, 400.
1177 LG Amberg Rpfleger 1991, 451; Meikel/*Roth*, § 35 Rn 105.
1178 LG Stuttgart BWNotZ 1967, 154; Meikel/*Roth*, § 35 Rn 105.
1179 OLG Düsseldorf MittRhNotK 1983, 111; *Schöner/Stöber*, Grundbuchrecht, Rn 800; a.A. *Kaufhold*, ZEV 1997, 399, 400 für den Fall, dass das Grundbuchamt zweifelsfrei ermitteln kann, dass das Noterbrecht, z.B. wegen Fristablaufs oder Verzichts, nicht (mehr) geltend gemacht werden kann; *Süß*, Rpfleger 2003, 53, 66 lässt insoweit den Rückgriff auf eine entsprechende eidesstattliche Versicherung über diese (negativen) Tatsachen zu, ebenso aber auch das Verlangen einer Erbscheinsvorlage.

Bei Anwendbarkeit österreichischen Erbrechts ist ein Erbvertrag, der das freie Viertel (§ 1253 ABGB) missachtet, für § 35 Abs. 1 S. 2 GBO unbrauchbar.[1180]

b) Eröffnungsniederschrift

Eine Niederschrift über die Eröffnung muss auch bei ausländischen öffentlichen Verfügungen von Todes wegen vorgelegt werden, um den Erbschein entbehrlich zu machen. Es ist irrelevant, ob das ausländische Erbstatut die Eröffnung einer Verfügung von Todes wegen kennt oder nicht.[1181] Gegebenenfalls ist aber auch ein ausländisches Eröffnungsverfahren ausreichend.[1182]

c) Länderübersicht

aa) Belgien. Im belgischen Erbrecht gibt es das Testament in öffentlicher Urkunde („testament par acte public"), das errichtet wird durch einen Notar als Niederlegung des Erblasserwillens in Anwesenheit zweier Zeugen, die die Kundgabe des letzten Willens durch den Testator, die Niederschrift durch den Notar, das Vorlesen sowie die eigenhändige Unterschrift bestätigen, oder durch zwei Notare.[1183]

bb) Dänemark. Ein dänisches Notartestament muss schriftlich errichtet und vor dem Notar unterschrieben oder in sonstiger Weise anerkannt werden.[1184] Da es den Beruf des Notars in seiner spezifischen Form in Dänemark nicht gibt, erfolgen die notariellen Beurkundungen durch den Richter bzw. Gerichtsassessor im Rahmen der freiwilligen Gerichtsbarkeit.[1185]

cc) Frankreich. Das **öffentliche Testament** wird vor einem Notar unter Mitwirkung von zwei Zeugen oder vor zwei Notaren errichtet, Art. 971 ff. CC. Der Erblasser diktiert seinen letzten Willen, der von dem/den Notar(en) niedergeschrieben und vom Erblasser, Notar und Zeugen bzw. den Notaren unterzeichnet wird.[1186] Die Zeugen müssen französische Staatsangehörige, volljährig, schreib-, geschäftsfähig, dürfen nicht mit dem Erblasser bis zum 4. Grad verwandt oder verschwägert, Vermächtnisnehmer oder Angestellte des Notars sein.[1187] Gemeinschaftliche Testamente und Erbverträge sind in jeglicher Form grundsätzlich verboten und nur ganz ausnahmsweise zulässig.[1188]

Das **Noterbrecht** ist aus französischer Sicht eine echte Nachlassbeteiligung, die durch Herabsetzungsklage herbeigeführt werden kann, welche nach fünf Jahren verjährt.[1189]

dd) Griechenland. In Griechenland wird nach Art. 1724 ZGB ein **notarielles Testament** vor einem Notar durch Erklärung des Erblassers in Anwesenheit von drei Zeugen oder einem weiteren Notar und einem Zeugen errichtet.[1190]

Das **Pflichtteilsrecht** gibt den Berechtigten als Erben ein dingliches Recht am Nachlass und nur ausnahmsweise einen lediglich schuldrechtlichen Anspruch.[1191]

ee) Italien. Ein **öffentliches Testament** wird nach italienischem Erbrecht vor einem Notar in Gegenwart von zwei Zeugen errichtet, indem der Notar den erklärten Willen schriftlich abfasst und verliest und alle Beteiligten unterschreiben, Art. 603 CC. Erbverträge und gemeinschaftliche Testamente sind im italienischen Recht verboten; zulässig ist allenfalls die Zusammenfassung gleichzeitiger, aber nicht wechselbezüglicher Testamente mehrerer Personen in einer Urkunde („testamento simultaneo").[1192]

1180 *Riering/Bachler*, DNotZ 1995, 580, 589.
1181 KG KJG 36, A 162; Meikel/*Roth*, § 35 Rn 105.
1182 Vgl. *Schöner/Stöber*, Grundbuchrecht, Rn 800 Fn 80.
1183 Bauer/v. Oefele/*Schaub*, Int. Bezüge, Rn 600.
1184 Ferid/Firsching/Dörner/Hausmann/*Thorbeck/Steiniger*, Internationales Erbrecht Dänemark, Rn 89; ausf.: *Looft*, ZEV 2002, 264, 266.
1185 NK-BGB/*Ring/Olsen-Ring*, Länderberichte Skandinavien, Rn 65.
1186 NK-BGB/*Frank*, Länderbericht Frankreich, Rn 86.
1187 NK-BGB/*Frank*, Länderbericht Frankreich, Rn 87.
1188 *Hübner/Constantinesco*, Einführung in das französische Recht, S. 226.
1189 NK-BGB/*Frank*, Länderbericht Frankreich, Rn 106.
1190 NK-BGB/*Galanulis*, Länderbericht Griechenland, Rn 24.
1191 NK-BGB/*Galanulis*, Länderbericht Griechenland, Rn 40.
1192 *Kindler*, Einführung in das italienische Recht, § 13 Rn 20; *Schömmer/Faßold/Bauer*, Internationales Erbrecht Italien, Rn 144.

401 Wie meist im romanischen Rechtskreis ist das Pflichtteilsrecht als echtes dingliches **Noterbrecht** ausgestaltet, wobei die zur Geltendmachung erforderliche Herabsetzungsklage einer zehnjährigen Verjährungsfrist unterliegt.[1193]

402 ff) **Luxemburg.** Wie in Frankreich und Belgien erfolgt auch nach luxemburgischem Recht die Errichtung des **öffentlichen Testaments** vor zwei Notaren oder einem Notar in Gegenwart zweier Zeugen, wobei der Erblasser seinen letzten Willen diktiert, dieser vom Notar niedergeschrieben, danach vorgelesen und schließlich von allen Beteiligten unterzeichnet wird.[1194] Auch hier ist der Pflichtteil echtes materielles **Noterbrecht**.[1195]

403 gg) **Niederlande.** Das Erbrecht der Niederlande ist mit Wirkung zum 1.1.2003 vollständig reformiert worden.[1196] Das neue Erbrecht findet Anwendung auf Erbfälle, die nach diesem Inkrafttreten erfolgen; vorher errichtete Testamente bleiben gültig.[1197] Das **notariell beurkundete Testament** wird vom Notar oder Konsul errichtet, wobei die Hinzuziehung zweier Zeugen nicht mehr verlangt wird.[1198] Das **Pflichtteilsrecht** sichert keine dingliche Noterbenstellung mehr, sondern nur noch einen schuldrechtlichen Anspruch.[1199]

404 hh) **Österreich.** Nach österreichischem Recht können **öffentliche Testamente** vom Gericht oder Notar durch mündliche Erklärung oder Übergabe einer vom Testator eigenhändig unterschriebenen Urkunde errichtet werden, §§ 587 ff. ABGB, 70 ff. Notariatsordnung.

405 Beim gerichtlichen Testament müssen der Richter und eine zweite beeidete Gerichtsperson, z.B. ein Schriftführer, mitwirken.[1200] Die zweite Gerichtsperson kann durch zwei Zeugen ersetzt werden, § 589 ABGB. Das Gericht nimmt die mündliche Erklärung bzw. die Entgegennahme des schriftlichen letzten Willens zu Protokoll.

406 Beim notariellen Testament bedarf es der Mitwirkung zweier Notare oder eines Notars und zweier Zeugen.[1201] Die Zeugen können auch Kanzleiangestellte des Notars sein.[1202]
Auch gemeinschaftliche Testamente sind als öffentliche möglich, wohingegen Erbverträge der Form des Notariatsaktes bedürfen.[1203] Gleichzeitig müssen Erbverträge die Testamentsform einhalten, so dass der Notar zwei Zeugen oder einen weiteren Notar herbeiziehen muss.[1204]

407 Der **Pflichtteilsanspruch** besteht nach österreichischem ABGB nicht auf einen Erbteil, sondern in einer Geldforderung.[1205]

408 ii) **Polen.** Das polnische Recht sieht als eine mögliche Testamentsform auch das **notariell beurkundete Testament** vor, Art. 950 ZGB.[1206] Das **Pflichtteilsrecht** sichert nur einen schuldrechtlichen Anspruch, keine dingliche Beteiligung am Nachlass.[1207]

409 jj) **Schweiz.** Nach Art. 500 ZGB wird das **öffentliche Testament** dadurch errichtet, dass der Testierende zunächst der Urkundsperson seinen letzten Willen mitteilt und diese die Urkunde entsprechend aufsetzt. Dann wird sie vom Testator durchgelesen und durch Unterschreiben gebilligt (sog. Rekognition).[1208] Dann datiert und unterschreibt die Urkundsperson. Schließlich erklärt regelmäßig der Testator in Gegenwart der Urkundsperson und zweier Zeugen, i.d.R. Notariatsangestellte, dass er die Urkunde gelesen hat und sie seinen letzten Willen enthalte, und die Zeugen bestätigen diese Erklärung und die Testierfähigkeit

---

1193 NK-BGB/*Frank*, Länderbericht Italien, Rn 82, 84; *Padovini*, ZfRV 2002, 207, 210 f.
1194 NK-BGB/*Frank*, Länderbericht Luxemburg, Rn 73.
1195 NK-BGB/*Frank*, Länderbericht Luxemburg, Rn 96.
1196 Ausf.: *Riering*, DNotI 2003, S. 359 ff.
1197 *Riering*, DNotI 2003, S. 359.
1198 NK-BGB/*Süß*, Länderbericht Niederlande, Rn 37.
1199 *Riering*, 2003, S. 359, 364; *Schimansky*, ZEV 2003, 149, 151.
1200 *Koziol/Welser*, Grundriss des bürgerlichen Rechts, Bd. II, 3. Teil, 6. Kap. IV C.
1201 *Koziol/Welser*, Grundriss des bürgerlichen Rechts, Bd. II, 3. Teil, 6. Kap. IV C.
1202 Vgl. NK-BGB/*Süß*, Länderbericht Österreich, Rn 52.
1203 NK-BGB/*Süß*, Länderbericht Österreich, Rn 67, 70.
1204 NK-BGB/*Süß*, Länderbericht Österreich, Rn 70.
1205 Schwimann/*Eccher*, ABGB III, § 764 Rn 1.
1206 NK-BGB/*Ludwig*, Länderbericht Polen, Rn 53.
1207 *Gralla*, ZNotP 1997, 47, 50.
1208 NK-BGB/*Süß*, Länderbericht Schweiz, Rn 28; *Wittibschlager*, Einführung in das schweizerische Recht, Rn 233.

des Testators mit ihrer Unterschrift.[1209] Die zuständigen Urkundspersonen bestimmen sich nach kantonalem Recht. Es sind dies die Notare in den Kantonen Aargau, Basel-Stadt, Bern, Freiburg, Genf, Graubünden, Jura, Neuenburg, Nidwalden, Schwyz, Solothurn, Tessin, Thurgau, Uri, Wallis, Waadt und Zürich. Im Kanton Schwyz auch die Gemeindeschreiber, Solothurn auch die Amtsschreiber, Thurgau auch der Gerichtsschreiber des Wohnsitzbezirks oder des Bezirks, in dem sich der Testator vorübergehend aufhält, Nidwalden auch der Gerichts-, Land-, Gemeindeschreiber und der Gemeindepräsident.[1210] Im Kanton Appenzell-Außerrhoden sind zuständig die Gemeindeschreiber, Appenzell-Innerrhoden die Land- bzw. Bezirksschreiber, Basel-Land die Bezirksschreiber, Glarus die Regierungskanzlei sowie zur öffentlichen Beurkundung ermächtigte Anwälte, Sankt Gallen die Bezirks-, Gemeindeamtsmänner, Gemeinderatsschreiber sowie im Kanton wohnhaft Inhaber eines sankt-gallischen Anwaltspatents, im Kanton Luzern bestimmte Amtsschreiber sowie zugelassene Anwälte, im Kanton Obwalden der Landschreiber bzw. in Gemeinden der öffentliche Schreiber, im Kanton Schaffhausen der Schreiber der Waisenbehörde, im Kanton Zug die Einwohnerschreiber und im Kanton domizilierte Inhaber des Anwaltspatents.[1211]

Der Pflichtteil ist nach schweizerischen Bestimmungen als den Pflichtteilsberechtigten vorbehaltene quotale Beteiligung am Nachlass ausgestaltet (**Noterbrecht**), die durch eine Herabsetzungsklage geltend zu machen ist.[1212]   410

kk) Spanien. Nach spanischem CC geschieht das **öffentliche Testament** vor einem Notar und bedarf eines wenigstens 14-jährigen Testators.[1213] Eine dem deutschen Erbvertrag vergleichbare Institution und das gemeinschaftliche Testament gibt es nur in bestimmten regionalen Foralrechten (zu der in Spanien teilweise herrschenden territorialen Rechtszersplitterung siehe Rdn 309).[1214]   411

Der Pflichtteil nach dem spanischen CC hat regelmäßig den Inhalt, dass die Berechtigten „Zwangserben" werden.[1215] Es liegt also ein echtes **Noterbrecht** vor.   412

ll) Türkei. Im türkischen Erbrecht gibt es das **öffentliche Testament**, welches der Testator in Anwesenheit von zwei Zeugen gegenüber einem Friedensrichter, Notar oder einem anderen durch das Gesetz dazu ermächtigten Amtsträger errichtet, § 532 ZGB.[1216] Das dabei einzuhaltende Verfahren gleicht dem des schweizerischen Rechts. Die Urkundsperson legt den letzten Willen schriftlich nieder, übergibt die Urkunde dem Testator zum Durchlesen und Unterzeichnen, woraufhin dieser in Gegenwart der Urkundsperson und der Zeugen bestätigt, dass er die Niederschrift, die Datum und Unterschrift der Urkundsperson enthalten muss, gelesen hat und sie seinen letzten Willen enthält. Abschließend müssen die Zeugen auf dem Testament die Erklärung unterschreiben, dass sie die Erklärung des Testierenden persönlich entgegengenommen haben und ihn für verfügungsfähig halten.[1217] In dieser Form eines öffentlichen Testaments ist auch ein nach türkischem Recht zulässiger Erbvertrag zu errichten.[1218]   413

Das türkische Pflichtteilsrecht ist als echtes **Noterbrecht** mit dinglicher Erbquote ausgestaltet.[1219]   414

1209 NK-BGB/*Süß*, Länderbericht Schweiz, Rn 28; *Wittibschlager*, Einführung in das schweizerische Recht, Rn 233.
1210 Bauer/v. Oefele/*Schaub*, Int. Bezüge, Rn 624; Ferid/Firsching/Dörner/Hausmann/*S. Lorenz*, Internationales Erbrecht Schweiz, Rn 121.
1211 Bauer/v. Oefele/*Schaub*, Int. Bezüge, Rn 624; Ferid/Firsching/Dörner/Hausmann/*S. Lorenz*, Internationales Erbrecht Schweiz, Rn 121.
1212 *Druey*, Grundriss des Erbrechts, § 6 Rn 38 f.
1213 *Adomeit/Frühbeck*, Einführung in das spanische Recht, S. 64.
1214 *Adomeit/Frühbeck*, Einführung in das spanische Recht, S. 64 f.; *Löber/Huzel*, Erben und Vererben in Spanien, 41 ff.
1215 *Iban*, Einführung in das spanische Recht, S. 218.
1216 NK-BGB/*Kesen*, Länderbericht Türkei, Rn 23; *Schömmer/Faßold/Bauer*, Internationales Erbrecht Türkei, Rn 144.
1217 NK-BGB/*Kesen*, Länderbericht Türkei, Rn 24; *Schömmer/Faßold/Bauer*, Internationales Erbrecht Türkei, Rn 144.
1218 NK-BGB/*Kesen*, Länderbericht Türkei, Rn 61; *Schömmer/Faßold/Bauer*, Internationales Erbrecht Türkei, Rn 163.
1219 NK-BGB/*Kesen*, Länderbericht Türkei, Rn 13; *Schömmer/Faßold/Bauer*, Internationales Erbrecht Türkei, Rn 188.

415 mm) **USA.** In den USA gibt es keine Möglichkeit, ein öffentliches Testament zu errichten.[1220]

3. Testamentsvollstreckerzeugnis, § 35 Abs. 2 GBO

416 Das Erbstatut entscheidet über die Zulässigkeit der Ernennung zum Testamentsvollstrecker, die Rechtsstellung im Ganzen und die Einzelbefugnisse des Testamentsvollstreckers sowie seine Entlassung.[1221] Ist Erbstatut ausländisches Recht, so kann ein deutsches Nachlassgericht ein entsprechendes Fremdrechts-Testamentsvollstreckerzeugnis grundsätzlich nur erteilen, wenn die Testamentsvollstreckung nach ausländischem Recht dem Testamentsvollstrecker deutschen Rechts funktionell vergleichbar ist.[1222] Für die Frage, ob eine von einem ausländischen Gericht oder einer ausländischen Behörde erteilte Testamentsvollstreckerbescheinigung im Rahmen des § 35 Abs. 2 GBO anerkennungsfähig ist, gilt das oben (siehe Rdn 383) für den Erbschein Gesagte entsprechend. Die Testamentsvollstreckung kann auch durch Europäisches Nachlasszeugnis (ENZ) nachgewiesen werden, Art. 69 Abs. 5 EuErbVO, § 35 GBO.[1223]

4. Anknüpfung des Erbstatuts

a) Staatsverträge/EuErbVO

417 Im Verhältnis zwischen der Bundesrepublik Deutschland und der Türkei gilt der deutsch-türkische Konsularvertrag vom 28.5.1929.[1224] Als Anlage zu dessen Art. 20 wurde das **deutsch-türkische Nachlassabkommen** geschlossen.[1225] Nach dessen § 14 findet eine Nachlassspaltung statt. Die Rechtsnachfolge von Todes wegen beurteilt sich hinsichtlich des Grundbesitzes nach Belegenheitsrecht und hinsichtlich des übrigen Nachlassvermögens nach dem Heimatrecht des Erblassers zum Todeszeitpunkt.[1226]

418 Seit dem 24.5.1959 ist der **deutsch-sowjetische Konsularvertrag** vom 25.4.1958[1227] in Kraft. Er gilt seit der Auflösung der UdSSR im Verhältnis zur Russischen Föderation, zu Armenien,[1228] Aserbeidschan,[1229] Belarus,[1230] Georgien,[1231] Kasachstan,[1232] Kirgisistan,[1233] Moldawien,[1234] Tadschikistan,[1235] zur Ukraine[1236] und Usbekistan[1237] weiter.[1238] Das Erbstatut des unbeweglichen Vermögens bestimmt Art. 28 Abs. 3: „Hinsichtlich der unbeweglichen Nachlassgegenstände finden die Rechtsvorschriften des Staates Anwendung, in dessen Gebiet diese Gegenstände belegen sind." Die Erbfolge in bewegliche Nachlassgegenstände wird vom Abkommen nicht geregelt, bestimmt sich also nach dem autonomen Kollisionsrecht.

419 Im **deutsch-iranischen** Rechtsverkehr ist das **Niederlassungsabkommen** vom 17.12.1929 zu beachten (vgl. Rdn 189).[1239] Das Abkommen knüpft sowohl für bewegliches als auch für unbewegliches Vermögen an die Staatsangehörigkeit an.

Mit dem Ziel der Vereinheitlichung des internationalen Erbrechts in der Europäischen Union wurde die **Verordnung (EU) Nr. 650/2012 vom 4.7.2012 über die Zuständigkeit, das anzuwendende Recht, die Anerkennung und Vollstreckung von Entscheidungen und die Annahme und Vollstreckung öffentlicher Urkunden in Erbsachen sowie zur Einführung eines europäischen Nachlasszeugnisses** ge-

---

1220 *Hay*, US-Amerikanisches Recht, Rn 539.
1221 BGH NJW 1963, 46, 47; ausf. zur internationalen Testamentsvollstreckung: Bengel/Reimann/*Haas/Sieghörtner*, Handbuch der Testamentsvollstreckung, § 9.
1222 Bengel/Reimann/*Haas/Sieghörtner*, Handbuch der Testamentsvollstreckung, § 9 Rn 452; Staudinger/*Dörner*, BGB, Art. 25 EGBGB Rn 899, 902; Staudinger/*Herzog*, BGB, § 2368 Rn 14.
1223 Hausmann/*Odersky*, § 15 Rn 369.
1224 RGBl II 1930, 748, BGBl II 1952, 608.
1225 RGBl II 1930, 748; vgl. dazu: *Zimmermann*, Erbschein, Erbscheinsverfahren, Europäisches Nachlasszeugnis, S. 105; *Kaya*, ZEV 2015, 208 ff.; *Siehr*, IPRax 2013, 241 ff.
1226 Vgl. *Dörner*, ZEV 1996, 90 ff.; *Schotten/Schmellenkamp*, IPR, Rn 264.
1227 BGBl II 1959, 233, 469 = *Jayme/Hausmann*, Internationales Privat- und Verfahrensrecht, Nr. 63.

1228 BGBl II 1993, 169.
1229 BGBl II 1996, 2472.
1230 BGBl II 1994, 2533.
1231 BGBl II 1992, 1128.
1232 BGBl II 1992, 1120.
1233 BGBl II 1992, 1015.
1234 BGBl II 1996, 768.
1235 BGBl II 1995, 255.
1236 BGBl II 1993, 1189.
1237 BGBl II 1993, 2038.
1238 Bek. v. 14.8.1992, BGBl II 1992, 1016; vgl. zu den Vertragsstaaten: MüKo-BGB/*Birk*, Art. 25 Rn 303 sowie – aktuell – den Fundstellennachweis B zum BGBl II.
1239 RGBl II 1931, 9; BGBl II 1955, 829; dazu: *Schotten/Wittkowski*, FamRZ 1995, 264.

schaffen (Amtsblatt der Europäischen Union L 201/107, EuErbVO).[1240] Sie gilt für Erbfälle ab dem **17.8.2015**.[1241, 1242] Ihr Anwendungsbereich ist universell (Art. 20 EuErbVO). Damit gelten ihre Verweisungen auch im Verhältnis zu den EU-Staaten, die nicht durch sie gebunden sind[1243] (Dänemark, Vereinigtes Königreich, Irland), und Drittstaaten. Die bestehenden völkerrechtlichen Verträge zu Drittstaaten bleiben aber unberührt (Art. 75 EuErbVO).[1244] Das betrifft auch das Haager Testamentsformübereinkommen vom 5.10.1961, welches mithin weiter die Formwirksamkeit von Testamenten beherrscht, zumal es in Art. 27 EuErbVO inkorporiert ist.[1245] Im Inland sind Durchführungsvorschriften zur Anwendung der EuErbVO erlassen worden (IntErbRVG).[1246] Eine Übergangsregelung ist in Art. 229 § 36 EGBGB gegeben.

Das Erbstatut wird grundsätzlich an den letzten gewöhnlichen Aufenthalt des Erblassers angeknüpft (Art. 21 Abs. 1 EuErbVO; zu beachten ist allerdings ggf. die Ausweichklausel in Art. 21 Abs. 2 EuErbVO).[1247] Eine dem Art. 3a Abs. 2 EGBGB vergleichbare Norm enthält die EuErbVO nicht.[1248] Eine Beachtung von Rück- und Weiterverweisungen ist nur geboten, wenn sie auf das Recht eines EU-Mitgliedsstaates gerichtet ist (Art. 34 EuErbVO); Rechtswahlen sind indes immer als Sachnormverweisungen zu verstehen (Art. 34 Abs. 2 EuErbVO). Art. 22 EuErbVO sieht vor, dass der Erblasser durch ausdrückliche Erklärung in Form einer Verfügung von Todes wegen die gesamte Erbfolge dem Recht des Staates unterstellen kann, dem er angehört.[1249] Die materielle Wirksamkeit einer Verfügung unterliegt dem Recht, das zum Zeitpunkt der Errichtung Erbstatut wäre. Nach Art. 25 Abs. 1 EuErbVO kommt es bei Erbverträgen auf das Erbstatut des Verfügenden zum Zeitpunkt der Errichtung an. Bei mehreren Verfügenden richtet er sich nach den Errichtungsstatuten aller Verfügenden (Art. 25 Abs. 2 Unterabs. 1 EuErbVO), seine materielle Wirksamkeit und Bindungswirkung allerdings nach dem Errichtungsstatut, zu dem er im Zeitpunkt der Errichtung die engste Verbindung hat (Art. 25 Abs. 2 Unterabs. 2 EuErbVO).

Um die grenzüberschreitende Nachlassabwicklung zu erleichtern, hat die EuErbVO ein **Europäisches Nachlasszeugnis** (ENZ) eingeführt (Art. 62 ff. EuErbVO).[1250] Es verdrängt den deutschen Erbschein nicht, sondern tritt bei potentiell grenzüberschreitender Verwendung als Alternative neben ihn.[1251] Das ENZ unterliegt keiner inländischen Anerkennung, sondern wird unmittelbar anerkannt (Art. 69 Abs. 1 EuErbVO). Der Antragsteller kann und sollte wählen, ob er einen Erbschein oder ein ENZ oder sogar beides beim Nachlassgericht beantragt.[1252] Die Beantragung und Verwendung des ENZ ist regelmäßig im grenzüberschreitenden Rechtsverkehr sinnvoll, überlicherweise nicht bei reinen Inlandssachverhalten.[1253] Im Grundbuchverfahren ist das ENZ ein unmittelbar zulässiges Nachweisdokument für den Beweis der Erbfolge (vgl. § 35 GBO) und kann bzw. muss zur Berichtigung des Grundbuchs herangezogen werden.[1254] Das gilt unabhängig davon, ob es nach dem zugrundeliegenden Verfahren aus deutscher Sicht öffentliche Urkunde ist.[1255] Es fungiert auch als mittelbarer Todesnachweis.[1256] Entspricht

---

1240 Vgl. dazu *Volmer*, Rpfleger 2013, 421; *Wagner*, DNotZ 2010, 506; *Dutta*, FamRZ 2013, 4; *ders.*, RabelsZ 2009, 547; *Kindler*, IPRax 2010, 44; *Majer*, ZEV 2011, 445; *Buschbaum/Kohler*, GPR 2010, 106, 162; *Süß*, ZErb 2009, 342; ausf. zur Verordnung in der Grundbuchpraxis: *Wilsch*, ZEV 2012, 530.
1241 Vgl. hinsichtlich der zeitlichen Anwendungsprobleme: Art. 83 Abs. 1 EuErbVO; siehe OLG Düsseldorf ZEV 2017, 204 ff. und OLG Schleswig NJW-RR 2016, 1229 ff.; *Wagner*, NJW 2017, 3755, 3756 f.
1242 *Zimmermann*, Erbschein, Erbscheinsverfahren, Europäisches Nachlasszeugnis, S. 106 ff.
1243 Vgl. *Zimmermann*, Erbschein, Erbscheinsverfahren, Europäisches Nachlasszeugnis, S. 109 Rn 158 u. S. 397 Rn 788.
1244 *Volmer*, Rpfleger 2013, 421, 422; *Wagner*, NJW 2017, 3755, 3756; *Zimmermann*, Erbschein, Erbscheinsverfahren, Europäisches Nachlasszeugnis, S. 109 Rn 158.
1245 *Odersky*, notar 2013, 3, 6.
1246 BGBl I 2015, 1042 ff.; vgl. dazu *Döbereiner*, NJW 2015, 2449 ff.; *Mansel/Thorn/Wagner*, IPRax 2016, 1 ff.; *Müller-Lukoschek*, Die neue EU-Erbrechtsverordnung, S. 56 ff.
1247 *Zimmermann*, Erbschein, Erbscheinsverfahren, Europäisches Nachlasszeugnis, S. 109 Rn 159, S. 160.
1248 *Odersky*, notar 2013, 3, 4.
1249 *Zimmermann*, Erbschein, Erbscheinsverfahren, Europäisches Nachlasszeugnis, S. 110 Rn 161.
1250 Umfassend dazu: *Zimmermann*, Erbschein, Erbscheinsverfahren, Europäisches Nachlasszeugnis, S. 397 ff. Rn 786 ff.; *Müller-Lukoschek*, Die neue EU-Erbrechtsverordnung, S. 150 ff.
1251 *Zimmermann*, Erbschein, Erbscheinsverfahren, Europäisches Nachlasszeugnis, S. 398 Rn 792; *Volmer*, Rpfleger 2013, 421, 430; *Buschbaum/Simon*, ZEV 2012, 525, 528; in § 35 GBO soll es dementsprechend dem Erbschein gleichgestellt werden.
1252 *Zimmermann*, Erbschein, Erbscheinsverfahren, Europäisches Nachlasszeugnis, 398 Rn 792.
1253 *Zimmermann*, Erbschein, Erbscheinsverfahren, Europäisches Nachlasszeugnis, 398 Rn 791.
1254 *Volmer*, Rpfleger 2013, 421, 431; *Wilsch*, ZEV 2012, 530.
1255 So mit Recht: *Volmer*, Rpfleger 2013, 421, 431 f. gegen *Buschbaum/Simon*, ZEV 2012, 525, 528; *Wilsch*, ZEV 2012, 530, 534.
1256 *Wilsch*, ZEV 2012, 530, 531.

das dem Grundbuchamt vorgelegte ENZ nicht dem standardisierten Formblatt, ist nicht nur mit einer Zwischenverfügung, sondern einer Zurückweisung zu rechnen.[1257] Ein Dritter darf auf die Verfügungsberechtigung des im ENZ genannten Erben oder Testamentsvollstreckers vertrauen, es sei denn, ihm ist die Unrichtigkeit bekannt oder infolge grober Fahrlässigkeit unbekannt (Art. 69 Abs. 4 EuErbVO).[1258] Insoweit ergeben sich hier Unterschiede zum Erbschein, bei dem nur die positive Kenntnis von der Unrichtigkeit schadet (§ 2366 BGB). Die beglaubigten Abschriften des ENZ sind grundsätzlich nur für einen Zeitraum von 6 Monaten gültig (Art. 70 Abs. 3 S. 2 EuErbVO), worauf sich auch die grundbuchamtliche Prüfung erstreckt.[1259] Wird ein ENZ vorgelegt, dessen Wirkungen gem. Art. 73 Abs. 1 EuErbVO ausgesetzt wurden, ergeht eine Zwischenverfügung.[1260] Gleiches gilt, wenn das ENZ nicht die nach § 15 GBV gebotenen Angaben enthält.[1261]

422 Die Art der **dinglichen Rechte** und die Eintragung von Rechten an beweglichen oder unbeweglichen Gegenständen in einem Register (samt der Eintragungsvoraussetzungen und -wirkungen) bleiben der Lex rei sitae vorbehalten (Art. 1 Abs. 2 lit. k, Art. 1 Abs. 2 lit. k und l, Art. 31, Art. 69 Abs. 5 EuErbVO). Denn die Art der dinglichen Rechte ist vom sachlichen Anwendungsbereich der EuErbVO ausdrücklich ausgenommen (Art. 1 Abs. 2 lit. k EuErbVO). Dies führt praktisch dazu, dass keine der Lex rei sitae unbekannten dinglichen Rechte durch das Erbstatut eingeführt werden dürfen. Entgegen einer weit verbreiteten und nunmehr überkommenen Ansicht in der Literatur führt Art. 31 EuErbVO jedoch nicht dazu, dass der Eigentumserwerb an Gegenständen, die im Inland belegen sind, auf der Grundlage einer dem Inlandsrecht unbekannten Erwerbsmodalität verhindert wird.[1262] Der insoweit bestehende Konflikt zwischen dem Erbstatut, das eine dem Inlandsrecht unbekannte Übertragungsmodalität kennt (z.B. Vindikationslegat) und dem Sachenrecht des Belegenheitsortes (Lex rei sitae) wird zugunsten des Erbrechts gelöst. Damit kann ein ENZ in Deutschland auch zur Grundbuchumschreibung auf der Basis eines Vindikationslegats bzw. einer dinglich wirkenden Teilungsanordnung unmittelbar verwendet werden (§ 22 GBO).[1263] Nach überkommener (aber zutreffender) Ansicht in der Literatur war eine Anpassung im Hinblick auf das Inlandsrecht erforderlich. Es erfolgte richtigerweise eine Umdeutung des ausländischen Vindikationslegates in ein Vermächtnis (Damnationslegat) mit der Folge, dass eine eigenständige Übertragung des Eigentums auf der Grundlage der erbrechtlichen Regelung erforderlich wurde.[1264] Insoweit war nach dieser Herangehensweise nicht das ENZ unmittelbar betroffen, da sich die Anpassungsprobleme erst infolge seiner Benutzung ergeben konnten.[1265] Diese Sichtweise kann nach der Entscheidung des EuGH in der Sache Rs. C-218/16 (Kubicka) nicht aufrechterhalten werden.[1266] Denn der EuGH behandelt das Vindikationslegat nicht als dingliches Recht am Nachlass, sondern er stuft es als lediglich erbrechtlichen Erwerbsmodus ein (Weg des Übergangs des Eigentums). Mit dieser Einordnung als Vorstufe auf dem Weg zur Erlangung eines dinglichen Rechtes und nicht als dingliches Recht selbst verortet der EuGH das Vindikationslegat im Erbstatut nach der EuErbVO und verpflichtet die Mitgliedstaaten zur Anerkennung.[1267] Dies kann mit guten Argumenten kritisch bewertet werden,[1268] dürfte gleichwohl für die Rechtspraxis verbindlich sein.[1269] Hieraus ergibt sich der Erwerb des Grundeigentums durch den Begünstigten des Vindikationslegates außerhalb des Grundbuches.[1270] Die Folge ist die Grundbuchberichtigung gem.

1257 *Wilsch*, ZEV 2012, 530.
1258 *Zimmermann*, Erbschein, Erbscheinsverfahren, Europäisches Nachlasszeugnis, S. 414 Rn 862.
1259 *Wilsch*, ZEV 2012, 530, 532.
1260 *Wilsch*, ZEV 2012, 530, 533.
1261 *Wilsch*, ZEV 2012, 530, 533.
1262 EuGH NJW 2017, 3767 ff. (Kubicka), siehe dazu: *Bandel*, MittBayNot 2018, 99 ff.; *Döbereiner*, FamRZ 2017, 2060 ff.; *Dorth*, ZEV 2018, 11 ff. *Wagner*, NJW 2017, 3755 ff. *Weber*, DNotZ 2018, 16 ff.
1263 Anders noch: *Wilsch*, ZEV 2012, 530, 531; *Zimmermann*, Erbschein, Erbscheinsverfahren, Europäisches Nachlasszeugnis, S. 415 Rn 865; vgl. nunmehr: EuGH NJW 2017, 3767 ff. (Kubicka), dazu: *Bandel*, MittBayNot 2018, 99 ff.; *Böhringer*, ZfIR 2018, 81, 82 ff.; *Döbereiner*, FamRZ 2017, 2060 ff.; *Dorth*, ZEV 2018, 11 ff. *Wagner*, NJW 2017, 3755 ff. *Weber*, DNotZ 2018, 16 ff.
1264 So *Zimmermann*, Erbschein, Erbscheinsverfahren, Europäisches Nachlasszeugnis, S. 415 Rn 865; vgl. auch BGH DNotZ 1995, 704 ff.
1265 *Zimmermann*, Erbschein, Erbscheinsverfahren, Europäisches Nachlasszeugnis, S. 415 Rn 865 (mit Verweis auf *Buschbaum/Simon*, ZEV 2012, 525).
1266 EuGH NJW 2017, 3767 ff. (Kubicka), vgl. dazu: *Bandel*, MittBayNot 2018, 99 ff.; *Böhringer*, ZfIR 2018, 81, 82; *Döbereiner*, FamRZ 2017, 2060 ff.; *Dorth*, ZEV 2018, 11 ff.; *Wagner*, NJW 2017, 3755 ff.; *Weber*, DNotZ 2018, 16 ff.
1267 EuGH NJW 2017, 3767 ff. (Kubicka).
1268 So insbes. *Weber*, DNotZ 2018, 16, 18 ff.
1269 So *Bandel*, MittBayNot 2018, 99, 100; *Wagner*, NJW 2017, 3755, 3757, 3758.
1270 *Bandel*, MittBayNot 2018, 99, 102; *Böhringer*, ZfIR 2018, 81, 82; *Dorth*, ZEV 2018, 11, 12.

§ 22 GBO, die sich hier deklaratorisch auswirkt.[1271] Soweit vor der Entscheidung des EuGH im Schrifttum (zutreffend) auf die Notwendigkeit der Auflassung des Grundstücks durch den oder die Erben an den Vindikationslegatar abgestellt wurde, ist dies nunmehr objektiv rechtlich unmöglich, da der Berechtigte das Eigentum infolge der Erbregelung bereits erlangt hat.[1272] In das Europäische Nachlasszeugnis ist das Vindikationslegat aufzunehmen (Art. 68 lit. m EuErbVO).[1273] Damit hat der Begünstigte die Möglichkeit, die Unrichtigkeit des Grundbuches nachzuweisen (§ 22 Abs. 1 GBO i.V.m. Art. 69 Abs. 5 EuErbVO).[1274] Das Grundbuchamt prüft die Richtigkeit des Europäischen Nachlasszeugnisses nicht. § 35 GBO steht der Nachweisführung durch Europäisches Nachlasszeugnis nicht entgegen.[1275] Wichtig ist hier, dass das Grundstück, an dem der Vindikationslegatar Rechte geltend macht, in dem Europäischen Nachlasszeugnis so bezeichnet ist, dass den Maßgaben von § 28 GBO Rechnung getragen wird.[1276] Andernfalls wird das Grundbuchamt dies im Rahmen einer Zwischenverfügung beanstanden.[1277] Problematisch ist, ob die Erben auf der Grundlage des in einer letztwilligen Verfügung enthaltenen Vindikationslegats die Grundbuchberichtigung bewilligen können. Dies wird bejaht.[1278]

b) Autonomes Recht

aa) Objektive Anknüpfung Art. 25 Abs. 1 bzw. 26 Abs. 5 S. 1 EGBGB. Für das internationale Erbrecht legte sich Art. 25 Abs. 1 EGBGB hinsichtlich sog. „Altfälle" vor dem 17.8.2015 auf das **Staatsangehörigkeitsprinzip** fest, indem er als objektives Erbstatut das Recht des Staates, dem der Erblasser im Zeitpunkt seines Todes angehörte, berief. Daneben trat Art. 26 Abs. 5 S. 1 EGBGB. Nach dieser Vorschrift unterlagen diejenigen Gültigkeitsvoraussetzungen einer Verfügung von Todes wegen, die nicht als zur Form gehörend und damit Art. 26 Abs. 1–4 EGBGB bzw. dem Haager Testamentsformenübereinkommen unterfallend (siehe Rdn 430) anzusehen waren, sowie die Bindung an eine Verfügung von Todes wegen dem Recht, das im Zeitpunkt der Verfügung auf die Rechtsnachfolge von Todes wegen anzuwenden wäre. Verwiesen wurde damit auf Art. 25 EGBGB, jedoch mit dem wesentlichen Unterschied, dass es für das Erbstatut nicht auf den Zeitpunkt des Todes, sondern insoweit ausnahmsweise auf den Zeitpunkt der Errichtung der Verfügung ankam. 423

Verwiesen die Art. 25 Abs. 1 bzw. 26 Abs. 5 S. 1 EGBGB in Altfällen vor dem 17.8.2015 auf eine ausländische Rechtsordnung, so lag darin nach Art. 4 Abs. 1 S. 1 EGBGB grundsätzlich eine Verweisung auf das gesamte ausländische Recht, einschließlich der ausländischen erbrechtlichen Kollisionsnormen (**Gesamtverweisung**).[1279] 424

Bei eingetragenen gleichgeschlechtlichen **Partnerschaften** war Art. 17b Abs. 1 S. 2 Hs. 2 EGBGB zu beachten, wonach dann, wenn das Erbstatut dem Partner kein gesetzliches Erbrecht gewährte,[1280] das Recht des Registerstaates galt. Allerdings wirkte dann ggf. auch die Sperrklausel des Art. 17b Abs. 4 EGBGB.

bb) Vorrang des Einzelstatuts, Art. 3a Abs. 2 EGBGB. Das gem. Art. 25 Abs. 1 bzw. 26 Abs. 5 S. 1 EGBGB in Altfällen vor dem 17.8.2015 berufene Heimatrecht beanspruchte grundsätzlich Geltung für den ganzen Nachlass (Gesamtstatut). Waren jedoch Nachlassgegenstände, insbesondere Grundstücke, nicht im Heimatstaat des Erblassers bzw. im Gebiet eines Staates belegen, dessen Recht kraft Rück- oder Weiterverweisung der Kollisionsnormen des Heimatstaates als Erbstatut anzuwenden war, und unterlagen sie nach dem Recht des Lagestaates „besonderen Vorschriften", so waren diese Sondervorschriften anzuwenden, Art. 3a Abs. 2 EGBGB.[1281] Dabei verdrängte das Belegenheitsrecht das einheitliche Erbstatut nur insoweit, als es besondere Regelungen bezüglich des in seinem Staat belegenen Vermögens selbst aufwies und es diese in seinem Geltungsbereich belegenen Gegenstände erfassen wollte.[1282] 425

1271 *Bandel*, MittBayNot 2018, 99, 102; *Weber*, DNotZ 2018, 16, 23, 24.
1272 So auch *Dorth*, ZEV 2018, 11, 13; *Weber*, DNotZ 2018, 16, 24.
1273 Vgl. *Böhringer*, ZfIR 2018, 81, 82.
1274 *Dorth*, ZEV 2018, 11, 13; *Weber*, DNotZ 2018, 16, 24; Staudinger/*Otte*, BGB, § 1939 Rn 3.1.
1275 Vgl. *Bandel*, MittBayNot 2018, 99, 102; siehe auch: *Böhringer*, ZfIR 2018, 81, 82; *Dorth*, ZEV 2018, 11 ff.
1276 Siehe *Böhringer*, ZfIR 2018, 81, 83.
1277 *Weber*, DNotZ 2018, 16, 24, 25.
1278 *Böhringer*, ZfIR 2018, 81, 82, 83.
1279 Eine ausführliche Übersicht über die verschiedenen Anknüpfungen der Rechtsnachfolge von Todes wegen in verschiedenen Staaten gibt Reimann/Bengel/Mayer/*Riering*, Testament und Erbvertrag, B Rn 76.
1280 Das Fehlen einer Pflichtteilsberechtigung genügt nicht, *Leipold*, ZEV 2001, 218, 221 f.; NK-BGB/*Gebauer*, Art. 17b Rn 60.
1281 Kersten/Bühling/*Wegmann*, Formularbuch und Praxis der Freiwilligen Gerichtsbarkeit, § 120 Rn 31.
1282 Bengel/Reimann/*Haas/Sieghörtner*, Handbuch der Testamentsvollstreckung, § 9 Rn 40.

426 Solche „besonderen Vorschriften" des Rechts des Belegenheitsstaates waren unstreitig Sonderregelungen des materiellen Erbrechts für Nachlassgegenstände bestimmter Art. Zu nennen sind etwa, obwohl sie aus deutscher Sicht nur eine geringe Rolle spielen dürften: Lehen, Fideikommisse, Stamm- und Anerbengüter.[1283] Eine größere Bedeutung hatte jedoch, dass auch die Sonderrechtsnachfolge des Hoferben Art. 3a Abs. 2 EGBGB unterfiel.[1284] Gemeint ist damit auch die in dem Gebiet der früheren britischen Besatzungszone fortgeltende Höfeordnung. Ihre Vorschriften setzen sich, wenn der Hof dort belegen ist, auch gegenüber einem fremden Erbstatut durch.[1285]

427 Nach herrschender Meinung erfasste Art. 3a Abs. 2 EGBGB auch vom deutschen Recht abweichende ausländische Kollisionsnormen, wenn diese das eigene Recht beruften, weil ein bestimmter Gegenstand innerhalb ihres Staates belegen ist.[1286]

428 **cc) Rechtswahl. Art. 25 Abs. 2 EGBGB** erlaubte in Altfällen vor dem 17.7.2015 dem Erblasser, für im Inland belegenes unbewegliches Vermögen in der Form einer Verfügung von Todes wegen deutsches Recht zu wählen. In den Grenzen seiner Wirksamkeit bestimmte die Rechtswahl dabei auch über das Errichtungsstatut im Sinne des Art. 26 Abs. 5 S. 1 EGBGB. Die Rechtswahl war aber in dreifacher Weise eingeschränkt. Sie galt erstens nur für unbewegliches Vermögen, das zweitens im Inland belegen sein musste, außerdem konnte drittens nur deutsches Erbrecht gewählt werden.[1287]

429 Diese nur sehr eingeschränkte Parteiautonomie wurde im Ergebnis erweitert dadurch, dass eine Rechtswahl durch den Erblasser, die das Recht eines Staates ihm zubilligt, auf das das deutsche Kollisionsrecht (Art. 25 Abs. 1, Art. 26 Abs. 5 S. 1 EGBGB) verweist, anerkannt wurde und ihm somit auch dieser Weg zur Bestimmung des Erbstatuts offen stand.[1288] Soweit das berufene **ausländische** IPR also in größerem Umfang **Parteiautonomie** gewährte als Art. 25 Abs. 2 EGBGB in Altfällen vor dem 17.8.2015, nahm dies das deutsche IPR hin.[1289] Voraussetzungen, Grenzen, Umfang und Inhalt der Rechtswahl wurden dabei grundsätzlich vom ausländischen Kollisionsrecht bestimmt.

c) Das Formstatut einer letztwilligen Verfügung

430 Das auf die Form einer letztwilligen Verfügung anzuwendende Recht wird weitgehend durch staatsvertragliche Regelungen bestimmt. Hieran hat die EuErbVO im Grunde nichts geändert, da Art. 75 Abs. 1 Unterabs. 2 EuErbVO auf das Haager Testamentsformübereinkommen verweist.[1290] Neben dem insoweit in Deutschland in Kraft getretenen Haager Testamentsformübereinkommen[1291] enthält auch der deutsch-türkische Konsularvertrag vom 28.5.1929 in § 16 eine Vorschrift, die die Formgültigkeit regelt, indem sie wahlweise die Ortsform oder die Form des Heimatrechts für ausreichend erklärt.

431 In der Bundesrepublik Deutschland hatte der Gesetzgeber aus Gründen der kodifikatorischen Einheit die Bestimmungen des Haager Testamentsformübereinkommens in Art. 26 EGBGB integriert.[1292] Die Streitfrage, ob das Haager Testamentsformübereinkommen oder Art. 26 EGBGB die Formgültigkeit einer letztwilligen Verfügung regelt, war, da beide Regelungen weitgehend inhaltsgleich sind, akademischer Natur.[1293] Diese Vorschrift gilt nach dem Inkrafttreten der EuErbVO und der dazugehörigen Ausführungsgesetze[1294] nicht

---

1283 *Lange*, DNotZ 2000, 332, 342; Bengel/Reimann/*Haas/Sieghörtner*, Handbuch der Testamentsvollstreckung, § 9 Rn 41; MüKo-BGB/*Sonnenberger*, Art. 3a Rn 8.
1284 *Reinhart*, BWNotZ 1987, 97, 99; Bengel/Reimann/*Haas/Sieghörtner*, Handbuch der Testamentsvollstreckung, § 9 Rn 41; Kersten/Bühling/*Wegmann*, Formularbuch und Praxis der Freiwilligen Gerichtsbarkeit, § 120 Rn 31.
1285 BGH MDR 1965, 818.
1286 BGH BGHZ 45, 351; BGH BGHZ 50, 63; BGH IPRax 1994, 375 m. Anm. *Dörner*; *Lange*, DNotZ 2000, 332, 342; MüKo-BGB/*Sonnenberger*, Art. 3a Rn 11 f.; Grüneberg/*Thorn*, BGB, Art. 25 Rn 3; *Reinhart*, BWNotZ 1987, 97, 99; Bengel/Reimann/*Haas/Sieghörtner*, Handbuch der Testamentsvollstreckung, § 9 Rn 42; a.A. *Kegel/Schurig*, IPR, § 21 I 1; *Solomon*, IPRax 1997, 81 ff.
1287 *Krzywon*, BWNotZ 1987, 4; *Jayme*, IPRax 1986, 265, 269; *Röll*, MittBayNot 1989, 1, 5.

1288 *Schotten/Schmellenkamp*, IPR, Rn 296; *Lange*, DNotZ 2000, 332, 340 f.; *Krzywon*, BWNotZ 1989, 153, 157, 159.
1289 *Lange*, DNotZ 2000, 332, 341; *Mankowski/Osthaus*, DNotZ 1997, 10, 13; Bengel/Reimann/*Haas/Sieghörtner*, Handbuch der Testamentsvollstreckung, § 9 Rn 24, 29; *Dörner*, DNotZ 1988, 67, 86.
1290 *Frank/Döbereiner*, Nachlassfälle mit Auslandsbezug, S. 77 Rn 259.
1291 BGBl II 1965, 1145.
1292 Reimann/Bengel/Mayer/*Riering*, Testament und Erbvertrag, B Rn 9.
1293 Reimann/Bengel/Mayer/*Riering*, Testament und Erbvertrag, B Rn 9.
1294 Gesetz zum Internationalen Erbrecht und zur Änderung von Vorschriften zum Erbschein sowie zur Änderung sonstiger Vorschriften vom 29.6.2015 (BGBl I 2015, S. 1042), in Kraft getreten am 17.8.2015.

mehr. Infolge der Verweisung in Art. 75 Abs. 1 Unterabs. 2 EuErbVO auf das Haager Testamentsformübereinkommens gilt die inhaltliche Regelung aber fort.[1295] Zu beachten ist jedoch, dass hiervon Testamente erfasst sind, nicht jedoch Erbverträge, die auch bislang nicht unter das Haager Testamentsformübereinkommen fielen. Deshalb gilt für Erbverträge im Sinne des Art. 25 Abs. 1 EuErbVO die Formvorschrift des Art. 27 Abs. 1 EuErbVO („Formgültigkeit einer schriftlichen Verfügung von Todes wegen").

432 Das Haager Testamentsformübereinkommen enthält eine Reihe alternativer Anknüpfungen der Formwirksamkeit, d.h. eine Verfügung von Todes wegen ist formwirksam, wenn sie nur einer der zur Verfügung gestellten Rechtsordnungen entspricht. Die Formwirksamkeit kann sich insbesondere ergeben aus einem effektiven oder tatsächlichen Heimatrecht des Erblassers zum Zeitpunkt der Errichtung oder des Todes, aus dem Recht des Errichtungsortes, aus dem Recht des Ortes des Wohnsitzes oder gewöhnlichen Aufenthalts des Erblassers zum Zeitpunkt der Errichtung oder des Todes und hinsichtlich des unbeweglichen Vermögens aus dem Recht am Belegenheitsort. In vergleichbarer Weise verhält sich Art. 27 Abs. 1 EuErbVO.

433 Das Haager Testamentsformübereinkommen gilt nach seinem Art. 4 auch für gemeinschaftliche Testamente, nicht aber für Erbverträge. Deshalb gilt für Erbverträge im Sinne des Art. 25 Abs. 1 EuErbVO die Formvorschrift des Art. 27 Abs. 1 EuErbVO (vgl. Art. 26 Abs. 2 EGBGB).

III. Urkundensprache

434 Gemäß § 184 GVG ist auch im Verfahren der freiwilligen Gerichtsbarkeit die **Gerichtssprache deutsch**.

435 Für die **Bewilligung (§ 19 GBO)** folgt dabei schon aus § 874 BGB, § 44 Abs. 2 GBO, dass das Original in deutscher Sprache abgefasst sein muss und deshalb auch eine Übersetzung nicht ausreicht.[1296] Andernfalls würde das Grundbuchamt wegen der Bezugnahme auf die Bewilligung rechtlich erhebliche Tatsachen in einer anderen als der deutschen Sprache verlautbaren.[1297] Auch Urkunden und Schriftstücke, welche **sonstige Erklärungen** der Beteiligten gegenüber dem Grundbuchamt enthalten (Anträge, Zustimmungen usw.) müssen nach wohl einhelliger Meinung in deutscher Sprache abgefasst sein; fremdsprachige Erklärungen – auch wenn sie übersetzt sind oder der Rechtspfleger bzw. Richter der Fremdsprache kundig ist – genügen nicht.[1298]

436 Bei **Nachweisen über** sonstige **Tatsachen** im Sinne des § 29 Abs. 1 S. 2 GBO sind fremdsprachige Urkunden zulässig. Es muss aber eine deutsche Übersetzung vorgelegt werden, die nur entbehrlich ist, wenn der Rechtspfleger oder Richter der entsprechenden Fremdsprache mächtig ist, vgl. § 185 Abs. 3 GVG.[1299] Die Richtigkeit der Übersetzung hat das Grundbuchamt nach pflichtgemäßem Ermessen zu beurteilen.[1300] Bei Zweifeln kann das Grundbuchamt entsprechend § 142 Abs. 3 S. 1 ZPO die Bescheinigung der Richtigkeit und Vollständigkeit durch einen nach den Richtlinien der Landesjustizverwaltung hierzu ermächtigten Übersetzer verlangen, so dass die Übersetzung aufgrund dieser Bescheinigung gem. § 2 Abs. 1 der Verordnung zur Vereinfachung des Verfahrens auf dem Gebiet des Beurkundungsrechts vom 21.10.1942[1301] als richtig und vollständig gilt.[1302] Die Übersetzung muss vom Dolmetscher unterschrieben, die Unterschrift öffentlich beglaubigt[1303] und die Übersetzung mit der fremdsprachigen Urkunde durch Schnur und Siegel vom Notar oder Gericht verbunden werden.[1304]

1295 *Frank/Döbereiner*, Nachlassfälle mit Auslandsbezug, S. 77 Rn 259.
1296 *Ludwig*, NotBZ 2003, 216, 223.
1297 *Ludwig*, NotBZ 2003, 216, 223.
1298 Vgl. OLG Zweibrücken Rpfleger 1999, 326, 327; *Demharter*, § 1 Rn 34.
1299 OLG Dresden DNotZ 2011, 51; KG DNotZ 2011, 909; OLG Zweibrücken Rpfleger 1999, 326, 327; *Demharter*, § 1 Rn 34.
1300 *Ludwig*, NotBZ 2003, 216, 223; vgl. OLG Dresden DNotZ 2011, 51: von ausländischem vereidigten Übersetzer übersetzter Registerauszug bedarf keiner Apostille oder weiteren Übersetzung.
1301 RGBl I 1942, 609.
1302 *Ludwig*, NotBZ 2003, 216, 223; Bauer/v. Oefele/*Knothe*, Int. Bezüge, Rn 629.
1303 KG Rpfleger 2013, 196 (m. Anm. *Demharter*); KG DNotZ 2011, 909.
1304 KG, Rpfleger 2013, 196 (m. Anm. *Demharter*); KG, JFG 7, 243; *Ludwig*, NotBZ 2003, 216, 223; *Demharter*, § 1 Rn 34.

Teil 2: Grundbuchordnung

Vom 24. März 1897 (RGBl. I 1897, S. 139) Amtl. Gliederungsnummer: 315–11

In der Fassung der Bek. vom 26.05.1994 (BGBl. I S. 1114)
Zuletzt geändert durch: Sanktionsdurchsetzungsgesetz II (SanktDG II) vom 19.12.2022 (BGBl. I S. 2606)

Erster Abschnitt: Allgemeine Vorschriften

§ 1 [Amtsgericht als Grundbuchamt; Zuständigkeit]

(1) Die Grundbücher, die auch als Loseblattgrundbuch geführt werden können, werden von den Amtsgerichten geführt (Grundbuchämter). Diese sind für die in ihrem Bezirk liegenden Grundstücke zuständig. Die abweichenden Vorschriften des § 150 für das in Artikel 3 des Einigungsvertrages genannte Gebiet bleiben unberührt.

(2) Liegt ein Grundstück in dem Bezirk mehrerer Grundbuchämter, so ist das zuständige Grundbuchamt nach § 5 des Gesetzes über das Verfahren in Familiensachen und in den Angelegenheiten der freiwilligen Gerichtsbarkeit zu bestimmen.

(3) Die Landesregierungen werden ermächtigt, durch Rechtsverordnung die Führung des Grundbuchs einem Amtsgericht für die Bezirke mehrerer Amtsgerichte zuzuweisen, wenn dies einer schnelleren und rationelleren Grundbuchführung dient. Sie können die Ermächtigung durch Rechtsverordnung auf die Landesjustizverwaltungen übertragen.

(4) Das Bundesministerium der Justiz und für Verbraucherschutz wird ermächtigt, durch Rechtsverordnung, die der Zustimmung des Bundesrates bedarf, die näheren Vorschriften über die Einrichtung und die Führung der Grundbücher, die Hypotheken-, Grundschuld- und Rentenschuldbriefe und die Abschriften aus dem Grundbuch und den Grundakten sowie die Einsicht hierin zu erlassen sowie das Verfahren zur Beseitigung einer Doppelbuchung zu bestimmen. Es kann hierbei auch regeln, inwieweit Änderungen bei einem Grundbuch, die sich aufgrund von Vorschriften der Rechtsverordnung ergeben, den Beteiligten und der Behörde, die das in § 2 Abs. 2 bezeichnete amtliche Verzeichnis führt, bekanntzugeben sind.

A. Allgemeiner Regelungsgehalt	1
I. Inhalt des Ersten Abschnitts der GBO	1
II. Inhalt der Vorschrift	2
1. Rechtsgeschichte	2
2. Geltungsbereich	3
III. Verordnungsermächtigungen in Abs. 3 und 4	5
B. Die sachliche Zuständigkeit	6
I. Zuständigkeit des Amtsgerichts	6
1. Allgemeine Zuständigkeit	6
2. Wegfall des Vorbehalts für Baden-Württemberg	7
3. Vorbehalt für die neuen Bundesländer .	8
II. Verletzung der Regeln über die sachliche Zuständigkeit	9
C. Die örtliche Zuständigkeit	10
I. Die gesetzliche Regelung	10
1. Grundsatz und Ausnahmen	10
2. Bestimmung der örtlichen Zuständigkeit durch das Obergericht	11
3. Zuständigkeitsstreit	12
II. Zuständigkeitskonzentration	13
III. Verletzung der Regeln über die örtliche Zuständigkeit	14
D. Die funktionelle Zuständigkeit	16
I. Begriff	16
II. Der Grundbuchrichter	17
III. Der Rechtspfleger	18
IV. Der Urkundsbeamte der Geschäftsstelle	19
1. Allgemeines	19
2. Der Präsentatsbeamte	20
3. Der zur Leistung der zweiten Unterschrift ermächtigte Bedienstete	21
V. Verletzung der Regeln über die funktionelle Zuständigkeit	22
E. Die Geschäftsverteilung in Grundbuchsachen	29
F. Rechtslage in den neuen Bundesländern und im beigetretenen Teil Berlins	30

A. Allgemeiner Regelungsgehalt
I. Inhalt des Ersten Abschnitts der GBO

1 Der erste Abschnitt der GBO enthält mit den §§ 1 bis 12d GBO allgemeine Verfahrensvorschriften verschiedenen Inhalts teilweise ohne inneren Zusammenhang zueinander. Er ist nicht zu verstehen als den besonderen Vorschriften vorangestellter allgemeiner Teil mit grundsätzlichen Regelungen, welche die gesamte GBO betreffen.

In § 1 GBO ist die sachliche und örtliche Zuständigkeit in Grundbuchsachen geregelt, daneben enthält er eine Ermächtigung zum Erlass von Rechtsverordnungen. § 2 GBO enthält Regeln über die Einrichtung der Grundbuchbezirke, die Bezeichnung der Grundstücke und über die Abschreibung von Grundstücksteilen. § 3 GBO enthält grundsätzliche Ausführungen über die Buchungsform, die Buchungsfreiheit und über die ausnahmsweise Möglichkeit der selbstständigen Buchung ideeller Miteigentumsanteile. § 4 GBO regelt die Führung eines gemeinschaftlichen Grundbuchblattes für mehrere Grundstücke eines Eigentümers.

In den für die Rechtspraxis sehr wichtigen §§ 5, 6, 6a und 7 GBO wird die Vereinigung, die Bestandteilszuschreibung und die Teilung behandelt.

§ 8 GBO regelt die Anlegung des besonderen Grundbuchblattes für Erbbaurechte.

In § 9 GBO wird die Eintragung eines Vermerks über subjektiv-dingliche Rechte auf dem Blatt des herrschenden Grundstückes geregelt.

§ 10 GBO behandelt die mit der Aufbewahrung von dem Grundbuchamt eingereichten Urkunden zusammenhängenden Fragen; § 10a GBO lässt es zu, Grundakten auch auf Datenträgern aufzubewahren. In § 11 GBO werden Eintragungen, die von einem ausgeschlossenen Grundbuchbeamten bewirkt wurden, für wirksam erklärt. Im Zusammenhang damit sind in der Kommentierung alle anderen, auch mit der Ablehnung und Ausschließung zusammenhängenden Fragen erörtert.

In § 12 GBO ist das Recht zu Einsicht des Grundbuchs geregelt.

§§ 12a und 12b GBO betreffen vom Grundbuchamt zu führende Verzeichnisse und die „Einsicht in ausgelagerte Bücher und Akten".

§ 12c GBO regelt die Zuständigkeit des Urkundsbeamten der Geschäftsstelle für besondere Eintragungen.

§ 12d GBO regelt schließlich die Anwendung der Datenschutz-Grundverordnung (Verordnung (EU) 2016/679) im Grundbuchverfahren.

II. Inhalt der Vorschrift
1. Rechtsgeschichte

2 § 1 GBO wurde geändert durch das Registerverfahrenbeschleunigungsgesetz (RegVBG) vom 20.12.1993,[1] durch das Gesetz zur Einführung des elektronischen Rechtsverkehrs (ERVGBG) vom 11.8.2009[2] und durch das FGG-ReformG vom 17.12.2008.[3] Der Vorbehalt betreffend die Grundbuchführung in Baden-Württemberg ist m.W.v. 1.1.2018 durch das Gesetz vom 5.12.2014[4] entfallen.

2. Geltungsbereich

3 § 1 GBO regelt die **sachliche und örtliche Zuständigkeit** im Grundbuchverfahren (Abs. 1 und 2). Er bestimmt zudem Grundsätze des Grundbuchverfahrens und mit den Verordnungsermächtigungen in Abs. 3 und 4 Grundsätze zur Grundbuchführung. Die funktionelle Zuständigkeit ist teilweise in § 12c GBO geregelt, wesentlich ergibt sie sich aus dem RPflG.

Das Grundbuchverfahren ist der freiwilligen Gerichtsbarkeit zuzuordnen (§ 23a Abs. 1 S. 1 Nr. 2 i.V.m. § 23a Abs. 2 Nr. 8 GVG). Subsidiär zur GBO sind Vorschriften des Allgemeinen Teils des FamFG anzu-

---

[1] BGBl I 1993, S. 2182.
[2] BGBl I 2009, S. 2713.
[3] BGBl I 2008, S. 2586.
[4] BGBl I 2014, S. 1962.

wenden (siehe § 2 Einl. Rdn 51).⁵ Das Grundbuchwesen ist nicht Teil der Rechtsprechung im engeren Sinne des Art. 92 GG, wohl aber Teil der Rechtspflege, die mit guten Gründen den unabhängigen Gerichten zugewiesen ist und nicht der öffentlichen Verwaltung. Zwar enthielt § 1 Abs. 1 GBO in seiner bei Inkrafttreten geltenden Fassung nicht den Hinweis auf die Amtsgerichte, wohl aber die Zuordnung an die Organisation der Landesjustizverwaltungen. Es war daher seit Inkrafttreten der GBO anerkannt, dass das Grundbuchverfahren der Justiz zugewiesen ist und nicht der öffentlichen Verwaltung.⁶

Die Zuständigkeitsvorschriften des § 1 GBO⁷ gelten für das gesamte Grundbuchverfahren erster Instanz. Dazu gehören die Entscheidung über Eintragungsanträge, die Vornahme von Eintragungen und die Erteilung von Briefen, die Aufbewahrung von Urkunden und die Führung der Grundakten sowie die Entscheidung über die Grundbucheinsicht. Auch bei der Entscheidung über die Eintragung einer Zwangshypothek (§ 866 Abs. 1 ZPO) oder der Eintragung einer Vormerkung oder eines Widerspruchs sowie einer Arresthypothek im Wege der Vollziehung eines Arrestes oder einer einstweiligen Verfügung handelt es sich um ein Grundbuchverfahren, für das aber auch die Vorschriften der ZPO über die Zwangsvollstreckung zu beachten sind.⁸

Die Zuständigkeit des § 1 GBO gilt für die besonderen Verfahren des Grundbuchrechts, insbesondere das Zwangsberichtigungsverfahren oder das Amtslöschungsverfahren § 53 Abs. 1 S. 2 GBO und das höchst selten anzutreffende Rangklarstellungsverfahren (§§ 90 ff. GBO).

Die Zuständigkeit der Grundbuchämter ist zumindest theoretisch ferner gegeben, soweit sachlich-rechtliche Erklärungen gegenüber dem Grundbuchamt abzugeben sind. Das sind bspw. die Fälle der §§ 875 Abs. 1, 876, 880 Abs. 2 S. 3, 928 Abs. 1, 1168 Abs. 2, 1183, 1196 Abs. 2 BGB, § 8 Abs. 1 WEG, Art. 233 § 4 Abs. 6 S. 2 EGBGB, § 5 Abs. 2 GBBerG. Die Abgabe einer formgebundenen Erklärung vor dem Grundbuchamt ist seit Inkrafttreten des BeurkG im Jahre 1970 aber nicht mehr möglich (§ 57 Abs. 6 u. 7 BeurkG).⁹ Insbesondere der Wortlaut des § 873 Abs. 2 BGB, der dies in seiner zweiten Alternative scheinbar zulässt, geht seither ins Leere.

III. Verordnungsermächtigungen in Abs. 3 und 4

Bis zur Änderung der Norm durch das RegVBG im Jahre 1993 war die Ermächtigung zum Erlass der Grundbuchverfügung in eingeschränkter Form in Abs. 3 enthalten. Aufgrund dieser alten Ermächtigung ist die Grundbuchverfügung (GBV) vom 8.8.1935,¹⁰ zuletzt wesentlich geändert durch DaBaGG vom 1.10.2013,¹¹ erlassen worden, sie enthält technische Vorschriften über die Einrichtung und Führung der Grundbücher, insbesondere auch zum elektronischen Grundbuch. Vom BJM ist aufgrund der gem. Art. 129 Abs. 1 GG übergegangenen Ermächtigung die Verfügung über die grundbuchmäßige Behandlung der Wohnungseigentumssachen (WGV) vom 1.8.1951,¹² zuletzt geändert durch DaBaGG vom 1.10.2013,¹³ erlassen worden. Aufgrund der (neuen) Ermächtigung in Abs. 4 ist ergangen die Verordnung über die Anlegung und Führung von Gebäudegrundbüchern (GGV) vom 15.7.1994.¹⁴ Die Grundbuchverfügung, die WEGGBV und die GGV sind im Anschluss an die GBO kommentiert wiedergegeben.

---

5 Grundsätzlich BayObLG Rpfleger 1988, 477; *Demharter*, § 1 Rn 27; Hügel/*Holzer*, § 1 Rn 38 ff.; Lemke/*Schneider*, § 1 Rn 11.
6 So bereits *Predari*, § 1 Anm. 3; ferner Hügel/*Holzer*, § 1 Rn 6.
7 Eingehend auch Meikel/*Böttcher*, § 1 Rn 2 ff.; Bauer/Schaub/*Waldner*, § 1 Rn 2; *Demharter*, § 1 Rn 4; Lemke/*Schneider*, § 1 Rn 6 ff.
8 Zur Frage des zuständigen Grundbuchamtes bei Eingang eines Antrags auf Vollziehung eines Arrestes BGHZ 146, 361 = NotBZ 2001, 144 = Rpfleger 2001, 294.
9 Vgl. *Demharter*, § 29 Rn 1; Meikel/*Hertel*, § 29 Rn 1, 2; Meikel/*Böttcher*, § 1 Rn 7.
10 RMBl. 1935, S. 637.
11 BGBl I 2013, S. 3719.
12 BAnz. Nr. 152.
13 BGBl I 2013, S. 3719.
14 BGBl I 1994, S. 1606.

B. Die sachliche Zuständigkeit
I. Zuständigkeit des Amtsgerichts
1. Allgemeine Zuständigkeit

6 Die sachliche Zuständigkeit regelt, welche Art von Gericht in erster Instanz eine bestimmte Sache wegen deren Art zu erledigen hat. Sachlich zuständig für alle Grundbuchsachen ist das Amtsgericht (Abs. 1 S. 1). Nicht einheitlich geregelt ist die Frage, ob das **Grundbuchamt als Abteilung des Amtsgerichts** den Zusatz „Grundbuchamt" zu führen hat. Nach § 1 Abs. 1 GeschO vom 25.2.1936[15] sollte der Zusatz „Grundbuchamt" unterbleiben.[16] Die BayGBGA in der Fassung vom 16.10.2006[17] in Abschn. 1.1.1. bezeichnet das zuständige Amtsgericht mit dem Zusatz „Grundbuchamt". Die GBGA Nordrhein-Westfalen vom 28.8.2007[18] ordnet dagegen ausdrücklich an, dass bei der Bezeichnung des Amtsgerichts der Zusatz „Grundbuchamt" wegzulassen sei. Die sächsische Verwaltungsvorschrift VwV Grundbuchsachen vom 31.1.2020,[19] zuletzt enthalten in der Verwaltungsvorschrift vom 9.12.2021[20] sieht ähnlich wie Bayern die Bezeichnung des Amtsgerichts, zu dem es gehört, vor. Die in der jüngeren Literatur häufiger anzutreffende Bezeichnung „**Grundbuchgericht**"[21] spricht zwar zutreffend ohnehin Selbstverständliches aus, ist jedoch nicht amtlich und bisher historisch nicht gewachsen. Dass das Grundbuchamt oder Grundbuchgericht im GVG keine besondere Erwähnung findet und daher nicht als „Gericht" innerhalb der amtsgerichtlichen Abteilungen erwähnt wird, mag lediglich der rechtspolitischen Bedeutung anderer Fachgebiete geschuldet sein, die es geschafft haben, im GVG besonders erwähnt zu werden, obwohl sie letztlich auch nur Abteilungen des Amtsgerichts sind.[22]

2. Wegfall des Vorbehalts für Baden-Württemberg

7 In Baden-Württemberg wurde das Grundbuchwesen bis Ende 2017 durch die Gemeinden im Landesteil Württemberg und Notariate im Landesteil Baden geführt. Es ist seit 1.1.2018 auf die Amtsgerichte übertragen.[23] Zur bis dahin noch geltenden Zuständigkeit der Gemeinden und der Notare vgl. §§ 26 ff. LFGG vom 12.2.1975[24] mit VO vom 5.11.2012.[25] Die Regelung des § 149 GBO regelte demgemäß bis Ende 2017 den gesetzlichen Vorbehalt für diese Grundbuchführung. In der seit 1.1.2018 geltenden Fassung beinhaltet § 149 GBO nunmehr Bestimmungen zur Grundbucheinsicht.

3. Vorbehalt für die neuen Bundesländer

8 Im Beitrittsgebiet des Art. 3 Einigungsvertrag gilt § 1 Abs. 1 GBO uneingeschränkt. Bis 31.12.1994 war die Führung des Grundbuchs durch die früheren Kreisgerichte als Verwaltungsbehörden in Nachfolge der in der DDR zuständigen Liegenschaftsdienste zulässig; seit 1.1.1995 ist die Führung des Grundbuchs ausschließlich den Amtsgerichten zugewiesen (§ 150 Abs. 1 Nr. 1 GBO). Sonstige Vorbehalte zur Grundbuchführung ergeben sich noch aus § 150 GBO.

II. Verletzung der Regeln über die sachliche Zuständigkeit

9 Bei Verstößen gegen die sachliche Zuständigkeit, wenn also eine dem Grundbuchamt nicht angehörende Person des Amtsgerichts handelt, wird vereinzelt die absolute **Unwirksamkeit** (Nichtigkeit) der betreffenden Handlung angenommen.[26] Dem kann mit Hinweis auf § 2 Abs. 3 GBO und § 6 FamFG nicht gefolgt werden. Bei Verletzung gegen die sachliche Zuständigkeit besitzt die Amtshandlung Gültigkeit, ist aber **anfechtbar**.[27] Eine Nichtigkeit ist nur anzunehmen, wenn ein dem Amtsgericht nicht angehörender

---

15 DJ 1936, 350.
16 Dazu *Holzer*, ZNotP 2013, 294.
17 JMBl. 2006, S. 182.
18 JMBl. 2007, S. 217.
19 SächsJMBl. 2010 S. 10.
20 SächsABl.SDr. S. 199.
21 Meikel/*Böttcher*, § 1 Rn 13; Lemke/*Schneider*, § 1 Rn 3.
22 So insbesondere die Abteilungen für Familiensachen und Betreuungssachen, Unterbringungssachen und betreuungsgerichtliche Zuweisungssachen nach §§ 23b, 23c GVG; letzterer eingefügt durch FGG-Reformgesetz v. 17.12.2008 (BGBl I S. 2586).
23 Gesetz zur Reform des Notariats- und Grundbuchwesens in Baden-Württemberg v. 29.7.2010 (GBl S. 555); dazu BVerfG BWNotZ 2017, 37 = DNotZ 2017, 704.
24 GBVl S. 116.
25 GVBl. S. 633; dazu auch Hügel/*Holzer*, § 1 Rn 3.
26 *Demharter*, § 1 Rn 25; Hügel/*Holzer*, § 1 Rn 34 m.w.N.
27 Bauer/Schaub/*Waldner*, § 1 Rn 5; Lemke/*Schneider*, § 1 Rn 12; *Lent/Habscheid*, § 13 II; *Pikart/Henn*, S. 65; Meikel/*Böttcher*, § 1 Rn 16; *Eickmann/Böttcher*, Grundbuchverfahrensrecht, Rn 44; a.A. noch die ältere Rspr.: BGHZ 24, 48 = NJW 1957, 832; BayObLG RJA 9, 73.

Dritter handelt, dem nach keinerlei Rechtsgrundlage die Zuständigkeit für eine gerichtliche Handlung zukommt.[28] Der BGH sah einen Nichtigkeitsgrund, wenn der Grundbuchführer durch Bedrohung gegenüber Leib und Leben zur Vornahme einer Eintragung gezwungen wird.[29]

Bei Erklärungen, die gegenüber dem Grundbuchamt abzugeben sind, tritt Wirksamkeit gem. § 130 Abs. 1 und 3 BGB mit Zugang beim richtigen Empfänger ein. Die Abgabe solcher Erklärungen gegenüber einem anderen Gericht als dem örtlich zuständigen Grundbuchamt macht die Erklärungen nicht wirksam. Davon zu unterscheiden ist der Fall des Zuganges zwar beim Amtsgericht, aber bei einer anderen Abteilung.[30] Gleiches gilt für den Fall, dass Erklärungen nicht dem Grundbuchamt, sondern einer anderen amtsgerichtlichen Abteilung zugehen.[31]

C. Die örtliche Zuständigkeit

I. Die gesetzliche Regelung

1. Grundsatz und Ausnahmen

Die örtliche Zuständigkeit betrifft die Zuweisung der Rechtspflegeaufgaben in Grundbuchsachen für ein bestimmtes Grundstück an das Amtsgericht eines bestimmten Ortes.

10

Jedes Amtsgericht ist für die in seinem Bezirk liegenden Grundstücke zuständig (§ 1 Abs. 1 S. 2 GBO). Grundbuchamtsbezirk ist der Amtsgerichtsbezirk. Ein Grundbuchamtsbezirk kann einen oder mehrere Grundbuchbezirke haben. Wegen des Begriffes „Grundbuchbezirk" siehe § 2 Abs. 1 GBO (vgl. § 2 GBO Rdn 2) sowie § 1 GBV.

Ausnahmen von der Regel des § 1 Abs. 1 S. 2 GBO können sich ergeben:

- Wenn ein Grundstück im Bezirk mehrerer Grundbuchämter liegt (§ 1 Abs. 2 GBO; siehe dazu unten Rdn 11);
- Wenn mehrere Grundstücke zu einem Hof im Sinne der Höfeordnung gehören oder in ähnlicher Weise rechtlich miteinander verbunden sind, und ein gemeinschaftliches Grundbuchblatt angelegt worden ist (§ 4 Abs. 2 S. 1 GBO; siehe dazu § 4 GBO Rdn 7 ff.);
- Wenn Grundstücke miteinander vereinigt werden (§ 5 Abs. 1 S. 2 GBO; siehe dazu § 5 GBO Rdn 3 ff.);
- Wenn ein Grundstück einem anderen als Bestandteil zugeschrieben wird (§ 6 S. 2 GBO; siehe dazu § 6 GBO Rdn 3 ff.).

2. Bestimmung der örtlichen Zuständigkeit durch das Obergericht

Liegt ein Grundstück im Bezirk mehrerer Grundbuchämter, wird das zuständige Amtsgericht gem. § 5 FamFG durch das gemeinschaftliche obere Gericht bestimmt (§ 1 Abs. 2 GBO). Auf wirtschaftliche Belange oder Grundstücksgröße kommt es nicht an.[32] Unerheblich ist auch, ob ein Grundstück bisher buchungsfrei war oder ob eine Doppelbuchung vorliegt.[33] Ist dieses Gericht der BGH, so entscheidet das OLG, zu dessen Bezirk das zuerst mit der Sache befasste Grundbuchamt gehört.[34] In Bayern ist ausschließlich das OLG München zuständig, in Rheinland-Pfalz ausschließlich das OLG Zweibrücken.[35]

11

Der Fall des § 1 Abs. 2 GBO kann auch nachträglich durch eine Änderung des Grundbuchamtsbezirkes eintreten, wenn die neue Bezirksgrenze das Grundstück durchschneidet. Als zuerst mit der Sache befasstes Gericht ist in diesem Fall das Gericht anzusehen, bei dem das Grundstück bisher gebucht war. § 1 Abs. 2 GBO gilt auch für grundstücksgleiche Rechte.[36]

---

28 OLG Brandenburg VIZ 1996, 722; Hügel/*Holzer*, § 1 Rn 34.
29 BGHZ 7, 64.
30 Zum Zugang einer Erbschaftsausschlagung an das Grundbuchamt statt an das Nachlassgericht OLG München JFG 17, 282; Meikel/*Böttcher*, § 1 Rn 17.
31 Ebenso Meikel/*Böttcher*, § 1 Rn 17.
32 Meikel/*Böttcher*, § 1 Rn 19; Bauer/Schaub/*Waldner*, § 1 Rn 10; Lemke/*Schneider*, § 1 Rn 14.
33 *Demharter*, § 1 Rn 21; Lemke/*Schneider*, § 1 Rn 14.
34 Zum Nachlassverfahren KG FGPrax 2016, 288 = Rpfleger 2017, 155.
35 Dazu mit Nachweisen Meikel/*Böttcher*, § 1 Rn 21; Hügel/*Holzer*, § 1 Rn 12; Lemke/*Schneider*, § 1 Rn 16; zur Zuständigkeit bei Grundbuchanlegung für ein selbständiges Fischereirecht in Bayern, das sich über mehrere Amtsgerichtsbezirke erstreckt BayObLG, Beschl. v. 23.12.1998 – 2Z AR 21/98, n.v.
36 *Demharter*, § 1 Rn 21; Lemke/*Schneider*, § 1 Rn 14.

Die Anrufung des Obergerichts zur Zuständigkeitsbestimmung erfolgt durch den zuständigen Rechtspfleger des Grundbuchamts (§ 3 Nr. 1 Buchst. h RPflG).[37]

3. Zuständigkeitsstreit

12 Bei Streit über die örtliche Zuständigkeit, etwa wegen Zweifel über den Verlauf der Gerichtsgrenzen, ist unmittelbar nach § 5 FamFG zu verfahren.[38] Zum Verfahren bei Zuständigkeitswechsel siehe § 25 GBV (vgl. § 25 GBV Rdn 2 ff.).

II. Zuständigkeitskonzentration

13 Abs. 3 ermöglicht eine von Abs. 1 abweichende Konzentration der Zuständigkeit, er entspricht § 689 Abs. 3 ZPO, § 2 Abs. 2 InsO, § 1 Abs. 2 ZVG, wobei schon durch die Allgemeinvorschrift des § 13a GVG eine Zuständigkeitskonzentration erfolgen kann. Er ist nicht auf die maschinelle Grundbuchführung beschränkt, ist jedoch in diesem Zusammenhang von größerer Bedeutung. Auch im Ausblick auf das Datenbankgrundbuch, das nach dem Gesetz vom 1.10.2013[39] die Länder einführen dürfen (und sollen), kann eine Zuständigkeitskonzentration sinnvoll sein. Umgesetzt ist sie bspw. im Saarland mit der Konzentration auf das AG Saarbrücken durch VO vom 15.7.1994,[40] zuletzt geändert durch VO vom 29.7.2003.[41]

Allgemein ist bei Zuständigkeitskonzentrationen aber zur Zurückhaltung zu raten, weil sich Zuständigkeitskonzentrationen erfahrungsgemäß belastend auf die Bürger auswirken.[42] Zudem zeigt jede Zuständigkeitskonzentration in öffentlicher Verwaltung und Rechtspflege in der Praxis, dass nicht selten das Gegenteil von Verfahrensvereinfachung und Rationalisierung eintritt. Die Grundbuchführung in Baden-Württemberg, die seit 1.1.2018 durch 13 konzentriert zuständige Amtsgerichte erfolgt, trägt dem durch § 149 GBO Rechnung, indem wenigstens die Grundbucheinsicht bei der örtlichen Gemeinde erfolgen kann, die bisher nach Landesrecht Grundbuchamt war.

III. Verletzung der Regeln über die örtliche Zuständigkeit

14 Wird ein örtlich unzuständiges Grundbuchamt tätig, so sind seine Handlungen nicht aus diesem Grunde unwirksam, § 2 Abs. 3 FamFG; die zunächst wirksame Handlung ist jedoch anfechtbar. Verletzungen der örtlichen Zuständigkeit sind praktisch nicht denkbar, weil nach der Führung des Grundbuchs dieses sowie die Grundakten allein beim örtlich zuständigen Gericht liegen. Es ist schwer vorstellbar, dass im Grundbuchverfahren ein anderes Gericht als das örtliche Amtsgericht eine Entscheidung trifft, dass es erst recht eine Eintragung vornehmen könnte. Dies würde bereits an der wirksamen Unterschriftsleistung durch elektronische Signatur scheitern.

15 Differenzierter ist die Frage zu sehen, inwieweit Erklärungen, die gegenüber einem örtlich unzuständigen Grundbuchamt abgegeben worden sind, Wirksamkeit erlangen können. In Anwendung von § 130 Abs. 1 und 3 BGB könnte angenommen werden, dass eine gegenüber einer Behörde abzugebende Willenserklärung erst mit ihrem Zugang an die örtlich und sachlich zuständige Behörde wirksam werde. Bezüglich der sachlichen Zuständigkeit ist dies richtig, weil die einschlägigen Vorschriften des materiellen Rechts jeweils „das Grundbuchamt" als Erklärungsempfänger bezeichnen, somit bei dieser unmissverständlichen Rechtslage die Abgabe gegenüber einer falschen Behörde dem Erklärenden angelastet werden kann, ist die Situation bei der örtlichen Zuständigkeit eine andere. Die örtliche Zuständigkeit ist manchmal nicht einfach zu ermitteln, da es auch vorkommt, dass ein an sich unzuständiges Grundbuchamt das Grundbuch für ein Grundstück tatsächlich führt. Mit Rücksicht darauf und unter Berücksichtigung von § 2 Abs. 3 FamFG ist deshalb eine differenzierte Betrachtungsweise notwendig:[43]

---

37 BayObLG NJW-RR 2002, 1118 = Rpfleger 2002, 485; OLG Zweibrücken Rpfleger 2005, 521; *Demharter*, § 1 Rn 21; Lemke/*Schneider*, § 1 Rn 16.
38 Meikel/*Böttcher*, § 1 Rn 22.
39 BGBl I 2013, S. 3719.
40 Abl. Saarland S. 119.
41 Abl. Saarland S. 2238.
42 Eingehend Bauer/Schaub/*Waldner*, § 1 Rn 9.
43 Meikel/*Böttcher*, § 1 Rn 24 ff.; Bauer/Schaub/*Waldner*, § 1 Rn 13; *Demharter*, § 1 Rn 23; Hügel/*Holzer*, § 1 Rn 33; eingehend zu § 2 Abs. 3 FamFG MüKo/*Pabst*, FamFG, § 2 Rn 41 ff.

- Wird das unzuständige Gericht tätig, d.h. nimmt es die Erklärung entgegen und veranlasst das Notwendige, weil es z.B. – trotz örtlicher Unzuständigkeit – das Grundbuch für das betreffende Grundstück führt, so muss die Erklärung wirksam geworden sein.[44] Die Parteien können darauf vertrauen, das Gericht habe seine Zuständigkeit zu Recht bejaht.[45]
- Nimmt das unzuständige Gericht die Erklärung entgegen und gibt sie an das zuständige Gericht weiter, so ist sie gleichfalls wirksam.[46]
- Weist das angegebene Gericht den Erklärenden auf die Unzuständigkeit hin und bleibt im Übrigen untätig, so soll die Erklärung nach § 2 Abs. 3 FamFG gleichfalls wirksam sein.[47] Das erscheint zweifelhaft. Die vorstehend geschilderten Einschränkungen der Regel des § 130 BGB haben ihren Grund im notwendigen und vertretbaren Schutz des Rechtsuchenden; eines solchen Schutzes bedarf aber nicht, wer auf eine bestehende Unzuständigkeit ausdrücklich hingewiesen worden ist.[48] In diesem Fall ist die Erklärung unwirksam, wird sie nicht von dem unzuständigen an das zuständige Gericht weitergeleitet, was allerdings meist ein *nobile officium* sein wird. Wenn das Gericht auf seine Unzuständigkeit nicht hinweist und nach Entgegennahme der Erklärung untätig bleibt, muss die Erklärung nach dem Sinn und Zweck des § 2 Abs. 3 FamFG wirksam sein.[49]
- Erklärt sich das Gericht für unzuständig und gibt die Erklärung zurück, so ist die Erklärung unwirksam.[50]

D. Die funktionelle Zuständigkeit

I. Begriff

Mit dem Begriff der funktionellen Zuständigkeit wird geregelt, welches Rechtspflegeorgan bei Gericht für bestimmte Verrichtungen oder Entscheidungen zuständig ist und welche Zuständigkeiten im Rechtsmittelzug gegeben sind. In Grundbuchsachen erster Instanz werden folgende Rechtspflegeorgane tätig:

16

II. Der Grundbuchrichter

Die gerichtlichen Aufgaben sind zwar nach § 22 GVG dem Richter zugewiesen; dies würde grundsätzlich auch für Grundbuchsachen gelten (§ 23a Abs. 1 S. 1 Nr. 2 i.V.m. Abs. 2 Nr. 8 GVG). Da das Grundbuchverfahren, soweit nicht die Zuständigkeit des Urkundsbeamten der Geschäftsstelle besteht (siehe § 12c GBO), ohne jeden Vorbehalt voll dem Rechtspfleger übertragen ist, kann der Richter nur noch tätig werden, wenn ein Fall des § 4 Abs. 2 RPflG gegeben ist oder wenn ihm der Rechtspfleger eine Sache gemäß § 5 RPflG vorgelegt hat. Steht mit dem vorgelegten oder angefochtenen Geschäft ein anderes in engem Zusammenhang, so ist für dessen Erledigung der Richter gem. § 6 RPflG zuständig. Da aber wiederum Grundbuchsachen voll dem Rechtspfleger übertragen sind, kommt § 6 RPflG praktisch nicht zum Tragen.[51]

17

Zu beachten ist, dass die Vorlage des § 5 RPflG in den Fällen des § 5 Abs. 1 RPflG (wegen möglicher Vorlage nach Art. 100 GG) erfolgen muss, während bei Anwendung ausländischen Rechts die Vorlage nach § 5 Abs. 2 RPflG erfolgen kann. Nicht hierher gehört das Internationale Privatrecht (IPR), soweit seine Kollisionsnormen auf deutsches Recht verweisen oder deutsches Recht kraft Staatsvertrages anwendbar ist; eine Vorlagemöglichkeit besteht grundsätzlich erst bei Anknüpfung der Kollisionsnormen oder des Staatsvertrages an ausländisches Recht.[52] Das nach dem EinigungsV fortgeltende **Recht der ehemaligen DDR** oder das nach den ins EGBGB eingefügten Regeln des intertemporären Rechts noch anwendbare DDR-Recht ist inländisches Recht, das von § 5 RPflG **nicht** erfasst wird.[53]

---

44 Meikel/*Böttcher*, § 1 Rn 26.
45 RGZ 71, 380; BGHZ 36, 197 = FamRZ 1962, 111; ebenso *Kersting*, Rpfleger 1959, 208; und für den Fall der Entgegennahme der Erbschaftsausschlagung MüKo/*Leipold*, BGB, § 1945 Rn 8.
46 Meikel/*Böttcher*, § 1 Rn 27.
47 Allgemein MüKo/*Pabst*, FamFG, § 2 Rn 41, 44.
48 So auch Meikel/*Böttcher*, § 1 Rn 29.
49 Für diesen Fall zutreffend MüKo/*Pabst*, FamFG, § 2 Rn 44.
50 LG Lübeck SchlHAnz. 59, 104; MüKo/*Leipold*, § 1945 Rn 8 für den vergleichbaren Fall der Erbschaftsausschlagung.
51 Ebenso Meikel/*Böttcher*, § 1 Rn 33; *Demharter*, § 1 Rn 18; Lemke/*Schneider*, § 1 Rn 21.
52 Dazu Arnold/Meyer-Stolte/*Rellermeyer*, RPflG, § 5 Rn 13.
53 LG Berlin Rpfleger 1991, 418.

III. Der Rechtspfleger

18 Die nach den gesetzlichen Vorschriften vom Richter wahrzunehmenden Aufgaben des Amtsgerichts in Grundbuchsachen sind im vollen Umfang dem Rechtspfleger übertragen (§ 3 Nr. 1 Buchst. h RPflG).[54]

Er erledigt somit alle Geschäfte, die vom Grundbuchamt nach den Verfahrensvorschriften mit Wirkung nach außen vorzunehmen sind und für die sich nicht aus § 12c GBO besondere Zuständigkeitsregelung ergibt.

Das GBA und damit funktionell der Rechtspfleger ist im Rahmen des Grundbuchverfahrens auch berechtigt und verpflichtet, Verfügungen von Todes wegen nach § 35 GBO zu prüfen und auszulegen. Dies umfasst gerade auch die Anwendung nachlassrechtlicher Vorschriften in eigener Zuständigkeit und sachlicher Unabhängigkeit.[55] § 16 RPflG steht dem nicht entgegen. Einen Erbschein kann das Grundbuchamt nach § 35 Abs. 1 S. 2 GBO insbesondere nur verlangen, wenn zur Bestimmung der Erbfolge tatsächliche Sachverhaltsermittlungen erforderlich sind, die das Grundbuchamt nicht vornehmen kann.

Der **Rechtspfleger** ist bei seinen Entscheidungen **nur dem Gesetz unterworfen**, er ist in gleicher Weise wie der Richter sachlich unabhängig (§ 9 RPflG).[56]

Zur Ausschließung und Ablehnung des Rechtspflegers siehe § 11 GBO (vgl. § 11 GBO Rdn 2 ff.); zur Anfechtung seiner Entscheidungen vgl. §§ 71 ff. GBO (siehe § 71 GBO Rdn 1 ff.).

Der Rechtspfleger entscheidet auch über die Abänderung einer Entscheidung des UdG im Erinnerungswege; § 4 Abs. 2 Nr. 3 RPflG, der die Zuständigkeit des Richters bestimmte, ist m.W.v. 1.9.2004 weggefallen.[57]

Zur Zuständigkeit des Rechtspflegers in Baden-Württemberg im Zusammenhang mit der Neuordnung des Grundbuchwesens **§§ 35, 35a und 36 RPflG**.

Zur Wahrnehmung von Rechtspflegeraufgaben im Beitrittsgebiet durch beauftragte Bedienstete und sog. Bereichsrechtspfleger **§§ 34, 34a RPflG**.[58]

IV. Der Urkundsbeamte der Geschäftsstelle

1. Allgemeines

19 Die Zuständigkeit des Urkundsbeamten der Geschäftsstelle (UdG) gliedert sich in verschiedene Teilbereiche. Sie betreffen den Antragseingang, die Aktenführung sowie besondere Fälle von Eintragungen, siehe hierzu eingehend **§ 12c GBO**.

2. Der Präsentatsbeamte

20 Dem **Zeitpunkt des Eingangs eines Eintragungsantrages** beim Grundbuchamt kommt besondere Bedeutung zu (§§ 17, 45, §§ 878, 892 Abs. 2 BGB). Bei jedem Eintragungsantrag oder -ersuchen muss deshalb der Zeitpunkt des Eingangs beurkundet werden. Die Zuständigkeit dafür ist in **§ 13 Abs. 3 GBO** geregelt. Näheres zum Präsentatsbeamten und der Beurkundung des Antragseingangs regeln die Geschäftsanweisungen der Länder (z.B. Nr. 20 VwV-Grundbuchsachen Sachsen).

3. Der zur Leistung der zweiten Unterschrift ermächtigte Bedienstete

21 In den Fällen des § 12c Abs. 2 Nr. 2–4 GBO hat bei dem früher in Papierform geführten Grundbuch neben dem Urkundsbeamten ein zweiter Beamter der Geschäftsstelle oder ein vom Behördenvorstand ermächtigter Justizangestellter den Beglaubigungsvermerk oder die Eintragung zu unterzeichnen. Beim maschinell geführten Grundbuch entfällt das Erfordernis der zweiten Unterschrift (§ 130 S. 1 GBO).

---

54 Zur Rechtsentwicklung Hügel/*Holzer*, § 1 Rn 18.
55 OLG Köln Rpfleger 2000, 157; BayObLG Rpfleger 2000, 266; OLG Zweibrücken ZErb 2011, 224.
56 Eingehend Arnold/Meyer-Stolte/*Georg*, RPflG, § 9 Rn 24 ff.; eher von historischer Bedeutung zur Frage der an § 9 RPflG gemessenen Zulässigkeit der Anweisung, das Grundbuch als Loseblattgrundbuch zu führen VG Augsburg, Rpfleger 1985, 352.
57 G v. 24.8.2004 (BGBl I S. 2198).
58 Dazu *Rellermeyer*, Rpfleger 1993, 45.

Im Falle der Ermächtigung nach §§ 44 Abs. 1 S. 2 Hs. 2, 56 Abs. 2 GBO ist der Angestellte statt des UdG, im Falle der Ermächtigung nach § 44 Abs. 1 S. 3 GBO statt des zweiten Geschäftsstellenbeamten unterschriftbefugt. Nach § 12c Abs. 2 Nr. 1 GBO kann er anstelle des UdG Blattabschriften beglaubigen.

V. Verletzung der Regeln über die funktionelle Zuständigkeit

Es sind folgende – auch praktisch fernliegende – Möglichkeiten denkbar:

1. Der Richter wird anstelle des Rechtspflegers tätig

Nach § 8 Abs. 1 RPflG wird die Wirksamkeit des Geschäfts hierdurch nicht berührt. Allerdings dürfte es kaum bis nie vorkommen, dass ein nach dem Geschäftsverteilungsplan nicht zuständiger Richter eine Eintragung vornimmt oder eine Entscheidung nach § 18 GBO trifft.

2. Der Richter wird anstelle des Urkundsbeamten tätig

Wenn schon ein vom Richter vorgenommenes Rechtspflegergeschäft wirksam bleibt, so muss dies ebenso für ein Urkundsbeamtengeschäft gelten, zumal § 8 Abs. 5 RPflG ein Tätigwerden des Rechtspflegers anstelle des Urkundsbeamten wirksam sein lässt.[59]

3. Der Rechtspfleger wird anstelle des Richters tätig

Da der Rechtspfleger für alle Entscheidungen und Verrichtungen des Grundbuchamts kraft gesetzlicher Vollübertragung zuständig ist, die nicht dem Urkundsbeamten zustehen, somit eine unmittelbare Richterzuständigkeit nicht mehr besteht, kann ein solcher Fall nur in der Form praktisch werden, dass der Rechtspfleger ein Geschäft selbst bearbeitet, obwohl eine Vorlagepflicht nach § 5 Abs. 1 RPflG besteht oder ein Fall des § 4 Abs. 2 RPflG vorliegt. Die Verletzung der Vorlagepflicht ist ohne Einfluss auf die Wirksamkeit des Geschäftes, § 8 Abs. 3 RPflG. Ein Verstoß gegen § 4 Abs. 2 RPflG hat aber Unwirksamkeitsfolge nach § 8 Abs. 4 RPflG.

4. Der Rechtspfleger wird anstelle des Urkundsbeamten tätig

Nach § 8 Abs. 5 RPflG wird die Wirksamkeit des Geschäfts dadurch nicht berührt.

5. Der Urkundsbeamte wird anstelle des Rechtspflegers (Richters) tätig

Wenn der Urkundsbeamte ein richterliches Geschäft wahrnimmt, das ihm nicht ausdrücklich zugewiesen ist, ist seine Handlung nichtig.[60]

6. Ein Beamter des gehobenen Dienstes, der nicht Rechtspfleger ist, wird tätig

Während die Ableistung der vorgeschriebenen Ausbildung, die abgelegte Rechtspflegerprüfung und die beamtenrechtliche Ernennung zur Wahrnehmung von Rechtspflegergeschäften im Allgemeinen befähigen, wird die Befugnis dazu erst durch einen weiter hinzutretenden Betrauungsakt erworben (§ 2 Abs. 1 S. 1 RPflG). Diese Betrauung geschieht durch die Zuweisung von Rechtspflegergeschäften im Geschäftsverteilungsplan des jeweiligen Gerichts.[61] Ein Beamter des gehobenen Justizdienstes, dem in der Geschäftsverteilung lediglich Aufgaben der Justizverwaltung zugewiesen sind, ist deshalb nicht befugt – auch nur vertretungsweise – Rechtspflegergeschäfte wahrzunehmen, seine Handlungen sind unwirksam.[62]

7. Ein nicht zum Präsentat ermächtigter Bediensteter beurkundet den Eingang eines Antrages

Wegen der außerordentlichen Bedeutung, die dem ordnungsgemäßen Präsentat zukommt, ist die Zuständigkeit zur Entgegennahme von Eintragungsanträgen und zur Beurkundung des Eingangszeitpunktes eine ausschließliche, deren Verletzung nach allgemeinen Regeln das Präsentat als Akt öffentlicher Beurkundung unwirksam macht.[63] Ist das Präsentat durch einen unzuständigen Beamten erteilt worden, kann

---

59 OLG Köln Rpfleger 1977, 105; LG Bonn Rpfleger 1993, 333; Meikel/*Böttcher*, § 1 Rn 50; *Arnold/Meyer-Stolte/Rellermeyer*, RPflG, § 8 Rn 25, 26; a.A. *Herbst*, RPflG, § 8 Rn 2.
60 *Jansen*, § 7 Rn 18; *Demharter*, § 1 Rn 19. Zur Nichtigkeit einer Grundbucheintragung siehe BayObLG Rpfleger 1992, 147.
61 *Herbst*, § 2 Anm. 3; OLG Frankfurt JVBl. 68, 132.
62 OLG Frankfurt JVBl. 68, 132; Meikel/*Böttcher*, § 1 Rn 48.
63 Meikel/*Böttcher*, § 1 Rn 53; *Demharter*, § 1 Rn 24.

der Antrag erst von dem Zeitpunkt an als eingegangen gelten, in dem eine zuständige Person nach § 13 Abs. 2 S. 2 GBO – gemeint ist der Rechtspfleger – den Antrag ausgehändigt erhalten hat.

Zur Behandlung von Eintragungsanträgen instruktiv auch Abschnitt 3.1 der BayGBGA vom 16.10.2006[64] oder Nr. 20 VwV-Grundbuchsachen Sachsen.

E. Die Geschäftsverteilung in Grundbuchsachen

29 Die Verteilung der Zuständigkeit unter mehrere Rechtspfleger eines Gerichts oder einer Abteilung (eines Grundbuchamts) muss im Geschäftsverteilungsplan nach den von der Rechtsprechung zu § 21e GVG entwickelten Grundsätzen geschehen.[65] Auch wenn im Rahmen einer Zuschlagsbeschwerde im Zwangsversteigerungsverfahren der BGH entschieden hatte,[66] die Vorschriften des GVG über die Geschäftsverteilung seien auf Rechtspflegertätigkeiten nicht anzuwenden und der Gerichtsvorstand könne jederzeit jeden nach dem RPflG dazu Befähigkeiten mit Rechtspflegeraufgaben betrauen, ist schon aus Gründen der Organisationsklarheit eine verbindliche Geschäftsverteilung unerlässlich.[67] Auch die aus Art. 3 GG abgeleiteten Grundsätze des fairen Verfahrens (*fair trial*) gebieten eine für den Bürger objektiv nachvollziehbare Geschäftsverteilung.[68]

Der Geschäftsverteilungsplan muss die Zuständigkeit genau nach allgemeinen Merkmalen verteilen – also in Grundbuchsachen zweckmäßig nach Grundbuchbezirken – sowie die Vertretung jedes einzelnen Rechtspflegers genau bestimmen. Eine Regelung, dass die Rechtspfleger eines Gerichts oder einer Abteilung sich unbestimmt gegenseitig vertreten, sollte nicht erfolgen.[69]

Entscheidet ein nach der Geschäftsverteilung unzuständiger Rechtspfleger, so ist nach § 22d GVG analog die Handlung wirksam und unanfechtbar.[70] Gleiches gälte, ließe man in Anwendung der Rechtsprechung des BGH eine verbindliche Geschäftsverteilung in Rechtspflegerzuständigkeiten völlig außer Betracht.

F. Rechtslage in den neuen Bundesländern und im beigetretenen Teil Berlins

30 Die hierzu im früheren § 144 Abs. 1 Nr. 1, 7, Abs. 2, 3, 4 GBO zeitlich befristeten **Sonderregelungen** sind weggefallen. Besonderheiten sind noch in § 150 GBO geregelt.

---

§ 2   **[Grundbuchbezirke; Liegenschaftskataster]**

(1) Die Grundbücher sind für Bezirke einzurichten.
(2) Die Grundstücke werden im Grundbuch nach den in den Ländern eingerichteten amtlichen Verzeichnissen benannt (Liegenschaftskataster).
(3) Ein Teil eines Grundstücks darf von diesem nur abgeschrieben werden, wenn er im amtlichen Verzeichnis unter einer besonderen Nummer verzeichnet ist oder wenn die zur Führung des amtlichen Verzeichnisses zuständige Behörde bescheinigt, dass sie von der Buchung unter einer besonderen Nummer absieht, weil der Grundstücksteil mit einem benachbarten Grundstück oder einem Teil davon zusammengefasst wird.

---

64 JMBl. S. 182.
65 *Jansen*, § 7 Rn 10; Arnold/Meyer-Stolte/*Georg*, RpflG, § 2 Rn 21 ff.; *Giese*, Rpfleger 1953, 149; *Koellreuther*, Rpfleger 1953, 1; *Schorn*, Rpfleger 1957, 267; *Wedewer*, JVBl. 58, 2; *Ule*, Der Rechtspfleger und sein Richter, 1983, S. 44, 45.
66 BGH NJW-RR 2010, 1366 = Rpfleger 2010, 277 = InfO M 2010, 400 m. abl. Anm. *Schneider* = LMK 2010, 300524 m. abl. Anm. *Vollkommer* = ZZP 123, 367 m. abl. Anm. *Assmann*.
67 Lesenswert insoweit *Stöber*, ZVG, Einl. Rn 47.2; letztlich mag die Frage der Geschäftsverteilung in der Entscheidung des BGH nur ein Notnagel gewesen sein, um in einem verworrenen Fall eine Zuschlagsbeschwerde „zu retten"; der BGH hat aber dabei die Folgen seiner unbedachten Äußerungen nicht bedacht.
68 Lemke/*Schneider*, § 1 Rn 25.
69 BGH NJW 1956, 1246 und MDR 1959, 231 zu § 62 GVG; diese Grundsätze galten für § 22b GVG sinngemäß, sie haben auch für § 21e GVG Geltung.
70 Meikel/*Böttcher*, § 1 Rn 49; *Demharter*, § 1 Rn 24; Bauer/Schaub/*Waldner*, § 1 Rn 23; Lemke/*Schneider*, § 1 Rn 35.

A. Allgemeines	1	2. Umlegung und Flurbereinigung	9
B. Die Grundbuchbezirke	2	IV. Die Übereinstimmung zwischen Grundbuch und amtlichem Verzeichnis	10
C. Grundbuch und amtliches Grundstücksverzeichnis	3	1. Übereinstimmung des Bestandsverzeichnisses mit Liegenschaftskataster	10
I. Allgemeines	3	2. Zuständigkeit für Eintragung zur Erhaltung der Übereinstimmung	11
II. Der Grundstücksbegriff	4	
1. Grundstück im Rechtssinne	4	3. Automatisierter Datenaustausch	12
2. Grundstück im katastertechnischen Sinne	5	D. Die Abschreibung von Grundstücksteilen	13
3. Grundstücksteil und Zuflurstück	6	E. Der öffentliche Glaube des Grundbuchs	14
4. Ungetrennter Hofraum	7	I. Der öffentliche Glaube nach §§ 891, 892 BGB	14
III. Das amtliche Grundstücksverzeichnis	8	II. Angaben tatsächlicher Art	16
1. Bezeichnung als Flurstück und Grenzverlauf	8	III. Grenzverlauf	17

A. Allgemeines

§ 2 GBO regelt die Zusammenfassung der Grundbücher für örtlich zusammengehörige Grundstücke in sogenannten Grundbuchbezirken, die Bezeichnung der Grundstücke im Grundbuch und die Abschreibung von Grundstücksteilen.

Abs. 3 wurde durch das DaBaGG vom 1.10.2013[1] stark vereinfacht, die früheren Abs. 4 und 5 sind aufgehoben. Dabei sah der Gesetzgeber für Abs. 4 keinen Regelungsbedarf mehr, die in Abs. 5 enthaltene Verordnungsermächtigung ist in § 7 Abs. 3 GBO transferiert worden.[2]

B. Die Grundbuchbezirke

Die Vorschrift, dass die Grundbücher für Bezirke einzurichten sind (§ 2 Abs. 1 GBO), soll die Übersichtlichkeit und die Handhabung des Grundbuches, sowie das Auffinden eines bestimmten Grundstückes im Grundbuch erleichtern. Der Amtsgerichtsbezirk (Grundbuchamtsbezirk, siehe § 1 GBO Rdn 6) wird für die Zwecke des Grundbuchs in Teile zerlegt, wodurch die Grundbuchbezirke entstehen (§ 1 GBV). Dabei handelt es sich um Ordnungsgesichtspunkte, nicht um Zuständigkeitsvorschriften. Durch die Grundbuchbezirke wird jedoch häufig die Geschäftsverteilung des Grundbuchamts bestimmt (vgl. dazu § 1 GBO Rdn 29). Die Grundstücke werden nach der örtlichen Lage, die sie innerhalb des Grundbuchamtsbezirks haben, buchungsmäßig zusammengefasst.

Nach § 102 GBV sind landesrechtliche Vorschriften über eine andere Einteilung der Grundbuchbezirke in Kraft geblieben (siehe § 102 GBV Rdn 1).[3]

Überschreitungen der Bezirksgrenzen können durch Zusammenschreibung (§ 4 GBO), Vereinigung (§ 5 GBO) und Zuschreibung (§ 6 GBO) herbeigeführt werden.

C. Grundbuch und amtliches Grundstücksverzeichnis

I. Allgemeines

Während das Grundbuch die Rechtsverhältnisse am Grundstück wiedergibt, dient das amtliche Grundstücksverzeichnis der Wiedergabe von deren tatsächlichen Verhältnissen, insbesondere Lage und Grenzverlauf.

II. Der Grundstücksbegriff

1. Grundstück im Rechtssinne

Als Grundstück im Rechtssinn ist ein räumlich abgegrenzter Teil der Erdoberfläche zu verstehen, der auf einem besonderen Grundbuchblatt allein oder auf einem gemeinsamen Grundbuchblatt unter einer beson-

---

1 BGBl I 2013, S. 3719.
2 Dazu BT-Drucks 17/12635, S. 20.
3 Dazu auch Lemke/*Schneider*, § 2 Rn 5.

deren Nummer (siehe dazu § 4 GBO Rdn 1) im Bestandsverzeichnis eingetragen ist oder jedenfalls eingetragen werden kann (buchungsfreies Grundstück, siehe dazu § 3 GBO Rdn 5).[4] Dies gilt auch für ein Grundstück im Sinne des Höferechts nach § 2 Buchst. a) HöfeO.[5]

2. Grundstück im katastertechnischen Sinne

5 Als **Grundstück im katastertechnischen Sinn** versteht man das Flurstück, die buchungstechnische Einheit des Katasters.[6] Es ist zu beschreiben als ein Teil der Erdoberfläche, der von einer in sich zurücklaufenden Linie umschlossen und in der Flurkarte unter einer besonderen Nummer – der Flurstücksnummer – verzeichnet ist. Ein Grundstück im Rechtssinne kann aus einem einzigen Flurstück oder aus mehreren bestehen (sog. „zusammengesetztes Grundstück").

Anliegergrundstücke oder Anliegerwasserläufe sind keine Grundstücke, wenn das Landesrecht solches regelt.[7] Ein Anliegergrundstück ist Bestandteil der Grundstücke, an welche es grenzt.[8] Es kann auch an ein einzelnes Grundstück grenzen.[9]

3. Grundstücksteil und Zuflurstück

6 Bei **Grundstücksteilen** muss vor der grundbuchmäßigen Verselbstständigung nach § 2 Abs. 3 GBO (siehe unten Rdn 13) die katastermäßige geschehen. Diese besteht regelmäßig in der Zuteilung einer eigenen Flurstücksnummer an den weggemessenen Grundstücksteil. Ist die Darstellung in einer Karte unzweckmäßig, insbesondere deshalb, weil der Verselbstständigung des Teiles für Kataster und Grundbuch nur vorübergehende Bedeutung zukommt, kann der Grundstücksteil als sog. **Zuflurstück** bezeichnet werden.[10] Es handelt sich dabei um einen räumlich abgegrenzten Teil des Grundstückes, der zeitlich bestimmungsgemäß beschränkt verselbstständigt wird. Er erhält keine eigene Flurstücksnummer, sondern wird unter Hinweis auf das Herkunftsflurstück und das neue Flurstück bezeichnet, z.B. als **„zu 25/1 (aus 25)"**.

Zuflurstücke gelten für die Anwendung des § 890 BGB als selbstständige Grundstücke, sind aber nicht als solche in das Grundbuch einzutragen.[11] Zum grundbuchtechnischen Vollzug siehe § 13 GBV Rdn 5. Zur Vereinigung von Zuflurstücken siehe § 5 GBO Rdn 5, 6), zur Zuschreibung siehe § 6 GBO Rdn 5, 6).

4. Ungetrennter Hofraum

7 Im Beitrittsgebiet finden sich mancherorts noch sog. **ungetrennte Hofräume**.[12] Es handelt sich dabei um Grundstücke in den ehemals preußischen Ländern oder auch Landesteilen, die zwar in ihren Außengrenzen katastermäßig dargestellt sind, nicht jedoch hinsichtlich der zu den einzelnen Bauwerken gehörenden Anteile, die – nicht selten bezogen auf ganze Innenstadtbereiche – nur als „Anteile am ungetrennten Hofraum" ausgewiesen sind. Sie sind mit dieser Bezeichnung grundbuchfähig,[13] sollten aber bis 31.12.2015[14] vermessen werden (vgl. §§ 1, 2 HofraumVO vom 24.9.1993;[15] sowie Bodensonderungsgesetz (BoSoG) vom 20.12.1993[16]). Die aufgrund § 23 BoSoG im Jahre 2017 novellierte HofraumVO sieht eine Vermessung bis 31.12.2025 vor.[17]

---

4 RGZ 84, 270; BayObLG JFG 8, 206; BayObLGZ 1954, 258, 262; OLG Hamm NJW 1966, 2411; BayObLG Rpfleger 1981, 190; OLG München Rpfleger 2009, 673; Lemke/*Schneider*, § 2 Rn 7.
5 Lemke/*Schneider*, § 2 Rn 12.
6 Mit Nachweisen Lemke/*Schneider*, § 2 Rn 9.
7 *Demharter*, § 2 Rn 18; *Bengel/Simmerding*, §§ 3, 4 Rn 20 ff.; Lemke/*Schneider*, § 2 Rn 11.
8 BayObLG MittBayNot 1983, 63; BayObLG DNotZ 1993, 388 = Rpfleger 1993, 104; Gutachten DNotI-Report 2003, 139.
9 BayObLG NJW-RR 1998, 524; OLG München, Beschl. v. 10.3.2011 – 34 Wx 143/10, juris.
10 BGH DNotZ 1954, 197; BayObLG BayObLGZ 1954, 258 = DNotZ 1955, 205.
11 BayObLG BayObLGZ 1954, 258 und BayObLGZ 1957, 356 = DNotZ 1958, 388.
12 Eingehend Meikel/*Böhringer*, Einl. K Rn 213.
13 BezG Erfurt Rpfleger 1992, 471 m. Anm. *Franz*, DNotZ 1992, 808; *Ufer*, DtZ 1992, 272; *Böhringer*, DtZ 1994, 100 u. ViZ 1994, 63.
14 Art. 9 G v. 22.12.2010 (BGBl I 2010, 2255).
15 BGBl I 1993, 1658.
16 BGBl I 1993, 2182.
17 Verordnung über die grundbuchmäßige Behandlung von Anteilen an ungetrennten Hofräumen (Hofraumverordnung – HofV) vom 12.7.2017 (BGBl I 2017, 2358); dazu BR-Drucks 415/17.

III. Das amtliche Grundstücksverzeichnis

1. Bezeichnung als Flurstück und Grenzverlauf

Die Vorschrift, dass die Grundstücke in den **Büchern nach Nummern oder Buchstaben eines amtlichen Verzeichnisses** zu benennen sind, bezweckt, die Auffindung der im Grundbuch verzeichneten Grundstücke in der Örtlichkeit zu ermöglichen. **Abs. 2 gilt** deshalb **nur** für die **Bezeichnung des Grundstücks im Bestandsverzeichnis** des eigenen Blattes, nicht jedoch in den anderen Fällen einer Grundstücksbezeichnung, z.B. bei subjektiv-dinglichen Rechten; dort ist die Grundbuchstelle anzugeben. Insbesondere bei der Eintragung einer Grunddienstbarkeit ist die Angabe des herrschenden Grundstücks mit der Flurstücksnummer wünschenswert, aber nicht vorgeschrieben.[18] Umfang und Grenzen des Grundstückes ergeben sich aus der Beschreibung im Kataster, auf die Bezug genommen ist. Dies gilt auch für § 891 BGB.[19] Ist der Grenzverlauf unklar und auch aus dem Kataster nicht bestimmt, besteht Rechtsunsicherheit, die zu fehlender Verkehrsfähigkeit führt. Denn solange der Grenzverlauf, die Grundstücksgröße und letztlich die Existenz des Grundstücks nicht geklärt sind, besteht kein öffentlicher Glaube.[20]

8

Nach dem früheren § 6 Abs. 1 AVOGBO waren die bestehenden landesrechtlichen Vorschriften über die Einrichtung der amtlichen Verzeichnisse zunächst unberührt geblieben (so z.B. in Preußen die Grund- und Gebäudesteuerbücher, in Bayern das von den Grundbuchämtern selbst geführte Sachregister). Die Vorschrift ist seit 25.12.1993 **aufgehoben**.[21] Mit der Einführung des **Reichskatasters** als amtliches Verzeichnis der Grundstücke i.S. des § 2 Abs. 2 GBO vom 23.1.1940[22] trat in den Bezirken, in denen das Reichskataster fertiggestellt war, das Reichskataster an die Stelle dieser bisherigen Verzeichnisse. Durch Allgemeine Verfügung vom 28.4.1941[23] wurde schließlich allgemein angeordnet, dass in den Gemeindebezirken, in denen das Reichskataster fertiggestellt ist, dieses an die Stelle des bisherigen amtlichen Verzeichnisses tritt. An die Stelle des Reichskatasters ist nunmehr als amtliches Grundstücksverzeichnis das von den Ländern geführte **Liegenschaftskataster** (Abs. 2) getreten. Das Auseinanderfallen von Grundbuch und Liegenschaftskataster in der praktischen Führung kann dabei als Unfall der Rechtsgeschichte bezeichnet werden. Der Gesetzgeber des Jahres 1897, der die Grundbuchführung in die Zuständigkeit der Länder gelegt hatte, mag dies nicht beabsichtigt haben.[24] Rechtliche Schwierigkeiten bestehen bei der Anwendung der §§ 891, 892 BGB, wenn der Grenzverlauf eines Grundstücks unklar ist (siehe Rdn 17). Indes wird heute die Zuständigkeit für die Führung des Liegenschaftskatasters bei der Verwaltungsbehörde nicht als nachteilig empfunden. Einzelne rechtspolitische Forderungen nach einer Zusammenführung von Grundbuch und Kataster bleiben ungehört.[25]

2. Umlegung und Flurbereinigung

Von diesem Grundsatz gibt es Ausnahmen, nach denen **ein anderes amtliches Verzeichnis** in Betracht kommen kann:

9

– Für die Berichtigung des Grundbuchs nach Durchführung eines **Flurbereinigungsverfahrens** bestimmt § 81 Abs. 1 FlurbG, dass bis zur Berichtigung des Liegenschaftskatasters der Flurbereinigungsplan als amtliches Verzeichnis der Grundstücke dient; gem. § 80 FlurbG ist dem Grundbuchamt ein beglaubigter Auszug aus dem Flurbereinigungsplan vorzulegen. Die Berichtigung des Grundbuchs soll von der Flurbereinigungsbehörde auf Verlangen eines Teilnehmers auch dann betrieben werden, wenn der Flurbereinigungsplan im Ganzen noch nicht unanfechtbar geworden ist, die Rechte eines Teilnehmers durch laufende Beschwerden gegen den Plan aber voraussichtlich nicht berührt werden. In diesem Falle sind dem Berichtigungsersuchen nur die Nachweise für die alten und neuen Grundstücke des Teilnehmers vorzulegen. Dadurch wird ein teilweiser Vollzug des Flurberei-

---

18 BayObLG Rpfleger 1976, 250; BayObLG DNotZ 1997, 335; BayObLG MittBayNot 1998, 31; Hügel/*Holzer*, § 2 Rn 8.
19 BGH NJW 1973, 1077; BGH NJW-RR 2006, 662; BGH NJW-RR 2013, 789; BayObLGZ 1997, 311 = NJW-RR 1998, 524; Staudinger/*Gursky*, § 891 Rn 25 ff., 31; *Demharter*, § 2 Rn 26; Lemke/*Schneider*, § 2 GBO Rn 26 ff.
20 Meikel/*Nowak*, § 2 Rn 21; Bauer/Schaub/*Waldner*, § 2 Rn 19; *Demharter*, § 2 Rn 26; Lemke/*Schneider*, § 2 GBO Rn 28.
21 Registerverfahrensbeschleunigungsgesetz vom 20.12.1993 (BGBl I 1993, 2182).
22 RGBl I S. 240.
23 DJ S. 548.
24 Hügel/*Holzer*, § 2 Rn 13.
25 Dazu *Bohnert*, JZ 2011, 775.

nigungsplans im Grundbuch schon in einem Zeitpunkt möglich, in dem der ganze Plan noch nicht unanfechtbar geworden ist.
- Bei sog. **ungetrennten Hofräumen** (siehe oben Rdn 7) gilt nach § 1 Abs. 1 HofV das Gebäudesteuerbuch oder der Einheitswertbescheid als amtliches Verzeichnis; u.U. auch nach Abs. 2 der Norm der Grundsteuerbescheid, der Grunderwerbsteuerbescheid oder der Abwassergebührenbescheid vorläufig als amtliches Verzeichnis.
- Nach Durchführung eines **Bodensonderungsverfahrens**[26] dient der sog. Sonderungsplan als amtliches Verzeichnis, § 7 Abs. 2 S. 2 BoSoG.
- Weitere Ausnahmen gelten gem. §§ 74 Abs. 2, 84 Abs. 1 BauGB für das **Umlegungsverfahren** sowie gem. § 3 Abs. 1 VZOG für den Zuordnungsplan.

IV. Die Übereinstimmung zwischen Grundbuch und amtlichem Verzeichnis
1. Übereinstimmung des Bestandsverzeichnisses mit Liegenschaftskataster

10 Die Auffindung der Grundstücke in der Örtlichkeit ist nur gewährleistet, wenn die Angaben im **Bestandsverzeichnis** des Grundbuchs mit dem amtlichen Verzeichnis übereinstimmen. Soweit das Liegenschaftskataster amtliches Verzeichnis ist und die Zurückführung in den Grundbüchern vollzogen wurde, gilt für die Übereinstimmung § 55 Abs. 3 GBO, ergänzt durch landesrechtliche Vorschriften.

2. Zuständigkeit für Eintragung zur Erhaltung der Übereinstimmung

11 **Zuständig für die Anordnung der Eintragungen,** die zur Erhaltung der Übereinstimmung zwischen Grundstücksverzeichnis und Grundbuch dienen, ist der **Urkundsbeamte** der Geschäftsstelle, § 12c Abs. 2 Nr. 2 GBO. Ausgenommen sind die Fälle, in denen es sich nicht nur um Veränderungen der geometrischen Form eines Grundstücks handelt, sondern bei denen zugleich Rechtsänderungen (Auflassung, Anlandung, Vereinigung, Teilung etc.) inmitten liegen. In diesen Fällen ist stets der Rechtspfleger zuständig. Das gleiche gilt, wenn die **Berichtigung** eines Aufnahmefehlers vorliegt,[27] weil hierbei zu prüfen ist, ob der Aufnahme dieser Berichtigung in das Grundbuch ein Eigentumserwerb kraft öffentlichen Glaubens, durch Zuschlag oder ein ähnlicher Rechtsvorgang entgegensteht (ausführlich zu den Arten der Berichtigung und deren Abgrenzung vgl. § 12c GBO Rdn 9 ff.).

Soweit es sich nicht um den Vollzug von Vereinigungen (siehe § 5 GBO Rdn 1 ff.), Bestandsteilszuschreibungen (vgl. § 6 GBO Rdn 1) und nicht notwendigen Teilungen (vgl. § 7 GBO Rdn 8 ff.) handelt, sind die dem Grundbuchamt in Form von Auszügen aus den Veränderungsnachweisen mitgeteilten Änderungen von Amts wegen zu vollziehen.

Die dem Grundbuchamt zugehenden **Veränderungsnachweise** fallen nicht unter § 38 GBO;[28] sie sind Verwaltungsakte, die das Grundbuchamt binden.[29] Ein Veränderungs- oder Fortführungsnachweis der Vermessungsbehörde ist kein behördliches Eintragungsersuchen gemäß § 38 GBO, sondern ein feststellender Verwaltungsakt, der die Grundlage für die von dem Grundbuchamt zu treffende Entscheidung über die Aufnahme der Veränderung in das Grundbuch bildet.[30] Im Zusammenhang mit Eintragung von Rechtsänderungen kann eine Bindung nicht bestehen, weil die Rechtsfragen nicht in die Kompetenz der Verwaltungsbehörde fallen. Die Entscheidung des Grundbuchamts, insbesondere eine Zurückweisung, kann von der Katasterbehörde angefochten werden.[31] Die Berichtigung eines Zeichenfehlers (einer graphisch falschen Darstellung des richtigen Vermessungszahlenwerks in der Flurkarte des Liegenschaftskatasters) durch die Vermessungsbehörde hat das Grundbuchamt aber stets als Berichtigung tatsächlicher Art zu behandeln; es darf den Vollzug eines Fortführungsnachweises der Vermessungsbehörde

---

26 Darstellungen: *Böhringer*, DtZ 1993, 336 u. DtZ 1994, 50; *Stürmer*, JZ 1993, 1074; *Strobel*, DStR 1993, 950; *Pittack/Püls*, VIZ 1994, 393; *Schmidt/Räntsch*, VIZ 1993, 432; *Holzer*, NJW 1994, 481.
27 Zum Beschwerderecht des Eigentümers LG Aachen, Rpfleger 1986, 11.
28 OLG Düsseldorf Rpfleger 1988, 140.
29 BGH FGPrax 2017, 195 = NotBZ 2017, 43 mAnm *Böhringer* = Rpfleger 2017, 687; BayObLG Rpfleger 1982, 19; OLG Oldenburg Rpfleger 1992, 387; OLG München DNotZ 2012, 142; grundlegend bereits BVerwG NJW 1966, 609.
30 BGH FGPrax 2017, 195 = NotBZ 2017, 43 mAnm *Böhringer* = Rpfleger 2017, 687, Begr. Rn 13; zu Schadensersatzansprüchen bei fehlerhaften Parzellenangaben BGH NJW 1973, 1077.
31 OLG Hamm Rpfleger 1985, 396.

nicht deshalb ablehnen, weil ein auf den Grenzverlauf bezogener Zeichenfehler berichtigt wird.[32] Abzulehnen ist die Auffassung des LG Aachen,[33] dass ein Beschwerderecht des Eigentümers daneben ausscheide; der Charakter als Amtsverfahren allein besagt dazu nichts. Bei nur rein tatsächlichen Berichtigungen besteht kein Beschwerderecht der Katasterbehörde.[34]

3. Automatisierter Datenaustausch

Im maschinell geführten Grundbuch erfolgt ausgehend von § 127 Abs. 1 GBO ein automatisierter Datenaustausch zwischen Liegenschaftskataster und Grundbuch (vgl. auch § 86 Abs. 3 S. 1 GBV). Hierbei werden durch das sog. automatisierte Liegenschaftsbuch (ALB)[35] Änderungen einer Flurstücksbezeichnung, des Beschriebes oder auch allein Zerlegungen oder Verschmelzungen ohne gleichzeitige rechtliche Änderung an das Bestandsverzeichnis des betreffenden Grundbuchs gemeldet und dort automatisiert angeglichen § 127 Abs. 1 Nr. 1 GBO.[36] Bei Vollzug einer Rechtsänderung, bspw. einer Teilung, durch das Grundbuchamt ist dann die vorausgehende Zerlegung eines Flurstücks im Bestandsverzeichnis des Grundbuchs bereits vollzogen. Zu beachten ist aber, dass im automatisierten Datenaustausch keine Rechtsänderungen herbeigeführt werden können[37] und bei späteren Hindernissen einer Rechtsänderung eine katastertechnische Änderung ggf. wieder rückgängig gemacht werden muss. Hat das Liegenschaftskataster im Liegenschaftsbuch etwa bereits eine Verschmelzung zweier Flurstücke vollzogen, die nicht ein zusammengesetztes Grundstück im Rechtssinne bilden und scheitert die Vereinigung an § 5 GBO, muss die Verschmelzung wieder rückgängig gemacht werden; sie hätte mithin gar nicht erfolgen dürfen.

D. Die Abschreibung von Grundstücksteilen

An der Übereinstimmung des Grundbuchs mit dem amtlichen Verzeichnis (siehe oben Rdn 10) besteht ein allgemeines Interesse; so sollen Grundstücksteile nur nach ihrer Grenzfeststellung in Kataster und Grundbuch abgeschrieben und zu selbstständigen Gegenständen des Rechtsverkehrs erhoben werden.[38] § 2 Abs. 3 GBO verlangte deshalb bis zur Änderung und Vereinfachung durch das Gesetz vom 1.10.2013[39] regelmäßig die Vorlage eines beglaubigten Auszuges aus dem amtlichen Verzeichnis (Veränderungsnachweis).[40] Dieses Erfordernis ist ebenso wie die Ermächtigung an die Länder zur Verpflichtung der Vorlage einer Flurkarte ersatzlos weggefallen. Der Gesetzgeber begründet dies damit, dass im automatisierten Liegenschaftskataster wie auch im maschinell geführten Grundbuch die Übereinstimmung zwischen Kataster und Bestandsverzeichnis ausreichend gewährleistet ist.[41]

Die Teilung eines grundstücksgleichen Rechtes, insbesondere eines Bergrechtes oder einer Abbaugerechtigkeit kann in das Grundbuch aber nur eingetragen werden, wenn der abzuschreibende Teil der Gerechtigkeit durch einen Markscheider in einem Lageriss, der die bei der Bestellung der Gerechtigkeit maßgebliche Flurkarte fortschreibt und zur Übernahme in Berechtsamsbuch und -karte gemäß § 75 BBergG geeignet ist, dargestellt und mit einer besonderen Nummer bezeichnet wird.[42]

Eine besondere Bescheinigung des Liegenschaftskatasters ist nur erforderlich, wenn es sich bei dem abzuschreibenden Grundstücksteil um ein sog. Zuflurstück handelt (oben Rdn 6). Ein solches wird wegen seines vorübergehenden Charakters nicht im automatisierten Datenabgleich in das Bestandsverzeichnis übernommen. Jedoch werden Zuflurstücke katasterrechtlich nicht in allen Bundesländern gebildet; sie sind eher eine bayerische Eigenart.[43]

---

32 BGH NotBZ 2017, 429.
33 LG Aachen Rpfleger 1986, 11.
34 **A.A.** OLG Düsseldorf Rpfleger 1988, 140.
35 Lemke/*Schneider*, § 2 Rn 14; *Bengel/Simmerding*, § 22 Rn 9 ff.
36 Z.B. §§ 12, 13 Sächsisches Vermessungs- und Katastergesetz v. 29.1.2008 (SächsGVBl. S. 138, 148) mit DurchführungsVO v. 6.7.2011 (SächsGVBl. S. 271).
37 So auch Lemke/*Schneider*, § 2 Rn 21.
38 BayObLG Rpfleger 1994, 205.
39 BGBl I 2013, S. 3719.
40 Lemke/*Schneider*, § 2 Rn 35; Hügel/*Holzer*, § 2 Rn 40, 41.
41 BT-Drucks 17/12635, S. 20.
42 BGH Rpfleger 2013, 260.
43 Eingehend *Bengel/Simmerding*, § 2 Rn 91 ff.

E. Der öffentliche Glaube des Grundbuchs

I. Der öffentliche Glaube nach §§ 891, 892 BGB

14 Der öffentliche Glaube des Grundbuchs nach §§ 891, 892 BGB begründet Beweislastregeln für die Frage des Bestehens oder Nichtbestehens eines eingetragenen Rechts und schützt den Rechtsverkehr im Vertrauen auf die Richtigkeit des Grundbuchs.[44] Er umfasst Eintragungen rechtlicher Art (eingehend vgl. auch § 1 Einl. Rdn 61 ff.).

15 Im Zusammenhang mit § 2 GBO ist fraglich, inwieweit mit Bezugnahme auf das Liegenschaftskataster durch die Eintragung im Bestandsverzeichnis auch Eintragungen tatsächlicher Art am öffentlichen Glauben teilhaben.[45]

Diese Frage hat auch Bedeutung für die Richtigstellung unrichtiger Angaben: Liegt Grundbuchunrichtigkeit im Hinblick auf § 894 BGB vor, hat Grundbuchberichtigung nach § 22 GBO zu erfolgen. Liegt lediglich Unrichtigkeit tatsächlicher Angaben vor, die am öffentlichen Glauben nicht teilhaben, erfolgt diese durch Richtigstellung des Grundbuchs oder des Liegenschaftskatasters. Übernimmt das Grundbuchamt im Rahmen automatisierten Datenaustauschs unrichtige Tatsachenangaben des Liegenschaftskatasters, ist daher keine Eintragung eines Amtswiderspruchs nach § 53 Abs. 1 S. 1 GBO veranlasst.[46]

Ist ein Grundstück im Grundbuch zwar gebucht, tatsächlich aber nicht nachweisbar, verhilft auch § 891 BGB nicht zu seiner Existenz.[47] Das Grundbuchblatt ist nach § 35 Abs. 1 GBV zu schließen.

II. Angaben tatsächlicher Art

16 Angaben zu Wirtschaftsart, Straße, Hausnummer und auch die Flächenangabe im Bestandsverzeichnis nehmen nicht am öffentlichen Glauben des Grundbuchs teil.[48] Dies gilt auch dann, wenn Veränderungen tatsächlicher Art durch Naturereignisse eintreten.[49]

III. Grenzverlauf

17 Der öffentliche Glaube nach § 891 BGB erstreckt sich aber auf den Grenzverlauf, wie er sich mit Nennung des Flurstücks in Spalte 3 des Bestandsverzeichnisses aus der amtlichen Karte nach § 2 Abs. 2 GBO und dem Liegenschaftskataster ergibt.[50] Nur wenn die nach außen in Erscheinung tretende Karte in sich widersprüchlich oder ersichtlich mehrdeutig wäre, könnte sie nicht als Grundlage des öffentlichen Glaubens dienen.[51] Letzterer ergibt sich nicht aus dem Grundbuch selbst sondern nur durch Einsicht in das Liegenschaftskataster. Dies kann praktisch dazu führen, dass das Grundstück nicht verkehrsfähig ist. Denn solange der Grenzverlauf, die Grundstücksgröße und letztlich die Existenz des Grundstücks nicht geklärt sind, besteht kein öffentlicher Glaube. Für die Zwangsversteigerung war dies in einem Fall des BGH vom 8.11.2013 exemplarisch.[52] Der Grenzverlauf war objektiv aus dem Liegenschaftskataster nicht feststellbar, der BGH erklärte den Zuschlag für nichtig, weil mangels hinreichender öffentlicher Bekanntmachung im Zwangsversteigerungsverfahren das Eigentumsrecht des Grundstücksnachbarn verletzt wurde.

---

44 Allg. Staudinger/*Gursky*, § 891 Rn 4 ff., § 892 Rn 12 ff.; Westermann/Gursky/*Eickmann*, Sachenrecht, § 83.
45 Meikel/*Nowak*, § 2 Rn 19 ff.; Bauer/Schaub/*Waldner*, § 2 Rn 19 ff.; Lemke/*Schneider*, § 2 Rn 26 ff.
46 OLG München Rpfleger 2009, 673; Lemke/*Schneider*, § 2 Rn 27.
47 Meikel/*Nowak*, § 2 Rn 21; *Demharter*, § 2 Rn 26; Bauer/Schaub/*Waldner*, § 2 Rn 19; Hügel/*Holzer*, § 2 Rn 36; Lemke/*Schneider*, § 2 Rn 28.
48 BayObLGZ 1971, 1; BayObLGZ 1976, 106; OLG Oldenburg Rpfleger 1992, 387; OLG München Rpfleger 2009, 673; Lemke/*Schneider*, § 2 Rn 29 ff.; allgemein Staudinger/*Picker*, § 891 Rn 10, 11, § 892 Rn 66.
49 BGHZ 110, 148 = NJW 1990, 3263; BayObLG ZfIR 2001, 161; Meikel/*Nowak*, § 2 Rn 24; Hügel/*Holzer*, § 2 Rn 33.
50 RGZ 73, 125; BGH DNotZ 2006, 364 = Rpfleger 2006, 181; OVG Berlin-Brandenburg, Beschl. v. 20.2.2017 – OVG 2 S 26.16, n.v.; Meikel/*Nowak*, § 2 Rn 21; *Demharter*, § 2 Rn 26; Bauer/v. Oefele/*Waldner*, § 2 Rn 20; Hügel/*Holzer*, § 2 Rn 33; Lemke/*Schneider*, § 2 Rn 30; eingehend Staudinger/*Picker*, § 891 Rn 28 ff.
51 BGH NJW 1973, 1077; zur Unwirksamkeit eines Zuschlags OLG Brandenburg NZI 2012, 774.
52 BGHZ 199, 31 = BGH NJW 2014, 636 m. Anm. *Hasselblatt* = NZI 2014, 93 = ZfIR 2014, 155 m. Anm. *Becker*; vorgehend OLG Brandenburg NZI 2012, 774.

Erster Abschnitt: Allgemeine Vorschriften § 3 GBO

§ 3 [Grundbuchblatt; buchungsfreie Grundstücke; Buchung von Miteigentumsanteilen]

(1) Jedes Grundstück erhält im Grundbuch eine besondere Stelle (Grundbuchblatt). Das Grundbuchblatt ist für das Grundstück als das Grundbuch im Sinne des Bürgerlichen Gesetzbuchs anzusehen.

(2) Die Grundstücke des Bundes, der Länder, der Gemeinden und anderer Kommunalverbände, der Kirchen, Klöster und Schulen, die Wasserläufe, die öffentlichen Wege, sowie die Grundstücke, welche einem dem öffentlichen Verkehr dienenden Bahnunternehmen gewidmet sind, erhalten ein Grundbuchblatt nur auf Antrag des Eigentümers oder eines Berechtigten.

(3) Ein Grundstück ist auf Antrag des Eigentümers aus dem Grundbuch auszuscheiden, wenn der Eigentümer nach Absatz 2 von der Verpflichtung zur Eintragung befreit und eine Eintragung, von der das Recht des Eigentümers betroffen wird, nicht vorhanden ist.

(4) Das Grundbuchamt kann, sofern hiervon nicht Verwirrung oder eine wesentliche Erschwerung des Rechtsverkehrs oder der Grundbuchführung zu besorgen ist, von der Führung eines Grundbuchblatts für ein Grundstück absehen, wenn das Grundstück den wirtschaftlichen Zwecken mehrerer anderer Grundstücke zu dienen bestimmt ist, zu diesen in einem dieser Bestimmung entsprechenden räumlichen Verhältnis und im Miteigentum der Eigentümer dieser Grundstücke steht (dienendes Grundstück).

(5) In diesem Falle müssen an Stelle des ganzen Grundstücks die den Eigentümern zustehenden einzelnen Miteigentumsanteile an dem dienenden Grundstück auf dem Grundbuchblatt des dem einzelnen Eigentümer gehörenden Grundstücks eingetragen werden. Diese Eintragung gilt als Grundbuch für den einzelnen Miteigentumsanteil.

(6) Die Buchung nach den Absätzen 4 und 5 ist auch dann zulässig, wenn die beteiligten Grundstücke noch einem Eigentümer gehören, dieser aber die Teilung des Eigentums am dienenden Grundstück in Miteigentumsanteile und deren Zuordnung zu den herrschenden Grundstücken gegenüber dem Grundbuchamt erklärt hat; die Teilung wird mit der Buchung nach Absatz 5 wirksam.

(7) Werden die Miteigentumsanteile an dem dienenden Grundstück neu gebildet, so soll, wenn die Voraussetzungen des Absatzes 4 vorliegen, das Grundbuchamt in der Regel nach den vorstehenden Vorschriften verfahren.

(8) Stehen die Anteile an dem dienenden Grundstück nicht mehr den Eigentümern der herrschenden Grundstücke zu, so ist ein Grundbuchblatt anzulegen.

(9) Wird das dienende Grundstück als Ganzes belastet, so ist, sofern nicht ein besonderes Grundbuchblatt angelegt wird oder § 48 anwendbar ist, in allen beteiligten Grundbuchblättern kenntlich zu machen, daß das dienende Grundstück als Ganzes belastet ist; hierbei ist jeweils auf die übrigen Eintragungen zu verweisen.

A. Allgemeines	1	D. Das Ausbuchungsverfahren	7
B. Die Grundsätze des Buchungszwanges	2	E. Die Buchung von ideellen Miteigentumsanteilen	8
I. Begriff	2	I. Voraussetzungen	8
II. Das Realfolium	3	II. Entscheidung des Grundbuchamtes	9
C. Die buchungsfreien Grundstücke	5	III. Rechtsfolgen	10
I. Die einzelnen Fälle der Buchungsfreiheit	5		
II. Die Bedeutung der buchungsfreien Grundstücke	6		

A. Allgemeines

§ 3 GBO enthält den Grundsatz des Realfoliums und Grundsatz des Buchungszwanges für alle Grundstücke. Er regelt aber auch Ausnahmen, wozu auch die Möglichkeit der selbstständigen Buchung ideeller Miteigentumsanteile gehört. 1

Die Vorschrift ist im Hinblick auf die Anteilsbuchung durch das RegVBG vom 20.12.1993[1] neu gefasst worden. Hierbei wurden die Absätze 4 bis 9 an Stelle des früheren Abs. 3 eingefügt.

B. Die Grundsätze des Buchungszwanges
I. Begriff

2 Für Grundstücke und grundstücksgleiche Rechte (§ 118 Abs. 2 GBO)[2] besteht, soweit das Gesetz Ausnahmen nicht ausdrücklich zulässt, Buchungszwang. Die Einbuchung von Grundstücken erfolgt im Verfahren nach den §§ 116 ff. GBO von Amts wegen mit Ermittlung des Eigentümers. Die Buchung eines grundstücksgleichen Rechts (Erbbaurecht, Bergwerkseigentum) erfolgt je nach Vorschrift von Amts wegen (§ 9 Abs. 1 BBergG) oder auf Antrag (§ 14 ErbbauRG).

Unerheblich ist dabei, ob sie dem Rechtsverkehr unterliegen oder nicht, ausgenommen sind nicht eigentumsfähige Bodenflächen. Miteigentumsanteile sind auf Dauer buchungsfähig nur dann, wenn die Voraussetzungen des Abs. 4 vorliegen (siehe unten Rdn 8 ff.) oder wenn mit ihnen Sondereigentum i.S. des § 1 Abs. 2 WEG verbunden ist.

Nicht buchungsfähig sind wesentliche Bestandteile eines Grundstückes (§§ 93, 94 BGB), sie haben keine eigenständige Sacheigenschaft. Als Ausnahme ist das zum Zeitpunkt des Inkrafttretens des BGB bestehende Stockwerkseigentum anzusehen, das nach Art. 182 EGBGB bestehen geblieben ist.[3] Anliegerwege oder Anliegergewässer sind Bestandteile des jeweiligen Grundstücks, insbesondere ist die Wasserfläche Bestandteil des Ufergrundstücks. Der Eigentümer des Ufergrundstücks ist auch Eigentümer der Wasserteilfläche.[4]

Rechtlich selbstständiges Gebäudeeigentum im Beitrittsgebiet stellt keine Ausnahme dar, weil das Gebäude kein Grundstücksbestandteil ist (Art. 231 § 5 Abs. 1 EGBGB). Der Buchungszwang ergibt sich hierbei auch aus Art. 233 § 4 Abs. 1 S. 2 und 3 EGBGB; zu seiner Buchung siehe die Kommentierung zur GGV.

II. Das Realfolium

3 Abs. 1 enthält den Grundsatz der gesonderten Buchung jedes einzelnen Grundstückes auf einem eigenen **Grundbuchblatt** (Grundsatz des sog. Realfoliums). Ausnahmen von diesem Grundsatz regelt § 4 GBO.

Widersprechende Doppelbuchungen von Grundstücken nehmen nicht am öffentlichen Glauben des Grundbuchs teil.[5] Sie müssen nach § 38 GBV beseitigt werden; eine Löschung einer der sich widersprechenden Eintragungen kommt nicht in Betracht.[6]

Das Grundbuchblatt ist nach Abs. 1 S. 2 als „das Grundbuch" i.S. des BGB anzusehen. Die Vorschriften des BGB, die von Eintragungen im Grundbuch sprechen und daran materielle Wirkungen knüpfen (vgl. §§ 873, 875, 879 bis 883, 891, 892 BGB) werden durch §§ 3 und 4 GBO ergänzt; sie regeln, was unter dem „Grundbuch" i.S. dieser Vorschriften zu verstehen ist. Nicht das gesamte Grundbuch des Grundbuchamtes, nicht das Grundbuch eines Grundbuchbezirkes, sondern nur das Grundbuchblatt des Grundstücks bildet sein Grundbuch i.S.d. materiell-rechtlichen Vorschriften. Hier müssen die in §§ 873, 875 BGB vorgesehenen Rechtsänderungen eingetragen werden, um materiell wirksam zu sein und um die Vermutungen des § 891 BGB zu begründen; der Inhalt dieses Blattes allein ist für den öffentlichen Glauben des Grundbuchs maßgebend.

---

1 BGBl I 1993, 2182.
2 Dazu auch Lemke/*Schneider*, § 3 Rn 6, 8.
3 Eingehend auch Meikel/*Nowak*, § 3 Rn 12; Lemke/*Schneider*, § 3 Rn 4, 5.
4 BayObLG MittBayNot 1983, 63; BayObLGZ 1997, 367; BayObLG DNotZ 1993, 388 = Rpfleger 1993, 104; Lemke/*Schneider*, § 3 Rn 5.
5 Allgemeine Meinung: RGZ 56, 58; BGH MDR 1969, 469; BGHZ 174, 61 = NJW 2007, 3777 = Rpfleger 2008, 60 (Wohnungseigentum); Staudinger/*Gursky*, § 892 Rn 29.
6 OLG Frankfurt/M. FGPrax 2017, 153; eingehend Meikel/*Böttcher*, Vorbem zu § 38 GBV Rn 1; Lemke/*Schneider*, § 3 Rn 22 ff.

In diesem Zusammenhang ist es auch fragwürdig, wenn § 5 Abs. 2 S. 4 GGV die Eintragung von **Verfügungsbeeinträchtigungen** in Bezug auf einen **Gebäudeeigentümer** nicht im Gebäude-, sondern in Abt. II des Grundstücksgrundbuches bei der sog. Korrespondenzeintragung (§§ 5, 6 GGV) anordnet (dazu siehe § 5 GGV Rdn 6).

Andererseits bildet das ganze Blatt das Grundbuch im materiell-rechtlichen Sinne, und zwar ohne Rücksicht auf die Einteilung in Abteilungen (§ 4 GBV).[7] Diese Einteilung beruht auf technischen Vorschriften, die zur Erleichterung der Übersicht gegeben sind (vgl. die Bem. zu § 4 GBV), aber keine materielle Bedeutung haben. Eine Hypothek ist wirksam entstanden, auch wenn sie versehentlich etwa in Abt. II anstatt in Abt. III gebucht ist. Doch ist im Falle einer an unrichtiger Stelle erscheinenden Buchung immer genau zu prüfen, ob es sich wirklich um eine Buchung i.S. des materiellen Rechts handelt und nicht vielleicht nur um eine hinweisende Bemerkung. Nur ausnahmsweise, wenn nämlich das materielle Recht selbst einer Eintragung einen bestimmten Platz im Grundbuch zuweist, wie etwa im Falle des § 881 Abs. 2 Hs. 2 BGB, muss die Eintragung zur Erreichung materieller Wirksamkeit auch an dieser Stelle des Blattes erfolgen.

Das materielle Recht allein entscheidet darüber, welches Grundbuchblatt für die Eintragung in Frage kommt; § 3 GBO sagt hierüber nichts. Aus den Vorschriften des §§ 873 ff. BGB folgt, dass stets das Blatt des betroffenen Grundstücks gemeint ist, bei Belastungen also das Blatt des belasteten Grundstücks. Das gilt auch für subjektiv-dingliche Rechte; der nach § 9 GBO vorgesehene Vermerk solcher Rechte auf dem Blatt des herrschenden Grundstücks hat keine materielle Bedeutung, sondern verfolgt andere Zwecke (vgl. dazu § 9 GBO Rdn 1).

C. Die buchungsfreien Grundstücke

I. Die einzelnen Fälle der Buchungsfreiheit

Als Ausnahme vom Grundsatz des Abs. 1 S. 1 bestimmt **Abs. 2**, dass bestimmte Grundstücke zwar buchungsfähig, aber nicht buchungspflichtig sind; ein Grundbuchblatt wird für solche Grundstücke nicht von Amts wegen, sondern nur auf Antrag angelegt.[8]

Buchungsfrei sind:[9]

- Grundstücke des Bundes, der Länder, der Gemeinden und anderer Kommunalverbände.[10] Grundstücke können kraft Landesrechts auch zu „öffentlich-rechtlichem" Eigentum erklärt werden, das dem Rechtsverkehr dauerhaft entzogen ist; auch diese sind buchungsfrei.[11] Zu nennen sind Gewässergrundstücke in Baden-Württemberg[12] oder Wege- und Deichgrundstücke der Freien und Hansestadt Hamburg.[13] Gleiches soll für den Meeresstrand in Schleswig-Holstein gelten.[14] Ob dagegen die Zugspitze in Bayern buchungsfrei ist, ist nicht geklärt.
- Grundstücke der Kirchen, d.h. der staatlich anerkannten mit Rechtspersönlichkeit ausgestatteten Religionsgemeinschaften, der Schulen und Klöster. Rechtspersönlichkeit besitzen dabei nicht allein die evangelische oder die katholische Kirche in Deutschland als solche sondern bei letzterer jede Diözese, bei dieser auch das jeweilige Domkapitel, jede kirchliche Gemeinde, soweit sie als Stiftung ausgestaltet ist. Klöster sind regelmäßig selbstständige Körperschaften des öffentlichen Rechts,[15] sie unterliegen nicht der vermögensrechtlichen und nicht der kirchenrechtlichen Jurisdiktion des Ortsbischofs.[16] Eine Religionsgemeinschaft oder Gemeinde, die als eingetragener Verein im Sinne

---

7 Lemke/*Schneider*, § 3 Rn 13, 14.
8 *Klumpp*, BWNotZ 2013, 137.
9 Lemke/*Schneider*, § 3 Rn 33 ff.; Hügel/*Holzer*, § 3 Rn 19 ff.
10 Meikel/*Nowak*, § 3 Rn 22 ff.; Bauer/Schaub/*Waldner*, § 3 Rn 8.
11 BVerfGE 42, 20 (Wegeeigentum Hamburg); BVerfGE 24, 367 (Deichgrundstücke).
12 §§ 4, 5 Wassergesetz Baden-Württemberg v. 20.1.2005 (GBl S. 219).
13 § 4 Hamburgisches Wegegesetz v. 22.1.1974 (GVBl. S. 41); § 4a Hamburgisches Wassergesetz v. 29.3.2005 (GVBl.

S. 97); anders für Deichgrundstücke in Ostfriesland (Niedersachsen), OLG Oldenburg NJW-RR 1991, 784.
14 LG Flensburg, Beschl. v. 20.8.2002 – 5 T 22/01, juris; anders aber für natürliche Umwandlung von Dünenland in Meeresstrand, OLG Schleswig Rpfleger 2003, 495.
15 Nicht als Klöster gelten insoweit lose Gemeinschaften ohne förmliche Anerkennung des Hl. Stuhls, ein wenig unsicher daher Bauer/Schaub/*Waldner*, § 3 Rn 22.
16 Eingehend zum Vermögensrecht der katholischen Kirche *Heimerl/Pree/Primetshofer*, Handbuch des Vermögensrechts der katholischen Kirche, 1993, Rn 1/79 ff., 1/225 ff.; zu Grundbuchgeschäften ebd. Rn 4/165 ff.

des § 21 BGB juristische Person ist, genießt nicht das Privileg der Buchungsfreiheit.[17] Eine Ausnahme muss für die einzelnen Gemeinden der Israelitischen Glaubensgemeinschaft gelten, weil sie eine Gesamtkirche nicht kennen; hier ist in der Regel den einzelnen Kultusgemeinden Rechtspersönlichkeit verliehen. Nicht buchungsfrei sind Grundstücke von Kirchen- und Kirchenbauvereinen.
- Buchungsfrei sind ferner alle Wasserläufe. Wasserläufe sind Gewässer, die in natürlichen oder künstlichen Betten oberirdisch abfließen.[18] Das Recht der Wasserläufe ist zum Teil bundesrechtlich geregelt (Gesetz über die vermögensrechtlichen Verhältnisse der Bundeswasserstraßen vom 21.5.1951;[19] Bundeswasserstraßengesetz vom 2.4.1968;[20] daneben bestehen landesrechtliche Regelungen.[21]
- Buchungsfrei sind öffentliche Wege. Ein Weg wird dadurch zu einem öffentlichen, dass ihn die zuständige Verwaltungsbehörde durch Verwaltungsakt dem öffentlichen Verkehr widmet; maßgebend dafür ist das jeweilige Landesrecht, soweit es sich nicht um Bundesstraßen handelt.
- Buchungsfrei sind schließlich Grundstücke, die einem dem öffentlichen Verkehr dienenden Bahnunternehmen gewidmet sind; auf die Rechtsform und Trägerschaft des Unternehmens kommt es nicht an.

II. Die Bedeutung der buchungsfreien Grundstücke

6   Das Grundbuch ist nach Art. 186 Abs. 2 EGBGB auch für diese nicht gebuchten Grundstücke als angelegt anzusehen. Nach Art. 189 EGBGB sind also auch für sie die Vorschriften des Liegenschaftsrechts im BGB maßgebend. Die **Übertragung des Eigentums** erfordert auch für sie Auflassung und Eintragung, und zwar bedarf es im Hinblick auf § 39 GBO der Eintragung des veräußernden Teiles. Es muss also das Grundbuchblatt nach §§ 116 ff. GBO angelegt werden.[22] Die Einbuchung erfolgt wegen der Buchungsfreiheit nur auf Antrag. Der Antragsteller hat sein Eigentum mindestens glaubhaft zu machen, § 29 GBO gilt nicht. Landesrechtliche Ausnahmen hiervon lässt Art. 127 EGBGB für den Fall zu, dass das Grundstück auch in der Hand des neuen Eigentümers nicht buchungspflichtig ist, ein durch die Neuregelung des Grundbuchrechts nicht berührter Vorbehalt, von dem verschiedene Länder Gebrauch gemacht haben.[23]

Die **Belastung** eines buchungsfreien Grundstückes erfordert nach § 873 BGB die Eintragung des Rechts, daher setzt sie die vorherige Anlegung eines Grundbuchblattes voraus. Jedoch ist der besondere Vorbehalt des Art. 128 EGBGB (Begründung und Aufhebung einer Dienstbarkeit an einem buchungsfreien Grundstück) zu beachten. Aufhebung von Rechten an nichtgebuchten Grundstücken geschieht grundsätzlich durch Löschung, erfordert also das Vorhandensein eines Grundbuchblattes.[24] Da regelmäßig schon zur Entstehung des Rechts Eintragung, also auch die Blattanlegung, erforderlich war, ergeben sich hier jedoch kaum Schwierigkeiten. Soweit das Recht ohne Eintragung entstanden ist, handelt es sich regelmäßig um eine Belastung alten Rechts, deren Aufhebung gem. Art. 189 Abs. 3 EGBGB ebenfalls nach altem Recht geregelt ist und meist keine Löschung erfordert.

D. Das Ausbuchungsverfahren

7   Abs. 3 gibt dem Eigentümer, der nach Abs. 2 für sein Grundstück Buchungsfreiheit genießt, die Möglichkeit, **Antrag auf Ausbuchung** (Ausscheiden des Grundstücks aus dem Grundbuch) zu stellen. Dieser Antrag ist nach § 30 GBO formfrei. Voraussetzung ist, dass eine Eintragung, durch die das Recht des Eigentümers betroffen wird (also eine Eintragung in Abt. II oder III) nicht vorhanden ist oder vor der Ausbuchung gelöscht wird. Unerheblich ist, ob die Ausbuchung zusammen mit dem Eigentumserwerb

---

17 OLG Düsseldorf NJW 1954, 1767.
18 So BayObLG Rpfleger 1966, 332; zu den Eigentumsverhältnissen an Wasserläufen siehe ausführlich *Sievers*, DVBl. 62, 77; zur Buchung von Wasserläufen siehe *Boehme/Staudenmaier*, BWNotZ 1961, 78 und 1962, 241; BayObLG MittBayNot 1983, 63. Wegen der Rechtsverhältnisse an Seen vgl. RG RGZ 140, 49 BayObLG NJW 1989, 2475. Wegen Rechtsänderungen an Grundstücken aufgrund Wasserrechts vgl. BayObLG Rpfleger 1988, 254; OLG Hamm Rpfleger 1985, 396 sowie *Bauch*, MittBayNot 1984, 1.

19 BGBl I 1951, 352.
20 BGBl II 1968, 173.
21 Zusammenstellung siehe MüKo-BGB/*Säcker*, Art. 65 EGBGB Rn 2.
22 RG RGZ 164, 385; vgl. auch OLG Celle NdsRpfl. 54, 180; LG Verden RdL 1967, 328; eingehend Lemke/*Schneider*, § 3 Rn 45 ff.
23 Hinweise siehe MüKo/*Säcker*, Art. 127 EGBGB Rn 6.
24 So für die Löschung einer Dienstbarkeit im Servitutenbuch einer württembergischen Gemeinde BGH Rpfleger 2012, 193.

des von der Buchungspflicht befreiten Eigentümers erfolgen soll oder ob sie einen selbstständigen Vorgang bildet. Das Gesetz verlangt nur, dass das Eigentum dem Antragsteller zusteht.

Da der rechtsgeschäftliche Erwerb des Eigentums an einem gebuchten Grundstück die Eintragung des Erwerbers verlangt, muss diese der Ausbuchung in jedem Fall vorhergehen. Schwierigkeiten ergeben sich, wenn der Erwerb sich auf einen Teil eines Grundstücks (oder ein einzelnes von mehreren auf demselben Blatt eingetragenen Grundstücken) bezieht und dieser sogleich ausgebucht werden soll. Nach den allgemeinen Regeln wäre in diesem Falle zunächst die Abschreibung des Grundstücksteils auf ein neues Grundbuchblatt und die Eintragung des Erwerbers nötig; erst dann wäre das Grundstück auszubuchen (§§ 6 Abs. 7, 13 Abs. 5 GBV) und das Grundbuchblatt zu schließen (§ 34 GBV). Dieses umständliche Verfahren insbesondere die Eintragung des neuen Eigentümers in einem eigenen Grundbuchblatt betreffend kann dadurch vermieden werden, dass der Ausbuchungsvermerk mit der Eintragung des Eigentümers verbunden wird, also in Spalte 8 des Bestandsverzeichnisses eingetragen wird:

„Aufgelassen an die Stadt München und eingetragen am …;

aus dem Grundbuch ausgeschieden am …"

Zwar sind bei dieser Methode für einen Augenblick auf demselben Grundbuchblatt verschiedene Eigentümer vermerkt, auch findet sich die neue Eigentumseintragung an unrichtiger Stelle, nämlich im Bestandsverzeichnis anstatt in Abt. I. Darüber wird man in diesem Ausnahmefall jedoch hinwegsehen können.[25] Entsprechendes wird in dem umgekehrten Fall zu gelten haben, nämlich wenn ein bisher ungebuchtes Grundstück an einen Erwerber veräußert werden soll, in dessen Hand das Grundstück buchungspflichtig wird. Besteht bereits ein Grundbuchblatt, auf dem schon Grundstücke des Erwerbers eingetragen sind und soll das hinzuerworbene Grundstück – im Wege der Vereinigung, Zuschreibung oder Zusammenschreibung (§ 4 GBO) – auf diesem Blatt eingetragen werden, so wird mit der Eintragung des Erwerbers die Voreintragung des Veräußerers durch Vermerke in den Spalten 3, 4 der ersten Abteilung verbunden werden können (siehe § 6 GBV Rdn 18).

E. Die Buchung von ideellen Miteigentumsanteilen
I. Voraussetzungen

Abs. 4 enthält einen weiteren Fall der **Buchungsfreiheit** und zwar für Grundstücke, die im wirtschaftlichen Sinn als **Zubehör** mehrerer anderer Grundstücke oder Wohnungseigentumsberechtigungen[26] angesehen werden können und im Miteigentum der Eigentümer dieser Grundstücke stehen (Bruchteilseigentum nach §§ 1008 ff. BGB). Gedacht ist an gemeinschaftliche Höfe, Garagenvorplätze, Zufahrtswege und ähnliches gegenüber dem wirtschaftliche Hauptgrundstück, das auch Wohnungs- oder Teileigentum oder Erbbaurecht sein kann.[27]

8

Das Grundbuchamt kann von der Führung eines Grundbuchblattes über ein solches Grundstück absehen, sofern es sich in einem bestimmungsgemäßen räumlichen Verhältnis zum Hauptgrundstück befindet (was regelmäßig durch eine Karte nachzuweisen sein wird) und Verwirrung nicht zu besorgen ist. Ein derartiges Grundstück wird im Rechtsverkehr regelmäßig nicht als selbstständige Einheit behandelt; vielmehr spielen nur die dem Anlieger zustehenden Anteile in Verbindung mit dem herrschenden Grundstück eine Rolle. Ein solches Grundstück wird auch als dienendes Grundstück bezeichnet, was aber eine Verwechslungsgefahr mit der Terminologie der Grunddienstbarkeit beinhalten kann. Der Rechtsverkehr wird erleichtert, wenn diese wirtschaftliche Besonderheit auch grundbuchmäßig in Erscheinung tritt.[28] Dies geschieht durch Buchung des Grundstücks durch die in Abs. 5 vorgeschriebene Buchung der Miteigentumsanteile im Grundbuchblatt des jeweiligen wirtschaftlichen Hauptgrundstücks.

---

25 *Demharter*, § 3 Rn 21; Meikel/*Nowak*, § 3 Rn 37.
26 Vgl. dazu OLG Düsseldorf Rpfleger 1970, 394; BayObLG Rpfleger 1975, 90 u. BayObLGZ 1994, 221; OLG Celle Rpfleger 1997, 522; *Weitnauer*, § 7 WEG Rn 13 c.
27 OLG Düsseldorf Rpfleger 1970, 394; BayObLG DNotZ 1995, 74 = Rpfleger 1995, 153; OLG Celle Rpfleger 1997,

522; *Demharter*, § 3 Rn 27; Meikel/*Nowak*, § 3 Rn 41; Bauer/Schaub/*Waldner*, § 3 Rn 33; Lemke/*Schneider*, § 3 Rn 51, 52.
28 Lemke/*Schneider*, § 3 Rn 57.

Bei der Buchung der Miteigentumsanteile darf keine Verwirrung zu besorgen sein. Verwirrung ist z.B. zu besorgen, wenn das dienende Grundstück als Ganzes belastet ist und ferner der Miteigentumsanteil zusammen mit dem herrschenden Grundstück belastet ist; dann müsste die Belastung in jedem Grundbuchblatt bezüglich des Miteigentumsanteils am dienenden Grundstück erfolgen, was hinsichtlich der Rangfolge der Belastungen am Miteigentumsanteil zu Unklarheiten führen kann, wenn das herrschende Grundstück mit dem zugehörigen Miteigentumsanteil am dienenden Grundstück versteigert werden soll.[29] Maßgebend ist, wie sich die Belastung eines Miteigentumsanteils zusammen mit dem Grundstück, bei welchem er gebucht ist, darstellt.[30] Verwirrung könnte auch bestehen, wenn der Miteigentumsanteil an einem Grundstück zugebucht werden soll, das mit einem Erbbaurecht belastet ist.[31]

II. Entscheidung des Grundbuchamtes

9 Liegen die Voraussetzungen vor, so kann das **Grundbuchamt von der Führung eines Grundbuchblattes** für das Gesamtgrundstück **absehen**. Es handelt sich um eine Ermessensentscheidung; bei der Neubildung von Anteilen ist das Ermessen durch Abs. 7 gebunden. Die Norm bewirkt, dass das Grundbuchamt ein Grundbuchblatt nicht anzulegen braucht, wenn ein solches noch nicht vorhanden ist, wie, dass es die Führung eines bereits angelegten Blattes einstellen kann, so dass das Blatt nach § 34 Buchst. b GBV zu schließen ist. Das Grundbuchamt handelt hierbei von Amts wegen, Anträge der Beteiligten sind nur Anregungen; das Grundbuchamt hat jedoch bei seiner Entscheidung die Interessen aller Beteiligten abzuwägen. Liegen die sachlichen Voraussetzungen der Anteilsbuchung nicht vor, dient insbesondere das im Miteigentum stehende Grundstücke nicht den wirtschaftlichen Zwecken der herrschenden Grundstücke, ist eine gleichwohl vorgenommene Buchung materiell nicht unrichtig.[32]

III. Rechtsfolgen

10 Folge der Nichtbuchung des Gesamtgrundstückes ist die in Abs. 5 vorgeschriebene **Eintragung der Miteigentumsanteile auf den Blättern der herrschenden Grundstücke**. Die Anteile werden buchtechnisch ähnlich wie subjektiv-dingliche Rechte behandelt (vgl. § 8 GBV Rdn 1); materiell-rechtlich sind sie selbstständig, wie sich aus Abs. 5 S. 2 ergibt. Eine selbstständige Buchung von Anteilen dienender Grundstücke auf einem gesonderten Blatt ist unzulässig, ebenso eine nur teilweise „Schließung" des bisherigen Blattes.

11 Eine Buchung von Anteilen ist auch zulässig, wenn alle herrschenden Grundstücke sich noch in einer Hand befinden, sofern bereits für sie eigene Blätter angelegt sind (Abs. 6).[33] Allerdings kann die Aufteilung in Anteile nach Abs. 6 nur einheitlich vollzogen werden, d.h. alle Anteile müssen dann gleichzeitig bei herrschenden Grundstücken gebucht werden. Ein Eigentümer, der im Endergebnis eine Buchung nach Abs. 4, 5 herbeiführen will, ist also gezwungen, von vornherein einen vollständigen Aufteilungsplan zu erstellen, der einheitlich vollzogen werden muss; der Eigentümer hat die Zuordnung gegenüber dem Grundbuchamt zu erklären. Es handelt sich dabei um eine für diese spezielle Eintragungsart erforderliche Erklärung, also eine Eintragungsgrundlage, die deshalb der Form des § 29 Abs. 1 S. 1 GBO bedarf (zur Belastung dieser Anteile siehe § 7 GBO Rdn 10).[34]

12 Soll das **dienende Grundstück im Ganzen**, sei es durch Rechtsgeschäft, sei es im Wege der Zwangsvollstreckung, **belastet** werden, so bestehen gem. Abs. 9 verschiedene Möglichkeiten:[35]

– Das Grundbuchamt kann ein eigenes Blatt anlegen. Das sollte der Regelfall sein, denn wenn eine solche Belastung regelmäßig daran hindert, nach Abs. 4 zu verfahren (vgl. oben Rdn 7), dann sollte sie umgekehrt regelmäßig dazu veranlassen, zum Regelzustand zurückzukehren.
– Ist die Belastung gesamtrechtsfähig (Grundpfandrecht, Reallast), so kann sie auf allen herrschenden Blättern am Anteil gebucht werden; § 48 GBO ist zu beachten.

---

29 OLG Düsseldorf Rpfleger 1985, 395; BayObLG Rpfleger 1991, 299; Bauer/Schaub/*Waldner*, § 3 Rn 32; Lemke/*Schneider*, § 3 Rn 63.
30 Dazu auch Lemke/*Schneider*, § 3 Rn 64.
31 BT-Drucks 12/5553, S. 56; zu vernünftigen Gründen hierfür aber *Schöner/Stöber*, Rn 590.
32 OLG München FGPrax 2017, 113.
33 Lemke/*Schneider*, § 3 Rn 71.
34 **A.A.** (= formfrei): BT-Drucks 12/5553 S. 55; Bauer/Schaub/*Waldner*, § 3 Rn 36; *Demharter*, § 3 Rn 34; Lemke/*Schneider*, § 3 Rn 71.
35 Lemke/*Schneider*, § 3 Rn 68 ff.

– Ist die Belastung nicht gesamtrechtsfähig, so muss sie allerorten als Einzelanteilsbelastung gebucht werden; dabei ist darauf hinzuweisen, dass alle anderen Anteile ebenso belastet sind. Der Hinweis ist so zu fassen, dass er nicht mit einem Gesamthaftvermerk verwechselt werden kann. Z.B. „Das Recht lastet als jeweiliges Einzelrecht auch auf den Anteilen ..." Soll das dienende Grundstück als Ganzes **veräußert** werden, so ist ein eigenes Blatt anzulegen.

Steht einer oder stehen mehrere Anteile nicht mehr im Eigentum eines Eigentümers der herrschenden Grundstücke, so entfällt die mit der Vorschrift bezweckte Erleichterung; es ist (wieder) ein eigenes Blatt anzulegen (Abs. 8).[36]

13

§ 4 [Gemeinschaftliches Grundbuchblatt; Personalfolium]

(1) Über mehrere Grundstücke desselben Eigentümers, deren Grundbücher von demselben Grundbuchamt geführt werden, kann ein gemeinschaftliches Grundbuchblatt geführt werden, solange hiervon Verwirrung nicht zu besorgen ist.
(2) Dasselbe gilt, wenn die Grundstücke zu einem Hof im Sinne der Höfeordnung gehören oder in ähnlicher Weise bundes- oder landesrechtlich miteinander verbunden sind, auch wenn ihre Grundbücher von verschiedenen Grundbuchämtern geführt werden. In diesen Fällen ist, wenn es sich um einen Hof handelt, das Grundbuchamt zuständig, welches das Grundbuch über die Hofstelle führt; im übrigen ist das zuständige Grundbuchamt nach § 5 des Gesetzes über das Verfahren in Familiensachen und in den Angelegenheiten der freiwilligen Gerichtsbarkeit zu bestimmen.

A. **Allgemeines**	1	IV. Keine Besorgnis der Verwirrung	6
B. **Voraussetzung des Personalfoliums**	3	C. **Verfahren**	7
I. Grundstücke im Rechtssinne	3	D. **Wirkung der Zusammenschreibung**	8
II. Derselbe Eigentümer	4	E. **Zusammenschreibung bei besonderer**	
III. Dasselbe Grundbuchamt	5	**rechtlicher Verbundenheit**	10

A. Allgemeines

Die Vorschrift lässt in Abweichung von § 3 Abs. 1 S. 1 GBO die Führung eines **gemeinschaftlichen Grundbuchblattes für mehrere Grundstücke** zu. Man spricht in diesem Falle von „Zusammenschreibung" von Grundstücken auf ein sog. „Personalfolium" im Gegensatz zum Realfolium des § 3 GBO. Im Gegensatz zur Vereinigung (§ 5 GBO) und der Zuschreibung (§ 6 GBO) hat die Zusammenschreibung hier nur die Bedeutung einer formellen Aktenführung.

1

Die Vorschrift beruht auf der Erwägung, dass die selbstständige Buchung jedes Grundstückes in Gegenden mit stark zersplittertem Grundbesitz die Grundbücher zu stark belasten würden. Zudem würde die Übersicht über den Grundbesitz eines Eigentümers und die Belastungssituation innerhalb eines Grundbuchbezirks erschwert.[1] Ob diese Argumente im maschinell geführten Grundbuch noch gelten, ist fraglich. Denn anders als im Papiergrundbuch ist der Platz für Grundbuchblätter im elektronischen Grundbuch unendlich. Es ist auch ohne weiteres möglich, Gesamtbelastungen auf mehreren Grundbüchern im Rahmen einer Serieneintragung vorzunehmen.

Vergleicht man Realfolium und Personalfolium hinsichtlich ihrer Vor- und Nachteile, halten sie sich die Waage: Das Personalfolium, das im Papiergrundbuch eigentlich Regelfall war, ist übersichtlicher hinsichtlich Eigentums- und Belastungssituation, kann bei einer hohen Zahl von Grundstücken im Bestandsverzeichnis aber auch zu Unübersichtlichkeit führen. Das Realfolium gibt die rechtliche Situation eines Grundstücks übersichtlich wieder, ist aber für die Erlangung eines wirtschaftlichen Überblicks weniger geeignet.

2

---

36 Lemke/*Schneider*, § 3 Rn 76 ff.

1 So die hergebrachten Argumente, s. insbes. *Demharter*, § 4 Rn 1; Bauer/Schaub/*Waldner*, § 4 Rn 2; Lemke/*Schneider*, § 4 Rn 1.

Ob im Einzelfall ein Realfolium oder ein Personalfolium geführt wird, entscheidet das Grundbuchamt in eigener Zuständigkeit; die Beteiligten haben hierauf keinen Einfluss, das Grundbuchblatt ist lediglich Aktenzeichen. Regelmäßig wird das Grundbuchamt vom Personalfolium ausgehen, für den Eigentümer innerhalb des Grundbuchbezirks jedoch auch weitere Grundbuchblätter anlegen, wenn die Grundstücke unterschiedliche wirtschaftliche Einheiten bilden oder sonst das Grundbuch unübersichtlich würde.

B. Voraussetzung des Personalfoliums
I. Grundstücke im Rechtssinne

3   Es muss sich um **mehrere Grundstücke im Rechtssinne**, also Grundbuchgrundstücke handeln. Den Grundstücken stehen die grundstücksgleichen Rechte gleich, im Falle des § 3 Abs. 4, 5 GBO auch **Miteigentumsanteile**.[2] Auch die Zusammenschreibung mehrerer demselben Eigentümer gehörenden Wohnungs- od. Teileigentumsrechte (z.B. Wohnung u. Garage in Form selbstständigen Teileigentums) ist möglich.[3] Dies dürfte auch dann gelten, wenn nach Teilung gem. § 8 WEG mehrere Miteigentumsanteile nebst Sondereigentum auf einem Blatt gebucht werden, weil sie sich noch in der Hand des Veräußerers befinden oder von demselben Erwerber erworben werden.[4] Die Führung mehrerer Wohnungs- oder Teileigentumsrechte auf einem Grundbuchblatt unter verschiedenen laufenden Nummern im Bestandsverzeichnis sollte aus Gründen der Übersichtlichkeit des Grundbuchs aber im Regelfall unterbleiben. Sie wird auch nicht praktiziert. Gleiches gilt für die Buchung mehrerer grundstücksgleicher Rechte in einem Grundbuchblatt.

II. Derselbe Eigentümer

4   Die Grundstücke müssen demselben Eigentümer gehören. Diese Voraussetzung ist auch erfüllt, wenn die Grundstücke im **Miteigentum** oder **Gesamthandseigentum** derselben Person stehen; wenn die Anteile der Beteiligten oder die Art der Gemeinschaft verschieden sind, ist § 4 GBO jedoch nicht anwendbar.[5]

III. Dasselbe Grundbuchamt

5   Die Grundbücher über die Grundstücke müssen – vorbehaltlich der Ausnahme in Abs. 2 – von demselben Grundbuchamt geführt werden, nicht nötig ist, dass sie im Bezirk desselben Grundbuchamtes belegen sind. Wird ein Grundstück im Grundbuchblatt eines fremden Grundbuchbezirks (desselben Amtsgerichts) geführt, ist in Spalte 3 des Bestandsverzeichnisses der betreffende Grundbuchbezirk zu vermerken. Auch dies kann aber zu Unübersichtlichkeit führen. Besser ist es, das Personalfolium nur je Grundbuchbezirk zu führen. Auch steht regelmäßig das automatisierte Liegenschaftskataster einer Buchung eines Grundstücks in einem Grundbuchblatt, das nicht demselben Grundbuchbezirk zugehörig ist, entgegen.

IV. Keine Besorgnis der Verwirrung

6   Schließlich darf durch die Zusammenschreibung **keine Verwirrung** zu besorgen sein. Der Begriff der „Verwirrung" ist ein unbestimmter Rechtsbegriff.[6] Die Feststellung einer Verwirrung ist keine Ermessensentscheidung.[7] Bei der erforderlichen Feststellung ist nicht nur das öffentliche Interesse an einer reibungslosen Grundbuchführung, sondern auch das private Interesse des Eigentümers oder sonstigen Berechtigten an der ordnungsgemäßen Verwaltung ihres Eigentums und sonstigen Rechts sowie die Erschwernis zu berücksichtigen, die ein unübersichtliches Grundbuchblatt für die Verfügung über einge-

---

2 Meikel/*Böttcher*, § 4 Rn 3; *Demharter*, § 4 Rn 2; Lemke/*Schneider*, § 4 Rn 5.
3 Lemke/*Schneider*, § 4 Rn 5; Weitnauer/*Briesemeister*, § 7 WEG Rn 37.
4 Meikel/*Böttcher*, § 4 Rn 3.
5 BayObLG MittBayNot 1990, 310; *Güthe/Triebel*, § 4 Anm. 5; Meikel/*Böttcher*, § 4 Rn 6–10.

6 Allgemein BayObLG Rpfleger 1977, 251; Meikel/*Böttcher*, § 4 Rn 11; Lemke/*Schneider*, § 4 Rn 11 ff.
7 Allgemein OLG Sachsen-Anhalt FGPrax 2016, 71; etwas unklar LG Aachen MittRhNotK 1987, 164; Hügel/*Holzer*, Rn 28.

tragene Rechte bedeutet. Auch das sog. informationelle Selbstbestimmungsrecht mag dabei einer von mehreren gleichrangigen Wertungsgesichtspunkten sein.[8]

Mit dem Begriff der Verwirrung ist hier wesentlich Unübersichtlichkeit hinsichtlich der Belastungssituation gemeint. Für diese Frage kommt es daher auf den Stand der Belastung der einzelnen Grundstücke an; ist die Belastung sehr unterschiedlich, so wird meist Verwirrungsgefahr bestehen, wenn beispielsweise in den Abteilungen II und III in der jeweiligen Spalte 2 eine Vielzahl von betroffenen Grundstücken bezeichnet ist und wegen zahlreicher Grundstücksveränderungen im Bestandsverzeichnis aufwendig eruiert werden muss, welches Recht nun an welcher laufenden Nummer des Bestandsverzeichnisses lastet. Auch eine allzu große Zahl der zusammenzuschreibenden Grundstücke kann Verwirrung herbeiführen und deshalb die Zusammenschreibung untunlich erscheinen lassen.

C. Verfahren

Das Verfahren ist ein **Amtsverfahren**; ein Antrag des Eigentümers ist nicht erforderlich, seine Anhörung kann empfehlenswert sein, wenn datenschutzrechtliche Interessen zu berücksichtigen sind.[9] Die Führung eines oder mehrerer Grundbuchblätter ist zwar nichts anderes als die Führung eines oder mehrerer Aktenzeichen. Im Hinblick auf Gewährung von Grundbucheinsicht an Dritte nach § 12 GBO kann sie aber unmittelbar Auswirkungen auf Interessen des Eigentümers haben. Die Zustimmung dinglich Berechtigter ist keinesfalls erforderlich. Die Entscheidung ergeht zusammen mit der Eintragung; ein besonderer Beschluss ist nicht erforderlich.

7

Gegen die Entscheidung ist nach allgemeiner Ansicht unbeschränkte Beschwerde nach § 71 Abs. 1 GBO zulässig.[10] Beschwerdeberechtigt ist ausschließlich der Eigentümer.[11] Er kann geltend machen, dass mit der Buchung als Personalfolium keine Verwirrung vorliege oder umgekehrt die Buchung im Realfolium für ihn zu umständlich sei. Ein Beschwerderecht steht dem Eigentümer aber nicht zu, wenn das Grundbuchblatt lediglich an Änderungen in der Bezeichnung des Liegenschaftskatasters angepasst wird.[12] Der Eigentümer kann auch keine Umschreibung eines Grundbuchblattes nach §§ 28 ff. GBV verlangen, um bereits gelöschte, aber ihm unliebsame Eintragungen zu beseitigen (insbes. bereits gelöschte Zwangshypothek oder gelöschter Insolvenzvermerk).[13]

D. Wirkung der Zusammenschreibung

Die Wirkungen der Zusammenschreibung beschränken sich auf den grundbuchtechnischen Vorgang; irgendwelche **materiellrechtliche Bedeutung** hat sie **nicht**. Die Grundstücke behalten ihre volle Selbstständigkeit, können getrennt veräußert, belastet oder zwangsversteigert werden; sie werden ja im Bestandsverzeichnis unter je einer eigenen laufenden Nummer geführt.

8

Tritt mit Veräußerung eines Grundstücks Verschiedenheit der Eigentümer ein, so ist die Zusammenschreibung wieder aufzuheben. Regelmäßig wird das Grundstück in ein neues Grundbuchblatt übertragen, wodurch sich automatisch eine zutreffende Grundbuchführung ergibt.

Durch Eintragung eines Grundpfandrechts oder eines gesamtrechtsfähigen beschränkten dinglichen Rechts auf allen oder mehreren Grundstücken entsteht eine Gesamthypothek. Eine besonders sorgfältige Führung der Spalte 2 in Abteilung II oder III ist gerade hier angezeigt; mancherorts wird die Mithaft auch noch in der Hauptspalte vermerkt; nach § 48 GBO ist dies nur erforderlich bei Belastung mehrerer Grundstücke, die in verschiedenen Grundbüchern geführt werden. Ändert sich bei Grundstücksveränderungen im Bestandsverzeichnis die laufende Nummer eines belasteten Grundstücks im Bestandsverzeichnis, muss dies nicht zusätzlich bei dem Recht in Abteilung II oder III nachgetragen werden. Vielfach war es bei Führung im „Papiergrundbuch" üblich, hier in der Veränderungsspalte die laufende Nummer

---

8 Vgl. dazu *Böhringer*, Rpfleger 1989, 313.
9 Bauer/Schaub/*Waldner*, § 4 Rn 16; Hügel/*Holzer*, § 4 Rn 31, 32; *Böhringer*, Rpfleger 1989, 313.
10 Meikel/*Böttcher*, § 4 Rn 25; *Demharter*, § 4 Rn 10; Bauer/Schaub/*Waldner*, § 4 Rn 20; Hügel/*Holzer*, § 4 Rn 36; Lemke/*Schneider*, § 4 Rn 31.
11 *Demharter*, § 4 Rn 10; Bauer/Schaub/*Waldner*, § 4 Rn 20; teilweise abweichend Hügel/*Holzer*, § 4 Rn 36.
12 OLG München BauR 2017, 928.
13 OLG Düsseldorf Rpfleger 1987, 409; BayObLG Rpfleger 1992, 513; OLG Celle FGPrax 2013, 146; OLG München Rpfleger 2014, 189; LG Krefeld Rpfleger 1992, 473.

des belasteten Grundstücks zu korrigieren. Jedoch ergibt sich aus Spalte 2 der jeweiligen Abteilung zutreffend, welches Grundstück im Zeitpunkt der Eintragung des Rechts belastet war, spätere Grundstücksveränderungen sind immer aus dem Bestandsverzeichnis zu entnehmen. Im maschinell geführten Grundbuch ist das „Nachtragen" der laufenden Nummer des belasteten Grundstücks in Spalte 2 der Abteilung II oder II technisch nicht mehr möglich. Hier werden daher Vermerke in der Veränderungsspalte zur Änderung der laufenden Nummer des belasteten Grundstücks im Bestandsverzeichnis gemacht. Auch das ist unnötig.

9   Die **Zusammenschreibung** kann von Amts wegen, wie sie vorgenommen worden ist, auch **wieder aufgehoben** werden, wenn sich ergibt, dass die Voraussetzungen des § 4 GBO von Anfang an nicht vorlagen oder später weggefallen sind oder die Zusammenschreibung sich sonst als unzweckmäßig erweist.[14] Hier ist insbesondere auf wiederholte „Kreuz- und Quer-Belastungen" hinzuweisen, die Gesamtrechte jeweils in Bezug auf einige (verschiedene), nicht aber alle Grundstücke schaffen. In solchen Fällen wird von einem bestimmten Zeitpunkt an **nachträglich** Verwirrung zu besorgen sein.

E. Zusammenschreibung bei besonderer rechtlicher Verbundenheit

10 Abs. 2 erweitert die durch den Abs. 1 gegebene Möglichkeit der Zusammenschreibung für Grundstücke, die zu einer rechtlich verbundenen Grundstücksgesamtheit gehören. Das gemeinsame Merkmal besteht in der Verbindung der Grundstücke zu einer rechtlichen Einheit, die sachenrechtlichen Sondervorschriften, insbesondere bezüglich der Veräußerung und Belastung unterworfen ist, einerlei ob diese Sonderregelung öffentlich-rechtlicher oder privatrechtlicher Art ist.[15] Es ist erwünscht, die einheitliche Behandlung der sich aus solcher Sonderregelung ergebenden grundbuchrechtlichen Fragen dadurch zu sichern, dass das Grundbuch über alle zusammengehörigen Grundstücke von einem Grundbuchamt geführt wird. Landwirtschaftliche Anwesen, für die weder Höfe- noch Anerbenrecht gilt, fallen nicht unter Abs. 2.[16] Die Höfeordnung[17] gilt in den Ländern Hamburg, Niedersachsen, Nordrhein-Westfalen und Schleswig-Holstein für landwirtschaftlich genutzte Grundstücke mit einer Hofstelle und einem Wirtschaftswert von mindestens 10.000 EUR. Die Grundstücke müssen im Eigentum einer natürlichen Person oder in gemeinschaftlichem Eigentum von Ehegatten stehen. Das Höferecht gewährleistet für den Grundbesitz eine Sondererbfolge mit dem Ziel der Sicherung der landwirtschaftlichen Einheit des Grundbesitzes.

Die Bedeutung des Abs. 2 liegt darin, dass er in den dort aufgeführten Fällen das Erfordernis des Abs. 1, dass die Grundstücke bei demselben Grundbuchamt gebucht sein müssen, beseitigt. Die übrigen in Abs. 1 für die Zusammenschreibung aufgeführten Voraussetzungen (Grundstücke desselben Eigentümers und keine Besorgnis der Verwirrung) müssen auch in den Fällen des Abs. 2 erfüllt sein. Abs. 2 ist also in den Fällen nicht anwendbar, in denen ausnahmsweise die mehreren rechtlich verbundenen Grundstücke im getrennten Eigentum stehen. Im Höferecht liegt dann aber schon Fall der Anwendung der HöfeO vor.

11 In den Fällen des Abs. 2 muss das zuständige Gericht nach § 5 FamFG besonders bestimmt werden, sofern es sich nicht um einen Hof im Sinne der Höfeordnung handelt. Hat das hiernach zuständige Gericht die Zusammenschreibung verfügt, so tritt damit ein Zuständigkeitswechsel ein, der nach § 25 GBV durchzuführen ist. Die Neuanlegung eines Blattes (§ 25 Abs. 2 GBV) kommt hierbei jedoch nicht in Frage; vielmehr werden die hinzutretenden Grundstücke auf das jetzt maßgebende Blatt übertragen.

---

14 Lemke/*Schneider*, § 4 Rn 29.
15 KG JFG 14, 209; KG JFG 18, 124; OLG Hamm Rpfleger 1960, 92; Lemke/*Schneider*, § 4 Rn 16 ff.
16 OLG Hamm Rpfleger 1987, 195; Meikel/*Böttcher*, § 4 Rn 32; *Demharter*, § 4 Rn 13; Lemke/*Schneider*, § 4 Rn 18.
17 Höfeordnung v. 24.4.1947, Amtsbl. brit. Militärreg. 1947, S. 505; neugef. d. Bek. v. 26.7.1976 (BGBl I 1976, 1933).

§ 5 [Vereinigung von Grundstücken]

(1) Ein Grundstück soll nur dann mit einem anderen Grundstück vereinigt werden, wenn hiervon Verwirrung nicht zu besorgen ist. Eine Vereinigung soll insbesondere dann unterbleiben, wenn die Grundstücke im Zeitpunkt der Vereinigung wie folgt belastet sind:
1. mit unterschiedlichen Grundpfandrechten oder Reallasten oder
2. mit denselben Grundpfandrechten oder Reallasten in unterschiedlicher Rangfolge.

Werden die Grundbücher von verschiedenen Grundbuchämtern geführt, so ist das zuständige Grundbuchamt nach § 5 des Gesetzes über das Verfahren in Familiensachen und in den Angelegenheiten der freiwilligen Gerichtsbarkeit zu bestimmen.

(2) Die an der Vereinigung beteiligten Grundstücke sollen im Bezirk desselben Grundbuchamts und derselben für die Führung des amtlichen Verzeichnisses nach § 2 Abs. 2 zuständigen Stelle liegen und unmittelbar aneinandergrenzen. Von diesen Erfordernissen soll nur abgewichen werden, wenn hierfür, insbesondere wegen der Zusammengehörigkeit baulicher Anlagen und Nebenanlagen, ein erhebliches Bedürfnis entsteht. Die Lage der Grundstücke zueinander kann durch Bezugnahme auf das amtliche Verzeichnis nachgewiesen werden. Das erhebliche Bedürfnis ist glaubhaft zu machen; § 29 gilt hierfür nicht.

A. Allgemeines 1	3. Verwirrung bei unterschiedlicher Grundstücksbelastung 15
I. Rechtsgeschichte und landesrechtliche Vorbehalte 1	IV. Weitere Erfordernisse 22
II. Regelungsgehalt allgemein 2	V. Die notwendigen Erklärungen 23
B. Voraussetzungen der Vereinigung 3	1. Vereinigungserklärung 23
I. Der Vereinigung zugängliche Rechte 3	2. Antrag und Bewilligung 24
II. Einheitliche Eigentumsverhältnisse 12	C. Zuständigkeitsregelung 25
III. Keine Besorgnis der Verwirrung 13	D. Das Verfahren 26
1. Verwirrung als unbestimmter Rechtsbegriff 13	E. Wirkungen der Vereinigung 27
2. Verwirrung bei unterschiedlichen Eigentumsverhältnissen 14	F. Wiederaufhebung der Vereinigung 28

A. Allgemeines

I. Rechtsgeschichte und landesrechtliche Vorbehalte

Durch das DaBaGG vom 1.10.2013[1] wurde Abs. 1 geändert und der bis dahin unbestimmte Begriff der Verwirrung durch konkrete Tatbestände hinsichtlich Grundpfandrechten und Reallasten definiert. Bereits durch das RegVBG vom 20.12.1993[2] wurde Abs. 2 angefügt. Er enthält weitere Vereinigungsvoraussetzungen, die sich aus der Integration des Liegenschaftskatasters ergeben.

Landesrechtliche Besonderheiten ergeben sich aus Art. 30 Ba-WüAGBGB vom 26.11.1974,[3] Art. 22 Hess-AGBGB vom 18.12.1984;[4] § 19 Rheinl-Pfälz-AGBGB vom 18.11.1976,[5] § 23 Saarl-AGJusG vom 5.2.1997.[6]

II. Regelungsgehalt allgemein

§ 5 GBO befasst sich mit der Vereinigung von Grundstücken, deren materielle Rechtsgrundlage § 890 BGB gibt. Es handelt sich dabei nicht nur um einen buchungstechnischen, sondern daneben um einen materiell-rechtlichen Vorgang; das Grundbuchamt hat die Unterschiede zur Bestandteilszuschreibung (§ 890 Abs. 2 BGB, § 6 GBO) genau zu beachten und deshalb auf eindeutige Eintragungsunterlagen

---

1 BGBl I S. 3719.
2 BGBl I S. 2182.
3 GBl S. 498.
4 GVBl. S. 344.
5 GVBl. S. 259.
6 Abl. S. 258.

B. Voraussetzungen der Vereinigung
I. Der Vereinigung zugängliche Rechte

3 Während der Wortlaut des § 890 Abs. 1 BGB nur die Vereinigung zweier oder mehrerer Grundstücke anspricht, haben Literatur und Rechtsprechung die Möglichkeiten der Vereinigung darüber hinaus noch erheblich ausgeweitet. Es sind folgende Fälle denkbar:[7]

4 **Grundstück mit Grundstück:** Die Vereinigung ist der Regelfall des § 890 Abs. 1 BGB. Besteht ein Grundstück aus mehreren Flurstücken und soll nur eines davon mit einem anderen Grundstück vereinigt werden, muss eine Teilung nach § 7 GBO vorausgehen.[8]

5 **Zuflurstück mit Grundstück:** Das Zuflurstück (zum Begriff siehe § 2 Rdn 6) gilt nur für die Anwendung des § 890 BGB als selbstständiges Grundstück;[9] Vereinigung ist somit möglich.[10]

6 **Zuflurstück mit Zuflurstück:** Zulässig, aus den oben genannten Gründen (siehe Rdn 5).

7 **Grundstücksgleiches Recht mit grundstücksgleichem Recht:** Grundstücksgleiche Rechte können, da sie rechtlich den Grundstücken gleichgestellt sind, wie Grundstücke miteinander vereinigt werden, sofern sie gleichartig sind.[11] Beschränkungen bestehen beim Bergwerkseigentum, vgl. §§ 24 ff. sowie §§ 151, 154 BBergG.

8 **Grundstücksgleiches Recht mit Grundstück:** Vereinigung ist zulässig, weil grundstücksgleiche Rechte dem Grundstück gleich behandelt werden.[12] Dies gilt jedoch nicht für die Vereinigung des Erbbaurechts mit dem durch des belasteten Grundstück; diese ist unzulässig.[13] Unzulässig ist ebenso die Vereinigung von selbstständigem Gebäudeeigentum mit dem belasteten Grundstück (zulässig aber die Bestandteilszuschreibung des Grundstücks an das Gebäude, dazu § 6 GBO Rdn 8).[14] Unzulässig ist die Vereinigung des Grundstücks mit dem selbstständigen Bergwerkseigentum (§ 9 Abs. 2 BBergG).

9 **Wohnungseigentum mit Wohnungseigentum:**[15]

Die Vereinigung ist zulässig, wenn

– die Berechtigungen an demselben Grundstück bestehen,
– demselben Wohnungseigentümer gehören und
– die vom nunmehr einheitlichen Sondereigentum umfassten Räume in sich abgeschlossen sind, also eine Bescheinigung nach §§ 3 Abs. 2, 7 Abs. 4 Nr. 2 WEG vorgelegt wird.[16]

10 **Wohnungseigentum mit Grundstück:** Auch hierfür kann zur Erhöhung von Beleihungs- und Verkehrsfähigkeit ein wirtschaftliches Bedürfnis bestehen. Trotzdem ist die Zulässigkeit umstritten.[17] Bedenken dagegen dürften nicht bestehen, weil der sonst gegen die Vereinigung von Miteigentumsanteilen mit Grundstücken sprechende Grund der fehlenden Buchungsmöglichkeit nicht gegeben ist, da für den mit

---

7 Siehe auch Hügel/*Kral*, § 5 Rn 9 ff.
8 Meikel/*Böttcher*, § 5 Rn 3; *Demharter*, § 5 Rn 3; Hügel/*Kral*, § 5 Rn 9; Lemke/*Schneider*, § 5 Rn 8.
9 BGH DNotZ 1954, 197; BayObLGZ 1957, 356 = DNotZ 1958, 388; BayObLG Rpfleger 1974, 148; BayObLG NJW-RR 1991, 465.
10 Zu der grundbuchmäßigen Behandlung siehe GBV § 13 Rn 5.
11 Meikel/*Böttcher*, § 5 Rn 11; zur Vereinigung v. Erbbaurechten vgl. BayObLGZ 1995, 397 (= gleiche Laufzeit!).
12 Meikel/*Böttcher*, § 5 Rn 5; v. Oefele/Winkler, Rn 5.175; **sehr kritisch** Staudinger/*Gursky*, § 890 Rn 19; Lemke/*Schneider*, § 5 Rn 17, 18.
13 Meikel/*Böttcher*, § 5 Rn 7.
14 OLG Jena Rpfleger 1998, 195; nach LG Mühlhausen, Rpfleger 1998, 196, soll Gebäudeeigentum dem Grundstück zugeschrieben werden können; eingehend Meikel/*Böhringer*, Einl. K Rn 221; Schöner/Stöber, Rn 697a.
15 Eingehend Lemke/*Schneider*, § 5 Rn 28 ff.; zur einheitlichen Belastung mit Vorkaufsrecht und Reallast OLG Düsseldorf, Beschl. v. 21.12.2020 – 3 Wx 200/19, juris.
16 Meikel/*Böttcher*, § 5 Rn 12 ff.; zur Streitfrage Rn 15; *Röll*, Rpfleger 1976, 283; a.A. BayObLG 1971, 107, 246; KG Rpfleger 1989, 500. OLG Hamburg DNotZ-Rep.2004, 122; *Demharter*, § 5 Rn 5; originell, weil mit völlig anderem Ansatz Streuer, Rpfleger 1992, 181, 184.
17 **Bejahend:** BayObLG Rpfleger 1994, 108; Meikel/*Böttcher*, § 5 Rn 8; *Demharter*, § 5 Rn 5; Bauer/Schaub/Waldner, §§ 5, 6 Rn 17; Bärmann/*Armbrüster*, § 1 WEG Rn 103; Schöner/*Stöber*, Rn 2979; **ablehnend:** OLG Düsseldorf DNotZ 1964, 361; LG Dortmund Rpfleger 1992, 478; Staudinger/*Gursky*, § 890 Rn 20; Lemke/*Schneider*, § 5 Rn 12, 19 ff.

Sondereigentum verbundenen Miteigentumsanteil ein eigenes Grundbuchblatt anzulegen ist. Das Argument, der mit Sondereigentum verbundene Miteigentumsanteil sei kein grundstücksgleiches Recht, erschöpft die Problematik nicht. Das Wohnungseigentum ist ein dingliches Recht eigener Art, das durch die Buchung auf einem eigenen Blatt dem Grundstück oder grundstücksgleichen Recht in vielem gleichsteht und deshalb auch in vielfältiger Hinsicht gleich behandelt wird. Eine Parallele zum gewöhnlichen Miteigentumsanteil kann nicht gezogen werden, weil Ausgestaltung und Bedeutung der beiden Rechte völlig verschieden sind.[18]

Miteigentumsanteil mit Miteigentumsanteilen oder Grundstücken: Ideelle Miteigentumsanteile sind einer Vereinigung nicht zugänglich.[19] Die Vereinigung eines Miteigentumsanteils mit einem Grundstück wäre zwar materiell-rechtlich nicht undenkbar, scheitert aber daran, dass der Miteigentumsanteil regelmäßig nicht selbstständig gebucht werden kann. Im Falle des § 3 Abs. 5 GBO hat das Gesetz, obwohl es diesen Fall eingehend behandelt, die Vereinigung nicht erwähnt, sie muss deshalb als unzulässig angesehen werden.[20]

11

II. Einheitliche Eigentumsverhältnisse

Die zu vereinigenden Grundstücke (Berechtigungen) müssen im Zeitpunkt der Eintragung demselben Eigentümer (Berechtigten) gehören. Die Identität des Eigentums ist materiellrechtliche Voraussetzung der Vereinigung nach § 890 BGB, sie ist nicht lediglich ein Tatbestandsmerkmal der Verwirrung.[21] Daraus folgt, dass eine Vereinigung von Grundstück bei unterschiedlichen Eigentumsverhältnissen materiellrechtlich unwirksam ist. Sind mehrere Personen Eigentümer, müssen sie im gleichen Berechtigungsverhältnis an allen Grundstücken eingetragen sein.[22] Bei Bruchteilseigentum müssen gleiche Anteile gegeben sein. Nicht vereinigt werden können daher Grundstücke, die zwar denselben Personen, jedoch in verschiedenen Gemeinschaftsarten, gehören. Insbesondere verschiedene Arten von Gesamthandsgemeinschaften lassen eine Vereinigung nicht zu.[23]

12

III. Keine Besorgnis der Verwirrung

1. Verwirrung als unbestimmter Rechtsbegriff

Eine Vereinigung darf, obzwar materiell-rechtlich wirksam, im Grundbuch nicht vollzogen werden, wenn dadurch Verwirrung zu besorgen ist (§ 5 S. 1 GBO). Der Begriff „Verwirrung" ist ein unbestimmter Rechtsbegriff.[24] Er ist für den Einzelfall[25] objektiv feststellbar und lässt keinen Raum für eine Ermessensentscheidung,[26] bei der mehrere Betrachtungsweisen und damit Entscheidungen sachlich begründbar und somit rechtens wären und im Rahmen einer Beschwerde nicht überprüft werden könnten. Bei gegebener Sach- und Rechtslage kann immer nur eine Entscheidung über das Vorliegen der Verwirrungsgefahr richtig sein.[27]

13

Verwirrung ist allgemein anzunehmen, wenn die Eintragung derart unübersichtlich und schwer verständlich würde, dass der gesamte grundbuchliche Rechtszustand des Grundstücks nicht mehr mit der für den Grundbuchverkehr notwendigen Klarheit und Bestimmtheit erkennbar ist und die Gefahr von Streitkei-

---

18 Zu der grundbuchmäßigen Behandlung siehe WGV § 3 Rn 1 ff.
19 BayObLG Rpfleger 1994, 108; OLG Düsseldorf DNotZ 1963, 753; OLG Hamburg NJW 1965, 1765; Meikel/*Böttcher*, § 5 Rn 17; *Demharter*, § 5 Rn 5; a.A. *Bünger*, NJW 1964, 583, der die Vereinigung für möglich hält, allerdings betont, dass ein praktisches Bedürfnis dafür nicht ersichtlich sei.
20 LG Münster DFG 1940, 141; KG KGJ 28, 68 = OLG 9, 328; OLG Hamburg NJW 1965, 1765; Meikel/*Böttcher*, § 5 Rn 17; *Staudenmaier*, NJW 1964, 2145.
21 So auch Lemke/*Schneider*, § 5 Rn 35 ff.
22 Meikel/*Böttcher*, § 5 Rn 36; *Demharter*, § 5 Rn 7; Lemke/*Schneider*, § 5 Rn 36; Bauer/Schaub/*Waldner*, §§ 5, 6 Rn 19.

23 BayObLG NJW-RR 1991, 465.
24 BayObLG Rpfleger 1977, 251; KG NJW-RR 1989, 1360 = Rpfleger 1989, 500; BayObLG DNotZ 1995, 305 = Rpfleger 1995, 151; OLG Hamm Rpfleger 1998, 154; Meikel/*Böttcher*, § 5 Rn 30; *Demharter*, § 5 Rn 13; Hügel/*Kral*, § 5 Rn 29; Lemke/*Schneider*, § 5 Rn 52; *Schöner/Stöber*, Rn 634.
25 KG OLGZ 6, 259; *Demharter*, § 5 Rn 13; Bauer/Schaub/*Waldner*, §§ 5, 6 Rn 27.
26 Unrichtige Beurteilung einer Verwirrung stellt aber keine Grundrechtsverletzung dar, so aber zu weitgehend Meikel/*Böttcher*, § 5 Rn 30; *Wendt*, Rpfleger 1983, 192, 193.
27 OLG Schleswig Rpfleger 1982, 371; OLG Hamm FGPrax 1998, 44; LG Münster Rpfleger 2002, 22; LG Detmold Rpfleger 2002, 22.

ten zwischen den Berechtigten untereinander oder mit Dritten oder von Verwicklungen, namentlich im Falle der Zwangsversteigerung, besteht.[28]

2. Verwirrung bei unterschiedlichen Eigentumsverhältnissen

14 Ob unterschiedliche Eigentumsverhältnisse lediglich ein Tatbestand der Verwirrung sind oder nach § 890 BGB materiellrechtlich eine Vereinigung untersagen, ist streitig. *Güthe/Triebel*[29] und *Böttcher*[30] sehen sie als Tatbestand der Verwirrung. Ausgehend vom Wortlaut des § 890 BGB sind unterschiedliche Eigentumsverhältnisse aber ein materiellrechtliches Hindernis (siehe bereits Rdn 12).

3. Verwirrung bei unterschiedlicher Grundstücksbelastung

15 **Verwirrungsgefahr besteht demnach** mit Rücksicht auf **Belastungen** der beteiligten Grundstücke. Nach Abs. 1 S. 2 besteht Verwirrung, wenn die Grundstücke mit unterschiedlichen Grundpfandrechten oder Reallasten oder mit denselben Rechten, aber in unterschiedlichen Rangverhältnissen belastet sind.

Eine unterschiedliche **Belastung mit Dienstbarkeiten** braucht – wie auch § 7 Abs. 2 GBO andeutet – nicht immer Verwirrung besorgen lassen, kann jedoch bei umfangreichen Belastungen und komplizierten Rangverhältnissen auch hier Verwirrung begründen. Im Falle der Zwangsversteigerung besteht zwar die Möglichkeit, die verschieden belasteten Grundstücksteile einzeln auszubieten (§ 63 Abs. 1 ZVG); dies ist allerdings nur dann möglich, wenn die Vereinigung durch gemeinschaftliche Buchung bestehen bleibender Flurstücke unter einer laufenden Nummer im Bestandsverzeichnis vollzogen wird (vgl. § 13 GBV Rdn 2), wird hingegen durch Verschmelzung ein einheitliches (neues) Flurstück gebildet, so führt die unterschiedliche Belastung in der Zwangsversteigerung zu Schwierigkeiten.

Liegt eine Belastung mit Dienstbarkeiten vor, ist Verwirrung regelmäßig nicht zu besorgen, wenn ein Fall des § 7 Abs. 2 GBO vorliegt und kein Verwertungsrecht (Grundpfandrecht, Reallast) im Range vorgeht.[31] Wesentlich ist, dass die Dienstbarkeit entweder an einer Teilfläche lastet (reale Teilbelastung) oder wenigstens der Ausübungsbereich beschränkt ist und dies hinreichend klar aus der Eintragungsbewilligung hervorgeht. Keine Verwirrungsgefahr ist ferner gegeben, wenn an den zu vereinigenden Grundstücken (Zuflurstücken) je die gleiche beschränkte persönliche Dienstbarkeit lastet. Eine Pfanderstreckung muss hier schon deshalb ausscheiden, weil sonst das Recht zweimal am gleichen Grundstück lasten würde. Im Übrigen führt die Vereinigung nicht dazu, dass sich die Grundstücksbelastung der Dienstbarkeit erstreckt oder der Ausübungsbereich erweitert.[32]

16 Liegt eine unterschiedliche **Belastung mit Grundpfandrechten oder Reallasten** (Verwertungsrechten) vor oder bestehen unterschiedliche Rangverhältnisse der Rechte an den Grundstücken, ist regelmäßig Verwirrung zu besorgen. Die Vereinigung kann nur dann erfolgen, wenn eine einheitliche Grundstücksbelastung sowohl hinsichtlich der Rechte als auch ihres Ranges hergestellt wird. Dabei notwendige Pfanderstreckungen, Löschungen oder Rangrücktritte müssen je für sich seitens der Berechtigten bewilligt werden.

17 Die unterschiedliche Belastung mit Grundpfandrechten oder Reallasten führt unstreitig dann zur Verwirrung, wenn das neugebildete Grundstück auch **katastermäßig** eine **Einheit** bildet; also eine **Flurstücksverschmelzung** vorausgeht.[33] Umstritten war lange, ob eine Verwirrung auch dann zu besorgen ist, wenn

---

28 KG OLGZ 8, 300; OLG Hamm Rpfleger 1968, 121; BayObLG Rpfleger 1989, 500; BayObLG DNotz 1994, 242 = Rpfleger 1994, 242; BayObLG Rpfleger 1997, 102; OLG Hamm Rpfleger 1998, 154; OLG Düsseldorf Rpfleger 2000, 211; OLG Brandenburg ZfIR 2010, 25; OLG Jena NotBZ 2013, 312; in der Literatur überall praktisch wortgleich zitiert, Meikel/*Böttcher*, § 5 Rn 29; *Demharter*, § 5 Rn 13; Bauer/Schaub/*Waldner*, §§ 5, 6 Rn 25; Lemke/*Schneider*, § 5 Rn 54; ebenso wortgleich BT-Drucks 17/12635, S. 21.
29 *Güthe/Triebel*, § 5 Anm. 6.
30 Meikel/*Böttcher*, § 5 Rn 34.
31 OLG Dresden NotBOZ 2019, 149; Staudinger/*Ring*, § 1018 Rn 14; *Röll*, MittBayNotV 1960, 187; BayObLG Rpfleger 1974, 149 u. MittBayNot 1977, 188 sowie Rpfleger 1987, 13, dazu auch *Wirner*, DNotZ 1987, 221; bei Vereinigung mit einem herrschenden Grundstück BayObLG Rpfleger 2003, 241; wegen Vereinigung des herrschenden mit dem dienenden Grundstück vgl. BGH Rpfleger 1978, 52 und LG Aschaffenburg MittBayNotV 1970, 111. Zum Fall des § 7 II: BayObLG Rpfleger 1997, 102.
32 Eingehend Lemke/*Schneider*, § 5 Rn 104 ff.
33 OLG Hamm Rpfleger 1998, 154; OLG Düsseldorf Rpfleger 2000, 211; LG München I MittBayNot 2004, 131; OLG Frankfurt/M. Rpfleger 1975, 312; BayObLG Rpfleger 1977, 251 u. DNotZ 1994, 242; KG Rpfleger 1989, 500; OLG Schleswig Rpfleger 1982, 371; Meikel/*Böttcher*, § 5 Rn 35; *Demharter*, § 5 Rn 14; *Röll*, DNotZ 1968, 531.

die **Vereinigung ohne gleichzeitige Verschmelzung** der Grundstücke erfolgen soll, diese also als Flurstücke erhalten bleiben. Eine Meinung verneinte hier Verwirrung, weil durch die weiterhin bestehenden Flurstücke die Belastung der Grundpfandrechte sichtbar bleibt und weiterhin getrennte Zwangsversteigerung zulässig ist. Die Verwirrung sei allein auf den Zeitpunkt der Eintragung zu bestimmen ohne Berücksichtigung möglicher späterer Änderungen im Grundstücksbestand.[34] Allerdings dürfe dann keine spätere Verschmelzung der unterschiedlich belasteten Flurstücke erfolgen, erst hierdurch werde die Verwirrung begründet.[35] Eine andere Meinung berücksichtigt bei der Verwirrungsgefahr auch künftige Entwicklungen am Grundstück und verweist hinsichtlich späterer Verschmelzung darauf, dass diese allein ein katastertechnischer Vorgang ist, der im Zusammenhang mit dem automatisierten Datenabgleich im maschinell geführten Grundbuch seitens des Grundbuchamts gar nicht mehr beeinflusst werden kann (vgl. § 2 GBO Rdn 10, 11).[36] Der letztgenannten Ansicht ist der Vorzug zu geben.

Verwirrung ist **auch dann** anzunehmen, **wenn die** Grundstücke als **Flurstücke nicht verschmolzen werden**. Entscheidend ist, dass die spätere Verschmelzung seitens des Grundbuchamtes nicht verhindert werden kann, erst recht nicht im Rahmen des automatisierten Datenabgleichs. Sie ist als Eintragung zur Erhaltung der Übereinstimmung mit dem Liegenschaftskataster von diesem vorgegeben und kann seitens des Grundbuchamtes nicht beanstandet werden. Die Annahme, das Liegenschaftskataster müsse als Verwaltungsbehörde der gerichtlichen Entscheidung folgen, und eine unzulässige Verschmelzung rückgängig machen, wenn das Grundbuchamt feststellt, dass sie zu Verwirrung führe, ist unzutreffend.[37] Die Verwirrung ist auf den Zeitpunkt der Eintragung der Vereinigung zu bestimmen, dabei müssen auch mögliche weitere Flurstücksentwicklungen berücksichtigt werden. Würde man die Verwirrung erst bei einer späteren Verschmelzung feststellen, wäre die Verwirrung nicht mehr Tatbestandsmerkmal der Vereinigung sondern eines katastertechnischen Vorgangs. Zudem ist für die Eintragungen zur Erhaltung der Übereinstimmung mit dem Liegenschaftskataster nach § 12c Abs. 2 Nr. 2 GBO der Urkundsbeamte der Geschäftsstelle zuständig. Die Annahme, bei Verwirrungsgefahr müsse er dann die Sache dem Rechtspfleger vorlegen, findet im Gesetz auch keine Stütze.[38]

18

Exemplarisch ist die Verwirrung an einem Sachverhalt deutlich, welchen der BGH im Rahmen eines Zwangsversteigerungsverfahrens zu entscheiden hatte:[39] Das Grundbuchamt vollzog eine Grundstücksvereinigung mit unterschiedlicher Belastung mit Grundpfandrechten, später wurden die Flurstücke verschmolzen, was auch im Grundbuch vollzogen wurde. An dem hieraus entstandenen Grundstück wurden unter anderem Sicherungshypotheken nach §§ 866, 867 ZPO in das Grundbuch eingetragen. Aus einer dieser Sicherungshypotheken wurde die Zwangsversteigerung betrieben. Für das Versteigerungsverfahren war nicht mehr klar, wie das Grundstück versteigert werden kann.[40] Bei richtiger Anwendung des Verwirrungsbegriffs hätte das Grundbuchamt die Vereinigung mit unterschiedlicher Grundstücksbelastung schon nicht vollziehen dürfen. Die spätere Verschmelzung wurde im maschinell geführten Grundbuch durch automatisierten Datenabgleich vollzogen, ohne auf Grundstücksbelastungen zu achten. Das Grundbuchamt hätte dies letztlich gar nicht verhindern können, da die Entscheidung des Liegenschaftskatasters zur Verschmelzung ein Verwaltungsakt ist, der für das Grundbuchamt bindend ist.[41]

19

---

34 OLG Düsseldorf DNotZ 1971, 479; OLG Frankfurt/M. Rpfleger 1975, 312; BayObLGZ 1977, 119 = DNotZ 1978, 102 = Rpfleger 1977, 251; OLG Schleswig Rpfleger 1982, 371; KG Rpfleger 1989, 500; OLG Frankfurt/M. DNotZ 1993, 612 = Rpfleger 1993, 396; BayObLG DNotZ 1994, 242 = Rpfleger 1994, 250 = MittBayNot 1994, 127; OLG Hamm Rpfleger 1998, 154 = ZfIR 1998, 115; OLG Düsseldorf Rpfleger 2000, 211 = FGPrax 2000, 57 = ZfIR 2000, 284; OLG Brandenburg ZfIR 2010, 25; OLG Jena NotBZ 2013, 312; LG Aachen MittRhNotK 1982, 46; LG Wuppertal MittRhNotK 1995, 65; LG Augsburg MittBayNot 1998, 187; LG Münster Rpfleger 1998, 243; LG München I MittBayNot 2004, 131; Meikel/*Böttcher*, § 5 Rn 32; *Demharter*, § 5 Rn 13; Bauer/Schaub/*Waldner*, §§ 5, 6 Rn 26.

35 OLG Schleswig Rpfleger 1982, 371; OLG Hamm Rpfleger 1998, 154; OLG Düsseldorf Rpfleger 2000, 211; OLG Brandenburg ZfIR 2010, 25; LG Detmold Rpfleger 2002, 22; Meikel/*Böttcher*, § 5 Rn 32, 33; *Demharter*, § 5 Rn 13; Bauer/Schaub/*Waldner*, §§ 5, 6 Rn 26; so auch Staudinger/*Gursky*, § 890 Rn 14.

36 Lemke/*Schneider*, § 5 Rn 57 ff.; Hügel/*Kral*, § 5 Rn 31 ff.; Schöner/*Stöber*, Rn 636; *Stöber*, MittBayNot 2001, 281; *Morvilius*, MittBayNot 2006, 229; Bengel/*Simmerding*, §§ 5, 6 Rn 27; *Meyer-Stolte*, Rpfleger 1980, 191; *ders.*, Rpfleger 1981, 107; zur Vereinigung von Wohnungseigentum nach dem WEG OLG Nürnberg FGPrax 2012, 196 = Rpfleger 2013, 19.

37 So Meikel/*Böttcher*, § 5 Rn 35; *Wendt*, Rpfleger 1993, 192.

38 So aber Meikel/*Böttcher*, § 5 Rn 35.

39 BGH DNotZ 2006, 288 = Rpfleger 2006, 150.

40 Dazu sehr instruktiv *Morvilius*, MittBayNot 2006, 229.

41 Bengel/*Simmerding*, §§ 5, 6 Rn 27; Schöner/*Stöber*, Rn 638; zu Recht auch mit praktischen Hinweisen kritisch Hügel/*Kral*, § 5 Rn 33.

Mit der Ergänzung des Abs. 1 durch S. 2 mit den Nrn. 1 und 2 hat sich schließlich der **Gesetzgeber ausdrücklich** der „**strengen**" **Meinung** zum Verwirrungsbegriff angeschlossen. Ob dies durch den Wortlaut ausreichend klar zum Ausdruck kommt, mag dahingestellt bleiben, denn die Worte „im Zeitpunkt der Vereinigung" könnten auch darauf schließen lassen, eine spätere Veränderung im Flurstücksbestand unberücksichtigt zu lassen. In der Gesetzesbegründung schließt sich der Gesetzgeber aber ausdrücklich der „strengen" Meinung an.[42]

20 Die Verwirrungsgefahr bei unterschiedlicher Belastung mit Grundpfandrechten kann durch eine **Lastenunterstellung** (Pfanderstreckung) seitens des Eigentümers ausgeräumt werden. Allerdings werden durch die Lastenunterstellung unterschiedliche Rangverhältnisse geschaffen, weil auf den neu der Pfandhaft unterstellten Teilen die neuen Rechte jeweils Nachrang hinter den bereits eingetragenen Rechten haben. Auch hierdurch kann Verwirrung im Fall der Versteigerung zu besorgen sein.[43] Daher ist in einem solchen Fall eine **Rangregulierung** erforderlich (vgl. dazu § 45 GBO Rdn 37 ff.).[44]

21 Soll an dem vereinigten Grundbesitz Wohnungseigentum gebildet werden, so muss aus dem Gebot des § 1 Abs. 4 WEG und dem Verbot des § 11 WEG gefolgert werden, dass eine künftige getrennte Versteigerung nicht mehr statthaft ist, so dass dann – ohne dass es auf die Katastersituation ankäme – stets einheitliche Belastungsverhältnisse verlangt werden müssen.

IV. Weitere Erfordernisse

22 Nach **§ 5 Abs. 2** GBO sollen die **Grundstücke** in demselben Grundbuch- und Katasterbezirk liegen und **aneinandergrenzen**.[45] Sofern dies nicht bereits durch den Veränderungs-/Fortführungsnachweis offenkundig ist, ist auf das amtliche Verzeichnis nach § 2 Abs. 2 GBO und die Flurkarte als dessen Bestandteil zu verweisen. Der Gesetzgeber sieht das Erfordernis der Kartenvorlage nicht mehr als gegeben an, weil das Grundbuchamt regelmäßig online auf die amtliche Karte zugreifen kann; sie ist insoweit offenkundig.[46] Dass die zu vereinigenden Grundstücke im selben Grundbuch- und Katasterbezirk liegen sollen, hat seinen Grund in der Übereinstimmung des Grundbuchs mit dem Liegenschaftskataster (§ 2 GBO Rdn 10 ff.). Dass sie aneinandergrenzen sollen, wurde durch das RegVBG vom 20.12.1993[47] als Erfordernis normiert. Das ist einerseits verständlich, verengt aber andererseits die Vereinigung auf einen Tatbestand, der den natürlichen Gegebenheiten entspricht. Betrachtet man aber die Vereinigung als allein rechtlichen Tatbestand, durch welchen unter anderem die Beleihbarkeit der Gesamtheit des Grundbesitzes erleichtert werden soll, ist das Erfordernis des Aneinandergrenzens nicht zwingend; natürlich ist es zwingende Voraussetzung einer Verschmelzung zweier oder mehrerer Flurstücke. Andernfalls wäre die Vereinigung eines Grundstücks mit einem grundstücksgleichen Recht (Rdn 7, 8) gänzlich unzulässig. Richtigerweise darf man die rechtliche Vereinigung nicht zwingend mit räumlicher Nähe gleichsetzen, die Buchung unter einer laufenden Nummer im Bestandsverzeichnis muss eben nicht zwingend eine räumliche Nähe beinhalten. Insoweit ist das Erfordernis des § 5 Abs. 2 S. 1 GBO zu streng normiert.

Bei Bestehen eines erheblichen Bedürfnisses ist eine Ausnahme vom unmittelbaren Aneinandergrenzen zulässig; insbesondere im Falle der Begründung von Wohnungseigentum kann im Hinblick auf § 1 Abs. 4 WEG die Vereinigung des Stammgrundstücks mit einem nicht angrenzenden anderen Grundstück (Garagen, Müllentsorgungsanlage) notwendig werden. Das erhebliche Bedürfnis ist glaubhaft zu machen (§ 5 Abs. 2 S. 4 GBO), § 294 ZPO. Bloßer Sachvortrag genügt also nie. Die Form des § 29 ist nicht erforderlich.

---

42 BT-Drucks 17/12635, S. 21; ausführlich dazu mit zahlreichen Beispielen *Weber*, MittBayNot 2014, 497; ferner *Böttcher*, ZNotP 2013, 367.
43 Zu großzügig in Bezug auf Rang und Grundstückswert *Röll*, DNotZ 1968, 531.
44 OLG Hamm FGPrax 2015, 245 = Rpfleger 2015, 91; Lemke/*Schneider*, § 5 Rn 67, 76.
45 Das Angrenzgebot soll auch bei Wohnungseigentum gelten (BayObLG Rpfleger 2003, 241); zweifelnd mit beachtl. Begründung: Meikel/*Böttcher*, § 5 Rn 51.
46 BT-Drucks 17/12635, S. 21.
47 BGBl I S. 2182.

V. Die notwendigen Erklärungen

1. Vereinigungserklärung

Die Vereinigung setzt **materiell-rechtlich eine hierauf gerichtete Erklärung des Eigentümers** gegenüber dem Grundbuchamt voraus. Eine Zustimmung der dinglich Berechtigten ist nicht erforderlich. Die Erklärung muss eindeutig sein; wegen der unterschiedlichen materiell-rechtlichen Folgen muss klar erkennbar sein, ob Vereinigung oder Bestandteilszuschreibung gewollt ist. Wird gleichzeitig eine Ausdehnung der Rechte in Abt. III durch Pfandunterstellung herbeigeführt, so soll sich daraus regelmäßig ergeben, dass der Wille des Eigentümers auf eine Vereinigung gerichtet ist, weil die Pfandunterstellung im Falle der Bestandteilszuschreibung überflüssig wäre.[48] In dieser pauschalen Form kann dem jedoch nicht zugestimmt werden: Zwar tritt bei der Bestandteilszuschreibung gem. § 1131 BGB im Verhältnis Hauptgrundstück/Bestandteilsgrundstück eine automatische Belastungserstreckung ein (vgl. § 6 GBO Rdn 25), jedoch gilt dies nicht im Verhältnis Bestandteilsgrundstück/Hauptgrundstück. Deshalb hat die Pfandunterstellung auch bei der Zuschreibung ihren guten Sinn.

Das Grundbuchamt muss deshalb stets auf **eindeutigen Erklärungen** bestehen.[49] Eine Auslegung der Erklärungen dahin, dass im Zweifel immer die Vereinigung gewollt sei, ist nicht möglich. Erklärungen, die auf „Zusammenmessung", „Verschmelzung", „Verbindung" etc. gerichtet sind, bedürfen der durch Zwischenverfügung herbeizuführenden Klarstellung.

2. Antrag und Bewilligung

Verfahrensrechtlich ist ein Antrag notwendig; antragsberechtigt ist (nur) der Eigentümer. Ersetzt der Antrag, wie zumeist, die Erklärung gem. § 890 Abs. 1 BGB, dann bedarf er nach § 30 GBO der Form des § 29 Abs. 1 S. 1 GBO.[50]

Im Antrag auf Vollzug eines Veränderungsnachweises kann der Antrag auf Eintragung der Vereinigung enthalten sein, auch hier jedoch nur, wenn sich aus der Begründung oder den Anlagen der unzweifelhafte Vereinigungswille ergibt.

Nach Maßgabe des als partielles Landesrecht fortgeltenden Gesetzes über die Beurkundungs- und Beglaubigungsbefugnis der Vermessungsbehörden vom 15.11.1937[51] sind zur Beurkundung des Antrags auch die Vorstände der Vermessungsbehörden sowie die dort beauftragten Beamten zuständig (vgl. insoweit § 61 Abs. 1 Nr. 6 BeurkG).[52]

C. Zuständigkeitsregelung

Wenn die Grundbücher über die zu vereinigenden Grundstücke von **verschiedenen Grundbuchämtern** geführt werden, so bedarf es einer Bestimmung des zuständigen Gerichts nach § 5 FamFG; d.h. das gemeinschaftliche übergeordnete Gericht hat durch unanfechtbaren Beschluss eines der beteiligten Gerichte mit der Fortführung der Angelegenheit zu beauftragen, vgl. **§ 5 Abs. 1 S. 2 GBO**.[53]

Wenn die beteiligten Grundbücher in die Geschäftsaufgaben **verschiedener Rechtspfleger** des gleichen Grundbuchamts fallen, entscheidet die Regelung in der Geschäftsverteilung.

D. Das Verfahren

Das grundbuchrechtliche Verfahren ist in den §§ 6 Abs. 2, Abs. 5, Abs. 6b, c und Abs. 7, § 13 Abs. 1 und 3 GBV geregelt.

---

48 So BGH DNotZ 1954, 197.
49 Ausf. Meikel/*Böttcher*, § 5 Rn 26 m.w.N.
50 KG KGJ 31, 238; BayObLG BayObLGZ 157, 357 = DNotZ 1958, 388.
51 RGBl I 1937, S. 1257.
52 Lemke/*Schneider*, § 5 Rn 47.
53 OLG Düsseldorf FGPrax 2016, 105.

E. Wirkungen der Vereinigung

27 Aus den bisher selbstständigen Grundstücken (Grundstücksteilen, Berechtigungen) wird ein **neues Grundstück** gebildet, dessen Teile ihre rechtliche und tatsächliche Selbstständigkeit für die Zukunft verlieren und nichtwesentliche Bestandteile des einheitlichen neuen Grundstückes werden.[54]

Jeder Teil bleibt wie bisher belastet; ein auf den bisherigen Einzelgrundstücken lastendes Gesamtrecht bleibt als solches bestehen; künftige Belastungen ergreifen das gesamte (neue) Objekt. Soll einer der (bisherigen) Teile belastet werden, so gilt § 7 GBO.

F. Wiederaufhebung der Vereinigung

28 Soll eine Vereinigung rückgängig gemacht werden, so kann dies nur durch **Teilung** des neugebildeten Grundstücks nach § 7 GBO geschehen.[55]

Eine Wiederaufhebung von Amts wegen ist wegen der eingetretenen materiell-rechtlichen Wirkungen nicht möglich, auch wenn sich herausstellen sollte, dass die Vereinigung (etwa wegen Verwirrung) nicht zulässig gewesen wäre. Lag die Vereinigungserklärung nach § 890 Abs. 1 BGB nicht vor, so wird das Grundbuch durch eine trotzdem eingetragene Vereinigung unrichtig. Es ist dann nach § 53 Abs. 1 S. 1 GBO zu verfahren.[56]

§ 6 [Zuschreibung als Bestandteil]

(1) Ein Grundstück soll nur dann einem anderen Grundstück als Bestandteil zugeschrieben werden, wenn hiervon Verwirrung nicht zu besorgen ist. Werden die Grundbücher von verschiedenen Grundbuchämtern geführt, so ist für die Entscheidung über den Antrag auf Zuschreibung und, wenn dem Antrag stattgegeben wird, für die Führung des Grundbuchs über das ganze Grundstück das Grundbuchamt zuständig, das das Grundbuch über das Hauptgrundstück führt.

(2) § 5 Absatz 1 Satz 2 und Absatz 2 ist entsprechend anzuwenden.

A. Allgemeines ... 1	C. Zuständigkeitsregelung ... 22
I. Inhalt der Vorschrift ... 1	D. Verfahren ... 23
II. Begriffe ... 2	E. Wirkungen der Bestandteilszuschreibung ... 24
B. Voraussetzungen der Zuschreibung ... 3	I. Grundsatz ... 24
I. Der Zuschreibung zugängliche Rechte und Berechtigungen ... 3	II. Belastungserstreckung kraft Gesetzes ... 25
II. Einheitliche Eigentumsverhältnisse ... 12	III. Belastungserstreckung durch Rechtsgeschäft ... 26
III. Keine Verwirrungsgefahr ... 13	F. Neubelastung ... 27
IV. Weitere Voraussetzungen; Verbote ... 14	G. Wiederaufhebung ... 28
V. Erforderliche Erklärungen ... 20	

A. Allgemeines

I. Inhalt der Vorschrift

1 § 6 GBO regelt die Bestandteilszuschreibung eines Grundstückes zu einem anderen; die materielle Rechtsgrundlage dazu gibt § 890 Abs. 2 BGB. Es handelt sich dabei nicht um einen lediglich buchungstechnischen,[1] sondern um einen materiell-rechtlichen Vorgang; das Grundbuchamt hat die Unterschiede zur Vereinigung (§ 890 Abs. 1 BGB) zu beachten und deshalb auf eindeutige Erklärungen bei den Eintragungsunterlagen zu bestehen (vgl. unten Rdn 20, 21) sowie bei der Eintragung in der Veränderungsspalte des Bestandsverzeichnisses genau auf die Unterscheidung zwischen Vereinigung und Bestand-

---

54 BGH Rpfleger 1978, 52; KG KGJ 1931, 241; BayObLGZ 1954, 258 = DNotZ 1955, 205.
55 BayObLG BayObLGZ 1956, 475 = DNotZ 1958, 393; BayObLG Rpfleger 1974, 311 = DNotZ 1975, 147.
56 Meikel/*Böttcher*, § 5 Rn 19.
1 In Abgrenzung zu § 4 Meikel/*Böttcher*, § 6 Rn 1; Bauer/v. Oefele/*Waldner*, §§ 5, 6 Rn 3.

teilszuschreibung zu achten. Zwar ist die Zuschreibung nur eine besondere Art der Vereinigung (vgl. unten Rdn 25), aber sie unterscheidet sich in ihren Wirkungen wesentlich von dieser (vgl. unten Rdn 26).

II. Begriffe

Bei der Bestandteilszuschreibung unterscheidet man das sog. **„Hauptgrundstück"** und das ihm zuzuschreibende **„Bestandteilsgrundstück"**. Nicht erforderlich ist dabei, dass das Hauptgrundstück das größere oder wirtschaftlich bedeutendere ist.[2]

B. Voraussetzungen der Zuschreibung
I. Der Zuschreibung zugängliche Rechte und Berechtigungen

Während der Wortlaut des § 890 Abs. 2 BGB nur die Zuschreibung eines Grundstücks zu einem anderen vorsieht, haben Literatur und Rechtsprechung die Möglichkeiten der Zuschreibung darüber hinaus noch erheblich ausgeweitet. Es sind **folgende Fälle** denkbar:[3]

Grundstück mit Grundstück: Dies ist der Normalfall des § 890 Abs. 2 BGB;[4] Größe und wirtschaftliche Bedeutung für die Bezeichnung als Haupt- oder Bestandteilsgrundstück sind unwesentlich. Zugeschrieben werden können zwar mehrere (Bestandteils-)Grundstücke einem einzelnen Hauptgrundstück,[5] nicht aber ein oder mehrere (Bestandteils-)Grundstücke mehreren Hauptgrundstücken.[6] Auch wenn ein Grundstück in Wohnungseigentum aufgeteilt ist, bleibt es als Grundstück im Rechtssinne insoweit erhalten, als ihm ein anderes Grundstück zugeschrieben werden kann.[7] Erforderlich ist jedoch, dass die Gemeinschaft der Wohnungseigentümer an beiden Grundstücken identisch ist.[8] Es schadet nicht, wenn eines der beiden Grundstücke bereits in Wohnungs- oder Teileigentum gem. § 8 WEG aufgeteilt ist.[9]

Zuflurstück mit Grundstück: Das Zuflurstück gilt für die Zuschreibung als Grundstück (siehe § 5 GBO Rdn 5); verschiedentlich wird indes der Fall, dass ein Grundstück einem Zuflurstück als Bestandteil zugeschrieben werden soll, von diesem Grundsatz ausgenommen.[10] Dem kann nicht zugestimmt werden. Der zur Begründung aufgestellte Grundsatz, eine Zuschreibung scheide aus, wenn das Hauptgrundstück keine endgültige Flurstücksnummer aufweise, ist nicht haltbar. Entscheidend ist nicht, welche Art von Grundstücken (Grundstücksteilen) verbunden werden, sondern was als neuer Bestand eingetragen wird.[11]

Muster:

„Zuflurstück zu 15/1 (aus 25) mit 480 qm von Bd. …Bl. … hierher übertragen; diesem das aus Bd. … Bl. … übertragene FlStck. 14/10 als Bestandteil zugeschrieben und beides als FlStck. 15/1 neu vorgetragen am …"

Zuflurstück mit Zuflurstück: Zulässig, wenn Haupt- und Bestandteilszuflurstück unter einer neuen Nummer als selbstständige Katastereinheit (Flurstück) eingetragen werden.[12]

Muster:

„Zuflurstück zu 1557/1 (aus 1550) zu 480 qm Bd. …zu Bl. … hierher übertragen; diesem das von Bd. …Bl. … hierher übertragene Zuflurstück zu 1557/1 (aus 1600) zu 13 qm als Bestandteil zugeschrieben und beide als FlStck. 1557/1 neu vorgetragen am…"

---

2 BayObLG Rpfleger 1972, 18; BayObLG Rpfleger 1994, 108; Lemke/*Schneider*, § 6 Rn 4.
3 Eingehend auch Lemke/*Schneider*, § 6 Rn 7 ff.
4 Meikel/*Böttcher*, § 6 Rn 3.
5 KG HRR 41 Nr. 602; OLG Düsseldorf JMBl. NRW 63, 189.
6 Meikel/*Böttcher*, § 6 Rn 4.
7 OLG Frankfurt Rpfleger 1973, 394 KG Rpfleger 1976, 180; OLG Oldenburg Rpfleger 1977, 22; Meikel/*Böttcher*, § 6 Rn 5.

8 *Demharter*, § 6 Rn 7; Bauer/v. Oefele/*Waldner*, §§ 5, 6 Rn 10; Riecke/Schmid/*Schneider*, § 6 WEG Rn 19.
9 OLG Oldenburg Rpfleger 1977, 22.
10 OLG Frankfurt Rpfleger 1976, 245; *Löscher*, Büro 1960, 283.
11 So überzeugend *Roellenbleg*, DNotZ 1971, 286; ebenso Meikel/*Böttcher*, § 6 Rn 11; *Demharter*, § 6 Rn 4.
12 LG München II MittBayNot 1967, 9; Meikel/*Böttcher*, § 6 Rn 11; *Demharter*, § 6 Rn 4; Bauer/v. Oefele/*Waldner*, § 6 Rn 12; a.A. BayObLG Rpfleger 1972, 18; OLG Frankfurt Rpfleger 1976, 245.

7 **Grundstücksgleiches Recht mit grundstücksgleichem Recht:** Das grundstücksgleiche Recht wird wie ein Grundstück behandelt, Zuschreibung ist ebenso wie Vereinigung nach § 5 GBO möglich (vgl. § 5 GBO Rdn 8).[13]

8 **Grundstück mit grundstücksgleichem Recht:** Aus gleichem Grund ist dies ohne Bedenken zulässig. Unzulässig ist die Zuschreibung eines Erbbaurechts zu dem Grundstück, an dem es lastet;[14] Gleiches gilt für die Zuschreibung des Gebäudeeigentums zu dem belasteten Grundstück.[15] Wohl aber kann das Grundstück in beiden Fällen Bestandteil sein. Insbesondere ist die Zuschreibung des Grundstücks zum Gebäudeeigentum eine elegante Variante, um mit § 1131 BGB die Grundpfandrechte des Gebäudeeigentums auf das Grundstück erstrecken zu können. Mit anschließender Aufhebung des Nutzungsrechts nach Art. 233 § 4 Abs. 6 S. 1 EGBGB erlischt das Gebäudeeigentum und das Gebäude wird wesentlicher Bestandteil des Grundstücks (siehe auch § 10 GGV).

9 **Wohnungseigentum mit Wohnungseigentum:** Die Vereinigung von Wohnungseigentumsberechtigungen ist zulässig (vgl. § 5 GBO Rdn 9), aus den gleichen Gründen muss auch eine Bestandteilszuschreibung zugelassen werden.

10 **Wohnungseigentum mit Grundstück:** Auch hier ist die Vereinigung zulässig (vgl. § 5 GBO Rdn 10). Die dafür sprechenden Gründe lassen auch die Bestandteilszuschreibung als zulässig erscheinen.[16] Dass ein Grundstück in Wohnungseigentumsberechtigungen aufgeteilt ist, hindert nicht ihm ein anderes Grundstück zuzuschreiben (siehe oben Rdn 3 ff.); es handelt sich dann jedoch um eine Verbindung von Grundstücken miteinander. Davon zu unterscheiden ist die Verbindung einzelner Wohnungseigentumsrechte mit einem Grundstück.

11 **Miteigentumsanteile:** Ideelle Miteigentumsanteile sind, auch wenn sie gem. § 3 Abs. 3b GBO verselbständigt worden sind, einer Zuschreibung nicht zugänglich (dazu § 5 GBO Rdn 11).

II. Einheitliche Eigentumsverhältnisse

12 Die Grundstücke müssen demselben Eigentümer, bei mehreren Eigentümern im gleichen Rechtsverhältnis, gehören (siehe hierzu § 5 GBO Rdn 12).

III. Keine Verwirrungsgefahr

13 Eine Bestandteilszuschreibung darf, obzwar materiell-rechtlich wirksam, im Grundbuch nicht vollzogen werden, wenn dadurch Verwirrung zu besorgen ist, Abs. 1 S. 1. (Zum Begriff der Verwirrung siehe § 5 GBO Rdn 13 ff.) Die Verwirrung kann durch die Erstreckungswirkung des § 1131 BGB bei Grundpfandrechten vermieden werden. Letztlich ist dies der einzige Grund, eine Bestandteilszuschreibung der Vereinigung vorzuziehen und das mit dem Grundpfandrecht belastete Grundstück als Hauptgrundstück, das andere als Bestandteilsgrundstück zu bezeichnen. Auch bei der Erstreckenswirkung des § 1131 BGB ist das Rangverhältnis zu beachten, welches das kraft Gesetzes pfanderstreckte Recht am Bestandteilsgrundstück erhält; auch hier können immer noch unterschiedliche Rangverhältnisse an den Grundstücken Verwirrung besorgen.[17]

IV. Weitere Voraussetzungen; Verbote

14 Nach **Abs. 2** ist § 5 Abs. 2 GBO entsprechend anwendbar; es gelten also auch hier die dort geregelten räumlichen und Belegenheitsvoraussetzungen (siehe § 5 GBO Rdn 20).

---

13 Kritisch auch hier Staudinger/*Gursky*, § 890 Rn 19; Lemke/*Schneider*, § 6 Rn 15, 16.
14 Meikel/*Böttcher*, § 6 Rn 8; *Demharter*, § 6 Rn 6.
15 OLG Jena Rpfleger 1998, 196; a.A. LG Mühlhausen Rpfleger 1998, 196.
16 BayObLG Rpfleger 1994, 108; OLG Hamm NJW-RR 1996, 1100; Meikel/*Böttcher*, § 6 Rn 9; *Demharter*, § 6 Rn 5; Bauer/v. Oefele/*Waldner*, §§ 5, 6 Rn 17; Schöner/Stöber, Rn 2980; **ablehnend** OLG Düsseldorf MittRhNotK 1963, 595; Staudinger/*Gursky*, § 890 Rn 20; Lemke/*Schneider*, § 6 Rn 17.
17 Zutreffend Lemke/*Schneider*, § 6 Rn 43, 44.

Ist zur Belastung eines Grundstücks eine **behördliche oder sonstige Genehmigung** notwendig, so ist die Zuschreibung dieses Grundstückes zu einem belasteten Grundstück wegen der Wirkung des § 1131 BGB (vgl. unten Rdn 26) regelmäßig in gleicher Weise genehmigungsbedürftig (siehe auch Rdn 19).

Bei **Gütergemeinschaft** bedarf die Zuschreibungserklärung des gesamtgutsverwaltenden Ehegatten der Zustimmung des anderen Ehegatten (§ 1424 BGB), sofern das zuzuschreibende (Bestandteils-)Grundstück bereits zum Gesamtgut gehörte und das Hauptgrundstück mit Grundpfandrechten belastet ist.[18] Wird das Bestandteilsgrundstück erst neu zum Gesamtgut erworben, ist eine solche Zustimmung entbehrlich, weil wirtschaftlich das Gesamtgut infolge des gleichzeitigen Wertzuwachses nicht geschmälert wird.[19] Wird das Hauptgrundstück neu erworben und befindet sich das Bestandteilsgrundstück bereits im Gesamtgut, so ist die Zustimmung erforderlich, falls das Hauptgrundstück mit Grundpfandrechten belastet ist.

Der Antrag eines **Testamentsvollstreckers**, ein Nachlassgrundstück einem anderen mit Grundpfandrechten belasteten Nachlassgrundstück zuzuschreiben, ist eine Verfügung i.S. des § 2205 BGB (vgl. dazu § 52 GBO Rdn 1 ff.).

Ist der Eigentümer durch seine **Eltern**, einen **Vormund**, **Betreuer** oder **Pfleger** gesetzlich vertreten, so bedarf dessen Erklärung dann der vormundschaftsgerichtlichen (familiengerichtlichen) Genehmigung, wenn ein bereits im Eigentum des Mündels (Pfleglings, Kindes, Betreuten) stehendes Grundstück als Bestandteilsgrundstück einem anderen, mit Grundpfandrechten belasteten Grundstück zugeschrieben werden soll (§ 1850 Nr. 1 BGB), weil auch die Belastung genehmigungspflichtig ist und die Zuschreibung wirtschaftlich einer Belastung gleichkommt.[20]

Keine Genehmigung ist erforderlich, wenn das zuzuschreibende Grundstück erst erworben werden soll, hier liegt eine Verminderung des Mündelvermögens nicht vor; es handelt sich um eine genehmigungsfreie Erwerbsmodalität.[21]

Wegen der aufgrund des Vorbehalts in Art. 119 Nr. 3 EGBGB bestehenden **landesrechtlichen Vorschriften** siehe § 5 GBO Rdn 1.

V. Erforderliche Erklärungen

Materiell-rechtlich wird eine auf die Bestandteilszuschreibung gerichtete Erklärung des Eigentümers gegenüber dem Grundbuchamt vorausgesetzt. § 890 Abs. 2 BGB. Zur notwendigen Bestimmtheit der Erklärung siehe oben (vgl. § 5 GBO Rdn 21). Die materiell-rechtliche Erklärung ist als solche formfrei. Da sie jedoch zumeist die Bewilligung mit beinhaltet (ersetzt), ist sie formbedürftig nach § 29 Abs. 1 S. 1 GBO.[22] Einer Zustimmung dinglich Berechtigter bedarf es nicht.

Verfahrensrechtlich ist ein Antrag erforderlich, den wegen § 13 Abs. 1 S. 2 nur der Eigentümer stellen kann; ersetzt er zugleich die Erklärung (vgl. § 5 GBO Rdn 22), so bedarf er der Form des § 29 GBO. Der Inhaber eines Grundpfandrechts am Hauptgrundstück hat kein Antragsrecht, da er nur mittelbar Beteiligter ist.

Im Gegensatz zum Antrag auf Vereinigung (siehe dazu § 5 GBO Rdn 22) kann der Zuschreibungsantrag nicht von den Vermessungsbehörden beurkundet werden.

C. Zuständigkeitsregelung

Werden die Grundbücher der beteiligten Grundstücke von **verschiedenen** Grundbuchämtern geführt, so bedarf es im Gegensatz zur Regelung in § 5 GBO keiner Zuständigkeitsbestimmung, sondern zur Entscheidung über den Antrag und zur Weiterführung des Grundbuchs nach Vollzug der Zuschreibung ist

---

18 Meikel/*Böttcher*, § 6 Rn 20; *Schöner/Stöber*, Rn 657.
19 LG Aschaffenburg Rpfleger 1965, 369 mit zust. Anm. *Haegele*.
20 Meikel/*Böttcher*, § 6 Rn 18; Lemke/*Schneider*, § 6 Rn 29; *Meyer-Stolte*, RpflJB 1980, 339; *Brüggemann*, FamRZ 1990, 5; *ders.*, FamRZ 1990, 124.
21 Meikel/*Böttcher*, § 6 Rn 18; Hügel/*Kral*, § 6 Rn 17; *Schöner/Stöber*, Rn 658.
22 BayObLG NJW-RR 1991, 465.

das Grundbuchamt zuständig, das über das Hauptgrundstück das Grundbuch führt (zum damit verbundenen Zuständigkeitswechsel siehe § 25 GBV Rdn 2).

Wenn die beteiligten Grundbücher in die Geschäftsaufgabe **verschiedener Rechtspfleger** des gleichen Grundbuchamts fallen, entscheidet die Regelung in der Geschäftsverteilung.

D. Verfahren

23 Das grundbuchtechnische Verfahren ist in den §§ 6 Abs. 2, Abs. 5, Abs. 6b, c und Abs. 7 sowie 13 Abs. 1 und 3 GBV geregelt.

E. Wirkungen der Bestandteilszuschreibung
I. Grundsatz

24 Das zugeschriebene Grundstück wird nichtwesentlicher Bestandteil des **neuen, einheitlichen Grundstücks**.

II. Belastungserstreckung kraft Gesetzes

25 Grundpfandrechte, die am Hauptgrundstück lasten, erstrecken sich auch auf das Bestandteilsgrundstück, gehen aber den darauf bereits ruhenden Belastungen im Range nach, §§ 1131, 1192, 1199 BGB. Das gilt auch, wenn einem Erbbaurecht ein Grundstück zugeschrieben wird.[23] Belastungen auf dem Bestandteilsgrundstück erstrecken sich kraft Gesetzes nicht auf das Hauptgrundstück. Zur Vermeidung von Verwirrung muss eine Pfanderstreckung erfolgen.

Aus einem bisher auf beiden Grundstücken ruhenden Gesamtrecht wird ein Einzelrecht. Mit den Grundpfandrechten ergreifen auch die entsprechenden Vollstreckungsunterwerfungen (§ 800 ZPO) das Bestandteilsgrundstück.[24]

Besonderheiten sind zu beachten bei Grundschulden, die nach dem 20.8.2008 bestellt worden sind. Sie unterliegen insbes. den Besonderheiten des § 1193 BGB durch das Risikobegrenzungsgesetz vom 12.8.2008[25] (eingehend § 7 Einl. Rdn 59 ff.). Besteht am Hauptgrundstück eine vor diesem Zeitpunkt eingetragene Grundschuld, erstreckt sie sich mit ihrem bisherigen Inhalt auch auf das Bestandteilsgrundstück (Art. 229 § 18 Abs. 3 EGBGB).[26]

Vereinzelt wird die Ansicht vertreten, die Wirkung des § 1131 BGB ergreife auch **Reallasten**, da gem. § 1107 BGB auf die einzelnen Leistungen die für Hypothekenzinsen geltenden Vorschriften entsprechende Anwendung finden.[27] Die h.M. lehnt dies jedoch zu Recht ab.[28] Zwar finden auf die einzelnen Leistungen die für Hypothekenzinsen geltenden Vorschriften entsprechende Anwendung, dies kann aber nicht bedeuten, dass die Grundlage der Haftung für die Einzelleistungen eine andere ist, als für das Recht selbst.

Streitig ist, ob sich auch ein bei einem Grundpfandrecht am Hauptgrundstück eingetragener **Rangvorbehalt** auf das zugeschriebene Grundstück erstreckt.[29]

Der Rangvorbehalt ist sowohl ein Stück vorbehaltenen Eigentums wie auch eine Beschränkung des Gläubigerrechts. Wenn sich nach § 1131 BGB das auf dem Hauptgrundstück lastende Recht ausdehnt, so kann das Bestandteilsgrundstück von ihm nur in dem Umfang erfasst werden, in dem es besteht. Eine andere Auffassung würde bei Ausübung des Rangvorbehalts zu unterschiedlichen Belastungsverhältnissen an einem einheitlichen Grundstück führen, was rechtlich nicht möglich ist.

---

23 OLG Hamm DNotZ 1974, 94.
24 BayObLG BayObLGZ 1954, 258; Staudinger/*Wolfsteiner*, § 1131 Rn 10; Staudinger/*Gursky*, § 890 Rn 34; Meikel/*Böttcher*, § 6 Rn 49; *Schöner/Stöber*, Rn 652.
25 BGBl I 2008, S. 1666.
26 Meikel/*Böttcher*, § 6 Rn 50; Lemke/*Schneider*, § 6 Rn 53; eingehend *Böhringer*, Rpfleger 2009, 124, 131; *Bestelmeyer*, Rpfleger 2009, 377; *Dietz*, DNotZ 2010, 686; Besonderheit aber bei BGHZ 186, 28.
27 MüKo/*Joost*, § 1107 Rn 16; *Dietzel*, MittBayNotV 1956, 1.
28 Staudinger/*Wolfsteiner*, § 1131 Rn 7; Staudinger/*Gursky*, § 890 Rn 33; Meikel/*Böttcher*, § 6 Rn 51.
29 **Bejahend** Staudinger/*Gursky*, § 890 Rn 46; Meikel/*Böttcher*, § 6 Rn 50; *Demharter*, § 6 Rn 23; *Schöner/Stöber*, Rn 652; *Bleutge*, Rpfleger 1974, 387; **ablehnend** *Haegele*, Rpfleger 1975, 153, 158.

III. Belastungserstreckung durch Rechtsgeschäft

Soweit keine gesetzliche Erstreckung eintritt, kann eine rechtsgeschäftliche Belastungserstreckung vorgenommen werden. Dadurch entsteht **keine Gesamtbelastung**, auch bleibt das bisherige Rangverhältnis ohne besonderen Rangvermerk erhalten. Eine Vollstreckungsunterwerfung wird durch die rechtsgeschäftliche Belastungserstreckung nicht ausgedehnt. Gegebenenfalls wird zur Herstellung einheitlicher bzw. übersichtlicher Rangverhältnisse auch eine sog. **Rangregulierung** erforderlich werden (vgl. dazu § 45 GBO Rdn 37 ff.). Zum grundbuchtechnischen Vollzug der Pfänderstreckung siehe GBV (vgl. § 11 GBV Rdn 7). 26

F. Neubelastung

Neue Belastungen ergreifen das neugebildete einheitliche Grundstück; Belastungen der früheren Teile sind nur nach Maßgabe des § 7 GBO möglich. 27

G. Wiederaufhebung

Das oben Gesagte (vgl. § 5 GBO Rdn 26) gilt auch für die Wiederaufhebung einer Bestandteilszuschreibung entsprechend. 28

---

§ 6a [Erbbaurecht an mehreren Grundstücken]

(1) Dem Antrag auf Eintragung eines Erbbaurechts an mehreren Grundstücken oder Erbbaurechten soll unbeschadet des Satzes 2 nur entsprochen werden, wenn hinsichtlich der zu belastenden Grundstücke die Voraussetzungen des § 5 Abs. 2 Satz 1 vorliegen. Von diesen Erfordernissen soll nur abgewichen werden, wenn die zu belastenden Grundstücke nahe beieinander liegen und entweder das Erbbaurecht in Wohnungs- oder Teilerbbaurechte aufgeteilt werden soll oder Gegenstand des Erbbaurechts ein einheitliches Bauwerk oder ein Bauwerk mit dazugehörenden Nebenanlagen auf den zu belastenden Grundstücken ist; § 5 Abs. 2 Satz 3 findet entsprechende Anwendung. Im übrigen sind die Voraussetzungen des Satzes 2 glaubhaft zu machen; § 29 gilt hierfür nicht.

(2) Dem Antrag auf Eintragung eines Erbbaurechts soll nicht entsprochen werden, wenn das Erbbaurecht sowohl an einem Grundstück als auch an einem anderen Erbbaurecht bestellt werden soll.

A. Allgemeines	1	I. Einschränkung; Eintragungsverbot	2
B. Inhalt	2	II. Einschränkungen	4

A. Allgemeines

Die Vorschrift wurde durch das RegVBG vom 20.12.1993[1] eingefügt. Sie regelt die Voraussetzungen für die Eintragung von Gesamt- und Untererbbaurechten. Ob sie geeignet ist, die gegen solche Gestaltungen bestehenden grundsätzlichen Bedenken[2] auszuräumen, muss bezweifelt werden. Als gesetzgeberische Entscheidung für die uneingeschränkte Zulässigkeit der in ihr angesprochenen Rechtsformen ist sie wohl nicht zu verstehen.[3] Eine gleiche Frage stellt sich bei § 39 SachenRBerG, der unter bestimmten Voraussetzungen ein Gesamterbbaurecht und sogar ein Nachbarerbbaurecht zulässt.[4] 1

---

1 BGBl I 1993, S. 2182.
2 BGH DNotZ 1976, 369 (Gesamterbbaurecht); BGH NJW 1974, 1137 (Untererbbaurecht) = Grundsätzlich bejahend, jedoch mit Einschränkungen; *Weber*, MittRNotK 1965, 548; *Weitnauer*, DNotZ 1955, 336 (Untererbbaurecht); *Lutter*, DNotZ 1960, 80; *Rothoeft*, NJW 1974, 665 (Gesamtrecht).
3 Großzügig Lemke/*Schneider*, § 6 Rn 1; zum Meinungsstand Winkler/*Schlögel*, Rn 3.17.
4 Dazu Eickmann/*v. Schuckmann*, § 39 SachenRBerG Rn 10, 13 ff.

B. Inhalt

I. Einschränkung; Eintragungsverbot

2 § 6a Abs. 1 GBO stellt für die Eintragung eines Gesamt- oder eines Gesamtuntererbbaurechts einschränkende Voraussetzungen auf (siehe unten Rdn 4). Abs. 2 untersagt die Eintragung eines Erbbaurechts, wenn es an einem Grundstück und zugleich an einem Erbbaurecht bestellt ist (sog. Teiluntererbbaurecht).

3 Die Bestellung eines Gesamterbbaurechts erfolgt nach den allgemeinen Vorschriften des BGB und des ErbbauRG, insbesondere aber muss sich die Bebauung auf die belasteten Grundstücke erstrecken, mindestens hinsichtlich der Nebenflächen (§ 1 ErbbauRG). Das Erbbaurecht muss an allen Grundstücken die erste Rangstelle haben. Ein Gesamterbbaurecht entsteht nachträglich, wenn das belastete Grundstück nach § 7 GBO geteilt wird.[5] Ein Gesamterbbaurecht kann auch dadurch entstehen, dass ein bestehendes Erbbaurecht auf ein weiteres Grundstück erstreckt wird; dies wird als Inhaltsänderung i.S.d. § 877 BGB angesehen, kann aber auch als Neubegründung am weiteren Grundstück betrachtet werden.[6]

II. Einschränkungen

4 Ein Gesamt- oder Gesamtuntererbbaurecht darf nur eingetragen werden, wenn die betroffenen Grundstücke im selben Grundbuchamts- und Katasterbezirk liegen und unmittelbar aneinandergrenzen (§ 6a Abs. 1 S. 1 GBO unter Hinweis auf § 5 Abs. 2 S. 1 GBO).[7]

5 Ausnahmen sind, wie bei § 5 Abs. 2 GBO, zur Herbeiführung wirtschaftlich sinnvoller baulicher Gestaltungsformen zulässig. Voraussetzung dafür ist, dass die Grundstücke „nahe beieinander liegen". Dies ist wohl durch die Flurkarte alleine nicht nachzuweisen; „nahe" ist nach dem Sinnzusammenhang nicht räumlich einschränkbar, sondern nur aus der beabsichtigten Nutzung heraus erklärbar.[8] Der Antragsteller muss glaubhaft machen (Abs. 1 S. 2), dass die von ihm darzulegende Nutzung durch die räumliche Entfernung nicht ausgeschlossen ist. Das Grundbuchamt wird bei der Bewertung grundsätzlich einen großzügigen Maßstab auszulegen haben.

Ob Gegenstand des Erbbaurechts ein einheitliches Bauwerk oder ein Bauwerk mit dazugehörenden Nebenanlagen ist, beurteilt sich aufgrund einer wirtschaftlichen Betrachtungsweise. Dazu ist entsprechender Sachvortrag erforderlich, der glaubhaft (§ 294 ZPO) zu machen ist.

§ 7 [Abschreibung eines Grundstücksteils]

(1) Soll ein Grundstücksteil mit einem Recht belastet werden, so ist er von dem Grundstück abzuschreiben und als selbstständiges Grundstück einzutragen.

(2) Ist das Recht eine Dienstbarkeit, so kann die Abschreibung unterbleiben, wenn hiervon Verwirrung nicht zu besorgen ist. In diesem Fall soll ein von der für die Führung des Liegenschaftskatasters zuständigen Behörde erteilter beglaubigter Auszug aus der amtlichen Karte vorgelegt werden, in dem der belastete Grundstücksteil gekennzeichnet ist. Die Vorlage eines solchen Auszugs ist nicht erforderlich, wenn der Grundstücksteil im Liegenschaftskataster unter einer besonderen Nummer verzeichnet ist.

(3) Die Landesregierungen werden ermächtigt, durch Rechtsverordnung zu bestimmen, dass der nach Absatz 2 vorzulegende Auszug aus der amtlichen Karte der Beglaubigung nicht bedarf, wenn der Auszug maschinell hergestellt wird und ein ausreichender Schutz gegen die Vorlage von nicht von der zuständigen Behörde hergestellten oder von verfälschten Auszügen besteht. Satz 1 gilt entsprechend für andere Fälle, in denen dem Grundbuchamt Angaben aus dem amtlichen Verzeichnis zu übermitteln sind. Die Landesregierungen können die Ermächtigung durch Rechtsverordnung auf die Landesjustizverwaltungen übertragen.

---

5 BGHZ 65, 345; Lemke/*Schneider*, § 6a Rn 7.
6 Lemke/*Schneider*, § 6a Rn 9.
7 Lemke/*Schneider*, § 6a Rn 15 ff.
8 BayObLG Rpfleger 2004, 157.

A. Allgemeines	1	2. Belastung eines Miteigentumsanteils	25
I. Zulässigkeit der Teilung	1	3. Belastung eines Eigentumsbruchteils	27
II. Begriff der Teilung	2	4. Belastung eines Grundstückes bei Ausübungsbeschränkungen	36
1. Teilung im Rechtssinne	2	**C. Die Teilung auf ausdrücklichen Antrag**	37
2. Zerlegung	3	**D. Sonderfälle**	39
3. Belastungen des zu teilenden Grundstücks	4	I. Die Teilung eines Erbbaurechts	39
4. Teilung eines Erbbaurechts	5	II. Die Teilung bei Wohnungs- und Teileigentum	40
5. Grundstücksteilung bei Wohnungs- und Teileigentum	6	**E. Gesetzliche Teilungsverbote und Genehmigungserfordernisse**	45
6. Selbstständiges Gebäudeeigentum	7	I. Bundesrecht	45
B. Die notwendige Teilung	8	II. Landesrechtliche Vorschriften	48
I. Begriff	8	**F. Verfahren**	49
II. Die Veräußerung von Grundstücksteilen	9	**G. Wirkung**	50
III. Die Belastung von Grundstücksteilen	10		
1. Belastung eines realen Grundstücksteils	10		

A. Allgemeines

I. Zulässigkeit der Teilung

Im Gegensatz zur Vereinigung und zur Bestandteilszuschreibung bestehen keine ausdrücklichen materiell-rechtlichen Vorschriften für die Grundstücksteilung. Ihre Zulässigkeit ergibt sich aus § 903 BGB.[1] In weiteren Vorschriften zur Dienstbarkeit und zur Reallast setzt der Gesetzgeber die Zulässigkeit der Teil voraus (§§ 1025, 1108 BGB). Die Teilung eines Grundstücks in reale Grundstücksteile ist eine Verfügung über das Grundstück im sachenrechtlichen Sinne.[2]

Im öffentlichen Baurecht ist die Grundstücksteilung durch § 19 Abs. 1 BauGB wie folgt definiert:[3]

> Die Teilung eines Grundstücks ist die dem Grundbuchamt gegenüber abgegebene oder sonst wie erkennbar gemachte Erklärung des Eigentümers, dass ein Grundstücksteil grundbuchmäßig abgeschrieben und als selbstständiges Grundstück oder als ein Grundstück zusammen mit anderen Grundstücken oder mit Teilen anderer Grundstücke eingetragen werden soll.

§ 7 GBO regelt die verfahrensrechtlichen Voraussetzungen der Teilung eines Grundstücks. Die Vorschrift wurde durch das RegVBG vom 20.12.1993[4] geändert sowie hinsichtlich des Erfordernisses der Karte nach Abs. 2 und 3 durch das DaBaGG vom 1.10.2013.[5]

II. Begriff der Teilung

1. Teilung im Rechtssinne

Als Arten der Teilung sind zu unterscheiden:

- Die **notwendige Teilung**, die von Amts wegen vollzogen wird bei Veräußerung oder Belastung eines Grundstücksteiles (siehe unten Rdn 4),
- Die **Teilung** auf ausdrückliche **Erklärung** eines Eigentümers (siehe unten Rdn 37).

Eine **Grundstücksteilung im Rechtssinne liegt vor**

- wenn ein aus einem Flurstück bestehendes Grundstück derart geteilt wird, dass mehrere Grundstücke, je bestehend aus einem neuen Flurstück, entstehen;
- wenn von einem aus mehreren Flurstücken bestehenden Grundstück ein oder mehrere Flurstücke abgetrennt werden;
- wenn von einem Grundstück ein Zuflurstück abgetrennt wird.

---

1 KG NJW 1969, 470; OLG Hamm NJW 1974, 865; Staudinger/*Gursky*, § 890 Rn 52; Meikel/*Böttcher*, § 7 Rn 2; *Demharter*, § 7 Rn 2; Bauer/Schaub/*Maaß*, § 7 Rn 1.
2 BayObLG Rpfleger 1996, 333; so bereits Motive zum BGB, Bd. III S. 58.
3 § 19 BauGB i.d.F. v. 24.6.2004 (BGBl I S. 1359).
4 BGBl I 1993, S. 2182.
5 BGBl I 2013, S. 3719.

2. Zerlegung

3 **Keine Teilung** im Rechtssinn, sondern lediglich eine katastertechnische Zerlegung liegt vor, wenn das ein Grundstück bildende Flurstück in zwei Flurstücke vermessen wird, die jedoch beide nach wie vor ein einziges Grundstück im Rechtssinn bilden (dazu vgl. § 13 GBV Rdn 9).[6] Die reine Zerlegung wird zur Erhaltung der Übereinstimmung von Liegenschaftskataster und Grundbuch in das Bestandsverzeichnis des Grundbuchs übernommen, ohne dass damit rechtliche Veränderungen verbunden sind (siehe § 2 GBO Rdn 10 ff.; § 12c GBO Rdn 9 ff.).

3. Belastungen des zu teilenden Grundstücks

4 Ist das zu teilende Grundstück mit dinglichen Rechten belastet, bestimmt sich deren Schicksal bzw. die Frage der weiteren Belastung der Teilflächen nach materiellem Recht. Bei einer Dienstbarkeit ist insbesondere § 1026 BGB zu beachten, der aber die hinreichende Bestimmung des Ausübungsbereichs der Dienstbarkeit voraussetzt. Grundpfandrechte werden kraft Gesetzes zu Gesamtrechten.

Ist das Grundstück mit einem Erbbaurecht belastet, entsteht durch die Teilung ein Gesamterbbaurecht (§ 6a GBO).[7] Die Anwendung des § 1026 BGB ist nicht ausgeschlossen, setzt aber auch beim Erbbaurecht die Bestimmung des Ausübungsbereichs voraus.[8]

4. Teilung eines Erbbaurechts

5 Die Teilung eines Erbbaurechts ist nur zulässig, wenn das Erbbaurecht seinem Inhalt nach teilbar ist (dazu vgl. Rdn 39 ff.).[9] Ferner muss im gleichen Vorgang das belastete Grundstück entsprechend geteilt werden, damit nicht mehrere Erbbaurechte am selben Grundstück lasten, was mit § 10 ErbbauRG nicht vereinbar wäre.[10] Dies erfordert auch Zustimmung der dinglich Berechtigten am Erbbaurecht[11] sowie des Grundstückseigentümers nach § 26 ErbbauRG.[12] Dingliche Berechtigte des Grundstücks müssen weder der Teilung des Erbbaurechts noch zusammenhängend der des Grundstücks zustimmen.[13]

5. Grundstücksteilung bei Wohnungs- und Teileigentum

6 Ist das Grundstück in Wohnungs- und Teileigentum aufgeteilt, sind drei Arten von Teilung zu unterscheiden (dazu vgl. Rdn 40 ff.):

– Die abzuschreibende Teilfläche ist von Sondereigentum nicht betroffen (typischer Fall: Teilung und Veräußerung von Kleinflächen bei Erschließung und Straßenausbau): Die Teilung bedarf als Verfügung über Gemeinschaftseigentum der Mitwirkung aller Miteigentümer (bei i.d.R. erfolgter Veräußerung der Auflassungserklärung) und der Zustimmung dinglich Berechtigter nach § 876 S. 2 BGB (bei Veräußerung i.d.R. Pfandfreigabe der Grundpfandrechtsgläubiger).[14]

– Die abzuschreibende Teilfläche betrifft auch Sondereigentum (z.B. Garage auf abzuschreibender Teilfläche): Wegen der Veränderung von Sondereigentum bedarf diese Teilung der Einigung sämtlicher Miteigentümer nach § 4 WEG, die aber auch konkludent in der Veräußerung der Teilfläche gesehen werden kann.[15] Bei den verbleibenden Miteigentumsanteilen sowie dem verbleibenden Sondereigentum sind ggf. Änderungen vorzunehmen, damit die Summe der Miteigentumsanteile wieder ein Ganzes ergibt und hinsichtlich des verbleibenden Sondereigentums § 3 Abs. 2 WEG nicht verletzt wird.[16]

– Die abzuschreibende Teilfläche verbleibt im eigenen Besitz der Miteigentümer zu Bruchteilen (z.B. Teilung von Wohnungseigentum bei mehreren Gebäuden unter „Ausscheiden" eines Gebäudes aus

---

6 Lemke/*Schneider*, § 7 Rn 5 ff.
7 BGHZ 65, 345 = NJW 1976, 519 = Rpfleger 1976, 126.
8 *Demharter*, Anh § 8 Rn 13; Bauer/Schaub/*Maaß*, AT F Rn 30, 174.
9 BGH NJW 1974, 498; Bauer/Schaub/*Maaß*, AT F Rn 175; Winkler/*Schlögel*, Rn 5.163.
10 Bauer/Schaub/*Maaß*, AT F Rn 175; v. Oefele/Winkler, Rn 5.161.
11 **A.A.** Lemke/*Schneider*, § 7 Rn 13.
12 BGH NJW 1974, 498; OLG Neustadt NJW 1960, 1157; Bauer/Schaub/*Maaß*, AT F Rn 175; Winkler/*Schlögel*, Rn 5.165; Lemke/*Schneider*, § 7 Rn 12.
13 Meikel/*Böttcher*, § 7 Rn 101; Staudinger/*Rapp*, § 11 ErbbauRG Rn 16; Schöner/Stöber, Rn 1851; Lemke/*Schneider*, § 7 Rn 13; a.A. Bauer/Schaub/*Maaß*, AT F Rn 176; Winkler/*Schlögel*, Rn 5.172.
14 Eingehend Riecke/Schmid/*Schneider*, § 6 WEG Rn 27 ff.
15 Bauer/Schaub/*Schneider*, AT E Rn 385; *Böttcher*, BWNotZ 1996, 80.
16 Eingehend Riecke/Schmid/*Schneider*, § 6 WEG Rn 36 ff.

dem Wohnungseigentum): In diesem Fall liegt eine Inhaltsänderung des Wohnungs- und Teileigentums vor, sie erfordert Einigung aller Miteigentümer nach § 4 WEG.[17] Die abzuschreibende Fläche muss nicht unbebaut sein, maßgebend ist allein, ob hieran weiterhin Sondereigentum bestehen soll oder nicht.[18]

Änderungen innerhalb des Wohnungs- und Teileigentums, etwa Unterteilungen oder Zuordnung von Räumen zu einem anderen Wohnungseigentum, sind nicht Teilungen im Sinne des § 7 GBO. Soll ein mit einem Doppelhaus bebautes Grundstück, das bisher in Wohnungseigentum aufgeteilt war, in zwei getrennte Grundstücke umgewandelt werden, bedarf es zunächst der Aufhebung des Sondereigentums nach § 4 WEG. Die Belastungen der Miteigentumsanteile erstrecken sich daher vorübergehend auf das gesamte Grundstück. Die Realteilung des Grundstücks ist erst nach Aufhebung des Sondereigentums möglich.[19]

6. Selbstständiges Gebäudeeigentum

Selbstständiges Gebäudeeigentum im Beitrittsgebiet (siehe § 3 Einl. Rdn 227 ff.) ist wie Grundstückseigentum zu behandeln. Es kann daher zusammen mit einem zugrundeliegenden Nutzungsrecht geteilt werden (§ 14 Abs. 3 GGV).[20] Ebenso kann das mit dem Gebäudeeigentum belastete Grundstück geteilt werden, Nutzungsrecht und Gebäudeeigentum setzen sich an den Teilgrundstücken fort (§ 14 Abs. 4 GGV).

7

B. Die notwendige Teilung

I. Begriff

Die Teilung ist von Amts wegen zu vollziehen, wenn ein Grundstücksteil veräußert oder belastet wird, § 7 Abs. 1 GBO. Diese Vorschrift steht auf den ersten Blick in einem gewissen Gegensatz zu § 5 GBO, sie steht aber auch in Kongruenz dazu. § 5 GBO gestattet die Vereinigung mehrerer verschieden belasteter Grundstücke zu einem einheitlichen Grundstück, sofern dadurch keine Verwirrung herbeigeführt wird; § 7 Abs. 1 GBO verbietet die gesonderte Belastung eines Grundstücksteiles. Auf die Verwirrung nimmt erst Abs. 2 bezüglich der Belastung mit Dienstbarkeiten Bezug, in dem er anordnet, dass hier eine Teilung unterbleiben kann. Im Unterschied zu § 7 GBO betrifft § 5 GBO die Belastung eines Grundstücksteils, der früher auch buchmäßig selbstständig war und dessen Abgrenzung auch weiterhin buchmäßig deutlich erkennbar bleiben soll. Schließlich besteht in diesem Fall mehr Verwirrungsgefahr als bei der Teilung eines belasteten Grundstücks, das bereits belastet ist.

8

II. Die Veräußerung von Grundstücksteilen

Soll ein Grundstücksteil veräußert werden, ist er **grundbuchmäßig zu verselbstständigen** und auf ein neues Blatt zu übertragen. Die Teilung wird von Amts wegen vorgenommen, sie bedarf nicht des sonst notwendigen Antrages des Eigentümers.[21]

9

Die **Anlegung eines neuen Blattes unterbleibt**, wenn der Erwerber die Ausbuchung beantragt, weil er dem Buchungszwang nicht unterliegt.

III. Die Belastung von Grundstücksteilen

1. Belastung eines realen Grundstücksteils

Wird ein realer Grundstücksteil mit **Grundpfandrechten, Erbbaurechten, Vorkaufsrechten, Reallasten, Dauerwohn- bzw. Dauernutzungsrechten** nach § 31 WEG belastet,[22] so ist dieser Teil **grundbuch-**

10

---

17 OLG Frankfurt/M. Rpfleger 1990, 292; Bauer/Schaub/*Schneider*, AT E Rn 387; *Schöner/Stöber*, Grundbuchrecht, Rn 2983.
18 In diesem Sinne Lemke/*Schneider*, § 7 Rn 19; a.A. wohl Hügel/*Kral*, § 7 Rn 13.
19 OLG Frankfurt/M. DNotZ 2000, 778.
20 Eingehend *Böhringer*, DtZ 1996, 290.

21 BayObLG BayObLGZ 1956, 476 = DNotZ 1958, 393; OLG Frankfurt DNotZ 1962, 256. Wegen der genauen Bezeichnung des Teiles vgl. BGH Rpfleger 1969, 44 u. BGH DNotZ 2002, 937.
22 Bauer/Schaub/*Maaß*, § 7 Rn 25; Lemke/*Schneider*, § 7 Rn 56.

mäßig zu verselbstständigen, d.h. er ist nach Teilung als ein selbstständiges Grundstück einzutragen. Das Gleiche gilt, wenn ein solches Recht an dem realen Grundstücksteil gelöscht werden soll. § 7 GBO ist ferner entsprechend anzuwenden, wenn eine Vorrangseinräumung oder eine Inhaltsänderung bei den genannten Rechten unter Beschränkung auf einen realen Teil eingetragen werden soll.[23]

11 § 7 findet keine Anwendung, wenn eine Belastung zwar das ganze Grundstück ergreifen soll, die Ausübung des Rechts jedoch auf einen Grundstücksteil beschränkt wird (dazu siehe unten Rdn 36 ff.).

12 Soll ein realer Grundstücksteil mit einer **Dienstbarkeit** belastet werden, so kann die **Abschreibung unterbleiben**, wenn Verwirrung nicht zu besorgen ist und der belastete Teil durch beglaubigten Auszug aus der amtlichen Karte eindeutig bezeichnet ist (§ 7 Abs. 2 S. 2 GBO).[24] Der Wortlaut des Abs. 2 S. 2 ist durch das DaBaGG vom 1.10.2013[25] geändert und an **§ 2 Abs. 3 GBO angepasst** worden.[26] Die **Karte ist unerlässlich**, weil nur sie überhaupt den Umfang der Belastung verlautbart. Ein Verzicht auf die Karte wäre ein Verstoß gegen den Bestimmtheitsgrundsatz.[27] Die Ermächtigung des Abs. 3, die ebenfalls durch das DaBaGG vom 1.10.2013[28] eingefügt wurde, entbindet nicht von der Vorlage der amtlichen Karte sondern nur vom Erfordernis der Beglaubigung, wenn der Auszug maschinell hergestellt wird und ausreichend Fälschungsschutz besteht.

13 Der Grund für die Ausnahme, die vornehmlich für die Eintragung von Dienstbarkeiten bedeutsam ist, liegt darin, dass diese Rechte am Rechtsverkehr nicht in dem Maße teilnehmen wie die anderen dinglichen Rechte und daher das Bedürfnis für eine grundbuchmäßig so scharfe Umgrenzung, wie sie Abs. 1 vorsieht, nicht als gegeben angesehen wird.

14 Ein Kartenauszug ist nicht erforderlich, wenn die belastete Teilfläche bereits in einem Flurstück besteht (Abs. 2 S. 3).[29] Dies gilt jedoch nur für die Belastung nach Abs. 2, also mit einer Dienstbarkeit; bei Grundpfandrechten und Reallasten (dazu vgl. Rdn 16, 36) ist stets Teilung nach Abs. 1 erforderlich.

15 Der Auszug aus der amtlichen Karte ist Teil der Eintragungsbewilligung und muss mit dieser nach § 44 BeurkG verbunden sein. Ob bei der Grundbucheintragung ausdrücklich auf die Karte hinzuweisen ist, mag Geschmackssache sein. Ein entsprechender Vermerk kann etwa lauten:

> Muster:
>
> *auf dem Teil des Grundstücks, der in der der Eintragungsbewilligung beigehefteten Karte rot schraffiert ist ...*

16 Zu unterscheiden ist § 7 Abs. 2 GBO von dem Fall, dass nicht ein realer Grundstücksteil belastet wird, sondern das ganze Grundstück, wobei lediglich die Ausübung des Rechts auf einen Teil des Grundstücks beschränkt ist (siehe unten Rdn 36).

17 Besteht die Belastung in einer **Reallast**, gilt Abs. 1. § 7 Abs. 2 S. 1 wurde durch das DaBaGG vom 1.10.2013[30] dahin geändert, dass die Worte „oder eine Reallast" gestrichen wurden. Der Gesetzgeber klärte hiermit die Frage, ob und wie bei der Belastung einer Teilfläche mit einer Reallast eine Teilung mangels Verwirrung unterbleiben könne. Die früher h.M.[31] ließ Abs. 2 bei der Reallast nur gelten, wenn die belastete Teilfläche selbst bereits in einem Flurstück bestand. Durch die Streichung der Reallast aus Abs. 2 ist dies nun obsolet, es gilt Abs. 1, das Grundstück ist in jedem Fall zu teilen. Durch die Änderung des Abs. 1 S. 1 bewahrheiten sich in besonderer Weise die Worte *Julius Hermman von Kirchmanns* aus dem Jahre 1848:[32] *„Drei berichtigende Worte des Gesetzgebers und ganze Bibliotheken werden zur Makulatur."*

---

23 Meikel/*Böttcher*, § 7 Rn 44.
24 OLG Köln FGPrax 2012, 102 = Rpfleger 2012, 432.
25 BGBl I 2013, S. 3719.
26 BT-Drucks 17/12635, S. 22.
27 Allgemein zur Bestimmtheit der Teilfläche RGZ 101, 120; *Demharter*, § 7 Rn 33.
28 BGBl I 2013, S. 3719.
29 Hügel/*Kral*, § 7 Rn 41.
30 BGBl I 2013, S. 3719.
31 Meikel/*Böttcher*, § 7 Rn 34; Bauer/Schaub/*Maaß*, § 7 Rn 33; Lemke/*Schneider*, § 7 Rn 66.
32 *Kirchmann*, Die Wertlosigkeit der Jurisprudenz als Wissenschaft, Berlin, 1848, S. 23; als Vortrag gehalten vor der juristischen Gesellschaft zu Berlin im Spätherbst 1847.

§ 7 GBO ist unanwendbar auf die Eintragung von **Vormerkungen, Widersprüchen und Verfügungsbeeinträchtigungen**. Diese können auch **ohne vorgängige grundbuchmäßige Verselbstständigung und Abschreibung** des betreffenden Grundstücksteiles eingetragen werden.[33] Praktisch relevant ist dies bei der Auflassungsvormerkung im Rahmen der Veräußerung einer nicht vermessenen Teilfläche. Erforderlich ist hier, dass sich die Teilfläche nach Lage und Größe in einer den Verkehrsbedürfnissen entsprechenden Weise aus der Eintragungsbewilligung zweifelsfrei ergibt.[34]

18

Es mag dahingestellt bleiben, ob die dafür angeführten Gründe zutreffen, dass es sich hierbei nicht um „Rechte" i.S. des § 7 GBO, jedenfalls nicht um endgültige Belastungen, handele; durchschlagend dürfte die Erwägung sein, dass die Eintragung dieser Vermerke, wenn sie ihren Zweck der Sicherung erreichen sollen, häufig sehr schnell erfolgen muss, was durch das Erfordernis vorheriger Abschreibung meist vereitelt würde.

19

Das Gleiche gilt für Verfügungsbeschränkungen, die nur einen Grundstücksteil betreffen.[35]

20

In allen Fällen muss der von der Eintragung betroffene **Grundstücksteil** so **deutlich bezeichnet** werden, dass ein Zweifel am Umfang des Rechts ausgeschlossen ist.[36] Bei der Eintragung von Auflassungsvormerkungen ist die Beibringung von Katasterunterlagen nicht erforderlich. Genügen kann neben einer genauen Bezeichnung der verkauften Teilfläche durch Angabe von Merkmalen in der Natur oder durch eine gem. § 9 Abs. 1 S. 3 BeurkG in Bezug genommene Lageplanskizze[37] auch die Bezugnahme auf einen vorhandenen, aber noch nicht zum Vollzug vorgelegten Veränderungsnachweis. Die bloße Größenangabe genügt nicht.

21

Davon zu unterscheiden sind die Fälle, in denen die örtliche Lage des verkauften oder sonst geschuldeten Grundstücksteiles noch nicht feststeht. Ist im schuldrechtlichen Vertrag einer Vertragspartei oder einem Dritten zulässigerweise (§§ 315, 317 BGB)[38] die abschließende Bestimmung (Festlegung) der betroffenen Teilfläche zugewiesen, so kann für diesen Anspruch eine Auflassungsvormerkung auch schon vor Festlegung der betroffenen Fläche eingetragen werden.[39]

22

Zweckmäßig erscheint die Formulierung:

23

„Auflassungsvormerkung bezüglich einer noch zu bestimmenden Teilfläche ..."

Anders ist die Rechtslage dann, wenn ohne Zuweisung des Geländebestimmungsrechts an einen Vertragsteil oder an einen Dritten der Grundstücksteil nur mit dem Flächenmaß bezeichnet wird. In einem solchen Fall ist mangels Bestimmbarkeit des Leistungsgegenstandes ein Anspruch nicht entstanden, eine Auflassungsvormerkung ist nicht eintragbar.

24

2. Belastung eines Miteigentumsanteils

Der Anteil eines Miteigentümers kann belastet werden mit einem **Nießbrauch** (§ 1066 Abs. 1 BGB), einem **Vorkaufsrecht** (§ 1095 BGB), einer **Reallast** (§ 1106 BGB) und einer **Hypothek, Grund- oder Rentenschuld** (§§ 1114, 1192, 1199 BGB). In diesen Fällen ist § 7 GBO nicht anwendbar.[40] Zur Form der Eintragung siehe § 10 GBV Rdn 3; § 11 GBV Rdn 3. Zur Eintragung einer **Benutzungsregelung** gem. § 1010 BGB siehe § 10 GBV Rdn 34.

25

Bei einer **Wohnungseigentumsberechtigung** (Miteigentumsanteil, verbunden mit Sondereigentum) muss darüber hinaus die Belastung mit einer Dienstbarkeit, insbesondere einem dinglichen Wohnungsrecht, zulässig sein, sofern sich die Ausübung des Rechts auf das einzelne Sondereigentum bezieht.[41]

26

---

33 BGH NJW 1072, 2270; KG KGJ 29, 135; RG HRR 34 Nr. 1222; KG JW 1937, 110; DR 1941, 2169; BayObLGZ 1956, 408 = Rpfleger 1957, 48; BayObLGZ 1959, 332 = Rpfleger 1960, 400.
34 BGH DNotZ 2000, 121; BGHZ 150, 334 = NJW 2002, 2247; BayObLG Rpfleger 1981, 232; BayObLG DNotZ 1983, 440 = Rpfleger 1982, 17.
35 Meikel/*Böttcher*, § 7 Rn 35; *Demharter*, § 7 Rn 25.
36 KG KGJ 1929, 135; BayObLG Rpfleger 1981, 232; BayObLG Rpfleger 1982, 17; BayObLG Rpfleger 1998, 241; Meikel/*Böttcher*, § 7 Rn 50 ff.
37 RG DNotZ 1934, 867; BGH DNotZ 2000, 121; BayObLG Rpfleger 1981, 232.
38 RGZ 165, 163; BGH Rpfleger 1969, 44 = DNotZ 1969, 286.
39 BayObLG Rpfleger 1974, 65 = DNotZ 1974, 174; siehe auch BayObLG MittBayNot 1983, 119; OLG Köln Rpfleger 1993, 349; BayObLG Rpfleger 1998, 241; *Stumpp*, Rpfleger 1973, 389.
40 Dazu auch eingehend Lemke/*Schneider*, § 7 Rn 75 ff.
41 BGHZ 107, 289 = DNotZ 1990, 493 m. Anm. *Amann*; KG DNotZ 1968, 750; BayObLG Rfpleger 1988, 62; Meikel/*Böttcher*, § 7 Rn 60; *Schöner/Stöber*, Grundbuchrecht, Rn 2952; *Meyer-Stolte*, Rpfleger 1981, 472, 473 m.w.N.

3. Belastung eines Eigentumsbruchteils

27 Es ist **grundsätzlich ausgeschlossen**, den Bruchteil eines Alleineigentümers zu belasten, denn bei Alleineigentum gibt es keinen Bruchteil.[42] Gleiches gilt für einen Anteil an einer Gesamthandsgemeinschaft, weil hier kein Anteil am einzelnen Gegenstand vorliegt.

Literatur und Rechtsprechung haben folgende **Ausnahmen** anerkannt:

28 Ein **Nießbrauch** kann auch an Bruchteilen bestellt werden, die nicht im Anteil eines Miteigentümers stehen.[43]

29 Wenn das Alleineigentum durch den **Hinzuerwerb eines Miteigentumsanteiles** entstanden ist, kann eine **Hypothek** oder eine Vormerkung auf diesen (früheren Miteigentums-)Anteil erstreckt oder neu eingetragen werden.[44]

30 Bei der **Versteigerung eines Miteigentumsanteiles** ist die Sicherungshypothek nach § 128 ZVG auch dann an dem versteigerten Anteil einzutragen, wenn der Ersteher nunmehr Alleineigentümer ist.[45]

31 Ist ein früherer Bruchteil durch den nunmehrigen Alleineigentümer anfechtbar erworben (§ 7 AnfG), so kann noch nach wirksamer Anfechtung auf dem Bruchteil wirksam eine **Zwangshypothek** eingetragen werden.[46]

32 Erwirbt ein Bruchteilseigentümer den Restbruchteil als **Vorerbe**, kann er den schon bisher ihm zustehenden Bruchteil gesondert mit einem Grundpfandrecht belasten.[47]

33 Für den Gläubiger eines **Vermögensübergebers** (§ 419 BGB a.F.) konnte vor der Aufhebung der Norm (Art. 33 Nr. 16 EGInsO) auf einem übergebenen Bruchteil eine Zwangshypothek eingetragen werden, auch wenn der Vermögensübernehmer nunmehr Alleineigentümer war.[48]

34 Ausnahmen können sich weiter durch die Regeln über den **gutgläubigen Erwerb** ergeben.[49]

35 Sind **Anteile an einem Grundstück** gem. § 3 Abs. 5 GBO **auf das Grundbuchblatt des herrschenden Grundstücks übertragen** worden, so haben sie dadurch eine Verselbständigung erfahren, die es gestattet, jeden von mehreren (noch) demselben Eigentümer gehörenden Anteilen getrennt mit Grundpfandrechten zu belasten oder von diesen freizugeben (zur Formulierung solcher Eintragungen siehe § 11 GBV Rdn 3).

4. Belastung eines Grundstückes bei Ausübungsbeschränkungen

36 Soll eine Belastung zwar das ganze Grundstück ergreifen, die Ausübung des Rechts jedoch auf einen (realen) Grundstücksteil beschränkt bleiben, so ist § 7 GBO gleichfalls nicht anwendbar.[50] Eine **Belastung in dieser Form ist möglich**

- bei Dienstbarkeiten[51] und auch beim Nießbrauch;
- beim Vorkaufsrecht;[52]
- beim Erbbaurecht.[53]

Der Teil des Grundstücks, der der Ausübung des Rechtes unterliegen soll, ist in der Eintragungsbewilligung genau zu bezeichnen.[54] Dabei genügt es, wenn der der Ausübung unterliegende Teil in einer gem. § 9 Abs. 1 S. 3 BeurkG in Bezug genommenen und gem. § 44 BeurkG verbundenen Karte oder

---

42 RGZ 88, 26; BGH Rpfleger 1968, 114.
43 KG JFG 13, 447; BayObLGZ 1930, 342; MüKo/*Pohlmann*, BGB, § 1030 Rn 34; Staudinger/*Heinze*, BGB, § 1030 Rn 22.
44 RGZ 68, 81; KG KGJ 36, 237; Vormerkung: BayObLG Rpfleger2005, 78; zweifelhaft ist u.U. die Neubelastung, dazu Staudinger/*Wolfsteiner*, BGB, § 1114 Rn 18.
45 RGZ 94, 154; KG JW 1933, 627; *Eickmann/Böttcher*, Zwangsversteigerungs- und Zwangsverwaltungsrecht, § 22 II 2.
46 KG HRR 1931, 1709; Staudinger/*Wolfsteiner*, BGB, § 1114 Rn 21.
47 BayObLGZ 1968, 151 = Rpfleger 1968, 221; *Wolff/Raiser*, Sachenrecht, § 133 I Fn 2. Vgl. dazu auch *Haegele*, Rpfleger 1970, 283, 286.
48 OLG Jena JW 1935, 3647.
49 Beispiele RG LZ 1929, 838; vgl. OLG Hamm DNotZ 1954, 256 m. Anm. *Hoche*.
50 Lemke/*Schneider*, § 7 Rn 74 ff.
51 BGH DNotZ 1969, 486 = Rpfleger 1969, 128; BGH ZfIR 2002, 545 (Wohnungsrecht); OLG Hamm JMBl. NRW 61, 276; OLG Hamm OLGZ 1981, 272; OLG Bremen NJW 1965, 2403; Staudinger/*Weber*, BGB, § 1023 Rn 9 ff.
52 OLG Dresden OLG 4, 76; BayObLG NJW-RR 1998, 86.
53 OLG München DNotZ 1944, 179; BayObLGZ 1957, 221 = DNotZ 1958, 409; OLG Frankfurt DNotZ 1967, 690; BayObLG Rpfleger 1984, 313; vgl. auch BGH DNotZ 1969, 486 = Rpfleger 1969, 128; KG Rpfleger 1969, 128; Staudinger/*Rapp*, BGB, § 1 ErbbauRG Rn 16.
54 BGH Rpfleger 1982, 16; BGH Rpfleger 1984, 227; BayObLG MittBayNot 1968, 85 und 215; BayObLG DNotZ 1989, 165; *Böttcher*, Rpfleger 1984, 227, 229.

Skizze bezeichnet ist. Alle Kennzeichnungsunterlagen müssen dem Grundbuchamt vorgelegt werden; die Bezugnahme auf Behördenakten (Bauakten) o.Ä. genügt wegen des Beibringungsgrundsatzes nicht.

C. Die Teilung auf ausdrücklichen Antrag

Wenn der Eigentümer sein Grundstück **rechtlich teilen** will, ohne dass die Veräußerung oder gesonderte Belastung eines Teiles beabsichtigt ist, setzt dies im Gegensatz zu den von Amts wegen durchzuführenden Teilungen, die oben (vgl. Rdn 2 ff.) dargestellt sind, eine darauf gerichtete materiell-rechtliche Erklärung, verfahrensrechtlich einen entsprechenden Antrag voraus. 37

Für den Vollzug einer **rein katastertechnischen Teilung** im eigenen Besitz bedarf es keiner Zustimmung des Eigentümers, weil es sich dabei um eine rein buchungstechnische Maßnahme handelt. 38

D. Sonderfälle
I. Die Teilung eines Erbbaurechts

Sie ist nur dann möglich, wenn der Erbbauberechtigte mehrere Bauwerke auf dem belasteten Grundstück haben darf und auch hat und wenn nach der Teilung auf jedem neuen Grundstück ein selbstständiges Bauwerk besteht.[55] 39

Ein **Ausschluss der Teilung** kann mit dinglicher Wirkung nicht vereinbart werden, auch eine Bindung an die Zustimmung des Eigentümers (§ 5 ErbbauRG) ist nicht möglich.[56] Die Teilung setzt zunächst die Teilung des mit dem Erbbaurecht belasteten Grundstücks voraus (dazu vgl. auch oben Rdn 5).[57]

Erforderlich ist die Teilungserklärung des Erbbauberechtigten gem. § 875 BGB, sie stellt eine teilweise Aufhebung des alten Erbbaurechts dar und bedarf deshalb der **Zustimmung des Grundstückseigentümers** und der am Erbbaurecht dinglich Berechtigten.[58] Eine zusätzliche **Enthaftungserklärung** des Erbbauberechtigten für jedes Teilgrundstück hinsichtlich des nicht mehr darauf ruhenden Teils des Erbbaurechts ist nicht erforderlich, da diese Erklärung in der Teilungserklärung mitenthalten ist.[59] Zum **technischen Vollzug** siehe § 10 GBV Rdn 8 ff.

II. Die Teilung bei Wohnungs- und Teileigentum

Eine **Teilung des** mit einem bestimmten Sondereigentum verbundenen **Miteigentumsanteils** an einem Grundstück (Wohnungseigentum) ist denkbar, 40

1. dergestalt, dass aus einer bisher einzigen Raumeinheit (Eigentumswohnung) mehrere gebildet werden und gleichzeitig der Miteigentumsanteil geteilt wird („**gemischt real-ideelle Aufteilung**"),
2. dass das Wohnungseigentums bei ungeteilt bleibender Raumeinheit (Wohnung) in mehrere ideelle, nach Quoten abgegrenzte Teilrechte aufgeteilt wird („**ideelle Aufteilung**"),
3. dass die Wohnungs- bzw. Teileigentümer den Gegenstand des Sondereigentums nachträglich verändern, ohne dass sich die Miteigentumsanteile ändern („**reale Aufteilung**"),
4. dass bei unverändertem Sondereigentum die Miteigentumsanteile insgesamt neu aufgeteilt werden („**Quotenberichtigung**").

---

[55] BGH DNotZ 1974, 441; *Weber*, MittRhNotK 1965, 567; *Haegele*, Rpfleger 1967, 279, 283.
[56] *Haegele*, Rpfleger 1967, 279, 283; *Hauschild*, Rpfleger 1954, 601; *Kehrer*, BWNotZ 1955, 194; a.A. teilw. *Schulte*, BWNotZ 1961, 315.
[57] KG KGJ 51, 228; OLG Hamm Rpfleger 1955, 232; LG Kassel Rpfleger 1955, 230; OLG Neustadt Rpfleger 1961, 152; BayObLG BayObLGZ 1961, 32; *Huber*, NJW 1952, 690; *Rohloff*, Rpfleger 1954, 83; *Oberst*, MittBayNotV 1956, 206; a.A. *Hauschild*, Rpfleger 1954, 601; *Kehrer*, BWNotZ 1955, 194; *Weitnauer*, DNotZ 1955, 355.
[58] BGH DNotZ 1974, 441 = Rpfleger 1974, 147; OLG Neustadt DNotZ 1960, 385; LG Kassel Rpfleger 1955, 230;
Meikel/*Böttcher*, § 7 Rn 112; Grüneberg/*Herrler*, BGB § 11 ErbbauRG Rn 4; a.A. *Huber*, NJW 1952, 687 und *Lutter*, DNotZ 1960, 89, 94.
[59] *Lutter*, DNotZ 1960, 91; Grüneberg/*Herrler*, BGB, § 11 ErbbauRG Rn 4; Meikel/*Böttcher*, § 7 Rn 115; MüKo/*Heinemann*, BGB, § 11 ErbbauRG Rn 31; Schöner/*Stöber*, Grundbuchrecht, Rn 1852; a.A. Staudinger/*Rapp*, BGB, § 11 ErbbauRG Rn 16; Ingenstau/Hustedt, § 11 ErbbauRG Rn 127; *Muttray*, Rpfleger 1955, 217; *Rohloff*, Rpfleger 1954, 83, 85; *Haegele*, Rpfleger 1967, 283, 284 – siehe dort in Fn 49, 50 w. Nachw.

41 **Zu 1.:** Die **gemischt real-ideelle Aufteilung** ist möglich zum Zwecke der Veräußerung einer des neu geschaffenen Wohnungseigentums, aber auch dann, wenn die neugebildeten Berechtigungen in der Hand des bisherigen Wohnungseigentümers verbleiben sollen (Vorratsteilung).[60]

Die Aufteilung ist eine Verfügung über das zu teilende Wohnungseigentum, weil dessen Inhalt verändert wird. Liegt eine Vorratsteilung vor, so wird eine einseitige Erklärung des Wohnungseigentümers gegenüber dem Grundbuchamt entsprechend § 8 WEG erforderlich; bei gleichzeitiger Veräußerung eines der neugeschaffenen Wohnungseigentumsrechte wird die Teilung durch den Veräußerungsvertrag bewirkt.

Fraglich ist, ob zur Verteilung als solcher die **Zustimmung der anderen Wohnungseigentümer oder eines Dritten** notwendig ist. Dazu wird ausgeführt, dass durch die Aufnahme neuer Wohnungseigentümer eine Änderung der Stimmenzahl (§ 25 Abs. 2 S. 1 WEG) und eine Änderung des Stimmverhältnisses (§ 18 Abs. 3 WEG) herbeigeführt werde; die Teilung sei daher ein im Wege der Inhaltsänderung vorgenommener Eingriff in den durch die Satzung geschaffenen Status der Eigentümergemeinschaft.[61] Diese Gründe greifen jedoch allenfalls durch, wenn das durch Teilung neugeschaffene Wohnungseigentum veräußert wird, da jeder Wohnungseigentümer ohne Rücksicht auf die Zahl der ihm gehörenden Wohnungseigentumsrechte nur einmal zählt. Deshalb besteht kein Anlass, schon für die Teilung als solche eine Zustimmung zu verlangen.[62]

Die Gemeinschaftsordnung kann jedoch entsprechend § 12 WEG ausdrücklich vorsehen, dass die Veräußerung nach Teilung oder auch schon die Teilung selbst der Zustimmung bedürfen. Zur grundbuchtechnischen Behandlung siehe § 3 WGV Rdn 1 ff.).

42 **Zu 2.:** Da nach allgemeinem bürgerlichen Recht sowohl Alleineigentum als auch gewöhnliches Miteigentum ideell teilbar sind, kann auch das aus Allein- und Miteigentum zusammengesetzte Wohnungseigentum **ideell aufgeteilt** werden.[63] Sie setzt jedoch stets die Übertragung eines Bruchteils an eine andere Person voraus. Auch hier bedarf die Teilung als solche nicht der Zustimmung der anderen Wohnungseigentümer; evtl. aber der Zustimmung dinglich Berechtigter, die zum Besitz berechtigt sind.[64] Zum grundbuchtechnischen Vollzug siehe § 3 WGV Rdn 1 ff.

43 **Zu 3.:** Die Wohnungs- bzw. Teileigentümer können durch eine nachträgliche Regelung nach § 5 Abs. 3 WEG den **Gegenstand des Sondereigentums** dergestalt **ändern**, dass Teile des bisherigen Sondereigentums zu gemeinschaftlichem Eigentum erklärt werden. Die Zustimmung nicht beteiligter anderer Wohnungseigentümer oder des Verwalters ist nicht erforderlich, wohl aber die Zustimmung dinglich Berechtigter am geänderten Sondereigentum.[65] Zu den erforderlichen Erklärungen und zum grundbuchtechnischen Vollzug siehe § 3 WGV Rdn 11. Der Gegenstand des Sondereigentums kann sich auch durch Neuerrichtung oder Umbau von Räumen etc. verändern.

44 **Zu 4.:** Die Miteigentümer können – ohne dass beim jeweiligen Sondereigentum Änderungen eintreten – ihre **Miteigentumsanteile verkleinern oder vergrößern**.[66] **Voraussetzungen** dafür sind

– Änderungsvereinbarung der Beteiligten
– Teilauflassung hinsichtlich der neu zu erwerbenden (zu veräußernden) Teile (= Anteile)
– Zustimmung der dinglichen Berechtigten am betroffenen Anteil, nicht aber derjenigen, die das gesamte Objekt belasten, für die Verkleinerung von Anteilen bzw. Feststellung der Unschädlichkeit.

Auch hier keine Zustimmung nicht beteiligter Miteigentümer, wohl aber des Verwalters, sofern eine Vereinbarung nach § 12 WEG besteht. Zum grundbuchtechnischen Vollzug siehe § 3 WGV Rdn 11 ff.

---

60 BGHZ 49, 250 = Rpfleger 1968, 114.
61 *Karstädt*, SchlHAnz 1967, 323, 325.
62 BGHZ 49, 250; BayObLG Rpfleger 1977, 140; OLG Schleswig MDR 1965, 16; OLG Braunschweig MDR 1976, 1023.
63 BGHZ 49, 250 = Rpfleger 1968, 114; OLG Neustadt NJW 1960, 295.
64 BayObLG Rpfleger 1977, 140; *Streuer*, Rpfleger 1992, 184. Wegen der Stimmrechtsvermehrung (vgl. OLG Celle DNotZ-Rep. 2004, 138; OLG Zweibrücken NJW-RR 1986, 181) könnten die Rechte anderer WEigent. berührt sein, siehe aber Meikel/*Böttcher*, § 7 Rn 123.
65 BayObLG DNotZ 1999, 210; *Schöner/Stöber*, Grundbuchrecht, Rn 2968; OLG Celle Rpfleger 1974, 267; *Tasche*, DNotZ 1972, 710; Meikel/*Böttcher*, § 7 Rn 140; *Röll*, Rpfleger 1976, 283, 285.
66 BayObLG Rpfleger 1959, 277 = DNotZ 1959, 40 u. Rpfleger 1976, 352; BayObLG Rpfleger 1984, 268 u. 1993, 444; OLG Neustadt NJW 1960, 295.

E. Gesetzliche Teilungsverbote und Genehmigungserfordernisse
I. Bundesrecht

Das früher bestehende Genehmigungserfordernis nach **§ 19 BauGB** ist mit dem EuroparechtsanpassungsG – Bau (EAG Bau) vom 24.6.2004[67] mit Wirkung vom 20.7.2004 komplett und ersatzlos *entfallen*. Dies gilt auch für Teilungen vor diesem Zeitpunkt.[68] Eine Teilung, durch welche ein baurechtswidriger Zustand eintritt (§ 19 Abs. 2 BauGB) ist gleichwohl wirksam;[69] es ist Sache der Baubehörde, hiergegen im Verwaltungswege vorzugehen. Das Grundbuchamt hat § 19 Abs. 2 BauGB nicht zu prüfen und darf erst recht kein Negativattest der Baubehörde verlangen.[70]

45

Genehmigungserfordernisse bestehen im Umlegungsverfahren (§ 51 Abs. 1 Nr. 1 BauGB), Sanierungsverfahren (§ 144 Abs. 2 Nr. 5 BauGB) und im Enteignungsverfahren (§ 109 BauGB), ferner in städtebaulichen Entwicklungsgebieten (§ 169 Abs. 1 Nr. 3 BauGB). Im Flurbereinigungsverfahren besteht ein Genehmigungserfordernis nur bei Teilung von Waldgrundstücken (§ 85 Nr. 3, 9 FlurbG).

46

Zum Vollzug eines **Zuordnungsbescheides** ist eine Genehmigung nicht erforderlich, § 3 Abs. 2 S. 2 VZOG. Sie wird ferner durch einen **Investitionsvorrangbescheid** ersetzt, § 11 Abs. 1 InVorG. Bei Teilung nach dem **SachenRBerG** ist dessen § 120 Abs. 1 zu beachten. Bei einer Entscheidung durch **Sonderungsbescheid** entfällt eine Genehmigungspflicht, § 9 Abs. 4 BoSoG.

47

II. Landesrechtliche Vorschriften

Aufgrund des Vorbehaltes in Art. 119 Nr. 2 EGBGB können landesrechtliche Beschränkungen und Teilungsverbote bestehen. Mit Aufhebung der Teilungsgenehmigung in § 19 BauGB haben die Länder in ihren Bauordnungen ebenfalls das Erfordernis einer Teilungsgenehmigung weitgehend entfallen lassen. Einzig Nordrhein-Westfalen und Hessen kennen in ihre jeweiligen Bauordnungen (§ 7 HBO vom 28.5.2018[71] und § 8 Abs. 1 LBauONRW vom 1.3.2000[72]) noch ein Genehmigungserfordernis, bei welchem aber streitig ist, ob es dem Grundbuchamt nachgewiesen werden muss oder nicht.[73] Maßgebend ist, ob die Teilung ohne Genehmigung unwirksam ist oder nicht. Auf Grund des landesrechtliches Vorbehalts des EGBGB ist von der Genehmigung als Voraussetzung der Wirksamkeit der Teilung auszugehen, weshalb auch die landesrechtlich erforderliche Genehmigung dem Grundbuchamt gegenüber nachzuweisen ist.

48

Teilungsgenehmigung bei Waldgrundstücken ist erforderlich in **Baden-Württemberg** nach § 24 WaldG vom 31.8.1995[74] i.d.F. vom 1.1.2009;[75] **Hessen** nach § 15 ForstG i.d.F. vom 10.9.2002;[76] **Schleswig-Holstein** nach § 11 WaldG vom 5.12.2004.[77]

F. Verfahren

Soweit es sich um einen Fall der notwendigen Teilung handelt, wird sie **von Amts wegen** vollzogen (siehe oben Rdn 3).

49

Im Übrigen bedarf es einer auf Teilung gerichteten **Erklärung des Eigentümers** gegenüber dem Grundbuchamt und der **Eintragung in das Grundbuch**.

---

67 BGBl I 2004, S. 1359.
68 Vgl. *Grziwotz*, ZfJR 2003, 929 u. DNotZ 2004, 674.
69 LG Meiningen NotBZ 2006, 145; LG Traunstein, Rpfleger 2005, 187; LG Münster Rpfleger 2005, 138; LG Darmstadt Rpfleger 2005, 82; Meikel/*Böttcher*, § 7 Rn 18; *Demharter*, § 7 Rn 7; Bauer/Schaub/*Maaß*, § 7 Rn 47; Hügel/*Kral*, § 7 Rn 19; Lemke/*Schneider*, § 7 Rn 35.
70 LG Münster Rpfleger 2005, 138; LG Darmstadt Rpfleger 2005, 82; LG Traunstein Rpfleger 2005, 187; Hügel/*Kral*, § 7 Rn 19; *Grziwotz*, DNotZ 2004, 674; abwegig insoweit *Wiesaty*, Rpfleger 2005, 310.
71 GVBl. 2018, 198; § 7 HBO eingefügt m.W.v. 11.6.2020.
72 GVBl. 2000, S. 89.
73 Für Prüfungs- und Nachweispflicht Meikel/*Böttcher*, § 7 Rn 12; dagegen Lemke/*Schneider*, § 7 Rn 44; *Schöner/Stöber*, Grundbuchrecht, Rn 3823.
74 GBl 1995, S. 106.
75 GBl 2008, S. 313.
76 GVBl. 2002, S. 422.
77 GVBl. 2004, S. 461.

Eine Zustimmung der dinglich Berechtigten ist nicht erforderlich. Der Eintragungsantrag kann gem. § 13 Abs. 1 S. 2 GBO nur vom Eigentümer gestellt werden. Wenn der Antrag die Teilungserklärung ersetzt, bedarf er nach § 30 GBO der Form des § 29 GBO.

Nach Maßgabe des Gesetzes über die Beurkundungs- und Beglaubigungsbefugnis der Vermessungsbehörden vom 15.11.1937[78] sind zur Beurkundung des Antrages auch die Vorstände der Vermessungsbehörden, sowie die von ihnen beauftragten Beamten zuständig; diese Vorschriften gelten als landesrechtliche Bestimmungen weiter und sind durch das Beurkundungsgesetz unberührt geblieben (§ 61 Abs. 1 Nr. 6 BeurkG).

Zum grundbuchtechnischen Vollzug siehe § 6 GBV Rdn 17; § 13 GBV Rdn 9.

G. Wirkung

50 Die Grundstücksteile werden durch die Eintragung zu selbstständigen Grundstücken im Rechtssinne. **Rechte am bisherigen Grundstück** bestehen an den neuen Grundstücken fort, **Grundpfandrechte** lasten nunmehr als Gesamtrechte gem. § 1132 BGB, das gilt auch für sog. Zwangshypotheken nach §§ 866, 867 ZPO, obwohl sie als ursprüngliches Gesamtrecht unzulässig sind (§ 867 Abs. 2 ZPO). **Grunddienstbarkeiten** und **beschränkte persönliche Dienstbarkeiten** erlöschen an den Grundstücksteilen, die von der Ausübung nicht berührt werden (§§ 1026, 1090 Abs. 2 BGB); entscheidende Voraussetzung ist aber, dass der Ausübungsbereich in der Eintragungsbewilligung genau bestimmt ist. Da eine Mitübertragung in diesem Fall nicht zulässig ist (vgl. § 46 GBO Rdn 6), muss bei einem mit solchen Rechten belasteten Grundstück vor der Teilung erklärt werden, inwieweit das Recht nach Teilung weiterbesteht oder nicht. Die im Grundbuchbuch eingetragene Teilung unterliegt dem öffentlichen Glauben; deshalb ist nur die beschränkte Beschwerde des § 71 GBO statthaft.[79]

§ 8 [Erbbaurecht vor 1919]

(weggefallen)

A. Allgemeines	1	II. Grundbuchmäßige Behandlung	3
B. Das Erbbaurecht nach dem BGB	2	C. Das Erbbaurecht nach dem ErbbauRG	6
I. Wesen	2		

A. Allgemeines

1 § 8 GBO enthielt Bestimmungen über die Anlegung eines besonderen Grundbuchblattes für die sog. altrechtlichen Erbbaurechte (§§ 1012 ff. BGB), die vor dem 22.1.1919 begründet worden sind, Die Norm ist durch das RegVBG vom 20.12.1993[1] **aufgehoben** worden. Die in ihr getroffenen Regelungen **gelten** jedoch für alte Erbbaurechte unverändert **weiter** (vgl. §§ 35, 38 ErbbauRG).

B. Das Erbbaurecht nach dem BGB

I. Wesen

2 Das **altrechtliche Erbbaurecht** war (wie das Erbbaurecht nach dem ErbbauRG, siehe unten Rdn 5 ff.) gleichfalls eine Grundstücksbelastung des Inhalts, dass dem Gläubiger das veräußerliche und vererbliche Recht zustand, auf oder unter der Oberfläche des Grundstückes ein Bauwerk zu haben (§ 1012 BGB); es konnte auf die Benutzung eines für das Bauwerk nicht erforderlichen Teils des Grundstücks erstreckt werden, wenn damit ein Vorteil für die Benutzung des Bauwerkes verbunden war (§ 1013 BGB). Eine besondere Rangstelle war nicht vorgeschrieben, das Recht konnte somit in der Zwangsversteigerung des belasteten Grundstücks erlöschen, was seine Belastbarkeit wesentlich beeinträchtigte.

---

78 RGBl 1937, S. 1257.
79 BayObLG Rpfleger 1995, 495.

1 BGBl I 1993, S. 2182.

II. Grundbuchmäßige Behandlung

Wenn auf einem Blatt ein altrechtliches Erbbaurecht eingetragen ist, ist nach § 8 GBO für dieses Recht **auf Antrag** ein **besonderes Blatt** anzulegen. Der Antrag kann nach § 13 Abs. 2 GBO nur von dem Erbbauberechtigten gestellt werden, da er allein durch die Anlegung begünstigt und niemand davon betroffen wird; er bedarf als reiner Antrag keiner Form.

Das besondere Blatt ist ferner – in diesen Fällen jedoch von Amts wegen – anzulegen, wenn das Erbbaurecht veräußert (wozu wegen Gleichheit des Rechtsgrundes auch der gesetzliche Eigentumsübergang zu rechnen ist) oder belastet werden soll. Als Belastung gilt auch die Eintragung einer Vormerkung oder einer Verfügungsbeschränkung, insbesondere des Versteigerungsvermerks; nicht die Eintragung eines Widerspruchs, da dieser das Erbbaurecht verneint, es also nicht zum Gegenstand des Rechtsverkehrs macht.

Auf dem Blatte des Grundstücks ist die Anlegung des besonderen Blattes zu vermerken (§ 8 Abs. 2 GBO). Diese Bestimmung soll es ermöglichen, die beiden Blätter miteinander in Einklang zu halten. Das neue Blatt ist mit dem Vermerk „Erbbaurecht" zu versehen. Seine Einrichtung richtet sich im Einzelnen nach §§ 54–59 GBV, auf die in § 60 GBV verwiesen ist. Die Vorschrift des § 14 Abs. 1 S. 3 der ErbbauRG, wonach zur näheren Bezeichnung des Inhalts des Erbbaurechts auf die Eintragungsbewilligung Bezug genommen werden darf, gilt nur für „neue" Erbbaurechte. Für die hier behandelten alten Erbbaurechte bewendet es insoweit bei den allgemeinen Vorschriften des BGB. Ob hier noch eine Bezugnahme dieser Art zulässig ist, erscheint zweifelhaft, weil es sich hier nicht um die Wiedergabe des Inhalts einer Grundstücksbelastung handelt, von der § 874 BGB spricht, sondern um eine Wiedergabe des Inhalts des Bestandsverzeichnisses.

Das Verhältnis der beiden Blätter zueinander: Für die Entstehung des Erbbaurechts ist nur das Blatt des Grundstückes maßgebend, dies alleine entspricht dem Grundsatz des § 873 BGB in Verbindung mit § 3 Abs. 1 S. 2 GBO. Ebenso bleibt das Blatt des Grundstücks für alle späteren, das Erbbaurecht betreffenden Akte maßgebend, die vor der Anlegung des besonderen Blattes erfolgen.

Dagegen können Zweifel entstehen über die Frage, **welches Blatt** für diejenigen Rechtsakte **maßgebend** ist, die nach der Entstehung des Erbbaurechts und nach der Anlegung des besonderen Blattes vorgenommen werden. Eine Vorschrift gleich der des § 14 Abs. 3 ErbbauRG gibt es für die alten Erbbaurechte nicht. Man wird zu unterscheiden haben zwischen Rechtsakten, die den Bestand des Erbbaurechts als Grundstücksbelastung betreffen und anderen Eintragungen. Erstere, nämlich die Aufhebung sowie die Änderung des Inhalts und Ranges des Erbbaurechts, müssen, um materiell wirksam zu sein, auf dem Grundstücksblatt eingetragen werden. Dies ergibt sich daraus, dass für das besondere Grundbuchblatt das Erbbaurecht nicht in seiner Eigenschaft als Grundstücksbelastung, sondern als grundstücksgleiches Recht, nämlich als Objekt von Belastungen, in Frage kommt; für den Inhalt des Erbbaurechts selbst bleibt allein das Grundstücksblatt maßgebend.

Dagegen dient das besondere Blatt für die Eintragung aller Rechtsakte, die das Erbbaurecht in seinem Bestande unberührt lassen und es nur als Rechtsobjekt erfassen, also für Veräußerungen und Belastungen des Erbbaurechts. Es ist gerade zu dem Zwecke vorgesehen, das Grundstücksblatt von diesen Eintragungen zu entlasten.

Zwischen den beiden Blättern besteht ein innerer Zusammenhang, der im Gesetz durch § 8 Abs. 2 GBO angedeutet ist und der das Grundbuchamt nötigt, die beiden Blätter in Übereinstimmung miteinander zu halten. Eintragungen auf dem Grundstücksblatt müssen daher auf dem besonderen Blatt als Berichtigung der Bestandsangaben vermerkt werden; umgekehrt sind Eintragungen auf dem Grundstücksblatt nachzutragen. Zu den Einzelheiten siehe § 60 GBV.

C. Das Erbbaurecht nach dem ErbbauRG

Zur Eintragung des Erbbaurechts nach dem ErbbauRG siehe § 3 Einl. Rdn 190 ff. sowie § 10 GBV Rdn 14 ff. und §§ 54–59 GBV.

§ 9 [Subjektiv-dingliche Rechte]

(1) Rechte, die dem jeweiligen Eigentümer eines Grundstücks zustehen, sind auf Antrag auch auf dem Blatte dieses Grundstücks zu vermerken. Antragsberechtigt ist der Eigentümer des Grundstücks sowie jeder, dessen Zustimmung nach § 876 Satz 2 des Bürgerlichen Gesetzbuchs zur Aufhebung des Rechtes erforderlich ist.
(2) Der Vermerk ist von Amts wegen zu berichtigen, wenn das Recht geändert oder aufgehoben wird.
(3) Die Eintragung des Vermerks (Absatz 1) ist auf dem Blatt des belasteten Grundstücks von Amts wegen ersichtlich zu machen.

A. Allgemeines 1	C. Verfahren 7
B. Die betroffenen Rechte 2	I. Grundbuchtechnisches Verfahren 8
I. Grundsatz 2	II. Aufhebung und Änderung 9
II. Keine Vereinbarung über Erweiterung 3	1. Änderungen am belasteten Grundstück 9
III. Rechte aus öffentlich-rechtlichen Rechtsverhältnissen 4	2. Löschung des Herrschvermerks 10
	III. Wohnungseigentum und Erbbaurecht 11
IV. Objektiv-persönliche Rechte 5	1. Wohnungseigentum 11
V. Voreintragung 6	2. Erbbaurecht 12
	D. Bedeutung des Vermerks 13

A. Allgemeines

1 **Rechte, die dem jeweiligen Eigentümer eines Grundstücks zustehen** (subjektiv-dingliche Rechte), gelten nach § 96 BGB als **Bestandteile des Grundstückes**; die an dem herrschenden Grundstück bestehenden Rechte erstrecken sich auf sie.[1] Dies gilt insbesondere für Grundpfandrechte des herrschenden Grundstücks, das subjektiv-dingliche Recht des dienenden Grundstücks unterliegt deren Haftungsverband nach § 1120 BGB. Das subjektiv-dingliche Recht ist daher auch wertbildender Faktor des herrschenden Grundstücks.[2]

Die Möglichkeiten ihrer Kundbarmachung auf dem Blatte des herrschenden Grundstückes ist daher zunächst im Interesse des Eigentümers dieses Grundstückes geboten, weil diese Rechte mit als Kreditunterlage dienen. Nach §§ 876, 877 BGB bedarf die Aufhebung oder Änderung des Inhalts eines solchen Rechtes der Zustimmung der am herrschenden Grundstück dinglich Berechtigten, es sei denn, dass ihr Recht durch diesen Vorgang nicht berührt wird. Diese Zustimmung, die materiell-rechtlich immer erforderlich ist, ist grundbuchrechtlich nach § 21 GBO nur dann nötig, wenn das Recht auf dem Blatte des herrschenden Grundstückes vermerkt ist. Es muss daher auch diesen Berechtigten eine Möglichkeit gewährt werden, durch den Vermerk der Rechte auf dem Blatte des herrschenden Grundstückes sich für ihr Recht verstärkten Schutz zu verschaffen.

B. Die betroffenen Rechte
I. Grundsatz

2 § 9 GBO betrifft nur subjektiv-dingliche Rechte. Hierbei gehören **Grunddienstbarkeiten** (§ 1018 BGB), **Reallasten** (§ 1105 Abs. 2 BGB), das **dingliche Vorkaufsrecht** (§ 1094 Abs. 2 BGB), die **Überbau- und Notwegrente**, soweit ihre Höhe vertraglich festgelegt ist, §§ 914 Abs. 3, 917 Abs. 2 S. 2 BGB (vgl. dazu Rdn 6) und die **Erbbauzinsreallast** (§ 9 ErbbauRG).

Aus dem Bereich des Landesrechtes sind zu nennen **Fischereirechte** nach bayerischem Recht (Art. 11 Abs. 3 BayFischereiG i.d.F. vom 10.10.2008,[3] die Fischereiberechtigung nach Preußischem Recht; und altrechtliche **Abdeckereigerechtigkeiten**.[4] Zu nennen ist ferner das **Rheinische Kellerrecht**

---

[1] RGZ 83, 198.
[2] Meikel/*Böttcher*, § 9 Rn 2; Bauer/Schaub/*Bayer/Lieder*, § 9 Rn 1.
[3] GVBl. 2008, S. 840.
[4] Zu letzteren § 12 TierkörperverwertungsG v. 1.2.1939 (RGBl S. 187); Meikel/*Böttcher*, § 9 Rn 20.

(Art. 181, 184 EGBGB mit Art. 553 code civil)[5] und landesrechtliche Forst-, Wasser- und Weiderechte.[6] Die Rechte können zugunsten des jeweiligen Eigentümers eines anderen Grundstückes oder Miteigentumsanteiles eingetragen sein, grundstücksgleiche Rechte stehen auch insoweit gleich.

II. Keine Vereinbarung über Erweiterung

Eine Erweiterung dieses Kreises der betreffenden Rechte durch Vereinbarung ist nicht möglich. Unter Zuhilfenahme von aufschiebenden und auflösenden Bedingungen sowie der Rechtsfigur des Vertrages zugunsten Dritter lässt sich zwar unter Umständen für subjektiv-persönliche Rechte eine Rechtslage konstruieren, die sie im Ergebnis einem subjektiv-dinglichen Rechte annähert. Doch stehen sie deshalb den Rechten, die ihrem gesetzlichen Inhalt nach subjektiv-dinglich sind, nicht gleich.[7]

Insbesondere kann auch ein Miteigentumsanteil etwa an einem Weg nicht zugunsten des jeweiligen Eigentümers eines anderen Grundstücks in das Grundbuch eingetragen werden.[8] Hierfür ist die Buchung nach § 3 Abs. 4 GBO vorgesehen.

III. Rechte aus öffentlich-rechtlichen Rechtsverhältnissen

§ 9 GBO gilt nicht für Rechte aus einem öffentlich-rechtlichen Rechtsverhältnis.[9]

IV. Objektiv-persönliche Rechte

Auch für objektiv-persönliche Rechte gilt § 9 GBO grundsätzlich nicht. Sind sie radiziert, kann durch die Landesgesetzgebung ihre Verlautbarung auf dem Blatt des herrschenden Grundstückes zugelassen sein.[10]

V. Voreintragung

Das Recht muss, bevor es auf dem Blatt des herrschenden Grundstückes vermerkt werden kann, auf dem Blatt des belasteten Grundstückes eingetragen sein. Die Bestimmung ist von besonderer Bedeutung für Grunddienstbarkeiten alten Rechts, die infolge Art. 187 EGBGB in weitem Umfange außerhalb des Grundbuchs vorhanden sind. Rechte, die auf dem belasteten Grundstück nicht eingetragen werden können, wie z.B. die Überbau- und Notwegrente (§§ 914, 917 BGB) können daher auch auf dem Blatte des herrschenden Grundstückes nicht vermerkt werden, es sei denn, sie sind ihrer Höhe nach vertraglich festgestellt worden.[11] Streitig ist, ob der Verzicht auf die Überbau- oder Notwegrente nicht nur beim betroffenen Grundstück in Abteilung II sondern auch gem. § 9 GBO auf dem Blatt des rentenberechtigten (insoweit herrschenden) Grundstückes vermerkt werden kann (siehe auch § 6 Einl. Rdn 109, 114, 155).[12] Da die Überbau- oder Notwegrente dem jeweiligen Eigentümer des herrschenden Grundstücks zusteht, entspricht die Eintragung des Verzichts auch der eines subjektiv-dinglichen Rechts. Demnach ist der Vermerk nach § 9 GBO folgerichtig möglich. Ein solcher Vermerk macht für einen dinglich Berechtigten am herrschenden (rentenberechtigten) Grundstück aber keinen wirklichen Sinn. Er schützt nicht vor Verfügungen, zu denen die Zustimmung nach § 876 S. 2 BGB erforderlich wäre, sondern würde nur den Verzicht des Berechtigten auf die Überbau- oder Notwegrente kundtun.

---

5 RGZ 56, 258; Lemke/*Schneider*, § 9 Rn 5.
6 Staudinger/*Jickeli/Stieper*, BGB, § 96 BGB Rn 5; Meikel/*Böttcher*, § 9 Rn 11 ff.
7 RGZ 128; 246; KG JFG 9, 207; BGHZ 37, 147 = NJW 1962, 1344.
8 BayObLGZ 1987, 121.
9 BayObLGZ 1960, 455; eingehend Lemke/*Schneider*, § 9 Rn 9.
10 Meikel/*Böttcher*, § 9 Rn 15; *Demharter*, § 9 Rn 4; Bauer/Schaub/*Bayer/Lieder*, § 9 Rn 7; Lemke/*Schneider*, § 12 Rn 7.

11 Lemke/*Schneider*, § 9 Rn 13, 14 ff.
12 Bejahend OLG Bremen DNotZ 1965, 295 = Rpfleger 1965, 55; KG Rpfleger 1968, 52; OLG Düsseldorf Rpfleger 1978, 16; LG Düsseldorf Rpfleger 1990, 288; Staudinger/*Roth*, BGB, § 914 Rn 4 ff.; Grüneberg/*Herrler*, BGB, § 914 Rn 3; Bauer/Schaub/*Bayer/Lieder*, § 9 Rn 9; verneinend: BayObLG Rpfleger 1998, 468; Meikel/*Böttcher*, § 9 Rn 25; *Demharter*, § 9 Rn 5; Lemke/*Schneider*, § 9 Rn 16; Schöner/*Stöber*, Grundbuchrecht, Rn 1168; *Böck*, MittBayNot 1976, 64.

Altrechtliche Grunddienstbarkeiten, die nach Landesrecht nicht eingetragen sein müssen, dürfen auf dem Blatt des herrschenden Grundstückes erst vermerkt werden, wenn sie auf dem Blatt des belasteten Grundstückes eingetragen sind.

C. Verfahren

7 Der Vermerk wird nur auf Antrag eingetragen. **Antragsberechtigt** sind der Eigentümer des herrschenden Grundstückes (auch Wohnungs- und Teileigentümer[13]), sowie jeder am herrschenden Grundstück dinglich Berechtigte (auch am einzelnen Wohnungseigentum[14]), sofern zur Aufhebung oder Änderung des subjektiv-dinglichen Rechtes nach § 876 S. 2 BGB seine Zustimmung erforderlich wäre.[15] Besteht das Recht zugunsten mehrerer Grundstücke, ist unabhängig von der Frage, ob insbesondere eine Dienstbarkeit zugunsten mehrerer Grundstücke bestellt werden kann oder ob es sich um Einzelrechte handelt (dazu § 48 GBO Rdn 6), ein Antragsrecht für jeden Eigentümer oder dinglich Berechtigten betreffend sein Grundstück.[16] Die Zubilligung eines Antragsrechts an diese dinglich Berechtigten geschieht in Abweichung von § 13 Abs. 1 S. 2 GBO, da sie durch die Eintragung des Vermerks nur mittelbar begünstigt sind, nämlich im Hinblick auf ihre mögliche Zustimmungspflicht nach § 876 S. 2 BGB; gerade deshalb ist § 9 GBO erforderlich. Der Antrag bedarf nicht der Form des § 29 GBO.[17]

Im Einzelnen sind folgende Berechtigte antragsberechtigt:[18]

Das eingetragene Recht ist (subj.-dingliche/s)	Der Antragsteller hat am herrschenden Grundstück	Zustimmung nach § 876 S. 2 BGB u. damit Antragsrecht
1. Reallast (auch Erbbauzins)	a) Grundpfandrechte oder Reallast	**Ja**, wegen der Bestandteilshaftung, §§ 96, 1120, 1126 BGB
	b) Dienstbarkeit	**Nein** (Ausnahme bei tatsächlichem Einfluss aus Ausübung)
	c) Nießbrauch	**Ja**, weil ihm die Einzelleistungen als Rechtsfrüchte (§ 99 Abs. 3 BGB) zustehen.
	d) Vorkaufsrecht	**Ja**, weil es sich auf Rechte i.S. des § 96 BGB erstreckt.
2. Dienstbarkeit	a) Grundpfandrecht oder Reallast	**Ja**, w.o.
	b) Dienstbarkeit	grundsätzl. **nein**, w.o.
	c) Nießbrauch	**Ja**, weil ihm auch die Gebrauchsvorteile zustehen.
	d) Vorkaufsrecht	**Ja**, w.o.
3. Vorkaufsrecht	a) Grundpfandrecht oder Reallast	**Nein**, weil kein realer Haftungswert
	b) Dienstbarkeit	**Nein** (ohne Bedeutung f. Ausübung)
	c) Nießbrauch	**Nein**, weil nicht vom Recht erfasst
	d) Vorkaufsrecht	Wohl **ja**, weil Rechtserweiterung f. d. Berechtigten (Möglichkeit des doppelten Vorkaufs!)

---

13 Lemke/*Schneider*, § 9 Rn 23.
14 Lemke/*Schneider*, § 9 Rn 30.
15 Eingehend Lemke/*Schneider*, § 9 Rn 20 ff.
16 Lemke/*Schneider*, § 9 Rn 24.
17 Meikel/*Böttcher*, § 9 Rn 28; *Demharter*, § 9 Rn 8; Hügel/*Wilsch*, § 9 Rn 8; Bauer/v. Oefele/*Bayer*, § 9 Rn 13; Lemke/*Schneider*, § 9 Rn 19.
18 Eingehend auch *Demharter*, § 9 Rn 8; Bauer/Schaub/*Bayer*/*Lieder*, § 9 Rn 15; Hügel/*Wilsch*, § 9 Rn 9 ff.; Lemke/*Schneider*, § 9 Rn 26 ff.

I. Grundbuchtechnisches Verfahren

Zum grundbuchtechnischen Verfahren siehe die Erläuterungen zu § 7 GBV sowie Anlage 2a zur GBV. Die Eintragung des Herrschvermerks selbst erfolgt im Bestandsverzeichnis unter einer neuen laufenden Nummer mit Bezug zur laufenden Nummer des verzeichneten herrschenden Grundstücks durch Bruchstrich. Bei Eintragung des Herrschvermerks ist das belastete Grundstück möglichst genau zu bezeichnen, anzugeben ist mindestens das Grundbuchblatt, in welchem es gebucht ist. In Spalten 5, 6 ist das Eintragungsdatum anzugeben; Bezugnahme auf Eintragungsantrag oder (nicht vorhandene) Bewilligung ist nicht angezeigt.[19] Ob bei den Eintragungen von Rechten in Abt. II und III in der jeweiligen Spalte 2 zu dem belasteten Grundstück auch die laufende Nr. des Herrschvermerks anzugeben ist, ist nicht geregelt. Erforderlich ist die Angabe nicht, sie kann aber gerade im Hinblick auf § 21 GBO nützlich sein.[20]

Nach § 9 Abs. 3 GBO ist die Anbringung des subjektiv-dinglichen Vermerks auf dem Blatt des belasteten Grundstücks ersichtlich zu machen. Dies geschieht zu dem Zweck, die Beachtung des § 21 GBO und die nach Abs. 2 vorgeschriebenen Berichtigungen sicherzustellen (vgl. hierzu Rdn 9).

Die Eintragung erfolgt bei Eintragung des Rechts in der Hauptspalte, wenn der Herrschvermerk unmittelbar mit Eintragung des Rechts angebracht wird. Bei späterer Anbringung erfolgt die Eintragung bei dem Recht in Abt. II Sp. 5:

„Das Recht ist auf dem Blatt des herrschenden Grundstücks vermerkt."

Werden die Grundbücher für das belastete und das herrschende Grundstück von verschiedenen Grundbuchämtern geführt, besteht eine Benachrichtigungspflicht. **Veränderungen** beim **herrschenden** Grundstück (z.B. dessen Teilung) werden auf dem Blatt des dienenden Grundstückes nicht vermerkt.[21]

II. Aufhebung und Änderung

1. Änderungen am belasteten Grundstück

Wird das Recht aufgehoben oder inhaltlich geändert, was nur durch Eintragung auf dem Blatt des belasteten Grundstücks geschehen kann, so ist der Vermerk auf dem Blatt des herrschenden Grundstücks von Amts wegen zu berichtigen (§ 9 Abs. 2 GBO; §§ 7, 14 GBV). Deshalb hat das Grundbuchamt des belasteten Grundstücks dem anderen Grundbuchamt von solchen Eintragungen Kenntnis zu geben (§ 41 Abs. 2 GBV). Ändert sich beim belasteten Grundstück lediglich die laufenden Nr. im Bestandsverzeichnis oder das Grundbuchblatt, erfolgt keine Ergänzung am Herrschvermerk. Die Eintragung des Grundbuchblattes des belasteten Grundstücks im Herrschvermerk war im Zeitpunkt seiner Eintragung richtig, nur dies muss verlautbart sein. Spätere Änderungen der Grundbuchstelle sind aus dem Grundbuch des belasteten Grundstücks herzuleiten.[22] Wird dennoch die katastermäßige Bezeichnung des dienenden Grundstücks korrigiert, liegt darin keine anfechtbare Änderung des Inhalts des Rechtes.[23] Etwas anderes mag gelten, wenn das herrschende Grundstück geteilt wird und das Recht für die neu gebildeten Grundstücke gemäß § 1025 BGB bestehen bleibt.[24]

2. Löschung des Herrschvermerks

Der Herrschvermerk kann auch „isoliert" gelöscht werden. Die Löschung bedarf nach § 9 Abs. 1 S. 2 GBO des Antrags eines zur Eintragung Antragsberechtigten (siehe Rdn 7). Streitig ist, ob die Löschung der Bewilligung aller Betroffenen bedarf, die für eine Änderung des betroffenen Rechts nach § 876 S. 2 BGB zustimmungspflichtig wären.[25] Ebenso wie der Herrschvermerk selbst praktisch zu unbegrenzten Zustimmungspflichten nach § 876 S. 2 BGB führen kann, wäre dann seine Löschung praktisch unmöglich, wenn nicht die Bewilligung aller dinglich Berechtigten am herrschenden Grundstück beigebracht wird.

---

19 Allgemein ebenso Meikel/*Böttcher*, § 9 Rn 32; Hügel/*Wilsch*, § 9 Rn 21; Lemke/*Schneider*, § 9 Rn 33.
20 Hügel/*Wilsch*, § 9 Rn 21.
21 BayObLG MittBayNot 1995, 286.
22 **A.A.** Meikel/*Böttcher*, § 9 Rn 37; Lemke/*Schneider*, § 9 Rn 41; Berichtigung lediglich zweckmäßig nach Hügel/*Wilsch*, § 9 Rn 51.
23 OLG München AUR 2015, 301.
24 Lemke/*Schneider*, § 9 Rn 42; Schöner/*Stöber*, Grundbuchrecht, Rn 1166.
25 In diesem Sinne Hügel/*Wilsch*, § 9 Rn 74.

Es wird daher auch vertreten, die Löschung allein auf Antrag und ohne Bewilligungserfordernis zuzulassen.[26] Es könne ja jeder Berechtigte jederzeit wieder die Eintragung beantragen. Das ist zutreffend, setzt aber voraus, dass von der Löschung jeder dinglich Berechtigte am herrschenden Grundstück Eintragungsmitteilung nach § 55 GBO erhält.

III. Wohnungseigentum und Erbbaurecht
1. Wohnungseigentum

11 Die Begründung von Wohnungseigentum hindert nicht, dass zugunsten des jeweiligen Eigentümers des Grundstücks als Ganzem – nämlich zugunsten der jeweiligen Miteigentümer – subjektiv-dingliche Rechte bestehen bleiben oder neu begründet werden. In solchen Fällen kann jedoch die Vorschrift des § 9 Abs. 1 S. 1 GBO, nach der das Recht auf dem Blatt des herrschenden Grundstückes zu vermerken ist, nicht wörtlich befolgt werden, wenn das Blatt für das Grundstück gem. § 7 Abs. 1 S. 3 WEG geschlossen worden ist. An die Stelle des geschlossenen Blattes für das Grundstück sind alle Wohnungsgrundbücher getreten. Daher müssen Eintragungen, die nicht nur einen Miteigentumsanteil, sondern alle Miteigentumsanteile oder das Grundstück als solches betreffen, in allen Wohnungsgrundbüchern erfolgen mit dem Hinweis, dass es sich um eine Eintragung handelt, die das ganze Grundstück betrifft, § 3 Abs. 7 WGV (vgl. § 3 WGV Rdn 9).

Wegen der realen Herrschaftsmacht, die das mit dem Miteigentum verbundene Sondereigentum gewährt (§ 1 WEG), wird es aber auch möglich sein, dass das Wohnungseigentum selbst herrschendes Grundstück im Sinne des § 1018 BGB ist. In einem solchen Falle ist die Berechtigung nur bei dem einzelnen berechtigten (herrschenden) Wohnungseigentum zu vermerken.

Besteht ein gemeinschaftliches Wohnungsgrundbuch (Teileigentumsgrundbuch), so muss der Vermerk ergeben, ob das Recht für einen einzelnen jeweiligen Wohnungseigentümer oder für den jeweiligen Grundstückseigentümer als solchen besteht.

2. Erbbaurecht

12 Besteht das subjektiv-dingliche Recht an einem Erbbaurecht, geht es mit Erlöschen des Erbbaurechts unter; es wird dann auch der Herrschvermerk bedeutungslos und ist zu löschen.

Besteht das subjektiv-dingliche zugunsten eines Erbbaurechts, ist bei Anwendung des § 12 Abs. 3 ErbbauRG das Schicksal des Rechts bei Löschung des Erbbaurechts umstritten. Nach einer Ansicht erlischt das Recht,[27] nach anderer Ansicht setzt es sich zugunsten des Erbbaugrundstücks fort.[28] Folgt man der letztgenannten Ansicht, würde der Herrschvermerk auf das verbleibende Grundstücksgrundbuch von Amts wegen zu übertragen sein.[29] Am belasteten Grundstück ist dann der Gegenvermerk des § 9 Abs. 3 GBO zu ändern.

D. Bedeutung des Vermerks

13 Der Vermerk hat lediglich kundmachende Bedeutung. Für die Entstehung, Änderung oder Aufhebung des Rechtes ist allein die Eintragung auf dem Blatte des belasteten Grundstücks maßgebend; dieses allein bleibt auch die Grundlage für den öffentlichen Glauben des Grundbuchs.[30] Der Vermerk hat ferner die Wirkung, dass künftig zur Aufhebung oder Änderung des Inhalts des Rechts die Zustimmung der am herrschenden Grundstück dinglich Berechtigten im Rahmen der §§ 876, 877 BGB nicht nur materiell-rechtlich, sondern auch verfahrensrechtlich (§§ 19, 21 GBO) erforderlich ist. Ob sich aus der unrichtigen Eintragung des Herrschvermerks Schadensersatzansprüche ableiten lassen, ist zweifelhaft.[31]

---

26 Lemke/*Schneider*, § 9 Rn 49.
27 LG Verden NdsRpfl 1964, 249; *Ingenstau/Hustedt*, § 12 ErbbauRG Rn 33; Staudinger/*Rapp*, § 12 ErbbauRG Rn 25, *Schöner/Stöber*, Grundbuchrecht, Rn 1871.
28 Siehe *Winkler/Schlögel*, Rn 5.256; *Böttcher*, Rpfleger 2004, 21; *Maaß*, NotBZ 2002, 389.
29 Hügel/*Wilsch*, § 9 Rn 43 ff.
30 KG JFG 10, 204; BayObLG BayObLGZ 1969, 292 sowie DNotZ 1980, 104 u. Rpfleger 1987, 101.
31 So aber OLG Oldenburg NdsRpfl 2004, 295; Meikel/*Böttcher*, § 9 Rn 43; kritisch Hügel/*Wilsch*, § 9 Rn 28; Lemke/*Schneider*, § 9 Rn 53.

§ 10 [Aufbewahrung von Urkunden]

(1) Grundbücher und Urkunden, auf die eine Eintragung sich gründet oder Bezug nimmt, hat das Grundbuchamt dauernd aufzubewahren. Eine Urkunde nach Satz 1 darf nur herausgegeben werden, wenn statt der Urkunde eine beglaubigte Abschrift bei dem Grundbuchamt bleibt.

(2) Das Bundesministerium der Justiz und für Verbraucherschutz wird ermächtigt, durch Rechtsverordnung, die der Zustimmung des Bundesrates bedarf, zu bestimmen, daß statt einer beglaubigten Abschrift der Urkunde eine Verweisung auf die anderen Akten genügt, wenn eine der in Absatz 1 bezeichneten Urkunden in anderen Akten des das Grundbuch führenden Amtsgerichts enthalten ist.

A. Allgemeines 1	IV. Urkunden über schuldrechtliche Rechtsgeschäfte, die der Eintragungsbewilligung zugrunde liegen 7
I. Inhalt der Vorschrift 1	
II. Rechtsverhältnis zwischen Einreicher und Grundbuchamt 2	C. Die Aufbewahrungspflicht des Grundbuchamts 8
III. Bezugnahme auf Urkunden 3	I. Grundsatz 8
B. Die verschiedenen Urkunden 4	II. Vor Antragstellung 9
I. Aufbewahrung der Grundbücher 4	III. Rückgabe während des Eintragungsverfahrens 10
II. Urkunden, auf die eine Eintragung sich gründet 5	IV. Zurückweisung des Antrags oder nach Antragsrücknahme 11
III. Urkunden, auf die eine Eintragung Bezug nimmt 6	D. Verfahrensvorschriften zu Ort der Aufbewahrung und Herausgabe 12

A. Allgemeines

I. Inhalt der Vorschrift

Die Vorschrift regelt die Behandlung von Urkunden durch das Grundbuchamt, und zwar in Abs. 1 und 2 derjenigen Urkunden, auf die eine Eintragung sich gründet oder Bezug nimmt. Sie dient der Sicherung der Publizität der Rechtsverhältnisse am Grundstück durch dauernden Nachweis der Eintragungsunterlagen.[1]

Abs. 1 wurde durch das Gesetz zur Einführung des elektronischen Rechtsverkehrs und der elektronischen Akte im Grundbuchverfahren (ERVGBG) vom 11.8.2009[2] neugefasst und um die Aufbewahrung für die Grundbücher selbst ergänzt.

Die Ermächtigung in Abs. 2 ist ohne inhaltliche Veränderung durch das RegVBG vom 20.12.1993[3] neu gefasst worden.

Der bisherige Ein früherer Abs. 3 befasste sich mit Urkunden über das der Bewilligung zugrundeliegende Rechtsgeschäft. Er wurde durch Gesetz vom 6.6.1995[4] gestrichen.

Eine **Ergänzung** erfährt die Norm durch **§ 70 Abs. 4 LandWAnpG**; danach haben die ehem. Landw. Produktionsgenossenschaften bzw. deren Rechtsnachfolger im Beitrittsgebiet Urkunden über die Zuweisung von Nutzungsrechten (§ 291 ZGB) beim Grundbuchamt abzuliefern, dort sind sie bei den Grundakten zu verwahren.

II. Rechtsverhältnis zwischen Einreicher und Grundbuchamt

Umstritten ist, welcher Art das durch die Einreichung von Urkunden zwischen dem Grundbuchamt und dem Einreicher entstehende Rechtsverhältnis ist. Während die ältere Rechtsmeinung das Bestehen eines bürgerlich-rechtlichen **Verwahrungsvertrages** annimmt,[5] wird zu Recht in der neueren Literatur ein öffentlich-rechtliches Verwahrungsverhältnis angenommen.[6]

---

1 Meikel/*Böttcher*, § 10 Rn 2; Bauer/Schaub/*Maaß*, § 10 Rn 1.
2 BGBl I 2009, S. 2713.
3 BGBl I 1993, S. 2182.
4 BGBl I 1995, S. 778.
5 KGJ 25, 322; 39, 163; 43, 271; 44, 170; *Güthe/Triebel*, § 13 Rn 39.
6 Meikel/*Böttcher*, § 10 Rn 3; *Demharter*, § 10 Rn 2; Bauer/Schaub/*Maaß*, § 10 Rn 3; Hügel/*Kral*, § 10 Rn 21; *Ertl*, DNotZ 1967, 339, 350; *Munzig*, MittBayNot 2002, 191, 193; *Böttcher*, Rpfleger 1982, 175.

III. Bezugnahme auf Urkunden

3 Ist in einer Eintragung auf eine Bewilligung Bezug genommen, so ist für den Inhalt des Grundbuches die beim Grundbuchamt verwahrte Urkunde maßgebend; deckt sie sich nicht mit der beim Notar verwahrten Urkunde, so ist das Grundbuch unrichtig. In einem solchen Fall sind Urkunden und Grundbuch gleichermaßen zu berichtigen, so, als sei der Eintragungsvermerk selbst fehlerhaft.

B. Die verschiedenen Urkunden
I. Aufbewahrung der Grundbücher

4 Die Anordnung der dauernden Aufbewahrung der (Papier-)Grundbücher ist eigentlich eine Selbstverständlichkeit. Sie war bislang in den Aktenordnungen der Länder geregelt und ergab sich aus dem Gesamtzusammenhang des Grundbuchverfahrensrechts. Die dauernde Aufbewahrung ist auch in den Geschäftsanweisungen der Länder angeordnet (vgl. Nr. 3 VwV-Grundbuchsachen Sachsen). Dem Gesetzgeber erschien es mit Einführung des elektronischen Rechtsverkehrs im maschinell geführten Grundbuch geboten, dies durch eine Neuformulierung des Abs. 1 klarzustellen.[7] Die Aufbewahrungspflicht erfährt aber eine Einschränkung oder Erleichterung durch die Möglichkeit, geschlossene Grundbücher digital zu speichern (§ 10a Abs. 1 GBO).

II. Urkunden, auf die eine Eintragung sich gründet

5 Diese sind die Urkunden, die zur Vornahme der Eintragung nach dem formellen Grundbuchrecht erforderlich sind; der Zweck des § 10 GBO ist es, jederzeit den Nachweis zu ermöglichen, dass die gesetzlichen Voraussetzungen für eine Eintragung vorgelegen haben. Es sind zu nennen:[8]

– Eintragungsanträge (§ 13 GBO), Eintragungsbewilligungen (§ 19 GBO), Einigungen, soweit sie nachzuweisen sind (§ 20 GBO), Zustimmungs- und Abtretungserklärungen (§§ 22, 26, 27 GBO), behördliche Bescheinigungen (§§ 7 Abs. 4, 9 Abs. 1, 32 Abs. 2 WEG), Genehmigungen (§ 2 GrdStVG, § 2 GVO, § 22 GrdEStG).[9] Hierher gehören auch die Aufteilungspläne nach §§ 7 Abs. 4 Nr. 1, 32 Abs. 2 Nr. 1 WEG, oder Karten, die eine Erklärungsurkunde ergänzen (z.B. im Falle des § 7 Abs. 2 oder § 1023 S. 2 BGB).
– Urkunden, die die zur Vornahme der Eintragung notwendige Erklärung ersetzen, also Urteile (§§ 894, 895 ZPO), vollstreckbare Titel aller Art, insbes. auch einstweilige Verfügungen nach §§ 935, 938 ZPO (zur Eintragung von Vormerkung, Widerspruch, Erwerbsverbot), Pfändungs- und Überweisungsbeschlüsse. Hierher gehören auch Überweisungszeugnisse (§§ 36, 37 GBO), behördliche Ersuchen (§ 38 GBO) sowie andere Urkunden, die z.B. eine Grundbuchunrichtigkeit beweisen (z.B. Sterbeurkunden).[10]
– Vollmachten, Erbscheine, Testamente und Testamentsvollstreckerzeugnisse, Erbverträge (§ 35 GBO), Bescheinigungen des Registergerichts.
– Auszüge aus dem amtlichen Verzeichnis, sowie Karten (§§ 2 Abs. 3, 7 Abs. 2 GBO).

III. Urkunden, auf die eine Eintragung Bezug nimmt

6 Sie sind durch die Bezugnahme Teil der Eintragung selbst geworden und müssen schon deshalb aufbewahrt werden. Im Übrigen fallen sie regelmäßig auch unter die Gruppe der Urkunden, die der Eintragung zugrunde liegen.[11] Aufzubewahren ist jedoch nicht die nach § 1115 Abs. 2 BGB in Bezug genommene Satzung; hier genügt auch grundbuchrechtlich die öffentliche Bekanntmachung.[12]

---

7 BR-Drucks 66/09, S. 23.
8 Lemke/*Schneider*, § 10 Rn 3 ff.
9 Meikel/*Böttcher*, § 10 Rn 7; *Demharter*, § 10 Rn 4; Bauer/v. Oefele/*Maaß*, § 10 Rn 9.
10 Lemke/*Schneider*, § 10 Rn 6.
11 Meikel/*Böttcher*, § 10 Rn 11; Bauer/Schaub/*Maaß*, § 10 Rn 5.
12 *Demharter*, § 10 Rn 8.

IV. Urkunden über schuldrechtliche Rechtsgeschäfte, die der Eintragungsbewilligung zugrunde liegen

Es sind dies die Urkunden über schuldrechtliche Rechtsgeschäfte, zu deren Erfüllung die Eintragungsbewilligung dient; z.B. die Kaufverträge oder Hypothekenbestellungsverträge. Diese Urkunden, die zur Vornahme der Eintragung nicht nötig sind, konnten die Beteiligten nach dem inzwischen aufgehobenen Abs. 3 dem Grundbuchamt zur Aufbewahrung in Urschrift, Ausfertigung oder beglaubigter Abschrift übergeben. Nach der Streichung der Norm besteht diese Möglichkeit und die damit korrespondierende Verwahrungspflicht des Grundbuchamts nicht mehr.[13]

Dies kann jedoch nur für Urkunden gelten, in denen allein das Verpflichtungsgeschäft verbrieft ist. Sind in einer Urkunde das Verpflichtungsgeschäft und die Auflassung erfasst, kann das Grundbuchamt eine Trennung nicht verlangen. Selbstverständlich ist die Urkunde über das Grundgeschäft dann zu den Akten zu nehmen, wenn sie zu den Eintragungsunterlagen gehört, z.B. bei Eintragung einer Vormerkung, oder weil die Entgeltlichkeit (Vorerben- bzw. Testamentsvollstreckerverfügung) zu prüfen oder das Vorliegen einer zu erfüllenden Verbindlichkeit (etwa bei § 181 BGB) nachzuweisen war.

C. Die Aufbewahrungspflicht des Grundbuchamts

I. Grundsatz

Aufzubewahren sind grundsätzlich alle genannten Urkunden von Amts wegen, sofern die betroffene Eintragung vorgenommen worden ist (siehe Rdn 5).

II. Vor Antragstellung

Ist ein Eintragungsantrag noch nicht gestellt, so besteht keine Aufbewahrungspflicht.[14] Das Entstehen einer Aufbewahrungspflicht setzt jedenfalls den Beginn eines Eintragungsverfahrens voraus; außerhalb eines Eintragungsverfahrens besteht – abgesehen von § 70 Abs. 4 LandwAnpG (siehe Rdn 1) – keine Pflicht des Grundbuchamts, Schriftstücke irgendwelcher Art zu den Grundakten zu nehmen.[15]

Das Grundbuchamt ist bspw. nicht verpflichtet, Nachweise über eine außerhalb des GB erfolgte Übertragung eines Briefgrundpfandrechts nur zur Kenntnis bei den Akten aufzubewahren.[16] Auch ist es nicht verpflichtet, Vollmachtsurkunden oder Widerrufserklärungen im Hinblick auf künftige, aber nicht näher definierte, Anträge aufzubewahren.[17]

Ist mit der Stellung des konkreten Antrages in absehbarer Zeit zu rechnen, so kann es sich empfehlen, die Urkunden bis zu dessen Eingang zu verwahren. Es besteht im Übrigen ein Ermessen des Grundbuchamts, Urkunden, die für künftige Eintragungsanträge bedeutsam sind, anzunehmen und aufzubewahren.[18] Hier wird empfohlen, den Einreichenden auf das Erfordernis künftiger Antragstellung hinzuweisen und eine Frist zu setzen, nach deren fruchtlosem Ablauf die Urkunden zurückgegeben werden.[19] Bewahrt das Grundbuchamt gleichsam prophylaktisch Urkunden auf, die für ein konkretes Verfahren nicht erforderlich sind, kann dies bei späteren Eintragungsverfahren und möglichen Fehlern einer Eintragung auch zur Haftungsgefahren führen. Bewahrt etwa das Grundbuchamt ohne besonderen Anlass einen Vollmachtswiderruf auf, nimmt des in einem späteren Verfahren aber auf Bewilligung des Bevollmächtigten ohne Beachtung des bereits vorliegenden – aber irgendwo in der Akte untergegangenen – Widerrufs die Eintragung doch vor, wird zu fragen sein, ob der aktenkundige Widerruf nicht hätte beachtet werden müssen. Hätte dagegen das Grundbuchamt die Widerrufserklärung, die ohne Bezug auf ein konkretes Eintragungsverfahren eingereicht wurde, zurückgegeben, wäre dies alles zu Recht Sache der Beteiligten.

---

13 Lemke/*Schneider*, § 10 Rn 11.
14 BayObLGZ 1957, 229 = Rpfleger 1957, 351; BayObLG DNotZ 1990, 739; Meikel/*Böttcher*, § 10 Rn 17; *Demharter*, § 10 Rn 13; Bauer/Schaub/*Maaß*, § 10 Rn 17; Lemke/*Schneider*, § 10 Rn 14.
15 BayObLG Rpfleger 1975, 360.
16 OLG München NJOZ 2010, 1514.
17 Lemke/*Schneider*, § 10 Rn 15.
18 BayObLG DNotZ 1976, 162 = Rpfleger 1975, 360; BayObLG DNotZ 1990, 739; OLG München, Beschl. v. 7.6.2010 – 34 Wx 118/09, juris.
19 Meikel/*Böttcher*, § 10 Rn 17; Hügel/*Kral*, § 10 Rn 16; kritisch Lemke/*Schneider*, § 10 Rn 16.

III. Rückgabe während des Eintragungsverfahrens

10 Der Bewilligende kann bis zur Vollendung der Eintragung jederzeit seine **Eintragungsbewilligung zurücknehmen**, bzw. der Einreicher die Urkunde zurückverlangen. Dies wird – soweit das Bestehen eines bürgerrechtlichen Verwahrungsvertrages angenommen wird (siehe oben Rdn 2) – unmittelbar aus § 695 BGB begründet, soweit sie ein öffentlich-rechtliches Verwahrungsverhältnis bejaht wird, mit gleichem Ergebnis aus einer analogen Anwendung dieser Vorschrift. Nach den vom RG entwickelten Grundsätzen einer öffentlich-rechtlichen Verwahrung hat sich jedoch das Rücknahmerecht des Einreichers den öffentlichen Interessen an einer ordnungsgemäßen Erledigung des Eintragungsverfahrens unterzuordnen. Das Grundbuchamt darf deshalb die Bewilligung während des Eintragungsverfahrens nicht an den Einreicher zurückgeben, weil sie dadurch unwirksam würde[20] und nicht mehr als Grundlage der Eintragung dienen könnte. Vor dem Beginn und nach dem Ende des Eintragungsverfahrens jedoch ist eine Zurücknahme möglich, der Begünstigte kann sich durch Stellung eines eigenen Antrages dagegen schützen.[21]

IV. Zurückweisung des Antrags oder nach Antragsrücknahme

11 Im Falle der Zurückweisung eines Antrages oder nach wirksamer Antragsrücknahme wird unbeschadet der Erinnerungs- oder Beschwerdemöglichkeit die Eintragungsunterlage ohne Zurückbehaltung einer beglaubigten Abschrift an den Einreicher zurückgegeben.[22]

Legt von mehreren Antragstellern derjenige, der nicht im Besitz der Bewilligung ist, gegen die Zurückweisung Erinnerung (Beschwerde) ein, so läuft er Gefahr, dass sein Rechtsbehelf aus formellen Gründen zurückgewiesen werden muss, wenn es ihm nicht gelingt, die Bewilligung wieder beizubringen. Richtigerweise muss sich jedoch auch in diesem Fall das Rücknahmerecht dem öffentlichen Interesse an einer sachlich richtigen Beschwerdeentscheidung unterordnen. In einem solchen Falle sind deshalb die Urkunden zu verwahren, falls ein Rechtsmittel bereits angekündigt oder erhoben ist; andernfalls muss – soll das Wiederaufleben des Antrages (vgl. § 74 GBO Rdn 9 ff.) für den Rechtsmittelführer einen Sinn haben – die Wiedervorlage der Bewilligung vom Beschwerdegericht mit Beugemitteln (§ 35 FamFG) erzwingbar sein.[23]

D. Verfahrensvorschriften zu Ort der Aufbewahrung und Herausgabe

12 Zum Ort der Aufbewahrung der Urkunden siehe § 24 GBV Rdn 1 ff. Betrifft die Urkunde mehrere Eintragungen in verschiedenen Grundbüchern, wird sie regelmäßig bei dem Grundbuchblatt mit der niedrigsten Ordnungsnummer aufbewahrt; in den übrigen Grundakten wird hierauf verwiesen (§ 24 Abs. 2 GBV mit § 21 Abs. 1 S. 5, 6 AktO). Bedeutsam ist dies vor allem für die Aufbewahrung der Teilungserklärung (§ 8 WEG) und des Aufteilungsplans bei Wohnungs- und Teileigentum.[24] Betreffen die Urkunden Eintragungen bei verschiedenen Grundbuchämtern, ist zu jeder Eintragung eine beglaubigte Abschrift zu nehmen.[25]

Über Anträge auf Herausgabe von Urkunden entscheidet der Urkundsbeamte der Geschäftsstelle (§ 12c Abs. 1 Nr. 4 GBO). Die genannten Urkunden (vgl. Rdn 5) dürfen bei Bestehen der Aufbewahrungspflicht nur nach Erstellung einer beglaubigten Abschrift herausgegeben werden. Ist eine Urkunde versehentlich an eine nicht empfangsberechtigte Person ausgehändigt worden, so kann diese vom Grundbuchamt durch Ordnungsstrafen zur Rückgabe angehalten werden; dasselbe gilt für den Fall, dass eine Urkunde trotz Beschwerde eines anderen Verfahrensbeteiligten bereits zurückgegeben worden ist (siehe oben Rdn 10).

Aufgrund der Ermächtigung in Abs. 2 sind Sondervorschriften für die Verweisung auf andere Akten in § 24 GBV getroffen (siehe § 24 GBV Rdn 1 ff.).

---

[20] Lemke/*Schneider*, § 10 Rn 18; *Eickmann/Böttcher*, GBverfR Rn 189; a.A. *Demharter*, § 10 Rn 14, 19.
[21] Vgl. dazu ausf. *Ertl*, DNotZ 1967, 339, 350.
[22] KGJ 39, 163; 44, 171; OLG Frankfurt/M. NJW-RR 1995, 785; Meikel/*Böttcher*, § 10 Rn 21; *Demharter*, § 10 Rn 14; Hügel/*Kral*, § 10 Rn 23; Lemke/*Schneider*, § 10 Rn 20, 21.
[23] Meikel/*Böttcher*, § 10 Rn 27.
[24] Im „Grundbuchjargon" wird diese erste Grundakte auch als „Muttersau" bezeichnet.
[25] Lemke/*Schneider*, § 10 Rn 25.

§ 10a [Aufbewahrung auf Datenträgern]

(1) Geschlossene Grundbücher können als Wiedergabe auf einem Bildträger oder auf anderen Datenträgern aufbewahrt werden, wenn sichergestellt ist, daß die Wiedergabe oder die Daten innerhalb angemessener Zeit lesbar gemacht werden können. Die Landesjustizverwaltungen bestimmen durch allgemeine Verwaltungsanordnung Zeitpunkt und Umfang dieser Art der Aufbewahrung und die Einzelheiten der Durchführung.

(2) Bei der Herstellung der Bild- oder sonstigen Datenträger ist ein schriftlicher Nachweis anzufertigen, dass die Wiedergabe mit dem Original des Grundbuchs übereinstimmt. Weist das Original farbliche Eintragungen auf, die in der Wiedergabe nicht als solche erkennbar sind, ist dies in dem schriftlichen Nachweis anzugeben. Die Originale der geschlossenen Grundbücher können ausgesondert werden.

(3) Durch Rechtsverordnung des Bundesministeriums der Justiz und für Verbraucherschutz mit Zustimmung des Bundesrates kann vorgesehen werden, daß für die Führung des Grundbuchs nicht mehr benötigte, bei den Grundakten befindliche Schriftstücke ausgesondert werden können. Welche Schriftstücke dies sind und unter welchen Voraussetzungen sie ausgesondert werden können, ist in der Rechtsverordnung nach Satz 1 zu bestimmen.

A. Allgemeines	1	D. Vorgehen bei Herstellung der Bild- oder Datenträger	12
I. Rechtsgeschichte	1	E. Aussonderung von Schriftstücken	16
II. Regelungsgehalt allgemein	2	F. Künftige Entwicklungen	19
B. Gegenstand der papierlosen Archivierung	4		
C. Technische Verfahren	6		

A. Allgemeines

I. Rechtsgeschichte

Die Bestimmung wurde durch das RegVBG vom 20.12.1993[1] eingefügt und durch das Gesetz zur Einführung des elektronischen Rechtsverkehrs und der elektronischen Akte im Grundbuchverfahren (ERVGBG) vom 11.8.2009[2] aktualisiert.

Sie greift im Wesentlichen die Formulierung von § 8a HGB a.F. (jetzt § 8a Abs. 3) auf, der bereits durch das Bilanzrichtliniengesetz vom 19.12.1985[3] geschaffen wurde und für Schriftstücke gilt, die zum Handelsregister eingereicht werden. Eine vergleichbare Regelung enthält auch § 299a ZPO.

II. Regelungsgehalt allgemein

Abs. 1 und 2 ermöglichen, die Grundakten, die gegenüber den Grundbüchern einen erheblich größeren Umfang haben, vor Ort papierlos verfügbar zu halten sowie geschlossene Grundbücher mittels moderner Archivierungstechnologien aufzubewahren. Sie ergänzen die Vorschriften über das maschinelle Grundbuch (§§ 126–134 GBO), ohne jedoch die maschinelle Führung auch für die Grundakten einzuführen. Das langfristige Ziel der Einführung des ausschließlich elektronischen Rechtsverkehrs im Grundbuchverfahren wird durch § 10a GBO unterstützt, ist aber nicht dessen Voraussetzung. Ziel der Vorschrift ist allgemein die Verringerung des Raumbedarfs der Grundbuchämter. Eine inhaltliche Veränderung des Grundaktenbestandes ist damit nicht verbunden.

Abs. 3 zielt demgegenüber auf die Verringerung bereits des Grundaktenbestands und -anfalls bei den Grundbuchämtern ab. (Zum Verhältnis von Abs. 1 und Abs. 3 siehe unten Rdn 16.)

Die praktische Umsetzung von Abs. 1 und 2 erfolgt auf der Grundlage allgemeiner Verwaltungsanordnungen der Landesjustizverwaltungen,[4] von Abs. 3 durch Rechtsverordnung des Bundesministeriums der Justiz mit Zustimmung des Bundesrates, die bisher jedoch nicht erlassen wurde.

---

1 BGBl I 1993, S. 2182.
2 BGBl I 2009, S. 2713.
3 BGBl I 1985, S. 2355.
4 Dazu Meikel/*Dressler*, § 10a Rn 19 ff.

B. Gegenstand der papierlosen Archivierung

4 Papierlos archiviert werden können grundsätzlich **die gesamten vom Grundbuchamt zu verwahrenden Grundakten**. Da die Einreichung von Dokumenten auf Bild- oder Datenträger entsprechend § 8a Abs. 4 HGB nicht vorgesehen wurde, müssen sämtliche Dokumente dem Grundbuchamt zunächst in Papierform vorgelegt werden. Die Erfassung wird durch das Grundbuchamt selbst besorgt. Aufzubewahrende Urkunden sind

- gem. § 10 GBO Urkunden, auf die eine Eintragung sich gründet oder Bezug nimmt
- gem. sonstiger bundesrechtlicher Vorschriften: §§ 873 Abs. 2, 876 S. 3 BGB sowie Sondervorschriften für die neuen Bundesländer
- sonstige das Grundstück betreffende und zu den Grundakten genommene Schriftstücke (Verfügungen, Briefentwürfe, Zustellungsnachweise, Kostenrechnungen).

5 **Geschlossene Grundbücher** können unabhängig davon nach Abs. 1 archiviert werden, ob sie vorher in Papierform oder elektronisch[5] geführt wurden.

C. Technische Verfahren

6 § 10a GBO legt sich nicht auf bestimmte Verfahren fest, sondern ist gegenüber allen geeigneten Archivierungsmethoden – auch künftigen technologischen Entwicklungen – offen, sofern dauerhaft die Wiedergabe oder die Lesbarmachung der Daten sichergestellt ist.

7 Bei der beispielhaft genannten Wiedergabe auf einem **Bildträger** wird durch Mikroverfilmung ein verkleinertes, analoges Abbild des Schriftstücks hergestellt. In der Praxis sind hierfür unterschiedliche Verfahren im Einsatz.[6] Einzelheiten zum Vorgehen bei der Herstellung sowie zur Behandlung von Schriftgut und Mikrofilmen enthalten die **Grundsätze für die Mikroverfilmung von Schriftgut in der Rechtspflege und Justizverwaltung**, deren Anwendung den Landesjustizverwaltungen von der Bund-Länder-Kommission für Datenverarbeitung und Rationalisierung in der Justiz mit Beschl. v. 29.10.1990 empfohlen wurde.[7]

8 Welche **anderen Datenträger** verwendet werden können, wurde zweckmäßigerweise mit Rücksicht auf den ständigen und rasanten Fortschritt im Bereich der elektronischen Archivierung nicht im Einzelnen festgelegt. In Frage kommen – im Unterschied zur analogen Wiedergabe – vor allem Speichermedien, die mit digitalen Daten beschrieben werden können, also Magnetplatten oder -bänder, Disketten, CD-ROM, WORM o.Ä. Entsprechend den Vorschriften über das maschinelle Grundbuch bleibt es der für die Entscheidung über die Erfassung zuständigen Stelle überlassen, ob die Speicherung in codierter Form (als elektronische Zeichen) oder in nichtcodierter Form (als Bilddaten) erfolgt (vgl. § 126 GBO Rdn 12). Wünschenswert ist praktischerseits das Scannen und Erzeugen von Bilddateien (CI- und NCI-Dateien).[8]

9 Die nachträgliche Erfassung vorhandener, großer Papiermengen wird aus Gründen der Praktikabilität und aus wirtschaftlichen Gründen fast immer durch Mikroverfilmung oder durch Scannen erfolgen und im letzteren Fall regelmäßig zur Speicherung als Bilddaten führen. Die nachträgliche Umwandlung in codierte Daten durch den Einsatz sog. OCR[9]-Software ist möglich, erfordert aber mit Rücksicht auf eine je nach Qualität der zum Einsatz gelangenden Vorlagen und technischen Komponenten nicht unbeträchtliche Erkennungsfehlerquote hohen Nachbearbeitungsaufwand, der nur dort lohnend ist, wo die erfassten Daten zur unmittelbaren Weiterverarbeitung zur Verfügung gestellt werden. Zur vergleichbaren Problematik beim maschinellen Grundbuch vgl. § 126 GBO Rdn 12.

10 Zur **Lesbarmachung** von Bildträgern sind spezielle Lesegeräte erforderlich, die eine vergrößerte Darstellung der Daten auf einem Sichtschirm ermöglichen. Auch die Herstellung von Fotokopien ist möglich. Bei anderen Datenträgern wird die Wiedergabe, wie bei EDV-Anlagen üblich, an geeigneten Bildschirmen oder durch Ausdruck erfolgen. Da in beiden Fällen eine unmittelbare sinnliche Wahrnehmung der

---

5 Einzelheiten bei Meikel/*Dressler*, § 10a Rn 28 ff.
6 Meikel/*Dressler*, § 10a Rn 11 ff.
7 Abgedruckt bei Meikel/*Dressler*, im Anh. zu § 10a.

8 Eingehend Hügel/*Wilsch*, § 10a Rn 2.
9 Optical Character Recognition (Optische Schrifterkennung).

gespeicherten Daten nicht mehr möglich ist, müssen Vorkehrungen getroffen werde, die die Verfügbarmachung der Daten innerhalb angemessener Zeit und dauerhaft gewährleisten. Dies schließt Vorkehrungen gegen den unangemessen langen Ausfall der Wiedergabeeinrichtungen ebenso ein wie die rechtzeitige Anpassung an dem Stand der Technik entsprechende neue Speicherverfahren.

Der Gesetzgeber konnte jedoch mit Rücksicht auf die Aufbewahrung der Originale (siehe Rdn 15) hier darauf verzichten, so strenge Anforderungen an die Datenhaltung wie § 126 Abs. 1 S. 2 GBO für das maschinelle Grundbuch zu stellen. **11**

D. Vorgehen bei Herstellung der Bild- oder Datenträger

Abs. 2 stellt eine Reihe von Anforderungen auf, die die Übereinstimmung von Original und Wiedergabe so weit wie möglich gewährleisten, etwaige farbliche Abweichungen ersichtlich machen und die Originale für die dann eingeschränkten Fälle der Einsichtnahme verfügbar halten sollen. **12**

Nach der Erfassung auf Bild- oder Datenträger ist die Wiedergabe – und nicht das Original – Gegenstand der Einsichtnahme in die Grundakten. Es muss daher vom Urkundsbeamten der Geschäftsstelle (§ 12c Abs. 2 Nr. 5 GBO) ein **schriftlicher Nachweis** darüber gefertigt werden, dass Wiedergabe und Originalurkunde übereinstimmen, damit erforderlichenfalls von der Wiedergabe beglaubigte Abschriften erstellt werden können. Original im Sinn der Vorschrift sind auch Ausfertigungen und beglaubigte Abschriften von notariellen Urkunden, die zum Grundbuchamt eingereicht werden, während die Urschrift in der Urkundensammlung des Notars verbleibt. Das Grundbuchamt kann daher solche Dokumente nicht dem Einreicher zurückgeben und Beteiligte an den Notar verweisen mit der Begründung, die Urschrift einer Urkunde werde dort verwahrt.[10] **13**

Herkömmliche Verfahren zur papierlosen Archivierung sind meist nicht in der Lage, **farbliche Eintragungen** entsprechend wiederzugeben. Sie erscheinen in der Regel schwarz auf dem Sicht- oder Bildschirm. Notarielle Urkunden enthalten jedoch häufig farbliche Hervorhebungen, etwa zur Kenntlichmachung des Ausübungsbereichs von Dienstbarkeiten, Sondernutzungsrechten o.Ä. Der schriftliche Nachweis muss hierüber Aufschluss geben, damit in Zweifelsfällen das Original herangezogen werden kann. Der Gesetzeswortlaut ist mit Rücksicht auf die zunehmende Üblichkeit der Verwendung von Geräten, die zur Wiedergabe von Farben in der Lage sind, so zu verstehen, dass der Hinweis dann entfallen kann, wenn eine farblich korrekte Wiedergabe sichergestellt ist.[11] Zur vergleichbaren Problematik beim maschinellen Grundbuch siehe § 91 S. 2 GBV. **14**

Die **Originale** sind schließlich **den zuständigen staatlichen**[12] **Stellen zur Aufbewahrung** zu übergeben. Die Einsichtnahme in die nicht vom Grundbuchamt aufbewahrten Dokumente ist nur noch unter den eingeschränkten Voraussetzungen von § 12b Abs. 3 GBO zulässig, da – wie der Vorschrift implizit zu entnehmen – der neue Aufbewahrungsort entsprechend dem Zweck der Vorschrift normalerweise außerhalb und entfernt vom Grundbuchamt liegen wird. Ein solcher Fall wird etwa vorliegen, wenn es auf eine genaue farbliche Kennzeichnung ankommt, die in der Wiedergabe nicht erkennbar ist. An die Stelle der Originale tritt im regelmäßigen Einsichtsbetrieb die Wiedergabe auf Bild- oder Datenträger. **15**

E. Aussonderung von Schriftstücken

Im Gegensatz zur papierlosen Archivierung nach Abs. 1 und 2, die den Grundaktenbestand lediglich verlagert, soll die Aussonderung von Schriftstücken nach Abs. 3 den Papierbestand und -anfall vermindern. Die weitere Aufbewahrung der ausgesonderten Originale ist nicht vorgesehen. **16**

Ausgesondert und anschließend **vernichtet** werden dürfen aber nur solche Schriftstücke, die zur Führung des Grundbuchs nicht benötigt werden. Die Rechtsverordnung, die die Aussonderung, die von ihr betroffenen Schriftstücke und die Einzelheiten des Verfahrens regeln soll, ist bisher nicht erlassen worden. **17**

---

10 *Demharter*, § 10a Rn 7.
11 Vgl. Begründung des Regierungsentwurfs zum RegVBG, BT-Drucks 12/5553, S. 61.
12 Wegen der Verpflichtung, Einsicht auch in die Originalurkunden zu gewähren, *Demharter*, § 10a Rn 6.

18 Der Intention, den papierenen Grundaktenanfall einzudämmen, dienen auch die vom Bundesministerium der Justiz im Einvernehmen mit den Landesjustizverwaltungen und der Bundesnotarkammer herauszugebenden Anwendungsempfehlungen gem. § 24a GBV.

F. Künftige Entwicklungen

19 Die derzeitige Fassung von § 10a GBO berücksichtigt auch in der Aktualisierung durch Gesetz vom 11.8.2009[13] und unter Berücksichtigung der künftigen Entwicklungen durch das Datenbankgrundbuch nach dem Gesetz vom 1.10.2013[14] die Umstellungsschwierigkeiten, die angesichts der fraglichen Datenmengen mit der **Einführung einer vollelektronischen Grundaktenführung** entsprechend dem maschinellen Grundbuch verbunden wären. Statt eines nicht zu bewältigenden „Technologiesprungs"[15] sind die Voraussetzungen für einen fließenden Übergang geschaffen. Gleichwohl stellt die elektronische Grundaktenführung ein Rationalisierungspotential dar, das auch aus Sicht der Benutzer des Grundbuchs attraktive Perspektiven erlaubt:[16]

– Die Möglichkeit der Online-Einsichtnahme im Fernabrufverfahren auch in die Grundakten etwa würde den Gang zum Grundbuchamt in den nicht seltenen Fällen ersparen, in denen allein die Einsichtnahme in den Grundbuchinhalt zur sachgerechten Bearbeitung einer Angelegenheit nicht ausreicht.[17] Die Belastung der Geschäftsstellen der Grundbuchämter würde hierdurch entsprechend verringert.

– Die elektronische Einreichung von Daten[18] und die Möglichkeit zum Abruf von in kodierter Form gespeicherten elektronischen Daten[19] würde die Übergabe bzw. die Übernahme bereits erfasster Texte ermöglichen und die bei der Umwandlung von papierenen Dokumenten in elektronische Daten und umgekehrt auftretenden Medienbrüche vermeiden. Die Übernahme bereits vorhandener elektronischer Dokumente, etwa aus den EDV-Anlagen der Notare, könnte überdies den Aufbau elektronischer Grundakten wesentlich erleichtern.

– Eine stärkere Heranziehung der Urkundensammlung der Notare zur Einsichtnahme würde sowohl im Sinn von § 10a Abs. 1 GBO als auch Abs. 3 entlastend wirken, und zwar sowohl bei konventioneller Grundaktenführung als auch im Hinblick auf eine spätere EDV-Umstellung.[20]

§ 11 [Ausgeschlossene Organe]

Eine Eintragung in das Grundbuch ist nicht aus dem Grunde unwirksam, weil derjenige, der sie bewirkt hat, von der Mitwirkung kraft Gesetzes ausgeschlossen ist.

A. Allgemeines 1	II. Ablehnung durch Beteiligte 6
B. Die Anwendung des § 6 FamFG 2	E. Handlungen eines ausgeschlossenen
C. Die Ausschließung kraft Gesetzes 3	Grundbuchbeamten 7
D. Die Ablehnung wegen Besorgnis der	I. Grundbucheintragung 7
Befangenheit 4	II. Sonstige Entscheidungen 8
I. Selbstablehnung 4	

---

13 BGBl I 2009, S. 2719.
14 BGBl I 2013, S. 3719.
15 BT-Drucks 12/5553, 61; *Demharter*, § 10a Rn 7.
16 Vgl. Nrn. 45, 46 VwV Grundbuchsachen Sachsen.
17 *Becker*, Das automatisierte Abrufverfahren des elektronischen Grundbuchs, BNotK-Intern 4, 97 in DNotI-Report 23, 1997, 6 f.

18 Für das elektronische Grundbuch angedacht im Pilotprojekt der Bundesnotarkammer mit den Staatsministerien der Justiz in Bayern und Sachsen, vgl. *Göttlinger*, Pilotprojekt Elektronisches Grundbuch: Einsatz in Sachsen, DNotZ 1995, 381 f.
19 Abschlussbericht zu dem vorstehend genannten Pilotprojekt (nicht veröffentlicht).
20 BT-Drucks 12/5553, 61.

A. Allgemeines

§ 11 GBO behandelt die Frage, inwieweit das Bestehen von Ausschließungsgründen Einfluss auf das Verfahren des Grundbuchamts hat. Die Vorschrift ist lex specialis zu § 6 FamFG und dient der Sicherheit des Rechtsverkehrs und dem Schutz des öffentlichen Glaubens des Grundbuchs.[1]

Betroffen von der Vorschrift sind der (praktisch nicht vorkommende) Grundbuchrichter, der Rechtspfleger (§ 10 RPflG), der Urkundsbeamte, der (durch das maschinell geführte Grundbuch obsolete) zweite Beamte zur Unterschriftsleistung im Grundbuch, der ermächtigte Justizangestellte und der Präsentatsbeamte (vgl. dazu § 1 GBO Rdn 18 ff.).

Für die Mitglieder des Beschwerdegerichts finden die §§ 41 ff. ZPO über § 81 Abs. 2 GBO Anwendung.

B. Die Anwendung des § 6 FamFG

§ 6 Abs. 1 FamFG verweist für die Ablehnung und Ausschließung der Gerichtspersonen auf §§ 41 bis 49 ZPO.

C. Die Ausschließung kraft Gesetzes

Von der Mitwirkung oder Tätigkeit kraft Gesetzes ist ausgeschlossen, für wen die Ausschließungsgründe des § 41 ZPO gelten. Diese gelten über § 6 Abs. 1 FamFG unmittelbar für Rechtspfleger und UdG, ohne dass es noch einer Verweisung bedürfte, § 10 RPflG ist insoweit obsolet.[2] Ausschließungsgrund ist insbesondere die Selbstbetroffenheit oder Betroffenheit eines Ehegatten oder eingetragenen Lebenspartners, auch wenn die Ehe oder die Lebenspartnerschaft nicht mehr bestehen.[3]

D. Die Ablehnung wegen Besorgnis der Befangenheit

I. Selbstablehnung

Bei Besorgnis der Befangenheit im Sinne des § 42 Abs. 2 ZPO kann der Richter/Rechtspfleger/UdG sich sowohl selbst ablehnen als auch durch einen Beteiligten mit entsprechendem Gesucht abgelehnt werden.

Befangenheit liegt vor, wenn der Richter/Rechtspfleger/UdG wegen seiner Beziehung zu dem/den Beteiligten, einem Verfahrensbevollmächtigten oder zum Verfahrensgegenstand in der betreffenden Sache nicht unvoreingenommen amtieren kann oder jedenfalls ein unbefangen denkender Beteiligter von seinem Standpunkt aus bei besonnener und vernünftiger Würdigung Grund haben kann, daran zu zweifeln.[4]

Selbstablehnung ist möglich, wenn nach Auffassung des zuständigen Bediensteten selbst Befangenheit i.S.d. vorstehenden Darlegungen vorliegt. Nach § 48 Abs. 1 ZPO hat der betroffene Bedienstete dies anzuzeigen. Der (im Grundbuchverfahren praktisch nicht tätige) Richter hat seine Anzeige an die Zivilkammer des Landgerichts zu richten (§ 48 Abs. 1 mit § 45 Abs. 2 ZPO, §§ 72, 100 GVG), der Rechtspfleger richtet seine Anzeige an den zuständigen Richter (§§ 10, 28 RPflG). Für den Urkundsbeamten gilt § 49 ZPO. Über die Selbstablehnung entscheidet der zuständige Richter nach § 45 ZPO.[5] Lediglich bei ganz offensichtlichem Rechtsmissbrauch durch das Ablehnungsgesuch kann der betroffene Richter/Rechtspfleger selbst entscheiden.[6]

II. Ablehnung durch Beteiligte

Bei Ablehnung durch die Verfahrensbeteiligten gelten die **§§ 42 bis 48 ZPO** über § 6 FamFG.[7]

---

1 Meikel/*Böttcher*, § 11 Rn 1; Bauer/Schaub/*Maaß*, § 11 Rn 1.
2 Lemke/*Schneider*, § 11 Rn 6; *Wilsch*, FGPrax 2009, 243.
3 Eingehend zu den Gründen Zöller/*G. Vollkommer*, § 41 ZPO Rn 6 ff.; Schulte-Bunert/Weinreich/*Schöpflin*, § 6 FamFG Rn 4 ff.
4 Siehe im Einzelnen Zöller/*G. Vollkommer*, § 42 ZPO Rn 11 ff.
5 Lesenswert auch zu verfassungsrechtlichen Aspekten Meikel/*Böttcher*, § 11 Rn 20.
6 BGH NJW-RR 2005, 1226 = Rpfleger 2005, 415.
7 So bereits vor Geltung des FamFG BayObLGZ 1967, 474 = NJW 1968, 802; OLG Braunschweig Rpfleger 1970, 167; *Keidel*, Rpfleger 1969, 181, 183.

E. Handlungen eines ausgeschlossenen Grundbuchbeamten

I. Grundbucheintragung

7 Hier ist nach § 11 GBO zu unterscheiden zwischen Eintragungen und den anderen grundbuchamtlichen Tätigkeiten im weitesten Sinn. **Eintragungen** sind nach § 11 GBO nicht deshalb unwirksam, weil sie von einem kraft Gesetzes ausgeschlossenen Grundbuchbeamten bewirkt worden sind. Sie entfalten volle Rechtswirkung und nehmen am öffentlichen Glauben des Grundbuchs teil. Die Eintragung durch einen ausgeschlossenen Bediensteten ist damit auch keine Gesetzesverletzung im Sinne des § 53 Abs. 1 S. 1 GBO.

II. Sonstige Entscheidungen

8 Bis über die Selbstablehnung oder den Ablehnungsantrag entschieden ist, gilt § 47 ZPO: Der Betroffene darf **nur solche Handlungen** vornehmen, **die keinen Aufschub gestatten**. Diese Handlungen bleiben auch dann voll wirksam, wenn die Ablehnung für begründet erklärt wird.[8] Wird der Rahmen des § 47 ZPO überschritten, werden also Handlungen vorgenommen, ist die Maßnahme zunächst wirksam, jedoch – sofern gegen sie überhaupt eine Anfechtungsmöglichkeit besteht (vgl. dazu § 71 GBO Rdn 1 ff.) – wegen Verstoßes gegen § 47 ZPO anfechtbar.[9] Gleiches gilt für ein Tätigwerden nach rechtskräftiger Ablehnung. Die nach § 47 ZPO verbotene Amtshandlung kann dabei einen neuen Ablehnungsgrund begründen.[10]

§ 12 [Einsicht in das Grundbuch]

(1) Die Einsicht des Grundbuchs ist jedem gestattet, der ein berechtigtes Interesse darlegt. Das gleiche gilt von Urkunden, auf die im Grundbuche zur Ergänzung einer Eintragung Bezug genommen ist, sowie von den noch nicht erledigten Eintragungsanträgen.

(2) Soweit die Einsicht des Grundbuchs, der im Absatz 1 bezeichneten Urkunden und der noch nicht erledigten Eintragungsanträge gestattet ist, kann eine Abschrift gefordert werden; die Abschrift ist auf Verlangen zu beglaubigen.

(3) Das Bundesministerium der Justiz und für Verbraucherschutz kann durch Rechtsverordnung mit Zustimmung des Bundesrates bestimmen, dass
1. über die Absätze 1 und 2 hinaus die Einsicht in sonstige sich auf das Grundbuch beziehende Dokumente gestattet ist und Abschriften hiervon gefordert werden können;
2. bei Behörden von der Darlegung des berechtigten Interesses abgesehen werden kann, ebenso bei solchen Personen, bei denen es auf Grund ihres Amtes oder ihrer Tätigkeit gerechtfertigt ist.

(4) Über Einsichten in Grundbücher und Grundakten sowie über die Erteilung von Abschriften aus Grundbüchern und Grundakten ist ein Protokoll zu führen. Dem Eigentümer des betroffenen Grundstücks oder dem Inhaber eines grundstücksgleichen Rechts ist auf Verlangen Auskunft aus diesem Protokoll zu geben, es sei denn, die Bekanntgabe würde den Erfolg strafrechtlicher Ermittlungen oder die Aufgabenwahrnehmung einer Verfassungsschutzbehörde, des Bundesnachrichtendienstes oder des Militärischen Abschirmdienstes, der Zentralstelle für Sanktionsdurchsetzung oder die Zentralstelle für Finanztransaktionsuntersuchungen gefährden. Das Protokoll kann nach Ablauf von zwei Jahren vernichtet werden. Einer Protokollierung bedarf es nicht, wenn die Einsicht oder Abschrift dem Auskunftsberechtigten nach Satz 2 gewährt wird.

A. **Allgemeines**	1	III. Datenschutz und öffentliches Interesse	3
I. Rechtsgeschichte	1	B. **Voraussetzungen des Einsichtsrechts**	4
II. Materielle und formelle Publizität des Grundbuchs	2	I. Die Möglichkeit der Einsichtserlangung	4
		II. Das berechtigte Interesse	5

---

8 Zöller/*G. Vollkommer*, § 47 ZPO Rn 3.
9 BGH NJW-RR 2007, 775; BayObLGZ 1969, 7 = Rpfleger 1969, 209.
10 Zöller/*G. Vollkommer*, § 47 ZPO Rn 4.

III. Die Einsicht im Verwaltungswege 8	E. Die Erteilung von Abschriften 13
IV. Einzelfälle 9	F. Verfahren und Rechtsbehelfe 14
C. Der Umfang der Einsicht 10	I. Zuständigkeit und rechtliches Gehör 14
I. Grundbuch, Grundakte, Eintragungsanträge 10	II. Rechtsbehelfe 16
II. Beschränkung der Einsicht auf einzelne Abteilungen 11	G. Dokumentation der Grundbucheinsicht nach Abs. 4 18
D. Die Ausübung der Einsicht 12	

A. Allgemeines
I. Rechtsgeschichte

Die Vorschrift regelt die Voraussetzungen der Einsichtsgewährung in das Grundbuch. Mit der Führung der Verzeichnisse nach § 12a GBO und spätestens seit Einführung des maschinell geführten Grundbuchs hat die Grundbucheinsicht mit der Möglichkeit umfangreicher Recherchen große Bedeutung erlangt.[1] Die Grundbucheinsicht steht seit jeher im Spannungsfeld zwischen Publizität und Schutz personenbezogener Daten. Mit Blick auf ausländische Rechtsvorschriften, die eine unbeschränkte Einsicht in das Grundbuch kennen, wird dabei auch das Erfordernis der Darlegung des berechtigten Interesses als Schranke zur Einsichtsgewährung immer wieder kritisch diskutiert.

1

Die Grundbucheinsicht wird flankierend geregelt in §§ 45, 46, 46a GBV (letzterer parallel zu Abs. 4 eingefügt). Die Einsicht in das maschinell geführte Grundbuch regeln die §§ 131–133 sowie §§ 77–84 und 99 GBV. Durch den mit Wirkung zum 1.9.2013[2] eingefügten § 133a GBO kann die Mitteilung des Grundbuchinhalts unter Wahrung des § 12 GBO auch durch einen Notar erfolgen. Für die Einsicht in die Grundakten gilt, soweit nicht Abs. 1 S. 2 eingreift, § 46 GBV i.V.m. § 142; für die Verzeichnisse des Grundbuchamts (siehe § 12a GBO Rdn 1 ff.); für Grundbücher, die nicht beim Grundbuchamt verwahrt werden, gilt § 12b GBO.

Abs. 3 wurde geändert durch Gesetz v. 19.4.2006 (BGBl I 2006, 866); Abs. 4 wurde angefügt m.W.v. 1.10.2014 durch DaBaGG v. 1.10.2013 (BGBl I 2013, 3719).

II. Materielle und formelle Publizität des Grundbuchs

Der **materielle Publizitätsgrundsatz** mit seinen Vermutungs- und Gutglaubensschutzwirkungen (§§ 891, 892, 893 BGB) setzt voraus, dass das Grundbuch in weitgehendem Maße der Einsicht durch die am Rechtsverkehr Teilnehmenden unterliegt. Die materiell-rechtliche Zurechnung des Buchinhaltes ist nur gerechtfertigt, wenn das Verfahrensrecht die Möglichkeit einräumt, das Grundbuch einzusehen und sich dadurch Gewissheit über die den materiellen Rechtsvorgang beeinflussenden Eintragungen zu verschaffen (formelles Publizitätsprinzip).[3] Andererseits darf aber nicht verkannt werden, dass durch die Einsicht Dritter der Grundstückseigentümer nicht unbeträchtlich betroffen werden kann. Insbesondere durch das mit dem Recht auf Bucheinsicht korrespondierende Recht auf Akteneinsicht (vgl. § 46 GBV Rdn 2) und auf Einsicht in nicht erledigte Eintragungsanträge[4] können Kenntnisse über schuldrechtliche Vereinbarungen aller Art, über Zahlungsverpflichtungen und deren Modalitäten erlangt werden. Eine auf den **Schutz der Individualsphäre des einzelnen** bedachte Rechtspraxis wird daher dafür zu sorgen haben, dass eine zu großzügige Interpretation des § 12 auf eine sachgerechte Abwägung der oft widerstreitenden Interessen zurückzuführen ist. Wesentlich für eine Bewältigung des Wertungsproblems ist die klare Erkenntnis, dass das Grundbuch keine allgemeine Auskunfts- u. Informationseinrichtung für Personen mit noch so berechtigten Interessen an bestimmten Fragen ist. Der Zusammenhang mit der materiellen Publizität macht deutlich: Nur wer in Bezug auf das im Buch Verlautbarte rechtlich(!) zu handeln beabsichtigt, bedarf der Einsicht und hat ein Recht auf sie. Jedes andere, noch so ehrenwerte und anerkennenswerte Interesse (insbes. journalistische Recherchen) ist hier nachrangig; eine nahezu grenzenlos

2

---

[1] Siehe dazu die Leitlinien der Bund-Länder-Kommission für Datenverarbeitung und Rationalisierung in der Justiz; abgedr. bei Meikel/*Dressler-Berlin*, vor § 126 Rn 48.
[2] Art. 5 Nr. 3 des Gesetzes vom 26.6.2013 (BGBl I 2013, 1800).
[3] Meikel/*Böttcher*, § 12 Rn 2; *Melchers*, Rpfleger 1993, 309; *Schreiner*, Rpfleger 1980, 51.
[4] *Demharter*, § 12 Rn 1.

nachgiebige Rspr. verkennt häufig den Sinn und Zweck der Norm. Gleichwohl werden durch die Rechtsprechung Gründe anerkannt, die ein Einsichtsrecht in das Grundbuch im öffentlichen Interesse rechtfertigen (eingehend „Presse" vgl. Rdn 3, 9).[5]

III. Datenschutz und öffentliches Interesse

3 § 12 GBO geht den Vorschriften des Bundesdatenschutzgesetzes als lex specialis vor. Sie regelt die Voraussetzungen der Einsichtsgewährung autonom, datenschutzrechtliche Bestimmung müssen auch nicht zur Definition des Begriffs des berechtigten Interesses herangezogen werden.[6] Die Vorschrift ist verfassungsrechtlich nicht zu beanstanden.[7] Dennoch und gerade deshalb muss § 12 GBO aber unter Berücksichtigung des verfassungsmäßig garantierten Rechts auf informationelle Selbstbestimmung ausgelegt und angewendet werden.[8] Auch müssen die Anforderungen der sog. Datenschutz-Grundverordnung (DSGVO) beachtet werden, die als EU-Verordnung unmittelbar geltendes Recht ist (Verordnung (EU) 2016/679 vom 27.4.2016 zum Schutz natürlicher Personen bei der Verarbeitung personenbezogener Daten, zum freien Datenverkehr und zur Aufhebung der Richtlinie 95/46/EG; ABl L 119/1 vom 4.5.2016) und seit 25.5.2018 verbindlich zu beachten ist. § 12 GBO ist deshalb in einzelnen Anwendungsfragen unter Beachtung der DSGVO auszulegen und anzuwenden. Nach Art. 5 ff. DGSVO müssen personenbezogene Daten rechtmäßig und transparent sowie in nachvollziehbarer Weise verarbeitet werden. Der Zweck ihrer Erhebung muss eindeutig festgelegt sein. Die Eintragung im Grundbuch entspricht diesen Erfordernissen selbstverständlich. Die Verarbeitung der personenbezogenen Daten durch Eintragung in das Grundbuch bedarf keiner ausdrücklichen Einwilligung des Betroffenen, da sie rechtlich geregelt im öffentlichen Interesse liegt (Art. 6 Abs. 1 Buchst. c und e DGSVO). Die Grundbucheinsicht stellt eine Übermittlung personenbezogener Daten dar, die den Anforderungen der Rechtmäßigkeit und Transparenz entsprechen muss. Dies wird durch das Erfordernis der Darlegung des berechtigten Interesses in § 12 GBO grundsätzlich gewährleistet. Da die DGSVO aber auch die Einwilligung des Betroffenen in die Erhebung, Verarbeitung und Weitergabe seiner Daten als Grundvoraussetzung regelt, ist in Einzelfällen zu prüfen, ob vor Gewährung einer Grundbucheinsicht rechtliches Gehör zu gewähren ist. Dies ist dann zu bejahen, wenn die Gewährung rechtlichen Gehörs den Zweck der Grundbucheinsicht entsprechend dem dargelegten Interesse nicht verletzt. So wird bei der Grundbucheinsicht eines Vollstreckungsgläubigers dem Eigentümer kein rechtliches Gehör zu gewähren sein, bei der Einsicht eines Journalisten dagegen schon (allgemein Rdn 14, insbes. aber Rdn 9 „Presse").

Ein besonderes öffentliches Interesse insbesondere der Presse an einer Grundbucheinsicht kann in der Abwägung der Rechte des Eigentümers zu denen der Allgemeinheit eine Grundbucheinsicht zwar rechtfertigen,[9] die Pressefreiheit des Art. 5 Abs. 1 S. 2 GG darf in dieser Güterabwägung aber nicht über jedes andere Rechtsgut gestellt werden. Sie überwiegt meist dann gegenüber dem informationellen Selbstbestimmungsrecht, wenn Personen des öffentlichen Lebens betroffen sind; faktisch interessiert sich die Presse aber auch nur dann für den Grundbuchinhalt.[10] Hinzukommen muss, dass konkrete Recherche-

---

5 KG FGPrax 2004, 58 = Rpfleger 2004, 346; *Demharter*, § 12 Rn 7; Hügel/*Wilsch*, § 12 Rn 2; Lemke/*Schneider*, § 12 Rn 1, 12; strenger dagegen OLG Düsseldorf FGPrax 1997, 258 = Rpfleger 1997, 258; OLG Karlsruhe ZEV 2009, 42; Meikel/*Böttcher*, § 12 Rn 7.

6 Einsicht abgewiesen gegenüber einer Privatperson, welche die Rechtmäßigkeit von auf den Grundstücken zur Überwachung öffentlich zugänglicher Bereiche installierten Videoüberwachungsanlagen nach dem BDSG kontrollieren, OLG Frankfurt a.M. ZD 2019, 274; allgemein *Demharter*, § 12 Rn 3; Bauer/Schaub/*Maaß*, § 12 Rn 5; Lemke/*Schneider*, § 12 Rn 17; *Melchers*, Rpfleger 1993, 309; einschränkend Meikel/*Böttcher*, § 12 Rn 13; a.A. *Nieder*, NJW 1984, 329.

7 BVerfGE 64, 229 = NJW 1983, 2811 = Rpfleger 1983, 338.

8 Grundlegend zum Grundrecht auf informationelle Selbstbestimmung als Ausfluss des allgemeinen Persönlichkeitsrechts nach Art. 2 Abs. 1 GG BVerfGE 65, 1 = NJW 1984, 419 (Volkszählungsurteil).

9 BVerfG NJW 2001, 503 = Rpfleger 2001, 15; OLG Düsseldorf NJW-RR 1992, 695 = Rpfleger 1992, 18; OLG Hamm DNotZ 1989, 376 = Rpfleger 1988, 473; KG NJW 2002, 223 = Rpfleger 2001, 539; Meikel/*Böttcher*, GBO, § 12 Rn 6; *Demharter*, GBO, § 12 Rn 10; Hügel/*Wilsch*, GBO, § 12 Rn 6.

10 Besonders lesenswert zur Einsicht in das Grundbuch des seinerzeit amtierenden Bundespräsidenten zur Ermittlung der Finanzierungsverhältnisse seiner Immobilie BGH NJW-RR 2011, 1651 = ZfIR 2011, 822 m. Anm. *Böttcher*, ZfIR 2011, 812.

tatbestände bezogen auf den Grundbesitz als Interesse i.S.d. § 12 GBO dargetan werden müssen.[11] Die Presse darf nicht mit dem pauschalen Verweis auf das eigene Pressegeheimnis die Offenlegung von Daten verlangen, die von Gesetzes wegen gerade nicht offen sind.

Ein berechtigtes öffentliches Interesse an Grundbucheinsicht kann fehlen, wenn die Informationsbeschaffung auf einfacherem Wege möglich ist oder wenn ersichtlich ist, dass die Einsicht allein der Belästigung und Schikane dient.[12]

B. Voraussetzungen des Einsichtsrechts
I. Die Möglichkeit der Einsichtserlangung

Die Gewährung der Grundbucheinsicht kann auf zweierlei Weise erlangt werden: 4

- **durch Antragstellung** gem. § 12 GBO **beim Grundbuchamt;** über den Antrag wird in einem durch die Grundbuchordnung geregelten justiziellen Verfahren entschieden (siehe unten Rdn 14 ff.),
- **durch Antrag bei der zuständigen Justizverwaltungsbehörde;** über diesen Antrag wird im Verwaltungswege entschieden (siehe unten Rdn 8).

Beide Verfahren sind nicht nebeneinander oder wahlweise möglich, sie sind je nach dem für die Einsicht maßgebenden Zwecke gegeben. Das Verfahren nach § 12 GBO ist einzuschlagen, wenn die Einsicht aufgrund rechtlicher oder wirtschaftlicher Beziehungen zum Eigentümer verlangt wird, wenn die Einsicht also aufgrund des formellen Publizitätsgrundsatzes (siehe oben Rdn 1) begehrt wird. Wird die Einsicht wegen wissenschaftlicher, z.B. rechtsgeschichtlicher oder volkskundlicher Studien, oder zur Erfüllung öffentlicher Aufgaben verlangt (im Einzelnen siehe Rdn 8), so handelt es sich um ein im Verwaltungswege zu behandelndes Ersuchen.

II. Das berechtigte Interesse

§ 12 GBO setzt für die Gewährung der Einsicht das Bestehen eines **berechtigten Interesses** und dessen Darlegung voraus. Der Begriff des berechtigten Interesses ist weiter gefasst, als der des rechtlichen Interesses. Während letzteres regelmäßig eine Beziehung zu einem bereits bestehenden Rechtsverhältnis, eine Beeinflussung der privat- oder öffentlich-rechtlichen Situation des Betroffenen voraussetzt, umfasst das berechtigte Interesse z.B. auch wirtschaftliche Interessen, die allerdings rechtliche Fragestellungen mit berühren müssen. Der Begriff ist andererseits enger als der des wirtschaftlichen Interesses oder der bloßen Neugier, es genügt nicht jedes beliebige Interesse, sondern nur ein bei verständiger Würdigung der Sachlage und auch des vielleicht widerstreitenden Interesses des Grundstückseigentümers[13] als gerechtfertigt anzuerkennendes Interesse.[14] Berechtigt i.S.v. § 12 GBO ist nur ein solches Interesse, das sich darauf gründet, dass in Bezug auf das im Grundbuch Verlautbarte ein rechtlich relevantes Handeln beabsichtigt ist. Nur ein solches Interesse hat Bezug zur materiellen Publizitätswirkung: Wer durch das Grundbuch rechtlich handeln will, bedarf des Schutzes des Grundbuches. Das Grundbuch ist keine Bürgerauskunftei für interessante Dinge, sondern ein Instrument des Rechtsverkehrs. Es dient lediglich der Verlautbarung sachenrechtlicher Rechtsverhältnisse. Die in den Medien oder auch der Politik oft geäußerte Kritik, das Grundbuch sage nichts über den Wert einer Immobilie oder den „wahren Eigentümer" aus, wenn eine juristische Person als Rechtsinhaber eingetragen ist, geht fehl (dazu auch § 1 Einl. Rdn 12 ff.). Der Wert einer Immobilie ist ein lediglich wirtschaftlicher Tatbestand, der auch Schwankun- 5

---

11 BVerfG AfP 2000, 566; BVerfG NJW 2001, 503; OLG Hamm NJW 1988, 2482; KG FGPrax 2001, 223 = Rpfleger 2001, 539; OLG Stuttgart ZUM-RD 2013, 185; OLG München NJW-RR 2016, 806; Prüfung der Eigentumsverhältnisse einer „Wehrsportgruppe" OLG München NJW-RR 2016, 1062; OLG München NJW-RR 2017, 168 = NZM 2017, 269 m. Anm. *Wilsch*; bejahend bei Grundbuch des Clubhauses einer möglicherweise kriminellen Gruppe OLG München FGPrax 2016, 204; Beteiligungsverhältnis eines örtlichen Kreditinstituts OLG Düsseldorf FGPrax 2016, 7 m. Anm. *Keller* = Rpfleger 2016, 151; LG Mosbach Rpfleger 1990, 60.

12 BGH NJW-RR 1994, 381; Meikel/*Böttcher*, § 12 Rn 7; *Böhringer*, Rpfleger 1987, 181, 184.
13 BGH Rpfleger 1981, 287; BayObLG NJW 1993, 1142; BayObLG Rpfleger 1998, 338; BayObLGRpfleger 1999, 216; KG NJW 2002, 223, = Rpfleger 2001, 539; KG FGPrax 2004, 58 = Rpfleger 2004, 346.
14 *Schreiner*, Rpfleger 1980, 51; *Frohn*, RpflJB 1982, 343, 364; *Lüke*, NJW 1983, 1407; *Nieder*, NJW 1984, 329, 336; *Böhringer*, Rpfleger 1984, 181, 182 u. BWNotZ 1985, 102, 106; Meikel/*Böttcher*, § 12 Rn 3; Hügel/*Wilsch*, § 12 Rn 2. Das Erfordernis rechtlichen Handelns wird betont durch OLG Düsseldorf Rpfleger 1997, 258.

gen unterliegt, es ist nicht Sache des Grundbuchs, ihn zu verlautbaren. In diesem Zusammenhang muss auch die Auskunft an die Presse zur Befriedigung eines angeblich öffentlichen Interesses kritisch beurteilt werden, wenn bspw. der Kaufpreis erfragt wird, den ein Politiker für seine Immobilie angeblich bezahlt hat (§ 1 Einl. Rdn 26). Auch das Rechercheinteresse der Presse muss im Zusammenhang mit dem rechtlichen Inhalt des Grundbuchs stehen, auch wenn das Grundbuchamt nicht beurteilen darf, ob die erbetene Auskunft im Einzelfall geeignet ist, der Recherche zum Erfolg zu helfen.[15] Es müssen aber wenigstens die Kriterien für ein öffentliches Interesse sachlich nachvollziehbar sein. Daher steht auch einem Abgeordneten des Deutschen Bundestages oder der Volksvertretung eines Landes nicht allein aufgrund der Stellung als Abgeordneter ein Anspruch auf Grundbucheinsicht zu (siehe auch Rdn 9). Die Kontrollfunktion der Parlamente gegenüber Regierung und Verwaltung kann ein öffentliches Interesse an der Grundbucheinsicht begründen, dies setzt aber voraus, dass die Grundbucheinsicht der Aufklärung von Missständen oder Fehlverhalten im Bereich der Exekutive dient und nicht lediglich allgemeinen Informationszwecken. Daher besteht kein Einsichtsrecht, wenn durch die Grundbucheinsicht die Möglichkeiten der Enteignung von Wohnungsunternehmen ermittelt werden sollen,[16] oder wenn die Eigentumsverhältnisse religiöser Vereine ermittelt werden sollen.[17] Das Interesse einer Personengruppe, gegen eine bestimmte Person wegen ihres Berufes vorgehen zu wollen, stellt ebenso kein berechtigtes Interesse an der Grundbucheinsicht dar.[18] Ebenso wenig ist der Verdacht, bei der Vergabe von Grundstücksrechten (Erbbaurechten) benachteiligt worden zu sein, ein ausreichendes berechtigtes Interesse.[19] Schließlich ist eine öffentlich-rechtliche Rundfunkanstalt nicht kraft ihrer Stellung als Anstalt des öffentlichen Rechts zur Einsicht befugt, denkbar wäre ein Einsichtsrecht als Gläubigerin im Rahmen der Zwangsvollstreckung.[20]

6   Das **berechtigte Interesse** ist **darzulegen**, sofern nicht eine ausdrückliche Ausnahme von der Darlegungspflicht vorliegt. Darlegen ist weniger als Glaubhaftmachung i.S.d. § 31 FamFG oder § 294 ZPO, es ist jedoch mehr als bloßes Behaupten.[21] Gefordert wird das Vorbringen der das Interesse begründenden Tatsachen in solcher Art, dass das Grundbuchamt daraus die Überzeugung von der Berechtigung der verfolgten Interessen erlangen kann.[22] Es müssen damit entweder Privaturkunden oder öffentliche Urkunden vorgelegt werden, aus deren Inhalt und Sachzusammenhang bei vernünftiger Betrachtung das berechtigte Interesse festgestellt werden kann, oder es muss ein Sachvortrag schlüssig und widerspruchsfrei erfolgen. Ergeben sich begründete Bedenken – nicht nur Zweifel – gegen das Bestehen eines berechtigten Interesses, so kann die Glaubhaftmachung oder der volle Nachweis verlangt werden.[23]

Stützt der Beteiligte den Antrag auf Einsicht in verschiedene Unterlagen in den Grundakten zum Teil auf rechtliche oder wirtschaftliche, jedoch auch auf familiäre Gründe, ist es Sache des Gerichts zu unterscheiden, für welchen Teil des Einsichtsbegehrens das Grundbuchamt nach § 12 GBO zu entscheiden hat und für welchen Teil ggf. im Justizverwaltungswege zu entscheiden ist.[24]

7   Besonders geregelt ist das **Einsichtsrecht von Notaren, Behörden und Gerichten**. Auch sie müssen ein berechtigtes Interesse haben, müssen nach § 43 GBV dieses aber nicht darlegen, das berechtigte Interesse wird aufgrund ihrer Tätigkeit vermutet.[25] Das vermutete berechtigte Interesse umfasst das Grundbuch und die Grundakte, auch wenn zur Beurkundung nach § 21 BeurkG für den Notar haftungsrechtlich eine Einsicht in das Grundbuch genügen mag.[26]

---

15 Im Sachverhalt zu BGH NJW-RR 2011, 1651 = ZfIR 2011, 822 m. Anm. *Böttcher*, ZfIR 2011, 812, wollte die Presse durch Einsicht in Abt. III des Grundbuchs die Immobilienfinanzierung des damaligen Bundespräsidenten ermitteln, was nicht zwingend erfolgversprechend sein muss.
16 BGH FGPrax 2020, 103 m. Anm. *Holzer* = NJW 2020, 1511 = Rpfleger 2020, 448.
17 VerfGH Leipzig, Urt. v. 11.4.2018 – VCf. 77-I-17, juris.
18 OLG München NJW-RR 2017, 77 (Bürgerinitiative gegen „Abtreibungsarzt").
19 BayObLG Rpfleger 1999, 216; ähnl. BayObLG MittBayNot 1991, 170.
20 AG Meiningen ZfIR 1997, 698.
21 Vgl. dazu BayObLG Rpfleger 1983, 272; Hügel/*Wilsch*, GBO, § 12 Rn 13.
22 BayObLG BWNotZ 1983, 90; KG FGPrax 2004, 58 = Rpfleger 2004, 346; OLG München NJW-RR 2017, 266 = NZM 2017, 268; OLG München, Beschl. v. 14.6.2018 – 34 Wx 188/18, juris; Meikel/*Böttcher*, § 12 Rn 9; *Demharter*, § 12 Rn 13; Lemke/*Schneider*, § 12 Rn 14.
23 Meikel/*Böttcher*, § 12 Rn 9; *Demharter*, § 12 Rn 13; Lemke/*Schneider*, § 12 Rn 15.
24 OLG München NZFam 2017, 375.
25 LG Berlin Rpfleger 1997, 212; keine Einsicht des Notars auf Bitte eines Maklers hin, OLG Celle MittBayNot 2012, 65.
26 Dazu BGHZ 179, 94 = NJW 2009, 516 = DNotZ 2009, 444.

Bei Bediensteten oder Bevollmächtigten ist die Vollmacht von dem Notar oder der Behörde nachzuweisen. Die Vollmacht sollte insbesondere bei kanzleifremden Personen genau auf ein Grundstück bezogen sein. Vollmachten eines Notars an einen Immobilienmakler sind nicht anzuerkennen; auch sind Blankovollmachten, bei denen das Grundstück selbst ausgefüllt werden kann, nicht anzuerkennen. Weiß das Grundbuchamt, dass die Einsicht durch einen Notar nicht im Zusammenhang mit einer Beurkundungstätigkeit steht, ist die Einsicht zu verweigern. Gleiches für die Einsicht seitens einer Behörde, wenn feststeht, dass ein öffentliches Interesse nicht gegeben ist.[27]

Ein früheres Vorrecht der sog. **Bauschutzvereine** zur Grundbucheinsicht aus der AV vom 29.6.1937 (DJ 1029), wonach für diese § 43 GBV galt, ist durch Art. 4 Abs. 4 ERVGBGB v. 11.8.2009 (BGBl I 2009, 2713) weggefallen.[28]

III. Die Einsicht im Verwaltungswege

Anträge mit dem Ziel, im Verwaltungswege die Einsicht in einzelne bestimmte Grundbücher oder Grundakten oder bestimmte Gruppen von solchen zu gestatten, sind je nach landesrechtlicher Regelung dem zuständigen Landgerichtspräsidenten oder Gerichtsvorstand zur Entscheidung vorzulegen.[29]

Dem Antrag kann stattgegeben werden, wenn durch die Einsicht unterstützungswürdige Zwecke, insbesondere Studien geschichtlicher oder volkswirtschaftlicher Art, wohl auch Studien volkskundlicher oder künstlerischer Art gefördert werden. Hierher gehören auch Studien wissenschaftlicher Art (z.B. Rechtstatsachenforschung, etwa über die Gestaltungsformen verschiedener Rechtsgeschäfte, über die Häufigkeit des Vorkommens bestimmter Arten des Realkredits, bestimmter Sicherungsformen) oder wohl in seltenen Fällen Familien- und Ahnenforschung. Weitere Voraussetzungen der Einsichtsgewährung sind, dass die Belange Beteiligter nicht beeinträchtigt werden, dass ein Missbrauch entnommener Informationen ausgeschlossen ist und dass der Geschäftsgang des Grundbuchamtes nicht ungebührlich belastet wird.

Auf die Einsicht besteht in diesen Fällen kein Rechtsanspruch,[30] die Einsichtsgewährung liegt im freien Ermessen der zuständigen Justizverwaltung.[31]

IV. Einzelfälle

Abgeordnete: Im Zusammenhang mit umstrittenen Grundstücksgeschäften der öffentlichen Hand könnten Abgeordnete insbesondere von Kommunalparlamenten Einsicht in das Grundbuch verlangen. Zwar hat ein Parlament als solches die verfassungsrechtliche Stellung eines Kontrollorgans der Exekutive, nicht jedoch der einzelne Abgeordnete.[32] Das in einzelnen Landesverfassungen geregelte Einsichts- und Auskunftsrecht der Abgeordneten gegenüber der Verwaltung gewährt keine uneingeschränkte Grundbucheinsicht. Sie muss auf konkrete Tatbestände der Ausübung der Kontrolle gestützt werden, ein Einsichtsrecht zur möglichen Ermittlung der Enteignung von Wohnungsunternehmen besteht daher nicht.[33] Dem einzelnen Abgeordneten steht allein aufgrund dieser Stellung ein berechtigtes Interesse daher grundsätzlich nicht zu. Etwas anderes mag für parlamentarische Untersuchungsausschüsse des Bundestages oder eines Landesparlamentes gelten.

Alteigentümer/Restitutionsberechtigter: Sie haben Einsichtsrecht, sofern sie darlegen, dass mit Rückübertragungsansprüchen zusammenhängende Fragen zu klären sind.[34] Der Restitutionsanspruch nach § 3 VermG im Beitrittsgebiet kann ein berechtigtes Interesse darstellen, wenn das Rückübertragungsverfahren noch andauert. Die Frist zur Anmeldung vermögensrechtlicher Rückübertragungsansprüche selbst ist

---

27 LG Bonn Rpfleger 1993, 333; Meikel/*Böttcher*, § 12 Rn 10; *Demharter*, § 12 Rn 15; Lemke/*Schneider*, § 12 Rn 16, 38; *Schreiner*, Rpfleger 1980, 51.
28 BT-Drucks 16/13437, 27.
29 Für Bayern Abschn. 3.4.3 BayGBGA.
30 Meikel/*Böttcher*, § 12 Rn 63; Bauer/Schaub/*Maaß*, GBO, § 12 Rn 87.
31 Meikel/*Böttcher*, § 12 Rn 65; Bauer/Schaub/*Maaß*, GBO, § 12 Rn 87.
32 Meikel/*Böttcher*, § 12 Rn 13; *Böhringer*, Rpfleger 1987, 181, 186; a.A. *Schreiner*, Rpfleger 1980, 51, 52.
33 BGH FGPrax 2020, 103 m. Anm. *Holzer* = NJW 2020, 1511 = Rpfleger 2020, 448; KG FGPrax 2019, 150 = Rpfleger 2019, 506; eingehend *Gmeiner*, Rpfleger 2020, 1.
34 OLG Rostock DtZ 1995, 103; lediglich das Interesse, die Historie des eigenen Vereins zwischen 1933 und 1938 zu klären, genügt nicht, OLG Düsseldorf NotBZ 2021, 55.

bereits mit Ablauf des 31.12.1992 abgelaufen (§ 30a VermG). Wird die Unwirksamkeit einer früheren Grundstücksübertragung behauptet, ist das besondere Interesse an der Einsicht darzulegen; die Interessen des Eigentümers sind besonders zu wahren.[35]

Amtshilfe: Nach Art. 35 GG sind alle Behörden des Bundes und der Länder verpflichtet, einander gegenseitige Amtshilfe und Rechtshilfe zu leisten. Diese Verpflichtung umfasst auch das Recht zur Einsichtsgewährung und Auskunftserteilung aus dem Grundbuch. Gegenüber Behörden erfolgt sie nach § 43 GBV.

Anfechtungsgläubiger: Ein Vollstreckungsgläubiger, der gegenüber einem aus dem Grundbuch Berechtigten als Anfechtungsgegner vorgehen will, hat einen Anspruch aus §§ 3, 4 AnfG darzulegen. Ein solcher kann gegeben sein, wenn der Grundstückseigentümer unentgeltlich einem nahen Angehörigen einen Nießbrauch bestellt hat, um Vollstreckungsmaßnahmen zu vereiteln.[36] Ist der Gläubiger bereits in Besitz eines entsprechenden Duldungstitels, ist das berechtigte damit ausreichend dargelegt.[37]

Auskunfteien: Sie haben kein eigenes Recht auf Einsicht; ein solches kann ihnen nur dann eingeräumt werden, wenn ihr Auftraggeber im Einzelfall ein eigenes Einsichtsrecht hat.[38] Diese sowie eine Bevollmächtigung sind entsprechend nachzuweisen.[39]

Banken: Wenn sie Behördeneigenschaft haben (Anstalten des öffentlichen Rechts) genießen sie die Vergünstigung des Art. 43 GBV (siehe § 43 GBV Rdn 1 ff.). Im Übrigen gilt, was allgemein für Gläubiger gesagt ist.[40] Hat eine Bank nach ihren Allgemeinen Geschäftsbedingungen Anspruch auf Bestellung von Grundpfandrechten, so muss sie doch jedenfalls das Bestehen einer Forderung darlegen, denn dies ist Voraussetzung eines solchen Anspruchs.[41]

Bauhandwerker: Wenn der Werkvertrag abgeschlossen ist, haben sie ein Einsichtsrecht, um sich über ihre Sicherungsaussichten gem. § 650e (früher § 648) BGB zu unterrichten.[42] Vor Vertragsabschluss besteht kein Einsichtsrecht; hier hat ggf. der Eigentümer dem Bauhandwerker Vollmacht zu erteilen.[43]

Behörden: (siehe § 43 GBV Rdn 1 ff.) vgl. auch oben „Amtshilfe".

Berechtigte am Grundstück: Personen, für die ein Recht eingetragen ist (dinglich Berechtigter), haben stets ein Recht zur Grundbucheinsicht. Das Gleiche muss jedoch auch für den gelten, dessen Recht noch nicht eingetragen ist, sobald entsprechende schuldrechtliche Vereinbarungen vorliegen.[44]

Betreuer: Der Betreuer eines Einsichtsberechtigten hat im Rahmen seines Aufgabenkreises nach § 1902 BGB Einsichtsrecht für die betreute Person. Kein berechtigtes Interesse hat ein Angehöriger, der aus vermuteten Rechtsgeschäften des Eigentümers sich Rückschlüsse auf dessen Betreuungsbedürftigkeit erhofft.[45]

Bevollmächtigte: Sie haben das berechtigte Interesse ihres Vollmachtgebers nachzuweisen (zum Nachweis der Vollmacht vgl. Rdn 12).[46] Bevollmächtigte können zurückgewiesen werden, wenn begründeter Verdacht besteht, dass nicht das fremde berechtigte Interesse, sondern ein eigenes unberechtigtes Interesse oder das Interesse eines Dritten wahrgenommen werden soll.[47]

Bietinteressent: Ein Bietinteressent im Zwangsversteigerungsverfahren kann und soll durch Akteneinsicht nach § 42 ZVG ausreichend Kenntnis über das Versteigerungsobjekt erhalten. Ein berechtigtes Interesse an Grundbucheinsicht besteht nicht.[48]

---

[35] OLG Düsseldorf NJW-RR 2016, 338; OLG München NJW-RR 2017, 266 = NZM 2017, 268.
[36] Dazu BGH NZI 2014, 118 m. Anm. *Keller* = ZfIR 2014, 21 m. Anm. *Böttcher*.
[37] Hügel/*Wilsch*, § 12 Rn 32; Lemke/*Schneider*, § 12 Rn 37.
[38] Meikel/*Böttcher*, § 12 Rn 15; *Schöner/Stöber*, Grundbuchrecht, Rn 525.
[39] Meikel/*Böttcher*, § 12 Rn 16; Hügel/*Wilsch*, § 12 Rn 33.
[40] LG Stuttgart BWNotZ 1981, 174; LG Offenburg Rpfleger 1996, 342.
[41] Meikel/*Böttcher*, § 12 Rn 16; vgl. auch BayObLG 1975, 361; LG Offenburg Rpfleger 1996, 342; a.A. LG Berlin Rpfleger 1981, 481; Lemke/*Schneider*, GBO, § 12 Rn 37.
[42] OLG München NJW 2015, 1891; KG FGPrax 2016, 104; LG Stuttgart BauR 2001, 1294; Meikel/*Böttcher*, GBO, § 12 Rn 17; Bauer/Schaub/*Maaß*, § 12 Rn 31.
[43] Meikel/*Böttcher*, § 12 Rn 18; a.A. *Schreiner*, Rpfleger 1980, 51, 52 Fn 9; *Schöner/Stöber*, Grundbuchrecht, Rn 525.
[44] Meikel/*Böttcher*, § 12 Rn 22.
[45] OLG München Rpfleger 2012, 22.
[46] Meikel/*Böttcher*, § 12 Rn 24.
[47] KG JW 1936, 2342.
[48] Meikel/*Böttcher*, § 12 Rn 25; a.A. OLG Düsseldorf FGPrax 2012, 189.

Ehegatte: Einsichtsrecht besteht bei nicht eingetragener Gütergemeinschaft schon aufgrund der Eigentümerstellung; beim gesetzl. Güterstand im Hinblick auf die evtl. Sicherung eines Zugewinnausgleiches oder der Prüfung des § 1365 BGB[49] bei Gütertrennung besteht kein allgemeines Einsichtsrecht (zu Ausnahmen siehe auch „Verwandte").

Erbbaurecht: Der Erbbauberechtigte hat schon als dinglich Berechtigter ein berechtigtes Interesse auf Einsicht in das Grundstücksgrundbuch. Ein (potentieller) Grundpfandrechtsgläubiger des Erbbaurechts hat ebenso ein berechtigtes Interesse an Grundbucheinsicht in das Grundstücksgrundbuch, um vor der Bestellung seines Rechts § 5 ErbbauRG prüfen zu können, später im Hinblick auf einen Heimfall.[50] Gläubigern des Grundstückseigentümers steht wegen §§ 27, 28 ErbbauRG ein Einsichtsrecht in das Erbbaugrundbuch zu.[51]

Erbe und erbrechtlich Anspruchsinhaber: Der Erbe oder Miterbe eines dinglich Berechtigten am Grundstück hat grundsätzlich ein Recht auf Grundbucheinsicht.[52] Er hat dabei das Grundstück konkret anzugeben, ein Anspruch auf Grundbuchrecherche des gesamten Amtsgerichtsbezirks besteht nicht.[53] Das Erbrecht ist darzulegen. Vorlage eines Erbscheins in Ausfertigung nach § 35 GBO muss nicht erfolgen,[54] es genügt etwa eine Kopie des privatschriftlichen Testaments. Es muss aber auch der Tod des dinglich Berechtigten dargelegt werden. Beschränkt sich der Vortrag eines Miterben darauf, Ausgleichspflichten nach § 2050 ff. BGB prüfen zu wollen und wird weiter nichts vorgelegt, reicht dies als berechtigtes Interesse an der Einsicht nicht aus;[55] es muss die eigene Erbenstellung dargelegt werden.[56] Zu Lebzeiten des Erblassers besteht kein Einsichtsrecht; der künftige Erbe ist lediglich berechtigter Hoffnungsträger ohne rechtlichen Anspruch.[57] Das gilt auch, wenn eine Verfügung von Todes wegen mit gegenseitiger Bindungswirkung (gemeinschaftliches Testament, Erbvertrag) vorgelegt wird. Der Erbe ist auch dann einsichtsberechtigt, wenn Testamentsvollstreckung angeordnet ist.[58] Der Nacherbe ist bereits vor Eintritt des Nacherbfalls einsichtsberechtigt, auch wenn zu seinen Gunsten kein Nacherbenvermerk nach § 51 eingetragen ist; er muss sein Nacherbenrecht dann entsprechend nachweisen. Ein Einsichtsrecht besteht auch für einen **Pflichtteilsberechtigten** nach Eintritt des Erbfalls;[59] Gleiches gilt für den Vermächtnisnehmer, wenn das Vermächtnis mit dem Grundbesitz in Verbindung steht.[60] Ein potentieller Gläubiger des Pflichtteilsberechtigten oder des Vermächtnisnehmers hat aber keinen Anspruch auf Grundbucheinsicht in das zum Nachlass gehörende Grundstück.[61]

Gebäudeeigentümer: Ein Einsichtsrecht des Gebäudeeigentümers im Beitrittsgebiet in das Grundstücksgrundbuch besteht im Hinblick auf mögliche Ansprüche nach dem SachenRBerG (dazu § 3 Einl. Rdn 236 ff.). Gleiches gilt umgekehrt für den Grundstückseigentümer bei selbstständigem Gebäudeeigentum und Gebäudegrundbuch.

Gläubiger: Ein Gläubiger des Eigentümers oder eines eingetragenen Berechtigten hat stets ein Recht auf Einsicht, ohne Rücksicht darauf, ob sie für ihren Anspruch bereits einen Vollstreckungstitel erstritten haben oder nicht.[62] Im letzteren Fall muss er seine Forderung ausreichend darlegen. Ob es dabei generell angängig ist, die Einsicht von der Höhe des Darlehens – mehr als 750 EUR – abhängig zu machen, er-

---

49 OLG Rostock NotBZ 2012, 150; LG Stuttgart NJW-RR 1996, 532; Meikel/*Böttcher*, § 12 Rn 27, 28; *Nieder*, NJW 1984, 329, 336.
50 Hügel/*Wilsch*, § 12 Rn 46.
51 Lemke/*Schneider*, § 12 Rn 40; a.A. Hügel/*Wilsch*, § 12 Rn 46.
52 Im Hinblick auf Auseinandersetzung OLG Düsseldorf FGPrax 2011, 58; OLG Düsseldorf FGPrax 2014, 151 = Rpfleger 2013, 490; OLG Düsseldorf FGPrax 2015, 199 = Rpfleger 2015, 636.
53 OLG Sachsen-Anhalt, Beschl. v. 29.12.2020 – 12 Wx 70/20, juris.
54 Zu streng betreffend die Vorlage einer öffentlichen Verfügung von Todes wegen bei Zweifeln an der Testierfähigkeit des Erblassers und Unklarheiten zum Beginn der Ausschlagungsfrist OLG München NJW-RR 2018, 335.
55 OLG Saarbrücken FGPrax 2022, 13 = NJW-RR 2022, 596 = Rpfleger 2022, 119.
56 OLG Braunschweig FGPrax 2019, 153 = MittBayNot 2019, 610.
57 Großzügig LG Stuttgart Rpfleger 1998, 339.
58 LG Stuttgart BWNotZ 2002, 68; OLG München ZEV 2019, 236; Hügel/*Wilsch*, § 12 Rn 48; dazu auch *Böhringer*, Rpfleger 2009, 124.
59 BayObLG FGPrax 1998, 90 = Rpfleger 1998, 338; OLG München NotBZ 2013, 67; einschränkend zur Erbfall nach 28 Jahren OLG München NJW-RR 2018, 1353 = NotBZ 2019, 114; OLG Karlsruhe MittBayNot 2014, 154; OLG Zweibrücken FGPrax 2020, 272 = NJW-RR 2020, 1341; OLG Frankfurt/M. FamRZ 2021, 1667.
60 Lemke/*Schneider*, § 12 Rn 56.
61 OLG München Rpfleger 2014, 15.
62 BayObLG Rpfleger 1975, 361; OLG Oldenburg FGPrax 2014, 18 = Rpfleger 2014, 131; zur Honorarforderung eines Architekten OLG Saarbrücken FGPrax 2020, 117 = NJW-RR 2020, 713.

scheint zweifelhaft,[63] weil der Gläubiger ja nicht unbedingt die Eintragung einer Zwangshypothek beabsichtigt, sondern ihm ja auch andere grundstücksbezogene Vollstreckungsmaßnahmen zur Verfügung stehen, so z.B. Antrag auf Zwangsversteigerung oder Zwangsverwaltung od. auf Pfändung eines Eigentümerrechts.[64] Aber auch wer die Einräumung eines Kredits erst beabsichtigt, kann sich durch die Grundbucheinsicht über den Umfang ihm zu gewährender Sicherheiten vergewissern,[65] wenn er die Kreditverhandlungen darlegt. Als Gläubiger ist letztlich auch ein ehemaliger Lebensgefährte anzusehen, der darlegt, beim Hausbau erhebliche Arbeitsleistungen erbracht zu haben, und klären möchte, ob die damalige Lebensgefährtin Alleineigentümerin des bebauten Grundstücks ist.[66]

Herrenloses Grundstück: Es besteht kein Einsichtsrecht mit dem Ziel, alle herrenlose Grundstücke (§ 928 BGB) im Amtsgerichtsbezirk zu ermitteln. Derjenige, der für ein konkretes Grundstück eine Aneignungserklärung einreicht, hat aber, wenn kurz zuvor eine andere Aneignungserklärung eingegangen ist, insofern ein rechtliches Interesse an einer Einsicht in die Grundakte, als ihm eine Abschrift der anderen Aneignungserklärung zu übersenden ist.[67]

Käufer: Kaufinteressenten haben ein Einsichtsrecht, auch wenn sie noch nicht dinglich gesichert sind; Kaufinteressenten werden jedoch den Eintritt in Kaufverhandlungen darlegen müssen.[68] Ist der schuldrechtliche Vertrag bereits abgeschlossen oder bereits eine Vormerkung im Grundbuch eingetragen, besteht zwar ein Einsichtsrecht; allerdings ist der Käufer bereits bei der notariellen Beurkundung über den Inhalt des Grundbuchs informiert worden. Ein praktisches Bedürfnis für eine Grundbucheinsicht könnte dann gegeben sein, wenn Anhaltspunkte für zwischenzeitlich erfolgte Eintragungen vorliegen, die den Käufer beeinträchtigen könnten.

Lieferanten: Sie sind als Gläubiger Eigentümers oder eines eingetragenen Berechtigten zu betrachten und haben jedenfalls dann ein Einsichtsrecht, wenn es sich um nicht ganz unerhebliche Beträge handelt und diese kreditiert werden sollen.[69]

Makler: Sie haben kein eigenes Einsichtsrecht,[70] notwendig ist eine Bevollmächtigung durch den Eigentümer; § 10 FamFG steht nicht entgegen.[71] Eine Ausnahme kann dann gelten, wenn der Makler Einsicht in die Grundakten nehmen muss, um den für die Berechnung der ihm zustehenden Provision maßgebenden Kaufpreis zu erfahren oder um festzustellen, ob an einen von ihm benannten Interessenten verkauft wurde.[72] Ein solcher Ausnahmefall ist jedoch einzelfallbezogen darzulegen.[73]

Mieter: Diese können ein Einsichtsrecht haben,[74] z.B. zur Prüfung von Mieterhöhungsverlangen oder Kündigung wegen Eigenbedarfs.[75] Einem Mietinteressenten wird ein Einsichtsrechts zugebilligt zur Identitätsprüfung des Eigentümers oder möglicher Risiken einer Zwangsversteigerung verbunden mit § 57a ZVG.[76]

Miteigentümer: Der Miteigentümer nach Bruchteilen oder auch in Gesamthand ist Eigentümer und hat als solcher uneingeschränkt Einsichtsrecht. Das gilt auch bei Buchung des Miteigentumsanteils nach § 3 Abs. 4 GBO. Hier soll aber kein Einsichtsrecht zu den Belastungen der übrigen Miteigentümer bestehen.[77]

---

63 So aber BayObLG Rpfleger 1975. 361; *Nieder*, NJW 1984, 329.
64 Meikel/*Böttcher*, § 12 Rn 31; Hügel/*Wilsch*, § 12 Rn 40; Lemke/*Schneider*, § 12 Rn 42.
65 Meikel/*Böttcher*, § 12 Rn 35.
66 OLG München, Beschl. v. 26.7.2018 – 34 Wx 239/18, juris; dazu *Burger*, FamRB 2019, 112.
67 OLG Sachsen-Anhalt NotBZ 2020, 156 = Rpfleger 2019, 503.
68 BayObLG Rpfleger 1984, 351; BayObLG BWNotZ 1991, 144; OLG Oldenburg NdsRpfl 2019, 259; LG Stuttgart BWNotZ 1982, 94; Meikel/*Böttcher*, § 12 Rn 33; Hügel/*Wilsch*, § 12 Rn 5.
69 Meikel/*Böttcher*, § 12 Rn 38.
70 BayObLG Rpfleger 1983, 272; OLG Karlsruhe Rpfleger 1996, 334; Meikel/*Böttcher*, § 12 Rn 40; Hügel/*Wilsch*, § 12 Rn 66.
71 Zu § 15 LG Bielefeld Rpfleger 2008, 636; DNotI-Gutachten, DNotI-Report 2008, 175; Hügel/*Wilsch*, § 12 Rn 7; Lemke/*Schneider*, § 12 Rn 48.
72 OLG Stuttgart Rpfleger 1983, 272; OLG Karlsruhe Rpfleger 1996, 334; OLG Stuttgart FGPrax 2010, 324; OLG Dresden FGPrax 2010, 66 = Rpfleger 2010, 209; OLG Düsseldorf FGPrax 2017, 58; LG Köln Rpfleger 1998, 70; Meikel/*Böttcher*, § 12 Rn 40; a.A. Bauer/Schaub/*Maaß*, § 12 Rn 43.
73 Restriktiv OLG Brandenburg NotBZ 2017, 153; OLG Düsseldorf FGPrax 2017, 58.
74 BayObLG MittBayNot 1993, 210; LG Mannheim Rpfleger 1992, 246.
75 LG Hamburg WuM 1988, 133; eingehend Lemke/*Schneider*, § 12 Rn 46.
76 OLG Hamm DNotZ 1986, 497 m. Anm. *Eickmann*; BayObLG NJW 1993, 1142.
77 Eingehend Hügel/*Wilsch*, § 12 Rn 39 ff.

Nachbar: Ein nachbarrechtliches berechtigtes Interesse an Grundbucheinsicht kann bestehen zur Klärung von Wegbenutzung bei Anliegerwegen oder nachbarrechtlicher Ansprüche aus §§ 906, 912, 917, 1004 BGB.[78] Ein solcher Anspruch kann auch gegeben sein, wenn vom benachbarten Grundstück Drohnenflüge über das eigene Grundstück gestartet werden.[79] Ausnahmsweise kann es sich auch auf eine Kaufabsicht des angrenzenden Grundstücks stützen.[80] Das Einsichtsrecht beschränkt sich regelmäßig auf Abt. I und II des Grundbuchs.

Notar: Siehe oben Rdn 7; § 43 GBV Rdn 1 ff.; siehe ferner § 133a GBO.

Presse und Medien: Ein Einsichtsrecht besteht aufgrund der Pressefreiheit, wenn die Grundbucheinsicht zu Recherchezwecken erforderlich erscheint (vgl. oben Rdn 3, 5) ist.[81] Dem Grundbuchamt gegenüber ist dies darzulegen, wobei das Grundbuchamt die Einsicht nur dann verweigern darf, wenn sie für den Recherchezweck völlig ungeeignet ist; es darf im Übrigen die Recherche inhaltlich nicht bewerten.[82] Eine Einsichtsgewährung ist abzulehnen, wenn es sich lediglich um unterhaltende Berichterstattung und Befriedigung der Sensation und Neugier der Öffentlichkeit handelt. In Zweifelsfällen ist vor der Einsichtsgewährung dem Eigentümer rechtliches Gehör zu gewähren.[83] Gegenüber diesem Anspruch des Eigentümers aus Art. 3 Abs. 2 und Art. 103 Abs. 1 GG hat das Informationsinteresse der Presse insoweit zurückzustehen. Die Pressefreiheit des Art. 5 Abs. 1 GG steht der Gewährung rechtlichen Gehörs nur entgegen, wenn durch die Kenntnis des Betroffenen der Erfolg einer sachlich gerechtfertigten Berichterstattung ernsthaft gefährdet werden könnte. Das kann der Fall sein, wenn Straftaten Gegenstand der Berichterstattung sind. Die Gefahr, dass der Betroffene durch gerichtliche Eilmaßnahmen, etwa durch einstweilige Verfügung mit Verweis auf einen presserechtlichen Unterlassungsanspruch, die Einsichtsgewährung und Berichterstattung verhindern kann, genügt dabei nicht, denn diese Gefahr besteht immer. Begehrt die Presse Grundbucheinsicht, um durch Einsicht in Abteilung III Kenntnis von einer bestimmten Finanzierung zu erhalten – wobei bereits fragwürdig ist, wie aussagekräftig die Grundbucheintragung hierbei tatsächlich ist –, dient die Gewährung rechtlichen Gehörs mehr der Transparenz der Einsichtsgewährung als der Verhinderung von Berichterstattung. In dem diesbezüglich exemplarischen Fall des BGH aus dem Jahre 2011[84] (dazu vgl. auch Rdn 3, 5) äußerte der betroffene Eigentümer nachträglich, bis zur Entscheidung des BGH von dem Einsichtsbegehren keinerlei Kenntnis gehabt zu haben. Das ist rechtsstaatlich fragwürdig.

Rechtsanwalt: Die Tätigkeit als Anwalt ist im Gegensatz zur Notartätigkeit kein öffentliches Amt. Der Anwalt wird als Vertreter von Parteiinteressen tätig. Er ist daher von der Darlegung eines berechtigten Interesses nicht befreit (vgl. § 43 GBV Rdn 5); das Einsichtsrecht wird regelmäßig als Bevollmächtigter eines Einsichtsberechtigten ausgeübt. Ein Anspruch auf Einsicht in das Grundbuch kommt dem Rechtsanwalt aus eigenem Recht nur zu, wenn er ein eigenes rechtliches Interesse geltend machen kann. Hierzu reicht die Darlegung, dass die Grundbucheinsicht zur Durchsetzung anwaltlicher Honoraransprüche benötigt werde, nicht aus.[85]

Sparkassen: Sie sind von der Darlegung eines berechtigten Interesses auch dann nicht befreit, wenn ihnen als Anstalten des öffentlichen Rechts Behördeneigenschaft zukommt (vgl. § 43 GBV Rdn 3).[86]

---

78 OLG Köln RNotZ 2010, 203; OLG Karlsruhe RNotZ 2014, 70; OLG Karlsruhe FGPrax 2015, 205, 202; OLG München NZM 2017, 264; OLG Stuttgart FGPrax 2019, 171; Meikel/*Böttcher*, § 12 Rn 42; Hügel/*Wilsch*, § 12 Rn 57.
79 Zurückhaltend OLG Sachsen-Anhalt ZD 2022, 505.
80 OLG Sachsen-Anhalt NZM 2016, 287.
81 BVerfG NJW 2001, 503; OLG Hamm Rpfleger 1988, 473; OLG Düsseldorf Rpfleger 1992, 18; KG ZfIR 2001, 935; OLG Stuttgart IMR 2012, 391 m. Anm. *Griwotz*; OLG München FGPrax 2016, 204; OLG München NJW-RR 2017, 168; OLG Dresden NotBZ 2020, 46; OLG Dresden FGPrax 2021, 194; OLG Zweibrücken Rpfleger 2022, 678; LG Frankfurt a.M. Rpfleger 1978, 316; LG Mosbach Rpfleger 1990, 60; Meikel/*Böttcher*, § 12 Rn 45 ff.; Lemke/*Schneider*, § 12 Rn 50; Hügel/*Wilsch*, § 12 Rn 73; Bauer/*Schaub/Maaß*, § 12 Rn 21; *Frohn*, RpflJB 1982, 343, 366; *Melchers*, Rpfleger 1993, 309; *Kollhosser*, JA 1984, 558, 564; *Böhringer*, BWNotZ 1985, 102, 106.
82 Eingehend BGH NJW-RR 2011, 1651 = ZfIR 2011, 822 m. Anm. *Böttcher*, ZfIR 2011, 812.
83 A.A. OLG Stuttgart ZUM-RD 2013, 185; OLG Zweibrücken FGPrax 2013, 163 = Rpfleger 2013, 383; OLG München NJW-RR 2017, 168 = NZM 2017, 269 m. Anm. *Wilsch*; OLG Dresden FGPrax 2021, 194.
84 BGH NJW-RR 2011, 1651 = ZfIR 2011, 822 m. Anm. *Böttcher*, ZfIR 2011, 812; eingehend auch *Griwotz*, MDR 2013, 433; *Lüghausen*, AfP 2013, 94.
85 OLG Celle FGPrax 2013, 195.
86 BVerfGE 64, 229 = NJW 1983, 2811 = Rpfleger 1983, 388.

Verkäufer: Dem Verkäufer eines Grundstückes oder eines Rechts an einem Grundstück steht auch nach Eintragung des neuen Eigentümers (Gläubigers, Rechtsinhabers) ein Einsichtsrecht zu, wenn die mit dem Verkauf zusammenhängenden Rechtsverhältnisse noch nicht vollständig abgewickelt sind.[87]

Versicherungsunternehmen: Der Gebäudeversicherer hat Recht auf Grundbucheinsicht in Abt. I und II insbesondere bei Veräußerung der Immobilie (§ 95 VVG) und möglichen Sonderkündigungsrechten.[88]

Versorgungsunternehmen: Den Unternehmen der überörtlichen Energieversorgung kann Grundbucheinsicht für sämtliche Grundstücke des Amtsgerichts gewährt werden (§ 86a Abs. 1 GBV). Die Entscheidung über Grundbucheinsicht im automatisierten Abrufverfahren ergeht durch die Justizverwaltung (§ 86a Abs. 2 S. 3 GBV).[89]

Verwandte: Mit einem Rechtsinhaber verwandte Personen haben allein aufgrund dieser Stellung kein Einsichtsrecht.[90] Nur bei zusätzlich gegebenem Interesse (Unterhaltstitel; Pflichtteilsanspruch) gilt anderes. Ein Unterhaltsanspruch ist aber konkret darzulegen.[91] Kein berechtigtes Interesse ist gegeben, wenn ein Angehöriger die Vermögensverhältnisse erforschen will, um für den Fall künftiger Pflegebedürftigkeit eine eigene Inanspruchnahme durch Sozialbehörden prüfen zu können.[92] Dies ist erst bei eingetretener Bedürftigkeit des Rechtsinhabers der Fall.

Wohnungseigentümer und WEG-Verwalter: Mit Anerkennung der WEG-Gemeinschaft als rechtsfähiger Verband (§ 9a WEG) hat jeder Miteigentümer ein Recht darauf, zu erfahren, wer die übrigen Miteigentümer sind. Er hat Einsichtsrecht in Abt. I und II des Grundbuchs.[93] Wegen möglicher Verfügungsbeeinträchtigungen muss die Einsicht auch Abt. II umfassen.[94] Wenn Zahlungsrückstände bei Hausgeld oder anderen Gemeinschaftsleistungen bestehen oder ein Anlass für ein Verfahren nach § 17 WEG gegeben ist, steht dem Verwalter ein Einsichtsrecht auch in Abt. III der Grundbücher zu.[95] Hinsichtlich der möglichen Zustimmungspflicht von Grundpfandrechtsgläubigern bei Wechsel der Gebäudeversicherung nach § 144 VVG ist dem Verwalter ebenso Einsicht in Abt. III sämtlicher Grundbücher zu gewähren.

Zessionar: Wer ein Recht außerhalb des Grundbuches erworben hat (oder dem ein Zessionsangebot vorliegt), steht ein Einsichtsrecht zu, weil der Buchinhalt für den Erwerb von Bedeutung sein kann (z.B. eingetragene, aber nicht auf dem Brief vermerkte Verfügungsbeschränkungen).

Zukünftige Ansprüche: Sie geben dann ein Einsichtsrecht, wenn zur Feststellung des Umfanges und zur Sicherung dieser Rechte bereits jetzt Grundbucheinsicht erforderlich scheint.[96]

C. Der Umfang der Einsicht

I. Grundbuch, Grundakte, Eintragungsanträge

10 Der Einsicht unterliegen das **Grundbuch** und die Grundakte mit den Urkunden, auf die gem. § 874 BGB **Bezug genommen worden** ist. Dies umfasst auch die Kenntnisnahme schuldrechtlicher Urkunden, wenn in diesen Grundbucherklärungen abgegeben worden sind (typisch Kaufvertrag mit Bewilligung der Auflassungsvormerkung oder Auflassungserklärung).[97] Die Einsicht erstreckt sich auch auf die noch nicht erledigten **Eintragungsanträge** oder Eintragungsersuchen zum betreffenden Grundbuchblatt. Maß-

---

87 Meikel/*Böttcher*, § 12 Rn 54; Lemke/*Schneider*, § 12 Rn 56.

88 Lemke/*Schneider*, § 12 Rn 56; Hügel/*Wilsch*, § 12 Rn 72; enger Meikel/*Böttcher*, § 12 Rn 55.

89 OLG Brandenburg Rpfleger 2016, 558; Lemke/*Schneider*, § 12 Rn 56; Hügel/*Wilsch*, § 12 Rn 72.

90 BayObLG Rpfleger 1998, 338; *Böhringer*, BWNotZ 1985, 102, 106; a.A. *Nieder*, NJW 1984, 329; zum Pflichtteil KG Rpfleger 2004, 346.

91 Meikel/*Böttcher*, § 12 Rn 52; Lemke/*Schneider*, § 12 Rn 54.

92 OLG Karlsruhe FamRZ 2009, 1773; Hügel/*Wilsch*, § 12 Rn 7; Lemke/*Schneider*, § 12 Rn 54; a.A. LG Stuttgart NJW-RR 1998, 736 = Rpfleger 1998, 339; Meikel/*Böttcher*, § 12 Rn 52.

93 OLG München ZWE 2016, 133; OLG München NZM 2016, 271; OLG Bremen FGPrax 2020, 55 = MittBayNot 2021, 525; Weitnauer/*Briesemeister*, WEG, § 7 Rn 3; Lemke/*Schneider*, § 12 Rn 57; umfassende Einsicht nach OLG Düsseldorf Rpfleger 1987, 199; a.A. Meikel/*Böttcher*, § 12 Rn 58.

94 Zu eng dagegen auf Abt. I abstellend KG NotBZ 2014, 380; OLG München NJW-RR 2016, 651.

95 Das Einsichtsrecht anderer Miteigentümer ausschließend OLG Hamm FGPrax 2015, 244.

96 Zum Einsichtsrecht eines aufgrund Erbvertrages Bedachten vor Erbfall OLG Stuttgart Rpfleger 1970, 92; andererseits OLG Düsseldorf FGPrax 1997, 90 = Rpfleger 1997, 258.

97 OLG Zweibrücken NJW 1989, 531; OLG Stuttgart BWNotZ 1998, 145.

gebend ist der Eingang eines Antrags i.S.d. § 13 Abs. 2;[98] ob er bereits zur Grundakte gelangt ist, ist eher ein technisches Problem des Grundbuchamts. Wird die Zuordnung zur Grundakte verzögert, kann dies zu Haftungsgefahren führen, wobei der Einsichtnehmende auch ausdrücklich die Einsicht in noch nicht zugeordnete Anträge verlangen muss. Die Einsicht in die sogenannte Markentabelle als elektronisches Register nicht erledigter Anträge je Grundbuchblatt kann diese Problematik nicht völlig entschärfen, da ein Antrag auch erst dann in der Markentabelle erscheint, wenn er dem Grundbuchblatt zugeordnet wurde.[99]

Bereits geschlossene Blätter unterliegen grundsätzlich nicht der Einsicht, denn sie sind nicht mehr „das Grundbuch";[100] ausnahmsweise kann das berechtigte Interesse jedoch in das alte Blatt zurückreichen; das Archivgut kann dann dem Akteninhalt gleichbehandelt werden.

Zur Einsicht in Grundakten siehe eingehend GBV (vgl. § 46 GBV Rdn 1 ff.); zum Eigentümerverzeichnis (vgl. § 45 GBV Rdn 5).

II. Beschränkung der Einsicht auf einzelne Abteilungen

Das berechtigte Interesse und damit die Einsicht kann auf einzelne Abteilungen des Grundbuchs oder auch nur auf das Grundbuch (ohne Grundakte) beschränkt sein.[101]

11

D. Die Ausübung der Einsicht

Das Einsichtsrecht kann **persönlich** ausgeübt werden oder **durch** eine **bevollmächtigte Person**. Dabei ist das berechtigte Interesse des Vertretenen maßgebend. Nachweis der Vollmacht durch öffentliche oder öffentlich-beglaubigte Urkunden ist nicht geboten, das Grundbuchamt kann jedoch schriftliche Vollmacht verlangen. Der Vertreter kann zurückgewiesen werden, wenn begründeter Verdacht besteht, dass er nicht das fremde berechtigte Interesse, sondern ein eigenes unberechtigtes Interesse oder das Interesse eines Dritten wahrnehmen will; bloßer Zweifel an der Zuverlässigkeit des Bevollmächtigten genügt jedoch insoweit nicht.

12

Die Einsicht hat **während der Dienststunden** in den Räumen des Grundbuchamtes zu geschehen. Sie kann nur im Beisein eines Bediensteten des Grundbuchamtes ausgeübt werden. Eine Herausgabe von Grundbüchern an andere Stellen zum Zwecke der Einsicht ist unstatthaft. Eine Versendung der Grundakte findet nicht statt.[102]

Zur **Einsicht durch Notare und von ihnen Beauftragte** siehe § 133a und § 43 GBV; zur **Einsicht in Grundakten** siehe § 46 GBV; zu Einsicht und Auskunft in Bezug auf das **Eigentümerverzeichnis** siehe § 45 GBV.

E. Die Erteilung von Abschriften

Der Umfang des Einsichtsrechts bestimmt auch das Recht, Abschriften selbst zu fertigen, sofern dadurch der Geschäftsbetrieb des Grundbuchamtes nicht beeinträchtigt wird, oder sich solche Abschriften erteilen zu lassen (Abs. 2; vgl. i.Ü. § 46 Abs. 3 GBV); zur Form dieser Abschriften §§ 44, 45 GBV. Es kann dem Einsichtnehmenden auch nicht verwehrt werden, selbst den Bildschirm mit Anzeige des Grundbuchinhalts zu fotografieren.[103]

13

---

98 *Demharter*, § 12 Rn 17; Bauer/Schaub/*Maaß*, § 12 Rn 61; Lemke/*Schneider*, § 12 Rn 31; *Schöner/Stöber*, Grundbuchrecht, Rn 524.
99 Lemke/*Schneider*, § 12 Rn 32; zu großzügig Hügel/*Wilsch*, § 12 Rn 14.
100 LG Bonn Rpfleger 1988, 311; auch *Böhringer*, Rpfleger 1989, 309, 311 u. *Wolfsteiner*, Rpfleger 1993, 273.
101 BayObLG NJW 1993, 1142; LG Mannheim NJW 1992, 2492 = Rpfleger 1992, 246; *Demharter*, § 12 Rn 18; Bauer/Schaub/*Maaß*, § 12 Rn 58; Lemke/*Schneider*, § 12 Rn 27; für umfassende Einsicht aber Meikel/*Böttcher*, § 12 Rn 67.
102 OLG Hamm FGPrax 2013, 105.
103 KG FGPrax 2011, 108 = Rpfleger 2011, 266.

F. Verfahren und Rechtsbehelfe

I. Zuständigkeit und rechtliches Gehör

14 Über die Erteilung von Abschriften und die Gewährung der Einsicht entscheidet der **Urkundsbeamte** (§ 12c Abs. 1 Nr. 1 GBO). Die Entscheidung wird regelmäßig mündlich ergehen, jedoch ist Schriftlichkeit in zweifelhaften Fällen, zumal bei Verweigerung der Einsicht, dringend anzuraten. Eine Anfechtung und eine Entscheidung darüber sind selbstverständlich auch bei nur mündlicher Ablehnung möglich, sie sollte jedoch dann jedenfalls durch einen Aktenvermerk festgehalten werden.

15 Dem betroffenen Rechtsinhaber muss vor der Einsichtnahme grundsätzlich kein rechtliches Gehör gewährt werden. Seine Rechte werden durch Prüfung und Feststellung des berechtigten Interesses gewahrt.[104] Insbesondere ein von der Einsicht betroffener Eigentümer kann ein Interesse daran haben, seine sich im Grundbuch widerspiegelnden wirtschaftlichen Verhältnisse nicht der Allgemeinheit offenzulegen. Er hat ein Recht darauf, dass Einsicht nur unter den Voraussetzungen des § 12 GBO gewährt wird. **In Zweifelsfällen** der Einsichtsgewährung, insbesondere etwa bei Einsichtsbegehren der Presse sollte er daher **vorher gehört** werden.[105]

II. Rechtsbehelfe

16 Lehnt der Urkundsbeamte die Einsichtsgewährung ab, so ist der für Grundbuchsachen zuständige **Rechtspfleger anzurufen** (§ 12c Abs. 4 GBO),[106] gegen seine Entscheidung ist die **Beschwerde** nach §§ 71 ff. statthaft (Abs. 4 S. 2). Wird die Einsicht im Verwaltungswege (siehe oben Rdn 5) verweigert, ist dagegen nur Dienstaufsichtsbeschwerde zulässig. Ein Abhilfeverfahren durch den Rechtspfleger soll ausnahmsweise entbehrlich sein, wenn nach den Umständen des Falles, insbesondere aufgrund der Begründung der angefochtenen Entscheidung verlässlich ausgeschlossen werden kann, dass der Rechtspfleger der Beschwerde gegen seine eigene Entscheidung abgeholfen hätte.[107] Auch führt das Fehlen einer Rechtsbehelfsbelehrung nach § 39 FamFG nicht bereits zum Erfolg der Beschwerde.

17 Wird die Einsicht bewilligt, so ist die **Anfechtung** dieser Entscheidung **durch den Grundstückseigentümer** solange zulässig, als die Einsicht noch nicht vollzogen ist.[108] Die gegenteilige Ansicht[109] stellt darauf ab, dass sich bei der Prüfung des Einsichtsrechts nur Antragsteller und Grundbuchamt gegenüberstünden, der Eigentümer jedoch nicht beteiligt sei und weiter dem Eigentümer ein Anspruch auf Geheimhaltung weder rechtlich oder wirtschaftlich zustünde.

G. Dokumentation der Grundbucheinsicht nach Abs. 4

18 Durch das Datenbankgrundbuchgesetz v. 1.10.2013 (BGBl I 2013, 3719) wurde m.W.v. 1.10.2014 die Protokollierungspflicht nach Abs. 4 mit § 46a GBV eingefügt.[110] Sie ist vor allem im maschinell geführten Grundbuch relevant. Im Grundbuchabrufverfahren nach § 133 GBO kann der Eigentümer des jeweils betroffenen Grundstücks oder der Inhaber des grundstücksgleichen Rechts Auskunft darüber verlangen, wer Daten aus dem Grundbuch abgerufen hat (§ 133 Abs. 5 S. 2 GBO). Ob ein solcher Auskunftsanspruch auch im Fall der Grundbucheinsicht nach § 12 GBO besteht, war bislang nicht abschließend geklärt.[111] Dies sollte durch Abs. 4 mit § 46a GBV ausdrücklich auch deshalb geregelt werden, weil eine Anhörung des Eigentümers vor Erteilung von Grundbucheinsicht regelmäßig nicht erfolgt.[112]

---

104 BVerfG NJW 2001, 503 = Rpfleger 2001, 15, BGHZ 80, 126 = DNotZ 1982, 240 = Rpfleger 1981, 287; OLG Hamburg ZMR 2008, 814; OLG Stuttgart Rpfleger 1992, 247; *Demharter*, § 12 Rn 23; *Hügel/Wilsch*, § 12 Rn 25; *Lemke/Schneider*, § 12 Rn 70.
105 OLG Hamm Rpfleger 1988, 473; OLG Düsseldorf Rpfleger 1992, 18; ähnlich wohl BayObLG NJW 1993, 1142; a.A. (obiter) BGH Rpfleger 1981, 287; *Lemke/Schneider*, § 12 Rn 70.
106 OLG Düsseldorf FGPrax 2011, 57 = Rpfleger 2011, 197; OLG Frankfurt a.M. Rpfleger 2011, 430; OLG München FGPrax 2011, 68; KG Rpfleger 2012, 682.
107 OLG Düsseldorf FGPrax 2016, 251 m. Anm. *Keller*.
108 BayObLG Rpfleger 1975, 361, auch NJW 1993, 1142; *Schreiner*, Rpfleger 1980, 51, 54; *Frohn*, RpflJB 1982, 343, 375; *Böhringer*, BWNotZ 1985, 102, 107; *Meikel/Böttcher*, § 12 Rn 83.
109 BGHZ 80, 126 = DNotZ 1982, 240; OLG Braunschweig OLG 29, 392; OLG Stuttgart BWNotZ 1957, 197 u. Rpfleger 1992, 247; *Demharter*, § 12 Rn 32; *Schöner/Stöber*, Grundbuchrecht, Rn 528.
110 Eingehend *Böhringer*, Rpfleger 2014, 401.
111 BT-Drucks 17/12635, S. 21.
112 BT-Drucks 17/12635, S. 21.

Das Auskunftsrecht erfasst auch die Fälle der Erteilung von Grundbuchabschriften sowie Einsichten in die Grundakte und die Erteilung von Abschriften aus dieser.

Die Protokollierung von Einsichten und Abschriftenerteilungen dient ausschließlich dazu, dem Grundstückseigentümer oder Inhaber eines grundstücksgleichen Rechts Auskunft zu erteilen.[113] Sie unterbleibt, wenn dem Auskunftsberechtigten selbst die Einsicht oder Abschrift gewährt wird. Diese Ausnahme soll nicht für die Einsicht eines Bevollmächtigten des Eigentümers oder Inhabers eines grundstücksgleichen Rechts gelten. Hierdurch soll verhindert werden, dass es im Nachhinein zu Zweifeln an der Einsichtsberechtigung des Dritten kommen kann.

§ 12a [Verzeichnisse]

(1) Die Grundbuchämter dürfen auch ein Verzeichnis der Eigentümer und der Grundstücke sowie mit Genehmigung der Landesjustizverwaltung weitere, für die Führung des Grundbuchs erforderliche Verzeichnisse einrichten und, auch in maschineller Form, führen. Eine Verpflichtung, diese Verzeichnisse auf dem neuesten Stand zu halten, besteht nicht; eine Haftung bei nicht richtiger Auskunft besteht nicht. Aus öffentlich zugänglich gemachten Verzeichnissen dieser Art sind Auskünfte zu erteilen, soweit ein solches Verzeichnis der Auffindung der Grundbuchblätter dient, zur Einsicht in das Grundbuch oder für den Antrag auf Erteilung von Abschriften erforderlich ist und die Voraussetzungen für die Einsicht in das Grundbuch gegeben sind. Unter den Voraussetzungen des § 12 kann Auskunft aus Verzeichnissen nach Satz 1 auch gewährt werden, wenn damit die Einsicht in das Grundbuch entbehrlich wird. Inländischen Gerichten, Behörden und Notaren kann auch die Einsicht in den entsprechenden Teil des Verzeichnisses gewährt werden. Ein Anspruch auf Erteilung von Abschriften aus dem Verzeichnis besteht nicht. Für maschinell geführte Verzeichnisse gelten § 126 Abs. 2 und § 133 entsprechend.
(2) Als Verzeichnis im Sinne des Absatzes 1 kann mit Genehmigung der Landesjustizverwaltung auch das Liegenschaftskataster verwendet werden.
(3) Über Einsichten in Verzeichnisse nach Absatz 1 oder die Erteilung von Auskünften aus solchen Verzeichnissen, durch die personenbezogene Daten bekanntgegeben werden, ist ein Protokoll zu führen. § 12 Absatz 4 Satz 2 bis 4 gilt entsprechend.

A. Allgemeines	1	1. Grundsatz	7
B. Das Eigentümerverzeichnis	3	2. Auskunft	10
I. Zweck	3	3. Einsicht	12
II. Führung, Aktualisierung	5	**C. Grundstücksverzeichnis und andere**	
III. Auskunft und Einsicht	7	**Verzeichnisse**	15

A. Allgemeines

§ 12a GBO ist durch das RegVBG v. 20.12.1993 (BGBl I 1993, 2182) eingefügt worden. Abs. 3 wurde durch das DaBaGG v. 1.10.2013 (BGBl I 2013, 3719) angefügt. Die Norm ergänzt § 12 GBO (Einsicht in das Grundbuch) und § 46 GBV (Einsicht in die Grundakten) hinsichtlich bestimmter Verzeichnisse. Sie regelt deren Anlegung und Führung sowie die Einsicht in solche Verzeichnisse. 1

Unmittelbar angesprochen sind das **Eigentümer-** und das **Grundstücksverzeichnis**. Andere Verzeichnisse dürfen mit Genehmigung der Landesjustizverwaltung geführt werden. 2

---

113 Meikel/*Böttcher*, § 12 Rn 87; Hügel/*Wilsch*, § 12 Rn 29.

B. Das Eigentümerverzeichnis
I. Zweck

3 Es führt in alphabetischer Folge alle Eigentümer (Grundstückseigentümer, Wohnungseigentümer, Gebäudeeigentümer, Erbbauberechtigte) unter Angabe des für deren Eigentum angelegten Blattes auf.[1] Das Verzeichnis gestattet es mithin, die Grundbuchstelle aufzufinden, wenn nur der Name des Eigentümers bekannt ist; es ermöglicht es aber auch – und darin liegt seine besondere Bedeutung für Außenstehende – überhaupt zu ermitteln, ob eine bestimmte Person Immobiliareigentum hat. Will man dagegen erforschen, wer Eigentümer eines bestimmten Grundstücks ist – ist also nur das Grundstück bekannt –, sind Eigentümer- und Grundstücksverzeichnis nur im Zusammenhang mit dem berechtigten Interesse an einer Grundbucheinsicht nach § 12 GBO zu verwenden.

4 Im maschinell geführten Grundbuch werden auch Eigentümer- und Grundstücksverzeichnis elektronisch geführt. Hierfür hat die Bund-Länder-Kommission für Datenverarbeitung und Rationalisierung in der Justiz Leitlinien entwickelt.[2]

Das Eigentümerverzeichnis kann auch über das Liegenschaftskataster geführt werden. Abs. 2 stellt dies unter den Vorbehalt des Landesrechts. Im maschinell geführten Grundbuch besteht jedoch ohnehin Zugriffsmöglichkeit des Grundbuchamts auf die Verzeichnisse des Liegenschaftskatasters (§ 126 Abs. 2, § 12a Abs. 1 S. 7 GBO).[3] Der noch aus dem Jahre 1993 stammende Vorbehalt des Abs. 2 ist insoweit überholt.

II. Führung, Aktualisierung

5 Die Verzeichnisse können in Papierform oder in maschineller Form geführt werden, **Abs. 1 S. 1**. Bei maschineller Führung gelten § 126 Abs. 2 GBO und § 133 GBO entsprechend.

6 Nach **Abs. 1 S. 2** ist das Grundbuchamt (selbst bei Offenlegung des Verzeichnisses) nicht verpflichtet, es auf dem laufenden Stand zu halten; Amtshaftungsansprüche sind für unzutreffende Auskünfte ausgeschlossen. Gleiches muss aber auch gelten, wenn durch Einsicht (siehe unten Rdn 11) eine nicht mehr aktuelle Sachlage zur Grundlage von Rechtsgeschäften des Einsichtnehmenden gemacht wird und dadurch ein Schaden entsteht. Wesentlich ist, dass eine Amtspflichtverletzung nicht vorliegen kann, wenn die Pflicht zur Aktualisierung nicht besteht; der ausdrückliche Ausschluss von Ansprüchen hat daneben nur bestätigenden Charakter.[4]

III. Auskunft und Einsicht
1. Grundsatz

7 Die Norm unterscheidet zwischen Verzeichnissen, die nur für den dienstinternen Gebrauch des Grundbuchamtes eingerichtet, und solchen, die öffentlich zugänglich gemacht sind, **Abs. 1 S. 3**.

8 Die **Offenlegung** der Verzeichnisse ist ein Justizverwaltungsakt i.S.v. § 23 EGGVG: Die Maßnahme regelt mit Außenwirkung (Auskunftsanspruch!) eine Angelegenheit auf dem Gebiet der Freiwilligen Gerichtsbarkeit; sie ist kein Rechtsprechungs- oder Rechtspflegeakt, weil ihr Ziel nicht die Rechtserkenntnis ist.[5]

9 Die Offenlegung ordnet der **Gerichtsvorstand** an, sie kann nur für das gesamte Verzeichnis geschehen und jederzeit wieder rückgängig gemacht werden,[6] letzteres jedoch auch wiederum nur für das gesamte Verzeichnis. Eine Einzelfallregelung ist unzulässig.[7]

---

1 Lemke/*Schneider*, § 12a Rn 2.
2 Abgedruckt bei Meikel/*Dressler-Berlin*, Vor § 126 Rn 89.
3 Bauer/Schaub/*Maaß*, § 12a Rn 6.
4 Meikel/*Dressler-Berlin*, § 12a Rn 20; Bauer/Schaub/*Maaß*, § 12a Rn 8; Hügel/*Kral*, § 12a Rn 22; einschränkend für Vorsatz Lemke/*Schneider*, § 12a Rn 7.
5 MüKo/*Pabst*, ZPO, § 23 EGGVG Rn 7.
6 *Demharter*, § 12a Rn 6.
7 Ebenso: *Demharter*, § 12a Rn 6.

2. Auskunft

Bis zur Einfügung der Norm waren Auskünfte aus dem Eigentümerverzeichnis – insbesondere dahin, ob eine bestimmte Person Grundbesitz hat – im Hinblick auf § 11 BDSG nach allgemeiner Auffassung unstatthaft (vgl. § 45 GBV Rdn 3, 5).[8] Dies wird nunmehr durchbrochen insoweit, als aus dem **offengelegten** Verzeichnis (vgl. oben Rdn 8) Auskünfte zulässig sind.

Daneben d.h. zusätzlich zum Offenlegungserfordernis muss die Auskunft der Auffindung eines Grundbuchblattes dienen (oder die Einsicht bzw. die Abschriftenbeantragung ermöglichen) und es müssen immer die Voraussetzungen des § 12 GBO (berechtigtes Interesse) erfüllt sein, **Abs. 1 S. 3**.

Aus einem **nicht offengelegten** Verzeichnis kann nur ausnahmsweise, nämlich gem. **Abs. 1 S. 4**, eine Auskunft verlangt werden. Diese ist dann statthaft, wenn dadurch eine Grundbucheinsicht entbehrlich wird. Voraussetzung ist also, dass dem Antragsteller das Grundstück mit seiner Grundbuchbezeichnung (Band, Blatt) oder jedenfalls der Flurstücksnummer nach **bekannt** ist, denn nur dann könnte er – die Erfüllung von § 12 GBO vorausgesetzt – Einsicht nehmen. Niemals kann Abs. 1 S. 4 dazu dienen, Auskunft darüber zu erhalten, **ob** eine bestimmte Person **überhaupt** Grundbesitz **hat**.[9] Hierdurch würde nicht eine tatsächlich mögliche Einsicht erspart, sondern eine Einsicht erst ermöglicht.

3. Einsicht

Nach **Abs. 1 S. 5** kann in Verzeichnisse nur inländischen Gerichten, Behörden und Notaren Einsicht gewährt werden; andere Antragsteller sind auf die Auskunft verwiesen. Nicht eindeutig ist, ob die Norm nur die Einsicht in das offengelegte Verzeichnis zulässt, oder auch in die nicht offengelegten. Letzteres ist anzunehmen, denn auch vor der Neuregelung war anerkannt, dass z.B. Notaren zur Erfüllung ihrer Pflichten aus § 21 Abs. 1 BeurkG eine Einsicht in das Eigentümerverzeichnis zu gewähren war.[10] Freilich ist bei Anwalts-Notaren die Möglichkeit nicht von der Hand zu weisen, dass unter Missbrauch der Notareigenschaft zugunsten eines Mandanten Objekte für einen Vollstreckungszugriff ermittelt werden könnten, was unzulässig ist. Es empfiehlt sich deshalb eine ausdrückliche Versicherung, dass der Anwalts-Notar die Einsicht ausschließlich in seiner Eigenschaft als Notar begehre.[11] Bei Vorliegen konkreter Zweifel können weitere Nachweise verlangt werden. Grundsätzlich jedoch ist ein berechtigtes Interesse nicht darzulegen.

Zuständig für die Entscheidung über Auskunft und Einsicht ist der Urkundsbeamter der Geschäftsstelle, § 12c Abs. 1 Nr. 2 GBO.

Nach Abs. 3 ist für Auskünfte aus dem Eigentümerverzeichnis in gleicher Weise wie bei einer Grundbucheinsicht selbst (§ 12 Abs. 4 GBO) ein Protokoll zu führen. Abs. 3 beschränkt dies auf den Fall der Bekanntgabe personenbezogener Daten. Doch bereits die Bekanntgabe des Namens des oder der Eigentümer ist Bekanntgabe personenbezogener Daten. Die Gesetzesbegründung ist hierzu nicht verständlich:[12]

Die vorgeschlagene Regelung zielt speziell auf die Fälle, in denen es der Einsicht begehrenden Person ausschließlich darum geht, den Namen des Eigentümers eines Grundstücks zu ermitteln. Eine (nach § 12 Abs. 4 GBO zu protokollierende) zusätzliche Einsicht in das Grundbuch findet dann regelmäßig nicht mehr statt.

Will nämlich eine Einsicht begehrende Person ausschließlich den Namen eines Eigentümers ermitteln, dürfte es ohne Darlegung eines berechtigten Interesses auch nicht möglich sein, allein durch das Eigentümerverzeichnis Kenntnis über die Eigentumsverhältnisse eines Grundstücks zu erlangen. Der Zweck des Verzeichnisses nach § 12a GBO besteht im umgekehrten Fall, wenn bei Kenntnis des Namens der Grundbesitz und das Grundbuchblatt nicht genau bekannt sind.

Für die Protokollierung der Auskunft gilt § 46a Abs. 6 S. 2 GBV.

---

8 KG Rpfleger 1986, 299; LG Ravensburg Rpfleger 1987, 365; *Lüke/Dutt*, Rpfleger 1984, 253.
9 KG FGPrax 1997, 87.
10 LG Berlin Rpfleger 1997, 12.
11 Zum Widerruf der Zugangsgenehmigung für das elektronische Grundbuch, wenn der Notar Grundbuchdaten unzulässig weitergibt, siehe OLG Hamm FGPrax 2017, 187.
12 BT-Drucks 17/12635, 23.

C. Grundstücksverzeichnis und andere Verzeichnisse

15 Soweit solche bestehen (z.B. Grundstücks- oder Straßenverzeichnis), gelten die oben dargestellten Regeln entsprechend.

Von großer praktischer Bedeutung ist das Grundstücksverzeichnis, das gemarkungsbezogen sämtliche Grundstücke, Wohnungs- und Teileigentum und grundstücksgleiche Rechte erfasst. Dieses Verzeichnis dient der Ermittlung des Eigentümers, wenn nur das Grundstück bekannt ist. Auch hierfür sind im maschinell geführten Grundbuch die Leitlinien der Bund-Länder-Arbeitsgruppe zu beachten.[13] Das Grundstücksverzeichnis kann auch über das Liegenschaftskataster geführt werden.

16 Als weitere Verzeichnisse können insbesondere im maschinell geführten Grundbuch geführt werden:[14]
– Verzeichnis der nicht erledigten Eintragungsanträge je Grundbuchblatt (sog. Markentabelle). Dieses Verzeichnis ist für den Rechtsverkehr sehr hilfreich, insbesondere im Vorfeld von Beurkundungen. Jedoch ist zu bedenken, dass dieses Verzeichnis im Hinblick auf einen Schutz aus § 878 oder § 892 Abs. 2 BGB oder gar im Hinblick auf eine Insolvenzeröffnung oder sonstige außerhalb des Grundbuchs eintretende Verfügungsbeeinträchtigung keine Rechtssicherheit garantiert.
– Verzeichnis dinglich Berechtigter, insbesondere auch Vormerkungsberechtigter.
– Verzeichnis der Beteiligten bei Wohnungsgrundbuch.

§ 12b [Einsicht in geschlossene Grundbücher]

(1) Nach der Übertragung von geschlossenen Grundbüchern und Grundakten auf einen Bild- oder sonstigen Datenträger in einem Verfahren nach § 10a Absatz 1 und 2, § 128 Absatz 3 oder § 138 Absatz 1 kann eine Einsicht in die vom Grundbuchamt weiter aufbewahrten Originale nicht mehr verlangt werden. Werden die Originale nach ihrer Aussonderung durch eine andere Stelle als das Grundbuchamt aufbewahrt, bestimmt sich die Einsicht nach Landesrecht.

(2) Soweit in dem in Artikel 3 des Einigungsvertrages genannten Gebiet Grundakten und frühere Grundbücher von anderen als den grundbuchführenden Stellen aufbewahrt werden, gilt § 12 entsprechend.

A. Allgemeines	1	C. Besonderheiten der Grundbucheinsicht im	
B. Einsicht in das Original von Grundakten	2	Beitrittsgebiet	4

A. Allgemeines

1 Die Norm wurde durch das RegVBG v. 20.12.1993 (BGBl I 1993, 2182) eingefügt. Sie wurde grundlegend geändert durch das ERVGBG v. 11.8.2009 (BGBl I 2009, 2713). Die Vorschrift regelt die Einsicht in das Original von Grundakten, die auf einem Bild- oder sonstigen Datenträger gespeichert sind. Ergänzend regelt sie in Abs. 2 Besonderheiten bei der Grundbucheinsicht im Beitrittsgebiet.

B. Einsicht in das Original von Grundakten

2 Soweit **Urkunden**, die zu den Grundakten gehören, gem. § 10a GBO auf einem **Datenträger** gespeichert sind, werden sie nicht mehr beim Grundbuchamt, sondern in der Regel in einem Archiv verwahrt, § 10a Abs. 2 S. 2 GBO. Gegenstand von Auskunft und Einsicht ist in diesem Fall grundsätzlich der Datenträger (vgl. § 10a GBO Rdn 1 ff.).[1] Zur Zuständigkeit siehe § 12c Abs. 5 GBO.

3 Im Einzelfall ist es jedoch ausnahmsweise denkbar, dass ein Interesse daran bestehen kann, in das archivierte **Original** Einsicht zu nehmen. Das mag bei Vollständigkeitszweifeln der Fall sein, bei Vorhandensein von Farbvermerken (vgl. § 10a Abs. 2 S. 3 GBO) oder bei Zweifeln in Bezug auf die Richtigkeit von

---

[13] Abgedruckt bei Meikel/*Dressler-Berlin*, Vor § 126 Rn 89. [1] *Demharter*, § 12b Rn 2; Hügel/*Krauß*, § 12b Rn 5.
[14] Hügel/*Kral*, § 12a Rn 5 ff.

Unterschriften, zur Überprüfung im Hinblick auf Radierungen u.Ä. In solchen Fällen ist neben den allgemeinen Voraussetzungen des § 12 GBO auch dieses besondere Interesse an der Einsicht des Originals darzutun, Abs. 3. Im Übrigen bestimmt sich die Einsicht in die Originale aber nach den Archivgesetzen und -bestimmungen der Länder.[2]

C. Besonderheiten der Grundbucheinsicht im Beitrittsgebiet

Im Beitrittsgebiet werden geschlossene Grundbücher und die dazu gehörenden Grundakten vielfach von anderen Stellen als den Grundbuchämtern verwahrt. Es handelt sich dabei um Justizverwaltungsbehörden. Dessen ungeachtet sind die grundbuchrechtlichen Vorschriften über die Einsicht in Grundbücher und Grundakten sowie die Erteilung von Abschriften (§ 12 GBO, §§ 43 ff. GBV) entsprechend anzuwenden. Zur Entscheidung zuständig ist der Leiter der Stelle oder ein hierzu ermächtigter Bediensteter (§ 12c Abs. 5 GBO). Gegen die Entscheidung ist die Beschwerde nach dem Vierten Abschnitt statthaft; örtlich zuständig ist das Landgericht, in dessen Bezirk die Stelle ihren Sitz hat.

§ 12c [Zuständigkeiten des Urkundsbeamten der Geschäftsstelle]

(1) Der Urkundsbeamte der Geschäftsstelle entscheidet über:
1. die Gestattung der Einsicht in das Grundbuch oder die in § 12 bezeichneten Akten und Anträge sowie die Erteilung von Abschriften hieraus, soweit nicht Einsicht zu wissenschaftlichen oder Forschungszwecken begehrt wird;
2. die Erteilung von Auskünften nach § 12a oder die Gewährung der Einsicht in ein dort bezeichnetes Verzeichnis;
3. die Erteilung von Auskünften in den sonstigen gesetzlich vorgesehenen Fällen;
4. die Anträge auf Rückgabe von Urkunden und Versendung von Grundakten an inländische Gerichte oder Behörden.

(2) Der Urkundsbeamte der Geschäftsstelle ist ferner zuständig für
1. die Beglaubigung von Abschriften (Absatz 1 Nr. 1), auch soweit ihm die Entscheidung über die Erteilung nicht zusteht; jedoch kann statt des Urkundsbeamten ein von der Leitung des Amtsgerichts ermächtigter Justizangestellter die Beglaubigung vornehmen;
2. die Verfügungen und Eintragungen zur Erhaltung der Übereinstimmung zwischen dem Grundbuch und dem amtlichen Verzeichnis nach § 2 Abs. 2 oder einem sonstigen, hiermit in Verbindung stehenden Verzeichnis, mit Ausnahme der Verfügungen und Eintragungen, die zugleich eine Berichtigung rechtlicher Art oder eine Berichtigung eines Irrtums über das Eigentum betreffen;
3. die Entscheidungen über Ersuchen des Gerichts um Eintragung oder Löschung des Vermerks über die Eröffnung des Insolvenzverfahrens und über die Verfügungsbeschränkungen nach der Insolvenzordnung oder des Vermerks über die Einleitung eines Zwangsversteigerungs- und Zwangsverwaltungsverfahrens;
3a. die Entscheidungen über Ersuchen um Eintragung und Löschung von Anmeldevermerken gemäß § 30b Absatz 1 des Vermögensgesetzes;
4. die Berichtigung der Eintragung des Namens, des Berufs oder des Wohnortes natürlicher Personen im Grundbuch;
5. die Anfertigung der Nachweise nach § 10a Abs. 2.

(3) Die Vorschrift des § 6 des Gesetzes über das Verfahren in Familiensachen und in den Angelegenheiten der freiwilligen Gerichtsbarkeit ist auf den Urkundsbeamten der Geschäftsstelle sinngemäß anzuwenden. Handlungen des Urkundsbeamten der Geschäftsstelle sind nicht aus dem Grunde unwirksam, weil sie von einem örtlich unzuständigen oder von der Ausübung seines Amtes kraft Gesetzes ausgeschlossenen Urkundsbeamten vorgenommen worden sind.

---

2 Lemke/*Schneider*, § 12b Rn 3.

(4) Wird die Änderung einer Entscheidung des Urkundsbeamten der Geschäftsstelle verlangt, so entscheidet, wenn dieser dem Verlangen nicht entspricht, die für die Führung des Grundbuchs zuständige Person. Die Beschwerde findet erst gegen ihre Entscheidung statt.

(5) In den Fällen des § 12b Absatz 2 entscheidet über die Gewährung von Einsicht oder die Erteilung von Abschriften die Leitung der Stelle oder ein von ihr hierzu ermächtigter Bediensteter. Gegen die Entscheidung ist die Beschwerde nach dem Vierten Abschnitt gegeben. Örtlich zuständig ist das Gericht, in dessen Bezirk die Stelle ihren Sitz hat.

A. Allgemeines 1	VII. Verfahrensvermerke (Abs. 2 Nr. 3 und 3a) . 12
B. **Zuständigkeiten des Urkundsbeamten** ... 3	1. Verfügungsbeeinträchtigungen des Insolvenzrechts 12
I. Einsichtsgewährung, Abschriftenerteilung (Abs. 1 Nr. 1) 3	2. Zwangsversteigerung -und Zwangsverwaltung 15
II. Auskünfte aus Verzeichnissen, Einsicht (Abs. 1 Nr. 2) 5	3. Vermerk nach § 30b VermG 16
III. Andere Auskünfte (Abs. 1 Nr. 3) 6	VIII. Berichtigung von Personenbezeichnungen (Abs. 2 Nr. 4) 17
IV. Urkundenrückgabe; Aktenversendung (Abs. 1 Nr. 4) 7	IX. Nachweise nach § 10a Abs. 2 GBO (Abs. 2 Nr. 5) 18
V. Beglaubigungen (Abs. 2 Nr. 1) 8	C. **Ausschließung und Ablehnung** 19
VI. Übereinstimmung mit dem amtlichen Grundstücksverzeichnis (Abs. 2 Nr. 2) 9	D. **Anfechtung (Abs. 4)** 20

A. Allgemeines

1 Die Norm regelt die Zuständigkeit des Urkundsbeamten der Geschäftsstelle (UdG) für einzelne Grundbuchgeschäfte. Die Einrichtung von Geschäftsstellen und die Tätigkeit des Urkundsbeamten regelt allgemein § 153 GVG. Dessen Zuständigkeit für Entscheidungen im Grundbuchverfahren war zunächst in der AusfVO zur (AVO v. 8.8.1935, RGBl I S. 117) geregelt und wurde durch das RegVBG v. 20.12.1993 (BGBl I S. 2182) mit § 12c GBO in Gesetzesrang erhoben. Rechtssystematisch handelt es sich um eine Vorschrift des Gerichtsverfassungsrechts. Daher entscheidet der UdG im Rahmen der ihm zugewiesenen Zuständigkeit sachlich unabhängig; er ist nicht an Weisungen des Rechtspflegers oder Richters gebunden.[1] Für die Frage der Wirksamkeit von Geschäften bei Zuständigkeitsverletzung gilt § 8 RPflG (dazu § 1 GBO Rdn 22 ff.).

Weitere Regelungen zur Zuständigkeit des UdG finden sich in § 44 Abs. 1 GBO sowie in § 56 Abs. 12 GBO.

Abs. 2 Nr. 3a wurde eingefügt durch das DaBaGG v. 1.10.2013 (BGBl I 2013, 3719). Abs. 3 wurde mit Einführung des FamFG geändert und der allgemeinen Regelung des § 11 i.V.m. mit § 6 FamFG angepasst.

2 Das Gesetz regelt nicht, wer als Urkundsbeamter tätig werden darf; dies regelt das jeweilige Landesrecht auf Grundlage von § 153 Abs. 4 S. 1 GVG. Die Berufung zum UdG ist nicht davon abhängig, dass die betreffende Person im Beamtenverhältnis beschäftigt ist, auch Justizangestellte können zum UdG berufen werden.

In der Terminologie des Grundbuchverfahrens unter Berücksichtigung der Vollübertragung auf den Rechtspfleger nach § 3 Nr. 1 Buchst. h RPflG sollte der Begriff des „Grundbuchführers" tunlichst vermieden werden.[2] Er war zunächst in Preußen gebräuchlich, später vor allem im württembergischen Notar- und Grundbuchwesen.[3] Der Gesetzgeber selbst gebraucht die Formulierung in § 44 Abs. 1 GBO seit dessen Änderung im Jahre 1993.[4] Systematisch richtig kann er nur als Oberbegriff für Rechtspfleger oder UdG verstanden werden, die als solche für eine konkrete Eintragung funktionell zuständig sind.

---

1 Meikel/*Nowak*, § 12c Rn 2; *Demharter*, § 12c Rn 8; Lemke/*Schneider*, § 12c Rn 2; Hügel/*Kral*, § 12c Rn 2.
2 So auch Lemke/*Schneider*, § 12c Rn 4 ff.
3 Zum Sprachgebrauch in Nordrhein-Westfalen Lemke/*Schneider*, § 12c Rn 5.

4 Aus dem „württembergischen Einfluss" herrührend auch die höchst missverständlichen Ausführungen im Gesetzentwurf zum RegVBG v. 20.12.1993 (BGBl I 1993, 2182), BT-Drucks 12/5553, S. 63.

B. Zuständigkeiten des Urkundsbeamten

I. Einsichtsgewährung, Abschriftenerteilung (Abs. 1 Nr. 1)

Der UdG entscheidet über die Gewährung der Einsicht in Grundbuch, Grundakten und unerledigte Anträge gem. § 12 Abs. 1, 2 GBO sowie über Abschriftenerteilung hieraus. Soweit die Einsicht in das von einem anderen Grundbuchamt geführte Grundbuch gem. § 132 GBO verlangt wird, entscheidet der gem. § 79 Abs. 3 S. 2 GBV besonders bestellte Bedienstete.[5]

Werden Einsicht und/oder Abschriftenerteilung zu wissenschaftlichen oder Forschungszwecken begehrt, so entscheidet die Justizverwaltung (z.B. Abschn. Nr. 3.4.3 BayGBGA;[6] Nr. 30 VwV Grundbuchsachen Sachsen, abgedr. Anhang 2). Bei anderweit verwahrten Grundbüchern und Grundakten gilt Abs. 5.

II. Auskünfte aus Verzeichnissen, Einsicht (Abs. 1 Nr. 2)

Soweit nach § 12a GBO Auskünfte aus Verzeichnissen oder Einsicht in solche Verzeichnisse begehrt wird, entscheidet der UdG. Bei der Auskunfts- oder Einsichtsgewährung sollte auf den gesetzlichen Haftungsausschluss aus § 12a GBO hingewiesen werden.[7]

III. Andere Auskünfte (Abs. 1 Nr. 3)

In den gesetzlich vorgesehenen Fällen (vgl. dazu § 45 GBV Rdn 5) ist der UdG zur Auskunftserteilung zuständig. Andere Auskünfte, deren Erteilung lediglich ein nobile officium des Grundbuchamts darstellt, (siehe dazu § 45 GBV Rdn 3) sollte der Rechtspfleger erteilen. Über die Fälle des § 45 GBV hinaus bestehen kein Auskunftsrecht und keine Auskunftspflicht des Grundbuchamts.[8]

IV. Urkundenrückgabe; Aktenversendung (Abs. 1 Nr. 4)

Die Rückgabe von Urkunden kann in den in § 10 genannten Fällen geschehen (siehe § 10 GBO Rdn 10); wegen der Aktenversendung siehe die landesrechtlichen Bestimmungen der Grundbuchgeschäftsanweisungen (z.B. Abschn. 2.1 BayGBGA). Ist mit der Übersendung auch an Behörden die Übermittlung personenbezogener Daten verbunden – notgedrungen ist dies fast immer der Fall –, sollte dem betroffenen Eigentümer oder weiteren Beteiligten vor der Versendung und Weitergabe von Daten rechtliches Gehör gewährt werden.[9] Zu beachten ist aber, dass eine Behörde regelmäßig schon durch die Auskunft und Einsicht nach § 12a Abs. 1 GBO Kenntnis personenbezogener Daten erlangt.

V. Beglaubigungen (Abs. 2 Nr. 1)

Der UdG beglaubigt grundsätzlich alle zu erteilenden Abschriften aus den Grundbüchern und -akten, dies auch dann, wenn er über deren Erteilung nicht entscheiden durfte, bspw. bei Grundbucheinsicht zu wissenschaftlichen Forschungszwecken (vgl. oben Rdn 4).[10] Die Beglaubigungen können jedoch auch einem vom Gerichtsvorstand ermächtigten Angestellten zugewiesen werden.

Für die Fertigung des Beglaubigungsvermerks selbst sind die §§ 39, 42 BeurkG entsprechend anzuwenden. Bei der Verbindung mehrerer Blätter miteinander hat es sich in der Gerichtspraxis etabliert, mangels Vorhandensein von Schnur und Prägedrucksiegel (§ 44 BeurkG)[11] die Seiten geknickt zu klammern und den geknickten Bereich mit Farbdrucksiegel zu versehen.[12]

Im maschinell geführten Grundbuch ist die beglaubigte Abschrift des Grundbuchs durch den sog. amtlichen Ausdruck ersetzt (§ 131 GBO). Dieser enthält die Kennzeichnung „Amtlicher Ausdruck" und ist mit

---

5 Lemke/*Schneider*, § 12c Rn 8.
6 Bayerische Grundbuch-Geschäftsanweisung v. 16.10.2006, BayJMBl. S. 182.
7 Meikel/*Nowak*, § 12c Rn 5; Lemke/*Schneider*, § 12c Rn 12; Hügel/*Kral*, § 12c Rn 5.
8 Lemke/*Schneider*, § 12c Rn 13; *Schöner/Stöber*, Grundbuchrecht, Rn 537.
9 Meikel/*Nowak*, § 12c Rn 7; Lemke/*Schneider*, § 12c Rn 15; Hügel/*Kral*, § 12c Rn 11.
10 Meikel/*Nowak*, § 12c Rn 8; Hügel/*Kral*, § 12c Rn 12.
11 Dazu Bauer/Schaub/*Bayer/Meier-Wehrsdorfer*, § 29 Rn 152.
12 BayObLGZ 1982, 29 = Rpfleger 1982, 172; *Demharter*, § 12 Rn 26; Hügel/*Kral*, § 12c Rn 12; krit. Lemke/*Schneider*, § 12c Rn 18.

Farbdrucksiegel versehen, dieses kann aber auch eingedruckt sein. Er enthält den Hinweis, dass er nicht unterschrieben ist und als beglaubigte Abschrift gilt (§ 78 Abs. 2 GBV).[13]

VI. Übereinstimmung mit dem amtlichen Grundstücksverzeichnis (Abs. 2 Nr. 2)

9 Die Übereinstimmung mit dem amtlichen Verzeichnis oder den an dessen Stelle tretenden Nachweisen geschieht durch Eintragungen aufgrund eines Veränderungs- oder Fortführungsnachweises der Katasterbehörde (vgl. § 2 GBO Rdn 10 ff.); dieser ist bindender Verwaltungsakt.[14] Diese Fortführungseintragungen fallen in die Zuständigkeit des UdG, sie werden jedoch vom Rechtspfleger vorzunehmen sein, wenn sie mit einem von diesem vorzunehmenden Geschäft (z.B. Eintragung einer Veräußerung) in Zusammenhang stehen und daher die gemeinsame Erledigung sachgemäß ist; § 6 RPflG kann insoweit analog angewendet werden. Dies gilt dann, wenn mit dem Veränderungs- oder Fortführungsnachweis eine rechtliche Veränderung verbunden ist.[15]

10 Von den Veränderungen im Liegenschaftskataster sind zu unterscheiden die **Berichtigungen**. Sie können **tatsächlicher oder rechtlicher Art** sein. Der UdG ist nur zuständig für die Berichtigungen tatsächlicher Art; Berichtigungen rechtlicher Art fallen in die Zuständigkeit des Rechtspflegers, sie erfolgen nach § 22 GBO. Eine rechtliche Unrichtigkeit in dem hier infrage stehenden Bereich liegt dann vor, wenn die Eintragung vom öffentlichen Glauben des Buches (§§ 891, 892 BGB) erfasst wird. Nicht darunter fallen die Tatsachenangaben in Bezug auf das Grundstück, wie Größe (= Fläche), Lage, Bebauung, Nutzungsart, Hausnummer, Straßenbezeichnung, Schreibweise des Namens eines Berechtigten oder Angabe des Geburtsdatums.[16] Rechtliche Unrichtigkeit liegt hingegen vor bezüglich der Angaben über den Grenzverlauf, bei der Falscheintragung eines zu einem anderen Grundstück gehörenden Flurstückes oder der Falscheintragung des zu dem bestimmten Grundstück gehörenden Flurstücks bei einem anderen Grundstück. Sind Grundstücke verwechselt worden, so liegt ein – ebenfalls rechtlicher – Irrtum über das Eigentum vor. Eine Berichtigung allein durch Fortführungsnachweis kann hier keinesfalls erfolgen; es müssen vielmehr die Beteiligten durch Grundbuchberichtigung nach § 22 GBO die Rechtslage klären.

11 Im maschinell geführten Grundbuch erfolgt die Berichtigung des Bestandsverzeichnisses hinsichtlich der Übereinstimmung mit dem Liegenschaftskataster durch automatisierten Datenabgleich nach § 127 GBO mit § 86 GBV. Zu beachten ist hier, dass mit dem Datenabgleich keine rechtlichen Veränderungen verbunden sein können. Verschmelzungen oder Zerlegungen können sich nicht auf den rechtlichen Grundstücksbestand auswirken.

VII. Verfahrensvermerke (Abs. 2 Nr. 3 und 3a)

1. Verfügungsbeeinträchtigungen des Insolvenzrechts

12 Der UdG ist zuständig zur Behandlung von gerichtlichen Ersuchen (§ 38 GBO) auf Eintragung und Löschung des Insolvenzvermerkes nach § 32 InsO. Der Wortlaut des Abs. 2 Nr. 3 berücksichtigt nicht die vielfältigen weiteren Anordnungen im Insolvenzrecht, die eine Verfügungsbeeinträchtigung oder deren Aufhebung beinhalten. Zu nennen sind insgesamt:[17]

- Die Anordnung und Eintragung eines allgemeinen Verfügungsverbots oder eines Zustimmungsvorbehalts im Insolvenzeröffnungsverfahren nach § 21 Abs. 2 Nr. 2 mit § 23 InsO.
- Die Eröffnung des Insolvenzverfahrens nach §§ 27, 32 InsO.
- Die Anordnung der Überwachung eines Insolvenzplans mit Zustimmungsvorbehalt nach §§ 263, 267 InsO.
- Die Einstellung oder Aufhebung des Insolvenzverfahrens nach den §§ 200, 215, 258 InsO.
- Die Anordnung der Nachtragsverteilung nach § 203 Abs. 1 Nr. 3 mit § 211 Abs. 3 InsO.

---

13 *Demharter*, § 131 Rn 4.
14 BVerwG NJW 1966, 609 = Rpfleger 1966, 108.
15 BayObLG Rpfleger 1982, 19; OLG Oldenburg, Rpfleger 1992, 387; OLG München FGPrax 2007, 105 m. Anm. *Demharter* = Rpfleger 2007, 391.
16 Lemke/*Schneider*, § 12c Rn 22.
17 Aufzählung bei HambKomm/*Denkhaus*, InsO, § 32 Rn 32; K. Schmidt/*Keller*, InsO, § 32 Rn 3 ff.; Meikel/*Nowak*, § 12c Rn 11.

Im speziellen Verfahren der Eigenverwaltung und der vorläufigen Eigenverwaltung (§§ 270 ff. InsO) sind zu nennen:

- Die Anordnung eines Zustimmungsvorbehalts bei vorläufiger Eigenverwaltung nach § 270c Abs. 3 InsO.
- Die Anordnung und Eintragung eines Zustimmungsvorbehalts oder weiterer Verfügungsbeeinträchtigungen eines Insolvenzverfahrens (z.B. Verfügungsbeeinträchtigungen bei Eigenverwaltung nach §§ 270, 277 Abs. 3 InsO).[18]
- Die Anordnung der Eigenverwaltung nach Insolvenzeröffnung mit Löschung des Insolvenzvermerks (§ 270f Abs. 3 InsO) oder mit Eintragung des Zustimmungsvorbehalts nach § 277 InsO.
- Die Aufhebung der Eigenverwaltung nach Insolvenzeröffnung mit Eintragung des Insolvenzvermerks (§ 272 InsO).

Nach dem Zweck des Abs. 2 Nr. 3 wird man auch hier die Zuständigkeit des UdG annehmen, wenn die Eintragung auf Ersuchen des Insolvenzgerichts nach § 32 InsO erfolgt.[19] Bei Eintragung auf Antrag des Insolvenzverwalters nach § 32 Abs. 2 S. 2 InsO gilt § 12c Abs. 2 Nr. 3 GBO ohnehin nicht, hier ist der Rechtspfleger zuständig,[20] wobei anzumerken ist, dass die Eintragung auf Ersuchen des Insolvenzgerichts dem unmittelbaren Antrag des Insolvenzverwalters vorzuziehen ist.[21] Die Eintragung einer insolvenzrechtlichen Verfügungsbeeinträchtigung eines ausländischen Gerichts im dortigen Hauptinsolvenzverfahren erfolgt nach § 346 InsO auf Ersuchen des inländischen Insolvenzgerichts.[22] Auch hier ist der UdG für die Eintragung zuständig.

Für die Behandlung und Prüfung eines Ersuchens des Insolvenzgerichts gilt allgemein § 38 GBO. Es ersetzt Antrag und Nachweis der Antragsberechtigung, die insbesondere bei Antrag des Insolvenzverwalters nachzuweisen ist.[23] Es ersetzt nicht die Voreintragung des Schuldners nach § 39 GBO[24] und bedarf der Form des § 29 Abs. 3 GBO. Dabei hat das Grundbuchamt nicht die Befugnis, die Authentizität der Unterschrift zu prüfen, es kann insbes. nicht beanstanden, dass eine funktionell unzuständige Person das Ersuchen gestellt hat. Im Insolvenzverfahren ist vielfach unklar, ob das Eintragungsersuchen der Richter oder der Rechtspfleger zu stellen hat.[25] Diese Frage ist für das Grundbuchamt i. R. d. § 38 GBO und des § 29 Abs. 3 GBO nicht von Belang.

Ein besonderes Problem stellte bis 1.1.2024 die Eintragung eines Insolvenzvermerks bei Gesamthandsgemeinschaften,[26] insbes. der Gesellschaft bürgerlichen Rechts, dar, wenn nur über das Vermögen eines Gesellschafters das Insolvenzverfahren eröffnet ist und dieser nach § 47 Abs. 2 GBO in der bis 31.12.2023 geltenden Fassung als Mitberechtigter im Grundbuch eingetragen war. Bereits mit Geltung des § 899a BGB wurde die Eintragung des Insolvenzvermerks als zulässig und erforderlich erachtet.[27] Nach Einführung des Gesellschaftsregisters für die Gesellschaft bürgerlichen Rechts (§§ 707 ff. BGB), ihrer allein hierauf sich gründenden Grundbuchfähigkeit und folgerichtig der Aufhebung des § 899a BGB[28] ist diese Frage nur bei Alt-Gesellschaften und insbesondere bei Insolvenzverfahren vor dem 1.1.2024 relevant.

---

18 Aufzählung bei HambKomm/*Schröder*, InsO, § 32 Rn 32; K. Schmidt/*Keller*, InsO, § 32 Rn 3 ff.; Meikel/*Nowak*, § 12c Rn 11.
19 Eingehend K. Schmidt/*Keller*, InsO, § 32 Rn 27 ff.
20 Meikel/*Nowak*, § 12c Rn 13; Hügel/*Kral*, § 12c Rn 15; Lemke/*Schneider*, § 12c Rn 26; Schöner/Stöber, Grundbuchrecht, Rn 1639.
21 Dazu K. Schmidt/*Keller*, InsO, § 32 Rn 33, 34.
22 OLG Dresden ZIP 2010, 2108 = Rpfleger 2011, 27.
23 LG Berlin Rpfleger 2004, 158; K. Schmidt/*Keller*, InsO, § 32 Rn 34.
24 Dazu insbes. K. Schmidt/*Keller*, InsO, § 32 Rn 17 ff., 37 m.w.N. zur a.A.; einschränkend auch Lemke/*Schneider*, § 12c Rn 35.
25 Eingehend K. Schmidt/*Keller*, InsO, § 32 Rn 27 ff.; *Frege/Keller/Riedel*, Insolvenzrecht, Rn 1.352 ff.
26 Zur Erbengemeinschaft BGH ZIP 2011, 1273 = Rpfleger 2011, 490 = NZI 2011, 651 m. Anm. *Keller*.
27 BGH ZIP 2017, 2109; umfassend K. Schmidt/*Keller*, InsO, § 32 Rn 24 ff. in ausdr. Abkehr zu früher vertretener Ansicht; so bereits vor Inkrafttreten des § 899a BGB: LG Hamburg ZIP 1986, 1590, dazu EWiR 1986, 1221 m. Anm. *Otto*; LG Neubrandenburg NZI 2001, 325; MüKo/*Schmahl*, InsO, §§ 32, 33 Rn 18; *Uhlenbruck/Zipperer*, InsO, § 32 Rn 7; Schöner/Stöber, Grundbuchrecht, Rn 1635a; *Raebel*, in: FS Kreft (2004), S. 483; abl. früher: OLG Dresden NZI 2002, 687 = ZIP 2003, 130; OLG Rostock NZI 2003, 648 = DZWIR 2004, 38 m. Anm. *Keller* = ZIP 2004, 44; dazu EWiR 2004, 73 (m. Anm. *Undritz*; LG Leipzig Rpfleger 2000, 111; LG Frankenthal Rpfleger 2002, 72; LG Duisburg NZI 2006, 534; Jaeger/*Schilken*, InsO, § 32 Rn 8; *Hess*, InsO, § 32 Rn 15 ff.; Braun/*Kind*, InsO, § 32 Rn 10; Bauer/Schaub/*Bauer*, § 38 Rn 70; *Demharter*, § 38 Rn 7; Meikel/*Böttcher*, § 22 Rn 27; nach § 20 Rn 45, 54; Lemke/*Schneider*, § 12c Rn 39; *Keller*, Insolvenzrecht, Rn 188 ff.; *Frege/Keller/Riedel*, Insolvenzrecht, Rn 3.47 ff.; eingehend *Keller*, Rpfleger 2000, 201; ders., NotBZ 2001, 397.
28 Aufgehoben durch Art. 1 Nr. 4 des Gesetzes zur Modernisierung des Personengesellschaftsrechts v. 10.8.2021 (BGBl I S. 3436).

14 Die **Löschung des Insolvenzvermerks** oder einer sonstigen insolvenzrechtlichen Verfügungsbeeinträchtigung erfolgt auf Ersuchen des Insolvenzgerichts oder Antrag des Insolvenzverwalters.[29] Im letzteren Fall ist fraglich, ob der Insolvenzverwalter auch die Löschung ohne weiteres bewilligen kann (§ 19 GBO).[30] Dies ist bereits nach dem Wesen des Insolvenzvermerks ausgeschlossen, weil dieser kein Recht am Grundstück darstellt und der Insolvenzverwalter nicht Berechtigter und Bewilligungsbefugter des Vermerks ist. Veräußert er ein Grundstück wirksam oder gibt er es aus der Insolvenzmasse frei (§ 32 Abs. 3 InsO), ist die Löschung des Insolvenzvermerks ein Fall der Grundbuchberichtigung. Der Insolvenzverwalter hat dann in der Form des § 29 Abs. 1 S. 2 GBO die Wirksamkeit einer Freigabe nachzuweisen (§ 22 InsO). Er hat insbes. den Zugang seiner Freigabeerklärung an den Schuldner in öffentlicher Urkunde (Zustellungsurkunde Gerichtsvollzieher) nachzuweisen. Hier zeigt sich der Vorteil der Löschung des Insolvenzvermerks auf Ersuchen des Insolvenzgerichts: Zeigt nämlich der Insolvenzverwalter dem Insolvenzgericht die Freigabe an, muss er diesem gegenüber die Wirksamkeit nicht in Form des § 29 GBO nachweisen, da diese Vorschrift für das Insolvenzverfahren nicht gilt; es genügt Nachweis nach den Grundsätzen des Zivilprozessrechts. Ersucht sodann das Insolvenzgericht nach § 38 GBO um Löschung, hat demnach das Grundbuchamt die Hintergründe der Löschung nicht zu prüfen und insbes. die Wirksamkeit einer Freigabe nicht in Frage zu stellen.[31] Für weitere Verfügungen des Eigentümers gilt § 892 Abs. 1 S. 2 BGB dergestalt, dass nach Löschung des Insolvenzvermerks seine volle Verfügungsbefugnis vermutet wird und kein weiterer Nachweis der Wirksamkeit einer Freigabe des Insolvenzverwalters erforderlich ist.[32]

2. Zwangsversteigerung -und Zwangsverwaltung

15 Der UdG ist ferner zuständig zur Behandlung des gerichtlichen Ersuchens auf Eintragung des Zwangsversteigerungs- und Zwangsverwaltungsvermerkes. Bei der Eintragung ist auch die Art des Versteigerungsverfahrens anzugeben, insbesondere wenn es zum Zwecke der Aufhebung der Gemeinschaft (§§ 180 ZVG) erfolgt. Der Rechtspfleger ist zuständig für die Löschung dieser Vermerke, wenn diese zusammen mit anderen Eintragungen ersucht wird (vgl. § 130 ZVG). Ob generell die Zuständigkeit des UdG nur für die Eintragung und nicht für die Löschung gegeben ist, ist nach der Historie der Vorschrift streitig. Es wird vertreten, der UdG sein in jedem Fall nur für die Eintragung zuständig,[33] teilweise wird auch vertreten, er sei abgesehen von § 130 ZVG auch für die Löschung zuständig.[34] Richtigerweise wird man die Zuständigkeit des UdG nur für die Löschung annehmen, wenn diese auf Ersuchen des Vollstreckungsgerichts ohne gleichzeitige Eintragung des Erstehers erfolgen soll,[35] wenn bspw. nach Rücknahme des Antrags nach § 29 ZVG das Verfahren aufgehoben und um Löschung des Vermerks ersucht wird.[36]

Für die Prüfung eines Ersuchens des Vollstreckungsgerichts gilt allgemein § 38 GBO. Es ersetzt Antrag und Nachweis der Antragsberechtigung, das Grundbuchamt hat auch nicht die örtliche Zuständigkeit des Vollstreckungsgerichts zu prüfen.[37] Es ersetzt wegen § 17 ZVG auch die Voreintragung des Schuldners nach § 39 GBO[38] und bedarf der Form des § 29 Abs. 3 GBO.

3. Vermerk nach § 30b VermG

16 Im Beitrittsgebiet des Art. 3 EinV ist rechtswidrig enteignetes Vermögen, insbes. Grundbesitz nach den Vorschriften des Gesetzes zur Regelung offener Vermögensfragen (VermG) durch die zuständige Behörde an den Berechtigten zurückzuübertragen.[39] Zur Sicherung des Rückübertragungsanspruchs bedarf

---

29 Allg. K. Schmidt/*Keller*, InsO, § 32 Rn 42 ff.; eingehend *Keller*, in: FS Beck, 2016, S. 305 ff.
30 In diesem Sinne noch K. Schmidt/*Keller*, InsO § 32 Rn 47.
31 OLG Dresden ZIP 2010, 2108 = Rpfleger 2011, 27; OLG Hamm NZI 2014, 474 = Rpfleger 2014, 363; eingehend *Keller*, in: FS Beck, 2016, S. 305 ff.
32 BGH ZIP 2017, 1919; KG ZfIR 2017, 465; K. Schmidt/*Keller*, InsO, § 32 Rn 47; eingehend *Keller*, in: FS Beck, 2016, S. 305 ff.; a.A. OLG Brandenburg NotBZ 2012, 384 = MittBayNot 2013, 76; ThürOLG BauR 2014, 1050; OLG Celle FGPrax 2015, 154 m. abl. Anm. *Keller*, OLG Zweibrücken, Beschl. v. 12.3.2013 – 3 W 164/12, juris; OLG Jena, Beschl. v. 26.8.2013 – 9 W 323/13, juris;
OLG Naumburg ZIP 2014, 836 = Rpfleger 2014, 365; dazu *Reul*, MittBayNot 2013, 16.
33 Meikel/*Nowak*, § 12c Rn 16.
34 Hügel/*Kral*, § 12c Rn 18; Schöner/Stöber, Grundbuchrecht, Rn 1630.
35 Eingehend auch Lemke/*Schneider*, § 12c Rn 67 ff.
36 Eingehend dazu Schneider/*Keller*, ZVG, § 33 Rn 1 ff.
37 Lemke/*Schneider*, GBO, § 12c Rn 59.
38 Allg. Meinung *Stöber*, ZVG, § 19 Rn 3.2; *Böttcher*, ZVG, § 19 Rn 5.
39 *Moser-Merdian/Flik/Keller*, Das Grundbuchverfahren in den neuen Bundesländern, 3. Aufl. 1995, Rn 301 ff.; Säcker/*Busche*, VermG, § 3 Rn 2 ff.

die Veräußerung eines Grundstücks oder die Begründung oder Übertragung eines Erbbaurechts nach § 2 GVO der Genehmigung der zuständigen Behörde.[40] Im Hinblick auf die weitgehend abgeschlossenen Verfahren der Rückübertragung wurde der Genehmigungsvorbehalt zwischenzeitlich mit zahlreichen Ausnahmen in § 2 Abs. 1 S. 2 GVO eingeschränkt.

Mit dem DaBaGG v. 1.10.2013 (BGBl I 2013, 3719) fügte der Gesetzgeber § 30b VermG ein. Die Vorschrift wurde durch Art. 18 EuKoPfVODG v. 21.11.2016 (BGBl I 2016, 2591) geändert. § 30b Abs. 1 VermG hat folgenden Wortlaut:

> (1) Für Grundstücke und Erbbaurechte, für die innerhalb der Ausschlussfrist des § 30a ein Antrag auf Rückübertragung eingegangen ist, der weder bestandskräftig abgelehnt noch zurückgenommen oder für erledigt erklärt worden ist, ersucht die zuständige Behörde das Grundbuchamt um Eintragung eines Anmeldevermerks im Grundbuch. Der Anmeldevermerk ist in der zweiten Abteilung des Grundbuchs mit folgendem Wortlaut einzutragen: „Es liegt ein Antrag auf Rückübertragung nach § 30 Absatz 1 des Vermögensgesetzes vor." Die Eintragung erfolgt ausschließlich aufgrund von Ersuchen nach Satz 1.

Für die Erledigung des Ersuchens auf Eintragung oder Löschung des Anmeldevermerks ist der UdG zuständig (§ 12c Abs. 2 Nr. 3a GBO).

Eine parallele Änderung des § 2 Abs. 1 S. 2 GVO durch Einfügung einer Nr. 6, durch welche die Genehmigungsfreiheit einer Verfügung bei Nichteintragung des Vermerks bestimmt wird, sollte ursprünglich am 1.1.2017 in Kraft treten (Art. 7 S. 3 G v. 1.10.2013, BGBl I 2013, 3719). Durch Art. 19 EuKoPfVODG v. 21.11.2016 (BGBl I 2016, 2591) wurde das Inkrafttreten auf den 1.7.2018 geändert. Seither bedarf es nur noch einer Genehmigung nach § 2 GVO, wenn der Anmeldevermerk im Grundbuch eingetragen ist.[41]

VIII. Berichtigung von Personenbezeichnungen (Abs. 2 Nr. 4)

Bei natürlichen Personen kann der UdG auf entsprechenden Nachweis Name,[42] Geburtsdatum, ggf. Beruf oder Wohnort richtigstellen. Nicht genannt ist das nach § 15 GBV gleichfalls einzutragende Geburtsdatum. *Demharter*[43] verneint deshalb insoweit die Zuständigkeit des UdG. Eine Zuständigkeit des Rechtspflegers ist jedoch nicht veranlasst. Es ist anzunehmen, dass die Nennung des Geburtsdatums deshalb unterblieb, weil es in dem hierher übernommenen § 4 Abs. 2 Buchst. d AVO wegen unterbliebener Anpassung an § 15 GBV gleichfalls nicht erwähnt war. Ein sachlicher Unterschied, der zu verschiedener Behandlung nötigen würde, besteht nicht.

17

IX. Nachweise nach § 10a Abs. 2 GBO (Abs. 2 Nr. 5)

Beim maschinell geführten Grundbuch hat der UdG gem. § 10a Abs. 2 GBO einen Nachweis darüber zu erstellen, dass der Bild- oder Datenträger für die aufzubewahrenden Urkunden usw. mit den Originalen übereinstimmt.

18

C. Ausschließung und Ablehnung

Nach Abs. 3 ist § 6 FamFG auf den UdG entsprechend anzuwenden. Insoweit kann auf die Erläuterungen zu § 11 verwiesen werden.

19

D. Anfechtung (Abs. 4)

Gegen die Eintragung in das Grundbuch wäre an sich die Beschwerde nach §§ 71 ff. GBO statthaft, gleichgültig, wer die Eintragung vorgenommen hat. Abs. 4 schaltet bei Entscheidungen des UdG hier ein Abhilfeverfahren vor.[44] Die Entscheidungen des Urkundsbeamten sind mit der Erinnerung anfechtbar, über diese entscheidet der Rechtspfleger wegen dessen genereller Zuständigkeit aus § 3 Nr. 1 Buchst. h RPflG. Die Norm

20

---

40 *Moser-Merdian/Flik/Keller*, Das Grundbuchverfahren in den neuen Bundesländern, 3. Aufl. 1995, Rn 122 ff.; *Schöner/Stöber*, Grundbuchrecht, Rn 4108 ff.
41 Eingehend *Böhringer*, Rpfleger 2018, 362.
42 Einzelbeispiele dazu bei Lemke/*Schneider*, § 12c Rn 79.
43 *Demharter*, § 12c Rn 6; ebenso Bauer/Schaub/*Maaß*, § 12c Rn 15; Hügel/*Kral*, § 12c Rn 19; Lemke/*Schneider*, § 12c Rn 78.
44 Eingehend auch Hügel/*Kral*, § 12c Rn 23.

des Abs. 4 ist unklar formuliert, sie ist nach Wegfall von § 4 Abs. 2 Nr. 3 RPflG durch Gesetz v. 24.8.2004 (BGBl I 2004, 2198) nicht angepasst worden, sodass man annehmen könnte, es verbleibe bei der Richterzuständigkeit.[45] Dies widerspräche aber der grundsätzlichen Zuständigkeitssystematik im Grundbuchverfahren.[46]

Beschwerdebefugt insbes. gegen eine Zurückweisung eines Eintragungsersuchens ist auch das Insolvenzgericht oder das Vollstreckungsgericht als ersuchende Stelle.[47]

Gegen die Entscheidung des zuständigen Rechtspflegers ist die Beschwerde nach Maßgabe des § 71 GBO statthaft, wobei i.d.R. sogar eine unbeschränkte Beschwerde in Betracht kommt, da sich an die Eintragungen des § 12a GBO regelmäßig kein gutgläubiger Erwerb anschließen kann. Die unbeschränkte Beschwerde nach § 71 Abs. 1 GBO ist auch gegen die Eintragung des Insolvenzvermerks statthaft, weil sich an dessen Eintragung kein gutgläubiger Erwerb anschließen kann (siehe § 6 Einl. Rdn 89).[48]

§ 12d Anwendung der Verordnung (EU) 2016/679

(1) Das Auskunftsrecht nach Artikel 15 Absatz 1 und das Recht auf Erhalt einer Kopie nach Artikel 15 Absatz 3 der Verordnung (EU) 2016/679 des Europäischen Parlaments und des Rates vom 27. April 2016 zum Schutz natürlicher Personen bei der Verarbeitung personenbezogener Daten, zum freien Datenverkehr und zur Aufhebung der Richtlinie 95/46/EG (Datenschutz-Grundverordnung) (ABl L 119 vom 4.5.2016, S. 1; L 314 vom 22.11.2016, S. 72; L 127 vom 23.5.2018, S. 2) werden dadurch gewährt, dass die betroffene Person
1. nach Maßgabe des § 12 Absatz 1 und 2 und den dazu erlassenen Vorschriften der Grundbuchverfügung in der jeweils geltenden Fassung Einsicht in das Grundbuch, die Urkunden, auf die im Grundbuch zur Ergänzung einer Eintragung Bezug genommen ist, sowie in die noch nicht erledigten Eintragungsanträge nehmen und eine Abschrift verlangen kann,
2. in die nach § 12a Absatz 1 Satz 1 geführten weiteren Verzeichnisse Einsicht nehmen kann.

Eine Information über Empfänger, gegenüber denen die im Grundbuch oder in den Grundakten enthaltenen personenbezogenen Daten offengelegt werden, erfolgt nur zu Gunsten der Eigentümer des betroffenen Grundstücks oder dem Inhaber eines grundstücksgleichen Rechts innerhalb der von § 12 Absatz 4 Satz 2 bis 4 und der Grundbuchverfügung gesetzten Grenzen.

(2) Hinsichtlich der im Grundbuch enthaltenen personenbezogenen Daten kann das Recht auf Berichtigung nach Artikel 16 der Verordnung (EU) 2016/679 nur unter den Voraussetzungen ausgeübt werden, die in den §§ 894 bis 896 des Bürgerlichen Gesetzbuchs sowie in den §§ 22 bis 25 und 27 dieses Gesetzes für eine Berichtigung oder Löschung vorgesehen sind.

(3) Das Widerspruchsrecht gemäß Artikel 21 der Verordnung (EU) 2016/679 findet in Bezug auf die im Grundbuch und in den Grundakten enthaltenen personenbezogenen Daten keine Anwendung.

A. Allgemeines	1	D. Recht auf Widerspruch (Abs. 3)	5
B. Recht auf Auskunft und Kopien (Abs. 1)	2	E. Sonstige Rechte aus der DSGVO	6
C. Recht auf Berichtigung von Daten (Abs. 2)	4		

A. Allgemeines

1 Die Norm wurde eingefügt durch Art. 15 des Gesetzes zur Umsetzung der Datenschutz-Grundverordnung v. 20.11.2019 (BGBl I S. 1724). Zur Bedeutung dieser EU-Verordnung für die Grundbucheinsicht siehe § 12 GBO Rdn 3. Nach Art. 23 DSGVO darf der nationale Gesetzgeber Pflichten und Rechte der Beteiligten aus Art. 12 ff. DGSVO beschränken und regeln, sofern der Wesensgehalt der Grundrechte und Grundfreiheiten

---

45 *Demharter*, § 12c Rn 11.
46 OLG Rostock FGPrax 2010, 180; OLG Frankfurt a.M., OLG Schleswig, OLG München, sämtlich FGPrax 2011, 68; OLG Düsseldorf Rpfleger 2011, 197; Meikel/*Nowak*, § 12c Rn 21; Bauer/Schaub/*Maaß*, § 12c Rn 18; Lemke/

Schneider, § 12c Rn 97 (dort auch zur a.A.); *Rellermeyer*, Rpfleger 2004, 593.
47 *Demharter*, § 38 Rn 79.
48 BGH NZI 2011, 650 m. Anm. *Keller*.

beachtet wird und die Beschränkungen verhältnismäßig sind.[1] Für das Grundbuch regelt dies § 12d GBO. Für das Grundbuchverfahren ist die DSGVO unmittelbar anzuwenden, im Grundbuch werden personenbezogene Daten erfasst und verarbeitet.

B. Recht auf Auskunft und Kopien (Abs. 1)

Art. 15 DSGVO gibt betroffenen Personen ein Auskunftsrecht über die Verwendung ihrer Daten. Dessen Abs. 1 wird für das Grundbuchverfahren durch §§ 12 und 12a GBO geregelt und gewährleistet. Soweit diese Regelungen hinter das Auskunftsrecht des Art. 15 Abs. 1 DSGVO zurückbleiben, ist dies verhältnismäßig, weil das Interesse des Rechts- und Wirtschaftsverkehrs an der Funktions- und Handlungsfähigkeit des Grundbuchs das individuelle Auskunftsinteresse übersteigt.[2] Die Information darüber, wem Grundbucheinsicht in welchem Umfang gewährt wurde, erhält nach Abs. 1 S. 2 nur der Eigentümer gemäß § 12 Abs. 4 S. 2–4 GBO und gemäß § 46a GBV.

Das Auskunftsrecht wird ferner gewährleistet durch die Regelung des § 55 GBO zur Eintragungsmitteilung.[3]

C. Recht auf Berichtigung von Daten (Abs. 2)

Art. 16 DSGVO gewährt dem Betroffenen einen Anspruch auf Berichtigung seiner Daten. Abs. 2 verweist dazu auf die materiellrechtlichen Normen der §§ 894 ff. BGB und auf § 22 GBO. Eine Verwirklichung des Anspruchs aus Art. 16 DSGVO soll daher nur im Rahmen der Grundbuchberichtigung möglich sein.[4] Die Vorschrift des Abs. 2 ist unglücklich formuliert und sachlich zu eng.[5] Zu unterscheiden ist zwischen der Grundbuchunrichtigkeit i.S.d. § 894 BGB und der Unrichtigkeit tatsächlicher Angaben. Ersteres kann nur über § 22 GBO geregelt werden. Die Richtigstellung tatsächlicher Angaben, bspw. des Geburtsdatums eines Berechtigten oder des Nachnamens nach einer Namensänderung stellt aber keine Unrichtigkeit nach § 894 BGB dar.[6] Auch wenn die DSGVO keine Definition des Rechts auf Berichtigung enthält, soll Art. 16 DSGVO insbesondere die Richtigstellung tatsächlicher Angaben erfassen. Diese ist durch Abs. 2 nicht ausgeschlossen und weiterhin zulässig, die Berichtigung des Namens etwa durch Vorlage der Personenstandsurkunde (siehe auch § 12c GBO Rdn 15).

D. Recht auf Widerspruch (Abs. 3)

Art. 21 DSGVO regelt ein Widerspruchsrecht gegen die Verarbeitung personenbezogener Daten. Dieses wird durch Abs. 3 vollständig ausgeschlossen. Das ist sachgerecht und notwendig. Andernfalls könnte man durch Widerspruch die Eintragung in das Grundbuch verhindern oder unleserlich machen. Damit wäre der Rechtsverkehr gefährdet. Ein Berechtigter kann mithin nicht verhindern, in Gemäßheit des § 15 GBV im Grundbuch bezeichnet zu werden.

Das Wort Widerspruch in Art. 21 DSGVO darf natürlich nicht mit Widersprüchen nach § 899 BGB oder § 53 GBO oder mit dem Beschwerdeverfahren nach §§ 71 ff. GBO verwechselt werden.

E. Sonstige Rechte aus der DSGVO

Weitere Rechte und individuelle Ansprüche der DSGVO werden durch das Grundbuchverfahren modifiziert. Zu nennen sind:
- Das Recht auf Einschränkung der Datenverarbeitung (Art. 18 DSGVO); weil die Verarbeitung personenbezogener Daten im Grundbuch aus Gründen eines wichtigen öffentlichen Interesses der Union oder eines Mitgliedstaats verarbeitet werden (Art. 18 Abs. 2 DSGVO).
- Das Recht auf Mitteilung bei Berichtigung oder Löschung (Art. 19 DSGVO); dieses Recht wird bereits durch § 55 GBO gewährleistet.
- Das Recht auf Datenübertragbarkeit (Art. 20 DSGVO); dieses Recht gilt nach Art. 20 Abs. 3 S. 2 DSGVO nicht für eine Verarbeitung, die für die Wahrnehmung einer Aufgabe erforderlich ist, die im öffentlichen Interesse liegt oder in Ausübung öffentlicher Gewalt erfolgt, die dem Verantwortlichen übertragen wurde.

---

1 Allg. Lemke/*Schneider*, § 12d Rn 1.
2 BT-Drucks 19/4671, S. 91, 92.
3 BT-Drucks 19/4671, S. 90.
4 BT-Drucks 19/4671, S. 90.
5 Lemke/*Schneider*, § 12d Rn 11 ff.
6 Eingehend Meikel/*Böttcher*, § 22 GBO Rn 87 ff.

Zweiter Abschnitt: Eintragungen in das Grundbuch

Vorbemerkungen

1 Der zweite Abschnitt ist das Kernstück der GBO. Er enthält unter der Überschrift „Eintragungen in das Grundbuch" die Vorschriften über die Eintragungstätigkeit des Grundbuchamtes.
(1) In §§ 13 bis 43 sind die Voraussetzungen der GB-Eintragung geregelt, nämlich: a) Antrag (§§ 13 bis 18); b) Eintragungsbewilligung (§§ 19 bis 28); c) Form und Beweis der Eintragungsunterlagen (§§ 29 bis 37); d) Ersuchen einer Behörde (§ 38); e) Voreintragung des Betroffenen und Ausnahmen davon (§§ 39; 40); f) Brief- und Urkundenvorlage (§§ 41 bis 43).
(2) §§ 44 bis 52 regeln die Art und Weise der Eintragungen.
(3) § 53 enthält die Voraussetzungen des Amtswiderspruchs und der Amtslöschung.
(4) Nach § 54 richtet sich die Eintragungsfähigkeit öffentlicher Lasten.
(5) § 55 schreibt vor, wer von der GB-Eintragung zu benachrichtigen ist.

§ 13 [Antragsgrundsatz]

(1) Eine Eintragung soll, soweit nicht das Gesetz etwas anderes vorschreibt, nur auf Antrag erfolgen. Antragsberechtigt ist jeder, dessen Recht von der Eintragung betroffen wird oder zu dessen Gunsten die Eintragung erfolgen soll. In den Fällen des § 20 soll die Eintragung nur dann erfolgen, wenn ein Notar den Antrag im Namen eines Antragsberechtigten eingereicht hat.
(2) Der genaue Zeitpunkt, in dem ein Antrag beim Grundbuchamt eingeht, soll auf dem Antrag vermerkt werden. Der Antrag ist beim Grundbuchamt eingegangen, wenn er einer zur Entgegennahme zuständigen Person vorgelegt ist. Wird er zur Niederschrift einer solchen Person gestellt, so ist er mit Abschluß der Niederschrift eingegangen.
(3) Für die Entgegennahme eines auf eine Eintragung gerichteten Antrags oder Ersuchens und die Beurkundung des Zeitpunkts, in welchem der Antrag oder das Ersuchen beim Grundbuchamt eingeht, sind nur die für die Führung des Grundbuchs über das betroffene Grundstück zuständige Person und der von der Leitung des Amtsgerichts für das ganze Grundbuchamt oder einzelne Abteilungen hierzu bestellte Beamte (Angestellte) der Geschäftsstelle zuständig. Bezieht sich der Antrag oder das Ersuchen auf mehrere Grundstücke in verschiedenen Geschäftsbereichen desselben Grundbuchamts, so ist jeder zuständig, der nach Satz 1 in Betracht kommt.

A. Allgemeines 1	G. Auslegung und Umdeutung des Antrags 52
B. Geltungsbereich 3	I. Auslegung 52
I. Grundsatz 3	II. Umdeutung 57
II. Ausnahmen 4	H. Wirksamwerden des Antrags 58
III. Formelle Bedeutung des Antragsgrundsatzes 9	I. Vorlage bei Gericht (Papiereinreichung) ... 58
IV. Materielle Bedeutung des Antragsgrundsatzes 17	II. Antrag zur Niederschrift gestellt 63
	III. Eingangsvermerk 64
V. Vorrangwirkung 27	IV. Vorlage in elektronischem Rechtsverkehr . 65
VI. Ordnungsvorschrift 28	**I. Rücknahme des Eintragungsantrags** 66
C. Antragsmonopolisierung bei Auflassungen 30	I. Grundsatz 66
	II. Berechtigte 67
D. **Rechtsnatur des Eintragungsantrags** 36	III. „Unwiderruflicher Antrag" 71
I. Begriff und Arten des Antrags 36	IV. Teilweise Rücknahme 72
II. Folgerungen 38	V. Wirkung der Rücknahme 73
E. **Antragsform** 41	VI. Mehrheit von Anträgen 74
F. **Antragsinhalt** 42	J. **Antragsberechtigung (Abs. 1 S. 2)** 75
I. Notwendiger Inhalt 42	I. Begriff 76
II. Übereinstimmung mit Bewilligung 48	II. Grundsätze 78
III. Andere Unterlagen 51	III. Insbesondere der Passivbeteiligte 84
	IV. Insbesondere der Aktivbeteiligte 86

V. Mehrheit von Antragsberechtigten auf Aktiv- und Passivseite 87	IX. Zeitpunkt des Vorliegens 97
VI. Die Antragsbefugnis – Partei kraft Amtes .. 88	**K. Erledigung des Antrags** 98
VII. Form des Nachweises 94	**L. Grundbuchersuchen einer Behörde** 99
VIII. Vollmacht 95	**M. Vereinbarungen zum Antragsrecht** 100

A. Allgemeines

Die Bestimmung stellt eine der Hauptregeln des Grundbuchrechts auf, dass nämlich **Eintragungen** grundsätzlich nur auf **Antrag** erfolgen. Der Antrag bestimmt damit, ob das GBA überhaupt tätig werden soll. Zugleich begrenzt er – vergleichbar dem Ne ultra petita des zivilprozessualen Streitgegenstands – dessen Vollzugsberechtigung.

Die Norm verwirklicht damit den Gedanken, dass Erwerb und Verlust dinglicher Rechte im Belieben der Beteiligten stehen; daher kann die Stellung eines Antrags i.d.R. vom GBA auch nicht erzwungen werden, ausgenommen der Fall der Grundbuchberichtigung nach § 82 GBO.

Soweit es sich nicht um Eintragungen im Sinne des 2. Abschnittes der GBO handelt, gelten die Bestimmungen des § 13 GBO nicht; ob und wie weit in solchen Fällen eigene Anträge erforderlich sind, richtet sich nach den einschlägigen Vorschriften (§§ 10 Abs. 3 u. 5, 55 GBO usw.).

B. Geltungsbereich

I. Grundsatz

Der Antragsgrundsatz – das behördliche Eintragungsersuchen (§ 38 GBO) steht dem Antrag gleich – gilt grundsätzlich für alle Eintragungen im angelegten Grundbuch, die sich auf Rechtsverhältnisse beziehen. In diesem Rahmen gilt er nicht nur für rechtsändernde Eintragungen, sondern auch für Berichtigungen und Löschungen.

II. Ausnahmen

Der Grundsatz gilt **nicht**:

1. **innerhalb** der Grundbuchordnung

a) für das **Anlegungsverfahren** gem. §§ 112 ff. GBO, da es sich insoweit nicht um Eintragungen im Sinn des zweiten Abschnitts der GBO handelt,

b) für Eintragungen rein **tatsächlicher** Art, z.B. Berichtigung der Eigenschaftsangaben eines Grundstücks,[1] die Richtigstellung der Bezeichnung des Berechtigten ohne Änderung seiner Identität[2] oder der Schreibweise des Namens der Berechtigten,[3]

c) aufgrund **besonderer Vorschrift** bei Anlegung und Aufhebung eines gemeinschaftlichen Grundbuchblatts (§ 4 GBO); bei Abschreibung eines mit einem Recht zu belastenden Grundstücksteils (§ 7 GBO); für Berichtigung des Vermerks bei Änderung oder Aufhebung von subjektiv-dinglichen Rechten (§ 9 Abs. 2 und 3 GBO) sowie bei Verlautbarung dieses Vermerks auf dem Blatt des belasteten Grundstücks (§ 9 Abs. 3 GBO); für Eintragung und Löschung einer Vormerkung oder eines Widerspruchs bei Erlass einer Zwischenverfügung (§ 18 Abs. 2 GBO); bei Eintragung eines Widerspruchs gegen eine Löschung von Rechten auf Lebenszeit (§ 23 Abs. 1 GBO); bei Eintragung von Rang-Klarstellungsvermerken (§ 45 Abs. 1 und 2 GBO); bei Eintragung des Mitbelastungsvermerks (§ 48 GBO); bei gleichzeitiger Eintragung des Nacherben mit dem Vorerben (§ 51 GBO) sowie eines Testamentsvollstreckers bei Eintragung der Erben (§ 52 GBO); bei Eintragung eines Widerspruchs und der Löschung von Amts wegen (§ 53 Abs. 1 GBO), für den Vermerk bei Erteilung eines neuen Briefes (§ 68 Abs. 3 GBO); für die Löschung von Vormerkung oder Widerspruch bei Rücknahme oder Zurückweisung der Beschwerde (§ 76 Abs. 2 GBO); für die Berichtigung von Amts wegen bei

---

1 KG KGJ 34, 295.
2 OLG Düsseldorf BeckRS 2018, 6583.
3 KG JFG 8, 243.

Vorliegen der Voraussetzung für ein Grundbuchberichtigungsverfahren (§ 82a GBO); für die Löschung gegenstandsloser Eintragungen (§§ 84 ff. GBO)[4] und die Klarstellung der Rangverhältnisse (§§ 90 ff. GBO).

5 2. **Außerhalb** des Grundbuchs bei Eintragung von Umstellungsschutzvermerken (§§ 4 Abs. 1 S. 1, 5 Abs. 1 und 8 Abs. 3 GBMaßnG), der Löschung von Umstellungsgrundschulden unter besonderen Voraussetzungen (§ 15 S. 2 GBMaßnG) sowie der Löschung von Abgeltungshypotheken, wenn der Gläubiger seine Forderung nicht nachweist (§ 24 Abs. 3 GBMaßnG); bei Eintragung des Umlegungsvermerks nach dem Baugesetzbuch (§ 54 Abs. 1 S. 2 BauGB) und bei Eintragung des Sanierungsvermerks (§ 143 BauGB).

6 3. Wo das Antragsprinzip nicht gilt, das GBA also **von Amts wegen** tätig werden muss, hat der Antrag nur die Bedeutung einer Anregung; das GBA hat von Amts wegen zu ermitteln, da hier § 26 FamFG zu beachten ist (vgl. Rdn 9 ff.).[5]

7 Bezüglich einzelner Eintragungen, über deren dogmatische Eintragungsgrundlage Uneinigkeit besteht, können sich aus dem Nebeneinander bzw. der alternativen Exklusivität von Antrags- oder Amtsverfahren praktische Diskrepanzen ergeben. Wer etwa die Eintragung eines Wirksamkeitsvermerks bei einer Vorerbenverfügung aufgrund Berichtigungsbewilligung befürwortet, muss ein Antragsverfahren bejahen mit der Möglichkeit von Zwischenverfügung und Beschwerde. Wird der Vermerk als rein verfahrensrechtliches Mittel betrachtet, muss das GBA nach pflichtgemäßem Ermessen entscheiden (§ 26 GBO).[6]

8 Für den Actus contrarius gilt nicht zwingend derselbe Grundsatz (Antragsprinzipien/Amtsverfahren). Der Amtswiderspruch etwa wird gelöscht im Antragsverfahren.[7]

III. Formelle Bedeutung des Antragsgrundsatzes

9 1. Ist ein Antrag erforderlich, so ist das GBA bei der Erledigung an den **Umfang des gestellten Antrags gebunden.** Dies gilt auch bei einem Ersuchen nach § 38 GBO.[8]

10 **Keine Bindung** des GBA besteht jedoch **an Vorschläge** des Antragstellers für die Fassung der Eintragung.[9] Es hat von sich aus das mit den Eintragungsanträgen Gewollte klar zum Ausdruck zu bringen[10] und kann nach seinem Ermessen bestimmen, was in den Vermerk selbst aufzunehmen und was durch Bezugnahme auf die Eintragungsbewilligung mittelbar zur Eintragung zu bringen ist.

11 Eine abweichende Auffassung vertraten die Oberlandesgerichte Düsseldorf[11] (früher) und Schleswig.[12] Nach ihrer Auffassung hat der Antrag eine maßgebliche Bedeutung, da die Eintragung nur auf ihn hin erfolgen könne. Ein vom Antragsteller für die Formulierung ausgesprochener Wunsch dürfe daher nur dann außer Acht gelassen werden, wenn er ungesetzlich sei oder die Übersichtlichkeit im Grundbuch gefährden würde. Dieser Auffassung ist jedoch von Haegele/*Riedel*[13] mit Recht entgegengehalten worden, dass es sich bei der Eintragung um einen staatlichen Hoheitsakt handelt, der als solcher nur durch den Antrag veranlasst werden kann. Eingriffe in dieses Hoheitsrecht, das allgemein bei Eintragungen vorhanden ist, sind nicht möglich. Der Antragsgrundsatz besagt außerdem über dieses Problem nichts, sondern stellt nur den Gegensatz zum Offizialprinzip des FamFG klar, der hier nicht gilt.[14] Das OLG Düsseldorf hat nunmehr seine frühere Ansicht ausdrücklich aufgegeben.[15]

---

4 OLG München NJOZ 2017, 58.
5 KG KGJ 48, 199; BayObLG BayObLGZ 1952, 28.
6 OLG München MittBayNot 2017, 61.
7 OLG München ZWE 2017, 211.
8 KG JFG 14, 379.
9 RG RGZ 50, 153; KG Rpfleger 1966, 305; zust.: *Haegele*, Rpfleger 1966, 306; BGH BGHZ 47, 46 = Rpfleger 1967, 142; BayObLG BayObLGZ 1981, 119 = Rpfleger 1988, 309.
10 BayObLG BayObLGZ 1956, 203 = DNotZ 1956, 547; BayObLG BayObLGZ 1960, 231 = DNotZ 1960, 599; KG Rpfleger 1993, 16.
11 OLG Düsseldorf Rpfleger 1963, 288; OLG Düsseldorf JMBl. NRW 1962, 125.
12 OLG Schleswig Rpfleger 1964, 82 = DNotZ 1964, 498; OLG Schleswig SchlHA 1965, 14; ebenso: LG Bayreuth NJW 1962, 2162 = Rpfleger 1963, 289; LG Braunschweig Rpfleger 1963, 255; LG Köln Rpfleger 1963, 289; *Dieckmann*, Rpfleger 1963, 267.
13 *Haegele/Riedel*, Rpfleger 1963, 265, 266; *Haegele/Riedel*, Rpfleger 1964, 83.
14 *Haegele/Riedel*, Rpfleger 1963, 265, 267.
15 OLG Düsseldorf RNotZ 2018, 281.

Eine Abweichung von der Formulierung des Antrags ist nicht nur gestattet, sondern geboten, soweit das Gesetz ausnahmsweise den Wortlaut vorschreibt (z.B. § 6 HöfeO).

Führt – andererseits – der Antragsteller im Rechtsverkehr zulässig zwei Namen, so hat das GBA den in dem Antrag genannten Namen einzutragen.[16]

Unter Umständen kann die Grenze zwischen noch zulässiger Abweichung in der Fassung (Formulierung) der Eintragung von der Eintragung eines Aliud oder Ultra schwer zu ziehen sein. Eine unzulässige Abweichung vom Beantragten besteht etwa bspw. bei Eintragung eines Wirksamkeitsvermerks anstelle des beantragten Rangvorbehalts.[17]

2. Aus dem Antragsgrundsatz folgt der Beibringungsgrundsatz. Es ist Sache des Antragstellers, sämtliche für die Eintragung benötigten **Unterlagen** beizubringen.[18] § 26 FamFG gilt insoweit nicht. Die Beibringungspflicht besteht auch bei Anträgen auf Grundbuchberichtigung.[19] Von diesem Grundsatz zu unterscheiden ist die Ermittlung der von dem Verfahren Betroffenen. Dies ist allein Sache des GBA.[20] Weitere Nachweise darf das GBA nur dann verlangen, wenn konkrete Anhaltspunkte für vermeintliche Eintragungshindernisse vorliegen; bloße Vermutungen genügen nicht (vgl. § 29 GBO Rdn 33).[21] Hat das GBA sich durch unberechtigte Ermittlungen Kenntnisse verschafft, so darf es diese nur dann nicht unberücksichtigt lassen, wenn anderenfalls das Grundbuch unrichtig würde.[22]

Auf benötigte Unterlagen in den Akten des gleichen Amtsgerichts kann verwiesen werden, wenn die Akten und Urkunden, auf die verwiesen wird, so genau bezeichnet sind, dass das GBA sie ohne weitere Ermittlungen feststellen kann.[23]

3. Die Kenntnis ausländischen Rechts hat sich das GBA nach einhelliger Auffassung der Rspr. selbst zu verschaffen.[24] Wie es dabei vorgeht, liegt in seinem Ermessen;[25] zu eigenen Nachforschungen ist es nicht verpflichtet. Die Vorlage entsprechender Unterlagen ist nach dem Gesetz nicht Sache des Antragstellers, auch nicht im Antragsverfahren.[26] Der einzelne Rechtspfleger muss aber notwendigerweise bei den immer schwieriger und häufiger werdenden Fragen internationalen Rechts – bspw. Ehegatten mit ausländischem Güterstand – in vielen Fällen überfordert sein. Sofern der Antragsteller daher nicht von sich aus entsprechende Rechtsgutachten vorlegt, ist der Grundbuchbeamte befugt, bei objektiv unübersichtlicher Rechtslage im Hinblick auf das ausländische Recht ein Sachverständigengutachten einzuholen, dessen Kosten als Auslagen dem Antragsteller aufzuerlegen sind. Insofern ist der Hinweis des OLG München[27] auf die Amtspflicht zur Klärung ausländischer (dort: güterrechtlicher) Rechtsverhältnisse ein für den Antragsteller zweifelhafter Erfolg, nimmt sie ihm doch jeden Einfluss auf Auswahl und Kosten des Gutachtens (einschließlich der Dauer bis zu einer Klärung der Vollzugsfähigkeit). Neben wissenschaftlichen Instituten an Universitäten und Rechtsauskünften öffentlicher Stellen des In- und Auslands können auch Auskünfte nach dem Europäischen Übereinkommen betreffend Auskünfte über ausländisches Recht vom 7.6.1968[28] erholt werden.

Völkerrecht kann bei Auslandsvermögen eines ausländischen Staates eine Rolle spielen.[29] Die allgemeinen Regeln des Völkerrechts sind unmittelbar Bestandteil des Bundesrechts (Art. 25 GG). Völkerrecht-

---

16 BayObLGZ 1972, 378; BayObLG Rpfleger 1988, 309.
17 OLG Celle FGPrax 2013, 242: dagegen dann Fassungsbeschwerde gem. § 71 GBO. Letzteres ist m.E. zweifelhaft, da wegen deutlicher Abweichung vom Beantragten der Antrag gar nicht erledigt war. Zur zu engen Bezeichnung eines Wärmebezugsverbots vgl. OLG Düsseldorf FGPrax 2010, 272.
18 BayObLGZ 1959, 446; BayObLGZ 1967, 17; BayObLGZ 1969, 145; BayObLGZ 1969, 281; BayObLGZ 1971, 257 = Rpfleger 1971, 429.
19 KG JFG 11, 324.
20 Siehe BayObLG Rpfleger 1997, 16 für die Feststellung der zur Löschung Berechtigten bei geschehener Abschreibung von Teilflächen des herrschenden Grundstücks; vgl. OLG Düsseldorf RNotZ 2012, 328 zur Gewährung rechtlichen Gehörs.
21 BayObLG 1971, 257; OLG Hamm Rpfleger 1969, 359 m. zust. Anm. *Haegele*.
22 Str. wie hier: BayObLG DNotZ 1990, 741; a.A. KG Rpfleger 1968, 224.
23 BayObLG Rpfleger 1987, 451; OLG München JFG 20, 373; KG JFG 23, 299.
24 KG JFG 20, 178.
25 BayObLG FGPrax 1998, 240.
26 OLG München NJW 2016, 1186; OLG München NZG 2016, 150.
27 OLG München NJW 2016, 1186.
28 BGBl II 1974, 938; Fundstellennachweis zu den Vertragsparteien des Abkommens: BGBl II 1999, 479; Gesetz v. 5.7.1974 (BGBl II 1974, 937) u. Ausführungsgesetz v. 5.7.1974 (BGBl I 1974, 1433).
29 Vgl. *Demharter*, VIZ 1997, 65.

liche Verträge sind in der Form des § 29 GBO nachzuweisen, wenn sie nicht nach Art. 59 Abs. 2 GG deutsches Recht geworden sind.

Bei Anwendung ausländischen Rechts kann der Rechtspfleger die Sache dem Richter vorlegen (§ 5 Abs. 2 RPflG). Gibt der Richter die Sache zurück, so ist der Rechtspfleger an die vom Richter mitgeteilte Rechtsauffassung gebunden (§ 5 Abs. 3 RPflG).

15 Kein ausländisches Recht in diesem Sinne sind das Primärrecht der Europäischen Union sowie deren unmittelbar geltendes Sekundärrecht (Verordnungen) sowie durch Deutschland ratifizierte völkerrechtliche Verträge. Deren Kenntnis fällt unter den Grundsatz „Iura novit curia".

16 4. Soweit das Antragsverfahren reicht, hat das GBA weder das Recht noch die Pflicht zu weiteren **Ermittlungen**,[30] auch nicht beim Grundbuchberichtigungsverfahren.[31] Das GBA hat lediglich die Möglichkeit, durch Zwischenverfügung dem Antragsteller die Vorlage von fehlenden Unterlagen aufzuerlegen.

IV. Materielle Bedeutung des Antragsgrundsatzes

17 An den Eingang des Antrags beim GBA sind folgende Wirkungen geknüpft:

18 1. **Der Zeitpunkt des Eingangs** ist maßgebend für den guten Glauben des Erwerbers bei Erwerb von einem Nichtberechtigten (§ 892 Abs. 2 BGB), wenn die Gutgläubigkeit durch nachfolgende Kenntnis verloren gegangen wäre. Eine Kenntniserlangung vor Antragstellung – auch nach Beurkundung – schadet aber (vorbehaltlich gutgläubig erworbener Vormerkungssicherung). Folgt jedoch die (dingliche) Einigung dem Antrag nach, gilt deren Zeitpunkt (§ 892 Abs. 2 BGB). § 892 BGB greift ganz unabhängig von seinem Abs. 2, der zugunsten des Erwerbers den Zeitpunkt vorverlegt, einen Rückgriff auf Abs. 1 aber nicht verbietet, auch dann für den Erwerber ein, wenn die zugrundeliegende Buchposition erst nachfolgend zum Eintragungsantrag geschaffen wird, z.B. durch versehentliche Grundbuchlöschung einer Belastung bei Vollzug einer Auflassung.[32]

19 Strittig ist die Frage, ob das GBA durch Eintragung einen Rechtserwerb vollenden darf, wenn es weiß, dass er sich nur durch Gutgläubigkeit vollziehen kann. Die beinahe einhellige Grundbuchpraxis verneint das[33] und stellt dazu vorrangig auf den Schutz des wahren Berechtigten ab.[34] Das GBA ist aber nicht allein Hüter der Interessen des wahren Berechtigten (dafür wäre richtiger, über eine erweiternde Anwendung des § 82 GBO nachzudenken), sondern des Systems Grundbuch schlechthin. Dieses erleidet eine empfindliche Einbuße bei der Verwertung von Sonderwissen des GBA (einerlei, ob im Rahmen der Amtstätigkeit oder außerhalb, ob zu Recht oder zu Unrecht erlangt) und widerspricht den klaren Anordnungen des § 892 BGB, vor allem dessen Abs. 2: Hinweise, in Zwischenverfügungen etwa, die zur Bösgläubigkeit führen, werden bei bereits erfolgter Einigung ausdrücklich für irrelevant erklärt.[35]

20 2. Verfügungsbeschränkungen (zum Begriff vgl. § 19 GBO Rdn 89 ff.) nach Eingang des Antrags hindern die Vollendung des Rechtserwerbs nicht, wenn die von dem Berechtigten abgegebene Eintragungsbewilligung vorher bindend geworden ist (§§ 873, 875, 877, 878 BGB; zur Bindungswirkung vgl. § 19 GBO Rdn 77 ff.). Das gilt auch gegenüber nachfolgend in Kraft getretenen gesetzlichen Verfügungsbeschränkungen.[36]

21 Diese Regelung gilt aufgrund ausdrücklicher, gesetzlicher Bestimmung auch in weiteren Fällen (§§ 880 Abs. 2, 1109 Abs. 2, 1116 Abs. 2, 1132 Abs. 2, 1154 Abs. 3, 1168 Abs. 2, 1180 Abs. 2, 1196 Abs. 2, 1260 Abs. 1 BGB). Die Rspr. wendet die Regelung außerdem an bei Eigentumsverzicht, bei Zustimmungs-

---

30 KG KGJ 27, 110; OLG Hamm Rpfleger 1958, 15; BayObLG BayObLGZ 1959, 447 = NJW 1960, 281; BGH BGHZ 30, 258; BGH Rpfleger 1960, 122; BGH BGHZ 35, 139 = Rpfleger 1961, 233; KG Rpfleger 1968, 224; BayObLG BayObLGZ 1969, 281 = Rpfleger 1970, 22; BayObLG BayObLGZ 1971, 257 = Rpfleger 1971, 429; BayObLG Rpfleger 1980, 105; BayObLG BayObLG 1989, 113; BayObLG DNotZ 1990, 741.
31 BayObLG Rpfleger 1982, 467.
32 BGH NJW 2003, 202; BayObLG FGPrax 2003, 201 mit Anm. *Demharter*; *Demharter*, § 13 Rn 12.
33 Z.B. BayObLG Rpfleger 1994, 454; OLG Dresden NotBZ 1999, 261; OLG Hamm FGPrax 2004, 266; OLG Schleswig FGPrax 2004, 264; *Demharter*, § 13 Rn 12.
34 Exempl.: OLG Rostock FGPrax 2009, 11, 1. Ls.
35 Zur Gegenansicht auch: *Lenenbach*, NJW 1999, 923; *Kesseler*, ZNotP 2004, 338; OLG Köln MittBayNot 2014, 50 weicht auf Tatsachengrundlage aus und erklärt die Unrichtigkeit für möglich, aber nicht für erwiesen.
36 BGH FGPrax 2017, 3.

erklärungen nach §§ 5, 6 ErbbauRG, damit auch nach §§ 12, 35 WEG, und nach §§ 876, 880 Abs. 2, 1183 BGB, bei der Berichtigungsbewilligung sowie auch bei Bewilligung einer Vormerkung.[37]

Wird der Antrag durch Zwischenverfügung beanstandet, so bleiben die Wirkungen des § 878 BGB auch dann erhalten, wenn der Antrag erst nach Wirksamwerden der Verfügungsbeschränkung ergänzt wird.[38]

Die genannte Wirkung tritt nicht ein, wenn der Antrag zurückgenommen oder zurückgewiesen worden ist und nach Wirksamwerden der Verfügungsbeschränkung erneut gestellt wird.[39] Hebt auf ein Rechtsmittel hin das Beschwerdegericht den zurückweisenden Beschluss jedoch auf, so behält der gestellte Antrag seine Wirkung aus § 878 BGB, sofern das Rechtsmittel nicht auf neues Vorbringen gestützt worden ist.[40]

Die genannte Wirkung tritt nicht ein bei einem Erwerb im Wege der Zwangsvollstreckung.[41]

Die Bestimmung des § 878 BGB darf bei einem absoluten Belastungsverbot,[42] bei Beschränkungen der Geschäftsfähigkeit[43] sowie bei Erwerbsverboten nicht angewendet werden.[44] Sie gilt weiter nicht bei Wegfall der Rechtsinhaberschaft, wobei jedoch im Einzelfall zu beachten ist, dass der Rechtsnachfolger u.U. an rechtmäßige Verfügungen des Vorgängers gebunden ist.[45]

Im Übrigen gilt § 878 BGB sowohl für absolute als auch für relative Verfügungsbeschränkungen,[46] ausgenommen wenn sie erst mit der Eintragung in das Grundbuch entstehen.[47]

3. Von Bedeutung ist der Antragseingang für die Entstehung einer Arresthypothek; diese entsteht zwar erst mit der Eintragung im Grundbuch.[48] Die Frist zur Arrestvollziehung durch Eintragung einer Sicherungshypothek in das Grundbuch ist aber bereits dann gewahrt, wenn der Eintragungsantrag fristgemäß bei dem Amtsgericht, zu dem das für die Eintragung zuständige GBA gehört, eingeht (§ 932 Abs. 3 ZPO).[49] Nicht erforderlich ist, dass er innerhalb der Vollziehungsfrist dem zuständigen Mitarbeiter des GBA vorgelegt wird.[50] Der Antrag auf Eintragung einer Arresthypothek an einer diplomatischen oder konsularischen Mission ist keine Zwangsvollstreckung im Sinne des Wiener Übereinkommens vom 18.4.1961,[51] sondern hat nur Sicherungscharakter.[52]

4. Der Antrag bestimmt ferner den Vornahmezeitpunkt nach § 140 InsO.[53]

V. Vorrangwirkung

Im Zusammenhang mit § 17 GBO gibt der Zeitpunkt des Eingangs dem Antrag **den Vorrang** vor späteren Anträgen. Der Rang selbst richtet sich endgültig jedoch ausschließlich nach der Eintragung im Grundbuch selbst.

VI. Ordnungsvorschrift

Der gestellte Antrag erfüllt lediglich eine **Ordnungsvorschrift** („soll nur"). Die materielle Rechtsänderung erfordert ihn nicht.[54] Die erfolgte Eintragung führt die Rechtsänderung selbst dann herbei, wenn kein oder nur ein fehlerhafter Antrag vorgelegen hat[55] oder dem Antragsteller die Berechtigung fehlt. Jedoch kann die Verletzung der Ordnungsvorschrift zur Amtshaftung führen.

---

37 KG JFG 4, 338; BayObLG BayObLGZ 1954, 99 = DNotZ 1954, 396; BGH BGHZ 28, 185 = NJW 1958, 2013.
38 OLG Celle OLG 17, 352; KG DNotZ 1930, 631.
39 BayObLG BayObLGZ 1922, 397.
40 BGH BGHZ 136, 87 = NJW 1997, 251 m. Anm. *Gerhardt*; BGH JZ 1998, 159 u. *Schreiber*, JR 1998, 236.
41 RG RGZ 84, 265; KG HRR 34 Nr. 167; BGH BGHZ 9, 250 = NJW 1953, 898; a.A. *Wacke*, ZZP 1982, 377.
42 KG JW 1934, 1245 (zu § 8 Sch-RegG).
43 KG HRR 36 Nr. 361.
44 RG RGZ 120, 118 (für ein Veräußerungsverbot durch einstweilige Verfügung).
45 So für den Nacherben gegenüber Verfügungen des Vorerben: KG DR 1941, 2196.
46 RG RGZ 113, 409; KG JFG 9, 182; OLG München JFG 17, 164.
47 Vgl. KG JFG 9, 182 zu § 47 RVersG.
48 BayObLG BayObLGZ 1954, 192 = NJW 1955, 144.
49 OLG Celle BeckRS 2017, 129280.
50 BGH Rpfleger 2001, 294 m. Anm. *Alff*.
51 BGBl II 1964 Nr. 38, 959 ff.
52 OLG Köln Rpfleger 2004, 470.
53 Nach BGH MittBayNot 2009, 61 indes dann nicht, wenn der Antrag nur vom Notar nach § 15 GBO gestellt wurde – falsch.
54 Vgl. RG JurRdsch. 26 Nr. 938.
55 LG Lübeck SchlHA 1965, 213.

29 Über die Hinzufügung einer (auflösenden) Bedingung kann aber der an sich rein verfahrensrechtliche bzw. verfahrenstechnische Antrag in das dingliche Recht hineinbezogen werden und damit über den Fort- oder Nichtfortbestand entscheiden. Ein dingliches Recht bzw. eine Vormerkung (wegen § 925 Abs. 2 BGB aber nicht die Auflassung und parallele Fälle) kann auf die Stellung eines Löschungsantrags auflösend bedingt sein. Dann bedarf der Antrag aber der Form des § 29 GBO, wenn in der Folge die Berichtigung durch Löschung des Rechts betrieben werden soll. In den maßgeblichen Fällen wird der Antrag in Form einer notariellen Eigenurkunde eingereicht. Diese Art von Bedingung ist zulässig.[56]

C. Antragsmonopolisierung bei Auflassungen

30 Die Ergänzung von § 13 GBO um den neuen Abs. 1 S. 3 erfolgte durch das Sanktionsdurchsetzungsgesetz II[57] im Zuge der Bemühungen um eine schärfere Geldwäschebekämpfung. Die vom Gesetzgeber vermuteten vielen Bartransaktionen bei Immobilienkäufen sollen zurückgedrängt werden, indem lediglich Überweisungen Erfüllungswirkung haben (§ 16a GWG) und Notare den bargeldlosen Zahlungsweg überwachen müssen (§ 16a Abs. 2 GWG). Um diese Ermittlungstätigkeit des Notars sicherzustellen, soll auch der Grundbuchvollzug bei ihnen monopolisiert werden. Dies geschieht durch Abs. 1 S. 3, der eine private Antragstellung zum Auflassungsvollzug nicht genügen lässt. Insoweit beinhaltet die Norm zugleich Ansätze der in unserer Rechtsordnung sonst unbekannten verdrängenden Vollmacht, indem ähnlich der Postulationsunfähigkeit im Anwaltsprozess (§ 78 ZPO) den Verfahrensbeteiligten die Antragsmacht genommen wird. Das ändert aber nichts daran, dass der Notar gleichwohl nur als Verfahrensbevollmächtigter für die Beteiligten tätig wird, nicht im eigenen Namen und nicht als Standschafter.

31 Abs. 1 S. 3 hat überschießenden Regelungsgehalt insofern, als jedweder Vollzug einer Auflassung (bzw. der weiteren Fälle des § 20) einen Notarantrag voraussetzt, nicht nur derjenige zum Vollzug eines geldwäscheverdächtigen Geschäfts, wie in §§ 3 ff. GwGMeldV-Immobilien definiert. Auch die Auflassung in Vollzug einer Vermächtniserfüllung, einer Schenkung oder einer Scheidungsvereinbarung ist von der Postulationsunfähigkeit der Vertragsbeteiligten betroffen.

Der Wert des Grundstücks ist irrelevant; eine Ausnahme in Parallele zu § 16a Abs. 5 GwG besteht nicht.

32 Einen Zusammenhang zwischen Notarantrag und Urkundstätigkeit schreibt Abs. 1 S. 3 nicht vor.[58] Das Grundbuchamt muss und darf also den Notarantrag nicht darauf überprüfen, ob dieser Notar auch tatsächlich (und wie) den Zahlungsfluss überwacht hat oder nur anderweitig mit dem Vollzug der Urkunde in Berührung gekommen ist. Dies ist allein Aufgabe des Notars selbst und unterliegt der Überwachung seiner Amtstätigkeit. Ebenfalls irrelevant ist die Vollmachtsgrundlage, auf derer der Notar den Antrag stellt. Aus § 13 GBO ergibt sie sich nicht; sie kann aber aus § 15 GBO oder aus einer parallelen rechtsgeschäftlich erteilten Vollmacht resultieren. Das Handeln eines Notarangestellten aufgrund einer diesem erteilten Vollmacht genügt für Abs. 1 S. 3 nicht.

33 Abs. 1 S. 3 bezieht sich nur auf Auflassungen, nicht auf andere Änderungen der Eigentümerverlautbarungen, d.h. nicht auf Grundbuchberichtigung durch Erbfolge (hier natürlich geldwäscherechtliche Relevanz schwer vorstellbar), durch Abschichtungsvereinbarung (auch nicht, wenn entgeltlich) oder durch Geschäftsanteilsabtretung, sofern die alte Rechtslage zur GbR gemäß ERVGBG noch fort gilt.

34 Abs. 1 S. 3 beinhaltet lediglich eine Soll-Vorschrift, sodass die widrigenfalls vorgenommene Eintragung gleichwohl zum wirksamen Eigentumsübergang führt.

Wird ein Privatantrag gestellt, ist dies meines Erachtens ein behebbarer Mangel, der durch Zwischenverfügung gerügt werden kann und nicht unmittelbar zur Zurückweisung führt. Der Notar kann sich wie in anderen Fällen auch den Privatantrag eines Beteiligten zu eigen machen bzw. die eingereichten Unterlagen mit einem eigenen Antrag ergänzen. Meines Erachtens hat der Antrag dann auch den Zeitrang des Abs. 1 S. 2, nicht den Zeitrang des nachfolgenden Notarantrags. Der Normzweck steht nicht entgegen, da lediglich vor Eintragung überhaupt eine notarielle Kontrolle erfolgt sein muss. Eine Zurückweisung

---

56 OLG Schleswig DNotI-Rep 2016, 121 = notar 2016, 427.
57 Sanktionsdurchsetzungsgesetz II vom 19.12.2022, BGBl I, 2006.
58 Inzident *Eicher*, DNotZ 2023, 165, 171.

ist entsprechend den allgemeinen Überlegungen zu § 17 GBO nur dann angezeigt, wenn in absehbarer Zeit kein Notarantrag beigebracht werden wird.

Insgesamt dürfte die Norm eher der theoretischen Flankierung sowie der Ausschaltung eines gedanklichen Restrisikos gelten, als dass sie die bisherige Praxis des Grundbuchverfahrens maßgeblich ändern würde. Auch ohne den Antragsausschluss hätten die Beteiligten in aller Regel die zum Vollzug relevanten wichtigen Nebendokumente (Unbedenklichkeitsbescheinigung, Vorkaufsrechtszeugnis) nicht in der Hand und könnten schon deswegen den Grundbuchvollzug nicht selbst herbeiführen.[59]

D. Rechtsnatur des Eintragungsantrags
I. Begriff und Arten des Antrags

Zu unterscheiden sind **reine** Eintragungsanträge und **gemischte** Anträge.

Der **reine** Eintragungsantrag ist das aktive, an das GBA gerichtete Begehren, eine Eintragung vorzunehmen.[60] Er ist rein prozessualer Natur,[61] der Klageerhebung im Prozess verwandt und im Gegensatz zur Eintragungsbewilligung stehend, die den Antrag prozessual begründet. Als rein einseitige Verfahrenshandlung[62] aus der prozessualen Gruppe der Erwirkungshandlungen[63] ist er daher zwar jederzeit bis zur Vollendung der Eintragung rücknehmbar, jedoch nicht anfechtbar.[64] Ein **Verzicht auf Antragsrücknahme** ist unbeachtlich, er hat verfahrensrechtlich keinerlei Wirkung.[65] Ein trotzdem gestellter Antrag ist wirksam, selbst wenn der Antragsteller damit gegen bestehende schuldrechtliche Verpflichtungen verstößt.[66]

Gemischte Anträge sind solche, in denen zugleich eine Eintragungsbewilligung enthalten ist (siehe § 30 GBO Rdn 14). Hier richtet sich die Beurteilung zusätzlich für die Form nach § 29 GBO materiell nach den für die Eintragungsbewilligung geltenden Vorschriften.

II. Folgerungen

Aus dieser – offenbar unbestrittenen – Auffassung sind einige Folgerungen zu ziehen:

1. Die herrschende Ansicht wendet auf den Antrag § 130 BGB unmittelbar an (§ 25 FamFG würde nur den seltenen Fall des Antrags zur Niederschrift erfassen). Danach ist der Antrag erst mit dem Zeitpunkt des Eingangs beim GBA wirksam gestellt. Die Maßgeblichkeit des Zugangs erschließt sich unabhängig davon aus § 130 Abs. 2 BGB. Für die Frage der Geschäftsfähigkeit (sowie des Fortlebens) kommt es hingegen auf den Zeitpunkt der Abgabe an; insoweit enthält § 130 Abs. 2 BGB (mindestens einen) verallgemeinerungsfähigen Rechtsgrundsatz.[67]

2. Die herrschende Lehre verlangt zur Antragstellung Geschäftsfähigkeit unter unmittelbarer Anwendung der §§ 104 ff. BGB. Demnach können Geschäftsunfähige nicht selbst und für diese nur ihre gesetzlichen Vertreter den Antrag stellen. Beschränkt Geschäftsfähige sind nur bei Mitwirkung der gesetzlichen Vertreter zur Antragstellung berechtigt.[68] Dies würde sich übrigens auch aus § 9 FamFG ergeben.

3. Eine **Verwirkung** des Antragsrechts ist **ausgeschlossen**, auch wenn der Antrag erst nach Jahren gestellt wird.[69] Umgekehrt besteht kein prozessualer Zwang zur Antragstellung, ausgenommen bei Verfahren nach § 82 GBO.

---

59 Vgl. aber OLG Rostock BeckRS 2023, 21606.
60 OLG Düsseldorf NJW 1956, 877.
61 OLG Hamm DNotZ 1975, 696 ff.
62 OLG Düsseldorf NJW 1956, 877.
63 Vgl. dazu Rosenberg/*Schwab*, § 64 I.
64 BayObLG Rpfleger 1999, 100.
65 BayObLG BayObLGZ 1972, 215; OLG Düsseldorf NJW 1956, 877; *Wörbelauer*, DNotZ 1965, 518.
66 *Ertl*, Rpfleger 1980, 42.
67 KG KGJ 44, 471; unklar: *Demharter*, § 13 Rn 7.
68 Siehe dazu: RG RGZ 145, 286; BGH BGHZ 35, 4 = NJW 1961, 1397.
69 Siehe OLG Frankfurt DNotZ 1954, 194 für einen 14 Jahre nach Vertragsschluss gestellten Antrag; ebenso: OLG Hamm Rpfleger 1973, 305; vgl. BayObLG DNotZ 1994, 182 für einen nach 25 Jahren seit Einreichung der Bewilligung gestellten Antrag u. OLG München FGPrax 2018, 67 zum Auflassungsvollzug 50 Jahre nach Beurkundung.

E. Antragsform

41 Zur Antragsform vgl. § 30 GBO.

F. Antragsinhalt
I. Notwendiger Inhalt

42 Der Antrag **muss notwendig** erkennen lassen:

1. **Die Person des Antragstellers**, damit seine Legitimation geprüft werden kann.[70] Gleichgültig ist, von wem der Antrag tatsächlich eingereicht worden ist. Legt ein Unbeteiligter formell und materiell genügende Anträge der Beteiligten dem GBA vor, so darf die Erledigung nur dann abgelehnt werden, wenn aus den Umständen ersichtlich ist, dass die Vorlegung ohne oder gegen den Willen der Beteiligten erfolgt ist.[71] Antragstellung durch einen Vertreter ist zulässig. Zur Form der Vollmacht siehe § 30 GBO Rdn 1 ff.

43 2. Das **Begehren** der Eintragung. Anträge unbestimmter Art sind unzulässig. Dem Passus, die Eintragung werde beantragt, „soweit dies eintragungsfähig und -pflichtig ist", mangelt genügende Bestimmtheit,[72] bestimmte Ausdrucksweisen sind jedoch nicht vorgeschrieben wie etwa das Wort „beantragen". Der Antrag muss jedoch auf alsbaldige Eintragung gerichtet sein, er darf diese nicht nur vorsorglich und als später möglich in Aussicht stellen;[73] das GBA darf die Entscheidung nicht aussetzen, sondern muss sofort entscheiden. Andernfalls würde der Antragsteller im Hinblick auf § 17 GBO ungerechtfertigte Vorteile erreichen. Unzulässig ist daher etwa der Antrag auf Löschung einer Eigentümergrundschuld, sobald und soweit eine solche entsteht.[74] Für Vorbehalte im Antrag gilt die Regelung des § 16 GBO. Der Antrag muss die begehrte Eintragung nicht im Wortlaut enthalten; er kann auf die Eintragungsbewilligung formell Bezug nehmen, also sich darauf beschränken, die bewilligte Eintragung zu begehren.[75] Überreicht jedoch der durch die Eintragungsbewilligung Begünstigte diese zugleich mit dem Eintragungsantrag des Bewilligenden, so ist darin ein eigener Antrag des Begünstigten nicht zu erblicken.[76] Wird eine Eintragung beantragt, die nur vollzogen werden kann, wenn eine andere Eintragung vollzogen worden ist, so ist Auslegung möglich dahingehend, dass auch der Vollzug der vorausgehenden Eintragung beantragt ist.[77]

44 Im Rahmen der Auslegungsgrundsätze des Grundbuchverfahrens ist eine Auslegung möglich und geboten. Die Begriffe des § 13 GBO (oder verwechselt mit denjenigen des § 19 GBO) müssen nicht benutzt werden. Vorsorgliche Erkundigungsschreiben stellen indes noch keinen Antrag dar. Sie können deswegen auch nicht kostenpflichtig zurückgewiesen werden, sondern müssen anders (insbesondere kostenfrei) bearbeitet werden.[78]

45 3. Den **genauen Inhalt** der begehrten Eintragung. Der Antrag muss eindeutig sein. Die Eindeutigkeit fehlt, wenn der Antrag aufgrund einer umfangreichen Urkunde mit zahlreichen eintragbaren und nicht-eintragbaren Bestimmungen gestellt wird und es dem GBA überlassen wird, diejenigen Bestimmungen einzutragen, welche das GBA für eintragungsfähig hält;[79] oder wenn bei einer Grunddienstbarkeit herrschendes und dienendes Grundstück nicht als zumindest klar bestimmbar bezeichnet sind.[80] Das Gleiche gilt, wenn der Antrag aufgrund eines Vertrags gestellt wird, in welchem die schuldrechtlichen von den dinglichen Vereinbarungen nicht getrennt sind,[81] oder mehrere Bevollmächtigte Anträge stellen, die sich nicht decken. Bei einer Hypothek muss auch die zu sichernde Forderung, bei mehreren Berechtigten auf jeden Fall das Anteilsverhältnis angegeben sein.[82] Einer Grundstücksbezeichnung in der Form des § 28 GBO bedarf es nur, wenn die Eintragungsbewilligung fehlt oder insoweit fehlerhaft ist oder durch den Antrag ersetzt werden soll. Auch hier gilt aber: Der Antrag ist trotz dieser Mängel im Geschäftsgang zu bearbeiten, nur eben nicht durch Vollzug einer Eintragung.

---

70 OLG München FGPrax 2022, 252.
71 KG KGJ 28, 256.
72 OLG Frankfurt Rpfleger 1977, 101.
73 OLG Frankfurt Rpfleger 1956, 193; OLG München BWNotZ 2019, 60.
74 OLG Hamm JMBl. NRW 1956, 80.
75 Vgl. OLG Karlsruhe OLG 4, 82.
76 RG Recht 11, Nr. 2461.
77 BayObLG Rpfleger 1979, 106.
78 OLG München BWNotZ 2019, 60.
79 LG Verden Rpfleger 1951, 617; LG Kassel NJW 53, 189.
80 OLG Jena Rpfleger 2000, 211.
81 OLG Hamm JMBl. NRW 1957, 92; OLG Hamm DNotZ 1967, 635.
82 Zu Letzterem vgl. OLG Neustadt DNotZ 1965, 613.

46 Die Frage, ob das Beantragte eintragungsfähig sein kann, ist m.E. keine Frage der Wirksamkeit oder Zulässigkeit des Antrags, sondern von dessen Erledigung (hier dann: Zurückweisung). Auch Begehren, die nach dem Gesetz unzulässig sind, müssen ja bis zur Schwelle des Nicht-Antrags (die aber allenfalls bei völliger Unklarheit über das Begehren überschritten sein dürfte) im Geschäftsgang bearbeitet werden.

47 Andererseits gilt: Der Antrag bestimmt den Rahmen, das Vollzugsprogramm, welches das GBA durch Eintragung oder Zurückweisung abarbeiten muss. Innerhalb dieses Rahmens bestimmt aber das GBA die Formulierung der Eintragung selbstständig, ohne an den gewünschten Wortlaut gebunden zu sein.[83] Dafür spricht auch, dass noch nicht einmal die Bewilligung eine schlagwortartige Bezeichnung des Rechts enthalten muss.[84]

II. Übereinstimmung mit Bewilligung

48 Der Antrag muss sich **mit der Bewilligung decken**;[85] andernfalls ist er unbegründet. Er kann sich auf das Begehren der Eintragung „der bewilligten Eintragung" beschränken.[86] Das gilt auch für die Auflassung.[87] Ausnahmsweise ist eine Abweichung des Antrags von der Bewilligung statthaft, wenn sich aus den Erklärungen des Bewilligenden entnehmen lässt, dass der Betroffene mit der Eintragung einer Rechtsänderung im geringeren Umfang einverstanden ist.[88] Sind mehrere Rechtsänderungen bewilligt, die in einem inneren Zusammenhang stehen, so darf der Antrag nicht auf eine der bewilligten Eintragungen beschränkt werden.[89] Jedoch ist der Antrag auf Teilvollzug möglich, wenn bei einem Gesamtgrundpfandrecht die Löschung an sämtlichen Grundbuchstellen bewilligt, aber nur an einem Grundstück beantragt wird.[90] Der Antrag kann dabei die Bewilligung enthalten, nicht grundsätzlich jedoch umgekehrt; im ersteren Fall ist dann die Form des § 29 GBO erforderlich.

In dem Antrag kann auf die Eintragungsbewilligung Bezug genommen werden,[91] nicht jedoch umgekehrt.[92]

49 Lediglich bloße **Abweichungen in der Bezeichnung der Berechtigten** sind dabei unschädlich; mit Erbfolgenachweis kann aufgrund einer auf den Erblasser lautenden Bewilligung die Eintragung der Erben beantragt werden;[93] ebenso kann die Eintragung des nachgewiesenen Firmeninhabers auch dann beantragt werden, wenn die Bewilligung nur auf die Firma des Einzelkaufmanns lautet.[94]

50 Bei **Schweigen der Eintragungsbewilligung** sind Ergänzungen durch den Antrag dahingehend zulässig, dass mehrere Eintragungen nur zusammen erfolgen dürfen (§ 16 Abs. 2 GBO), Bestimmungen über das Rangverhältnis (§ 45 Abs. 3 GBO), die Person des Briefempfängers (§ 60 Abs. 2 GBO) und die Erteilung von Briefen (§§ 63, 65 GBO).

Zulässig ist auch, die **mehrdeutige** oder unklare Eintragungsbewilligung durch Antragstellung **klarzustellen,** wenn der Antrag von dem Bewilligenden oder gem. § 15 GBO vom Notar gestellt wird (zu letzterem Fall vgl. § 15 GBO Rdn 31); nur in diesem beschränkten Rahmen ist die Auslegung der Eintragungsbewilligung möglich ohne die Form des § 29 GBO.[95]

III. Andere Unterlagen

51 Wird eine Eintragung **aufgrund anderer Unterlagen** als einer Eintragungsbewilligung beantragt, so muss sich der Antrag mit dem Inhalt dieser Unterlagen decken und § 28 GBO entsprechen.

Die Eintragung einer Zwangshypothek kann auch in Höhe eines geringeren Betrags, als in dem Schuldtitel angegeben, beantragt werden,[96] oder auf die Eintragung titulierter Zinsen verzichten.[97]

---

83 *Haslbeck*, DNotZ 1964, 500; OLG Düsseldorf ZfIR 2018, 155.
84 KG Rpfleger 2016, 275.
85 BayObLGZ 1948, 51, 508; LG Köln DNotZ 1955, 398; BayObLG BayObLGZ 1976, 188.
86 OLG Karlsruhe OLG 4, 82.
87 BayObLG Rpfleger 1978, 447.
88 LG Köln DNotZ 1955, 398; OLG Köln FGPrax 2023, 12.
89 BayObLG BayObLGZ 1948, 51, 516.
90 OLG Hamm Rpfleger 1998, 511; OLG Frankfurt NZG 2020, 144.
91 KG OLG 4, 82.
92 KG HRR 29, Nr. 1943.
93 KG JFG 7, 325; BayObLG BayObLGZ 1933, 301.
94 KG HRR 30, Nr. 737.
95 Ebenso: BayObLG Rpfleger 1981, 192.
96 RG RGZ 71, 371.
97 KG FGPrax 2017, 99.

G. Auslegung und Umdeutung des Antrags

I. Auslegung

52 Der gestellte Antrag ist als verfahrensrechtliche Erklärung auslegungsfähig in entsprechender Anwendung des § 133 BGB,[98] auch durch das Beschwerdegericht;[99] dabei genügt es, wenn im Wege der Auslegung der Inhalt bestimmbar ist.[100] Die Auslegung darf sich jedoch nur auf den Wortlaut und Sinn der Urkunde stützen. Außerhalb der Erklärung liegende Umstände dürfen (nur) insoweit herangezogen werden, als sie für jedermann ohne weiteres erkennbar sind.[101] Der individuelle Auslegungsrahmen des § 157 BGB gilt wegen des möglichen Drittbezugs gerade nicht. Weitere Beschränkungen ergeben sich aus den Ausdrücklichkeitsgeboten des § 28 GBO.[102]

53 Andererseits ist der gesamte Inhalt der vorgelegten Urkunde heranzuziehen,[103] auch schuldrechtliche Erklärungen.[104] Außerdem muss bei der Auslegung auf die besonderen Erfordernisse des Grundbuchs Bedacht genommen werden. Der Zweck des Grundbuchs, auf sicherer Grundlage bestimmte und eindeutige Rechtsverhältnisse zu schaffen und zu erhalten, erfordert klare und eindeutige Eintragungen. Sie sind nur möglich, wenn auch die Eintragungsunterlagen eindeutig und zweifelsfrei sind.[105] Es genügt nicht, dass der Grundbuchrichter das Gewollte als möglich folgern kann. Bleibt der Umfang des gestellten Antrags zweifelhaft, so besteht ein Eintragungshindernis. Das GBA hat durch Zwischenverfügung für die Klärung zu sorgen.[106]

Die Rspr. betont jedoch auch: bei verschiedenen Auslegungsmöglichkeiten ist im Zweifel die allein Eintragungsfähige gewollt.[107]

54 Trotz allgemeinen Einverständnisses über diese abstrakten Obersätze[108] verfährt die Grundbuchpraxis in der Auslegung häufig zu engherzig. So enthält die Eintragungsbewilligung i.d.R. keinen Antrag (abweichende Auslegung ggf. möglich),[109] regelmäßig aber der – formgerechte – Antrag die Bewilligung, der – wieder: formgerechte – Löschungsantrag des Eigentümers dessen Zustimmung nach § 27 GBO.

Wird eine Eintragung beantragt, deren notwendige Voraussetzung eine andere Eintragung bildet, so ist eine Auslegung dahingehend möglich, dass alle Eintragungen beantragt sind, welche zur Erreichung des Endzustands erforderlich sind,[110] wie bspw. die Eintragung der Pfändung vor Löschung der gepfändeten und zur Einziehung überwiesenen Hypothek auf Antrag des Pfändungsgläubigers.

55 Andererseits musste das OLG München korrigieren: Eine im Passiv formulierte Erklärung zum Eigentumsübergang enthält die Auflassung.[111] Der BGH hielt anstelle einer – unzulässigen – Vormerkung an einem (nicht verselbstständigten) Miteigentumsanteil selbstverständlich die Eintragung einer Vormerkung am Gesamtgrundstück für beantragt.[112]

56 Richtig dürfte aber sein, dass ein formgerecht und ausdrücklich gestellter Antrag nicht stillschweigend als gegenstandslos ausgelegt und unbeachtet übergangen werden darf.[113] Gleichwohl kann das GBA m.E. in solchen Fällen evidenten Irrtums statt einer Zurückweisung als sonstige Verhaltensweise die Rücknahme anregen.

---

98 BayObLG DNotZ 1994, 891 ff. = Rpfleger 1995, 352 Ls; BayObLG DNotZ 1994, 892; OLG Frankfurt Rpfleger 1996, 104; OLG München MittBayNot 2018, 144; OLG Hamm Rpfleger 2017, 424.
99 BayObLG Rpfleger 1979, 106; OLG Hamm NJW RR 1992, 1299 = Rpfleger 1992, 474.
100 KG DNotZ 1958, 203 m. zust. Anm. *Hieber*; LG Kassel NJW 1964, 932.
101 BGH BGHZ 59, 240; BGH BGHZ 113, 374, 378; OLG München BeckRS 2015, 04828; OLG Bremen NJW 1965, 2403.
102 Z.B. OLG München FGPrax 2009, 11.
103 BayObLG DNotZ 1994, 892.
104 OLG Frankfurt Rpfleger 1996, 101; BayObLG Rpfleger 1994, 58; OLG München MittBayNot 2018, 144 zur Klärung der Sukzessivberechtigung.
105 BayObLG Rpfleger 1989, 194; BayObLG Rpfleger 1994, 59; OLG Frankfurt Rpfleger 1956, 193.
106 BayObLG Rpfleger 1994, 58.
107 OLG Hamm Rpfleger 2017, 424.
108 Etwa OLG München BeckRS 2014, 04828.
109 *Demharter*, § 13 Rn 16.
110 BayObLG BayObLGZ 1919, 22; BayObLG DNotZ 1979, 430.
111 OLG München BeckRS 2014, 04828.
112 BGH DNotZ 2013, 369.
113 OLG Hamm Rpfleger 2017, 424 = FGPrax 2017, 139 (Antrag auf Löschung gar nicht eingetragener Vormerkungen).

II. Umdeutung

Eine Umdeutung des Antrags nach § 140 BGB ist grundsätzlich nicht möglich,[114] vor allem dann nicht, wenn die Eintragung bei Umdeutung andere und weniger weitgehende Folgen hätte.

H. Wirksamwerden des Antrags
I. Vorlage bei Gericht (Papiereinreichung)

Der Antrag wird wirksam, wenn er einer zur Entgegennahme zuständigen Person vorgelegt wird (Abs. 2 S. 2), d.h. in deren Besitz kommt (§ 19 Abs. 2b GeschO). Jeder andere Zeitpunkt ist unbeachtlich (§ 19 GeschO),[115] z.B. das Einwerfen in den Briefkasten des Amtsgerichts, Aushändigung an den die Postsachen des Amtsgerichts von der Postanstalt abholenden Boten oder später das Öffnen des Briefes. Die Vorschriften in Abs. 2 und 3 regeln jedoch nur die funktionelle Empfangszuständigkeit des GBA im Verfahren der freiwilligen Gerichtsbarkeit.

Die sachliche Zuständigkeit des Amtsgerichts – oder GBA – als Vollstreckungsorgan leitet sich allein aus § 1 Abs. 1 S. 1 GBO her. Daher ist die Frist zur Arrestvollziehung durch Eintragung einer Sicherungshypothek in das Grundbuch auch dann gewahrt, wenn der Eintragungsantrag fristgemäß bei dem Amtsgericht eingeht, zu dem das für die Eintragung zuständige GBA gehört. Nicht erforderlich ist, dass er innerhalb der Vollziehungsfrist dem zuständigen Mitarbeiter des GBA vorgelegt wird.[116] Gleichgültig ist, wer vorlegt; gleichgültig auch, ob die Vorlage inner- oder außerhalb der Dienststunde erfolgt. Wird jedoch zur Fristwahrung der Antrag am letzten Tag der Frist nach Dienstschluss in den Nachtbriefkasten des GBA eingeworfen, erfolgt keine Fristwahrung;[117] außerhalb der Diensträume soll die – an sich wirksame – Annahme verweigert werden.

Gleichgültig ist schließlich auch, wenn fehlende Beilagen oder Ergänzungen eingehen, wenn der Antrag selbst fehlerhaft oder mangelhaft ist. Kann der Mangel mit rückwirkender Kraft geheilt werden, so gilt die normale Regelung. Anderenfalls gilt der Antrag erst mit dem Zeitpunkt der Mängelbeseitigung als eingegangen.

Der Antrag wird **nicht wirksam**, wenn bereits vorher oder **gleichzeitig ein Widerruf** des gleichen Antrags bei Gericht eingeht. Dieser Antragswiderruf ist von der Antragsrücknahme zu unterscheiden, die einen gültig gewordenen Antrag voraussetzt. Eine vor Eingang des Antrags oder gleichzeitig mit ihm eingegangene Antragsrücknahme muss als Widerruf des Antrags behandelt werden. Der Widerruf bringt zum Ausdruck, das Beantragte nicht zu wollen; er vernichtet damit, da er vor oder gleichzeitig mit dem Antrag eingeht, jegliche Rechtswirkungen des eigentlichen Antrags und lässt ihn nicht wirksam werden. Als solcher Widerruf ist es auch einzusehen, wenn gleichzeitig mit dem Antrag auf Eintragung in **gesonderter** Urkunde der Antrag auf Löschung des zur Eintragung beantragten Rechts vorgelegt wird. Für die Form des Widerrufs genügt die Antragsform; § 31 GBO ist auch nicht analog anwendbar. Nach Wirksamwerden des Antrags ist nur eine Umdeutung in eine Rücknahme möglich, dann ggf. unter Beachtung des Formgebots aus § 31 GBO.

Der Antrag kann die Bestimmung enthalten, dass über den Antrag erst nach dem Ablauf einer bestimmten Frist entschieden werden soll. In diesem Fall gilt der Antrag erst mit dem Fristablauf als eingegangen.[118]

Andererseits gilt: Nicht jeder Antrag, der auf diese Weise in den Wahrnehmungsbereich der zuständigen Person gelangt ist, gilt auch als vorgelegt. Dies betrifft insbesondere Urkunden mit – nach ihrer Formulierung – mehreren Anträgen, bei denen jedoch vorerst einige nicht gestellt und damit nicht in das Verfahren eingeführt werden.[119] Dies betrifft insbesondere

- zurückgestellte Löschungsanträge zu dinglichen Rechten bei Eintragung der Auflassungsvormerkung für den Erwerber;
- den Antrag auf Löschung der Auflassungsvormerkung für den Zeitpunkt der Eigentumsumschreibung;

---

114 BayObLG BayObLGZ 1953, 333 = DNotZ 1954, 31 m. abl. Anm. *Hieber*; OLG Hamm JMBl. NRW 1959, 66.
115 BayObLG Rpfleger 1997, 259.
116 BGH BGHZ 146, 361.
117 OLG Düsseldorf Rpfleger 1993, 488.
118 *Demharter*, § 13 Rn 23.
119 OLG Hamm Rpfleger 1973, 305; *Demharter*, § 13 Rn 7; OLG Braunschweig FGPrax 2013, 193 (aber falsch in der Ansicht, die Beteiligten könnten sich diese zurückbehaltenen Anträge nur eingeschränkt zu eigen machen).

- ggf. auch Löschungsanträge zu Grundpfandrechten, zu denen die Bewilligungen nicht vorliegen/vorgelegt werden (wenn eine ausdrückliche Abhängigkeit fehlt).

61 Ausschließlich **zuständig** zur Entgegennahme und zur Beurkundung des Zeitpunkts des Eingangs sind:
- der nach der Geschäftsverteilung mit der Grundbuchführung für die betreffende Gemarkung beauftragte Rechtspfleger (§ 3 Nr. 1 Buchst. h RpflegerG) oder Richter (§ 8 Abs. 1 RpflegerG), d.h. derjenige, der nach der Geschäftsverteilung die Aufgabe hat, die Eintragungen auf dem Grundbuchblatt zu vollziehen.
Dem Richter oder Rechtspfleger steht sein geschäftsplanmäßig bestellter Vertreter gleich; vollzieht dieser den Eingangsvermerk, so bedarf es keiner Prüfung, ob der Vertretungsfall wirklich vorgelegen hat. Dagegen sind die anderen Richter des Amtsgerichts nicht befugt, den Grundbuchrichter zu vertreten. Die Entgegennahme durch einen solchen Richter steht dem Eingang beim GBA nicht gleich. § 22d GVG gilt nicht; § 1 AusfVO ist ihm gegenüber das speziellere Gesetz.
- Der vom Behördenvorstand für das ganze GBA oder auch nur für einzelne Abteilungen bestellte zuständige Beamte oder Angestellte. Auch diesem Beamten steht sein geschäftsplanmäßig bestellter Vertreter gleich, ohne dass es einer Prüfung bedürfte, ob der Vertretungsfall tatsächlich vorgelegen hat.
- Bezieht sich der Antrag auf **mehrere Grundstücke** in verschiedenen Geschäftsbereichen des **gleichen** GBA, so ist jeder der Vorgenannten zuständig, wenn er nur die Zuständigkeit wenigstens für eines der betreffenden Grundstücke besitzt (§ 13 Abs. 3 S. 2 GBO). Sind für die Grundstücke **verschiedene** GBA zuständig, so muss der Antrag bei jedem GBA gesondert wirksam werden.

62 Gelangen nach den für das Amtsgericht bestehenden allgemeinen Geschäftsordnungsvorschriften Anträge auf Eintragung nicht unmittelbar an den zuständigen Beamten, so sind sie von dem annehmenden Beamten unverzüglich dahin abzugeben (§ 19 Abs. 6 GeschO; Nr. 3.1.1 BayGBGA). Dies gilt auch, wenn Anträge in einem in anderer Angelegenheit an das Amtsgericht gerichteten Gesuch oder in einer gerichtlichen Verhandlung vorhanden sind (§ 19 Abs. 6 GeschO). Bei Gerichtstagen soll möglichst ein zuständiger Beamter anwesend sein (§ 19 Abs. 7 GeschO).

II. Antrag zur Niederschrift gestellt

63 Erklärungen zur Niederschrift des Urkundsbeamten, nach der Änderung des § 29 GBO durch § 57 Abs. 7 BeurkG (in der Urfassung vom 28.8.1969) nur noch für **reine Eintragungsanträge** möglich, sind vor einem zuständigen Beamten mit dem Abschluss der Niederschrift eingegangen (Abs. 2 S. 3). Ist der Beamte unzuständig, gilt Abs. 2 nicht. Wann die Niederschrift abgeschlossen ist, ist bundesrechtlich nicht geregelt. Fehlen landesrechtliche Vorschriften (vorhanden z.B. in Nr. 3.1.1.2 BayGBGA), so ist die Frage aus der Natur der Sache und den Gewohnheiten der Praxis zu beantworten. Hiernach bedarf ein Protokoll der abschließenden Unterschrift des Beamten und ist erst mit ihrer Vollziehung beendet. Der Zeitpunkt der Unterschrift deckt sich also in diesem Fall mit dem Eingangszeitpunkt (§ 19 Abs. 3 GeschO).

III. Eingangsvermerk

64 Der Zeitpunkt des Eingangs hat erhebliche Bedeutung im Hinblick auf §§ 17 und 45 GBO. Er soll deswegen auf dem Antrag genau vermerkt werden (Abs. 2 S. 1). Im Einzelnen gilt dazu nach der GeschO:
1. Die Anbringung des Eingangsvermerks ist Aufgabe des zur Entgegennahme befugten Beamten, dem der Antrag zuerst vorgelegt wird (§ 19 Abs. 2a GeschO).
2. der Eingangsvermerk ist auf das Schriftstück des Antrags zu setzen; wenn der Notar einen Antrag der Beteiligten wiederholt, auch auf dieses Schriftstück, auch auf eine Niederschrift nach Abs. 2 S. 3, auf Beilagen jedoch nur, wenn sie selbst einen Antrag enthalten. Der Vermerk soll möglichst in der rechten oberen Ecke der ersten Seite angebracht werden und die Zahl etwaiger Beilagen vermerken (§ 19 Abs. 2c GeschO).
3. Um die **Reihenfolge** mehrerer Anträge jederzeit einwandfrei feststellen zu können, muss der Zeitpunkt des Eingangs nach Tag, Stunde und Minute angegeben werden (§ 19 Abs. 2a S. 2 GeschO). Mehrere gleichzeitig eingegangene Anträge erhalten den gleichen Eingangsvermerk (§ 19 Abs. 2b GeschO). Der Vermerk ist von dem Beamten mit dem ausgeschriebenen Namen zu unterzeichnen (§ 19 S. 2a GeschO).

4. Der in gehöriger Form vollzogene Eingangsvermerk ist eine **öffentliche Urkunde**. Seine Beweiskraft richtet sich nach § 418 ZPO. Ein Gegenbeweis gegen die darin enthaltene Feststellung ist also zulässig. Wird ein den Eingangsvermerk tragendes Schriftstück herausgegeben, so ist auf die nach § 10 Abs. 1 S. 2 GBO zu fertigende beglaubigte Abschrift auch der Eingangsvermerk zu übertragen (§ 19 Abs. 5 GeschO).

IV. Vorlage in elektronischem Rechtsverkehr

Mit Öffnung des jeweiligen GBA für den elektronischen Rechtsverkehr richtet sich der Antragseingang allein nach § 136 GBO. Wird vor Öffnung des jeweiligen GBA der Antrag elektronisch eingereicht, gilt er mit Ausdruck und Vorlegung bei der zuständigen Stelle als eingegangen. Dass der Ausdruck keine Unterschrift trägt, ist für den formfreien Antrag irrelevant, sofern nur der Einreicher bestimmbar ist.[120]

I. Rücknahme des Eintragungsantrags
I. Grundsatz

Die Rücknahme ist möglich bis zur Vollendung der Eintragung, also bis zur Unterzeichnung[121] (siehe § 44 GBO Rdn 14). Zum Zeitpunkt beim maschinell geführten Grundbuch vgl. § 129 GBO Rdn 1 ff. Dass die Eintragung bereits verfügt wurde, ist ohne Bedeutung,[122] ebenso ob die Eintragungsbewilligung bereits bindend geworden ist.[123] Für die Form der Rücknahme gilt § 31 GBO. Die Rücknahme eines Eintragungsantrags durch den Antragsteller ist auch nach Insolvenzeröffnung über ihn möglich, da es sich bei der Rücknahme um eine reine Verfahrenshandlung handelt, die durch § 21 Abs. 2 Nr. 2 InsO nur versagt würde, wenn darin zugleich eine Verfügung über Massegegenstände enthalten wäre, welche das Massevermögen verringert. Dies ist bei der Rücknahme nicht der Fall.[124]

II. Berechtigte

Berechtigt zur Rücknahme ist jeder Antragsteller nur für den von ihm selbst oder seinem Vertreter gestellten Antrag.[125] Deswegen kann jeder Beteiligte – aber nur für seine Person – einen auf § 15 GBO gestützten Notarantrag zurücknehmen. Bei Auflassung an einen in Gütergemeinschaft lebenden Ehegatten zu Alleineigentum ist die Zustimmung des anderen Ehegatten zur Rücknahme selbst dann nicht erforderlich, wenn die Eintragung beider Ehegatten in Gütergemeinschaft beantragt war.[126] Durch Erbgang wird der Antrag nicht zu einem Antrag der Erben im verfahrensrechtlichen Sinn. Nach dem Tode des Antragstellers sind die Erben als Rechtsnachfolger jedoch zur Rücknahme befugt. Als Maßnahme der Nachlassverwaltung (§§ 2038 Abs. 2, 745 BGB) genügt dazu ein Mehrheitsbeschluss.[127] Bei Fortgelten der Eintragungsbewilligung – die eingetretene Bindung wird durch die Rechtsnachfolge nicht aufgehoben – können jedoch die sonstigen Antragsberechtigten erneut den Eintragungsantrag stellen.[128]

Die Rücknahme kann auch durch einen rechtsgeschäftlichen oder gesetzlichen **Vertreter** erfolgen.

Bei Antragsrücknahme durch einen ausdrücklich bevollmächtigten **Notar** ist im Zweifel die rechtsgeschäftlich erteilte Vollmacht auch auf diesen Fall erstreckt. Der Insolvenzverwalter kann den Antrag des Gemeinschuldners jederzeit zurücknehmen.[129]

Die anderen Beteiligten können sich gegen eine solche Antragsrücknahme nur dadurch schützen, dass sie **selbst** einen Eintragungsantrag stellen (vgl. Rdn 74), allerdings mit der Folge, dass sie dann auch für die Kosten der Eintragung haften.[130] Über diese Anträge hat das GBA dann zu entscheiden.

---

120 OLG München FGPrax 2022, 252.
121 OLG Celle Rpfleger 1989, 499.
122 BayObLG BayObLGZ 1954, 146.
123 KG JFG 8, 229.
124 KG DNotZ 1973, 36 ff.
125 OLG Schleswig SchlHA 1959, 197.
126 *Demharter*, § 13 Rn 37.
127 OLG Düsseldorf NJW 1956, 877.
128 KG JR 1951, 761.
129 Vgl. dazu: *Wörbelauer*, DNotZ 1965, 531.
130 Vgl. dazu: *Wörbelauer*, DNotZ 1965, 531; OLG München FGPrax 2012, 222.

III. „Unwiderruflicher Antrag"

71 Eine Rücknahme ist **auch** dann jederzeit möglich, wenn der Antrag „unwiderruflich" gestellt worden ist,[131] da damit bestenfalls eine obligatorische Verpflichtung den anderen Beteiligten gegenüber entstanden ist, verfahrensrechtlich ein solcher Verzicht dem GBA gegenüber jedoch wirkungslos ist.[132] Dem gleichzustellen ist ein in der notariellen Urkunde gestellter „unwiderruflicher" Schlussantrag[133] oder die in der Urkunde enthaltene Verpflichtung, den Antrag nicht zurückzunehmen.

IV. Teilweise Rücknahme

72 Eine teilweise Rücknahme des Eintragungsantrages kann nur dann als zulässig angesehen werden, wenn entweder die Eintragungsbewilligung gleichzeitig entsprechend abgeändert wird[134] oder die teilweise Rücknahme Punkte betrifft, welche von der Eintragungsbewilligung nicht erfasst werden (siehe Rdn 48 ff.).

Liegt eine solche Abänderung der Eintragungsbewilligung nicht vor, so decken sich Antrag und Eintragungsbewilligung nicht mehr mit der Folge, dass der Antrag zu beanstanden oder zurückzuweisen ist.[135]

V. Wirkung der Rücknahme

73 Eine **Verwirkung** des Antrags tritt durch die Rücknahme nicht ein. Ein zurückgenommener Antrag kann neu gestellt werden, ist dann jedoch als Neuantrag mit allen Folgen anzusehen und entsprechend zu behandeln.[136] Eine Anfechtung der Rücknahme ist dagegen im Hinblick auf die prozessuale Natur des Antrags einerseits und die Rechtsfolgen der Erledigung für das Grundbuch gem. § 17 GBO andererseits ausgeschlossen.[137] Die Gültigkeit der Eintragungsbewilligung ist durch die Rücknahme regelmäßig verbraucht (vgl. § 19 GBO Rdn 128).[138] Dies gilt nicht, wenn der Antrag nur versehentlich gestellt wurde oder wenn die Rücknahme erfolgt, um einen in der Eintragungsbewilligung vorgesehenen Rang endgültig herbeizuführen.

VI. Mehrheit von Anträgen

74 Bei einer **Mehrheit** von gestellten Eintragungsanträgen ist die Rücknahme unzulässig für Anträge, welche andere Beteiligte aufgrund der gleichen Urkunde gestellt haben;[139] diese bleiben grundsätzlich unberührt und können eine Grundlage für die Entscheidung des GBA bieten.[140]

Erfolgt die Rücknahme durch einen Vertreter, so ist genau zu prüfen, ob die erteilte Vollmacht die Rücknahme auch im Namen der mehreren Beteiligten deckt. Bei einem Notar wird dies grundsätzlich anzunehmen sein (siehe § 15 GBO Rdn 61).

J. Antragsberechtigung (Abs. 1 S. 2)

75 Vorliegen müssen und von Amts wegen zu prüfen sind ein Rechtsschutzbedürfnis, die Antragsberechtigung und die Befugnis, die Berechtigung auszuüben.

I. Begriff

76 Das **Rechtsschutzbedürfnis** ist mit Vorliegen der Antragsberechtigung grundsätzlich immer gegeben. Hat aber der Antragsteller kein schutzwürdiges Interesse an der beantragten Eintragung, so fehlt auch die Antragsberechtigung.[141] Unter **Antragsberechtigung** ist das Recht zu verstehen, ein Eintragungsver-

---

131 *Haegele*, Rpfleger 1957, 293; *Wörbelauer*, DNotZ 1965, 529 ff.
132 OLG Düsseldorf NJW 1956, 877; BayObLG BayObLGZ 1972, 215; *Ertl*, Rpfleger 1980, 42 m.w.N.; LG Magdeburg Rpfleger 1996, 244.
133 LG Frankfurt Rpfleger 1992, 58 = MittRhNot 1992, 116.
134 OLG München JFG 22, 33; BayObLG BayObLGZ 1991, 102 = Rpfleger 1991, 303.
135 A.A. OLG München JFG 22, 30; wie hier: *Demharter*, § 13 Rn 40.
136 KG HRR 28, Nr. 587.
137 KG HRR 28, Nr. 587.
138 BGH Rpfleger 1982, 414; *Ertl*, Rpfleger 1982, 410.
139 Vgl. OLG Schleswig SchlHA 1959, 197.
140 KG KGJ 24 A 95; LG Hannover Rpfleger 1985, 146.
141 OLG Brandenburg FGPrax 1997, 118.

fahren nach dem zweiten Abschnitt der Grundbuchordnung in Gang zu bringen. Es handelt sich um ein rein prozessuales Recht,[142] das sich aus der unmittelbaren Nähe der Beteiligten zu der beantragten Eintragung ergibt. Nur wirtschaftliche Vor- oder Nachteile begründen keine Antragsberechtigung, ebenso wenig nur rechtliche oder berechtigte Interessen[143] oder private Verpflichtungen.[144] Es fließt damit auf der Seite des Betroffenen aus dessen allgemeiner Verfügungsbefugnis über das vorhandene Recht, auf der Seite des Begünstigten aus dem sachenrechtlichen Erfordernis der Eintragung für Erwerb (§ 873 BGB) und Beibehaltung (§ 892 BGB) des dinglichen Rechts. Stets muss beachtet werden, dass es sich trotzdem um eine rein verfahrensrechtliche Berechtigung handelt.

Sie kann weder ausgeschlossen, noch eingeschränkt, noch erweitert oder auf Dritte als Recht übertragen werden.[145] Der Verwalter, dessen Zustimmung gem. § 12 WEG zur Veräußerung erforderlich ist, kann daher nicht die Auflassung beantragen.[146] Mittelbar Beteiligte sind nur aufgrund besonderer Vorschrift antragsberechtigt (§ 9 Abs. 1 S. 2 und § 14 sowie § 8 Abs. 2 GBMaßnG). Die Beteiligten können sich zwar gegenseitig schuldrechtlich verpflichten, aber kein abweichendes Verfahrensrecht schaffen. Möglich sind dagegen die Übertragung der Ausübung ohne Ausschluss des Berechtigten sowie die Erteilung von Vollmachten.

Ein **Verzicht** des Antragsberechtigten auf Ausübung in eigener Person ist auch nicht in der Weise möglich, dass nur der Notar für ihn einen wirksamen Antrag stellen kann.[147]

Die Antragsberechtigung muss nicht in der Form des § 29 GBO nachgewiesen werden.[148]

II. Grundsätze

1. Antragsberechtigt ist nur der **unmittelbar Beteiligte**[149] als „**Betroffener**" (Passivbeteiligter, verlierender Teil), dessen Rechtsstellung durch die Eintragung einen Verlust erleidet, oder als „**Begünstigter**" (Aktivbeteiligter, gewinnender Teil), dessen Rechtsstellung einen Gewinn erfährt.[150] Jeder von ihnen ist antragsberechtigt. Sind auf einer Seite mehrere Mitberechtigte vorhanden, so ist jeder von ihnen antragsberechtigt.[151]

2. Beide **Begriffe** sind nicht im wirtschaftlichen, sondern im **abstrakt-rechtlichen** Begriff zu verstehen. Beispielsweise ist der Veräußerer eines Grundstücks der „Betroffene", auch wenn die Veräußerung wirtschaftlich für ihn sehr vorteilhaft ist. Ein großes wirtschaftliches oder berechtigtes Interesse genügt nicht. Ein Eigentümer, auf dessen Grundstück eine Gesamthypothek in der Zwangsversteigerung bestehen bleibt, kann deshalb nicht die Löschung der Hypothek auf anderen, ihm nicht gehörenden Grundstücken beantragen.[152] Ebenso wenig genügt die schuldrechtliche Verpflichtung zur Rechtsänderung[153] oder ein wirtschaftlicher Vor- oder Nachteil.

Lässt sich abstrakt nicht entscheiden, wer betroffen oder begünstigt ist, z.B. bei Umwandlung einer Hypothek in eine Grundschuld, so sind beide Teile als betroffen anzusehen.

3. Die Beteiligung muss **unmittelbar** sein.

a) Für den **Aktivbeteiligten** ergibt sich dies bereits aus dem Wortlaut, der darauf abstellt, zu wessen Gunsten „die Eintragung erfolgen soll". Diese Frage lässt sich, wenn man nicht ins Uferlose geraten will, nur aus dem Inhalt der beantragten Eintragung beantworten. Die der Eintragung innewohnende Zweckbestimmung kann allein maßgebend sein; diese deutet auf denjenigen, der durch sie unmittelbar einen rechtlichen Vorteil erlangt. Dem aus einer Auflassungsvormerkung Berechtigten steht daher für ein im Rang vorgehendes Grundpfandrecht kein eigenes Antragsrecht bezüglich der Löschung zu, selbst

---

142 Vgl. BayObLG BayObLGZ 1976, 180; BayObLG DNotZ 1977, 242.
143 OLG Frankfurt FGPrax 1996, 208.
144 KG KGJ 52, 163.
145 *Ertl*, DNotZ 1975, 644, 650; *Ertl*, Rpfleger 1980, 42.
146 OLG Frankfurt Rpfleger 1988, 184.
147 *Schöner/Stöber*, Rn 88; *Ertl*, DNotZ 1975, 653; *Herrmann*, MittBayNot 1975, 173; a.A. (mit der Folge der Zurückweisung des vom Antragsteller selbst gestellten Antrags) OLG Hamm Rpfleger 1975, 250 = DNotZ 1975, 686.
148 BGH BGHZ 141, 347 = NJW 1999, 2369 = DNotZ 1999, 734.
149 KG KGJ 31, 347.
150 OLG Frankfurt Rpfleger 1997, 63.
151 KG KGJ 20, 209; KG OLG 41, 551.
152 *Demharter*, § 13 Rn 43.
153 KG KGJ 52, 163.

wenn die Auflassung schon erklärt wäre.[154] Diese Auslegung wird bestätigt durch einen Gegenschluss aus §§ 9 Abs. 1 S. 2, 14 sowie 8 Abs. 2 GBMaßnG, wo jeweils einem mittelbar Begünstigten ausdrücklich und offenbar ausnahmsweise das Antragsrecht beigelegt wird.[155]

81 b) Das Gleiche muss auch für den **Passivbeteiligten** gelten, obwohl der Wortlaut der GBO, insbesondere im Hinblick auf die Bestimmungen in §§ 19, 39 und 55 GBO, wo auch mittelbar Betroffene umfasst werden, Zweifeln Raum geben kann. Es gibt jedoch keinen Anhaltspunkt dafür, dass die Antragsberechtigung der Passivseite weiter ausgedehnt werden sollte als die der Aktivseite. Die Ausdehnung der Antragsberechtigung auf mittelbar Beteiligte würde es diesen ermöglichen, eine Rechtsänderung durch Eintragung im Grundbuch vornehmen zu lassen, welche die unmittelbar Beteiligten, denen nach materiellem Recht allein die Herrschaft über ihre Rechtsbeziehung zusteht, nicht wollen.

82 4. **Es sind antragsberechtigt:** bei rechtsändernden Eintragungen die Parteien, zwischen denen sich die Rechtsänderung unmittelbar vollzieht; bei berichtigenden Eintragungen alle diejenigen, deren grundbuchliche Stellung durch die Berichtigung eine unmittelbare Verbesserung oder Verschlechterung – im abstrakten Sinne – erfährt,[156] z.B. bei Berichtigung durch Löschung einer ungültigen Hypothek der Hypothekengläubiger, der Eigentümer und der nachstehenden Berechtigten; mittelbar Berechtigte sind auch dann antragsberechtigt, wenn sie die Eintragung zu bewirken haben, bspw. gem. § 894 BGB. Der **Nacherbe** ist für den Antrag auf Eintragung des Vorerben nicht unmittelbar Betroffener; er hat nach Abs. 1 S. 2 ein Antragsrecht (vgl. aber § 14 GBO Rdn 1).[157]

83 Das Recht, die **Zuschreibung** eines Grundstücks oder Zuflurstücks zu einem anderen Grundstück als dessen Bestandteil zu beantragen, steht nur dem Grundstückseigentümer zu, nicht auch dem Inhaber eines Grundpfandrechts an dem Hauptgrundstück, da dieser nicht unmittelbar Beteiligter ist.[158] In der genannten Entscheidung wurde ausdrücklich die Frage offengelassen, ob die Antragsberechtigung des Grundpfandrechtsgläubigers ausnahmsweise zu bejahen ist, wenn die Bestandteilszuschreibung nachweislich in seinem Interesse erfolgt. Dies muss jedoch verneint werden, da die prozessuale, sich auf formale Kriterien stützende Rechtslage die gleiche bleibt. Der Hypothekengläubiger hat nach h.M. die Möglichkeit, als Bevollmächtigter Antragsrechte der betroffenen Eigentümer auszuüben.

III. Insbesondere der Passivbeteiligte

84 Insbesondere als Passivbeteiligte sind unmittelbar Betroffene: Bei Veräußerung und Belastung eines Grundstücks der Eigentümer;[159] bei Aufhebung eines verpfändeten beschränkten dinglichen Rechts jedoch nicht der Pfandgläubiger.[160] Bei Abtretung eines Rechts nur der Zedent, nicht der Eigentümer.[161] Der Zedent einer Eigentümergrundschuld ist jedoch nicht berechtigt, die Eintragung der Eigentümergrundschuld zu beantragen, wenn der Eigentümer den Eintragungsantrag zurückgenommen hat;[162] bei Löschung eines Rechts der unmittelbar aus dem Recht Berechtigte; für die Eintragung des Treuhändersperrvermerks der Eigentümer.[163] Bei Rangrücktritt einer Hypothek auch der Eigentümer, weil sich auch der Rang der zukünftigen Eigentümergrundschuld verschlechtert,[164] auch wenn nur der Rangrücktritt hinter eine Auflassungsvormerkung beantragt wird.[165]

85 Von einer rechtsändernden Eintragung wird jeweils nur der wahre Berechtigte betroffen,[166] von einer berichtigenden der Buch- oder der wahre Berechtigte. Nicht betroffen ist der Hypothekengläubiger durch

---

154 OLG Frankfurt Rpfleger 1997, 63.
155 Vgl. LG Dortmund MDR 1960, 320.
156 BayObLG BWNotZ 1988, 165 (für die nachstehenden Berechtigten bei Löschung einer Auflassungsvormerkung wegen Unrichtigkeit im Grundbuch); *Roth*, NJW Spezial 2018, 103.
157 LG Berlin Rpfleger 1974, 234.
158 BayObLG BayObLGZ 1976, 180; BayObLG DNotZ 1977, 242.
159 Etwa: OLG München ZEV 2018, 30.
160 *Demharter*, § 13 Rn 46.
161 OLG Rostock OLG 9, 329.
162 OLG Celle Rpfleger 1989, 499.
163 BayObLG BayObLGZ 1963, 394; BayObLG NJW 1965, 538; LG Koblenz DNotZ 1971, 97 = Rpfleger 1970, 22 m. Anm. *Haegele*; LG München Rpfleger 1964, 212, jedoch überholt.
164 OLG München JFG 15, 364; OLG Schleswig SchlHA 1963, 147; KG NJW 1964, 1479; a.A. (mit beachtlichen Gründen) *Böttcher*, Rpfleger 1982, 52 ff.
165 KG NJW 1964, 1479; a.A. *Haegele*, Rpfleger 1965, 15; *Riedl*, DNotZ 1953, 316; LG Bochum DNotZ 1953, 314 (für Befriedigungsvorrecht); *Bock*, BWNotZ 1961, 126.
166 KG KGJ 45, 206; KG Rpfleger 1975, 136; OLG Frankfurt Rpfleger 1997, 103.

den Wechsel des Eigentümers oder der Eigentümer durch den Wechsel des Gläubigers. Bei berichtigender Löschung einer Vormerkung ist auch derjenige betroffen, für dessen Recht die Vormerkung eingetragen ist.[167] Nicht betroffen ist der Eigentümer bei der Verteilung einer Gesamthypothek. Betroffen ist bei der Pfändung einer Hypothek nur der Hypothekengläubiger, nicht auch der Grundstückseigentümer.[168]

IV. Insbesondere der Aktivbeteiligte

Unmittelbar als Aktivbeteiligter begünstigt ist insbesondere: Bei Eigentumswechsel der neue Eigentümer, bei Neueintragung eines Rechts der Gläubiger, bei Abtretung eines Rechts der Zessionar. Hat jedoch der Eigentümer eine Eigentümergrundschuld bestellt und diese vor der Eintragung abgetreten, so kann nur der Eigentümer die Eintragung und Abtretung beantragen;[169] bei Aufhebung eines beschränkten, dinglichen Rechts der Eigentümer, nicht jedoch der Berechtigte einer Auflassungsvormerkung[170] bei Grundbuchberichtigung auch der nachgehende Berechtigte, wenn das vorhergehende Recht nicht entstanden oder erloschen ist; auch derjenige, dessen Recht durch eine nichtbestehende Vormerkung beeinträchtigt wird;[171] bei Löschung einer Hypothek nicht der nachstehende Hypothekengläubiger, da er durch die Löschung lediglich im Range aufrückt. Bei Rangvortritt einer Hypothek vor ein Recht der II. Abt. auch der Eigentümer, da sich der Rang der künftigen Eigentümergrundschuld verbessert.[172] Bei Pfändung oder Verpfändung des Auflassungsanspruchs kann der bestberechtigte (§ 1290 BGB) Pfandgläubiger anstelle des Erwerbers die Eintragung auf dessen Namen beantragen;[173] ebenso bei Pfändung[174] oder Verpfändung der aus einer erklärten Auflassung entstandenen Anwartschaft auf Eigentumserwerb.[175] Wird an einen Ehegatten aufgelassen, der in Gütergemeinschaft lebt, hat grundsätzlich der andere Ehegatte kein Antragsrecht.[176]

86

V. Mehrheit von Antragsberechtigten auf Aktiv- und Passivseite

Zur **Antragsstellung** ist **jeder** der Antragsberechtigten befugt, sowohl der Aktivbeteiligte als auch der Passivbeteiligte. Die Anträge können auch nebeneinander von sämtlichen Berechtigten gestellt werden. Sind auf einer Seite mehrere Beteiligte vorhanden, so ist jeder für sich allein antragsberechtigt[177] und antragsbefugt. Bei Eintragung der **Erbengemeinschaft** im Wege der Berichtigung ist jeder Miterbe für sich allein antragsberechtigt und antragsbefugt.[178]

87

VI. Die Antragsbefugnis – Partei kraft Amtes

Die Antragsbefugnis bezieht sich auf das Recht, die Antragsberechtigung auszuüben. Sie ist Ausfluss der sachlich-rechtlichen Verfügungsbefugnis des Aktiv- bzw. Passivbeteiligten. Grundsätzlich ist der Antragsberechtigte auch antragsbefugt. Seine Verfügungsbefugnis kann aber beschränkt sein oder gänzlich fehlen, wie beim Insolvenzverfahren, bei Nachlasspflegschaft und Testamentsvollstreckung.[179] Ein Insolvenzschuldner verliert seine Antragsbefugnis durch die Eröffnung des Insolvenzverfahrens.[180] Den Antrag kann dann nur der Verfügungsbefugte im eigenen Namen kraft seines Amtes stellen. Dabei han-

88

---

167 RG RGZ 163, 63.
168 BayObLG BayNotV 1933, 174.
169 OLG Celle Rpfleger 1989, 490.
170 OLG Frankfurt FGPrax 1996, 208.
171 KG KGJ 52, 164; RG RGZ 163, 63; BayObLG BWNotZ 1988, 165.
172 KG NJW 1964, 1479; OLG Oldenburg NJW 1965, 1768; LG Hannover Rpfleger 1977, 310; a.A. LG Bochum DNotZ 1953, 314 ff.; LG Dortmund NJW 1960, 678 u. *Haegele*, Rpfleger 1965, 15; *Scheyhing*, SchlHA 1963, 147.
173 OLG München BayJMBl. 1953, 1.
174 Zum Antragsrecht des Pfandgläubigers vgl. OLG Zweibrücken Rpfleger 76, 214 u. *Stöber*, Rpfleger 76, 197 jew. m.w.N.
175 BayObLG JFG 9, 234. Einschränkend OLG Nürnberg FGPrax 2020, 268 (Verkäufersicherung darf nicht fehlschlagen).
176 BayObLG BayObLGZ 1954, 145.
177 KG OLG 41, 155; a.A. unter Verwechslung von Bewilligung und Antrag: KG KGJ 20, 209.
178 OLG München FGPrax 2017, 12.
179 KG KGJ 51, 216; *Demharter*, § 13 Rn 49; a.A. LG Stuttgart Rpfleger 1998, 243; *Bertsch*, Rpfleger 1968, 178.
180 BayObLG Rpfleger 2004, 36; OLG München NZI 2019, 544 = ZIP 2019, 158.

delt es sich um einen Fall der gesetzlichen Verfahrensstandschaft.[181] Die Insolvenzeröffnung berührt das Antragsrecht der anderen Seite nicht.

89 Im Einzelnen wurde entschieden: Der (Mit-)Erbe ist **auch bei bestehender Testamentsvollstreckung** antragsberechtigt bezüglich der Grundbuchberichtigung.[182] Der Erwerber eines Erbteils ist gleichfalls berechtigt, seine Eintragung als Rechtsnachfolger des bisherigen Mitglieds der Erbengemeinschaft ohne Mitwirkung des Testamentsvollstreckers zu beantragen.[183]

Wird die Löschung einer Hypothek beantragt, die an einem Gesamtgutsgrundstück lastet, so ist neben dem Gläubiger nur der Gesamtgutsverwalter antragsberechtigt.[184]

90 Die Eintragung einer **Zwangshypothek** kann nur von dem Gläubiger beantragt werden (§ 867 ZPO); auch bei den übrigen Eintragungen, welche zwangsweise erfolgen (aufgrund Arrestbefehls, einstweiliger Verfügung, Pfändungsbeschluss), ist nur der Gläubiger antragsberechtigt. Bewilligt der Schuldner in diesen Fällen jedoch noch die Eintragung, so hat er insoweit auch ein Antragsrecht.[185] Ein Sequester kann die Eintragung der kraft Gesetzes (§ 1287 BGB, § 854 Abs. 2 ZPO) entstehenden Sicherungshypothek beantragen.[186]

91 Bei Auslandsinsolvenz (im Inland: amtswegige Eintragung) kann der dort eingesetzte Verwalter die Eintragung eines Insolvenzvermerks beantragen. Zum Nachweis genügt der – von der deutschen Botschaft legalisierte – Eröffnungsbeschluss.[187] Vorrangig dürfte nun aber das Amtsuchen im internationalen Rechtsverkehr sein.

92 Das bloße **Widerspruchsrecht** des Antragsberechtigten hindert das Antragsrecht eines anderen Berechtigten nicht. Um wirksam zu sein, muss es prozessual geltend gemacht sein.[188]

93 Ausgeschlossen ist die Antragsbefugnis in den Fällen, in welchen eine **Behörde** um die Vornahme der Eintragung ersucht,[189] ausgenommen im Fall des § 941 ZPO[190] und der ausdrücklichen Vorschrift in §§ 21, 23 Abs. 3, 32 InsO. Gesetzessystematisch sauber geht die einleitende Frage in diesen Fällen dahin, ob mit der gesetzlichen Statuierung eines Behördenersuchens eine privatautonome Verfahrensführung ausgeschlossen sein sollte. Das wird bei der Zwangsversteigerung und -verwaltung sein,[191] allein schon um eine Rechtsverkürzung anderer Beteiligter zu verhindern.

VII. Form des Nachweises

94 Die Antragsberechtigung muss nicht in der Form des § 29 GBO nachgewiesen werden.[192] Es genügt schlüssiger Sachvortrag für den Nachweis von Antragsberechtigung und Antragsbefugnis.[193]

VIII. Vollmacht

95 Der Antrag muss **nicht höchstpersönlich** gestellt werden. Eine Bevollmächtigung ist zulässig, diese bedarf wegen § 30 GBO keiner Form (aber str.). Das Antragsrecht kann auch von einem dazu berechtigten Dritten ausgeübt werden. Wurde der Anteil eines Miterben rechtswirksam gepfändet, ist jedoch noch der Erblasser im Grundbuch eingetragen, so ist der Pfändungsgläubiger berechtigt, den Antrag als rein prozessuale Handlung gem. § 13 GBO aus dem Recht des Erben heraus zu stellen.[194] Die Pfändung des materiellen Berichtigungsanspruchs des Miterben ist nicht erforderlich.[195]

---

181 *Demharter*, § 13 Rn 49.
182 OLG Stuttgart NotBZ 2013, 444; *Bartsch*, Rpfleger 1968, 178; anders die frühere Rspr., etwa: KG KGJ 51, 261; OLG München JFG 20, 373; BayObLG Rpfleger 1996, 148; *Demharter*, § 13 Rn 50.
183 LG Essen Rpfleger 1960, 58 m. Anm. *Haegele*.
184 BayObLG HRR 34 Nr. 1053.
185 Meikel/*Böttcher*, § 13 Rn 73.
186 BayObLG Rpfleger 1994, 162.
187 OLG Zweibrücken Rpfleger 1990, 87 (zu Luxemburg).
188 KG OLG 43, 657.
189 KG JFG 18, 72; OLG München JFG 23, 230; OLG München FGPrax 2022, 6.
190 KG KGJ 41, 221; KG JFG 5, 303.
191 Richtig OLG München FGPrax 2022, 6.
192 BGH BGHZ 141, 347 = DNotZ 1999, 734 = NJW 1999, 2369.
193 BGH NJW 1999, 2369.
194 So mit Recht: *Stöber*, Rpfleger 1976, 199.
195 Ausf. dazu: *Stöber*, Rpfleger 1976, 200; a.A. OLG Zweibrücken Rpfleger 1976, 200.

Zur Antragsvollmacht des Notars aus gesetzlicher Vermutung vgl. § 15 GBO. Da er als bevollmächtigt für alle potentiellen Antragsteller gilt, muss er offenlegen, für welche Beteiligte er den Antrag stellt. Ohne eine solche Offenlegung wird eine Antragstellung für alle Antragsberechtigte angenommen (vgl. § 15 GBO Rdn 37 ff.).[196] Anderes soll bei einer Verwahrung gegen die Kostentragung gelten (siehe § 15 GBO Rdn 77).[197]

IX. Zeitpunkt des Vorliegens

Die Antragsberechtigung und Antragsbefugnis müssen bei **Vollendung der Eintragung** vorliegen. Das Antragsrecht des unmittelbar Passivbeteiligten fließt aus seiner Verfügungsbefugnis, das Antragsrecht des unmittelbar Aktivbeteiligten aus seiner vorhandenen Anwartschaftsstellung. Gehen Verfügungsbefugnis oder Anwartschaftsstellung bis zu dem genannten Zeitpunkt verloren, obwohl sie vorher vorgelegen haben, so ist der Antrag wegen Fehlens der Antragsberechtigung als unzulässig zurückzuweisen.[198] Aus dem gleichen Grund ist der gestellte Antrag auch zurückzuweisen, wenn in dem genannten Zeitpunkt eine einstweilige Verfügung vorliegt, durch welche dem Antragsteller die Stellung des Antrags untersagt wird.[199]

Da die Antragsberechtigung des Passivbeteiligten sich aus seiner Verfügungsbefugnis ergibt, erlischt sie, wenn diese Befugnis aufgrund einer inzwischen eingetretenen absoluten Verfügungsbeschränkung, z.B. durch Insolvenz, verloren ist.

Liegen mehrere Anträge vor, so ist das Vorhandensein der Antragsberechtigung für jeden Antragsteller gesondert zu prüfen.

Durch bloßen Zeitablauf wird das Antragsrecht für eine rechtsändernde Eintragung nicht verwirkt.[200]

K. Erledigung des Antrags

Das GBA ist an den Antragsumfang gebunden. Gegen den Willen der Beteiligten kann das GBA nicht tätig werden, es darf nicht darüber hinausgehen und nicht hinter ihm zurückbleiben.[201] Es kann ihn erledigen nur durch Vollzug, Zurückweisung oder in einer Zwischenverfügung aufgeben, zusätzliche Eintragungsunterlagen beizubringen oder den Antrag einzuschränken.

Der gestellte Antrag ist in dem vorgelegten Umfang zu erledigen, ein einheitlicher Antrag kann nicht teilweise erledigt, teilweise zurückgewiesen werden,[202] § 16 Abs. 2 GBO ist dafür nicht einschlägig.

L. Grundbuchersuchen einer Behörde

Die Vorschriften des § 13 GBO gelten auch für das Ersuchen einer Behörde. Das in der Form des § 29 Abs. 3 GBO gestellte Ersuchen einer Behörde ersetzt den Antrag.

Zum Ersuchen nach dem zweiten Vermögensrechtsänderungsgesetz vgl. *Böhringer*.[203]

M. Vereinbarungen zum Antragsrecht

Zulässig sind auch **schuldrechtliche Vereinbarungen** zwischen den Beteiligten über die Behandlung des Antragsrechts.[204] Derartige Vereinbarungen sind für das Grundbuch jedoch unbeachtlich. Unzulässig und insbesondere unbeachtlich ist jedoch ein eigener prozessualer Antragsverzicht, auch bei gleichzeitiger Erteilung einer verdrängenden Vollmacht an den beurkundenden Notar.[205]

---

196 OLG Köln FGPrax 2018, 60; KG FGPrax 2018, 2; OLG Hamm FGPrax 2016, 55.
197 OLG Schleswig MittBayNot 2017, 575; OLG Celle Rpfleger 2018, 252.
198 Vgl. OLG München JFG 23, 330.
199 Vgl. KG OLG 43, 65 ff.
200 OLG Hamm Rpfleger 1973, 305; BayObLG DNotZ 1994, 182.
201 *Ertl*, Rpfleger 1980, 42.
202 BayObLG BayObLGZ 1974, 299; BayObLG BayObLGZ 1981, 56; BayObLG Rpfleger 1986, 220.
203 *Böhringer*, Rpfleger 1993, 221.
204 BGH LM § 925 BGB Nr. 3; LG München DNotZ 1950, 35; OLG Hamm DNotZ 1975, 688.
205 Ausf.: *Ertl*, DNotZ 1975, 644; LG Frankfurt Rpfleger 1992, 58; a.A. OLG Hamm DNotZ 1975, 686 ff. = Rpfleger 1975, 250.

§ 14 [Antragsbefugnis des Vollstreckungsgläubigers]

Die Berichtigung des Grundbuchs durch Eintragung eines Berechtigten darf auch von demjenigen beantragt werden, welcher aufgrund eines gegen den Berechtigten vollstreckbaren Titels eine Eintragung in das Grundbuch verlangen kann, sofern die Zulässigkeit dieser Eintragung von der vorgängigen Berichtigung des Grundbuchs abhängt.

A. Allgemeines	1	II. Vorlage des Titels	9
B. Unrichtigkeit des Grundbuchs	3	III. Notwendiger Inhalt des Titels	11
I. Unrichtigkeit	3	D. Notwendigkeit der Berichtigung	13
II. „Nichteingetragensein" des Berechtigten	5	E. Eintragungsersuchen einer Behörde	14
C. Vollstreckbarer Titel gegen den Berechtigten	7	F. Antrag	16
I. Vollstreckbarer Titel	8	G. Sonstige Voraussetzungen	20

A. Allgemeines

1   Die Bestimmung erweitert gegenüber § 13 Abs. 2 GBO für mittelbar Begünstigte das Antragsrecht. Die Regelung ist nötig im Hinblick auf § 39 GBO, der eine Eintragung regelmäßig davon abhängig macht, dass der Betroffene im Grundbuch eingetragen ist. Über die Bestimmung des § 14 GBO hinaus hat die Rechtsprechung in entsprechender Anwendung des Grundgedankens der Norm das Antragsrecht weiteren mittelbar Betroffenen zugebilligt. Das Recht auf Antragstellung steht auch dem mittelbar Begünstigten danach zu, wenn dieser einen Berichtigungsanspruch gemäß § 894 BGB oder § 895 ZPO hat.[1] Der Nacherbe muss infolgedessen ein Antragsrecht auf Eintragung des Vorerben haben.[2] Dieses Recht leitet sich jedoch unmittelbar aus § 13 GBO her.[3]

Analog § 14 GBO hat der Gläubiger ferner ein Antragsrecht, um bei einer eingetragenen Namens-GbR die Zuschreibung der Gesellschafter zu erreichen.[4] Mit Inkrafttreten des MoPeG zum 1.1.2024 ist dem Gläubiger auch die Bezeichnungskorrektur auf die eGbR gestattet. Allerdings hilft dies dem Gläubiger nur, wenn die Gesellschaft bereits als eGbR im Gesellschaftsregister eingetragen ist. § 14 GBO ist Teil des Grundbuchverfahrensrechts und gibt dem Gläubiger keine Handhabe, im Registerverfahren die Eintragung zu bewirken (vgl. auch § 47 GBO Rdn 54). Der Analogieschluss besteht im Falle der GbR darin, dass sich nur die Bezeichnung des Berechtigten geändert hat, nicht dessen Identität.

2   Bei Eintragung des Erstehers eines Grundstücks im Zwangsversteigerungsverfahren oder einer Sicherungshypothek in diesem Rahmen kann die Berichtigung nur auf das Ersuchen des Vollstreckungsgerichts hin erfolgen. § 14 GBO gilt hier nicht, da diese Bestimmung nur die Fälle regelt, in denen der Schuldner allein antragsberechtigt ist.[5] Deswegen gilt § 14 GBO auch nicht für die Eintragung des Gläubigers einer zunächst nach §§ 126, 128 ZVG für einen unbekannten Berechtigten eingetragenen Hypothek wegen des Ersuchenverfahrens nach § 135 ZVG.[6]

B. Unrichtigkeit des Grundbuchs

I. Unrichtigkeit

3   Es muss eine Unrichtigkeit des Grundbuchs (§ 894 BGB) durch Nichteintragung des Berechtigten vorliegen. Gleichgültig ist, ob das dem Berechtigten zustehende Recht überhaupt nicht,[7] oder für einen Nichtberechtigten oder unter Nichtbeachtung des § 47 GBO[8] eingetragen oder zu Unrecht gelöscht wor-

---

1 KGJ 31, 346; a.A. Meikel/*Böttcher*, § 14 Rn 7.
2 *Meyer-Stolte*, Rpfleger 1974, 235; a.A. LG Berlin, Rpfleger 1974, 234.
3 Meikel/*Böttcher*, § 14 Rn 27.
4 OLG Hamm NJW-RR 2011, 1033 (dort i.E. aber wegen fehlender Nachweise gescheitert). LG Frankfurt (Oder) Rpfleger 1997, 212 gestattet eine Analogie beim Antrag auf Aufgabe von Gebäudeeigentum, § 78 SachenRBerG.
5 OLG Frankfurt, Beschl. v. 20.6.2013, Az.: 20 W 172/13; Meikel/*Böttcher*, § 14 Rn 4.
6 Meikel/*Böttcher*, § 14 Rn 4.
7 §§ 1075, Abs. 1, 1287 S. 2, 1069, 1274, 1154 Abs. 1 BGB; auch Pfändungspfandrecht an einer für die gepfändete Forderung eingetragenen Hypothek.
8 RGZ 65, 86.

den ist. Gleichgültig ist auch, ob der eingetragene Berechtigte sein Recht außerhalb des Grundbuchs übertragen konnte oder trotz Eintragung kein Recht erworben hat. Die Norm erfasst nur eine Unrichtigkeit in der Person des Berechtigten, nicht eine Unrichtigkeit hinsichtlich Bestand, Inhalt oder Rang des Rechts. Auch kann nur Berichtigung beantragt werden, nicht die Eintragung eines Widerspruchs. Dieser würde dem Gläubiger für die Folgeeintragung nicht helfen.

Der Fall, dass der Eigentümer auf sein Eigentum verzichtet hat, der Verzicht eingetragen, aber der Aneignungsberechtigte noch nicht als Eigentümer eingetragen ist (§ 928 BGB) gehört nicht hierher; denn in diesem Fall ist das Grundbuch nicht unrichtig. Keine Anwendung findet die Bestimmung, wenn es sich um sonstige Unrichtigkeiten handelt, beispielsweise wenn Löschungen von Rechten oder Verfügungsbeschränkungen oder Berichtigungen von Inhalt oder Rang bestehender Rechte in Frage kommen. Hier handelt es sich um keine Eintragung eines Berechtigten.

II. „Nichteingetragensein" des Berechtigten

Die Grundbuchunrichtigkeit muss in der Nichteintragung des Berechtigten bestehen. Berechtigt ist nur derjenige, welcher ein außerhalb des Grundbuchs rechtswirksam erworbenes dingliches Recht inne hat; der Umfang des Rechtes ist gleichgültig, neben dem Vollrecht des Eigentums kommen daher sämtliche sonstigen dinglichen Rechte in Betracht. Ein bloßes Anwartschaftsrecht genügt jedoch nicht.

Kein dingliches Recht hat, wer nur einen schuldrechtlichen Anspruch auf Einräumung eines dinglichen Rechtes besitzt. Für ihn gilt § 14 GBO nicht. Eine konstitutive Eintragung kann nicht verlangt werden. In diesen praktisch häufigen Fällen muss der Gläubiger vielmehr den schuldrechtlichen Anspruch pfänden und sich überweisen lassen, z.B. nach § 848 Abs. 2 ZPO.

C. Vollstreckbarer Titel gegen den Berechtigten

Der Antragsteller muss im Besitz eines vollstreckbaren Titels gegen den einzutragenden Berechtigten sein. Vorläufige Vollstreckbarkeit genügt.[9]

I. Vollstreckbarer Titel

Vollstreckbare Titel sind insbesondere die der ZPO (§§ 704, 794, 801). Der Titel kann jedoch ebenso auf Landesrecht beruhen. Er muss den Antragsteller als Gläubiger und den einzutragenden Berechtigten als Schuldner bezeichnen. Für die Stellung des Berichtigungsantrages ist die vorherige Umschreibung der Vollstreckungsklausel gegen den Rechtsnachfolger des Schuldners nicht erforderlich.[10] Sind mehrere Berechtigte einzutragen, so muss der Titel gegen alle wirken.[11] Soll die mit Zustellung des Pfändungsbeschlusses (§§ 829 Abs. 3, 857, 859 ZPO) an alle Miterben des Drittschuldners wirksam gewordene Pfändung des Miterbenanteils im Grundbuch vermerkt werden, in dem der Erblasser noch als Eigentümer vermerkt ist, so ist vorherige Grundbuchberichtigung durch Eintragung der Erbengemeinschaft erforderlich (§ 39 GBO). Nach § 14 GBO hat der Gläubiger kein unmittelbares Antragsrecht.[12] Jedoch ist er befugt, das Antragsrecht des Erben für diesen auszuüben (vgl. § 13 GBO Rdn 88).[13] Hat der Erbe des noch als Eigentümer eingetragenen Erblassers dem Gläubiger die Eintragung des dinglichen Rechtes bewilligt, so kann der Gläubiger aus der Bewilligung kein eigenes Antragsrecht für die Voreintragung des Erben herleiten und muss auf Stellung des Antrages klagen.[14]

II. Vorlage des Titels

Der Antragsteller nach § 14 GBO betreibt damit **nicht** die **Zwangsvollstreckung** aus seinem Titel, sondern **bereitet** sie durch Wegräumung von Hindernissen nur vor. Deshalb genügt die Vorlage des vollstreckbaren Titels, der Nachweis der Zustellung ist nicht erforderlich. Es muss jedoch die konkrete Möglichkeit der berechtigten Vollstreckung im Zeitpunkt der Erledigung gegeben sein. Es müssen also die

---

9 Meikel/*Böttcher*, § 14 Rn 5.
10 KG Rpfleger 1975, 133.
11 KG KGJ 37, 278.
12 OLG Zweibrücken Rpfleger 1976, 214.
13 Ausf. *Stöber*, Rpfleger 1976, 197 m.w.N.
14 *Demharter*, § 14 Rn 7; Meikel/*Böttcher*, § 14 Rn 6.

Voraussetzungen nachgewiesen sein, von denen die Erteilung der Vollstreckungsklausel abhängt (§ 726 ZPO); im Fall des § 751 Abs. 1 ZPO muss der Kalendertag nachgewiesen, eine Zug um Zug zu bewirkende Gegenleistung zumindest angeboten sein (§§ 751, 765 ZPO). Der Titel kann in einfacher Ausfertigung vorgelegt werden. Lautet der Titel nicht auf den Antragsteller als Gläubiger oder nicht gegen den Berechtigten, so müssen die Voraussetzungen für die Umschreibung gegeben sein (§§ 727 ff. ZPO). Der Nachweis der Umschreibung für oder gegen den Rechtsnachfolger ist nach dem Gesagten nicht erforderlich.[15] Doch ist es am zweckmäßigsten, den Titel mit umgeschriebener Klausel vorzulegen.

10 Der **Nachweis** der genannten Voraussetzungen braucht, da davon lediglich das Antragsrecht abhängt und der Antrag selbst formfrei ist, nicht in der Form des § 29 GBO geführt zu werden.[16] Der Antrag selbst ist immer formfrei.

III. Notwendiger Inhalt des Titels

11 Aufgrund des Titels muss eine Eintragung **in das Grundbuch verlangt werden können.** Gleichgültig ist, ob es sich um eine rechtsändernde oder berichtigende Eintragung handelt, ob eine Löschung oder die Eintragung eines Rechtes beantragt ist. Eine Eintragung in das Grundbuch kann verlangt werden, wenn der Titel unmittelbar auf Bewilligung einer Eintragung gerichtet ist (§ 894 ZPO) oder, wie bei einstweiliger Verfügung, eine Eintragung anordnet. Nur mit der Eintragung des Berechtigten darf die Eintragung, welche verlangt werden kann, nicht identisch sein.

12 Ein Titel der genannten Art liegt auch vor, wenn er eine **Geldforderung** zum Gegenstand hat. Die Höhe der Geldforderung ist unbeachtlich, auch ein Titel über einen Betrag von weniger als 750 EUR genügt. Gleichgültig ist, ob aufgrund des Titels allein oder erst zusammen mit einem darauf beruhenden Pfändungsbeschluss eine Eintragung verlangt werden kann.[17] Gleichgültig ist, ob die Voraussetzungen für die Eintragung einer Zwangshypothek gegeben sind oder nicht. Gleichgültig ist auch, ob der geschuldete Geldbetrag auf dem betroffenen Grundstück bereits hypothekarisch gesichert ist, da in diesem Fall der Gläubiger die nach § 19 Abs. 1, 146 ZVG als Verfügungsbeschränkung einzutragende Anordnung der Zwangsversteigerung oder Zwangsverwaltung beantragen kann. Keine Rolle spielt dabei, dass die Eintragung auf Ersuchen des Vollstreckungsgerichtes zu erfolgen hat.[18] Ergibt sich allerdings aus dem Vorbringen des Gläubigers, dass die Eintragung einer Zwangshypothek in diesem Fall beabsichtigt ist, so ist der gestellte Antrag abzuweisen. Zurückzuweisen ist außerdem, wenn weder die Eintragung einer Zwangshypothek noch Zwangsversteigerung oder Zwangsverwaltung zulässig sind oder die Zwangsversteigerung vorläufig gemäß § 775 Nr. 2 ZPO eingestellt worden ist, da der Antrag nach § 14 GBO die Zwangsvollstreckung vorbereiten soll und mit der Unmöglichkeit der Vollstreckung seinen Sinn verliert.[19]

Maßgebend ist stets, dass die Eintragung verlangt werden kann; dass sie tatsächlich verlangt wird, ist nicht erforderlich.

D. Notwendigkeit der Berichtigung

13 Inwieweit eine Notwendigkeit besteht, ergibt sich aus § 39 GBO und §§ 17, 146 ZVG. Soweit Ausnahmen zugelassen sind (vgl. dazu §§ 39 Abs. 2, 40 GBO), entfällt das Antragsrecht. Die Abhängigkeit der (Folge-)Eintragung von der Grundbuchberichtigung ist echtes Tatbestandsmerkmal der Norm und unterliegt der Überprüfung des Grundbuchamtes. Der Berichtigungsantrag muss abgelehnt und der Gläubiger auf andere Vorgehensweisen (wie Klauselumschreibung, § 727 ZPO) verwiesen werden, wenn die Folgeeintragung ohne Voreintragung des Berechtigten erfolgen kann.[20]

---

15 KG Rpfleger 1975, 133.
16 Ebenso Meikel/*Böttcher*, § 14 Rn 7; a.A. *Demharter*, § 14 Rn 9.
17 KG JFG 14, 329.
18 KG KGJ 27, 101.
19 Meikel/*Böttcher*, § 14 Rn 18.
20 OLG Naumburg NJ 2018, 427; LG Saarbrücken, Beschl. v. 5.2.2008, Az.: 5 T 260/08.

E. Eintragungsersuchen einer Behörde

§ 14 GBO ist **entsprechend** anzuwenden, wenn eine Behörde um Eintragung ersucht und die Erledigung von der vorgehenden Berichtigung des Grundbuchs abhängig ist (vgl. § 13 GBO Rdn 99).[21]

§ 14 GBO erweitert nur die **Antragsbefugnis**. Die Grundlagen der Eintragung (§§ 19, 22 Abs. 1, 29 GBO) bleiben unberührt. Der Antragsteller hat sich daher die Unterlagen zu beschaffen, gegebenenfalls durch Pfändung und Überweisung des Berichtigungsanspruchs seines Schuldners.

F. Antrag

Beantragt werden kann nur die Eintragung des **Berechtigten** durch Grundbuchberichtigung. Nicht möglich ist nach § 14 GBO der Antrag, den aufgrund einer Auflassung Berechtigten einzutragen, wenn das Grundbuchamt versehentlich einen anderen als Erwerber eingetragen hat. Hier kann nur der ursprüngliche Eigentümer wieder eingetragen werden. Die Eintragung nachweislich Verstorbener kann grundsätzlich nicht verlangt werden.[22]

Möglich ist der Antrag, unbekannte Berechtigte – z.B. die unbekannten Erben – einzutragen, wenn die Person des Berechtigten nicht festzustellen ist.[23]

Insgesamt erweitert § 14 GBO nur die Antragsberechtigung. § 14 GBO schwächt aber nicht die Verfahrensvorgaben an die Grundbuchberichtigung ab, weder hinsichtlich der Nachweisdokumente noch hinsichtlich der vollständigen Beseitigung der Unrichtigkeit und der Darlegung dazu, mag dies auch für den Gläubiger häufig beschwerlicher sein als für den Berechtigten selbst.

Der Antrag kann selbstverständlich auch durch einen Vertreter gestellt werden. Eine Form ist auch hier (§ 30 GBO) nicht erforderlich. Nach § 81 ZPO umfasst die Prozessvollmacht in ihrem gesetzlich vorgeschriebenen Umfang auch die Vollstreckung. Sie ermöglicht somit ohne weiteres auch die Antragstellung nach § 14 GBO. Die regelmäßig benutzten Anwaltsvollmachten erweitern diese Berechtigung allenfalls, schränken sie aber nicht ein.

Der Antrag auf Berichtigung nach § 14 GBO kann stets getrennt und unabhängig vom weiteren Antrag auf Eintragung gestellt werden. Der Folgeeintrag muss also nur möglich sein.

Selbst wenn gleichzeitig mit dem Antrag nach § 14 GBO die Eintragung, zu welcher der Vollstreckungstitel endgültig berechtigt, beantragt wird, sind die Anträge genau zu unterscheiden. Auch in diesem Fall wird für den Antrag nach § 14 GBO der Grundbuchbeamte als solcher, nicht als Vollstreckungsrichter tätig. In diesem Fall gelten für den Antrag daher nur die Vorschriften der Grundbuchordnung, nicht der Zivilprozessordnung.

G. Sonstige Voraussetzungen

Die Bestimmung des § 14 GBO befreit den Antragsteller nicht von der Beibringung sonstiger, für die Berichtigung des Grundbuchs erforderlicher Unterlagen.[24] Vorzulegen sind daher die notwendige Eintragungsbewilligung (§§ 19, 29 GBO) oder die die Unrichtigkeit beweisenden Urkunden (§ 22, 29 GBO), wobei die Eintragung eines Eigentümers oder Erbbauberechtigten stets ohne dessen Zustimmung erfolgen kann (§ 22 Abs. 2 GBO), weiterhin die Hypothekenbriefe (§§ 41, 42 GBO) oder briefersetzende Ausschlussurteile.

Ist der Antragsteller nicht im Besitz dieser Unterlagen, so kann er sich diese beschaffen durch Geltendmachung des Erteilungsanspruches gegen die zuständigen Stellen (§§ 792, 868 ZPO; §§ 1563, 2264 BGB; § 357 FamFG; § 9 HGB) oder des Herausgabeanspruchs gegenüber Privatpersonen. Gegen eingetragene Nichtberechtigte kann auf Grundbuchberichtigung wie auf Feststellung der Unrichtigkeit des Grundbuchs geklagt werden. Die Bewilligung einer Eintragung als Schuldner kann der Gläubiger bei einer Geldforderung gemäß § 857 ZPO verlangen.

---

21 KG JFG 16, 47.
22 KG Rpfleger 1976, 133 m.w.N.
23 KG Rpfleger 1976, 133 m.w.N.
24 OLG Rostock FGPrax 2014, 248 m. Anm. *Keller*; KG JFG 18, 54.

§ 15 [Vertretung im Grundbuchverfahren]

(1) Für die Eintragungsbewilligung und die sonstigen Erklärungen, die zu der Eintragung erforderlich sind und in öffentlicher oder öffentlich beglaubigter Form abgegeben werden, können sich die Beteiligten auch durch Personen vertreten lassen, die nicht nach § 10 Abs. 2 des Gesetzes über das Verfahren in Familiensachen und in den Angelegenheiten der freiwilligen Gerichtsbarkeit vertretungsbefugt sind. Dies gilt auch für die Entgegennahme von Eintragungsmitteilungen und Verfügungen des Grundbuchamtes nach § 18.

(2) Ist die zu einer Eintragung erforderliche Erklärung von einem Notar beurkundet oder beglaubigt, so gilt dieser als ermächtigt, im Namen eines Antragsberechtigten die Eintragung zu beantragen.

(3) Die zu einer Eintragung erforderlichen Erklärungen sind vor ihrer Einreichung für das Grundbuchamt von einem Notar auf Eintragungsfähigkeit zu prüfen. Dies gilt nicht, wenn die Erklärung von einer öffentlichen Behörde abgegeben wird.

A. Bevollmächtigte im Grundbuchverfahren – Abs. 1 1	III. Deutliche Formulierung 52
B. Allgemeines zur Antragsvollmacht des Notars – Abs. 2 7	IV. Zum Umfang der Vollmacht 54
C. Die Vollmachtsvermutung für Notare ... 14	V. Rücknahme 61
I. Deutsche Notare 15	VI. Beigefügte Urkunden nach Erledigung 62
II. Notar im Amt 16	VII. Entgegennahme von materiell-rechtlichen Erklärungen 63
D. Beurkundung oder Beglaubigung einer zur Eintragung erforderlichen Erklärung ... 18	G. Privatautonom erteilte Verfahrensvollmacht 64
I. Begriff 18	I. Formulierung 64
II. Vom Notar selbst beurkundet oder beglaubigt 20	II. Nachweis 65
	III. Umfang 66
E. Vermutung der Ermächtigung des Notars („gilt") 22	H. Mitarbeitervollmacht 69
I. Gesetzliche Vermutung 23	I. Rechtsfolgen 73
II. Widerlegbare Vermutung 25	I. Bekanntmachung der Entscheidung 74
III. Partielle Einschränkungen der Vollmacht .. 27	II. Rechtsmittel 75
IV. Widerruf 28	III. Sonstige Fälle 76
V. Gegenbeweis 29	IV. Kosten 77
F. Umfang der gesetzlich vermuteten Vollmacht 30	J. Die Pflicht zur notariellen Vorprüfung – Abs. 3 78
I. Im Namen des Antragsberechtigten 30	I. Die Gesetzesgenese 78
1. Antragsberechtigter 31	II. Die Normanwendung im Einzelnen 80
2. Offenlegung der Stellvertretung 37	1. Umfang der Prüfpflicht 80
II. Antragstellung bei gleichlautenden Anträgen der Beteiligten 40	2. Dokumentation der Prüfpflicht 81
	3. Vorprüfung allein für das Grundbuchamt 86
	III. Gesetzeskritik 88

A. Bevollmächtigte im Grundbuchverfahren – Abs. 1

1 Mit Gesetz vom 30.7.2009[1] wurde der Wortlaut des Abs. 2 und Abs. 1 neu eingefügt. Es handelt sich um eine nicht wirklich gelungene Folgeänderung zur rechtspolitisch verfehlten[2] Vertretungsbeschränkung in Verfahren der freiwilligen Gerichtsbarkeit durch das FamFG. In familiengerichtlichen Verfahren war dies zuvor durch eine Spezialregelung adäquat aufgefangen worden. In anderen Verfahren der freiwilligen Gerichtsbarkeit hat es eigentlich keine über Einzelfälle hinausgehende Probleme gegeben. Mit Erlass des § 10 FamFG war nun aber fraglich geworden, ob nicht die gerade in vermögensorientierten Grundbuchverfahren überaus häufigen Vollmachten auch an nicht-nahestehende Personen unwirksam geworden waren. Deswegen wird nun die außerordentlich enge Vorschrift des § 10 FamFG singulär für das Grundbuchverfahren aufgeweicht.

---

[1] BGBl I, 2449.

[2] Wenngleich verfassungsrechtlich unbedenklichen, BVerfG FGPrax 2010, 193.

Eher misslungen ist die Folgeänderung angesichts ihrer systematischen Stellung. Sie bezieht sich – dem Wortlaut nach – auf die Abgabe formbedürftiger Erklärungen durch Bevollmächtigte. § 15 GBO regelt aber Fragen der Antragstellung, also gerade einer nicht formbedürftigen Erklärung. Systematisch stimmig hätte eine Regelung dieses Wortlauts eher in einen neuen § 30 Abs. 2 GBO gehört. Eine erweiterte Vertretungsmöglichkeit bei der Antragstellung ist nämlich – ebenfalls dem Wortlaut des neuen Abs. 1 nach – gar nicht geregelt.

Insgesamt ist Abs. 1 über seinen Wortlaut hinaus korrigierend dahin auszulegen, dass bei bloßer Antragstellung eine gegenüber § 10 FamFG erweiterte (bzw. sogar: unbeschränkte) Einschaltung von Vertretern zulässig ist. Dies folgt m.E. aus einem a maiore Argument aus der Ausgestaltung für die wirkmächtigere Eintragungsbewilligung sowie aus der systematischen Stellung der Norm inmitten der Regelungen zum Antrag (§§ 13–18 GBO).[3]

Entgegen einer in der Literatur und Rechtsprechung vertretenen Auffassung[4] führt Abs. 1 für die reine Antragsvollmacht keine zusätzliche Form ein.[5] Dies folgt schon aus § 31 Abs. 1 GBO als Korrektiv zu § 10 FamFG, der aber nicht aus Nachweisproblemen den Kreis der zulässigen Bevollmächtigten beschränkt hat. Sollte die Einschaltung nicht-nahestehender Personen bei der Antragstellung zu Verfahrensproblemen führen, lässt sich das über eine Form der Vollmacht auch gewiss nicht lösen.[6] Der vielfach geäußerte Hinweis auf die Qualitätssicherung durch notarielle Mitwirkung (und eine daran auszurichtende teleologische Auslegung des Abs. 1)[7] verfängt demgegenüber nicht. Dieses Argument lässt, bezogen auf den reinen Eintragungsantrag, völlig offen, warum gerade bei der Vollmacht zur Antragstellung eine solche Qualitätssicherung praxisrelevant sein soll, beim Antrag selbst als eigentlich viel unmittelbarerem Schriftstück aber nicht: Für diesen gilt zwanglos weiter § 30 GBO.

Das OLG Celle[8] hält zwar die Bevollmächtigung bei reinen Anträgen für formpflichtig, hilft aber mit § 10 Abs. 2 S. 2 FamFG: Es bedürfe einer förmlichen Zurückweisung des Bevollmächtigten; zuvor gestellte Anträge seien als wirksam zu behandeln. Diese Ansicht beweist lediglich, wie schlecht § 10 FamFG im Grundbuchverfahren passt. Das Grundbuchverfahren ist in aller Regel kein „Fortschreiten", kein Prozess; die Antragstellung erledigt sogleich die Verfahrenshandlung des Antragstellers. Vor Antragstellung weiß das GBA nichts vom kommenden Bevollmächtigten; nach Antragstellung ist es zu spät, weil praktisch nie Folgeanträge kommen, die mit Zurückweisung des Bevollmächtigten unterbunden werden könnten.

Das OLG München hält die Vollmacht zur Antragstellung bei Subsumtion unter die GBO für formfrei, insbesondere greife § 29 GBO nicht. Jedoch könne das Grundbuchamt ggf. eine schriftliche Vollmacht gem. § 11 FamFG verlangen.[9] Das KG kommt über § 11 S. 4 FamFG für Notare zur Entbehrlichkeit des Vollmachtsnachweises.[10]

B. Allgemeines zur Antragsvollmacht des Notars – Abs. 2

1. Die Vorlage eines Antrages beim Grundbuchamt kann erfolgen

1. durch den Beteiligten selbst;
2. durch den Notar als Boten. Hier wird der Notar nur als Übermittler, nicht als Antragsteller tätig;
3. durch den Notar aufgrund nachgewiesener verfahrensrechtlich erteilter Vollmacht. In diesem Fall ist nur der Umfang der verfahrensrechtlich erteilten Vollmacht maßgebend, nicht Abs. 2;
4. aufgrund gesetzlich vermuteter Vollmacht; dies ist der Fall des § 15 Abs. 2;
5. durch andere Vertreter.

---

3 Im Ergebnis allg. Meinung, OLG München Rpfleger 2012, 619. *Meyer/Bormann*, RNotZ 2009, 470 sehen im Antrag einen Sonderfall der Eintragungsgrundlage (§§ 29, 30 GBO) – in der Begründung nicht überzeugend, vgl. Wortlaut der §§ 30, 31 GBO.
4 *Demharter*, § 15 Rn 2.1; *Böhringer*, BWNotZ 2010, 2, 4. In diese Richtung auch OLG Celle BeckRS 2017, 127309.
5 OLG München NZFam 2017, 78.
6 Richtig OLG München Rpfleger 2012, 619.
7 *Meyer/Bormann*, RNotZ 2009, 470; OLG Celle B 2017, 127309.
8 OLG Celle BeckRS 2017, 127309.
9 OLG München NZFam 2017, 78; KG NJOZ 20
10 KG NJOZ 2019, 1305.

Das Eigenantragsrecht der Beteiligten wird durch die anderen Möglichkeiten nicht beschränkt. Zur Beschränkung durch § 13 Abs. 1 S. 3 GBO siehe dort. Die Eintragungsbewilligung kann dadurch bedingt sein, dass der Antrag auf eine bestimmte dieser Möglichkeiten bzw. von einem bestimmten Bevollmächtigten gestellt wird.[11]

8 2. Die Bestimmung schafft eine (nach überwiegender Lesart:) **gesetzliche Vermutung für** das Vorhandensein der **Vollmacht** eines Beurkundungsnotars zur Stellung eines Eintragungsantrages. Jedenfalls ist die „Ermächtigung" nicht technisch-wörtlich als Verfahrensstandschaft (Geltendmachung eines fremden Rechts im eigenen Namen) zu verstehen, wie der folgende Halbsatz zeigt.[12]

Sie findet ihre Rechtfertigung in dem Amtsverhältnis, in das der Notar durch seine Beauftragung zu den Beteiligten getreten ist, und insbesondere der daraus resultierenden Erwägung, dass er sich nicht ohne Auftrag in das Verhältnis anderer einmischen werde, sowie in der Erfahrung, dass der Wille der Beteiligten regelmäßig auf die Besorgung der ganzen Grundbuchangelegenheiten durch den Notar gerichtet ist;[13] diese Auffassung ist durch § 24 Abs. 1 BNotO bestätigt.

9 Die Norm verdichtet diese Erfahrung zu einer gesetzlichen Vermutung, die dann auch nicht gesondert nachgewiesen werden muss.

10 Die Bestimmung ist **nicht eng auszulegen**.[14] Sie begründet jedoch keine Amtspflicht, Anträge zu stellen. Eine solche ergibt sich indes aus § 53 BeurkG, wonach der Notar verpflichtet ist, dem Grundbuchamt eine Urkunde vorzulegen, wenn er Willenserklärungen beurkundet hat, die Urkunde vollzugsreif ist und kein übereinstimmender anderweitiger Wille der Beteiligten vorliegt. Dementsprechend sind auch Streitigkeiten über den weiteren Vollzug allein nach BeurkG (dort unter maßvoller Heranziehung des Rechtsgedankens des § 54c BeurkG) und § 15 BNotO abzuhandeln. Für das Grundbuchamt gilt: Ein fehlender Antrag kann grundbuchverfahrensrechtlich nicht erzwungen, ein – vertragswidrig – gestellter nicht aus diesem Grund abgelehnt werden. Die vorgenommene Antragstellung ist unbeachtlich nur dann, wenn alle Antragsteller, für die der Notar aufgetreten ist, formgerecht (§ 31 GBO) zuvor die Vollmacht widerrufen haben.[15]

Bedeutung der Norm ist in der gegenwärtigen Kautelarpraxis schwer einzuschätzen. Der Anwendungsschwerpunkt dürfte – erstaunlicherweise – in Rechtsmittelverfahren liegen. Die beurkundeten beglaubigten Erklärungen enthalten heute nämlich regelmäßig nach ihrer Formulierung den Antrag gewinnenden oder verlierenden Teils. Diese Erklärung wäre somit auch bei einer bloßen Botenstellung Notars vollzugsfähig. Es ginge dann lediglich um die Frage, wem die Vollzugsmitteilung zu machen ist.

ist die Norm in ihrer Fokussierung auf die Antragstellung für die praxisrelevanten Problem-... es zu Vollzugsschwierigkeiten kommt, zu eng gefasst. Das ist auch der Grund, weswegen urkundete (häufig auch eigenentworfene unterschriftsbeglaubigte) Erklärungen weitergevollmachten enthalten, die z.B. Rangeinweisungen, Antragsrücknahmen, Vollzugs-..., Entgegennahmen von Genehmigungen (bis hin zur Doppelvollmacht für § 1856 BGB), Briefaushändigung[16] etc. ermöglichen. Abs. 2 oszilliert damit in der Notarpraxis häufig ...sig und unbrauchbar.

...mutung im Einzelfall, weil sie eine Vollmacht auch für solche Beteiligte ins Leben ...lbst gar nicht mandatiert haben und von denen somit eine echte rechtsgeschäftliche ...cht erteilt wurde. Beispiele: Der Notar beglaubigt die Eigentümerzustimmung zur ...ind reicht beides unter Antragstellung ein. Wegen Abs. 2 bleibt der Antrag (der ...gsfähig, wenn der Eigentümer seine Antragsvollmacht widerrufen sollte. Oder: ...iehende Notar gilt als bevollmächtigt gem. Abs. 2 auch für die Gläubigerbank, ...g der Grundschuld bewilligt hat.[17]

---

14 BGH NJW 1959, 883.
15 Fallbeispiel OLG Celle BeckRS 2018, 3928.
16 OLG Jena BeckRS 2013, 15555: § 15 Abs. 2 GBO gestattet keine von § 60 GBO abweichende Anweisung.
17 Fall: OLG München BeckRS 2012, 14111.

Abs. 2 hat Bedeutung für das Rechtsmittelverfahren: Die Vollmachtsvermutung erfasst auch die Vermutung, zwar nicht im eigenen Namen,[18] wohl aber als Vertreter für die Antragsteller/Antragsberechtigten Beschwerde einlegen zu dürfen.[19] Diese Verfahrensentwicklung – Erforderlichkeit des Rechtsmittels – ist von den parallelen rechtsgeschäftlichen Vollmachten nämlich typischerweise nicht erfasst.

C. Die Vollmachtsvermutung für Notare
§ 15 GBO gilt nur für Notare.

I. Deutsche Notare
Die Vollmachtsvermutung greift nur für deutsche Notare.[20] Für Notare des nicht-EU-Auslands gilt Abs. 2 selbst dann nicht, wenn die von ihnen errichteten Urkunden den Formerfordernissen des § 29 entsprechen.

Ob Notare des EU-Auslands als bevollmächtigt vermutet werden, ist str. Wegen der engen Verknüpfung mit der besonderen Amtspflicht des nationalen deutschen Rechts (etwa § 24 Abs. 3 BNotO) sprechen die besseren Gründe wohl dagegen. Praktische Relevanz dürfte diese Frage aber kaum haben, da eine rechtsgeschäftlich erteilte Vollzugsvollmacht immer möglich bleibt. Keinesfalls gilt Abs. 2 für andere Stellen/Personen des EU-Auslands, auch wenn sie ähnlich dem deutschen Notar hierzulande in ihrem Heimatstaat den Vollzug übernehmen (etwa Makler in skandinavischen Rechtsordnungen).

Die deutschen Konsulate im Ausland üben zwar Notartätigkeiten aus, sie bleiben jedoch Behörden und sind damit von Abs. 2 nicht erfasst.

Die Vermutung des Abs. 2 gilt im Hinblick auf § 24 Abs. 2 BNotO auch für **Rechtsanwaltsnotare,** soweit sie als Notare tätig werden, nicht jedoch für reine Rechtsanwälte.

II. Notar im Amt
Der Notar muss sich zur Zeit der Antragstellung im Amt befinden.[21] Dem Notar stehen der **Notarvertreter** und der Notarverwalter gleich, nicht jedoch der nur in Bürogemeinschaft verbundene Sozius.[22] Endet das Amt, so erlischt seine Befugnis und die Berechtigung zur Antragstellung geht auf seinen Amtsnachfolger über.[23]

Ohne Bedeutung für die vermutete Vollmacht ist es dagegen, dass der Notar sich seiner Amtstätigkeit aufgrund der Vorschriften der BNotO enthalten soll oder muss, wie beim Tätigsein eines bestellten Vertreters (§ 44 Abs. 1 S. 2 BNotO) oder der vorläufigen Amtsenthebung (§ 55 Abs. 2 BNotO).[24] Die Wirksamkeit des gestellten Antrages wird dadurch nicht berührt.

D. Beurkundung oder Beglaubigung einer zur Eintragung erforderlichen Erklärung
I. Begriff
Unter solchen von dem Notar beurkundeten oder beglaubigten zur Eintragung erforderlichen Erklärungen sind zu verstehen:

1. solche, die eine **unmittelbare Eintragungsgrundlage** darstellen. Dies sind Eintragungsbewilligungen (§ 19 GBO), Auflassungen (§ 20 GBO), Zustimmungserklärungen (§§ 22 Abs. 2, 27 GBO), Verpfändungserklärungen (§ 26 GBO), sowie dingliche Zwangsvollstreckungsunterwerfungserklärungen (§§ 794 Abs. 1 Nr. 5, 800 ZPO);

---

18 KG BeckRS 2014, 05407; OLG Frankfurt NJOZ 2014, 340.
19 Exemplarisch aus der neueren Rspr: OLG Frankfurt NJOZ 2014, 340; OLG München BeckRS 2013, 15884; OLG Jena Rpfleger 2018, 137; OLG Hamm BeckRS 2013, 14671.
20 *Haegele*, Rpfleger 1974, 419.
21 RGZ 93, 71.
22 BayObLG NJW RR 1989, 1495; *Demharter*, § 15 Rn 5.
23 BayObLGZ 1948, 51, 479; 61, 27 = DNotZ 1961, 317; 62, 18 = DNotZ 1962, 314; 1969, 92 = Rpfleger 1969, 243.
24 Ebenso *Demharter*, § 15 Rn 5.

2. **nicht** jedoch
   a) das von dem Notar beurkundete schuldrechtliche **Grundgeschäft**; ist in diesem eine Eintragungsbewilligung enthalten, z.B. bei Bewilligung einer Kaufpreisresthypothek, so ist nur diese im Sinne der Bestimmung Eintragungsgrundlage;
   b) der von einem Notar beurkundete oder beglaubigte reine **Eintragungsantrag**[25] sowie solche Erklärungen, die sich nur mittelbar auf die Eintragung beziehen. Dazu gehören z.B. Vollmachten, Genehmigungen und Registerbescheinigungen.

II. Vom Notar selbst beurkundet oder beglaubigt

20 Der Notar muss die bezeichnete Erklärung selbst beurkundet oder beglaubigt haben. Die Beglaubigung der Übereinstimmung einer Abschrift der Eintragungsunterlage mit der Urschrift genügt nicht.[26]

Ebenso wenig genügt der Entwurf einer Erklärung, die von einem anderen Notar sodann beglaubigt oder beurkundet wurde.

21 Sind **mehrere Erklärungen** zu einer Eintragung erforderlich, so genügt es, wenn der tätig werdende Notar **eine dieser Erklärungen** beurkundet hat; sind infolgedessen mehrere Notare tätig geworden, so hat jeder das Recht der Antragstellung nach dieser Bestimmung. Ist für den gleichen Beteiligten der Antrag durch mehrere Notare gestellt, so sind jedoch Erklärungen der mehreren Bevollmächtigten nur beachtlich, wenn sie übereinstimmen.

E. Vermutung der Ermächtigung des Notars („gilt")

22 Der Notar „gilt" im Rahmen des § 15 GBO als ermächtigt:

I. Gesetzliche Vermutung

23 Die h.M. ordnet, ausgehend vom durchaus zu Recht unterstellten Willen der Beteiligten, Abs. 2 als gesetzliche Vermutung ein.[27] Tatsächlich hat aber Abs. 2 eine eigentümliche Zwitterstellung inne, die sich allen sonst üblichen Kategorien des materiellen Rechts und des Verfahrensrechts entzieht. Die Norm ordnet trotz des Ausspruchs einer „Ermächtigung" jedenfalls keine Verfahrensstandschaft an und trotz des „gilt" keine Fiktion.[28] Etwaige Anwendungsfragen können daher nur aus dem konkreten Normzweck, nicht aus allgemeinen Kategorien abgeleitet werden.

24 So spricht für eine bloße Vollmachtsvermutung etwa die anerkannte Möglichkeit der Widerlegung dieser Vermutung, die Möglichkeit ihres Widerrufs oder ihres insolvenzbedingten Erlöschens.

Für eine Fiktion spricht die Amts- statt Personengebundenheit der Vollmacht (etwa in Fällen des Amtswechsels mit der Folge einer Weiterleitung an den Amtsnachfolger), die Abstraktheit der Vollmacht von einem erteilten Auftrag[29] und die Handlungsberechtigung des Notars auch für Beteiligte, die ihn selbst nie kontaktiert haben. Nach überwiegender Auffassung besteht die Vollmacht sogar für solche Antragsberechtigte, die selbst keinerlei beurkundete oder beglaubigte Erklärung abgegeben haben.[30] Danach könnte der Notar etwa jede Grundschuld auch für die Bank zur Eintragung beantragen, ohne dass es auf vorformulierte (oder individuelle) Aufträge noch ankäme. Trotz der damit verbundenen Kostenfolgen scheint es bisher keine Probleme gegeben zu haben. Vollmachten ad incertas personas dürften zwar in unserer Rechtsordnung zulässig sein – aber insgesamt doch so selten, dass Erfahrungssätze, die das Gesetz zu einer allgemeinen Vermutung verdichten könnte, nicht bestehen.

---

25 BayObLGZ 1988, 104; KG NJOZ 2019, 1305.
26 OLG München JFG 20, 128.
27 *Demharter*, Rn 3.
28 *Lappe*, Rpfleger 1984, 386.
29 BayObIG Rpfleger 1985, 356 m. abl. Anm. *Labbé*.
30 *Demharter*, Rn 4, *Hügel/Otto*, Rn 38. Krit. *Kesseler*, MittBayNot 2009, 63.

II. Widerlegbare Vermutung

Da es sich um eine bloße gesetzliche Vermutung handelt, ist diese jederzeit **widerlegbar und widerruflich**.[31] Der Gegenbeweis kann vor und nach Antragstellung geführt werden. Er kann sich bereits aus dem Inhalt der vorgelegten Urkunde selbst oder dem Handeln des vorlegenden Notars[32] ergeben, oder wenn eine entsprechende Vermutung ausdrücklich ausgeschlossen ist. Ebenso können später entgegenstehende Erklärungen der Beteiligten dem Grundbuchamt vorgelegt werden.[33] Als eine solche entgegenstehende Erklärung wurde auch die Einreichung der Kaufvertragsurkunde durch die Beteiligten beim Grundbuchamt anzusehen zur Eigentumsumschreibung, selbst wenn nur der Notar die Vormerkung beantragt hat.[34] Auf jeden Fall müssen die Umstände, welche die Ermächtigung des Notars ausschließen sollen, eindeutig und nach außen sichtbar geworden sein.[35] Deswegen muss das Grundbuchamt auch nicht ins Blaue hinein nach Anhaltspunkten für eine Widerlegung suchen.

Eine Widerlegung ergibt sich noch nicht daraus, dass sich ein Grundschuldgläubiger bei Abgabe einer Freigabeerklärung gegen die Kostenpflicht wendet.[36] Die Vollmacht ist auch noch nicht dadurch widerlegt, dass der Bewilligende (einer Löschung) ausdrücklich „keine Anträge" stellt.[37] Die hohen Hürden für eine solche Widerlegung sind zwar unter dem Gesichtspunkt des Grundbuchvollzugs (der bleibt in der Regel möglich) und des Kosteninteresses des Justizfiskus praktisch. Gleichwohl geht die Tendenz aber bedenklich in Richtung „Unterstellung" bzw. gesetzlicher Zwangsvollmacht. Und es wird die verfahrensrechtliche Trennung von Bewilligung und Antrag unterlaufen, indem über eingeschaltete Notare jederzeit aus der Bewilligung der Antrag gerade des Bewilligenden folgt.

Aus der parallelen Erteilung einer rechtsgeschäftlichen Vollzugsvollmacht kann nicht die Vermutung des Abs. 2 als widerlegt gelten. Rechtsgeschäftliche Vollzugsvollmachten sollen Defizite in der Vermutungswirkung des Abs. 2 beheben und die gesetzliche Vollmacht insoweit ergänzen, nicht aber diese beseitigen.[38] Erst recht folgt keine Widerlegung daraus, dass der Notar sich bei seiner Vorlage (nur) auf die eine (gesetzlich vermutete) oder die andere ihm rechtsgeschäftlich erteilte Vollmacht stützt. Die jeweils andere Vollmacht ist allenfalls nicht ausgenutzt, nicht aber widerlegt oder nicht vorhanden. Und schließlich greift die Vermutung immer noch für andere Notare, die zur begehrten Eintragung andere Teile der erforderlichen Erklärungen beurkundet oder beglaubigt haben, aus der parallelen rechtsgeschäftlichen Vollmacht aber nicht berechtigt sind.

III. Partielle Einschränkungen der Vollmacht

Da es letztlich in der Hand der Beteiligten liegt, ob sie den Notar aufgrund vermuteter oder ausdrücklich erteilter Vollmacht handeln lassen, kann auch die gesetzliche Vollmacht des Abs. 2 partiell ausdrücklich widerlegt werden. In der Praxis geht es dabei um die Beschränkung der Notarvollmacht durch Ausschluss der Empfangsberechtigung für Vollzugsmitteilungen. Die Gerichtspraxis lässt dies mit Hinweis auf die erforderliche Rechtssicherheit für das Grundbuchamt nicht zu.[39] Überzeugend ist das nicht. Die Rechtssicherheit wird erreicht durch Form (§ 31 GBO) und Aussageklarheit. Alternativ könnten die Beteiligten ja auch die vermutete Vollmacht des Abs. 2 vollständig ausschließen und stattdessen eine rechtsgeschäftliche, genau spezifizierte Vollmacht erteilen. Verhindern ließe sich das nur durch Parallelregelungen zu den Prozessvollmachten der ZPO (und anderer Verfahrensordnungen), die hinsichtlich des Umfangs der Vollmacht gesetzlich zwingenden Inhalt haben.[40]

---

31 KG KGJ 44, 170.
32 OLG Hamburg MDR 1954, 493.
33 OLG Köln Rpfleger 1982, 98; BayObLG Rpfleger 1984, 96.
34 BayObLG Rpfleger 1978, 447 = DNotZ 1978, 240; aber zweifelhaft: Das Ausnutzen einer von mehreren Antragsmöglichkeiten impliziert keinen Widerruf der anderen.
35 BayObLGZ 1985, 156 = Rpfleger 1985, 365 = MittBayNot 1985, 150; BayObLG MittBayNot 1993, 365, 367; OLG Düsseldorf, JurBüro 1974, 1017, 1019; OLG Karlsruhe BWNotZ 1977, 125.
36 BayObLG 1987, 14.
37 OLG München BeckRS 2012, 14111.
38 OLG München BeckRS 2017, 134203.
39 LG Koblenz Rpfleger 1996, 449; OLG Frankfurt NJOZ 2014, 340; OLG Brandenburg RNotZ 2008, 224.
40 Deswegen sind die Überlegungen des OLG Frankfurt NJOZ 2014, 340 zwar (rechtspolitisch) bedenkenswert. Dann muss aber § 15 Abs. 2 GBO insgesamt umdefiniert werden. Dass eine solche Vollmachtsbeschränkung im Verhältnis des Notars zu den Beteiligten äußerst zweifelhaft erscheint, steht auf einem anderen – nicht grundbuchverfahrensrelevanten – Blatt.

IV. Widerruf

28 Die vermutete Vollmacht kann auch nachträglich widerrufen werden. Keinen Widerruf stellt es dar, wenn ein Bediensteter des Notars bevollmächtigt wird, selbst wenn diesem nur eingeschränkt Vollmacht erteilt wird. In diesem Fall ist anzunehmen, dass die gesetzliche Vollmacht des Notars daneben bestehen bleiben soll.[41] Möglich ist weiterhin ein nachträglicher Widerruf, jedoch nur bis zum Eingang des Antrages beim Grundbuchamt. Nach diesem Zeitpunkt ist nur eine Antragsrücknahme möglich.

V. Gegenbeweis

29 Das Grundbuchverfahren fordert klare Unterlagen. Ein Gegenbeweis gegenüber der gesetzlichen Vermutung des Abs. 2 sowie nachträglicher Widerruf der vermuteten Vollmacht müssen daher gem. § 31 GBO in der Form des § 29 GBO dem Grundbuchamt nachgewiesen sein, sofern sich der Gegenbeweis nicht aus dem Handeln der Beteiligten beim Grundbuchamt selbst ergibt. Bloße Zweifel, auch wenn sie begründet erscheinen mögen, genügen nicht.[42]

F. Umfang der gesetzlich vermuteten Vollmacht
I. Im Namen des Antragsberechtigten

30 Der Antrag muss im Namen eines Antragsberechtigten gestellt werden.

1. Antragsberechtigter

31 Der Notar hat **kein eigenes** Antragsrecht. Es besteht lediglich das Recht, in fremdem Namen prozessual zu behandeln.[43] Er stellt den Antrag im Namen eines materiell Beteiligten. An sich muss der Notar bei Antragstellung offenlegen, für welchen Vertreter er als Bevollmächtigter auftritt. Ohne eine solche Angabe vermutet die einhellige Grundbuchpraxis aber ein Auftreten für alle in Betracht kommenden Antragsberechtigten.[44] An den Verstoß knüpft sich deswegen keine relevante nachteilige Rechtsfolge.

32 Wer antragsberechtigt ist, ergibt sich aus §§ 13 Abs. 1 S. 2 und 14 GBO. Die Antragsberechtigung des Vertretenen muss **bei Antragstellung** vorliegen. Nachfolgende Ereignisse beseitigen die Vollmachtsvermutung allenfalls dann, wenn sie entgegen der Vorgabe des § 17 GBO vorrangig zu berücksichtigen wären.

33 Ereignisse auf Seiten des Beteiligten zwischen Errichtung der Urkunde und Antragstellung (Tod; Geschäftsunfähigkeit) beseitigen die Vollmachtsvermutung nicht. Unsere Rechtsordnung kennt Vollmachten über den Tod hinaus sowie, in Gestalt der Vorsorgevollmachten, solche für den Fall der Geschäftsunfähigkeit. Rechtsgründe für den Wegfall gibt es also nicht. Da es um Durchführungsvollmachten geht, spricht auch der mutmaßliche Wille der Beteiligten für einen Fortbestand bis zum endgültigen Vollzug. Deswegen hindert bei Erklärungen eines Vertreters der Wegfall dessen Vertretungsmacht zwischen Errichtung der Erklärung und Antragstellung die Vermutung nicht. Der Geschäftsherr bleibt ja durch die bereits abgegebene Erklärung gebunden.

34 Anderes gilt aufgrund der besonderen Vorschriften der InsO für die Insolvenzeröffnung. Diese bringt gem. § 117 InsO auch die Vollmacht des Abs. 2 zum Erlöschen (ebenso eine rechtsgeschäftlich erteilte Vollmacht). Das widerspricht aber vorstehenden Überlegungen zum Zweck der Vollmacht nicht: Hier fällt ja ggf. auch die Bindung an die Verfügung weg.

35 Die Beglaubigung oder Beurkundung der von einem Vertreter ohne Vertretungsmacht abgegebenen Erklärung gibt kein Antragsrecht.[45]

36 Andererseits muss der **Antrag nicht im Namen derjenigen Beteiligten** gestellt werden, deren Erklärung der Notar beurkundet oder beglaubigt hat. Vielmehr kann der Antrag im Namen **jedes** oder aller Antragsberechtigten gestellt werden,[46] also auch für einen Beteiligten, dessen Erklärung nicht von ihm beurkun-

---

41 Vgl. dazu OLG Hamm DNotZ 1954, 203 m. Anm. *Gruißendorf*.
42 **A.A.** LG Krefeld Rpfleger 1994, 59.
43 BayObLG NJW-RR 1989, 1495; OLG München NJW-RR 2020, 1120.
44 BayObLG NJW-RR 1989; 1495; a.A. *Lappe*, Rpfleger 1984, 386: Nicht wünschenswerte Unsicherheit über den Kostenschuldner.
45 OLG Hamm Rpfleger 1986, 367.
46 RG HRR 29, Nr. 760.

det oder beglaubigt worden ist[47] oder der überhaupt keine Erklärung abgegeben hat,[48] z.B. im Namen des Hypothekengläubigers bei Eintragung einer Hypothek oder deren späterer Löschung[49] oder (nach früherem Recht) im Namen der Gläubiger bei einem Vergleichsverfahren.[50] Beim Antrag auf Eintragung einer Hypothek ist auch der Gläubiger Antragsteller (und Kostenschuldner), sofern nicht klar erkennbar ist, dass für ihn kein Antrag gestellt ist.[51] Selbst die Abgabe einer Freigabeerklärung unter dem Vorbehalt „Kosten übernehmen wir nicht" erklärt weder einen Vollmachtsausschluss noch widerlegt sie die Vermutung des § 15 GBO,[52] ebenso wenig bei einem Vorbehalt, die Bewilligung enthalte keinen Antrag.[53]

Allerdings kann der Notar – mit allein berufsrechtlicher, nicht grundbuchrechtlicher Folge – gegen seine Verpflichtung zur Unparteilichkeit verstoßen, wenn er ohne Rückfrage bei den Beteiligten von der Antragstellung namens eines Beteiligten zu einem solchen namens des anderen wechselt.[54]

2. Offenlegung der Stellvertretung

Zweck des Grundbuchverfahrens ist es, für formelle Klarheit zu sorgen. Der Notar muss daher notwendig **zum Ausdruck bringen, dass und für wen** er den **Antrag** stellt.[55] Der Antrag ist auslegbar in Bezug auf die beteiligten Personen und den Inhalt des Antrages. Dabei kann die Formulierung des Urkundeninhaltes ebenso berücksichtigt werden wie die Interessenlage der Beteiligten.[56] Bei Unklarheiten hinsichtlich der Person des Antragstellers hilft die Rechtsprechung aber durch die tatsächliche Vermutung, dass im Zweifel der Antrag für alle Antragsberechtigten gestellt sein soll.[57] Das treibt den Vollzug voran, v.a. bei partieller Rücknahme durch einzelne Beteiligte. Diese können den Vollzug nicht an den anderen Beteiligten vorbei verhindern. Allerdings bringt dies auch alle Beteiligte in die Kostenhaftung.[58]

37

Schwieriger gestaltet sich der Umgang mit inhaltlich unklaren Anträgen. Da die Kautelarpraxis das Stellen bzw. (Vorerst-) Nicht-Stellen von Anträgen häufig bewusst einsetzt, verbieten sich pauschale Auslegungsgrundsätze (wie in personeller Hinsicht möglich). Deswegen ist selbst ein offensichtliches Versehen des Notars nach der Rechtsprechung nicht zu berücksichtigen.[59] Wird beispielsweise eine Auflassungsurkunde nach § 15 GBO zum Vollzug vorgelegt, nach welcher der Veräußerer mit Ausnahme der ausdrücklich übernommenen Grundstücksbelastung für den lastenfreien Eigentumsübergang haftet und der Erwerber nur einen Teil der Grundstücksbelastungen ausdrücklich übernimmt, so ist die nächstliegende Bedeutung des Antrags, dass die Löschung der nichtübernommenen Belastung beantragt ist, selbst wenn die Übernahme dieser Rechte offensichtlich nur durch ein Versehen des Notars nicht erfolgte.[60] Wird wiederum beispielsweise ein Grundstück mit der Belastung eines Grundpfandrechtes übertragen und wird in der Urkunde nur die Eigentumsübertragung beantragt, so kann der Antrag des Notars „auf Vollzug der in der Urkunde enthaltenen Erklärungen" nicht als Antrag auf Umschreibung frei von nicht übernommenen Belastungen ausgelegt werden.[61] Schweigen jedoch die Urkunden oder widersprechen sich Urkunde und Antrag, so hat das Grundbuchamt nach § 18 GBO zu verfahren (vgl. § 13 GBO Rdn 52).

38

Wiederholt der Notar den in der Urkunde allein enthaltenen Antrag des Grundstückseigentümers, so bringt er damit zum Ausdruck, nur für diesen handeln zu wollen.[62] Das Gleiche gilt, wenn der Notar die Urkunde unter Berufung auf Abs. 2 vorlegt, „den gestellten Anträgen stattzugeben". Hier ist davon auszugehen, dass der Notar den Antrag nur für den Antragsberechtigten stellt, der in der Urkunde den Antrag gestellt hat.[63] Diese Beschränkung ist sodann für das Grundbuchamt beachtlich. Der andere Vertragsteil tritt nicht als Antragsteller und damit nicht als Kostenschuldner auf.[64] Eine Antragstellung „namens

39

---

47 KG KGJ 22, 295.
48 BayObLGZ 1984, 96; KG KGJ 21, 96.
49 OLG München BeckRS 2012, 14111.
50 Vgl. *Mohrbutter*, Rpfleger 1956, 274.
51 BayObLG Rpfleger 1985, 356.
52 BayObLG Rpfleger 1987, 14.
53 OLG München BeckRS 2012, 14111.
54 BGH RNotZ 2021, 163.
55 BayObLGZ 1952, 272.
56 HansOLGBremen Rpfleger 1987, 494.
57 RGZ 11, 361; OLG Hamburg MDR 1954, 493; BayObLGZ 1972, 215; BayObLG NJW RR 1993, 530; BGH NJW 1985, 3070; OLG Köln Rpfleger 1986, 411; OLG Bremen Rpfleger 1987, 494; a.A. *Lappe*, Rpfleger 1984, 386 u. Rpfleger 1985, 356.
58 LG Landau Rpfleger 1982, 338; BayObLG Rpfleger 1984, 96; BayObLG Rpfleger 1985, 153; OLG München BeckRS 2012, 14111.
59 BayObLG DNotZ 1994, 891.
60 BayObLG DNotZ 1994, 891.
61 BayObLG Rpfl 2004, 147.
62 OLG Hamburg MDR 1954, 493; OLG Zweibrücken MittBayNot 1989, 92.
63 KG Rpfleger 1991, 305 m. Anm. *Meyer-Stolte*; OLG Celle BeckRS 2018, 3928.
64 OLG Stuttgart BeckRS 2019, 11519.

der Beteiligten" ist unklar, wenn sie nur die Beschränkung auf die an der Beurkundung Beteiligten zum Ausdruck bringen soll. Sie kann daher nur dahin verstanden werden, dass der Antrag für alle Beteiligten gestellt ist.[65]

II. Antragstellung bei gleichlautenden Anträgen der Beteiligten

40 Die heutigen Standardformulierungen notarieller Urkunden enthalten nach ihrer Formulierung nicht nur Eintragungsbewilligungen (zu denen dann in einem zusätzlichen Dokument wie dem Anschreiben an das Grundbuchamt ein auf Abs. 2 gestützter Antrag hinzukommen müsste), sondern auch Vollzugsanträge der (oder einzelner) Urkundsbeteiligten selbst.[66] Damit stehen eigene Anträge der Beteiligten möglicherweise parallel neben Vollzugsanträgen des Notars im Raum. Bei anstandslosem Vollzug ist diese Parallelität weitgehend irrelevant. Es käme allein für die Festlegung des Bekanntmachungsadressaten auf ihre Beantwortung an. Hier entlässt die Rechtsprechung – mit zweifelhafter dogmatischer Begründung – die Notare nicht aus der Verantwortung (siehe oben Rdn 25). Zu Schwierigkeiten in der Handhabung kann diese Doppelung aber bei Vollzugsproblemen führen, die zu einer Änderung der Anträge oder zu deren Rücknahme führen. Schwierigkeiten macht weiter der ergänzende Beteiligtenantrag, der den Notarantrag nicht doppelt, sondern (erstmals) schon vorhandene Bewilligungen in das Verfahren einführt. Die Rechtspraxis hat noch nicht zu allen Fragestellungen überzeugende Lösungen gefunden.

41 1. Nach einhelliger Auffassung kann der **Notar** im Namen der Berechtigten aufgrund der vermuteten Vollmacht **auch** dann den **Antrag** stellen, **wenn** die **Beteiligten** die Eintragung in der überreichten Urkunde **selbst beantragt** haben.[67] Das ist nach dem Vorgesagten zu den hohen Anforderungen an eine Widerlegung des Abs. 2 argumentativ zwingend. Die Aufnahme zusätzlicher Anträge der Beteiligten widerruft nicht gesetzliche Vollmachten (zumal ja sehr häufig dann auch noch rechtsgeschäftliche Vollzugsvollmachten vorhanden sind).

42 2. Sicher ist weiter: Übermittelt der Notar die (beurkundete/beglaubigte) Bewilligung kommentarlos oder (dann häufiger) unter Hinweis auf seine Boteneigenschaft, gelten allein die in der Urkunde gestellten Anträge als gestellt. Eine grundbuchrechtliche Pflicht, von Abs. 2 überhaupt Gebrauch zu machen, besteht nicht.

43 3. Fraglich ist schon die nächste Fallgruppe: Übermittelt der Notar die Bewilligung mit einem deutlichen Hinweis auf seine Vollmacht gem. § 15 GBO (oder eine insoweit parallele rechtsgeschäftliche Antragsvollmacht in der Bewilligungsurkunde), gelten die Beteiligtenanträge als nicht gestellt. Dieses Nichtstellen der Beteiligungsanträge ist jedenfalls von der vermuteten Vollmacht des Abs. 2 gedeckt. Anträge der Beteiligten, die in die Urkunde aufgenommen worden sind, werden in den meisten Fällen nach dem regelmäßig vorhandenen stillschweigenden Willen der Beteiligten nur vorsorglich und für den Fall überhaupt formuliert, dass der Vollzug durch den beurkundenden Notar aus irgendwelchen Gründen nicht erfolgen kann. Dies gilt jedenfalls dann regelmäßig, wenn der beurkundende Notar in der Urkunde mit der Herbeiführung des grundbuchamtlichen Vollzuges beauftragt worden ist. In der Konsequenz liegen daher (als weitgehend irrelevante Folgerung) formell keine Doppelanträge vor. Wichtiger, und von eminenter Bedeutung aber: Die Beteiligtenanträge gelten auch insoweit als nicht gestellt, als sie über den Notarantrag hinausgehen.[68] Sie gelten auch nicht als per Bote dem Grundbuchamt übermittelt.[69] Diese Anträge sind nicht zu erledigen, wahren keinen Zeitrang des § 17 GBO, veranlassen aber auch keine Zwischenverfügungen, weil (wie dann regelmäßig) die Eintragungsunterlagen fehlen. Mangels Erledigung sind die Anträge aber auch nicht verbraucht und können, fortbestehende Antragsberechtigung vorausgesetzt, später erstmals aufgerufen werden.

44 Die Grundbuchpraxis verfährt nach dieser Maxime und erweitert jedenfalls nicht ohne Rücksprache (Aufklärungsverfügung) den Notarantrag. Die (z.T.) ältere Rechtsprechung scheint auch die Beteiligten-

---

65 BayObLGZ 1985, 155 = Rpfleger 1985, 356; *Demharter*, § 15 Rn 12.
66 Diese Doppelung an sich ist zulässig, KG JW 1937, 447; Rpfleger 1971, 313; BayObLG DNotZ 1978, 242.
67 KG KGJ 44, 172; BayObLGZ 1952, 272; KG Rpfleger 1971, 313; BayObLGZ 1988, 310 Rpfleger 1989, 147; KG Rpfleger 1971, 313.
68 *Schöner/Stöber*, Rn 83. Unzutreffend: *Bauch*, Rpfleger 1982, 457 ff.
69 OLG Köln Rpfleger 1990, 159.

anträge als gestellt anzusehen. Dies wird aber den Interessen der Beteiligten wie auch dem Geschick der Vertragsgestaltung nicht gerecht. Viele Anträge werden aus Bequemlichkeitsgründen (Erleichterung von Schriftverkehr), aus Vorsicht bei etwaigen Vollzugshindernissen oder aus rein psychologischen Gründen von vornherein in die Urkunde aufgenommen, sollten aber teils – idealerweise – gar nicht (etwaige Löschung von künftigen Zwangshypotheken mit Rang nach der Auflassungsvormerkung) oder erst später (Löschung nicht übernommener Grundschulden in zeitlichem Verhältnis zur Eintragung der Auflassungsvormerkung für den Käufer) in das Grundbuchverfahren eingeführt werden. Die Annahme einer sofortigen Einführung aller Beteiligtenanträge in das Verfahren – über den ausdrücklichen Notarantrag des Abs. 2 hinaus – müsste, insbesondere § 17 GBO ernst genommen – zu einer unüberschaubaren Zahl von Zwischenverfügungen und Teil-Zurückweisungen führen! Richtig ist demgegenüber: Der Notar hat eine umfassende Überwachungstätigkeit. Nur er kann beurteilen, wenn und welche Anträge und in welcher Reihenfolge gestellt werden sollen.[70] Dem Grundbuchamt liegt daher auch in diesem Falle lediglich ein durch den Notar für die Beteiligten gestellter Antrag des Notars wirksam vor.[71]

45 Legt der Notar dem Grundbuchamt eine Urkunde mit mehreren Anträgen vor, beantragt er gemäß § 15 GBO nur den Vollzug eines der Anträge, so sind die übrigen in der Urkunde vorhandenen Anträge nur dann von ihm als Bote übermittelt, wenn er dies ausdrücklich angibt.[72]

46 4. Problematisch ist dann die – jedenfalls der Formulierung nach – Verdoppelung der Vollzugsanträge gerade infolge bezugnehmender Antragstellung durch den Notar selbst, etwa durch ein Anschreiben wie: *„überreiche ich gemäß § 15 Abs. 2 GBO zum Vollzug aller gestellten Anträge".*

Die vom Notar selbst gewählte Formulierung, sei es auch als Standardanschreiben, lässt eine Rückstufung auf eine eigene Botenstellung nicht zu. Andererseits spricht auch die Kostenfolge (kostenrechtliche Behandlung des parallelen zweiten Antrags?) gegen eine sinnvolle Annahme der Verdoppelung. Richtigerweise gilt auch hier allein der Notarantrag als gestellt. Der Hinweis auf die Anträge in der Urkunde hat lediglich bezugnehmende (klarstellende) Bedeutung, um das Antragsschreiben rationeller und kürzer zu halten. Im Gegensatz dazu hält das OLG Celle bei einer solchen Bezugnahme allein die Anträge aus der Urkunde für gestellt.[73]

47 5. Neben einem (inhaltlich unvollständigen) Notarantrag bleibt die von den Beteiligten selbst veranlasste Einführung ihrer eigenen Anträge in das Grundbuchverfahren immer möglich.

Reichen trotz des gestellten Antrages die Beteiligten persönlich den Antrag beim Grundbuchamt ein, so wird deren Antrag wirksam. Der Notar ist nicht beteiligt[74] und wird dadurch ausgeschlossen. Der Notar kann insbesondere einen solchen Antrag nicht über § 24 Abs. 3 BNotO zurücknehmen.

48 Diese Aussage gilt auch angesichts einer einschränkenden Entscheidung des OLG Braunschweig.[75] Bei einer bloß partiellen Antragstellung durch den Notar lässt das OLG eine weitergehende Antragstellung (konkret: einer Grundschuldlöschung) nicht zu, weil die Löschungsbewilligung nicht wirksam (nämlich nicht mit Zustimmung des Bewilligenden) in das Verfahren eingeführt worden sei. Diese Begründung stellt das gesamte Grundbuchverfahren in seiner Trennung von Bewilligung und Antrag auf den Kopf! Es ist gerade bei der Löschung von Grundpfandrechten gängige Praxis, dass Banken Löschungsbewilligungen erteilen und herausgeben und sich um die weitere Antragstellung schlicht nicht kümmern. Irgendeinen willensbasierten Nexus zwischen Bewilligung und Antrag zu finden, muss scheitern: der ist nicht vorhanden und für das Grundbuchamt mit den Fesseln des § 29 GBO nicht zu finden. Er kann allein in einem (ausdrücklichen) Vorbehalt nach § 16 Abs. 2 GBO bestehen – oder er ist nicht vorhanden. Gegen die Interpretation des OLG spricht ferner, dass die Person des Bewilligenden klar ist: immer der verlierende Teil als Betroffener. Der spätere Antragsteller ist demgegenüber gar nicht klar, das kann auch der gewinnende Teil sein, ggf. auch ein Rechtsnachfolger als nunmehr gewinnender Teil. Mit dieser anfänglichen Unkenntnis des späteren Geschehens ist ein Verlangen nach willensbasierter Verfahrenseinführung nicht zu vereinbaren.

---

70 OLG Köln Rpfleger 1990, 159.
71 Ebenso *Meyer-Stolte*, Rpfleger 1980, 476.
72 OLG Köln Rpfleger 1990, 159.
73 OLG Celle BeckRS 2018, 3928.
74 Vgl. BayObLG Rpfleger 1977, 135 = DNotZ 1978, 240.
75 MittBayNot 2014, 160 mit krit. Anm. *Munzig*.

49 6. Dies gilt jedoch nicht, wenn die Beteiligten ihrerseits lediglich als Boten den Antrag des Notars überbringen.

50 7. Haben die **Beteiligten** von sich aus **wirksam** den **Antrag** gestellt und legt später der Notar im Namen der gleichen Beteiligten nach Abs. 2 den Antrag auf grundbuchamtlichen Vollzug vor, so liegt darin richtigerweise lediglich eine Wiederholung. Der Notarantrag wird nicht im eigenen Namen, sondern gerade nur im Namen der gleichen Beteiligten gestellt. Abs. 2 verbindet mit der Annahme der Ermächtigung durch den Notar die an das Grundbuchamt und weitere Beteiligte des Eintragungsvorgangs gerichtete Aussage, dass für sämtliche Schritte zwischen Antragstellung und Kenntnis vom Antragsvollzug der Notar den ihn beauftragenden Beteiligten repräsentiert.[76] Diese Wiederholung hat lediglich die prozessuale Bedeutung, dass der Beurkundungsnotar sich nunmehr in das laufende Verfahren einschaltet und damit die Herrschaft über das laufende Verfahren übernimmt, ähnlich wie die Einschaltung eines Prozessvertreters bei einem bereits laufenden Prozess. Unterlagen, die er zu seinem Antrag vorlegt, ergänzen die Eintragungsunterlagen, die bereits aufgrund des gestellten Antrages der Beteiligten vorliegen, und umgekehrt. Die Ergänzung geschieht damit im Zeitrang (§ 17 GBO) des Beteiligtenantrags. Aus der Tatsache, dass die Beteiligten selbst den Antrag gestellt haben, kann nicht bereits zwingend auf eine Widerlegung der gesetzlich vermuteten Vollmacht geschlossen werden, da kein Notar ohne entsprechenden Auftrag der Beteiligten tätig wird, der Grund der Vermutung des Abs. 2 daher auch in diesem Fall gegeben ist und für den Notar gar keine andere Möglichkeit besteht, sich in ein laufendes Verfahren einzuschalten.

51 Probleme bereitet die mögliche Verdoppelung der Anträge v.a. in irregulären Fällen, wenn dem Grundbuchamt und/oder dem Notar nicht klar ist, welche Anträge eigentlich für wen gestellt sind, so etwa im Sachverhalt des OLG Celle von 13.3.2018:[77] Nach der Kaufvertragsurkunde war der Vollzug der Auflassung vom Verkäufer bewilligt und vom Käufer beantragt. Der Notar begehrt „gem. § 15 GBO" den Vollzug der Anträge. Nach Einreichung, aber vor Auflassungsvollzug nimmt der Käufer (formgültig) seinen Antrag zurück, wohingegen der Notar auf Vollzug besteht. Nach Ansicht des OLG Celle war lediglich der Käuferantrag gestellt, nie aber ein Vollzugsantrag des Verkäufers, so dass der Käufer seinen, d.h. genau: den für ihn gestellten Antrag wirksam zurücknehmen konnte.

III. Deutliche Formulierung

52 Der Notar muss deutlich zum Ausdruck bringen, dass er von der vermuteten Vollmacht Gebrauch macht.[78] Eine Vorlage „zum Vollzug", „zur weiteren Veranlassung" oder „mit der Bitte, den gestellten Anträgen stattzugeben" sind in ihren Formulierungen so zweifelhaft, dass eine Antragstellung des Notars sich nicht ersehen lässt; sie bezeugen daher lediglich eine bloße Botentätigkeit des Beurkundungsnotars.[79] In einem solchen Fall liegt nur ein von den Beteiligten selbst gestellter Antrag vor.[80] Eine eigene Antragstellung liegt vor bei einer Vorlage „gemäß § 15 Abs. 2 GBO zum Vollzug".[81]

53 Muss zunächst angenommen werden, dass der **Notar als Bote** vorgelegt hat, so hat der Notar jedoch auch noch nachträglich die Möglichkeit klarzustellen, dass er als Willensvertreter der Beteiligten tätig werden wollte. Dies gilt vor allem dann, wenn der Notar auf Beanstandungen des Grundbuchamtes hin Ausführungen macht[82] oder den Antrag wiederholt.[83]

Der Inhalt der Vollmacht (Abs. 2) des Notars bestimmt sich auch in diesem Fall sowohl für Antragstellung als auch für die ganze oder teilweise Rücknahme der Anträge nach den in der Urkunde enthaltenen Erklärungen,[84] insbesondere den Anträgen der Beteiligten.[85]

---

76 Thüringer OLG Rpfleger 2002, 516.
77 OLG Celle BeckRS 2018, 3928.
78 BayObLGZ 1952, 252; vgl. auch BWNotZ 1939, 2.
79 BayObLGZ 1911, 335; 12, 339; OLG München JFG 15, 123; KG JW 37, 114; BGH DNotZ 1964, 435; OLG Hamburg MDR 1954, 492; LG Hannover Rpfleger 1985, 147.
80 BGH DNotZ 1964, 434; BayObLG Rpfleger 1975, 94.
81 A.A. OLG München DNotZ 1943, 261 m. abl. Anm. *Luther*.
82 BayObLGZ 1948, 51, 511; 1952, 272; 1960, 235; 1962, 186; 1964, 171; 1967, 409; OLG Frankfurt NJW-RR 2021, 207.
83 BayObLG Rpfleger 1975, 94.
84 Vgl. *Haegele*, Rpfleger 1974, 419.
85 BayObLG Pfleger 1975, 94 = DNotZ 1976, 103.

IV. Zum Umfang der Vollmacht

Die vermutete Vollmacht gibt dem Notar lediglich die Befugnis zur Stellung des reinen Eintragungsantrages. 54

Der Notar kann daher nicht fehlende Eintragungsunterlagen aufgrund dieser Vollmacht ersetzen,[86] wie z.B. die Zustimmung des Grundstückseigentümers (§§ 22, 27 GBO), Angabe des Gemeinschaftsverhältnisses[87] oder die fehlende Bezeichnung des Grundstücks.[88]

Grundbuchverfahrensrechtlich deckt § 15 GBO auch Anträge, die über dem dinglichen Recht (nicht dem Antrag oder der Bewilligung) hinzugefügte auflösende Bedingungen auf den Bestand des Rechts zurückwirken, etwa indem die Auflassungsvormerkung auflösend bedingt wird auf die Stellung eines notariellen Löschungsantrags.[89] Verfahrensrechtliche Grundlage ist allein die Antragstellung, die aber aufgrund des Bedingungsnachweises der Form des § 29 GBO – typischerweise durch notarielle Eigenurkunde – bedarf. Beurkundungsrechtlich wird eine flankierende Vollmacht des Notars in der Urkunde enthalten sein, in deren Zusammenhang dann die Handlungsanweisung an den Notar (Aufforderung durch den Eigentümer, Gehör des verlierenden Teils, abzuwartende Fristen und sonstige Ermittlungstätigkeit des Notars) eingehend geregelt ist. Dann kann der Notar parallel oder alternativ auf Grundlage der rechtsgeschäftlichen Vollmacht handeln. Zwingend erforderlich für die Handlung des Grundbuchamtes ist das aber nicht. 55

1. Der gestellte **Antrag muss** mit den **Eintragungsbewilligungen** und den sonstigen Eintragungsunterlagen **übereinstimmen**; der Notar ist allein aufgrund Abs. 2, d.h. ohne besondere rechtsgeschäftliche Vollmacht, nicht berechtigt, davon abzuweichen,[90] insbesondere vorliegende Bewilligungen inhaltlich zu verändern.[91] Bei Beurkundung der Auflassung gestattet die Norm noch nicht, die Eintragung einer Vormerkung aufgrund der Vollmacht zu bewilligen und zu beantragen.[92] Ebenso wenig hat der Notar die Befugnis, die Berichtigung des Grundbuchs zu beantragen, um damit ein dem Antrag entgegenstehendes Hindernis zu beseitigen, wenn insoweit noch weitere Erklärungen erforderlich sind.[93] Er kann auch keine Bestandteilszuschreibung selbstständig beantragen (vgl. aber § 19 GBO Rdn 160; § 29 GBO Rdn 134).[94] Möglich ist bei einem Briefrecht der Antrag auf Brieferteilung,[95] nicht jedoch eine abweichende Bestimmung über die Aushändigung des Briefes nach § 60 Abs. 2 GBO.[96] Ein Antrag auf Erteilung von Grundbuchauszügen ist von der gesetzlichen Vollmacht des § 15 GBO nicht erfasst,[97] jedoch als Antrag auf Vornahme einer Verwaltungshandlung aufgrund formfreier Vollmacht jederzeit zulässig. 56

2. Nach herrschender Auffassung ist der **Notar nicht berechtigt**, eine **Rangbestimmung** im Antrag vorzunehmen, wenn eine solche in der Eintragungsbewilligung nicht enthalten ist,[98] wobei jedoch unbestritten ist, dass ihm eine zeitlich gestreckte Vorlage mit entsprechender Rangwirkung niemals verwehrt ist. Praktisch kommt es auf die Argumentationsdefizite der h.M. jedoch wegen der verbreiteten rechtsgeschäftlichen Vollmachten nicht an. Andererseits dürfen sich weder Notar noch Grundbuchamt über ausdrücklich klargestellte Rangverhältnisse in den mehreren Grundschuldbestellungsurkunden hinwegsetzen, auch nicht bei gleichzeitiger Einreichung.[99] 57

Unbestritten ist es dagegen möglich, dass der **Notar** eine **Bestimmung gemäß § 16 Abs. 2 GBO** trifft, soweit und solange Erklärungen der Beteiligten nicht entgegenstehen.[100] Auch kann er ausdrücklich erklären, dass eine von mehreren in der Urkunde enthaltenen Erklärungen nicht als dem Grundbuchamt zugegangen angesehen werden soll,[101] sofern keine Verbindung nach § 16 Abs. 2 GBO gegeben ist.[102] Um- 58

---

86 OLG Köln Rpfleger 1970, 286.
87 OLG Köln Rpfleger 1970, 286.
88 KGJ 21 A 125.
89 OLG Schleswig notar 2016, 427.
90 OLG München JFG 22, 30; OLG Düsseldorf DNotZ 1950, 41; BayObLG 1980, 20; OLG Hamm Rpfleger 1986, 367; OLG Frankfurt NJW-RR 2021, 207.
91 Ebenso OLG Hamm Rpfleger 1988, 406.
92 BayObLG JFG 8, 210; zu weitgehend *Hieber*, DNotZ 1954, 67; BayObLGZ 1979, 13.
93 KG KGJ 24, 246.
94 *Demharter*, § 15 Rn 16.
95 OLG Düsseldorf Rpfleger 1974, 224.
96 OLG Jena BeckRS 2013, 15555; KGJ 39, 275; RG HRR 32, 267.
97 OLG Düsseldorf Rpfleger 1974, 224.
98 OLG Hamm DNotZ 1950, 40; OKLG Schleswig, SchlHA 1960, 308; OLG Frankfurt Rpfleger 1991, 362; mit krit. Anm. *Meyer-Stolte*; Bauer/v. Oefele/v. Oefele, Rn 38; LG Saarbrücken Rpfleger 2000, 110; KG Rpfleger 2000, 453.
99 OLG Brandenburg Rpfleger 2002, 135 – Eintragung von Gleichrangvermerken dann unrichtige Sachbehandlung.
100 OLG Hamm MittRhNotK 1996, 330.
101 OLG Köln Rpfleger 1990, 159.
102 KG NJW 1937, 477; Rpfleger 1971, 313.

gekehrt ist er jedoch nicht befugt, sich über bindende Erklärungen der Beteiligten gem. § 16 Abs. 2 GBO hinwegzusetzen.

59 Unbestritten zulässig ist auch die Vorlage einer mehrere Anträge enthaltenden Urkunde mit dem Vermerk, dass nur einer der gestellten Anträge gestellt sein soll, wenn und soweit die mehreren Eintragungen voneinander unabhängig sind, mehrere selbstständige Eintragungsbewilligungen vorliegen und es den Beteiligten nicht auf eine gemeinsame Erledigung der Anträge ankommt.[103] Ob die Anträge im Zusammenhang mit den Eintragungsbewilligungen insoweit selbstständig sind, hat das Grundbuchamt zu prüfen.[104]

60 3. **Ergänzungen** der abgegebenen Erklärungen der Beteiligten durch einen Antrag des Notars sind in dreifacher Hinsicht möglich.

a) Hat der Notar eine Eintragungsbewilligung beglaubigt, so kann er auf beurkundungsrechtlicher Grundlage nachträglich die in der Erklärung vorhandenen Schreibfehler berichtigen, nicht jedoch sonstige Änderungen an dem unterschriebenen Text vornehmen.[105] Das hat mit Vorgaben der GBO nichts zu tun.

b) Der Notar kann grundbuchrechtlich einen **unvollständigen Antrag** eines Beteiligten durch einen vollständigen ersetzen und

c) Der Notar ist befugt, den gestellten Antrag zu **erläutern** und mehrdeutige Erklärungen der Beteiligten dadurch klarzustellen,[106] auch durch eine Bescheinigung gem. § 20 Abs. 1 BNotO. Jedoch ist aufgrund der gesetzlichen Ermächtigung des Abs. 2 eine **Abänderung** der Eintragungsbewilligung nicht möglich (vgl. auch § 29 GBO Rdn 134).[107]

V. Rücknahme

61 Den als Vertreter gestellten **eigenen Antrag** kann der Notar jederzeit in der Form des § 24 Abs. 3 BNotO zurücknehmen.[108] Ebenso kann der Notar auch einzelne von mehreren Anträgen zurücknehmen.[109] Haben jedoch die Beteiligten eine Verbindung gemäß § 16 GBO getroffen, so kann er einzelne Anträge nur aufgrund besonderer Vollmacht zurücknehmen, welche der Form des § 29 GBO bedarf.[110] Eine Rücknahme ist auch in diesem Fall ohne Vollmacht möglich, wenn bei Vollzug des Antrages das Grundbuch dauerhaft unrichtig würde[111] und eine Abtrennung daher von den Beteiligten für diesen Fall als gewollt vermutet werden kann. Auch eine nur **teilweise Rücknahme** ist zulässig,[112] jedoch nur insoweit, als sie sich mit der Eintragungsbewilligung deckt.[113] Dabei ist – notfalls durch Auslegung – zu prüfen, ob eine teilweise Rücknahme der Erklärungen der Beteiligten, insbesondere der Eintragungsbewilligung, ausgeschlossen sein soll. (Zur Zurücknahme vgl. auch § 31 GBO Rdn 7 ff.)

VI. Beigefügte Urkunden nach Erledigung

62 Die mit dem gestellten Antrag vorgelegten Urkunden können nach Erledigung des Antrages zurückgefordert werden.[114]

VII. Entgegennahme von materiell-rechtlichen Erklärungen

63 Da die Bestimmung des Abs. 2 nicht eng auszulegen ist, kann man auch annehmen, dass der Notar zur Entgegennahme von **Genehmigungen** zu einem beurkundeten Vertrag ermächtigt ist.[115] Zweckmäßig

---

103 KG Rpfleger 1971, 312.
104 KG Rpfleger 1971, 312.
105 OLG Celle Rpfleger 1984, 230.
106 BayObLGZ 1955, 162 = DNotZ 1956, 214; BayObLG Rpfleger 1981, 192; LG Oldenburg Rpfleger 1982, 175; OLG Hamm FGPrax 1995, 171; OLG Frankfurt FGPrax 1998, 170.
107 BayObLGZ 1973, 222 = Rpfleger 1973, 404; BayObLG MittBayNot 1979, 238; ebenso wohl – ohne nähere Ausführungen – OLG Frankfurt Rpfleger 1979, 419.
108 LG Oldenburg Rpfleger 1982, 173.
109 LG Oldenburg Rpfleger 1981, 439.
110 BayObLGZ 1975, 1 = Rpfleger 1975, 94.
111 Ebenso *Meyer-Stolte*, Rpfleger 1981, 440; a.A. LG Oldenburg Rpfleger 1981, 439.
112 BayObLGZ 1955, 53 = DNotZ 1956, 209.
113 BayObLG 1973, 222; Rpfleger 1976, 360.
114 KG KGJ 44, 173.
115 BGHZ 29, 371; BayObLGZ 1955, 160 = DNotZ 1956, 213.

ist jedoch auch eine besondere, dahingehende rechtsgeschäftliche Vollmacht. Jedenfalls die sog. Doppelvollmacht im Anschluss an § 1856 BGB muss aber ausdrücklich erteilt sein.

G. Privatautonom erteilte Verfahrensvollmacht
I. Formulierung

Die Bestimmung des Abs. 2 schließt nicht aus, dass der Notar **ausdrücklich** zur Antragstellung ermächtigt wird.[116] Üblich ist eine Formulierung etwa dahingehend:

„Der amtierende Notar und sein amtlich bestellter Vertreter und Nachfolger im Amt werden beauftragt und ermächtigt, den grundbuchamtlichen Vollzug dieser Urkunde herbeizuführen, insbesondere Eintragungsanträge zu stellen, abzuändern und zurückzunehmen, soweit ihm dies zweckmäßig erscheint, Rangbestimmungen vorzunehmen sowie alle sonstigen Erklärungen entgegenzunehmen und abzugeben, die in formeller Hinsicht zum Vollzug dieser Urkunde erforderlich sind. Die Vollmacht soll durch den Tod des Vollmachtgebers nicht erlöschen."

II. Nachweis

Um für das Grundbuchamt bedeutsam zu sein, muss die Vollmacht in der Form der §§ 29, 31 GBO **nachgewiesen** werden. Für die reine Antragsvollmacht greift damit kein Formgebot. Deswegen ist z.B. die vom (künftigen) Grundpfandrechtsgläubiger im Formularblankett vorgesehene Antragsvollmacht beachtlich.[117] Da die Formularmuster der Banken mit Bedacht entworfen und der jeweiligen Rechtsentwicklung angepasst werden, lässt sich eine bewusste (wenngleich überindividuell-allgemeine) Willenserklärung nicht leugnen. Bedenken dagegen, dass der Notar die Vollmacht auf sich selbst beurkundet, bestehen insoweit nicht, sonst wäre schon die vermutete Vollmacht des § 15 GBO rechtlich kaum zu rechtfertigen.

III. Umfang

Für diese rein privatautonom erteilte Verfahrensvollmacht gelten die allgemeinen Vorschriften, z.B. hinsichtlich Erlöschen bei Insolvenzeröffnung[118] und ihrer Gebundenheit an die persönliche Beziehung.[119] Der Umfang ist nach der Formulierung und den dort abgesteckten Befugnissen zu bestimmen.[120] Zu berücksichtigen ist dabei, dass sie sinnvoll nur als Erweiterung zu Abs. 2 gedacht sein kann.[121] Regelmäßig ermächtigt sie den Notar, eine Rangbestimmung gem. § 45 GBO zu treffen, sofern nicht in den Eintragungsbewilligungen bereits abweichende Regelungen getroffen worden sind. Diese Rangbestimmung kann auch noch im Rahmen der Erinnerung erfolgen.[122] Andererseits soll auch diese Vollmacht nur dem Vollzug des Rechtsgeschäfts dienen. Änderungen des beiderseitigen Leistungsaustausches sind auch von einer rechtsgeschäftlichen Vollmacht nicht gedeckt.[123] Deswegen berechtigt eine rechtsgeschäftliche Vollzugsvollmacht nicht zur Belastung weiterer Grundstücke mit einer Grunddienstbarkeit, wenn die Bestellungsurkunde, welche die Vollmacht enthält, keine augenscheinlichen Lücken enthält.[124]

Zur Frage, ob und inwieweit der Notar aufgrund einer solchen Vollmacht auch selbst Eintragungsunterlagen ergänzen oder abändern kann (vgl. unten § 29 GBO Rdn 134).[125] Auch ohne ausdrückliche Bestimmung wirkt die rechtsgeschäftlich erteilte Vollmacht über den Tod des Vollmachtgebers hinaus.[126]

---

116 Etwa OLG München BeckRS 2017, 134203; OLG Brandenburg BeckRS 2019, 62122.
117 Anders hingegen OLG Düsseldorf Rpfleger 1974, 224 (nur LS). Allerdings kommt es wegen der außerordentlich weiten Anwendung des § 15 Abs. 2 GBO hierauf nicht an.
118 BayObLG Rpfleger 2004, 36.
119 Also keine automatische rechtsgeschäftliche Vollmacht für jedweden Antragsteller.
120 Fehlgeschlagen etwa in OLG Frankfurt BeckRS 2007, 01578: allgemeiner Vollzugsauftrag enthält keine Löschungsvollmacht. Großzügiger OLG München DNotZ 2006, 696; OLG Frankfurt BeckRS 2013, 19120 (Einbeziehung auch des Notarvertreters).
121 BayObLGZ 1992, 131, 139 = Rpfleger 1993, 15; OLG München BeckRS 2017, 134203.
122 BayObLG Rpfleger 1993, 15.
123 OLG Düsseldorf ZWE 2009, 406; BeckRS 2012, 20205; OLG München DNotZ 2006, 696; OLG München, BeckRS 2017, 134203.
124 OLG München BeckRS 2017, 134203.
125 Vgl. auch LG Aschaffenburg Rpfleger 1971, 370.
126 LG Aschaffenburg Rpfleger 1971, 370.

67 Vermutete und rechtsgeschäftliche Vollmacht stehen parallel nebeneinander, der Notar kann sich wahlweise auf die eine wie auf die andere berufen (anders Vorauflage) und auf diese Weise jeweils die Defizite einer jeden Vollmacht ausgleichen. Insbesondere kann er gestützt auf Abs. 2 für die Antragsberechtigten Beschwerde einlegen, wenn er zuvor den Antrag auf rechtsgeschäftlicher Vollmacht eingereicht hatte. Eine wechselseitige Verdrängung von Vollmachten findet auch sonst nicht oder nur ausnahmsweise aufgrund besonderer Wertungen statt. Die Erteilung erweiternder rechtsgeschäftlicher Vollmachten beinhaltet gerade keine Aussage, dass die (zu enge) gesetzliche Vollmacht nicht gewollt und widerrufen sei.[127]

68 Auf materiell-rechtlicher (nicht verfahrensrechtlicher) Ebene liegt die Doppelvollmacht zur Entgegennahme und Mitteilung betreuungsgerichtlicher Genehmigungen (und vergleichbarer Fälle). Im Umfang des § 20 GBO muss deren Ausnutzen aber dem Grundbuchamt mitgeteilt werden, weil dieses die Wirksamkeit der Auflassung selbstständig zu prüfen hat. Erforderlich ist der Nachweis durch notarielle Eigenurkunde; eine bloße Antragstellung mit Einreichen des rechtskräftigen Beschlusses genügt nicht.[128]

H. Mitarbeitervollmacht

69 Auch eine gegenüber Abs. 2 erweiterte rechtsgeschäftliche Vollzugsvollmacht für den Notar erweist sich häufig noch als zu eng. Sie wird dann durch zusätzliche (rechtsgeschäftliche) Mitarbeitervollmachten flankiert. Aufgrund einer ihm erteilten Vollzugsvollmacht kann der Notar nur formlose Erklärungen abgeben; formbedürftige Erklärungen nur, soweit diese in Eigenurkunden erhalten sein können. Sollen oder müssen ggf. materiell-rechtliche Erklärungen ergänzt oder geändert werden, ist dies durch Vollmachten an den Notar nicht möglich. Der Notar darf seine eigene Unterschrift nicht beglaubigen (§ 3 BeurkG). Deswegen werden statt seiner die Mitarbeiter bevollmächtigt.

70 Dabei sind die beurkundungsrechtlichen Vorgaben und notariellen Amtspflichten natürlich zu beachten, insbesondere diejenige des § 17 Abs. 2a BeurkG. Für das Grundbuchverfahren bleiben Verstöße hiergegen aber ohne Relevanz. § 17 BeurkG ist beurkundungstechnisch eine Soll-Vorschrift. Die unter Normmissachtung errichtete Urkunde ist gleichwohl wirksam und vom Grundbuchamt dem Verfahren zugrunde zu legen.

71 Gesetzliche Vorgaben oder Vermutungen für Mitarbeitervollmachten bestehen nicht. Ihr Umfang, Geltungsdauer etc. sind allein aus der Urkunde (gegebenenfalls durch Auslegung) zu entnehmen. Die Form des § 29 GBO (für Widerruf i.V.m. § 31 GBO) ist zu beachten. Da Mitarbeitervollmachten aber sowieso (nur) in Notarurkunden enthalten sind, ist dies unproblematisch. Für das spätere Ausnutzen der Vollmacht gilt: Es genügt bei selbsterrichteten Urkunden, die dem Grundbuchamt anderweitig vorgelegt wurden, eine Bezugnahme auf die Urschrift. Die in der notariellen Niederschrift enthaltene Vollmacht ist Mitteilung gem. § 171 BGB an Notar und Grundbuchamt; ein besonderer Nachweis durch Erteilung einer Ausfertigung wird damit entbehrlich.[129] Eine Beifügung einer beglaubigten Abschrift der Vollmacht nebst Vorlagebestätigung ist nicht erforderlich. Die Mitarbeitervollmacht kann auch den Interessen des anderen Vertragsteils dienen. Sie kann ferner unwiderruflich (bzw. genau: dann nur aus wichtigem Grund widerruflich) erteilt werden.[130]

72 Um die Mitarbeitervollmacht auch bei Personalfluktuationen handhabbar zu machen, werden sie häufig „für die jeweiligen Mitarbeiter" oder „für einen der jeweiligen Mitarbeiter, welchen der Notar zu bezeichnen bevollmächtigt ist" erteilt. Damit wird im Ergebnis auf rechtsgeschäftliche Art eine der heutigen Auslegung des Abs. 2 entsprechende personenunabhängige, organübergreifende Vollmacht erreicht. Diese Art der Erteilung ist, entgegen einer anders lautenden Entscheidung des OLG Frankfurt,[131] zulässig. §§ 164 ff. BGB verlangen keine namentliche Festlegung des Bevollmächtigten.[132] Dass eine Vollmacht ad incertas personas empirisch ungewöhnlich ist und kaum je durch Auslegung ermittelt werden kann, macht sie, wenn ausdrücklich formuliert, nicht unwirksam.[133] Letztlich führt Abs. 2 ebenfalls in Fällen

---

127 So z.B. auch OLG München NJOZ 2012, 1493.
128 OLG Hamm FGPrax 2017, 11.
129 OLG Jena BeckRS 2021, 32093.
130 KG FGPrax 2020, 9.
131 NotBZ 2008, 123.
132 Wie hier BGH NJW 2009, 3162 für eine Prozessvollmacht; nun auch OLG Jena BeckRS 2021, 32093.
133 Richtig OLG Jena FGPrax 2021, 248; OLG Brandenburg Rpfleger 2013, 286; OLG Dresden NotBZ 2012, 135. Einschränkend noch OLG Brandenburg NotBZ 2012, 133: Nur bei Benennungsermächtigung durch Notar.

eines Amtswechsels zu einer überindividuellen Vollmacht. Auch hält gerade die Grundbuchpraxis für die Löschung von Auflassungsvormerkungen nach Tod des Übergebers die Löschungsvollmacht „an den jeweiligen Eigentümer" für ein zulässiges, adäquates Gestaltungsmittel.

I. Rechtsfolgen

Hat der Notar selbst den Antrag gestellt, so hat dies zwei Rechtsfolgen: 73

I. Bekanntmachung der Entscheidung

Die auf den gestellten Antrag hin ergehende Entscheidung muss dem Notar bekanntgegeben werden.[134] Eine Bekanntmachung an den Antragsberechtigten selbst ist unwirksam.[135] Dabei spielt es keine Rolle, ob der Notar den Antrag bereits ursprünglich selbst gestellt hat oder erst den Antrag stellte, nachdem die Beteiligten selbst den Antrag beim Grundbuchamt eingereicht hatten.[136] Er erhält die Eintragungsnachricht auch dann, wenn er sowohl einen Antrag nach Abs. 2 gestellt als auch einen eigenen Antrag des Antragsberechtigten als Bote überbracht hat.[137] Der von dem Notar vertretene Beteiligte hat keinen Anspruch auf eine eigene Vollzugsmitteilung.[138] Die Eintragungsnachricht ist selbst dann an den Notar zu schicken, wenn dieser ausdrücklich um unmittelbare Mitteilung an die Beteiligten bittet[139] oder er nach der Urkunde zur Entgegennahme der Vollzugsnachricht nicht bevollmächtigt ist (Kritik daran siehe oben Rdn 27).[140] Reicht der Notar nur als Bote ein, so gilt § 55 Abs. 1 GBO. 74

II. Rechtsmittel

Gegen die ergangene Entscheidung kann der Notar **Beschwerde** und **weitere Beschwerde** einlegen. Dies ist jedoch stets nur möglich im Namen eines Antragsberechtigten, nicht im eigenen Namen.[141] Keine Rolle spielt es, ob der ursprüngliche Antrag bereits im Namen des Beschwerdeführers gestellt wurde.[142] Bezeichnet der Notar nicht genau den Beschwerdeführer, so gelten alle Antragsberechtigten als Beschwerdeführer, sofern sich aus den Umständen nichts anderes ergibt.[143] Die Vermutung ist widerlegbar mit Kostenfolge für den Notar (vgl. im Einzelnen § 71 GBO Rdn 92).[144] 75

III. Sonstige Fälle

Die gleiche Befugnis steht dem Notar zu, wenn ihm rechtsgeschäftlich besondere Vollmacht zur Antragstellung erteilt worden ist, sofern dies nicht ausdrücklich in der Vollmacht zur Urkunde ausgeschlossen wurde. Hat der Notar dagegen die Urkunde lediglich als Bote überreicht, bedarf er zur Beschwerde einer besonderen Vollmacht. In diesem Fall kann das Beschwerdegericht auf die Vorlage der Vollmachtsurkunde verzichten.[145] Eine weitere Beschwerde muss jedoch wegen Formmangel verworfen werden. 76

---

134 RGZ 110, 361; BGHZ 28, 109 = NJW 1958, 1532; OLG Zweibrücken Rpfleger 1968, 154.
135 KG KGJ 38, 196; OLG München JLG 1918, 20 für die Zwischenverfügung; OLG Düsseldorf Rpfleger 1984, 311.
136 KGJ 38, 200.
137 BayObLG 1988, 307.
138 OLG Düsseldorf Rpfleger 1984, 311.
139 OLG Köln Rpfleger 2001, 123.
140 OLG Düsseldorf Rpfleger 2001, 125 = DNotZ 2001, 704.

141 KG KGJ 35, 199; KG NJW 1959, 1086; BayObLG NJW-RR 1998, 1495; OLG Köln FGPrax 2019, 253.
142 BayObLGZ 1934, 121; OLG Frankfurt NJW-RR 2021, 207; OLG Nürnberg BWNotZ 2020, 318.
143 BayObLGZ 1953, 185; 67, 409. BGH NJW 1985, 3070; BGHZ 107, 269; OLG Hamm JMBNW 1988, 173; OLG Jena FGPrax 1997, 172; OLG Köln FGPrax 2019, 253.
144 OLG Köln Rpfleger 1982, 98.
145 KG JFG 17, 220. BayObLG MittBayNot 1986, 139; NJW RR 1989, 1495.

IV. Kosten

77 Der Notar ist nur als Bevollmächtigter tätig. Die Kostenpflicht trifft daher stets nur denjenigen, für welchen er im Rahmen der Vollmacht den Antrag gestellt hat.[146] Hat der Notar einen Eintragungsantrag gestellt ohne anzugeben, für wen, so ist der Antrag als im Namen aller Antragsberechtigten gestellt anzusehen, auch für einen Begünstigten, der keine beurkundete oder beglaubigte Erklärung abgegeben hat; dieser kann als Kostenschuldner in Anspruch genommen werden.[147] Über § 15 GBO kann daher der Kreis der Kostenschuldner deutlich ausgedehnt werden.

Der Kostenansatz erfolgt nach GNotKG, für welches die Bestimmungen der GBO nicht gelten. Grundsätzlich ist daher die Kostenentscheidung allein dem Kostenschuldner bekanntzumachen und zuzustellen. Die Vollmacht des Notars nach Abs. 2 umfasst die Entgegennahme der Kostenentscheidung nicht. Jedoch ist der Notar zur Entgegennahme einer Zwischenverfügung befugt, wenn diese zulässigerweise zur Sicherung des Kosteneingangs ergeht (vgl. dazu § 18 GBO Rdn 32). Die Mitteilung in der Zwischenverfügung ersetzt nicht die nach der GNotKG erforderliche Mitteilung des Kostenfestsetzungsbeschlusses an den Schuldner.

Die Befreiung des Notars von der Kostenpflicht greift nicht, wenn die Vermutung des § 15 GBO nicht anwendbar ist,[148] weiterhin dann nicht, wenn die Eintragung durch einen Fehler des Notars verursacht wurde. Ist in einer Urkunde nur die Bewilligung eine Auflassungsvormerkung, jedoch keine Auflassung enthalten und trägt das Grundbuchamt auf Antrag des Notars die Auflassung ein, so trifft die Kostenschuld nur den Notar.[149]

Bankenbewilligungen enthalten regelmäßig die Aussage, keine Anträge stellen zu wollen und keine Kosten zu übernehmen. Diese Erklärung wird über § 15 GBO ausgehebelt. Die Erklärung enthält keinen klaren Widerruf der Vollzugsvollmacht und schließt damit den vom Notar in ihrem Namen und gestützt auf § 15 GBO gestellten Antrag nicht aus.[150] Wird zur Lastenfreistellung bei Grundstücksübertragung eine Löschungsbewilligung vorgelegt, so sind Antragstellung und Kostenhaftung des erklärenden Berechtigten in der Regel zu verneinen.[151] Der Notar hat die Möglichkeit zu erklären, dass er die Haftung für die Kosten übernimmt.[152]

J. Die Pflicht zur notariellen Vorprüfung – Abs. 3

I. Die Gesetzesgenese

78 § 15 Abs. 3 GBO wurde auf Betreiben des Bundesrates im Rahmen des *Gesetzes zur Neuordnung der Aufbewahrung von Notariatsunterlagen und zur Einrichtung des elektronischen Urkundenarchivs bei der Bundesnotarkammer*[153] eingefügt. Parallel wurde § 378 FamFG um einen neuen Abs. 3 mit folgendem Wortlaut erweitert:

> „(3) Anmeldungen in Registersachen mit Ausnahmen der Genossenschafts- und Partnerregistersachen sind vor Einreichung für das Registergericht von einem Notar auf Eintragungsfähigkeit zu prüfen. In Handelsregistersachen sind sie zudem bei einem Notar zur Weiterleitung an die für die Eintragung zuständige Stelle einzureichen."

79 Der Gesetzgeber erwartete einerseits keinen bis allenfalls geringen Mehraufwand beim Notariat, versprach sich aber andererseits eine weitere Justizentlastung, indem im Rahmen der angeordneten Vorprüfung schon ersichtlich eintragungsunfähige Erklärungen herausortiert und nachgebessert werden und damit erst gar nicht zum Grundbuchamt gelangen.[154] Gleichwohl hat der Gesetzgeber den Notar keiner

---

146 OLG Hamm DNotZ 1952, 86 für Beschwerde im Rahmen der Landwirtschaftsverordnung.
147 LG Landau Rpfleger 1982, 338; *Meyer-Stolte*, Rpfleger 1980, 475; a.A., nicht überzeugend LG Bayreuth Rpfleger 1980, 475 m. abl. Anm. *Meyer-Stolte*; wie hier BayObLG Rpfleger 1984, 96; OLG München BeckRS 2012, 14111 einschränkend für die Kostentragung BayObLG Rpfleger 1993, 323 wie Leitsatz. Siehe auch BayObLGZ 1985, 153; OLG Düsseldorf Rpfleger 1986, 368; OLG Köln Rpfleger 1986, 411; OLG Schleswig DNotZ 1988, 787; OLG Zweibrücken Rpfleger 1989, 17.
148 OLG Köln Rpfleger 1982, 98.
149 BayObLG Jur Büro 1993, 224.
150 BayObLG Rpfleger 1987, 14, OLG München BeckRS 2012, 14111.
151 OLG Düsseldorf WM 1999, 1275; anders aber wohl OLG München BeckRS 2012, 14111.
152 OLG Köln Rpfleger 1992, 497 m.w.N.
153 Gesetz vom 8.6.2017, BGBl 2017 I, 1396.
154 BT-Druck 18/10607, S. 106, 110. *Diehn/Rachlitz*, DNotZ 2017, 487, 489.

Pflicht zur Nachbesserung unterworfen, auch keiner abschließenden Amtspflicht, bei erkannten Mängeln eine Weiterleitung an das Grundbuchamt zu verweigern. Der Notar kann eine Nachbesserung allenfalls anregen. Das notarielle Mitwirkungsverbot besteht wie bisher allein aufgrund notariellen Berufsrechts (§ 14 BNotO) bei verbotenen oder schädigenden Verhaltensweisen.[155] Wiewohl die Norm eine solche des Grundbuchverfahrensrechts ist, stärkt sie mittelbar das Verhalten des Notars gegenüber den Beteiligten.[156]

II. Die Normanwendung im Einzelnen

1. Umfang der Prüfpflicht

Nicht der Vorprüfung unterliegen Erklärungen einer öffentlichen Behörde, insbesondere solche des § 29 Abs. 3 GBO. Die Prüfung bezieht sich nach h.M. weiter nur auf die zur Eintragung erforderlichen Erklärungen, nicht auf Anträge.[157] Die Vorprüfung entfällt damit bei Grundbuchberichtigungen auf Grundlage öffentlicher Urkunde, die zum Vollzug keiner Bewilligung, sondern nur eines Antrages bedürfen (Erbfolge, Namensänderung). Das OLG Köln bezieht die Prüfpflicht nicht nur auf die zu vollziehende Bewilligung, sondern auf sämtliche Erklärungsbestandteile.[158] Prüfung und Vermerk haben bei diesen Erklärungen aber kein Ziel, auf das hin der Mechanismus sinnvoll sein könnte.[159]

2. Dokumentation der Prüfpflicht

Bei fehlendem Prüfvermerk (sofern dieser nicht ausnahmsweise entbehrlich ist, Rdn 83) muss das Grundbuchamt durch Zwischenverfügung die Nachholung anmahnen.[160] Die Abgabe des Vermerks ist eine behebbares Hindernis, so dass eine Antragszurückweisung allenfalls dann in Betracht kommt, wenn jemals die durch Zwischenverfügung gesetzte Frist zur Behebung ergebnislos verstrichen sein sollte.

Nach überwiegender Auffassung ist die Vorprüfung soweit die Dokumentation derselben Eintragungsgrundlage i.S.d. § 29 GBO,[161] nach zutreffender Ansicht demgegenüber lediglich Verfahrensvoraussetzung für das Grundbuchamt.[162] Jedenfalls muss dem Grundbuchamt die Einhaltung der Vorprüfung dokumentiert werden. Abs. 3 ordnet aus sich heraus dafür keine Form an.[163] Wer den Charakter als Eintragungsgrundlage i.S.d. § 29 GBO bejaht, kommt um die Form der notariellen Eigenurkunde nicht herum. Damit wäre in aller Regel zugleich der Versand eines im Entwurf enthaltenen Vermerks per Mail oder anderer moderner Kommunikationsmittel ausgeschlossen.[164] Als bloße Verfahrensvoraussetzung ist demgegenüber der Prüfvermerk – wie der reine Verfahrensantrag auch – formfrei, er muss lediglich zur Weiterleitung an das Grundbuch dokumentiert werden können. Das lässt aber auch digitale Kommunikationsmittel zu bis hin zu fernmündlichen Äußerungen, die beim Grundbuchamt aktenkundig notiert werden.

Keine gesonderte Dokumentation der Prüfung wird für erforderlich gehalten bei der Einreichung beurkundeter Erklärungen in Protokollform.[165] Bei diesen schließen Literatur und Rechtsprechung aus der Eigenschaft des Notars als hoheitlich beliehenem Träger, dass er die ihm obliegende Amtspflicht zur ordnungsgemäßen Belehrung und Gestaltung gemäß § 17 BeurkG erfüllt hat und deswegen die dem Grundbuchamt vorgelegte Urkunde per se vollzugsfähig ist.[166] Einer gesonderten zusätzlichen Dokumentation bedürfe es deswegen nicht. Diese Überlegung trifft zu, muss aber konsequent zu Ende gedacht werden. Die Vermutung sachgerechter, d.h. vollzugsfähiger Ausformulierung gilt nämlich nicht nur bei beurkundeten Erklärungen, sondern allgemein bei jeder Entwurfsfertigung, da auch bei dieser der Rechtsverkehr

---

155 *Diehn/Rachlitz*, DNotZ 2017, 487, 489.
156 Dazu *Zimmer*, NJW 2017, 1909.
157 *Attenberger*, MittBayNot 2017, 335, 337; *Diehn/Rachlitz*, DNotZ 2017, 487, 494; *Weber*, RNotZ 2017, 427, 429. Dezidiert anders *Buchner*, ZfIR 2018, 136, 139.
158 OLG Köln FGPrax 2019, 199; OLG Naumburg NotBZ 2022, 464. Zustimmend *Zimmer*, NJW 2020, 489.
159 Anders auch OLG Frankfurt BeckRS 2019, 32273: Keine Isolierte Prüfung der Vollmacht.
160 OLG München BeckRS 2018, 4822.
161 *Buchner*, ZfIR 2018, 136, 140.
162 *Attenberger*, MittBayNot 2017, 335, 341; *Diehn/Rachlitz*, DNotZ 2017, 487, 492; *Weber*, RNotZ 2017, 427, 432; *Eickelberg/Böttcher*, FGPrax 2017, 145, 147.
163 OLG Köln FGPrax 2019, 199 = MittBayNot 2020, 568 = DNotZ 2020, 630; OLG Celle DNotZ 2018, 449.
164 Darauf weist *Bucher*, ZfIR 2018, 140 hin.
165 *Diehn/Rachlitz*, DNotZ 2017, 490; *Weber*, RNotZ 2017, 427, 433; *Buchner*, ZfIR 2018, 136, 140; OLG Schleswig MittBayNot 2017, 575.
166 OLG Schleswig MittBayNot 2017, 575; OLG München BeckRS 2018, 4822.

vom Notar, der den Auftrag annimmt, die sachgerechte Erfüllung erwarten könne.[167] Deswegen ist ein gesonderter Prüfvermerk immer schon dann entbehrlich, wenn die eingereichte Erklärung auf dem Entwurf eines Notars beruht und diese Herkunft dem Grundbuchamt, etwa durch entsprechende Kennzeichnung des Entwurfsverfassers, dokumentiert wird. Ob die Unterschriftsbeglaubigung vom Entwurfsfertiger selbst oder von einem anderen Notar vorgenommen wurde, spielt richtigerweise hingegen keine Rolle.

84   Die bisherigen Äußerungen in der Rechtsprechung gehen dahin, dass der fehlende Vermerk durch Zwischenverfügung zu beanstanden ist, selbst wenn das Grundbuchamt bei der gebotenen Gesamtprüfung zu einer Eintragungsfähigkeit gelangt,[168] wobei dabei natürlich zweifelhaft ist, was der Prüfvermerk und die Vorsortierungsfunktion tatsächlich noch bringen sollen.[169]

85   Die Notarpraxis ist deswegen dazu übergegangen, lediglich offenzulegen, dass eine Prüfung stattgefunden hat, ohne dabei das Ergebnis mitzuteilen. Das mag nach dem Wortlaut des Abs. 3 zulässig sein, nimmt aber der Norm jeden erkennbaren Wert. Insgesamt eine zweifelhafte Praxis.

3. Vorprüfung allein für das Grundbuchamt

86   Der aus der Pflicht geschützte Adressatenkreis ist nur das Grundbuchamt.[170] Die Norm entfaltet keine Schutzwirkung gegenüber den Beteiligten selbst, so dass weder aus unterlassenen Vorprüfungen noch aus Vorprüfungen mit falschem Ergebnis Amtshaftungsansprüche der Beteiligten gegen den Notar erwachsen. Diskutiert wird die Einschaltung der notariellen Dienstaufsicht.[171]

Es ist aber fraglich, ob sich diese Trennung der Schutzzwecke sauber durchführen lässt. Mindestens geht von dem bestätigenden Prüfvermerk, den Beteiligten zugeht, ein Suggestiveffekt aus. Die Erfahrung zeigt, dass schon jetzt die Beteiligten gelegentlich Anträge einreichen, die ohne weitere notarielle Mitwirkung nicht eintragungsfähig sind, etwa die Löschungsbewilligung zu einer Grundschuld ohne öffentlich beglaubigte Eigentümerzustimmung. Außerdem wäre ungeachtet des Schutzzwecks an eine Schadensersatzhaftung des Notars zu denken, wenn der durch Zwischenverfügung angemahnte Prüfvermerk nicht innerhalb der Frist nachgereicht wird und dies zu einer kostenpflichtigen Antragszurückweisung führt.

Ungeachtet der klaren Gesetzesbegründung hat aber der BGH einen Verstoß gegen § 15 Abs. 3 GBO (bzw. die im Einzelfall unsaubere Prüfung der eingereichten Urkunde auf Eintragungsfähigkeit) als ein Argument neben anderen zur Begründung der Amtspflichtverletzung gegenüber (un)mittelbar Urkundsbeteiligten herangezogen:[172] Gesetze führen schnell nach Erlass ihr Eigenleben.

87   Der Prüfvermerk ist für das Grundbuchamt nicht bindend. Das Grundbuchamt kann sowohl bei notariell bestätigter Eintragungsfähigkeit die Eintragungsfähigkeit ablehnen wie sich umgekehrt über einen negativen Prüfvermerk hinwegsetzen und eintragen.[173] Jedenfalls dies spricht dafür, den Prüfvermerk nicht als Eintragungsgrundlage anzusehen; über fehlende Eintragungsbewilligungen und sonstige Unterlagen nach § 29 GBO darf sich das Grundbuchamt nämlich nicht sehenden Auges hinwegsetzen.[174]

III. Gesetzeskritik

88   Die Gesetzesnovelle vertritt im Kern ein berechtigtes Anliegen, wenngleich sie in der derzeitigen Auslegung jedenfalls bei den Grundbuchämtern zu Mehraufwand führt (etwa durch Zwischenverfügung auf Nachholung trotz eintragungsfähigen Antrags).[175]

---

167 BGH DNotZ 1956, 396; zutreffend *Buchner*, ZfIR 2018, 136, 140.
168 OLG Celle, Beschl. v. 6.11.2017, 18 W 57/17; OLG München BeckRS 2018, 4822; *Damm*, notar 2017, 323, 327; *Weber*, RNotZ 2017, 427, 433.
169 Deswegen insgesamt ablehnend *Krafka/Heinemann*, Rpfleger 2017, 661; *Zimmer*, ZfIR 2020, 489, 491.
170 *Buchner*, ZfIR 2018, 136, 137; *Altenberger*, MittBayNot 2017, 335, 337; *Diehn/Rachlitz*, DNotZ 2017, 487, 492.
171 *Zimmer*, NJW 2017, 1909, 1913, aber zweifelhaft; vgl. *Buchner*, ZfIR 2018, 136, 137.
172 BGH r+s 2023, 410.
173 BT-Druck 18/10607, S. 110; *Diehn/Rachlitz*, DNotZ 2017, 487, 493; *Krafka/Heinemann*, Rpfleger 2017, 661, 663.
174 Richtig *Buchner*, ZfIR 2018, 136, 139.
175 Deswegen strikt ablehnend *Krafka/Heinemann*, Rpfleger 2017, 661 ff.

Aus der ursprünglichen reinen Identitätsbestätigung, die mit der verfahrensrechtlich verlangten Unterschriftsbeglaubigung einhergeht, hat sich sehr wohl eine rudimentäre inhaltliche Kontrolle entwickelt, jedenfalls soweit sie auf die jeweils vorliegenden Unterlagen bezogen ist und keine weitere Ermittlungstätigkeit verlangt. Dies zur Aufrechterhaltung der Funktionsfähigkeit der freiwilligen Gerichtsbarkeit festzuschreiben ist ein berechtigtes Anliegen. Es setzt zur Wirksamkeit aber voraus, dass die inhaltliche Prüfung beim Notar nicht lediglich auf eine abstrakte Eintragungsfähigkeit des Rechts bezogen wird (also etwa gegenläufig zu § 53 GBO auf das reine Aussortieren inhaltlich unzulässiger Eintragungen), sondern indem die jeweils vorliegenden Unterlagen auf Mängel hin gesichtet und offenbare Defizite auch zur Sprache gebracht werden.[176]

89

Man muss aber aus der Gesetzesbegründung die zu weitgehenden und unzutreffenden Erwägungen streichen, um zu diesem Kern vorzudringen. So ist der Notar weder bisher noch künftig im Rahmen der Vorprüfung, und zwar weder direkt noch indirekt, Garant für die Richtigkeit des Grundbuches.[177] Das ist allein Aufgabe des Grundbuchamtes. Für den Notar gilt allein das Schädigungsverbot des § 14 BNotO. So kann etwa das Grundbuchamt auch künftig seine eigene Amtshaftung wegen Herbeiführung einer Grundbuchunrichtigkeit nicht mit der Begründung an den Notar weiterreichen, dieser habe den Prüfvermerk nicht oder inhaltlich falsch abgegeben und deswegen die Grundbuchunrichtigkeit mit zu verantworten, schadensrechtlich „mit herausgefordert".

90

Falsch ist die Gesetzesbegründung auch insoweit, als die Prüfung auf Eintragungsfähigkeit auf die Bewilligung bezogen wird. Die Eintragungsfähigkeit des Gewollten entscheidet sich gerade bei Unterschriftsbeglaubigungen häufig erst aus einer Gesamtschau mehrerer Erklärungen, so dass sie sinnvoll nur auf den Antrag hin gedacht werden kann.[178]

91

Eine weitergehende Beschränkung der dem Grundbuchamt zugewiesenen Aufgaben oder Verlagerung derselben auf andere Personen droht durch die Gesetzesänderung nicht. Die Prüfpflicht ist sowohl nach der Begründung wie auch in der praktischen Handhabung immer nur auf die vorliegenden Unterlagen beschränkt ist, fällt also notwendig unvollständig aus, als noch nicht einmal Grundbuchauszüge ohne gesonderten Auftrag der Beteiligten angefordert werden können. Außerdem ist die Beschränkung auf die Bewilligungen, d.h. das Herausnehmen von reinen Grundbuchanträgen, vom Gesetzgeber bewusst vorgesehen und der Norm immanent, so dass auch mit Einführung der elektronischen Grundakte im Rahmen des Datenbankgrundbuches keine Verpflichtung zur Einreichung sämtlicher Unterlagen über den Notar droht (anders als dies § 378 FamFG für die Kommunikation mit dem Handelsregister vorschreibt). Eher umgekehrt stellt sich für die Grundbuchämter die Frage, ob es nach einer vollständigen Einführung der elektronischen Grundakte für sie nicht einfacher wäre, wenn sie den Medienbruch Papier/digitales Dokument auf andere Stellen verlagern könnten.

92

§ 16 [Bedingte Anträge]

(1) Einem Eintragungsantrag, dessen Erledigung an einen Vorbehalt geknüpft wird, soll nicht stattgegeben werden.

(2) Werden mehrere Eintragungen beantragt, so kann von dem Antragsteller bestimmt werden, daß die eine Eintragung nicht ohne die andere erfolgen soll.

A. Zweck und Anwendungsgebiet der Vorschrift	1	C. Vorbehalt	6
I. Zweck	1	I. Begriff	6
II. Anwendungsgebiet	2	II. Folge der Unzulässigkeit	12
B. Eintragungsantrag und Erledigung	3	III. Verletzung der Vorschrift	13
I. Eintragungsantrag	3	IV. Ausnahme des Abs. 2	14
II. Erledigung	5	D. Entsprechende Anwendung auf die Eintragungsbewilligung	30
		I. Eintragungsbewilligung	30
		II. Vorbehalt	31

---

176 *Buchner*, ZfIR 2018, 136, 138. Die Mitteilung des Prüfvermerks ohne dessen Ergebnis ist deswegen sinnwidrig.
177 In diese Richtung aber BT-Druck 18/10607.
178 *Buchner*, ZfIR 2018, 136, 139.

A. Zweck und Anwendungsgebiet der Vorschrift

I. Zweck

1 Die Norm enthält in ihren Absätzen zwei Aussagen, von denen Abs. 1 die Grundregel und Abs. 2 die davon besondere Ausnahme festlegt:

Abs. 1 soll verhindern, dass das Grundbuchamt mit der Prüfung von Fragen beschäftigt wird, die darüber hinausgehen, ob die beantragte Eintragung durch die vorliegenden Unterlagen gedeckt wird.[1] Er überträgt den allgemeinen Grundsatz, dass Prozesshandlungen unbedingt und bestimmt sein müssen, auf den Eintragungsantrag.

Abs. 2 will den Bedürfnissen des Verkehrs entgegenkommen. Insbesondere die Erfüllung Zug um Zug wird dadurch erleichtert. Insoweit ist die Norm zugleich Ausdruck des allg. Rechtsgrundsatzes, wonach die Bedingungsfeindlichkeit von Prozesshandlungen für prozessimmanente Bedingungen nicht (oder nur eingeschränkt) gilt.[2]

II. Anwendungsgebiet

2 § 16 GBO findet nicht nur auf Anträge, sondern auch auf **Eintragungsersuchen** einer Behörde (§ 38 GBO) Anwendung.

Für die **Eintragungsbewilligung** gilt § 16 GBO entsprechend.

B. Eintragungsantrag und Erledigung

I. Eintragungsantrag

3 **§ 16 GBO erfasst jeden Eintragungsantrag** i.S.d. § 13 GBO. Von der ausdrücklichen Ausnahme des Abs. 2 abgesehen, darf der Antrag keinen Vorbehalt enthalten.

4 Davon zu unterscheiden ist die Frage, ob das einzutragende Recht selbst als bedingt oder befristet bewilligt wird. Die Zulässigkeit von Bedingungen und Befristungen des dinglichen Rechts selbst richtet sich allein nach dem materiellen Recht. Danach ist jegliche Bedingung oder Befristung unzulässig bei der Auflassung (§ 925 Abs. 2 BGB), Bestellung und Übertragung eines Erbbaurechtes (§§ 1 Abs. 4, 11 Abs. 1 S. 2 ErbbauRG; § 1017 BGB i.d.F. vom 1.1.1900), bei Einräumung und Aufhebung von Sondereigentum (§ 4 Abs. 2 S. 2 WEG) und bei der Begründung eines Dauerwohn- oder -nutzungsrechts (§ 33 Abs. 1 WEG). Im Übrigen können Rechte materiell grundsätzlich (aufschiebend wie auflösend) bedingt oder befristet bestellt werden (z.B. Rangvorbehalt nach § 881 BGB; auflösend bedingtes Wohnungsrecht; auflösend bedingte Rückauflassungsvormerkung usw.). Ein Vorbehalt gemäß Abs. 2 kann mit einer materiell-rechtlichen Bedingung oder Befristung des Rechts selbst verbunden werden.[3]

II. Erledigung

5 Die Erledigung darf nicht an einen Vorbehalt gebunden werden. Zur Erledigung gehört nicht nur die Eintragung selbst, sondern auch alle Maßnahmen, die daran anschließen, insbesondere die Brieferteilung und Aushändigung bei Briefrechten und die Mitteilung des Vollzuges der Eintragung.

C. Vorbehalt

I. Begriff

6 Als **Vorbehalt** ist jede Erklärung aufzufassen, die die Erledigung des Eintragungsantrages von einem nicht zu den gesetzlichen Voraussetzungen gehörigen Umstand abhängig macht oder es zweifelhaft erscheinen lässt, ob die Eintragung überhaupt gewollt ist.[4]

---

[1] OLG Hamm Rpfleger 1992, 474.
[2] Vgl. dazu OLG Hamm FGPrax 2016, 56; OLG Hamm FGPrax 2020, 57.
[3] *Demharter*, § 16 Rn 2.
[4] *Demharter*, § 16 Rn 3; OLG Hamm Rpfleger 1992, 474; OLG Stuttgart Rpfleger 2011, 267.

Daraus ergibt sich:

1. **Vorbehalt** ist jede Bedingung und Befristung im Rechtssinn, darüber hinaus auch jeder Zusatz, durch welchen die Erledigung von irgendeinem vergangenen, gegenwärtigen oder künftigen Geschehen oder Nichtgeschehen abhängig gemacht wird,[5] z.B. wenn der Antrag mit dem Vorbehalt gestellt wird, dass er zugleich mit einem erst in Aussicht gestellten Antrag erledigt werden soll.[6]

2. **Unschädlich** sind Rechtsbedingungen, denn diese betreffen nur die ohnehin vorgeschriebenen gesetzlichen Voraussetzungen.

3. Bei **Zusätzen** „soweit gesetzlich zulässig", „soweit eintragungsfähig", „soweit angängig" ist zu unterscheiden:

Zwar können diese Zusätze auch so gedeutet werden, dass die Eintragung sämtlicher Bestimmungen in einer Urkunde begehrt wird, dass aber, falls der Grundbuchrichter nur gewisse Bestimmungen für eintragungsfähig und noch nicht eingetragen hielte, dem Antrag mit dieser Beschränkung stattgegeben, also die Zurückweisung des gesamten Antrages vermieden werden solle. In diesem Fall würde die Eintragung sämtlicher Bestimmungen beantragt, und lediglich die Einheitlichkeit des Antrages verneint, um eine vollständige Zurückweisung zu verhüten; es läge also eine unschädliche Rechtsbedingung der Eintragungsfähigkeit vor.[7] Meist ist damit jedoch gewollt, dass die Beteiligten sich eines bestimmten Antrages enthalten und es dem Grundbuchamt überlassen, zu entscheiden, was eingetragen werden soll. Da der Antragsteller die Ansicht des Grundbuchamtes vorher nicht kennen kann, mangelt es in diesem Fall am Bestimmtheitsgrundsatz. Der Antrag ist daher unzulässig.[8] Das gilt umso mehr dann, wenn es nicht um voneinander separate Eintragungen geht, sondern um den Umfang der Bezugnahme auf die Eintragungsbewilligung. Dann nämlich wäre der dingliche Rechtsinhalt (im Gegensatz zu bloß schuldrechtlichen Nebenpflichten) für Dritte nicht mehr sicher abgrenzbar.

4. **Unschädlich** sind Zusätze, wenn das Grundbuchamt das Vorliegen des in Betracht kommenden Tatbestandes ohne weitere Mühe und mit Sicherheit aus dem Grundbuch feststellen kann,[9] z.B. ob der Hypothekengläubiger als Eigentümer eines anderen Grundstücks im gleichen Grundbuchbezirk eingetragen ist, oder ob die vorbehaltene Rangstelle frei ist, oder der Hypothekengläubiger im Handelsregister eingetragen ist.

Keinen unzulässigen Vorbehalt stellt der Antrag auf Eintragung einer Auflassungsvormerkung dar, verbunden mit dem Antrag auf deren Löschung mit der Eintragung des Käufers als Eigentümer, falls kein anderer Eintragungsantrag eingegangen ist[10] oder der Antrag auf Löschung der Vormerkung mit dem Zusatz, dass der Löschung nur solche Zwischeneintragungen oder unerledigte Eintragungsanträge entgegenstehen sollen, die ohne Mitwirkung des Käufers erfolgten[11] oder wenn ein Antrag nur für den Fall gestellt ist, dass dem Hauptantrag nicht entsprochen werden kann.[12] Richtigerweise folgt dies aus der teleologischen Reduktion der Bedingungsfeindlichkeit bei prozess-/verfahrensimmanenten Bedingungen – hier aber aufgrund des strikten Beibringungsgrundsatzes mit der weiteren Beschränkung auf Aktenkundigkeit. Weitere Ermittlungen können vom Grundbuchamt nicht verlangt werden.[13]

Zulässig kann ein „Negativvorbehalt" sein, wenn die Prüfung der widersprochenen Eintragung rein verfahrensintern bedingt ist und deswegen vom Grundbuchamt selbstständig überwacht werden kann. So kann der erbfolgebedingte Grundbuchberichtigungsantrag dahin gehen, dass die Eintragung als Alleineigentümerin begehrt wird bei gleichzeitiger Nichteintragung eines Nacherbenvermerks[14] oder allenfalls bei Eintragung eines Nacherbenvermerks mit bestimmtem Inhalt (= zugunsten genau bestimmter Nacherben).[15]

---

5 KG NJW 1938, 2227.
6 OLG Frankfurt Rpfleger 1976, 401.
7 KG OLG 26, 185; KG KGJ 1, 463.
8 KG KGJ 1, 463; BayObLGZ 1969, 100 = DNotZ 1969, 492; OLG Frankfurt Rpfleger 1977, 101.
9 BayObLGZ 1912, 372, ebenso in MittBayNot 1972, 228.
10 LG Kiel SchlHA 1966, 169.
11 OLG Hamm Rpfleger 1992, 474; *Demharter*, § 16 Rn 4; offen gelassen BayObLG Rpfleger 2002, 260.
12 BayObLGZ 1995, 157.
13 Richtig deswegen OLG Stuttgart Rpfleger 2011, 267.
14 OLG Hamm FGPrax 2016, 56.
15 OLG Hamm FGPrax 2020, 57.

II. Folge der Unzulässigkeit

12 Ist der Vorbehalt unzulässig, so soll dem Antrag nicht stattgegeben werden.

Der Antrag ist also grundsätzlich zurückzuweisen. Das Grundbuchamt kann jedoch auch durch eine Zwischenverfügung auf die Beseitigung des Vorbehaltes hinwirken,[16] wenn im Übrigen der ohne Vorbehalt gestellte Antrag vollzugsreif wäre. Dagegen ist eine solche Zwischenverfügung ausgeschlossen, wenn der Antragsteller durch den Vorbehalt erreichen will, dass ihm Gelegenheit zur Verschaffung des Verfügungsrechtes[17] oder der Eintragungsunterlagen[18] gegeben wird, oder wenn feststeht, dass dem aufschiebend befristeten Antrag vor Ablauf der Frist nicht entsprochen werden kann.

Auf jeden Fall unzulässig ist eine Aussetzung des Verfahrens.[19]

III. Verletzung der Vorschrift

13 Verletzt das Grundbuchamt die Vorschriften des § 16 GBO und trägt trotzdem ein, so berührt dies die materielle Gültigkeit der Eintragung nicht, wenn sie im Übrigen dem materiellen Recht entspricht. Das Grundbuchamt kann jedoch dadurch eine Amtshaftung (§ 839 BGB) auslösen.

IV. Ausnahme des Abs. 2

14 Werden mehrere Eintragungen beantragt, so kann ein Eintrag von dem anderen abhängig gemacht werden.

1. **Mehrere** Eintragungen müssen beantragt sein.

a) Keine Rolle spielt, ob die Anträge von dem gleichen Antragsteller oder von verschiedenen Personen gestellt worden sind. Unerheblich ist, ob eine Grundbuchberichtigung oder eine Rechtsänderung beantragt ist. Die Eintragungen können auch verschiedene Grundbuchblätter betreffen, wenn diese im gleichen Grundbuchamt geführt werden.[20] Die Einschränkung des Abs. 2 auf mehrere Anträge beim selben Grundbuchamt entspricht dem herkömmlichen Verständnis und gegenwärtiger Praxis. Gleichwohl mutet sie angesichts der Möglichkeiten moderner Kommunikation anachronistisch an und sollte überdacht werden. Rechtspolitisch spricht diese Beschränkung für ein großzügiges Gebrauchmachen von § 127 Abs. 1 Nr. 3, 4 GBO.

15 b) **Mehrere Eintragungen werden nicht beantragt,** wenn die einzelnen Bestimmungen lediglich die Ausgestaltung des einzelnen Rechtes bezwecken, z.B. bei einer Hypothek die Bestimmungen über Nebenleistungen, Verzinsung, Rückzahlung, Kündigung.[21] Hier liegt von vornherein ein einziger Antrag vor, der einheitlich erledigt werden muss. Teilerledigungen sind, auch wegen zu erwartender Unsicherheiten über den Rechtsinhalt, ausgeschlossen. Dagegen ist die dingliche Unterwerfungsklausel neben der Hypothek als selbstständige Eintragung zu betrachten, da eine Hypothek auch ohne sie eingetragen und die Eintragung der dinglichen Zwangsvollstreckungsunterwerfung nachgeholt werden kann.[22]

16 2. Der **Antragsteller** muss eine **Bestimmung** treffen, dass die eine Eintragung nicht ohne die andere erfolgen soll. Sind mehrere Antragsteller vorhanden, so soll jeder von ihnen die Bestimmung mit Wirkung auch für die anderen Antragsteller treffen können.[23] Die Bestimmung kann auch noch nachträglich getroffen werden.[24] Für den Antragsteller kann der Notar die Erklärung abgeben, sofern er sich damit nicht in Widerspruch zu den Erklärungen der Beteiligten setzt.[25]

17 a) Die **Bestimmung** kann dahin gehen, dass keine der mehreren Eintragungen ohne die andere vorgenommen werden soll; bestimmt werden kann auch, dass die eine von zwei Eintragungen nicht ohne die andere,

---

16 KG JFG 19, 137; a.A. KG JW 31, 1100 jedoch nur Leitsatz; OLG Hamm MittRhNotK 1992, 149.
17 KG JW 38, 2227.
18 KG KGJ 31, 254.
19 KG HRR 30 Nr. 1505; KG JW 32, 2890; *Demharter*, § 16 Rn 5.
20 KGJ 44, 201.
21 OLG Hamm Rpfleger 1956, 343.
22 KG OLG 10, 86; BayObLGZ 2, 576; OLG Colmar OLGZ 1913, 197; *Demharter*, § 16 Rn 9.
23 So *Demharter*, § 16 Rn 10 (zw.).
24 BayObLG Rpfleger 1993, 13 ff.
25 *Demharter*, § 16 Rn 10.

die andere aber ohne die eine erfolgen darf,[26] z.B. im Verhältnis Hypothek und Vormerkung. Die Bestimmung kann auch nachträglich noch eingefügt werden.

aa) Eine **bestimmte** Form ist nicht vorgeschrieben, auch nicht bei nachträglicher Einfügung. Es genügt, dass sie stillschweigend gewollt ist, sie muss nicht ausdrücklich ausgesprochen sein.[27]

bb) Eine **stillschweigende Bestimmung** ist insbesondere dann anzunehmen, wenn zwischen den Anträgen ein innerer Zusammenhang rechtlicher oder wirtschaftlicher Natur besteht, der die Einheitlichkeit der Erklärung als gewollt vermuten lässt,[28] also auch, wenn mit der Eintragung der Auflassung gleichzeitig Eintragungen zugunsten des Veräußerers beantragt werden,[29] wie z.B. Kaufpreisresthypotheken,[30] Nießbrauchsbestellung,[31] vormerkungsgesicherter bedingter Rückforderungsanspruch[32] oder ein Wohnrecht für den Verkäufer.[33] Werden im Zusammenhang mit der Veräußerung eines Grundstücks Rechte für den Veräußerer und einen Dritten bestellt, so ist zusätzlich zu einem Vorbehalt gemäß Abs. 2 grundsätzlich auch eine stillschweigende Rangbestimmung anzunehmen dahingehend, das Recht des Veräußerers und die Auflassung nur zusammen vollzogen werden dürfen.[34] Sind mehrere Grundstücke aufgelassen und ist an diesen eine Gesamthypothek bestellt, so ist Teilvollzug nicht möglich.[35]

Eine stillschweigende Bestimmung ist beispielsweise anzunehmen, wenn ein Sequester gemäß § 848 Abs. 2 ZPO die Eintragung des Pfändungsschuldners und einer Sicherungshypothek beantragt,[36] wenn in einem einheitlichen Teilungsvertrag die Eintragung mehrerer Auflassungen beantragt wird,[37] oder die Auflassung und die Löschung des Nacherbenvermerks[38] oder wenn der Eigentümer die Abtretung und Umwandlung einer ihm als Eigentümergrundschuld zugefallenen Hypothek in eine neue Hypothek beantragt.[39] Ebenso ist ein stillschweigender Vorbehalt anzunehmen zwischen Auflassung an mehrere künftige Miteigentümer und Miteigentümervereinbarung gem. § 1010 BGB (v.a. beim Aufhebungsausschluss).[40]

Der Antrag auf **lastenfreie Umschreibung** enthält neben dem Antrag auf Eintragung des Eigentumswechsels auch den verbundenen Antrag auf Löschung der Lasten durch Nichtübertragung (§ 46 Abs. 2 GBO); daher ist regelmäßig nur einheitlicher Vollzug möglich.[41] Der Antrag des Grundstückserwerbers auf Löschung seiner Auflassungsvormerkung enthält ebenfalls regelmäßig den Vorbehalt der gleichzeitigen Löschung aller etwaigen Zwischenrechte.[42]

Der Vorbehalt kann sich nicht nur auf die Eintragung als solche, sondern auch auf den Rang beziehen, etwa den Rang einer Kaufpreisresthypothek vor einer anderen Finanzierungsgrundschuld.[43]

Die bloße **äußerliche Vereinigung** der den Anträgen zugrundeliegenden **Bewilligungen** in einer Urkunde oder die gleichzeitige Stellung von Anträgen allein lassen allerdings keinen Schluss auf eine stillschweigende Bestimmung des Zusammenhangs zu.[44] Um eine solche Verbindung anzunehmen, muss ein sachlicher innerer Zusammenhang gegeben sein. Der besteht bei der zeitgleich beantragten Löschung mehrerer voreinander unabhängiger Rechte nicht;[45] auch nicht bei mehreren voneinander unabhängigen Grundbuchberichtigungen (dies schon im Hinblick auf die Abwehr des Berichtigungszwangs).[46]

---

26 KG KGJ 35, 198.
27 BayObLG Rpfleger 1975, 94; OLG Frankfurt Rpfleger 1980, 108; OLG Hamm Rpfleger 1973, 305; BayObLGZ 1975, 5.
28 KG KGJ 35, 198; JFG 7, 343; BayObLG Rpfleger 1975, 94; MittRhNot 1981, 190; OLG Frankfurt Rpfleger 1980, 108; BayObLG Rpfleger 1981, 283 nur Leitsatz; BayObLGZ 1973, 311; Rpfleger 1988, 244.
29 KG OLG 2, 490.
30 BayObLG 1924, 160; JFG 3, 341.
31 KG KGJ 1, 335; OLG Hamm Rpfleger 1973, 305.
32 OLG München MittBayNot 2018, 144; OLG Stuttgart MittBayNot 2021, 42.
33 LG Hamburg Rpfleger 1987, 103.
34 BayObLG 1975, 5 = Rpfleger 1975, 94.
35 BayObLG 1918, 286; abweichend KG KGJ 1, 442 mit der Auffassung, dass in diesem Fall die Kaufpreisresthypothek an dem aufgelassenen Teil einzutragen ist, wenn der Verkäufer den Käufer zur Auflassung des Grundbesitzes auch in Teilen an sich selbst oder Dritte bevollmächtigt hat; jedoch steht dem der Begriff der Gesamthypothek entgegen.
36 KG JFG 7, 343.
37 OLG München JFG 21, 105.
38 BayObLG MittBayNot 1991, 122.
39 KG KGJ 39, 249 nur für die Bewilligung; 41, 231.
40 OLG München ZEV 2022, 290. = RNotZ 2021, 587.
41 KG JFG 3, 418.
42 BGHZ 60, 46 = NJW 1973, 323.
43 Fall: BayObLGZ 1992, 127, 140.
44 KG KGJ 35, 198; BayObLG 1973, 311; OLG Hamm MittRhNotK 1996, 440; KG RNotZ 2016, 457, 460.
45 KG RNotZ 2016, 457, 460; OLG Düsseldorf NJOZ 2021, 234; OLG München FGPrax 2019, 159: Löschung gegenstandsloser Rechte ist immer sinnvoll.
46 OLG München RNotZ 2016, 393, 395.

Die Auslegungs- und Vermutungsregelungen zum stillschweigenden Gleichzeitigkeitsvorbehalt können durch eine deutliche gegenseitige Aussage („Anträge gelten nicht als einheitlich gestellt") widerlegt werden.[47]

22 Aus notarpraktischer Sicht fällt die Rspr. zum stillschweigenden Gleichzeitigkeitsvorbehalt zwiespältig aus. Die Probleme stellen sich auch bei ausdrücklichen Vorbehalten, sind dort aber wegen klarer Regelungen einsichtiger und besser beherrschbar. Einerseits wahrt sie die Interessen der Beteiligten auf Sicherung der Lastenfreistellung oder der rangrichtigen Eintragung von Vorbehaltsrechten. Andererseits verzögert sie womöglich massiv den Urkundsvollzug, wenn die Lastenfreistellungsunterlagen noch nicht beigebracht werden können, z.B. wegen unauffindbarer Grundpfandrechtsbriefe. Diese Unwägbarkeiten können häufig bei der Beurkundung nicht prognostiziert werden. Abhilfe schafft nur eine vorsorglich umfassende Vollzugsvollmacht, die auch die Aufhebung etwa konkludent gestellter Gleichzeitigkeitsvorbehalte erfasst.

23 Ein Gleichzeitigkeitsvorbehalt kann auch erforderlich sein, um die Zurückweisung von Anträgen zu vermeiden, die isoliert nicht vollzugsfähig wären, es in der Gesamtschau aber sehr wohl sind.[48] Das Grundbuchamt muss bei der Prüfung der Vollzugsfähigkeit bei einem entsprechenden Gleichzeitigkeitsvorbehalt diese Gesamtschau berücksichtigen.

24 cc) Ist eine solche **Bestimmung weder ausdrücklich noch stillschweigend** getroffen, ist jeder Antrag für sich allein vom Grundbuchamt zu behandeln, auch wenn die beiden Anträge in einer Urkunde enthalten sind.[49] Legt ein Beteiligter dem Grundbuchamt eine Urkunde vor, die mehrere Eintragungsanträge enthält, erklärt er dabei aber, dass einer von ihnen nicht erledigt werden soll, so gilt dieser Antrag als noch nicht eingegangen. Dies gilt auch dann, wenn ausdrücklich nur ein Antrag gestellt und mit dem Schweigen zum anderen zum Ausdruck gebracht wird, dass dieser Antrag nicht mehr aufgegriffen werden soll.[50]

25 b) Die **Bestimmung** kann **nur vom Antragsteller** getroffen werden. Sind mehrere Anträge von mehreren Personen gestellt, so ist jede bezüglich ihres Antrages zu der Bestimmung berechtigt. Der Gleichzeitigkeitsvorbehalt kann auch zwischen solchen Eintragungen hergestellt werden, für die der Bestimmende gar nicht selbst umfassend antragsbefugt ist (etwa Auflassung unter gleichzeitiger Löschung vormerkungswidriger Zwischenrechte). Ebenso kann die Abhängigkeit nur einer Eintragung von einer anderen selbst nachträglich und formlos auch durch die Erklärung nur eines Beteiligten herbeigeführt werden. Diese Abhängigkeit ist aber dann nicht gegeben, wenn zur Zeit der Erklärung der Verbindung erst ein Eintragungsantrag vorliegt, der andere aber noch gestellt werden soll.[51] In einem solchen Fall ist der gestellte Antrag als bedingter Antrag unzulässig, daher unvollziehbar und zurückzuweisen. Ein Widerruf des erklärten Vorbehaltes ist bis zur Erledigung des Antrages formlos möglich, auch noch im Beschwerdeverfahren.[52] Haben mehrere Beteiligte die Bestimmung getroffen, so muss sie von allen widerrufen werden.

Der eine Antragsteller kann die Bestimmung des anderen Antragstellers nicht durch eine gegenteilige Erklärung beseitigen, auch wenn er für die mehrere Eintragungen antragsberechtigt ist.[53]

26 3. Für das Verfahren des Grundbuchamtes gilt:

a) Die **verbundenen Anträge** sind als **verfahrensrechtliche Einheit** zu betrachten.[54] Das Grundbuchamt hat infolgedessen zu prüfen, ob jedem Antrag stattgegeben werden kann.

Besteht bei **einem der Anträge ein Hindernis,** so dürfen auch die übrigen beantragten Eintragungen nicht vorgenommen werden. Jedoch kann beispielsweise ein Vorbehalt, der zwischen den Anträgen auf Eintragung des Eigentumswechsels und eines Nießbrauchs zugunsten des Veräußerers besteht, mit dem Tod des Veräußerers vor Eigentumsumschreibung entfallen.[55] Ist ein Antrag unbegründet, so sind sämtliche Anträge zurückzuweisen, auch der an sich begründete, unter Hinweis auf Abs. 2, oder beide

---

47 OLG Hamm MittBayNot 2018, 37.
48 OLG Düsseldorf NJW-RR 2016, 720 (Teilung eines Erbbaurechts).
49 KG KGJ 35, 195; KG RNotZ 2016, 457, 460.
50 OLG Hamm Rpfleger 1973, 305.
51 OLG Frankfurt Rpfleger 1976, 401.
52 OLG Frankfurt FGPrax 2019, 57.
53 KG DNotZ 1937, 834; OLG Hamm Rpfleger 1973, 305.
54 KG JFG 13, 113.
55 OLG Hamm Rpfleger 1973, 305.

mit Zwischenverfügung zu beanstanden und die Erledigung beider Anträge bis zum Fristablauf aufzuschieben.[56] Die Zwischenverfügung kann in diesem Fall ausnahmsweise auch dahin lauten, den beanstandeten Antrag oder den Vorbehalt zurückzunehmen (vgl. dazu § 71 GBO Rdn 51).[57] Unzulässig ist teilweiser Vollzug, da dadurch die verfahrensrechtliche Einheit gelöst würde. Die Anträge sind einheitlich abzulehnen.[58] Ist aber unzulässigerweise ein teilweiser Vollzug bezüglich der begründeten Anträge erfolgt, so ist für die Zwischenverfügung kein Raum mehr.[59] Der verbleibende unzulässige Antrag ist zurückzuweisen,[60] lediglich die Kosten können niedergeschlagen werden.[61] Keinesfalls darf jedoch die Erledigung eines Antrags vom Grundbuchamt von dem gleichzeitigen Vollzug weiterer, noch einzureichender Anträge abhängig gemacht werden.[62]

Demgegenüber kann der Streitstoff der Beschwerde von diesem Einheitlichkeitsgrundsatz abweichen. Hat das Grundbuchamt alle verbundenen Anträge zurückgewiesen, weil es nur einen für nicht vollzugsfähig hält, so kann die Beschwerde auf diesen Grund der Zurückweisung beschränkt werden.[63] Da die Beschwerdeentscheidung keine umfassende Rechtskraft bewirkt, sondern lediglich eine Bindung des Grundbuchamtes an die konkreten Aussagen des Beschwerdegerichts, ist dies mit dem Rechtsmittelsystem des Grundbuchverfahrensrechts vereinbar.

b) Sind **in einer Urkunde mehrere Anträge** gestellt, **verlangt** der Antragsteller aber nur die **Erledigung eines Antrages,** so hat das Grundbuchamt zu prüfen, ob ein anderer Antragsteller die gleichzeitige Erledigung aller Anträge bedungen hat.[64] Ist das der Fall, so muss der Antragsteller den Vorbehalt gegen sich gelten lassen. Er kann das Recht des anderen nicht dadurch beseitigen, dass er beide Eintragungen für voneinander unabhängig erklärt, auch wenn er hinsichtlich aller Anträge antragsberechtigt ist.[65] Soll die Bestimmung nach Abs. 2 widerrufen werden, so ist die Zustimmung aller erforderlich, wenn mehrere Antragsteller gegeben sind.[66] Dies gilt auch für den Notar, der gemäß § 15 GBO die Anträge gestellt hat. Ohne ausdrückliche Ermächtigung kann er nicht teilweise zurücknehmen.[67]

c) **Verletzt das Grundbuchamt** die Bestimmung des § 16 GBO, so wird die materiell-rechtliche Wirkung der Eintragung dadurch nicht berührt.[68] Jedoch können Amtshaftungsansprüche entstehen.

D. Entsprechende Anwendung auf die Eintragungsbewilligung

I. Eintragungsbewilligung

Auf die Eintragungsbewilligung ist die Bestimmung entsprechend anzuwenden.[69] Noch stärker als beim Eintragungsantrag ist dabei zu beachten, dass mit einer unter Vorbehalt erklärten Eintragungsbewilligung nicht die bedingungslose Bewilligung eines bedingten oder befristeten Rechts verwechselt werden darf.[70] Es gelten die oben (siehe Rdn 19) genannten Auslegungskriterien.

II. Vorbehalt

Die – grundsätzlich vorbehaltlose[71] – Eintragungsbewilligung kann den ausdrücklichen oder stillschweigenden Vorbehalt enthalten, dass eine Eintragung nur mit einer weiteren erfolgen darf.[72] Ein solcher Vorbehalt kann auch der Auflassung trotz § 925 Abs. 2 BGB beigefügt werden.[73] Bedingt ist hier nicht das Recht an sich, sondern das Tätigwerden des Grundbuchamtes. Mit anderen Worten entsteht das Recht auch dann, wenn das Grundbuchamt unter fehlerhafter Übergehung des Vorbehalts einträgt. Mittels dieser Vorbehalte kann sich der Drittbeteiligte schützen, der selbst keine Anträge stellt (etwa Löschungs-

---

56 BayObLGZ 1976, 187; BayObLG Rpfleger 1979, 210.
57 KG JFG 1, 441; BayObLG Rpfleger 1979, 210; BGH Rpfleger 1978, 365.
58 BayObLG Rpfleger 1988, 245; OLG München RNotZ 2016, 267.
59 KG JFG 1, 441.
60 BayObLG Rpfleger 1979, 211.
61 BayObLG Rpfleger 1979, 211.
62 LG Aschaffenburg Rpfleger 1971, 319.
63 OLG Jena RNotZ 2018, 177; OLG München ZEV 2018, 30.
64 KG HRR 37 Nr. 1405; OLG Hamm Rpfleger 1973, 305.
65 OLG Hamm Rpfleger 1973, 305.
66 OLG Hamm Rpfleger 1973, 305.
67 LG Hamburg Rpfleger 1987, 103.
68 KG KGJ 44, 201.
69 BayObLGZ 1985, 331; OLG Hamm Rpfleger 1992, 474.
70 RG JW 34, 282.
71 KG KGJ 44, 197; OLG Oldenburg HEZ 1, 109.
72 KG KGJ 44, 199; KG HRR 37, 466.
73 KG JFG 1, 337.

bewilligung nur, sofern die Auflassung auf den vormerkungsberechtigten Dritten erfolgt; Bewilligung eines Rangrücktritts unter dem Vorbehalt, dass auch Zwischenrechte im Rang zurücktreten, um keine relativen Rangverhältnisse entstehen zu lassen).

32 Ist ein solcher Vorbehalt in der Eintragungsbewilligung enthalten, so muss der Eintragungsantrag diesen wiederholen. Es genügt jedoch eine Verweisung auf die Eintragungsbewilligung.

§ 17 [Erledigungsreihenfolge]

Werden mehrere Eintragungen beantragt, durch die dasselbe Recht betroffen wird, so darf die später beantragte Eintragung nicht vor der Erledigung des früher gestellten Antrags erfolgen.

A. Allgemeines 1	**C. Erledigung** 27
B. Voraussetzungen 5	I. Früherer Antrag 28
I. Nur in Antragsverfahren 5	II. Späterer Antrag 32
II. Mehrere Anträge 6	**D. Ausnahmen zur Eintragungsreihenfolge** 36
III. Betroffenes Recht 13	I. Spätere Zulässigkeit des früheren Antrags 37
IV. Problemfälle: nachfolgender Berichtigungsantrag/nachfolgende Verfügungsbeschränkung 19	II. Nachträgliche Bestimmung durch Antragsteller 38
1. Kenntnis der Grundbuchunrichtigkeit .. 19	III. § 130 Abs. 3 ZVG 39
2. Verfügungsbeschränkungen 24	**E. Rechtsfolgen der Verletzung** 40
3. Behördliche Ersuchen 26	I. Ordnungsvorschrift 40
	II. Ausnahme 42

A. Allgemeines

1 Mehrere miteinander kollidierende Anträge dürfen vom GBA nicht in beliebiger (willkürlicher) Reihenfolge abgearbeitet werden, sondern **strikt in der Reihenfolge ihres Eingangs**. Wenngleich gewisse Schutzlücken bleiben (siehe Rdn 2), wird damit zum Schutz des Antragstellers[1] seine Eintragung und der ihr letztlich zukommende Rang unabhängig von der konkreten Bearbeitungsdauer des GBA gewährleistet. Daraus folgt e contrario zugleich die Berechtigung des GBA, den täglichen Posteinlauf – in der Summe betrachtet – anders als in der Eingangsreihenfolge abarbeiten zu dürfen, etwa Anträge mit schwierigen Rechtsfragen nachrangig, wirtschaftlich dringliche Anträge (Auflassungsvormerkungen, Grundschulden) vorrangig zu bearbeiten. Soweit eben nicht dasselbe Recht betroffen ist (was bezogen auf die Gesamtmenge des täglichen Posteingangs im Grundbuchamt bei weitem der häufigere Fall sein dürfte), steht die Bearbeitungsreihenfolge im Ermessen des GBA.

Aus § 17 GBO folgt zudem, dass im Grundbuchverfahren kein „Ruhen des Verfahrens" zulässig ist,[2] weil damit auch nachfolgende Anträge zwangsläufig ruhend gestellt wären.

2 Schutzlücken bleiben,
- weil der Zeitrang des § 17 GBO bei einer Zurückweisung des früheren Antrags verlorengeht, selbst wenn die Zurückweisung im Rechtsmittelverfahren aufgehoben wird;[3]
- weil bei einer Missachtung der Norm nach h.M. der Rangvorteil des späteren Antragstellers nicht vom früheren (an sich ja besser berechtigten) Antragsteller kondiziert werden kann. Immerhin bestehen in diesem Fall Schadenersatzansprüche gegen den Staat aus § 839 BGB: Die Einhaltung der Norm ist zwingende Amtspflicht;[4] die Vertragsgestaltung muss solche – empirisch auch äußerst seltenen – Fehler nicht einkalkulieren.[5]

---

[1] Bauer/v. Oefele/*Wilke*, Rn 2, weist § 17 GBO deswegen auch einen grundrechtlichen Einschlag aus Art. 14 GG zu.
[2] OLG München FGPrax 2019, 44; OLG Karlsruhe FGPrax 2022, 243.
[3] Vgl. *Dressler-Berlin*, FGPrax 2020, 98.
[4] Instruktiv: OLG Köln Rpfleger 1980, 222.
[5] Etwa *Adam*, NJW 2016, 3484, 3486.

– Weil nach herrschender Praxis nachträglich eingetretene oder bekannt gewordene Vollzugshindernisse ungeachtet des § 17 GBO auch gegenüber früherer Antragstellung beachtlich sein können und dann die Zurückweisung rechtfertigen.

Infolge der strikt vorgegebenen Erledigungsreihenfolge können, über § 892 Abs. 2 BGB hinaus (der aber gleichfalls Hinweis dafür ist, dass es für die Wirkungen der Eintragung nach der gesetzlichen Wertung nicht auf die Bearbeitungsdauer des GBA ankommen soll), weitere Rechtswirkungen auf den Zeitpunkt des Antragseingangs vorverlegt werden, so beim Schenkungsvollzug (§ 529 BGB).[6] Anders – aber falsch – entscheidet der BGH bei den Fristen der Insolvenz- und Vollstreckungsanfechtung wegen der noch bestehenden Rücknahmemöglichkeit des § 24 Abs. 3 BNotO.[7] Dabei übersieht er die Einbettung dieser Norm in die notariellen Amtspflichten: Die Rücknahmeberechtigung kann das Gesetz dem Notar nur deswegen verleihen, weil er aufgrund seiner Amtspflicht hiervon gerade keinen willkürlichen Gebrauch machen darf, insbesondere nicht zur Verhinderung eines möglichen und aussichtsreichen Vollzugs.[8]

Die Bestimmung löst zugunsten des Zeitranges zwei Kollisionen:

– Besteht zwischen den **mehreren Eintragungen ein Rangverhältnis**, so sichert § 17 GBO den richtigen Rang. Das Rangverhältnis unter mehreren Rechten bestimmt sich nach der Eintragung im Grundbuch (§ 879 BGB). Die Eintragungen haben aber die Reihenfolge zu erhalten, welche der Zeitfolge der Anträge entspricht (§ 45 GBO), soweit die Beteiligten nicht Abweichendes bestimmt haben. Für den Fall, dass die mehreren Anträge das gleiche Recht betreffen, sichert § 17 GBO die richtige Rangeintragung auch dann, wenn für den Vollzug des früher gestellten Antrags ein Hindernis besteht.
– **Besteht** ein solches Rangverhältnis **nicht**, so kann die **Zulässigkeit** der früher beantragten Eintragung durch die Vollziehung der späteren ausgeschlossen sein oder umgekehrt. Für diesen Fall gibt die Bestimmung dem früher eingegangenen Antrag den Vorrang mit der Folge, dass dem zweiten Antrag der Boden entzogen ist.

B. Voraussetzungen

I. Nur in Antragsverfahren

§ 17 GBO gilt keinesfalls für Eintragungen, die **von Amts wegen** zu bewirken sind, da hier der „Antrag" nur die Bedeutung einer Anregung hat (vgl. § 13 GBO Rdn 6). Infolgedessen können sich durch überholende amtswegige Eintragungen Schutzlücken ergeben. Die Norm gilt darüber hinaus auch in anderen Antragsverfahren der GBO, die nicht eine Eintragung zum Gegenstand haben, etwa bei erneuter Brieferteilung nach § 67 GBO.[9]

II. Mehrere Anträge

Die Anwendung des § 17 GBO ist bezogen auf den gestellten Antrag. Dem steht das Eintragungsersuchen der Behörde gleich.[10] Errichtungs- und/oder Eingangsdatum der Eintragungsbewilligung oder ersetzender Urkunden sind irrelevant. § 17 GBO ist auch gesetzessystematisch in Verlängerung des § 13 GBO zu sehen, der das Tätigwerden des GBA überhaupt vom Antrag oder Eintragungsersuchen abhängig macht. Urkunden, die kein Tätigwerden des GBA verlangen, können keinen Zeitrang wahren.

Daraus folgt zugleich, dass der Antrag nicht nur urkundlich in den Wahrnehmungsbereich des GBA gelangt sein, sondern er auch „gestellt" sein muss. § 17 GBO wahrt also keinen Zeitrang für einen in den Eintragungsunterlagen enthaltenen, derzeit aber zurückgehaltenen (= nicht als gestellt anzusehenden) Antrag. Zur Behandlung eines noch nicht erledigten Eintragungsantrags bei Eingang eines Ersuchens um Eintragung eines Zwangsversteigerungsvermerks siehe § 38 GBO (vgl. § 38 GBO Rdn 50). Zu § 130 Abs. 3 ZVG siehe § 30 GBO. Dagegen ist ohne Bedeutung, ob Anträge nur von einem oder von mehreren Beteiligten gestellt worden sind.

---

6 BGH NZM 2012, 652.
7 BGH MittBayNot 2009, 61.
8 Zu Recht abl. auch: *Amann*, DNotZ 2010, 246. BGH NZI 2010, 190 erwähnt diese Einschränkung nicht (mehr?).
9 OLG München BeckRS 2011, 08536.
10 RG HRR 40, Nr. 516; KG BeckRS 2018, 30266.

8 Die **Art** der Eintragung ist gleichgültig; es kann sich um rechtsändernde oder berichtigende Eintragungen handeln. Auch Vormerkungen, Widersprüche und Verfügungsbeschränkungen gehören grundsätzlich hierher.

9 **Mehrere** Anträge müssen gestellt sein. Das ist nicht der Fall, wenn in einem einzigen Antrag mehrere Eintragungen veranlasst werden. Hier muss gleichzeitige Erledigung erfolgen, wobei § 16 Abs. 2 GBO zur Anwendung kommen kann. Sollte es innerhalb desselben Antrags zu kollidierenden Erledigungen kommen können, wäre ohnedies anders als nach § 17 GBO zu verfahren, nämlich durch Gleichrangeintragung, durch Aufklärungsverfügung oder Zurückweisung des Antrags wegen Perplexität.

10 **Gleichgültig** ist, **wer** die Anträge gestellt hat, ob sie von einem oder mehreren Antragstellern herrühren.

Unerheblich ist, ob für den ersten von mehreren Anträgen ein **Vollzugshindernis** besteht, das nach § 18 GBO zu behandeln ist.[11] Die Erledigung späterer Anträge ist damit aufgeschoben, soweit das GBA wegen behebbarer Mängel eine Zwischenverfügung erlässt.

Mehrere Anträge liegen dann nicht vor, wenn der früher gestellte Antrag wegen Wegfalls der Antragsbefugnis unzulässig geworden ist.[12] Allerdings müsste das GBA in diesem Fall ohnedies zurückweisen, was dann wieder zur Erledigung in richtiger Reihenfolge führt.

11 Die Anträge müssen **zu verschiedenen Zeiten** gestellt sein.

Maßgebend ist der Eingang beim GBA (siehe § 13 GBO Rdn 58 ff.). Nach derzeitigem technischen Stand ist dies minutengenau festgehalten. Nach Umstellung auf die elektronische Aktenführung beim GBA, insbesondere auf digitale Einreichung der Unterlagen, kann die Reihenfolge auf Sekundenbruchteile genau festgelegt werden. Gehen Anträge gleichzeitig ein, so sind sie auch gemeinsam zu erledigen. Sind sie begründet, widersprechen sie sich jedoch, so sind sie sämtlich zurückzuweisen, bei beantragter Eintragung einer Verfügungsbeschränkung jedoch nur der dadurch ausgeschlossene Antrag, sofern bei diesem keine Zwischenverfügung möglich ist (vgl. § 18 GBO Rdn 35). Wird ein unbegründeter Antrag, der ohne Zwischenverfügung zurückzuweisen wäre, nachträglich begründet, so ist er im Sinne des § 17 GBO erst in diesem Zeitpunkt als eingegangen anzusehen.[13]

12 Aus der Beschränkung des § 17 GBO auf (gestellte) Anträge folgt zugleich, dass die Norm keine Pflicht des GBA begründet, den Grundakt auf materiell-rechtliche Erklärungen in früher eingereichten Urkunden hin durchzusehen, die spätere Anträge hindern würden.[14]

Andererseits enthält die Norm keine Einschränkung auf in irgendeiner Weise zeitnah oder im Zusammenhang miteinander gestellte Anträge. § 17 GBO ist etwa auch zu beachten, wenn im Zusammenhang mit dem Folgeantrag festgestellt wird, dass ein lange zurückliegender Antrag[15] nicht oder nicht richtig bzw. nicht vollständig erledigt wurde. Auch dann ist die Erledigung des Erstantrags Voraussetzung für die Erledigung des Folgeantrags.[16]

III. Betroffenes Recht

13 **1. Recht.** Gemeint sind Eigentum,[17] Rechte an einem Grundstück und Rechte an Grundstücksrechten. Sie können auch nur berichtigenden oder vorläufigen Charakter haben, wie Verfügungsbeschränkungen, Vormerkungen und Widersprüche.[18]

Auch zwischen mehreren Auflassungen sind nach § 17 GBO aufzulösende Kollisionen denkbar: Wird ein Grundstück mehrfach hintereinander aufgelassen, so kann der Letzterwerber nur dann seine unmittelbare Eintragung beantragen, wenn die Zwischenerwerber ihrerseits keinen Eintragungsantrag gestellt haben;[19] anderenfalls sind die Anträge der Zwischenerwerber zuerst zu erledigen.[20] Ebenso stehen Antrag

---

11 RG HRR 40, Nr. 516.
12 *Demharter*, § 17 Rn 2.
13 KG JFG 14, 445; *Demharter*, § 17 Rn 3.
14 OLG Naumburg BeckRS 2012, 20177: Aufhebung einer früheren dinglichen Einigung über Grundschuldbestellung.
15 Im bei OLG München Rpfleger 2017, 144 genannten Fall z.B. ca. 20 Jahre.
16 OLG München Rpfleger 2017, 144.
17 Auch Aneignungserklärungen zu herrenlosen Grundstücken, OLG Naumburg NJOZ 2020, 173.
18 Ebenso Meikel/*Bestelmeyer*, § 17 Rn 11; *Demharter*, § 17 Rn 4.
19 KG KGJ 47, 159.
20 KG OLGZ 1943, 178.

auf Umschreibung des Eigentums an einem Grundstück und ein Ersuchen um Eintragung des Zwangsvollstreckungsvermerks im Zeitverhältnis nach § 17 GBO.[21]

Rechte, die außerhalb des Grundbuchs entstehen, kommen für die Anwendung des § 17 GBO nicht in Anwendung, z.B. die gem. § 848 Abs. 2 S. 2 ZPO außerhalb des Grundbuchs entstehende Sicherungshypothek,[22] da sich der Rang solcher Rechte nach der Zeit der Entstehung richtet.[23] Allerdings stellt sich bis zur Eintragung (im Wege der Grundbuchberichtigung) die Frage nach einem etwaigen gutgläubigen lastenfreien Erwerb.

2. Das gleiche Recht muss betroffen sein. Betreffen die beantragten Eintragungen verschiedene Rechte oder verschiedene Teile eines Rechts, so findet § 17 GBO keine Anwendung; keine Reihenfolge der Erledigung besteht bspw. bei Löschung einer Hypothek und Neueintragung einer anderen Hypothek oder bei Eintragung einer Hypothek und Inhaltsänderung einer anderen Hypothek. Selbstständig und eben nicht „selbe" Rechte in diesem Sinne sind auch Teilhypotheken, gleichgültig, ob mit oder ohne Teilbriefbildung.

3. Der Begriff des Betroffenseins ist hier enger als in § 13 GBO. Drei Fälle des „Betroffenseins" sind denkbar:

a) Wenn zwischen den beantragten Eintragungen ein **Rangverhältnis** besteht, bspw., wenn mehrere Grundpfandrechte an dem gleichen Grundstück eingetragen werden sollen.

b) Wenn die **eine Eintragung die andere unzulässig machen** würde, z.B. wenn die Eigentumsumschreibung und die Eintragung einer Zwangshypothek gegen den Veräußerer aufgrund eines vollstreckbaren Titels beantragt wird[24] oder die eine Eintragung für die andere Eintragung weitere Voraussetzungen aufstellen würde (z.B. vorherige Verpfändung eines Grundpfandrechts bei dessen beantragter Löschung).

c) Wenn die **früher beantragte Eintragung** erst die **Zulässigkeit der später beantragten Eintragung bewirkt**, z.B. wenn der Käufer eines Grundstücks vor der beantragten Umschreibung die Eintragung einer Dienstbarkeit oder Grundschuld beantragt oder die Eintragung eines Grundpfandrechts beantragt wird bei Vorlage der Teilungserklärung.[25]

Gleichgültig ist dabei, ob die Eintragungen auf dem gleichen Grundbuchblatt oder (wie bei Gesamtgrundpfandrechten) auf mehreren Blättern erfolgen müssen.

IV. Problemfälle: nachfolgender Berichtigungsantrag/nachfolgende Verfügungsbeschränkung

1. Kenntnis der Grundbuchunrichtigkeit

§ 17 GBO gilt für die Eintragungsreihenfolge jedweder Anträge, ob (Verfügungs-)Antrag oder Berichtigungsantrag. Allerdings sind die Implikationen bei einer Kollision von Verfügungs- mit Berichtigungsantrag näher zu erörtern.

Hat der Berichtigungsantrag als früher gestellt Zeitrang vor dem Verfügungsantrag, ist er normal abzuarbeiten. Bei gehörigem Unrichtigkeitsnachweis oder formgültiger Berichtigungsbewilligung ist einzutragen. Auf der Grundlage der dann vorgefundenen dinglichen Rechtslage ist der Verfügungsantrag zu erledigen. Dessen Vollzug ist nur dann unproblematisch gewährleistet, wenn die Bewilligung entweder die nun beseitigte Unrichtigkeit des Grundbuchs bereits berücksichtigt hat (dann ist aber schon kein Kollisionsfall gegeben) oder die Bewilligung auch den nun offen gelegten Berechtigten bindet (etwa die Erblasser-Bewilligung den Erben). Sonst, d.h. also in den kritischen Fällen, muss entweder zurückgewiesen werden oder durch Zwischenverfügung die Beibringung einer Bewilligung des nun eingetragenen Berechtigten verlangt werden.

---

21 RG HRR 40 Nr. 516.
22 OLG Bremen NJW 1954, 1689; BayObLGZ 1992, 193 = Rpfleger 1993, 15; a.A. Meikel/*Bestelmeyer*, § 17 Rn 12.
23 KG KGJ 35, 300.
24 OLG Dresden JFG 2, 447; zur Löschung eines von der Nacherbfolge betroffenen Rechts ausführlich: *Bestelmeyer*, Rpfleger 1994, 191 ff.; Meikel/*Bestelmeyer*, Rn 37.
25 OLG Düsseldorf MittBayNot 1985, 199.

21 Im umgekehrten Fall (Verfügungsantrag vor Berichtigungsantrag) kann auch in der von § 17 GBO vorgegebenen Reihenfolge gearbeitet werden. Diese pauschale Feststellung verdeckt aber die maßgebliche Vorfrage, ob nämlich das GBA bei Bearbeitung des Verfügungsantrags gem. § 891 BGB den Grundbuchstand bindend zugrunde zu legen hat (regelmäßig mit der Folge der Erledigung durch eine Eintragung) oder ob es das aus dem nachfolgenden Berichtigungsantrag geschöpfte bessere Wissen schon bei Erledigung des Verfügungsantrags berücksichtigen darf oder muss (dann mit der Folge der Zwischenverfügung oder Zurückweisung). Formell wäre dem § 17 GBO damit immer noch Genüge getan: Der frühere Verfügungsantrag wäre ja früher erledigt. Inhaltlich hätte sich aber entgegen § 17 GBO der nachfolgende Antrag durchgesetzt.

22 Die derzeit herrschende Praxis würde wohl das bessere Wissen des GBA vorrangig berücksichtigen. Gleichwohl sprechen die besseren Gründe für eine Pflicht des GBA, dieses Wissen auszublenden und strikt § 891 BGB auf den Stand des Grundbuchs anzuwenden. Das GBA hat nicht die Aufgabe, außerhalb der vorgesehenen Verfahrensmöglichkeiten die Interessen des wahren Berechtigten zu schützen. Es hat aber die Aufgabe, das Grundbuchsystem als tragfähig zu erhalten. Dazu gehört, dass der Erwerber nicht seinerseits das Grundbuch hinterfragen muss.

23 Die Berücksichtigung (auch nachfolgend erlangten) besseren Wissens des Grundbuchamtes hebelt darüber hinaus die materiellrechtliche Vorschrift des § 892 BGB in zweierlei Hinsicht aus. In zeitlicher Hinsicht tritt entgegen § 892 Abs. 2 BGB an die Stelle der Antragstellung beim Grundbuchamt der Eintragungszeitpunkt. Zudem schadet dem Erwerber entgegen § 892 BGB nicht nur eigene Kenntnis, sondern auch diejenige des GBA.[26] Außerdem treffen bei dieser Auslegung entgegen der Intention des § 17 GBO den Erwerber verzögerte Bearbeitungszeiten beim GBA. Das ist auch in der bundesweiten Betrachtung unter Gleichheitsgesichtspunkten nicht unbedenklich. Über die Kenntnis des GBA von der (objektiven) Grundbuchunrichtigkeit hinaus ist deswegen auch zu verlangen, dass das GBA sichere Kenntnis von der (subjektiven) Bösgläubigkeit des Erwerbers im maßgeblichen Zeitpunkt des § 892 Abs. 2 BGB hat. Kenntnis von subjektiven Tatbestandsmerkmalen mag zwar im Grundbuchverfahren ungewöhnlich sein und für das GBA schwer zu erlangen. Indes verlangt die Rspr. des BGH bei Anwendung z.B. des § 1365 BGB im Grundbuchverfahren genau dies: sichere Anhaltspunkte für die objektive Wertrelation und die Kenntnis des Erwerbers.[27]

2. Verfügungsbeschränkungen

24 Liegt ein **Antrag** des **Passivbeteiligten** (vgl. § 13 GBO Rdn 84) **auf Eintragung einer Rechtsänderung** vor und läuft nach ihm ein **Antrag oder Ersuchen auf Eintragung einer Verfügungsbeschränkung** ein, so ist zu prüfen, ob es sich um eine Verfügungsbeschränkung handelt, die dem zuerst Beantragenden die Verfügungsbefugnis mit absoluter Wirkung entzieht, wie z.B. bei Eintritt der Insolvenz (i.E. vgl. § 19 GBO Rdn 75). Ist dies der Fall, so ergibt sich aus dem zweiten Antrag, dass eine Antragsberechtigung des ersten Antragstellers nicht mehr gegeben ist. Da die Antragsberechtigung im Zeitpunkt der Vollendung der ersten Eintragung vorliegen muss (siehe § 13 GBO Rdn 97), kann § 17 GBO nicht zur Anwendung kommen. Der bereits vorliegende Antrag ist als unzulässig abzuweisen. § 878 BGB kann in diesem Fall ebenfalls keine andere Wirkung herbeiführen, da er zu seiner Anwendung einen rechtswirksamen Antrag voraussetzt, der hier durch den Wegfall der Antragsberechtigung nicht mehr gegeben ist. Ein Vollzug der beantragten Rechtsänderung bei Wegfall der Verfügungsbefugnis ist daher nach § 878 BGB nur möglich, wenn der Begünstigte selbst oder durch den Notar für sich den Antrag beim GBA gestellt hat.

25 Wurde der Eintragungsantrag vom **Aktivbeteiligten** (vgl. § 13 GBO Rdn 86) gestellt und läuft danach ein Antrag oder Ersuchen auf Eintragung einer Verfügungsbeschränkung ein, so bleibt es bei der Regelung des § 17 GBO, wenn der erste Antrag wirksam beim GBA vor dem Zeitpunkt des Wirksamwerdens der Verfügungsbeschränkung eingegangen ist, wegen der Regelung des § 878 BGB (i.E. siehe § 19 GBO Rdn 77).[28] Läuft der Antrag des Aktivbeteiligten gleichzeitig mit dem Ersuchen auf Eintragung der Verfügungsbeschränkung ein, so kommt § 17 GBO überhaupt nicht zur Anwendung. Ergibt sich aus dem Antrag auf Eintragung der Verfügungsbeschränkung, dass der Antrag des Aktivbeteiligten, der dem GBA

---

26 Krit. deswegen auch: *Lenenbach*, NJW 1999, 923.
27 BGH DNotZ 2013, 686; OLG München NJW 2023, 159.

28 *Hagemann*, Rpfleger 1984, 397; a.A. *Tröster*, Rpfleger 1985, 337 (für das Ersuchen nach § 19 ZVG), jew. m.w.N. Offen gelassen im OLG München RNotZ 2023, 168.

bereits vorliegt, nach dem Zeitpunkt des – außerhalb des Grundbuchs gelegenen – Wirksamwerdens der Verfügungsbeschränkung beim GBA einging, so kann nach h.M. (vgl. § 19 GBO Rdn 86) der erste Antrag nicht mehr vollzogen werden, da das GBA nicht das Recht hat, eine erkannte Unrichtigkeit oder Unvollständigkeit des Grundbuchs unberücksichtigt zu lassen, und diese Pflicht durch § 892 Abs. 2 BGB nicht eingeschränkt wird.

3. Behördliche Ersuchen

§ 17 GBO gilt, abgesehen von vorstehenden Fallgruppen, auch für behördliche Ersuchen gemäß § 38 GBO. Diese müssen sich in die zeitliche Erledigungsreihenfolge nach Eingang einreihen und genießen kein allgemeines Vorrecht.[29]

C. Erledigung

§ 17 GBO fordert grundsätzlich die Erledigung des früher gestellten Antrags vor Behandlung des später gestellten. § 17 GBO enthält keine Vorgabe dazu, wie der Antrag zu erledigen ist. Vollzug, Zwischenverfügung und Zurückweisung sind möglich.

I. Früherer Antrag

Für den früher gestellten Antrag bestehen als Möglichkeit der Erledigung:[30]

1. die **Vollendung** der Eintragung (vgl. § 44 GBO Rdn 14). Zum maschinellen Grundbuch siehe § 129 GBO. Die bloße Verfügung der Eintragung genügt nicht.
2. Die Eintragung einer **Vormerkung** oder eines **Amtswiderspruchs** nach § 18 Abs. 2 GBO. Die Zwischenverfügung als solche **gilt nicht** als Erledigung.
3. Die **Zurückweisung** des Antrags durch bekanntgemachte Entscheidung; der bloße Ablauf der in der Zwischenverfügung gesetzten Frist **genügt nicht**.[31]

Wird gegen die Zurückweisung Beschwerde eingelegt, so ändert dies an der Erledigung nichts. Erst wenn der Zurückweisungsbeschluss vom GBA (§ 75 GBO) oder Beschwerdegericht (§§ 71, 80 Abs. 3 GBO) aufgehoben wird, gilt die früher beantragte Eintragung als unerledigt.[32] Inzwischen eingetragene Rechte bleiben aber in ihrem Rang unberührt.[33]

War die Beschwerde auf neues Vorbringen gestützt, so gilt sie als neuer Antrag (i.E. vgl. § 74 GBO Rdn 6).

Wird der unbegründete Antrag nicht zurückgewiesen, obwohl dies hätte geschehen müssen (z.B. Antrag auf Eintragung der Pfändung einer Briefhypothek, ohne dass der Pfändungsgläubiger im Besitz des Briefes ist), treten die fehlenden Voraussetzungen (hier Wirksamwerden der Pfändung durch Wegnahme des Briefes) aber später ein, so ist der Antrag erst in dem letztgenannten Zeitpunkt als eingegangen im Sinne von § 17 GBO zu behandeln.[34]

4. Die **Rücknahme** des Antrags führt ebenfalls zur **Erledigung**.

II. Späterer Antrag

Der später gestellte Antrag kann nur nach Erledigung des früher gestellten erledigt werden. Eine gleichzeitige (hier: taggleiche) Eintragung ist dann nicht verboten, wenn ein etwa bestehendes Rangverhältnis gem. § 879 BGB verlautbart wird.[35] Interessen des früheren Antragstellers sind dann nicht berührt. Also kann einer rationellen Arbeitsweise des GBA der Weg freigegeben werden.

---

29 KG BeckRS 2018, 30266 (Eintragung eines Widerspruchs nach §§ 172, 22 Abs. 6 BauGB).
30 KG OLGZ 1943, 117; OLG München JFG 22, 140.
31 RG RGZ 60, 396.
32 BGH BGHZ 45, 191 = DNotZ 1966, 673; BayObLG Rpfleger 1983, 101.
33 BayObLG Rpfleger 1983, 101 m. Anm. *Meyer-Stolte*.
34 KG KGJ 14, 445.
35 Ebenso: Meikel/*Bestelmeyer*, § 17 Rn 32.

33 1. **Vor** der Erledigung des früheren Antrages sind lediglich möglich:

a) Der Erlass einer **Zwischenverfügung** für den später gestellten Antrag, wenn für diesen gesonderte Vollzugshindernisse bestehen. Möglich ist jedoch auch die Aufgabe der Beseitigung des ersten Antrags oder die Herbeiführung dessen Vollzugs, wenn die Zulässigkeit der später beantragten Eintragung davon abhängt.[36]

b) Der Vollzug der **später** beantragten Eintragung, wenn der erste Antrag nach § 18 Abs. 2 GBO erledigt wurde, auch wenn die endgültige Eintragung aufgrund des früheren Antrags dem späteren Antrag die Grundlage entziehen würde, da die später beantragte Eintragung von Amts wegen zu löschen ist, wenn das gem. § 18 GBO vorgemerkte oder durch Widerspruch gesicherte Recht endgültig zur Eintragung gelangt.[37] Nur wenn die Löschung mit dem späteren Antrag beantragt ist, kann eine Eintragung nicht erfolgen, da es keine vorläufige Löschung gibt.[38]

c) Die **Zurückweisung** der **später** gestellten Anträge, außer wenn die Zulässigkeit der später beantragten Eintragung von der Entscheidung über den ersten Antrag abhängt, denn in diesem Fall ist eine sachgemäße Entscheidung erst nach Entscheidung über den ersten Antrag möglich.[39] Bei einem Vorbehalt nach § 16 Abs. 1 GBO müssen beide Anträge zurückgewiesen werden.

34 Erfahrungsgemäß – und aus notarpraktischer Sicht: erfreulicherweise – werden die Möglichkeiten a) und b) zu einer (vorläufigen) Vorwegerledigung des späteren Antrags selten und nur mit Bedacht genutzt. Bei beiden Optionen besteht immer die Gefahr, dass Mehraufwand erzeugt wird (z.B. bei Beschaffung der Abhilfeunterlagen nach Erlass einer Zwischenverfügung), der sich letztlich dann als verlorener Aufwand darstellt, wenn der frühere Antrag dem nachfolgenden den Boden entzieht. Deswegen ist häufig vorläufiges Abwarten die ressourcensparende Vorgehensweise.

35 2. **Nach** Erledigung des ersten Antrags kann durch die Art der Erledigung dem zweiten Antrag der Boden entzogen sein oder umgekehrt er dadurch erst begründet worden sein. Im ersteren Fall ist er nach § 18 GBO abzuweisen, im letzteren Fall zu vollziehen.

D. Ausnahmen zur Eintragungsreihenfolge

36 Das GBA kann in folgenden Fällen entgegen der Reihenfolge des § 17 GBO erledigen:

I. Spätere Zulässigkeit des früheren Antrags

37 Wird die **früher** beantragte Eintragung erst zulässig **nach** Vornahme der später beantragten Eintragung, so ist letztere zuerst vorzunehmen, da der Zweck des § 17 GBO hier nicht zutrifft.[40] Steht der spätere Antrag mit weiteren in einem Zusammenhang gem. § 16 Abs. 2 GBO, so sind sämtliche spätere Eintragungen vor der Erledigung des früheren Antrags vorzunehmen.[41]

II. Nachträgliche Bestimmung durch Antragsteller

38 Trifft der Antragsteller nachträglich die Bestimmung, dass der von ihm früher gestellte Antrag erst nach dem später gestellten Antrag erledigt werden soll, so wird damit eine formbedürftige (§ 31 GBO) teilweise Rücknahme des früheren Antrags ausgesprochen, verbunden mit gleichzeitiger neuer Antragstellung. Ist die Form gewahrt und der Antrag begründet, so bestehen gegen den Vollzug keinerlei Bedenken.

III. § 130 Abs. 3 ZVG

39 Zum Ausnahmefall des § 130 Abs. 3 ZVG vgl. § 38 GBO Rdn 63.

---

36 *Demharter*, § 17 Rn 13.
37 KG HRR 31 Nr. 125 für den Fall der Beantragung einer Hypothek nach beantragter Eigentumsumschreibung auf Dritte; *Demharter*, § 17 Rn 10.
38 Ebenso: *Demharter*, § 17 Rn 10.
39 KG JFG 2, 450; *Demharter*, § 317 Rn 14; OLG Düsseldorf MittBayNot 1985, 199.
40 KG JFG 7, 335.
41 KG JFG 7, 335.

E. Rechtsfolgen der Verletzung

I. Ordnungsvorschrift

§ 17 GBO ist nur eine Ordnungsvorschrift.[42] Ein Verstoß macht das Grundbuch nicht unrichtig.[43] Die Eintragung eines Amtswiderspruchs scheidet daher aus.[44] Der Betroffene hat daher gegen den Begünstigten keinen Berichtigungsanspruch[45] und nach h.M. auch keinen Anspruch auf Konditionen des erlangten besseren Ranges, weil § 17 GBO als verfahrensrechtliche Ordnungsvorschrift keinen Zuweisungsgehalt habe.[46] Jedoch kann ein Schadenersatzanspruch gegen den Staat gegeben sein.[47] Als Ordnungsvorschrift hindert die Bestimmung auch nicht den Rechtserwerb eines Dritten (Pfandrecht am Anwartschaftsrecht) nach Stellung des Umschreibungsantrags durch einen Auflassungsempfänger.[48] Jedoch kann dieser Rechtserwerb durch den Gutglaubensschutz inzwischen eingetragener Dritter vor Darstellung der Rechtslage im Grundbuch beeinträchtigt werden.[49]

40

Für die notarielle Gestaltung und Belehrung ist zu bedenken, dass der verlautbarte Grundbuchstand durch bereits gestellte, aber noch nicht vollzogene Anträge zerstört werden kann, was dann Folgeanträge ggf. unvollziehbar macht.[50]

41

II. Ausnahme

Wird unter Verletzung des § 17 GBO eine Eintragung vorgenommen, durch welche die früher beantragte Eintragung unzulässig wird, so darf der frühere Antrag nicht mehr vollzogen werden. Geschieht dies dennoch, so wird bei Vollzug der früher beantragten Eintragung das Grundbuch unrichtig mit der Folge, dass dagegen ein Amtswiderspruch (§ 53 GBO) einzutragen ist. Da sich der Verfahrensverstoß nicht auf das entstehende dingliche Recht auswirkt, ist das GBA an einer nachträglichen Fehlerkorrektur gehindert.

42

Hat bspw. A für B eine Hypothek bestellt und anschließend das Grundstück an C aufgelassen, so fehlt, wenn die Auflassung vorvollzogen wird, für A die Verfügungsbefugnis. Vollzug ist nicht mehr möglich. Wird unter Verletzung des § 17 GBO für den später gestellten Antrag eine Auflassungsvormerkung zuerst eingetragen und dann später die Eigentumsumschreibung des früher gestellten Antrags vollzogen, so sichert bereits diese den Vormerkungsrang für die nachfolgende Eigentumsumschreibung (§ 888 BGB). Der aus der Auflassungsvormerkung Berechtigte hat einen Berichtigungsanspruch aufgrund der eingetretenen relativen Unwirksamkeit der Eintragung ihm gegenüber. Dies gilt beispielhaft selbst dann, wenn ein Fall des Art. 233 § 7 Abs. 1 EGBGB vorliegt.[51]

43

---

§ 18 [Vollzugshindernisse]

(1) Steht einer beantragten Eintragung ein Hindernis entgegen, so hat das Grundbuchamt entweder den Antrag unter Angabe der Gründe zurückzuweisen oder dem Antragsteller eine angemessene Frist zur Hebung des Hindernisses zu bestimmen. Im letzteren Fall ist der Antrag nach dem Ablauf der Frist zurückzuweisen, wenn nicht inzwischen die Hebung des Hindernisses nachgewiesen ist.

(2) Wird vor der Erledigung des Antrags eine andere Eintragung beantragt, durch die dasselbe Recht betroffen wird, so ist zugunsten des früher gestellten Antrags von Amts wegen eine Vormerkung oder ein Widerspruch einzutragen; die Eintragung gilt im Sinne des § 17 als Erledigung dieses Antrags. Die Vormerkung oder der Widerspruch wird von Amts wegen gelöscht, wenn der früher gestellte Antrag zurückgewiesen wird.

---

42 BGH BGHZ 45, 191 = DNotZ 1966, 673.
43 RG HRR 32 Nr. 1658.
44 BayObLG Rpfleger 1995, 16 = DNotZ 1995, 68; OLG Frankfurt FGPrax 2009, 255.
45 RG HRR 32 Nr. 1658.
46 Angesichts der in anderen Fällen aber rechtserheblich verdichteten Rechtsposition des Antragstellers nicht restlos überzeugend.
47 Vgl. dazu RG HRR 36 Nr. 257; BayObLG Rpfleger 1995, 16; BayObLG Rpfleger 1998, 334.
48 BGH Rpfleger 1968, 83.
49 BayObLG Rpfleger 1994, 162 (für das Verhältnis von gesetzlicher Sicherungshypothek zu eingetragener Grundschuld).
50 OLG Karlsruhe notar 2015, 198.
51 BGH Rpfleger 1995, 290.

A. Allgemeines, Normzweck	1	III. Wirkung der Zwischenverfügung	80
B. Hindernis gegen einen Eintragungsantrag	7	F. Rechtsmittel gegen die Zwischenverfügung	83
I. Antrag	8	I. Arten, Zulässigkeit, Beschwerdeberechtigung	83
II. Auf Eintragung	10	II. Antrag und Begründung	87
III. Hindernis	11	III. Entscheidung, Wirkung der Beschwerdeeinlegung	89
IV. Gesetzlich geregelte Sonderfälle	18	G. Sonderfall: Grundbuchamt als Vollstreckungsorgan – Mängel der Vollstreckung im Grundbuch	95
C. Pflicht zur Zwischenverfügung	20		
I. Herrschende Meinung: im Übrigen Wahlrecht	21	H. Vormerkung und Widerspruch gem. § 18 Abs. 2 GBO	103
II. Eigene Stellungnahme	23	I. Voraussetzungen	105
III. Verbundene Anträge gem. § 16 GBO	30	II. Vormerkung oder Widerspruch	106
IV. Unstreitige Fälle zur Zwischenverfügung	31	III. Rechtsnatur	108
D. Zurückweisung zwingend geboten	34	IV. Form	109
I. Fälle der zwingenden Zurückweisung	35	V. Wirkung des Schutzvermerks	110
1. Mangelnde Antragsberechtigung	35	1. Formelle Wirkung	110
2. Inhaltliche Unzulässigkeit	41	2. Materielle Wirkung	112
3. Fehlende rückwirkende Heilung	46	VI. Fehlerhafte Unterlassung des Schutzvermerks	114
4. Rückwirkungsverbot und Grundbuchunrichtigkeit	50	VII. Rechtsmittel gegen Schutzvermerk	115
5. Keine Aussicht auf zeitnahe Behebung	53	VIII. Schutzvermerk und endgültige Eintragung	116
II. Verstoß gegen Zurückweisungspflicht	55	1. Früherer Antrag vollzogen	116
III. Inhalt und Wirksamkeit der Zurückweisung	56	2. Früherer Antrag zurückgewiesen oder zurückgenommen	118
E. Inhalt der Zwischenverfügung	59	3. Wirkungen der Zurückweisung	119
I. Begriff und Inhalt	59	I. Alternative Handlungsmöglichkeiten des Grundbuchamts und des Notars	127
1. Angabe der Hindernisse	60		
2. Beseitigungsmöglichkeiten	63		
a) Zulässiger Inhalt	64		
b) Unzulässiger Inhalt	66		
3. Fristsetzung	68		
4. Zwischenverfügung wegen der Kosten	76		
II. Wirksamwerden der Zwischenverfügung	77		

A. Allgemeines, Normzweck

1 Die Bestimmung gibt dem GBA die Vorgehensweise vor, wenn eine beantragte Eintragung nicht erfolgen kann. Sie bildet damit einerseits systematisch den Gegenpart zu §§ 44 ff. GBO, welche die Form und Fassung der Eintragung vorschreiben. § 18 GBO konkretisiert darüber hinaus die Fürsorgepflicht des GBA als Teil der Gerichtsbarkeit (vgl. auch § 139 ZPO für den Zivilprozess), insbesondere seine Hinweispflicht. Dass nicht vollziehbare Anträge ablehnend verbeschieden werden müssen, dürfte sich – unabhängig vom Namen der Entscheidung – aus den allgemeinen Prinzipien eines antragsbasierten Verfahrens auch ohne § 18 GBO ergeben. Gerade wegen § 18 GBO in der Konturierung durch die Rechtspraxis muss ein Antrag mit begleitenden Nachweisdokumenten aber nicht im Sinne eines „Alles-oder-nichts" vorbereitet und eingereicht werden; Verbesserungen im laufenden Verfahren sind vielmehr gestattet und führen dann auch nicht zu einer Erhöhung der Verfahrenskosten beim GBA. Damit hat § 18 GBO höchste praktische Bedeutung. Diese Wirkung zeigt sich insbesondere im Vergleich zur wesentlich strikteren Rechtsprechung bezüglich der Behebung vollstreckungsrechtlicher Mängel, bei denen eine sofortige Zurückweisung angezeigt ist.[1]

2 § 18 GBO ist im Hinblick auf die Möglichkeit der Zwischenverfügung und auf die Möglichkeit eines Schutzvermerks ferner im Zusammenhang mit § 17 GBO zu sehen.

Durch den Erlass einer Zwischenverfügung sollen dem Antragsteller der Rang und die sonstigen Rechtswirkungen, die sich nach dem Eingang des Antrags richten (vgl. § 879 BGB i.V.m. §§ 17, 45 GBO; §§ 878, 892 Abs. 2 BGB), erhalten bleiben.[2] Der Erlass der Zwischenverfügung stellt dem Antragsteller in Aussicht, dass dem Antrag nach Beseitigung des Hindernisses entsprochen werde. Deshalb wäre eine Zwischenverfügung – wenn der Antrag bei richtiger Würdigung der Sach- und Rechtslage überhaupt nicht zu der begehrten Eintragung führen kann – eine Irreführung des Antragstellers, denn sie stellt

---

1 Deutlich OLG München ZfIR 2012, 401. 2 BayObLGZ 1988, 231.

ihm die Eintragung nach Behebung des Hindernisses in Aussicht und veranlasst ihn zu Vorkehrungen, obwohl die beantragte Eintragung trotzdem nicht vorgenommen werden kann.[3] Für eine Zwischenverfügung ist in diesem Fall kein Raum.[4]

Gerade aufgrund der Zusammenschau mit § 17 GBO korrigiert die Rechtsprechung den Normwortlaut in mehrfacher Weise. Die Handlungsalternativen des GBA nach Abs. 1 („oder") kann das GBA nicht nach freiem Belieben beschreiten. Die Gerichtspraxis verlangt vielmehr eine vom Beschwerdegericht überwachbare Ermessensausübung. Andererseits kommt es für diese Ermessensentscheidung nicht allein auf die Vollzugshindernisse des vorgelegten Antrags an. Maßgeblich soll vielmehr sein, welche Hindernisse bestehen und ob diese mit rückwirkender Kraft heilbar sind. Auch dürfe das GBA keinen Neuabschluss dinglicher Rechtsgeschäfte verlangen, selbst wenn dies dem Verfahrensantrag, also dem eigentlichen Bezugspunkt des § 18 GBO, zum Erfolg verhelfen würde. Die Rechtsprechung zieht – indem sie einen ungerechtfertigten Rangvorteil verhindern will – damit Wertungen des § 17 GBO in die Norm des § 18 GBO hinein. Ob dies der Anschauung des historischen Gesetzgebers entsprach, ist offen. Jedenfalls hatte dieser Topos in der geschichtlichen Entwicklung zunächst eine wesentlich geringere Bedeutung.

Weitere Besonderheiten bestehen im Vollstreckungsverfahren, bei dem gerade jeder ungerechtfertigte Rangvorteil vermieden werden soll.

Soweit das GBA bei Eintragung einer Zwangssicherungshypothek als Vollstreckungsorgan tätig wird (Einzelheiten Rdn 95), trifft es im Grundbuchverfahren grundsätzlich allein eine Hinweispflicht im Umfang des § 139 ZPO. Dies ist keine Zwischenverfügung. Das GBA hat auch gar nicht die Möglichkeit, mit rangwahrender Zwischenverfügung zu reagieren. Wieder anders ist es aber, wenn im Vollstreckungsverfahren allein Besonderheiten des Grundbuchverfahrensrechts der Eintragung entgegenstehen.[5]

Tatsächlich ist diese einhellige Rechtsprechung der Beschwerdeinstanzen (Fälle bei Rdn 47) für die Grundbuchpraxis in „erster Instanz" unbrauchbar, wie an einer Entscheidung des OLG Düsseldorf diskutiert werden soll:[6]

Dem Antrag auf Eintragung einer Grundschuld in Blatt 1 und Blatt 2 lag lediglich eine Bewilligungsurkunde zu Blatt 1 bei, weswegen das Grundbuchamt zu Blatt 2 ohne weiteres zurückwies – auch wieder falsch nach Ansicht des OLG Düsseldorf: Das GBA hätte sich zuvor durch Gewährung rechtlichen Gehörs erkundigen müssen, ob nicht anderweitig eine Bewilligung zu Blatt 2 vorhanden war, die nur versehentlich nicht in den Postausgang des Notariats gelangt war.

Was sollen die GBA tun? Sie sehen nur, dass dem Antrag eine erforderliche Bewilligung nicht beiliegt. Die Gründe dafür sind offen. In der Beschwerdeinstanz dürfe sich das geklärt haben, allein weil die Nachreichung der vorhandenen Bewilligung viel einfacher (schneller, kostengünstiger) ist als die Führung der Beschwerde. Mit anderen Worten: Beschwerde führt nur, wer die Bewilligung nicht hat. Was sollen die GBA tun, wenn auf Erkundigung nach dem Verbleib der Bewilligung nicht nur nachgereicht, sondern nachgeholt wird? Zurückweisung mit Empfehlung der sofortigen neuen Antragstellung? Vollzug ggf. in abweichender Reihenfolge zu § 17 GBO, weil das GBA nun erkennt, dass es damals anders hätte handeln müssen?

Vielleicht ordnet das Gesetz mit seinem Bezug des § 17 GBO allein auf den Antrag hin die beschränkten Erkenntnismöglichkeiten der GBA besser ein als die Beschwerdegerichte.

B. Hindernis gegen einen Eintragungsantrag

Es muss ein Antrag auf Eintragung vorliegen, dem ein Hindernis entgegensteht.

---

3 *Demharter*, § 18 Rn 29.
4 BayObLGZ 1970, 165; 1984, 138; 1988, 108.
5 OLG Frankfurt NZG 2016, 60; OLG München NJW-RR 2016, 464.
6 OLG Düsseldorf RPfleger 2020, 187 = ZfIR 2020, 78.

I. Antrag

8 § 18 GBO gilt damit nur im Antragsverfahren und bei Eintragungen aufgrund behördlichen Ersuchens.[7] Im Amtsverfahren legt das GBA selbst das Eintragungsziel und die erforderlichen Nachweisdokumente fest. Im Berichtigungsverfahren (§§ 82 ff. GBO) gilt § 18 GBO formell nicht.[8] Allerdings muss dabei ohnedies das GBA die beizubringenden Nachweise nennen; dies entspricht inhaltlich der Aufführung von Möglichkeiten zur Beseitigung des Hindernisses. § 18 GBO gilt gleichfalls nicht bei Richtigstellungen der Bezeichnung des eingetragenen Rechtsträgers.[9] In diesem Amtsverfahren hat das GBA die Tatsachengrundlage selbst zu ermitteln (§ 26 FamFG) und ist dabei nicht auf den Urkundsbeweis nach § 29 GBO beschränkt.

Durch Zwischenverfügung darf auch nicht ein Antrag verlangt werden, an dessen Vollzug sich dann erst ein Amtsverfahren anschließen würde.[10]

9 § 18 GBO gilt auch bei Anträgen zur Niederschrift des GBA; allenfalls kann hier – zur Kostenvermeidung – ein frühzeitiger Hinweis auf Vollzugshindernisse vor Abschluss des Protokolls angebracht sein.

II. Auf Eintragung

10 Der Antrag muss **auf eine Eintragung gerichtet** sein. Auf andere Anträge kann Abs. 2 nicht, Abs. 1 jedoch entsprechend angewendet werden, wenn diese Tätigkeit nur auf Antrag erfolgt, z.B. den Antrag auf Erteilung eines neuen Hypothekenbriefs.[11]

III. Hindernis

11 Dem Antrag muss ein Hindernis entgegenstehen, das in angemessener Zeit beseitigt werden kann.[12] Der Begriff ist vom Gesetz nicht umschrieben. Eine Begrenzung ist dem Gesetz aber auch nicht zu entnehmen. Zu Recht sind sowohl formelle wie materielle Mängel darunter zu fassen, letztere aber nur, soweit sie mit rückwirkender Kraft heilbar sind.

12 Das **Hindernis** kann **in allen** für die Eintragung in Betracht kommenden **Vorschriften** bestehen, seien sie zwingend oder nur Ordnungsvorschriften. Jedoch kommen nur solche Ordnungsvorschriften in Frage, die in einer Beziehung zum Grundbuchrecht, stehen, nicht etwa bspw. handelsrechtliche Ordnungsvorschriften.[13] Insbesondere kommen Mängel bei der Zuständigkeit, Antragsmängel, Unklarheiten[14] der Eintragungsbewilligung[15] und der sie ersetzenden Urkunden, fehlende Voreintragungen des Betroffenen (§ 39 GBO)[16] und mangelnde Briefvorlage (§ 41 GBO) sowie fehlende behördliche Genehmigungen in Betracht. Muss außer einem unmittelbar Betroffenen noch ein mittelbar Betroffener bewilligen, so ist ebenfalls eine Zwischenverfügung zulässig.[17]

13 Kein Hindernis liegt vor, wenn ein Antragsteller lediglich einen gesetzlich nicht statthaften Vorschlag für die Fassung eines Eintragungsvermerkes macht.[18] An diesen Antrag ist das GBA nicht gebunden.

Kein Hindernis besteht, wenn das GBA Nachweisdokumente mit Tatbestandswirkung inhaltlich anzweifelt; dazu ist es **nicht** berechtigt.[19]

---

7 Dazu z.B.: KG BeckRS 2018, 2788, Meikel/*Böttcher*, § 18 Rn 3.
8 BayObLG Rpfleger 1999, 525; OLG München BeckRS 2016, 14502; OLG München MittBayNot 2017, 61; Meikel/*Böttcher*, § 18 Rn 3.
9 OLG Hamm BeckRS 2020, 39621 (Umwandlung einer GbR in KG).
10 OLG Nürnberg FGPrax 2021, 111 (Nachweis der Erbfolge mit anschließendem Testamentsvollstreckungsvermerk).
11 Ebenso Meikel/*Böttcher*, § 18 Rn 4 m.w.N; BeckOK-GBO/*Hügel/Zeiser*, § 18 Rn 4.
12 BayObLG BayObLGZ 1997, 55, 58; OLG Hamm BeckRS 2010, 02937.
13 OLG Oldenburg Rpfleger 1974, 264; BayObLG BayObLGZ 1986, 88 = Rpfleger 1986, 370; Meikel/*Böttcher*, § 18 Rn 6.
14 BayObLG BayObLGZ 1986, 87 = Rpfleger 1986, 369; OLG München Rpfleger 2014, 491, Bauer/Schaub/*Wilke*, § 18 Rn 11.
15 Bauer/Schaub/*Wilke*, § 18 Rn 11 m.V. auf BayObLG BayObLGZ 2001, 14.
16 Bauer/Schaub/*Wilke*, § 18 Rn 11 m.V. auf OLG Hamm OLGR 1999, 27.
17 BayObLG BayObLGZ 1990, 6.
18 BayObLG Rpfleger 1975, 363; Meikel/*Böttcher*, § 18 Rn 6.
19 OLG Frankfurt BeckRS 2011, 00232 (zum Erbschein).

Mit Zwischenverfügung kann nicht die Einhaltung des Dateiformats gem. § 135 Abs. 1 S. 1 Nr. 4 GBO im elektronischen Rechtsverkehr aufgegeben werden. Die im „falschen" Format übermittelten Dateien sind rechtswirksam eingegangen (§ 135 Abs. 1 S. 2 GBO), so dass schon kein Hindernis besteht.[20]

Auch wenn das Hindernis nur einen **Teil oder einen von mehreren verbundenen Anträgen** betrifft, ist nach § 18 GBO zu verfahren, außer wenn Teilvollzug möglich ist. Im letzteren Fall ist ggf. durch Zwischenverfügung zu klären, ob ein Teilvollzug gewollt ist (obwohl man insoweit zunächst besser von einer „Aufklärungsverfügung" sprechen sollte, weil kein Mittel zur Hindernisbeseitigung erforderlich ist). Anders als die vollständige Antragsrücknahme kann die Aufhebung eines Einheitlichkeitsantrags (§ 16 Abs. 2 GBO) zulässiger Inhalt einer Zwischenverfügung sein.[21]

Eine bloße **formelle Unklarheit** im Eintragungsantrag oder den Eintragungsunterlagen stellt zwar ein „Hindernis" dar, begründet aber keinesfalls die Zurückweisung, da der Grundbuchbeamte **die Pflicht hat**, durch sachgemäße Belehrung darauf hinzuwirken, dass Zweifel, die sich aus den Erklärungen der Parteien ergeben, geklärt und unvollständige Erklärungen ergänzt werden.[22]

Entscheidender Zeitpunkt für das Vorliegen des Hindernisses ist die Vollendung der beantragten Eintragung (vgl. § 129 GBO Rdn 1).[23] Alle Änderungen durch Auftreten neuer oder Beseitigung bestehender Hindernisse bis zu diesem Zeitpunkt sind zu berücksichtigen.[24] Das gilt auch, wenn das Hindernis erneut auftritt.[25] Nach diesem Zeitpunkt ist nur eine Änderung des Grundbuchs gem. § 22 oder § 52 GBO möglich.

Ist der Antrag zurückgewiesen oder wurde gem. Abs. 2 eine Frist bestimmt, so ist eine Änderung durch das GBA bis zur Bekanntmachung der Entscheidung (§ 15 FamFG) möglich; nach diesem Zeitpunkt kann eine Änderung nur dann erfolgen, wenn ein neuer Antrag gestellt oder Beschwerde eingelegt wurde (siehe § 75 GBO Rdn 17 ff.).

IV. Gesetzlich geregelte Sonderfälle

Kein Hindernis stellt nach § 130 Abs. 3 ZVG die fehlende Berichtigung des Grundbuchs dar, wenn der Erwerber Anträge stellt und das Zwangsversteigerungsgericht die Berichtigung des Grundbuchs noch nicht beantragt hat oder Anträge Dritter gegen den Ersteher zu diesem Zeitpunkt gestellt werden.[26] Ebenso wenig liegt ein Hindernis vor, wenn die vorzeitige Ausführung der Flurbereinigung angeordnet wurde und damit an die Stelle der alten Einlagegrundstücke die Ersatzgrundstücke getreten sind (§ 63 Abs. 1 i.V.m. §§ 61 S. 2, 68 Abs. 1 S. 1 FlurbG), Anträge über bisherige Einlagegrundstücke gestellt werden und die Flurbereinigungsbehörde den erforderlichen Berichtigungsantrag noch nicht gestellt hat.

In beiden Fällen ist es ausschließlich Sache der Behörden und des GBA, für die Eintragung des zutreffenden Rechtszustands zu sorgen. Auch ein im letzteren Fall gestellter Antrag nach § 82 FlurbG würde daran nichts ändern. Die von den Beteiligten gestellten Anträge sind daher bis zum Erreichen des notwendigen Grundbuchzustands bei den Grundakten zu verwahren.[27]

Gleich zu behandeln ist der Fall, dass die Flurbereinigungsbehörde die vorzeitige Ausführung des Flurbereinigungsplanes angeordnet hat, für ein Einlagegrundstück ein Ersatzgrundstück nicht vorgesehen wurde und das GBA an diesem Einlagegrundstück nach diesem Zeitpunkt einen Nießbrauch eingetragen hatte. Hier hat das GBA auf Anregung der Flurbereinigungsbehörde ein Amtslöschungsverfahren (§§ 84 ff. FlurbG) durchzuführen, auch wenn die Flurbereinigungsbehörde nicht ausdrücklich um Löschung (§ 79 FlurbG) ersucht. Durch Zwischenverfügung kann der Flurbereinigungsbehörde weder die

---

20 OLG Schleswig FGPrax 2023, 61.
21 OLG Frankfurt BeckRS 2015, 13193.
22 So RG DR 1942, 1413; BayObLG BayObLGZ 1986, 84 = Rpfleger 1986, 369; Meikel/*Böttcher*, § 18 Rn 15; *Demharter*, § 18 Rn 2.
23 BayObLG Rpfleger 1975, 228; *Demharter*, § 18 Rn 4; Meikel/*Böttcher*, § 18 Rn 8; Bauer/Schaub/*Wilke*, § 18 Rn 10.
24 Vgl. BayObLG BayObLGZ 1948, 51, 365.
25 BayObLG Rpfleger 1975, 228.
26 LG Lahn-Gießen Rpfleger 1979, 352 m. zust. Anm. *Schiffhauer*; LG Heilbronn MittBayNot 1982, 134; LG Darmstadt MDR 1987, 332; *Eckhardt*, BWNotZ 1984, 110; *Kleist*, MittRhNotK 1985, 134.
27 Ebenso: Meikel/*Böttcher*, § 18 Rn 16, 17; a.A. mit „Zwischenverfügung mit der Angabe, einen Antrag nach § 82 FlurbG zu stellen": BayObLG BayObLGZ 1982, 455 = Rpfleger 1983, 64.

Ergänzung des Berichtigungsersuchens (§ 79 FlurbG) noch die Abänderung des bestandskräftigen Flurbereinigungsplans aufgegeben werden.[28]

C. Pflicht zur Zwischenverfügung

20 Abs. 1 ermöglicht wahlweise den Einlass einer Zwischenverfügung oder die Zurückweisung („oder"). Die nach dem Wortlaut bestehende freie Wahl zwischen beiden Handlungsmöglichkeiten hat die Rechtsprechung aber schon früh eingeschränkt – wenngleich in der Begründung noch nicht weitgehend genug. Die Zwischenverfügung kann auch gegenüber Behörden bei einem Eintragungsersuchen ergehen.[29]

I. Herrschende Meinung: im übrigen Wahlrecht

21 Nach der h.M. hat das GBA das **Wahlrecht zwischen Zurückweisung und Zwischenverfügung**[30] nach pflichtgemäßem verständigem Ermessen auszuüben.[31] Es soll dabei stets auf die Lage des Einzelfalls ankommen, dessen Besonderheiten zu berücksichtigen sind.[32] Der Erlass der Zwischenverfügung soll nach einigen Aussagen die Regel bilden.

22 An Interessen stehen sich grundsätzlich einerseits das berechtigte Interesse des Antragstellers an der Rangwahrung des gestellten Antrags und den mit dem Eingang des Antrags verbundenen materiellen Wirkungen (vgl. § 13 GBO Rdn 17 ff.), andererseits das Interesse der Allgemeinheit an der Zuverlässigkeit der Grundbucheinsicht und der Schaffung klarer Rechtsverhältnisse durch eine rasche Abwicklung, sowie die Interessen späterer Antragsteller gegenüber. Bei der Abwägung sind unnötige Härten zu vermeiden.

II. Eigene Stellungnahme

23 Die h.M. überzeugt indes in der Begründung nicht.

Ein **Ermessen des GBA ist richtigerweise nicht gegeben**.[33] Die Entscheidung des GBA gehört zur Rechtsprechung.[34] Der Rechtsanwendung ist das Ermessen fremd; ein Ermessen könnte lediglich auf Missbrauch hin überprüft werden, was nach der gesamten Rechtsprechung offensichtlich nicht die äußerste Grenze darstellen soll.

24 Zwar lässt der Wortlaut des § 18 GBO einen Schluss auf einen Ermessensspielraum zu. Es kann dahingestellt bleiben, ob dies früher im Zeitpunkt der ersten Entscheidungen vertreten werden konnte. Das moderne Prozessrecht hat demgegenüber eine erweiterte Aufklärungs- und Mitwirkungspflicht des Richters entwickelt.[35] Als Teil der freiwilligen Gerichtsbarkeit nimmt das GBA an dieser Pflicht teil. Das Instrument der Aufklärung ist die Zwischenverfügung. Dies ist unbestritten. Eine darüber hinausgehende Aufklärungsmöglichkeit ist für das GBA nur für den Fall bejaht worden, dass es als Vollstreckungsgericht tätig wird.

25 Die **Abgrenzung** nach der h.M. zwischen leicht und schwer behebbaren Hindernissen macht **große Schwierigkeiten**. Darüber hinaus ist darauf hinzuweisen, dass durch die mit der Antragstellung verbundenen materiell-rechtlichen Wirkungen (siehe § 13 GBO Rdn 17 ff.) ein Schutz des Antragstellers mit seinem dadurch gegebenen dinglichen Anwartschaftsrecht durch Art. 14 GG gegeben sein kann.[36] Dieses Recht des Antragstellers auf möglichst lange Erhaltung des ihn begünstigenden Zustandes hat lediglich dort seine Grenze, wo das Gebot der Grundbuchklarheit entgegensteht. Ist innerhalb angemessener Frist

---

28 OLG Frankfurt Rpfleger 2002, 73 (nur Ls.).
29 KG KGJ 52, 155; Meikel/*Böttcher*, § 18 Rn 75.
30 Bauer/Schaub/*Wilke*, § 18 Rn 38; *Schöner/Stöber*, Rn 428 ff.; a.A. (kein Wahlrecht): Meikel/*Böttcher*, § 18 Rn 32; BeckOK Hügel/*Zeiser*, § 18 Rn 10.
31 RG RGZ 126, 109; BayObLG BayObLGZ 1956, 127; OLG Celle DNotZ 1954, 32; OLG Hamm DNotZ 1970, 663; BayObLG Rpfleger 1979, 210; BayObLG Rpfleger 1997, 304; BayObLG BayObLGZ 1997, 50; OLG Düsseldorf NotBZ 2010, 411 („Ermessens- und Beurteilungsspielraum"); OLG München DNotZ 2008, 934; OLG Hamm FGPrax 2015, 54 = Rpfleger 2015, 130; OLG Rostock RPfleger 2019, 503 („pflichtgemäßes Ermessen").
32 BayObLG BayObLGZ 1997, 58 = FGPrax 1997, 89; Meikel/*Böttcher*, § 18 Rn 31.
33 So ausf.: *Habscheid*, NJW 1967, 226 ff.; ebenso: *Schöner/Stöber*, Rn 430; Meikel/*Böttcher*, § 18 Rn 32; a.A. BayObLG BayObLGZ 1997, 55, 58.
34 *Habscheid*, NJW 1967, 226 ff. m.w.N.
35 Vgl. dazu: *Habscheid*, NJW 1967, 226 ff. m.w.N.
36 Siehe hierzu: *Habscheid*, NJW 1967, 226 ff.

eine Beseitigung des Hindernisses für das GBA absehbar nicht zu erwarten, so kann es den Eintragungsantrag sofort zurückweisen.[37]

In all den Fällen, in denen eine Zurückweisung nicht zwingend geboten ist, ist daher eine Zwischenverfügung zu erlassen. Durch die Möglichkeit der Fristsetzung und Fristlänge einerseits und die Eintragung einer Vormerkung oder eines Widerspruchs bei nachgehenden Anträgen andererseits hat das GBA genügend Möglichkeiten, den Grundsatz der Grundbuchklarheit aufrechtzuerhalten und den durch die Zwischenverfügung erzeugten Schwebezustand zeitlich zu begrenzen.[38] Unstrittig ist im Beschwerdeverfahren gegen eine abweisende Entscheidung des GBA vom Gericht eine Zwischenverfügung dann nicht mehr zu erlassen, wenn in der langen Zeit bis zur Beschwerdeentscheidung der Mangel nicht behoben wurde.[39]

Ungeachtet des argumentativen Festhaltens am Topos des Ermessensspielraums[40] tendiert aber die aktuelle Praxis der Beschwerdegerichte in den Ergebnissen zur hier vertretenen Ansicht. So wird etwa vom GBA verlangt, in Fällen behebbarer Hindernisse den Ermessenspielraum zu sehen und das Ermessen auszuüben. Damit ist eine standardisierte sofortige Zurückweisung bei behebbaren Hindernissen ausgeschlossen. Und das GBA muss bei seiner Ermessensausübung berücksichtigen, dass die Klärung behebbarer Eintragungshindernisse in der Rechtsmittelinstanz – unter Beibehaltung des Zeitranges – gerade einer der Zwecke der Zwischenverfügung ist.[41]

Das veröffentlichte Fallmaterial zeigt zudem, dass Fälle, in denen zurückgewiesen wurde, obwohl nach Ansicht des Beschwerdegerichts hätte zwischenverfügt werden müssen, äußerst selten sind. Viel häufiger wird jedenfalls für die Beschwerdegerichte vorkommen, dass die GBA zwischenverfügen, obwohl nach Ansicht des OLG wegen unbehebbarer Hindernisse sofort hätte zurückgewiesen werden müssen.

Etwas anderes mag nur in den (seltenen) Fällen gelten, in denen der Antragsteller (oder ein Dritter, dessen Mitwirkung erforderlich wäre) vorab deutlich und endgültig zu erkennen gibt, an der Beseitigung des Hindernisses nicht mitwirken zu wollen. Dann kann die sofortige Zurückweisung in Betracht kommen.[42]

Ist der Antrag in Kenntnis des Mangels gestellt und rechnet der Antragsteller auch nicht mit einer abweichenden Ansicht des GBA, so ist trotzdem nicht grundsätzlich zurückzuweisen,[43] sondern die Zwischenverfügung mit straffer Frist zu erlassen.[44] Werden aufgrund zweier einander widersprechender Auflassungen gegensätzliche Eintragungsanträge nahezu gleichzeitig gestellt, denen jeweils nur leicht behebbare Mängel entgegenstehen, so muss das GBA die Anträge gleich behandeln und nach ihrem zeitlichen Eingang erledigen. Die Zurückweisung des früheren Antrags ist nicht zulässig.[45]

III. Verbundene Anträge gem. § 16 GBO

Sind **mehrere Anträge nach § 16 GBO verbunden**, so ist eine Zwischenverfügung möglich zur Rücknahme eines unzulässigen Antrags, um den übrigen Anträgen stattgeben zu können.[46] Unzulässig als bloße Meinungsäußerung ist das Verlangen, einen unverbundenen Antrag[47] oder einen anderen zu stellen. Es fehlt hier an dem wesentlichen Inhalt der Zwischenverfügung, Gelegenheit zur Beseitigung eines Eintragungshindernisses zu geben,[48] ebenso dann, wenn die mangelfreien fälschlich bereits vollzogen wurden[49] und damit die Rücknahme eines Einzelantrags verlangt würde. Als Einschränkung ist auch die Beseitigung eines Vorbehalts zu betrachten.[50] Durch Zwischenverfügung kann auch verlangt werden,

---

37 OLG Rostock RPfleger 2019, 221; LG Chemnitz NotBZ 2002, 270; *Behring*, Rpfleger 2003, 165.
38 Ebenso: Meikel/*Böttcher*, § 18 Rn 32; *Schöner/Stöber*, Rn 428–433.
39 BayObLG BayObLGZ 1997, 58 = FGPrax 1997, 89.
40 OLG Hamm FGPrax 2015, 54.
41 OLG Hamm FGPrax 2015, 54; OLG Jena BeckRS 2014, 122870 (fehlende Ermessensausübung bei Kostenvorschussanforderung).
42 OLG Düsseldorf ZEV 2020, 559; OLG München BeckRS 2017, 127844; BeckOK/*Hügel/Zeiser*, § 18 Rn 15.
43 OLG Düsseldorf Rpfleger 1986, 297; *Demharter*, § 18 Rn 23.
44 Meikel/*Böttcher*, § 18 Rn 85; a.A. KG KGJ 50, 136.
45 LG Oldenburg Rpfleger 1981, 232.
46 KG JFG 1, 440; OLG Hamm Rpfleger 1975, 134; BayObLG BayObLGZ 1977, 271; BGH BGHZ 71, 351 = Rpfleger 1978, 365; OLG Frankfurt FGPrax 1998, 170; Meikel/*Böttcher*, § 18 Rn 78, 25; OLG Frankfurt BeckRS 2015, 13193.
47 OLG Hamm Rpfleger 1975, 134; BayObLG BayObLGZ 1977, 270; OLG Frankfurt Rpfleger 1978, 306.
48 *Demharter*, § 18 Rn 29; OLG Frankfurt Rpfleger 1978, 306.
49 KG KGJ 13, 112.
50 KG KGJ 19, 135.

dass anstelle der bedingten eine unbedingte Eintragungsbewilligung vorgelegt wird.[51] Eine Zwischenverfügung, die **nur** darauf abzielt, dass der Eintragungsantrag **zurückgenommen** wird, ist unzulässig (vgl. aber Rdn 64),[52] ebenso mit dem Wahlrecht, einen anderen Antrag zu stellen.[53]

IV. Unstreitige Fälle zur Zwischenverfügung

31 Die Ermessensausübung hin zum Erlass einer Zwischenverfügung hat jedenfalls bei **kleineren formellen Antragsmängeln** und zur Sicherung der Kosten zu erfolgen. Das GBA muss in diesen Fällen zwischenverfügen; ein Ermessen besteht nicht:

32
– Zur **Klarstellung** des Antrags, wenn er Unklarheiten oder Widersprüche enthält,[54] oder kleinere formelle Mängel zu beheben sind, wenn alsbaldige Vornahme ohne weiteres möglich erscheint und von dem Antragsteller nach den Umständen des Falls erwartet werden kann,[55] nicht jedoch zur Änderung des Vertrags. Die Klarstellung des Grundgeschäfts kann verlangt werden, wenn davon die Verfügungsbefugnis des Testamentsvollstreckers oder des befreiten Vorerben abhängt.[56] Sind bei Übergabe des Anwesens keine Anträge auf Löschung früher eingetragener Grundpfandrechte gestellt, obwohl im Vertrag die Lastenfreiheit zugesichert ist, so ist deswegen eine Zwischenverfügung nicht berechtigt,[57] jedoch ein Hinweis bei der Vollzugsmitteilung zweckmäßig. Eine Zwischenverfügung kann ergehen, wenn die Form des § 29 GBO nicht gewahrt ist, bspw. mehrere Bogen einer Ausfertigung nur mit Klebestreifen, nicht mit Schnur und Siegel verbunden worden sind.[58]
– Zur **Einschränkung** des Antrags,[59] wenn ein unzulässiger Zusatz[60] oder weitere Anträge[61] in Wegfall kommen sollen. Eine Zwischenverfügung ist auch dann zu erlassen, wenn dem gestellten Antrag in der vorliegenden Form zwar nicht entsprochen werden kann, den Beteiligten aber auch zur Erreichung des von ihnen angestrebten Zwecks andere Möglichkeiten offenstehen, zu denen es nur der entsprechenden Abänderung der Eintragungsbewilligung und des Eintragungsantrags bedarf.[62] Wird fälschlicherweise eine Grundbuchberichtigung beantragt, wo nur ein Antrag auf Eintragung einer Rechtsänderung möglich ist, so ist eine Umdeutung oder Einschränkung nicht möglich[63] und der Antrag ist zurückzuweisen.[64]
– Zur **Sicherung des Kostenvorschusses**, falls ein solcher vor Eintragung zulässig verlangt werden kann (siehe § 13 S. 2 GNotKG)[65] und der vorhergehenden Festsetzung des Kostenbeamten keine Folge geleistet wurde.[66] Zweifel am künftigen Zahlungseingang ergeben sich u.a. aus eingetragenen Zwangshypotheken.[67] Die Zwischenverfügung muss die vom Kostenbeamten festzusetzende Höhe des Vorschusses auch bei Zustellung an den Urkundsnotar enthalten,[68] zweckmäßigerweise sind sonstige bestehende Mängel gleichzeitig mitaufzuführen. Geringfügigkeit der Kosten steht der Vorschussanforderung nicht per se entgegen.[69]
– Durch **Zwischenverfügung** kann die Beibringung des Prüfvermerks gem. § 15 Abs. 3 GBO **aufgegeben** werden.[70]

---

51 KG HRR 40, 1077.
52 OLG Hamm DNotZ 1971, 48 = Rpfleger 1971, 15; OLG Oldenburg Rpfleger 1975, 361; BGH DNotZ 2017, 68; OLG Düsseldorf FGPrax 2016, 53.
53 OLG Oldenburg Rpfleger 1975, 361.
54 KG HRR 35, 866; KG KGJ 44, 266; BayObLG BayObLGZ 1956, 122; BayObLG BayObLGZ 1997, 3710 = Rpfleger 1997, 371; Meikel/*Böttcher*, § 18 Rn 76; Bauer/Schaub/*Wilke*, § 18 Rn 11.
55 BayObLG RPfleger 1997, 371.
56 KG JFG 7, 284.
57 LG Nürnberg-Fürth Rpfleger 1959, 55.
58 OLG Schleswig DNotZ 1972, 556.
59 KG KGJ 44, 268; BayObLG BayObLGZ 1997, 331 = Rpfleger 1997, 371; Meikel/*Böttcher*, § 18 Rn 77.
60 BayObLG BayObLGZ 1976, 45; Rpfleger 1976, 181; BayObLG BayObLGZ 1977, 83.
61 OLG Hamm DNotZ 1971, 48 = Rpfleger 1971, 15.
62 LG Wiesbaden Rpfleger 1972, 307 (bei Antrag auf Eintragung einer Vormerkung gem. § 883 BGB im Baulandumlegungsverfahren).
63 KG HRR 30, 887. *Demharter*, § 18 Rn 27; Meikel/*Böttcher*, § 18 Rn 77.
64 OLG Düsseldorf NotBZ 2010, 411.
65 KG JFG 15, 315; KG Rpfleger 1982, 173; abw.: OLG München JFG 13, 74 = JFG 15, 74, wonach das Hindernis erst mit der Nichtzahlung eintritt.
66 *Demharter*, § 18 Rn 28; Meikel/*Böttcher*, Rn 82; *Haegele*, Rn 444.
67 OLG München FGPrax 2019, 44.
68 OLG München JFG 18, 21.
69 OLG München FGPrax 2020, 96 m. Anm. *Dressler-Berlin*.
70 OLG Celle MittBayNot 2018, 138; Bauer/Schaub/*Wilke*, § 18 Rn 11.

Als solche **anderen, schwereren Mängel** kommen nach der Rechtsprechung in Frage: fehlender Nachweis einer bereits erteilten Vollmacht,[71] fehlende steuerliche Unbedenklichkeitsbescheinigung,[72] Nichtvorlage des Hypothekenbriefs, sofern dieser zur Eintragung erforderlich ist.[73] Weiterhin: fehlende Bewilligung eines unmittelbar Betroffenen,[74] da sie tatsächlich schon vorliegen kann,[75] sowie fehlende Bewilligung eines mittelbar Betroffenen,[76] ebenso, wenn die Wirksamkeit einer vorgelegten Eintragungsbewilligung noch nicht feststeht,[77] wenn eine notwendige Auflassung fehlt,[78] wenn eine Eintragungsbewilligung inhaltliche Mängel aufweist, z.B. fehlerhafte Grundstücksbezeichnung[79] oder fehlendes Gemeinschaftsverhältnis;[80] wenn ein Mangel der Verfügungs- oder Bewilligungsmacht vorliegt, z.B. eine Bewilligung vom Nichtberechtigten erklärt wurde, weil er noch nicht oder nicht mehr oder nicht Alleinberechtigter ist.[81] Nur wenn eine fehlende Erklärung rückwirkend gar nicht wirksam werden kann, kommt eine Zurückweisung in Frage;[82] desweiteren: fehlende Zustimmungserklärung Dritter und behördliche Genehmigungen[83] bspw. bei fehlender betreuungsgerichtlicher Genehmigung, wenn die Genehmigung des Gegenvormunds noch aussteht oder wenn bei Rangänderungen einer Hypothek der Eigentümer nicht zugestimmt hat. Gegenstand einer Zwischenverfügung kann auch der beizubringende Nachweis der Grundbuchunrichtigkeit sein.[84]

D. Zurückweisung zwingend geboten

Eine Wahlmöglichkeit zwischen Zurückweisung und Zwischenverfügung besteht nur, wenn die Zurückweisung **nicht zwingend** geboten ist. Sie ist zwingend geboten, wenn das Hindernis überhaupt nicht, nicht rückwirkend auf den Zeitpunkt des Antrags oder jedenfalls nicht in absehbarer Zeit beseitigt werden kann.[85] Mit einer Zwischenverfügung kann deswegen nicht aufgegeben werden, das Recht, dessen Eintrag beantragt ist, inhaltlich abzuändern oder durch ein anderes Recht zu ersetzen oder die Eintragungsbewilligung vom unmittelbar Betroffenen nachträglich beizubringen.[86]

I. Fälle der zwingenden Zurückweisung

1. Mangelnde Antragsberechtigung

Das Hindernis liegt in der **mangelnden Antrags- oder Bewilligungsberechtigung** der Beteiligten, wenn der Erklärende selbst nicht zum Kreis der Berechtigten gehört[87] oder der die Bewilligende in seiner Verfügungsbefugnis durch ein absolutes Verfügungsverbot beschränkt ist.

Liegt nur eine **relative Verfügungsbeschränkung** (vgl. dazu § 19 GBO Rdn 92 ff.) vor, so ist eine Zwischenverfügung des GBA möglich, wenn die nachträgliche Genehmigung des Verfügungsberechtigten denkbar ist. Dies ist auch der Fall bei Insolvenz, Nachlassverwaltung oder Testamentsvollstreckung: Der Antrag des Verfügungsbeschränkten könnte durch das vertretungsberechtigte Organ genehmigt werden. Ist dem Grundbuchbeamten bekannt, dass gegen den Grundstückseigentümer ein nicht im Grundbuch eingetragenes relatives Verfügungsverbot besteht, so hat er eine dem Verbot widersprechende Eintragung davon abhängig zu machen, dass entweder das Verfügungsverbot im Grundbuch eingetragen

---

71 Meikel/*Böttcher*, § 18 Rn 79; Bauer/Schaub/*Wilke*, § 18 Rn 11.
72 RG RGZ 126, 107; BayObLG BayObLGZ 1979, 85; BayObLG Rpfleger 1988, 408; OLG Düsseldorf Rpfleger 1986, 297; OLG Jena Rpfleger 1979, 104; OLG Frankfurt FGPrax 1997, 59; a.A. KG OLG 1941, 23 (wenn mit baldiger Beseitigung des Mangels nicht gerechnet werden kann).
73 OLG Karlsruhe JFG 7, 243; Meikel/*Böttcher*, § 18 Rn 83.
74 BayObLG DNotZ 1990, 295; OLG Zweibrücken OLGZ 1991, 153; OLG Hamm ZflR 1998, 115; Bauer/Schaub/*Wilke*, § 18 Rn 11.
75 Meikel/*Böttcher*, § 18 Rn 86.
76 BayObLG DNotZ 1990, 324 m. zust. Anm. *Wulf*; BayObLG Rpfleger 1997, 154; BayObLG BayObLGZ 1990, 6, 8; BGH NJW 2017, 3514 (Eigentümerzustimmung zum Verkauf des Erbbaurechts); Meikel/*Böttcher*, § 18 Rn 87; Bauer/Schaub/*Wilke*, § 18 Rn 11.
77 Meikel/*Böttcher*, § 18 Rn 88.
78 Meikel/*Böttcher*, § 18 Rn 89; *Schöner*/*Stöber*, Rn 439 ff.; Bauer/Schaub/*Wilke*, § 18 Rn 11.
79 OLG Hamm NJW 1966, 2411.
80 Meikel/*Böttcher*, § 18 Rn 90.
81 Meikel/*Böttcher*, § 18 Rn 91; Bauer/Schaub/*Wilke*, § 18 Rn 11.
82 BayObLG BayObLGZ 1981, 573.
83 OLG Saarbrücken SaarlRuStZ 1950, 95; BayObLG Rpfleger 1977, 101; BGH Rpfleger 2015, 461 (Sanierungsgenehmigung); Bauer/Schaub/*Wilke*, § 18 Rn 11.
84 OLG Frankfurt NJOZ 2014, 161.
85 BayObLG BayObLGZ 1997, 55, 58.
86 BayObLG MittBayNot 1997, 272; BayObLG MittBayNot 1998, 34; *Demharter*, Rn 32; KG NJW-RR 2016, 1492.
87 Meikel/*Böttcher*, § 18 Rn 35 m.w.N.; *Demharter*, § 18 Rn 15; BeckOK/*Hügel*/*Zeiser*, § 18 Rn 12; a.A. *Schöner*/*Stöber*, Rn 442.

oder ihm nachgewiesen wird, der durch das Verbot Geschützte habe der Eintragung zugestimmt oder die Eintragung sei ihm gegenüber wirksam.[88] Nach zutreffender Auffassung des BayObLG[89] ist bei Vorliegen einer relativen Verfügungsbeschränkung die Wahl zwischen Zwischenverfügung und Zurückweisung möglich.

37 Der **Eintragungsantrag muss zurückgewiesen werden,** wenn dem Antragsteller durch **einstweilige Verfügung** die Suspendierung, d.h., die vorläufige Aussetzung der Wirksamkeit der dinglichen Einigung und Eintragungsbewilligung auferlegt worden ist,[90] die Aufhebung der dinglichen Einigung angeordnet wurde (vgl. § 894 ZPO)[91] oder durch **Urteil** die Stellung eines Eintragungsantrags verboten wurde.[92] Eine Zwischenverfügung ist möglich, wenn eine baldige Aufhebung des ausgesprochenen Erwerbsverbots nicht als völlig unwahrscheinlich angesehen werden kann.[93]

38 Eine entsprechende Verfügung kann gem. §§ 935, 938 ZPO durch das Prozessgericht erlassen werden. Sie ist insbesondere dann von Bedeutung, wenn zum Rechtserwerb des Adressaten nurmehr die Eintragung im Grundbuch fehlt. Ist die Verfügung durch Zustellung an den Betroffenen innerhalb der Vollziehungsfrist (§§ 939, 936 ZPO) wirksam geworden, so enthält sie ein verfahrensrechtliches und zugleich ein in die Erwerbsfähigkeit des Betroffenen eingreifendes sachliches Verbot,[94] das zugunsten des Berechtigten ein relatives Veräußerungsverbot schafft.[95] Dieses Verbot ist nicht eintragungsfähig,[96] begründet jedoch ein vom Grundbuchrichter zu beachtendes Eintragungshindernis,[97] da es die prozessuale Verfügungsbefugnis für den Antragsberechtigten, dessen Antragsberechtigung selbst und weiter die Wirkung von Auflassung und Eintragungsbewilligung zunächst beseitigt.[98]

Es spielt dabei keine Rolle, dass die einstweilige Verfügung erst nach Stellung eines Eintragungsantrags beim GBA eingegangen ist, da § 17 GBO nur für mehrere Eintragungsanträge[99] gilt; auch § 878 BGB ist nicht anwendbar, weil die hierfür vorausgesetzte Bindung der Beteiligten an die Eintragung durch die einstweilige Verfügung vorläufig außer Kraft gesetzt wird.[100]

39 Eine **trotz des Verbots erfolgte Eintragung** macht dem durch die Verfügung Geschützten gegenüber das **Grundbuch unrichtig**.[101] Sie ist dem Geschützten gegenüber unwirksam. Die Eintragung eines **Widerspruchs** nach Eintragung des Erwerbers gem. § 899 BGB, u.U. auch gem. § 53 Abs. 1 S. 1 GBO ist möglich.[102] Das Eintragungshindernis entfällt mit der Aufhebung der einstweiligen Verfügung durch ein vorläufig vollstreckbares Urteil; auf die Rechtskraft kommt es nicht an.[103] Eine Entscheidung des Prozessgerichts über die Aufrechterhaltung der einstweiligen Verfügung ist für das GBA bindend.[104]

40 **Unzulässig** ist eine **einstweilige Verfügung**, die sich **direkt an das GBA** wendet, da sie einen Eingriff in die Rechte des Grundbuchrichters darstellen würde,[105] der unter eigener Entscheidungsbefugnis und unter eigener Verantwortung zu entscheiden hat, ob die zu seiner Kenntnis gekommene einstweilige Verfügung die Eintragung hindert;[106] ein Ersuchen des Prozessgerichts, einem bereits gestellten Antrag auf Eintragung einer Grundschuld nicht zu entsprechen, ist also unzulässig.[107]

2. Inhaltliche Unzulässigkeit

41 Ein Zurückweisungsgebot besteht, wenn eine Unzuständigkeit des GBA vorliegt[108] oder wenn der gestellte Eintragungsantrag **inhaltlich nicht vollziehbar** ist.[109]

---

88 KG JFG 18, 205 ff.
89 BayObLG NJW 1954, 1120.
90 Meikel/*Böttcher*, Rn 99; a.A. *Demharter*, § 19 Rn 97.
91 Meikel/*Böttcher*, § 18 Rn 101.
92 BeckOK/*Hügel/Zeiser*, § 18 Rn 12.
93 BayObLG BayObLGZ 1997, 55, 58 = Rpfleger 1997, 304.
94 RG RGZ 117, 290; RG RGZ 118, 119.
95 RG RGZ 118, 120; KG DNotZ 1962, 400 = Rpfleger 1962, 177; OLG Hamm DNotZ 1970, 661; BayObLG Rpfleger 1978, 306.
96 KG JFG 18, 193 ff.
97 RG RGZ 117, 287; KG JFG 18, 193 ff.; OLG Hamm DNotZ 1970, 661.
98 Meikel/*Böttcher*, § 18 Rn 103.
99 KG DNotZ 1962, 400.
100 KG DNotZ 1962, 400 m.w.N.
101 KG JFG 1, 383; unentschieden: RG RGZ 117, 290.
102 BayObLG BayObLGZ 1922, 314; Meikel/*Böttcher*, § 18 Rn 103.
103 KG JFG 1, 386.
104 BayObLG Rpfleger 1978, 306.
105 RG RGZ 120, 118.
106 LG Wuppertal MittRhNotK 1961, 264.
107 LG Wuppertal MittRhNotK 1961, 264.
108 Meikel/*Böttcher*, § 18 Rn 33; a.A. BeckOK/*Hügel/Zeiser*, § 18 Rn 12; *Schöner/Stöber*, Rn 437.
109 BayObLG Rpfleger 1983, 395; OLG Hamm BeckRS 2010, 02937; BeckOK/*Hügel/Zeiser*, § 18 Rn 16; Meikel/*Böttcher*, § 18 Rn 41.

Dies ist der Fall, wenn die Eintragung eines nicht eintragungsfähigen Rechts oder eines eintragungsfähigen Rechts mit **unzulässigem Inhalt** begehrt wird, so wenn die Eintragung einer Grunddienstbarkeit beantragt wird, mit dem angegebenen Inhalt jedoch lediglich eine beschränkte persönliche Dienstbarkeit eingetragen werden könnte.[110] Das Gleiche gilt bei Antrag auf Eintragung eines unzulässigen Rechts oder an einem noch nicht gebildeten Recht.[111]

42

Wird die Eintragung eines an sich eintragungsfähigen Rechts beantragt, bspw. eines Mietrechts,[112] ist dabei nur die Eintragung einer **Nebenbestimmung unzulässig**, so kann, weil die Eintragung einer Vormerkung insoweit möglich ist, auch eine Zwischenverfügung erfolgen. Ist die unzulässige Nebenbestimmung aber nur überflüssig, so muss sofort eingetragen werden, und zwar unter Weglassung des überflüssigen Zusatzes.

43

Da der gestellte Antrag die Handlungsberechtigung festlegt, kann durch Zwischenverfügung nicht aufgegeben werden, das beantragte (eintragungsfähige) Recht inhaltlich zu ändern oder durch ein anderes zu ersetzen.

Der Antrag muss sofort zurückgewiesen werden, wenn der avisierte Inhaber des dinglichen Rechts nicht rechtsfähig ist.[113]

44

Ebenso ist zurückzuweisen, wenn der **Umfang** eines einzutragenden Rechts **nicht zweifelsfrei** feststeht. Dies gilt jedenfalls dann, wenn bei dem Antrag auf Eintragung einer verzinslichen Hypothek überhaupt kein Zinssatz angegeben ist[114] oder bei Abtretung einer verzinslichen Grundschuld Zinsen nicht erwähnt werden.[115]

45

3. Fehlende rückwirkende Heilung

Zwingend ist die Zurückweisung geboten, wenn **Mängel** vorliegen, die **nicht mit rückwirkender Kraft geheilt** werden können.[116] Gleichgültig soll dabei sein, ob eine Eintragungsbewilligung die Rechtsänderung oder die Grundbuchberichtigung herbeiführen soll.[117]

46

Die Zurückweisung ist ferner zwingend geboten, wenn die **Eintragungsbewilligung** oder – bei Eigentumsumschreibung – die **Auflassung fehlerhaft** sind (oder sogar fehlt) und nicht mit rückwirkender Kraft (§§ 184 Abs. 1, 185 Abs. 2 BGB) geheilt werden können,[118] so bspw. die Bewilligungen von einem Nichtberechtigten stammen und erst erklärt werden müssen,[119] die Auflassung erneut erklärt werden muss[120] oder auch nur eine von mehreren notwendigen Bewilligungen unmittelbar Betroffener vorliegt[121] oder die gesamte notarielle Urkunde (d.h., auch hinsichtlich der Verfahrenserklärungen) unwirksam ist.[122] In einem solchen Fall darf der Antrag nur den Rang zu dem Zeitpunkt haben, in welchem das bestehende Hindernis beseitigt worden ist. Zu beachten ist jedoch, dass Beurkundungsfehler keine Unwirksamkeit einer erklärten Auflassung herbeiführen;[123] es handelt sich dann lediglich um Beweismängel, die mit ei-

47

---

110 OLG München HRR 36, 271.
111 BayObLG Rpfleger 1983, 395.
112 RG RGZ 54, 233; BayObLG BayObLGZ 1970, 163 = Rpfleger 1970, 346; OLG Celle DNotZ 1954, 32; *Böttcher*, MittBayNot 1987, 12 ff.
113 KG BeckRS 2015, 118201 (sodann hat KG Rpfleger 2018, 259 anschließend an BGH DNotZ 2017, 702 aber die Rechtsfähigkeit bejaht).
114 KG RJA 12, 65 ff.
115 BayObLG Rpfleger 1997, 258.
116 BGH BGHZ 27, 314 = NJW 1958, 1091; BayObLG Rpfleger 1983, 395; BayObLG MittBayNot 1997, 292; OLG München BeckRS 2016, 14502; BGH FGPrax 2014, 2; OLG München ZfIR 2016, 716; OLG München MittBayNot 2015, 477; Meikel/*Böttcher*, § 18 Rn 36; BeckOK/*Hügel/Zeiser*, § 18 Rn 17; a.A.: Bauer/Schaub/*Wilke*, § 18 Rn 16, 37.
117 BayObLG MittBayNot 1995, 42; BeckOK/*Hügel/Zeiser*, § 18 Rn 17.
118 OLG München JFG 21, 105; OLG München JFG 23, 145; BGH BGHZ 27, 313; BayObLG MittBayNot 1995, 45; BayObLG MittBayNot 1995, 2297; OLG Frankfurt Rpfleger 1990, 292; OLG München FGPrax 2014, 156; OLG München BeckRS 2014, 04829; OLG Karlsruhe Rpfleger 2014, 416; OLG Frankfurt FuR 2016, 431; *Demharter*, § 18 Rn 8; Meikel/*Böttcher*, § 18 Rn 36, 37; BeckOK/*Hügel/Zeiser*, § 18 Rn 17.
119 BayObLG BayObLGZ 1988, 230; BayObLG Jur Büro 1989, 100; OLG München ZfIR 2014, 571; OLG Düsseldorf Rpfleger 2012, 520; OLG Düsseldorf FGPrax 2013, 14; OLG Düsseldorf RNotZ 2009, 238; OLG Nürnberg FGPrax 2012, 155.
120 BayObLG Rpfleger 1986, 176.
121 BayObLG BayObLGZ 1990, 295; OLG Nürnberg FGPrax 2012, 155; OLG München RNotZ 2016, 267; OLG Köln FGPrax 2016, 60.
122 OLG Celle DNotZ 1954, 32; dag. zu Unrecht: *Keidel*, DNotZ 1954, 36 ff. (mit dem Hinweis, dass der Mangel in Kürze behoben werden könnte. Dies ändert jedoch nichts daran, dass dem gestellten Antrag dadurch ein unzutreffender Rang verschafft würde).
123 BGH NJW 1992, 1102.

ner Zwischenverfügung gerügt werden können.[124] Eine Zurückweisung ist geboten, wenn ein erforderlicher Vorvollzug vollständig fehlt.[125]

48 Davon zu unterscheiden ist der Fall, dass ein Miterbe für die übrigen gehandelt hat, da dann die rückwirkende Genehmigung möglich ist.[126] Die Art der Eintragung spielt dabei keine Rolle, es kann sich um eine Rechtsänderung oder Berichtigung handeln.[127]

49 Liegt die Bewilligung des unmittelbar Betroffenen vor, nicht jedoch die notwendige Bewilligung des nur mittelbar Betroffenen, so ist eine Zwischenverfügung möglich.[128] Dies ist bspw. gegeben bei einer Bewilligung des Grundstückseigentümers zur Löschung der Grundschuld[129] oder bei fehlender Bewilligung der Löschung nicht übernommener Rechte bei Eigentumsumschreibung[130] oder bei fehlender Zustimmung des Grundstückseigentümers gem. § 880 Abs. 2 BGB bei Rangänderungen von Grundpfandrechten.[131] Werden nachweislich Eintragungsbewilligung oder Auflassung erklärt, aber versehentlich oder bewusst dem GBA nicht vorgelegt, so kann eine Zwischenverfügung erfolgen.[132]

4. Rückwirkungsverbot und Grundbuchunrichtigkeit

50 Auch wenn bei einem Berichtigungsantrag die **Unrichtigkeit** des Grundbuchs noch **nicht** vorhanden ist, muss der Antrag zurückgewiesen werden.[133] Dies ist insbesondere bei Anträgen auf Berichtigung des Grundbuchs durch Vermerk von Verpfändungen oder Pfändungen der Fall, bspw. wenn die Pfändung eines Erbteils vermerkt werden soll, bevor der Pfändungsbeschluss dem Drittschuldner zugestellt wurde[134] oder die Pfändung eines Briefrechtes vermerkt werden soll, bevor der Pfändungsgläubiger in den Besitz des Briefes gelangt.[135] Der Fall ist jedoch nicht gegeben, wenn lediglich versehentlich der Nachweis der Eintragungsvoraussetzungen nicht mitvorgelegt wird,[136] was allerdings für das GBA, das unter dem Zwang der Entscheidung steht, eine kaum lösbare Situation schafft. Pfändet ein Gläubiger den Anspruch des Schuldners auf Übertragung des Eigentums und erwirbt er damit gem. § 848 Abs. 2 S. 2 ZPO eine Sicherungshypothek oder pfändet er die entstandene Anwartschaft auf Eigentumsübertragung mit der gleichen Rechtsfolge,[137] so ist ein vor Eigentumsumschreibung gestellter Antrag auf Eintragung einer Sicherungshypothek mit einer Zwischenverfügung zu verbescheiden.[138]

51 Eine rückwirkende Mängelbehebung kommt auch dann nicht in Frage, wenn die zur Eintragung erforderliche Bewilligung des unmittelbar Betroffenen noch nicht erklärt ist[139] oder nicht von allen erklärt ist, z.B. bei einer Erbengemeinschaft nicht alle Miterben die Eintragung bewilligt haben.[140]

52 Weiter kommt nach h.M. eine Zwischenverfügung mit dem Ziel, den – nicht für geführt erachteten – Unrichtigkeitsnachweis aufgrund öffentlicher Urkunde durch eine Berichtigungsbewilligung gleichen Ziels zu ersetzen, nicht in Betracht.[141] Für den Fall der Grundbuchberichtigung überzeugt diese Ansicht aber nicht. Es geht um Offenlegung des Rechtszustands, der außerhalb des Grundbuchs ohnehin schon eingetreten ist. Daran besteht zudem ein grundsätzliches Bedürfnis. Überlegungen zum Zeitrang, der dem Antrag nicht zukommen dürfe, spielen deswegen keine Rolle.

---

124 Meikel/*Böttcher*, § 18 Rn 781; *Keidel*, DNotZ 1954, 37.
125 OLG München NJOZ 2012, 579 (fehlende Grundstücksvereinigung für beantragte Aufteilung in Wohnungseigentum); OLG Frankfurt JW-RR 2015, 783.
126 BayObLG BayObLGZ 1988, 229 = DNotZ 1989, 361.
127 BayObLG MittBayNot 95,142.
128 BayObLG BayObLGZ 1990, 6; BGH DNotZ 2018, 282; OLG Köln FGPrax 2016, 60; BeckOK/*Hügel/Zeiser*, § 18 Rn 17; Meikel/*Böttcher*, § 18 Rn 36, 87; Bauer/Schaub/*Wilke*, § 18 Rn 11.
129 BayObLG Rpfleger 1997, 154; BGH DNotZ 2018, 282.
130 BayObLG Rpfleger 1994, 58.
131 OLG Hamm Rpfleger 2002, 353.
132 *Demharter*, § 18 Rn 12.
133 BayObLG MittBayNot 1981, 25; *Böttcher*, MittBayNot 1987, 12; *Demharter*, § 18 Rn 11; Meikel/*Böttcher*, § 18 Rn 38.
134 KG DR 1944, 124; *Demharter*, § 18 Rn 11; Meikel/*Böttcher*, § 18 Rn 38.
135 KG JFG 14, 445.
136 KG DR 1944, 124.
137 BGHZ 45, 186; 49, 197; 83, 395.
138 Ebenso: Meikel/*Böttcher*, § 18 Rn 34 ff; *Münzberg*, Rpfleger 1985, 307; a.A. LG Düsseldorf Rpfleger 305.
139 BayObLG DNotZ 1990, 295; OLG Zweibrücken OLGZ 1991, 153; OLG Hamm ZfIR 1998, 115; OLG Nürnberg FGPrax 2012, 155; OLG München BeckRS 2018, 6401; OLG Rostock NJOZ 2015, 763.
140 *Demharter*, § 18 Rn 12.
141 OLG Düsseldorf FGPrax 2019, 102; OLG Düsseldorf Rpfleger 2019, 256; OLG Düsseldorf BWNotZ 2020, 434; OLG Stuttgart FGPrax 2021, 70; OLG München BeckRS 2018, 6401; OLG Nürnberg MittBayNot 2018, 128; OLG München MittBayNot 2017, 59; BayObLG FGPrax 1998, 6; OLG München FamRZ 2017, 150; OLG München NotBZ 2014, 348; OLG München ZfIR 2016, 716; Bauer/v. Oefele/*Wilke*, Rn 19; OLG Brandenburg FGPrax 2003, 54.

5. Keine Aussicht auf zeitnahe Behebung

Eine Zurückweisung ist ebenfalls geboten, wenn der Antragsteller ersichtlich keine Beseitigung des Hindernisses vornehmen wird, sondern auf der Vollzugsfähigkeit des Antrags beharrt.[142] Ebenfalls ist zurückzuweisen, wenn ein Dritter, dessen Bewilligung erforderlich ist, zu keiner Mitwirkung bereit ist.[143]

Aus ähnlichen Überlegungen heraus muss zurückgewiesen werden, wenn zwar die Beibringung der Nachweisunterlagen prinzipiell möglich erscheint, aber völlig offen ist, wenn (und auf welcher konkreten Grundlage) dies der Fall sein kann.[144] Diese Aussage des OLG München ist auf den entschiedenen Sachverhalt hin zutreffend; es ging um eventuelle Erkenntnisse aus archivierten Akten zu Vorgängen von 1835 bis 1966, zumal diese erst aus eigenen Recherchen des Antragstellers hätten gewonnen werden müssen, auf deren Vornahme das GBA kein Einfluss ausüben konnte. Übliche Verfahrensdauern, Rechtsbehelfsfristen etc. sind aber einzukalkulieren und rechtfertigen keine sofortige Zurückweisung. Aus demselben Grund soll eine Zwischenverfügung auf Beibringung einer erst noch zu ergehenden Feststellungsentscheidung des Landwirtschaftsgerichts zur Anerkennung als Ehegattenhof (§ 8 HöfeO) unzulässig sein.[145]

II. Verstoß gegen Zurückweisungspflicht

Wird in **unzulässiger Weise** der Antrag **nicht zurückgewiesen** und der Mangel später behoben, so gilt dennoch der Antrag erst vom Zeitpunkt der Behebung des Hindernisses an als im Sinn des § 17 GBO eingegangen.[146]

III. Inhalt und Wirksamkeit der Zurückweisung

a) Die Zurückweisung ergeht mit **schriftlichem Beschluss** (§ 38 FamFG). Die Bezeichnung des Beschlusses als Verfügung oder Aufklärungsverfügung ist unschädlich. Sie ist zu begründen. Liegen neben den die Zurückweisung begründenden Hindernissen weitere Hindernisse vor, so sind sie sämtlich zu bezeichnen, um die Gefahr erneuter Zurückweisung zu beseitigen.[147]

b) Der Beschluss wird erst mit der **Bekanntmachung** an den Antragsteller oder die ersuchende Behörde wirksam (§ 41 FamFG). Für die Bekanntmachung gilt grundsätzlich § 42 FamFG.[148] Zustellung nach § 41 Abs. 1 S. 2 FamFG ist nur dort erforderlich, wo die Zurückweisung ausnahmsweise der sofortigen Beschwerde unterliegt. Wurde der Antrag durch den Notar gestellt, so muss die Bekanntmachung an ihn erfolgen (vgl. § 15 GBO Rdn 74). Der Beschluss kann nicht mehr abgesandt werden, wenn das Hindernis vor Wirksamwerden der Bekanntmachung beseitigt worden ist.

Die **Kostentragungspflicht** ergibt sich aus GNotKG. Ein Ausspruch darüber ist daher i.d.R. entbehrlich.[149]

E. Inhalt der Zwischenverfügung

I. Begriff und Inhalt

Die Anforderungen an Form und Inhalt der Zwischenverfügung werden in § 18 GBO nicht näher angesprochen. Sie können aus der Systematik der GBO und dem Rückgriff auf allgemeines subsidiäres Verfahrensrecht des FamFG erschlossen werden und sind im Übrigen von der Rechtsprechung konturiert worden. Die Zwischenverfügung ist danach die dem Antragsteller gegenüber ergehende **Angabe von Eintragungshindernissen**, verbunden mit der **Fristsetzung zu deren Beseitigung** und der Ankündigung

---

142 OLG Düsseldorf ZfIR 2012, 105; RNotZ 2012, 60; OLG Düsseldorf FGPrax 2019, 250 (fehlende Auflassung); OLG Düsseldorf ZEV 2016, 764; auch OLG Düsseldorf NZG 2018, 381 (zum Handelsregisterverfahren); BeckOK/*Hügel/Zeiser*, § 18 Rn 15.
143 OLG München NJW-RR 2017, 649.
144 OLG München NJOZ 2017, 909; auch: OLG Frankfurt NZG 2015, 619; OLG München FGPrax 2015, 204 (Titelergänzung vor Eintragung einer Zwangshypothek).
145 OLG Düsseldorf FGPrax 2015, 110.
146 KG JFG 14, 445; 23, 146; Meikel/*Böttcher*, § 18 Rn 49.
147 RG RGZ 84, 274; BeckOK/*Hügel/Zeiser*, § 18 Rn 19; Meikel/*Böttcher*, § 18 Rn 54.
148 Für Bayern vgl.: § 4 JMBek. v. 10.5.1957 BayBS. VJu III, 295.
149 OLG München JFG 15, 174; BayObLG BayObLGZ 1948, 51, 314; BayObLG BayObLGZ 1952, 78; BayObLG BayObLGZ 1955, 276; BayObLG BayObLGZ 1958, 31; BayObLG BayObLGZ 1963, 80; OLG Hamm JMBl. NRW 1955, 34; OLG Hamm Rpfleger 1958, 87; vgl. dazu auch: *Wegh*, Rpfleger 1954, 511; *Keidel*, Rpfleger 1954, 176.

der Zurückweisung bei nicht fristgemäßer Beseitigung.[150] Hinzu kommt der erforderliche Hinweis auf Abhilfemöglichkeiten.[151] Eine ausdrückliche Bezeichnung als Zwischenverfügung ist nicht erforderlich.[152] Umgekehrt hilft die Bezeichnung als Zwischenverfügung nicht zwingend.[153]

1. Angabe der Hindernisse

60 Demgemäß muss die Zwischenverfügung die **Angabe sämtlicher Hindernisse** enthalten, die der Eintragung entgegenstehen.[154] Im Beschwerdeverfahren kann, wenn nicht sämtliche Wege zur Beseitigung des Hindernisses angegeben worden sind, die Entscheidung des GBA durch entsprechende Hinweise des Beschwerdegerichtes ergänzt werden.[155] Eine stufenweise Beanstandung ist unstatthaft, da sie die Interessen des Antragstellers ohne zwingende Notwendigkeit schädigt und für das GBA lediglich eine Verzögerung bedeutet.[156] Das GBA darf sich nicht vorbehaltlich weiterer Prüfung und Beanstandung auf einige der Eintragungsvoraussetzungen beschränken oder sich eine weitere Zwischenverfügung ausdrücklich vorbehalten.[157] Möglich ist jedoch, bei Auftreten eines weiteren Mangels nach Erlass der Zwischenverfügung diesen durch Ergänzung der Zwischenverfügung ebenfalls zu beanstanden.[158] Selbstverständlich gestattet ist eine weitere Zwischenverfügung bzw. Zurückweisung, wenn erst die Behebung der zunächst normierten Hindernisse neue Hindernisse aufgezeigt hat.[159]

61 Andererseits ist dieser Zwang zur Angabe aller Hindernisse rechtlich nur gering sanktioniert (auch wenn er aus verfahrensökonomischen Gründen nahezu vollständig beachtet wird). Die Selbstbindung des GBA kann nie so weit gehen, dass zunächst nicht beanstandete Hindernisse wegen dieses Fehlers nicht existent wären; dann müsste das GBA sich ja über zwingende Verfahrensnormen hinwegsetzen. Deswegen ist auch die weitere Zwischenverfügung voll wirksam.[160] Denkbar wäre eine Sanktionierung durch Schadensersatz. Indes bestand ja das Hindernis von Anfang an, so dass die Eintragung allenfalls um einen kurzen Zeitraum eher hätte erreicht werden können.

62 Zur Angabe der Hindernisse gehört bei ausstehenden Bewilligungen auch die Angabe, wessen Bewilligung das GBA für erforderlich hält. Diese Person muss namentlich konkretisiert sein, soweit die Erkenntnisse des GBA reichen. Eine bloße Umschreibung der Personen genügt nicht. Bei einer Teilung des herrschenden Grundstücks muss das GBA die Eigentümer der Teilparzellen, von denen eine Löschungsbewilligung für erforderlich erachtet wird, selbstständig ermitteln.[161]

2. Beseitigungsmöglichkeiten

63 Die Zwischenverfügung muss ferner **sämtliche**[162] **Mittel oder Wege zur Beseitigung der Hindernisse** aufzeigen,[163] sie muss so abgefasst sein, dass sie dem Antragsteller eine fachgerechte Entscheidung über

---

150 OLG Schleswig BeckRS 2020, 41415; OLG München FGPrax 2009, 11; LG Frankfurt/Oder RNotZ 2008, 549; Meikel/*Böttcher*, § 18 Rn 75.
151 OLG München FGPrax 2009, 11.
152 OLG Schleswig BeckRS 2020, 41415; OLG Frankfurt FGPrax 2021, 197; OLG Düsseldorf NJW-RR 2018, 78 = FGPrax 2017, 200; BeckOK/*Hügel/Zeiser*, § 18 Rn 32; Meikel/*Böttcher*, Rn 116.
153 So auch BeckOK/*Hügel/Zeiser*, § 18 Rn 32; Meikel/*Böttcher*, § 18 Rn 116.
154 OLG Frankfurt Rpfleger 1977, 103; BayObLG DNotZ 1989, 164; 98, 1222; OLG Frankfurt NJW-RR 1999, 17; OLG Köln FGPrax 2016, 60; Baer/Schaub/*Wilke*, § 18 Rn 18; BeckOK/*Hügel/Zeiser*, § 18 Rn 32.
155 BayObLG BayObLGZ 1986, 211; BayObLG BayObLGZ 1990, 55; *Demharter*, § 18 Rn 31; OLG Frankfurt Rpfleger 1993, 147; Bauer/Schaub/*Wilke*, § 18 Rn 18.
156 BayObLG BayObLGZ 1970, 165 = Rpfleger 1970, 346; BayObLG BayObLGZ 1984, 138; BayObLG FGPrax 1995, 95; BayObLG MittRhNotK 1990, 134; Meikel/*Böttcher*, § 18 Rn 104; Bauer/Schaub/*Wilke*, § 18 Rn 18; BeckOK/*Hügel/Zeiser*, § 18 Rn 33.
157 OLG Thüringen Rpfleger 2002, 431, auch wenn die Praxis gelegentlich anders handelt, vgl. auch: AG-GBA Tempelhof-Kreuzberg BeckRS 2015, 117422 (als Ausgangsentscheidung von: BGH BeckRS 2016, 21095 [§ 878 BGB und Wohnungseigentumsteilung]).
158 Ebenso: *Demharter*, § 18 Rn 30; BeckOK/*Hügel/Zeiser*, § 18 Rn 33.
159 Meikel/*Böttcher*, § 18 Rn 104; Bauer/Schaub/*Wilke*, § 18 Rn 18; OLG München NJW-RR 2015, 1044 (nachträglich erwiesene Geschäftsunfähigkeit).
160 BayObLG FGPrax 1995, 95.
161 OLG München BeckRS 2017, 109269.
162 KG KGJ 52, 208; BayObLG BayObLGZ 1970, 165 = Rpfleger 1970, 346; vgl. auch OLG Hamm DNotZ 1972, 99; Rpfleger 1973, 168; OLG Frankfurt Rpfleger 1977, 103; BayObLG BayObLGZ 1984, 138; 1990, 55 = Rpfleger 1990, 363; KG FGPrax 2015, 52; Bauer/Schaub/*Wilke*, § 18 Rn 18; BeckOK/*Hügel/Zeiser*, § 18 Rn 34; Meikel/*Böttcher*, § 18 Rn 105.
163 OLG Düsseldorf FGPrax 2019, 155; OLG Frankfurt Rpfleger 1977, 103; OLG Hamm Rpfleger 1970, 396; BayObLG MittBayNot 1981, 25; BayObLG MittBayNot 1989, 209; OLG Düsseldorf ZfIR 2012, 105; BayObLG FGPrax 2016, 253; OLG München ZEV 2017, 105; Bauer/Schaub/*Wilke*, § 18 Rn 18; BeckOK/*Hügel/Zeiser*, § 18 Rn 34; Meikel/*Böttcher*, § 18 Rn 105.

seinen Antrag ermöglicht.[164] Ohne klare Angabe der Beseitigungsmöglichkeit(en) ist die Zwischenverfügung allein schon deswegen aufzuheben.[165] Die Beseitigungsmöglichkeit muss aber einen in der Dogmatik des § 18 GBO zulässigen Inhalt haben, d.h., die Beseitigung des Hindernisses muss insbesondere mit Rückwirkung erfolgen. Dies wirkt auf die Ermessensausübung zurück: Wo das Hindernis nicht zulässigerweise beseitigt werden kann, ist die Zurückweisung Pflicht. Daher kann auch aufgegeben werden, die fehlende Eintragungsbewilligung des nur mittelbar Betroffenen beizubringen[166] oder den Eintragungsantrag klarzustellen oder einzuschränken, um ihm einen eintragungsfähigen Inhalt zu geben.[167] Ein bestimmter Weg zur Beschaffung der Unterlagen darf nicht vorgeschrieben werden.[168] Keinesfalls notwendig ist jedoch die Angabe, **wie** fehlende Unterlagen zu beschaffen sind. Kann das GBA aus tatsächlichen Gründen nicht klären, ob eine befreite Vorerbschaft vorliegt, so hat es dem Antragsteller in der Zwischenverfügung die Wahl zu lassen, einen entsprechenden Erbschein oder die Zustimmung der Nacherben beizubringen.[169]

a) Zulässiger Inhalt

Durch die Zwischenverfügung darf nicht auf den Abschluss oder die Änderung eines Rechtsgeschäfts hingewirkt werden, das Grundlage des einzutragenden Rechtsgeschäfts sein soll, weil sonst die beantragte Eintragung einen ihr nicht gebührenden Rang erhielte.[170] Daher ist es unzulässig, aufzugeben, das einzutragende dingliche Recht abzuändern,[171] durch ein anderes zu ersetzen,[172] das Gemeinschaftsverhältnis zu ändern[173] oder auch eine nicht hinreichend bestimmte Auflassung erneut oder überhaupt erstmals zu erklären.[174] Unzulässig ist ferner das Anfordern weiterer Vormerkungsbewilligungen[175] oder anderer Bewilligungen.[176] Werden aus einem herrschenden Grundstück mehrfach Teilflächen veräußert und wird die Löschung der Dienstbarkeit beantragt, so muss das GBA die namentliche Ermittlung der Eigentümer dieser Teilflächen selbst vornehmen und in der Zwischenverfügung mitteilen.[177] Bestehen Zweifel an der Geschäftsfähigkeit, so ist aufzugeben, die Zweifel soweit zu zerstreuen, dass wieder von dem Grundsatz der Geschäftsfähigkeit ausgegangen werden kann.[178]

64

Zulässig soll hingegen eine Zwischenverfügung sein, um die Miteigentumsanteile (aufsummiert > 100 %) einer Aufteilung gem. § 8 WEG zu korrigieren.[179]

Die Mittel müssen zur Beseitigung des Hindernisses geeignet sein. Dies ist bspw. nicht der Fall, wenn eine Erklärung des Insolvenzgerichts vorgelegt wird, um festzustellen, ob ein Grundstück nach Löschung des Insolvenzvermerks noch zur Insolvenzmasse gehört.[180]

65

b) Unzulässiger Inhalt

Das GBA darf nicht mit der Zwischenverfügung auf den Prozessweg verweisen.[181] Mit der Zwischenverfügung kann nicht aufgegeben werden, zur beantragten Löschung einer Auflassungsvormerkung die noch abzugebende Bewilligung des Vormerkungsberechtigten beizubringen.[182]

66

---

164 OLG Hamm JMBl. NRW 1963, 180; Rpfleger 1970, 396; OLG Düsseldorf RNotZ 2012, 60; OLG München Rpfleger 2017, 441; OLG Köln FGPrax 2016, 60; Meikel/*Böttcher*, § 18 Rn 105.
165 OLG München FGPrax 2020, 207.
166 BayObLG Rpfleger 1997, 154.
167 BayObLG Rpfleger 1997, 371.
168 KG JW 25, 3042.
169 OLG Hamm DNotZ 1972, 96.
170 BGH NJW 2014, 1002; OLG Frankfurt Rpfleger 1990, 292; OLG Dresden BeckRS 2018, 41084; *Demharter*, § 18 Rn 32.
171 BayObLG BayObLGZ 1997, 282 = FGPrax 1998, 6; BayObLG Rpfleger 2005, 78 = NJW-RR 2005, 104; OLG München FGPrax 2013, 155; OLG Düsseldorf FGPrax 2013, 14; OLG München Rpfleger 2016, 343.
172 BayObLG Rpfleger 1981, 397; BayObLG BayObLGZ 1984, 106 = DNotZ 1984, 376; BayObLG DNotZ 1998, 125; OLG Zweibrücken FGPrax 1997, 133.
173 OLG Hamm FamRZ 2018, 72.
174 BayObLG Rpfleger 1986, 176; BayObLG DNotZ 1986, 237; BayObLG DNotZ 1989, 373; BayObLG NJW-RR 1991, 465; OLG Hamm MittRhNotK 1996, 225; OLG München Rpfleger 2016, 343; OLG Düsseldorf NJW-RR 2016, 141; OLG Braunschweig NJW-RR 2019, 1298; OLG Köln Rpfleger 2020, 10.
175 OLG München FGPrax 2012, 193.
176 OLG Düsseldorf RNotZ 2020, 166.
177 BayObLG DNotZ 1997, 397.
178 OLG München NotBZ 2017, 110; BayObLG Rpfleger 1992, 152; *Böhringer*, Rpfleger 2003, 165.
179 KG DNotZ 2023, 209.
180 LG Berlin Rpfleger 2003, 648.
181 OLG Naumburg BeckRS 2016, 120851.
182 BayObLG NJW-RR 2005, 1533.

67 Gibt das GBA nicht an, auf welchem Weg ein seiner Auffassung nach bestehendes Eintragungshindernis zu beseitigen ist, sondern erwägt es nur rechtliche Möglichkeiten, die **eventuell** zur Beseitigung des Eintragungshindernisses führen können, so liegt keine wirksame Zwischenverfügung vor.[183]

3. Fristsetzung

68 Mit Zwischenverfügung kann die Beibringung eines Erbscheins aufgegeben werden, dies auch gegenüber vorhandenen öffentlichen Verfügungen von Todes wegen, wobei aber die vorrangige Auslegungspflicht durch das GBA zu beachten ist.[184] Über eine solche Zwischenverfügung kann das GBA nicht die eigene Auslegungsarbeit wegdelegieren.

69 Mit einer Zwischenverfügung kann nicht aufgegeben werden, mit dem GBA über die weitere Vorgehensweise zu beraten.[185] Eine entsprechende Zwischenverfügung wäre wegen formeller Mängel auf Beschwerde hin aufzuheben. Daraus ist m.E. aber nicht zu folgern, dass das GBA nicht in ein Rechtsgespräch eintreten dürfte, ebenso wie es ja auch außerhalb der Zwischenverfügung rechtliches Gehör gewähren darf. Es darf nur nicht die Form der Zwischenverfügung mit Fristsetzung und Rechtsmitteloption wählen.

70 Die Zwischenverfügung muss schließlich eine **Frist** zur Beseitigung der erwähnten Hindernisse setzen.[186] Die Fristsetzung ist wesentlich.[187] Die Frist muss nach Lage des Einzelfalls angemessen sein.[188] Sie muss genau bestimmt sein;[189] das ist sie dann, wenn entweder ein bestimmter Kalendertag als ihr Endpunkt oder Dauer und Anfangszeitpunkt angegeben werden. Wird die Zwischenverfügung vom GBA nachträglich um weitere Eintragungshindernisse oder vom Beschwerdegericht um weitere Beseitigungsmöglichkeiten ergänzt, ist ggf. zu verlängern oder eine neue Frist zu setzen.[190]

71 Wurde **keine bestimmte Frist** gesetzt, so ist die Zwischenverfügung schon aus diesem Grunde aufzuheben.[191] Die Zurückweisung des Antrags ist nicht möglich.[192] Wird später zur Erledigung der Hindernisse eine Frist gesetzt, kann darin eine Frist zu sehen sein.[193] Wird dann vor Fristablauf abgewiesen, kann eine Aufhebung nur dann erfolgen, wenn trotz Abweisung die Hindernisse noch in der gesetzten Frist behoben wurden.[194]

72 **Die Frist** muss **angemessen** sein, d.h. es muss möglich sein, das Hindernis innerhalb der Frist zu beseitigen,[195] wobei grundsätzlich ein objektiver Maßstab anzulegen ist. Weiter muss bei Fristsetzung der Grundsatz der Aufrechterhaltung der Grundbuchklarheit mitberücksichtigt werden. Bei unabsehbaren Beurkundungsfristen muss aber zurückgewiesen werden.

73 Bei **zu kurzer Frist**[196] ist von Amts wegen oder auf Antrag eine **Verlängerung** möglich,[197] die auch noch nach Fristablauf folgen kann[198] und erst dann nicht mehr möglich ist, wenn der Antrag endgültig zurückgewiesen worden ist. Antragsberechtigt ist auch der, dessen Antrag von der Vornahme der zuerst beantragten Eintragung abhängt.[199]

Umgekehrt ist auch eine **Fristverkürzung** zulässig, wenn sich ergibt, dass das Hindernis in kürzerer Frist als angenommen beseitigt werden kann.[200] Regelmäßig wird dann aber das Hindernis behoben sein, so dass die Eintragung erfolgt. Im Übrigen ist bei einer Verkürzung zu berücksichtigen, dass die Beteiligten

---

183 OLG Frankfurt Rpfleger 1974, 184.
184 OLG München Rpfleger 2018, 138.
185 OLG München FGPrax 2018, 64.
186 KG HRR 40 Nr. 1077; OLG Hamm NJW 1967, 2365; OLG Frankfurt Rpfleger 1977, 102; BeckOK/*Hügel/Zeiser*, § 18 Rn 35.
187 OLG Hamm JMBl. NRW 1963, 180; Meikel/*Böttcher*, § 18 Rn 106.
188 KG JW 26, 1588; OLG Frankfurt FGPrax 1997, 84; Meikel/*Böttcher*, § 18 Rn 108.
189 KG OLG 35, 10; Meikel/*Böttcher*, § 18 Rn 107.
190 OLG Frankfurt Rpfleger 1993, 147; *Demharter*, § 18 Rn 34.
191 OLG Hamm NJW 1967, 2365; OLG Hamm Rpfleger 1975, 137; OLG Frankfurt MittRhNotK 1981, 65; vgl. auch KG DNotZ 1971, 415; OLG Frankfurt Rpfleger 1997, 111, 209; BayObLG Rpfleger 1996, 191; BeckOK/*Hügel/Zeiser*, § 18 Rn 35; Meikel/*Böttcher*, § 18 Rn 109.
192 KG HRR 40 Nr. 1077.
193 BayObLG BayObLGZ 1995, 359.
194 BayObLG Rpfleger 1996, 191.
195 KG HRR 40 Nr. 1077; BeckOK/*Hügel/Zeiser*, § 18 Rn 35; Bauer/Schaub/*Wilke*, § 18 Rn 20.
196 Nach Bauer/Schaub/*Wilke*, § 18 Rn 20: Mindestfrist = 3 Wochen; nach BeckOK/*Hügel/Zeiser*, § 18 Rn 35: 4 Wochen ausreichend; nach Meikel/*Böttcher*: § 18 Rn 108: 4–6 Wochen.
197 KG JW 26, 1588; OLG Frankfurt FGPrax 1997, 84; Meikel/*Böttcher*, § 18 Rn 110.
198 KG JW 26, 1588; OLG Düsseldorf MittRhNotK 1992, 188.
199 KG JFG 1, 305; Meikel/*Böttcher*, § 18 Rn 111.
200 Ebenso: *Demharter*, § 18 Rn 34.

sich natürlich auf den Zeitraum zur Beschaffung von weiteren Dokumenten eingestellt haben und die Planung womöglich nicht umgestellt werden kann.

Die Androhung der Zurückweisung in der Zwischenverfügung gehört nicht zu dem wesentlichen Inhalt einer Zwischenverfügung,[201] ist aber zweckmäßig, vor allem dann, wenn die Zwischenverfügung sich an Laien wendet.[202]

Ungeachtet der Anordnung einer Pflicht zur Fristsetzung bestimmt Abs. 1 keine „Notfrist" im Sinne der ZPO. Die Frist ist damit für das GBA verlängerbar. In die Essensausübung über Gewährung einer Fristverlängerung sollte insbesondere die Überlegung einfließen, ob der Antragsteller seinerseits zögerlich handelt oder er zügig handelt und objektive Einflüsse, die nicht seiner Kontrolle unterliegen, eine bescheinigte Erledigung verbinden. Rechtskräftige gerichtliche Genehmigungen oder ein Erbschein etwa sind allein wegen der Bearbeitungsdauer und der zwingenden Fristen für rechtliches Gehör oder Rechtsmittel nicht in einem Monat zu bekommen.

4. Zwischenverfügung wegen der Kosten

Dieselben Förmlichkeiten (Bekanntmachung, Schriftlichkeit, Rechtsbehelfsbelehrung) gelten für die Zwischenverfügung zur Anforderung eines Kostenvorschusses. Als Begründung muss die bezifferte Beredung der Kosten angegeben werden. Die Kostennachricht an die Landesjustizkasse ist in Abschrift beizufügen.[203]

II. Wirksamwerden der Zwischenverfügung

Die Zwischenverfügung ergeht durch Beschluss.[204] Sie setzt zu ihrer Wirksamkeit die Unterschrift des Rechtspflegers voraus, auch bei einer maschinell erstellten Zwischenverfügung. Ohne Unterschrift stellt die Zwischenverfügung nur einen Entwurf dar.[205] Das Registerverfahrensbeschleunigungsgesetz hat daran nichts geändert. Erforderlich ist jedoch nur die Unterschrift auf der Urschrift der Zwischenverfügung. Bei einer maschinell erstellten Zwischenverfügung genügt die Unterschrift auf dem bei den Grundakten verbleibenden Original,[206] bei dem maschinellen Ausdruck für die Beteiligten solle ein entsprechender Wirksamkeitsvermerk angebracht werden (§ 42 S. 1, 2 GBV). Der Rechtspfleger verstößt gegen seine Amtspflichten, wenn er von einer Unterschrift absieht. Unterschreibt der Rechtspfleger, wenn auch nach Fristablauf, die auf die Zwischenverfügung bezugnehmende Nichtabhilfeverfügung, so ist von einer wirksamen Zwischenverfügung auszugehen.[207]

Die Zwischenverfügung wird wirksam mit der **förmlichen Zustellung** an den Antragsteller oder die ersuchende Behörde (§ 41 Abs. 1 S. 2 FamFG).[208] Bei Antragstellung durch den Notar wird die Frist nur dann in Lauf gesetzt, wenn die Bekanntmachung an ihn erfolgt ist (vgl. § 15 GBO Rdn 74).[209]

Im Übrigen sind §§ 38 Abs. 2 f., 39 FamFG heranzuziehen.[210]

III. Wirkung der Zwischenverfügung

Alle Wirkungen des Antrags (vgl. § 13 GBO Rdn 17 ff.) bleiben erhalten.[211] Auch bei der Kostenzwischenverfügung richten sich die Rechtswirkungen nach dem Zeitpunkt des Antragseingangs, dies ggf. auch im Verhältnis zu nachfolgenden Gesetzesänderungen.[212]

---

201 Auch: Meikel/*Böttcher*, § 18 Rn 113; a.A. OLG Frankfurt JurBüro 1980, 1565.
202 Meikel/*Böttcher*, § 18 Rn 113; Bauer/Schaub/*Wilke*, § 18 Rn 20.
203 OLG München JurBüro 2016, 37.
204 OLG Düsseldorf FGPrax 2013,14; ZfIR 2012,105; Meikel/*Böttcher*, § 18 Rn 75; BeckOK/*Hügel/Zeiser*, § 18 Rn 32.
205 BayObLG Rpfleger 1989, 188.
206 BayObLG BayObLGZ 1995, 363; BeckOK/*Hügel/Zeiser*, § 18 Rn 38, Bauer/Schaub/*Wilke*, § 18 Rn 20.
207 BayObLG Rpfleger 1996, 148; Pfälzisches OLG Rpfleger 2004, 38; BeckOK/*Hügel/Zeiser*, § 18 Rn 38; Bauer/Schaub/*Wilke*, § 18 Rn 20; Meikel/*Böttcher*, § 18 Rn 115.
208 OLG Hamm DNotZ 1950, 42; Bauer/Schaub/*Wilke*, § 18 Rn 21.
209 Bauer/Schaub/*Wilke*, § 18 Rn 21.
210 OLG Düsseldorf MittBayNot 2018, 40.
211 RG RGZ 110, 206; Meikel/*Böttcher*, § 18 Rn 117; BeckOK/*Hügel/Zeiser*, § 18 Rn 45.
212 BGH BeckRS 2017, 110844.

81 Das **GBA ist selbst durch die Zwischenverfügung nicht gebunden.** Es kann jederzeit die Zwischenverfügung aufheben oder abändern[213] und die beantragte Eintragung vornehmen, gleichgültig, ob neue Tatsachen vorliegen oder das GBA eine neue rechtliche Auffassung vertritt.[214] Diese Selbstkorrektur ist auch nach Einlegung der Beschwerde gestattet, der damit ggf. das Rechtsschutzbedürfnis entzogen wird.[215] In dem gleichen Umfang kann es die Zwischenverfügung aufheben und eine neue Zwischenverfügung erlassen. Dies zu bewerten ist Sache des pflichtgemäßen Ermessens.[216] Es kann auch die Zwischenverfügung aufheben und den Antrag zurückweisen.[217] Dies ist, obwohl mit der Zwischenverfügung keine Eintragung versprochen, sondern nur in Aussicht gestellt wird, wegen des Anspruchs des Antragstellers auf möglichst umfassenden Rechtsschutz[218] aber nur möglich, wenn neue Tatsachen eintreten, die bei einer Aufrechterhaltung der Zwischenverfügung bewirken würde, dass die Grenzen des Anspruchs auf Rechtsschutz überschritten würden.

82 Wird der Zwischenverfügung innerhalb der angegebenen Frist nicht gefolgt, so kann nach Fristablauf der Antrag zurückgewiesen werden. Eine Zurückweisung ist jedoch dann nicht möglich, wenn die zuvor erlassene Zwischenverfügung keine inhaltlich korrekte Bezeichnung der Mittel zur Beseitigung des Hindernisses enthielt.[219]

F. Rechtsmittel gegen die Zwischenverfügung
I. Arten, Zulässigkeit, Beschwerdeberechtigung

83 Gegen die Zwischenverfügung sind fristlose **Beschwerden** und anschließend **weitere Beschwerden** zulässig (siehe § 71 GBO Rdn 20 ff.). Der Rechtspfleger kann der Beschwerde abhelfen (§ 75 GBO) oder sie dem Beschwerdegericht vorlegen. Die Beschwerde ist auch eröffnet für die ersuchende Behörde, gegen die eine Zwischenverfügung ergangen ist.[220]

84 Die **Beschwerde** ist **zulässig**, solange das GBA noch nicht endgültig entschieden hat, auch wenn die gestellte Frist bereits abgelaufen ist.[221] Sie wird unzulässig, wenn der Beschwerdeführer durch die angefochtene Entscheidung nicht mehr beschwert ist.[222] Eine Beschwerde gegen die Zwischenverfügung kann nicht in eine Beschwerde gegen eine nachfolgende Zurückweisung umgedeutet werden.[223]

85 Jede **Zwischenverfügung** kann mit der **Beschwerde** angefochten werden. Auch wenn das GBA die Vornahme einer Eintragung von bestimmten Auflagen abhängig macht und die Zurückweisung des gestellten Antrags für den Fall ankündigt, dass diese nicht fristgemäß erfüllt werden, liegt eine beschwerdefähige Zwischenverfügung vor.[224] Keine beschwerdefähige Entscheidung liegt jedoch vor, wenn das GBA lediglich eine Frist zur Zurücknahme eines unverbundenen Antrags oder zur Stellung eines anderen Antrags gesetzt hat.[225]

Jede von mehreren in einer Zwischenverfügung zusammengefassten Beanstandungen kann für sich mit der Beschwerde angefochten werden.[226] Der Beschwerdeführer kann somit teils die monierten Hindernisse beheben, teils die Rechtsansicht des GBA zur Überprüfung bringen.

86 Zur **Erhebung der Beschwerde** ist jeder **Antragsteller** berechtigt, sowie **jeder der Beteiligten**, auch wenn er nicht selbst den Antrag gestellt hat, wenn er behauptet, durch die Zwischenverfügung in seinen Rechten beschränkt zu sein.[227] Ein nur schuldrechtlicher Anspruch auf Rechtsverschaffung begründet jedoch keine Beschwerdeberechtigung.[228]

---

213 BayObLG BayObLGZ 1990, 51, 53.
214 Meikel/*Böttcher*, § 18 Rn 118.
215 OLG Düsseldorf Rpfleger 2018, 135.
216 Im Ergebnis ebenso: *Demharter*, § 18 Rn 36.
217 Etwa OLG München NJW-RR 2010,1024.
218 Vgl. dazu: *Habscheid*, NJW 1967, 226 ff.
219 LG Köln MittRhNotK 1979, 196.
220 KG BeckRS 2018, 2788.
221 KG KGJ 51, 278; Meikel/*Böttcher*, § 18 Rn 150; Bauer/Schaub/*Wilke*, § 18 Rn 26.
222 BayObLG Rpfleger 1982, 276 m.w.N.; Meikel/*Böttcher*, § 18 Rn 150.
223 OLG München NJW-RR 2010, 1024.
224 BayObLG BayObLGZ 1953, 29 ff.
225 KG JFG 13, 111; a.A. OLG Oldenburg Rpfleger 1975, 362.
226 KG BeckRS 2018, 2614; OLG München NZM 2016, 864; Meikel/*Böttcher*, § 18 Rn 150; Bauer/Schaub/*Wilke*, § 18 Rn 26.
227 Meikel/*Böttcher*, § 18 Rn 150; BayObLG Rpfleger 1979, 210; Bauer/Schaub/*Wilke*, § 18 Rn 26; OLG Karlsruhe Rpfleger 2005, 598.
228 KG DR 43, 705.

II. Antrag und Begründung

Beantragt kann nur werden, die Frist zu verlängern oder sofort wegen Nichtbestehens der Hindernisse die Zwischenverfügung aufzuheben. Da die Zwischenverfügung nicht als wesentlichen Entscheidungsbestandteil die Zusage der Eintragung im Falle der Beseitigung des Hindernisses enthält, ist eine Anfechtung der Zwischenverfügung nicht mit dem Antrag der sofortigen Zurückweisung des Eintragungsantrags möglich.[229]

87

Das Rechtsmittel kann damit **begründet** werden, dass das beanstandete Hindernis nicht besteht und daher dem Antrag durch sofortige Eintragung hätte stattgegeben werden müssen, oder dass die bestellte Frist zu kurz bemessen sei. Die Beschwerde kann auch auf die Anfechtung einzelner Punkte beschränkt werden.[230] Gegenstand des Erinnerungs- und Beschwerdeverfahrens sind dann die in der Zwischenverfügung erhobenen Beanstandungen des Eintragungsantrags, bei mehreren die mit der Erinnerung angegriffenen.[231]

88

III. Entscheidung, Wirkung der Beschwerdeeinlegung

Das Beschwerdegericht entscheidet nach Sach- und Rechtslage und Zeitpunkt seiner Entscheidung, nicht rückbezogen auf den Zeitpunkt des Erlasses der Zwischenverfügung. Änderungen im Tatsächlichen oder ggf. in der Rechtslage sind zu berücksichtigen.[232] Bei zwischenzeitlicher Erledigung des Hindernisses scheidet eine Fortsetzungsfeststellungsbeschwerde aus.[233]

89

Gegenstand der Beschwerdeentscheidung ist nur die Zwischenverfügung und die darin enthaltene Beanstandung, nicht der Antrag selbst. Das Beschwerdegericht kann somit nicht selbst eintragen und nicht zur Eintragung anweisen, sondern lediglich zu den Hindernissen Stellung nehmen.[234] Bei nur einzelnen angefochtenen Hindernissen einer Zwischenverfügung entscheidet das Beschwerdegericht auch nur zu diesen.

90

Das **Beschwerdegericht** kann, wenn nach seiner Auffassung der gestellte Eintragungsantrag ohne Zwischenverfügung sofort hätte zurückgewiesen werden müssen, wegen des Verbots der reformatio in peius die Zwischenverfügung nicht aufheben und den Eintragungsantrag abweisen (vgl. § 77 GBO Rdn 15).[235] Das Beschwerdegericht kann aber die Zwischenverfügung ändern, wenn es die Behebungsmöglichkeit für unzutreffend hält[236] oder der Zwischenverfügung weitere Möglichkeiten zur Beseitigung des Hindernisses hinzufügt.[237]

91

Auf den ersten Blick wenig befriedigende Verfahrenskonstellationen ergeben sich, wenn das GBA eine Zwischenverfügung erlassen hat, die bei Zugrundelegung der geäußerten Rechtsauffassung formell unzulässig war, weil an sich eine sofortige Zurückweisung geboten gewesen wäre. Die Aufhebung als unzulässig durch das Beschwerdegericht lässt dann für den Verfahrensfortgang eine Klärung der an sich offenen Streitfragen weiter ausstehen. Erfreulicherweise gehen aber die Beschwerdegerichte bei erkennbaren (wenngleich in der Prüfungsreihenfolge nachgeordneten) Streitfragen über das verfahrensrechtlich gebotene hinaus und äußern sich zu den angesprochenen Fragen. Aus prozessökonomischen Gründen ist das uneingeschränkt zu begrüßen.

92

Das Beschwerdegericht kann auch eine Zurückweisung aufheben und durch eine Zwischenverfügung ersetzen, wenn es wie das GBA das Hindernis bejaht, dieses aber – insoweit gegen das GBA – für behebbar hält.[238]

93

---

229 KG DR 43, 705; OLG Frankfurt OLGZ 1970, 284; Meikel/*Böttcher*, § 18 Rn 150.
230 KG JFG 8, 237; *Demharter*, § 18 Rn 55.
231 BayObLG 1970, 47; 71, 308 = DNotZ 1972, 233; 1972, 28 = DNotZ 1972, 343; BayObLG DNotZ 1973, 307; OLG Köln FGPrax 2009, 6.
232 OLG München NJW-RR 2010, 1024 (zwischenzeitlicher Erlass des § 899a BGB).
233 OLG Hamm FGPrax 2011, 209; OLG Düsseldorf NJW-RR 2010, 1105 = Rpfleger 2010, 261.
234 OLG Frankfurt FuR 2016, 431; OLG München NJW-RR 2015, 1043; Meikel/*Böttcher*, § 18 Rn 153.
235 OLG Oldenburg Rpfleger 1961, 198; Meikel/*Böttcher*, § 18 Rn 153.
236 OLG Köln FGPrax 2009, 6.
237 KG FGPrax 2015, 52; BayObLG NJW-RR 1990, 906.
238 OLG Hamm FGPrax 2015, 54 = Rpfleger 2015, 130.

94 Die Einlegung der Beschwerde hindert wegen deren fehlender aufschiebender Wirkung nicht die endgültige Zurückweisung des Antrags durch das GBA, solange das Beschwerdegericht nicht entschieden hat.[239]

G. Sonderfall: Grundbuchamt als Vollstreckungsorgan – Mängel der Vollstreckung im Grundbuch

95 Der Antrag ist zurückzuweisen, wenn er gesetzlich **notwendige Bestandteile nicht** enthält oder sonstige Mängel enthält, die nicht mit rückwirkender Kraft geheilt werden können. Denn anderenfalls erhielte die beantragte Eintragung einen Rang, der ihr nicht gebührt.[240] Der Antrag ist daher sofort zurückzuweisen.[241] Wird gegen die Bestimmung verstoßen und erfolgt später die Mängelbehebung, so gilt der Antrag erst mit dem Zeitpunkt der Behebung als eingegangen.[242]

96 Dies gilt insbesondere, wenn beim Antrag auf Eintragung einer Zwangshypothek die zwingend vorgeschriebene (§ 867 Abs. 2 ZPO) Verteilung der Forderung auf mehrere Grundstücke nicht enthalten ist.[243] Hier ist der Antrag zugleich Vollstreckungsmaßnahme. Die Verteilung ist Voraussetzung für den Beginn der Zwangsvollstreckung. Die Zulässigkeit einer Zwischenverfügung und der Eintragung einer Vormerkung beim Fehlen der Verteilung würde dazu führen, dass dem Gläubiger ein Rang vorbehalten würde, auf den er wegen des Fehlens einer wesentlichen Voraussetzung keinen Anspruch hat, weil für den Rang der einzutragenden Hypothek ein Zeitpunkt maßgebend wäre, in dem die Zwangsvollstreckung noch nicht zulässig war.[244] Die Nachholung der Verteilung hat keine rückwirkende Kraft.[245] Eine ursprüngliche Gesamtzwangshypothek kennt das Gesetz nicht. Infolgedessen kann insoweit auch keine Vormerkung eingetragen werden.[246] Der Titel muss auch den Gläubiger – d.h. bei Gläubigermehrheit: alle Gläubiger und deren Gemeinschaftsverhältnis, § 47 GBO[247] – erkennen lassen, dass eine Auslegung dem GBA nicht gestattet ist.[248]

97 Das Gleiche muss auch gelten für das **Fehlen sonstiger Zwangsvollstreckungsvoraussetzungen**,[249] da auch hier die gleichen Gründe bestehen und diese unabhängig von der bestrittenen Frage sind, ob eine gesetzeswidrig eingetragene Zwangshypothek durch nachträglichen Eintritt der Zwangsvollstreckungsvoraussetzungen mit rückwirkender Kraft wirksam wird (siehe § 867 ZPO)[250] oder ein auflösend bedingtes Recht vorliegt. Das Grundbuch wird in jedem Fall durch die Eintragung zunächst unrichtig. Eine unrichtige Eintragung darf der Grundbuchrichter keinesfalls herbeiführen.

Eine sofortige Zurückweisung hat auch zu erfolgen, wenn die Eintragung einer Zwangshypothek nach Einstellung der Zwangsvollstreckung beantragt wird, da der Titel als Vollstreckungsgrundlage damit ausgeschieden ist.[251]

98 Bestritten ist, ob sich insoweit, als das GBA als Vollstreckungsorgan tätig wird, eine Pflicht zu **Ermittlungen** ergibt[252] und wie sich bei Bejahung dieser Pflicht das GBA zu verhalten hat, wenn ein weiterer Antrag einläuft.

99 Dass das GBA von Amts wegen zu klären versuchen kann, wenn die eingereichten **Unterlagen nicht eindeutig** sind, ist unbestritten. Es kann daher bspw. dem Gläubiger anheimstellen oder aufgeben, einen

---

239 KG KFJ 1951, 276; Meikel/*Böttcher*, § 18 Rn 154.
240 BGH BGHZ 27, 313; BayObLG BayObLGZ 1980, 306; LG Marburg Rpfleger 1984, 406; BayObLG NJW-RR 1991, 465; OLG Frankfurt Rpfleger 1990, 292; Bauer/Schaub/*Wilke*, § 18 Rn 16.
241 OLG Hamm FGPrax 1997, 59; Bauer/Schaub/*Wilke*, § 18 Rn 37.
242 KG JFG 14, 445; KG JFG 23, 146; Meikel/*Böttcher*, § 18 Rn 49.
243 OLG Naumburg FGPrax 2019, 120; BayObLG BayObLGZ 1952, 51; BGH BGHZ 27, 313 = NJW 1958, 190; OLG Düsseldorf Rpfleger 1990, 60.
244 BGH NJW 1958, 190.
245 BGH NJW 1958, 190.
246 BGH NJW 1958, 190; OLG München FGPrax 2009, 103 (fehlender Zustellungsnachweis).
247 OLG Düsseldorf FGPrax 2019, 54.
248 OLG München NJW 2017, 2420.
249 RG RGZ 85, 167; BayObLG BayObLGZ 1956, 218 = NJW 1956, 1800; BGH BGHZ 27, 313 = NJW 1958, 1090; OLG Düsseldorf Rpfleger 1978, 216; Meikel/*Böttcher*, § 18 Rn 45.
250 Dazu bej.: KG 21, 89; OLG Frankfurt MDR 1956, 111; Baumbach/*Lauterbach/Hartmann*, Rn 12; *Demharter*, § 18 Rn 9; BayObLG BayObLGZ 1975, 398 = Rpfleger 1976, 66; OLG Hamm FGPrax 1997, 86 vern.: *Furtner*, MDR 1964, 460 und frühere KG-Rspr. z.B. KG KGJ 53, 189.
251 OLG Frankfurt Rpfleger 1974, 443.
252 Dafür: BayObLG DNotZ 1956, 597; dag.: *Schweyer*, NJW 1956, 1800; *Böttcher*, MittBayNot 1987, 15.

Handelsregisterauszug vorzulegen, wenn an der Identität des Eigentümers mit dem Titelschuldner Zweifel bestehen. Dies ergibt sich daraus, dass das GBA hier in einer Doppelfunktion tätig wird, als Grundbuch- und als Vollstreckungsgericht. Bei der Prüfung des Antrags nach vollstreckungsrechtlichen Gesichtspunkten hat es die gleiche Aufklärungsmöglichkeit wie jedes andere Vollstreckungsorgan.

Fast unbestritten[253] ist auch, dass es sich insoweit **nicht um eine Zwischenverfügung** gem. § 18 GBO handelt, da § 18 GBO sich nur auf die Behebung grundbuchrechtlicher Hindernisse bezieht, hier aber nicht das Fehlen grundbuchrechtlicher, sondern vollstreckungsrechtlicher Voraussetzungen in entsprechender Anwendung des § 139 ZPO gerügt werden müsste.[254] Diese Aufklärungsverfügungen sind auch bei Rechtsmittelbelehrung nicht beschwerdefähig.[255] Eine Zwischenverfügung zur Behebung vollstreckungsrechtlicher Mängel scheidet überhaupt aus.[256]

100

Wird das GBA in dem beschriebenen Umfang tätig, so ist ein **Rangschutzvermerk** jedenfalls dann unzulässig, wenn man mit der herrschenden Lehre eine rückwirkende Kraft der Heilung von Vollstreckungsmängeln verneint, da die Zwangshypothek dann erst mit dem Zeitpunkt der Nachholung der fehlenden Voraussetzung entsteht und infolgedessen ein Rangschutzvermerk der Hypothek einen Rang sichern und bei späterer Eintragung der Hypothek verschaffen würde, auf den ein Anspruch nicht besteht.[257] Auch wenn man dieser Ansicht nicht folgt, muss ein Rangschutzvermerk aus der Erwägung heraus ausgeschlossen bleiben, dass ein Gläubiger, der sich die nötigen Unterlagen noch nicht beschafft hat, sich keinesfalls einen Vorsprung vor dem Gläubiger beschaffen darf, der die gesetzlichen Voraussetzungen erfüllt hat.[258] Davon zu unterscheiden ist der Fall, dass das Fehlen eines grundbuchrechtlichen Erfordernisses gerügt werden muss. Insoweit ist auch hier eine Zwischenverfügung zulässig.[259]

101

Bestritten ist das Verhalten des GBA, wenn lediglich der Nachweis einer an sich gegebenen Vollstreckungsvoraussetzung fehlt. Nach *Rahn*[260] und *Demharter*[261] kann in diesem Fall eine Zwischenverfügung erlassen werden. Da jedoch für das GBA diese Sachlage von vornherein grundsätzlich kaum erkennbar ist, wird man mit *Hoche*[262] die Zulässigkeit einer Zwischenverfügung grundsätzlich verneinen und nur dann ausnahmsweise zulassen müssen, wenn der Sachverhalt dem GBA aus irgendwelchen anderen Gründen zweifelsfrei bekannt ist.[263]

102

Besondere Fragen ergeben sich im elektronischen Rechtsverkehr, wenn neben dem elektronischen Antrag zum Besitznachweis eine Urkunde in Papier einzureichen ist (§ 137 Abs. 1 S. 3 GBO). Dies wird immer relevant für die Vorlage der vollstreckbaren Ausfertigung, die nach dem Stand der Technik aktuell digital nicht abgebildet werden kann. Eine zeitgleiche Einreichung ist wegen der unterschiedlichen Übertragungswege ausgeschlossen. Andererseits lassen die eingereichten Anträge die nachfolgende Papierurkunde inhaltlich erwarten. Zugleich liegt diese Diskrepanz allein in Vorgaben des Gesetzes begründet und kann vom Antragsteller nicht grundsätzlich beeinflusst werden. M. E. gilt: Gem. § 136 GBO ist auch hier der elektronisch eingereichte Antrag maßgeblich für die zeitliche Reihenfolge der Bearbeitung. Eine Zurückweisung scheidet aus, wenn das in Papier vorzulegende Nachweisdokument unverzüglich parallel auf den Weg gebracht wird. Das Grundbuchamt hat mindestens die übliche Postlaufzeit abzuwarten; über die Gewährung rechtlichen Gehörs hat es sich nach dem Verbleib der in Papier vorzulegenden Dokumente zu erkundigen.

H. Vormerkung und Widerspruch gem. § 18 Abs. 2 GBO

Abs. 2 zieht die Folgerung aus der Zulassung der Zwischenverfügung durch Abs. 1. Ohne sie würde ein später gestellter Antrag gem. § 17 GBO bis zur Erledigung der Zwischenverfügung in der Schwebe blei-

103

---

253 Abw. nur *Thieme*, § 18 Anm. 3.
254 BGH BGHZ 27, 310; OLG Düsseldorf FGPrax 2013, 243; BeckOK/*Hügel/Zeiser*, § 18 Rn 41; Meikel/*Böttcher*, § 18 Rn 47; Bauer/Schaub/*Wilke*, § 18 Rn 8, 32.
255 OLG München FGPrax 2012, 59; OLG München Rpfleger 2010, 578.
256 OLG München ZfIR 2012, 40 (fehlende Beifügung des Titels).
257 So mit Recht: *Hoche*, DNotZ 1957, 4; Meikel/*Böttcher*, § 18 Rn 47.
258 *Hoche*, DNotZ 1957, 4.
259 RG RGZ 85, 167; BayObLG BayObLGZ 1924, 11.
260 *Rahn*, Justiz 1962, 58.
261 *Demharter*, § 18 Rn 9.
262 *Hoche*, DNotZ 1957, 6.
263 So auch: Meikel/*Böttcher*, § 18 Rn 46; a.A. generell vern.: Bauer/Schaub/*Wilke*, § 18 Rn 12 (auch keine Zwischenverfügung bei Kenntnis).

ben, was sachlich und technisch gleich unerwünscht wäre. Die Bestimmung gibt infolgedessen die Möglichkeit, den ersten Antrag durch **Eintragung eines Schutzvermerks** zu sichern, damit grundbuchmäßig zunächst zu erledigen und so den Weg für den sofortigen Vollzug für den zweiten Antrag freizumachen. Die Praxis macht von diesen Möglichkeiten – zu Recht – keinen allzu kräftigen Gebrauch. Der Erstantrag wird ja nicht erledigt, weswegen das GBA sich keine Arbeit erspart, sondern eher Mehraufwand betreiben muss. Und der Zweitantragsteller erhält trotz der vorgezogenen Abarbeitung seines Antrags bis zur endgültigen Entscheidung über den Erstantrag keine gesicherte (und v.a. wirtschaftlich verwertbare) Rechtsposition, so dass ihn mit dieser Verfahrensweise i.d.R. auch keinem gedient ist.

104 Vormerkung und Widerspruch sind von Amts wegen einzutragen. Unerheblich ist, ob hinsichtlich des früher gestellten Antrags bereits eine Zwischenverfügung erlassen wurde.[264]

Entsprechende Anwendung auf gleichzeitig gestellte Anträge ist geboten, wenn zwischen den beantragten Eintragungen ein Rangverhältnis besteht.[265]

Ein Verstoß gegen Abs. 2 macht das Grundbuch nicht unrichtig.[266]

I. Voraussetzungen

105 Die Voraussetzungen des Abs. 2 sind:
– Vorliegen eines **Eintragungsantrags**, dem ein **Hindernis** entgegensteht, das aber zur sofortigen Zurückweisung des Antrags nicht berechtigt. Ob bereits eine Zwischenverfügung nach Abs. 1 erlassen wurde, ist unerheblich.
– **Eingehen eines anderen Eintragungsantrags** oder Eintragungsersuchens, durch welchen das gleiche Recht betroffen wird; der Begriff des Betroffenwerdens ist hier der gleiche wie in § 17 GBO (vgl. § 17 GBO Rdn 14).
– **Nichtbestehen eines Hindernisses** gegen die Vollziehung des zweiten Antrags. Steht ein Hindernis entgegen, so bedarf es keines Schutzvermerks, da ein Vollzug des zweiten Antrags noch nicht möglich ist. Erst wenn das dem zweiten Antrag entgegenstehende Hindernis vor Erledigung des ersten Antrags beseitigt wird, kann ein Schutzvermerk eingetragen werden.
– **Eingehen des zweiten Antrags nach dem ersten**; entsprechende Anwendung auf gleichzeitig gestellte Anträge ist zulässig, wenn zwischen den beantragten Eintragungen ein Rangverhältnis besteht.[267]
– Der **Schutzvermerk** muss nach den vorliegenden Unterlagen so formuliert werden können, dass er den Voraussetzungen des Grundbuchs inhaltlich entspricht. Kann das Gemeinschaftsverhältnis (siehe § 47 GBO) nicht angegeben werden, so wird dadurch ein Schutzvermerk nicht ausgeschlossen, da diese Bestimmung sich weder nach ihrem Wortlaut noch nach ihrem Sinn auf den vorläufigen Schutzvermerk des § 18 GBO bezieht. Auch die Voreintragung des Betroffenen (§ 39 GBO) braucht nicht bereits erfolgt zu sein, da § 39 GBO nur den endgültigen Grundbuchstand sichern will.

II. Vormerkung oder Widerspruch

106 Liegen die genannten Voraussetzungen vor, so ist **zugunsten des früher gestellten Antrags** eine Vormerkung oder ein Widerspruch einzutragen. Die Eintragung hat von Amts wegen zu erfolgen. Die Eintragung des Schutzvermerks erfolgt ohne Prüfung seiner Zweckmäßigkeit und steht nicht im Ermessen des GBA. Der Vorrang vor der später beantragten Eintragung oder der Gleichrang bei gleichzeitig beantragten Eintragungen muss zum Ausdruck gebracht werden, eine Bezugnahme gem. § 874 BGB ist zulässig.[268]

107 Eine **Vormerkung** ist einzutragen, wenn der frühere Antrag eine rechtsändernde Eintragung zum Gegenstand hat, ein **Widerspruch**, wenn eine Grundbuchberichtigung beantragt wird. Wird jedoch statt einer

---

264 BayObLG BayObLGZ 1998, 278 = Rpfleger 1999, 123; BeckOK/*Hügel/Zeiser*, § 18 Rn 57; Meikel/*Böttcher*, § 18 Rn 120.
265 *Demharter*, § 18 Rn 39; BeckOK/*Hügel/Zeiser*, § 18 Rn 56; Meikel/*Böttcher*, Rn 123.
266 BayObLG DNotZ 1999, 671; BeckOK/*Hügel/Zeiser*, § 18 Rn 62; Meikel/*Böttcher*, § 18 Rn 165.
267 BGH WM 1958, 326; Meikel/*Böttcher*, § 18 Rn 123.
268 *Demharter*, § 18 Rn 40.

Vormerkung ein Widerspruch eingetragen oder umgekehrt, so ist dies praktisch bedeutungslos, da jeder der beiden Vermerke nur zum Ausdruck bringt, dass die später beantragte Eintragung nur unter Vorbehalt erfolgt.[269]

III. Rechtsnatur

Trotz gleicher Benennung handelt es sich **nicht** um die **Vormerkung oder den Widerspruch des BGB** (§§ 883, 899 BGB). Denn weder wird durch die „Vormerkung" des Abs. 2 ein persönlicher Anspruch auf die Rechtsänderung gesichert – ein solcher liegt oft gar nicht vor –, noch wird die Unrichtigkeit des Grundbuchs vorausgesetzt. Vielmehr soll der Schutzvermerk den ersten Antragsteller für eine begrenzte Zeit dagegen schützen, dass ein Antrag durch die frühere Vornahme der später beantragten Eintragung beeinträchtigt oder vereitelt wird. Der Schutzvermerk sichert deswegen den öffentlich-rechtlichen Anspruch des Antragstellers gegen das GBA auf endgültige Bescheidung seines Antrags.[270] Der Schutzvermerk ist daher auch dann einzutragen, wenn der zugrundeliegende schuldrechtliche Kaufvertrag nichtig ist[271] oder der gestellte Eintragungsantrag selbst die Eintragung einer Vormerkung oder eines Widerspruchs nach BGB bezweckt. Weiter ergibt sich daraus, dass weder § 106 InsO noch § 888 BGB auf Vormerkungen nach Abs. 2 anwendbar sind.

108

IV. Form

Zur Form der Eintragung vgl. § 12 GBV (siehe § 12 GBV Rdn 1 ff.), § 19 GBV (vgl. § 19 GBV Rdn 1 ff.) und die Musteranlage in Abt. II Nr. 2 des Grundbuchs.

109

V. Wirkung des Schutzvermerks

1. Formelle Wirkung

In **formeller** Hinsicht bedeutet die Eintragung des Schutzvermerks die grundbuchmäßige **Erledigung** des früheren Antrags im Sinne des § 17 GBO, aber auch lediglich in diesem Sinne; der Vollziehung des späteren Antrags – mit Ausnahme der beantragten Löschung des von der Vormerkung betroffenen Rechts (vgl. § 17 GBO Rdn 32) – steht nichts mehr im Wege. Die später beantragte Eintragung ist in der gleichen Abteilung unter nächstfolgender Nummer in einer anderen Abteilung mit späterem Datum oder Rangvermerk gem. § 45 Abs. 2 GBO vorzunehmen.

110

Die Eintragung des Schutzvermerks selbst erledigt den Erstantrag hingegen in anderen Beziehungen nicht. Der Antrag bleibt vielmehr noch beim GBA anhängig und ist im üblichen Verfahren durch Eintragung, Zurückweisung oder Monierung durch Zwischenverfügung abzuarbeiten.[272] Das unterscheidet den Widerspruch nach Abs. 2 etwa vom Amtswiderspruch, dessen weitere Durchsetzung sodann den Beteiligten selbst überlassen bleibt. Das erklärt auch die Nichtgeltung des § 888 BGB auf die Vormerkung: Die rangrichtige Eintragung ist eine offene Verfahrenspflicht des GBA, so dass es sachenrechtlicher Ansprüche der Beteiligten untereinander nicht bedarf. Mit abschließender Entscheidung über den Erstantrag ist sodann der Schutzvermerk zu löschen.

111

2. Materielle Wirkung

Die **materielle** Bedeutung des Schutzvermerks besteht in der **Rangwahrung** und der Gewährleistung eines vorläufigen Schwebezustands:

112

– Der Schutzvermerk hat die grundbuchliche **Funktion**, den Vorrang des früheren Antrags zu sichern. Der Vorrang wird selbst dann gesichert, wenn zu dem früheren Antrag eine notwendige Genehmigung erst nach der später beantragten Eintragung erteilt wird.[273] Die Rangwahrung erfolgt endgültig jedoch nur für den Fall, dass der frühere Antrag durch Eintragung erledigt wird.

---

269 OLG Karlsruhe JFG 6, 272; Bauer/Schaub/*Wilke*, § 18 Rn 25; BeckOK/*Hügel/Zeiser*, § 18 Rn 64.
270 RG RGZ 110, 207; BayObLG BayObLGZ 1930, 440; KG JFG 23, 146; Meikel/*Böttcher*, § 18 Rn 132; BeckOK/*Hügel/Zeiser*, Rn 62.
271 RG RGZ 55, 343; *Demharter*, § 18 Rn 37; BeckOK/*Hügel/Zeiser*, § 18 Rn 62.
272 Fall: BGH DNotZ 2015, 422.
273 OLG Karlsruhe JFG 6, 272; Meikel/*Böttcher*, § 18 Rn 143.

– Vormerkung oder Widerspruch gewähren **Schutz** dagegen, dass infolge einer später beantragten Eintragung dem früheren Antrag nicht oder nicht in vollem Umfang entsprochen werden kann. Sie gewähren aber keinen Schutz gegen Eintragungshindernisse anderer Art, die von der später beantragten Eintragung unabhängig sind. Über den früher gestellten Antrag ist daher so zu entscheiden, als ob die Vormerkung nicht eingetragen wäre. Dies gilt insbesondere bei Verfügungsbeschränkungen, die vor der endgültigen Eintragung eintreten. Eine Zwangshypothek kann deshalb, wenn der Grundstückseigentümer in Insolvenz gerät (siehe § 89 InsO), nicht mehr eingetragen werden, auch wenn der Antrag durch einen Schutzvermerk geschützt ist, da § 91 Abs. 2 InsO den §§ 21 Abs. 2 Nr. 3, 89 InsO entgegensteht.[274] Ist umgekehrt bereits nach § 878 BGB eine Bindung eingetreten, so ist die Eintragung trotz Insolvenzöffnung zulässig; die Vormerkung als solche spielt dabei keine Rolle.

113 Auch die endgültige **Entscheidung über den späteren Antrag** bleibt in der Schwebe.[275] Die später beantragte Eintragung ist abhängig von der endgültigen Behandlung des früher gestellten, durch Schutzvermerk gesicherten Antrags, da sie nur unter dem sich aus dem Schutzvermerk ergebenden Vorbehalt erfolgt ist.

VI. Fehlerhafte Unterlassung des Schutzvermerks

114 Wurde die Eintragung des Schutzvermerks unterlassen, so kann die früher beantragte Eintragung lediglich im Rang hinter der später beantragten Eintragung eingetragen werden.[276] Außerdem ist Gutglaubensschutz gem. § 892 BGB im Vertrauen auf den eingetragenen Zustand möglich.[277] Ist die Eintragung aus irgendwelchen Gründen nicht mehr zulässig, so ist der früher gestellte Antrag zurückzuweisen, jedoch besteht insoweit eine Schadensersatzpflicht des GBA. Ergibt sich aus der später beantragten und bereits vorgenommenen Eintragung lediglich ein weiteres Hindernis für die früher beantragte Eintragung, so kommt zur Behebung dieses Hindernisses der Erlass einer weiteren Zwischenverfügung in Betracht.[278]

VII. Rechtsmittel gegen Schutzvermerk

115 Die Eintragung eines Schutzvermerks kann mit der unbeschränkten Beschwerde angegriffen werden. § 71 Abs. 2 GBO steht dem nicht entgegen, da sich an die Eintragung kein gutgläubiger Erwerb anschließen kann.[279] Es kann jedoch nur geprüft werden, ob der gesicherte Antrag früher als der durch Eintragung erledigte beim GBA eingegangen ist, nicht jedoch, ob er bei richtiger Beurteilung ohne Zwischenverfügung hätte abgelehnt werden müssen.[280]

VIII. Schutzvermerk und endgültige Eintragung

1. Früherer Antrag vollzogen

116 Wird die früher beantragte Entscheidung nach Beseitigung des Hindernisses **endgültig vorgenommen**, so ist zu unterscheiden:

- Die **früher** beantragte Eintragung wird vorgenommen und dadurch die vorläufige Eintragung in die endgültige umgewandelt: Der Schutzvermerk ist von Amts wegen durch Rötung gem. § 19 Abs. 2 GBV zu löschen.
- Bei der **später** beantragten Eintragung muss wiederum unterschieden werden:
  - **keine Löschung** der später beantragten Eintragung hat zu erfolgen, wenn zwischen den beiden beantragten Eintragungen ein Rangverhältnis besteht und die früher beantragte Eintragung nunmehr endgültig aufgrund des Schutzvermerks den Rang vor der später beantragten Eintragung erhält. Die später beantragte Eintragung bleibt bestehen.

---

274 KG KGJ 39, 173; Meikel/*Böttcher*, § 18 Rn 144.
275 RG RGZ 110, 207; Meikel/*Böttcher*, § 18 Rn 145.
276 *Demharter*, § 18 Rn 45.
277 OLG Hamm Rpfleger 1995, 246.
278 OLGH Hamm Rpfleger 1995, 246; *Demharter*, § 18 Rn 45.
279 KG JFG 7, 329; Bauer/Schaub/*Wilke*, § 18 Rn 27; Meikel/*Böttcher*, § 18 Rn 149.
280 KG HRR 32 Nr. 1773; Meikel/*Böttcher*, § 18 Rn 149.

– Soweit dagegen die spätere Eintragung dem geschützten Recht widerspricht und nicht mehr hätte bewirkt werden dürfen, wenn die früher beantragte im Zeitpunkt der Eintragung des Schutzvermerks vorgenommen worden wäre, ist sie **von Amts wegen zu löschen**; sie ist als von vornherein nur unter Vorbehalt späterer Löschung vorgenommen anzusehen.[281]

Eine Löschung hat jedoch nicht zu erfolgen, wenn ein Zwangsversteigerungs- und Zwangsverwaltungsvermerk eingetragen wurde, da das GBA dem Ersuchen des Vollstreckungsgerichts auch dann stattgeben muss, wenn der Schuldner nicht mehr als Eigentümer eingetragen ist.[282] Im Vollstreckungsverfahren ist zu beachten, dass hier u.U. der früher gestellte Antrag erst nach dem später gestellten als eingegangen anzusehen ist. Kann er trotz der bereits vorgenommenen Eintragung noch vollzogen werden, so hat die Eintragung mit Rang hinter der bereits vorgenommenen zu erfolgen. Die Vormerkung ist auch hier von Amts wegen zu löschen;[283] dies gilt bspw. bei Eintragung einer Vormerkung zum Schutz des Antrags auf Eintragung einer Zwangshypothek wegen des fehlenden Nachweises der behaupteten Urteilzustellung und anschließenden Eintragung einer Grundschuld, wenn aus den vorgelegten Zustellungsurkunden hervorgeht, dass das Urteil erst nach Eingang des Antrags auf Eintragung der Grundschuld zugestellt worden ist. Hier kann die Zwangshypothek nicht durch Umschreibung der Vormerkung, sondern nur im Rang nach der Grundschuld eingetragen werden.[284]

2. Früherer Antrag zurückgewiesen oder zurückgenommen

Wird der früher gestellte Antrag zurückgewiesen, so ist ebenfalls zu unterscheiden:

– Wird der **früher** gestellte Antrag **zurückgenommen oder zurückgewiesen** – die Rücknahme steht der Zurückweisung gleich[285] – so ist der Schutzvermerk von Amts wegen zu löschen, im letzteren Fall, sobald der Zurückweisungsbeschluss dem Antragsteller bekannt gemacht worden ist. Wird die Löschung zunächst versäumt, so ist sie jederzeit nachholbar.[286]
Dies gilt selbst dann, wenn die Zurückweisung des Antrags vom Beschwerdegericht aufgehoben worden ist, denn die Zurückweisung war eine Erledigung des Eintragungsantrags, die bewirkte, dass die später gestellten Anträge so erledigt werden mussten, als ob der frühere Antrag überhaupt nicht gestellt worden wäre.[287]
Wird der Schutzvermerk versehentlich oder aus einem sonstigen Grund zu Unrecht gelöscht, ohne dass über den ersten Antrag entschieden ist, so lässt sich aus Abs. 2 nichts herleiten, da diese Bestimmung die ausdrückliche Zurückweisung des gestellten Antrags mit der Folge des Erlöschens des durch die Vormerkung gesicherten öffentlich-rechtlichen Anspruches auf Entscheidung voraussetzt.[288] Ob und inwieweit in diesen Fällen die Eintragung eines Amtswiderspruchs möglich ist, hängt von dem Inhalt der Entscheidung ab, die man in der Löschung des Vermerks sieht.[289] Die Frage ist bisher in Schrifttum und Rechtsprechung noch nicht entschieden. Ebenso hängt Zulässigkeit und Erfolg einer gegen die zu Unrecht erfolgte Löschung erhobenen Beschwerde von der Beantwortung dieser Frage ab.[290] Auf jeden Fall ist beschwerdeberechtigt nur der den Anspruch besitzende Antragsteller, nicht der durch die Eintragung Begünstigte.[291]
– Die **später** beantragte Eintragung wird vorbehaltlos wirksam. Dies gilt auch, wenn die Zurückweisung des früher gestellten Antrags auf eine Beschwerde hin aufgehoben wird oder versehentlich Vormerkung oder Widerspruch eingetragen bleiben. Diese sind mit dem Wegfall des gesicherten Anspruchs hinfällig geworden.

---

281 RG RGZ 110, 207; KG KGJ 53, 109; KG JFG 23, 146; BayObLG BayObLGZ 1930, 440; OLG Frankfurt FGPrax 1998, 128; Meikel/*Böttcher*, § 18 Rn 160; Bauer/Schaub/ Wilke, § 18 Rn 29; BeckOK/*Hügel/Zeiser*, § 18 Rn 73.
282 KG JFG 1, 312; BeckOK/*Hügel/Zeiser*, § 18 Rn 73; Meikel/*Böttcher*, § 18 Rn 160.
283 Vgl. KG OLG 25, 389; ebenso: *Rahn*, Justiz 1962, 58.
284 *Rahn*, Justiz 1962, 58; *Demharter*, § 18 Rn 52.
285 KG Rpfleger 1972, 174; BeckOK/*Hügel/Zeiser*, § 18 Rn 69.
286 KG JFG 23, 147; Meikel/*Böttcher*, § 18 Rn 162.
287 KG JFG 23, 147; Meikel/*Böttcher*, § 18 Rn 162; BeckOK/*Hügel/Zeiser*, § 18 Rn 69.
288 KG DNotZ 1973, 34 = Rpfleger 1972, 174.
289 Zu den verschiedenen Möglichkeiten vgl. KG DNotZ 1973, 34.
290 Vgl. dazu KG DNotZ 1973, 34.
291 KG DNotZ 1973, 34.

3. Wirkungen der Zurückweisung

119 **Materiell-rechtlich** ist die Zurückweisung ohne Einfluss, da es sich um eine rein verfahrensrechtliche Maßnahme handelt.[292] Eine nach den §§ 873 Abs. 2, 875 Abs. 2 BGB eingetretene Bindung der Beteiligten bleibt bestehen.[293]

120 Der gestellte **Eintragungsantrag** ist mit der Zurückweisung **erledigt** im Sinne des § 17 GBO. Waren mehrere Anträge nach § 16 Abs. 2 GBO verbunden, so sind, wenn nur bei einem Antrag die Zurückweisung gerechtfertigt ist, sämtliche Anträge zurückzuweisen und zwar der mangelhafte als unzulässig, die übrigen im Hinblick auf den Vorbehalt des § 16 Abs. 2 GBO.[294] Die eingereichten Urkunden sind an denjenigen zurückzugeben, der sie eingereicht hat (vgl. § 10 GBO Rdn 11; zur Verwendung von Urkunden für Anträge anderer Antragsteller siehe § 31 GBO Rdn 20).

121 **Später beantragte Eintragungen** können ohne weiteres vorgenommen werden. Die an die Antragstellung geknüpften materiell-rechtlichen Wirkungen (vgl. § 13 GBO Rdn 17) sind beseitigt.

122 Wird der **Antrag neu gestellt,** so richtet sich der Rang ausschließlich nach dem Zeitpunkt des Eingangs des neuen Antrags. Wird jedoch die Zurückweisung des Antrags vom GBA oder vom Beschwerdegericht rückwirkend aufgehoben, so leben sämtliche alten Wirkungen rückwirkend wieder auf.[295] Erfolgt die Aufhebung aufgrund neuer Tatsachen, die nachgeliefert werden, so lebt der alte Antrag erst ab dem Zeitpunkt der Vorlage wieder auf.[296] Die zwischen der Zurückweisung und ihrer Aufhebung vorgenommenen Eintragungen bleiben jedoch gültig.[297]

123 War die **Beschwerde auf neues Vorbringen gestützt** (§ 74 GBO), so hat ihre Einlegung die Bedeutung eines neuen Antrags, mit der Folge, dass der Rang sich ausschließlich nach dem Zeitpunkt der Beschwerdeeinlegung[298] richtet, wenn das neue Vorbringen beim GBA vorgelegt wurde. Wurde es im Beschwerdeverfahren direkt dem Beschwerdegericht vorgelegt, so ist maßgebender Zeitpunkt für das Aufleben des Antrags der Eingang der Beschwerdeakten beim GBA.

124 Der Zurückweisungsbeschluss erwächst nicht in **formelle Rechtskraft**, wenn man darunter allgemein Unabänderlichkeit versteht, sondern kann vom GBA jederzeit aufgehoben werden, jedoch gem. § 48 FamFG nur auf Antrag eines Antragsberechtigten,[299] der nicht notwendig der ursprüngliche Antragsteller zu sein braucht. Die Änderung ist möglich, solange das Beschwerdegericht nicht sachlich entschieden hat. Ändert das GBA seine Ansicht, so ist der Antragsteller darauf hinzuweisen.[300]

125 Ebenso wenig kommt dem Zurückweisungsbeschluss **materielle Rechtskraft** zu, die dem Verfahren der freiwilligen Gerichtsbarkeit grundsätzlich fremd ist. Das GBA ist an die Entscheidung des Beschwerdegerichts lediglich für den gestellten Antrag gebunden. Ein neuer gleichlautender Antrag ist jederzeit zulässig.

126 Wird ein solcher Antrag gestellt, so ist über ihn ohne Bindung an das frühere Verfahren zu entscheiden.[301] Das GBA ist nicht gehindert, einem neuen Antrag mit gleicher Begründung stattzugeben, wenn es darin nicht etwa den Antrag auf Aufhebung des früheren Beschlusses zu sehen hat.[302]

Ausnahmsweise ist eine Änderung nach § 68 Abs. 1 FamFG unzulässig, wenn und soweit die Zurückweisung nur mit der sofortigen Beschwerde angegriffen werden kann.

---

292 KG JFG 9, 38a; Meikel/*Böttcher*, § 18 Rn 58; *Demharter*, § 18 Rn 16; BeckOK/*Hügel/Zeiser*, § 18 Rn 29; Bauer/Schaub/*Wilke*, § 18 Rn 41.
293 *Demharter*, § 18 Rn 16; Meikel/*Böttcher*, § 18 Rn 58.
294 Meikel/*Böttcher*, § 18 Rn 67.
295 BGH BGHZ 1945, 191 = DNotZ 1966, 673; Meikel/*Böttcher*, § 18 Rn 64.
296 BGH ZIR 1997, 544; Meikel/*Böttcher*, § 18 Rn 59 ff.
297 RG RGZ 135, 185; BGH ZIR 1997, 544; Meikel/*Böttcher*, § 18 Rn 64.
298 KG KGJ 52, 122; BGHZ 1927, 317 = Rpfleger 1958, 218; Meikel/*Böttcher*, § 18 Rn 64; Bauer/Schaub/*Wilke*, § 18 Rn 42.
299 KG JW 37, 478; Meikel/*Böttcher*, § 18 Rn 65, 66; Bauer/Schaub/*Wilke*, 18 Rn 41; BeckOK/*Hügel/Zeiser*, § 18 Rn 31; a.A. *Güthe/Triebel*, Anm. 26.
300 KG JW 37, 487; Meikel/*Böttcher*, § 18 Rn 66.
301 Vgl. KG KGJ 44, 303 für Berichtigungsanträge; BeckOK/*Hügel/Zeiser*, § 18 Rn 29; Meikel/*Böttcher*, § 18 Rn 66.
302 KG KGJ 44, 303.

I. Alternative Handlungsmöglichkeiten des Grundbuchamts und des Notars

Nach der Formulierung des § 18 GBO bestehen die ausschließlichen Handlungsmöglichkeiten des GBA in Stattgabe des Antrags durch Eintragung, Zurückweisung oder Zwischenverfügung. Die überwiegende Kommentarliteratur, insbesondere unter Berufung auf z.T. ältere Literatur, hält sich (indes mit Widersprüchen im Einzelnen) an diesen Wortlaut und betrachtet die angebotenen Alternativen als abschließend.[303] Unzulässig sollen sein: Verfahrensaussetzungen,[304] formlose Erinnerungen, Empfehlungen oder auch eine Verweisung auf dem Rechtsweg.[305] Die Beschränkung wird damit begründet, dass die Beteiligten aufgrund Antragstellung einen Anspruch auf förmliche Entscheidung hätten.

Andererseits macht schon die gegenwärtige Praxis (hinsichtlich des Verfahrens dann ohne irgendwelche Bedenken) hiervon Ausnahmen, etwa bei der Gewährung rechtlichen Gehörs gegenüber Drittbetroffenen, die selbst nicht Antragsteller (und damit Adressat von § 18 GBO) sind. Dies können z.B. sein die Nacherben bei Eintragung einer ihnen gegenüber wirksamen Verfügung des Vorerben.[306] Teils gewährt oder verlangt sogar die Rechtspraxis rechtliches Gehör (und sei es nur durch telefonischen Hinweise), bevor ein Antrag zurückgewiesen wird.[307] Die Gehörsgewährung ist sicher keine von § 18 GBO normierte Handlung und nicht beschwerdefähig.[308] Und wenn sie gegenüber Dritten verpflichtend sein kann, besteht keinerlei Grund, die Möglichkeit nicht auch gegenüber dem Antragsteller in gleicher Weise anzuwenden, um mit diesem (ggf. über den bevollmächtigten Notar, siehe § 15 GBO) in ein Rechtsgespräch einzutreten und so den Mehraufwand durch förmliche Zwischenverfügung für alle Beteiligten zu ersparen.[309] Hiervon macht die Praxis auch gegenüber dem Antragsteller selbst durchaus Gebrauch, soweit die Zwischenverfügung nicht als Reaktion zur Verfügung steht etwa bei Tätigwerden als Vollstreckungsgericht[310] oder zu einem Hinweis auf die drohende vollständige Zurückweisung.[311]

Zu Recht hat deswegen das KG den in einer Kostenzwischenverfügung enthaltenen Hinweis „unabhängig von § 18 GBO" für verfahrensrechtlich unbedenklich gehalten.[312]

Das OLG München hält das Anfordern einer eidesstattlichen Versicherung zum Nichtvorhandensein weiterer Kinder als Nacherben trotz Fristsetzung (ohne Rechtsmittelbelehrung) nicht für eine Zwischenverfügung, sondern für eine unangreifbare verfahrensleitende Maßnahme.[313]

Demgegenüber verfängt auch das Argument nicht, die Beteiligten hätten Anspruch auf förmliche Entscheidung. Dieser Anspruch wird hinsichtlich der Form der Entscheidung nicht im Interesse der Rechtsordnung bzw. der Allgemeinheit gewährt, sondern nur zugunsten der Beteiligten selbst. Daraus aber folgt, dass dieser Anspruch für die Beteiligten selbst disponibel ist, diese sich also (insbesondere bei Vermittlung durch den fachkundigen Notar) mit einer mündlichen Beanstandung zufrieden geben können. Das ist insbesondere dann der Fall, wenn sich an die Beanstandung kein Rechtsmittelverfahren anschließen wird, etwa weil versehentlich einzureichende Unterlagen nicht vorgelegt wurden und nun nachzureichen sind o.Ä.

Ebenso bestehen keine Bedenken, das Rechtsgespräch mit einer Empfehlung zur Antragsrücknahme enden zu lassen. Daran besteht für den Antragsteller schon aus Gründen der unterschiedlichen Kostenbelastung ein Bedürfnis. Dem steht nicht entgegen, dass die Antragsrücknahme kein Ziel einer Zwischenverfügung sein kann, weil sie nicht der Behebung des Eintragungshindernisses dient.[314]

Durch das informelle Handeln präjudiziert das GBA eine nachfolgende – ggf. auch schnell nachfolgende[315] – förmliche Entscheidung gem. § 18 GBO nicht. Es kann also bei fruchtloser Beanstandung immer noch eine Zwischenverfügung nachschieben oder bei Vorliegen der allgemeinen Voraussetzungen zurückweisen.[316] Problematisch scheint eher zu sein, dass womöglich GBA und auch bevollmächtigter No-

---

303 So noch KEHE/*Herrmann*, § 18 Rn 47 ff. m.w.N. aus der Rspr.
304 Bauer/Schaub/*Wilke*, § 18 Rn 6; Meikel/*Böttcher*, § 18 Rn 20.
305 Meikel/*Böttcher*, § 18 Rn 22.
306 Ausdrücklich: OLG Düsseldorf RNotZ 2012, 328; OLG München BWNotZ 2020, 50.
307 OLG München FGPrax 2019, 159.
308 OLG Naumburg FGPrax 2014, 55.
309 Das wird von OLG Hamm BeckRS 2010, 02937 z.B. für möglich gehalten.
310 OLG Frankfurt NZG 2016, 619 (dort Telefongespräch).
311 OLG Frankfurt NJW-RR 2015, 783; OLG München FGPrax 2019, 159.
312 KG FGPrax 2017, 149 = Rpfleger 2017, 535; ähnl. zust.: OLG München NJOZ 2016, 1193 (zur informellen Handhabung des GBA).
313 OLG München BZNotZ 2020, 50.
314 BGH DNotZ 2017, 68; OLG Frankfurt BeckRS 2015, 13193.
315 Vgl. OLG München FGPrax 2019, 159.
316 Vgl. KG FGPrax 2017, 149.

tar sich keine genauen Gedanken über die Art der Reaktion machen und deswegen – suggeriert auch durch vorsorgliche Rechtsmittelbelehrungen – Beschwerde gegen nicht beschwerdefähige Äußerungen einlegen.[317] Dieses Problem lässt sich aber durch eine Handlungskonzentration des GBA auf Zurückweisung oder Zwischenverfügung nicht abschließend lösen. Es ergehen durch die Grundbuchämter auch als Zwischenverfügung betitelte Aussprüche, die aber inhaltlich keine sind.[318] Die Rechtsprechung verfährt dann allerdings nicht nach dem Meistbegünstigungsgrundsatz der streitigen ordentlichen Gerichtsbarkeit, sondern lehnt vielmehr die Rechtsmittelmöglichkeit bei solcherart falsch betitelten oder zu Unrecht mit Rechtsbehelfsbelehrung versehen insgesamt ab.[319]

132 Eine widerspruchsfreie Lösung steht noch aus. Der OLG-Rechtsprechung ist zuzugeben, dass in diesen Fällen die Äußerung des Grundbuchamtes womöglich keine beschwerdefähigen Inhalt haben oder dass unklar ist, wie ein Beschluss des Beschwerdegerichts sollte umgesetzt werden können. Andererseits ginge ein Rechtsnachteil deswegen, weil der Notar annimmt, trotz Belehrung handle es sich um eine nicht beschwerdefähige Meinungsäußerung, die Rechtsprechung dies aber anders einschätzt, immer zu Lasten des Notars. Mit anderen Worten: Dem Suggestiveffekt einer falschen Rechtsbehelfsbelehrung kann sich der Belehrungsadressat schlicht nicht entziehen.

133 Das GBA ist für die Beteiligten nur dann an die Handlungsbeschränkungen gebunden, wenn diese sofort auf einer förmlichen Entscheidung bestehen, etwa um die nächste Instanz anzurufen.[320] Daneben sind nur solche nicht kodifizierten Reaktionsmöglichkeiten dem GBA untersagt, durch welche Verfahrensvorschriften im Allgemeininteresse außer Kraft gesetzt würden. Unzulässig ist deswegen eine (auch formlose) Aussetzung des Verfahrens, weil damit über § 17 GBO hinaus langfristig ein dem Antrag nicht zukommender Rang reserviert würde.

134 Alternative Handlungsmöglichkeiten bestehen – gegen Erlass einer Zwischenverfügung – auch für den Notar. Er kann – ohne Einlegung einer Beschwerde – das Rechtsgespräch mit dem Rechtspfleger suchen in der Erwartung, dieser werde von der Möglichkeit der Selbstkorrektur Gebrauch machen. Wenn das Verfahrensrecht der freiwilligen Gerichtsbarkeit diese Möglichkeit im Gegensatz zur strittigen Gerichtsbarkeit eröffnet, kann sie auch ausgenutzt werden. Bei einem Fehlschlagen kann dann immer noch überlegt werden, ob die Beschwerde eingelegt wird (zeitliche Verzögerung; nachteilige Rechtsansicht der Beschwerde) oder ob das Hindernis entsprechend der Zwischenverfügung behoben wird. Da jede „Gegenäußerung" zur Zwischenverfügung aber tendenziell als Beschwerde auszulegen wäre, muss eine solche Eingabe sich deutlich gegen die Auslegung als Beschwerde verwahren.

§ 19 [Eintragungsbewilligung]

Eine Eintragung erfolgt, wenn derjenige sie bewilligt, dessen Recht von ihr betroffen wird.

A. Die Bedeutung der Eintragungsbewilligung 1	C. Inhalt der Eintragungsbewilligung 14
I. Voraussetzung für die Grundbucheintragung 1	I. Ausdrücklicher und auslegungsfähiger Inhalt 15
II. Ordnungsvorschrift 2	II. Unbedingte Gestattung der Eintragungstätigkeit des GBA 17
III. Bewilligungsgrundsatz der GBO 3	III. Person des Bewilligenden 20
IV. Dingliche Einigung und Eintragungsbewilligung 5	IV. Art und Inhalt der gestatteten Grundbucheintragung 21
B. Rechtsnatur der Eintragungsbewilligung 10	V. Person des durch die Bewilligung Berechtigten 25
I. Die Eintragungsbewilligung als verfahrensrechtliche Erklärung 11	1. Grundbuchfähigkeit 26
II. Folgerung aus der verfahrensrechtlichen Ansicht 13	2. Erwerbsfähigkeit 27
	3. Erwerbswille 28

---

[317] Etwa OLG München FGPrax 2009, 11; OLG Schleswig FGPrax 2016, 155.
[318] OLG Schleswig FGPrax 2016, 155.
[319] OLG Düsseldorf FGPrax 2016, 53; OLG Celle FGPrax 2018, 145; OLG Celle BeckRS 2019, 32112.
[320] Vgl. OLG München FGPrax 2009, 11: Aufklärungsverfügungen sind nicht beschwerdefähig.

4. Bezeichnung des Berechtigten	29
5. Grundbuchverfahren	30
VI. Gegenstand der Grundbucheintragung	31
VII. Übereinstimmung von Bewilligung und Antrag	32
VIII. Übereinstimmung von Bewilligung und Einigung	33
D. Form der Bewilligung	34
E. Bewilligungsberechtigung	35
I. Überblick	35
II. Abgrenzung zu §§ 13, 39 GBO	41
III. Betroffenes Recht im Sinne des § 19 GBO	42
IV. Bewilligungsberechtigung und Bewilligungsbefugnis	47
1. Bewilligungsberechtigung und Bewilligungsmacht	47
2. Bewilligungsberechtigung und Bewilligungsbefugnis	51
V. Maßgeblicher Zeitpunkt für die Bewilligungsberechtigung bzw. -befugnis	52
VI. Bewilligung durch Nichtberechtigten	54
VII. Bewilligungsberechtigung des Auflassungsempfängers	56
VIII. Bewilligungsberechtigung bei Neueintragungen	59
IX. Bewilligungsberechtigung bei Löschungen	60
X. Bewilligungsberechtigung bei Verfügungen	61
XI. Bewilligungsberechtigung bei Rangänderungen	62
XII. Bewilligungsberechtigung bei Inhaltsänderungen	65
XIII. Unterwerfung unter die Zwangsvollstreckung (§ 800 Abs. 1 ZPO)	71
F. Einschränkungen der Bewilligungsberechtigung	75
I. Bedeutung im Grundbuchverfahren	75
II. Der für den Grundbuchvollzug maßgebliche Zeitpunkt	76
1. Bedeutung des § 878 BGB im Grundbuchverfahren	77
a) 1. Voraussetzung	80
b) 2. Voraussetzung	81
2. Bedeutung des guten Glaubens (§ 892 BGB) im Grundbuchverfahren	82
III. Die Grundbuchbehandlung von Verfügungsbeschränkungen	89
1. Absolute Verfügungsbeschränkungen	89
2. Relative Verfügungsbeschränkungen	92
3. Entziehung der Verfügungs- und Bewilligungsbefugnis (Insolvenz, Nachlassverwaltung, Testamentsvollstreckung)	94
4. Güterrechtliche Verfügungsbeschränkungen	95
a) Gesetzlicher Güterstand des BGB	95
b) Güterstand der Gütertrennung (§ 1414 BGB)	102
c) Verfügungsbeschränkungen bei Gütergemeinschaft	103
d) Deutsch-französischer Güterstand der Wahlzugewinngemeinschaft	109
e) Andere Güterstände	110
5. Öffentlich-rechtliche Beschränkungen im Grundstücksverkehr	111
a) Belastungsbeschränkungen im Bau- und Bodenrecht	111
b) Belastungsbeschränkungen im Landwirtschaftsrecht	113
c) Belastungsbeschränkungen für juristische Personen	114
d) Belastungsbeschränkungen im Außenwirtschaftsrecht	115
e) Belastungsbeschränkungen im Recht für Sondervermögen	116
f) Belastungsbeschränkungen sonstiger Art	117
G. Die Wirksamkeit der Eintragungsbewilligung	118
I. Überblick	118
II. Wirksamwerden und -bleiben der Bewilligung	120
III. Grundbuchvorlage und Rücknahme der Bewilligung	125
IV. Aushändigung und Rückgabe der Bewilligungsurkunde	130
V. Aushändigungssurrogate	136
VI. Anfechtung, Nichtigkeit, sonstige Fehler der Bewilligung	140
H. Bewilligung durch Vertreter	142
I. Überblick	142
II. Gesetzliche Vertretung natürlicher Personen	145
1. Umfang der Bewilligungsbefugnis	145
2. Genehmigungserfordernisse	149
3. Genehmigungsverfahren	152
4. Grundbuchverfahren	153
III. Die Bewilligung durch juristische Personen, Handelsgesellschaften und die Gesellschaft bürgerlichen Rechts	157
IV. Die Bewilligung und Einigungserklärung durch Bevollmächtigte	158
1. Überblick	158
2. Vollmachtserteilung	159
3. Vollmachtsinhalt	160
4. Grundbuchverfahren	162
V. Bewilligung durch gerichtliches Urteil	164
VI. Die Bewilligung durch Behörden	167
VII. Bewilligung durch den Notar	169
VIII. Die Bewilligung durch Vertreter ohne Vertretungsmacht	172
I. Ausnahmen vom Bewilligungserfordernis	173
I. Entbehrlichkeit der Bewilligung	173
II. Bewilligungssurrogate	174

A. Die Bedeutung der Eintragungsbewilligung

I. Voraussetzung für die Grundbucheintragung

1 Das GBA darf eine Grundbucheintragung im Regelfall **nur auf der Grundlage einer Bewilligung** vornehmen. (Nur) In Ausnahmefällen wird die Bewilligung durch eine andere Eintragungsgrundlage ersetzt (vgl. Rdn 173). Die Bewilligung muss **im Zeitpunkt der Eintragungsverfügung** wirksam sein. Dazu müssen folgende Voraussetzungen erfüllt sein:

– die Bewilligung muss durch den im Zeitpunkt der Eintragungsverfügung Bewilligungsberechtigten (siehe Rdn 35 ff.) mit dem notwendigen Inhalt (vgl. Rdn 13 ff.) in einer § 29 GBO genügenden Urkunde erklärt sein;
– diese Urkunde muss dem GBA im Zeitpunkt der Eintragungsverfügung zur Verwendung im Eintragungsverfahren vorliegen; sie kann im Eintragungsverfahren durch kein anderes Beweismittel ersetzt werden;
– der Wille des Bewilligenden muss im Zeitpunkt der Eintragungsverfügung beide Voraussetzungen (Erklärung der Bewilligung und Urkundenvorlage beim GBA zur Eintragung im Grundbuch) umfassen und dem GBA eindeutig erkennbar sein (siehe Rdn 125).

II. Ordnungsvorschrift

2 **Grundbucheintragung ohne Bewilligung** ist eine wirksame Eintragung, weil § 19 GBO nur eine Ordnungsvorschrift ohne materiell-rechtliche Bedeutung ist.[1] Das GBA hat bei einer Eintragung ohne Bewilligung „fehlerhaft" eingetragen. Die Eintragung kann deshalb zwar unrichtig sein (§ 894 BGB), ist allein deshalb aber noch nicht unwirksam.

III. Bewilligungsgrundsatz der GBO

3 Die GBO regelt die Bewilligung nur mit dem aus einem einzigen Satz bestehenden § 19 GBO. Er wird bezüglich Inhalt und Form durch §§ 28, 29, 47 GBO ergänzt. § 19 GBO erleichtert das Grundbuchverfahren, da er für die Grundbucheintragung nicht darauf abhebt, ob zusätzlich zu der Bewilligung auch eine nach § 873 BGB für die Rechtsänderung erforderliche Einigung mit dem anderen Vertragspartner vorliegt (siehe § 2 Einl. Rdn 4). Nur in den Fällen des § 20 GBO hat das GBA den Nachweis der Einigungserklärungen zu verlangen (vgl. § 20 GBO Rdn 1).

4 **Der sog. Bewilligungsgrundsatz** durchzieht **das gesamte Grundbuchverfahrensrecht**. Er kommt in Grundbucherklärungen verschiedenen Inhalts zum Ausdruck. Sie haben gemeinsam, dass sie sich auf das Grundbuchverfahren beschränken und dem GBA eine Grundbucheintragung gestatten und zwar durch:

– **Änderungsbewilligung** (§ 19 GBO) eine Änderungseintragung,
– **Berichtigungsbewilligung** (§ 22 Abs. 1 GBO) eine Berichtigungseintragung,
– **Berichtigungszustimmung des Eigentümers** oder Erbbauberechtigten (§ 22 Abs. 2 GBO) dessen Eintragung im Wege der Grundbuchberichtigung,
– **Löschungsbewilligung** eine Löschung,
– **Löschungszustimmung des Eigentümers** (§ 27 S. 1 GBO) die Löschung eines Grundpfandrechts.

Alle diese Erklärungen sind ihrem Wesen nach gleich. Sie gestatten eine Grundbucheintragung als verfahrensrechtlichen Eintragungserfolg.

IV. Dingliche Einigung und Eintragungsbewilligung

5 **Die Einigung im Sinne des § 873 Abs. 1 BGB und die Bewilligung im Sinne des § 19 GBO** sind zwei selbstständige und unterschiedliche Rechtsakte. Die Einigung (= dinglicher Vertrag) ist die materielle Grundlage der dinglichen Rechtsänderung, die Bewilligung eine von mehreren formellen Voraussetzungen für die Eintragungstätigkeit des GBA. Ihr **Wesensunterschied** besteht darin, dass in der mehrseitigen

---

[1] BGH NJW 1986, 1867.

Einigung der übereinstimmende Wille von Vertragsteilen auf eine materielle Rechtsänderung gerichtet ist, während mit der einseitigen Bewilligung allein der Betroffene eine Grundbucheintragung gestattet, die seine Grundbuchposition beeinträchtigt. Mit der Bewilligung duldet er unabhängig von seiner Einigung mit einem anderen Vertragsteil die Eintragungstätigkeit des GBA. Die Bewilligung übt auf die materielle Rechtslage keine unmittelbare Wirkung aus, sondern nur mittelbar über die Grundbucheintragung oder die Aushändigung der Bewilligungsurkunde an den anderen Vertragsteil, vgl. § 873 Abs. 2 BGB. Die Bewilligung ist daher kein Ersatz für die materielle Einigung, die Einigung aber auch kein Ersatz für die formelle Bewilligung. Anstelle der vertraglichen Einigung genügt in bestimmten Fällen materiell-rechtlich eine **einseitige, empfangsbedürftige, rechtsgeschäftliche Erklärung** über die Aufgabe, Bestellung oder Teilung des dinglichen Rechts (z.B. §§ 875, 928, 1168, 1183, 1188, 1196 BGB; §§ 8 Abs. 1, 30 Abs. 2 WEG). Auch diese Erklärungen dürfen ungeachtet ihrer Einseitigkeit ebenso wenig wie die „Bewilligungserklärung" nach § 885 Abs. 1 BGB als materiell-rechtliche Voraussetzung für die Entstehung einer wirksamen Vormerkung mit der verfahrensrechtlichen Bewilligung verwechselt werden.

Die **Bewilligung** muss der Grundbucheintragung **vorausgehen**, die Einigung kann ihr nachfolgen. Ohne Bewilligung ist die Eintragung zwar verfahrenswidrig, aber nicht wirkungslos. Die Eintragung bewirkt nur zusammen mit der Einigung die materielle Rechtsänderung. Sie kann ohne materielle Einigung Grundlage eines gutgläubigen Erwerbs sein (§§ 892, 893 BGB). Das Fehlen der Bewilligung reicht nicht für sich allein, sondern nur bei materieller Unrichtigkeit des Grundbuchs zu einem Amtswiderspruch (vgl. § 53 GBO).

Bewilligung und Einigung sollen **sich inhaltlich decken**, da sonst das Grundbuch unrichtig wird. Dies ist aber für die Grundbucheintragung keine unerlässliche Voraussetzung. Das GBA hat in den Regelfällen des § 19 GBO die Einigung nicht zu prüfen. Es ist also möglich, dass Einigung und Bewilligung nicht übereinstimmen oder sich sogar widersprechen.[2]

Die Bewilligung ist eine **verfahrensrechtliche Voraussetzung**, die zur Eintragung erforderlich ist. Sie kann (was durch Auslegung zu ermitteln ist) in der Einigung „enthalten" sein, durch sie aber nicht ersetzt werden.[3] Sie bringt das Einverständnis des Betroffenen mit der Eintragung zum Ausdruck und hat bezüglich ihrer Form andere Voraussetzungen als die Einigung zu erfüllen (siehe Rdn 3, 6, 35). Einigung und Bewilligung müssen weder in der gleichen Urkunde noch zur selben Zeit erklärt werden. Kautelarjuristisch ist es häufig sogar zweckmäßig, sie voneinander zu trennen, z.B. wenn der Eigentümer beim Verkauf seines Grundstückes zuerst – insbesondere aus Kostengründen – nur die bedingungsfeindliche Auflassung erklärt und erst später nach Bezahlung des Kaufpreises die Bewilligung abgibt (vgl. § 20 GBO Rdn 16). Daneben gibt es Fälle, in denen die Einigung ohne Bedingung erklärt, die Eintragung aber in der Bewilligung von einem Vorbehalt nach § 16 Abs. 2 GBO abhängig gemacht wird.

Erscheinen Einigung und Bewilligung **äußerlich aufgrund der Formulierung als Einheit**, so ist dies **ein Doppeltatbestand** (siehe § 1 Einl. Rdn 44), der in seine beiden Bestandteile zu zerlegen ist: in die nach BGB zu beurteilende Einigung und in die im Grundbuchverfahrensrecht geregelte Bewilligung (vgl. § 2 Einl. Rdn 4; § 20 GBO Rdn 14).[4]

B. Rechtsnatur der Eintragungsbewilligung

Von der knappen gesetzlichen Regelung der Bewilligung ungeregelte Fragen sind nach Verfahrensrecht zu lösen, da die Eintragungsbewilligung eine verfahrensrechtliche Erklärung ist.[5] Die Überzeugung, wo-

---

2 BayObLG BayObLGZ 1952, 40, 45.
3 OLG Düsseldorf MittBayNot 2010, 307, *Demharter*, §§ 19 Rn 16, 20 Rn 2.
4 OLG Düsseldorf MittBayNot 2010, 307 m. Anm. *Demharter*; BayObLG BayObLGZ 1952, 40, 48; zur Auslegung siehe BGH BGHZ 60, 52 = NJW 1973, 323; BayObLG Rpfleger 1975, 26.
5 Anders noch die frühe Rspr., vgl. etwa RG RGZ 54, 378; RG RGZ 8, 129; RG RGZ 141, 377, welche die Eintragungsbewilligung als materiell-rechtliche Willenserklärung ansah und die danach lange Zeit h.M., die in der Bewilligung zwar eine verfahrensrechtliche Willenserklärung erblickte, in der Gestattung und Rechtfertigung der Grundbucheintragung aber eine materiell-rechtliche Verfügung erblickte, siehe BayObLG BayObLGZ 1952, 40; BayObLG BayObLGZ 1954, 100; BayObLG BayObLGZ 1974, 30; BayObLG KGJ 43, 149; *Güthe/Triebel*, § 19 Rn 7 ff.

nach die in der Praxis auftretenden Probleme verfahrensrechtlich gelöst werden können und sollen, wurde von *Ertl*[6] dargelegt und stellt seit langem die herrschende Meinung dar.[7]

I. Die Eintragungsbewilligung als verfahrensrechtliche Erklärung

11 Die Eintragungsbewilligung ist die Erklärung, die dem GBA die Eintragungstätigkeit gestattet und die vollzogene Grundbucheintragung formell rechtfertigt. Die gesetzliche Regelung der Bewilligung ist nur im Verfahrensrecht zu finden (siehe §§ 19, 28, 29 GBO), nicht im materiellen Recht. Bei Eintragungen ohne sachenrechtliche Bedeutung und Wirkung (vgl. § 1 Einl. Rdn 88) bedarf es keiner rechtsgeschäftlichen Erklärung,[8] aber einer Bewilligung (siehe § 1 Einl. Rdn 87). Die Bewilligung ist demgemäß eine **reine Verfahrenshandlung**, die sich nach Wesen und Wirkungen von den materiell-rechtlichen und auf dingliche Rechtsänderung gerichteten Erklärungen unterscheidet und ebenso wie diese vom schuldrechtlichen Grundgeschäft losgelöst ist. In der Bewilligung ist der Wille des Betroffenen auf die Gestattung der Grundbucheintragung gerichtet und nicht wie bei der Einigung auf die dingliche Rechtsänderung. Sie gestattet nur die Veränderung der Buchposition des Bewilligenden, ohne sein materielles Recht zu verändern, so dass sie auch keine Verfügung über ein materielles Recht sein kann. Hätte die Bewilligung eine materielle Verfügungswirkung, so wäre die ohne Bewilligung vollzogene Eintragung entweder wirkungslos (§ 53 Abs. 1 S. 2 GBO) oder unrichtig (§ 894 BGB), was beides nicht der Fall ist.

12 Die Bewilligung ist auch kein Teil der materiell-rechtlichen Einigung.[9] Wäre sie es, müssten sich Bewilligung und Einigung stets decken. Es gibt aber Eintragungen, zu denen eine Bewilligung erforderlich ist, aber keine Einigung, z.B. die Bewilligung zur Eintragung der dinglichen Zwangsvollstreckungsunterwerfung oder des Löschungserleichterungsvermerks (§ 23 GBO), die beide nur verfahrensrechtliche Wirkungen haben und rein „grundbuchmäßige Rechte" sind.[10] Die Hauptwirkung der Bewilligung, dem GBA ohne Nachweis der Einigung die Eintragungstätigkeit zu gestatten, ist im Verfahrensrecht (§ 19 GBO) geregelt. §§ 873 Abs. 2, 875 Abs. 2 BGB knüpfen hieran lediglich an. Auch § 874 BGB ist kein Beweis für die rechtsgeschäftliche Natur der Bewilligung. Denn durch Bezugnahme wird die Bewilligung nicht Teil der Einigung, sondern Teil der Grundbucheintragung. Die Bewilligung ist die formelle Rechtfertigung der Eintragung. Sie ist zu unterscheiden von der Einigung über die dingliche Rechtsänderung als materielle Rechtfertigung. In diesem Punkt gleicht die Bewilligung dem Prozessanerkenntnis, Klageverzicht und der Zwangsvollstreckungsunterwerfung, die nach jetzt einhelliger Meinung auch reine „Prozesshandlungen" darstellen.

II. Folgerung aus der verfahrensrechtlichen Ansicht

13 Da die Bewilligung eine rein verfahrensrechtliche Erklärung ist, müssen in der GBO ungeregelte Fragen nach den allgemeinen Verfahrensgrundsätzen der freiwilligen Gerichtsbarkeit beantwortet werden. Vorschriften des materiellen Rechts dürfen nur analog herangezogen werden, wenn das Verfahrensrecht es zulässt. Entsprechend dem Zweck der Bewilligung, das Grundbuchverfahren auf eine sichere Grundlage zu stellen, muss das GBA allein aus der ihm vorgelegten Bewilligungsurkunde (ohne sonstige Hilfsmittel) das wirksame Einverständnis des Betroffenen und den Inhalt der von ihm gestatteten Eintragung mit der im Grundbuchverfahren erforderlichen Sicherheit feststellen können (vgl. Rdn 17 ff.).

C. Inhalt der Eintragungsbewilligung

14 Die Bewilligung **muss** ausdrückliche oder auslegungsfähige Erklärungen (siehe Rdn 15) enthalten über:
– die Gestattung der Eintragungstätigkeit des GBA (vgl. Rdn 16–18),
– die Person des Bewilligenden (siehe Rdn 25),

---

6 *Ertl*, DNotZ 1964, 260; *Ertl*, DNotZ 1967, 339, 406; *Ertl*, DNotZ 1990, 684; *Ertl*, Rpfleger 1980, 41; *Ertl*, Rpfleger 1982, 407.
7 BGH NJW 2021, 1673; BGH DNotZ 2013, 369; KG DNotZ 2022, 862; BayObLG Rpfleger 1993, 189; *Demharter*, § 19 Rn 13; Bauer/Schaub/*Kössinger*, § 19 Rn 29.
8 BGH DNotZ 1976, 490 (zur Vorlöschungsklausel).
9 Vgl. RG RGZ 54, 384.
10 BGH DNotZ 1976, 490 = Rpfleger 1976, 206.

- die Art und den Inhalt der Eintragung (vgl. Rdn 21–24),
- die Person des Berechtigten (siehe Rdn 25),
- das betroffene Grundstück oder Recht (vgl. Rdn 31).

Die Bewilligung **kann** außerdem Erklärungen enthalten über:

- einen Vorbehalt nach § 16 Abs. 2 GBO (siehe Rdn 18),
- die Gestattung eines geringeren oder getrennten Vollzugs (vgl. Rdn 32),
- Rangbestimmungen (siehe Rdn 62).

I. Ausdrücklicher und auslegungsfähiger Inhalt

Zweck des Grundbuchs ist es, sichere Rechtsverhältnisse an Grundstücken zu schaffen und den Rechtsverkehr darüber zuverlässig und erschöpfend zu unterrichten. Dies verlangt einen eindeutigen Wortlaut der Bewilligung, die einen unmissverständlichen und für jedermann zweifelsfreien Grundbuchinhalt schaffen muss.[11] Der Grundsatz darf aber nicht überspannt werden.[12]

Die Bewilligung ist unter Beachtung der Besonderheiten des Grundbuchverkehrs[13] **einer Auslegung fähig**, wenn sie mit den dem GBA zur Verfügung stehenden Mitteln zu einem den Anforderungen des Grundbuchs an Klarheit und Bestimmtheit entsprechenden Ergebnis führt (siehe § 2 Einl. Rdn 75 ff.).[14] Für ihre Auslegung sind ihr Wortlaut und Sinn maßgebend, wie ihn jeder unbefangene Dritte objektiv als nächstliegende Bedeutung der Erklärung versteht und wie er aus den dem GBA zugänglichen Urkunden und sonstigen Eintragungsunterlagen hervorgeht.[15] Sind Erklärungsmängel nicht im Wege der Auslegung zu beheben, können sie ggf. durch ergänzende Erklärungen korrigiert werden.[16] Maßgeblich ist der Wille der Beteiligten, nicht der des die Bewilligung beurkundenden oder beglaubigenden Notars.[17] Die Erklärungen des Notars können aber verwertet werden, wenn sie dem geäußerten Willen der Beteiligten nicht widersprechen. Das GBA ist zur Auslegung der Bewilligung nicht nur berechtigt, sondern auch verpflichtet.[18]

II. Unbedingte Gestattung der Eintragungstätigkeit des GBA

Die Bewilligung muss das **Einverständnis des Betroffenen mit der Grundbucheintragung** unzweideutig zum Ausdruck bringen,[19] ohne den Ausdruck „Bewilligung" verwenden zu müssen.[20] Es genügen z.B. die Formulierungen „bitten", „verlangen", „beantragen",[21] „mit der Eintragung einverstanden sein", „GBA wird ermächtigt". Auf den Kontext, in dem die Eintragungsbewilligung erklärt wird, kommt es dann grundsätzlich nicht an, so dass sie bspw. auch in einem Testament[22] oder einem gerichtlichen Vergleich[23] enthalten sein kann.

Die verfahrensrechtlich begründete Eintragungstätigkeit **darf nicht von Bedingungen, Zeitbestimmungen oder sonstigen Vorbehalten abhängig gemacht** werden, die **noch nicht eingetreten** sind oder deren Eintritt das GBA mit den ihm zur Verfügung stehenden Mitteln **nicht mit Sicherheit nachprüfen** kann.[24] Zulässig ist dagegen eine dem GBA in der Form des § 29 GBO nachgewiesene, bereits eingetretene Bedingung,[25] Zeitbestimmung oder Zug-um-Zug-Leistung,[26] die Beifügung einer Rechtsbedingung und ein Vorbehalt nach § 16 Abs. 2 GBO, da diese Bestimmung auf die Bewilligung entsprechend anwendbar ist.

---

11 KG RNotZ 2014, 311, 313; BGH DNotZ 1966, 487; BayObLG BayObLGZ 1961, 105; OLG Köln Rpfleger 1970, 286; *Herbst*, DNotZ 1966, 62.
12 BGH NJW 1969, 502, 503; OLG Bremen NJW 1965, 2403; KG NJW 1973, 1128, 1130; OLG Frankfurt Rpfleger 1983, 61; BayObLG DNotZ 1989, 568.
13 KG OLGZ 1965, 244.
14 KG DNotZ 2022, 862.
15 BGH NJW-RR 2021, 1176, Rn 13; KG DNotZ 2022, 862; OLG München NJW-RR 2013, 1484; BayObLG DNotZ 1995, 56.
16 KG DNotZ 2023, 209, 211.
17 BGH DNotZ 1961, 396; BayObLG Rpfleger 1967, 11.
18 BGH DNotZ 2014, 513, 514; BGH DNotZ 1996, 84, 85; KG RNotZ 2014, 311, 312.
19 KG DNotZ 1958, 203.
20 OLG Braunschweig NJW-RR 2019, 1298; BayObLG BayObLGZ 1974, 365 = DNotZ 1975, 685; BayObLG Rpfleger 1984, 145, 146; BayObLG Rpfleger 1985, 288.
21 KG FGPrax 2013, 56.
22 OLG Stuttgart MittBayNot 2012, 49 m. Anm. *Kössinger*.
23 OLG München FGPrax 2014, 107.
24 KG KGJ 44, 191; KG HRR 1940, 1077; OLG Oldenburg MDR 1947, 23.
25 OLG München NJW-RR 2013, 1484.
26 OLG Frankfurt Rpfleger 1975, 177; OLG Frankfurt Rpfleger 1980, 291; BayObLG Rpfleger 1983, 480.

19 Zulässig ist außerdem die vorbehaltlose Bewilligung, ein seinerseits materiell-rechtlich **bedingtes oder befristetes dingliches Recht** im Grundbuch einzutragen (siehe § 2 Einl. Rdn 116 f.). Das materielle Recht macht nur Ausnahmen bei Auflassung, Erbbaurecht und Wohnungseigentum (§ 20 GBO Rdn 88).

III. Person des Bewilligenden

20 Aus der Bewilligung muss sich – ggf. im Auslegungswege – die Person des Bewilligenden so genau ergeben, dass das GBA sich über seine Identität mit dem Betroffenen Gewissheit verschaffen kann.[27] Ergibt sich die Personengleichheit nicht aus der Erklärung selbst, so ist der Nachweis durch öffentliche Urkunden zu führen (z.B. durch Heiratsurkunde oder durch Personenfeststellung des Notars in der Urkunde oder mittels Beglaubigungsvermerk).[28] Die Formulierung „die Beteiligten bewilligen und beantragen" ist unschädlich, obwohl richtiger wäre: „der Veräußerer bewilligt und der Erwerber (oder beide) beantragt". Wer **für einen anderen die Bewilligung abgibt** (siehe Rdn 142 ff.), hat dies in seiner Erklärung zum Ausdruck zu bringen; eine Feststellung darüber erst im Beglaubigungsvermerk des Notars genügt dazu nicht. Unterzeichnet der Bewilligende mit der Firma, einem Künstlernamen oder Pseudonym, so hat der Notar gem. § 40 BeurkG im Beglaubigungsvermerk die entsprechenden Feststellungen zu treffen, damit das GBA die Identität des Bewilligenden mit dem im Grundbuch Eingetragenen abgleichen kann.

IV. Art und Inhalt der gestatteten Grundbucheintragung

21 Die Bewilligung muss Art und Inhalt der gestatteten Eintragung so eindeutig und vollständig wiedergeben, wie sie vom GBA durch Eintragung und Bezugnahme auf die Bewilligung zum Grundbuchinhalt gemacht werden soll. Die Bewilligung erschöpft sich also nicht in einem mit den Worten „Ich bewillige die Grundbucheintragung" zum Ausdruck gebrachten abstrakt-formalen Rechtsakt. Bei Rechtsänderungen ist demgemäß der maßgebliche Rechtsakt (z.B. Auflassung, Bestellung oder Abtretung einer Grundschuld, Inhaltsänderung eines eingetragenen Rechts) anzugeben, bei Berichtigungen der zur Richtigkeit führende Vorgang (vgl. § 22 GBO Rdn 131). Bei Löschungsbewilligungen braucht der Löschungsgrund nicht angegeben zu werden, weil er auch nicht eingetragen wird.[29]

22 Enthält die Urkunde Erklärungen schuldrechtlicher, dinglicher oder sonstiger Art, muss die Bewilligung – ggf. durch Auslegung – den Inhalt der gestatteten Grundbucheintragung klar erkennen lassen. Der Bewilligende darf die Entscheidung darüber nicht dem GBA aufbürden, auch nicht durch den Zusatz, dass „alles dinglich sein soll, was gesetzlich zulässig ist".[30] In der Bewilligung bspw. eines Leibgedings (§ 49 GBO) müssen die einzelnen Rechte nach Art und Umfang genau beschrieben, der Berechtigte (bei mehreren ihr Gemeinschaftsverhältnis) angegeben und die mit den Einzelrechten zu belastenden Grundstücke genau bezeichnet werden. Wegen der Buchungserleichterung des § 49 GBO bedarf es zwar nicht der Aufnahme aller dieser Einzelheiten in den Eintragungsvermerk (siehe § 49 GBO Rdn 11 f.). § 49 GBO setzt aber gerade deshalb eine genaue Fassung der Bewilligung voraus.[31]

23 Die Bewilligungserklärung muss den Inhalt der gestatteten Eintragung vollständig enthalten.[32] Sie kann Unterlagen, die dem GBA sonst vorliegen, einbeziehen. Dazu gehören andere genau bezeichnete öffentliche oder öffentlich beglaubigte Urkunden,[33] ohne dass es darauf ankäme, ob diese eine Erklärung des Bewilligenden selbst enthalten,[34] Satzungen (§ 1115 Abs. 2 BGB), Grundbucheintragungen einschließlich der nach § 874 BGB zum Grundbuchinhalt erklärten Urkunden[35] und geltende gesetzliche Vorschriften.[36] Zum Inhalt der Bewilligung wird dadurch alles, worauf in ihr zulässig Bezug genommen wird.[37] Anlagen zur Bewilligungserklärung im Sinne von § 9 Abs. 1 S. 2 BeurkG,[38] z.B. Pläne, die zum Bestand-

---

27 OLG Celle DNotZ 2006, 297, 298.
28 OLG Hamm DNotZ 1965, 46.
29 BayObLG BayObLGZ 1952, 322.
30 BayObLG DNotZ 1969, 492; *Eickmann*, GBVerfR, 5. Kap. § 3 V 3.
31 OLG Hamm Rpfleger 1973, 98; BGH BGHZ 73, 211, 216 = DNotZ 1979, 499.
32 BGH FGPrax 2012, 50.
33 OLG Frankfurt Rpfleger 1956, 194.
34 OLG Düsseldorf DNotI-Report 2003, 14.
35 OLG Frankfurt Rpfleger 1971, 65; BayObLG Rpfleger 1984, 145.
36 KG JFG 4, 378.
37 BayObLG BayObLGZ 1974, 30 = Rpfleger 1974, 159.
38 Meikel/*Böttcher*, § 19 Rn 116.

teil der Urkunde gemacht wurden,[39] gehören in jedem Fall zur Bewilligungserklärung selbst. Die bloße Verweisung auf nicht mehr geltendes Recht oder auf nicht allgemein bekannte[40] oder nur örtlich geltende Vorschriften[41] und auf die „jeweilige Satzung" ist dagegen unzulässig.[42]

Bei der Bewilligung einer Rechtsänderung muss die Bewilligung in den Fällen des § 19 GBO keine Nachweise über den der Bewilligung zugrunde liegenden materiell-rechtlichen Vorgang enthalten, da das GBA grundsätzlich weder berechtigt noch verpflichtet ist, die materiell-rechtlichen Voraussetzungen[43] oder bei Vormerkung das Bestehen eines Anspruchs zu prüfen.[44] Soll das Grundbuch auf der Grundlage einer Berichtigungsbewilligung berichtigt werden, so muss die Bewilligung schlüssig darlegen, dass das Grundbuch unrichtig ist und durch die beantragte Eintragung (oder Löschung) richtig wird. Den Antrag darf das GBA nur ablehnen, wenn es die auf Tatsachen gestützte, sichere Kenntnis hat, dass eine Unrichtigkeit des Grundbuchs nicht gegeben ist oder das unrichtige Grundbuch durch die beantragte Eintragung nicht richtig würde. Bloße Zweifel genügen insoweit nicht.[45] Das Erfordernis, die Bewilligungsberechtigung zu prüfen, bleibt in jedem Fall unberührt.[46]

V. Person des durch die Bewilligung Berechtigten

Für die Grundbucheintragung des Berechtigten aufgrund einer Bewilligung gem. § 19 GBO genügt seine Grundbuch- und Erwerbsfähigkeit. (Nur) Im Rahmen des § 20 GBO kommt es zusätzlich auf seinen Erwerbswillen an.[47]

1. Grundbuchfähigkeit

Die Grundbuchfähigkeit des Berechtigten beantwortet die Frage, ob er überhaupt in das Grundbuch eingetragen werden kann. Die Grundbuchfähigkeit ist die nach materiell-rechtlichen Maßstäben zu beurteilende Fähigkeit, Inhaber eines im Grundbuch einzutragenden Rechts sein zu können und setzt damit die Fähigkeit zum Erwerb von Grundstücksrechten voraus. Jede **natürliche oder juristische Person** (auch in Gründung), **Personenhandelsgesellschaft** oder **BGB-Gesellschaft** in- oder ausländischen Rechts[48] ist grundbuchfähig, wobei auch eine auf Grundstücksrechte beschränkte Teilrechtsfähigkeit genügt.[49] **Nach dem Tode** des in der Bewilligung genannten **Berechtigten** kann nicht mehr dieser,[50] sondern können nur noch seine Erben ins Grundbuch eingetragen werden. Für den Regelfall kann die Bewilligung so ausgelegt werden, dass die Erben als Berechtigte an die Stelle des Erblassers treten. Zu ihrer Eintragung ist keine neue Bewilligung, sondern nur ein entsprechender Antrag des Betroffenen oder der Erben des Berechtigten (§ 13 GBO) und ein Nachweis der Erbfolge nötig.[51] Der Verstorbene selbst kann nicht mehr in das Grundbuch eingetragen werden.[52] Die gleichen (Auslegungs-) Grundsätze sind bei Umwandlungsvorgängen eines berechtigten Rechtsträgers nach Bewilligung und vor Eintragung zu beachten.[53]

2. Erwerbsfähigkeit

Die Erwerbsfähigkeit des Begünstigten hat das GBA nur in besonderen Fällen zu prüfen:

- Erwerben mehrere Personen, so muss der Erwerb für sie in dem angegebenen **Gemeinschaftsverhältnis** rechtlich möglich sein.
- Ob **gesetzliche Erwerbsverbote** bestehen, hat das GBA stets von Amts wegen zu prüfen.
- **Gerichtliche Erwerbsverbote** hat es nur zu beachten, wenn es sie kennt.[54]

---

39 BGH BGHZ 74, 346 = Rpfleger 1979, 253; ihre bloße Verbindung mit der Bewilligungsurkunde oder ein Vermerk auf der Skizze, sie sei Anlage zur Urkunde, würde nicht genügen; vgl. BGH DNotZ 1982, 228; OLG Köln Rpfleger 1984, 407.
40 KG KGJ 53, 207.
41 KG KGJ 46, 224.
42 KG JFG 5, 344.
43 *Zimmer*, NJW 2014, 337, 339; *Böttcher*, ZfIR 2013, 673.
44 OLG Frankfurt a.M. FGPrax 2022, 85; OLG München FGPrax 2020, 262 m. Anm. *Bestelmeyer*; zweifelhaft OLG Braunschweig DNotI-Report 2022, 125.
45 OLG München MittBayNot 2013, 231, 232.
46 OLG München DNotZ 2013, 689 m. Anm. *Wicke*.
47 *Güthe/Triebel*, § 19 Rn 50.
48 BayObLG DNotZ 2003, 295.
49 BGH DNotZ 2017, 702.
50 *Demharter*, § 19 Rn 98 m.w.N.
51 OLG München ZEV 2014, 571; KG JFG 7, 325; KG Rpfleger 1975, 133; LG Düsseldorf Rpfleger 1987, 14; *Hagena*, Rpfleger 1975, 389; *Schöner/Stöber*, Rn 229, 3345 ff.
52 *Demharter*, § 19 Rn 98 m.w.N.
53 KG FGPrax 2022, 104.
54 *Böttcher*, BWNotZ 1993, 25, 33.

Bei Erwerb durch Gemeinschuldner ist dieser (nicht der Insolvenzverwalter), bei Erwerb durch Erben sind diese (nicht Nachlassverwalter, Nachlasspfleger, Testamentsvollstrecker) einzutragen.[55] Soll ein Recht für Erben eingetragen werden, ist dem GBA die Erbfolge nachzuweisen und damit auch, dass keine Nacherbfolge und keine Testamentsvollstreckung vorliegt[56] oder dass der Erwerb solchen Beschränkungen nicht unterliegt. Ein Testamentsvollstreckerzeugnis allein genügt dazu nicht.[57]

3. Erwerbswille

28 Der Erwerbswille des Begünstigten bedarf im Rahmen des § 19 GBO keines Nachweises. Er braucht nicht einmal bestehen. Die Bedeutung der Bewilligung liegt gerade darin, dass zur Eintragung nur das Einverständnis des Betroffenen notwendig ist. Es ist denkbar, dass der Begünstigte von seiner Eintragung noch gar nichts weiß und trotzdem nach § 19 GBO zulässig eingetragen wird. Weiß das GBA aber, dass er unter keinen Umständen erwerben will, so darf es die Eintragung nicht vornehmen, weil dadurch das Grundbuch nach Sachlage dauernd unrichtig würde (siehe § 2 Einl. Rdn 38 ff.).

4. Bezeichnung des Berechtigten

29 Wo es einen aus dem Inhalt des bewilligten Rechts Berechtigten gibt, muss die Bewilligung den Berechtigten **so bezeichnen**, wie er nach § 15 GBV eingetragen werden muss. Ein Nachweis der Richtigkeit dieser Angaben, dass er also lebt, als juristische Person rechtsfähig oder als Firma im Handelsregister eingetragen, ist grundsätzlich nicht erforderlich. Für die Eintragung einer BGB-Gesellschaft (und bis zum Inkrafttreten des MoPeG ihre Gesellschafter) ist grundbuchverfahrensrechtlich in jedem Fall § 47 Abs. 2 GBO zu beachten, auch wenn materiell- oder prozessrechtlich die Angabe der BGB-Gesellschaft genügt.[58] Bei mehreren personengleichen BGB-Gesellschaften ist bis zum Inkrafttreten des MoPeG ein Unterscheidungszusatz geboten.[59] **Erwerben mehrere Personen**, ist in der Bewilligung das maßgebliche Gemeinschaftsverhältnis nach § 47 Abs. 1 GBO anzugeben,[60] das lediglich möglich und rechtlich zulässig sein muss, aber keines Nachweises bedarf.[61] Für die Eintragung **subjektiv-dinglicher Rechte** (vgl. § 9 GBO) ist das herrschende Grundstück gem. § 28 S. 1 GBO zu bezeichnen.

5. Grundbuchverfahren

30 Das GBA hat die Grundbuchfähigkeit und die nach § 15 GBV erforderlichen Angaben über die Personalien, Firma usw. nur nachzuprüfen, wenn die Angaben in den Eintragungsunterlagen in sich widersprüchlich sind oder wenn es aufgrund konkreter Anhaltspunkte berechtigte Zweifel an der Richtigkeit der darüber gemachten Angaben hat. Die Eintragung ist abzulehnen, wenn das GBA mit Sicherheit weiß, dass die Eintragung das Grundbuch dauernd unrichtig machen würde. Grundsätzlich genügt es also, wenn der Begünstigte das für ihn bestellte Recht erwerben kann und die in der Bewilligung zu seiner Bezeichnung gemachten Angaben der Wirklichkeit entsprechen können.[62] Auskünfte oder amtliche Nachweise (z.B. Geburts- oder Heiratsurkunde, Handelsregisterauszug, Vertretungsnachweise auf Seiten des Begünstigten[63]) kann das GBA also i.d.R. zur Eintragung des Begünstigten nicht verlangen.

VI. Gegenstand der Grundbucheintragung

31 Das Grundstück oder Recht, zu dem die Eintragung gestattet wird, muss in der Bewilligung nach § 28 GBO bezeichnet werden.

---

55 OLG Hamm Rpfleger 1989, 17.
56 KG JFG 18, 160, 164; KG HRR 33, 1451.
57 KG JW 33, 2776.
58 OLG Düsseldorf FGPrax 2017, 8. Mit dem Inkrafttreten des MoPeG zum 1.1.2024, BGBl I 2021, 3436, setzt die Grundbucheintragung der GbR ihre Eintragung im Gesellschaftsregister voraus.
59 OLG München DNotI-Report 2013, 44 f. Mit dem Inkrafttreten des MoPeG zum 1.1.2024, BGBl I 2021, 3436, setzt die Grundbucheintragung jeder GbR ihre Eintragung im Gesellschaftsregister voraus und ist damit eindeutig identifizierbar.
60 KG RNotZ 2018 248; BayObLG BayObLGZ 1955, 157; BayObLG DNotZ 1971, 622.
61 OLG Hamm DNotZ 1966, 372.
62 KG JFG 7, 276; OLG Düsseldorf NJW 1952, 32.
63 OLG Frankfurt a.M. FGPrax 2022, 55.

VII. Übereinstimmung von Bewilligung und Antrag

Bewilligung und Antrag im Sinne von § 13 GBO müssen übereinstimmen. Der Antrag darf nicht über die Bewilligung hinausgehen. Umgekehrt kann in der Bewilligung aber gestattet werden, dass der Antrag hinter ihr zurückbleibt.[64] Außerdem kann der Antrag auf eine von mehreren bewilligten Eintragungen beschränkt werden,[65] so dass ein geringerer oder getrennter Vollzug erfolgt, also z.B. nur eine von mehreren Löschungen oder nur die Auflassung eines von mehreren Grundstücken vollzogen wird.

VIII. Übereinstimmung von Bewilligung und Einigung

Bewilligung und Einigung sollen sich inhaltlich decken, da sonst das Grundbuch unrichtig werden kann. Notwendig ist dies in denjenigen Fällen des § 19 GBO jedoch nicht, in denen das GBA die materiell-rechtliche Einigung nicht zu prüfen hat (vgl. Rdn 5 ff.).

D. Form der Bewilligung

Für die Bewilligung gilt die Formvorschrift des § 29 Abs. 1 S. 1 GBO zur öffentlichen Beurkundung oder Beglaubigung.

E. Bewilligungsberechtigung
I. Überblick

Gemäß § 19 GBO legitimiert sich die Grundbucheintragung durch die einseitige Erklärung des von ihr „Betroffenen". **Betroffen** ist jede Person, deren grundbuchmäßiges Recht durch die bewilligte Eintragung rechtlich – nicht nur wirtschaftlich – (unmittelbar oder mittelbar) beeinträchtigt oder nachteilig berührt wird oder bei der dies nicht auszuschließen ist.

Ist die Rechtsbeeinträchtigung nicht rechtlicher Natur, sondern lediglich tatsächlicher oder wirtschaftlicher Art oder macht das Gesetz eine Ausnahme von der materiellen Zustimmungspflicht oder von der formellen Bewilligungspflicht (z.B. bei § 21 GBO oder § 5 Abs. 4 S. 2 WEG), so darf das GBA eine Bewilligung dieser Person nicht verlangen.

Ob sich das grundbuchmäßige Recht im Sinne des § 19 GBO verbessert oder verschlechtert, ist regelmäßig[66] nach der **durch die Eintragung** entstehenden **Buchposition** zu beurteilen,[67] da jede Eintragung auf jeden Fall eine Veränderung der Buchposition zur Folge hat.

Der Betroffene steht **im Gegensatz zum Begünstigten**, der die Eintragung gerade nicht bewilligen muss. Für die Frage, wer durch die Eintragung ausschließlich begünstigt ist, müssen – ähnlich (nicht identisch!) wie in § 107 BGB – Erwägungen außer Betracht bleiben, ob der Erwerber öffentliche Lasten oder dingliche Rechte (die bereits bestehen oder neu bestellt werden) übernimmt oder ob der Erwerber durch das schuldrechtliche Grundgeschäft oder durch ein das dingliche Recht begleitendes gesetzliches Schuldverhältnis[68] nicht nur Vorteile erhält, sondern auch Verpflichtungen übernimmt.

Für die Anwendbarkeit des § 19 GBO genügt es auch, wenn ein Recht durch die Änderung bei einem anderen und damit nur mittelbar beeinträchtigt wird. Dazu gehören zwei Gruppen:[69]

– materiell-rechtliche **Zustimmungsberechtigungen**, die zur Rechtsänderung notwendig sind (z.B. §§ 876, 880 Abs. 2 S. 2, 1180 Abs. 2 S. 1, 1183 BGB; über § 876 BGB auch §§ 877, 880 Abs. 3 BGB und § 26 ErbbauRG), da diese Vorschriften neben ihrer materiellen auch eine verfahrensrechtliche Bedeutung haben; § 21 GBO bleibt unberührt;

---

64 OLG Köln FGPrax 2023, 12.
65 BayObLG BayObLGZ 1948, 508; BayObLG DNotZ 1956, 209; LG Köln DNotZ 1955, 398.
66 Anders (nur) bei der bis zum 31.12.2023 (Inkrafttreten des MoPeG, BGBl I 2021, 3436) notwendigen Grundbuchberichtigung beim Tod eines GbR-Gesellschafters, BGH NJW-RR 2022, 1241.
67 OLG München FGPrax 2015, 250; *Bestelmeyer*, FGPrax 2015, 153.
68 Vgl. MüKo-BGB/*Mohr*, § 1018 Rn 10 ff.
69 Meikel/*Böttcher*, § 19 Rn 40; *Demharter*, § 19 Rn 52 ff.

- **gleich- oder nachrangige Rechte**, wenn der Umfang eines vor- oder gleichrangigen Rechts erweitert oder wenn der Inhalt der Belastung verstärkt und dadurch die Haftung des Grundstücks verschärft werden soll.[70]

40 Ist die Zustimmung eines mittelbar Betroffenen trotz seiner möglichen Beeinträchtigung materiell-rechtlich nicht erforderlich, so braucht er die entsprechende Eintragung auch im Grundbuchverfahren nicht zu bewilligen:
- § 1119 Abs. 1 BGB: Erhöhung des Zinssatzes bis zu insgesamt 5 % bei Grundpfandrechten, auch rückwirkende Erhöhung; dies gilt nicht für andere Nebenleistungen.[71]
- § 1119 Abs. 2 BGB: Änderung von Zahlungszeit oder Zahlungsort bei Grundpfandrechten und anderen dinglichen Rechten.
- §§ 1186, 1198, 1203 BGB: Umwandlung von Grundpfandrechten aller Art; ist das umgewandelte Recht z.B. mit Pfandrecht oder Nießbrauch belastet, ist die Zustimmung dieses Berechtigten nötig (§§ 877, 876 BGB).
- § 1151 BGB lässt Rangänderung bei Forderungs- und Hypothekenteilung ohne Zustimmung des Eigentümers zu; gilt auch für Grund- und Rentenschulden.[72]
- Ungeachtet des Rangklassenprivilegs für Wohngeldansprüche (§ 10 Abs. 1 Nr. 2 ZVG) bedarf die Begründung von Wohnungseigentum nicht der Zustimmung der Gläubiger, deren Grundpfandrechte auf dem ganzen Grundstück lasten.[73]

II. Abgrenzung zu §§ 13, 39 GBO

41 Mit dem „betroffen werden" in §§ 13 Abs. 1 S. 2, 39 GBO ist nicht immer dasselbe gemeint wie in § 19 GBO:
- Die für die **Antragsberechtigung** erforderliche „Betroffenheit" (§ 13 Abs. 1 S. 2 GBO) ist entsprechend dem Zweck des Antragserfordernisses enger als die des § 19 GBO. „Betroffen" im Sinne des § 13 Abs. 1 S. 2 GBO ist deshalb nur der unmittelbar Betroffene, während bewilligungsberechtigt entsprechend dem Zweck der Bewilligung neben dem unmittelbaren auch jeder mittelbar – selbst nicht notwendigerweise antragsberechtigte – Betroffene ist.
- „Betroffen" im Sinne des **Voreintragungsgrundsatzes** des § 39 Abs. 1 GBO ist nur der materiell-rechtliche Rechtsinhaber selbst. § 19 GBO erweitert die „Betroffenheit" dagegen auf den sog. „Bewilligungsbefugten". Soll bspw. über das grundbuchmäßige Recht eines insolventen Grundstückseigentümers verfügt werden, muss dieser gem. § 39 Abs. 1 GBO voreingetragen sein, während die Eintragungsbewilligung rechtswirksam nur durch den nicht voreingetragenen Insolvenzverwalter erklärt werden kann.

III. Betroffenes Recht im Sinne des § 19 GBO

42 **Recht** im Sinne des § 19 GBO ist das grundbuchmäßige Recht im Sinne der GBO. Es kann mit dem „Recht im Sinne des BGB" und mit dem „Buchrecht" identisch sein, muss es aber nicht.

43 Hat die Eintragung für den einen Teil nur einen rechtlichen Vorteil und für den anderen einen **rechtlichen Verlust** zur Folge (z.B. bei der Eintragung einer Dienstbarkeit), ist nur das Recht des Verlierenden betroffen und damit seine Bewilligung notwendig, die des Gewinnenden nicht. Haben beide Teile mit Sicherheit oder möglicherweise einen rechtlichen Verlust (z.B. bei der Eintragung der Inhaltsänderung einer eingetragenen Dienstbarkeit), ist die Bewilligung beider erforderlich. Sind auf der Seite des verlierenden Teils mehrere Personen beteiligt, müssen alle die Bewilligung abgeben, aber nicht unbedingt gleichzeitig oder in einer Urkunde.

44 Von einer Grundbucheintragung nicht betroffen ist, wessen grundbuchmäßiges Recht durch die Eintragung nach rechtlichen Wertmaßstäben weder verbessert noch verschlechtert wird. Die dinglichen Rechts-

---

70 BayObLG BayObLGZ 1959, 529 = NJW 1960, 1115.
71 Grüneberg/*Herrler*, § 1119 Rn 1; *Haegele*, Rpfleger 1971, 237.
72 Grüneberg/*Herrler*, § 1151 Rn 3.
73 BGH DNotZ 2012, 531.

beziehungen werden durch persönliche oder wirtschaftliche Merkmale des Rechtsinhabers nicht beeinflusst. Der Eigentumswechsel an einem Grundstück benachteiligt deshalb nicht die Inhaber daran bestehender beschränkter dinglicher Rechte (z.B. Wohnungsberechtigte, Grundpfandgläubiger). Umgekehrt hat der Rechtsinhaberwechsel an einem beschränkten dinglichen Recht keine rechtlich ungünstigen Folgen für den Grundstückseigentümer.

Nach § 903 BGB darf der Eigentümer sein Grundstück nach Belieben real oder ideell teilen, soweit nicht das Gesetz oder Rechte Dritter entgegenstehen. Werden dingliche Rechte Dritter bei Teilung auf alle dadurch entstehenden Teile übertragen, dann werden sie rechtlich nicht beeinträchtigt. Deshalb ist die **Grundstücksteilung** auch ohne Zustimmung der Berechtigten eintragungsfähig. Wirtschaftliche oder verwaltungsmäßige Erschwerungen, die z.B. Grundpfandgläubigern durch Entstehung von Gesamtbelastungen oder zahlenmäßige Vergrößerung der dinglichen Schuldner entstehen, machen jene noch nicht zu „Betroffenen".[74] Eine Einzel- wird zur Gesamtgrundschuld an den neuen Einzelgrundstücken oder Miteigentumsanteilen, ohne dass es zu einer Zustimmung des Grundschuldgläubigers bedarf, wenn das Grundstück real geteilt oder an mehrere Miteigentümer nach Bruchteilen aufgelassen wird.[75] Nach gleichen Grundsätzen ist die **Aufteilung nach dem WEG** oder spätere Unterteilung durch den Eigentümer (§ 8 WEG) beim Wohnungs- oder Teileigentum ohne Zustimmung anderer Wohnungseigentümer, des Grundpfandgläubigers oder sonstiger dinglich Berechtigter zulässig,[76] ebenso die nachträgliche Aufnahme einer sog. „Öffnungsklausel" in die Gemeinschaftsordnung.[77] Ist an Grundstück und Erbbaurecht ranggleich eine Gesamtgrundschuld eingetragen, kann das Erbbaurecht auch ohne Zustimmung des Grundschuldgläubigers gelöscht werden.[78]

Inhaltsänderungen oder die Aufgabe nachrangiger Rechte berühren weder positiv noch negativ die Rechtsinhaber vorrangig eingetragener Rechte und der daran eingetragenen Belastungen. Die Gefahr von Vollstreckungsmaßnahmen wegen Überbeleihung oder einer Erschwerung der freihändigen Veräußerung ist wirtschaftlicher Art und deshalb rechtlich ohne Bedeutung.

IV. Bewilligungsberechtigung und Bewilligungsbefugnis
1. Bewilligungsberechtigung und Bewilligungsmacht

Zur Abgabe der verfahrensrechtlichen Bewilligung muss der Betroffene die materiell-rechtliche Rechtsmacht zur Übertragung, Änderung oder Aufhebung des grundbuchmäßigen Rechts haben. Das Recht zur Abgabe der Bewilligung als Verfahrenserklärung wird hier als **Bewilligungsberechtigung** bezeichnet. Typischerweise hat der Inhaber des grundbuchmäßigen Rechts die Bewilligungsberechtigung; sie wird hier auch als **Bewilligungsmacht** bezeichnet[79] und ist das verfahrensrechtliche Pendant zur materiell-rechtlichen Verfügungsmacht. Sie ist einerseits im Grundbuchverfahrensrecht begründet, andererseits aber im Hinblick auf die materiell-rechtliche Bedeutung der Grundbucheintragung (oder -löschung), vgl. § 891 BGB, doch (auch) von materiell-rechtlichen Wertungen erfasst.

– Bei **rechtsändernden Eintragungen** hat der wirkliche Inhaber (und nicht der bloß Buchberechtigte) des grundbuchmäßigen Rechts die Bewilligungsmacht. Im Regelfall wird er auch bereits voreingetragen sein im Sinne des § 39 GBO. Ist er es nicht – z.B. der Erbe vor Grundbuchberichtigung –, muss er gem. § 39 Abs. 1 GBO grundsätzlich (zu den Ausnahmen vgl. §§ 39, 40 GBO) zunächst seine Voreintragung herbeiführen. Ist der Voreingetragene nicht der wahre Rechtsinhaber, so fehlt ihm auch die Bewilligungsmacht (so wie er dann ja auch nicht zur materiell-rechtlichen Verfügung berechtigt wäre). Die durch § 891 Abs. 1 BGB begründete Vermutung gilt aber auch für das Grundbuchverfahren. Der im Grundbuch Eingetragene kann sich deshalb auch gegenüber dem GBA auf seine Eintragung berufen und das GBA hätte die Vermutung des § 891 BGB zu widerlegen.[80] Nur wenn diese Vermutung zu seiner Überzeugung entkräftet ist, darf das GBA die bewilligte Eintragung des-

---

74 *Güthe/Triebel*, § 6 Rn 2.
75 RG RGZ 146, 365; BGH NJW 1961, 1352.
76 BGH BGHZ 49, 250; BayObLG BayObLGZ 1957, 102 = NJW 1957, 1840; BayObLG BayObLGZ 1958, 273 = DNotZ 1959, 91; BGH Rpfleger 1979, 96.
77 OLG Düsseldorf DNotZ 2004, 640.
78 LG Köln RNotZ 2001, 391.
79 OLG Zweibrücken FGPrax 2001, 177; BayObLG NJW 1965, 538.
80 OLG Brandenburg FGPrax 2021, 246; OLG Hamm RNotZ 2014, 365, 366.

halb ablehnen.[81] Für die Eintragung einer **Verfügung über ein Briefrecht**, über das außerhalb des Grundbuchs verfügt werden kann (§§ 1154, 1155, 1192, 1196 BGB),[82] enthält das Grundbuchverfahrensrecht zum Zweck der Legitimation des durch die Eintragung Betroffenen in § 39 GBO zwei einander gleichgestellte Tatbestände, von denen entweder der Regelfall des § 39 Abs. 1 GBO vorliegt oder der Ausnahmefall des § 39 Abs. 2 GBO dem GBA nachgewiesen werden muss.

– Bei **berichtigenden Eintragungen** kann der wirkliche Inhaber des grundbuchmäßigen Rechts, aber auch der bloß „Buchberechtigte" die Bewilligungsmacht haben. Soll das Buchrecht gelöscht bzw. das Grundbuch auf den wahren Berechtigten berichtigt werden, ist (nur) der Buchberechtigte „betroffen". In anderen Fällen kann auch der wirkliche Inhaber des grundbuchmäßigen Rechts betroffen sein. Die Festlegung, dass in allen anderen Fällen immer nur der wirkliche Inhaber bewilligungsberechtigt ist,[83] ist mir zu pauschal.[84]

49 **Mehrere Personen** können je nach ihrer Rechtsposition und der zu bewilligenden Eintragung unabhängig voneinander oder nur gemeinschaftlich bewilligungsberechtigt sein. In beiden Fällen ist die Bewilligung **aller betroffenen** Personen erforderlich. Hat die Eintragung – wie dies die Regel ist – für den einen Teil nur einen rechtlichen Vorteil und für den anderen einen rechtlichen Verlust zur Folge, ist nur die Bewilligung des Verlierenden notwendig, die des Gewinnenden nicht.

50 Haben **beide** Teile auch nur möglicherweise einen rechtlichen Verlust, ist die **Bewilligung beider** erforderlich. Sind auf der Seite des verlierenden Teils mehrere Personen beteiligt, müssen alle die Bewilligung abgeben, was aber nicht gleichzeitig geschehen muss. Letzteres gilt etwa für Gesamtgutsverwalter im Fall des § 1450 BGB, mehrere Testamentsvollstrecker im Sinne von § 2224 BGB und Gesamthandsberechtigte (z.B. Miterben in Erbengemeinschaft, vgl. § 47 GBO Rdn 14 ff.).[85] In diesem Fall muss **jeder von ihnen** die inhaltlich gleiche Bewilligung erklären, ggf. nacheinander, zu je gesonderter Urkunde und mit unterschiedlichem Wortlaut. Bei Gesamtberechtigten im engen Sinne des § 428 BGB muss an sich die Bewilligung eines einzelnen Gläubigers genügen; die Rechtsprechung erkennt allerdings auch „Gesamtberechtigungen" an, bei denen doch abweichend von § 428 BGB ein Zusammenwirken aller Gläubiger erforderlich ist.[86] Eine Grunddienstbarkeit kann nach Aufteilung des herrschenden Grundstücks in Wohnungseigentum (WEG) aufgrund der Bewilligung eines einzelnen Wohnungseigentümers auch nicht hinsichtlich des ihm zustehenden WEG-Rechts gelöscht werden.[87]

2. Bewilligungsberechtigung und Bewilligungsbefugnis

51 In bestimmten (materiell-rechtlich geregelten) Fällen ist nicht oder nicht allein der Inhaber des grundbuchmäßigen Rechts verfügungs- und damit auch nicht bewilligungsberechtigt, sondern ein Dritter, z.B. der Vormund, Betreuer, Insolvenzverwalter usw. Seine Berechtigung wird als **Bewilligungsbefugnis** bezeichnet. Sie ist der verfahrensrechtliche Parallelbegriff zur materiell-rechtlichen Verfügungsbefugnis. Unsere Rechtsordnung kennt eine Vielzahl von Einschränkungen der Bewilligungsmacht, in denen der Inhaber des grundbuchmäßigen Rechts die Bewilligung nicht oder nicht ohne Zustimmung Dritter abgeben kann. Das GBA muss deshalb im Rahmen der Eintragungsvoraussetzungen (siehe Rdn 1) von Amts wegen prüfen, ob der eingetragene Rechtsträger selbst die rechtliche Fähigkeit hat, seine Buchposition zu übertragen, zu ändern oder aufzuheben oder ob er dazu nicht oder nicht allein befugt ist.[88] Ist ihm diese Befugnis entzogen und einem anderen übertragen (z.B. Insolvenzverwalter, Zwangsverwalter, Testamentsvollstrecker), dann hat nur dieser kraft seines Amtes die Bewilligungsbefugnis, obwohl er selbst nicht Inhaber des grundbuchmäßigen Rechts ist.

---

81 *Eickmann*, GBVerfR, 2. Kap. § 2 IV; *Wolfsteiner*, DNotZ 1987, 67, 75.
82 *Ertl*, DNotZ 1990, 684.
83 So BayObLG DNotZ 1998, 811, 814.
84 Ebenso: *Schöner/Stöber*, Rn 100.
85 BayObLG DNotZ 1989, 361.
86 BayObLG BayObLGZ 1975, 191; grundlegend: *Amann*, DNotZ 2008, 324.
87 BayObLG Rpfleger 1983, 434 = MittBayNot 1983, 168.
88 OLG Celle NJW-RR 2006, 448; BayObLG NJW 1965, 538.

V. Maßgeblicher Zeitpunkt für die Bewilligungsberechtigung bzw. -befugnis

Die Bewilligungsmacht muss grundsätzlich im Zeitpunkt der Grundbucheintragung gegeben sein.[89] Hat sie sich vorher geändert, beeinflusst dies sowohl die materielle, als auch die verfahrensrechtliche Lage, soweit nicht Ausnahmevorschriften gelten. Dies gilt etwa bei der Verwalterzustimmung gemäß § 12 WEG,[90] der Zuweisung von Sondernutzungsrechten[91] und die Zustimmung des Grundstückseigentümers zu Verfügungen über ein eingetragenes Erbbaurecht[92] – in all diesen Fällen genügt es, wenn die Bewilligungsmacht in dem Zeitpunkt gegeben ist, in dem die Bewilligung wirksam geworden ist, selbst wenn sie dann beim Grundbuchvollzug nicht mehr vorliegt.

Dies verdeutlichen folgende Beispiele:

- **Fall 1:** A hat sein Grundstück an B verkauft und aufgelassen. Die Finanzierungsgrundschuld für G ist von B zu bewilligen, wenn sie erst nach Vollzug der Auflassung eingetragen werden soll, von A, wenn sie noch vorher eingetragen werden soll. Im ersten Fall ist nur B betroffen, auch wenn er zum Zeitpunkt der Erklärung und Grundbuchvorlage noch nicht Eigentümer und deshalb noch nicht bewilligungsberechtigt ist.
- **Fall 2:** Das Grundstück ist mit einer Hypothek für H belastet, die hinter die Grundschuld des G zurücktreten soll: H muss den Rücktritt bewilligen und (vgl. **Fall 1**) im ersten Fall nur B, im zweiten Fall nur A dem Rücktritt als Eigentümer zustimmen (§ 880 Abs. 2 S. 2 BGB).
- **Fall 3:** Besteht an der zurücktretenden Hypothek des H ein Nießbrauch für N, muss N dem Rücktritt zustimmen (§ 880 Abs. 3 BGB), es sei denn, sein Nießbrauch wird vor Eintragung des Rücktritts gelöscht.

VI. Bewilligung durch Nichtberechtigten

Die **Bewilligung durch einen Nichtberechtigten** ist unwirksam. Der Wirksamkeitsmangel liegt vor, wenn jemand eine Bewilligung im eigenen Namen abgegeben hat, obwohl er im maßgebenden Zeitpunkt (siehe Rdn 76) nicht die dazu erforderliche Bewilligungsmacht hat und damit nicht oder nicht allein von der Grundbucheintragung betroffen ist (vgl. Rdn 35). Trägt das GBA aufgrund der unwirksamen Erklärung ein, verstößt es gegen § 19 GBO; die Eintragung kann aber trotzdem wirksam sein. Der Mangel hat (anders als die fehlende Verfügungsmacht oder Verfügungsbefugnis) für sich gesehen keine materiellrechtlichen Folgen.

Auf die Bewilligung des Nichtberechtigten ist § 185 BGB analog anwendbar.[93] Die Bewilligung des Nichtberechtigten wird deshalb wirksam:

- Rückwirkend, wenn derjenige, der zur Zeit der Genehmigung die Bewilligungsmacht hat, genehmigt (analog dazu: § 185 Abs. 2 BGB, siehe o.g. **Fall 1**).[94]
- Nachträglich ohne Rückwirkung, wenn der Nichtberechtigte das Recht später erwirbt (vgl. § 185 Abs. 2 BGB und o.g. **Fall 2**), z.B. ein Grundstückskäufer, der als Eigentümer nachträglich eingetragen wird. Entsprechend anwendbar, wenn der Nichtberechtigte, der in die Bewilligung eines anderen Nichtberechtigten eingewilligt hat, das Recht später erwirbt[95] oder wenn der Vorerbe die Bewilligung abgegeben hat und die Nacherbfolge dann wegfällt.[96] § 185 Abs. 2 BGB (siehe **Fall 2**) ist jedoch nicht anwendbar, wenn der vollmachtlose Vertreter das Recht später erwirbt, denn § 185 BGB regelt allein die Fälle, in denen ein Nichtberechtigter (nur) im eigenen Namen über ein fremdes Recht verfügt.[97]

---

89 OLG München RNotZ 2017, 378, 383; OLG Hamm FGPrax 2014, 152; OLG Hamm DNotZ 1954, 209; BayObLG BayObLGZ 1954, 99; BGH DNotZ 1963, 433; BayObLG Rpfleger 1980, 476; BayObLG Rpfleger 1984, 145; BayObLG DNotZ 1987, 3Fll66, 367; OLG Frankfurt Rpfleger 1980, 63.
90 BGH DNotZ 2013, 362 m. Anm. *Commichau*.
91 KG BWNotZ 2023, 31; a.A. OLG München ZWE 2018, 164 m. Anm. *Hogenschürz*.
92 OLG München DNotZ 2021, 341.
93 BGH DNotZ 2011, 199; OLG Düsseldorf NJW-RR 2023, 88; Nürnberg NotBZ 2014, 386, 387; MüKo-BGB/*Bayreuther*, § 185 Rn 13.
94 OLG Naumburg DNotZ 1999, 1013; BGH NJW 1989, 2049.
95 BGH LM, § 185 Nr. 7.
96 RG RGZ 149, 22.
97 OLG Frankfurt NJW-RR 1997, 17.

- Nachträglich ohne Rückwirkung, wenn der Berechtigte den Nichtberechtigten beerbt und unbeschränkt haftet (analog: § 185 Abs. 2 BGB und o.g. **Fall 3**), z.B. wenn der Vorerbe als Nichtberechtigter die Bewilligung abgegeben hat und dann vom Nacherben beerbt wird.[98]

VII. Bewilligungsberechtigung des Auflassungsempfängers

56 Die Auflassung enthält regelmäßig auch die Einwilligung des Eigentümers zur Weiterveräußerung des Grundstücks an einen Dritten.[99] Dies gilt aber dann nicht, wenn die Weiterveräußerung einer Zweckbestimmung der Erstveräußerung zuwiderliefe (wenn z.B. eine Gemeinde Bauplätze an junge Familien zur Eigennutzung verkauft).[100] Das GBA kann wegen der Beschränkungen der Auslegung im Grundbuchverfahren häufig nicht zum gleichen Ergebnis wie ein Prozessgericht in einem Rechtsstreit kommen. Die verfahrensrechtliche Bewilligungsermächtigung (vgl. Rdn 55) kann deshalb in der Grundbuchpraxis nicht genauso beurteilt werden, wie die materiell-rechtliche Verfügungsermächtigung. Zweifel werden vermieden, wenn der Auflassungsempfänger ausdrücklich zur Weiterveräußerung ermächtigt oder sie ihm ausdrücklich untersagt wird.[101]

57 Die Auflassung enthält nicht ohne weiteres die Einwilligung auch zur Belastung des aufgelassenen Grundstücks,[102] also auch nicht ohne weiteres die Ermächtigung des Käufers, das Grundstück vor Eigentumsumschreibung „im Rahmen der Kaufpreisfinanzierung" zu belasten.[103] Der Verkäufer hat deshalb bei der Belastung, die vor dem Eigentumswechsel wirksam werden soll, mitzuwirken, z.B. bei der Bestellung der vom Käufer benötigten Grundpfandrechte.[104] Wird der Käufer bevollmächtigt, das Grundstück bereits vor Eigentumsumschreibung dinglich zu belasten, ist er nicht berechtigt, bei Weiterveräußerung im Namen des Erstveräußerers einer vom Zweiterwerber bestellten Grundschuld zuzustimmen („Weitergabe" der Belastungsvollmacht).[105]

58 Der Auflassungsempfänger kann wegen des sog. Identitätsgebots[106] keine Vormerkung, insbesondere keine Eigentumsvormerkung für Dritte, bewilligen, so dass er z.B. bei Kettenkaufverträgen zunächst selbst als Eigentümer im Grundbuch eingetragen werden muss, bevor der Dritterwerber durch eine originäre Vormerkung geschützt werden kann.[107]

VIII. Bewilligungsberechtigung bei Neueintragungen

59 Bewilligungsberechtigt ist bei Neueintragung
- eines weiteren GbR-Gesellschafters bei der mit ihren Gesellschaftern gem. § 47 Abs. 2 S. 1 GBO eingetragenen GbR der ausscheidende und (analog dazu: § 22 Abs. 2 GBO) der eintretende Gesellschafter; darüber hinaus sind, vorbehaltlich abweichender gesellschaftsvertraglicher Bestimmungen,[108] im Hinblick auf die §§ 709, 714 BGB auch die übrigen Gesellschafter bewilligungsberechtigt.[109] Die Neueintragung eines Gesellschafters ist immer Grundbuchberichtigung, da sich der Anteilserwerb außerhalb des Grundbuchs vollzieht; mit Inkrafttreten des MoPeG zum 1.1.2024[110] ist nur noch die GbR selbst im Grundbuch einzutragen.
- eines **dinglichen Rechts** am Grundstück (= Verfügung über das Grundstückseigentum): Der Eigentümer, der das Recht bestellt; bei Bestellung nur an einem Miteigentumsanteil dieser Miteigentümer allein,[111] nicht dagegen der Begünstigte und nicht die vorrangig dinglich Berechtigten;

---

98 OLG München DNotZ 1971, 544.
99 BGH NJW 1989, 1093; BGH NJW-RR 1992, 1178, 1180; BGH KG 1998, 200, 202.
100 BGH DNotZ 1998, 281.
101 *Medicus*, DNotZ 1990, 275, 280.
102 BayObLG BayObLGZ 1970, 254, 257.
103 BGH Rpfleger 1989, 146.
104 *Ertl*, MittBayNot 1989, 53; *Ehmann*, BWNotZ 1989, 141.
105 OLG Düsseldorf DNotI-Report 1999, 105.
106 *Amann*, DNotZ 1995, 252; *Schöner/Stöber*, Rn 1493.
107 *Monath*, RNotZ 2004, 360, 361.
108 *Heinze*, RNotZ 2016, 24, 28.
109 BGH DNotZ 2022, 530 für den Fall der Rechtsnachfolge auf den Tod eines Gesellschafters – m.E. gelten die Überlegungen des BGH in gleicher Weise beim lebzeitigen Gesellschafterwechsel und Eintritt eines neuen Gesellschafters; OLG München FGPrax 2015, 250; OLG Karlsruhe MittBayNot 2014, 59 m. Anm. *Lautner*; a.A. KG FGPrax 2015, 153 (für den Fall der Anteilsübertragung im bestehenden Gesellschafterkreis m. abl. Anm. *Bestelmeyer*).
110 BGBl I 2021, 3436.
111 BayObLG Rpfleger 1981, 352.

- eines Rechts am **Grundstücksrecht (= Verfügung über das bestehende Grundstücksrecht):** Der Rechtsinhaber, bei dem dieses weitere Recht eingetragen werden soll; nicht dagegen der Grundstückseigentümer und nicht die übrigen am Grundstück dinglich (auch vorrangig) Berechtigten;
- einer **Vormerkung:** Nur der Schuldner, gegen den sich der vormerkungsgesicherte Anspruch richtet. Bei der **Vormerkung am Grundstück** (z.B. Auflassungsvormerkung oder Vormerkung auf Eintragung eines dinglichen Rechts) ist also nur der Grundstückseigentümer, nicht der Vormerkungsberechtigte bewilligungsberechtigt. Bei der **Vormerkung am Grundstücksrecht** ist der Inhaber des Grundstücksrechts, bei dem diese Vormerkung eingetragen werden soll, nicht der Grundstückseigentümer und nicht andere dinglich Berechtigte bewilligungsberechtigt, bei einer Löschungsvormerkung gegen ein künftiges Eigentümerrecht (§ 1179 BGB) ist der Grundstückseigentümer bewilligungsberechtigt, nicht der Inhaber des betroffenen Grundpfandrechts und nicht andere am Grundstück dinglich Berechtigte;[112]
- eines **Widerspruchs** (§ 899 BGB): Derjenige, dessen Recht durch die Grundbuchberichtigung betroffen wird (Ausnahme bei Widerspruch nach § 1139 BGB);
- einer **Verfügungsbeschränkung,** die erst durch Eintragung entsteht oder gleichzeitig mit dem davon betroffenen Recht im Grundbuch eingetragen wird: der Inhaber des durch sie beschränkten Rechts.

IX. Bewilligungsberechtigung bei Löschungen

Betroffen werden durch Löschung

- eines von mehreren GbR-Gesellschaftern bei der mit ihren Gesellschaftern gem. § 47 Abs. 2 GBO eingetragenen GbR: der ausscheidende Gesellschafter; wer darüber hinaus bewilligungsberechtigt ist, hängt vom Gesellschaftsvertrag der GbR ab; mit Inkrafttreten des MoPeG zum 1.1.2024[113] ist nur noch die GbR im Grundbuch einzutragen und spielen Gesellschafterwechsel grundbuchverfahrensrechtlich keine Rolle mehr;
- eines **Grundpfandrechts** am Grundstück:
    - der Gläubiger des zu löschenden Rechts; nicht die übrigen am Grundstück dinglich Berechtigten;
    - der Grundstückseigentümer gem. § 27 S. 1 GBO auch dann, wenn er zwar nach materiellem Recht nicht betroffen wäre, aber die Unrichtigkeit des Grundbuchs nicht nachgewiesen ist;
    - die Berechtigten, denen an dem Grundpfandrecht ein Recht (Pfandrecht oder Nießbrauch) zusteht, wegen § 876 S. 1 BGB;
    - auch andere möglicherweise Betroffene, z.B. der Eigentümer, der den Gläubiger einer Gesamthypothek befriedigt und deshalb Ansprüche nach § 1173 Abs. 2 BGB haben kann, ein früherer Eigentümer, wenn eine Höchstbetragshypothek ohne Feststellung der Forderung[114] oder Arresthypothek gelöscht werden soll und der frühere Eigentümer in Höhe des nicht durch festgestellte Forderungen ausgefüllten Teils des Höchstbetrags eine Eigentümergrundschuld erlangt hat[115] oder ein Vormerkungsberechtigter, dessen Anspruch auf Übertragung gesichert ist;[116]
    - nicht betroffen wird der Gläubiger nicht abgetretener Zinsen[117] oder ein Vormerkungsberechtigter, dessen Anspruch ausschließlich auf Löschung gerichtet ist;[118]
- eines **Erbbaurechts:**
    - der Erbbauberechtigte und der Grundstückseigentümer (§ 26 ErbbauRG)
    - diejenigen, denen am Erbbaurecht ein Recht zusteht, unter den Voraussetzungen des § 876 S. 1 BGB (§ 21 GBO ist zu beachten!), da die dinglichen Rechte am Erbbaurecht mit dieser Aufhebung erlöschen. Dies gilt nicht (keine Bewilligung der am Erbbaurecht Berechtigten notwendig), wenn die Rechte mit identischem Inhalt gleichrangig oder besser im Grundbuch des Grundstücks eingetragen sind.[119] Auf das Erbbaurecht kann weder einseitig verzichtet, noch eine Dereliktion nach § 928 BGB erklärt werden;

---

112 Vgl. LG Düsseldorf Rpfleger 1977, 167.
113 BGBl I 2021, 3436.
114 OLG Dresden JFG 2, 444.
115 OLG Frankfurt MittBayNot 1984, 85.
116 TFG 9, 220.
117 KG JFG 18, 35.
118 KG KGJ 33, 294.
119 OLG Hamm MittBayNot 2014, 431; OLG Brandenburg MittBayNot 2013, 482.

- eines **sonstigen dinglichen Rechts** am Grundstück:
  - der Berechtigte des zu löschenden Rechts; nicht der Grundstückseigentümer wegen § 875 Abs. 1 BGB und nicht die übrigen am Grundstück dinglich Berechtigten;
  - die Berechtigten, denen daran ein Recht zusteht, unter den Voraussetzungen des § 876 S. 1 BGB (§ 21 GBO ist zu beachten!);
- eines zeitlich beschränkten Rechts (siehe § 23 GBO Rdn 1 ff.);
- eines Rechts am Grundstücksrecht (z.B. Pfand- oder Nießbrauchsrecht an einem Grundpfandrecht): dieser Berechtigte; nicht der Inhaber des belasteten Rechts, nicht der Grundstückseigentümer und nicht der Löschungsvormerkungsberechtigte;
- einer **Vormerkung** am Grundstück (z.B. Auflassungsvormerkung) oder am Grundstücksrecht (z.B. Löschungsvormerkung, vgl. § 1179 BGB): Der Vormerkungsberechtigte und derjenige, für den das Recht aus der Vormerkung verpfändet oder gepfändet ist; **vormerkungsberechtigt** können insbesondere bei Rückauflassungsansprüchen auch die Erben des eingetragenen Vormerkungsberechtigten sein;[120] nicht der Grundstückseigentümer und nicht sonstige am Grundstück dinglich Berechtigte, sofern sie nicht selbst Vormerkungsberechtigte sind;
- eines **Widerspruchs** (§ 899 BGB): der Widerspruchsberechtigte;
- eines Nacherbenvermerks vor Eintritt des Nacherbfalls: Der Nacherbe und alle weiteren Nacherben und Ersatznacherben.[121] Erfüllt der nicht befreite Vorerbe ein Grundstücksvermächtnis, kann die Löschung des Nacherbenvermerks ohne die Zustimmung der Nacherben erfolgen.[122]
- **Sonderfälle:**
  - Löschung einer verpfändeten und nach § 1182 BGB eingezogenen Hypothek: Der Eigentümer; nicht der Hypothekengläubiger;[123]
  - Löschung eines Nießbrauchs, bei dem nur die Ausübung abgetreten, verpfändet oder gepfändet ist: nur Nießbraucher,[124] bei Pfändung des Nießbrauchs selbst auch der Pfändungsgläubiger;[125]
  - Löschung eines ausgeübten Rangvorbehalts: Grundstückseigentümer und Gläubiger des durch Rangvorbehalt begünstigten Rechts;[126] **a.A.**: nur der Eigentümer.[127] Letztere Ansicht verdient den Vorzug (siehe dazu: § 45 GBO).

X. Bewilligungsberechtigung bei Verfügungen

61
- Zur Übertragung des Eigentums oder Erbbaurechts ist **der bisherige Eigentümer** bzw. **Erbbauberechtigte** bewilligungsberechtigt, nicht die dinglich Berechtigten, deren Rechte unverändert bestehen bleiben;
- zur Übertragung und Belastung bestehender dinglicher Rechte ist bewilligungsberechtigt:
  - der dinglich Berechtigte (z.B. der Hypothekengläubiger, auch der selbst im Grundbuch nicht eingetragene Gläubiger eines Briefrechts),[128] der sein Recht abtritt oder belastet; weder der neue Gläubiger, noch der Inhaber des beschwerten Rechts (auch nicht bei Abtretung von Grundpfandrechten, weil dadurch sein Eigentümerrecht nicht beeinträchtigt wird)[129] und nicht diejenigen, denen am übertragenen Recht ein Pfandrecht oder Nießbrauch zustehen; auch nicht Vormerkungsberechtigte, da deren schuldrechtlicher Anspruch durch die Vormerkungswirkung gegenüber einem neuen Gläubiger erhalten bleibt;
  - der Mitgläubiger in Bruchteils-, Gesamthands- oder Gesamtberechtigung, der sein beschränktes Grundbuchrecht an einen anderen Gläubiger abtritt, nicht der Erwerber und nicht die übrigen Gläubiger selbst, wenn nur alle Gläubiger gemeinsam verfügungsberechtigt sind.[130]

---

120 BGH NJW 2012, 2032; OLG Düsseldorf FGPrax 2017, 152; OLG München ZEV 2016, 708; OLG Hamm DNotZ 2014, 224 m. Anm. *Vollmer*; OLG Köln MittBayNot 2014, 331.
121 *Schöner/Stöber*, Rn 3510 ff.
122 OLG Düsseldorf FGPrax 2003, 151.
123 BayObLG BayObLGZ 1913, 66.
124 OLG Frankfurt NJW 1961, 1928; *Strutz*, Rpfleger 1968, 145.
125 BGH BGHZ 62, 133 = Rpfleger 1974, 186; *Schöner/Stöber*, Rn 1389.
126 *Fabricius*, Rpfleger 1956, 155.
127 BayObLG MittBayNot 1979, 113; *Demharter*, § 45 Rn 44.
128 KG JFG 12, 321.
129 KG RJA 5, 210.
130 KG KGJ 51, 281; KG OLG 26, 299.

- Besonderheiten bestehen für die **aus einer Hypothek entstandene Eigentümergrundschuld** (§ 1171 Abs. 1 BGB: sog. „forderungsentkleidete Eigentümerhypothek"; § 1171 Abs. 2 BGB, sog. „forderungsbekleidete Eigentümerhypothek"):
  - Hat der Eigentümer nachgewiesen, dass die Hypothek auf ihn übergegangen ist, kann er entweder die Umwandlung in Eigentümergrundschuld eintragen lassen oder die Hypothek abtreten (§ 1154 BGB), belasten (§§ 1069 Abs. 1, 1274 Abs. 1, 1291 BGB), aufheben (§ 875 Abs. 1 BGB), den Inhalt ändern (§ 877 BGB), jeweils ohne seine eigene Voreintragung als Gläubiger.[131]
  - Eintragung der Umwandlung in Eigentümergrundschuld ist Grundbuchberichtigung;[132] anschließende Verfügung über Eigentümergrundschuld möglich.
  - Durch Eintragung der Abtretung und Belastung ohne vorherige Eintragung der Umwandlung wird der Grundstückseigentümer betroffen; nicht der noch eingetragene Hypothekengläubiger, da eine Verfügung über Eigentümerrecht, nicht über Fremdhypothek vorliegt; Eintragungsvermerk im Grundbuch muss neben der Abtretung bzw. Belastung auch den ausdrücklichen Hinweis enthalten, dass die Hypothek auf den Eigentümer übergegangen und wieder in Hypothek zurückverwandelt worden ist.[133]
  - Folgt eine Umwandlung der Abtretung oder Belastung nach, sind Eigentümer und neuer Gläubiger betroffen.[134]
  - Durch Abtretung oder Belastung einer nur teilweise zurückbezahlten Tilgungshypothek einschließlich der Eigentümergrundschuld gewordenen Beträge werden Hypothekengläubiger und Eigentümer betroffen; diese Eintragung setzt neben Bewilligung des Gläubigers und Eigentümers auch deren Erklärung und eine entsprechende Eintragung im Grundbuch voraus, welcher Teil Hypothek und welcher Eigentümergrundschuld ist.[135]
- Durch Übertragung, Verpfändung und sonstige Verfügungen über ein Nacherbenrecht werden alle Nacherben und weiteren Nacherben betroffen; nicht der Vorerbe und nicht die Ersatznacherben, auch wenn sie eingetragen sind.[136]

XI. Bewilligungsberechtigung bei Rangänderungen

Eine **Rangbestimmung** hat derjenige vorzunehmen, der auch durch die Eintragung des Rechts, für das er den Rang bestimmt, betroffen wird.[137] Eine rein schuldrechtliche Rangverschaffungsverpflichtung ist keine Rangbestimmung im sachen- oder verfahrensrechtlichen Sinne. Auch die „Bewilligung an nächstoffener Rangstelle" ist i.d.R. keine Rangbestimmung.[138] Was gemeint ist, muss durch Auslegung ermittelt werden,[139] bei Zweifeln Aufklärung durch Zwischenverfügung.

62

In der Bewilligung kann der Betroffene nach seiner Wahl:

63

- keine Rangerklärung abgeben: dann kann der Antragsteller im Antrag (der nach § 30 GBO der Form des § 29 GBO bedarf) den Rang formell bestimmen (§ 45 Abs. 3 GBO) oder durch den Zeitpunkt der Grundbuchvorlage den Rang beeinflussen (§§ 17, 45 GBO);
- Rangbestimmung nach § 45 Abs. 3 GBO treffen oder bis zur Eintragung nachholen; dann darf sich kein Verfahrensantrag mit der Rangbestimmung in Widerspruch setzen;
- die Eintragung oder Ausnützung eines Rangvorbehalts gestatten;
- eine nachträgliche Rangänderung (Vorrangs- oder Gleichrangseinräumung, vgl. § 880 BGB) gestatten.

---

131 OLG Düsseldorf MittRhNotK 1996, 56; *Schöner/Stöber*, Rn 2417 ff.
132 OLG Bremen DNotZ 1955, 646; KG KGJ 45, 285.
133 RG RGZ 73.
134 KG KGJ 29, 176; KG KGJ 41, 259; KG JFG 12, 323.
135 KG JFG 21, 308.
136 BGH BGHZ 40, 115 = NJW 1963, 2320; RG RGZ 145, 319; OLG Oldenburg JR 1963, 23; BayObLG DNotZ 1970, 686; OLG Hamm DNotZ 1970, 688; *Kanzleiter*, DNotZ 1970, 693.
137 Dazu: BayObLG Rpfleger 1982, 334; LG Augsburg Rpfleger 1983, 425; *Bauch*, Rpfleger 1983, 421; *Bielau*, Rpfleger 1983, 425.
138 BayObLG DNotZ 1977, 367; OLG Frankfurt DNotZ 1981, 580.
139 BGH DNotZ 2014, 615; OLG Düsseldorf DNotZ 1950, 41.

64 Von nachträglicher Rangänderung sind betroffen:
- der Gläubiger des zurücktretenden Rechts; nicht der vortretende[140] und nicht die Zwischenberechtigten (siehe § 880 Abs. 5 BGB);
- mittelbar auch der Gläubiger eines am zurücktretenden Recht bestehenden Rechts (vgl. §§ 876, 880 Abs. 3 BGB);
- vom Rücktritt eines Grundpfandrechts stets der Grundstückseigentümer bzw. Erbbauberechtigte (siehe § 880 Abs. 2 S. 2 BGB).[141]

XII. Bewilligungsberechtigung bei Inhaltsänderungen

65 **Inhaltsänderung** ist jede nachträgliche Änderung der Befugnisse des Berechtigten,[142] die nicht in einer Änderung der Art des Rechts besteht und nicht als Neubestellung, Aufhebung, Übertragung, Belastung oder Rangänderung des Rechts anzusehen ist.[143] Die Grenzen sind zum Teil fließend und im Einzelfall umstritten.[144]

66 Bei **Inhaltsänderungen** kann im Regelfall zumindest nicht ausgeschlossen werden, dass beide **Teile rechtliche Nachteile erleiden** oder wenigstens erleiden können, womit beide bewilligungsberechtigt sind. Ob dies zutrifft, lässt sich aber nur im Einzelfall im Vergleich zwischen dem bisherigen und dem neuen Inhalt beantworten.[145] Im Zweifel ist die Bewilligung beider Seiten erforderlich.[146]

67 **Beide Teile** sind regelmäßig von folgenden Inhaltsänderungen betroffen:
- Inhaltsänderungen beim **Wohnungseigentum**[147] und beim **Erbbaurecht**. Vereinbarungen („Gemeinschaftsordnung") einer Wohnungseigentümergemeinschaft müssen zum Grundbuchvollzug von allen Wohnungseigentümern bewilligt werden. Bei der Eintragung von Sondernutzungsrechten hängt dies davon ab, ob (auch) die sog. negative Komponente des Sondernutzungsrechts zum Nachteil aller Wohnungseigentümer geändert werden soll.[148] Die Bewilligung Dritter ist gem. §§ 876 S. 1, 877 BGB und vorbehaltlich § 5 Abs. 4 WEG nur entbehrlich, wenn ihre dingliche Rechtsstellung durch die Änderung nicht berührt werden kann.[149]
- **Verlängerung** eines bereits bestehenden **Erbbaurechts** oder eines sonstigen zeitlich befristeten Rechts;[150] die Zustimmung der Inhaber von Rechten, die daran bestehen (§ 876 BGB), ist nicht nötig, da sie durch Verlängerung keinen Nachteil erleiden.[151]
- **Änderung** vertraglicher **Verfügungsbeschränkungen**, die zum Inhalt eines Erbbaurechts, Wohnungseigentums oder Dauerwohnrechts gehören.[152]
- Nachträgliche Vereinbarung oder **Ausschluss der Übertragbarkeit** eines Rechts.[153]
- **Auswechslung von Leibgedingsleistungen:** z.B. Dienstbarkeit in Reallast oder umgekehrt;[154]
- **Umwandlung von Grundpfandrechten:** z.B. Buch- in Briefrechte, vgl. § 1116 BGB;[155] Hypothek in Grundschuld oder Rentenschuld und umgekehrt, siehe §§ 1198, 1203 BGB;[156] Verkehrs- in Sicherungshypothek, vgl. § 1186 BGB; Eigentümergrundschuld in Fremdhypothek, die nur bei gleichzeitiger Abtretung an Fremdgläubiger zulässig ist;[157] Forderungsauswechslung (§ 1180 BGB);[158]
- die Änderung einer aufschiebenden oder auflösenden Bedingung oder Befristung ist zwar keine Inhaltsänderung, aber wie eine solche zu behandeln;[159]

---

[140] KG OLG 3, 230; KG OLG 3, 16, 151.
[141] BayObLG MittBayNot 1989, 310.
[142] KG KGJ 50, 185.
[143] Grüneberg/*Herrler*, § 877 Rn 3.
[144] BayObLG DNotZ 1960, 540, 542.
[145] Einzelheiten siehe BayObLG BayObLGZ 1959, 527 = DNotZ 1960, 540, 545 m. Anm. *Weitnauer*.
[146] Meikel/*Böttcher*, § 19 Rn 75.
[147] BayObLG BayObLGZ 1978, 377 = DNotZ 1979, 174.
[148] KG BWNotZ 2023, 31; a.A. OLG München MittBayNot 2019, 567.
[149] Meikel/*Böttcher*, § 19 Rn 87; OLG Köln FGPrax 2018, 62.
[150] BayObLG DNotZ 1960, 540 = NJW 1960, 1155.
[151] Grüneberg/*Herrler*, § 877 Rn 6.
[152] Grüneberg/*Herrler*, § 877 Rn 5; BayObLG BayObLGZ 1989, 354 = MDR 1990, 53: Zustimmung der übrigen Wohnungseigentümer nicht erforderlich, wenn nur an ein Wohnungseigentumsrecht geändert oder aufgehoben wird.
[153] BGH BGHZ 19, 355, 359 = NJW 1956, 463; Grüneberg/*Herrler*, § 877 Rn 3.
[154] BayObLG BayObLGZ 1975, 134, 193.
[155] KG KGJ 21, 117.
[156] KG JW 35, 2646.
[157] BGH DNotZ 1969, 34 = NJW 1968, 1674.
[158] Siehe dazu auch: Staudinger/*Gursky*, § 877 Rn 14; *Lahnert*, BWNotZ 1966, 234.
[159] Grüneberg/*Herrler*, § 877 Rn 4.

- **Änderung von Zahlungsbestimmungen:** z.B. Kündigungsklausel,[160] Barzahlungsklausel,[161] Zahlungsort.[162]

Inhaltsänderungen, bei denen nur ein Teil bewilligungsberechtigt ist, liegen ausnahmsweise und nur dann vor, wenn klar ersichtlich ist, dass nur ein Teil einen Rechtsnachteil erleiden kann, der andere nicht.

Dies ist der Fall bei:

- **Erhöhung der Zins- oder Nebenleistungen:** Betroffen ist nur der Eigentümer, selbst wenn er wirtschaftlich für die Zinserhöhung ein Entgelt erhält;[163] Herabsetzung von Zins- und Nebenleistungen ist als Teillöschung anzusehen;[164]
- **Rangänderungen, soweit §§ 880, 881 BGB nicht zutreffen,** z.B. bei:
  - nachträglichem Rangvorbehalt: nur Gläubiger des Rechts ist betroffen, bei dem er eingetragen wird;[165]
  - Austausch zweier Rechte des gleichen Rechtsinhabers; nur dieser Rechtsinhaber ist betroffen;[166]
- **Ausschluss des Kündigungsrechts** des Eigentümers **auf bestimmte Zeit**;[167]
- **nachträgliche Festsetzung des Höchstbetrags des Wertersatzes** (vgl. § 882 BGB): betroffen ist nur der Gläubiger, nicht der Eigentümer.[168]

Keine Inhaltsänderung liegt vor bei:

- **Änderung der Art des Rechts,** z.B. beschränkt persönliche Dienstbarkeit in Grunddienstbarkeit,[169] Grundpfandrecht in Reallast, Wohnungsrecht in Dauerwohnrecht[170] oder umgekehrt. Die Rechtsänderung bedarf der Aufhebung des bisherigen und Neubegründung des neuen Rechts; bei Verlegung der Ausübung von Dienstbarkeiten hängt es vom Einzelfall ab, ob eine Änderung der Art des Rechts oder eine Inhaltsänderung vorliegt.[171]
- Bei **völliger Veränderung der Befugnisse** des Rechtsinhabers trotz gleicher Art des Rechts, z.B. Änderung eines Überwölbungsrechts in Geh- und Fahrtrecht.[172]
- **Neubelastung,** z.B. Erhöhung des Hypothekenkapitals,[173] Erstreckung eines Rechts auf ein bisher nicht belastetes Grundstück oder die Auswechslung des belasteten Grundstücks gegen ein anderes.[174]
- **Aufhebung** eines Rechts, z.B. Teillöschung eines Grundpfandrechts; auch Herabsetzung von Zinsen oder Nebenleistungen[175] und Umwandlung von unbedingten (unbefristeten) in bedingte (befristete) Rechte und Vormerkungen entspricht Teillöschung; die Behandlung des umgekehrten Falls ist materiell-rechtlich streitig.[176]
- **Übertragung** eines Rechts.
- Bei **Rangänderung** ist zu unterscheiden:[177] soweit sie in § 879, 880, 881 BGB geregelt sind, gelten diese Bestimmungen, sonst sind sie als Inhaltsänderung zu behandeln.
- **Änderung nur schuldrechtlicher Beziehungen,** vor allem: Veränderungen in der Ausübungsberechtigung, z.B. Überlassung der Ausübung des Nießbrauchs oder der Dienstbarkeit, weil dadurch die Befugnisse des Rechtsinhabers nicht berührt werden.[178] Dagegen bedarf die Änderung verdinglichter Rechte und Pflichten aus einem Begleitschuldverhältnis (z.B. Kostentragung bei einer Dienstbarkeit) grundsätzlich der Bewilligung beider Teile wie bei einer Änderung des dinglichen Rechts selbst.[179]

---

160 BGH BGHZ 1, 305; OLG München JFG 22, 101.
161 KG JW 33, 2597.
162 KG JFG 14, 148.
163 RG RGZ 72, 362; KG KGJ 29, 176; *Güthe/Triebel*, § 19 Rn 42 m.w.N. zur Streitfrage.
164 Dazu: Staudinger/*Gursky*, § 877 Rn 38.
165 KG OLG 14, 92; Staudinger/*Kutter*, § 881 Rn 4, 7.
166 BayObLG BayObLGZ 9, 367; RG RGZ 142, 237; Staudinger/*Kutter*, § 880 Rn 19.
167 OLG München JFG 22, 101 = DNotZ 1941, 34; OLG Dresden OLG 8, 305.
168 *Güthe/Triebel*, § 19 Rn 42; MüKo-BGB/*Lettmaier*, § 882 Rn 4.
169 KG JFG 1, 414.
170 Grüneberg/*Wicke*, § 31 WEG Rn 3.
171 Staudinger/*Gursky*, § 877 Rn 22 ff.
172 BayObLG BayObLGZ 1967, 11; *Riedel*, Rpfleger 1967, 6.
173 BayObLG BayObLGZ 1959, 527.
174 RG RGZ 127, 5; zu Einzelheiten vgl. Staudinger/*Gursky*, § 877 Rn 36.
175 RG RGZ 72, 363.
176 Staudinger/*Gursky*, § 877 Rn 30.
177 Staudinger/*Gursky*, § 877 Rn 42.
178 KG JFG 1, 412.
179 *Amann*, DNotZ 1989, 531, 559.

XIII. Unterwerfung unter die Zwangsvollstreckung (§ 800 Abs. 1 ZPO)

71 Die Vollstreckungsunterwerfung ist eine einseitige Prozesserklärung.[180] Sie muss gem. § 794 Abs. 1 Nr. 5 ZPO in einer notariellen Niederschrift (vgl. §§ 8 ff., 14 Abs. 1 BeurkG) erklärt werden.[181] Rechtsgrundlage für ihre Eintragungsfähigkeit im Grundbuch ist § 800 Abs. 1 S. 2 ZPO. Die Unterwerfungserklärung gehört nicht zum Inhalt des Grundpfandrechts. Sie ist ein prozessuales Nebenrecht,[182] das vom Bestand und der Eintragung des Grundpfandrechts im Grundbuch abhängt und dessen rechtliches Schicksal teilt.

72 Ihre Eintragung richtet sich ausschließlich nach dem Grundbuchverfahrensrecht. Zur Eintragung ist demgemäß lediglich erforderlich, dass

- das Grundpfandrecht, bei dem die Unterwerfung eingetragen werden soll, bereits im Grundbuch eingetragen ist oder gleichzeitig eingetragen wird,
- der von der Eintragung der Unterwerfung betroffene Eigentümer des belasteten Grundstücks (oder der Inhaber der Bewilligungsbefugnis) die Eintragung mit dem von §§ 794 Abs. 1 Nr. 5, 800 Abs. 1 S. 1 ZPO bewilligt (siehe § 19 GBO),
- er oder der Grundpfandgläubiger die Eintragung beantragt (vgl. § 13 GBO).

73 Eine Bewilligung des Grundpfandgläubigers,[183] von Berechtigten nachrangiger oder am Grundpfandrecht selbst lastender Rechte ist nicht erforderlich, weil die Unterwerfung den Inhalt des Grundpfandrechts nicht verändert.[184]

74 Die Grundbucheintragung der Unterwerfung setzt sich aus dem Eintragungsvermerk (siehe § 9 GBO) und dem zulässig in Bezug genommenen Inhalt zusammen. Für die Eintragung im Grundbuch muss sich der gesamte Inhalt der Unterwerfungserklärung entweder aus der Bewilligung selbst oder aus der in ihr zulässig in Bezug genommenen, dem GBA vorgelegten oder bereits vorliegenden Urkunde ergeben. Zur Eintragung ist es deshalb empfehlenswert, aber nicht notwendig,[185] die Unterwerfungsurkunde dem GBA vorzulegen und in der Bewilligung auf sie Bezug zu nehmen, damit sich Unterwerfung und Eintragung inhaltlich decken. Die Prüfung des GBA beschränkt sich auf die grundbuchrechtlichen Eintragungsvoraussetzungen. Sie erstreckt sich nicht auf materiell-, vollstreckungs- und beurkundungsrechtliche Fragen. Das GBA darf weder den Nachweis fordern, dass der Bewilligung eine formgerechte Unterwerfungserklärung zugrunde liegt, noch darf es die Unterwerfungserklärung auf ihre Wirksamkeit hin prüfen.[186]

F. Einschränkungen der Bewilligungsberechtigung

I. Bedeutung im Grundbuchverfahren

75 Einschränkungen der Verfügungsmacht sind im Grundbuchverfahren von Bedeutung, wenn das GBA sie als Einschränkung der Bewilligungsmacht berücksichtigen muss.

- **Ihre Rechtsgrundlagen** befinden sich im (materiellen) privaten oder öffentlichen Recht. Sie können auf Gesetz (z.B. §§ 134, 135 BGB), gerichtlichem oder behördlichem Hoheitsakt (z.B. § 136 BGB) oder rechtsgeschäftlicher Vereinbarung beruhen (bspw. § 137 BGB).
- **Ihr Inhalt** ist je nach der Rechtsgrundlage verschieden: sie können Veräußerungen oder Belastungen oder beides verbieten, sich auf das gesamte Vermögen (z.B. § 1365 BGB, §§ 284, 290 StPO), bestimmte Vermögensmassen (z.B. Insolvenzmasse, Nachlass, Gesamtgut) oder einzelne Gegenstände (z.B. ein Grundstück) beziehen.
- **Der Zeitpunkt ihres Entstehens** ist für die einzelnen Beschränkungen in den dafür maßgeblichen Vorschriften geregelt. Sie entstehen meistens außerhalb des Grundbuchs und werden nur ausnahmsweise erst durch Grundbucheintragung wirksam.
- **Ihre Eintragungsfähigkeit** wird in der Einleitung behandelt. Auch auf nicht eintragungsfähige Beschränkungen hat das GBA zu achten und in eigener Zuständigkeit zu entscheiden, ob ihr Bestehen verneint werden kann oder zweifelhaft erscheint.[187]

---

180 BGH BGHZ 1973, 156; BGH BGHZ 1988, 62; BGH DNotZ 1985, 474; BayObLG DNotZ 1987, 176.
181 *Wolfsteiner*, DNotZ 1990, 531.
182 BGH Rpfleger 1990, 16 = DNotZ 1990, 586 m. Anm. *Wolfsteiner*.
183 BayObLG MittBayNot 1985, 122.
184 BGH WM 1980, 34, 35; BGH Rpfleger 1990, 16.
185 Vgl. OLG Hamm FGPrax 2016, 108.
186 MüKo-ZPO/*Wolfsteiner*, § 800 Rn 6.
187 KG JFG 17, 76; BayObLG BayObLGZ 1953, 150 = DNotZ 1953, 438, 439.

- **Ein gutgläubiger Erwerber** wird allgemein bei den relativen Beschränkungen (§ 135 Abs. 2 BGB) und sonst nur aufgrund ausdrücklicher Vorschriften geschützt. Die entsprechenden Verfügungsbeschränkungen sind zur Verhütung eines gutgläubigen Erwerbs eintragungsfähig.
- **Verfügungsbeschränkungen mit absoluter Wirkung** machen das gegen sie verstoßende Rechtsgeschäft mit Wirkung für und gegen alle nichtig (§ 134 BGB) oder zumindest schwebend unwirksam[188] und bewirken daher eine **Grundbuchsperre**.
- **Verfügungsbeschränkungen mit relativer Wirkung** belassen dem Rechtsinhaber die Verfügungsbefugnis, bezwecken nur den Schutz bestimmter Personen, und machen nur ihnen gegenüber die Verfügung unwirksam (§§ 135, 136 BGB).
- **Sonderfälle im materiellen Recht** sind Insolvenz, Nachlassverwaltung, Testamentsvollstreckung und Entziehung der Verfügungsbefugnis des Vorerben und Nacherbfolge.
- **Keine Einschränkung der Verfügungs- und Bewilligungsmacht** tritt ein, wenn der Inhaber das Recht selbst (z.B. sein Grundstückseigentum durch Eigentumserwerb eines Dritten),[189] seine Verfahrensfähigkeit, seine Vertretungsmacht (z.B. durch Beendigung der elterlichen Sorge) oder Rechtsfähigkeit (z.B. durch Tod[190] oder Beendigung seiner Eigenschaft als juristische Person) verliert. Auch durch die Eintragung einer Vormerkung,[191] den Eintritt der Bindung an die Einigung nach § 873 Abs. 2 BGB,[192] die Vereinbarung einer Bedingung oder Befristung[193] und den Ausschluss der Übertragbarkeit einer Forderung kommt es nicht zu einer Einschränkung der Verfügungs- und Bewilligungsmacht im rechtlichen Sinne.[194]

II. Der für den Grundbuchvollzug maßgebliche Zeitpunkt

Einschränkungen der Bewilligungsmacht sind für den Grundbuchvollzug vorbehaltlich eines gutgläubigen Erwerbs gem. § 892 Abs. 1 S. 2 BGB immer dann beachtlich, wenn sie dem GBA bis zur Vollendung der Eintragung nachgewiesen werden (vgl. § 29 Abs. 1 S. 1 GBO) oder offenkundig sind (siehe § 29 Abs. 1 S. 2 GBO), wobei § 1117 Abs. 2 BGB i.V.m. § 60 Abs. 2 und §§ 878, 892 Abs. 2 BGB wichtige Vorverlegungen der maßgeblichen Zeitpunkte anordnen:

- **§ 1117 Abs. 2 BGB:** Bei Bestellung und Übertragung von Briefrechten erwirbt der Gläubiger das Briefrecht bereits vor der Briefübergabe, wenn eine Vereinbarung besteht, wonach er berechtigt ist, sich den Brief vom GBA aushändigen zu lassen.[195]
- **§ 878 BGB:** Die Verfügungs- und Bewilligungsberechtigung des Betroffenen wird aufrechterhalten, wenn vor Entstehung der Verfügungsbeschränkung die Einigung bindend und (vom Begünstigten) ein im Übrigen vollzugsfähiger Eintragungsantrag beim GBA gestellt worden ist.
- **§ 892 Abs. 2 Hs. 1 BGB:** Der für den Gutglaubensschutz maßgebliche Zeitpunkt der Kenntnis des Erwerbers wird auf den Zeitpunkt der Antragstellung vorverlegt, wenn die nach § 873 BGB erforderliche Einigung bereits rechtswirksam besteht.

1. Bedeutung des § 878 BGB im Grundbuchverfahren

§ 878 BGB ist eine materiell-rechtliche Vorschrift, die für das Grundbuchverfahrensrecht analog gilt. Sie erhält in ihrem Geltungsbereich[196] auch die Bewilligungsberechtigung des Betroffenen bis zur Vollendung des Rechtserwerbs aufrecht, wenn vor Entstehung der Verfügungseinschränkung

- die Einigung nach § 873 Abs. 2 BGB bzw. die einseitige Erklärung nach § 875 Abs. 2 BGB bindend geworden ist und
- der Eintragungsantrag beim GBA gestellt wurde (§ 13 Abs. 1 S. 2 GBO) und vollziehbar ist.[197]

---

188 BGH BGHZ 19, 359; BGH LM, § 134 Nr. 15.
189 OLG Frankfurt OLGZ 1980, 100, 104.
190 OLG Stuttgart FGPrax 2012, 158.
191 RG RGZ 113, 403, 408.
192 RG RGZ 73, 50, 53; BayObLG Rpfleger 1983, 249.
193 H.M.: Staudinger/*Gursky*, § 892 Rn 212.
194 BGH BGHZ 40, 159; Grüneberg/*Grüneberg*, § 399 Rn 11; a.A. relative Beschränkung: RG RGZ 148, 110; *Scholz*, NJW 1960, 1837.
195 Grüneberg/*Herrler*, § 1117 Rn 3; zur Bedeutung im Insolvenzrecht siehe *Eickmann*, Rpfleger 1972, 80.
196 MüKo-BGB/*Lettmaier*, § 878 Rn 11 ff.
197 Vgl. OLG Karlsruhe FGPrax 2022, 243.

78 Die Reihenfolge beider Voraussetzungen ist gleichgültig.[198] Sie müssen nur beide vor Entstehung der Verfügungseinschränkung erfüllt sein, bis zur Grundbucheintragung bestehen bleiben und zur Grundbucheintragung führen. § 878 BGB soll den Verfügungsempfänger (nur) gegen die Gefahr schützen, dass der zur Verfügung zunächst noch Berechtigte in dieser Befugnis während des in seiner Dauer wenig beeinflussbaren Eintragungsverfahrens unmittelbar durch das Gesetz oder aufgrund behördlicher oder gerichtlicher Anordnung beschränkt wird.[199]

79 Dem GBA sind **beide Voraussetzungen nachzuweisen**, also sowohl die Tatsachen an sich als auch der Zeitpunkt ihres Eintritts, um diesen mit dem Zeitpunkt der Entstehung der Verfügungseinschränkung vergleichen zu können; dazu muss das GBA dem Begünstigten notfalls durch Zwischenverfügung Gelegenheit geben. In der Praxis ist zu beachten, dass die Bindung an die materielle Einigung in der Regel formlos erfolgt und dem GBA wegen § 19 GBO normalerweise nicht nachgewiesen werden muss. Etwaige Beweisschwierigkeiten[200] können im Grundbuchverfahren nur durch die in der Rechtslehre entwickelten Beweisregeln vermieden werden (siehe § 2 Einl. Rdn 8 ff.), im Übrigen durch Anwendung von Erfahrungssätzen.

a) 1. Voraussetzung

80 Die materiell-rechtliche Bindung tritt ein[201] durch:
- **§ 873 Abs. 2 BGB (Fall 1):** Beurkundung der Einigung beider Vertragsteile, die dem GBA durch Vorlage der Urkunde nachgewiesen werden kann; Beglaubigung der Einigung oder Beurkundung der Einigungserklärung des einen Teils ohne Mitwirkung des anderen, z.B. der einseitigen Grundschuldbestellung, reicht dazu nicht;
- **§ 873 Abs. 2 BGB (Fall 2):** Abgabe der Einigung vor dem GBA (jetzt praktisch bedeutungslos);
- **§ 873 Abs. 2 BGB (Fall 3):** Einreichung der Einigung beider Vertragsteile in beglaubigter oder privatschriftlicher Form beim GBA, nachweisbar dadurch, dass der Begünstigte selbst oder durch den Notar seinen Antrag (aus dem sich im Auslegungswege „sein Teil" der Einigung ermitteln lässt) und die mit ihm übereinstimmende wirksame Bewilligung des Betroffenen beim GBA einreicht;
- **§ 873 Abs. 2 BGB (Fall 4):** Aushändigung der Bewilligung (§ 19 GBO) an den Begünstigten in Urschrift oder Ausfertigung; eine beglaubigte Abschrift reicht nicht, auch die Vorlage der Bewilligung „am Begünstigten vorbei" an das GBA für sich allein macht nicht bindend. Der Zeitpunkt dieser Bindung ist aus dem Datum der vom Notar dem Begünstigten erteilten Ausfertigung ersichtlich. Bei Bewilligung in Beglaubigungsform kann der Notar mit Unterschrift und Dienstsiegel bestätigen, ob und wann er die Bewilligung aufgrund einer Vollmacht für den Begünstigten in Empfang genommen hat. Wurde dem Begünstigten die Bewilligung vom Betroffenen selbst ausgehändigt, hat er zur Herstellung der Bindung die Urschrift oder Ausfertigung zusammen mit seinem Antrag dem GBA einzureichen;
- **§ 875 Abs. 2 BGB (Fall 1):** Vorlage der einseitigen Erklärung beim GBA, was i.d.R. durch Grundbuchvorlage der formgerechten Löschungsbewilligung geschieht;
- **§ 875 Abs. 2 BGB (Fall 2):** Aushändigung der Löschungsbewilligung (§ 19 GBO) an den Begünstigten in Urschrift oder Ausfertigung (beglaubigte Abschrift reicht nicht), nachweisbar in gleicher Weise wie im o.g. § 873 Abs. 2 BGB (Fall 4);
- **§ 1117 Abs. 2 BGB:** materiell-rechtliche Vereinbarung beider Vertragsteile über die Briefaushändigung; nachweisbar dadurch, dass der Begünstigte selbst oder durch den Notar seinen Antrag und die mit ihm übereinstimmende formelle Bestimmung nach § 60 Abs. 2 GBO beim GBA einreicht; durch Auslegung dieser beiden Verfahrenshandlungen lässt sich die materielle Vereinbarung des § 1117 Abs. 2 BGB ermitteln (wie im o.g. Fall 3 des § 873 Abs. 2 BGB);

b) 2. Voraussetzung

81 Stellung des Antrags beim GBA. § 13 Abs. 1 GBO hat die Wirkung des § 878 BGB nur, wenn gerade dieser Antrag (nicht etwa ein neuer Antrag) zur Eintragung führt. Zurücknahme (§ 31 GBO) und Zurückweisung des Antrags (nicht aber eine Zwischenverfügung)[202] beseitigen die Wirkung. Wird die Zurück-

---

198 Staudinger/*Gursky*, § 878 Rn 53.
199 BGH DNotZ 1989, 160.
200 Siehe dazu: *Rahn*, BWNotZ 1967, 269; *Rahn*, NJW 1959, 97.

201 Vgl. Staudinger/*Gursky*, § 873 Rn 150 ff.
202 KG NJW-RR 2022, 1326.

weisung im Rechtsbehelfsverfahren mit „rückwirkender" Kraft aufgehoben, dann lebt der Antrag mit seinen alten Wirkungen, also auch mit der Wirkung aus § 878 BGB wieder auf.[203] Die Praxis sollte die Rechtsprechung des BGH[204] beachten, wonach der durch die Bewilligung Begünstigte den Antrag (selbst oder durch den Notar) stellen muss, so dass er nur im Einvernehmen mit ihm zurückgenommen werden kann.

2. Bedeutung des guten Glaubens (§ 892 BGB) im Grundbuchverfahren

Ist die Grundbucheintragung auf der Grundlage der Bewilligung eines Nichtberechtigten bereits erfolgt, muss das GBA das eingetragene Recht gem. § 891 BGB als wirksames Vollrecht behandeln, solange ihm nicht mit Sicherheit bekannt oder in Form des § 29 GBO nachgewiesen wird,[205] dass das Grundbuch unrichtig ist. 82

Das GBA hat einen Eintragungsantrag abzulehnen, wenn ein gutgläubiger Erwerb ausgeschlossen ist. Einzelfälle: 83

– vorherige oder gleichzeitige Eintragung eines wirksamen (Amts-)Widerspruchs,[206] selbst unter Verstoß gegen §§ 17, 45 GBO;[207]
– Rechtserwerb von einem nicht im Grundbuch Eingetragenen oder ihm Gleichgestellten (§ 1155 BGB);[208] deshalb sollte die Bedeutung des § 39 GBO und § 1155 BGB nicht unterschätzt werden;[209]
– persönliche oder wirtschaftliche Identität von Veräußerer und Erwerber;[210]
– in allen Fällen eines nichtrechtsgeschäftlichen Erwerbs, z.B. durch Staatsakt, Zwangsvollstreckung, kraft Gesetzes;[211]
– bei Erwerb entgegen absoluten Verfügungsbeschränkungen, sofern sie nicht ausnahmsweise einem Gutglaubensschutz unterliegen.

Ob das GBA in Kenntnis der Unrichtigkeit des Grundbuchs bzw. Bestehens der Verfügungsbeschränkung dem im Zeitpunkt der Antragstellung gutgläubigen Erwerber zur Grundbucheintragung nicht verhelfen darf oder gar verhelfen muss, ist nach wie vor umstritten. 84

Zur Veranschaulichung folgender Fall: 85

Am 30.3. einigen sich A und B über den Eigentumsübergang am Grundstück. Am 1.4. um 9.30 Uhr Insolvenzeröffnung gegen A (§ 27 InsO), 13.45 Uhr Einlauf des Ersuchens auf Eintragung des Insolvenzvermerks beim GBA (§ 32 Abs. 2 S. 1 InsO), um 14.05 Uhr Vorlage an Grundbuchrechtspfleger, um 16.50 Uhr Aufgabe des Beschlusses zur Post (§§ 27, 28 InsO), der bei B am folgenden Tag eingeht.

– **Fall 1:** Auflassungsurkunde geht mit Antrag des B am 1.4. um 9.29 Uhr beim GBA ein (also vor Insolvenzeröffnung). A ist noch verfügungsberechtigt und bleibt es wegen § 91 Abs. 2 InsO i.V.m § 878 BGB. Das GBA muss B, der vom Berechtigten nach § 878 BGB erwirbt, als Eigentümer eintragen. Insolvenzrechtliche Anfechtungsmöglichkeiten bleiben davon unberührt.
– **Fall 2:** Grundbucheinlauf um 9.31 Uhr. A hat mit Insolvenzeröffnung um 9.30 Uhr Verfügungsmacht verloren (§ 80 InsO), was in diesem Zeitpunkt nur der Insolvenzrichter weiß. § 878 BGB ist ausgeschlossen, § 892 BGB kann in Frage kommen:
Nach h.M. wird der Grundbuchbeamte die Eintragung nur verfügen, wenn ihm die Insolvenzeröffnung noch nicht bekannt ist, also vor 14.05 Uhr. Wird eingetragen, ist das Grundbuch infolge Gutglaubenserwerbs richtig (§ 91 Abs. 2 InsO i.V.m. § 892 BGB). Insolvenzrechtliche Anfechtungsmöglichkeiten bleiben davon wiederum unberührt.
Nach a.A. in der Literatur muss B unabhängig von der Kenntnis des Grundbuchbeamten von der Insolvenzeröffnung als Eigentümer eingetragen werden, da die objektiven Voraussetzungen des § 892 BGB und § 17 GBO vorliegen und Bösgläubigkeit des B (subjektive negative Voraussetzung) nicht nachgewiesen ist.

---

203 KG FGPrax 2017, 197.
204 BGH NJW 2001, 1800, 1802; BGH BGHZ 166, 125; BGH BGHZ 190, 281; ebenso: *Demharter*, § 13 Rn 9, 54; vgl. auch: *Piegsa*, RNotZ 2010, 433, 435; krit.: *Amann*, DNotZ 2010, 246, 258.
205 RG RGZ 116, 340, 344; KG JFG 14, 386; BayObLG MittBayNot 1981, 125; BayObLG DNotZ 1986, 357; BayObLG DNotZ 1987, 621, 622.
206 RG RGZ 128, 55.
207 MüKo-BGB/*Schäfer*, § 892 Rn 42.
208 BGH NJW 1970, 943; MüKo-BGB/*Schäfer*, § 892 Rn 56.
209 *Ertl*, DNotZ 1990, 684, 703.
210 Grüneberg/*Herrler*, § 892 Rn 6.
211 Grüneberg/*Herrler*, § 892 Rn 2.

- **Fall 3:** Grundbucheinlauf der Auflassung mit Antrag des B und gleichzeitig auch Ersuchen um Insolvenzvermerk um 13.45 Uhr. Der Grundbuchbeamte darf nicht eintragen. Die Insolvenzeröffnung ist ihm bekannt (so die Begründung der h.M.), die beiden Anträge gehen gleichzeitig ein, § 17 GBO ist daher nicht erfüllt.

B ist nicht Eigentümer geworden, wenn sein Erwerb gleichzeitig mit Eintragung des Insolvenzvermerks eingetragen wurde und er deshalb nicht mehr gutgläubig sein kann.

86 Nach der überwiegenden[212] und auch hier vertretenen Meinung hat das GBA die Eintragung abzulehnen, wenn es die Unrichtigkeit des Grundbuchs oder eine bereits rechtswirksam entstandene Verfügungsbeschränkung kennt und kein Fall des § 878 BGB vorliegt. Es hat nicht das Recht, dem Erwerber zu einem materiell unberechtigten Erwerb aufgrund seines guten Glaubens zu verhelfen.[213] Der Erwerber hat trotz guten Glaubens keinen Anspruch darauf, dass sich sein Rechtserwerb entgegen dem Verfügungsverbot vollendet.[214] Der Grundsatz, dass das GBA von Amts wegen die Verfügungsbefugnis des Bewilligenden zu prüfen und die Eintragung abzulehnen hat, wenn diesem der Verfügungsmacht im Zeitpunkt der Vollendung des Rechtserwerbs, also der Eintragung fehlt, wird nur durch § 878 BGB, nicht durch § 892 Abs. 2 BGB eingeschränkt.[215] Der gute Glaube des Rechtserwerbers spielt im Grundbuchverfahren keine Rolle – im Anwendungsbereich des § 19 GBO schon deshalb nicht, weil der Erwerber dort am Rechtserwerb gar nicht mitwirkt, im Anwendungsbereich des § 20 GBO ebenfalls nicht, der auf die erforderliche Einigung des Berechtigten und des Erwerbers abhebt. Daraus ergibt sich für den Rechtsverkehr die Konsequenz, dass sich der Erwerber eines dinglichen Rechts vor Grundbucheintragung nicht auf die Eintragung verlassen[216] und ihm auch eine Notarbestätigung keine Gewissheit verschaffen kann.[217]

87 Nach einer in der Literatur mittlerweile weit verbreiteten Ansicht[218] durchbreche die h.M. in unzulässiger Weise den Grundsatz des § 17 GBO und mindere die Bedeutung des § 892 Abs. 2 Hs. 1 BGB, indem sie eine Beantwortung der Redlichkeitsfrage erst in einer rückschauenden Betrachtung am Schluss zulasse, wenn alle Erwerbstatsachen vorliegen. Das GBA dürfe nicht entgegen § 17 GBO einem später eingegangenen Antrag (z.B. auf Eintragung des Insolvenzvermerks) stattgeben, wenn zu dem nach § 892 BGB rechtmäßigen gutgläubigen Erwerb als letzter, die Rechtsänderung vollendender Akt nur noch die Grundbucheintragung fehle. § 17 GBO regelt jedoch nur die Reihenfolge in der Bearbeitung mehrerer vom GBA zu vollziehenden Anträge und eignet sich deshalb nicht dazu, die Unbeachtlichkeit jedenfalls von solchen Verfügungsbeschränkungen, die ohne Grundbucheintragung wirksam werden (wie z.B. der Wegfall der Verfügungsbefugnis mit Insolvenzeröffnung gem. § 81 InsO), zu begründen. § 17 GBO ist eine grundbuchverfahrensrechtliche Ordnungsvorschrift, die sich nicht zur Begründung eines materiell-rechtlichen Ergebnisses wie dem des – angeblichen – Vorrangs des § 892 Abs. 2 BGB eignet.[219]

88 Aus der materiell-rechtlichen Vorschrift des § 892 BGB ergibt sich auch nicht, warum sie für das Grundbuchverfahren von vornherein gewichtiger sein soll als andere ebenfalls materiell-rechtlich begründete Verfügungsbeschränkungen, die im Eintragungsverfahren zu beachten sind, zumal ein Gutglaubenserwerb im Zeitpunkt der Entscheidung über den Eintragungsantrag gerade noch nicht stattgefunden hat.[220] Der Bedeutung des in §§ 873 Abs. 1, 875 Abs. 1 S. 2 BGB verankerten Eintragungsgrundsatz wird es nur gerecht, gerade in Zweifelsfällen den endgültig wirksamen Erwerb vom Grundbucheintrag abhängig zu machen und nicht von der Antragstellung.

---

212 BGH BGHZ 97, 184; KG NJW 1973, 56, 58; OLG Rostock FGPrax 2014, 205 f.; OLG München DNotZ 2012, 298 f.; OLG Zweibrücken FGPrax 1997, 127; *Demharter*, § 19 Rn 58; BeckOK-BGB/*Bamberger/Roth/Eckert*, § 892 Rn 25; BeckOK/*Hügel/Holzer*, § 19 Rn 81; BeckOK/*Hügel*, Sonderbereich Verfügungsbeeinträchtigungen, Rn 5.
213 OLG München JFG 1916, 144, 149; KG NJW 1973, 56, 58 = DNotZ 1973, 301, 304; OLG Köln FGPrax 2013, 201; OLG Schleswig NotBZ 2004, 320, 321; OLG Zweibrücken FGPrax 2003, 249, 250; *Demharter*, § 19 Rn 59; offen: Grüneberg/*Herrler*, § 892 BGB Rn 1.
214 KG JFG 18, 205, 208; OLG Hamm FGPrax 2004, 266, 267.
215 BayObLG DNotZ 1954, 39; BayObLG MittBayNot 1994, 324, jew. m.w.N.
216 BGH Rpfleger 1986, 215, 216.
217 *Ertl*, DNotZ 1969, 650, 667; BayObLG DNotZ 1971, 249; OLG Hamm DNotZ 1987, 54; *Reithmann*, DNotZ 1974, 6, 14.
218 MüKo-BGB/*Schäfer*, § 892 Rn 67 m.w.N.
219 So im Ergebnis auch: Meikel/*Böttcher*, Einl. H Rn 75.
220 OLG Karlsruhe NJW-RR 1998, 445.

III. Die Grundbuchbehandlung von Verfügungsbeschränkungen

1. Absolute Verfügungsbeschränkungen

Absolute Verfügungsbeschränkungen entziehen dem Rechtsinhaber die materielle Verfügungs- und damit auch Bewilligungsbefugnis generell oder schränken sie zumindest ein. Sie werden im Grundbuch – von Ausnahmen abgesehen – nicht eingetragen. Unabhängig von ihrer Eintragung im Grundbuch bewirken sie wegen der Nichtigkeit oder schwebenden Unwirksamkeit ihnen widerstreitender Verfügungen eine **von Amts wegen zu beachtende Grundbuchsperre** gegen die vom verfügungsbeschränkten Rechtsinhaber abgegebenen Bewilligungserklärungen.[221] Da die Verfügungsberechtigung bis zur Vollendung des Rechtserwerbs (Eintragung im Grundbuch) fortbestehen muss,[222] ist es für die Grundbuchsperre grundsätzlich gleichgültig, ob die Bewilligungserklärung vor oder nach Eintritt der absoluten Verfügungsbeschränkung wirksam geworden ist. Eine wichtige Ausnahme davon macht § 878 BGB, der auch für absolute Beschränkungen gilt. 89

Durch Grundbuchvermerke dokumentierte **absolute Beschränkungen** des öffentlichen Rechts (z.B. Umlegungs-, Sanierungs-, Entwicklungs-, Enteignungs-, Rückerstattungsverfahren), entstehen unabhängig von der Eintragung des Vermerks und auch schon vor Einlauf des entsprechenden Ersuchens beim GBA. Sie sind einem gutgläubigen Erwerb nicht zugänglich und vom GBA zu beachten (wenn es sie kennt). Auch **nicht eintragungsfähige Beschränkungen** hat das GBA vor der Eintragung von Amts wegen zu prüfen, wenn konkrete Anhaltspunkte dafür erkennbar sind. 90

Bei eintragungspflichtigen Beschränkungen, die erst mit der Eintragung im Grundbuch entstehen (z.B. § 75 BVersG), gilt § 17 GBO uneingeschränkt. **Die Zugehörigkeit zu einem Sondervermögen**, das absoluten Beschränkungen unterliegt, tritt erst mit Eintragung des Vermerks im Grundbuch ein. Hier gilt für die Entscheidung über den Eintragungsantrag ebenfalls die Reihenfolge des Eingangs der Anträge nach § 17 GBO. **Sonstige** Grundbuchvermerke, die keine Verfügungsbeschränkungen enthalten, sondern nur den Erwerber auf ein Verfahren hinweisen wollen, bewirken keine Grundbuchsperre. Das GBA muss also eintragen, wie wenn ein solcher Vermerk im Grundbuch nicht vorhanden wäre. 91

2. Relative Verfügungsbeschränkungen

Relative Verfügungsverbote bezwecken nur den Schutz bestimmter Personen mit der Folge, dass nur ihnen gegenüber eine materiell-rechtliche Verfügung unwirksam ist (siehe §§ 135, 136 BGB), während sie im Verhältnis zu anderen wirksam bleibt. Sie können im Grundstücksrecht nur im Anwendungsbereich des § 888 Abs. 2 BGB (nicht nach § 894 BGB) geltend gemacht werden.[223] Gegenüber dem Verbotsgeschützten kann der Erwerber das Recht dagegen nur behalten, wenn der Verbotsgeschützte zustimmt oder seinen Anspruch aus § 888 Abs. 2 BGB nicht ausübt.[224] Relative Verfügungsverbote sind nicht eintragungspflichtig, aber -fähig, um einen gutgläubigen Erwerb (§§ 135 Abs. 2, 892 Abs. 1 S. 2 BGB) auszuschließen. Sind die Voraussetzungen des § 878 BGB nachgewiesen, ist die Eintragung ohne Rücksicht auf das Verbot vorzunehmen. Anderenfalls sind bei der Eintragung eines Rechts folgende Fälle zu unterscheiden: 92

– Ist das Verbot im Grundbuch vermerkt, so ist der Verbotsgeschützte vor Rechtsverlust an einen gutgläubigen Dritten gesichert. Das GBA hat nach Eintrag des Verfügungsbeschränkungsvermerks alle Eintragungen so zu vollziehen, wie wenn keine Beschränkung bestünde.[225] Eine Ausnahme besteht (wegen § 1 Abs. 4 ErbbauRG) für die Bestellung eines Erbbaurechts; es kann deshalb nur mit Zustimmung des Verbotsgeschützten[226] oder unter den Voraussetzungen des § 878 oder § 892 BGB eingetragen werden.[227] 93
– Ist das bereits bestehende Verfügungsverbot weder im Grundbuch vermerkt noch dem GBA bekannt, so ist die beantragte Rechtsänderung zwangsläufig einzutragen. Mit der Eintragung erwirbt der Be-

---

221 Meikel/*Böttcher*, Anh. zu §§ 19, 20 Rn 63; *Eickmann*, GBVerfR, 5. Kap. § 3 IV 1.
222 BGH BGHZ 27, 360, 366; BayObLG RPfleger 2003, 573; OLG Nürnberg NotBZ 2014, 386, 387.
223 Staudinger/*Gursky*, § 894 Rn 41; Meikel/*Böttcher*, Anh. zu § 19 Rn 164.
224 Vgl. *Eickmann*, GBVerfR 5. Kap., § 3 IV.
225 BayObLG DNotZ 1954, 395; RG RGZ 105, 76; OLG Stuttgart BWNotZ 1985, 127.
226 *Eickmann*, GBVerfR 5. Kap., § 3 IV; *Böttcher*, Rpfleger 1985, 381, 387.
227 Meikel/*Böttcher*, § 18 Rn 89.

– rechtigte, sofern er zur Zeit des Eingangs seines Antrags beim GBA oder einer späteren Einigung gutgläubig war (§ 892 Abs. 2 BGB), das Recht auch im Verhältnis gegenüber dem Verbotsgeschützten nach §§ 135, 136, 892 Abs. 1 S. 2 BGB.[228]
– Umstritten ist im Hinblick auf die Bedeutung des § 892 BGB für das Grundbuchverfahren wieder der Fall, dass das Verfügungsverbot vor dem für § 878 BGB maßgeblichen Zeitpunkt im Grundbuch noch nicht vermerkt, aber dem GBA bereits bekannt geworden ist (z.B. aus einem noch unerledigten Grundbucheinlauf). M.E. hat das GBA die Eintragung der Rechtsänderung davon abhängig zu machen, dass das Verfügungsverbot vorher oder mindestens gleichzeitig eingetragen wird oder in Form des § 29 GBO die Umstände nachgewiesen werden, aus denen sich die Wirksamkeit des Rechtserwerbs gegenüber dem Verbotsgeschützten ergibt.[229] Nach anderer Ansicht verstieße dies gegen § 17 GBO und § 892 BGB, so dass das im GB nicht vermerkte Verfügungsverbot im laufenden Eintragungsverfahren auch nicht berücksichtigt werden dürfte.[230]
– Die Löschung eines Rechts entgegen einem relativen Verfügungsverbot (z.B. dem GBA wird bekannt, dass der die Löschung einer Grundschuld bewilligende Erbe durch eine Nacherbfolge eingeschränkt ist) ist grundsätzlich unabhängig davon unzulässig, ob das Verbot im Grundbuch eingetragen ist oder nicht, wenn und weil mit der Löschung des Rechts das eingetragene Verbot wegen § 17 Abs. 2 GBV seine Wirkung verliert[231] und die Wiedereintragung des gelöschten Rechts u.U. nicht mehr an der früheren Rangstelle erfolgen könnte.[232] Das GBA darf das Recht deshalb entgegen einem relativen Verfügungsverbot antragsgemäß nur löschen, wenn entweder ein Fall des § 878 BGB oder der Nachweis der Zustimmung des Verbotsgeschützten vorliegt oder – ausnahmsweise – das Verfügungsverbot doch im Grundbuch bestehen bleiben kann.[233] Auch bei der Löschung eines Rechts kommt der Gutglaubensschutz des § 893 BGB (z.B. zugunsten des Eigentümers des durch die Löschung lastenfrei gestellten Grundstücks) in Betracht.[234]

3. Entziehung der Verfügungs- und Bewilligungsbefugnis (Insolvenz, Nachlassverwaltung, Testamentsvollstreckung)

94 Insolvenz (§§ 80 ff. InsO), Nachlassverwaltung (§§ 1975 ff. BGB), Testamentsvollstreckung (§§ 2197 ff. BGB), Entziehung des Verfügungsrechts des Vorerben (§ 2129 BGB) haben als Verfügungsentziehungen[235] folgende Gemeinsamkeiten:

– Es handelt sich für den Inhaber der entsprechenden dinglichen Rechte um absolute Verfügungsverbote.[236]
– Während ihrer Dauer ist dem Rechtsinhaber die Verfügungs- und damit auch die Bewilligungsbefugnis entzogen und einem Verwalter kraft Amtes übertragen. Sie sind vom GBA zu prüfen.[237] Die Bewilligung des Rechtsinhabers ist in diesen Fällen die eines Nichtberechtigten (vgl. Rdn 51), die gem. § 185 BGB wirksam sein oder werden kann. Die Bewilligung bleibt unter den Voraussetzungen des § 878 BGB (siehe Rdn 77) wirksam und ist dann einzutragen.
– Die Verfügungsentziehungen sind eintragungsfähig und -pflichtig als Schutz gegen gutgläubigen Erwerb Dritter. Ist im Grundbuch ein Insolvenzvermerk auf Ersuchen des Insolvenzgerichts gelöscht worden, besteht für das GBA grundsätzlich kein Anlass mehr, an der Verfügungsbefugnis und der daraus folgenden Bewilligungsbefugnis des eingetragenen Eigentümers zu zweifeln.[238]
– Die Entziehung der Verfügungs- und damit auch der Bewilligungsbefugnis tritt außerhalb des Grundbuchs ein, nicht erst mit Einlauf des Ersuchens beim GBA und nicht mit Eintragung des Vermerks. Sie müssen deshalb vom GBA beachtet werden, wenn es davon Kenntnis hat, unabhängig davon, ob sie auch dem durch die Bewilligung Begünstigten bekannt sind.

---

228 KG ZWE 2022, 33; OLG München JFG 16, 145, 149.
229 BayObLG BayObLGZ 1954, 97 = DNotZ 1954, 394; OLG Düsseldorf MittBayNot 1975, 225; OLG Stuttgart BWNotZ 1985, 127; Grüneberg/*Herrler*, § 888 Rn 10; *Demharter*, §§ 19 Rn 59, 22 Rn 52.
230 MüKo-BGB/*Schäfer*, § 892 Rn 67; *Böttcher*, Rpfleger 1985, 381, 385 ff.; *Böttcher*, BWNotZ 1993, 25, 33.
231 So RG RGZ 102, 332 für den Nacherbenvermerk.
232 Meikel/*Böttcher*, Anh. zu § 19 Rn 170; *Raebel*, in: Lambert-Lang/Tropf/Frenz, Teil 5, Rn 186.
233 *Böttcher*, Rpfleger 1985, 381, 386, 3 87; Meikel/*Böttcher*, Anh. zu § 19 Rn 172; *Raebel*, Rn 186.
234 MüKo-BGB/*Schäfer*, § 893 Rn 9; *Ertl*, DNotZ 1990, 684, 704.
235 Vgl. *Böttcher*, Rpfleger 1983, 187; Meikel/*Böttcher*, Anh. zu § 19 Rn 60 ff.
236 Siehe auch: RG RGZ 157, 295; BGH BGHZ 46, 229.
237 KG FGPrax 2012, 8; BayObLG Rpfleger 1986, 470; BayObLG Rpfleger 1989, 200.
238 KG FGPrax 2017, 198.

– Mit Beendigung der Verfügungsentziehung entfällt die Verfügungs- und Bewilligungsbefugnis des Verwalters und geht wieder auf den Rechtsinhaber über. Für die Grundbucheintragung genügt von da an die Bewilligung des Verwalters nicht mehr; sie darf nur aufgrund einer neuen Bewilligung des Rechtsinhabers oder dessen Zustimmung zur Bewilligung des Verwalters vollzogen werden. § 878 BGB ist auf den Wegfall der Bewilligungsbefugnis in diesen Fällen nicht analog anzuwenden.[239]

4. Güterrechtliche Verfügungsbeschränkungen
a) Gesetzlicher Güterstand des BGB

Der gesetzliche Güterstand der Zugewinngemeinschaft (§§ 1363–1390 BGB) hält die Vermögen der Ehegatten bzw. eingetragener Lebenspartner[240] völlig getrennt (§ 1363 Abs. 2 S. 1 BGB). Nach Beendigung der Ehe erfolgt ein Zugewinnausgleich (§§ 1371 ff. BGB). Jeder Ehegatte hat allein die uneingeschränkte Verfügungsmacht über sein bei Eheschließung vorhandenes und nachher erworbenes Vermögen (auch über Grundstücke und Rechte an Grundstücken), soweit nicht § 1365 BGB (oder für Hausrat § 1369 BGB) eingreift. Gleiches gilt gem. §§ 6, 8 LPartG auch für die eingetragene Lebenspartnerschaft.

95

Dieser Güterstand gilt als ordentlicher gesetzlicher Güterstand:

96

– Seit 1.7.1958; zur Überleitung des gesetzlichen Güterstands für Ehen vor dem 1.4.1953 bzw. 1.7.1958 (Art. 8 Abs. 1 Nr. 3–5 GleichberG).[241]
– Seit 1.10.1969 auch für Vertriebene und Flüchtlinge mit gesetzlichem Güterstand (§ 1 Abs. 1 VFGüterstandsG).
– Seit 3.10.1990 für Ehegatten, die vorher im Güterstand der ehelichen Vermögensgemeinschaft nach dem Familiengesetzbuch (FGB der DDR) gelebt haben (Art. 234 § 4 Abs. 1 EGBGB).

Unter bestimmten Voraussetzungen gilt kraft Gesetzes ein **anderer Güterstand**:

97

– **Gütertrennung** (§ 1414 BGB): Sie tritt in den Fällen der §§ 1388, 1449, 1470 BGB als gesetzliche Folge einer gerichtlichen Entscheidung kraft Gesetzes ein und enthält keine Verfügungsbeschränkungen.[242]
– Der Güterstand der ehelichen Vermögensgemeinschaft des Familiengesetzbuchs der DDR[243] (Art. 234 § 4 EGBGB i.d.F. des Einigungsvertragsgesetzes vom 23.9.1990), wenn ein Ehegatte die Weitergeltung dieses Güterstands form- und fristgerecht verlangt (Art. 234 § 4 Abs. 2 EGBGB).
– Der gesetzliche Güterstand eines ausländischen Staates, wenn er nach IPR anzuwenden ist (Art. 15 EGBGB).

Gemäß § 1365 Abs. 1 BGB kann jeder Ehegatte (bzw. eingetragene Lebenspartner, vgl. § 8 Abs. 2 LPartG) im Interesse des Erhalts des Familienvermögens[244] über sein Vermögen im Ganzen nur mit Zustimmung (Einwilligung oder Genehmigung) des anderen Ehegatten bzw. eingetragenen Lebenspartner verfügen (also auch belasten). Die Zustimmung kann unter den Voraussetzungen der §§ 1365 Abs. 2, 1366 Abs. 3 BGB durch das Familiengericht ersetzt werden. Die Beschränkungen des § 1365 BGB können ehevertraglich ausgeschlossen oder eingeschränkt und im Güterrechtsregister (nicht im Grundbuch) eingetragen werden.[245] Eine Erweiterung mit Wirkung gegen Dritte ist nicht möglich.[246] Der Ausschluss und die Einschränkungen können ehevertraglich aufgehoben werden. Endet der gesetzliche Güterstand (etwa durch Tod des verfügenden Ehegatten oder Ehescheidung), dann wird eine zu diesem Zeitpunkt noch schwebend unwirksame Verfügung erst wirksam, wenn der Schutzzweck restlos entfallen ist.

98

Nach der sog. **Einzeltheorie** gilt § 1365 BGB materiell-rechtlich auch dort, wo ein Ehegatte über einen einzelnen Vermögensgegenstand verfügt, der nahezu sein gesamtes Vermögen ausmacht,[247] nach der zu-

99

---

239 OLG Köln FGPrax 2020, 35 m. Anm. *Reimann*; OLG Celle NJW 1953, 945; OLG Köln MittRhNotK 1981, 139 f; offen: BayObLG NJW-RR 1999, 1463, 1464; a.A. OLG Brandenburg VIZ 1995, 365; MüKo-BGB/*Lettmaier*, § 878 Rn 20; *Kesseler*, RNotZ 2013, 480; unentschieden: *Demharter*, § 19 Rn 62.
240 Zum Gleichlauf mit dem gesetzlichen Güterstand im Grundbuchrecht siehe *Böhringer*, BWNotZ 2003, 129, 133.
241 Vgl. auch *Weber*, DNotZ 1957, 570.
242 Dazu: Grüneberg/*Siede*, Grdz. 1 zu §§ 1363, 1414 Rn 1.
243 GBl DDR 1966, 2.
244 BGH BGHZ 196, 95.
245 So jetzt: BGH BGHZ 66, 203 = NJW 1976, 1258.
246 BGH DNotZ 1964, 689.
247 OLG München NJW 2023, 159; BGH FGPrax 2013, 142.

sätzlich zu beachtenden sog. **subjektiven Theorie** aber nur dann, wenn der Erwerber entweder weiß, dass es sich beim Vertragsobjekt um das gesamte Vermögen handelt oder dass er zumindest die Umstände kennt, aus denen sich dies ergibt.[248] Die Zustimmungsbedürftigkeit kann im Grundbuch nicht eingetragen werden. Sie ist absoluter Natur und schließt – vorbehaltlich der subjektiven Theorie – gutgläubigen Erwerb aus.

100 Die Verfügung über den Einzelgegenstand als Verfügung über das Vermögen im Ganzen muss **nach wirtschaftlichen Gesichtspunkten** beurteilt werden.[249] Auf eine (angemessene) Gegenleistung kommt es nicht an.[250] Die Verfügung ist im Hinblick auf den Schutzzweck der Norm nur dann zustimmungsbedürftig, wenn sie das Vermögen in wirtschaftlicher und vermögensrechtlicher Hinsicht ausschöpft. Verfügungen, die zwar den Vermögensgegenstand betreffen, ihn aber wirtschaftlich nicht ausschöpfen sind z.B. die Bestellung eines Vorkaufsrechts, eine Eigentümergrundschuld[251] (Gesamtverfügung möglich bei Abtretung der Eigentümergrundschuld), Bewilligung einer Vormerkung,[252] Grundstückserwerb unter gleichzeitiger Belastung mit Restkaufpreishypothek, Erwerb gegen Nießbrauch oder Rentenreallast, Bestellung eines Nießbrauchs oder Erbbaurechts, Veräußerung eines Miteigentumsanteils, Löschung eines Grundpfandrechts, reale Grundstücksteilung unter den Erben entsprechend ihren Erbanteilen[253] sowie die Veräußerung eines Grundstücks unter Vorbehalt eines Wohnungsrechts werden von § 1365 BGB damit nicht erfasst.[254]

101 Im Eintragungsverfahren darf das GBA die Bewilligungsbefugnis eines im gesetzlichen Güterstand Verheirateten in Hinblick auf § 1365 BGB nur anzweifeln, wenn konkrete Anhaltspunkte für das Vorliegen sowohl der objektiven als auch der subjektiven Voraussetzungen des § 1365 Abs. 1 BGB bestehen.[255] Bleibt ungeklärt, ob der von der Eintragung Betroffene durch § 1365 BGB in seiner Verfügung beschränkt ist, muss das GBA (sofern die übrigen Voraussetzungen vorliegen) die Eintragung vornehmen.[256] Die Eintragungsbewilligung unterliegt als Verfahrenshandlung nicht dem Anwendungsbereich des § 1367 BGB und kann nachträglich genehmigt werden. Die Nachforschungspflicht des GBA darf bei der – in der Praxis regelmäßig üblichen – Verfügung über Einzelgegenstände deshalb nicht überspannt werden.[257] Das GBA muss mangels gegenteiliger Kenntnis oder Anhaltspunkten davon ausgehen, dass für Ehegatten der gesetzliche Güterstand gilt.[258] Es ist zur Prüfung und Aufklärung nur berechtigt und verpflichtet, wenn konkrete Anhaltspunkte im Einzelfall vorliegen.[259] Da maßgeblicher Zeitpunkt für die Kenntnis des Erwerbers der Abschluss des Verpflichtungsgeschäfts ist,[260] bedarf das Erfüllungsgeschäft trotz nun bestehender Kenntnis keiner Zustimmung des anderen Ehegatten.[261]

b) Güterstand der Gütertrennung (§ 1414 BGB)

102 Für Ehegatten oder eingetragene Lebenspartner, die Gütertrennung vereinbart haben oder für die kraft Gesetzes der Güterstand der Gütertrennung gilt, bestehen keine güterrechtlichen Verfügungsbeschränkungen.

c) Verfügungsbeschränkungen bei Gütergemeinschaft

103 Über ihr **Gesamtgut** (§ 1416 BGB) können Ehegatten oder eingetragene Lebenspartner (vgl. § 7 S. 2 LPartG) nur gemeinsam verfügen (siehe §§ 1421 f. BGB), wenn sie in ihrem Ehevertrag die Verwaltungs- und damit Verfügungsbefugnis nicht einem Ehegatten zugeordnet haben. Über Sonder- und Vorbehaltsgut kann ein Ehegatte ohne Mitwirkung des anderen verfügen (§§ 1417, 1418 BGB). Die Entstehung des Gesamtguts vollzieht sich gem. § 1416 Abs. 2 BGB kraft Gesetzes mit der Vereinbarung der Güter-

---

[248] OLG München NJW 2023, 159; BGH BGHZ 43, 174, 177; BGH BGHZ 123, 93, 95.
[249] BGH NJW 2011, 3783 (Berücksichtigung von Grundschuldzinsen).
[250] BGH BGHZ 35, 135, 145; BGH BGHZ 43, 174, 176.
[251] OLG Hamm DNotZ 1960, 320.
[252] OLG Frankfurt FGPrax 2011, 271; BayObLG BayObLGZ 1976, 15 = Rpfleger 1976, 129; *Böhringer*, Rpfleger 1990, 337, 338; a.A. Grüneberg/*Siede*, § 1365 Rn 5.
[253] OLG München DNotZ 1971, 544.
[254] BGH BGHZ 196, 95.
[255] BGH DNotZ 2013, 686; OLG Frankfurt FGPrax 2012, 99; OLG München RNotZ 2009, 651.
[256] Siehe auch: *Böhringer*, Rpfleger 1990, 337, 338.
[257] BGH BGHZ 30, 255; BGH BGHZ 35, 139.
[258] BayObLG DNotZ 1960, 316.
[259] OLG Zweibrücken DNotZ 2004, 151; BayObLG MittBayNot 2000, 439; *Böttcher*, Rpfleger 1985, 1.
[260] BayObLG BayObLGZ 1967, 87; BayObLG BayObLGZ 1987, 431; BGH Rpfleger 1989, 189.
[261] OLG Schleswig NJOZ 2013, 884; BGH NJW 1989, 1609.

gemeinschaft. Für das Gesamtgut in Gütergemeinschaft lebender Ehegatten besteht eine Vermutung, die der widerlegen muss, der die Zugehörigkeit zum Sonder- oder Vorbehaltsgut behauptet,[262] auch dann, wenn das Grundstück nur für einen Ehegatten im Grundbuch eingetragen ist.[263] Ist eine Gütergemeinschaft im Grundbuch eingetragen, spricht die Vermutung dafür, dass sie noch besteht und dass das Recht noch zum Gesamtgut gehört, solange das GBA nicht das Gegenteil weiß oder konkrete Anhaltspunkte dafür hat.[264] Die materiell-rechtliche **Verfügungsbefugnis** über das Gesamtgut und damit auch die Bewilligungsbefugnis steht dem Ehegatten zu, der das Gesamtgut verwaltet, bei Alleinverwaltung nach §§ 1422 ff. BGB, bei gemeinschaftlicher Verwaltung nach §§ 1450 ff. BGB. Der Verwalter wird gem. § 1421 BGB ehevertraglich unter Beachtung von Art. 8 Abs. 1 Nr. 6 Abs. 2 GleichberG bestimmt. Die Verfügungsbefugnis des Alleinverwalters steht z.T. unter dem Vorbehalt der (ersetzbaren, vgl. § 1426 BGB) Einwilligung des anderen Ehegatten, insbesondere hinsichtlich des Gesamtguts im Ganzen (§ 1423 BGB), hinsichtlich Gesamtgutsgrundstücken (§ 1424 BGB) und durch ein Schenkungsverbot (§ 1425 BGB).

Der Gesamtgutsverwalter bedarf also der Zustimmung zur Veräußerung und Belastung von Grundstücken und grundstücksgleichen Rechten (vgl. § 11 Abs. 1 S. 1 ErbbauRG), der Bewilligung einer Vormerkung (ohne die Zustimmung besteht noch kein vormerkungsfähiger Anspruch),[265] einer Grundbuchberichtigung,[266] einer Verfügung über den Erbanteil, wenn ein Grundstück zum Nachlass gehört.[267] Er ist nicht beschränkt bei Verfügungen über bereits bestehende Rechte an einem Grundstück, z.B. bei der Abtretung oder Löschung von beschränkten dinglichen Rechten, bei der Unterwerfung unter die Zwangsvollstreckung, sofern nicht eine Belastung damit verbunden wird, bei der Belastung mit einer Kaufpreishypothek, Reallast, einem Nießbrauch, einer Dienstbarkeit oder Rückauflassungsvormerkung im einem Zusammenhang mit Grundstückserwerb[268] und auch nicht beim Erwerb eines Grundstücks, das einem belasteten Gesamtgutsgrundstück als Bestandteil zugeschrieben wird.[269]

104

Bei **gemeinschaftlicher Verwaltung** des Gesamtguts (§ 1450 BGB) ist die Verfügung und Bewilligung eines Ehegatten allein schwebend unwirksam, bis die Genehmigung durch anderen erteilt oder durch das Familiengericht ersetzt wird (§ 1453 BGB). Nach vorheriger Alleinverwaltung sind bei beendeter, nicht auseinandergesetzter Gütergemeinschaft beide Ehegatten gemeinsame Verwalter (§§ 1471, 1472 BGB). Verfügungen des nicht verwaltenden Ehegatten sind unwirksam, können aber nach §§ 182–185 BGB wirksam werden.[270]

105

Die Folgen einer **Güterstandsänderung** des Veräußerers zwischen Bewilligungserklärung und Grundbucheintragung sind umstritten. Hat ein Ehegatte sein Grundstück verkauft und aufgelassen, dann aber Gütergemeinschaft vereinbart und hat der Käufer noch kein Anwartschaftsrecht erworben, so ist zur Wirksamkeit der Auflassung die Zustimmung des anderen Ehegatten nötig, weil eine Eigentumsänderung (Umwandlung in Gesamthandseigentum) eingetreten ist.[271] § 1416 Abs. 2 BGB begründet eine Gesamthandsgemeinschaft, aber keine neue Rechtspersönlichkeit.[272] Der Vorgang kann deshalb nicht wie eine Gesamtrechtsnachfolge beurteilt werden mit der Folge, dass die Gesamthand an die vor ihrem Entstehen wirksam gewordene Einigung (Auflassung) und Bewilligung gebunden bliebe und eine Zustimmung des anderen Ehegatten nicht erforderlich wäre.[273] § 878 BGB ist auf die nach Wirksamwerden der Eintragungsbewilligung begründete Gütergemeinschaft analog anwendbar, weil sie nicht den vollständigen Verlust, sondern lediglich eine Einschränkung der Rechtsinhaberschaft und damit Verfügungsmacht des bisher Alleinberechtigten begründet.[274] Auch der gutgläubige Erwerb vom allein verfügenden Ehegatten ist möglich.[275]

106

---

262 RG RGZ 90, 288.
263 KG OLG 38, 250.
264 BayObLG BayObLGZ 1924, 19; *Schöner/Stöber*, Rn 770.
265 BGH BGHZ 28, 186.
266 KG RJA 11, 76.
267 MüKo-BGB/*Münch*, § 1424 Rn 4; KG DNotZ 1939, 508; a.A. BayObLG BayObLGZ 4, 22.
268 BayObLG BayObLGZ 1922, 96; BGH NJW 1957, 1187.
269 LG Augsburg Rpfleger 1965, 369; *Schöner/Stöber*, Rn 656; *Böttcher*, Rpfleger 1985, 1, 4; Staudinger/*Thiele*, § 1424 Rn 4 ff.

270 Dazu: Staudinger/*Thiele*, § 1422 Rn 33 ff.
271 So BayObLG MittBayNot 1975, 228; Bauer/Schaub/*Kössinger*, § 19 Rn 193 ff.
272 Grüneberg/*Siede*, § 1416 Rn 1.
273 So aber: *Schöner/Stöber*, Rn 768; so wie hier MüKo-BGB/*Münch*, § 1416 Rn 27.
274 Grüneberg/*Herrler*, § 878 Rn 11; *Schöner/Stöber*, Rn 3377; a.A. Bauer/Schaub/*Kössinger*, § 19 Rn 196.
275 Siehe auch: *Böttcher*, Rpfleger 1984, 377, 384.

107 Bei **fortgesetzter Gütergemeinschaft** (§§ 1483 ff. BGB) ist der länger lebende Ehegatte alleiniger Verwalter mit allen Beschränkungen nach §§ 1422 ff. BGB, Abkömmlinge haben die Rechtsstellung des Nichtverwaltenden (§ 1487 Abs. 1 BGB).

108 Die Verfügungsbeschränkungen der §§ 1423, 1424 BGB (nicht die des § 1425 BGB) können durch Ehevertrag ausgeschlossen werden.

d) Deutsch-französischer Güterstand der Wahlzugewinngemeinschaft

109 § 1519 BGB i.V.m. dem Gesetz zu dem Abkommen vom 4.2.2010 zwischen der Bundesrepublik Deutschland und der Französischen Republik über den Güterstand der Wahlzugewinngemeinschaft vom 15.3.2012[276] erlaubt deutsch-französischen Ehepaaren die Vereinbarung der **Wahlzugewinngemeinschaft (WZG)**.[277] Art. 5 WZGA erlegt für die WZG dem Ehegatten-Eigentümer der Ehewohnung ein Verpflichtungs- und dinglich wirkendes Verfügungsverbot auf. Ein entsprechender Vermerk im Grundbuch ist in dem Abkommen aber nicht vorgesehen. Für das GBA gelten dieselben Grundsätze wie für die Beachtlichkeit der Verfügungsbeschränkung des § 1365 BGB (vgl. dazu Rdn 101).

e) Andere Güterstände

110 Eine **Errungenschaftsgemeinschaft** deutschen Rechts (§§ 1519 ff. BGB a.F.) kann seit 1.7.1958 nicht mehr neu vereinbart werden,[278] gilt aber für frühere ehevertragliche Regelungen weiter. Für den im Beitrittsgebiet bis zum 3.10.1993 maßgebenden gesetzlichen Güterstand der ehelichen Vermögensgemeinschaft des FGB ist die Überleitungsvorschrift des Art. 234 § 4 EGBGB zu beachten.[279] Zu Güterständen ausländischer Rechtsordnungen und ihren grundbuchverfahrensrechtlichen Rechtsfolgen vgl. § 8 Einl.

5. Öffentlich-rechtliche Beschränkungen im Grundstücksverkehr
a) Belastungsbeschränkungen im Bau- und Bodenrecht

111 Das BauGB wirkt mit Vorkaufsrechten, Verfügungsverboten und Genehmigungsvorbehalten auf den privatrechtlichen Grundstücksverkehr ein (vgl. § 20 GBO Rdn 148 ff.). Vorkaufsrechte nach BauGB hindern Belastungen (auch mit rechtsgeschäftlichen Vorkaufsrechten) nicht. Das gesetzliche Vorkaufsrecht geht rechtsgeschäftlichen vor und bringt sie zum Erlöschen (§ 28 Abs. 2 S. 5 BauGB). Im **Umlegungs-** (§§ 45 ff. BauGB) und **Enteignungsverfahren** (§§ 85 ff. BauGB) besteht ein **allgemeines Verfügungsverbot** für Grundstücke und Rechte an Grundstücken, nicht für die Auflassungsvormerkung[280] und nicht für Vormerkungen zur Sicherung des Anspruchs auf Bestellung anderer dinglicher Rechte.

112 Im **Sanierungsgebiet** und **Entwicklungsbereich** (§§ 142, 165 BauGB) sind Teilungen und rechtsgeschäftliche Verfügungen über Grundstücke, Grundstücksrechte[281] oder grundstücksgleiche Rechte[282] sowie das Verpflichtungsgeschäft dazu genehmigungspflichtig, Vormerkungen dagegen genehmigungsfrei. In Gebieten, für die eine **Erhaltungssatzung** gilt, vgl. § 172 Abs. 2 BauGB und in **Gebieten mit angespannten Wohnungsmärkten,** vgl. § 250 BauGB, ist die Begründung oder Teilung von Wohnungseigentum oder Teileigentum genehmigungsbedürftig.

b) Belastungsbeschränkungen im Landwirtschaftsrecht

113 Das **Grundstücksverkehrsgesetz** (§ 2 Abs. 2 Nr. 3 GrdstVG) stellt nur die Nießbrauchsbestellung unter einen Genehmigungsvorbehalt. Vormerkungen sind genehmigungsfrei (vgl. § 20 GBO Rdn 176). Das **Flurbereinigungsgesetz** sieht in § 52 Abs. 3 FlurBG ein im Grundbuch eintragungsfähiges Verfügungsverbot vor.

---

276 Vgl. BGBl II 2012, 178.
277 *Jäger*, DNotZ 2010, 804.
278 *Clamer*, NJW 1960, 563.
279 *Rauscher*, DNotZ 1991, 209; *Schotten*, DtZ 1991, 225.
280 BayObLG BayObLGZ 1969, 303.
281 Zur Löschung eines Grundpfandrechts vgl. OLG Hamm OLGZ 1980, 267.
282 Zur entsprechenden Anwendung bei der Verpfändung eines Auflassungsanspruchs siehe BGH DNotZ 2015, 527.

c) Belastungsbeschränkungen für juristische Personen

- Gemeinden, Landkreise, Bezirke, Zweckverbände (siehe § 20 GBO Rdn 183),
- Wasser- und Bodenverbände (vgl. § 20 GBO Rdn 184),
- Bundesbahn (siehe § 20 GBO Rdn 185),
- Sozialversicherungsträger (vgl. § 20 GBO Rdn 186),
- Versicherungen, Banken, Sparkassen, Kapitalverwaltungsgesellschaften (siehe § 20 GBO Rdn 187),
- Handwerksinnungen und Handwerkskammern (vgl. § 20 GBO Rdn 189),
- Kirchen (siehe § 20 GBO Rdn 190),
- Stiftungen (vgl. § 20 GBO Rdn 191).

114

d) Belastungsbeschränkungen im Außenwirtschaftsrecht

Ausländer unterliegen als solche keinen Belastungsbeschränkungen.

115

e) Belastungsbeschränkungen im Recht für Sondervermögen

Nur für Grundstücke, die durch einen entsprechenden Grundbuchvermerk erkennbar sind:

- Höfe im Sinne des Höferechts (siehe § 20 GBO Rdn 193);
- Fideikommissvermögen (siehe § 20 GBO Rdn 194).

116

f) Belastungsbeschränkungen sonstiger Art

- Nach § 75 BVG, wenn die Beschränkungen im Grundbuch eingetragen sind (vgl. § 20 GBO Rdn 195);
- Vermögensbeschlagnahmen umfassen auch das Verbot von Belastungen aller Art, auch die Bewilligung von Vormerkungen (Einzelfälle und Einzelheiten: siehe § 20 GBO Rdn 198);
- für Reallasten nach Landesrecht in einzelnen Bundesländern;[283]
- für Grundpfandrechte nach Landesrecht gem. Art. 115 EGBGB;
- für Almgrundstücke in Bayern (vgl. § 20 GBO Rdn 182).

117

G. Die Wirksamkeit der Eintragungsbewilligung

I. Überblick

Die Bewilligungserklärung erfüllt ihren Zweck im Grundbuchverfahren. Sie ist an das GBA gerichtet[284] und wird erst mit Einreichung beim GBA verfahrensrelevant.[285] Gemäß § 873 Abs. 2 4. Alt. BGB kann die Eintragungsbewilligung auch außerhalb eines konkreten Eintragungsverfahrens beim GBA eine Bindungswirkung für die materiell-rechtliche Einigung entfalten. Dies wird häufig gleichgesetzt mit dem Umstand, dass ihre Verwendbarkeit nicht mehr einseitig verhindert werden kann, also mit einer Bindung an die materiell-rechtliche Erklärung und als „Wirksamkeit" der Bewilligung bezeichnet. Die materiell-rechtliche Einigung und Aufgabeerklärung sind nur unter den besonderen Voraussetzungen der §§ 873 Abs. 2, 875 Abs. 2 BGB bindend. Liegen diese Voraussetzungen nicht vor, können die Erklärungen widerrufen werden mit der Folge ihrer Unwirksamkeit.

118

Der Eintragungsantrag (§ 13 GBO) kann bis zur Grundbucheintragung jederzeit nach § 31 GBO zurückgenommen und nicht unwiderruflich gestellt werden. Für die Eintragungsbewilligung (§ 19 GBO) fehlt eine entsprechende Vorschrift. Die früher h.M. ging von der Anwendbarkeit des § 130 Abs. 1 und Abs. 3 BGB auf die Bewilligung aus. Danach wäre die Bewilligung mit Zugang der Urschrift, Ausfertigung oder beglaubigten Abschrift der Urkunde entweder beim GBA[286] oder dem unmittelbar Begünstigten, die beide zur Empfangnahme berechtigt sind,[287] wirksam.[288] Nach der nunmehr herrschenden verfahrens-

119

---

283 Dazu: *Schöner/Stöber*, Rn 1318.
284 OLG München RNotZ 2012, 506, 508.
285 Bauer/Schaub/*Kössinger*, § 19 Rn 95.
286 OLG München FGPrax 2018, 67; BayObLG BayObLGZ 1975, 404 = Rpfleger 1976, 66.
287 *Güthe/Triebel*, § 19 Rn 28 ff., 78 ff.
288 OLG Frankfurt DNotZ 1970, 162.

rechtlichen Auffassung ist § 130 Abs. 1, 3 BGB weder unmittelbar noch analog anwendbar.[289] Das Wirksamwerden und -bleiben der Bewilligung bestimmt sich ausschließlich nach verfahrensrechtlichen Grundsätzen.[290]

II. Wirksamwerden und -bleiben der Bewilligung

120 Die Bewilligungserklärung wird und bleibt wirksam, und damit auch für die Grundbucheintragung verwendbar, wenn
- der Bewilligungsberechtigte (siehe Rdn 35 ff.) sie
- mit dem zur Grundbucheintragung erforderlichen Inhalt (vgl. Rdn 21 ff.)
- gem. § 29 GBO formgerecht abgegeben
- und sich ihrer mit dem Willen zur Verwendbarkeit im Eintragungsverfahren entäußert hat.

121 Dies ist der Fall, wenn die Bewilligungsurkunde vom Bewilligenden selbst oder mit seinem Willen zurechenbar in ein Eintragungsverfahren eingeführt worden ist. Befindet sich die Urkunde in einer dem Bewilligenden zurechenbaren Weise im Besitz des Begünstigten oder eines Dritten, oder hat der Begünstigte oder Dritte einen unentziehbaren Anspruch auf Erteilung der Urkundenausfertigung, so kann der Bewilligende ihre Verwendung im Grundbuchverfahren nicht mehr einseitig verhindern.

Wie bei allen Verfahrenshandlungen müssen diese Voraussetzungen dem GBA aus der Urkunde selbst ohne weitere Beweiserhebung oder anderen Umständen eindeutig erkennbar sein. Fehlt eine dieser Voraussetzungen, ist die Bewilligung für die Grundbucheintragung noch nicht oder nicht mehr verwendbar.

122 Die **Bindung an** die materiell-rechtliche **Einigung** ist mit dem **Wirksambleiben der grundbuchverfahrensrechtlichen Bewilligung** nicht gleichzusetzen. Beides kann, muss aber nicht zeitlich zusammenfallen und ist einer freien Parteivereinbarung entzogen.[291] Die widerrufene Einigung ist nichtig, während die in einem bestimmten Eintragungsverfahren unwirksam gewordene Bewilligung für eine spätere Grundbucheintragung wiederverwendet werden kann.[292]

123 Der Bewilligungsberechtigte kann die Wirksamkeit der Bewilligung nur beseitigen („widerrufen", „zurücknehmen"), indem er **mindestens eine ihrer Voraussetzungen** beseitigt. Die Bewilligung kann aber auch ohne eigene Maßnahmen des Bewilligungsberechtigten durch jede andere Art des Wegfalls einer Wirksamkeitsvoraussetzung unwirksam werden. Die Unwirksamkeit kann auf einen Teil der Bewilligung beschränkt sein, sofern die Voraussetzungen der Wirksamkeit der Bewilligung im Übrigen bestehen bleiben. So verliert z.B. ein mit der Bewilligung verbundener Vorbehalt (§ 16 Abs. 2 GBO) der gleichzeitigen Eintragung von Eigentumswechsel und Nießbrauch für den Veräußerer dadurch seine Wirksamkeit, dass der Veräußerer vor dieser Eintragung stirbt.[293]

124 Die unwirksam gewordene Bewilligung kann später wieder wirksam werden, wenn die Wirksamkeitsvoraussetzungen erneut eintreten. Die Urkunde, in der die Bewilligung enthalten ist, kann unter dieser Voraussetzung ohne neue Erklärung der Bewilligung in einem neuen Grundbuchverfahren wieder für die Eintragung verwendet werden.

III. Grundbuchvorlage und Rücknahme der Bewilligung

125 Die **Bewilligung** wird im Grundbuchverfahren **wirksam**, wenn sie **vom Bewilligenden selbst** (oder von einem Vertreter) oder mit seinem Einverständnis dem GBA zur Eintragung beantragt wird.[294] Die Grundbuchvorlage hat diese Wirkung nicht, wenn ihre Zurücknahme dem GBA vor der Bewilligung (oder

---

[289] Ebenso: OLG Düsseldorf Rpfleger 1981, 177; OLG Hamm Rpfleger 1989, 148; *Schöner/Stöber*, Rn 107; Meikel/*Böttcher*, § 19 Rn 129; *Eickmann*, GBVerfR 5. Kap., § 3 VI; *Böttcher*, Rpfleger 1983, 49; *Rademacher*, RhNotK 1983, 105, 109 ff.; *Reithmann*, DNotZ 1984, 124; *Nieder*, NJW 1984, 329, 331.
[290] *Ertl*, DNotZ 1964, 260; *Ertl*, DNotZ 1967, 339, 406, 432, 562; *Ertl*, DNotZ 1990, 68; *Ertl*, Rpfleger 1980, 41, 47; *Ertl*, Rpfleger 1982, 407.
[291] BGH BGHZ 46, 398 = DNotZ 1967, 371.
[292] *Ertl*, Rpfleger 1982, 407, 409 (Fall 10).
[293] OLG Hamm Rpfleger 1973, 305.
[294] OLG München RNotZ 2023, 162; OLG Naumburg RNotZ 2022, 319; OLG München FGPrax 2018, 67; BayObLG BayObLGZ 1975, 404 = Rpfleger 1976, 67.

gleichzeitig mit ihr) zugeht.[295] Enthält die Urkunde mehrere, in keinem Zusammenhang nach § 16 Abs. 2 GBO stehende Bewilligungen, so kann der Einreicher bestimmen, welche von ihnen noch nicht vollzogen werden soll. Eine solche Bestimmung bedarf nicht der Form des § 29 GBO. Zur Aktenkundigkeit muss sie aber in einem Schriftstück enthalten sein.[296] Legt der Bewilligungsberechtigte die Bewilligung dem GBA selbst vor oder stellt er selbst oder durch einen Vertreter den Eintragungsantrag, dann bedarf sein Wille zur Grundbuchvorlage keines weiteren Beweises. Gleiches gilt, wenn der Notar im Namen des Bewilligenden nach § 15 GBO die Bewilligung vorlegt oder den Antrag stellt.

Die Bewilligung kann damit auch durch den **Begünstigten** oder einen **Dritten** in ein Eintragungsverfahren eingeführt werden (z.B. kann der Grundstückseigentümer oder der Käufer die Löschungsbewilligung eines Grundschuldgläubigers ins Grundbuchverfahren einführen), vgl. Rdn 130 ff. Damit die Grundbuchvorlage dem Bewilligungsberechtigten in diesem Fall zugerechnet werden kann, muss dem GBA aus beurkundungsrechtlichen (nicht grundbuchverfahrensrechtlichen) Gründen die Urschrift oder eine auf den Begünstigten oder Dritten lautende Ausfertigung der Niederschrift (§§ 8, 47 BeurkG) oder die Urschrift der Vermerkurkunde (§ 39 BeurkG), in der die Bewilligung enthalten ist, vorgelegt werden (siehe Rdn 130 ff.).[297] Mit der beglaubigten Urkundenabschrift allein ist der Nachweis wiederum aus beurkundungsrechtlichen Gründen dagegen nicht zu führen,[298] aus den gleichen Gründen, die für den Nachweis eines Erbscheins oder einer Vollmacht gelten.[299]

126

Sobald die Bewilligung zur Eintragung beantragt worden und solange das beantragte Eintragungsverfahren nicht beendet ist, kann der Betroffene ihre Verwendbarkeit nur durch eine neue Verfahrenshandlung beseitigen, insbesondere durch die Rücknahme des nur von ihm gestellten Eintragungsantrags.[300] Nimmt er seinen Eintragungsantrag zurück, nachdem er die Bewilligung dem GBA vorgelegt und nachdem auch ein anderer, dazu Berechtigter, den Antrag gestellt hat, bleibt die Bewilligung wirksam; das GBA darf ihm die Bewilligung dann nicht zurückgeben und muss den Antrag des dazu Berechtigten mit Hilfe der Bewilligung vollziehen.[301] Enthält die Urkunde mehrere Bewilligungen, von denen nur eine rückgängig gemacht werden soll, müssen Urschrift und alle Ausfertigungen mit einem der Form des § 29 GBO entsprechenden Widerruf verbunden oder auf ihnen ein entsprechender Widerrufvermerk gemacht werden (wie bei Widerruf einer von mehreren erteilten Vollmachten).[302] Die Einreichung der Widerrufserklärung zu den Grundakten wäre kein ausreichender Schutz.[303]

127

Nach Beendigung des Grundbuchverfahrens ist zu unterscheiden:

128

– endet es mit Grundbucheintragung, hat die Bewilligung ihren Zweck erfüllt. Sie kann nicht mehr rückgängig gemacht, aber auch nicht in einem neuen Eintragungsverfahren verwendet werden, selbst wenn die auf ihr beruhende Eintragung gelöscht wurde.[304] Für die Rückgabe der Urkunde gilt § 10 Abs. 1 GBO.
– Endet es ohne Eintragung, darf die Bewilligung nur als Grundlage für einen Eintragungsantrag dienen, den der Bewilligungsberechtigte oder die Person stellt, die die bei den Grundbuchakten verbliebene Bewilligungsurkunde eingereicht hatte.[305] Gegen den Willen der einreichenden Person darf das GBA die Urkunde nicht in einem neuen Grundbuchverfahren verwenden, da dies eine unzulässige Beschaffung von Eintragungsunterlagen wäre.

Dazu folgende Beispielsfälle:

129

– **Fall 1:** Eigentümer E bewilligt und beantragt für Gläubiger G die Eintragung einer Grundschuld und legt dem GBA dazu die entsprechende Urkunde vor. G stellt keinen eigenen Antrag. E nimmt seinen Eintragungsantrag zurück. Das GBA gibt E die von diesem eingereichte Urkunde zurück. Die Bewilligung hat mit der Beendigung des Grundbuchverfahrens ihre Wirksamkeit verloren.[306] E kann aber

---

295 LG Oldenburg Rpfleger 1983, 102.
296 Vgl. dazu: OLG Hamm Rpfleger 1973, 305.
297 OLG Frankfurt NJW-RR 1995, 785.
298 *Ertl*, DNotZ 1967, 349.
299 Vgl. BGH NJW 1982, 170; BGH BGHZ 102, 60; KG DNotZ 1972, 615; *Demharter*, § 19 Rn 26; *Schöner/Stöber*, Rn 107.
300 Ebenso: *Eickmann*, GBVerfR 5. Kap., § 3 VI 3; Meikel/*Böttcher*, § 19 Rn 151.
301 KG FGPrax 2013, 56.
302 Vgl. BGH NJW 1990, 507 = MittBayNot 1989, 323.
303 BayObLG BayObLGZ 1975, 264, 266.
304 OLG Frankfurt RNotZ 2008, 494; BayObLG MittBayNot 1994, 42.
305 KG DNotZ 2019, 445; BGH BGHZ 84, 202 = DNotZ 1983, 309; dazu: *Ertl*, Rpfleger 1982, 407.
306 So auch: BGH BGHZ 84, 202 u. OLG Hamm Rpfleger 1989, 148, 149.

später diese Bewilligung wieder dem GBA vorlegen, die dann mit Grundbuchvorlage wieder wirksam und für die Eintragung verwendbar wird.
- **Fall 2:** Wie Fall 1, aber G stellt den Eintragungsantrag nachdem E seinen Antrag zurückgenommen und bevor das GBA dem E die Bewilligungsurkunde zurückgegeben hat. Die Bewilligungserklärung des E hat mit Beendigung des Grundbuchverfahrens ihre Wirksamkeit verloren. Auch wenn sie sich noch beim GBA befindet darf sie nicht mehr vollzogen werden.[307]
- **Fall 3:** Wie 1, aber E und G haben Antrag gestellt; E nimmt seinen Antrag zurück, G hält den von ihm gestellten aufrecht. Die Bewilligung ist trotz Antragszurücknahme des E wirksam geblieben, weil das Verfahren noch nicht beendet und das GBA die Urkunde deshalb dem Einreicher nicht zurückgeben darf.[308]
- **Fall 4:** E bewilligt und beantragt für G (der keinen Antrag stellt) eine Gesamtgrundschuld an Grundstück Nr. 1 und 2. Vor Eintragung ändert E Bewilligung und Antrag dahingehend ab, dass die Grundschuld nur noch an Nr. 1 eingetragen werden darf. GBA trägt nur an Nr. 1 ein. Später beantragt G Eintragung auch an Nr. 2. E hat Antrag und Bewilligung wirksam abgeändert. Hat G eine Ausfertigung (oder die Urschrift) der nicht abgeänderten Bewilligungsurkunde, so kann er sie vorlegen und die Eintragung auch an Nr. 2 erreichen, andernfalls nicht.
- **Fall 5:** E bewilligt und beantragt für G eine Grundschuld. Das GBA weist den Antrag wegen eines Vollzugshindernisses zurück. Die Bewilligung wird mit Beendigung des Grundbuchverfahrens unwirksam, auch wenn sie noch beim GBA liegt.[309] E kann sie aber erneut vorlegen und die Eintragung herbeiführen.

IV. Aushändigung und Rückgabe der Bewilligungsurkunde

130 Die in einer öffentlichen Urkunde enthaltene Bewilligung kann nicht nur gegenüber dem GBA abgegeben werden, sondern außerhalb des Eintragungsverfahrens auch gegenüber dem durch die Eintragung Begünstigten oder einem Dritten, indem der Bewilligende dem Begünstigten oder dem Dritten den unmittelbaren Besitz an der Urkunde überträgt (§ 854 BGB).[310] Die Bewilligung verfolgt im Grundbuchverfahren den Zweck, dem Besitzer ihrer urkundlichen Verkörperung eine vorteilhafte Rechtsstellung zu verschaffen. Als schützenswerter „Dritter" kommen deshalb aber nicht beliebige Personen in Frage, sondern (mindestens nur) ein solcher Besitzer, der zwar nicht schon im Moment der Besitzerlangung durch den Vollzug der Bewilligung begünstigt sein muss, aber doch eine rechtlich konkretisierte Aussicht hat, begünstigt zu werden, wie z.B. der Käufer eines belasteten Grundstücks hinsichtlich der Löschungsbewilligung eines Grundpfandgläubigers, wenn er vom Eigentümer und Grundstücksverkäufer die Lastenfreistellung verlangen kann.

131 Für das GBA kommt es dann nicht darauf an, wer die Bewilligungsurkunde einreicht, sondern darauf, ob es das Einverständnis des Bewilligenden mit der Eintragung gerade aus der vorgelegten Bewilligungsurkunde (oder anderen Umständen, z.B. seiner eigenen Antragstellung) eindeutig feststellen kann.[311] Praktisch von Bedeutung ist dies z.B. für den Grundstückskäufer, der, ggf. vertreten durch den Vollzugsnotar, die Urschrift der Löschungsbewilligung für eine von ihm nicht übernommene Grundschuld ausgehändigt erhält, dadurch gegen ihre Rückgängigmachung gesichert ist und nach seiner Eintragung als Eigentümer unter Vorlage der Bewilligung die Löschung der Grundschuld beantragen kann (§ 13 GBO).

132 Nur die **Urschrift** der Vermerkurkunde (§ 39 BeurkG) oder **Ausfertigung** (§§ 8, 47 BeurkG) der notariellen Niederschrift verkörpert das Einverständnis des Bewilligenden mit der Eintragung, das wegen der Rechtsscheinwirkung der Urkunde keines weiteren Beweises bedarf. Wer rechtmäßig die Urschrift oder auf ihn lautende Ausfertigung der die Bewilligung enthaltenden öffentlichen Urkunde besitzt, hat für die Dauer dieses Besitzes das Recht, die Urkunde dem GBA zur Eintragung vorzulegen, das auch durch einen „Widerruf" oder die „Rücknahme" der Erklärung durch den Betroffenen nicht zunichte gemacht werden kann.[312] Weiß das GBA, dass der Besitzer den Besitz an der Bewilligungsurkunde eigen-

---

307 Ebenso: BGH BGHZ 84, 202 u. OLG Hamm Rpfleger 1989, 148, 149 (gegen die frühere h.M.).
308 RG JW 34, 2842.
309 So auch: BGH BGHZ 84, 202.
310 Ebenso: OLG Hamm Rpfleger 1989, 148, 149; *Eickmann*, BVerfR 5. Kap., § 3 VI 2; Meikel/*Böttcher*, § 19 Rn 134.
311 OLG München RNotZ 2023, 162.
312 BGH BGHZ 46, 398 = DNotZ 1967, 370 = Rpfleger 1967, 142.

mächtig an sich gebracht hat, darf es sie nicht zur Grundlage der Eintragung machen.[313] Mit Rückgabe an den Bewilligenden verliert der Besitzer diese Ermächtigung und die Bewilligung ihre Verwendbarkeit für den Besitzer. Zur Verhinderung der Grundbucheintragung muss der Bewilligende also die Urschrift bzw. alle Ausfertigungen zurückverlangen, die sich im Besitz eines anderen befinden. Würde die Eintragung zu einer dauernden oder nach Sachlage nicht behebbaren Unrichtigkeit des Grundbuchs führen, dann besteht ein Rückgabeanspruch auch gegen den rechtmäßigen Besitzer nach den Grundsätzen der §§ 175, 371, 2361 BGB und des § 757 ZPO.

Hat der Begünstigte dagegen nur eine beglaubigte Abschrift von der Bewilligungsurkunde, dann muss er: **133**
– entweder zugleich auch einen unentziehbaren Anspruch auf Erteilung einer Ausfertigung haben;[314]
– oder dem GBA zusätzlich nachweisen, dass der Bewilligende mit ihrer Verwendung im Eintragungsverfahren einverstanden ist (z.B. durch eine eigene Antragstellung des Bewilligenden) und muss bis zur Grundbuchvorlage fürchten, dass der Bewilligende dieses Einverständnis und damit die Verwendbarkeit der Urkunde im Grundbuchverfahren einseitig rückgängig macht.

Der Bewilligende und der Empfänger der Urkunde können sich bei der Aushändigung der Urkunde an das GBA vertreten lassen, insbesondere durch den Notar, der die Urkunde errichtet hat. Diese Ermächtigung wird aber nicht nach § 15 GBO vermutet.[315] Sie kann bei Niederschriften frühestens mit Erteilung der Ausfertigung ausgeübt werden.[316] Die Urschrift einer Vermerkurkunde (§ 39 BeurkG) kann sofort nach Unterzeichnung (§ 126 BGB) auch vom Beglaubigungsnotar für einen anderen in Empfang genommen werden, da der Beglaubigungsvermerk auch an einem anderen Ort oder Tag vorgenommen werden darf.[317] Wenn der Betroffene den Begünstigten bevollmächtigt hat, im Namen des Betroffenen die Bewilligung zu erklären, so wird die Bewilligung zwar im Zeitpunkt der Erklärung durch den Begünstigten wirksam. Sie kann im Grundbuchverfahren aber gleichwohl nicht mehr verwendet werden, wenn sie vor Eingang des Eintragungsantrags beim GBA widerrufen wird und der bevollmächtigte Begünstigte selbst keinen Anspruch auf die Ausfertigung/Urschrift der Bewilligungsurkunde hat.[318] **134**

Dazu folgende Beispielsfälle: **135**
– **Fall 1:** Eigentümer E bewilligt und beantragt für Gläubiger G eine Grundschuld. E nimmt seinen Antrag vor Eintragung zurück, worauf ihm das GBA die Urkunde zurückgibt. Danach legt G seine von E erhaltene Ausfertigung dem GBA mit Antrag auf Vollzug vor. Das GBA muss die Eintragung vornehmen. In der Aushändigung der Ausfertigung der Bewilligungsurkunde, die sie wirksam gemacht hat, liegt der Unterschied zu Fall 1 (siehe Rdn 129). Hätte G nur eine beglaubigte Abschrift vorgelegt, dürfte das GBA die Eintragung nur vornehmen, wenn ihm das Einverständnis des E mit der Eintragung anderweit nachgewiesen wurde (vgl. Rdn 129).
– **Fall 2:** Wie oben in Fall 1, aber E erwirkt gegen G einstweilige Verfügung, die ihm den Erwerb der Grundschuld und die Verwendung der Ausfertigung verbietet. Das GBA weist den Antrag des G deshalb zurück. Das GBA darf die Eintragung nicht vornehmen, wenn es damit an einem Verstoß des G gegen das Erwerbsverbot mitwirken würde.
– **Fall 3:** Wie Fall 1, aber vor Eingang des Antrags des G reicht E dem GBA einen Widerruf der Bewilligung in Form des § 29 GBO ein. Solange G eine Ausfertigung hat, ist die Bewilligung wirksam und muss vollzogen werden. Zur Verhinderung der Eintragung muss E dem G die Ausfertigung entziehen. Ein Widerruf (siehe Rdn 132) genügt nicht, wenn die Bewilligung durch Aushändigung an den Begünstigten (oder Dritten) oder ihr gleichstehende Tatbestände wirksam geworden ist.

V. Aushändigungssurrogate

Der Aushändigung der Urkunde, welche die Eintragungsbewilligung enthält, durch den Bewilligenden – mit der Folge, dass die Bewilligungserklärung nicht mehr ohne weiteres widerrufen werden kann – sind die Fälle gleichzustellen, in denen der Notar die von ihm beglaubigte oder beurkundete Bewilligung in **136**

---

313 BGH NJW 1975, 2101.
314 So jetzt h.M.: BayObLG DNotZ 1994, 182; Bauer/Schaub/*Kössinger*, § 19 Rn 102; Meikel/*Böttcher*, § 19 Rn 139; *Schöner/Stöber*, Rn 107.
315 OLG München DNotZ 1966, 285 m.w.N.
316 BGH BGHZ 46, 398.
317 *Winkler*, § 40 Rn 62.
318 OLG München DNotZ 2019, 450; a.A. KG FGPrax 2013, 56.

Urschrift oder Ausfertigung dem Begünstigten oder einem antragsberechtigten Dritten nach den Vorschriften des Beurkundungsrechts entweder bereits erteilt hat oder erteilen muss, ohne dass der Bewilligende dies einseitig verhindern kann.[319]

137 Dies ist der Fall, wenn der Begünstigte oder ein Dritter einen unwiderruflichen, originären gesetzlichen Anspruch auf die:
- Ausfertigung der Niederschrift (§§ 51 Abs. 1 BeurkG), sofern er nicht nach § 51 Abs. 2 BeurkG ausgeschlossen oder eingeschränkt ist,
- Urschrift der Niederschrift (§§ 45 Abs. 1, 8 BeurkG),
- Urschrift einer Vermerkurkunde (§§ 39, 45 Abs. 2 BeurkG),
- Urschrift oder Ausfertigung konsularischer Urkunden (§§ 16 Abs. 2, 17 KonsularG),
- Ausfertigung oder vollstreckbare Ausfertigung eines gerichtlichen Vergleichs (§§ 299, 724 ff., 794 Abs. 1 Nr. 1, 795 ZPO)

hat.

138 Der durch die Bewilligung Begünstigte (oder sonstige Urkundsbeteiligte) kann auf die die Bewilligungserklärung enthaltende Urschrift oder Erteilung einer Ausfertigung und damit auch auf die verfahrensrechtliche Verwendbarkeit der Urkunde verzichten, und zwar ganz oder teilweise, ständig oder zeitweise, schon bei der Beurkundung oder nachträglich.[320]

139 Wirksamwerden und -bleiben der Bewilligung tritt noch nicht allein dadurch ein:
- wenn der Bewilligende die Eintragung „unwiderruflich" bewilligt;[321]
- wenn der Notar (§ 51 Abs. 2 BeurkG) zur Erteilung einer Ausfertigung oder beglaubigten Abschrift angewiesen wird, da auch diese Weisung bis zur Erteilung der Ausfertigung widerruflich ist.[322] Auch die Unterwerfung unter die sofortige Zwangsvollstreckung gem. § 794 Abs. 1 Nr. 5 ZPO gewährt als freiwillig errichtete vollstreckbare Urkunde kein über § 51 Abs. 1 BeurkG hinausgehendes originäres Recht auf die zur Vollstreckungsklausel notwendige einfache Ausfertigung.[323]

VI. Anfechtung, Nichtigkeit, sonstige Fehler der Bewilligung

140 Die **rechtsgeschäftliche Auffassung** von der Eintragungsbewilligung ließ die Anfechtung der Bewilligung und die Geltendmachung ihrer Nichtigkeit nach BGB-Vorschriften grundsätzlich zu und verpflichtete das GBA zur Ablehnung der Eintragung, wenn die Anfechtungs- oder Nichtigkeitsgründe „in gehöriger Form dargetan sind".

141 Nach **jetzt h.M.** gilt Folgendes:
- Auf die Bewilligung als Verfahrenshandlung können – anders als auf die materiell-rechtliche Einigungs- oder Aufgabeerklärung – die Anfechtungs- oder Nichtigkeitsvorschriften des BGB weder unmittelbar noch analog angewandt werden.[324] Wegen Willensmängeln kann die Bewilligungserklärung also nicht angefochten, sondern nur im Rahmen der oben dargestellten Grundsätze zurückgenommen oder berichtigt werden, wobei eine Anfechtungserklärung im Zweifel als Rücknahmeerklärung auszulegen sein wird. Andernfalls bleibt nur der Prozessweg oder die einstweilige Verfügung.

---

319 H.M.: BGH DNotZ 1963, 433; BGH BGHZ 46, 398 = DNotZ 1967, 370; BayObLG DNotZ 1994, 182; *Wörbelauer*, DNotZ 1965, 518, 529; *Becker-Berke*, DNotZ 1959, 527; Staudinger/*Gursky*, § 873 Rn 157; *Reithmann*, DNotZ 1984, 124; *Rademacher*, RhNotK 1983, 105, 110.
320 *Winkler*, §§ 45 Rn 11a, 51 Rn 21 ff.; *Röll*, DNotZ 1970, 146; *Rademacher*, RhNotK 1983, 110.
321 BGH BGHZ 46, 398; OLG München DNotZ 1966, 283; *Ertl*, DNotZ 1967, 358.
322 BGH BGHZ 46, 398 = Rpfleger 1967, 142; *Jansen*, DNotZ 1967, 275.
323 BGH BGHZ 46, 398; OLG Düsseldorf DNotI-Report 2001, 94; OLG Hamburg DNotZ 1987, 356; OLG Hamm DNotZ 1988, 241; *Ertl*, DNotZ 1969, 663; *Schöner/Stöber*, Rn 2057; *Rademacher*, RhNotK 1983, 105, 111, a.A. *Röll*, DNotZ 1970, 147; *Winkler*, § 52 Rn 28.
324 BayObLG DNotI-Report 2003, 94; OLG Jena Rpfleger 2001, 298; *Eickmann*, GBVerfR 5. Kap., § 3 VI 4; Meikel/*Böttcher*, § 19 Rn 161; *Demharter*, § 19 Rn 115.

– Verstößt die Bewilligung gegen Verfahrensvorschriften (z.B. bei Form, Inhalt, Bewilligungsberechtigung), so muss das GBA diesen Mangel nach § 18 GBO beanstanden oder die Erklärung zurückweisen.

H. Bewilligung durch Vertreter
I. Überblick

Die Bewilligung kann gem. § 15 Abs. 1 S. 1 GBO durch einen Vertreter erklärt werden. In diesem Fall gehört die Vertretungsmacht zu den Eintragungsvoraussetzungen im Grundbuchverfahren.

142

Ein Mangel in der Vertretungsmacht verstößt gegen § 19 GBO, ein Mangel im Nachweis der Vertretungsmacht gegen § 29 GBO und muss deshalb vom GBA beanstandet werden (vgl. § 18 GBO). Trägt das GBA trotzdem ein, ist die Grundbucheintragung fehlerhaft, aber wirksam. Die gesetzliche Vertretungsmacht für natürliche Personen ist bei der Verfügung über Grundstücke und Grundstücksrechte z.T. durch Genehmigungserfordernisse eingeschränkt. Diese Einschränkungen sind auch grundbuchverfahrensrechtlich im Sinne entsprechender Beschränkungen der Bewilligungsbefugnis zu beachten.

143

Das GBA hat deshalb selbstständig zu prüfen,[325] ob:

144

– **die Bewilligung** innerhalb der Grenzen der Vertretungsmacht liegt oder ob zusätzlich eine Genehmigung (z.B. des Familien- oder Betreuungsgerichts) oder ein Beschluss eines bestimmten Organs (z.B. Gemeinde- oder Verwaltungsrat) notwendig ist; diese Fragen sind trotz der verfahrensrechtlichen Natur der Bewilligung aus dem materiellen Recht zu beantworten;
– **die Vertretungsmacht** formgerecht nachgewiesen ist und, falls sie auf einer Vollmacht beruht, ob diese unter Berücksichtigung der für Grundbucherklärungen geltenden Grundsätze verwendbar ist; diese Fragen sind nach Verfahrensrecht zu beurteilen;
– **die Vertretungsmacht** in dem nach Verfahrensrecht maßgeblichen Zeitpunkt des Wirksamwerdens der Bewilligung **noch bestanden hat**. Der spätere Wegfall der Vertretungsmacht schadet der Wirksamkeit der Bewilligung nicht, wenn die Vertretungsmacht nur im Zeitpunkt der Wirksamkeit der Bewilligung bestanden hat und der Wegfall der Vollmacht (insb. infolge eines Vollmachtswiderrufs) nicht dazu führt, dass der Verwendungswille des Bewilligenden entfällt.[326] Hat das GBA aber sichere Kenntnis davon, dass die Vollmacht bereits vor Abgabe der Bewilligung erloschen war, muss es einen Vertretungsnachweis auch dann verlangen, wenn die materiell-rechtlichen Erklärungen gem. § 172 BGB gegenüber dem Vertretenen bindend geworden sind.[327]

II. Gesetzliche Vertretung natürlicher Personen
1. Umfang der Bewilligungsbefugnis

Minderjährige Kinder werden von ihren **Eltern** gemeinschaftlich, nach §§ 1626, 1626a, 1629 BGB gesetzlich vertreten, soweit die elterliche Sorge reicht. Ist nur ein Elternteil sorgeberechtigt, hat er auch die Alleinvertretungsbefugnis nach § 1629 Abs. 1 S. 3 BGB. Mit dem Verweis in § 1629 Abs. 2 S. 1 BGB auf § 1824 BGB sind die Eltern von der Vertretung und damit auch der Abgabe von Bewilligungserklärungen ausgeschlossen, wo auch ein Betreuer nicht vertreten kann (**Selbst- und Mehrvertretungsverbot** des § 181 BGB, **Vertretungsverbot bei Rechtsgeschäften im Verwandtenkreis** und hinsichtlich Grundpfandrechten des Kindes an Eltern(teils)grundstücken, mit der Gegenausnahme für den Fall, dass das Rechtsgeschäft ausschließlich in der Erfüllung einer Verbindlichkeit besteht oder eine Gefahr für das Kindesinteresse ausgeschlossen ist, weil das Geschäft dem Kind ausschließlich einen rechtlichen Vorteil verschafft wie z.B. bei der Auflassung zum Vollzug einer reinen Grundstücksschenkung,[328] nicht aber bei

145

---

[325] BayObLG Rpfleger 2005, 186; BayObLG BayObLGZ 1954, 231; BayObLG DNotZ 1988, 586, 587; BayObLG DNotZ 1989, 373, 374; OLG Hamm DNotZ 1954, 38; OLG Hamm Rpfleger 1985, 288; BGH BGHZ 76, 76 = Rpfleger 1980, 146 = MittRhNotK 1980, 131 m. krit. Anm. *Kasper*; OLG Köln Rpfleger 1984, 182.
[326] OLG München DNotZ 2019, 450; a.A. KG FGPrax 2013, 56; KG DNotZ 1972, 617; OLG Düsseldorf Rpfleger 1961, 48; BayObLG Rpfleger 1986, 216; *Demharter*, § 19 Rn 74b; Meikel/*Böttcher*, Einl. I Rn 97.
[327] OLG Hamm FGPrax 2004, 266.
[328] BGH NJW 2021, 1673 m. Anm. *Rodi*; BGH BGHZ 161, 170.

der Auflassung zum Vollzug einer Schenkung von Wohnungseigentum.[329] Das GBA hat die Vertretungsmacht der gesetzlichen Vertreter selbstständig zu überprüfen.[330] Eine unter Missachtung dieser Bestimmungen abgegebene Bewilligungserklärung ist schwebend unwirksam.

146 Die Eltern unterliegen außerdem einem strikten, auch Verfügungsgeschäfte erfassenden **Schenkungsverbot** (vgl. § 1641 BGB). Liegt ein Interessenkonflikt vor, so kann das Familiengericht den Eltern die Vertretung gem. §§ 1629 Abs. 2 S. 3, 1789 BGB entziehen. Ausschließungsgründe für die Vertretung des Kindes nur in der Person eines Elternteils schließen nicht ohne weiteres beide Elternteile von der Vertretung aus.[331] Für das Eintragungsverfahren ist die elterliche Bewilligungsbefugnis als gesetzlicher Regelfall anzusehen. Es genügt dann im Regelfall der Nachweis über Elternschaft und Verehelichung durch Vorlage entsprechender Personenstandsurkunden (Geburtsurkunde des Kindes, Heiratsurkunde der Eltern). Die alleinige elterliche Sorge des längerlebenden Elternteils gem. § 1680 Abs. 1 BGB wird durch die Sterbeurkunde des anderen Elternteils nachgewiesen. Die alleinige elterliche Sorge der nicht verheirateten Mutter (§ 1626a Abs. 2 BGB) wird durch schriftliche Auskunft des Jugendamts über das Fehlen einer Sorgerechtserklärung nach § 1626a Abs. 1 Nr. 1 BGB nachgewiesen (vgl. § 58a SGB VIII). Die alleinige elterliche Sorge im Trennungs- und Scheidungsfall wird durch Ausfertigung der Entscheidung des Familiengerichts nachgewiesen.[332]

147 Unter den in § 1773 BGB genannten Voraussetzungen werden Minderjährige von einem **Vormund** vertreten, vgl. §§ 1789, 1798 Abs. 3 S. 1 BGB (dinglich wirkendes Schenkungsverbot), unter den in § 1809 BGB genannten Voraussetzungen von einem **Pfleger**. Der Pfleger ist nicht unbeschränkt gesetzlicher Vertreter des Pfleglings, sondern ausschließlich in dem ihm im Bestellungsakt (siehe §§ 1813 BGB) zugewiesenen Wirkungskreis.[333]

148 Die **gesetzliche Vertretung Volljähriger** obliegt dem **Betreuer** in seinem Aufgabenbereich (vgl. § 1815 BGB), also ähnlich wie beim Pfleger nicht unbeschränkt. Dem Betreuer sind Schenkungen namens des Betreuten nur eingeschränkt erlaubt, siehe § 1854 Nr. 8 BGB. Der Betreute kann die Bewilligung auch selbst erklären, es sei denn, er wäre geschäfts- und damit grundbuchverfahrensunfähig.

2. Genehmigungserfordernisse

149 Vertreter, deren Vertretungsmacht im Familien- oder Erbrecht gründet, bedürfen bei Grundstücksgeschäften materiell-rechtlich bei Anwendbarkeit deutschen Sachrechts[334] häufig der Genehmigung des Familien- bzw. Betreuungs- oder Nachlassgerichts. Die Genehmigungserfordernisse sind im Einzelnen für die Betreuung geregelt. Im Recht der Vormundschaft (vgl. § 1799 BGB) und Pflegschaft (siehe § 1888 BGB) sowie – mit erheblichen Einschränkungen – der Elternvertretung wird auf sie verwiesen. Die familien- bzw. betreuungs- oder nachlassgerichtliche Genehmigung ist ein Hoheitsakt der freiwilligen Gerichtsbarkeit, der Mängel der genehmigten Geschäfte nicht heilt und fehlende Erfordernisse nicht ersetzt. Das Gericht kann nicht gestatten, was das BGB nicht zulässt[335] und mit einem Negativattest keine Genehmigungsfreiheit mit verbindlicher Wirkung bescheinigen.[336]

150 Genehmigungserfordernisse bei der **Elternvertretung** sind:[337]

– jede Verfügung, also insbesondere jede **Auflassung** über ein im (Mit-)Eigentum des Minderjährigen stehendes Grundstück, bedarf gem. §§ 1643 Abs. 1, 1850 Nr. 1 BGB der familiengerichtlichen Genehmigung. Gleiches gilt für die Übertragung und Änderung von Grundstückseigentum, gleich ob durch Auflassung oder auf andere Weise, z.B. Übertragung von Gesamthandsanteil oder gem. § 8 WEG. Für die Auflassung eines in Gesamthandseigentum stehenden Grundstücks kommt es auf die Grundbuchfähigkeit der Gesamthand an: Ist der Minderjährige an einer Erbengemeinschaft beteiligt, ist die Auflassung genehmigungsbedürftig;[338] bei bestehenden Personenhandelsgesellschaften

---

329 BGH DNotZ 2011, 346.
330 OLG Frankfurt FPR 2013, 397.
331 OLG Köln FGPrax 2022, 249; m. Anm. *Milzer*, NZFam 2022, 1148; MüKo-BGB/*Huber*, § 1629 Rn 43.
332 *Schöner/Stöber*, Rn 3616.
333 BGH NJW 1974, 1374.

334 Vgl. OLG München RNotZ 2017, 378.
335 BGH FamRZ 1961, 473.
336 BGH BGHZ 44, 325 = Rpfleger 1966, 79.
337 *Schöner/Stöber*, Rn 3684 ff.; *Böttcher*, Rpfleger 1987, 485.
338 OLG Hamm RNotZ 2014, 104.

dagegen nicht. Bei der „Außen-GbR"[339] kommt es (bis zum Inkrafttreten des MoPeG[340]) darauf an, ob bereits der Beitritt des Minderjährigen zur Gesellschaft gem. § 1852 Nr. 2 BGB genehmigt wurde (dann grundsätzlich keine Genehmigungsbedürftigkeit) und ob die Verfügung vom Gesellschaftszweck der GbR umfasst ist.[341] **Nicht genehmigungspflichtig** ist die Vereinigung, Teilung und Bestandsteilszuschreibung, letztere aber doch, wenn dadurch Grundpfandrechte auf das Kindesgrundstück gem. § 1131 BGB erstreckt werden.[342] Auch die Übertragung und Verpfändung des Anwartschaftsrechts, Übertragung und Verpfändung des schuldrechtlichen Anspruchs auf Auflassung und der Verzicht darauf, der auch in der Aufhebung des schuldrechtlichen Vertrags liegt (vgl. § 1850 Nr. 5 BGB), sind genehmigungspflichtig. Die Genehmigung des Verpflichtungsgeschäfts umfasst i.d.R. auch die nachfolgende Auflassung;[343]

– **Bestellung**, **Übertragung**, **Inhaltsänderung** und **Aufhebung** eines Erbbaurechts und sonstigen grundstücksgleichen Rechts (§ 1850 Nr. 1 BGB);
– **Bewilligung einer Auflassungsvormerkung** am Kindesgrundstück (§ 1850 Nr. 1 BGB);[344] Übertragung, Verpfändung und Löschung der Rechte des Kindes aus der Auflassungsvormerkung (§ 1850 Nr. 2 BGB), nicht jedoch zur vertragsgemäßen Löschung einer Auflassungsvormerkung zugunsten des Kindes im Zuge eines Grundstückserwerbs;
– **genehmigungsfrei** ist der **Erwerb** eines Grundstücks (§ 1850 Nr. 5 BGB), während der Erwerb von **Wohnungseigentum** (m.E. auch Wohnungserbbaurechten) generell und von **Erbbaurechten**[345] – abhängig vom Inhalt des Erbbaurechts – in aller Regel genehmigungsbedürftig sind;
– **bei Grundpfandrechten am Kindesgrundstück** (§ 1850 Nr. 1 BGB) sowohl die Bestellung als auch sämtliche Verfügungen über das Grundpfandrecht:
  – Bestellung von Grundpfandrechten,[346] auch Eigentümergrundschulden[347] am Kindesgrundstück und auch, wenn die in einem Kaufvertrag enthaltene Belastungsvollmacht bereits genehmigt wurde;[348] nicht Löschungsvormerkung; entgeltlicher Erwerb eines Grundpfandrechts für das Kind (§ 1850 Nr. 6 BGB);
  – Änderung des Inhalts von Grundpfandrechten, die eine weitere Belastung des Kindesgrundstücks darstellt, z.B. Zinserhöhung, Ausschluss des Kündigungsrechts des Eigentümers, Änderung der Fälligkeit;[349]
  – Umwandlung von Hypothek oder Rentenschuld in Grundschuld, von Sicherungshypothek in Verkehrshypothek (nicht umgekehrt), weil dadurch Steigerung der Grundstückshaftung eintreten kann;[350]
  – Bestandsteilzuschreibung eines Kindesgrundstücks zu einem mit Grundpfandrecht belasteten Grundstück wegen § 1131 BGB, aber nicht Vereinigung oder Teilung;
  – Verpfändung eines Grundpfandrechts (§ 1850 Nr. 1 BGB);[351]
  – Löschung eines Grundpfandrechts des Kindes (§ 1850 Nr. 1 BGB);[352]

---

339 Z.T. wurde noch danach differenziert, ob bei Erteilung der anlässlich der zum Beitritt des Minderjährigen erforderlichen Genehmigung (vgl. § 1822 Nr. 3 bzw. Nr. 10 BGB) eine spätere Grundstücksverfügung bereits absehbar war (Folge: keine Genehmigungsbedürftigkeit bei Verfügung) oder nicht (Folge: Genehmigungsbedürftigkeit): siehe MüKo-BGB/*Kroll-Ludwigs*, § 1821 Rn 20; *Wertenbruch*, NJW 2015, 2150; a.A. OLG Nürnberg DNotZ 2013, 33 u. OLG Koblenz NJW 2003, 1401 (je für vermögensverwaltende GbR); vgl. auch: OLG Hamm ZEV 2016, 585.
340 BGBl I 2021, 3436.
341 DNotI-Report 2004, 29, 31.
342 Dazu *Klüserer*, Rpfleger 1981, 464.
343 BayObLG DNotZ 1983, 369; BayObLG Rpfleger 1985, 235.
344 KG NotBZ 2018, 61; OLG Frankfurt Rpfleger 1997, 255; OLG Celle Rpfleger 1980, 187; *Mohr*, Rpfleger 1981, 177; *Klüsener*, Rpfleger 1981, 467.

345 *Kölmel*, RNotZ 2011, 332, 336.
346 RG RGZ 154, 46; nicht genehmigungsbedürftig ist die Grundschuldbestellung grds. an einem einer GbR gehörenden Grundstück, an dem auch ein Minderjähriger beteiligt ist (siehe OLG Schleswig DNotZ 2002, 100).
347 KG JW 32, 1388.
348 OLG Hamm RNotZ 2014, 104; OLG Zweibrücken FGPrax 2005, 59.
349 BGH BGHZ 1, 305; KG KGJ 29, 20; KG OLG 14, 262; MüKo-BGB/*Kroll-Ludwigs*, § 1821 Rn 26.
350 BayObLG BayObLGZ 2, 795, 799; OLG Dresden OLG 29, 372; MüKo-BGB/*Kroll-Ludwigs*, § 1821 Rn 26.
351 RG RGZ 63, 78; Staudinger/*Veit*, § 1822 a.F. Rn 176; zur Ersatzverpfändung: *Engler*, Rpfleger 1974, 144.
352 RG RGZ 63, 78; Staudinger/*Veit*, § 1822 a.F. Rn 176; zur Ersatzverpfändung: *Engler*, Rpfleger 1974, 144.

- bei **Dienstbarkeiten** wie bspw. **Nießbrauch, Vorkaufsrecht, Reallast, Dauerwohn- und Dauernutzungsrecht** (siehe § 1850 Nr. 1 BGB) genehmigungs**pflichtig**:
  - Bestellung dieser Belastungen an Kindesgrundstück,[353] entgeltlicher Erwerb eines solchen Rechts für das Kind (§ 1850 Nr. 5 BGB),
  - Änderung des Inhalts solcher Rechte an Kindesgrundstück,
  - Änderung des Inhalts oder Ranges und Aufhebung dieser Rechte, die dem Kind zustehen.

  Keine Genehmigung ist erforderlich für die Überlassung der Ausübung eines Nießbrauchs oder Dienstbarkeit und Rangänderung eines dinglichen Rechts an Kindesgrundstück;[354]
- **sonstige genehmigungspflichtige Vorgänge:** Verfügungen über Rechte des Kindes, die auf Übertragung eines Grundstücks oder Grundstücksrechts gerichtet sind (vgl. § 1850 Nr. 2 BGB) ferner z.B.:
  - Einwilligung und Genehmigung zu Verfügungen eines Nichtberechtigten, für die eine Genehmigung erforderlich wäre, wenn das Kind diese Verfügung vornehmen würde;
  - Bewilligung der Grundbuchberichtigung hinsichtlich eines Rechtsvorgangs, der nicht ohne familiengerichtliche Genehmigung vorgenommen werden darf, weil darin die Verfügung über einem grundbuchmäßigen Recht liegt und weil sonst die Genehmigungspflicht umgangen werden könnte;[355] Verfügungen über Nacherbenrechte des Kindes, die auf Erwerb eines Grundstücks oder Grundstücksrechts gerichtet sind.[356]

151 Wenn ein **Vormund, Pfleger** oder **Betreuer handelt**, ist die Genehmigung des Familien- (vgl. § 151 FamFG) bzw. Betreuungs- (vgl. § 271 FamFG) oder Nachlassgerichts (vgl. § 368 Abs. 3 FamFG) erforderlich:
- in allen Fällen, in denen auch die Eltern der Genehmigung bedürfen (vgl. Rdn 149),
- nach § 1854 Nr. 7 BGB zur Aufhebung oder Minderung der Sicherheit für eine Forderung des Vertretenen, falls die Forderung selbst unberührt bleibt (andernfalls kommt § 1850 Nr. 1 oder 2 BGB in Frage); insbesondere zu:
  - Löschung wegen Aufgabe der dinglichen Sicherheit,[357]
  - Freigabe eines Grundstücks oder Teils aus einem dem Vertretenen zustehenden Grundpfandrecht,[358]
  - Verzicht auf die Hypothek des Vertretenen (§ 1168 BGB),
  - Verteilung der Gesamthypothek (vgl. § 1132 Abs. 2 BGB),[359]
  - Umwandlung einer Verkehrshypothek des Vertretenen in eine Sicherungshypothek, nicht umgekehrt,[360]
  - Rangrücktritt mit einem dem Mündel zustehenden dinglichen Recht (siehe §§ 880 ff. BGB).[361]

3. Genehmigungsverfahren

152 Die Verfahren zur Erteilung der Genehmigung unterliegen dem FamFG.[362] Generell wird die Genehmigung gem. § 38 FamFG durch Beschluss erteilt, der gem. § 40 Abs. 2 FamFG erst mit Rechtskraft wirksam wird. Die (formelle) Rechtskraft tritt gem. § 45 FamFG ein, wenn gegen den Genehmigungsbeschluss nicht rechtzeitig Beschwerde (siehe §§ 58 ff. FamFG) eingelegt worden ist oder wenn alle Beteiligten rechtswirksam auf die Beschwerde verzichtet haben (§ 67 FamFG). Die Beschwerdefrist gegen den Beschluss beträgt gem. § 63 Abs. 2 Nr. 2, Abs. 3 FamFG für jeden Beschwerdeberechtigten individuell zwei Wochen. Derjenige, der am Genehmigungsverfahren zu Unrecht formal nicht beteiligt wurde, kann nach überwiegender, aber umstrittener Meinung im Interesse der Rechtsklarheit und -sicherheit Beschwerde nur solange einlegen, wie auch für den letzten am Verfahren tatsächlich Beteiligten die Beschwerdefrist noch läuft.[363] Über

---

353 MüKo-BGB/*Kroll-Ludwigs*, § 1821 a.F. Rn 18.
354 MüKo-BGB/*Kroll-Ludwigs*, § 1821 a.F. Rn 28.
355 *Klüsener*, Rpfleger 1981, 468.
356 *Klüsener*, Rpfleger 1981, 465.
357 KG OLG 10, 10.
358 KG KGJ 33, 46.
359 Grüneberg/*Götz*, § 1822 a.F. Rn 24.
360 Grüneberg/*Götz*, § 1822 a.F. Rn 24.
361 BayObLG BayObLGZ 1917, 173.
362 Überblick bei *Schöner/Stöber*, Rn 3729 ff.; *Kölmel*, MittBayNot 2011, 190; *Litzenburger*, RNotZ 2010, 32.
363 OLG Brandenburg FGPrax 2021, 142; a.A. BGH FamRZ 2017, 727 in einem familienrechtlichen Versorgungsausgleichsverfahren; OLG Saarbrücken NJW-RR 2016, 778; OLG Brandenburg NZFam 2016, 117 m. Anm. *Holzwarth*; OLG Hamm DNotZ 2011, 223 = RNotZ 2011, 46 m. Anm. *Bremkamp*; OLG Hamm ZEV 2011, 191 m. Anm. *Leipold*; *Keidel/Sternal*, § 63 Rn 45c m.w.N. (auch zu abweichenden Meinungen).

die Rechtskraft wird gem. § 46 FamFG auf Antrag ein Rechtskraftzeugnis erteilt, im Regelfall schon vor Ablauf der für die Sprungrechtsbeschwerde nach § 75 FamFG geltenden Monatsfrist.[364] Das Rechtskraftzeugnis ist eine öffentliche Urkunde im Sinne des § 418 ZPO, die vom GBA nur im Ausnahmefall zu hinterfragen ist.[365] Für die Bekanntgabe des Genehmigungsbeschlusses gelten die §§ 15, 41 FamFG, ggf. i.V.m. §§ 166 ff. ZPO – im Regelfall ist also an den Vertreter und den Vertretenen förmlich zuzustellen.

4. Grundbuchverfahren

Das BGB hat den Kreis genehmigungsbedürftiger Geschäfte im Interesse der Sicherheit des Rechtsverkehrs streng formal bestimmt. Im Gesetz nicht aufgeführte Geschäfte sind selbst dann genehmigungsfrei, wenn sie die Interessen des Minderjährigen gefährden.[366] Für genehmigungsbedürftige Geschäfte ist die Vertretungsmacht des gesetzlichen Vertreters eingeschränkt. **Genehmigungsgegenstand** ist unmittelbar das **materielle Rechtsgeschäft** und mittels § 9 Abs. 2 FamFG auch die Bewilligung im Sinne des § 19 GBO. Wo der materielle Rechtserfolg die Grundbucheintragung voraussetzt, schränkt das Genehmigungserfordernis über § 9 Abs. 2 FamFG, der für die Vertretung nicht verfahrensfähiger Beteiligter an die nach bürgerlichem Recht dazu befugten Personen anknüpft, auch die zum Grundbucheintrag führende Bewilligungsbefugnis des Vertreters ein und ist deshalb auch im Grundbuchverfahren zu beachten. Das GBA hat im Rahmen des Eintragungsverfahrens deshalb (nur) zu prüfen, ob eine Genehmigung, die für die Wirksamkeit der von Eltern, Betreuer, Vormund oder Pfleger erklärten Bewilligung erforderlich ist, wirksam geworden ist. Entsprechend seinen Amtspflichten hat es festzustellen, welches Geschäft genehmigt worden ist und ob es im Rahmen der Vertretungsmacht (z.B. Wirkungskreis des Pflegers) liegt. Dabei sind die gerichtliche Genehmigung und Pflegerbestellung entsprechend den für gerichtliche Hoheitsakte geltenden Grundsätzen auslegungsfähig.[367]

153

Wo die Eintragung nach dem formellen Konsensprinzip nur auf Grundlage der Eintragungsbewilligung erfolgt, sind die materiell-rechtlichen Vorgaben der §§ 1856, 1858 BGB im Grundbuchverfahren nicht zu beachten.[368] Das GBA benötigt nur einen Nachweis darüber, dass die Genehmigung nach § 1856 BGB wirksam geworden ist.[369] Für das Eintragungsverfahren ist deshalb unter Beachtung von § 29 GBO nur zu prüfen und damit nachzuweisen,[370] ob bis zur Eintragung ein formell rechtskräftiger Genehmigungsbeschluss vorliegt – ein Nachweis durch Beschlussausfertigung mit Rechtskraftzeugnis. Die Bekanntgabe des Genehmigungsbeschlusses an den Betreuer muss dem GBA nicht (mehr) nachgewiesen werden, da der Beschluss gem. § 40 Abs. 2 FamFG mit Rechtskraft, die ihrerseits eine Bekanntgabe voraussetzt, ohne weiteres wirksam wird.[371]

154

In den Fällen des § 20 GBO ist § 1856 BGB in vollem Umfang zu beachten. Die Auflassung etc., die ein gesetzlicher Vertreter für den Vertretenen erklärt, ist deshalb nur wirksam, wenn sie:

155

– entweder
  – erklärt wird,
  – zu einem Zeitpunkt, zu dem eine wirksame Genehmigung (also ein rechtskräftiger Genehmigungsbeschluss) dem Vertreter bereits bekanntgegeben wurde[372]
– oder
  – wenn (wie im Regelfall) die Auflassung schon vor Erteilung der Genehmigung erklärt wurde
  – und die Genehmigung danach wirksam und dem Vertreter bekannt gegeben worden ist
  – und dieser sodann dem anderen Vertragsteil die Erteilung der Genehmigung mitgeteilt hat.

Die Vertragspartner können auf die Mitteilung als Wirksamkeitsvoraussetzung der Genehmigung nicht verzichten oder sie modifizieren.[373] Das GBA darf die Eintragung in Fällen des § 20 GBO dann auch nur vornehmen, wenn ihm in Form des § 29 GBO alle Voraussetzungen des § 1856 Abs. 1 BGB nachgewiesen wurden.

---

364 BGH DNotZ 2011, 53 m. Anm. *Borth*.
365 KG NotBZ 2012, 132; *Kölmel*, MittBayNot 2012, 108.
366 BGH BGHZ 17, 160, 163; BGH BGHZ 38, 26, 28; *Winkler*, DNotZ 1974, 739.
367 RG RGZ 111, 35, 38; Staudinger/*Veit*, § 1828 a.F. Rn 20.
368 *Demharter*, § 19 Rn 69; *Schöner/Stöber*, Rn 3749.
369 *Güthe/Triebel*, § 19 Rn 48.
370 *Schöner/Stöber*, Rn 3745.
371 KG RNotZ 2018, 281; anders noch: KG NotBZ 2018, 61.
372 KG FGPrax 2015, 243; BayObLG RNotZ 2003, 127; *Sorg*, BWNotZ 2010, 107, 114.
373 BayObLG FamRZ 1989, 1113.

156 Wegen der formellen Schwierigkeiten dieses Nachweises wird in der Praxis ein gemeinsamer Bevollmächtigter ernannt, meistens der Notar (oder einer seiner Angestellten), dem der gesetzliche Vertreter und der Vertragsgegner Doppelvollmacht erteilen, die keiner ausdrücklichen Befreiung von § 181 BGB bedarf. Die Zulässigkeit dieser Doppelvollmacht, auch für den Notar, ist heute einhellig anerkannt.[374] Die Doppelvollmacht muss unzweideutig die Ermächtigung zur Mitteilung der Genehmigung und die Ermächtigung zum Empfang dieser Mitteilung zum Ausdruck bringen. Die Ausübung dieser Vollmacht **bedarf materiell keiner Form**,[375] muss aber gegenüber dem GBA erkennbar zum Ausdruck gebracht werden. Dazu genügt schon, dass der Bevollmächtigte (also auch der bevollmächtigte Notar) die Urkunde mit der Ausfertigung des Genehmigungsbeschlusses dem GBA zum Vollzug vorlegt.[376]

III. Die Bewilligung durch juristische Personen, Handelsgesellschaften und die Gesellschaft bürgerlichen Rechts

157 Die gesetzliche Vertretung obliegt den durch Gesetz, Satzung oder Gesellschaftsvertrag bestimmten Organen. Die Vertretungsmacht ist dem GBA in Form des § 29 GBO nachzuweisen. Die Einzelheiten sind für die in öffentlichen Registern eingetragenen juristischen Personen und Firmen in §§ 9 Abs. 3, 32 HGB, § 69 BGB und § 26 Abs. 2 GenG geregelt. Für die GbR gilt der Grundsatz der Gesamtvertretung, siehe §§ 709, 714 BGB (ab 1.1.2024:[377] § 720 BGB). Hiervon kann materiell-rechtlich durch gesellschaftsvertragliche Vereinbarung abgewichen werden. Dem GBA ist die Vertretungsmacht einzelner Gesellschafter oder Dritter in der Form des § 29 GBO nachzuweisen, was nach – m.E. problematischer – Einschätzung des KG nicht durch einen mehrere Jahre alten Gesellschaftsvertrag möglich sein soll.[378]

IV. Die Bewilligung und Einigungserklärung durch Bevollmächtigte

1. Überblick

158 Bewilligung und Auflassung können auch von Bevollmächtigten erklärt werden, § 15 Abs. 1 GBO. Sie müssen dann durch eine wirksame Vollmacht gedeckt sein. Dem GBA ist die Vollmacht in öffentlicher oder öffentlich beglaubigter Urkunde (**§ 29 Abs. 1 S. 1 GBO**) nachzuweisen.

2. Vollmachtserteilung

159 Die Vollmacht muss **wirksam erteilt** worden sein und **noch bestehen**, wenn die in Ausübung der Vollmacht erklärte Bewilligung wirksam werden soll.[379] Ein Widerruf oder Wegfall der Vertretungsmacht nach Wirksamwerden der Bewilligung bzw. Auflassung macht die Vollmacht an sich nicht mehr unwirksam, kann aber dazu führen, dass die Eintragungsbewilligung nicht mehr ins Grundbuchverfahren eingeführt werden kann.[380] Der Widerruf oder das sonstige Erlöschen der Hauptvollmacht führt nicht ohne Weiteres auch zum Wegfall einer einmal rechtswirksam erteilten Untervollmacht.[381] Die Vollmacht ist **materiell regelmäßig formfrei** (§ 167 Abs. 2 BGB).[382] Dies gilt auch für die unwiderrufliche Vollmacht, wenn sich die Vereinbarung der Unwiderruflichkeit selbst aus einem notariell beurkundeten Vertrag ergibt.[383] **Beurkundungspflichtig** ist die Veräußerungs-, Erwerbs- und Auflassungsvollmacht nur unter den besonderen Voraussetzungen des § 311b BGB,[384] bei deren Vorliegen nicht lediglich die isolierte Vollmacht, sondern das gesamte zugrunde liegende Geschäft unter Mitwirkung des Vollmachtgebers und Bevollmächtigten zu beurkunden ist.[385]

---

374 BGH DNotZ 2016, 195,199; OLG Hamm FGPrax 2017, 11; OLG Zweibrücken FGPrax 2016, 73; *Kölmel*, RNotZ 2010, 1, 29.
375 BGH BGHZ 15, 97 = DNotZ 1955, 83; OLG Zweibrücken DNotZ 1971, 731.
376 OLG Hamm Rpfleger 1964, 313; Grüneberg/*Götz*, § 1829 a.F. Rn 6; *Schöner/Stöber*, Rn 3740; a.A. OLG Hamm FGPrax 2017, 11: Eigenurkunde erforderlich, hierzu krit.: *Weber*, NZFam 2017, 41; OLG Zweibrücken DNotZ 1971, 731: (mindestens) ein Vermerk.
377 BGBl I 2021, 3436.
378 KG FGPrax 2018, 2; befürw.: KG NJW-Spezial 2018, 35.
379 BayObLG Rpfleger 1986, 90; 86, 216.
380 OLG München DNotZ 2019, 757; KG FGPrax 2013, 56; BayObLG DNotZ 1983, 752; KG DNotZ 1972, 615.
381 OLG Köln BWNotZ 2018, 10; KG FGPrax 2017, 98.
382 Siehe auch: RG RGZ 129, 286; BayObLG BayObLGZ 1953, 55; BGH DNotZ 1979, 684, 685.
383 OLG Zweibrücken Rpfleger 1982, 216.
384 Grüneberg/*Grüneberg*, § 311b Rn 19 f.
385 *Schöner/Stöber*, Rn 3537.

3. Vollmachtsinhalt

Die Vollmacht muss **inhaltlich die Bewilligung bzw. Auflassung decken.** Der Umfang der Vollmacht ist notfalls durch Auslegung nach den für Grundbucherklärungen geltenden Grundsätzen zu ermitteln.[386] Die Vollmacht kann eine General-, Gattungs-, Spezial-, Einzel- oder Gesamtvollmacht, Haupt- oder Untervollmacht sein. Im letzteren Fall müssen Haupt- und Untervollmacht alle Voraussetzungen erfüllen.[387] Die Vollmacht darf keine Bedingungen oder Einschränkungen enthalten, die das GBA nicht selbst nachprüfen kann. Andernfalls muss der Eintritt der Bedingung dem GBA in Form des § 29 Abs. 1 S. 2 GBO nachgewiesen werden. Ist der Vollmachtgeber vor Ausübung der Vollmacht verstorben, muss die Vollmacht über den Tod des Vollmachtgebers hinaus erteilt sein, was notfalls durch Auslegung zu ermitteln und i.d.R. zu bejahen ist (§§ 168, 672 BGB).[388] Die Vollmacht kann ausschließlich als Verfahrensvollmacht erteilt werden und berechtigt dann zu allen Verfahrenshandlungen, insbesondere zur Bewilligung, aber nicht zum schuldrechtlichen Vertrag oder zur Einigung oder sonstigen materiellen Erklärungen. Sie kann auf bestimmte Verfahrenshandlungen (z.B. die Bewilligung) beschränkt werden oder noch enger nur auf die Abgabe, Änderung oder Zurücknahme. Die Bewilligung kann deshalb auch von einem Bevollmächtigten abgegeben oder geändert werden, der keine Berechtigung zur Vertretung bei den materiellen Rechtsgeschäften hat.[389]

Das Selbst- und Mehrvertretungsverbot des § 181 BGB ist auch für die Bewilligungs-[390] und erst recht die Auflassungserklärung zu beachten. Veräußerer und Erwerber können – vorbehaltlich allgemeiner Vertretungsverbote[391] – unter Befreiung von § 181 BGB den gleichen Bevollmächtigten zur Auflassung ermächtigen,[392] auch den anderen Vertragspartner, der dann im eigenen Namen für sich und als Vertreter für den anderen handeln kann. Der dazu ermächtigte Notar kann in einer Eigenurkunde nur formell ungenügende Grundbucherklärungen (§§ 19, 20 GBO) ergänzen, aber nicht die materiell-rechtlichen Erklärungen, an denen er als Amtsperson mitgewirkt hat. Der Befreiung bedarf es nicht, wo mit der Bewilligung oder Auflassung eine Verbindlichkeit erfüllt wird.

4. Grundbuchverfahren

Verfahrensrechtlich ist dem GBA die Erteilung und der Fortbestand der Vollmacht **im Zeitpunkt des Wirksamwerdens der Bewilligungs- oder Auflassungserklärung** durch den Bevollmächtigten mit einer jeden vernünftigen Zweifel ausschließenden Eindeutigkeit **in der von § 29 Abs. 1 S. 1 GBO geforderten Form** nachzuweisen, da auch eine Verfahrensvollmacht gem. § 11 FamFG und § 87 ZPO vor Ausübung widerrufen und damit unwirksam werden kann.[393] Das GBA hat die Wirksamkeit und den Umfang der Vollmacht selbstständig zu prüfen, auch wenn der Urkundsnotar die Vollmacht für ausreichend angesehen hat.[394] Eine wirksame Vollmachtsurkunde (§ 172 BGB) ist nur die Urschrift der in Unterschriftsbeglaubigungsform erteilten Vollmacht (§ 40 BeurkG) oder die dem Bevollmächtigten erteilte Ausfertigung der beurkundeten Vollmacht (§§ 8, 9, 51 BeurkG), nicht eine beglaubigte Abschrift davon.[395] Ist der Bevollmächtigte im Besitz einer auf seinen Namen lautenden[396] Ausfertigung oder der Urschrift der Vollmachtsurkunde, hat das GBA im Regelfall von der Erteilung und vom Fortbestand der Vollmacht auszugehen,[397] weil der Vollmachtgeber bei Widerruf die Rückgabe der Urkunde und bei Widerruf durch einen von mehreren Vollmachtgebern die Anbringung eines entsprechenden Vermerks verlangen kann.

---

386 BGH FGPrax 2016, 145; OLG Brandenburg FGPrax 2013, 145; OLG München NJW-RR 2013, 389.
387 *Wolf*, MittBayNot 1996, 270.
388 Vgl. dazu: KG DNotZ 1972, 18; zur Auflassungsvollmacht für Käufer oder Verkäufer siehe OLG Köln OLGZ 1969, 305; OLG Düsseldorf DNotZ 1970, 27; zur Vollmacht im Testament vgl. OLG Köln NJW 1950, 702; zur Vollmacht zur Vertretung der Erben siehe LG Koblenz Rpfleger 1971, 15; wenn der Erbe minderjährig ist: BGH DNotZ 1969, 481.
389 OLG Hamm DNotZ 1954, 38.
390 OLG Köln FGPrax 2013, 153; OLG München RNotZ 2012, 506, 508.
391 Vgl. OLG München MittBayNot 2014, 234 zum Verbot der Doppelvertretung bei der einer bayerischen Kommune erteilten Auflassungsvollmacht.
392 OLG München DNotZ 1951, 31; *Hieber*, DNotZ 1951, 212.
393 *Demharter*, § 19 Rn 74c; BeckOK/*Hügel/Holzer*, § 19 Rn 98; a.A. *Schöner/Stöber*, Rn 102a ff., 3581: Zeitpunkt der Abgabe der Bewilligungserklärung genügt. Zum Nachweis des Fortbestands der Untervollmacht vgl. KG FGPrax 2015, 195.
394 BGH NJW-RR 2016, 1295; OLG München RNotZ 2017, 693.
395 BGH BGHZ 102, 60 = DNotZ 1988, 551 m. Anm. *Bohrer*; OLG Stuttgart DNotZ 1952, 183; *Winkler*, § 12 Rn 4a.
396 OLG Naumburg FGPrax 2016, 259.
397 BayObLG NJW 1959, 2119; BayObLG Rpfleger 1986, 90; OLG Köln Rpfleger 1984, 182.

163 Hat das GBA aber sichere Kenntnis davon, dass die Bevollmächtigung bei Abgabe der Bewilligungserklärung schon erloschen war, muss es einen weiteren Vertretungsnachweis auch dann verlangen, wenn die materiell-rechtlichen Erklärungen gem. § 172 Abs. 1, 2 BGB dem Vertretenen gegenüber wirksam geworden sind.[398] Für das GBA genügt es grundsätzlich[399] als Nachweis, wenn die Urschrift oder Ausfertigung der Vollmachtsurkunde dem Notar bei der Beurkundung oder Beglaubigung vorgelegt wird und der Notar dies bestätigt und der Ausfertigung seiner Urkunde eine beglaubigte Abschrift der Vollmachtsurkunde beifügt[400] oder die Vollmacht nachträglich in Form des § 29 Abs. 1 S. 1 GBO bestätigt wird. Die „Nachreichung" der Vollmacht ist ggf. als nachträgliche Genehmigung im Sinne des § 184 BGB auszulegen,[401] zusätzlich ist dann ihr Zugang nachzuweisen, z.B. durch Vorlage zusammen mit der Bewilligung beim GBA. Richtet sich die Wirkungsdauer der Vollmacht nach § 171 BGB, so ist ihr Fortbestand nur durch den Nachweis des fehlenden Widerrufs (§ 171 Abs. 2 BGB) zu führen.[402]

V. Bewilligung durch gerichtliches Urteil

164 Die Bewilligung wird herbeigeführt durch das rechtskräftige[403] Urteil, durch das der Betroffene zur Abgabe der Bewilligung verurteilt ist, vgl. § 894 Abs. 1 S. 1 ZPO.[404] Klage und Urteil können im Zusammenhang mit dem Erwerb eines dinglichen Rechts gerichtet sein auf:

– Erklärungen zum schuldrechtlichen Grundgeschäft;
– Abgabe der zum dinglichen Rechtsgeschäft notwendigen materiell-rechtlichen Erklärungen (§§ 873 ff. BGB) und auch zur Erklärung der Auflassung;[405]
– Vornahme der zum dinglichen Rechtsgeschäft notwendigen sonstigen Handlungen (z.B. Aushändigung der Abtretungserklärung oder Übergabe des Hypothekenbriefs, siehe § 1154 BGB);
– Abgabe der Eintragungs-, auch Berichtigungsbewilligung[406] (§ 19 GBO); kann das Grundstück nicht gem. § 28 GBO bezeichnet werden, ist die Klage auf Bewilligung der Eintragung der Auflassung nur zulässig, wenn wenigstens ein Fortführungsnachweis vorliegt, auf den im Urteil Bezug genommen werden kann; dass die Teilfläche früher im Kataster als einheitliche Parzelle vermerkt war, reicht zur Bewilligung nicht aus.[407] Die Klage auf Bewilligung der Eintragung des Eigentümers ist bereits vor Anlegung der Wohnungsgrundbücher zulässig, wenn dem GBA die Teilungserklärung mit Aufteilungsplan und Abgeschlossenheitsbescheinigung vorliegt.[408]
– Abgabe einer Erklärung, die der Form des § 29 GBO bedarf, aber noch nicht entspricht;
– Vorlage von Urkunden an das GBA, die zum Grundbuchvollzug benötigt werden (z.B. Hypotheken- oder Grundschuldbrief, vgl. §§ 41, 42 GBO). Um im Grundbuch vollzugsfähig zu sein, muss der Inhalt der Klage und des Urteilstenors den für Grundbucherklärungen geltenden Anforderungen entsprechen.[409]

---

398 BGH NJW 1990, 507; OLG Hamm FGPrax 2004, 266. Eine von der Betreuungsbehörde beglaubigte Vollmacht ist nach dem Tod des Vollmachtgebers nur grundbuchtauglich, wenn die Beglaubigung noch unter Geltung des § 6 Abs. 2 S. 1 BtBG erfolgte. Erfolgte die Beglaubigung erst nach Inkrafttreten von (und gemäß) § 7 Abs. 1 S. 1 BtOG am 1.1.2023, so entfällt die Beglaubigungswirkung und damit auch die Grundbuchtauglichkeit mit dem Tod des Vollmachtgebers, vgl. DNotI-Report 2023, 4.
399 Hat das GBA Erkenntnisse darüber, dass die vorgelegte Ausfertigung der Vollmacht dem Vollmachtgeber abhandengekommen ist, dann kann diese Urkunde einen Rechtsschein im Sinne von § 172 BGB nicht vermitteln, so das OLG München (FGPrax 2009, 260).
400 KG DNotZ 1972, 615; OLG Frankfurt Rpfleger 1972, 306 m. zust. Anm. *Haegele*; vgl. auch BGH BGHZ 77, 76 = DNotZ 1980, 352; *Schöner/Stöber*, Rn 3577 ff.; *Kasper*, MittRhNotK 1980, 132; LG Aachen MittRhNotK 1981, 39.
401 BGH BGHZ 29, 366 = DNotZ 1959, 312 = Rpfleger 1959, 219.
402 OLG Köln Rpfleger 1984, 182.
403 OLG München MittBayNot 2023, 43 m. Anm. *Stegbauer*.
404 OLG Schleswig FGPrax 2022, 156: Beim Tätigwerden als Vollstreckungsorgan hat das GBA sowohl die vollstreckungsrechtlichen als auch die grundbuchrechtlichen Voraussetzungen selbstständig zu prüfen. Das Vorliegen der allgemeinen Zwangsvollstreckungsvoraussetzungen (Titel, Klausel, Zustellung) sind gemäß ZPO durch Vorlage der Vollstreckungsunterlagen nachzuweisen. Da die vollstreckbare Ausfertigung eines Urteils stets Papierurkunde ist, ist eine Zwangsvollstreckung auf Grundlage einer elektronisch notariell beglaubigten Abschrift nicht möglich. § 135 GBO gilt nur für die grundbuchrechtlichen Voraussetzungen. OLG Düsseldorf RNotZ 2018, 582; BayObLG BayObLGZ 48, 426, 434; BGH BGHZ 90, 323, 327 = NJW 1984, 1959; BGH Rpfleger 1986, 210; BGH Rpfleger 1987, 452.
405 BGH BGHZ 90, 323; BGH WM 1982, 211, 213; BGH DNotZ 1988, 109.
406 OLG Naumburg FGPrax 2014, 200.
407 BGH Rpfleger 1987, 452 = DNotZ 1988, 109.
408 BGH MittBayNot 1993, 360.
409 BGH Rpfleger 1984, 310; BGH Rpfleger 1986, 210; BGH Rpfleger 1987, 452.

Das Urteil im Sinne des § 894 ZPO ersetzt nur die sich aus ihm ergebenden Erklärungen des Beklagten, nicht andere Erklärungen des Beklagten (soweit sie nicht durch Auslegung ermittelt werden können), nicht Erklärungen des Klägers (z.B. Entgegennahme der Auflassungserklärung), nicht Erklärungen Dritter und nicht behördliche oder (familien-, betreuungs- oder nachlass-)gerichtliche Genehmigungen, die demgemäß ggf. allesamt dem GBA zum Grundbuchvollzug vorzulegen sind.[410]

165

Ein Urteil kann **unter Vorbehalt** der notwendigen behördlichen Genehmigung ergehen. Der Genehmigungsvorbehalt enthält lediglich eine Rechtsbedingung, die selbst bei der Auflassung zulässig ist. In derartigen Fällen könnte das Urteil lauten: „Der Beklagte wird verurteilt, unter dem Vorbehalt der erforderlichen Genehmigung nach dem […] Gesetz die Auflassung des Grundstücks Flst. Nr. […] der Gemarkung […] an den Kläger zu dessen Alleineigentum zu erklären und die Eintragung dieser Auflassung im Grundbuch zu bewilligen." Notwendig ist dieser Vorbehalt nicht.[411]

166

VI. Die Bewilligung durch Behörden

Für die Bewilligung durch eine Behörde gilt § 19 GBO, nicht § 38 GBO. Wird die Bewilligung von der Behörde in öffentlicher Urkunde (§ 415 ZPO) erklärt, so bedarf sie keiner notariellen Beglaubigung. Beurkundungspflichtige Erklärungen (§§ 128, 125 BGB) können nach h.M. nur in einer notariellen Urkunde wirksam abgegeben werden, nicht in einer Eigenurkunde der Behörde.[412] Jede Behörde darf innerhalb der Grenzen ihrer Amtsbefugnisse und in der vorgeschriebenen Form in einer sog. bewirkenden Eigenurkunde Eintragungsbewilligungen und sonstige Grundbucherklärungen in ihren eigenen privatrechtlichen Angelegenheiten abgeben.[413] Im Grundbuchverkehr muss die Bewilligung den Anforderungen des § 29 GBO genügen. Dadurch wird das GBA der Pflicht zur Nachprüfung enthoben, ob sonstige Formvorschriften bestehen oder ob die Bewilligung der als Ausstellerin bezeichneten Behörde zuzurechnen ist.[414] Bei gesetzlicher Zuständigkeit einer Behörde bedarf es keines zusätzlichen Nachweises ihrer Vertretungsmacht.[415] Das GBA muss prüfen, ob sich die Behörde innerhalb der Grenzen ihrer Amtsbefugnisse hält[416] und ob die Zustimmung anderer Organe (z.B. des Gemeinderats) oder von Aufsichtsbehörden zur Wirksamkeit nach außen erforderlich ist. Keiner Prüfung bedarf die innerdienstliche Zuständigkeit des Unterzeichners der Bewilligung.

167

Bei Erklärungen, die die Behörde **nicht in eigenem Namen**, sondern **als Bevollmächtigter oder gesetzlicher Vertreter** abgibt, hat das GBA zu prüfen, ob diese Vertretung zu den Amtsbefugnissen gerade dieser Behörde gehört. Dies trifft z.B. zu bei Erklärungen des Jugendamts als Amtsvormund für das Kind.[417] Wo keine entsprechenden Amtsbefugnisse bestehen, ist die Behörde nur unter den Voraussetzungen zur Vertretung berechtigt, wie sie auch für Private gelten, also z.B. bei einem Grundstücksverkauf oder -kauf mit Privat. Ist z.B. zu bejahen bei Erklärungen einer Gemeinde für eine unter ihrer Verwaltung stehende Stiftung, wenn die Verwaltung nach der GemeindeO zum Wirkungskreis der Gemeinde gehört; zusätzlich sind etwaige verwaltungsrechtliche Beschränkungen der Vertretungsmacht zu beachten.[418]

168

VII. Bewilligung durch den Notar

Die Vertretung durch den Notar bei der Bewilligung von Grundbucheintragungen ist von großer praktischer Bedeutung. Die §§ 3, 6, 7 BeurkG hindern den Notar nicht, eine Vollmacht auf sich selbst zu beurkunden, wenn diese der Vorbereitung, Förderung und Durchführung einer von ihm selbst beurkundeten oder beglaubigten Erklärung dient.[419] Der Betroffene kann sich nicht nur bei der Grundbuchvorlage oder Aushändigung seiner Bewilligung durch den Notar vertreten lassen, sondern auch bei der Erklärung, Abänderung, Ergänzung und Zurücknahme der Bewilligung. Die **Erklärung, Ergänzung, Abänderung und Zurücknahme der Bewilligung** in einer **Eigenurkunde des Notars**, die er mit Unterschrift und

169

---

410 RG RGZ 149, 548; OGH NJW 1949, 426; OLG München SJZ 1949, 852; Meikel/*Böttcher*, § 19 Rn 28; *Demharter*, § 19 Rn 116; *Schöner/Stöber*, Rn 747.
411 BGH BGHZ 1982, 292 = NJW 1982, 881, 883.
412 *Römer*, DNotZ 1956, 364 m.w.N.; *Winkler*, § 1 Rn 35, 36.
413 OLG Naumburg FGPrax 2004, 202; BayObLG BayObLGZ 1954, 322, 330; BayObLG BayObLGZ 1971, 258 = Rpfleger 1971, 429; BGH BGHZ 45, 342, 366.
414 OLG Düsseldorf DNotI-Report 2004, 36; OLG Düsseldorf DNotI-Report 2000, 101, 102; *Demharter*, § 29 Rn 45.
415 DNotI-Report 2000, 101; BayObLG DNotZ 1987, 39.
416 OLG Celle, Rpfleger 1984, 61.
417 BGH BGHZ 45, 362.
418 Vgl. OLG München MittBayNot 2014, 234.
419 RG RGZ 155, 172, 179; BayObLG BayObLGZ 1955, 155, 161.

Dienstsiegel oder – im elektronischen Rechtsverkehr – mit qualifizierter elektronischer Signatur und dem entsprechenden Notarattribut versehen hat,[420] ist eine § 29 Abs. 3 GBO entsprechende öffentliche Urkunde im Sinne von § 415 Abs. 1 ZPO, wenn der Notar dazu vom Bewilligungsberechtigten in der von § 29 GBO vorgegebenen Form ermächtigt worden ist, diese Erklärung im Rahmen der Vollmacht für den Betroffenen abgegeben hat und mit dieser Vertretung bei einer Vollzugs- oder Treuhandtätigkeit eine zu seinem öffentlichen Amt gehörende Aufgabe (im Sinne des § 24 BNotO) wahrnimmt.[421]

170 Im Gegensatz dazu ist die vom Notar in eigener Sache abgegebene Grundbucherklärung (z.B. eine Löschungsbewilligung) trotz Einhaltung der für Eigenurkunden vorgeschriebenen Form (Unterschrift und Dienstsiegel) und trotz materieller Wirksamkeit (z.B. weil gem. § 875 BGB formlos) keine den Voraussetzungen des § 415 Abs. 1 ZPO und § 29 Abs. 3 GBO entsprechende öffentliche Urkunde, weil der Notar diese Tätigkeit nicht im Rahmen der zu seinem öffentlichen Amt gehörenden Aufgaben wahrnimmt.[422] Eine in seine Urkunde aufgenommene Vollmacht, z.B. des Inhalts:

171 „Die Beteiligten ermächtigen den Notar zur uneingeschränkten Vertretung in allen zur Rechtswirksamkeit und zum Grundbuchvollzug dieser Urkunde erforderlichen Verfahren" berechtigt den Notar über § 15 GBO hinaus zur Abgabe, Änderung und Rücknahme von Anträgen, Bewilligungen, sonstigen Grundbucherklärungen und Verfahrenshandlungen,[423] aber nicht zu rechtsgeschäftlichen Erklärungen selbst (z.B. zur materiellen Auflassung, zu schuldrechtlichen Vereinbarungen) und auch nicht zur beurkundungsbedürftigen Erklärung über die Unterwerfung unter die sofortige Zwangsvollstreckung (§ 794 Abs. 1 Nr. 5 ZPO).

VIII. Die Bewilligung durch Vertreter ohne Vertretungsmacht

172 Die Bewilligung kann von einem Vertreter ohne Vertretungsmacht abgegeben und nachträglich vom Vertretenen[424] oder dessen Erben[425] nach § 11 S. 5 FamFG i.V.m. § 89 Abs. 2 ZPO wirksam genehmigt und damit bis zur Grundbucheintragung geheilt werden.[426] § 180 BGB gilt für die Bewilligung nicht.

I. Ausnahmen vom Bewilligungserfordernis
I. Entbehrlichkeit der Bewilligung

173 Die Bewilligung ist **entbehrlich**:
- in den Fällen des § 21 GBO: Ist ein subjektiv-dingliches Recht betroffen, so ist die Bewilligung eines am herrschenden Grundstück Berechtigten nur erforderlich, wenn dort ein sog. **Aktivvermerk** eingetragen ist;
- nach § 1139 BGB für die Eintragung eines Widerspruchs wegen unterbliebener Darlehenshingabe;
- zu allen Eintragungen, die das GBA von Amts wegen vorzunehmen hat;
- für Löschungen bestehen gesetzliche Erleichterungen bei umgestellten Rechten und in anderen Ausnahmefällen, für gegenstandslose Eintragungen vgl. §§ 84 ff. GBO.

II. Bewilligungssurrogate

174 Die Bewilligung wird ersetzt durch:
- den Nachweis der Unrichtigkeit des Grundbuchs (§§ 22, 23 Abs. 2, 24, 27 S. 2 GBO);
- bei der Löschung einer aufgrund einstweiliger Verfügung oder eines vorläufig vollstreckbaren Urteils eingetragenen Vormerkung oder Widerspruchs durch Aufhebung dieser Entscheidung (§ 25 GBO);
- Abtretungs- oder Belastungserklärung bei Briefgrundpfandrechten (§ 26 GBO);

---

420 OLG Stuttgart BWNotZ 2018, 10; DNotI-Report 2017, 147.
421 So einhellige Meinung seit BGH BGHZ 78, 36 = DNotZ 1981, 252 m. Anm. *Winkler*; BayObLG DNotZ 1983, 434; BayObLG Rpfleger 1988, 60; *Reithmann*, DNotZ 1975, 324, 338; *Behmer*, Rpfleger 1984, 306, 307; *Demharter*, § 29 Rn 35; *Schöner/Stöber*, Rn 164.
422 So zutr.: OLG Zweibrücken Rpfleger 1982, 276; OLG Düsseldorf DNotZ 1989, 638.
423 OLG Düsseldorf FGPrax 2009, 203; OLG Frankfurt MittBayNot 2001, 225.
424 BayObLG MittBayNot 1996, 431; BayObLG 1989, 779, 780; BayObLG DNotZ 1986, 239.
425 OLG Hamm Rpfleger 1979, 17.
426 KG DNotZ 1986, 735; *Ertl*, DNotZ 1964, 273.

- Ersuchen einer Behörde in den Fällen des § 38 GBO;
- Unschädlichkeitszeugnis (siehe § 27 GBO Rdn 21);
- Ausschlussurteil nach § 927 BGB;[427]
- gesetzliches Aneignungsrecht des Staates nach § 928 Abs. 2 BGB, wenn er sich als Eigentümer im Grundbuch eintragen lässt;[428]
- vollstreckbare Ausfertigung eines Vollstreckungstitels bei einer Zwangshypothek (§ 867 ZPO);[429]
- Arrestbefehl bei Eintragung einer Arresthypothek (§§ 922, 932 ZPO);[430]
- Pfändungsbeschluss (§§ 828 ff. ZPO) bei Eintragung des Pfändungspfandrechts;[431]
- einstweilige Verfügung (§ 938 ZPO, §§ 885, 899 BGB).

§ 20 [Einigung]

Im Falle der Auflassung eines Grundstücks sowie im Falle der Bestellung, Änderung des Inhalts oder Übertragung eines Erbbaurechts darf die Eintragung nur erfolgen, wenn die erforderliche Einigung des Berechtigten und des anderen Teils erklärt ist.

A. Geltungsbereich des § 20 GBO	1
I. Gesetzeswortlaut	1
II. Auflassung	2
III. Bestellung, Inhaltsänderung, Übertragung von Erbbaurechten	5
IV. Einräumung und Aufhebung von Wohnungseigentum nach WEG	7
V. Bestellung, Inhaltsänderung, Übertragung grundstücksgleicher Rechte	9
VI. Rechtsgeschäftliche Aufhebung	10
B. Bedeutung des § 20 GBO	11
I. Eintragungsvoraussetzungen in den Fällen des § 20 GBO	11
II. Einigung als Voraussetzung der dinglichen Rechtsänderung	13
III. § 20 GBO als rein verfahrensrechtliche Vorschrift	14
IV. Bewilligungs- und Einigungsprinzip	15
C. Einzelfälle	17
I. Allgemeines zum Auflassungserfordernis	17
II. Miteigentum nach Bruchteilen: §§ 1008 ff. BGB	19
III. Güterrecht	21
IV. Erbrecht	24
V. Personengesellschaften (GbR, OHG, KG)	27
VI. Kapitalgesellschaften (AG, GmbH, KGaA) und Genossenschaften	31
VII. Vereine, Stiftungen	34
VIII. Juristische Personen des öffentlichen Rechts	36
IX. Originärer Eigentumserwerb	39
X. Eigentumserwerb durch Hoheitsakt oder Gesetz	40
XI. Grenzfeststellungen	41
XII. Buchungsfreie Grundstücke	42
D. Die an der Einigung beteiligten Personen	43
I. Überblick	43
II. Veräußerer, Erbbaurechtsbesteller	45
III. Erwerber	49
1. Überblick	49
2. Verstorbene Personen	52
3. Erbengemeinschaft	53
a) Erwerb nach § 2041 BGB	54
b) Wille zum erbengemeinschaftlichen Erwerb	55
c) Nicht zum Nachlass rückübertragbare Gegenstände	56
4. Ungeborene Person (Nasciturus)	57
5. Verträge zugunsten Dritter	58
6. Nicht bekannter oder nicht bestimmter Erwerber	59
a) Rechtserwerb durch einen nicht bekannten Erwerber	59
b) Kein Erwerb durch einen noch nicht bestimmten Erwerber	60
7. Nicht rechtsfähiger Erwerber	61
8. Personengesellschaften	62
9. Juristische Personen im Gründungsstadium	63
10. Ausländische juristische Personen	64
11. Einigung durch Vertreter	65
12. Erwerbsverbote	66
a) Gesetzliche Erwerbsverbote	67
b) Gerichtliche Erwerbsverbote	68
E. Inhalt der Auflassungserklärungen	69
I. Überblick	69
II. Ausdrücklicher und auslegungsfähiger Inhalt	70
III. Eigentumsübertragung von Veräußerer an Erwerber	73
IV. Gemeinschaftsverhältnis	74
V. Auflassungsgrundstück	84
VI. Unbedingte und unbefristete Auflassung	88
VII. Bindung an die Einigung	90
VIII. (Keine) Nichtigkeitsgründe	91
F. Form der Auflassung	93
I. Überblick	93

---

427 Staudinger/*Pfeifer/Diehn*, § 927 Rn 29.
428 Staudinger/*Pfeifer/Diehn*, § 928 Rn 22.
429 Vgl. *Schöner/Stöber*, Rn 2160 ff.
430 Siehe *Schöner/Stöber*, Rn 2226 ff.
431 *Demharter*, § 19 Rn 9.

II. Die Beurkundung der Auflassung	94
III. Erklärung der Auflassung vor einer zuständigen Stelle	96
IV. Erfordernis gleichzeitiger Anwesenheit	97
V. Änderung und Aufhebung der Auflassung	99
G. Erbbaurecht	100
I. Verfahrensrechtliche Voraussetzungen für die Grundbucheintragung	101
1. Bestellung eines Erbbaurechts	101
2. Inhaltsänderung eines Erbbaurechts	102
3. Übertragung eines Erbbaurechts	103
II. Besonderheiten für alte Erbbaurechte	104
H. Wohnungs- und Teileigentum	105
I. Einräumung und Aufhebung von Sondereigentum	105
II. Verfügungen über bestehendes Wohnungseigentum	106
I. Verfügungen über Auflassungsanspruch und Anwartschaftsrecht	108
I. Abtretung des Auflassungsanspruchs	109
1. Materiell-rechtliche Voraussetzungen der Abtretung	110
2. Grundbuchvollzug	111
II. Verpfändung des Auflassungsanspruchs	115
1. Überblick	115
2. Materiell-rechtliche Voraussetzungen und Folgen der Verpfändung	117
3. Grundbuchvollzug der Verpfändung	119
4. Grundbuchvollzug der Auflassung	120
5. Grundbuchvollzug der Sicherungshypothek	122
6. Löschung der Vormerkung für B und des Verpfändungsvermerks für X	123
III. Pfändung des Auflassungsanspruchs	124
1. Prozessuale Voraussetzungen und Folgen	124
2. Auflassung und Grundbuchvollzug	126
IV. Verfügung über das Anwartschaftsrecht	129
1. Voraussetzungen	129
2. Eintragung des Auflassungsempfängers B als Eigentümer	130
3. Eintragung des Zweiterwerbers C als Eigentümer	131
V. Verpfändung des Anwartschaftsrechts	132
VI. Pfändung des Anwartschaftsrechts	136
VII. Weiterveräußerung des Grundstücks (Kettenauflassungen)	138
J. Öffentlich-rechtliche Beschränkungen im Grundstücksverkehr	139
I. Amtspflichten des GBA	139
II. Bau- und Bodenrecht	148
1. Teilungsgenehmigung	148
2. Verkehrsbeschränkungen in Fremdenverkehrsgebieten	149
3. Verkehrsbeschränkungen im Umlegungsgebiet	152
4. (Keine) Verkehrsbeschränkungen bei der „vereinfachten Umlegung"	156
5. Verkehrsbeschränkungen im Enteignungsverfahren nach BauGB	157
6. Verkehrsbeschränkungen im Sanierungsgebiet	158
7. Verkehrsbeschränkungen im Entwicklungsbereich	165
8. Verkehrsbeschränkungen im Bereich von Erhaltungssatzungen	166
9. Verkehrsbeschränkungen im Bereich von Gebieten mit einem angespannten Wohnungsmarkt	170
III. Landwirtschaftsrecht	173
1. Grundstücksverkehrsgesetz	173
2. Flurbereinigung	180
3. Bayerisches Almgesetz	182
IV. Übersicht über weitere Verfügungsbeschränkungen und Genehmigungserfordernisse	183
1. Verfügungsbeschränkungen bei Gemeinden, Landkreisen und Verbänden	183
2. Bahneinheiten	185
3. Sozialversicherungsträger	186
4. Versicherungen, Investmentgesellschaften, Kapitalanlage- bzw. -verwaltungsgesellschaften	187
5. Handwerksordnung (HwO)	189
6. Kirchen	190
7. Stiftungen	191
8. Reichsheimstätten	192
9. Höfe im Sinne der Höfeordnung (HöfeO)	193
10. Fideikommissvermögen	194
11. Beschränkungen nach § 75 BVG und § 28 SVG	195
12. Beschlagnahme und Sperre von Vermögenswerten	198
V. Unbedenklichkeitsbescheinigung des Finanzamts	199
K. Vorkaufsrechte	204
I. Privatrechtliche Vorkaufsrechte	204
II. Gemeindliches Vorkaufsrecht nach §§ 24 ff. BauGB	205
1. Überblick	205
2. Vorkaufsrecht beim Kauf von Grundstücken	208
3. Ausnahmen vom Vorkaufsrecht der Gemeinde	209
4. Folgen der Ausübung des Vorkaufsrechts (§ 28 Abs. 2 BauGB)	210
5. Sondervorschriften für preislimitierte Vorkaufsrechte	211
6. Das Vorkaufsrecht im Grundbuchverfahren	212
III. Weitere bundes- und landesrechtliche Vorkaufsrechte	213

A. Geltungsbereich des § 20 GBO

I. Gesetzeswortlaut

§ 20 GBO verlangt für den Grundbuchvollzug der Auflassung etc., dass die materiell-rechtlich erforderliche Einigung erklärt ist. Ohne den entsprechenden Nachweis gegenüber dem GBA soll das GBA in diesen Fällen nicht eintragen (vgl. Rdn 14).

II. Auflassung

Die „Auflassung" eines Grundstücks ist die zur rechtsgeschäftlichen Übertragung des Eigentums an einem Grundstück nach § 873 Abs. 1 BGB erforderliche materiell-rechtliche Einigung des Veräußerers und des Erwerbers, die bei gleichzeitiger Anwesenheit beider Teile vor dem Notar oder einer sonstigen zuständigen Stelle erklärt werden muss (§ 925 Abs. 1 BGB). Den Gegensatz dazu bildet der Eigentumsübergang außerhalb des Grundbuchs, der kraft Gesetzes ohne Einigung und Eintragung eintritt und bei dem die Grundbucheintragung nur die nachträgliche Berichtigung des mit der wirklichen Rechtslage nicht mehr übereinstimmenden Grundbuchs bewirkt (§ 894 BGB, § 22 GBO). § 20 GBO ist damit nur dort anwendbar, wo materiell-rechtlich das Grundstückseigentum durch Auflassung übergeht.

Die Auflassung **realer Grundstücksteilflächen** wird von § 20 GBO damit ebenso erfasst wie die Auflassung eines ganzen Grundstücks. Sie ist nur vollziehbar, wenn die Teilfläche amtlich vermessen oder in anderer Weise zweifelsfrei bestimmt ist (vgl. § 28 GBO).[1] Die amtliche Vermessung wird durch eine sog. Messungsanerkennung der an der Auflassung Beteiligten in das Grundbuchverfahren eingeführt, wobei die Anerkennungserklärungen unabhängig davon, ob sie vor oder nach der Auflassung erfolgen, lediglich verfahrensrechtliche Bedeutung haben.[2]

Die Auflassung von **Miteigentumsanteilen nach Bruchteilen** im Sinne der §§ 1008 ff. BGB ist nach § 20 GBO wie die Auflassung des ganzen Grundstücks zu behandeln (vgl. § 28 GBO Rdn 18).[3] Dies gilt auch für Miteigentumsanteile, die mit Sondereigentum im Sinne des WEG verbunden sind.[4]

III. Bestellung, Inhaltsänderung, Übertragung von Erbbaurechten

§ 20 GBO gilt für neue und alte Erbbaurechte. Bei **neuen Erbbaurechten** (siehe § 3 Einl. Rdn 150) ist die Einigung beider Teile (§ 11 Abs. 1 ErbbauRG) in der Form des § 29 GBO nachzuweisen, aber nicht in der für die Auflassung vorgeschriebenen Form.

Bei **alten Erbbaurechten** (siehe § 3 Einl. Rdn 150) ist für Übertragung und Inhaltsänderung materiell immer noch die Auflassungsform vorgeschrieben und nach § 20 GBO nachzuweisen (§§ 35, 38 ErbbauRG).

IV. Einräumung und Aufhebung von Wohnungseigentum nach WEG

Die zur Einräumung und Aufhebung von Wohnungseigentum nach §§ 3 Abs. 1, 4 Abs. 1 WEG notwendige Einigung bedarf der für die Auflassung vorgeschriebenen Form (§ 4 Abs. 2 WEG). Sie enthält aber keine Übertragung, sondern eine Inhaltsänderung des Miteigentums. In § 20 GBO wird sie nicht erwähnt und nach hier vertretener (Minder-)Meinung damit auch von § 20 GBO nicht erfasst.[5]

Die Übertragung bereits bestehenden Wohnungseigentums erfolgt durch Auflassung des mit dem Miteigentumsanteil verbundenen Sondereigentums, gem. § 925a BGB und durch Eintragung im Grundbuch. Ein Nachweis der Einigung nach § 20 GBO ist also erforderlich.

---

1 BayObLG BayObLGZ 1962, 362, 371; BGH BGHZ 90, 323 = NJW 1984, 1959; BGH Rpfleger 1986, 210; BGH Rpfleger 1987, 452.
2 BGH FGPrax 2016, 1.
3 RG RGZ 76, 413.
4 OLG Hamm FGPrax 2023, 7.
5 *Demharter*, § 20 Rn 10; *Weitnauer*, § 4 WEG Anm. 5; a.A. die überwiegende Meinung, vgl. Schöner/Stöber, Rn 2842; Hügel/*Hügel*, § 20 Rn 28; Bärmann/*Armbrüster*, § 4 WEG Rn 22 u. MüKo-BGB/*Krafka*, § 4 WEG Rn 4, die § 20 GBO m.E. zu Unrecht als Formvorschrift interpretieren.

V. Bestellung, Inhaltsänderung, Übertragung grundstücksgleicher Rechte

9 § 20 GBO ist nach § 144 GBO entsprechend anzuwenden auf die dort genannten dinglichen Rechte.

VI. Rechtsgeschäftliche Aufhebung

10 Die rechtsgeschäftliche Aufhebung von Erbbaurechten und grundstücksgleichen Rechten wird nicht von § 20 GBO erfasst, da sie durch einseitige Erklärung (§ 875 BGB) und einseitige Zustimmung des Grundstückseigentümers (§ 26 ErbbauRG) erfolgt.

B. Bedeutung des § 20 GBO
I. Eintragungsvoraussetzungen in den Fällen des § 20 GBO

11 Der rechtsgeschäftliche Eigentumswechsel am Grundstück erfolgt aufgrund von Auflassung und Eintragung im Grundbuch (§§ 873, 925 BGB). Nicht rechtsgeschäftlich ist der Eigentumsübergang kraft Gesetzes (u.a. §§ 1922 Abs. 1, 1416 Abs. 2 BGB) und der Eigentumserwerb durch Hoheitsakt.

12 Soll das Eigentum an einem Grundstück aufgrund Rechtsgeschäfts umgeschrieben oder ein Erbbaurecht begründet, sein Inhalt geändert oder ein bestehendes Erbbaurecht übertragen werden, so hat das GBA zu prüfen:

- **Geltungsbereich des § 20 GBO** (siehe Rdn 1 f.): wenn nein, ist zu prüfen, ob nach § 19 GBO oder wegen einer Unrichtigkeit des Grundbuchs nach § 22 GBO zu verfahren ist (vgl. § 22 GBO Rdn 9 ff.);
- **Nachweis der Einigungserklärungen:** Die materiellen Voraussetzungen der Einigung richten sich nach BGB, die formellen Anforderungen an ihre Verwendbarkeit im Grundbuchverfahren nach Grundbuchverfahrensrecht. Beide Gesichtspunkte sind in Fällen des § 20 GBO von Bedeutung und daher zu prüfen:
    - Einigungsberechtigung der an der Einigung Beteiligten (siehe Rdn 43 ff.),
    - Verfügungsbefugnis des Veräußerers (vgl. Rdn 45 ff.),
    - Rechts- und Erwerbsfähigkeit und Erwerbswille des Erwerbers (siehe Rdn 49 ff.),
    - Inhalt der Einigung (siehe Rdn 69 ff.),
    - Form der Einigung (siehe Rdn 93 ff.),
    - bei Einigung durch Vertreter dessen Vertretungsmacht (vgl. Rdn 65), ggf. familien-, betreuungs- oder nachlassgerichtliche Genehmigung (siehe Rdn 65) und Zustimmung anderer Organe oder Aufsichtsbehörden (siehe Rdn 139 ff.),
    - Verwendbarkeit der Einigungserklärungen im Grundbuchverfahren (siehe Rdn 14, 65).
- **Bewilligung des Betroffenen** (§ 19 GBO), die zusätzlich zur Einigung notwendig ist (siehe Rdn 15 ff.).
- **Antrag eines Antragsberechtigten, vertreten durch einen Notar** (§ 13 Abs. 1 S. 3 GBO);
- **je nach Einzelfall:**
    - Voreintragung des Veräußerers (§§ 39, 40 GBO),
    - behördliche Genehmigungen (siehe Rdn 139 ff.),
    - Negativzeugnis zum VorkR nach BauGB (vgl. Rdn 212),
    - Unbedenklichkeitsbescheinigung des Finanzamts (siehe Rdn 199),
    - Besondere Voraussetzungen beim WE und ErbbauR (vgl. Rdn 100 ff., 105 ff.),
    - Prüfung des Grundgeschäfts nur in Ausnahmefällen (siehe Rdn 145).

II. Einigung als Voraussetzung der dinglichen Rechtsänderung

13 Die Einigung ist mit der Eintragung eine notwendige Voraussetzung für den Eintritt der dinglichen Rechtsänderung (vgl. §§ 873 Abs. 1, 925 Abs. 1 BGB):

- Die Einigung ist der i.d.R. formlose dingliche Vertrag, der sich durch seine materiell-rechtliche Natur von der verfahrensrechtlichen Bewilligung unterscheidet. Die sog. **Auflassung** (§ 925 BGB) ist durch ihre Form und durch ihre Bedingungs- und Befristungsfeindlichkeit ein für die Übertragung des Grundstückseigentums vorgeschriebener Sonderfall der Einigung (§ 873 Abs. 1 BGB).

- Die Eintragung ändert ohne Einigung die dingliche Rechtslage nicht, sondern macht das Grundbuch unrichtig, sofern nicht ausnahmsweise der Rechtsübergang bereits vorher außerhalb des Grundbuchs erfolgt ist.
- Folgt bei einer Verletzung des § 20 GBO die Einigung der Eintragung nach, dann tritt die dingliche Rechtsänderung mit der Einigung ein, sofern sie mit der vorausgegangenen Grundbucheintragung inhaltsgleich ist.[6]
- Die Einigung muss bei Vollendung des Eigentumserwerbs noch wirksam sein. Sie kann in der Zwischenzeit bis zur Eintragung unwirksam werden.

III. § 20 GBO als rein verfahrensrechtliche Vorschrift

- § 20 GBO enthält wie § 19 GBO **eine rein verfahrensrechtliche Ordnungsvorschrift**. Ihre Beachtung gehört zu den Amtspflichten des GBA (siehe § 2 Einl. Rdn 4). Ein Verstoß für sich allein hat keinen Einfluss auf die dingliche Rechtslage. Ein Amtswiderspruch darf nur eingetragen werden, wenn § 20 GBO verletzt ist und das Grundbuch deshalb unrichtig geworden ist, weil entweder keine oder keine wirksame Einigung besteht oder Einigung und Eintragung nicht übereinstimmen (§ 53 Abs. 1 S. 1 GBO).
- § 20 GBO führt dazu, dass die materiell-rechtlichen Erfordernisse an die Einigungserklärungen in den von § 20 GBO erfassten Fällen auch grundbuchverfahrensrechtlich zu beachten sind. Das Verfahrensrecht stellt mit der durch § 20 GBO begründeten Nachweispflicht an die Einigungserklärungen z.T. andere Anforderungen als das materielle Recht.
- Im Grundbuchverfahren ist die Wirksamkeit der Einigung dem GBA in Form des § 29 GBO nachzuweisen. Die Urkunde muss dem GBA vorliegen und für die Grundbucheintragung verwendbar sein.[7]
- § 20 GBO macht dem GBA zur Pflicht, darüber zu wachen, dass die Einigung vor der Eintragung erfolgt, obwohl das materielle Recht auch die umgekehrte Reihenfolge zuließe.
- **Materiell-rechtlich** kommt es auf das wirksame „Einigsein" der Beteiligten über alle zum Zustandekommen des dinglichen Vertrags wesentlichen Punkte (§ 873 BGB) an. In Fällen des § 925 Abs. 1 BGB ist die dort vorgeschriebene Form zu beachten. **Verfahrensrechtlich** (§ 20 GBO) kommt es darauf an, dass das GBA aus den ihm in Form des § 29 GBO nachgewiesenen Einigungserklärungen den Rückschluss auf dieses „Einigsein" der Beteiligten ziehen kann. Das GBA hat unter Beachtung der Beweismittelbeschränkung im Grundbuchverfahrensrecht (§ 29 GBO) die materielle Wirksamkeit der Einigung im Rahmen ihrer verfahrensrechtlichen Verwendbarkeit zu prüfen.[8] Weiß es, dass die zum Eigentumsübergang notwendige Einigung nach materiellem Recht nicht wirksam ist, darf es nicht eintragen (siehe § 2 Einl. Rdn 36, 40).

IV. Bewilligungs- und Einigungsprinzip

§ 20 GBO bestimmt in Abweichung von § 19 GBO die Fälle, in denen für die Grundbucheintragung die einseitige Bewilligung des Betroffenen nicht genügt, sondern zur Eintragung des Eigentumswechsels etc. die Einigungserklärungen (§§ 873 Abs. 1, 925 Abs. 1 BGB) abgegeben und damit dem GBA in Form des § 29 GBO nachgewiesen werden müssen. Der Grund dafür liegt darin, dass wegen der mit dem Grundstückseigentum und Erbbaurecht verbundenen weittragenden privat- und öffentlich-rechtlichen Folgen ein besonderes Interesse an der Übereinstimmung von Grundbuch und wirklicher Rechtslage besteht, die vom Gesetz nicht den Betroffenen (§ 19 GBO) allein überlassen, sondern dem GBA als Aufgabe im Rahmen des Eintragungsverfahrens übertragen worden ist. § 20 GBO steht im Zusammenhang mit §§ 22 Abs. 2, 82, 82a und § 925 BGB, die alle diesen Gesetzeszweck verfolgen.[9]

---

6 BGH NJW 1952, 622.
7 MüKo-BGB/*Ruhwinkel*, § 925 Rn 50 ff.
8 *Wolfsteiner*, DNotZ 1987, 67, 72 ff.; *Ertl*, DNotZ 1990, 39, 41.
9 MüKo-BGB/*Ruhwinkel*, § 925 Rn 1.

16 Ob für den Grundbuchvollzug die Bewilligung gem. § 19 GBO neben der Einigung gem. § 20 GBO erforderlich ist, ist noch immer streitig:
- teilweise wurde § 20 GBO als **Lex specialis** gegenüber § 19 GBO gesehen. Aus der Durchbrechung des formellen Bewilligungsprinzips zugunsten der materiellen Einigung ergebe sich, dass neben dem Nachweis der Einigung nicht auch noch eine Eintragungsbewilligung notwendig sein könne.[10]
- Die aktuelle Rspr. und die – auch von mir vertretene – h.M. gehen dagegen davon aus, dass für den Grundbuchvollzug auch in den Fällen des § 20 GBO die Bewilligung zusätzlich zur Einigung vorliegen muss, in dieser aber im Regelfall enthalten ist:[11] Eine wörtliche Einigung und eine wörtliche Bewilligung sind nicht notwendig, wenn sich für das GBA durch Auslegung ergibt, dass die Erklärungen sowohl die Einigung als auch die Bewilligung enthalten.[12] Diese Auslegung ist jedoch nur zulässig, wo sie zu einem den Anforderungen des Grundbuchverkehrs entsprechenden zweifelsfreien und eindeutigen Ergebnis führt (siehe § 2 Einl. Rdn 90 ff.).[13]
- Eine **klare Trennung von Einigung und Bewilligung** ist aus praktischen Gründen zweckmäßig, wie folgende Fälle zeigen:
    - **Fall 1:** Die Bewilligung unter dem Vorbehalt des § 16 Abs. 2 GBO,[14] dass eine Eintragung nicht ohne eine andere erfolgen darf. Praktisch wichtig z.B. bei Auflassung zweier Tauschgrundstücke, Grundstücksauflassung gegen gleichzeitige Eintragung der Kaufpreishypothek, Auflassung nicht ohne gleichzeitige Löschung des Nacherbenvermerks[15] oder anderer Belastungen (z.B. Grundpfandrechte). Ein solcher Vollzugsvorbehalt ist neben, nicht in der bedingungsfeindlichen Auflassung zulässig (§ 925 Abs. 2 BGB).[16] Trägt das GBA die Auflassung ohne Kaufpreishypothek ein, ist das Grundbuch richtig. Das GBA hat aber unter Verletzung des § 16 Abs. 2 GBO den mit der Bewilligung verbundenen Vorbehalt unberücksichtigt gelassen. Da das Grundbuch nicht unrichtig ist, kann kein Amtswiderspruch nach § 53 Abs. 1 S. 1 GBO eingetragen werden (allenfalls Staatshaftung!).
    - **Fall 2:** Der Eigentümer = Betroffene erklärt die Auflassung, (ausdrücklich) aber nicht die Bewilligung. In solchen Fällen darf das GBA die Eintragung nicht aufgrund der Auflassung allein vornehmen. Beispiel: Die Beteiligten wollen zur gegenseitigen Bindung das schuldrechtliche Grundgeschäft aus Kostengründen mit Auflassung vor dem Notar abschließen, aber den Grundbuchvollzug erst später (z.B. nach Kaufpreiszahlung) durch Abgabe der Bewilligung durch den Notar in Eigenurkunde durchführen lassen. Durch die Erklärung der Auflassung unter zeitlicher Zurückstellung der Bewilligung sind diese Fälle in der Praxis einfach und sicher lösbar.[17]

C. Einzelfälle
I. Allgemeines zum Auflassungserfordernis
17 Das GBA hat **vor Eintragung** zu **prüfen**, ob der Übergang des Eigentums oder Erbbaurechts
- durch Rechtsgeschäft, also Einigung und Eintragung (§§ 873 Abs. 1, 925 Abs. 1 BGB, § 11 Abs. 1 ErbbauRG) eintritt, dann ist gem. § 20 GBO der Nachweis der Einigungserklärungen zu verlangen;
- oder außerhalb des Grundbuchs kraft Gesetzes oder Hoheitsaktes bereits eingetreten ist, das Grundbuch also nur noch zu berichtigen ist: dann hat es nach § 22 Abs. 1 und Abs. 2 GBO zu verfahren;

---

10 RG RGZ 141, 374, 376; KG KGJ 48, 160; BayObLG BayObLGZ 1950, 426, 427; *Kesseler*, ZNotP 2005, 176, 180 ff.

11 So bereits früher: *Hesse/Saage/Fischer*, § 20 Anm. I und *Güthe/Triebel*, § 20 Rn 50; BGH NJW 1988, 415; KG FGPrax 2021, 243; OLG Brandenburg FGPrax 2021, 246; KG FGPrax 2017, 149; OLG München MittBayNot 2013, 483; *Demharter*, § 20 Rn 2; *Weser*, MittBayNot 1993, 265.

12 BayObLG Rpfleger 1975, 26; *Schöner/Stöber*, Rn 97; *Demharter*, § 20 Rn 2; *Ertl*, DNotZ 1975, 644, 647; *Ertl*, Rpfleger 1980, 41, 49; *Behmer*, Rpfleger 1984, 306.

13 Hügel/*Hügel*, § 20 Rn 3; a.A. OLG Düsseldorf MittBayNot 2010, 307 (Einigung enthält i.d.R. auch die Eintragungsbewilligung); OLG Stuttgart NJW-RR 2008, 456; OLG Köln MittRhNotK 1997, 325.

14 Die Anwendbarkeit des § 16 Abs. 2 GBO auf die Bewilligung entspricht der h.M. in der Rspr.: vgl. BayObLG BayObLGZ 1985, 332; OLG Hamm Rpfleger 1992, 474 m.w.N.; *Demharter*, § 16 Rn 15; a.A. nur *Kesseler*, ZNotP 2005, 176, 180.

15 OLG Frankfurt Rpfleger 1980, 107.

16 OLG München NJOZ 2015, 11; *Ertl*, Rpfleger 1980, 41, 49 m.w.N.

17 Dazu: *Behmer*, Rpfleger 1984, 306; *Weser*, MittBayNot 1993, 253.

– oder ob überhaupt kein Rechtsübergang stattgefunden hat, sondern nur der bisherige Rechtsinhaber seinen Namen oder seine Rechtsform unter Wahrung seiner rechtlichen Identität geändert hat, also lediglich eine Richtigstellung (keine Berichtigung im Sinne des § 894 BGB) des Grundbuchs zu erfolgen hat (vgl. § 22 GBO Rdn 11 ff.).

In Zweifelsfällen empfiehlt es sich, den sichereren Weg zu wählen, nämlich die Beurkundung der Auflassung bzw. Einigung zu verlangen, da der rechtsgeschäftliche Eigentumsübergang die Regel und der Übergang außerhalb des Grundbuchs die Ausnahme darstellt und die Auflassung i.d.R. den Erfordernissen des § 22 GBO genügt, aber nicht umgekehrt.[18] Die Eintragung eines Eigentümers oder Erbbauberechtigten im Wege der Grundbuchberichtigung ist ohne Unrichtigkeitsnachweis (§ 22 GBO) nur zulässig, wenn der Neueinzutragende in Form des § 29 GBO seine Zustimmung dazu erteilt (siehe § 22 GBO Rdn 144). Zur Vermeidung der Gefahr, dass er durch die Eintragung lediglich eine Buchposition erhält, sollte er sich für den Weg der Grundbuchberichtigung erst nach sorgfältiger Prüfung der Sach- und Rechtslage entschließen.

II. Miteigentum nach Bruchteilen: §§ 1008 ff. BGB

Bruchteilseigentum ist Eigentum im Rechtssinne.[19] Eine Auflassung ist deshalb überall dort erforderlich, wo auch bei ungeteiltem Eigentum aufzulassen wäre.

Auflassung deshalb erforderlich bei Übertragung eines Miteigentumsanteils von einem Bruchteilseigentümer an einen anderen oder an einen Dritten; Übertragung eines Miteigentumsanteils vom Alleineigentümer an einen Dritten, wodurch Bruchteilsgemeinschaft entsteht; Änderung der Miteigentumsanteile unter den gleichen Miteigentümern;[20] Übertragung von Bruchteilseigentum auf Gesamthandsgemeinschaft, auch wenn Bruchteilseigentümer und Gesellschafter die gleichen Personen sind.[21] Zum Erwerb in Bruchteilsgemeinschaft vgl. Rdn 74 ff.

III. Güterrecht

Weder die Zugewinngemeinschaft noch die Gütertrennung strahlen auf die Eigentumszuordnung aus. Güterrechtliche Fragen der Auflassung sind deshalb nur bei der Gütergemeinschaft als Gemeinschaft zur gesamten Hand oder ihr vergleichbaren Güterständen ausländischer Rechtsordnungen vorstellbar.

Auflassung ist **erforderlich** bei: Auseinandersetzung des Gesamtguts der Gütergemeinschaft (§§ 1471 ff. BGB), auch wenn der Ehegatte einen gesetzlichen Anspruch darauf hat[22] oder der fortgesetzten Gütergemeinschaft;[23] Übertragung eines Grundstücks aus dem Gesamtgut der Gütergemeinschaft in das Alleineigentum (Vorbehaltsgut) eines Ehegatten (§ 1418 Abs. 2 BGB);[24] umgekehrt die Aufhebung der Vorbehaltsguteigenschaft und Einbringung in das Gesamtgut.[25] Zum Erwerb in Gütergemeinschaft vgl. Rdn 81 ff.

Keine Auflassung **erforderlich** bei: Begründung der Gütergemeinschaft durch Ehevertrag (§ 1416 Abs. 2 BGB); Ausscheiden eines Abkömmlings aus fortgesetzter Gütergemeinschaft, da sein Anteil den übrigen nach §§ 1490, 1491 BGB anwächst.

IV. Erbrecht

Auflassung **erforderlich** bei: Erfüllung eines Vermächtnisses (§§ 2150, 2174 BGB);[26] Erbschaftskauf (§ 2374 BGB);[27] Erfüllung einer Teilungsanordnung (§§ 2048, 2049 BGB);[28] Umwandlung eines erbengemeinschaftlichen Grundstücks in Bruchteilseigentum der gleichen Personen;[29] Auseinandersetzung

---

18 Siehe auch: *Schöner/Stöber*, Rn 3289 ff.
19 MüKo-BGB/*Schmidt*, § 1008 Rn 1.
20 RG RGZ 56, 101; 57, 432; BayObLG BayObLGZ 1958, 263, 269.
21 RG RGZ 65, 227, 233.
22 RG RGZ 20, 259; RG DR 1944, 292.
23 KG KGJ 36, 200.
24 KG JFG 15, 194; BayObLG BayObLGZ 6, 295.
25 KG KGJ 52, 137; BGH NJW 1952, 1330; a.A. Staudinger/*Diehn*, § 925 Rn 113.
26 OLG München ZEV 2013, 202. Vgl. aber sog. Vindikationslegat, EuGH NJW 2017, 3767; dazu *Leitzen*, ZEV 2018, 311; *Becker*, MittBayNot 2019, 417.
27 KG OLG 1, 384.
28 RG RGZ 141, 284; OLG Neustadt MDR 1960, 497.
29 RG RGZ 105, 251.

der Erbengemeinschaft (§§ 2042 ff. BGB) durch Übertragung von Grundbesitz auf einen Miterben oder an Dritte,[30] während eine Wiederherstellung der Erbengemeinschaft durch Aufhebung der Auseinandersetzung nicht mehr möglich ist;[31] Umwandlung der Erbengemeinschaft in andere Gesamthandsgemeinschaft, Gütergemeinschaft, BGB-Gesellschaft, OHG oder KG;[32] Grundstücksübertragung eines Nachlassgrundstücks, das Testamentsvollstreckung unterliegt, an den Testamentsvollstrecker persönlich, an einen Miterben oder an einen Dritten.[33]

25 **Keine** Auflassung **erforderlich** bei: Erbanteilsübertragung (§ 2033 BGB),[34] die auch aufschiebend oder auflösend bedingt vereinbart werden kann;[35] Eintritt der Erbfolge (§§ 1922 ff. BGB) oder der Nacherbfolge (§§ 2100 ff. BGB); Übertragung aller Erbanteile, wenn zum Nachlass Grundbesitz gehört, auf einen Miterben, Testamentsvollstrecker oder einen Dritten,[36] gleichgültig, ob gleichzeitig in einer Urkunde oder nach und nach;[37] Übertragung aller **Erbanteile** auf eine unter den gleichen Miterben bestehende BGB-Gesellschaft mit der Folge, dass das Grundstück ins Alleineigentum der BGB-Gesellschaft fällt;[38] Übertragung eines Bruchteils an einem Erbanteil;[39] Übertragung eines Grundstücks als nahezu einziger Nachlassgegenstand im Wege der Auslegung als Erbanteilsübertragung;[40] Erfüllung eines Vorausvermächtnisses an den durch Nacherbfolge beschränkten Alleinerben;[41] Übergang eines Grundstücks im Erbwege auf Ehegatten in Gütergemeinschaft.[42]

26 **Keine neue** Auflassung (Bewilligung) ist erforderlich, wenn der Veräußerer oder Erwerber nach ihrer Erklärung und vor dem Vollzug der Auflassung verstorben ist (siehe Rdn 46, 52, § 5 Einl. Rdn 30).

V. Personengesellschaften (GbR, OHG, KG)

27 Für Personenhandelsgesellschaft und Gesellschaft bürgerlichen Rechts gelten im Hinblick auf ihre Grundbuchfähigkeit (vgl. § 47 Abs. 2 GBO)[43] für die Übertragung von Grundstückseigentum dieselben Grundsätze. Dies gilt sowohl vor als auch nach dem Inkrafttreten des „MoPeG"[44] zum 1.1.2024, vgl. im Übrigen § 47 GBO Rdn 36 ff.

28 Auflassung **zu Grundstücksübereignungen erforderlich** bei: Grundstückseinbringung von einem Gesellschafter in das Eigentum der Personengesellschaft;[45] Einbringung von Bruchteilseigentum in die Gesellschaft, auch wenn die Bruchteilseigentümer gleichzeitig Gesellschafter sind;[46] Gründung einer Personengesellschaft durch Aufnahme eines Gesellschafters in die Einzelfirma, wenn das Betriebsgrundstück bereits zur Einzelfirma gehört;[47] und auch wenn der eintretende Gesellschafter ein Grundstück in die Personengesellschaft einbringt;[48] Auseinandersetzung des Gesellschaftsvermögens bei Auflösung der Gesellschaft durch Übertragung auf einen allein[49] oder mehrere oder alle Gesellschafter in Bruchteilsgemeinschaft[50] (dagegen keine Auflassung, wenn die Gesellschaft nur die Rechtsform ändert, z.B. von OHG zu GbR);[51] Übertragung aus Gesellschaftsvermögen auf einen Gesellschafter, gleichgültig ob er in der Gesellschaft bleibt oder ausscheidet;[52] Einbringung von einer Personengesellschaft in eine andere,[53] die aus denselben Gesellschaftern besteht.

29 **Keine** Auflassung ist erforderlich bei allen Rechtsvorgängen auf gesellschaftsrechtlicher Ebene, z.B. Erwerb oder Verlust der mit der Mitgliedschaft verbundenen Vermögensteilhabe nach dem Anwachsungsprinzip, z.B. bei Eintritt in eine bestehende Personengesellschaft oder Ausscheiden aus ihr, auch Ausscheiden eines Gesellschafters aus zweigliedriger Gesellschaft unter gleichzeitigem Eintritt eines

---

30 OLG München ZEV 2018, 30; RG RGZ 57, 432, 434.
31 KG DNotZ 1952, 84; OLG Düsseldorf Rpfleger 1952, 343.
32 OLG Hamm DNotZ 1958, 416; BayObLG Rpfleger 1958, 345.
33 RG RGZ 61, 139; BayObLG BayObLGZ 7, 349.
34 BayObLG JFG 7, 319; BayObLG Rpfleger 1984, 463.
35 BayObLG BWNotZ 1995, 125; *Winkler*, MittBayNot 1978, 1.
36 BayObLG BayObLGZ 1959, 56.
37 RG RGZ 88, 116.
38 KG DR 1944, 455.
39 BGH NJW 1963, 1610; OLG Köln Rpfleger 1974, 109.
40 BGH BGHZ 15, 102 = NJW 1954, 1883; BGH FamRZ 1965, 267.
41 KG OLG 30, 202.
42 OLG München ZEV 2016, 383.
43 BGH BGHZ 179, 102 = DNotZ 2009, 115.
44 Gesetz vom 10.8.2021 (BGBl I S. 3436).
45 RG RGZ 65, 233; KG OLG 13, 23.
46 RG RGZ 56, 96, 101.
47 LG Dortmund NJW 1969, 137; *Güthe/Triebel*, § 20 Rn 18.
48 RG RGZ 65, 233.
49 KG OLG 13, 23.
50 RG RGZ 65, 233.
51 BayObLG NJW 1952, 28.
52 RG RGZ 65, 233; RG RGZ 76, 413; RG RGZ 105, 251.
53 KG JFG 21, 168; OLG München JFG 18, 120; OLG Hamm DNotZ 1958, 416; OLG Stuttgart BWNotZ 1953, 77.

neuen oder Ausscheiden eines Gesellschafters aus zweigliedriger Gesellschaft unter Übernahme des Grundstücks durch den anderen Gesellschafter; wenn das Grundstück nicht in das Eigentum der Personengesellschaft übergeht, z.B. bei einer Einbringung nur zur Nutzung oder dem Wert nach oder Einräumung eines Verwertungsrechts, weil in diesen Fällen das Grundstückseigentum dem Gesellschafter verbleibt; wenn die Gesellschaft unter Wahrung ihrer Identität lediglich ihre Rechtsform verändert und deshalb kein Eigentumsübergang auf einen anderen Rechtsträger stattfindet (z.B. Umwandlung der BGB-Gesellschaft in eine OHG, KG oder umgekehrt) oder eine Personenhandelsgesellschaft nur umfirmiert.

Keine neue Auflassung erforderlich, wenn nach Auflassung und vor Grundbuchvollzug ein Gesellschafterwechsel bei der veräußernden oder erwerbenden Personengesellschaft stattgefunden hat, selbst wenn sämtliche Anteile übertragen worden sind. Bei der BGB-Gesellschaft ist das Grundbuch bis zum Inkrafttreten des „MoPeG"[54] zum 1.1.2024 im Hinblick auf den Gesellschafterwechsel gem. § 47 Abs. 2 GBO zu berichtigen.[55]

VI. Kapitalgesellschaften (AG, GmbH, KGaA) und Genossenschaften

Auflassung **erforderlich** bei: Grundstückseinbringung in Kapitalgesellschaft durch einen oder mehrere Gesellschafter, auch wenn das Grundstück bisher in deren (Mit-)Eigentum oder Gesamthandseigentum gestanden hat;[56] Einbringung des Eigentums (**nicht: aller** Gesellschaftsanteile!) einer Personenhandelsgesellschaft in eine Kapitalgesellschaft, auch wenn gleiche Gesellschafter auf beiden Seiten (keine Auflassung aber nach Umwandlungsgesetz, vgl. Rdn 32);[57] Übertragung des Grundstückseigentums von GmbH oder AG in GmbH bzw. AG & Co. KG, auch wenn GmbH einziger Komplementär ist; Übertragung des Betriebsgrundstücks einer Kapitalgesellschaft auf einen Gesellschafter persönlich, auch wenn er der einzige ist, z.B. bei Liquidation oder Entnahme aus Betriebsvermögen, weil Wechsel des Rechtsträgers; Grundstücksübertragung oder Vermögensübertragung von einer Kapitalgesellschaft auf eine andere oder auf eine Personengesellschaft bzw. Einzelfirma und umgekehrt, sofern nicht ein Fall der Gesamtrechtsnachfolge nach UmwG vorliegt.

Keine Auflassung ist erforderlich bei:

– Verschmelzung von Kapitalgesellschaften durch Übertragung des Vermögens der einen Gesellschaft auf die andere oder durch Bildung einer neuen Gesellschaft, auf das das Vermögen nach dem Gesetz mit Eintragung der Verschmelzung im Handelsregister im Wege der Gesamtrechtsnachfolge übergeht (vgl. § 2 UmwG) und Vermögensübertragungen mit den gleichen, kraft Gesetzes eintretenden Wirkungen bei Verschmelzungen (vgl. §§ 174–189 UmwG);
– Spaltung und Ausgliederung aus dem Vermögen eines Einzelkaufmanns (§§ 123–173 UmwG), da ex lege die Gesamtrechtsnachfolge eintritt;
– formwechselnde Umwandlungen unter Wahrung der Identität des Rechtsträgers, bei denen kein Eigentumsübergang stattfindet (vgl. §§ 190–304 UmwG);
– Aufnahme oder Ausscheiden von Gesellschaftern einer Kapitalgesellschaft, auch bei Vereinigung aller Anteile in einer Hand;
– Übergang eines Grundstücks von Vor-GmbH auf GmbH (siehe Rdn 63);
– Aufhebung einer Zweigniederlassung und Zuordnung des Grundstücks zur Hauptniederlassung.[58]

Für die **Genossenschaften** gelten die gleichen Grundsätze wie für die Kapitalgesellschaften (vgl. Rdn 31 f.).

VII. Vereine, Stiftungen

Für Vereine, deren Zweck nicht auf einen wirtschaftlichen Geschäftsbetrieb gerichtet ist, und bürgerlichrechtliche Stiftungen gelten ebenfalls die selben Grundsätze wie bei den Kapitalgesellschaften; für Ver-

---

54 Gesetz vom 10.8.2021 (BGBl I S. 3436).
55 OLG Karlsruhe MittBayNot 2014, 59 m. Anm. *Lautner*; OLG Hamm MittBayNot 2013, 318; OLG Köln FGPrax 2013, 150.
56 *Güthe/Triebel*, § 20 Rn 17.
57 RG RGZ 79, 9; OLG Celle Rpfleger 1954, 108.
58 *Schöner/Stöber*, Rn 243.

eine deren Zeck auf einen wirtschaftlichen Geschäftsbetrieb gerichtet ist, gelten die selben Grundsätze wie für die GbR.[59] Eine **Auflassung ist erforderlich** bei: Übertragung von Grundstücken aus Vereinsvermögen an Dritte oder ein Vereinsmitglied;[60] Grundstückseinbringung in Verein oder Stiftung;[61] Grundstücksübertragung aus Vereins- bzw. Stiftungsvermögen aufgrund Liquidation an den Anfallberechtigten (§§ 45 Abs. 1, 87c BGB).[62]

35 **Keine** Auflassung ist dagegen erforderlich bei: Anfall von Vereins- oder Stiftungsvermögen an den Anfallberechtigten (§§ 46, 87c BGB);[63] Übergang eines Grundstücks vom „Vor-Verein" auf den e.V., wenn er mit dem früheren nicht rechtsfähigen Verein identisch ist; Vorgänge nach dem UmwG – die Fähigkeit des Vereins, an diesen Vorgängen teilzunehmen, ist im UmwG jeweils im einzelnen geregelt (Verschmelzung: § 3 Abs. 1 Nr. 4 und Abs. 2 Nr. 1 UmwG, Spaltung: § 124 UmwG, Formwechsel: § 191 Abs. 1 Nr. 4 UmwG).

VIII. Juristische Personen des öffentlichen Rechts

36 Juristische Personen des öffentlichen Rechts werden für die Frage des Auflassungserfordernisses wie Kapitalgesellschaften (siehe Rdn 31 f.) behandelt (zum Eigentumsübergang durch Gesetz vgl. Rdn 40; für buchungsfreie Grundstücke siehe Rdn 42).

37 **Auflassung erforderlich** bei: Eigentumsübertragung von einer juristischen Person des öffentlichen Rechts auf eine andere, wenn der Eigentumsübergang nicht durch Gesetz (ggf. auch Kirchengesetz)[64] angeordnet wird,[65] z.B. von einem Schulverband auf eine politische Gemeinde,[66] von einer Mutterpfarrei auf eine neu gegründete Kirchengemeinde,[67] Teilung einer Kirchengemeinde;[68] Übertragung eines Grundstücks in das Alleineigentum einer durch Teilung einer Kirchengemeinde entstandenen Einzelgemeinde.[69] Aus der Autonomie der Kirche folgt – soweit nicht landesrechtlich eine Ausnahme gilt (Art. 127 EGBGB) – nicht ohne weiteres die Befugnis, für den Bereich des Bürgerlichen Rechts einen Eigentumsübergang an einem Grundstück außerhalb des Grundbuchs mit der Wirkung anzuordnen, dass das Grundbuch unrichtig wird.[70]

38 **Keine** Auflassung erforderlich bei:
– formwechselnder Umwandlung einer Körperschaft oder Anstalt in Kapitalgesellschaft nach §§ 301–304 UmwG, welche die Identität des Rechtsträgers wahrt, wo also kein Eigentumsübergang stattfindet.
– Die Vermögensübertragung von einer Kapitalgesellschaft auf den Bund, ein Land, eine Gebietskörperschaft oder Zusammenschluss von Gebietskörperschaften ist nach §§ 174–177 UmwG in den Wirkungen der Verschmelzung bzw. Spaltung gleichgestellt;
– Übergang von einer fiskalischen Stelle auf eine andere bewirkt keinen Eigentumsübergang, da diese Stellen keine selbstständigen Rechtspersönlichkeiten sind, sondern insgesamt den Staat verkörpern,[71] zu behandeln also wie Übergang von Zweig- auf Hauptniederlassung (siehe Rdn 32).

IX. Originärer Eigentumserwerb

39 Der originäre – also gerade nicht: rechtsgeschäftliche – Eigentumserwerb bedarf naturgemäß keiner Auflassung,[72] insbesondere bei:

---

[59] § 54 BGB geändert durch Art. 1 Nr. 2 MoPeG v. 10.8.2021 (BGBl I 2021, S. 3436).
[60] KG OLG 5, 378; Staudinger/*Weick*, § 45 Rn 5.
[61] *Güthe/Triebel*, § 20 Rn 17.
[62] BayObLG BayObLGZ 1926, 33, 34.
[63] Staudinger/*Weick*, § 45 Rn 4.
[64] OLG Hamburg Rpfleger 1982, 373.
[65] KG KGJ 30, 40.
[66] KG KGJ 31, 306.
[67] OLG Düsseldorf NJW 1954, 1767.
[68] KG KGJ 41, 208; OLG Oldenburg DNotZ 1972, 492.
[69] OLG Hamm Rpfleger 1980, 148; bestätigt durch: BVerfG NJW 1983, 2571.
[70] BVerfG NJW 1983, 2571; *Demharter*, § 20 Rn 9; a.A. *Schöner/Stöber*, Rn 3295a (unter Hinweis auf OLG Hamburg NJW 1983, 2572). Ebenso: *Mainusch*, NJW 1999, 2148.
[71] RG RGZ 59, 404; LG Freiburg BWNotZ 1982, 66; Bauer/Schaub/*Kössinger*, § 20 Rn 160.
[72] MüKo-BGB/*Ruhwinkel*, § 925 Rn 9.

- Aneignung eines herrenlosen Grundstücks nach § 928 BGB. Aneignungsberechtigter erwirbt Eigentum mit seiner Grundbucheintragung, wozu ein Antrag in Form des § 29 GBO erforderlich ist;[73] aneignungsberechtigt ist ohne Aufgebot und ohne Einhaltung einer Frist auch der Eigenbesitzer, wenn der Fiskus auf sein Aneignungsrecht verzichtet und diesen Verzicht eintragen lässt.[74]
- Aneignung nach § 927 BGB aufgrund Ausschlussurteils im Aufgebotsverfahren; originärer Rechtserwerb durch Grundbucheintragung[75] aufgrund formlosen Antrags (so die h.M.);[76] der Antrag bedarf nach der hier vertretenen Meinung gem. dem aus §§ 20, 22 Abs. 2 GBO abgeleiteten verfahrensrechtlichen Grundsatz der Form des § 29 GBO.[77]
- Buchersitzung nach § 900 BGB.
- Eigentumserwerb durch Anlandungen oder Neubildung von Inseln nach Landesrecht (Art. 65 EGBGB).[78]
- Auflassung ist dagegen (analog) erforderlich bei Abtretung des Rechts auf originären Eigentumserwerb, z.B.:
    - Übertragung des Aneignungsrechts nach § 928 BGB,[79]
    - Übertragung des Aneignungsrechts nach § 927 BGB,[80]
    - außer Abtretung des Aneignungsrechts ist auch die Auflassung durch einen nach § 58 ZPO zu bestellenden Vertreter oder durch einen Dritten mit Zustimmung des Aneignungsberechtigten zulässig.[81]

X. Eigentumserwerb durch Hoheitsakt oder Gesetz

Der Eigentumserwerb durch Hoheitsakt oder Gesetz ist wie der originäre vom rechtsgeschäftlichen Erwerb zu unterscheiden. Er tritt außerhalb des Grundbuchs ohne Auflassung ein,[82] z.B. durch: 40

- Zuschlag in Zwangsversteigerung (§ 90 ZVG); Auflassung dagegen nötig bei sog. „freiwilliger Versteigerung";[83]
- Flurbereinigungsplan nach §§ 61, 79 FlurbG (vgl. § 2 GBO Rdn 6),[84] Auflassung dagegen nötig bei „freiwilliger Flurbereinigung" durch Ringtausch verschiedener Grundstückseigentümer auf rechtsgeschäftlicher Grundlage. Zur Bezeichnung eines Einlagegrundstücks bei Verfügungen über das Ersatzgrundstück vgl. Rdn 85. Der Buchberechtigte erwirbt durch die Ausführungsanordnung des Flurbereinigungsplans kein Eigentum am Abfindungsflurstück.[85]
- Enteignung nach BauGB aufgrund Entscheidung (§ 112 Abs. 2 BauGB) oder Enteignungsbeschluss der Enteignungsbehörde (§§ 112 Abs. 1, 113 BauGB) oder Einigung der Beteiligten in einer von der Enteignungsbehörde aufzunehmenden Niederschrift, die einem nicht mehr anfechtbaren Enteignungsbeschluss gleichsteht (§ 110 BauGB). Mit dem in der Ausführungsanordnung festgesetzten Tag wird (außerhalb des Grundbuchs) der bisherige durch den neuen Rechtszustand ersetzt (§ 117 Abs. 5 BauGB). Das GBA hat auf Ersuchen der Enteignungsbehörde (§ 38 GBO) im Wege der Grundbuchberichtigung die Rechtsänderungen einzutragen, die im Enteignungsbeschluss (oder der Niederschrift über die Einigung) und der Ausführungsanordnung bezeichnet sind (vgl. § 117 Abs. 7 BauGB und zu Verkehrsbeschränkungen in Enteignungsverfahren siehe Rdn 157).[86]

---

73 Staudinger/*Pfeifer*/*Diehn*, § 928 Rn 22; *Wilsch*, RPfleger 2023, 5, 7.
74 LG Hamburg DNotZ 1967, 34 mit zust. Anm. *Duve*; Grüneberg/*Herrler*, § 928 Rn 4; so jetzt bestätigt durch: BGH Rpfleger 1989, 497.
75 RG RGZ 76, 360.
76 OLG Jena DNotI-Report 2003, 21.
77 *Demharter*, Anh. zu § 44 Rn 4; Staudinger/*Pfeifer*/*Diehn*, § 927 Rn 30.
78 KG OLG 6, 197; *Güthe/Triebel*, § 20 Rn 10.
79 Grüneberg/*Herrler*, § 928 Rn 4; MüKo-BGB/*Ruhwinkel*, § 928 Rn 12.
80 Grüneberg/*Herrler*, § 927 Rn 7; MüKo-BGB/*Ruhwinkel*, § 927 Rn 8.
81 KG OLG 39, 209.
82 Dazu MüKo-BGB/*Ruhwinkel*, § 925 Rn 14.
83 *Güthe/Triebel*, § 20 Rn 7. Zur freiwilligen Versteigerung allg. siehe BNotK DNotZ 2005, 161.
84 *Mannel*, MittBayNot 2004, 397.
85 DNotI-Report 2003, 36.
86 Dazu OLG Hamm NJW 1966, 1132; KG Rpfleger 1967, 115; BayObLG Rpfleger 1972, 26; LG Regensburg Rpfleger 1978, 448.

- Auflassung dagegen notwendig bei freiwilliger Grundabtretung zur Abwendung der Enteignung,[87] auch wenn die Kaufpreisfestsetzung unterblieben ist[88] oder Verwaltungsschätzverfahren vorbehalten worden ist und zur Veräußerung von Grundstücken durch die Gemeinde gem. § 89 BauGB.[89]
- Enteignung nach anderen Bundes- oder Landesgesetzen erfolgt nach ähnlichen Vorschriften (vgl. Kommentare zu Art. 109 EGBGB).[90]
- Umlegungsplan nach § 72 BauGB (vgl. Rdn 155).
- Beschluss über die vereinfachte Umlegung nach § 82 BauGB (vgl. Rdn 156).
- Zum Eigentumsübergang nach Ausübung gesetzlicher Vorkaufsrechte der §§ 24 ff. BauGB siehe unten (vgl. Rdn 210).
- Eigentumsübergang durch (Bundes- oder Landes-)Gesetz, insbesondere gem. § 2 Abs. 2 BimAG,[91] wonach Liegenschaften des Bundesfinanzministeriums in das Eigentum der Bundesanstalt für Immobilienaufgaben mit Sitz in Bonn übergegangen sind und schrittweise die übrigen Dienstimmobilien des Bundes dorthin übergehen sollen;[92] § 6 Abs. 1 S. 1 FStrG (Eigentumswechsel mit Wechsel der Straßenbaulast[93]), ebenso nach den Landesstraßengesetzen, z.B. Art. 11 Abs. 4, 12 BayStrWG;[94] Art. 1 § 21 ENeuOG zum gesetzlichen Eigentumsübergang von Grundstücken der Deutschen Bundes- bzw. Reichsbahn auf die „Deutsche Bahn Aktiengesellschaft", festgestellt durch Übergabebescheid;[95] Art. 3 § 12 PTNeuOG zum Eigentumsübergang im Zuge der Postreform durch Zuweisungsbescheid.[96]

XI. Grenzfeststellungen

41 Zu unterscheiden sind:[97]

- Grenzfeststellung als Einigung zweier Nachbarn über den tatsächlichen Grenzverlauf, wozu weder Auflassung noch Eintragung und auch keine Form des § 311b BGB notwendig ist, wenn der Vertrag keine bewusste und gewollte Eigentumsveränderung zum Inhalt hat.[98] Bei grobem Verstoß gegen die Regeln der Vermessungskunst kann der Vertrag wegen fehlender Geschäftsgrundlage unwirksam sein.[99]
- Grenzfestsetzung als Vereinbarung über eine Grundabtretung in Form des § 311b BGB samt Auflassung und Eintragung, wenn auch nur ein Nachbar davon ausgeht, dass er eine ihm gehörende Fläche dem anderen übereignet.[100]
- Grenzscheidungsurteil nach § 920 BGB teilt Eigentum zu,[101] wirkt also rechtsbegründend zwischen den Parteien kraft der Gestaltungswirkung des Urteils;[102] wirkt aber auch gegen Dritte (z.B. Realberechtigte), sofern der Prozess zwischen den wirklichen Eigentümern geführt worden ist.[103] Bei Vorlage des rechtskräftigen Urteils ist das Grundbuch ohne Zustimmung der Realberechtigten zu berichtigen,[104] auch wenn die Prozessparteien nur buchmäßige Eigentümer sind[105] und das GBA die wahren Eigentümer nicht kennt. Stellt sich heraus, dass der strittige Grundstücksstreifen im Eigentum eines Dritten stand, können die wahren Berechtigten und die Realberechtigten ihre Rechte geltend machen.[106]

---

87 Vgl. BayObLG DNotZ 1990, 734.
88 BGH NJW 1967, 31; *Dittus*, NJW 1965, 2179.
89 *Schelter*, DNotZ 1987, 330, 348.
90 Siehe auch: *Sichtermann/Hennings*, Rn 17.4; *Stecher*, MittBayNot 1972, 103 (zur Beurkundungszuständigkeit).
91 BGBl 2004 I, 3235.
92 BGH DNotI-Report 2005, 54.
93 OLG Zweibrücken FGPrax 2013, 23.
94 Bauer/Schaub/*Kössinger*, § 20 Rn 162.
95 BGBl I 1993, 2378 ff. (ENeuOG v. 27.12.1993); Bauer/Schaub/*Kössinger*, § 20 Rn 149.
96 BGBl I 1994, 2325 ff. (PTNeuOG v. 14.9.1994); Merkblatt des BMJ, MittBayNot 1995, 501; Bauer/Schaub/*Kössinger*, § 20 Rn 151.
97 Dazu: MüKo-BGB/*Säcker*, § 920 Rn 2, 6.
98 MüKo-BGB/*Brückner*, § 920 Rn 8; OLG Nürnberg DNotZ 1955, 33 (wie bei gemeinschaftlicher Abmarkung unbestrittener Grenzen); OLG Celle NJW 1958, 632.
99 BGH WM 1979, 580.
100 Staudinger/*Roth*, § 920 Rn 22.
101 BGH NJW-RR 2022, 1178 (Rn 7); KG OLG 20, 405.
102 Staudinger/*Roth*, § 920 Rn 17 m.w.N.
103 Staudinger/*Roth*, § 920 Rn 19.
104 Grüneberg/*Herrler*, § 920 Rn 3.
105 Staudinger/*Roth*, § 920 Rn 176.
106 Grüneberg/*Herrler*, § 920 Rn 2; Staudinger/*Roth*, § 920 Rn 19.

XII. Buchungsfreie Grundstücke

Auflassung erforderlich, wenn Eigentum auf eine buchungspflichtige Person übergehen soll.[107] Keine Auflassung, wenn das Grundstück auch nach Übereignung buchungsfrei bleibt; das Landesrecht (Art. 127 EGBGB) kann die Übereignung buchungsfreier Grundstücke, insbesondere seine Form, frei regeln.

D. Die an der Einigung beteiligten Personen
I. Überblick

In den Fällen des § 20 GBO muss die materiell-rechtliche Einigung über die dingliche Rechtsänderung stattfinden:
- bei der Übertragung des Eigentums an einem Grundstück zwischen Veräußerer und Erwerber (§ 925 Abs. 1 BGB),
- bei der Bestellung eines Erbbaurechts zwischen dem Grundstückseigentümer und dem Erwerber des Erbbaurechts,
- bei der Änderung des Inhalts eines Erbbaurechts zwischen dem Grundstückseigentümer und dem Erbbauberechtigten,
- bei der Übertragung des Erbbaurechts zwischen dem bisherigen Erbbauberechtigten und dem Erwerber des Erbbaurechts.

Auf der einen Seite steht also der verlierende Teil, dessen Eigentum oder Erbbaurecht betroffen wird, auf der anderen Seite der gewinnende Teil, der durch den Erwerb begünstigt wird. **Gegenstand der Rechtsänderung** ist im Fall der Grundstücksübereignung und Erbbaurechtsbestellung ausschließlich das **Eigentum** am Grundstück, im Fall der Inhaltsänderung und Übertragung des Erbbaurechts ausschließlich das **Erbbaurecht**.

Ist eine Person **auf Veräußerer- und Erwerberseite gleichzeitig** beteiligt (z.B. Miterbe erwirbt das Nachlassgrundstück allein oder mehrere Miterben in Bruchteilseigentum) muss er die Auflassung als Veräußerer erklären und als Auflassungsempfänger entgegennehmen. Auch ein Testamentsvollstrecker, der ein Nachlassgrundstück übernimmt (z.B. Teilungsanordnung; Vermächtnis), muss bei der Auflassung erklären, dass und in welcher Eigenschaft er auf beiden Seiten handelt.

II. Veräußerer, Erbbaurechtsbesteller

Die Einigung ist auf Seiten des Veräußerers bzw. Erbbaurechtsbestellers im Namen des wahren Rechtsinhabers (Eigentümer oder Erbbauberechtigten) zu erklären.[108] Er muss **verfügungs- und damit einigungsberechtigt** sein.[109] Unterliegt er bezüglich seines gesamten Vermögens einer Verfügungsbeschränkung, so ist zu unterscheiden: Ist ihm die Verfügungsberechtigung völlig entzogen und einem Verwalter übertragen (z.B. Insolvenzverwalter, Testamentsvollstrecker), so ist nur dieser Verwalter zur Erklärung der Einigung befugt, wobei dann seine rechtswirksame Ernennung und Verfügungsbefugnis im Grundbuchverfahren zu prüfen sind.[110] Ist der Rechtsinhaber dagegen lediglich in seiner Verfügungsberechtigung beschränkt, so muss die Einigung vom Rechtsinhaber mit Zustimmung des Dritten oder der Genehmigung der zuständigen Behörde erklärt werden.[111]

Trotz Tod oder Verlust der Geschäftsfähigkeit des Eigentümers bleibt seine Auflassungserklärung (samt Bewilligung) wirksam; die Einigung bedarf auch dann nicht der Zustimmung der Erben, wenn diese zwischenzeitlich als Eigentümer im Grundbuch eingetragen worden sind.[112]

Ist der **wirkliche Eigentümer oder Erbbauberechtigte** im Grundbuch **noch nicht eingetragen,** darf das GBA die Einigung erst dann im Grundbuch vollziehen, wenn der Eigentümer oder Erbbauberechtigte vorher als solcher eingetragen worden ist (§ 39 Abs. 1 GBO) oder sein Erbrecht nachweist (§ 40

---

107 MüKo-BGB/*Ruhwinkel*, § 925 Rn 4.
108 RG RGZ 54, 364; RG RGZ 77, 78; Staudinger/*Gursky*, § 873 Rn 69.
109 BayObLG BayObLGZ 1973, 140 = Rpfleger 1973, 296.
110 OLG München RNotZ 2017, 386.
111 Siehe auch: MüKo-BGB/*Ruhwinkel*, § 925 Rn 51 ff.
112 OLG München FGPrax 2018, 67; BayObLG BayObLGZ 1973, 139 = DNotZ 1973, 609.

Abs. 1 GBO). Der Voreintragungsgrundsatz (siehe § 2 Einl. Rdn 5) ist vom GBA im Grundbuchverfahren zu beachten, auch wenn ein Verstoß gegen diese verfahrensrechtlichen Ordnungsvorschriften nicht zur Unwirksamkeit der Einigung führen würde.

48 Der **eingetragene Nichtberechtigte** ist zur Einigung **formell legitimiert**, auch wenn er selbst den Mangel seines Rechts kennt. Die dingliche Rechtsänderung tritt aber für den Erwerber nur ein unter den Voraussetzungen des § 892 Abs. 1 BGB. GBA und Notar können im Regelfall den eingetragenen Nichtberechtigten als wahren Rechtsinhaber behandeln, da auch für sie die Vermutung des § 891 BGB gilt. Sie müssen aber ihre Mitwirkung versagen, wenn sie die Unrichtigkeit kennen (siehe § 2 Einl. Rdn 36) und keiner der Fälle des § 185 BGB oder des § 878 BGB vorliegt.

III. Erwerber

1. Überblick

49 **Erwerbsfähigkeit** und **-wille** des Erwerbers sind unerlässliche Voraussetzungen einer wirksamen Einigung. Das Recht zum Eigentumserwerb ist Ausfluss der allgemeinen Rechtsfähigkeit natürlicher und juristischer Personen und ihnen gleichgestellter Personenverbände. Das BGB kennt Erwerbsbeschränkungen nur für Erbengemeinschaften (§ 2041 BGB), das öffentliche Recht auch für bestimmte juristische Personen (siehe Rdn 183 ff.).

50 Zum **Erwerb** des Eigentums und – damit auch aller anderen dinglichen und grundbuchmäßigen Rechte – ist **fähig**, wer als natürliche oder juristische Person des privaten oder öffentlichen Rechts rechtsfähig und nicht durch gesetzliche oder gerichtliche Erwerbsbeschränkungen am Erwerb gehindert ist. Das GBA hat die Erwerbs- und Grundbuchfähigkeit des Erwerbers von Amts wegen zu prüfen. Diese Prüfungspflicht ist in den Fällen des § 20 GBO umfangreicher als im Rahmen des § 19 GBO.

51 Zur Prüfung der materiellen Einigung in den Fällen des § 20 GBO gehört auch die des **Erwerbswillens** des Erwerbers – die Einigung ist nicht nur dann unwirksam, wenn ein Erwerber oder mehrere im angegebenen Gemeinschaftsverhältnis nicht erwerben können, sondern auch, wenn sie **nicht erwerben wollen**.

2. Verstorbene Personen

52 Stirbt der Auflassungsempfänger vor Eintragung, darf er nicht mehr eingetragen werden (vgl. § 2 Einl. Rdn 5).[113] Zur Eintragung der Erben als neue Eigentümer ist weder eine neue Auflassung noch eine neue Bewilligung notwendig, sondern nur der Erbnachweis (§ 35 GBO) und ein Antrag auf Eintragung der Erben.[114] Hat das GBA in Unkenntnis des Todes den Verstorbenen eingetragen, ist diese Eintragung auslegungsbedürftig und -fähig: Das Eigentum ist auf den Erben übergegangen, der nach § 1922 BGB in die Rechtsstellung des Erblassers eingetreten ist, mit der Folge, dass das Grundbuch durch Eintragung des Erben auf Antrag und Erbnachweis berichtigt werden kann.[115]

3. Erbengemeinschaft

53 Erbengemeinschaften können nur im Rahmen des § 2041 BGB Rechte erwerben.[116]

a) Erwerb nach § 2041 BGB

54 Erwerb nach § 2041 BGB kommt nur in Betracht
- aufgrund eines zum Nachlass gehörenden Rechts,
- als Ersatz für Zerstörung, Beschädigung oder Entziehung eines Nachlassgegenstandes,

---

113 KG Rpfleger 1975, 133; dazu für den Fall des § 14 GBO krit.: *Hagena*, Rpfleger 1975, 389.
114 BayObLG BayObLGZ 1933, 299; Meikel/*Böttcher*, § 20 Rn 149; *Schöner/Stöber*, Rn 3347; *Kofler*, MittRhNotK 1971, 671.
115 KG Rpfleger 1965, 367.
116 BGH DNotZ 2018, 52; BGH NJW 1968, 1824; KG DNotZ 1944, 177; KG JFG 15, 155; OLG Köln OLGZ 1965, 117; LG Koblenz DNotZ 1950, 65; OGHBrZ NJW 1949, 784; OLG München NJW 1956, 1880; OLG Köln Rpfleger 1987, 409; *Schöner/Stöber*, Rn 3137.

– durch ein sich auf den Nachlass beziehendes Rechtsgeschäft: Notwendig ist, dass es objektiv mit dem Nachlass in Zusammenhang gebracht werden kann. Ob auch eine subjektive Beziehung zum Nachlass bestehen muss, ist streitig.[117] Anhaltspunkte aus den dem GBA vorgelegten Erklärungen ergeben sich dafür z.B., wenn ein Miteigentumsanteil zum Nachlass gehört und der andere Anteil hinzuerworben wird;[118] Erwerb eines Grundstücks, um ein anderes Nachlassgrundstück besser bewirtschaften oder ausnützen zu können;[119] Erwerb mit Mitteln des Nachlasses rechtfertigt i.d.R. die Annahme des objektiven Erfordernisses, sofern nicht begründete Zweifel an der Richtigkeit der Angaben der Beteiligten bestehen.[120]

b) Wille zum erbengemeinschaftlichen Erwerb

Hinzukommen muss in den Fällen des § 20 GBO, dass die Miterben den Willen zum erbengemeinschaftlichen Erwerb haben und ihn in der Urkunde zum Ausdruck bringen,[121] was aber schon mit der Angabe des Erwerbsverhältnisses geschehen wird.

55

c) Nicht zum Nachlass rückübertragbare Gegenstände

Nicht zum Nachlass zurückübertragbar sind Gegenstände, die im Wege einer wirksamen Erbauseinandersetzung endgültig aus dem Nachlass ausgeschieden sind.[122]

56

4. Ungeborene Person (Nasciturus)

Der **Nasciturus** kann das Eigentum an einem Grundstück wegen der Bedingungsfeindlichkeit der Auflassung (§ 925 Abs. 2 BGB) nicht erwerben.[123] Ein Erbbaurecht kann dagegen für die ungeborene Person, vertreten durch dessen Eltern oder einen Pfleger, bestellt werden, wobei das Recht dann erst mit Vollendung der Geburt des Nasciturus entsteht (§ 1 Abs. 4 S. 1 ErbbauRG).

57

5. Verträge zugunsten Dritter

Die Auflassung zugunsten eines Dritten (d.h. zwischen A und B in der Weise, dass C ohne seine Mitwirkung durch Eintragung im Grundbuch Eigentum erwirbt) ist unabhängig von der Frage, ob dingliche Verträge zugunsten Dritter anzuerkennen sind, in jedem Fall gem. § 925 Abs. 2 BGB unwirksam.[124] Ein dinglicher Vertrag zugunsten eines Dritten analog § 328 BGB ist generell unwirksam.[125]

58

6. Nicht bekannter oder nicht bestimmter Erwerber

a) Rechtserwerb durch einen nicht bekannten Erwerber

Ein der Person nach feststehender, gleichwohl aber unbekannter Erwerber kann kein Eigentum und kein sonstiges dingliches Recht erwerben und auch im Grundbuch nicht eingetragen werden, weil die Bezeichnung des Berechtigten im Grundbuch zum zwingenden Inhalt einer wirksamen Eintragung gehört. Davon gibt es Ausnahmen, wenn zwar seine Person oder sein Name nicht feststellbar, aber der Personenkreis zu seiner Identifizierung hinreichend bestimmt (also so genau wie nach Lage des Falles möglich; z.B. ein verschollener Miterbe) und für ihn ein vertretungsberechtigtes Organ (z.B. Pfleger für unbekannte Beteiligte, Nachlasspfleger) vorhanden ist, der ihn beim Erwerbsvorgang vertritt.[126]

59

---

117 BGH MittBayNot 2000, 325 m. Anm. *J. Mayer* (lässt bei Eigentumserwerb mit Nachlassmitteln den objektiven Zusammenhang genügen, die Streitfrage im Übrigen aber offen); ebenso: Grüneberg/*Weidlich*, § 2041 Rn 2.
118 KG JFG 15, 155.
119 KG DR 1944, 190.
120 OLG München NJW 1956, 1880; *Johannsen*, WM 1970, 738.
121 Nach BGH MittBayNot 2000, 325 m. abl. Anm. *J. Mayer* ist dies selbst bei einer Kettensurrogation nicht erforderlich.
122 OLG Düsseldorf Rpfleger 1952, 243; KG DNotZ 1952, 84; OLG Köln OLGZ 1965, 118.
123 Staudinger/*Pfeifer/Diehn*, § 925 Rn 49 m.w.N.
124 MüKo-BGB/*Kohler*, § 873 Rn 58.
125 BGH DNotZ 1995, 494; BGH BGHZ 41, 95 = NJW 1964, 1124; BayObLG MittBayNot 2003, 126; OLG Düsseldorf MittRhNotK 1990, 52; *Liedel*, DNotZ 1991, 855, 863 ff.; Grüneberg/*Grüneberg*, Einf vor § 328 Rn 9; *Schöner/Stöber*, Rn 9.
126 OLG Rostock NJW-RR 2005, 604; *Demharter*, § 44 Rn 51.

b) Kein Erwerb durch einen noch nicht bestimmten Erwerber

60 Steht die Person des Erwerbers noch nicht fest, kann sie auch kein Eigentum erwerben. Wird also ein Grundstück „an X oder einen von X benannten Dritten" veräußert, kann X sofort das Eigentum erwerben, der Dritte aber erst, wenn er als Erwerber von X bestimmt worden ist und die Auflassungserklärung im Namen des Dritten abgegeben wird.[127] Für eine noch nicht bestimmte Person kann auch ein vollmachtloser Vertreter die Auflassung nicht wirksam entgegennehmen.[128] Eine wirksame Auflassung setzt voraus, dass entweder vorher oder gleichzeitig mit der Auflassung diese Benennung in der notariellen Urkunde erfolgt.[129]

7. Nicht rechtsfähiger Erwerber

61 Wer nicht rechtsfähig ist, kann keine Rechte erwerben und auch nicht im Grundbuch als Eigentümer oder Erbbauberechtigter eingetragen werden.

8. Personengesellschaften

62
– Die **GbR**, **OHG** und **KG**, auch **GmbH & Co. KG**, können Grundstückseigentum erwerben, die Personenhandelsgesellschaften unter ihrer Firma (§ 124 Abs. 1 HGB), die GbR gem. §§ 899a BGB, 47 Abs. 2 GBO und mit Inkrafttreten des MoPeG[130] unter ihrem registrierten Namen.
– Die gem. § 123 Abs. 2 HGB schon vor Registereintrag entstandene OHG bzw. KG ist grundbuchfähig und geeigneter Auflassungsempfänger. Dem GBA muss für die Eintragung in diesem Fall der Geschäftsbeginn und der Betrieb eines Handelsgewerbes in der Form des § 29 GBO nachgewiesen werden.[131]
– Die kein Handelsgewerbe betreibende OHG oder KG ist bis zum Handelsregistereintrag Gesellschaft bürgerlichen Rechts und damit ebenfalls zur Auflassung geeignet.[132] Sie ist damit auch grundbuchfähig. Für den Grundbuchvollzug der Auflassung ist bis zum Inkrafttreten des MoPeG im Hinblick auf § 47 Abs. 2 GBO die Eintragung zugunsten der einzutragenden Gesellschafter der Vor-OHG bzw. Vor-KG als Gesellschaft bürgerlichen Rechts zu bewilligen, ab 1.1.2024 zugunsten der GbR unter ihrem im Gesellschaftsregister registrierten Namen (vgl. § 47 GBO Rdn 45 ff.).

9. Juristische Personen im Gründungsstadium

63
– Die Vor-GmbH, Vor-AG und Vor-eG sind grundbuchfähig.[133] Sie können Grundstückseigentum und dingliche Rechte an Grundstücken erwerben und sich im Grundbuch als Eigentümer (dinglich Berechtigter) eintragen lassen.[134] Für die Eintragung gilt § 15 Abs. 1 lit. b GBV analog. Dem GBA ist für den Vollzug der Auflassung oder Erbbaurechtsbestellung die Existenz der Vorgesellschaft durch das notarielle Gründungsprotokoll, die Vertretungsbefugnis ihres Geschäftsführers bzw. Vorstands durch Beschluss in öffentlich-beglaubigter Form und die Eintragungsabsicht (z.B.) durch Vorlage der Registeranmeldung nachgewiesen werden.[135] Auch die im Gründungsstadium befindliche Ein-Mann-GmbH oder -AG („Vorgesellschaft") kann Eigentum erwerben und im Grundbuch eingetragen werden.[136] Die sog. „Vorgründungsgesellschaft", die vor Abschluss des notariellen Gründungsvertrages entsteht, ist als Personengesellschaft zu behandeln.[137]

---

127 Staudinger/*Gursky*, § 873 Rn 111.
128 BayObLG Rpfleger 1984, 11.
129 AG Hamburg NJW 1971, 102.
130 Gesetz vom 10.8.2021 (BGBl I S. 3436).
131 *Schöner/Stöber*, Rn 981c, der es für regelmäßig nicht möglich hält, diese Nachweise zu erbringen. M.E. muss aber die Vorlage einer entsprechenden öffentlich beglaubigten Handelsregisteranmeldung genügen.
132 BayObLG Rpfleger 1984, 13.
133 BayObLG DNotZ 1986, 177.
134 So BGH BGHZ 1945, 338; BGH BGHZ 1980, 129; 86, 122; BGH BGHZ 1991, 148; BGH NJW-RR 1988, 288; *Schöner/Stöber*, Rn 987; *Priester*, DNotZ 1980, 515, 522; *Böhringer*, BWNotZ 1981, 53; *Böhringer*, Rpfleger 1988, 446; *Kückelhaus*, MittRhNotK 1984, 89, 92; Staudinger/*Gursky*, § 873 Rn 107: Dem GBA sind – nur – im Bereich des § 20 GBO die Gründungsurkunde und Nachweise über die Vertretung der Gesellschaft (Geschäftsführerbestellung, Vertretungsbefugnis zum Grundstücksgeschäft schon vor Registereintrag) und das Betreiben des Registereintragungsverfahrens (z.B. durch Vorlage einer begl. Abschrift der Registeranmeldung oder einer notariellen Eigenurkunde über die Vorlage beim Handelsregister) vorgelegt werden, vgl. Meikel/*Böttcher*, Einl. F 52b; *Schöner/Stöber*, Rn 993a; LG Traunstein DNotI-Report 1998, 66, 67.
135 *Schöner/Stöber*, Rn 993a.
136 Meikel/*Böttcher*, Einl. F 52; *Schöner/Stöber*, Rn 989; *Böhringer*, Rpfleger 1988, 446, 448.
137 BGH BGHZ 91, 148 = DNotZ 1984, 585; *Böhringer*, Rpfleger 1988, 446, 448.

- Die Vorgesellschaft besteht nur, solange sie ihre Registereintragung betreibt.[138] Ist dies nicht mehr der Fall, wird sie liquidiert analog den Bestimmungen, die für die Liquidation der jeweiligen juristischen Person selbst gelten (mit der Folge, dass das Grundstückseigentum von der Vorgesellschaft gem. §§ 873, 925 BGB auf Gesellschafter oder Dritte zu übertragen ist) oder wandelt sich bei Fortführung in eine OHG- oder BGB-Gesellschaft um, womit die Gründungsgesellschafter das Grundstückseigentum kraft Gesetzes, also ohne Auflassung erwerben.[139] Betreiben die Gründungsgesellschafter nicht selbst die Berichtigung des Grundbuchs, ist dies ein Fall des Berichtigungszwangs (§§ 82 ff. GBO).

10. Ausländische juristische Personen

Die Umschreibung des Eigentums auf eine ausländische juristische Person setzt den Nachweis ihrer Existenz, Erwerbsfähigkeit sowie die Vertretungsmacht der für sie Handelnden durch öffentliche Urkunden voraus, wobei § 32 GBO grundsätzlich nicht gilt;[140] ist der danach geforderte Nachweis wegen Besonderheiten des auf die juristische Person anzuwendenden ausländischen Rechts nicht möglich, können die nach diesem Recht möglichen Nachweise ausreichend sein.[141]

64

11. Einigung durch Vertreter

Veräußerer und Erwerber müssen sich bei der Einigung (und ggf. Messungsanerkennung) durch ihre gesetzlichen Vertreter vertreten lassen, wenn sie nicht selbst rechtswirksam handeln können (geschäftsunfähige, beschränkt geschäftsfähige und juristische Personen). Sie können sich durch Bevollmächtigte oder Vertreter ohne Vertretungsmacht vertreten lassen, wenn sie nicht selbst handeln wollen. Das GBA hat zu prüfen, ob die Einigungserklärungen vom Vertreter innerhalb seiner Vertretungsmacht wirksam abgegeben worden sind, ob dazu eine Genehmigung (z.B. Familien- bzw. Betreuungs- oder Nachlassgericht, Aufsichtsbehörde) erforderlich ist und ob die Vertretungsmacht formgerecht nachgewiesen ist (vgl. § 19 GBO Rdn 153 ff.).

65

12. Erwerbsverbote

Gesetzliche und gerichtliche Erwerbsverbote können im Gegensatz zu den Verfügungsbeschränkungen (siehe § 6 Einl. Rdn 77 ff.) nicht im Grundbuch eingetragen werden, weil sie sich nicht gegen den im Grundbuch Eingetragenen richten, sondern gegen einen Nichteingetragenen.[142] Bei der Eigentumsvormerkung kann ein Erwerbsverbot vermerkt werden, wenn es sich gegen den Vormerkungsberechtigten richtet.[143]

66

a) Gesetzliche Erwerbsverbote

Gesetzliche Erwerbsverbote hat das GBA stets von Amts wegen zu prüfen und zu beachten.

67

- Für staatenlose oder **ausländische (natürliche oder juristische) Personen** gibt es keine allgemeinen Erwerbsbeschränkungen. Zulässig wären sie nur auf der Grundlage einer Rechtsverordnung gem. Art. 86 S. 2 und 3 EGBGB.
- Gegen bestimmte, namentlich benannte Personen und Organisationen bestehen EU-rechtlich sanktionierte Erwerbsverbote, die auch im Grundbuchverfahren zu beachten sind.[144]
- Einschränkungen des Grunderwerbs durch **Bausparkassen** (§ 4 Abs. 4 BausparkG) oder **Sparkassen**[145] hat das GBA nicht zu beachten.[146]
- **Sozialversicherungsträger** nach § 85 SGB IV: Der Erwerb von Grundstücken und grundstücksgleichen Rechten außerhalb eines gesetzlich festgelegten Hundertsatzes des Haushaltsvolumens des Versicherungsträgers bedarf der Genehmigung der Aufsichtsbehörde (= Bundesanstalt für Finanzdienstleistungen).[147]

---

138 BayObLG Rpfleger 1987, 407.
139 Dazu: BayObLG Rpfleger 1987, 407; *Böhringer*, Rpfleger 1988, 446, 449; Meikel/*Böttcher*, Einl. F 52e; *Schöner/Stöber*, Rn 993 m.w.N.
140 KG RNotZ 2013, 426.
141 OLG Nürnberg FGPrax 2014, 156; KG FGPrax 2012, 236; *Bausback*, DNotZ 1995, 254.

142 KG JFG 18, 194; BayObLG Rpfleger 1997, 304.
143 LG Tübingen BWNotZ 1984, 39.
144 *Niedernhuber*, GSZ 2022, 32, 37.
145 OLG München DNotZ 2013, 679 m. Anm. *Wicke* zu § 8 BaySpkO.
146 *Schöner/Stöber*, Rn 4064.
147 BGH MittBayNot 2004, 255; *Schöner/Stöber*, Rn 4059.

- **Handwerkskammern, Landes- und Bundesinnungsverbände** bedürfen für Erwerb und Veräußerung von Grundbesitz **keiner** Genehmigung der Aufsichtsbehörde (§ 106 Abs. 1 Nr. 7, Abs. 2 HandwO).[148]
- **Handwerksinnungen** und Handwerkerschaften bedürfen nur im Innenverhältnis zum Erwerb, Veräußerung und Belastung von Grundbesitz eines Beschlusses der Innungsversammlung und der Genehmigung durch die Handwerkskammern (§ 61 Abs. 2 Nr. 7a, Abs. 3 HandwO). Die Vertretungsmacht des Vorstands ist hierdurch nicht eingeschränkt.[149]

b) Gerichtliche Erwerbsverbote

68 Gerichtliche Erwerbsverbote[150] schränken nach überwiegender – hier abgelehnter – Auffassung die Befugnis des Auflassungsempfängers zum Eigentumserwerb ein.[151] Sie können auf einstweiliger Verfügung (§§ 935, 938 Abs. 2 ZPO) oder Gerichtsurteil beruhen. Obwohl es sich bei ihnen lediglich um relative Erwerbsverbote handelt, die nur gegenüber dem Verbotsgeschützten wirken, und bei denen u.U. noch gar nicht sicher ist, ob das Grundbuch bei Verstoß unrichtig wird,[152] darf das GBA ohne Zustimmung des Verbotsgeschützten die Eintragung nicht vornehmen, wenn es das Verbot kennt;[153] § 878 BGB findet keine Anwendung.[154] Ist die Eintragung trotzdem bereits erfolgt, kann zugunsten des Verbotsgeschützten ein Widerspruch nach § 899 BGB eingetragen werden; bei gleichzeitigem Verfahrensverstoß ein Amtswiderspruch nach § 53 Abs. 1 S. 1 GBO.[155] Diese materiell- und verfahrensrechtliche Behandlung wird mit Recht kritisiert.[156] Um den Erwerber gegen den durch Antragszurückweisung drohenden Rechtsverlust zu schützen, ist unter Beachtung von § 17 GBO bei vorläufigen relativen Erwerbsverboten (die wieder aufgehoben werden oder ihre Wirksamkeit verlieren können, vgl. §§ 942, 925 ZPO), zugunsten des Antrags auf Eintragung des Erwerbers ein Schutzvermerk gem. § 18 Abs. 2 GBO (Verfahrensvormerkung, siehe § 18 GBO Rdn 101 ff.) oder aufgrund einer vor der Eintragung erwirkten einstweiligen Verfügung gleichzeitig mit der Eigentumsumschreibung ein Widerspruch einzutragen.[157]

E. Inhalt der Auflassungserklärungen

I. Überblick

69 Aus der Auflassung als materiell-rechtlich dinglichem Vertrag muss für das GBA ggf. auch nur im Auslegungswege (siehe Rdn 70 ff.) der übereinstimmende Wille aller Beteiligten hervorgehen, von wem und an wen (vgl. Rdn 73) an welchem Grundstück Eigentum ohne jede Bedingung oder Zeitbestimmung übertragen wird. Die Nichtigkeit des Grundgeschäfts führt nach dem Abstraktionsprinzip für sich allein nicht zur Nichtigkeit der Auflassung.[158]

II. Ausdrücklicher und auslegungsfähiger Inhalt

70 Die Auflassungserklärungen müssen den übereinstimmenden Willen der Beteiligten auf Übertragung des Eigentums vom Veräußerer auf den Erwerber deutlich zum Ausdruck bringen.[159] Bestimmte Formulierungen sind nicht vorgeschrieben. Die Erklärungen sind einer Auslegung grundsätzlich zugänglich,[160] ein bestimmter Wortlaut ist nicht vorgeschrieben.

71 **Außerhalb des Grundbuchverfahrens** ist die Auflassung als dinglicher Vertrag mit materieller Rechtsnatur (§§ 873, 925 BGB) nach den für Verträge geltenden allgemeinen Auslegungsgrundsätzen der Auslegung zugänglich.

---

148 *Schöner/Stöber*, Rn 4088 ff.
149 *Schöner/Stöber*, Rn 4088, 4089.
150 Vgl. allg. MüKo-BGB/*Armbrüster*, § 136 Rn 8 f.; MüKo-BGB/*Kohler*, § 888 Rn 30.
151 BayObLG Rpfleger 1978, 306; krit.: *Böttcher*, BWNotZ 1993, 25, 29.
152 Unentschieden: RG RGZ 117, 290.
153 *Böttcher*, MittBayNot 1987, 9, 10.
154 So die h.M.: RG RGZ 120, 118, 119; BayObLG FGPrax 1997, 89; BayObLG Rpfleger 1978, 306; *Demharter*, § 19 Rn 97; Grüneberg/*Herrler*, § 878 Rn 2; *Schöner/Stöber*, Rn 1649; MüKo-BGB/*Kohler*, § 878 Rn 38; *Böttcher*, BWNotZ 1993, 25, 32.
155 BayObLG BayObLGZ 1922, 314.
156 Vgl. MüKo-BGB/*Kohler*, § 888 Rn 31 ff.
157 *Böttcher*, BWNotZ 1993, 25, 34; v. *Schweinitz*, DNotZ 1990, 749, 750.
158 OLG München NJW-RR 1986, 13; OLG Frankfurt DNotZ 1981, 40; Staudinger/*Gursky*, § 873 Rn 121 ff.
159 OLG Hamm FGPrax 2015, 247.
160 OLG Hamm FGPrax 2015, 247; OLG München NotBZ 2014, 263.

Eine materiell wirksame Auflassung, die, für sich betrachtet, grundbuchverfahrensrechtlichen Maßstäben nicht genügt, ist für die Grundbucheintragung verwendbar, wenn dem GBA ihre materiell-rechtliche Wirksamkeit nachgewiesen wurde und die daneben erforderliche Bewilligung des Veräußerers dem grundbuchrechtlichen Bestimmtheitsgrundsatz genügt und sich beide Erklärungen decken.[161]

III. Eigentumsübertragung von Veräußerer an Erwerber

Aus den übereinstimmenden Erklärungen muss sich ergeben, dass Grundstückseigentum rechtsgeschäftlich übertragen wird und wer der Veräußerer und wer der Erwerber ist.[162] An der rechtsgeschäftlichen Einigung fehlt es z.B., wenn die Parteien von einer reinen Grundbuchberichtigung ausgehen. Die Berichtigungsbewilligung des Voreingetragenen und die Zustimmung gem. § 22 Abs. 2 GBO können dann nicht als Einigung über einen rechtsgeschäftlichen Eigentumsübergang angesehen werden, wie dies § 873 Abs. 1 BGB verlangt.[163]

IV. Gemeinschaftsverhältnis

Auf **Veräußerer-** oder **Erwerberseite** können mehrere Personen an der Auflassung beteiligt sein. Das GBA hat zu prüfen, ob das zur Eintragung beantragte Gemeinschaftsverhältnis generell möglich und im konkreten Eintragungsverfahren das richtige ist.[164] Die beantragte Eintragung eines Ehegatten als Alleineigentümer darf das GBA aber nicht schon bei bloßen Zweifeln, sondern erst dann ablehnen, wenn es die auf Tatsachen gegründete sichere Kenntnis davon hat, dass durch die Eintragung das Grundbuch unrichtig wird.[165]

Sind **mehrere Veräußerer** beteiligt und wirken alle an der Auflassung mit, ergibt sich ihr Gemeinschaftsverhältnis unmittelbar aus dem Grundbuch.

Sind **mehrere Erwerber** beteiligt, muss ihr Gemeinschaftsverhältnis gesetzlich zulässig sein, z.B. Bruchteilsgemeinschaft (§ 1008 BGB), Gütergemeinschaft (§ 1415 BGB), Erbengemeinschaft (§ 2032 BGB), güterrechtliche Gemeinschaften ausländischen Rechts. Notwendig ist die Angabe des konkreten Gesamthandsverhältnisses, nicht genügend z.B. „Auflassung an die Erwerber zur gesamten Hand".[166] Ein Eigentumserwerb mehrerer als „Gesamtberechtigte gem. § 428 BGB" ist nicht zulässig,[167] auch wenn für sie in diesem Gemeinschaftsverhältnis eine Auflassungsvormerkung bestellt und eingetragen werden kann.[168] Auch eine „Sukzessivauflassung" an Erwerber, die nacheinander Alleineigentümer werden sollen, wäre als zeitlich befristetes Eigentum (§ 925 Abs. 2 BGB) unwirksam.

Keine Auflassung an mehrere liegt vor, wenn zuerst das Grundstück vom Veräußerer an einen Erwerber aufgelassen wird und erst danach (z.B. infolge eines Erbfalls) auf Erwerberseite ein Gemeinschaftsverhältnis entsteht oder wenn der Auflassungsempfänger vor seiner Eintragung das Grundstück an mehrere zu Bruchteilen oder per Gesamthand (auch wenn er selbst daran beteiligt ist) weiterüberträgt.[169]

Veräußerer und Erwerber müssen übereinstimmende Erklärungen zum Gemeinschaftsverhältnis, in dem die Erwerber das Grundstück erwerben wollen, abgeben.[170] Für die Wirksamkeit der materiell-rechtlichen Auflassungserklärungen genügt es, wenn das gewollte Gemeinschaftsverhältnis ermittelt und ein unzulässiges in ein zulässiges umgedeutet werden kann.[171] Sind die Auflassungserklärungen demgemäß materiell wirksam abgegeben worden, hat der Veräußerer im Regelfall anschließend kein Interesse mehr an einem bestimmten, im Grundbuch einzutragenden Gemeinschaftsverhältnis. Die zum Grundbuchvollzug erforderliche Bestimmung des Gemeinschaftsverhältnisses gem. § 47 GBO als Teil der neben der Auflassung erforderlichen Eintragungsbewilligung kann dann auch durch die Erwerber in Form des § 29 GBO nachgeholt, geändert oder berichtigt werden, wenn sie dazu vom Veräußerer gem. § 185

---

161 BGH DNotZ 1988, 109, 110; OLG München MittBayNot 2013, 483 m. Anm. *Kössinger*.
162 RG JW 1928, 2519.
163 OLG Frankfurt Rpfleger 1973, 394.
164 *Reymann*, NJW 2008, 1773.
165 OLG Düsseldorf NJW-RR 2017, 337; OLG Frankfurt FGPrax 2017, 60.
166 KG OLG 22, 179.
167 BayObLG BayObLGZ 1963, 123.
168 OLG Köln Rpfleger 1975, 19.
169 OLG Köln Rpfleger 1980, 16.
170 Skept.: *Schöner/Stöber*, Rn 3312.
171 Vgl. *Ertl*, Rpfleger 1983, 430.

BGB ermächtigt sind, wovon für den Regelfall auszugehen ist.[172] Der Auflassungsform (§ 925 Abs. 1 BGB) bedürfen nur Nachtragserklärungen, die zur Behebung einer materiellen Unwirksamkeit der Auflassung erforderlich sind.

79 **Bei Auflassung an mehrere in Bruchteilsgemeinschaft** (§§ 741, 1008 BGB) muss sich die Einigung auch auf die Größe aller Miteigentumsanteile beziehen und die Summe aller Bruchteile ein Ganzes ergeben. Eine Auflassung an mehrere Erwerber ohne Angabe von Quoten oder ohne Angabe darüber, ob eine Übertragung auf die Erwerber nach Bruchteilen oder ob und in welchem Gemeinschaftsverhältnis gewollt ist, kann mangels entgegenstehender Anhaltspunkte als materiell wirksame Auflassung an sie zu gleichen Bruchteilen ausgelegt werden.[173] Die Einigungserklärungen (siehe Rdn 13) bedürfen aber verfahrensrechtlich zum Zweck der Grundbucheintragung bezüglich der Quoten einer Ergänzung (§ 47 GBO), die lediglich die Erwerber in Form des § 29 GBO abgeben brauchen, wenn der Inhalt der formellen Erklärungen des Veräußerers (was i.d.R. möglich ist) durch Auslegung zum gleichen Ergebnis führt. Hat das GBA die Größe der Bruchteile entgegen § 47 GBO nicht eingetragen, so hat es dies aufgrund der ihm vorliegenden und erforderlichenfalls nachzureichenden Eintragungsunterlagen nachzuholen.

80 **Bei Auflassung an mehrere in Gesamthands- oder Errungenschaftsgemeinschaft** ist diese Gemeinschaft genau (z.B. „im gesetzlichen Güterstand italienischen Rechts"[174]) zu bezeichnen, denn „die Gesamthand" gibt es nicht. Eine „Beteiligungsquote" einzelner Gesamthänder wird im Grundbuch nicht vermerkt.

81 Besondere Probleme wirft die Auflassung an Ehegatten oder eingetragene Lebenspartner auf, die entweder tatsächlich in **Gütergemeinschaft** gem. §§ 1415 ff. BGB oder einem vergleichbaren Güterstand ausländischen Rechts (insbesondere der **Errungenschaftsgemeinschaft** – in diesem Sinn gelten nachstehende Überlegungen zur Gütergemeinschaft auch für Errungenschaftsgemeinschaften) leben oder dies für die und in der Auflassung irrtümlich so erklären. Diese Fälle lassen sich mit Hilfe der Grundsätze der Falschbezeichnung (**falsa demonstratio non nocet**)[175] lösen.[176]

82 – **Fall 1:** Die Ehegatten leben **tatsächlich** in **Gütergemeinschaft**. **Auflassung** an beide Ehegatten **zum Gesamtgut**. Das GBA hat die Ehegatten in Gütergemeinschaft einzutragen, wenn es nicht positiv weiß, dass diese gar nicht besteht.[177]
– **Fall 2:** Die Ehegatten leben **tatsächlich** in **Gütergemeinschaft**.[178] **Auflassung** nur **an einen Ehegatten allein** (zum Gesamtgut oder zum Alleineigentum):
Diese Auflassung ist materiell-rechtlich wirksam, selbst wenn der Erwerber nicht Gesamtgutsverwalter ist. Denn jeder Ehegatte kann allein einen Erwerbsvorgang an einem Grundstück (Miteigentumsanteil, Wohnungseigentum, Erbbaurecht) vornehmen. Der Erwerb fällt nach der herrschenden Meinung durch Auflassung, nach a.A. (wie bei Erbschaft) erst eine „logische Sekunde nach Vollendung des Rechtserwerbs" kraft Gesetzes in das Gesamtgut.[179] Das Recht, die Eigentumsübertragung zum Gesamtgut zu beantragen, steht beiden Ehegatten gemeinsam, dem erwerbenden Ehegatten allein und dem Gesamtgutsverwalter unter Nachweis der Gütergemeinschaft zu,[180] nicht dem Erwerber, der nicht Gesamtgutsverwalter ist.[181] Die Eintragung des Ehegatten als Alleineigentümer muss das GBA nach § 82 GBO in Kenntnis der Gütergemeinschaft ablehnen.[182] In der für den Grundbuchvollzug neben der Auflassung erforderlichen Eintragungsbewilligung ist das Erwerbsverhältnis richtig zu stellen.

---

172 MüKo-BGB/*Ruhwinkel*, § 925 Rn 47; *Schöner/Stöber*, Rn 3312; Grüneberg/*Herrler*, § 925 Rn 16, 23 (stützt sich zur Begründung desselben Ergebnisses auf die Verfügungsbefugnis der Erwerber über ihr mit der Auflassungserklärung erworbenes Anwartschaftsrecht).
173 BayObLG BayObLGZ 1977, 189 = DNotZ 1978, 238.
174 LG Köln MittRhNotK 1996, 372, 373.
175 Dazu allgemein: MüKo-BGB/*Säcker*, Einleitung AT Rn 154.
176 *Reymann*, NJW 2008, 1773.
177 OLG München MittBayNot 2013, 404; OLG Düsseldorf NJW-RR 2000, 542.
178 Die Vereinbarung der Gütergemeinschaft bedarf der notariellen Niederschrift, vgl. § 1410 BGB. Der Laie verwechselt nicht selten die gesetzliche „Zugewinngemeinschaft" mit der vertraglichen „Gütergemeinschaft".
179 *Lutz*, RNotZ 2023, 129, 145; *Hofmann*, FamRZ 1972, 117; *Tiedtke*, FamRZ 1976, 510.
180 BayObLG BayObLGZ 1975, 209 = Rpfleger 1975, 302.
181 Staudinger/*Thiele*, § 1416 Rn 23.
182 RG RGZ 155, 344, 347.

- **Fall 3**: Die Ehegatten leben **tatsächlich in Gütergemeinschaft**. **Auflassung** an beide Ehegatten zu **Bruchteilen**: Die Auflassung ist von Anfang an materiell wirksam.[183] Jeder Ehegatte kann allein für sich einen Miteigentumsanteil wirksam aufgelassen erhalten, der (wie im **Fall 1**) nach der Unmittelbarkeitstheorie sofort mit Eintragung oder nach der Durchgangstheorie als abgeleiteter Rechtserwerb eine logische Sekunde später kraft Gesetzes in das Gesamtgut fällt. Das GBA muss gem. § 82 GBO die Eintragung der Ehegatten in Bruchteilsgemeinschaft ablehnen, wenn es das Bestehen der Gütergemeinschaft kennt. Es hat aber ohne Wiederholung, Änderung oder Berichtigung der Auflassung entweder dem Antrag auf Eintragung der Ehegatten in Gütergemeinschaft stattzugeben, wenn sie dies beantragen und es der Eigentümer (oder die Ehegatten mit seiner Ermächtigung), bewilligt, oder dem Antrag auf Eintragung des Erwerbs zu Miteigentumsbruchteilen, wenn ihm die (gleichzeitige oder nachträgliche) ehevertragliche Erklärung der Miteigentumsanteile zum Vorbehaltsgut der Ehegatten nachgewiesen wird.[184]
- **Fall 4:** Die Ehegatten leben **tatsächlich nicht in Gütergemeinschaft**. **Auflassung** an beide Ehegatten zum **Gesamtgut**: Durch Eintragung beider Ehegatten zum Gesamtgut der Gütergemeinschaft wird das Grundbuch bezüglich des Gemeinschaftsverhältnisses unrichtig (§ 894 BGB). Die Auflassung kann nach den Grundsätzen der Falschbezeichnung als Erwerb zu gleichen Miteigentumsbruchteilen ausgelegt werden, wenn (wie i.d.R.) kein Vertragsteil der Begründung von Gesamthandseigentum besondere Bedeutung beigemessen hat und bei Kenntnis des richtigen Güterstands eine Auflassung an sie zu gleichen Bruchteilen vereinbart worden wäre.[185] Ist die Auflassung materiell wirksam, dann erwerben die Ehegatten durch Einigung und Eintragung (§ 873 BGB), auch wenn sie unrichtig in Gütergemeinschaft eingetragen worden sind, Miteigentum je zur Hälfte.[186] Zur Grundbuchberichtigung gelten die Erwerber als vom Veräußerer ermächtigt, einen neuen Antrag im Sinne des § 30 GBO unter Nachweis ihres Güterstands zu stellen. Sind Eheleute im Grundbuch als Eigentümer in Gütergemeinschaft eingetragen, leben sie aber tatsächlich im gesetzlichen Güterstand und sind sie deshalb materiell-rechtlich je hälftige Bruchteilseigentümer, kann von einer Voreintragung der Eheleute als Bruchteilseigentümer je zur Hälfte im Grundbuch nicht abgesehen werden, wenn der Ehemann seinen Anteil der Ehefrau überträgt und dies im Grundbuch eingetragen werden soll.[187]
- **Fall 5: Güterstandsänderung zwischen Auflassung und Eintragung**
  - Haben die Ehegatten erst nach Auflassung und noch vor Eintragung Gütergemeinschaft vereinbart, ist die zunächst richtig an sie als Erwerber nach Miteigentumsbruchteilen erklärte Auflassung materiell wirksam und verfahrensrechtlich wie Fall 3 zu behandeln.
  - Vereinbaren die Ehegatten zwischen Auflassung und Eintragung anstelle Gütergemeinschaft einen anderen Güterstand (z.B. gesetzlich oder Gütertrennung), bleibt die an sie erklärte Auflassung unter den oben genannten Voraussetzungen (siehe Rdn 78) wirksam und mit dem neuen Gemeinschaftsverhältnis (hälftiges Bruchteilseigentum) auf entsprechenden Antrag der Erwerber und Bewilligung des Veräußerers oder Ermächtigung an die Erwerber in der Form des § 29 GBO vom GBA zu vollziehen.[188]
  - Ändern die Erwerber den gesetzlichen Güterstand in Gütertrennung oder umgekehrt (vor oder nach Eintragung), so hat dies auf ihr Gemeinschaftsverhältnis und auf den Inhalt der Auflassung und des Grundbuchs keinen Einfluss. Diese Güterstände können im Grundbuch nicht vermerkt werden (siehe § 2 Einl. Rdn 125 ff.).

Für die Auflassung an Ehegatten in einer **Errungenschaftsgemeinschaft** gelten die vorstehenden Ausführungen sinngemäß. Errungenschaftsgemeinschaft besteht nach deutschem Recht selten, nach ausländischem Recht häufig (vgl. § 8 Einl. Rdn 232 ff.). Ein der Errungenschaftsgemeinschaft ähnlicher Güterstand ist die eheliche Vermögensgemeinschaft des FGB (der DDR), die nach Art. 234 § 4 EGBGB weiter bestehen kann.

---

183 BGH BGHZ 82, 346 = DNotZ 1982, 692; BGH Rpfleger 1982, 135 mit zust. Anm. *Meyer-Stolte* (ihm jetzt folgend: BayObLG BayObLGZ 1983, 118, 125).
184 BayObLG Rpfleger 1982, 18.
185 MüKo-BGB/*Ruhwinkel*, § 925 Rn 25; Staudinger/*Gursky*, § 873 Rn 98.
186 So jetzt BayObLG DNotZ 1983, 754; *Schöner/Stöber*, Rn 3312.
187 BayObLG DNotZ 2003, 49; KG MittBayNot 2017, 590.
188 So OLG Köln Rpfleger 1980, 16.

V. Auflassungsgrundstück

84 Das aufzulassende Grundstück muss materiell-rechtlich bestimmt bezeichnet werden. Für das Grundbuch-Verfahren ist (zusätzlich) § 28 S. 1 zu beachten.[189] Fehlen nur die in § 28 S. 1 vorausgesetzten Angaben, können diese vom Veräußerer als „Betroffenem" in der zusätzlich zur Auflassung erforderlichen Bewilligung ergänzt oder nachgeholt werden,[190] nicht vom Erwerber allein, wie dies Rspr.[191] und ein Teil der Literatur[192] als genügend ansehen. Mit einer entsprechenden einseitigen Erklärung des Erwerbers darf sich das GBA nur begnügen, wenn der Veräußerer den Erwerber dazu (ggf. stillschweigend – vergleichbar der Korrektur des Erwerbsverhältnisses, vgl. Rdn 78, wobei anders als dort das Einverständnis des Veräußerers nicht ohne weiteres unterstellt werden kann) ermächtigt hat (siehe Rdn 78). Auch der Urkundsnotar kann entsprechend ermächtigt werden und die Angaben dann in einer Eigenurkunde nachholen.[193]

85 **Auflassung des Einlagegrundstücks** im Flurbereinigungs- oder Umlegungsverfahren genügt zur Eintragung der Auflassung am Ersatzgrundstück, wenn die Auflassung vor Grundbuchvollzug des Flurbereinigungsplans bzw. Umlegungsbeschlusses erklärt worden ist; Wiederholung oder Berichtigung der Auflassung nicht nötig, denn die Umlegung von Grundstücken wird von den Prinzipien der Eigentumserhaltung und der dinglichen Surrogation bestimmt.[194] Solange das Grundbuch nach Anordnung der Ausführung des Flurbereinigungs- bzw. Umlegungsplans nicht berichtigt ist, kann die Auflassung nicht eingetragen werden (vgl. Rdn 180).[195]

86 **Eine nicht vermessene Teilfläche** kann schon aufgelassen werden, wenn sie eindeutig bestimmt, aber noch nicht katastermäßig bezeichnet ist.[196] Dies gilt auch für die Klage auf Auflassung, denn was rechtsgeschäftlich wirksam möglich ist, muss auch im Prozessweg bei Klage auf Verurteilung zur Erklärung der Auflassung zulässig sein.[197] Kann die Teilfläche nicht materiell-rechtlich bestimmbar bezeichnet werden, ist die Verurteilung zur Auflassung ebenso wenig möglich[198] wie die rechtsgeschäftliche Auflassung. Dem GBA ist die Identität zwischen dem im Veränderungsnachweis beschriebenen und dem vor Vorliegen des amtlichen Messergebnisses aufgelassenen Teilflächengrundstück im Regelfall durch eine sog. „Identitätserklärung" oder „Messungsanerkennung" nachzuweisen, die keine materiell-rechtliche, sondern rein grundbuchverfahrensrechtliche Bedeutung hat, um § 28 GBO zu genügen.[199] Ist diese Identität aber tatsächlich nicht gegeben, muss die Auflassung wiederholt werden (und ggf. der zugrunde liegende schuldrechtliche Anspruch geändert werden),[200] weswegen sich die Vereinbarung eines Leistungsbestimmungsrechts samt entsprechender Vollmacht zur Auflassung empfehlen kann[201]).[202]

87 Sind sich die Vertragsteile über den Eigentumsübergang an einem bestimmten Grundstück einig und bezeichnen es „nur" falsch („falsa demonstratio"),[203] so ist die Auflassung materiell-rechtlich wirksam.[204] Zum Grundbuchvollzug genügt die Bezeichnung des richtigen Grundstücks durch den Veräußerer (oder dazu ermächtigten Erwerber) in der Eintragungsbewilligung in der Form des § 29 GBO,[205] ggf. aber auch ein notarieller Berichtigungsvermerk zur Beseitigung einer offensichtlichen Unrichtigkeit im Sinne des

---

189 OLG Naumburg FGPrax 2014, 56; BGH Rpfleger 1982, 153; BGH Rpfleger 1984, 310; BGH Rpfleger 1987, 452; BayObLG DNotZ 1988, 117.
190 Siehe auch: Bauer/Schaub/*Kössinger*, § 28 Rn 10.
191 Z.B. BGH Rpfleger 1984, 310; BayObLG BayObLGZ 1974, 115 = Rpfleger 1974, 222.
192 *Demharter*, § 20 Rn 32.
193 OLG Frankfurt MittBayNot 2001, 225; BayObLG BWNotZ 1987, 170, 171.
194 BGH BGHZ 100, 148, 156 = NJW 1987, 3260; OLG Hamm MittBayNot 1996, 452; *Grziwotz*, DNotZ 2003, 281; *Grziwotz*, DNotZ-Report 2003, 36.
195 OLG Zweibrücken DNotZ 2003, 279 m. Anm. *Grziwotz*; BayObLG BayObLGZ 1982, 455 = Rpfleger 1983, 145.
196 *Böttcher*, Rpfleger 1989, 133, 134; Meikel/*Kraiß*, § 28 Rn 19; Schöner/Stöber, Rn 877.
197 Ebenso: MüKo-BGB/*Ruhwinkel*, § 925 Rn 23; *Haegele*, Rpfleger 1973, 272, 276.
198 BGH Rpfleger 1982, 153.
199 BGH FGPrax 2016, 1.
200 DNotI-Report 1997, 225.
201 *V. Campe*, DNotZ 2000, 109, 116 ff.
202 Bauer/Schaub/*Kössinger*, § 20 Rn 174; *Geißel*, MittRhNotK 1997, 333, 341; für die gleichgelagerte Problematik für Nachreichen eines vom vorläufigen Aufteilungsplan abweichenden amtlichen Plans bei der Begründung von Wohnungseigentum siehe BayObLG DNotZ 2003, 275. Die Auffassung des LG Saarbrücken (MittRhNotK 1997, 364), wonach bei vorliegender Identitätserklärung das GBA nicht zusätzlich noch durch Vorlage einer Flurkarte die tatsächliche Identität zwischen aufgelassener Teilfläche und neuem Flurstück feststellen muss, trifft deshalb nur zu, wenn die Identitätserklärung zugleich die materiell-rechtliche Auflassung enthält.
203 Siehe auch: *Bergemann*, RNotZ 2002, 557.
204 BGH DNotZ 2001, 846; OLG München ZWE 2018, 93 m. Anm. *Weber*; OLG München MittBayNot 2012, 502, 503 m. Anm. *Regler*.
205 MüKo-BGB/*Ruhwinkel*, § 925 Rn 23.

§ 44a Abs. 2 BeurkG.[206] Wird beiderseits irrtümlich die Auflassung des Grundstücks Fl.-Nr. X erklärt und vollzogen, obwohl die der Fl.-Nr. Y gemeint ist, fehlt es für den Eigentumserwerb hinsichtlich ersterer am Grundbuchvollzug, hinsichtlich letzterer an der entsprechenden Einigung (das entsprechende Grundbuch ist unrichtig, vgl. § 894 BGB); im Wege der Berichtigungsbewilligung auf der Grundlage der bereits erklärten Auflassung ist der Erwerber als Eigentümer der Fl.-Nr. Y einzutragen.[207]

VI. Unbedingte und unbefristete Auflassung

Die Auflassung muss **unbedingt im Sinne des § 158 BGB** und **unbefristet** sein, sonst ist sie nichtig (§ 925 Abs. 2 BGB). Ein Erbbaurecht kann gem. § 1 Abs. 4 S. 1 ErbbauRG nicht auflösend bedingt begründet werden; seine Übertragung ist ebenso bedingungsfeindlich (§ 11 Abs. 1 S. 2 ErbbauRG) wie die Einräumung oder Aufhebung von Sondereigentum (§ 4 Abs. 2 S. 2 WEG). Die Auflassung darf damit nicht abhängig gemacht werden von der Wirksamkeit oder dem Bestehenbleiben des Grundgeschäfts[208] oder einer auflösenden Bedingung, z.B. dem Widerruf eines Vergleichs[209] von Ehescheidung,[210] auch nicht dann, wenn die Auflassung in gerichtlichem Vergleich erklärt und das Scheidungsurteil am gleichen Termin unter beiderseitigem Rechtsmittelverzicht verkündet wird,[211] oder auch vom Abschluss eines Ehevertrags.[212] Eine Heilung durch Bedingungseintritt ist ausgeschlossen.[213] Die gemeinsame Beurkundung der Auflassung mit dem schuldrechtlichen Vertrag schließt es nicht aus, das Kausalgeschäft bedingt und die Auflassung unbedingt vorzunehmen, wobei ggf. die Urkunde dahingehend auszulegen ist, worauf sich eine von den Beteiligten vereinbarte Bedingung beziehen soll; mangels konkreter Anhaltspunkte für die Annahme der Erstreckung einer Bedingung auf die Auflassung, ist im Zweifel davon auszugehen, dass die durch einen Notar beratenen Vertragsparteien nur ein gültiges Geschäft, also eine unbedingte Auflassung gewollt haben.[214]

88

Zulässig sind dagegen reine Rechtsbedingungen, deren Eintritt dem GBA in der Form des § 29 GBO nachgewiesen werden können.[215] **Zulässige Rechtsbedingungen oder Vollzugsvorbehalte** sind: Auflassung durch Vertreter ohne Vertretungsmacht vorbehaltlich nachträglicher, auf den Zeitpunkt der Einigungserklärung rückwirkend wirksam werdender[216] Genehmigung des Vertretenen, vorbehaltlich behördlicher oder betreuungsgerichtlicher Genehmigung;[217] unzulässig aber, wenn die Rechtsbedingung zur rechtsgeschäftlichen Bedingung erhoben wird.[218] Zulässig ist die Auflassung an GmbH oder AG im Gründungsstadium (siehe Rdn 63). Zulässig ist auch, wenn nicht die Auflassung selbst, sondern nur ihr Vollzug von einem Vorbehalt nach § 16 Abs. 2 GBO abhängig gemacht wird (vgl. Rdn 16).[219]

89

VII. Bindung an die Einigung

Die Vertragsteile sind an die mit ihrer Erklärung wirksam werdende Einigung nur unter den in § 873 Abs. 2 BGB genannten Voraussetzungen materiell-rechtlich gebunden, insbesondere also infolge der Beurkundung der Auflassung.[220] Die Bindung an die Einigung hindert weder wirksame Verfügungen zugunsten eines Dritten noch eine Antragszurücknahme, sie wirkt auch nicht zugunsten solcher Dritter[221] und unterscheidet sich von der Unwiderruflichkeit der Eintragungsbewilligung (siehe § 19 GBO Rdn 123). Eine mit einer früheren Auflassung in Widerspruch stehende Auflassung des gleichen Grundstücks ist wirksam und vom GBA grundsätzlich zu vollziehen, auch wenn ihm die frühere Auflassung

90

---

206 OLG Düsseldorf RNotZ 2017, 189.
207 *Bergemann*, RNotZ 2002, 557, 569; *Bergemann*, DNotI-Report 2000, 73, 76.
208 OLG Celle DNotZ 1974, 731.
209 BGH BGHZ 1946, 278; BGH BGHZ 1988, 364, 367 = NJW 1984, 312; BGH NJW 1988, 415, 416.
210 OLG Stuttgart Justiz 1967, 218.
211 BayObLG BayObLGZ 1972, 257 = Rpfleger 1972, 400; LG Aachen Rpfleger 1979, 61; *Blomeyer*, Rpfleger 1972, 385, 387.
212 MüKo-BGB/*Ruhwinkel*, § 925 Rn 30.
213 Grüneberg/*Herrler*, § 925 Rn 19.
214 KG NJOZ 2013, 1928; OLG München BeckRS 2014, 04829.
215 MüKo-BGB/*Ruhwinkel*, § 925 Rn 31.
216 KG NJOZ 2013, 1928: das KG ist – m.E. zu Recht – skeptisch, ob dies auch gilt, wenn die Rückwirkung der Genehmigung ausgeschlossen wäre.
217 OLG Celle DNotZ 1957, 660.
218 BayObLG BayObLGZ 1972, 258 = Rpfleger 1972, 400.
219 AG München MittBayNot 1989, 93.
220 Staudinger/*Gursky*, § 873 Rn 150 ff.
221 BayObLG BayObLGZ 1973, 298.

bekannt ist,[222] oder eine Auflassungsvormerkung für den ersten Auflassungsempfänger eingetragen ist,[223] weil die Auflassung keine Verfügungsbeschränkung zur Folge hat.[224]

VIII. (Keine) Nichtigkeitsgründe

91 Im Übrigen gelten für die Einigungserklärungen die allgemeinen Rechtsgrundsätze über Rechtsgeschäft und Vertrag,[225] die vom GBA aber in dem durch die Beweismittelbeschränkung geprägten Eintragungsantragsverfahren nicht wie von einem Prozessgericht vollständig überprüft und festgestellt werden können und müssen; es genügt vielmehr, dem GBA die Einigung in der grundbuchmäßigen Form des § 29 GBO so nachzuweisen, wie sie materiell-rechtlich zur Herbeiführung der Rechtsänderung notwendig ist; trifft dies zu, darf es die Eintragung nur ablehnen, wenn feststehende Tatsachen eindeutig die Unwirksamkeit der Auflassung ergeben, wobei das GBA an die Feststellungen des Notars – z.B. zur Geschäftsfähigkeit – nicht gebunden ist.[226] Die Einigungserklärungen sind **anfechtbar**, wenn ein Anfechtungsgrund gem. §§ 119 ff. BGB gerade bei ihnen und nicht nur beim Grundgeschäft vorliegt. Zur rückwirkenden Unwirksamkeit der Einigung ungeachtet eines etwa zwischenzeitlich erfolgten Grundbuchvollzugs führt aber erst die rechtzeitige Anfechtung (§ 142 BGB).

92 Die Auflassung kann auch wegen **Sittenwidrigkeit** gem. § 138 BGB nichtig sein.[227] Eine Nichtigkeit des Kaufvertrags nach § 138 Abs. 1 BGB erfasst i.d.R. zwar nicht das abstrakte Verfügungsgeschäft, also die Übereignung.[228] Diese ist nur dann gleichfalls nichtig, wenn die Sittenwidrigkeit gerade im Vollzug der Leistung liegt, also mit dem dinglichen Rechtsvorgang sittenwidrige Zwecke verfolgt werden oder in ihm die Sittenwidrigkeit begründet wäre.[229]

F. Form der Auflassung
I. Überblick

93 Die Auflassung muss vor einem Notar oder einer sonst zuständigen Stelle oder in einem gerichtlichen Vergleich erklärt werden (§ 925 Abs. 1 BGB). Dieser „Stellenzwang" dient den öffentlichen Interessen an einem richtigen Grundbuch. Er erstreckt sich nur auf die Art und Weise der Auflassungserklärungen.[230] Das Gesetz verlangt, dass die Auflassung erklärt, nicht dass sie im Sinne des Beurkundungsgesetzes „mündlich erklärt" werden muss, wie die h.M.[231] meint. Im Rechtsverkehr ist zwar das verständlich gesprochene Wort die Regel, aber nicht die einzige zwingend vorgeschriebene Art der Erklärungsabgabe. Die Auflassung kann deshalb **mündlich und auch auf jede andere unmissverständliche Weise** erklärt werden.[232] Sie bedarf nach materiellem Recht nicht der Beurkundungsform des § 311b BGB. Durch bloßen Zeitablauf werden die einmal abgegebenen Erklärungen nicht unwirksam.[233]

II. Die Beurkundung der Auflassung

94 Die Errichtung einer Niederschrift gem. §§ 8 ff. BeurkG ist nur für den verfahrensrechtlichen Nachweis der „Erklärung" gegenüber dem GBA nach § 29 GBO, also nicht auch für ihre materiell-rechtliche Wirksamkeit, notwendig,[234] da der Nachweis gegenüber dem GBA, dass und mit welchem Inhalt Veräußerer und Erwerber die Auflassung vor dem Notar (oder der sonst zuständigen Stelle) erklärt haben, auf andere Weise nicht zu führen ist.[235] Die Auflassung kann gem. den beurkundungsrechtlichen Bestimmungen

---

222 BayObLG Rpfleger 1983, 249.
223 RG RGZ 113, 403, 408.
224 Staudinger/*Gursky*, § 873 Rn 176.
225 MüKo-BGB/*Ruhwinkel*, § 925 Rn 22.
226 OLG Düsseldorf FGPrax 2013, 147; OLG München NJW-RR 2013, 919; OLG Frankfurt NJW-RR 2006, 450; BayObLG FGPrax 2005, 56.
227 BGH DNotI-Report 2005, 6.
228 OLG Frankfurt NJW 1981, 876.
229 BGH NJW 2008, 125; BGH DNotZ 1997, 708 m. Hinw. auf weitere Rspr.

230 *Köbl*, DNotZ 1983, 207, 212.
231 BayObLG MittBayNot 2001, 202; offen zwischenzeitlich: *Demharter*, § 20 Rn 13; wie hier: *Grüneberg/Herrler*, § 925 Rn 3.
232 OLG Rostock DNotZ 2007, 220 m. Anm. *Kanzleiter*; MüKo-BGB/*Ruhwinkel*, § 925 Rn 21; *Grüneberg/Herrler*, § 925 Rn 3.
233 OLG München FGPrax 2018, 67.
234 BGH BGHZ 22, 312 = NJW 1957, 459; *Ertl*, DNotZ 1976, 72.
235 OLG München DNotZ 2009, 292.

dann auch in einer Anlage im Sinne des § 9 Abs. 1 S. 2 BeurkG enthalten sein.[236] Die der Form mangelnde Auflassung ist zu wiederholen.[237]

Ein Verstoß gegen die Verfahrensform hat nicht die materiell-rechtliche Unwirksamkeit der Auflassung zur Folge.[238] Die Ansicht, ein Tatsachenzeugnis des Notars über eine formgerechte Auflassung könne diese Urkunde ersetzen[239] hat sich nicht durchgesetzt und ist wegen § 8 BeurkG, der die Form der Beurkundung von Willenserklärungen vorschreibt, abzulehnen. Trägt das GBA trotzdem ein, geht das Eigentum über, wenn die Auflassung materiell wirksam erklärt worden ist und mit der Eintragung übereinstimmt.[240] In einer Eigenurkunde kann der dazu ermächtigte Notar nur die verfahrensrechtlichen Grundbucherklärungen (siehe Rdn 14) so ergänzen, dass sie im Grundbuchverfahren verwendbar sind. Die Einwilligung des Eigentümers in die Auflassung des Grundstücks durch einen Dritten bedarf nicht der Form des § 925 BGB, wenn ihre freie Widerruflichkeit (§ 183 BGB) keiner Einschränkung unterliegt.[241]

95

III. Erklärung der Auflassung vor einer zuständigen Stelle

Zur Entgegennahme der Auflassung sind zuständig:[242]

96

- **jeder deutsche Notar** (§ 925 Abs. 1 S. 2 BGB, § 20 Abs. 2 BNotO). Wirksam ist auch seine Amtshandlung außerhalb des Amtsbezirks, in dem er bestellt ist, und auch in den Fällen der §§ 6, 7 BeurkG, § 16 BNotO,[243] unwirksam aber seine Amtshandlung im Ausland. Nicht zuständig für die Auflassung eines in der Bundesrepublik Deutschland gelegenen Grundstücks waren bis zum 2.10.1990 die staatlichen Notariate und Notare der DDR.[244] Seit 3.10.1990 sind alle deutschen Notare für die Entgegennahme der Auflassung eines in der Bundesrepublik Deutschland gelegenen Grundstücks (Art. 1, 3 Einigungsvertrag) zuständig. Ausländische Notare haben nach ganz h.M. keine Zuständigkeit, auch wenn sie das der Auflassung zugrunde liegende Rechtsgeschäft wirksam beurkundet haben.[245]
- **Jedes**[246] **deutsche Gericht in einem** (unwiderruflichen)[247] **gerichtlichen Vergleich** (§ 925 Abs. 1 S. 3 BGB) mit der Besonderheit, dass die **Protokollierung** gem. §§ 159 ff. ZPO materielle Wirksamkeitsvoraussetzung der Auflassung ist, während ein schriftlicher Vergleich nach § 278 Abs. 6 ZPO die Form nicht wahrt.[248] Zuständig kann im Hinblick auf den Wortlaut des § 127a BGB nach h.M. auch das Vollstreckungs-, Insolvenz- und Landwirtschaftsgericht sein;[249] Strafgerichte in Privatklage- und Adhäsionsverfahren,[250] Verwaltungsgerichte.[251] Eine dem Vergleich zugrunde liegende Prozessvollmacht ist für den Grundbuchvollzug in der Form des § 29 GBO nachzuweisen.[252]
- Die Auflassung kann gem. § 925 Abs. 1 S. 3 BGB außerdem auch in einem **rechtskräftig bestätigten Insolvenzplan** erklärt werden: Die Auflassungserklärungen sind in den gestaltenden Teil des Plans aufzunehmen, § 221 InsO und der Plan ist durch das Insolvenzgericht zu bestätigen (§ 248 InsO). Mit seiner Rechtskraft gem. § 254 Abs. 1 S. 2 InsO gelten die Auflassungserklärungen als in der vorgeschriebenen Form abgegeben. Bestätigung und Rechtskraft sind deshalb auch dem GBA in der Form des § 29 GBO nachzuweisen.[253]
- **Die Konsularbeamten der Bundesrepublik Deutschland** (§ 12 Nr. 1 KonsularG), nur zuständig bei Entgegennahme der Auflassung im Ausland, unzuständig im Inland.[254]

---

236 OLG Köln FGPrax 2014, 12.
237 BayObLG DNotZ 2001, 560 m. Anm. *Reithmann*.
238 Meikel/*Böttcher*, § 20 Rn 133.
239 So OLG Celle MDR 1948, 252; LG Oldenburg Rpfleger 1980, 223; *Fuchs-Wissemann*, Rpfleger 1977, 9; *Fuchs-Wissemann*, Rpfleger 1978, 431.
240 MüKo-BGB/*Ruhwinkel*, § 925 Rn 17.
241 BGH DNotZ 1999, 40.
242 Grüneberg/*Herrler*, § 925 Rn 2; MüKo-BGB/*Ruhwinkel*, § 925 Rn 15 ff.
243 BGH BGHZ 22, 312.
244 OLG Köln Rpfleger 1972, 134; *Winkler*, NJW 1972, 981, 985; *Kuntze*, Betrieb 1975, 193, 195.
245 KG DNotZ 1987, 44; LG Ellwangen MittRhNotK 2000, 252; offen gel.: OLG Brandenburg BeckRS 2009, 86069; Grüneberg/*Herrler*, § 925 Rn 2.
246 Ebenso: Bauer/Schaub/*Kössinger*, § 20 Rn 200; MüKo-BGB/*Ruhwinkel*, § 925 Rn 16; Schöner/Stöber, Rn 3338.
247 BGH NJW 1988, 415.
248 OLG Jena NotBZ 2015, 49; OLG Düsseldorf NJW-RR 2006, 1609; MüKo-BGB/*Ruhwinkel*, § 925 Rn 16 m.w.N.
249 BGH BGHZ 14, 387.
250 OLG Stuttgart NJW 1964, 110.
251 BVerwG NJW 1995, 2179.
252 MüKo-BGB/*Ruhwinkel*, § 925 Rn 15 Fn 50; a.A. Bauer/Schaub/*Kössinger*, § 20 Rn 201.
253 *Böhringer*, BWNotZ 2003, 129; *Huber*, MittBayNot 1999, 113, 120.
254 *Bindseil*, DNotZ 1993, 5.

– **Die zuständige Stelle muss zur Entgegennahme der Auflassung bereit sein.**[255] Sie soll die Auflassung nur entgegennehmen, wenn die nach § 311b BGB erforderliche Urkunde über das schuldrechtliche Grundgeschäft vorgelegt oder gleichzeitig errichtet wird (§ 925a BGB); die Wirksamkeit der Auflassung wird durch Verstoß gegen die Ordnungsvorschrift nicht berührt.

IV. Erfordernis gleichzeitiger Anwesenheit

97 § 925 Abs. 1 BGB setzt als Ausnahmevorschrift zu § 128 BGB voraus, dass die Auflassung in gleichzeitiger Anwesenheit beider Teile (Veräußerer und Erwerber) vor der zuständigen Stelle erklärt wird,[256] wobei die gleichzeitige Anwesenheit im Regelfall dem GBA nicht besonders nachzuweisen ist.[257] Die Auflassung darf deshalb nicht in Angebot und Annahme (z.B. auch im Rahmen eines Kaufangebots) aufgespalten werden. Eine persönliche Anwesenheit von Eigentümer und Auflassungsempfänger verlangt § 925 Abs. 1 BGB aber nicht. Die Auflassung kann auch durch Bevollmächtigte oder vollmachtlose Vertreter (auch ein Vertragsteil für den anderen) erklärt werden.[258] Ein dazu ermächtigter Notar kann aber keinen der Beteiligten bei einer Auflassung vertreten, an der er selbst als Amtsperson mitwirkt. Als Vertreter kann er die materielle Auflassung nur vor einem anderen Notar oder sonstigen zuständigen Stelle erklären. Schließlich müssen auch nicht alle auf einer Vertragsseite Beteiligten gleichzeitig anwesend sein.[259]

98 Ausnahmen vom Erfordernis gleichzeitiger Anwesenheit sind geregelt in:
– § 894 ZPO: wenn ein Teil zur Auflassung durch gerichtliches Urteil rechtskräftig verurteilt ist, ersetzt dieses Urteil seine Erklärung.[260] Hinzukommen muss die Auflassungserklärung des anderen Teils vor der zuständigen Stelle und die Feststellung, dass das Urteil (mit Rechtskraftvermerk, bei einer Zug-um-Zug-Verurteilung ist vollstreckbare Ausfertigung nötig) bei Beurkundung vorliegt.[261]
– Art. 143 EGBGB gestattet landesrechtliche Vorschriften für Auflassung im Versteigerungstermin.[262]
– Art. 127 EGBGB lässt Landesrecht für Eigentumsübertragung an buchungsfreien Grundstücken unberührt (vgl. Rdn 42).

V. Änderung und Aufhebung der Auflassung

99 – Änderung der Auflassung **vor** Grundbuchvollzug bedarf der Auflassungsform (§ 925 Abs. 1 BGB), Änderung, Ergänzung und Berichtigung der lediglich aus verfahrensrechtlichen Gründen erforderlichen Grundbucherklärungen (siehe Rdn 14) der Verfahrensform des § 29 GBO.
– Aufhebung **vor** Grundbuchvollzug ist **formlos wirksam**.[263] Weder eine aufgehobene noch eine aus anderen Gründen unwirksame Auflassung kann zusammen mit der Eintragung den Eigentumsübergang herbeiführen; dazu ist vielmehr eine neue wirksame Auflassung erforderlich.[264]
– Aufhebung **nach** Grundbuchvollzug ist **nicht mehr möglich**, sondern eine formgerechte und wirksame Rückauflassung notwendig. Ist die Auflassung unwirksam oder wirksam angefochten worden (§ 142 BGB), bedarf es keiner Rückauflassung, sondern einer Grundbuchberichtigung (§ 894 BGB, § 22 GBO).

G. Erbbaurecht

100 Zu Einzelheiten des Erbbaurechts und Wohnungserbbaurechts siehe § 3 Einl. Rdn 150 ff.; zur Löschung nach Zeitablauf siehe § 24 GBO.

---

255 RG RGZ 132, 409.
256 BGH BGHZ 29, 10.
257 LG München I MittBayNot 1989, 31.
258 BGH BGHZ 19, 138; BayObLG BayObLGZ 1953, 55; MüKo-BGB/*Ruhwinkel*, § 925 Rn 19.
259 OLG Celle FGPrax 2013, 12; OLG München FGPrax 2009, 59.
260 KG FGPrax 2021, 243; BayObLG BayObLGZ 1983, 181 = Rpfleger 1983, 390 m. zust. Anm. *Meyer-Stolte*.
261 OLG Düsseldorf BeckRS 2018, 6184; OLG Celle DNotZ 1979, 309; MüKo-BGB/*Ruhwinkel*, § 925 Rn 20.
262 Grüneberg/*Herrler*, § 925 Rn 7.
263 BayObLG BayObLGZ 1954, 147.
264 Dazu: Staudinger/*Pfeifer/Diehn*, § 925 Rn 113.

I. Verfahrensrechtliche Voraussetzungen für die Grundbucheintragung
1. Bestellung eines Erbbaurechts

Für die Bestellung eines Erbbaurechts sind Voraussetzung: 101

- Nachweis der Einigung beider Vertragsteile über die Erbbaurechtsbestellung in Form des § 29 GBO (nach § 11 Abs. 1 ErbbauRG keine Auflassungsform nötig); dies gilt auch für die Verlängerung des Erbbaurechts;
- Eintragungsbewilligung des Grundstückseigentümers, vgl. § 19 GBO;
- Antrag eines Antragsberechtigten, vertreten durch einen Notar, siehe § 13 Abs. 1 S. 3 GBO;
- Unbedenklichkeitsbescheinigung zur Bestellung[265] und zur Verlängerung des Erbbaurechts (vgl. Rdn 199);[266]
- erforderlichenfalls:
  - Voreintragung des Eigentümers (§ 39 GBO),
  - Rangrücktritt aller dinglich Berechtigten, um dem Erbbaurecht die 1. Rangstelle zu verschaffen,
  - behördliche Genehmigungen (siehe Rdn 139 ff.).

2. Inhaltsänderung eines Erbbaurechts

Nachweis der Einigung (§ 11 Abs. 1 ErbbauRG, §§ 873, 877 BGB) in Form des § 29 GBO (keine Auflassungsform); Bewilligung; Antrag. 102

3. Übertragung eines Erbbaurechts

Nachweis der Einigung (§ 11 Abs. 1 ErbbauRG, § 873 BGB) in Form des § 29 GBO (keine Auflassungsform); Bewilligung; Antrag; Unbedenklichkeitsbescheinigung; erforderlichenfalls Zustimmung des Grundstückseigentümers nach § 5 Abs. 1 ErbbauRG. 103

II. Besonderheiten für alte Erbbaurechte

Für **alte** Erbbaurechte (vor dem 22.1.1919 bestellt) gelten noch die damaligen gesetzlichen Vorschriften, die für die Übertragung und Inhaltsänderung die **Einigung in Auflassungsform (§ 925 Abs. 1 BGB)** angeordnet haben.[267] Die **Umwandlung eines „alten" in ein „neues"** Erbbaurecht ist eine Inhaltsänderung,[268] bedarf also der Einigung in Auflassungsform. 104

H. Wohnungs- und Teileigentum
I. Einräumung und Aufhebung von Sondereigentum

Genügt materiell die einseitige Erklärung des Wohnungseigentümers, ist auch im Grundbuchverfahren nicht der Nachweis der Auflassung notwendig, sondern nur eine einseitige Erklärung in Form des § 29 GBO.[269] § 20 GBO gilt nicht für die Einräumung und Aufhebung von Sondereigentum gem. § 4 WEG (vgl. Rdn 7). 105

II. Verfügungen über bestehendes Wohnungseigentum

Bei der **Übertragung von Wohnungseigentum** ist in jedem Fall ein Miteigentumsanteil am Grundstück aufzulassen, so dass die Grundbuchbehandlung nach den Grundsätzen der Übertragung des Eigentums erfolgt. Eine nach § 12 Abs. 1 WEG erforderliche Zustimmung ist samt Zustimmungsberechtigung für den Vollzug der Auflassung in der Form des § 29 GBO nachzuweisen. 106

Inhaltsänderungen auf sachenrechtlicher Ebene, insbesondere die Umwandlung von Sonder- in Gemeinschaftseigentum und umgekehrt, bedarf der Form des § 4 Abs. 2 WEG, die aber nicht gem. § 20 107

---

265 BFH DNotZ 1968, 698.
266 BFH DNotZ 1983, 291.
267 MüKo-BGB/*Ruhwinkel*, § 925 Rn 4.
268 LG Frankfurt DNotZ 1956, 488.
269 MüKo-BGB/*Commichau*, § 8 WEG Rn 3. In der Praxis wird auch die Teilung nach § 8 WEG häufig beurkundet, um in den sich anschließenden Kaufverträgen auf die Teilungsurkunde verweisen zu können, vgl. § 13a BeurkG.

I. Verfügungen über Auflassungsanspruch und Anwartschaftsrecht

108 In folgenden Fällen sind bezeichnet (siehe § 5 Einl. Rdn 26 ff.): A = Grundstückseigentümer; B = Erwerber und Auflassungsempfänger; C = Zweiterwerber; X = Pfandrechtsgläubiger.

I. Abtretung des Auflassungsanspruchs

109 **Fall:** Eigentümer A hat sein Grundstück an Erwerber B verkauft. Vor seiner Eintragung als Eigentümer tritt B an Zweiterwerber C seinen schuldrechtlichen Übereignungsanspruch gegen A ab.

1. Materiell-rechtliche Voraussetzungen der Abtretung

110 Die Abtretung erfolgt durch formlos wirksamen Vertrag zwischen B und C ohne Zustimmung des A und ohne Anzeige an ihn (§ 398 BGB).[271] Sie kann von Bedingungen oder Zeitbestimmungen abhängig gemacht werden.[272] Die Verpflichtung zur Abtretung des Auflassungsanspruchs bedarf nicht der Form des § 311b BGB,[273] unabhängig davon, ob der Anspruch durch Vormerkung gesichert ist.[274] Grundsätzlich möglich ist auch eine Abtretung des Anspruchs hinsichtlich realer Grundstücksteile.[275]

2. Grundbuchvollzug

111 **Ist für B bereits eine Vormerkung eingetragen** (§ 883 Abs. 1 BGB), geht die Vormerkung mit Rechtswirksamkeit der Abtretung des durch sie gesicherten Anspruchs außerhalb des Grundbuchs auf C gem. § 401 BGB über:[276] abgetreten wird der schuldrechtliche Anspruch, nicht die Vormerkung.[277] C kann (aber muss nicht) im Wege der Grundbuchberichtigung als neuer Vormerkungsberechtigter aufgrund Berichtigungsbewilligung des B oder unter Nachweis der Abtretung (in Form des § 29 GBO) auf Antrag des B oder C eingetragen werden,[278] bei bedingter (befristeter) Abtretung des vorgemerkten Anspruchs (z.B. zur Verlängerung von Rückerwerbsvormerkungen in Überlassungsverträgen) durch einen darauf hinweisenden Vermerk im Grundbuch (siehe § 2 Einl. Rdn 111).[279] C hat damit keinen originären Vormerkungsschutz erworben – die Vormerkung schützt lediglich den an C abgetretenen Auflassungsanspruch des B gegen A. Solange für B noch keine Vormerkung eingetragen ist, kann auch die Abtretung im Grundbuch nicht eingetragen werden.

112 **Eintragung des Erwerbers B als Eigentümer** setzt (1) Auflassung von A an B, (2) Bewilligung des A und (3) Antrag eines Notars voraus. Auch wenn das GBA die Weiterveräußerung an C kennt und sogar wenn Vormerkung auf C umgeschrieben ist, muss das GBA den B als Eigentümer eintragen.[280] Denn das Grundbuch wird dadurch nicht unrichtig. Ist in diesem Zeitpunkt die Vormerkung auf C umgeschrieben, darf sie nur gelöscht werden, wenn C diese Löschung bewilligt.

113 **Eintragung das Zweiterwerbers C als Eigentümer** ist entweder möglich, nachdem zuerst B als Eigentümer eingetragen wurde aufgrund einer Auflassung zwischen B und C oder ohne Zwischeneintragung des B unter folgenden Voraussetzungen:

---

270 Bärmann/*Klein*, § 10 WEG Rn 133.
271 BGH BGHZ 89, 41, 45 = DNotZ 1984, 319, 321; BayObLG BayObLGZ 1976, 190 = DNotZ 1977, 107.
272 *Röll*, MittBayNot 1974, 251; *Schöner*, DNotZ 1985, 598; *Reithmann*, DNotZ 1985, 605.
273 BGH Rpfleger 1984, 143 = WM 1984, 337; Grüneberg/*Grüneberg*, § 311b Rn 6; *Schöner/Stöber*, Rn 3106 (weist zu Recht darauf hin, dass § 311b BGB selbstverständlich zu beachten ist, wenn die Verpflichtung zur Anspruchsabtretung einhergeht mit der Verpflichtung zur Übertragung des Grundstückseigentums selbst bzw. des entspr. Anwartschaftsrechts).
274 *Hagen*, DNotZ 1984, 267, 270.
275 BayObLG BayObLGZ 1971, 307 = Rpfleger 1972, 16; LG Nürnberg-Fürth MittBayNot 1970,51; MüKo-BGB/*Kohler*, § 883 Rn 71; *Vollkommer*, Rpfleger 1968, 337; *Vollkommer*, Rpfleger 1969, 426; *Vollkommer*, Rpfleger 1972, 17; *Röll*, MittBayNot 1974, 251; *Zeiß*, BWNotZ 1980, 15.
276 BayObLG BayObLGZ 1971, 307, 310 = Rpfleger 1972, 16.
277 Die Abtretung der Vormerkung wird aber als Abtretung des vormerkungsgesicherten Anspruchs ausgelegt, siehe BGH DNotZ 1995, 47.
278 Staudinger/*Gursky*, § 883 Rn 319.
279 OLG München FGPrax 2017, 248; BayObLG Rpfleger 1986, 217; OLG Hamm BeckRS 2016, 116877.
280 *Stöber*, DNotZ 1985, 587.

- Auflassung(en) (§ 925 BGB, § 20 GBO): entweder zwei Auflassungen von A an B und von B an C oder Auflassung von A an C oder Auflassung von B an C mit Zustimmung des A.
- Eintragungsbewilligung (§ 19 GBO): Bewilligung des A auf Eintragung des B und Bewilligung des B auf Eintragung des C oder Bewilligung des A zugunsten C oder Bewilligung des B zugunsten C mit Zustimmung des A.
- Antrag (§ 13 GBO), auf Eintragung des C. Antragsberechtigt ist nur ein Notar, § 13 Abs. 1 S. 3 GBO, in Vertretung eines Antragsberechtigten. Geht nach dem Antrag auf Eintragung des B ein Antrag auf Eintragung des C beim GBA ein, muss es zuerst über den Antrag des B entscheiden (§ 17 GBO). Die Zwischeneintragung des B kann nur unterbleiben, wenn Antrag auf Eintragung des B nicht gestellt oder von allen Antragstellern zurückgenommen wird.

Die Löschung der Vormerkung erfordert einen Antrag, vgl. § 13 GBO, und eine Bewilligung, siehe § 19 GBO, oder einen Unrichtigkeitsnachweis, vgl. § 22 GBO. A ist bis zur Eigentumsumschreibung antragsberechtigt; B ist antragsberechtigt, solange er als Vormerkungsberechtigter eingetragen ist; C wird es mit seiner Eintragung als Vormerkungsberechtigter oder Eigentümer oder unabhängig davon, wenn er die Grundbuchunrichtigkeit nachweist. Die Löschungsbewilligung ist von B bzw. C als jeweiligem Vormerkungsberechtigtem zu erklären.

II. Verpfändung des Auflassungsanspruchs

1. Überblick

Wirkt der Grundstückseigentümer bei der Bestellung eines Grundpfandrechts mit (z.B. zur Finanzierung des Kaufpreises), dann kann dieses bereits vor Eigentumsumschreibung auf den Erwerber eingetragen werden. Dieser Weg verdient – bei der Bestellung zugunsten eines „seriösen Gläubigers" und entsprechender Einschränkung der Zweckerklärung[281] – gegenüber der nachfolgend diskutierten Verpfändung den Vorzug – ist aber nicht möglich, wo der Eigentümer zur Mitwirkung nicht berechtigt oder bereit ist oder wo das Pfandobjekt als solches noch gar nicht besteht, insbesondere bei der Veräußerung einer Teilfläche.

Fall: A verkauft eine Teilfläche seines Grundstücks an B. B verpfändet vor Eigentumsumschreibung[282] seinen Auflassungsanspruch an X zur Kreditsicherung. B bestellt gleichzeitig (wie in der Praxis üblich) an diesem Grundstück für X eine Grundschuld als „endgültige Kreditsicherheit". Mit deren rangrichtiger Eintragung soll der Verpfändungsvermerk des X bei der Vormerkung gelöscht werden.

2. Materiell-rechtliche Voraussetzungen und Folgen der Verpfändung

Die Verpfändung des Auflassungsanspruchs des B gegen A erfolgt materiell durch formlos wirksamen Vertrag zwischen B und X;[283] sie ist solange möglich, wie der Anspruch noch nicht (durch Erfüllung oder auf andere Art und Weise) erloschen ist, also auch noch dann, wenn die Auflassung bereits erklärt aber noch nicht vollzogen ist.[284] Die Verpfändung bedarf keiner Grundbucheintragung und keiner Zustimmung des A,[285] ist aber nur wirksam, wenn Gläubiger B sie dem Schuldner A anzeigt (§§ 1205, 1273 Abs. 2, 1280 BGB). Für diese Anzeige ist keine Form vorgeschrieben. Sie sollte aber zu Beweiszwecken schriftlich[286] oder noch besser zum Zweck ihrer Verwendbarkeit im Grundbuchverfahren und zum Rangnachweis gegen Zustellungsnachweis erfolgen (siehe § 5 Einl. Rdn 36). Bezieht sich der Auflassungsanspruch auf ein im Sanierungsgebiet belegenes Grundstück, ist zur Verpfändung die Genehmigung der Sanierungsbehörde erforderlich und kann die Verpfändung demgemäß auch nur unter Nachweis der Genehmigung im Grundbuch vermerkt werden.[287]

---

281 Vgl. *Schöner/Stöber*, Rn 3158 ff.
282 Die Verpfändung kann auch noch nach Erklärung der Auflassung, aber vor ihrem Vollzug vorgenommen werden, da der Anspruch erst mit Grundbuchvollzug erlischt, vgl. BGH NJW 1994, 2947.
283 BayObLG BayObLGZ 1976, 190; *Ertl*, DNotZ 1977, 81.
284 BGH NJW 1994, 2947.
285 BayObLG BayObLGZ 1967, 295, 297 = Rpfleger 1968, 18; LG München II Rpfleger 1969, 425.
286 *Vollkommer*, Rpfleger 1969, 410.
287 OLG Nürnberg FGPrax 2013, 161.

118 Die Verpfändung kann wie die Abtretung bedingt bzw. befristet erfolgen (siehe § 5 Einl. Rdn 39).[288] Die Verpfändung hat zur Folge, dass B mit Vollzug der Auflassung zwar Eigentum erwirbt, dieses gem. § 1287 BGB aber belastet ist mit einer Sicherungshypothek zugunsten des X. Die nach Verpfändung erklärte[289] Auflassung hat deshalb materiell-rechtlich nur dann Erfüllungswirkung, wenn sie vor Pfandreife gem. § 1281 BGB von B und X gemeinsam entgegengenommen wird, nach Pfandreife gem. § 1282 BGB nur noch von X allein; in beiden Fällen genügt es auch, wenn X seine Zustimmung zur Auflassung an B erklärt.[290] Wirksamkeitsvoraussetzung für die Auflassung ist diese Mitwirkung des X jedoch nicht.[291] Die §§ 1281 f. BGB können abbedungen werden (§ 1284 BGB).

3. Grundbuchvollzug der Verpfändung

119 Die Verpfändung kann – und muss dies für ihre Wirksamkeit auch nicht – nicht isoliert im Grundbuch eingetragen, sondern nur (analog § 22 GBO) bei der für B eingetragenen Vormerkung vermerkt werden. Ist für B keine Vormerkung eingetragen, kann die Verpfändung auch nicht im Grundbuch vermerkt werden.[292] Ist für B eine Vormerkung eingetragen, kann auf Antrag des B oder X ein Verpfändungsvermerk bei der Vormerkung eingetragen werden. Der Pfandgläubiger wird mit der Verpfändung zwar nicht Vormerkungsberechtigter, jedoch stellt sich das durch die Vormerkung begründete Recht als Nebenrecht im Sinne des § 401 BGB dar, das somit auch ihm zugutekommt.[293] Die Eintragung ist entweder von B zu bewilligen, ohne dass Verpfändung und Anzeige nachgewiesen werden müssten[294] oder es sind sämtliche Entstehungsvoraussetzungen des Pfandrechts (Bestehen des verpfändeten Anspruchs, Einigung über die Verpfändung und Anzeige) in grundbuchmäßiger Form nachzuweisen (§ 22 GBO).[295]

4. Grundbuchvollzug der Auflassung

120 Für die Eigentumsumschreibung auf den B sind dem GBA – wie auch sonst – gem. § 20 GBO die rechtswirksame Auflassung und gem. § 19 GBO die Bewilligung(en) der Betroffenen (vgl. Rdn 16) nachzuweisen. Außerdem ist dem GBA, wenn ihm die Verpfändung bekannt ist – insbesondere, aber nicht nur durch einen Verpfändungsvermerk bei der Eigentumsvormerkung – gem. § 19 GBO auch die Bewilligung des von der Auflassung „betroffenen" Pfandgläubigers X nachzuweisen, wenn für den X nicht mit der Auflassung die kraft Gesetzes entstehende Sicherungshypothek eingetragen wird. Dies gilt für die Verpfändung vor und nach Auflassung und unabhängig davon, ob die materiell-rechtlichen Mitwirkungsrechte des X gem. § 1284 BGB abbedungen sind bzw. die Verpfändung an die auflösende Bedingung der Entstehung einer vertraglichen Grundschuld für den X geknüpft ist und Eigentumsübergang und Grundschuld gleichzeitig eingetragen werden.[296]

121 Zur Eintragung des Erwerbers B als Eigentümer ist deshalb stets eine Bewilligung des „betroffenen" Pfandgläubigers X erforderlich (§§ 19, 29 GBO). Sie kann (materiell- und formellrechtlich) zum Inhalt haben, dass er

– der Auflassung von A an B und der Eintragung des B als Eigentümer ohne gleichzeitige Eintragung der Sicherungshypothek zustimmt,
– die Löschung des Verpfändungsvermerks bei der Vormerkung des B unter dem Vorbehalt (§ 16 Abs. 2 GBO) bewilligt, dass das mit Urkunde vom [...] für X bestellte Grundpfandrecht an der bedungenen Rangstelle im Grundbuch eingetragen wird,
– unter der aufschiebenden Bedingung des Entstehens seines Grundpfandrechts an der von ihm bedungenen Rangstelle seine Sicherungshypothek aufgibt (vgl. § 5 Einl. Rdn 48).

---

288 Siehe auch: *Schöner/Stöber*, Rn 1559 ff.; *Stöber*, DNotZ 1985, 587; *Schöner*, DNotZ 1985, 598; *Reithmann*, DNotZ 1985, 605.
289 Ist die Auflassung schon vor Verpfändung erklärt worden, so bleibt sie auch ohne Mitwirkung des Pfandgläubigers materiell-rechtlich wirksam. Zur Eigentumsumschreibung ist jedoch seine Eintragungsbewilligung erforderlich, siehe BayObLG DNotZ 1986, 345.
290 MüKo-BGB/*Damrau*, § 1274 Rn 31.
291 BayObLG DNotZ 1986, 345, 347; BayObLG DNotZ 1985, 630; a.A. *Ludwig*, DNotZ 1992, 339, 347.
292 A.A. *Ludwig*, DNotZ 1992, 339, 351.
293 BayObLG BayObLGZ 1990, 318, 320.
294 BayObLG BayObLGZ 1967, 297; BayObLG BayObLGZ 1976, 190, 192; LG Nürnberg-Fürth MittBayNot 1970, 161.
295 *Schöner/Stöber*, Rn 1571 ff.
296 So BayObLG BayObLGZ 1987, 59 = DNotZ 1987, 625 m. abl. Anm. *Weirich*; vgl. auch: BayObLG DNotZ 1983, 758; BayObLG DNotZ 1986, 345; OLG Nürnberg FGPrax 2013, 161; Bauer/Schaub/*Kössinger*, § 20 Rn 247; *Demharter*, § 26 Rn 27; MüKo-BGB/*Damrau*, § 1274 Rn 33; *Ludwig*, Rpfleger 1987, 495; *Ludwig*, DNotZ 1992, 339, 346 f.; a.A. *Schöner/Stöber*, Rn 1576 ff. m. ausf. Begründung; *Hügel/Hügel*, § 20 Rn 92; *Stöber*, DNotZ 1985, 587; *Weirich*, DNotZ 1987, 628; *Blomeyer*, Rpfleger 1970, 228, 231.

5. Grundbuchvollzug der Sicherungshypothek

Die Eintragung der kraft Gesetzes außerhalb des Grundbuchs entstehenden **Sicherungshypothek (§ 1287 BGB)** erfolgt im Wege der Grundbuchberichtigung (vgl. § 5 Einl. Rdn 38); Eintragungsgrundlage ist deshalb entweder ein Unrichtigkeitsnachweis oder eine Berichtigungsbewilligung. Sie setzt voraus,

– wenn eine Verpfändung bei der Vormerkung vermerkt ist, nur Antrag des X oder B (§ 13 GBO) ohne sonstige Nachweise und ohne Bewilligung des B.[297] Nachweis über Pfandforderungshöhe ist nur nötig, wenn in der Bewilligung auf Eintragung des Verpfändungsvermerks die Forderungshöhe nicht wenigstens dem Höchstbetrag nach enthalten ist;[298]
– wenn Verpfändung bei der Vormerkung nicht vermerkt ist, entweder eine Bewilligung des B ohne sonstige Nachweise oder ein Nachweis über sämtliche Entstehungsvoraussetzungen und Antrag des B oder X (§ 13 GBO).

6. Löschung der Vormerkung für B und des Verpfändungsvermerks für X

Diese beiden Löschungen haben **zur Voraussetzung**:[299]

– Bewilligung des B auf Löschung der Vormerkung,
– Bewilligung des X auf Löschung des Verpfändungsvermerks,[300]
– Antrag des B auf Löschung der Vormerkung,
– Antrag des B oder X auf Löschung des Verpfändungsvermerks.

Die Löschungsbewilligung des X ist **entbehrlich**:

– bei Nachweis (§ 22 GBO), dass von vornherein keine Sicherungshypothek entstanden ist,
– bei Nachweis, dass das Pfandrecht durch Eintritt einer auflösenden Bedingung erloschen ist. Da in diesem Fall (Zins-)„Rückstände" nicht ausgeschlossen sind, muss im Grundbuch der Verpfändungsvermerk um einen Löschungserleichterungsvermerk (§ 24 GBO) ergänzt sein, wonach zur Löschung des Verpfändungsvermerks der Nachweis des Erlöschens des Pfandrechts des X genügt;[301]
– bei Nachweis, dass der verpfändete Anspruch infolge Erfüllung erloschen ist, weil mit dem Untergang des Pfandgegenstands auch das an ihm bestellte Pfandrecht erlischt.[302]

III. Pfändung des Auflassungsanspruchs

1. Prozessuale Voraussetzungen und Folgen

Der **Auflassungsanspruch** wird nach §§ 846, 848, 828 ff., 829 ZPO durch gerichtlichen Pfändungsbeschluss und seine Zustellung an den Vollstreckungsschuldner (= Erwerber) B sowie den Grundstückseigentümer A als Drittschuldner gepfändet.[303] Die Pfändung ist wie die Verpfändung auch noch nach Erklärung der Auflassung möglich[304] und begründet für den Vollstreckungsgläubiger X ein Pfändungspfandrecht am Auflassungsanspruch (§ 804 Abs. 1 ZPO).

Der Pfändungsvermerk kann wie der Verpfändungsvermerk bei der Vormerkung für B eingetragen werden. Den **Grundbuchvollzug** (der von der Pfändung mitgegriffen wird)[305] kann X unter Vorlage des Pfändungsbeschlusses und Nachweises über dessen Zustellung an B und A beantragen, ggf. zusammen mit der Vormerkung selbst.[306] Dieser Vermerk ist zulässig wie bei einer Verpfändung (Rdn 115 ff.).[307]

---

297 BayObLG BayObLGZ 1967, 297; *Vollkommer*, Rpfleger 1969, 410; *Blomeyer*, Rpfleger 1970, 232; *Schöner*, DNotZ 1985, 598, 604.
298 *Hieber*, DNotZ 1954, 175.
299 Vgl. BayObLG DNotZ 1983, 758; Rpfleger 1984, 144; *Demharter*, § 26 Rn 27; *Stöber*, DNotZ 1985, 587, 597; *Schöner/Stöber*, Rn 1575.
300 OLG Nürnberg FGPrax 2012, 155, 157.
301 BayObLG DNotZ 1996, 554; BayObLG DNotZ 1985, 625, 630.
302 BayObLG BayObLGZ 1983, 301 = Rpfleger 1984, 144.
303 *Stöber*, Rn 2034 ff., 2043 ff.
304 OLG Jena DNotZ 1997, 158, 161; *Musielak*, § 848 ZPO Rn 4.
305 OLG Frankfurt Rpfleger 1975, 177.
306 *Meikel/Böttcher*, § 20 Rn 228.
307 BayObLG Rpfleger 1985, 58.

2. Auflassung und Grundbuchvollzug

126 Aufgrund der Pfändung und der nach § 848 Abs. 1 ZPO erlassenen Anordnung[308] hat die Auflassung von A an B gem. § 925 BGB (wie bei der Verpfändung nach Pfandreife, siehe Rdn 115 ff.) in der Weise zu erfolgen, dass der auf Antrag des X bestellte Sequester die Auflassung für B entgegennimmt. Weigert sich A, muss X ihn auf Auflassung an B, vertreten durch den Sequester, verklagen.[309] Ist die Auflassung schon vor Wirksamwerden der Pfändung erklärt, muss sie für den Grundbuchvollzug vom Sequester in der Form des § 29 GBO genehmigt werden.[310] Da der Sequester nur Vertreter des Schuldners B ist (§ 848 Abs. 2 ZPO), kann er keine Erklärungen für A oder für X abgeben und nicht im Grundbuch als Eigentümer eingetragen werden.

127 Zu den **Voraussetzungen der Eintragung des B** als Eigentümer werden dieselben Auffassungen vertreten wie bei der Verpfändung des Auflassungsanspruchs (siehe Rdn 120). Dem GBA muss demgemäß die Auflassung von A an B, vertreten durch den Sequester, die Bewilligung des A auf Eintragung des B und die Bewilligung des X in Form des § 29 GBO sowie der Antrag (§ 13 GBO) eines Notars in Vertretung eines Antragsberechtigten vorliegen.

128 Mit der Eintragung des B als Eigentümer **entsteht eine Sicherungshypothek kraft Gesetzes außerhalb des Grundbuchs**, sofern die Auflassung unter Beachtung der Vorschriften des § 848 Abs. 2 ZPO und § 925 BGB erfolgt ist (§ 848 Abs. 2 S. 2 ZPO). Ihre Eintragung erfolgt nicht von Amts wegen, sondern nur auf Antrag (wie bei einer Verpfändung, siehe Rdn 121) gem. Bewilligung des Sequesters (§ 848 Abs. 2 ZPO).

IV. Verfügung über das Anwartschaftsrecht

1. Voraussetzungen

129 Die wirksame Übertragung des Anwartschaftsrechts setzt voraus, dass dem Auflassungsempfänger B (siehe Rdn 108) überhaupt bereits ein selbstständig verkehrsfähiges Anwartschaftsrecht zusteht.[311] Die Übertragung des Anwartschaftsrechts unterliegt dann denselben materiell-rechtlichen Voraussetzungen wie die Übertragung des Vollrechts Eigentum.[312] Sie muss ihrem **Inhalt** nach die zwingenden Erfordernisse der Auflassung erfüllen (vgl. Rdn 69 ff.) und ist **bedingungsfeindlich** (§ 925 Abs. 2 BGB). Eine Zustimmung des Eigentümers A ist nicht erforderlich und auch keine Anzeige an ihn.[313] Die Übertragung des Anwartschaftsrechts bedarf zu ihrer Wirksamkeit keiner Eintragung. Der Vormerkungsschutz für den Zweiterwerber C lässt sich nur durch Abtretung des schuldrechtlichen Anspruchs erreichen.[314] Die Übertragung bedarf der **Form** der Auflassung, also der Einigung über diese Übertragung zwischen B und C bei gleichzeitiger Anwesenheit vor dem Notar (§ 925 Abs. 1 BGB).[315] Das **Verpflichtungsgeschäft** zur Übertragung eines Anwartschaftsrechts bedarf der Form des § 311b BGB.[316]

2. Eintragung des Auflassungsempfängers B als Eigentümer

130 Mit Übertragung des Anwartschaftsrechts hat B seine dingliche und grundbuchmäßige Rechtsstellung in vollem Umfang auf C übertragen. Ein Durchgangserwerb für B kann und darf nicht mehr eingetragen werden, während er bei Abtretung des schuldrechtlichen Anspruchs möglich ist (siehe Rdn 111). Weiß das GBA von der Übertragung nichts, so wird es die Eintragung des B aufgrund der Auflassung des A an B, Bewilligung des A und Antrag eines Notars vornehmen. Dadurch wird das Grundbuch unrichtig (§ 894 BGB), weil die Eintragung des B nicht durch eine wirksame Auflassung gedeckt ist.

---

308 *Hoche*, NJW 1955, 163.
309 *Stöber*, Rn 2026, 2044.
310 OLG Jena DNotZ 1997, 158, 161.
311 Krit.: MüKo/*Kohler*, § 873 Rn 91.
312 Ständige BGH-Rspr.: Hinweise bei *Monath*, RNotZ 2004, 360 ff. Fn 107.
313 BGH BGHZ 49, 197, 205.
314 Siehe auch: *Amann*, DNotZ 1997, 115.
315 BGH BGHZ 49, 197, 202; BayObLG BayObLGZ 1971, 307, 311.
316 H.M.: *Hagen*, DNotZ 198, 267, 270; Grüneberg/*Grüneberg*, § 311b Rn 6.

3. Eintragung des Zweiterwerbers C als Eigentümer

Dies setzt voraus:

131

- § 925 BGB, § 20 GBO: Auflassung von A an B und Übertragung des Anwartschaftsrechts von B an C analog § 925 BGB, § 20 GBO.
- § 19 GBO: Bewilligung des A auf Eintragung des C; die Bewilligung auf Eintragung des B erhält nicht ohne weiteres die verfahrensrechtliche Wirkung einer Bewilligung auf Eintragung des in die verfahrensrechtliche Stellung des B eingetretenen C, lässt sich aber ggf. als entsprechende Ermächtigung an B, die Eintragung des C zu bewilligen, auslegen.
- § 13 GBO: Antrag auf Eintragung des C, wozu nur ein Notar im Namen eines Antragsberechtigten berechtigt ist. Haben A oder B oder beide Antrag auf Eintragung des B gestellt, so hat dieser Antrag mit Übertragung des Anwartschaftsrechts die Wirkungen eines Antrags auf Eintragung des C. Nur A kann seinen Antrag einseitig zurücknehmen, weil seine Antragsberechtigung nicht wie die des B auf C übergegangen ist (§ 31 GBO). Dagegen kann B weder einen neuen Antrag stellen noch seinen alten Antrag auf seine eigene Eintragung als Eigentümer wirksam zurücknehmen oder abändern. Denn dies würde dem Wesen des durch § 878 BGB und § 17 GBO gesicherten Anwartschaftsrechts widersprechen, das auf der Aufrechterhaltung des Antrags des B beruht.

V. Verpfändung des Anwartschaftsrechts

Voraussetzungen der Verpfändung nach materiellem Recht: Die Verpfändung des Anwartschaftsrechts erfolgt gem. § 1274 BGB wie seine Übertragung, also in Auflassungsform durch Einigung zwischen B und X gem. § 925 BGB. Eine Zustimmung des Eigentümers A bzw. Anzeige an A (siehe § 5 Einl. Rdn 39) ist zwar nicht nötig, aber zweckmäßig. Die Verpfändung hat mit Eigentumsumschreibung auf Erwerber B analog § 1287 BGB die Entstehung einer Sicherungshypothek für den Pfandgläubiger zur Folge.[317] Anwartschaftsrecht und Auflassungsanspruch können nebeneinander, an denselben oder an unterschiedliche Gläubiger verpfändet werden, wobei sich der Rang der unterschiedlichen Pfandrechte nach dem Zeitpunkt ihrer Entstehung bestimmt.[318] Die Verpfändung des Anwartschaftsrechts verschafft dem Pfandgläubiger keine bessere Rechtsposition als die Verpfändung des Auflassungsanspruchs,[319] weshalb sich nicht zuletzt deshalb die Verpfändung beider Rechtspositionen empfiehlt.[320] **Ein Verpfändungsvermerk bei der Vormerkung des B ist nur bei der Verpfändung des schuldrechtlichen Anspruchs zulässig.**[321]

132

Eintragung der Sicherungshypothek erfolgt zusammen mit oder nach der Eigentumsumschreibung nicht von Amts wegen, sondern nur auf Antrag des X oder des A oder des B und mit Berichtigungsbewilligung des B oder unter Vorlage der Urkunde über die Verpfändung (siehe § 5 Einl. Rdn 42, § 22 GBO).

133

Eintragung des Auflassungsempfängers **B als Eigentümer setzt voraus**:

134

- eine Auflassung des A an B (ohne Zustimmung des X),
- eine Bewilligung des A auf Eintragung des B,
- Antrag eines Notars namens des A oder B oder des X.[322]

Ob die Zustimmung des X zur Auflassung wie bei der Verpfändung des Auflassungsanspruchs selbst nötig ist, ist wiederum umstritten. Zwar ist zur (bereits erklärten) Auflassung selbst als Voraussetzung für das Entstehen des Anwartschaftsrechts eine Mitwirkung des Pfandgläubigers X nicht mehr erforderlich, könnte aber vom GBA bei ihrem Vollzug durchaus noch berücksichtigt werden.[323] Wenn der Pfandgläubiger aber selbst keinen Wert auf den Grundbuchschutz durch Eintragung der Sicherungshypothek legt, die er ja bereits im Zusammenhang mit dem Verpfändungsvertrag beantragen könnte, sehe ich keinen Grund, ihn von Amts wegen bei der Auflassung in das Eintragungsverfahren einzubinden.

135

---

317 BGH NJW 1968, 493.
318 OLG Hamm RNotZ 2008, 98, 100; BayObLG DNotZ 1997, 337.
319 *Habersack*, JUS 2000, 1145, 1149.
320 *Schöner/Stöber*, Rn 1585, 1592.
321 Zweifelnd: *Schöner/Stöber*, Rn 1594; a.A. *Demharter*, Anh. zu § 26 Rn 55; OLG Rostock FGPrax 2016, 15.
322 *Hoche*, NJW 1955, 654; *Grüneberg/Wicke*, § 1287 Rn 5.
323 A.A. *Schöner/Stöber*, Rn 1590.

VI. Pfändung des Anwartschaftsrechts

136 Die **Pfändung** des Anwartschaftsrechts (§ 857 ZPO) setzt voraus:
- ein Anwartschaftsrecht des Auflassungsempfängers B, über das verfügt werden kann (zu den verschiedenen Meinungen siehe § 5 Einl. Rdn 4);
- einen gerichtlichen Pfändungsbeschluss;
- Zustellung des Pfändungsbeschlusses an den Auflassungsempfänger B; jedoch keine Zustellung an den Eigentümer A (vgl. § 5 Einl. Rdn 43).[324, 325]

Die Pfändung des Anwartschaftsrechts bewirkt nicht zugleich auch eine Pfändung des Auflassungsanspruchs.[326]

137 Die **Eintragung** des B als **Eigentümer** (siehe Rdn 112) setzt voraus:
- Auflassung des A an B;
- Bewilligung des A auf Eintragung des B;
- Antrag eines Notars namens des X allein oder Antrag des A oder Antrag des B mit Zustimmung des X.

Eine Bewilligung des X (§§ 19, 29 GBO) zur Eintragung des B ist unabhängig davon, ob X die Eintragung seiner Sicherungshypothek beantragt oder nicht, nicht erforderlich. X erhält durch den Pfändungsbeschluss das Recht auf Herausgabe der zur Grundbucheintragung erforderlichen Urkunden gem. § 792 ZPO.[327] Der Mitwirkung eines Sequesters bedarf es nicht, weil die Auflassung von A an B bereits vor der Pfändung erfolgt sein muss und keine Pfändung nach § 848 ZPO stattfindet. Das GBA darf die Auflassung auch ohne gleichzeitige Eintragung der Sicherungshypothek vollziehen.

VII. Weiterveräußerung des Grundstücks (Kettenauflassungen)

138 Die Weiterveräußerung[328] des noch im Eigentum des A stehenden Grundstücks durch den Auflassungsempfänger B an C ist eine Verfügung über fremdes Eigentum. Ihre Wirksamkeit ist nach § 185 BGB zu beurteilen (vgl. § 19 GBO Rdn 55 ff.).[329] Die Übertragung des Anwartschaftsrechts des B an C (vgl. Rdn 129) ist eine Verfügung über sein eigenes Recht (siehe § 5 Einl. Rdn 4, 10, 11). Die Auflassung zusammen mit der Bewilligung des A[330] enthält (wenn sich aus ihnen nichts Gegenteiliges ergibt)[331] seine Einwilligung zur Weiterauflassung seines Grundstücks durch den Auflassungsempfänger B an Dritte (§ 185 Abs. 1 BGB). Lässt der Auflassungsempfänger B das Grundstück an einen Dritten C auf, stehen zwei wirksame Auflassungen bezüglich des gleichen Grundstücks nebeneinander (z.B. von A an B und von B an C), von denen jede zusammen mit der entsprechenden Eintragung des Erwerbers zum Übergang des Eigentums führen kann.[332] Eine Zwischeneintragung des B ist nicht erforderlich, aber möglich und führt dann zum Eigentumserwerb des B. Weil in der Zwischenzeit bis zur Eintragung die Auflassung von A an B (bzw. die Bewilligung des A) unwirksam[333] oder aufgehoben werden kann[334] ist der Zweiterwerber C nicht gegen die Beseitigung dieser Einwilligung geschützt. Deshalb ist es empfehlenswert, zur Weiterveräußerung die ausdrückliche Einwilligung (§ 185 Abs. 1 BGB) oder Genehmigung des Grundstückseigentümers A (§ 185 Abs. 2 BGB) einzuholen,[335] die nicht der Auflassungsform[336] und auch nicht der Beurkundungsform des § 311b BGB bedarf,[337] aber dem GBA gem. § 29 GBO nachzuweisen ist. In der Praxis des Grundstückskaufvertrags unter fremden Dritten scheitert der „A-B-C-Kauf" regelmäßig an den Sicherungsinteressen des Eigentümers A, der sein Eigentum erst nach Kaufpreiszahlung verlieren soll, und des C, der nur auf der Grundlage eines originären Vormerkungsschutzes den von ihm geschuldeten Kaufpreis zahlen soll.[338]

---

324 BGH BGHZ 49, 203.
325 Siehe auch: *Schöner/Stöber*, Rn 1590.
326 OLG Hamm FGPrax 2008, 9.
327 BayObLG JFG 9, 235.
328 Siehe auch *Monath*, RNotZ 2004, 360.
329 Siehe auch: MüKo-BGB/*Ruhwinkel*, § 925 Rn 47.
330 Siehe auch: MüKo-BGB/*Ruhwinkel*, § 925 Rn 47.
331 Vgl. BGH Rpfleger 1997, 207.
332 BayObLG Rpfleger 1983, 249.
333 Vgl. BGH BGHZ 84, 202; *Ertl*, Rpfleger 1982, 407.
334 BayObLG BayObLGZ 1972, 397 = Rpfleger 1973, 97.
335 So mit Recht: *Medicus*, DNotZ 1990, 275, 280, 289.
336 BGH NJW 1998, 1482.
337 Grüneberg/*Ellenberger*, § 182 Rn 2; *Wufka*, DNotZ 1990, 339 m.w.N. zur Streitfrage.
338 *Monath*, RNotZ 2004, 360, 392.

J. Öffentlich-rechtliche Beschränkungen im Grundstücksverkehr
I. Amtspflichten des GBA

139 Bedarf ein Rechtsgeschäft einer öffentlich-rechtlichen Genehmigung, ist es bis zu deren Erteilung schwebend unwirksam; wird die Genehmigung erteilt, ist das Rechtsgeschäft rückwirkend wirksam, wird sie versagt, wird es endgültig unwirksam.[339] Dies gilt alles auch für die Auflassung als dinglichem Vertrag. Bei konkreten Anhaltspunkten für absolute Verfügungsbeschränkungen (Veräußerungs- oder Belastungsverbote unter Genehmigungsvorbehalt) hat das GBA deshalb zunächst selbstständig sowohl im Rahmen des § 19 GBO bei der Frage der Bewilligungsberechtigung als auch nach § 20 GBO bei der Frage der Verfügungsbefugnis des Veräußerers von Amts wegen zu prüfen, ob der Rechtsvorgang sachlich und zeitlich genehmigungspflichtig ist oder wenigstens sein kann.[340] Zur Aufklärungs- und Prüfungspflicht siehe § 2 Einl. Rdn 26, 29 ff.[341]

140 **Bejaht das GBA die Genehmigungspflicht** oder hält es sie nach Prüfung der Sach- und Rechtslage für nicht völlig ausgeschlossen,[342] so hat es den Nachweis der Genehmigung oder eine Negativbescheinigung der Genehmigungsbehörde zu verlangen,[343] andernfalls darf es die Eintragung nicht von einem Negativ- oder Rechtskraftzeugnis abhängig machen.[344] An die Entscheidung der Genehmigungsbehörde ist das GBA gebunden, auch wenn sie in einer Negativbescheinigung besteht.[345] Lehnt die Genehmigungsbehörde den Antrag auf Negativbescheinigung aus sachlichen Gründen ab, ist davon auszugehen, dass Genehmigungspflicht besteht.[346] Wird die Genehmigung qua Verwaltungsakt erteilt, so ist sie vorbehaltlich spezialgesetzlicher Bestimmung (z.B. § 7 Abs. 1 GrdstVG)[347] gem. § 43 VwVfG auch für den Grundbuchvollzug schon mit Erteilung und nicht erst mit ihrer Unanfechtbarkeit wirksam.[348]

141 **Verneint das GBA die Genehmigungspflicht**, so hat es die Eintragung vorzunehmen, wenn alle übrigen Voraussetzungen vorliegen. Zu einem solchen Ergebnis kann das GBA schon dann kommen, wenn die Genehmigungsbedürftigkeit von der Erfüllung mehrerer Voraussetzungen abhängig ist und die Prüfung ergibt, dass eine von ihnen mit Sicherheit nicht vorliegt.

142 Öffentlich-rechtliche Genehmigungen können als (privatrechtsgestaltende) Verwaltungsakte[349] gem. § 36 Abs. 1 VwVfG (bzw. den einschlägigen Landesgesetzen) mit sog. Nebenbestimmungen versehen werden: Bei Genehmigung unter einer **Auflage** (§ 36 Abs. 2 Nr. 4 VwVfG), welche eine selbstständige Verpflichtung für den Adressaten der Genehmigung begründet, darf das GBA deshalb nicht den Nachweis ihrer Erfüllung verlangen, sondern muss eintragen.[350] Bei Genehmigung unter einer **aufschiebenden Bedingung** (§ 36 Abs. 2 Nr. 2 VwVfG), muss der Eintritt dieser Bedingung zuerst in Form des § 29 GBO nachgewiesen werden, bevor das GBA die Eintragung vornehmen darf.[351] Genehmigung unter einer **auflösenden Bedingung** ist bei Rechtsgeschäften, die von keiner auflösenden Bedingung abhängig gemacht werden können (z.B. Auflassung, Erbbaurecht, Wohnungseigentum), keine geeignete Grundlage einer Grundbuch-Eintragung.[352] Bei auflösend bedingt zulässigen Rechtsgeschäften ist auch die Grundbucheintragung zulässig, wenn sich aus ihr die auflösende Bedingung ergibt, was aber nicht nur in der behördlichen Genehmigung, sondern auch in der Bewilligung und im Antrag zum Ausdruck gebracht werden muss.

---

339 BGH NJW 1993, 650; Grüneberg/*Ellenberger*, § 134 Rn 11a.
340 BGH Rpfleger 1985, 234; BayObLG DNotZ 1953, 438; BayObLG Rpfleger 1962, 223; BayObLG NJW 1963, 1455; BayObLG Rpfleger 1968, 233; BayObLG Rpfleger 1969, 301; BayObLG Rpfleger 1972, 408; BayObLG DNotZ 1981, 570; BayObLG MittBayNot 1978, 32; BayObLG MittBayNot 1985, 25; OLG Celle DNotZ 1967, 639.
341 OLG Frankfurt Rpfleger 1980, 297 m. Anm. *Meyer-Stolte*.
342 OLG Jena Rpfleger 1998, 109.
343 OLG Zweibrücken Rpfleger 1999, 179; OLG Hamm NJW 1961, 560; BGH BGHZ 32, 389.
344 BGH Rpfleger 1985, 234; OLG Zweibrücken NJW-RR 1999, 454; BayObLG Rpfleger 1969, 301; BayObLG Rpfleger 1972, 406 = DNotZ 1972, 761; *Demharter*, § 19 Rn 117.
345 BGH NJW 1951, 645; BGH BGHZ 44, 325 = Rpfleger 1966, 79; BayObLG BayObLGZ 1952, 56.
346 *Demharter*, § 19 Rn 117.
347 BGH DNotZ 1986, 97.
348 A.A. Hügel/*Hügel*, Sonderb. C Rn 33.
349 Meikel/*Grziwotz*, Einl. J Rn 1.
350 KG JW 1937, 895; OLG Koblenz DRiZ 1950, 282; *Demharter*, § 19 Rn 119; *Keidel*, DNotZ 1953, 657.
351 KG DNotZ 1937, 644; OLG Frankfurt OLGZ 80, 84; OLG München u. BayObLG DNotZ 1953, 651 m. Anm. *Keidel*.
352 OLG Stuttgart AgrarR 1981, 230.

143 **Negativzeugnisse** haben unterschiedliche Bedeutungen und Wirkungen, z.B. durch die Aufsichtsbehörde,[353] zu § 5 GrdstVG[354] oder zum gesetzlichen Vorkaufsrecht (siehe Rdn 212). Ein Negativzeugnis, das vom Gesetz der Genehmigung gleichgestellt wird, genügt grundbuchrechtlich als formelle Voraussetzung für die Grundbucheintragung. Es ersetzt, wenn es unrichtig ist, materiell die zur Wirksamkeit des Rechtsgeschäfts erforderliche Genehmigung nur dann nicht, wenn der Genehmigungsvorbehalt dem Schutz privater Interessen dient.[355]

144 **Die rechtskräftig erteilte oder versagte behördliche Genehmigung** hat rechtsgestaltende Wirkung und ist deshalb (jedenfalls grundsätzlich) nicht mehr widerruflich, wenn die Gestaltungswirkung für das privatrechtliche Rechtsgeschäft bereits eingetreten ist.[356] Die Genehmigungsbehörde kann, auch wenn gegen ihren Versagungsbescheid Antrag auf gerichtliche Entscheidung gestellt ist (§ 22 GrdstVG), während dieses Verfahrens den Vertrag genehmigen.[357] Eine Genehmigungsfiktion (z.B. § 7 Abs. 3 GrdstVG) ist auch dann wirksam und unwiderruflich, wenn die Vertragsparteien einen unrichtigen Kaufpreis angegeben haben.[358] Die bekannt gegebene öffentlich-rechtliche Genehmigung ist als Verwaltungsakt grundsätzlich wirksam, wenn sie nicht nichtig ist (§ 43 Abs. 2 VwVfG). Das GBA darf deshalb keinen gesonderten Nachweis der Unanfechtbarkeit verlangen, wenn die Genehmigung (z.B. nach BauGB oder GrdstVG) uneingeschränkt erteilt worden ist.[359] Dies gilt auch für ein Zeugnis, wonach „die Genehmigung als erteilt gilt" (z.B. gem. § 19 Abs. 3 S. 6 BauGB a.F., § 23 Abs. 2 BauGB a.F.).[360]

145 Sind **schuldrechtlicher Vertrag** und **dingliches Erfüllungsgeschäft genehmigungspflichtig**, hängt es von den gesetzlichen Bestimmungen im Einzelfall ab, ob die Genehmigung des schuldrechtlichen Geschäfts auch die des dinglichen umfasst, was dann zutrifft, wenn sich aus dem Genehmigungsbescheid nichts Gegenteiliges ergibt.[361] Da grundsätzlich das GBA das schuldrechtliche Grundgeschäft nicht zu prüfen hat,[362] muss es sich mit der Genehmigung des dinglichen Rechtsgeschäfts begnügen, das grundbuchmäßig zu vollziehen ist (dazu siehe § 1 Einl. Rdn 42 f.). Bei einer Kette von Erwerbern setzt die Eintragung des Letzten (ohne Zwischeneintragung der anderen) voraus, dass auch die Zwischengeschäfte genehmigt sind.[363]

146 Die **nachträgliche Begründung einer Genehmigungspflicht** hat keine Rückwirkung, wenn das Grundgeschäft bzw. die Einigung an sich für genehmigungspflichtig erklärt werden und bereits wirksam geworden sind.[364] Von der Genehmigungspflichtigkeit ist dagegen auszugehen, wenn eine Verfügung schlechthin vor der rechtsbegründenden Eintragung einem Genehmigungszwang unterstellt wird;[365] für diesen Fall kann allerdings ggf. § 878 WEG analog anwendbar sein.[366]

147 Bei Wegfall der Genehmigungspflicht endet – vorbehaltlich einer abweichenden Übergangsregelung – i.d.R. die schwebende Unwirksamkeit; die Eintragung kann vollzogen werden.[367] Bei vorheriger unanfechtbarer Versagung der Genehmigung ist das Geschäft endgültig unwirksam;[368] es kann nur durch neuen Vertragsabschluss wirksam werden, es sei denn, die Vertragsteile wollen gleichwohl am Rechtsgeschäft festhalten, z.B. im Hinblick auf eine künftige Genehmigungsfähigkeit.[369]

---

353 KG JFG 16, 84.
354 BGH BGHZ 76, 242 = Rpfleger 1980, 274.
355 BGH NJW 2010, 144; BGH BGHZ 76, 242 (zu § 23 Abs. 2 BBauG a.F.); BGH BGHZ 44, 325, 327; OLG Zweibrücken NJW-RR 1999, 1174 (zum Negativattest des Vormundschaftsgerichts).
356 OGH OGHZ 2, 247 = NJW 1949, 281 = DNotZ 1950, 303; BayObLG BayObLGZ 1952, 209; OLG Celle MDR 1956, 170; BVerwG NJW 1975, 1240; BayVGH BauR 1976, 409; OLG Köln AgrarR 1981, 52; Meikel/*Grziwotz*, Einl. J Rn 11.
357 BGH NJW 1982, 2251.
358 BGH NJW 1981, 1957.
359 BGH Rpfleger 1985, 234; OLG Hamm Rpfleger 1974, 68; *Sellner*, NJW 1973, 345; *Wolfsteiner*, Rpfleger 1973, 162; *Faßbender*, DNotZ 1973, 358.
360 LG Traunstein MittBayNot 1972, 65; *Haegele*, Rpfleger 1972, 391, 393.
361 So BayObLG Rpfleger 1985, 235 (für vormundschaftsgerichtliche Genehmigung).
362 OLG Frankfurt BeckRS 2021, 46303.
363 RG RGZ 129, 153; *Demharter*, § 19 Rn 119.
364 OLG München JFG 17, 194; OLG München JFG 22, 301.
365 OLG Celle MDR 1948, 252; BayObLG BayObLGZ 1977, 209 = MittBayNot 1977, 201; *Demharter*, § 19 Rn 121.
366 KG NJW-RR 2022, 164; BGH DNotZ 2017, 219.
367 BGH NJW 1965, 41; BVerwG DNotZ 1980, 413; Staudinger/*Gursky*, vor §§ 182 ff. Rn 55.
368 RG RGZ 172, 1; BGB NJW 1956, 1918.
369 BGH NJW-RR 1994, 1356; *Eckert/Höfinghoff*, NotBZ 2004, 405, 411 f.

II. Bau- und Bodenrecht

1. Teilungsgenehmigung

Das Erfordernis der allgemeinen Teilungsgenehmigung gem. § 20 BauGB a.F.[370] ist entfallen. § 19 Abs. 2 BauGB n.F. nimmt zwar die materiellen Regelungen des bisherigen § 20 BauGB auf, enthält aber kein gesetzliches Verbot im Sinne des § 134 BGB.[371] Das GBA hat die in § 19 Abs. 1 BauGB legaldefinierte Teilung deshalb ohne weiteres und ungeachtet der Frage zu vollziehen, ob es damit den Vorgaben eines Bebauungsplans entspricht.[372] Zu beachten sind aber „besondere Teilungsgenehmigungstatbestände" wie z.B. § 144 Abs. 2 Nr. 5 BauGB (Teilungsgenehmigung in Sanierungsgebieten) und landesrechtliche (und damit bauordnungsrechtliche) Genehmigungstatbestände[373] zur Grundstücksteilung, die z.T. §§ 19 f. BauGB a.F. vergleichbar sind, eine materielle Wirksamkeitsbedingung für die Grundstücksteilung darstellen und damit den Grundbuchvollzug der Teilung verhindern können.[374]

2. Verkehrsbeschränkungen in Fremdenverkehrsgebieten

Die Begründung oder Teilung von Rechten nach dem WEG (§§ 1, 3, 8, 30, 31 WEG) kann unter bestimmten Voraussetzungen in Fremdenverkehrsgebieten von einer Genehmigung der Baugenehmigungsbehörde (§ 22 BauGB) auf der Grundlage einer gemeindlichen Satzung (in Berlin einer Rechtsverordnung) abhängig gemacht werden. Das schuldrechtliche Verpflichtungsgeschäft und die zu seiner Sicherung bewilligte Vormerkung (§ 883 BGB) werden nach dem Gesetz von der Genehmigungspflicht nicht erfasst. Denn der Erwerber kann ein berechtigtes Interesse an der Eintragung einer Vormerkung bis zur Erteilung oder Versagung einer Genehmigung oder bis zum Wegfall der Genehmigungspflicht haben. Auch die Bildung von Bruchteilseigentum samt Benutzungsregelung gem. § 1010 BGB unterfällt nicht der Genehmigungspflicht.[375]

Der Genehmigungsvorbehalt wird erst wirksam mit Rechtsverbindlichkeit eines entsprechenden Bebauungsplans oder der sonstigen Satzung, wobei das GBA zwar nicht die Wirksamkeit einer ihm gemeindlicherseits mitgeteilten Satzung zu prüfen hat,[376] wohl aber, ob das Grundstück in einem entsprechenden Gebiet liegt.[377] Die Genehmigung muss erteilt werden zu einem Rechtsgeschäft, für das vorher eine Vormerkung eingetragen oder beantragt worden ist (§ 22 Abs. 4 S. 2 BauGB). Die Grundbucheintragung trotz fehlender, aber erforderlicher Genehmigung macht das Grundbuch unrichtig.[378] Um einen gutgläubigen Erwerb zu verhindern, kann die Baugenehmigungsbehörde das GBA um die Eintragung eines Widerspruchs ersuchen (§ 22 Abs. 6 S. 2 BauGB), der nach erteilter Genehmigung oder Ersuchen der Behörde zu löschen ist, § 22 Abs. 6 S. 3 BauGB. Nach Wegfall der Voraussetzung ist die Gemeinde zur Aufhebung des Genehmigungsvorbehalts und Erteilung eines Freistellungsbescheides verpflichtet (§ 22 Abs. 8 BauGB). Im Einzelfall ist zu prüfen, ob ein Versagungsgrund (§ 22 Abs. 4 BauGB) durch geeignete Maßnahmen beseitigt werden kann, z.B. durch eine Fremdenverkehrsdienstbarkeit.[379]

Genehmigung, Negativzeugnis und Genehmigungsfiktion richten sich nach § 22 Abs. 5 BauGB. Die Gemeinde hat dem GBA über den Umfang des Genehmigungserfordernisses gem. § 22 Abs. 2 S. 3 BauGB genaue Angaben zu machen. Für das **Grundbuchverfahren** besteht eine Grundbuchsperre (§ 22 Abs. 6 BauGB). Das GBA darf deshalb eine von § 22 Abs. 1 BauGB erfasste Eintragung nur vornehmen, wenn die Genehmigung, ein Zeugnis über die Genehmigungsfiktion oder Genehmigungsfreiheit vorgelegt wird oder wenn es aufgrund eigener Prüfung von der Genehmigungsfreiheit überzeugt ist.

---

370 Dazu noch ausf.: *Schöner/Stöber*, Rn 3814 ff.
371 DNotI-Report 2004, 173, 175; *Dümig*, Rpfleger 2004, 461, 462; *Eckert/Höfinghoff*, NotBZ 2004, 405, 408.
372 *Eckert/Höfinghoff*, NotBZ 2004, 405, 409 f.
373 Übersicht auf der Homepage des DNotI Stand 31.7.2018, vgl. www.dnoti.de, siehe dort „Arbeitshilfen Immobilienrecht".
374 *Schöner/Stöber*, Rn 3823; *Eckert/Höfinghoff*, NotBZ 2004, 405, 409 f.; *Schmittat*, MittRhNotK 1986, 209, 220.
375 OLG Schleswig DNotI-Report 2000, 163.
376 OLG Rostock FGPrax 2016, 209.
377 KG FGPrax 2016, 100.
378 DNotI-Report 2008, 98.
379 Dazu: BayObLG BayObLGZ 1985, 193 = MittBayNot 1985, 123 = DNotZ 1986, 228 m. Anm. *Ring*; *Ertl*, MittBayNot 1985, 126; *Ertl*, MittBayNot 1985, 177; *Ertl*, MittBayNot 1990, 36.

3. Verkehrsbeschränkungen im Umlegungsgebiet

152 Das Umlegungsrecht der §§ 45 ff. BauGB enthält Verfahrensbestimmungen zur Bodenordnung, um zivilrechtliche und bauplanungsrechtliche Grundstücksverhältnisse in Einklang zu bringen. Hierzu werden bestimmt zu bezeichnende Grundstücke (§ 47 Abs. 1 S. 3 BauGB) zu einer sog. Umlegungsmasse (§ 55 Abs. 1 BauGB) vereinigt und nach Abzug für öffentliche Zwecke benötigter Flächen neu verteilt.

153 Im Umlegungsgebiet besteht gem. § 51 BauGB ein allgemeines **Teilungs-**, **Erwerbs-** und **Verfügungsverbot** (§ 134 BGB), beginnend mit der Bekanntmachung des Umlegungsbeschlusses (§ 50 BauGB), die dem GBA gem. § 54 Abs. 1 BauGB mitzuteilen und in den betroffenen Grundbüchern zu vermerken ist, und endend mit der Bekanntmachung des Umlegungsplans (§ 71 BauGB). Innerhalb dieser Zeit dürfen im Umlegungsgebiet (§§ 52 f. BauGB) Verfügungen aller Art über Grundstücke oder Rechte an Grundstücken, auch die Aufhebung und Löschung dinglicher Rechte,[380] Grundstücksteilungen, bei Grundstücksveräußerungen auch der schuldrechtliche Erwerbsvertrag nur mit Genehmigung der Umlegungsstelle (§ 46 Abs. 1 BauGB: Gemeinde) getroffen und im Grundbuch eingetragen werden.[381] Ein gutgläubiger Erwerb (§ 892 BGB) ist ausgeschlossen,[382] auch wenn noch kein Umlegungsvermerk im Grundbuch eingetragen ist und der Erwerber des Rechts den Umlegungsbeschluss nicht kennt (vgl. § 1 Einl. Rdn 49). § 878 BGB ist dagegen anwendbar; außerdem kann analog § 22 Abs. 4 S. 2, 172 Abs. 4 S. 3 Nr. 2 BauGB der allgemeine Vertrauensschutz die Erteilung auf die Genehmigung gebieten.[383]

154 **Genehmigungsfrei** sind die Eintragung einer Auflassungsvormerkung,[384] nicht aber deren Verpfändung,[385] Erbfolge, Erbanteilsübertragung, sonstige Rechtsvorgänge außerhalb des Grundbuchs[386] und auch solche Änderungen des Inhalts eines Wohnungseigentums (WE) oder Erbbaurechts, die nicht den sachenrechtlichen Inhalt, sondern lediglich die verdinglichten schuldrechtlichen Vereinbarungen ändern (siehe § 3 Einl. Rdn 96 ff., § 3 Einl. Rdn 159 ff.), weil sie keine „Verfügung" über das WE oder ErbbauR enthalten. § 51 BauGB gilt auch nicht für Rechtsvorgänge im Sanierungs- oder Entwicklungsgebiet (vgl. Rdn 158 ff.).

155 Mit Bekanntmachung des Umlegungsplans wird der bisherige durch den neuen Rechtszustand ersetzt (§§ 71, 72 BauGB, siehe Rdn 85). Über die im Umlegungsverfahren entstehenden Grundstücke kann mit Genehmigung nach § 51 BauGB auch vorher bereits verfügt werden (vgl. Rdn 85).[387] Eine Auflassung des Einlagegrundstücks muss wegen des dem Umlegungsrecht zugrunde liegenden Surrogationsgedankens hinsichtlich des Zuteilungsgrundstücks auch dann nicht wiederholt werden, wenn sie erst nach Bekanntmachung des Umlegungsplans erklärt wurde; die Eintragung der damit bereits das Ersatzgrundstück betreffenden Auflassung setzt voraus, dass auf Ersuchen der Behörde das Grundbuch zunächst auf den durch den Umlegungsplan gestalteten neuen Rechtszustand berichtigt wird.[388]

4. (Keine) Verkehrsbeschränkungen bei der „vereinfachten Umlegung"

156 An die Stelle des früheren „Grenzregelungsverfahrens" gem. §§ 80 ff. BauGB ist die „vereinfachte Umlegung" getreten.[389] Der Beschluss über die vereinfachte Umlegung wird im Grundbuch nicht vermerkt und hat keine unmittelbaren Veräußerungs- und Belastungsbeschränkungen zur Folge. Im Beschluss über die vereinfachte Umlegung können ebenfalls Grundstücke neu zugeteilt, betroffene Dienstbarkeiten und Baulasten neu geordnet, begründet und aufgehoben werden und Grundpfandrechte mit Zustimmung der Beteiligten neu geordnet werden (§ 80 Abs. 3 und 4 BauGB).[390] Mit der Bekanntmachung des Beschlusses wird der bisherige Rechtszustand gem. § 83 Abs. 2 BauGB durch den neuen ersetzt.[391] Für den Grundbuchvollzug ist § 84 BauGB zu beachten.

---

380 OLG Hamm OLGZ 1980, 267.
381 BayObLG BayObLGZ 1964, 170 = Rpfleger 1964, 215; OLG Celle Rpfleger 1965, 275.
382 BayObLG DNotZ 1988, 784.
383 Schöner/Stöber, Rn 126, 3863 f.
384 BayObLG BayObLGZ 1969, 303 = Rpfleger 1970, 25.
385 OLG Nürnberg FGPrax 2013, 161 (zum vergleichbaren Fall für Verkehrsbeschränkungen im Sanierungsgebiet).
386 Ebenso: Schöner/Stöber, Rn 3866.
387 Siehe auch: Schöner/Stöber, Rn 3872 ff.
388 OLG Zweibrücken FGPrax 2003, 7.
389 Grziwotz, DNotZ 2004, 674, 683.
390 Krit. zur „Vorgängerregelung": Schelter, DNotZ 1987, 330, 348.
391 BayObLG BayObLGZ 1981, 8.

5. Verkehrsbeschränkungen im Enteignungsverfahren nach BauGB

Zu den in § 85 Abs. 1 BauGB näher bezeichneten bauplanerischen Zwecken ist die Enteignung von Grundstücken zulässig. **Genehmigungsbedürftig** sind gem. § 109 BauGB von der Bekanntmachung über die Einleitung des Enteignungsverfahrens an (§ 108 Abs. 5 BauGB) dieselben Rechtsvorgänge wie im Umlegungsverfahren (vgl. Rdn 152 ff.). Über die Genehmigung entscheidet die Enteignungsbehörde (§ 109 BauGB). Die Einleitung des Enteignungsverfahrens ist dem GBA mitzuteilen (§ 108 Abs. 6 S. 1 BauGB); das GBA hat der Enteignungsbehörde gegenüber in § 108 Abs. 6 BauGB im einzelnen geregelte Mitteilungspflichten. Die Einleitung des Enteignungsverfahrens ist (mit deklaratorischer Bedeutung wie im Umlegungsverfahren, vgl. Rdn 153) im Grundbuch auf Ersuchen der Enteignungsbehörde zu **vermerken** (§ 108 Abs. 6 BauGB). Mit dem in der Ausführungsanordnung zum Enteignungsbeschluss festzusetzenden Tag (§§ 113, 117 BauGB) wird der bisherige Rechtszustand durch den im Enteignungsbeschluss geregelten neuen Rechtszustand ersetzt (§ 117 Abs. 5 BauGB), der vom GBA auf Ersuchen der Enteignungsbehörde einzutragen ist, § 117 Abs. 7 BauGB. Die landesrechtlichen Enteignungsgesetze (z.B. Art. 27 BayEG) sehen z.T. die Eintragung einer „Verfügungs- und Veränderungssperre" im Grundbuch vor, die wie Enteignungsvermerke zu behandeln sind.[392]

6. Verkehrsbeschränkungen im Sanierungsgebiet

Gemäß § 142 BauGB kann die Gemeinde zur Behebung städtebaulicher Missstände (§ 136 BauGB) durch Satzung ein sog. förmlich festgelegtes Sanierungsbiet bestimmen. In diesem Gebiet ist der Grundstücksverkehr gem. § 144 BauGB erheblich eingeschränkt.

Genehmigungspflichtig sind im Sanierungsgebiet die in § 144 Abs. 1 und 2 BauGB bezeichneten Rechtsvorgänge, insbesondere:

- **§ 144 Abs. 2 Nr. 1 BauGB:** die rechtsgeschäftliche Veräußerung eines Grundstücks und die Bestellung und Veräußerung eines Erbbaurechts; als Regel für die Grundstücksveräußerung gilt, dass immer dann die Genehmigung nach § 144 Abs. 2 Nr. 1 BauGB erforderlich ist, wenn der Rechtsvorgang nach sachenrechtlichen Grundsätzen der Auflassung nach § 925 BGB bedarf;[393] auf die Dereliktion ist § 144 Abs. 2 Nr. 1 BauGB zumindest analog anzuwenden;[394]
- **§ 144 Abs. 2 Nr. 2 BauGB:** die rechtsgeschäftliche[395] Bestellung eines das Grundstück belastenden Rechts (soweit dies nicht mit der Durchführung von Baumaßnahmen im Sinne des § 148 Abs. 2 BauGB im Zusammenhang steht), insbesondere also auch die Bestellung von Dienstbarkeiten[396] oder (Finanzierungs-)Grundpfandrechten, aber auch die Auswechslung der Sicherungsabrede einer Grundschuld;[397]
- **§ 144 Abs. 2 Nr. 3 BauGB:** ein schuldrechtlicher Vertrag, durch den eine Verpflichtung zu einem in Nr. 1 oder 2 genannten Geschäft begründet wird.

Genehmigungspflichtig ist auch die Veräußerung von Teilflächen, Miteigentumsanteilen, Wohnungs- und Teileigentum, Übertragung von Alleineigentum auf einen Miterben (z.B. bei Erbauseinandersetzung).[398] Aufteilung gem. § 3 WEG nach Wohnungseigentum (nicht jedoch die Teilung gem. § 8 WEG),[399] Eintragung einer Zwangshypothek,[400] Übertragung von Erbanteilen.[401] Es besteht aber (anders als im Umlegungsgebiet, vgl. Rdn 153) kein allgemeines Verfügungsverbot, also insbesondere keine Genehmigungspflicht für Löschung und Aufhebung dinglicher Rechte.

Die Genehmigungspflicht tritt mit Bekanntmachung der Sanierungssatzung ein, nicht erst mit Ersuchen oder der Eintragung des Vermerks im Grundbuch, der nur deklaratorische Bedeutung hat (§ 143 Abs. 2 BauGB). Gutgläubiger Erwerb wird nicht geschützt. Die Sanierungsbehörde hat deshalb für unverzügliche Eintragung des Vermerks im Grundbuch zu sorgen (dazu siehe § 1 Einl. Rdn 11). Kaufverträge, die

---

392 BayObLG DNotZ 1988, 784 m. Anm. *Sieveking*.
393 *Heinzmann*, BWNotZ 2000, 25, 34.
394 Thüringer OLG NotBZ 2007, 67.
395 BGH FGPrax 2015, 150.
396 OLG Naumburg NotBZ 2014, 159.
397 *Graupeter*, WM 2011, 535; a.A. OLG Naumburg BeckRS 2016, 02277 (zur Abtretung einer bestehenden und sanierungsrechtlich genehmigten Grundschuld).
398 OLG Bremen OLGZ 1977, 261.
399 VG Köln NVwZ 1985, 516; Hügel/*Hügel*, Sonderb. C Rn 50.
400 LG Regensburg Rpfleger 1977, 224.
401 *Schöner/Stöber*, Rn 3890.

vor förmlicher Festlegung wirksam abgeschlossen wurden, unterliegen der Genehmigungspflicht allerdings nicht, wohl aber ggf. die erst danach erklärte Auflassung.[402] Im Übrigen gilt – wie im Umlegungsverfahren – § 878 BGB und kann analog § 22 Abs. 4 S. 2, 172 Abs. 4 S. 3 Nr. 2 BauGB ein Anspruch auf Erteilung der Genehmigung unter dem Gesichtspunkt des allgemeinen Vertrauensschutz bestehen.[403]

161 **Genehmigungsfrei** sind kraft Gesetzes (§ 144 Abs. 4 BauGB) u.a.:
- Rechtsvorgänge, an denen die Gemeinde oder der Sanierungsträger als Vertragsteil oder Eigentümer beteiligt ist,
- bestimmte Rechtsgeschäfte zum Zweck der Vorwegnahme der Erbfolge,
- die Teilung eines Grundstücks,
- Rechtsgeschäfte, die Zwecken der Landesverteidigung dienen,
- der rechtsgeschäftliche Erwerb eines in ein Planfeststellungsverfahren einbezogenen Grundstücks durch den Bedarfsträger.

162 Von der Genehmigungspflicht werden **nicht erfasst**:
- Rechtsvorgänge außerhalb des Grundbuchs;[404]
- Änderungen von verdinglichten Vereinbarungen, die als Inhalt des Sondereigentums oder Erbbaurechts im Grundbuch eingetragen sind;
- Vormerkungen, auch Auflassungsvormerkungen,[405] wohl aber deren Pfändung oder Verpfändung im Hinblick darauf, dass mit Eigentumsumschreibung eine Sicherungshypothek entsteht.[406]

163 Die **Genehmigung** wird gem. § 145 BauGB von der Gemeinde erteilt. § 145 Abs. 2 und Abs. 3 BauGB enthalten die Versagungsgründe und die Voraussetzungen einer Pflicht zur Genehmigung. Die Genehmigung kann gem. § 145 BauGB unter Auflagen erteilt werden; deren Erfüllung dem GBA aber nicht nachzuweisen ist (siehe Rdn 142). Verfügungen über Grundstücke und Rechte an Grundstücken können nicht unter Bedingungen oder Befristungen genehmigt werden.

164 Für das **Grundbuchverfahren** verweist § 145 Abs. 6 BauGB auf § 22 Abs. 6 BauGB. Voraussetzung für die Eintragung ist danach regelmäßig entweder die Vorlage der Genehmigung oder des Negativzeugnisses.[407]

7. Verkehrsbeschränkungen im Entwicklungsbereich

165 Mit der städtebaulichen Entwicklungsmaßnahme im Sinne des §§ 165 ff. BauGB überplant die Kommune ein bestimmt bezeichnetes Gebiet umfassend. Sie erwirbt dazu grundsätzlich alle Grundstücke in dem betroffenen Gebiet, schafft die der Planung entsprechende Infrastruktur und privatisiert die für öffentliche Zwecke nicht benötigten Grundstücke wieder mit der Maßgabe, dass diese gemäß der Planung bebaut und genutzt werden.[408] Das Verfahren ist vergleichbar dem städtebaulicher Sanierungsmaßnahmen:[409] Die Gemeinde beschließt eine Entwicklungssatzung, in der der Entwicklungsbereich bezeichnet wird, und die mit Bekanntmachung verbindlich wird (§ 165 Abs. 6 und Abs. 8 S. 4 BauGB). Die Satzung ist dem GBA unter Angabe der im Einzelnen betroffenen Grundstücke mitzuteilen und vom GBA in den Grundbüchern zu vermerken (§ 165 Abs. 9 BauGB). Gemäß § 169 Nr. 5 BauGB i.V.m. § 145 BauGB sind mit Bekanntmachung der Satzung dieselben Rechtsvorgänge genehmigungspflichtig wie in einem Sanierungsgebiet (siehe Rdn 159). Die Gemeinde kann zur Sicherung der beabsichtigten städtebaulichen Entwicklung nach § 25 Abs. 1 S. 1 Nr. 2 BauGB eine Vorkaufsrechtssatzung erlassen und ggf. ein u.U. preislimitiertes Vorkaufsrecht ausüben.[410]

---

402 KG DNotI-Report 1997, 70; DNotI-Report 1994, 2.
403 *Schöner/Stöber*, Rn 126, 3863 f.
404 Siehe auch *Schöner/Stöber*, Rn 3890: Die Übertragung von Gesellschafts- oder Erbteilen ist genehmigungsfrei, auch wenn zum Gesamthandsvermögen im Sanierungsgebiet liegender Grundbesitz gehört.
405 LG Koblenz NJOZ 2004, 3941.
406 BGH FGPrax 2015, 150; OLG Nürnberg FGPrax 2013, 161; a.A. *Reichert*, NotBZ 2013, 364.
407 OLG Frankfurt DNotI-Report 1997, 70.
408 *Heinzmann*, BWNotZ 2000, 25.
409 Im Einzelnen: *Heinzmann*, BWNotZ 2000, 25, 27 ff.
410 *Heinzmann*, BWNotZ 2000, 25, 28 f.

8. Verkehrsbeschränkungen im Bereich von Erhaltungssatzungen

Die **Begründung von Wohnungseigentum** kann zum Zweck des Erhalts einer bestimmten Bevölkerungsstruktur im Bereich sog. Erhaltungssatzungen (§ 172 BauGB) von einer Genehmigung durch die Gemeinde (§ 173 Abs. 1 S. 1 BauGB) abhängig gemacht werden. Im zivilrechtlichen Sinn handelt es sich um ein relatives Veräußerungsverbot im Sinne des § 135 BGB, vgl. § 172 Abs. 1 S. 5 BauGB. Dies gilt nach überwiegender Meinung zumindest in Umgehungsfällen auch für die Begründung von Wohnungserbbaurechten[411] und außerdem für die Unterteilung bestehenden Wohnungs- oder Teileigentums oder -erbbaurechten und die „Umwandlung" von Sonder- in Gemeinschaftseigentum oder umgekehrt.[412] Über § 24 Abs. 1 Nr. 4 BauGB hat die Gemeinde bei Grundstücksgeschäften innerhalb solcher Erhaltungssatzungen ein Vorkaufsrecht.

Voraussetzung für die Verkehrsbeschränkung ist gem. § 172 Abs. 1 S. 4 BauGB eine entsprechende landesrechtliche Rechtsverordnung,[413] welche die Rechtsfolge (Genehmigungsbedürftigkeit) anordnet und zusätzlich eine gemeindliche Erhaltungssatzung, in der das Gebiet, in dem die Genehmigungsbedürftigkeit zu beachten ist, festgelegt wird.[414] Unter Berücksichtigung der Entstehungsgeschichte der Norm ist die WEG-Teilung von Neubauten nicht genehmigungsbedürftig, wobei dem GBA für den Vollzug dann in der Form des § 29 GBO nachzuweisen ist, dass es sich um einen Neubau handelt. Gleiches gilt für spätere Änderungen der Teilungserklärung, solange kein neues Sondereigentum begründet wird. Auch für eine Teilungserklärung gem. § 8 WEG ist § 878 BGB analog anwendbar; ist die Teilungserklärung dem GBA zum Vollzug vorgelegt, so ist deshalb eine erst danach wirksame Verfügungsbeschränkung im Sinne des § 172 BauGB unbeachtlich.[415]

Nach § 172 Abs. 4 S. 1 BauGB ist die Genehmigung zu versagen, wenn die Aufteilung in städtebaulicher Hinsicht nachteilig für Zusammensetzung der Wohnbevölkerung ist. Die Vorschrift regelt auch die Fälle, in denen die Genehmigung zu erteilen ist, u.a. im Rahmen von Modernisierungsmaßnahmen, der Erbauseinandersetzung, bei einer Veräußerung an Familienangehörige zur Eigennutzung und wenn bereits ein Anspruch auf Aufteilung und Veräußerung von Sondereigentum vormerkungsgesichert ist oder wenn sich der Eigentümer verpflichtet, die Wohnungen innerhalb von sieben Jahren ab dem Vollzug der Aufteilung im Grundbuch nur an Mieter zu veräußern.

Für das **Grundbuchverfahren** besteht eine Grundbuchsperre wie bei den Verkehrsbeschränkungen in Fremdenverkehrsgebieten (§ 172 Abs. 1 S. 6 BauGB). Danach ist ein Negativzeugnis vorzulegen, wenn die Landesregierung eine entsprechende Rechtsverordnung erlassen hat.[416] Das GBA ist zu eigenen Ermittlungen verpflichtet, ob das aufzuteilende Grundstück im Geltungsbereich einer Erhaltungssatzung liegt.[417] Zuständig für die Erteilung von Genehmigung bzw. Negativzeugnis ist gem. § 173 BauGB die Gemeinde; ist eine Baugenehmigung bzw. Zustimmung erforderlich, ist die Baugenehmigungsbehörde zuständig. § 878 BGB gilt analog (keine Genehmigungspflicht mehr, wenn die Begründung von Wohnungseigentum vor dem Wirksamwerden Erhaltungssatzung bewilligt und beantragt wurde).[418] Bei einer genehmigungslosen Eintragung ist auf Ersuchen der Behörde ein Widerspruch einzutragen, der nach Erteilung der Genehmigung oder entsprechendem Ersuchen der Behörde wieder zu löschen ist (§§ 22 Abs. 6 S. 3, 172 Abs. 1 S. 6 BauGB). Solange jedoch von der Verordnungsermächtigung in § 173 BauGB kein Gebrauch gemacht worden ist, darf die Eintragung der Aufteilung nicht von der Vorlage eines diesbezüglichen Negativattests der Baubehörde abhängig gemacht werden.[419]

---

411 OLG München ZWE 2021, 358 m. Anm. *Grziwotz* = MittBayNot 2022, 88 m. Anm. *Böttcher*. A.A. *Häublein*, ErbbauZ 2021, 164, m.E. mit den besseren Gründen, ibs. auch im Hinblick darauf, dass das BauGB in §§ 22 und 250 BauGB Wohnungserbbaurechte ausdrücklich in Bezug nimmt.
412 *Demharter*, Anh. zu § 3 Rn 49; DNotI-Report 1997, 160.
413 Vgl. für Bayern die WoGeV v. 15.5.2012 (GVBl 2012, 189 ff.), dazu: *Grziwotz*, MittBayNot 2014, 394 ff.
414 DNotI-Report 1997, 160.
415 KG NJW-RR 2022, 164; BGH DNotZ 2017, 117.
416 OLG Zweibrücken DNotZ 1999, 825; OLG Hamm FGPrax 1999, 132.
417 KG FGPrax 2016, 100.
418 BGH DNotZ 2017, 119.
419 OLG Zweibrücken DNotZ 1999, 825.

9. Verkehrsbeschränkungen im Bereich von Gebieten mit einem angespannten Wohnungsmarkt

170 Die **Begründung von Wohnungs- und Teileigentum** an bestimmten Bestandsbauten, von Wohnungs- und Teilerbbaurechten und von Bruchteilsgemeinschaften mit § 1010-BGB-Regelung und auch die Veräußerung von Wohnungs- oder Teileigentum kann zum Erhalt der Versorgung mit Mietwohnungen zu angemessenen Bedingungen im Bereich von Gebieten mit angespanntem Wohnungsmarkt (§ 201a BauGB) von einer Genehmigung (§ 250 Abs. 1 S. 1 BauGB) abhängig gemacht werden.

171 **Voraussetzung** für die Verkehrsbeschränkung ist gem. § 250 Abs. 1 S. 3 BauGB eine entsprechende landesrechtliche Rechtsverordnung, welche die Gebiete, in denen die Genehmigungsbedürftigkeit gilt, und die Schwellenzahl der in Aussicht genommenen Sondereigentumseinheiten,[420] ab der das Genehmigungserfordernis zu beachten ist, festlegt. Auch für eine Teilungserklärung gem. § 8 WEG ist § 878 BGB analog anwendbar; ist die Teilungserklärung vollzugsreif und dem GBA zum Vollzug vorgelegt, so ist deshalb eine erst danach wirksame Verfügungsbeschränkung im Sinne des § 250 BauGB unbeachtlich.[421]

172 Die Vorschrift regelt auch die Fälle, in denen die Genehmigung zu erteilen ist, vgl. § 250 Abs. 3 S. 1 BauGB. Für das **Grundbuchverfahren** besteht eine Grundbuchsperre wie bei den Verkehrsbeschränkungen in Gebieten von Erhaltungssatzungen (§ 250 Abs. 5 S. 1 BauGB). Danach ist ein Negativzeugnis vorzulegen, wenn die Landesregierung eine entsprechende Rechtsverordnung erlassen hat.[422] Das GBA ist zu eigenen Ermittlungen verpflichtet, ob das aufzuteilende Grundstück im Geltungsbereich einer entsprechenden Rechtsverordnung liegt.[423] Die Zuständigkeit für die Erteilung von Genehmigung bzw. Negativzeugnis ist landesrechtlich zu regeln, § 250 Abs. 2 S. 1 BauGB. § 878 BGB gilt analog (keine Genehmigungspflicht mehr, wenn die Begründung von Wohnungseigentum vor dem Wirksamwerden der Erhaltungssatzung bewilligt und beantragt wurde).[424] Solange jedoch von der Verordnungsermächtigung in § 250 BauGB kein Gebrauch gemacht worden ist, darf die Eintragung der Aufteilung nicht von der Vorlage eines diesbezüglichen Negativattests der Baubehörde abhängig gemacht werden.[425]

III. Landwirtschaftsrecht

1. Grundstücksverkehrsgesetz

173 Die rechtsgeschäftliche Veräußerung land- oder forstwirtschaftlicher Grundstücke und der zugrunde liegende schuldrechtliche Vertrag sind gem. § 2 GrstVG genehmigungspflichtig,[426] dies mit der Folge, dass die entsprechenden Rechtsgeschäfte bis zur Erteilung der Genehmigung schwebend unwirksam und mit bestandskräftiger Versagung der Genehmigung endgültig nichtig sind.[427] Die Genehmigungspflicht besteht für bestimmte Grundstücke (§ 1 Abs. 1 GrstVG) und Rechtsvorgänge (§ 2 GrstVG). Das GrstVG enthält eigene Befreiungsvorschriften und Pflichten zur Genehmigungserteilung (§ 8 GrstVG) und ermöglicht in § 2 Abs. 3 Nr. 2 GrstVG zusätzlich landesrechtliche Ausnahmen von der Genehmigungspflicht. Die Gesetzgebungskompetenz für den landwirtschaftlichen Grundstücksverkehr liegt seit der Föderalismusreform bei den Ländern (Art. 70 GG). Das GrdstVG kann deshalb als Bundesrecht gem. Art. 125a Abs. 1 GG durch Landesrecht ersetzt werden.[428]

174 **Die Genehmigungspflicht**[429] besteht gem. § 1 für land- oder forstwirtschaftliche Grundstücke (§ 1 Abs. 1 und 2 GrstVG),[430] Miteigentumsanteile[431] und Grundstücksteilflächen (§ 1 Abs. 3 GrdstVG), sowie für grundstücksgleiche Rechte und Fischereirechte, soweit durch Landesrecht für anwendbar erklärt. Grund-

---

420 Kritisch zum Wohnungsbegriff in § 250 BauGB *Meier/Leidner*, MittBayNot 2022, 114, 122.
421 KG NJW-RR 2022, 164; BGH DNotZ 2017, 117; *Wobst*, MittBayNot 2022, 322, 327.
422 OLG Zweibrücken DNotZ 1999, 825; OLG Hamm FGPrax 1999, 132.
423 KG FGPrax 2016, 100.
424 BGH DNotZ 2017, 119.
425 OLG Zweibrücken DNotZ 1999, 825 (zur gleichgelagerten Rechtsfrage bei Erhaltungssatzungen).
426 Zur grundsätzlichen Vereinbarkeit mit europarechtlichen Vorgaben vgl. EuGH DNotI-Report 2003, 111, 158.
427 OLG München, Beschl. v. 6.2.2023 – 34 Wx 5/23 e.
428 *Gehse*, RNotZ 2007, 61, 78.
429 Dazu: *Schöner/Stöber*, Rn 3924 ff.
430 Vgl. BGH BGHZ 49, 145 = Rpfleger 1968, 148; BGH NJW 1979, 2393; BGH AgrarR 1980, 160; BGH DNotZ 1981, 769; BGH NJW 1989, 1223; OLG Stuttgart DNotZ 1981, 679; OLG Stuttgart RdL 1987, 183.
431 OLG Celle RdL 1966, 151.

stück im Sinne des § 1 GrdstVG ist grundsätzlich das Grundstück im Rechtssinn.[432] Die Bundesländer dürfen in ihren Ausführungsgesetzen zum GrdstVG aber auch einen wirtschaftlichen Grundstücksbegriff verwenden.[433]

Genehmigungspflichtig sind gem. § 2 GrstVG die wirksame[434] rechtsgeschäftliche Grundstücksveräußerung und der schuldrechtliche Vertrag hierüber, wobei mit der Genehmigung des schuldrechtlichen Vertrags auch das dingliche Erfüllungsgeschäft genehmigt ist (§ 2 Abs. 1 S. 2 GrdstVG), die Erbteilsveräußerung an einen anderen als einen Miterben, wenn der Nachlass im Wesentlichen aus einem land- oder forstwirtschaftlichen Betrieb besteht sowie die Nießbrauchbestellung an einem Grundstück. Der Rechtsgrund für die Veräußerung ist für die Genehmigungsbedürftigkeit belanglos, so dass u.a. auch die Schenkung,[435] die Ausübung des Vorkaufsrechts[436] oder Ankaufsrechts,[437] aber nicht die Bestellung eines Vorkaufs- oder Ankaufsrechts[438] oder auch die Erbauseinandersetzung[439] und Vermächtniserfüllung[440] genehmigungsbedürftig sein können. Werden mehrere Grundstücke, zu denen auch land- oder forstwirtschaftliche gehören, für deren Veräußerung eine Genehmigungspflicht besteht, in einem einheitlichen Vorgang veräußert, ist der Vertrag ebenfalls genehmigungsbedürftig.[441] Die Änderung genehmigungspflichtiger Verträge ist es nur dann nicht, wenn der Vertragsgegenstand gleich geblieben ist.[442] Die Genehmigung kann gem. § 2 Abs. 1 S. 3 GrstVG schon vor Beurkundung erteilt werden,[443] ebenso für ein Verkaufsangebot, auch wenn sie hierfür noch nicht erteilt werden muss.[444]

Nicht genehmigungspflichtig sind Rechtsübergänge außerhalb des Grundbuchs, insbesondere auch Vorgänge nach dem UmwG,[445] Bestellung oder Übertragung eines Erbbaurechts,[446] Auflassungsvormerkung,[447] ein auf Erwerb oder Veräußerung landwirtschaftlicher Grundstücke gerichteter Auftrag und die widerrufliche oder unwiderrufliche Vollmacht dazu.[448] Die Übertragung von Erbteilen, zu denen zwar kein landwirtschaftlicher Betrieb, aber doch landwirtschaftliche Grundstücke gehören, kann im Einzelfall als Umgehung zu § 2 Abs. 2 Nr. 2 GrdstVG genehmigungspflichtig sein.[449]

Genehmigungsfrei sind gem. § 4 GrstVG u.a. Veräußerungen, an denen unmittelbar der Bund oder ein Land als Vertragsteil beteiligt ist, unabhängig davon, ob als Allein- oder als Miteigentümer[450] – oder eine Religionsgemeinschaft in der Rechtsform der öffentlich-rechtlichen Körperschaft, wenn sie nicht einen land- oder forstwirtschaftlichen Betrieb erwirbt,[451] die Veräußerung im räumlichen Geltungsbereich eines Bebauungsplans gem. § 30 BauGB, außer wenn es sich um Veräußerung der Wirtschaftsstelle oder einer im Bebauungsplan als land- oder forstwirtschaftlich ausgewiesenen Fläche handelt. § 191 BauGB stellt für Grundstücke, die im räumlichen Geltungsbereich eines Bebauungsplans oder einer Sanierungssatzung liegen, z.T. ebenfalls von der Genehmigungspflicht frei.

Die **Freigrenzenbestimmungen** auf Länderebene (§ 2 Abs. 3 Nr. 2 GrdstVG)[452] sind unterschiedlich geregelt.[453] Über deren Größe entscheidet bei Veräußerung einer realen Teilfläche deren Größe, beim Miteigentumsanteil die Größe des ganzen Grundstücks, nicht der flächenmäßige Anteil.[454] Die Genehmi-

---

432 BGH DNotZ 1968, 791; OLG Naumburg NotBZ 2013, 360; OLG Jena NJOZ 2012, 140; OLG Naumburg NJW-RR 2011, 884.
433 *Stavorinus*, NotBZ 2010, 208, 209; *Gehse*, RNotZ 2007, 61, 79.
434 OLG Celle NJOZ 2014, 1006.
435 BGH NJW 1957, 259.
436 BGH DNotZ 1952, 529.
437 *Schöner/Stöber*, Rn 3952.
438 OLG Celle RdL 1966, 181.
439 OLG Schleswig DNotZ 1964, 120.
440 OLG Hamm RdL 1965, 298.
441 OLG Stuttgart DNotZ 1982, 692.
442 BayObLG Rpfleger 1963, 243; BGH MittBayNot 1979, 185.
443 DNotI-Report 2001, 155.
444 LG Stuttgart BWNotZ 1971, 26; *Schöner/Stöber*, Rn 3953 f.
445 OLG Frankfurt FGPrax 2018, 9; *Schöner/Stöber*, Rn 3949; 3960.
446 BGH DNotZ 1976, 369; *Schwarz*, DNotZ 1973, 56.
447 DNotI-Report 1999, 125 f.
448 BGH BGHZ 82, 292 = Rpfleger 1982, 95.
449 BGH NJW 2013, 607; vgl. *Gehse*, RNotZ 2007, 61, 80 f. zu weiteren möglichen Umgehungstatbeständen (Übertragung von Gesellschaftsanteilen, Bestellung eines Vorkaufsrechts, erbrechtlicher Erwerb).
450 BGH FamRZ 2014, 1366.
451 Andere Rechtssubjekte, auch rechtsfähige Einrichtungen des Bundes oder Landes oder der Religionskörperschaft sind nicht befreit, insbes. also auch nicht die Gemeinden, Meikel/*Grziwotz*, Einl. J Rn 91.
452 Vgl. Übersicht www.dnoti.de, „Arbeitshilfen Immobilienrecht".
453 Übersicht bei www.dnoti.de, „Arbeitshilfen Immobilienrecht".
454 *Stavorinus*, NotBZ 2010, 208, 210; BayObLG BayObLGZ 1963, 101 = Rpfleger 1964, 121.

gungspflicht kann dank der landesrechtlichen Freigrenzen umgangen werden, indem ein Grundstück, dessen Größe die Freigrenze übersteigt, real geteilt wird und diese sodann genehmigungsfrei veräußert werden.[455] Bei Kettenveräußerungen in einem inneren Zusammenhang nach einem einheitlichen Plan ist die Gesamtfläche aller Veräußerungen maßgebend.[456] Werden mehrere Grundstücke in einem Vertrag veräußert, löst die Überschreitung der Freigrenze bei einzelnen Grundstücken die Genehmigungspflicht für den Gesamtvertrag aus.[457] Mit der Mitwirkung an einem Umgehungsgeschäft verletzt der Notar seine Amtspflichten nach § 14 Abs. 2 BNotO und § 4 BeurkG und kann sich deswegen eines Dienstvergehens schuldig machen.[458]

179 Das GBA hat selbstständig zu prüfen, ob eine Genehmigungspflicht nach dem GrdstVG besteht. (Nur) bei konkreten Zweifeln an der Genehmigungsfreiheit darf es den Grundbuchvollzug von der Vorlage der Genehmigung bzw. eines Negativattests abhängig machen.[459] Das GBA darf sich hinsichtlich der Einhaltung der Freigrenzen grundsätzlich auf die Angaben der Beteiligten oder den Inhalt des Grundbuchs verlassen.[460] Kann die Ausnahme vom GBA nicht zweifelsfrei festgestellt werden (was der Fall ist, wenn sich die Freigrenze nach schuldrechtlichen Veräußerungen richtet) darf sich das GBA nicht allein auf Angaben des Veräußerers verlassen, weil für Erwerber die Gefahr eines unwirksamen Erwerbs besteht. In den Fällen der Genehmigungspflicht gem. § 8 GrdstVG muss dem GBA die Genehmigung nachgewiesen werden.

2. Flurbereinigung

180 Im **Flurbereinigungsverfahren** gem. den Bestimmungen des FlurbG und seinen landesrechtlichen Ausführungsgesetzen besteht weder ein allgemeines gesetzliches Veräußerungs- oder Belastungsverbot noch eine Grundbuchsperre.[461] In das Verfahren einbezogene Grundstücke können also bis die Ausführungsanordnung gem. § 68 FlurbG wirksam wird veräußert oder belastet werden.[462] Zum **Flurbereinigungsvermerk** siehe § 1 Einl. Rdn 75.[463]

181 Wenn ein Verfahrensteilnehmer aber auf eine Landabfindung für seine Einlage- bzw. Abfindungsflurstücke verzichtet hat, kann ein Veräußerungs- oder Belastungsverbot gem. §§ 52, 53 FlurbG zur Vermeidung eines gutgläubigen Erwerbs von der Flurbereinigungsbehörde (oder nach Landesrecht von der Teilnehmergemeinschaft)[464] erlassen und auf deren Ersuchen im Grundbuch eingetragen werden. Es hat die Wirkung eines relativen Verbots im Sinne des § 136 BGB (§ 52 Abs. 3 FlurbG). Nach Durchführung der Flurbereinigung ist der Versagungsgrund nach § 9 Abs. 1 Nr. 2, Abs. 3 Nr. 4 GrdstVG und sind landesrechtliche Teilungsbeschränkungen (siehe § 7 GBO Rdn 48) zu beachten.[465] Zur Auflassung und Belastung von Einlage- und Ersatzgrundstücken vgl. Rdn 85.

3. Bayerisches Almgesetz

182 In Bayern bedarf die Veräußerung von (Teilen von) Almgrundstücken sowie die Belastung mit dinglichen Nutzungsrechten der Genehmigung durch die Kreisverwaltungsbehörde. Gegen den genehmigungswidrigen Grundbuchvollzug kann ein Widerspruch eingetragen werden (Art. 2 bayer. AlmG). Für Rechtsgeschäfte im Familienkreis enthält Art. 1 Abs. 2 bayer. AlmG[466] eine Befreiung. Bei Genehmigung nach bayer. AlmG ist eine Genehmigung nach GrdstVG entbehrlich (§ 4 Nr. 5 GrdstVG).[467]

---

455 OLG Rostock FGPrax 2015, 205; *Stavorinus*, NotBZ 2010, 208, 210; *Gehse*, RNotZ 2007, 61, 81.
456 BGH RdL 1957, 173, 176; BGH MDR 1960, 214; BGH MDR 1962, 389; OLG Düsseldorf MittRhNotK 1992, 188.
457 OLG Naumburg NJW-RR 2011, 884.
458 BGH DNotZ 2020, 953.
459 OLG Frankfurt FGPrax 2017, 155; FGPrax 2012, 9; OLG Rostock FGPrax 2015, 205; OLG Zweibrücken DNotI-Report 1998, 242.
460 BayObLG MittBayNot 2001, 480.
461 OVG Koblenz DNotZ 1968, 548; *Schöner/Stöber*, Rn 4032 ff.
462 *Mannel*, MittBayNot 2004, 397, 398.
463 Siehe auch: *Schöner/Stöber*, Rn 4037.
464 BayObLG Rpfleger 1986, 370.
465 *Schöner/Stöber*, Rn 3979 ff., 4054.
466 Bayer. AlmG BayRS 7817-2-E.
467 Einzelheiten: *Bühler/Schmitt, Schöner/Stöber*, Rn 3959, 4102; BayVGH AgrarR 1986, 113; *Ertl*, MittBayNot 1962, 111; zum ges. VorkaufsR gem. § 24 Art. 3 Abs. 1 BauGB vgl. BayObLG BayObLGZ 1982, 222 = Rpfleger 1982, 337.

IV. Übersicht über weitere Verfügungsbeschränkungen und Genehmigungserfordernisse

1. Verfügungsbeschränkungen bei Gemeinden, Landkreisen und Verbänden

Gemeinden, Landkreise und Zweckverbände unterliegen landes- und europarechtlichen Vorschriften (GdeO, LandkreisO, Art. 107 AEUV, Beihilfeverbot u.v.m.[468]), die zum Teil (so in Mecklenburg-Vorpommern, Sachsen, Schleswig-Holstein und Thüringen)[469] Veräußerungs- und Belastungsbeschränkungen enthalten. Nahezu alle Gemeindeordnungen enthalten ein durch § 134 BGB sanktioniertes Gebot der Grundstücksveräußerung zum vollen Wert,[470] dessen Einhaltung dem GBA durch entsprechende Versicherung des Gemeindevertreters in der Form des § 29 Abs. 3 GBO nachzuweisen ist.[471]

183

Wasser- und Bodenverbände bedürfen gem. § 75 WVG zur unentgeltlichen Veräußerung und zur Bestellung von Sicherheiten an Grundstücken der aufsichtsbehördlichen Zustimmung, der aber keine Außenwirkung zukommt.[472]

184

2. Bahneinheiten

Beschränkungen unterliegen nur Grundstücke, die durch einen „Sperrvermerk" im Grundbuch erkennbar sind.[473] Gemäß Art. 112 EGBGB gilt dies nicht für Grundstücke, die der Deutschen Bahn AG gehören.

185

3. Sozialversicherungsträger

Sozialversicherungsträger unterliegen keinen Veräußerungs- oder Belastungs-, sondern nur dinglich wirkenden[474] Erwerbsbeschränkungen gem. § 85 Abs. 1 SGB IV (siehe Rdn 67).[475]

186

4. Versicherungen, Investmentgesellschaften, Kapitalanlage- bzw. -verwaltungsgesellschaften

Inländische[476] Versicherungsunternehmen dürfen über die zu ihrem Sicherungsvermögen (siehe § 6 Einl. Rdn 92) gehörenden Grundstücke und Grundpfandrechte nur mit Zustimmung des Treuhänders verfügen (§§ 125 ff. VAG). Das GBA darf nur gegen Nachweis dieser Zustimmung die Eintragung oder Löschung vornehmen (§ 129 Abs. 3 VAG), wenn ein Sperrvermerk eingetragen ist (siehe § 6 Einl. Rdn 92) oder – auch ohne Vermerk – wenn ihm die Zugehörigkeit zum Sicherungsvermögen positiv bekannt ist.[477] Eine Nachforschungspflicht besteht für das GBA nicht. Bei Eintragungen, die ein Briefgrundpfandrecht betreffen, braucht das GBA im Hinblick auf § 129 Abs. 2 VAG nicht nachzuprüfen, ob das betroffene Recht zum Sicherungsvermögen gehört und ob der nach § 128 VAG bestellte Treuhänder seine Zustimmung zu der Rechtsänderung erteilt hat.[478]

187

Kapitalanlagegesellschaften durften gem. § 26 InvG über den zu ihrem Immobiliensondervermögen gehörenden Grundbesitz im Sinne eines relativen und damit einem Gutglaubenserwerb zugänglichen Verfügungsverbots nur mit Zustimmung der von ihr beauftragten Depotbank verfügen, was im Grundbuch gem. § 76 InvG einzutragen war.[479] Die bisherigen Verfügungsbeschränkungen sind in den §§ 84, 246 und § 264 KAGB[480] für die Kapitalverwaltungsgesellschaften (KVG) fortgeschrieben, die dazu ergangene Rspr. weiterhin sinngemäß anwendbar.[481] Die KVG hat demgemäß auch wie bisher dafür zu sorgen, dass die Beschränkung ihrer Verfügungsbefugnis in Abt. II des Grundbuchs eingetragen wird (§ 246 Abs. 1 KAGB). Das KAGB beschränkt in den §§ 112, 131, 156 und 231 ff. KAGB den Erwerb bestimmter Immobilien. Diese Erwerbsbeschränkungen sind jedoch weder vom GBA noch vom Notar bei Beurkundung des Erwerbsvorgangs einer solchen zu beachten.[482]

188

---

468 *Schöner/Stöber*, Rn 3131a. *Grziwotz*, KommJur 2010, 250.
469 Übersicht bei *Schöner/Stöber*, Rn 4075.
470 BayObLG MittBayNot 1995, 389; BayObLG BayObLGZ 2000, 154; OLG Thüringen MittBayNot 2005, 439; BayVerfGH MittBayNot 2008, 412; *Grziwotz*, KommJur 2010, 250, 252 m.w.N.; *Eckert*, KommJur 2005, 454, 456.
471 *Suppliet*, NotBZ 2005, 95 ff.
472 Dazu *Schöner/Stöber*, Rn 4092.
473 *Böhringer*, BWNotZ 2002, 49, 52; Meikel/*Grziwotz*, Einl. J Rn 158.
474 BGH DNotZ 2004, 461.
475 *Schöner/Stöber*, Rn 4059.
476 Zu ausländischen Versicherungsunternehmen siehe auch *Schöner/Stöber*, Rn 4065 Fn 3.
477 *Schöner/Stöber*, Rn 4065.
478 OLG Schleswig BeckRS 2011, 21370.
479 BGH DNotZ 2012, 56.
480 Überblick über das KAGB bei v. *Kann/Redeker/Keiluweit*, DStR 2013, 1483 ff.
481 Vgl. dazu *Poelzig/Volmer*, DNotZ 2014, 389, 491 f.
482 *Poelzig/Volmer*, DNotZ 2014, 389, 492.

5. Handwerksordnung (HwO)

189 Handwerkskammern bedürfen nur noch zur Belastung von Grundstücken einer Genehmigung der obersten Landesbehörde (§ 106 Abs. 1 Nr. 4, Abs. 2 HwO). Landes- und Bundesinnungsverbände bedürfen weder für die Veräußerung noch den Erwerb oder die Belastung von Grundstücken einer Genehmigung (§§ 83 Abs. 1 Nr. 2, 85 Abs. 2 HwO). Handwerksinnungen und Handwerkerschaften bedürfen für die Veräußerung, den Erwerb und die Belastung von Grundstücken der Genehmigung der Handwerkskammer (§ 61 Abs. 2 Nr. 7a, Abs. 3 HwO). Beschlusserfordernisse wirken nur im Innenverhältnis, sie schränken die Vertretungsmacht des Vorstands nicht ein.[483]

6. Kirchen

190 Für das Vermögen öffentlich-rechtlich verfasster Kirchen sind einerseits die Bestimmungen des bürgerlichen Rechts zu beachten (Art. 140 GG i.V.m. Art. 136 Abs. 1 WRV), andererseits ist infolge der kirchlichen Rechtssetzungsbefugnis das kirchliche Recht auch im staatlichen Bereich zu beachten. Kirchenaufsichtliche Genehmigungserfordernissen sind deshalb auch nach bürgerlichem Recht Wirksamkeitserfordernis des Rechtsgeschäfts und müssen vom GBA beachtet werden.[484] Solange die erforderliche Genehmigung nicht erteilt ist, ist das betreffende Geschäft schwebend unwirksam.[485] Die Rechtsgrundlagen sind bei evangelischen und katholischen Kirchen und wegen bestehender Konkordate zum Teil auch in den einzelnen Ländern unterschiedlich. Neben der staatsaufsichtlichen Genehmigung (nur von beschränkter Bedeutung) besteht für Veräußerung und Belastung von Grundstücken regelmäßig eine kirchenaufsichtliche Genehmigungspflicht, die das GBA zu beachten hat.[486] Aus der Vornahme kirchlicher Rechtsgeschäfte über einen längeren Zeitraum ohne die erforderliche Genehmigung kann kein Vertrauenstatbestand hergeleitet werden.[487]

7. Stiftungen

191 Stiftungen unterliegen Landesgesetzen, die zum Teil eine stiftungsaufsichtliche Genehmigung, bei kirchlichen Stiftungen eine kirchenaufsichtliche Genehmigung für Veräußerung und Belastung von Grundstücken vorschreiben.[488]

8. Reichsheimstätten

192 Das RheimstG und die damit einhergehenden Verfügungsbeschränkungen für Heimstätten wurden mit Wirkung zum 1.10.1993 aufgehoben.[489] Der Reichsheimstättenvermerk ist nach dem 31.12.1998 von Amts wegen zu löschen.

9. Höfe im Sinne der Höfeordnung (HöfeO)

193 Höfe im Sinne der HöfeO sind aus dem „Hofvermerk" (siehe § 6 Einl. Rdn 96) erkennbar und unterliegen im Geltungsbereich dieses Gesetzes Veräußerungs- und Belastungsbeschränkungen wie nach GrdstVG.

10. Fideikommissvermögen

194 Fideikomissvermögen[490] sind seit 1939 aufgelöst (dazu Kommentare zu Art. 59 EGBGB).

11. Beschränkungen nach § 75 BVG und § 28 SVG

195 Beschränkungen sind erkennbar durch den im Grundbuch eingetragenen Vermerk (siehe § 6 Einl. Rdn 95).

---

483 *Schöner/Stöber*, Rn 4088 ff.
484 *Schöner/Stöber*, Rn 4086.
485 *Seeger*, MittBayNot 2003, 361, 362 (für die ev. Kirche); *Eckert/Heckel*, MittBayNot 2006, 471 (für die röm.-kath. Kirche).
486 Vgl. OLG Schleswig FGPrax 2013, 114; OLG Hamm OLGZ 1981, 129 = Rpfleger 1981, 60; *Schöner/Stöber*, Rn 4085 ff.; *Neumayer*, RNotZ 2001, 249, 268; für Baden-Württemberg: *Reichert*, BWNotZ 1959, 173; *Ripfel*, BWNotZ 1965, 93; *Denk*, BWNotZ 1977, 10; für Bayern: Gesetzeshinw. in MittBayNot 1970, 69; LG Memmingen Rpfleger 1981, 397; 90, 70; für Nordrhein-Westfalen: *Knott*, RhNotK 1963, 748.
487 OLG Braunschweig Rpfleger 1991, 452.
488 Übersicht bei *Schöner/Stöber*, Rn 4099 ff.
489 BGBl I 1993, 912.
490 *Edenfeld*, DNotZ 2003, 4, 6.

Nach **§ 75 Abs. 1 Bundesversorgungsgesetz (BVG)** und **§ 31 Soldatenversorgungsgesetz (SVG)** kann angeordnet und auf Ersuchen der zuständigen Verwaltungsbehörde (§ 38 GBO) ins Grundbuch eingetragen werden, dass die Veräußerung und Belastung des mit der Kapitalabfindung erworbenen oder wirtschaftlich gestärkten Grundstücks, Erbbaurechts, Wohnungseigentums oder Wohnungserbbaurechts innerhalb einer Frist von bis zu 5 Jahren nur mit Genehmigung der zuständigen Verwaltungsbehörde zulässig sind.[491]

196

Die Eintragung in das Grundbuch ist konstitutiv für diese Veräußerungs- oder Belastungsbeschränkungen.[492] Die dem Verbot unterliegenden Veräußerungen und Belastungen darf das GBA nur gegen Nachweis der Genehmigung der zuständigen Behörde eintragen. Die Höchstdauer der Verfügungsverbote nach § 75 BVG beträgt 5 Jahre.

197

12. Beschlagnahme und Sperre von Vermögenswerten

Dazu siehe § 6 Einl. Rdn 94, 97:

198

- Die Vermögensbeschlagnahme nach §§ 290 Abs. 1, 443 Abs. 1 StPO führt mit der Bekanntgabe im Bundesanzeiger zum Verlust des Verfügungsrechts des Angeklagten, dessen Verfügungen gegenüber jedermann unwirksam sind (§ 134 BGB). Die Beschränkung entsteht außerhalb des Grundbuchs, ist aber gleichwohl eintragungsfähig (siehe § 6 Einl. Rdn 94).
- Die Beschlagnahme von Einzelgegenständen gem. § 111c Abs. 2 StPO wird mit Eintragung im Grundbuch wirksam, soweit davon ein Grundstück oder Grundstücksrecht betroffen wird. Sie hat die Wirkung eines relativen Veräußerungsverbots im Sinne des § 136 BGB (§ 111c Abs. 5 StPO).[493]
- Der Verfall des aus einer strafbaren Handlung erlangten Vorteils bewirkt mit Rechtskraft der Anordnung den Verlust des Rechts selbst, das auf den Staat übergeht (§§ 73 Abs. 1, 73d Abs. 1 StGB). Vor Rechtskraft wirkt die Anordnung wie ein Veräußerungsverbot im Sinne des § 136 BGB (§ 73d Abs. 2 StGB). Die Eintragung der Anordnung im Grundbuch wirkt deklaratorisch, nicht konstitutiv.[494]
- Die Einziehung von Gegenständen gem. § 74 Abs. 1 StGB (und auch gem. §§ 92b, 101a, 109k StGB) wirkt vor Rechtskraft wie ein Veräußerungsverbot im Sinne des § 136 BGB (§ 74e Abs. 3 StGB). Die Eintragung wirkt deklaratorisch.
- Art. 2 Abs. 3 der Verordnung (EG) Nr. 881/2002 („Al-Quaida-Verordnung") verbietet den Erwerb und die Veräußerung von Grundstückseigentum und -rechten durch natürliche oder juristische Personen, die in der als Anhang I zu der Verordnung geführten Liste als mit Osama bin Laden, dem Al-Quaida-Netzwerk und den Taliban in Verbindung stehend gelten, selbst wenn der Grundstückserwerb und die Auflassung bereits vor der Aufnahme des Erwerbers in die Liste beurkundet wurde. Gleiches gilt für die Eigentumsumschreibung auf eine Gesellschaft bürgerlichen Rechts, wenn auch nur einer ihrer Gesellschafter in der Liste genannt ist.[495] Gegen bestimmte, namentlich benannte Personen und Organisationen bestehen weitere EU-rechtlich sanktionierte Erwerbsverbote, die auch im Grundbuchverfahren zu beachten sind.[496]

V. Unbedenklichkeitsbescheinigung des Finanzamts

Gemäß § 22 GrEStG darf der Grundstückserwerber erst in das Grundbuch eingetragen werden, wenn eine Bescheinigung der zuständigen Finanzbehörde vorgelegt wird, dass der Eintragung steuerliche Bedenken nicht entgegenstehen. Die Eigentumsumschreibung ist deshalb erst „sichergestellt", wenn auch die sog. Unbedenklichkeitsbescheinigung (UB) vorliegt.[497]

199

Die UB ist keine materiell-rechtliche Voraussetzung der dinglichen Rechtsänderung.[498] Fehlt sie, ist das Grundbuch nicht unrichtig und es darf auch kein Amtswiderspruch (§ 53 Abs. 1 S. 1 GBO) eingetragen werden. Zur Entscheidung über die Steuerpflicht oder -freiheit ist ausschließlich das Finanzamt zuständig.[499]

200

---

491 *Schöner/Stöber*, Rn 4061 f.
492 *Böhringer*, BWNotZ 2002, 49, 52.
493 *Achenbach*, NJW 1982, 2809.
494 *Grüneberg/Ellenberger*, § 136 BGB Rn 6.
495 EuGH DNotZ 2008, 688 m. Anm. *Schmucker*; Entgegnung v. *Usinger*, DNotZ 2008, 884.
496 *Niedernhuber*, GSZ 2022, 32, 37.
497 BGH DNotZ 2004, 402; OLG Karlsruhe BWNotZ 2004, 43.
498 BGH BGHZ 5, 179 = DNotZ 1952, 216.
499 BayObLG Rpfleger 1952, 189.

201 Das GBA hat in eigener Zuständigkeit zu prüfen, ob der Erwerbsvorgang seiner Art nach dem Grunderwerbsteuergesetz unterliegen kann.[500] Verneint es diese Frage oder ist es gem. § 22 Abs. 1 S. 2 GrEStG in Verbindung mit entsprechenden Verwaltungsanweisungen von seiner Beistandspflicht entbunden,[501] darf es die Eintragung nicht von der Vorlage der UB abhängig machen.[502] Fehlt die Unbedenklichkeitsbescheinigung, ist regelmäßig lediglich eine Zwischenverfügung gem. § 18 GBO (und nicht die Antragszurückweisung) angemessen, um dem Antragsteller Gelegenheit zu geben, die Unbedenklichkeitsbescheinigung binnen angemessener Frist nachzureichen.[503]

202 Eine UB ist zur Eintragung nötig, wenn der Erwerber eines Grundstücks, Grundstücksteils, Miteigentumsanteils, WE-Rechts, Erbbaurechts[504] oder Erbanteils[505] aufgrund Rechtsgeschäfts oder im Wege der Grundbuchberichtigung – auch beim Gesellschafterwechsel[506] – eingetragen werden soll.[507] Bei Kettenkaufverträgen genügt für Eigentumsumschreibung auf den Zweiterwerber, wenn die seinen Erwerb betreffende UB vorgelegt wird.[508] In solchen Fällen darf das GBA die Eintragung nicht ohne und aufgrund einer widerrufenen UB vornehmen.[509] Die UB ist wirksam, wenn sie dem GBA unzweideutig Auskunft darüber gibt, auf welchen Rechtsvorgang und damit auf welche Eintragung sich die Bescheinigung der Unbedenklichkeit bezieht. Hierfür genügt es, dass ein erst noch abzutrennendes Grundstück in der Urkunde, auf die die Bescheinigung Bezug nimmt, unzweideutig bezeichnet ist.[510]

203 Steuerliche Anzeigepflichten der Gerichte, Behörden und Notare: Nach § 18 GrEStG sind Gerichte, Behörden und Notare verpflichtet, Rechtsvorgänge, die ihrer Art nach der Grunderwerbsteuer unterliegen können, dem zuständigen Finanzamt anzuzeigen.

K. Vorkaufsrechte
I. Privatrechtliche Vorkaufsrechte

204 Privatrechtliche Vorkaufsrechte, egal ob rechtsgeschäftlich gem. §§ 463 ff., 1094 ff. BGB oder gesetzlich etwa gem. §§ 577, 2034 BGB begründet, sind im Grundbuchverfahren der Eigentumsumschreibung nicht zu berücksichtigen.[511]

II. Gemeindliches Vorkaufsrecht nach §§ 24 ff. BauGB
1. Überblick

205 Das BauGB regelt in den §§ 24 ff. allgemeine und besondere Vorkaufsrechte zur Sicherung der Bauleitplanung, der Steuerung der Stadtentwicklung durch Ausnützen von Marktchancen und der Umschichtung und Umverteilung von Grundeigentum durch Bereitstellung von Bauland.[512] Für das Vorkaufsrecht sind drei Stufen, nämlich seine von bestimmten öffentlich-rechtlichen Voraussetzungen (Grundstücksnutzung für öffentliche Zwecke)[513] abhängige Entstehung, der Vorkaufsfall, für den das BauGB in § 28 Abs. 2 S. 2 BauGB auf die zivilrechtlichen Bestimmungen zum schuldrechtlichen Vorkaufsrecht (§ 463 BGB) verweist, und seine Ausübung, die durch Verwaltungsakt erfolgt (§ 28 Abs. 2 S. 1 BauGB) zu unterscheiden:[514]

206 Das gemeindliche Vorkaufsrecht kann im Grundbuch nicht eingetragen und erst nach dem Vorkaufsfall und nur bis zur Eintragung des Erwerbers durch Vormerkung gesichert werden[515] (siehe § 6 Einl. Rdn 239). Es wirkt nicht wie ein dingliches Vorkaufsrecht. Ob es besteht und zu welchen Bedingungen, kann zunächst nur von der Gemeinde selbst festgestellt werden. Deshalb hat der Notar bei Beurkundun-

---

500 OLG Köln FGPrax 2017, 248.
501 *Schöner/Stöber*, Rn 149, 150.
502 BGH BGHZ 7, 53; BayObLG BayObLGZ 1957, 305; OLG Stuttgart Rpfleger 1976, 134; BayObLG Rpfleger 1983, 103; OLG Celle Rpfleger 1985, 187; OLG Hamm MittRhNotK 1997, 357; OLG Zweibrücken DNotZ 1987, 233.
503 OLG Zweibrücken FGPrax 2010, 128.
504 BFH DNotZ 1968, 698.
505 BFH BStBl II 1976, 159; *Haegele*, Rpfleger 1976, 234.
506 OLG Frankfurt DNotI-Report 2005, 15.
507 *Weber*, NJW 1973, 2015; 1981, 1940; *Schöner/Stöber*, Rn 150.
508 *Monath*, RNotZ 2004, 360, 391.
509 BayObLG BayObLGZ 1975, 90 = Rpfleger 1975, 227.
510 BFH BStBl 1976 II, 32.
511 *Hügel/Hügel*, § 20 Rn 68.
512 *Mößle*, MittBayNot 1988, 213, 214.
513 OVG Berlin-Brandenburg NVwZ-RR 2012, 793.
514 BGH BGHZ 73, 12; BGH BGHZ 90, 174, 178 = DNotZ 1984, 375, 376.
515 BayObLG DNotZ 1984, 378.

gen lediglich darauf hinzuweisen, dass ein gesetzliches Vorkaufsrecht bestehen kann (§ 20 BeurkG). Zur Einholung der Erklärung der Gemeinde ist der Notar dagegen nicht gesetzlich, sondern nur auf der Grundlage eines entsprechenden Vollzugsauftrags verpflichtet[516] und einer Vollzugsvollmacht berechtigt; eine bloße Empfangsvollmacht berechtigt nicht zur Entgegennahme der Ausübungserklärung.[517]

Die Gemeinde hat (auf Antrag) unverzüglich ein Negativzeugnis auszustellen, wenn sie kein Vorkaufsrecht hat oder es nicht ausübt (siehe Rdn 212). Der Käufer hat keine Mitteilungspflicht, aber ebenso wie der Verkäufer ein berechtigtes Interesse daran, dass die Gemeinde möglichst schnell rechtsverbindlich Klarheit über Bestehen und Ausübung des Vorkaufsrechts schafft und nur dann den Vertragsinhalt erfährt, wenn ihr ein Vorkaufsrecht zusteht. Empfohlen[518] wird deshalb unter dem Gesichtspunkt der notariellen Verschwiegenheitspflichten und im Lichte der DSGVO eine zweistufige Mitteilung, wobei der Gemeinde zunächst lediglich der Verkauf des Grundstücks mitgeteilt wird und nur dann, wenn das Vorkaufsrecht und seine Ausübung in Frage kommen, auf Anforderung eine Ausfertigung übersandt wird. Die Erstmitteilung setzt allerdings die Ausübungsfrist nicht in Lauf.[519]

2. Vorkaufsrecht beim Kauf von Grundstücken

Der Gemeinde steht ein Vorkaufsrecht nur „beim Kauf von Grundstücken" zu,[520] ggf. auch einer gemischten Schenkung,[521] und damit auch bei Grundstücksteilen oder Miteigentumsanteilen,[522] nicht jedoch bei Kaufverträgen über Wohnungseigentum, selbst wenn sämtliche Miteigentumsanteile einer Wohnanlage veräußert werden,[523] und auch bei einem Kaufvertrag, der erst durch Ausübung des einem Dritten (z.B. Mietervorkaufsrecht) zustehenden Vorkaufsrechts zustande gekommen ist.[524] Ist nur der Erwerb einer Teilfläche durch das Gemeinwohl gerechtfertigt (§ 24 Abs. 3 S. 1 BauGB), ist das Vorkaufsrecht darauf beschränkt; (nur) der Verkäufer kann dann gem. § 28 Abs. 2 S. 2 BauGB und § 467 S. 2 BGB von der Gemeinde u.U. den Gesamterwerb verlangen.[525] Handelt es sich um die Veräußerung eines Gesamthandsanteils (Erb- oder Gesellschaftsanteils), hat die Gemeinde auch dann kein Vorkaufsrecht, wenn das Gesamthandsvermögen nur aus einem Grundstück besteht.[526] Kein Vorkaufsrecht steht der Gemeinde zu, wenn die bürgerlich-rechtlichen Voraussetzungen eines Vorkaufsfalls (§ 463 BGB) nicht oder noch nicht erfüllt sind. Umgehungsgeschäfte lösen das Vorkaufsrecht aus.[527]

3. Ausnahmen vom Vorkaufsrecht der Gemeinde

Das BauGB enthält in den §§ 24 Abs. 2 (Verkauf von Rechten nach dem WEG und von Erbbaurechten) und 26 BauGB (Verkauf an bestimmte Personen,[528] privilegierte Bedarfsträger oder zu bestimmten bauplanerischen oder städtebaulichen Zwecken) Ausnahmevorschriften, wonach ein Vorkaufsrecht entweder nicht besteht oder nicht ausgeübt werden darf. § 27 BauGB ermöglicht in bestimmten Fällen die Abwendung des Vorkaufsrechts und zu diesem Zweck die Verlängerung der Ausübungsfrist um 2 Monate. Gemäß § 28 Abs. 5 BauGB kann die Gemeinde für das Gemeindegebiet oder sämtliche (nicht einzele) Grundstücke einer Gemarkung im Voraus auf Ausübung ihrer Rechte verzichten und jederzeit diesen Verzicht für zukünftig abzuschließende Kaufverträge widerrufen. Verzicht und Widerruf sind öffentlich bekanntzumachen und dem GBA mitzuteilen.

---

516 LG Frankfurt MittBayNot 2004, 358; *Grein*, RNotZ 2004, 115, 128.
517 OVG Lüneburg MittRhNotK 1996, 39.
518 BNotK-Rundschreiben 1916, 1997 v. 12.6.1997; *Grein*, RNotZ 2004, 115, 128; Meikel/*Grziwotz*, Einl. J Rn 228.
519 OLG Stuttgart BeckRS 2014, 11656; OVG Münster DNotZ 1979, 617; OLG München MittBayNot 1984, 141; *Schelter*, DNotZ 1987, 330, 346.
520 BGH BGHZ 73, 12 = DNotZ 1979, 214; VG Magdeburg BeckRS 2013, 56863 (kein Vorkaufsrecht beim Kauf eines Aneignungsrechts gem. § 928 Abs. 2 BGB).
521 VG München BeckRS 2016, 50179.
522 BGH BGHZ 90, 174, 176 = Rpfleger 1984, 232; OLG Frankfurt FGPrax 1995, 139.
523 OLG Hamm DNotZ 2012, 376.
524 BayObLG DNotZ 1986, 222.
525 VGH Hessen MittBayNot 2012, 70.
526 LG Berlin Rpfleger 1994, 502.
527 BGH BGHZ 115, 335; OLG Frankfurt MittRhNotK 1996, 333.
528 § 26 Nr. 1 BauGB ist nicht einschlägig, wenn Käufer des Grundstücks eine GbR ist, deren Gesellschafter ausschließlich (natürliche) Personen sind, die ihrerseits dem Anwendungsbereich der Norm unterfallen, vgl. OLG Celle RPfleger 2014, 191.

4. Folgen der Ausübung des Vorkaufsrechts (§ 28 Abs. 2 BauGB)

210 Mit bescheidweiser Ausübung[529] des gesetzlichen Vorkaufsrechts kommt[530] zwischen der Gemeinde bzw. dem Dritten (§ 27a Abs. 2 BauGB) und dem Verkäufer (nicht mit dem Käufer) ein neuer selbstständiger Kaufvertrag unter den Bestimmungen (also auch mit dem Kaufpreis und allen sonstigen Verpflichtungen) zustande, die der Verkäufer mit dem Käufer vereinbart hat (§ 28 Abs. 2 S. 2 BauGB, § 463 BGB).[531] Dieser neue Vertrag kann von Genehmigungen abhängig sein, was durch die bereits erteilten Genehmigungen nicht ausgeschlossen wird. Ist oder wird für die Gemeinde eine Vormerkung eingetragen (siehe § 6 Einl. Rdn 239), so sichert sie den Anspruch der Gemeinde gegen den Verkäufer auf Verschaffung des Eigentums am Grundstück aus diesem Vertrag. Der Kaufvertrag zwischen Verkäufer und Käufer besteht auch nach Ausübung des Vorkaufsrechts grundsätzlich weiter. Die Gemeinde erwirbt das Eigentum am Grundstück gem. §§ 873, 925 BGB durch Einigung (Auflassung) und Eintragung.[532] Die a.A., die Regelung des Eigentumsübergangs nach § 28 Abs. 3 S. 6 BGB sei als allgemeine Vorschrift für alle Fälle der Ausübung des Vorkaufsrechts anzusehen,[533] ist wegen des Ausnahmecharakters des Abs. 3 und nach dem Wortlaut des S. 6 nicht zutreffend. Rechtsgeschäftlich kann die Gemeinde gutgläubig Eigentum erwerben, nach § 28 Abs. 3 BauGB nicht. Zur Grundbucheintragung müssen die allgemeinen Eintragungsvoraussetzungen vorliegen, also der Nachweis der Auflassung, Einigung und Bewilligung des Eigentümers, der Antrag des Eigentümers oder der Gemeinde, die Unbedenklichkeitsbescheinigung sowie etwa erforderliche Genehmigungen.

5. Sondervorschriften für preislimitierte Vorkaufsrechte

211 Die Rechtslage nach Ausübung eines preislimitierten Vorkaufsrechts richtet sich nach den Sondervorschriften des § 28 Abs. 3 und 4 BauGB (Vorkaufsrecht gegen Enteignungsentschädigung bzw. zum Verkehrswert). Gemäß § 28 Abs. 3 und Abs. 4 BauGB geht das Eigentum am Grundstück auf die Gemeinde über, wenn auf Ersuchen der Gemeinde und unter Vorlage der Unbedenklichkeitsbescheinigung sowie etwaiger für den Eigentumserwerb erforderlicher Genehmigungen der Übergang des Eigentums in das Grundbuch eingetragen worden ist. Die Vorlage des Ausübungsbescheides oder eines Feststellungsurteils ist nicht erforderlich. Das GBA hat nicht zu prüfen, ob der Ausübungsbescheid unanfechtbar geworden ist. Vor dieser Eintragung ist dem Grundstückseigentümer und dem Käufer rechtliches Gehör zu gewähren (siehe § 2 Einl. Rdn 27).

6. Das Vorkaufsrecht im Grundbuchverfahren

212 Gemäß § 28 Abs. 1 S. 2 BauGB darf das GBA bei Kaufverträgen den Käufer als Eigentümer in das Grundbuch nur eintragen, wenn ihm die Nichtausübung oder das Nichtbestehen des Vorkaufsrechts nachgewiesen ist. Die Gemeinde hat auf Antrag eines Beteiligten unverzüglich ein Zeugnis über Nichtbestehen oder Nichtausübung des Vorkaufsrechts auszustellen, das als Verzicht auf die Ausübung des Vorkaufsrechts gilt, das schon vor Rechtswirksamkeit oder vor Abschluss des Kaufvertrags erteilt werden kann und alle Fälle des gesetzlichen Vorkaufsrechts nach BauGB auch dann umfasst, wenn dies im Zeugnis nicht zum Ausdruck gebracht worden ist. Hat nach einem Kaufvertrag, für den ein Negativzeugnis bereits vorliegt, ein Dritter ein Vorkaufsrecht ausgeübt, so ist zum Grundbuchvollzug erneut ein Negativzeugnis erforderlich.[534] (Auch) das Negativattest ist ein Verwaltungsakt, der gem. § 29 GBO dem GBA im Original oder als beglaubigte Abschrift vorzulegen ist; ein Telefax genügt nicht.[535] Das GBA hat die Rechtslage selbstständig zu prüfen. Es darf die Eintragung nicht von einem Negativzeugnis abhängig machen, wenn es aus dem vorgelegten Vertrag oder sonstigen Unterlagen (§ 29 GBO) selbst feststellen kann, dass kein Vorkaufsrecht oder kein Vorkaufsfall besteht oder die Ausübung ausgeschlossen ist.[536] Nur bei begründeten Zweifeln ist Aufklärung durch Zwischenverfügung geboten. Bei Verdacht eines Umgehungsgeschäfts trifft das GBA die Feststellungslast, wenn es die Eintragung verweigern will.

---

529 Hierzu ist „außerbayerisch" ebenfalls der Bürgermeister vertretungsberechtigt; in Bayern dag. regelmäßig nur auf der Grundlage eines entsprechenden Gemeinderatsbeschlusses: BayObLG MittBayNot 1999, 208; BayObLG DNotI-Report 2003, 117.
530 Wie bei wirksamer Ausübung nach BGB BGHZ 67, 395, 397 = DNotZ 1977, 349, 350.
531 BGH DNotZ 1996, 429 m. Anm. *Westermann*; BGH DNotZ 1982, 629, 630; OLG München MittBayNot 1994, 30; zum Kaufvertragsvollzug bei Ausübung gemeindlicher Vorkaufsrechte vgl. *Hueber*, NotBZ 2003, 445; *Hueber*, NotBZ 2004, 91, 177.
532 *Schöner/Stöber*, Rn 4126.
533 So Grüneberg/*Herrler*, vor § 1094 Rn 6.
534 BayObLG BayObLGZ 1985, 262 = Rpfleger 1985, 491.
535 DNotI-Report 2003, 177.
536 BGH BGHZ 73, 12, 15 = DNotZ 1979, 214; OLG Köln Rpfleger 1982, 338; BayObLG Rpfleger 1986, 52.

III. Weitere bundes- und landesrechtliche Vorkaufsrechte

Das in Konkurrenz zu den entsprechenden landesrechtlichen Vorkaufsrechten stehende[537] Vorkaufsrecht gem. § 66 BNatSchG begründet zwar anders als das nach den §§ 24 ff. BauGB keine „Grundbuchsperre", ist jedoch durch den Verweis in § 66 Abs. 3 S. 4 BNatSchG auf § 1098 Abs. 2 BGB wie ein vormerkungsgesicherter Anspruch durchsetzbar.[538] Landesrechtliche Vorkaufsrechte mit unterschiedlicher, z.T. grundbuchsperrender,[539] z.T. mit Verweis auf § 1098 BGB dinglicher Wirkung[540] bestehen vor allem im Denkmalschutz-, Naturschutz-, Landwirtschafts-,[541] Forst- und Wasserrecht.[542]

213

---

§ 21 [Bewilligungserfordernis bei subjektiv-dinglichen Rechten]

Steht ein Recht, das durch die Eintragung betroffen wird, dem jeweiligen Eigentümer eines Grundstücks zu, so bedarf es der Bewilligung der Personen, deren Zustimmung nach § 876 Satz 2 des Bürgerlichen Gesetzbuchs zur Aufhebung des Rechtes erforderlich ist, nur dann, wenn das Recht auf dem Blatt des Grundstücks vermerkt ist.

A. Inhalt und Zweck 1	IV. Fehlender (grundsätzlich möglicher) Vermerk am herrschenden Grundstück 6
B. Voraussetzungen 3	**C. Rechtsfolgen des Herrschvermerks** 9
I. Subjektiv-dingliches Recht 3	I. Zustimmungserfordernis 9
II. Beeinträchtigung des subjektiv-dinglichen Rechts 4	II. Kein Zustimmungserfordernis 10
III. Anwendungsbereich des Bewilligungsgrundsatzes 5	1. Verwertungsrechte (Grundpfandrechte, Reallasten) 11
	2. Rechte aus Abt. II 12

A. Inhalt und Zweck

§ 21 GBO **erleichtert den Grundbuchvollzug** der gem. § 19 GBO zu bewilligenden Löschung, Inhalts- oder Rangänderung eines im Grundbuch eingetragenen beschränkten subjektiv-dinglichen Rechts.

1

Der **materiell-rechtliche Hintergrund** für § 21 GBO ergibt sich aus dem in § 21 GBO zitierten § 876 S. 2 BGB. Dieser bestimmt, dass zur rechtsgeschäftlichen Aufhebung subjektiv-dinglicher Rechte zusätzlich zu der gem. § 875 BGB immer erforderlichen Aufgabeerklärung des berechtigten Eigentümers des herrschenden Grundstücks auch derjenige Dritte zustimmen muss, der seinerseits am herrschenden Grundstück ein Recht hat, und dieses durch die Aufhebung „berührt" wäre. Auf § 876 BGB verweisen § 877 BGB (Inhaltsänderung) und § 880 BGB (Rangänderung). Damit korrespondiert **grundbuchverfahrensrechtlich** das Betroffen-Sein i.S.d. § 19 GBO. Der Grundbuchvollzug einer Verfügung oder Rangänderung über das subjektiv-dingliche Recht wäre deshalb immer auch vom Inhaber eines am herrschenden Grundstück eingetragenen Rechts zu bewilligen, wenn dieses von der Verfügung gem. § 19 GBO „betroffen" ist. Dies wäre damit in jedem Einzelfall zu prüfen. § 21 GBO modifiziert § 19 GBO dahin, dass die verfahrensrechtliche Bewilligung des Dritten für den Grundbuchvollzug unabhängig davon, ob er betroffen ist oder nicht, nur dann notwendig ist, wenn ein sog. Herrschvermerk i.S.d. § 9 GBO eingetragen ist. Fehlt der Herrschvermerk, braucht sich das Grundbuchamt mit anderen „Betroffenen" als dem Eigentümer des herrschenden Grundstücks also gar nicht erst befassen. Es kann und muss sich für den Grundbuchvollzug ungeachtet der materiellen Rechtslage mit der Bewilligung des aus dem subjektiv-dinglichen Recht unmittelbar Berechtigten begnügen und damit ggf. „sehenden Auges" eine Grundbuchunrichtigkeit herbeiführen. Das Grundbuchamt muss nicht recherchieren, ob

---

537 *Heinze*, RNotZ 2010, 388; *Hecht*, DNotZ 2010, 323 ff.
538 *Hecht*, DNotZ 2010, 323, 329.
539 *Böhringer*, BWNotZ 2014, 38; OLG Jena RNotZ 2018, 210 (zum denkmalschutzrechtlichen Vorkaufsrecht in Thüringen).
540 Vgl. Überblick bei *Grauel*, RNotZ 2002, 210; *Grauel*, RNotZ 2004, 31.
541 *Bühler/Schmitt*, DNotZ 2023, 724.
542 Tabellarischer Überblick über landesrechtliche Vorkaufsrechte in den „Arbeitshilfen" auf der Homepage des DNotI (www.dnoti.de).

mittelbar Berechtigte vorhanden sind und ob ihre Rechte von der Aufhebung bzw. Inhalts- oder Rangänderung des subjektiv-dinglichen Rechts betroffen sind.

2 **Beispiel:** Am dienenden Grundstück des D ist ein Wegerecht („**Primärrecht**" oder „**Stammrecht**"[1]) als Grunddienstbarkeit = subjektiv-dingliches Recht für den jeweiligen Eigentümer des herrschenden Grundstücks des H eingetragen. Das herrschende Grundstück ist seinerseits mit einer Grundschuld für G und einem Leitungsrecht für L („**Sekundärrechte**" oder „**Zweigrechte**"[2]) belastet. Materiell-rechtlich ist zur Aufhebung des Wege- = Stammrechts über die Aufgabeerklärung des H (§ 875 S. 1 BGB) hinaus die Zustimmungserklärung des G (§ 876 S. 2 BGB) als Inhaber der Grundschuld = Zweigrechts und schließlich die Löschung des Rechts im Grundbuch (§ 875 S. 1 BGB) notwendig. Verfahrensrechtlich wären deshalb die Bewilligungen des H und zusätzlich des G Grundlage für die Grundbuchlöschung (§ 19 GBO). Darüber hinaus müsste das Grundbuchamt prüfen, ob auch L von der Löschung „betroffen" ist. Diese Prüfung macht § 21 GBO entbehrlich. Wollen G oder L diese Folge des § 21 GBO ausschalten und also an der Löschung mitwirken (müssen), obliegt es ihnen, für einen sog. Herrschvermerk (§ 9 GBO) zu sorgen. Das Mitwirkungserfordernis setzt grundbuchverfahrensrechtlich unabhängig davon in jedem Fall ein „Betroffensein" i.S.d. § 19 GBO voraus.

Je wichtiger für G oder L das Bestehen des Wegerechts ist (z.B. weil das herrschende Grundstück keine andere Zufahrt hat), umso größer ist für ihn das Interesse an diesem Vermerk. Es gibt aber auch Fälle, in denen ein subjektiv-dingliches Recht für den Inhaber des Zweigrechts bedeutungslos, ja ihm nicht einmal bekannt ist, zumal es ohne seine Mitwirkung begründet wird. § 21 GBO erleichtert generell, ohne Gewichtung der Drittinteressen im Einzelfall und unter Inkaufnahme der materiell-rechtlichen Unrichtigkeit, die Grundbuchlöschung.

B. Voraussetzungen
I. Subjektiv-dingliches Recht

3 § 21 GBO gilt nur im Zusammenhang mit subjektiv-dinglichen Rechten. Dies sind beschränkte dingliche Rechte, die zugunsten des jeweiligen Eigentümers eines Grundstücks oder grundstücksgleichen Rechts (herrschendes Grundstück) bestellt werden. Sie sind gem. § 96 BGB Bestandteil des herrschenden Grundstücks. Die Anzahl der für den Anwendungsbereich des § 21 GBO überhaupt in Frage kommenden Rechte ist damit begrenzt: Subjektiv-dingliche Rechte sind (nur) Grunddienstbarkeiten, § 1018 BGB, subjektiv-dingliche Vorkaufsrechte, § 1094 BGB, subjektiv-dingliche Reallasten, § 1105 BGB, der Erbbauzins, § 9 ErbbauRG, Überbau-, § 914 BGB, und Notwegrenten, § 917 BGB, die zur Festlegung ihrer Höhe im Grundbuch eingetragen sind, und bestimmte landesrechtliche Rechte (z.B. Fischereirechte).

II. Beeinträchtigung des subjektiv-dinglichen Rechts

4 § 21 GBO setzt weiter voraus, dass das subjektiv-dingliche Recht mittels Grundbucheintragung gelöscht werden, in seinem Inhalt beschränkt oder eine schlechtere Rangstelle erhalten soll. Ein weiterer Anwendungsfall ist die Löschung einer subjektiv-dinglichen Reallast an einem verselbstständigten Grundstücksteil, § 1109 Abs. 2 S. 2 BGB. Im Falle einer Verbesserung des Stammrechts oder einer nicht rechtlichen, sondern bloß wirtschaftlichen Beeinträchtigung des Rechts ist die Zustimmung des Drittberechtigten dagegen schon materiell-rechtlich (und damit erst recht grundbuchverfahrensrechtlich) nicht erforderlich.[3] Eine selbstständige Übertragung oder Belastung des Stammrechts als Bestandteil des herrschenden Grundstücks kommt von vornherein nicht in Betracht.

III. Anwendungsbereich des Bewilligungsgrundsatzes

5 § 21 GBO gilt nur dort, wo ohne seinen Regelungsgehalt gem. § 19 GBO die Bewilligung des Drittberechtigten erforderlich wäre, egal, ob es sich um eine rechtsändernde oder um eine berichtigende Bewilligung handelt. Soll die Löschung, Inhalts- oder Rangänderung durch einen Unrichtigkeitsnachweis gem. § 22 GBO erfolgen, bedarf es der Bewilligung des Drittberechtigten so wenig wie der des Rechtsinhabers selbst.

---

1 MüKo/*Lettmaier*, BGB, § 876 Rn 1 und Rn 3.
2 MüKo/*Lettmaier*, BGB, § 876 Rn 1 und Rn 4.
3 MüKo/*Kohler*, BGB, § 876 Rn 6.

IV. Fehlender (grundsätzlich möglicher) Vermerk am herrschenden Grundstück

Sind die vorstehenden Voraussetzungen erfüllt, so kommt es in der Rechtsfolge des § 21 GBO darauf an, ob am herrschenden Grundstück hinsichtlich des Stammrechts (vgl. Rdn 2), über das verfügt werden soll, zur Zeit der Verfügung ein sog. Herrschvermerk im Sinne des § 9 GBO eingetragen sein kann und eingetragen ist oder nicht.

§ 21 GBO setzt voraus, dass komplementär zum subjektiv-dinglichen Recht ein Herrschvermerk überhaupt eingetragen werden kann. Dies ist beispielhaft nicht der Fall bei einer gesetzlichen Überbaurente, da diese gem. § 914 Abs. 2 S. 1 BGB im Grundbuch nicht eintragungsfähig ist. Der Verzicht auf die Überbaurente ist gem. § 914 Abs. 2 S. 2 BGB eintragungsfähig. Die Eintragung erfolgt aber wohlgemerkt nur am rentenpflichtigen, also an dem Grundstück, von dem aus überbaut wird und nicht am rentenberechtigten = überbauten Grundstück. Am rentenberechtigten, überbauten Grundstück kann der Verzicht noch nicht einmal vermerkt werden.[4] Die Eintragung der Vereinbarung der Höhe der Überbaurente beim rentenpflichtigen Grundstück, § 914 Abs. 2 S. 2 BGB, kann dagegen beim rentenberechtigten Grundstück gem. § 9 GBO vermerkt werden, sodass insoweit dann auch der Geltungsbereich des § 21 GBO eröffnet ist.

Kann hinsichtlich eines Rechts beim herrschenden Grundstück ein Herrschvermerk eingetragen werden und ist dies unterblieben, so bedarf die Grundbucheintragung beim dienenden Grundstück jedenfalls unter dem Gesichtspunkt der Betroffenheit gem. § 876 BGB nicht der Bewilligung der Inhaber der Zweigrechte (vgl. Rdn 2).

C. Rechtsfolgen des Herrschvermerks
I. Zustimmungserfordernis

Ist ein Herrschvermerk eingetragen, so wäre gem. § 19 GBO die Bewilligung des Inhabers des Zweigrechts (vgl. Rdn 2) zum Grundbuchvollzug (nur) nötig, wenn sein Recht durch die Änderung am Stammrecht betroffen ist. Das Zustimmungserfordernis gilt dann unabhängig davon, ob das Zweigrecht vor oder nach dem Stammrecht entstanden ist.[5]

II. Kein Zustimmungserfordernis

Die Bewilligung des Inhabers des Zweigrechts ist nach § 19 GBO nicht erforderlich, wenn das Zweigrecht durch die Aufhebung, Inhalts- oder Rangänderung des Stammrechts grundbuchverfahrensrechtlich nicht „betroffen" wird.[6] Dies ist dann der Fall, wenn es nicht im Sinn des § 876 S. 2 BGB beeinträchtigt wird. Gemäß Art. 120 Abs. 2 Nr. 2 EGBGB in Verbindung mit landesrechtlichen Bestimmungen[7] kann eine ansonsten erforderliche Bewilligung außerdem durch ein **Unschädlichkeitszeugnis** ersetzt werden.

1. Verwertungsrechte (Grundpfandrechte, Reallasten)

Die Inhaber von Grundpfandrechten und Reallasten werden wegen der Erstreckungswirkungen der §§ 1120, 1126, 96 BGB durch die Aufhebung etc. des subjektiv-dinglichen Rechts stets beeinträchtigt.

2. Rechte aus Abt. II

Bei den anderen beschränkten dinglichen Rechten (Dienstbarkeit, Nießbrauch, Vorkaufsrecht) und Vormerkungen[8] muss in jedem Einzelfall entschieden werden, ob sie als Zweigrecht von der Löschung, der Rechts- oder Rangänderung des Stammrechts betroffen sind. Die Betroffenheit im grundbuchverfahrens-

---

4 BGH NJW 2014, 117, bis dahin str.
5 Meikel/*Böttcher*, GBO, § 21 Rn 8.
6 OLG Naumburg RNotZ 2021, 528; MüKo/*Lettenmaier*, BGB, § 876 Rn 5.
7 Übersicht MüKo/*Säcker*, EGBGB, Art. 120 Rn 6.
8 Nach Auffassung von *Jung*, Rpfleger 2000, 372 ist § 21 GBO auf die Vormerkungsberechtigung nicht anwendbar, dies mit der Folge, dass zur Löschung etc. des Zweigrechts stets auch die Bewilligung des betroffenen Vormerkungsberechtigten erforderlich sei. Ich teile diese Auffassung nicht: Wenn die Vormerkung in den Anwendungsbereich des § 876 BGB einbezogen ist und § 21 GBO unmittelbar an § 876 BGB anknüpft, so ist auch für die Vormerkung die verfahrensrechtliche Rechtsfolge des § 21 GBO zu beachten.

rechtlichen Sinne ist nach denselben Grundsätzen zu bestimmen wie zu § 19 GBO. Eine Zweigrechts-Dienstbarkeit ist demgemäß betroffen, wenn sich ihre Ausübung über das dienende Grundstück hinaus auch auf das mit dem Stammrecht belastete erstreckt.[9] Für den Zweigrechts-Nießbrauch am herrschenden Grundstück kommt es darauf an, ob das aufzuhebende Stammrecht auch dem Nießbraucher Früchte oder Gebrauchsvorteile vermitteln kann. Vorkaufsrechte sind regelmäßig nicht betroffen, da sie sich nur auf den im Vorkaufsfall bestehenden Rechtszustand beziehen.

§ 22 [Berichtigung des Grundbuchs]

(1) Zur Berichtigung des Grundbuchs bedarf es der Bewilligung nach § 19 nicht, wenn die Unrichtigkeit nachgewiesen wird. Dies gilt insbesondere für die Eintragung oder Löschung einer Verfügungsbeschränkung.

(2) Die Berichtigung des Grundbuchs durch Eintragung eines Eigentümers oder eines Erbbauberechtigten darf, sofern nicht der Fall des § 14 vorliegt oder die Unrichtigkeit nachgewiesen wird, nur mit Zustimmung des Eigentümers oder des Erbbauberechtigten erfolgen.

A. Systematik und Bedeutung des § 22 GBO	1
I. Zusammenhang der §§ 22–26 GBO	1
II. Vorgehen bei einer Grundbuchunrichtigkeit	2
III. Ziel der Grundbuchberichtigung	4
IV. Verhältnis zu § 19 GBO	8
B. Unrichtigkeit des Grundbuchs	9
I. Begriff der Unrichtigkeit	9
1. Unrichtigkeit im Sinne des § 894 BGB	9
2. Nicht unter Abs. 1 fallende Richtigstellungen	11
a) Angaben tatsächlicher Art	12
b) Bezeichnung des Berechtigten	15
c) Ungenaue Fassung der Eintragung, Schreibfehler	19
d) Hinweisende Vermerke	20
e) Inhaltlich unzulässige Eintragungen (§ 53 Abs. 1 S. 2 GBO) und gegenstandslose Eintragungen (§ 84 Abs. 2 GBO)	21
f) Umstellung auf EUR	24
3. Weitere von § 22 GBO erfasste Fälle	25
II. Heilung oder Wegfall der Unrichtigkeit, späterer Eintritt der Unrichtigkeit	26
III. Arten der Unrichtigkeit	29
C. Anfängliche Unrichtigkeit	32
I. Eintragung trotz Nichtübereinstimmung mit der Einigung	32
1. Grundlagen	32
2. Abweichungen zwischen Einigung und Eintragung (Fallgruppen)	34
a) Eintragung eines anderen Rechts oder Berechtigten	34
b) Minus-Eintragung	36
c) Plus-Eintragung	38
d) Sukzessivberechtigung	39
e) Unvollständige Eintragung der Bruchteilsberechtigten	40
f) Unvollständige Eintragung einer Gesamthandsgemeinschaft	46
II. Löschungen trotz fehlerhafter materieller Voraussetzungen	50
1. Allgemeines	50
2. „Abhanden gekommene" Löschungsbewilligung	51
III. Eintragungen aufgrund Berichtigungsbewilligung oder Unrichtigkeitsnachweises	54
1. Berichtigungsbewilligung	54
2. Unrichtigkeitsnachweis	57
IV. Eintragungen aufgrund fehlerhafter Eintragungsunterlagen	58
V. Altrechtliche Dienstbarkeiten	59
D. Nachträgliche Unrichtigkeit	62
I. Entstehung dinglicher Rechte ohne Eintragung	63
II. Übergang dinglicher Rechte	65
III. Erlöschen dinglicher Rechte	66
IV. Sonstige Änderungen hinsichtlich dinglicher Rechte	68
E. Unrichtigkeit eingetragener „verdinglichter" Regelungen	71
I. Schuldverhältnisse im Grundstücksrecht	71
II. Wirkungen der „verdinglichten" Regelungen	74
III. Voraussetzungen der Eintragung	75
IV. Die Frage der Unrichtigkeit	76
F. Unrichtigkeit des Grundbuchs bei Vormerkungen	77
I. § 894 BGB und die Vormerkung	77
II. Unrichtigkeit und Unzulässigkeit der Eintragung	78
III. Unrichtigkeit wegen Fehlens oder Fortfalls der Entstehungsvoraussetzungen (§ 885 Abs. 1 S. 1 BGB)	79
1. Aufgrund einstweiliger Verfügung eingetragene Vormerkung	79
2. Aufgrund Bewilligung eingetragene Vormerkung	81
3. Aufgrund fingierter Bewilligung eingetragene Vormerkung	83

---

9 Vgl. OLG Hamm DNotZ 2008, 612, 614.

IV. Unrichtigkeit mangels eines Anspruchs	84
V. Rechtsgeschäftliche Änderungen des Anspruchs	87
VI. Unrichtigkeit wegen Übergangs oder Belastung des Anspruchs	88
VII. Weitere Erlöschensgründe	90
VIII. Unrichtigkeit durch zu Unrecht erfolgte Löschung	93
IX. Wirksamkeitsvermerk	95
G. Unrichtigkeit des Grundbuchs bei Widersprüchen	97
I. Rechtsnatur des Widerspruchs und die Anwendbarkeit des § 894 BGB	97
II. Inhaltliche Unzulässigkeit der Eintragung	100
III. Unrichtigkeit wegen Fehlens oder Fortfalls der Entstehungsvoraussetzungen oder sonstiger Erlöschensgründe	101
IV. „Übergang des Widerspruchs"	104
1. Eintragungsbedürftige Rechtsübergänge	105
2. Nicht eintragungsbedürftige Rechtsübergänge	106
V. Unberechtigte Löschung des Widerspruchs	107
H. Unrichtigkeit des Grundbuchs bei Verfügungsbeschränkungen	108
I. Voraussetzungen	108
II. Einzelfälle	109
I. Unrichtigkeitsnachweis	114
I. Inhalt des Nachweises	114
1. Allgemeines	114
2. Urteil über den Anspruch aus § 894 BGB	118
II. Form des Nachweises	120
1. Inexistenter Berechtigter	121
a) Lösungsversuche der Rechtsprechung (Rspr.)	121
b) Alternative: Verfahren nach den §§ 84 ff. GBO	123
2. Weitere Einzelfälle	124
3. Gesellschaft bürgerlichen Rechts (GbR)	128
III. Offenkundigkeit	129
IV. Einzelfälle ursprünglicher Unrichtigkeit	130
1. Fehlen oder Fehlerhaftigkeit einer materiellen Voraussetzung	130
2. Fehlerhafte Berichtigung	133
3. Fehlerhafte Eintragungsunterlagen	134
V. Einzelfälle nachträglicher Unrichtigkeit	135
VI. Eigentumsvormerkung	141
VII. Verfügungsbeschränkungen	142
J. Berichtigungsbewilligung	143
I. Rechtsnatur	143
II. Inhalt der Berichtigungsbewilligung	145
1. Eintragungen	145
2. Löschungen	149
III. Ersetzung der Berichtigungsbewilligung	151
IV. Betroffenheit und Bewilligungsberechtigung	152
1. Buchberechtigung des Bewilligenden	152
2. Bewilligungsbefugnis	153
3. Maßgeblichkeit des aktuellen Buchstands	154
4. Mehrere Betroffene	155
V. Form	156
VI. Prüfung der Berichtigungsbewilligung und der Surrogate	158
1. Berichtigungsbewilligung	158
2. Ersuchen und Urteil nach § 894 BGB, § 894 ZPO	159
K. Eintragung eines Eigentümers oder Erbbauberechtigten	161
I. Entwicklung und Bedeutung des § 22 Abs. 2 GBO	161
II. Erweiterungen und Einschränkungen des Anwendungsbereichs	164
1. Zustimmungserfordernis auch bei originärem Eigentumserwerb	164
2. Grundstücksgleiche Rechte	165
3. Einschränkungen	166
III. Voraussetzungen des § 22 Abs. 2 GBO	167
L. Voraussetzungen des Berichtigungsverfahrens	169
I. Antragsgrundsatz	169
II. Wahl zwischen Berichtigungsbewilligung und Unrichtigkeitsnachweis	171
III. Rechtliches Gehör	172
IV. Einwendungen gegen die Grundbuchberichtigung	173
V. Sonstige Voraussetzungen	174
VI. Rechtsfolgen einer Verletzung des § 22 GBO	175
M. Zurückweisung eines Antrags auf Berichtigung aufgrund Unrichtigkeitsnachweises	176

A. Systematik und Bedeutung des § 22 GBO

I. Zusammenhang der §§ 22–26 GBO

Den §§ 22–26 GBO ist gemeinsam, dass sie die **Berichtigung des Grundbuchs** in den Blick nehmen. § 22 Abs. 1 GBO spricht insoweit den Grundsatz jeder Berichtigung aus, nämlich dass diese aufgrund des bloßen Nachweises der Unrichtigkeit zu erfolgen hat. Die §§ 23, 24 GBO gehen noch weiter, denn sie lassen unter bestimmten Umständen die Löschung des gesamten Rechts einschließlich möglicher Rückstände zu, obgleich lediglich das Erlöschen des Stammrechts – also eigentlich nur eine Teilunrichtigkeit – nachgewiesen ist (siehe § 23 GBO Rdn 22, 24 f.). Abs. 2 stellt eine Modifikation des § 19 GBO dar, indem er eine Berichtigung aufgrund einer Bewilligung an ein weiteres Erfordernis knüpft (vgl. Rdn 163). Die §§ 25, 26 GBO sind **leges speciales** zu § 22 Abs. 1 GBO, wobei § 26 GBO einen verein-

1

fachten Unrichtigkeitsnachweis gestattet (im Einzelnen vgl. § 25 GBO Rdn 4, § 26 GBO Rdn 3).[1] **§ 27 GBO** steht demgegenüber nicht mehr im geschilderten systematischen Zusammenhang der vorgehenden Normen, denn er behandelt einerseits alle Fälle der Löschung, also auch die konstitutive nach § 875 Abs. 1 BGB, und nimmt andererseits in seinem Satz 2 die Grundbuchberichtigung aufgrund Unrichtigkeitsnachweises gerade ausdrücklich aus.[2]

II. Vorgehen bei einer Grundbuchunrichtigkeit

2 **Grundbuchinhalt und materielle Rechtslage stimmen** wegen des Bewilligungsgrundsatzes (formelles Konsensprinzip, siehe § 19 GBO Rdn 154) und der Möglichkeit des Übergangs, der Entstehung, des Erlöschens und der Inhaltsänderung von Rechten außerhalb des Grundbuchs (siehe Rdn 68) **nicht immer überein**. Ein Widerspruch zwischen materieller Rechtslage und Grundbuchinhalt bedroht den wirklichen Berechtigten wegen des öffentlichen Glaubens des Grundbuchs (zuvörderst §§ 892, 893 BGB) mit einem Rechtsverlust.

3 Folgende Möglichkeiten des Vorgehens hiergegen **stehen zur Auswahl**:
1. die Geltendmachung des **materiell-rechtlichen Berichtigungsanspruchs** aus § 894 BGB, ggf. auch aus schuldrechtlichen Vorschriften (insbesondere §§ 812 Abs. 1 S. 1 Alt. 1, 823 Abs. 1 BGB)[3] oder infolge einer vertraglichen Vereinbarung; einer Klage auf Abgabe der Berichtigungsbewilligung kann jedoch das Rechtsschutzbedürfnis fehlen, wenn ein Antrag auf Berichtigung nach § 22 GBO zweifelsfrei zum Erfolg führen würde;[4]
2. **die Eintragung eines Widerspruchs** (§ 899 BGB), notfalls durch einstweilige Verfügung (vgl. § 25 GBO Rdn 15), als vorläufige Sicherung gegen einen möglichen Rechtsverlust (§ 892 Abs. 1 S. 1, 893, 900 Abs. 1 S. 3, 927 Abs. 3 Alt. 2 BGB), wobei dies aber an der Unrichtigkeit des Grundbuchs nichts zu ändern vermag;
3. **der verfahrensrechtliche Weg nach § 22 GBO**, d.h. die Berichtigung des Grundbuchs aufgrund der Vorlage urkundlicher Nachweise für die Unrichtigkeit;
4. wiederum nur zur vorläufigen Sicherung dient zudem die Anregung an das GBA, **nach § 53 Abs. 1 S. 1 von Amts wegen** einen Widerspruch einzutragen – was allerdings nur dann erfolgen kann, wenn das GBA die Eintragung zu Unrecht vorgenommen hat (siehe § 53 GBO Rdn 12 ff.). Auch dies kann aber die Unrichtigkeit selbst nicht beseitigen.

III. Ziel der Grundbuchberichtigung

4 Durch die Grundbuchberichtigung (auch nach § 22 GBO) soll ein unrichtiger Grundbuchinhalt beseitigt werden durch

1. Löschung der gesamten Eintragung oder des unrichtigen Teils (beim Eigentum jedoch nicht ohne Eintragung des wirklichen Eigentümers,[5] auch nicht in Bezug auf einen Miteigentümer[6]),
2. Ergänzung des unvollständigen Rechtsinhalts (falls das Recht trotz jenes Fehlers überhaupt entstanden ist),
3. Löschung des nicht mehr zutreffenden und Eintragung des (außerhalb des Grundbuchs) geänderten Rechtsinhalts,
4. Eintragung des außerhalb des Grundbuchs erworbenen Rechts oder
5. Wiedereintragung des zu Unrecht gelöschten Rechts.

---

1 A.A. Meikel/*Böttcher*, § 22 Rn 1: a.E.: §§ 25–27 GBO seien Ausnahmen von § 22 Abs. 1 GBO.
2 A.A., ohne jedoch dabei § 27 S. 2 GBO zu berücksichtigen: Meikel/*Böttcher*, § 22 Rn 1, a.E.
3 Vgl. Staudinger/*Picker*, BGB, § 894 Rn 170 ff.; MüKo-BGB/*Schäfer*, § 894 Rn 47 f.; wegen des Verhältnisses von § 894 zu § 1004 und § 886 BGB vgl. Staudinger/*Picker*, BGB, § 894 Rn 17 f.; *Köbler*, JuS 1982, 181; zum Zurückbehaltungsrecht siehe BGHZ 41, 30, 35 = NJW 1964, 811; 71, 19, 23 = NJW 1978, 883; BGH DNotZ 1989, 355; Staudinger/*Picker*, BGB, § 894 Rn 133 ff.
4 BGH NJW-RR 2006, 886; BayObLGZ 1994, 129, 132; Staudinger/*Picker*, BGB, § 894 Rn 6 m.w.N.; jurisPK-BGB/*Toussaint*, § 894 Rn 70 m.w.N.; vgl. auch OLG Celle ZfIR 1997, 574: Die oft angeführte Entscheidung BGH NJW 1962, 963 indes hat nur das Rechtsschutzbedürfnis im Fall einer nach § 53 Abs. 1 S. 2 GBO zu löschenden inhaltlich unzulässigen Eintragung verneint.
5 BGH NJW 1970, 1544, 1545.
6 BGH NJW 1979, 2391, 2392.

Der Antrag und ggf. die Bewilligung müssen wie eine Klage auf Grundbuchberichtigung das Ziel haben, dass das Grundbuch die **zutreffende Rechtslage** nennt, sie dürfen mithin nicht lediglich auf „Löschung" der unzutreffenden Eintragung gerichtet sein, wenn hierdurch nicht der korrekte Rechtszustand wiedergegeben wird.[7] Die bloße Löschung genügt mithin nur dann, wenn das Recht insgesamt nicht (mehr) besteht, ist aber unzureichend, wenn es (nunmehr) einem anderen gebührt. Einer Berichtigung im Hinblick auf eine Eintragung steht aber der Umstand, dass möglicherweise der Grundbuchstand insgesamt in einer weiteren Hinsicht unrichtig ist, insbesondere weil die Eintragung eines anderen Rechts ebenfalls falsch ist, nicht entgegen. Die Berichtigung muss lediglich dazu führen, dass eine richtige Darstellung bezüglich der betroffenen Position erfolgt.[8] Infolgedessen darf bei mehreren Übergängen außerhalb des Grundbuchs nicht ein Zwischenerwerber eingetragen werden, wenn dieser bereits nicht mehr Inhaber des Rechts ist. Insoweit muss stets der derzeitige Inhaber im Grundbuch verlautbart werden.[9] Antrag und Bewilligung sind grundsätzlich auslegungs- und umdeutungsfähig; es muss aber dabei ein eindeutiges Ergebnis als Ziel gefunden werden können.[10]

Im Falle einer zu Unrecht erfolgten Löschung gilt der Grundsatz, dass das gelöschte Recht außerhalb des Grundbuchs materiell fortbesteht (siehe § 2 Einl. Rdn 126) und im Wege der Grundbuchberichtigung wieder eingetragen werden muss.[11] Dazu ist nicht der Löschungsvermerk zu löschen, sondern unter Beachtung aller Anforderungen eine Wiedereintragung vorzunehmen, bei scheinbaren Zwischenrechten mit einem Rangvermerk, der den früheren Rang bestätigt.[12] Wurde nach der Löschung für einen Dritten ein beschränktes dingliches Recht eingetragen, so kann er kraft öffentlichen Glaubens den Vorrang für dieses Recht erworben haben (§ 892 Abs. 1 S. 1 BGB), so dass die Wiedereintragung im Rang hinter diesem Recht zu erfolgen hat.[13]

Das nicht mehr eingetragene Recht kann zudem durch die (nachträgliche) Abgabe einer Aufgabeerklärung oder durch gutgläubig lastenfreien Erwerb des Eigentums an dem Grundstück auch materiell untergehen. Die Wiedereintragung nach § 22 Abs. 1 S. 1 GBO wird daher in der Praxis vielfach an der Unmöglichkeit des formgerechten Nachweises des Fortbestehens des Rechtes, d.h. insbesondere daran, dass eine Aufgabeerklärung nicht abgegeben wurde (§ 29 Abs. 1 GBO, i.d.R. nach S. 2), scheitern.[14] Sie kann dann nur aufgrund einer Berichtigungsbewilligung erfolgen, die ggfs. gerichtlich gegenüber dem Eigentümer oder sonstigen Bewilligungsberechtigten erstritten werden muss. Die ursprüngliche Eintragungsbewilligung ist „verbraucht" (siehe näher Rdn 144).[15]

IV. Verhältnis zu § 19 GBO

Abs. 1 stellt eine **Ausnahme von § 19 GBO für die Fälle der Unrichtigkeit des Grundbuchs** dar und gestattet damit eine Änderung des Grundbuchs ohne Bewilligung des formell Berechtigten. Zur Erleichterung des Grundbuchverkehrs genügt insoweit (alternativ) der Unrichtigkeitsnachweis.[16] Ein starres Festhalten am Bewilligungsgrundsatz könnte die Grundbuchberichtigung verzögern oder gar verhindern. Der Antragsteller hat im Fall der Unrichtigkeit, auch wenn Abs. 2 anzuwenden ist,[17] die **Wahl zwischen** der Vorlage einer **Berichtigungsbewilligung** nach § 19 GBO (vgl. Rdn 145 ff.) und dem **Nachweis der Unrichtigkeit** (siehe Rdn 9 ff.),[18] sofern nicht die Umstände des Einzelfalls eine der Varianten ausschließen (dazu vgl. Rdn 171). Eine Kombination beider Tatbestände ist nie erforderlich, es bedarf also nicht der Vorlage eines Unrichtigkeitsnachweises neben der Bewilligung und umgekehrt.[19] Eine praktische

---

7 Meikel/*Böttcher*, § 22 Rn 109; Staudinger/*Picker*, BGB, § 894 Rn 117.
8 OLG München DNotZ 2023, 358, 360; anders aber noch OLG München NJOZ 2021, 1455, das den Vollzug einer Teilung mit der Begründung ablehnt, hierdurch würde der eingetragene Herrschervermerk teilweise unrichtig. Dies kann aber, da es sich um ein grundsätzlich anderes Recht handelt, für die Eintragung der Teilung keine Rolle spielen.
9 KG RNotZ 2020, 93, 94.
10 BayObLG Rpfleger 1982, 141; Meikel/*Böttcher*, § 22 Rn 95, 109.
11 BayObLG MittBayNot 1995, 42, 43 f.
12 Dazu: BayObLGZ 1961, 63, 70 = Rpfleger 1962, 406, 408.
13 BGHZ 51, 50, 54 = Rpfleger 1969, 13, 14; LG Duisburg Rpfleger 1984, 97, 98; Meikel/*Böttcher*, § 22 Rn 171.
14 BayObLG MittBayNot 1995, 42, 43.
15 BayObLG MittBayNot 1995, 42, 44.
16 RGZ 73, 154, 156; BGHZ 194, 60 = DNotZ 2012, 844, 846; Meikel/*Böttcher*, § 22 Rn 96; Demharter, § 22 Rn 1, 31; Bauer/Schaub/*Schäfer*, § 22 Rn 4, 7.
17 RGZ 73, 154, 156.
18 OLG München FGPrax 2013, 64, 65; BeckOK GBO/*Holzer*, § 22 Rn 17 ff.
19 RGZ 73, 154, 156 f.; BGHZ 194, 60 = DNotZ 2012, 844; BayObLGZ 1976, 190, 193; OLG Jena FGPrax 2001, 12 = Rpfleger 2001, 125; BeckOK GBO/*Holzer*, § 22 Rn 20.

Ausnahme ergibt sich lediglich bei eingetragenen Gesellschaften bürgerlichen Rechts, bei denen in der Rechtsprechung[20] verbreitet entsprechende Bewilligungen und ein Nachweis über die materielle Lage gefordert werden (siehe dazu auch im Hinblick auf die Lage ab 1.1.2024 § 47 GBO Rdn 62). Eine Pflicht zur Einleitung des Berichtigungsverfahrens besteht, abgesehen von den Verfahren nach §§ 82 ff. GBO, nicht.[21] Der Nachweis der Unrichtigkeit obliegt dem Antragsteller ohne Rücksicht auf die Beweislast in einem etwaigen Prozess nach materiellem Recht.[22] Zum Vorgehen im Fall der **unrichtigen Beurteilung der Rechtslage durch das GBA** siehe Rdn 30 ff.

B. Unrichtigkeit des Grundbuchs
I. Begriff der Unrichtigkeit
1. Unrichtigkeit im Sinne des § 894 BGB

9 Abs. 1 setzt eine Unrichtigkeit im Sinne des § 894 BGB voraus, die sich wiederum mit dem in § 892 Abs. 1 S. 1 BGB verwendeten Begriff des Inhalts des Grundbuchs vollständig deckt, also die (zumindest potenzielle) Gefahr eines Erwerbs kraft öffentlichen Glaubens des Grundbuchs in sich birgt (vgl. Rdn 25).[23] Danach ist das Grundbuch unrichtig, wenn sein Inhalt mit der materiellen Rechtslage nicht im Einklang steht

a) bezüglich eines dinglichen Rechts an einem Grundstück oder an einem Grundstücksrecht (siehe Rdn 32 ff.),
b) bezüglich einer zu Unrecht eingetragenen oder gelöschten Vormerkung (vgl. Rdn 78 ff.) oder eines Widerspruchs (siehe Rdn 100 ff.) oder
c) bezüglich einer eintragungsfähigen, aber nicht oder nicht richtig eingetragenen oder zu Unrecht gelöschten Verfügungsbeschränkung (vgl. Rdn 108 ff.).

10 **Keine** Unrichtigkeit des Grundbuchs in diesem Sinne ist hingegen bei einer **nach § 883 Abs. 2 BGB oder nach einer anderen Vorschrift nur relativ unwirksamen Eintragung** gegeben. Hier handelt es sich um eine an sich wirksame Rechtsänderung,[24] gegen die allein der Vormerkungs- oder sonst Berechtigte aufgrund seines Anspruchs aus § 888 Abs. 1 BGB vorgehen kann (zum **Wirksamkeitsvermerk** siehe auch Rdn 95 f.).[25] Auch im Fall einer dauerhaften Einrede gegen den durch eine Vormerkung gesicherten Anspruch liegt keine Unrichtigkeit (dahingehend, dass die eingetragene Vormerkung nicht mehr bestünde) vor, vielmehr hat der Verpflichtete lediglich einen Anspruch auf Aufgabe der Vormerkung (§ 886 BGB).[26] Dies ergibt sich schon daraus, dass der Anspruch nicht untergegangen, sondern lediglich dauerhaft undurchsetzbar ist. Unrichtig ist das Grundbuch hingegen bei einem Verstoß gegen eine absolute Verfügungsbeschränkung (vgl. § 19 GBO Rdn 89 ff., § 20 GBO Rdn 183 ff.), da die Verfügung in diesem Fall mit Wirkung gegen jedermann unwirksam ist.

2. Nicht unter Abs. 1 fallende Richtigstellungen

11 Einer Berichtigung im Sinne des Abs. 1 fähig sind nur **wirksame Eintragungen** im Rechtssinne, wofür zumindest die Erfordernisse des § 44 Abs. 1 S. 2 Hs. 2 oder S. 3 GBO (siehe § 1 Einl. Rdn 66, § 44 GBO Rdn 15) bzw. des § 129 Abs. 1 S. 1 GBO erfüllt sein müssen. Bestimmte **unzutreffende** Angaben im Grundbuch (auch überflüssige Eintragungen, vgl. § 2 Einl. Rdn 124) sind nicht im Verfahren nach Abs. 1 zu beseitigen, sondern **von Amts wegen**.[27]

---

20 BGH MittBayNot 2023, 389; OLG München MittBayNot 2018, 138; siehe auch *Weber*, ZEV 2020, 710; anders aber KG ZEV 2016, 338; ZEV 2020, 707.
21 Meikel/*Schneider*, § 82 Rn 1 f.
22 BayObLGZ 1985, 225, 228; BayObLG DNotZ 1989, 164, 166; OLG Köln Rpfleger 1998, 333; BeckOK GBO/*Holzer*, § 22 Rn 58.
23 OLG Frankfurt ZfIR 2005, 254, 255 = BeckRS 2003, 16175; *Demharter*, § 22 Rn 4; BeckOK GBO/*Holzer*, § 22 Rn 25 ff.; Bauer/Schaub/*Schäfer*, § 22 Rn 1, 37; a.A. KG NJW-RR 1998, 447, 448 f. = FGPrax 1997, 212; *Dümig*, ZfIR 2005, 240, 242.
24 Grüneberg/*Herrler*, BGB, § 883 Rn 21; siehe dazu auch: Staudinger/*Kesseler*, BGB, § 883 Rn 235 ff.
25 RGZ 132, 419, 424; *Demharter*, § 22 Rn 27.
26 Staudinger/*Kesseler*, BGB, § 886 Rn 10; MüKo-BGB/*Lettmaier*, § 886 Rn 1.
27 Siehe auch: Meikel/*Böttcher*, § 22 Rn 84 ff.; *Demharter*, § 22 Rn 22.

a) Angaben tatsächlicher Art

Die Richtigstellung von Angaben tatsächlicher Art über das Grundstück, die dessen Identität unverändert lassen, unterliegt nicht Abs. 1.[28] Eine solche liegt nur dann vor, wenn sie die Eigentumsverhältnisse nicht berührt und keine Rechtsänderung bewirkt.[29]

Einzelfälle:

- Angaben rein tatsächlicher Art über die Wirtschaftsart oder Bebauung des Grundstücks, den Straßennamen, die Hausnummer oder die Größe, sofern hierdurch keine Änderung der Grenzen ausgedrückt wird.[30] Nicht hierunter fallen Angaben im Bestandsverzeichnis des Wohnungsgrundbuchs, die den Gegenstand des Sondereigentums betreffen und damit die Abgrenzung der im Sondereigentum stehenden Raumeinheiten untereinander beschreiben.[31]
- **Gleichzustellen** sind Fälle des **originären Eigentumserwerbs** oder -verlusts (z.B. durch Überschwemmungen, etwa nach Art. 7 Abs. 1 BayWG,[32] oder Anlandungen); die Berichtigung erfolgt von Amts wegen durch Fortführungsnachweise der Vermessungsbehörden (vgl. § 2 GBO Rdn 11).[33]

Keine Berichtigung lediglich tatsächlicher Angaben liegt hingegen in folgenden Fällen vor:

- Verwechseln die Parteien in der Auflassung die Parzellen und vollzieht das GBA den Umschreibungsantrag dem Wortlaut entsprechend, so sind die Eintragung und die **auszulegende** Auflassung (vgl. § 20 GBO Rdn 70 ff.) nicht deckungsgleich. Dies hat zur Folge, dass der Veräußerer noch Eigentümer des Grundstücks ist und deshalb ein – konstitutiver – Vollzug der in einem Nachtragsvermerk (Form: **§ 29 Abs. 1 S. 1 GBO**) klarzustellenden Auflassung zu erfolgen hat (siehe Rdn 34, § 2 Einl. Rdn 78 f., § 28 GBO Rdn 11).[34] Insoweit ist die Eigentümerstellung und damit die rechtliche Beziehung zum Grundstück betroffen, so dass die Änderung nur nach den Vorschriften der GBO erfolgen kann. Einer Berichtigung zugänglich ist zudem lediglich die Wiederherstellung der ursprünglichen Eigentümer, die Eintragung der Erwerber ist dagegen konstitutiv und somit nicht nach § 22 GBO zu bewerkstelligen. Wurden zwei Grundstücke an verschiedene Erwerber veräußert und dabei miteinander verwechselt, ist wegen § 39 Abs. 1 GBO zuvor jeweils zwingend die Berichtigung des Grundbuchs durch (Wieder-)Eintragung des Veräußerers erforderlich (ansonsten nähme man dem Erwerber auch den Schutz des § 892 Abs. 1 S. 1 BGB).[35] Gleiches gilt in dem Fall, dass das GBA selbst die richtig bezeichneten Parzellen verwechselt.[36]
- Werden **dienendes und herrschendes Grundstück** einer Grunddienstbarkeit von den Beteiligten **verwechselt**, so liegt eine (auszulegende) wirksame Einigung im Sinne des § 873 Abs. 1 BGB über die Bestellung am „richtigen" Grundstück vor.[37] Die Eintragung zu Lasten des **als herrschend gewollten** Grundstücks ist unrichtig und kann aufgrund ordnungsgemäßen Nachweises nach § 22 Abs. 1 S. 1 GBO gelöscht werden (für den Herrschvermerk ist § 9 Abs. 2 GBO entsprechend anzuwenden); mit der Eintragung auf dem zutreffenden Grundstück entsteht die Grunddienstbarkeit erstmals (siehe auch Rdn 34 f.); diese Eintragung ist allerdings konstitutiv und daher nicht im Wege des § 22 GBO herbeizuführen. Der Nachweis kann als erbracht angesehen werden, wenn eine Auslegung

---

[28] BayObLGZ 1969, 284, 288; Meikel/*Böttcher*, § 22 Rn 87; *Demharter*, § 22 Rn 23 ff.
[29] Vgl. BGH FGPrax 2017, 195, 196: etwa bei der Berichtigung eines bloßen Zeichenfehlers.
[30] BGH Rpfleger 2006, 181; NJW-RR 2013, 789; OLG Oldenburg Rpfleger 1992, 387 = BeckRS 1991, 553; OLG Brandenburg NZI 2012, 774; Meikel/*Böttcher*, § 22 Rn 87; *Demharter*, § 22 Rn 23; BeckOK GBO/*Holzer*, § 22 Rn 28 f. m.w.N.
[31] OLG München FGPrax 2017, 207.
[32] Die landesrechtlichen Regelungen hierzu sind aber unterschiedlich, vgl. etwa § 3 Abs. 3 S. 2 SächsWG, wonach Veränderungen des oberirdischen Gewässers gerade keine Auswirkungen auf das Eigentum haben.
[33] BayObLGZ 1987, 410 = Rpfleger 1988, 254; OLG Oldenburg Rpfleger 1991, 412 = BeckRS 1991, 03638; Meikel/*Böttcher*, § 22 Rn 87; *Demharter*, § 22 Rn 24; a.A. Staudinger/*Picker*, BGB, § 894 Rn 26 a.E.: Es liege eine Grundbuchunrichtigkeit im Sinne des § 894 BGB vor, indes fehle einer Klage nach § 894 BGB wegen der Möglichkeit der Berichtigung aufgrund des Fortführungsnachweises das Rechtsschutzbedürfnis. Zu den Eigentumsgrenzen an Gewässern, ihren Veränderungen und den dadurch eintretenden Änderungen von beschränkten dinglichen Rechten und sonstigen Rechtsverhältnissen (z.B. des Wasserrechts, von Fischereirechten) ausf.: Bengel/*Simmerding*, § 22 Rn 92 ff.
[34] RGZ 133, 279, 281; siehe auch: RGZ 60, 338, 340; *Bergermann*, RNotZ 2002, 557, 566, 568 f., 572; Meikel/*Böttcher*, § 22 Rn 87; *Demharter*, § 22 Rn 25; a.A. (bloße Grundbuchberichtigung nach § 22 GBO): Bengel/*Simmerding*, Anh. zu § 22 Rn 13, unter unzutr. Berufung auf RGZ 133, 279, 281; Schöner/*Stöber*, Rn 3149.
[35] RGZ 133, 279, 281 f.
[36] Bauer/Schaub/*Bauer*, § 39 Rn 47.
[37] BayObLG Rpfleger 2005, 21 = IBRRS 2004, 3195.

der vorliegenden Urkunden zweifelsfrei den wirklichen Willen der Beteiligten ergibt (z.B. aufgrund einer beigefügten Karte);[38] ansonsten bedarf es hier einer klarstellenden Erklärung in der Form des § 29 Abs. 1 S. 1 GBO. Vertauscht das GBA bei der Eintragung dienendes und herrschendes Grundstück, so gilt das Gesagte mit der Maßgabe entsprechend, dass es keiner richtigstellenden Auslegung bedarf und die Unrichtigkeit stets durch die vorliegenden Urkunden nachgewiesen sein dürfte. Im zuletzt genannten Fall kommt daneben die Eintragung eines Amtswiderspruchs nach § 53 Abs. 1 S. 1 GBO in Betracht, da ein gutgläubiger Erwerb des Rechts mit dem Erwerb des Eigentums am vermeintlich herrschenden Grundstücks drohen kann, soweit nicht § 1019 S. 1 BGB entgegensteht.[39]

– Wird ein **unzutreffendes herrschendes** Grundstück eingetragen, so ist kein Recht entstanden, eine Berichtigung nach Abs. 1 S. 1 kann in diesem Fall nur in der Löschung bestehen (vgl. Rdn 34 f.).[40] Eine Berücksichtigung der Bewilligung zur Bestimmung des Berechtigten bei bestehender Eintragung ist hier nicht möglich, weil insoweit eine ausdrückliche Eintragung des Berechtigten notwendig ist und § 874 BGB gerade keine Anwendung findet, der lediglich die nähere Bezeichnung des Rechts durch die Bewilligung gestattet, nicht aber die erstmalige Festlegung desselben.[41] Auch der eingetragene Gegenstand des Rechts in Verbindung mit der Lage des dienenden Grundstücks kann der (fehlerhaften) Bezeichnung des herrschenden Grundstücks im Grundbuch daher nicht entgegengehalten werden.[42] Zur Entstehung des Rechts bedarf es einer neuen Eintragung, die nur erfolgen kann, wenn die vorliegende Bewilligung das erstrebte Ergebnis rechtfertigt oder eine zutreffende Bewilligung vorgelegt wird. Ist zwischenzeitlich ein Eigentumswechsel beim dienenden Grundstück erfolgt, so ist materiell-rechtlich eine Einigung mit dem neuen Eigentümer (§ 873 Abs. 1 BGB) und formell-rechtlich dessen Bewilligung notwendig, auch haben zwischenzeitlich eingetragene Rechte Vorrang.[43]

b) Bezeichnung des Berechtigten

15 Die Richtigstellung der Bezeichnung des Berechtigten, die seine **Identität unverändert** lässt, ist ebenfalls kein Fall des Abs. 1 S. 1. Sie erfolgt **von Amts wegen**, wobei das Strengbeweisverfahren nach **§ 29 Abs. 1 GBO nicht gilt**.[44]

16 **Beispiele:**[45] Reine Namensberichtigungen (z.B. wegen Heirat, Scheidung, Adoption, Änderung des Geschlechts nach dem TSG[46]), Änderung des Berufs oder Wohnorts; Firmenänderungen[47] und Wechsel der Rechtsform von Gesellschaften, soweit dadurch die Identität der Gesellschaft nicht verändert wird[48] (Änderung der Gesellschaftsform von einer OHG in eine KG oder GbR oder umgekehrt[49] sowie formwechselnde Umwandlungen nach §§ 1 Abs. 1 Nr. 4, 190 Abs. 1, 202 Abs. 1 Nr. 1 UmwG,[50] weil hier nicht der Rechtsträger wechselt,[51] sondern nur eine (mittlerweile) unzutreffende Bezeichnung des Berechtigten oder nicht mehr zutreffende Firmenbezeichnung der Wirklichkeit angepasst wird); Veränderungen bei den nach § 15 Abs. 2 GBV eingetragenen Bezeichnungsmerkmalen (z.B. die Zuordnung zu einer anderen fiskalischen Stelle, die derselben Rechtspersönlichkeit zugehört;[52] (**anders** z.B. beim

---

38 BayObLG Rpfleger 2005, 21 = IBRRS 2004, 3195.
39 Vgl. dazu Staudinger/*Picker*, BGB, § 892 Rn 40.
40 BGHZ 123, 297, 300 f. = Rpfleger 1994, 157 = DNotZ 1994, 230, 231; BayObLG DNotZ 1997, 335.
41 BGHZ 123, 297, 301; BayObLG DNotZ 1997, 335, 336.
42 BGHZ 123, 297, 302.
43 BGHZ 123, 297, 303.
44 OLG Düsseldorf BeckRS 2018, 6583; OLG Brandenburg NJW-RR 2018, 77; Meikel/*Böttcher*, § 22 Rn 88; *Demharter*, § 22 Rn 23; *Schöner/Stöber*, Rn 290 f.; *Holzer*, Richtigstellung des Grundbuchs, S. 156 ff., 276 ff.; anders noch: KG OLGZ 16, 151, 152 (ohne Begr.)
45 Dazu auch: Meikel/*Böttcher*, § 22 Rn 88; *Demharter*, § 22 Rn 23.
46 Siehe zum Verfahren mit der Verpflichtung zum Schließen des Grundbuchblatts: BGH DNotZ 2019, 863.
47 OLG Frankfurt Rpfleger 1995, 346, 347 = NJW-RR 1995, 1168, 1169; *Schöner/Stöber*, Rn 290; a.A. *Kuntze*, DNotZ 1990, 172, 174.

48 BayObLGZ 1951, 426, 430; insoweit darf das Grundbuchamt keine Nachweise vom Antragsteller verlangen, sondern muss die Ermittlungen von Amts wegen führen: OLG Hamm BeckRS 2020, 39621.
49 KG JFG 1, 368, 371; BayObLGZ 2002, 137, 140 = Rpfleger 2002, 536, 537; Meikel/*Böttcher*, § 22 Rn 88; *Schöner/Stöber*, Rn 985.
50 BayObLGZ 2002, 137, 140 = Rpfleger 2002, 536, 537; OLG Köln FGPrax 2002, 270 = Rpfleger 2003, 47; *Böhringer*, Rpfleger 2001, 59, 66; Meikel/*Böttcher*, § 22 Rn 88; *Demharter*, § 22 Rn 23; Staudinger/*Picker*, BGB, § 894 Rn 32; *Schöner/Stöber*, Rn 290 ff., 995h; *Timm*, NJW 1995, 3209, 3214.
51 OLG Oldenburg NJW-RR 1997, 1129.
52 LG Freiburg BWNotZ 1982, 66, 67; siehe auch: RGZ 1959, 400, 404.

Übergang auf die **Bundesanstalt für Immobilienaufgaben** nach § 2 Abs. 2 S. 1 BImAG); die Umbenennung einer öffentlich-rechtlichen Anstalt (z.B. der vormaligen Treuhandanstalt oder der Bundesanstalt für Arbeit[53]); oder die Umschreibung von der Firma der Hauptniederlassung auf die Firma der Zweigniederlassung.[54]

Soll ein Recht **auf einen anderen Rechtsträger** übergehen, z.B. von einer Gesamthandsgemeinschaft auf eine Bruchteilsgemeinschaft oder von einer Erbengemeinschaft auf eine GbR, so bedarf es dafür der rechtsgeschäftlichen Übertragung (durch **Einigung** [ggf. Auflassung] **und Eintragung**, § 873 Abs. 1 BGB, (durch **Einigung** [ggf. Auflassung] **und Eintragung**, § 873 Abs. 1 BGB, siehe § 20 GBO Rdn 17). Eine Berichtigung nach Abs. 1 S. 1 oder gar eine bloße Richtigstellung der Bezeichnung des Berechtigten kommen hier schon deshalb nicht in Betracht, weil keine Grundbuchunrichtigkeit vorliegt. 17

Wegen § 47 Abs. 2 GBO in seiner bis zum 31.12.2023 geltenden Form ist der Fall des Gesellschafterwechsels innerhalb einer rechtsfähigen GbR bislang nicht unter die reine von § 22 GBO losgelöste Berichtigung zu fassen, die von Amts wegen erfolgt, obwohl dies die Rechtspersönlichkeit der GbR unberührt lässt.[55] Dies wirft zahlreiche schwierige und komplizierte Rechtsfragen auf, die vor allem in Situationen, in denen einer oder mehrere Gesellschafter verstorben sind, erhebliche praktische Probleme bei der Berichtigung des Grundbuchs bewirken (siehe § 47 GBO Rdn 36 ff.). Diese resultieren daraus, dass derzeit noch sämtliche Gesellschafter der Gesellschaft einzutragen sind und daher eine Berichtigung gemäß § 22 GBO hinsichtlich dieser Gesellschafter erfolgen muss, wobei nicht nur der Tod des bisherigen Gesellschafters, sondern auch die neue Gesellschafterlage nachzuweisen ist (vgl. § 47 GBO Rdn 59 ff.). 18

Unter dem reformierten Recht, das ab dem 1.1.2024 greift, wird aber aufgrund der Einführung des Gesellschaftsregisters eine Eintragung der Gesellschafter nicht mehr nötig oder möglich sein (§ 47 Abs. 2 GBO n.F.) (siehe hierzu § 47 GBO Rdn 47 ff.). Die GbR wird in der Konsequenz deshalb ab diesem Zeitpunkt wie jede andere Gesellschaft behandelt, so dass Veränderungen im Bestand der Gesellschafter keine Auswirkungen mehr auf das Grundbuch zeitigen und demnach auch keine Berichtigung oder sonstige Veränderung der Eintragung erfordern. Eine Problematik ergibt sich nur noch hinsichtlich der Überführung der bisherigen Eintragung zu einer solchen nach neuem Recht. Dabei handelt es sich allerdings richtigerweise ebenfalls nicht um eine Berichtigung nach § 22 GBO,[56] sondern lediglich um eine richtigzustellende Tatsache, wenn die GbR nunmehr ins Gesellschaftsregister eingetragen ist.[57] Dabei sind allerdings die Anforderungen des Art. 229 § 21 EGBGB für die Veränderung der Eintragung zu beachten (siehe auch Rdn 128).

c) Ungenaue Fassung der Eintragung, Schreibfehler

Auch die **Richtigstellung** einer ungenauen bzw. undeutlichen Fassung des Eintragungsvermerks ist nicht von Abs. 1 erfasst; wie die Berichtigung offenbarer Schreibfehler oder technischer Mängel ist sie **durch Klarstellungsvermerk** (vgl. § 1 Einl. Rdn 85) **von Amts wegen** vorzunehmen (siehe § 2 Einl. Rdn 49).[58] Ist das herrschende Grundstück einer Grunddienstbarkeit im Grundbuch durch die Angabe der Flurstücksnummer eindeutig und entsprechend der Bewilligung bezeichnet, ist aber die Bewilligung insoweit unzutreffend, als sie von der materiellen Einigung abweicht, kommt eine Richtigstellung des Eintragungsvermerks nicht in Betracht (siehe Rdn 13).[59] Insoweit kommt nur eine Berichtigung nach § 22 GBO derart in Betracht, dass das eingetragene Recht gelöscht wird, das mangels Eintragung nicht entstanden ist.[60] Ob aufgrund der ursprünglichen Eintragung die Bewilligung durch den Notar nach § 44a Abs. 2 BeurkG berichtigt und in der Folge einer Eintragung der tatsächlich gewollten Dienstbarkeit vorgenommen werden kann, ist demgegenüber eine Frage des Einzelfalls. 19

---

53 Vgl. jew.: *Demharter*, § 44 Rn 54 m.w.N.
54 LG Konstanz Rpfleger 1992, 247, 248 m. Anm. *Hintzen*; LG Aurich NJW-RR 1998, 1255; Meikel/*Böttcher*, § 22 Rn 88; a.A. KG JFG 15, 104, 105 ff. = JW 1937, 1743 ff.; zur Eintragbarkeit einer abweichenden Firma der Zweigniederlassung: RGZ 62, 7, 9 f.
55 *Demharter*, § 47 Rn 30 ff. m.w.N.
56 Wie hier auch BT-Drucks 19/27635, 217; dagegen aber *Bolkard*, MittBayNot 2021, 319, 326.
57 Wie hier auch *Wilsch*, ZfIR 2020, 521, 525.
58 KGJ 27, A 244, 248; BayObLG MittBayNot 2004, 191; Meikel/*Böttcher*, § 22 Rn 86; *Demharter*, § 22 Rn 26; Bauer/Schaub/*Schäfer*, § 22 Rn 39 m.w.N.; zur Richtigstellung genauer: BeckOK GBO/*Holzer*, § 22 Rn 92 ff.
59 BayObLG DNotZ 1997, 335; vgl. auch: BGH DNotZ 1994, 230.
60 BayObLG DNotZ 1997, 335.

d) Hinweisende Vermerke

20 Bloß hinweisende Vermerke, die nicht dem öffentlichen Glauben unterliegen, wie z.B. der **Hofvermerk** nach §§ 5 f. HöfeVfO,[61] werden nicht im Verfahren nach § 22 Abs. 1 GBO, sondern auf Ersuchen der zuständigen Stelle (des Landwirtschaftsgerichts im Fall des Hofvermerks, § 3 HöfeVfO) gelöscht, geändert oder eingetragen. Für den Herrschvermerk gilt § 9 Abs. 2 GBO (siehe § 9 GBO Rdn 9).

e) Inhaltlich unzulässige Eintragungen (§ 53 Abs. 1 S. 2 GBO) und gegenstandslose Eintragungen (§ 84 Abs. 2 GBO)

21 Die Löschung inhaltlich unzulässiger Eintragungen erfolgt nach § 53 Abs. 1 S. 2 GBO von Amts wegen, ebenso die Löschung solcher Eintragungen, die aus anderen Gründen wirkungslos sind (Beispiele siehe § 2 Einl. Rdn 119; zur Löschung vgl. § 2 Einl. Rdn 128; siehe auch Rdn 11). Abs. 1 S. 1 ist hierbei nicht anzuwenden.[62] Inhaltlich unzulässige Eintragungen können keinen gutgläubigen Erwerb tragen und führen in der Konsequenz auch nicht zu einer Unrichtigkeit des Grundbuchs im Sinne des § 894 BGB.[63] Gegenstandslose Eintragungen im Sinne des § 84 Abs. 2 GBO sind nach § 84 Abs. 1 S. 1 GBO gleichermaßen von Amts wegen zu löschen. Da ein Erwerb kraft öffentlichen Glaubens hier ebenso vielfach ausscheidet (aber nicht immer, z.B. im Fall der nach den §§ 1173 ff. BGB materiell erloschenen Hypotheken[64]), ist, da § 22 GBO auf den Anwendungsbereich der §§ 892–894 BGB beschränkt ist (vgl. Rdn 9), in einer solchen Situation kein Fall des § 22 GBO gegeben.[65] Eine Berichtigung nach dieser Vorschrift scheidet demnach aus.

22 Die Rspr. legt hingegen die Anregung eines Beteiligten nach § 85 Abs. 1 GBO, das Verfahren der §§ 84 ff. GBO einzuleiten, zugleich als Antrag auf Löschung gem. Abs. 1 S. 1 aus.[66] Dies ist vor dem Hintergrund zutreffend, dass es aus Sicht des „Antragstellers" irrelevant ist, aus welchem Grund und aufgrund welchen Verfahrens es zur Löschung der ungewollten Eintragung kommt. Inhaltlich kann nach § 22 Abs. 1 S. 1 GBO aber nur dann vorgegangen werden, wenn tatsächlich ein Fall des § 894 BGB vorliegt, so dass eine Löschung nach dieser Norm nicht in Betracht kommt, wenn ein gutgläubiger Erwerb nicht denkbar ist. In der Folge besteht keine grundsätzliche Parallelität zwischen den §§ 84 ff. GBO und dem Verfahren nach § 22 Abs. 1 GBO.[67] Vielmehr bildet die Möglichkeit der §§ 84 ff. GBO eine eigenständige, gesonderte Möglichkeit zur Bereinigung des Grundbuchs, die von dem nur im Einzelfall bestehenden Verfahren nach § 22 GBO in derartigen Konstellationen zu unterscheiden ist. Ein wesentlicher Unterschied zwischen beiden Vorgehensweisen liegt in der nach § 87 lit. b und c GBO möglichen Abkehr vom ausschließlichen Urkundsbeweis nach § 29 Abs. 1 GBO.[68]

23 Bei einer Löschung gem. § 87 lit. a GBO auf Anregung eines Beteiligten (§ 85 Abs. 1 GBO) können die in der Form des § 29 Abs. 1 GBO notwendigen Beweise im Amtsverfahren (§§ 85 ff. GBO) auch vom GBA selbst erhoben werden. Strengt der Beteiligte zulässigerweise daneben ein Berichtigungsverfahren nach § 22 Abs. 1 GBO an, muss er diese selbst beibringen und damit für das GBA auch beschaffen (siehe § 87 GBO Rdn 2).[69] Ein weiterer Unterschied zwischen beiden Verfahrensarten besteht darin, dass eine Löschung wegen Gegenstandslosigkeit nur erfolgen darf, wenn das Grundbuch hinsichtlich der Eintragung auch künftig nicht mehr richtig werden kann (§ 84 Abs. 2 lit. a GBO: „[...] **und seine Entstehung ausgeschlossen ist** [...]", § 84 Abs. 2 lit. b GBO: „[...] **dauernd nicht ausgeübt werden kann** [...]"), während bei § 22 Abs. 1 GBO nur der Zeitpunkt des Antragsvollzugs entscheidend ist.

---

61 Die Frage der Genehmigungsbedürftigkeit nach § 17 HöfeO wirft insoweit wegen ihrer Koppelung an das GrdstVG keine Probleme auf, Genehmigungen der unzuständigen Stelle sind zwar rechtswidrig, aber wirksam, Faßbender/Hötzel/von Jeinsen/Pikalo/*Faßbender*, § 17 Rn 199 ff., § 5 HöfeVfO Rn 2 ff.

62 BayObLGZ 1973, 84, 86 = Rpfleger 1973, 246: § 22 GBO bezieht sich nicht auf inhaltlich unzulässige Eintragungen; Meikel/*Böttcher*, § 22 Rn 85; *Demharter*, § 22 Rn 27.

63 Meikel/*Böttcher*, § 22 Rn 85.

64 Staudinger/*Wolfsteiner*, BGB, § 1173 Rn 12 f.

65 Bauer/Schaub/*Schäfer*, § 22 Rn 39 f.

66 BayObLG NJW-RR 1989, 1495, 1496; *Demharter*, § 84 Rn 16; siehe auch: BayObLGZ 1959, 223, 228.

67 So aber: *Krieger*, DNotZ 1935, 853, 861, 863; ebenso Rn 20 der Vorauflage.

68 BayObLGZ 1959, 223, 228; OLG Karlsruhe Rpfleger 1993, 192, 193 = BeckRS 1992, 04003; *Krieger*, DNotZ 1935, 853, 861, 863 f.; *Peter*, BWNotZ 1983, 49, 52. Vgl. auch Meikel/*Schneider*, § 87 Rn 2.

69 *Demharter*, § 87 Rn 4; *Krieger*, DNotZ 1935, 853, 863; krit.: *Eickmann*, RpflStud 1984, 1, 11, der in solchen Fällen das Amtsverfahren einstellen und die Berichtigung den Beteiligten überlassen will.

f) Umstellung auf EUR

Bei der Umstellung eingetragener Geldbeträge im Zuge der **Ersetzung der DM durch den EUR** ab dem 1.1.2002 erfolgt ebenfalls eine Berichtigung von Amts wegen, wobei das Strengbeweisverfahren **nach § 29 Abs. 1 GBO nicht gilt** (§ 26a Abs. 1 GBMaßnG, siehe Rdn 68).[70]

3. Weitere von § 22 GBO erfasste Fälle

Da § 22 GBO nur solche **Fälle**, in denen **ein Erwerb kraft öffentlichen Glaubens** möglich ist, erfasst, kann er nicht über die in den §§ 892–894 BGB geregelten Fälle hinaus greifen, so dass eine Berichtigung solcher Eintragungen aufgrund des § 22 Abs. 1 S. 1 GBO ausgeschlossen ist.[71] Nicht von der Norm geregelt werden daher neben den gegenstandslosen Eintragungen im Sinne des § 84 Abs. 2 GBO, solange kein gutgläubiger Erwerb hierdurch ermöglicht wird, (vgl. Rdn 21 f.) auch Fälle der Nichtexistenz des Gläubigers.[72] Insoweit muss ein gutgläubiger Erwerb ausscheiden, da, selbst wenn sich jemand als Vertreter dieses vermeintlichen Berechtigten geriert, die Einigung niemandem zugerechnet und damit § 873 Abs. 1 BGB nicht erfüllt werden kann.[73] Erst wenn der vermeintliche Erwerber, der tatsächlich existiert, in das Grundbuch eingetragen würde, könnte dieser einem anderen das bis dahin inexistente Recht nach § 892 Abs. 1 S. 1 BGB im Wege einer weiteren Verfügung gutgläubig verschaffen, da erst ab diesem Moment ein Buchgläubiger überhaupt existiert. Einem Berichtigungsantrags nach Abs. 1 S. 1 stehen in der Konsequenz bis zur Eintragung einer existierenden Person Rechtsgründe entgegen; eine Löschung der Eintragung kann allein im Amtsverfahren nach den §§ 84 ff. GBO erfolgen, das für den Feststellungsbeschluss nach § 87 lit. c GBO von der Notwendigkeit des Urkundsbeweises absieht. Erst, soweit ein neuer, tatsächlich existierender Gläubiger eingetragen ist, entsteht gegen diesen auch ein Grundbuchberichtigungsanspruch nach § 894 BGB, so dass ab dann auch eine Berichtigung nach § 22 Abs. 1 GBO denkbar ist.

II. Heilung oder Wegfall der Unrichtigkeit, späterer Eintritt der Unrichtigkeit

Wird die bestehende Unrichtigkeit vor dem Vollzug der beantragten Berichtigung geheilt oder fällt sie in anderer Weise weg, darf das GBA dem Berichtigungsantrag nicht mehr stattgeben. Es kommt mithin nicht auf den Zustand bei Antragsstellung, sondern auf den bei Bearbeitung des Antrags an. Eine solche Veränderung der Rechtslage kann insbesondere eintreten

1. durch Nachholung der fehlenden materiellen Voraussetzung (insbesondere Einigung oder Aufgabeerklärung),
2. durch Dritterwerb kraft öffentlichen Glaubens (§§ 892, 893 BGB),[74]
3. durch Zeitablauf (§§ 900, 901 BGB; bei Dienstbarkeiten auch nach § 1028 BGB),
4. dadurch, dass der unrichtig Eingetragene das Recht erwirbt (insbesondere nach Maßgabe des § 185 Abs. 2 S. 1 BGB) oder
5. dadurch, dass der Nichteingetragene sein Recht verliert (vgl. Rdn 61),
6. hingegen durch „Verzicht" auf den Berichtigungsanspruch nur, wenn darin entweder eine (einseitige) Genehmigung oder eine Nachholung der Einigung zu sehen ist, während ein **pactum de non petendo** nur schuldrechtliche Wirkung besitzt und daher die Grundbuchunrichtigkeit nicht beseitigt,[75] so dass dies somit für § 22 GBO keine Bedeutung haben kann.

---

70 *Böhringer*, BWNotZ 2003, 97, 98.
71 OLG Frankfurt ZfIR 2005, 254, 255 = BeckRS 2003, 16175; *Demharter*, § 22 Rn 4; BeckOK GBO/*Holzer*, § 22 Rn 25 ff.; Bauer/Schaub/*Schäfer*, § 22 Rn 1, 37; a.A. KG NJW-RR 1998, 447, 448 f. = FGPrax 1997, 212; *Dümig*, ZfIR 2005, 240.
72 Anders aber RGZ 88, 83, 88 f.; KG NJW-RR 1998, 447, 448 f.
73 *Dümig*, ZfIR 2005, 240, 242; etwas ungenau: KG NJW-RR 1998, 447, 448, das darauf verweist, das Grundbuch könne nicht die Rechtsfähigkeit fingieren.
74 Z.B. BayObLGZ 1985, 401 ff. = DNotZ 1986, 357 f.; BayObLG Rpfleger 1980, 108 f.
75 Staudinger/*Picker*, BGB, § 894 Rn 130 ff.; Bauer/Schaub/*Schäfer*, § 22 Rn 161.

27 Fraglich ist die Auswirkung der (nur in äußerst seltenen Fällen eintretenden) **Verwirkung**[76] des Anspruchs aus § 894 BGB auf das Verfahren nach § 22 GBO. Ihr Vorliegen führt nicht zum Fortfall der Grundbuchunrichtigkeit, sondern gibt dem Anspruchsgegner nur eine Einrede.[77] Im Grundbuchverfahren kann das Bestehen dieser Einrede mithin nur dann berücksichtigt werden, wenn dieser Umstand dem GBA im Sinne des § 29 GBO nachgewiesen wird.[78] In sämtlichen anderen Fällen muss die Einrede dagegen unberücksichtigt bleiben.[79] Dies erweist sich nicht als unzulässig, da die Einrede nur dem materiell-rechtlichen Anspruch gegen den Buchberechtigten entgegensteht, die materielle Rechtslage selbst aber nicht zu verändern vermag. Kann der Anspruchsinhaber dem GBA die wirkliche Rechtslage in der Form des § 29 GBO nachweisen, erweist es sich nicht als überspannte Anforderung, vom Buchberechtigten die Einhaltung der identischen Formvorschriften für den Beleg seiner Position zu verlangen.[80] Dies gilt umso mehr, als der Buchberechtigte ohnehin anzuhören ist (vgl. Rdn 172), so dass er in Reaktion darauf Rechtsschutz nachsuchen und somit seine Einrede zumindest im Wege der Feststellungsklage oder im Rahmen eines einstweiligen Rechtsschutzes titulieren lassen kann, um den entsprechenden Nachweis dem GBA gegenüber führen zu können.

28 Dieselben Grundsätze wie für den späteren Wegfall der Grundbuchunrichtigkeit gelten auch für den nachfolgenden Eintritt derselben. Ergibt sich, dass die Grundbuchunrichtigkeit im Moment des Antrags noch nicht bestanden hat, allerdings in dem Moment vorliegt, in dem über den Antrag entschieden wird, ist diesem stattzugeben, da die Voraussetzungen für die Grundbuchberichtigung im Zeitpunkt der Entscheidung zu beurteilen sind. Dies gilt gegebenenfalls auch für eine Entscheidung in der Beschwerdeinstanz, so dass auch dort sich ergebende Rechtsänderungen bis zum Erlass der entsprechenden Entscheidung zu berücksichtigen sind.[81]

III. Arten der Unrichtigkeit

29 Abs. 1 gilt sowohl für die ursprüngliche (siehe Rdn 32 ff.) als auch für die nachträgliche Unrichtigkeit (vgl. Rdn 62 ff.) und kann daher sowohl zur Korrektur von Fehlern, die schon bei der Eintragung entstanden sind, als auch von solchen, die sich erst im Nachgang ergeben haben, eingesetzt werden. Damit besteht ein wesentlicher Unterschied zu § 53 Abs. 1 GBO, der allein Konstellationen der ursprünglichen Unrichtigkeit erfasst. Die ursprüngliche Unrichtigkeit wird teilweise auch als **Unrichtigkeit im engeren Sinn**, die nachträgliche als **Unvollständigkeit** bezeichnet.[82] Möglich ist auch eine **Teilunrichtigkeit** einer Eintragung, z.B. in Bezug auf den Rang oder den Umfang (zum ähnlichen, aber mit anderen Rechtsfolgen verbundenen Fall der teilweisen Wirkungslosigkeit vgl. § 2 Einl. Rdn 122); die Berichtigung hat sich dann allein auf den unrichtigen Teil zu beschränken.[83] Eine Doppel- oder **Mehrfachunrichtigkeit** liegt vor, wenn nach Beseitigung der einen Unrichtigkeit das Grundbuch aus einem anderen Grund noch unrichtig wäre (vgl. § 895 BGB).[84]

30 Abs. 1 **soll** nach einer verbreiteten Auffassung **nicht gelten**, wenn die Unrichtigkeit allein auf einer **unrichtigen Beurteilung der Rechtslage durch das GBA** beruht.[85] Gerechtfertigt wird dies mit dem Hinweis, dass durch eine unbeschränkte Beschwerde gegen die Ablehnung des Antrags nach Abs. 1 in diesem Fall die Beschwerdebeschränkung des § 71 Abs. 2 GBO umgangen würde.[86] Dies überzeugt aber schon deshalb nicht, weil § 71 Abs. 2 GBO ebenso die (unbeschränkte) Beschwerde gegen die Zurückweisung

---

76 Dazu: OGHBrZ NJW 1949, 182 f.; Staudinger/*Picker*, BGB, § 894 Rn 144: Da aber das dingliche Recht selbst nicht der Verwirkung unterliegt, muss auch die Annahme einer Verwirkung seiner dinglichen Durchsetzungsansprüche auf Extremfälle beschränkt bleiben, da diese ja auf eine inhaltliche Schmälerung des dinglichen Rechts selbst hinausläuft; Meikel/*Böttcher*, § 22 Rn 168.
77 Meikel/*Böttcher*, § 22 Rn 168; Bauer/Schaub/*Schäfer*, § 22 Rn 163; zur Verwirkung allgemein: Grüneberg/*Grüneberg*, BGB, § 242 Rn 87; Staudinger/*Looschelders/Olzen*, § 242 Rn 300 ff.
78 So auch Meikel/*Böttcher*, § 22 Rn 168.
79 Anders aber OLG Braunschweig, BWNotZ 1962, 203, das die Einrede dennoch berücksichtigt sehen will.
80 So im Ergebnis auch Meikel/*Böttcher*, § 22 Rn 168.
81 So im Ergebnis auch Meikel/*Böttcher*, § 22 Rn 175.
82 *Demharter*, § 22 Rn 6; Bauer/Schaub/*Schäfer*, § 22 Rn 47.
83 Bauer/Schaub/*Schäfer*, § 22 Rn 48.
84 Bauer/Schaub/*Schäfer*, § 22 Rn 49; eingehend zu Fällen dieser Art: Staudinger/*Picker*, BGB, § 894 Rn 101 ff., § 895 Rn 2 ff.
85 OLG München Rpfleger 2010, 491 = FGPrax 2010, 232, 233; Meikel/*Böttcher*, § 22 Rn 8; *Demharter*, § 22 Rn 6.
86 KG OLGZ 2, 258, 259; siehe auch: RGZ 55, 404, 407 f.

eines Berichtigungsantrags verbietet, da das Rechtsmittel dann in der Konsequenz letztlich auf die Beseitigung einer zu Unrecht erfolgten Eintragung gerichtet ist (siehe auch Rdn 176, § 71 GBO Rdn 38 f.).[87] Daher ergibt sich ein Gleichlauf der Beschwerdemöglichkeiten, so dass kein Anlass besteht, die Möglichkeit der Berichtigung nach § 22 GBO von vornherein auszuschließen.

Dem GBA ist es daher nicht verwehrt, dem zulässigen und auch (durch den erbrachten Unrichtigkeitsnachweis) begründeten Berichtigungsbegehren zu entsprechen. Unstatthaft ist nur, gegen die Zurückweisung des Antrags (unbeschränkte) Beschwerde einzulegen (vgl. § 71 GBO Rdn 56).[88] Für dieses Ergebnis spricht nicht nur, dass ansonsten die Eintragungsentscheidung des GBA einen der materiellen Rechtskraft nahekommenden Status erlangen würde, sondern auch der qualitative Unterschied der Eintragung eines Amtswiderspruchs (als Ziel der beschränkten Beschwerde nach § 71 Abs. 2 S. 2 GBO) im Vergleich zur Berichtigung nach Abs. 1. Im ersten Fall genügt für die Eintragung die bloße Glaubhaftmachung der Unrichtigkeit, wohingegen im Falle des § 22 Abs. 1 GBO der volle urkundliche Nachweis nach § 29 Abs. 1 GBO notwendig ist. 31

C. Anfängliche Unrichtigkeit
I. Eintragung trotz Nichtübereinstimmung mit der Einigung
1. Grundlagen

Folge des Bewilligungsgrundsatzes des § 19 GBO (formelles Konsensprinzip) kann sein, dass die Bewilligung entgegen § 873 BGB von der materiellen Einigung der Beteiligten abweicht oder gar eine Eintragung ganz ohne Vorliegen der notwendigen Einigung vorgenommen wird. Die materielle Rechtslage hängt nicht davon ab, ob der Antrag und die Bewilligung mit der Einigung korrespondieren oder ob das GBA die Eintragung übereinstimmend mit dem Antrag und der Bewilligung vornimmt. Für die Richtigkeit oder Unrichtigkeit des Grundbuchs ist allein maßgebend, ob die Eintragung mit der Einigung oder der Aufgabeerklärung übereinstimmt.[89] 32

Daneben kommen folgende Fälle einer Eintragung, deren **materielle Voraussetzungen fehlen oder mit Mängeln behaftet** sind, in Frage: 33

a) Die Einigung (§ 873 Abs. 1 BGB) ist noch nicht erfolgt, (noch) nicht wirksam oder bei Eintragung nicht mehr wirksam, ohne dass bislang eine wirksame neue Einigung erfolgt ist. Bei der Auflassung müssen sowohl die Erklärung des Veräußerers als auch die des Erwerbers bestimmt und eindeutig erfolgt sein.[90]
b) Die nach §§ 876, 877 BGB materiell notwendige Zustimmung eines mittelbar Betroffenen ist nicht erteilt worden, wobei es nicht darauf ankommt, ob ihr Nachweis im Grundbuchverfahren nach § 21 GBO erforderlich war, sondern es ist ausschließlich die materielle Rechtslage von Belang.
c) Dem Bewilligenden war die Verfügungsbefugnis entzogen (z.B. allgemein durch Eröffnung eines Insolvenzverfahrens oder speziell durch einstweilige Verfügung) und der Erwerber hat das Recht nicht gutgläubig erworben, ohne dass die Voraussetzungen des § 878 BGB vorlagen.
d) Eine Verfügungsbeschränkung aufgrund öffentlichen Rechts war materiell eingetreten (z.B. wegen eines Umlegungs- oder Sanierungsverfahrens, siehe § 20 GBO Rdn 158 ff.); ein Erwerb kraft öffentlichen Glaubens nach §§ 892, 893 BGB scheidet in solchen Fällen aus, da Verstöße gegen derartige Verbote nicht erfasst sind (vgl. § 20 GBO Rdn 162).[91] Gleiches gilt für privatrechtliche absolute Verfügungsverbote, z.B. nach § 1365 Abs. 1 S. 2 BGB.[92]

Rechtsfolge ist in allen genannten Fällen die Unrichtigkeit des Grundbuchs hinsichtlich der gesamten Eintragung.

---

87 So insbesondere die teils als Begründung für die Unstatthaftigkeit des Berichtigungsantrags angeführte Entscheidung RGZ 55, 404, 407 f.; nicht von der Hand zu weisende Bedenken erhebt dagegen das BezG Gera Rpfleger 1994, 106, 107.
88 Krit. auch Meikel/*Schmidt-Räntsch*, § 71 Rn 73 ff.; ebenso Bauer/Schaub/*Budde*, § 71 Rn 70 ff.
89 Staudinger/*Heinze*, BGB, § 873 Rn 260, 284; siehe auch Meikel/*Böttcher*, § 19 Rn 168.
90 BayObLG FGPrax 2001, 13.
91 MüKo-BGB/*Schäfer*, § 892 Rn 59.
92 BeckOGK BGB/*Hertel*, § 892 Rn 135.

2. Abweichungen zwischen Einigung und Eintragung (Fallgruppen)
a) Eintragung eines anderen Rechts oder Berechtigten

34 Ein denkbarer Fall der Abweichung zwischen Einigung und Eintragung besteht darin, dass anstelle des Rechts, über das sich die Beteiligten im Sinne des § 873 BGB geeinigt haben, ein völlig **anderes dingliches Recht** eingetragen (**vollständige Inkongruenz** oder Divergenz, **Aliud-Eintragung**) wird, wobei es ohne Belang ist, ob eine entsprechende Bewilligung hierzu (in Abweichung von der materiellen Lage) bestand oder ob es auch an dieser mangelt. Dies liegt bspw. dann vor, wenn eine Grunddienstbarkeit gewollt war, allerdings eine beschränkte persönliche Dienstbarkeit oder eine Reallast eingetragen wurde. Dasselbe gilt, wenn Einigung über ein Dauerwohnrecht erfolgte, im Grundbuch aber ein Wohnungsrecht nach § 1093 BGB eingetragen wird oder die Einigung über ein Erbbaurecht erfolgt, jedoch ein Gebäudeerrichtungsrecht als beschränkte persönliche Dienstbarkeit im Grundbuch verlautbart wird.[93] **Rechtsfolge** dieser Diskrepanz ist stets, dass weder das eingetragene dingliche Recht entstanden ist (da die Einigung fehlt) noch das gewollte existiert (da die Eintragung fehlt); das **Grundbuch ist in vollem Umfang unrichtig**. Ob dem GBA zusätzlich ein Verfahrensverstoß vorzuwerfen ist (etwa, weil es zugleich an der entsprechenden Bewilligung fehlt), ist unerheblich.

35 **Gleiches gilt**, wenn zumindest in einem wesentlichen Punkt die Übereinstimmung zwischen Einigung und Eintragung nicht vorliegt, namentlich **hinsichtlich des Berechtigten** (A statt B, Vater statt des gleichnamigen Sohnes; jeweiliger Eigentümer des Grundstücks Nr. 1 in Blatt 1234 statt Nr. 1 in Blatt 1243, vgl. Rdn 13) oder des **belasteten Grundstücks** (Nr. 11 statt Nr. 1, vgl. Rdn 13) oder des betroffenen **beschränkten dinglichen Rechts** (Pfandrecht an Grundschuld Abt. III Nr. 2 statt Nr. 3).[94]

b) Minus-Eintragung

36 Die Eintragung kann ebenso hinter der gewollten Rechtsänderung zurückbleiben (**negative partielle Inkongruenz** oder Divergenz, sog. Minus-Eintragung), z.B. Einigung über Grundschuld zu 12.000 EUR, Eintragung jedoch nur über 10.000 EUR;[95] Einigung über Verkehrshypothek, aber nur Eintragung einer Sicherungshypothek;[96] Einigung über Nießbrauch an Grundstück Nr. 1 und 2, Eintragung nur an Nr. 1; Einigung über Buchgrundpfandrecht – lediglich Eintragung eines Briefrechts[97] (dabei kommt aber in Betracht, die nicht verwirklichte Vereinbarung über den Briefausschluss gem. § 1116 Abs. 2 BGB in eine Aushändigungsabrede nach § 1117 Abs. 2 BGB umzudeuten,[98] ansonsten erwirbt der Gläubiger das Recht erst mit Aushändigung des Briefs[99]); Einigung über ein unbedingtes und unbefristetes Recht – stattdessen Eintragung eines bedingten oder befristeten Rechts.

37 **Rechtsfolge** dieser Abweichungen ist stets, dass die mit einem zu geringen Inhalt eingetragene Rechtsänderung eingetreten ist, wenn anzunehmen ist, dass sich die Beteiligten auf jeden Fall auch hierüber einig waren und die teilweise Nichtigkeit nicht die Gesamtnichtig gem. § 139 BGB nach sich zieht. Für den darüber hinausgehenden Teil ist das Grundbuch jedoch nicht unrichtig, da die zur Entstehung dieses „Teiles" notwendige Eintragung noch aussteht und demnach das Recht bislang nicht entstanden ist.[100] Die entsprechende Eintragung ist noch nachzuholen,[101] sofern die jeweiligen formell-rechtlichen Voraussetzungen vorliegen (insbesondere Antrag und Bewilligung, die dem gewollten Umfang entsprechen), zudem dürfen Zwischeneintragungen nicht entgegenstehen;[102] bei der Eintragung eines oder weiterer Rechte ist die spätere Eintragung nur unter Wahrung seines bzw. ihres Rangs möglich.[103] Dies gilt auch für den Fall, dass mehrere Berechtigte **Gesamtgläubiger** sein sollten, aber nicht alle Berechtigten eingetragen wurden, da der bzw. die Eingetragenen jeweils alleine berechtigt sind, die ganze Leistung zu fordern (§ 428 S. 1 BGB).

---

93 Meikel/*Böttcher*, § 22 Rn 10; siehe ebenso Bauer/Schaub/*Schäfer*, § 22 Rn 51.
94 Meikel/*Böttcher*, § 22 Rn 11 f.; Bauer/Schaub/*Schäfer*, § 22 Rn 52.
95 Vgl. RGZ 108, 146, 149.
96 RGZ 123, 169, 171; Meikel/*Böttcher*, § 22 Rn 16; MüKo-BGB/*Lettmaier*, § 873 Rn 112.
97 Meikel/*Böttcher*, § 22 Rn 16.
98 Meikel/*Böttcher*, § 22 Rn 16; Staudinger/*Heinze*, BGB, § 873 Rn 207 f. m.w.N.
99 Vgl. Staudinger/*Wolfsteiner*, BGB, Einl. §§ 1113 ff. Rn 148 ff.
100 BayObLG DNotZ 1988, 167, 168; Meikel/*Böttcher*, § 22 Rn 16; Bauer/Schaub/*Schäfer*, § 22 Rn 54.
101 Meikel/*Böttcher*, § 22 Rn 16; Bauer/Schaub/*Schäfer*, § 22 Rn 54; Staudinger/*Heinze*, BGB § 873 Rn 196 f.
102 Staudinger/*Heinze*, BGB, § 873 Rn 196 f.
103 Z.B. ist bei Nachholung des Briefausschlusses der Rang nicht betroffen: vgl. Staudinger/*Wolfsteiner*, BGB, Einl. §§ 1113 ff. Rn 149.

c) Plus-Eintragung

38 Die Eintragung kann jedoch ebenso über den vereinbarten Rechtsinhalt hinausgehen (**positive partielle Inkongruenz** oder Divergenz, sog. Plus-Eintragung), z.B. Einigung über Grundschuld zu 10.000 EUR – aber Eintragung über 12.000 EUR; Einigung über Sicherungshypothek – jedoch Eintragung einer Verkehrshypothek; Einigung über Briefgrundpfandrecht – stattdessen Eintragung eines Buchrechts;[104] Einigung über Nießbrauch am Grundstück Nr. 1 – aber Eintragung an Nr. 1 und Nr. 2; Einigung über bedingtes oder befristetes Recht im Gegensatz zur Eintragung eines unbedingten Rechts.[105] Als **Rechtsfolge** ergibt sich hier, dass das Recht mit dem übereinstimmend gewollten Inhalt wirksam entstanden ist, bezüglich des darüber hinausgehenden Inhalts ist das Grundbuch wegen Fehlens einer Einigung dagegen unrichtig.[106] Ein Erwerb kraft öffentlichen Glaubens ist in diesen Fällen möglich, für bedingte und befristete Rechte ergibt sich das aus §§ 161 Abs. 3, 163 BGB.

d) Sukzessivberechtigung

39 Bei der Sukzessivberechtigung sind drei Gestaltungen zu unterscheiden (zur **Gesamtgläubigerschaft** siehe Rdn 37):

– Fehlt der erst in zweiter Linie Berechtigte, so liegt eine „Minus-Eintragung" vor (siehe dazu Rdn 36 f.). Kann die Berechtigung des Eingetragenen anders als durch dessen Tod enden und ist insoweit auflösend bedingt oder befristet, kann sich daraus ergeben, dass zugleich **zu viel** eingetragen wurde. Dies ist der Fall, wenn auch die Eintragung der Befristung oder Bedingung selbst fehlt, so dass das Grundbuch ebenfalls in dieser Weise unrichtig ist (in diesem Fall liegt eine „Plus-Eintragung vor, siehe Rdn 38).

– Ist *nur* der erst in zweiter Linie Berechtigte eingetragen ist, so handelt es sich um eine „Plus-Eintragung" (siehe Rdn 38), denn hinsichtlich dieses Berechtigten ist das Recht materiell aufschiebend bedingt,[107] so dass die Eintragung über die Einigung hinausgeht.

– Soll das Recht erst mehreren gemeinsam zustehen, später dann einem davon allein (insbesondere dem Überlebenden) und wird nur ein Berechtigter eingetragen, so ist zunächst anhand des gewünschten Beteiligungsverhältnisses der zu Beginn Berechtigten (Bruchteilsberechtigung, Gesamthandsberechtigung – zumeist als **nicht** rechtsfähige GbR – oder Gesamtgläubigerschaft) festzustellen, ob überhaupt ein Recht entstanden ist. Ist dies der Fall, so liegt ebenfalls eine „Minus-Eintragung" vor, die ebenso zu behandeln ist wie die fehlende Eintragung eines in zweiter Linie Berechtigten

e) Unvollständige Eintragung der Bruchteilsberechtigten

40 In Fällen der Divergenz bei unvollständiger Eintragung von Bruchteilsberechtigten (zur **Gesamtgläubigerschaft** siehe Rdn 37) muss zwischen Übertragung und Ersterwerb differenziert werden. **Beispiel:** A und B sollten Berechtigte zu je $1/2$ sein, aber A wurde als Alleinberechtigter eingetragen.

41 Geht es um die **Übertragung** eines Rechts, z.B. die Auflassung eines Grundstücks oder die Abtretung einer Grundschuld, so hat A Miteigentum zu $1/2$ erworben, der andere Anteil ist beim Veräußerer verblieben, da es für die eingetragene Übertragung an der erforderlichen Einigung fehlt, für die Übertragung, hinsichtlich der sich die Beteiligten geeinigt haben, mangelt es dagegen an der nötigen Eintragung.

42 Soll hingegen für A und B in Bruchteilsgemeinschaft ein Recht **begründet** werden (z.B. eine Grundschuld), so entscheidet vorrangig die Auslegung der Einigung, ob A das Recht auch hätte allein erwerben sollen und damit durch die Eintragung in der Konsequenz auch allein erworben hat. Lässt sich eine derartige Auslegung nicht ermitteln, kommt richtigerweise allerdings auch ein Verständnis derart, dass die eigentlich für B bestellte Position am Vollrecht des Bestellers verbleibt, nicht in Betracht. Insoweit fehlt es an der notwendigen Eintragung des weiteren Berechtigten, so dass das Recht auch nicht dem Eigentümer zustehen kann, da auch insoweit eine Eintragung erforderlich ist.

---

104 Staudinger/*Heinze*, BGB, § 873 Rn 207 m.w.N.
105 Siehe aber zum Nachweis der Einigung: BGH MittBayNot 2021, 239, 241 f.
106 BGH NJW 1990, 112, 114: Das Recht entsteht nur insoweit, als sich Einigung und Eintragung decken; Meikel/*Böttcher*, § 22 Rn 15; Bauer/Schaub/*Schäfer*, § 22 Rn 56; Staudinger/*Heinze*, BGB, § 873 Rn 192; offen gelassen: RGZ 106, 109, 113; siehe auch: BGH DNotZ 1966, 172, 173 = BeckRS 1965, 00154.
107 Meikel/*Böhringer*, § 47 Rn 303.

43 Zudem kann A keinen ½-Anteil an dem Recht erwerben, ohne dass es einen anderen ½-Anteil gibt, da eine Bruchteilsgemeinschaft nur entsteht, „wenn ein Recht (z.B. eine Forderung) [...] als gemeinschaftliches begründet wird".[108] An der gemeinschaftlichen Begründung des Rechts fehlt es jedoch gerade wegen der Nichteintragung des B oder eines sonstigen Berechtigten. Die Übertragung der Rechtsfigur des isolierten Miteigentumsanteils aus dem Wohnungseigentumsrecht,[109] ist nicht möglich, da es hierbei nicht um eine sachliche, sondern allenfalls um eine begriffliche Parallele geht, da es beim isolierten Miteigentumsanteil lediglich an der Zuordnung eines Sondereigentums fehlt, jedoch der Bruchteil am Eigentum am Grundstück tatsächlich begründet wird.

44 Zu einer wirksamen Begründung des Rechts kann man nur unter Zugrundelegung der „Theorie der Rechtsvervielfältigung"[110] gelangen. Hiernach wäre der eingetragene A infolge seiner Eintragung als einziger und vollständiger Berechtigter anzusehen. Gegen sie spricht aber, dass es dennoch nur ein Eigentumsrecht gibt, das lediglich in seiner Rechtszuständigkeit geteilt ist.[111] In der Konsequenz kann nur A, dem nach der Einigung nur ein Bruchteil an dem Recht zustehen sollte, nicht das gesamte Recht zugewiesen werden, da es insofern an der erforderlichen Einigung fehlt. Vor diesem Hintergrund ist es auch nicht zutreffend, davon auszugehen, dass A Alleininhaber des Rechts würde, da in der Konsequenz auch unklar bliebe, wie die noch notwendige Eintragung des B zu bewerkstelligen wäre, da insoweit die Bewilligung durch A nötig wäre und nicht erfolgen könnte, wenn sich A weigerte, weil das Recht insoweit auch A tatsächlich zusteht, so dass eine Berichtigung ausscheiden müsste.

45 Mithin kann in einer solchen Situation kein Recht entstehen, so dass das Grundbuch mithin unrichtig ist. Dies ist nicht nur dogmatisch zutreffend, sondern erleichtert der Praxis auch den Vollzug. Die unrichtige Eintragung ist insgesamt zu löschen und sodann das Recht korrekt mit allen Berechtigten unter einer neuen laufenden Nummer einzutragen. Es ist nicht ausreichend, lediglich die fehlenden Berechtigten in der Veränderungsspalte nachzutragen, da das Recht ursprünglich überhaupt nicht entstanden ist und es daher weder berichtigt noch verändert werden kann.

f) Unvollständige Eintragung einer Gesamthandsgemeinschaft

46 In Fällen einer unvollständigen Eintragung einer Gesamthandsgemeinschaft ist gleichermaßen ein Verbleib eines Anteils (zur Gesamtgläubigerschaft siehe schon Rdn 37) beim Veräußerer oder sonst vormals Berechtigten ausgeschlossen. Dies ergibt sich neben den Gründen, die gegen eine solche Konstruktion bei einer Bruchteilsgemeinschaft sprechen (hierzu) zusätzlich daraus, dass der Veräußerer andernfalls Mitglied der Gesamthandsgemeinschaft würde, was dem Willen der Parteien nicht entspricht. Dasselbe gilt auch für eine Annahme des Entstehens einer Bruchteilsgemeinschaft zwischen Verfügendem und Eingetragenem, so dass auch eine derartige Konstruktion ausscheiden muss, da schon keine solche Bruchteilsgemeinschaft gewollt ist, weil die Beteiligten explizit eine Gesamthand schaffen wollten. Die konkreten Folgen einer unzutreffenden Eintragung sind daher stets anhand der betroffenen Gesamthand zu betrachten.

47 Bei der **Gütergemeinschaft** ist bereits wegen § 1416 BGB die Eintragung nur eines Ehegatten **unschädlich**; vielmehr führt dessen Rechterwerb zum Erwerb beider Ehegatten, da die Zugehörigkeit zur Gütergemeinschaft zwingend ist und kraft Gesetzes eintritt, wenn ein Ehepartner den Gegenstand erwirbt. In diesem Fall ist lediglich das Grundbuch unrichtig, weil nicht beide Ehegatten in Gütergemeinschaft eingetragen sind. Der wirksame Rechtserwerb durch beide wird aber hierdurch nicht verhindert. Die korrekte Eintragung ist nachzuholen.

48 Für eine **rechtsfähige GbR** stellen sich ab dem 1.1.2024 ohnehin keine Probleme mehr, da dann nur noch die GbR selbst einzutragen ist, die Gesellschafter folglich nicht mehr im Grundbuch erscheinen. Für die Lage bis zum 1.1.2024 sind dagegen noch nach § 47 Abs. 2 GBO a.F. alle Gesellschafter einzutragen. Fehlt ein solcher, ist dies für den Rechtserwerb aber insoweit unschädlich, als eindeutig ist, dass die GbR selbst das Recht erwerben soll und diese auch im Grundbuch verlautbart wird. Ist die Kundgabe

---

108 MüKo-BGB/*Karsten Schmidt*, § 741 Rn 30.
109 Dazu BGHZ 109, 179, 184 f. = DNotZ 1990, 377; BGH Rpfleger 2005, 17; OLG Hamm MittRhNotK 1991, 12.
110 Dazu *Schnorr*, Die Gemeinschaft nach Bruchteilen (§§ 741–758 BGB), S. 75 ff.; siehe zudem *Madaus*, AcP 212, 251.
111 Dazu MüKo-BGB/*Karsten Schmidt*, § 741 Rn 2.

der sie bildenden Gesellschafter unzutreffend, liegt eine zu berichtigende Grundbuchunrichtigkeit vor, so dass die korrekten Gesellschafter nachzutragen sind. Den Eigentumserwerb durch die GbR hindert dies aber im Regelfall nicht. Etwas anderes gilt nur, wenn auch die GbR selbst nicht eindeutig bezeichnet ist und daher erst durch die Angabe der Gesellschafter hinreichend klar wird. Fehlt es insoweit an einer ausreichenden Eintragung, kann auch das Recht nicht erworben werden, so dass die fehlerhafte Eintragung zu löschen und die GbR vollständig neu einzutragen ist.

Grundsätzlich identische Erwägungen gelten auch für den Erwerb durch eine Erbengemeinschaft. Werden dort nicht sämtliche Erben als Mitberechtigte im Grundbuch eingetragen, so kommt es dennoch darauf an, ob aus der Eintragung eindeutig wird, dass die Erbengemeinschaft als solche das Recht erwerben soll. Ist dies der Fall, führt die Eintragung zum Rechtserwerb der Erbengemeinschaft, so dass lediglich eine Berichtigung hinsichtlich der korrekten Mitglieder der Erbengemeinschaft erforderlich ist. Wird dagegen der geplante Erwerb durch die Erbengemeinschaft selbst nicht hinreichend deutlich, so erlangt sie das jeweilige Recht infolge der Eintragung nicht. In diesem Fall ist eine Löschung der fehlerhaften Eintragung und die Neuverlautbarung der Erbengemeinschaft im Grundbuch erforderlich. Im Hinblick auf die Erbengemeinschaft ist zudem zu bedenken, dass diese nicht unter einem eigenständigen Namen im Grundbuch geführt wird, so dass im Hinblick auf die eindeutige Zuordenbarkeit grundsätzlich höhere Anforderungen zu stellen sind als bei einer GmbH.

II. Löschungen trotz fehlerhafter materieller Voraussetzungen

1. Allgemeines

Wird ein Recht im Grundbuch materiell zu Unrecht gelöscht (siehe Rdn 6), hat dies auf sein Fortbestehen keine Auswirkung. Es existiert vielmehr dennoch außerhalb des Grundbuchs weiter.[112]

Beispiele: Die Aufgabeerklärung (§ 875 Abs. 1 BGB) ist wegen Geschäftsunfähigkeit oder nach Anfechtung[113] nichtig oder dem Erklärenden fehlt die Verfügungsbefugnis (z.B. Insolvenzeröffnung); die Zustimmung des Grundstückseigentümers zur Aufhebung einer Hypothek (§ 1183 BGB) fehlt oder ist nicht wirksam;[114] die nach § 876 S. 2 BGB erforderliche Zustimmung des Drittberechtigten zur Löschung oder Inhaltsänderung eines subjektiv dinglichen Rechts fehlt oder ist nicht wirksam.[115] Ein **Erbbaurecht** erlischt zudem trotz § 10 Abs. 1 S. 1 ErbbauRG auch bei unberechtigter Löschung nicht dadurch, dass Dritte danach andere beschränkte dingliche Rechte an dem Grundstück nach § 892 Abs. 1 S. 1 BGB mit Rang vor dem Erbbaurecht erwerben.

2. „Abhanden gekommene" Löschungsbewilligung

Gibt der Grundschuldgläubiger zugunsten des Eigentümers eine Löschungsbewilligung ab, die er einem vom Eigentümer beauftragten Notar zu treuen Händen aushändigt, und **reicht** dieser **Notar die Löschungsbewilligung an den Eigentümer weiter**, so führt die Löschung des Rechts auch im Falle eines Verstoßes gegen Treuhandauflagen nicht zur Unrichtigkeit, denn der Gläubiger hat mit der Löschungsbewilligung zugleich seine regelmäßig **darin verkörperte** materiell-rechtliche Aufgabeerklärung[116] (siehe Rdn 143) willentlich in Richtung auf den Eigentümer in den Verkehr gebracht (§ 875 Abs. 1 S. 2 Alt. 2 BGB).[117] Die absprachewidrige Verwendung liegt daher im Risiko des Erklärenden, so dass die materiellen Voraussetzungen für die Löschung gegeben sind. Ein Gesetzesverstoß des GBA liegt in diesem Fall bei einer Löschung selbst dann nicht vor, wenn der Notar dem GBA zuvor angezeigt hat, dass die Löschungsbewilligung versehentlich an den Eigentümer übersandt worden sei, weil die Bewilligung mit der Übergabe an den Notar ebenso wirksam geworden ist wie die materiell-rechtliche Willenserklärung (vgl. § 19 GBO Rdn 120 ff.).[118]

---

112 BayObLG MittBayNot 1995, 42, 43; Staudinger/*Heinze*, BGB, § 875 Rn 69; Bauer/Schaub/*Schäfer*, § 22 Rn 61.
113 RGZ 88, 278, 286.
114 RGZ 73, 173, 174 f.
115 Staudinger/*Heinze*, BGB, § 876 Rn 46 m.w.N.; insoweit ist unerheblich, ob die korrespondierenden Bewilligungen dem Grundbuch nachzuweisen waren oder nicht (§ 21 GBO).
116 BGHZ 60, 46, 52 = NJW 1973, 323; Staudinger/*Heinze*, BGB, § 875 Rn 57 ff.; MüKo-BGB/*Lettmaier*, § 875 Rn 11.
117 OLG Brandenburg FGPrax 2003, 54 (allerdings etwas ungenau diesbezügl., dass nicht deutlich gemacht wird, dass es auf die materiell-rechtliche Erklärung ankommt).
118 OLG Brandenburg FGPrax 2003, 54.

52 Werden Bewilligung und Aufgabeerklärung indes nur gegenüber dem GBA abgegeben (§ 875 Abs. 1 S. 2 Alt. 1 BGB), so fehlt es **bei weisungswidriger Vorlage an das GBA** durch den Urkundsnotar an einer wirksamen Aufgabeerklärung, das Grundbuch wird durch die Löschung unrichtig.[119]

53 Der **Unterschied** zwischen beiden Fällen **liegt darin**, dass der Gläubiger, der seine (von einem anderen Notar öffentlich beglaubigte) Eintragungsbewilligung und die darin gleichfalls liegende Aufgabeerklärung einem vom Eigentümer beauftragten Notar zur Weiterleitung an den Eigentümer übergibt, mit dieser Handlung die Erklärung bereits in den Rechtsverkehr gebracht hat,[120] während eine solche Handlung im zweiten Fall fehlt und deshalb die notwendige Zurechnung nicht möglich ist: Insoweit tritt die Erklärung erst dann in den Verkehr, wenn sie beim GBA eintrifft, was aber erst durch die Handlung des Notars geschieht. Fehlt es dem Notar an einer ausreichenden Anweisung, kann die Weitergabe durch den Notar nicht mehr dem Erklärenden zugerechnet werden, da der Notar keine Person im Organisationsbereich des Erklärenden ist, so dass Letzterer dessen Handeln nicht zu vertreten hat.[121]

III. Eintragungen aufgrund Berichtigungsbewilligung oder Unrichtigkeitsnachweises

1. Berichtigungsbewilligung

54 Wird eine Eintragung aufgrund einer Berichtigungsbewilligung vorgenommen, so kann dadurch gleichwohl das Grundbuch (erstmalig) unrichtig werden oder bleiben (zur unrichtigen Beurteilung der Rechtslage durch das GBA siehe Rdn 30).

55 Dies ist zunächst dann der Fall, wenn das **Grundbuch richtig war** und erst durch die bewilligte Eintragung oder Löschung unrichtig wird. Ein solcher Zustand kann eintreten, weil bei der Grundbuchberichtigung aufgrund einer Berichtigungsbewilligung das GBA nicht zu prüfen hat, ob wirklich eine Unrichtigkeit bestanden hat; die Grundbuchunrichtigkeit muss lediglich schlüssig dargelegt werden (siehe Rdn 146).

Beispiel: B erlangt vom eingetragenen wahren Grundstückseigentümer A eine Berichtigungsbewilligung und stimmt seiner eigenen Eintragung nach Abs. 2 zu; wird B nun als Eigentümer eingetragen, ist das Grundbuch unrichtig, da weiterhin A Eigentümer ist. Für den Eigentumsübergang hätte es zunächst einer von A und B erklärten Auflassung (§§ 873 Abs. 1, 925 Abs. 1 BGB) bedurft. Die Berichtigungsbewilligung des A und die Zustimmung des B können zwar möglicherweise als Einigung über den Eigentumsübergang ausgelegt werden, aber das materiell-rechtlich Formerfordernis des § 925 Abs. 1 BGB (gleichzeitige Abgabe der Erklärungen vor der zuständigen Stelle) ist in einem solchen Fall typischerweise nicht gewahrt.[122]

Kennt das GBA den wahren Sachverhalt, darf es **nicht** aufgrund der unzutreffenden Berichtigungsbewilligung **eintragen** (Legalitätsprinzip, vgl. Rdn 158, siehe § 2 Einl. Rdn 34 ff.).[123] Es hat aber keine Nachforschungspflicht, so dass entsprechende Anhaltspunkte regelmäßig nicht bestehen werden.

56 **Beispiel:** Ähnlich ist die folgende Konstellation, bei der **trotz** Vorlage einer **Berichtigungsbewilligung** materiell ein Fall der **Rechtsänderung** vorliegt (vgl. Rdn 133). Dies ist beispielsweise gegeben, wenn B mit der Behauptung, er sei der richtige Berechtigte einer im Grundbuch für A eingetragenen Reallast, vom wahren Berechtigten A eine Bewilligung verlangt, wonach B als Reallastberechtigter im Wege der Berichtigung eingetragen werden soll. A erteilt die gewünschte Bewilligung. Hier war das Grundbuch vorher richtig und ist es auch nach der so bewilligten Eintragung, wenn A nicht nur die Eintragung des B bewilligt hat, sondern beide auch einig waren

---

119 KGJ 48, A 184, 187 f.; OLG Brandenburg FGPrax 2003, 54.
120 Vgl. MüKo-BGB/*Einsele*, § 130 Rn 13; Grüneberg/*Ellenberger*, BGB, § 130 Rn 4.
121 Siehe zu dieser Problematik auch: LG Gera MittBayNot 2002, 190 m. Anm. *Munzig*; eine Zurechnung auch in diesem Fall dürfte aber die Figur der Erklärungsfahrlässigkeit überspannen, vgl. MüKo-BGB/*Einsele*, § 130 Rn 14.

122 Teilweise wird inzwischen sogar die notarielle Beurkundung der Auflassung als materielles Wirksamkeitserfordernis der Auflassung angesehen: *Pajunk*, Die Beurkundung als materielles Formerfordernis der Auflassung, insb. Ergebnis auf S. 201; dazu: *Dümig*, ZfIR 2003, 583; a.A., jedoch nach wie vor h.M.: BGHZ 22, 312, 315 = NJW 1957, 459; BGH DNotZ 2016, 915, 917; OLG Rostock DNotZ 2007, 220; BeckRS 2014, 9147; vgl. auch: MüKo-BGB/*Ruhwinkel*, § 925 Rn 17 m.w.N.
123 BayObLGZ 1976, 190, 193 = Rpfleger 1976, 359.

(§ 873 Abs. 1 BGB, hier kein Formerfordernis), dass die Reallast auf B übergehen soll, soweit dies nicht nach § 1111 Abs. 2 BGB ausgeschlossen ist. Eine Berichtigungsbewilligung kann mithin eine Eintragung mit rechtsändernder Wirkung herbeiführen, wenn eine ausreichende Einigung über die Veränderung der materiellen Rechtslage besteht und somit die Bewilligung sich auf einen ausreichenden materiellen Grund stützen kann.[124] Die Falschbezeichnung als Berichtigungsbewilligung ist insoweit unschädlich, da es ausreicht, dass die Rechtsänderung bewilligt und dies eingetragen wird.

2. Unrichtigkeitsnachweis

Es kann zudem vorkommen, dass eine Berichtigung die bestehende **Unrichtigkeit nicht völlig beseitigt** hat, z.B. wenn das Grundbuch durch Eintragung der Erben berichtigt wird, aber ohne einen Vermerk darüber, dass der Erbanteil eines der Miterben verpfändet[125] oder gepfändet oder dass Nacherbfolge oder Testamentsvollstreckung angeordnet ist (§§ 51, 52 GBO; zur unrichtigen Beurteilung der Rechtslage durch das GBA siehe Rdn 30). In diesem Fall bleibt das Grundbuch trotz vorgenommener Korrektur weiter unrichtig, so dass eine erneute Berichtigung aufgrund entsprechender Bewilligung oder durch Nachweis der Unrichtigkeit in der Form des § 29 GBO erforderlich ist.

57

IV. Eintragungen aufgrund fehlerhafter Eintragungsunterlagen

Eintragungen können gleichermaßen wegen fehlerhafter Eintragungsunterlagen die Unrichtigkeit des Grundbuchs bewirken (zur unrichtigen Beurteilung der Rechtslage durch das GBA vgl. Rdn 30): Stimmt die dem GBA vorgelegte Ausfertigung oder beglaubigte Abschrift der Urkunde über die Einigung im Sinne des § 20 GBO nicht mit der Urschrift und damit nicht mit dem wahren Willen der Beteiligten überein, so kann das zur Grundbuchunrichtigkeit führen (siehe Rdn 34 ff.). Auch hinsichtlich einer Bewilligung kommt dies in Betracht, wenn die Eintragung nach § 874 BGB auf die bei den Grundakten befindliche, nicht mit der Urschrift übereinstimmende Bewilligung Bezug nimmt. Hier erfolgt die unrichtige Eintragung aufgrund eines Fehlers des Notars, nicht des GBA, was an der Fehlerhaftigkeit der Eintragung selbst aber nichts zu ändern vermag. Fehlerhafte Eintragungsunterlagen können ebenso dazu führen, dass eine bestehende Unrichtigkeit nicht (vollständig) beseitigt wird, z.B. die Eintragung des Erben im Wege der Grundbuchberichtigung aufgrund eines unrichtigen Erbscheins.

58

V. Altrechtliche Dienstbarkeiten

Eine Unrichtigkeit kann sich ebenfalls aus der unrichtigen Anlegung des Grundbuchs ergeben, namentlich wenn vor dem jeweiligen Zeitpunkt der Anlegung des Reichsgrundbuchs (Art. 187 Abs. 1 S. 1, 186 EGBGB) entstandene Rechte (zuvorderst Dienstbarkeiten) niemals in das Grundbuch eingetragen wurden. Nach Art. 187 Abs. 1 S. 1 EGBGB bedürfen diese Rechte zur Erhaltung ihrer Wirksamkeit gegenüber dem öffentlichen Glauben des Grundbuchs grundsätzlich nicht der Eintragung.[126] Ihre Nichteintragung bewirkt mithin grundsätzlich nicht, dass sie nach § 892 Abs. 1 S. 1 BGB erlöschen oder einen Rangverlust erleiden.[127] Obgleich mithin ein Verlust des Rechts durch einen gutgläubigen Erwerb nicht droht, erkennt die h.M. an,[128] dass eine bestehende altrechtliche Dienstbarkeit im Verfahren nach Abs. 1 S. 1 eingetragen, das Grundbuch auf diese Weise also berichtigt werden kann. Insoweit ergibt sich ein Widerspruch zur Grundannahme, dass § 22 GBO nur Anwendung findet, soweit ein Anspruch nach § 894 BGB besteht (vgl. Rdn 9). Dieser Widerspruch lässt sich nur mit einer entsprechenden Anwendung des § 894 BGB in derartigen Konstellationen beseitigen, die darauf beruht, dass andernfalls kaum überbrückbare praktische Probleme bestünden, das Recht auch gegen Rechtsnachfolger im Eigentum durchzusetzen, so dass in diesen Fällen, obgleich das Recht nicht gutgläubig erlöschen kann, ebenfalls ein Anspruch auf Berichtigung

59

---

124 Vgl. Meikel/*Böttcher*, § 22 Rn 104.
125 RGZ 90, 232, 235 ff.
126 Das Landesrecht kann insoweit aber Gegenteiliges bestimmen (Art. 187 Abs. 2 EGBGB), vgl. hierzu: Staudinger/*Hönle*/*Hönle*, Art. 187 EGBGB Rn 8 ff.
127 Dieses Privileg findet jedoch keine Anwendung mehr, wenn das Recht einmal eingetragen war, aber zu Unrecht gelöscht wurde, siehe BGHZ 104, 139 = Rpfleger 1988, 353 = DNotZ 1989, 146.
128 OLG Jena Rpfleger 2000, 210 = OLG-NL 2000, 135; OLG Zweibrücken Rpfleger 2002, 304; Rpfleger 2003, 645, 646 = IBRRS 2003, 2492; BayObLGZ 2003, 278, 279 = Rpfleger 2004, 156; Meikel/*Böttcher*, § 22 Rn 27 m.w.N.

gegen den Eigentümer besteht. Ein solcher Anspruch wird zusätzlich gestützt durch die Verlustmöglichkeit des § 8 GBBerG, die zwar keinen gutgläubigen Erwerb gestattet, allerdings eine Rechtsverlust anordnet, wenn eine Eintragung nicht erfolgt. Die Berichtigung im Grundbuch selbst erfordert den formgerechten Nachweis, dass die behaupteten Rechte mit einem bestimmten Inhalt zugunsten des betreffenden Grundstücks als private Rechte entstanden und nicht wieder erloschen sind.[129]

60 Ein Erlöschen der nicht eingetragenen altrechtlichen Dienstbarkeiten kann (abgesehen von den allgemeinen Grundsätzen) aus diversen Sondervorschriften resultieren: So erlischt ein solches Recht in Bayern nach Art. 57 Abs. 1, 56 Abs. 3 S. 1 BayAGBGB durch zehnjährige Nichtausübung,[130] wobei nach einer Ansicht das GBA ohne weiteren Nachweis vom Fristablauf (und damit Erlöschen des Rechts) ausgehen dürfen soll, soweit die von der Dienstbarkeit umfasste Nutzung infolge technischer und wirtschaftlicher Entwicklungen nicht mehr in Betracht kommt.[131] Desgleichen bestimmt **§ 8 Abs. 1 GBBerG** das Erlöschen bestimmter nicht eingetragener beschränkter dinglicher Rechte für den Fall, dass das Recht nicht bis zum Ablauf der dort bestimmten (durch § 13 SachenR-DV verlängerten) Frist vom Eigentümer anerkannt und zur Eintragung bewilligt oder gerichtlich geltend gemacht wurde.[132]

61 Der die Eintragung der altrechtlichen Dienstbarkeit begehrende Antragsteller hat im Rahmen des Abs. 1 S. 1 das Bestehen des einzutragenden Rechts nachzuweisen, wozu auch der Nachweis gehört, dass die Dienstbarkeit nicht erloschen ist,[133] außer Betracht bleiben können insoweit nur ganz entfernte Möglichkeiten.[134]

D. Nachträgliche Unrichtigkeit

62 Die nachträgliche Unrichtigkeit (auch als „Unvollständigkeit" bezeichnet) kann sowohl durch Vorgänge außerhalb des Grundbuchs eintreten, kann aber auch Folge einer Eintragung sein (z.B. im Fall des § 1026 BGB, siehe dazu Rdn 67, 137 ff.). Insoweit sind folgende Konstellationen zu unterscheiden:

I. Entstehung dinglicher Rechte ohne Eintragung

63 Beschränkte dingliche Rechte an einem Grundstück können aufgrund zivilrechtlicher Normen außerhalb des Grundbuchs entstehen, namentlich Sicherungshypotheken nach § 1287 S. 2 BGB oder § 848 Abs. 2 S. 2 ZPO sowie Dienstbarkeiten nach § 9 Abs. 1 GBBerG.[135] Gleichermaßen denkbar ist die Entstehung durch Verwaltungsakt, z.B. nach § 34 Abs. 1 S. 1 VermG, §§ 13 Abs. 1, 5 Abs. 1 BoSoG.[136] Auch dingliche Rechte an Grundstücksrechten können in gewissen Fällen ohne Eintragung entstehen, z.B. ein Pfandrecht an einem Briefgrundpfandrecht durch Verpfändung (§§ 1274 Abs. 1 S. 1, 1154 Abs. 1 S. 1 BGB) oder Pfändung (§§ 829, 830 Abs. 1 ZPO). Die Belastung eines Erbanteils oder Nacherbenrechts mit einem Nießbrauch oder Pfandrecht kann wegen des daraus folgenden Mitwirkungserfordernisses bei Verfügungen der Erbengemeinschaft in das Grundbuch eingetragen werden, ist aber auch ohne die entsprechende Eintragung materiell wirksam.[137]

64 Die früher als zulässig angesehene Eintragung der Bestellung eines **Nießbrauchs oder Pfandrechts am Geschäftsanteil einer BGB-Gesellschaft** kommt nicht mehr in Betracht, weil Berechtigte am Grundstück stets die Gesellschaft selbst ist und beide Belastungen keine Auswirkungen auf die Vertretungsbefugnis der Gesellschafter haben.[138] An dieser Lage ändern auch die Regelungen des MoPeG nichts, so dass derartige Eintragungen weiterhin unzulässig sind.

---

129 OLG München NJOZ 2017, 909 für altrechtliche Wasserrechte.
130 OLG München NZM 2014, 607 m.w.N. (auch zum Begriff der Ausübung und zur Fristberechnung); vgl. auch: OLG München MittBayNot 2014, 47 und MittBayNot 2014, 54 m. Anm. *Zeiser*.
131 BayObLGZ 2003, 278, 280 f. = Rpfleger 2004, 156 (Eiskeller).
132 Hierzu eingehend: *Böhringer*, NJ 2010, 146; Eickmann/*Böhringer*, § 8 GBBerG Rn 1 ff.; *Salzig*, NotBZ 2006, 247.
133 BayObLGZ 1989, 203; OLG München NZM 2014, 607; *Demharter*, § 22 Rn 21.
134 BGH FGPrax 2023, 145, 146; BayObLGZ 1988, 102, 107; OLG Karlsruhe Rpfleger 2002, 304 = IBRRS 2002, 1720; *Demharter*, § 22 Rn 21.
135 Vgl. *Böhringer*, Rpfleger 2002, 186; *Böhringer*, BWNotZ 2007, 1; *Böhringer*, Rpfleger 2011, 409.
136 Dazu: BGHZ 157, 144 = Rpfleger 2004, 211 = IBRRS 43454.
137 RGZ 83, 434, 436 ff.; 90, 232; Bauer/Schaub/*Schäfer*, § 22 Rn 70.
138 BGH FGPrax 2016, 241; *Demharter*, Anh. Zu § 13 Rn 33.3 m.w.N., auch zur Rechtslage vor Anerkennung der Rechtsfähigkeit der Außen-GbR.

II. Übergang dinglicher Rechte

Rechte an Grundstücken können auch ohne Eintragung auf einen anderen übergehen. Zu nennen sind bspw. die Erbfolge und andere Gesamtrechtsnachfolgen (z.B. nach §§ 20 Abs. 1 Nr. 1, 131 Abs. 1 Nr. 1 S. 1 UmwG – anders bei formwechselnden Umwandlungen, siehe dazu Rdn 16; § 10 Abs. 1 Nr. 1 SpTrUG), die Erbteilsübertragung und das Ausscheiden von Miterben im Wege der Abschichtung[139] (wobei sich bei der Erbteilsübertragung an einen Miterben und bei der Abschichtung genau genommen nur die dingliche Berechtigung des oder der Miterben „erhöht"; zur Form des Unrichtigkeitsnachweises vgl. Rdn 136) sowie Übergänge durch Verwaltungsakte (z.B. § 2 VZOG, § 34 Abs. 1 S. 1, Abs. 2 S. 1 Fall 2 VermG).[140] Des Weiteren können Rechte kraft Gesetzes übergehen, z.B. nach § 2 Abs. 2 S. 1 BImAG. Zu den Fällen des Eigentumsübergangs außerhalb des Grundbuchs siehe § 20 GBO Rdn 17 ff., zu jenen des Übergangs von Briefgrundpfandrechten vgl. § 26 GBO Rdn 8 ff. und wegen Veränderungen im Gesellschafterbestand einer GbR siehe § 47 GBO Rdn 36 ff., 44 ff.

65

III. Erlöschen dinglicher Rechte

Dingliche Rechte können zudem außerhalb des Grundbuchs, d.h. ohne Löschung (Eintragung eines Löschungsvermerks im Grundbuch) erlöschen, z.B. in folgenden Fällen:

66

1. Nach § 1026 BGB kann durch **Teilung des belasteten Grundstücks** eine Grunddienstbarkeit oder eine beschränkte persönliche Dienstbarkeit (§ 1090 Abs. 2 BGB) erlöschen (vgl. Rdn 137 ff.).[141] Wird das **herrschende Grundstück** einer Grunddienstbarkeit **geteilt** und ist das Recht nur für eines der neuen Grundstücke von Vorteil, so erlischt das Recht nach § 1025 S. 2 BGB im Übrigen; ist das Recht für zwei oder mehrere der neuen Grundstücke vorteilhaft, so bleibt es zugunsten jedes dieser Grundstücke bestehen. Auch die **dauernde Unmöglichkeit der Ausübung** oder der **Wegfall des Vorteils** für die Benutzung des herrschenden Grundstücks (§ 1019 BGB) können zum Erlöschen einer Grunddienstbarkeit führen[142] (z.B. durch Stilllegung und „Entwidmung" [Freistellung nach § 23 AEG] der Bahnstrecke bei einer Dienstbarkeit auf Freihalten eines Bahnübergangs von Sichtbehinderungen;[143] nicht aber, wenn beim alleinigen Recht zum Betrieb einer Gaststätte in bestimmten Räumen das Gebäude abbrennt, da die Dienstbarkeit auch das Verbot des Betriebs einer weiteren Gaststätte enthält[144]).

67

2. Auch eine beschränkte persönliche Dienstbarkeit erlischt, wenn ihre Ausübung aus tatsächlichen oder rechtlichen Gründen dauerhaft unmöglich wird; anstelle des hier nicht einschlägigen Erlöschensgrundes des fehlenden Vorteils (da § 1090 Abs. 2 BGB den § 1019 BGB gerade nicht für entsprechend anwendbar erklärt) ist § 1091 BGB zu beachten.[145] Ein in der Person des Berechtigten liegendes praktisches Ausübungshindernis führt aber nicht generell zum Erlöschen des Wohnungsrechts, selbst wenn das Hindernis auf Dauer besteht.[146]

3. Ein Erlöschen der Dienstbarkeit kann sich auch aus der **Verjährung des Abwehranspruchs** gegen Störungen ergeben (§ 1028 Abs. 1 S. 2 BGB).[147] Ein Vorgehen nach Abs. 1 S. 1 würde hier aber voraussetzen, dass der Antragsteller formgerecht (§ 29 Abs. 1 S. 2 GBO) nachweist, dass eine begonnene Verjährung nicht durch Handlungen der Berechtigten unterbrochen oder gehemmt wurde.[148] Dass dieser Nachweis in aller Regel nicht möglich sein wird, rechtfertigt gleichwohl nicht die Absenkung

---

139 Vgl. BGHZ 138, 8; BGH Rpfleger 2005, 140 = NJW 2005, 284; LG Köln Rpfleger 2004, 95 = NJW 2003, 2993; *Spanke*, NotBZ 2004, 76; *Wesser/Saalfrank*, NJW 2003, 2937.
140 Dazu auch, jew. m. zahlr. Beisp.: Meikel/*Böttcher*, § 22 Rn 30 ff.; *Demharter*, § 22 Rn 15; Bauer/Schaub/*Schäfer*, § 22 Rn 82 f.
141 BGH NJW 1984, 2157; BayObLGZ 1971, 1; BayObLG Rpfleger 1987, 451 = NJW-RR 1987, 1101; Grüneberg/*Herrler*, BGB, § 1026 Rn 2.
142 BGH NJW 1984, 2157, 2158; DNotZ 1989, 562, 563 = Rpfleger 1989, 16; Meikel/*Böttcher*, § 22 Rn 62; Bauer/Schaub/*Schäfer*, § 22 Rn 147.
143 Ungenau und inzw. Veraltet: OLG Köln Rpfleger 1980, 389 = OLGZ 1981, 16, wonach schon die Stilllegung der Strecke „durch die DB" (vgl. aber § 11 AEG) und deren parzellenweise Veräußerung an Dritte genügen soll.
144 BGH Rpfleger 1980, 13 = NJW 1980, 179.
145 Staudinger/*Reymann*, BGB, § 1091 Rn 2.
146 BGH Rpfleger 2007, 308 = ZfIR 2007, 635 m. Anm. *Dümig* = BeckRS 2007, 03808.
147 KG Rpfleger 2013, 81 = IBRRS 2012, 4231 (zum Fall altrechtlicher Bebauungsbeschränkungen).
148 KG Rpfleger 2013, 81; OLG Hamburg FGPrax 1996, 211.

der Nachweisanforderungen, solange die Löschung aufgrund einer – ggf. im Klageweg zu beschaffenden – Bewilligung des eingetragenen Berechtigten erfolgen kann.[149]

4. Das Erlöschen einer im Grundbuch eingetragenen **altrechtlichen Dienstbarkeit** (zu den nicht eingetragenen Rechten siehe Rdn 59) kann sich, abgesehen von den anwendbaren allgemeinen Vorschriften (Art. 184 S. 2 EGBGB, §§ 1020–1028 BGB), auch daraus ergeben, dass diese historisch überholt ist.[150]

5. Mit dem **Tod des Berechtigten** erlischt ein Nießbrauch oder eine beschränkte persönliche Dienstbarkeit (§§ 1061, 1090 Abs. 2 BGB).

6. Wird nach Eintragung einer **Arresthypothek** die Zustellungsfrist des § 929 Abs. 3 S. 2 ZPO versäumt, so erlischt das zunächst entstandene Recht.[151]

7. Mit Eintritt einer **auflösenden Bedingung** oder eines **Endtermins** erlischt ein derart ausgestaltetes Recht (vgl. § 24 GBO Rdn 5 f.).

8. Ein **Vorkaufsrecht** nur für den ersten Verkaufsfall (regelmäßige Ausgestaltung nach § 1097 BGB) erlischt, wenn das Eigentum am Grundstück auf einen Dritten übergeht, ohne dass dies auf einem Verkauf beruhte.[152] Liegt kein Umgehungsgeschäft vor, lebt es auch dann nicht wieder auf, wenn der Dritte das Grundstück dem Eigentümer zurückübereignet.[153] Das Vorkaufsrecht erlischt ferner durch Nichtausübung (ggf. Fristversäumnis[154]) oder durch Eigentumserwerb der Gemeinde in der Folge der Ausübung ihres vorrangigen gesetzlichen Vorkaufsrechts, § 28 Abs. 2 S. 5 BauGB.[155]

9. Eine Zwangssicherungshypothek (§§ 866 Abs. 1 Alt. 1, 867 ZPO) erlischt mit der Eröffnung des Insolvenzverfahrens über das Vermögen des Eigentümers, wenn sie der Rückschlagsperre nach § 88 InsO unterliegt (zum Nachweis dieser Voraussetzungen siehe Rdn 136).[156]

IV. Sonstige Änderungen hinsichtlich dinglicher Rechte

68 Durch eine Gesetzesänderung kann sich der Inhalt eines Grundstücksrechts ändern (zum Übergang siehe Rdn 65), z.B. Änderung der Zinsbedingungen für Hypotheken gem. § 3 der VO vom 22.12.1938[157] oder Währungsumstellung von RM-Rechten[158] bzw. Rechten in Mark der DDR[159] – nicht hingegen die Euroumstellung, da hier keine Inhaltsänderung, sondern nur eine (nach § 26a Abs. 1 S. 2 GBMaßnG von Amts wegen richtigzustellende) Änderung der Bezeichnung erfolgte[160] (siehe auch Rdn 24). Durch einen bloßen Wandel in der Rechtsanschauung erlischt ein einmal wirksam begründetes dingliches Recht nicht.[161] Dabei ist allerdings zu beachten, dass das Recht tatsächlich wirksam begründet sein muss. Daran fehlt es, wenn sich aufgrund einer späteren Änderung der Rechtsprechung ergibt, dass die Bestellung von Anfang an nicht wirksam erfolgte, da es dabei nicht um das Erlöschen, sondern um das Entstehen geht. Ein Fischereirecht kann durch tatsächliche Veränderungen eines Flussverlaufs inhaltlich modifiziert werden.[162] Zu Fragen der Änderungen der Grundstücksgrenzen im Allgemeinen siehe Rdn 13, zum Erlöschen von Verfügungsbeschränkungen vgl. Rdn 112 f.

---

149 OLG München NotBZ 2012, 227 = RNotZ 2012, 506, 509 (zur Löschung einer Vormerkung); KG Rpfleger 2013, 81 = IBRRS 2012, 4231.
150 BGH IBRRS 2009, 2008 (im Falle eines aus der Ablösung von Fronen im Jahre 1813 resultierenden Holzbezugsrechts der vormaligen Grundherren); vgl. auch: *Volmer*, NotBZ 2002, 437.
151 BayObLG Rpfleger 1993, 397.
152 OLG Stuttgart Rpfleger 1997, 473 = BWNotZ 1997, 125 m. Anm. *Schwenke* = DNotZ 1998, 305, 307 m. Anm. *Zeiß*; OLG Zweibrücken Rpfleger 1999, 532 = NJW-RR 2000, 94; Grüneberg/*Herrler*, BGB, § 1097 Rn 2, 3; anders bei einer Erbauseinandersetzung: Hier liegt, da der erwerbende Miterbe kein Dritter im Sinne des § 463 BGB ist, noch kein Vorkaufsfall vor, das Recht bleibt deshalb unberührt bestehen: BGH Rpfleger 2005, 135 = ZfIR 2005, 106, 107.
153 MüKo-BGB/*Westermann*, § 1097 Rn 5.
154 Staudinger/*Schermaier*, BGB, § 1097 Rn 16; MüKo-BGB/*Westermann*, § 1097 Rn 5.
155 Siehe zum Verhältnis zu einem vormerkungsgesicherten Rückforderungsrecht: DNotI-Report 2015, 137.
156 BGHZ 166, 74, 78; 194, 60 = NZI 2012, 753 m. Anm. *Keller*.
157 RGBl I 1938, 1905.
158 BGHZ 16, 101, 102 f. = NJW 1955, 342; BayObLGZ 1952, 306, 312 = DNotZ 1953, 131, 134.
159 Vgl. Art. 10 Abs. 5 des Vertrages über die Schaffung einer Währungs-, Wirtschafts- und Sozialunion zwischen der Bundesrepublik Deutschland und der Deutschen Demokratischen Republik; *Demharter*, § 28 Rn 19.
160 *Bestelmeyer*, Rpfleger 1999, 368; *Böhringer*, BWNotZ 2003, 97, 98; *Demharter*, § 28 Rn 23 m.w.N.
161 BayObLGZ 1986, 89, 95; OLG Nürnberg BeckRS 2017, 150523.
162 OLG Oldenburg AgrarR 1981, 109; eingehend dazu: *Bengel/Simmerding*, § 22 Rn 92 ff.

Wird über die **Berechtigung** an einem dinglichen Recht ein Rechtsstreit rechtshängig, so kann nach allgemeiner Ansicht ein Vermerk in das Grundbuch eingetragen werden, der den Rechtsverkehr auf die Streitbefangenheit des Rechts (§ 325 Abs. 1 ZPO) hinweist (sog. **Rechtshängigkeitsvermerk**, siehe auch § 2 Einl. Rdn 112, § 1 Einl. Rdn 90).[163] Insoweit ist umstritten, auf welcher Grundlage die Eintragung erfolgen kann, wobei nach der zutreffenden nunmehrigen Auffassung des BGH die Eintragung nur aufgrund einer Bewilligung des Betroffenen oder aufgrund einer gegen ihn ergangenen einstweiligen Verfügung möglich ist,[164] während zuvor überwiegend die entsprechende Anwendung des Abs. 1[165] oder gar die Richtigstellung von Amts wegen[166] für zulässig gehalten wurden.

69

Dass der Unrichtigkeitsnachweis im Sinne des § 22 GBO, d.h. der bloße Nachweis des Eintritts der Rechtshängigkeit, nicht genügen kann, zeigt sich schon daran, dass das Grundbuch ohne diese Eintragung nicht falsch ist. Die Rechtshängigkeit für sich genommen verändert die materielle Rechtslage nicht. Hat das Recht nie bestanden oder besteht es zumindest zum jetzigen Zeitpunkt nicht mehr, ist das Grundbuch unabhängig von der Rechtshängigkeit fehlerhaft und daher zu berichtigen. Stimmt das Grundbuch mit der materiellen Lage überein, ergibt sich kein Grund für eine Berichtigung. Faktisch entspricht der Rechtshängigkeitsvermerk zudem einem Widerspruch, er wirkt faktisch wie eine Verfügungssperre, da kaum ein Erwerber bereit sein wird, sich auf das Risiko einzulassen.[167] Die Lage erweist sich daher praktisch nicht abweichend zu einem Widerspruch, der ebenfalls nur aufgrund Bewilligung oder einstweiliger Verfügung eingetragen werden darf.[168]

70

E. Unrichtigkeit eingetragener „verdinglichter" Regelungen
I. Schuldverhältnisse im Grundstücksrecht

Im Immobiliarsachenrecht existieren Schuldverhältnisse, die mit dinglichen Rechten verknüpft sind oder werden können (siehe auch § 1 Einl. Rdn 70).[169] Bei diesen Rechten müssen die dinglichen und die „verdinglichten" Rechtsbeziehungen – wegen ihrer unterschiedlichen Wirkungen – rechtlich jeweils gesondert betrachtet werden.

71

Deshalb ist zu unterscheiden zwischen:

1. **dem sachenrechtlichen Inhalt** der jeweiligen Rechte, der entsprechend der absoluten Natur dinglicher Rechte „dingliche Wirkung für und gegen alle" hat (siehe § 1 Einl. Rdn 70, § 4 Einl. Rdn 10, § 3 Einl. Rdn 27 ff.),
2. **den ihrem Wesen nach schuldrechtlichen Regelungen**, die mit dem dinglichen Recht verknüpft sind oder werden können, z.B. durch Eintragung als „Inhalt des Sondereigentums" (§ 10 Abs. 2 WEG), „Inhalt des Erbbaurechts" (§ 2 ErbbauRG), „Inhalt des Dauerwohnrechts" (§ 33 Abs. 4 WEG), „Belastung des Miteigentumsanteils" (§ 1010 Abs. 1 BGB) oder „Inhalt der Dienstbarkeit" (z.B. § 1021 BGB),[170] und die gegenüber einem Sondernachfolger gelten, also sog. **„verdinglichte"** Wirkungen erhalten (siehe § 4 Einl. Rdn 23, § 3 Einl. Rdn 103, § 3 Einl. Rdn 176),[171] sowie
3. **den Verfügungsbeschränkungen der §§ 12, 35 WEG, § 5 ErbbauRG**, die durch Eintragung als „Inhalt des Sondereigentums" (Dauerwohnrechts oder Erbbaurechts) das gegen sie verstoßende Rechtsgeschäft zunächst schwebend unwirksam und nach Zustimmungsverweigerung endgültig absolut unwirksam machen.[172]

Soweit die Beteiligten weitergehende Vereinbarungen treffen, die nicht Gegenstand des dinglichen Rechts und auch nicht Inhalt des verdinglichten Begleitschuldverhältnisses sein können,[173] wirken diese

72

---

163 Vgl. auch: *Rahn*, BWNotZ 1960, 61.
164 BGH NJW 2013, 2357; OLG Nürnberg Rpfleger 2012, 521 = FGPrax 2012, 105.
165 OLG Stuttgart Rpfleger 1997, 15 = BeckRS 1996, 08952; BayObLG Rpfleger 2003, 122 = IBRRS 2003, 0727; NJW-RR 2004, 1461; *Mai*, BWNotZ 2003, 108, 110; *Singbartl/Zintl*, MDR 2014, 1240, 1241 alle m.w.N.
166 So nach wie vor: BeckOK GBO/*Holzer*, § 22 Rn 34.
167 BGH NJW 2013, 2357; OLG Nürnberg Rpfleger 2012, 521 = FGPrax 2012, 105; OLG Köln Rpfleger 2012, 522.
168 Im Ergebnis wie hier auch OLG Stuttgart Rpfleger 1997, 15 = BeckRS 1996, 08952; BayObLG Rpfleger 2004, 691 = IBRRS 2004, 2512; *Böhringer*, Rpfleger 2005, 225, 230; *Demharter*, Anh. zu § 13 Rn 34.
169 Siehe umfassend *Ulshöfer*, Das sogenannte gesetzliche Begleitschuldverhältnis, 2015.
170 Vgl. *Amann*, DNotZ 1989, 531, 541 ff.
171 *Weitnauer*, DNotZ 1990, 385.
172 BGHZ 33, 76, 85 = NJW 1960, 2093.
173 Siehe nur exemplarisch zum Wohungsrecht: BeckOGK BGB/*Kazele*, § 1093 Rn 204 ff.

Abreden lediglich inter partes und binden in der Konsequenz für sich genommen ausschließlich die ursprünglichen Parteien. Sollen Sonderrechtsnachfolger auf einer oder beiden Seiten ebenfalls an diese Regelungen gebunden werden, so ist es erforderlich, dass diese die entsprechenden Verpflichtungen übernehmen oder ihnen die maßgeblichen Rechte abgetreten werden, sie also in die schuldrechtlichen Verpflichtungen eintreten. Unterbleibt dies, entfalten die rein schuldrechtlich wirkenden Rechte keine Bedeutung für die Sonderrechtsnachfolger. Werden solche rein schuldrechtlich wirkenden Vereinbarungen in das Grundbuch eingetragen, so ändert dies an der bestehenden ausschließlich zwischen den Parteien wirkenden Lage nichts. Erfolgt die Übernahme ins Grundbuch allein dadurch, dass Bezug auf die Eintragungsbewilligung, in der eine entsprechende Regelung enthalten ist, genommen wird, so ist das Grundbuch hierdurch nicht unrichtig, da die Bezugnahme nach § 874 BGB nur zur näheren Ausgestaltung des Rechts erfolgt und daher, soweit in der maßgeblichen Urkunde auch Regelungen enthalten sind, die nicht dinglicher Inhalt sein können, hierdurch das Recht nicht ausgestaltet werden kann. Die Bezugnahme geht damit insoweit schlicht ins Leere; nach Auffassung des BGH soll aber von Amts wegen ein entsprechender Klarstellungsvermerk in das Grundbuch aufzunehmen sein.[174] Erfolgt dagegen eine ausdrückliche Eintragung einer nicht dem dinglichen Inhalt des Rechts entsprechenden Regelung in das Grundbuch, liegt insoweit eine unzulässige Eintragung nach § 53 GBO (vgl. § 53 GBO Rdn 4) vor, so dass eine Löschung von Amts wegen zu erfolgen hat.

73 **Bei Hypotheken** können schuldrechtliche Verpflichtungen des Grundstückseigentümers gegenüber dem Hypothekengläubiger mittelbar als Kündigungsgrund „Inhalt der Hypothek" werden.[175] Sie dürfen aber nach Auffassung des BGH nicht unmittelbar in das Grundbuch eingetragen werden.[176]

II. Wirkungen der „verdinglichten" Regelungen

74 „Verdinglichte" Regelungen werden durch Eintragung im Grundbuch nicht zu dinglichen Rechten.[177] Die sich daraus ergebenden Auswirkungen sind zum Teil noch ungeklärt oder umstritten (vgl. § 3 Einl. Rdn 176 ff.).[178] Zur Unterscheidung zwischen dem sachenrechtlichen Inhalt eines Rechts und dem verdinglichten Begleitschuldverhältnis gelangt man anhand der Abweichung vom gesetzlichen Regeltypus: Die essentiellen Regelungen bilden den dinglichen Rechtsinhalt, weitere Bestimmungen können allenfalls Bestimmungen des verdinglichten Begleitschuldverhältnisses sein (jeweils vgl. Rdn 71).

III. Voraussetzungen der Eintragung

75 Für die Eintragung gelten die sachen- und verfahrensrechtlichen Vorschriften insgesamt entsprechend, erforderlich sind mithin Einigung und Eintragung. Die Eintragung erfolgt aufgrund einer Bewilligung (gemeinsam mit dem Recht, auf das sich das Begleitschuldverhältnis bezieht).[179] Gleiches gilt für die zukunftsbezogenen Veränderungen.[180] Typischerweise kann eine isolierte Übertragung nicht erfolgen, die Berechtigung ist vielmehr mit der Stellung als Eigentümer oder Rechtsinhaber verknüpft. Sollte ausnahmsweise eine getrennte Übertragung zulässig sein, so erfolgt sie nach schuldrechtlichen Normen.[181]

IV. Die Frage der Unrichtigkeit

76 Soweit eine erfolgte Eintragung hinsichtlich verdinglichter schuldrechtlicher Vereinbarungen unrichtig erfolgt, ist eine Berichtigung nach § 22 GBO möglich.[182] eine entsprechende Anwendung der Norm ist schon deshalb geboten, da zwar das Schuldverhältnis für sich genommen einem gutgläubigen Erwerb nicht unterliegt und daher § 894 BGB keine Anwendung findet,[183] allerdings im Hinblick auf die Verdinglichung der schuldrechtlichen Rechte die Gefahr des Verlusts durch eine Übertragung gleichwohl gegeben ist. Infolgedessen besteht eine vergleichbare Situation, so dass eine Berichtigung nach § 22 GBO zuzulassen ist.

---

174 BGH FGPrax 2015, 5.
175 BGHZ 21, 34 = DNotZ 1956, 544 = Rpfleger 1956, 231.
176 BGHZ 21, 34 = DNotZ 1956, 544 = Rpfleger 1956, 231.
177 BayObLGZ 1974, 396 = Rpfleger 1975, 22, 23.
178 Dazu: *Amann*, DNotZ 1989, 531, 534 ff., 558 ff.; *Ertl*, DNotZ 1988, 4, 17 ff.; Bauer/Schaub/*Schäfer*, § 22 Rn 44 ff.

179 *Amann*, DNotZ 1989, 531, 558 f.
180 *Amann*, DNotZ 1989, 531, 559 f., 562.
181 *Amann*, DNotZ 1989, 531, 550 ff., 560.
182 Meikel/*Böttcher*, § 22 Rn 7; Bauer/Schaub/*Schäfer*, § 22 Rn 46.
183 So auch Meikel/*Böttcher*, § 22 Rn 7.

F. Unrichtigkeit des Grundbuchs bei Vormerkungen

I. § 894 BGB und die Vormerkung

Die Vormerkung ist zwar kein dingliches Recht, jedoch kann ihre Eintragung ebenso Rechtswirkungen gegenüber Dritten entfalten (siehe § 6 Einl. Rdn 3, 9). Das Grundbuch ist daher auch dann im Sinne des § 894 BGB unrichtig, wenn es bezüglich einer Vormerkung (§ 883 BGB) mit der wirklichen Rechtslage nicht in Einklang steht.[184] Der Grund der Unrichtigkeit kann darin liegen, dass eine materiell-rechtliche Voraussetzung der Vormerkung von Anfang an fehlt oder nachträglich wegfällt (siehe § 6 Einl. Rdn 10 ff.). Demzufolge ist anerkannt, dass Abs. 1 auch in diesen Fällen anzuwenden ist.[185] Ein Widerspruch kann in einem solchen Fall aber richtigerweise nur eingetragen werden, wenn sich überhaupt ein Erwerb kraft öffentlichen Glaubens anschließen kann,[186] insbesondere der zu sichernde Anspruch besteht (siehe § 6 Einl. Rdn 13, § 6 Einl. Rdn 65).[187]

77

II. Unrichtigkeit und Unzulässigkeit der Eintragung

Die Vormerkung ist eine inhaltlich unzulässige Eintragung im Sinne des § 53 Abs. 1 S. 2 GBO (vgl. § 2 Einl. Rdn 120, § 53 GBO Rdn 40 ff.), wenn sich aus dem Inhalt des Eintragungsvermerks oder der zulässigerweise nach § 874 BGB in Bezug genommenen Bewilligung oder einstweiligen Verfügung ergibt, dass sie für einen nicht vormerkungsfähigen Anspruch[188] oder für einen künftigen, aber mangels der erforderlichen gesicherten Rechtsgrundlage nicht vormerkbaren Anspruch[189] bestellt ist oder wenn dem Eintragungsvermerk ein wesentliches Erfordernis fehlt (vgl. § 6 Einl. Rdn 37). In derartigen Fällen ist nicht nach Abs. 1 S. 1 vorzugehen, vielmehr ist das Grundbuch durch eine Amtslöschung nach § 53 Abs. 1 S. 2 GBO richtigzustellen. Ergibt sich erst durch außerhalb des Grundbuchs liegende Umstände die Unzulässigkeit der Eintragung (kein Fall des § 53 Abs. 1 S. 2 GBO[190]), so liegt wiederum ein Fall des Abs. 1 S. 1 vor (vgl. § 53 GBO Rdn 40 f.).[191] Hier ist auch an den Fall zu denken, dass der Berechtigte der Vormerkung nicht existiert (siehe Rdn 121 ff.).

78

III. Unrichtigkeit wegen Fehlens oder Fortfalls der Entstehungsvoraussetzungen (§ 885 Abs. 1 S. 1 BGB)

1. Aufgrund einstweiliger Verfügung eingetragene Vormerkung

Die aufgrund einer einstweiligen Verfügung eingetragene Vormerkung (§ 885 Abs. 1 S. 1 Alt. 1 BGB) erlischt schon dann, wenn die einstweilige Verfügung durch eine vollstreckbare Entscheidung aufgehoben wird (siehe § 25 GBO Rdn 20 ff.).[192] Für die Löschung der Vormerkung gilt dann § 25 S. 1 GBO (siehe § 25 GBO Rdn 1, 3; zum erneuten Erlass der einstweiligen Verfügung durch das Berufungsgericht vgl. § 25 GBO Rdn 24). Im Fall der Antragsrücknahme erlischt die einstweilige Verfügung entsprechend § 269 Abs. 3 S. 1 Hs. 2 ZPO und ist aufgrund eines Beschlusses entsprechend § 269 Abs. 4 ZPO zu löschen;[193] ein formgemäßer Nachweis für eine Löschung nach Abs. 1 S. 1 ist hier nicht möglich (siehe § 25 GBO Rdn 21).

79

---

184 RGZ 163, 62, 63; BGHZ 143, 175, 179 = BWNotZ 2000, 64; BGH Rpfleger 1997, 76, 77 = BeckRS 9998, 55493; Meikel/*Böttcher*, § 22 Rn 5; Staudinger/*Picker*, BGB, § 894 Rn 42, 53 ff.
185 BGH DNotZ 2009, 434 m. Anm. *Kesseler*; OLG Hamm FGPrax 2010, 226 = ZEV 2010, 594; *Böhringer*, Rpfleger 2007, 178, 184; Bauer/Schaub/*Schäfer*, § 22 Rn 42.
186 Siehe zum sog. gutgläubigen Zweiterwerb: BGH MittBayNot 2023, 354.
187 BGHZ 25, 16, 23 f. = Rpfleger 1958, 310 = NJW 1957, 1229; KG OLGZ 1978, 122 = NJW 1977, 1694; OLG Schleswig FGPrax 2004, 264, 265.
188 RGZ 145, 343, 355; KG JFG 1, 429, 430.
189 *Ertl*, Rpfleger 1977, 354; zur Vormerkungsfähigkeit künftiger Ansprüche eingehender: Staudinger/*Kesseler*, BGB, § 883 Rn 205 ff.
190 RGZ 88, 83, 86 ff.; 113, 223, 229; Meikel/*Schneider*, § 53 Rn 135.
191 Vgl. RGZ 88, 83, 89 für Grundpfandrechte.
192 RGZ 81, 288, 290; BGHZ 39, 21, 23 = NJW 1963, 813; OLG Celle NdsRpfl 1989, 225; MüKo-BGB/*Lettmaier*, § 885 Rn 12; Staudinger/*Picker*, BGB, § 894 Rn 41.
193 BayObLGZ 1978, 15, 16; 2004, 118, 122 = Rpfleger 2004, 563, 564; OLG Frankfurt Rpfleger 1996, 21, 22 = NJW-RR 1995, 1298; *Demharter*, § 25 Rn 3.

80 Eine Versäumung der Vollziehungsfrist nach § 929 Abs. 2, 3 ZPO führt zur Nichtigkeit der Vormerkung.[194] Gleiches gilt für ein Ersuchen gem. § 941 ZPO.[195] Maßgebend für die Wahrung der Antragsfrist des § 929 Abs. 2 ZPO bei Eintragung einer Arresthypothek ist dabei der Eingang beim Amtsgericht.[196] Nicht erforderlich ist hingegen, dass auch die Vorlage beim Präsentatsbeamten nach § 13 Abs. 3 S. 1 Alt. 2 GBO innerhalb dieser Frist erfolgt, da jene Norm nur die funktionelle Empfangszuständigkeit des GBA im Verfahren der freiwilligen Gerichtsbarkeit regelt, während sich die sachliche Zuständigkeit des Amtsgerichts im Vollstreckungsverfahren allein aus § 1 Abs. 1 S. 1 GBO herleitet.[197] Diese zutreffende, zwischen dem für § 17 GBO maßgebenden Eingang beim GBA und dem für die zwangsvollstreckungsrechtlichen Fristen maßgeblichen Eingang beim Amtsgericht differenzierende Ansicht ist auch auf die Eintragung einer Vormerkung ohne weiteres anwendbar. Die Löschung einer wegen Fristversäumnisses unwirksamen Vormerkung erfolgt nach § 22 Abs. 1 S. 1 GBO (oder nach § 19 GBO); § 25 S. 1 GBO ist nicht einschlägig (siehe § 25 GBO Rdn 36).

2. Aufgrund Bewilligung eingetragene Vormerkung

81 Fehlt die nach § 885 Abs. 1 S. 1 Alt. 2 BGB erforderliche Bewilligung des Berechtigten oder entfällt sie (insbesondere rückwirkend infolge Anfechtung), so entsteht nach heute kaum noch bestrittener Auffassung keine Vormerkung.[198] Nach einer verbreiteten Ansicht soll auf die Bestellung einer Vormerkung § 1850 Nr. 1 BGB Anwendung finden,[199] so dass eine ohne Genehmigung eingetragene Vormerkung zur Grundbuchunrichtigkeit führt. In solchen Fällen wird eine Grundbuchunrichtigkeit allerdings regelmäßig auch deshalb bestehen, weil das Genehmigungserfordernis des § 1850 Nr. 5 BGB (ebenfalls) nicht gewahrt ist und deshalb (noch) kein durch die Vormerkung zu sichernder Anspruch besteht.

82 Eine Vormerkung kann kraft öffentlichen Glaubens aufgrund einer Bewilligung des Buchberechtigten mit der Folge erworben werden, dass dieser Erwerb auch den späteren Erwerb des dinglichen Rechts deckt und damit insbesondere eine spätere Kenntniserlangung oder Widerspruchseintragung unschädlich ist.[200] Entsprechendes gilt für den Fall, dass der zu Unrecht Bewilligende durch einen unrichtigen Erbschein (bzw. ein unrichtiges europäisches Nachlasszeugnis, vgl. Art. 69 EuErbVO) gem. § 2366 BGB legitimiert wird.[201] Umstritten ist indes, ob eine Vormerkung kraft öffentlichen Glaubens durch Abtretung des gesicherten Anspruchs erworben und das Grundbuch dadurch wieder richtig werden kann (sog. Zweiterwerb der Vormerkung).[202]

3. Aufgrund fingierter Bewilligung eingetragene Vormerkung

83 Eine aufgrund der Bewilligungsfiktion des **§ 895 S. 1 ZPO** eingetragene Vormerkung erlischt unmittelbar mit der Aufhebung der Entscheidung, § 895 S. 2 ZPO (siehe § 25 GBO Rdn 9). Für die Löschung gilt anstelle des Abs. 1 S. 1 die speziellere – wenn auch im Ergebnis inhaltsgleiche – Regelung des § 25 S. 2 GBO. Eine nach **§ 34 Abs. 1 S. 8 VermG** eingetragene Vormerkung erlischt analog § 895 S. 2 ZPO, wenn die zugrunde liegende Entscheidung aufgehoben wurde (siehe § 25 GBO Rdn 18 f.).

IV. Unrichtigkeit mangels eines Anspruchs

84 Wenn der gesicherte **Anspruch** – und damit auch die akzessorische Vormerkung – **nicht oder nicht mehr besteht**, ist das Grundbuch unrichtig.[203] Dies gilt trotz des Umstandes, dass in diesem Fall ein gut-

---

194 RGZ 81, 288, 290; 151, 155, 156, *Furtner*, DNotZ 1959, 304, 305 f.; MüKo-BGB/*Lettmaier*, § 885 Rn 10; Staudinger/*Picker*, BGB, § 894 Rn 42 m.w.N.; siehe auch: BGH Rpfleger 1999, 485 = NJW 1999, 3494.

195 Vgl. *Demharter*, Rpfleger 1998, 133, 136.

196 BGHZ 146, 361, 363 ff. = IBRRS 2002, 0460 = Rpfleger 2001, 294 m. Anm. *Alff*; zust.: *Hintzen*, RpflStud 2001, 125 f.; krit.: *Demharter*, FGPrax 2001, 94.

197 BGHZ 146, 361, 363 ff. = IBRRS 2002, 0460 = Rpfleger 2001, 294, m.w.N., auch zur zuvor mehrheitlich vertretenen Gegenansicht.

198 MüKo-BGB/*Lettmaier*, § 885 Rn 14 m.w.N.; a.A. *Trupp*, JR 1990, 184, 185 f. (die Einräumung einer Vormerkung sei gar kein materiell-rechtlicher Akt).

199 OLG Frankfurt Rpfleger 1997, 255 = FGPrax 1997, 84; MüKo-BGB/*Kroll-Ludwigs*, § 1821 Rn 28 (noch zu § 1821 Abs. 1 Nr. 1 BGB a.F.); ebenso BeckOK BGB/*Kadelbach*, § 1850 Rn 6 a.A. MüKo-BGB/*Lettmaier*, § 885 Rn 24.

200 Eingehend: Staudinger/*Picker*, BGB, § 892 Rn 187, 192, 215 m.w.N

201 BGHZ 57, 341, 343 f. = DNotZ 1972, 365, 366 = NJW 1972, 434.

202 Staudinger/*Picker*, BGB, § 892 Rn 57 ff. m.w.N.

203 BGHZ 143, 175, 179 = Rpfleger 2000, 153; BGH NJW 1981, 447, 448; MittBayNot 2023, 354; BayObLG DNotZ 1996, 30, 31 = Rpfleger 1995, 406; OLG Zweibrücken Rpfleger 2005, 597 = FGPrax 2005, 244; statt vieler: Staudinger/*Picker*, BGB, § 892 Rn 58 m.w.N.

gläubiger Zweiterwerb nicht möglich ist, da die scheinbare Belastung mit dem Recht dennoch eine erhebliche faktische Beeinträchtigung bewirkt, so dass eine entsprechende Anwendung der Norm geboten ist.

Als **Beispiele** sind hier zu nennen: Nichtigkeit des Anspruchs, z.B. wegen Anfechtung des Grundgeschäfts; unanfechtbar gewordene Versagung der zum Grundgeschäft erforderlichen behördlichen Genehmigung;[204] Erlöschen des Anspruchs durch Aufhebung,[205] Rücktritt vom Vertrag oder infolge Konfusion.[206] Dasselbe gilt bei Erfüllung, bspw. weil die Auflassung vollzogen und damit der Eigentumsverschaffungsanspruch erfüllt ist;[207] bei Eintritt der auflösenden oder dem Ausfall einer aufschiebenden Bedingung[208] oder Eintritt des sicheren, zukünftigen Ereignisses bzw. Zeitablaufs[209] bei einer Befristung (siehe § 6 Einl. Rdn 23); ebenso bei einer endgültigen Verweigerung der Zustimmung zur vorgemerkten Belastung.[210]

Eine Löschung der Vormerkung kommt aber nicht in Betracht, wenn die auf Feststellung der Wirksamkeit eines Kaufvertrags gerichtete Klage lediglich als „derzeit unbegründet" abgewiesen wird,[211] da in diesem Fall der Anspruch noch entstehen kann und somit die Vormerkung nur derzeit keinen Anspruch sichert, sie sich aber auf einen künftigen Anspruch nach § 883 Abs. 1 S. 2 BGB bezieht. Die Löschung im Wege der Berichtigung nach § 22 Abs. 1 GBO ist nur möglich, wenn in einer jeden Zweifel ausschließenden Weise und in der Form des § 29 Abs. 1 GBO (regelmäßig liegt ein Fall des S. 2 vor) nachgewiesen wird, dass das Bestehen oder Entstehen des zu sichernden Anspruchs ausgeschlossen ist.[212]

Eine **dauernde Einrede** gegen den gesicherten Anspruch bewirkt ebenfalls für sich genommen keine Unrichtigkeit des Grundbuchs (durch Erlöschen der Vormerkung), vielmehr kann derjenige, dessen Grundstück oder Recht von der Vormerkung betroffen wird, nach § 886 BGB die Aufhebung der Vormerkung verlangen (siehe Rdn 10).[213] Insoweit besteht der Anspruch weiterhin, da er lediglich nicht durchsetzbar ist, so dass die Vormerkung nicht von selbst entfällt.

V. Rechtsgeschäftliche Änderungen des Anspruchs

Wird der gesicherte Anspruch durch Rechtsgeschäft erweitert, so bedarf es der Eintragung einer neuen Vormerkung,[214] wobei es hier genügt, wenn im Grundbuch der Eintragungsvermerk der alten (nun unrichtigen) Vormerkung durch Bezugnahme auf die neue Bewilligung ergänzt wird.[215] Hieran ändert auch die Rspr. des BGH zur „Wiederaufladung"[216] und Erweiterung[217] der Vormerkung nichts, da die gänzliche Entbehrlichkeit einer neuen Eintragung jeweils die Kongruenz von Anspruch, Bewilligung und Eintragung voraussetzt.[218] Hieran fehlt es aber notwendigerweise, wenn der Anspruch gegenüber dem eingetragenen Stand erweitert wird. Eine Einschränkung des Anspruchs führt dagegen zu einer automatischen Anpassung der Vormerkung selbst, so dass das Grundbuch unrichtig wird. Dies kann durch einen entsprechenden Nachweis im Grundbuch verlautbart werden.[219]

---

204 BayObLGZ 1959, 223, 225 = DNotZ 1959, 543; KG Rpfleger 1992, 243, 244 (§ 2 GVO); allg. auch: BezG Dresden DtZ 1992, 153 m.w.N.; BeckOK GBO/*Holzer*, § 22 Rn 63.
205 BGHZ 143, 175, 179, 181 = Rpfleger 2000, 153 m. Anm. *Streuer*; BayObLG DNotZ 1989, 363.
206 BGH NJW 1981, 447, 448; krit.: *Wacke*, NJW 1981, 1577, 1578 ff.
207 KG DNotZ 1958, 255, 256 f.; BayObLG DNotZ 1976, 160 = Rpfleger 1975, 395; *Ripfel*, Rpfleger 1962, 200, 201.
208 OLG München NJOZ 2018, 972: Ist eine Vormerkung zur Sicherung eines bedingten Auflassungsanspruchs in das Grundbuch eingetragen, so ist der Nachweis der Unrichtigkeit geführt, wenn feststeht, dass die Bedingung nicht bereits eingetreten ist und die Bedingung auch nicht mehr eintreten kann; OLG Zweibrücken FGPrax 2005, 244, 245 = Rpfleger 2005, 597.
209 OLG Frankfurt a.M. NJOZ 2017, 1082, 1083.
210 LG Bochum Rpfleger 1983, 272, 273.
211 BayObLG DNotZ 1996, 30, 31 f. = Rpfleger 1995, 406.

212 BayObLG Rpfleger 1997, 151, 152.
213 Staudinger/*Kesseler*, BGB, § 886 Rn 10; MüKo-BGB/*Lettmaier*, § 886 Rn 1.
214 BGH DNotZ 1959, 399 = BeckRS 1959, 31205905; *Demharter*, Anh. zu § 44 Rn 110; Staudinger/*Kesseler*, BGB, § 883 Rn 452; MüKo-BGB/*Lettmaier*, § 885 Rn 33; *Reymann*, MittBayNot 2013, 456, 458.
215 Staudinger/*Kesseler*, BGB, § 885 Rn 2; MüKo-BGB/*Kohler*, § 885 Rn 33; anders aber, wenn nur der Schuldgrund erweitert wird, etwa bei Erstreckung eines durch Vormerkung gesicherten Anspruchs auf Rückübertragung des Eigentums auf weitere Rücktrittsgründe, siehe BGH NJW 2008, 578; vgl. auch: *Böhringer*, BWNotZ 2013, 47.
216 BGHZ 143, 175, 182 f. = BWNotZ 2000, 64, = Rpfleger 2000, 153 m. abl. Anm. *Streuer*.
217 BGH NJW 2008, 578.
218 BGH NJW 2012, 2032; hierzu eingehend: *Reymann*, MittBayNot 2013, 456.
219 Vgl dazu Staudinger/*Kesseler*, BGB, § 883 Rn 452.

VI. Unrichtigkeit wegen Übergangs oder Belastung des Anspruchs

88 Das Grundbuch ist unrichtig bezüglich des Vormerkungsberechtigten, wenn der gesicherte Anspruch, z.B. durch Abtretung (§ 398 BGB), auf einen anderen übergegangen ist (§ 401 Abs. 1 BGB, siehe § 6 Einl. Rdn 12; zu einer analogen Anwendung des § 26 Abs. 2 GBO auf diesen Fall vgl. § 26 GBO Rdn 71 f.).[220] Geht der Anspruch auf den Verpflichteten über (Konfusion), so erlischt mit dem Anspruch auch die Vormerkung.[221] Die Vormerkung erlischt ebenfalls mit Abtretung des Anspruchs unter Ausschluss des Übergangs der Vormerkung.[222] Im Erbfall erlischt die Vormerkung hingegen nicht, sondern geht infolge ihrer Akzessorietät mit dem gesicherten Anspruch im Wege der Universalsukzession auf den Erben über; eine auf den Erblasser eingetragene Auflassungsvormerkung wird unrichtig und ist hinsichtlich der Person des Berechtigten zu berichtigen, wenn der Nachweis der Rechtsnachfolge geführt ist.[223]

89 Die Pfändung oder Verpfändung des durch die Vormerkung gesicherten Anspruchs bedarf zu ihrer Wirksamkeit nicht der Eintragung in das Grundbuch. Die durch die außerhalb des Grundbuchs bewirkte Unrichtigkeit kann deshalb im Verfahren nach Abs. 1 S. 1 behoben werden.

VII. Weitere Erlöschensgründe

90 Entsprechend § 418 Abs. 1 BGB erlischt eine Vormerkung im Fall der Schuldübernahme.[224] Dies ergibt sich schon daraus, dass die Vormerkung ebenfalls ein Sicherungsrecht für die Forderung darstellt und daher der Sicherungsgeber nicht weniger schutzwürdig ist.[225] Unabhängig davon erlischt die Vormerkung aber stets dann, wenn Schuldner und Eigentümer auseinanderfallen, so dass eine Schuldübernahme immer dann zum Erlöschen der Vormerkung führt, wenn das betroffene Grundstück nicht ebenfalls übernommen wird.[226] Erfolgt der Schuldnerwechsel nach § 415 BGB, gilt dies aber nicht, wenn der neue Schuldner zeitgleich mit der Übernahme der Verpflichtungen aus dem vormerkungsgesicherten Anspruch das Eigentum an dem von der Vormerkung betroffenen Grundstück erlangt.[227] In diesem Fall kann die Vormerkung übernommen werden und erlischt auch analog § 418 Abs. 1 S. 1 BGB nicht, weil der neue Schuldner, der zugleich auch Sicherungsgeber ist, durch seine Mitwirkung in das Fortbestehen der Vormerkung einwilligt.

91 Die Vormerkung erlischt zudem durch Ausschließungsbeschluss im Aufgebotsverfahren nach § 887 BGB. Die materielle Aufgabeerklärung (§ 875 BGB) allein bewirkt demgegenüber noch keine Unrichtigkeit, da sie allein auf die (rechtsgeschäftliche) Aufhebung der Vormerkung zielt, die zusätzlich die Löschung der Vormerkung im Grundbuch (als rechtsändernde Eintragung) erfordert. Allerdings wird man in der Aufgabeerklärung die Zustimmung zu etwaigen vormerkungswidrigen Verfügungen erblicken können.

92 Nach § 34 Abs. 1 S. 9 VermG erlischt eine nach § 34 Abs. 1 S. 8 VermG eingetragene Vormerkung, wenn der Rückübertragungsbescheid unanfechtbar geworden ist (siehe § 25 GBO Rdn 39).[228] Wenn das durch eine Rückauflassungsvormerkung gesicherte Rückübertragungsrecht ausdrücklich als nicht vererblich und höchstpersönlich vereinbart worden ist, ist es grundsätzlich mit dem Tod des Berechtigten untergegangen.[229] Soweit der Anspruch mithin hiernach erloschen ist, ist auch die Vormerkung ebenso erloschen und daher das Grundbuch insoweit unrichtig, so dass es nach § 22 Abs. 1 GBO berichtigt werden kann.

---

220 BayObLGZ 1962, 322, 325; 1971, 307, 310 = Rpfleger 1972, 16.
221 BGH NJW 1981, 447, 448; krit.: *Wacke*, NJW 1981, 1577, 1578 ff.
222 Staudinger/*Kesseler*, BGB, § 883 Rn 428; MüKo-BGB/*Lettmaier*, § 885 Rn 42.
223 OLG München ZErb 2017, 313, 314: Ein Erbschein kann nicht schon dann verlangt werden, wenn nur abstrakte Möglichkeiten bestehen, die das aus der öffentlichen Verfügung hervorgehende Erbrecht infrage stellen könnten.
224 MüKo-BGB/*Heinemeyer*, § 418 Rn 4; *Hoche*, NJW 1960, 462, 464.
225 Anders aber bspw. BeckOGK BGB/*Heinig*, § 418 Rn 13.
226 Insoweit zutreffend: BeckOGK BGB/*Heinig*, § 418 Rn 14.
227 BGH NJW 2014, 2431.
228 Bauer/Schaub/*Schäfer*, § 25 Rn 72.
229 OLG Köln BWNotZ 2017, 67, 68: Dies kann mittels Sterbeurkunde nachgewiesen werden.

VIII. Unrichtigkeit durch zu Unrecht erfolgte Löschung

Wird eine Vormerkung gelöscht, ohne dass die nach § 875 BGB notwendige materielle Aufgabeerklärung vorliegt, bleibt die Vormerkung außerhalb des Grundbuchs bestehen; das Grundbuch wird nach § 894 BGB unrichtig und berichtigungsbedürftig.[230] Denkbare Beispiele sind Löschungen, obwohl (insbesondere infolge eines Forderungsübergangs) ein Nichtberechtigter dies bewilligt hat, der Erklärende geschäftsunfähig oder nicht verfügungsbefugt war oder die Aufgabeerklärung unter einer Bedingung erklärt wurde und diese nicht eingetreten ist (z.B. die Aufgabe der Eigentumsvormerkung des Käufers ist unter der Bedingung gleichzeitiger Löschung aller Zwischenrechte erklärt, die Vormerkung wird allerdings trotz Bestehenbleibens von Zwischenrechten gelöscht[231]). Das Grundbuch muss in diesem Fall durch Wiedereintragung der Vormerkung möglichst mit altem Rang und Hinweis auf diesen Rang berichtigt werden (vgl. Rdn 6).[232]

93

Findet kraft öffentlichen Glaubens ein **vormerkungswidriger Erwerb** statt, so **erlischt die Vormerkung**,[233] sofern die Erfüllung des Anspruchs nach § 275 Abs. 1 Alt. 1 (ggf. auch Alt. 2) BGB vollständig ausgeschlossen ist, weil er überhaupt nicht mehr erfüllbar ist (z.B. infolge Übertragung des Eigentums an einen Dritten). Wird der Anspruch hingegen nur beeinträchtigt (z.B. wenn die Vormerkung einen Anspruch auf Einräumung eines beschränkten dinglichen Rechts sichert und nach ihrer unberechtigten Löschung ein Dritter nun kraft des öffentlichen Glaubens des Grundbuchs ein vorrangiges beschränktes dingliches Recht erwirbt), so ist nur teilweise Unmöglichkeit eingetreten, die Vormerkung also auch nur insoweit erloschen.[234]

94

IX. Wirksamkeitsvermerk

Wird eine Eintragung vorgenommen, welche dem durch die Vormerkung gesicherten Anspruch zuwiderläuft, so ist die Verfügung auch dem Vormerkungsberechtigten gegenüber wirksam, wenn er ihr zugestimmt hat. In diesem Fall ist nach inzwischen gefestigter Ansicht ein **Wirksamkeitsvermerk** in das Grundbuch einzutragen, der zum Ausdruck bringt, dass hier gerade **keine relative Unwirksamkeit** der Verfügung nach § 883 Abs. 2 BGB vorliegt (§ 1 Einl. Rdn 85, § 7 Einl. Rdn 80).[235] Die Zustimmung und der auf ihrer Grundlage eingetragene Wirksamkeitsvermerk stehen damit als zweite Variante neben der anerkannten Möglichkeit eines Rangrücktritts der Vormerkung,[236] um einem später bestellten Grundpfandrecht die Wirksamkeit zu sichern.[237] Der Wirksamkeitsvermerk ist entsprechend § 18 GBV bei der Vormerkung und dem betroffenen Recht einzutragen.[238]

95

Während die **Zweckmäßigkeit** der Eintragung eines solchen Wirksamkeitsvermerks unzweifelhaft ist, ist gleichwohl zu bedenken, dass auch eine vormerkungswidrige Verfügung keine Unrichtigkeit des Grundbuchs verursacht (siehe Rdn 10). In der Konsequenz führt daher auch die Nichteintragung eines Wirksamkeitsvermerks trotz Erteilung der Zustimmung zur Verfügung nicht zur Grundbuchunrichtigkeit:[239] Der BGH spricht seinerseits lediglich davon, dass der Wirksamkeitsvermerk ein Mittel sei, „die Publizitätswirkung des Grundbuchs (§§ 891 bis 893 BGB) zu fördern".[240] Die Nichteintragung des Wirksamkeitsvermerks ist daher für die Wirksamkeit der Verfügung unschädlich, soweit die Zustim-

96

---

230 BGHZ 60, 46, 51 = NJW 1973, 323; Staudinger/*Picker*, BGB, § 894 Rn 54 m.w.N.
231 BGHZ 60, 46, 52 f. = NJW 1973, 323, 325.
232 BayObLGZ 1961, 63, 70 = Rpfleger 1962, 406, 408.
233 BayObLGZ 1961, 63, 68 = Rpfleger 1962, 406, 407.
234 Vgl. BeckOGK BGB/*Assmann*, § 886 Rn 37, 38; Staudinger/*Kesseler*, BGB, § 886 Rn 30 ff.; MüKo-BGB/*Lettmaier*, § 886 Rn 9.
235 BGHZ 141, 169, 171 ff. = Rpfleger 1999, 383 = BWNotZ 2000, 123; OLG Düsseldorf Rpfleger 2000, 568 = FGPrax 2001, 35; OLG Köln JurBüro 2001, 376, 377 = BeckRS 2001, 10830; OLG Schleswig Rpfleger 2002, 226, 227 = IBRRS 2002, 1424; BayObLGZ 2003, 226 = Rpfleger 2004, 93; OLG Bremen Rpfleger 2005, 529 = WM 2005, 1241; *Böhringer*, Rpfleger 2005, 225, 231; *Demharter*, § 22 Rn 20; *Keller*, BWNotZ 1998, 25; ausf.: *Schultz*, RNotZ 2001, 541.
236 Zur materiellen Rangfähigkeit der Vormerkung vgl. RGZ 142, 331; OLG Bremen WM 2005, 1241; einen Kostenvorteil bietet der Wirksamkeitsvermerk jedenfalls seit Einführung des GNotKG nicht mehr, auch da die Eintragung einer Rangänderung der Vormerkung gebührenfrei ist, vgl. *Böhringer*, BWNotZ 2013, 67, 72.
237 OLG Bremen WM 2005, 1241; a.A. (kein Rangrücktritt möglich): *Schubert*, DNotZ 1999, 967, 974, 984.
238 BGHZ 141, 169, 173 = Rpfleger 1999, 383; BayObLG Rpfleger 1998, 375; OLG Düsseldorf Rpfleger 2000, 568, 569; *Demharter*, § 22 Rn 20.
239 BeckOK GBO/*Holzer*, § 22 Rn 36 m.w.N.; a.A. BayObLG MittBayNot 1997, 238, 239; OLG Düsseldorf Rpfleger 2000, 568, 569; *Demharter*, § 22 Rn 20.
240 BGHZ 141, 169, 172 = Rpfleger 1999, 383.

mung tatsächlich durch den Vormerkungsberechtigten erteilt wurde. Ein Zessionar kann sich wegen des durch die Vormerkung gesicherten Anspruchs nicht auf den Grundbuchstand berufen,[241] so dass ein gutgläubiger Erwerb einer entsprechend gesicherten Forderung nicht in Betracht kommt. Infolgedessen führt die unterlassene Eintragung eines Wirksamkeitsvermerks nicht zu einer Grundbuchunrichtigkeit nach § 22 GBO. Dennoch wendet die überwiegende Ansicht die Vorschrift entsprechend in diesen Fällen an,[242] was sich wiederum nur damit rechtfertigen lässt, dass andernfalls erhebliche praktische Wirksamkeitsdefizite für das im Rang nach der Vormerkung eingetragene Recht existieren, die somit beseitigt werden können, um hierdurch dem Zweck der Maßnahmen der vorsorgenden Rechtspflege, der Vermeidung von Streitigkeiten, zu entsprechen.

G. Unrichtigkeit des Grundbuchs bei Widersprüchen
I. Rechtsnatur des Widerspruchs und die Anwendbarkeit des § 894 BGB

97 Der Widerspruch sichert gem. § 899 Abs. 1 BGB den Grundbuchberichtigungsanspruch nach § 894 BGB. Er ist in seinem Bestand von diesem Anspruch abhängig, ebenso wie die Vormerkung von dem ihr zugrunde liegenden zu sichernden Anspruch auf eine Rechtsänderung.[243] Diese **Akzessorietät** ist der Hintergrund dafür, dass ein Widerspruch für einen anderen als den wahren Berechtigten keinen Erwerb nach § 892 Abs. 1 S. 1 BGB verhindern kann.[244]

98 Der Amtswiderspruch nach § 53 Abs. 1 S. 1 GBO steht in seiner Wirkung einem Widerspruch im Sinne des § 899 BGB gleich (siehe § 53 GBO Rdn 33), ist jedoch kein Widerspruch nach § 18 Abs. 2 GBO, denn zum einen setzt jener schon keine Grundbuchunrichtigkeit voraus (siehe § 18 GBO Rdn 105 ff.) und zum anderen kommt diesem eine andere Wirkung zu. Wegen § 18 Abs. 2 S. 2 GBO ist für die Anwendung des Abs. 1 ohnehin kein Raum, da eine etwaige Löschung von Amts wegen zu erfolgen hat, so dass ein Antrag weder erforderlich noch zulässig ist.

99 Ist ein Widerspruch zu Unrecht eingetragen, so ist das Grundbuch unrichtig im Sinne des § 894 BGB und damit auch im Sinne des Abs. 1,[245] denn der Widerspruch enthält eine den Inhaber des angegriffenen Rechts beeinträchtigende „Beschränkung". Insoweit besteht auch ein Bezug zur Möglichkeit des gutgläubigen Erwerbs, da der Widerspruch einen solchen zu verhindern in der Lage ist.

II. Inhaltliche Unzulässigkeit der Eintragung

100 Der Widerspruch ist nach § 53 Abs. 1 S. 2 GBO als inhaltlich unzulässig von Amts wegen zu löschen (siehe § 2 Einl. Rdn 128, § 53 GBO Rdn 35 f., 40 ff.), wenn sich aus dem Inhalt des Grundbuchs (Eintragungsvermerk oder in Bezug genommene Bewilligung) ohne Zuhilfenahme sonstiger Beweismittel ergibt, dass der Widerspruch seinen Zweck der Verhinderung eines Erwerbs kraft öffentlichen Glaubens (siehe § 6 Einl. Rdn 62) nicht erfüllen kann (zu Einzelfällen siehe § 6 Einl. Rdn 60); eine Grundbuchunrichtigkeit im Sinne des § 22 Abs. 1 GBO ist in diesem Fall hingegen nicht gegeben, da die Löschung schon von Amts wegen erfolgen muss. Die Eintragung ist gleichfalls inhaltlich unzulässig, wenn dem Eintragungsvermerk ein wesentliches Erfordernis fehlt, insbesondere die Person nicht genannt wird, zu deren Gunsten der Widerspruch gegen den Buchstand protestiert (vgl. § 53 GBO Rdn 30, 51).[246]

III. Unrichtigkeit wegen Fehlens oder Fortfalls der Entstehungsvoraussetzungen oder sonstiger Erlöschensgründe

101 Der eingetragene Widerspruch macht das Grundbuch unrichtig, wenn eine seiner materiellen Voraussetzungen fehlt oder wegfällt (siehe § 6 Einl. Rdn 65).[247] Neben dem Bestehen des akzessorischen An-

---

241 Staudinger/*Picker*, BGB, § 892 Rn 58 m.w.N.
242 A.A. BeckOK GBO/*Holzer*, § 22 Rn 36, der hier die Richtigstellung von Amts wegen anwenden will.
243 *Demharter*, § 22 Rn 10; Staudinger/*Picker*, BGB, § 899 Rn 88 ff.
244 Statt aller: Staudinger/*Picker*, BGB, § 892 Rn 132 m.w.N.; zur Rechtsnatur des Widerspruchs vgl. MüKo-BGB/*Schäfer*, § 899 Rn 20 m.w.N.
245 Staudinger/*Picker*, BGB, § 894 Rn 42; MüKo-BGB/*Schäfer*, § 894 Rn 18.
246 Meikel/*Böttcher*, § 22 Rn 6.
247 Staudinger/*Picker*, BGB, § 899 Rn 88 ff.

spruchs aus § 894 BGB (vgl. Rdn 97) ist eine wirksame Bewilligung oder einstweilige Verfügung zur Eintragung nötig (§ 899 Abs. 2 S. 1 BGB). Die einstweilige Verfügung erlischt insbesondere infolge einer Antragsrücknahme entsprechend § 269 Abs. 3 S. 1 Hs. 2 ZPO, der Widerspruch ist dann aufgrund eines Beschlusses entsprechend § 269 Abs. 4 ZPO zu löschen (siehe § 25 GBO Rdn 21);[248] ein formgemäßer Nachweis für eine Löschung nach Abs. 1 S. 1 ist hier nicht möglich.

Ferner führt eine Versäumung der Fristen nach § 929 Abs. 2, 3 ZPO zur Unzulässigkeit der Eintragung des Widerspruchs (siehe auch Rdn 80),[249] wobei für die Frist des § 929 Abs. 2 ZPO der Eingang beim Amtsgericht maßgebend ist (vgl. Rdn 80). Wird das Grundbuch z.B. nach § 185 Abs. 2 BGB richtig (wodurch der Anspruch nach § 894 BGB entfällt), stellt ein gegen diese nun richtige Eintragung protestierender Widerspruch eine Grundbuchunrichtigkeit dar.

Ein **Widerspruch nach § 34 Abs. 1 S. 8 VermG**, der für den vorherigen Berechtigten eingetragen wird, nachdem das Recht auf den Begünstigten eines für sofort vollziehbar erklärten Rückübertragungsbescheides umgeschrieben wurde, erlischt gem. § 34 Abs. 1 S. 9 VermG mit dem Eintritt der Unanfechtbarkeit jenes Bescheides (siehe § 25 GBO Rdn 39).[250]

IV. „Übergang des Widerspruchs"

Geht das Recht, zu dessen Schutze (d.h. für dessen Inhaber) der Widerspruch eingetragen ist, auf einen anderen über, so erwirbt er auch den Anspruch nach § 894 BGB und ist damit zugleich der Berechtigte des Widerspruchs (vgl. Rdn 97). Das Grundbuch ist dann auch hinsichtlich des Widerspruchs unrichtig (siehe § 6 Einl. Rdn 64, wie beim Übergang des durch eine Vormerkung gesicherten rechtsgeschäftlichen Anspruchs, siehe Rdn 88, § 6 Einl. Rdn 12). Solche Rechtsübergänge hat das GBA zwar zu beachten, wenn es den Widerspruch aufgrund Bewilligung des (noch) eingetragenen Widerspruchsberechtigten löschen soll, allerdings gilt § 891 BGB auch hier, so dass das GBA regelmäßig keine Nachweise fordern kann, dass ein Übergang nicht stattgefunden hat. Vielmehr müssen eindeutige Hinweise dafür bestehen, dass ein solcher Übergang erfolgt ist, um Nachforschungen des GBA zu erlauben.

1. Eintragungsbedürftige Rechtsübergänge

Das GBA kann jedoch in vielen Fällen aus dem Grundbuch selbst feststellen, ob der dem ursprünglichen Widerspruchsberechtigten zustehende Grundbuchberichtigungsanspruch nach § 894 BGB auf einen anderen übergegangen ist. Trifft dies zu, so muss das GBA die gleichwohl durch den nun nicht mehr Berechtigten bewilligte Löschung ablehnen; die Eintragung des neuen Widerspruchsberechtigten setzt einen diesbezüglichen Antrag voraus (§ 13 GBO). Der Unrichtigkeitsnachweis (siehe Rdn 114 ff.) ist bei einem eintragungsbedürftigen Rechtsübergang unmittelbar dem Grundbuch zu entnehmen.

Beispiel: Im Grundbuch ist ein Widerspruch für den Grundstückseigentümer A gegen die Grundschuld des X eingetragen. Mit Übertragung des Eigentums von A an B geht auch der Anspruch nach § 894 BGB und damit der Widerspruch auf B über; zur Bewilligung der Löschung des Widerspruchs ist daher nicht mehr A, sondern nur noch B berechtigt.

2. Nicht eintragungsbedürftige Rechtsübergänge

Der Übergang des Rechts, auf dem die Grundbuchunrichtigkeit beruht und das mithin Grundlage des Widerspruchs ist, kann ebenso außerhalb des Grundbuchs erfolgen.

Beispiel: X ist als Gläubiger einer nicht bestehenden Grundschuld eingetragen; der nachrangige Briefgrundschuldgläubiger A erwirkt die Eintragung eines Widerspruchs gegen das vermeintlich vorrangige Recht.[251] Tritt nun A die Grundschuld an B ab und übergibt er den Brief, so erwirbt B zugleich den Anspruch aus § 894 BGB und damit auch den Widerspruch. Für den Unrichtigkeitsnachweis kann der neue

---

248 BayObLGZ 1978, 15, 16; 2004, 118, 122 = Rpfleger 2004, 563, 564; OLG Frankfurt Rpfleger 1996, 21, 22 = NJW-RR 1995, 1298; *Demharter*, § 25 Rn 3.
249 *Böhringer*, Rpfleger 1995, 51, 58; Staudinger/*Picker*, BGB, § 899 Rn 90.
250 Bauer/Schaub/*Schäfer*, § 25 Rn 70, 72.
251 Auch dem Inhaber eines nachrangig beschränkten dinglichen Rechts steht der Anspruch nach § 894 BGB zu, siehe RGZ 73, 50, 52; 146, 355, 359; BGH NJW 1996, 3006, 3008; Staudinger/*Picker*, BGB, § 894 Rn 74.

Berechtigte die Beweiserleichterung des § 26 Abs. 1 GBO auch insoweit in Anspruch nehmen, als er seine Eintragung als neuer Begünstigter des Widerspruchs erreichen will.

V. Unberechtigte Löschung des Widerspruchs

107 Wird ein Widerspruch zu Unrecht gelöscht, so macht dies das Grundbuch nach verbreiteter Ansicht nicht unrichtig (siehe dazu auch § 25 GBO Rdn 34).[252] Folgt man dem, muss der Inhaber des Anspruchs nach § 894 BGB die erneute Eintragung eines Widerspruchs nach Maßgabe des § 899 Abs. 2 S. 1 BGB erwirken;[253] ein Nachweis der Fehlerhaftigkeit der Löschung oder deren Offenkundigkeit allein kann demgegenüber nicht zur Wiedereintragung führen. Der entgegenstehenden Rechtsprechung, die davon ausgeht, es könne ein Widerspruch gegen die Löschung eingetragen und daher eine Berichtigung der fehlerhaften Änderung des Grundbuchs herbeigeführt werden,[254] kann nicht gefolgt werden. § 892 Abs. 1 S. 1 BGB verlangt für die Sperrwirkung hinsichtlich des gutgläubigen Erwerbs die Eintragung des Widerspruchs. Ist er gelöscht, so fehlt es an der gesetzlichen Tatbestandsvoraussetzung, so dass es ohne Belang ist, ob die Löschung rechtmäßig erfolgt ist. Infolgedessen kann auch ein Widerspruch gegen die Löschung oder eine vermeintliche Berichtigung für die Vergangenheit einen gutgläubigen Erwerb nicht mehr verhindern.[255] Da der Widerspruch auch keine rechtliche Wirkung zeitigt, wenn er nicht im Grundbuch vermerkt ist, verliert er mithin durch die Löschung jede Relevanz, so dass das Grundbuch in der Konsequenz auch nicht unrichtig ist, selbst wenn die Löschung ohne ausreichenden Grund erfolgte.

H. Unrichtigkeit des Grundbuchs bei Verfügungsbeschränkungen

I. Voraussetzungen

108 Stimmt das Grundbuch bezüglich einer bestehenden Verfügungsbeschränkung mit der wirklichen Rechtslage nicht überein, ist es (schon wegen § 892 Abs. 1 S. 2 BGB) unrichtig, was § 894 Var. 3 BGB zusätzlich ausdrücklich bestimmt.[256] Das betrifft jedoch nicht alle eintragungsfähigen Verfügungsbeschränkungen, sondern nur solche, deren Nichteintragung einen Erwerb kraft öffentlichen Glaubens ermöglicht, also

1. alle relativen Beschränkungen nach §§ 135, 136 BGB (z.B. § 23 ZVG, §§ 829 Abs. 1 und 938 Abs. 2 ZPO),
2. Entziehungen der Verfügungsbefugnis durch Insolvenzeröffnung, Nachlassverwaltung oder Anordnung der Testamentsvollstreckung, die Beschränkungen der Verfügungsbefugnis des Vorerben (§§ 2113 ff. BGB, siehe § 6 Einl. Rdn 89) sowie
3. ausnahmsweise zulässige rechtsgeschäftliche Verfügungsbeschränkungen nach §§ 12,[257] 35 WEG und nach § 5 ErbbauRG,

nicht aber sonstige absolute Beschränkungen, selbst dann, wenn diese eintragungsfähig sind. Dasselbe gilt für die sonstigen Vermerke (siehe § 1 Einl. Rdn 86).[258]

II. Einzelfälle

109 Das Grundbuch ist unrichtig, wenn die Verfügungsbeschränkung **außerhalb des Grundbuchs entstanden**, aber nicht eingetragen ist, was bspw. bei einer Nacherbfolge (§§ 2100, 2113 f. BGB, siehe § 6 Einl. Rdn 91), insbesondere auch im Fall der Surrogation nach § 2111 Abs. 1 S. 1 Var. 3 BGB der Fall ist (z.B. wird bei Veräußerung eines der Nacherbfolge unterliegenden Nachlassgrundstücks auch eine Kaufgeldhypothek von der Verfügungsbeschränkung des § 2113 BGB erfasst[259]). Gleiches gilt für die Pfändung

---

252 Grüneberg/*Herrler*, BGB, § 894 Rn 3; Staudinger/*Picker*, BGB, § 899 Rn 94 m.w.N.
253 Grüneberg/*Herrler*, BGB, § 894 Rn 3.
254 KG HRR 1933 Nr. 1131 (unter ausdrücklicher Aufgabe der früheren Rspr.); HRR 1934 Nr. 1223; BayObLGZ 1978, 15 (inzident); BayObLG Rpfleger 1976, 420, 421 (Ls.); *Demharter*, § 22 Rn 10.
255 Anders ober offenbar KG HRR 1934 Nr. 1223.
256 Meikel/*Böttcher*, § 22 Rn 4, 29; Staudinger/*Picker*, BGB, § 894 Rn 45 ff.
257 OLG Saarbrücken BeckRS 2018, 18094.
258 Meikel/*Böttcher*, § 22 Rn 29.
259 KG OLGZ 40, 122, 125.

des Nacherbenanwartschaftsrechts;[260] ein wirksam bestelltes Pfandrecht am Erbanteil,[261] die Eröffnung des Insolvenzverfahrens oder ein relatives Veräußerungsverbot nach den §§ 135, 136 BGB[262] (siehe § 6 Einl. Rdn 92, 93), insbesondere die Anordnung der Zwangsversteigerung (§ 23 ZVG).

Zur Unrichtigkeit führt auch eine Eintragung einer Verfügungsbeschränkung, die jedoch **nie entstanden ist**, z.B. die Verlautbarung eines Nacherben- oder Testamentsvollstreckungsvermerks, obgleich die vermeintlich die Nacherbfolge bzw. Testamentsvollstreckung anordnende letztwillige Verfügung nichtig oder widerrufen ist. 110

Ebenfalls eine Unrichtigkeit des Grundbuchs bewirkt die Eintragung einer Verfügungsbeschränkung mit einem **falschem Inhalt**, z.B. eine Untersagung aufgrund einer einstweiligen Verfügung hinsichtlich jeder Verfügung über das betroffene Grundstück, wobei im Grundbuch nur ein „Belastungsverbot" verlautbart wird. 111

Ferner handelt es sich um eine Grundbuchunrichtigkeit, wenn die eingetragene Verfügungsbeschränkung bereits **außerhalb des Grundbuchs erloschen ist**, wie dies z.B. beim Tod des Testamentsvollstreckers oder der Niederlegung seines Amtes der Fall ist, wenn der Erblasser für diese Fälle keine Ersatzbestimmung getroffen hat.[263] In gleicher Weise ist der Fall zu behandeln, dass die Aufgaben des Testamentsvollstreckers bereits vollständig ausgeführt sind[264] oder der betreffende Grundbesitz durch ihn freigegeben wurde (§ 2217 BGB).[265] Kam es zu einer entgeltlichen Verfügung des befreiten Vorerben (siehe dazu Rdn 124),[266] ist das Grundbuch ebenso unrichtig wie bei einer Aufhebung der der Eintragung zugrunde liegenden einstweiligen Verfügung (vgl. § 25 GBO Rdn 20). Zur Löschung eines Verfügungsverbots nach dem Militärregierungsgesetz Nr. 52[267] bedarf es der Zustimmung des zuständigen Amtes für Wiedergutmachung, so dass eine Löschung ohne diese Zustimmung ebenfalls eine Grundbuchunrichtigkeit bewirkt.[268] Rechtsgeschäftlich bestellte Veräußerungsbeschränkungen nach § 12 WEG entstehen und erlöschen allein mit der jeweiligen Eintragung im Grundbuch,[269] können also gerade nicht außerhalb des Grundbuchs verändert werden, so dass eine Unrichtigkeit des Grundbuchs insoweit ausgeschlossen ist. 112

Ebenfalls von § 22 GBO erfasst wird eine Löschung einer Verfügungsbeschränkung im Grundbuch, die **zu Unrecht erfolgt**, wie dies z.B. bei der Löschung eines Nacherbenvermerks auf Bewilligung eines Nacherben gegeben ist, falls die weiteren Nacherben und/oder Ersatznacherben der Löschung nicht zugestimmt haben (vgl. § 19 GBO Rdn 54 f.). 113

I. Unrichtigkeitsnachweis

I. Inhalt des Nachweises

1. Allgemeines

Die Unrichtigkeit selbst kann als Ergebnis einer rechtlichen Würdigung nicht nachgewiesen werden; vielmehr müssen **die Umstände, aus denen sich die Unrichtigkeit ergibt**, belegt werden.[270] Das GBA muss an diesen Nachweis strenge Anforderungen stellen, da es ohne das (durch eine Bewilligung verkörperte) Einverständnis des Betroffenen eine Eintragung, Löschung oder Änderung des Grundbuchinhalts vor- 114

---

260 RGZ 83, 434, 438.
261 RGZ 84, 395, 399; 90, 232, 235 ff.
262 Siehe zu diesen ausführlich: Soergel/*Meier*, BGB, § 135 Rn 25 ff.
263 RGZ 156, 70, 76; OLG Hamm Rpfleger 1958, 15, 16 m. zust. Anm. *Haegele*; OLG München Rpfleger 2005, 661 = MittBayNot 2006, 427.
264 OLG München Rpfleger 2005, 661; OLG Düsseldorf BeckRS 2018, 22623; siehe zur Möglichkeit des Nachweises durch eine entsprechende Entscheidung des Nachlassgerichts: KG ZEV 2023, 91, 92 sowie durch eine entsprechende Eintragung auf dem Testamentsvollstreckerzeugnis: OLG München NJW-RR 2020, 1210 und für die Erkenntnis der Beendigung aufgrund der Erledigung aller Aufgaben: OLG Saarbrücken FGPrax 2020, 27 und OLG München DNotZ 2020, 41. Ebenso soll eine gesiegelte Bescheinigung des Nachlassgerichts ausreichen: OLG Karlsruhe RNotZ 2023, 97, 100. Ebenfalls soll eine eidesstattliche Versicherung des Vermächtnisnehmers genügen, dass er das Vermächtnis nicht angenommen und ausgeschlagen hat: OLG Nürnberg DNotZ 2021, 522, 523 ff.
265 OLG München Rpfleger 2005, 661: Das GBA hat diese Umstände selbstständig zu prüfen, es ist insoweit nicht an den Inhalt des Erbscheins oder des Testamentsvollstreckerzeugnisses gebunden.
266 BayObLG Rpfleger 1988, 525 = DNotZ 1989, 182; OLG München FGPrax 2005, 239; DNotZ 2005, 697; OLG Hamm OLGZ 137, 140.
267 Hierzu: *Haegele*, Rpfleger 1949, 248.
268 LG Trier Rpfleger 2005, 138.
269 OLG Saarbrücken BeckRS 2018, 18094.
270 *Eickmann*, Rpfleger 1981, 213, 217; Bauer/Schaub/*Schäfer*, § 22 Rn 175.

nehmen soll.[271] Literatur und Rspr. betonen, dass es dabei um die Gefahr der Schädigung von Personen, die am Verfahren **nicht beteiligt** sind,[272] gehe. Dies trifft insoweit zu, als dem eingetragenen Rechtsinhaber keine eigenen Verfahrensrechte gebühren, er allerdings infolge der ihm gegenüber bestehenden Anhörungspflicht des GBA (siehe Rdn 172) dennoch nicht vollkommen ohne faktische Mitwirkungsmöglichkeit ist. Eine Glaubhaftmachung oder ein gewisser Grad der Wahrscheinlichkeit der behaupteten Unrichtigkeit genügen für den Nachweis nicht,[273] vielmehr hat der Antragsteller lückenlos alle Möglichkeiten auszuräumen, die der behaupteten Unrichtigkeit der Eintragung entgegenstehen können,[274] z.B. muss daher auch ein Erwerb kraft öffentlichen Glaubens, wobei ggf. die Vermutung der Unkenntnis durch den Antragsteller zu widerlegen ist,[275] ebenso ausgeschlossen sein wie ein nachträglicher Rechtserwerb durch den eingetragenen Berechtigten oder eine sonstige Heilung der ursprünglichen Unrichtigkeit oder das Nichtbestehen.[276] **Dasselbe gilt** für den Ausschluss des künftigen Entstehens[277] des vorgemerkten Anspruchs bei einer begehrten Löschung einer Vormerkung.

115 **Nicht genügend** ist vor diesem Hintergrund die Vorlage eines Hinterlegungsscheins als vermeintlicher Nachweis der Umwandlung einer Fremdhypothek in eine Eigentümergrundschuld durch Hinterlegung unter Verzicht auf Rücknahme des hinterlegten Betrages,[278] da der Hinterlegungsstelle gegenüber die eine Hinterlegung rechtfertigenden Tatsachen grundsätzlich lediglich **anzugeben** sind,[279] ohne dass eine weitergehende Prüfung derselben erfolgt. Die Voraussetzungen für die zulässige Hinterlegung sind daher ebenfalls dem GBA in der genügenden Form nachzuweisen. Die Annahmeanordnung durch die Hinterlegungsstelle enthält ebenfalls keine bindende Feststellung über die schuldbefreiende Wirkung der Hinterlegung.

116 Erforderlich ist stets darüber hinaus, dass nicht nur die Unrichtigkeit des Grundbuchs, sondern auch die Richtigkeit der begehrten Eintragung nachgewiesen wird. Es muss also nicht nur aufgezeigt werden, dass der derzeitige Stand falsch, sondern auch, welche Lage aktuell richtig ist. Das Grundbuch darf nur in der Weise berichtigt werden, dass es den geltenden Rechtszustand insgesamt richtig wiedergibt.[280] Eine teilweise Berichtigung derart, dass die fehlerhafte Eintragung entfernt wird, obwohl der dann ausgewiesene Stand ebenfalls falsch, unvollständig oder irreführend ist, scheidet daher in der Konsequenz aus.

117 Keiner Widerlegung durch den Antragsteller bedürfen daher nur ganz entfernte Möglichkeiten, die der gewünschten Berichtigung entgegenstehen.[281] Das GBA darf und muss von dem nach der allgemeinen Lebenserfahrung Regelmäßigen ausgehen, sofern nicht im Einzelfall konkrete Umstände auf das Gegenteil hinweisen.[282] Bei einer **Verfügung eines befreiten Vorerben** ist nach der allgemeinen Lebenserfahrung deshalb bei der Veräußerung an Fremde die (auch teilweise) Unentgeltlichkeit regelmäßig zu verneinen (siehe auch Rdn 124), so dass von der Zulässigkeit der Verfügung auszugehen ist.[283] Es besteht

---

271 OLG Düsseldorf Rpfleger 1967, 13 m. Anm. *Haegele*; BayObLGZ 1971, 336, 339; 1986, 317, 320; BayObLG Rpfleger 1980, 278; Rpfleger 1982, 467; OLG Hamm OLGZ 1080, 410 = Rpfleger 1980, 347; Meikel/*Böttcher*, § 22 Rn 116.
272 KG BeckRS 2011, 3567; OLG Saarbrücken FGPrax 2018, 160, 161; Meikel/*Böttcher*, § 22 Rn 120; Bauer/Schaub/*Schäfer*, § 22 Rn 175; *Schaal*, RNotZ 2008, 569, 575.
273 Siehe dazu OLG Saarbrücken NJOZ 2022, 16, wo die Erben und eine zum Erblasser namensgleiche Person über die Frage stritten, wer Eigentümer sei, und OLG Naumburg MittBayNot 2021, 130, bei dessen Sachverhalt es darum ging, dass unklar bleibt, ob die in der Sterbeurkunde ausgewiesene Person mit der im Grundbuch eingetragenen identisch ist. Ebenso OLG Saarbrücken FGPrax 2021, 205 zur Frage der wirksamen Kündigung einer schuldrechtlichen Beziehung, die Bedingung für eine Dienstbarkeit war. Ähnlich auch OLG Düsseldorf NZM 2020, 288 für die schuldrechtliche Beziehung, die die Grundlage eines Vorkaufsrechts bildete.
274 BayObLGZ 1971, 336, 339; BayObLG Rpfleger 1980, 186; Rpfleger 1980, 278, 279; Rpfleger 1980, 347; Rpfleger 1982, 467; MittBayNot 1995, 42, 43; NJW-RR 2004, 1533, 1534; OLG Hamm Rpfleger 1989, 148; OLG Köln Rpfleger 1998, 333; KG BeckRS 2004, 05188; OLG Frankfurt a.M. NJOZ 2017, 1082; OLG München NJOZ 2018, 972.
275 KG JFG 2, 401, 406; OLGZ 1973, 76 = Rpfleger 1973, 21, 23.
276 BayObLG DNotZ 1989, 363.
277 BayObLG Rpfleger 1980, 278, 279.
278 BayObLG Rpfleger 1980, 186.
279 Zu den Differenzen der Hinterlegungsvorschriften der einzelnen Länder seit Aufhebung der HintO: *Rellermeyer*, Rpfleger 2011, 129; *Rellermeyer*, Rpfleger 2014, 579.
280 OLG München FGPrax 2018, 109, 110.
281 BGH FGPrax 2023, 145, 146; BayObLGZ 1971, 336, 339; BayObLG NJW-RR 2004, 1533, 1534; KG BeckRS 2004, 05188; LG München I MittBayNot 1988, 43, 44.
282 LG München I MittBayNot 1988, 43, 44 m. Anm. *Promberger*.
283 Bauer/Schaub/*Schäfer*, § 22 Rn 237.

aber kein genereller Erfahrungssatz des Inhalts, dass bei einem zu einem länger zurückliegenden Zeitpunkt zustande gekommenen Vertrag zwischenzeitlich auch die Auflassung erklärt und beim GBA entsprechende Anträge gestellt worden sind.[284]

2. Urteil über den Anspruch aus § 894 BGB

Ein rechtskräftiges, der Berichtigungsklage nach § 894 BGB stattgebendes Urteil ersetzt gem. § 894 ZPO zwar die formgerechte Berichtigungsbewilligung des Beklagten, jedoch trifft es für sich genommen keine für das GBA bindenden Feststellungen über die wahre dingliche Rechtslage, da eine etwaige Feststellung über die korrekte rechtliche Lage für die Entscheidung über den Grundbuchberichtigungsanspruch nur eine Vorfrage darstellt, die an der Rechtskraft des Urteils aber grundsätzlich nicht teilnimmt (vgl. § 322 ZPO).[285] Eine etwaige Feststellung der dinglichen Rechtslage wirkt ebenfalls nur **inter partes**.[286] Die Unrichtigkeit des Grundbuchs muss aber **allgemein bewiesen** werden, nicht bloß im Verhältnis zweier widerstreitender Parteien, denn das Grundbuchverfahren ist kein kontradiktorisches Verfahren, in dem ein Streit entschieden würde. Infolgedessen ist für sich genommen lediglich die Fehlerhaftigkeit des jetzigen Standes nachgewiesen, für eine Berichtigung ist aber auch der Nachweis der richtigen Lage erforderlich, so dass nicht selten weitergehende Nachweise über das Urteil hinaus nötig sind.

118

Das Grundbuch muss die **für alle** geltende dingliche Rechtslage darstellen. Es ist dabei nicht gehindert, das Urteil und die dort wiedergegebene Begründung seiner eigenes Würdigung zugrunde zu legen, das Urteil erbringt allerdings lediglich den unmittelbaren Beweis dafür, dass die Entscheidung mit dem niedergelegten Inhalt am angegebenen Ort, zur angegebenen Zeit und ggf. in Anwesenheit der genannten Personen verkündet wurde, nicht jedoch Beweis für seine (eigene) inhaltliche Richtigkeit in rechtlicher und tatsächlicher Hinsicht.[287] Rechtskräftig festgestellt ist zudem allein der Anspruch auf Berichtigung, was aber im Verfahren des § 22 GBO nicht ausreicht. Das Urteil bildet demnach lediglich ein Indiz für die Berichtigung, kann sie aber regelmäßig nicht allein tragen. Zur Frage einer Bindung an die fingierte Berichtigungsbewilligung siehe Rdn 159 f. Das Urteil ersetzt überdies nicht sonstige erforderliche Erklärungen, namentlich nicht solche des Titelgläubigers, die zur Herbeiführung der Eintragung noch abzugeben sind.[288]

119

II. Form des Nachweises

Die Form des Nachweises wird grundsätzlich durch § 29 Abs. 1 GBO bestimmt.[289] Zumeist wird es dabei um Nachweise anderer Umstände als Erklärungen gehen, so dass dies **gem. § 29 Abs. 1 S. 2 mittels öffentlicher Urkunde** zu erfolgen hat.[290] In bestimmten Fällen der Unrichtigkeit kann jedoch diese Formvorschrift nur schwer oder gar nicht erfüllt werden.[291] In einer solchen Konstellation bleibt in der Konsequenz praktisch nur der Weg über die Vorlage einer Berichtigungsbewilligung (vgl. Rdn 143 ff.), die ggf. im Prozess nach § 894 BGB zu erstreiten ist.[292] Nur gelegentlich werden hiervon Ausnahmen zugelassen und somit eine Berichtigung ohne Einhaltung der Formvorgaben des § 29 GBO ermöglicht.

120

---

284 BayObLG NJW-RR 2004, 1533, 1534; siehe auch: BayObLG MittBayNot 1989, 312, 313; vgl. auch *Kuntze*, DNotZ 1990, 172 zur Beweiskraft des Handelsregisters.
285 BGH BeckRS 2018, 10651 = MDR 2018, 927; siehe zudem: BGH WM 2000, 320, 321; ZfIR 2002, 489, 490 (inzident); OLG München FGPrax 2012, 104; zust.: Meikel/*Böttcher*, § 22 Rn 119; so auch schon: *Eickmann*, Rpfleger 1981, 213, 217; Bauer/Schaub/*Schäfer*, § 22 Rn 173; jurisPK-BGB/*Toussaint*, § 894 Rn 71; a.A. RGZ 158, 40, 43; OLG Jena FGPrax 2001, 56; Staudinger/*Picker*, BGB, § 894 Rn 166; BeckOK GBO/*Holzer*, § 22 Rn 62.
286 BGH ZfIR 2002, 489, 491; fraglich deshalb: OLG Zweibrücken OLGZ 1984, 385, 386 f.; zur Klageabweisung als „derzeit unbegründet" vgl. Rn 74; BayObLG DNotZ 1996, 30, 31 f. = Rpfleger 1995, 406; allgemein zur Bindung der Gerichte der freiwilligen Gerichtsbarkeit an Entscheidungen der Prozessgerichte BayObLGZ 1987, 325, 331, 333.
287 *Eickmann*, Rpfleger 1981, 213, 217; Meikel/*Böttcher*, § 22 Rn 119.
288 OLG München FGPrax 2018, 64, 65.
289 BayObLGZ 1985, 401, 402; 1988, 102, 107; BayObLG NJW-RR 1990, 722, 723; KG BeckRS 2004, 05188.
290 Meikel/*Böttcher*, § 22 Rn 120.
291 Z.B. RGZ 113, 223, 231; BayObLG Rpfleger 1980, 186: Durch den Hinterlegungsschein wird nicht der Nachweis geführt, dass im Zeitpunkt der Hinterlegung die Forderung noch bestanden hat und ein Hinterlegungsgrund gegeben war; siehe BayObLGZ 1988, 102, 107 zur Eintragung einer altrechtlichen Dienstbarkeit; BayObLG Rpfleger 2003, 177 = BeckRS 2002, 30295347 (zu § 927 Abs. 2 BGB); OLG Hamm Rpfleger 2011, 600 = FGPrax 2011, 225 (zur Ersitzung nach § 900 BGB).
292 RGZ 113, 223, 231; Meikel/*Böttcher*, § 22 Rn 120; *Demharter*, § 22 Rn 42.

1. Inexistenter Berechtigter

a) Lösungsversuche der Rechtsprechung (Rspr.)

121 Scheidet die Möglichkeit einer Klage aus, z.B. weil ein **inexistenter Berechtigter eingetragen** (also niemand nach § 894 BGB passivlegitimiert) ist, so sollen ausnahmsweise auch in anderer Form vorgebrachte Umstände berücksichtigt werden können, da andernfalls keine Möglichkeit bestünde, die Eintragung aus dem Grundbuch zu entfernen.[293] In Betracht soll auch eine Löschung wegen Gegenstandslosigkeit kommen (vgl. Rdn 123).[294] Die Eintragung eines Amtswiderspruchs nach § 53 GBO scheidet hingegen aus, da ein gutgläubiger Erwerb von einer eingetragenen inexistenten Person nicht möglich ist.[295] Auch ein Aufgebotsverfahren oder die Bestellung eines Pflegers führen insoweit regelmäßig nicht zum Erfolg.[296]

122 Handelt es sich um eine Briefgrundschuld für einen vermeintlich nicht existenten Gläubiger, so muss für eine Grundbuchberichtigung nach § 22 GBO grundsätzlich dem GBA nachgewiesen werden, dass der eingetragene Gläubiger tatsächlich nicht existiert.[297] Gleichwohl wird teilweise vertreten, dass die Briefvorlage durch den Eigentümer mit der Behauptung, dass nach §§ 1192 Abs. 1, 1163 Abs. 2, 1177 Abs. 1 S. 1 BGB eine Eigentümergrundschuld bestehe, als Nachweis der Unrichtigkeit ausreiche.[298] In einem solchen Fall sei in der Konsequenz eine Bewilligung des eingetragenen Gläubigers nicht mehr erforderlich, sondern es genüge der Antrag sowie die Zustimmung des Eigentümers.[299] Dies überzeugt allerdings nicht. Selbst wenn man im Umkehrschluss zu § 1117 Abs. 3 BGB hierin eine Vermutung dafür erblickt, dass der Grundschuldbrief nicht an den Gläubiger ausgehändigt wurde,[300] genügt dies aber nicht für den *Nachweis* der Unrichtigkeit der bestehenden eingetragenen Lage im Grundbuch. Um die Anforderungen des § 22 Abs. 1 GBO zu wahren, ist es nötig, dass sämtliche Umstände, die die Richtigkeit des Grundbuchs begründen können, widerlegt werden, was allein durch eine Vermutung nicht geleistet wird.[301] Vor diesem Hintergrund kann auf eine Löschungsbewilligung des eingetragenen Gläubigers oder weitere Nachweise für dessen mangelnde Existenz grundsätzlich[302] auch dann nicht verzichtet werden, wenn der Grundstückseigentümer über den Brief verfügt.

b) Alternative: Verfahren nach den §§ 84 ff. GBO

123 Auf die von der Rechtsprechung zugebilligten Nachweiserleichterungen kann richtigerweise nicht verzichtet werden.[303] Insbesondere kann eine Löschung nicht zuverlässig im Verfahren der §§ 84 ff. GBO erfolgen:[304] Existiert der eingetragene Gläubiger gar nicht, so fehlt es zwar zwingend an einer wirksamen Einigung, die auch nicht mehr nachgeholt werden kann; es liegt aber dennoch nicht sicher ein Fall des § 84 Abs. 2 lit. a GBO vor.[305] In einem solchen Fall lässt sich nicht mit Sicherheit ausschließen, dass eine Eigentümergrundschuld entstanden ist. Die Frage, ob bei einer fehlgeschlagenen Bestellung aufgrund einer mangelnden Einigung eine Eigentümergrundschuld begründet wird, ist bereits für sich genommen rechtlich umstritten.[306] Insbesondere ist aber für das GBA nicht zu klären, ob ein solches Eigentümerrechts aufgrund einer Auslegung oder Umdeutung oder einer Gesamtanalogie[307] entstanden ist. Ersteres ergibt sich schon daraus, dass regelmäßig der Wille des Bestellers für das GBA nicht erkennbar sein wird. Infolgedessen bleibt für das GBA grundsätzlich offen, ob es sich um ein gegenstandsloses oder um ein Eigentümerrecht handelt, selbst wenn die Nichtexistenz des Gläubigers nachgewiesen werden

---

293 KG NJW-RR 1998, 447 = FGPrax 1997, 212; siehe auch: BayObLGZ 1991, 301, 305 = Rpfleger 1992, 19, 20: Ein Festhalten an § 29 Abs. 1 GBO dürfe nicht dazu führen, dass kein Weg zur Berichtigung mehr verbleibe.
294 *Böhringer*, NotBZ 2007, 189, 191 (für die anfängliche Nichtexistenz); *Dümig*, ZfIR 2005, 240.
295 *Böhringer*, NotBZ 2007, 189, 190 f.
296 *Böhringer*, NotBZ 2007, 189, 191.
297 So auch OLG Frankfurt ZfIR 2005, 254.
298 So Staudinger/*Wolfsteiner*, BGB, § 1117 BGB Rn 18; a.A. MüKo-BGB/*Lieder*, § 1117 Rn 32 a.E.; OLG Hamm IBRRS 2006, 1207.
299 Staudinger/*Wolfsteiner*, BGB, § 1117 BGB Rn 18; nur für einen Sonderfall ebenso: OLG Frankfurt ZfIR 2005, 254, 256 f.
300 So OLG Rostock BeckRS 2016, 15061 Rn 9; anders aber BeckOGK BGB/*Kern*, § 1117 Rn 55.
301 So auch MüKo-BGB/*Lieder*, § 1117 Rn 32.
302 Die Entscheidung des OLG Frankfurt (ZfIR 2005, 254, 256) behandelt einen Sonderfall, in dem bei der Bestellung der Grundschuld bestimmt wurde, dass der Brief nur an den Notar ausgehändigt werden darf. Zwar schließt dies nicht notwendigerweise auch eine materielle Einigung nach § 1117 Abs. 2 BGB über die Übergabe unmittelbar an den Gläubiger aus, in einer solchen abweichenden materiellen Vereinbarung kann allerdings ein ganz fernliegendes Hindernis erblickt werden, das das OLG Frankfurt zu Recht außer Betracht gelassen hat.
303 Anders noch die Vorauflage, Rn 109.
304 *Dümig*, ZfIR 2005, 240, 241.
305 So aber wohl *Eickmann*, RpflStud 1984, 1, 10.
306 Siehe dazu MüKo-BGB/*Lieder*, § 1196 Rn 4 ff. m.w.N.
307 Siehe dazu MüKo-BGB/*Lieder*, § 1196 Rn 4 ff.

kann. Darüber hinaus bietet das Verfahren der §§ 84 ff. GBO auch aus Sicht des Eigentümers keine ausreichende Alternative zur Grundbuchberichtigung nach § 22 Abs. 1 GBO, weil die Entscheidung des GBA nach § 85 Abs. 2 GBO nicht angreifbar ist und in dessen freiem Ermessen steht, so dass dem Eigentümer in diesem Verfahren keine Möglichkeit bleibt, die Löschung zu erzwingen.[308]

2. Weitere Einzelfälle

Der Nachweis der **Entgeltlichkeit der Verfügung eines befreiten Vorerben** ist regelmäßig nicht im Urkundsbeweis nach § 29 Abs. 1 S. 2 GBO zu erbringen (siehe auch Rdn 115).[309] Vor diesem Hintergrund können auch Beweise, insbesondere Urkunden, verwendet werden, die nicht in öffentlicher oder öffentlich beglaubigter Form vorliegen, so dass vor allem Wertgutachten herangezogen werden können. Gleichwohl ist auch insoweit eine Zeugenvernehmung ausgeschlossen und ein etwa auf diese Weise erhobener Beweis nicht verwertbar.[310] Der Nachweis kann aber durch eine die Entgeltlichkeit bestätigende beglaubigte Erklärung des Nacherben erbracht werden.[311] Das GBA muss sich bei der Prüfung der Entgeltlichkeit auf eine freie Würdigung des aus den vorgelegten Urkunden ersichtlichen Sachverhalts beschränken. Das GBA ist weder berechtigt noch verpflichtet, Ermittlungen und Beweiserhebungen eigenhändig anzustellen.[312]

124

Die **Freigabe des Grundbesitzes durch den Testamentsvollstrecker** bzw. den Insolvenzverwalter[313] ist nach § 29 Abs. 1 S. 1 GBO nachzuweisen (die Abgabe der Erklärung ist jedoch wegen § 185 Abs. 2 S. 1 Var. 2 BGB auch vor Annahme des Amts möglich), die Aufgabenerledigung ist nach § 29 Abs. 1 S. 2 GBO zu belegen (vgl. § 52 GBO Rdn 31).[314] Die Freigabe selbst führt aber bereits zur Grundbuchunrichtigkeit, so dass der Nachweis in geeigneter Form ausreicht, um das Grundbuch zu berichtigen.[315]

125

Die **fehlende Zustellung** eines Arrestbefehls (siehe § 929 Abs. 3 S. 2 ZPO) kann durch ein Geständnis des Gläubigers (§ 29 Abs. 1 S. 1 GBO) nachgewiesen werden; die Zustimmung nach § 27 S. 1 GBO ist nicht notwendig.[316] Für einen Widerspruch oder eine Vormerkung aufgrund einer einstweiligen Verfügung gilt dasselbe.

126

Nach dem OLG München kann im Grundbuchberichtigungsverfahren der Nachweis, dass ein **Pflichtteilsberechtigter** seinen Pflichtteilsanspruch tatsächlich geltend gemacht hat, durch Vorlage der Klageschrift mit Eingangsstempel des Gerichts und des Urteils jeweils in notariell beglaubigter Abschrift hinreichend geführt sein.[317]

127

3. Gesellschaft bürgerlichen Rechts (GbR)

Das Grundbuch ist wegen § 899a S. 2 BGB bis zum 1.1.2024 auch dann als unrichtig anzusehen, wenn es den Gesellschafterbestand der (zutreffend) als Berechtigte eingetragenen Gesellschaft unzutreffend abbildet.[318] Unter dem reformierten Recht spielt dagegen der Gesellschafterbestand keine Rolle mehr, da nur noch die GbR selbst als Berechtigte im Grundbuch vermerkt wird. Sind nach dem Inkrafttreten des § 47 Abs. 2 GBO n.F. noch die Gesellschafter im Grundbuch eingetragen und ist dieser Bestand nicht mehr zutreffend, darf wegen Art. 229 § 21 EGBGB keine Berichtigung des Gesellschafterbestand mehr erfolgen, sondern eine etwa vorzunehmende Eintragung ist ausschließlich nach den Vorgaben des § 47 Abs. 2 GBO n.F. vorzunehmen, so dass eine die Gesellschaft betreffende Eintragung ins Grundbuch nur dann vorgenommen werden darf, wenn die Gesellschaft im Gesellschaftsregister eingetragen ist.

128

---

308 Dazu auch KG NJW-RR 1998, 447, 448. Für Unanfechtbarkeit (d.h. auch Unanwendbarkeit des § 11 Abs. 2 RPflG) ebenso: *Demharter*, § 85 Rn 5.
309 BayObLG Rpfleger 1982, 277; OLG München DNotZ 2005, 697; Bauer/Schaub/*Schäfer*, § 22 Rn 237; siehe auch: BGHZ 57, 84, 95 = NJW 1971, 2264; vgl. *Kollmeyer*, NJW 2018, 2289, 2290 f. für den Nachweis der Entgeltlichkeit von Testamentsvollstreckerverfügungen.
310 OLG Hamm FGPrax 2005, 239.
311 MüKo-BGB/*Lieder*, § 2113 Rn 63 m.w.N.
312 OLG Stuttgart BeckRS 2018, 10901.
313 BGH DNotZ 2018, 223, 225.
314 OLG München Rpfleger 2005, 661 = MittBayNot 2006, 427.
315 OLG Hamm NJW-RR 2023, 1060, 1061.
316 BayObLG Rpfleger 1993, 397 = BeckRS 1993, 3101.
317 OLG München BeckRS 2018, 9132: Mangels einer anderweitigen Möglichkeit des Nachweises kann hier die öffentlich beglaubigte Kopie einer Klageschrift, mit der der Zeitpunkt der Anhängigkeit der Klage gem. § 29 Abs. 1 GBO belegt ist, auch hinsichtlich des Inhalts des geltend gemachten Anspruchs als ausreichend angesehen werden.
318 Hierzu eingehend: MüKo-BGB/*Schäfer*, § 899a Rn 32 ff.

III. Offenkundigkeit

129 Ist die Unrichtigkeit bei dem GBA offenkundig (vgl. § 29 GBO Rdn 174 ff.), so bedarf es **keines weiteren Nachweises**. Gleiches gilt für eine zwischenzeitliche Beseitigung einer Unrichtigkeit.[319]

IV. Einzelfälle ursprünglicher Unrichtigkeit

1. Fehlen oder Fehlerhaftigkeit einer materiellen Voraussetzung

130 Fehlt eine materielle Voraussetzung für eine eingetragene Rechtsänderung, z.B. die Einigung (§ 873 Abs. 1 BGB) oder die Aufgabeerklärung (§ 875 Abs. 1 BGB) oder ist die jeweilige Erklärung ihrerseits mit beachtlichen rechtlichen Mängeln behaftet, so ist die Unrichtigkeit i.d.R. schwer nachweisbar, vor allem wenn – wie im Regelfall – die Einigung keiner besonderen Form bedurfte und ggf. sogar von der formgerechten Bewilligung abweicht (zu Einzelfällen vgl. Rdn 34 ff.).

131 In den Fällen der **Auflassung** (§ 925 Abs. 1 BGB) oder der sonst vorgeschriebenen Auflassungsform (§ 4 Abs. 2 S. 1 WEG) ist der Nachweis geführt, wenn sich das Fehlen oder die Unwirksamkeit der Einigung wegen eines Form- oder Inhaltsmangels aus der bei den Grundakten befindlichen Urkunde ergibt (vgl. § 20 GBO Rdn 111), da regelmäßig nicht mit einer nachträglichen Einigung zu rechnen ist, die die nötigen Anforderungen erfüllt.[320]

132 Ist ein **gerichtlicher oder behördlicher Akt** (z.B. einstweilige Verfügung, Urteil, Arrestbefehl, Pfändungsbeschluss[321] oder Pfändungsverfügung) die Eintragungsgrundlage, liegt eine Unrichtigkeit vor, wenn er Form- oder Inhaltsmängel aufweist oder wenn er durch eine neue Entscheidung oder einen neuen Verwaltungsakt aufgehoben wird, da insoweit ebenfalls keine Heilung zu unterstellen ist, sondern dies als ganz entfernte Möglichkeit außer Acht bleiben kann.[322] Auch eine Eintragung auf Ersuchen einer Behörde kann zur Unrichtigkeit führen, soweit die materiellen Voraussetzungen nicht bestehen.[323] Ein Risiko ergibt sich insbesondere daraus, dass dem GBA eine sachliche Überprüfung des Ersuchens grundsätzlich verwehrt ist (vgl. § 38 GBO Rdn 88 f.). Bei einem behördlichen Ersuchen kann der Unrichtigkeitsnachweis ggf. nach speziellen Normen ersetzt werden.[324]

2. Fehlerhafte Berichtigung

133 Führt eine vermeintliche Berichtigung zu einer nunmehrigen Unrichtigkeit des Grundbuchs (vgl. Rdn 54 ff.), so muss zur Wiederherstellung der vorherigen Lage nachgewiesen werden, dass das Grundbuch zuvor richtig war und erst durch die vermeintliche Berichtigung unrichtig geworden ist. Dasselbe gilt in den Fällen einer unrichtigen Berichtigung, bei der zwar das Grundbuch zuvor nicht korrekt war, die nunmehr ausgewiesene Lage aber ebenfalls die materielle Situation nicht widerspiegelt, weil dem GBA bei der Durchführung der Berichtigung ein Fehler unterlaufen ist. Letzteres lässt sich meist aus den Eintragungsunterlagen des GBA entnehmen, so dass an die Berichtigung keine weiteren Anforderungen zu stellen sind. Im ersten Fall ist zu bedenken, dass die Beteiligten trotz einer (unrichtig) als „Berichtigungsbewilligung" bezeichneten Erklärung in Wirklichkeit über eine Rechtsänderung einig gewesen sein können oder die nötige Einigung nachträglich formlos herbeigeführt haben könnten. Eine solche Einigung kann sogar im Einverständnis beider Teile mit der im Grundbuch eingetragenen und ihnen durch Vollzugsmitteilung bekannt gewordenen Rechtsänderung liegen (vgl. Rdn 56).[325] In diesen Fällen ist dann das Grundbuch richtig, so dass eine Verlautbarung des ursprünglichen Zustands ausscheiden muss. Um die vorherige Eintragung wieder vornehmen zu können, muss daher dem GBA auch nachgewiesen werden, dass mit der Bewilligung keine Einigung über die Änderung der materiellen Lage gewollt war

---

319 OLG Frankfurt Rpfleger 1994, 106 = MittRhNotK 1993, 288.
320 Siehe auch *Güthe/Triebel*, § 22 Rn 35.
321 OLG München IBRRS 2018, 3014: Eine Vollstreckungsmaßnahme ist als staatlicher Hoheitsakt nur ausnahmsweise bei ganz gravierenden Mängeln nichtig und daher wirkungslos, und zwar dann, wenn der ihr anhaftende Mangel besonders schwer wiegt und für einen mit sämtlichen Gegebenheiten vertrauten „Insider" offenkundig ist oder wenn der Vollstreckungsmaßnahme schon kein wirksamer Titel zugrunde liegt.
322 *Güthe/Triebel*, § 22 Rn 35.
323 So z.B. BGH NJW 2017, 3715: Das GBA hat das Grundbuch zu berichtigen, wenn es die sichere Überzeugung erlangt, dass die auf das Behördenersuchen gegründete Eintragung unrichtig ist; BayObLGZ 1952, 157, 161.
324 Ausführlich hierzu: Bauer/Schaub/*Schäfer*, § 22 Rn 33 ff.
325 Meikel/*Böttcher*, § 22 Rn 124.

und eine solche auch später nicht erfolgt ist. Eine wirksame Auflassung indes kann in der Berichtigungsbewilligung nebst der Zustimmung nach Abs. 2 schon aus Formgründen nicht liegen(siehe Rdn 55).

3. Fehlerhafte Eintragungsunterlagen

Bei einer Eintragung aufgrund fehlerhafter Eintragungsunterlagen (vgl. Rdn 58) muss zunächst festgestellt werden, ob dies zu einer materiellen Unrichtigkeit des Grundbuchs geführt hat, die noch fortdauert. Insoweit muss belegt werden, dass die materielle Einigung eine andere war als dasjenige, was dem GBA übermittelt wurde. Zudem muss ausgeschlossen sind, dass die Beteiligten sich nachträglich noch auf die derzeit eingetragene Situation geeinigt haben. Der Nachweis der Unrichtigkeit kann nach verbreiteter Ansicht zudem nicht durch Bezugnahme auf dieselbe Urkunde, aufgrund derer die Eintragung erfolgt ist, erbracht werden.[326]

V. Einzelfälle nachträglicher Unrichtigkeit

Zu den möglichen Nachweisen für **außerhalb des Grundbuchs stattfindende Rechtsvorgänge**, die eine Unrichtigkeit des Grundbuchs zur Folge haben können (vgl. Rdn 62 ff.), zählen insbesondere folgende Dokumente:

1. **Staatliche Hoheitsakte** (z.B. Zuschlagsbeschluss, Flurbereinigungsplan, Enteignungsbeschluss, Pfändungsbeschluss, Bescheinigung gem. § 12 SpTrUG, siehe auch § 20 GBO Rdn 40). Diese erbringen als öffentliche Urkunden, soweit sie die Voraussetzungen erfüllen, den Beweis für die wiedergegebenen Umstände und müssen daher dem GBA zumindest in öffentlich beglaubigter Form vorgelegt werden.
2. Soweit die für die Bestellung eines Rechts erforderlichen rechtsgeschäftlichen Erklärungen oder Beschlüsse beurkundungsbedürftig sind, (z.B. die Erbanteilsübertragung, Eheverträge oder Umwandlungsbeschluss[327]), kann ihr Inhalt durch Vorlage der notariellen Urkunde belegt werden. Geht es um Tatsachen, die aus einem öffentlichen Register zu ersehen sind, kann ein Auszug aus diesem (Handelsregister, Genossenschaftsregister, Gesellschaftsregister) vorgelegt werden, um den entsprechenden Nachweis zu führen.
   Im Hinblick auf die formfrei mögliche sog. **Abschichtung aus einer Erbengemeinschaft**, die das Ausscheiden eines Miterben aus der Erbengemeinschaft durch Vertrag mit den anderen Miterben regelt (mit der Folge der Anwachsung seines Erbteils zugunsten der Verbleibenden, ggf. auch zum Alleineigentum des letzten verbleibenden Miterben),[328] wird typischerweise ein Nachweis gem. § 22 Abs. 1 GBO in der Form des § 29 GBO nicht zu führen sein, soweit die Abschichtung nicht ausnahmsweise trotzdem beurkundet wurde. Es ist daher richtigerweise die Bewilligung aller eingetragenen Erben erforderlich.[329] Die Bewilligung lediglich durch den Ausscheidenden[330] ist demgegenüber nicht ausreichend, da durch die Veränderung auch die anderen Erben betroffen sind, da sich deren Anteil an der Erbengemeinschaft erhöht. Dies gilt auch dann, wenn die konkrete Quote nicht im Grundbuch verlautbart wird, da gleichwohl ersichtlich ist, dass eine Erhöhung stattgefunden hat, so dass auch die anderen Miterben betroffen sind.
3. **Löschungsfähige Quittungen** (vgl. § 27 GBO Rdn 25), aus denen sich der Übergang der Hypothek auf den Eigentümer anhand der Bestimmungen des Hypothekenrechts feststellen lässt, können auch nachträglich in die öffentlich beglaubigte Form gebracht werden, in dem die erforderlichen Unterschriften öffentlich beglaubigt werden (siehe § 40 Abs. 1 Alt. 2, Abs. 3 S. 2 Alt. 2 BeurkG).

---

326 Meikel/*Böttcher*, § 22 Rn 118.
327 OLG Frankfurt FGPrax 2018, 9, 10.
328 BGHZ 138, 8; BGH NJW 2005, 284; NJW 2011, 525, 527; OLG München NotBZ 2014, 269 = ZIP 2014, 482; *Bredemeyer/Tews*, ZEV 2012, 352; a.A. *Kanzleiter*, DNotZ 2012, 119; *Keim*, RNotZ 2003, 375, 386; *Reimann*, ZEV 1998, 213; *Schöner/Stöber*, Rn 976b.

329 *Keim*, RNotZ 2003, 375, 386; *Wesser/Saalfrank*, NJW 2003, 2937, 2940; siehe auch *Schöner/Stöber*, Rn 976d: Bewilligung auch der verbleibenden Erben ist erforderlich, weil Abschichtung ihr Einvernehmen voraussetzt, die Eintragung damit (auch) ihre Miterbenstellung ändert.
330 So OLG München NotBZ 2014, 269 = ZIP 2014, 482; OLG Zweibrücken NotBZ 2012, 319 = ZEV 2012, 264; *Wesser/Saalfrank*, NJW 2003, 2937, 2940.

4. Für die Übertragung und Belastung von Briefrechten gilt § 26 GBO als lex specialis zu § 22 GBO, so dass sich die Erfordernisse für eine Berichtigung nach dieser Vorschrift richten, obgleich stets auch eine Berichtigung nach § 22 GBO denkbar ist (vgl. § 26 GBO Rdn 3).[331]

5. Für die Unrichtigkeit infolge einer Gesetzesänderung (siehe Rdn 68) genügt der Hinweis auf das jeweilige Gesetz, da dieses für das GBA offenkundig ist. Die erforderliche Rechtskenntnis muss sich das GBA selbst verschaffen.

6. Als (formgerechter) Nachweis für das Erlöschen einer Zwangssicherungshypothek aufgrund der sog. Rückschlagsperre (§ 88 InsO, siehe Rdn 67) ist grundsätzlich weder der Eröffnungsbeschluss des Insolvenzgerichts (auch wenn dieser den Zeitpunkt des Eingangs des maßgebenden Antrags nennt) noch ein Zeugnis des Insolvenzgerichts über jenen Zeitpunkt geeignet; erforderlich ist entweder die Bewilligung des Gläubigers oder ein den in § 29 Abs. 1 GBO genannten Anforderungen genügender Unrichtigkeitsnachweis.[332] Offenkundig (vgl. Rdn 129) ist das Erlöschen nur, wenn die Sicherungshypothek nicht früher als einen Monat vor der **Eröffnung** des Insolvenzverfahrens eingetragen wurde.[333]

137 Grundstücksteilungen können nach § 1025 S. 2 BGB bzw. § 1090 Abs. 2 BGB und nach § 1026 BGB das **Erlöschen von Dienstbarkeiten** zur Folge haben. Problematisch ist aber der Nachweis des Erlöschens, namentlich im Fall des **§ 1026 BGB**: Nach dieser Vorschrift erlischt die Dienstbarkeit an den Teilen des Grundstücks, welche außerhalb ihres Ausübungsbereichs liegen. Ein Vorgehen nach Abs. 1 S. 1 ist mithin nur denkbar, wenn der Bereich, auf den die Ausübung der Dienstbarkeit räumlich beschränkt ist, feststeht; ein gewisser Grad an Wahrscheinlichkeit genügt nicht.[334]

138 Erforderlich ist demnach für ein Erlöschen nach dieser Vorschrift die rechtliche Beschränkung der Dienstbarkeit in der Bewilligung auf einen räumlich abgegrenzten Teil des herrschenden Grundstücks. Eine rein schuldrechtliche Vereinbarung, die nur zu einem schuldrechtlichen Anspruch auf eine beschränkte Ausübung des Rechts aus der Dienstbarkeit führt, genügt nicht.[335] Ebenfalls nicht genügend ist eine tatsächliche Beschränkung der Ausübung.[336] Ausreichend ist aber eine klare textliche Beschreibung unter Bezugnahme auf in der Natur vorhandene Merkmale oder bereits errichtete Anlagen, die für jedermann dort ohne weiteres erkennbar sind.[337] Die Begrenzung kann auch durch amtliche Vermessungsnachweise bestimmt werden.[338] Dieses Erfordernis muss in gleicher Weise für den Ausübungsbereich sämtlicher Nebenrechte zum bewilligten Hauptrecht gelten, um zu einem Erlöschen nach § 1026 BGB zu führen.[339]

139 Unter dieser Prämisse aber hat die Feststellung, dass der Nachweis einer Grundbuchunrichtigkeit nach § 1026 BGB auch mittels des Katasterwerks bzw. amtlicher Bescheinigungen der Vermessungsämter oder auch durch Vergleich der bei der Bestellung der Dienstbarkeit beigehefteten Skizze mit der Kartenbeilage eines Veränderungsnachweises geführt werden könne,[340] in der Praxis oft nur geringen Wert. Aus

---

331 Bei Abtretung einer Briefgrundschuld liegt vor Vollzug der Eintragung keine Grundbuchunrichtigkeit vor, da Abtretung Einigung und Eintragung voraussetzt, KG FGPrax 2017, 149, 150.

332 BGHZ 194, 60 = DNotZ 2012, 844: Diese können im hiesigen Kontext nicht öffentliche Urkunde (§ 29 Abs. 1 S. 2 GBO) sein, da dem Insolvenzgericht nicht die Aufgabe zukommt, den Eingang des Insolvenzeröffnung zugrunde liegenden Antrags gegenüber dem GBA zu bescheinigen; anders aber OLG Stuttgart FGPrax 2019, 69. Vgl. auch: OLG Hamm NJOZ 2014, 286; OLG München ZInsO 2014, 1952 = FGPrax 2014, 245.

333 BGHZ 194, 60 = DNotZ 2012, 844, 847 f.; OLG Hamm Rpfleger 2014, 158, 159 = NJOZ 2014, 286, 287: Nur im Fall eines kürzeren Zeitraums als 1 Monats zwischen Eintragung und Eröffnung müsste zwingend angenommen werden, dass die Eintragung im Sinne des § 88 InsO zugleich im letzten Monat vor dem Eröffnungsantrag erfolgt ist; *Keller*, ZIP 2000, 1324, 1331.

334 BGH NJW 1981, 1781: Auf eine als Anlage beigefügte Skizze, aus der sich der Ausübungsbereich ergibt, muss in der Bewilligung Bezug genommen werden; OLG München NotBZ 2014, 155 = NJOZ 2014, 606: Nachweis der Grundbuchunrichtigkeit im konkreten Fall durch Vorlage von Veränderungsnachweisen und Auszügen aus dem Katasterkartenwerk; OLG München NJOZ 2014, 1408: Die Bewilligung muss die Dienstbarkeit hinreichend klar auf einen konkret definierten Teilbereich des Flurstücks beschränken.

335 OLG München BeckRS 2018, 9743.

336 OLG Saarbrücken FGPrax 2018, 160, 161.

337 OLG München BeckRS 2017, 118277.

338 OLG München BeckRS 2017, 118277.

339 Hierzu eingehend: OLG Düsseldorf BWNotZ 2020, 283; siehe ebenso OLG München NotBZ 2010, 63 = NJW-RR 2010, 1025. Nicht eindeutig insoweit z.B.: OLG Dresden BeckRS 2011, 17860.

340 BayObLG Rpfleger 2004, 280 = DNotZ 2004, 388; OLG München NotBZ 2014, 155 = NJOZ 2014, 606; *Meikel/Böttcher*, § 22 Rn 142.

der Beschreibung in der Eintragungsbewilligung und/oder den ihr beigefügten Zeichnungen lässt sich nämlich vielfach nur der Ausübungsbereich der Hauptrechte und allenfalls noch eines Schutzstreifens o.Ä. sicher feststellen, nicht aber der (selten ausdrücklich begrenzte) Ausübungsbereich der sonstigen Nebenrechte, etwa der typischen Berechtigung zum Betreten und Befahren des dienenden Grundstücks zum Zwecke der Unterhaltung der vom Berechtigten betriebenen Anlage. Lässt sich dies nicht für das GBA feststellen, so kann es die Löschung nicht vornehmen, da die Unrichtigkeit infolge der Anwendung des § 1026 BGB nicht nachgewiesen ist.

Das Vorliegen der o.g. Voraussetzungen des § 1026 BGB ist für eine Löschung nach § 22 GBO durch öffentliche Urkunden nachzuweisen (vgl. § 29 GBO Rdn 94). Grundsätzlich sind insoweit auch Bescheinigungen öffentlich bestellter Vermessungsingenieure verwendbar.[341] Allerdings hat die Bescheinigung nur dann und nur soweit die Qualität einer öffentlichen Urkunde (§ 418 ZPO), als sie innerhalb des den Vermessungsingenieuren durch die entsprechende landesrechtliche Vorschrift allgemein zugewiesenen Geschäftskreises aufgenommen ist (zu den allgemeinen Anforderungen an eine öffentliche Urkunde siehe § 29 GBO Rdn 101).[342]

140

Identische Anforderungen gelten ebenfalls für eine Löschung einer Dienstbarkeit für ein bislang berechtigtes Grundstück nach der Teilung, wenn dies auf § 1025 S. 2 BGB gestützt wird. Auch insoweit ist dem GBA lückenlos und in der Form des § 29 GBO nachzuweisen, dass ein Vorteil für das herrschende Grundstück entfallen ist.[343] Hierfür genügt nicht bereits der Umstand, dass nunmehr ein weiteres Grundstück zwischen dem herrschenden und dem dienenden Grundstück liegt, da dies noch nicht sicher belegt, dass die Ausübung der Dienstbarkeit rechtlich unmöglich ist.[344] Faktisch dürfte damit die Möglichkeit des Nachweises nach § 22 Abs. 1 GBO nur in seltenen Fällen gegeben sein, so dass typischerweise eine entsprechende Berichtigungsbewilligung des Eigentümers des herrschenden Grundstücks erforderlich ist.

VI. Eigentumsvormerkung

Der Unrichtigkeitsnachweis bezüglich einer mangels Anspruchs nicht bestehenden Eigentumsvormerkung (vgl. Rdn 84) kann insbesondere erbracht werden durch

141

1. einen Nachweis einer wirksamen Auflassung und Umschreibung des Eigentums auf den Vormerkungsberechtigten,[345] sofern aus dem Grundbuch keine vormerkungswidrigen Verfügungen ersichtlich sind,[346] oder durch
2. Vorlage des bestandskräftigen Bescheids über die Versagung einer erforderlichen behördlichen Genehmigung des schuldrechtlichen Grundgeschäfts[347] oder durch
3. weitere Urkunden, die in der Form des § 29 GBO nachweisen, dass der Anspruch erloschen ist. Hierzu zählen insbesondere notarielle Aufhebungsverträge. Dasselbe gilt, wenn der Anspruch auflösend bedingt oder befristet ist und der Eintritt des auflösenden Ereignisses nachgewiesen wird oder eine aufschiebende Bedingung besteht, die sicher ausgefallen ist, wobei auch dies in der Form des § 29 GBO nachzuweisen ist.

VII. Verfügungsbeschränkungen

Die Eintragung und Löschung behördlicher Verfügungsbeschränkungen erfolgt i.d.R. auf Ersuchen einer Behörde (§ 38 GBO). Es ist aber nicht ausgeschlossen, dass der Betroffene unter Vorlage der maßgeb-

142

---

341 OLG Hamm FGPrax 2000, 54, 55 = Rpfleger 2000, 157.
342 OLG Hamm FGPrax 2000, 54, 55 = Rpfleger 2000, 157: In Nordrhein-Westfalen ist insoweit nicht die Aussage eines öffentlich bestellten Vermessungsingenieurs umfasst, dass eine Ver- oder Entsorgungsleitung durch ein bestimmtes Flurstück zu einem Haus auf einem anderen Flurstück führt oder nicht führt, da ein solcher Ausschluss nicht das Ergebnis vermessungstechnischer Ermittlungen sein kann; Gegenstand vermessungstechnischer Ermittlungen kann nur die Feststellung sein, ob sich eine in ihrer Lage in der Örtlichkeit, etwa nach Öffnung des Leitungskanals, bekannte Ver- oder Entsorgungsleitung in einem bestimmten Grundstück befindet.
343 OLG Saarbrücken, FGPrax 2019, 66; OLG Düsseldorf FGPrax 2019, 102.
344 OLG Saarbrücken FGPrax 2019, 66; OLG Düsseldorf FGPrax 2019, 102.
345 BayObLGZ 1983, 301, 304.
346 KG DNotZ 1958, 255, 256 f.
347 BayObLGZ 1959, 223, 225.

J. Berichtigungsbewilligung
I. Rechtsnatur

143 Die Berichtigungsbewilligung ist eine Unterart der Eintragungsbewilligung und findet ihre Grundlage in § 19 GBO.[349] Für die Unterscheidung zwischen Eintragungs-, Löschungs- und Berichtigungsbewilligung, die sämtlich verfahrensrechtliche Grundbucherklärungen sind (siehe § 2 Einl. Rdn 71), kommt es nur auf den aus ihrem Inhalt erkennbaren Zweck an, nicht auf den Eintritt des angestrebten Erfolges (vgl. § 19 GBO Rdn 4).[350] Eine Berichtigungsbewilligung kann ebenso eine rechtsändernde Eintragung herbeiführen,[351] die allerdings nur dann materiell-rechtlich beachtlich ist, wenn eine (ggf. auszulegende oder umzudeutende) Einigung der Beteiligten oder – im Fall der Aufhebung – Aufgabeerklärung des Rechtsinhabers vorliegt.[352] Daran fehlt es, wenn die Beteiligten tatsächlich nur davon ausgingen, dass lediglich eine Anpassung der grundbuchlichen an die materielle Lage erfolgen sollte, da es ihnen dann an dem erforderlichen rechtsgeschäftlichen Erklärungswillen und -bewusstsein in Bezug auf die materielle Änderung fehlt.

144 Für Änderungsbewilligungen gilt vice versa dasselbe. Sie können tatsächlich eine Berichtigung des Grundbuchs herbeiführen,[353] wenn sie im Ergebnis nur bewirken, dass die bestehende Unrichtigkeit beseitigt wird. Sie können aber ebenso die Unrichtigkeit fortdauern lassen oder erstmalig bewirken, wenn sie zu einer inhaltlich unrichtigen Lage im Grundbuch führen. Auf die Berichtigungsbewilligung sind alle für die Bewilligung des § 19 GBO geltenden Vorschriften anzuwenden, soweit nicht aus dem besonderen Zweck Abweichungen geboten sind.[354] Die Wiedereintragung eines gelöschten Rechts kann nur auf eine Berichtigungsbewilligung oder einen formellen Nachweis der Unrichtigkeit gestützt werden, die ursprüngliche Eintragungsbewilligung (Änderungsbewilligung) ist verfahrensrechtlich durch die ursprüngliche Eintragung „verbraucht" (siehe Rdn 7) und kann daher eine Neueintragung nicht rechtfertigen.[355]

II. Inhalt der Berichtigungsbewilligung
1. Eintragungen

145 Der Inhalt der Berichtigungsbewilligung wird bestimmt durch ihren Zweck, die Berichtigung des Grundbuchs herbeizuführen. Folglich muss sie (ggf. unter Zuhilfenahme der Zustimmung des Einzutragenden nach Abs. 2) ergeben, warum das Grundbuch unrichtig ist und dass nach der bewilligten Eintragung die Rechtslage zutreffend wiedergegeben wird.[356] Die bloße Erklärung aller Beteiligten, dass sie die vorhandene Eintragung für unrichtig und die beantragte für richtig halten, genügt schon deshalb nicht, weil ansonsten eine Umgehung des § 20 GBO ermöglicht würde;[357] Abs. 2 wiederum soll gerade die Nachteile für den Einzutragenden kompensieren, die sich aus der Nichtanwendung des § 20 GBO ergeben.[358]

146 Der Unterschied zum Unrichtigkeitsnachweis nach Abs. 1 liegt darin, dass die Umstände für die Unrichtigkeit nicht nachgewiesen, sondern lediglich schlüssig vorgetragen werden müssen.[359] Dies gilt sowohl für die Eintragung eines Eigentümers als auch für ein außerhalb des Grundbuchs entstandenes, auf einen

---

348 Meikel/*Böttcher*, § 22 Rn 128 (unter Bezugnahme auf LG Koblenz Rpfleger 1971, 22 u. OLG Frankfurt Rpfleger 1972, 104).
349 RGZ 73, 154, 156; Meikel/*Böttcher*, § 22 Rn 104; *Demharter*, § 22 Rn 31; Bauer/Schaub/*Schäfer*, § 22 Rn 8.
350 Meikel/*Böttcher*, § 22 Rn 104; Bauer/Schaub/*Schäfer*, § 22 Rn 10.
351 Meikel/*Böttcher*, § 22 Rn 104; Bauer/Schaub/*Schäfer*, § 22 Rn 10.
352 Vgl. OLG München FGPrax 2011, 69.
353 Vgl. Meikel/*Böttcher*, § 22 Rn 112; Bauer/Schaub/*Schäfer*, § 22 Rn 11.
354 Meikel/*Böttcher*, § 22 Rn 104; Bauer/Schaub/*Schäfer*, § 22 Rn 8.
355 BayObLG MittBayNot 1995, 42, 44.
356 OLG München FGPrax 2013, 64, 65; BeckOK GBO/*Holzer*, § 22 Rn 70; Bauer/Schaub/*Schäfer*, § 22 Rn 12 f.; Schöner/Stöber, Rn 364 ff. jew. m.w.N.
357 OLG Stuttgart OLGZ 14, 76, 77 f.
358 Vgl. BeckOK GBO/*Holzer*, § 22 Rn 80 m.w.N.
359 Meikel/*Böttcher*, § 22 Rn 109.

anderen übergegangenes oder in seinem Inhalt geändertes Recht (zur Teillöschung siehe aber Rdn 149) sowie für die Wiedereintragung eines zu Unrecht gelöschten Rechts.

Einer durch die Beteiligten erklärten **Auflassung** soll im Wege der Auslegung eine Berichtigungsbewilligung (und die Zustimmung nach Abs. 2) entnommen werden können.[360] Problematisch ist hieran aber, dass die Erklärung des vermeintlichen Veräußerers, der die Bewilligung zu entnehmen sein soll, in keiner Weise die inhaltlichen Anforderungen an eine Berichtigungsbewilligung (siehe Rdn 145) erfüllt. Eine derartige Auslegung ist aber dennoch geboten, da für eine Berichtigung andernfalls höhere Anforderungen gestellt würden als an die Rechtsänderung. Wäre mithin mit der Auflassung sogar eine Rechtsänderung zulässig, so muss ebenso eine Berichtigung des Grundbuchs zulässig sein.[361] 147

In der (irrtümlichen) Erklärung der Auflassung eines Grundstücks durch den Testamentsvollstrecker an den Erben liegt zugleich ein **Antrag** auf Grundbuchberichtigung.[362] In der Auflassungserklärung lässt sich ohne weiteres der Wille der Parteien erkennen, dass der Auflassungsempfänger in das Grundbuch eingetragen werden soll. Dass insoweit ein ausdrücklicher Antrag erforderlich wäre, kann dem Gesetz nicht entnommen werden. Vielmehr ist auch der Antrag auslegungsfähig, so dass es genügt, dass für das GBA erkennbar wird, dass die entsprechende Eintragung in das Grundbuch erfolgen soll. Die Unrichtigkeit folgt dann bereits aus der erklärten Auflassung, da ihr ohne weiteres die Freigabe zu entnehmen ist. 148

2. Löschungen

Zur Löschung eines Rechts (auch zur teilweisen im Fall der Berichtigung des Inhalts) genügt es aus verfahrensrechtlicher Sicht, wenn lediglich die Löschung gestattet wird, wobei es nicht darauf ankommen soll, ob das Recht tatsächlich erloschen ist oder erst infolge der Löschung aufgrund einer Löschungsbewilligung erlischt.[363] Insoweit sind allerdings die möglicherweise bestehenden Mitwirkungserfordernisse Dritter zu beachten (hierzu umfassend siehe § 19 GBO Rdn 39).[364] Insoweit kommt es nicht darauf an, ob die entsprechende Bewilligung als Berichtigungs- oder als Änderungsbewilligung bezeichnet wird, sondern es ist ausreichend, wenn die Löschung selbst bewilligt wird. 149

Materiell-rechtlich ist für das Erlöschen eines Rechts die Löschungsbewilligung selbst weder erforderlich noch ausreichend, sondern es bedarf einer Aufgabeerklärung i.S.d. § 875 Abs. 1 S. 1 BGB. In einer Löschungsbewilligung liegt allerdings konkludent regelmäßig auch die notwendige materiell-rechtliche Erklärung. Bewilligt der Berechtigte dagegen lediglich die Berichtigung und bestätigt damit nur als Wissenserklärung das Nichtbestehen seines Rechts, so sind die materiellen Wirkungen zweifelhaft. Sind sich die Beteiligten einig, dass zumindest nach der Löschung ein entsprechendes Recht nicht mehr bestehen soll, ist auch die Aufgabe stillschweigend miterklärt. Handelt es sich dagegen nur um eine Wissenserklärung des Buchberechtigten, fehlt es ihm am nötigen rechtsgeschäftliche Erklärungswillen und -bewusstsein, so dass keine Rechtsänderung erklärt und daher die Löschung des materiell weiterhin bestehenden Rechts im Grundbuch unrichtig ist. 150

III. Ersetzung der Berichtigungsbewilligung

Für die Ersetzung der Berichtigungsbewilligung durch sonstige Dokumente gelten dieselben Grundsätze wie bei der Bewilligung einer rechtsändernden Eintragung (siehe § 19 GBO Rdn 48, 174, § 38 GBO Rdn 72 ff.). Ein gerichtliches Urteil, mit dem einer Klage nach § 894 BGB stattgegeben wird, fingiert nach § 894 ZPO die Bewilligung (zur Prüfung siehe Rdn 159). 151

---

360 KG OLGZ 15, 344, 345: Für die Beteiligten biete die Erklärung der Auflassung den Vorteil, dass sie dadurch des Nachweises der Unrichtigkeit enthoben würden.
361 Im Ergebnis ebenso KG OLGZ 15, 344, 345.
362 LG Nürnberg-Fürth Rpfleger 1980, 227 m. Anm. *Meyer-Stolte*.
363 OLG München FGPrax 2011, 69; Meikel/*Böttcher*, § 22 Rn 109; *Schöner/Stöber*, Rn 368.
364 So zu Recht: Bauer/Schaub/*Schäfer*, § 22 Rn 14.

IV. Betroffenheit und Bewilligungsberechtigung

1. Buchberechtigung des Bewilligenden

152 Die Bewilligung muss von demjenigen abgegeben werden, dessen buchmäßiges Recht durch die Eintragung betroffen wird, d.h. gegen den sich auch die Klage nach § 894 BGB richten würde.[365] Teilweise wird die Auffassung vertreten, dass bei anderen Eintragungen als Löschungen oder Berichtigungen des Rechtsinhabers nicht der Eingetragene, sondern der wahre Berechtigte die Änderung zu bewilligen habe.[366] Hiergegen spricht aber bereits, dass nach den grundbuchrechtlichen Vorschriften eine Eintragung nur erfolgt, wenn sie vom Buchberechtigten bewilligt wird. Es wäre daher zunächst ein Nachweis der Berechtigung des wahren Inhabers nötig, um das Grundbuch auf ihn zu berichtigen. Des Weiteren deckt sich eine solche Forderung nicht mit der Handhabung bei der rechtsändernden Bewilligung, da es für die Eintragung ebenfalls nur auf die Bewilligung des Eingetragenen ankommt.[367] Das GBA hat mithin nur die Abgabe der Bewilligung durch den Buchberechtigten zu prüfen.[368]

2. Bewilligungsbefugnis

153 Entscheidend ist aber nicht allein die Stellung als Rechtsinhaber im Grundbuch, sondern die Frage, ob diese auch durch den materiellen Inhaber ausgeübt werden kann, maßgebend ist mithin, ob ihm die **Bewilligungsbefugnis zusteht**. Diese kann ggf. – nach den allgemeinen Grundsätzen – einem anderen als dem Rechtsinhaber (z.B. dem Insolvenzverwalter[369] oder Testamentsvollstrecker) zugewiesen sein.[370] Sie muss – wie immer – bis zum Zeitpunkt der Eintragung vorliegen; allerdings wird der maßgebliche Zeitpunkt unter den Voraussetzungen des **§ 878 BGB** auf die Antragstellung vorverlegt.[371]

3. Maßgeblichkeit des aktuellen Buchstands

154 Die **Berichtigungsbewilligung** des Buchberechtigten reicht nicht weiter als sein **aktuelles Buchrecht**. Ist dieses seit Entstehung der Unrichtigkeit durch spätere Eintragungen beeinträchtigt, so kann die Berichtigung nur das veränderte Buchrecht in seinem derzeitigen Bestand umfassen.

> **Beispiel:** Das Grundstück des A ist mit einer Grundschuld für B belastet, die zu Unrecht gelöscht wird. Nun wird eine Reallast für C eingetragen. Im Wege der Berichtigung kann aufgrund der Bewilligung des A die Grundschuld nur mit Rang nach dem Recht des C eingetragen werden. Das gilt sogar bei Vorliegen der Zustimmung des C, wenn dieser keine Kenntnis von der Fehlerhaftigkeit der Löschung hatte, da er dann mit seinem Recht kraft öffentlichen Glaubens den Vorrang erworben hat. Die Zustimmung ist dann zwar als Rangrücktritt auszulegen, dieser bedarf allerdings einer **konstitutiven** Eintragung (§ 880 Abs. 2 S. 1 BGB), wobei in der Zustimmung regelmäßig auch eine Bewilligung hierzu zu erblicken sein wird, soweit die Zustimmung in ausreichender Form erklärt ist.

4. Mehrere Betroffene

155 Notwendig ist die **Berichtigungsbewilligung aller Betroffenen,** auch derer, die durch die Berichtigung nur möglicherweise eine Beeinträchtigung ihrer Buchposition erleiden können.[372] Dabei ist aber stets zu berücksichtigen, dass eine Beeinträchtigung der bestehenden Buchposition durch die Berichtigung zumindest rechtlich möglich sein muss. Daran fehlt es bei der Berichtigung der Eigentümerstellung im Verhältnis zu einem Vormerkungsberechtigten.[373] Selbst wenn der Vormerkungsberechtigte die Vormerkung gutgläubig erworben hat, schützt ihn die Wirkung des § 883 Abs. 2 BGB in analoger Anwendung auch vor einer Grundbuchberichtigung, so dass sein Erwerbsanspruch nicht gefährdet wird. Ist er vor der Berichtigung geschützt, führt dies jedoch nur zu einer relativen Unwirksamkeit und damit zu einer relativen Unrichtigkeit, die der Berichtigung insgesamt nicht entgegensteht.

---

365 BayObLG DNotZ 1988, 781; Meikel/*Böttcher*, § 22 Rn 105; Bauer/Schaub/*Schäfer*, § 22 Rn 15; Schöner/Stöber, Rn 362; siehe auch RGZ 133, 279, 282.
366 *Demharter*, § 22 Rn 32; ähnlich: Staudinger/*Picker*, BGB, § 894 Rn 97; abl.: Bauer/Schaub/*Schäfer*, § 22 Rn 16 f.
367 Abl. auch Meikel/*Böttcher*, § 22 Rn 105; Bauer/Schaub/*Schäfer*, § 22 Rn 17.
368 Siehe zum verfahrensrechtlichen Ansatz im Grundbuchrecht: *Böttcher*, RpflStud 2003, 97; *Ertl*, DNotZ 1964, 260.
369 OLG Celle NJW 1985, 204 (für die KO); Meikel/*Böttcher*, § 22 Rn 106.
370 Meikel/*Böttcher*, § 22 Rn 106; Demharter, § 22 Rn 35; Bauer/Schaub/*Kössinger*, § 19 Rn 149 ff.; eingehend auch: *Böttcher*, Rpfleger 1983, 49.
371 Bauer/Schaub/*Kössinger*, § 19 Rn 150, 164 ff. Hierzu auch eingehend: Staudinger/*Heinze*, BGB, § 878 Rn 22 ff., 51, 68.
372 Siehe auch: Meikel/*Böttcher*, § 22 Rn 107.
373 OLG München DNotZ 2023, 358, 359 f.

V. Form

Die Berichtigungsbewilligung ist eine zur Eintragung erforderliche Erklärung und muss daher nach § 29 Abs. 1 S. 1 GBO zumindest in öffentlich beglaubigter Form vorgelegt werden. 156

Für ein die Bewilligung ersetzendes Ersuchen gilt die Formvorschrift des § 29 Abs. 3 GBO, d.h. das Schriftstück muss gesiegelt sein und eine[374] Unterschrift aufweisen (siehe § 29 GBO Rdn 122 f.). Nach § 29 Abs. 3 S. 2 GBO kann anstelle der Siegelung maschinell ein Abdruck des Dienstsiegels eingedruckt oder aufgedruckt werden. Auf das Erfordernis der Unterschrift kann hierdurch aber nicht verzichtet werden. 157

VI. Prüfung der Berichtigungsbewilligung und der Surrogate

1. Berichtigungsbewilligung

Das GBA braucht und hat die in der Berichtigungsbewilligung und der Zustimmung nach Abs. 2 dargestellten Tatsachen, aus denen sich die Unrichtigkeit ergibt, nicht inhaltlich, sondern nur auf Schlüssigkeit zu prüfen; das schlüssig Vorgetragene ist demnach als wahr zu unterstellen.[375] Ergibt sich jedoch aus den vorgelegten Urkunden oder aus anderen dem GBA bekannten Umständen, dass das Grundbuch durch die beantragte Eintragung (oder Löschung) erstmals unrichtig würde oder dass die Unrichtigkeit bestehen bliebe, so ist die Eintragung aber dennoch abzulehnen (Legalitätsprinzip, siehe § 2 Einl. Rdn 34 ff.).[376] Erhebliche oder begründete Zweifel des Grundbuchamts reichen demgegenüber nicht.[377] Eine Differenzierung zwischen einfachen Bedenken, die eine Zurückweisung nicht rechtfertigen, und erheblichen oder begründeten Zweifeln lässt sich bereits nicht nachvollziehbar begründen.[378] Des Weiteren sind Zweifel an der Richtigkeit grundsätzlich nicht geeignet, eine Eintragung abzulehnen, da das Legalitätsprinzip allein verlangt, dass das Grundbuch nicht wissentlich falsche Eintragungen vornimmt. Das GBA wäre aber auch bei einer rechtsändernden Bewilligung nicht berechtigt, diese aufgrund von Zweifeln abzulehnen, so dass für eine Berichtigung nichts anderes gelten kann. Vor diesem Hintergrund darf die Eintragung nur bei positiver Kenntnis von der Unrichtigkeit der begehrten Eintragung abgelehnt werden. 158

2. Ersuchen und Urteil nach § 894 BGB, § 894 ZPO

Bei einem behördlichen Ersuchen hat das GBA typischerweise keine inhaltliche Prüfungskompetenz (vgl. § 38 GBO Rdn 88 f.); das gilt uneingeschränkt auch für berichtigende Eintragungen.[379] Es hat aber zu prüfen, ob die beantragte Eintragung eine gesetzliche Grundlage hat, ob also die Behörde zu einem Ersuchen der in Rede stehenden Art abstrakt befugt ist.[380] Weiter muss es untersuchen, ob die formellen Voraussetzungen des Eintragungsersuchens erfüllt sind, ob dieses alle für die beantragte Eintragung notwendigen Angaben enthält und ob die erforderlichen Unterlagen vorliegen.[381] Das GBA darf eine Eintragung dann nicht vornehmen, wenn es sicher weiß, dass die ersuchte Eintragung unrichtig ist.[382] 159

Wird die Berichtigungsbewilligung durch ein Urteil nach § 894 ZPO fingiert, so ersetzt der Titel nur die Bewilligung; ihm kommt also keine weitergehende Wirkung zu (siehe Rdn 118). Das GBA hat folglich insoweit ein eingeschränktes Prüfungsrecht als die bestehende Unrichtigkeit und deren Beseitigung durch die Vornahme der Eintragung zumindest schlüssig begründet werden müssen (vgl. Rdn 158). Da der Te- 160

---

374 OLG Zweibrücken Rpfleger 2001, 71 = FGPrax 2001, 10: Es besteht keine Verpflichtung, die Zahl der nach den für die betreffende Behörde geltenden Formvorschriften erforderlichen Unterschriften zu ermitteln; nach § 29 Abs. 3 GBO genügt grundsätzlich eine Unterschrift. Die Vertretungsbefugnis des Unterzeichners darf jedoch in Zweifel gezogen werden, wenn insoweit konkrete Anhaltspunkte bestehen; *Demharter*, § 29 Rn 46.

375 OLG Jena FGPrax 2001, 12 = Rpfleger 2001, 125; Meikel/*Böttcher*, § 22 Rn 114; *Demharter*, § 22 Rn 31 lit. C; Bauer/Schaub/*Schäfer*, § 22 Rn 12; anders noch: KG OLGZ 2, 410, 411: Unrichtigkeit und Berechtigung des Einzutragenden müssen nachgewiesen werden, ein Urteil nach § 894 BGB reiche für Letzteres nicht aus; siehe auch: KG OLGZ 15, 344, 345.

376 RGZ 73, 154, 157; OLG Jena FGPrax 2001, 12, 13 = Rpfleger 2001, 125; Meikel/*Böttcher*, § 22 Rn 114; *Demharter*, § 22 Rn 31 lit. C; BeckOK GBO/*Holzer*, § 22 Rn 23; Bauer/Schaub/*Schäfer*, § 22 Rn 12.

377 So aber OLG Jena FGPrax 2001, 12, 13 = Rpfleger 2001, 125; Meikel/*Böttcher*, § 22 Rn 114; Bauer/Schaub/*Schäfer*, § 22 Rn 12; a.A. *Demharter*, § 22 Rn 31 lit. c; BeckOK GBO/*Holzer*, § 22 Rn 23 m.w.N.

378 Abl. auch *Demharter*, FGPrax 2001, 54, 55.

379 BayObLGZ 1970, 182, 185; 1985, 372, 374 = Rpfleger 1986, 129; BayObLG DNotZ 1988, 781, 782.

380 BGH NJW 1956, 463; BayObLGZ 1970, 182, 185.

381 BayObLGZ 1985, 372, 374.

382 BayObLGZ 1985, 372, 374; BayObLG DNotZ 1988, 781, 782.

nor insoweit unergiebig sein wird, muss das Grundbuchamt die Entscheidungsgründe heranziehen. Dem steht das Formgebot des § 29 GBO nicht entgegen, da auch die Urteilsgründe Teil der öffentlichen Urkunde sind und deshalb die gebotenen Anforderungen erfüllen.[383] Sind die Voraussetzungen für die Berichtigung nicht erfüllt, so hat das GBA den Antrag ebenso zurückzuweisen wie einen Berichtigungsantrag, bei dem in der vorgelegten Bewilligung die Unrichtigkeit und das Richtigwerden durch die begehrte Eintragung nicht schlüssig vorgetragen werden. Vor diesem Hintergrund ist es demnach nicht ausreichend, wenn lediglich eine Urteilsausfertigung vorgelegt wird, die mit einer abgekürzten Begründung versehen ist, da es sich um ein Anerkenntnisurteil handelt. Insoweit existiert in der Konsequenz lediglich die Bewilligung, es fehlt aber an der schlüssigen Darlegung, so dass eine Eintragung nicht erfolgen kann.[384]

K. Eintragung eines Eigentümers oder Erbbauberechtigten

I. Entwicklung und Bedeutung des § 22 Abs. 2 GBO

161 Wegen der „Bedeutung der in Frage stehenden Rechte"[385] und weil das Eigentum „auch Verpflichtungen öffentlich-rechtlicher Natur, insbesondere in polizeilicher und steuerlicher Hinsicht auferlege",[386] sah es der historische Gesetzgeber als notwendig an, dass der **als Eigentümer oder Erbbauberechtigter Einzutragende** dieser Eintragung zustimmt. Zwar treffen diese Verpflichtungen nur den wahren Eigentümer (und das unabhängig von dessen Eintragung[387]), doch soll ihretwegen nach Auffassung des Gesetzgebers verhindert werden, dass einem anderen ohne dessen Zutun der Rechtsschein der Eigentümerstellung (vgl. § 891 BGB) aufgezwungen werden kann.[388]

162 Das Zusatzerfordernis des § 22 Abs. 2 GBO bezog sich nach der ursprünglichen Fassung der Vorschrift sowohl auf die bewilligte Grundbuchberichtigung als auch auf eine durch Unrichtigkeitsnachweis begründete Eintragung.[389] Erst durch § 1 der VereinfVO vom 5.10.1942 wurde in Abs. 2 im Nebensatz die Alternative „oder die Unrichtigkeit nachgewiesen wird" eingefügt (vgl. den nunmehrigen Wortlaut der Vorschrift).[390] Hintergrund war insbesondere, dass auf diese Weise das Grundbuch auch zwangsweise nach dem ebenfalls eingeführten § 82a GBO auf die Erben ohne deren Mitwirkung berichtigt werden konnte. Zudem verfehlte nach Ansicht des „Gesetzgebers" Abs. 2 sein Ziel, wenn es um die Berichtigung des Grundbuchs aufgrund nachgewiesener Unrichtigkeit gehe, da nur im Fall der Eintragung aufgrund einer Bewilligung der Einzutragende schutzwürdig sei.[391]

163 Die Genese der Einschränkung in Abs. 2 erklärt auch, warum die verbliebene Regelung der Norm an (aus heutiger Sicht) systematisch unzutreffender Stelle[392] steht, nämlich als Abs. 2 des die Berichtigung (nur) aufgrund Unrichtigkeitsnachweises behandelnden § 22 GBO statt als eigenständige Norm hinter § 19 GBO oder § 20 GBO.

II. Erweiterungen und Einschränkungen des Anwendungsbereichs

1. Zustimmungserfordernis auch bei originärem Eigentumserwerb

164 Entsprechende Anwendung findet Abs. 2 im Fall eines originären Eigentumserwerbs nach § 927 Abs. 2 BGB (Aufgebotsverfahren bei Ersitzung) oder § 928 Abs. 2 BGB (Aufgabe des Eigentums und Aneignung durch den Fiskus), für den die Eintragung konstitutiv ist;[393] ausreichend ist hierfür auch ein formgerechter gemischter Antrag nach § 30 GBO.[394] Für § 927 Abs. 2 BGB führt das im Ergebnis aber dennoch nicht dazu, dass eine öffentlich beglaubigte Zustimmungserklärung vorgelegt oder der Antrag in

---

383 OLG München BeckRS 2020, 15503.
384 So im Ergebnis auch OLG München BeckRS 2020, 15503.
385 Denkschrift bei *Hahn/Mugdan*, Materialien V (ZVG u. GBO), S. 157.
386 Kommissionsbericht RT bei *Hahn/Mugdan*, Materialien V (ZVG u. GBO), S. 219; siehe auch: RGZ 73, 154, 156.
387 Meikel/*Böttcher*, § 22 Rn 146 (deswegen den Sinn der Vorschrift bezweifelnd).
388 So auch Bauer/Schaub/*Schäfer*, § 22 Rn 239.
389 Kommissionsbericht RT bei *Hahn/Mugdan*, Materialien V (ZVG u. GBO), S. 219.
390 RGBl I 1942, 573.
391 *Hesse*, DFG 1943, 17.
392 So Bauer/Schaub/*Schäfer*, § 22 Rn 5, 238.
393 Bauer/Schaub/*Schäfer*, § 22 Rn 241 m.w.N.
394 OLG Schleswig BeckRS 1987, 07014.

dieser Form gestellt werden muss, da der Ausschließungsbeschluss eine öffentliche Urkunde ist, die den Willen des sie veranlassenden Antragstellers zum Eigentumserwerb bereits hinreichend belegt.[395] Bei der fiskalischen Aneignungserklärung (§ 928 Abs. 2 BGB) stellen sich in der Praxis deshalb keine diesbezüglichen Fragen, weil die zuständige Stelle den Antrag typischerweise in der Form des § 29 Abs. 3 GBO stellen wird. Dies ist allerdings auch erforderlich, da auf eine Erklärung, die diese Anforderungen nicht einhält, die Eintragung nicht erfolgen kann, da es dann am formgerechten Nachweis fehlt. Soweit der Staat auf sein Aneignungsrecht verzichtet hat und demzufolge jedermann zur Aneignung berechtigt ist,[396] muss der Betreffende seine Zustimmung ebenfalls formgemäß (§ 29 Abs. 1 S. 1 GBO) erklären oder daher den Antrag auf Eintragung zumindest in öffentlich beglaubigter Form stellen.[397]

2. Grundstücksgleiche Rechte

Abs. 2 gilt nicht nur für das ausdrücklich genannte Erbbaurecht, sondern nach § 144 Abs. 1 GBO auch für landesrechtliche Erbpacht-, Büdner- und Häusler- (Art. 63 EGBGB) sowie Mineraliengewinnungsrechte (Art. 68 EGBGB) und nach überwiegender Ansicht in analoger Anwendung für andere grundstücksgleiche Rechte.[398] Gegen eine solche Analogie spricht allerdings die Gesetzessystematik, da lediglich ein grundstücksgleiches Recht in der Norm genannt ist und daher eine Vermutung dafür spricht, dass die Fassung der Norm auf einer bewussten Entscheidung des Gesetzgebers beruht und dies deshalb einer Analogie entgegensteht. Hätte der Gesetzgeber eine analoge Anwendung auf alle grundstücksgleichen Rechte gewollt, so wäre es ein Leichtes gewesen, die Norm entsprechend zu fassen. In der Konsequenz lassen systematische Erwägungen eine entsprechende Anwendung auf andere grundstücksgleiche Rechte nicht zu.

165

3. Einschränkungen

Abs. 2 gilt nicht,

166

a) wenn lediglich die Bezeichnung des Berechtigten richtiggestellt wird (vgl. Rdn 15 ff.),
b) im Fall der Antragstellung durch einen nach **§ 14 GBO** antragsberechtigten Gläubiger des einzutragenden Eigentümers oder Erbbauberechtigten (vgl. § 14 GBO Rdn 1 ff.),[399]
c) wenn die Eintragung auf **Ersuchen** (§ 38 GBO) erfolgt, denn das Ersuchen ersetzt auch die Zustimmung (vgl. § 38 GBO Rdn 73) oder
d) wenn die Unrichtigkeit nachgewiesen ist (siehe Rdn 162).

Nach teilweise vertretener Ansicht soll Abs. 2 zudem teleologisch zu reduzieren sein, wenn der Einzutragende bereits als (Gesamthands- oder Bruchteils-)Eigentümer im Grundbuch eingetragen ist.[400] Dies überzeugt aber richtigerweise nicht. Im Hinblick auf das Bruchteilseigentum folgt dies schon daraus, dass durch die Erhöhung des Anteils auch die Haftung zumindest potenziell steigt und daher auch die hieraus folgenden Verpflichtungen sich vermehren können. Dasselbe gilt richtigerweise auch für die Gesamthand, wie insbesondere die Erbengemeinschaft (siehe Rdn 49), weil dort zwar ohnehin eine entsprechende Haftung für sämtliche Beteiligte eintritt, allerdings durch die Erhöhung der Quote auch insoweit eine Ausweitung eintreten kann.

III. Voraussetzungen des § 22 Abs. 2 GBO

Die Vorschrift setzt voraus, dass ein anderer Eigentümer oder Erbbauberechtigter im Wege der Berichtigung aufgrund einer Bewilligung eingetragen werden soll, gleichgültig, ob es sich dabei um eine Allein-, Bruchteils- oder Gesamthandsberechtigung handelt (zu den Fällen der §§ 927, 928 BGB siehe Rdn 164). Notwendig ist die Zustimmung des einzutragenden Berechtigten; sind es mehrere, so bedarf

167

---

395 OLG Jena FGPrax 2003, 9, 10 = Rpfleger 2003, 177, 178; siehe auch: *Saenger*, MDR 2001, 134, 135; a.A. *Demharter*, Anh. zu § 44 Rn 6.
396 BGHZ 108, 278, 282 = DNotZ 1990, 291; Staudinger/*Diehn*, BGB, § 928 Rn 24 f.; Grüneberg/*Herrler*, BGB, § 928 Rn 4; MüKo-BGB/*Ruhwinkel*, § 928 Rn 12.
397 OLG Schleswig BeckRS 1987, 07014.
398 *Demharter*, § 22 Rn 62, dort auch weitere Beispiele; vgl. ebenso: Meikel/*Böttcher*, § 22 Rn 149; Bauer/Schaub/*Schäfer*, § 22 Rn 241.
399 *Stöber*, Rpfleger 1976, 197, 199.
400 KG OLGZ 46, 223, 225; *Demharter*, § 22 Rn 55.

es der Zustimmung aller.[401] Die Zustimmung des Einzutragenden kann dabei auch zur Ergänzung der Berichtigungsbewilligung des Betroffenen dienen, indem sich aus der Zusammenschau beider Erklärungen schlüssig die bestehende Unrichtigkeit und ihre Beseitigung durch die erstrebte Eintragung ergibt.

168 Wird die **Berichtigungsbewilligung durch** ein **Urteil nach § 894 BGB ersetzt**, so weist dieses Urteil zugleich in öffentlicher Urkunde nach, dass der Kläger seiner Eintragung in das Grundbuch zustimmt, da er dies bereits durch seine Klageerhebung deutlich macht. Der Vorlage einer gesonderten Zustimmungserklärung des Einzutragenden (in der Form des § 29 Abs. 1 S. 1 GBO) bedarf es in diesem Fall nicht.[402] Zur Frage der Bindung an ein solches Urteil siehe Rdn 118.

Ist eine Zustimmung nach § 22 Abs. 2 GBO erforderlich, so muss diese in der Form des § 29 GBO dem GBA eingereicht werden.[403] Gibt nicht der Eigentümer selbst, sondern ein Vertreter diese Erklärung ab, so muss dem GBA in der Form des § 29 GBO ebenfalls die Vertretungsmacht des Vertreters lückenlos nachgewiesen werden, um eine Eintragung zu gestatten.[404]

L. Voraussetzungen des Berichtigungsverfahrens

I. Antragsgrundsatz

169 Auch im Fall der Unrichtigkeit des Grundbuchs gilt der Antragsgrundsatz (siehe § 13 GBO Rdn 3) mit allen sich daraus ergebenden Folgen. Eine Anregung auf Löschung wegen Gegenstandslosigkeit (§ 85 Abs. 1 GBO) kann als Berichtigungsantrag auszulegen sein.[405] Für das GBA besteht weder eine Amtspflicht, die Unrichtigkeit zu beseitigen, selbst wenn es sie kennt, noch eine Amtsermittlungspflicht, solange nicht die Voraussetzungen der Verfahren nach den §§ 53 Abs. 1 S. 1, 82a, 84 GBO (oder der Annexverfahren nach den §§ 9 Abs. 2, 48, 51, 52 GBO) vorliegen. Es sollte aber die Beteiligten auf eine festgestellte Unrichtigkeit hinweisen und sie zur Stellung der Anträge veranlassen.[406] Gegebenenfalls hat das GBA – unter Beachtung der Frist nach Abs. 1 S. 1 der Anm. zu Nr. 14110 KV-GNotKG – das Zwangsverfahren nach § 82 GBO einzuleiten.[407]

170 **Antragsberechtigt** ist derjenige,

1. dessen Recht nicht oder nicht richtig eingetragen ist, also der unmittelbar gewinnende Teil, wobei es genügt, dass der Antragsteller das Vorliegen einer ihn betreffenden Unrichtigkeit schlüssig behauptet (vgl. § 13 GBO Rdn 75 f., 86;[408] bei der Berichtigung von Bodenreformgrundstücken in Anwendung des Art. 233 § 11 Abs. 2 S. 1 EGBGB gibt es insoweit keine Besonderheiten, vgl. aber insbesondere Art. 233 § 11 Abs. 5 EGBGB[409]),
2. der zu Unrecht eingetragen ist, also der unmittelbar betroffene Teil als Buchberechtigter, wenn sich der Berichtigungsanspruch gegen ihn richtet,[410] oder
3. dem nach Maßgabe des § 14 GBO ein Antragsrecht zusteht (siehe § 14 GBO Rdn 7 ff.).

Sind mehrere Personen nach Nr. 1 antragsberechtigt, kann jeder allein den Antrag auf Eintragung aller stellen (siehe § 13 GBO Rdn 78 ff.).[411] Steht das Recht ihnen allerdings zur ganzen Hand zu, insbesondere im Falle der Erbengemeinschaft, so ist die Ausübung nur zusammen möglich.[412] Im Fall der bewilligten Berichtigung muss jedoch für die Durchführung der Berichtigung die nach Abs. 2 notwendige Zustimmung sämtlicher einzutragender Berechtigter vorliegen (siehe Rdn 167); bei nachgewiesener Unrichtigkeit genügen hingegen der Antrag eines Beteiligten und der Nachweis der Unrichtigkeit. Im Fall der Pfän-

---

401 Meikel/*Böttcher*, § 22 Rn 150; *Demharter*, § 22 Rn 56; BeckOK GBO/*Holzer*, § 22 Rn 83; *Schöner/Stöber*, Rn 370.
402 OLG Jena FGPrax 2001, 56, 57 = ZfIR 2001, 779; vgl. auch Bauer/Schaub/*Schäfer*, § 22 Rn 245.
403 OLG München FGPrax 2012, 104.
404 OLG München DNotZ 2023, 358, 361.
405 BayObLG NJW-RR 1989, 1495, 1496; zust.: *Demharter*, § 84 Rn 16; siehe auch: BayObLGZ 1959, 223, 228. Zur gegenteiligen Frage vgl. OLG Hamm Rpfleger 1994, 248 = NJW-RR 1994, 271.
406 Meikel/*Böttcher*, § 22 Rn 89.
407 OLG Frankfurt Rpfleger 2002, 433 = IBRRS 2007, 1595; *Dümig*, Rpfleger 2002, 433, 435.
408 BayObLG DNotZ 1991, 598, 599; OLG Frankfurt Rpfleger 1996, 403; OLG München FGPrax 2013, 64, 65; *Böttcher*, RpflStud 1991, 33, 38; BeckOK GBO/*Holzer*, § 22 Rn 14; Bauer/Schaub/*Schäfer*, § 22 Rn 13; a.A. (nur der wahre Inhaber des Berichtigungsanspruchs sei antragsberechtigt): BGH NJW 2014, 1593; *Demharter*, § 22 Rn 45.
409 Dazu auch: *Demharter*, § 22 Rn 46.
410 BayObLGZ 1969, 284, 288 = Rpfleger 1970, 26; *Demharter*, § 22 Rn 45.
411 Meikel/*Böttcher*, § 22 Rn 90; *Schöner/Stöber*, Rn 360.
412 OLG München NJW-RR 2019, 404, 405 f.; siehe auch zu einem Mitglied einer deutschrechtlichen Separationsgemeinschaft: OLG Naumburg NJW-RR 2020, 1027.

dung eines Miterbenanteils kann nach h.M. der Pfändungsgläubiger allein die Grundbuchberichtigung durch Eintragung aller Erben und Eintragung des Pfändungsvermerks beantragen (gem. § 13 Abs. 1 S. 2 Alt. 2 GBO, nicht nach § 14 GBO), wenn er die Erbfolge (§ 35 GBO) und die Wirksamkeit der Pfändung nachweist.[413]

II. Wahl zwischen Berichtigungsbewilligung und Unrichtigkeitsnachweis

Zwischen der Möglichkeit der Berichtigungsbewilligung und der des Unrichtigkeitsnachweises hat der Antragsteller grundsätzlich die Wahl (vgl. Rdn 8; zur unrichtigen Beurteilung der Rechtslage durch das GBA siehe Rdn 30).[414] Dies gilt auch für die **Eintragung eines Eigentümers oder Erbbauberechtigten**.[415] Indes genügen Bewilligung und Zustimmung nur dann, wenn zusätzlich der Vortrag zur Grundbuchunrichtigkeit hinreichend schlüssig ist (siehe Rdn 145 f.). Der Unrichtigkeitsnachweis ersetzt nur die Berichtigungsbewilligung und die Zustimmung nach Abs. 2, nicht die sonstigen Voraussetzungen (siehe Rdn 174).

171

III. Rechtliches Gehör

Vor der Berichtigung des Grundbuchs aufgrund Unrichtigkeitsnachweises ist wegen Art. 103 Abs. 1 GG (siehe § 2 Einl. Rdn 27) denjenigen **rechtliches Gehör** zu gewähren, deren grundbuchmäßiges Recht durch die Eintragung beeinträchtigt werden kann.[416] Dabei muss allerdings das GBA selbst ermitteln, wer als Beteiligter in Betracht kommt, und darf daher nicht vom Antragsteller verlangen, die entsprechenden Daten zu liefern.[417] Nach einer Ansicht soll dann selbst gelten, wenn das GBA bereits weiß, dass es den Berichtigungsantrag zurückweisen wird.[418] Dem ist jedoch entgegenzuhalten, dass es hier an einer möglichen Beeinträchtigung des eingetragenen Berechtigten fehlt, so dass die Anhörung bloße Förmelei wäre.[419] Vom Rechtsbeschwerdegericht kann die unterbliebene Anhörung zwar nicht nachgeholt werden; möglich ist insoweit aber eine Zurückverweisung an das GBA.[420] Liegt hingegen eine Berichtigungsbewilligung zugrunde, müssen die Bewilligenden nicht nochmals angehört werden.

172

IV. Einwendungen gegen die Grundbuchberichtigung

Die dem Betroffenen im Prozess gegen die Klage auf Grundbuchberichtigung zustehenden Einwendungen können im Grundbuchberichtigungsverfahren vom GBA mit den ihm zur Verfügung stehenden Mitteln nur in ganz engem Maß berücksichtigt werden. So kann z.B. die im Prozess zulässige Einrede eines Zurückbehaltungsrechts wegen Verwendungen auf das Grundstück[421] der Grundbuchberichtigung aufgrund Unrichtigkeitsnachweises nach überwiegender Ansicht nicht entgegengesetzt werden.[422] Dies erweist sich zwar im Regelfall als zutreffend, ergibt sich aber nicht aus einer rechtlich zwingenden Folgerung, sondern resultiert nur aus typischerweise bestehenden praktischen Schwierigkeiten. Ein bestehendes Zurückbehaltungsrecht kann regelmäßig nicht in der Form des § 29 GBO nachgewiesen werden, so dass es deshalb keine Berücksichtigung finden kann.[423] Ist es dagegen dem Buchberechtigten

173

---

413 Meikel/*Böttcher*, § 22 Rn 93; Bauer/Schaub/*Schäfer*, § 22 Rn 168; *Stöber*, Rpfleger 1976, 197; a.A. OLG Zweibrücken Rpfleger 1976, 214; nicht möglich ist die Eintragung der Verpfändung eines GbR-Anteils im Grundbuch: BGH NotZ 2017, 28.
414 Meikel/*Böttcher*, § 22 Rn 96 ff.
415 RGZ 73, 154, 155; *Demharter*, § 22 Rn 28; BeckOK GBO/*Holzer*, § 22 Rn 20; Bauer/Schaub/*Schäfer*, § 22 Rn 25; a.A. *Wolff/Raiser*, § 33 Fn 17 (S. 103) m.w.N.: Der Unrichtigkeitsnachweis sei unersetzbar, weil ansonsten § 20 GBO umgangen würde. In Bezug auf das Erbbaurecht geht diese Kritik aber schon deshalb fehl, weil nach § 11 Abs. 1 S. 1 ErbbauRG keine Auflassungsform notwendig ist und damit die durch Bewilligung gem. § 19 GBO und Zustimmung nach § 22 Abs. 2 GBO zutage tretende Willensübereinstimmung i.d.R. genügen muss.
416 BGHZ 194, 60; BGH Rpfleger 2005, 135 = ZfIR 2005, 106, 108; BayObLGZ 1999, 174, 176 = Rpfleger 1999, 485; BayObLG Rpfleger 2005, 21 = IBRRS 2004, 3195; OLG Zweibrücken Rpfleger 1999, 532, 533 = NJW-RR 2000, 94; Meikel/*Böttcher*, Einl. C Rn 87 f.; *Demharter*, § 1 Rn 68 f., § 22 Rn 49; BeckOK GBO/*Holzer*, § 22 Rn 21; wegen der Abgrenzung zu Art. 20 Abs. 3 GG vgl. OLG München FGPrax 2014, 51, 52.
417 OLG Hamm MittBayNot 2023, 270.
418 BayObLG Rpfleger 2005, 21 = IBRRS 2004, 3195; Meikel/*Böttcher*, Einl. C Rn 87 ff.
419 Vgl. *Demharter*, § 1 Rn 69 m.w.N.
420 BayObLG Rpfleger 2005, 21 = IBRRS 2004, 3195; anders: Meikel/*Schmidt-Räntsch*, § 77 Rn 23.
421 RGZ 163, 62, 63.
422 BayObLGZ 1959, 223, 227 = DNotZ 1959, 543, 544; OLG München FGPrax 2023, 104, 105.
423 Unzutreffend aber OLG München FGPrax 2023, 104, 105, das davon ausgeht, das Grundbuchamt müsste Ermittlungen anstellen, wenn eine grundsätzliche Beachtlichkeit einer Position bestünde.

möglich, das Zurückbehaltungsrecht (bspw. durch ein entsprechendes Urteil) nachzuweisen, so muss das GBA diesen Umstand richtigerweise beachten und kann daher die Berichtigung nicht vollziehen.

Hinsichtlich des Einwands unzulässiger Rechtsausübung hat der BGH entschieden, dass dieser dem auf Löschung gerichteten Berichtigungsbegehren des Grundstückseigentümers entgegengehalten werden kann.[424] Insoweit muss aber ebenfalls das Bestehen dieses Einwands dem GBA in der Form des § 29 GBO eingereicht werden. Ebenso kann der Betroffene einem Berichtigungsbegehren den Einwand der Verwirkung des Anspruchs aus § 894 BGB entgegenhalten (vgl. Rdn 27).[425] Auch insoweit ist aber die Formvorgabe für das Grundbuchrecht (§ 29 GBO) einzuhalten.

V. Sonstige Voraussetzungen

174 Als weitere Voraussetzungen müssen (ggf. neben der o.g. Zustimmung des Einzutragenden in Fällen des Abs. 2, siehe Rdn 161 ff.) vorliegen:

1. in den Fällen der §§ 23, 24 GBO die dort genannten Voraussetzungen,
2. zur Löschung eines Grundpfandrechts (aufgrund einer Bewilligung) die Zustimmung des Grundstückseigentümers (§ 27 S. 1 GBO),
3. ggf. die Briefvorlage (§§ 41, 42 GBO),
4. ggf. die Unbedenklichkeitsbescheinigung des Finanzamts,[426] sofern nicht die fehlende Steuerbarkeit offensichtlich ist oder die obersten Finanzbehörden des jeweiligen Landes gem. § 22 Abs. 1 S. 2 GrEStG im Einvernehmen mit den Landesjustizverwaltungen Ausnahmen von der Vorlagepflicht bestimmt haben, insbesondere im Fall der Erbfolge,[427] und
5. **familien-, betreuungs- bzw. nachlassgerichtliche Genehmigungen**, wenn der Rechtsvorgang als rechtsgeschäftliche Rechtsänderung einer Genehmigungspflicht unterliegt (siehe § 20 GBO Rdn 81 ff., 159), was aber **nur bei bewilligten Berichtigungen der Fall sein kann**, um hierdurch eine Umgehung des Genehmigungserfordernisses zu verhindern, während bei nachgewiesener Unrichtigkeit diese Mitwirkungserfordernisse schon deshalb nicht bestehen, weil es an entsprechenden Erklärungen fehlt und die Rechtslage auch nicht verändert werden kann.[428]

Das Erfordernis der **Voreintragung** des Bewilligenden nach § 39 Abs. 1 GBO ist stets gegeben, da nur der Buchberechtigte bewilligungsberechtigt ist (siehe Rdn 152).[429]

VI. Rechtsfolgen einer Verletzung des § 22 GBO

175 § 22 GBO ist eine **reine Ordnungsvorschrift**, deren Verletzung als solche nicht zur Unwirksamkeit der so entstandenen Eintragung führt.[430]

M. Zurückweisung eines Antrags auf Berichtigung aufgrund Unrichtigkeitsnachweises

176 Wird ein Antrag auf Berichtigung des Grundbuchs nach Abs. 1 zurückgewiesen, so ist zu beachten, dass § 71 Abs. 2 GBO auch hier die (unbeschränkte) Beschwerde ausschließt, wenn sich der Beschwerdeführer faktisch gegen die ursprüngliche Eintragung wendet, d.h. wenn sich der zurückgewiesene Antrag gegen eine bereits im Grundbuch vorhandene Eintragung (deren Berichtigung verlangt wurde) mit der Begründung richtete, diese sei bereits von Anfang an unrichtig gewesen (siehe § 71 GBO Rdn 38 f.).[431] Dies führt in der Sache nämlich zu nichts anderem als einem Angriff auf die ursprüngliche Eintragung, so dass die

---

424 BGH DNotZ 1976, 22, 23 = NJW 1974, 1651.
425 OLG Braunschweig NdsRpfl 1962, 16 = BWNotZ 1962, 223 (Ls.); Bauer/Schaub/*Schäfer*, § 22 Rn 163; a.A. Meikel/*Böttcher*, § 22 Rn 168.
426 Dazu auch: OLG Frankfurt DNotI-Report 2005, 14.
427 Vgl. auch: Meikel/*Böttcher*, § 22 Rn 160 f.; Schöner/*Stöber*, Rn 148 ff.
428 *Böttcher*, Rpfleger 1987, 485; Meikel/*Böttcher*, § 22 Rn 169; Bauer/Schaub/*Schäfer*, § 22 Rn 262; a.A. *Damrau*, FamRZ 1984, 842, 850 (auch bei bewilligter Berichtigung keine Genehmigungsbedürftigkeit).
429 BayObLG DNotZ 1988, 781.
430 *Demharter*, § 22 Rn 3; BeckOK GBO/*Holzer*, § 22 Rn 8; Bauer/Schaub/*Schäfer*, § 22 Rn 6.
431 OLG Frankfurt BeckRS 2017, 148281: Lehnt das GBA die Berichtigung einer ursprünglich unrichtigen Löschung ab, kann der Beteiligte mit der Beschwerde nur die Eintragung eines Amtswiderspruchs verfolgen; OLG München FGPrax 2014, 15; OLG Rostock BeckRS 2018, 15864; BeckOK GBO/*Holzer*, § 22 Rn 100.

unbeschränkte Zulassung dieser Beschwerde die Wertung des § 71 Abs. 2 GBO unterlaufen würde. Keine Beschränkungen bestehen hingegen, wenn eine nachträgliche Unrichtigkeit des Grundbuchs gerügt wird, da insoweit die Wertung des § 71 Abs. 2 GBO nicht eingreift.[432] Die Beschwerde ist im Übrigen ausgeschlossen, wenn sich der Beschwerdeführer gegen seine Eintragung als Eigentümer im Grundbuch wendet, um die Wiedereintragung des früheren Eigentümers zu erreichen.[433]

§ 23 [Löschung von Rechten auf Lebenszeit]

(1) Ein Recht, das auf die Lebenszeit des Berechtigten beschränkt ist, darf nach dessen Tod, falls Rückstände von Leistungen nicht ausgeschlossen sind, nur mit Bewilligung des Rechtsnachfolgers gelöscht werden, wenn die Löschung vor dem Ablauf eines Jahres nach dem Tod des Berechtigten erfolgen soll oder wenn der Rechtsnachfolger der Löschung bei dem Grundbuchamt widersprochen hat; der Widerspruch ist von Amts wegen in das Grundbuch einzutragen. Ist der Berechtigte für tot erklärt, so beginnt die einjährige Frist mit dem Erlaß des die Todeserklärung aussprechenden Urteils.

(2) Der im Absatz 1 vorgesehenen Bewilligung des Rechtsnachfolgers bedarf es nicht, wenn im Grundbuch eingetragen ist, daß zur Löschung des Rechtes der Nachweis des Todes des Berechtigten genügen soll.

A. Anwendungsbereich des § 23 GBO 1	II. Unrichtigkeitsnachweis 29
I. Beschränkung des Rechts auf die Lebenszeit des Berechtigten 1	E. Widerspruch des Rechtsnachfolgers 30
1. Grundlagen 1	I. Rechtsnatur und Unterschied zu anderen Schutzvermerken 30
2. Gründe und Fälle der Beschränkung 4	II. Erhebung und Eintragung des Widerspruchs 31
3. Mehrere Rechtebegtigte 12	1. Eintragbarkeit bis zur Vornahme der Löschung 31
II. Versterben als Erlöschensgrund 14	2. Widerspruchsberechtigung 32
III. Rückstandsfähigkeit des Rechts 15	3. Form des Widerspruchs und Nachweis der Berechtigung 33
1. Allgemeines 15	
2. Vormerkung und Widerspruch 17	
3. Einzelne Rechte 20	III. Wirkungen der Widerspruchserhebung 36
B. Verhältnis der §§ 23, 24 GBO zu den §§ 19, 22 Abs. 1 S. 1 GBO 21	F. Vermerk über Löschungserleichterung, § 23 Abs. 2 GBO 38
I. Reichweite der nachgewiesenen Grundbuchunrichtigkeit 21	I. Bedeutung des Abs. 2 38
II. Systematische Stellung der §§ 23, 24 GBO 22	II. Wirkungen des Löschungserleichterungsvermerks 39
III. Der Widerspruch in der Systematik der §§ 23, 24 GBO 25	III. Eintragung des Vermerks 40
C. Löschung, wenn Rückstände ausgeschlossen sind 26	IV. Anwendungsfälle des § 23 Abs. 2 GBO 42
D. Löschung rückstandsfähiger Rechte 27	V. Keine Umdeutung in Löschungsvollmacht . 47
I. Bewilligung des Rechtsnachfolgers 28	VI. Löschung des Vermerks 50
	G. Folgen der Verletzung des § 23 GBO 51

A. Anwendungsbereich des § 23 GBO

I. Beschränkung des Rechts auf die Lebenszeit des Berechtigten

1. Grundlagen

§ 23 GBO betrifft nur Rechte, die auf die Lebenszeit des Berechtigten beschränkt sind. Die Beschränkung – keine auflösende Bedingung, sondern eine Befristung, da der Tod kein ungewisses Ereignis ist (*dies certus, an incertus quando*)[1] – muss sich zumindest im Ansatz aus dem Eintragungsvermerk ergeben (ausreichend ist die Angabe, dass das Recht „befristet" sei); eine Bezugnahme auf die Bewilligung ist nur hinsichtlich der näheren Ausgestaltung möglich (zu den Folgen des Fehlens, wenn materiell-rechtlich nur ein

1

---

432 OLG Rostock NJW-RR 2023, 996, 997.
433 BGH FGPrax 2018, 49.

1 BGH BeckRS 2010, 22709; OLG Celle, Rpfleger 1964, 213 m. Anm. *Diester*; OLG Celle FGPrax 2014, 150, 151.

zeitlich beschränktes Recht gewollt war, siehe § 22 GBO Rdn 34), vgl. auch § 56 Abs. 2 GBV.[2] Lediglich dann, wenn sich die Beschränkung auf die Lebenszeit des Berechtigten aus dem Recht selbst ergibt, ist eine Erwähnung der Befristung im Eintragungsvermerk entbehrlich (vgl. Rdn 4). So bedarf es etwa der Eintragung des Wortes „lebenslänglich" nicht, wenn der Nießbrauch auf Lebenszeit des Berechtigten bestellt ist.[3] Dasselbe muss richtigerweise auch für ein Wohnungsrecht gelten. Auf vererbliche Rechte ist § 23 GBO an sich nicht analog anzuwenden;[4] jene Rechte geraten nur dann in den Anwendungsbereich dieser Vorschrift, wenn sie in einer der in § 24 GBO genannten Weisen zeitlich beschränkt werden. Endet das Recht schon vor dem Tod des Berechtigten, so wird regelmäßig ein Fall des § 24 GBO vorliegen. § 23 GBO ist aber unmittelbar anwendbar, wenn der Tod des Berechtigten neben den in § 24 GBO geregelten Fällen *einen* Erlöschensgrund bildet und die Löschung des Rechts gerade wegen des Versterbens des Berechtigten erfolgen soll (siehe auch § 24 GBO Rdn 17 ff.).[5]

2 Dem **Versterben** des Berechtigten ist nach Abs. 1 S. 2 ein rechtskräftiger **Beschluss gleichzuachten**, in dem der Berechtigte **für tot erklärt** wird, weil dieser Beschluss mit Rechtskraft bzw. mit der letzten Zustellung die Vermutung des Todes des Berechtigten zum festgestellten Zeitpunkt begründet, §§ 9 Abs. 1, 29 Abs. 1, 3 VerschG.[6]

3 § 23 GBO ist **analog** auf Rechte anzuwenden, die (gesetzlich oder rechtsgeschäftlich) auf die Dauer des **Bestehens einer juristischen Person** oder einer sonstigen rechtsfähigen Gesellschaft beschränkt sind.[7] Das betrifft grundsätzlich die persönlichen Dienstbarkeiten (Nießbrauch, beschränkte persönliche Dienstbarkeit, §§ 1061 S. 2, 1090 Abs. 2 BGB) und das subjektiv-dingliche Vorkaufsrecht (§§ 1098 Abs. 1, 473 S. 1 BGB). Zwar würde – wie bei natürlichen Personen – der Untergang des Rechtsträgers auch in diesem Fall jeweils zum Erlöschen des dinglichen Rechts führen, jedoch verhindert das Bestehen des Rechts diesen Untergang richtigerweise:[8] Die Vollbeendigung einer juristischen Person setzt sowohl deren Löschung im Handelsregister als auch vollständige Vermögenslosigkeit voraus.[9] Letztere ist aber nicht gegeben, solange für den Rechtsträger noch ein Recht im Grundbuch eingetragen ist. Dabei genügt richtigerweise bereits die formale Buchposition, um die Vermögenslosigkeit zu verhindern, da allein diese bereits einen Vermögenswert darstellt. Allerdings kann der Eigentümer des belasteten Grundstücks einen Anspruch auf Bewilligung der Löschung haben, wenn die juristische Person zwar nicht erloschen ist, die Dienstbarkeit aber der einzige Vermögenswert ist, die ihr Erlöschen hindert.[10] Zu beachten ist jedoch, dass nach § 1059a Abs. 1 Nr. 1 BGB (beschränkte persönliche Dienstbarkeit, daher insoweit i.V.m. § 1092 Abs. 2 BGB) auch eine Gesamtrechtsnachfolge in die Position des Berechtigten möglich ist, soweit dieser eine juristische Person darstellt.[11] Wegen des §§ 1059a Abs. 2, 1092 Abs. 2 BGB gilt Entsprechendes für rechtsfähige Personengesellschaften, also für die **OHG** und **KG** sowie die **Außen-GbR**, die **Partnerschaftsgesellschaft** (vgl. § 7 Abs. 2 PartGG) und die **Europäische Wirtschaftliche Interessenvereinigung** (EWIV, vgl. Art. 1 Abs. 2 EWIV-VO).[12] Ob die **Wohnungseigentümergemeinschaft** ebenfalls unter § 1059a BGB zu subsumieren ist, ist zweifelhaft,[13] aber richtigerweise zu bejahen.[14] Zwar wird die Wohnungseigentümergemeinschaft nicht vom Wortlaut der Norm umfasst, allerdings besteht nach der Anerkennung der vollständigen Rechtsfähigkeit in § 9a WEG kein Anlass mehr, diese anders als jede andere rechtsfähige Vereinigung zu behandeln. Infolgedessen ist eine analoge Anwendung des § 1059a BGB auf die Gemeinschaft der Wohnungseigentümer angezeigt.[15]

---

2 *Demharter*, § 44 Rn 20; Meikel/*Grziwotz*, Einl. B Rn 12; Schöner/*Stöber*, Rn 266; a.A. OLG Celle FGPrax 2014, 150, 151.
3 Schöner/*Stöber*, Rn 1381.
4 BGH BWNotZ 1996, 122, 123 zur Vormerkung.
5 Vgl. BayObLG Rpfleger 1983, 61, 62.
6 Dass § 23 Abs. 1 S. 2 GBO noch von einem die Todeserklärung aussprechenden Urteil spricht, ist wohl darauf zurückzuführen, dass der Wortlaut der Vorschrift nach den Änderungen durch das Verschollenheitsgesetz vom 4.7.1939 (RGBl I S. 1186) noch nicht angepasst wurde.
7 Meikel/*Böttcher*, §§ 23, 24 Rn 23 f.; *Demharter*, § 23 Rn 2; Bauer/Schaub/*Schäfer*, §§ 23, 24 Rn 20.
8 LG Hagen Rpfleger 2009, 312; Bauer/Schaub/*Schäfer*, §§ 23, 24 Rn 25.
9 BGH NJW 1979, 1987; OLG Düsseldorf DNotZ 1995, 977.
10 Schöner/*Stöber*, Rn 1217.
11 Eingehend Meikel/*Böttcher*, §§ 23, 24 Rn 23 ff.; Staudinger/*Heinze*, § 1059a Rn 9 ff.
12 BGHZ 146, 341 ff. (GbR); MüKo-BGB/*Pohlmann*, § 1059a Rn 2; BeckOGK BGB/*Servatius*, § 1059a Rn 20 f.
13 Abl. MüKo-BGB/*Pohlmann*, § 1059a Rn 3.
14 Wie hier: BeckOGK BGB/*Servatius*, § 1059a Rn 23.
15 BeckOGK BGB/*Servatius*, § 1059a Rn 23; a.A. aber MüKo-BGB/*Pohlmann*, § 1059a Rn 3.

Eine Beschränkung auf das Bestehen einer juristischen Person oder Personengesellschaft liegt aber nicht schon dann vor, wenn die Befristung an die Lebenszeit eines Gesellschafters anknüpft.[16] Die Gesellschaft ist vom Überleben ihrer Mitglieder grundsätzlich unabhängig, so dass es sich um keinen Fall des § 23 GBO handelt. In Betracht kommt insoweit aber eine Befristung des Rechts nach § 24 GBO, so dass nach dieser Vorschrift gegebenenfalls die Eintragung einer Löschungserleichterung denkbar ist.[17]

2. Gründe und Fälle der Beschränkung

Die Beschränkung des Rechts auf die Lebenszeit des Berechtigten kann auf der gesetzlichen Ausgestaltung oder einem – soweit zulässig – vereinbarten Rechtsinhalt beruhen. Im Einzelnen:

a) Kraft Gesetzes sind auf die Lebenszeit des Berechtigten beschränkt (wobei eine *kürzere* Dauer ohne weiteres vereinbart werden kann[18]):

aa) der **Nießbrauch** (§ 1061 S. 1 BGB), und zwar ohne die Möglichkeit einer vereinbarten Vererblichkeit,[19]

bb) **beschränkte persönliche Dienstbarkeiten** (§ 1090 Abs. 2, 1061 S. 1 BGB), gleichfalls ohne die Möglichkeit einer vereinbarten Vererblichkeit,[20]

cc) **subjektiv-persönliche Vorkaufsrechte** (§§ 1098 Abs. 1 S. 1, 473 S. 1 BGB), allerdings mit der Möglichkeit einer vereinbarten Vererblichkeit (§ 473 S. 1 BGB a.E.), die nach §§ 1098 Abs. 1 S. 1, 473 S. 2 BGB bei der Bestellung auf eine bestimmte Zeit im Zweifel anzunehmen ist; **problematisch** ist bei Vorkaufsrechten jedoch die **Rückstandsfähigkeit** (siehe dazu Rdn 15 ff., 20).

Soll eine beschränkte persönliche Dienstbarkeit oder ein Nießbrauch auch den Erben des Berechtigten zustehen, so ist dies nur in der Weise möglich, dass eine Wiederbestellungsverpflichtung des Eigentümers schuldrechtlich vereinbart wird, die ihrerseits mittels Dienstbarkeit gesichert werden kann.

b) Durch eine **Vereinbarung** über den Rechtsinhalt können weiter folgende **Rechte** (zu Vormerkung und Widerspruch siehe Rdn 10 f.) auf die Lebenszeit des Berechtigten beschränkt werden:

aa) **Grundpfandrechte**,[21] bei einer **Hypothek** ist aber zu beachten, dass der bloße Ausschluss der Vererblichkeit der Forderung beim Tod des Berechtigten nicht zum Erlöschen der Hypothek führt, sondern nach §§ 1163 Abs. 1 S. 2, 1177 Abs. 1 S. 1 BGB zur Entstehung einer **Eigentümergrundschuld**,[22]

bb) **Pfandrechte**[23] **an** verpfändungsfähigen **Grundstücksrechten** (Grundpfandrechte – bei der Hypothek genauer: An der gesicherten Forderung –; subjektiv-persönliche Reallasten oder subjektiv-persönliche Vorkaufsrechte, bei denen eine Übertragbarkeit – und damit Verpfändbarkeit (§ 1274 Abs. 2 BGB)[24] – vereinbart wurde; auch ein **durch** eine **Vormerkung gesicherter Anspruch** kann derart verpfändet werden, allerdings ist der Untergang der Forderung durch Erfüllung dann ein Fall des § 22 Abs. 1 S. 1 GBO, nicht ein solcher der §§ 23, 24 GBO[25]) und

cc) **subjektiv-persönliche Reallasten** (§§ 1105, 1111 BGB), namentlich wenn sie Teil des Rechtebündels eines Altenteils oder Leibgedings usw. (siehe dazu § 49 GBO Rdn 1 f.) sind, wobei aber im Fall der Übernahme von **Beerdigungs- und Grabpflegekosten** gerade **keine Beschränkung** auf Lebenszeit des Berechtigten vorliegt.[26]

---

16 Siehe dazu OLG Dresden MittBayNot 2022, 238.
17 OLG Dresden MittBayNot 2022, 238, 240.
18 LG München I DNotZ 1954, 260; LG Nürnberg-Fürth DNotZ 1954, 262, 263; Grüneberg/*Herrler*, § 1061 Rn 1, § 1090 Rn 8.
19 OLG Hamm DNotZ 1973, 615, 616; Meikel/*Böttcher*, §§ 23, 24 Rn 11; Grüneberg/*Herrler*, § 1061 Rn 1; MüKo-BGB/*Pohlmann*, § 1061 Rn 13.
20 MüKo-BGB/*Mohr*, § 1090 Rn 53.
21 Meikel/*Böttcher*, §§ 23, 24 Rn 7; Bauer/Schaub/*Schäfer*, §§ 23, 24 Rn 4.
22 Meikel/*Böttcher*, §§ 23, 24 Rn 7; Bauer/Schaub/*Schäfer*, §§ 23, 24 Rn 5.
23 Meikel/*Böttcher*, §§ 23, 24 Rn 8; Bauer/Schaub/*Schäfer*, §§ 23, 24 Rn 6.
24 Zur Zulässigkeit der Pfändung vgl. *Hintzen*, JurBüro 1991, 755, 759 f.; OLG Hamm BeckRS 1976, 01264; Staudinger/*Schermaier*, § 1097 Rn 21.
25 BayObLGZ 1983, 301, 304 = Rpfleger 1984, 144, 145; Meikel/*Böttcher*, §§ 23, 24 Rn 35; *Lülsdorf*, MittRhNotK 1994, 129, 132.
26 LG Coburg Rpfleger 1983, 145; BayObLGZ 1983, 113, 116 ff. = Rpfleger 1983, 308; BayObLG Rpfleger 1988, 98; BayObLGZ 1997, 121, 123 = Rpfleger 1997, 373; BayObLGZ 1998, 250, 253 f. = Rpfleger 1999, 71; Meikel/*Böttcher*, §§ 23, 24 Rn 9; Bauer/Schaub/*Schäfer*, §§ 23, 24 Rn 15.

Zu beachten ist jedoch, dass die Befristung ausdrücklich in das Grundbuch einzutragen ist.[27] Eine Bezugnahme auf die Eintragungsbewilligung kann nicht genügen, weil insoweit der Inhalt des Rechts insgesamt bestimmt wird und daher nicht nur eine „nähere Bezeichnung" im Sinne des § 874 BGB gegeben ist.[28] Mithin kommt es nur dann zu einer Befristung des dinglichen Rechts, wenn diese vereinbart und im Grundbuch eingetragen ist.[29]

7 c) Ein **Erbbaurecht** kann generell nicht mit einem ungewissen Endtermin bestellt werden, § 1 Abs. 4 S. 1 ErbbauRG, da dies mit der Verkehrsfähigkeit, insbesondere Kreditfähigkeit des Erbbaurechts unvereinbar wäre.[30] Eine Beschränkung des Erbbaurechts auf die Lebenszeit des Berechtigten (was zudem einen Verstoß gegen die von § 1 Abs. 1 ErbbauRG zwingend vorgegebene Vererblichkeit des Erbbaurechtes darstellen würde) wäre daher ebenso inhaltlich unzulässig (und würde zur Unwirksamkeit der Erbbaurechtsbestellung führen) wie eine Regelung, die das Erlöschen mit dem Tod des Grundstückseigentümers vorsieht.[31] Die unmittelbare Anwendung des § 1 Abs. 4 S. 1 ErbbauRG scheidet zwar deshalb aus, weil die zeitliche Beschränkung keine Bedingung im Rechtssinne (§ 158 Abs. 2 BGB) ist, da das künftige Ereignis, das die Wirkung beendigen soll (Tod des Berechtigten bzw. des Grundstückseigentümers), nicht in seinem Eintritt, nur in dessen Zeitpunkt ungewiss ist. Die Zeitbestimmung auf die Lebenszeit einer Person enthält jedoch trotz der Gewissheit, dass das beendigende Ereignis eintreten wird, in der Frage, wann es eintreten wird, einen so starken Unsicherheitsfaktor, dass sie dem Sinn und Zweck des § 1 Abs. 4 S. 1 ErbbauRG ebenso zuwiderläuft wie eine auflösende Bedingung; deshalb ist diese Vorschrift entsprechend anwendbar.[32] Zulässig ist eine zeitliche Beschränkung des Erbbaurechts allein in der Weise, dass ein fester Endtermin (*dies certus, an certus quando*, vgl. § 24 GBO Rdn 5) bestimmt wird. Das OLG Celle nimmt jedoch an, dass eine an sich unbestimmte Dauer des Erbbaurechts zulässig sein soll, wenn zumindest eine Mindestlaufzeit des Erbbaurechts bestimmt ist.[33] Dies vermag allerdings nicht zu überzeugen, da der Gesetzgeber mit § 1 Abs. 4 ErbbauRG jede zeitliche Unsicherheit verhindern und die Plan- und Berechenbarkeit des Erbbaurechts gewährleisten wollte. Dies ist auch dann gefährdet, wenn zwar eine Untergrenze besteht, danach aber jederzeit das beendigende Ereignis eintreten kann. Infolgedessen ist auch eine derartige Begrenzung unzulässig.[34] Ein Heimfallanspruch kann demgegenüber selbst für den Fall des Versterbens des Erbbauberechtigten zulässig vereinbart werden, da dies die Vererblichkeit des Erbbaurechts und seinen Bestand als solches nicht beeinträchtigt.[35] Insoweit ist vor allem auch die Beleihbarkeit sichergestellt, da beim Heimfall das Erbbaurecht erhalten bleibt und somit auch die Belastungen an ihm fortbestehen.

8 d) Für **Dauerwohn- und Dauernutzungsrechte** (§§ 31 ff. WEG) will die herrschende Meinung dagegen abweichend zum Erbbaurecht entscheiden. Hiernach soll es zulässig sein, das Dauerwohn- oder Dauernutzungsrecht nach §§ 31 ff. WEG auf die Lebenszeit des Berechtigten zu bestellen,[36] da es sich dabei nur um eine Befristung handle und somit gerade keine Bedingung gegeben sei. Eine solche Befristung werde durch § 41 WEG explizit zugelassen.[37] Dies kann jedoch nicht überzeugen.[38] Insoweit können keine anderen Grundsätze als für das Erbbaurecht gelten. Auch im Rahmen der §§ 31 ff. WEG stehen der Verkehrsschutz und das Vertrauen auf den Fortbestand des entsprechenden Rechts im Vordergrund.[39] Infolgedessen kann nur eine solche Befristung des Rechts in Betracht kommen, bei der für den objektiven Betrachter unmittelbar festzustellen ist, zu welchem Zeitpunkt das Recht erlischt.[40] Eine Befristung,

---

27 BGH MittBayNot 2021, 239.
28 BGH MittBayNot 2021, 239, 241.
29 Mithin nicht überzeugend KG MittBayNot 2021, 251, das eine Auslegung der Bewilligung zu einem befristeten Recht vornehmen will, wenn die Reallast zur Absicherung einer Leibrente dient; krit. auch BeckOGK BGB/*Sikora*, § 1105 Rn 36. Wohl noch weiter OLG Köln RNotZ 2018, 623, 625 f.
30 BGHZ 52, 269, 271; OLG Celle Rpfleger 1964, 213.
31 BGHZ 52, 269, 271; Meikel/*Böttcher*, §§ 23, 24 Rn 15; *Demharter*, § 23 Rn 5; MüKo BGB/*Weiß*, § 1 ErbbauRG Rn 75 ff., alle m.w.N.; a.A. *Diester*, Rpfleger 1964, 214; *Weitnauer*, DNotZ 1955, 335.
32 BGH NJW 1969, 2043, 2045.
33 OLG Celle Rpfleger 1964, 213, 214.
34 Offen aber: MüKo-BGB/*Weiß*, § 1 ErbbauRG Rn 77.
35 OLG Hamm NJW 1965, 1488 f.; Meikel/*Böttcher*, §§ 23, 24 Rn 15; MüKo-BGB/*Weiß*, § 1 ErbbauRG Rn 73.
36 OLG Celle NJW-RR 2014, 785, 786; OLG Hamm ZWE 2012, 39; zustimmend auch MüKo-BGB/*Krafka*, § 33 WEG Rn 2; BeckOGK BGB/*Schulz*, § 33 WEG Rn 7.
37 OLG Celle NJW-RR 2014, 785, 786; OLG Hamm ZWE 2012, 39; zustimmend auch MüKo-BGB/*Krafka*, § 33 WEG Rn 2; BeckOGK BGB/*Schulz*, § 33 WEG Rn 7.
38 OLG Neustadt/Weinstr. NJW 1961, 1974, 1975; *Böttcher*, MittRhNotK 1987, 219, 221; *Demharter*, Rn 5; BeckOK WEG/*Munzig*, § 33 Rn 11.
39 Bärmann/*Pick*, WEG, 19. Aufl. 2010, § 33 Rn 15 ff.
40 Im Ergebnis ebenso: BeckOK WEG/*Munzig*, § 33 Rn 11.

die auf die Lebenszeit des Berechtigten vorgesehen ist, verstößt zwar nicht formal gegen § 33 Abs. 1 S. 2 WEG, läuft dessen Zweck aber ebenso wie eine entsprechende Vereinbarung im Rahmen der Erbbaurechte zuwider, weil in diesem Fall dennoch eine erhebliche Unsicherheit über die konkrete Dauer des Bestands gegeben ist.[41] In der Konsequenz sind Vereinbarungen, die dem Ziel des erkennbaren zeitlichen Ablaufs des Rechts entgegenwirken, analog § 33 Abs. 1 S. 2 WEG unzulässig und können daher rechtlich nicht anerkannt werden.[42]

e) **Subjektiv-dingliche Rechte** (Grunddienstbarkeiten, subjektiv-dingliche Vorkaufsrechte oder Reallasten) können nach allgemeiner Ansicht **niemals auf die Lebenszeit des Berechtigten beschränkt** werden, da dies mit ihrem Wesen unvereinbar ist – Berechtigter ist ja gerade der jeweilige Eigentümer des herrschenden Grundstücks, dessen wesentlicher Bestandteil (§ 96 BGB) das subjektiv-dingliche Recht ist.[43] Eine solche Vereinbarung könnte – will man eine zulässige Lösung erreichen – allenfalls dahingehend verstanden werden, dass es sich stattdessen um ein subjektiv-persönliches Recht handeln soll;[44] insoweit kommt auch eine Umdeutung nach § 140 BGB in Betracht. Die Eintragung ins Grundbuch muss aber abgelehnt werden, wenn ein in der Bewilligung enthaltener Widerspruch nicht aufgelöst werden kann. Bei der Auslegung (§§ 133, 157 BGB) ist zu beachten: Subjektiv-dingliche Rechte **können an die Lebensdauer einer beliebigen Person gebunden werden**, denn es ist kein Grund ersichtlich, der eine auflösende Befristung nach §§ 163, 158 Abs. 2 BGB verbieten würde. Ferner ist kein Grund ersichtlich, warum diese Person nicht auch derjenige sein kann, der *zum Zeitpunkt der Bestellung* Eigentümer des herrschenden Grundstücks ist. Mithin ist es möglich, ein subjektiv-dingliches Recht zu begründen, das zeitlich auf die Lebensdauer des erstmaligen Inhabers befristet ist. Dies führt dazu, dass zwar dennoch der jeweilige Eigentümer des Grundstücks Inhaber des Rechts ist, seine Stellung allerdings endet, wenn der erstmalige Eigentümer verstirbt. Veräußert dieser zu Lebzeiten sein Grundstück, bleibt für den neuen Eigentümer die Berechtigung so lange erhalten, wie der ursprüngliche Eigentümer noch lebt. In einem solchen Fall ist aber nicht § 23 GBO direkt, sondern nur aufgrund des **§ 24 Fall 2 GBO** anzuwenden (siehe § 24 GBO Rdn 5), denn das Recht wird dann nicht an die Lebensdauer der Person als Eigentümer des herrschenden Grundstücks gebunden, die Befristung ist vielmehr wie die Abhängigkeit von der Lebensdauer eines Dritten zu behandeln. Es muss aber sicher feststehen, dass eine solche Ausgestaltung gewollt ist, insbesondere, dass tatsächlich ein subjektiv-dingliches Recht bestellt werden soll, da der erste Anschein einer solchen Bindung jedenfalls dagegen spricht. Insoweit ist konkret zu prüfen, ob nicht stattdessen eine subjektiv-persönliche Berechtigung geschaffen wurde. (Zu diesem Problemkreis siehe auch § 24 GBO Rdn 10.)

f) Eine **Vormerkung** ist nicht kraft Gesetzes auf die Lebenszeit des Berechtigten beschränkt, jedoch ist es unzweifelhaft zulässig, sie rechtsgeschäftlich in dieser Weise zu befristen.[45] Unabhängig hiervon erlischt die Vormerkung aufgrund ihrer Akzessorietät in jedem Fall mit dem Untergang des gesicherten Anspruchs, z.B. wenn dieser auf die Lebenszeit des Gläubigers beschränkt ist.[46] Sinnvoll kann eine zusätzliche Befristung der Vormerkung aber sein, um die Löschung zu erleichtern, da dann der Entfall des gesicherten Anspruchs nicht nachgewiesen werden muss, um die Vormerkung ohne Mitwirkung der Erben zu löschen. Ob der Anspruch und/oder die Vormerkung auf die Lebenszeit des Berechtigten oder in anderer Weise zeitlich beschränkt sind, ist nach den Umständen des Einzelfalles zu bestimmen. Vorliegend kann diese Frage aber dahin stehen, weil bei der Vormerkung generell **keine Rückstände möglich** sind und deshalb eine **Anwendung der §§ 23, 24 GBO ausscheidet** (vgl. Rdn 17 f.).

---

41 Ebenso BeckOK WEG/*Munzig*, § 33 Rn 11.
42 OLG Neustadt/Weinstr. NJW 1961, 1974, 1975; *Böttcher*, MittRhNotK 1987, 219, 221; *Demharter*, Rn 5; BeckOK WEG/*Munzig*, § 33 Rn 11; a.A. jedoch OLG Celle NJW-RR 2014, 785, 786; OLG Hamm ZWE 2012, 39; zustimmend auch MüKo-BGB/*Krafka*, § 33 WEG Rn 2; BeckOK BGB/*Schulz*, § 33 WEG Rn 7.
43 Meikel/*Böttcher*, §§ 23, 24 Rn 9, 10, 12; *Demharter*, § 23 Rn 5; Bauer/Schaub/*Schäfer*, §§ 23, 24 Rn 7, 10, 17.
44 Entsprechend ist auch eine (nach Inkrafttreten des BGB) eingetragene beschränkte persönliche Dienstbarkeit „für den jeweiligen Eigentümer der Firma XYZ" dahin auszulegen, dass sie (allein) für den seinerzeitigen Inhaber des Handelsgeschäfts bestellt und durch den Verlust seiner Inhaberschaft auflösend bedingt ist, OLG München Rpfleger 2014, 251 = NJOZ 2014, 685.
45 BGH DNotZ 1992, 569, 570; Meikel/*Böttcher*, §§ 23, 24 Rn 16; *Demharter*, § 23 Rn 5; Bauer/Schaub/*Schäfer*, §§ 23, 24 Rn 16.
46 Zu den möglichen Konstellationen eingehend und mit Gestaltungsvorschlägen Meikel/*Böttcher*, §§ 23, 24 Rn 16 ff.; *Schöner/Stöber*, Rn 1537 ff.

11 Da die Bewilligung eines **Widerspruchs** (§ 899 Abs. 2 S. 1 Var. 2 BGB) ebenfalls ein Rechtsgeschäft darstellt, ist es auch hier (theoretisch) möglich, dessen Wirkungen nach §§ 163, 158 Abs. 2 BGB auf die Lebenszeit des Begünstigten zu beschränken.[47] Vor allem aber führt das Erlöschen des Grundbuchberichtigungsanspruches (z.B. wenn das durch den Widerspruch geschützte, nicht oder nicht richtig für den Inhaber eingetragene Recht durch den Tod des Berechtigten [bei höchstpersönlichen Rechten] oder durch bloßen Zeitablauf erlischt[48]) wegen der Akzessorietät des Widerspruchs (siehe § 22 GBO Rdn 88) auch dann zum Erlöschen des Widerspruchs, wenn dieser selbst nicht befristet bestellt wurde. Eine Anwendung der §§ 23, 24 GBO scheitert zudem unabhängig davon, wie bei der Vormerkung, an der fehlenden Rückstandsfähigkeit (siehe Rdn 19).

3. Mehrere Berechtigte

12 Beim Tod eines Gesamtberechtigten oder Gesamthänders (zu den jeweils zulässigen Gestaltungen eingehend vgl. § 47 GBO Rdn 4 ff.) bleibt das Recht für die übrigen bestehen, weil es von vornherein jedem der Berechtigten bis zu dessen Tod, unabhängig von der Lebensdauer der anderen Berechtigten, zusteht.[49] Dies gilt nicht für die rechtsfähige GbR, da nach heutigem Verständnis und zukünftig eindeutiger Rechtslage sie die Rechtsinhaberin ist (vgl. § 4 Einl. Rdn 48 ff.).

13 Steht das Recht mehreren zu **Bruchteilen** zu, so erlischt es mit dem Tod eines Berechtigten nur bezüglich dieses Bruchteils, d.h. der weitere Bruchteil bzw. die übrigen Bruchteilsberechtigungen bestehen isoliert fort.[50]

II. Versterben als Erlöschensgrund

14 Die Anwendung des § 23 GBO setzt ferner voraus, dass das Recht *aufgrund* des Todes des Berechtigten erloschen ist, weil es nur dann der Erleichterung der Löschung bedarf. Ist es hingegen aus anderen Gründen erloschen, so ist zu unterscheiden: Liegt der Grund des Erlöschens im Eintritt eines Endtermins (§ 24 Fall 2 GBO) oder einer auflösenden Bedingung (§ 24 Fall 3 GBO) oder ist das Erreichen eines bestimmten Lebensalters des Berechtigten (§ 24 Fall 1 GBO) die Ursache, so erfolgt die Löschung nach § 24 GBO in entsprechender Anwendung des § 23 GBO. In **anderen Fällen des Erlöschens** – z.B. wenn ein Pfandrecht aufgrund des Untergangs des Pfandgegenstandes (etwa eines Eigentumsverschaffungsanspruchs) erlischt – erfolgt die Löschung entweder aufgrund einer Berichtigungsbewilligung oder – soweit das vollständige Erlöschen formgerecht nachgewiesen werden kann – aufgrund eines Unrichtigkeitsnachweises nach **§ 22 Abs. 1 S. 1 GBO**.[51] In diesen Fällen besteht auch kein Bedürfnis für eine Anwendung des § 23 GBO, da es einer Löschungserleichterung dann nicht bedarf.

III. Rückstandsfähigkeit des Rechts

1. Allgemeines

15 Als zusätzliche Voraussetzung für die Anwendung des § 23 GBO muss neben der Beschränkung des Rechts auf die Lebenszeit des Berechtigten und dem Versterben als Erlöschensgrund noch die grundsätzliche Möglichkeit von Rückständen des zu löschenden Rechts hinzutreten; andernfalls ist lediglich § 22 GBO anzuwenden.[52] Es kommt mithin nicht darauf an, ob im konkreten Einzelfall bei Erlöschen des Rechts durch den Tod des Berechtigten tatsächlich Rückstände bestehen, sondern allein darauf, dass nach der Art des eingetragenen Rechts Rückstände von Leistungen bestehen *können*. Insoweit genügt die abstrakte Möglichkeit, so dass es nicht auf eine gewisse Wahrscheinlichkeit des Eintritts ankommt. Dies ist nach Lage des Einzelfalles anhand des Inhalts des eingetragenen Rechts (Eintragungsvermerk und in Bezug genommene Bewilligung) zu bestimmen:[53] So kann sich ein Ausschluss von Rückständen bereits aus einer Vereinbarung der Beteiligten ergeben, dass mit dem Tod des Berechtig-

---

47 Siehe auch Meikel/*Böttcher*, §§ 23, 24 Rn 21; Bauer/Schaub/*Schäfer*, §§ 23, 24 Rn 19.
48 Staudinger/*Picker*, § 899 Rn 89.
49 BayObLG DNotZ 1956, 209, 212; Meikel/*Böttcher*, §§ 23, 24 Rn 27.
50 Meikel/*Böttcher*, §§ 23, 24 Rn 26.
51 BayObLGZ 1983, 301; Meikel/*Böttcher*, §§ 23, 24 Rn 3.
52 OLG Hamm NJW-RR 2001, 1099.
53 Meikel/*Böttcher*, §§ 23, 24 Rn 32.

ten auch alle Rückstände erlöschen sollen.[54] Ansonsten gelten für die einzelnen Rechte die weiter unten (siehe Rdn 20) dargestellten Grundsätze.

Umstritten ist aber, welche Reichweite der Begriff des Rückstandes hinsichtlich der Art des Anspruchs hat: Während dingliche, d.h. unmittelbar im Sachenrecht begründete, absolut wirkende Ansprüche unstreitig dazu gehören und rein schuldrechtliche Ansprüche ohne Zweifel ausgeschlossen sind,[55] herrscht Streit darüber, ob auch die sog. **verdinglichten schuldrechtlichen Ansprüche** (die nur für und gegen die Rechtsnachfolger der Beteiligten wirken, z.B. das gesetzliche Schuldverhältnis zwischen Eigentümer und Berechtigtem nach §§ 1020–1023 BGB) Rückstände im Sinne der §§ 23, 24 GBO sein können.[56] Der Ausdehnung des Rückstandsbegriffs auf diese Ansprüche mag entgegenstehen, dass es sich hier nach dem Erlöschen des Hauptrechts um eine reguläre schuldrechtliche Beziehung zwischen dem Berechtigten bzw. dessen Erben und dem zu dieser Zeit Verpflichteten (zumeist wohl der Eigentümer) handelt, für die die Eintragung nicht notwendigerweise aufrechterhalten werden muss. Insoweit besteht eine Ähnlichkeit mit Schadensersatz- oder Kondiktionsansprüchen oder solchen aufgrund einer Geschäftsführung ohne Auftrag (siehe auch Rdn 20).[57] Allerdings setzt der Wortlaut des § 23 Abs. 1 GBO nicht voraus, dass es sich bei den potenziellen rückständigen Rechten um absolute handeln muss; vielmehr betreffen die §§ 23, 24 GBO die Löschung jeglicher Grundbucheintragungen.[58] Darüber hinaus werden diese Ansprüche durch die Verdinglichung zum Bestandteil des eingetragenen Rechts, so dass die entsprechenden Rückstände als Teil dieses zu begreifen sind. Daher rühren die möglichen Rückstände aus dem eingetragenen Recht her, so dass sie vom Wortlaut des § 23 GBO erfasst werden. Für eine teleologische Reduktion der Norm[59] besteht kein Anlass, da der Einschluss solcher Rückstände nicht gegen den Zweck der Vorschrift verstößt, die verhindern will, dass eine Grundbuchlöschung unmittelbar erfolgt, obwohl die Erben des bisher Berechtigten noch Forderungen gegen den Verpflichteten haben. Soweit schuldrechtliche Ansprüche also durch Grundbucheintragung „verdinglicht" wurden, müssen diese auch unter den Begriff der Rückstände fallen.

2. Vormerkung und Widerspruch

Bei der **Vormerkung**, die schon kein dingliches Recht darstellt, sondern als Sicherungsrecht sui generis[60] ohnehin vom Wortlaut der Norm nicht umfasst ist, sind **Rückstände** im Sinne des Abs. 1 **ausgeschlossen**. Früher wurden Rückstände auch bei einer Vormerkung teilweise für möglich gehalten, wenn diese, jedoch nicht der gesicherte Anspruch auf die Lebenszeit des Berechtigten beschränkt war.[61] Der BGH hat sich jedoch der Gegenauffassung angeschlossen und statuiert, dass Leistungsrückstände i.S.d. § 23 GBO nicht denkbar sind.[62] Dies überzeugt schon deshalb, weil etwaige Rückstände nicht aus dem im Grundbuch eingetragenen Recht, der Vormerkung, resultieren, sondern allein aus dem schuldrechtlichen Anspruch, der aber nicht Inhalt der Vormerkung ist, so dass ein Unterschied zu etwaigen Rechten aus dem gesetzlichen Begleitschuldverhältnis (siehe Rdn 16) besteht.

Dies gilt unabhängig davon, ob der durch sie gesicherte Anspruch mit dem Tod des Vormerkungsberechtigten erlöschen soll oder vererblich ist. Ist nur die Vormerkung, nicht auch der gesicherte Auflassungsanspruch auf die Lebenszeit des Berechtigten beschränkt, dann erlischt mit dem Tod zwar lediglich die Vormerkung. In diesem Fall erlöschen aber zugleich die gesetzlichen Wirkungen der Vormerkung, die vor allem in der sichernden relativen Unwirksamkeit entgegenstehender Verfügungen liegen. Das Erlöschen der Vormerkung hat zur Konsequenz, dass der schuldrechtliche Anspruch und damit auch dessen Durchsetzung nicht mehr gesichert sind. Rückstände i.S.d. § 23 GBO sind insoweit aber nicht mehr denkbar.[63] Die

---

54 KGJ 44, 242, 246; *Demharter*, § 23 Rn 11.
55 Meikel/*Böttcher*, §§ 23, 24 Rn 32.
56 Dafür OLG Hamm NJW-RR 2001, 1099; Meikel/*Böttcher*, §§ 23, 24 Rn 32 f.; *Lülsdorf*, MittRhNotK 1994, 129, 132; Bauer/Schaub/*Schäfer*, §§ 23, 24 Rn 31; dagegen wohl *Riedel*, JurBüro 1979, 155, 158, wobei dieser danach unterscheidet, „wieweit die dingliche Sicherung reicht und was sie an Ansprüchen in Haupt- und Nebensache erfaßt und absichert.".
57 Zu Schadensersatzansprüchen wegen Vorenthaltung eines dinglich gesicherten Benutzungsrechts und Mietrechtforderungen eines Dritten: LG Bonn NJW 1963, 819, 820.
58 Meikel/*Böttcher*, §§ 23, 24, Rn 33.
59 Siehe zu den Voraussetzungen *Meier/Jocham*, JuS 2016, 392, 397 f.
60 BGHZ 60, 46, 49; 200, 179, 187; BayObLGZ 2000, 4, 6; KG NJW-RR 1999, 149, 150; MüKo-BGB/*Lettmaier*, § 883 Rn 5.
61 BayObLG Rpfleger 1990, 504; BayObLGZ 1991, 288.
62 BGH DNotZ 1992, 569, 570; jüngst auch wieder explizit: OLG Bremen RNotZ 2022, 96, 97.
63 BGH DNotZ 1996, 453, 454.

Forderung selbst bleibt als rein schuldrechtliche Position unberührt und gilt fort, allerdings resultiert dies aus der Forderung selbst und nicht aus einem nachwirkenden Rückstand der Vormerkung.

18 Demnach ist insbesondere auch ein noch zu Lebzeiten des Vormerkungsberechtigten entstandener, aber noch nicht erfüllter Anspruch auf Rückübertragung des Eigentums nicht als Rückstand der Vormerkung anzusehen,[64] die Löschung der zeitlich befristeten Vormerkung ist in jedem Fall allein nach § 22 Abs. 1 GBO möglich.[65] Die in den zurückliegenden Jahren aufgekommene Frage, ob sich die Rückstandsfähigkeit nicht aus der Möglichkeit der „Wiederaufladung" bzw. Erweiterung der Vormerkung ergeben könnte, hat der BGH dahingehend beantwortet, dass die Vormerkung als Sicherungsmittel nicht in der Weise abstrakt ist, dass ohne weiteres ein Austausch des gesicherten Anspruchs gegen einen anderen Anspruch erfolgen könne.[66] Vielmehr setze eine solche „Weiterverwendung" der Vormerkung voraus, dass Anspruch, Bewilligung und Eintragung kongruent sind.[67]

19 Für den **Widerspruch** treffen dieselben Erwägungen wie für die Vormerkung (siehe Rdn 17) zu, da die Verhinderung des gutgläubigen Erwerbs wiederum nur die Wirkung des Sicherungsmittels selbst ist und der bislang durch ihn gesicherte (Berichtigungs-)Anspruch nach § 894 BGB nicht Rückstand dieses Sicherungsmittels ist, sondern vielmehr umgekehrt, der Anspruch die Voraussetzung für die Eintragung und die Wirkung des Widerspruchs bildet.[68] Ebenso wie die Vormerkung ist daher der Widerspruch nicht rückstandsfähig und kann deshalb von § 23 GBO nicht erfasst sein.

3. Einzelne Rechte

20 Für die (siehe Rdn 1 ff.) zeitlich beschränkbaren Rechte gilt im Einzelnen:

a) Beim **Nießbrauch** besteht unstreitig die Möglichkeit von Rückständen (Mietzinsen, Hypothekenzinsen).[69] Daher ist der Nießbrauch von § 23 GBO eingeschlossen, so dass eine sofortige Löschung nur bei einer vereinbarten Löschungserleichterung zulässig ist.

b) Bei einer **beschränkten persönlichen Dienstbarkeit** (zu Grunddienstbarkeiten im Rahmen des § 24 GBO siehe § 24 GBO Rdn 12) sind Rückstände grundsätzlich ausgeschlossen.[70] Die Möglichkeit von Rückständen besteht aber ausnahmsweise dann, wenn eine **Unterhaltungspflicht des Eigentümers** nach §§ 1090 Abs. 2, 1021 Abs. 1 S. 1 BGB **dinglich vereinbart** wurde (was eine Eintragung, gegebenenfalls nach Maßgabe des § 874 BGB, voraussetzt).[71] Der Grund liegt darin, dass im Fall einer aufgrund einer Leistungsstörung eintretenden Umwandlung jener Leistungspflicht in eine Geldschuld dieser Zahlungsanspruch fortbesteht und durch die insoweit in der Dienstbarkeit enthaltene **Reallast** (§§ 1090 Abs. 2, 1021 Abs. 2 BGB) dinglich gesichert wird.[72] Es geht also vorliegend gerade *nicht* um Ansprüche aus einer Aufwendungskondiktion im Fall der Ersatz- oder Selbstvornahme durch den Dienstbarkeitsberechtigten, da diese rein *persönlicher* Natur sind und von den Erben ohne weiteres erworben werden; sie können daher im Gegensatz zu den durch die Reallast gesicherten Ansprüchen keine Rückstände im Sinne des § 23 GBO bilden. Rückstände sind aber wiederum ausgeschlossen, soweit die Parteien ein Erlöschen etwaiger Rückstände mit dem Stammrecht verabredet haben (siehe Rdn 26).[73]

Die vorstehenden Grundsätze gelten insbesondere für ein **Wohnungsrecht nach § 1093 BGB**.[74] Umfasst das Wohnungsrecht Berechtigungen der in § 1093 Abs. 3 BGB beschriebenen Art, so sind Rück-

---

64 *Böhringer*, BWNotZ 2013, 47, 50; *Schöner/Stöber*, Rn 1544b.
65 Darüber, dass der in diesem Fall fortbestehende schuldrechtliche Anspruch den Schutz durch die Vormerkung verliert, sollte durch den Notar belehrt werden, vgl. Meikel/*Böttcher*, §§ 23, 24 Rn 18.
66 BGH NJW 2012, 2032.
67 BGH NJW 2012, 2032; hierzu eingehend *Böhringer*, BWNotZ 2013, 47 und *Reymann*, MittBayNot 2013, 456.
68 A.A. *Böttcher*, MittRhNotK 1987, 219, 224; Meikel/*Böttcher*, § 23 Rn 52; Bauer/Schaub/*Schäfer*, § 23 Rn 49.
69 BGH NJW 1976, 962, 963; Meikel/*Böttcher*, §§ 23, 24 Rn 38; *Riedel*, JurBüro 1979, 155, 161; Bauer/Schaub/*Schäfer*, §§ 23, 24 Rn 36.

70 Meikel/*Böttcher*, §§ 23, 24 Rn 40; Bauer/Schaub/*Schäfer*, §§ 23, 24 Rn 38.
71 BayObLGZ 1979, 372, 374 f.; Meikel/*Böttcher*, §§ 23, 24 Rn 40; *Lülsdorf*, MittRhNotK 1994, 129, 133; Bauer/Schaub/*Schäfer*, §§ 23, 24 Rn 38; a.A. *Riedel*, JurBüro 1979, 155, 159, der anscheinend die §§ 1090 Abs. 2, 1021 Abs. 2 BGB übersieht; tendenziell auch LG Bonn NJW 1963, 819, 820.
72 Vgl. auch Meikel/*Böttcher*, §§ 23, 24 Rn 32 f., 40.
73 Meikel/*Böttcher*, §§ 23, 24 Rn 32; *Demharter*, § 23 Rn 11.
74 OLG Düsseldorf Rpfleger 1995, 248 = MittRhNotK 1994, 346; OLG Hamm MittRhNotK 1996, 225; OLG Düsseldorf Rpfleger 2003, 351 = FGPrax 2003, 111; Meikel/*Böttcher*, §§ 23, 24 Rn 41; Bauer/Schaub/*Schäfer*, §§ 23, 24 Rn 38.

stände sogar typischerweise nie ausgeschlossen, da in diesem Fall stets eine dingliche Unterhaltungspflicht für solche Anlagen besteht, die für die Nutzung der Räume unerlässlich sind (z.B. Zentralheizung, Ver- und Entsorgungsleitungen, Treppenaufgänge usw.).[75] Ebenso kann sich die Möglichkeit von Rückständen daraus ergeben, dass die Beteiligten als Inhalt des Wohnungsrechts vereinbart haben, dass für den Fall der Aufgabe des Wohnungsrechts dem Berechtigten eine angemessene Geldrente zu gewähren ist,[76] oder landesrechtliche Bestimmungen dies vorsehen.[77]

c) Teilweise wird davon ausgegangen, subjektiv-persönliche Vorkaufsrechte könnten keine Rückstände bilden.[78] Begründet wird dies damit, dass dem dinglichen Vorkaufsrecht lediglich Vormerkungswirkung zukomme und dieses daher ebenso wie die Vormerkung zu beurteilen sei.[79] Diese Auffassung vermag allerdings nicht zu überzeugen.[80] Das dingliche Vorkaufsrecht erschöpft sich nicht in einer Vormerkungswirkung für ein bestehendes Vorkaufsrecht, sondern begründet die entsprechende Rechtsposition zum Vorkauf selbst.[81] Anders als die Vormerkung stellt das dingliche Vorkaufsrecht damit nicht nur ein Sicherungsrecht dar, das eine zuvor bestehende schuldrechtliche Position erfordert, sondern enthält diese selbst. Infolgedessen sind Rückstände, insbesondere ein fortbestehendes, ausgeübtes Vorkaufsrecht auch nach dem Erlöschen denkbar, so dass auch das dingliche Vorkaufsrecht grundsätzlich unter § 23 GBO zu fassen ist.[82]

d) Die Rückstandsfähigkeit von **Grundpfandrechten** ist grundsätzlich unbestritten.[83] Zu den denkbaren Rückständen gehören insbesondere noch zu entrichtende Zinsen, die auf das Grundpfandrecht anfallen. Infolgedessen kann eine auf den Tod des Berechtigten befristete Hypothek oder Grundschuld nur dann ohne Beachtung der Jahresfrist im Grundbuch gelöscht werden, wenn eine entsprechende Löschungserleichterung vereinbart und eingetragen ist.

e) Rückstandsfähig sind auch **Pfandrechte an** verpfändungsfähigen **Grundstücksrechten**.[84] Das Bestehen von Rückständen ist jedoch ausgeschlossen, wenn das Pfandrecht deswegen nicht mehr bestehen kann, weil der Pfandgegenstand (den allein die dingliche Haftung für die Rückstände treffen könnte) untergegangen ist.[85]

f) Ebenso rückstandsfähig sind **subjektiv-persönliche Reallasten** (desgleichen subjektiv-dingliche Reallasten im Rahmen des § 24 GBO, siehe § 24 GBO Rdn 12).[86]

g) Im Fall des Erlöschens des **Erbbaurechts** haftet nach § 28 ErbbauRG das Grundstück für die Entschädigungsforderung nach § 27 Abs. 1 S. 1 ErbbauRG. Sofern diese nicht ausnahmsweise (im Rahmen der durch § 27 Abs. 2 ErbbauRG gesetzten Schranken) wirksam ausgeschlossen wurde, darf die Löschung des Erbbaurechts nur zugleich mit der Eintragung der Entschädigungsforderung und gegebenenfalls der auf ihr lastenden Rechte erfolgen.[87] §§ 23, 24 GBO sind hier jedoch schon deshalb nicht anwendbar, weil das Erbbaurecht grundsätzlich nicht auf die Lebenszeit einer Person befristet werden kann, da einer solchen Vereinbarung § 1 Abs. 4 ErbbauRG in analoger Anwendung entgegensteht (näher Rdn 7).

h) Da bei **Dauerwohn- und Dauernutzungsrechten** richtigerweise eine Befristung auf die Lebensdauer des Berechtigten von vornherein ausgeschlossen ist (siehe Rdn 8), spielt es für die Anwendbarkeit von § 23 GBO im Grundsatz keine Rolle, ob Rückstände denkbar sind, da die Norm ohnehin nicht anwendbar ist. Soweit man allerdings mit der Gegenauffassung davon ausgeht, dass eine derartige Befristung zulässig vereinbart werden kann, bedarf es einer Parallele zu den beschränkten persönlichen Dienst-

---

75 BayObLGZ 1979, 372; OLG Düsseldorf Rpfleger 1995, 248; LG Düsseldorf RNotZ 2005, 119; Meikel/*Böttcher*, §§ 23, 24 Rn 41.
76 OLG Hamm NJW-RR 2001, 1099, 1100 m.w.N.; zust. Meikel/*Böttcher*, §§ 23, 24 Rn 41.
77 Hierzu näher Staudinger/*Albrecht*, Art. 96 EGBGB Rn 37 ff.
78 *Demharter*, § 23 Rn 11b; *Gepp*, NJW 1971, 662; *Lülsdorf*, MittRhNotK 1994, 129, 139; *Riedel*, JurBüro 1979, 156, 160; *Streuer*, Rpfleger 1986, 245, 247 f.; *Wufka*, MittBayNot 1996, 156, 157.
79 *Demharter*, § 23 Rn 11b. Vgl. auch *Wufka*, MittBayNot 1996, 156, 157.
80 So auch OLG Hamm MittBayNot 1989, 27, 29; OLG Zweibrücken MittBayNot 1990, 112 f.; NotBZ 2012, 239.
81 OLG Hamm MittBayNot 1989, 27, 29.
82 OLG Hamm MittBayNot 1989, 27, 29.
83 Meikel/*Böttcher*, §§ 23, 24 Rn 34; *Demharter*, § 23 Rn 10; Bauer/Schaub/*Schäfer*, §§ 23, 24 Rn 33; BeckOK GBO/ *Wilsch*, § 23 Rn 58.
84 BayObLG DNotZ 1996, 554; BayObLGZ 1983, 301, 303 f. = BayObLG Rpfleger 1984, 144, 145.
85 BayObLGZ 1983, 301, 303 f. = Rpfleger 1984, 144, 145; Meikel/*Böttcher*, §§ 23, 24 Rn 35; Bauer/Schaub/*Schäfer*, §§ 23, 24 Rn 34.
86 OLG Düsseldorf FGPrax 2002, 195 = Rpfleger 2002, 618; Meikel/*Böttcher*, §§ 23, 24 Rn 36; Bauer/Schaub/*Schäfer*, §§ 23, 24 Rn 35.
87 BGH DNotZ 2013, 850.

barkeiten. Demnach ist eine Rückstandsfähigkeit gegeben, soweit eine Vereinbarung nach § 33 Abs. 4 Nrn. 2 bis 4 WEG getroffen wurde.[88] Dabei handelt es sich um **verdinglichte schuldrechtliche Regelungen** (siehe § 22 GBO Rdn 65 ff.),[89] deren Einbeziehung in den Rückstandsbegriff der §§ 23, 24 GBO zwar umstritten, richtigerweise aber zu bejahen ist (siehe Rdn 16). Dies gilt auch dann, wenn die Anwendung der Reallastvorschriften nicht explizit angeordnet ist, da das Fehlen dieser Bestimmung an der dinglichen Zuordnung der Rückstände zum jeweiligen Recht nichts zu ändern vermag. Darüber hinaus handelt es sich bei der Verweisung im Rahmen der Dienstbarkeiten lediglich um eine Rechtsfolgenverweisung, die somit keine selbstständige Reallast begründet, sondern ausschließlich an den rechtlichen Inhalt der Verpflichtungen anknüpft.[90] Die vertragliche Vereinbarung erhält auch dort erst durch die Einbeziehung in den Inhalt der Dienstbarkeit dingliche Wirkung.[91] Nichts anderes gilt für den vertraglichen Rechtsinhalt nach § 33 Abs. 4 WEG, der ebenfalls vertragliche Vereinbarungen mit dinglicher Wirkung zulässt.[92]

i) Bei **Leibgedingen, Altenteilen usw.** (vgl. § 49 GBO Rdn 1 ff.) ist die Möglichkeit von Rückständen getrennt für jedes einzelne Recht des Bündels (Reallast, Wohnungsrecht, Nießbrauch) zu beurteilen (siehe auch Rdn 6).[93] Eine Löschung des gesamten Leibgedings oder Altenteils ohne Beachtung der Vorgaben des § 23 GBO ist mithin nur dann zulässig, wenn sämtliche Rechte, die in der Grundbucheintragung gebündelt werden, keine Rückstände enthalten können. Andernfalls kommt nur eine Teillöschung der rückstandsfreien Rechte in Betracht.

B. Verhältnis der §§ 23, 24 GBO zu den §§ 19, 22 Abs. 1 S. 1 GBO

I. Reichweite der nachgewiesenen Grundbuchunrichtigkeit

21 In den Fällen der §§ 23, 24 GBO geht es stets um die Löschung einer Eintragung, deren **Stammrecht** durch den Tod (§ 23 GBO), das Erreichen eines bestimmten Lebensalters des Berechtigten (§ 24 Var. 1 GBO), den Eintritt eines sonstigen Endtermins (§ 24 Var. 2 GBO) oder einer auflösenden Bedingung (§ 24 Var. 3 GBO) erloschen ist. Insoweit besteht eine Grundbuchunrichtigkeit. Nicht erloschen ist das Recht dagegen möglicherweise hinsichtlich etwaiger Rückstände wiederkehrender Leistungen, das Grundbuch ist *insoweit* also gerade nicht unrichtig geworden: Vielmehr würde eine umstandslose vollständige Löschung der Eintragung allein aufgrund z.B. des Todesnachweises dazu führen, dass das Grundbuch unrichtig wird und deshalb ein lastenfreier Erwerb kraft öffentlichen Glaubens eintritt. §§ 23, 24 GBO sind daher nur die systematisch zutreffende Ausgestaltung der Regelungen des § 22 GBO, der mithin für sich genommen nicht eingreifen würde, wenn das Vorliegen von Rückständen nicht ausgeschlossen wäre (vgl. § 22 GBO Rdn 1).

Demgegenüber beeinflussen sich die Möglichkeit der Löschung nach §§ 23, 24 GBO und aufgrund einer Berichtigungsbewilligung nicht, weil in dem Moment, in dem der Berechtigte die Löschung bewilligt, diese auch dann zu vollziehen ist, wenn dem Grundbuchamt nicht erkennbar wird, dass keine Rückstände bestehen können, solche also aus seiner Sicht möglich sind. Insoweit gehen der Wille und die Erklärung des Berechtigten vor, so dass dem Grundbuchamt auch weitere Ermittlungen nicht zustehen.

II. Systematische Stellung der §§ 23, 24 GBO

22 Da der Eintritt der oben genannten auflösenden Ereignisse für das Stammrecht gerade nicht zum Erlöschen (auch) der Rückstände führt, könnte eine vollständige Löschung des Rechts nach § 22 Abs. 1 GBO an sich nur erfolgen, wenn nachgewiesen ist, dass keine Rückstände bestehen. Nur dann läge tatsächlich eine „reine" Grundbuchberichtigung vor, ansonsten handelt es sich bei der Löschung eben auch (zugleich) um eine rechtsändernde Eintragung, die nur aufgrund einer entsprechenden Bewilligung

---

[88] Meikel/*Böttcher*, §§ 23, 24 Rn 42; Bauer/Schaub/*Schäfer*, §§ 23, 24 Rn 39; Hügel/*Wilsch*, § 23 Rn 35 f.; a.A. noch KEHE/*Schrandt*, GBR, 7. Aufl. 2015, § 23 Rn 27.
[89] Vgl. BeckOK BGB/*Hügel*, § 33 WEG Rn 6 ff.; *Lehmann*, RNotZ 2011, 1, 4; BeckOGK BGB/*Schulz*, § 33 WEG Rn 2, 11 ff.
[90] Vgl. Staudinger/*Weber*, § 1021 Rn 17.
[91] Staudinger/*Weber*, § 1021 Rn 1.
[92] BeckOGK BGB/*Schulz*, § 33 WEG Rn 11.
[93] Bauer/Schaub/*Schäfer*, §§ 23, 24 Rn 43; BeckOK GBO/*Wilsch*, § 23 Rn 26.

(§ 19 GBO) vorgenommen werden kann. Diese Bewilligung enthält regelmäßig auch die materiellrechtlich erforderliche Aufgabeerklärung (§ 875 Abs. 1 S. 2 Var. 1 BGB, siehe § 2 Einl. Rdn 70).

Hier setzen §§ 23, 24 GBO an: Sie **erleichtern** unter bestimmten Voraussetzungen – nach Ablauf des sog. Sperrjahres, d.h. einer Frist von einem Jahr ab dem Tod des Berechtigten bzw. ab der Rechtskraft des Todeserklärungsbeschlusses, und Nichterhebung eines Widerspruchs (§ 23 Abs. 1 GBO) bzw. bei Eintragung einer Löschungserleichterungsklausel auch ohne Beachtung des Sperrjahres (§ 23 Abs. 2 GBO) – die **vollständige Löschung** des Rechts (einschließlich der Rückstände), indem sie diese aufgrund des bloßen Nachweises des Erlöschens des Stammrechts gestatten, d.h. das an sich bestehende Bewilligungserfordernis suspendieren.

Demzufolge sind die §§ 23, 24 GBO keine Ausnahmen zu § 22 Abs. 1 S. 1 GBO, die strengere Anforderungen stellen, sondern eine Erweiterung oder Erleichterung, indem sie den **Nachweis des Nichtbestehens von Rückständen oder** die Vorlage einer **Bewilligung zu deren Löschung entbehrlich machen** (siehe auch Rdn 22).[94] Dass die h.M. in §§ 23, 24 GBO stattdessen eine Erschwerung gegenüber § 22 Abs. 1 S. 1 GBO erkennen will,[95] mag der in diese Richtung deutenden „negativen" Formulierung des Abs. 1 geschuldet sein, trifft aber bei genauer Betrachtung nicht zu.

III. Der Widerspruch in der Systematik der §§ 23, 24 GBO

Die §§ 23, 24 GBO enthalten aus den zuvor dargelegten Gründen auch im Hinblick auf die Möglichkeit der Erhebung eines Widerspruchs keine Erschwerung gegenüber § 22 Abs. 1 S. 1 GBO: Der Widerspruch bewirkt – richtig verstanden – lediglich die Wiederherstellung des bei unmittelbarer Anwendbarkeit des § 22 GBO einzuhaltenden Bewilligungserfordernisses (vgl. Rdn 22, 24). Er führt damit lediglich dazu, dass die Erleichterungen des § 23 Abs. 1 GBO entfallen und es bei den allgemeinen Anforderungen verbleibt. Sollte das Nichtbestehen von Rückständen nachgewiesen sein, so ist die Löschung – ohne dass es des Rekurses auf Abs. 1 bedarf – allein nach § 22 Abs. 1 S. 1 GBO (d.h. ohne Bewilligung) möglich.[96] Eine Bewilligung ist folglich von vornherein nicht erforderlich.

C. Löschung, wenn Rückstände ausgeschlossen sind

Sind Rückstände ausgeschlossen, so gilt § 22 Abs. 1 S. 1 GBO uneingeschränkt, ohne dass es noch einer Erleichterung durch § 23 GBO bedürfte: In diesem Fall erfolgt die Löschung allein nach § 22 Abs. 1 S. 1 GBO auf Antrag (§ 13 GBO), wenn dem Grundbuchamt der Tod des Berechtigten durch Sterbeurkunde, rechtskräftigen Todeserklärungsbeschluss (§§ 9 Abs. 1, 29 Abs. 1 VerschG) oder in sonstiger Weise durch öffentliche Urkunde (§ 29 Abs. 1 S. 2 GBO) nachgewiesen wird (vgl. auch § 22 GBO Rdn 120 ff.). Dasselbe gilt, wenn ein anderer Erlöschensgrund besteht und dieser dem Grundbuchamt in der Form des § 29 GBO nachzuweisen ist. Andernfalls bedarf es der Berichtigungsbewilligung nach § 19 GBO. Es liegt dann gerade kein Fall der Teilunrichtigkeit (siehe Rdn 21) vor, sondern infolge des Todes des Berechtigten ist das eingetragene Recht vollständig erloschen, das Grundbuch mithin in vollem Umfang unrichtig. (Zu den Besonderheiten bei **Leibgedingen, Altenteilen usw.** siehe Rdn 20).

D. Löschung rückstandsfähiger Rechte

Für beide Arten der Löschung (aufgrund Bewilligung oder Unrichtigkeitsnachweises) gelten die gewöhnlichen weiteren Voraussetzungen, notwendig sind also insbesondere

– ein Antrag (§ 13 GBO),
– bei Löschung eines Grundpfandrechts die Zustimmung des Eigentümers (§ 27 S. 1 GBO),

---

[94] *Hesse/Saage/Fischer*, § 23 Anm. II; so wohl auch *Demharter*, § 23 Rn 1; a.A. OLG Hamm, NJW-RR 2001, 1099; *Lülsdorf*, MittRhNotK 1994, 129, 130; *Güthe/Triebel*, § 23 Rn 1; Meikel/*Böttcher*, §§ 23, 24 Rn 1; Bauer/Schaub/*Schäfer*, §§ 23, 24 Rn 1; BeckOK GBO/*Wilsch*, § 23 Rn 4f.: § 23 Abs. 1 enthalte eine Erschwerung, § 23 Abs. 2 enthalte eine Erleichterung des Berichtigungsverfahrens.

[95] So OLG Hamm NJW-RR 2001, 1099; *Lülsdorf*, MittRhNotK 1994, 129, 130; *Güthe/Triebel*, § 23 Rn 1; Meikel/*Böttcher*, §§ 23, 24 Rn 1; Bauer/Schaub/*Schäfer*, §§ 23, 24 Rn 1; BeckOK GBO/*Wilsch*, § 23 Rn 4f.

[96] Diese Schlussfolgerung fehlt bei *Hesse/Saage/Fischer*, § 23 Anm. II a.E.

- bei Briefrechten die Vorlage des Briefes (§§ 41, 42 GBO) sowie
- etwa erforderliche Zustimmungen Dritter; eine familien-, betreuungs- bzw. nachlassgerichtliche Genehmigung aber nur im Fall einer Löschung aufgrund Bewilligung, wenn also die Herbeiführung einer Rechtsänderung durch die Löschung nicht ausgeschlossen werden kann (vgl. § 22 GBO Rdn 155, 158).

I. Bewilligung des Rechtsnachfolgers

28 Sind Rückstände nicht auszuschließen, so erfordert die Löschung (der ganzen Eintragung) nach der allgemeinen Regelung des § 19 GBO eine Bewilligung des Rechtsnachfolgers des vormaligen Berechtigten, weil der im Rahmen des § 22 Abs. 1 S. 1 GBO vorgelegte Todesnachweis grundsätzlich nur das Erlöschen des Stammrechts belegt (vgl. schon Rdn 21). Aus dieser Unterscheidung ergibt sich zugleich, dass die Bewilligung – solange der Todesnachweis daneben formgerecht vorliegt – eine Aussage nur über die Rückstände treffen muss, da im Übrigen (d.h. hinsichtlich des Stammrechts) § 22 Abs. 1 S. 1 GBO anzuwenden ist. Für die Form der Bewilligung des Rechtsnachfolgers und des Nachweises seiner Stellung gelten die allgemeinen Grundsätze (siehe auch § 19 GBO Rdn 47 ff.). Da man in der Löschungsbewilligung regelmäßig zugleich die Aufgabeerklärung nach § 875 Abs. 1 S. 2 Var. 1 BGB zu erblicken hat (siehe § 22 GBO Rdn 150), erlischt der Rückstand mit Vollzug des Antrags, so dass das Grundbuch durch die Löschung des Rechts aufgrund einer solchen Bewilligung im Regelfall nicht unrichtig werden kann, anders als bei der Löschung aufgrund des Todesnachweises (siehe Rdn 51 ff.). Fehlt es am Todesnachweis, genügt aber auch nur die Bewilligung des Rechtsnachfolgers, soweit er seine Stellung ausreichend belegen kann, da er auch über das Stammrecht zu verfügen befugt ist und deshalb dieses selbst dann zur Löschung bewilligen dürfte, wenn dieses materiell-rechtlich noch nicht erloschen wäre. Aufgrund dieses möglicherweise – sofern tatsächlich Rückstände bestehen – konstitutiven Charakters der Löschung ist eine **familien-, betreuungs- bzw. nachlassgerichtliche Genehmigung** nach §§ 1833, 1850 BGB notwendig, soweit die Voraussetzungen hierfür gegeben sind.

II. Unrichtigkeitsnachweis

29 Eine Löschung allein nach § 22 Abs. 1 S. 1 GBO, d.h. aufgrund des bloßen Todesnachweises (als Nachweis des Erlöschens des Stammrechts) kann demgegenüber, soweit Rückstände bestehen können, nur erfolgen, wenn

1. das Sperrjahr (ein Jahr nach dem Tod des Berechtigten, Abs. 1 S. 1 Hs. 1, bzw. nach Rechtskraft der Todeserklärung, § 26 Abs. 1 S. 2 i.V.m. §§ 49 Abs. 1, 29 Abs. 1 VerschG)[97] abgelaufen ist[98] und kein Widerspruch erhoben wurde **oder**
2. eine Löschungserleichterungsklausel nach Abs. 2 vereinbart und eingetragen ist.

Das Grundbuch wird in diesem Fall durch die Löschung **unrichtig**, wenn doch Rückstände bestehen, die Situation ist damit strukturell dem Fall des § 21 GBO vergleichbar.

E. Widerspruch des Rechtsnachfolgers

I. Rechtsnatur und Unterschied zu anderen Schutzvermerken

30 Der Widerspruch nach § 23 Abs. 1 S. 1 Hs. 1 GBO wird allgemein als ein **Sicherungsmittel eigener Art** angesehen.[99] Er bezweckt, eine ansonsten etwa eintretende Grundbuchunrichtigkeit dadurch zu verhindern, dass der Nachweis fehlender Rückstände durch den Antragsteller erbracht werden muss. Die weiterhin vermeintlich richtige Eintragung wird so vor einer erleichterten Löschung nach Abs. 1 geschützt. Der Widerspruch des § 23 GBO unterscheidet sich grundlegend von den Vormerkungen und Widersprüchen nach §§ 883, 899 BGB sowie § 18 Abs. 1 S. 1 Hs. 1 GBO:

---

[97] Die Frist ist nach §§ 187 Abs. 1, 188 Abs. 2 BGB zu berechnen, Meikel/*Böttcher*, §§ 23, 24 Rn 67; Bauer/Schaub/*Schäfer*, §§ 23, 24 Rn 50.

[98] Läuft das Sperrjahr während einer eingelegten und noch offenen Beschwerde ab, ist dieser aufgrund der geänderten Sachlage abzuhelfen: OLG München BeckRS 2018, 15196.

[99] Meikel/*Böttcher*, §§ 23, 24 Rn 69; Bauer/Schaub/*Schäfer*, §§ 23, 24 Rn 52; *Schöner/Stöber*, Rn 1355.

a) Die Vormerkung nach § 883 Abs. 1 BGB sichert einen schuldrechtlichen Anspruch auf eine künftige dingliche Rechtsänderung, während der Widerspruch nach § 23 Abs. 1 S. 1 Hs. 2 GBO ein bestehendes dingliches Recht im Grundbuch erhalten soll.
b) Der Widerspruch nach § 899 BGB verhindert einen Erwerb kraft öffentlichen Glaubens in Fällen eines unrichtigen Grundbuchstandes, während der Widerspruch nach § 23 Abs. 1 S. 1 Hs. 2 GBO gerade die Richtigkeit des Grundbuches erhalten und eine etwaige Unrichtigkeit verhindern will.[100]
c) Die Vormerkung und der Widerspruch nach § 18 Abs. 2 S. 1 Hs. 1 GBO sichern einen öffentlich-rechtlichen Anspruch auf Verbescheidung eines gestellten Antrags (siehe § 18 GBO Rdn 103), während der Widerspruch nach Abs. 1 S. 1 Hs. 2 den Vollzug eines gestellten oder noch zu stellenden Löschungsantrags verhindern soll.

II. Erhebung und Eintragung des Widerspruchs

1. Eintragbarkeit bis zur Vornahme der Löschung

Der Widerspruch ist nach § 23 Abs. 1 S. 1 Hs. 2 GBO von Amts wegen bei dem **noch nicht gelöschten rückstandsfähigen Recht** in das Grundbuch einzutragen, wenn eine entsprechende Erklärung des Rechtsnachfolgers beim Grundbuchamt eingegangen ist. Der Widerspruch kann auch nach Ablauf des Sperrjahres erhoben und eingetragen werden, solange noch keine Löschung des Rechts erfolgt ist.[101] Wenn ein Löschungserleichterungsvermerk nach Abs. 2 eingetragen ist, geht die Erhebung des Widerspruchs ins Leere, der Widerspruch ist nicht in das Grundbuch einzutragen;[102] eine gleichwohl erfolgte Eintragung des Widerspruchs ist nach § 53 Abs. 1 S. 2 GBO zu löschen, da die Unzulässigkeit unmittelbar aus der Eintragung des Löschungserleichterungsvermerks folgt (vgl. auch Rdn 50 zur unzulässigen Eintragung einer Löschungserleichterungsklausel).

2. Widerspruchsberechtigung

Sind mehrere Rechtsnachfolger (insbesondere Miterben) vorhanden, so genügt der Widerspruch eines von ihnen.[103] § 23 Abs. 1 S. 1 Hs. 1 GBO erwähnt ausdrücklich nur den Fall, dass „der Rechtsnachfolger" nach dem Tod des Berechtigten der Löschung widersprochen hat, aus dem Zweck des Widerspruchs (siehe Rdn 36 f.) folgt aber die Widerspruchsberechtigung auch desjenigen, der durch Rechtsgeschäft oder im Wege der Zwangsvollstreckung ein Recht an dem von der Löschung betroffenen Grundstücksrecht erworben hat,[104] ebenso wie des in den Fällen des § 24 GBO gegebenenfalls noch lebenden Berechtigten (vgl. § 24 GBO Rdn 14). Auf derartige Konstellationen ist § 23 Abs. 1 S. 1 GBO folglich analog anzuwenden.

3. Form des Widerspruchs und Nachweis der Berechtigung

Die ganz herrschende Meinung nimmt an, dass die protestierende Erklärung in der **Form** des § 29 Abs. 1 S. 1 GBO vorgelegt werden müsse, hinsichtlich des **Nachweises der Stellung als Rechtsnachfolger** verweist sie (folgerichtig) auf § 29 Abs. 1 S. 2 GBO.[105]

Dem ist jedoch früher mit unterschiedlichen Argumenten entgegengetreten worden. Insbesondere wurde darauf Bezug genommen, dass es sich bei der Eintragung nach § 23 GBO um eine solche von Amts wegen handelt.[106] Insoweit gelte das Prinzip der Amtsermittlung, so dass die Anforderungen an den Urkundsbeweis gemäß § 29 GBO nicht zu stellen seien.[107] Zudem sei der Widersprechende nicht wie ein Berechtigter – also Inhaber des Rechts – zu behandeln, so dass er selbst durch die Löschung nicht betroffen werde und daher die Ratio des § 29 GBO nicht eingreife.[108] Schließlich erfordere die besondere Situation im Falle des Widerspruchs ein schnelles Handeln, so dass keine hohen Formanforderungen gestellt werden dürften.[109]

---

100 Meikel/*Böttcher*, §§ 23, 24 Rn 69.
101 Meikel/*Böttcher*, §§ 23, 24 Rn 70; Bauer/Schaub/*Schäfer*, §§ 23, 24 Rn 53; Güthe/*Triebel*, § 23 Rn 16.
102 Meikel/*Böttcher*, §§ 23, 24 Rn 70; Schöner/Stöber, Rn 1354.
103 Güthe/*Triebel*, § 23 Rn 13.
104 KG JW 1938, 2830; *Demharter*, § 23 Rn 21; Bauer/Schaub/*Schäfer*, §§ 23, 24 Rn 54; Schöner/Stöber, Rn 1354.
105 Meikel/*Böttcher*, §§ 23, 24 Rn 70; *Demharter*, § 23 Rn 21; Bauer/Schaub/*Schäfer*, §§ 23, 24 Rn 54; Schöner/Stöber, Rn 1355.
106 So in KEHE/*Schrandt/Kalb*, GBR, 8. Auflage, § 23 GBO Rn 35 ff.
107 KEHE/*Schrandt/Kalb*, GBR, 8. Auflage, § 23 GBO Rn 35.
108 KEHE/*Schrandt/Kalb*, GBR, 8. Auflage, § 23 GBO Rn 36 f.
109 KEHE/*Schrandt/Kalb*, GBR, 8. Auflage, § 23 GBO Rn 39.

35 Mit der ganz herrschenden Meinung ist derartigen Erwägungen aber nicht zu folgen. § 29 Abs. 1 S. 1 GBO fordert nicht nur für die Bewilligung, sondern auch für den Nachweis sonstiger Erklärungen die Vorlage öffentlicher oder öffentlich beglaubigter Urkunden. Für die Eintragung des Widerspruchs von Amts wegen ist die Existenz einer entsprechenden Widerspruchserklärung notwendige Voraussetzung, so dass § 29 Abs. 1 S. 1 GBO schon nach seinem Wortlaut eingreift.[110] Zudem ist der Widersprechende als Erbe des vormaligen Rechtsinhabers in Bezug auf etwaige Rückstände ohne weiteres Berechtigter, so dass für ihn die Grundsätze über Bewilligungen in gleicher Weise gelten. Wäre das Recht nur aufgrund Berichtigungsbewilligung nach § 19 GBO zu löschen, bedürfte es in gleicher Weise der Bewilligung durch den Rechtsnachfolger, da das Recht, soweit dieses noch besteht, auf ihn übergegangen ist. Es ist vor diesem Hintergrund bedeutsam, wer der Erklärende ist, so dass insbesondere auch die Identifizierungsfunktion des § 29 GBO berührt ist.[111] Nicht zuletzt lässt sich auch eine besondere Eilbedürftigkeit, die die Einhaltung der Form verhindern würde, nicht erkennen, da die Durchführung einer öffentlichen Beglaubigung typischerweise nicht derart zeitintensiv ist, dass sie die effektive Durchsetzung des Rechts verhindern würde. Die flächendeckende Erreichbarkeit von Notaren ist gewährleistet, so dass auch eine Beglaubigung jederzeit vorgenommen werden kann und somit relevante Verzögerungen nicht eintreten, die zu einem Verzicht auf die gesetzlichen Vorgaben zwingen würden. Nicht zuletzt stützt die Wertung des § 30 GBO das hier gefundene Auslegungsergebnis: Hiernach bedarf sogar der grundsätzlich formfreie Antrag für eine Eintragung dann der Form des § 29 Abs. 1 S. 1 GBO, wenn der Antrag eine entsprechende Erklärung, die für die Eintragung relevant ist, enthält. Das Gesetz macht damit deutlich, dass sämtliche für die Eintragung relevanten tatsächlichen Erklärungen von Beteiligten oder anderen Personen stets in der Form des § 29 GBO vorliegen müssen, so dass auch für den Widerspruch gemäß § 23 GBO keine anderen Grundsätze gelten können.[112]

III. Wirkungen der Widerspruchserhebung

36 Der Widerspruch hindert **von seinem Eingang beim Grundbuchamt an** die Löschung des Rechts allein aufgrund eines Unrichtigkeitsnachweises hinsichtlich des Stammrechts und lässt damit den „Normalzustand" der §§ 19, 22 GBO auch für die Zeit nach Ablauf der Jahresfrist des Abs. 1 fortbestehen: Kann das Nichtbestehen von Rückständen formgerecht (§ 29 Abs. 1 S. 1 GBO) nachgewiesen werden, kann die Löschung nach § 22 GBO erfolgen. § 23 Abs. 1 S. 1 Hs. 1 GBO steht dem nicht entgegen. Der Wortlaut des § 23 Abs. 1 S. 1 GBO widerspricht dem nicht, weil er sich allein auf die Löschung lediglich aufgrund des Nachweises der Unrichtigkeit in Bezug auf das Stammrecht bezieht (siehe Rdn 25). Ansonsten bedarf es zur Löschung der Bewilligung des Rechtsnachfolgers, gemäß § 19 GBO.

37 § 17 GBO ist auf diese Eintragung nicht anwendbar. Die Vorschrift gilt nur für Eintragungsanträge und kann schon deshalb auf den nach § 23 Abs. 1 S. 1 Hs. 2 GBO von Amts wegen einzutragenden Widerspruch keine Anwendung finden;[113] vielfach wird Abs. 1 S. 1 Hs. 1 auch als lex specialis zu § 17 GBO aufgefasst.[114] Darauf kommt es aber nicht an, weil die Eintragung für die Wirkung des erhobenen Widerspruchs nicht erforderlich ist und daher allein die Erhebung bereits die Löschung verhindert. Infolgedessen ist für die Anwendung des § 17 GBO von vornherein kein Raum. Demnach ist eine Löschung auch dann ausgeschlossen, wenn nach Eingang, aber vor Durchführung der Löschung der Widerspruch erhoben wird. Die Eintragung des Widerspruchs ist folglich lediglich deklaratorisch, damit die Erhebung des Widerspruchs nicht übersehen wird.[115]

F. Vermerk über Löschungserleichterung, § 23 Abs. 2 GBO

I. Bedeutung des Abs. 2

38 Der Löschungserleichterungsvermerk (auch: Löschungserleichterungsklausel) zielt auf die vereinfachte und sofortige Löschung des Rechts nach dem Ableben des Berechtigten lediglich gegen den (für § 22

---

110 Vgl. dazu auch BeckOK GBO/*Wilsch*, § 23 Rn 53.
111 Vgl. dazu auch BeckOK GBO/*Wilsch*, § 23 Rn 53.
112 So auch BeckOK GBO/*Wilsch*, § 23 Rn 53, der darauf hinweist, dass § 29 GBO für alle Eintragungsunterlagen gilt.
113 Bauer/Schaub/*Schäfer*, §§ 23, 24 Rn 53.
114 Meikel/*Böttcher*, §§ 23, 24 Rn 70.
115 Meikel/*Böttcher*, §§ 23, 24 Rn 71; Bauer/Schaub/*Schäfer*, §§ 23, 24 Rn 55.

Abs. 1 GBO ohnehin erforderlichen) Todesnachweis und begründet dadurch eine „Erweiterung", d.h. eine konsequente Umsetzung des durch Abs. 1 aufgestellten Prinzips (vgl. Rdn 23 f.): Er ermöglicht die sofortige Löschung der gesamten Eintragung allein aufgrund des Nachweises des Erlöschens des Stammrechts – auch vor dem Ablauf der Sperrfrist (siehe Rdn 23) und unabhängig von der Erhebung eines Widerspruchs. Er suspendiert mithin von dem für eine Löschung nach § 22 Abs. 1 S. 1 GBO notwendigen Nachweis des konkreten Nichtbestehens von Rückständen. Zu einer Modifizierung oder gar Erschwerung der Nachweisanforderungen der §§ 22 Abs. 1, 29 Abs. 1 GBO kann er dagegen gerade nicht führen.[116] Ist ein Löschungserleichterungsvermerk eingetragen, so bedarf es in keinem Fall mehr einer Löschungsbewilligung des Rechtsnachfolgers und des Nachweises seiner Stellung.

II. Wirkungen des Löschungserleichterungsvermerks

Der Löschungserleichterungsvermerk führt dazu, dass das Grundbuchamt bei der Prüfung der Eintragungsvoraussetzungen für die Löschung das an sich nach § 19 GBO bestehende Bewilligungserfordernis nicht zu beachten hat. Er gewährt demnach eine formell-rechtliche Erleichterung der Löschung des Rechts.[117] Hingegen hat er keine Auswirkungen auf den materiellen Umfang und Bestand des Rechts und kann deshalb keine Bedeutung für eine Amtslöschung nach den §§ 84 ff. GBO haben.[118] Auch durch die (so erleichterte) Löschung tritt für sich genommen kein Verlust des materiellen Rechts auf die Leistungsrückstände ein, sie verlieren auch nicht ihre dingliche Sicherung. Beseitigt wird nur die Eintragung selbst. Dem dinglichen Recht wird also lediglich die Buchposition entzogen, ohne dass es nur deshalb zu einem Erlöschen käme.[119]

III. Eintragung des Vermerks

Die Löschungserleichterung nach Abs. 2 setzt die Eintragung des Löschungserleichterungsvermerks voraus;[120] eine **Bezugnahme auf die Bewilligung** ist **nicht zulässig**,[121] da es sich nicht nur um eine nähere Ausgestaltung des Rechts handelt. Die Eintragung erfolgt unter folgenden **Voraussetzungen**:

1. Wird der Vermerk **gleichzeitig mit der Eintragung des Rechts** bewilligt und eingetragen, so ist eine Bewilligung des zukünftigen Berechtigten entbehrlich.[122] Wer ein Recht (z.B. Nießbrauch) mit der formellen Beschränkung des § 23 Abs. 2 GBO erwirbt, ist nicht Betroffener nach § 19 GBO, weil für ihn noch gar kein Recht im Grundbuch eingetragen ist. Betroffener ist in diesem Zeitpunkt allein der Eigentümer, der das Recht mit der formell-rechtlichen Einschränkung (Löschungserleichterung) des Abs. 2 bestellt.
2. Zur **nachträglichen Eintragung** des Vermerks bedarf es hingegen der Bewilligung des bereits Berechtigten, da sein Recht durch den Vermerk eine – wenn auch nur formelle – Einschränkung erleidet.[123]

IV. Anwendungsfälle des § 23 Abs. 2 GBO

1. Der Vermerk nach Abs. 2 kann bei allen (nach Abs. 1 oder § 24 GBO) zeitlich beschränkten[124] und rückstandsfähigen Rechten (siehe Rdn 1 ff., 15 ff.) eingetragen werden, die zeitliche Beschränkung muss sich allerdings aus dem Eintragungsvermerk selbst ergeben (siehe Rdn 1; § 2 Einl. Rdn 109, 116), soweit sie nicht aus der Natur des Rechts auf die Lebenszeit des Berechtigten beschränkt ist.[125] Die Vermerke über Löschungserleichterungen nach Abs. 2 einerseits und §§ 24, 23 Abs. 2 GBO andererseits können nebeneinander bestehen (siehe dazu § 24 GBO Rdn 15).

---

116 OLG München FamRZ 2014, 72; DNotZ 2013, 444 = Rpfleger 2013, 264.
117 BGH NJW 1976, 962, 963; *Demharter*, § 23 Rn 24.
118 LG Saarbrücken ZfIR 2005, 470, 471 m. Anm. *Dümig*.
119 Meikel/*Böttcher*, §§ 23, 24 Rn 62; Bauer/Schaub/*Schäfer*, §§ 23, 24 Rn 58.
120 Meikel/*Böttcher*, §§ 23, 24 Rn 61; *Demharter*, § 23 Rn 24 f.; *Schaal*, RNotZ 2008, 569, 577; Bauer/Schaub/*Schäfer*, §§ 23, 24 Rn 62.
121 Meikel/*Böttcher*, §§ 23, 24 Rn 61; *Demharter*, § 23 Rn 25.
122 BGH NJW 1976, 962; Meikel/*Böttcher*, §§ 23, 24 Rn 56; *Demharter*, § 23 Rn 24.
123 BGH NJW 1976, 962; Meikel/*Böttcher*, §§ 23, 24 Rn 57; *Demharter*, § 23 Rn 24.
124 BayObLGZ 1997, 121, 123 = Rpfleger 1997, 373; übersehen von LG Saarbrücken ZfIR 2005, 470; vgl. *Dümig*, ZfIR 2005, 471.
125 *Schöner/Stöber*, Rn 266; vgl. auch § 56 Abs. 2 GBV.

43 Eine trotz des Fehlens einer dieser beiden Voraussetzungen vorgenommene Eintragung ist *insoweit* – also nur hinsichtlich der Löschungserleichterungsklausel – inhaltlich unzulässig und nach § 53 Abs. 1 S. 2 GBO zu löschen, da ihre Unzulässigkeit dem Eintragungsvermerk bzw. der gegebenenfalls (hinsichtlich der Rückstandsfähigkeit und der näheren Ausgestaltung der Befristung) in Bezug genommenen Bewilligung entnommen werden kann (zur Unzulässigkeit der Eintragung eines Widerspruchs, wenn eine wirksame Löschungserleichterungsklausel eingetragen wurde, vgl. auch Rdn 31).

44 2. Zulässig ist der Löschungserleichterungsvermerk mithin bei folgenden Rechten:
a) Nießbrauch,
b) beschränkte persönliche Dienstbarkeit, sofern sich hier ausnahmsweise eine Rückstandsfähigkeit ergibt (Einzelheiten siehe Rdn 20),
c) Grundpfandrechte,
d) Pfandrechte an verpfändungsfähigen Grundstücksrechten,
e) subjektiv-persönliche Reallast und
f) Dauerwohn- bzw. Dauernutzungsrecht (vgl. aber Rdn 8, 20).

45 3. **Ausgeschlossen ist die Eintragung einer Löschungserleichterungsklausel** bei Vormerkungen, Widersprüchen und subjektiv-persönlichen Vorkaufsrechten sowie Erbbaurechten, weil keine Rückstände möglich sind (siehe Rdn 20). Unzulässig ist die Eintragung ferner, wenn Rechte, die grundsätzlich rückstandsfähig sind, so ausgestaltet werden, dass keine Rückstände entstehen können, insbesondere abweichende Regelungen getroffen werden, so dass notwendigerweise alle Rechte mit dem Stammrecht erlöschen. Subjektiv-dingliche Rechte (Grunddienstbarkeiten, subjektiv-dingliche Vorkaufsrechte oder Reallasten) können zwar niemals im Sinne des § 23 Abs. 1 S. 1 Hs. 1 GBO auf die Lebenszeit des Berechtigten beschränkt, aber auf die Lebenszeit einer bestimmten Person befristet werden, die auch der Eigentümer des herrschenden Grundstücks sein kann; solche Konstellationen sind von § 24 Fall 2 GBO erfasst (siehe Rdn 9; § 24 GBO Rdn 5).

46 4. Bei **Leibgedingen, Altenteilen usw.** (vgl. § 49 GBO Rdn 1 ff.; siehe auch Rdn 20) kann sich der Löschungserleichterungsvermerk nur auf diejenigen Teile des Rechtebündels beziehen, die die Voraussetzungen der Befristung und Rückstandsfähigkeit erfüllen. Er ist z.B. hinsichtlich einer Reallast für Beerdigungs- und Grabpflegekosten ausgeschlossen, da hier gerade keine Befristung auf die Lebenszeit des Berechtigten vereinbart sein wird.[126] Soll das Leibgeding insgesamt gelöscht werden, so ist die Bewilligung des Rechtsnachfolgers notwendig, soweit in dem Bündel auch Rechte enthalten sind, die nicht auf die Lebenszeit befristet sind. Daher kann in solchen Fällen aufgrund des Todesnachweises auch dann nur eine Teillöschung vorgenommen werden, wenn ein (pauschaler) Vermerk nach Abs. 2 eingetragen ist.[127]

V. Keine Umdeutung in Löschungsvollmacht

47 Fraglich ist, ob die Eintragung oder die Bewilligung einer unzulässigen Löschungserleichterung als Vollmacht zur Löschung ausgelegt oder umgedeutet (§ 140 BGB) werden kann. Dies wird von der wohl überwiegenden Ansicht verneint.[128] Dem ist zumindest insoweit zuzustimmen, als aus der Eintragung der Löschungserleichterung derartige Konsequenz nicht abgeleitet werden kann, da die Eintragung durch das Grundbuchamt erfolgt, die Vollmacht allerdings vom Rechtsinhaber stammen muss. Es kann mithin nicht auf die Eintragung, sondern ausschließlich auf die Erklärung des Berechtigten, mithin die Vereinbarung der Beteiligten ankommen. Insoweit ist allerdings eine Auslegung oder Umdeutung richtigerweise grundsätzlich möglich.[129] Praktisch wird dies insbesondere bei Leibgedingen, die eine Reallast enthalten, die

---

126 LG Coburg Rpfleger 1983, 145; BayObLGZ 1983, 113, 116 ff. = Rpfleger 1983, 308; BayObLG Rpfleger 1988, 98; BayObLGZ 1997, 121, 123 = Rpfleger 1997, 373; BayObLGZ 1998, 250, 253 f. = Rpfleger 1999, 71; Meikel/*Böttcher*, §§ 23, 24 Rn 22; *Demharter*, § 23 Rn 27; Bauer/Schaub/*Schäfer*, §§ 23, 24 Rn 15.
127 Siehe auch *Amann*, DNotZ 1998, 6, 7.
128 BayObLGZ 1997, 121, 123 ff. = Rpfleger 1997, 373 f.; BayObLGZ 1998, 250, 254 f. = Rpfleger 1999, 71 f.; OLG München FGPrax 2012, 250; OLG Hamm NJOZ 2014, 1569; Meikel/*Böttcher*, §§ 23, 24 Rn 64; *Demharter*, § 23 Rn 12.
129 OLG Düsseldorf RNotZ 2021, 100, 103 f.; OLG München BeckRS 2010, 33286; *Amann*, DNotZ 1998, 6, 12 ff.; *Frank*, MittBayNot 1997, 217; Schöner/*Stöber*, Rn 1544b; *Wufka*, MittBayNot 1996, 156, 161 ff.

nach dem Willen der Beteiligten nicht auf den Tod befristet ist, weil sie insbesondere im Rahmen der Verpflichtung zur Grabpflege erst nach dem Tod des ursprünglich Berechtigten von Relevanz ist. Ein weiterer Anwendungsfall liegt in der Löschung von Vormerkungen, insbesondere bei vereinbarten Rückforderungsrechten, wenn das Erlöschen des Anspruchs nicht nach § 22 GBO nachgewiesen werden kann. Dies ist insbesondere der Fall, wenn eine formfreie Änderung des Rückforderungsanspruchs nicht ausgeschlossen werden kann. Da bei einer Vormerkung keine Rückstände entstehen können, ist die Löschungserleichterung nach § 23 GBO unzulässig, so dass sich insbesondere in einer solchen Konstellation die Frage stellt, ob die Löschung aufgrund einer konkludent erteilten Vollmacht möglich ist.

Die überwiegende Auffassung in der Rechtsprechung verneint eine derartige Umdeutung bei Reallasten, die erst nach dem Tod des ursprünglich Berechtigten eingreifen, mit dem Argument, die Erteilung einer entsprechenden Vollmacht sei widersprüchlich, wenn die Reallast ab Moment gelöscht werden könnte, ab dem sie erstmalig Bedeutung erlangt.[130] Dieser Überlegung ist grundsätzlich beizutreten, da in der Tat nicht anzunehmen ist, dass die Beteiligten eine Sicherung bestellen wollten, die von vornherein ihren Zweck verfehlen muss, weil der Verpflichtete ab dem Entstehen seiner Verpflichtung berechtigt wäre, die Sicherheit zu löschen. Ein solches Verständnis ließe sich mit einer sachgerechten Auslegung des Parteiwillens nicht in Einklang bringen. Dies spricht allerdings nicht gegen die Umdeutung einer unzulässigen Löschungserleichterung nach § 23 GBO in eine Löschungsvollmacht bei anderen Rechten, insbesondere bei einer Vormerkung.[131] Diese sichert auch bereits zu Lebzeiten der ursprünglich Berechtigten deren Ansprüche ab, so dass es nicht fernliegend ist, dass die Parteien durch die Vereinbarung einer Löschbarkeit der Vormerkung im Falle des Todes der Berechtigten gerade beabsichtigten, auch die dingliche Sicherung mit dem Tod entfallen zu lassen. Dies liegt insbesondere deshalb nahe, weil sich den entsprechenden Verträgen üblicherweise entnehmen lässt, dass die Interessen der vormaligen Eigentümer insbesondere zu deren Lebzeiten gesichert werden sollten, die Löschung der Vormerkung dann allerdings deshalb nicht gelingt, weil eine spätere Änderung der Anspruchsvoraussetzungen nicht ausgeschlossen werden kann. Es entspricht daher üblicherweise dem Interesse der Beteiligten, dass der Übernehmer nach dem Tod der Übergeber ein zumindest von der Vormerkung freies Grundstück erlangen soll, so dass die Vereinbarung der Löschungserleichterung als Löschungsvollmacht auszulegen ist.[132] Dies gilt umso mehr, als sonst die Abrede der Beteiligten, die Vormerkung könne durch den Nachweis des Todes gelöscht werden, bedeutungslos wäre, wofür allerdings anders als bei Reallasten, die in diesem Fall insgesamt sinnlos wären, keine Vermutung spricht. Vielmehr ist anzunehmen, dass die Beteiligten mit ihrer Übereinkunft eine rechtlich bedeutsame Regelung schaffen wollten, was nur dann erreicht werden kann, wenn die Löschungserleichterung als Gewährung einer entsprechenden Vollmacht verstanden wird.

Dasselbe gilt, wenn die Beteiligten vereinbaren, dass eine Löschung eines Nießbrauchs mit Vorlage der Sterbeurkunde möglich sein soll.[133] Dabei kommt es nicht darauf an, dass die Eintragung einer Löschungserleichterung möglich gewesen wäre, wenn diese unterbleibt.[134] Maßgeblich ist lediglich, dass sich die Beteiligten einig waren, dass die Löschung allein mit der Vorlage der Sterbeurkunde möglich sein soll. Weshalb sie auf die Eintragung einer Löschungserleichterung verzichtet haben, ist regelmäßig nicht feststellbar. Dies kann darauf beruhen, dass den Beteiligten diese Möglichkeit nicht bewusst war, oder darauf, dass sie eine solche Notwendigkeit vor dem Hintergrund der (konkludenten) Vollmacht für unnötig angesehen haben. Jedenfalls besteht aber kein Anlass, vom eindeutigen Willen der Beteiligten allein wegen dieser formalen Unterlassung abzuweichen.[135]

VI. Löschung des Vermerks

Die Löschungserleichterungsklausel wird mit dem Recht gelöscht. Soll sie früher gelöscht werden, so ist hierfür die Löschungsbewilligung des Eigentümers erforderlich, nicht die des Rechtsinhabers:[136] Durch

---

130 BayObLGZ 1997, 121; BayObLGZ 1998, 250; OLG Hamm NJOZ 2014, 1569; OLG München FGPrax 2012, 250.
131 Wie hier auch OLG Düsseldorf RNotZ 2021, 100, 103 f.
132 So auch im Ergebnis OLG Düsseldorf RNotZ 2021, 100, 103 f.
133 Anders aber OLG Hamm BeckRS 2020, 11650.
134 Anders aber OLG Hamm BeckRS 2020, 11650.
135 Anders jedoch OLG Hamm BeckRS 2020, 11650.
136 Meikel/*Böttcher*, §§ 23, 24 Rn 65; *Demharter*, § 23 Rn 24; Bauer/Schaub/*Schäfer*, §§ 23, 24 Rn 64.

G. Folgen der Verletzung des § 23 GBO

51 Eine Löschung unter Verletzung des Abs. 1 hat **keinen Einfluss auf das materiell-rechtliche Bestehen des Rechts**.[137] Wie auch sonst wirkt sich das Erlöschen der formellen Position im Grundbuch für sich genommen nicht auf die materielle Rechtslage aus, so dass das Recht außerhalb des Grundbuchs fortbesteht. In diesem Fall besteht allerdings für den Rechtsinhaber die Gefahr des gutgläubigen Wegerwerbs des Rechts durch einen Sonderrechtsnachfolger.

52 Hat das Grundbuchamt die Löschung vor Ablauf der Jahresfrist oder trotz eines erhobenen Widerspruchs vorgenommen (siehe oben Rdn 36 f.), ist ein **Amtswiderspruch** einzutragen, wenn das tatsächliche Bestehen von Rückständen glaubhaft ist (hierzu allgemein vgl. § 53 GBO Rdn 22).[138] Die Wiedereintragung des gelöschten Rechts selbst ist zwar möglich,[139] würde aber nach § 22 Abs. 1 S. 1 GBO den Nachweis voraussetzen, dass konkrete Rückstände bestehen und dass das Recht in der Zwischenzeit nicht untergegangen ist. Dies wird regelmäßig in der gebotenen Form nicht gelingen, so dass hierüber gegebenenfalls im streitigen Verfahren zu entscheiden sein wird.

53 Im Fall der unberechtigten Löschung eines **Erbbaurechts** (die indes keinen Verstoß gegen § 23 GBO darstellt) ist die Eintragung des Entschädigungsanspruchs des Erbbauberechtigten im Grundbuch des Grundstücks (anstelle des erloschenen Erbbaurechts mit dessen Rang) auf Antrag des Grundstückseigentümers oder Erbbauberechtigten nachzuholen (vgl. § 24 GBO Rdn 19 f.). Ein Unrichtigkeitsnachweis ist weder dem Grunde noch der Höhe nach erforderlich, da einerseits ein fehlender Ausschluss des Entschädigungsanspruchs den Grundakten (Bestellungsurkunde) entnommen werden kann und mangels anderer Anhaltspunkte (insbesondere kein Bestreiten durch den Eigentümer im Rahmen der notwendigen Gewährung rechtlichen Gehörs, vgl. § 22 GBO Rdn 155) auch von der bisherigen Nichterfüllung ausgegangen werden darf und andererseits die unbezifferte Eintragung des Entschädigungsanspruches zulässig ist (siehe § 24 GBO Rdn 20). Wurde indes eine bestimmte Höhe des Entschädigungsanspruches als Inhalt des Erbbaurechts vereinbart (§ 27 Abs. 1 S. 2 ErbbauRG), so kann auch die Höhe des Anspruches als offenkundig angesehen (die Bestellungsurkunde befindet sich in den Grundakten, ihr Inhalt ist also aktenkundig, vgl. § 29 GBO Rdn 177 ff.) und der Entschädigungsanspruch deshalb sogleich beziffert eingetragen werden.

§ 24 [Löschung zeitlich beschränkter Rechte]

Die Vorschriften des § 23 sind entsprechend anzuwenden, wenn das Recht mit der Erreichung eines bestimmten Lebensalters des Berechtigten oder mit dem Eintritt eines sonstigen bestimmten Zeitpunkts oder Ereignisses erlischt.

A. Bedeutung des § 24 GBO ... 1
B. Anwendungsbereich ... 3
  I. Erlöschen des Rechts außerhalb des Grundbuchs ... 3
    1. Allgemeines ... 3
    2. Zeitliche Beschränkung des Rechts ... 5
    3. Beschränkbarkeit bestimmter Rechte ... 7
  II. Rückstandsfähigkeit des Rechts ... 11
C. Löschung ... 13
D. Widerspruch ... 14
E. Löschungserleichterungsvermerk nach §§ 23 Abs. 2, 24 GBO ... 15
F. Besonderheiten beim Erlöschen eines Erbbaurechts ... 17
G. Folgen der Verletzung des § 24 GBO ... 21

---

137 Meikel/*Böttcher*, §§ 23, 24 Rn 76; *Demharter*, § 23 Rn 18; Bauer/Schaub/*Schäfer*, §§ 23, 24 Rn 69; Güthe/*Triebel*, § 23 Rn 25. Ein Antrag in der II. Kommission, der den Bestand der Rückstände an das Eingetragensein des Stammrechts knüpfen wollte, wurde abgelehnt, Prot. III S. 75 = Mugdan III S. 539.

138 Meikel/*Böttcher*, §§ 23, 24 Rn 76; siehe auch *Demharter*, § 23 Rn 23.

139 Meikel/*Böttcher*, §§ 23, 24 Rn 76.

A. Bedeutung des § 24 GBO

Wegen der systematischen Einordnung der §§ 23, 24 GBO im Verhältnis zu den §§ 19, 22 Abs. 1 S. 1 GBO siehe die Erläuterungen zu § 23 GBO (vgl. § 23 GBO Rdn 21 ff.).

§ 24 GBO dehnt die Regelung des § 23 GBO auf **alle auflösend befristeten und auflösend bedingten Rechte** (siehe § 2 Einl. Rdn 116 ff.) aus, bei denen Rückstände möglich sind. Auch in solchen Fällen gilt daher § 23 Abs. 1 GBO, so dass auch hier die Möglichkeit der Eintragung eines Löschungserleichterungsvermerks nach § 23 Abs. 2 GBO besteht. Sind Rückstände ausgeschlossen, gilt wie bei den auf die Lebenszeit des Berechtigten befristeten Rechten § 22 Abs. 1 S. 1 GBO unmittelbar, weshalb stets die Löschung allein durch Todesnachweis ausreichend ist (vgl. § 23 GBO Rdn 28).

B. Anwendungsbereich
I. Erlöschen des Rechts außerhalb des Grundbuchs
1. Allgemeines

§ 24 GBO erfasst die nicht bereits in § 23 Abs. 1 GBO abgebildeten Fälle des Erlöschens des (Stamm-)Rechts außerhalb des Grundbuchs durch den Eintritt einer auflösenden Bedingung oder Befristung, im Wortlaut beschrieben als das **Erreichen eines bestimmten Lebensalters** des Berechtigten (§ 24 **Fall 1** GBO), den **Eintritt eines Endtermins** (§ 24 **Fall 2** GBO) oder den Eintritt **einer auflösenden Bedingung** (§ 24 **Fall 3** GBO).

Die Beschränkung **muss** sich zumindest im Ansatz **aus dem Eintragungsvermerk** ergeben (ausreichend ist insoweit die Angabe, dass das Recht „bedingt" oder „befristet" sei), eine Bezugnahme auf die Bewilligung ist nur **hinsichtlich** der näheren Ausgestaltung möglich (§ 874 BGB) (zu den Folgen des Fehlens einer solchen Mindestangabe, wenn materiell-rechtlich nur ein beschränktes Recht gewollt war, siehe § 2 Einl. Rdn 116).[1] Es ist daher nicht ausreichend, wenn die Befristung selbst im Eintrag nicht zum Ausdruck gelangt, weil dann keine nähere Ausgestaltung durch die Bezugnahme mehr erfolgt.[2] Die von § 24 GBO angesprochenen Konstellationen sind aufgrund ihrer Vielfalt (siehe Rdn 5 f.) zahlreicher als die Befristung auf die Lebenszeit des Berechtigten. Die Nennung des Erreichens eines bestimmten Lebensalters neben dem Eintritt einer auflösenden Bedingung ist eigentlich überflüssig. Zwar ist der Zeitpunkt des Erreichens an sich gewiss, ungewiss ist jedoch, ob ein Mensch ein bestimmtes Alter erreicht, so dass es sich bei § 24 Fall 1 GBO im Ergebnis gleichermaßen um eine auflösende Bedingtheit handelt (**dies incertus an, certus quando**).[3]

Die Anwendbarkeit des § 24 GBO setzt voraus, dass das (Stamm-)Recht tatsächlich aufgrund eines der in dieser Vorschrift genannten Tatbestände erloschen ist. Der Tod des Berechtigten als Erlöschensgrund (vgl. aber Rdn 5, 6) führt zur direkten Anwendung des § 23 Abs. 1 GBO. Daneben ist noch an die isolierte Anwendung des § 22 Abs. 1 S. 1 GBO zu denken,[4] insbesondere wenn Rückstände ausgeschlossen sind (vgl. § 23 GBO Rdn 27).

2. Zeitliche Beschränkung des Rechts

§ 24 **Fall 2** GBO behandelt **befristete Rechte**, die mit dem Eintritt eines bestimmten Endtermins, insbesondere eines Kalendertages, erlöschen. Anders als der Wortlaut „Eintritt eines sonstigen bestimmten Zeitpunkts" es nahelegen mag, sind davon nicht nur solche Endtermine erfasst, deren Zeitpunkt von vornherein feststeht (**dies certus an, certus quando**),[5] vielmehr ist darunter auch die Konstellation zu subsumieren, dass der Eintritt des Ereignisses gewiss ist, nicht aber sein Zeitpunkt (**dies certus an, incertus quando**) – ausgenommen allerdings den bereits von § 23 Abs. 1 GBO geregelten Fall des Todes des Be-

---

1 *Demharter*, § 44 Rn 20; Meikel/*Grziwotz*, Einl. B Rn 12; *Schöner/Stöber*, Rn 266; vgl. auch § 56 Abs. 2 GBV. Gänzlich verfehlt ist insoweit die Auffassung, man könne allein aus der Tatsache, dass die Eintragungsbewilligung – nicht aber der Eintragungstext – die Angabe enthält, dass zur Löschung des Rechts der Nachweis des Todes der Berechtigten genüge, eine wirksame Befristung des Rechts nebst Löschungserleichterung nach § 23 Abs. 2 GBO herleiten: So aber OLG Celle FGPrax 2014, 150 = MDR 2014, 520.
2 BGH MittBayNot 2021, 239, 241.
3 Vgl. Grüneberg/*Ellenberger*, § 163 Rn 1; diff.: Staudinger/*Bork*, § 163 Rn 2 ff. sowie BAG NZA 1986, 325, 327; *Güthe/Triebel*, § 24 Rn 2.
4 Vgl. Meikel/*Böttcher*, §§ 23, 24 Rn 5.
5 So aber *Güthe/Triebel*, § 24 Rn 2.

rechtigten. Ein typisches Beispiel ist hier die Befristung auf die Lebensdauer des Bestellers oder eines Dritten. Infolgedessen ist auch eine Befristung bei einem Recht für eine Gesellschaft auf den Zeitpunkt des Todes eines Gesellschafters oder des letzten überlebenden von mehreren explizit genannten Gesellschaftern möglich.[6]

6 Als Erlöschensgründe nach § 24 **Fall 3** GBO kommen schließlich **ungewisse Ereignisse** (**dies incertus an, incertus quando**) in Betracht, namentlich:

a) in der Person des Berechtigten seine (Wieder-)Heirat, die Geburt eines Kindes, der Verlust oder die Beschränkung der Geschäftsfähigkeit oder der Verfügungsbefugnis, der Wegzug von einem bestimmten Ort (das Erreichen eines bestimmten Lebensalters, z.B. der Volljährigkeit ist bereits von der überflüssigen Regelung – vgl. Rdn 3 – des § 24 Fall 1 GBO, der Tod von § 23 Abs. 1 GBO erfasst);

b) in der Person des Bestellers seine (Wieder-)Heirat oder der Verlust des Eigentums (durch Übertragung, Aufgabe oder auf sonstige Weise);

c) derartige Ereignisse in der Person eines Dritten (nicht dessen Tod, dieser ist von § 24 Fall 2 GBO erfasst, vgl. Rdn 5) oder

d) beliebige sonstige Umstände, z.B. die Übertragung, Pfändung oder Verpfändung des Rechts, die Änderung bestimmter gesetzlicher Vorschriften, eine Währungsreform, die Veränderung eines bestimmten Lebenshaltungskostenindexes über ein bestimmtes Maß hinaus, der Anschluss des Grundstücks an öffentliche Straßen oder an die Trinkwasserversorgung; die Trennung der Berechtigten.

§ 24 GBO bildet demnach beliebige Bedingungen und Befristungen (siehe § 2 Einl. Rdn 116 ff.) ab. Jedoch wird eine Löschung aufgrund eines Unrichtigkeitsnachweises häufig – ganz besonders in den Fällen von Rdn 6 d) – nicht durchführbar sein, weil der Eintritt der Bedingung nicht formgerecht im Sinne des § 29 Abs. 1 S. 2 GBO nachgewiesen und somit hinsichtlich des Stammrechts schon § 22 Abs. 1 S. 1 GBO nicht gewahrt werden kann (siehe Rdn 13). Diese Nachweisprobleme betreffen aber allein die Zweckmäßigkeit der gewählten Gestaltung, ihrer materiell-rechtlichen Zulässigkeit (die primär objektive Bestimmbarkeit voraussetzt) stehen sie nicht entgegen.[7] In Betracht kommt zudem etwa auch der Nachweis durch übereinstimmende (beurkundete oder beglaubigte) Erklärungen der Beteiligten.[8]

3. Beschränkbarkeit bestimmter Rechte

7 a) Für Nießbrauchrechte, beschränkte persönliche Dienstbarkeiten, subjektiv-persönliche Vorkaufsrechte, Grundpfandrechte, Pfandrechte an verpfändungsfähigen Grundstücksrechten und subjektiv-persönliche Reallasten sowie Vormerkungen und Widersprüche gilt das im Bereich des § 23 GBO (siehe § 23 GBO Rdn 6 ff.) zur Zulässigkeit der zeitlichen Beschränkung jener Rechte Ausgeführte entsprechend.

8 b) Aus den §§ 161 Abs. 2, 163 BGB ergibt sich weiterhin die grundsätzliche Zulässigkeit, auch die übrigen beschränkten dinglichen Rechte mit einer auflösenden Bedingung oder Befristung zu versehen. **Unzulässig** ist jedoch die **auflösend bedingte** Bestellung von **Erbbaurechten** (§ 1 Abs. 4 S. 1 ErbbauRG) sowie von **Dauerwohn- und Dauernutzungsrechten** (§§ 31 Abs. 3, 33 Abs. 1 S. 2 WEG).

9 **Auflösende Befristungen** sind beim Erbbaurecht in analoger Anwendung des § 1 Abs. 4 S. 1 ErbbauRG ebenfalls unzulässig, wenn das Ende zwar gewiss, der genaue Termin für die Beendigung aber offen ist (**dies certus an, incertus quando**, vgl. Rdn 5, für Einzelheiten siehe § 23 GBO Rdn 7).[9] Gleiches muss konsequenterweise für Dauerwohn- und Dauernutzungsrechte gelten (vgl. § 23 GBO Rdn 8).

10 c) Bei **subjektiv-dinglichen Rechten** ist eine Bindung an die Person des Berechtigten nur in der Weise möglich, dass er als Dritter angesehen wird, nicht als Eigentümer des herrschenden Grundstücks (siehe § 23 GBO Rdn 9). Nach dieser Maßgabe aber kann der Bestand eines subjektiv-dinglichen Rechts an das Erreichen eines bestimmten Lebensalters, den Tod des aktuell Berechtigten oder eine sonstige auflösende Bedingung (z.B. Heirat) oder einen kalendarischen Endtermin geknüpft werden. Dasselbe gilt bei juristischen Personen oder bei Personengesellschaften, wenn es auf den Tod eines Gesellschafters

---

6 OLG Dresden MittBayNot 2022, 238.
7 *Böttcher*, RpflStud 1991, 104, 108; BeckOK GBO/*Wilsch*, § 24 Rn 7.
8 Bauer/Schaub/*Schäfer*, §§ 23, 24 Rn 28; BeckOK GBO/ *Wilsch*, § 24 Rn 7.
9 BGH NJW 1969, 2043, 2045; OLG Celle Rpfleger 1964, 213, 214 m. Anm. *Diester*; Ingenstau/Hustedt/*Hustedt*, § 1 Rn 127.

oder auf den Tod des letzten von explizit benannten Gesellschaftern ankommen soll.[10] Es geht dabei stets um die in § 24 Fall 2 oder Fall 3 GBO geregelten Gestaltungen (nicht § 24 Fall 1 GBO und § 23 Abs. 1 GBO), weil nicht auf den jeweiligen Eigentümer des herrschenden Grundstücks (also auf den Berechtigten als solchen) abgestellt wird, sondern auf eine bestimmte Person – unabhängig davon, ob diese zu einem bestimmten Zeitpunkt (noch) der Berechtigte sein wird.

II. Rückstandsfähigkeit des Rechts

Rückstandsfähig sind zunächst folgende Rechte (siehe hierzu ausführlich § 23 GBO Rdn 15 ff.):
- Nießbrauch,
- beschränkte persönliche Dienstbarkeit, wenn (als systematische Ausnahme) eine Unterhaltungspflicht des Eigentümers nach §§ 1021 Abs. 1 S. 1, 1090 Abs. 2 BGB dinglich vereinbart wurde oder wenn für den Fall der Aufgabe des Rechts dem Berechtigten eine Entschädigung zu gewähren ist (vgl. § 23 GBO Rdn 20),[11]
- jedes Grundpfandrecht,
- Pfandrecht an verpfändungsfähigen Grundstücksrechten und
- subjektiv-persönliche Reallast.

Für die Rückstandsfähigkeit der subjektiv-dinglichen Rechte gelten die gleichen Grundsätze wie für die subjektiv-persönlichen Rechte: Bei **Grunddienstbarkeiten** sind demnach Rückstände grundsätzlich nur dann möglich, wenn eine Unterhaltungspflicht des Eigentümers nach § 1021 Abs. 1 S. 1 BGB (die systematisch Reallast ist, vgl. § 23 GBO Rdn 20) dinglich vereinbart wurde.[12] Bei einer **subjektiv-dinglichen Reallast** sind demgegenüber (wie bei der persönlichen Variante) Rückstände mangels abweichender Vereinbarung immer möglich. Beim **Vorkaufsrecht** sind gleichermaßen Rückstände denkbar, da das Vorkaufsrecht nicht nur Wirkungen wie eine Vormerkung zeitigt (siehe § 23 GBO Rdn 20).[13]

C. Löschung

Für die Vornahme der Löschung derart zeitlich beschränkter, rückstandsfähiger Rechte gilt das zu § 23 GBO Ausgeführte (vgl. § 23 GBO Rdn 27 ff.), wobei für eine Löschung nach § 22 Abs. 1 S. 1 GBO anstelle des Todes das Erreichen eines bestimmten Lebensalters, der Eintritt des Endtermins oder der auflösenden Bedingung nachzuweisen ist. Als problematisch kann sich insbesondere der Nachweis des Eintritts bestimmter auflösender Bedingungen erweisen, da dies durch öffentliche Urkunden erfolgen muss (§ 29 Abs. 1 S. 2 GBO). Ein Dispens von dieser Formstrenge ist nicht möglich, insbesondere können die Parteien nicht vereinbaren, dass der „echte" Nachweis des Bedingungseintritts durch die Abgabe einer Feststellungserklärung des von der Löschung Begünstigten ersetzt werden kann.[14] Gegebenenfalls muss der ehemalige Berechtigte oder dessen Rechtsnachfolger eine Löschungsbewilligung abgeben, um das Recht durchzusetzen, was im Zweifel eine gerichtliche Durchsetzung erforderlich machen kann. Solche Probleme bei der Löschung stehen aber nicht der Zulässigkeit der Bestellung derart beschränkter Rechte entgegen (siehe Rdn 6).[15] Eine praktische Möglichkeit besteht darin, die Bedingung derart zu fassen, dass sie eintritt, wenn der die Eintragungsbewilligung beglaubigende bzw. beurkundende Notar durch notarielle Eigenurkunde beim Grundbuchamt die Löschung des Rechts beantragt, wobei der Notar (unwiderruflich) angewiesen wird, den Eintritt der Bedingung nur unter bestimmten Voraussetzungen herbeizuführen.[16] Eine solche Gestaltung birgt allerdings nicht unerhebliche Haftungsrisiken für den Notar.

---

10 OLG Dresden MittBayNot 2022, 238.
11 OLG Hamm Rpfleger 2001, 402, 403 = NJW-RR 2001, 1099, 1100; Meikel/*Böttcher*, §§ 23, 24 Rn 40; Bauer/Schaub/*Schäfer*, §§ 23, 24 Rn 38.
12 Meikel/*Böttcher*, §§ 23, 24 Rn 39; Bauer/Schaub/*Schäfer*, §§ 23, 24 Rn 37, jew. m.w.N.
13 Meikel/*Böttcher*, §§ 23, 24 Rn 37, 44 ff.; Bauer/Schaub/*Schäfer*, §§ 23, 24 Rn 48.
14 OLG München DNotZ 2013, 444 = Rpfleger 2013, 264. Da den Beteiligten aber die Wahl der Bedingung grundsätzlich freisteht, können sie stattdessen vereinbaren, dass die auflösende Bedingung eben die Abgabe einer solchen Erklärung sein soll.
15 OLG Zweibrücken DNotZ 1990, 177 f.; OLG Frankfurt DNotZ 1993, 610, 611 = Rpfleger 1993, 331.
16 *Weber*, RNotZ 2015, 195, 212.

D. Widerspruch

14 Im Anwendungsbereich des § 24 GBO ist im Gegensatz zur Ausgangssituation des § 23 GBO (siehe § 23 GBO Rdn 31, 33) der vormalige Inhaber des erloschenen Stammrechts häufig noch am Leben. In einem solchen Fall ist er widerspruchsberechtigt.

E. Löschungserleichterungsvermerk nach §§ 23 Abs. 2, 24 GBO

15 Auch in sämtlichen Fällen der zeitlichen Beschränkung nach § 24 GBO kann bei rückstandsfähigen Rechten ein Löschungserleichterungsvermerk eingetragen werden (vgl. § 23 GBO Rdn 42 ff.). Dies gilt auch für Grunddienstbarkeiten und subjektiv-dingliche Reallasten. Der Löschungserleichterungsvermerk kann allerdings nicht zur Herabsetzung der im Rahmen der §§ 22 Abs. 1 S. 1, 29 Abs. 1 S. 2 GBO zu stellenden Nachweisanforderungen führen (vgl. Rdn 13), er muss daher kongruent zu der gewählten Bedingung sein, so dass das Erlöschen des Stammrechts stets in der Form des § 22 GBO nachzuweisen ist.[17] Da die Bedingungen und Befristungen allerdings beliebig gewählt werden können, kann das Erlöschen selbst auch an das Einreichen eines bestimmten Nachweises gekoppelt werden.

16 Ist das Recht sowohl auf die Lebenszeit des Berechtigten (§ 23 GBO) als auch in sonstiger Weise (im Sinne des § 24 GBO) beschränkt, so ist die Eintragung eines Löschungserleichterungsvermerkes sowohl nur für einen der Tatbestände als auch für alle zugleich (in einem Vermerk oder separat) möglich.[18] Sind in diesem Sinne mehrere Löschungserleichterungsvermerke eingetragen, so genügt es zur Löschung, wenn einer der vereinbarten Erlöschensgründe nachgewiesen ist – §§ 23 f. GBO führen, wie eingangs gezeigt, nicht zu einer Erschwerung der Löschung (siehe § 23 GBO Rdn 24 f.), sondern wollen diese erleichtern.[19] Ist aber ein Löschungserleichterungsvermerk nur für einen Erlöschensgrund eingetragen, so ist die vereinfachte Löschung nicht zulässig, wenn das Recht aus dem anderen Grund erloschen ist.[20]

F. Besonderheiten beim Erlöschen eines Erbbaurechts

17 Erbbaurechte werden gewöhnlich mit einem fest bestimmten Endtermin bestellt (vgl. § 23 GBO Rdn 7; zu Befristungen mit unbestimmtem Endtermin – **dies certus an, incertus quando** – siehe Rdn 5). Beim Erlöschen des Erbbaurechts mit Eintritt des Endtermins haftet nach § 28 ErbbauRG das Grundstück für die **Entschädigungsforderung** nach § 27 Abs. 1 S. 1 ErbbauRG. Der Anspruch entsteht – als bedingtes Recht – bereits mit der Entstehung des Erbbaurechts.[21]

18 Nach § 27 Abs. 1 S. 2, Abs. 2 S. 2 ErbbauRG ist es möglich, den Entschädigungsanspruch auszuschließen, sofern das Erbbaurecht nicht „zur Befriedigung des Wohnbedürfnisses minderbemittelter Bevölkerungskreise bestellt" wurde.[22] Wurde ein wirksamer Ausschluss als Inhalt des Erbbaurechts vereinbart (was eine entsprechende Eintragung voraussetzt), so kann die Löschung des Erbbaurechts ohne weiteres, allein aufgrund des nachgewiesenen Erlöschens durch Zeitablauf, erfolgen (§ 22 Abs. 1 GBO, vgl. § 23 GBO Rdn 27).[23]

19 Ansonsten ist – unabhängig von der seit dem Erlöschen des Erbbaurechts verstrichenen Zeit – die Löschung eines durch Zeitablauf erloschenen Erbbaurechts auf Antrag des Eigentümers im Wege des § 22 GBO[24] nur zulässig, wenn **gleichzeitig** die Entschädigungsforderung des Erbbauberechtigten und ggf. die an dieser las-

---

17 OLG München DNotZ 2013, 444, 445 = Rpfleger 2013, 264; vgl. auch *Müller/von Münchow*, ZEV 2009, 549 (für Nachweis des Auszugs durch eine Meldebescheinigung und einen entsprechenden Zuschnitt des Löschungserleichterungsvermerks).
18 Meikel/*Böttcher*, §§ 23, 24 Rn 61.
19 LG München I DNotZ 1954, 260; BayObLG Rpfleger 1983, 61, 62.
20 LG München I DNotZ 1954, 260 f.; Meikel/*Böttcher*, §§ 23, 24 Rn 61.
21 Staudinger/*Rapp*, § 27 ErbbauRG Rn 13; Gutachten DNotI-Report 2013, 99; a.A. Ingenstau/Hustedt/*Bardenhewer*, § 27 Rn 23.
22 Hierzu eingehend: Ingenstau/Hustedt/*Bardenhewer*, § 27 Rn 10 ff.
23 BGHZ 197, 140 = BGH WM 2014, 234, 235; OLG Celle NJW-RR 1995, 1420; Gutachten DNotI-Report 2013, 99; *Krauß*, notar 2013, 331, 335.
24 Eine Löschung aufgrund einer Bewilligung des (vormaligen) Erbbauberechtigten und ggf. des Inhabers am Erbbaurecht lastender Rechte (vgl. § 29 ErbbauRG) ist stets ohne weiteres möglich, vgl. BGHZ 197, 140 = BGH WM 2014, 234.

tenden Rechte der Realgläubiger (§ 29 ErbbauRG) in das Grundbuch eingetragen werden.[25] Die bisherige Ansicht,[26] die §§ 23, 24 GBO für (jedenfalls entsprechend) anwendbar hielt, weil es sich bei der Entschädigungsforderung zwar nicht um einen Rückstand des Erbbaurechts handele, aber aufgrund der Eintragungspartizipation nach § 28 ErbbauRG dieselbe Interessenlage wie bei echten Rückständen gegeben sei, hat der BGH verworfen.[27] Sie ist auch in der Sache nicht überzeugend, weil das Grundbuch in einem solchen Fall regelmäßig unrichtig würde, was gerade verhindert werden soll. Bei den Fällen der §§ 23, 24 GBO bestehen dagegen typischerweise keine Rückstände, so dass die Löschung in aller Regel nicht zur Unrichtigkeit führt.

Für die **Eintragung der Entschädigungsforderung** antragsberechtigt sind der Eigentümer und der vormalige Erbbauberechtigte (§ 13 Abs. 1 S. 2 GBO). Einer Bewilligung des Eigentümers im Sinne des § 19 GBO (die wiederum dem Formerfordernis des § 29 Abs. 1 S. 1 GBO unterläge) bedarf es nicht, wenn das Bestehen des Anspruchs offenkundig ist,[28] ebenso wenig einer Bewilligung des vormaligen Erbbauberechtigten.[29] Sofern die Höhe der – als dingliches Sicherungsmittel eigener Art anzusehenden[30] – Entschädigungsforderung noch nicht feststeht, kann diese auch unbeziffert eingetragen werden, weil auf sie die Vorschriften über Reallasten anzuwenden sind und daher bereits die objektive Bestimmbarkeit des Umfangs der Belastung genügt.[31]

20

Zur Kenntlichmachung desselben genügt allein die Bezeichnung als „Entschädigungsforderung" bzw. die Bezugnahme auf Vereinbarungen zur Höhe und Art der Zahlung im Erbbaurechtsvertrag. Weitergehender Nachweise zu Bestand und/oder Höhe der Entschädigungsforderung und ggf. der Rechte nach § 29 ErbbauRG bedarf es für deren Eintragung nicht.[32]

G. Folgen der Verletzung des § 24 GBO

Für die Folgen einer Verletzung des § 24 GBO gilt das zu § 23 GBO Ausgeführte (siehe § 23 GBO Rdn 51 ff.) entsprechend.

21

§ 25 [Löschung von Vormerkungen und Widersprüchen]

Ist eine Vormerkung oder ein Widerspruch auf Grund einer einstweiligen Verfügung eingetragen, so bedarf es zur Löschung nicht der Bewilligung des Berechtigten, wenn die einstweilige Verfügung durch eine vollstreckbare Entscheidung aufgehoben ist. Diese Vorschrift ist entsprechend anzuwenden, wenn auf Grund eines vorläufig vollstreckbaren Urteils nach den Vorschriften der Zivilprozeßordnung oder auf Grund eines Bescheides nach dem Vermögensgesetz eine Vormerkung oder ein Widerspruch eingetragen ist.

A. Bedeutung des § 25 GBO 1	b) Aufhebung des vorläufig vollstreckbaren Urteils 9
I. Sachlicher Anwendungsbereich 1	
1. Eintragungsgrund 1	c) Aufhebung des Rückübertragungsbescheids nach dem VermG 10
2. Vormerkung und Widerspruch im Sinne des BGB 2	
	3. Ergebnis 11
II. Systematische Einordnung des § 25 GBO .. 4	**B. Voraussetzungen der Grundbuchberichtigung nach § 25 GBO** 13
1. Grundlagen 4	
2. Einzelfälle 6	I. Vormerkung oder Widerspruch 13
a) Aufhebung der einsteiligen Verfügung 6	II. Eintragungsgrundlage 14
	1. Einstweilige Verfügung (§ 25 S. 1 GBO) 15

---

25 BGHZ 197, 140 = BGH WM 2014, 234; zu den vorzunehmenden Eintragungen näher: *Maaß*, DNotZ 2013, 855, 857.
26 Bauer/v. Oefele/*Kohler*, 3. Aufl. 2013, §§ 23, 24 Rn 41 m.w.N.
27 BGHZ 197, 140 = BGH WM 2014, 234, 235, mit zahlreichen Nachweisen zum bisherigen Meinungsstreit.
28 *Maaß*, DNotZ 2013, 855, 857; a.A. *Krauß*, notar 2013, 331, 335.
29 Einer solchen Bewilligung bedarf es vielmehr nur dann, wenn auf die gleichzeitige Eintragung der Entschädigung verzichtet werden soll, vgl. *Grziwotz*, MittBayNot 2013, 517.
30 BGHZ 197, 140 = BGH WM 2014, 234, 235.
31 BGHZ 197, 140 = BGH WM 2014, 234, 236; OLG Hamm Rpfleger 2007, 541; *Maaß*, NotBZ 2002, 389, 393.
32 BGHZ 197, 140 = BGH WM 2014, 234, 236.

2. Vorläufig vollstreckbares Urteil auf Abgabe einer Erklärung S. 2 Alt. 1	16
3. Sofort vollziehbarer Bescheid nach dem VermG, S. 2 Alt. 2	18
III. Aufhebende Entscheidung	20
1. Aufhebung einer einstweiligen Verfügung oder eines vorläufig vollstreckbaren Urteils gem. § 894 ZPO (S. 1 oder S. 2 Alt. 1)	20
a) Aufhebung	20
b) Erneuter Erlass der einstweiligen Verfügung durch das Berufungsgericht	24
c) Anderer Unrichtigkeitsnachweis	26
2. Aufhebung eines sofort vollziehbaren Bescheids nach dem VermG, S. 2 Alt. 2	29
IV. Nachweis	30
V. Sonstige allgemeine Voraussetzungen	31
C. Zu Unrecht erfolgte Löschung	33
D. Löschung nach allgemeinen und anderen Vorschriften	35
I. Löschungs- und Berichtigungsbewilligung	35
II. Unrichtigkeitsnachweis	36
III. Ersuchen	37
IV. Inhaltliche Unzulässigkeit	38
V. Löschungsmöglichkeit nach § 34 Abs. 1 S. 9 VermG	39
E. Andere Eintragungen aufgrund einstweiliger Verfügung	40

A. Bedeutung des § 25 GBO
I. Sachlicher Anwendungsbereich
1. Eintragungsgrund

1 § 25 GBO regelt die Löschung einer auf Grund

- einer **einstweiligen Verfügung** (§§ 885 Abs. 1 S. 1 Alt. 1, 899 Abs. 2 S. 1 Alt. 1 BGB);
- eines **vorläufig vollstreckbaren Urteils** auf Abgabe einer zu einer Grundbucheintragung erforderlichen Erklärung (§ 895 S. 1 ZPO) oder
- eines sofort vollziehbaren **Rückübertragungsbescheids nach dem VermG** (§ 34 Abs. 1 S. 8 VermG)

zwangsweise eingetragenen **Vormerkung** oder eines **Widerspruchs**, der aus diesen Gründen eingetragen wurde, wenn die jeweilige Eintragungsgrundlage aufgehoben wurde (im Einzelnen zur Eintragungsgrundlage siehe Rdn 14 ff. und zur Aufhebung Rdn 20 ff.). § 25 GBO bildet so das Korrektiv zu der erleichterten, raschen Eintragung der Vormerkung bzw. des Widerspruchs auch gegen den Willen des Betroffenen (vgl. § 6 Einl. Rdn 10, 69 f.), indem er dem Betroffenen die Löschung der zwangsweisen Eintragung aufgrund der Vorlage einer gegenläufigen Entscheidung erlaubt und dies nicht an die Mitwirkung des formell Berechtigten bindet.

2. Vormerkung und Widerspruch im Sinne des BGB

2 § 25 GBO gilt nur für Vormerkungen im Sinne des § 883 BGB und Widersprüche nach § 899 BGB, also **nicht** für den Amtswiderspruch gem. § 53 Abs. 1 S. 1 GBO und **nicht** für Vormerkungen oder Widersprüche sonstiger Art (siehe § 1 Einl. Rdn 64 f.).[1] Auf diese Rechte ist auch eine analoge Anwendung der Vorschrift ausgeschlossen, da es an der vergleichbaren Wertungslage fehlt. Die Vormerkung und der Widerspruch sind keine dinglichen Rechte am Grundstück, sondern Sicherungsmittel eigener Art mit dinglichen Wirkungen (vgl. § 6 Einl. Rdn 3, 57); sie sichern schuldrechtliche Ansprüche auf eine dingliche Rechtsänderung (Vormerkung) oder den Grundbuchberichtigungsanspruch nach § 894 BGB (zum Widerspruch siehe § 22 GBO Rdn 97 ff.).[2]

3 Neben den in § 25 GBO geschilderten Möglichkeiten (vgl. Rdn 14 ff.) können eine Vormerkung oder ein Widerspruch aufgrund einer Bewilligung (§§ 885 Abs. 1 S. 1 Alt. 2, 899 Abs. 2 S. 1 Alt. 2 BGB) eingetragen werden. Theoretisch denkbar, aber zum einen wegen der Möglichkeit einer einstweiligen Verfügung und zum anderen wegen der Möglichkeit einer Klage auf Abgabe der zur Eintragung der endgültigen Rechtsänderung notwendigen Erklärungen unwahrscheinlich, ist auch die Ersetzung der Bewilligung durch ein rechtskräftiges Urteil auf Abgabe der Eintragungsbewilligung (siehe § 19 GBO Rdn 174). § 25 GBO erfasst aber nur solche Vormerkungen und Widersprüche, die auf einer einstweiligen

---

[1] Meikel/*Böttcher*, § 25 Rn 9; *Demharter*, § 25 Rn 4.

[2] Zur Rechtsnatur eingehend: Staudinger/*Gursky*, § 883 Rn 328 ff. (Vormerkung), § 899 Rn 19 ff. (Widerspruch).

Verfügung oder einem vorläufig vollstreckbaren Urteil beruhen.³ Die fehlende Einbeziehung eines rechtskräftigen Urteils erklärt sich schon daraus, dass dieses anders als die in § 25 GBO genannten Möglichkeiten der Eintragung nicht nur vorläufigen Charakter hat und daher nicht ohne Weiteres aufgehoben werden kann.

II. Systematische Einordnung des § 25 GBO
1. Grundlagen

Die §§ 22–26 GBO dienen **systematisch** zur Behebung von **Fällen eines unrichtigen Grundbuchstandes** (siehe § 22 GBO Rdn 1). Dies gilt ebenso für § 25 GBO. Die Norm konkretisiert die zur Berichtigung in den erfassten Fällen erforderlichen Voraussetzungen.⁴ Der Grund für das Erlöschen des zu löschenden Widerspruchs oder der zu löschenden Vormerkung muss demnach in der gegenläufigen Entscheidung liegen, ggf. in Verbindung mit einer materiell-rechtlichen Norm. Die gegenläufige Entscheidung führt mithin zum Erlöschen der Vormerkung bzw. des Widerspruchs und macht das Grundbuch insoweit unrichtig.⁵ Da es sich bei § 25 GBO allerdings nur um eine besondere Ausprägung des § 22 GBO handelt, ist er insoweit nicht abschließend. Insbesondere verhindert die Vorschrift nicht eine Löschung einer Vormerkung oder eines Widerspruchs aus anderen Gründen oder nach anderen Regelungen, insbesondere nicht bei Nachweis der Unrichtigkeit gem. § 22 GBO.⁶ Eine Löschung kann demnach auch erfolgen, wenn die Voraussetzungen des § 25 GBO nicht gegeben sind, falls die Anforderungen einer anderen Vorschrift erfüllt werden, vor allem die Unrichtigkeit des Grundbuchs nach § 22 GBO in der Form des § 29 GBO nachgewiesen wird.

4

Indes unterstellt eine verbreitete Ansicht, **§ 25 GBO sei selbst eine materiell-rechtliche Vorschrift**, d.h. sie sei Grundlage der Grundbuchunrichtigkeit; diese beruhe folglich nicht allein auf der aufhebenden Entscheidung.⁷ Eine solche Deutung lässt sich noch mit dem herausgearbeiteten dogmatischen Verständnis vereinbaren, da die materiell-rechtliche Bedeutung lediglich neben die formelle Funktion der Vorschrift tritt und damit dennoch dazu dient, eingetretene Grundbuchunrichtigkeiten zu bewältigen. Um bestimmen zu können, ob eine derartige Auslegung der Norm angezeigt ist, bedarf es allerdings einer isolierten Betrachtung der einzelnen von ihr geregelten Fälle. Zeigt dies, dass materiell-rechtlich die entsprechenden Rechte ohnehin bereits durch die Aufhebung erloschen sind, kann es auf ein gesondertes Erlöschen durch § 25 GBO nicht ankommen. In diesem Fall hätte die Vorschrift lediglich formelle Relevanz.

5

2. Einzelfälle
a) Aufhebung der einsteiligen Verfügung

Wenn die einstweilige Verfügung aufgehoben wird (S. 1), entfällt einer der beiden materiell-rechtlichen Entstehungstatbestände nach § 883 Abs. 1 S. 1 i.V.m. § 885 Abs. 1 S. 1 Alt. 1 BGB bzw. § 899 Abs. 1, Abs. 2 S. 1 Alt. 1 BGB (der andere ist die Eintragung der Vormerkung oder des Widerspruchs im Grundbuch). Das hat das automatische Erlöschen des Sicherungsmittels zur Folge. Die anteilige Verfügung steht in § 885 Abs. 1 S. 1 BGB der Bewilligung durch den Eigentümer gleich. Letzterer hat dabei nicht nur verfahrensrechtliche Relevanz, sondern ist eine einseitige, empfangsbedürftige Willenserklärung.⁸ Entfällt diese, beispielsweise durch Anfechtung oder durch Eintritt einer auflösenden Bedingung oder Befristung, so fehlt es an der materiell-rechtlichen Voraussetzung für die Eintragung, so dass die Vormerkung erlischt und das Grundbuch unrichtig wird. Dasselbe geschieht, wenn die einstweilige Verfügung durch eine entsprechende, konträre Entscheidung aufgehoben wird. Einer analogen Anwendung von §§ 868 Abs. 1, 932 Abs. 2 ZPO⁹ oder von § 95 S. 2 ZPO¹⁰ bedarf es vor diesem Hintergrund nicht.

6

---

3 Meikel/*Böttcher*, § 25 Rn 9.
4 Hügel/*Holzer*, § 25 Rn 3.
5 So auch: Meikel/*Böttcher*, § 25 Rn 1, 4; Bauer/Schaub/*Schäfer*, § 25 Rn 2 ff.
6 OLG Köln FGPrax 2023, 103.
7 BGHZ 39, 21, 23 = WM 1963, 317; BayObLG BayObLGZ 1978, 15, 16; *Demharter*, § 25 Rn 1. Die vielfach angeführten Entscheidungen (RG RGZ 81, 288, 290; KG KGJ 41, 220, 223; KG KGJ 43, 205, 207 u. KG KGJ 46, 200, 206) stützen diese Ansicht jedoch nicht.
8 BGHZ 28, 182 (184 f.) = NJW 1958, 2013; BGH NJW-RR 1989, 198 (199).
9 So aber BGHZ 39, 21 (23 f.) = NJW 1963, 813.
10 So aber Meikel/*Böttcher*, § 25 Rn 4; Bauer/Schaub/*Schäfer*, § 25 Rn 6.

7 Es kommt nicht darauf an, dass die aufhebende Entscheidung rechtskräftig ist. Nicht zu folgen ist ferner der Auffassung,[11] ein ex nunc eintretender Fortfall der Entstehungsvoraussetzungen reiche nicht zum Erlöschen aus. Dies erweist sich schon deshalb als unzutreffend, weil die Bewilligung im Sinne des § 885 BGB nicht bloß Eintragung, sondern materiell-rechtliche Voraussetzung der wirksamen Vormerkung ist. Dasselbe muss für die gleichgeordnete einstweilige Verfügung gelten, so dass nicht nur der Eintragungstatbestand, sondern auch der für die materielle Wirksamkeit durch die Aufhebung der einstweiligen Verfügung erlischt. Die §§ 776 S. 1, 775 Nr. 1 ZPO sind zudem für diesen Fall nicht von Relevanz, da die Eintragung der Vormerkung oder des Widerspruchs aufgrund einer einstweiligen Verfügung trotz der §§ 928, 936 ZPO keine Zwangsvollstreckungsmaßnahme, sondern die jeweilige Verfügung eine materiell-rechtliche Voraussetzung für die Entstehung des Sicherungsmittels darstellt.[12]

8 Ferner zeigen die §§ 868, 932 Abs. 2 ZPO, dass auch dingliche Änderungen die Folge der Aufhebung einer Entscheidung sein können.[13] Des Weiteren kann die nach § 776 S. 1 ZPO notwendige Aufhebung der Vollstreckungsmaßregeln ohnehin nur die Beendigung der Verstrickung herbeiführen, da das Pfändungspfandrecht bereits durch die Titelaufhebung erlischt:[14] Bei Eintragung einer Vormerkung oder eines Widerspruchs aufgrund einer einstweiligen Verfügung kommt es allerdings nicht zu einer solchen Verstrickung, so dass für § 776 S. 1 ZPO schon deshalb kein Anwendungsbereich verbleibt.

b) Aufhebung des vorläufig vollstreckbaren Urteils

9 Wird die Bewilligung der Vormerkung oder des Widerspruchs nach § 895 S. 1 ZPO durch ein vorläufig vollstreckbares Urteil fingiert, das die Abgabe der Erklärung des Schuldners zur endgültigen Eintragung beinhaltet, so erlischt nach § 895 S. 2 ZPO das Sicherungsmittel unmittelbar durch die Aufhebung des vorläufig vollstreckbaren Urteils durch eine andere vollstreckbare Entscheidung. Hier folgt das Erlöschen also nicht aus Normen des BGB, sondern aus der genannten Vorschrift der ZPO,[15] wiederum unabhängig von der Rechtskraft der aufhebenden Entscheidung. Dabei erweist sich allerdings § 895 S. 2 ZPO als deklaratorisch, da auch ohne diese Norm das Erlöschen eintreten würde, weil in diesem Fall ebenso der materielle Grund der Vormerkung, der der Bewilligung gleichsteht, entfällt.

c) Aufhebung des Rückübertragungsbescheids nach dem VermG

10 Wird ein Rückübertragungsbescheid nach dem VermG für sofort vollziehbar erklärt, so gilt nach § 34 Abs. 1 S. 8 VermG die Eintragung einer Vormerkung oder eines Widerspruchs als bewilligt. Diese Regelung soll sich nach der Gesetzesbegründung an § 895 ZPO anlehnen.[16] Demgemäß ist die Begründung für das Erlöschen der Vormerkung bzw. des Widerspruchs hier in einer analogen Anwendung des § 895 S. 2 ZPO zu suchen.[17] Eine detaillierte Darstellung der Einzelfragen[18] erübrigt sich, da die Vorschrift inzwischen nahezu jegliche praktische Relevanz verloren hat.

3. Ergebnis

11 In der Konsequenz zeigt sich, dass das Erlöschen entweder den Regeln des BGB oder im Fall einer Vormerkung oder eines Widerspruchs nach § 34 Abs. 1 S. 8 VermG § 895 S. 2 ZPO in analoger Anwendung zu entnehmen ist. § 25 GBO hat daher **keinen eigenständigen materiell-rechtlichen Gehalt**.[19] Die aufhebende Entscheidung bewirkt unmittelbar das Erlöschen der Vormerkung oder des Widerspruchs, führt also selbst die Unrichtigkeit des Grundbuchs herbei. Die Rechts- oder Bestandskraft dieser Entscheidung ist jeweils nicht notwendig (siehe Rdn 9 ff.). § 25 GBO beschränkt sich daher auf die formellen Wirkungen der Behandlung der eingetretenen Grundbuchunrichtigkeit, bewirkt diese aber nicht selbst.

12 Durch die Vorlage der Entscheidung wird die Unrichtigkeit des Grundbuchs nachgewiesen, so dass eine **Berichtigung nach § 22 Abs. 1 S. 1 GBO** erfolgen kann. § 25 GBO ist die speziellere Regelung, aller-

---

11 *Hesse/Saage/Fischer*, § 25 Anm. 1.
12 Siehe auch: *Rahn*, BWNotZ 1968, 52, 55; Bauer/Schaub/*Schäfer*, § 25 Rn 5.
13 KG KGJ 41, 220, 223.
14 *Rahn*, BWNotZ 1968, 52, 55.
15 Bauer/Schaub/*Schäfer*, § 25 Rn 3.
16 BT-Drucks 12/2480, 58.
17 Bauer/Schaub/*Schäfer*, § 25 Rn 81.
18 Solche bietet Bauer/Schaub/*Schäfer*, § 25 Rn 64 ff.
19 Meikel/*Böttcher*, § 25 Rn 4; Bauer/Schaub/*Schäfer*, § 25 Rn 8; a.A. *Demharter*, § 25 Rn 1.

dings ohne eine Verschärfung oder Erleichterung herbeizuführen. Die Norm ist demnach deklaratorisch und somit für sich genommen **überflüssig** (aber auch Rdn 22).[20]

B. Voraussetzungen der Grundbuchberichtigung nach § 25 GBO
I. Vormerkung oder Widerspruch

§ 25 GBO gilt nur für Vormerkungen und Widersprüche im Sinne der §§ 883, 899 BGB (siehe Rdn 2), also nicht für den Amtswiderspruch (§ 53 Abs. 1 S. 1 GBO) und nicht für Vormerkungen oder Widersprüche sonstiger Art.

II. Eintragungsgrundlage

Die Eintragung der Vormerkung oder des Widerspruchs muss auf einem der drei in § 25 GBO genannten Tatbestände beruhen (vgl. Rdn 1). Wird die betreffende Entscheidung aufgehoben, bevor die Eintragung der Vormerkung oder des Widerspruchs erfolgt ist, so darf keine Eintragung aufgrund der zuvor erlassenen Entscheidung mehr erfolgen,[21] ansonsten würde das Grundbuch durch diese Eintragung unrichtig. Im Einzelnen ist bei der Eintragung Folgendes zu beachten:

1. Einstweilige Verfügung (§ 25 S. 1 GBO)

S. 1 regelt die Eintragung nach § 885 Abs. 1 S. 1 Alt. 1 oder § 899 Abs. 2 S. 1 Alt. 1 BGB, für die eine einstweilige Verfügung die Eintragungsgrundlage bildet. Zur Anwendung des S. 1 genügt es, wenn sich z.B. aus den Grundakten mit Sicherheit feststellen lässt, dass eine einstweilige Verfügung der Eintragung zugrunde liegt.[22] Maßgeblich ist allein, dass die Eintragung tatsächlich auf dieser Grundlage beruht, weder macht eine unzutreffende Verlautbarung einer Bewilligung als Eintragungsgrundlage im Grundbuch die vorherige Berichtigung des Eintragungsvermerks erforderlich,[23] noch kann die unzutreffende Angabe einer einstweiligen Verfügung als Eintragungsgrundlage im Eintragungsvermerk die Anwendung des S. 1 legitimieren. Es kommt mithin ausschließlich auf die tatsächliche Eintragungsgrundlage an und darauf, dass das GBA diese mit Sicherheit feststellen kann. Eine vorherige Grundbuchberichtigung wäre bloße Förmelei und ist auch in Hinblick auf den guten Glauben des Grundbuchs nicht erforderlich, da § 25 GBO bloße deklaratorische Ausprägung des Grundsatzes des § 22 GBO ist und es folglich genügt, dass die Unrichtigkeit des derzeit verlautbarten Zustandes feststeht. Wird die erzwungene Eintragung allerdings durch eine freiwillige Bewilligung des eingetragenen Eigentümers oder durch ein rechtskräftiges Urteil nach § 894 ZPO bestätigt und dies auf Antrag im Grundbuch vermerkt, so ist eine Löschung nach S. 1 nicht mehr zulässig.[24] Wird die Bewilligung nicht entsprechend eingetragen, ist die Löschung jedoch ebenfalls unzulässig, weil in diesem Fall die Vormerkung oder der Widerspruch erneut eingetragen werden müsste, die Löschung also das Grundbuch unrichtig machen würde. Vielmehr ist in diesem Fall lediglich die Eintragung der zusätzlichen Bewilligung veranlasst, selbst wenn die Entscheidung aufgehoben wird.

2. Vorläufig vollstreckbares Urteil auf Abgabe einer Erklärung S. 2 Alt. 1

Wird der Schuldner durch ein vorläufig vollstreckbares Urteil zur Abgabe einer Willenserklärung verurteilt, auf deren Grundlage die Eintragung des Klägers in das Grundbuch als Inhaber eines Rechts (und nicht lediglich als Berechtigter einer Vormerkung oder eines Widerspruchs[25]) erfolgen soll, gilt nach § 895 S. 1 ZPO mit Verkündung bzw. Zustellung die Eintragung einer Vormerkung oder eines Wi-

---

20 *Rahn*, BWNotZ 1968, 52, 53; Meikel/*Böttcher*, § 25 Rn 4; Bauer/Schaub/*Schäfer*, § 25 Rn 9; a.A. Hügel/*Holzer*, § 25 Rn 3: § 25 GBO habe wegen der damit verbundenen Verfahrenserleichterung für das Vollstreckungsgericht und die Beteiligten – z.B. Entbehrlichkeit eines Löschungsersuchens des Vollstreckungsgerichts – durchaus seine Berechtigung.
21 *Demharter*, § 25 Rn 8.
22 KG KGJ 46, 200, 206: Es muss mindestens nach den Grundakten zweifellos sein, dass die Grundlage der Vormerkung die einstweilige Verfügung ist; *Güthe/Triebel*, § 25 Rn 25; Meikel/*Böttcher*, § 25 Rn 9; *Demharter*, § 25 Rn 4; Bauer/Schaub/*Schäfer*, § 25 Rn 12.
23 So aber: *Güthe/Triebel*, § 25 Rn 25 u. Bauer/Schaub/*Schäfer*, § 25 Rn 12.
24 Meikel/*Böttcher*, § 25 Rn 9; Hügel/*Holzer*, § 25 Rn 8; *Demharter*, § 25 Rn 5.
25 BayObLG Rpfleger 1997, 525, 526; Meikel/*Böttcher*, § 25 Rn 35; Zöller/*Seibel*, § 895 Rn 1.

derspruchs als bewilligt. Ist die vorläufige Vollstreckbarkeit von einer **Sicherheitsleistung** abhängig, so muss diese erbracht sein.[26] Ist der Schuldner nach §§ 711, 712 ZPO zur Abwendung der Zwangsvollstreckung durch Sicherheitsleistung befugt, hindert die tatsächlich erbrachte Sicherheitsleistung die Eintragung.[27] Die Vormerkung oder der Widerspruch bleiben jedoch nach überwiegender Ansicht wirksam, wenn die Sicherheitsleistung des Schuldners erst nach deren Eintragung erfolgt.[28]

17 Eine **vollstreckbare Ausfertigung** des Urteils soll zur Eintragung **nicht notwendig sein**; die Vorlegung einer einfachen Ausfertigung des vorläufig vollstreckbaren Urteils soll genügen.[29] Dies überzeugt allerdings nicht, da unstreitig dem Grundbuchamt nachgewiesen werden muss, dass eine etwaige Sicherheitsleistung, die vom Gläubiger erforderlich ist, erbracht wurde.[30] Der Nachweis wird schon praktisch in der Form des § 29 GBO kaum gelingen können, wenn keine vollstreckbare Ausfertigung existiert. Wollte man eine einfache Ausfertigung zulassen, so wäre insbesondere die Abwendungsmöglichkeit durch den Schuldner praktisch wirkungslos, weil der Gläubiger jedenfalls mit der einfachen Ausfertigung trotz Sicherheitsleistung die Eintragung vornehmen könnte, ohne dass der Schuldner eine Abwehrmöglichkeit hätte. Folglich ist richtigerweise zur Eintragung stets die Vorlage einer vollstreckbaren Ausfertigung nötig, obgleich die Regelung des § 895 ZPO keine Maßnahme der Zwangsvollstreckung darstellt, ihr aber faktisch gleichsteht. Einem Urteil steht ein **Schiedsspruch** gleich (auch ein ausländischer, soweit Staatsverträge nicht ein anderes bestimmen, § 1064 Abs. 3 ZPO), wenn ein vorläufig vollstreckbarer Beschluss vorliegt, mit dem der Schiedsspruch für vollstreckbar erklärt wurde (§§ 794 Abs. 1 Nr. 4a, 1055, 1060 Abs. 1, 1064 Abs. 2 ZPO).[31] Gleiches gilt für **ausländische Urteile**, soweit diese im Inland vollstreckbar sind.[32] Andere Titel (hier insbesondere ein Vergleich – eine vollstreckbare Urkunde kann die Abgabe einer Willenserklärung ohnehin nicht zum Gegenstand haben, § 794 Abs. 1 Nr. 5 ZPO) können nicht als Eintragungsgrundlage dienen.[33]

3. Sofort vollziehbarer Bescheid nach dem VermG, S. 2 Alt. 2

18 Als letzte Möglichkeit der Eintragung nimmt § 25 GBO eine solche aufgrund eines nach § 33 Abs. 6 S. 3 VermG, § 80 Abs. 2 Nr. 4 oder § 80a Abs. 1 Nr. 1 VwGO für sofort vollziehbar erklärten Rückübertragungsbescheids in den Blick. Gemäß § 34 Abs. 1 S. 8 VermG gilt dann die Eintragung eines Widerspruchs oder einer Vormerkung als bewilligt.[34] Soll durch den für sofort vollziehbar erklärten Bescheid ein Recht begründet werden, so ist eine **Vormerkung** für den Begünstigten einzutragen; die im Bescheid angeordnete Rechtsänderung tritt erst mit Bestandskraft ein.[35]

19 Soll ein bestehendes Recht übertragen werden, so ist nach heute herrschendem Verständnis das betreffende dingliche Recht (insbesondere das Eigentum) kraft des angeordneten Sofortvollzugs unmittelbar übergegangen und das Grundbuch demzufolge zu berichtigen und gleichzeitig ein **Widerspruch** zugunsten des Verfügungsberechtigten (den bisherige Rechtsinhaber) einzutragen.[36] Folgt man dem, kann S. 2 Alt. 2 nicht angewendet werden. Gemäß § 34 Abs. 1 S. 9 VermG erlöschen Vormerkung und Widerspruch, wenn die Entscheidung unanfechtbar geworden ist. Damit ist hier nicht ein Fall des § 25 GBO, sondern des § 22 GBO gegeben.[37]

---

26 Meikel/*Böttcher*, § 25 Rn 38; Zöller/*Seibel*, § 895 Rn 1.
27 Meikel/*Böttcher*, § 25 Rn 37; Bauer/Schaub/*Schäfer*, § 25 Rn 60; Zöller/*Seibel*, § 895 Rn 1.
28 Meikel/*Böttcher*, § 25 Rn 37; Bauer/Schaub/*Schäfer*, § 25 Rn 60; Zöller/*Seibel*, § 895 Rn 1.
29 BGH Rpfleger 1969, 425; Meikel/*Böttcher*, § 25 Rn 40; Bauer/Schaub/*Schäfer*, § 25 Rn 62; Zöller/*Seibel*, § 895 Rn 1.
30 OLG Schleswig NJW-RR 2010, 1103.
31 Vgl. Meikel/*Böttcher*, § 25 Rn 36; Bauer/Schaub/*Schäfer*, § 25 Rn 61.
32 Meikel/*Böttcher*, § 25 Rn 36; Bauer/Schaub/*Schäfer*, § 25 Rn 61.
33 Meikel/*Böttcher*, § 25 Rn 36; Bauer/Schaub/*Schäfer*, § 25 Rn 61; Zöller/*Seibel*, § 895 Rn 1.
34 Bauer/Schaub/*Schäfer*, § 25 Rn 69.
35 Bauer/Schaub/*Schäfer*, § 25 Rn 71.
36 VG Leipzig VIZ 1994, 552, 553; VG Chemnitz VIZ 1994, 614; OLG Dresden VIZ 1995, 183, 184; *Lorenzen*, VIZ 1994, 554 f.; *Böhringer*, Rpfleger 1995, 51, 58; Bauer/Schaub/*Schäfer*, § 25 Rn 66; den unmittelbaren Rechtsübergang bejaht auch BGH BGHZ 132, 306, 308 = NJW 1996, 2030.
37 Bauer/Schaub/*Schäfer*, § 25 Rn 72.

III. Aufhebende Entscheidung

1. Aufhebung einer einstweiligen Verfügung oder eines vorläufig vollstreckbaren Urteils gem. § 894 ZPO (S. 1 oder S. 2 Alt. 1)

a) Aufhebung

Die einstweilige Verfügung oder das vorläufig vollstreckbare Urteil muss **durch eine vollstreckbare Entscheidung aufgehoben** worden sein.[38] Ein wirksamer, d.h. zugestellter aufhebender Beschluss ist gem. § 794 Abs. 1 Nr. 3 ZPO ohne Weiteres vollstreckbar.[39] Ein Urteil muss (im Fall des § 310 Abs. 3 ZPO) zugestellt oder verkündet (§ 717 Abs. 1 ZPO) und für vorläufig vollstreckbar erklärt sein.[40] Wurde das Urteil ungeachtet des § 708 Nr. 6 ZPO lediglich für – gegen Sicherheitsleistung vorläufig – vollstreckbar erklärt, so muss die Sicherheitsleistung dennoch nachgewiesen werden (§ 29 Abs. 1 S. 2 GBO), solange keine Korrektur des Urteils erfolgt.[41]

Im Fall der **Rücknahme des Antrags auf Erlass der einstweiligen Verfügung** verliert die einstweilige Anordnung kraft Gesetzes ihre Wirkung (§ 269 Abs. 3 ZPO), die Vormerkung erlischt, das Grundbuch wird unrichtig. Die Löschung erfolgt formell-rechtlich dann aufgrund eines Beschlusses analog § 269 Abs. 4 ZPO.[42] Trotz des deklaratorischen Charakters eines solchen Beschlusses reicht es (für eine Löschung nach § 22 Abs. 1 S. 1 GBO) nicht aus, wenn die Rücknahme durch Verweis auf die Zivilakten bei demselben Amtsgericht nachgewiesen werden soll, denn in diesem Fall ist nur der Eingang der Erklärung offenkundig, weil aktenkundig, nicht aber auch die Erklärung der Erledigung selbst, da diese typischerweise nicht in öffentlich oder öffentlich beglaubigter Form vorliegt, so dass die Voraussetzungen des § 29 Abs. 1 S. 1 GBO nicht erfüllt sind.

Nach § 717 Abs. 1 ZPO entfällt die vorläufige Vollstreckbarkeit eines **aufgehobenen Urteils**, unabhängig davon, ob die Entscheidung selbst für vorläufig vollstreckbar erklärt wird.[43] S. 2 Alt. 1 fordert demgegenüber jedoch eine vollstreckbare Aufhebungsentscheidung, so dass im Fall des Fehlens eines solchen Inhalts eine Löschung nach dieser Vorschrift nicht erfolgen kann. Hieraus kann aber nicht abgeleitet werden, dass auch mit einem nicht für vollstreckbar erklärten aufhebenden Urteil oder Beschluss eine Löschung nach § 25 GBO bewirkt werden kann. Die Gesetzesfassung ist insoweit eindeutig, da sie eine vollstreckbare aufhebende Entscheidung verlangt, so dass eine Löschung ausgeschlossen ist, wenn es an der Vollstreckbarkeit mangelt. Dies gilt unabhängig von der Anordnung des § 717 Abs. 1 ZPO und begründet sich neben dem eindeutigen Wortlaut des Gesetzes in der Sache auch daraus, dass der Gesetzgeber offensichtlich bei nicht sofort vollstreckbaren aufhebenden Urteilen dem Berechtigten der Vormerkung oder des Widerspruchs seinen Schutz nicht unmittelbar entziehen wollte. Dies erscheint nicht unschlüssig, weil bei solchen Entscheidungen, die für vollstreckbar erklärt werden müssen, gegebenenfalls eine Sicherheitsleistung gefordert ist oder zumindest eine Abwendungsbefugnis für den Gegner bestehen kann. Vor diesem Hintergrund wäre es unschlüssig, die gesetzgeberische Differenzierung dadurch zu umgehen, dass unter Verweis auf § 717 Abs. 1 ZPO auch nicht vollstreckbare Titel für die Löschung als ausreichend angesehen werden. Wird mithin eine vorläufig vollstreckbare Entscheidung durch ein nicht vollstreckbares Urteil aufgehoben, verliert die Entscheidung zwar ihre Vollstreckbarkeit und kann deshalb nicht Grundlage einer neuen Eintragung sein, eine bereits erfolgte Eintragung bleibt aber so lange bestehen, bis die aufhebende Entscheidung vollstreckbar geworden ist.

Zum Erlöschen der Vormerkung oder des Widerspruchs führt nicht nur die Aufhebung des Urteils, sondern nach herrschender Ansicht auch schon die bloße **Aufhebung der vorläufigen Vollstreckbarkeit**.[44] Eine derartige Entscheidung ergeht grundsätzlich als Beschluss und ist demzufolge gem. § 794 Abs. 1

---

[38] § 25 GBO ist entsprechend anzuwenden, wenn eine einstweilige Verfügung analog § 269 Abs. 3 ZPO durch einen Beschluss des Prozessgerichts für unwirksam erklärt wird (BayObLG RNotZ 2004, 570, 571 m.w.N.).

[39] Meikel/*Böttcher*, § 25 Rn 51; Bauer/Schaub/*Schäfer*, § 25 Rn 75.

[40] Meikel/*Böttcher*, § 25 Rn 51; Bauer/Schaub/*Schäfer*, § 25 Rn 75.

[41] LG Frankfurt Rpfleger 1988, 407, 408; BayObLG Rpfleger 2001, 407, 408 = ZfIR 2002, 80.

[42] BayObLG BayObLGZ 1978, 15, 16; OLG Frankfurt NJW-RR 1995, 1298 = Rpfleger 1996, 21, 22 (zum gerichtlichen Vergleich); BayObLG BayObLGZ 2004, 118, 122 = Rpfleger 2004, 563, 564; *Demharter*, § 25 Rn 3.

[43] Zöller/*Herget*, § 717 Rn 1; Musielak/Voit/*Lackmann*, § 717 Rn 3; Stein/Jonas/*Münzberg*, § 717 Rn 1 m.w.N.; MüKo-ZPO/*Götz*, § 717 Rn 4; a.A. Meikel/*Böttcher*, § 25 Rn 51; Bauer/Schaub/*Schäfer*, § 25 Rn 73.

[44] Meikel/*Böttcher*, § 25 Rn 52; *Demharter*, § 25 Rn 6; Bauer/Schaub/*Schäfer*, § 25 Rn 80; Zöller/*Seibel*, § 895 Rn 2.

Nr. 3 ZPO ohne Weiteres vollstreckbar. Der Wegfall der Vormerkung ergibt sich daraus, dass die vollstreckbare Entscheidung der materiellen Bewilligung gleichsteht und diese fehlt, wenn die Vollstreckbarkeit entfällt. Die Unterscheidung zur nicht vollstreckbaren Entscheidung besteht darin, dass in diesem Fall der Entfall der Vollstreckungswirkung seinerseits vollstreckbar ist. Ohne Belang bleibt demgegenüber, die bloße Einstellung der Zwangsvollstreckung für eine bereits eingetragene Vormerkung oder einen bereits eingetragenen Widerspruch.[45] Die Einstellung ist von § 25 GBO nicht umfasst und begründet zudem nur einen vorübergehenden Zustand. Wird die Zwangsvollstreckung allerdings eingestellt, ist die entsprechende Entscheidung in dieser Zeit nicht mehr vollstreckbar, so dass die neue Eintragung einer Vormerkung mit ihr nicht mehr möglich ist.

b) Erneuter Erlass der einstweiligen Verfügung durch das Berufungsgericht

24 Wird die aufgehobene einstweilige Verfügung vom Berufungsgericht erneut erlassen, ist aufgrund dieser Entscheidung wiederum eine neue Vormerkung oder ein neuer Widerspruch einzutragen. Umstritten ist, ob auch dann eine neue Eintragung erfolgen muss, wenn die alte Vormerkung oder der alte Widerspruch noch nicht nach S. 1 gelöscht wurde.[46] Zwar ist infolge der Entscheidung, die die einstweilige Verfügung aufgehoben hat, die Vormerkung oder der Widerspruch erloschen (siehe Rdn 9) und das Berufungsgericht stellt die einstweilige Verfügung nicht wieder her, sondern erlässt sie erneut,[47] jedoch ist hier der Rechtsgedanke der §§ 879 Abs. 2, 892 Abs. 2 Alt. 2 BGB anzuwenden.[48] Dort ist anerkannt, dass dem Fall der nachträglichen Einigung derjenige gleich zu achten ist, dass die Einigung nichtig war (oder infolge einer Anfechtung rückwirkend nichtig geworden ist) und erneut vorgenommen wird.[49] Dasselbe muss hier gelten, solange es nur um denselben Anspruch geht (beim Widerspruch um dieselbe Grundbuchunrichtigkeit). Insoweit lassen sich jedenfalls für die Vormerkung die Grundsätze über die Wiederaufladung[50] übertragen, so dass die bereits eingetragene Vormerkung wirksam wird, wenn ihr (wieder) eine wirksame einstweilige Verfügung zugrunde liegt. Für den Widerspruch können keine anderen Grundsätze gelten, so dass auch dieser Wirkungen entfaltet, sobald für ihn (wieder) eine Grundlage in Form einer wirksamen einstweiligen Verfügung besteht. Beim erneuten Erlass der einstweiligen Verfügung durch das Berufungsgericht geht es zudem typischerweise um denselben Anspruch, denn durch die Aufhebungsentscheidung tritt kein Erlöschen des Anspruchs, zu dessen Schutz die einstweilige Verfügung erlassen wurde, ein.[51] Eines erneuten Antrags und einer weiteren Vormerkung bzw. eines weiteren Widerspruchs bedarf es mithin nicht.[52]

25 Problematisch ist in diesem Zusammenhang allerdings, ob die Vormerkung und der Widerspruch durchgehende Wirkung ab Eintragung zeitigen oder erst wieder wirken ab dem Moment des Neuerlasses der einstweiligen Verfügung. Verbreitet wird die durchgehende Wirkung mit § 879 Abs. 2 BGB begründet[53] und in der Konsequenz eine Geltung ab Eintragung bejaht. Die Auffassung kann aber schon deshalb nicht überzeugen, weil einer Vormerkung zumindest dann kein Rang zukommt, wenn sie einen Anspruch auf Übertragung des Eigentums sichert.[54] Auch Widersprüche sind grundsätzlich nicht rangfähig.[55] Infolgedessen kann auch aus § 879 Abs. 2 BGB diesen Situationen nichts abgeleitet werden, so dass es bei Widersprüchen und nicht rangfähigen Vormerkungen an einer gesetzlichen Grundlage für eine Wirkung ab Eintragung mangelt. Dem kann auch mit einer analogen Anwendung der Vorschrift nicht abgeholfen werden,

---

45 Ebenso Meikel/*Böttcher*, § 25 Rn 52.
46 Daf.: LG Dortmund Rpfleger 1982, 276; Staudinger/*Gursky*, § 885 Rn 43; *Demharter*, Anh. zu § 13 Rn 13; dag.: OLG Hamm MDR 1983, 1031 = Rpfleger 1983, 435: Es wäre ein kostenaufwendiger Formalismus, in einem solchen Fall eine erneute Eintragung aufgrund eines entsprechenden Antrags zu verlangen, um eine inhaltlich gleiche Eintragung zu erreichen. Es wäre ein kostenaufwendiger Formalismus, in einem solchen Fall eine erneute Eintragung aufgrund eines entsprechenden Antrags zu verlangen, um eine inhaltlich gleiche Eintragung zu erreichen; Meikel/*Böttcher*, § 25 Rn 62 m.w.N.; unentschieden: *Schöner/Stöber*, Rn 1550.
47 OLG Schleswig NJW-RR 1992, 317 f.; OLG Düsseldorf NJW-RR 2000, 68; OLG Köln MDR 2003, 352 f.; Stein/Jonas/*Grunsky*, § 925 Rn 22; Musielak/Voit/*Huber*, § 925 Rn 10; Zöller/*Vollkommer*, § 925 Rn 12; a.A. OLG Celle NJW-RR 1987, 64.
48 So auch Meikel/*Böttcher*, § 25 Rn 62.
49 Staudinger/*Kutter*, § 879 Rn 63; MüKo-BGB/*Kohler*, 7. Aufl. 2017, § 879 Rn 33.
50 Dazu *Hager*, FS Kanzleiter, 2010, 195; *Heggen*, RNotZ 2011, 329; *Kesseler*, NJW 2012, 2765.
51 Zöller/*Vollkommer*, vor § 322 Rn 8.
52 Meikel/*Böttcher*, § 25 Rn 62; Bauer/Schaub/*Schäfer*, § 25 Rn 89.
53 Meikel/*Böttcher*, § 25 Rn 62.
54 BGHZ 170, 378, 385 = NJW 2007, 2993, 2994 f.
55 Staudinger/*Heinze*, § 879 Rn 11; BeckOGK BGB/*Hertel*, § 899 Rn 60; BeckOGK BGB/*Kesseler*, § 879 Rn 20.

weil es an der vergleichbaren Wertungslage[56] fehlt, wenn einem Recht von vornherein kein Rang zukommt. In der Konsequenz entfalten eine eingetragene Vormerkung und ein eingetragener Widerspruch demnach keine Wirkungen, wenn die ihnen zugrunde liegende einstweilige Verfügung aufgehoben und eine neue noch nicht erlassen wurde. Ein Schutz während dieser Zeit für den Kläger besteht folglich nicht.

c) Anderer Unrichtigkeitsnachweis

Wenn keine Aufhebung der zugrunde liegenden einstweilige Verfügung oder des vorläufig vollstreckbaren Urteils nach § 894 ZPO erfolgt ist, so kann eine Löschung gleichwohl erfolgen, wenn anderweitig der Nachweis der Unrichtigkeit durch das **Erlöschen des geschützten Anspruchs** oder dem Verlust des gesicherten Rechts geführt wird. Insoweit ist aber allein **§ 22 Abs. 1 S. 1 GBO** anzuwenden. Denkbar ist hier z.B., dass der vertragliche Anspruch, der durch die Vormerkung gesichert wird, nicht vererblich und der Tod des eingetragenen Berechtigten urkundlich nachgewiesen ist. Die Bewilligung des Erben ist dann nicht erforderlich.[57]

26

Ein weiterer wichtiger Fall des Erlöschens des gesicherten Anspruchs ist die vollständige Erfüllung desselben durch Vornahme der Grundbuchberichtigung (Widerspruch) bzw. der endgültigen Eintragung[58] (Vormerkung). Wichtig ist jedoch, dass kein zwischenzeitlicher Erwerb stattgefunden hat, dessen Unwirksamkeit bzw. relative Unwirksamkeit weiter durch den Widerspruch bzw. die Vormerkung dokumentiert werden muss. Kann dies auch außerhalb des Grundbuchs geschehen sein (z.B. bei einem Widerspruch oder einer Vormerkung in Bezug auf ein Briefgrundpfandrecht), kann keine Berichtigung nach § 22 GBO erfolgen, weil kein Nachweis in der Form des § 29 Abs. 1 S. 2 GBO möglich ist (siehe Rdn 36).

27

Das Grundbuch kann auch deshalb unrichtig und nach § 22 Abs. 1 S. 1 GBO auf Antrag zu berichtigen sein, weil die **Zustellungsfrist nach § 929 Abs. 3 S. 2 ZPO** nicht eingehalten wurde.[59] Dies kann mit Hilfe der Zustellungsurkunde formgerecht (§ 29 Abs. 1 S. 2 GBO) nachgewiesen werden.

28

2. Aufhebung eines sofort vollziehbaren Bescheids nach dem VermG, S. 2 Alt. 2

Ein sofort vollziehbarer Bescheid nach dem VermG kann im Wege eines Aufhebungs- oder Widerrufsbescheids, durch einen Widerspruchsbescheid oder durch ein verwaltungsgerichtliches Urteil aufgehoben werden. Wie bei der nach § 895 S. 1 ZPO fingierten Bewilligung führt auch die Aufhebung der sofortigen Vollziehbarkeit zum Erlöschen der Vormerkung.[60] Bei einem Widerspruch kommt es darauf an, ob dieser für denjenigen eingetragen wurde, der durch den Bescheid begünstigt wird, das Recht also nicht unmittelbar umgeschrieben wurde, oder ob der Widerspruch nach Umschreibung des Rechts auf den Begünstigten des Bescheids zugunsten des Verfügungsberechtigten (d.h. des bisher Eingetragenen) eingetragen wurde. Nur im erstgenannten Fall führt eine Aufhebung des Bescheids oder seiner sofortigen Vollziehbarkeit zum Erlöschen des Widerspruchs (siehe Rdn 19).

29

IV. Nachweis

Dem GBA ist die **Wirksamkeit der aufhebenden vollstreckbaren Entscheidung** nachzuweisen. Eine gerichtliche Entscheidung muss rechtskräftig oder zumindest vorläufig vollstreckbar sein (vgl. Rdn 22); im ersten Fall ist ein Rechtskraftzeugnis[61] vorzulegen. Es genügt aber ebenso die Vorlage einer vollstreckbaren Ausfertigung der gerichtlichen Entscheidung, da sich aus ihr die Vollstreckbarkeit ergibt. Im Fall einer Rechtsnachfolge ist anerkanntermaßen die Vorlage einer vollstreckbaren Ausfertigung (§§ 724 Abs. 1, 727 ZPO) notwendig,[62] wohingegen die überwiegende Auffassung zu Unrecht (siehe Rdn 17) davon ausgeht, dass im Übrigen eine einfache Ausfertigung genügen soll.[63] Bei nicht verkündeten[64] Beschlüssen ist

30

---

56 Dazu *Meier/Jocham*, JuS 2016, 392, 396 f.
57 *Meikel/Böttcher*, § 25 Rn 64; a.A. KG Rpfleger 1981, 23.
58 KG KGJ 41, 220, 222.
59 RG RGZ 81, 288, 290; *Furtner*, DNotZ 1959, 304, 305 f.; *Böhringer*, Rpfleger 1995, 51, 58; Staudinger/*Gursky*, § 894 Rn 42, 899 Rn 90; siehe auch: BGH Rpfleger 1999, 485.
60 Bauer/Schaub/*Schäfer*, § 25 Rn 81.
61 *Meikel/Böttcher*, § 25 Rn 56; *Demharter*, § 25 Rn 10.
62 RG RGZ 81, 288; *Meikel/Böttcher*, § 25 Rn 56; *Demharter*, § 25 Rn 10.
63 BGH Rpfleger 1969, 425; *Meikel/Böttcher*, § 25 Rn 40; Bauer/Schaub/*Schäfer*, § 25 Rn 62; Zöller/*Seibel*, § 895 Rn 1.
64 RG RGZ 32, 421, 422.

als Wirksamkeitsvoraussetzung[65] (§ 329 Abs. 3 ZPO) die Zustellung nachzuweisen.[66] Hängt die Vollstreckbarkeit der aufhebenden Entscheidung von einer Sicherheitsleistung ab, muss in öffentlicher Urkunde nachgewiesen werden, dass diese erbracht wurde (§ 29 Abs. 1 S. 2 GBO),[67] was aber keine Schwierigkeit darstellt, wenn man richtigerweise eine vollstreckbare Ausfertigung verlangt, soweit diese die Erbringung der Sicherheitsleistung ihrerseits bezeugt.

V. Sonstige allgemeine Voraussetzungen

31 Die Löschung erfolgt nur auf Antrag (§ 13 GBO). Ist der gesicherte Anspruch übergegangen – bei der Vormerkung durch Übergang des Anspruchs als solchem (z.B. infolge einer Abtretung[68]), beim Widerspruch durch Übergang des geschützten Rechts[69] –, soll nach § 39 Abs. 1 GBO die **Voreintragung** des neuen Berechtigten erforderlich sein, wenn kein Fall ihrer Entbehrlichkeit nach § 40 GBO vorliegt.[70] Ist die Aufhebungsentscheidung noch gegen den alten Berechtigten ergangen, müsse sie zusätzlich vorher noch nach § 727 ZPO auf den neuen Berechtigten umgeschrieben werden.[71]

Insoweit kann auch **§ 40 Abs. 1 GBO nicht analog angewendet werden**. Zwar führt die Umschreibung lediglich dazu, dass die berichtigte Rechtslage kurz darauf wieder gelöscht wird, allerdings genügt dieser Umstand nicht, um die vergleichbare Wertungslage zu § 40 Abs. 1 GBO herbeizuführen. Das Grundbuchverfahren ist in besonderer Hinsicht von formalen Anforderungen geprägt, so dass der Umstand, dass es sich um einen Formalismus handelt, nicht genügt, um von den gesetzlichen Regelungen abzuweichen. Vielmehr hat der Gesetzgeber in § 40 Abs. 1 GBO lediglich einen Spezialfall einer solchen bloßen Förmlichkeit einer abweichenden Regelung zugeführt, so dass die Norm als Ausnahmevorschrift nicht über ihren Zweck hinaus erweitert werden darf.[72] In der Konsequenz kann mithin auf die Voreintragung anderen Fällen nicht verzichtet werden, so dass sie auch im vorliegenden Fall notwendig ist.

32 Als weitere Voraussetzung kann noch die **Briefvorlage** nach den §§ 41, 42 GBO hinzutreten, wenn die Vormerkung oder der Widerspruch bei einem Briefgrundpfandrecht eingetragen ist (siehe hierzu § 41 GBO Rdn 3, 8).[73] Die Briefvorlage ist hingegen nicht erforderlich, wenn der Widerspruch auf dem Brief nicht vermerkt werden muss oder nicht vermerkt worden ist.[74]

C. Zu Unrecht erfolgte Löschung

33 Lagen die Voraussetzungen zur Löschung der **Vormerkung** nach § 25 GBO nicht vor, so führt die gleichwohl erfolgte Löschung grundsätzlich zur Unrichtigkeit des Grundbuchs, nicht aber zum Erlöschen der Vormerkung (vgl. § 22 GBO Rdn 84 f.). Sie besteht folglich ohne Eintragung materiell fort.

34 Hinsichtlich des **Widerspruchs** besteht Streit, ob im Fall einer unberechtigten Löschung des Widerspruchs gleichwohl ein Erwerb kraft öffentlichen Glaubens gehindert ist bzw. der Lauf der Buchersitzungsfrist (§ 900 Abs. 1 S. 1 und 2 BGB) gehemmt wird. Da die maßgebenden Vorschriften (§§ 892 Abs. 1 S. 1, 893, 900 Abs. 1 S. 3 BGB) jeweils auf das Eingetragensein des Widerspruchs abstellen, ist dies richtigerweise zu verneinen.[75] Es liegt in dieser Situation auch keine Grundbuchunrichtigkeit im Sinne des § 894 BGB vor, da der Widerspruch kein Recht an dem Grundstück darstellt und daher seine fehlende Verlautbarung im Grundbuch nicht im Widerspruch zur geltenden Rechtslage steht.[76] Dies gilt

---

65 Musielak/Voit/*Musielak*, § 329 Rn 7, 9; Stein/Jonas/*Roth*, 23. Aufl. 2015, § 329 Rn 9 f.; Zöller/*Feskorn*, § 329 Rn 8, 17 ff.
66 KG KGJ 41, 220, 222 f.
67 LG Frankfurt Rpfleger 1988, 407, 408; BayObLG Rpfleger 2001, 407, 408 = ZfIR 2002, 80; *Demharter*, § 25 Rn 10; Meikel/*Böttcher*, § 25 Rn 56.
68 KG KGJ 43, 209, 212.
69 KG KGJ 47, 169, 177 f.
70 Meikel/*Böttcher*, § 25 Rn 57; *Demharter*, § 25 Rn 16.
71 *Güthe/Triebel*, § 25 Rn 29.
72 Siehe dazu auch *Meier/Jocham*, JuS 2016, 392, 395.
73 Meikel/*Böttcher*, § 25 Rn 58; Bauer/Schaub/*Schäfer*, § 25 Rn 86; bei Briefgrundpfandrechten steht ein auf dem Brief vermerkter Widerspruch einem im Grundbuch eingetragenen gleich, vgl. Staudinger/*Gursky*, BGB, 2013, § 899 Rn 46.
74 Bauer/Schaub/*Schäfer*, § 25 Rn 86.
75 Grüneberg/*Herrler*, § 894 BGB Rn 3; Staudinger/*Gursky*, § 899 Rn 46, 94; diff.: MüKo-BGB/*Kohler*, § 892 Rn 42 f., § 899 Rn 31: Bei unberechtigter Löschung gilt der Widerspruch jedoch gegenüber einem insoweit unredlichen Erwerber als fortbestehend.
76 KG BeckRS 1916, 2; Grüneberg/*Herrler*, § 894 Rn 3; BeckOGK BGB/*Hertel*, § 894 Rn 33; MüKo-BGB/*Schäfer*, § 894 Rn 18.

umso mehr als trotz fehlerhafter Löschung vom Widerspruch keine rechtlichen Wirkungen ausgehen, so dass sich auch insoweit keine Divergenz ergibt.

D. Löschung nach allgemeinen und anderen Vorschriften
I. Löschungs- und Berichtigungsbewilligung

Die Vormerkung und der Widerspruch können ferner stets aufgrund einer Bewilligung nach § 19 GBO gelöscht werden (siehe aber § 22 GBO Rdn 129 ff. zur Abgrenzung der auf eine Grundbuchberichtigung zielenden Bewilligung [Berichtigungsbewilligung] von der Bewilligung einer rechtsändernden Eintragung).

35

II. Unrichtigkeitsnachweis

Zudem kann auch die Unrichtigkeit im Übrigen nachgewiesen und auf dieser Grundlage nach **§ 22 Abs. 1 S. 1 GBO** eine Löschung vorgenommen werden, wenn keiner der in § 25 GBO geregelten Fälle des Erlöschens vorliegt, nämlich:

36

1. Versäumnis der Zustellungsfrist nach § 929 Abs. 3 S. 2 ZPO (Nachweis durch Zustellungsurkunde, vgl. § 22 GBO Rdn 80, dort auch mehr zur Antragsfrist nach § 929 Abs. 2 ZPO),[77]
2. Übertragung des vorgemerkten Anspruchs unter Ausschluss des Übergangs der Vormerkung nach § 401 BGB (mit der Folge des Erlöschens der Vormerkung, siehe § 22 GBO Rdn 81[78]),
3. Nichtbestehen oder Erlöschen des vorgemerkten Anspruchs oder des durch den Widerspruch gesicherten Rechts,[79] z.B. im Fall der Genehmigungsbedürftigkeit der Bestellung eines Grundpfandrechts bei Verweigerung dieser Genehmigung[80] (Erlöschen des Anspruchs auf Eintragung wegen Unmöglichkeit), aber insbesondere auch durch Erfüllung (die Vornahme der endgültigen Eintragung[81]) bzw. Berichtigung des Grundbuchs, wenn kein Dritterwerb stattgefunden haben kann (siehe Rdn 26, § 22 GBO Rdn 77 ff.), wobei allerdings zu beachten ist, dass der Nachweis dieser Ereignisse in der Form des § 29 GBO erfolgen muss, oder
4. Erlöschen des vorgemerkten Anspruchs, z.B. durch Übergang auf den Verpflichteten[82] oder durch Erlass (§ 397 BGB).

III. Ersuchen

Die Löschung aufgrund eines Ersuchens (§ 38 GBO) kommt für Vormerkungen und Widersprüche im hiesigen Sinne (siehe Rdn 2) nicht in Betracht (anders z.B. beim Widerspruch nach § 22 Abs. 6 S. 2 Hs. 1 BauGB, vgl. § 22 Abs. 6 S. 3 BauGB). § 941 ZPO ermächtigt nur zu einem Ersuchen um Eintragung.[83]

37

IV. Inhaltliche Unzulässigkeit

Schließlich ist es denkbar, dass die aufgrund eines in § 25 GBO genannten Falls eingetragene Vormerkung oder der so eingetragene Widerspruch inhaltlich unzulässig und deshalb nach § 53 Abs. 1 S. 2 GBO von Amts wegen zu löschen ist. Bei der Vormerkung ist hier z.B. an einen ersichtlich nicht vormerkungsfähigen Anspruch, beim Widerspruch an das gänzliche Fehlen der Eintragung eines Berechtigten zu

38

---

[77] RG RGZ 81, 288, 290: Ist die Vollziehung der einstweiligen Verfügung unwirksam, so ist die Vormerkungseintragung von vornherein nichtig; *Furtner*, DNotZ 1959, 304, 305 f.; *Böhringer*, Rpfleger 1995, 51, 58; Staudinger/*Gursky*, § 894 Rn 41 f., § 899 Rn 90; siehe auch: BGH NJW 1999, 3494 = Rpfleger 1999, 485; zur Wahrung der Antragsfrist nach § 929 Abs. 2 ZPO durch Eingang beim GBA näher: BGH BGHZ 146, 361 = Rpfleger 2001, 294.

[78] Prot. III, S. 751; *Güthe/Triebel*, § 25 Rn 33; Staudinger/*Gursky*, § 883 Rn 346 m.w.N., auch zur Gegenansicht.

[79] RG RGZ 65, 260, 261 f.; RG RGZ 77, 403, 406; RG RGZ 81, 288, 290; LG Bochum Rpfleger 1983, 272, 273; anders: KG Rpfleger 1981, 22, 23.

[80] LG Bochum Rpfleger 1983, 272, 273.

[81] KG KGJ 41, 220, 222.

[82] Grüneberg/*Herrler*, § 886 Rn 4; eingehend: Staudinger/*Gursky*, § 886 Rn 14 ff.

[83] Meikel/*Böttcher*, § 25 Rn 66; a.A. offenbar Bauer/Schaub/*Schäfer*, § 25 Rn 1.

§ 26 GBO

denken (siehe § 53 GBO Rdn 51). Handelt es sich um eine inhaltliche Unzulässigkeit, ist die Löschung unabhängig von den Voraussetzungen des § 25 GBO von Amts wegen vorzunehmen.

V. Löschungsmöglichkeit nach § 34 Abs. 1 S. 9 VermG

39 Ein Widerspruch nach § 34 Abs. 1 S. 8 VermG, der entsprechend der h.M. – nach Umschreibung auf den durch den für sofort vollziehbar erklärten Rückübertragungsbescheid Begünstigten – für den vorherigen Berechtigten eingetragen wird, und eine Vormerkung nach § 34 Abs. 1 S. 8 VermG erlöschen gem. **§ 34 Abs. 1 S. 9 VermG**, wenn der Rückübertragungsbescheid unanfechtbar geworden ist (vgl. Rdn 10, 18 f., 29).[84]

E. Andere Eintragungen aufgrund einstweiliger Verfügung

40 Aufgrund einer einstweiligen Verfügung können auch andere Eintragungen als Widersprüche oder Vormerkungen vorgenommen werden, namentlich **Verfügungsverbote**.[85] Hingegen ist ein Erwerbsverbot nicht eintragungsfähig,[86] da es sich nicht gegen einen Eingetragenen richtet, obgleich die Anordnung eines solchen nach § 136 BGB möglich ist.[87] Ein derartiges Erwerbsverbot wirkt allerdings nur gegen denjenigen, an den es gerichtet wird und ist daher aber nicht im Grundbuch zu vermerken.

Die Rspr. wendet S. 1 bei einem eingetragenen Verfügungsverbot entsprechend an,[88] was aber – ausgehend von der oben festgestellten Überflüssigkeit der Regelung als solcher (siehe Rdn 11 f.) – entbehrlich ist: Das **Verfügungsverbot entsteht materiell-rechtlich außerhalb des Grundbuchs** mit Vollzug der einstweiligen Verfügung durch die Zustellung an den Antragsgegner.[89] Die Eintragung selbst vollzieht dies lediglich nach und ist damit bloße Grundbuchberichtigung nach § 22 Abs. 1 S. 2 Alt. 1 GBO. Insoweit besteht ein Unterschied zu Vormerkung und Widerspruch, für deren Entstehung es jeweils der Eintragung im Grundbuch bedarf (§ 883 Abs. 1 S. 1 BGB). Das Verfügungsverbot wirkt allerdings auch ohne Eintragung gegenüber demjenigen, der Kenntnis davon hat; dies gilt jedoch nicht hinsichtlich eines etwaigen Anspruchs auf Rechtsänderung, der erst durch die Eintragung einer Vormerkung gesichert werden soll. Wird die einstweilige Verfügung aufgehoben, erlischt das Verfügungsverbot und das Grundbuch ist, soweit eine Eintragung erfolgt ist, wiederum unrichtig. Die Löschung kann dann ohne Weiteres aufgrund **§ 22 Abs. 1 S. 2 Alt. 2 GBO** erfolgen.[90]

§ 26 [Übertragung und Belastung von Briefrechten]

(1) Soll die Übertragung einer Hypothek, Grundschuld oder Rentenschuld, über die ein Brief erteilt ist, eingetragen werden, so genügt es, wenn an Stelle der Eintragungsbewilligung die Abtretungserklärung des bisherigen Gläubigers vorgelegt wird.

(2) Diese Vorschrift ist entsprechend anzuwenden, wenn eine Belastung der Hypothek, Grundschuld oder Rentenschuld oder die Übertragung oder Belastung einer Forderung, für die ein eingetragenes Recht als Pfand haftet, eingetragen werden soll.

A. Bedeutung des § 26 GBO 1	I. Übertragung von Briefrechten (Abs. 1) 8
I. Inhalt der Vorschrift 1	1. Abtretung, Überweisung an Zahlungs statt und gesetzlicher Übergang 8
II. § 26 GBO als Fall der Berichtigung des Grundbuchs 3	2. Einzelheiten zur Abtretung, insbesondere Bedingungen und Befristungen 12
1. Allgemeines 3	3. Keine Geltung für Buchgrundpfandrechte 22
2. Einzelfälle 4	
B. Geltungsbereich im Einzelnen 8	

---

[84] *Böhringer*, Rpfleger 1995, 51, 58; Bauer/Schaub/*Schäfer*, § 25 Rn 70, 72.
[85] Dazu auch materiell näher: Soergel/*Meier*, BGB, § 134 Rn 10 ff.
[86] KG JFG 18, 192, 194 ff.; *Demharter*, § 19 Rn 97.
[87] Hierzu Soergel/*Meier*, BGB, § 134 Rn 15.
[88] LG Frankfurt Rpfleger 1988, 407, 408; OLG Düsseldorf Rpfleger 2004, 282 = BeckRS 2004, 1609; zust.: *Demharter*, § 25 Rn 3; Bauer/Schaub/*Schäfer*, § 25 Rn 48; Schöner/*Stöber*, Rn 1647.
[89] RG RGZ 90, 335, 341; Zöller/*Vollkommer*, 32. Aufl. 2018, § 938 Rn 14 m.w.N.
[90] *Güthe/Triebel*, § 22 Rn 40.

II. Belastung von Briefrechten (Abs. 2, Fall 1) ... 23
   1. Arten der Belastung ... 23
   2. Vornahme und vereinbarter Ausschluss der Belastung ... 24
   3. Keine Geltung für Buchgrundpfandrechte ... 25
III. Übertragung einer Forderung, für die ein eingetragenes Recht als Pfand haftet (Abs. 2, Fall 2) ... 26
   1. Die erfassten Konstellationen ... 26
   2. Als Pfandobjekt geeignete Grundstücksrechte, Grundlage der Pfandhaftung ... 29
   3. Die Abtretung und ihre Folgen ... 33
IV. Belastung einer Forderung, für die ein eingetragenes Recht als Pfand haftet (Abs. 2, Fall 3) ... 34
   1. Zulässige Arten der Belastung ... 34
   2. Form ... 36
C. Die Erklärung über die Abtretung oder Belastung ... 37
I. Rechtsnatur ... 37
   1. Materiell-rechtliche Funktion und Funktion für den öffentlichen Glauben ... 37
   2. Unmittelbare Anwendung der Vorschriften über Willenserklärungen ... 40
   3. Kein verfahrensrechtlicher Charakter der Abtretungs- bzw. Belastungserklärung . 41
II. Voraussetzungen der Verwendbarkeit der Erklärung im Grundbuchverfahren ... 42
III. Form der Erklärung ... 44
IV. Inhalt der Erklärung ... 46
   1. Grundsätzliches ... 46
   2. Inhalt der Erklärung im Einzelnen ... 48
D. Voraussetzungen der Grundbucheintragung ... 62
I. Reichweite des Unrichtigkeitsnachweises durch die materiell-rechtliche Erklärung ... 62
II. Übrige Eintragungsvoraussetzungen ... 67
III. Berichtigungsbewilligung ... 68
IV. Auswirkungen von Verstößen ... 69
E. Entsprechende Anwendung auf die Vormerkung ... 70
I. Abtretung des vorgemerkten Anspruchs ... 70
II. Verpfändung des vorgemerkten Anspruchs ... 72
F. Analoge Anwendung der Voraussetzungen auf die Kenntnis des Grundbuchamts in anderen Fällen ... 73

A. Bedeutung des § 26 GBO

I. Inhalt der Vorschrift

§ 26 GBO lässt in Abweichung vom Grundsatz des § 19 GBO anstelle der Bewilligung die jeweilige **materiell-rechtliche Erklärung** des von der dinglichen Rechtsänderung **Betroffenen genügen**, wenn im Grundbuch eingetragen werden soll:

1. die Übertragung eines Briefgrundpfandrechts[1] (Abs. 1),
2. die Belastung eines solchen Briefrechts (Abs. 2, Fall 1),
3. die Übertragung einer Forderung, für die ein eingetragenes Recht als Pfand haftet (Abs. 2, Fall 2) oder
4. die Belastung einer Forderung, für die ein eingetragenes Recht als Pfand haftet (Abs. 2, Fall 3).

Maßgeblich ist aber stets, dass es um die Abtretung einer Forderung geht, deren Übergang mithin ausschließlich durch die entsprechende Erklärung des bisher Berechtigten unterstellt wird. Insoweit wird das formell-rechtliche Bewilligungsprinzip aufgegriffen, weil nicht die Rechtsänderung selbst nachzuweisen ist, für die es auch der Annahmeerklärung bedürfte,[2] sondern es wie bei der Bewilligung ausreicht, dass die Erklärung des Rechtsinhabers vorliegt (formelles Konsensprinzip).[3] Insoweit unterstellt § 26 GBO, dass in diesem Fall auch der Begünstigte die erforderliche Erklärung abgegeben hat, obgleich es hierfür keinen Nachweis gibt.

Die Regelung sollte ursprünglich den Verkehrsgewohnheiten, nach denen insbesondere in den in Nr. 1 und 3 geschilderten Fällen nur die Abtretungserklärung und eben keine Eintragungsbewilligung erteilt wurde,[4] Rechnung tragen (zur Frage, auf welche Weise dies – systematisch betrachtet – geschehen ist, siehe unten Rdn 37 ff.). Heute ist ihre praktische Bedeutung sehr gering, da in die Abtretungserklärung inzwischen üblicherweise zugleich die Bewilligung aufgenommen wird.

---

1 Genauer: Einer durch eine Briefhypothek gesicherten Forderung bzw. einer Briefgrundschuld bzw. -rentenschuld.
2 Dies spielt aber im Rahmen des § 26 GBO keine Rolle; dazu OLG Düsseldorf NJOZ 2021, 211, 212.
3 So auch Meikel/*Böttcher*, § 26 Rn 3.
4 Meikel/*Böttcher*, § 26 Rn 3; Bauer/Schaub/*Schäfer*, § 26 Rn 4.

II. § 26 GBO als Fall der Berichtigung des Grundbuchs

1. Allgemeines

3 Wie oben dargestellt (vgl. § 22 GBO Rdn 1), behandelt § 26 GBO einen Fall der Beseitigung einer **Grundbuchunrichtigkeit**, da die Wirksamkeit der Abtretung bzw. Verpfändung jeweils keine Grundbucheintragung voraussetzen; der Eintragung im Grundbuch kommt mithin nur deklaratorische Bedeutung zu.[5] Zur Berichtigung nach § 22 Abs. 1 S. 1 GBO ist der Nachweis der Unrichtigkeit erforderlich, d.h. der **Nachweis des Übergangs der Forderung**, der Grund- oder Rentenschuld bzw. der Entstehung des Pfandrechts. Dazu müssten an sich die Erklärungen beider Teile in der Form des § 29 Abs. 1 S. 1 GBO vorgelegt und für die in Abs. 1 und Abs. 2 Fall 1 geregelten Konstellationen die Briefübergabe (siehe §§ 1069 Abs. 1, 1154 Abs. 1 S. 1, 1192 Abs. 1, 1200 Abs. 1, 1274 Abs. 1 S. 1 BGB) bewiesen werden.[6] § 26 GBO erleichtert diesen Unrichtigkeitsnachweis dahingehend, dass nur die Erklärung des Zedenten vorzulegen ist.[7] Allerdings ist nach den §§ 41 Abs. 1 S. 1, 42 S. 1 GBO unabhängig davon zusätzlich die Vorlage des Grundpfandrechtsbriefs erforderlich (die in Anwendung der §§ 1117 Abs. 3, 1154 Abs. 1 S. 1 Hs. 2 BGB auch für das Grundbuchamt die Übergabe beweist, die im Fall des § 22 GBO nachzuweisen wäre, hierzu näher siehe § 41 GBO Rdn 2, 8).[8]

2. Einzelfälle

4 § 26 GBO behandelt die folgenden Fälle der Grundbuchberichtigung (Beispiele vgl. Rdn 8 ff.):

a) Die **Übertragung** (Abs. 1) oder die **Belastung** (Abs. 2 Alt. 1) **eines Briefgrundpfandrechts,** die sich unter drei Voraussetzungen außerhalb des Grundbuchs vollzieht:[9]

aa) schriftliche Abtretungs- (§§ 1154 Abs. 1 S. 1, 1192 Abs. 1, 1200 Abs. 1 BGB) bzw. Belastungserklärung (Bestellung eines Nießbrauchs oder Pfandrechts, §§ 1069 Abs. 1, 1274 Abs. 1 BGB),
bb) formfreie Annahme der Abtretung oder Belastung und
cc) Übergabe des Briefes (§ 1154 Abs. 1 BGB).

5 b) Ist für eine Forderung ein Pfandrecht an einem Grundpfandrecht bestellt – wofür es bei Buchrechten einer Eintragung bedarf (§§ 873 Abs. 1, 1154 Abs. 3, 1192 Abs. 1, 1200 Abs. 1 BGB),[10] so führt die **Abtretung der gesicherten Forderung** (Abs. 2, Fall 2) nach §§ 401 Abs. 1, 1250 Abs. 1 S. 1 BGB auch zum **Übergang des Pfandrechts** auf den Zessionar.[11] Dies gilt ebenso für die Abtretung der Vollstreckungsforderung, wenn für sie das Grundpfandrecht selbst (bei einer Hypothek: die Forderung) nach den §§ 828 ff. ZPO gepfändet war (Beispiel siehe Rdn 26 f.).

6 Schließlich ist der Fall erfasst, dass eine Forderung, für die ein Pfandrecht an einem Grundpfandrecht – durch Pfändung nach den §§ 828 ff. ZPO oder durch Verpfändung nach §§ 1279, 1291 BGB – besteht, ihrerseits mit einem Pfandrecht für eine Drittforderung belastet ist und diese Drittforderung sodann übertragen wird.[12] Die Abtretung der Drittforderung hat die in § 401 Abs. 1 BGB angeordneten Folgen (vgl. Beispiel bei Rdn 28). Diese Drittforderung kann wiederum mit einem Pfandrecht belastet werden, ebenso die hierdurch gesicherte Forderung usw. – sie alle werden von **Abs. 2, Fall 2** umfasst, eine Grenze für die Einbeziehung mehrstufiger Verpfändungen enthält die Vorschrift nicht.[13]

7 c) Die Belastung einer Forderung, für die ein Pfandrecht an einem Grundpfandrecht bestellt ist oder für die ein Pfandrecht an einer derart gesicherten Forderung besteht, geschieht außerhalb des Grundbuchs – ebenso wie im Falle der Abtretung – durch formlosen Vertrag (§§ 1069 Abs. 1, 1274 Abs. 1 BGB).[14] Die Vornahme einer solchen Belastung wird von **Abs. 2, Fall 3** erfasst. Die Eintragungsfähigkeit des Pfand-

---

5 OLG Brandenburg NotBZ 2008, 419 = BeckRS 2008, 25061.
6 Meikel/*Böttcher*, § 26 Rn 4.
7 BayObLGZ 1987, 97, 98 f. = MittRhNotK 1987, 283; Meikel/*Böttcher*, § 26 Rn 4; Eickmann/*Böttcher*, Rn 374.
8 BayObLGZ 1987, 97, 99 = MittRhNotK 1987, 283; OLG München FGPrax 2014, 156; NJW-RR 2017, 397, 398.
9 Hierzu: Grüneberg/*Herrler*, § 1154 Rn 2 ff.; Staudinger/*Wolfsteiner*, § 1154 Rn 22.
10 Siehe auch: Güthe/Triebel, § 26 Rn 9; MüKo-BGB/*Schäfer*, § 1274 Rn 24 f.; Grüneberg/*Wicke*, § 1274 Rn 5.
11 Meikel/*Böttcher*, § 26 Rn 26; Bauer/Schaub/*Schäfer*, § 26 Rn 32; Staudinger/*Wiegand*, § 1250 Rn 2 ff.
12 Güthe/Triebel, § 26 Rn 9; anschauliche Darstellung bei Meikel/*Böttcher*, § 26 Rn 25 f.; zur materiell-rechtlichen Zulässigkeit solcher Verpfändungen vgl. auch MüKo-BGB/*Schäfer*, § 1273 Rn 4.
13 Güthe/Triebel, § 26 Rn 9.
14 Grüneberg/*Wicke*, § 1274 Rn 2; Staudinger/*Wiegand*, § 1274 Rn 14 ff.

rechts oder Nießbrauchs ergibt sich daraus, dass die Löschung des Grundpfandrechts gem. § 876 S. 1 BGB zusätzlich die Bewilligung des Berechtigten jenes Rechts erfordert. Das Grundbuch ist mithin insoweit unrichtig, als es diese Notwendigkeit nicht verlautbart, solange die Belastung nicht eingetragen ist.[15]

B. Geltungsbereich im Einzelnen

I. Übertragung von Briefrechten (Abs. 1)

1. Abtretung, Überweisung an Zahlungs statt und gesetzlicher Übergang

Nach heute allgemeiner Auffassung meint der Begriff der Übertragung im Sinne des Abs. 1 **allein** den **rechtsgeschäftlichen Übergang**, nicht aber die Überweisung an Zahlungs statt als Vollstreckungsmaßnahme und einen etwaigen gesetzlichen Übergang.[16] Dies ergibt sich schon aus dem Wortlaut der Vorschrift, der eine Abtretungserklärung voraussetzt, die es nur bei rechtsgeschäftlichen Übertragungen geben kann. Angesichts der Regelung des **§ 1155 S. 2 BGB** scheint aber eine analoge Anwendung der Norm denkbar, da zumindest materiell-rechtlich ein gerichtlicher Überweisungsbeschluss und ein Anerkenntnis des gesetzlichen Übergangs einer Abtretungserklärung gleichstehen. Voraussetzung ist aber neben der vergleichbaren Wertungslage für eine Analogie stets auch die planwidrige Regelungslücke.[17]

8

a) Die gerichtliche **Überweisung** des Grundpfandrechts **zur Einziehung** (§§ 835 Abs. 1 Alt. 1, 836 Abs. 1 ZPO) hat bereits materiell-rechtlich nicht die Wirkung einer Abtretung. Sie belässt dem Grundpfandrechtsgläubiger (Vollstreckungsschuldner) die Eigenschaft als Rechtsinhaber; aufgrund der Pfändung ist er lediglich in seiner Verfügungsbefugnis dahingehend beschränkt, dass Verfügungen dem Verbotsgeschützten gegenüber (relativ) unwirksam sind (§ 829 Abs. 1 S. 2 ZPO, §§ 135 Abs. 1 S. 1, 136 BGB).[18] Die Überweisung zur Einziehung ermächtigt den Pfändungsgläubiger demnach allein entsprechend § 185 Abs. 1 BGB zur Einziehung der Forderung.[19] Ein Übergang steht hier also gar nicht in Rede, so dass es schon an der vergleichbaren Wertungslage fehlt, da eine diesbezügliche Eintragung in das Grundbuch ausscheidet, weil dieses nicht unrichtig ist.

9

b) Die **Überweisung** an Zahlungs statt hingegen hat nach § 835 Abs. 2 ZPO die Wirkung einer **Übertragung**, da die Rechtsinhaberschaft zugunsten des Vollstreckungsgläubigers wechselt. Die erforderliche Grundbuchberichtigung kann aber bereits nach § 22 Abs. 1 S. 1 GBO nachgewiesen werden, weil durch Vorlage des Überweisungsbeschlusses (§§ 837 Abs. 1 S. 1, 857 Abs. 6 ZPO) und des Briefes (§§ 41 Abs. 1 S. 1, 42 S. 1 GBO) die Unrichtigkeit schon dieser Vorschrift entsprechend dargelegt wird. Eine analoge Anwendung des § 26 Abs. 1 GBO würde dem Berechtigten mithin keine Erleichterung verschaffen, so dass es an der planwidrigen Regelungslücke fehlt und demnach auch eine entsprechende Anwendung der Norm nicht in Betracht kommt.

10

c) Im Falle des **gesetzlichen Übergangs** ist dagegen eine Berichtigung nach § 22 Abs. 1 GBO nicht ohne weiteres möglich. Das Anerkenntnis des gesetzlichen Übergangs durch den vormals Berechtigten ist an sich kein formgerechter Nachweis des Rechtsübergangs,[20] die Vorlage der Erklärung in der Form des § 29 Abs. 1 S. 1 GBO beweist nur die Abgabe des Anerkenntnisses als solchem, nicht aber auch den Eintritt des Übergangs. Im Verfahren nach § 22 Abs. 1 S. 1 GBO müssen jedoch die den Rechtsübergang begründenden Tatsachen in öffentlicher Urkunde (§ 29 Abs. 1 S. 2 GBO) und eventuelle Erklärungen zumindest in öffentlich beglaubigter Form (§ 29 Abs. 1 S. 1 GBO) nachgewiesen werden.[21] Richtigerweise ist aber auf diese Situation eine analoge Anwendung des § 26 Abs. 1 GBO geboten.[22] Dies begründet sich schon aus dem ursprünglichen Zweck des § 26 GBO, der eine Angleichung an die tatsächlich gelebten Verhältnisse erreichen will und daher die rein materiell-rechtliche Erklärung akzeptiert, als dass sie im Rechtsverkehr

11

---

15 Meikel/*Böttcher*, § 26 Rn 26; Bauer/Schaub/*Schäfer*, § 26 Rn 33.
16 Meikel/*Böttcher*, § 26 Rn 7; *Demharter*, § 26 Rn 2 f.; Bauer/Schaub/*Schäfer*, § 26 Rn 8; BeckOK GBO/*Holzer*, § 26 Rn 8; a.A. mit Bezug auf § 1155 S. 2 BGB: Denkschrift bei *Hahn/Mugdan*, Materialien V (ZVG und GBO), S. 158.
17 *Meier/Jocham*, JuS 2016, 392, 395 ff.
18 Siehe zur dogmatischen Einordnung dieser Vorgabe: Soergel/*Meier*, BGB, § 135 Rn 2 f.
19 Zöller/*Herget*, §§ 835 Rn 7, 836 Rn 3 ff.
20 A.A. (echter Nachweis) Güthe/*Triebel*, § 26 Rn 4; Bauer/Schaub/*Schäfer*, § 26 Rn 10.
21 Vgl. Meikel/*Böttcher*, § 26 Rn 9.
22 So auch Denkschrift bei *Hahn/Mugdan*, Materialien V (ZVG und GBO) S. 158; a.A. (die heute h.M.): *Demharter*, § 26 Rn 4; Meikel/*Böttcher*, § 26 Rn 9; Hügel/*Holzer*, § 26 Rn 8.

an die Stelle der Bewilligung tritt (siehe Rdn 3 ff.). Eine andere Beurteilung ist auch für das Anerkenntnis einer Legalzession durch den bisherigen Forderungsinhaber nicht geboten, da sie in gleicher Weise formelle Gewähr für den Eintritt des Rechtsübergangs bietet, wie dies die Abtretungserklärung leistet.[23] Des Weiteren sollen materiell-rechtlich nach § 1155 S. 2 BGB der rechtsgeschäftliche und der gesetzliche Forderungsübergang gleichgestellt werden, so dass keine überzeugende Grundlage dafür besteht, im Rahmen der GBO von dieser Erwägung abzuweichen.[24] Zudem wird regelmäßig zumindest konkludent in dem Anerkenntnis auch eine Berichtigungsbewilligung im Sinne des § 19 GBO liegen, da durch die Anerkennung der Forderung zugleich die Bereitschaft des ehemals Berechtigten deutlich wird, eine entsprechende Änderung im Grundbuch zu ermöglichen.[25]

2. Einzelheiten zur Abtretung, insbesondere Bedingungen und Befristungen

12 Bei der Briefhypothek wird die Forderung nach § 398 BGB abgetreten (Form: § 1154 Abs. 1 S. 1 Hs. 1 BGB), der die Hypothek als Nebenrecht folgt (§ 1153 Abs. 1 BGB). Briefgrund- und Rentenschulden werden hingegen durch Einigung nach § 873 Abs. 1 BGB übertragen, wobei nach §§ 1192 Abs. 1, 1200 Abs. 1 BGB die Formerfordernisse des § 1154 Abs. 1 S. 1 BGB (schriftliche Erklärung des Zedenten, Briefübergabe oder Übergabesurrogat nach §§ 1154 Abs. 1 S. 1 Hs. 2, 1117 Abs. 1 S. 2, 930, 931 BGB) einzuhalten sind; die §§ 398 ff. BGB sind nicht anzuwenden, da die §§ 873 Abs. 1, 1154 Abs. 1 S. 1 BGB vorrangig sind (zur Frage der Anwendung des § 399 Alt. 2 BGB aber siehe Rdn 13).[26] Die Abtretung bzw. Übertragung führt zu einem Gläubigerwechsel, wohingegen die bloße Verpflichtung zur Abtretung bzw. Übertragung als rein schuldrechtliches Geschäft nicht ausreicht.[27]

13 Aufgrund der fehlenden unmittelbaren Anwendbarkeit der §§ 398 ff. BGB auf Grundschulden und Rentenschulden ist umstritten, ob deren rechtsgeschäftliche Übertragbarkeit ausgeschlossen bzw. an eine Mitwirkung des Eigentümers gebunden werden kann. Die herrschende Ansicht bejaht dies,[28] richtigerweise ist dies allerdings zu verneinen.[29] Einer solchen Vereinbarung steht § 137 S. 1 BGB entgegen. Die Norm verhindert, dass Rechten durch die Vereinbarung des Inhabers mit einem anderen die Verkehrsfähigkeit entzogen wird.[30] § 413 BGB gestattet demgegenüber die Beschränkung der Verfügungsmöglichkeit nicht. Die Norm ist ausweislich ihres Wortlauts nur anwendbar, soweit das Gesetz nicht etwas anderes bestimmt. Für dingliche Rechte sind allerdings die Regelungen über die Übertragbarkeit zu ihrer Ausgestaltung abschließend durch die §§ 873 ff. BGB bestimmt, so dass kein Raum mehr für die allgemeinen Regeln der §§ 398 ff. BGB verbleibt. Insbesondere regelt das Gesetz dort, welche Rechte nicht übertragbar sind, so dass im Umkehrschluss alle sonstigen dinglichen Rechte freiveräußerlich sind. Dies ist mithin nach § 137 S. 1 BGB der Disposition der Beteiligten entzogen, so dass eine entsprechende Vereinbarung nichtig ist.[31]

14 Für die Abtretung der Forderung, für die eine Hypothek bestellt ist, bzw. bei der rechtsgeschäftlichen Übertragung einer Grund- oder Rentenschuld sind ferner folgende Punkte von Relevanz:

a) Die **Übertragung** kann zwar schon **vor der Entstehung** des Grundpfandrechts vereinbart werden – wobei die Briefübergabe durch eine sog. Aushändigungsvereinbarung ersetzt werden kann (§§ 1154 Abs. 1 S. 1 Hs. 2, 1117 Abs. 2 BGB) –,[32] jedoch treten die Wirkungen erst mit der Entstehung des Rechts im Zeitpunkt seiner Eintragung ein.[33] Eine Abtretung lediglich zu Treuhand- oder Sicherungszwecken ist

---

23 Im Ergebnis ebenso *Güthe/Triebel*, § 26 Rn 4; Bauer/Schaub/*Schäfer*, § 26 Rn 10, die sogar in dem Anerkenntnis einen Nachweis des Forderungsübergangs erkennen.
24 Ebenso Denkschrift bei *Hahn/Mugdan*, Materialien V (ZVG und GBO) S. 158.
25 Vgl. auch: RGZ 48, 48, 55 f.
26 Überzeugend: *Maurer*, JuS 2004, 1045, 1046 ff., 1048; im Ergebnis ebenso Staudinger/*Wolfsteiner*, § 1154 Rn 6 f; a.A. *Schöner/Stöber*, Rn 2395; wohl auch *Demharter*, § 26 Rn 7.
27 RGZ 54, 147; 90, 275; Meikel/*Böttcher*, § 26 Rn 11; Bauer/Schaub/*Schäfer*, § 26 Rn 12.
28 BGH ZfIR 2011, 584 = BKR 2011, 291; OLG Stuttgart OLGZ 1965, 96; OLG München DNotZ 2012, 457; *Dem-*
harter, § 26 Rn 7; Bauer/Schaub/*Schäfer*, § 26 Rn 18 f.; Staudinger/*Wolfsteiner*, § 1154 Rn 82.
29 Wie hier: *Maurer*, JuS 2004, 1045, 1047 f.; *Dümig*, ZfIR 2004, 704, 706; Meikel/*Böttcher*, § 26 Rn 20.
30 Siehe zur Reichweite der Vorschrift: Soergel/*Meier*, § 137 BGB Rn 8.
31 Soergel/*Meier*, § 137 BGB Rn 17 m.w.N.
32 Hierzu: Grüneberg/*Herrler*, § 1117 Rn 3; Staudinger/*Wolfsteiner*, § 1117 Rn 19 ff.
33 RGZ 74, 416, 418; BGHZ 53, 60, 63 f. = NJW 1970, 322, 323; Meikel/*Böttcher*, § 26 Rn 19; Staudinger/*Wolfsteiner*, § 1154 Rn 13; Bauer/Schaub/*Schäfer*, § 26 Rn 13.

zwar zulässig, dieser Zweck ist jedoch nicht eintragungsfähig;[34] Gleiches gilt für die – zulässige[35] – bedingte oder befristete Abtretung.[36]

b) Eine **Teilabtretung** (§§ 1151, 1152 BGB) der hypothekarisch gesicherten Forderung oder der Grund- oder Rentenschuld ist möglich und bewirkt eine Teilung des Grundpfandrechts außerhalb des Grundbuchs; die entstehenden Teile sind selbstständige dingliche Rechte.[37] Die Teile sind zweifelsfrei zu kennzeichnen.[38] Bei Briefrechten sind entsprechende Teilriefe zu erstellen.

c) Ein **Gesamtrecht** kann an sich nur hinsichtlich aller Grundstücke zugleich abgetreten werden.[39] Möglich ist aber eine Verteilung des Rechts auf einzelne Grundstücke nach § 1132 Abs. 2 BGB, wodurch das Gesamtrecht in selbstständige Einzelrechte oder einzelne Gesamtrechte (soweit die Aufteilung derart erfolgt, dass wieder mehrere Grundstücke für dieselbe Forderung haften) zerfällt.[40]

d) Die Abtretung kann **unter einer Bedingung oder Befristung** erfolgen (siehe § 2 Einl. Rdn 116, 118).[41] Verbreitet wird jedoch angenommen, die Verwendbarkeit der Abtretungserklärung im Grundbuchverfahren nach § 26 GBO hinge davon ab, dass sie ihrerseits unbedingt und unbefristet sei.[42] Begründet wird dies mit einer Parallele zur Bedingungs- und Befristungsfeindlichkeit der Eintragungsbewilligung nach § 19 GBO, welche die Abtretungserklärung ja ersetze.[43]

Dies verkennt allerdings den Unterschied zwischen der nach § 26 GBO verlangten Abtretungserklärung und der in § 19 GBO angesprochenen Bewilligung. Letztere ist Verfahrenshandlung und daher aus sich heraus bedingungsfeindlich.[44] Es existiert kein allgemeines, der GBO inhärentes Verbot, ausschließlich unbedingte Nachweismittel zur Begründung einer formellen Rechtsänderung heranzuziehen. § 26 GBO ist eine Ausprägung des § 22 Abs. 1 GBO und stellt damit eine Form der Grundbuchberichtigung (vgl. Rdn 3, § 22 GBO Rdn 1) dar. Auch im Rahmen des § 22 Abs. 1 GBO ist es ohne weiteres möglich, Nachweise zu verwenden, die inhaltlich bedingt sind, soweit der Eintritt oder der Nichteintritt der Bedingung in der Form des § 29 GBO nachgewiesen werden kann. Dies zeigt sich insbesondere an der Möglichkeit, Vormerkungen nach § 22 Abs. 1 GBO zu löschen, in dem der Nachweis erbracht wird, dass die Forderung erloschen ist, wenn diese in ihrem Bestand von einer Bedingung oder Befristung, insbesondere vom Tod des Gläubigers, abhängig ist (vgl. § 22 GBO Rdn 77 ff.). Infolgedessen steht der Verwendung einer bedingten oder befristeten Abtretungserklärung im Rahmen des § 26 GBO nichts im Wege.[45] Weil materiell-rechtlich eine derartige Vereinbarung zulässig ist, kann für die Möglichkeit der Eintragung im Rahmen des dienenden, formellen Rechts nichts anderes gelten. Zu einer Eintragung kann eine solche Urkunde aber nur dann führen, wenn der Eintritt der Bedingung oder Befristung dem Grundbuchamt in der Form des § 29 GBO nachgewiesen werden kann.

e) Die **Abtretung an den Eigentümer** ist **zulässig**. Eine Hypothek verwandelt sich dabei in eine Eigentümergrundschuld, sofern sie nicht ausnahmsweise die Forderung des Eigentümers gegen einen Dritten sichert (Eigentümerhypothek, § 1177 Abs. 2 BGB).[46] Dies wird durch die Abtretungserklärung nachgewiesen und muss gleichzeitig eingetragen werden, um den Eintritt einer Grundbuchunrichtigkeit zu verhindern.[47] Dies darf jedoch wegen § 13 Abs. 1 S. 1 GBO ebenfalls nur auf Antrag erfolgen, wobei jedoch der Antrag auf Berichtigung auch hinsichtlich der Umwandlung in eine Eigentümergrundschuld regelmäßig konkludent in dem Antrag auf Eintragung der Abtretung enthalten sein wird.

---

34 RGZ 53, 416; 148, 202, 206; Meikel/*Böttcher*, § 26 Rn 11; Bauer/Schaub/*Schäfer*, § 26 Rn 13.
35 OLG Frankfurt DNotZ 1993, 610.
36 Bauer/Schaub/*Schäfer*, § 26 Rn 13.
37 Meikel/*Böttcher*, § 26 Rn 13; Grüneberg/*Herrler*, § 1151 Rn 1; Bauer/Schaub/*Schäfer*, § 26 Rn 14.
38 Meikel/*Böttcher*, § 26 Rn 13; Bauer/Schaub/*Schäfer*, § 26 Rn 14; *Schöner/Stöber*, Rn 2410.
39 Grüneberg/*Herrler*, § 1132 Rn 8.
40 RGZ 113, 223, 233; Meikel/*Böttcher*, § 26 Rn 12; Bauer/Schaub/*Schäfer*, § 26 Rn 14.
41 RGZ 90, 273, 276 f.; Meikel/*Böttcher*, § 26 Rn 14; *Demharter*, § 26 Rn 6; Bauer/Schaub/*Schäfer*, § 26 Rn 13; zur Bedingung auch: *Schöner/Stöber*, Rn 2394a, 2395a.

42 Meikel/*Böttcher*, § 26 Rn 14; *Demharter*, § 26 Rn 6; siehe auch: Bauer/Schaub/*Schäfer*, § 26 Rn 13.
43 *Demharter*, § 26 Rn 18; BeckOK GBO/*Holzer*, § 26 Rn 1, 4, 40.
44 KJG 43, 191, 197 f.; BeckOK GBO/*Holzer*, § 19 Rn 42.
45 Anders aber Meikel/*Böttcher*, § 26 Rn 14; *Demharter*, § 26 Rn 18.
46 Hierzu näher: Grüneberg/*Herrler*, § 1177 Rn 4; MüKo-BGB/*Lieder*, § 1177 Rn 10 ff.; Staudinger/*Wolfsteiner*, § 1177 Rn 18 ff.; Bauer/Schaub/*Schäfer*, § 26 Rn 15.
47 Vgl. Meikel/*Böttcher*, § 26 Rn 17; Bauer/Schaub/*Schäfer*, § 26 Rn 15; a.A. *Schöner/Stöber*, Rn 2390: Einzutragen ist lediglich die Abtretung der Hypothek an den Eigentümer ohne Prüfung der Frage, ob in diesem Fall eine Eigentümergrundschuld entstanden ist.

20 f) Nach § 1113 Abs. 2 BGB kann eine Hypothek **auch für eine künftige oder bedingte Forderung** bestellt werden, wenn jene nach Art und Gegenstand bestimmbar ist und auf sicherer Grundlage beruht.[48] Die Abtretung künftiger Forderungen wird gleichermaßen allgemein für zulässig erachtet;[49] nichts anderes kann gelten, wenn für die Forderung eine Hypothek bestellt wurde.[50] Allerdings erwirbt der Zessionar die Forderung und die Hypothek erst mit Entstehung der Forderung; zuvor besteht eine Eigentümergrundschuld.[51]

21 g) Auch die **vorläufige Eigentümergrundschuld** (§§ 1163 Abs. 1 S. 1, 1177 Abs. 1 BGB) kann abgetreten werden; die Briefübergabe kann dabei nach §§ 1154 Abs. 1 S. 1 Hs. 2, 1117 Abs. 1 S. 2, 931 BGB durch Abtretung des Herausgabeanspruchs gegen den eingetragenen Hypothekar ersetzt werden.[52]

3. Keine Geltung für Buchgrundpfandrechte

22 Für Buchgrundpfandrechte gilt Abs. 1 nicht, da hier die Eintragung der Abtretung im Grundbuch (als einzig denkbarer Publizitätsakt) Voraussetzung der Rechtsänderung ist (§§ 1154 Abs. 3, 873 Abs. 1 BGB), mithin gerade kein Fall der Grundbuchberichtigung vorliegt, der durch die Abtretungserklärung nachgewiesen werden kann.[53] Deshalb kann hier eine konstitutive Eintragung ausschließlich aufgrund einer Bewilligung nach § 19 GBO erfolgen.

II. Belastung von Briefrechten (Abs. 2, Fall 1)

1. Arten der Belastung

23 Die rechtsgeschäftliche Belastung eines Briefrechts kann nur in der Bestellung eines **Nießbrauchs** (§§ 1068 ff., 1030 ff. BGB) oder eines **Pfandrechts** (§§ 1273 ff. BGB) liegen.[54] Die gerichtliche Pfändung fällt nicht unter § 26 GBO,[55] denn § 1155 S. 2 BGB nennt schon nur den Überweisungsbeschluss (obwohl auch der Pfändungsbeschluss nach § 830 Abs. 1 S. 1 ZPO zu seiner Wirksamkeit nicht der Zustellung an den Drittschuldner bedarf[56]). Unabhängig davon besteht auch keine Rechtfertigung für eine entsprechende Anwendung für den Fall der gerichtlichen Pfändung (hierzu schon § 22 GBO Rdn 132, 136). Eine Berichtigung kann mit dem Pfändungsbeschluss nach § 22 Abs. 1 S. 1 GBO erfolgen, wobei zusätzlich nach §§ 41 Abs. 1 S. 1, 42 S. 1 GBO die Briefvorlage erforderlich ist.

2. Vornahme und vereinbarter Ausschluss der Belastung

24 Nießbrauchsbestellung und Verpfändung richten sich materiell-rechtlich nach den für die rechtsgeschäftliche Übertragung geltenden Vorschriften (§§ 1274 Abs. 1 S. 1 bzw. 1069 Abs. 1 BGB). Die Belastungsfähigkeit der hypothekarisch gesicherten Forderung kann wie ihre Abtretbarkeit rechtsgeschäftlich ausgeschlossen oder eingeschränkt werden (§ 399 Alt. 2 BGB); dies bedarf der Eintragung (siehe § 2 Einl. Rdn 112). Für **Grund-** oder **Rentenschulden** ist eine solche Möglichkeit dagegen nicht vorgesehen (vgl. Rdn 13).

3. Keine Geltung für Buchgrundpfandrechte

25 Für Buchgrundpfandrechte gilt Abs. 2 nicht, da auch für deren Belastung nach § 1274 Abs. 1 S. 1 BGB bzw. § 1069 Abs. 1 BGB i.V.m. §§ 1154 Abs. 3, 873 Abs. 1 BGB die Eintragung im Grundbuch **konstitutiv** ist; es liegt daher kein Fall der Grundbuchberichtigung aufgrund einer außerhalb des Grundbuchs entstandenen Belastung vor. Folglich bedarf es zur Vornahme dieser Eintragung einer Bewilligung nach § 19 GBO (Änderungsbewilligung).[57]

---

48 Grüneberg/*Herrler*, § 1113 Rn 9, 18.
49 Grüneberg/*Grüneberg*, § 398 Rn 11 ff. m.w.N.
50 Meikel/*Böttcher*, § 26 Rn 18; Güthe/Triebel, § 26 Rn 3.
51 RGZ 51, 43, 45; Meikel/*Böttcher*, § 26 Rn 19; Güthe/Triebel, § 26 Rn 3.
52 BGHZ 53, 60, 62 f. = NJW 1970, 322, 323; Grüneberg/*Herrler*, § 1163 Rn 8.
53 Meikel/*Böttcher*, § 26 Rn 6; Bauer/Schaub/*Schäfer*, § 26 Rn 7.
54 Meikel/*Böttcher*, § 26 Rn 23; Bauer/Schaub/*Schäfer*, § 26 Rn 22.
55 Meikel/*Böttcher*, § 26 Rn 22; Demharter, § 26 Rn 8; Güthe/Triebel, § 26 Rn 7; Bauer/Schaub/*Schäfer*, § 26 Rn 21.
56 *Demharter*, Anh. zu § 26 Rn 18; Zöller/*Herget*, § 830 Rn 4, 11.
57 Meikel/*Böttcher*, § 26 Rn 21; Bauer/Schaub/*Schäfer*, § 26 Rn 20.

III. Übertragung einer Forderung, für die ein eingetragenes Recht als Pfand haftet (Abs. 2, Fall 2)

1. Die erfassten Konstellationen

Die Regelung des Abs. 2, Fall 2 befasst sich nicht mit der Übertragung einer Forderung, für die eine Hypothek bestellt ist (das ist der Fall des Abs. 1, siehe Rdn 8 ff.), sondern behandelt in sich wiederum zwei hiervon abweichende Konstellationen, die praktisch nur ausgesprochen selten auftreten und daher ohne größerer Bedeutung bleiben.

Konstellation 1 Für eine weitere Forderung ist ein bestehendes verpfändbares oder pfändbares dingliches Recht oder eine hypothekarisch gesicherte Forderung an den Gläubiger der weiteren Forderung verpfändet oder durch ihn gepfändet (siehe Rdn 5).

Beispiel:

X hält gegen G eine Darlehensforderung in Höhe von 5.000 EUR. Zu Gunsten des G ist am Grundstück des E eine Grundschuld von 10.000 EUR eingetragen. G verpfändet nun an X zur Sicherung der Darlehensforderung seine bestehende Grundschuld am Grundstück des E:

Abzutretende Forderung

```
    X ─────────→ G
                 ↓ Grundschuld, verpfändet für Forderung des X
                 E
```

Die Abtretung der Darlehensforderung des X führt zugleich zum Übergang des Pfandrechts an der Grundschuld, § 401 Abs. 1 Alt. 3 BGB (siehe Rdn 33). Hier geht es also um die **unmittelbare Haftung des Grundstücksrechts** (hier: der Grundschuld).

Konstellation 2 Eine auf die im Fall (1) geschilderte Weise gesicherte Forderung ist zugunsten einer anderen Forderung verpfändet oder gepfändet (vgl. Rdn 4).

Beispiel:

Y hat gegen X eine titulierte Kaufpreisforderung von 3.000 EUR. X hat gegen G eine Darlehensforderung in Höhe von 5.000 EUR. G ist Inhaber einer Grundschuld in Höhe von 10.000 EUR am Grundstück des E. G hat wegen der Darlehensforderung des X diese Grundschuld am Grundstück des E an X verpfändet.

Abzutretende Forderung

```
    Y ─────────→ X → G
                     ↓ Grundschuld, verpfändet für Forderung des X
                     E
```

Y pfändet nun wegen seiner titulierten Forderung gegen X die Darlehensforderung des X gegen G. Das hierdurch entstehende Pfändungspfandrecht erstreckt sich auch auf das Pfandrecht an der Grundschuld. Eine mögliche Abtretung der titulierten Forderung des Y an einen Dritten führt zum Übergang des Pfandrechts an der Darlehensforderung des X und des dafür bestehenden Pfandrechts an der Grundschuld des G. Auch die titulierte Forderung des Y kann für eine weitere Forderung – etwa des Z als Gläubiger des Y – wiederum verpfändet oder gepfändet werden. Eine solche Kette kann unbegrenzt weitergeführt werden; die Abtretung einer Forderung der Kette führt dann immer zum gleichzeitigen Übergang aller „tieferen" Pfandrechte bis hinunter zum Pfandrecht am Grundstücksrecht (vgl. Rdn 5, 33).[58] Hier geht es mithin um die **mittelbare Haftung des Grundstücksrechts**.

---

58 *Güthe/Triebel*, § 26 Rn 9.

2. Als Pfandobjekt geeignete Grundstücksrechte, Grundlage der Pfandhaftung

29 Das von der Übertragung betroffene Pfandrecht an dem im Grundbuch eingetragenen Recht kann ursprünglich entweder rechtsgeschäftlich – durch **Verpfändung** nach §§ 1273 ff. BGB – oder im Wege der Zwangsvollstreckung – durch **Pfändung** (§§ 857 Abs. 3, 6, 828 ff. ZPO) – begründet worden sein, wobei die zuletzt genannte Möglichkeit einen wesentlich größeren Anwendungsbereich hat (siehe unten Rdn 31). Sonstige Belastungen des Grundstücksrechts, insbesondere durch einen Nießbrauch, sind nicht von Abs. 2, Fall 2 (und 3) erfasst, da – abgesehen vom Wortlaut („als Pfand haftet") – allein das Pfandrecht die notwendige Akzessorietät bzw. Übertragbarkeit aufweist (vgl. Rdn 33).[59]

30 **Verpfändet** und gepfändet werden können nur die Rechte, welche rechtsgeschäftlich übertragen werden können (§ 1274 Abs. 2 BGB, § 851 Abs. 1 ZPO). Dies trifft (siehe zu Unzulässigkeit beschränkender Abreden Rdn 13) auf alle Grundpfandrechte, die subjektiv-persönlichen Reallasten (§ 1111 BGB)[60] sowie auf die Dauerwohn- und Dauernutzungsrechte (§ 33 Abs. 1 WEG) zu, weiter auf subjektiv-persönliche Vorkaufsrechte, soweit deren Übertragbarkeit besonders vereinbart wurde.[61]

31 Nicht verpfändet, aber **gepfändet** werden können ferner alle vorgenannten Rechte, bei denen der Ausschluss der Übertragung rechtsgeschäftlich vereinbart wurde (§ 851 Abs. 2 ZPO) und aufgrund der Regelung des § 857 Abs. 3 ZPO zusätzlich Rechte, die zwar nicht übertragbar sind, deren Ausübung jedoch einem Dritten überlassen werden kann. Letzteres trifft auf den Nießbrauch (§ 1059 BGB) und – sofern die Überlassung der Ausübung dort im Einzelfall gestattet ist – auch auf beschränkte persönliche Dienstbarkeiten (§ 1092 Abs. 1 BGB, praktisch insbesondere Wohnungsrechte) zu.[62] Weder verpfändet noch gepfändet werden können dagegen – mangels rechtlicher Selbstständigkeit (§ 96 BGB) – alle subjektiv-dinglichen Rechte, z.B. Grunddienstbarkeiten, ebenso wenig Sondernutzungsrechte des WEG.

32 Wurde das Pfandrecht einmal – rechtsgeschäftlich oder durch Pfändung – begründet, so erfasst die spätere Verpfändung der hierdurch gesicherten Forderung ohne weiteres auch das Pfandrecht, ohne dass es auf dessen Natur ankäme.

3. Die Abtretung und ihre Folgen

33 Bei Abtretung der Forderung, für die ein Grundstücksrecht (bzw. eine hypothekarisch gesicherte Forderung) gepfändet oder verpfändet wurde, geht das Pfandrecht am Grundstücksrecht nach §§ 401 Abs. 1, 1273 Abs. 2 S. 1, 1250 Abs. 1 S. 1 BGB mit über. Auch der Zessionar einer Forderung der geschilderten Kette (vgl. Rdn 28, 33) erwirbt die „untergeordneten" Pfandrechte bis hinunter zum Pfandrecht am Grundstücksrecht. Das geschieht außerhalb des Grundbuchs. Wegen der Mitwirkungsrechte des Pfandgläubigers nach § 1276 BGB kann die Pfandhaftung des Rechts selbst (siehe Rdn 33) und auch jeder Wechsel in der Person des Pfandrechtsinhabers im Grundbuch eingetragen werden; die Berichtigung hat aber nicht die Wirkung, dass der öffentliche Glaube des Grundbuchs auf das Bestehen der Forderung oder die Person des Forderungsberechtigten erstreckt wird.[63]

IV. Belastung einer Forderung, für die ein eingetragenes Recht als Pfand haftet (Abs. 2, Fall 3)

1. Zulässige Arten der Belastung

34 In dem von Abs. 2, Fall 3 geregelten Sachverhalt geht es um die Belastung einer Forderung, zu deren Sicherheit ein Grundstücksrecht in der von Abs. 2, Fall 2 erfassten Weise bestellt ist (vgl. Rdn 28). Die Eintragungsfähigkeit der Belastung mit einem rechtsgeschäftlichen oder durch Pfändung erlangten Pfand-

---

59 Meikel/*Böttcher*, § 26 Rn 24; Bauer/Schaub/*Schäfer*, § 26 Rn 29.
60 Vgl. Grüneberg/*Herrler*; § 1111 Rn 2; Bauer/Schaub/*Schäfer*, § 26 Rn 30.
61 BGHZ 154, 64, 68 = NJW 2003, 1858, 1859: Dagegen führt es nicht zur Pfändbarkeit des Vorkaufsrechts, wenn dessen Übertragbarkeit allein darauf beruht, dass es einer juristischen Person oder einer rechtsfähigen Personengesellschaft zusteht, siehe §§ 1098 Abs. 3, 1059a, 1059b BGB. Hinsichtlich der Vereinbarung der Übertragbarkeit halten *Schöner/Stöber*, Rn 1428 unter Bezugnahme auf OLG Düsseldorf Rpfleger 1967, 13 die Eintragung dieser Vereinbarung im Grundbuch für erforderlich.
62 Vgl. Musielak/Voit/*Flockenhaus*, § 857 Rn 14 f.; MüKo-ZPO/*Smid*, § 857 Rn 17.
63 Meikel/*Böttcher*, § 26 Rn 26; Bauer/Schaub/*Schäfer*, § 26 Rn 32.

recht folgt aus den Mitwirkungserfordernissen des Pfandgläubigers nach § 1276 BGB, die sich auch auf das im Grundbuch eingetragene Grundstücksrecht beziehen, da dieses ebenfalls mit einem Pfandrecht belastet ist.

Außer mit einem Pfandrecht kann eine Forderung, für die eine (mittelbares) Pfandrecht an einem Grundstücksrecht besteht, auch mit einem Nießbrauch belastet werden (§ 1068 Abs. 1 BGB). Diese Belastung bildet aber ihrerseits stets das Ende der Kette, da der Nießbrauch nicht übertragen und belastet werden kann (§§ 1274 Abs. 2, 1059 BGB). Auch beim Nießbrauch gibt es aber – nach § 1071 BGB – Mitwirkungserfordernisse des Nießbrauchers im Sinne des § 876 S. 1 BGB. Da diese ebenfalls auch auf das Grundstücksrecht durchgreifen, kann die Bestellung des Nießbrauchs seinerseits wiederum im Grundbuch eingetragen werden. Das Grundstücksrecht selbst kann nur mit einem Pfandrecht belastet sein, da nur dieses die notwendige Akzessorietät aufweist (siehe Rdn 29).

2. Form

Die Bestellung des Nießbrauchs oder des Pfandrechts an der Forderung erfolgen gem. § 1069 Abs. 1 BGB bzw. § 1274 Abs. 1 S. 1 BGB nach den für die Übertragung der Forderung geltenden Vorschriften, d.h. materiell-rechtlich formlos entsprechend § 398 BGB (zu den Formanforderungen im Grundbuchverfahren siehe Rdn 44 f.).

C. Die Erklärung über die Abtretung oder Belastung

I. Rechtsnatur

1. Materiell-rechtliche Funktion und Funktion für den öffentlichen Glauben

Im Gegensatz zur rein verfahrensrechtlichen Bewilligung des § 19 GBO handelt es sich bei der in § 26 GBO in den Blick genommenen Erklärung um die **empfangsbedürftige, materiell-rechtliche Abtretungs- oder Belastungserklärung** des Rechtsinhabers oder desjenigen, der anstelle des Rechtsinhabers verfügungsbefugt ist.[64] Für sie sollen nach der Ansicht des BGH neben den Vorschriften des materiellen Rechts besondere Grundsätze und Mindestanforderungen gelten, weil sie geeignet sein muss, den öffentlichen Glauben des Grundbuchs zu ersetzen (§ 1155 BGB).[65]

Eine Trennung zwischen der „Transportfunktion" (als materielle Erklärung) und der „Gutglaubensfunktion" (oder „Öffentlichen-Glaubens-Funktion", siehe § 1 Einl. Rdn 12) der Abtretungserklärung kann nach Ansicht des BGH nicht erfolgen. Das ist fraglich, da nach § 1154 Abs. 1 S. 1 Hs. 1 BGB die privatschriftliche Abtretungserklärung zwar für den Eintritt der Rechtsänderung genügt, aber für sich genommen gerade keinen öffentlichen Glauben besitzt, der Anlass für die Erhöhung der inhaltlichen Anforderungen mithin erst dann eintritt, wenn die Abtretungserklärung auch die Aufgabe des Trägers des öffentlichen Glaubens übernehmen soll. Der BGH leitet den Ansatz, dass schon für die schriftliche Erklärung dieselben Anforderungen gelten sollen, daraus her, dass ein Anspruch auf öffentliche Beglaubigung der Abtretungserklärung besteht.[66] Diese Argumentation berücksichtigt aber nicht, dass eben schon die bloß schriftliche Erklärung das Recht (bei der Hypothek mit der Forderung das Recht) überträgt (wenn sie angenommen und der Brief übergeben wurde), ohne dass sich die Frage nach dem öffentlichen Glauben (§ 1155 S. 1 BGB) überhaupt stellt.

Es kann daher für die Wirksamkeit der materiell-rechtlichen Abtretung allein darauf ankommen, dass die Vorgaben des materiellen Rechts über die Abtretung eingehalten sind. Dies ergibt sich schon daraus, dass richtigerweise auch eine Abtretung unter einer Bedingung oder Befristung zulässig ist, unabhängig davon, ob der Nachweis über den Eintritt gegenüber dem Grundbuchamt gelingt (siehe Rdn 17 f.). Dabei ist jedoch zu bedenken, dass es sich bei der Abtretung gleichwohl um eine Verfügung handelt,[67] so

---

64 Meikel/*Böttcher*, § 26 Rn 36; Bauer/Schaub/*Schäfer*, § 26 Rn 34.
65 BGH Rpfleger 1974, 351 = BeckRS 1974, 31124044; Rpfleger 1989, 449 = DNotZ 1990, 737, 738; Rpfleger, 1992, 99 = MittBayNot 1991, 254 (da die schriftliche Abtretungserklärung die Grundbucheintragung ersetzt, müssen die Erklärung der Abtretung sowie die Bezeichnung der Grundschuld, des Zedenten und des Zessionars darin selbst enthalten sein); NJW-RR 1997, 910 = Rpfleger 1997, 255.
66 BGH Rpfleger 1989, 449 = DNotZ 1990, 737, 738.
67 Staudinger/*Busche*, § 398 Rn 1; MüKo-BGB/*Kieninger*, § 398 Rn 2; BeckOGK BGB/*Lieder*, § 398 Rn 1; *Lieder*, Die rechtsgeschäftliche Sukzession, 2015, 112.

dass auch insoweit die sachenrechtlichen Grundsätze über die Bestimmtheit Anwendung finden. Vor diesem Hintergrund dürfte anzunehmen sein, dass sich in der Praxis keine divergierenden Beurteilungen zwischen der Zulässigkeit zum Grundbuchverkehr und der als materielle Erklärung ergeben. So geht der BGH bereits für das materielle Recht davon aus, dass sich die Bestimmbarkeit aus tatsächlichen Gründen ergeben muss und daher eine Unterscheidung allein nach rechtlichen Aspekten unzulässig ist.[68] Wird jedoch der sachenrechtliche Bestimmtheitsgrundsatz gewahrt, ist materiell-rechtlich die Übertragung jedenfalls wirksam, auch wenn im Einzelfall die Urkunde aus Sicht des Grundbuchamts nicht ausreichend bestimmbar ist. Es gelten insoweit keine anderen Grundsätze als bei einer Bedingung oder Befristung (siehe Rdn 17 f.). Es besteht allerdings ein Anspruch gegen den vormaligen Anspruchsinhaber darauf, eine entsprechende Erklärung auszustellen oder an dieser mitzuwirken, um die Eintragungsfähigkeit im Grundbuch sicherzustellen.[69]

2. Unmittelbare Anwendung der Vorschriften über Willenserklärungen

40 Da die Erklärung über die Abtretung materiell-rechtlicher Natur ist, sind die Vorschriften des BGB über Willenserklärungen, insbesondere auch §§ 130 ff. BGB, unmittelbar anwendbar. Die Erklärung bedarf zu ihrer Wirksamkeit nur der Schriftform (§ 126 BGB), auch soweit daran wegen § 29 Abs. 1 S. 1 GBO ihre Verwendung im Grundbuchverfahren scheitert (siehe dazu Rdn 42 ff.). Die korrespondierende Erklärung des Zessionars oder Pfandrechts- oder Nießbrauchserwerbers ist formlos möglich, ihren Nachweis im Grundbuchverfahren verlangt § 26 GBO überhaupt nicht.[70] Infolgedessen unterliegt die Erklärung denselben Wirksamkeitsvoraussetzungen wie jede andere Willenserklärung, so dass sie infolge einer gesetzlichen Anordnung oder aufgrund wirksamer Anfechtung nichtig sein kann.

3. Kein verfahrensrechtlicher Charakter der Abtretungs- bzw. Belastungserklärung

41 Soweit die Abtretungs- oder Belastungserklärung nach § 26 GBO als Grundlage der Grundbuchberichtigung dient, erwirbt sie dadurch gleichwohl **nicht** zusätzlich **den Charakter einer verfahrensrechtlichen Erklärung**.[71] Bei Eintragungen nach § 26 GBO handelt es sich vielmehr um die Berichtigung des Grundbuchs aufgrund eines vereinfachten Unrichtigkeitsnachweises (siehe Rdn 2, § 22 GBO Rdn 1). Die Abtretungs- oder Belastungserklärung zusätzlich als Grundbucherklärung zu qualifizieren, hieße, sie wie eine Berichtigungsbewilligung zu behandeln. Dies ist aber dieser Stelle ebenso wenig angezeigt wie im Rahmen des § 22 Abs. 1 GBO, weshalb nicht dieselben Anforderungen zu stellen sind, die für die verfahrensrechtliche Bewilligung gelten (siehe zu Bedingung und Befristung § 2 Einl. Rdn 116, 118).

II. Voraussetzungen der Verwendbarkeit der Erklärung im Grundbuchverfahren

42 Dass die Abtretungs- oder Belastungserklärung nach hier vertretener Ansicht keine verfahrensrechtliche Erklärung darstellt, ändert aber nichts daran, dass sie dennoch die grundbuchrechtlichen Anforderungen zu erfüllen hat, um als Eintragungsgrundlage verwendbar zu sein. § 26 GBO ordnet lediglich an, dass die materiell-rechtliche Erklärung des Verfügenden einen geeigneten **Unrichtigkeitsnachweis** darstellt, enthält aber keine weitergehenden Erleichterungen. Wie bei jedem anderen Unrichtigkeitsnachweis muss die Grundbuchunrichtigkeit und der geltende Zustand durch die eingereichten Unterlagen hinreichend klar nachgewiesen sein (siehe § 22 GBO Rdn 171). Die Erleichterung gegenüber § 22 GBO besteht ausschließlich darin, dass der Nachweis der Abgabe der Übertragungs- oder Belastungserklärung durch den Berechtigten ausreicht (vgl. Rdn 2). Dabei sind immer auch die Formerfordernisse des § 29 Abs. 1 GBO (vgl. Rdn 44 f.) zu wahren. Sind die Anforderungen an die Form und den Inhalt des Nachweises nicht erfüllt, muss das Grundbuchamt, ungeachtet der materiellen Wirksamkeit, die Eintragung ablehnen.[72] Nicht notwendigerweise muss die Erklärung aber unbedingt abgegeben werden, da es sich um eine materielle Erklärung und nicht um eine verfahrensrechtliche Bewilligung handelt. Zu den Anforderungen an Form und Inhalt siehe Rdn 44 f.

---

68 BGH NJW 2023, 1053, 1054 f.
69 BGH Rpfleger 1989, 449 = DNotZ 1990, 737, 738.
70 OLG Brandenburg NotBZ 2008, 419; Bauer/Schaub/*Schäfer*, § 26 Rn 2, 36, 63.
71 A.A. die h.M.: Meikel/*Böttcher*, § 26 Rn 36; Bauer/Schaub/*Schäfer*, § 26 Rn 35; wohl auch BeckOK GBO/*Holzer*, § 26 Rn 39.
72 Ebenso: Meikel/*Böttcher*, § 26 Rn 35.

Erfüllt die Erklärung nicht die erforderlichen verfahrensrechtlichen Voraussetzungen, hat der neue materiell-rechtliche Gläubiger gegen den Zedenten einen aus § 403 S. 1 BGB erwachsenden Anspruch auf Abgabe einer § 29 Abs. 1 S. 1 GBO entsprechenden Erklärung;[73] dies erfolgt gem. § 1154 Abs. 1 S. 2 BGB (abweichend von § 403 S. 2 BGB) auf Kosten des Zedenten.[74] Die §§ 403 S. 1, 1154 Abs. 1 S. 2 BGB sprechen zwar wörtlich nur von der öffentlichen Beglaubigung, Sinn und Zweck aber ist neben der Herbeiführung der Wirkungen des § 1155 BGB[75] auch die Schaffung einer Eintragungsgrundlage nach Maßgabe des § 29 Abs. 1 S. 1 GBO, so dass sich der Anspruch auch auf die inhaltlichen Mindestanforderungen für die Verwendbarkeit beim Grundbuchamt zumindest in analoger Anwendung der Vorschrift erstreckt.[76]

III. Form der Erklärung

Die Abtretungs- oder Belastungserklärung bedarf wegen des **§ 29 Abs. 1 S. 1 GBO zumindest der öffentlichen Beglaubigung**, auch wenn materiell-rechtlich nur die Schriftform erforderlich ist.[77] Die privatschriftliche Erklärung kann aber jederzeit nachträglich in die öffentlich beglaubigte Form überführt werden, da die Anerkennung der Unterschrift vor dem Notar für eine notarielle Beglaubigung ausreicht (§ 129 Abs. 1 BGB, § 40 Abs. 1 BeurkG).[78]

Der Anspruch des Zessionars nach §§ 403 S. 1, 1154 Abs. 1 S. 2 BGB auf Abgabe einer formgerechten Erklärung (siehe Rdn 43) muss ggf. im Klageweg durchgesetzt werden. Die Klage muss aber darauf lauten, „die Erklärung in grundbuchmäßiger Form zu wiederholen" oder „die am Schluss der Abtretungs- bzw. Belastungserklärung vom [Datum] befindliche Unterschrift als echt anzuerkennen". Wird eine entsprechende Entscheidung rechtskräftig, so gelten die Erklärungen, zu denen verurteilt wurde, nach § 894 ZPO als abgegeben, Im ersteren Fall ersetzt dies die gesamte Erklärung einschließlich des Beglaubigungsvermerks,[79] während im zweiten Fall hierdurch die Erklärung der Anerkennung in öffentlicher Form erreicht wird. Zur Eintragung ist im ersten Fall allein das Urteil ausreichend, wenn sich aus ihm der Inhalt der zu erfolgenden Eintragung ergibt, im zweiten Fall müssen die Originalerklärung und das Urteil eingereicht werden.[80] Nicht ausreichend für eine unmittelbare Eintragung ist hingegen die bloße Verurteilung dazu, „die Erklärung beglaubigen zu lassen". Die so titulierte Verpflichtung wäre als nicht vertretbare Handlung zunächst nach § 888 ZPO zu vollstrecken, um die Eintragung zu erreichen. Mit dem Urteil selbst kann dies daher nicht gelingen.[81]

IV. Inhalt der Erklärung

1. Grundsätzliches

Die von § 26 GBO in den Blick genommene Erklärung ist ihrerseits eine rein materiell-rechtliche Erklärung und unterliegt in der Konsequenz auch hinsichtlich ihres Inhalts allein den Vorgaben des materiellen Rechts (vgl. Rdn 37).[82] Insbesondere sind deshalb die Vorgaben, die für Bewilligungen gelten, nicht auf die Abtretungserklärung anzuwenden,[83] so dass es unschädlich ist, wenn die dort abgegebenen Willenserklärungen unter einer Befristung oder einer Bedingung stehen. Ebenso sind hinsichtlich der Bestimmtheit für die Wirksamkeit der Erklärung lediglich die Anforderungen des materiellen Rechts einzuhalten, ungeachtet der Voraussetzungen, die zur Eintragung im Grundbuch gewahrt sein müssen. Dies folgt bereits daraus, dass es sich bei der durch § 26 GBO ermöglichten Eintragung im Grundbuch nicht um eine

---

73 BGH DNotZ 1990, 737.
74 Siehe auch: OLG Frankfurt Rpfleger 1976, 183.
75 Staudinger/*Wolfsteiner*, § 1154 Rn 45.
76 Vgl. auch Meikel/*Böttcher*, § 26 Rn 35.
77 OLG Brandenburg NotBZ 2008, 419; Meikel/*Böttcher*, § 26 Rn 37; *Demharter*, § 26 Rn 15; Bauer/Schaub/*Schäfer*, § 26 Rn 58.
78 Siehe MüKo-BGB/*Einsele*, § 129 Rn 3.
79 KG JW 1935, 1185: Die Erklärung, zu deren Abgabe der Betroffene verurteilt ist, wird im grundbuchlichen Eintragungsverfahren so behandelt wie eine in öffentlicher Urkunde abgegebene Erklärung.
80 Siehe dazu auch Meikel/*Böttcher*, § 26 Rn 37; Bauer/Schaub/*Schäfer*, § 26 Rn 58.
81 RGZ 115, 303, 310; BayObLG JW 1934, 2247; BayObLGZ 1997, 88, 91 f. = Rpfleger 1997, 314; OLG Brandenburg NotBZ 2008, 419 = BeckRS 2008, 25061; Meikel/*Böttcher*, § 26 Rn 37; *Demharter*, § 26 Rn 15; Bauer/Schaub/*Schäfer*, § 26 Rn 58.
82 Anders aber die überwiegende Ansicht: Meikel/*Böttcher*, § 26 Rn 39; Bauer/Schaub/*Schäfer*, § 26 Rn 38; BeckOK GBO/*Holzer*, § 26 Rn 35 ff.
83 So aber Meikel/*Böttcher*, § 26 Rn 39; Bauer/Schaub/*Schäfer*, § 26 Rn 38; BeckOK GBO/*Holzer*, § 26 Rn 35 ff.

solche aufgrund einer entsprechenden Bewilligung handelt, sondern um eine (erleichterte) Form der Grundbuchberichtigung nach einem außerhalb des Grundbuchs bewirkten Wechsel der Rechtsinhaberschaft.

47 Um jedoch im Grundbuchverfahren verwendbar zu sein, muss die von § 26 GBO vorausgesetzte Abtretungserklärung den Anforderungen des § 29 GBO genügen. Daher können für die Eintragung die materiell-rechtlich weitgehenden Auslegungsmöglichkeiten nicht in gleichem Umfang im Rahmen des Grundbuchverfahrens Anwendung finden. Die Erklärung muss deshalb grundsätzlich aus sich selbst heraus allen Anforderungen für eine Eintragung (vgl. auch näher Rdn 48 ff.) genügen. Umstände außerhalb der Urkunde sind für die Auslegung nur ausnahmsweise verwendbar, soweit sie nach den besonderen Verhältnissen des Einzelfalls für jeden am Rechtsverkehr beteiligten Dritten ohne weiteres erkennbar sind.[84] Zur Beseitigung bloßer Unklarheiten (insbesondere hinsichtlich der Person des Zessionars) kann aber auch auf außerhalb der Urkunde liegende Umstände zurückgegriffen werden.[85] Der Grundpfandrechtsbrief kann nur herangezogen werden, wenn er ausnahmsweise mit der Abtretungserklärung zu einer einheitlichen Urkunde verbunden ist.[86] Die Annahmeerklärung des Abtretungsempfängers soll nicht zur Auslegung der Erklärung des Zedenten herangezogen werden können, weil es nur auf die Abtretungserklärung ankomme, für die das Formerfordernis besteht.[87]

2. Inhalt der Erklärung im Einzelnen

48 Aus den vorstehend dargestellten Grundsätzen ergeben sich für den notwendigen Inhalt der Abtretungserklärung die nachfolgenden Mindestanforderungen, um eine Verwendbarkeit innerhalb des Grundbuchverfahrens sicherzustellen und die Eintragung der Abtretung zu ermöglichen.

49 a) Der **Verfügende** muss erkennbar sein, bei mehreren Abtretungen gilt dies für jede Rechtsübertragung.

50 b) Gleiches gilt für die Person des **Abtretungsempfängers** oder des **Erwerbers des Pfandrechts oder des Nießbrauchs**; bei mehreren Abtretungen gilt dies für jede Rechtsübertragung. Eine **Blankoabtretung** ist weder wirksam noch eintragungsfähig,[88] sie wird erst mit dem Ausfüllen der Urkunde durch einen hierzu Ermächtigten ex nunc wirksam.[89] Ferner geht die überwiegende Ansicht davon aus, es seien zwingend auch sämtliche zur Bezeichnung des Berechtigten im Grundbuch (**§ 15 Abs. 1 GBV**) notwendigen Daten anzugeben.[90] Dass das Grundbuchamt diese Informationen benötigt, zeigt bereits § 15 Abs. 1 GBV, da andernfalls die von dieser Vorschrift geforderte Eintragung nicht möglich ist. Allerdings lässt sich weder § 26 GBO noch § 15 Abs. 1 GBV eine Vorgabe dahingehend entnehmen, dass die zur Eintragung erforderlichen Daten notwendigerweise in der Abtretungserklärung enthalten sein müssen. Insoweit ist lediglich erforderlich, dass die Bezeichnung des Gläubigers so konkret in der Abtretungserklärung aufgenommen ist, dass Zweifel hinsichtlich seiner Identität nicht auftreten können. Ist dies aber gewahrt, so kann das Grundbuchamt zwar die Überlassung der entsprechenden Daten verlangen, um die Eintragung § 15 Abs. 1 GBV entsprechend vornehmen zu können, es kann allerdings nicht verlangt werden, dass diese Daten unmittelbar auch in der Abtretungsurkunde enthalten sind. Es ist in der Konsequenz ebenfalls zulässig, dass die Daten in einem anderen Medium, insbesondere in einem Anschreiben des Notars, an das Grundbuchamt übermittelt werden.[91]

---

84 BGH Rpfleger 1969, 202, 203 m. Anm. *Stöber*; Rpfleger 1974, 351 = BeckRS 1974, 31124044; *Demharter*, § 26 Rn 17.
85 BGH Rpfleger 1989, 449 = DNotZ 1990, 737; NJW-RR 1997, 910 = Rpfleger 1997, 255; *Demharter*, § 26 Rn 17.
86 BGH Rpfleger 1974, 351 = BeckRS 1974, 31124044; siehe auch: BGHZ 40, 255, 262 = NJW 1964, 395 (zur Bezugnahme von weiteren, nicht von den Parteien unterzeichneten Urkunden in einem Mietvertrag).
87 BGH Rpfleger 1974, 351 = BeckRS 1974, 31124044.
88 RGZ 63, 230, 233 f. = *Demharter*, § 26 Rn 22; Meikel/Böttcher, § 26 Rn 61; Bauer/Schaub/*Schäfer*, § 26 Rn 46;

Schöner/Stöber, Rn 2385; Staudinger/*Wolfsteiner*, § 1154 Rn 42.
89 BGHZ 22, 128, 132 = NJW 1957, 137; *Demharter*, § 26 Rn 22; Bauer/Schaub/*Schäfer*, § 26 Rn 46; Schöner/Stöber, Rn 2385; Staudinger/*Wolfsteiner*, § 1154 Rn 43.
90 So aber die h.M.: OLG München FGPrax 2014, 156 = NotBZ 2014, 343; Meikel/*Böttcher*, § 26 Rn 61; *Demharter*, § 26 Rn 22; Bauer/Schaub/*Schäfer*, § 26 Rn 46; diff. hingegen: Staudinger/*Wolfsteiner*, § 1154 Rn 37.
91 Insoweit unklar OLG München FGPrax 2014, 156 = NotBZ 2014, 343; Meikel/*Böttcher*, § 26 Rn 61; *Demharter*, § 26 Rn 22; Bauer/Schaub/*Schäfer*, § 26 Rn 46.

c) Der **Wille** des Verfügenden, das Grundpfandrecht (bzw. bei der Hypothek: die gesicherte Forderung[92]) oder die Forderung **zu übertragen** bzw. **zu belasten**, muss sich unzweifelhaft aus der Urkunde ergeben, wobei allerdings eine Auslegung dennoch zulässig ist. Als Nachweis im Sinne des § 26 GBO unbrauchbar ist daher die bloße (Wissens-)Erklärung des eingetragenen Gläubigers gegenüber einem Dritten, dass er das Grundpfandrecht abgetreten habe.[93] Ebenso scheidet eine analoge Anwendung der Norm aus, weil die bloße Wissenserklärung mit einer Willenserklärung nicht vergleichbar ist. Sie ist regelmäßig deshalb auch keine Bewilligung der Eintragung, da auch hierfür ein entsprechendes Willenselement erforderlich ist, dass der Wissenserklärung grundsätzlich fehlt. Nicht erforderlich ist demgegenüber die Verwendung der rechtlich korrekten Begriffe, solange nur das Gewollte klar erkennbar ist, z.B. ist es ohne weiteres ausreichend, wenn die Abtretung „des Briefs" erklärt wird.[94]

51

Eine **Vereinbarung in der Erklärung**, die **die Grundbucheintragung** der Belastung oder Abtretung **ausschließt**, soll nach teilweise vertretener Ansicht materiell-rechtlich die Wirksamkeit der Verfügung zwar nicht verhindern, einer Grundbuchberichtigung aber gleichwohl im Wege stehen.[95] Dies vermag aber nicht zu überzeugen. Die Auffassung ist daher ebenso wie die Auffassung, die Abtretungserklärung müsse unbedingt und unbefristet erfolgen (Rdn 17), abzulehnen. Bei der von § 26 GBO in den Blick genommenen Abtretungserklärung handelt es sich um eine rein materiell-rechtliche Erklärung, die lediglich als Nachweismittel zur Darlegung einer bestehenden Grundbuchunrichtigkeit dient. Durch die Eintragung im Grundbuch wird lediglich die materiell-rechtlich bereits bestehende Lage nachvollzogen und der im Grundbuch verlautbarte unzutreffende Zustand berichtigt. Infolgedessen können die Beteiligten nicht mit Wirkung gegenüber dem Grundbuchamt vereinbaren, dass die Verwendung der Urkunde im Grundbuchverfahren zur Beseitigung einer bestehenden Grundbuchunrichtigkeit nicht verwendet werden darf, sondern eine derartige Abrede hat bestenfalls schuldrechtlichen Charakter und damit Bedeutung lediglich inter partes. Von Relevanz für die Eintragung im Grundbuch ist eine derartige Bestimmung nur dann, wenn sie dazu führt, dass auch materiell-rechtlich die Abtretung nicht wirksam ist, weil dann der Rechtsübergang außerhalb des Grundbuchs nicht erfolgt und daher eine Berichtigung des Grundbuchs nicht möglich ist. Erweist sich allerdings die Abtretung materiell-rechtlich als wirksam, kann die Abtretungserklärung auch dann nach § 26 Abs. 1 GBO zur Grundbuchberichtigung verwendet werden, wenn eine solche Verwendung im Text der Abtretungserklärung ausgeschlossen wird, da der Erklärende insoweit nicht zur Disposition befugt ist.

52

Eine **Bedingtheit oder Befristung** der Verfügungs- oder Belastungserklärung **hindert** entgegen einer verbreiteten Ansicht[96] **ihre Verwertbarkeit** für die Grundbuchberichtigung **nicht** (vgl. Rdn 17). Die Verfügungs- oder Belastungserklärung ist ein Unrichtigkeitsnachweis und keine formell-rechtliche Berichtigungsbewilligung (siehe Rdn 41), an die strengere Anforderungen zu stellen und die insbesondere bedingungs- und befristungsfeindlich wären. Vielmehr ist für § 26 GBO die materiell-rechtlich wirksame Erklärung ausreichend. Da materiell-rechtlich die Abtretung unter einer Bedingung oder Befristung erfolgen kann (siehe § 2 Einl. Rdn 116, 118),[97] muss dies auch für die grundsätzliche Verwendbarkeit der materiellen Erklärung im Grundbuchverfahren gelten; erforderlich ist insoweit nur, dass der Eintritt der Bedingung objektiv bestimmbar und dem Grundbuchamt in der Form des § 29 GBO nachweisbar ist.[98] Vor diesem Hintergrund kann es auch nicht darauf ankommen, dass dem Grundbuchamt eine unbedingte oder unbefristete Bewilligung im Sinne des § 19 GBO vorgelegt wird.[99] Zwar ist es ebenfalls möglich, die Berichtigung aufgrund einer entsprechenden Bewilligung vorzunehmen, § 26 Abs. 1 GBO fordert dies aber gerade nicht, sondern beabsichtigt, einen vereinfachten Unrichtigkeitsnachweis zu gestatten (Rdn 1 ff.).

53

---

92 Insoweit ist allerdings eine Falschbezeichnung als „Abtretung der Hypothek" regelmäßig unschädlich: Meikel/*Böttcher*, § 26 Rn 45; Bauer/Schaub/*Schäfer*, § 26 Rn 43.
93 OLG München NotBZ 2014, 306: Die Bekundung als Wissenserklärung hält nur eine frühere rechtsgeschäftliche Erklärung fest, stellt sie aber nicht selbst dar und lässt sich auch nicht als deren erneute rechtsgeschäftliche Bestätigung interpretieren.
94 Meikel/*Böttcher*, § 26 Rn 41.
95 Meikel/*Böttcher*, § 26 Rn 42; Bauer/Schaub/*Schäfer*, § 26 Rn 45.
96 RG JW 1931, 2695, 2696; Meikel/*Böttcher*, § 26 Rn 14; Demharter, § 26 Rn 18; Bauer/Schaub/*Schäfer*, § 26 Rn 13.
97 RGZ 90, 273, 276 f.; Meikel/*Böttcher*, § 26 Rn 14; *Demharter*, § 26 Rn 6; Bauer/Schaub/*Schäfer*, § 26 Rn 13; Schöner/Stöber, Rn 2394a, 2395a.
98 Siehe auch: OLG Frankfurt DNotZ 1993, 610, 611 = Rpfleger 1993, 331.
99 So aber Meikel/*Böttcher*, § 26 Rn 43.

54 Damit die Eintragung der Abtretung und damit der Übergang des dinglichen Rechts im Grundbuch ohne weiteres vollzogen werden kann, muss der Eintritt der Bedingung dem Grundbuchamt in der Form des § 29 GBO nachgewiesen werden (vgl. Rdn 18). Kann dies allerdings nicht geschehen oder ist der Bedingungseintritt bislang nicht erfolgt, kann jedoch auch eine Eintragung der aufschiebend oder auflösend bedingten oder befristeten Abtretung erfolgen.[100] Dass Rechte unter einer aufschiebenden oder einer auflösenden Bedingung oder Befristung in das Grundbuch aufgenommen werden können, ist unstreitig. Ebenso ist es zulässig, beispielsweise bedingte oder befristete Abtretungen von Ansprüchen bei der Vormerkung zu vermerken.[101] Infolgedessen kann nichts anderes für die bedingte oder befristete Abtretung einer hypothekarisch gesicherten Forderung oder einer Grundschuld gelten.[102] Ist der Eintritt der Bedingung mithin gegenüber dem Grundbuchamt nicht formgerecht nachweisbar, die bedingte Abtretung dagegen unzweifelhaft, so ist das Grundbuch lediglich insoweit zu berichtigen, als die bedingte oder befristete Abtretung eingetragen wird. Dem steht auch der Grundsatz, dass das Grundbuch durch eine Berichtigung nicht auf andere Weise falsch werden darf (vgl. § 22 GBO Rdn 1 ff.), nicht entgegen. Die bedingte oder befristete Abtretung des Anspruchs oder des Rechts ist in jedem Fall korrekt, da dies auch dann zutrifft, wenn die Bedingung tatsächlich bereits eingetreten ist. Die Eintragung wäre nur insoweit unzutreffend, als die Bedingung bereits sicher ausgefallen ist, wobei allerdings der Nachweis, dass dies nicht geschehen ist, als negative Tatsache ohnehin nicht in der Form des § 29 GBO erfolgen kann (vgl. Rdn 18).

55 d) Im Anwendungsbereich des Abs. 2, Fall 2 und Fall 3 muss die übertragene oder belastete **Forderung** hinreichend **klar bezeichnet** werden. Bei der Übertragung oder Belastung einer **hypothekarisch gesicherten Forderung** oder einer **Grund- oder Rentenschuld** (Abs. 1 oder Abs. 2, Fall 1) sind mithin **folgende Angaben** (zu den **Nebenleistungen** siehe Rdn 59) erforderlich:[103]

– der **Nominalbetrag**, bei einer Teilabtretung die zweifelsfreie Bezeichnung, welcher Teil übertragen wird (die selbstständigen Teilrechte haben Gleichrang,[104] § 1151 BGB; zu **Änderungen des Rangs** siehe Rdn 65; zum Teilgrundpfandrechtsbrief vgl. § 61 GBO Rdn 2 ff.),
– der **Typ** des Rechts,
– das **Pfandgrundstück**, wobei die Bezugnahme auf das Grundbuch (Nummer im Bestandsverzeichnis oder indirekt durch laufende Nummer des Rechts in Abt. III, nach den Grundsätzen des § 28 S. 1 GBO) ausreicht, und
– nach Ansicht des BGH[105] auch der **Rang**, was jedoch die Anforderungen überspannt, wenn aufgrund der anderen Angaben das Recht hinreichend individualisiert ist,[106] insbesondere durch Nennung der laufenden Nummer in Abt. III.

56 e) Besondere Fragestellungen werfen jedoch die **Zinsen und andere Nebenleistungen eines Grundpfandrechts auf.**[107]

aa) Diese können vom Stammrecht getrennt belastet und übertragen werden, wobei nach § 1159 Abs. 1 S. 1 BGB die Übertragung **rückständiger** Nebenleistungen durch einfache Abtretung nach § 398 BGB erfolgt,[108] während hinsichtlich der sonstigen Nebenleistungen § 1154 Abs. 1 S. 1 BGB anzuwenden ist. Zwischen rückständigen Nebenleistungen und dem Kapital kann nach Ansicht der Rechtsprechung zwar ein Rangverhältnis hergestellt, dieses aber nicht in das Grundbuch eingetragen werden,[109] wobei sich letzteres aus der fehlenden Eintragungsfähigkeit der Abtretung rückständiger Zinsen ergibt.[110] Möglich

---

100 Siehe bspw. OLG Frankfurt DNotZ 1993, 610, 611. Anders aber offenbar Meikel/*Böttcher*, § 26 Rn 43.
101 BayObLG Rpfleger 1986, 217; OLG München FGPrax 2017, 248; OLG Stuttgart FGPrax 2020, 118, 119; OLG Bremen FGPrax 2023, 101.
102 So im Ergebnis auch OLG Frankfurt DNotZ 1993, 610, 611. Anders aber offenbar Meikel/*Böttcher*, § 26 Rn 43.
103 Siehe auch: BGH Rpfleger 1992, 99 = MittBayNot 1991, 254; *Haegele*, Rpfleger 1975, 153, 158; *ders.*, Rpfleger 1976, 248.
104 MüKo-BGB/*Lieder*, § 1151 Rn 1.
105 BGH Rpfleger 1974, 351.
106 Meikel/*Böttcher*, § 26 Rn 44; *Schöner/Stöber*, Rn 2382; siehe auch *Häsemeyer*, MDR 1975, 531 ff.; *Kohler*, WM 1975, 438 ff.; *Neuschwander*, BWNotZ 1975, 167 ff.
107 Wegen der Besonderheiten bei Tilgungshypotheken vgl. Meikel/*Böttcher*, § 26 Rn 55.
108 MüKo-BGB/*Lieder*, § 1159 Rn 4.
109 RGZ 88, 160, 163; BGHZ 156, 274, 278 f. (für die Reallast) = Rpfleger 2004, 92, 93 = NJW 2004, 361, 362; krit.: *Dümig*, MittBayNot 2004, 153, 154 f.
110 RGZ 88, 160, 163; a.A. (für die Eintragungsfähigkeit, wenn das Rückstandsgrundpfandrecht einen anderen Inhaber hat) Meikel/*Böttcher*, § 26 Rn 60.

soll auch die Abtretung des gesamten Zinsanspruchs ohne Hauptforderung sein,[111] wobei anzumerken ist, dass dies im Ergebnis nichts anderes bewirkt als die Bestellung eines Nießbrauchs am Grundpfandrecht. Die h.M. vertritt weiter die Ansicht, dass das Nebenleistungsrückstandsgrundpfandrecht vom Bestand des Kapitalrechts abhängig sei[112] und es zur Löschung des Hauptrechts der Mitwirkung des Berechtigten des Rückstandsrechts nicht bedürfe.[113] Letzteres erweist sich schon deshalb als korrekt, da aus § 1159 BGB die Außerbuchlichkeit des Grundpfandrechts für die Rückstände der Nebenleistungen (**konsequenterweise** auch unabhängig davon, ob eine Eintragung zusammen mit laufenden Nebenleistungen erfolgen soll[114]) folgt.[115]

bb) Bei der Abtretung oder Belastung des Kapitals muss stets klar sein, ob und in welchem Umfang die Zinsen und anderen Nebenleistungen mitbelastet oder mitabgetreten werden.[116]

57

Ohne eine Angabe zu den Nebenleistungen soll nach der Ansicht des BayObLG nur das Kapital von der Abtretung erfasst sein; zum Übergang der Nebenleistungen bedürfe es einer ergänzenden (materiellrechtlichen) Erklärung, deren Vorlage wegen fehlender Rückwirkung nicht durch eine Zwischenverfügung vom Grundbuchamt gefordert werden könne.[117] Für sich genommen wäre der Auffassung des BayObLG grundsätzlich zuzustimmen, da zu einer Grundbuchberichtigung volle Überzeugung des Grundbuchamts vom Eintritt des relevanten Zustandes erforderlich ist. Allerdings verkennt der Senat die Möglichkeit der zulässigen Auslegung der dem Grundbuchamt nachgewiesenen Erklärung (siehe Rdn 47). **Materiell-rechtlich** besteht Einigkeit, dass auch ohne explizite Abrede hierüber die Zinsen jedenfalls für die Zeit nach der Abtretung mitübertragen sind.[118] Lässt die Erklärung materiell-rechtlich keinen Zweifel und ist eindeutig in dieser Weise auszulegen, gilt für ihr Verständnis im Grundbuchverfahren nichts anderes. Auch insoweit ist dann dem Grundbuchamt gegenüber der Nachweis der Grundbuchunrichtigkeit und der Eintritt der veränderten Rechtslage nachgewiesen, so dass nach § 26 GBO eine entsprechende Berichtigung zu erfolgen hat. Da es sich nicht um eine Bewilligung als verfahrensrechtliche Handlung (siehe Rdn 42) handelt, sondern das Grundbuch lediglich den außerhalb bereits eingetretenen materiell-rechtlichen Zustand nachvollzieht, sind auch für den Grundbuchvollzug keine anderen Anforderungen zu stellen, so dass eine materiell eindeutige Erklärung auch ohne explizite Bestimmung im Grundbuch Verwendung finden kann.

58

In der Sache wird man allerdings noch weiterzugehen haben, da die Abtretung der „Grundschuld" typischerweise so gemeint sein wird, dass dies das gesamte Recht inklusive aller laufenden Zinsen und sonstigen Nebenleistungen erfasst.[119] Aus Sicht der Beteiligten handelt es sich um ein einheitliches Recht, das als solches auch insgesamt und somit mit allen „Bestandteilen" übergehen soll. Infolgedessen ist eine Erklärung der Abtretung der „Grundschuld" regelmäßig so zu verstehen, dass sich dies auf alle Nebenleistungen erstreckt, wenn sich nicht aus der Abtretungserklärung anderweitige Anhaltspunkte ergeben. In der Konsequenz ist demnach auch ohne eine konkrete Verlautbarung in der Urkunde eine Abtretung inklusive Zinsen und Nebenleistungen gemeint und nachgewiesen, auch wenn sprachlich allein die Grundschuld adressiert wird.[120]

59

---

111 RGZ 74, 78, 81 ff.; 86, 218, 219; 94, 137, 138; Meikel/*Böttcher*, § 26 Rn 57; Staudinger/*Wolfsteiner*, § 1154 Rn 11, jeweils m.w.N.

112 LG Regensburg MittBayNot 1987, 102; Grüneberg/*Herrler*, § 1159 Rn 1; a.A. Meikel/*Böttcher*, § 26 Rn 59, § 27 Rn 23 (die gegenteilige h.M. stelle einen Verstoß gegen Art. 14 GG dar, wonach aus dem Eigentum ausgegliederte Vermögensrechte nicht ohne Zutun des Berechtigten wegfallen dürfen); MüKo-BGB/*Lieder*, § 1159 Rn 10.

113 OLG Nürnberg MittBayNot 2012, 126; LG Regensburg MittBayNot 1987, 102; Schöner/*Stöber*, Rn 2751; a.A. Meikel/*Böttcher*, § 26 Rn 59, § 27 Rn 23; MüKo-BGB/*Lieder*, § 1159 Rn 10; zum Meinungsstreit insges. ausf.: *Wolfsteiner*, MittBayNot 2012, 127 m.w.N.

114 A.A. ohne echte Begründung (das Grundbuch werde durch die Aufnahme der Rückstände in den Abtretungsvermerk nicht mehr belastet als ohne): KG JFG 6, 323; *Demharter*, § 26 Rn 20; Schöner/*Stöber*, Rn 2393; anders Meikel/*Böttcher*, § 26 Rn 59; MüKo-BGB/*Lieder*, § 1159 Rn 10; Bauer/Schaub/*Schäfer*, § 26 Rn 51.

115 Vgl. *Wolfsteiner*, MittBayNot 2012, 127, 128 m.w.N.

116 BayObLGZ 1984, 122, 123 f. = Rpfleger 1984, 351; BayObLG MDR 1997, 450 = Rpfleger 1997, 258, 259 = BeckRS 1997, 31059558; Meikel/*Böttcher*, § 26 Rn 49 ff.; *Demharter*, § 26 Rn 19.

117 BayObLG MDR 1997, 450 = Rpfleger 1997, 258, 259 = BeckRS 1997, 31059558.

118 OLG Frankfurt DNotZ 1994, 186 = Rpfleger 1993, 486; Meikel/*Böttcher*, § 26 Rn 49; MüKo-BGB/*Lieder*, § 1154 Rn 35.

119 Staudinger/*Wolfsteiner*, § 1154 Rn 39 ff.

120 Anders aber offenbar BayObLGZ 1984, 122, 123 f. = Rpfleger 1984, 351; BayObLG MDR 1997, 450 = Rpfleger 1997, 258, 259 = BeckRS 1997, 31059558; Meikel/*Böttcher*, § 26 Rn 49 ff.; *Demharter*, § 26 Rn 19.

60 dd) Eine **Eigentümergrundschuld** kann ebenfalls von vornherein als verzinslich bestellt und eingetragen werden;[121] dabei ist sogar ein Zinsbeginn vor der Eintragung denkbar.[122] Sie kann in der Konsequenz auch mit rückwirkendem Zinsbeginn abgetreten werden.[123] Eine solche rückwirkende Zinsabtretung ist nicht durch § 1197 Abs. 2 BGB ausgeschlossen, wenn der Eigentümer für eine bisher unverzinsliche Eigentümergrundschuld die Eintragung von Zinsen mit rückwirkendem Beginn und zugleich die Eintragung der Abtretung dieser Grundschuld mit diesen Zinsen beantragt.[124]

61 ee) Für die **Belastung** eines Grundpfandrechts (bzw. einer hypothekarisch gesicherten Forderung) mit einem Nießbrauch oder Pfandrecht gilt das Ausgeführte entsprechend.

D. Voraussetzungen der Grundbucheintragung
I. Reichweite des Unrichtigkeitsnachweises durch die materiell-rechtliche Erklärung

62 § 26 GBO bestimmt für die materiell-rechtliche Abtretungs- oder Belastungserklärung des Verfügenden die Funktion als vereinfachter Unrichtigkeitsnachweis (vgl. Rdn 2, 41 f.). § 26 GBO knüpft damit an die Regelung des § 22 GBO an.[125] Bei einer rechtlichen Betroffenheit weiterer Personen muss jedoch deren Bewilligung nach § 19 GBO vorgelegt werden. Dies gilt aber nur insoweit, als eine derartige Vorgabe auch aus § 22 Abs. 1 S. 1 GBO (zum System der §§ 22–26 GBO vgl. § 22 GBO Rdn 1) resultiert.

63 Eine solche Bewilligung hat jedoch nur in Ausnahmefällen Bedeutung, da es sich bei der von § 26 GBO geregelten Situation um eine **Grundbuchberichtigung** handelt. Die Abtretung oder Belastung einer bereits mit einem bestehenden Pfandrecht belasteten Grund- oder Rentenschuld, hypothekarisch gesicherten Forderung oder einer anderen Forderung, für die ein eingetragenes Recht als Pfand haftet (Abs. 2, Fall 2 und Fall 3), erfordert grundsätzlich keine derartige Bewilligung, da der Pfandgläubiger hierbei nicht mitwirken muss, weil sein Recht durch die Verfügung nicht betroffen wird.[126] Ebenso kann es sich nicht um die Zustimmung des Nacherben zu einer Verfügung über eine Hypothek, Grund- oder Rentenschuld oder eine Forderung im Sinne des Abs. 2, Fall 2 und Fall 3 handeln, denn sie ist für die Wirksamkeit der Abtretung ihrerseits zunächst ohne Bedeutung; Relevanz für das Grundbuchverfahren erlangt sie erst bei der Frage der Löschung des Nacherbenvermerks (siehe § 51 GBO Rdn 41), was aber nicht in den Anwendungsbereich des § 26 GBO fällt.

64 Auch die Rangänderung (zur **Teilabtretung** siehe Rdn 65) oder die Änderung des Zinses oder eine sonstige Inhaltsänderung eines Grundpfandrechts liegen von vornherein außerhalb des Anwendungsbereichs des § 26 GBO, weil in diesem Fall keine Grundbuchberichtigung stattfindet, da die Eintragung im Grundbuch Wirksamkeitsvoraussetzung ist (§§ 880 Abs. 2 S. 1, 877 BGB).[127] Die Mitwirkungserfordernisse der §§ 1071 Abs. 2, 1276 Abs. 2 BGB betreffen ebenfalls nur solche eintragungspflichtigen Verfügungen.

65 Wird bei einer **Teilabtretung** der **Rang** der selbstständigen Rechte **geändert** (normalerweise Gleichrang, § 1151 BGB), so bedarf dies ebenfalls der Eintragung und folglich einer (Änderungs-)Bewilligung des unmittelbar Betroffenen im Sinne des § 19 GBO.[128] Bewilligungsberechtigt ist stets der Zedent, auch wenn der übertragene Teil Nachrang haben soll, da die Rangänderung noch in seiner Hand geschieht;[129] diese Bewilligung wird regelmäßig zumindest konkludent in der Abtretungserklärung enthalten sein, soweit sich nicht aus dem Wortlaut andere Anhaltspunkte ergeben.

---

121 BGHZ 64, 316, 320 = NJW 1975, 1356, 1357; KGJ 37, 293, 294.
122 BayObLGZ 1978, 136, 138 ff.
123 OLG Köln ZIP 1984, 1333; BayObLGZ 1987, 241, 243 = NJW-RR 1987, 1418 = DNotZ 1988, 116, 117 (unter Aufgabe von BayObLGZ 1976, 44 ff. = DNotZ 1976, 494); OLG Celle Rpfleger 1989, 323; OLG Düsseldorf Rpfleger 1989, 498; Meikel/*Böttcher*, § 26 Rn 56; *Demharter*, § 26 Rn 21; *Hennings*, Rpfleger 1989, 363 f.; MüKo-BGB/*Lieder*, § 1197 Rn 9; *Schöner/Stöber*, Rn 2362; *Vortmann*, ZIP 1989, 704 f.; *Willke*, WM 1980, 858; ähnl. auch schon: BGH DNotZ 1986, 227, 228 = NJW 1986, 314 = Rpfleger 1986, 9, 10; a.A. *Bayer*, Rpfleger 1988, 139 f.; *ders.*, AcP 189, 470, 477.
124 BGH DNotZ 1986, 227, 228 = NJW 1986, 314 = Rpfleger 1986, 9, 10.
125 So aber BeckOK GBO/*Holzer*, § 26 Rn 4 f.
126 Meikel/*Böttcher*, § 26 Rn 62.
127 Zur Änderung des Zinses siehe OLG München JFG 18, 117, 122.
128 Meikel/*Böttcher*, § 45 Rn 115; *Schmid*, Rpfleger 1988, 136; *Schöner/Stöber*, Rn 2412; a.A. OLG Hamm 1988, 58, 59 f. m. zust. Anm. *Muth*; OLG Düsseldorf Rpfleger 1991, 240 f.; OLG Hamm Rpfleger 1992, 340 f.; MüKo-BGB/*Lieder*, § 1151 Rn 7.
129 Insoweit treffen die Ausführungen des OLG Hamm Rpfleger 1988, 58, 59 zu; siehe auch: OLG Hamm Rpfleger 1992, 13, 14.

Sollte vor diesem Hintergrund einer der seltenen Fälle einer Zustimmung gegeben sein (z.B. wenn § 1365 BGB Anwendung findet[130]), so sind die Abgabe durch den Berechtigten und der Zugang dieser Erklärung an den Verfügenden oder den Erwerber (§ 182 Abs. 1 BGB) nachzuweisen. Für die Erklärung ist § 29 Abs. 1 S. 1 GBO anzuwenden, während der Zugang als Tatsache streng genommen nach § 29 Abs. 1 S. 2 GBO in öffentlicher Urkunde nachgewiesen werden müsste. Insoweit ist es aber ausreichend, wenn der Verfügende oder der Erwerber die Erklärung des Zustimmenden beim Grundbuchamt einreicht, da dann der Zugang dieser Erklärung an den Vorlegenden (und nach § 182 Abs. 1 BGB an den Empfangszuständigen) notwendigerweise erfolgt sein muss.[131]

II. Übrige Eintragungsvoraussetzungen

Die übrigen Voraussetzungen der Eintragung werden durch § 26 GBO nicht berührt,[132] da sich jene Voraussetzungen jeweils aus eigenständigen Normen ergeben, deren Anwendbarkeit im Grundbuchberichtigungsverfahren nicht grundsätzlich disponiert ist und § 26 GBO lediglich Abweichungen vom Grundsatz des § 22 GBO bestimmt. In diesem Sinne anzuwenden sind insbesondere § 13 GBO (Antragsgrundsatz, siehe § 13 GBO Rdn 1, 3, 9 ff.), §§ 39, 40 GBO (Voreintragung, vgl. § 39 GBO Rdn 32 ff., § 40 GBO Rdn 6 ff.) und §§ 41, 42 GBO (Briefvorlage).[133] Bedarf die Abtretung oder Belastung einer **familien-** bzw. **betreuungsgerichtlichen Genehmigung**, so ist diese (mit dem Nachweis ihrer Rechtskraft, vgl. § 40 Abs. 2 S. 1 FamFG, § 19 GBO Rdn 145 ff.) vorzulegen, weil die Wirksamkeit der als Unrichtigkeitsnachweis dienenden Abtretungs- oder Belastungserklärung von der Wirksamkeit der Genehmigung abhängt.[134] Dasselbe gilt für sonstige Genehmigungen oder andere Zustimmungen, die die Wirksamkeit der Abtretung bedingen.

III. Berichtigungsbewilligung

Die Berichtigung des Grundbuchs kann statt einer Berichtigung nach § 26 GBO oder § 22 GBO auch alternativ aufgrund einer Berichtigungsbewilligung des eingetragenen Zedenten bzw. Inhabers des zu belastenden Rechts erfolgen (§ 19 GBO). Der Antragsteller hat mithin die Wahl zwischen dem (vereinfachten) Unrichtigkeitsnachweis durch die Abtretungs- oder Belastungserklärung und der Vorlage einer entsprechenden Berichtigungsbewilligung (siehe § 22 GBO Rdn 8).[135] Die Berichtigungsbewilligung muss aber den Abtretungsvorgang als Ursache der Grundbuchunrichtigkeit angeben, die bloße Gestattung der Umschreibung genügt nach allgemeinen Grundsätzen nicht (zu den Anforderungen vgl. § 22 GBO Rdn 145 ff.).[136]

IV. Auswirkungen von Verstößen

§ 26 GBO ist lediglich eine **Ordnungsvorschrift**, deren Verletzung keinen Einfluss auf die materielle Rechtslage hat, was sich schon daraus ergibt, dass in den von der Vorschrift geregelten Fällen das Grundbuch nur berichtigt, also in der Weise gestaltet werden soll, dass es der geltenden Lage entspricht.[137] Das Grundbuch ist mithin auch dann richtig, wenn es trotz eines Verstoßes gegen § 26 GBO mit der bereits vorher außerhalb des Grundbuchs eingetretenen dinglichen Rechtsänderung übereinstimmt; es ist unrichtig, wenn die Eintragung trotz Beachtung der Erfordernisse des § 26 GBO der materiellen Rechtslage nicht entspricht, z.B. weil die Annahmeerklärung nichtig oder die Abtretung trotz der Erklärung in der Urkunde materiell-rechtlich unwirksam ist.[138]

---

130 Meikel/*Böttcher*, § 26 Rn 62.
131 *Schöner/Stöber*, Rn 3549 ff.
132 BayObLGZ 1987, 97, 99 = DNotZ 1988, 111; Meikel/*Böttcher*, § 26 Rn 62 ff.; *Demharter*, § 26 Rn 16.
133 Bauer/Schaub/*Schäfer*, § 26 Rn 59 ff. Siehe auch Meikel/*Böttcher*, § 26 Rn 32, 63 f.
134 Meikel/*Böttcher*, § 26 Rn 65.
135 Bauer/Schaub/*Schäfer*, § 26 Rn 62.
136 KGJ 40, 268, 271 f.; OLG München JFG 18, 117, 120.
137 OLG Brandenburg NotBZ 2008, 419; Meikel/*Böttcher*, § 26 Rn 67; Bauer/Schaub/*Schäfer*, § 26 Rn 64.
138 Meikel/*Böttcher*, § 26 Rn 67.

E. Entsprechende Anwendung auf die Vormerkung
I. Abtretung des vorgemerkten Anspruchs

70 Wird der Anspruch auf Vornahme einer der in § 883 Abs. 1 S. 1 BGB geschilderten Rechtsänderungen abgetreten, so geht nach § 401 Abs. 1 BGB eine eingetragene Vormerkung mit über (siehe § 6 Einl. Rdn 12, § 22 GBO Rdn 88).[139] Es lässt sich erwägen, in einem solchen Fall § 26 GBO entsprechend anzuwenden.[140]

71 Der Sache nach geht es hier um eine Analogie zu Abs. 2, Fall 2. Abs. 1 wird durch die korrespondierenden Regelungen der §§ 1154 Abs. 1 S. 1 Hs. 1, 1155 S. 1 BGB für die Hypothek gerechtfertigt. Die Abtretung der Forderung außerhalb des Grundbuchs hat Auswirkungen auch auf das dingliche Recht und beeinflusst die Rechtsinhaberschaft unmittelbar. Für die Vormerkung gelten dabei keine anderen Prinzipien, da auch sie nach § 401 BGB analog dem gesicherten Anspruch nachfolgt und somit ebenfalls von einer derartigen Abtretung außerhalb des Grundbuchs direkt betroffen ist. Auch wenn die Vormerkung kein dingliches Recht ist,[141] so ist die Analogie dennoch geboten, da eine vergleichbare Wertungslage existiert. Auch hinsichtlich des durch Vormerkung gesicherten Anspruchs bietet die Abtretungserklärung des eingetragenen Gläubigers nicht weniger Gewissheit für den Übergang der schuldrechtlichen Position als dies bei einer Hypothek der Fall ist. Lässt der Gesetzgeber diese Erklärung in § 26 GBO für die dort genannten akzessorischen Rechte als Unrichtigkeitsnachweis genügen, ist es nicht angezeigt, für die Vormerkung strengere Maßstäbe aufzustellen.[142] Deshalb ist es auch in diesem Fall gerechtfertigt, die Abtretungserklärung als vereinfachten Unrichtigkeitsnachweis (vgl. Rdn 2, 41 f.) für die Eintragung des neuen Inhabers der Vormerkung genügen zu lassen.

II. Verpfändung des vorgemerkten Anspruchs

72 Ebenso ist es angezeigt, § 26 GBO auch auf den Fall einer Verpfändung des durch die Vormerkung gesicherten Anspruchs bzw. Anwartschaftsrechts anzuwenden.[143] Gestattet § 26 Abs. 2 GBO einen Unrichtigkeitsnachweis hinsichtlich der Verpfändung der durch die Hypothek gesicherten Ansprüche durch Vorlage der entsprechenden Erklärung, so gelten die vorstehenden Erwägungen in gleicher Weise auch im Falle der betroffenen Vormerkung. In einer solchen Konstellation sind ebenfalls keine strengeren Maßstäbe angezeigt, weshalb auch insoweit die reduzierten Anforderungen an den Nachweis der Unrichtigkeit zu stellen sind.

F. Analoge Anwendung der Voraussetzungen auf die Kenntnis des Grundbuchamts in anderen Fällen

73 Das Grundbuchamt darf Eintragungen oder Löschungen nach ganz herrschender Ansicht dann nicht vornehmen, wenn ihm bewusst ist, dass die vorgenommene Eintragung oder Löschung dazu führen würde, dass hierdurch ein materiell-rechtlich unrichtiger Zustand im Grundbuch verlautbart würde (siehe § 19 GBO Rdn 24). Dies ist insbesondere bei einer Löschung dann der Fall, wenn dem Grundbuchamt positiv bekannt ist, dass der eingetragene Rechtsinhaber nicht mehr materiell Berechtigter des Rechts ist.[144] Nach Auffassung des OLG Düsseldorf soll allerdings eine Mitteilung der Abtretung in der Form des § 26 GBO nicht genügen, um eine derartige Sicherheit auf Seiten des Grundbuchamts zu bewirken.[145] Dies vermag allerdings nicht zu überzeugen, weil an die Überzeugung des Grundbuchamts von der Unrichtigkeit der bestehenden Eintragung keine divergierenden Anforderungen danach zu stellen sind, ob eine Eintragung oder eine Löschung vorzunehmen ist. Genügt die Übermittlung von Nachweisen im Sinne des § 26 GBO, um eine Berichtigung auf den Abtretungsempfänger durchzuführen, steht eine Übermittlung solcher Urkunden auch einer Löschung eines Rechts aufgrund einer Bewilligung des bisher

---

139 BayObLGZ 1962, 322, 325; 1971, 307, 310 = Rpfleger 1972, 16.
140 In diese Richtung wohl auch Staudinger/*Kesseler*, § 883 Rn 429, der eine Vorlage einer entsprechenden Abtretungserklärung „entsprechend § 22 GBO" genügen lassen will.
141 Grüneberg/*Herrler*, § 883 Rn 2 m.w.N.
142 So wohl im Ergebnis auch Staudinger/*Kesseler*, § 883 Rn 429.
143 Vgl. zur Verpfändung eines Auflassungsanspruchs *Demharter*, § 26 Rn 5 f.; ausf.: BeckOK GBO/*Holzer*, § 26 Rn 21 f.
144 Siehe dazu OLG Düsseldorf NJOZ 2021, 234, 235.
145 OLG Düsseldorf NJOZ 2021, 234, 235.

Buchberechtigten entgegen.[146] Allerdings muss für die Abtretungserklärung die Form des § 29 GBO eingehalten werden, um für das Grundbuchamt von Relevanz zu sein.[147]

§ 27 [Löschung von Grundpfandrechten]

Eine Hypothek, eine Grundschuld oder eine Rentenschuld darf nur mit Zustimmung des Eigentümers des Grundstücks gelöscht werden. Für eine Löschung zur Berichtigung des Grundbuchs ist die Zustimmung nicht erforderlich, wenn die Unrichtigkeit nachgewiesen wird.

A. Inhalt und Zweck 1	V. Adressat und Wirksamkeit der Zustimmungserklärung 19
B. Voraussetzungen des S. 1 6	
I. Fremdgrundpfandrecht 6	D. Ausnahmen vom Zustimmungserfordernis 20
II. Latentes Eigentümerrecht 7	I. Unrichtigkeitsnachweis (S. 2) 20
III. Löschung infolge Löschungsbewilligung .. 8	II. Ersetzung der Zustimmung 21
C. Eigentümerzustimmung 10	E. Exkurs: Löschungsbewilligung des Grundpfandgläubigers 22
I. Rechtsnatur 10	
II. Form 11	I. Rechtsgrundlage 22
III. Inhalt 12	II. Inhalt 24
IV. Zustimmungsberechtigung 13	III. Löschungsfähige Quittung 25

A. Inhalt und Zweck

Grundpfandrechte werden wie andere beschränkte dingliche Grundstücksrechte entweder durch Rechtsgeschäft und Grundbucheintragung aufgehoben oder sie erlöschen außerhalb des Grundbuchs mit der Folge, dass das Grundbuch unrichtig und zu berichtigen ist. § 27 GBO ergänzt für beide Fälle die §§ 19 und 22 GBO, um ein außergrundbuchlich entstandenes Eigentümergrundpfandrecht oder die im Grundbuch nicht vermerkte Anwartschaft des Eigentümers auf den Erwerb eines Eigentümergrundpfandrechts zu schützen.[1]

Die **rechtsgeschäftliche Aufhebung** eines Fremdgrundpfandrechts (vgl. Rdn 6) setzt voraus:

- die formlos wirksame materiell-rechtliche **Aufgabeerklärung** des Gläubigers (§ 875 BGB),
- die formlos wirksame materiell-rechtliche **Zustimmung** des Grundstückseigentümers (§§ 1183, 1192 Abs. 1, 1200 Abs. 1 BGB), mit der er über sein bedingtes Eigentümerrecht verfügt.[2] Deshalb entfällt dieses Erfordernis, wenn aus dem Grundpfandrecht gar kein Eigentümerrecht entstehen kann (vgl. Rdn 20) und
- die **Löschung** des Rechts im Grundbuch, § 46 GBO.

Zur verfahrensrechtlichen Löschung des Rechts im Grundbuch muss dem Grundbuchamt demgemäß die (Löschungs-)Bewilligung i.S.d. § 19 GBO des Gläubigers und die Zustimmung des Eigentümers gem. S. 1 vorgelegt werden.

Ist das Grundpfandrecht bereits außerhalb des Grundbuchs erloschen, kann kein Eigentümerrecht (mehr) entstehen. Soll das Grundpfandrecht aber nicht aufgrund Nachweises der Unrichtigkeit, sondern aufgrund Berichtigungsbewilligung, im Grunde also die Behauptung der Unrichtigkeit durch den eingetragenen Gläubiger, im Grundbuch gelöscht werden, so muss dem Grundbuchamt verfahrensrechtlich gem. S. 1 die („Berichtigungs-") Zustimmung des Eigentümers vorgelegt werden. Berichtigungsbewilligung und Eigentümerzustimmung können miteinander nur durch den **Nachweis** der Unrichtigkeit i.S.d. § 22 Abs. 1 S. 1 GBO ersetzt werden.

---

146 Anders aber OLG Düsseldorf NJOZ 2021, 234, 235.
147 Aus diesem Grund erweist sich die Entscheidung des OLG Düsseldorf NJOZ 2021, 234 gleichwohl als korrekt, da dort die Abtretungserklärung lediglich schriftlich dem Grundbuchamt vorlag.

1 BGH NJW-RR 2022, 1241, Rn 7; BGH NJW 2018, 710 Rn 7.
2 BayObLGZ 1973, 220 = Rpfleger 1973, 404; MüKo/*Lieder*, BGB, § 1183 Rn 7.

4 § 27 GBO hat keinen anderen Normgehalt als der des § 19 GBO. Bereits aus § 1183 BGB ergibt sich, dass der Eigentümer von der rechtsgeschäftlichen Aufhebung eines Grundpfandrechts an seinem Grundstück im Sinne des § 19 GBO betroffen ist und das Grundpfandrecht deshalb schon gem. § 19 GBO rechtsändernd nur mit seiner Bewilligung gelöscht werden dürfte. § 27 GBO vereinfacht den Grundbuchvollzug der Löschung von Grundpfandrechten, indem er das Grundbuchamt und den Notar für den Grundbuchvollzug von der Unterscheidung zwischen rechtsändernder und berichtigender Löschungsbewilligung und der Prüfung, ob das Fremdrecht außerhalb des Grundbuchs zum Eigentümerrecht wurde, enthebt.[3] Wird die Löschung eines Grundpfandrechts nicht aufgrund Unrichtigkeitsnachweises i.S.d. § 22 Abs. 1 S. 1 GBO beantragt, ist neben der Löschungs- oder Berichtigungsbewilligung des Gläubigers stets die Zustimmung des Eigentümers notwendig, um ihn davor zu bewahren, ohne seine Mitwirkung seine Anwartschaft auf Erwerb des Eigentümergrundpfandrechts zu verlieren.[4]

5 § 27 GBO ist eine **verfahrensrechtliche Ordnungsvorschrift**. Ihre Verletzung allein berührt die materielle Rechtslage nicht. Nur unter den Voraussetzungen des § 53 GBO ist deshalb bei der Löschung ein Amtswiderspruch einzutragen (vgl. § 53 GBO Rdn 14). Fehlt eine materiell-rechtlich erforderliche Eigentümerzustimmung (§ 1183 BGB) oder ist sie unwirksam, so wird das Grundbuchamt mit der Löschung des Grundpfandrechts unrichtig. Das gelöschte Grundpfandrecht besteht dann außerhalb des Grundbuchs fort.[5] Die Unrichtigkeit wird durch Wiedereintragung mit dem alten Rang beseitigt, wenn das gelöschte Recht nicht durch gutgläubigen Erwerb eines Dritten untergegangen oder eine Rangverschlechterung eingetreten ist.

B. Voraussetzungen des S. 1

I. Fremdgrundpfandrecht

6 § 27 GBO gilt nur für im Grundbuch eingetragene Hypotheken, Grund- und Rentenschulden, die einem Dritten zustehen oder zustanden und für das Pfandrecht an dem Entschädigungsanspruch gemäß § 29 ErbbauRG.[6] Kommt es zu einer sog. Zinsgrundschuld neben der Kapitalgrundschuld, gilt § 27 GBO nur für die Kapitalgrundschuld, da die Zinsgrundschuld nur außerhalb des Grundbuchs besteht.[7] Es ist gleichgültig, ob es sich um ein Buch- oder Briefrecht, Einzel- oder Gesamtbelastung, Verkehrs- oder Sicherungshypothek, Zwangs- (§§ 867, 868 ZPO)[8] oder Arresthypothek (§ 932 Abs. 1 und 2 ZPO) handelt. § 27 GBO ist auch zu beachten, wenn ein auf der Grundlage von § 29 ErbbauRG eingetragener Vermerk über die Verpfändung der Entschädigungsforderung gelöscht werden soll, die infolge des Erlöschens eines Erbbaurechts entsteht und an der sich die Grundpfandrechtshaftung fortsetzt.[9] Für andere Rechte gilt § 27 GBO nicht, also insb. nicht für Reallasten und auch nicht für Vormerkungen oder Widersprüche, die sich auf ein Grundpfandrecht beziehen, weil bei ihrer Löschung kein Eigentümerrecht verloren zu gehen droht, vgl. Rdn 7.[10]

Zur Löschung von **Eigentümergrundpfandrechten** ist generell nur die Bewilligung i.S.d. § 19 GBO des Eigentümers erforderlich. Eine besondere „Zustimmungserklärung" darüber hinaus ist nicht erforderlich.

II. Latentes Eigentümerrecht

7 Die Löschung von Fremdgrundpfandrechten, aus denen keine Eigentümergrundschulden entstehen können, bedarf keiner Eigentümerzustimmung. Dies gilt insbesondere für Hypotheken nach dem ZGB-DDR (Art. 233 § 6 Abs. 1 S. 2 EGBGB), weil diese mit Tilgung der durch sie gesicherten Forderung erlöschen (§ 454 Abs. 2 ZGB),[11] für Grundpfandrechte, die nach § 1181 BGB im Zwangsversteigerungsverfahren erloschen sind[12] und für Grundpfandrechte, mit denen ein durch Zeitablauf erloschenes Erbbaurecht belastet ist.[13] Die Löschung eines nicht rechtswirksam begründeten, im Grundbuch gleichwohl eingetrage-

---

3 BayObLGZ 1984, 218, 222.
4 *Demharter*, GBO, § 27 Rn 2.
5 MüKo/*Lieder*, BGB, § 1183 Rn 2.
6 KG MittBayNot 2022, 236.
7 OLG Hamm RNotZ 2016, 210; OLG Nürnberg MittBayNot 2012, 126 m. krit. Anm. *Wolfsteiner*.
8 OLG München BeckRS 2015, 08315.
9 KG MittBayNot 2022, 236.
10 *Güthe/Triebel*, GBO, § 27 Rn 3.
11 MüKo/*Lieder*, BGB, § 1183 Rn 19.
12 OLG Nürnberg FGPrax 2013, 113.
13 KG MittBayNot 2022, 236.

nen Grundpfandrechts ist nur dann ohne Zustimmung des Eigentümers zulässig, wenn ausgeschlossen ist, dass es nachträglich noch zur Entstehung gelangen kann.[14]

III. Löschung infolge Löschungsbewilligung

S. 1 gilt nur, wenn ein Grundpfandrecht infolge einer Bewilligung des Gläubigers gelöscht werden soll, dann aber unabhängig davon, ob die Löschungsbewilligung auf eine rechtsändernde oder berichtigende Eintragung gerichtet ist oder nach Vorstellung der Beteiligten sein soll,[15] und ob Voll- oder Teillöschung, Herabsetzung des Kapitalbetrages oder Senkung des Zinssatzes gewollt ist.[16] Rangrücktritt (vgl. materiell-rechtlich § 880 Abs. 2 S. 2 BGB) und/oder Inhaltsänderungen eines Grundpfandrechts bedürfen grundbuchverfahrensrechtlich nicht der Eigentümerzustimmung nach S. 1, sondern der Bewilligung des Eigentümers gem. § 19 GBO.[17]

Um eine Löschung i.S.d. S. 1 geht es nicht:

a) wenn der Gläubiger auf sein Grundpfandrecht insgesamt verzichtet, weil das Grundpfandrecht mit Eintragung des Verzichts gerade nicht erlischt, sondern gem. § 1168 Abs. 1 S. 2 BGB auf den Grundstückseigentümer übergeht; Gleiches gilt, wenn auf ein Gesamtgrundpfandrecht insgesamt verzichtet wird (1175 Abs. 1 S. 1 BGB);
b) bei einem Verzicht des Gläubigers eines Gesamtgrundpfandrechts auf das Grundpfandrecht nur an einem der mehreren belasteten Grundstücke (§ 1175 Abs. 1 S. 2 BGB). Das Grundpfandrecht erlischt in diesem Fall an dem entsprechenden Grundstück mit Eintragung des Verzichts im Grundbuch kraft Gesetzes, ohne dass daran ein Eigentümerrecht entsteht. Aus diesem Grund ist auch die verfahrensrechtliche Zustimmung des Eigentümers obsolet. In diesem Sinn ist regelmäßig die sog. Pfandfreigabe des Gläubigers (auch Entpfändung oder Pfandentlassung genannt) hinsichtlich eines von mehreren belasteten Grundstücken oder eines Grundstücksteils aufzufassen;[18]
c) wenn das Gesamtgrundpfandrecht auf einzelne Grundstücke nach § 1132 Abs. 2 BGB verteilt wird;[19]
d) beim Ausschluss unbekannter Gläubiger (§§ 1170, 1171 BGB), der gem. § 1170 Abs. 2 S. 1 BGB zum Erwerb des Grundpfandrechts durch den Eigentümer führt.

C. Eigentümerzustimmung

I. Rechtsnatur

Die Eigentümerzustimmung entspricht in Tatbestandsvoraussetzungen wie Rechtsfolgen der Bewilligung i.S.d. § 19 GBO. Sie ist die verfahrensrechtliche Konsequenz des außerhalb des Grundbuchs bestehenden materiell-rechtlichen Anwartschaftsrechts des Eigentümers am Fremdgrundpfandrecht und verfahrensrechtliches Spiegelbild des materiell-rechtlichen Zustimmungserfordernisses des § 1183 BGB. Typischerweise werden beide Erklärungsinhalte in einer Erklärung zusammengefasst.[20] Neben der Zustimmung des Eigentümers gem. § 27 GBO ist für den Grundbuchvollzug der Grundpfandlöschung nicht zusätzlich noch seine Bewilligung nach § 19 GBO erforderlich.

II. Form

Für die Form der Zustimmung gilt § 29 Abs. 1 S. 1 GBO. Ist sie im Löschungsantrag des Eigentümers (§ 13 GBO) enthalten, bedarf sie als sog. gemischter Antrag nach § 30 GBO der gleichen Form wie die Zustimmung selbst.[21]

---

14 OLG Karlsruhe FGPrax 2013, 253, wobei das Gericht dies für eine wegen Wuchers nichtige Grundpfandrechtsbestellung ausschließt; differenzierender BGH NJW 1982, 2767; a.A., m.E. überzeugender Staudinger/*Wolfsteiner*, BGB (2009) § 1163 Rn 102.
15 OLG München JFG 18, 204.
16 RGZ 72, 367.
17 BayObLG NJW-RR 1980, 460.
18 OLG Hamm NJW-RR 1999, 741; zur „verdeckten" Pfandfreigabe von einem Briefrecht vgl. *Ertl*, DNotZ 1990, 684.
19 OLG Düsseldorf MittRhNotK 1995, 315.
20 Ebenso *Demharter*, GBO, § 27 Rn 10.
21 OLG München JFG 21, 83.

III. Inhalt

12 Die Zustimmungserklärung ist das Einverständnis des Eigentümers mit der Löschung eines (oder mehrerer) Grundpfandrechts. Ein bestimmter Wortlaut (insbesondere der Gesetzeswortlaut „Zustimmung") ist nicht erforderlich. Die Eigentümerzustimmung unterliegt wie die Eintragungsbewilligung dem Bestimmtheitsgebot. Sie muss eindeutig und zweifelsfrei zum Ausdruck bringen, dass der Eigentümer mit der Löschung des Grundpfandrechts einverstanden ist.[22] Ihr Sinngehalt kann auch durch Auslegung ermittelt werden.[23] Der Löschungsantrag des Eigentümers i.S.d. § 13 Abs. 1 S. 1 GBO enthält regelmäßig seine Zustimmung i.S.d. S. 1.[24] Die Zustimmung kann z.B. auch durch Bezugnahme auf eine spätere Löschungsbewilligung des Grundpfandrechtsgläubigers erklärt werden.[25] Auch wenn sich der Grundstücksveräußerer gegenüber dem Erwerber zur Lastenfreistellung verpflichtet und pauschal der Löschung aller nicht vom Erwerber übernommenen Belastungen zustimmt, kann dies als Zustimmungserklärung ausgelegt werden.[26] Stimmt der Eigentümer mehrerer mit einem Gesamtgrundpfandrecht belasteter Grundstücke der Löschung an einer von ihm verkauften Fläche zu, so liegt darin dagegen i.d.R. nicht ohne weiteres seine Zustimmung zur Löschung auf allen anderen Grundstücken.[27]

IV. Zustimmungsberechtigung

13 Die Berechtigung zur Löschungszustimmung folgt aus der **Verfügungsberechtigung** über das Recht des Eigentümers an dem zu löschenden Grundpfandrecht. Sie ist damit von der Berechtigung zur Verfügung über das Grundstückseigentum selbst zu unterscheiden. Die Berechtigung muss im Zeitpunkt der Löschung des Grundpfandrechts vorliegen (vgl. Rdn 19).

Verfügungsberechtigt ist im Regelfall derjenige, der im Zeitpunkt der Löschung des Grundpfandrechts als Eigentümer des Grundstücks im Grundbuch eingetragen ist. Für den Grundbuchvollzug gilt die – widerlegliche – Vermutung des § 891 BGB.[28] Das Grundbuchamt darf durch eine beantragte Löschung nicht wissentlich daran mitwirken, das Grundbuch unrichtig zu machen.[29] Der wirkliche Eigentümer muss gem. § 39 Abs. 1 GBO als Eigentümer voreingetragen sein, vorbehaltlich der Ausnahmefälle des § 40 GBO und des Handelns aufgrund transmortaler Vollmacht.[30] Wird bei einem Eigentumswechsel die Löschung des Grundpfandrechts vor oder gleichzeitig mit der Eigentumsumschreibung vollzogen, genügt die Zustimmung des Veräußerers.[31] Zur Löschung nach Eigentumsumschreibung ist die Zustimmung des neuen Eigentümers erforderlich.[32] Beim herrenlosen Grundstück ist § 27 GBO nicht zu beachten.[33]

14 **Verfügungsbeschränkungen** des Eigentümers haben je nach ihrem Inhalt unterschiedliche Auswirkungen auf seine **Zustimmungsbefugnis** i.S.d. § 27 GBO. Verfügungsbeschränkungen, die nur das Eigentum am Grundstück betreffen (z.B. Zwangsversteigerung, Verbot zur Veräußerung oder Belastung des Grundstücks) hindern den Eigentümer nicht, der Grundpfandrechtslöschung zuzustimmen.[34] Wenn die Person des Eigentümers in ihrer Verfügungsmacht dagegen allgemein beschränkt ist (z.B. weil über ihr Vermögen das Insolvenzverfahren eröffnet wurde oder sich eine Nacherbfolge auf das Eigentümerrecht erstreckt) oder wenn sie bei einem gedachten Übergang des Grundpfandrechts auf ihre Person hierüber nicht verfügen dürfte, steht die Zustimmungsberechtigung nicht mehr ihr, sondern dem an ihrer Stelle Verfügungsbefugten zu (z.B. Insolvenzverwalter). Eine vorher vom Eigentümer erteilte Zustimmung verliert ihre Wirksamkeit.[35]

---

22 KG RNotZ 2014, 311, 314.
23 BayObLG MittBayNot 2004, 72; LG Chemnitz MittBayNot 2000, 433; OLG Zweibrücken MittBayNot 1999, 564; *Amann*, MittBayNot 2000, 80, 81.
24 OLG München JFG 21, 83; BayObLGZ 1973, 220 = MittBayNot 1973, 280.
25 OLG Köln DNotZ 1982, 260; *Demharter*, GBO, § 27 Rn 11.
26 OLG Köln FGPrax 2015, 153; BayObLG DNotZ 1974, 404; LG Köln MittRhNotK 1999, 245.
27 OLG Schleswig FGPrax 2022, 15; OLG München MittBayNot 2016, 234; BayObLG DNotZ 1980, 481.
28 OLG Naumburg BeckRS 2015, 19873.
29 OLG München DNotZ 2011, 918, 920; BayOblG MittBayNot 1993, 81.
30 OLG München MittBayNot 2022, 226.
31 KG JFG 20, 8.
32 OLG Zweibrücken NJW-RR 1998, 1631; KG OLG 25, 380; LG Düsseldorf MittRhNotK 1987, 124.
33 BGH DNotZ 2012, 771.
34 KG JFG 4, 420.
35 Grüneberg/*Herrler*, BGB, § 878 Rn 4; MüKo/*Lieder*, BGB, § 1183 Rn 12.

Der Vormund des minderjährigen Eigentümers (**nicht aber die Eltern**) und der **Betreuer**[36] des unter Betreuung stehenden Eigentümers bedarf zur Löschung im Hinblick auf den damit verbundenen Verzicht auf das Eigentümerrecht der familien- oder betreuungsgerichtlichen Genehmigung (§ 1850 Nr. 1 BGB), auch wenn das Grundpfandrecht an letzter Rangstelle steht[37] oder eine Löschungsverpflichtung besteht,[38] da es generell nicht die Aufgabe des Grundbuchamt ist, materiell-rechtliche oder gar wirtschaftliche Erwägungen zu Bedeutung oder „Wert" der formalen Grundbuchposition anzustellen und S. 1 dazu dient, dem Grundbuchamt weitergehende Prüfungen zur Erforderlichkeit einer Eigentümerzustimmung zu ersparen. Die betreuungsgerichtliche Genehmigung zur Bestellung einer neuen Grundschuld mit bestimmter Rangstelle umfasst im Regelfall auch die Zustimmung zur Löschung eines Pfandrechts, das dieser Rangstelle entgegensteht.[39]

Ist der Eigentümer **Vorerbe**, so muss die Zustimmung i.S.d. § 27 GBO von ihm und im Hinblick auf § 2113 BGB grds. darüber hinaus zu deren Schutz auch von allen Nacherben (nicht aber den Ersatznacherben)[40] erklärt werden. Die Nacherbenzustimmung ist nicht erforderlich, wenn das Eigentümerrecht nicht in den von den Nacherben zu beanspruchenden Nachlass fällt, etwa weil der Vorerbe befreit ist und die Zustimmung entgeltlich erfolgt – was dem Grundbuchamt sodann nachzuweisen ist –,[41] oder der Vorerbe die Hypothekenforderung aus eigenen Mitteln tilgt.[42] Auch ein letztrangiges Grundpfandrecht darf entgegen der h.M.[43] nur mit Zustimmung der Nacherben gelöscht werden. Die Gründe dafür sind dieselben wie diejenigen, die für das Erfordernis der betreuungsgerichtlichen Genehmigung angeführt werden, vgl. Rdn 15.

Steht das Eigentum mehreren Personen zu, ist zu unterscheiden:

a) zur aufhebungsbedingten Löschung einer **Gesamtbelastung**, sei es an mehreren Grundstücken, sei es an mehreren oder allen Miteigentumsanteilen an einem Grundstück, müssen die Eigentümer aller belasteten Grundstücke bzw. Inhaber aller belasteten Miteigentumsanteile zustimmen,[44] da mehrere Eigentumsbruchteile mehreren Grundstücken gleichstehen.[45] Ist nur ein Bruchteil belastet, muss demgemäß auch nur dessen Inhaber zustimmen. Der Verzicht auf das Grundpfandrecht an einem einzelnen Grundstück oder einem einzelnen Miteigentumsanteil an einem insgesamt mit dem Grundpfandrecht belasteten Grundstück, der gem. § 1175 Abs. 1 S. 2 BGB ebenfalls zum Erlöschen des Grundpfandrechts nur an diesem einzelnen Grundstück oder Miteigentumsanteil führt, ist dagegen auch ohne Eigentümerzustimmung zu vollziehen;[46]
b) bei Gesamthandseigentum müssen zur Löschung des Grundpfandrechts alle verfügungsberechtigten Gesamthänder, zustimmen.[47]

(Auch) die Zustimmungserklärung des S. 1 kann durch einen Vertreter des Eigentümers abgegeben werden. Hinsichtlich der materiell-rechtlichen Zustimmungserklärung des § 1183 BGB unterliegen Gläubiger wie Eigentümer den **Beschränkungen des § 181 BGB** (der Gläubiger gibt seine eigene materiell-rechtliche Rechtsaufgabeerklärung ab und zugleich vertretungsweise die Zustimmungserklärung für den Eigentümer; umgekehrt gibt der Eigentümer in Vertretung des Gläubigers die Rechtsaufgabeerklärung ab und erklärt im eigenen Namen seine Zustimmung dazu).[48] Diese Wertung ist für die rein verfahrensrechtliche Zustimmungserklärung des § 27 GBO nicht zu beachten.[49]

---

36 OLG München FGPrax 2011, 61.
37 BayObLGZ 1984, 218; MüKo/*Kroll-Ludwigs*, BGB, § 1812 a.F. (Vorgängernorm zu § 150 Nr. 1) Rn 34; a.A. *Demharter*, GBO, § 27 Rn 16; *Damrau*, FamRZ 1984, 842, 849; KG OLG 26, 171; 44, 81; KG JW 1936, 2745.
38 OLG Hamm DNotZ 1977, 35.
39 OLG München DNotZ 2011, 925.
40 BGHZ 40, 115 = NJW 1963, 2320; OLG Oldenburg JR 1963, 23 Anm. *Jansen*; RGZ 145, 319.
41 KGJ 43, 266; OLG Hamm NJW 1969, 1492; DNotZ 1972, 96; *Haegele*, Rpfleger 1969, 350.
42 KGJ 50, 210.
43 Offen OLG Hamm MittBayNot 2013, 148 m. Anm. *Keim*; *Demharter*, GBO, § 27 Rn 16.
44 OLG Naumburg BeckRS 2015, 19873; KGJ 22, 140.
45 OLG München DNotZ 2011, 918, 919.
46 LG München NotBZ 2001, 308.
47 OLG Hamm ZEV 2014, 217 zur Erbengemeinschaft.
48 MüKo/*Lieder*, BGB, § 1183 Rn 13; BGH NJW 1980, 1577; OLG Köln FGPrax 2013, 153 (zur Geltung des § 181 BGB für den Eigentümer als Vertreter des Gläubigers); aA Grüneberg/*Herrler*, BGB § 1183 Rn 4.
49 AA womöglich BGH NJW 1980, 1577; *Reetz*, in BeckOK GBO, 43. Edition, Stand: 1.8.2021, Sonderbereiche, Vertretungsmacht, Rn 65.

V. Adressat und Wirksamkeit der Zustimmungserklärung

19 Die Zustimmungserklärung ist gegenüber dem Grundbuchamt abzugeben. Sie wird unter denselben Voraussetzungen wie die Eintragungsbewilligung „unwiderruflich" (siehe § 19 GBO Rdn 119). Die Zustimmungsberechtigung muss bei Löschung des Grundpfandrechts gegeben sein. Wechselt das Eigentum vor Vollzug der Löschung des Grundpfandrechts, ist die Zustimmung des neuen Eigentümers erforderlich.

D. Ausnahmen vom Zustimmungserfordernis
I. Unrichtigkeitsnachweis (S. 2)

20 Besteht das Grundpfandrecht nicht (mehr), ist der Eigentümer von der Löschung weder formell noch materiell betroffen. Der Unrichtigkeitsnachweis i.S.d. § 22 GBO macht die Bewilligung des eingetragenen Gläubigers gem. § 19 GBO und die Zustimmung des Eigentümers zur Löschung eines Grundpfandrechts gem. S. 2 entbehrlich.

Der Nachweis muss dem Grundbuchamt die Gewissheit verschaffen, dass das Grundpfandrecht, ggf. auch als Eigentümergrundschuld,[50] materiell-rechtlich entweder nie entstanden oder außerhalb des Grundbuchs erloschen ist und im Sinne eines „Wiederaufladens" auch nicht mehr neu entstanden sein kann.[51] An den Unrichtigkeitsnachweis sind generell und damit auch für den Fall des S. 2 strenge Anforderungen zu stellen, weil er die Löschung ohne Bewilligung des Betroffenen ermöglicht.[52] Der Nachweis kann sich aus dem Inhalt des Grundbuchs, gesetzlichen Vorschriften[53] oder den dem Grundbuchamt in Form des § 29 GBO vorgelegten Urkunden ergeben.

II. Ersetzung der Zustimmung

21 Die Zustimmung des Eigentümers wird ersetzt durch:
1. **rechtskräftiges Urteil,** durch das der Eigentümer zur Zustimmung verurteilt worden ist (§ 894 ZPO). Das Zustimmungsrecht kann nicht gepfändet werden,[54]
2. **Ersuchen einer Behörde** (§ 38 GBO) um Löschung, sofern sie dafür zuständig ist (siehe § 38 GBO Rdn 8). Zur Löschung eines für die Behörde selbst eingetragenen Grundpfandrechts ist deren Löschungsbewilligung nach § 19 GBO erforderlich,
3. **Unschädlichkeitszeugnis.** Grundstücksteilflächen, ganze Grundstücke bei Gesamtbelastungen,[55] Miteigentumsanteile,[56] Wohnungseigentum und Erbbaurechte[57] können gem. Art. 120 Abs. 1 EGBGB i.V.m. landesrechtlichen Vorschriften[58] unter bestimmten Voraussetzungen im Rahmen des Vollzugs einer Grundstücksveräußerung[59] auch ohne die sonst materiell- und verfahrensrechtlich erforderlichen Erklärungen auf der Grundlage eines sog. Unschädlichkeitszeugnisses lastenfrei abgeschrieben werden. Das Unschädlichkeitszeugnis ersetzt in solchen Fällen sowohl die materiell-rechtliche Zustimmung als auch die verfahrensrechtliche Bewilligung der dinglich Berechtigten. Damit sollen im Sinne des Übermaßverbots[60] Härten, die durch das Erfordernis von Freigabeerklärungen verursacht würden, jedenfalls dort vermieden werden, wo es um geringfügige Abschreibungen geht.[61] Das Grundbuchamt ist an das Zeugnis gebunden und zu seiner Überprüfung nicht berechtigt.[62]

---

50 Siehe OLG Karlsruhe FGPrax 2013, 253 zur Frage der wegen Wuchers nichtigen Grundpfandrechtbestellung.
51 OLG Stuttgart DNotZ 2012, 199, 200, zur infolge der sog. Rückschlagsperre gem. § 88 InsO unwirksam gewordenen Zwangshypothek; BGH DNotZ 2012, 844 geht darauf nur ganz am Rande ein; OLG Nürnberg FGPrax 2013, 113 zum Erlöschen gem. § 1181 Abs. 2 BGB.
52 KG FGPrax 2020, 153.
53 BayObLGZ 1953, 171 = Rpfleger 1953, 449.
54 OLG München MittBayNot 2017, 89; MüKo/*Lieder*, BGB § 1183 Rn 9; a.A. OLG Saarbrücken BeckRS 2013, 17986; OLG Dresden NotBZ 2010, 410; *Demharter*, § 27 Rn 12; offen gelassen von BGH NJW 2018, 710 m.w.Nachw.
55 BGHZ 18, 296 = Rpfleger 1955, 348.
56 BayObLGZ 1965, 466 = DNotZ 1966, 609.
57 Zum Unschädlichkeitszeugnis bei WEG gem. §§ 35 ff. AGBGB-Hamburg (bejahend) vgl. Hanseat. OLG DNotI-Report 2002, 93, zu den Rechtsverhältnissen in NRW vgl. *Geißel*, MittRhNotK 1997, 333, 345.
58 Fundstellen der landesrechtlichen Gesetze bei Grüneberg/*Herrler*, EGBGB, Art. 120.
59 OLG München NJOZ 2013, 1170; OLG München MittBayNot 2013, 82.
60 BayObLG MittBayNot 1989, 22.
61 Meikel/*Böttcher*, GBO, § 27 Rn 97.
62 OLG Hamm FGPrax 2004, 206.

E. Exkurs: Löschungsbewilligung des Grundpfandgläubigers

I. Rechtsgrundlage

Voraussetzungen und Folgen der Löschungsbewilligung des Grundpfandgläubigers bestimmen sich nach § 19 GBO. Die verfahrensrechtliche Löschungsbewilligung ist mit der materiell-rechtlichen Aufgabeerklärung nicht identisch, auch wenn die eine in der anderen Erklärung enthalten sein kann. Für die Löschungsbewilligung des Gläubigers ist nur § 19 GBO maßgebend, für die Aufgabeerklärung § 875 BGB. Für die Löschungsbewilligung gelten alle Ausführungen zur Bewilligung, insbes. über Inhalt (vgl. § 19 GBO Rdn 14, 21 ff.), Form (§ 29 Abs. 1 S. 1 GBO) und Bewilligungsberechtigung (siehe § 19 GBO Rdn 35 ff.) der unmittelbar und mittelbar Betroffenen. Auch die Löschungsbewilligung unterliegt der Auslegung. Sie kann z.B. auch in der Freistellungsverpflichtung in einer Auflassungsurkunde enthalten sein[63] oder im Löschungsantrag (siehe Rdn 12).[64]

Ist das Grundbuch unrichtig, erfolgt Löschung nach § 22 GBO entweder ebenfalls aufgrund Löschungsbewilligung, die dann eine Berichtigungsbewilligung darstellt, oder aufgrund Unrichtigkeitsnachweises (siehe § 22 GBO Rdn 103 ff.).

II. Inhalt

Die Löschungsbewilligung gestattet die Löschung des Grundpfandrechts im Grundbuch. Der Rechtsgrund für die Löschung muss nicht mitgeteilt werden. Die Löschungsbewilligung für ein Gesamtgrundpfandrecht umfasst im Zweifel auch einen Teilverzicht des Gläubigers, der eine Teillöschung ohne Nachweis der Eigentümerzustimmung erlaubt.[65] Das Grundbuchamt hat den Grund der Löschung grds. nicht zu prüfen.[66] Weiß es jedoch, dass die Löschung das Grundbuch auch nur vorübergehend unrichtig machen würde, darf es die Löschung nicht vornehmen.[67] Hat es aufgrund konkreter Anhaltspunkte berechtigte Bedenken, muss es seiner Aufklärungspflicht nachkommen.

III. Löschungsfähige Quittung

Ein Gläubiger ist gem. § 368 BGB allgemein verpflichtet, den Empfang der ihm geschuldeten Leistung zu quittieren.

Zur Löschung einer akzessorischen Hypothek ist die „löschungsfähige Quittung" nicht geeignet, wenn und weil der Gläubiger damit bestätigt, dass ihm die Hypothek infolge Erfüllung des durch sie gesicherten Anspruchs nicht mehr zusteht,[68] denn dann ist er gar nicht mehr berechtigt, deren Löschung zu bewilligen. Die „löschungsfähige Quittung" ist also gerade keine Löschungsbewilligung, kann aber ggf. als solche gemeint sein und ausgelegt werden. Die Verbindung einer Löschungsbewilligung mit einer solchen Quittung ist für den Grundbuchvollzug nur bedingt geeignet, wenn der Gläubiger mit der Quittung den Verlust seiner Verfügungsmacht über das Grundpfandrecht und damit lediglich die Unrichtigkeit des Grundbuchs bestätigt; zur Löschung des Grundpfandrechts ist in diesen Fällen zusätzlich die Löschungsbewilligung desjenigen erforderlich, auf den das Grundpfandrecht infolge der Erfüllungsleistung übergegangen ist und – wenn es sich dabei nicht um den Grundstückseigentümer handelt – dessen Zustimmung gem. S. 1.

Die Quittung kann für die Löschung nur dann verwendet werden, wenn sie sich nur auf die durch das Grundpfandrecht gesicherte Forderung bezieht und deren Erlöschen keine Eigentümerhypothek gem. § 1163 BGB herbeiführt. Dies ist z.B. anzunehmen, wenn im Rahmen der Bewilligung der Löschung einer Grundschuld erklärt wird, dass „keine Forderung mehr besteht", „der Gläubiger befriedigt ist", „die Schuld ausgeglichen ist". In diesem Fall dient die Quittung lediglich der grundbuchverfahrensrechtlich unerheblichen Erläuterung der abstrakten Löschungsbewilligung.[69] Ergibt sich dagegen aus der Erklä-

---

63 BayObLGZ 1973, 220 = Rpfleger 1973, 404.
64 Siehe auch Meikel/*Böttcher*, GBO, § 27 Rn 22.
65 OLG München FGPrax 2016, 150; DNotI-Report 2023, 33.
66 BayObLGZ 1952, 322; KG DNotZ 1934, 363 = HRR 34 Nr. 651; OLG Hamm DNotZ 1958, 547.
67 OLG München FGPrax 2011, 69.
68 OLG Frankfurt a.M. RNotZ 2017, 521, 524; OLG München JFG 21, 81; KG NJW 1973, 57 = DNotZ 1973, 301.
69 *Güthe/Triebel*, GBO, § 27 Rn 11; *Schöner/Stöber*, GBR, Rn 2732.

rung, dass der Gläubiger auch sein Grundpfandrecht verloren hat, insbes., weil auf die Grundschuld selbst geleistet wurde, darf seine Löschungsbewilligung nicht mehr verwendet werden.[70]

26 Die für den Grundbuchvollzug taugliche „löschungsfähigen Quittung" muss Angaben darüber enthalten,
– dass der Grundpfandrechtsgläubiger befriedigt ist und ihm damit das Grundpfandrecht nicht mehr zusteht,
– wem infolge der Befriedigung das Grundpfandrecht zusteht; dies hängt davon ab, von wem und ggf. für wessen Rechnung der eingetragene Grundpfandgläubiger befriedigt wurde; hat zwischen Grundpfandrechtsbestellung und Löschung ein Eigentumswechsel stattgefunden, muss auch der Zeitpunkt der Zahlung angegeben werden.[71]

27 Eine **Höchstbetragshypothek** kann im Hinblick auf § 1190 Abs. 1 S. 1 BGB mit Hilfe einer löschungsfähigen Quittung des Gläubigers nur gelöscht werden, wenn die gesicherten Forderungen festgestellt sind.[72]

Bei Grundschulden kommt es darauf an, ob die Zahlung auf das dingliche Recht oder auf die durch das dingliche Recht gesicherte schuldrechtliche Forderung geleistet worden ist.[73] Nur im letzteren Fall kann der Grundschuldgläubiger die Löschung der Grundschuld bewilligen.[74] Die löschungsfähige Quittung muss darüber eine Erklärung enthalten, sofern sich nicht aus der Grundschuldbestellungsurkunde ergibt, worauf im Zweifelsfall die Zahlungen geleistet werden.[75]

28 Steht eine Hypothek **Gesamtgläubigern** zu (§ 428 BGB), so genügt die löschungsfähige Quittung eines der Gesamtgläubiger,[76] während eine Löschungsbewilligung von allen Gesamtgläubigern abgegeben werden müsste, da zweifelhaft ist, ob Erlöschen der Hypothek schlechthin gewollt ist.[77]

29 Die **Rechtsfolgen** der löschungsfähigen Quittung sind im Einzelfall verschieden:
a) Hat der Grundstückseigentümer auf das Grundpfandrecht bezahlt und es damit kraft Gesetzes erworben, bedarf die Löschung nur noch seiner Bewilligung (Löschungsbewilligung, nicht Zustimmung i.S.d. § 27 GBO).[78] In diesem Fall braucht der Eigentümer dazu auch nicht vorher noch als Grundpfandgläubiger im Grundbuch eingetragen werden, wenn er bereits als Eigentümer eingetragen ist, da er mit der Löschungsbewilligung über ein aus seinem Eigentum folgenden Recht und nicht einem Hypothekenrecht verfügt.[79]
b) Ergibt sich aus der löschungsfähigen Quittung der Übergang des Grundpfandrechts auf einen durch Nacherbfolge beschwerten oder unter Vormundschaft oder Betreuung stehenden Eigentümer, so sind dieselben Rechtsgrundsätze zu beachten wie für seine Berechtigung zur Zustimmung gem. § 27 GBO (vgl. Rdn 13 ff.).
c) Steht der Anspruch auf Kapital und auf Zinsen aus dem Grundpfandrecht verschiedenen Gläubigern zu, kann das Grundpfandrecht im Hinblick auf § 1178 Abs. 2 BGB einschließlich Zinsen aufgrund Erklärung des Gläubigers des Kapitals gelöscht werden ohne Zustimmung des Zinsgläubigers.[80]

---

70 Meikel/*Böttcher*, GBO, § 27 Rn 49.
71 OLG München DNotZ 2011, 918, 919 f.
72 OLG Dresden OLG 41, 184; Formulierungsvorschlag bei Schöner/Stöber, GBR, Rn 2735.
73 KG Rpfleger 1975, 136.
74 BGH MDR 1968, 35; KG JFG 17, 201.
75 OLG Frankfurt a.M. FGPrax 1997, 11.
76 KG Rechtspfleger 1965, 366 zust. *Haegele*.
77 OLG Brandenburg FGPrax 2015, 196; Schöner/Stöber, GBR, Rn 2734; *Demharter*, GBO, § 27 Rn 21; KG Rpfleger 1965, 366 hat diese Frage wegen BGHZ 29, 363 offengelassen.
78 *Demharter*, GBO; § 27, Rn 23; Meikel/*Böttcher*, GBO, § 27 Rn 62.
79 Güthe/Triebel, GBO, § 40 Rn 14; OLG Schleswig FGPrax 2010, 280; KG FGPrax 2009, 201.
80 OLG Hamm RnotZ 2016, 210; OLG Nürnberg FGPrax 2011, 114 = MittbayNot 2012, 126 m. Anm. *Wolfsteiner*; *Demharter*, GBO, § 27 Rn 20; a.A. Meikel/*Böttcher*, GBO, § 27 Rn 23, der in der h.M. einen Verstoß gegen Art. 14 Abs. 1 GG sieht.

§ 28 [Bezeichnung des Grundstücks und einzutragender Geldbeträge]

In der Eintragungsbewilligung oder, wenn eine solche nicht erforderlich ist, in dem Eintragungsantrag ist das Grundstück übereinstimmend mit dem Grundbuch oder durch Hinweis auf das Grundbuchblatt zu bezeichnen. Einzutragende Geldbeträge sind in inländischer Währung anzugeben; durch Rechtsverordnung des Bundesministeriums der Justiz und für Verbraucherschutz im Einvernehmen mit dem Bundesministerium der Finanzen kann die Angabe in einer einheitlichen europäischen Währung, in der Währung eines Mitgliedstaats der Europäischen Union oder des Europäischen Wirtschaftsraums oder einer anderen Währung, gegen die währungspolitische Bedenken nicht zu erheben sind, zugelassen und, wenn gegen die Fortdauer dieser Zulassung währungspolitische Bedenken bestehen, wieder eingeschränkt werden.

A. Überblick 1	IX. Bezeichnung ideeller Miteigentumsanteile
B. Grundstücksbezeichnung (S. 1) 2	(verbunden mit Sondereigentum) 18
I. Anwendungsbereich 2	**C. Angabe von Geldbeträgen (S. 2)** 19
II. Unanwendbarkeit 9	I. Geldbeträge (S. 2 Hs. 1) 19
III. Fehlerfolgen 10	II. Eintragung in nicht mehr geltender Währung
IV. Gegenstand der Bezeichnung 11	(Euro-Umstellung) 20
V. Bezeichnungsarten 12	III. Fremdwährungen (S. 2 Hs. 2) 21
VI. Bezeichnung mehrerer Grundstücke 15	**D. Verstoß gegen § 28 GBO** 22
VII. Bezeichnung realer Grundstücksteile 16	**E. Wertsicherungsvereinbarungen im**
VIII. Bezeichnung des Ausübungsbereichs von	**Grundbuch** 23
Rechten 17	

A. Überblick

§ 28 GBO enthält zwei voneinander unabhängige verfahrensrechtliche Ordnungsvorschriften.[1] Sie sollen zu der im Grundbuchverfahren notwendigen Bestimmtheit der maßgeblichen Erklärungen und der sich daran anschließenden Eintragung beitragen, um eine Übereinstimmung der Grundbucherklärungen mit der Grundbucheintragung zu gewährleisten und sind vom Grundbuchamt zwingend zu beachten.[2]

S. 1 fordert eine genaue Bezeichnung des Grundstücks, um die Eintragungstätigkeit am richtigen Grundstück zu sichern.[3]

S. 2 schreibt für die Eintragungsunterlagen und das Grundbuch selbst eine einheitliche Angabe der Geldbeträge in bestimmten Währungen vor. Er ist durch das RegVBG geändert und um Hs. 2 ergänzt worden, um der Beteiligung der Mitgliedsstaaten der Europäischen Union an der Europäischen Union Rechnung zu tragen.

B. Grundstücksbezeichnung (S. 1)

I. Anwendungsbereich

Der **Wortlaut** des S. 1 erfasst nur die Bewilligung, § 19 GBO, sowie den Eintragungsantrag, § 13 GBO. Unabhängig davon müssen auch alle anderen Grundbucherklärungen und andere Eintragungsvoraussetzungen erkennen lassen, auf welches Grundbuch sie sich beziehen. Der im S. 1 zum Ausdruck kommende Rechtsgedanke ist im Grundbuchverfahren deshalb unter Beachtung der grundbuchrechtlichen Bestimmtheits- und Auslegungsgrundsätze generell anzuwenden.[4]

---

1 RGZ 157, 125; BGH Rpfleger 1986, 210.
2 OLG München MittBayNot 2013, 483.
3 BGH Rpfleger 1984, 310, 311; 1987, 452; OLG Nürnberg FGPrax 2012, 195, 196; OLG Köln Rpfleger 1992, 153; *Böhringer*, Rpfleger 1988, 389, 391.
4 BGH NJOZ 2012, 608; BGHZ 90, 323, 327 = NJW 1984, 1959; OLG Nürnberg FGPrax 2012, 195, 196; OLG Köln DNotZ 1992, 371; OLG Zweibrücken DNotZ 1988, 580; Meikel/*Kraiß*, GBO, § 28 Rn 18 ff.

3 S. 1 gilt unmittelbar für die **Bewilligungserklärung mit ihren Unterarten** (siehe § 19 GBO Rdn 4), also die Bewilligung des unmittelbar und mittelbar Betroffenen (§ 19 GBO), Berichtigungsbewilligung,[5] Löschungsbewilligung,[6] Berichtigungszustimmung (§ 22 Abs. 2 GBO), Löschungszustimmung (§ 27 GBO), Urteil auf Abgabe der Bewilligung oder einer ihrer Unterarten,[7] gemischter Antrag, der zugleich eine Grundbucherklärung ersetzt (§ 30 GBO).

4 Für **andere Erklärungen**, die an die Stelle der Eintragungsbewilligung treten, gilt S. 1 ebenfalls unmittelbar, so insbes. die Abtretungs- und Belastungserklärung nach § 26 GBO.[8] Gemäß § 126 Abs. 2 S. 2 UmwG ist § 28 GBO im Spaltungs- und Übernahmevertrag, der dem GBA zum Vollzug der Grundbuchberichtigung vorzulegen ist,[9] als materiell-rechtliches Erfordernis zu beachten.[10] Gleiches gilt gem. § 228 S. 2 InsO für den Insolvenzplan sowie für § 8 Abs. 2 InVorG. Im Hinblick darauf, dass ungeachtet S. 1 auch für die Grundstücksbezeichnung die grundbuchverfahrensrechtlichen Auslegungsgrundsätze gelten, kann es gleichwohl genügen, wenn nicht jedes einzelne Grundstück im Spaltungs- und Übernahmevertrag gem. S. 1 bezeichnet, aber gleichwohl für jedermann klar und eindeutig bestimmt ist.[11]

5 Bei **Erklärungen zur Ergänzung und Begründung von Grundbucherklärungen**, insbes. Vollmachten, nachträglichen Genehmigungen, löschungsfähigen Quittungen gilt (nur) der Rechtsgedanke des S. 1 unter Beachtung der Zulässigkeit einer Bezugnahme auf ihrerseits § 28 GBO genügende Erklärungen. So muss bspw. eine Vollmacht zur Abgabe von Grundbucherklärungen einerseits nicht S. 1 genügen, andererseits aber für das Grundbuchverfahren ausreichend erkennen lassen, auf welche Grundstücke sie sich bezieht, was z.B. für eine Generalvollmacht, welche ganz allgemein das Recht zu Verfügungen über Grundstücksrechte aller Art des Vollmachtgebers umfasst, ohne Weiteres anzunehmen ist.

6 Auch bei **Erklärungen und Ersuchen von Behörden**, aufgrund derer eine Eintragung vorgenommen werden soll, vor allem behördliche Ersuchen nach § 38 GBO gilt (nur) der Rechtsgedanke des S. 1.[12]

7 Für **gerichtliche und behördliche Entscheidungen**, die den Eintragungsantrag oder die -bewilligung unmittelbar ersetzen, gilt auch S. 1 unmittelbar: also Urteil,[13] einstweilige Verfügung;[14] Pfändungs- und Überweisungsbeschluss, behördliche Genehmigungen mit der Einschränkung, dass Grundstücksbezeichnung nach Grundbuch oder Kataster nicht erforderlich ist, wenn sich deutlich ergibt, auf welchen Rechtsvorgang sich die Genehmigung bezieht, z.B. durch Angabe der Urkunde über den genehmigungspflichtigen Vorgang.[15]

8 **Eintragungsantrag** (§ 13 GBO) nur, wenn weder Eintragungsbewilligung noch eine andere an ihre Stelle tretende Urkunde erforderlich ist.

II. Unanwendbarkeit

9 § 28 GBO ist nicht anzuwenden auf die für das Grundbuchverfahren nicht benötigten schuldrechtlichen Erklärungen (z.B. Kaufvertrag oder sonstiges schuldrechtliches Grundgeschäft) und auch nicht auf die zur dinglichen Rechtsänderung erforderlichen Erklärungen des materiellen Grundstücksrechts (z.B. §§ 873, 875, 885, 1154, 1196 BGB, siehe § 1 Einl. Rdn 34), die damit ggf. materiell wirksam, aber verfahrensrechtlich (noch) nicht verwendbar sind.[16]

III. Fehlerfolgen

10 Genügt der ggf. durch Auslegung zu ermittelnde Inhalt der Eintragungsunterlagen nicht den Vorgaben des S. 1, hat das Grundbuchamt die Eintragung zu versagen, auch wenn die Erklärungen materiell-recht-

---

5 KGJ 34, 305; § 22 Rn 68; BGH Rpfleger 1986, 210.
6 BayObLGZ 1961, 107.
7 BGH Rpfleger 1987, 452.
8 KG JW 1937, 896.
9 KG DNotZ 2012, 621, 623; OLG Düsseldorf FGPrax 2010, 225.
10 KG NJW-RR 2015, 533; BGH DNotZ 2008, 468 m. Anm. *Limmer*; *Weiler*, MittBayNot 2008, 310.
11 OLG Schleswig DNotZ 2010, 66; skeptisch dazu *Blasche*, NZG 2016, 318.
12 A.A. KG RPfleger 2013, 284: § 28 S. 1 GBO gilt unmittelbar.
13 BGH DNotZ 1988, 109.
14 OLG Düsseldorf Rpfleger 1978, 216; BayObLG Rpfleger 1981, 190 Anm. *Meyer-Stolte*.
15 KG JW 1937, 896; vgl. auch LG Leipzig VIZ 1994, 562.
16 OLG Naumburg FGPrax 2014, 56, 57; *Kössinger*, MittBayNot 2013, 484.

lich wirksam sind.[17] Die fehlenden Angaben können nicht im reinen Antrag nach § 13 GBO ergänzt,[18] sondern müssen in entsprechender Form nachgeholt werden, wofür die Erklärung des Betroffenen genügt.[19] Unklarheiten lassen sich durch Auslegung jedenfalls dann nicht beseitigen, wenn nicht ersichtlich ist, an welchem Grundstück die Eintragung erfolgen soll.[20] Ist der Notar dazu ermächtigt, kann er die fehlenden oder ungenügenden Angaben in einer Eigenurkunde, ggf. auch durch Berichtigung gem. § 44a BeurkG,[21] nachholen (vgl. § 19 GBO Rdn 161, § 20 GBO Rdn 84, § 29 GBO Rdn 135),[22] aber nicht die materielle Auflassung ergänzen.

IV. Gegenstand der Bezeichnung

Zu allen Eintragungen, gleichgültig ob sie das Eigentum oder ein anderes dingliches Recht betreffen, sind in den Grundbucherklärungen unzweideutige Angaben notwendig, an welchem Grundstück sie zu vollziehen sind.[23] Miteigentumsanteile, Wohnungseigentum, Erbbaurechte und andere grundstücksgleiche Rechte sind nach den gleichen Grundsätzen wie Grundstücke zu bezeichnen (siehe hierzu Rdn 12 ff.). Haben die Beteiligten in ihren materiell-rechtlichen Erklärungen ein Grundstück übereinstimmend ungewollt falsch (Grundstück Nr. 1 bezeichnet, Nr. 2 gewollt) oder gar nicht (Bezeichnung nicht aller gewollten Grundstücke) oder überhaupt (ungewollte Einbeziehung eines Grundstücks) bezeichnet, so ist die materiell-rechtliche Einigung nach den für die falsa demonstratio in formbedürftigen Verträgen entwickelten Grundsätzen materiell wirksam über das wirklich gewollte Grundstück zustande gekommen.[24] Ist die Auflassung materiell wirksam, bedarf es keiner neuen Auflassung in der Form des § 925 Abs. 1 BGB. Die Bewilligung genügt für die Grundbucheintragung dagegen nur, wenn sie von den Beteiligten in der Form des § 29 GBO entsprechend § 28 GBO nachgeholt wird.[25]

11

V. Bezeichnungsarten

Übereinstimmung mit dem Grundbuch (S. 1 Alt. 1): Für die mit dem Grundbuch übereinstimmende Bezeichnung ist § 2 Abs. 2 i.V.m. § 6 Abs. 3–5 GBVerf. zu beachten. Die Übereinstimmung wird bereits durch Angabe von Gemarkung (Flur), Kartenblatt und Flurstücks- bzw. Parzellen-Nummer (Flurstück) hergestellt; ein zum Grundstück gehörender Anliegerweg muss nicht eigens mitbezeichnet werden.[26] Die Angabe des Grundstücksbeschriebs, z.B. Größe, Wirtschaftsart und Lage ist für sich allein weder ausreichend noch für die Bezeichnung i.S.d. § 28 GBO notwendig. Sie ist aber (vor allem bei Übereignung von Grundstücken) zweckmäßig und in der Praxis üblich.[27] Falsche Angabe der Größe ist unschädlich, wenn das Grundstück in einer der beiden Formen des § 28 GBO bezeichnet ist und Zweifel an seiner Identität nicht vorhanden sind.[28]

12

Hinweis auf Grundbuchblatt (S. 1 Alt. 2): Der Hinweis auf das Grundbuchblatt besteht (mindestens) in Angaben über das grundbuchführende Gericht, den Grundbuchbezirk, (Band-) und Blatt-Nummer. Sind auf dem Blatt mehrere Grundstücke vorgetragen, von denen durch die Grundbucherklärung nicht alle betroffen sein sollen, müssen die betroffenen Grundstücke individualisiert werden, z.B. durch Angabe der laufenden Nummer des Bestandsverzeichnisses oder der Flurstücks-Nummer.[29] Sind alle auf dem Blatt vorgetragenen Grundstücke betroffen, genügt die Formulierung „an allen im Grundbuch des AG … für …Blatt … vorgetragenen Grundstücken".[30] Um Zweifel auszuschließen, empfiehlt sich aber ein Zusatz, ob alle zurzeit „der Beurkundung" oder des „Grundbuchvollzugs" dort vorgetragenen Grundstücke gemeint sind. Es ist rechtlich zulässig und in der Praxis z.B. bei Gesamtbelastungen häufig der Fall, dass

13

---

17 BGH NJW 1984, 59; 1986, 1867; 1988, 415; BayObLG Rpfleger 1982, 141; 1982, 416; DNotZ 1988, 117.
18 KG OLG 40, 42; OLG München JFG 15, 284.
19 BGH MittBayNot 1981, 233; LG Ulm MittBayNot 1971, 247. Ist die Auflassung selbst unklar, bedarf es einer erneuten Auflassung, OLG Saarbrücken, NJOZ 2020, 449.
20 OLG Hamm NJW 1966, 2411; *Böhringer*, Rpfleger 1988, 389, 391.
21 OLG Düsseldorf RNotZ 2017, 189.
22 BGHZ 78, 36 = DNotZ 1981, 118; BayObLG DNotZ 1983, 434; Rpfleger 1988, 60.
23 OLG Naumburg RNotZ 2022, 319, 322.
24 BGH MittBayNot 2002, 292; OLG München ZWE 2020, 76; *Bergermann*, RNotZ 2002, 557, 566; *Hagen*, DNotZ 1984, 284.
25 So auch im Fall des OLG München MittBayNot 2017, 581.
26 BayObLG DNotZ 1993, 389, 390.
27 BayObLGZ 4, 232; *Demharter*, GBO, § 28 Rn 12.
28 OLG Zweibrücken Rpfleger 1988, 183.
29 BayObLG Rpfleger 1980, 433.
30 BayObLG Rpfleger 1981, 147.

der Gesamtbesitz in dem Umfang belastet werden soll, wie er im Zeitpunkt der Grundbucheintragung vorgetragen sein wird.

14 **Werden beide Möglichkeiten ausgenutzt und stimmt eine davon mit dem Grundbuch nicht überein,** ist es Frage des Einzelfalles, ob genügende Klarheit über das Grundstück besteht oder nicht.[31] Zur Auslegung können auch die sonst für sich allein nicht genügenden Angaben über Lage, Straße, Hausnummer, Wirtschaftsart, Größe usw. herangezogen werden. § 28 GBO muss seinem Zweck entsprechend angewandt (siehe Rdn 1), darf aber nicht formalistisch überspannt werden.[32] Beide Bezeichnungsarten zugleich kann das Grundbuchamt nicht verlangen, eine andere aber ablehnen.[33]

VI. Bezeichnung mehrerer Grundstücke

15 Beziehen sich die von S. 1 erfassten Grundbucherklärungen auf mehrere Grundstücke, ist zu unterscheiden:

1. Sind zwangsläufig (vgl. § 48 GBO Rdn 12) alle Grundstücke betroffen, genügt die Bezeichnung eines einzigen von ihnen, wenn sich aus den Erklärungen ergibt, dass auch die anderen Grundstücke mitgemeint sind.[34] In solchen Fällen ergeben sich die anderen Grundstücke aus dem Grundbuch.
2. Können alle, aber auch nur einzelne Grundstücke betroffen sein, so sind sämtliche von der Bewilligung tatsächlich betroffenen Grundstücke gem. S. 1 zu bezeichnen.[35] Stellt das Grundbuchamt bei einem mehrere Grundstücke betreffenden Berichtigungsantrag in einer „Aufklärungsverfügung" selbst fest, bei welchen Grundstücken nach dem Begehren des Antragstellers Eintragungen vorgenommen werden sollen, dann kann es – wenn der Antragsteller dieser Feststellung nicht widerspricht – den Antrag nicht wegen Verstoßes gegen S. 1 zurückweisen.[36] Ist Einzelvollzug möglich, wie bei Aufhebung der Gesamthypothek an einem der belasteten Grundstücke, müssen deshalb in der Löschungsbewilligung alle Grundstücke nach S. 1 bezeichnet werden. Allgemeineinfassungen genügen nicht, wie z.B. „allerorts im Grundbuch",[37] „das Grundstück"[38] oder „das Anwesen X-heim Hs-Nr. 50", wenn auf dem Grundbuchblatt mehrere Grundstücke vorgetragen sind.[39] Alle Grundbuchstellen oder Grundstücke müssen aber nicht aufgeführt werden, wenn „die Löschung des Gesamtrechts im Grundbuch für …Blatt … und allen aus dem dortigen Mitbelastungsvermerk ersichtlichen Grundstücken bewilligt wird"; da mit dem „dortig" auf eine Grundbuchstelle verwiesen wird, die ihrerseits den Anforderungen des § 28 GBO genügt[40] Ist Einzel- und Gesamtvollzug möglich und ist der Wille des Betroffenen auf beides gerichtet (z.B. Entstehung einer Einzelgrundschuld vor Eintragung der Gesamtgrundschuld an allen Grundbüchern), muss der Betroffene in der Bewilligung alle Grundstücke bezeichnen und die Gestattung des Einzelvollzugs zum Ausdruck bringen. Die Ermächtigung an den Notar, getrennten Vollzug an einzelnen Grundstücken zu beantragen, lässt offen, ob der Besteller auch eine Einzelgrundschuld oder nur das Entstehen einer Gesamtgrundschuld will.[41]

VII. Bezeichnung realer Grundstücksteile

16 Soll an einer realen, im Grundbuch noch nicht als eigenes Grundstück eingetragenen Grundstücksteilfläche das Eigentum übertragen (vgl. § 20 GBO Rdn 86) oder ein Recht bestellt werden, muss diese Fläche in der Bewilligung (§ 19 GBO) bzw. Auflassung (§ 20 GBO) mit einem dem § 28 GBO entsprechenden Inhalt in Form des § 29 GBO so bezeichnet werden, wie sie sich nach Vollzug der Auflassung oder Belas-

---

[31] BayObLG Rpfleger 1980, 433; 81, 147.
[32] OLG Düsseldorf FGPrax 2018, 148; BGH Rpfleger 1984, 310, 311; BayObLG DNotZ 1961, 591; Rpfleger 1980, 433; 1981, 147; 1982, 62; OLG Hamm DNotZ 1971, 49; OLG Zweibrücken Rpfleger 1988, 183.
[33] OLG Bremen Rpfleger 1975, 364.
[34] KG OLG 43, 181; *Demharter*, GBO, § 28 Rn 8.
[35] OLG Naumburg RNotZ 2022, 319, 322; OLG Düsseldorf DNotZ 1952, 35.
[36] BayObLG, NJW-RR 1990, 722.
[37] BayObLG DNotZ 1961, 591 = Rpfleger 1962, 20; OLG Neustadt Rpfleger 1962, 345; OLG Köln DNotZ 1976, 746; *Demharter*, GBO, § 28 Rn 8; a.A. *Hieber*, DNotZ 1961, 576; *Teubner*, DNotZ 1976, 748; krit. auch *Schöner/Stöber*, GBR, Rn 133, 2752.
[38] BayObLG Rpfleger 1981, 190 Anm. *Meyer-Stolte*.
[39] OLG Naumburg FGPrax 2012, 195; BayObLG Rpfleger 1980, 433; 1982, 141.
[40] OLG Nürnberg FGPrax 2012, 195, 196; *Schöner/Stöber*, GBR, Rn 133, 2752; *Böhringer*, Rpfleger 1988, 389, 393.
[41] OLG Düsseldorf DNotZ 1973, 613.

tung aus dem Kataster und dem Grundbuch ergibt (vgl. § 2 GBO Rdn 6 ff.).[42] Dies gilt auch dort, wo in materiell-rechtlichen Normen auf S. 1 verwiesen wird (vgl. Rdn 4).[43]

Vermessene Teilflächen sind unter Heranziehung der Grundsätze des § 28 GBO entsprechend den amtlichen Festsetzungen des Vermessungsamtes im Fortführungsnachweis so zu bezeichnen, wie sie nach dessen Vollzug im Grundbuch vorgetragen sein werden. Die Angabe der alten Blattstelle ist möglich, der neuen noch nicht.

Zum Vollzug (nicht zur Erklärung) der **Auflassung eines Grundstücksteiles** (§ 2 Abs. 3 GBO) muss die Teilfläche kataster- und grundbuchmäßig verselbstständigt werden (siehe § 2 GBO Rdn 6). Die Teilflächenbezeichnung (Identitätserklärung) muss grundbuchrechtlich S. 1 entsprechen.[44] Die Identitätserklärung dient nur zur grundbuchverfahrensrechtlichen Bestätigung der unvermessen veräußerten Teilfläche mit dem bei der Teilungsvermessung neu gebildeten Flurstück, unabhängig davon, ob sie der Auflassung nachfolgt oder vorausgeht.[45] Wird ein Teilgrundstück aufgelassen und bestehen nach Vorliegen des Fortführungsnachweises hinsichtlich der Identität der Teilfläche keine vernünftigen Zweifel, darf das Grundbuchamt die Eintragung des Eigentumswechsels nicht von der Vorlage einer Identitätserklärung abhängig machen.[46] Liegt eine den Beteiligten zurechenbare Identitätserklärung vor, bedarf es keiner Überprüfung durch das Grundbuchamt, ob das im Zeitpunkt der Auflassung noch unvermessene Grundstück mit dem grundbuchmäßig in der Identitätserklärung bezeichneten Grundstück übereinstimmt.[47]

Die **Belastung eines Grundstücksteiles** (§ 7 Abs. 1 GBO) setzt grundsätzlich die kataster- und grundbuchmäßige Verselbstständigung dieser Teilfläche voraus (siehe § 2 GBO Rdn 6). Ausnahmsweise genügt unter den Voraussetzungen des § 7 Abs. 2 GBO für ihre Belastung mit einer Dienstbarkeit oder Reallast, dass sie kartenmäßig eindeutig bezeichnet wird (siehe § 7 GBO Rdn 12).

VIII. Bezeichnung des Ausübungsbereichs von Rechten

Bei Belastung des Grundstücks mit einem Recht, dessen Ausübung rechtsgeschäftlich auf einen realen Teil des Grundstücks beschränkt ist, muss

a) **das zu belastende Grundstück** gem. S. 1 bezeichnet werden (siehe Rdn 11 ff.),
b) **der Ausübungsbereich** entsprechend den grundbuchrechtlichen Bestimmtheits- und Auslegungsgrundsätzen in einer dem Verkehrsbedürfnis entsprechenden Weise zweifelsfrei bezeichnet,[48] aber weder kataster- und grundbuchmäßig verselbstständigt, noch in eine amtliche Karte eingezeichnet werden (vgl. § 7 GBO Rdn 36).[49]

Dies kann erfolgen z.B. durch eine in der Bewilligung in Bezug genommene allgemein zugängliche Karte,[50] durch genaue Beschreibung unter Bezugnahme auf Orientierungshilfen,[51] auch wenn die Orientierungshilfen beseitigt werden können[52] oder die Begrenzung der Fläche von der Entschließung einer Behörde (z.B. Bebauungsplan) abhängt.[53] Das Erfordernis der Bezeichnung der Ausübungsfläche entfällt, wenn einem Vertragsteil oder Dritten das Geländebestimmungsrecht übertragen ist.[54]

Die gleichen Anforderungen gelten für **Vormerkungen,** Widersprüche, Verfügungsbeschränkungen und sonstige Vermerke (siehe § 1 Einl. Rdn 82), die am ganzen Grundstück eingetragen werden, aber lediglich einen realen Grundstücksteil betreffen, z.B. Auflassungsvormerkung für den Anspruch auf Übereignung einer erst noch zu vermessenden Teilfläche (siehe § 6 Einl. Rdn 14, 43; § 7 GBO Rdn 18).[55] Die Vormerkung kann schon vor Festlegung der betroffenen Fläche eingetragen werden, wenn im schuldrechtlichen

---

42 BGH DNotZ 1988, 109; *Böttcher*, Rpfleger 1989, 133, 134.
43 Vgl. *Blasche*, NZG 2016, 328, 331.
44 BayObLG Rpfleger 1988, 60.
45 BGH FGPrax 2016, 1.
46 OLG Köln, NJW-RR 1992, 1043; missverständlich BGH MittBayNot 2020, 483, 486.
47 LG Saarbrücken, MittRhNotK 1997, 364.
48 BGH Rpfleger 1976, 126; BGH DNotZ 1982, 228; 1985, 37; BayObLGZ 1983, 253, 255.
49 Siehe auch *Wirner*, MittBayNot 1981, 221; *Schöner/Stöber*, GBR, Rn 1119, 1141.
50 BGHZ 59, 11 = DNotZ 1972, 533; *Winkler*, Rpfleger 1980, 169; *Arnold*, DNotZ 1980, 262.
51 BGH DNotZ 1969, 286; 1969, 486; 1982, 230; BayObLG Rpfleger 1982, 335.
52 BGH DNotZ 1982, 230.
53 BayObLG Rpfleger 1983, 344.
54 BGH DNotZ 1973, 609; BGH Rpfleger 1981, 286; 1984, 227; OLG Hamm Rpfleger 1981, 178; BayObLG DNotZ 84.
55 BGH NJW 1972, 2270; BayObLG DNotZ 1983, 443.

Vertrag einem Vertragspartner oder Dritten die Flächenbestimmung übertragen worden ist (§§ 315, 317 BGB).[56] Ist der schuldrechtliche Vertrag wegen ungenügender Beurkundung nichtig, ist der Auflassungsanspruch nicht entstanden und folglich nicht vormerkungsfähig, was das Grundbuchamt zu prüfen und ggf. zu beanstanden hat (siehe § 6 Einl. Rdn 20).

IX. Bezeichnung ideeller Miteigentumsanteile (verbunden mit Sondereigentum)

18 **Bei Verfügungen über einen Miteigentumsanteil** an einem Grundstück (siehe § 7 GBO Rdn 25 ff.; § 20 GBO Rdn 19), WE oder Bruchteil eines Rechts ist das Grundstück gem. S. 1 zu bezeichnen. Für die Bezeichnung des Miteigentumsanteils gilt (nur) der Rechtsgedanke des S. 1. Die Bezeichnung erfolgt am besten durch Angabe der Größe des Bruchteils (siehe § 47 GBO Rdn 9), kann aber auch auf jede andere den Bestimmtheits- und Auslegungsgrundsätzen entsprechende Weise erfolgen.

Mehrere Fälle sind zu unterscheiden:
1. Verfügt der Miteigentümer über „seinen" im Grundbuch eingetragenen Anteil (z.B. zu $^1/_2$), ergibt sich die Größe dieses Anteils aus dem Grundbuch und bedarf keiner näheren Bezeichnung.[57]
2. Bei Verfügungen des Alleineigentümers über einen Miteigentumsanteil oder des Miteigentümers über einen Bruchteil seines Anteils, ist dieser Anteil seiner Größe nach genau zu bezeichnen.
3. Verfügungen eines Miteigentümers über seinen ganzen Anteil zugunsten mehrerer Erwerber nach Bruchteilen können materiell-rechtlich zwar i.d.R. als Verfügung zugunsten der Erwerber zu gleichen Bruchteilen ausgelegt werden, bedürfen aber verfahrensrechtlich zur Grundbucheintragung einer genauen Bezeichnung der Quote eines jeden Erwerbers (siehe § 20 GBO Rdn 74).
4. Werden alle Miteigentumsanteile eines Grundstücks veräußert oder belastet, so bedarf dies keiner Hervorhebung. Es genügt Veräußerung bzw. Belastung des ganzen Grundstücks. Dies kann i.d.R. auch dann nicht in eine Verfügung über nur einzelne Anteile umgedeutet werden, wenn entweder nicht alle Miteigentümer mitwirken[58] oder wenn zunächst alle mitwirken, aber die Erklärungen des einen von ihnen unwirksam oder in zulässiger Weise widerrufen werden. Im Regelfall ist davon auszugehen, dass nur über das ganze Grundstück oder gar nicht verfügt werden soll. Ein gegenteiliger Wille muss in den Erklärungen unzweideutig zum Ausdruck gebracht werden (siehe § 4 Einl. Rdn 20).
5. Vor Anlegung der Wohnungsgrundbücher ist eine Bewilligungserklärung, die inhaltlich den Anforderungen des S. 1 entspricht, nur möglich, wenn die Teilungserklärung in der dafür nach § 29 GBO erforderlichen Form mit Aufteilungsplan und Abgeschlossenheitsbescheinigung dem Grundbuchamt vorliegt.[59]

C. Angabe von Geldbeträgen (S. 2)
I. Geldbeträge (S. 2 Hs. 1)

19 S. 2 Hs. 1 verlangt die Angabe und Grundbucheintragung von Geldbeträgen in inländischer Währung. Spätestens seit dem 1.1.2002 sind die Angaben in den Eintragungsunterlagen und im Grundbuch selbst in EUR und Cent (Art. 2 Euro-VO II) zu machen.[60] Dies gilt für alle einzutragenden Geldbeträge, gleichgültig ob sie in den Eintragungsvermerk selbst aufgenommen oder durch Bezugnahme auf die Bewilligung Grundbuchinhalt werden, also nicht nur für Grundpfandrechte, sondern auch für Reallasten und Erbbauzins (soweit in Geld vereinbart), Ablösungssummen (§ 1199 Abs. 2 BGB), Höchstbetrag des Wertersatzes (§ 882 BGB).

Gemäß Art. 2 Verordnung (EG) Nr. 974/98 v. 3.5.1998 (ABlEG Nr. L 139/1 v. 11.5.1998) wurden zum 1.1.1999 die Währungen in den teilnehmenden Mitgliedstaaten durch die einheitliche Währung „Euro" ersetzt. Die bisherigen Währungseinheiten, so auch die DM, blieben in dem Übergangszeitraum bis 31.12.2001 als andere Bezeichnung der Währung EUR erhalten (Art. 6 Verordnung (EG) Nr. 974/98). Durch Verordnung (EG) Nr. 2866/98 v. 31.12.1998 (ABlEG Nr. L 359/1 v. 31.12.1998) wurden die of-

---

56 BayObLGZ 1973, 309; *Böhmer*, MittBayNot 1998, 329, 331; *Wolf*, MittRhNotK 1997, 333, 336; einschränkend *Sandweg*, BWNotZ 1994, 5, 14; *Stumpp*, Rpfleger 1973, 389.
57 RGZ 146, 346.
58 OLG Düsseldorf JMBlNRW 1959, 180.
59 BGH NJW-RR 1993, 840.
60 Amtsbl EG L 139/1.

fiziellen Umrechnungskurse festgelegt, wobei für die DM ein Verhältnis von 1 EUR = 1,95583 DM gilt. Die Umrechnung zwischen EUR und DM darf ausschließlich durch Multiplikation oder Division mit diesem Umrechnungsfaktor erfolgen. Die Verwendung gerundeter oder inverser Umrechnungskurse ist unzulässig (Art. 4 Abs. 3 Verordnung (EG) Nr. 1103/97 v. 17.6.1997, ABlEG Nr. L 162/1 v. 19.6.1997).[61]

II. Eintragung in nicht mehr geltender Währung (Euro-Umstellung)

Im Grundbuch sind nach wie vor auch DM-Rechte eingetragen,[62] die seit dem 1.1.2002 gem. § 26a Abs. 1 S. 2 und 3 GBMaßnG auf Euro-Beträge umgestellt werden können (bei der nächsten anstehenden Eintragung) bzw. müssen (auf Antrag eines dazu Berechtigten).[63] Eine Richtigstellung auf dem Grundpfandrechtsbrief erfolgt nur auf ausdrücklichen Antrag, § 26a Abs. 1 S. 5 GBMaßnG. Bezieht sich eine Eintragungsunterlage auf ein DM-Recht, hat sie dieses – wie auch sonst – dem Bestimmtheitsgrundsatz entsprechend zu bezeichnen, ggf. also auch mit dem DM-Betrag, was sich vor allem für die Löschungsbewilligung empfiehlt.[64] Nach Art. 14 S. 1 Euro-VO II ist die DM-Bezeichnung bei einer Grundbucheintragung als Bezugnahme auf die Euro-Einheit entsprechend dem Umrechnungskurs zu verstehen. Die DM-Beträge sind schlicht in EUR „umzulesen".[65] Die vollständige Löschung eines DM-Rechts kann auch ohne vorherige Euro-Umstellung erfolgen.[66]

Bei der Umrechnung des DM in den Eurobetrag sind Nachkommastellen kleiner oder gleich 4 abzurunden, solche, die gleich oder größer 5 sind, aufzurunden.[67] Bei einer Teillöschung oder -abtretung dürfen die umgerechneten Teilrechte dabei in der Summe nicht größer sein als das aufgeteilte Recht.[68]

Die Neu- oder Wiedereintragung eines Rechtes in einer früheren, zum Eintragungszeitpunkt nicht mehr geltenden Währung, sei es „Reichsmark", „DDR-Mark" oder „DM", ist unzulässig (§ 53 Abs. 1 S. 2 GBO),[69] selbst wenn sie im Zeitpunkt ihrer Bewilligung oder eines behördlichen Ersuchens noch galt.[70]

Die Wiedereintragung eines zu Unrecht gelöschten DM-Rechts macht das Grundbuch nur tatsächlich unrichtig, nicht aber i.S.d § 894 BGB.[71] Die Meinung, bei Wiedereintragung sei die frühere Währung anzugeben, weil das Recht ursprünglich so eingetragen war,[72] war zwar für RM-Rechte richtig.[73] Die Rechtslage hat sich aber durch das GBMaßnG geändert. Bei Wiedereintragung in EUR empfiehlt sich ein Klarstellungsvermerk, dass das Recht bei Löschung in der früheren Währung eingetragen war.

Der Wortlaut des § 26a GBMaßnG erfasst auch die Umstellung der Währung anderer Staaten der Europäischen Union, die sich der Währungsunion anschließen.

III. Fremdwährungen (S. 2 Hs. 2)

Dingliche Rechte (auch Grundpfandrechte) in ausländischer Währung sind mit dem BGB vereinbar.[74] Die früheren Vorschriften über Hypotheken in ausländischer Währung sind durch Art. IV des Gesetzes v. 8.5.1963 (BGBl I 1963, 293) aufgehoben worden und bleiben nur noch auf die vor seinem Inkrafttreten in ausländischer Währung eingetragenen Rechte anwendbar.[75] Die in S. 2 Hs. 2 Alt. 1 noch immer vorgesehene Angabe von Geldbeträgen in einer einheitlichen europäischen Währung hat sich mit der Euro-Umstellung erledigt, vgl. Rdn 19. Gemäß VO v. 30.10.1997 (BGBl I 1997, 2683) sind neben dem EUR alle Währungen von EU-Ländern zugelassen, die nicht auch zugleich der Eurozone angehören, sowie die Währungen der Schweiz und der USA.

---

61 DNotI-Report 1999, 32.
62 Zur Umstellung von Mark der ehem. DDR auf DM im Verhältnis 1:2 beachte Art. 10 Abs. 5 des Staatsvertrags v. 18.5.1990, BGBl II 1990, 518, 537 und Anl I Art. 7 § 1 Abs. 1. Vgl. dazu *Demharter*, GBO, § 28 Rn 19.
63 *Böhringer*, BWNotZ 2003, 97, 98; DNotZ 1999, 692, 700.
64 DNotI-Report 2001, 193.
65 *Böhringer*, BWNotZ 2003, 97, 98; *Hartenfels*, Mitt-RhnotK 1998, 165, 168.
66 *Demharter*, GBO, § 28 Rn 23.
67 *Böhringer*, DNotZ 1999, 692, 694; *Rellermeyer*, Rpfleger 2001, 291.
68 *Böhringer*, BWNotZ 2003, 97, 98.
69 LG Hamburg DNotZ 1950, 433; KG NJW 1954, 1686; DNotI-Report 2001, 194; *Demharter*, GBO, § 28 Rn 19, 21, 23 f.
70 KG Rpfleger 1993, 16; ebenso LG Frankfurt/Oder für RM, VIZ 1995, 58.
71 *Böhringer*, BWNotZ 2003, 97, 98.
72 So LG Bonn NJW 1955, 456; LG Berlin JR 1956, 19.
73 *Weber*, DNotZ 1955, 453, 463.
74 MüKo/*Lieder*, BGB, § 1113 Rn 54.
75 MüKo/*Lieder*, BGB, § 1113 Rn 54; *Demharter*, GBO, § 28 Rn 20 f., auch zu früheren Verordnungen, die die Eintragung in ausländischer Währung zuließen.

D. Verstoß gegen § 28 GBO

22 S. 1 und S. 2 sind Ordnungsvorschriften (vgl. Rdn 1), von denen S. 1 nicht eng ausgelegt werden darf[76] und auch ein Verstoß gegen S. 2 die Eintragung grds. nicht unwirksam macht.[77]

Entspricht eine Eintragungsunterlage § 28 GBO nicht, hat das Grundbuchamt den Antrag nicht sofort zurückzuweisen, sondern Zwischenverfügung zu erlassen.[78]

Verstößt eine Eintragung gegen § 28 GBO, ist zu unterscheiden:
- Eintragung am falschen Grundstück: Grundbuch unrichtig (§ 894 BGB).
- Grundpfandrecht ohne Angabe des Geldbetrages: inhaltlich unzulässig (§ 53 Abs. 1 S. 2);
- Eintragung eines Geldbetrages ohne entsprechende Einigung: Grundbuch unrichtig (§ 894 BGB).

E. Wertsicherungsvereinbarungen im Grundbuch

23 Wertsicherungsvereinbarungen machen die Höhe einer Geldschuld vom Preis oder einer Menge anderer Güter oder Leistungen abhängig, um die Geldschuld vom Nennbetrag der geltenden Währung (Nennwertprinzip) zu lösen und wertbeständig zu halten, ändern aber nichts am Regelungsgehalt des S. 2. Sie unterliegen seit dem 14.9.2007[79] zum Schutz der Preisstabilität einer differenzierenden Verbotsregelung gemäß den Bestimmungen des Preisklauselgesetzes (PreisklG).[80]

Vereinbarungen über die Wertbeständigkeit von Zahlungs- oder Leistungsverpflichtungen können unter bestimmten Voraussetzungen im Rahmen einer Reallast, Erbbauzins, oder durch Vormerkung für den Anspruch auf Neufestsetzung (Erhöhung) einer Reallast (Erbbauzins) gesichert werden.

Die Unwirksamkeit einer Preisklausel tritt gem. § 8 S. 1 PreisklG vorbehaltlich abweichender Parteivereinbarung erst zum Zeitpunkt des rechtskräftig festgestellten Verstoßes gegen das Gesetz selbst ein. Im Eintragungsverfahren ist sie deshalb grds. nur dann zu prüfen, wenn die am Verfahren Beteiligten einen entsprechenden Unwirksamkeitsvorbehalt mit Wirkung ex-tunc vereinbaren würden – schwer vorstellbar![81] Aus der Unwirksamkeit einer Wertsicherungsklausel kann regelmäßig nicht auf die Gesamtunwirksamkeit des Vertrags, in dem sie enthalten ist, geschlossen werden, sodass das Grundbuchamt den Grundbuchvollzug anderer Vertragsinhalte auch nicht von der Genehmigungserteilung abhängig machen darf.[82]

Wertbeständige Grundpfandrechte sind weder mit dem BGB (das „eine bestimmte Geldsumme" verlangt; §§ 1113, 1191, 1199 BGB) noch mit S. 2 vereinbar. Sie waren früher durch gesetzliche Ausnahmevorschriften (im Wege der Erweiterung des numerus clausus dinglicher Rechte) zugelassen (z.B. auf Basis von Feingold, Roggen, Weizen, Kohle, Kali), die nach jetzt h.M. spätestens am 31.12.1968[83] außer Kraft getreten sind.[84]

§ 29 [Nachweis der Eintragungsbewilligung]

(1) Eine Eintragung soll nur vorgenommen werden, wenn die Eintragungsbewilligung oder die sonstigen zu der Eintragung erforderlichen Erklärungen durch öffentliche oder öffentlich beglaubigte Urkunden nachgewiesen werden. Andere Voraussetzungen der Eintragung bedürfen, soweit sie nicht bei dem Grundbuchamt offenkundig sind, des Nachweises durch öffentliche Urkunden.

(2) (weggefallen)

(3) Erklärungen oder Ersuchen einer Behörde, auf Grund deren eine Eintragung vorgenommen werden soll, sind zu unterschreiben und mit Siegel oder Stempel zu versehen. Anstelle der Siegelung kann maschinell ein Abdruck des Dienstsiegels eingedruckt oder aufgedruckt werden.

---

76 OLG Bremen Rpfleger 1975, 364.
77 Bauer/Schaub/*Kössinger*, GBO, § 28 Rn 62.
78 OLG Hamm DNotZ 1971, 49; OLG Düsseldorf Rpfleger 1978, 216; BayObLG Rpfleger 1981, 190 m. Anm. *Meyer-Stolte*.
79 Zum Übergangsrecht *Schmidt-Räntsch*, NJW 1998, 3166, 3170.
80 BGBl I 2007, 2246.
81 *Reul* MittBayNot 2007, 445, 452.
82 *Schöner/Stöber*, GBR, Rn 3272.
83 Vgl. § 3 Abs. 1 S. 2 des Gesetzes v. 10.7.1958, BGBl I 1958, 437 i.V.m. § 3 Abs. 1 des Gesetzes über den Abschluss der Sammlung des Bundesrechts v. 28.12.1968, BGBl 1968, 1451.
84 *Demharter*, GBO, § 28 Rn 30 ff. auch zur früheren Rechtslage; MüKo/*Lieder*, BGB, § 1113 Rn 52.

A. Allgemeines 1	II. Begriffsdefinition 101
I. Verfahrensgrundsätze 2	III. Urkunden von Behörden 102
II. Verhältnis zur materiellen Wirksamkeit der Verfügung 6	1. Behördenbegriff – Allgemeines 102
B. Anwendungsumfang der Formpflicht 7	2. Behördenbegriff – Einzelfälle 105
I. Eintragungsunterlagen 7	3. Einhaltung der Amtsbefugnisse 108
II. Alle Eintragungsunterlagen 11	4. Beachtung der Form 119
III. Ausnahmen aufgrund besonderer Normen . 13	IV. Urkunden von Personen öffentlichen Glaubens 129
C. Ausnahmen vom Formgebot bei eintragungshindernden Tatsachen 18	1. Einzelfälle 130
I. Grundsatz 18	2. Amtsbefugnisse 131
II. Zur Berücksichtigung eintragungshindernder Tatsachen 19	3. Form 132
	4. Insbesondere: Notarielle Eigenurkunde 134
III. Nebenumstände, welche eine Erklärung erst wirksam machen 31	5. Insbesondere: Beglaubigung durch Betreuungsbehörde 138
IV. Erfahrungssätze zum Ausschluss von sehr entfernt liegenden Möglichkeiten 32	V. Verurteilung zur Abgabe von Willenserklärungen 139
V. Fälle der Beweisnot 37	VI. Umfang der Prüfungspflicht des GBA bei inländischen öffentlichen Urkunden 140
VI. Einzelfälle 40	VII. Mängel der öffentlichen Urkunde 141
D. Eintragungsunterlagen im Einzelnen 49	**G. Öffentlich beglaubigte Urkunden** 146
I. Zur Eintragung erforderliche Erklärungen (Abs. 1 S. 1) 49	I. Begriff 146
1. Eigentliche Erklärung 50	II. Zuständigkeit 147
2. Urkunden über Vorfragen 52	III. Form und Inhalt der Beglaubigung 150
3. Vollmachten 53	IV. Beweiskraft der Urkunde (v.a. angesichts nachträglicher Änderungen) 156
4. Genehmigungen 56	V. Höhere Formgebote aus materiellem Recht 163
5. Wohnungseigentum 59	**H. Ausländische und fremdsprachige Urkunden** 164
6. Sonstige Vertretungsberechtigungen ... 69	
7. Weitere Einzelfälle 70	**I. Vorlage der Urkunden** 165
8. Begrenzung auf Erforderlichkeit 74	1. Regel 165
II. Andere Voraussetzungen der Eintragung (Abs. 1 S. 2) 76	II. Ausnahme 168
1. Tatsächliche Vorgänge 77	III. Verweisung auf Akten 171
2. Gerichtliche und behördliche Entscheidungen 86	IV. Beilagen von Urkunden 172
	J. Offenkundigkeit 174
3. Behördliche Erklärungen 88	I. Grundsatz 174
E. Form der Eintragungsunterlagen 93	II. Begriff der Offenkundigkeit 175
I. Allgemeines 93	III. Aktenkundigkeit 177
II. Zur Eintragung erforderliche Erklärungen . 94	**K. Insbesondere Vollmacht und Vollmachtswiderruf** 180
III. Andere Eintragungsunterlagen 95	
F. Öffentliche Urkunden 97	I. Form; Vermutung des Fortbestehens 181
I. Umfang des Begriffes 97	II. Widerruf, Befristungen 184

A. Allgemeines

Die inhaltlich zusammengehörenden §§ 29–37 GBO befassen sie sich mit der Form der notwendigen Eintragungsvoraussetzungen. Die §§ 30, 31 GBO beschäftigen sich dabei mit der Form derjenigen Erklärungen, welche das Verfahren veranlassen und inhaltlich begrenzen (Antrag), die §§ 29, 32–37 GBO mit der Form der Eintragungserklärungen, d.h. derjenigen Eintragungsvoraussetzungen, welche die Vollzugsreife des Antrags begründen. Der Zusammenhang ist auch bei der Auslegung zu beachten.

§ 29 GBO wird für den elektronischen Rechtsverkehr mit dem GBA flankiert durch § 137 GBO.

I. Verfahrensgrundsätze

Es gehört zu den **grundlegenden** Prinzipien des Grundbuchrechts, dass das GBA von sich aus nur in engen Ausnahmefällen (z.B. §§ 94, 118 GBO) überhaupt die Möglichkeit hat, Beweis zu erheben oder Ermittlungen anzustellen (siehe § 29 GBO Rdn 11 f.).[1] Im praktisch wichtigsten Antragsverfahren besteht keine Amtsermittlungsmöglichkeit und der Freibeweis auf Beteiligtenbeibringung nur in engen, richterrechtlich anerkannten Ausnahmefällen.

Vier Grundsätze bestimmen damit das Antragsverfahren: Der Beibringungsgrundsatz, die Nachweispflicht des Antragstellers, die Beweismittelbeschränkung und die Mitwirkung des Notars bei der Abfassung der Erklärungen.[2]

3 Der Beibringungsgrundsatz schließt die Anwendung des § 26 FamFG aus (§ 94 GBO [u.a.] e contrario) und nimmt dem GBA die Möglichkeit, eigene Ermittlungen anzustellen, Eintragungsunterlagen zu beschaffen oder Beweise zu erheben.[3] Jedoch hat der Antragsteller nicht das Fehlen aller denkbaren Hindernisse darzutun.[4] Ein anhaltloser Negativbeweis ist dem deutschen Verfahrensrecht fremd.

Die Nachweispflicht bedingt den schlüssigen Beweis aller Eintragungsvoraussetzungen.[5]

4 Die Beweismittelbeschränkung schließt die weiteren Beweismittel der ZPO (Augenschein, Zeuge, Sachverständiger) und die normale Urkunde aus (Ausnahmen vgl. Rdn 13 ff.). Zweck des Strengbeweises ist es, die Gefahr unrichtiger Eintragungen in das Grundbuch möglichst zu beseitigen und damit der Gefahr eines Rechtsverlusts durch öffentlichen Glauben entgegenzuwirken.[6] Deswegen ist der Beweis auf Urkunden der in § 29 GBO genannten Art beschränkt.[7]

5 Die Herstellung der in § 29 GBO genannten Urkunden durch Notare oder Behörden soll die materielle Richtigkeit der Eintragungen gewährleisten und zugleich zuverlässige Grundlage für das GBA sein.[8] Es geht nicht an, dass aus Indizien Rückschlüsse auf den Inhalt der dinglichen Einigung gezogen werden.[9] Durch § 15 Abs. 3 GBO (siehe § 15 GBO Rdn 78 ff.) ist die notarielle Mitwirkung auch dort sichergestellt, wo die Erstellung des zu vollziehenden Urkundstextes durch Dritte erfolgte (also bei Unterschriftsbeglaubigungen ohne Entwurf). Soweit § 29 GBO lediglich beglaubigte Erklärungen zum Vollzug zulässt, ging es nach dem Normtelos zuvor allein um die rechtssichere Identitätsfeststellung des Erklärenden, was insbesondere aus der Verwendungsfähigkeit auch der Blankettbeglaubigung im Grundbuchverfahren folgte (§ 40 Abs. 5 BeurkG).

II. Verhältnis zur materiellen Wirksamkeit der Verfügung

6 Trotz dieser grundlegenden Bedeutung handelt es sich bei § 29 GBO nur um eine **Ordnungsvorschrift**. Wird sie verletzt, so wird die Eintragung dadurch nicht unrichtig, wenn die materiell-rechtlichen Voraussetzungen gegeben waren.[10]

B. Anwendungsumfang der Formpflicht
I. Eintragungsunterlagen

7 § 29 GBO gilt für diejenigen Eintragungsunterlagen, die zur Vollzugsreife („Begründung") eines Antrags vorgelegt werden müssen.

8 Für **reine Eintragungsanträge** und **bloße Antragsvollmachten** gilt § 29 GBO nicht (vgl. § 30 GBO Rdn 3 ff.). Ebenso sind alle Anträge formfrei, die nicht auf Vornahme einer Eintragung gerichtet sind, z.B. auf Gewährung einer Grundbucheinsicht. Für gemischte (erklärungsersetzende) Anträge verbleibt

---

1 BayObLG BayObLGZ 2001, 128; BayObLG BayObLGZ 1969, 281 = Rpfleger 1970, 22; BayObLG Rpfleger 1974, 67; KG Rpfleger 1968, 224; KG Rpfleger 1979, 209; BayObLG BayObLGZ 1992, 85; für ausländisches Güterrecht: OLG Hamm NJW-RR 1996, 1231.
2 Meikel/*Hertel*, § 29 Rn 12–20.
3 BGH BGHZ 30, 258 = Rpfleger 1960, 122; BGH BGHZ 1935, 139 = Rpfleger 1961, 233; KG Rpfleger 1968, 224; BayObLG BayObLGZ 1971, 256 = Rpfleger 1971, 249.
4 Ebenso: Meikel/*Hertel*, § 29 Rn 15.
5 BGH BGHZ 35, 139; BayObLG BayObLGZ 1981, 11; *Demharter*, § 13 Rn 5; Meikel/*Hertel*, § 29 Rn 17.
6 Meikel/*Hertel*, § 29 Rn 19; *Schöner/Stöber*, Rn 152; *Demharter*, § 29 Rn 1, 2.
7 BayObLG MittBayNot 1985, 25; BayObLG BayObLGZ 1988, 150 = Rpfleger 1988, 478.
8 Meikel/*Hertel*, § 29 Rn 11, 12.
9 KG Rpfleger 1979, 209.
10 BayObLG Rpfleger 1984, 463; BGH FGPrax 2015, 101; *Schöner/Stöber*, Rn 153; Meikel/*Hertel*, § 29 Rn 21.

es bei § 29 GBO. Namensberichtigungen sind von Amts wegen anzubringen und unterliegen dem Formgebot des § 29 GBO nicht.[11]

§ 29 Abs. 1 S. 1 GBO ist jedoch anzuwenden

- auf die **Zurücknahme eines Eintragungsantrags** und den Widerruf einer Antragsvollmacht (§ 31 GBO) sowie
- auf die **abweichende Bestimmung über die Aushändigung eines neu erteilten Briefes** (§ 60 Abs. 2 GBO) und den Nachweis des Gläubigerrechts bei einem Antrag auf Erteilung eines neuen Briefes gem. § 67c GBO,[12] weiter nach dem Ermessen des GBA für Eigentümererklärungen nach § 66 GBO.[13] Der Antrag und die Vollmacht zur Antragstellung auf Erteilung eines Briefes nach § 67 GBO bedürfen dagegen der Form des § 29 GBO nicht,[14] auch nicht in den Fällen des § 126 GBMaßnG vom 14.7.1992.[15]

Nicht zu den Eintragungsunterlagen gehört der Inhalt des jeweils anzuwendenden Rechts. Die Kenntnis ausländischen Rechts muss sich daher das GBA selbst verschaffen (vgl. § 13 GBO Rdn 13).[16]

II. Alle Eintragungsunterlagen

Beibringungsgrundsatz, Formgebot und, daraus resultierend, Beweismittelbeschränkung gelten in allen auf Eintragung gerichteten Antragsverfahren.[17] Das Formgebot ist zu beachten, auch wenn der formgerechte Nachweis im Einzelfall erschwert oder unmöglich sein sollte.[18] Unklarheiten, die sich nicht durch Auslegung beseitigen lassen, gehen zu Lasten des Antragstellers.[19] Beweisangebote sind nicht zu beachten.[20] Bezugnahme auf andere, der Form des § 29 GBO entsprechende Urkunden ist zulässig. Einer Vorlage der Urkunden bedarf es dann nicht, wenn diese dem das GBA führenden Amtsgericht bereits vorliegen[21] und soweit es allein auf den Urkundeninhalt, nicht auf den Besitz an der Urkunde ankommt.

§ 29 GBO gilt sowohl für Bewilligungen zum Vollzug rechtsgeschäftlicher Verfügungen (materiellrechtlich: § 873 BGB) wie zum Vollzug von Grundbuchberichtigungen, und zwar dabei sowohl für bewilligte Berichtigungen wie nachgewiesene Unrichtigkeiten (§ 22 GBO). Da die Berichtigung ihrerseits das Grundbuch nicht erneut unrichtig machen darf,[22] müssen (bis zur Grenze rein theoretischer Bedenken[23]) in der Form des § 29 GBO alle Umstände ausgeräumt werden, die der Berichtigung entgegenstehen.[24] Die Form des § 29 GBO bezieht sich auch auf den erforderlichen Nachweis, dass das Grundbuch durch die begehrte Eintragung nunmehr richtig wird.[25]

III. Ausnahmen aufgrund besonderer Normen

Aufgrund ausdrücklicher gesetzlicher Vorschriften gilt die Regelung des § 29 GBO nicht bei Anwendung der §§ 5 Abs. 2 S. 4,[26] 6a Abs. 1 S. 3, 29a, 31 S. 2, 35 Abs. 3 GBO. Spezialregelungen außerhalb der GBO sind die im Folgenden genannten.

---

11 OLG Brandenburg FGPrax 2017, 245; OLG Düsseldorf FGPrax 2018, 146.
12 BayObLG BayObLGZ 1988, 148 = Rpfleger 1988, 477; *Demharter*, § 29 Rn 6.
13 Meikel/*Hertel*, § 29 Rn 37.
14 BayObLG BayObLGZ 1988, 150 = Rpfleger 1988, 471; OLG Hamm Rpfleger 1989, 173.
15 Meikel/*Hertel*, § 29 Rn 38.
16 KG JW 1932, 2815; KG JFG 20, 178; LG Aachen Rpfleger 1965, 234; OLG Köln DNotZ 1972, 182.
17 OLG Hamm Rpfleger 1958, 15; BayObLG BayObLGZ 1959, 446; BayObLG NJW 1960, 821; BGH BGHZ 30, 258 = Rpfleger 1960, 122; BGH BGHZ 35, 139; BGH Rpfleger 1961, 233; KG Rpfleger 1968, 224; BayObLG BayObLGZ 1967, 17; BayObLG BayObLGZ 1969, 145; BayObLG BayObLGZ 1969, 281; BayObLG Rpfleger 1970, 22; KG Rpfleger 1979, 208; BayObLG Rpfleger 1989, 113.
18 OLG München NJOZ 2016, 836; OLG Frankfurt BeckRS 2016, 06777 (je Nachweis des Entstehens alter Rechte).
19 BayObLG Rpfleger 1974, 66.
20 OLG Hamm FGPrax 2016, 57.
21 BayObLG DNotZ 1976, 603 nur Ls.; BayObLG MittBayNot 1975, 93.
22 OLG München FGPrax 2018, 109.
23 OLG München NotBZ 2017, 68; BayObLG BayObLGZ, 413.
24 OLG München NZG 2016, 790; OLG München RNotZ 2016, 665; zur erstmaligen Eintragung altrechtlicher Dienstbarkeiten vgl. OLG München BeckRS 2016, 14762.
25 OLG München FGPrax 2017, 12; OLG München FGPrax 2017, 14.
26 Dazu: *Wilsch*, FGPrax 2016, 105.

14 Übersteigt nach §§ 18, 19 **GBMaßnG** vom 20.12.1963[27] der Geldbetrag einer Hypothek oder Grundschuld den Betrag von 3.000 EUR nicht, oder beträgt die Jahresleistung einer umgestellten Rentenschuld oder Reallast nicht mehr als 15 EUR, so bedürfen die zur Löschung des Rechts erforderlichen Unterlagen keiner besonderen Form (dazu §§ 1–21 GBMaßnG Rdn 6). Maßgebend ist dabei der im Grundbuch eingetragene Umstellungsbetrag. Ist ein solcher nicht eingetragen, so kommt es darauf an, ob eine Umstellung im Verhältnis 1 DM für je 10 RM zulässig wäre (§§ 7, 9 GBMaßnG). Ist dies zulässig, so ist von dem Umstellungsbetrag, anderenfalls nur von einem im Verhältnis 1 DM zu 1 RM umgestellten Betrag auszugehen. Im Gebiet der neuen Bundesländer gilt der Umrechnungssatz von 1 DM: 2 RM oder Mark der DDR (siehe § 36a GBMaßnG Rdn 2).

15 Eine weitere Ausnahme zu § 29 enthält § 10 Abs. 2 GGV. Kann der in § 10 Abs. 1 GGV vorgesehene amtliche Nachweis für den räumlichen Umfang eines dinglichen Nutzungsrechts, eines Gebäudeeigentums oder eines Rechts zum Besitz nicht geführt werden, genügen andere Unterlagen und eine Versicherung des Rechtsinhabers, die nicht der Form des § 39 GBO entsprechen muss (dazu § 10 Abs. 2 GGV Rdn 3). Auch bei Nachweisen nach § 8 GGV und § 14 GBBerG ist der Formzwang gelockert (§ 8 GGV Rdn 2; § 14 GBBerG Rdn 4).

16 Auch die Bewilligung der Eintragung eines **Treuhändersperrvermerks** nach § 129 VAG bedarf keiner Form, wenn sie nachträglich eingetragen werden soll,[28] da die Zugehörigkeit zum Deckungsstock kraft Gesetzes eintritt. Der Nachweis der Unrichtigkeit bedarf jedoch der normalen Form des § 29 GBO.[29]

17 Die Löschung eines eingetragenen Insolvenzvermerks bedarf keiner Bewilligung des Insolvenzverwalters, sondern nur dessen Antrag (§ 32 Abs. 3 InsO i.V.m. § 13 GBO). § 29 GBO ist damit nicht zu beachten. Allerdings folgern einzelne OLG daraus eine geringere Aussagekraft hinsichtlich der Freigabe. Insbesondere schließe sich an die Löschung des Vermerks dann keine Richtigkeitsvermutung des § 891 BGB an. Bei der Folgeverfügung des Schuldners müsse die Freigabe nach Maßgabe des § 29 GBO nachgewiesen werden.[30] Diese Auslegung ist mit § 32 InsO (bewusste Herabsetzung der Form) ebenso unvereinbar wie mit § 891 BGB (maßgeblich allein der Grundbuchstand ohne Rücksicht auf das zugrundeliegende Verfahren).[31]

Im Beitrittsgebiet können etwa Leitungsdienstbarkeiten aufgrund Leitungs- und Anlagerechtsbescheinigung berichtigend eingetragen werden.[32]

Der Antrag auf Eigentümereintragung im Anschluss an ein Aufgebot nach § 927 BGB bedarf nicht der Form des § 29 GBO.[33]

C. Ausnahmen vom Formgebot bei eintragungshindernden Tatsachen

I. Grundsatz

18 Nicht sämtliche Tatsachen, die logisch für eine Eintragung zu prüfen wären, sind offenkundig oder in der Form des § 29 GBO zu belegen. In diesen Fällen befinden sich der Antragsteller und das GBA in Beweisnot. Dies ist insbesondere der Fall bei der Frage des Nachweises von Tatsachen, welche gegen die Eintragung sprechen, bei der Frage des Ausschlusses von entfernt liegenden Möglichkeiten, welche gegen die Eintragung sprechen, sowie bei der Frage des Beweises von Nebenumständen, welche die nachgewiesene Erklärung oder die sonstigen nachgewiesenen Umstände erst wirksam machen. Alle diese Fälle werden von den Bestimmungen des § 29 GBO nicht erfasst. Im Einzelnen gilt dazu Folgendes:

---

27 BGBl I 1963, 968. Dazu *Böhringer* BWNotZ 2020, 144.
28 OLG Frankfurt DNotZ 1992, 490 = Rpfleger 1972, 104 m. Anm. *Haegele*.
29 OLG Frankfurt DNotZ 1992, 490; *Schöner/Stöber*, Rn 2006.
30 So tatsächlich: OLG Brandenburg MittBayNot 2013, 76; OLG Naumburg Rpfleger 2014, 365.
31 Richtig deswegen: OLG Hamm RNotZ 2014, 365.
32 BGH NJW-RR 2015, 1497.
33 OLG Naumburg BeckRS 2017, 140966.

II. Zur Berücksichtigung eintragungshindernder Tatsachen

Aus dem Legalitätsprinzip folgt die herrschende Praxis u.a., dass die GBA nicht sehenden Auges an der Herbeiführung einer Grundbuchunrichtigkeit mitwirken dürfen.[34] Deswegen dürfen eintragungshindernde Tatsachen uneingeschränkt berücksichtigt werden, auch wenn sie dem GBA durch Erklärungen, die nicht die Form des § 29 GBO einhalten, bekannt geworden sind. Wollte man an den Nachweis solcher Tatsachen die Nachweisanforderungen des § 29 GBO stellen, würde der Vollzug sachlich unrichtiger Eintragungen erleichtert.[35] Innerhalb des § 29 GBO spricht für diese Auslegung zudem, dass die Norm nur eintragungsbegründende[36] („zu der Eintragung erforderlich[e]") Erklärungen etc. der besonderen Form unterwirft, nicht eintragungshindernde.

Als solche Tatsachen sind bspw. angesehen worden das Fehlen der Geschäftsfähigkeit,[37] der Widerruf oder die Aufhebung der Auflassung,[38] die Nichtwahrung der Vollziehungsfrist bei einer eingetragenen Vormerkung für eine Bauhandwerker-Sicherungshypothek.[39] Weiter sind Einschränkungen der Bewilligungsmacht des Rechtsinhabers im Insolvenzverfahren (§ 80 Abs. 1 InsO) bei entsprechender Kenntnis von Amts wegen zu beachten, auch wenn die Beschränkungen nicht eingetragen sind.[40]

Der Bodenrichtwert oder ein anderes Wertgutachten kann zum Nachweis der fehlenden (Voll-)Entgeltlichkeit einer Vorerbenverfügung berücksichtigt werden.[41]

Dieser unwidersprochene Ansatz führt aber zu zwei Folgefragen, die in dogmatischer Hinsicht nicht hinreichend diskutiert wurden:

Einmal ist nämlich aufgrund des formellen Konsensprinzips (Bewilligungsgrundsatz, § 19 GBO) ein gewisses Potential an Grundbuchunrichtigkeit dem System Grundbuch immanent: Das GBA muss ja, außer in Fällen der Auflassung (§ 20 GBO), das Vorhandensein einer zumindest bedingten Einigung bzw. die Möglichkeit einer künftigen Einigung nicht prüfen. Das Grundbuchverfahren nimmt also eine aus der Prüfungsbeschränkung folgende Unrichtigkeit bewusst in Kauf: Selbst sichere Kenntnis des GBA von der fehlenden Einigung kann deswegen der Eintragung nicht entgegenstehen,[42] zumal schon materiellrechtlich die Einigung nachfolgen kann (§ 879 Abs. 2 BGB). Es genügt also jedenfalls nicht allein Kenntnis von der fehlenden Einigung – auch deren Nachholung muss sicher ausgeschlossen sein.[43]

Die Sicherheit des Verfahrens geht in der Bewertung des Gesetzgebers der Richtigkeit des Grundbuchs vor, was sich daraus ergibt, dass der Gesetzgeber bewusst auf den Nachweis der dinglichen Einigung (§ 873 BGB) außerhalb des § 20 GBO verzichtet hat. Aus dem gleichen Grund hat der Gesetzgeber für die gegenüber unrichtigen Bewilligungen viel unwichtigere bloße Rücknahme des Eintragungsantrags die Form des § 29 GBO vorgeschrieben. Eine Lösung dieser Konstellation darf diese Wertung nicht außer Acht lassen. Aufgrund bloßer Behauptungen könnten anderenfalls schwebende Verfahren endlos verzögert oder zu Unrecht gefährdet werden. Solche Behauptungen müssen daher unbeachtlich bleiben.

Der Eintragung entgegenstehende Bewilligungen können daher wohl nur dann mit Sicherheit verwendet werden, wenn sie offen-[44] oder aktenkundig sind.[45] Ihre Verwendung ist andererseits dann mit Sicherheit unzulässig, wenn die Behauptungen der Beteiligten dadurch unglaubwürdig erscheinen, dass sie sich von vornherein widersprechen oder nicht eindeutig durch die Umstände des Einzelfalls bestätigt werden.[46]

Vereinzelt wird ein Nachweis der eintragungshindernden Tatsache durch eidesstattliche Versicherung für möglich gehalten.[47] Das ist eine widersprüchliche Rechtsanwendung, denn üblicherweise wird einer ei-

---

34 BayObLG BayObLGZ 1954, 286, 292 m.w.N. = DNotZ 1955, 594; BayObLG BayObLGZ 1967, 13 = DNotZ 1967, 429; OLG Frankfurt Rpfleger 1977, 103; *Schöner/Stöber*, Rn 209.
35 BayObLG BayObLGZ 1967, 17.
36 BayObLG BayObLGZ 1967, 17 = Rpfleger 1967, 145; BayObLG BayObLGZ 1974, 336 = Rpfleger 1974, 396; *Demharter*, § 29 Rn 4; *Eickmann*, Rpfleger 1979, 172; *Nieder*, NJW 1984, 329.
37 OLG Karlsruhe DNotZ 1965, 476; BayObLG Rpfleger 1974, 396.
38 SchlHOLG SchlHA 1946, 428; SchlHOLG SchlHA 57, 36; BGH BGHZ 35, 139; BayObLG BayObLGZ 1967, 13
= BayObLG BayObLGZ 1967, 429; zur letztgenannten Entscheidung zust.: *Ertl*, DNotZ 1967, 431; abl.: *Haegele*, Rpfleger 1967, 145.
39 OLG Köln Rpfleger 1987, 301.
40 OLG Zweibrücken Rpfleger 2001, 406, 407.
41 OLG Karlsruhe FGPrax 2015, 248.
42 Anders nach LG Verden MDR 1954, 294.
43 LG Wuppertal DNotZ 1960, 481.
44 BayObLG Rpfleger 1975, 396.
45 BayObLG Rpfleger 1974, 396.
46 *Ertl*, DNotZ 1967, 432.
47 Vgl. dazu: BayObLG BayObLGZ 2000, 167, 170 ff.

desstattlichen Versicherung des **Antragstellers** nur in Sonderfällen eine zusätzliche Beweiskraft zur Untermauerung seines Antrags zuerkannt.

26 Zum anderen geht es bei den praxisrelevanten Fällen der Hinderungsgründe um solche Tatsachen, die sich positiv wie negativ einer urkundlichen Beweisführung entziehen: Geschäftsfähigkeit des Bewilligenden[48]/Entgeltlichkeit der Vorerben- oder Testamentsvollstreckerverfügung/Vermögensstand im Rahmen des § 1365 BGB. Wer in diesen Fällen die Herabsetzung des Formgebots mit der sonst bestehenden Beweisnot des GBA rechtfertigt, muss sich vergegenwärtigen, dass er damit nur den Antragsteller in Beweisnot bringt: Der kann die Bedenken des GBA auch nicht in der Form des § 29 GBO zerstreuen.

27 Bei Erbnachweisen aufgrund öffentlicher Verfügungen von Todes wegen (§ 35 Abs. 1 S. 2 GBO) und bei Erklärungen zu Bestandsveränderungen im Kreis der Gesellschafter einer GbR (vor Inkrafttreten des MoPeG) behilft sich die Rspr. mit der Zulassung eidesstattlicher Versicherungen, die dann aber notariell beurkundet sein müssen. Das wahrt zugleich die Form des § 29 GBO.[49]

28 Die obergerichtliche und höchstrichterliche Praxis begegnet diesen Problemen vorrangig mit der Statuierung tatsächlicher Erfahrungssätze, die das GBA bei der Rechtsanwendung zugrunde legen müsse, und einer stetigen Heraufsetzung des Wahrscheinlichkeitsmaßes, das für eine relevante eintragungshindernde Kenntnis des GBA (zur Widerlegung dieser Erfahrungssätze) erforderlich sein soll.

Stets wird vorausgesetzt, dass die Tatsachen geeignet sind, berechtigte Zweifel an der Fortdauer der Gültigkeit der vorgelegten Eintragungsunterlagen zu begründen.[50] Die Tatsachen selbst müssen nach Auffassung des GBA unzweifelhaft feststehen. Verwertbar sind prinzipiell alle Kenntnisse des GBA, auch solche, welche außerhalb der Grundakte bekannt wurden, auch auf allgemeiner Lebenserfahrung beruhende[51] oder gegen den Willen des Antragsteller bekanntgewordene (so die häufige Fallkonstellation).[52] Miteingereichte Urkunden sind allemal heranzuziehen, etwa Baupläne im Rahmen einer Aufteilung in Wohnungseigentum.[53] Eigene Ermittlungen darf und kann das GBA nicht anstellen.[54]

29 Ausgehend von einer als sicher erkannten Tatsachenbasis wird alsdann die abstrakte Grenze gezogen zwischen bloßen Möglichkeiten, die für Zweifel nicht genügen würden,[55] und „konkreten Anhaltspunkten" für das Vorhandensein eines Eintragungshindernisses[56] oder einer „ohne geringste Zweifel" eintretenden Grundbuchunrichtigkeit.[57]

30 Da auch diejenigen, welche die entgegenstehenden Tatsachen zur Kenntnis des GBA gebracht haben, dadurch Beteiligte in diesem Verfahren geworden sind und es sich regelmäßig um Erklärungen oder Handlungen von Aktiv- oder Passiv-Berechtigten handeln wird, muss der Grundbuchrichter auch die Möglichkeit haben, soweit erforderlich gegenüber diesen Beteiligten durch Zwischenverfügung auf Nachweis der entgegenstehenden Tatsachen in öffentlicher oder öffentlich beglaubigter Form zu bestehen. Können die die Zweifel begründenden Erklärungen oder Tatsachen nicht in dieser Form nachgewiesen werden, so ist einzutragen: den Beteiligten bleibt es unbenommen, die etwaige materiell-rechtliche Unrichtigkeit wie auch in sonstigen Fällen im Prozesswege gegeneinander geltend zu machen.

Die von der h.M. vertretene Auffassung, dass abzuweisen sei, wenn die Zweifel des Grundbuchrichters an den ursprünglichen Eintragungsunterlagen nicht beseitigt werden könnten,[58] wertet die unbewiesenen, gegenüber einer wirksamen Eintragungsbewilligung vorgebrachten Tatsachen letztlich höher als die in der Form des § 29 GBO vorliegende Eintragungsbewilligung. Diese Auffassung widerspricht grundsätzlich der Absicht des Gesetzgebers, sämtliche Handlungen des GBA auf sichere Grundlagen zu stellen, wie sich aus der Form der Rücknahme des Eintragungsantrags ergibt. Auch kann das GBA in einem solchen Fall in gleicher Weise in eine Haftung geraten, wenn sich nachträglich die materielle Richtigkeit der vorliegenden Eintragungsunterlagen herausstellt, wie bei einer etwaigen nachträglich sich als unrichtig erweisenden Grundbucheintragung.

---

48 Etwa: OLG München NotBZ 2017, 110.
49 OLG Hamm MittBayNot 2016, 142: Nichtgeltendmachung eines Pflichtteils; OLG München MittBayNot 2016, 324: Vererblichkeit eines GbR-Anteils.
50 BayObLG BayObLGZ 1967, 18.
51 BGH BGHZ 35, 140; OLG Hamm Rpfleger 1975, 70.
52 BayObLG BayObLGZ 1954, 292.
53 BayObLG Rpfleger 1990, 115.
54 OLG Hamm DNotZ 1972, 98.
55 BayObLG BayObLGZ 1969, 144; BayObLG NJW-RR 2001, 736.
56 OLG Hamm Rpfleger 1974, 40.
57 LG Wuppertal DNotZ 1960, 481.
58 So SchlHOLG SchlHA 1957, 36.

III. Nebenumstände, welche eine Erklärung erst wirksam machen

Nebenumstände, welche eine nach Abs. 1 S. 1 nachzuweisende Erklärung erst wirksam machen, werden von der **Form des § 29 GBO nicht** erfasst. Es bedarf daher z.B. keines Nachweises, dass ein vom Notar vorgelegter Grundpfandbrief sich vorher in der Hand des Gläubigers befunden hat,[59] wann die Erklärung dem Empfangsberechtigten zugegangen ist[60] oder wann eine Hypothek zurückbezahlt wurde.[61]

Insoweit hat das GBA in freier Würdigung aller ihm bekannten Tatsachen und unter Berücksichtigung allgemeiner Erfahrungsgrundsätze zu entscheiden.[62] Nicht nachgewiesen werden muss daher bspw. die Aushändigung einer Vollmachtsurkunde, wenn der Empfänger sie vorlegt, denn dafür spricht ein Erfahrungsgrundsatz.[63] Formgerecht abgegebene Erklärungen eines Beteiligten, die ihm ungünstig sind, beweisen daher mangels entgegenstehender Umstände die Richtigkeit ihres gesamten Inhalts.[64] Dem Antrag eines Landwirts und Hofeigentümers, das neu erworbene landwirtschaftliche Grundstück auf das für den Hof bereits angelegte Grundbuchblatt zu übertragen, ist regelmäßig zu entsprechen, da die Hofzugehörigkeit lediglich Verpflichtungen für den Hofeigentümer schafft. Eines besonderen Nachweises der Hofzugehörigkeit bedarf es daher nur, wenn konkrete Anhaltspunkte gegeben sind, dass das Grundstück nicht zum Hof gehören dürfte.[65]

IV. Erfahrungssätze zum Ausschluss von sehr entfernt liegenden Möglichkeiten

Das GBA kann im Wege der freien **Beweiswürdigung der Eintragungsunterlagen** Erfahrungssätze mitverwenden, wenn es sich um den Ausschluss von den nach der allgemeinen Lebenserfahrung sehr entfernt liegenden Möglichkeiten handelt,[66] oder gesetzliche Vermutungen in eine bestimmte Richtung weisen, wie z.B. § 672 S. 1 BGB i.V.m. § 168 Abs. 1 S. 1 BGB.[67]

Dies gilt jedoch nur, wenn der Nachweis nur zu leerem Formalismus führen und den Geschäftsverkehr des GBA lediglich erschweren würde.[68] Da andererseits die Verfahrensvorschriften das Verfahren auf eine sichere Grundlage stellen und Haftungsansprüche gegen das GBA verhüten sollen, ist eine großzügige Anwendung des Grundsatzes ausgeschlossen. Das GBA darf daher selbst dann, wenn es von der Richtigkeit des Vorbringens im einzelnen Fall überzeugt ist, nicht davon absehen, Urkunden zu fordern, wo ein formgerechter Nachweis ohne besondere Schwierigkeit möglich ist.[69] Ein Verstoß gegen Verfahrensvorschriften kann leicht zu Haftungsansprüchen führen.[70]

Hat andererseits das GBA Zweifel an der **Vollständigkeit oder Richtigkeit der Eintragungsunterlagen**, so darf es deswegen weitere Nachweise nur verlangen, wenn sich Bedenken aufdrängen müssen; es müssen konkrete Anhaltspunkte für das vermeintliche Eintragungshindernis vorliegen, bloße Vermutungen genügen nicht. Beim Nachweis der Unrichtigkeit müssen ganz entfernte Möglichkeiten nicht widerlegt werden.[71] Zur Berichtigung des Grundbuchs aufgrund Unrichtigkeitsnachweises kann das GBA von dem nach der allgemeinen Lebenserfahrung Regelmäßigen ausgehen, sofern nicht im Einzelfall konkrete Umstände auf das Gegenteil hinweisen.[72]

In Anwendung dieser Grundsätze hat die Rspr. wie folgt entschieden:

Für die Eintragung der nicht **namentlich genannten Nacherben** genügt nicht die Vorlage des notariellen Testaments mit der Eröffnungsniederschrift, sondern nur ein entsprechender Erbschein.[73]

Für die Beurteilung der Entgeltlichkeit **der Verfügung des Testamentsvollstreckers** genügt es grundsätzlich, wenn die Beweggründe substantiiert angegeben werden und verständlich und der Wirklichkeit gerecht werdend erscheinen und irgendwelche Zweifel an der Pflichtmäßigkeit der Handlung nicht er-

---

59 KG KGJ 32, 290.
60 KG JFG 2, 408.
61 KG DNotZ 1954, 472.
62 KG DNotZ 1954, 472.
63 KG KGJ 35, 255: Nach OLG München FGPrax 2009, 260 kann dieser Erfahrungssatz aber außerhalb des § 29 GBO erschüttert werden.
64 KG KGJ 35, 255 m.w.N.
65 OLG Celle Rpfleger 1974, 433.
66 BayObLG BayObLGZ 1952, 325.
67 KG DNotZ 1972, 18.
68 OLG Celle Rpfleger 1974, 433.
69 BayObLG BayObLGZ 1952, 325; *Demharter*, § 29 Rn 63.
70 BGH BGHZ 57, 95.
71 BayObLG BayObLGZ 1971, 339; OLG München BeurkRS 2016, 14762.
72 BayObLG BayObLGZ 1923, 50; LG München MittBayNot 1988, 44.
73 OLG Dresden JFG 7, 267.

sichtlich sind.⁷⁴ Insbesondere bei einer Veräußerung an Dritte spricht eine starke tatsächliche Vermutung für Entgeltlichkeit.⁷⁵

Dies gilt jedoch nicht, wenn die Möglichkeit des Nachweises gegeben ist, wie bei der Möglichkeit des Nachweises der Eigenschaft als Erbe bei Gläubigern von Kaufpreisresthypotheken bei einem Verkauf des Testamentsvollstreckers.⁷⁶

35 Bei der Beurteilung der **Entgeltlichkeit einer Verfügung des Vorerben** hat das GBA unter Berücksichtigung der natürlichen Gegebenheiten die gesamten Umstände des Falles zu prüfen. Dabei darf das GBA auch Wahrscheinlichkeitserwägungen anstellen, die sich auf allgemeine Erfahrungssätze stützen.⁷⁷ Der Offenkundigkeit sind also die Fälle gleichzustellen, in denen bei freier Würdigung der vorgelegten Urkunden durch das GBA die Unentgeltlichkeit durch die Natur der Sache oder die Sachlage ausgeschlossen ist.⁷⁸ Dies ist regelmäßig dann anzunehmen, wenn die Entgeltlichkeit auf einem zweiseitigen entgeltlichen Rechtsgeschäft, vornehmlich auf einem Kaufvertrag, beruht und der andere Vertragsteil ein unbeteiligter Dritter ist,⁷⁹ es sei denn, dass besondere Gründe gegen die Unentgeltlichkeit sprechen.⁸⁰ An den Nachweis dürfen jedoch stets nicht zu geringe Anforderungen gestellt werden.⁸¹ So muss z.B. das GBA den zum Nachweis der Entgeltlichkeit vorgelegten Vertrag in vollem Umfang prüfen und sich von der Höhe der zu erbringenden Gegenleistung (bei übernommenen Rechten) überzeugen.⁸² Andererseits verlangt (volle) Entgeltlichkeit nicht Erzielung des gutachtlich ermittelten Maximalwertes, so dass voneinander abweichende Wertgutachten für sich keine Zweifel an der Entgeltlichkeit begründen.⁸³

Ergibt sich die Entgeltlichkeit der Verfügung aus der Verpflichtung, eine letztwillige Verfügung zu erfüllen, gilt für den Nachweis der Verpflichtung aus dem angeordneten Vermächtnis das Formgebot nicht.⁸⁴ Zum erforderlichen Nachweis der Amtsannahme siehe § 35 GBO Rdn 136.⁸⁵

36 Entsprechend diesen Grundsätzen genügt es auch, wenn eine zuständige Behörde versichert, dass eine **verbotene Verschleuderung von Grundstockvermögen** (Art. 81 BayVerf) nicht vorliegt und die Gegenleistung dem objektiven Verkehrswert entspreche.⁸⁶ Bedenken können in diesem Fall nur dann fortbestehen, wenn greifbare, auf bestimmte Tatsachen gestützte Zweifel offenbleiben.⁸⁷ Jedoch hat diese Erklärung Relevanz nur für das Grundbuchverfahren; sie macht ein wegen Unterwertveräußerung unwirksames Rechtsgeschäft nicht materiell wirksam.

Das Gleiche gilt, wenn der – nur für diesen Fall zuständige (Art. 39 Abs. 1 BayGO) – zweite Bürgermeister zu notariellem Protokoll erklärt, der erste Bürgermeister sei verhindert.⁸⁸ Die gleichen Grundsätze gelten entsprechend auch für Erklärungen nach **§ 1365 BGB**).⁸⁹

Zur Genehmigungsbedürftigkeit nach GrdStVG bzw. zur Genehmigungsfreiheit im Rahmen der landesrechtlichen Ausführungsgesetze genügen entsprechende Versicherungen der Beteiligten, dass ein weiterer Verkauf, der die entsprechenden gesetzlichen Freigrenzen (Art. 2 Abs. 1 BayAgrG) beeinträchtigen würde, innerhalb des gesetzlich vorgeschriebenen Zeitraums nicht erfolgt sei, wenn keine gegenteiligen Anhaltspunkte ersichtlich sind.⁹⁰ Eine Genehmigung (bzw. ein Negativzeugnis) kann nur verlangt werden, wenn konkrete Zweifel an der Genehmigungsfreiheit bestehen.⁹¹

---

74 OLG Frankfurt ZEV 2011, 534; OLG München DNotZ 2012, 459; OLG München ZEV 2017, 178; OLG München ZEV 2017, 733; KG JFG 7, 286; KG Rpfleger 1968, 189; BayObLG BayObLGZ 1969, 283 = Rpfleger 1970, 22; *Haegele*, Rpfleger 1972, 46 m.w.N.; BayObLG Rpfleger 1986, 470.
75 OLG München DNotZ 2012, 459; OLG München ZEV 2017, 178.
76 KG KGJ 18, 163.
77 OLG Hamm Rpfleger 1996, 504; OLG München RNotZ 2017, 85.
78 OLG Hamm Rpfleger 1969, 359 m. zust. Anm. *Haegele*; *Haegele*, DNotZ 1969, 675.
79 KG Rpfleger 1968, 224 m.w.N. u. m. Anm. *Haegele*.
80 LG Aurich MDR 1958, 347; LG Verden Rpfleger 1952, 341.
81 OLG Hamm FGPrax 1995, 14, 16.
82 OLG München Rpfleger 2017, 85.
83 OLG Düsseldorf RNotZ 2020, 19.
84 KG NJW-RR 2016, 1101.
85 Auch: OLG München MittBayNot 2017, 73.
86 BayObLG BayObLGZ 1969, 283 = Rpfleger 1970, 22.
87 BayObLG Rpfleger 1970, 22.
88 BayObLG BayObLGZ 1971, 258; BayObLG Rpfleger 1971, 429.
89 Vgl. BayObLG BayObLGZ 1959, 447 = DNotZ 1960, 316.
90 BayObLG BayObLGZ 1969, 147; BayObLG Rpfleger 1969, 302 m. zust. Anm. *Haegele*.
91 OLG Frankfurt FGPrax 2017, 155.

V. Fälle der Beweisnot

In einzelnen Fällen, in denen ein Nachweis der Eintragungsvoraussetzung in der Form des Abs. 1 scheitert, gewährt die Rspr. eine Beweiserleichterung durch Zulassung anderer Nachweismittel. Gegebenenfalls können sowohl tatsächliche Erfahrungssätze, andere Nachweismittel und eine Modifizierung des Überzeugungsmaßstabs alternativ oder nebeneinander angewendet werden. Das Fallmaterial erweist sich nach der bisherigen wissenschaftlichen Aufarbeitung, bzw. aufgrund deren weitgehenden Fehlens, als wenig stimmig, teils widersprüchlich, und das sowohl in den abstrakten Obersätzen wie in den praktischen Folgerungen.

Hinsichtlich der abstrakten Obersätze gibt es z.B. einerseits obergerichtliche Aussagen, wonach die Einhaltung des Formgebots im Einzelfall durchaus zur Unmöglichkeit der begehrten Eintragung führen können, ohne dass dies für das erkennende Gericht ein Problem darstellen würde.[92] Dann wieder wird bei praktischer Unmöglichkeit der Eintragung sehr wohl eine Lockerung von Formgebot des § 29 GBO erwogen.[93] Schließlich führt § 29 GBO zu einer Art Präventivkontrolle, wenn etwa Eintragungen, deren Korrektur am Nachweiserfordernis des § 29 GBO scheitern würde, schon gar nicht zugelassen werden.[94] So wird für die Prüfung der Geschäftsfähigkeit des Bewilligenden eine Beweiserleichterung gewährt, für die Prüfung der Geschäftsunfähigkeit einer darauf bedingten Vorsorgevollmacht indes nicht.[95] Die Obergerichte betonen eher von Fall zu Fall die Gesetzesbindung an § 29 GBO oder ein Abgehen von dieser Norm angesichts der augenscheinlichen Unmöglichkeit des Nachweises. In Betracht kommen, sofern eine Formalerleichterung gewährt wird, die Zulassung einer eidesstattlichen Versicherung (Anhaltspunkt dafür in § 35 Abs. 3 GBO),[96] sonstige urkundliche Belege oder Sachverständigengutachten. Zeugeneinvernahme und Augenschein bleiben ausgeschlossen. In die Gewährung der Beweiserleichterung fließt auch ein, ob in streitigen Zivilverfahren eine Abgabe der Berichtigungsbewilligung erstritten werden kann oder nicht.[97]

Daneben ist eine Form nicht erforderlich für die allgemeinen Umstände, welche eine nach Abs. 1 S. 1 nachzuweisende Erklärung erst wirksam machen, soweit es sich um die Berücksichtigung allgemeiner Erfahrungssätze handelt.

Ein Rechtshängigkeitsvermerk kann ohne einstweilige Verfügung gegen den Bekl. gem. § 22 i.V.m. § 29 GBO durch Vorlage der Akten des Hauptsacheverfahrens eingetragen werden.[98] Ein Bodenschutzlastvermerk kann als eine öffentliche Last auf dem Grundstück eingetragen werden (§ 93b GBV). Der Tatsachennachweis kann ggf. aufgrund freier Beweiswürdigung aller Eintragungsunterlagen und unter Berücksichtigung allgemeiner Erfahrungssätze als geführt anzusehen sein. Besteht ein allgemeiner Erfahrungssatz, so hat das GBA lediglich tatsächlichen begründeten ernsthaften Zweifel an dem Vorliegen der für die Eintragung erforderlichen Tatsachen nachzugehen. Es genügt, wenn nach Zwischenverfügung die bestehenden Zweifel soweit ausgeräumt werden, dass wieder von dem Erfahrungssatz ausgegangen werden kann.[99]

Sonderfälle der Beweisnot können sich bei Nachweisen zu ausländischem Recht unterliegenden Rechtsverhältnissen ergeben (v.a. Vertragsnachweise zu Auslandsgesellschaften), wenn die dortige Rechtsordnung keine öffentliche Urkunde kennt. Gegebenenfalls kommt eine Nachweiserleichterung in Betracht. Alle im Ausland bestehenden Nachweismöglichkeiten, auch unübliche, müssen aber ausgeschöpft sein.[100]

---

92 Etwa OLG München NJOZ 2016, 836: „Die Formvorschrift ist selbst dann zu beachten, wenn die Möglichkeit des formgerechten Nachweises im Einzelfall erschwert oder unzumutbar ist oder sogar unmöglich sein sollte."

93 So in der abstrakten Aussage bei OLG Düsseldorf NJW-RR 2016, 927, 928 (im Ergebnis aber abgelehnt, da der formgerechte Nachweis allenfalls mühselig, nicht aber unmöglich war).

94 Etwa BGH FGPrax 2016, 97, wenn er die Grundbuchunfähigkeit des nichtrechtsfähigen Vereins auch damit begründet, dass Vertretung und Identität nicht in der Form des § 29 GBO nachgewiesen werden können.

95 OLG Köln FGPrax 2007, 102; Hügel/*Otto*, § 29 Rn 37.

96 Etwa: OLG Frankfurt BeckRS 2017, 115046.

97 So ausdrücklich: OLG München NJOZ 2018, 972.

98 OLG München Rpfleger 2000, 106.

99 BayObLG NJW-RR 1990, 722; OLG Hamm Rpfleger 1995, 154.

100 OLG Jena Rpfleger 2018, 440.

VI. Einzelfälle

40 a) **Geschäftsfähigkeit**: Die Geschäftsfähigkeit wird – wie generell im Privatrecht – vermutet. Nachforschungen bzw. Zwischenverfügung zu weiterer Aufklärung sind erst dann zulässig und erforderlich, wenn Zweifel an der Geschäftsfähigkeit hinreichend begründet sind.[101] Ist die Geschäftsfähigkeitsvermutung entsprechend durch z.B. formfreies ärztliche Attest (formfrei als eintragungshindernde Tatsachen) erschüttert, kann ein Gegengutachten ohne Einhaltung der Form des § 29 GBO den Nachweis der Geschäftsfähigkeit erbringen.[102] Der volle Nachweis der Geschäftsfähigkeit muss dabei also nicht geführt werden. Es genügt, die Zweifel an der Geschäftsfähigkeit so weit zu zerstreuen, dass die Vermutung der Geschäftsfähigkeit wieder angewandt werden kann.[103] Allerdings sind bei eingeholten Fachgutachten mit dem Ergebnis der Geschäftsunfähigkeit hohe Anforderungen an das Gegengutachten zu stellen.[104]

41 b) Ein **besonderes Interesse** bei Bestellung einer Eigentümerdienstbarkeit ist der Rspr. des BGH schon materiell-rechtlich nicht mehr erforderlich.[105]

42 c) Die **Entgeltlichkeit von Verfügungen** eines Testamentsvollstreckers/befreiten Vorerben wird bei Verträgen mit Dritten aufgrund des allgemeinen Erfahrungssatzes vermutet, dass niemand beliebig sein Vermögen verschenkt bzw. zu günstig verkauft. Dies gilt ggf. auch bei Verträgen innerhalb der Familie, soweit in ihnen ein Interessengegensatz offenbar wird. Weitere Nachweise zur Preisbildung kann das GBA dann sowieso nicht verlangen.[106] In den verbleibenden Fällen kann ein Wertgutachten beigebracht werden[107] oder eine Darlegung der Beweggründe durch den Testamentsvollstrecker.[108] Beides bedarf nicht der Form des § 29 GBO.[109]

43 Strittig ist die Frage, ob der Nachweis des Vorerben, dass eine Vermächtniserfüllung vorliegt, durch öffentliche Urkunden erfolgen muss oder die Vorlage eines privatschriftlichen Testaments genügt.[110] M. E. genügt letzteres: eine öffentliche Urkunde ist nicht herstellbar. Für die gleichgelagerte Frage beim Testamentsvollstrecker genügt ebenso das privatschriftliche Testament.[111] Zur Klärung der Frage, ob der Testamentsvollstrecker mit der Verfügung eine Zweckauflage erfüllt, können Nachweise außerhalb der Form des § 29 GBO erbracht werden.[112]

44 d) **Nachweis des Gesellschafterbestandes einer GbR.** Der Nachweis des Gesellschafterbestandes durch eidesstattliche Versicherung ist seit 1.1.2024 mit dem faktischen Zwang zur Registrierung im Gesellschaftsregister entfallen (eingehend § 47 GBO Rdn 44). Ein verbleibender Anwendungsbereich bestünde allein bei der Veräußerung eines Grundstücksrechts ohne Zwischeneintragung der eGbR (dazu § 47 GBO Rdn 53). Das OLG Düsseldorf[113] erwägt dieselben Grundsätze zum Nachweis einer unselbständigen Stiftung. Das ist zweifelhaft; nach allgemeinen Grundsätzen der Treuhand müsste stattdessen eine Auflassung auf den neuen Treuhänder der Stiftung erfolgen.

45 e) Der Einwand des ehegüterrechtlichen **Zustimmungserfordernisses** (§ 1365 BGB) ist weitgehend zurückgedrängt, nachdem der BGH nicht nur Kenntnis des GBA von den Wertverhältnissen verlangt, sondern auch sichere Kenntnis, dass der Erwerber von diesen Wertverhältnissen wusste.[114] Eine diesbezügliche Vermutung besteht nicht einmal im Verhältnis von Eltern zu Kindern. Bei der Wahl-Zugewinngemeinschaft muss als Nachweis, dass die Immobilie nicht das Familienheim bildet, eine Meldebescheinigung genügen.

---

101 OLG Karlsruhe Rpfleger 1960, 406; OLG Karlsruhe DNotZ 1965, 477; BayObLG Rpfleger 1974, 396; BayObLG Rpfleger 1992, 152.
102 BayObLG Rpfleger 1992, 152; Hügel/Otto, § 29 Rn 37.
103 BayObLG MDR 1989, 748; BayObLG NJW-RR 1990, 721; BayObLG Rpfleger 1992, 152; OLG München NotBZ 2017, 110.
104 OLG München FGPrax 2019, 205.
105 BGH DNotZ 2012, 137.
106 OLG München FGPrax 2005, 193; OLG München MittBayNot 2011, 292; OLG München RNotZ 2018, 491; allg.: *Keim*, ZEV 2007, 470.
107 OLG Düsseldorf Rpfleger 2008, 299. = FGPrax 2008, 94.
108 BayObLG Rpfleger 1986, 470; OLG München MittBayNot 2012, 292.
109 OLG Köln DNotZ 2020, 343.
110 Eingehend dazu: BayObLG Rpfleger 2001, 408.
111 KG NJW-RR 2016, 1101.
112 OLG München RNotZ 2017, 386.
113 NZG 2020, 195.
114 BGH NJW 1989, 1609. OLG Saarbrücken DNotZ 2023, 530.

f) **Privatschriftliche Abtretungs- und Rückabtretungserklärungen** mit Vorlage des Grundschuldbriefs können die Vermutung des § 891 BGB widerlegen und wiederherstellen.[115]

g) Bei **ausländischen Gesellschaften** (insbesondere juristischen Personen), die nicht in einer dem deutschen Handelsregister vergleichbaren Weise registriert sind[116] und bei denen somit eine Notarbescheinigung nach § 32 GBO ausscheidet, kann eine Beweiserleichterung in Betracht kommen, wenn die Heimatrechtsordnung eine Beweisführung nach § 29 GBO nicht ermöglicht, siehe auch Einl. § 8 Rdn 73.[117]

h) Nach Ansicht des BGH[118] kann die Veräußerung einer Immobilie aus der Erbengemeinschaft heraus je nach Zusammensetzung des Nachlasses „ordnungsgemäßer Verwaltung" (§§ 2038, 743 BGB) entsprechen und dann mehrheitlich (!) beschlossen werden. Die tatbestandlichen Voraussetzungen sind aber nicht in der Form des § 29 GBO nachweisbar, der unmittelbare Grundbuchvollzug auch mit notariell beurkundetem Beschluss scheitert.[119]

D. Eintragungsunterlagen im Einzelnen

I. Zur Eintragung erforderliche Erklärungen (Abs. 1 S. 1)

Dies sind **alle Erklärungen**, die nach den Vorschriften des Grundbuchrechts zur Eintragung erforderlich sind. Irrelevant ist, ob die Erklärung von einem Verfahrensbeteiligten oder einem Dritten stammt. Dazu gehören:

1. Eigentliche Erklärung

Vom reinen Eintragungsantrag und der Antragsvollmacht abgesehen, **alle ausdrücklich vorgeschriebenen grundbuchrechtlichen Erklärungen**, wie Eintragsbewilligung, auch in Gestalt einer Berichtigungsbewilligung,[120] auch für die Eintragung altrechtlicher Dienstbarkeiten,[121] alle Vereinigungs- und Zuschreibungserklärungen,[122] **Zustimmungen** (§§ 22 Abs. 2, 27 GBO) des Eigentümers, auch als Erbbaurechtsausgeber nach § 5 Abs. 2 ErbbauG.[123] Der Form unterliegen auch Zustimmungserklärungen bei bestehenden Verfügungsbeschränkungen,[124] die selbst dann zu beachten sind, wenn sie nicht eingetragen sind, sowie Abtretungs- oder Belastungserklärungen (§ 26 GBO), Rangbestimmungserklärungen.[125]

Eine Sonderkonstellation besteht bei der Eigentumsübertragung. Wegen § 20 GBO ist hier – ausnahmsweise im Vergleich zu § 19 GBO – die Auflassung nach § 925 BGB nachzuweisen. Dies kann aber aus Gründen des BGB-Sachenrechts nur als Niederschrift über Willenserklärungen (§§ 9 ff. BeurkG) geschehen,[126] nicht als notarielles Tatsachenprotokoll und auch nicht als Unterschriftsbeglaubigung, selbst wenn der Notar im Beglaubigungsvermerk den Vollzug bei gleichzeitiger Anwesenheit bestätigt. § 29 Abs. 1 S. 1 GBO gilt hier mit der Maßgabe, dass ein Nachweis durch öffentlich beglaubigte Urkunde ausscheidet.

2. Urkunden über Vorfragen

Ebenfalls dem § 29 GBO unterliegende sonstige Erklärungen, die eine grundbuchrechtliche Erklärung ergänzen oder begründen, wie das Ersuchen des Präsidenten der OFD auf Anlegung eines Gebäudegrundbuchblatts nach dem Vermögenszuordnungsgesetz[127] oder die Voraussetzung für die Begründung von Gebäudeeigentum.[128] Ist ein solcher Nachweis nicht möglich, so ist der Antragsteller auf das Verfahren nach Art. 233 § 2b Abs. 3 EGBGB zu verweisen.[129]

---

115 BayObLG Rpfleger 1992, 56; dag. mit beachtenswerten Einwendungen: *Bestelmeyer*, Rpfleger 1993, 279. OLG Düsseldorf BeckRS 2020, 27323 zieht aus der unterbliebenen Teilbriefbildung und dem Verbleib der Abtretungserklärung beim Zedenten den Schluss auf die nicht vollzogene Abtretung.
116 Vgl. dazu OLG Schleswig 2022, 154; OLG Düsseldorf FGPrax 2015 12.
117 OLG Hamm NJW-RR 1995, 469; KG FGPrax 2012, 236; allg. zum Nachweis auch: OLG Brandenburg MittBayNot 2011, 222.
118 BGH NJW 2010, 765.
119 *Böttcher* NJW 2019, 2746.
120 Etwa: OLG München NJW-RR 2015, 1107.
121 BayObLG Rpfleger 1979, 383.
122 Meikel/*Hertel*, § 38 Rn 83.
123 BayObLG BayObLGZ 2001, 132, 137.
124 OLG Zweibrücken Rpfleger 2001, 406.
125 BayObLG BayObLGZ 1992, 131, 129.
126 OLG Rostock NJW-RR 2006, 1162; BayObLG MittBayNot 1998, 339 (wenngleich historisch zweifelhaft); *Volmer*, ZfIR 2006, 732.
127 KrG Rathenow Rpfleger 1993, 331 ff. m. Anm. *Weike*.
128 OLG Rostock Rpfleger 1994, 413 m. Anm. *Hartung*.
129 OLG Jena Rpfleger 1997, 104.

3. Vollmachten

53 Vollmachten und Vollmachtsbestätigungen unterliegen dem § 29 GBO (wobei diese in öffentlich beglaubigter Form genügen[130] und weitere Nachweise nicht erforderlich sind), ebenso nachträgliche Genehmigungen von Verträgen. Bei einseitigen Erklärungen wäre § 180 S. 2 BGB zu beachten,[131] wobei aber diese Bestimmung nicht für Anträge und Willenserklärungen des Grundbuchverfahrensrechts gilt.[132] § 29 GBO gilt uneingeschränkt auch für Prozessbevollmächtigte der Betroffenen. Deswegen kann der Anwalt zwar aufgrund eines von ihm gestellten Antrags aufgrund des Vollstreckungstitels eine Zwangshypothek für seinen Mandanten eintragen lassen (§ 30 GBO, im Übrigen auch § 81 ZPO).[133] Für eine Löschungsbewilligung/löschungsfähige Quittung müsste aber die Prozessvollmacht notariell beglaubigt sein.[134]

54 Die nachträgliche Genehmigung des Bewilligungsberechtigten heilt die von einem Vertreter ohne Vertretungsmacht abgegebene Erklärung.[135]

55 Genehmigungsfähig ist auch die von einem vollmachtlosen Vertreter erklärte (dingliche) Vollstreckungsunterwerfung nach §§ 794 Abs. 1 Nr. 5, 800 ZPO: Das Prozessrecht steht nicht entgegen (§ 89 ZPO).[136] Ausgeschlossen scheint hingegen eine Genehmigung nach § 185 BGB. Wird die Erklärung unter einer Bedingung erteilt, so ist der Eintritt der Bedingung grundsätzlich in der Form des § 29 GBO nachzuweisen.[137] Wird eine Genehmigung unbedingt erteilt, aber mit Haftungsauflagen für den Notar, so sind diese für das GBA unbeachtlich.

4. Genehmigungen

56 Bei der betreuungsgerichtlichen Genehmigung (§§ 1855 ff. BGB und Verweisungsfälle hierauf) unterliegt dem Formgebot der Beschluss, der Nachweis der Rechtskraft (dies durch beigesetzten Rechtskraftvermerk) sowie das Wirksamwerden nach §§ 1855, 1856 BGB. Die nach FamFG ergänzte verfahrensinterne Rechtsmittelbefugnis hat die materiell-rechtliche Rechtsbehelfsmöglichkeit durch vorläufige Nicht-Mitteilung nicht beseitigt. Dabei sind – ausgehend vom Bewilligungsgrundsatz der GBO – §§ 1855, 1856 BGB auf die Bewilligung, nur in Fällen des § 20 GBO auf die Auflassung als Vertrag anzuwenden. Genügt die einseitige Bewilligung des betroffenen Betreuten (z.B. Löschungsbewilligung, Grundschuldbestellung, Auflassungsvormerkung), genügt nach § 1855 BGB zur Wirksamkeit der Nachweis des Zugangs.[138] Dieser ergibt sich schon daraus, dass der zuvor entsprechend bevollmächtigte Notar den mit Rechtskraftvermerk versehenen Genehmigungsbeschluss an das GBA weiterleitet. Andere Nachweise sind überflüssig.

57 Ist eine Mitteilung an den anderen Vertragsteil gem. § 1856 Abs. 1 S. 2 BGB für den Grundbuchvollzug erforderlich, so ist auch diese nachzuweisen.[139] Doppelbevollmächtigung des Notars zur Entgegennahme der Genehmigung und deren Mitteilung an den anderen Vertragsteil sowie zu deren Entgegennahme durch den anderen Vertragsteil ist zulässig und üblich.[140] Diese Vollmacht ist in einer allgemeinen Vollzugsvollmacht aber noch nicht enthalten. Der Nachweis des Tätigwerdens des Notars durch bestätigende Eigenurkunde[141] ist zulässig und genügend.[142] Ob der Zugang im Wege der §§ 1855, 1856 BGB auch dadurch nachgewiesen werden kann, dass der Vertragspartner höchstpersönlich die betreuungsgerichtliche Genehmigung beim GBA einreicht, ist offen. Das OLG Jena[143] hält die Möglichkeit für relevant, dass der Vertragspartner die Beschlussausfertigung unmittelbar vom Gericht bekommen haben könnte.

---

130 BGH BGHZ 29, 366 = Rpfleger 1959, 219 m.w.N.; BGH NJW 2016, 1516: Das kann die Anordnung einer Betreuung rechtfertigen.
131 Wobei aber bei notariellen Urkunden die anfangs fehlende Vollmacht sogleich offengelegt werden muss, aus der Mitwirkung des anderen Teils dessen Einverständnis folgt. Zurückweisungen wegen fehlender Vollmacht sind deswegen selten!
132 OLG Frankfurt Rpfleger 1958, 126 m. Anm. *Hieber*; *Schöner/Stöber*, Grundbuchrecht, Rn 3547; Meikel/*Hertel*, § 29 Rn 68.
133 Dies wurde von BGH ZfIR 2015, 359 wohl übersehen.
134 BGH ZfIR 2015, 359.
135 BayObLG DNotZ 1986, 328; BayObLG DNotZ 1989, 779; OLG Frankfurt FGPrax 1996, 212.
136 *Stöber*, NotBZ 2008, 209; anders noch: BayObLG DNotZ 1971, 45.
137 Meikel/*Hertel*, § 29 Rn 83; BGH FGPrax 2016, 145 = Rpfleger 2016, 537 (bedingte Finanzierungsvollmacht).
138 KG Rpfleger 2017, 266.
139 BayObLG DNotZ 1983, 369.
140 BayObLG DNotZ 1983, 369; BayObLG Rpfleger 1988, 242.
141 Vgl. dazu: *Schöner/Stöber*, Rn 3740, 3748.
142 Meikel/*Hertel*, § 29 Rn 514 ff.; KG FGPrax 2009, 55.
143 OLG Jena Rpfleger 2015, 400.

Dann wäre § 1856 BGB missachtet. Das Problem besteht auch darin, dass gerichtliche Ausfertigungen i.d.R. keinem bestimmten Adressaten zugeordnet werden.

Dem Formgebot unterliegen auch: 58

- die Zustimmung des anderen Ehegatten, wenn das Grundstück infolge der Vereinbarung der Gütergemeinschaft vor Eintragung der Rechtsänderung in das Grundbuch im Sinne des § 1416 BGB gemeinschaftliches Eigentum geworden ist.[144] Eine Nachweispflicht des verfügenden Ehegatten über das Nichtbestehen von güterrechtlichen Verfügungsbeschränkungen besteht nicht.[145]
- Der Nachweis der Verfügungsbefugnis nach ausländischem Eherecht durch Zustimmung der Beteiligten bei ausländischen Ehegatten, die keinen Wohnsitz im Inland haben.[146]
- Der Nachweis, dass ein Grundstück von Minderjährigen nach § 110 BGB mit zur freien Verfügung überlassenem Vermögen erworben wurde.[147]
- Der die Zustimmung des Nacherben ausschließende Nachweis, dass mit der Auflassung des Nachlassgrundstücks durch den nicht befreiten Vorerben ein fälliger Vermächtnisanspruch des Auflassungsempfängers erfüllt wurde.[148]
- Löschungsfähige Quittungen,[149] einschließlich des Nachweises bei Grundschulden, ob der leistende Eigentümer auf die Grundschuld oder auf eine persönliche Schuld geleistet hat.[150]

5. Wohnungseigentum

Erklärungen, die den Inhalt eines begründeten Rechts konkretisieren,[151] z.B. nach § 33 Abs. 3 WEG Vereinbarungen zum Inhalt des Dauerwohnrechts. Die Ansicht, dass eine normale Eintragungsbewilligung des Eigentümers genügt,[152] übersieht, dass hier das Gesetz ausnahmsweise die Prüfung der Vereinbarungen dem GBA auferlegt. Daher sind Eintragungsbewilligungen aller Parteien in der Form des § 29 GBO erforderlich.[153] 59

Die Zustimmung mehrerer Eigentümer oder des Verwalters oder der Wohnungseigentümerversammlung, soweit vereinbart: Der Nachweis der Zustimmung der Eigentümerversammlung (aber selten!) erfolgt durch die Vorlage eines Protokolls der Eigentümerversammlung über die Beschlussfassung, bei dem die Unterschriften des Vorsitzenden und eines Wohnungseigentümers und, falls ein Verwaltungsbeirat tatsächlich bestellt ist, auch von dessen Vorsitzenden[154] oder seinem Stellvertreter (§ 24 Abs. 6 WEG) beglaubigt wurden.[155] Da das Gesetz die Unterzeichnung durch bestimmte Mitglieder des Verwaltungsbeirats verlangt, muss die Erklärung auch deren genaue Funktion erkennen lassen.[156] 60

Ist der Beiratsvorsitzende zugleich Versammlungsleiter und bestehen keine Anhaltspunkte, dass ein stellvertretender Beiratsvorsitzender gewählt ist und an der Versammlung teilgenommen hat, so genügt die Beglaubigung der Unterschrift des Vorsitzenden und eines weiteren Wohnungseigentümers.[157] Der Beiratsvorsitzende/Stellvertreter kann aber nicht zugleich den weiteren Wohnungseigentümer repräsentieren, denn dann liefe § 24 Abs. 6 WEG im Regelfall leer.[158] § 24 Abs. 6 WEG gilt als lex specialis zu § 29 GBO auch für die beschlussweise Aufhebung des Zustimmungserfordernisses, indes muss der Beschluss auch inhaltlich klar gefasst werden.[159] 61

---

144 BayObLG MittBayNot 1975, 228.
145 BGH BGHZ 35, 135 = Rpfleger 1961, 233 m. Anm. *Haegele*; BayObLG MittBayNot 1978, 11 = MittRhNotK 1978, 100; BayObLG DNotZ 1987, 98; zur Prüfungspflicht des GBA bei möglicher Unrichtigkeit des Grundbuchs, die kraft ausländischen Güterrechts eintritt, siehe *Böttcher*, Rpfleger 1984, 383, *Schöner/Stöber*, Grundbuchrecht, Rn 3394.
146 OLG Köln DNotZ 1972, 182.
147 LG Aschaffenburg Rpfleger 1972, 134; dag. krit. (keine Nachweispflicht): *Safferling*, Rpfleger 1972, 124, 126; BayObLG BayObLGZ 2001, 118 m.w.N.
148 BayObLG Rpfleger 1977, 285 nur LS. Aber fraglich; bei einem gültigen privatschriftlichen Testament muss dieser Nachweis scheitern.
149 BayObLG BayObLGZ 1995, 104 ff. = Rpfleger 1995, 410; *Demharter*, § 29 Rn 10.
150 OLG Frankfurt Rpfleger 1997, 103.
151 OLG Düsseldorf DNotZ 1978, 354 (für Vereinbarungen zum Inhalt des Dauerwohnrechts gem. § 33 Abs. 4 Nr. 1–3 WEG).
152 So Meikel/*Hertel*, § 29 Rn 82; Staudinger/*Spiegelberger*, § 32 WEG Rn 24; *Weitnauer*, § 32 Rn 7.
153 Ebenso: *Bärmann/Pick*, § 32 WEG Rn 4; *Bärmann/Pick/Merle*, § 32 WEG Rn 15 f.
154 BayObLG Rpfleger 1983, 436.
155 BayObLG BayObLGZ 1961, 396 = DNotZ 1962, 312; BayObLG MittBayNot 1987, 96 m. Anm. *Röll*; *Haegele*, Rn 2904.
156 OLG München Rpfleger 2016, 719.
157 LG Lübeck Rpfleger 1991, 309.
158 KG Rpfleger 2015, 465.
159 OLG München FGPrax 2011, 278.

62 Ist in der Teilungserklärung durch Vereinbarung gem. § 10 Abs. 2 WEG bedungen, dass für jede Veräußerung die Zustimmung des Verwalters erforderlich ist, so ist diese in der Form des § 29 GBO nachzuweisen. Die **Zustimmung ist auch erforderlich** für die Veräußerung eines ideellen Miteigentumsanteils am Wohnungseigentum,[160] die Rückübertragung aufgrund eines Aufhebungsvertrags,[161] die Veräußerung an ein Mitglied der Gemeinschaft,[162] Veräußerung durch Zwangsversteigerung, den Insolvenzverwalter, jeweils soweit nicht ausdrücklich in der Teilungserklärung vom Zustimmungserfordernis ausgenommen.

63 **Keiner** Zustimmung bedarf die Eintragung einer Vormerkung,[163] die Erstveräußerung nach Teilung, wenn in der Teilungserklärung ausdrücklich ausgenommen,[164] selbst wenn die Erstveräußerung erst nach Jahren erfolgt,[165] die Unterteilung in selbstständige Einheiten ohne Veräußerung,[166] die Veräußerung einzelner Räume ohne Miteigentumsanteil,[167] jedoch kann das Zustimmungserfordernis in der Teilungserklärung festgelegt werden;[168] die gleichzeitige Veräußerung aller Einheiten,[169] die Übertragung eines Anteils am Gesamthandsvermögen, auch wenn zu diesem ausschließlich das Wohnungseigentum gehört,[170] die Rückübertragung nach erfolgter Anfechtung oder Rücktritt.[171]

64 Eine Veräußerung im Rahmen einer Erbauseinandersetzung oder zur Erfüllung einer testamentarischen Verfügung **bedarf dagegen der Zustimmung**, da anderenfalls der Zweck des Zustimmungserfordernisses unterlaufen werden könnte.[172] Bestehen konkrete Zweifel daran, dass die Verwaltereigenschaft bei Abgabe der Zustimmungserklärung noch fortbestand, hat das Grundbuch Nachweis über die Fortdauer der Verwalterbestellung zu verlangen.[173] Ist ein Verwalter nicht bestellt, was durch eidesstattliche Versicherung der übrigen Eigentümer nachgewiesen werden kann, so ersetzt die Zustimmung sämtlicher Wohnungseigentümer in notarieller Form die Zustimmung des Verwalters.[174]

65 Die **Verwalterbestellung bei einer Wohnungseigentümergemeinschaft**. Hier genügt die Vorlage einer Niederschrift über den Bestellungsbeschluss, bei der die Unterschrift des Versammlungsleiters, des Beiratsvorsitzenden und eines weiteren Eigentümers beglaubigt sind (§§ 26 Abs. 4, 24 Abs. 6 WEG) oder öffentlich beglaubigte Erklärungen des ursprünglichen Eigentümers, welche ersehen lassen, dass und für welche Zeit ein Verwalter von ihm bestellt worden ist.[175] Die Unterschrift des Versammlungsleiters ist für diesen aufgrund der eigenen Wahrnehmung höchstpersönlich und kann nicht delegiert werden (bspw. innerhalb einer verwaltenden GmbH).[176] Die Organstellung des Beiratsvorsitzenden bzw. seines Stellvertreters muss nicht nachgewiesen werden. Die Unterschriften müssen aber nicht auf dasselbe Dokument gesetzt werden.[177] Ist der Verwalter durch schriftlichen Beschluss bestellt worden, so ist die Verwaltereigenschaft durch öffentlich beglaubigte Zustimmungserklärungen sämtlicher Eigentümer nachzuweisen.[178] § 26 Abs. 4 WEG gilt bei Beschlussfassung im Umlaufverfahren bewusst nicht – mit anderen Worten: In der Regel ist der Verwalternachweis so nicht zu bekommen. Die Nichtigkeit eines Bestellungsbeschlusses ist auch dann vom GBA zu beachten, wenn sie nicht gem. § 44 Abs. 1 Nr. 4 WEG festgestellt wurde.[179] Eine bloße Anfechtbarkeit berührt das Grundbuchverfahren aber nicht (Arg.: § 45 WEG).[180] Des Nachweises bedarf es nicht, wenn der Verwalter in der Teilungserklärung bestellt wurde und diese dem GBA in der Form des § 29 GBO vorliegt[181] oder wenn in der Teilungserklärung

---

[160] OLG Celle Rpfleger 1974, 438; hierzu: *Schmedes*, Rpfleger 1974, 421.
[161] BayObLG BayObLGZ 1976, 328 = Rpfleger 1977, 104 = DNotZ 1977, 612.
[162] BayObLG BayObLGZ 1977, 40 = Rpfleger 1977, 173; KG Rpfleger 1978, 382 = DNotZ 1979, 31.
[163] BayObLG BayObLGZ 1961, 392 = Rpfleger 1962, 107 = DNotZ 1962, 312.
[164] BayObLG NJW RR 1987, 270.
[165] OLG Köln Rpfleger 1982, 293.
[166] BGH DNotZ 1968, 417 = Rpfleger 1968, 114; BayObLG DNotZ 1992, 305.
[167] Meikel/*Hertel*, § 29 Rn 89; zur Zulässigkeit vgl. BayObLG DNotZ 1984, 318; BGH BGHZ 49, 250 = DNotZ 1968, 417; BayObLG DNotZ 1984, 561.
[168] BGH BGHZ 49, 250 = DNotZ 1968, 417 = Rpfleger 1968, 114.
[169] Meikel/*Hertel*, § 29 Rn 89.
[170] Meikel/*Hertel*, § 29 Rn 89; *Haegele*, Rn 2869.
[171] Meikel/*Hertel*, § 29 Rn 1; *Sauren*, § 312 WEG Rn 6; a.A. BayObLG BayObLGZ 1976, 331 = Rpfleger 1977, 104.
[172] A.A. Meikel/*Hertel*, § 29 Rn 91a.
[173] BayObLG Rpfleger 1991, 354 nur Ls.
[174] OLG Zweibrücken Rpfleger 1987, 157.
[175] KG RNotZ 2009, 479 (Beschlussanfechtung); BayObLG BayObLGZ 1964, 239 = DNotZ 1964, 722; einschränkend – zu Unrecht: OLG Köln Rpfleger 1986, 298 („nur wenn der erklärende Eigentümer im Zeitpunkt der Erklärung noch die Rechtsmacht hatte, die bestätigte Rechtshandlung – Bestellung des Verwalters – selbst vorzunehmen").
[176] DNotI-Rep 2018, 41.
[177] KG RNotZ 2018, 422.
[178] BayObLG DNotZ 1986, 490 = Rpfleger 1986, 299.
[179] BGH BGHZ 107, 286 = Rpfleger 1989, 325.
[180] OLG München MittBayNot 2018, 452.
[181] Ebenso: Meikel/*Hertel*, § 29 Rn 93.

ein Verwalter vorgesehen ist und die teilende Eigentümerin ihre erste Verwalterbestellung in der Form des § 29 GBO bestätigt.[182]

Die **Dauer der Bestellungszeit** ist stets zu beachten,[183] wobei die Verwaltereigenschaft bei Erklärung der Genehmigung bestehen muss, nicht auch noch bei Zugang an das GBA.[184] Die Möglichkeit einer vorzeitigen Abberufung aus wichtigem Grund ist demgegenüber unbeachtlich. **66**

Der selbst veräußernde Eigentümer ist bei alledem nicht ausgeschlossen; er kann ohne Verstoß gegen § 181 BGB seine Zustimmung gegenüber dem Erwerber erklären.[185] Auch der Verwalter kann seinen eigenen Erwerb genehmigen. Der Nachweis der Position ist nicht erforderlich,[186] auch nicht bei bevollmächtigtem Vertreter des Verwalters. Selbst wenn in der Teilungserklärung ein Verwaltungsbeirat vorgesehen ist, kann das GBA keinen Nachweis verlangen, dass ein solcher bisher nicht bestellt wurde.[187] **67**

Die Form des § 24 Abs. 6 WEG gilt – über Fälle der Veräußerungszustimmung hinaus – auch in anderen Fällen, in denen die Legitimation des Verwalters hinsichtlich Organstellung und Aufgabenzuweisung (§ 96 WEG) gegenüber dem GBA erforderlich ist, z.B. Löschung einer für die WEG eingetragenen Sicherungshypothek; Eigentumserwerb für die WEG.[188] **68**

6. Sonstige Vertretungsberechtigungen

§ 29 GBO gilt auch für den Nachweis organschaftlicher Vertretungsberechtigungen, soweit § 32 GBO mit seiner Nachweiserleichterung nicht eingreift. Das kann v.a. bei eingetragenen Vereinen eine Rolle spielen, soweit die Vertragsbefugnis des Vorstands an die Zustimmung weiterer Organe gebunden wird. Wegen des gesetzlich vorgeschriebenen Vertretungsumfangs bei Kaufleuten stellt sich dort das Problem nicht. § 29 GBO verlangt dann volle Nachweisführung, auch über die Organeigenschaft. § 26 Abs. 4 WEG kann nicht analog herangezogen werden.[189] **69**

7. Weitere Einzelfälle

Geständniserklärungen gehören hierher, z.B., dass eine Vollmacht erteilt worden ist[190] oder dass bei einer Zwei-Mann-OHG das Geschäft durch einen Gesellschafter mit allen Aktiven und Passiven übernommen worden ist;[191] die Bescheinigung des Notars, dass eine Vermögensübertragung von einer Handelsgesellschaft auf die andere im Handelsregister eingetragen wurde.[192] **70**

Die Genehmigung der erklärten Auflassung durch den Insolvenzverwalter, wenn die zugrundeliegende Vollmacht infolge Insolvenzeröffnung erloschen ist.[193] Auch Zustimmungserklärungen bei bestehenden Verfügungsbeschränkungen. Diese sind selbst dann zu beachten, wenn sie nicht eingetragen sind.[194]

Weiter gehören hierher Vereinigungs-, Zuschreibungs- und Teilungserklärungen, auch die Teilungserklärung zum Vollzug der katastermäßigen Teilung im Grundbuch[195] oder die Bewilligung des Hypothekengläubigers zur Teilung der Hypothek.[196] **71**

Auch nur klarstellende Erklärungen, z.B. solche, die den Zeitpunkt des Zinsübergangs klarstellen,[197] Bezeichnung eines gewollt aufgelassenen, jedoch in der notariellen Urkunde nicht oder nicht richtig bezeichneten Grundstücks,[198] oder die Erklärung des Vertreters einer Handelsgesellschaft, ein für die Hauptniederlassung eingetragenes Recht auf die Zweigniederlassung umzuschreiben[199] oder der Nachweis der Aufnahme eines Grundstücks in den Deckungsstock einer Versicherungsgesellschaft,[200] das **72**

---

182 BayObLG BayObLGZ 1964, 239 = DNotZ 1964, 722.
183 OLG Oldenburg Rpfleger 1979, 266; BayObLG Rpfleger 1991, 354 nur Ls.; *Schöner/Stöber*, Rn 2931.
184 BGH DNotZ 2013, 362.
185 OLG Düsseldorf DNotZ 1985, 491 = Rpfleger 1985, 61 = NJW 1985, 390.
186 LG Aachen MittRhNotK 1985, 11; LG Lübeck Rpfleger 1991, 309.
187 OLG Oldenburg Rpfleger 1983, 436.
188 DNotI-Report 2013, 177; OLG München MittBayNot 2017, 150 u. erneut: OLG München Rpfleger 2017, 271.
189 KG MittBayNot 2016, 541.
190 BGH BGHZ 29, 368 = NJW 1959, 883.
191 BayObLG Rpfleger 1980, 66.
192 LG Frankenthal MittBayNot 1971, 371.
193 OLG Düsseldorf Rpfleger 1977, 171.
194 OLG Zweibrücken Rpfleger 2001, 406.
195 KG HRR 1937, 383; KG JW 1937, 896; Meikel/*Hertel*, Rn 83.
196 KG JFG 14, 147.
197 KG HRR 1941 Nr. 604.
198 MüKo/*Kanzleiter*, § 925 Rn 22; BGH Rpfleger 1983, 306.
199 KG JFG 15, 104 = HRR 1937 Nr. 821.
200 OLG Frankfurt Rpfleger 1972, 104 m. zust. Anm. *Haegele*.

Vorliegen der Voraussetzungen des § 55 BRAO für den Kanzleiabwickler.[201] Dies gilt jedoch unbeschränkt nur dann, wenn die vorliegenden Unterlagen darüber – auch im Wege der Auslegung – vollständig schweigen. Soll nur ein durch Auslegung erst entstandenes Bedenken ausgeräumt werden, ist die Form des § 29 GBO jedoch nicht erforderlich.[202] In diesem Fall ist bloße Erläuterung durch entsprechende Antragstellung möglich (vgl. § 13 GBO Rdn 50).

73 Auch die Bewilligung der Unterwerfung der Zwangsvollstreckung (§ 800 ZPO) gehört hierher.[203]

8. Begrenzung auf Erforderlichkeit

74 **Nicht hierher** gehören **Erklärungen, die zur Eintragung** nach den maßgebenden grundbuchrechtlichen Vorschriften **nicht** erforderlich sind. Was erforderlich ist, bestimmen §§ 19–28 GBO. Daher ist eine eingereichte Einigung als solche, abgesehen vom Fall des § 20 GBO, nicht formbedürftig. Dies gilt weiter auch für die Berichtigungsbewilligung bei nachgewiesener Unrichtigkeit (siehe § 22 GBO). Die Unrichtigkeit selbst jedoch ist in der Form des § 29 GBO nachzuweisen.[204] Die Nichtausübung eines gesetzlichen Vorkaufsrechts ist nur „erforderlich" zur Eintragung,[205] wenn das Vorkaufsrecht kraft gesetzlicher Anordnung mit Vollzugssperre ausgestattet ist (bei § 28 BauGB z.B. ja, beim naturschutzrechtlichen Vorkaufsrecht hingegen nicht).

75 Die Form des § 29 GBO ist nicht erforderlich für Tatsachen, welche die rechtlichen Befugnisse eines Vertretungsorgans im **Innenverhältnis** zur Gesellschaft erst begründen. Für die Außenwirkung und Willenserklärungen der satzungsgemäß vertretungsberechtigten Vorstandsmitglieder eines eingetragenen Vereins muss eine gültige Beschlussfassung dem GBA in der Form des § 29 GBO nicht nachgewiesen werden.[206]

II. Andere Voraussetzungen der Eintragung (Abs. 1 S. 2)

76 Andere Eintragungsvoraussetzungen sind solche, die nicht in Erklärungen bestehen und daher von Abs. 1 nicht miterfasst werden. Es handelt sich um für die Eintragung bedeutsamer Tatsachen, sofern sie nicht offenkundig sind. Sie unterliegen einem besonderen Formgebot, wobei indes die Rechtspraxis vereinzelt Ausnahmen vom Gebot der öffentlichen Urkunde (v.a. bei schwerer Beschaffbarkeit) zulässt. Im Einzelnen kommen bspw. in Frage:

1. Tatsächliche Vorgänge

77 **Tatsächliche Vorgänge** wie Geburt, Verheiratung, Tod, Ehescheidung, Erreichung eines bestimmten Lebensalters – hier erfolgt der Nachweis durch standesamtliche Urkunden (auch wenn diese zunächst für andere Zwecke erteilt waren[207]) oder beglaubigte Auszüge aus Geburten-, Familien- und Sterbebüchern. Aus dem Personalausweis/Reisepass soll hingegen das Geburtsdatum nicht in verfahrensrelevanter Wirkung entnommen werden können. Die Verfahrenswirkung einer Feststellung des Notars im Eingang der Urkunde genügt zum Nachweis der Verheiratung.[208] Der Eintritt einer Genehmigung nach dem BauGB, weil innerhalb der gesetzlichen Frist keine Versagung erfolgte.[209] Der zur Eintragung einer altrechtlichen Dienstbarkeit erforderliche Nachweis, dass das Recht fortgesetzt ausgeübt wurde. Eidesstattliche Versicherung genügt dafür nicht.[210] Die Bedeutung der Feststellung des Notars im Eingang der notariellen Niederschrift (z.B. über Geburtsdaten oder Änderung des Namens infolge Eheschließung) ist für das Grundbuchverfahren nicht abschließend geklärt.[211]

78 Die **Todeserklärung**: sie kann durch Vorlage einer Ausfertigung des rechtskräftigen gerichtlichen Beschlusses nachgewiesen werden.[212]

---

201 LG Hamburg Rpfleger 1981, 482.
202 BayObLG Rpfleger 1981, 192.
203 Vgl. dazu: OLG Celle DNotZ 1954, 32.
204 OLG Hamm JMBl. NRW 1959, 282.
205 KG BayNotZ 1919, 320; KG JFG 2, 336; OLG Düsseldorf JMBl. NRW 1956, 209.
206 LG Schweinfurt DNotZ 1975, 599; LG Schweinfurt MittBayNot 1975, 10 m.w.N.; teilw. a.A. BayObLG BayObLGZ 1972, 296 ff.
207 OLG Nürnberg DNotZ 2020, 627.
208 Ebenso im Ergebnis: LG Wuppertal MittBayNot 1977, 38; LG Wuppertal MittRhNotK 1976, 597, das aber die Frage der Qualität der Notarbestätigung nicht näher erläutert.
209 OLG Frankfurt Rpfleger 1997, 210.
210 BayObLG DNotZ 1993, 508.
211 Sehr weitgehend: Meikel/*Hertel*, § 29 Rn 128 f.; enger hingegen: OLG München NJW-RR 2010, 90.
212 Ebenso: Meikel/*Hertel*, § 29 Rn 9131.

Der **Nachweis des Zugangs** der erteilten Genehmigung, grundsätzlich in der Form der öffentlichen Urkunde, kann auch genügend durch eine Bestätigung des Erklärungsempfängers in öffentlich beglaubigter Form nachgewiesen werden. Ist der Notar in der Urkunde ermächtigt, die Genehmigung entgegenzunehmen, so ist mit der Vorlage der Genehmigungserklärung der Zugang nachgewiesen.[213] Fehlt eine entsprechende Ermächtigung in der Urkunde, so gilt trotzdem wegen § 15 Abs. 2 GBO i.d.R. der Notar zur Entgegennahme der Genehmigung als ermächtigt.[214] Ein Nachweis, dass die Voraussetzungen des § 177 Abs. 2 BGB nicht vorliegen, kann vom GBA nicht verlangt werden.[215]

79

Der **Eintritt** oder **Nichteintritt** einer **Rechtsfolge**, z.B. der Nachweis, dass fortgesetzte Gütergemeinschaft nicht eingetreten ist.[216] Nachweis, dass die abzuschreibende Grundstücksfläche von der Auflassungsvormerkung nicht betroffen ist, bei Vorlage einer mit Unterschrift und Dienstsiegel versehenen Bescheinigung des Vermessungsamts (vgl. § 46 GBO Rdn 6).[217] Auch eine Bezugnahme auf Pläne des Teilflächenkaufs ist zulässig.[218] Der Nachweis der Rechtsfähigkeit einer Stiftung.[219]

80

Die **Vertretungsmacht** des Vorstands eines Vereins; ist diese in der Weise beschränkt, dass zu Grundbucherklärungen die Zustimmung eines Mitglieds eines Vereinsorgans erforderlich ist, kann die Zugehörigkeit des Zustimmenden zu diesem Organ in grundbuchmäßiger Form durch Vorlage einer öffentlich beglaubigten Niederschrift über die Versammlung geführt werden.[220]

Die Verfügungsbefugnis des Insolvenzverwalters konnte nach früherer Praxis nachgewiesen werden durch Vorlage einer beglaubigten Abschrift seiner Bestallung, verbunden mit einer Bestätigung des Notars, dass das Original bei Beurkundung oder zumindest zeitnah vorgelegen habe.[221] Die heutige Praxis steht demgegenüber erstaunlicherweise auf dem Standpunkt, dass die Vorlage der Bestellungsurkunde die Fortdauer der Amtsinhaberschaft nicht belege (was sonst weder bei Betreuung noch bei Vollmacht ein maßgebliches Argument ist). Deswegen wird eine zeitnahe Bescheinigung des Insolvenzgerichts über die Amtsfortdauer zugrunde gelegt (die ist aber auch von fraglichem Wert, weil gesetzlich nicht vorgesehen und damit eigentlich nicht innerhalb der Amtsbefugnisse abgegeben).

Die **Zahlung** des Geldbetrags **bei einem Prozessvergleich**, der die Löschung von der Zahlung abhängig macht.[222] Einer Zustellung der Nachweisurkunde bedarf es nicht.

Der Nachweis der **Übergabe** der vom Prozessgericht als Sicherheitsleistung zugelassenen **Bankbürgschaft** bei Eintragung einer Zwangshypothek.[223]

Eintritt von Bedingungen,[224] von Vorbehalten, an die eine Eintragungsbewilligung geknüpft ist, auch bei Negativ-Bedingungen.[225] Eine Bedingung ist jedoch nur dann zu beachten, wenn sie nach dem Willen des Erklärenden vom GBA zu beachten ist. Weisungen an den Notar zum Urkundenvollzug sind keine Bedingungen.[226] Weiterhin muss die Bedingung zulässig sein. Unzulässige Bedingungen oder Befristungen werden durch den Bedingungs- oder Befristungseintritt nicht geheilt, sondern verlangen die erneute Abgabe der Erklärung in unbedingter Form.[227] Ist die Bedingung der Nachweis einer Abtretung, so genügt es, wenn Abtretender und Abtretungsempfänger diese in notarieller oder notariell beglaubigter Form erklären.[228]

81

Indes ist diese Aussage in zweierlei Hinsicht einzuschränken: Eine Bedingung ist nicht schon allein deswegen unzulässig, weil ihr Eintritt bzw. Ausfall voraussichtlich nicht durch öffentliche Urkunde nachweisbar sein wird (konkret geklärt, z.B.: pflegebedingter Auszug ins Heim kann auflösende Bedingung für Wohnungsrecht/Leibgeding sein)[229] und selbst dann stellt sich nach einer Eintragung des bedingten

82

Rechts natürlich die Frage, ob zur Aufrechterhaltung der vollzogenen Grundbucheintragung nicht eine großzügigere Auslegung angezeigt ist.

83 Nicht genügend für den Nachweis des Eintritts einer tatsächlichen Bedingung – Einstellung der Bauarbeiten – ist eine Notarbestätigung, da es sich insoweit nur um eine gutachtliche Stellungnahme auf dem Gebiet der vorsorgenden Rechtspflege handelt.[230] Zulässig ist es aber, unmittelbar die eigene Urkunde des Notars, und eben nicht den Tatsacheneintritt selbst, zur Bedingung zu erheben.[231] Der Tatsacheneintritt ist dann in die Vollzugsanweisung an den Notar vorgelagert und für das GBA unbeachtlich.[232] Das derzeit übliche Verfahren zur Vollzugssperre bei der Auflassung vor Zahlung des Kaufpreises kann als **pars pro toto** stehen.

Bei Eintragung einer Zwangshypothek genügt die als Sicherheitsleistung zugelassene Bankbürgschaft in privatschriftlicher Form, wenn deren Übergabe an den Schuldner durch öffentlich beglaubigte Urkunde nachgewiesen ist (§ 108 Abs. 1, § 751 Abs. 2 ZPO). Bei Zustellung von Anwalt zu Anwalt genügt das schriftliche Empfangsbekenntnis des schuldnerischen Anwalts (§ 195 ZPO).[233]

Nachweis des Zeitpunkts der Abtretung einer Briefgrundschuld, wenn über das Vermögen des Rechtsvorgängers in der Zwischenzeit das Insolvenzverfahren eröffnet worden ist.[234]

84 **Nachweise der Bürgschaft**, wenn der Bürge den Hypothekengläubiger befriedigt hat.[235] Nachweis der Zugehörigkeit des Grundpfandrechts zum Deckungsstock, für welchen der zur Überwachung der die Löschungszustimmung abgebende Treuhänder bestellt ist.[236] Bei Eintragung einer Sicherungshypothek an einem gemeinschaftlich verwalteten Grundstück im Gesamtgut, wenn der Vollstreckungstitel nur gegen einen Ehegatten sich richtet, der Nachweis des selbstständigen Erwerbsgeschäftes gem. § 741 ZPO.[237]

Der **Nachweis der Rechtsnachfolge** und der damit verbundenen Unrichtigkeit des Grundbuchs;[238] bei Verschmelzung zweier Gesellschaften wird er geführt durch Vorlage eines Registerauszugs, in welchem die Verschmelzung eingetragen ist, und des Verschmelzungsvertrags;[239] Nachweis des Gläubigerrechtes bei Antragstellung auf Erteilung eines neuen Grundschuldbriefs.[240]

Nachweis der **Erbfolge** (zum Nachweis der Entgeltlichkeit der Verfügung des Testamentsvollstreckers siehe Rdn 34, 42), Nachweis der **Eigenschaft als gesetzlicher Vertreter** (Vormund, Gegen-Vormund, Pfleger, Betreuer). Zum Nachweis genügt nicht die betreuungsgerichtliche Genehmigung, sondern nur die Vorlage der Bestallung als Ernennungsbescheinigung.[241] Ausreichend ist die Bescheinigung des Notars in der Niederschrift oder im Beglaubigungsvermerk, dass ihm die Urkunde in Urschrift vorgelegt wurde und diese in beglaubigter Abschrift der Niederschrift beigefügt ist.[242] Kein Nachweis ist erforderlich für die gesetzliche Sorge der Eltern für ihre Kinder.

85 Bei **Eintragung eines erhöhten Erbbauzinses** an der Rangstelle der die Erhöhung sichernden Vormerkung auf Eintragung einer Reallast der Nachweis, dass die Erhöhung im Rahmen der der Vormerkung zugrundeliegenden Vereinbarung liegt.[243] Bei Eintragung **der Pfändung einer Eigentümergrundschuld** der Nachweis des Übergangs der Grundschuld auf den Eigentümer,[244] durch eine löschungsfähige Quittung, welche die Person des Leistenden genau bezeichnet, bei einem Eigentumswechsel auch die Person des Leistenden;[245] der Nachweis der **Rechtshängigkeit** für die Eintragung im Grundbuch, dass ein Rechtsstreit anhängig ist.[246] Der Nachweis bei dem Antrag auf Löschung des Vorkaufsrechts für den ersten Verkaufsfall, dass der Rechtsgrund für den Eigentumsübergang kein Kaufvertrag war.[247]

---

230 OLG Frankfurt Rpfleger 1996, 151.
231 OLG Schleswig RNotZ 2016, 623.
232 OLG Schleswig RNotZ 2016, 623.
233 LG Karlsruhe NJW 1967, 2412 nur Ls.
234 OLG Hamm Rpfleger 1995, 292.
235 BayObLG BayObLGZ 1912, 537.
236 OLG Frankfurt Rpfleger 1992, 148.
237 BayObLG Rpfleger 1996, 63.
238 OLG Hamm JMBl. NRW 1959, 282.
239 KG JW 1936, 1543.
240 BayObLG BayObLGZ 1988, 148 = Rpfleger 1988, 477.
241 LG Ravensburg BWNotZ 1951, 157.
242 Meikel/*Hertel*, § 29 Rn 118.
243 OLG Celle DNotZ 1976, 539.
244 HansOLG Rpfleger 1976, 401; OLG Frankfurt NJOZ 2017, 526.
245 OLG Frankfurt Rpfleger 1997, 103.
246 OLG Zweibrücken Rpfleger 1989, 276; OLG Schleswig DNotZ 1995, 83; OLG München Rpfleger 2000, 106.
247 OLG Zweibrücken NJW-RR 2000, 94.

2. Gerichtliche und behördliche Entscheidungen

Gerichtliche und **behördliche** Entscheidungen. Dazu gehören insbesondere:

Alle gerichtlichen Entscheidungen, insbesondere solche, die notwendige Erklärungen der Beteiligten ersetzen, wie bspw. der Vollstreckungstitel, welcher die Einigung und Eintragsbewilligung des Grundstückseigentümers zur Umwandlung einer Höchstbetragshypothek in eine Sicherheitshypothek ersetzt,[248] oder die die Abgabe einer Eintragsbewilligung ersetzende Verurteilung zur Abgabe einer solchen Erklärung in der Form des rechtskräftigen Urteils (§ 894 ZPO). Macht das Urteil die Abgabe von einer Gegenleistung abhängig, so ist deren Prüfung ausschließlich Sache des die vollstreckbare Ausfertigung erteilenden Rechtspflegers (§ 726 Abs. 2 ZPO).[249] Soweit die Verwendung der Entscheidung von einer vorliegenden Zustellung abhängt, ist auch diese (nebst ggf. Wartefrist) vom GBA zu überprüfen. Das ist bei gerichtlichen Entscheidungen aber selten und nur gem. § 798 ZPO denkbar. Vor allem bei der im Grundbuchverfahren wichtigen Erklärungsfiktion nach § 894 ZPO hat das GBA ein erteiltes Rechtskraftzeugnis (§ 706 ZPO) nicht zu hinterfragen.

Ein im Grundbuch für eine im Handelsregister **gelöschte Gesellschaft** (GmbH) eingetragenes Recht darf jedoch nicht durch Nachweis der Registerlöschung im Grundbuch gelöscht werden.[250] Vielmehr ist insoweit die Löschungsbewilligung eines – evtl. neu zu bestellenden – Abwicklers notwendig.[251] In Wahrheit besteht – unerkannt – die GmbH noch fort (Doppeltatbestand des Erlöschens).

3. Behördliche Erklärungen

Behördliche Erklärungen aller Art, soweit sie für das Eintragungsverfahren von Bedeutung sind; bspw. Nachweise der Vertretungsbefugnis bei juristischen Personen des öffentlichen Rechts. Nachweis der Berechtigung der Kommune, ehemalige volkseigene Betriebe der Wohnungswirtschaft in eine GmbH umzuwandeln und den Wohnungsbestand im Wege der Sachgründung einzubringen. Dieser Nachweis erfolgt grundsätzlich nach den Vorschriften des VZOG. Ein besonderer Nachweis ist jedoch nicht erforderlich, wenn die Kommune gem. § 6 VZOG zur Verfügung über die Grundstücke berechtigt ist.[252]

Nachweis der **Legitimation eines Bürgermeisters nach der Bayerischen Gemeindeordnung** – durch Vorlage einer beglaubigten Abschrift des Gemeinderatsbeschlusses,[253] sofern nicht ein Geschäft der laufenden Verwaltung vorliegt (Art. 37, 38 GO Bayern).[254] Zum Nachweis der **Vertretungsbefugnis reformierter Kirchengemeinden** genügt die Vorlage einer Vollmacht mit der nach der Kirchenverwaltung bestimmten Zahl der Unterschriften der Mitglieder.[255] Im Übrigen erfolgt der Nachweis zweckmäßig durch entsprechende Bestätigung der Aufsichtsbehörden.

Der Nachweis der gesetzlichen Vertretung einer **katholischen Pfarrpfründestiftung** kann durch urkundliche Erklärungen der kirchlichen Aufsichtsbehörde (Bistum) erbracht werden. Bei der Prüfung, ob durch eine längere Zeit zurückliegende Bestätigung der kirchlichen Aufsichtsbehörde die Vertretungsbefugnis einer Pfarrpfründestiftung nachgewiesen ist, sind mit Rücksicht auf die Besonderheiten des geistlichen Amtes, mit dem die Pfründe verbunden ist, weniger strenge Anforderungen zu stellen als an den Nachweis der Vertretungsbefugnis in anderen Fällen.[256] Die Genehmigung des von der Pfarrpfründestiftung vorgenommenen Rechtsgeschäfts durch die kirchliche Aufsichtsbehörde stellt aber i.d.R. einen ausreichenden Nachweis dafür dar, dass die Pfarrpfründestiftung bei Vornahme des Geschäfts wirksam gesetzlich vertreten war.

Bei Stiftungen des Privatrechts erfüllen die nach Landesgesetz erteilten Vertretungsbescheinigungen durch die Aufsichtsbehörde die Voraussetzungen des § 29 GBO. Nach Registrierung im Stiftungsregister kann aus diesem bescheinigt werden, § 82d BGB k.F.[257]

---

248 LG Berlin DNotZ 1938, 537.
249 BayObLG DNotZ 1985, 47; OLG Düsseldorf RNotZ 2016, 211.
250 Im Ansatz großzügiger: OLG Schleswig FGPrax 2011, 71, welches aber die Vollbeendigung nicht für nachgewiesen hält.
251 BayObLG BayObLGZ 1955, 288 ff.
252 BezG Dresden Rpfleger 1993, 190 m. krit. Anm. *Keller*.
253 BayObLG BayObLGZ 1952, 271 = DNotZ 1953, 95; BayObLG Rpfleger 1962, 253; BayObLG Rpfleger 1971, 256; BayObLG Rpfleger 1974, 84, 92.
254 BayObLG Rpfleger 1975, 95. Insoweit wurde BGHZ 213, 30 durch den Bay. Landesgesetzgeber korrigiert.
255 LG Aurich NJW 1959, 2264.
256 BayObLG BayObLGZ 2001, 132 = Rpfleger 2001, 468 = NJW-RR 2001, 1237.
257 OLG Zweibrücken DNotZ 2011, 290.

91 Nachweis der Unanfechtbarkeit eines von der Verwaltungsbehörde erteilten Genehmigungsbescheides nach dem GrdStVG (hier durch Rechtskraftzeugnis oder Bescheinigung, dass bei der Verwaltungsbehörde innerhalb der vorgeschriebenen Frist kein Antrag auf Entscheidung durch das Landwirtschaftsgericht eingegangen ist[258]). Wurde die Genehmigung durch Fristablauf wirksam, so ist ein Negativzeugnis oder eine Genehmigung trotzdem vorzulegen.[259] Wurde die Genehmigung unter einer Auflage erteilt, so ist dies für das GBA unbeachtlich.[260] Dagegen bedarf es des Nachweises einer aufschiebenden Bedingung;[261] wird die Genehmigung uneingeschränkt erteilt, so bedarf es keines Nachweises der Unanfechtbarkeit.[262]

92 Vorlage des rechtskräftigen Beschlusses über die Abtretungspflicht, der rechtskräftigen Entscheidung über die Höhe der Entschädigung sowie Nachweis der Bezahlung (öffentlich beglaubigte Quittung oder Hinterlegungsbescheinigung) oder rechtskräftiges Feststellungsurteil über das Erlöschen dieses besonderen Schuldverhältnisses bei einer Zwangsenteignung nach § 11 EnergiewirtschaftsG.[263]

E. Form der Eintragungsunterlagen
I. Allgemeines

93 Die Unterscheidung der Eintragungsunterlagen in zur Eintragung erforderliche Erklärungen und andere Voraussetzungen der Eintragung ist von Bedeutung für die Form der vorgelegten Unterlagen.

II. Zur Eintragung erforderliche Erklärungen

94 Sie müssen durch **öffentliche Urkunden** oder **öffentlich beglaubigte Urkunden** nachgewiesen werden. Eine Berufung auf die Offenkundigkeit ist nicht zulässig.[264] Jedoch beweisen im Zweifel formgerecht abgegebene Erklärungen eines Betroffenen, die ihm ungünstig sind, die Richtigkeit des Inhalts.[265] Das GBA ist gehalten, von der Vollständigkeit und Richtigkeit der Eintragungsunterlagen auszugehen. Bloße Vermutungen oder Missbrauchsgefahren genügen nicht, den Nachweis in der Form des § 29 GBO auszuschließen.[266]

Bei Vollmachten ist zu beachten, dass beim Vorliegen von notariell beglaubigten Veräußerungsvollmachten das GBA davon auszugehen hat, dass der beglaubigende Notar die Frage der Beurkundungsbedürftigkeit mit Rücksicht auf den Umfang der Vollmacht geprüft und den Vollmachtgeber ausreichend belehrt hat. Es darf daher von sich aus die Beurkundung der Vollmacht nicht verlangen.[267]

III. Andere Eintragungsunterlagen

95 Bei **anderen Voraussetzungen der Eintragung** ist ein Nachweis **nur** durch **öffentliche Urkunden** möglich (Abs. 1 S. 2); ein Nachweis durch öffentlich beglaubigte Urkunden ist ausgeschlossen.[268] Gesetzliche Sonderregelungen bestehen z.B. in § 26 Abs. 4 WEG. Zu weiteren Ausnahmen siehe oben bei Darstellung der Einzelfälle sowie in Fällen der Beweisnot (vgl. Rdn 37). Ein Nachweis entfällt bei Offenkundigkeit.

96 Schließlich werden durch die §§ 32–37 GBO die allgemeine Beweiskraft der **Zeugnisse** aus dem Handelsregister, der Erbscheine (künftig auch des Europäischen Nachlasszeugnisses), Testamentsvollstreckerzeugnisse und der Zeugnisse über die Fortsetzung der Gütergemeinschaft sowie die Überweisungszeugnisse erheblich erweitert.

---

258 LG Traunstein DNotZ 1964, 123.
259 OLG Frankfurt Rpfleger 1997, 210.
260 *Demharter*, § 19 Rn 119; Meikel/*Hertel*, § 29 Rn 164 ff.
261 OLG Frankfurt OLGZ 1980, 84.
262 BGH DNotZ 1986, 95.
263 BayObLG Rpfleger 1972, 26 nur Ls.
264 LG Kassel Rpfleger 1959, 319.
265 KG HRR 33 Nr. 199; KG DNotZ 1954, 472.
266 OLG Zweibrücken NJW-RR 2001, 94.
267 OLG Karlsruhe Rpfleger 1972, 93 m. zust. Anm. *Noack*.
268 BGH DNotZ 1985, 367.

F. Öffentliche Urkunden

I. Umfang des Begriffes

Der Begriff der öffentlichen Urkunde ist gesetzlich definiert in § 415 ZPO. Diese Definition gilt auch für die Grundbuchordnung.[269] Maßgeblich ist vorrangig deren Form, allerdings wirkt auch der Inhalt über die Einhaltung der Amtsbefugnisse auf die Charakterisierung ein.[270]

Die Begriffsbestimmung gilt unmittelbar **nur für die öffentlichen Urkunden des Inlandes**. Auf öffentliche Urkunden des Auslandes ist die Begriffsbestimmung entsprechend anzuwenden. Jedoch ist die Echtheitsprüfung in beiden Fällen verschieden.

Innerhalb des gezogenen Rahmens gilt die Begriffsbestimmung nach h.M. andererseits für **Urkunden aller Art**, seien es bewirkende Urkunden (Urkunden, die eine Eintragungsbewilligung verkörpern) oder Zeugnisurkunden (Urkunden, die den Eintritt von Tatsachen/Vorgängen bezeugen).[271]

Diese Differenzierung jedoch gerade vor dem Hintergrund des § 29 GBO ist wenig hilfreich. Besser wäre eine sorgfältige Subsumtion der jeweiligen Urkunde unter das Tatbestandsmerkmal des „beurkundeten Vorgangs" bei § 415 ZPO. Insbesondere bei Notarurkunden wird nur die Abgabe der Erklärung vor dem Notar voll bezeugt. Dann wiederum ist zu differenzieren: Handelt es sich um eine Willenserklärung, geht es nur um rechtliche Wirksamkeit und Unwirksamkeit der Erklärung, zu erschließen aus der Rechtsordnung. Hier liefert die Urkunde vollen Beweis. Handelt es sich hingegen um eine Wissenserklärung, macht die Beurkundung den Erklärungsinhalt aber nicht zwingend richtig.[272]

II. Begriffsdefinition

Eine **öffentliche Urkunde** liegt nur vor, wenn die folgenden drei Merkmale gegeben sind:

a) **Ausstellung** durch eine **öffentliche Behörde** oder eine mit **öffentlichem Glauben versehene Person**; der Urkunde einer öffentlichen Behörde sind gleichzustellen die gerichtlichen Akten des Hauptsacheverfahrens.[273]
b) Ausstellung **unter Einhaltung der Grenzen der Amtsbefugnisse**, sofern diese Angelegenheiten grundsätzlich in den Bereich der bezeichneten Zwecke fallen und
c) Ausstellung **in der vorgeschriebenen Form**.

Bei der Prüfung der einzelnen Merkmale ist zweckmäßigerweise zu unterscheiden zwischen den Urkunden von Behörden einerseits und den Urkunden von mit öffentlichem Glauben versehenen Personen andererseits.

III. Urkunden von Behörden

1. Behördenbegriff – Allgemeines

Eine **öffentliche Behörde** wird von der feststehenden Rspr. **definiert** als ein in den allgemeinen Behördenorganismus eingefügtes, von der physischen Person des Amtsträgers unabhängiges Organ der Staatsgewalt, das dazu berufen ist, unter öffentlicher Autorität nach eigenem Ermessen für unmittelbare oder mittelbare Staatszwecke tätig zu sein.[274]

Für den **Behördenbegriff** ist es nicht wesentlich, dass die der Behörde übertragenen Befugnisse Ausübungen hoheitlicher Gewalt sind.[275] Unerheblich ist auch, ob das Organ unmittelbar vom Staat oder von einer dem Staat untergeordneten Körperschaft zunächst für eigene Angelegenheiten bestellt ist, sofern diese Angelegenheiten zugleich in den Bereich der staatlichen oder staatlich geförderten Zwecke fallen.[276] Obwohl der Behördenbegriff zunächst abstellt auf die unmittelbaren oder mittelbaren verfas-

---

[269] KG KGJ 40, 115; BGH BGHZ 25, 168 = NJW 1957, 1673; OLG München NJW-RR 2018, 645.
[270] BayObLG Rpfleger 1975, 316.
[271] Vgl. dazu i.E.: *Reithmann*, Allgemeines Urkundenrecht, S. 8 ff., 18 ff.
[272] KG FGPrax 2009, 55 = Rpfleger 2009, 147; OLG München DNotZ 2013, 444.
[273] OLG München Rpfleger 2000, 107; a.A. OLG München NJW 1966, 1031.
[274] RG JW 1925, 351; BGH BGHZ 3, 116 = NJW 1951, 799; BayObLG BayObLGZ 1954, 325; BayObLG Rpfleger 1978, 141.
[275] BGH NJW 1951, 799.
[276] BayObLG BayObLGZ 1954, 325.

sungsmäßigen Organe des Bundes und der Länder und der diesen eingeordneten Selbstverwaltungskörpern wie Gemeinden und Gemeindeverbänden, ist er doch auszudehnen auf die Handlungsorgane (gesetzliche Vertreter) der zu speziellen Zwecken errichteten sonstigen öffentlichen rechtlichen Körperschaften, Stiftungen und Anstalten des öffentlichen Rechts,[277] sofern diese Träger öffentlicher Gewalt sind;[278] wesentlich ist, dass sie in das staatliche Verwaltungssystem, vor allem in das von ihm erfasste Behördenwesen, eingegliedert sind. So ist Behörde der nach dem hessischen Sparkassengesetz der Sparkassenvorstand, der nach diesem Gesetz befugt ist, selbst hergestellte Abschriften zu beglaubigen.[279]

104 Ob diese **Gleichstellung der Organe aller auf öffentlichem Verwaltungsrecht beruhenden Körperschaften** mit den Staatsbehörden aufgrund der neueren Rechtsentwicklung mit ihrer großen Vermehrung der öffentlichen Körperschaften allgemein noch in vollem Umfang aufrechterhalten werden kann, mag zweifelhaft sein. Für das hier allein in Rede stehende Urkundenrecht muss daran festgehalten werden. Das, was der öffentlich-rechtlichen, dem Staat eingegliederten Körperschaft ihr Gepräge gibt, ist ihre innere Wesensgleichheit mit dem Staat selbst. Dann aber müssen die von ihren verfassungsmäßigen Organen ausgestellten Urkunden öffentliche Urkunden sein, einerlei, ob man diese Organe sonst als Behörden ansieht oder nicht. Die Bedenken des OLG Hamburg,[280] dass Anlass bestehe, den Begriff der Behörde und seiner Ausdehnung auf Körperschaften des öffentlichen Rechts nicht ohne weiteres zu übernehmen, zumal Abs. 3 eine enge Auslegung fordere, sind von daher nicht zu halten.

Umgekehrt werden juristische Personen des Privatrechts durch Übertragung staatlicher Aufgaben nicht zu Behörden.[281]

2. Behördenbegriff – Einzelfälle

105 **Im Einzelnen** gehören hierher alle Bundes- und Landesbehörden, die Selbstverwaltungskörper der politischen Gemeinden, Kreis- und Landkreise, der Bezirksverbände und Ämter und der Zweckverbände.

Zu den Bundesbehörden gehören auch die öffentlich-rechtlichen Dienststellen der Bundeswasserstraßen und Bundesautobahn, die Bundesbank und die Landeszentralbanken sowie die Deutsche Landesrentenbank. Die privatisierten Rechtsträger (Deutsche Bahn AG, Deutsche Post AG, Telekom AG) haben jedoch ihre Behördeneigenschaft verloren. Gesellschaftsrechtlicher Mehrheitsbesitz des Staates, durch welchen seiner Rechtsträger auch immer, an einer juristischen Person des Privatrechts genügt nicht.

Behörden in diesem Sinn sind weiter: die Industrie- und Handelskammern,[282] die Handwerkskammern, nicht jedoch die Kreishandwerkerschaft,[283] der Gemeinderat, die Landesbausparkasse.[284]

Bei den Kirchen kommen als Behörde in Frage: die Kirchengemeinde,[285] die Kirchen- u. Pfarrpfründestiftungen, die Konsistorien, die Bischöfe, die Domkapitel, die Synagogengemeinden. Grundsätzlich muss daher der Nachweis der Vertretung einer solchen kirchlichen Behörde (Pfarrpfründestiftung) durch öffentliche Urkunden[286] erfolgen, zu denen ausdrücklich auch kirchliche Urkunden zählen, soweit nicht Offenkundigkeit vorliegt.[287] Eine katholische Bruderschaft, z.B. eine marianische Kongregation, kann aus geschichtlichen Gründen eine Körperschaft des öffentlichen Rechts sein.[288]

106 Nach § 31 Abs. 3 SGB IV die Träger der Sozialversicherungen, also der gesetzlichen Unfall-, Kranken- und Rentenversicherung; dazu gehört auch die Altershilfe für Landwirte. Für die Vorstände der Knappschaften hat das OLG Hamm[289] die Eigenschaft als Behörde bejaht.

107 **Keine Behörde** im Sinn der Definition ist eine Heimstättengesellschaft auch bei Anerkennung als „Organ der staatlichen Wohnungspolitik";[290] keine Behördeneigenschaft hat auch das Bayerische Rote Kreuz.[291]

---

277 BayObLG Rpfleger 1978, 141.
278 BayObLG BayObLGZ 1969, 94.
279 LG Marburg NJW-RR 2001, 1100.
280 OLG Hamburg NJW 1955, 911.
281 BGH NJW 1951, 799.
282 OLG Karlsruhe Rpfleger 1963, 204.
283 LG Aachen Rpfleger 1991, 51.
284 LG München I, Sparkasse 1963, 63.

285 Zum Kirchenvorstand einer katholischen Kirchengemeinde vgl. OLG Hamm Rpfleger 1974, 311.
286 BayObLG BayObLGZ 1992, 24, 33.
287 BayObLG BayObLGZ 2001, 135 = Rpfleger 2001, 486.
288 BayObLG BayObLGZ 1954, 327; KG HRR 30 Nr. 1510; LG Berlin WM 1964, 614.
289 OLG Hamm JMBl. NRW 1954, 106.
290 KG JFG 14, 220.
291 BayObLG BayObLGZ 1969, 88 = Rpfleger 1969, 243.

3. Einhaltung der Amtsbefugnisse

Die Urkunde muss **innerhalb der Grenzen der den Behörden zustehenden Amtsbefugnisse** errichtet worden sein. 108

Zwingend folgt daraus die Einhaltung der sachlichen Zuständigkeit. Wird allein die örtliche Zuständigkeit verletzt, so bleibt die Urkunde trotzdem eine wirksame öffentliche Urkunde. Im Einzelnen ist dabei zwischen bewirkenden Urkunden („Willenserklärungen") und bezeugenden Urkunden zu unterscheiden.

Zuständig zur **Ausstellung von bewirkenden Urkunden** ist jede Behörde für ihre eigenen Angelegenheiten, denn diese Erklärungen betreffen ihre Verwaltung, also ihre inneren Verhältnisse, und fallen daher in ihre Amtsbefugnisse.[292] Auch rein privatrechtlich bewirkende Urkunden, welche die öffentliche Behörde im Rahmen ihrer bürgerlich-rechtlichen Amtsbefugnisse über die in ihrem Amtsbereich fallenden Privatrechtsgeschäfte ausstellt, sind öffentliche Urkunden.[293] Eine Vollmacht der Behörde zur Abgabe von Grundbucherklärungen an einen Dritten ist eine Urkunde der Behörde.[294] 109

Eine Abgabe von bewirkenden Erklärungen für Dritte kommt nur in Betracht, soweit der Behörde solche Berechtigungen (und damit zivilrechtliche Vertretungsmacht) ausdrücklich zugewiesen sind. Dies ist denkbar beim Jugendamt als Amtsvormund[295] oder im Rahmen der Stiftungsaufsicht. 110

Insgesamt hat aber die Einführung von bewirkenden Behördenurkunden in das Grundbuchverfahren über § 415 ZPO und Abs. 1 S. 2 nur geringe praktische Bedeutung. Bewirkende Urkunden sind in aller Regel zugleich Erklärungen nach Abs. 3 und über diese Norm wesentlich einfacher und mit geringerem Prüfungsaufwand für das GBA verfahrensverwendbar. Es entfällt nämlich vollständig die Prüfung der Einhaltung der Amtsbefugnisse oder der sachlichen und örtlichen Zuständigkeit. 111

Für die Wirksamkeit der bewirkenden Erklärung als öffentliche Urkunde genügt, dass die **Behörde zur Abgabe** der in Frage stehenden **Erklärung abstrakt generell befugt** ist.[296] Das GBA hat nicht zu prüfen, ob die Voraussetzungen, unter denen die Behörde zum Tätigwerden befugt ist, tatsächlich vorliegen. Nur wenn es weiß, dass es an diesen Voraussetzungen mangelt, wenn der zugrundeliegende Sachverhalt sicher bekannt und die hieraus sich ergebende Rechtslage sicher geklärt ist, kann das GBA die Urkunde zurückweisen.[297] 112

Zur **Errichtung** von **bezeugenden Urkunden** ist die Behörde nur zuständig, wenn und soweit sie dazu ausdrücklich gesetzlich ermächtigt ist. Hierauf hat der BGH in einer Entscheidung zur Verwendung von Erklärungen des Insolvenzgerichts eindringlich aufmerksam gemacht.[298] Es genügt nicht, dass Gericht/Behörde allgemein mit dem später dann bezeugten Sachverhalt in Kontakt kommen und die erforderliche Kenntnis haben, sondern genau diese zu verwendende Bescheinigung muss gesetzlich vorgesehen sein. Das ist – in diesem Beschluss – nicht der Fall für Bescheinigungen des Insolvenzgerichts über den Zeitpunkt des Insolvenzantrags. 113

Für das GBA kommen insbesondere in Frage:

Das Vermessungsamt ist ferner zuständig, Bescheinigungen aus dem Liegenschaftskataster abzugeben, und etwa zum Ausübungsbereich von Dienstbarkeiten bzw. zum Nichtbetroffensein wegvermessener Teilflächen (auch wenn die Prüfung des Dienstbarkeitsinhalts dem GBA obliegt), § 66 Abs. 1 Nr. 6 BeurkG.[299] 114

Besteht bei einem Verfahren der **Landbeschaffung für Verteidigungszwecke** Einigung der Beteiligten über den Eigentumsübergang oder die Belastung des benötigten Grundstücks, so hat die Enteignungsbehörde die Befugnis, eine Niederschrift über die Einigung aufzunehmen, die von den Beteiligten zu unterschreiben ist (§ 37 LBG). Ein Bevollmächtigter bedarf einer öffentlich beglaubigten Vollmacht. 115

---

292 BayObLG BayObLGZ 1954, 329.
293 BGH BGHZ 26, 307; BGH BGHZ 45, 366; BayObLG BayObLGZ 1954, 322.
294 LG Dresden Rpfleger 1995, 67.
295 BGHZ 45, 362.
296 BGH BGHZ 19, 358; BayObLG BayObLGZ 1912, 551; BayObLG BayObLGZ 1955, 318; BayObLG BayObLGZ 1970, 184; OLG Köln DNotZ 1958, 487.
297 BayObLG BayObLGZ 1971, 343.
298 BGH FGPrax 2012, 234 (geg. z.T. großzügigere Rspr. der OLG, etwa OLG Brandenburg BeckRS 2010, 22201); OLG Köln FGPrax 2010, 230.
299 OLG München RNotZ 2016, 336; BayObLG BayObLGZ 1988, 102; OLG München MittBayNot 2018, 138; OLG Saarbrücken FGPrax 2018, 160.

116 Für das Eintragungsersuchen einer nicht siegelführenden Teilnehmergemeinschaft in der **Flurbereinigung** genügt eine mit Siegel versehene Beglaubigung der Unterschriften unter dem Eintragungsersuchen der Teilnehmergemeinschaft mit der Bestätigung, dass diese Person befugt ist, das Ersuchen zu stellen.[300]

117 Für die Beurkundung rechtsgeschäftlicher Willenserklärungen in Prozessen sind die Gerichte zuständig (§§ 159–163 ZPO), im **Fideikommissverfahren** das oberste Fideikommissgericht oder der beauftragte oder ersuchte Richter (§ 66 Nr. 5 BeurkG i.V.m. § 14 der 4. DVO zum Gesetz zur Vereinheitlichung der Fideikommissauflösung vom 24.8.1935).[301] Probleme bereitet der im schriftlichen Verfahren (§ 276 Abs. 6 ZPO) ergangene Beschlussvergleich. Der BGH hat (in einer Scheidungsfolgensache, § 1378 Abs. 3 S. 2 BGB) auch den Beschlussvergleich in wortlautgetreuer Anwendung des § 127a BGB der notariellen Beurkundung gleichgestellt.[302] Damit erfüllt er allemal die Form des § 29 GBO.[303] Wegen der fehlenden gleichzeitigen Anwesenheit kann im Beschlussvergleich aber keine Auflassung erklärt werden; das folgt aber aus § 925 BGB, nicht aus § 29 GBO.[304] Jedenfalls eine Eintragungsbewilligung wird damit nach Abs. 1 nachgewiesen.

118 Die Bescheinigung des Bundeswahlleiters aus dem Parteienverzeichnis, aus dem sich Vorstandseigenschaft und Vertretungsbefugnis ergeben (§ 16 Abs. 3 S. 1 Nr. 1 u. 2 ParteiG). Zwar besagt eine solche Bescheinigung nichts über die materiell-rechtlich wirksame Bestimmung, sie ist jedoch geeignet, einen anderenfalls bestehenden Beweisnotstand im Wege des Freibeweises zu beseitigen.[305]

Die Form des § 29 Abs. 3 GBO ist nicht gewahrt, wenn bei dem Nachweis der Genehmigungsfreiheit nach § 15 Thür. GenFrRGVO oder dem der Nichtausübung des gesetzlichen Vorkaufsrechts nach § 28 Abs. 1 S. 3, 4 BauGB lediglich eine Erklärung der veräußernden Gemeinde vorhanden ist, dass eine Genehmigungsfreiheit vorliegt.[306] Die Vorlage eines Geschäftsverteilungsplans ist zum Nachweis ungeeignet.[307]

Eine Gemeinde hingegen hat keine Amtsbefugnis, durch bloße Sachverhaltsbescheinigung einen öffentlichen Zugang zum Grundstück zu bescheinigen.[308] Die Gemeinde ist aber zuständig (durch ihre vertretungsberechtigten Organe), zu Grundstücksgeschäften Vollwertigkeitsbescheinigungen abzugeben.[309]

4. Beachtung der Form

119 Wahrung der **vorgeschriebenen Form**. Auch hier ist wieder zu unterscheiden zwischen bewirkenden und bezeugenden Urkunden.

120 Bei der Ausstellung von **bewirkenden** Urkunden durch Behörden gilt für die Urkunde die verwaltungsrechtlich vorgeschriebene Form, erleichtert durch die Formvorschrift des Abs. 3. Diese Form ersetzt die der öffentlichen Beglaubigung, gleichgültig, ob die Urkunde nach ihrem Inhalt zum hoheitlichen oder privatrechtlichen Tätigkeitsbereich der Behörde gehört.[310] Dies gilt auch für die Erteilung von Untervollmachten an Mitarbeiter.[311]

Auch Urkunden, die der mit Ausübung der vormundschaftlichen Obliegenheiten nach § 59 SGB VIII befasste **Beamte des Jugendamtes** errichtet, sind dem Jugendamt als Amtsvormundschaft zuzurechnen und bedürfen nicht der öffentlichen Beglaubigung.[312]

121 Die Bestimmung des Abs. 3 soll dem GBA die schwierige **Prüfung ersparen**, ob bei Behörden die Form der öffentlichen Urkunde gewahrt ist. Sie gilt daher nur und ausschließlich für das Grundbuchverfahren. Daraus ergibt sich umgekehrt, dass die Form des Abs. 3 auch dann einzuhalten ist, wenn die Erklärung der Behörde im sonstigen Rechtsverkehr auch ohne Siegel oder Stempel eine öffentliche Urkunde darstellt.[313]

---

300 BayObLG BayObLGZ 1986, 86 = Rpfleger 1986, 370.
301 RGBl I 1935, 1103.
302 BGH NJW 2017, 1946; strikt abl.: *Peetz*, RNotZ 2017, 645.
303 LG Berlin BeckRS 2008, 08178; KG FGPrax 2011, 108 = DNotZ 2011, 854.
304 OLG Hamm FGPrax 2018, 155.
305 OLG Zweibrücken NJW-RR 2000, 749, 751.
306 OLG Jena Rpfleger 2001, 22.
307 OLG Jena Rpfleger 2001, 22.
308 OLG München MittBayNot 2017, 248.
309 OLG München Rpfleger 2018, 133.
310 KG OLGR 7, 365; BayObLG BayObLGZ 1954, 322; BGH BGHZ 45, 362; *Jansen*, § 1 BeurkG Rn 35.
311 Für die Treuhand: LG Dresden Rpfleger 1995, 67.
312 BGH BGHZ 45, 362.
313 KG JFG 12, 330.

Abs. 3 ersetzte die Bestimmung des Art. 9 PrAG GBO, was bei der Auslegung zu berücksichtigen ist. Art. 9 PrAG GBO verlangte die „ordnungsgemäße" Unterschrift mit der Folge, dass die Prüfung der Zahl der Unterschriften notwendig war. Diese Prüfung ist schwierig und vom GBA kaum zu vollziehen. Es genügt daher nunmehr **eine** Unterschrift; das GBA kann davon ausgehen, dass eine öffentliche Behörde von sich aus ihre Erklärungen mit der erforderlichen Zahl von Unterschriften versieht.[314]

Um die Voraussetzungen des Abs. 3 zu erfüllen, müssen **zwei Tatbestandsmerkmale** erfüllt sein: 122

Erforderlich ist, dass die Urkunde mit einer **Unterschrift** versehen ist. Die Unterzeichnung durch einen Kanzleibeamten mit dem Vermerk „beglaubigt durch [...]" genügt nicht, da aus der Form der Unterzeichnung hervorgeht, dass ein nichtvertretungsberechtigter Beamter die Urkunde unterzeichnet.[315] Noch dazu deckt der Vermerk ja nicht die eigentliche Erklärung der Urkunde.

Vorgeschrieben sind weiter **Siegel oder Stempel** der Behörde, sofern nicht das Siegel ohnehin schon vorgedruckt ist oder drucktechnisch erzeugt wird (§ 29 Abs. 3 S. 2 GBO). Für das Siegel genügen Prägesiegel oder Farbdruckstempel. Ein „Zusammennähen" mehrblättriger Erklärungen verlangt § 29 Abs. 3 GBO nicht, und zwar umso weniger, wenn sich der Zusammenhang aus dem fortlaufenden Text der Erklärung ergibt. Die Beidrückung des Siegels begründet für das GBA schlechthin die Vermutung der Ordnungsmäßigkeit der Erklärung, d.h. auch der Vertretungsbefugnis der Unterzeichner, sofern die Behörde im Rahmen ihrer Zuständigkeit gehandelt hat.[316] Die Vertretungsbefugnis der Unterzeichner darf in diesem Fall nur in Zweifel gezogen werden, wenn tatsächlich Anhaltspunkte für den Mangel der Vertretungsbefugnis des Unterzeichners bestehen.[317] 123

Die Ergänzung der Norm (§ 29 GBO) um Abs. 3 S. 2 (Zulassung voreingedruckter oder drucktechnisch erzeugter Siegel) ist die gesetzliche Korrektur einer vorherigen Aussage des BGH, der aus Sicherheitsaspekten heraus ein jeweils individuell angebrachtes Siegel verlangt hatte.[318] Die damit einhergehenden Arbeitsabläufe waren der behördlichen Verwaltung offenbar zu aufwendig und nicht mehr zeitgemäß. Die Novelle als solche ist für die Praxis handhabbar und dürfte nicht zu Anwendungs- oder Auslegungsstreitigkeit führen. Rechtspolitisch bedenklich erscheint aber, wie schnell Sicherheitsaspekte einem Streben nach Verfahrensverschlankung untergeordnet werden.[319] 124

Für die Form **bezeugender Urkunden** gelten nunmehr allgemein die Vorschriften des BeurkG vom 28.8.1969.[320] Diese Formvorschriften gelten für alle Personen und Stellen, die im Einzelfall neben den Notaren zur Beurkundung zuständig sind (§ 1 Abs. 2 BeurkG). 125

Die Form der notariellen Beurkundung, soweit sie gesetzlich vorgeschrieben ist, muss auch dann eingehalten werden, wenn eine juristische Person des öffentlichen Rechts bei der Abgabe der Erklärung gesetzlich durch eine Behörde vertreten wird, da auch diese Personen, wenn sie am bürgerlichen Rechtsverkehr teilnehmen, den Vorschriften des bürgerlichen Rechts unterliegen.[321] Bei der Beurkundung muss das Dienstsiegel der als Beteiligter mithandelnden Behörde nicht beigefügt werden (§ 67 BeurkG). Wird in einer notariellen Urkunde den Unterschriften der für die Behörde handelnden Personen lediglich das Dienstsiegel beigefügt, dann liegt darin weder eine Erklärung nach Abs. 3 noch ein Nachweis ihrer Vertretungsmacht.[322]

Die notarielle Beglaubigung der Unterschriften der Unterzeichner ersetzt die für die Erklärung juristischer Personen des öffentlichen Rechts vorgeschriebene Beidrückung des Siegels (Abs. 3) nicht.[323] Wird die Behörde von einem rechtsgültig privatrechtlich Bevollmächtigten vertreten, so ist jedoch umgekehrt die Beifügung eines Siegels nicht zulässig. Die notarielle Beglaubigung seiner Unterschrift ist erforderlich.

---

314 *Demharter*, § 29 Rn 46 ff.; OLG Zweibrücken Rpfleger 2001, 71.
315 Ebenso: *Demharter*, § 29 Rn 46.
316 BayObLG BayObLGZ 1954, 329 ff.; KG Rpfleger 1974, 399; BayObLG MittBayNot 1978, 10; BayObLG Rpfleger 1978, 141.
317 OLG München MittBayNot 2021, 81; BayObLG BayObLGZ 1954, 330; BayObLG MittBayNot 1978, 11; BayObLG Rpfleger 1978, 141; OLG Hamm Rpfleger 1996, 338; OLG Zweibrücken Rpfleger 2001, 71; OLG Düsseldorf Rpfleger 2004, 283.
318 BGH DNotZ 2017, 463 = FGPrax 2017, 56.
319 Krit. auch: *Frohn*, DNotZ 2017, 471.
320 BGBl I 1969, 1513.
321 *Jansen*, § 1 BeurkG Rn 36 m.w.N.
322 OLG Frankfurt Rpfleger 1990, 112.
323 KG Rpfleger 1974, 399; KG DNotZ 1975, 425 ff.

126 Bei bezeugenden Urkunden sind die Einhaltung der Amtsbefugnisse und damit die inhaltliche Aussagekraft besonders zu prüfen.[324]

127 Die Form der notariellen Beurkundung wird bei einem **gerichtlichen Vergleich** durch die Aufnahme der Erklärung in ein nach den Vorschriften der ZPO errichtetes Protokoll[325] ersetzt (§ 127a BGB); dies gilt für alle gerichtlichen Verfahren, auch im Rahmen der FG,[326] sofern in dem jeweiligen Verfahren ein Vergleich überhaupt geschlossen werden darf.[327] Das gilt auch für den Beschlussvergleich gem. § 278 Abs. 6 ZPO.[328] Gerichtliche Vergleiche sind auch solche vor den Gerichten der besonderen Gerichtsbarkeiten.[329] Nicht dazu gehören Vergleiche vor Verwaltungsbehörden[330] und vor einer Gütestelle gem. § 794 Abs. 1 ZPO; Schiedsvergleiche[331] gehören dazu, wenn die Vollstreckungserklärung gem. § 1053 Abs. 4 ZPO Wirksamkeit erlangt hat.[332] Fehlerhafte Vergleiche sind nach § 18 GBO zu behandeln. In einem solchen Vergleich kann auch die Auflassung erklärt werden (§ 925 Abs. 1 S. 3 BGB), in einem Privatklage- oder Adhäsionsverfahren jedoch dann nicht, wenn sie nicht dazu dient, einem durch eine Straftat Verletzten ein Grundstück zurückzugeben, das der Täter durch die strafbare Handlung an sich gebracht hat.[333]

128 Die gleichzeitige Anwesenheit muss aber gewahrt sein; für die Auflassung scheidet der Beschlussvergleich damit aus.[334] Ein im Vergleich üblicher Widerrufsvorbehalt macht die erklärte Auflassung jedoch nach § 925 Abs. 2 BGB unwirksam,[335] ebenso wie eine erklärte Bedingung. Der Protokollvergleich muss die prozessuale Form einhalten, kann aber gem. § 160 Abs. 5 ZPO auf ein beigefügtes Schriftstück verweisen. Weiter ist zu beachten, dass, wenn man die Streitfrage bejaht, im Anwaltsprozess eine Partei beim Abschluss eines Vergleichs vor dem Prozessgericht oder dem Einzelrichter anwaltschaftlich vertreten sein muss, daraus sich ergibt, dass der ohne Anwalt abgeschlossene Vergleich kein gerichtlicher Vergleich ist;[336] kein Anwaltszwang besteht für Vergleiche vor dem beauftragten oder ersuchten Richter. Der Nachweis der Prozessvollmacht bedarf nicht der Form des § 29 GBO.[337]

IV. Urkunden von Personen öffentlichen Glaubens

129 Öffentliche Urkunden sind auch solche, die von Personen öffentlichen Glaubens im Rahmen ihrer Zuständigkeit in der vorgeschriebenen Form errichtet worden sind.

1. Einzelfälle

130 Mit öffentlichem Glauben versehene Personen sind alle diejenigen, welchen die Gesetzgebung diese Befugnis ausdrücklich übertragen hat; es sind dies neben den Notaren (§§ 20 ff. BNotO):

- die **Konsuln** und **konsularischen Beamten** (§§ 2, 3, 10, 11, 12, 18, 19, 24 Konsulargesetz vom 11.9.1974),[338]
- die **Urkundsbeamten der Geschäftsstellen** und die **Gerichtsvollzieher** bei den ihnen durch die prozessrechtlichen Vorschriften zugewiesenen Beurkundungen; Gerichtswachtmeister bei der Zustellung von Urkunden (§§ 211, 212 ZPO), die **öffentlich bestellten Vermessungsingenieure** (§ 66 Nr. 7 BeurkG i.V.m. der Berufsordnung der öffentlich bestellten Vermessungsingenieure vom 20.1.1938[339] – in Baden-Württemberg aufgehoben durch § 24 Nr. 14, 16 VermessG vom 4.7.1961);[340] in Hessen geändert durch Gesetz vom 6.10.2010.[341]

---

324 OLG München NotBZ 2013, 279 (zur Erklärung des Vollstreckungsgerichts über „Umstände" einer Grundschuldablösung).
325 Zum grundbuchtauglichen Nachweis der Vollmacht des Anwalts aufgrund von Verhandlungsprotokollen siehe OLG Hamm FGPrax 2013, 59.
326 Jansen, § 1 BeurkG Rn 39 m.w.N.
327 BGH WM 1966, 1135.
328 BGH NJW 2017, 1946; KG FGPrax 2011, 108.
329 BVerwG NJW 1995, 2179; BVerwG NJW 1995, 2179.
330 RG RGZ 107, 284.
331 Strittig: a.A. Jansen, § 1 BeurkG Rn 39.
332 Meikel/Hertel, Rn 391 ff.
333 OLG Stuttgart NJW 1964, 110; a.A. Jansen, § 1 BeurkR Rn 40.
334 OLG Hamm FGPrax 2018, 155.
335 OLG Celle DNotZ 1957, 660.
336 So mit Recht: Jansen, § 1 BeurkR Rn 40.
337 OLG Frankfurt Rpfleger 1980, 21.
338 BGBl 1974, 2317 ff.
339 RGBl I 1938, 40.
340 GVBl 1967, 7.
341 GVBl I 2010, 313.

- in Schleswig-Holstein durch ERGVO vom 27.11.1959;[342] in Niedersachsen durch die Berufsordnung vom 28.12.1965;[343] in Nordrhein-Westfalen durch die Berufsordnung vom 27.4.1965.[344] Danach sind die öffentlich bestellten Vermessungsingenieure zuständig zur Beurkundung von Tatbeständen, die an Grund und Boden durch vermessungstechnische Ermittlungen festgestellt werden und zur räumlichen Abgrenzung der Rechte an Grundstücken der Lage und Höhe nach. Die von ihnen ausgestellten Urkunden genügen daher bspw. für den nach § 1026 BGB notwendigen Nachweis, dass ein Grundstücksteil außerhalb der Ausübung der Grunddienstbarkeit liegt.[345] Das Zeugnis genügt selbst dann, wenn es die öffentlich-rechtliche Körperschaft betrifft, bei welcher der Ingenieur angestellt ist;[346] in den früheren Ländern von Baden-Württemberg die Ratschreiber mit je verschiedener Zuständigkeit für die in ihrem Grundbuchbezirk gelegenen Grundstücke (§ 61 Abs. 4 BeurkG, § 32 Abs. 3 LFGG vom 12.2.1975).[347]
- Die Betreuungsbehörden sind befugt, Unterschriften oder Handzeichen auf Vorsorgevollmachten zu beglaubigen (§ 7 BtOG). Eine solche Beglaubigung wahrt (nur) zu Lebzeiten des Vollmachtgebers die Form des § 29 GBO, vgl. Rdn 138.[348]

2. Amtsbefugnisse

Auch die Personen öffentlichen Glaubens können Urkunden **nur im Rahmen ihrer Amtsbefugnisse** errichten. Dabei schadet ebenfalls nur die Überschreitung der sachlichen, nicht der örtlichen Zuständigkeit (für Notare siehe § 11 BNotO). Die Beglaubigung ist im ganzen Bundesgebiet gültig.[349] Die **sachliche Zuständigkeit** muss jeweils für bezeugende Urkunden ausdrücklich zugewiesen sein. Der textliche Ort der Erklärung ist dann aber irrelevant. Die Bewilligung kann – formgültig – auch in einem notariell beurkundeten Testament enthalten sein.[350]

131

3. Form

Für die **Form bezeugender Urkunden** gelten ausschließlich die Vorschriften des BeurkG, gleichgültig, durch wen die Urkundenerrichtung erfolgt.

132

Insbesondere kann der Notar gem. § 20 Abs. 1 BNotO Bescheinigungen in Form der öffentlichen Urkunde ausstellen. Eine solche Urkunde ist die Feststellung, dass das Handelsregister eingesehen wurde und dort die Übertragung des Vermögens von einer Gesellschaft auf die andere eingetragen ist.[351]

133

4. Insbesondere: Notarielle Eigenurkunde

Von **Notaren** können auch **bewirkende Urkunden in Form der Eigenurkunde** errichtet werden.[352] Es handelt sich dabei um verfahrensrechtliche Grundbucherklärungen, welche der Notar aufgrund ausdrücklicher Vollmacht im Namen eines Beteiligten zur Ergänzung oder Änderung einer Erklärung abgibt, welche er selbst vorher bereits beurkundet oder beglaubigt hat. Als Form genügt die mit Unterschrift und Siegel versehene Feststellung des Notars.[353]

134

Anerkannte Fälle sind dabei:

- die nachträgliche Grundstücksbezeichnung beim Vermessungskauf (§ 28 GBO), sowohl zum Vollzug einer zuvor beurkundeten Auflassung[354] wie zum Vollzug von Pfandfreigaben,
- die Ergänzung einer Auflassung um die Eintragungsbewilligung,
- die Eigenurkunde als auflösende Bedingung einer Eintragung,[355]
- das Ausnutzen der Doppelvollmacht im Rahmen des § 1856 BGB.

---

342 GVBl 1959, 218; DSSCHLH Nr. 219, 4.
343 GVBl 1965, 269.
344 GVBl 1965, 113 m. DVO v. 28.8.1965; GVBl 1965, 246.
345 KG KGJ 19, 311.
346 KG KGJ 19, 311.
347 GVBl 1975, 116; vgl. auch: *Kraiß*, BWNotZ 1975, 114.
348 OLG Karlsruhe FGPrax 2016, 10; OLG Dresden NotBZ 2010, 409. BGH BWNotZ 2021, 114.
349 LG Bonn Rpfleger 1983, 309.
350 OLG Stuttgart MittBayNot 2013, 49.
351 LG Frankenthal MittBayNotV 1971, 371 = MittRhNotK 1972, 177; OLG Oldenburg Rpfleger 1982, 175; *Promberger*, Rpfleger 1977, 355 ff.; LG Mannheim Rpfleger 1982, 469; *Promberger*, Rpfleger 1982, 460; abw. (m. unzutr. Begr.): LG Augsburg Rpfleger 1976, 432.
352 BGH BGHZ 78, 36 = Rpfleger 1980, 465 = DNotZ 1980, 118; BayObLG Rpfleger 1982, 416 = DNotZ 1983, 434; zust.: *Winkler*, DNotZ 1981, 252.
353 BayObLG Rpfleger 1988, 60.
354 BGH RNotZ 2020, 112.
355 KG FGPrax 2016, 250.

Die Erklärungen des Notars können bei bewirkenden Urkunden auch dem Wortlaut nach über die Erklärung der Beteiligten weit hinausgehen, wenn sie zum Vollzug des Parteiwillens erforderlich sind.[356] Maßgeblich ist allein die dem Notar erteilte Vollmacht.

In Ausnahmefällen kann die notarielle Eigenurkunde auch als bezeugende Urkunde anerkannt werden, etwa zum Nachweis, dass eine andere – scheinbar vom erklärenden Notar herrührende – Urkunde in Wahrheit gefälscht worden sei.[357]

135 Selbstverständlich hat diese Eigenurkunde dort ihre Grenze, wo eine bewirkende Urkunde in Protokollform ausdrücklich vorgeschrieben ist. Die Eigenurkunde ersetzt nicht die Form der Niederschrift (§ 9 BeurkG).[358] Ist absehbar, dass die noch erforderliche Erklärung nicht durch eine Eigenurkunde abgegeben werden kann,[359] muss auf eine Mitarbeitervollmacht ausgewichen werden.

Richtigerweise kann der Mangel der fehlenden Unterschrift des Käufers nicht durch notarielle Eigenerklärung geheilt werden.[360] Hat ein Beteiligter versehentlich die Urkunde nicht unterschrieben, so ist die Urkunde nichtig. Nach Auffassung des OLG Düsseldorf[361] kann diese Formnichtigkeit durch eine Nachtragsbeurkundung geheilt werden, in der der Beteiligte bestätigt, dass die Niederschrift ihm am Tage der Beurkundung vorgelesen und vorgelegt wurde und dass er sie in Gegenwart des Notars und der übrigen Beteiligten genehmigt hat. Die anderen Beteiligten müssen an der Nachtragsbeurkundung nicht mitwirken.[362] Gegen diese Auffassung bestehen erhebliche Bedenken. Die Frage kann jedoch auf sich beruhen, da unbestritten die Einigung wirksam war und der Nachweis der gleichzeitigen Anwesenheit und Erklärung nach § 29 GBO dadurch erbracht ist.

136 Auch die notarielle Eigenurkunde hat die Echtheitsvermutung für sich (§ 440 ZPO).

Im Übrigen ist die Beweiskraft zwar gesetzlich nicht geregelt. Jedoch wird z.T. die Frage falsch gestellt: Bei Abgabe von Willenserklärungen (oder deren Ergänzung) stellt sich die Frage nach Wahrheit oder Unwahrheit der Erklärung nicht, so dass nur der Fälschungsvorwurf erhoben werden könnte. Außerdem – und vorrangig – ordnet § 29 GBO die Verwendbarkeit der dort genannten Urkunden an, ohne dass zuvor die Frage geklärt werden müsste, welche beweisrechtlichen Folgen die ZPO noch an die Urkunde anknüpft. Die Prüfung des GBA soll durch § 29 GBO bewusst abgeschichtet sein.

137 Erklärungen des Notars in eigener Sache sind unzulässig und durch die Form des § 29 GBO nicht gedeckt.[363] Wichtigster Fall ist die Löschungsbewilligung des Notars zu einer Zwangshypothek für seine Kostenforderung. Hier ist eine anderweitige Unterschriftsbeglaubigung erforderlich.[364]

Eine Verfahrenserleichterung bringt die Einführung des elektronischen Rechtsverkehrs für die notarielle Eigenurkunde. § 29 GBO wird ergänzt durch § 137 Abs. 1 S. 2 GBO. Die Form ist danach gewahrt durch eine mit qualifizierter elektronischer Signatur versehene Datei. Diese Signatur kann aber sogleich mit dem digitalen Dokument verbunden werden. Ein Ausdruck in Papierform mit Unterschrift und Siegel und anschließendem signiertem Scan ist nicht erforderlich.[365]

5. Insbesondere: Beglaubigung durch Betreuungsbehörde

138 Gem. § 7 BtOG können Betreuungsbehörden auch nach dem 1. Januar 2023 Unterschriften unter Vollmachten öffentlich beglaubigen, d.h. die Vollmacht erfüllt dann die formellen Voraussetzungen des § 29 GBO. Allerdings endet gem. § 7 Abs. 1 S. 2 BtOG die Beglaubigungswirkung mit dem Tod des Vollmachtgebers. Die Vollmacht besteht materiell sodann als nur privatschriftliche fort. Ob sich daran in jedem Fall eine Prüfung des Fort- oder Ablebens im Grundbuchverfahren ausschließt, ist offen. Nach der Gesetzesbegründung soll eine Prüfung erst bei Kenntnis oder zumindest starkem Verdacht des GBA zum Tod des Vollmachtgebers stattfinden. Andererseits spricht alleine schon das Ausnutzen der Vorsorgevollmacht für einen schlechten Gesundheitszustand des Vollmachtgebers. Jedenfalls kommt es für den maß-

---

356 OLG Zweibrücken Rpfleger 1988, 249.
357 OLG Hamm RNotZ 2016, 103 = FGPrax 2016, 8.
358 Ebenso: *Reithmann*, DNotZ 1983, 438.
359 Fall: OLG Schleswig NJW-RR 1999, 15.
360 So mit Recht: BayObLG BayObLGZ 2001, 14.
361 OLG Düsseldorf DNotZ 2000, 299.
362 OLG Düsseldorf DNotZ 2000, 299.
363 OLG Düsseldorf Rpfleger 1989, 58 = MittBayNot 1989, 15.
364 OLG Zweibrücken Rpfleger 1982, 276; anders noch: KEHE/*Volmer*, 7. Aufl., § 29 Rn 112, aber geg. h.M.
365 OLG Stuttgart FGPrax 2018, 114; Gutachten DNotI-Rep 2017, 147.

geblichen Zeitpunkt nicht auf die Vorlage der Vollmacht beim Grundbuchamt, sondern (jedenfalls bei Verkäufen) auf den Zeitpunkt der Vollmachtsvorlage beim Notar an. Insgesamt führt die Reform zu einem Mehraufwand an Prüfung und zu einer Entwertung der Beglaubigungsbefugnis der Betreuungsbehörde und ist verfehlt.[366] Für Beglaubigungen vor dem 1. Januar 2023 bleibt es bei der transmortalen Verwendbarkeit.

V. Verurteilung zur Abgabe von Willenserklärungen

Die rechtskräftige Verurteilung zur Abgabe einer Erklärung ersetzt diese.[367] Maßgeblich zur Verwendung ist der auf die Ausfertigung gesetzte Rechtskraftvermerk, nicht die Vollstreckungsklausel.

139

VI. Umfang der Prüfungspflicht des GBA bei inländischen öffentlichen Urkunden

Zu prüfen hat das GBA lediglich die zur Begriffsbestimmung **notwendigen einzelnen Tatbestandsmerkmale** der „öffentlichen Urkunde" in dem vorstehend geschilderten Umfang. Liegen diese vor, so ist für das GBA sowohl der Beweis der Echtheit der Urkunde als auch der Beweis der Wahrheit der bezeugten Tatsachen als erbracht anzusehen.[368] Bei Anträgen auf Anlegung eines Grundbuchblatts für Gebäudeeigentum (Art. 233 § 2b EGBGB) liegt eine vorrangige Feststellungszuständigkeit des Präsidenten der Oberfinanzdirektion vor. Soweit darüber hinaus (Art. 233 Abs. 3 S. 3 EGBGB) dem GBA die Befugnis bleibt, Gebäudeeigentum festzustellen, hat das GBA sich auf die Prüfung der Form des § 29 GBO zu beschränken.[369]

140

Bei gesetzlicher Zuständigkeit einer Behörde bedarf es **keines** Nachweises ihrer Vertretungsmacht.[370] Weitere Unterlagen kann das GBA nur bei einem auf Tatsachen gestützten Zweifel verlangen.[371] Die Beweiskraft der notariellen Urkunde erstreckt sich auch auf die Angaben über die Feststellung der im Protokoll genannten Beteiligten sowie über deren Personenstand.[372]

Bleiben Zweifel, so hat das GBA die Möglichkeit, durch Zwischenverfügung für die Aufklärung zu sorgen.

VII. Mängel der öffentlichen Urkunde

Fraglich ist die Behandlung von äußeren Mängeln der vorgelegten Urkunde. Teils wird dem GBA dabei ein Bewertungsspielraum mit der Möglichkeit einer Aufklärungsverfügung bzw. der Zurückweisung der Urkunde eingeräumt, wenn und soweit die Beweiskraft des Dokuments durch den Mangel (Streichung/Änderung) eingeschränkt ist.[373] Richtigerweise sollte am Anfang der Überlegungen aber die Feststellung stehen, dass § 29 GBO in der Terminologie der „öffentlichen Urkunde" nur an § 415 ZPO anknüpft, nicht an die ZPO-internen Folgenormen wie §§ 416 ff., 437 ff. ZPO. Wie die Urkunde im Prozess zu würdigen wäre, ist deswegen irrelevant.

141

Für den wichtigen Fall der Behördenerklärung enthält Abs. 3 eine abschließende Vorschrift. Mehr als diese – für die Behörde jederzeit erfüllbaren – Vorgaben sind nicht zu erbringen.

142

Für den gleichfalls wichtigen Fall notarieller Urkunden (Niederschriften/Beglaubigungen) gelten allein die Wirksamkeitsanordnungen des BeurkG. Verstöße gegen Muss-Vorschriften (§§ 9 Abs. 1, 13 Abs. 1 S. 1, Abs. 3 S. 1 BeurkG) machen die Urkunde (hier die Urschrift) unwirksam, nichtig bzw. insgesamt nicht ordnungsgemäß errichtet. Dieser Formmangel gilt gegenüber jedermann und kann auch vom GBA uneingeschränkt beanstandet werden.

143

Anders verhält es sich beim Verstoß gegen Soll-Vorschriften des BeurkG. Diese Verstöße führen ggf. zu berufsrechtlichen Konsequenzen, haben aber keine Auswirkung auf die Wirksamkeit der Urkunde. Das gilt für Soll-Vorgaben zur Verhandlungsführung (§ 17 BeurkG – hier für jedermann offensichtlich) ge-

---

366 Eingehend und ablehnend *Kurze*, ErbR 2023, 505; *Volmer*, FamRZ 2023, 820.
367 RG DNotZ 1935, 323; OLG München FGPrax 2012, 104.
368 BayObLG BayObLGZ 1971, 342.
369 KG Rpfleger 1996, 153.
370 BayObLG NJW RR 1986, 894 = MittBayNot 1986, 139.
371 KG KGJ 21, 101; KG KGJ 33, 190; KG JFG 4, 261.
372 KG KGJ 44. 209; LG Berlin Rpfleger 1963, 53.
373 OLG Hamm Rpfleger 1957, 113.

nauso wie für Vorgaben zur Urkundsgestaltung und zu Korrekturvermerken (etwa §§ 12, 13 Abs. 1 S. 2 BeurkG). Inhaltlich – und ohne dass es nach Vorstehendem darauf ankäme – kommt hinzu, dass Niederschriften nie im Original dem GBA vorgelegt werden, sondern nur in Ausfertigung oder beglaubigter Abschrift. Damit deckt der Beglaubigungsvermerk (als Übereinstimmungsvermerk) alle Korrekturen als in der Urschrift vorhanden.

144 Dasselbe gilt für bei anderen Stellen errichtete öffentliche Urkunden. Nur soweit zwingende Formvorschriften bestehen, ist deren Einhaltung Teil des Prüfprogramms im Grundbuchverfahren.

145 Zur Sonderproblematik der Änderungen bei unterschriftsbeglaubigten Erklärungen siehe unten Rdn 157.

G. Öffentlich beglaubigte Urkunden
I. Begriff

146 Öffentlich beglaubigte Urkunden sind schriftlich abgefasste Erklärungen, bei denen die Echtheit der Unterschrift oder des Handzeichens von einer Person öffentlichen Glaubens bestätigt werden.

II. Zuständigkeit

147 Zuständig zur Beglaubigung sind:
a) **grundsätzlich die Notare** als Personen öffentlichen Glaubens (§ 129 Abs. 1 BGB, § 20 Abs. 1 BNotO). Daneben sind unbeschränkt zuständig die Konsuln oder Konsularbeamte (§§ 10 Abs. 1 Nr. 2, 18, 19 Konsulargesetz vom 14.9.1974).[374]
b) **Beseitigt** ist nun die Beglaubigungsbefugnis der **Gerichte**, § 57 Abs. 7 BeurkG (in der ursprünglichen Fassung vom 28.8.1969).[375]
c) **In beschränktem Umfang** für die Beglaubigung von Anträgen von Eigentümern auf Vereinigung oder Teilung von Grundstücken sind die **Vermessungsämter** zuständig (§ 66 Abs. 1 Nr. 6 BeurkG i.V.m. dem als Landesrecht fortgeltenden Gesetz vom 15.11.1937; in Bayern ersetzt durch § 9 VermKatGesetz vom 31.7.1970).[376]
d) Betreuungsbehörden gem. § 7 BtOG, wobei deren Beglaubigungszuständigkeit sich nur auf eine vorgelagerte Vollmacht bezieht.[377]

148 Im Übrigen sind durch §§ 57 Abs. 5, 60 BeurkG (in der ursprünglichen Fassung vom 28.8.1969, nun die früheren **landesrechtlichen Zuständigkeiten** sowie die entsprechenden landesrechtlichen Bestimmungen beseitigt worden. § 68 (ex § 63) BeurkG hat jedoch den Ländern die Zuständigkeit neu eröffnet, für die Beglaubigung von Abschriften oder Unterschriften anderen Stellen als Notaren die Zuständigkeit zuzuweisen. Auch die Beglaubigung von Blankounterschriften, soweit sie im Grundbuchverkehr überhaupt in Frage kommen, ist zulässig, da der Landesgesetzgeber nach § 66 Abs. 3 Nr. 3 BeurkG keine abweichende Regelung treffen kann.[378] Nicht zugewiesen werden kann jedoch die Beglaubigung eines Handzeichens (§ 126 Abs. 1 BGB), da insoweit ausschließlich Notare oder Konsuln zuständig sind.

149 Aufgrund dieser Bestimmung sind für zuständig erklärt worden:
– in **Hessen** die Ortsgerichtsvorsteher (§ 13 OGerG[379]) für die Beglaubigung von Abschriften und Unterschriften. Zur Beglaubigung von auszugsweisen Abschriften sind sie jedoch nicht zuständig (§ 42 Abs. 3 BeurkG).
– In **Baden-Württemberg** allgemein neben den Notaren die Ratsschreiber.[380]

---

374 BGBl I 1974, 2318.
375 OLG Schleswig BeckRS 2013, 00233.
376 RGBl I 1937, 1237 (§ 61 Abs. 1 Nr. 6 BeurkG i.V.m. dem als Landesrecht fortgeltenden Gesetz v. 15.11.1937); RS 219–1-F (in Bayern ersetzt durch § 9 VermKatGesetz vom 31.7.1970).
377 OLG Naumburg FGPrax 2014, 109; OLG Karlsruhe FGPrax 2016, 10; OLG Dresden ZEV 2012, 29.
378 So mit Recht: *Jansen*, § 63 BeurkG Rn 2.
379 Dazu OLG Frankfurt NJOZ 2023, 691.
380 § 35b LFGG v. 17.12.2020.

– In **Rheinland-Pfalz** die Ortsbürgermeister, Verbandsgemeindeverwaltungen, die Gemeindeverwaltungen der verbandsfreien Gemeinden sowie die Stadtverwaltungen der kreisfreien und großen kreisangehörigen Städte.[381]

III. Form und Inhalt der Beglaubigung

a) Die **Form** der öffentlichen Beglaubigung einer Unterschrift oder eines Handzeichens richtet sich nach den §§ 39, 40 BeurkG;[382] diese Bestimmungen gelten sowohl für die notarielle als auch für die konsularische Beglaubigung und für die Beglaubigung anderer Urkundspersonen oder Stellen (§ 1 Abs. 2 BeurkG).

150

b) **Beurkundet** wird nur die Tatsache der Unterzeichnung oder Anerkennung der Echtheit der Unterschrift (§ 40 Abs. 3 BeurkG).

151

Streng genommen gehört daher nicht in den reinen Beglaubigungsvermerk, **dass der Unterschreibende die Erklärung im Namen eines anderen abgegeben hat**.[383] Die Offenlegung des Vertretenen muss sich aus der Erklärung selbst ergeben.[384] Die Ansicht, der Notar könne nur bescheinigen, dass eine Vollmacht bestimmten Inhalts vorgelegen habe,[385] ist jedoch zu eng. Aus dem Betreuungsrecht des Notars nach § 24 Abs. 1 BNotO einerseits und der Möglichkeit der Bezeugung von Tatsachen in der Form des einfachen Zeugnisses andererseits (§ 40 Abs. 1 Alt. 2 BeurkG) ergibt sich die **Möglichkeit der zusätzlichen Feststellung**, dass der Unterzeichnende erklärte, für den Dritten zu handeln. Dies kommt insbesondere dann in Frage, wenn die Erklärung einerseits sachlich unvollständig, andererseits jedoch bereits fertig unterschrieben dem Notar zur Anerkennung der Echtheit der Unterschrift vorgelegt wird und der Wille der Beteiligten dahin geht, eine den grundbuchrechtlichen Vorschriften entsprechende Urkunde zu erstellen.

152

Als **notwendigen Inhalt** (§ 39 BeurkG) muss der Beglaubigungsvermerk lediglich die Echtheit der Unterschrift bezeugen, die Person bezeichnen, welche die Unterschrift vollzogen oder anerkannt hat, und Unterschrift und Siegel des Notars enthalten. Die Beifügung des Siegels ist hier – anders als bei Niederschriften – zwingend.

153

Ein Einzelkaufmann kann auch mit seiner Firma zeichnen (unbeschadet der nur eingeschränkten Verwendbarkeit der Firma im Grundbuchverfahren); die Unterschrift muss dann aber die wesentlichen Firmenbestandteile erkennen lassen.[386]

Soweit lediglich die einfache Unterschrift erforderlich ist, kann die Unterschrift auch in nicht mehr erkennbaren Zeichen, z.B. willkürlichen Strichen, bestehen. Es handelt sich dann insoweit um ein **Handzeichen**, das dann als solches zu beglaubigen ist. Dieses genügt zur Einhaltung der Form des Abs. 1 S. 1.

154

Nicht notwendig ist, dass sich der Unterzeichner **immer des gleichen Handzeichens** bedient.[387] Die Zuziehung von Schreibzeugen ist deswegen bei der Beglaubigung nicht erforderlich, weil bei Schreibunfähigen das Handzeichen genügt. Deswegen gibt es keine Vorgaben zur Zeugenbeiziehung, §§ 22 ff. BeurkG gelten nicht. Ist selbst ein Handzeichen nicht möglich (z.B. wegen Bewegungsunfähigkeit beider Arme), kann kein Vermerk nach §§ 39, 40 BeurkG errichtet werden. Es muss dann die Erklärung als Niederschrift unter Zeugenbeiziehung gefertigt werden. Unschädlich ist es, wenn der Notar eine etwa nicht mehr als solche erkennbare Unterschrift im Wege der Unterschriftsbeglaubigung und nicht als Handzeichen beglaubigt.[388]

c) Sind diese Erfordernisse **nicht** gegeben, so wird zwar die etwaige materiell-rechtliche Gültigkeit der Urkunde nicht beeinträchtigt, der **Beglaubigungsvermerk** ist jedoch **unwirksam**.[389] Werden dagegen die übrigen Sollvorschriften der §§ 39, 40 BeurkG verletzt, so wird die Gültigkeit der Beglaubigung da-

155

---

381 § 61 Abs. 4 BeurkG; §§ 2 i.V.m. 1 Abs. 1 Nr. 1–3d. Landesges. Rheinland-Pfalz v. 21.7.1978, GVBl 1978, 597; wegen der Zuständigkeit der Vorsteher des Ortsgerichtes vgl. § 3 des Gesetzes.
382 Dazu im Einzelnen: *Winkler*, DNotZ 1971, 140, 145.
383 So ausf.: BayObLG BayObLGZ 1934, 124.
384 LG Ellwangen/Jagst BNotZ 1988, 151.
385 So *Demharter*, § 29 Rn 41 (im Anschluss an die genannte Entscheidung).
386 KG KGJ 37, 228; KG HRR 39 Nr. 1045.
387 *Jansen*, § 40 BeurkG Rn 41; *Reidel/Feil*, § 40 BeurkG Anm. 56.
388 LG Bonn BWNotZ 1963, 19; *Jansen*, § 40 BeurkG Rn 41; Keidel/*Winkler*, § 40 Rn 66.
389 *Winkler*, § 40 Rn 85.

durch nicht berührt, lediglich der Beweiswert der Erklärung gemindert.[390] Die sonstigen Folgen einer Missachtung beurkundungsrechtlicher Soll-Vorschriften liegen außerhalb der Prüfungspflicht des GBA.

IV. Beweiskraft der Urkunde (v.a. angesichts nachträglicher Änderungen)

156   Wie bei der Beweiskraft der Niederschrift gilt aber auch hier: Abs. 1 S. 1 ordnet die Verwendungstauglichkeit der öffentlich beglaubigten Erklärung aus sich heraus an und nicht wegen der Beweiskraft, welche die ZPO der Urkunde oder dem Vermerk verleiht oder nicht verleiht. Verwendungsuntauglich ist deswegen nur ein solcher Vermerk, der insgesamt, d.h. wegen Verstoßes gegen Muss-Vorschriften des BeurkG, keine Unterschriftsbeglaubigung mehr darstellt.

157   Wesentlich häufiger als bei Niederschriften ergeben sich Verwendungsprobleme bei nachträglichen Änderungen unterschriftsbeglaubigter Dokumente. Anders als die Urschrift der Niederschrift wird das Original der Beglaubigung typischerweise herausgegeben, es steht also als zu modifizierendes Dokument zur Verfügung. Die Fehlerhäufigkeit, damit der Korrekturbedarf, ist bei selbstgefertigten Erklärungen höher und es fehlt die nachfolgende Abschriftsbeglaubigung, die zuvor erfolgte Korrekturen decken könnte.

158   Von den Korrekturvorschriften des BeurkG gedeckt ist in jedem Fall eine Korrektur des Beglaubigungsvermerks durch den Notar selbst, z.B. hinsichtlich der Schreibweise des Namens oder des Geburtsdatums, ebenso die Korrektur offensichtlicher Unrichtigkeiten,[391] ggf. auch die Korrektur einer Fehlbezeichnung[392] durch den Notar selbst.

159   Jedenfalls zulässig sind auch Änderungen, die der Notar aufgrund ihm erteilter Änderungsvollmacht vornimmt. Insoweit steht die Gleichbehandlung der öffentlichen Urkunde mit der öffentlich beglaubigten Urkunde fest. Eine erneute Unterschrift/Unterschriftsbeglaubigung des Unterzeichners ist dann nicht erforderlich. Die Vollmacht kann auch später erteilt werden;[393] die Einhaltung der Form ist dann aber wohl erforderlich.

160   Richtigerweise ist in den übrigen Fällen von folgenden Grundsätzen auszugehen: Öffentliche Urkunde mit inhaltlicher Richtigkeitsgewähr ist allein der notarielle Beglaubigungsvermerk in seinem örtlichen und sachlichen Zusammenhang mit der Unterschrift.[394] Aus dieser Begrenzung kann der Gesetzgeber zwanglos die Verfahrenstauglichkeit eines Unterschriftsblanketts (§ 40 Abs. 5 BeurkG) folgern. Dieses kann sodann auch von einem beauftragten Dritten ausgefüllt werden.[395] Das GBA kann das ausgefüllte Blankett nur bei sicherer Kenntnis von der abredewidrigen Ergänzung zurückweisen.

161   Entsprechend sind andere Korrekturen, auch soweit sie über die Berichtigung offensichtlicher Unrichtigkeiten[396] hinausgehen, zu behandeln. Zur Zurückweisung führt die Korrektur nur bei Kenntnis von der nicht vom Willen des Ausstellers gedeckten Änderung. Natürlich können sich hier, anders als bei Blankettunterschriften, eher Zweifel ergeben, jedenfalls soweit die Änderung einen zuvor vorhandenen Text beseitigt und damit auf eine Willensänderung schließen lässt. Entscheidend ist aber die verfahrensrechtliche Behandlung: Es geht bei Änderungen dann nicht um die Herstellung einer verfahrensgültigen Urkunde, sondern um die Beseitigung von Anknüpfungstatsachen, aus denen das GBA auf eine Fehlverwendung der Urkunde schließen könnte. Die Widerlegung dieser Anknüpfungstatsachen unterliegt aber nicht dem § 29 GBO. Daraus folgt: Es ist keine erneute Unterschriftsbeglaubigung erforderlich. Dies auch dann nicht, wenn der Aussteller – z.B. analog § 44a BeurkG – das Addendum seinerseits mit unterschriebenem Korrekturvermerk versehen hat. Zutreffend kann deswegen die Funktionsbeschreibung eines Verwaltungsbeiratsmitglieds nachgeholt werden, ohne dass eine neue Beglaubigung erforderlich wäre.[397]

162   Die Beglaubigung der Unterschrift **verändert nicht** den Charakter der **Erklärung als Privaturkunde**.

Der **Beglaubigungsvermerk** selbst ist dagegen eine **öffentliche Urkunde** und begründet vollen Beweis der darin bezeugten Tatsachen: dass die Erklärungen vom Aussteller der Urkunde abgegeben sind, Ort

---

390 *Winkler*, § 40 Rn 86.
391 OLG Hamburg DNotZ 1951, 422.
392 OLG Düsseldorf RNotZ 2017, 189.
393 OLG Celle Rpfleger 1984, 230.
394 RG RGZ 60, 397; OLG Düsseldorf DNotZ 2019, 661.
395 *Winkler*, § 40 Rn 81.
396 Dazu: RG RGZ 60, 397.
397 OLG München Rpfleger 2016, 719.

und Zeitpunkt der Beglaubigung, Feststellungen über die Person, insbesondere auch über Personenstand, Familiennamen, Mädchenname usw.[398] Umgekehrt muss der Beglaubigungsvermerk auch die Identitätsprüfung erkennen lassen.[399] Der Gegenbeweis ist nur im Rahmen des § 418 Abs. 2 ZPO zulässig.

Mit der Beglaubigung der Echtheit der Unterschrift wird der **unwiderlegbare Beweis** begründet, dass die Erklärung vom Aussteller abgegeben ist (§ 416 ZPO). Auch die Echtheit der Erklärung wird vermutet (§ 440 Abs. 2 ZPO). Gegenbeweis ist zulässig; allerdings erfordert dieser Gegenbeweis den Nachweis der Unechtheit der Unterschrift oder des Handzeichens, da der Einwand, der Aussteller habe die Urkunde nicht gelesen oder verstanden, unzulässig ist.[400] Außerdem bezieht sich die Beweisregel nicht auf die Richtigkeit des Inhalts der Erklärung, ihr wirksames Zustandekommen und Ort und Zeit der Abgabe.

Wird eine Erklärung, deren Unterschrift öffentlich beglaubigt wurde, nachträglich durch eine Einschaltung ergänzt, so gilt für den nachträglich eingefügten Text § 440 Abs. 2 ZPO nicht.[401]

V. Höhere Formgebote aus materiellem Recht

Unabhängig von der Beachtung des § 29 GBO genügt die öffentliche Beglaubigung als Form des Nachweisdokuments dann nicht, wenn sich aus dem materiellen Recht zusätzliche oder höhere Formgebote ergeben. So beweist die Beglaubigung nicht die gleichzeitige Anwesenheit der Unterzeichner, weswegen eine öffentliche Beglaubigung zum Nachweis der Auflassung (§ 925 BGB) nicht genügt.[402]

163

H. Ausländische und fremdsprachige Urkunden

§ 415 ZPO gilt entsprechend für ausländische Urkunden. Solche Urkunden erfüllen daher grundsätzlich ebenfalls die Voraussetzung des § 29 GBO.[403] Gegebenenfalls kann auch auf Legalisation oder Apostille verzichtet werden.[404]

164

Da die Gerichtssprache deutsch ist (§ 184 GVG), können Urkunden, die Erklärungen der Beteiligten enthalten, grundsätzlich nur in deutscher Sprache vorgelegt werden.[405] Für fremdsprachliche Urkunden deutscher Notare gelten § 5 Abs. 1 und § 50 Abs. 1 i.V.m. § 39 BeurkG, für fremdsprachliche Beteiligte, die der deutschen Sprache nicht mächtig sind, § 16 BeurkG. Enthalten fremdsprachliche Urkunden keine Erklärungen der Beteiligten, so darf das GBA von einer Übersetzung absehen, wenn der Rechtspfleger der Fremdsprache mächtig ist.[406]

Die Eintragung einer Zwangshypothek kann auch auf der Grundlage eines ausländischen Titels stattfinden; dazu muss aber die Vollstreckbarkeit im Inland zusätzlich belegt sein.[407]

I. Vorlage der Urkunden

1. Regel

Die nach § 29 GBO benötigten Urkunden können vorgelegt werden in **Urschrift**, **Ausfertigung (§ 47 BeurkG)**[408] oder **beglaubigter Abschrift**.[409] Eine Ausfertigung/beglaubigte Abschrift **im Auszug** genügt, wenn sie nach den Vorschriften des Beurkundungsgesetzes zulässig ist und die Auflassung oder sonst eintragungsrelevante Erklärung enthält.[410] Jedoch kann die Vorlage der ganzen Urkunde verlangt werden zur Überprüfung, ob die Auflassung einer behördlichen Genehmigung bedarf oder ein gemeindliches Vorkaufsrecht besteht.

165

---

398 Keidel/*Winkler*, § 40 BeurkG Rn 68; KG KGJ 2, 112; LG Berlin DNotZ 1963, 250 = Rpfleger 1963, 51; OLG Hamm JMBl. NRW 1964, 53 = DNotZ 1965, 46; *Jansen*, § 40 BeurkG Rn 11.
399 OLG Köln FGPrax 2009, 6.
400 *Jansen*, § 40 BeurkG Rn 11; RG NJW 2008, 327; RG RGZ 1977, 312.
401 BayObLG Rpfleger 1985, 105.
402 OLG München FGPrax 2009, 62; OLG München BeckRS 2016, 112583. OLG Braunschweig RNotZ 2019, 464.
403 KG JFG 6, 305.
404 OLG Dresden NJOZ 2011, 1839; zweifelhaft aber wegen der Annahme eines Ermessens des GBA.
405 KG DNotZ 2011, 909 (zur Übersetzung allein des Beglaubigungsvermerks).
406 Ebenso: *Demharter*, § 29 Rn 51 i.V.m. § 1 Rn 48; Meikel/*Hertel*, Einl. G Rn 383.
407 OLG München Rpfleger 2016, 405.
408 OLG München JFG 22, 362.
409 KG JFG 2, 408; OLG Düsseldorf Rpfleger 1961, 48.
410 BayObLG Rpfleger 1981, 233 = DNotZ 1981, 570.

Abschriften/Ausfertigungen werden heute ausschließlich als Fotokopie hergestellt. Soweit einzelne Formvorgaben der Urschrift (z.B. eingeprägte Siegel) dabei nicht wiedergegeben werden, müssen sie durch Hinweise ergänzt werden. Die Übereinstimmung ist allein auf den Wortlaut zu beziehen, nicht auf das Schriftbild. Siegel können daher durch „L.S.", Unterschriften durch „gez." wiedergegeben werden.[411] Auch die beglaubigte Abschrift einer beglaubigten Ablichtung genügt, da zwar die Ablichtung keine Urkunde darstellt, wohl aber der Beglaubigungsvermerk des Notars eine öffentliche Urkunde im Sinne des Abs. 1 darstellt.[412] Die Kette von Beglaubigungsvermerken führt schließlich die Übereinstimmung im Wortlaut auf die Urschrift zurück.

166 Sind mehrere Bogen einer Ausfertigung nicht durch Schnur und Siegel, sondern durch Klebestreifen miteinander verbunden, so ist die vorgeschriebene Form des § 29 GBO nicht gewahrt (§ 44 BeurkG).[413] Die (namentlich zu erteilende, § 49 Abs. 2 BeurkG) Ausfertigung muss aber nicht „dem Grundbuchamt" erteilt sein, um tauglicher Nachweismittel zu sein.[414]

167 Bei der Unbedenklichkeitsbescheinigung kann die Vorlage einer beglaubigten Abschrift (mit Vorlagebestätigung des Notars zum Original) genügen.[415]

II. Ausnahme

168 Die Vorlage einer beglaubigten Abschrift genügt jedoch nicht, wenn

a) die beglaubigte Abschrift einer **Privaturkunde** vorgelegt wird.[416] Die beglaubigte Abschrift hat keine stärkere Beweiskraft als die Urschrift selbst;[417] oder

b) **an den Besitz der Urkunde Rechtsfolgen** geknüpft sind, wie z.B. bei Erbscheinen,[418] Bestallungen, Vollstreckungstitel,[419] Vollmachten. Rechtsrelevanter Urkundsbesitz besteht – bei unterschriftsbeglaubigten Erklärungen – allein an der Urschrift selbst, bei Niederschriften nur an Ausfertigungen (§ 47 BeurkG). Zur Frage, ob eine Urschrift/Ausfertigung lediglich dem Notar oder auch dem GBA vorgelegt werden muss, sogleich. Nur eine beglaubigte Abschrift des Testamentsvollstreckerzeugnisses mit entsprechendem Vermerk genügt, wenn dadurch der Nachweis des Erlöschens der Testamentsvollstreckung erbracht werden soll.[420] Problematisch ist der Nachweis bei ausländischen Urkunden, wenn die Ausgangsrechtsordnung keine Ausfertigung äquivalent zum deutschen Recht kennt.[421]

169 Genügt rechtlich das Bestehen der **Vollmacht bei Errichtung des Aktes** vor dem Notar oder der Behörde, so ist ausreichend die Vorlage einer beglaubigten Abschrift der Vollmachtsurkunde oder deren Ausfertigung beim GBA mit der Bescheinigung des Notars oder der Behörde, dass die Vollmacht in Urschrift oder Ausfertigung im entscheidenden Zeitpunkt vorgelegen habe.[422] Besteht die Vollmacht im Zeitpunkt der Niederschrift und liegt die Vollmachtsurkunde lediglich nicht in der erforderlichen Form vor, kann der Vorlagenvermerk nachgeholt werden.[423] Ist hingegen die Vollmacht überhaupt nicht oder nicht in der Form des § 29 GBO erteilt (sondern nur mündlich/privatschriftlich), ist eine Unterschriftsbeglaubigung des Vollmachtgebers als Genehmigung/Vollmachtsbestätigung erforderlich.

170 Ist eine Vollmacht in einer notariellen Urkunde enthalten, die typischerweise zum Vollzug dem Grundbuchamt eingereicht wird, geht die hM von einer Kundgabe gem. § 171 BGB gegenüber dem Grundbuchamt aus (v. a. bei Mitarbeitervollmacht, Finanzierungsvollmacht des Käufers). Ein besonderer Nachweis durch erneute Ausfertigung erübrigt sich dann.[424]

---

411 BayObLG Rpfleger 1981, 233.
412 LG Flensburg SchlHA 1962, 201.
413 OLG Schleswig DNotZ 1972, 556.
414 BGH RNotZ 2020, 112.
415 KG FGPrax 2012, 9 = Rpfleger 2012, 200; vgl. auch: OLG Frankfurt BeckRS 2011, 24248.
416 OLG Köln FGPrax 2009, 6.
417 KG JFG 12, 264.
418 OLG Naumburg ZEV 2016, 165.
419 KG NJOZ 2023, 861.
420 BayObLG BayObLGZ 1990, 51, 56.
421 DNotI-Rep 2023, 137 (Spanien).
422 KG JW 1932, 1153; OLG Stuttgart DNotZ 1952, 183; BayObLG Rpfleger 1977, 439 nur Ls.; BayObLG Rpfleger 2000, 62; BayObLG BayObLGZ 2002, 194.
423 OLG Schleswig NJOZ 2013, 634.
424 OLG Jena FGPrax 2021, 248; OLG Schleswig FGPrax 2022, 17.

III. Verweisung auf Akten

Liegt die Urkunde in einer der genannten Formen dem gleichen Amtsgericht an anderer Stelle bereits vor, so genügt statt der Vorlage die Verweisung auf diese Akten; die Akten müssen genau bezeichnet werden und darüber hinaus auch die darin enthaltenen Urkunden, die den Nachweis erbringen und den Formerfordernissen des § 29 GBO genügen müssen,[425] ohne Rücksicht darauf, ob die Akten von der Vernichtung ausgeschlossen sind oder nicht.[426] Trifft der letztere Fall zu, so ist eine beglaubigte Abschrift für die Grundakten zu fertigen (§ 10 Abs. 2 GBO, § 24 Abs. 3 GBV). Die Urkunden und Akten müssen jedoch ausreichend bezeichnet sein.[427] Eine Verweisung kann aber nicht oder nur eingeschränkt stattfinden, wenn es um Urkunden geht, deren Besitz zusätzlich – und erforderliche – Legitimationswirkung hat.

171

IV. Beilagen von Urkunden

Soweit Beilagen von Urkunden in **Erklärungen** und **Zeugnissen** bestehen, gelten für diese die gleichen Bestimmungen wie für die Haupturkunde. Privatschriftliche Erklärungen sind, wenn sie im Rahmen eines notariellen Protokolls verwendet werden, dessen Bestandteile.

172

Karten, Pläne und Planskizzen gehören zu den außerhalb der Urkunde liegenden Umständen, auf welche in der Erklärung verwiesen wird, damit mit ihrer Hilfe diejenigen Gegenstände der Natur, auf welche sich die Erklärung bezieht, aufgefunden und in ihrer Besonderheit identifiziert werden können. Beurkundungspflichtig ist nicht der Orientierungsbehelf, sondern die rechtsgeschäftliche Erklärung, in welcher auf diesen verwiesen wird.[428] Eine öffentliche Urkunde brauchen daher diese Unterlagen nicht zu sein,[429] eine mit der Urkunde verbundene Handskizze genügt,[430] wenn aus der Skizze Himmelsrichtung und derzeitige Grundstücksgrenzen hervorgehen. Damit die Karte dem Grundbuchverkehr mit seinem Publizitätscharakter entspricht, ist es jedoch notwendig, dass Karte und Urkunde gem. § 44 BeurkG mit Schnur und Prägesiegel verbunden sind[431] und in der Urkunde darauf Bezug genommen wird (§ 9 Abs. 1 S. 3 BeurkG).[432] Stellt die Skizze die betroffene Grundstücksfläche nicht bestimmt genug dar, so kann nicht zum Zweck der Klarstellung ohne eine entsprechende erneute Bezugnahmeerklärung in der Form des § 29 GBO eine veränderte neue Skizze vorgelegt werden.[433] Die Bezugnahme auf eine solche Karte ist daher nicht nur bei Eintragung einer beschränkt persönlichen Dienstbarkeit,[434] sondern auch bei dem Antrag auf Eintragung einer Vormerkung zulässig.[435]

173

J. Offenkundigkeit

I. Grundsatz

Ein Nachweis durch öffentliche oder öffentlich beglaubigte Urkunde ist nicht notwendig, wenn und soweit Offenkundigkeit vorliegt. Wie auch die Parallelnorm des § 291 ZPO knüpft die Offenkundigkeit nicht an die Allgemeinheit an, sondern an das betroffene GBA. Deswegen kann (lokal vorhandenes) Sonderwissen des GBA verwendet werden (etwa von erfolgten Fusionen der regionalen Genossenschaftsbanken oder Sparkassen, wenngleich dieselbe Tatsache dann womöglich nicht bundesweit einheitlich offenkundig ist).

174

II. Begriff der Offenkundigkeit

Der Nachweis der Offenkundigkeit ist nur möglich für Eintragungsvoraussetzungen, die nicht in „Erklärungen" bestehen.[436] Offenkundig im Sinn des § 29 GBO sind bereits – abweichend von der allgemeinen Definition der allen lebenserfahrenen Menschen ohne weiteres bekannten Tatsachen[437] – **alle dem zu-**

175

---

425 BayObLG Rpfleger 1992, 192.
426 KG JFG 23, 299; BayObLG Rpfleger 1975, 361.
427 BayObLG Rpfleger 1987, 452.
428 *Weber*, DNotZ 1972, 144.
429 BGH Rpfleger 1972, 250 m.w.N.
430 BayObLG RPfleger 1981, 232.
431 BGH Rpfleger 1972, 250.
432 BGH Rpfleger 1979, 254; BGH NJW 1981, 1782 = Rpfleger 1981, 286; BGH DNotZ 1982, 229.
433 BayObLG Rpfleger 1982, 17; BayObLG DNotZ 1983, 440.
434 BGH BGHZ 59, 11 = Rpfleger 1972, 250.
435 BGH Rpfleger 1972, 437 = DNotZ 1973, 96.
436 KG Rpfleger 1979, 209.
437 RG RGZ 145, 200.

ständigen GBA zweifelsfrei bekannten Tatsachen[438] sowie **Rechtslagen**, bspw. der Umfang der bischöflichen Amtsgewalt, der sich aus Verfassung und Kirchengesetz unmittelbar herleitet.[439] Offenkundig sind auch Tatsachen, die das GBA seinen Akten oder anderen Verfahrensakten desselben Gerichts entnehmen kann.[440] Maßgeblich ist dabei nicht die Kenntnis des bearbeitenden Rechtspfleger, sondern des GBA – sogar des Amtsgerichts – schlechthin. Offenkundigkeit kann aber, ggf. erst durch Aktenbeiziehung, hergestellt werden. Ob die Kenntnisse amtlich oder außeramtlich erlangt wurden, ist ohne Bedeutung.[441] Selbstverständlich sind daneben offenkundig auch alle diejenigen Tatsachen, die die Voraussetzungen der allgemeinen Definition erfüllen.[442]

176 Nicht als **offenkundig** zu behandeln sind Veröffentlichungen der Vertretungsbefugnis und der Bestellung von Organen einer öffentlichen Anstalt jedenfalls dann, wenn die Veröffentlichung längere Zeit zurückliegt, da diese Befugnis widerrufen sein kann und dem GBA nicht zuzumuten ist, sämtliche Veröffentlichungen der Zwischenzeit daraufhin durchzusehen[443] oder das GBA das Veröffentlichungsorgan nicht bezieht.[444] Die aktuellen Organe der Gemeinde können jedenfalls beim eigenen Gerichtssprengel aber als offenkundig vorausgesetzt werden.[445] Offenkundigkeit bei einem GBA bedeutet bei Abgabe von Akten nicht ohne weiteres auch die Offenkundigkeit für das zweite GBA, wenn sie nicht ausdrücklich aktenkundig gemacht ist.[446]

Teils dient die Formerleichterung bei Offenkundigkeit der Rspr. (v.a. in der Beschwerdeinstanz) als Abhilfe bei anderenfalls drohender Beweisnot, etwa bei Nachweis der entgeltlichen Testamentsvollstrecker – oder der Vorerbenverfügung.[447] In der Entscheidung des OLG München ging es um die Frage, ob ein Nacherbenvermerk aufgrund einer entgeltlichen Veräußerung aus dem Jahre 1929 (!) gelöscht werden könne. Dazu erwägt das OLG, die Höhe der Valutierung der übernommenen Hypothek können dem GBA – ohne dessen eigene Ermittlungen – als offensichtlich ggf. nachgewiesen werden. Innerhalb des Verfahrensrechts der GBO ist das eine praxistaugliche Lösung, aber der Begriff der Offenkundigkeit wird, sagen wir es vorsichtig: schon arg gedehnt. Offenkundig kann danach auch sein, was dem GBA erst und genau zu diesem Zweck mitgeteilt wird!

III. Aktenkundigkeit

177 Aufgrund des Bezugspunkts „Grundbuchamt" sind offenkundig im sog. Fall der „Aktenkundigkeit" auch Tatsachen, die in Akten desselben Amtsgerichts erwähnt sind.

178 **Aktenkundige** Tatsachen sind offenkundig, wenn sie in den Akten zur Entstehung gelangt sind, so wenn bspw. eine vormundschaftsgerichtliche Genehmigung erteilt worden ist. Solche Tatsachen sind durch einen Vermerk in der Eintragungsverfügung aktenkundig zu machen (§ 24 Abs. 3 GeschO).

179 Sind in Akten Tatsachen nicht entstanden, sondern nur **öffentlich bezeugt**, wie z.B. die Tatsache des Todes durch eine Sterbeurkunde, so liegt keine Offenkundigkeit, sondern nur Aktenkundigkeit vor.[448] In diesem Fall ist jedoch eine Verweisung auf diese Akten möglich; dabei spielt es keine Rolle, ob die Akten der Vernichtung unterliegen oder nicht.[449] Verweisung auf Akten eines anderen Amtsgerichts ist jedoch nicht zulässig,[450] ebenso genügt nicht die Verweisung auf eine in den Akten sich befindende Privaturkunde.

---

438 KG JFG 20, 220; BayObLG BayObLGZ 1952, 324; OLG Frankfurt Rpfleger 1972, 104.
439 BayObLG BayObLGZ 1974, 65.
440 BayObLG BayObLGZ 2001, 132 = Rpfleger 2001, 486; OLG München Rpfleger 2017, 146; *Demharter*, § 29 Rn 61 m.w.N.
441 OLG Hamm RdL 52, 77; BayObLG BayObLGZ 1957, 52 = DNotZ 1957, 311.
442 So LG Köln JMBl. NRW 1949, 30; LG Traunstein DNotZ 1964, 123.
443 LG Kassel Rpfleger 1959, 319; OLG Düsseldorf Rpfleger 1961, 47 = JMBl. NRW 1961, 133.
444 LG Köln MittRhNotK 1982, 62.
445 OLG Frankfurt NotBZ 2016, 265.
446 BayObLG BayObLGZ 1957, 49 = DNotZ 1957, 311.
447 OLG München Rpfleger 2017, 85.
448 Dazu eingehend: OLG Köln MDR 1965, 993.
449 KG JFG 23, 299.
450 KG OLG 2, 409.

K. Insbesondere Vollmacht und Vollmachtswiderruf

Das GBA ist verpflichtet, vor der Eintragung im Grundbuch die Wirksamkeit der Vollmacht des für den Eigentümer Handelnden zu prüfen.[451]

I. Form; Vermutung des Fortbestehens

Materiell-rechtlich bedarf die Vollmacht wegen § 167 Abs. 2 BGB keiner Form. Für das Grundbuchverfahren gilt dann aber – aus Nachweisgründen – § 29 GBO, weswegen eine bloß unterschriftsbeglaubigte, in Urschrift vorzulegende Vollmacht genügt. Die h.M. verlangt als teleologische Reduktion eine beurkundete Vollmacht nur dann, wenn schon durch die Erteilung der Vollmacht der Vollmachtgeber in gleicher Weise wie durch sofortigen Abschluss des (formbedürftigen) Geschäfts gebunden sei. Dies wird vorrangig bei unwiderruflicher Erteilung angenommen.[452] Die vorweggenommene Bindung ist aber rechtsdogmatisch der Ausnahmefall. In eine Ermittlung der Nebenumstände, um die Frage der Bindung und der Einhaltung der Form zu prüfen, kann das GBA nicht ins Blaue hinein eintreten, sondern nur, wenn sich schon konkrete Anhaltspunkte ergeben haben.

Die Vollmacht kann nachgewiesen werden durch Vorlage der Ausfertigung (§ 47 BeurkG – bei beurkundeten Vollmachten) oder des Originals einer unterschriftsbeglaubigten Vollmacht beim GBA.[453] Allerdings würde das Dokument damit auf die Dauer der Bearbeitung dem Bevollmächtigten entzogen. Handhabbar ist dieses Verfahren deswegen nur bei Spezialvollmachten, die sich auf den Vollzug dieses einen Geschäfts beschränken. Sonst genügt eine Vorlage in der jeweiligen Form in der notariellen Beurkundung und Weiterleitung lediglich einer beglaubigten Abschrift hiervon an das GBA, allerdings mit notarieller Feststellung der Dokumentenvorlage.[454] Bei beurkundeten Verträgen wird damit vor allem ein Gleichlauf mit dem materiell-rechtlichen Gutglaubensschutz (§ 172 BGB) erreicht. Der Vorlagevermerk kann auch später hinzugefügt werden. Eine zusätzliche Erklärung des Notars, dass ein Widerruf ihm gegenüber nicht erklärt wurde,[455] ist nicht erforderlich.[456] Ebenso ist der Fall zu behandeln, wenn der Bevollmächtigte sich in einer von demselben Notar beurkundeten Erklärung zum Nachweis seiner Vertretungsbefugnis auf die von diesem verwahrte Urschrift beruft.[457] Der Bevollmächtigte muss jedoch eine ihm selbst erteilte Ausfertigung vorlegen; eine Legitimation durch anderen Personen erteilte Ausfertigungen scheidet aus.[458]

Die Fortbestandsvermutung der Vollmacht soll aber erlöschen, wenn der Bevollmächtigte zugleich als Alleinerbe des Vollmachtgebers auftritt.[459] Vgl. zur transmortalen Vollmacht auch § 35 GBO Rdn 26 f.

Der Grundbuchrichter hat die Erteilung und den Umfang der Vollmacht[460] zu prüfen, ebenso etwaige Wirksamkeitsmängel.[461] Wirksamkeitsmängel können sich aus gesetzlichen Verboten ergeben[462] oder auflösenden Bedingungen,[463] auch aus aufschiebenden Bedingungen. Sofern diese im Außenverhältnis wirken sollen, muss der Bedingungseintritt in der Form des § 29 GBO nachgewiesen sein.[464] Es muss aber durch Auslegung ermittelt werden, ob die Vollmachtsbeschränkung das Außenverhältnis betreffen soll.[465]

Die Erklärung muss auch in fremdem Namen abgegeben sein; dies wird sich häufig aber aus den Gesamtumständen ergeben können, wenn eine auf den Betroffenen zurückführende Vollmacht vorgelegt wird.

---

451 LG Köln Rpfleger 2001, 175.
452 Ferner etwa: OLG Schleswig DNotZ 2000, 775.
453 BayObLG Rpfleger 2002, 194.
454 OLG Frankfurt Rpfleger 1972, 306; OLG Frankfurt Rpfleger 1997, 63; OLG Schleswig NJOZ 2013, 634.
455 So OLG Köln DNotZ 1984, 569 = MittRhNotK 1984, 79 ff.
456 Meikel/Hertel, § 29 Rn 57, 58.
457 OLG Stuttgart DNotZ 1999, 138.
458 OLG München DNotZ 2013, 372; OLG München DNotZ 2008, 844; KG FGPrax 2012, 7; OLG Naumburg NZG 2016, 1350 = FGPrax 2016, 259.
459 OLG München NJW 2016, 3381 = ZfIR 2017, 70 (m. abl. Anm. Volmer).
460 Zum Umfang einer Mitarbeitervollmacht: OLG Celle FGPrax 2010, 64; zur Notarvollmacht vgl. OLG Düsseldorf FGPrax 2009, 203.
461 OLG München NJOZ 2013, 485.
462 BGH MDR 1977, 3; LG Köln Rpfleger 2001, 175: Unzulässigkeit einer Generalvollmacht einer GmbH an Dritte.
463 BayObLG Rpfleger 1986, 217.
464 OLG Schleswig FGPrax 2010, 125; OLG München NJW-RR 2010, 747; OLG München DNotZ 2011, 379.
465 OLG Hamm FGPrax 2010, 10; OLG Frankfurt FGPrax 2011, 58 (im Zweifel für Geltung im Außenverhältnis); OLG München DNotZ 2013, 139 (im Zweifel geringerer Umfang).

Dabei ist ein großzügiger Maßstab anzuwenden.[466] Grundsätzlich kann das GBA entsprechend dem in § 172 Abs. 2 BGB anerkannten Erfahrungssatz davon ausgehen, dass die Vollmacht nicht erloschen ist, wenn ihm die Vollmachtsurkunde vorgelegt wird.[467] Ebenso reicht die Vermutung des § 682 BGB zum grundbuchmäßigen Nachweis des Fortbestehens der Vollmacht aus, und diese braucht nicht ausdrücklich für die Erben erteilt zu sein, wenn sich die Grundlage der Vermutung, nämlich das Vorliegen eines Auftragsverhältnisses, aus dem Inhalt der in der Form des § 29 GBO vorgelegten Vollmacht ergibt.[468]

Ergibt sich aus der Auflassungsverhandlung, in welcher der Vertreter einer Partei mitgewirkt hat, dass den Beteiligten die Vollmachtsurkunde in Urschrift oder Ausfertigung vorgelegen hat, so hat das GBA von der im Zeitpunkt der Auflassung bestehenden Vertretungsmacht auszugehen und kann nicht die Vorlage der Vollmacht in Urschrift oder Abschrift verlangen.[469]

II. Widerruf, Befristungen

184 Die Vollmacht muss auch bis zum maßgeblichen Zeitpunkt (Eingang des Antrags beim GBA als Zeitpunkt des Wirksamwerdens) fortbestehen.[470] Daraus ergibt sich aber keine Berechtigung des GBA, in jedem Fall einen Fortbestandsnachweis zu verlangen. Das wäre mit den Mitteln des § 29 GBO nicht möglich. Im Gegenteil kann das GBA wegen § 172 BGB bei Vorlage der Vollmachtsurkunde – sei es auch vermittelt vom Notar – den Fortbestand gerade zugrunde legen.[471] Gerade deswegen wird ja die Vollmachtsvorlage in Urschrift/Ausfertigung verlangt. Ein auch längerer Zeitablauf besagt zum Erlöschen oder Widerruf nichts.[472] Einem Widerruf ist nur bei konkreten Anhaltspunkten nachzugehen.[473] Die theoretische Möglichkeit des Widerrufs reicht nicht aus.[474] Dies muss sich bei „unwiderruflich" erteilten Vollmachten auch auf das Vorhandensein eines wichtigen Grundes beziehen.[475] Zur Widerlegung dieses Verdachts auf Widerruf können dann auch andere Nachweismittel als die in § 29 GBO genannten herangezogen werden.

Vom GBA zu berücksichtigen sind auch Befristungen der Vollmacht. Untervollmachten, jedenfalls soweit sie den Vollzug eines vor Fristablauf wirksam abgeschlossenen schuldrechtlichen Geschäfts dienen, können über die Befristung einer Hauptvollmacht fortbestehen.[476] Wenn die Untervollmacht nicht vom Bestand der Hauptvollmacht abhängen soll (kein „Vertreter des Vertreters") genügt zum Bestandsnachweis die Ausfertigung der Untervollmacht mit beigefügter beglaubigter Abschrift der Hauptvollmacht nebst notariellem Vorlagevermerk. Die Hauptvollmacht selbst muss aber nicht in Ausfertigung vorgelegt werden.[477]

185 Der Widerrufsverdacht kann durch Vorlage der Urschrift oder Ausfertigung, aber auch durch eine Bestätigung des Notars widerlegt werden, dass ihm die Vollmacht in einer der beiden Formen vorgelegt wurde.[478] Ist eine Auflassungs- oder Belastungsvollmacht im notariell beurkundeten Kaufvertrag enthalten, so genügt zum Nachweis auch die Vorlage einer beglaubigten Abschrift verbunden mit der Bestätigung des Notars, dass das Original der Vollmachtsurkunde bei Beurkundung vorgelegen hat.[479] Ebenso ist der Fall zu behandeln, wenn der Bevollmächtigte sich in einer von demselben Notar beurkundeten Erklärung zum Nachweis seiner Vertretungsbefugnis auf die von diesem verwahrte Urschrift beruft.[480]

Wird eine solche Urschrift oder auch Ausfertigung vorgelegt, so muss sich das GBA natürlich grundsätzlich mit dem allgemein anerkannten Erfahrungssatz, dass die Vollmachtsurkunde zurückgegeben zu werden pflegt, begnügen und kann regelmäßig einen weiteren Nachweis nicht verlangen.[481] Nur wenn besondere, auf die Möglichkeit des erfolgten Widerrufs hinweisende Umstände zur Kenntnis des GBA gelangt

---

466 LG Ravensburg Rpfleger 1993, 17; zu eng: LG Ellwangen BWNotZ 1988, 151.
467 KG DNotZ 1972, 21.
468 KG WM 1971, 872.
469 KG DNotZ 1972, 615.
470 OLG Köln FGPrax 2023, 102.
471 KG DNotZ 1972, 21.
472 KG DNotZ 1972, 21.
473 OLG Düsseldorf Rpfleger 1986, 91.
474 SchlHOLG SchlHA 1957, 36.
475 OLG Stuttgart MittBayNot 1997, 370 (m. Anm. *Munzig*).
476 OLG München BeckRS 2015, 100002.
477 KG FGPrax 2015, 195.
478 OLG Frankfurt Rpfleger 1972, 306 m. zust. Anm. *Haegele* u.w.N.; OLG Frankfurt Rpfleger 1997, 63 m.w.N.
479 LG Gera Rpfleger 1996, 507; vgl. auch: BayObLG BayObLGZ Rpfleger 1977, 439; BGH DNotZ 1988, 551.
480 OLG Stuttgart DNotZ 1999, 138.
481 BayObLG DNotZ 1960, 50; KG DNotZ 1970, 21.

sind, können weitere Nachweise über die Fortgeltung der Vollmacht verlangt werden.[482] Bei begründeten Zweifeln am Fortbestehen kann durch Zwischenverfügung der Nachweis des Fortbestehens der Vollmacht oder der Genehmigung des Betroffenen verlangt werden.

Ist die Vollmacht zur Abgabe der Auflassungserklärung erloschen, so bedarf die ohne Vollmacht erklärte Auflassung der Genehmigung des Insolvenzverwalters.[483]

Bleiben dem Grundbuchrichter Zweifel, die nicht zerstreut werden können, so ist nach der herrschenden Lehre abzuweisen.[484]

Den Missbrauch einer im Außenverhältnis unbeschränkt erteilten Vollmacht darf das GBA nur bei sicherer Kenntnis bejahen.[485]

186

Bei einer im Innenverhältnis ausgesprochenen Verwendungsbeschränkung auf Geschäftsunfähigkeit und Betreuungsbedürftigkeit verlangt das die volle Überzeugung vom Eintritt dieser Situation auf der Grundlage der vorgelegten Urkunden. Ein Negativbeweis kann vom Antragsteller oder Bevollmächtigtem nicht verlangt werden. Auch dieser Einwand mit seinen bereits hohen Hürden scheitert, wenn die Vollmacht bei Zustimmung des Vollmachtgebers jederzeit verwendbar ist.

§ 29a [Glaubhaftmachung]

Die Voraussetzungen des § 1179 Nr. 2 des Bürgerlichen Gesetzbuchs sind glaubhaft zu machen; § 29 gilt hierfür nicht.

A. Allgemeines 1	III. Anspruch auf Übertragung des Eigentums am Grundstück 5
B. Geltungsbereich 2	
I. Allgemeines 2	C. Glaubhaftmachung 7
II. Anspruch auf Einräumung eines anderen Rechtes als einer Hypothek, Grund- oder Rentenschuld 3	

A. Allgemeines

Mit Wirkung ab 1.1.1978 wurde das Recht der Löschungsvormerkung neu gefasst. § 1179a BGB gewährt den Gläubigern nachrangiger Grundpfandrechte einen gesetzlichen Löschungsanspruch und sichert diesen sogleich (ohne Eintragung) mit den Wirkungen einer Vormerkung.[1] Andererseits konnte dem Berechtigten nach dem bis zu diesem Zeitpunkt geltenden Rechtszustand nach § 1179 BGB a.F. eine Löschungsvormerkung auch eingetragen werden, wenn ihm keinerlei Recht im Grundbuch zustand. § 1179 BGB n.F. gibt daher wenigstens die Befugnis zur Eintragung von Löschungsvormerkungen für diejenigen, die gemäß Nr. 1 ein anderes gleichrangiges oder nachrangiges Recht als eine Hypothek-, Grund- oder Rentenschuld an dem Grundstück haben oder gemäß Nr. 2 einen Anspruch auf Einräumung eines solchen anderen Rechtes oder auf Übertragung des Eigentums am Grundstück besitzen. Um die gemäß § 1179 Nr. 2 BGB n.F. damit möglicherweise begründeten Beweisschwierigkeiten auszuschalten, wurde § 29a GBO geschaffen. Besondere praktische Bedeutung wird § 29a GBO nicht bekommen. Aufgrund der heute üblichen Grundschuldsicherung entstehen nur extrem selten Eigentümergrundschulden. Nachrangige (oder auch nur schuldrechtliche) Berechtigte müssen anders – über Abtretung von Rückgewähransprüchen – gesichert werden.

1

---

[482] BayObLG BayObLGZ DNotZ 1960, 50; BayObLG BayObLGZ 1952, 327; OLG Düsseldorf Rpfleger 1966, 261.
[483] LG Düsseldorf Rpfleger 1977, 171.
[484] SchlHOLG SchlHA 1957, 63; OLG Frankfurt Rpfleger 1977, 102.
[485] OLG Köln NJW-RR 2020, 898.
[1] Somit ist der Anspruch z.B. insolvenzfest.

B. Geltungsbereich

I. Allgemeines

2 § 29a GBO gilt nur für die Einräumung von Löschungsvormerkungen gem. § 1179 Nr. 2 BGB n.F. Er ist daher weder anzuwenden auf die Veränderung von Löschungsvormerkungen nach dem alten Recht, noch auf solche, die gemäß § 1179 Nr. 1 BGB einzutragen sind.

II. Anspruch auf Einräumung eines anderen Rechtes als einer Hypothek, Grund- oder Rentenschuld

3 Der Anspruch muss also auf die Einräumung von Grunddienstbarkeiten, Nießbrauch, beschränkte persönliche Dienstbarkeiten, dinglichem Vorkaufsrecht oder Reallast lauten. Der Anspruch muss auf Einräumung eines dinglichen Rechtes gehen. Schuldrechtliche Ansprüche auf Besitz werden von § 1179 Nr. 2 BGB nicht erfasst. Öffentliche Lasten gewähren zwar ein Recht auf Befriedigung aus dem Grundstück (§ 10 Abs. 1 Nr. 3 ZVG), sind aber nicht Rechte am Grundstück; ein dahingehender Anspruch kann daher gemäß § 1179 Nr. 2 BGB nicht gesichert werden.[2] Das Dauerwohn- und Nutzungsrecht gehört zu dem Kreis der berechtigten Rechte. Nach § 41 Abs. 2 WEG besteht ein gesetzlicher Löschungsanspruch für Rechte, die zeitlich unbegrenzt oder für einen Zeitraum von mehr als zehn Jahren eingeräumt sind. Dieser gesetzliche Löschungsanspruch besteht jedoch erst ab Entstehen des Rechtes. Solange lediglich ein schuldrechtlicher Anspruch auf Einräumung besteht, der noch nicht verwirklicht worden ist, kann eine Sicherung des Anspruchsberechtigten gemäß § 1179 Nr. 2 BGB n.F. erfolgen.

4 Keine Rolle spielt, dass der Gläubiger des Anspruchs außerdem noch ein anderes Recht, insbesondere ein Grundpfandrecht, an dem Grundstück hat.[3] Auch muss der Anspruch weder unbedingt noch bereits entstanden sein (§ 1179 Nr. 2 Hs. 2 BGB). Auch ein versehentlich gelöschtes Recht kann einen entsprechenden Anspruch auslösen.[4]

III. Anspruch auf Übertragung des Eigentums am Grundstück

5 Der Anspruch kann auf Übertragung des Alleineigentums, aber auch nur des Miteigentums gehen. Im letzteren Fall bedarf der Anspruchsberechtigte des gleichen Schutzes. Auf Übertragung des Eigentums geht auch der Anspruch auf Verschaffung einer Eigentumswohnung.[5]

6 Gleichzustellen sind der Anspruch auf Übertragung eines Erbbaurechtes oder Wohnungserbbaurechtes. Für den Anspruchsberechtigten auf Einräumung eines Erbbaurechtes oder Wohnungserbbaurechtes fehlt jedoch regelmäßig das Rechtsschutzbedürfnis, da das Erbbaurecht ohnehin nur an erster Rangstelle im Grundbuch bestellt werden kann. Auch diese Ansprüche auf Übertragung des Eigentums können bedingt oder erst künftig sein.

C. Glaubhaftmachung

7 I. In den meisten Fällen werden, insbesondere bei Anspruch auf Verschaffung des Eigentums gemäß § 311b BGB, die Voraussetzungen des § 29 GBO durch die notarielle Beurkundung oder die notwendige Beglaubigung der Eintragungsbewilligung ohnehin erfüllt sein. In den übrigen Fällen ist jedoch für die Begründung des Anspruchs regelmäßig keine Form vorgeschrieben.

Solange eine Eintragungsbewilligung für das endgültige Recht nicht vorliegt, würden daher gemäß § 29 GBO Beweisschwierigkeiten entstehen, ebenso, wenn die Eintragungsbewilligung für die Löschungsvormerkung darüber schweigt.

8 II. Die Formerleichterung bezieht sich **nicht** auf die **Eintragungsbewilligung** als solche. Diese hat den normalen Vorschriften zu entsprechen. Glaubhaft zu machen ist vielmehr zusätzlich die Zugehörigkeit zum Kreis der Anspruchsberechtigten gem. § 1179 Nr. 2 BGB. Schon dieser Zusammenhang macht

---

2 Vgl. ebenso *Stöber*, Rpfleger 1977, 401.
3 Vgl. dazu ausführlich *Stöber*, Rpfleger 1977, 401.
4 *Stöber*, Rpfleger 1977, 401.

5 Vgl. dazu BayObLG Rpfleger 1977, 300 und *Stöber*, Rpfleger 1977, 401, Fn 47.

die Norm an sich schwer verständlich. Das Grundbuchamt hat bei Bewilligung einer Vormerkung die Betroffenenumstellung des Bewilligenden zu prüfen, aber nicht den schuldrechtlichen Bestand des Anspruches und die Inhaberschaft des bezeichneten Berechtigten. Hier gilt das formelle Konsensprinzip des § 19 GBO!

Glaubhaftmachung bedeutet, dass der Vortrag dem Grundbuchamt überwiegend bzw. erheblich überwiegend wahrheitsgemäß[6] erscheint, ohne dass die strengen Beweisvorschriften nach § 29 GBO erfüllt sind. Keine Glaubhaftmachung ist erforderlich, wenn der Eigentümer des betroffenen Grundstücks im Rahmen der Eintragungsbewilligung das Bestehen eines entsprechenden Anspruches in der Form des § 29 GBO bestätigt. Eine Glaubhaftmachung kommt daher nur in Frage, wenn eine solche Bestätigung in der Eintragungsbewilligung nicht enthalten ist.

Zur Glaubhaftmachung muss **jedes Beweismittel** genügen, insbesondere die Vorlage von Privaturkunden oder glaubwürdigen Äußerungen von Beteiligten. Eine Zuständigkeit zur Entgegennahme von eidesstattlichen Versicherungen wurde im Gegensatz zu § 35 GBO nicht begründet. Ein allgemeiner Rechtsgrundsatz dahingehend, dass das Grundbuchamt zur Entgegennahme von eidesstattlichen Versicherungen befugt sei, besteht nicht. Eidesstattliche Versicherungen als Beweismittel zur Glaubhaftmachung scheiden daher aus.[7] Genügen muss die Bezugnahme auf Urkunden, die sich in Akten anderer Behörden oder Gerichte befinden, auch wenn es sich um Privaturkunden handelt.

§ 30 [Eintragungsantrag]

Für den Eintragungsantrag sowie für die Vollmacht zur Stellung eines solchen gelten die Vorschriften des § 29 nur, wenn durch den Antrag zugleich eine zu der Eintragung erforderliche Erklärung ersetzt werden soll.

A. Allgemeines	1	I. Reine Anträge	4
B. Geltungsbereich	3	II. Gemischte Anträge	14

A. Allgemeines

§ 30 GBO statuiert eine Formerleichterung für reine Grundbuchanträge, da Nachteile im Rechtsverkehr hierdurch nicht zu befürchten sind. § 30 GBO wird systematisch flankiert durch § 31 GBO (e contrario) und findet im elektronischen Rechtsverkehr in § 137 Abs. 4 GBO seine Fortsetzung: Es genügt dort für den Eintragungsantrag das rein digital vorhandene, unsignierte Anschreiben an das GBA.

§ 30 GBO gilt nach seinem Wortlaut nur für Anträge, mit denen die Vornahme einer Eintragung angestrebt wird. Diese Bestimmung erfasst daher von vornherein keine Anträge, die andere Ziele haben, wie z.B. auf Erteilung eines Briefes, auf Erteilung von Grundbuchblattabschriften oder Gestattung von Grundbucheinsichten und Ähnliches. § 30 GBO äußert sich nur zur Form der Vollmacht. Den Kreis der zulässigen oder ggf. ausgeschlossenen Bevollmächtigten beeinflusst die Norm nicht.

B. Geltungsbereich

§ 30 GBO schichtet seinen Wortlaut nach reine Anträge von „erklärungsersetzenden", d.h. sog. „gemischten" Anträgen ab. Für letztere ist systematisch offensichtlich, dass die willkürliche oder, je nach Sichtweise, geschickte Zusammenfassung von Antrag und Bewilligung in einem Dokument („bewilligt und beantragt") nicht zur Herabsetzung des Maßes an Form führen kann, welches sonst zur Aufrechterhaltung des Grundbuchsystems erforderlich scheint.

---

6 OLG München FGPrax 2017, 62; OLG München BeckRS 2018, 13287.

7 A.A. *Demharter*, § 29a Rn 3.

I. Reine Anträge

4 Der (reine) Antrag veranlasst gem. § 18 GBO ein Tätigwerden des GBA, steckt zugleich aber durch Vorgabe des Eintragungsziels dessen Tätigkeitsumfang ab.

5 **Reine** Anträge sind somit z.B.: diejenigen Fälle, in welchen eine **Eintragungsbewilligung oder eine sonstige Erklärung nicht erforderlich** sind, z.B. bei Anträgen auf Anlage eines Grundbuchblatts für ein buchungsfreies Grundstück (§ 3 Abs. 2 GBO), auf Ausscheiden eines buchungsfreien Grundstücks (§ 3 Abs. 2 GBO), sowie die Anregung der Buchung von Miteigentumsanteilen eines dienenden Grundstücks nach § 3 Abs. 4–7 GBO oder auf Führung oder Aufhebung eines gemeinschaftlichen Grundbuchblatts (§ 4 GBO), auf Vermerk subjektiv-dinglicher Rechte beim herrschenden Grundstück (§ 9 Abs. 1 S. 1 GBO), auf Berichtigung des Grundbuchs wegen nachgewiesener Unrichtigkeit (§ 22 GBO), z.B. bei Berichtigung des Grundbuchs aufgrund eingetretener Gütergemeinschaft,[1] nachgewiesener (§ 22 GBO) Gesamtrechtsnachfolge nach Umwandlung,[2] Erlöschen einer Grunddienstbarkeit nach Teilung des dienenden Grundstücks (§ 1026 BGB i.V.m. § 22 GBO),[3] auf Löschung von Rechten auf Lebenszeit nach § 23 GBO oder von zeitlich beschränkten Rechten nach § 24 GBO, auf Eintragung oder Löschung einer Vormerkung oder eines Widerspruchs in dem Sonderfall des § 25 GBO auf Eintragung einer Zwangshypothek einschließlich der notwendigen Verteilungserklärung, gleichgültig, ob für die ganze Forderung oder einen geringeren Betrag.[4] Auch die Erklärung, dass an dem nach § 18 GBO nicht beanstandeten Teil des Antrags festgehalten wird, gehört hierher.[5]

6 **Reine** Anträge **sind ferner** solche, die zwar auf einer Eintragungsbewilligung als Eintragungsgrundlage aufbauen, diese aber in gesonderter Urkunde enthalten. Dabei spielt es keine Rolle, ob die Eintragungsbewilligung vom Antragsteller selbst oder von einem Dritten abgegeben wurde; auch ist ein zusätzlicher reiner Antrag (formlos) möglich, wenn die Eintragungsbewilligung selbst bereits einen Antrag enthält.

7 **Für reine Eintragungsanträge gilt § 29 GBO nicht.** Zwar setzt die aktenmäßige Behandlung immer ein Schriftstück voraus (§ 13 Abs. 2 GBO: Vermerk auf dem Antrag). Die Form des § 126 BGB ist für diese Schriftlichkeit indes nicht erforderlich. Ein Telegramm genügt, ebenso eine mechanisch hergestellte Unterschrift ohne Angabe von Ort und Datum. Selbst wenn die Unterschrift fehlt, ist die Form gewahrt, wenn die Person des Ausstellers zweifelsfrei erkennbar ist. Wird der Antrag mündlich gestellt, so muss darüber eine Niederschrift aufgenommen werden (§ 13 Abs. 2 S. 2, Abs. 3 GBO).[6] Für deren Wirksamkeit genügt jedenfalls die Unterschrift des ausführenden Beamten.

8 Dies alles gilt auch für das **Ersuchen einer Behörde**, das den Antrag ersetzt. Für Anträge von **juristischen Personen des Privatrechts** gilt ebenfalls Formfreiheit. Der Nachweis der Vertretungsberechtigung muss nicht nach § 32 GBO geführt werden, wenn sich die Identität des Antragstellers aus dem gedruckten Briefbogen ergibt.[7]

9 Die Antragsvollmacht kann formlos nachgewiesen werden.[8] Dies gilt entgegen h.M. auch für organschaftliche (und andere) Vertreter juristischer Personen sowie für Parteien kraft Amtes.[9] Warum gerade bei deren Anträgen Sonderprobleme bestehen sollten, die durch öffentliche Beglaubigung zu vermeiden wären, bleibt offen. M.E. kann auch der Nachweis der Vertretungsberechtigung gesetzlicher Vertreter (Betreuer, Pfleger) oder die Stellung als Insolvenzverwalter oder Testamentsvollstrecker gem. § 30 GBO formfrei erfolgen; die Beglaubigung der Bestallungsurkunde bringt für den formfreien Antrag keinen Erkenntnisgewinn.[10] Sorgeberechtigte Eltern müssen in der Praxis weder Sorgerecht noch Elterneigenschaft gesondert nachweisen.

---

1 BGH Rpfleger 1982, 137; OLG Schleswig FGPrax 2010, 19.
2 OLG Hamm BeckRS 2012, 18882; OLG Hamm NotBZ 2013, 58, 59.
3 OLG München NJOZ 2016, 445.
4 RG RGZ 71, 315.
5 KG KGJ 35, 195.
6 RG Recht 11, Nr. 2460.
7 Ebenso: *Böhringer*, Rpfleger 1994, 449; a.A. *Demharter*, § 30 Rn 10.
8 OLG München NZFam 2017, 78; anders: OLG Celle NJOZ 2018, 210.
9 RG RGZ 134, 307 (zum Prokuristen); *Demharter*, § 30 Rn 10; ebenso Voraufl.: verlangen analog zu § 29 GBO eine öffentliche Beglaubigung; wie hier: *Hügel/Otto*, § 30 Rn 24.
10 Anders *Hügel/Otto*, § 30 Rn 23; *Demharter*, § 30 Rn 10.

Die formfreie Antragsvollmacht zwingt den Bevollmächtigten auch nicht dazu, nun seinerseits entgegen § 31 GBO den Antrag beglaubigen lassen zu müssen.[11] Mutmaßliche praktische Unzulänglichkeiten der Vollmacht lassen sich durch die Form des Antrags nicht kompensieren.

Strittig ist, ob § 30 GBO auch bei reinem Vollstreckungsanträgen (Antrag auf Eintragung einer Zwangshypothek) gilt.[12] Alternativ soll sich der Nachweis der Vertretungsmacht dann nach § 78 ZPO richten und/oder nach § 10 FamFG.

Der im **Vollstreckungstitel** aufgeführte **Prozessbevollmächtigte** des Klägers ist hierdurch zur Stellung des Antrags zur Eintragung einer Zwangshypothek legitimiert, auch wenn das Urteil vom Landgericht erlassen wurde.[13] Ein Widerruf wäre zwar beachtlich. Indes schreibt § 81 ZPO den Umfang der Vollmacht zwingend vor. Es müsste also ein vollständiger Entzug des Mandats erfolgt sein. **Allein aus einem längeren Zeitablauf zwischen Urteilsverkündung und Vollstreckungsmaßnahme folgt das nicht!**

Keines Nachweises bedarf der Notar bei Antragstellung nach § 15 Abs. 2 GBO.

II. Gemischte Anträge

Keine Änderungen erfahren Anträge mit erklärungsersetzendem Inhalt. Auch hier ist allein die formelle Ausgestaltung entscheidend. Hierunter fallen sowohl die Fälle, in denen die Eintragungsbewilligung oder eine Zustimmungserklärung in die Form des Antrags gekleidet sind,[14] als auch diejenigen Fälle, in denen mit dem Antrag weitere zur Eintragung erforderliche Erklärungen verbunden wurden. Hierher gehören bspw. Anträge auf Vereinigung, Zuschreibung oder Teilung von Grundstücken: Hierfür genügt ein Eigentümerantrag nicht. (Teilung ist hier die rechtliche Teilung. Die Übernahme neu vergebener Flurstücksnummern unter Beibehaltung der rechtlichen Vereinigung fällt nicht unter das Formgebot.)

Gemischt ist ferner der Antrag auf ideelle Grundstücksteilung mit der Begründung von Wohnungseigentum nach dem WEG, auf Schließung der Teileigentumsbücher (§ 9 Abs. 1 Nr. 2 u. 3 WEG); der Antrag des Gläubigers auf Eintragung der Teilung der Hypothek, wenn die Teile verschiedenen Rang erhalten sollen;[15] der Antrag auf Löschung eines Grundpfandrechts, wenn er die Gläubigerbewilligung und/oder die Eigentümerzustimmung enthält;[16] der Antrag, welcher die in der Eintragungsbewilligung unterlassene Bezeichnung des Gemeinschaftsverhältnisses oder des Grundstücks nachholt.[17]

Strittig ist die Einordnung des Antrags auf Eintragung eines **Widerspruchs gem. § 1139 BGB**. Da in den Fällen der Nichtauszahlung das Grundbuch unrichtig ist, verlangt m.E. § 1139 BGB einen reinen – und demzufolge nicht formbedürftigen – Antrag. Weiter umstritten ist die Einordnung eines im Anschluss an ein Aufgebotsverfahren gestellten Antrags auf Eigentümereintragung.[18] Jedenfalls wenn Antragsteller und Betreiber des Aufgebotsverfahrens personengleich sind, bedarf es der Form des § 29 GBO nicht.[19] Die Eintragungsgrundlage ist vollständig im (rechtskräftigen) Ausschließungsbeschluss enthalten.

In diesen Fällen ist die **Form** des § 29 GBO notwendig, sofern nicht Ausnahmen aufgrund besonderer Gesetzesvorschriften bestehen (vgl. § 29 GBO Rdn 13 ff.). Für das Ersuchen einer Behörde, welches eine Eintragungsbewilligung ersetzt, gilt stets die Form des § 29 Abs. 3 GBO.

Auch die Vollmacht zur Stellung eines gemischten Antrags unterliegt in vollem Umfang dem Formgebot des § 29 GBO.

---

11 So aber die Folgerung aus § 15 Abs. 1 GBO v. *Demharter*, § 30 Rn 7.
12 Zweif.: OLG Celle NJOZ 2018, 210 m.w.N.
13 KG DR 1939, 447; LG Mannheim BWNotZ 1986, 96; das gilt aber nicht für die Abgabe einer Löschungsbewilligung, siehe KG NJOZ 2014, 403!
14 OLG Frankfurt Rpfleger 1980, 63.
15 KG JFG 14, 196.
16 KG NJOZ 2014, 403.
17 OLG Köln Rpfleger 1970, 286; anders für diesen Fall: BayObLGZ 1955, 162 = DNotZ 1956, 214.
18 Siehe dazu: Bauer/v. Oefele/*Schaub*, § 30 Rn 19; *Demharter*, Anh. zu § 44 Rn 6.
19 ThürOLG Rpfleger 2003, 177; OLG Dresden BeckRS 2007, 10494.

§ 31 [Rücknahme Eintragungsantrag]

Eine Erklärung, durch die ein Eintragungsantrag zurückgenommen wird, bedarf der in § 29 Abs. 1 Satz 1 und Abs. 3 vorgeschriebenen Form. Dies gilt nicht, sofern der Antrag auf eine Berichtigung des Grundbuchs gerichtet ist. Satz 1 gilt für eine Erklärung, durch die eine zur Stellung des Eintragungsantrags erteilte Vollmacht widerrufen wird, entsprechend.

A. Allgemeines 1	F. Widerruf von Vollmachten zur Stellung eines Eintragungsantrags 21
B. Geltungsbereich 2	I. Geltungsbereich des § 31 GBO 21
C. Begriff der Zurücknahme 3	II. Widerruf 24
D. Form der Rücknahme 6	III. Form des Widerrufs 25
I. Grundsatz 6	IV. Zeitpunkt des Zugangs beim GBA 26
II. Durch den Notar 7	V. Widerruf der Vollmacht zur Abgabe der Bewilligung 27
III. Persönliche Rücknahme durch einen Beteiligten 16	G. Ordnungsvorschrift 28
IV. Rücknahme eines behördlichen Antrags ... 18	H. Kosten 29
V. Folgen des Formverstoßes 19	
E. Wirkung der Rücknahme 20	

A. Allgemeines

1 Um dem GBA die einwandfreie Feststellung zu ermöglichen, ob ein einmal gestellter Antrag (oder die Vollmacht dazu) noch gilt, hat der Gesetzgeber aus Gründen der Rechtssicherheit für die Zurücknahme des Eintragungsantrags und den Widerruf der Vollmacht zur Stellung eines solchen eine (besondere) Form vorgeschrieben. Ausnahmsweise liegt damit die für die Actus contrarius statuierte Form über derjenigen des Actus primus.

B. Geltungsbereich

2 § 31 GBO gilt nur für die **Zurücknahme von Anträgen** oder den Widerruf von Vollmachten, mit welchen eine Eintragung begehrt wurde, gleichgültig, ob es sich dabei um reine (vgl. § 30 GBO Rdn 4 ff.) oder gemischte (siehe § 30 GBO Rdn 14 ff.) Anträge handelt, auch für einen Antrag auf Eintragung einer Sicherungshypothek[1] oder einer Zwangshypothek.[2] Für die Zurücknahme sonstiger Anträge gilt § 31 GBO nicht, für die Zurücknahme behördlicher Ersuchen (§ 38 GBO) gilt § 29 Abs. 3 GBO.[3] Ausdrücklich gilt § 31 GBO nicht für die Rücknahme des Antrags auf Berichtigung des Grundbuchs.[4]

Für die **Zurücknahme oder den Widerruf von Bewilligungen und sonstigen zur Eintragung erforderlichen Erklärungen** gilt § 31 GBO ebenfalls nicht.

§ 31 GBO gilt auch nicht, wenn der Antrag durch das GBA zurückgewiesen worden ist. Sind im Rahmen einer dagegen erhobenen Beschwerde die Anträge entsprechend den Beanstandungen des GBA eingeschränkt worden, so gilt § 31 GBO nicht, da durch die Zurückweisung der innere Grund für die formelle Erschwerung entfallen ist.[5] Auch die Rücknahme gegenstandslos gewordener Anträge unterliegt nicht § 31 GBO.[6]

---

[1] OLG Hamm MittRhNot 1985, 76 = Rpfleger 1985, 231; *Demharter*, § 31 Rn 1; Meikel/*Hertel*, § 31 Rn 1, 7.
[2] OLG Düsseldorf Rpfleger 2000, 62; *Demharter*, § 31 Rn 2; OLG Hamm FGPrax 2015, 114.
[3] Ebenso: *Demharter*, § 31 Rn 2; Meikel/*Hertel*, § 31 Rn 5.
[4] Etwa: OLG Dresden Rpfleger 2011, 664 (Rücknahme des Antrags auf Löschung des Insolvenzvermerks nach Freigabe).
[5] OLG München BeckRS 2010, 02447; KG HRR 1934 Nr. 1056.
[6] OLG Schleswig SchlHA 1959, 197.

C. Begriff der Zurücknahme

Zurücknahme ist die verfahrensrechtliche Erklärung, dass die beantragte Eintragung ganz oder zum Teil nicht erfolgen soll. Von § 31 GBO erfasst wird daher nicht nur die vollständige, sondern auch die teilweise Rücknahme[7] oder die Rücknahme eines von mehreren Anträgen.[8] Um eine solche teilweise Rücknahme handelt es sich bei jeder inhaltlichen Änderung, insbesondere bei einer Einschränkung des gestellten Antrags.[9] Die Bestimmung erfasst infolgedessen nicht eine Ergänzung des Antrags, welche seinen Inhalt unverändert lässt, wie z.B. das nachträgliche Hinzufügen einer Bestimmung nach § 16 Abs. 2 GBO oder die Nachholung der Bezeichnung des Grundstücks. Zulässig ist die Rücknahme bis zur Vollendung der Eintragung oder endgültigen Zurückweisung.[10]

Eine eingetretene Bindung der Beteiligten hindert die Rücknahme nicht,[11] ebenso wenig ein Widerrufsverzicht des die Eintragung Bewilligenden.[12] Der Rücknahme eines Eintragungsantrags steht die Verbindlichkeit der erklärten Auflassung nicht entgegen.[13]

Jeder Antragsteller kann seinen Antrag zurücknehmen, auch wenn er durch den Notar gestellt wurde. Auch der Gemeinschuldner kann seinen eigenen Antrag – nicht den vom Insolvenzverwalter gestellten – zurücknehmen, weil in der Rücknahme keine Verfügung über Massegegenstände liegt.[14]

Keine Rücknahme liegt vor, wenn vor dem Eingang des Antrags oder gleichzeitig mit diesem ein Widerruf eingeht, da in diesem Fall der Antrag als nicht gestellt gilt. Keine Rücknahme stellt auch das bloße Verlangen dar, eine eingereichte Urkunde zurückzugeben.[15]

Erklärt der Antragsteller, dass einer von mehreren in der Urkunde vorhandenen Anträgen nicht gestellt sein soll oder nicht erledigt werden soll, vielmehr zunächst bei den Grundakten bleiben solle, so liegt ebenfalls keine Rücknahme vor. Vielmehr wird der Antrag von vornherein erst gar nicht gestellt.[16]

D. Form der Rücknahme

I. Grundsatz

Grundsätzlich kann die Zurücknahme durch die Beteiligten nur in der **Form des § 29 GBO** erfolgen, ausgenommen beim Antrag auf Berichtigung. Die Rücknahme kann schlüssig erklärt werden, z.B. durch Stellung eines neuen Antrags anstelle des alten, sofern der neu gestellte Antrag die Form des § 29 GBO einhält.

II. Durch den Notar

Für die Rücknahmeberechtigung durch den Notar wird die Anwendung der §§ 15, 31 GBO überlagert durch die weitere gesetzliche Ermächtigung des § 24 Abs. 3 BNotO.

Somit gilt:

a) Wurde der Antrag **von ihm selbst** aufgrund der Ermächtigung des § 15 GBO **ohne Nachweis einer Vollmacht** gestellt, so ist der Notar zur Zurücknahme, Teilrücknahme oder Einschränkung des Antrags ermächtigt.[17] Hat er zum Ausdruck gebracht, für wen er den Antrag gestellt hat, so kann er auch nur in diesem Rahmen zurücknehmen. Erfolgte eine solche Klarstellung nicht, so kann er im Zweifel sämtliche Anträge zurücknehmen, da er diese auch gestellt hat (siehe § 15 GBO Rdn 37).[18] § 24 Abs. 3 BNotO gilt auch hier, hat aber besondere Bedeutung nur bei einem zwischenzeitlichen Widerruf der (vermuteten) Vollmacht des § 15 GBO.

---

7 BayObLG BayObLGZ 1994, 891; *Demharter*, § 31 Rn 4.
8 BayObLG DNotZ 1997, 321.
9 KG HRR 34 Nr. 1956; BayObLG BayObLGZ 1955, 53 = DNotZ 1956, 206.
10 BayObLG BayObLGZ 1954, 146.
11 BayObLG DNotZ 1973, 298.
12 Meikel/*Hertel*, § 31 Rn 31.
13 BayObLG DNotZ 1973, 298.
14 KG DNotZ 1973, 33 = Rpfleger 1972, 174; *Schöner/Stöber*, § 31 Rn 93.
15 RG RGZ 60, 396.
16 OLG Jena FGPrax 1998, 127, *Demharter*, § 31 Rn 5.
17 BayObLG DNotZ 1994, 891; *Demharter*, § 31 Rn 7; Meikel/*Hertel*, § 31 Rn 17.
18 *Lappe*, Rpfleger 1984, 386.

8 Als Form genügt **Unterschrift und Amtssiegel** in der Form des Prägesiegels oder Farbdruckstempels.[19] Dabei spielt es keine Rolle, ob es sich um eine vollständige oder teilweise Rücknahme handelt;[20] ein Vollmachtsnachweis ist überflüssig.

Nicht ausreichend ist eine Rücknahme per Telefax, selbst wenn das Siegel auf dem Original beigefügt ist (§ 24 Abs. 3 BNotO).[21] Sofern das GBA auf elektronische Aktenführung umgestellt hat, genügt aber ein mit einer qualifizierten elektronischen Signatur versehenes Anschreiben.

9 b) Hat der Notar den Antrag **aufgrund nachgewiesener rechtsgeschäftlicher Vollmacht** für den Beteiligten gestellt, so ist für die Befugnis zur Rücknahme des Antrags der Umfang der erteilten Vollmacht maßgebend. Schweigt die Vollmacht, so wird, sofern sich aus den Umständen nichts anderes ergibt, anzunehmen sein, dass die Befugnisse des Notars nach § 15 GBO durch die Erteilung der rechtsgeschäftlichen Vollmachten nicht ausgeschlossen sein sollen. Für diese Auslegung spricht insbesondere, dass ergänzende rechtsgeschäftliche Vollmachten deswegen aufgenommen werden, weil sich die Befugnisse aus § 15 GBO häufig als zu eng erweisen. Da er infolgedessen auch in diesem Fall nach dem Gesetz ermächtigt wäre, nach § 15 GBO den Antrag zu stellen, und es nach der Fassung des § 24 Abs. 3 BNotO lediglich darauf ankommt, dass der Antrag vom Notar gestellt wurde, ohne Rücksicht darauf, ob dies konkret nach § 15 GBO geschah, hat der Notar auch in diesem Fall die Ermächtigung, den gestellten Antrag zurückzunehmen.[22] Die erteilte Vollmacht bedarf stets der Form des § 29 GBO.

10 c) Hat ein **Beteiligter den Antrag** gestellt oder ist ein Antrag der Beteiligten in der Urkunde enthalten, so verlangt die Rspr. eine besondere Bevollmächtigung des Notars zur Rücknahme.[23] Liegt eine solche nicht vor, so soll nur der Beteiligte selbst den Antrag zurücknehmen können.[24] Nach der hier vertretenen Auffassung wird im Einzelnen dabei zu unterscheiden sein:

11 aa) Diese Ansicht trifft zu, sofern die Beteiligten – oder einer von ihnen – den Antrag selbst, d.h. höchstpersönlich und ohne Einschaltung des Notars, beim GBA gestellt oder eingereicht haben. Das kann durch gesetzliche Vollmachtsvermutungen oder Ermächtigungen nicht konterkariert werden. Das gilt für die vollständige Rücknahme von Beteiligtenanträgen wie für Teilrücknahmen oder die Rücknahme von Antragsverbindungen.[25] Die (besondere) Vollmacht bedarf der Form des § 29 GBO.[26]

12 bb) Eine „**Wiederholung**" **des Antrags** der Beteiligten ist dann nicht anzunehmen, wenn in der eingereichten Urkunde zwar Antragsformulierungen der Beteiligten enthalten sind, diese aber nicht in das Vollzugsverfahren eingeführt werden und als nicht gestellt gelten sollen. Diese Antragsformulierungen in der Urkunde selbst sind regelmäßig von den Beteiligten vorsorglich für den Fall aufgenommen, dass der Notar aus irgendwelchen Gründen nicht im Namen der Beteiligten den Antrag stellen kann oder will. Die eigenständige Vorlage beim GBA durch den Notar schließt daher die Berücksichtigung dieser nur hilfsweise formulierten Anträge aus, da der Notar ja stets nicht im eigenen Namen, sondern gerade im Namen der Beteiligten den Antrag stellt. Die in der Urkunde enthaltenen Formulierungen sind in ähnlicher Weise unbeachtlich wie eine wirksam erteilte Vollmacht, die sich noch in der Hand des Vollmachtgebers befindet. Gestellt ist der Antrag der Beteiligten in diesem Fall nur und allein nur durch den Notar.[27] Eine Rücknahme dieser Notaranträge, wenngleich aufgrund Vollmacht den Beteiligten zuzurechnen, ist dann jederzeit nach § 24 Abs. 3 BNotO möglich, auch in Gestalt einer Teilrücknahme, Antragsbeschränkung oder Rücknahme einer Antragsverbindung. Zwar könnte sich aus der Urkunde – u.U. auch aus den nicht als gestellt geltenden Passagen – ergeben, dass dem Notar die Befugnis des § 24 Abs. 3 BNotO gerade nicht zustehen sollte. Als Ausnahme von der Regel sind für eine solche Auslegung aber hohe Indizien zu verlangen.

---

19 OLG München JFG 22, 33; BayObLG BayObLGZ 1955, 53 = DNotZ 1956, 206; vgl. auch: *Berkel*, DNotZ 1951, 455.
20 BayObLG BayObLGZ 1955, 53.
21 *Demharter*, § 31 Rn 7; Meikel/*Hertel*, § 31 Rn 26.
22 Ebenso: LG Oldenburg Rpfleger 1982, 172.
23 So BayObLGZ MittBayNot 1988, 233.
24 LG Hannover Rpfleger 1985, 146.
25 BayObLG BayObLGZ 1975, 1; OLG Hamm Rpfleger 1988. 404; *Schöner/Stöber*, Rn 190.
26 BGH Rpfleger 1978, 365; BGH DNotZ 1978, 696; BGH NJW-RR 1999, 1320, OLG Frankfurt NJW 1978, 728 (aber unproblematisch, weil in Urkunde/Eintragungsbewilligung enthalten).
27 So auch im Ergebnis: OLG Braunschweig DNotZ 1961, 413.

cc) **Wiederholt der Notar den Antrag im Namen der Beteiligten, nachdem diese** wirksam ihrerseits den Antrag beim GBA **gestellt** haben, so liegt zwar[28] keine neue Antragstellung des Notars vor, da der Notar keinen Antrag im eigenen Namen, sondern nur im Namen der Beteiligten stellt. Vielmehr liegt in der Wiederholung des Antrags lediglich die prozessuale Erklärung, dass der Notar sich von diesem Zeitpunkt an in das laufende Verfahren einschaltet. Auch bei nachträglicher Einschaltung eines Prozessbevollmächtigten in einen laufenden Prozess und der Wiederholung der gestellten Klageanträge nimmt niemand eine neue eigene Klage an. Dieser Fall ist wie aa) (siehe Rdn 11) zu entscheiden: Ohne besondere Vollmacht kann der Notar nur seinen eigenen Antrag, nicht aber denjenigen der Beteiligten zurücknehmen.

dd) Dasselbe – wie aa) und cc) – gilt auch, wenn der Notar bei Einreichung der Urkunden deutlich zu erkennen gibt, dass er diese nur als Bote einreicht oder sonst wie nur (auch) die Beteiligtenanträge der Urkunde als gestellt gelten sollen. An eine solche Auslegung sind aber strenge Anforderungen zu stellen. Die größere Flexibilität bei auftretenden Vollzugshindernissen gewähren § 15 und § 24 BNotO. Dieser Reaktionsmöglichkeiten wird sich der Notar normalerweise nicht begeben.

d) Für die Form der Rücknahmeerklärung durch den Notar genügen stets Unterschrift und Siegel; eine besondere Beglaubigung nach § 29 GBO ist nicht erforderlich.[29] Dies gilt in sämtlichen vorstehend erörterten Fällen. Sie ist erforderlich aber auch, wenn der Notar als Gläubiger für sich die Eintragung beantragt hat.[30]

III. Persönliche Rücknahme durch einen Beteiligten

Verfahrensrechtlich zulässig ist die Antragsrücknahme durch den Beteiligten selbst, auch wenn der Antrag vom Notar für diesen eingereicht wurde.[31] Hier zeigt sich, dass der Notar verfahrensrechtlich nicht als selbstständiger Akteur auftritt, sondern immer nur **für den/die Beteiligten**. Auch ist seine Verfahrensstellung – im Gegensatz etwa zum Anwaltsprozess gem. § 78 ZPO – keine verdrängende. Die Formvorschrift des § 31 GBO gilt auch hierfür. Zurücknehmen kann der Beteiligte aber nur seinen eigenen Antrag bzw. den in seinem Namen gestellten Antrag. Zur Rücknahme der von Dritten gestellten Anträge bedürfte er – unter Berücksichtigung der Beschränkungen von § 10 FamFG und § 15 GBO – einer ausdrücklichen förmlichen Vollmacht, die kaum standardmäßig erteilt werden wird. Gesetzliche Vermutungen gibt es dafür nicht.

Die von Dritten gestellten Anträge bleiben als Handlungsgrundlage des GBA bestehen und sind im Geschäftsgang abzuarbeiten. Sind aber keine parallelen Anträge Dritter gestellt, so kann der Zurücknehmende den Vollzug endgültig verhindern.[32]

IV. Rücknahme eines behördlichen Antrags

Für die Rücknahme eines behördlichen Ersuchens (§ 38 GBO) verweist § 31 GBO auf § 29 Abs. 3 GBO. Erforderlich ist danach eine unterschriebene und mit Siegel bzw. Stempel versehene Erklärung.[33]

V. Folgen des Formverstoßes

Wird der Antrag formlos oder nicht in der richtigen Form zurückgenommen, so **bleibt** er **wirksam**. Infolgedessen hat das GBA dem Antragsteller Gelegenheit zur formgerechten Rücknahme zu geben. Erfolgt eine formgerechte Rücknahme nicht, so ist der (fortbestehende) Antrag verfahrensrechtlich korrekt abzuarbeiten, sei es bei Vollzugsreife durch Eintragung[34] oder bei unbehebbaren oder – in den gesetzten

---

28 Entgegen: OLG Schleswig SchlHA 1959, 175 u. OLG Hamm JMBl. NRW 1961, 273.
29 BGH Rpfleger 1980, 465.
30 OLG Hamm Rpfleger 1985, 231.
31 OLG Celle BeckRS 2018, 3928.
32 So in: OLG Celle BeckRS 2018, 3928 (den vom Notar nur für den Erwerber (!) gestellten Antrag auf Vollzug der Auflassung durch erwerberseitige Rücknahmen).
33 OLG Naumburg ZInsO 2014, 518.
34 OLG Hamm Rpfleger 1985, 231.

Fristen der Zwischenverfügung – nicht behobenen Eintragungshindernissen durch Zurückweisung mit deren nachteiliger Kostenfolge.[35] Auch bleiben Rechtsmittel zulässig.[36]

E. Wirkung der Rücknahme

20 Mit der wirksam formgerecht erfolgten Rücknahme ist der Antrag erledigt.[37] Da es sich um eine rein prozessuale Verfahrenshandlung handelt, ist eine Anfechtung der Rücknahme unzulässig. Der Antrag kann jedoch jederzeit neu gestellt werden.[38] Hat der Antragsteller für den Vollzug seines Antrags Urkunden vorgelegt, so sind diese nach der erfolgten Rücknahme an den Antragsteller zurückzugeben.

Erledigt ist der zurückgenommene Antrag selbst. Liegen Anträge anderer Beteiligter vor, welche die gleiche Eintragung anstreben, so sind diese weiterhin abzuarbeiten,[39] sei es durch Eintragung, sei es durch Beanstandung (Zwischenverfügung) oder Zurückweisung.

Für die Erledigung dieser anderen fortbestehenden Anträge können die zum zurückgenommenen Antrag eingereichten Unterlagen u.U. verwendet werden. Keine Verwendung ist aber möglich, sofern an die Person des Einreichers bzw. an den Besitz der Unterlagen besondere Rechtswirkungen anknüpfen, etwa bei Innehaben einer Ausfertigung der Vollmachtsurkunde oder beim Grundpfandrechtsbrief.

Das GBA hat in diesen Fällen der anderweitigen Verwendung vor der Rückgabe an den Antragsteller des zurückgenommenen Antrags eine beglaubigte Abschrift der zurückgegebenen Unterlagen herzustellen und zu den Grundakten zu geben.[40]

Geht nach Rücknahme ein weiterer Antrag eines Beteiligten ein, so darf die frühere Eintragungsbewilligung nicht verwendet werden.[41] Bedenken bestehen gegen diese Ansicht dann, wenn die Rücknahme lediglich wegen versehentlich verfrühter Vorlage erfolgte.

F. Widerruf von Vollmachten zur Stellung eines Eintragungsantrags
I. Geltungsbereich des § 31 GBO

21 Die Bestimmung gilt **nur für eine Vollmacht zur Stellung eines Eintragungsantrags**. Umfasst werden damit neben einer rechtsgeschäftlichen Vollmacht des materiellen Rechts die Prozessvollmacht, soweit sie zur Antragstellung berechtigt (vgl. § 30 GBO Rdn 12) und die vermutete Vollmacht des § 15 GBO.

22 In sinngemäßer Erweiterung des Wortlauts ist § 31 GBO auf die **Vollmacht zur Zurücknahme eines Antrags** zu beziehen, da der Grund für die Formvorschrift auch hier der gleiche ist.

23 **Sonstige Vertretungsbefugnisse**, insbesondere die gesetzliche Vertretungsmacht, **gehören nicht hierher**. Gleichgültig ist, ob die Vollmacht selbst formgerecht oder formlos erteilt wurde oder erteilt werden musste. Auch der Widerruf von Vollmachten zur Stellung anderer Anträge gehört nicht hierher.

II. Widerruf

24 Widerruf im Sinne des § 31 GBO ist derjenige gem. § 168 BGB, ferner die Kündigung der Prozessvollmacht und der Widerruf der gesetzlich vermuteten Vollmacht des § 15 GBO. Dagegen kann die Widerlegung der Vermutung des § 15 GBO nicht unter das Formerfordernis gestellt werden. Ebenso wenig fällt darunter die Aufhebung des der Vollmacht zugrundeliegenden Rechtsverhältnisses (§ 168 S. 1 BGB) oder die Kraftloserklärung der Vollmachtsurkunde (§ 176 BGB). Gleichgültig ist die Art der Eintragung, auch der Antrag zur Berichtigung des Grundbuchs wird erfasst.[42] Vollmachten zur Stellung anderer Anträge, z.B. für Grundbucheinsichten, werden von § 31 GBO nicht erfasst.[43]

Die Vollmacht zur Rücknahme eines Berichtigungsantrags bedarf aufgrund ausdrücklicher Vorschrift **keiner Form** (§ 31 S. 2 GBO).

---

35 So etwa in: OLG Hamm FGPrax 2015, 114.
36 OLG Naumburg ZInsO 2014, 518.
37 OLG München JFG 22, 140.
38 KG HRR Nr. 28, 587.
39 KG KGJ 24, 95.
40 KG JFG 8, 229.
41 BGH BGHZ 84, 202 = Rpfleger 1982, 414.
42 Meikel/*Hertel*, § 31 Rn 35.
43 Meikel/*Hertel*, § 31 Rn 36.

III. Form des Widerrufs

Für die **Form des Widerrufs** gelten die Vorschriften des § 29 S. 1 GBO aufgrund ausdrücklicher Vorschrift, ausgenommen eine Vollmacht zur Berichtigung des Grundbuchs.

25

IV. Zeitpunkt des Zugangs beim GBA

Trotz gültiger Form kann der Widerruf dann **nicht beachtet** werden, wenn er erst **nach erfolgter Antragstellung** beim GBA eingeht. Da hier der Antrag formgerecht gestellt wurde, kann dieser nicht mehr rückwirkend beseitigt werden. Es ist infolgedessen nunmehr eine formgerechte Rücknahme des Antrags möglich.

26

V. Widerruf der Vollmacht zur Abgabe der Bewilligung

§ 31 GBO statuiert die besondere Form des Widerrufs nur für die Vollmacht, genauer: insoweit, als die Vollmacht sich auf die Stellung von Anträgen bezieht. Der Vollmachtswiderruf unterliegt keiner Form, soweit die Vollmacht zur Abgabe der Bewilligung (§ 19 GBO) oder der dinglichen Einigung (§ 873 BGB, ggf. i.V.m. § 925 BGB) berechtigt. Zudem statuiert § 31 GBO die Form nur auf der Ebene des Verfahrensrechts, d.h. die Antragsvollmacht ist – bei Verstoß – widerrufen, das GBA hat den Widerruf aber nicht zu berücksichtigen. Beim umfassenden Widerruf einer (General-)Vollmacht, der dem GBA bekannt wird, kann deswegen zwar die Antragsvollmacht als fortbestehend gelten, gleichwohl aber die Bewilligungsvollmacht widerrufen sein, was dann trotzdem zur (angestrebten) Zurückweisung führt.[44] Vertrauensschutznormen sowie § 873 Abs. 2 BGB sind natürlich zu prüfen, lagen im vorerwähnten Fall des OLG München jedoch nicht vor (hinsichtlich § 873 Abs. 2 BGB mE nicht überzeugend).

27

G. Ordnungsvorschrift

§ 31 GBO ist nur eine **Ordnungsvorschrift**. Wird die Bestimmung verletzt, so ist allein das materielle Recht für die Entscheidung der Frage maßgebend, ob das Grundbuch durch die Eintragung unrichtig geworden ist. Zwar könnten durch die Verletzung des § 31 GBO Schadensersatzansprüche gegen das GBA ausgelöst werden. Allerdings wird der Rücknehmende/Widerrufende nicht dadurch geschädigt, dass sich das GBA verfahrensfehlerhaft mit einer einfacheren Form begnügt. Drittbeteiligte können sich auf die Form nicht berufen. Sie haben ggf. ihre eigene Antragsberechtigung wahrzunehmen.

28

H. Kosten

Die Gebühr bei Antragsrücknahmen bestimmt sich nach KV Nr. 14401 Anlage 1 zum GNotKG: 25 % der für die Vornahme bestimmten Gebühr, mindestens 15 EUR, maximal 250 EUR. Unter Umständen kann von einer Kostenerhebung insgesamt abgesehen werden.[45]

29

§ 32 [Registerbescheinigung] (bis 31.12.2023 geltende Fassung)

(1) Die im Handels-, Genossenschafts-, Partnerschafts- oder Vereinsregister eingetragenen Vertretungsberechtigungen, Sitzverlegungen, Firmen oder Namensänderungen sowie das Bestehen juristischer Personen und Gesellschaften können durch eine Bescheinigung nach § 21 Absatz 1 der Bundesnotarordnung nachgewiesen werden. Dasselbe gilt für sonstige rechtserhebliche Umstände, die sich aus Eintragungen im Register ergeben, insbesondere für Umwandlungen. Der Nachweis kann auch durch einen amtlichen Registerausdruck oder eine beglaubigte Registerabschrift geführt werden.

---

44 OLG München RNotZ 2019, 269 = DNotZ 2019, 450.

45 Dazu: Renner/Otto/Heinze/*Schulz*, KV Nr. 14400 Rn 7, 8 (zu Teilrücknahmen).

(2) Wird das Register elektronisch geführt, kann in den Fällen des Absatzes 1 Satz 1 der Nachweis auch durch die Bezugnahme auf das Register geführt werden. Dabei sind das Registergericht und das Registerblatt anzugeben.

§ 32 [Registerbescheinigung] (seit 1.1.2024 geltende Fassung)

(1) Die im Handels-, Genossenschafts-, Gesellschafts-, Partnerschafts- oder Vereinsregister eingetragenen Vertretungsberechtigungen, Sitzverlegungen, Firmen oder Namensänderungen sowie das Bestehen juristischer Personen und rechtsfähiger Personengesellschaften können durch eine Bescheinigung nach § 21 Absatz 1 der Bundesnotarordnung nachgewiesen werden. Dasselbe gilt für sonstige rechtserhebliche Umstände, die sich aus Eintragungen im Register ergeben, insbesondere für Umwandlungen. Der Nachweis kann auch durch einen amtlichen Registerausdruck oder eine beglaubigte Registerabschrift geführt werden.

(2) Wird das Register elektronisch geführt, kann in den Fällen des Absatzes 1 Satz 1 der Nachweis auch durch die Bezugnahme auf das Register geführt werden. Dabei sind das Registergericht und das Registerblatt anzugeben.

A. Allgemeines 1	II. Beglaubigte Registerabschrift 37
I. Normhistorie 1	III. Bezugnahme 38
II. Normzweck 3	**D. Vertretungsnachweis der Gesellschaft**
III. Kann-Vorschrift 10	**bürgerlichen Rechts** 40
IV. Verhältnis zu § 15 HGB 11	I. Vertretungsnachweis bis 31.12.2023 40
B. Nachweis durch Notarbescheinigung 13	II. Nun: Registerfähigkeit der GbR 43
I. Verweis auf § 21 BNotO 14	III. Fortdauer bisheriger Rechtsgrundsätze 45
II. Inhalt 16	IV. Verfügung vor Registrierung 46
III. Form der Bescheinigung 17	V. GbR infolge Nichtanerkennung ausländischer
IV. Vertretungsmacht 18	Rechtsform 47
1. Geschäftsführer, Vorstand 19	**E. Alternative Vertretungsnachweise**
2. Prokurist 21	**außerhalb eines Registers** 48
3. Liquidator 23	I. Vor-GmbH, Handeln nach Bestellung vor
4. Umfang der Vertretungsmacht beim Vereinsvorstand 25	Eintragung 48
V. Bestand der Gesellschaft 26	II. Verein 51
VI. Firma/Umwandlungsfälle 29	III. Bestand und Nachtragsliquidation 52
VII. Zeitnahe Einsicht 30	IV. Stiftungen 55
VIII. Prüfungsberechtigung des GBA 33	**F. Ausländische Gesellschaften** 58
IX. Widerlegung durch besseres Wissen 34	I. Grundzüge der Rechtsanwendung 59
C. Sonstige auf das Register zurückgehende Möglichkeiten 36	II. Notarbescheinigung 61
I. Amtlicher Ausdruck 36	III. Bescheinigung eines Notars im Ausland 65
	IV. Alternative Möglichkeiten 67

A. Allgemeines
I. Normhistorie

1 § 32 Abs. 1 GBO wurde zuletzt mit Wirkung zum 1.1.2024 durch den unscheinbaren Austausch von früher „Handelsgesellschaft" zu „rechtsfähiger Gesellschaft" geändert.[1]

Wenn man von der weiteren Digitalisierung absieht, verbirgt sich dahinter die bedeutendste Reform des Grundbuchverfahrensrechts des vergangenen Jahrzehnts, nämlich die Aufgabe des Grundbuchs als quasi-GbR-Register und stattdessen die (wegen § 47 Abs. 2 GBO faktisch zwingende) Übernahme der Vertretungsverhältnisse aus einem anderen Register. Abgesehen von der Übergangsphase (reine Namens-GbR/Gesellschafter-GbR gem. § 47 Abs. 2 GBO a.F.) sind damit alle Nachweisfragen und materiellrechtlichen Binnenprobleme der GbR in das Registerverfahren verlagert. Für das Grundbuchverfahren ergeben sich sodann Bestand und Vertretungsberechtigung aus dem (anderen) Gesellschaftsregister.

---

[1] Art. 40 Gesetz zur Modernisierung des Personengesellschaftsrechts v. 10.8.2021, BGBl I, 3436.

Im Übrigen erhielt § 32 Abs. 2 GBO seine heute geltende Fassung durch das ERVGBG vom 11.8.2009[2] als Reaktion auf eine vom Gesetzgeber abgelehnte Entscheidung des OLG Hamm,[3] welches eine Verpflichtung des GBA zur selbstständigen Einsichtnahme in andernorts geführte Register abgelehnt hatte.

Nunmehr fasst § 32 GBO die Registerbescheinigung für das Grundbuchverfahren aus sämtlichen vorhandenen Registern in einer Norm zusammen. Die Erweiterung des Anwendungsbereichs auf alle rechtserheblichen Umstände nimmt die vielfältigen Erweiterungen und Analogieschlüsse auf, die sich in der Rechtspraxis zur deutlich enger gefassten, allein auf Vertretungsbescheinigungen bezogenen Vorgängernorm entwickelt hatten.[4] Die daneben noch kodifizierten Bestätigungsmöglichkeiten aus Registern (§ 26 Abs. 2 GenG, § 69 BGB, § 12 GBBerG) haben für den Grundbuchverkehr keinen selbstständigen Anwendungsbereich mehr.

Damit können auch Strukturänderungen (Umwandlungen) durch Registerbescheinigung grundbuchtauglich auf sicherer Verfahrensgrundlage nachgewiesen werden.

II. Normzweck

§ 32 GBO bezweckt eine Erleichterung in der Nachweisführung, indem für das Grundbuchverfahren das nicht mit öffentlichem Glauben versehene und häufig nur deklaratorisch[5] wirkende Handelsregister für das Grundbuchverfahren nutzbar gemacht wird, ohne diesen Nachweis zugleich zwingend vorzuschreiben.

§ 32 GBO setzt immer die Eintragung im Register voraus, und zwar in einem deutschen Register.[6] § 32 GBO gilt damit nicht für Gesellschaften, die insgesamt nicht registerfähig sind, und ebenso nicht für zwar registerfähige Gesellschaften (hinsichtlich Tatsachen und Rechtsverhältnissen), die ihrerseits nicht registerfähig oder nicht konkret registriert sind. Dies betrifft insbesondere die kaufmännische Handlungsvollmacht, die nicht im Handelsregister eingetragen werden kann.

Die Bescheinigung sieht eine im Zeitpunkt ihrer Erstellung vorhandene Registereintragung voraus. Soweit die Registrierung zur Gründung der juristischen Person konstitutiv ist (AG; GmbH) ist dies problemlos. Für die GbR insbesondere gibt es keine allgemeine Registrierungspflicht. Lediglich für grundbuchrelevante GbR folgt aus § 47 Abs. 2 GBO ein (indirekter) Zwang, da die Gesellschaft andernfalls kein grundbuchtaugliches Rechtssubjekt wäre. Die bisher nicht registrierte GbR muss damit vor einer Bestands- oder Vertretungsbescheinigung registriert werden.

Nicht bescheinigt werden können Anmeldungen, die dem Registergericht bereits vorliegen, jedoch noch nicht im Handelsregister eingetragen sind.[7]

Andererseits gilt § 32 GBO dann für die registrierte Vertretungsberechtigung z.B. auch des Liquidators[8] oder des Prokuristen.[9]

Die Nachweisführung nach § 32 GBO kann sich aber auch auf Rechtsverhältnisse beziehen, die im Register eingetragen waren, nun aber wieder gelöscht sind, sofern es auf den Bestand zu einem in der Vergangenheit liegenden Zeitpunkt ankommt,[10] etwa bei Nachverfolgen mehrstufiger Umwandlungsvorgänge. Dies wird zwar teils bestritten,[11] für die Möglichkeit einer zurückreichenden Notarbescheinigung spricht aber die volle Gleichstellung in § 21 Abs. 1 S. 2 BNotO.

Für juristische Personen des öffentlichen Rechts und der Gebietskörperschaften gilt ausschließlich § 29 GBO,[12] sofern sie nicht als kaufmännisch tätig im Handelsregister eingetragen sind.

---

2 BGBl I 2009, 2713.
3 OLG Hamm Rpfleger 2008, 298.
4 KEHE/*Herrmann*, § 32 Rn 7; BayObLG NJW-RR 1989, 977.
5 So für die Vertretung. Konstitutiv hingegen für Gründung von Kapitalgesellschaften (etwa § 11 Abs. 1 GmbHG) und bei Umwandlungsvorgängen (§ 20 UmwG).
6 OLG Hamm Rpfleger 1995, 154; h.M.
7 OLG Hamburg HRR 33 Nr. 762; OLG Köln NJW-RR 1991, 425.
8 Vgl. KG KGJ 52, 122; Meikel/*Krause*, § 32 Rn 9.
9 OLG Frankfurt Rpfleger 1995, 248; OLG Saarbrücken MittBayNot 1993, 398; Meikel/*Krause*, § 32 Rn 9.
10 OLG Hamm DNotZ 1967, 221, 229.
11 Etwa von Hügel/*Otto*, § 32 Rn 48.
12 Meikel/*Krause*, § 32 Rn 16; BeckOK/*Hügel/Otto*, § 32 Rn 32; *Bauer/Schaub*, § 32 Rn 9.

9 Im Inland registrierte Zweigniederlassungen ausländischer Gesellschaften (§§ 13d ff. HGB) sind hier registriert; Bescheinigungen nach § 32 GBO sind möglich. Für andere ausländische Gesellschaften gilt § 32 GBO hingegen nicht (vgl. Rdn 58 ff.).

III. Kann-Vorschrift

10 § 32 GBO ermöglicht die Nachweisführung **optional**. Wegen des jederzeit zugänglichen elektronischen Handelsregisters (§ 15 Abs. 3 BNotO e contrario) wird von § 32 GBO aber allgemein Gebrauch gemacht, soweit es um registrierte Rechtsverhältnisse geht. Ungeachtet der standardmäßigen Anwendung der Norm sind andere Nachweismöglichkeiten denkbar und in Einzelfällen auch erforderlich. Eine Höhergewichtung der Nachweisführung durch Registerbezugnahme (wie § 35 Abs. 1 GBO auf den Erbschein) enthält § 32 GBO nicht („kann" – im Vergleich zum „kann nur" des § 35 GBO).

IV. Verhältnis zu § 15 HGB

11 Die Bedeutung des § 32 GBO erklärt sich auch daraus, dass die herrschende Meinung dem Handelsregister ungeachtet des § 15 HGB im Grundbuchverkehr keine besondere Bedeutung beimisst.[13] Es folge aus der umfassenden Prüfungspflicht des GBA, dass ein „inter partes" wirkender Vertrauensschutz hier nicht berücksichtigt werden könne.[14] Ohne ausdrückliche Normanordnung wäre deswegen das Handelsregister kein grundbuchtaugliches Nachweismittel, egal auf welche Weise dem GBA sein Inhalt auch vermittelt würde.

12 Demgegenüber sollte richtigerweise auch das Grundbuchverfahren unter § 15 HGB fallen; für eine Herausnahme des GBA aus dem Kreis der von § 15 Abs. 1 HGB angesprochenen Dritten besteht kein Anlass; der Wortlaut des § 15 HGB verlangt diese enge Anwendung auch nicht. Im Gegenteil führt die Herausnahme des § 15 HGB aus dem Grundbuchverkehr nur zu Unzuträglichkeiten, weil die schuldrechtlich kraft Rechtsschein wirksam eingegangene Verpflichtung den Kaufmann selbstverständlich bindet und lediglich das Durchführungsgeschäft nicht oder erst auf gesonderte Nachweise hin vollziehbar wäre. Das verdeutlicht eine Entscheidung des OLG Düsseldorf, in welchem ein abberufener Geschäftsführer einer GmbH noch eine Grundschuld bestellt hatte. Das OLG Düsseldorf weist zu Recht eine Amtslöschung nach § 53 GBO ab, weil kein Verfahrensfehler des GBA vorlag. Wichtiger ist aber, dass die Bank über § 15 Abs. 1 HGB die Grundschuld materiell-rechtlich wirksam erworben hatte.[15] Dass das GBA bei Anwendung des § 15 HGB auch den Wissensstand des Dritten berücksichtigen muss, ist kein Hinderungsgrund. Bei Anwendung des § 1365 BGB verlangt der BGH genau das.[16]

B. Nachweis durch Notarbescheinigung

13 Häufigster Fall der Kenntnisvermittlung ist weiterhin die Notarbescheinigung, vgl. § 32 Abs. 1 GBO.

I. Verweis auf § 21 BNotO

14 § 21 BNotO hat folgenden Wortlaut:

(1) Die Notare sind zuständig,

1. Bescheinigungen über eine Vertretungsberechtigung sowie

2. Bescheinigungen über das Bestehen oder den Sitz einer juristischen Person oder rechtsfähigen Personengesellschaft, die Änderung einer Firma oder des Namens, eine Umwandlung oder sonstige rechtserhebliche Umstände auszustellen, wenn sich diese Umstände aus einer Eintragung im Handelsregister oder in einem ähnlichen Register ergeben. Die Bescheinigung hat die gleiche Beweiskraft wie ein Zeugnis des Registergerichts.

---

13 Bauer/v. Oefele/*Schaub*, § 32 Rn 2; Meikel/*Krause*, § 32 Rn 5; Güthe/*Triebel*, Rn 32.
14 Bauer/v. Oefele/*Schaub*, § 32 Rn 2; Hügel/*Otto*, § 32 Rn 7, 8.
15 OLG Düsseldorf FGPrax 2014, 8.
16 BGH DNotZ 2013, 686.

(2) Der Notar darf die Bescheinigung nur ausstellen, wenn er sich zuvor über die Eintragung Gewißheit verschafft hat, die auf Einsichtnahme in das Register oder in eine beglaubigte Abschrift hiervon beruhen muß. Er hat den Tag der Einsichtnahme in das Register oder den Tag der Ausstellung der Abschrift in der Bescheinigung anzugeben.

(3) Die Notare sind ferner dafür zuständig, Bescheinigungen über eine durch Rechtsgeschäft begründete Vertretungsmacht auszustellen. Der Notar darf die Bescheinigung nur ausstellen, wenn er sich zuvor durch Einsichtnahme in eine öffentliche oder öffentlich beglaubigte Vollmachtsurkunde über die Begründung der Vertretungsmacht vergewissert hat. In der Bescheinigung ist anzugeben, in welcher Form und an welchem Tag die Vollmachtsurkunde dem Notar vorgelegen hat.

Wegen der weiteren Einzelheiten der Bescheinigung nimmt § 32 GBO die Regelung des § 21 BNotO auf, indem die in der BNotO statuierte berufsrechtliche Zuständigkeit der Notare mit Wirkkraft für das Grundbuchverfahren ausgestattet wird. Trotz des leicht unterschiedlichen Wortlauts ist der Bedeutungsgehalt von § 21 Abs. 1 S. 1 BNotO mit § 32 GBO identisch, da es keine registrierten juristischen Personen gibt, die von § 21 BNotO, nicht aber von § 32 GBO erfasst wären. § 21 Abs. 1 S. 2 BNotO hat wegen der ausdrücklichen Anordnung des § 32 GBO im Grundbuchverfahren keine zusätzliche Bedeutung.

II. Inhalt

Zum Inhalt der Notarbescheinigung verlangt § 21 Abs. 2 BNotO zwingend („hat [...] anzugeben") die Angabe von Datum der Einsichtnahme und Datum der Ausstellung. Verstöße hiergegen machen die Notarbescheinigung unwirksam und als Nachweismittel im Grundbuchverfahren unbrauchbar. Das ist vom GBA zu prüfen. Im Übrigen enthält § 21 Abs. 2 BNotO nur berufsrechtlich sanktionierte Vorschriften. Verstöße gegen die Mindestform der eingesehenen Unterlagen (einfacher statt beglaubigter Registerauszug) machen die Bescheinigung nicht unwirksam. Gleichwohl sind beide Anforderungen ineinander verschränkt: Ein Tag der Einsichtnahme kann nur angegeben werden, wenn die Einsichtnahme auch tatsächlich stattgefunden hat. Eine persönliche Einsichtnahme muss nicht erfolgen; der Notar kann sich dabei Hilfspersonen bedienen.[17]

III. Form der Bescheinigung

Darüber hinaus enthält § 21 Abs. 2 BNotO keine Vorgaben zur Form. Die Registerbescheinigung kann in eine andere Urkunde integriert werden,[18] sofern nur durch die Formulierung der Gehalt als Feststellung des Notars – im Gegensatz zu den beurkundeten Erklärungen der Beteiligten – herausgestellt wird. Andernfalls kann die Registerbescheinigung auch durch eine unterschriebene und gesiegelte Eigenurkunde nachgeholt werden. Dabei sind die zwingenden Vorgaben des § 39 BeurkG zu beachten. Bei der Nachholung ist ferner zu beachten, dass die Aussage zur Vertretungsberechtigung bzw. zum rechtserheblichen Umstand auf den Zeitpunkt der Beurkundung bezogen sein muss.

IV. Vertretungsmacht

Die Bescheinigung weist als wichtigsten Anwendungsfall im Grundbuchverfahren die Vertretungsmacht der für eine registrierte Gesellschaft (oder einen registrierten Einzelkaufmann) handelnden Personen nach. Dabei wirkt sich der Bewilligungsgrundsatz aus: Die Vertragsmacht ist nur auf Seiten des bewilligenden Betroffenen zu prüfen,[19] beim gewinnenden Teil nur im Fall der Auflassung (§ 20 GBO).

1. Geschäftsführer, Vorstand

Geschäftsführer einer GmbH bzw. Vorstand einer AG haben im Außenverhältnis unbeschränkbare Vertretungsmacht (etwa § 37 Abs. 2 GmbHG). Besondere Angaben zum Umfang erübrigen sich somit. Erforderlich sind lediglich Angaben zur Einzel- oder Gesamtvertretungsberechtigung und, soweit für die aktuelle Urkunde erforderlich, Angaben zur Befreiung vom Vertretungsverbot des § 181 BGB (beim Geschäftsführer).

---

17 Schippel/Bracker/*Reithmann*, § 21 Rn 11; BeckOK/*Hügel/Otto*, § 32 Rn 49.
18 Schippel/Bracker/*Reithmann*, § 21 Rn 14.

19 Auch: *Demharter*, § 19 Rn 96; *Bauer/Schaub*, § 32 Rn 31; BeckOK/*Hügel/Otto*, § 32 Rn 4; Meikel/*Krause*, § 32 Rn 6.

20 Gesamtvertretungsberechtigte Geschäftsführer können sich im Einzelfall zur alleinigen Vornahme ermächtigen. Dann muss die Ermächtigung (als solche nicht registrierfähig) in der Form des § 29 GBO nachgewiesen werden.[20]

2. Prokurist

21 Bei Prokuristen kommt eine Feststellung zur Verfügungsberechtigung über Grundbesitz hinsichtlich Veräußerung und Belastung hinzu, die diesen zusätzlich verliehen werden muss und dann im Handelsregister eintragungsfähig ist (§ 49 Abs. 2 HGB). Auch der nicht besonders ermächtigte Prokurist ist per se zum Erwerb von Immobilien berechtigt. Dabei kann er das erworbene Grundstück mit einer Kaufpreisresthypothek belasten.[21] Die Vertretung durch den Einzelprokuristen ist auch zulässig, wenn bei einer Aktiengesellschaft oder GmbH die Vertretungsregelung für den Vorstand nur eine echte oder unechte Gesamtvertretung vorsieht.[22]

22 Zu dem Nachweis der Prokura für eine Zweigniederlassung und der Bezeichnung des Gläubigers bei Zuweisung an eine andere Zweigniederlassung vgl. die Entscheidung des LG Konstanz.[23]

3. Liquidator

23 Beim Liquidator ist zu beachten, dass er nach dem Gesetz nur Vertretungsmacht für seinen Geschäftskreis hat (§§ 149, 161 HGB, 37 Abs. 2, 70, 71 Abs. 2 GmbHG, 268 Abs. 1 und 2, 269 AktG, 27 Abs. 2, 88, 89 GenG und 49 BGB). Damit ein von dem Liquidator einer Personengesellschaft vorgenommenes einzelnes Geschäft ein nach § 149 HGB zulässiges Abwicklungsgeschäft ist, muss es einmal – objektiv – geeignet, wenn auch nicht unbedingt erforderlich sein, dem Zweck der Abwicklung zu dienen, dann aber auch subjektiv zu diesem Zweck vorgenommen worden sein.[24] Das GBA hat jedoch grundsätzlich die Liquidationsmäßigkeit des zur Eintragung beantragten Rechtsgeschäfts anzunehmen, solange nicht durch Tatsachen begründete Bedenken vorhanden sind.[25] Sollte Letzteres einmal der Fall sein, so hat das GBA durch Zwischenverfügung auf Klarstellung hinzuwirken.[26] Nach § 149 HGB ist nicht zu beanstanden, wenn ein Liquidator die der Gesellschaft gehörenden Grundstücke zugunsten seiner Gebührenforderung mit einer Grundschuld belastet.[27]

24 Auch der Liquidator weist seine Vertretungsmacht regelmäßig durch die Eintragung im Handelsregister nach. Ein Bestellungsbeschluss reicht zum Nachweis nicht aus. Die Beweiskraft des Handelsregisters auf Nachweis der Vertretungsmacht des bisher eingetragenen Geschäftsführers/Komplementärs etc. ist widerlegt, wenn dem GBA der Beschluss über die Auflösung der Gesellschaft (mit sich daran anschließender Änderung der Vertretungsverhältnisse) bekannt ist.[28]

4. Umfang der Vertretungsmacht beim Vereinsvorstand

25 Besondere Probleme kann die im Außenverhältnis beschränkte Vertretungsmacht eines Vereinsvorstands mit sich bringen (vgl. Rdn 51, § 29 GBO Rdn 181).

V. Bestand der Gesellschaft

26 Ein isolierter Nachweis des Bestands einer Gesellschaft ist nur selten erforderlich. Aus einer erstellten Vertretungsbescheinigung ergibt sich der Bestand inzident. Wegen des Bewilligungsgrundsatzes werden (außerhalb von Auflassungen) das Vorhandensein des Berechtigten und dessen richtige Bezeichnung auch nicht geprüft.[29]

27 Wichtiger ist der Nachweis des Nichtbestandes einer Gesellschaft, genauer: des Nicht-Mehr-Bestehens, wenn sich an eine Auflösung (ohne Liquidation) ein Rechtsübergang anschließt. Dabei ist ein ausschließlich registerbasierter Nachweis bei Personengesellschaften schwer zu führen, weil das Handelsregister

---

20 OLG München DNotZ 2011, 951.
21 KGJ JFG 6, 264; Meikel/*Krause*, § 32 Rn 38.
22 KG JFG 5, 236; KG JW 1933, 1466.
23 LG Konstanz Rpfleger 1992, 248 m. Anm. *Hintzen*.
24 OLG Frankfurt Rpfleger 1980, 63.
25 Dazu mit Darstellung des Meinungsstands: Meikel/*Krause*, § 32 Rn 36.
26 Vgl. KG HRR 32 Nr. 858; a.A. KG JFG 4, 278.
27 OLG Frankfurt Rpfleger 1980, 63.
28 OLG Düsseldorf NJW-RR 2016, 927.
29 *Demharter*, § 19 Rn 96; *Demharter*, § 32 Rn 10.

nur die Löschung verlautbart, nicht aber die sonstigen Umstände (nämlich: Absinken zur GbR oder Anwachsung auf den letztverbleibenden Gesellschafter).

Da gleichwohl ein Absinken der OHG zur GbR wegen verminderter Geschäftstätigkeit (§ 1 Abs. 2 HGB) nicht urkundlich belegt werden kann (geschweige denn in der Form des § 29 GBO), hält es die Praxis trotz fehlender absoluter Stringenz in der Nachweisführung aufgrund der Löschung der OHG für bewiesen, dass die OHG ihr Handelsgeschäft aufgegeben und sich dadurch in eine BGB-Gesellschaft umgewandelt hat.[30] Zum Nachweis der Vermögensanwachsung auf den letztverbliebenen Gesellschafter muss hingegen zusätzlich die Abschichtungsvereinbarung in der Form des § 29 GBO vorgelegt werden. Alternativ kann die Vermögensanwachsung durch eine beglaubigte Abschrift der Handelsregisteranmeldung dokumentiert werden, wenn alle Gesellschafter mitgewirkt haben.[31]

VI. Firma/Umwandlungsfälle

Der Nachweis von Firmen- oder Namensänderungen sowie Rechtsnachfolgen ist insbesondere dann erforderlich, wenn der im Grundbuch eingetragene Inhaber die Bewilligung nunmehr unter anderem Firmennamen abgibt. Sofern es sich hierbei um eine Firma oder eine Gesamtrechtsnachfolge handelt, ist die Verwendung der Notarbescheinigung unproblematisch. Es genügt wegen § 20 UmwG eine Bescheinigung aus dem Register des übernehmenden Rechtsträgers. Bei partiellen Gesamtrechtsnachfolgen (Spaltungen im Sinne des UmwG) muss nicht nur die Rechtsnachfolge an sich, sondern auch die Zugehörigkeit des konkreten Vermögengegenstandes zum übergehenden Vermögen nachgewiesen werden.[32] Dies ist allein auf der Grundlage der Handelsregistereintragung nicht möglich. Die zugrundeliegenden Vereinbarungen nebst Inventaren sind in der Form des § 29 GBO vorzulegen (§ 126 Abs. 2 S. 2 UmwG i.V.m. § 29 GBO).[33] Dasselbe gilt für eGbR hinsichtlich der Namensänderung. Insoweit ist die Differenzierung Firma (als kaufmännische Bezeichnung, § 17 HGB)/Name (als sonstige Bezeichnung) ohne Bedeutung.

VII. Zeitnahe Einsicht

Aus praktischen Gründen kann eine tagtägliche Einsicht häufig nicht stattfinden, wenngleich mit dem elektronisch geführten Handelsregister die Probleme abgenommen haben. Deswegen wurde in der Vergangenheit eine Notarbescheinigung auch, aber nur dann zugelassen, wenn die Einsichtnahme zeitnah zur Beurkundung, also maximal bis sechs Wochen zuvor,[34] stattgefunden hatte. Diese Frist wurde aus § 15 Abs. 2 HGB i.V.m. einer sich daran anschließenden Veröffentlichungsfrist im Bundesanzeiger geschlossen.[35]

Sonst wurde die Gefahr einer (rechtlich jederzeit möglichen) Änderung der wiedergegebenen Rechtsverhältnisse für zu groß angesehen und die Vertretungsbescheinigung damit untauglich. Eine entsprechende Prüfungsberechtigung haben die Grundbuchämter immer für sich in Anspruch genommen. Dafür spricht immerhin, dass die Angabe des Einsichtsdatums zu den Pflichtangaben des § 21 Abs. 2 BNotO zählt. Die bundesweite Einführung des elektronischen Handelsregisters hat aber die Möglichkeit einer zeitnahen Einsicht verbessert; es dürfte daher eher mit kürzeren Fristen zu rechnen sein.[36]

Die Verpflichtung zur zeitnahen Einsicht bezieht sich lediglich auf jederzeit änderbare Aussagen des Registers, wie insbesondere die Änderung der Vertretungsberechtigung. Bei Strukturänderungen, die nur ausnahmsweise aufgehoben werden können (etwa Vollzug einer Umwandlung auf Beschlussanfechtung hin), ist ohne konkreten Anhaltspunkt die Möglichkeit der Rückgängigmachung der Strukturänderung

---

30 KG HRR 1939 Nr. 1473, Hügel/*Otto*, § 32 Rn 37; *Bauer/Schaub*, § 32 Rn 22.
31 BayObLG Rpfleger 1993, 495; *Kuntze*, DNotZ 1990, 172; Hügel/*Otto*, § 32 Rn 38; *Bauer/Schaub*, § 32 Rn 23; vgl. auch: OLG Dresden BeckRS 2011, 17863.
32 OLG Frankfurt NJOZ 2012, 1396; auch: BGH DNotZ 2008, 468; KG ZIP 2014, 1732.
33 *Bauer/Schaub*, § 32 Rn 18; BeckOK/*Hügel/Otto*, § 32 Rn 39.
34 Aber insgesamt eher uneinheitlich: KG DNotZ 1938, 679; OLG Hamm Rpfleger 1990, 805; KG OLGE 1, 194; OLG Saarbrücken MittBayNot 1993, 398 (achteinhalb Wochen zu lang). *Bauer/Schaub*, § 32 Rn 28; BeckOK/*Hügel/Otto*, § 32 Rn 15.
35 LG Berlin Rpfleger 2003, 354; Hügel/*Otto*, § 32 Rn 15.
36 So bereits *Schöner/Stöber*, Rn 3638 (aber wegen § 15 Abs. 2 HGB: nur 2 Wochen); BeckOK/*Hügel/Otto*, § 32 Rn 16.

außer Betracht zu lassen. Diese kann auch aufgrund länger zurückliegender Einsichtnahme bescheinigt werden. Der Nachweis des Rechtsübergangs von Grundschulden im Zuge der Bankenfusion kann also auch Jahre später auf der Grundlage von Notarbescheinigungen geführt werden, die unmittelbar im Anschluss an den Vollzug der Verschmelzung im Handelsregister gefertigt wurden.

VIII. Prüfungsberechtigung des GBA

33 Das GBA ist berechtigt zur Prüfung der formellen Wirksamkeitsvoraussetzungen der Notarbescheinigung, soweit diese zwingenden Gehalt aufweisen (Pflichtangaben, Siegelung bei Eigenurkunde etc.), ferner hinsichtlich einer zeitlichen Verzögerung auf Verwertbarkeit der Einsicht. Im Übrigen erbringt die Notarbescheinigung den vollen Nachweis der rechtserheblichen Tatsache und kann im Regelfall nicht hinterfragt werden.

IX. Widerlegung durch besseres Wissen

34 Andererseits ist die Notarbescheinigung nicht mit stärkerer Beweiskraft ausgestattet als der Registereintrag selbst. Sie schafft keinen (womöglich unwiderleglichen) Vermutungstatbestand, sondern ist lediglich ein hinreichendes Nachweismittel für das Grundbuchverfahren.[37] Nach § 21 Abs. 1 S. 2 BNotO hat die Notarbescheinigung „Beweiskraft" wie der Registerauszug selbst.

35 Gleichwohl kann die Notarbescheinigung inhaltlich falsch sein, insbesondere dann, wenn wider Erwarten das Handelsregister falsch ist, so z.B., wenn eine Entziehung der Vertretungsmacht noch nicht im Handelsregister vermerkt ist. Bei Strukturänderungen hingegen wirkt die Eintragung im Handelsregister typischerweise konstitutiv, selbst bei schweren Mängeln der zugrundeliegenden Vorgänge (§ 20 Abs. 2 UmwG, §§ 75, 77 GmbHG). Wenn man also § 15 HGB nicht auch im Grundbuchverfahren Vertrauensschutzcharakter zuerkennt, bleibt eine Widerlegung der festgestellten Rechtsverhältnisse und insbesondere eine Berücksichtigung von besserem Wissen des GBA über die zwischenzeitlich entzogene Vertretungsmacht berücksichtigungsfähig. Dies mündet dann in die allgemeine Frage ein, in wieweit das GBA anderweitig Eintragungshindernisse zu verwerten hat.[38] Bloße Vermutungen von der Unrichtigkeit genügen aber für eine Widerlegung der bescheinigten Rechtsverhältnisse nicht.[39] Aus einem Vergleich mit § 22 GBO heraus müssen die widerlegenden Tatsachen durch öffentliche Urkunde dokumentiert vorliegen. Richtigerweise stellt sich aber wegen der Anwendung des § 15 Abs. 1 HGB schon die Frage im Ansatz nicht.

C. Sonstige auf das Register zurückgehende Möglichkeiten
I. Amtlicher Ausdruck

36 Die Nachweisführung kann auch mittels amtlicher Registerausdrucke erfolgen. Diese werden gem. § 30a HRV gefertigt. Sofern nicht in der Vergangenheit liegende Rechtsverhältnisse nachgewiesen werden müssen, genügt ein aktueller Auszug (§ 30a Abs. 4 HRV).

II. Beglaubigte Registerabschrift

37 Beglaubigte Registerabschnitte werden gem. § 30 Abs. 2 HRV nur von in Papierform geführten Registerblättern (§ 30 Abs. 1 HRV) erteilt. Insoweit hat § 32 GBO nur noch abnehmende Bedeutung.

III. Bezugnahme

38 Die ausdrückliche Zulassung einer Bezugnahme auf das Register ist Reaktion des Gesetzgebers auf eine Entscheidung des OLG Hamm: mit Einführung des gemeinsamen Registerportals haben die Grundbuchämter unmittelbaren Zugriff auf sämtliche Handelsregister der Bundesrepublik. Eine Beschränkung auf

---

[37] BeckOK/*Hügel/Otto*, § 32 Rn 11; *Bauer/Schaub*, § 32 Rn 24.
[38] KG KGJ 33, 155; KG OLG 41, 146.
[39] LG Traunstein DNotI-Rep 1998, 72; *Bauer/Schaub*, § 32 Rn 24.

das beim selben Amtsgericht geführte Register wurde damit überflüssig. Gleichwohl entschied das OLG Hamm, dass vom GBA eine Einsichtnahme in das gemeinsame Registerportal nicht verlangt werden könne.[40] Diese Aussage hat der Gesetzgeber nun korrigiert. Anzugeben für die Bezugnahme sind, wie § 32 Abs. 2 S. 2 GBO klarstellt, Registergericht und Registerblatt, also HRA oder HRB, VR oder GnR-Nr. Eine ausdrückliche Bezugnahme ist daneben nicht erforderlich.[41]

Ob der Bewilligende sich für eine solche Bezugnahme entscheidet, bleibt ihm überlassen. Eine sofortige Notarbescheinigung hat den Vorteil, dass dem anderen Vertragsteil (bei Beurkundung von Verträgen) sofort die Wirksamkeit des Vertrags bestätigt wird bzw. ihm darüber hinaus sogar jedenfalls der schuldrechtliche Vertrauensschutz nach § 15 HGB vermittelt werden kann.

D. Vertretungsnachweis der Gesellschaft bürgerlichen Rechts
I. Vertretungsnachweis bis 31.12.2023

Bei der nicht registrierten und bisher auch nicht registrierungsfähigen Gesellschaft bürgerlichen Rechts scheidet eine Anwendung von § 32 GBO bis zum 31.12.2023 aus. Eine für die GbR vorhandene Grundbucheintragung entsprechend den Vorgaben des § 47 Abs. 2 GBO ist nur Rechtsscheingrundlage gem. § 899a BGB für den beteiligten Personenkreis, nicht aber für die Vertretungsberechtigung einzelner. Der Gesellschaftsvertrag ist keine Vollmachtsurkunde und genießt selbst bei notarieller Beurkundung/Beglaubigung keinen Vertrauensschutz nach § 172 BGB (Arg.: nachträgliche Änderung denkbar).[42]

Deswegen muss in diesem Zeitraum jeder der nach § 899a BGB vermuteten Gesellschafter[43] bewilligen bzw. durch gesonderte Vollmacht (Genehmigung) an der Bewilligung beteiligt sein. Dann gilt aufgrund der Selbstorganschaft der Personengesellschaft: Auch wenn nicht vertretungsberechtigte Gesellschafter (materiell-rechtlich: überflüssigerweise) mitwirken sollten: in irgendeiner Vertretungskonstellation müssen die Gesellschafter die GbR vertreten können. Der Grundsatz der Selbstorganschaft verbietet die vollständig gesellschafterverdrängende Vollmacht an Dritte.

Problematisch ist dabei der Vertretungsnachweis angesichts eines im Grundbuch nicht eingetragenen Gesellschafterwechsels durch Erbfall. Das Problem stellt sich häufig als Frage der materiell richtigen Rechtsnachfolge bei einem Antrag auf Grundbuchberichtigung nach dem Erbfall (ob mit oder ohne Testamentsvollstreckungsvermerk), kann aber auch inzident auftreten, wenn die GbR ohne Voreintragung der Erbfolge Bewilligungen abgeben möchte.[44] Je nach Gestaltung des Gesellschaftsvertrages kann die Erbfolge in den Geschäftsanteil unterschiedlich ausfallen sowie der Geschäftsanteil einer angeordneten Testamentsvollstreckung unterliegen oder nicht[45] – und das alles häufig ohne formgerechten Nachweis des Gesellschaftsvertrages. Die Rechtsprechung reagiert bisher darauf als Fall der Beweisnot mit herabgesetzten Nachweisanforderungen, wonach die Vorlage des bloß privatschriftlichen Vertrages genügen soll oder auch nur eine einfache Erklärung der Gesellschafter zum Inhalt des Gesellschaftsvertragsvertrages ausreicht. Die zuvor häufig verlangte eidesstattliche Versicherung hat der BGH ausdrücklich als Erfordernis zurückgewiesen.[46]

II. Nun: Registerfähigkeit der GbR

Ab dem 1.1.2024 steht für Gesellschaften bürgerlichen Rechts die Möglichkeit ihrer Registrierung im Gesellschaftsregister zur Verfügung. An dieses knüpfen sich sodann Registerbescheinigungen entsprechend dem Handelsregister an mit dem einzigen (unmaßgeblichen) Unterschied, dass die GbR auch als eGbR lediglich einen Namen und keine Firma führt. Die Registrierung ist deklaratorisch, nicht konstitutiv (die GbR entsteht als Innen-GbR mit der Übereinkunft zur gemeinschaftlichen Zweckverfolgung, als Außen-GbR gem. § 727 BGB mit jedem Auftreten gegenüber Dritten), jedoch faktisch zwingend für jede

---

40 OLG Hamm Rpfleger 2008, 298; anders nachfolgend auch: OLG Frankfurt DNotZ 2012, 141.
41 OLG Düsseldorf Rpfleger 2016, 278 = FGPrax 2016, 55.
42 KG RNotZ 2017, 663; OLG München FGPrax 2011, 229; OLG Celle NotBZ 2013, 348.
43 Der BGH NJW-RR 2022, 1241 behandelt aufgrund § 899a BGB „die Gesellschafter der GbR verfahrensrechtlich wie Berechtigte". Infolge Teilrechtsfähigkeit der GbR ist diese aber Berechtigte; richtig geht es um den Nachweis der Vertretungsberechtigung, vgl. *Volmer*, MittBayNot 2016, 326.
44 BGH NJW-RR 2022, 1241.
45 Ausführliche Darstellung bei BGH NJW-RR 2022, 1241.
46 BGH NJW-RR 2022, 1241.

neue Grundbuchverfügung gemäß § 47 Abs. 2 GBO, da die GbR sonst nicht grundbuchtaugliches Rechtssubjekt ist. Dabei ist es nicht entscheidend, ob die GbR an der Verfügung auf Veräußerer- oder Erwerberseite mitwirkt und auch nicht, ob die Verfügung bezogen ist auf das Eigentum oder die Inhaberschaft eines dinglichen Rechts.

Mit ihrer Registrierung steht aber das Register sodann als Anknüpfungspunkt für die Registerbescheinigung zur Verfügung. Sämtliche Binnenvorgänge der GbR, insbesondere die problematischen Erbfolgen, sind in das Registerverfahren verlagert. Sofern der Erbfall nicht gerade die Person eines mitwirkungspflichtigen vertretungsberechtigten Gesellschafters betrifft, steht das Register als Nachweisgrundlage auch bei dort nicht vollzogenen erbfolgebedingten Änderungen (ebenso Abtretungen oder Ähnliches) zur Verfügung.

44 Gerade bei im Gesellschaftsregister nicht verzeichneten Erfolgen ist fraglich, ob das GBA gegenüber einer vorgelegten Registerbescheinigung (ohne Erbfolge) besseres eigenes Wissen anwenden darf (zum allgemeinen Problem § 29 GBO Rdn 18). § 707a Abs. 3 BGB verweist zum Vertrauensschutz auf § 15 HGB, der aber nach herrschender Meinung im Grundbuchverfahren nicht anwendbar sein soll (siehe Rdn 11). Jedenfalls aber müsste das GBA nicht nur (sicher) wissen, dass im Kreis der Gesellschafter ein Erbfall eingetreten ist, sondern auch, dass dieser Erbfall sich auf die Vertretungsberechtigung ausgewirkt hat. Dieser Folgeschluss ist aber allein aus Kenntnis vom Tod eines Gesellschafters nicht mit Gewissheit zu ziehen.

III. Fortdauer bisheriger Rechtsgrundsätze

45 Die bisherigen Möglichkeiten zum Vertretungsnachweis ohne Registerbezugnahme gelten somit über den 31.12.2023 hinaus nur fort, soweit § 47 Abs. 2 GBO unanwendbar ist, nämlich

a) aufgrund gesetzlicher Anordnung in der Übergangsphase nach dem 1.1.2024 zum Vollzug zuvor beantragter oder bewilligter Verfügungen.[47] Dabei ist diese Sondernorm m.E. für die Gesellschaft disponibel, d.h. sie kann sich auch „überholend" registrieren und dann mit um Vertretungsbescheinigung ergänzter Bewilligung nach § 47 Abs. 2 GBO n.F. vorgehen.

b) unter Umständen bei künftiger Anerkennung einer teleologischen Reduktion des § 47 Abs. 2 GBO (entsprechend § 40 GBO), wenn eine nicht eingetragene GbR das Grundstück veräußert, sich dadurch als Grundbesitz-GbR auflöst und ihre Registrierung für einen kurzen Zeitraum sich als Förmelei erwiese.[48] Allerdings gilt dann § 899a BGB nicht und es entfällt jeder Gutglaubensschutz.

c) für die Vor-GbR, sollte diese analog zur Vor-GmbH anerkannt werden. (Was indes nicht überzeugt: Die Vor-GbR wäre auch wieder GbR, auf die hin § 47 Abs. 2 GBO anzuwenden wäre. Und dogmatisch: Die GbR entsteht gem. § 727 BGB mit erster Außenaktivität; das ist mit der Vor-GmbH, § 13 GmbHG, nicht vergleichbar.)

IV. Verfügung vor Registrierung

46 Entsprechend den Rechtsgrundsätzen zur Vorgesellschaft kann die Registrierung der GbR als eGbR der Bewilligung (insbesondere der Auflassung) nachfolgen.[49] Die Registrierung muss nur vor Grundbuchvollzug vorgenommen sein. Das Recht der GbR steht nicht entgegen, weil die GbR als rechtsfähige Erwerberin jedenfalls ad hoc mit ihrer Teilnahme an der Verfügung entsteht. Grundbuchverfahrensrecht steht ebenfalls nicht entgegen, da § 47 Abs. 2 GBO auf die Eintragung bezogen ist, nicht auf die Abgabe der Bewilligung.[50] Das hat bei der GbR besondere Bedeutung, weil diese wesentlich häufiger als die GmbH ad hoc in der Beurkundung gegründet werden. Es muss also nicht die Beurkundung bis zur Eintragung und Registrierung der GbR aufgeschoben werden. Allerdings gilt § 47 Abs. 2 GBO für jede Verfügung, also auch auf die Eintragung einer Vormerkung zugunsten der GbR, so dass bereits der erste Vollzugsakt des Vertrages aufgeschoben ist auf die Registrierung.

---

47 Art. 229 § 21 Abs. 4 EGBGB n.F., erlassen als Art. 49 des Gesetzes zur Modernisierung des Personengesellschaftsrechts v. 10.8.2021, BGBl I, 3436.
48 Diskussion bei *Wilsch*, MittBayNot 2023, 457.
49 *Wilsch*, MittBayNot 2023, 457; noch unsicher *Baschnagel/Hilser*, notar 2023, 167.
50 Vergleiche auch Art. 229 § 41 Abs. 4 EGBGB mit den dort auf Abgabe und Bewilligung bezogenen Zeitpunkten.

Der Nachweis der Identität der registrierten eGbR mit der an der Beurkundung teilnehmenden nicht eingetragenen GbR kann geführt werden durch Vorlage des Gründungsdokuments und die sich darauf beziehende Anmeldung.

V. GbR infolge Nichtanerkennung ausländischer Rechtsform

Der Pflicht zur vorgängigen Registrierung gem. § 47 Abs. 2 GBO unterliegen auch ausländische Briefkastengesellschaften, die wegen Nichtanerkennung des gründungsstaatlichen Gesellschaftsstatuts in Deutschland als GbR behandelt werden.[51] Allerdings wirkt sich die Vorgabe des § 47 Abs. 2 GBO für diese Gesellschaften mutmaßlich prohibitiv aus, weil dieselbe „Wirkeinheit/Gruppe" in zwei unterschiedlichen Registern mit abweichender Rechtsform zu verlautbaren wäre.

E. Alternative Vertretungsnachweise außerhalb eines Registers

I. Vor-GmbH, Handeln nach Bestellung vor Eintragung

Die Vor-GmbH ist nicht registerfähig. Sie wird aber als teilrechtsfähige Handlungseinheit, die mit der späteren GmbH identisch ist, angesehen, sodass schon vor Eintragung für die Vor-GmbH gehandelt werden kann.[52] Der Nachweis erfolgt in der Form des § 29 GBO durch Vorlage einer beglaubigten Abschrift der Bestellungsurkunde, wobei der Bestellungsbeschluss seinerseits mindestens notariell beglaubigt sein muss. Verschiedentlich wird daneben noch eine beglaubigte Abschrift der Registeranmeldung verlangt.[53] Dies dürfte nicht überzeugen, da die Anmeldung selbst (abgesehen von der Annahme des Amtes) hinsichtlich der erteilten Vertretungsberechtigung keine Aussagekraft hat. Die Amtsannahme ist mit der Abgabe einer Bewilligung für die Vor-GmbH, also mit Amtsausübung, konkludent erklärt. Auch ist die Vor-GmbH unabhängig vom Zeitpunkt der Registeranmeldung durch den Gründungsakt entstanden.

Das gilt entsprechend für Gründungsgesellschaften zu juristischen Personen (Vor-AG, Vor-Genossenschaft) sowie die nicht eingetragenen OHG. Bei der KG ist zu unterscheiden: Betreibt die KG ein Handelsgewerbe, ist sie mit Geschäftsaufnahme und vor Eintragung im Handelsregister als rechtsfähige Personenhandelsgesellschaft entstanden. Das Vorgesagte gilt. Die vermögensverwaltende KG entsteht konstitutiv erst mit Eintragung im Handelsregister (§ 161 Abs. 2 HGB); sie ist zuvor eine GbR.[54]

Bei Personengesellschaften, die mit Geschäftsaufnahme als Personenhandelsgesellschaften bestehen, ist die Vorlage einer beglaubigten Abschrift der Handelsregisteranmeldung erforderlich, in welcher sämtliche Gesellschafter entsprechende Erklärungen mit notariell beglaubigter Unterschrift abgegeben haben. Alternativ wird die Vorlage eines Gesellschaftsvertrags in der Form des § 29 GBO verlangt, der jedenfalls bei Gründung (der KG) am selben Tag die Vertragsverhältnisse nachweist. Die nachfolgende Eintragung im Handelsregister beweist jedenfalls nicht die Vertretungsverhältnisse zuvor abgegebener Willenserklärungen.[55] Zur Vorlage des Gesellschaftsvertrags ist umstritten, ob dessen notarielle Beglaubigung genügt oder ob er (§ 29 Abs. 1 S. 2 GBO) beurkundet sein muss.[56] Problematisch ist, für welche Dauer der vorgelegte Vertrag die Vertretungsberechtigung nachweist; § 172 BGB gilt nach überwiegender Ansicht nicht.[57]

II. Verein

Beim Verein ist zu berücksichtigen, dass häufig individuelle Beschränkungen der Vertretungsmacht in der Satzung vorhanden sind, die gerade bei Immobiliengeschäften (ggf. mit Wertlimit) die Vertretungsmacht des Vorstands an die Zustimmung der Mitgliederversammlung binden. Dies ist beim Verein zulässig im Gegensatz zu einer GmbH oder einer AG. Dann (§ 70 BGB) muss der Beschluss in der Form des § 29 GBO nachgewiesen werden, wozu das Beschlussprotokoll mit den öffentlich beglaubigten Unterschriften der beschlussbeurkundenden Personen genügt (§ 58 Nr. 4 BGB); deren Position im Verein muss nicht nachgewiesen werden.

---

51 D.h. sofern sie keinen kaufmännischen Geschäftsbetrieb führen, sonst OHG.
52 Seit BGH BGHZ 80, 129 die h.M.
53 Etwa: KEHE/*Herrmann*, § 32 Rn 1.
54 Zu alledem ausführlich: DNotI-Rep 2017, 169.
55 KG RNotZ, 2015, 82; OLG Köln NJW-RR 1991, 425; DNotI-Rep 2002, 185; DNotI-Rep 2017, 169; a.A. OLG Hamm NZG 2011, 300; *Wilsch*, ZfIR 2015, 64, 66.
56 Meinungsstand in DNotI-Rep 2017, 169.
57 DNotI-Rp 2017, 169.

III. Bestand und Nachtragsliquidation

52 Das Erlöschen einer juristischen Person ist nach herrschender Meinung materiellrechtlich ein Doppeltatbestand. Zur Vollbeendigung muss die juristische Person aus dem Handelsregister gelöscht sein, daneben muss die juristische Person aber auch objektiv vermögenslos sein. Findet sich dann trotz Löschung der juristischen Person aus dem Handelsregister noch vorhandenes Vermögen (hier insbesondere Grundvermögen), erweist sich die Vollbeendigung nachträglich als irrtümlich angenommen.[58]

53 Als schwierig konnte sich bisher der Vertretungsnachweis des Nachtragsliquidators erweisen. Die Registergerichte verzichteten häufig auf eine förmliche Wiedereintragung der juristischen Person und des Liquidators und begnügten sich mit dem Bestellungsbeschluss, vor allem wenn absehbar nur wenige bis hin zu bloß einer Liquidationshandlung(en) vorzunehmen war(en) (Veräußerung eines übersehenen Grundstücks; Löschung einer verbliebenen Zwangshypothek). Bei zeitnahem Grundbuchvollzug ließen die GBA den Beschluss häufig als Vertretungsnachweis genügen. Das konnte, wie die zum selben Sachverhalt ergangenen Entscheidungen des KG[59] zeigen, zu massiven Problemen führen, wenn einerseits das Handelsregister die Wiedereintragung des Rechtsträgers als überflüssig ablehnt, andererseits das Grundbuchamt wegen Zeitablaufs den Bestellungsbeschluss als unzureichenden Nachweis moniert.

54 Der für das Gesellschaftsrecht zuständige II. Zivilsenat des BGH hat die Diskrepanz praxistauglich gesellschaftsrechtlich gelöst.[60] Die Anordnung der Nachtragsliquidation führt zu einer Wiedereintragung des Rechtsträgers von Amts wegen. Damit sind die Registergerichte nicht von einem weitergehenden Antrag auf Wiedereintragung abhängig und können die Wiedereintragung auch nicht verweigern. Nach Wiedereintragung steht aber die Registereintragung als Grundlage einer Bescheinigung nach § 32 GBO zur Verfügung.

IV. Stiftungen

55 Stiftungen sind (derzeit noch) nicht registriert. Die Vertretungsmacht der Organe wird durch eine Bescheinigung der Aufsichtsbehörde nachgewiesen.[61]

56 Der Gesetzgeber hat mit der Stiftungsrechtsreform[62] ein Stiftungsregister eingeführt, das zum 1.1.2026 seine Arbeit aufnehmen wird. Es ist bundesweit zuständig beim Bundesamt der Justiz angesiedelt. Bestehende Stiftungen müssen sich im Zeitraum zwischen 1. Januar und 31.12.2026 in das Stiftungsregister eintragen lassen. Die Anmeldung kann durch Zwangsgeld durchgesetzt werden.[63] Die Eintragungspflicht wird also nicht wie im Grundbuchverfahren analog § 47 Abs. 2 GBO indirekt durchgesetzt, sondern unmittelbar. Erstaunlicherweise wurden jedoch § 21 BNotO, § 32 GBO anders als beim MoPeG nicht parallel geändert. Nach überkommenen juristischen Auslegungsgrundsätzen stellt sich damit die Frage, ob eine analoge Auffüllung der damit auftretenden Regelungslücke gestattet ist oder ob das Gesetz e contrario auszulegen ist. Hinzu kommt, dass in anderen Normzusammenhängen die Bezugnahme auf das Stiftungsregister sehr wohl ausdrücklich erwähnt wird, beispielsweise mit der Änderung der Insolvenzordnung,[64] oder der Änderung des GNotKG.[65] Punktuelle Folgeregelungen sprechen eher für eine dezidierte und abschließende Entscheidung, d.h. für ein e-contrario-Argument. Andererseits wird man sagen müssen: Einer der wichtigen rechtspolitischen Zwecke war die Registrierung der Stiftungen und die Offenlegung der Vertretungsverhältnisse, auch im Hinblick auf die geldwäscherechtliche Transparenz. Deswegen wird nach dem systematischen Zweck, auch wenn dies einer Erziehung des Gesetzgebers massiv zuwiderläuft,[66] von einer analogen Anwendung ausgehen können.[67] Außerdem wird

---

58 *Altmeppen*, GmbHG, § 65 Rn 23.
59 Grundbuchverfahren: KG NZG 2022, 519 = MittBayNot 2021, 50 (1. Zivilsenat); Registerverfahren KG NZG 2022, 315 (22. Zivilsenat).
60 BGH NJW 2022, 3290.
61 *Schöner/Stöber*, Rn 3655.
62 Gesetz zur Vereinheitlichung des Stiftungsrechts und zur Änderung des Infektionsschutzgesetzes (!) vom 16.7.2021, BGBl I, 2947.
63 § 14 Stiftungsregistergesetz, erlassen als Art. 4 des vorgenannten Gesetzes.
64 Erlassen als Art. 5 vorstehenden Gesetzes.
65 In Art. 7 vorstehenden Gesetzes.
66 Auf die Idee etwa, eine Stiftungsrechtsreform mit Korrekturen des Infektionsschutzes zu verbinden, muss man erst einmal kommen. In AGB würde das als überraschend gem. § 305c BGB zur Nichtgeltung führen. Auch lag das MoPeG als Blaupause für erforderliche Folgeänderungen ja eigentlich auf dem Tisch.
67 *Schmitt*, notar 2023, 35, drängt auf ein Nachtragsgesetz; noch hoffnungsvoll in Erwartung klarstellender Worte des Gesetzgebers *Aumann*, DNotZ 2022, 894, 903.

man annehmen dürfen, dass die Stiftungsaufsicht ab Registrierung keine Vertretungsnachweise mehr erteilt (da zu Recht), die eingetragene Stiftung also im Grundstücksverkehr vollends nachweislos wäre. Auch die im Stiftungsregister eingetragene Stiftung unterliegt damit § 32 GBO i.V.m. § 21 BNotO.

Das althergebrachte Verfahren der Vertretungsbescheinigung durch die Regierung oder sonstige Aufsichtsbehörde ist deswegen nur noch relevant für den Zeitraum bis zur Eintragung der Stiftung, also längstens 31.12.2026 bzw. darüber hinaus nur dann, wenn die Stiftung ihre Eintragungspflicht missachtet, trotzdem aber grundstücksrelevant verfügt.

Wegen des Konzessionssystems wird eine Vor-Stiftung zu Recht nicht anerkannt.[68] Ein Problem parallel zur Vor-GmbH/AG gibt es hier nicht. Die Registrierung ist zwingend abzuwarten.

F. Ausländische Gesellschaften

Der Nachweis von Vertretungsberechtigung und Existenz ausländischer Gesellschaften im deutschen Grundbuchverfahren ist m.E. für die Praxis nicht überzeugend gelöst und theoretisch nicht stringent begründet.

I. Grundzüge der Rechtsanwendung

Ausgangspunkt ist zunächst die einhellige Auffassung, dass § 32 GBO allein auf Existenz- und Vertretungsnachweise abstellt, die deutschen Registern zu entnehmen sind.[69] Daraus folgt immerhin, dass ausländische Gesellschaften mit den im Handelsregister eingetragenen Zweigniederlassungen in Deutschland sehr wohl nach § 32 GBO zu behandeln sind.[70] Insoweit kann auch ein deutscher Notar die Vertretung bescheinigen.[71] Die Vertretungsmacht kann aber nur für Geschäfte der Zweigniederlassung bescheinigt werden, nicht für solche der Hauptniederlassung bzw. allgemein der Gesellschaft.[72]

Nicht unter § 32 GBO fallen weiter Briefkastengesellschaften im Ausland, soweit sie von der deutschen Rechtsordnung nicht anerkannt werden und stattdessen im Inland als nicht im Handelsregister eingetragene OHG oder als von vornherein nicht eintragungsfähige GbR behandelt werden. In diesen Fällen, die allerdings durch die Rspr. des EuGH zur Anerkennung von in anderen EU-Mitgliedsstaaten gegründeten Gesellschaften deutlich zurück gedrängt wurde,[73] ist auf die allgemeinen Vertretungsnachweise nach § 29 GBO auszuweichen mit dem sich dann stellenden Hauptproblem, den Gesellschafterkreis ebenfalls in grundbuchtauglicher Form nachzuweisen.

II. Notarbescheinigung

Im Übrigen wird dann aber die Auffassung vertreten, dass auch die von einem deutschen Notar erstellte Existenz- bzw. Vertretungsbescheinigung aufgrund Einsichtnahme in ein ausländisches Register dann ausreicht, wenn das ausländische Register seiner rechtlichen Bedeutung nach dem deutschen Register entspricht.[74] Außerhalb des § 32 GBO (i.V.m. § 21 BNotO) soll die Bestätigung in Gleichwertigkeitsfällen als grundbuchtaugliche anderweitige gutachterliche Rechtsauskunft verwendbar sein.[75] Dem GBA wird dabei zwar nicht die Befugnis zur Überprüfung der konkreten Einsichtnahme zugestanden, sehr wohl aber die Befugnis zur abstrakt-generellen Kontrolle der Entsprechung des ausländischen Registers mit dem deutschen Register nach Bedeutung und Eintragungsvoraussetzungen.[76]

Begründbar unter der Prämisse, dass § 32 GBO allein Nachweise auf der Grundlage eines inländischen Registers betreffe, ist das nicht oder allenfalls dann, wenn man für ausländische Register über § 21 BNotO einen wesentlich weiteren Anwendungsbereich als § 32 GBO annimmt, gestützt auf die Notarzuständig-

---

68 BeckOGK/*Lange*, (Stand 15.6.2023), BGB, § 81 Rn 180.
69 Schippel/Bracker/*Reithmann*, § 21 BNotO Rn 2; *Demharter*, § 32 Rn 8; OLG Brandenburg MittBayNot 2011, 222; BGH BeckRS 2010, 06496; OLG München NJW-RR 2015, 1437; tendenziell offener OLG Schleswig FGPrax 2022, 154.
70 BeckOK/*Hügel*/*Otto*, § 32 Rn 29; *Bauer/Schaub*, § 32 Rn 10.
71 KG RNotZ 2013, 426.
72 OLG München NZG 2015, 1437.
73 EuGH NJW 2002, 3614.
74 OLG München NJW-RR 2015, 1437; OLG Schleswig FGPrax 2022, 154; *Bauer/Schaub*, § 32 Rn 11; Meikel/*Krause*, § 32 Rn 15.
75 Schippel/Bracker/*Reithmann*, § 21 Rn 20.
76 *Demharter*, § 32 Rn 8.

keit der Bescheinigung auch aus „ähnlichen Registern". Dann müsste strenggenommen aber auch die Beweiskraft einer solchen Bescheinigung allein aus § 21 Abs. 1 S. 1 BNotO bemessen werden, sodass bei einer solchen Begründung auch die Frage aufgeworfen werden müsste, welche Beweiskraft ein Zeugnis des ausländischen Registergerichts denn nach seiner nationalen Rechtsordnung haben könnte. All diese Fragen werden aber, soweit ersichtlich, nicht gestellt. Richtigerweise sollte man deswegen den Obersatz der Unanwendbarkeit von § 32 GBO auf ausländische Register überdenken und zu einer erweiternden Auslegung gelangen.

63 Dabei ist nämlich ferner zu berücksichtigen, dass bei grundsätzlicher Anerkennung ausländischer juristischer Personen im Inland, sei es auch nur unter Druck des EuGH und dem Zwang einer europarechtsfreundlichen Anwendung,[77] das Grundbuchverfahren keine höheren Voraussetzungen aufstellen kann als das Herkunftsland zu bieten imstande ist.[78]

64 Anerkannt wurde jedenfalls die Gleichwertigkeit für
   - das schwedische Handelsregister,[79]
   - das niederländische Handelsregister[80] und
   - das italienische Unternehmensregister.[81]

Verneint wurde dies für das englische Unternehmensregister;[82] hier soll stattdessen ein beglaubigter Auszug aus dem betreffenden ausländischen Register genügen[83] (angesichts des § 21 Abs. 1 S. 2 BNotO ganz zweifelhaft).

III. Bescheinigung eines Notars im Ausland

65 Ebenso ist § 32 GBO i.V.m. § 21 BNotO unanwendbar auf Vertretungsbescheinigungen eines ausländischen Notars.[84] Dessen Bescheinigung soll aber verwendbar sein, wenn das ausländische Recht dies vorsieht und die Bescheinigung der Anforderung des ausländischen Rechts entspricht.[85] Teils wird dies mit der Einschränkung versehen, das ausländische Register müsse dem deutschen Handelsregister dem Wesen nach entsprechen. Auch diese Aussagen sind insgesamt nicht überzeugend, wenngleich in vielen Fällen praktisch hilfreich. Es geht um deutsches Grundbuchverfahrensrecht, und da ist die Frage der Bescheinigungsfähigkeit nach ausländischem Recht lediglich zweitrangig und nachrangig nach der vermiedenen klaren Aussage zur Verwendungsfähigkeit im deutschen Rechtsverkehr. Und jedenfalls kann es nicht angehen, einerseits die Bescheinigung am jeweiligen Berufsrecht des bescheinigenden Notars zu messen, sie andererseits aber dann wiederum in Rechtsanalogie zu § 21 BNotO zu verwerfen, wenn ihr nicht diejenigen Ermittlungen oder Registeraussagen zugrunde liegen, die für eine Bescheinigung im Inland zu tätigen gewesen wären.

66 Anerkannt wurde für eine englische Limited Company eine Bescheinigung eines englischen Notars, welcher – nachvollziehbar dargestellt – auch eine Einsicht in die zum engl. Handelsregister eingereichten Unterlagen (Memorandum, Articles of Association) zugrunde lag.[86] Anerkannt wurde die Bescheinigung eines niederländischen Notars aufgrund Einsicht in das Register der niederländischen Handelskammer.[87] Nicht anerkannt wurde die Vertretungsfeststellung eines französischen Notars zu einer „S. plc, Paris Branch" unter Bezugnahme lediglich auf bei ihm hinterlegten Unterlagen.[88]

IV. Alternative Möglichkeiten

67 Im Übrigen muss der Nachweis nach § 29 GBO geführt werden: nachzuweisen sind dann, je in öffentlich beglaubigter Form, ggf. der Bestellungsbeschluss und die Existenz der Gesellschaft, dies ggf. untermauert durch Gutachten zum ausländischen Recht über die dortigen Voraussetzungen für die Bestellung eines organschaftlichen Vertreters.[89]

---

77 EuGH NJW 2002, 3614.
78 KG Rpfleger 2012, 686 (zum dänischen Verein).
79 OLG Schleswig Rpfleger 2008, 498.
80 OLG Schleswig FGPrax 2022, 154.
81 KG FGPrax 2013, 10.
82 OLG Köln FGPrax 2013; BeckOK/*Hügel/Otto*, § 32 Rn 47.
83 *Demharter*, § 32 Rn 8; KG FGPrax 2013, 10.
84 OLG München NJW-RR 2015, 1437; BeckOK/*Hügel/Otto*, § 32 Rn 47.
85 *Demharter*, § 32 Rn 8.
86 OLG Nürnberg DNotZ 2014, 626.
87 OLG Schleswig FGPrax 2022, 154.
88 OLG München NJW-RR 1995, 1437.
89 Zur „ltd" der British Virgin Islands vgl. OLG München NJW-RR 2021, 42; OLG Jena FGPrax 2018, 104. Zur englischen ltd: OLG Düsseldorf NZG 2019, 1423 = RNotZ 2022, 53.

§ 33 [Nachweis über Güterstand]

Aufgehoben mit Wirkung zum 1.1.2023 durch Art. 7 Abs. 3 des Gesetzes zur Abschaffung des Güterrechtsregisters vom 31.10.2022 (BGBl I, S. 1966); Wegen evtl. offener Fragen vgl. 8. Auflage.

§ 34 [Bescheinigung nach § 21 Abs. 3 BNotO]

Eine durch Rechtsgeschäft erteilte Vertretungsmacht kann auch durch eine Bescheinigung nach § 21 Absatz 3 der Bundesnotarordnung nachgewiesen werden.

A. Allgemeines 1	**B. Notarbescheinigung** 9
I. Gesetzesänderung 1	I. Form 9
II. Normzweck 2	II. Prüfungspflicht des Notars 12
III. Zusammenhang mit notariellem Berufs- und Beurkundungsrecht 4	III. Aussage zur abstrakten Vertretungsmacht . 14
	C. Verfahren beim GBA 16
	I. Prüfungspflicht 16
	II. Verwendung wider besseren Wissens 17

A. Allgemeines

I. Gesetzesänderung

§ 34 GBO wurde geändert durch das Gesetz zur Übertragung von Aufgaben im Bereich der freiwilligen Gerichtsbarkeit auf Notare.[1] Die Vorschrift regelte bis 2009 die Bezugnahme auf das Registergericht, wenn Grundbuchamt und Registergericht dasselbe Amtsgericht waren; sie wurde durch das Gesetz zur Einführung des elektronischen Rechtsverkehrs und der elektronischen Akte im Grundbuchverfahren vom 11.8.2009[2] aufgehoben, sodass der Paragraph passend „frei war". Mit selbem Gesetz wurde § 21 BNotO um einen Abs. 3 als in Bezug genommener Norm ergänzt. Durch den zwischenzeitlichen Wegfall der „Zwischennorm" § 33 GBO passt nun auch die systematische Reihenfolge, nämlich als Erweiterung der dem Notar gestatteten Bescheinigungen zur Vertretungsmacht und deren Verwendbarkeit im Grundbuchverfahren.

1

II. Normzweck

Die notarielle Vollmachtsbescheinigung soll das Grundbuchverfahren in zwei Richtungen entlasten,[3] wobei der Gesetzgeber vorrangig die vielfach verwendeten Vollmachtsketten in Form mehrfach gestufter Untervollmachten mit umfangreichen Urkundsbelegen vor Augen hatte:[4] Einerseits soll der Aufwand an inhaltlicher Prüfung seitens des GBA durch eine Verlagerung auf den Notar minimiert werden. Zum anderen wird bei der gegenwärtig noch verbreiteten Führung der Grundakte in Papierform der Umfang des aufzubewahrenden Schriftmaterials reduziert. Die zugrundeliegenden Vollmachtsurkunden müssen dem GBA nicht übermittelt werden.[5] Dieses letzte Argument entfällt naturgemäß mit Einführung der elektronischen Übermittlung von Dokumenten gem. § 135 GBO.

2

Trotz dieser Zielsetzung eröffnet § 34 GBO allein den Verfahrensbeteiligten eine Gestaltungsoption. Das GBA kann nicht im Wege einer Zwischenverfügung aufgeben, ein umfangreiches Vollmachtskonvolut durch eine Notarbescheinigung zusammenzufassen. Den Beteiligten bleibt es unbenommen, den Vollmachtsnachweis in der allgemeinen Art über § 29 GBO zu führen.[6]

3

---

1 Vom 26.6.2013, BGBl I 2013, 1800.
2 BGBl I 2009, 2713.
3 BT-Drucks 17/1469, 14.
4 *Demharter*, § 34 Rn 3. Ausführlich auch: Meikel/*Krause*, § 34 Rn 2.
5 OLG Hamm FGPrax 2016, 198.
6 Bauer/Schaub/*Schaub*, § 34 Rn 1; Meikel/*Krause*, § 34 Rn 1; BeckOK/*Hügel/Otto*, § 34 Rn 17.

III. Zusammenhang mit notariellem Berufs- und Beurkundungsrecht

4 Ebenso wie § 32 GBO bezieht § 34 GBO seinen wesentlichen formellen Gehalt nicht aus sich heraus, sondern durch den Verweis auf § 21 BNotO, der parallel um Abs. 3 ergänzt wurde. Die Norm ist bei § 32 GBO abgedruckt. § 34 GBO eröffnet lediglich die uneingeschränkte Verwendbarkeit im Grundbuchverfahren.

5 Nicht angepasst wurde in diesem Zusammenhang jedoch die weitere Handlungsanweisung des Notars in § 12 BeurkG mit folgendem Wortlaut:[7]

> **§ 12 BeurkG**
>
> Vorgelegte Vollmachten und Ausweise über die Berechtigung eines gesetzlichen Vertreters sollen der Niederschrift in Urschrift oder in beglaubigter Abschrift beigefügt werden. Ergibt sich die Vertretungsberechtigung aus einer Eintragung im Handelsregister oder in einem ähnlichen Register, so genügt die Bescheinigung eines Notars nach § 21 der Bundesnotarordnung.

Eine Ersetzung/Umsetzung bei Beurkundung vorgelegter Vollmachten in eine dann der Urschrift beizufügende Vertretungsbescheinigung ist beurkundungsrechtlich damit nicht vorgesehen.

6 Vorteile aus § 21 Abs. 3 BNotO i.V.m. § 34 GBO ergeben sich also nur dann, wenn Vollmachten eben nicht zur Beurkundung vorgelegt, sondern nachgereicht werden. Für diesen Fall erweist sich § 12 BeurkG als rein technische Vorschrift zur Urkundenbehandlung[8] und verbietet insbesondere die Beurkundung bei nachzureichenden Vollmachten nicht. Rechtlich zulässig wäre auch ein Verfahren, wonach zwar zur Urschrift die Vollmachtsnachweise genommen werden, jedoch bei den an das GBA weiterzureichenden beglaubigten Abschriften und Ausfertigungen eine Notarbescheinigung beigefügt wird. Das wäre aber für die Urkundsbeteiligten mit zusätzlichen Kosten und für den Notar mit zusätzlichem Aufwand verbunden.

7 Verfahrensvereinfachungen ergeben sich ferner bei Unterschriftsbeglaubigungen. Für diese gilt – gesetzessystematisch – § 12 BeurkG nicht. Die vorgelegte Vollmacht des Bewilligenden kann auch beurkundungsrechtlich einwandfrei in einer Bescheinigung zusammengefasst werden.[9]

8 § 12 BeurkG enthält lediglich eine Soll-Vorschrift. Die Missachtung macht die Urkunde nicht unwirksam[10] und schmälert den Nachweiswert im Grundbuchverfahren nicht.[11] Das GBA kann den Verstoß nicht aufgreifen.

B. Notarbescheinigung
I. Form

9 Zur Form der Bescheinigung vgl. zunächst § 32 GBO Rdn 17. Die Vollmachtsbescheinigung wird im Gegensatz zur Registerbescheinigung regelmäßig als Eigenurkunde erstellt.[12] Sie ist dann gem. § 34 BeurkG zu unterschreiben und zu siegeln. Eine in die Urkunde aufgenommene Bescheinigung wird von § 21 Abs. 3 BNotO nicht ausgeschlossen, kollidiert aber mit der Beifügungspflicht nach § 12 BeurkG: Zur Aufnahme der Vollmachtsbestätigung in die Urkunde selbst müsste die Vollmacht ja bei Beurkundung vorliegen.

10 Eine Vollmachtsbestätigung, die in Vollmachtsketten teils eine registerbasierte organschaftliche Vertretungsbefugnis nachweist, teils eine rechtsgeschäftliche nach § 34 GBO, ist zulässig, muss aber die Einzelschritte darlegen.[13]

11 Grundlage der Notarbescheinigung kann nur eine durch Rechtsgeschäft erteilte Vollmacht sein. Eine organschaftliche Vollmacht kann deswegen nicht über § 34 GBO, sondern allein über § 32 GBO nach registerlicher Offenlegung im Wege der Notarbescheinigung dem GBA mitgeteilt werden.[14] Damit korrespondiert, dass die Urkunde über die Erteilung der organschaftlichen Vertretungsmacht (insbesondere die Gründungsurkunde) keinen Vertrauensschutz gem. § 172 BGB genießt.

---

7 Zur Nichtanpassung siehe *Zimmer*, NJW 2014, 337; *Heinemann*, FGPrax 2013, 139, 140.
8 *Winkler*, § 12 BeurkG Rn 32, 52.
9 *Heinemann*, FGPrax 2013, 139, 141.
10 *Winkler*, BeurkG, 18. Aufl. 2017 § 12 Rn 53.
11 *Zimmer*, NJW 2014, 337, 340.
12 Formulierung etwa: DNotI-Rep. 2016, 135.
13 BGH FGPrax 2017, 1; BeckOK/*Hügel/Otto*, § 34 Rn 13; Bauer/Schaub/*Schaub*, § 34 Rn 10.
14 OLG Bremen DNotZ 2014, 636.

II. Prüfungspflicht des Notars

Auch das Prüfprogramm ergibt sich aus § 21 Abs. 3 BNotO. Vom Notar wird zunächst eine inhaltliche Überprüfung der Vertretungsmacht verlangt. Der Notar muss in der zusammenfassenden Bescheinigung zwar nicht den Inhalt der Vollmacht referieren. Er muss aber angeben, aufgrund welcher Vollmachten bzw. Vollmachtsurkunde er zur Ausstellung der Vollmachtsbescheinigung kommt. Das ist nach § 21 Abs. 3 S. 3 BNotO („ist […] anzugeben") zwingendes formelles Erfordernis; ein Verstoß hingegen macht die Bescheinigung für das Verfahren unbrauchbar. Das unterliegt der Prüfungskompetenz der GBA.[15] In Vollmachtsketten ist die Angabe aller Einzelschritte erforderlich.[16]

Aus dem Formulierungsunterschied von § 21 Abs. 3 S. 2 BNotO („darf […] nur") zu S. 3 („ist […] anzugeben") könnte man zwar schließen, dass die Einhaltung der Vollmachtsvorlage auf öffentliche/öffentlich-beglaubigte Urkunden rein interne Amtspflicht des Notars ist, so dass die Nichteinhaltung die Wirksamkeit der Bescheinigung unberührt lässt. Da aber sowieso zwingend anzugeben ist, auf welche Dokumente der Notar die Bescheinigung stützt, sollte vorsorglich auch deren Charakter als öffentliche oder öffentlich-beglaubigte Urkunde angegeben werden. Anderenfalls besteht die Gefahr, dass die GBA diese Unklarheit nehmen, um den Aussagegehalt der Bescheinigung insgesamt in Zweifel zu ziehen.

III. Aussage zur abstrakten Vertretungsmacht

Nach der Formulierung des § 21 Abs. 3 S. 1 BNotO scheint sich die Notarbescheinigung auf eine Aussage zur abstrakten Vertretungsmacht beziehen zu müssen. Dafür spricht jedenfalls der Wortlautvergleich mit § 164 Abs. 1 S. 1 BGB, der mit „Vertretungsmacht" den Gesamtrahmen aller auf den Bevollmächtigten delegierten Handlungsberechtigungen bezeichnet.

Man wird aber entsprechend der Zielsetzung von § 21 Abs. 3 BNotO i.V.m. § 34 GBO eine Bescheinigung des Inhalts genügen lassen müssen, in welcher der Notar nicht die abstrakten Grenzen der Vertretungsberechtigung wiedergibt, sondern als Ergebnis einer weiteren Subsumtion bescheinigt, dass der Vertreter diese konkrete Urkunde kraft Vollmacht habe tätigen dürfen.[17] Sonst liefe die Notarbescheinigung nämlich auf eine in indirekter Rede wiedergegebene Zusammenfassung der vorgelegten Vollmachtsurkunde(n) hinaus, wo doch nach der gesetzgeberischen Intention gerade diese inhaltliche Prüfung auf den Notar verlagert werden sollte. Dass bei Registerbescheinigungen anders verfahren wird, spricht nicht gegen diese Ansicht: Die typische registerbestätigte Vertretungsmacht hat einen ausschließlich gesetzlich vorgegebenen Umfang, so dass sich das Problem einer Einzelfallabweichung von vornherein nicht stellt.

C. Verfahren beim GBA

I. Prüfungspflicht

Das Grundbuchamt ist berechtigt und verpflichtet zu einer Prüfung der Notarbescheinigung auf die förmlichen Wirksamkeitserfordernisse, nämlich insbesondere hinsichtlich der Vorlage der Eigenurkunde mit Unterschrift und Siegel des Notars sowie Aussagen zu Tag und Form der vorgelegten Vollmachtsurkunde.[18] Im Übrigen ist dem GBA eine inhaltliche Überprüfung der Vollmacht kraft ausdrücklicher gesetzgeberischer Entscheidung entzogen worden.

II. Verwendung wider besseren Wissens

Die Notarbescheinigung teilt den Inhalt bzw. die Rechtsfolge des Inhalts der vorgelegten Vollmachtsurkunden mit und ist damit für das GBA bindendes Nachweismittel. Die Notarbescheinigung selbst ist aber kein Rechtsscheinträger für einen gutgläubigen Erwerb kraft Vollmachtsscheins. Deswegen schafft die Notarbescheinigung auch keine unwiderlegliche Vermutung.[19] Bei anders gewonnenem besserem

---

15 BGH FGPrax 2017, 1; OLG Frankfurt NotBZ 2016, 224 (Vorinstanz zu BGH); OLG Nürnberg NJW 2017, 2481; OLG Hamm Rpfleger 2016, 550 = MittBayNot 2017, 93.
16 BGH FGPrax 2017, 1; Bauer/Schaub/*Schaub*, § 34 Rn 10.
17 OLG Nürnberg NJW 2017, 2481 = Rpfleger 2017, 332; DNotI-Rp 2016, 135; Bauer/Schaub/*Schaub*, § 34 Rn 17.
18 OLG Bremen ZfIR 2014, 564; BGH FGPrax 2017, 1.
19 OLG Hamm Rpfleger 2016, 550.

Wissen des GBA über Beschränkungen der Vollmacht oder Widerrufsmöglichkeiten ist deswegen ausnahmsweise[20] eine inhaltliche Prüfung mit Zwischenverfügung auf Behebung des Mangels zulässig.[21] (Nach a.A. soll eine Zurückweisung ergehen;[22] gegen diese Reaktion spricht aber, dass selbst bei Nichtbestand der Vollmacht, geschweige denn bei Nichtnachweis der bestehenden Vollmacht, eine Genehmigung des vollmachtlos Vertretenen mit Rückwirkung möglich ist.) Dies führt, wie bei § 32 GBO (vgl. § 32 GBO Rdn 34), zur allgemeinen Frage der Berücksichtigung eintragungshindernder Kenntnisse des GBA. Richtigerweise wird das GBA dabei auch einen gegenüber dem Bewilligungsbegünstigten gesetzten Rechtsschein zu berücksichtigen haben, insbesondere nach § 172 BGB.[23] Jedenfalls kann gegenüber der verfahrensrechtlich ordnungsgemäß ergangenen Bescheinigung die bloße Behauptung des Vollmachtswiderrufs nicht genügen.[24] Im Verhältnis zu vorgelegten Vollmachten (über § 12 BeurkG) zu einer erstellten Notarbescheinigung dürfte sich bei Widersprüchen aber ein Vorrang der Notarbescheinigung nicht begründen lassen,[25] weswegen das GBA anhand der miteingereichten Vollmachten den Bestand der Vertretungsmacht prüfen darf oder bei zunächst vorenthaltener Vollmachtsurkunde deren Vorlage verlangen kann.

§ 35 [Nachweis der Erbfolge]

(1) Der Nachweis der Erbfolge kann nur durch einen Erbschein oder ein Europäisches Nachlasszeugnis geführt werden. Beruht jedoch die Erbfolge auf einer Verfügung von Todes wegen, die in einer öffentlichen Urkunde enthalten ist, so genügt es, wenn an Stelle des Erbscheins die Verfügung und die Niederschrift über die Eröffnung der Verfügung vorgelegt werden; erachtet das Grundbuchamt die Erbfolge durch diese Urkunden nicht für nachgewiesen, so kann es die Vorlegung eines Erbscheins verlangen.

(2) Das Bestehen der fortgesetzten Gütergemeinschaft sowie die Befugnis eines Testamentsvollstreckers zur Verfügung über einen Nachlaßgegenstand ist nur auf Grund der in den §§ 1507, 2368 des Bürgerlichen Gesetzbuchs vorgesehenen Zeugnisse oder eines Europäischen Nachlasszeugnisses als nachgewiesen anzunehmen; auf den Nachweis der Befugnis des Testamentsvollstreckers sind jedoch die Vorschriften des Absatzes 1 Satz 2 entsprechend anzuwenden.

(3) Zur Eintragung des Eigentümers oder Miteigentümers eines Grundstücks kann das Grundbuchamt von den in den Absätzen 1 und 2 genannten Beweismitteln absehen und sich mit anderen Beweismitteln, für welche die Form des § 29 nicht erforderlich ist, begnügen, wenn das Grundstück oder der Anteil am Grundstück weniger als 3000 Euro wert ist und die Beschaffung des Erbscheins, des Europäischen Nachlasszeugnisses oder des Zeugnisses nach § 1507 des Bürgerlichen Gesetzbuchs nur mit unverhältnismäßigem Aufwand an Kosten oder Mühe möglich ist. Der Antragsteller kann auch zur Versicherung an Eides Statt zugelassen werden.

A. Allgemeines 1	5. Erbfolgenachweis bei Offenkundigkeit? 15
B. Erbfolge 3	6. Gesetz über Maßnahmen auf dem Gebiete
I. Begriff und Umfang 3	des Grundbuchwesens (GBMaßnG) 21
II. Sonderfälle 6	III. Keine weiteren Möglichkeiten 22
C. Nachweis der Erbfolge 7	IV. Erbfolge bei (personen)gesellschaftsrecht-
I. Grundsatz 7	licher Beteiligung 24
II. Ausnahmen 8	**D. Trans-/Postmortale Vollmacht** 26
1. Unverhältnismäßige Kosten (§ 35 Abs. 3 GBO) 9	I. Verwendung im Grundbuchverfahren 26
	II. Transmortale Vollmacht und Testaments-
2. Testamentsvollstreckerzeugnis ohne Erb- schein 12	vollstreckung 30
3. Erbfälle von Inkrafttreten des BGB 13	III. Transmortale Vollmacht für den Alleinerben 31
4. Überweisungszeugnis 14	**E. Erbschein** 38
	I. Begriff 38

---

20 OLG Hamm Rpfleger 2016, 550.
21 Bauer/Schaub/*Schaub*, § 34 Rn 17.
22 Meikel/*Krause*, § 34 Rn 8.
23 Davon geht insbes. BT-Drucks 17/13136, 20 aus.

24 Eingehend: *Zimmer*, NJW 2014, 337.
25 Anders: *Zimmer*, NJW 2014, 337 und *Zimmer*, ZfIR 2014, 567.

II. Prüfungspflicht des GBA	41
III. Form der Vorlage	45
IV. Inhalt und Prüfungsrecht des GBA	48
1. Inhalt des Erbscheins	48
2. Erbschein bei Vor-/Nacherbschaft	56
3. Beweiskraft des Erbscheins	60
4. Wirksamkeit des Erbscheins	61
5. Prüfungspflicht des GBA	62
a) Kraftloserklärung des Erbscheins	62
b) Berücksichtigung besseren Wissens des GBA	67
V. Besonderheiten im Höferecht	73
F. Erbnachweis durch europäisches Nachlasszeugnis (ENZ)	78
I. Allgemeines	78
II. Form der Vorlage	80
III. Vermächtnisse/Teilungsanordnungen im ENZ	83
IV. Korrektur des ENZ	89
V. Verhältnis des ENZ zu öffentlich beurkundeten Verfügungen von Todes wegen	90
G. Verfügung von Todes wegen und Eröffnungsniederschrift	91
I. Allgemeines	91
II. Verfügung von Todes wegen	93
1. Form	93
2. Kollision von öffentlicher Urkunde und privatschriftlichem Testament	96
3. Im Ausland beurkundete Testamente	100
4. Höfeordnung (HöfeO)	102
III. Eröffnungsniederschrift	103
IV. Form der Vorlage	106
V. Auslegungsfragen und Lückenfüllung	107
1. Verhältnis von Erbschein zu öffentlichem Testament als Nachweisdokument	107
2. Wirksamkeit	109
a) Testierfähigkeit	110
b) Andere Voraussetzungen der Wirksamkeit	114
3. Auslegung	115
4. Feststellung der Tatsachengrundlagen	119
5. Einzelfälle	121
a) Rücktrittsvorbehalt	121
b) Scheidungsklausel	123
c) Pflichtteilsstrafklausel	124
d) Benennung der Schlusserben	127
e) Ausschlagung	129
f) Abschließende Bewertung	130
H. Nachweis der Verfügungsmacht des Testamentsvollstreckers	131
I. Zeugnis	134
II. Umfang der Prüfungspflicht des GBA	141
III. Beweiskraft	142
IV. Nachweis der Entgeltlichkeit der Verfügung des Testamentsvollstreckers	143
V. Nachweis der Beendigung der Testamentsvollstreckung	157
I. Erbschein und Testamentsvollstreckerzeugnis bei Auslandsberührung im Verhältnis zu Drittstaaten	161
I. Fremdrechtserbschein	162
II. Ausländischer Erbschein	163
III. Ausländische öffentliche Urkunde	164
J. Fortgesetzte Gütergemeinschaft	166
I. Begriff	166
II. Prüfungsumfang des GBA	169
III. Beweiskraft	170
K. Analoge Anwendung der Vorschrift	171

A. Allgemeines

§ 35 GBO als lex specialis zu § 29 GBO[1] schränkt die Nachweismöglichkeiten, soweit es um den Nachweis der Erbfolge und damit in Zusammenhang stehende Tatsachen geht, nochmals ein, indem ausschließlich („kann nur") drei Dokumente – Erbschein, Europäisches Nachlasszeugnis sowie öffentliche Verfügung von Todes wegen – für zulässig erklärt werden. Damit wird die Eintragung des GBA auf eine sichere Grundlage gestellt. Die Ergänzung um das Europäische Nachlasszeugnis als Nachweisdokument erfolgte durch Gesetz vom 29.6.2015,[2] hierzu eingehend ab Rdn 78 ff. Die Nachweisvorgaben des § 35 GBO können auch herangezogen werden bei der Frage, wie sich ein (Mit-)erbe ausweisen muss, der Einsicht in das Grundbuch nehmen will.[3]

Im Umfang des Abs. 1 S. 2 (Verzicht auf Erbschein als allein zulässiges Nachweisdokument) wird die Norm als Musterregelung für den allgemeinen Rechtsverkehr gesehen,[4] wobei dann aber auch alle Probleme der Normanwendung in den allgemeinen Rechtsverkehr transferiert werden.[5] Meines Erachtens obliegt demgegenüber den Erben im allgemeinen Rechtsverkehr eine größere Bringpflicht als gegenüber dem GBA, da wesentlich weniger Rechtskenntnis vorausgesetzt werden kann.

---

1 BGH BGHZ 84, 199; BayObLG BayObLGZ 1989, 10.
2 Internationales Erbrechtsverfahrensgesetz, BGBl I, 1042.
3 OLG München ZEV 2018, 209.
4 BGH DNotZ 2014, 53 (Erbnachweis in Bank-AGB); BGH DNotZ 2016, 708; BGH DNotZ 2006, 300; enger: OLG Brandenburg BeckRS 2015, 04028; BayObLG EbR 2020, 727 (beide zum Nachweis gegenüber Hinterlegungsstelle der AG). OLG Brandenburg FGPrax 2020, 220 (Handelsregister).
5 Etwa BGH DNotZ 2016, 708: notarielles Testament mit Pflichtteilsstrafklausel.

B. Erbfolge

I. Begriff und Umfang

3   Erbfolge ist der mit dem Tode einer Person eintretende Übergang eines bestimmten Vermögens als Ganzes auf eine oder mehrere Personen (§ 1922 BGB); dieser Übergang kann auf Gesetz (§§ 1924–1936 BGB) oder auf einer Verfügung von Todes wegen (Testament, Erbvertrag) beruhen. Bei Ausländern kann die Erbfolge auch auf ausländischem Recht beruhen.[6]

4   Grundsätzlich muss es sich um den **Tod** einer Person handeln. Gleichgültig ist dabei, ob sie geschäftsfähig war oder nicht, gleichgültig ist weiter, ob es sich um einen Inländer, Ausländer oder einen Staatenlosen handelt. § 35 GBO gilt insoweit ohne Einschränkung.[7] § 35 GBO ist eine Norm des deutschen Registerverfahrensrechts und bleibt vom Erbstatut als Vorfrage des materiellen Erbrechts unbeeinflusst. **Zeitlich** umfasst der Begriff alle Todesfälle nach dem 1.1.1900.

5   Keine Erbfolge liegt vor beim Erwerb aufgrund eines schuldrechtlichen Vermächtnisses (insbesondere gem. § 1939 BGB), eines Erbschaftskaufs (§ 2371 BGB), bei Übertragung eines Erbanteils,[8] der Abschichtung oder der Übertragung des Nacherbenanwartschaftsrechts auf den Vorerben.[9]

II. Sonderfälle

6   Das Reichsheimstättengesetz, das Gesetz zur Änderung des Reichsheimstättengesetzes und die Verordnung zur Ausführung des Reichsheimstättengesetzes wurden durch das Gesetz vom 17.6.1993 aufgehoben.[10] Nur auf Erbfälle vor dem 1.10.1993 ist das alte Recht noch anzuwenden.[11]

C. Nachweis der Erbfolge

I. Grundsatz

7   Der Nachweis kann dem GBA gegenüber **nur durch Erbschein** erfolgen, von der Ausnahme des Satzes 2 abgesehen. Bei angeordneter Vor-/Nacherbfolge sind für beide Erbfälle gesonderte Erbscheine zu erteilen. Der Erbschein des Vorerben ist bei Eintritt des Nacherbfalles einzuziehen.[12] Jegliche Erklärungen des Vorerben scheiden als Nachweis aus. Ausnahmen gelten für letztwillige Verfügungen in der Form der öffentlichen Urkunde (vgl. Rdn 93).

Es genügt(e) aber ein allein für Grundbuchzwecke erteilter Erbschein, soweit noch in der Vergangenheit erteilt, ebenso bei Erbfällen im Ausland ein Fremdrechtserbschein, ggf. mit Beschränkung der Erbrechtsbezeugung auf in Deutschland belegenes Vermögen.

Der Nachweis der Antragsberechtigung bedarf bezüglich der Erbfolge nicht der Form des § 35 Abs. 1 GBO.[13]

II. Ausnahmen

8   Von diesem Grundsatz bestehen jedoch folgende Ausnahmen:

1. Unverhältnismäßige Kosten (§ 35 Abs. 3 GBO)

9   Bei Eintragung als **Eigentümer** oder **Miteigentümer eines Grundstücks kann** sich das GBA nach Abs. 3 mit **anderen**, nicht der Form des § 29 GBO entsprechenden **Nachweisen begnügen**, wenn das Grundstück oder der Anteil von geringem Wert – höchstens 3.000 EUR – ist und der Erbschein nur mit unverhältnismäßigem Aufwand an Kosten oder Mühen beschafft werden kann. In diesem Fall kann der Antragsteller auch zur Versicherung an Eides statt zugelassen werden.[14]

Dem Grundstück stehen auch hier gleich: Wohnungs- und Teileigentum sowie grundstücksgleiche Rechte wie das Erbbaurecht. Dem ideellen Miteigentum steht ein Anteil am Gesamthandseigentum gleich. Dies gilt

---

6 LG Aachen Rpfleger 1965, 234.
7 LG Aachen Rpfleger 1965, 233.
8 RG RGZ 64, 173.
9 KG DNotZ 1933, 291.
10 BGBl I 1993, 912.
11 Vgl. dazu: KEHE/*Herrmann*, § 35 GBR Rn 5.
12 BayObLG BayObLGZ 1994, 38 = Rpfleger 1994, 410.
13 BGH Rpfleger 1999, 437 = DNotZ 1999, 734; *Böhringer*, Rpfleger 2003, 164.
14 *Demharter*, § 35 Rn 6.

unverändert auch nach der neuen dogmatischen Einordnung der Gesellschaft bürgerlichen Rechts für eine Beteiligung an ihr. (Insoweit aber für Anträge ab 1.1.2024 gem. Art. 229 § 21 EGBGB ohne Relevanz, da vorherige Umstellung auf eGbR erforderlich.)

Eine Ausdehnung auf vererbliche dingliche Rechte (Grundpfandrechte, ggf. dingliches Vorkaufsrecht) scheidet jedoch aus.

Der Wert bis zu 3.000 EUR kann mangels anderer Anhaltspunkte oder Nachweise auch durch eine Bestätigung des Durchschnittswertes der betroffenen Grundstücke durch den Gutachterausschuss nachgewiesen werden.

Die **Beschaffung des Erbscheins** muss zusätzlich mit **unverhältnismäßigem Aufwand an Mühe und Kosten** verbunden sein. Geringwertigkeit der Immobilie und Aufwandserheblichkeit sind kumulativ anzuwendende Tatbestandsmerkmale für die Nachweiserleichterung.[15] Der Begriff des Aufwands ist insofern **subjektiv** zu verstehen, als die individuellen Verhältnisse der Beteiligten, deren Kenntnisse und Möglichkeiten zur Beschaffung von Dokumenten zu berücksichtigen sind. Es sind nicht nur die Kosten für die Erteilung des Erbscheins selbst in Betracht zu ziehen, sondern auch die Kosten für die Beschaffung der hierzu nötigen Unterlagen. Ferner ist zu berücksichtigen, ob die ordnungsmäßige Abwicklung des Nachlasses ohnehin einen Erbschein erfordert oder ob der Erbschein nur für die in Frage stehende Grundbuchberichtigung benötigt werden würde. Wenn mehrere, für sich betrachtet geringwertige Grundstücke zusammengenommen die Kosten eines Erbscheins rechtfertigen, besteht kein Anlass, vom Erbschein abzusehen. Andererseits sind Kostengesichtspunkte nicht allein entscheidend. Auch die **Unverhältnismäßigkeit** des Aufwands an **Mühe und Zeit**, die die Beschaffung eines Erbscheins erfordert, kann es rechtfertigen, von der Vorlage des Erbscheins abzusehen. Nachweispflichtig für den Aufwand ist der Erbe.[16]

Dann aber ist das Tatbestandsmerkmal des unverhältnismäßigen Aufwands ein Rechtsbegriff, dessen richtige Anwendung durch GBA und Rechtsmittelinstanz – insoweit dann also objektiv – überprüft wird. Keine Unverhältnismäßigkeit besteht bei Verfahrenskosten zu 250 EUR im Vergleich zu einem Objektwert des Miteigentumsanteils von 850 EUR.[17]

Andere Beweismittel können privatschriftliche Testamente, schriftliche, glaubwürdige Äußerungen von Beteiligten oder die ausdrücklich zugelassene eidesstattliche Versicherung des Antragstellers sein. Der Nachweis wird nicht dadurch erbracht, dass der Testamentsvollstrecker unter Vorlage des Testamentsvollstreckerzeugnisses die Erben namentlich bezeichnet.[18]

2. Testamentsvollstreckerzeugnis ohne Erbschein

Weiter ist ein Nachweis der Erbfolge entbehrlich für den **Testamentsvollstrecker**, wenn und soweit die Erben nicht im Grundbuch eingetragen werden müssen. Der Erbschein ist jedoch sofort erforderlich, sobald der Erbe (trotz angeordneter Testamentsvollstreckung) eingetragen werden soll[19] oder will oder in Nebenaspekten (Erbenzustimmung zu einer Testamentsvollstreckerverfügung, deren Entgeltlichkeit nicht nachgewiesen werden kann[20]) die Erben nachgewiesen werden müssen. Auf die Beurteilung des Testamentsvollstreckers, wer Erbe ist, darf das GBA nicht angewiesen sein.

3. Erbfälle von Inkrafttreten des BGB

War der **Erblasser vor dem 1.1.1900 gestorben**, konnte ein Erbschein nach BGB nicht ausgestellt werden, da erbrechtliche Verhältnisse sich in diesem Fall nach dem früheren Recht bestimmten (Art. 213 EGBGB). Nach diesen Rechtsvorschriften richtete sich auch der Nachweis der Erbfolge.[21]

---

15 OLG Jena FamRZ 2015, 1431.
16 OLG Saarbrücken FGPrax 2020, 213.
17 OLG München ZEV 2014, 387.OLG Saarbrücken FGPrax 2020, 213 hält Kosten bis zur Höhe des Grundstückswertes für tragbar.
18 OLG Köln Rpfleger 1992, 342.
19 KG JW 1938, 123; BayObLG BayObLGZ 1994, 39 = Rpfleger 1994, 41; OLG München FGPrax 2011, 228.
20 KG JFG 18, 161.
21 KG KGJ 23, 129; KG KGJ 25, 124.

4. Überweisungszeugnis

14 Der Nachweis der Erbfolge kann durch ein **Überweisungszeugnis** geführt werden (§§ 36, 37 GBO). Jedoch genügt ein Auseinandersetzungszeugnis nach § 36 GBO nicht, das unzulässigerweise erteilt worden ist, obwohl die Erbengemeinschaft hinsichtlich des Nachlassgrundstückes nicht aufgelöst werden soll.[22]

5. Erbfolgenachweis bei Offenkundigkeit?

15 Literatur und Gerichtspraxis halten einen Erbnachweis auch bei Offenkundigkeit für entbehrlich und schließen dies aus § 29 Abs. 1 S. 2 GBO.[23] Allerdings sind die Fälle, in denen die Offenkundigkeit rechtssicher bestehen soll, kaum auf einen Nenner zu bringen: Zum Nachweis der Nacherbfolge etwa soll die Sterbeurkunde des Vorerben selbst dann nicht genügen, wenn Nacherbe und Nacherbfallbedingung im Vorerbschein genannt sind. Andererseits soll, im Ergebnis zu Recht, eine eidesstattliche Versicherung über das Nichtvorhandensein weiterer Nacherben im Einzelfall verwendbar sein.

16 Richtig ist eine Erbfolge nie offenkundig. Die Frage ist im Ansatz falsch gestellt. Es geht um eine teleologische Reduktion der Norm, die in die Beweisnotfälle zu § 29 GBO einzuordnen ist (vgl. § 29 GBO Rdn 37).

17 § 35 GBO gilt nicht, wenn während laufender Vorerbschaft die Nacherben ermittelt und in ihrer Person nachgewiesen werden müssen, so etwa bei einer erforderlichen Nacherbenzustimmung zu einer Verfügung des Vorerben oder bei Gewährung rechtlichen Gehörs. Das Grundbuchamt kann die Angabe zum Nacherben im Erbschein des Vorerben (§ 352b FamFG) als Anhaltspunkt nehmen, obwohl sich die Vermutung des § 2365 BGB darauf nicht bezieht (str.) Ist der Nacherbe dennoch unbekannt (etwa wegen Beschreibung allein nach Verwandtschaft in einem notariellen Testament), darf das Grundbuchamt aber keinen „Nacherbschein" verlangen, sondern muss selbst ermitteln.

18 Bei privatschriftlichen Testamenten sind alle Wirksamkeits- und Auslegungszweifel im Erbscheinsverfahren abzuhandeln. Hier stellt sich das Problem sowieso nicht.

19 Die Fälle aus der Gerichtspraxis betreffen danach allein öffentliche Testamente, bei denen ein Nichteintritt von Wirksamkeitsbedingungen zusätzlich nachgewiesen werden muss oder in denen die nur als Gruppe beschriebenen Erben („unsere Kinder") namentlich/individuell bezeichnet werden müssen. Jedenfalls die erste Kategorie ist aber einzuordnen als besonderer Beweisnotfall, da die testamentarisch verfügten Bedingungen häufig nicht durch öffentliche Urkunde nachgewiesen werden können. Die Fälle sind im Ergebnis von der herrschenden Meinung richtig entschieden, aber mit Offenkundigkeit hat das nichts zu tun.

20 Dasselbe gilt für Negativ-Bedingungen, die nicht eingetreten sind, deren Eintritt aber – kraft Gesetzes oder aufgrund Verfügung von Todes wegen – die Erbfolge verändert hätte. Dies sind Nichtausübung eines Rücktrittrechts, Nichtgeltendmachung eines Pflichtteilsrechts bei Pflichtteilsstrafklauseln, Nichteinreichung des Scheidungsantrags. Auch das hat aber nichts mit Offenkundigkeit zu tun, sondern mit der Dogmatik des Abs. 1 S. 2 zur Frage, welche Auslegungsarbeit vom GBA verlangt werden kann.

6. Gesetz über Maßnahmen auf dem Gebiete des Grundbuchwesens (GBMaßnG)

21 Eine weitere Löschungserleichterung enthalten §§ 18, 19 GBMaßnG: Bei **Löschung umgestellter Hypotheken** oder Grundschulden, deren Nennbetrag 3.000 EUR nicht übersteigt, sowie zur Löschung umgestellter Rentenschulden und Reallasten, deren Jahresleistung nicht mehr als 15 EUR beträgt, kann sich das GBA **auch dann** mit **anderen**, nicht der Form des § 29 GBO entsprechenden **Beweismitteln** begnügen, wenn die Beschaffung des Erbscheins nur mit einem **verhältnismäßigen** Aufwand an Kosten oder Mühe möglich ist. Auch eine **Versicherung an Eides Statt** kann zugelassen werden (§§ 18, 19 GBMaßnG).[24]

---

[22] KG HRR 39 Nr. 1363.
[23] KEHE/*Herrmann*, § 35 GBR Rn 14; *Demharter*, § 35 Rn 8.
[24] BGBl I 1986 i.d.F. von Art. 7 Abs. 7 des Gesetzes zur Umstellung der Vorschriften auf den EUR (BGBl I 2000, 907).

III. Keine weiteren Möglichkeiten

Soweit **keiner** der oben aufgeführten **Ausnahmefälle** vorliegt, sind **andere Beweismittel ausgeschlossen**. Insbesondere genügt der Nachweis der Tatsachen nicht, aus denen sich das Erbrecht rechtlich notwendig ergibt.[25] Das GBA soll nicht an die Stelle des Nachlassgerichts treten müssen. Eine Ausnahme soll bestehen, wenn die Auflassung des Erblassers an einen Dritten rechtskräftig feststeht. Die Erben können dann aufgrund rechtskräftigen Bewilligungsanspruchs (§ 894 ZPO) eingetragen werden, auch wenn ihnen kein Erbschein erteilt wurde.[26]

Als Nachweismittel ausgeschlossen sind damit z.B.

- der Feststellungsbeschluss des Fiskuserbrechts gem. § 1964 BGB,[27]
- der Erbschein des Vorerben für den Erbnachweis des Nacherben, selbst wenn dieser im Erbschein des Vorerben namentlich genannt ist und der Eintritt des Nacherbfalls durch öffentliche Urkunde nachgewiesen werden kann (Sterbeurkunde, Heiratsurkunde des Vorerben),[28]
- ein gerichtsprotokollierter Vergleich über die Auslegung eines (privatschriftlichen) Testaments,[29]
- der Beschluss über die (künftige) Erteilung des Erbscheins,
- Geburts- und Sterbeurkunden zum Nachweis der gesetzlichen Erbfolge,
- aktenkundige Feststellungen des Nachlassgerichts nach einer von Amts wegen betriebenen Erbenermittlung, z.B. gem. Art. 37 BayAGGVG.[30]

IV. Erbfolge bei (personen)gesellschaftsrechtlicher Beteiligung

Soweit die Gesellschafter einer Personengesellschaft noch unmittelbar im Grundbuch eingetragen sind, wie es bei der GbR der Fall war (§ 47 Abs. 2 GBO a.F.), genügt im Hinblick auf mögliche Sondererbfolgen durch qualifizierte Nachfolgeklauseln die Vorlage des Erbscheins zum Nachweis der Erbfolge nicht. Erforderlich waren zudem die Vorlage des Gesellschaftsvertrages und Berichtigungsbewilligung der Mitgesellschafter.[31] Die Vorlage des Gesellschaftsvertrages sollte entbehrlich sein, wenn alle Erben (ausgewiesen nach § 35 GBO) und alle anderen Mitgesellschafter (ausgewiesen durch Grundbucheintragung) die Berichtigung bewilligten.[32]

Ob diese Rspr nach Einführung des Gesellschaftsregisters für GbR ab 1.1.2024 noch Bedeutung hat, ist fraglich. Indes besteht keine allgemeine Eintragungspflicht für GbR; nur verfügende GbR müssen zuvor registriert werden. Der erbfolgebedingte Übergang eines Geschäftsanteils in eine GbR ist keine Verfügung i.S.d. § 47 Abs. 2 GBO n.F., kann aber gleichwohl gem. Art. 229 § 21 EGBGB nicht mehr isoliert im Grundbuch verlautbart werden.

D. Trans-/Postmortale Vollmacht

I. Verwendung im Grundbuchverfahren

Einen Sonderstatus nimmt das Handeln des postmortal Bevollmächtigten ein.[33] Wiewohl üblicherweise bei § 35 GBO besprochen, handelt es sich m.E. inhaltlich um eine Erweiterung des § 36 GBO, indem in weiteren Situationen von einer Offenlegung des Erbfalls im Grundbuch abgesehen wird. Anerkannt ist in Fortentwicklung der Dogmatik des BGB, dass eine Vollmacht auch über den Tod hinaus (transmortal) oder sogar überhaupt erst mit Wirkung ab dem Tod (postmortal) erteilt werden kann. Die Zulassung dieser Vollmachtsformen hat – trotz fehlender klarer Aussage im Gesetz – einige dogmatische Anhaltspunkte für sich, so § 672 S. 1 BGB mit daran geknüpfter Fortbestehensvermutung des § 168 S. 1 BGB sowie den ausdrücklichen (indes kaum jemals sachenrechtliche Verfügungen betreffenden) Fall des § 1698b

---

25 A.A. BayObLG BayObLGZ 1930, 33.
26 OLG München FGPrax 2015, 254.
27 OLG Köln MDR 1965, 993; BayObLG BayObLGZ 1989, 11 = Rpfleger 1989, 276; OLG Frankfurt MDR 1984, 145; OLG Düsseldorf FGPrax 2020, 109.
28 OLG Frankfurt NJW 1957, 265.
29 OLG München RNotZ 2013, 134.
30 BayObLGZ 1989, 8 = DNotZ 1989, 574.
31 OLG München MittBayNot 2016, 324 (in dieser Sonderkonstellation aber zu weitgehend, siehe *Volmer*, MittBayNot 2016, 324).
32 KG FGPrax 2016, 193.
33 *Von Schwander*, RNotZ 2019, 57.

BGB auch § 1874 Abs. 2 BGB.³⁴ Als noch entscheidender erweisen sich aber §§ 130 Abs. 2, 153 BGB sowie §§ 170–172 BGB und der durch sie vermittelte Vertrauensschutz des Vertragspartners (auch des Bevollmächtigten selbst, § 179 BGB): Da Willenserklärungen über den Tod hinaus gelten, sollen die Erklärungsempfänger eben nicht den Fortbestand der Vollmacht im Hinblick auf ein mögliches Ableben des Vollmachtgebers hinterfragen müssen. Der Bevollmächtigte muss auch nicht die Erben namhaft machen oder ihre Zustimmung einholen.³⁵

27 Der eingetretene Erbfall ändert aber nichts daran, dass nicht für den Vollmachtgeber = Erblasser gehandelt wird (deswegen kein Fall des § 35 GBO), sondern unter Nichtoffenlegung des Erbfalls im Grundbuch für die Erben. Deswegen kann jeder Erbe für sich die Vollmacht widerrufen; wegen § 2040 Abs. 1 BGB führt schon der Widerruf nur eines von ihnen dazu, dass der Bevollmächtigte alsdann nicht mehr allein handeln kann. Vorbehaltlich seiner Unkenntnis vom Erbfall und eines zu seinen Gunsten darauf aufbauenden Vertrauensschutzes hat Bevollmächtigte bei seinem Handeln die Interessen des Erben zu wahren.³⁶ Nur ist diese Interessenwahrungspflicht allein Maßstab des Innenverhältnisses zwischen den Erben als (jetzt) Vollmachtgebern und dem Bevollmächtigten und damit kein Prüfungsmaßstab für GBA oder Notar.³⁷

28 Die Vollmacht berechtigt den Bevollmächtigten aber nicht zur Offenlegung der Erben im Wege der Grundbuchberichtigung (d.h. durch Eintragung der ungeteilten Erbengemeinschaft).³⁸ Aus den Vertrauensschutznormen folgt eine berechtigte Erwartung des Rechtsverkehrs – auch des GBA – über den Fortbestand der Vollmacht. Ein besonderes Vertrauen auf die Richtigkeit der Erbfolge ist damit aber nicht verbunden. Ebenso wenig berechtigt die Vollmacht (ohne Erbschein) zur Vornahme von Erbteilsübertragungen.³⁹

29 In nochmaliger Erweiterung des Anwendungsbereichs bleibt die trans-/postmortale Vollmacht auch dann tauglich, wenn der Dritte und/oder das GBA vom Ableben des Vertretenen weiß. Dann erscheint zwar ein Vertrauensschutz des Dritten als nicht zwingend; jedoch folgt dies aus §§ 130, 153 BGB, die beide auch bei Kenntnis des anderen Vertragsteils vom Ableben des Vollmachtgebers gelten.

II. Transmortale Vollmacht und Testamentsvollstreckung

30 Die transmortale Generalvollmacht (Entsprechendes muss erst recht für die Spezialvollmacht gelten) wird durch eine letztwillig angeordnete Testamentsvollstreckung nicht verdrängt. Weder erlischt sie automatisch mit Beginn (oder womöglich schon mit Anordnung) der Testamentsvollstreckung, noch kann der Testamentsvollstrecker die Vollmacht generell widerrufen. Das Verhältnis von transmortaler Vollmacht und Testamentsvollstreckung ist im Einzelfall durch Auslegung zu ermitteln.⁴⁰ Widerrufen kann aber der Erbe, und zwar jeder Miterbe für sich (ausgenommen im Fall der unwiderruflichen, weil im Interesse des Bevollmächtigten erteilten Vollmacht – bei Generalvollmacht kaum denkbar). Insoweit ist die Testamentsvollstreckung dann wieder beständiger als eine Vollmacht.

III. Transmortale Vollmacht für den Alleinerben

31 Probleme bereitet die Anerkennung der transmortalen Vollmacht, die dem Alleinerben erteilt ist. Die herrschende Meinung hält einerseits Anerkennung der transmortalen Vollmacht aus rechtsdogmatischen Gründen für geboten und aus rechtspraktischen Gründen für zweckmäßig, um insbesondere den Zeitraum zwischen Erbfall und Ermittlung des wahren Erben und dessen förmliche Legitimation durch Erbschein zu überbrücken. Damit geht einher, dass die gesetzliche Alternative der Bestellung eines Nachlasspflegers (§§ 1960, 1961 BGB)⁴¹ nachrangig, nämlich nur bei einem Fürsorgebedürfnis, gewährt wird. Im Spannungsverhältnis zu dieser Aussage steht der ebenso anerkannte Obersatz der h.M., wonach niemand

---

34 Anders als KG FGPrax 2021, 99 mich verstehn, spricht das m.E. für eine Anerkennung der transmortalen Vollmacht auch bei Alleinerbschaft, da auch das Gesetz einen Fortbestand der Vollmacht (in Randbereichen) anordnet.
35 OLG München MittBayNot 2022, 226.
36 Insoweit richtig: *Sagmeister*, MittBayNot 2016, 403.
37 Insoweit falsch: *Sagmeister*, MittBayNot 2016, 403.
38 LG Heidelberg BWNotZ 1975, 47.
39 OLG Stuttgart DNotZ 2012, 371.
40 BGH DNotZ 2023, 631; OLG München ZEV 2012, 376; *Glenk* NJW 2017, 452, 453.
41 Dafür plädiert *Bestelmeyer*; ausdr. aber: *Mugdan* V, S. 289.

sein eigener Vertreter sein könne. Die dem Alleinerben erteilte Vollmacht über den Tod hinaus erlösche also, ggf. unter Heranziehung des Konfusionsgedankens, mit dem Erbfall.[42]

In diesem argumentativen Konflikt hat das OLG Hamm eine postmortale Vollmacht dann nicht anerkannt, wenn der Bevollmächtigte unter grundbuchförmlicher Offenlegung seiner Stellung als Alleinerbe, aber unter Ausnutzung der Vollmacht handelt; dann handele er nämlich als sein eigener Vertreter.[43] Ebenso hat das OLG München das Handeln des Alleinerben als Bevollmächtigten abgelehnt, allerdings mit der leicht abweichenden Begründung, dass die in derselben Urkunde offengelegte Alleinerbenstellung die Vermutung des Vollmachtsfortbestands widerlege.[44] Der Verfügende sei also nicht als Bevollmächtigter legitimiert, aber auch nicht als Erbe, weil es am erteilten Erbschein fehlte. Demgegenüber hat das KG die Vollmacht auch bei der Behauptung, Alleinerbe zu sein, aufrechtzuerhalten.[45] Die Handlungsmacht bestehe auch in diesem Fall. Allein aus der Erklärung zur Alleinerbenstellung folge noch keine Kenntnis des Grundbuchamtes gem. § 173 BGB. 32

Aufrechterhalten wird die Vollmacht, wenn der Bevollmächtigte nicht Allein-, sondern nur Miterbe des Vollmachtgebers ist.[46] Hier blieben die Vermögensmassen von Eigenvermögen des Bevollmächtigten und Nachlass getrennt, so das der Konfusionsgedanke unanwendbar sei. 33

Verwendbar bleibt die Vollmacht auch dann, wenn der auftretende Bevollmächtigte nur mutmaßlich Alleinerbe des verstorbenen Vollmachtgebers ist, er aber nicht grundbuchförmlich legitimiert ist. Das Vorhandensein privatschriftlicher Testamente ohne erteilten Erbschein gibt keinen Anlass, an der Wirksamkeit der Vollmacht zu zweifeln.[47] Aus dieser Entscheidung dürfte sich erstens ableiten lassen, dass die transmortale Vollmacht auch dann verwendbar bleibt, wenn die mutmaßliche Erbenstellung auf gesetzlicher Erbfolge beruht, etwa wenn der einzige gesetzliche Erbe zugleich Bevollmächtigter ist. Aus dieser Aussage lässt sich ferner ableiten, dass das GBA nicht befugt ist, durch Zwischenverfügung auf die Klärung der Erbfolge (durch grundbuchförmliche Legitimation, d.h. durch Erteilung eines Erbscheins) hinzuwirken.[48] Es ist damit erst recht nicht befugt, durch Zwischenverfügung auf die Klärung der Erbfolge hinzuwirken, um sich überhaupt erst Anknüpfungstatsachen für eine Zurückweisung der Vollmacht zu verschaffen.[49] 34

Diese Aussage trifft auch zu: Es geht bei der Anerkennung der transmortalen Vollmacht nicht nur – nicht einmal in erster Linie, wenngleich die Erben dies vorrangig im Blick haben – um Verfahrenserleichterung, sondern um Vertrauensschutz des Dritten.[50] Der soll und braucht nicht nachzufragen! Wohin die Argumentation des OLG Hamm stattdessen führen kann, zeigt die Ausarbeitung von *Bestelmeyer*, der das GBA mit Nachforschungspflichten bei Vollmachten geradezu überhäuft.[51] Ihm gegenüber ist daran zu erinnern: Diese Nachforschungspflichten statuieren §§ 170–172 BGB bewusst nicht! Im Gegenteil wird dann wiederum von der Rspr. der Erbscheinsantrag als unrichtige Sachbehandlung (§ 21 GNotKG) angesehen, wenn die Alleinerbin mit einer trans- oder postmortalen Vollmacht ausgestattet ist, welche ihr die Vornahme der Kontoüberweisungen gestattet.[52] 35

Die notarielle Praxis zieht aus diesem Konglomerat von Entscheidungen die Folgerung, bei einem Handeln des Bevollmächtigten tunlichst keine Aussage zum Versterben des Vollmachtgebers oder zur Erbfolge zu treffen, um die Verwendbarkeit der transmortalen Vollmacht nicht zu beeinträchtigen.[53] Eine Grundbuchunrichtigkeit kann jedenfalls nicht eintreten, da im Zweifel – also bei Unwirksamkeit der Vollmacht – die Verfügung immer als Eigenverfügung des Alleinerben wirksam wäre.[54] 36

---

42 OLG Stuttgart JFG 12, 274; OLG Stuttgart NJW 1948, 627; OLG Hamm FGPrax 2013, 148.
43 OLG Hamm FGPrax 2013, 148 = DNotZ 2013, 689; OLG München NJW 2016, 3381 = ZfIR 2017, 70 (m. Anm. *Volmer*).
44 OLG München ZfIR 2017, 70.
45 KG FGPrax 2021, 99 mit Bespr. *Kollmeyer*, ZEV 2021, 557; OLG Hamburg DNotZ 2023, 296.
46 OLG Schleswig FGPrax 2014, 206; OLG Stuttgart MittBayNot 2019, 578; OLG München MittBayNot 2022, 226. Auch OLG Bremen BeckRS 2023, 23338 (gemeinschaftlich Bevollmächtigte sind zugleich gemeinschaftliche Miterben).
47 OLG München FGPrax 2016, 205; auch OLG Hamburg DNotZ 2023, 296.
48 OLG München FGPrax 2016, 205, 207.
49 Für eine Nachforschungspflicht aber: *Bestelmeyer*, notar 2013, 147.
50 Ausdrücklich OLG Stuttgart MittBayNot 2019, 578; OLG Hamburg DNotZ 2023, 296.
51 *Bestelmeyer*, notar 2013, 147.
52 LG Münster ZEV 2017, 522.
53 *Amann*, MittBayNot 2013, 367; *Zimmer*, NJW 2016, 3341.
54 KG FGPrax 2021, 99; OLG München FGPrax 2016, 205.

37 Schon dieser Vorschlag zum Zurückhalten relevanter Tatsachen lässt Zweifel an der Richtigkeit der Differenzierung aufkommen. Und es sprechen auch gute Gründe für eine vollumfängliche Anerkennung der transmortalen Vollmacht. Den Konfusionsgedanken etwa weist unsere Rechtsordnung in einem Ausnahmefall selbst zurück, nämlich in § 1698b BGB. Erben des verstorbenen (minderjährigen) Kindes sind ja bei unter 16-Jährigen zwingend, bei 16–18-Jährigen immerhin noch typischerweise gerade die Eltern selbst! Nun ist § 1698b BGB zwar keine für das Grundbuchverfahren bedeutsame Norm. Aber wenn die obergerichtliche Rspr. bei der Auflistung der für eine Konfusion sprechenden Normen eine Gesamtanalogie zu Einzelaussagen des Gesetzes zieht,[55] sollten entgegenstehende Einzelaussagen des Gesetzes nicht unterschlagen werden. Im Übrigen sollte gelten: Die Vertretungsmacht ist nur Legitimation. Soweit klar ist, für wen gehandelt wird, bestehen gegen die Verwendbarkeit keine Bedenken.[56]

E. Erbschein

I. Begriff

38 Darunter ist **nur der nach dem BGB erteilte Erbschein** (§ 2353 BGB) zu verstehen. Der Erbschein eines ausländischen Notars oder sonst ein ausländischer Erbnachweis genügt nicht.[57] Es genügt aber ein auf Inlandsvermögen beschränkter Erbschein, egal auf welchem materiell-rechtlichen Erbstatut er erteilt wurde. Die (kostenrechtliche) Kategorie des Erbscheins allein für Grundbuchzwecke ist mit Inkrafttreten des GNotKG entfallen.

39 Ein gegenständlich beschränkter Erbschein wird auch von Bürgern der alten Bundesländer benötigt, die Vermögen in den neuen Bundesländern geerbt haben,[58] insbesondere für einen in der Zeit zwischen dem 1.1.1976 und dem 2.10.1990 verstorbenen Erblasser mit gewöhnlichem Aufenthalt in der (alten) Bundesrepublik, der Immobilienvermögen in dem Gebiet der früheren DDR besaß.[59] Hat der Erblasser mit letztem gewöhnlichen Aufenthalt in den alten Bundesländern, der in der Zeit zwischen dem 1.1.1976 und dem 2.10.1990 verstorben ist, in einem Testament eine oder mehrere Personen zu Erben eingesetzt, so gilt diese Erbeinsetzung auch für das in der ehemaligen DDR gelegene Immobilienvermögen.[60] Nicht möglich ist ein gegenständlich beschränkter Erbschein für Vermögen eines in der früheren DDR verstorbenen Erblassers, der Vermögen in der (alten) Bundesrepublik hinterlassen hat.[61]

Besaß ein Ausländer in der früheren DDR Grundeigentum, so richtet sich, auch wenn seit Jahrzehnten er in Deutschland gelebt hat, seine Erbfolge nach diesem ausländischen Recht.[62]

40 Ein Teilerbschein ist hingegen im Grundbuchverfahren nicht verwendbar. Die Erbfolge muss das Eigentum ausschöpfen, einzelne Miterben dürfen nicht unerwähnt bleiben.[63] Die Gesamterbfolge kann aber durch mehrere, sich zu 100 % ergänzende Teilerbscheine nachgewiesen sein. Ebenso können Teilerbscheine durch Verfügung von Todes wegen aus einer öffentlichen Urkunde vervollständigt werden.[64] Können die Erben nicht vollständig ermittelt werden, besteht die grundbuchverfahrensrechtliche Lösung in der ausnahmsweisen Eintragung der „unbekannten Erben".[65]

II. Prüfungspflicht des GBA

41 Das GBA hat bei Vorlage des Erbscheins eine nur beschränkte Prüfungsberechtigung hinsichtlich der Zuständigkeit und des (äußeren) Inhalts. Im Übrigen entfaltet der Erbschein Tatbestandswirkung.[66] Darüber darf sich das GBA selbst dann nicht hinwegsetzen, wenn eine Betroffenenbewilligung vorgelegt wird.[67]

---

55 OLG Hamm MittBayNot 2013, 395.
56 *Flume*, Das Rechtsgeschäft, S. 851; *Volmer*, ZfIR 2017, 73.
57 LG Verden Rpfleger 1952, 184; OLG Bremen DNotZ 2012, 687; KG DNotZ 2013, 135; OLG Hamm ZEV 2019, 645.
58 Vgl. dazu näher: *Bestelmeyer*, Rpfleger 1992, 321 ff.
59 OLG Zweibrücken Rpfleger 1990, 113; BayObLG Rpfleger 1994, 299 = DNotZ 1994, 294; BGH Rpfleger 1996, 109 ff.
60 KG Rpfleger 1996, 111 ff.
61 BayObLG Rpfleger 1992, 300.
62 BayObLG Rpfleger 1994, 505.
63 KG FGPrax 2020, 197; AG Osterhofen NJW 1955, 467; *Schöner/Stöber*, Rn 810.
64 KG FGPrax 2020, 197 mit Bespr. *Wendt*, ErbR 2020, 845.
65 Etwa OLG Rostock NJW-RR 2005, 604.
66 OLG Frankfurt BeckRS 2011, 00232; OLG Bremen FamRZ 2012, 335.
67 OLG München RNotZ 2012, 286 (auf Eintragung eines Nacherbenvermerks).

Das GBA überprüft die Erteilung durch die sachlich allein zuständigen Nachlassgerichte (unter Berücksichtigung landesrechtlicher Besonderheiten in Baden-Württemberg und der DDR). Auch bei testamentarischer Erbfolge, jedenfalls nach deutschem Erbstatut, ist die Erteilung abstrakt delegierbar vom Richter auf den Rechtspfleger (§ 16 Abs. 2 RPflG), so dass der unter Missachtung der funktionalen Zuständigkeit erteilte Erbschein wirksam ist (weswegen insbesondere eine Rechtszersplitterung infolge des Landesrechtsvorbehalts, § 19 RpflG, die GBA nicht berührt). 42

Die Beachtung der örtlichen Zuständigkeit ist für die Wirksamkeit irrelevant nach § 2 Abs. 3 FamFG. 43

Sachlich zuständig innerhalb der Gerichtsorganisation ist grundsätzlich der **Rechtspfleger** (§§ 3 Nr. 2c u. 16 Abs. 1 Nr. 6 RpflG); wurde von ihm die Zuständigkeit überschritten, so gilt § 8 RpflG. 44

Eine andere sachliche Zuständigkeit besteht aufgrund Art. 147 EGBGB in Baden-Württemberg (i.V.m. §§ 1, 38 LFGG BW).

III. Form der Vorlage

Die h.M. verlangt die Vorlage des Erbscheins in Ausfertigung oder Urschrift, wobei letztere Möglichkeit jedoch faktisch ausscheidet, nachdem heute die Urschrift typischerweise im Nachlassakt verbleibt und „nur" Ausfertigungen herausgegeben werden. Eine beglaubigte Abschrift genüge grundsätzlich nicht, da der Besitz des Erbscheins rechtliche Bedeutung habe (§ 2361 BGB).[68] Der Besitz müsse zum Zeitpunkt der Eintragung nachgewiesen sein.[69] Diese Ansicht ist ungeachtet der beinahe einhelligen Zustimmung, die sie erfährt, abzulehnen. Der Vertrauensschutz des Erbscheins ist abstrakt, d.h. unabhängig vom Besitz an einer Ausfertigung, ausgestaltet.[70] Sonst könnte außerdem die Vorlage des Erbscheins nicht durch eine Bezugnahme auf den Nachlassakt desselben Gerichts ersetzt werden. Auch dabei hat der Antragsteller keinen Besitz. 45

Die Verpflichtung zur Vorlage der Ausfertigung auch beim GBA erschwert vielmehr die Vertragsabwicklung und verlangt bei dinglichen Verfügungen die Beibehaltung der Gutglaubensposition über den Zeitpunkt des Vertragsabschlusses hinaus bis zum Grundbuchvollzug. 46

Das aber kann den Vertragspartner düpieren und den zu seinen Gunsten angeordneten Redlichkeitsschutz empfindlich beschränken. Richtig ist vielmehr eine Gleichbehandlung mit der Vorlage von Vollmachtsurkunden: Es genügt die Vorlage der Ausfertigung bei Beurkundung der Verfügung und Weiterleitung dieses „Wissens" an das GBA durch Fertigung einer beglaubigten Abschrift.[71]

Die Vorlage kann ersetzt werden durch Verweisung auf die Nachlassakten des gleichen Gerichts.[72] Ebenso können die Erben beim Nachlassgericht beantragen, dass die Nachlassakte mit der darin enthaltenen Erbscheinsanordnung dem GBA zum Nachweis der Erbfolge zugeleitet wird.[73] Ein vom Richter verfügter, jedoch wegen fehlender Kostenzahlung nicht ausgehändigter Erbschein genügt indes nicht.[74]

Werden **mehrere** auf den Nachweis der Erbfolge gestützte **Anträge** von einem Notar an verschiedene GBA gestellt, so genügt angeblich die Vorlage einer beglaubigten Abschrift des Erbscheins, wenn der Notar versichert, dass sich die Ausfertigung in seinem Besitz befindet.[75] 47

---

68 OLG Schleswig SchlHA 1949, 375; KG DNotZ 1972, 615; BayObLG BayObLGZ 1994, 160; OLG Naumburg ZEV 2016, 165.
69 BayObLG BayObLGZ 1960, 192.
70 Für alle: Grüneberg/*Weidlich*, § 2366 Rn 1; BGH BGHZ 33, 317.
71 Zweifelnd aber z.B.: KG DNotZ 1972, 615.
72 BGH DNotZ 1982, 159 ff.; BGH Rpfleger 1982, 16; OLG Bremen ZEV 2011, 586.
73 BayObLG BayObLGZ 1960, 501 ff. = Rpfleger 1961, 437; KG Rpfleger 1981, 497 ff.; auch zweifelhaft: Die Erbscheinsanordnung (§ 352 FamFG) ist nicht der Erbschein selbst. Wenn, dann muss dem GBA der Erbschein zugeleitet werden.
74 OLG Hamm Rpfleger 1994, 248; zweifelhaft: Die Richtigkeit des Grundbuchs hängt nicht von einer Kostenzahlung ab.
75 SchlHOLG SchlHA 1949, 374: zweifelhaft. Besser, man beschafft sich zusätzliche Ausfertigungen.

IV. Inhalt und Prüfungsrecht des GBA

1. Inhalt des Erbscheins

48 Der **Erbschein** ist allein darauf zu **prüfen**, ob er von der sachlich zuständigen Behörde erteilt worden ist und ob er das Erbrecht **formell und unzweideutig** bezeugt.[76] Sonst ist er auf seine Richtigkeit nicht nachzuprüfen.[77] Eine **weitere** Prüfung hat **nicht** stattzufinden.

Das GBA hat daher zu prüfen:

49 a) Die Angabe des **Namens des Erblassers und der Erben**. Erbeserben können nicht unmittelbar als Erben angegeben werden. In einem solchen Fall ist für **jeden Erbfall ein besonderer Erbschein** zu erteilen.[78] Die Zusammenfassung mehrerer Erbscheine in einer Urkunde ist zulässig, jedoch nicht praktisch.

50 b) Das **Erbrecht** ist festzustellen. Unzulässig ist eine reine Wiedergabe der Bestimmung des Testaments. Ist der Erbschein unvollständig oder enthält er nicht die in dem Gesetz vorgesehenen Angaben, z.B. Erbquoten, so liegt ein für das GBA maßgebender Erbschein überhaupt nicht vor.[79]

51 Zulässig ist neben der Erteilung des Erbscheins über das gesamte Erbrecht auch die Erteilung über einen einzelnen Erbteil (**Teilerbschein**) oder mehrere Erbteile (**Gruppenerbschein**), der auch als Zusammenfassung mehrerer Teilerbscheine in einer Urkunde[80] oder auch als gemeinschaftlicher Teilerbschein[81] oder als Gruppenerbschein ausgestellt werden kann. Auch die Ausstellung eines Erbscheins über einen Mindesterbteil ist zulässig, wenn das Erbrecht im Übrigen im Ungewissen ist.[82] Durch die **mehreren Teilerbscheine** muss die **gesamte Erbfolge** nachgewiesen sein. Es ist nicht möglich, aufgrund eines Teilerbscheins nur einige von mehreren Erben ins Grundbuch einzutragen, die übrigen aber unerwähnt zu lassen.[83]

52 Das **GBA** hat die **Angabe der Erbteile** jedoch nur bei der Feststellung **zu beachten**, ob das Erbrecht in vollem Umfang nachgewiesen ist, da eine Eintragung der Erbteile in das Grundbuch nicht erfolgen kann, wenn das Eigentum nicht zu 100 % ausgeschöpft wird. Weiter sind die Erbteile zu beachten, wenn ein Miterbe über seinen Anteil ganz oder teilweise verfügt. Eine inhaltliche Prüfung der Erbteile erfolgt nicht.

53 c) Ein **gegenständlich beschränkter Erbschein** kann bei Vorhandensein inländischen Vermögens eines ausländischen Erblassers erteilt werden (§§ 352c Abs. 1, 343 Abs. 2, 3 FamFG).[84] Der EuGH verlangt aber aus übergeordnetem Europarecht eine Normreduktion, wenn eine anderweitige mitgliedstaatliche Zuständigkeit zur Erteilung eines Europäischen Nachlasszeugnisses (ENZ) besteht.[85] Für Gegenstände, die sich im Gebiet der alten Bundesrepublik befinden und zum Nachlass eines vor dem 3.10.1990 im Gebiet der früheren DDR verstorbenen Erblassers gehören, kann ein gegenständlich beschränkter Erbschein nicht mehr erteilt werden.[86]

54 Von einem gegenständlich beschränkten Erbschein ist ein Erbschein zu unterscheiden, der **nur zu gegenständlich beschränktem Gebrauch** erteilt worden ist.

Die Verwendung eines solchen Erbscheins, der zur ausschließlichen Verwendung in einem anderen Verfahren erteilt worden war, hat das Kammergericht[87] für unzulässig bezeichnet. Mit der neuen Rspr.[88] muss demgegenüber jedoch die Auffassung vertreten werden, dass ein solcher kostenrechtlicher Vermerk die Gültigkeit und Wirksamkeit des Erbscheins nicht berührt.[89] Ein nur für Zwecke des Rückerstattungsverfahrens erteilter Erbschein ist daher als Grundlage für die Wiedereintragung des Rückerstattungsberechtigten aufgrund einer Rückerstattungsentscheidung oder eines Rückerstattungsvergleichs verwertbar;[90] im Übrigen kann und darf jedoch die Verwendung eines solchen Erbscheins, der zur Umgehung der Kostenvorschriften führen würde, vom GBA beanstandet werden.

---

76 KG OLG 1943, 185; BayObLG DNotZ 1991, 550 (für das Testamentsvollstreckerzeugnis).
77 BayObLG BayObLGZ 1990, 53 = Rpfleger 1990, 363.
78 KG KGJ 44, 100.
79 KG KGJ 34, 227; *Haegele*, Rpfleger 1951, 547.
80 KG KGJ 41, 90.
81 KG JFG 13, 41; OLG München JFG 15, 353.
82 Vgl. KG JFG 13, 43; OLG München JFG 15, 355.
83 AG Osterhofen NJW 1955, 468 m. zust. Anm. *Thieme*.
84 BGH BGHZ 1, 15 = NJW 1951, 152.
85 EuGH RNotZ 2018, 486.
86 BayObLG BayObLGZ 1992, 54 = Rpfleger 1992, 300.
87 KG HRR 1942 Nr. 109.
88 BayObLG BayObLGZ 1952, 71 = NJW 1952, 285.
89 Vgl. auch: OLG Saarbrücken BeckRS 2013, 21866; OLG München FGPrax 2011, 228.
90 BayObLG BayObLGZ 1952, 71.

d) Besteht **Testamentsvollstreckung**, so ist auch diese anzugeben, sofern sie nicht nur für Vermächtnisnehmer besteht. Eine Angabe ist nicht mehr notwendig, wenn die Testamentsvollstreckung weggefallen ist.[91]

Wurde die Testamentsvollstreckung unter einer aufschiebenden Bedingung angeordnet, so ist sie erst nach Eintritt der Bedingung im Erbschein aufzuführen;[92] überflüssig ist die Angabe des Namens und des Aufgabenkreises des Testamentsvollstreckers.

2. Erbschein bei Vor-/Nacherbschaft

a) Ist für einen **Vorerben** ein Erbschein erteilt worden, so gilt für den Inhalt § 352b FamFG. Nacherben[93] sind nach Möglichkeit mit Namen[94] anzugeben.

Anzugeben sind weiter Befreiungen des Vorerben[95] und diesem zugewendete Vorausvermächtnisse, wenn es sich um einen alleinigen Vorerben handelt.[96] Ist das Nacherbenrecht unvererblich, so ist dies anzugeben.[97] Ist zur Ausübung der Rechte des Nacherben[98] oder zur Verwaltung des Nachlasses nach Eintritt des Nacherbfalls[99] Testamentsvollstreckung angeordnet, so ist auch diese anzugeben.

Bei allen Vermerken in Bezug auf die Nacherben handelt es sich um **Beschränkungen des Vorerben**. Diese Vermerke sind daher vom Nachlassgericht nur dann aufzunehmen, wenn die Beschränkungen zur Zeit der Erteilung des Erbscheins noch bestehen. Ist der Nacherbe weggefallen oder der Vorerbe durch Erwerb der Anwartschaft des Nacherben Vollerbe geworden, entfällt auch der Nacherbenvermerk.[100] Hat ein Nacherbe seine Anwartschaft auf einen Dritten übertragen, so ist dieser an Stelle des Veräußerers im Erbschein aufzuführen.[101]

Zu beachten ist, dass der einem **Vorerben** erteilte Erbschein nur das Recht des Vorerben bezeugt. Die Angabe der Nacherben, der Voraussetzung des Eintritts der Nacherbschaft und der zur Nacherbschaft Berufenen erfolgt ausdrücklich zum Zweck der Beschränkung der Befugnisse des Vorerben.[102] Der Nacherbe selbst wird in keiner Weise legitimiert.[103] Ist der Nacherbfall nachgewiesen, so wird dadurch gleichzeitig bewiesen, dass der dem Vorerben erteilte Erbschein unrichtig geworden ist.[104]

b) **Nach Eintritt des Nacherbfalls** kann ein Erbschein nur noch an den damit zur Erbfolge berufenen Nacherben erteilt werden;[105] der Tag des Anfalls der Nacherbschaft ist anzugeben.[106] Die bis dahin vorhandene Grundbucheintragung ist ohne Bedeutung.[107]

3. Beweiskraft des Erbscheins

Bei der Berücksichtigung des **materiellen Inhalts des Erbscheins** ist zu unterscheiden:

In Abweichung von der materiell-rechtlichen Regelung (§ 2365 BGB) erbringt die Vorlage des Erbscheins nach § 35 GBO:

– **vollen Beweis für den Tod des Erblassers**. Ein weiterer Nachweis, etwa eine Sterbeurkunde, ist weder nötig noch zulässig;
– **vollen Beweis des bezeugten Erbrechts** in dem im Erbschein bezeichneten Umfang. Ein Nachweis, dass die Erbschaft angenommen oder nicht ausgeschlagen worden ist, ist daher überflüssig, ebenso der Nachweis, dass der Erbschein nicht für kraftlos erklärt worden ist.

---

91 KG KGJ 48, 148; KG JFG 18, 225.
92 KG JFG 10, 73.
93 RG RGZ 142, 172; BayObLG BayObLGZ 1960, 410; OLG Frankfurt DNotZ 1970, 692; LG Oldenburg Rpfleger 1979, 102.
94 OLG Dresden JFG 7, 269; BayObLG BayObLGZ 1983, 180 = Rpfleger 1983, 442; OLG Frankfurt Rpfleger 1994, 67.
95 KG KGJ 44, 78.
96 KG JFG 21, 222; BayObLG BayObLGZ 1965, 465.
97 KG JFG 15, 211; OLG Köln NJW 1955, 635.
98 KG KGJ 43, 95.
99 KG JW 1938, 1411.
100 KG JFG 18, 225: Dabei sind aber Anwartschaften etwaiger Ersatznacherben zu berücksichtigen, über die der Nacherbe nicht verfügen kann, siehe OLG München FGPrax 2015, 118.
101 KG JFG 20, 121.
102 BayObLG JFG 6, 135; OLG Frankfurt NJW 1957, 265.
103 OLG Zweibrücken NJW-RR 2011, 525; OLG Frankfurt FGPrax 2010, 175; OLG München DNotZ 2013, 153; OLG München FGPrax 2011, 173.
104 OLG München JFG 16, 328; OLG Frankfurt NJW 1957, 265; BGH BGHZ 1984, 196 = Rpfleger 1982, 333.
105 KG HRR 32 Nr. 12.
106 KG JFG 50, 87.
107 BGH Rpfleger 1982, 333; OLG Zweibrücken NJW-RR 2011, 525.

4. Wirksamkeit des Erbscheins

61 Die Wirksamkeit des Erbscheins ist nach der FG-Reform unproblematisch: Nachdem die Rechtsbehelfsmöglichkeit gegen die Erteilungsanordnung gewährt wird, ist jeder erteilte Erbschein per se wirksam.

5. Prüfungspflicht des GBA

a) Kraftloserklärung des Erbscheins

62 **Weiß das GBA**, dass der **Erbschein für kraftlos erklärt oder eingezogen** worden ist, so hat es den gestellten Antrag zurückzuweisen oder einen anderen Erbschein zu verlangen. Jedoch genügt nicht, dass ein bloßer Einziehungsantrag von einem der Beteiligten gestellt worden ist,[108] da hier keine Überprüfungsmöglichkeit besteht, ob dieses Verlangen zu Recht erhoben worden ist. Die Einziehung macht den Erbschein auch dann verfahrensuntauglich, wenn der Grund der Einziehung den Nachweis der Erbfolge an sich verstärken sollte.[109]

63 Eine **darüber hinausgehende materiell-rechtliche Prüfungsmöglichkeit** hat das GBA grundsätzlich **nicht**. Es ist an die Beurteilung der Formgültigkeit eines Testaments durch das Nachlassgericht gebunden,[110] ebenso an die Auslegung von letztwilligen Verfügungen durch das Nachlassgericht.[111] Die Verantwortung für die Richtigkeit des Erbscheininhalts trägt grundsätzlich das Nachlassgericht.[112] Das GBA ist weder berechtigt noch verpflichtet, in eine sachliche Prüfung des amtlichen Papiers einzutreten.[113] Das zeigt sich gerade an § 35 GBO: Der Erbe hätte sonst keine Möglichkeit, sich als Berechtigter im Grundbuch eintragen zu lassen, da ihn das GBA über die verweigerte Anerkennung des Erbscheins keine Legitimationsdokumente erteilen könnte.[114] Erweist sich der Erbschein nachträglich als unrichtig, so haftet das GBA nicht,[115] sofern die Unrichtigkeit nicht bekanntgeworden ist oder bei gehöriger Aufmerksamkeit ihm hätte bekannt werden müssen. Lässt sich nicht feststellen, dass die Unrichtigkeit bei gehöriger Aufmerksamkeit dem GBA nicht hätte entgehen können, so hat dies für die Rechtswirksamkeit des Vollzugs keinerlei Folgen.[116] Eine Gesetzesverletzung (§ 53 GBO) liegt nicht vor.

64 Die z.B. geäußerte Ansicht, dass das GBA den Erbschein zurückweisen könne, wenn seine Erteilung gefestigter Rechtsauffassung widerspreche,[117] ist abzulehnen. Die Verantwortung trägt allein das Nachlassgericht. Außerdem können die Auffassungen darüber, was als solche Rechtsauffassung zu bezeichnen ist, sehr auseinandergehen,[118] wodurch eine weitere Rechtsunsicherheit für die Beteiligten entstehen würde.[119] Auch ist allein das Nachlassgericht, nicht das GBA, Adressat für Einwände gegen die Richtigkeit des Erbscheins (mit daran gekoppeltem Instanzenzug).

65 Die Auffassung, dass das GBA in einem solchen Fall selbst die Richtigkeit des Erbscheins überprüfen könne und dürfe[120] und zu diesem Zweck die Akten des Nachlassgerichts beiziehen dürfe,[121] setzt das GBA an die Stelle des Nachlassgerichts und verletzt damit den Grundgedanken des Grundbuchrechts, dem GBA sichere und klare Verfahrensunterlagen zu beschaffen.

66 Die Tatbestandswirkung des Erbscheins bzw. dessen bindende vorgreifliche Feststellungen gilt aber spiegelbildlich auch für einen Erbprätendenten. Dieser kann vom GBA nicht die Eintragung einer vom Erbschein abweichenden Erbfolge verlangen.[122]

---

108 KG OLG 40, 156.
109 BGH FGPrax 2020, 249; OLG Düsseldorf FGPrax 2020, 156; Einziehung wegen Wegfall des Testamentsvollstreckervermerks.
110 KG KGJ 37, 253; KG JFG 18, 44; BayObLG BayObLGZ 1990, 53, 86 = DNotZ 1991, 548.
111 KG KGJ 34, 288; OLG München JFG 16, 148; OLG Celle Rpfleger 1958, 140; BayObLG Rpfleger 1997, 156; OLG Frankfurt BeckRS 2011, 00232 (unterschiedliche Auffassung bzgl. angeordneter Nacherbfolge); OLG Bremen FamRZ 2012, 335.
112 KG OLG 9, 333.
113 *Haegele*, Rpfleger 1951, 547.
114 Vgl. Argumentation v. OLG Frankfurt ZEV 2016, 275 (mit Anm. *Zimmermann*).
115 OLG Frankfurt Rpfleger 1979, 106.
116 OLG Frankfurt Rpfleger 1979, 106.
117 So OLG Frankfurt Rpfleger 1953, 36.
118 So mit Recht: OLG Celle Rpfleger 1958, 140.
119 Ebenso (bei materiell-rechtlich unzulässiger Ausstellung eines Erbscheins für einen Vermissten): LG Bamberg BayJMBl. 54, 214.
120 So *Haegele*, Rpfleger 1951, 547.
121 So LG Wuppertal Rpfleger 1951, 136.
122 OLG München FGPrax 2017, 12.

b) Berücksichtigung besseren Wissens des GBA

Umstritten ist das Verhalten des GBA, wenn ihm **nachträglich neue**, dem Nachlassgericht bei Erteilung des Erbscheins unbekannt gewesene Tatsachen **positiv bekannt werden**, welche der sachlichen Richtigkeit des Ausweises entgegenstehen und von denen das GBA annehmen muss, dass bei ihrer Kenntnis das Nachlassgericht den erteilten Erbschein einziehen werde. Die Rspr. hält das GBA zur Überprüfung für berechtigt und verpflichtet.[123] Teils wird angenommen, der Erbschein komme dann als Grundlage einer Eintragung nicht mehr in Betracht.[124]

Gegen die Auffassung, das GBA könne in diesem Fall den Erbschein nicht mehr zugrunde legen und müsse den gestellten Antrag ablehnen,[125] bestehen jedenfalls dann Bedenken, wenn nicht, wie in dem entschiedenen Fall, die Einziehung des Erbscheins durch das Nachlassgericht vollständig sicher ist.

Auch gegen die Auffassung, das GBA dürfe den vorhandenen Erbschein nicht mehr für eine Entscheidung zugrunde legen, sondern müsse – offenbar durch Zwischenverfügung – die Vorlage eines neuen Erbscheins verlangen,[126] bestehen Bedenken, da damit verschiedene Beurteilungsmöglichkeiten zwischen GBA und Nachlassgericht möglich sind und eine Rechtsunsicherheit für die Beteiligten geschaffen werden kann.

In einem solchen Fall wird daher die Auffassung vertreten werden müssen, dass nur eine **Rückfrage an das Nachlassgericht** mit einer Schilderung des Sachverhalts zur Klärung führen kann.[127] Allein eine solche Rückfrage entspricht dem Zweck des § 35 GBO, dem GBA die Beurteilung der Erbfolge zu entziehen. Ein Verstoß gegen das Verbot der Amtsermittlung liegt dabei nicht vor, da die Rückfrage lediglich erledigt, was sonst den Beteiligten aufgegeben werden müsste, nämlich eine Überprüfung des Erbscheins von Amts wegen (§ 2361 S. 1 BGB).

Behält das Nachlassgericht seine alte Stellungnahme bei, so ist das GBA an dessen Auffassung gebunden, auch wenn sie selbst unrichtig sein sollte.[128] Die Verantwortung für eine etwa dadurch entstehende Staatshaftung trifft allein das Nachlassgericht.

Leitet das Nachlassgericht jedoch daraufhin ein Verfahren zur Einziehung des Erbscheins ein, so kann das GBA im Wege der Zwischenverfügung den Nachweis verlangen, dass der Erbschein nicht eingezogen worden ist, oder den gestellten Antrag zurückweisen. Jedoch trägt im letzteren Fall das GBA das volle Haftungsrisiko, dass sich nachträglich seine Auffassung und die des Nachlassgerichts als unrichtig herausstellen sollten. Das Gleiche gilt, wenn eine solche Zurückweisung ohne Rückfrage erfolgen sollte. Nur wenn das GBA weiß, dass der Erbschein für kraftlos erklärt worden ist, hat es einen anderen Erbschein zu verlangen.[129] Das aber ist selbstverständlich, da vom kraftlosen Erbschein selbst bei körperlicher Vorlage des Dokuments keine Rechtswirkungen mehr ausgehen.

V. Besonderheiten im Höferecht

Im Geltungsbereich der **HöfeO in der Fassung vom 26.7.1976**[130] ist zusätzlich zu unterscheiden, soweit es sich beim Nachlass um landwirtschaftliche Höfe im Sinne der HöfeO handelt.

Für das **hoffreie Vermögen** kann ein normaler Erbschein erteilt werden.[131]

Die Anwendung des § 35 GBO ist ausgeschlossen, wenn der eingetragene Hofvorerbe mit Genehmigung des Landwirtschaftsgerichts den Hof im Wege der vorweggenommenen Erbfolge auf einen Nacherben übertragen hat und der Vertrag vollzogen wurde.[132]

---

123 *Haegele*, Rpfleger 1951, 547; OLG Frankfurt Rpfleger 1979, 106; BayObLG BayObLGZ 1990, 86; BGH BGHZ 117, 301.
124 BayObLG BayObLGZ 1990, 51, 57; BayObLG Rpfleger 1997, 156.
125 So KG KGJ 45, 253.
126 So KG JFG 18, 44.
127 Ebenso: BayObLG BayObLGZ 1990, 51, 57; OLG München RNotZ 2016, 185 (Anregung zur Einziehung).
128 So mit Recht: OLG Frankfurt NJOZ 2019, 1592; OLG Celle Rpfleger 1958, 140.
129 *Demharter*, § 35 Rn 26.
130 BGBl I 1976, 1933.
131 OLG Hamm JMBl. NRW 1953, 42; OLG Köln RDL 1953, 291; OLG Düsseldorf NJW 1953, 78; OLG Celle RDL 1956, 113; OLG Hamburg RDL 1958, 186; *Hense*, DNotZ 1952, 208 ff.
132 OLG Hamm Rpfleger 1985, 489.

76 Der nach § 18 Abs. 2 S. 2 HöfeO[133] und § 57 Abs. 11 BeurkG vom 28.8.1969[134] zu erteilende Erbschein muss den Hoferben angeben. Zusätzlich ist ein Hoffolgezeugnis erforderlich, wenn einer erbvertraglichen Hoferbeneinsetzung die Möglichkeit einer formlosen Hoferbenbestimmung gem. §§ 6 Abs. 1 S. 1, 7 Abs. 2 HöfeO entgegenstehen kann.[135] Das an sich nach § 14 HöfeO anzugebende Verwaltungs- und Nutznießungsrecht des überlebenden Ehegatten[136] ist für das GBA unbeachtlich, da es nicht eintragungsfähig ist.[137] Anstelle des Erbscheins kann nach § 18 Abs. 2 S. 3 HöfeO ein Hoffolgezeugnis erteilt werden.[138] Eines Hoffolgezeugnisses bedarf es nicht bei Vererbung eines Ehegattenhofes an den überlebenden Ehegatten.[139]

77 Dem GBA gegenüber kann die Hoferbfolge auch durch einen **Hoferbenfeststellungsbeschluss** (§ 11 Abs. 1g HöfeVfO vom 29.3.1976)[140] nachgewiesen werden, zumindest dann, wenn seit der rechtskräftigen Entscheidung fünf Jahre vergangen sind.[141]

F. Erbnachweis durch europäisches Nachlasszeugnis (ENZ)

I. Allgemeines

78 Mit EU-Verordnung Nr. 650/2012 des Europäischen Parlaments und des Rates vom 4.7.2012 (EuErbVO), ABl L S. 107, wurde ein dem Erbschein gleichwertiges Nachweisdokument in Gestalt des ENZ für den Rechtsverkehr zwischen den an der EuErbVO teilnehmenden Mitgliedsstaaten eingeführt. Im ENZ sind Erbschein und Testamentsvollstreckerzeugnis zusammengefasst. Dieses Zeugnis ist gedacht für den grenzüberschreitenden Verkehr und kann auch nur unter Darlegung eines grenzüberschreitenden Bezugs überhaupt beantragt werden (Art. 62 Abs. 1 EuErbVO). Ist das ENZ aber erteilt, gilt es auch im Inland (Art. 69 Abs. 2 EuErbVO). Das GBA darf also die fehlerhafte Erteilung, insbesondere den ggf. objektiv nicht gegebenen grenzüberschreitenden Bezug, nicht nachprüfen oder aus diesem Grund ein vorgelegtes ENZ zurückweisen. Das ENZ entfaltet wie der Erbschein, weitgehende Tatbestandswirkung für das GBA (Art. 69 Abs. 2 EuErbVO). Zweifel des GBA an inhaltlicher Richtigkeit sind wie beim Erbschein auszuräumen.[142] Die EuErbVO hat als Verordnung unmittelbare Geltung in allen teilnehmenden Mitgliedsstaaten und setzt sich bei Widersprüchen zum nationalen Recht aufgrund des Anwendungsvorrangs durch. Die EuErbVO kann und muss vom Nachlassgericht und GBA unmittelbar angewandt werden. Gleichwohl hat der deutsche Gesetzgeber ein flankierendes Ausführungsgesetz (IntErbRVG) erlassen und in diesem Zusammenhang § 35 GBO um das ENZ ergänzt.

79 Ein ausländisches ENZ ist unabhängig vom Ausstellungsort in jedem Fall verwendbar auch dann, wenn nach den anzuwendenden Verfahrensvorschriften eine geringere Richtigkeitsgewähr möglich erscheint und deswegen das ENZ – aus deutscher Sicht – nicht den Status einer öffentlichen Urkunde hätte. Die Einwände hiergegen (nämlich Anerkennung nur dann, wenn das ENZ zugleich öffentliche Urkunde sei[143]) sind unbegründet. Die Feststellungsdokumentation und Verwendbarkeitsanordnung der EuErbVO ist vom Status der Urkunde als öffentliche Urkunde abstrahiert. Im Übrigen könnten voraussichtlich in einem solchen Mitgliedsstaat auch keine anderen öffentlichen Urkunden als anderweitiger Nachweis beschaffen werden. Dementsprechend enthält § 35 GBO auch keine Einschränkung.

II. Form der Vorlage

80 Vom ENZ werden lediglich beglaubigte Abschriften erteilt, die nur mit einer befristeten Geltungsdauer von 6 Monaten versehen sind. Eine Vorlage in Ausfertigung kann damit nicht verlangt werden (Art. 70 Abs. 3 EuErbVO). Das KG verlangt zur Befristung die Gültigkeit des ENZ bei Eintragung.[144] Es bemisst die Kontrolle der Ausstellungsbehörde höher als den Schutz des Antragstellers vor von ihm nicht beeinflussbaren Verzögerungen im Grundbuchverfahren. § 878 BGB soll nicht anwendbar sein, da die Norm

---

133 BGBl I 1976, 1933.
134 VGBl 1969, 1513.
135 OLG Oldenburg Rpfleger 1989, 95.
136 OLG Celle MDR 1949, 189.
137 OLG Celle Rpfleger 1968, 155 m.w.N.
138 A.A. AG Düren JMBl. NRW 48, 189 m. abl. Anm. *Themmen*.
139 OLG Oldenburg Rpfleger 1977, 117.
140 BGBl I 1976, 885.
141 OLG Hamm DNotZ 1962, 422.
142 OLG Saarbrücken FGPrax 2019, 169.
143 *Buschbaum/Simon*, ZEV 2012, 525.
144 KG DNotZ 2020, 120 mit krit. Anm. *Weber*; ablehnend auch *Kurth*, ErbR 2020, 321, 323.

auch bei Kenntnis des GBA von einer Einziehung des Erbscheins zwischen Antrag und Eintragung nicht gelte. Umso wichtiger für die Praxis ist die vorherige (schnelle) Grundbuchberichtigung durch Offenlegung der Erbfolge.

Die beglaubigte Abschrift ist jedenfalls nicht regelmäßig zu erneuern, um die Grundbucheintragung dauerhaft darauf zu stützen.[145] Die Grundbuchberichtigung der Erbfolge, wenn erfolgt, trägt sich aus sich heraus und ist Vermutungsgrundlage nach § 891 BGB. Wegen dieser Befristung ist zu erwarten, dass die Anträge auf isolierte Grundbuchberichtigung durch Eintragung der Erbfolge (ohne gleichzeitige Verfügung) tendenziell zunehmen werden.

Da gegenwärtig bereits der Erbschein in Ausfertigung vorgelegt werden muss (wegen der Gefahr der zwischenzeitlichen Einziehung), ist zu erwarten, dass die Grundbuchpraxis auch vom ENZ jeweils die beglaubigte Abschrift, unmittelbar von der Ausstellungsbehörde stammen, verlangen wird.[146] Gleichwohl ist diese Analogie nicht in jeder Hinsicht überzeugend: Eine Einziehung sieht die EuErbVO für beglaubigte Abschriften nicht vor. Zum anderen kann – ebenso wie beim Erbschein – die doppelte Vorlagepflicht bei Beurkundung und Grundbuchvollzug den möglichen redlichen Erwerb zu Lasten des gutgläubigen Erwerbers vereiteln.

III. Vermächtnisse/Teilungsanordnungen im ENZ

Das ENZ kann auch dinglich wirkende Vermächtnisse verlautbaren (Art. 63 Abs. 2a EuErbVO). Bei einem in Deutschland erteilten ENZ tritt dies aber nur in dem – an sich irregulären – Fall ein, dass ein deutsches Nachlassgericht ausländisches Erbrecht anwendet. Bei deutschem Erbstatut gilt nach gegenwärtigem Stand in jedem Fall die allein schuldrechtliche Wirkung des § 2074 BGB. Vorrangig geht es also um die Anwendung ausländischer ENZ (mit ausgewiesenem dinglichem Vermächtnis) im Grundbuchverfahren.

Bei ausländischem Erbstatut hat der EuGH aber eine Korrektur der deutschen Rechtsauffassung verlangt, wonach (bisher) auch dinglich wirkende Vermächtnisse in lediglich schuldrechtliche Vermächtnisse mit nachfolgendem Erfüllungsakt (der als Auflassung dann selbstständig den Vollzug trüge) umzudeuten wären.[147] Stattdessen müssen nun dinglich wirkende Vermächtnisse unmittelbar durch Grundbuchberichtigung eintragungsfähig sein. In Betracht kommt dabei die Grundbuchberichtigung auf Grundlage einer Berichtigungsbewilligung oder, näher liegend, auf der Grundlage eines Ausweises des Vermächtnisses im ENZ gem. § 22 GBO.[148]

Die nähere Einpassung dieser europarechtlichen Vorgaben in das deutsche Grundbuchverfahrensrecht ist jedoch noch ungeklärt. Offen ist bspw. die Umsetzung, wenn die vom Vermächtnis vermittelte Eigentumsposition unserer Vorstellung eines absoluten Eigentums nicht vollständig entspricht und erst weitere Realakte hinzukommen müssen.[149] Diese entzögen sich, sollte ein Nachweis im Grundbuchverfahren erforderlich sein, natürlich der Form des § 29 GBO. Einzuhalten sind auch andere Verfahrensvorgehen des dt. Grundbuchverfahrensrechts, insbesondere die richtige Grundstücksbezeichnung nach § 28 GBO.[150]

Bei Vermächtnissen, die nicht eigentumsbezogen sind, stellt sich zudem die Frage, wer über die ggf. erforderliche Anpassung des dinglichen Rechts entscheidet. Jedenfalls hinsichtlich des Vermächtnisinhalts wird der Vorrang des deutschen Registerrechts und damit der Numerus clausus der dinglichen Rechte von niemandem bestritten. Da ja bei dinglicher Wirkung keine anderen innerdeutschen Stellen zu beteiligen sind, bleibt nur das GBA selbst. Von der Ausstellungsbehörde ist die erforderliche Kenntnis des deutschen Immobiliarsachenrechts nicht zu erwarten.

Denkbar wäre dabei, eine privatautonome Korrektur oder Vervollständigung/Klarstellung zuzulassen, bei welcher dann Eintragungsgrundlage natürlich nicht mehr das ENZ (gem. § 22 GBO), sondern eine

---

145 *Wilsch*, ZEV 2012, 530.
146 So nun KG DNotZ 2020, 120.
147 Zur früheren Lage: BGH NJW 1995, 58; nun: EuGH NJW 2017, 3767; dazu *Wilsch*, ZfIR 2018, 595. OLG Saarbrücken FGPrax 2019, 169.
148 OLG Saarbrücken FGPrax 2019, 169 (dinglich wirkendes Nießbrauchsvermächtnis); KG NJW-RR 2023, 80 (Italien).
149 Zum französischen Recht etwa: *Döbereiner*, GPR 2014, 42.
150 OLG Saarbrücken FGPrax 2019, 169; *Kurth*, ErbR 2020, 321, 323.

darauf aufbauende Berichtigungsbewilligung (§ 19 GBO) sein müsste. Möglicherweise kann sich die Praxis auch dazu durchringen, die Eintragung des Vermächtnisses auf Grundlage einer gemischten Eintragungsgrundlage zuzulassen, d.h. also die Grundbuchberichtigung nach §§ 22, 29 GBO auf der Grundlage des ENZ durch eine verfügende (Auslegungs-)Bewilligung des Betroffenen zu flankieren. Dieser Vorschlag steht zwar diametral zu allen Grundsätzen des bisherigen Grundbuchverfahrensrechts, wonach eine Bewilligung nur entweder Verfügungs- oder Berichtigungsbewilligung sein kann. Allerdings stellt die europarechtliche Vorgabe des EuGH auch neue Herausforderungen an das Verfahrensrecht, weswegen für die Lösung kommender Probleme keine Denkverbote bestehen sollten. Bezeichnenderweise verlangt zwar das OLG Saarbrücken die ordnungsgemäße Grundstücksbezeichnung nach § 28 GBO, sagt aber nichts dazu, wo sie herkommen soll.[151]

88 Faktisch geklärt hat der EuGH jedenfalls die Kollision eines deutschen Fremdrechtserbscheins (ohne ausgewiesenes dingliches Vermächtnis) mit einem Auslands-ENZ mit dinglich wirkendem Vermächtnis, indem er eine Normbeschränkung der deutschen internationalen Zuständigkeitsvorschriften verlangt.[152] Damit besteht eine innerdeutsche Zuständigkeit zur Erteilung eines Fremdrechtserbscheins nur noch im Verhältnis zu Drittstaaten. Eine Anpassung der Vorschriften zum deutschen Erbschein durch Aufnahme auch von Vermächtnissen erscheint deswegen nicht zwingend.[153]

Das OLG München hat zu einem österreichischen ENZ, welches eine dinglich wirkende Teilungsanordnung verlautbarte, dem GBA ein inhaltliches Prüfungsrecht mit Nichtakzeptanz einer dinglichen Wirkung zugestanden,[154] m.a.W.: Das deutsche GBA kennt österreichisches Recht besser als der österreichische Gerichtskommissionär. Demgegenüber hat *Ackermann* darauf hingewiesen, dass Österreich sehr wohl Teilungen mit unmittelbar dinglicher Wirkung kennt und diese als Teil der Erbfolge ansieht. Das spricht m.E. dafür, entsprechende Aussagen im ausländischen ENZ Tatbestandswirkung zu lassen. Allenfalls denkbar, wenngleich im internationalen Rechtsverkehr wenig praktisch, wäre die Annahme eines Remonstrationsrechts gegenüber der Ausstellungsbehörde parallel zum Prüfungsrecht beim deutschen Erbschein.

Die Verlautbarung im ENZ kann durch eigenen Vortrag der Begünstigten widerlegt werden.[155]

IV. Korrektur des ENZ

89 Die EuErbVO sieht bei unrichtigem ENZ statt einer Einziehung den Widerruf des ENZ vor, sowie im vorläufigen Rechtsschutz die Aussetzung der Wirkungen (Art. 71, 73 EuErbVO). Selbst wenn letzteres eine Einschränkung des ENZ und der hiervon erteilten (gültigen) beglaubigten Abschriften in ihrer Eignung als Rechtsscheinträger meinen sollte, sind Rückfragen weder durch GBA, Notar oder Erwerber veranlasst. Das wäre mit dem vermittelten Rechtsschein unvereinbar.

V. Verhältnis des ENZ zu öffentlich beurkundeten Verfügungen von Todes wegen

90 Das ENZ beseitigt nicht die bisherige Verwendbarkeit ausländischer öffentlich beurkundeter Testamente.

G. Verfügung von Todes wegen und Eröffnungsniederschrift
I. Allgemeines

91 Öffentliche Testamente reichen grundsätzlich nach Abs. 1 u. 2 ebenfalls für den Nachweis der Erbfolge aus. Das GBA hat hier besondere Prüfungspflichten. Im Rahmen des Abs. 1 S. 2 hat das GBA auch andere öffentliche Urkunden als die Verfügung von Todes wegen zu berücksichtigen, vor allem Personenstandsurkunden.[156] Deswegen kommt ein Verlangen nach Beibringung eines Erbscheins nicht in Betracht, solange es allein um die Berücksichtigung von Dokumenten geht, die das GBA gem. § 29 GBO selbst auch

---

151 OLG Saarbrücken FGPrax 2019, 169.
152 EuGH RNotZ 2018, 486: Dies wurde von *Wilsch*, ZfIR 2018, 595 noch nicht berücksichtigt.
153 In diesem Sinne plädiert *Wilsch*, ZfIR 2018, 595.
154 OLG München MittBayNot 2021, 157 mit abl. Anm. *Ackermann*.
155 OLG München ZEV 2021, 179 (Italien).
156 BayObLG BayObLGZ 1989, 11.

als tauglichen Nachweis berücksichtigen müsste. Außerdem kann das GBA aktenkundiges Wissen aus anderen Abteilungen desselben Gerichts beiziehen und ausnutzen.[157]

Aus der Verwendbarkeit erbfolgerelevanter notarieller Urkunden gegenüber dem GBA folgt in der Gesamtbetrachtung ein erheblicher Kostenvorteil.[158]

II. Verfügung von Todes wegen

1. Form

Die Verfügung von Todes wegen muss als öffentliche Urkunde formgültig errichtet sein. Anders als bei Erbscheinen kann es sich dabei jedoch auch um ausländische öffentliche Urkunden handeln.

Nach **deutschem Recht** kommen Testamente und Erbverträge (§ 2276 BGB) zur Niederschrift eines deutschen Notars oder eines Berufskonsuls oder Konsularbeamten in Betracht (§§ 2231 Nr. 1, 2232 ff., 2276 BGB; §§ 10, Abs. 1 Nr. 1, 11, 19, 24 KonsularG v. 8.11.1867 i.d.F. des Gesetzes vom 11.9.1974,[159] vor Inkrafttreten des Konsulargesetzes vom 11.9.1974 vor einem ermächtigten Berufskonsul bzw. Kanzlerbeamten (§§ 16, 37a KonsularG v. 8.11.1867 i.d.F. des Gesetzes vom 14.5.1936).[160]

Öffentliche Urkunde ist ferner das Nottestament vor dem Bürgermeister gem. § 2249 BGB, da dieser eine mit Amtsbefugnis (§ 415 ZPO) ausgestattete Person ist.[161] Trotz gleicher Verfahrensvorgaben (§ 2250 Abs. 1 BGB) bleibt das Dreizeugentestament hingegen Privaturkunde.[162]

2. Kollision von öffentlicher Urkunde und privatschriftlichem Testament

Liegt **neben** dem öffentlichen Testament **ein eigenhändiges Testament** vor, so bleibt es bei der Regel des Abs. 1 S. 1,[163] sofern die Erbfolge (auch) auf dem privatschriftlichen Testament beruht. Eine Erbfolge allein aufgrund öffentlichen Testaments liegt vor, wenn das privatschriftliche Testament widerrufen wurde, ungültig ist oder ersichtlich keine Erbeinsetzung enthält. Weil der Erbschein nicht nur das Erbrecht, sondern, wenn unbeschränkt erteilt, auch die Verfügungsberechtigung nachweist, scheidet Abs. 1 S. 2 schon bei einer nachfolgend privatschriftlich angeordneten Testamentsvollstreckung aus, ebenso bei einer privatschriftlichen Ergänzung durch eine Verwirkungsklausel.[164] Gleiches gilt, wenn das nachfolgende privatschriftliche Testament die Erbeinsetzung des öffentlichen Testaments exakt identisch wiederholt.[165] Vereinzelt wurde ein Erbschein für entbehrlich gehalten, wenn das nachfolgende öffentliche Testament auf einem handschriftlichen Testament aufbaute.[166] Das ist zu weitgehend. Die Erbfolge richtet sich dann nach dem privatschriftlichen Testament, ein Erbschein ist erforderlich. Eine andere Frage kann allenfalls dahin gehen, ob nicht das (nachfolgende) öffentliche Testament im Sinne einer tragenden Erbeinsetzung auszulegen sein kann – dann müssen aber zumindest die Erben und Erbquoten benannt sein. Bei dieser Frage geht es um die auch sonst erforderliche Feststellung der Wirksamkeit bzw. des Widerrufenseins eines Testaments. Diese Einschätzung ist im Grundsatz vom GBA zu erwarten. Die Feststellung, dass ein eröffnetes privatschriftliches Testament nicht für die Erbfolge maßgeblich wird, kann somit das GBA ungeachtet der Beschränkung in § 35 GBO treffen.[167]

Beruht die Erbfolge, die in das Grundbuch eingetragen werden soll, auf einem notariellen Testament und hat der Erblasser mit seinem Ehegatten vor diesem Testament ein gemeinschaftliches eigenhändiges Testament errichtet, so obliegt dem GBA auch die Auslegung dieses Testaments zu der Frage, ob die Wirksamkeit der späteren Erbeinsetzung von der Bindungswirkung des gemeinschaftlichen Testaments berührt wird. Das nachfolgende öffentliche Testament ist für die Erbfolge maßgeblich (dann Abs. 1 S. 2 anwendbar), wenn sich – auch unter Hinzuziehung gesetzlicher Auslegungsregeln – aus dem gemein-

---

157 OLG München MittBayNot 2017, 271; KG JFG 11, 194, 198; BayObLG BayObLGZ 1974, 1; BayObLG BayObLGZ 2000, 167.
158 *Langel*, NJW 2017, 3617.
159 BGBl I 1974, 2317; dazu: *Geimer*, DNotZ 1978, 3.
160 RGBl I 1936, 447; Ges. v. 16.12.1950: BGBl I 1950, 784.
161 BeckOGK-BGB/*Grziwotz*, § 2249 Rn 38.
162 BeckOGK-BGB/*Grziwotz*, § 2250 Rn 27.
163 BayObLG Rpfleger 1993, 324 nur Ls.; BayObLG MittBayNot 1993, 28.
164 OLG Schleswig ZEV 2023, 226.
165 KG JFG 18, 332; BayObLG Rpfleger 1987, 60; BayObLG 1986, 421 = Rpfleger 1987, 59, 60; *Demharter*, § 35 Rn 42.
166 BayObLG Rpfleger 1983, 18.
167 Zur Reichweite der Auslegungspflicht siehe OLG Frankfurt FGPrax 1998, 207; *Demharter*, § 35 Rn 36.

schaftlichen privatschriftlichen Testament keine Bindungswirkung ergibt. Ist die nachfolgende Erbeinsetzung wegen vorrangiger Bindung des gemeinschaftlichen Testaments hingegen unwirksam oder bleiben zumindest Zweifel über den Bestand einer Bindungswirkung bestehen, muss das GBA auf der Vorlage eines Erbscheins bestehen.[168]

98 Nur wenn die Klärung dieser Frage weitere tatsächliche Ermittlungen über den Willen des Erblassers und seines Ehegatten erforderlich macht, ist das GBA berechtigt und verpflichtet, zum Nachweis der Erbfolge einen Erbschein zu verlangen.[169] Geht das privatschriftliche Testament nach, so verliert die öffentliche Urkunde ihre Eigenschaft als Eintragungsgrundlage.[170] Ein Widerspruch ist nicht gegeben, wenn nach Auslegung des privatschriftlichen zweiten Testaments keine Zweifel am Fortbestand der im ersten öffentlichen Testament enthaltenen Erbeinsetzung bleiben.[171]

Ein bloßes privates Testament in Verbindung mit der Eröffnungsniederschrift genügt zum Nachweis des Bestehens eines Vermächtnisanspruchs bei dessen Erfüllung durch den nicht befreiten Vorerben. Die Zustimmung des Nacherben ist dann nicht erforderlich.[172]

99 In der umgekehrten Reihenfolge – erst öffentliches gemeinschaftliches Testament/Erbvertrag, nachfolgend einseitiges privatschriftliches Testament – muss das GBA die Unwirksamkeit des späteren privatschriftlichen Testaments anhand der ausdrücklichen Aussage des öffentlichen Testaments zur Bindungswirkung sowie unter Anwendung des § 2270 Abs. 2 BGB feststellen. Führt dies zu dem eindeutigen Ergebnis, dass das nachfolgende Testament unwirksam ist, kann kein Erbschein verlangt werden.

3. Im Ausland beurkundete Testamente

100 Auch **ausländische öffentliche Urkunden** genügen.[173] Der Charakter als öffentliche Urkunde bemisst sich nach § 415 ZPO; dies unterliegt der Prüfung durch das Grundbuchamt. In der Regel wird es sich um Niederschriften zu Protokoll ausländischer Notare handeln.

Die Kenntnis ausländischen Rechts hat das GBA sich selbst zu beschaffen (vgl. aber § 13 GBO Rdn 13).[174] Allerdings wird man bei der Frage der Testamentsauslegung deutlich weniger vom GBA verlangen können.

In Fällen der **interlokalen** Nachlassspaltung (frühere DDR) richtet sich auch die Testamentsauslegung nach dem dafür geltenden Erbstatut.[175]

101 Zu prüfen sind weiter **Form und Inhalt** der vorgelegten Verfügung von Todes wegen. Von Bedeutung sind lediglich die Erbeinsetzung sowie deren Beschränkung durch Anordnung einer Nacherbschaft oder Testamentsvollstreckung. Aufgrund der notariellen Mitwirkung gibt es hier allerdings weniger Probleme. Auch das GBA müsste aber zur Unwirksamkeit der Urkunde führende Verstöße gegen Muss-Vorschriften des BeurkG beachten, ebenso eine Auslegung vornehmen.

4. Höfeordnung (HöfeO)

102 Im Geltungsbereich der **HöfeO** ist der Hofeigentümer bei Einsetzung eines Hoferben (§ 7 Abs. 1 HöfeO) nicht gebunden, einen gesetzlich zur Hoffolge Berufenen einzusetzen.[176] Der eingesetzte Erbe muss jedoch wirtschaftsfähig sein (§ 7 Abs. 1 HöfeO).[177] Gesetzlich unbeschränkter Vollerbe auf Dauer ist der Abkömmling, dem die Bewirtschaftung des Hofes auf Dauer übertragen ist. Eine bedingte Hoferbfolge ist nicht vorgesehen.[178] Dies gilt auch bei Erbfällen nach dem 1.7.1976, wenn die Überlassung auf Dauer vor diesem Zeitpunkt erfolgte. Liegen die Voraussetzungen des § 6 Abs. 1 Nr. 1 HöfeO vor, so kann der Erb-

---

168 OLG München FGPrax 2016, 254 = NZFam 2016, 910 m. Anm. *Wilsch*; OLG München FamRZ 2017, 1008.
169 BayObLG Rpfleger 2000, 266; OLG München RNotZ 2016, 396.
170 Zust. *Meyer-Stolte*, Rpfleger 1975, 313; BayObLG MittBayNot 1993, 28; OLG Hamm Rpfleger 2001, 71; OLG Frankfurt NJW-RR 2005, 380; OLG Hamm BeckRS 2013, 00426.
171 BayObLG BayObLGZ 1986, 421 = Rpfleger 1987, 60.
172 OLG Düsseldorf Rpfleger 2003, 495, 496.
173 LG Aachen Rpfleger 1965, 234.
174 LG Aachen Rpfleger 1965, 234; OLG Köln DNotZ 1972, 182 f. (das ehel. Güterrecht).
175 OLG Köln Rpfleger 1994, 358.
176 BGH RDL 51, 96.
177 BGH BGHZ 3, 203.
178 BGH Rpfleger 1994, 394.

lasser den Abkömmling auch nicht durch nachfolgende testamentarische Anordnung einer Nacherbschaft beschränken.[179] Die Einsetzung unter Übergehen sämtlicher Abkömmlinge bedarf nicht mehr der gerichtlichen Genehmigung (§ 7 Abs. 2 HöfeO: jedoch kann die Benennung am Vorhandensein eines Hoferbenberechtigten scheitern).[180] Wenn einer erbvertraglichen Hoferbeneinsetzung die Möglichkeit einer formlosen Hoferbenbestimmung gem. §§ 6 Abs. 1, 7 Abs. 2 HöfeO entgegenstehen kann, ist zur Grundbuchumschreibung ein Hoffolgezeugnis erforderlich.[181] Die Vorlage der in einer öffentlichen Urkunde enthaltenen Verfügung von Todes wegen genügt nicht zum Nachweis des Erbrechts hinsichtlich des Hofes.[182] Es kann aber durch eidesstattliche Versicherung nachgewiesen werden, dass der Erblasser zu Lebzeiten keinen Hoferben gem. § 6 Abs. 1 HöfeO bestimmt hat.[183]

Im Fall der Vor- und Nacherbschaft genügt es für einen Antrag auf Ersuchen um Löschung des Hoferbenvermerks nach § 3 Abs. 1 Nr. 2 HöfeO, wenn nur bestimmte Personen in Betracht kommen und diese alle, wie auch der Vorerbe, die Hofaufgabeerklärung abgegeben haben.[184]

III. Eröffnungsniederschrift

Vorgelegt werden muss das Eröffnungsprotokoll (§§ 2260 ff., 2273, 2300 BGB). Wird dieses vorgelegt, so kann der Nachweis der Annahme oder der Nichtausschlagung der Erbschaft nicht verlangt werden, auch wenn die Testamentseröffnung ohne Ladung und Anwesenheit der Beteiligten erfolgte.[185]

103

Vorgelegt werden muss diese Niederschrift auch bei einem **ausländischen Testament**, gleichgültig, ob das ausländische Recht eine solche Niederschrift kennt oder nicht.[186] Fehlt es daran, so muss ein Erbschein vorgelegt werden.

104

Ein **gemeinschaftliches Testament** erfordert nach dem Tod des Längstlebenden eine zweite Eröffnungsverhandlung, auch wenn es nach dem Tod des Erstversterbenden eröffnet worden ist.[187] Dies gilt **auch** beim **Erbvertrag**.

105

IV. Form der Vorlage

Die Verfügung von Todes wegen und die Eröffnungsniederschrift können auch in **beglaubigter Abschrift** vorgelegt werden.[188] Beglaubigte Abschrift von beglaubigter Abschrift genügt.[189]

106

Die Prüfung hat sich auf die Formgültigkeit und den Inhalt der letztwilligen Verfügungen zu erstrecken. Die erhöhte Beweiskraft nach § 415 ZPO beim notariellen Testament ist zu beachten.[190] Formgültig ist die Verfügung von Todes wegen nur bei Verstoß gegen Muss-Vorschriften des Beurkundungsrechts, nicht bei Verstößen gegen Soll-Vorschriften. Aus dem Fehlen von Soll-Vermerken ergeben sich noch keine Wirksamkeitszweifel, deren Ausräumung das GBA verlangen müsste oder könnte.[191]

Die Vorlage wird durch Verweisung auf den die Urkunden enthaltenden Akteninhalt ersetzt, wenn es sich dabei um die Akten des gleichen Amtsgerichts handelt.[192]

V. Auslegungsfragen und Lückenfüllung

1. Verhältnis von Erbschein zu öffentlichem Testament als Nachweisdokument

Den Erbschein als Erbfolgenachweis konstituiert § 35 GBO als abschließend. Einen Erbschein könnte das GBA damit nur wegen derart gravierender inhaltlicher Mängel zurückweisen, die den Erbschein zu einem „Schein-Erbschein" machen. Das kommt praktisch nicht vor, zumal der typische Erbschein ja auch in-

107

---

179 BGH Rpfleger 1994, 394.
180 Zum Begriff der Wirtschaftsfähigkeit vgl. wegen des Nachweises: OLG Oldenburg Rpfleger 1959, 175; *Schmidt*, MDR 1960, 19.
181 OLG Oldenburg Rpfleger 1989, 95; *Demharter*, § 35 Rn 44.
182 OLG Oldenburg Rpfleger 1984, 13; *Demharter*, § 35 Rn 44.
183 OLG Hamm FamRZ 2017, 1428.
184 BGH Rpfleger 2004, 474 = NJW-RR 2004, 1233.
185 LG Amberg Rpfleger 1991, 451.
186 KG KGJ 36, 164.
187 RG RGZ 137, 228.
188 KG JW 1938, 1411.
189 KG FGPrax 1998, 7.
190 OLG Frankfurt Rpfleger 1990, 290.
191 OLG Düsseldorf NJW-RR 2020, 873 (zu § 13 Abs. 1 S. 2 BeurkG).
192 OLG München JFG 20, 373; KG JFG 23, 299; BGH Rpfleger 1982, 16.

haltlich nicht besonders kompliziert ist. Demgegenüber enthält für den Erbnachweis durch öffentliches Testament schon der Normwortlaut eine Zurückweisungsberechtigung bei Unklarheiten. Diese sind selbst bei bester Notarpraxis letztlich unvermeidbar, beruhen sie zwar zum Teil aus Formulierungsunschärfen, zum größten Teil aber aus nicht vorhergesehenen und nicht vorhersehbaren Entwicklungen zwischen Abfassung (Beurkundung) des Testaments und Erbfall. Während der Erbschein ex post die Erbfolge feststellt, antizipiert das Testament diese Erbfolge auf prognostizierter Tatsachengrundlage.

108 Der Wortlaut des § 35 GBO scheint dem GBA einen weitgehenden Ermessensspielraum hinsichtlich Akzeptanz oder Zurückweisung öffentlicher Testamente zu geben. Jedenfalls stellt die Formulierung „erachtet das GBA [...] für nicht nachgewiesen" auf seine und insoweit dann subjektive Erkenntnis ab. Darüber ist die Rechtsentwicklung indes hinweggegangen. Vom GBA werden sehr weitgehende Anstrengungen bezüglich Auslegung und auch Tatsachenermittlung auf der Grundlage vorgelegter öffentlicher Urkunden erwartet, bevor eine Zurückweisung des öffentlichen Testaments erfolgen darf. Die inhaltliche Prüfung schließt die Pflicht zu einer etwa notwendigen Auslegung ein.[193] Für das Handelsregisterverfahren beschränkt OLG Stuttgart[194] etwa das Erbscheinverlangen auf offene Ermittlungen in tatsächlicher Hinsicht. Die Zurückweisungsentscheidung ist uneingeschränkt beschwerdefähig, auch mit der Begründung, das Beharren auf einem Erbschein erfolge zu Unrecht.[195]

2. Wirksamkeit

109 Die Wirksamkeit des Testaments, insbesondere im Hinblick auf die Einhaltung der zwingenden Vorgaben des BeurkG (Muss-Vorschriften) hat das GBA selbstständig zu überprüfen.

Die Wirksamkeitsprüfung bezieht sich bei mehreren eröffneten Testamenten auf Fragen des Widerrufs, bei einseitigen, im Gegensatz zu gemeinschaftlichen Testamenten/Erbverträgen auch auf den Vorrang bindender Verfügungen. Aufgrund des mitvorzulegenden Eröffnungsprotokolls kann das GBA aber den Eintritt des Erbfalls zugrunde legen (keine gesonderte Sterbeurkunde erforderlich) sowie von der Vollständigkeit der eröffneten Testamente ausgehen.[196] Die Möglichkeit, dass weitere privatschriftliche Testamente vorhanden sein könnten, hat das GBA unberücksichtigt zu lassen.[197] Der Erbprätendent muss vielmehr diese Testamente beim Nachlassgericht vorlegen und eine Nachtragseröffnung veranlassen.

Etwaige abstrakte Möglichkeiten, die nur unter ganz bestimmten Umständen das aus dem Testament hervorgehende Erbrecht in Frage stellen können, genügen niemals, das Verlangen nach einem Erbschein oder eine eidesstattliche Negativversicherung zu begründen.[198] Das GBA ist auch nicht berechtigt, rein vorsorglich Einsicht in den (beim gleichen Amtsgericht) geführten Nachlassakt zu nehmen, um daraus eventuelle Unwirksamkeitsgründe zu erfahren.[199]

a) Testierfähigkeit

110 Fraglich ist der Einwand der fehlenden Testierfähigkeit des Erblassers. Hat der beurkundende Notar mit Zweifelsvermerk beurkundet, weil schon er sich nicht von der vollen Testierfähigkeit überzeugen konnte, kann m.E. das GBA ohne weiteres auf Vorlage des Erbscheins bestehen. Die Geschäftsfähigkeit lässt sich im nachlassgerichtlichen Verfahren einfacher und für die Beteiligten überzeugender klären. Dass beim Vollzug von sachenrechtlichen Verfügungen ggf. auch das GBA mit diesen Fragen konfrontiert wird, spricht nicht dagegen: Dort muss im Grundbuchverfahren eine Entscheidung erfolgen, weil parallele Verfahrensoptionen nicht bestehen.

111 Ging der Notar von der vollen Testierfähigkeit aus, so ließ die ältere Rspr. eine auf fehlende Testierfähigkeit gestützte Zurückweisung nur dann zu, wenn ein erstinstanzliches Urteil ergangen ist, welches die Nichtigkeit des Testaments feststellt[200] oder zumindest ein entsprechendes Gerichtsverfahren nachgewiesen werden kann. Das Verlangen nach einem anderweitig eingeleiteten Gerichtsverfahren ist

---

193 BayObLG Rpfleger 1970, 344; OLG Hamm DNotZ 1972, 98; OLG Stuttgart Rpfleger 1975, 135; OLG Naumburg Rpfleger 2013, 532. KG FGPrax 2020, 193 (Auslegung einer „Dieterle-Klausel" durch GBA).
194 OLG Stuttgart ZEV 2012, 338.
195 Jedenfalls seit KG KGJ 24, 88 st. Rspr., zuletzt etwa: OLG Naumburg Rpfleger 2013, 532.
196 *Demharter*, § 35 Rn 46.
197 OLG Hamm JMBl. NRW 1963, 181; OLG Frankfurt FGPrax 1998, 207.
198 OLG München JFG 22, 186.
199 OLG Frankfurt FGPrax 2021, 197 mit abl. Anm. *Bestelmeyer*.
200 OLG Celle NJW 1961, 562.

aber zu eng. Es wäre für den Erbprätendenten auch nicht der nächstliegende Schritt. Viel näher liegt für ihn ja ein Erbscheinsantrag unter Berufung auf ein früheres Testament zu seinen Gunsten bzw. die gesetzliche Erbfolge. Andererseits kann aber nicht die bloße Behauptung der Testierunfähigkeit schon Abs. 1 S. 2 außer Kraft setzen.[201] Richtigerweise wird man zur Erschütterung der Testierfähigkeitsvermutung sowohl einen abweichenden Erbscheinsantrag des Erbprätendenten beim Nachlassgericht verlangen müssen, sowie, vor dessen Erteilung, einen derart substantiierten Vortrag zu Tatsachen, dass das Nachlassgericht in eine vertiefte Sachprüfung (z.B. durch Gutachterauftrag) eingetreten ist.

Begründete Zweifel an der durch öffentliches Testament ausgewiesenen Erbfolge müssen sich dem GBA auch aufdrängen, wenn das Nachlassgericht mitteilt, dass nach Testamentseröffnung eine Nachlasspflegschaft angeordnet worden ist.[202]

Das GBA kann die Anerkennung des öffentlichen Testaments aber erst bei greifbaren Zweifeln an der Testierfähigkeit verweigern. Solche Zweifel sind etwa bei bereits vorliegenden fachärztlichen Gutachten begründet, die eine Testier- oder Geschäftsfähigkeit verneinen.[203]

112

Die Zweifel des GBA sind – im Gegenzug – überwunden, wenn ihm ein rechtskräftiges Urteil zwischen den in Betracht kommenden Prätendenten vorgelegt wird, das die Erbenstellung des testamentslegitimierten Erben feststellt. Das kann auch ein Anerkenntnis-[204] oder ein Versäumnisurteil sein.[205]

113

b) Andere Voraussetzungen der Wirksamkeit

Zur Wirksamkeitskontrolle gehört auch die Feststellung der Nicht-Scheidung der Ehe bei gemeinschaftlich testierenden Eheleuten: Nach Ehescheidung ist ein gemeinschaftliches Testament kein Beweismittel mehr.[206] Für die Scheidung müssen, auch bei einer sog. Scheidungsklausel im gemeinschaftlichen Testament aber konkrete Anhaltspunkte bestehen.[207]

114

Nach OLG Zweibrücken[208] soll das GBA auch den Eintritt/Nichteintritt offenkundiger Bedingungen (hier: Gesetzesänderung zu einem bestimmten Termin) berücksichtigen müssen. Dies ist sehr zweifelhaft; hier steht so naheliegend die Ermittlung des Gewollten mit Auslegung nach § 2084 BGB im Raum, dass die Offenkundigkeit des Bedingungseintritts nur eine scheinbare ist. Nach OLG München[209] soll das GBA die Testamentsunwirksamkeit infolge vorrangiger vertragsmäßiger Verfügung berücksichtigen.

3. Auslegung

Das GBA hat das Testament in **eigener Verantwortung** auszulegen, auch wenn es sich um die Klärung rechtlich schwieriger Fragen handelt.[210]

115

Bei der Auslegung ist zunächst der Erblasserwille zu erforschen. Diese Auslegung hat Priorität gegenüber Auslegungsregeln.[211] Bei der Auslegung sind auch andere, dem GBA vorliegende öffentliche Urkunden zu berücksichtigen.[212] Führt die konkrete (an der Urkunde ausgerichtete) Auslegung nicht zum Ziel, so sind die gesetzlichen Auslegungsregeln zu beachten und anzuwenden.[213]

Das GBA kann aber bzw. muss auch auf der Vorlage eines Erbscheins bestehen, wenn die Auslegung an Feststellungen anknüpfen soll, die nicht durch öffentliche Urkunde (§ 29 GBO) belegt sind, etwa Zeugenbeweise o.Ä.[214]

Es hat dabei jedoch zu beachten, dass die gesetzlichen Auslegungsregeln nur dann zur Anwendung kommen können, wenn bei Nachprüfung aller in Betracht kommenden Umstände auf andere Weise nicht zu

116

---

201 OLG Oldenburg MittBayNot 2017, 500.
202 OLG Frankfurt Rpfleger 1978, 412.
203 OLG München ZEV 2016, 225.
204 KG NJW-RR 2015, 456.
205 Vgl. OLG Frankfurt ZEV 2016, 275 m. Anm. *Zimmermann*.
206 OLG Frankfurt Rpfleger 1978, 412.
207 BGH FGPrax 2022, 101.
208 OLG Zweibrücken FGPrax 2010, 183.
209 OLG Braunschweig FGPrax 2020, 641; OLG Saarbrücken DNotZ 2020, 942; OLG München MittBayNot 2009, 53.
210 BayObLG Rpfleger 1970, 139; BayObLG Rpfleger 1983, 104; OLG Stuttgart Rpfleger 1975, 135; BayObLG BayObLGZ 1989, 9; OLG Köln Rpfleger 2000, 157.
211 BayObLG Rpfleger 1982, 285.
212 BayObLG Rpfleger 1995, 249 = DNotZ 1995, 308.
213 OLG Stuttgart Rpfleger 1992, 154; *Preißinger*, Rpfleger 1992, 427; OLG Stuttgart Rpfleger 1992, 154.
214 OLG München FamRZ 2017, 1090.

lösende Zweifel bestehen.[215] Gelangt das GBA im Wege der Auslegung zu einer nach seiner Ansicht zweifelsfreien rechtlichen Folgerung, z.B. der Anordnung einer bedingten Erbfolge, welcher der **Antragsteller widerspricht**, so muss es einen Erbschein verlangen.[216] Das GBA kann auch auf Vorlage des Erbscheins bestehen, wenn die Auslegung nicht zu einem klaren Ergebnis führt.[217] Eine Auslegung gegen fachterminologischen Wortlaut kann vom GBA gleichfalls nicht verlangt werden.[218]

117 Lässt bspw. die vorgelegte Urkunde Zweifel tatsächlicher Art an der Erbfolge offen, ob der Erblasser den Ehegatten zum Vollerben oder Vorerben hat einsetzen wollen, und reichen letztwillige Verfügungen und Eröffnungsprotokolle zum Beweis nicht aus, so tritt wieder der Grundsatz des Abs. 1 S. 1 in Kraft, wonach die Vorlage des Erbscheins zu verlangen ist. Damit werden auch die zur Auslegung notwendigen Ermittlungen in das Verfahren und an das Gericht verwiesen, wohin sie nach den vorhandenen Vorschriften gehören und ungehindert durch Formvorschriften vorgenommen werden können. Außerdem werden dadurch abweichende Ergebnisse zwischen GBA und Nachlassgericht vermieden.[219]

118 Hat jedoch das GBA das Testament in einem bestimmten Sinne ausgelegt und diese Auslegung zur Grundlage der Eintragung gemacht, so darf es ohne neue Tatsachen von der Auslegung nicht wieder abweichen,[220] nur bei zwingenden Gründen, insbesondere bei Bekanntwerden neuer Tatsachen.[221]

4. Feststellung der Tatsachengrundlagen

119 Größtes Problem ist jedoch die Ermittlung der tatsächlichen Grundlagen, auf die dann das Testament, ggf. nach Auslegung, anzuwenden wäre. Grundsätzlich sind dabei die gesetzlichen Vermutungen des legislativen Regel-/Ausnahme-Systems sowie vorhandenen Erfahrungssätze anzuwenden.[222] Reichen solche nicht aus, so genügt eine eidesstattliche Versicherung, wenn unter Anwendung allgemeiner Erfahrungssätze die behaupteten Tatsachen als wahr gelten können. Eine eidesstattliche Erklärung kommt also immer dann in Frage, wenn es sich um negative Tatbestände handelt, also nachzuweisen ist, dass bestimmte Tatsachen nicht eingetreten sind, und ausgeschlossen werden kann, dass das Nachlassgericht über zusätzliche Erkenntnismöglichkeiten verfügt.[223]

120 Die eidesstattliche Versicherung reicht zum Nachweis aber nur aus, wenn keine Anhaltspunkte dafür sprechen, dass das Nachlassgericht weitere Ermittlungen anstellen und zu einer abweichenden Beurteilung der Erbfolge gelangen könnte. Bei der Beurteilung dieser Frage steht dem GBA und dem Tatrichter ein gewisser Spielraum zu.[224] Verbleiben Zweifel, die nur durch weitere Ermittlungen über den Willen des Erblassers oder über die tatsächlichen Verhältnisse geklärt werden können, so muss ein Erbschein verlangt werden.[225] Ein Recht zu eigenen Ermittlungen hat das GBA auch in diesen Fällen nicht.[226]

5. Einzelfälle

a) Rücktrittsvorbehalt

121 Das GBA kann weder einen Erbschein noch eine Negativ-Versicherung an Eides statt verlangen, wenn die Erbfolge auf einem Erbvertrag mit Rücktrittsvorbehalt beruht.[227] Der (beurkundungspflichtige)

---

215 OLG Hamm MDR 1968, 1012 (für § 2269 BGB).
216 OLG Stuttgart Rpfleger 1975, 135; OLG Düsseldorf FGPrax 2012, 240 = Rpfleger 2013, 22.
217 *Demharter*, § 35 Rn 43; OLG Hamm NJW-RR 2016, 202 (zur Auslegung des Begriffs „Schlußerbe"). OLG Naumburg BeckRS 2019, 32092 – aber in der konkreten Subsumtion falsch, die vom Notar gewählte Formulierung war eindeutig: KG DNotZ 2020, 233.
218 OLG Hamm RNotZ 2013, 633.
219 OLG Hamm MDR 1968, 1012; OLG Hamm DNotZ 1972, 97.
220 *Demharter*, § 35 Rn 43; OLG Schleswig SchlHA 1962, 174; OLG München NZFam 2017, 137.
221 BayObLG Rpfleger 1982, 486.
222 Ebenso: *Meyer-Stolte*, Rpfleger 1992, 195.
223 OLG Düsseldorf FGPrax 2010, 114; OLG Braunschweig DNotZ 2013, 125; OLG Braunschweig FamRZ 2020, 641.
224 BayObLG BayObLGZ 2000, 167 = DNotZ 2001, 385.
225 KG JFG 11, 195; KG JW 1938, 1411; OLG Hamm JMBl. NRW 1963, 180; OLG Hamm MDR 1968, 1012; OLG Hamm NJW 1969, 798; BayObLG 1974, 1 = NJW 1974, 954 = DNotZ 1974, 233; BayObLG Rpfleger 1995, 249; OLG Stuttgart Rpfleger 1975, 135; OLG Stuttgart Rpfleger 1992, 154; OLG Frankfurt Rpfleger 1987, 412; OLG Köln Rpfleger 2000, 157; OLG München ZEV 2013, 42; OLG Hamm FGPrax 2011, 223; OLG Naumburg ZEV 2016, 54.
226 BayObLG Rpfleger 1983, 104; OLG Hamm MDR 1968, 1012; OLG Hamm DNotZ 1972, 98; OLG Köln Rpfleger 2000, 157.
227 Richtig: OLG Düsseldorf FGPrax 2013, 195 = MittBayNot 2013, 490 (geg. OLG München MittBayNot 2012, 293); wie hier nun auch: OLG München ZEV 2016, 401; OLG München MittBayNot 2016, 144 (für Berichtigungsfälle nach Einführung des Zentralen Testamentsregisters).

Rücktritt wäre beim Geburtsstandesamt bzw. im Zentralen Testamentsregister zu registrieren und müsste bei der Eröffnung auffallen, also im Eröffnungsprotokoll vermerkt werden. Es gilt auch hier, wie bezüglich des Nichtvorhandenseins weiterer Testamente, eine Vollständigkeitsvermutung des Eröffnungsprotokolls. Dasselbe gilt für die bloß abstrakte Möglichkeit des lebzeitigen Widerrufs bei gemeinschaftlichem Testament (§ 2271 Abs. 1 S. 1 BGB).[228]

Bei einem Verpfründungsvertrag hat das GBA die abstrakte Möglichkeit des Rücktritts wegen Nichterbringung der Leistung (§ 2295 BGB) nicht zu berücksichtigen: Nähere Nachweise kann das GBA erst verlangen, wenn für die Nichtleistung konkrete Anhaltspunkte bestehen.[229]

b) Scheidungsklausel

Weder Erbschein noch Negativ-Versicherung auf Nichteinleitung eines Scheidungsverfahrens sind erforderlich bei einer Scheidungsklausel.[230] Das hat der BGH[231] klargestellt. Damit ist die zuvor teils abweichende Ansicht der OLG überholt. Die Unwirksamkeit einer Verfügung zugunsten des Ehegatten kann sich aus § 2077 BGB immer ergeben. Für eine Verstärkung dieser Norm im Rahmen der Verfügung kann nichts anderes gelten: dann liefe § 35 GBO zugunsten des Ehegatten nämlich leer.

c) Pflichtteilsstrafklausel

Der Fortbestand des testamentarischen Erbrechts aus einem gemeinschaftlichen Testament/Erbvertrag trotz vorsorglicher Verwirkungsklausel (**Pflichtteilsstrafklausel**) kann durch eine vor dem Notar abgegebene eidesstattliche Versicherung nachgewiesen werden, wonach nach dem Tod des erstversterbenden Elternteils keine Pflichtteilsansprüche geltend gemacht wurden.[232] Diese Versicherung ist nicht nur vom Antragsteller selbst abzugeben, sondern auch von den (Ersatz-)Erben, die bei Anwendung der Verwirkungsklausel begünstigt würden.[233] Weitere Nachweise würde dann auch das Nachlassgericht nicht verlangen;[234] ein Erbschein ist darüber hinaus nicht erforderlich.[235] Privatschriftliche Erklärungen der Miterben genügen hingegen nicht.[236]

Auch bei einer Wiederverheiratungsklausel genügt eine eidesstattliche Versicherung über die Nicht-Heirat.[237]

Andererseits genügt die eidesstattliche Versicherung über die Geltendmachung des Pflichtteils nicht, um positiv die Erbquotenerhöhung anderer Miterben gegenüber dem GBA nachzuweisen; ein Erbschein kann (oder muss) verlangt werden.[238] Das GBA muss aber den Eintritt der Bedingung „Geltendmachung des Pflichtteils" selbstständig mit Folgeanwendung des notariellen Erbvertrags beachten, wenn sich dieser aus einer notariellen Pflichtteilserfüllungsurkunde ergibt.[239]

Bei der Verwirkung einer Schlusserbeinsetzung auch für den Fall der „Anfechtung" genügt eine eidesstattliche Erklärung über den Bedingungsausfall nicht. Wegen der Auslegungsunsicherheit kann das GBA auf Vorlage eines Erbscheins bestehen.[240]

---

228 OLG München NJW-RR 2017, 522.
229 OLG München DNotZ 2013, 211.
230 KG RNotZ 2021, 145; KG Rpfleger 2013, 199; A.A. OLG München ZEV 2016, 401 m. abl. Anm. *Volmer* für erweiternde Scheidungsklauseln; OLG Naumburg NJW-RR 2019, 783 gestattet Erkundigungen beim FamG auf Nichtanhängigkeit einer Scheidung.
231 BGH ZEV 2022, 471.
232 LG Bochum Rpfleger 1992, 194; OLG Hamm FGPrax 2011, 169; OLG Hamm RNotZ 2016, 131; offengel. v. OLG Köln FGPrax 2010, 82 (aber eidesstattliche Versicherung mindestens erforderlich); OLG Braunschweig, DNotZ 2013, 125; KG NJW-RR 2012, 847; OLG Bremen BeckRS 2014, 09322; OLG München DNotZ 2013, 440; LG Köln MittRhNotK 1988, 177.
233 So ausdrücklich: OLG Frankfurt Rpfleger 2013, 445 (eidesstattliche Versicherung aller Schlusserben).
234 OLG Braunschweig DNotZ 2013, 125; KG NJW-RR 2012, 847.
235 Anders noch: KEHE/*Volmer*, § 35 GBR Rn 87 (8. Aufl.); OLG Frankfurt Rpfleger 1994, 206; *Böhringer*, BWNotZ 1988, 155.
236 OLG Hamm RNotZ 2016, 131.
237 LG Bochum Rpfleger 1987, 197; OLG Zweibrücken FGPrax 2011, 176.
238 OLG Hamm ZEV 2014, 507.
239 OLG Hamm Rpfleger 2013, 530.
240 OLG Saarbrücken NJW-RR 2022, 243.

126 Fehlt lediglich der urkundliche Nachweis, dass aus der Ehe keine weiteren Kinder hervorgegangen sind, so genügt zum Nachweis die eidesstattliche Versicherung des überlebenden Ehegatten.[241] Die Versicherung des Kindes selbst genügt allenfalls nach Ableben beider Elternteile. Wird eine solche eidesstattliche Versicherung vorgelegt, so darf das GBA diese eidesstattliche Versicherung nicht von vornherein als unbeachtlich zurückweisen. Ein Erbschein darf nur dann verlangt werden, wenn noch Zweifel verbleiben, die über die abstrakte Möglichkeit eines anderen Sachverhalts hinausgehen.[242] Dies gilt auch für den im Testament offen gebliebenen Nachweis der Vererblichkeit des Nacherbenrechts.[243]

d) Benennung der Schlusserben

127 Die namentliche Benennung der Schlusserben kann geführt werden durch Geburtsurkunden der einzutragenden Erben nebst ggf. ergänzender Negativ-Versicherung, dass der Erblasser darüber hinaus keine weiteren Abkömmlinge hinterließ.[244] Dasselbe gilt für die namentliche Benennung der Nacherben (nach Eintritt des Nacherbfalls).[245] Ein Erbschein kann nicht verlangt werden.

128 Ein Erbschein kann verlangt werden, wenn an der Wirksamkeit eines Aufhebungserbvertrags Zweifel bestehen, die im Grundbuchverfahren wegen erforderlicher Tatsachenfeststellungen nicht ausgeräumt werden können.[246]

e) Ausschlagung

129 Nicht abschließend geklärt ist, in welchem Umfang das GBA die Erbenstellung des Ersatzerben selbstständig ermitteln muss und berücksichtigen darf, der durch eine Ausschlagung des Primärerben zum Zuge kommt. Das OLG München[247] hält entgegen früherer Rspr.[248] wegen der einzuhaltenden Ausschlagungsfristen einen ausdrücklichen Verweis des Ersatzerben auf den Nachlassakt für erforderlich und lässt ihn auch nur dann gelten, wenn das Nachlassverfahren beim selben Gericht geführt wird. Nur diese Information sei als aktenkundig zu berücksichtigen. Aus den selbst dann bestehenden Unsicherheiten heraus, die sich auch nicht urkundlich ausräumen lassen (als da bspw. wären: Beginn der Ausschlagungsfrist ([Kenntnis vom Berufungsgrund) oder vorherige Annahme durch tatsächliches Handeln), haben OLG Zweibrücken und OLG Hamm den weitergehenden Schluss gezogen, bei vorheriger Ausschlagung müsse immer ein Erbschein verlangt werden.[249]

f) Abschließende Bewertung

130 In der Gesamtbetrachtung fällt die Bewertung der Rspr. zwiespältig aus, kaum verwunderlich angesichts neuerer Überraschungsentscheidungen gegen eine langjährige Entwicklung[250] und deutlich divergierender Aussagen verschiedener Obergerichte[251] ohne klärende Schlussentscheidung durch den BGH. Die Forderung nach einer Zurückweisung des öffentlichen Testaments nur als Ultima Ratio hat aus notarieller Sicht natürlich erheblichen Charme, trägt sie doch zur unmittelbaren Verwendbarkeit notarieller Urkunden (ohne Zwischenschritt „Erbschein") bei. Das führt zur Senkung von Verfahrenskosten, die auch im Sinne der Erben ist.[252] Gleichwohl sind einige Bedenken nicht von der Hand zu weisen. Das schlichte Argument, wonach das GBA durchaus dann Nebennachweismittel (insbesondere die eidesstattliche Versicherung) anerkennen könne, wenn auch das Nachlassgericht keine weiteren Beweismittel verlangt hätte, übersieht leicht die ganz anders gearteten Verfahrensoptionen des Nachlassgerichts, bspw. in einem

---

241 Vgl. dazu: OLG Frankfurt DNotZ 2021, 977; BayObLG Rpfleger 1974, 435 m. Anm. *Ockelmann*; OLG Frankfurt Rpfleger 1980, 434 m.w.N.; abl. zu dieser Entscheidung: *Meyer-Stolte*, Rpfleger 1980, 434; OLG Zweibrücken DNotZ 1986, 240; OLG Hamm FGPrax 1997, 48.
242 OLG Hamm Rpfleger 1997, 210 m.w.N.; BayObLG Rpfleger 1983, 104; OLG Stuttgart Rpfleger 1992, 154; OLG Hamm RNotZ 2013, 633.
243 OLG Oldenburg Rpfleger 1989, 106.
244 OLG Schleswig NJW-RR 1999, 1530; OLG München; DNotZ 2012, 461.
245 BayObLG BayObLGZ 1983, 104; KG JFG 11, 197; LG Bochum NJW 1964, 208; BayObLG Rpfleger 2000, 451 = DNotZ 2001, 385; anders: LG Wiesbaden Rpfleger 1969,
216; OLG Köln MittRhNotK 1988, 40 (Erbschein kann erlangt werden).
246 OLG München Rpfleger 2013, 200.
247 OLG München Rpfleger 2017, 445.
248 LG Aschaffenburg MittBayNot 2009, 467; OLG Saarbrücken BeckRS 2013, 21866.
249 OLG Hamm RPfleger 2017, 539; OLG Zweibrücken FGPrax 2022, 203.
250 OLG München MittBayNot 2012, 293.
251 Gegen OLG München MittBayNot 2012, 293 etwa: OLG Düsseldorf FGPrax 2013, 195 = MittBayNot 2013, 490.
252 Vgl. dazu auch den Hinweis von BGH NJW 2013, 3716; *Langel*, NJW 2017, 3617.

auf den Erbfall (nicht auf den Antrag) bezogenen Beteiligtenbegriff (§ 345 FamFG). Und diffizile Auslegungsfragen z.B. zur Unwirksamkeit einer Wiederverheiratungsklausel wegen Grundrechtsverstoßes sind bei den Grundbuchämtern nicht richtig aufgehoben.[253] Zu der sehr weitgehenden Aufgabenzuweisung mag – leider – auch beitragen, dass dieselben OLG-Senate Rechtsbeschwerden sowohl des Grundbuchverfahrens wie des Erbscheinsverfahrens bearbeiten und dadurch die Unterschiede in der Ausgangsinstanz als unmaßgeblich wahrgenommen werden.

H. Nachweis der Verfügungsmacht des Testamentsvollstreckers

Der im Grundbuch eingetragene Testamentsvollstreckervermerk hat eine rein negative Wirkung.[254] Er zerstört das Vertrauen auf die Verfügungsberechtigung des Erben (§ 2211 Abs. 2 BGB), schafft aber keine positive Vertrauensposition in die stattdessen bestehende Verfügungsberechtigung einer anderen Person (nämlich des Testamentsvollstreckers). Der Nachweis, dass ein Testamentsvollstrecker zur Verfügung über einen Nachlassgegenstand befugt ist, ist grundsätzlich nur durch ein Zeugnis gem. § 2368 BGB zu erbringen. Der Testamentsvollstrecker übt sein Amt aus eigenem Recht, aber in fremdem Interesse aus.[255] Vor der Amtsannahme sind weder der Erbe noch der Testamentsvollstrecker verfügungsberechtigt.[256] Der Alleinerbe oder alleinige Vorerbe darf nicht alleiniger Testamentsvollstrecker sein.[257] Mehrere Testamentsvollstrecker sind nur gemeinsam verfügungsbefugt (§ 2224 BGB). Der Nachweis ist auch dann notwendig, wenn keine Verfügung über einen Nachlassgegenstand getroffen wird.[258]

131

Die Testamentsvollstreckung kann sich für die Dauer der Vorerbschaft auf die Wahrnehmung der Rechte der Nacherben beschränken. Ist diesen dann bei einer nacherbenwirksamen Vorerbenverfügung rechtliches Gehör zu gewähren,[259] findet die Gehörsgewähr über den Testamentsvollstrecker statt. Da die anzuhörenden Nacherben für ihre Legitimation zwar auch vom GBA zu ermitteln sind,[260] aber § 35 GBO nicht gilt, muss sich auch der Nacherbentestamentsvollstrecker nicht förmlich (v.a. bei notariellen Testamenten nicht durch Amtsannahmezeugnis) legitimieren.

132

Das GBA hat hinsichtlich der Befugnis des Testamentsvollstreckers zur Verfügung über den Nachlassgegenstand eine eigene Prüfungskompetenz.[261]

133

Ist die Verfügungsbefugnis des Testamentsvollstreckers durch die Anordnung des Erblassers auf Zeit oder Dauer, ganz oder teilweise, hinsichtlich aller oder einzelner Nachlassgegenstände beschränkt, so ist er an diese Anordnung nicht nur bloß schuldrechtlich gebunden, sondern sie nehmen ihm auch dinglich das Recht, über die Nachlassgegenstände in einer Weise zu verfügen, die zu den Anordnungen des Erblassers in Widerspruch steht.[262] Davon zu unterscheiden sind nur interne Verwaltungsanordnungen. Diese sind nicht in das Zeugnis aufzunehmen.[263] Enthält das Testamentsvollstreckerzeugnis keine Aussagen zu abweichenden Befugnissen, sind die gesetzlichen zugrunde zu legen.[264] Die auch für das GBA maßgebliche Vermutungswirkung des Testamentsvollstreckerzeugnisses bezieht sich dann auch darauf, dass keine abweichenden (testamentarischen) Verfügungsbeschränkungen bestehen; Ermittlungen in diese Richtung sind nicht angebracht.

I. Zeugnis

Ebenso soll ein Nachweis bei Offenkundigkeit überflüssig sein. Das ist, ebenso wie beim Erbschein, in der Begründung unzutreffend. Die Weiterleitung einer beglaubigten Abschrift der Ausfertigung an das GBA mit Vorlagebescheinigung wird nicht anerkannt, er muss durch Vorlage einer Ausfertigung geführt werden.[265] Das ist aber ebenso wie beim gleichgelagerten Verlangen nach Vorlage der Erbscheinsausfertigung nicht begründet. Bezugnahme auf die Nachlassakten des gleichen Amtsgerichts ist möglich.

134

---

253 So aber OLG Zweibrücken FGPrax 2011, 176.
254 BayObLG NJW RR 1999, 1463.
255 BGH BGHZ 13, 205 = NJW 1954, 1036.
256 KG KGJ 40, 200.
257 RG RGZ 77, 177; KG JW 1933, 2915.
258 KG KGJ 42, 219.
259 *Morhard*, MittBayNot 2015, 361; *Volmer*, MittBayNot 2015, 535.
260 OLG Düsseldorf RNotZ 2012, 328.
261 OLG Zweibrücken Rpfleger 2001, 173.
262 OLG Zweibrücken Rpfleger 2001, 173.
263 BayObLG NJW-RR 1999, 1464.
264 OLG München MittBayNot 2016, 426.
265 OLG Hamm MittBayNot 2017, 249.

Das Testamentsvollstreckerzeugnis muss die Bezeichnung einer bestimmten Person als Testamentsvollstrecker enthalten, die Namen des Erblassers und des Testamentsvollstreckers sowie etwaige Abweichungen von der gesetzlichen Verfügungsbefugnis.[266] Nur im Innenverhältnis wirksame Verwaltungsanordnungen sind nicht aufzunehmen.[267] Das Zeugnis kann sich auf einen Bruchteil des Nachlasses beschränken oder gegenständlich beschränkt sein.[268] Weitere Ausnahmen sind enthalten in den §§ 36, 37 GBO sowie in Abs. 3. Bei Vorlage des Zeugnisses ist ein weiterer Nachweis der Amtsannahme unentbehrlich.

135 Soweit demnach ein **Testamentsvollstreckerzeugnis** vorgelegt werden muss, schafft Abs. 1 S. 2 die gleiche Erleichterung wie für den Nachweis der Erbfolge. Es genügt die Vorlegung der öffentlichen, die **Ernennung** des Testamentsvollstreckers **enthaltende Urkunde** nebst **Eröffnungsprotokoll**. Auf die Erörterung zum Nachweis der Erbfolge kann verwiesen werden.

136 Hinzukommen muss der Nachweis, dass der Testamentsvollstrecker das Amt gegenüber dem Nachlassgericht (§ 2202 BGB) **angenommen** hat.[269] Dieser Nachweis wird durch ein Zeugnis des Nachlassgerichts über die Annahme[270] oder durch ein Protokoll über die Annahmeerklärung erbracht. Eine nur in den Akten enthaltene privatschriftliche Annahmeerklärung genügt nicht,[271] auch nicht in Verbindung mit einer Eingangsbestätigung des Nachlassgerichts.[272]

137 Wurde der Testamentsvollstrecker durch einen Dritten bestimmt oder rechtskräftig ernannt (§§ 2198, 2299, 2200 BGB), so sind die Bestimmungen des Dritten oder die rechtskräftige Ernennung durch ein Nachlassgericht in der Form des § 29 GBO nachzuweisen. Die zusätzliche Vorlage des Erbscheins ist nur dann notwendig, wenn die Wirksamkeit der Verfügung des Testamentsvollstreckers von der Beurteilung der Erbfolge abhängt.[273]

138 Soll nur die Beendigung der Testamentsvollstreckung nachgewiesen werden, so genügt dafür auch eine beglaubigte Abschrift des Zeugnisses.[274]

139 Besondere Aufmerksamkeit verlangt die Einhaltung der Verfügungsberechtigung des Testamentsvollstreckers. Diese ist – zulässigerweise – häufig individuell ausgestattet und kann sich womöglich nur auf einen einzelnen Vermögensgegenstand beziehen (z.B. einer Selbsterfüllung eines Vermächtnisses). Eine Auslegung der regelmäßig ausdrücklichen Verwaltungsanweisung kann aber vom GBA verlangt werden.

140 Die Verfügungsberechtigung des Testamentsvollstreckers ist nicht höchstpersönlich, sondern kann von diesem über Vollmacht im Einzelfall auch mittels widerruflicher Generalvollmacht delegiert werden.[275] Für den zu entscheidenden Fall ist dies aber nicht überzeugend. Der Bevollmächtigte handelte aufgrund Vorsorgevollmacht für die berufene Testamentsvollstreckerin. In der Ausdehnung der Vollmacht über den Kreis eigener Angelegenheiten des Vollmachtgebers hinaus auf eine fremdnützige Tätigkeit liegt eine nicht abschätzbare Erweiterung. Jedenfalls muss bei Ausnutzen der Vollmacht aber das Amt noch fortbestehen; auch das KG verlangt eine Vorlage des Zeugnisses.

II. Umfang der Prüfungspflicht des GBA

141 Für sie gilt das für den **Erbschein** Gesagte **entsprechend**.[276] Zur Erteilung zuständig ist jedoch **nur** der Richter (§§ 3 Nr. 2c, 16 RpflG). § 18 Abs. 2 HöfeO ist auf die Zeugniserteilung nicht anzuwenden.[277]

---

266 BayObLG BayObLGZ 1990, 86 ff.; BayObLG Rpfleger 1999, 24 = NJW RR 1999, 1463.
267 BayObLG Rpfleger 1999, 25.
268 KG KGJ 36, 112.
269 KG KGJ 38, 136; KG KGJ 28, 283; OLG München HRR 1938 Nr. 1018; OLG München MittBayNot 2017, 73.
270 KG KGJ 28, 283; 38, 136; OLG Hamm Rpfleger 2017, 398. Dazu *Becker*, BWNotZ 2023, 75.
271 KG OLG 40, 49.
272 OLG Hamm Rpfleger 2017, 398.
273 OLG Köln Rpfleger 1992, 342.
274 BayObLG BayObLGZ 1990, 56.
275 KG ZEV 2019, 27.
276 BayObLG DNotZ 1990, 86 = DNotZ 1991, 550.
277 OLG Oldenburg RdL 1953, 281; BGH NJW 1972, 582.

III. Beweiskraft

Das Zeugnis erbringt den vollen Beweis, dass die darin genannte Person als Testamentsvollstrecker für den Nachlass des Verstorbenen berufen worden ist und das Amt angetreten hat,[278] ebenso dafür, dass keine anderen Verfügungsbeschränkungen als die angegebenen bestehen.[279]

142

IV. Nachweis der Entgeltlichkeit der Verfügung des Testamentsvollstreckers

Zur Überprüfung der Wirksamkeit der Verfügung des Testamentsvollstreckers durch das GBA gehört auch die Prüfung, dass sich der Testamentsvollstrecker innerhalb der Grenzen seiner Verfügungsberechtigung hält.[280] Eine wichtige und für die Praxis maßgebliche Grenze ist dann die Unzulässigkeit unentgeltlicher Verfügungen (§ 2205 S. 3 BGB). Die dort genannte Gegenausnahme der Verfügungsberechtigung bei Anstandspflichten kommt im Bereich von Grundstücksverfügungen nicht vor. Deswegen hat das GBA bei jeder Grundstücksverfügung die Entgeltlichkeit, bzw. im Regel-Ausnahme-Gefüge der GBO die Nicht-Unentgeltlichkeit und auch nur die Nicht-Teil-Unentgeltlichkeit zu prüfen. Die teilunentgeltliche Verfügung steht der (voll) unentgeltlichen Verfügung insoweit gleich.

143

Unentgeltlich ist die Verfügung des Testamentsvollstreckers, wenn ihr keine oder keine gleichwertige Gegenleistung entgegensteht und der Testamentsvollstrecker subjektiv die Ungleichwertigkeit der Gegenleistung erkannt hat oder hätte erkennen müssen.[281] Schon das objektive Tatbestandsmerkmal entzieht sich regelmäßig dem Nachweis in der Form des § 29 GBO. Erst recht gilt dies für die subjektive Seite der Unentgeltlichkeit, die noch dazu mit einem Fahrlässigkeitsvorwurf, d.h. wertenden Gesichtspunkten, einhergeht. Würde § 29 GBO ernst genommen, wäre damit auch für den Testamentsvollstrecker jede Verfügung an die Erbenzustimmung gebunden, etwas, das in der Praxis nicht vollzogen wird und das in der Normsystematik mit der grundsätzlichen Verfügungsberechtigung des Testamentsvollstreckers unter Ausschluss der Verfügungsberechtigung des Erben (§ 2211 Abs. 1 BGB) auch nicht vereinbar wäre. Stattdessen gewährt die Rspr. eine Beweiserleichterung, die auch damit begründet ist, dass der Entgeltlichkeitsnachweis nicht nur beschwerlich wäre oder sich nur im Ausnahmefall einem formgebundenen Nachweis entziehen würde, sondern damit, dass der Entgeltlichkeitsnachweis im Regelfall nicht, bzw. sogar nie, in der Form des § 29 GBO möglich ist. Insbesondere scheidet eine Rückgabe der Frage an das Nachlassgericht aus (wie es bei unklaren notariellen Testamenten durch Beharren auf einen Erbschein möglich ist), weil auch das Testamentsvollstreckerzeugnis nur die grundsätzliche Verfügungsberechtigung des Testamentsvollstreckers und deren Schranken ausweist, nicht aber die Subsumtion der konkret getätigten Verfügung unter diese Vorgaben.

144

Die Rspr. formuliert: „Das Grundbuchamt hat bei dieser Prüfung (auf Entgeltlichkeit der Verfügung) keine eigenen Nachforschungen und Ermittlungen anzustellen. Begründeten Zweifeln hat es freilich nachzugehen. Indessen ist eine übertriebene Ängstlichkeit ebensowenig angezeigt. Einerseits gilt es, die Verschleuderung von Nachlasswerten zu verhindern, andererseits soll der Rechtsverkehr nicht durch unangebrachte Bedenken gehemmt werden."[282]

145

Die Rspr. hilft weiter über das Absenken des Formgebots des § 29 GBO hinaus hin zum Freibeweis, indem privatschriftliche Wertgutachten verwendet werden können, auch soweit sie die volle Entgeltlichkeit darlegen.[283] Ausgeschlossen bleibt aber eine selbstständige Ermittlung des GBA.[284] Ausgeschlossen bleiben auch andere Beweismittel wie Augenschein oder Sachverständigenbeweis, soweit dies nicht auf ein schriftliches Gutachten, sondern auf mündliche Einvernahme hinausliefe.[285] Die Rspr. hilft weiter durch die Anwendung von Erfahrungssätzen. So soll einerseits die Entgeltlichkeit angenommen werden können, wenn der Testamentsvollstrecker die Beweggründe für die Verfügung darlegt, diese plausibel erscheinen und dem GBA keine Gegengründe bekannt sind.[286] Darüber hinaus wird vermutet, dass bei Ver-

146

---

278 Vgl. KG OLG 40, 49; LG Wuppertal Rpfleger 1951, 135.
279 OLG München BeckRS 2016, 11028; OLG München FGPrax 2016, 66.
280 OLG München FamRZ 2011, 328; BayObLG NJW-RR 1989, 587; OLG München BeckRS 2017, 130676.
281 OLG München Rpfleger 2018, 318; OLG Stuttgart BWNotZ 2018, 28.
282 Etwa: OLG München BeckRS 2016, 11028.
283 OLG München BeckRS 2016, 11028.
284 OLG Stuttgart BWNotZ 2018, 28.
285 OLG München BeckRS 2017, 130676.
286 BGH BGHZ 1957, 95; BGH Rpfleger 1972, 49; BayObLG BayObLGZ 1986, 210 = Rpfleger 1986, 470; OLG München BeckRS 2016, 11028; OLG München BeckRS 2017, 130676.

fügungen zugunsten nicht nahestehender Dritter volle Entgeltlichkeit besteht, wenn die Gegenleistung an den Testamentsvollstrecker erbracht wird,[287] weil niemand ohne Anlass Vermögenswerte verschenkt.[288] Unbeteiligter Dritter ist eine Person ohne persönliche oder familiäre Nähe zum Verfügenden (dem Testamentsvollstrecker, dem Erben im Falle einer Vorerbenverfügung).[289] Davon ausgehend lässt sich ableiten:

147 Bei einem Verkauf des Grundstücks ausschließlich gegen Zahlung kann die volle Entgeltlichkeit jedenfalls dann angenommen werden, wenn der Käufer eine nicht nahestehende Person ist, dies aufgrund des zuletzt genannten Erfahrungssatzes. Die Vorlage von Wertgutachten ist dann nicht erforderlich und i.d.R. auch unschädlich, wenn das Gutachten den Kaufpreis deckt. Gegengutachten der Erben (oder im Parallelfall der Nacherben bei einer Vorerbenverfügung), die zu einem höheren Grundstückswert kommen, wären erst dann beachtlich, wenn der höhere Grundstückswert gravierend ausfällt.[290] Nur geringfügige Abweichungen bleiben hingegen außer Betracht, weil geringfügige Abweichungen als solche nicht vermuten lassen, dass der Testamentsvollstrecker (auf subjektiver Seite) von der Unentgeltlichkeit gewusst habe.[291]

148 Findet eine Veräußerung an Dritte statt, die zugleich nichtmonetäre Gegenleistungen erbringen, ist die Entgeltlichkeit nachgewiesen, wenn der Testamentsvollstrecker plausibel die Ausgewogenheit von Leistung und Gegenleistung erläutert (etwa den Wert eines eingeräumten Wohnrechts).[292]

149 Bei der Veräußerung an eine nahestehende Person greift hingegen die Vermutung der Vollwertigkeit nicht. Hier muss der Wert der erbrachten Gegenleistung, vor allem der nichtmonetären Gegenleistung, ggf. in allen Einzelheiten dargelegt werden. Das Näheverhältnis allein vermutet aber auch keine (Teil-)Unentgeltlichkeit. Die Vorlage eines Wertgutachtens, das der Verfügung zugrundegelegt wurde, kann geeignet sein, die subjektive Seite (Kenntnis von der Teilunentgeltlichkeit) auszuräumen.[293] Ist der Testamentsvollstrecker hierzu nicht in der Lage, scheitert ggf. die Verfügung.

150 Nach herrschender Praxis wird auch die Erfüllung einer letztwilligen Verfügung durch den Testamentsvollstrecker als entgeltliche eingestuft (Erfüllung eines Vermächtnisses, einer Zweckauflage oder auch einer Teilungsanordnung).[294] Das Ergebnis, dass der Testamentsvollstrecker solche Verfügungen soll vornehmen können, ist selbstverständlich und folgt aus der Generalaussage des § 2203 BGB. Ob man dazu aber die Erfüllung der Verfügung als entgeltlich einstufen muss, ist doch zweifelhaft. Besser sollte man § 2205 S. 3 BGB bei Erfüllung von bestehenden Verbindlichkeiten teleologisch reduzieren, ebenso wie § 181 BGB tatbestandlich reduziert wird.

151 Das GBA kann die Entgeltlichkeit als Erfüllung einer letztwilligen Verfügung aufgrund freier Beweiswürdigung treffen und dabei die zugrundeliegenden testamentarischen Anordnungen aus privatschriftlichen Testamenten berücksichtigen.[295] Da eine öffentliche Urkunde als Nachweis nicht beigebracht werden kann, scheidet eine entsprechende Anwendung von § 35 GBO aus.

152 Jedenfalls ist damit die exakte Erfüllung des Vermächtnisses, der Zweckauflage oder der Teilungsanordnung entgeltlich und ohne Zustimmung der Erben durchführbar. Hängt die Entgeltlichkeit der Verfügung davon ab, dass der Empfänger der Leistung Miterbe ist, so genügt ein Zeugnis nach § 36 GBO.[296]

153 Kommt es darauf an, dass Miterben wertgleiche Grundstücke erwerben, so muss die Erbeneigenschaft in der Form des § 35 GBO – oder ggf. des § 36 GBO – nachgewiesen werden.[297]

---

287 OLG München MittBayNot 2014, 69.
288 OLG München BeckRS 2016, 11028; OLG München RPfleger 2018, 318; OLG Stuttgart BWNotZ 2018, 28.
289 OLG München BeckRS 2016, 11028.
290 OLG München RPfleger 2018, 318; OLG Stuttgart BWNotZ 2018, 28; KG FGPrax 2012, 145 (Betreuerverkauf).
291 OLG München BeckRS 2016, 11028; OLG München RNotZ 2018, 491.
292 OLG München RNotZ 2018, 491.
293 OLG München Rpfleger 2018, 318.
294 RG RGZ 105, 246; BayObLG NJW-RR 1989, 587; KG FGPrax 2009, 56; OLG München RNotZ 2015, 359; OLG München ZEV 2017, 325; OLG Düsseldorf FGPrax 2014, 7.
295 OLG Düsseldorf ErbR 2020, 345; OLG München ZEV 2017, 325; OLG München MittBayNot 2014, 69; OLG München RNotZ 2015, 359; OLG Düsseldorf FGPrax 2014, 7; OLG München NJW-RR 2016, 1101.
296 BayObLG Rpfleger 1986, 470.
297 BayObLG BayObLGZ 1986, 212; OLG München RNotZ 2015, 359.

154 Schwieriger wird die Ausführung der letztwilligen Verfügung, wenn sie von den Anordnungen abweicht bzw. über diese hinausgeht (insbesondere bei einer Teilungsanordnung): Dann ist die Testamentsvollstreckerverfügung entgeltlich, wenn sie den Wert der Erbquote nicht übersteigt. Nicht erforderlich ist insbesondere bei der Erfüllung von Teilungsanordnungen, dass zeitgleich sämtliche Teilungsanordnungen oder Vermächtnisse erfüllt werden. Das wäre praktisch unmöglich; vielmehr bleibt dem Testamentsvollstrecker eine sukzessive Aufgabenerfüllung gestattet. Es muss sich nur die konkrete Verfügung innerhalb der Vermögensbeteiligung des Zuwendungsempfängers als Miterben halten.[298]

155 Fehlt die volle Entgeltlichkeit oder scheitert der Nachweis, weil trotz Darlegung noch nicht ausräumbare Zweifel bleiben, müssen die Erben und etwaige Nacherben der Verfügung zustimmen.[299] Weil Ansatzpunkt nicht das Eigentum, sondern die Verfügungsbefugnis des Testamentsvollstreckers ist, die auch zugunsten von Vermächtnisnehmern besteht, können auch Vermächtnisnehmer zustimmungspflichtig sein, sofern der anderweitig verfügte Gegenstand ihnen durch letztwillige Verfügung zugedacht werden sollte.[300]

156 Vorstehende Überlegungen gelten bei Verfügungen des befreiten Vorerben[301] entsprechend.

Beim nicht befreiten Vorerben müssen alle Nacherben zustimmen, einschließlich der bedingten Nacherben, nicht aber die Ersatznacherben. Ungeachtet der Tatsache, dass möglicherweise die wirtschaftliche Wirkung damit bei den Ersatznacherben eintritt (nämlich dann, wenn der Primärnacherbe zwischen Verfügung und Eintritt des Nacherbfalls wegfällt) folgt dies daraus, dass die gesamte Verwaltung während des Laufs der Nacherbschaft beim Primärnacherben, nicht beim Ersatznacherben konzentriert ist. Für unbekannte Nacherben (nicht für unbekannte Ersatznacherben) ist ein Pfleger zu bestellen.[302]

Für den Betreuer galt das (nicht befreiungsfähige) Verbot unentgeltlicher Verfügungen (mit Ausnahme genehmigter Ausstattungen) bis 31.12.2022.[303] Mit betreuungsgerichtlicher Genehmigung kann der Betreuer nunmehr Schenkungen tätigen (§ 1854 Nr. 8 BGB i.d.F. seit 1.1.2023). Daraus folgt: Die erteilte und mitgeteilte Genehmigung macht die Verfügung in jedem Fall wirksam. Die Wertermittlung ist allein Aufgabe des Betreuungsgerichts. Das GBA kann den Vollzug also nicht mit Hinweis auf (Teil-)Unentgeltlichkeit verweigern.

V. Nachweis der Beendigung der Testamentsvollstreckung

157 **Endet** das Amt des Testamentsvollstreckers, so wird auch das Zeugnis ohne weiteres kraftlos.[304] Der Nachweis der Beendigung der Testamentsvollstreckung wird möglich durch ein Testamentsvollstreckerzeugnis, aus dem die Befristung hervorgeht,[305] oder durch ein Zeugnis, das mit einem Vermerk über das geschehene Erlöschen versehen ist. Sind aber Anhaltspunkte für die Beendigung des Amtes nicht gegeben, so kann das GBA die Testamentsvollstreckung als fortdauernd ansehen.[306]

158 Die Löschung des Testamentsvollstreckervermerks erfolgt als Grundbuchberichtigung nach §§ 13, 22 GBO.[307] Die Anordnung der Testamentsvollstreckung ist weder für den Testamentsvollstrecker (dieser kann nur das Amt niederlegen, nicht aber auf die Testamentsvollstreckung insgesamt verzichten) noch aufgrund vertraglicher Einigung zwischen den Erben untereinander oder den Erben mit dem Testamentsvollstrecker verzichtbar. Deswegen scheidet eine Löschung durch isolierte Bewilligung des Testamentsvollstreckers aus.[308]

159 Der Nachweis wird erbracht durch einen Erbschein ohne Testamentsvollstreckervermerk. Gegebenenfalls kann die Beendigung einer Dauertestamentsvollstreckung nach Ablauf der Frist von 30 Jahren

---

298 OLG München BeckRS 2014, 01157.
299 OLG München BeckRS 2017, 130676; OLG München FGPrax 2016, 66; OLG München MittBayNot 2014, 69.
300 BGH BGHZ 57, 84; OLG Köln BeckRS 2014, 18407; a.A. (wg. schuldrechtlichem Anspruch nicht erforderlich) OLG München.
301 OLG Stuttgart GWNotZ 2018, 26; OLG Frankfurt BeckRS 2019, 32271.
302 OLG München BeckRS 2017, 130676.
303 KG FGPrax 2012, 145.
304 OLG München NJW 1951, 74; BayObLG BayObLGZ 1953, 361.
305 BayObLG BayObLGZ 1951, 56.
306 *Demharter*, § 35 Rn 61.
307 Ausf. *Weidlich*, ZEV 2021, 492.
308 KG NJW-RR 2015, 787.

auch durch einen rechtskräftigen Beschluss des Nachlassgerichts erbracht werden, kein neues Testamentsvollstreckerzeugnis zu erteilen,[309] ebenso durch den rechtskräftigen Beschluss des Nachlassgerichts, nach Amtsniederlegung keinen Nachfolger zu benennen, obwohl das Testament dies vorsah.[310] Im Umlauf befindliche Erbscheine und Testamentsvollstreckerzeugnisse stehen dem nicht entgegen, soweit das GBA (ausnahmsweise) besseres Wissen von der gesetzlich eingetretenen Kraftlosigkeit hat. Bei einer von vornherein befristeten Testamentsvollstreckung kann ein öffentliches Testament die Beendigung grundbuchtauglich belegen.[311] Im Verhältnis zwischen testamentarisch angeordneter Aufgabenzuweisung und dafür gesetzter Erfüllungsfrist weist der Fristablauf für sich die Beendigung nicht nach.[312]

Nachweis der Beendigung kann ebenfalls der Beschluss oder Einziehung des Testamentsvollstreckerzeugnisses sein.[313]

160 Ein vorbehaltloser Erbschein belegt, dass die Voraussetzungen für eine bedingt angeordnete Testamentsvollstreckung nicht eingetreten sind.[314]

I. Erbschein und Testamentsvollstreckerzeugnis bei Auslandsberührung im Verhältnis zu Drittstaaten

161 Besondere Probleme bringt § 35 GBO in seiner Anwendung auf Erbscheine und Testamentsvollstreckerzeugnisse bei Auslandsberührung mit sich.

I. Fremdrechtserbschein

162 §§ 352c Abs. 1, 343 Abs. 2, 3 FamFG gestatten die Erteilung eines auf das Inlandsvermögen beschränkten Erbscheins auch bei Auslandswohnsitz des Erblassers und/oder Anwendbarkeit fremden Erbrechts (sog. **Fremdrechtserbschein**). Dieser Fremdrechtserbschein ist Erbschein im Sinne des § 35 GBO. Die zugrunde liegende Erbfolge nach ausländischem Recht ist für seine Wirkung irrelevant. Sie wird von der Tatbestandswirkung des Erbscheins (als verbindlicher Feststellung für das GBA) erfasst. Bei Anwendung fremden Erbrechts bestimmt dieses Recht im Fall einer Erbengemeinschaft auch über deren Binnenrecht. Es gelten somit nicht §§ 2032 ff. BGB. Das fremde Gemeinschaftsverhältnis wird sachenrechtlich ungeachtet des sonst geltenden Numerus clausus der beschränkten dinglichen Rechte angenommen. Es ist wegen § 47 GBO besonders zu verlautbaren, um Verwechslungen mit einer BGB-Erbengemeinschaft auszuschließen. Da aber § 47 GBO nur die Angabe der Art der Gemeinschaft an sich verlangt, nicht ausdrückliche bzw. zusätzliche Aussagen zu den Rechtswirkungen, erweist sich die Grundbuchberichtigung jedenfalls als unproblematisch.

II. Ausländischer Erbschein

163 Ein ausländischer Erbschein als urkundlicher Nachweis genügt (derzeit) zum Nachweis der Erbfolge jedoch nicht. § 35 GBO ist allein auf deutsche Erbscheine anzuwenden.[315] Dies zwingt die Beteiligten bisher zur nochmaligen Durchführung eines Nachlassverfahrens nach deutschem Recht.

III. Ausländische öffentliche Urkunde

164 Im Gegensatz dazu kann aber das ausländische Testament, wenn es aus deutscher Sicht öffentlich beurkundet ist, Grundlage einer Grundbuchberichtigung nach Abs. 1 S. 2 sein. Eine Übersetzung kann selbstverständlich verlangt werden. Ebenso müssen die Formalien der Anerkennung, soweit erforderlich, eingehalten sein (Apostille, Legalisation). Entsprechend den Vorgaben zu deutschen Testamenten kann vom GBA auch in diesem Zusammenhang eine Testamentsauslegung, soweit erforderlich, verlangt werden, allerdings keine vertieften Kenntnisse der anzuwendenden Erbrechtsordnung. Deswegen ist bei der Aus-

---

309 KG NJW-RR 2015, 787.
310 OLG Düsseldorf Rpfleger 2016, 231; vgl. auch KG ErbR 2023, 42.
311 OLG Düsseldorf FGPrax 2017, 35 („bis zur Vollendung des 25. Lebensjahres").
312 OLG Saarbrücken FGPrax 2019, 126.
313 KG ZEV 2023, 91.
314 OLG Naumburg RNotZ 2022, 353.
315 OLG Bremen DNotZ 2012, 687; KG DNotZ 2013, 135; *Hertel*, ZEV 2013, 539.

legungspflicht ausländischer Testamente wesentlich größere Zurückhaltung geboten als bei deutschen Testamenten. Dass das Ergebnis der Rechtsanwendung zur Eintragung einer Erbengemeinschaft nach ausländischem Recht führt, schadet hier ebenso wenig wie bei der Eintragung einer solchen Erbengemeinschaft aufgrund eines Erbscheins.

Vermächtnisse sind nach bisher h.M. auch dann nicht eintragungsfähig, wenn sie nach dem Testament und der anzuwendenden Dritt-Rechtsordnung außerhalb der EU mit sofortiger dinglicher Wirkung ausgestattet sein sollten.[316] Ob an diesem Grundsatz im Verhältnis zu Drittstaaten festgehalten wird, nachdem er innerhalb der EU aufgegeben werden muss, ist offen. Ein solcher Fall kann bei Fremdrechtserbscheinen derzeit nicht eintreten, da dieser Vermächtnisse generell nicht ausweist. Es setzt sich aber auch bei der Beurteilung öffentlicher Testamente der Vorrang des deutschen Sachenrechts durch, so dass eine zusätzliche Auflassung verlangt werden muss, die dann aus sich heraus Eintragungsgrundlage ist. Nachzuweisen sind dazu also Erbfolge und Auflassung. Ob und inwieweit die Auflassung hingegen von einem testamentarischen Vermächtnisanspruch als causa gedeckt ist, spielt für den Grundbuchvollzug anschließend keine Rolle. § 925a BGB wendet sich ohnehin allein an den Notar. EU-Recht steht im Verhältnis zu Drittstaaten nicht entgegen.

J. Fortgesetzte Gütergemeinschaft
I. Begriff

Wird die Gütergemeinschaft aufgrund ausdrücklicher Bestimmung im Ehevertrag fortgesetzt, so gehört der Anteil des verstorbenen Ehegatten am Gesamtgut nicht zum Nachlass. Zwischen einer erbvertraglichen Einsetzung des überlebenden Ehegatten und einer nach Abschluss eines Ehevertrages vereinbarten fortgesetzten Gütergemeinschaft besteht nicht notwendigerweise ein Widerspruch.[317] Für alle übrigen Gütermassen des Verstorbenen erfolgt die Beerbung nach den allgemeinen Vorschriften (§ 1483 Abs. 1 S. 3 BGB). Bei Vorhandensein einseitiger, neben gemeinschaftlichen Abkömmlingen gilt § 1483 Abs. 2 BGB. Bei einer vor dem 1.7.1958 vereinbarten Gütergemeinschaft gilt die Fortsetzung als vereinbart, wenn sie nicht ausdrücklich ausgeschlossen worden ist (Art. 8 Abs. I Nr. 6 Abs. 1 Gleichberechtigungsgesetz vom 18.6.1957).[318] Zur Errungenschafts- und Fahrnisgemeinschaft siehe Art. 8 Abs. 1 Nr. 7 GleichberG i.V.m. §§ 1546, 1557 BGB a.F.

Das Bestehen der fortgesetzten Gütergemeinschaft kann dem GBA gegenüber nur durch ein **Zeugnis gem. § 1507 BGB** nachgewiesen werden. Diesem Zeugnis steht das nach Art. 66 des Preuß. AGBGB vom 20.9.1899 zu erteilende Fortsetzungszeugnis gleich.[319] Eine Ausnahme besteht nur für den Fall der §§ 36, 37 GBO, des Abs. 3 und im Hinblick auf die §§ 18, 19 GBMaßnG. Weitere Ausnahmen sind nicht zugelassen. Dieser Fall steht der gesetzlichen oder durch privatschriftliches Testament bestimmten Erbfolge gleich. Eine Anwendung auf parallele Rechtsinstitute ausländischen Rechts ist möglich.[320]

Das Zeugnis soll – entgegen dem zu engen Wortlaut des Abs. 2 – nicht nur das **Bestehen** der fortgesetzten Gütergemeinschaft beweisen, als vielmehr – in Parallele zum Erbschein – die **Rechtsnachfolge bezüglich des Gesamtgutes**.[321] Es kann deshalb auch erteilt werden, wenn die fortgesetzte Gütergemeinschaft nicht mehr besteht.[322] Enthalten sein müssen die Namen des verstorbenen und des überlebenden Ehegatten sowie der Abkömmlinge, nicht die Größe der Anteile. Sind jedoch neben den gemeinschaftlichen Abkömmlingen einseitige Abkömmlinge vorhanden, so muss der Bruchteil des Gesamtgutes, der zum Gesamtgut der fortgesetzten Gütergemeinschaft geworden ist, enthalten sein.[323] Vor der Erteilung des Zeugnisses eingetretene Änderungen in der Person der anteilsberechtigten Abkömmlinge müssen enthalten sein, bei späteren Änderungen ist das Zeugnis auf Antrag zu berichtigen.[324] Auch ein negatives Zeugnis darüber, dass die fortgesetzte Gütergemeinschaft nicht eingetreten ist, ist zulässig.[325] Scheidet ein Negativzeugnis gem. § 1507 BGB deswegen aus, weil eine vorausgehende Güter-

---

316 BGH RPfleger 1995, 213 = DNotZ 1997, 704.
317 BayObLG BayObLGZ 2003, 26.
318 BGBl I 1957, 609.
319 OLG Hamm Rpfleger 1993, 61.
320 OLG Düsseldorf Rpfleger 2020, 343.
321 KG KGJ 41, 54.
322 KG JFG 12, 198.
323 KG KGJ 34, 231; KG DNotZ 1934, 616.
324 KG OLGZ 7, 58; KG OLGZ 26, 318.
325 KG KGJ 40, 250.

gemeinschaft nicht bestanden hat, soll vielmehr nur das Nichtbestehen der Gütergemeinschaft dem GBA nachgewiesen werden, so genügt eine eidesstattliche Versicherung.[326] Andererseits darf die Bestimmung des Abs. 2 auch nicht dahingehend verstanden werden, dass Ausschluss (§ 1508 BGB) und Ablehnung (§ 1484 BGB) nur durch ein negatives Zeugnis gem. § 1507 BGB nachgewiesen werden könnten. Zum **Nachweis des Ausschlusses der fortgesetzten Gütergemeinschaft** kommen auch der notarielle **Ehevertrag** in Betracht[327] oder sonstige Nachweise.[328] Zur Eintragung des zum Alleinerben eingesetzten Ehegatten als Alleineigentümer kann der Nachweis des Nichteintritts der fortgesetzten Gütergemeinschaft auch durch Vorlage eines gemeinschaftlichen öffentlichen Testamentes geführt werden.[329]

II. Prüfungsumfang des GBA

169 Das GBA hat zu prüfen:
- die **Form** des Zeugnisses; das für den Erbschein Gesagte gilt entsprechend (§ 3 Nr. 2c i.V.m. § 16 RpflegerG).
- Den **Inhalt:** Zur Erteilung ist nur der Rechtspfleger zuständig. Das Zeugnis hat den Übergang des Gesamtgutes im Wege der Rechtsnachfolge auf eine bestimmte Person zum Inhalt. Nur die Namen, nicht die Anteile des Verstorbenen und des überlebenden Ehegatten sowie der Abkömmlinge sind anzugeben. Sind jedoch neben gemeinschaftlichen auch einseitige Abkömmlinge vorhanden, so ist der Bruchteil des Gesamtgutes anzugeben, welcher Gesamtgut der fortgesetzten Gütergemeinschaft geworden ist.[330] Fallen anteilsberechtigte Abkömmlinge vor Erteilung des Zeugnisses weg, so sind die nunmehr Berechtigten anzugeben. Fallen sie nach Erteilung des Zeugnisses weg, so kann das Zeugnis auf Antrag berichtigt werden.[331]

III. Beweiskraft

170 Für die Beweiskraft des Zeugnisses gelten die Ausführungen **über den Erbschein entsprechend**. Bewiesen wird lediglich die Rechtsnachfolge. Wenn es nicht auf einen Bruchteil beschränkt ist, beweist es auch, dass einseitige Abkömmlinge nicht vorhanden sind. Was zum Gesamtgut gehört, kann dagegen durch das Zeugnis niemals bewiesen werden. Für die Verfügungsbefugnis des überlebenden Ehegatten gelten die §§ 1487 Abs. 1, 1422 ff. BGB.

K. Analoge Anwendung der Vorschrift

171 Der **Erbfolge** nach einer Person wird der Fall **gleich behandelt**, dass ein **Verein** oder eine **Stiftung aufgelöst** wird[332] oder **die Rechtsfähigkeit verliert** und das Vermögen aufgrund gesetzlicher Vorschrift (§ 45 Abs. 3 BGB) oder der Stiftungsverfassung (§ 87c BGB) anfällt oder nach dem Landesrecht an näher bestimmte Körperschaften, Stiftungen oder Anstalten des öffentlichen Rechts (Art. 85 EGBGB).

Anfall des Vereins- oder Stiftungsvermögens an die Mitglieder oder andere Berechtigte ist dagegen keine Erbfolge.[333] Dies gilt auch beim Anfall von Vereins- oder Stiftungsvermögen an den Fiskus, eine Gebietskörperschaft oder eine Kirche. Der Nachweis hat zu erfolgen durch ein inhaltlich dem Erbschein entsprechendes Zeugnis des Nachlassgerichts[334] und beim Fiskus als gesetzlicher Erbe.[335]

---

326 BayObLG BayObLGZ 2003, 26, 28 = Rpfleger 2003, 353.
327 KG JFG 44, 21.
328 OLG Posen DR 1944, 455.
329 OLG Frankfurt Rpfleger 1978, 412.
330 KG KGJ 34, 231; KG DNotZ 1934, 616.
331 KG OLGZ 7, 58; KG OLGZ 26, 318.
332 Ebenso: BayObLG Rpfleger 1994, 410 m. ausf. Begründung.
333 KG KGJ 25, 133; vgl. auch: BayObLG Rpfleger 1994, 410.
334 OLG Hamm OLGZ 1966, 109; BayObLG BayObLGZ 1994, 35; *Demharter*, § 35 Rn 4.
335 OLG Köln MDR 1965, 993; OLG Frankfurt MDR 1984, 145; BayObLG MDR 1987, 762; BayObLG BayObLGZ 1989, 11; BayObLG BayObLGZ 1994, 35 = Rpfleger 1994, 410.

§ 36 [Gerichtliches Zeugnis]

(1) Soll bei einem zum Nachlass oder zu dem Gesamtgut einer Gütergemeinschaft gehörenden Grundstück oder Erbbaurecht einer der Beteiligten als Eigentümer oder Erbbauberechtigter eingetragen werden, so genügt zum Nachweis der Rechtsnachfolge und der zur Eintragung des Eigentumsübergangs erforderlichen Erklärungen der Beteiligten ein gerichtliches Zeugnis. Das Zeugnis erteilt
1. das Nachlassgericht, wenn das Grundstück oder das Erbbaurecht zu einem Nachlass gehört,
2. das nach § 343 des Gesetzes über das Verfahren in Familiensachen und in den Angelegenheiten der freiwilligen Gerichtsbarkeit zuständige Amtsgericht, wenn ein Anteil an dem Gesamtgut zu einem Nachlass gehört, und
3. im Übrigen das nach § 122 des Gesetzes über das Verfahren in Familiensachen und in den Angelegenheiten der freiwilligen Gerichtsbarkeit zuständige Amtsgericht.

(2) Das Zeugnis darf nur ausgestellt werden, wenn:
a) die Voraussetzungen für die Erteilung eines Erbscheins vorliegen oder der Nachweis der Gütergemeinschaft durch öffentliche Urkunden erbracht ist und
b) die Abgabe der Erklärungen der Beteiligten in einer den Vorschriften der Grundbuchordnung entsprechenden Weise dem nach Absatz 1 Satz 2 zuständigen Gericht nachgewiesen ist.

(2a) Ist ein Erbschein über das Erbrecht sämtlicher Erben oder ein Zeugnis über die Fortsetzung der Gütergemeinschaft erteilt, so ist auch der Notar, der die Auseinandersetzung vermittelt hat, für die Erteilung des Zeugnisses nach Absatz 1 Satz 1 zuständig.

(3) Die Vorschriften über die Zuständigkeit zur Entgegennahme der Auflassung bleiben unberührt.

A. Allgemeines	1	IV. Prüfungspflicht des Grundbuchamtes	11
I. Zweck der Vorschrift	1	**C. Notarielle Nachlassvermittlung**	15
II. Recht des Antragstellers	3	**D. Beweiskraft**	17
B. Voraussetzungen	4	**E. Weitere Erfordernisse**	20
I. Grundstück oder Erbbaurecht	4	**F. Abs. 2**	21
II. Zugehörigkeit zum Nachlass oder Gesamtgut	5	I. Allgemeines	21
III. Umschreibung auf einen Beteiligten	8	II. Voraussetzungen	22

A. Allgemeines
I. Zweck der Vorschrift

§ 36 GBO erleichtert für das Grundbuchamt die Auseinandersetzung von Erben- und Gütergemeinschaften, indem es bei Vorlage eines Zeugnisses weder die Rechtsnachfolge noch die zur Auseinandersetzung nötigen Erklärungen der Beteiligten zu prüfen hat. 1

Den Beteiligten selbst bringt das Zeugnis aber selten einen Mehrwert: Die zugrundeliegenden (und zu beschaffenden) Nachweisdokumente sind dieselben wie für einen Erbschein. Dafür bekommen die Antragsteller beim Erbschein einen umfassendes, auch gegenüber Banken und andere Stellen verwendbares Nachweisdokument. Die vormalige Kostenprivilegierung des § 111 KostO ist entfallen. Die Beteiligten sparen damit auch keine Gebühren.[1] Dementsprechend ist der Anwendungsbereich der Norm eher gering. In der jüngsten Entscheidung des OLG Frankfurt[2] wird sie als einer (von mehreren), aber insgesamt gescheiterten Versuchen angeführt, um einen Nacherbenvermerk zu löschen. Im Sachverhalt einer Entscheidung des KG[3] sollten zwei Erbfälle in einem Zeugnis zusammengefasst werden.

Die Norm wurde zuletzt durch das FGG-Reformgesetz geändert, durch das Gesetz zur Übertragung von Aufgaben im Bereich der freiwilligen Gerichtsbarkeit auf Notare sowie durch das DaBaGG. 2

---

1 Hügel/*Zeiser*, GBO, § 36 Rn 16.
2 OLG Frankfurt ZEV 2018, 398.
3 KG ZEV 2020, 171.

II. Recht des Antragstellers

3 Das Grundbuchamt kann das Zeugnis nicht fordern. Ob der Antragsteller den Weg des § 36 GBO beschreiten will oder nicht, steht in seiner freien Entscheidung.

Die Bestimmung ist auch anwendbar, wenn die Auseinandersetzung durch einen Testamentsvollstrecker vorgenommen wird.

B. Voraussetzungen
I. Grundstück oder Erbbaurecht

4 Es muss sich um ein Grundstück oder Erbbaurecht handeln. Gleichzustellen sind Miteigentumsbruchteile, auch Wohnungseigentum und Teileigentum, und die Gesamthandsberechtigung an einem solchen Eigentumsbruchteil.[4] Für Grundpfandrechte gilt dasselbe wegen § 37 GBO. Für Reallasten, vererbliche Vorkaufsrechte und Pfandrechte an Grundpfandrechten oder Vormerkungen besteht keine Option eines Überweisungszeugnisses.[5]

II. Zugehörigkeit zum Nachlass oder Gesamtgut

5 a) Die Bestimmung kommt zur Anwendung, wenn es sich um den Nachlass einer **Erbengemeinschaft oder das Gesamtgut einer Gütergemeinschaft** handelt. Keine Anwendung ist möglich auf den Alleinerben oder alleinigen Vorerben,[6] hier ist eine Auseinandersetzung nicht denkbar. Eine Auseinandersetzung liegt auch nicht vor, wenn dieselbe Person zugleich partiell Vorerbe, im restlichen Anteil Vollerbe ist.[7] Eine analoge Anwendung auf die Auseinandersetzung einer GbR scheidet gleichfalls aus; dafür fehlt es schon an jeder Zuständigkeit zur Erteilung.

6 Jedoch genügt es, wenn zur Zeit der Auseinandersetzung das Grundstück einer Erbengemeinschaft gehört; unerheblich ist, ob zwischen ihr und dem eingetragenen Eigentümer andere Personen, auch Einzelpersonen, als Zwischeneigentümer stehen.[8] Zum Nachlass gehört alles, was dem Erblasser gehört hat, sowie weiter Grundstücke, die im Wege der Surrogation (§ 2041 Abs. 2 BGB) oder vom Erbschaftsbesitzer mit Mitteln der Erbschaft (§ 2019 BGB) erworben wurden.

7 b) Was zum Gesamtgut der **Gütergemeinschaft** gehört, ist im materiellen Recht geregelt (§§ 1416 ff. BGB). Gesamtgut kann das einer ehelichen oder einer fortgesetzten Gütergemeinschaft sein.

III. Umschreibung auf einen Beteiligten

8 a) **Beteiligte** am **Nachlass** sind nur Erben, Erbeserben sowie Erbteilserwerber.[9] Keine Beteiligten sind Vermächtnisnehmer, Nachlassgläubiger oder Dritte.[10] Ist ein Erbe jedoch zugleich auch Vermächtnisnehmer oder Nachlassgläubiger, so ändert dies an seiner Eigenschaft als Beteiligter nichts, wenn er den Grundbesitz als Erbe erhalten soll.

Beteiligte an der **ehelichen Gütergemeinschaft** sind der Ehegatte (und seine Erben), an der fortgesetzten Gütergemeinschaft des BGB der überlebende Ehegatte (und seine Erben) sowie die erbteilsberechtigten Abkömmlinge.

Auch einseitig erbberechtigte Abkömmlinge müssen im Hinblick auf § 1483 Abs. 2 BGB und die daraus folgende Notwendigkeit einer Auseinandersetzung mit den übrigen Beteiligten nach dem Grundgedanken des § 36 GBO zu den Beteiligten gerechnet werden.[11]

9 b) Die begehrte Eintragung eines Beteiligten ist nicht als beschränkendes Zahlwort auszulegen. Entscheidend ist, dass die Auseinandersetzung zu einer Auflösung des Gesamthandseigentums führt. Auf die Eintragung einer Gesamthand ist § 36 GBO nicht anwendbar.[12] Alleineigentum als Ergebnis ist hingegen

---

4 KG JFG 21, 233.
5 Hügel/*Zeiser*, GBO, § 36 Rn 1.
6 KG JFG 14, 137.
7 OLG Frankfurt ZEV 2018, 398.
8 KG JFG 18, 32; KG ZEV 2020, 171.
9 KG JFG 22, 161.
10 Ebenso *Demharter*, § 37 Rn 8; Bauer/Schaub/*Zeiser*, § 36 Rn 20; Hügel/*Zeiser*, GBO, § 36 Rn 4.
11 Ebenso *Demharter*, § 937 Rn 9.
12 KG HRR 1939 Nr. 1363.

nicht verlangt. Vielmehr kann aufgrund § 36 GBO auf mehrere Eigentümer in Bruchteilseigentum umgeschrieben werden.[13] Ebenso ist § 36 GBO gegeben, wenn jeder von mehreren Beteiligten ein Grundstück aus dem Nachlass erwirbt.

c) Auf Beteiligte muss **umgeschrieben** werden sollen. Gleichgültig ist, aus welchem Rechtsgrund die Umschreibung erfolgen soll. Betroffen sind Rechtsänderungen ebenso wie Grundbuchberichtigungen.[14] Für Eintragung anderer Art gilt die Erleichterung des § 36 GBO nicht. Jedoch wird man wohl für Vereinbarungen, die anlässlich der Übertragung des Grundbesitzes erfolgen und unmittelbar mit der Auseinandersetzung zusammenhängen, die Bestimmung nach dem Sinn des Gesetzes ebenfalls entsprechend anwenden müssen.[15]

IV. Prüfungspflicht des Grundbuchamtes

a) **Sachliche Zuständigkeit.** Zuständig ist bezüglich des Nachlasses das Amtsgericht als Nachlassgericht (§ 342 Abs. 2 FamFG, § 36 Abs. 1 Nr. 1 GBO), für ein Gesamtgut das Amtsgericht § 36 Abs. 1 Nrn. 2, 3 GBO, im letzteren Fall ohne Rücksicht darauf, ob ein Vermittlungsverfahren durchgeführt werden soll;[16] für die **örtliche Zuständigkeit** gilt § 343 FamFG dessen Verletzung aber unschädlich ist (§ 2 Abs. 3 FamFG).

Die Voraussetzungen erfüllen nur deutsche Gerichte. Zeugnisse ausländischer Gerichte oder Behörden genügen hier nicht.[17] Hatte der Erblasser als deutscher Staatsangehöriger Wohnsitz/Aufenthalt nur im Ausland, so ist ausschließlich das AG Berlin-Schöneberg zuständig, das aber abgeben kann (§ 343 Abs. 2 FamFG). Zur Zuständigkeit, wenn der Erblasser Ausländer war, vgl. § 343 Abs. 3 FamFG.[18]

b) **Form:** Vorlage des Zeugnisses ist nach h.M. nur in Urschrift oder Ausfertigung möglich.[19] Das ist gerade bei § 36 GBO zu eng, da der Besitz am Schriftstück keine besondere Legitimationswirkung hat; richtigerweise sollte die Vorlage einer beglaubigten Abschrift genügen. Die Vorlegung wird durch Verweisung auf Akten des gleichen Amtsgerichtes ersetzt.[20]

c) **Inhalt:** Das Zeugnis hat die gesetzliche oder gewillkürte Erbfolge oder das Bestehen wie die Beteiligten an der Gütergemeinschaft anzugeben. Auch mehrere Erbfälle können in einem Zeugnis bezeugt werden,[21] jedoch sind diese einzeln anzugeben. Die Aufnahme nur des Endergebnisses ist unzulässig.[22]

Wie beim Erbschein ist auch die Anordnung einer Nacherbfolge[23] oder einer Testamentsvollstreckung aufzuführen. Beim Testamentsvollstrecker müssen etwaige Beschränkungen angegeben sein bzw. die Verfügungsbefugnis bescheinigt sein.[24] Dies ist nicht etwa im Hinblick auf §§ 51, 52 GBO notwendig, da eine Berichtigung des Grundbuchs wegen § 40 GBO im Regelfall nicht notwendig ist, sondern weil das Zeugnis den Erbschein ersetzt und infolgedessen auch die Qualifikation der Rechtsnachfolge zu bezeugen hat.

Die Abgabe **aller** zur Eintragung erforderlichen Erklärungen sämtlicher Beteiligter, die in der Form des § 29 GBO vorliegen müssen, muss bezeugt sein. Die bloße Bescheinigung der Übereignung oder Übertragung genügt nicht.[25]

Hängt die Wirksamkeit einer Erklärung von der Vollmacht eines Vertreters oder einer Genehmigung ab, so ist auch diese nachzuweisen.[26] Hat ein Vermittlungsverfahren nach §§ 363 ff. FamFG stattgefunden, so reicht vermutetes Einverständnis gemäß § 363 Abs. 4 FamFG aus.[27] Rechtskraft der Bestätigung muss vorliegen (§ 371 FamFG).

---

13 KG JFG 14, 137; 18, 32; 21, 233; KG ZEV 2020, 171; *Demharter*, § 937 Rn 7; Hügel/*Zeiser*, GBO, § 36 Rn 5.
14 Z.B. bei Vermerk der Abtretung aller Erbanteile an einen Dritten gem. § 2033 BGB.
15 Ebenso *Demharter*, § 37 Rn 6.
16 KG KJG 48, 156.
17 KG OLG 3, 112; Bauer/Schaub/*Zeiser*, § 36 Rn 25.
18 Sternal/*Eickelberg*, § 343 FamFG Rn 18.
19 *Demharter*, § 37 Rn 14; Hügel/*Zeiser*, GBO, § 36 Rn 9 (wg. Einziehungsmöglichkeit).
20 OLG München JFG 20, 373; JFG 23, 299.
21 KG ZEV 2020, 171.
22 KG JFG 18, 32; Bauer/Schaub/*Zeiser*, § 36 Rn 38.
23 OLG Frankfurt ZEV 2018, 398.
24 KG HRR 39 Nr. 1363; Hügel/*Zeiser*, GBO, § 36 Rn 8.
25 KG KGJ 44, 237.
26 *Demharter*, § 937 Rn 11.
27 BayObLG 5, 7 = OLG 10,38; KGJ 41, 249; *Demharter*, § 36 Rn 12.

C. Notarielle Nachlassvermittlung

15 Das Überweisungszeugnis kann auch aus einer notariellen Nachlassvermittlung hervorgehen (§§ 363 ff. FamFG). Entsprechend wurde Abs. 2a neu eingefügt. Zuvor ergab sich eine notarielle Zuständigkeit über §§ 487 FamFG, 20 Abs. 4 BNotO nur aus Landesrecht:
Baden-Württemberg;[28] **Hessen**;[29] **Niedersachsen**;[30] **ehemaliges Preußen**,[31] wobei jedoch zu beachten ist, dass die Zuständigkeit der Notare insoweit nicht gegeben ist, als nach früherem Landesrecht Notare nicht zuständig waren, wie in Bremen oder Hamburg.

16 Auch bei notarieller Vermittlung wird das Rechtskraftzeugnis zum Bestätigungsbeschluss vom Notar erteilt.[32] Die Einzelheiten der Gestaltung des Vermittlungsverfahrens hat das Grundbuchamt, dem auf dieser Grundlage ein Überweisungszeugnis des Notars vorgelegt wird, jedoch nicht zu prüfen.

D. Beweiskraft

17 Das Zeugnis genügt zum **Nachweis der Erbfolge** oder Sonderrechtsnachfolge. Infolgedessen kann nicht die Zugehörigkeit zum Nachlass oder Gesamtgut bezeugt werden. Das Zeugnis genießt zwar keinen öffentlichen Glauben wie der Erbschein, soll jedoch für den Grundbuchrichter grundsätzlich die Rechtsgrundlage seiner Entscheidung bilden. Über die bezeugten Punkte kann das Grundbuchamt daher **keine weiteren Nachweise** verlangen. Auch hat das Grundbuchamt nicht zu prüfen, ob die Voraussetzungen des Abs. 2 erfüllt worden sind, da es sich insoweit lediglich um eine Anweisung an das Nachlassgericht handelt.

18 Die **sachliche Richtigkeit** des Zeugnisses ist grundsätzlich **nicht zu prüfen**. Hat jedoch das Nachlassgericht ein Überweisungszeugnis erteilt, obwohl die Erbengemeinschaft für das betroffene Grundstück nicht aufgelöst werden sollte, so kann mit dem Zeugnis auch nicht die Fortsetzung der Erbfolge nachgewiesen werden.[33] Ebenso muss das Grundbuchamt besseres anderweitiges Wissen berücksichtigen (und das Zeugnis zurückweisen), wenn ihm die Unrichtigkeit des Zeugnisses bekannt ist, etwa durch einen zuvor erteilten Erbschein anderen Inhalts oder durch Kenntnis vom Nichtvorhandensein einer Erbengemeinschaft.[34]

19 Sind dem Grundbuchamt Tatsachen bekannt, welche die Einziehung des Zeugnisses in entsprechender Anwendung des § 2361 BGB erwarten lassen,[35] so gelten die für den Erbschein entwickelten Grundsätze entsprechend (vgl. dazu § 35 GBO Rdn 67 ff.).

E. Weitere Erfordernisse

20 Neben dem Zeugnis müssen vorliegen: der **Eintragungsantrag** nach § 13 GBO, die **Voreintragung** des Betroffenen (§ 39 GBO), soweit nicht die Voraussetzungen des § 40 GBO gegeben sind. Diese weiteren Erfordernisse werden durch das Zeugnis nicht ersetzt. Die Zugehörigkeit zum Gesamtgut oder Nachlass muss nötigenfalls durch öffentliche Urkunden (§ 29 GBO) nachgewiesen werden.

F. Abs. 2

I. Allgemeines

21 Die Bestimmung enthält eine bloße Verfahrensvorschrift für das zuständige Amtsgericht und gehört systematisch nicht in die Grundbuchordnung hinein.[36]

---

[28] Notar § 38 LFGG vom 12.1.1975, BGl. 116.
[29] Notar Art. 24 Hess. FGG.
[30] Notar Art. 14 NDs. FGG.
[31] Notar Art. 21 ff. PrFGG.
[32] *Ihrig*, in: Nomos Gesetzesformulare FamFG, § 363 Rn 47: Beim Notar wäre auch eine Beschwerde einzulegen, § 64 FamFG.
[33] KG HRR 39 Nr. 1363.
[34] OLG Frankfurt ZEV 2018, 398; Hügel/*Zeiser*, GBO, § 36 Rn 10.
[35] Dazu KG JFG 14, 138.
[36] Ebenso *Demharter*, § 37 Rn 11.

II. Voraussetzungen

Das Zeugnis darf **nur** erteilt werden, wenn die Voraussetzungen für die Erteilung eines Erbscheins auch verfahrensrechtlich vorliegen oder das Vorhandensein der ehelichen Gütergemeinschaft durch öffentliche Urkunden nachgewiesen ist. Außerdem müssen dem zuständigen Gericht sämtliche zur Eintragung erforderlichen Erklärungen der Beteiligten in der Form des § 29 GBO vorliegen: Dies sind Eintragungsbewilligungen (§ 19 GBO), Auflassung bzw. Einigungserklärung (§ 20 GBO), etwaige Abtretungserklärungen (§ 26 GBO) usw. Auch Nebenerklärungen, soweit die Wirksamkeit abgegebener Erklärungen von ihnen abhängt, wie Vollmachten, Vollmachtsbestätigungen oder Zustimmungen, müssen in dieser Form nachgewiesen sein.

22

§ 37 [Gerichtliches Zeugnis bei Hypothek, Grundschuld oder Rentenschuld]

Die Vorschriften des § 36 sind entsprechend anzuwenden, wenn bei einer Hypothek, Grundschuld oder Rentenschuld, die zu einem Nachlaß oder zu dem Gesamtgut einer Gütergemeinschaft gehört, einer der Beteiligten als neuer Gläubiger eingetragen werden soll.

A. Allgemeines	1	II. Zugehörigkeit zum Nachlass oder fortgesetzter Gütergemeinschaft	3
B. Voraussetzungen	2		
I. Privilegierte Rechte	2	III. Auseinandersetzung	4

A. Allgemeines

Die Bestimmung erweitert die in § 36 GBO enthaltene Regelung auf Hypotheken, Grund- oder Rentenschulden, die zu einer der vorbezeichneten Massen gehören. Durch die Verweisung nimmt § 37 GBO auch an der Gesetzesänderung des § 36 GBO (vgl. § 36 GBO Rdn 2) teil. Es ist daher grundsätzlich auf das Gesagte zu verweisen (siehe § 36 GBO Rdn 1 ff.). Ob die Eintragung einer Rechtsänderung dient oder einer Grundbuchberichtigung, ist ohne Bedeutung.[1] § 37 GBO hat ebenso wie § 36 GBO nur geringe praktische Relevanz.

1

B. Voraussetzungen
I. Privilegierte Rechte

§ 37 GBO gewährt den Nachweisvorzug nur für Grundschuld, Hypothek und Rentenschuld. In erweiternder Auslegung können auch Vormerkungen auf Eintragung solcher Rechte darunter gefasst werden. Darüber hinaus scheidet eine Ausdehnung auf weitere dingliche Rechte (insbesondere eine Reallast trotz § 1107 BGB oder ein übertragbares Vorkaufsrecht) sowie auf Rechte an den genannten Grundpfandrechten aus.[2]

2

II. Zugehörigkeit zum Nachlass oder fortgesetzter Gütergemeinschaft

Das Grundpfandrecht muss zu einem Nachlass oder zum Gesamtgut einer ehelichen oder fortgesetzten Gütergemeinschaft gehören. Zum Nachlass gehören auch diejenigen Grundpfandrechte, die von den Erben aufgrund eines zum Nachlass gehörenden Rechts oder als Ersatz für die Zerstörung, Beschädigung oder Entziehung eines Nachlassgegenstands oder durch ein Rechtsgeschäft erworben werden, welches sich auf den Nachlass bezieht. Auch Hypotheken, die mit den Mitteln des Nachlasses erworben werden, gehören dazu.

3

---

1 KG JFG 14, 137.   2 Hügel/*Zeiser*, § 37 Rn 1.

III. Auseinandersetzung

4 Aus welchem Grund die Eintragung eines Erben oder eines an der Gütergemeinschaft Beteiligten als neuer Gläubiger erfolgen soll, ist gleichgültig. Jedoch muss es sich stets um die Übertragung einer Nachlasshypothek im Wege einer Auseinandersetzung handeln. Die Bestimmung ist daher weder anwendbar auf die Neubestellung oder Verpfändung eines zum Nachlass gehörenden Grundpfandrechts noch einer Nießbrauchsbestellung daran, auch wenn dies im Wege der Auseinandersetzung erfolgt. Für die Umschreibung auf Dritte gilt § 37 GBO nicht,[3] ebenso wenig wenn die Gesamthandsgemeinschaft als solche eingetragen werden soll.[4] Dagegen umfasst der § 37 GBO auch den Fall, dass die Umschreibung auf Beteiligte in Bruchteilsgemeinschaft erfolgen soll.[5] Andererseits werden Eintragungen sowohl bei Rechtsänderungen als auch im Wege der Grundbuchberichtigung erfasst. Eine Ausnahme wird zu machen sein für Inhaltsänderungen, die gleichzeitig mit der Übertragung vereinbart worden sind und mit der Auseinandersetzung zusammenhängen.[6]

5 Überträgt ein Miterbe seine aus dem Nachlass erworbene Hypothek an einen Dritten, so kann dieser das Zeugnis als Glied in der Reihe der Abtretungen mitverwenden, ohne dass eine Voreintragung der Erben erforderlich ist (§ 1155 BGB).[7]

6 Nicht notwendig ist, dass der neue Berechtigte tatsächlich eingetragen wird. Bewilligt er die Löschung sofort, so genügt die Vorlage des Zeugnisses zum Nachweis seines Rechts.

§ 38 [Behördenersuchen]

In den Fällen, in denen nach gesetzlicher Vorschrift eine Behörde befugt ist, das Grundbuchamt um eine Eintragung zu ersuchen, erfolgt die Eintragung auf Grund des Ersuchens der Behörde.

A. Allgemeines 1	VII. Löschung im Zwangsverwaltungsverfahren 71
B. Voraussetzungen 2	**E. Weitere Erfordernisse** 72
I. Ersuchen einer Behörde 2	I. Grundsatz 73
II. Nach gesetzlicher Vorschrift befugt 8	II. Entgegenstehende Regelungen 74
III. Weitere Merkmale 13	III. Was nicht durch das Ersuchen der Behörde ersetzt wird 75
C. Befugnisse zum Ersuchen im Einzelnen . 14	**F. Form und Inhalt des Ersuchens** 78
I. Bundesrecht 15	I. Form 78
II. Landesrecht (Bayern) 48	II. Inhalt 79
D. Insbesondere: Ersuchen des Vollstreckungsgerichts 49	III. Weitergehende Prüfungsbefugnisse des GBA 85
I. Allgemeines 49	**G. Berichtigung des Ersuchens** 88
II. Anordnung und Aufhebung der Zwangsversteigerung oder Zwangsverwaltung 50	I. Vor Vollzug 88
III. Abschluss des Verfahrens 52	II. Nach Vollzug 89
IV. Eintragung des Erstehers als Eigentümer .. 60	**H. Erledigung des Ersuchens** 90
V. Sicherungshypotheken 64	**I. Rechtsmittel** 96
VI. Vollständigkeit des Ersuchens 70	**J. Kosten** 97

A. Allgemeines

1 Angesichts der vielfältigen Eintragungsvorschriften des öffentlichen Rechts hat § 38 GBO eine hohe praktische Bedeutung. Flankiert nur durch die besondere Formvorschrift des § 29 Abs. 3 GBO stehen die behördlichen Ersuchen außerhalb der auf Bewilligung und Antrag aufbauenden Eintragungstätigkeit des Grundbuchamts (GBA). Dazu ordnet § 38 GBO einen Vorrang des öffentlichen Rechts und sonstigen Verfahrensrechts vor dem Grundbuchverfahrensrecht an: Nicht die Behörde muss sich auf die Nachweiserfordernisse der GBO einlassen (etwa durch Inanspruchnahme der Betroffenen auf Abgabe entsprechender Bewilligungen); vielmehr muss sich das GBA auf die jeweilige Gesetzesvorschrift (auch des Landesrechts) einlassen.

---

3 KG JFG 22, 16.
4 KG HRR 39 Nr. 136.
5 KG JFG 14, 137; KG JFG 18, 32; KG JFG 21, 233.
6 *Demharter*, § 37 Rn 6.
7 KG RJA 11, 149.

B. Voraussetzungen

I. Ersuchen einer Behörde

Zum Begriff **Behörde** siehe § 29 GBO (vgl. § 29 GBO Rdn 102).

Unter **Ersuchen** ist der Eintragungsantrag der Behörde zu verstehen, welcher grundsätzlich auch die sonst notwendigen weiteren Erfordernisse weitgehend ersetzt (i.E. siehe Rdn 72). Das Ersuchen hat sich auf eine Grundbucheintragung zu richten.

Soweit aufgrund der Mitteilung einer Behörde das GBA eine Eintragung von Amts wegen vorzunehmen hat, ist § 38 GBO nicht unmittelbar anwendbar, so z.B. nicht auf die von der Katasterbehörde zur Berichtigung der Bestandsangaben des Grundbuchs vorgelegten Veränderungsnachweise.[1]

Ersucht das **GBA** ein anderes GBA um Eintragung der Mitbelastung oder eines Mithaftvermerks, steht dies ebenfalls außerhalb des § 38 GBO. Aufgrund § 48 GBO wird hier jedes GBA von Amts wegen aufgrund eigener Zuständigkeit tätig.[2] Ebenso wenig stellt es ein Verlangen des Beschwerdegerichts an das GBA dar, eine Vormerkung oder einen Widerspruch einzutragen (§§ 76, 80 Abs. 3 GBO), ein Ersuchen im Sinne des § 38 GBO dar.

Dem Ersuchen einer nach dem Recht eines Landes zuständigen Behörde ist auch von dem GBA eines anderen Landes zu entsprechen.[3]

Soweit die Behörde um die Grundbucheintragung ersuchen kann, ist das **Antragsrecht der Beteiligten grundsätzlich ausgeschlossen**.[4] Parallele Antragsrechte der Beteiligten selbst bestehen nur im Fall des § 941 ZPO[5] sowie nach § 32 Abs. 2 S. 2, Abs. 3 S. 2 InsO dar. Auch wenn Anträge der Beteiligten ausgeschlossen sind, sind diese jedoch zur Einlegung einer Beschwerde berechtigt.[6]

Eine Unterscheidung zwischen **deutschen und nichtdeutschen Behörden** macht das Gesetz nicht. Die notwendige Begrenzung des Rechts, Eintragungsersuchen zu stellen, ergibt sich aus dem weiteren Erfordernis einer besonderen gesetzlichen Ermächtigung. Gebunden ist das GBA z.B. an das Ersuchen eines deutschen Insolvenzgerichts, welches auf einem englischen Insolvenzverfahren aufbaut.[7]

II. Nach gesetzlicher Vorschrift befugt

Die Behörde muss nach gesetzlicher Vorschrift befugt sein, das GBA um die Eintragung zu ersuchen.

a) Die **gesetzliche Vorschrift** kann bundesrechtlicher oder landesrechtlicher Art sein. Bei Ersuchen aufgrund landesrechtlicher Vorschrift gilt § 38 GBO auch für Ersuchen in anderen Bundesländern, selbst wenn am Belegenheitsort keine inhaltsgleiche oder -ähnliche Norm existiert.[8]

b) Die gesetzliche Vorschrift muss **der Behörde das Recht** geben, das GBA um eine bestimmte, gerade in Frage stehende Eintragung zu ersuchen. Diesem Erfordernis wird genügt, indem die Behörde **abstrakt befugt** ist, um die gewünschte Eintragung zu ersuchen, d.h. wenn die begehrte Eintragung den **möglichen Inhalt** eines Ersuchens bilden kann.[9] Die abstrakte „Ersuchensberechtigung" als der Behörde gesetzlich zugeordnete Kompetenz fällt in die Prüfungsbefugnis und -pflicht des GBA.[10]

Fehlt es hingegen an der Zuweisung einer Ersuchensbefugnis als gesetzlicher Grundlage, darf diese nicht aus einer Gesamtanalogie oder Lückenfüllung gewonnen werden.[11] Da § 38 GBO im Umkehrschluss die Handlungsmöglichkeiten der nach allgemeinem Grundbuchverfahrensrecht Betroffenen beschränkt (z.B. durch Ausschluss von deren Antragsbefugnis), wäre eine solche Analogie den Rechtsbeschränkungen der Eingriffsverwaltung zu unterwerfen, die jeweils einer ausdrücklichen Eingriffsermächtigung bedarf.

---

1 OLG Düsseldorf Rpfleger 1988, 140.
2 Vgl. KG KGJ 52, 105.
3 *Demharter*, § 38 Rn 28.
4 KG JFG 18, 72; OLG München JFG 1923, 330; OLG Frankfurt NJOZ 2014, 128 (zu § 130 ZVG).
5 KG JFG 18, 72; KG KGJ 41, 221; KG JFG 5, 303.
6 KG JFG 18, 72.
7 OLG Dresden Rpfleger 2011, 27.
8 OLG Jena BeckRS 2013, 14129; *Demharter*, § 38 Rn 28.
9 BayObLG OLG 25, 382; BGH BGHZ 19, 385 = NJW 1956, 463; OLG Köln DNotZ 1958, 487; BayObLG BayObLGZ 1970, 184 = Rpfleger 1970, 346.
10 OLG Brandenburg FGPrax 2018, 55; OLG München ZfIR 2015, 733.
11 KG Rpfleger 1998, 239.

12 Ob die Behörde auch tatsächlich im vorliegenden Einzelfall dazu befugt ist, bleibt für das GBA außer Betracht. Die richtige Anwendung des Gesetzes auf den Einzelfall ist Sache der ersuchenden Behörde, die dafür allein die Verantwortung trägt; das GBA kann diese konkrete Entscheidung nicht nachprüfen.[12] Insoweit hat das Ersuchen auch abschließende Tatbestandswirkung für das GBA (siehe Rdn 85).

III. Weitere Merkmale

13 Weiterhin hat das GBA zu prüfen: **Form** (vgl. Rdn 78) und **Inhalt** (siehe Rdn 79 ff.) des Ersuchens.

C. Befugnisse zum Ersuchen im Einzelnen

14 Die Fälle, in denen eine Behörde zur Stellung eines Eintragungsersuchens befugt ist, sind sehr zahlreich; ihre Zahl ist in der neueren Gesetzgebung im Zunehmen begriffen.

Für Verwaltungsvollstreckungen gilt grundsätzlich, dass sie nur zulässig sind wegen öffentlich-rechtlicher Forderungen oder Forderungen, für welche die Beitreibung im Verwaltungszwangsverfahren ausdrücklich zugelassen ist,[13] daher nicht bei übergeleiteten Unterhaltsansprüchen.

I. Bundesrecht

15 Aus dem **Bundesrecht** sind vornehmlich zu erwähnen:

16 a) **Ersuchen des Prozessgerichts** auf Eintragung einer Vormerkung, eines Widerspruchs oder auch eines Verfügungsverbots[14] aufgrund einstweiliger Verfügung nach § 941 ZPO.[15] Gleichgültig ist, ob das Ersuchen von Amts wegen oder auf Antrag des Klägers erfolgt, wie z.B. die Eintragung eines Rechtshängigkeitsvermerks gem. § 8 Abs. 4 GBBerG. Dieser Vermerk hat die Wirkung eines Widerspruchs und wird mit rechtskräftiger Klageabweisung gegenstandslos; er kann dann nach § 84 GBO gelöscht werden.[16]

Ein Nachweis der Zustellung der einstweiligen Verfügung ist aufgrund der Anwendung des § 929 Abs. 3 S. 1 ZPO nicht notwendig.[17]

17 Eine **Sequestration** (§ 938 Abs. 2 ZPO) kann im Grundbuch nicht vermerkt werden, da sie keine Verfügungsbeschränkung des Eigentümers, sondern lediglich Verwahrung und Verwaltung des Grundstücks durch einen Treuhänder anordnet.[18] Zulässig ist dagegen der Vermerk der Zwangsverwaltung, die ebenfalls durch einstweilige Verfügung angeordnet werden kann.[19]

Der Gläubiger hat neben dem Recht des Gerichts auf Ersuchen der Eintragung ein eigenes Antragsrecht.[20] Aufgrund eines Arrestbefehls kann jeweils nur auf Antrag des Gläubigers eingetragen werden (§§ 867, 932 Abs. 3 ZPO).

18 b) Das **Vollstreckungsgericht** im Verfahren der Zwangsversteigerung und Zwangsverwaltung gem. §§ 19, 34, 130, 146, 158 und 161 ZVG (vgl. Rdn 49 ff.).[21] Jedenfalls im Vollstreckungsverfahren ist der Nachweis der Rechtsänderung monopolisiert auf die gerichtlichen Ersuchen. Neben ihnen ist für zielgleiche privatautonome Anträge, gestützt z.B. auf den Zuschlag, kein Raum.[22]

19 c) Das **Insolvenzgericht** kann um Eintragung und Löschung des erlassenen allgemeinen Veräußerungsverbots sowie der Eröffnung des Insolvenzverfahrens ersuchen (§§ 21 Abs. 2 Nr. 2, 23 Abs. 3, 25 Abs. 1, 32, 200 Abs. 2 InsO; auf § 32 InsO, teilweise über § 200 Abs. 2 S. 2 InsO ist verwiesen in §§ 34 Abs. 3, 215 Abs. 1, 258 Abs. 3, 267 Abs. 3, 268 Abs. 2 InsO). Der Insolvenzverwalter hat ein eigenes Antragsrecht (§ 32 Abs. 2 S. 2 InsO). Ersucht nach Eröffnung eines Insolvenzverfahrens über einen Nachlass das Insolvenzgericht um Eintragung eines Insolvenzvermerks, so ist dem auch dann stattzugeben, wenn der

---

12 KG JFG 7, 399; BayObLG BayObLGZ 1952, 158; BayObLG BayObLGZ 1955, 318 = NJW 1956, 1639; OLG Köln DNotZ 1958, 487; BayObLG BayObLGZ 1970, 185 = Rpfleger 1970, 346.
13 LG Detmold Rpfleger 1993, 332.
14 KG JFG 5, 303.
15 *Demharter*, Rpfleger 1998, 133 ff.
16 *Demharter*, § 38 Rn 6.
17 KG JFG 5, 304; krit. dazu: *Neher/Furtner*, MDR 1955, 136.
18 KG NJW 1937, 2115.
19 KG KGJ 35, 265.
20 KG KGJ 41, 221; KG JFG 5, 303.
21 Gesetz v. 25.3.1952 (BGBl I 1952, 203), eingef. d. Art. 10 Gesetz v. 20.8.1953 (BGBl I 1953, 952).
22 OLG München FGPrax 2022, 6.

Erblasser noch als Eigentümer eingetragen ist.[23] Die Löschung erfolgt auf Bewilligung des Insolvenzverwalters, sonst bei Aufhebung des Verfahrens auf erneutes Ersuchen des Gerichts.[24] Ein anderweitiger Nachweis der Verfahrensaufhebung mit daran anschließender Grundbuchberichtigung erscheint kaum denkbar.[25]

Auch nach Anerkennung der GbR als teilrechtsfähig hat die Rechtsprechung des BGH die Eintragung eines Insolvenzvermerks am Geschäftsanteil des einzelnen insolventen Gesellschafters für zulässig gehalten.[26] Jedenfalls für eGbR, die gem. § 47 Abs. 2 GBO n.F. zukünftig allein unter ihrem Namen und ihrer Registrierung eingetragen sind, dürfte diese Rechtsprechung nicht aufrechtzuerhalten sein. Ohne Offenlegung der Gesellschafter fehlt es an einem Bezugspunkt für einen Vermerk der Gesellschafterinsolvenz.

d) Der Notar kann ersuchen um die Eintragung eines Vermerks über die Eröffnung eines Vermittlungsverfahrens nach dem Sachenrechtsbereinigungsgesetz (§ 92 Abs. 5 SachenRBerG), der wie eine Vormerkung wirkt (§ 92 Abs. 6 SachenRBerG).

e) Das **Nachlassgericht** kann um Eintragung und Löschung des Vermerks über die Anordnung der Nachlassverwaltung ersuchen, da die Rechtslage hinsichtlich der Verfügungsbeschränkung der Erben die Gleiche ist wie bei einem Insolvenzverfahren.[27] Auch der Nachlassverwalter hat ein Antragsrecht.

f) Die Staatsanwaltschaft kann zu Sicherung der Vermögensabschöpfung um Eintragung eines Veräußerungsverbots gem. § 111h StPO ersuchen oder um Eintragung einer Sicherungshypothek gem. § 111f Abs. 2 StPO, ist dabei aber (natürlich) an das materielle Recht wie an das Vollstreckungsrecht gebunden.[28] Im Steuerstrafverfahren nimmt die Finanzbehörde diese staatsanwaltlichen Befugnisse wahr (§ 386 AO). Grundlage der Eintragung ist allein das Ersuchen der Staatsanwaltschaft. Die Arrestanordnung muss nicht vorgelegt werden.[29]

g) Das **Landwirtschaftsgericht** kann um Eintragung und Löschung des Hofvermerks ersuchen, auch hinsichtlich der Abschreibung einzelner Grundstücke (§ 3 HöfeO).

h) Das **Fideikommissgericht** kann um Löschung der Fideikommisseigenschaft sowie eines aufgrund fideikommissrechtlicher Bestimmungen eingetragenen Nacherbenrechts ersuchen.[30]

i) Die **Gerichtskasse** kann um Eintragung einer Zwangshypothek für rückständige Gerichtskosten und gleichstehende Ansprüche ersuchen.[31] Der Vorlage eines Vollstreckungstitels bedarf es nicht. Das GBA hat die Berechtigung der Kostenforderung gegen den Kostenschuldner nicht nachzuprüfen,[32] ebenso wenig die Verpflichtung des Vollstreckungsschuldners zur Leistung oder Duldung der Zwangsvollstreckung; die Einhaltung der §§ 866 Abs. 2, 867 Abs. 2 ZPO ist dagegen vom GBA zu prüfen.[33]

j) Das **Finanzamt** kann ersuchen: um Eintragung einer Zwangshypothek (§ 322 AO, §§ 866, 867 ZPO wegen rückständiger Steuern); der hier erwähnte „Antrag" stellt grundbuchrechtlich ein „Ersuchen" dar (§ 322 Abs. 3 S. 4 AO). Der Vorlage eines Vollstreckungstitels und Zustellungsnachweises bedarf es nicht (§ 322 Abs. 3 AO).[34] Die Nachprüfung des Vorliegens der Voraussetzungen ist dem GBA verwehrt (§ 322 Abs. 3 AO).[35] Zum Begriff der Steuern siehe § 3 Abs. 1 AO. Das Eintragungsersuchen kann sich auch „gegen" andere als den Eigentümer als Betroffene richten, z.B. infolge Duldungsbescheid gegen einen zum Rangrücktritt verpflichteten Vormerkungsberechtigten.[36] Selbst dann steht dem GBA keine Befugnis zur inhaltlichen Prüfung zu.[37] Alternativ kann das Finanzamt auch als Gläubigerin einer rechtsgeschäftlich bestellten Grundschuld eingetragen werden; dafür gilt § 38 GBO aber nicht.

---

23 OLG Düsseldorf Rpfleger 1998, 334.
24 BGH DNotZ 2018, 312.
25 OLG München NZI 2019, 538.
26 BGH DNotZ 2018, 312.
27 Str.; a.A. Grüneberg/*Weidlich*, § 1983 Anm. 1; Staudinger-BGB/*Lehmann*, § 1983 Anm. 4; wie hier: Staudinger/*Dobler*, § 1984 Rn 2; *Demharter*, § 38 Rn 12; Meikel/*Krause*, § 38 Rn 49.
28 OLG Bremen NZI 2022, 951 (Verbot der Doppelsicherung am selben Grundstück); OLG München FGPrax 2018, 68.
29 BGH FGPrax 2020, 7.
30 § 38 Abs. 1 DVO zum FidErlG v. 20.3.1939 (RGBl I 1939, 509).
31 §§ 1, 2, 7 JBeitrG v. 11.3.1937 (RGBl I 1937, 298) i.d.F. des Art. 5 Kostenänderungsgesetz v. 26.7.1957 (BGBl I 1957, 861).
32 OLG Frankfurt FGPrax 2009, 252.
33 BayObLG BayObLGZ 48/51, 610 = Rpfleger 1952, 33 m. Anm. *Bruhn*.
34 BGH BGHZ 19, 355.
35 OLG München FGPrax 2019, 161 m Anm *Holzer*.
36 OLG München FGPrax 2012, 251.
37 OLG Hamm Rpfleger 1983, 481; *Demharter*, § 38 Rn 16.

28 Das GBA kann jedoch verlangen, dass in einem mehrere Abgabenforderungen betreffenden Ersuchen die einzelnen Forderungen getrennt nach Grund und Höhe bezeichnet werden.[38] Die Voraussetzungen der §§ 866 Abs. 3, 867 Abs. 2 ZPO sind vom GBA zu überprüfen.[39]

29 Als Gläubigerin gilt im Vollstreckungsverfahren für die geltend gemachten Ansprüche allein die Körperschaft, welcher die Vollstreckungsbehörde angehört (§ 252 AO).

30 Das Bundesamt zur Regelung offener Vermögensfragen und für zentrale Dienste kann ferner um Anlegen eines Gebäudegrundbuchblattes gem. § 3 VZOG ersuchen.[40]

31 k) Die **Versorgungsbehörde** kann um Eintragung von Verfügungsbeschränkungen ersuchen.[41] Wird mit einer Kapitalabfindung von einem Geschädigten nur ein Miteigentumsbruchteil erworben, so kann die Verfügungsbeschränkung nur bei seinem Anteil eingetragen werden, und zwar auch dann, wenn die Ehefrau des Geschädigten Miteigentümerin ist.[42]

32 l) Die **Wiedergutmachungsbehörde** kann um Eintragung des Rückerstattungsvermerks ersuchen.[43]

33 m) Die **Flurbereinigungsbehörde** kann um Eintragung eines Verfügungsverbots sowie um Berichtigung des Grundbuchs entsprechend dem Flurbereinigungsplan ersuchen.[44] Ein Ersuchen auf Löschung einer Dienstbarkeit, die nach Anordnung der vorzeitigen Ausführung des Flurbereinigungsplans an Einlagegrundstücken erfolgte, ist zulässig, wenn für diese Einlagegrundstücke keine besonderen Ersatzgrundstücke ausgewiesen sind und der Surrogationsgrundsatz nicht wirksam werden kann.[45] Unzulässig, da rechtlich nicht vollziehbar, ist das Ersuchen um Eintragung eines „Flurbereinigungsvermerks" im Grundbuch.[46] Dagegen kann um Eintragung eines Zustimmungsvorbehalts nach § 13 GBBerG i.V.m. § 6 Abs. 4 BoSoG von der Flurneuordnungsbehörde sowie um Berichtigung des Grundbuchs nach dem Tausch- oder Bodenordnungsplan[47] ersucht werden.

Bei dem Ersuchen einer nicht siegelführenden Teilnehmergemeinschaft an das GBA genügt die mit Siegel versehene Beglaubigung der Flurbereinigungsdirektion der Unterschrift unter dem Ersuchen mit der Bestätigung, dass diese Person befugt ist, das Ersuchen für die Gemeinschaft zu stellen.[48]

Im Flurbereinigungsverfahren ist auch im Zeitraum zwischen dem Eintritt des neuen Rechtszustands durch die Ausführungsanordnung und der Grundbuchberichtigung einzutragen.[49]

34 n) Die **Siedlungsbehörde** kann um Vornahme bestimmter Eintragungen und Löschungen ersuchen.[50]

35 o) Um Eintragung und Löschung eines **Widerspruchs** wegen ungenehmigter Grundstücksveräußerung kann die **Genehmigungsbehörde** ersuchen bei Vorliegen der Fälle des § 7 Abs. 2 GrdstVG[51] sowie gem. §§ 22 Abs. 6 S. 2, 145 Abs. 6, 169 Abs. 1 Nr. 3 und 172 Abs. 1 S. 6 BauGB. Der Widerspruch ist zugunsten des Inhabers des Berichtigungsanspruchs, nicht der Behörde einzutragen;[52] jedoch ist ein Hinweis auf die ersuchende Behörde zweckmäßig, da zur Löschung des Vermerks der Nachweis der Genehmigung oder der fehlenden Notwendigkeit einer Genehmigung erforderlich ist.[53] Die Bewilligung des Berechtigten genügt nicht.[54] In entsprechender Anwendung des § 7 Abs. 2 GrdStVG kann die Genehmigungsbehörde nach Rücknahme oder Widerruf der Genehmigung um Eintragung eines Widerspruchs ersuchen.[55]

---

38 KG JFG 7, 400.
39 BayObLG BayObLGZ Rpfleger 1952, 33.
40 KrG Rathenow Rpfleger 1993, 331 m. Anm. *Weihe*.
41 § 75 BVG i.d.F. v. 22.2.1982.
42 BGH BGHZ 19, 358 = NJW 1956, 463.
43 Art. 53 Abs. 4 MRGes. Nr. 59 für die brit. Zone; Art. 61 Abs. 4 MRG Nr. 59 für die amerikanische Zone. Für das Gebiet der früheren brit. Zone sind die Wiedergutmachungsbehörden darüber hinaus auch befugt, um Vornahme einer Eintragung zu ersuchen (vgl. OLG Hamm NJW/RzW 1954, 246); dazu: *Burkhardt*, NJW 1952, 412 sowie OLG Frankfurt NJW 1955, 269.
44 §§ 52 Abs. 3, 79 FlurBbG vom 16.3.1976 (BGBl I 1976, 2257 ff.); dazu: BayObLG BayObLGZ 1985, 372 = Rpfleger 1986, 129.
45 BayObLG BayObLGZ 1993, 52 ff.
46 *Demharter*, § 38 Rn 22.
47 §§ 55 Abs. 2, 61 Abs. 3 LwAnpG i.d.F. v. 3.7.1991 (BGBl I 1991, 1418).
48 BayObLG BayObLGZ 1986, 86 ff. = Rpfleger 1986, 370.
49 LG Ellwangen NotiZ 1989, 91; *Demharter*, § 38 Rn 35.
50 §§ 2–6 ErgänzungsG zum RSiedlG v. 4.1.1935 (RGBl I 1935, 1).
51 Gesetz v. 28.7.1961 (BGBl I 1961, 1091).
52 BayObLG BayObLGZ 1955, 321 = DNotZ 1956, 189.
53 BayObLG BayObLGZ 1955, 314 f.; *Demharter*, § 38 Rn 27.
54 KG JFG 1, 395.
55 BGH DNotZ 2023, 63 unter Aufhebung OLG Brandenburg FGPrax 2018, 55.

Über die Frage, ob ein Umgehungsgeschäft vorliegt, entscheidet endgültig und abschließend die Genehmigungsbehörde. Eine abweichende Auffassung des GBA ist unbeachtlich.[56]

§ 22 Abs. 6 BauGB ist entsprechend anzuwenden für genehmigungspflichtige Verfahren (§ 145 Abs. 6 BauGB) und Entwicklungsmaßnahmen (§§ 166, 169 Abs. 1 Nr. 5 BauGB). Das GBA hat in diesem Fall nur die formelle Zulässigkeit des Ersuchens zu prüfen, nicht die Frage der sachlichen Berechtigung, also der Unrichtigkeit des Grundbuchs.[57]

Es darf die Eintragung des Widerspruchs allenfalls dann zurückweisen, wenn es mit Sicherheit erkennt, dass das Grundbuch durch die beanstandete Eintragung nicht unrichtig geworden ist.[58] Wird nach Erteilung der Bodenverkehrsgenehmigung zur Teilung des Grundstücks nochmals unterteilt, so ist zwar die Eintragung eines Widerspruchs zulässig, die Eintragung eines Widerspruchsbegünstigten kommt jedoch nicht in Betracht.[59]

Der Widerspruch ist zugunsten des Inhabers des Berichtigungsanspruchs einzutragen. Dies ist nicht die Genehmigungsbehörde.[60] § 51 BauGB gewährt der Genehmigungsbehörde hingegen keine Ersuchensbefugnis.[61]

Jeder der Beteiligten ist berechtigt, die **Löschung** des eingetragenen Vermerks zu beantragen. Die Bewilligung des Berechtigten genügt in einem solchen Fall jedoch nicht, vielmehr muss der Nachweis erbracht werden, dass die Genehmigung erteilt oder nicht erforderlich ist.[62]

p) Die Bodensonderungsbehörde kann ersuchen um die Eintragung eines Zustimmungsvorbehalts bei dinglichen Rechten an Grundstücken und grundstücksgleichen Rechten im Rahmen der ergänzenden oder kompletten Bodenneuordnung (§ 6 Abs. 4 BoSoG; zum Inhalt des Vermerks vgl. § 8 Abs. 1 SPVO). Die Bergbehörde kann um Eintragung oder Löschung des Bergwerkeigentums (§§ 17 Abs. 3, 18 Abs. 4, 20 Abs. 5 BBergG sowie nach §§ 27 Abs. 2, 92 Abs. 3, 96 Abs. 6, 149 Abs. 6, 152 Abs. 3, 160 Abs. 5, 162 Abs. 2 BBergG; zur Zuständigkeit siehe § 142 BBergG) ersuchen. Die Bodenschutzbehörde kann um Eintragung oder Löschung des Bodenschutzvermerks (§ 93b Abs. 2 GBV) ersuchen.

q) Die **Umlegungsstelle** kann

aa) um die Eintragung des Umlegungsvermerks (§§ 47, 51, 54 BauGB)[63] und

bb) um Berichtigung des Grundbuchs entsprechend dem Umlegungsplan ersuchen (§§ 74 ff. BauGB). Der rechtskräftige Umlegungsplan stellt einen gestaltenden Verwaltungsakt dar.[64] Die Rechtsänderung vollzieht sich außerhalb des Grundbuchs, so dass sich die Eintragung als Grundbuchberichtigung darstellt.[65] Trotzdem besteht ein Unterschied: Der Umlegungsplan kann die Rechte derjenigen Betroffenen nicht ändern oder beseitigen, die entweder ihre Rechte nach § 48 Abs. 1 Nr. 3 BauGB nicht angemeldet haben oder infolge Unrichtigkeit des Grundbuchs versehentlich nicht formell beteiligt worden sind.[66] Diese Betroffenen müssen als vom Umlegungsplan nicht Erfasste ihre Rechte außerhalb des Verfahrens geltend machen.[67] Das GBA ist zwar nicht befugt, den materiellen Inhalt des Umlegungsplans nachzuprüfen.[68] Ergibt sich jedoch für das GBA, dass Betroffene nach den obigen Ausführungen nicht beteiligt sind, so hat aus den angeführten Gründen der Umlegungsplan nicht gegenüber den sämtlichen notwendig Betroffenen volle Rechtskraft erlangt. Ein Vollzug im Grundbuch ist daher nicht möglich. Das Ersuchen ist als unvollziehbar zurückzuweisen. Ersucht werden kann weiter um Löschung des eingetragenen Umlegungsvermerks.

Mit Abschluss der Umlegungsmaßnahme tritt entsprechend dem Surrogationsprinzip des § 63 BauGB in der Person des Eigentümers ein Wechsel ein. Bevor eine das Ersatzgrundstück betreffende Auflassung

---

56 BayObLG BayObLGZ 1955, 314 = NJW 1956, 1639.
57 BayObLG DNotZ 1975, 150.
58 BayObLG DNotZ 1975, 150.
59 BayObLG Rpfleger 1974, 313.
60 BayObLG BayObLGZ 1955, 321 = DNotZ 1956, 1639.
61 OLG Celle NJW 1963, 1160.
62 KG JFG 1, 395.
63 OLG Frankfurt FGPrax 2011, 274: auch zur Form des Bestandsverzeichnisses (Beschlussausfertigung nicht erforderlich).
64 Vgl. *Schrödter/Köster*, § 66 Rn 1.
65 *Schrödter/Köster*, § 74 Rn 2; OLG Hamm Rpfleger 1996, 338.
66 BVerwG RdL 1962, 190.
67 *Seehusen*, RdL 1954, 208; *Schrödter/Köster*, § 72 Rn 2.
68 *Schrödter/Köster*, § 74 Rn 2.

eingetragen werden kann, muss das Grundbuch auf Ersuchen der Behörde im Wege der Berichtigung den neuen Rechtszustand nachweisen.[69]

Soll eine Eintragung bei einem Briefrecht vorgenommen werden, so kann das GBA die Vorlage des Briefes von der ersuchenden Behörde verlangen.[70]

r) Die **Enteignungsbehörde** um Durchführung der Ausführungsanordnung (§ 117 Abs. 7 BauGB). Auch hier handelt es sich um eine Berichtigung.[71]

s) Das Amt für offene Vermögensfragen nach § 34 Abs. 2 VermG und § 3 HypAblöVO.

t) Die **Gemeinden** können ersuchen:

aa) um Eintragung des Eigentumsübergangs an einem Grundstück nach Ausübung des Vorkaufsrechts sowie um Löschung einer für den Erstkäufer eingetragenen Vormerkung (§ 28 Abs. 3 S. 6 und Abs. 4 S. 3 BauGB), nicht jedoch um Eintragung eines Amtswiderspruchs, wenn das GBA ohne Berücksichtigung des gemeindlichen Vorkaufsrechts gem. § 24 BauGB einen Erwerber als Eigentümer eingetragen hat,[72]

bb) um Eintragung und Löschung von Sanierungsvermerken (§§ 143 Abs. 2, 162 Abs. 3 BauGB),

cc) um Eintragung und Löschung von Entwicklungsvermerken (§ 165 Abs. 9 BauGB),

dd) um Eintragung einer Auflassungsvormerkung oder Löschung derselben (§ 28 Abs. 2 S. 3 und 6 BauGB) sowie um Berichtigung des Grundbuchs aufgrund eines Grenzregelungsbeschlusses (§§ 47, 84 Abs. 1 BauGB). Das Ersuchen erbringt nur den Beweis der Unrichtigkeit im Sinne des § 22 Abs. 1 GBO. Die Prüfung des GBA hat sich daher darauf zu erstrecken, ob die übergehenden Flächen im Ersuchen gem. § 28 S. 1 GBO in Form von Zuflurstücken bezeichnet und gem. § 2 Abs. 3 GBO nach Lage und Größe ausgewiesen sind. Außerdem muss der Grundsatz der Voreintragung der Betroffenen (§ 39 GBO) gewahrt sein, da der Grenzregelungsbeschluss das Grundbuch nicht sperrt. Da die nachträgliche Änderung des Grenzregelungsbeschlusses nicht zulässig ist, ist bei entsprechenden Mängeln der gesamte Antrag als unvollziehbar zurückzuweisen mit der Folge der Durchführung eines neuen Grenzregelungsverfahrens.[73] Das GBA hat nicht zu prüfen, ob die Voraussetzungen für das Grenzregelungsverfahren gegeben sind.[74] Sonstige Mängel des Grenzregelungsbeschlusses können vom GBA nur beanstandet werden, wenn sich daraus die Nichtigkeit des Beschlusses herleiten würde. Dies ist kaum jemals der Fall.

ee) zur Eintragung von Zwangshypotheken zur Sicherung von Forderungen des kommenden Abgaberechts, soweit sie selbst Vollstreckungsbehörde sind.[75]

u) Weitere Besonderheiten in den neuen Bundesländern: Die nach § 15 Abs. 4 InVorG zuständige Behörde ist mangels gesetzlicher Ermächtigung nicht befugt, das GBA um die Eintragung eines Verfügungsverbots für die Dauer des Widerrufsverfahrens im Grundbuch zu ersuchen.[76]

Fehlt es, wie im Fall des Verfügungsverbots nach § 15 InVorG, an einer gesetzlichen Befugnis, eine Eintragung zu ersuchen, so ist es allein Sache des durch das Verbot Geschützten, für die grundbuchliche Sicherung seiner Rechte zu sorgen und zu diesem Zweck entweder dem GBA den Bestand des Verfügungsverbots in der Form des § 29 GBO nachzuweisen oder im Wege der einstweiligen Verfügung einen Widerspruch gegen die fehlende Eintragung des Verfügungsverbots zu erwirken.

Das Prozessgericht kann nach § 113 Abs. 3 S. 2 SachenRBerG um Eintragung eines Vermerks über die Anhängigkeit eines Anspruchs auf Grundbuchberichtigung wegen der Eintragung eines nach § 459 Abs. 1 S. 2, Abs. 4 S. 1 ZGB entstandenen Miteigentumsanteils oder der Bestellung einer Grunddienstbarkeit oder beschränkten persönlichen Dienstbarkeit gem. §§ 113 Abs. 3, 116 SachenRBerG ersuchen. Der Vermerk hat die Wirkung eines Widerspruchs.[77] Zur Löschung des Gesamtvollstreckungsvermerks, der auch an Grundstücken eingetragen sein kann, die nicht im Gebiet der früheren DDR liegen, siehe *Holzer*.[78] Ein Zwangsversteigerungsvermerk ist auch in ein bestehendes Gebäudegrundbuch einzutragen (§ 9a Abs. 3

---

69 OLG Zweibrücken Rpfleger 2003, 122.
70 OLG Düsseldorf WM 1997, 2212.
71 LG Regensburg Rpfleger 1978, 448.
72 BayObLG Rpfleger 1983, 344, nur Ls.
73 *Waibel*, Rpfleger 1976, 347, 349.
74 OLG Frankfurt Rpfleger 1976, 313.
75 Für Hessen: OLG Frankfurt ZfIR 2015, 396.
76 LG Berlin Rpfleger 1998, 424.
77 *Demharter*, § 38 Rn 6.
78 *Holzer*, NZG 1998, 417.

S. 3 EGZVG). Die Bundesanstalt für vereinigungsbedingte Sonderaufgaben[79] – früher Treuhandanstalt – kann um Eintragung der in einem Bescheid des Präsidenten oder des Oberfinanzpräsidenten gem. § 2 VZOG getroffenen Feststellungen (§§ 3 Abs. 1, 4 Abs. 2 VZOG) ersuchen.

Das Amt zur Regelung offener Vermögensfragen kann ersuchen

– um Eintragung eines Zustimmungsvorbehalts bei Grundstücken, Gebäuden und Grundpfandrechten, die Gegenstand einer zwischenstaatlichen Vereinbarung der DDR waren (§§ 1 Abs. 8b, 11c VermG),
– bei Briefrechten kann die Vorlage des Briefes nicht verlangt werden (§ 105 Abs. 1 Nr. 6 S. 6 Hs. 2 GBV),
– Grundbuchberichtigung bei der Rückübertragung von Eigentum und sonstigen Rechten an Grundstücken und Gebäuden sowie bei der Aufhebung der Verwaltung (§ 34 Abs. 2 VermG),
– um Eintragung eines Widerspruchs gem. § 16 Abs. 6 VermG.[80]

Eine inhaltliche Prüfung ist dem GBA nur bei sicherer Kenntnis der Rechtsgrundlosigkeit des Ersuchens gestattet.[81]

Demgegenüber hat das Amt **keine** Befugnis,

– um Eintragung eines Widerspruchs zu ersuchen in entsprechender Anwendung des § 34 Abs. 34 Abs. 2 VermG, wenn aufgrund einer noch nicht unanfechtbar gewordenen Entscheidung über die Rückübertragung jemand als Eigentümer im Grundbuch eingetragen wurde,[82]
– um die Eintragung eines Vermerks nach § 9a Abs. 1 S. 2, 3 EGZVG zu ersuchen zur Sicherung der in Art. 233 § 2c Abs. 2 EGBGB bezeichneten Ansprüche und solcher auf Rückübertragung nach dem VermG.[83]

Der Fiskus kann um Eintragung einer Auflassungsvormerkung (Art. 233 § 13a EGBGB) zur Sicherung des Auflassungsanspruchs bei Bodenreformgrundstücken ersuchen (Art. 233 § 11 Abs. 3 EGBGB). Der Übereignungsanspruch selbst ist jedoch seit 3.10.2000 verjährt (Art. 233 § 14 EGBGB).

Das Landratsamt oder die Verwaltung einer kreisfreien Stadt kann um die Eintragung oder Löschung eines Widerspruches bei nichtigen Verfügungen nach § 7 Abs. 4 VO über die Anmeldung vermögensrechtlicher Ansprüche i.d.F. vom 3.8.1992 ersuchen.[84]

In Sachsen-Anhalt kann die Gemeinde um Berichtigung bei aufgelösten altrechtlichen Personenzusammenschlüssen ersuchen.[85]

II. Landesrecht (Bayern)

Nach dem Landesrecht (Bayern) können ersuchen:

– In Bayern die **Gemeinden, Landkreise, Bezirke** und **Zweckverbände** um Eintragung einer Zwangssicherungshypothek aufgrund von Leistungsbescheiden zur Beitreibung von Geldforderungen aufgrund vollstreckbarer Ausfertigung eines Ausstandsverzeichnisses (Art. 26 Abs. 1 BayVwZVG).[86] Für die Höhe der einzutragenden Hypothek gilt § 866 ZPO nicht.[87]
– Die **Kreisverwaltungsbehörde** um Eintragung einer Verfügungs- und Veränderungssperre und um Grundbuchberichtigung (Art. 27 Abs. 4 S. 1, Art. 34 Abs. 7 BayEG). Die Eintragung hat nur deklaratorische Bedeutung. Sie darf nicht zugunsten der Behörde, da sie in diesem Fall nur eine relative Verfügungsbeschränkung darstellt, formuliert werden.[88] Diese Bestimmung gilt nicht für Eintragungen, die aufgrund gütlicher Einigung erfolgen sollen.

---

79 Verordnung v. 20.12.1994 (BGBl I 1994, 3913).
80 KG Rpfleger 1997, 154; zu den Kosten siehe KG Rpfleger 1996, 479.
81 OLG Rostock Beck RS 2021, 59647.
82 OLG Rostock Beck RS 2022, 40659; Beck RS 2021, 59647; a.A. OLG Naumburg Rpfleger 1993, 444.
83 KG Rpfleger 1998, 239.
84 BGBl I 1481; näher dazu *Böhringer*, NJW 1992, 290.
85 § 4 5.1 des Gesetzes über die Auflösung der Personenzusammenschlüsse alten Rechts v. 19.11.2020, GVBl S. 663; *Böhringer*, NJ 2021, 9.
86 BayObLG Rpfleger 1982, 99; für Hessen ebenso: OLG Frankfurt NVW Z-RR 2010, 651; für die Vollstreckung sonstiger Personen des öffentlichen Rechts siehe Art. 2 VwZVG.
87 BayObLG BayObLGZ 1923, 82.
88 BayObLG DNotZ 1988, 784.

- Die Kreisverwaltungsbehörde um Eintragung und Löschung eines Widerspruchs nach Art. 2 AlmG vom 28.4.1932.[89]
- **Die obere Siedlungsbehörde** bei Zwangsenteignung um Grundbuchberichtigung.[90]

D. Insbesondere: Ersuchen des Vollstreckungsgerichts

I. Allgemeines

49 Besonders umfangreiche Befugnisse, ein Ersuchen zu stellen, hat das Vollstreckungsgericht. Die Beteiligten haben hier regelmäßig keinerlei Antragsrecht. Hinzuweisen ist insbesondere auf folgende Möglichkeiten:

II. Anordnung und Aufhebung der Zwangsversteigerung oder Zwangsverwaltung

50 Mit der Anordnung von Zwangsvollstreckung/Zwangsverwaltung ist um Eintragung des entsprechenden Vermerks zu ersuchen (§§ 19 Abs. 1, 146 ZVG). Der Vermerk muss selbst dann eingetragen werden, wenn der Vollstreckungsschuldner nicht oder nicht mehr als Eigentümer im Grundbuch vorgetragen ist.[91] Eine Grundbuchsperre wird durch den Vermerk nicht bewirkt.[92]

Liegt im Zeitpunkt des Eingangs des Ersuchens ein unerledigter Antrag vor, so ist diesem stattzugeben, wenn § 878 BGB zur Anwendung kommt. Anderenfalls ist er nach § 17 GBO zurückzuweisen oder dem Antragsteller gem. § 18 GBO aufzugeben, die Genehmigung des Gläubigers nachzuweisen. Anschließend ist nach § 18 Abs. 2 GBO zu verfahren und sodann der Zwangsversteigerungsvermerk einzutragen. Wird die Genehmigung beigebracht, so ist der Eintragungsantrag durch Umschreibung der Vormerkung und Anbringung eines Wirksamkeitsvermerks zu erledigen.[93]

Eine inhaltliche Kontrolle des Ersuchens ist dem GBA nicht gestattet.[94] Zur Beschwerde gegen die Eintragung des Zwangsversteigerungsvermerks siehe § 71 GBO Rdn 32.

51 Wird das **Verfahren aufgehoben**, so ist um Löschung des Vermerks zu ersuchen (§§ 34, 161 Abs. 4 ZVG). Dies gilt auch für den Fall, dass das Verfahren ordnungsgemäß zu Ende geführt, der Teilungsplan ausgeführt und der Zuschlag rechtskräftig geworden ist (§ 130 Abs. 1 ZVG). Der Vermerk hat kein materielles Rangverhältnis zu den eingetragenen Grundstücksrechten. Ist daher der Versteigerungsvermerk irrtümlich unrichtig gelöscht worden, so muss er auf ein entsprechendes Ersuchen des Vollstreckungsgerichtes neu eingetragen werden. Die Eintragung eines Vorrangvermerks für den Zwangsversteigerungsvermerk ist jedoch unzulässig.[95]

III. Abschluss des Verfahrens

52 Ist das Zwangsversteigerungsverfahren in der Weise abgeschlossen worden, dass der Teilungsplan ausgeführt oder die außergerichtliche Befriedigung nachgewiesen worden ist und hat der Zuschlagsbeschluss Rechtskraft erlangt, so ist um **Eintragung des Versteigerungsergebnisses** zu ersuchen (§§ 130 Abs. 1, 145 ZVG).[96] Die Vorlage einer Ausfertigung des Zuschlagsbeschlusses oder des Verteilungsprotokolls kann nicht verlangt werden.[97]

53 Zu ersuchen ist:

a) um die **Löschung des Versteigerungsvermerks** und aller durch den Zuschlag erloschenen Rechte (§ 91 ZVG). Nicht ersucht werden kann um die Löschung von Verfügungsbeschränkungen, die sich aus dem öffentlichen Recht ergeben. Haben die Beteiligten vereinbart, dass ein durch Zuschlag erlosche-

---

89 BayRS 7817-2-E.
90 § 40 Abs. 2 der 1. AusfVO z. GSB vom 26.2.1947.
91 KG JFG 4, 301.
92 KGJ 34, 286; BayObLG BayObLGZ 1996, 44 = Rpfleger 1996, 33.
93 Ebenso: Demharter, § 38 Rn 36; Meikel/Krause, § 38 Rn 83; a.A. Hegemann, Rpfleger 1984, 397; siehe dazu auch: Tröster, Rpfleger 1985, 357; Baum, Rpfleger 1990, 141.
94 OLG München Rpfleger 2014, 668.
95 KG JFG 12, 295.
96 Zum Verfahren beim GBA ausf.: BayObLG Rpfleger 1980, 249.
97 KG HRR 33 Nr. 591 m.w.N.; Demharter, Rn 38.

nes Grundpfandrecht bestehen bleiben soll, so kann das Vollstreckungsgericht um die Löschung des aufzuhebenden Teils ersuchen.[98]

Das Ersuchen hat sich auf alle bis zum Zuschlag eingetragenen Rechte zu erstrecken. Dabei brauchen die nach Eintragung des Versteigerungsvermerks eingetragenen Rechte nicht einzeln, sondern können pauschal bezeichnet werden. 54

Streitig ist, inwieweit das Ersuchen auch auf die nach dem Zuschlag eingetragenen Rechte erstreckt werden darf, welche aufgrund Bewilligung des Vollstreckungsschuldners oder eines gegen ihn gerichteten vollstreckbaren Titels eingetragen worden sind, wenn der bisherige Eigentümer nicht der Ersteher ist. § 130 Abs. 1 S. 1 ZVG erfasst diese Fälle nicht. Mit der h.M. wird man jedoch der Auffassung sein müssen, dass dann die Rechte im Hinblick auf § 90 ZVG nicht entstanden sind und § 130 ZVG daher entsprechend angewendet werden muss.[99] Der Ersteher kann die Löschung dieser Rechte auf jeden Fall nach § 22 GBO herbeiführen. Ist ein bei der Feststellung des geringsten Gebots berücksichtigtes Recht nicht zur Entstehung gelangt oder erloschen, so hat das Ersuchen auch dieses Recht zu erfassen (§ 130 Abs. 2 ZVG). Auch die Beteiligten können die Löschung dieses Rechts beantragen. Zu beachten ist, dass nur bei einem Ersuchen nach § 130 Abs. 2 ZVG, nicht jedoch im Fall des § 130 Abs. 1 ZVG, die Briefe der zu löschenden Rechte mit vorgelegt werden müssen (§ 131 ZVG). 55

b) Erlischt nach § 1181 Abs. 2 BGB eine **Gesamthypothek** auch an den nicht mitversteigerten Grundstücken, so darf trotzdem nicht um Löschung dieses Rechts auf den nichtbetroffenen Grundstücken ersucht werden, da die Regelung des § 1182 BGB entgegensteht, und durch den Zuschlag nur Rechte an dem versteigerten Grundstück erlöschen können.[100] Der Vermerk des Erlöschens der Mithaft des versteigerten Grundstücks auf den Blättern der nicht versteigerten Grundstücke muss von Amts wegen erfolgen (§ 48 Abs. 2 GBO). Die Löschung an den nicht versteigerten Grundstücken ist Sache der Beteiligten. Das Vollstreckungsgericht kann lediglich die erforderlichen Erklärungen der Beteiligten dem GBA übermitteln. 56

Ist ein **Miteigentumsbruchteil** an einem Grundstück versteigert worden, das mit **Grunddienstbarkeiten** belastet ist, und wurde die Dienstbarkeit nicht in das geringste Gebot aufgenommen, so erlischt die Dienstbarkeit auch an dem nicht versteigerten Bruchteil, weil eine Grunddienstbarkeit an einem bloßen Miteigentumsbruchteil nicht bestehen kann. Um Löschung kann nur für den versteigerten Bruchteil ersucht werden. Ist diese Löschung erfolgt, so ist der verbleibende Eintrag inhaltlich unzulässig und daher nach § 53 GBO von Amts wegen zu löschen.[101] 57

c) Werden bei **bestehenbleibenden Rechten** die **Bedingungen geändert,** so kann um deren Eintragung selbst dann nicht ersucht werden, wenn das Bestehenbleiben nach § 91 Abs. 2 ZVG im Verteilungstermin vereinbart wurde.[102] Erklärungen der Beteiligten kann das Vollstreckungsgericht lediglich an das GBA weiterleiten.[103] Das Gleiche gilt, wenn Vereinbarungen über das Fortbestehen eines an sich durch den Zuschlag wegfallenden Rechts getroffen sind.[104] Aktenkundige rechtliche Bewertungen des Versteigerungsgerichts zur Inhaberschaft übernommener Rechte sind keine Eintragungsgrundlage des GBA.[105] 58

d) Wurde versehentlich ein **Recht fälschlich zur Löschung** bezeichnet, so kann das Vollstreckungsgericht um die Wiedereintragung dieses Rechts ersuchen.[106] Ist, wie bei Briefrechten, jedoch die Möglichkeit eines gutgläubigen Erwerbs denkbar, so kann die Wiedereintragung bestenfalls im Rang nach den zwischenzeitlich eingetragenen Rechten erfolgen.[107] Zur Eintragung des Widerspruchs vergleiche die Entscheidung des KG.[108] Zum Erlöschen und Bestehenbleiben einer Vormerkung gem. § 1179a Abs. 1 Nr. 3 BGB siehe §§ 91 Abs. 4 S. 2, 130a Abs. 2 ZVG. Ist der Ersteher eines Grundstücks zugleich Gläubiger einer bestehenbleibenden Hypothek nebst der dadurch gesicherten Forderung, so erlischt diese nach § 53 Abs. 1 ZVG.[109] 59

---

98 OLG Köln Rpfleger 1983, 168.
99 Ausf. dazu: *Horny*, Rpfleger 1980, 249 ff.; a.A. KG KGJ 34, 282 (für den Fall, dass der Eigentümer zugleich der Ersteher ist); ebenso: *Demharter*, § 38 Rn 46.
100 KG HRR 33 Nr. 592; *Demharter*, § 38 Rn 38.
101 KG JW 1933, 626 = DNotZ 1934, 52.
102 OLG Köln Rpfleger 1983, 168.
103 Ebenso: *Demharter*, § 38 Rn 49.
104 BayObLG Rpfleger 1981, 12 (nur Ls.).
105 OLG München FGPrax 2017, 111.
106 KG KGJ 25, 311.
107 KG HRR 33 Nr. 951.
108 KG KGJ 25, 311; im Übrigen: *Mönch*, DJust 37, 1866.
109 BGH BGHZ 131, 51 = NJW 1996, 2310.

IV. Eintragung des Erstehers als Eigentümer

60 Zu ersuchen ist weiterhin um die Eintragung des Erstehers als Eigentümer (§§ 81, 90 ZVG). Im Hinblick auf § 9d GBV muss das Ersuchen das Datum des Zuschlagsbeschlusses angeben. Erwerben mehrere Beteiligte, so ist die Angabe des Gemeinschaftsverhältnisses notwendig (§ 47 GBO). Die **Unbedenklichkeitsbescheinigung** des Finanzamts muss beigefügt sein.[110] Der Eigentümer ist auch dann neu einzutragen, wenn Vollstreckungsschuldner und Erwerber identisch sind. Ist dies nicht geschehen, so muss nach § 18 GBO beanstandet werden. Das Ersuchen hat Tatbestandswirkung für das GBA. Die Verantwortung für die inhaltliche Richtigkeit (auch Rechtskraft) liegt allein beim Vollstreckungsgericht.[111] Die Tatbestandswirkung des Ersuchens geht so weit, dass im Fall einer Aufhebung des Zuschlags mit Rückwirkung (aufgrund Nichtigkeitsbeschwerde) die Wiedereintragung des Vollstreckungsschuldners als vormaligem Eigentümer durch gegenläufiges berichtigendes Ersuchen erfolgen muss, nicht aufgrund Berichtigungsantrags gem. § 22 GBO.[112] Neben dem amtlichen Ersuchen gibt es keine Möglichkeit des Erstehers, seine Eintragung selbst zu veranlassen.[113]

61 Ist der **Erwerber nach Erteilung des Zuschlags verstorben**, so muss er vom GBA trotzdem als Eigentümer eingetragen werden.[114] Die Erben haben jedoch die Möglichkeit, die Eintragung von sich als Erben unmittelbar zu beantragen. Wird ein solcher Antrag gestellt, so ist er vom Vollstreckungsgericht an das GBA weiterzuleiten. Über den Antrag hat allein das GBA zu entscheiden. Sieht es die erforderlichen Voraussetzungen als gegeben an, so kann es dem Antrag der Erben stattgeben.[115]

62 Das GBA kann **keine Prüfung** vornehmen, ob irgendwelche für den Grundstückerwerber erforderlichen **Genehmigungen notwendig** sind oder vorliegen. Dies ist ausschließlich Sache des Vollstreckungsgerichts.

63 Werden vom Ersteher **vor seiner Eintragung** als neuer Eigentümer die **Eintragungen von Rechten bewilligt**, so dürfen entsprechende Eintragungsanträge nicht vor der Erledigung des Ersuchens der Vollstreckungsbehörde erledigt werden (§ 130 Abs. 3 ZVG). Entsprechende Anträge dürfen deswegen jedoch nicht zurückgewiesen werden;[116] dies ist nur dann zulässig, wenn sofortige Entscheidung verlangt wird.[117] In allen übrigen Fällen ist bis zur Erledigung des Ersuchens die Bearbeitung der Anträge auszusetzen; sofern die Anträge im Übrigen mit einem „Hindernis" im Sinne des § 18 GBO behaftet sind, kann schon vorher eine Zwischenverfügung erfolgen. Wird § 130 Abs. 3 ZVG nicht beachtet, so bleibt die Eintragung wirksam.[118] Ist im Bestandsverzeichnis des ersteigerten Grundstücks vermerkt, dass mit dem Eigentum ein Recht verbunden ist, und bewilligt der Ersteher die Löschung dieses Rechts vor seiner Eintragung als Eigentümer, so ist § 130 Abs. 3 ZVG entsprechend anzuwenden.[119]

Die gleiche Regelung ist anzuwenden, wenn gegen den Ersteher eines Grundstücks ein Antrag auf Eintragung einer Zwangshypothek gerichtet wird, und wenn das Ersuchen des Vollstreckungsgerichts auf Berichtigung des Grundbuchs noch nicht vorliegt.[120]

V. Sicherungshypotheken

64 Ist das **Bargebot nicht berichtigt** worden, so wird der Teilungsplan dadurch ausgeführt, dass die Forderung gegen den Ersteher auf die Berechtigten übertragen wird (§ 118 Abs. 1 S. 1 ZVG). Für diese Forderungen sind Sicherheitshypotheken im Grundbuch einzutragen (§ 128 Abs. 1 ZVG). Um deren Eintragung ist zu ersuchen. Gläubiger, Forderungsbetrag und Bedingungen der Forderung sind genau anzuführen, ebenso Rang der Hypothek und etwaige miteinzutragende Rechte Dritter (§ 128 Abs. 1 S. 2 ZVG). Wird zusammenfassend eingetragen, so ist die Eintragung zwar ordnungswidrig, aber nicht unwirksam oder inhaltlich unzulässig gem. § 53 Abs. 1 S. 2 GBO.[121]

---

110 Art. 97 § 5 EG 1977, AO v. 14.12.1976 (BGBl I 1977, 3341).
111 OLG München FGPrax 2017, 111; OLG Brandenburg FGPrax 2015, 11 = Rpfleger 2015, 97.
112 OLG Brandenburg FGPrax 2015, 11 = Rpfleger 2015, 97.
113 OLG München FGPrax 2022, 6.
114 KG JFG 10, 208.
115 *Mönch*, DJust 37, 1807.
116 RG RGZ 1962, 140.
117 KG JFG 10, 208.
118 KG KGJ 34, 287.
119 KG JFG 10, 199.
120 LG Lahn Rpfleger 1979, 352 m. zust. Anm. *Schiffhauer*.
121 Ebenso: *Demharter*, § 38 Rn 54.

Hat das Versteigerungsgericht bei Nichtzahlung des Meistgebots die Verzinsung der übertragenen Forderung auf den Berechtigten mit dem gesetzlichen Zinssatz von 5 % über dem jeweiligen Basiszinssatz angeordnet, so hat das GBA die Sicherungshypothek mit diesem variablen Zinssatz ins Grundbuch einzutragen, die Angabe eines Höchstzinssatzes ist entbehrlich.[122]

Die Bestimmungen der §§ 866 Abs. 3, 867 Abs. 2 ZPO gelten für die hier genannten Sicherungshypotheken nicht.[123] 65

Die Eintragung jeder Sicherungshypothek hat unter besonderer Nummer zu erfolgen. Die Eintragung hat für jede Forderung getrennt nach Hauptsache, Zinsen und Kostenanspruch zu erfolgen. Erfolgt die Eintragung in anderer Weise, so ist sie deswegen jedoch weder unwirksam noch gem. § 53 Abs. 1 S. 2 GBO unzulässig. Wurde ein Miteigentumsbruchteil versteigert, so ist die Eintragung einer Hypothek trotz § 1114 BGB auch dann möglich, wenn der Anteil infolge des Zuschlags weggefallen ist.[124] Eine Eintragung muss auch dann erfolgen, wenn der Ersteher sich im Zeitpunkt der Eintragung in Insolvenz befindet.[125] 66

Der Vermerk, dass die Eintragung der Hypothek im Rahmen eines Zwangsversteigerungsverfahrens erfolgte, hat von Amts wegen zu erfolgen. Er ist von erheblicher praktischer Bedeutung (§§ 218 Abs. 3, 129, 132 Abs. 1 S. 1 ZVG).

Ist der **Gläubiger** nach dem Zuschlag, aber vor Vollzug des Ersuchens **verstorben**, so ist gleichwohl der Erblasser,[126] nur auf Antrag des Erben dieser selbst einzutragen. 67

Bei einer **Eventual-Berechtigung** (§§ 120, 121, 123, 124 ZVG) sind Erst- und Zweitberechtigter einzutragen. Die Eintragung muss die Rechtslage deutlich erkennen lassen. Ist der Berechtigte unbekannt (§ 126 Abs. 2 S. 2 ZVG), so hat auch die Eintragung für den unbekannten Berechtigten zu erfolgen. Kann er später ermittelt oder gem. §§ 135 ff. ZVG mit seinem Recht ausgeschlossen werden, ersucht das Vollstreckungsgericht um Berichtigung. 68

Bei Eintragung des **Vorrangs einer Sicherungshypothek** nach dem Zwangsversteigerungsgesetz vor einem Briefrecht ist die Vorlegung des Briefs nicht erforderlich (§ 131 ZVG). Auch die nachträgliche Vorlage des Briefs kann vom GBA nicht verlangt werden, auch nicht von dem Besitzer des Briefs.[127] 69

VI. Vollständigkeit des Ersuchens

Das Ersuchen um Eintragung des Zwangsversteigerungsergebnisses muss vollständig sein. Das GBA hat ein Ersuchen, das nur auf Übernahme eines Teils des Versteigerungsergebnisses in das Grundbuch gerichtet ist, als ungesetzlich abzulehnen.[128] Das Ersuchen darf nur einheitlich durch Vollzug oder Ablehnung erledigt werden.[129] 70

VII. Löschung im Zwangsverwaltungsverfahren

Das Vollstreckungsgericht hat auch um Löschung eines Grundpfandrechts zu ersuchen, wenn und soweit der Gläubiger im Zwangsverwaltungsverfahren befriedigt worden und sein Recht daher erloschen ist (§ 158 Abs. 2 ZVG); die Ausfertigung des Terminprotokolls ist beizufügen (§ 158 Abs. 2 S. 2 Hs. 1 ZVG). Jedoch ist das GBA zur Nachprüfung des Ersuchens anhand des Protokolls nicht berechtigt.[130] Die Vorlegung des Briefs ist nicht erforderlich (§ 158 Abs. 2 S. 2 Hs. 2 ZVG). 71

E. Weitere Erfordernisse

Das Ersuchen der Behörde **ersetzt nicht sämtliche Erfordernisse** der Eintragung. 72

---

122 LG Kassel Rpfleger 2001, 176.
123 OLG Düsseldorf Rpfleger 1989, 339.
124 KG JFG 10, 232.
125 OLG Düsseldorf Rpfleger 1989, 339.
126 KG JFG 10, 208.
127 Ebenso: *Demharter*, § 38 Rn 57.
128 KG HRR 30 Nr. 60; KG JFG 10, 210.
129 BayObLG BayObLGZ 1934, 213; KG JFG 10, 210; KG JFG 10, 234.
130 Ebenso: *Demharter*, Rn 59.

I. Grundsatz

73 Das Ersuchen ersetzt den Eintragungsantrag (§ 13 GBO), die Eintragungsbewilligung (§ 19 GBO) sowie die etwa sonst notwendig werdenden Zustimmungen Dritter (§§ 22 Abs. 2, 27 GBO), etwa bei einer Zwangshypothek des Finanzamts am Erbbaurecht die Eigentümerzustimmung.[131] Das Ersuchen ersetzt weiter die an Stelle der Eintragungsbewilligung ausnahmsweise erforderliche Einigung (§ 20 GBO) sowie den Nachweis der Unrichtigkeit, welcher die Berichtigungsbewilligung ersetzt (§ 22 GBO). Auch der Nachweis der Verfügungsbefugnis des von einem Ersuchen betroffenen Rechts wird ersetzt. Daher ist ein Ersuchen nach § 128 ZVG nicht dadurch ausgeschlossen, dass der Erwerber sich in Insolvenz befindet.[132]

II. Entgegenstehende Regelungen

74 Die vorstehenden Grundsätze gelten jedoch nicht, soweit ausdrückliche gesetzliche Regelungen oder die materielle Rechtslage entgegenstehen. Beispielsweise hat das Ersuchen des Prozessgerichts nach § 941 ZPO nur die Wirkung eines Eintragungsantrags;[133] wurde im Rahmen der Zwangsversteigerung ein Recht versehentlich gelöscht und ersucht das Vollstreckungsgericht um Wiedereintragung, so ersetzt das Ersuchen nicht die Eintragungsbewilligung derjenigen, welche in der Zwischenzeit gutgläubig der Berichtigung entgegenstehende Rechte erworben haben.[134]

III. Was nicht durch das Ersuchen der Behörde ersetzt wird

75 a) Die **Voreintragung des Betroffenen** (§ 39 GBO),[135] auch bei Eintragung einer Vormerkung,[136] ausgenommen bei einem Ersuchen des Vollstreckungsgerichts um Eintragung des Zwangsversteigerungs- oder Zwangsverwaltungsvermerks.[137] Ist die Voreintragung des Betroffenen erforderlich, so darf die ersuchende Behörde in sinngemäßer Anwendung des § 14 GBO die Voreintragung beantragen, wenn die zugrundeliegende Verfügung gegen diesen wirksam ist.[138] Das Bezeichnungsgebot muss beachtet werden.[139] Ebenso können Angaben zum Rang erforderlich sein, bzw. bei Fehlen, vom GBA beanstandet werden.[140]

76 b) Die **Unbedenklichkeitsbescheinigung des Finanzamts**.[141] Ihr Fehlen ist zu beanstanden.[142]

77 c) Die **Vorlegung des Briefs und der entsprechenden Urkunden** (§§ 41–43 GBO).[143] Dieser **Grundsatz** ist jedoch durch Bundes- und Landesrecht mehrfach **durchbrochen**. Die Vorlegung ist nicht erforderlich bei Löschung eines im Zwangsversteigerungs- oder Zwangsverwaltungsverfahren erloschenen Grundpfandrechts (§§ 131, 158 Abs. 2 ZVG); bei Eintragung einer Sicherungshypothek nach § 128 ZVG mit Vorrang vor einem bestehengebliebenen Grundpfandrecht; weiter, wenn auf Ersuchen des Insolvenzgerichts ein allgemeines Veräußerungsverbot oder die Insolvenzeröffnung eingetragen werden soll (§§ 21 Abs. 2 Nr. 2, 23 Abs. 3, 32 InsO)[144] sowie bei einem Ersuchen der Enteignungsbehörde nach § 117 Abs. 5 BBauG.[145]

F. Form und Inhalt des Ersuchens

I. Form

78 Das Ersuchen hat in der Form des § 29 Abs. 3 GBO zu erfolgen.[146] Weitergehende, strengere Formvorschriften des BeurkG sind auf das behördliche Ersuchen nicht anzuwenden. Eine Verbindung mehrerer Blätter mit Schnur und Prägesiegel (analog § 44 BeurkG) ist nicht erforderlich, zumal dann nicht,

---

131 KG BeckRS 2018, 2788.
132 OLG Düsseldorf Rpfleger 1989, 339.
133 KG JFG 5, 303; *Demharter*, § 38 Rn 64.
134 KG JFG 14, 176; KG JFG 15, 142; KG HRR 33 Nr. 951.
135 LG Regensburg BWNotZ 1988, 42; OLG Jena NJOZ 2013, 922; OLG München FamRZ 2013, 911.
136 BayObLG NJW 1983, 1567.
137 KG JFG 4, 301.
138 KG JFG 16, 44 ff.; auch: OLG Jena NJOZ 2013, 922.
139 KG Rpfleger 2013, 284.
140 OLG München FGPrax 2009, 61.
141 Art. 97 § 5 EG AO v. 14.12.1976 (BGBl I 1976, 3341).
142 KG KGJ 52, 155.
143 OLG Frankfurt BeckRS 2013, 16730 (durch Umlegungsbehörde).
144 OLG Hamburg KGJ 23 D 27.
145 Vgl. zu einem parallel gelagerten Fall: *Dittus*, NJW 1956, 612.
146 OLG Hamm Rpfleger 1996, 338; auch: BayObLG BayObLGZ 1970, 185 = Rpfleger 1970, 346.

wenn sich die Einheit der mehrblättrigen Erklärung aus dem fortlaufenden Text ergibt.[147] Wird das Ersuchen zurückgenommen, so gilt für die Rücknahme ebenfalls die Form des § 29 Abs. 3 GBO,[148] denn es liegt der Fall des § 31 S. 2 GBO vor. Dem GBA obliegt es, die Beachtung der Form zu überwachen.[149]

Ist die Form gewahrt, so kann das GBA keine weiteren Nachweise für die Vertretungsbefugnis des Unterzeichners fordern.[150]

II. Inhalt

a) Es muss deutlich zum Ausdruck gebracht werden, dass eine **Eintragung begehrt** wird; das Wort „Ersuchen" braucht nicht verwendet zu werden.

b) **Inhaltlich** muss das Ersuchen dem Eintragungsantrag und der Eintragungsbewilligung entsprechen, die durch das Ersuchen ersetzt werden. Das Grundstück muss in Übereinstimmung mit dem Grundbuch oder durch Bezugnahme auf ein Grundbuchblatt bezeichnet werden (§ 28 S. 1 GBO);[151] ein einzutragender Berechtigter ist gem. § 15 GBV zu bezeichnen. Bei der Eintragung mehrerer Berechtigter ist die Angabe des Gemeinschaftsverhältnisses notwendig (§ 47 GBO).[152]

Das Ersuchen darf **nicht unter einen Vorbehalt** gestellt werden (§ 16 GBO). Es darf auch nicht auf eine unzulässige Eintragung gerichtet sein, insbesondere dürfen, soweit nicht abweichendes ausdrücklich bestimmt ist, bei Eintragung einer Zwangshypothek die Mindestbeträge von je 750 EUR nicht unterschritten werden (§§ 866 Abs. 3, 867 Abs. 2 ZPO). Wird eine Vereinigung oder eine Zuschreibung beantragt, so ist zu prüfen, ob eine Verwirrung zu besorgen ist (§§ 5, 6 GBO).

Eine **Begründung** des Ersuchens ist nicht erforderlich. Klarstellende Hinweise sind möglich, Bezugnahme auf Beilagen zulässig, soweit daraus keine Unklarheiten entstehen.[153]

Vorgeschrieben ist die **Beifügung von Urkunden** in folgenden Fällen: Dem Löschungsersuchen des **Vollstreckungsgerichts** ist eine Ausfertigung des Terminprotokolls beizufügen (§ 158 Abs. 2 ZVG). Die **Flurbereinigungsbehörde** hat bei dem Ersuchen um Grundbuchberichtigung eine Bescheinigung über den Eintritt des neuen Rechtszustands und einen beglaubigten Auszug aus dem Flurbereinigungsplan beizufügen.[154]

Ersucht das **Fideikommissgericht** nach § 38 DVO zum FidErlG, so sind die dort vorgeschriebenen Urkunden mit vorzulegen; ersucht die **Enteignungsbehörde** nach § 117 Abs. 7 BauGB oder nach § 5 LBG[155] um Eintragung der Rechtsänderung, so ist eine beglaubigte Abschrift des Enteignungsbeschlusses und der Ausführungsanordnung beizufügen; das Gleiche gilt bei einem **Ersuchen nach § 51 LBG**[156] sowie für das Ersuchen der **Siedlungsbehörde** nach den §§ 2–6 ErgG zum RSG[157] und für das Ersuchen der Umlegungsstelle (§ 74 Abs. 1 BauGB) oder der Gemeinde (§ 84 Abs. 1 BauGB) um Berichtigung.

III. Weitergehende Prüfungsbefugnisse des GBA

Die inhaltliche Bindung des GBA an das Eintragungsersuchen kann nur im Einzelfall hinsichtlich des mutmaßlichen Mangels beurteilt werden. Sicher kann das GBA Ersuchen beanstanden, die zu einer verfahrensrechtlich unzulässigen Eintragung führen würden[158] oder die inhaltlich unzulässig wären. § 38 GBO erweitert den Kreis der Antrags- und Bewilligungsbefugnis, nicht aber den Kreis der eintragungs-

---

147 KG Beck RS 2018, 2788; OLG Zweibrücken FGPrax 2014, 208; OLG Saarbrücken NJOZ 2021, 539.
148 OLG Naumburg NJOZ 2014, 727.
149 OLG München MittBayNot 2016, 408; nachf.: BGH DNotZ 2017, 463 (bzgl. des in Rede stehenden Formengebers, aber durch Novelle des § 29 Abs. 3 GBO überholt).
150 KG JFG 4, 261.
151 KG JFG 11, 328.
152 KG KGJ 26, 103.
153 KG JFG 15, 67.
154 § 79 FlurbG v. 16.3.1976 (BGBl I 1976, 2257 ff.).
155 Gesetz v. 23.2.1957 (BGBl I 1957, 134: Landbeschaffungsgesetz).
156 Gesetz v. 23.2.1957 (BGBl I 1957, 142: Landbeschaffungsgesetz).
157 Gesetz v. 4.1.1935 (RGBl I 1935, 1).
158 OLG Rostock BeckRS 2014, 01559 (zur Beachtung v. § 866 Abs. 3 GBO); OLG Jena NJOZ 2013, 922 (zur Voreintragung des Betroffenen); OLG Rostock FGPrax 2019, 122: Bei Fortführungsnachweis keine Überprüfung der geänderten wirtschaftlichen Verhältnisse, wohl aber etwaiger Voraussetzungen von Rechtsänderungen; BGH FGPrax 2021, 145: Kein Hofvermerk an GbR-Anteil trotz dahingehenden Ersuchens des Landwirtschaftsgerichts.

fähigen Rechte und Vermerke. Ganz entzogen ist dem GBA eine inhaltliche Kontrolle des Ersuchens; die Verantwortung dafür trägt allein die erlassende Behörde.[159] Soweit die Tatbestandswirkung reicht, kann nachfolgend auch kein Amtswiderspruch zur Eintragung verlangt werden. Etwaige inhaltliche Mängel sind durch Rechtsbehelfe gegen die ursprüngliche Entscheidung vorzubringen.[160]

86 Die Abgrenzung ist im Übrigen schwierig.[161] Andererseits soll nämlich das GBA mit der Begründung der sonst herbeigeführten Grundbuchunrichtigkeit eine Eintragung ablehnen können.[162] Jedenfalls ist bei Anwendung dieses Rechtssatzes aber zu berücksichtigen, dass bei öffentlich-rechtlich fundierten Ersuchen eine Unwirksamkeit nur in ganz gravierenden Fällen (nämlich Nichtigkeit nach z.B. § 44 VwVfG) besteht. Alle anderen Mängel führen zum Bestand des Ersuchens, das lediglich auf (befristeten) Rechtsbehelf hin aufzuheben wäre.[163] Auch deswegen schlagen Inhalts- oder Verfahrensmängel bei Erlass des Ersuchens bzw. bei Erlass des inhaltlich parallelen Verwaltungsakts an den materiell Betroffenen kaum je auf das Ersuchen durch.[164] Ob der Betroffene gegen den ihm gegenüber erlassenen Verwaltungsakt überhaupt Rechtsmittel einlegt (bzw. klagt) und dies rechtzeitig und formgerecht tut, ist allein in seiner Verantwortung. Insoweit darf sich das GBA nicht zu einer Fremdkontrolle berufen fühlen.

Entzogen ist dem GBA die Prüfung, ob ein etwaiger Rechtsnachfolger zu Recht in Anspruch genommen werden soll.[165]

87 Ist **dem GBA** jedoch **sicher bekannt**, dass es im Einzelfall an diesen Voraussetzungen mangelt und ist die hieraus sich ergebende Rechtslage ohne jeden Zweifel dahin geklärt, dass dem Ersuchen jede Rechtsgrundlage fehlt, so hat das GBA zurückzuweisen. Es darf nicht mitwirken, das Grundbuch unrichtig zu machen.[166] So kann die Überleitung von Unterhaltsansprüchen und Eintragung einer Zwangshypothek deswegen an ersichtlich fehlender Behördenkompetenz scheitern.[167]

G. Berichtigung des Ersuchens
I. Vor Vollzug

88 Eine Berichtigung oder Ergänzung des Ersuchens ist bis zu seiner Erledigung zulässig. Das GBA hat die Pflicht, die ersuchende Behörde auf offensichtliche Schreibfehler oder Widersprüche, z.B. zwischen dem Antrag und den Unterlagen, aufmerksam zu machen, wenn es die Unrichtigkeit erkennt oder erkennen muss.[168]

II. Nach Vollzug

89 Nach Vollzug eines unrichtigen Ersuchens kann jederzeit ein Berichtigungsersuchen gestellt werden, soweit Rechte Dritter, die etwa gutgläubig erworben worden sind, nicht beeinträchtigt werden können.[169] Die an dem früheren Verfahren Beteiligten haben kein Einspruchsrecht.

H. Erledigung des Ersuchens

90 Das Ersuchen ist entsprechend den allgemeinen Vorschriften der Grundbuchordnung (§§ 17, 18 GBO) zu erledigen. Das GBA ist darauf beschränkt, die förmlichen Voraussetzungen des Eintragungsersuchens zu prüfen, also die abstrakte Berechtigung,[170] nicht dessen sachliche Richtigkeit.[171] Zu prüfen sind also die

---

159 OLG Brandenburg FGPrax 2018, 55; OLG München FGPrax 2017, 111 (Vollstreckungsgericht); OLG München ZfIR 2015, 733; BayObLG Rpfleger 1997, 101; OLG München Rpfleger 2014, 668.
160 OLG München ZfIR 2015, 733.
161 OLG München FGPrax 2012, 251 (zum Eintragungsersuchen eines Finanzamts auf Rangrücktritt. OLG Hamm NJW-RR 2011, 741 bindet das GBA auch an die festgestellten Gesellschafter einer GbR).
162 LG Halle BeckRS 2008, 09844.
163 OLG Frankfurt NVwZ-RR 2010, 651.
164 Eingehend: OLG Schleswig Rpfleger 2012, 65; OLG München FGPrax 2008, 235.
165 OLG München FGPrax 2015, 19 = Rpfleger 2015, 134.
166 KG KGJ 49, 160; OLG Hamm JMBl. NRW 1951, 93; BayObLG BayObLGZ 1952, 159; OLG Köln DNotZ 1958, 487; BayObLG BayObLGZ 1970, 185 = Rpfleger 1970, 346; BGH BGHZ 19, 355, 357 ff.; BayObLG Rpfleger 1993, 486, 487; LG Halle BeckRS 2008, 09844.
167 LG Detmold Rpfleger 1993, 333.
168 KG JW 1937, 3176; OLG München RdL 1953, 216.
169 KG JFG 14, 176; KG JFG 15, 138; KG HRR 1933 Nr. 591.
170 BGH BGHZ 19, 358 = NJW 1956, 463.
171 OLG Hamm Rpfleger 1983, 481; BayObLG DNotZ 1988, 781.

Übereinstimmung von Form und Inhalt des Ersuchens mit den gesetzlichen Vorschriften sowie die durch das Ersuchen nicht ersetzten weiteren Erfordernisse.

Insbesondere hat das GBA nicht zu untersuchen, ob die gesetzlichen Voraussetzungen, unter denen die Behörde zu dem Ersuchen befugt ist, tatsächlich vorliegen.[172] Es kann nicht geprüft werden, ob die zugrundeliegende Forderung tatsächlich besteht.[173] Es hat aber zu prüfen, ob die einzutragende Maßnahme offensichtlich unwirksam ist, insbesondere, weil sie an einem besonders schwerwiegenden Verfahrensfehler leidet.[174] Der zugrundeliegende Sachverhalt muss jedoch sicher bekannt und die daraus sich ergebende Rechtslage ohne Zweifel dahingehend geklärt sein, dass dem Ersuchen jede Rechtsgrundlage fehlt.[175]

Grundsätzlich ist das GBA in der **Fassung** der Eintragung an die im Ersuchen gewählte Formulierung nicht gebunden.[176] Nur ausnahmsweise ist der Wortlaut der Eintragung gesetzlich vorgeschrieben (z.B. § 6 HöfeO).

Die ersuchende Behörde ist über die geschehene Eintragung zu **unterrichten** (§ 55 GBO).[177] **Sie** ist verpflichtet, die Eintragung auf ordnungsgemäße Erledigung des Ersuchens zu überprüfen.[178]

Wurde dem Ersuchen um Eintragung eines Rechts zu Unrecht stattgegeben und fehlten die gesetzlichen Grundlagen für das Ersuchen oder die Eintragung, so ist die **Eintragung unwirksam**. Es ist dann nach § 53 GBO zu verfahren.

Im Übrigen ist § 38 GBO lediglich eine **Ordnungsvorschrift**. Das GBA hat sie zu beachten, die Verletzung kann zu Amtshaftungen führen.

I. Rechtsmittel

Erfolgt auf das Ersuchen hin eine Zurückweisung oder Zwischenverfügung, so gelten für die Rechtsmittel die **allgemeinen Vorschriften**. Neben der Behörde sind auch die Beteiligten zur Einlegung der Rechtsmittel berechtigt.[179] Beschwerdebefugt sind auch Gerichte – sowie andere funktionale Abteilungen des grundbuchführenden AG, deren Ersuchen beanstandet wird.[180]

J. Kosten

Ersucht ein **Gericht** um Eintragungen oder Löschungen, so sind die Eintragungen grundsätzlich gebührenfrei, gem. vor 1.4 zu Hauptabschnitt 4 GNotKG-KV. Wird ein Ersteher eingetragen, so ist die Gebühr **nur von diesem** zu erheben (§ 23 Nr. 12 GNotKG). Werden im Rahmen eines Zwangsversteigerungsverfahrens Sicherungshypotheken für Forderungen gegen den Ersteher zur Eintragung ersucht, so haftet neben den Gläubigern auch der Ersteher als Gesamtschuldner (§ 23 Nr. 13 GNotKG).

Zu beachten ist, dass bei einem Ersuchen auf **Berichtigung des Grundbuchs** oder Eintragung eines **Widerspruchs** mit der Eintragung nicht bis zum Eingang eines Kostenvorschusses gewartet werden darf (§ 16 Nr. 5 GNotKG).

---

172 KG KGJ 7, 399.
173 BayObLG Rpfleger 1982, 99.
174 OLG Hamm Rpfleger 1996, 338 (für ein Umlegungsverfahren).
175 KG Rpfleger 1997, 154; auch: OLG Köln DNotZ 1958, 487; OLG Frankfurt Rpfleger 1974, 436; OLG Hamm Rpfleger 1978, 374; OLG Hamm FGPrax 1996, 89; BayObLG BayObLGZ 1970, 185 = Rpfleger 1986, 129; zu Grenzregelungsbeschlüssen vgl. OLG Frankfurt Rpfleger 1976, 313; BayObLG BayObLGZ 1981, 8; *Waibel*, Rpfleger 1976, 347.
176 KG JFG 14, 379.
177 KG KGJ 49, 240.
178 OLG Dresden JFG 1, 409; RG RGZ 138, 116.
179 KG KGJ 41, 254; KG JFG 5, 353.
180 OLG München ZfIR 2016, 630 = MittBayNot 2016, 408.

§ 39 [Voreintragungsgrundsatz]

(1) Eine Eintragung soll nur erfolgen, wenn die Person, deren Recht durch sie betroffen wird, als der Berechtigte eingetragen ist.

(2) Bei einer Hypothek, Grundschuld oder Rentenschuld, über die ein Brief erteilt ist, steht es der Eintragung des Gläubigers gleich, wenn dieser sich im Besitz des Briefes befindet und sein Gläubigerrecht nach § 1155 des Bürgerlichen Gesetzbuchs nachweist.

A. Allgemeines 1	E. Voreintragung des Betroffenen und des Rechts 32
I. Ordnungsvorschrift 1	I. Richtige Voreintragung des Berechtigten .. 32
II. Zweck 2	II. Richtige Voreintragung bei lediglich unrichtiger Bezeichnung 37
III. Normauslegung 5	III. Richtige Voreintragung des Rechts 39
IV. Ausnahmen 11	IV. Antragspflicht 40
1. § 40 GBO 12	V. Eigentümergrundschuld 41
2. Zwangsversteigerung, Insolvenz 13	1. Verfügung über entstandene Eigentümergrundschuld 42
3. Sonstiges Zivilrecht 14	2. Verfügung über künftige Eigentümerschuld 47
4. Sonstiges öffentliches Recht 15	3. Pfändung 50
5. Sonderbestimmungen in den neuen Ländern 17	F. Zeitpunkt 52
6. Sonderfall Kettenauflassung und Kettenabtretung 18	G. Voreintragungsverzicht bei Briefrechten ... 53
7. Sonderfall: Postmortale Vollmacht 19	I. Allgemeines 53
8. Änderungen im Gesellschafterkreis einer GbR 20	II. Voraussetzungen 54
9. Ausnahme: legitimer Grundschuldbriefinhaber Abs. 2 22	III. Nachweis der Übergabezeit 56
B. Charakter der Voreintragung 24	IV. Nachweis des Gläubigerrechts 57
C. Eintragung 25	1. Urkundliche Nachweise 58
D. Betroffensein 29	2. Kette 62
I. Betroffenes Recht 29	V. Eintragung entbehrlich 66
II. Betroffener 31	

A. Allgemeines

I. Ordnungsvorschrift

1 § 39 GBO verlangt nicht nur die grundbuchförmliche Legitimation des Betroffenen, sondern zusätzlich dessen Eintragung im Grundbuch. Materiell-rechtliche Bedeutung hat die Vorschrift nicht, denn zur Entstehung des Rechts etc. bedarf es allein der Einigung von Berechtigtem und Erwerber, ohne dass es auf eine besondere Legitimation des Berechtigten ankäme[1] (§ 873 BGB; vgl. auch die Erweiterung durch § 185 BGB, in dessen Anwendungsbereich sich jede förmliche Legitimation des sich Einigenden sogleich verflüchtigt). Vom Grundbuchamt ist die Bestimmung jedoch stets zu beachten, selbst dann, wenn die Anwendung zwecklos sein sollte.[2]

II. Zweck

2 Der Zweck der Bestimmung des **Abs. 1** ist in sich zwiespältig. Wirklich verständlich wird die Norm wohl nur vor dem Hintergrund der historischen Entwicklung, da zeitweise die grundbuchförmliche Legitimation des Verfügenden als Voraussetzung der materiellen Wirksamkeit der Verfügung vorgesehen war.

Die Bestimmung soll einerseits erreichen, dass der Stand des Grundbuches in allen Entwicklungsstufen klar und verständlich bzw. zuverlässig und nachvollziehbar wiedergegeben wird.[3] Das Gesetz nimmt ersichtlich in Kauf, dass der nach Abs. 1 berichtigend einzutragende Berechtigte im Falle der Übertragung

---

1 Vgl. BGH NJW-RR 2006, 888.
2 Vgl. *Weber*, DNotZ 2018, 884; dazu insgesamt KG Rpfleger 1992, 430.
3 RG RGZ 133, 283; BGH BGHZ 16, 101 = NJW 1955, 342; DNotI-Rep. 2014, 181; BGH DNotZ 2011, 199.

oder Aufhebung seines Rechtes ggf. sogleich wieder aus dem Grundbuch verschwindet.[4] Der Gedanke stößt jedoch mit dem ebenso anerkannten Grundsatz zusammen, das Grundbuch nicht mit unnötigen Eintragungen zu belasten.[5] Es bestehen daher zahlreiche Ausnahmen.

Als weiterer tragender Gedanke soll, anknüpfend an die materiell-rechtliche Regelung des § 891 BGB, dem Grundbuchamt die Prüfung der Bewilligungsbefugnis erleichtert werden. Diese Legitimationsprüfung ist zwar in jedem Fall notwendig.[6] Wäre das Grundbuchamt in dieser Prüfung ganz frei, so könnte es das materielle Recht des Bewilligenden nach § 19 GBO auch gegen das Grundbuch für nachgewiesen halten und die Eintragung zu Lasten des bereits Eingetragenen aufgrund einer Bewilligung des Nichteingetragenen vollziehen. Der Nichteingetragene wäre also womöglich stärker als der Eingetragene geschützt. Rechtspolitisch zwingend ist diese Argumentation aber nicht: Der nichteingetragene Bewilligende muss ja – gerade angesichts der fehlenden Eintragung – seine Legitimation in Gestalt der Bewilligungsbefugnis allemal förmlich (§ 29 GBO) belegen – und diese Nachweise tragen dann auch seine Voreintragung! Jedenfalls fordert § 39 GBO, dass der Bewilligende, um die Eintragung zu erreichen, als Berechtigter eingetragen sein muss; seine Eintragungsmöglichkeit genügt nicht. Das Grundbuchamt darf also die materielle Berechtigung des Bewilligenden erst dann für dargetan halten, wenn sie auch formell durch die vorhandene Eintragung gestützt ist.[7] Immerhin geht von § 39 GBO damit Druck aus, unrichtige Grundbucheintragungen schnellstmöglich zu berichtigen.

Die Bedeutung des § 39 GBO besteht also nicht in dem Erfordernis, den Betroffenen jeweils feststellen zu müssen, sondern in der Anordnung, diesen selbst dann im Grundbuch eintragen zu lassen, wenn dieser sogleich wieder aus dem Grundbuch verschwindet.[8]

Teils ist zwar die Voreintragung des Betroffenen erforderlich, um die Folgeverfügung überhaupt erst verständlich werden zu lassen, etwa wenn der zunächst als Scheinerbe Eingetragene aufgrund nachfolgenden Vergleichs (und Auflassung) mit dem wahren Erben doch Eigentümer bleiben bzw. werden soll:[9] Die erneute Eintragung des schon Eingetragenen wäre unverständlich und erhält ihren Sinn erst durch die Vor- bzw. in dieser Situation dann: Zwischeneintragung des wahren Erben, sei es auch nur für eine – im Grundbuch wegen der Taggenauigkeit nicht feststellbaren – juristischen Sekunde. Durchweg tragendes Prinzip ist das aber auch wieder nicht, denn Abs. 2 gestattet Folgenverfügungen gegen den selbst nicht eingetragenen Betroffenen. Verständlich werden diese aus dem Grundbuch allein nicht!

III. Normauslegung

Einigkeit in der Normauslegung konnte bisher nicht erzielt werden; die Äußerungen gehen von einer weiten Beachtung des Voreintragungsgrundsatzes[10] bis hin zu restriktiver Normanwendung.[11] Eine klare Linie lässt sich wohl auch deswegen nicht ausmachen, weil § 39 GBO inmitten einiger gegenläufiger Grundsätze anzuwenden ist.[12]

§ 39 GBO verhält sich nicht zum Charakter der Voreintragung. Tatsächlich kann es sich aber nur um Fälle der Grundbuchberichtigung handeln, da bei verfügender Voreintragung in Wahrheit das Recht gar nicht entstanden ist (§ 873 BGB) und damit der Bewilligende gar nicht Betroffener i.S.d. § 19 GBO ist. Das hat in der Regel mit § 39 GBO nichts zu tun. (Anders allenfalls in Fällen einer Korrektur der Grundbucheintragung durch deren Auslegung).[13]

Dann aber ist neben dem häufigen sofortigen Wegfall der durch Berichtigung soeben erst gewonnenen Eintragung zu berücksichtigen, dass die vorzunehmende Grundbuchberichtigung nicht ihrerseits zu einer neuen, dann gleichfalls fortbestehenden Grundbuchunrichtigkeit führen darf.[14] Das wäre mit dem Lega-

---

4 BayObLGZ 2002, 284, 287.
5 Weber, DNotZ 1955, 457; Weber, DNotZ 2018, 884.
6 Vgl. dazu Riedel, DNotZ 1954, 602; Weber, DNotZ 1955, 457.
7 Vgl. auch Riedel, DNotZ 1954, 602.
8 Falsch daher die Begründung von LG Rostock Rpfleger 2001, 231: Dort ging es in Wahrheit um die richtige Bestimmung des Betroffenen, nicht vorrangig um dessen fehlende Voreintragung.
9 DNotI-Rep 2014, 181.
10 So KEHE/Volmer, 7. Aufl. § 31 Rn 4; Weber, DNotZ 1955, 457; BayObLGZ 1990, 51, 57.
11 Bauer/v. Oefele/Bauer, § 39 Rn 5.
12 Schon Weber, DNotZ 1955, 457.
13 Vgl. Volmer, notar 2022, 87, mit Darstellung der Fallvarianten.
14 So etwa bei Übergang des Rechts außerhalb des Grundbuchs auf einen Dritten; KG KGJ 38, 217.

litätsprinzip nicht vereinbar. Mehrere zwischenzeitlich eingetretene Unrichtigkeiten werden deswegen in einem Akt berichtigt, nicht sukzessive.[15]

7 Trotz der daraus resultierenden Probleme für die Praxis scheint an einer eher einzelfallorientierten Normanwendung kein Weg vorbeizuführen. Das zeigt sich gerade bei der verwirrenden Rspr zum Verzicht auf die Voreintragung (oder eben dem Beharren auf Voreintragung) bei nicht aufgedeckten Eigentümergrundschulden. Dabei wäre gerade hier eine sehr exakte Handhabung wünschenswert, um eventuell fingiert-vormerkungsgesicherte Löschungsansprüche gem. § 1179a BGB einfach erkennen zu können.

8 Zur Verunsicherung über den Normzweck und die Normauslegung trägt es weiter bei, wenn Grundbuchpraxis und vereinzelt auch Obergerichte mit der Nichtbeachtung von § 39 GBO argumentieren, obwohl schon die dem § 39 GBO vorgelagerte materielle Berechtigung – das Betroffensein i.S.d. § 19 GBO – oder der Bestand des Rechts zweifelhaft, wenn nicht nach Rechtslage ausgeschlossen sind. Wenn etwa eine zunächst im Grundbuch eingetragene Gemeinde eine Auflassung erklärt, vor Vollzug der Auflassung im Grundbuch aber aufgrund Vermögenszuordnung der Kreis als Eigentümer eingetragen wird, kann man natürlich für den Auflassungsvollzug nun die fehlende Voreintragung bemängeln.[16] Das verdunkelt aber nur die Tatsache, dass das Grundbuchamt wegen § 891 BGB im jetzt maßgeblichen Zeitpunkt den Kreis als Eigentümer zugrunde legen muss und der Gemeinde schlicht die Bewilligungsberechtigung fehlt.[17] Der Voreintragungsgrundsatz ist der Prüfung der Verfügungs-/Bewilligungsberechtigung nach-, nicht vorgelagert, was sich schon daraus ergibt, dass der Bewilligungsbetroffene für die Anforderung seiner Voreintragung ermittelt sein muss.

9 Ebenso schief ist die Argumentation, auf die sich das OLG Naumburg[18] infolge irriger Begründung des Beschwerdeführers einließ. Der Beschwerdeführer hatte aufgrund eines gewonnenen Prozesses, den der Zwangsverwalter der vormaligen Eigentümerin gegen ihn angestrengt hatte, einen titulierten Kostenerstattungsanspruch, zu dessen Absicherung er am 19.4.2021 eine Zwangshypothek beantragte. Zwischenzeitlich (Grundbuchvollzug der Auflassung am 9.8.2018) hatte die vormalige Eigentümerin aber das Grundstück an einen Dritten verkauft und aufgelassen. Die Eintragung war zurückzuweisen, aber nicht wegen § 40 GBO, sondern wegen fehlender Identität von Eigentümer und Vollstreckungsschuldner, § 750 Abs. 1 ZPO.

10 Dieselbe Unsicherheit tritt vereinzelt bei einer verlangten Voreintragung des Rechts – ebenfalls von § 39 GBO verlangt – zutage. Wenn etwa OLG München die fehlende Zuordnung eines Sondernutzungsrechts zur Vollendung der Auflassung als Verstoß gegen den Voreintragungsgrundsatz rügt,[19] ist das zwar richtig, verdunkelt aber auch nur die Tatsache, schon materiell-rechtlich erst die Zuordnung des Sondernutzungsrechts den Gegenstand der Verfügung als vertragsgemäß hätte entstehen lassen sollen.

IV. Ausnahmen

11 Da § 39 GBO somit nicht die grundbuchtaugliche Legitimation des Bewilligenden als betroffen regelt[20] (dieses Erfordernis folgt schon aus § 19 GBO), sondern zusätzlich – und damit kostenerhöhend – dessen Eintragung verlangt, geht es in der Gestaltungspraxis weniger um die Anwendung des § 39 GBO als vielmehr um die Ausnahmen vom Voreintragungsgrundsatz. Diese können sich aus dem Wortlaut oder Zweck anderer Gesetzesnormen ergeben.

1. § 40 GBO

12 Nach § 40 GBO ist in bestimmten Fällen die Voreintragung des Erben entbehrlich; die Bestimmung wird analog bei anderen Fällen der Gesamtrechtsnachfolge angewendet (siehe § 40 GBO Rdn 8).

---

15 KG FGPrax 2019, 166.
16 So OLG Rostock Rpfleger 2001, 231.
17 Falsch auch OLG Dresden BeckRS 2011, 17796; OLG München BeckRS 2013, 01177.
18 OLG Naumburg FGPrax 2022, 9.
19 OLG München RPfleger 2017, 144.
20 BGH NJW-RR 2006, 888.

2. Zwangsversteigerung, Insolvenz

Nicht erforderlich ist die Voreintragung bei Eintragung eines Zwangsversteigerungs- oder Zwangsverwaltungsvermerkes.[21] Wird das Insolvenzverfahren über einen Nachlass eröffnet, so bedarf es für die Eintragung des Insolvenzvermerkes der Voreintragung der Erben nicht.[22] Dies gilt auch bei der Sonderinsolvenz einer vollbeendeten KG.[23] Für die Eintragung einer Zwangshypothek ist die Voreintragung hingegen zu beachten,[24] zumal die grundsätzlich andere Verfahrensweise (Gläubigerantrag statt gerichtliches Ersuchen) gegen eine Analogie zum Versteigerungsvermerk spricht. Ebenso ist § 39 GBO beachtlich für die Vollziehung einer einstweiligen Verfügung im Grundbuch[25]

3. Sonstiges Zivilrecht

Die Voreintragung entfällt bei einem Eigentumserwerb durch Aufgebotsverfahren (§ 927 BGB) sowie bei Auflassung eines herrenlosen Grundstücks durch einen bestellten Vertreter (§ 58 ZPO) zur Erfüllung eines durch Vormerkung gesicherten Auflassungsanspruches,[26] oder bei Aneignung eines Grundstückes durch den Fiskus (§ 928 BGB).

4. Sonstiges öffentliches Recht

Eine gesetzliche Ausnahme enthält § 25 Abs. 2 S. 2 BauGB; infolgedessen ist die Eintragung des aus einer Auflassungsvormerkung Berechtigten als Eigentümer zur Eintragung einer Vormerkung zum Vorbehalt von Rechten nach § 25 Abs. 2 BauGB nicht erforderlich.[27] Eine gesetzliche ausdrückliche Ausnahme enthält ferner § 10 Nr. 3 RVermG vom 16.5.1961.[28]

Liegt die Erklärung einer ausländischen staatlichen oder öffentlichen Stelle vor, deren Rechtsinhaberschaft durch eine Bescheinigung des Auswärtigen Amtes bestätigt wird, so ist Abs. 1 nicht anzuwenden (§ 104a GBV).

Die Voreintragung des Betroffenen ist nicht erforderlich bei Berichtigung des Bestandsverzeichnisses im Rahmen einer Flurbereinigung, Umlegung oder Bodenneuordnung.[29] Dem sollten Fälle einer öffentlich-rechtlichen Enteignung gleichstehen.

5. Sonderbestimmungen in den neuen Ländern

Abs. 1 ist nicht anzuwenden, wenn gem. § 34 VermG um Eintragung einer Person ersucht wird; er findet auch keine Anwendung, wenn derjenige über sein Erbe verfügt, der durch den Bescheid begünstigt wurde, welcher dem Erwerb zugrunde liegt, § 11 Abs. 1 GBBerG. Jedoch kann der durch Bescheid Begünstigte sich als Berechtigter zunächst im Grundbuch eintragen lassen. In diesem Fall ist der gutgläubige Erwerb eines Dritten nicht auszuschließen.[30] Für Eintragungen und Verfügungen aufgrund eines Bescheides gem. § 2 VZOG und Verfügungen gem. § 8 VZOG gilt diese Regelung entsprechend.

Die Anwendung des § 39 GBO scheidet aus bei Eintragungsanträgen aufgrund Erklärungen der Bewilligungsstelle (§ 105 Abs. 1 Nr. 6 S. 1 und 5 GBV).

6. Sonderfall Kettenauflassung und Kettenabtretung

§ 39 GBO ist nicht einschlägig bei Vollzug einer Kettenauflassung, bei welcher ein nicht eingetragener und auch nicht einzutragender Zwischenerwerber seinerseits an einen Enderwerber auflässt.[31] Voraussetzung ist dabei zunächst eine nicht unterbrochene Kette von Auflassungen.[32] Die Argumentation ist auf andere Kettenverfügungen (wie mehrfache Grundschuldabtretung[33] oder Grundschuldabtretung und Lö-

---

21 KG JFG 5, 301; LG Heidelberg BWNotZ 1975, 135.
22 OLG Düsseldorf Rpfleger 1998, 334.
23 KG Rpfleger 2013, 84.
24 OLG München Rpfleger 2015, 695.
25 OLG München NJW-RR 2017, 1418.
26 KG KGJ 51, 197.
27 LG Hamburg Rpfleger 1962, 102; im Ergebnis zust. *Haegele*, ebd.; vgl. auch *Weber*, DNotZ 1961, 249.
28 BGBl I 597.
29 *Hügel/Zeiser*, § 39 Rn 20.
30 Ebenso *Demharter*, § 39 Rn 7.
31 KGJ 47, 185; RGZ 129, 153; *Weber*, DNotZ 1955, 457; *Benthien*, Rpfleger 1962, 370; vgl. auch *Vollkommer*, Rpfleger 1968, 377.
32 OLG Hamm NJW-RR 2001, 376.
33 OLG Düsseldorf NJW-RR 2023, 88.

schung ohne Zwischeneintragung³⁴) übertragbar. Richtigerweise geht es nicht um Anwendung des § 39 GBO, sondern um eine Umdeutung der Weiterverfügung des Zwischenerwerbers: Dessen Auflassung ist wirksam, da sie vom Nichtberechtigten mit Zustimmung des Berechtigten, also von einem im Grundbuch eingetragenen Verfügungsberechtigten (§ 185 BGB),³⁵ ausgeht; der Vorschrift des § 39 GBO ist damit genügt. Das Gleiche gilt bei Grundschuldbewilligung durch den (zweiten) Auflassungsempfänger.³⁶ § 39 GBO verlangt nicht die Voreintragung des tatsächlich Bewilligenden (z.B. aufgrund Ermächtigung oder Vollmacht), sondern des Betroffenen.³⁷ Diese Einwilligung kann zum Nachteil des letzten Erwerbers bis zu dessen Eintragung jedoch jederzeit widerrufen werden durch formlos zulässige Aufhebung der ersten Auflassung.³⁸

7. Sonderfall: Postmortale Vollmacht

19 Keine Voreintragung der Erben ist erforderlich beim Handeln eines postmortal Bevollmächtigten, selbst wenn die Eintragung weder Rechtsübertragung noch Rechtsaufhebung (dann ohnedies § 40 Abs. 1 Alt. 1 GBO) betrifft. Materiell handelt der Bevollmächtigte zwar nicht mehr für den Erblasser, sondern für die Erben.³⁹ Ein Zwang zu deren Aufdeckung wäre aber mit dem Vertrauensschutz der Vollmachtsurkunde (nämlich: keine Ermittlung zum Fortleben des Vertretenen anstellen zu müssen) unvereinbar. Für den Verzicht auf Voreintragung spricht weiter eine Gleichbehandlung des rechtsgeschäftlich Bevollmächtigten mit dem Nachlasspfleger (vgl. § 40 GBO Rdn 36).⁴⁰

8. Änderungen im Gesellschafterkreis einer GbR

20 Gemäß § 47 Abs. 2 S. 2 GBO idF bis 31.12.2023 waren bei einer Gesellschaft bürgerlichen Rechts auch die Gesellschafter im Grundbuch anzugeben.

Da auf den Gesellschafter die für den Berechtigten geltenden Normen entsprechend anzuwenden sind, spricht dies für die Gesellschafter-GbR im Grundbuch für den Zwang zur Voreintragung bei zwischenzeitlichem Gesellschafterwechsel,⁴¹ auch wenn der materielle Rechtsträger unverändert bleibt. Allerdings ist dabei auch der Dispens von der Voreintragung gem. § 40 GBO uneingeschränkt anzuwenden, insbesondere wenn für den verstorbenen Gesellschafter ein Testamentsvollstrecker handelt.⁴²

21 Sobald die rechtstragende GbR ihre Eintragung ins Gesellschaftsregister herbeiführt, spielt die Voreintragung bei Gesellschaftswechsel keine Rolle. Sie könnte danach im Grundbuch auch nicht mehr offengelegt werden. Zwar ist der Gesellschafterwechsel keine Verfügung i.S.d. § 47 Abs. 2 GBO. Allerdings können gem. Art. 229 § 21 Abs. 2 EGBGB ab. 1.1.2024 keine Gesellschafterwechsel im Wege der Grundbuchberichtigung mehr eingetragen werden.⁴³

9. Ausnahme: Legitimer Grundschuldbriefinhaber Abs. 2

22 Die Bestimmung des Abs. 2 ergibt sich aus der materiellrechtlichen Regelung des § 1155 BGB. Die Anwendung setzt den Besitz am Brief und die (im Fall mehrfacher Abtretungen: ununterbrochene) Kette von Abtretungserklärungen voraus. Abs. 2 verweist dabei ausschließlich auf § 1155 BGB, nicht (auch) auf § 1154 BGB. MaW: Die Abtretungserklärungen müssen öffentlich-beglaubigt sein. Bloße Schriftform, obwohl zur materiell-rechtlichen Übertragung genügend, reicht im Grundbuchverfahren nicht. Damit ist zugleich § 29 GBO als Formvorschrift erfüllt. Den materiell-rechtlichen Beglaubigungsanspruch gewährt § 1154 Abs. 1 S. 2 BGB.

---

34 Dazu OLG Düsseldorf MittBayNot 2023, 250; OLG Düsseldorf FGPrax 2010, 274; BGH RNotZ 2010, 534 unter Aufhebung von OLG Frankfurt BeckRS 2010, 19165, welches die Anwendung des § 185 BGB verkannt hatte.
35 Eine Umdeutung in eine Vollmacht (so Hügel/*Zeiser*, § 39 Rn 26) scheidet aus wegen Nicht-Offenlegung der Stellvertretung (§ 164 Abs. 1 S. 1 BGB).
36 BayObLG BayObLGZ 1970, 254 = DNotZ 1971, 45.
37 OLG Düsseldorf NJW-RR 2023, 88; MittBayNot 2023, 250.
38 BayObLG DNotZ 1973, 298.
39 OLG Stuttgart DNotZ 2013, 371.
40 OLG Frankfurt RNotZ 2018, 28; OLG Karlsruhe FGPrax 2022, 5; OLG München MittBayNot 2022, 226.
41 Noch OLG Saarbrücken BeckRS 2010, 30230.
42 BGH DNotZ 2022, 530.
43 *Wilsch*, MittBayNot 2023, 457.

Die Vorschrift gilt für den Pfändungsgläubiger, der gleichfalls den Brief und die Abtretungskette in öffentlich-beglaubigter Form vorlegen muss.[44] Dann aber kann die Pfändung der Grundschuld ohne Voreintragung des Grundschuldzessionars eingetragen werden.

B. Charakter der Voreintragung

Die Voreintragung ist typischerweise Grundbuchberichtigung (siehe oben Rdn 6).[45]

C. Eintragung

Unter Eintragung, hier zu verstehen als die zu erledigende Folgeeintragung, ist nur eine solche zu verstehen, welche das Recht des eingetragenen Berechtigten unmittelbar rechtlich verändert. Die Bestimmung gilt daher einerseits nicht für Eintragungen rein tatsächlicher Art, z.B. für solche, welche die Übereinstimmung mit dem Liegenschaftskataster herbeiführen sollen, oder für Eintragungen, die lediglich hinweisenden Charakter haben, beispielsweise Hof-Vermerke.

Andererseits gilt die Regelung des Abs. 1 für alle Eintragungen, durch welche ein Recht wirksam rechtlich beeinträchtigt werden kann. Dabei spielt es keine Rolle, ob es sich um eine rechtsändernde oder berichtigende Eintragung oder Löschung handelt. Sofern nicht ausdrückliche Ausnahmen angeordnet sind – der enumerative Katalog von Ausnahmen spricht gegen eine Gesamtanalogie – gilt dies auch für behördliche Ersuchen.[46]

Die Bestimmung gilt insbesondere auch bei der Eintragung und Löschung von Vormerkungen,[47] Verfügungsbeschränkungen[48] und Widersprüchen.[49] auch für die Eintragung einer Vormerkung auf Löschung eines altrechtlichen Rechtes.[50] Nicht dazu gehören jedoch Vormerkungen und Widersprüche nach § 18 Abs. 2 GBO.

Soll bei einem **buchungsfreien Grundstück** wegen einer erfolgten Eigentumsübertragung ein Grundbuchblatt angelegt werden, so ist Abs. 1 anzuwenden. Infolgedessen muss dies auf den Namen des Veräußerers geschehen.[51]

Die Bestimmung gilt auch für die Eintragung von Grundstücksvereinigungen und Bestandteilszuschreibungen.

Jedoch braucht der alte Eigentümer bei Anlegung eines neuen Grundbuchblattes auf diesem nicht mehr vorgetragen zu werden, außer wenn zur Übertragung des Eigentums an einem ungebuchten buchungsfreien Grundstück die Eintragung erforderlich ist; in diesem Falle ist gemäß Abs. 1 das Blatt auf den Namen des Veräußerers anzulegen.[52] Außerdem kann dieser Grundsatz dann keine Geltung haben, wenn die eingetragenen Eigentümer beider betroffenen Grundstücke identisch sind. In diesem Fall wird durch die Voreintragung keine Beeinträchtigung des eingetragenen Rechtes herbeigeführt.[53] Grundstücksteilungen werden bei Aufrechterhaltung der Identität des Eigentümers ebenso wenig betroffen.[54] Jedoch wird bei der Aufteilung in Wohnungseigentum stets eine rechtliche Veränderung vorgenommen. In diesem Fall muss daher § 39 GBO voll zur Anwendung kommen.

D. Betroffensein
I. Betroffenes Recht

Hierunter sind zu verstehen **alle dinglichen Rechte**, welche im Grundbuch eingetragen werden können, weiterhin auch Vormerkungen und Widersprüche sowie Verfügungsbeschränkungen; letztere, obwohl sie nur zum Zweck der Einengung der Verfügungsbefugnis des eingetragenen Berechtigten in das Grund-

---

44 OLG München Rpfleger 2015, 199,
45 Vgl. OLG München Rpfleger 2016, 460.
46 Etwa OLG Jena, NJW 2013, 922 (zu § 111f Abs. 2 StPO); OLG München BeckRS 2013, 21809.
47 RGZ 72, 276; BayObLG NJW 1983, 1567.
48 OLG Hamm JMBl. NRW 1963, 181.
49 KG HRR 28 Nr. 550.
50 LG Regensburg Rpfleger 1976, 361.
51 RG JFG 21, 329.
52 RG JFG 21, 329.
53 Vgl. dazu KG OLG 8, 314; KGJ 27, 262.
54 Strittig: ebenso Güthe/*Triebel*, § 39 Anm. 5; Meikel/*Böttcher*, § 39 Rn 8; a.A. *Demharter*, § 39 Rn 2.

buch aufgenommen werden, da sie dennoch das Recht desjenigen verlautbaren, der als Begünstigter aus der Verfügungsbeschränkung aufgeführt ist.[55]

30 Das Recht muss aber als dingliches Recht entstanden sein. Bloß schuldrechtliche Ansprüche auf Einräumung eines dinglichen Rechts oder erst in Entstehung (bei bloß partieller Erfüllung des Erwerbstatbestandes) spielen keine Rolle. **Kein betroffenes Recht** liegt daher vor, wenn ein dingliches Recht noch nicht voll erworben ist (z.B. nach erklärter Auflassung), oder – bei Pfändungen – vor Erlass des Pfändungsbeschlusses bereits die Abtretung des Rechtes im Grundbuch eingetragen war.[56]

II. Betroffener

31 Der **Begriff des Betroffenen** umfasst wie bei § 19 GBO nicht nur die mittelbar Beteiligten, sondern auch diejenigen, deren Rechtsstellung von der Rechtsänderung unmittelbar berührt wird sowie diejenigen, die ein Recht an dem zu löschenden Recht besitzen oder deren Zustimmungen zur Erklärung des unmittelbar Beteiligten erforderlich sind (z.B. Eigentümer, welcher der Löschung einer Hypothek zuzustimmen hat).[57]

E. Voreintragung des Betroffenen und des Rechts
I. Richtige Voreintragung des Berechtigten

32 § 39 GBO verlangt zunächst die zutreffende Eintragung des Betroffenen. Dessen Person ist wie bei § 19 GBO zu bestimmen, so dass der Voreintragungsgrundsatz sich auch auf lediglich mittelbar Betroffene bezieht, auf Berechtigte am antragsbetroffenen Recht oder auf zustimmende Personen (Eigentümer bei Grundschuldlöschung).

33 Bei einer **Parzellenverwechslung** oder einer **Wohnungsverwechslung** ist mit der Zwischeneintragung des alten Eigentümers eine neue Auflassung erforderlich, soweit nicht durch Anfechtung der Verträge wegen Irrtums eine solche unnötig wird.[58]

34 Die Voreintragung bezieht sich bei einer Mehrheit von Berechtigten auch auf die richtige Angabe des Gemeinschaftsverhältnisses.[59] Deswegen ist ggf. vor einer Ehegattenüberlassung das bisher falsch verlautbarte Gemeinschaftsverhältnis (Gütergemeinschaft statt Bruchteilsgemeinschaft) zu berichtigen.[60]

35 Die Voreintragung bezog sich auch auf den Kreis der Gesellschafter einer GbR (§ 47 Abs. 2 GBO a.F., § 899a BGB), sofern – bezogen auf den einzelnen Gesellschafter – dessen Verfügungsbeschränkung eingetragen werden soll. Fraglich ist hier nicht die prinzipielle Geltung des Voreintragungsgrundsatzes, sondern die Frage, welche auf den Gesellschafter bezogenen Verfügungsbeschränkungen eintragungsfähig sind. Letztere Frage wird uneinheitlich gesehen.[61]

36 Bei Voreintragung des Betroffenen hat das Grundbuchamt jedoch auch das Legalitätsprinzip zu beachten. Es darf keine Eintragung herbeiführen, die ihrerseits das Grundbuch unrichtig macht. Außerdem darf nur eine zulässige Eintragung herbeigeführt werden, weswegen beispielsweise verstorbene Erben nicht eingetragen werden können, „unbekannte Erben" nur ausnahmsweise zur Vervollständigung einer anderenfalls unvollständigen Offenlegung des Erbganges.[62]

II. Richtige Voreintragung bei lediglich unrichtiger Bezeichnung

37 Eine ursprünglich vorhandene oder nachträglich eingetretene **Unrichtigkeit bloß in der Bezeichnung** des Berechtigten kann nicht beanstandet werden, beispielsweise die Bezeichnung der eingetragenen Ehe-

---

55 Vgl. RGZ 83, 438 für den eingetragenen Nacherbenvermerk.
56 OLG Frankfurt Rpfleger 1997, 152.
57 OLG München JFG 18, 201.
58 RGZ 133, 279; *Schöner/Stöber*, Rn 3149.
59 OLG Hamm DNotZ 1965, 408; KGJ 41, 54.
60 BayObLGZ 2002, 284. Ebenso LG Neubrandenburg Rpfleger 1995, 525 zur Überleitung der ehelichen Vermögensgemeinschaft auf ideelles Miteigentum.
61 Verpfändung: nicht eintragungsfähig, BGH RNotZ 2017, 28. Insolvenzvermerk: eintragungsfähig BGH DNotZ 2018, 312.
62 DNotI-Report 2014, 66 mit ausführlicher Darstellung; OLG Rostock NJW-RR 2005, 604.

frau mit ihrem Mädchennamen oder die Bezeichnung von Erben als „Deszendenten" einer bestimmten Person.[63] Die Person als solche ist richtig eingetragen.

Eine bloße **Unrichtigkeit in der Bezeichnung** liegt gleichfalls vor, wenn eine Kommanditgesellschaft nachträglich in eine Gesellschaft des bürgerlichen Rechts umgewandelt wurde,[64] wenn eine OHG nachträglich zu einer Kommanditgesellschaft wurde,[65] eine GbR unter Aufnahme einer Komplementär-GmbH in einer GmbH & Co. KG umgewandelt wurde[66] in Liquidation gegangen ist[67] oder lediglich die Firma oder Anschrift[68] geändert hat.

Gesellschaftsrechtliche Anwachsungsvorgänge durch Ausscheiden aller Gesellschafter bis auf den letzten führen zu einer Änderung des Berechtigten und verlangen eine Voreintragung.[69]

III. Richtige Voreintragung des Rechts

Eine Eintragung bildet ein einheitliches Ganzes. Infolgedessen muss über den Wortlaut des § 39 GBO hinaus auch das betroffene Recht in **allen** seinen Rechtsbeziehungen so eingetragen sein, wie es der materiellen Rechtslage und der sich anschließenden neuen Eintragung entspricht.[70] Im Rahmen der Voreintragung kann z.B. die Änderung eines Grundpfandrechtsnennbetrages vor Vollzug einer Abtretung verlangt werden[71] oder die Zuschreibung eines Sondernutzungsrechts vor Auflassung der Wohnung.[72]

IV. Antragspflicht

Die Voreintragung kann vom Grundbuchamt nicht von Amts wegen vorgenommen werden, sondern muss auf Antrag hin erfolgen. Auch der Vollstreckungsgläubiger hat ein Antragsrecht.[73]

Das Grundbuchamt muss jedoch durch Zwischenverfügung die Stellung eines entsprechenden Antrages veranlassen.[74]

V. Eigentümergrundschuld

Bei der Verfügung über Eigentümergrundschulden ist zu unterscheiden, ob es sich um Verfügungen über eine bereits entstandene oder eine künftige Eigentümergrundschuld handelt:

1. Verfügung über entstandene Eigentümergrundschuld

Liegt eine Verfügung über eine aus einer Fremdhypothek hervorgegangene Eigentümergrundschuld vor, so ist nach einhelliger Auffassung der Rechtsprechung die Eintragung des Eigentümers als Gläubiger nicht erforderlich, weil der eingetragene Eigentümer als evtl. Inhaber der ihm nach den Regeln über die Eigentümerhypothek zufallenden, auf seinem Grundstück lastenden Hypotheken zu gelten hat;[75] dementsprechend gelte der eingetragene Eigentümer auch als ein eingetragener Gläubiger einer entstandenen Eigentümergrundschuld.[76] Einer vorherigen Umschreibung auf den Namen des Eigentümers bedarf es auch dann nicht, wenn es sich bei dem zur Eigentümergrundschuld gewordenen Recht um eine Fremdgrundschuld handelte[77] und der Eigentümer in Abt. I eingetragen ist. Der Eigentümer muss jedoch

---

63 KG KGJ 31, 266.
64 BayObLGZ 1948, 51, 430 = NJW 1952, 28.
65 KG JFG 1, 371.
66 OLG München NZG 2016, 275; OLG Saarbrücken BeckRS 2010, 30230: Folge: Keine Voreintragung des Gesellschaftseintritts erforderlich.
67 KG JFG 4, 285; OLG Frankfurt Rpfleger 1980, 61.
68 OLG Brandenburg MittBayNot 2023, 189.
69 OLG Köln FGPrax 2018, 60 zum Ausscheiden der einzigen Kommanditistin einer GmbH & Co. KG.
70 BayObLGZ 1952, 312 = DNotZ 1953, 133; BGHZ 16, 101 = NJW 1952, 342.
71 BGH NJW 1955, 342; anders aber bei Euro-Einführung wegen der Umstellung von Amts wegen.
72 OLG München NJOZ 2016, 1796.
73 Ebenso LG Neubrandenburg Rpfleger 1995, 250.
74 BayObLGZ 1990, 55, 57; 1992, 344.
75 OLG Köln Rpfleger 1961, 206; BGH Rpfleger 1968, 277; OLG Schleswig FGPrax 2010, 280.
76 KG JFG 487, 50, 210; OLG Köln NJW 1961, 368 = Rpfleger 1961, 206; LG Lübeck SchlHA 1965, 170; KG Rpfleger 1976, 136; OLG Hamm Rpfleger 1990, 157; OLG Düsseldorf Rpfleger 1996, 194 = DNotZ 1996, 559.
77 KG Rpfleger 1975, 136; OLG Hamm Rpfleger 1990, 157; OLG Düsseldorf Rpfleger 1996, 194.

nachweisen, dass er den Gläubiger wegen der Grundschuld befriedigt hat. Dies hat in der Form des § 29 GBO zu geschehen.[78] Dies gilt auch für die Eintragung einer Vormerkung für den Anspruch des Hypothekengläubigers auf Abtretung der dem Eigentümer bei Nichtentstehen der Hypothekenforderung zustehenden Eigentümergrundschuld.[79] Bei Eintragung der **Pfändung** einer Eigentümergrundschuld muss grundsätzlich der wahre Berechtigte zuvor eingetragen sein. Statt dieser Berichtigung genügt es, dass der Pfändungsgläubiger in grundbuchgerechter Form (§ 29 GBO) den Nachweis führt, dass tatsächlich eine Eigentümergrundschuld für den eingetragenen Eigentümer entstanden ist.[80]

43 Die Voreintragung ist auch in diesen Fällen erforderlich, wenn die Hypothek auf **einen von mehreren Miteigentümern** übergegangen ist,[81] wenn an einer Gesamthypothek neben dem Eigentümer des belasteten Grundstücks noch andere Personen mitberechtigt sind oder die Eigentümergrundschuld wieder in eine Hypothek gleicher Art wie das ursprüngliche Recht umgewandelt werden soll.

44 Die vorherige Eintragung des bisherigen Eigentümers als Grundschuldgläubiger ist weiter erforderlich bei **Veräußerung des Grundstücks**, da sich in diesem Fall die Eigentümergrundschuld in eine Fremdgrundschuld wandelt.[82] Wird eine Eigentümergrundschuld bei Abtretung durch den Eigentümer in eine Hypothek umgewandelt, so ist die vorausgehende frühere Umwandlung in eine Eigentümergrundschuld einzutragen, um die Verständlichkeit des Rechtsvorgangs zu erleichtern.[83]

45 Steht die Eigentümergrundschuld nur einem **Vorerben** zu, so gilt sie als zur Vorerbschaft gehörend,[84] es sei denn, dass der Eigentümer den Gläubiger mit eigenen Mitteln befriedigt hat, da dann die Grundschuld nicht in den Nachlass fällt[85] oder zwar mit Mitteln des Nachlasses befriedigt wurde, die Grundschuld jedoch die ranglezte Stelle hat.[86]

46 Die mit der Eintragung einer Hypothek bis zu deren Valutierung entstandene **vorläufige Eigentümerschuld** ist im Grundbuch nicht eintragungsfähig.[87] Erst wenn die vorläufige Eigentümerschuld sich endgültig in eine unbedingte Eigentümergrundschuld verwandelt hat, können die hier aufgezeigten Grundsätze angewendet werden. Zu beachten ist dabei, dass die Eintragung einer Verfügung des Eigentümers über eine als Fremdrecht ausgewiesene Hypothek die Vorlage einer löschungsfähigen Quittung als Nachweis des Rechtsüberganges erfordert. Erfolgt eine Eintragung ohne Quittung, so wird das Grundbuch nicht unrichtig, wenn eine Abtretungserklärung des Gläubigers an den Eigentümer in grundbuchmäßiger Form vorgelegt wird, denn darin liegt die Einwilligung des Buchberechtigten in die Verfügung über das Recht.[88]

2. Verfügung über künftige Eigentümerschuld

47 **Künftige Eigentümergrundschulden** können im Grundbuch **nicht** eingetragen werden. Soweit Verfügungen darüber materiell-rechtlich zulässig sind, sind sie nicht eintragungsfähig.[89] Ebenso wenig können Vormerkungen zur Sicherung des Anspruchs auf solche Verfügungen eingetragen werden.[90]

48 Erfolgt **trotzdem** eine Eintragung, so ist diese **inhaltlich unzulässig**.[91] Für den materiellrechtlichen Bestand ist die Eintragung ohne Bedeutung. Die Löschung hat von Amts wegen zu erfolgen, § 53 GBO.

49 Eine Ausnahme von dieser Regel gilt für die Eintragung einer **Löschungsvormerkung** nach § 1179 n.F. BGB. Hier ist § 39 GBO nicht anwendbar.[92]

3. Pfändung

50 Hat ein Hypothekengläubiger das belastete Grundstück erworben und wird die dadurch aus der Hypothek entstandene **Eigentümergrundschuld gepfändet**, so ist weder die Eintragung des Eigentümers noch die

---

78 OLG Hamm Rpfleger 1990, 157.
79 BayObLG DNotZ 1970 = Rpfleger 1970, 24.
80 Hans. OLG Rpfleger 1976, 371.
81 KG KGJ 41, 248.
82 KG KGJ 36, 259; BayObLGZ 1992, 344; OLG Schleswig FG Prax 2010, 280.
83 KG JW 1933, 2010.
84 Vgl. KG JFG 1, 489.
85 *Demharter*, § 27 Rn 23.
86 JFG 15, 187; OLG München JFG 21, 8.
87 Vgl. RGZ 75, 251; BayObLGZ 1969, 319 = Rpfleger 1970, 24.
88 OLG Düsseldorf Rpfleger 1996, 194.
89 Vgl. RGZ 145, 351.
90 OLG Hamm Rpfleger 1990, 157.
91 Vgl. RGZ 145, 351.
92 Vgl. OLG Oldenburg Nd. Rpfleger 1956, 131; LG Bonn DNotZ 1955, 429; LG Braunschweig Nd. Rpfleger 1957, 30; OLG Neustadt DNotZ 1957, 33.

Verwandlung der Hypothek in eine Grundschuld im Grundbuch zu vermerken. In diesem Fall ist der Pfändungsschuldner als der Berechtigte der Hypothek eingetragen. Die Voraussetzungen des Abs. 1 sind damit erfüllt. Ist der Pfändungsschuldner weder als Eigentümer noch als Gläubiger eingetragen, so genügt seine Eintragung entweder als Eigentümer oder als Inhaber der entstandenen Eigentümergrundschulden.

Gehört eine **Eigentümergrundschuld zum Nachlass**, so kann die Pfändung des Erbteils bei der Eigentümergrundschuld nach Voreintragung der Erben vermerkt werden.[93]

F. Zeitpunkt

Der Betroffene muss **spätestens** in dem Zeitpunkt als der Berechtigte voreingetragen sein, in dem die Folgeeintragung erfolgen soll. Der Zeitpunkt der Abgabe der Eintragungsbewilligung ist nicht entscheidend. Eine gleichzeitige Eintragung des Berechtigten mit dem Vollzug der beantragten Eintragung genügt. Die Zusammenfassung in einem Vermerk ist zulässig.

G. Voreintragungsverzicht bei Briefrechten
I. Allgemeines

Abs. 2 stellt der in Abs. 1 enthaltenen Regelung einen gleichwertigen Tatbestand an die Seite, weil entweder das Recht oder doch der Berechtigte sofort wieder aus dem Grundbuch verschwinden würden.

II. Voraussetzungen

Vorausgesetzt werden:

a) Eine **Brief**hypothek, -grundschuld oder -rentenschuld;
b) Brief**besitz**. Der Bewilligende muss Besitzer des Briefes sein. Erforderlich ist unmittelbarer oder mittelbarer Eigenbesitz.[94]

Weitere Nachweise sind insoweit grundsätzlich nicht erforderlich.[95] Wird der Brief vom bewilligenden Gläubiger vorgelegt, so ist ordnungsgemäße Übergabe zu vermuten, §§ 1117 Abs. 3, 1154 Abs. 1 BGB.[96] Solange dem Grundbuchamt infolgedessen nicht **Tatsachen** zur Kenntnis kommen, die eine Übergabe ausschließen, können weitere Nachweise nicht verlangt werden. Bloße Zweifel sind gegenüber der gesetzlichen Vermutung des § 1117 Abs. 2 BGB unbeachtlich.

Zur verdeckten Pfandfreigabe vgl. ausführlich *Ertl*.[97]

III. Nachweis der Übergabezeit

Nachzuweisen ist die Zeit der Übergabe dagegen, wenn der Zeitpunkt für den Rechtserwerb erheblich ist,[98] z.B. im Fall der Insolvenz des Zedenten. Ebenso ist ein Nachweis erforderlich, wenn ein Pfändungsgläubiger oder sonstiger Dritter den Brief vorlegt. Es genügt jedoch zum Nachweis eine entsprechende Erklärung des Rechtsvorgängers in der Abtretungsurkunde.[99]

IV. Nachweis des Gläubigerrechts

Er ist zu führen durch eine zusammenhängende, auf einen eingetragenen Gläubiger zurückzuführende Reihe von öffentlich beglaubigten Abtretungserklärungen, gerichtlichen Überweisungsbeschlüssen oder öffentlich beglaubigten Anerkenntnissen eines Rechtsüberganges kraft Gesetzes (§ 1155 BGB).[100]

---

93 KG HRR 33 Nr. 140.
94 RGZ 86, 264.
95 KG KGJ 32, 287.
96 RGZ 93, 43.
97 *Ertl*, DNotZ 1990, 684 ff.
98 KG KGJ 40, 279; OLG Hamm Rpfleger 1995, 292.
99 Ebenso *Demharter*, § 39 Rn 28.
100 OLG Frankfurt NJOZ 2014, 161.

1. Urkundliche Nachweise

58 a) **Öffentlich beglaubigte Abtretungserklärungen.** Die öffentliche Beglaubigung wird durch die notarielle Beurkundung ersetzt (§ 129 Abs. 2 BGB). Nur unbedingte und unbefristete Erklärungen werden von der Bestimmung erfasst, da anderenfalls der Nachweis ohne weitere Urkunden als den in § 1155 BGB erwähnten nicht eingeführt werden kann.

Der **Zeitpunkt** der Beglaubigung ist unwesentlich.

59 Die **Abtretungserklärung wird ersetzt** durch Eintragungsbewilligung (§ 26 GBO), Rechtsfolgezeugnis (§ 37 GBO), rechtskräftiges Urteil auf Abtretung (§ 894 ZPO) und bei Gerichtsvollzieherversteigerung das entsprechende Protokoll (§ 844 ZPO);[101] auch der Veräußerungsbeschluss genügt.[102] Hat ein Bevollmächtigter abgetreten, so ist die Vollmacht nachzuweisen.[103]

60 b) **Gerichtliche Überweisungsbeschlüsse.** Nur Überweisungen an Zahlungs statt (§ 835 Abs. 2 ZPO) kommen in Betracht, nicht Überweisungen zur Einziehung, da diese das Recht nicht übertragen. Die Überweisung darf auch nicht das Endglied der Reihe bilden, da sie keinen rechtsgeschäftlichen Erwerb darstellt und daher durch den öffentlichen Glauben des Grundbuchs, auf den die Vorschrift des Abs. 2 letzten Endes zurückgeht, nicht geschützt wird. Überträgt der Berechtigte jedoch weiter, so gilt Abs. 2 uneingeschränkt.

61 c) **Öffentlich beglaubigte Anerkenntnisse** des gesetzlichen Rechtsübergangs, d.h. rechtsgeschäftliche Anerkennungserklärungen des bisherigen Gläubigers,[104] dass das Recht aufgrund bestimmt bezeichneter Tatsachen kraft Gesetzes dem neuen Gläubiger zusteht.[105] **Andere Urkunden,** die nur den gesetzlichen Übergang durch rechtliche Schlussfolgerung beweisen, genügen nicht, z.B. löschungsfähige Quittung, Verzicht[106] oder Löschungsbewilligungen.[107]

2. Kette

62 Die Urkunden müssen in **ununterbrochenem Zusammenhang** auf einen eingetragenen Berechtigten zurückführen.[108] Trotz der Ausdrucksweise (§ 1155 BGB) genügt bereits eine **einzige** derartige Zwischenurkunde.[109] Die Ausdrucksweise des § 1155 BGB ist auf das materielle Recht zugeschnitten. Als eingetragener Berechtigter gilt bei einer Eigentümergrundschuld auch der eingetragene Grundstückseigentümer.

63 Daraus ergibt sich:

Nur **privatschriftlich** nachgewiesene Übergänge unterbrechen den Zusammenhang. Ausführlicher vgl. oben Rdn 22. Erfolgt keine nachträgliche Beglaubigung, so ist eine Voreintragung notwendig. Das hat aber – genau genommen – nicht in § 39 GBO seinen Grund. Richtigerweise fehlt hier schon die grundbuchtaugliche Legitimation (§ 29 GBO) des Bewilligenden als betroffen.

64 Die Kette muss aus Abtretungserklärungen bestehen; eine Löschungsbewilligung, auch notariell beglaubigt, einer Zedentin kann richtigerweise nicht als Ersatz dienen.[110] Eine Umdeutung scheidet mE auch zu Recht aus, weil die Löschungsbewilligung einen etwaigen Zessionar nicht erkennen lässt.

65 Durch einen **Erbfall** wird die Reihe nicht unterbrochen. Gleichgültig ist, ob der Erwerb durch Erbfolge einer Übertragungserklärung nachfolgt[111] oder vorausgeht.[112] Jedoch ist § 40 GBO zu beachten, wenn der Briefbesitzer Erbe des Rechtsvorgängers ist.

---

101 KG KGJ 31, 317.
102 KG HRR 35 Nr. 1592.
103 RGZ 151, 80.
104 KG KGJ 52, 189.
105 RG Warn 30 Nr. 163.
106 KG JFG 3, 397.
107 RG HRR 30 Nr. 398.
108 OLG Frankfurt NJOZ 2014, 161; OLG Hamm FGPrax 2017, 204.
109 RGZ 86, 262.
110 OLG Frankfurt BeckRS 2016, 112653.
111 Vgl. RGZ 88, 349; KG KGJ 36, 244.
112 **A.A.** KG KGJ 36, 244.

V. Eintragung entbehrlich

Der so ausgewiesene Briefbesitzer braucht nicht als Berechtigter eingetragen zu werden, gleichgültig, welche Eintragung bezüglich des Rechtes beantragt ist.

66

§ 40 [Voreintragungsverzicht]

(1) Ist die Person, deren Recht durch eine Eintragung betroffen wird, Erbe des eingetragenen Berechtigten, so ist die Vorschrift des § 39 Abs. 1 nicht anzuwenden, wenn die Übertragung oder die Aufhebung des Rechts eingetragen werden soll oder wenn der Eintragungsantrag durch die Bewilligung des Erblassers oder eines Nachlaßpflegers oder durch einen gegen den Erblasser oder den Nachlaßpfleger vollstreckbaren Titel begründet wird.

(2) Das gleiche gilt für eine Eintragung auf Grund der Bewilligung eines Testamentsvollstreckers oder auf Grund eines gegen diesen vollstreckbaren Titels, sofern die Bewilligung oder der Titel gegen den Erben wirksam ist.

A. Allgemeines 1	D. Übergang oder Aufhebung eines Rechts . 14
I. Zweck 1	I. Keine Voreintragung des Erben 14
II. Inhalt 2	II. Fälle der Rechtsübertragung 16
B. Begriff des „Erben" 5	E. Sonstige Eintragungen 20
I. Erbfolge 5	I. Grundsatz 20
II. Andere Fälle der Gesamtrechtsnachfolge .. 8	II. Besondere Eintragungsunterlagen 21
C. Voreintragung des Erblassers 9	III. Vollstreckbarer Titel 26
I. Eintragung 9	F. Belastungen aufgrund transmortaler
II. Der Eintragung wird gleich geachtet 12	Vollmacht 30

A. Allgemeines

I. Zweck

§ 40 GBO dispensiert in Erbfällen vom Voreintragungsgrundsatz des § 39 GBO, der auf die Eintragung des Erben gerichtet wäre. Allerdings unterscheidet die Norm sowohl in ihrer rechtsdogmatischen Umsetzung wie in der teleologischen Begründung zwei unterschiedliche Fälle:[1] Befreit sind Verfügungen des Erben, sofern sie auf Übertragung oder Aufhebung eines Rechts gerichtet sind – nicht aber, wenn die Neubegründung oder Inhaltsänderung bewilligt wurde. Hier hielt der Gesetzgeber die Gefahr, dass ein nichteingetragener Berechtigter am Buchberechtigten vorbei bewilligen könnte, für bedeutsamer als das Kosteninteresse des Erben. Bei Verfügungen des Erblassers, Nachlasspflegers oder Testamentsvollstreckers will der Dispens vom Voreintragungsgrundsatz den Grundbuchvollzug sicherstellen, auch wenn die materiell betroffenen Erben unbekannt sind. In dieser Alternative ist jedwede Bewilligung, also auch eine rechtsbegründende oder inhaltsändernde, von der Voreintragungspflicht befreit.

1

II. Inhalt

Unter **Recht** sind alle dinglichen Rechte zu verstehen:

2

§ 40 GBO schließt nicht aus,

- dass das Grundbuchamt Grundbuchberichtigungszwang nach §§ 82 ff. GBO gegen den Erben ausübt; es darf aber dann nach § 40 GBO vollzugsfähige Anträge nicht mit Blick auf das eingeleitete Zwangsverfahren zurückstellen;
- dass der Erbe selbst Grundbuchberichtigungsantrag stellt, z.B. um dem Erwerber Gutglaubensschutz nach § 892 BGB zu verschaffen[2] oder um Folgeprobleme aus der ablaufenden Geltungsdauer einer beglaubigten Abschrift des Europäischen Nachlasszeugnisses zu vermeiden.

---

1 Vgl. *Hahn/Mugdan*, Motive zu den Reichsjustizgesetze, Bd. VI § – ZVG, GBO – (1896), S. 162.

2 *Vollhardt*, MittBayNot 1986, 115.

3   Teils wird zu § 40 GBO die Ansicht vertreten, nicht unter die dispensierte Rechtsübertragung falle die Abtretung des Erbteils selbst.[3] Die Frage ist falsch gestellt. Es geht in den Fällen der außerhalb des Grundbuchs dinglich wirksamen Anteilsabtretung wie bei der Erbabschichtung (soweit noch von Relevanz, auch bei mehrfachen Geschäftsanteilsabtretungen einer GbR) um die Reichweite der erforderlichen Grundbuchberichtigung. Diese muss auf eine Eintragung hin das Grundbuch richtig machen, andernfalls das GBA jedenfalls für eine juristische Sekunde an der Schaffung eines unrichtigen Grundbuches mitwirken würde. M. a. W.: Eine so nicht mehr vorhandene Erbengemeinschaft ist nicht eintragungsfähig.[4]

4   Aus denselben Gründen (keine Mitwirkung an Grundbuchunrichtigkeit) scheidet die Eintragung einer Erbengemeinschaft bzw. des Alleinerben aus, wenn sich aus dem Erbnachweis ein dinglich wirkendes Vermächtnis ergibt. Eine andere Frage ist, ob der dinglich erwerbende Vermächtnisnehmer ohne SEINE Voreintragung weiter auflassen kann.[5] Dagegen spricht, dass § 40 GBO auch in der ausdehnenden Anwendung nur auf Gesamtrechtsnachfolgen angewandt wird, hier aber hinsichtlich des Vermächtnisgegenstandes eine Einzelrechtsnachfolge eintritt (vgl. auch Rdn 6).

B. Begriff des „Erben"
I. Erbfolge

5   Derjenige, dessen Recht im Sinne des § 39 GBO von einer Eintragung betroffen wird, also der mit den zulässigen Nachweismitteln der GBO legitimierte Inhaber des Rechtes, muss dieses Recht durch **Erbfolge** erworben haben. Unanwendbar ist § 40 GBO auf den Begünstigten eines dinglich wirkenden Vermächtnisses, der z.B. unmittelbar weiterverkauft. Seine Voreintragung ist zwingend.[6]

6   a) **Erbe** im Sinne dieser Bestimmung sind der Alleinerbe, der Erbeserbe,[7] der Vorerbe,[8] der Nacherbe nach Eintritt des Nacherbfalles. Erbe ist weiter die Miterbengemeinschaft – nicht der einzelne Miterbe,[9] auch nicht, wenn er ein Recht durch rechtsgeschäftliche Übertragung erwirbt; der Vermerk der Übertragung des Erbanteils auf einen Dritten ist nur möglich bei gleichzeitiger Buchung der ganzen Erbengemeinschaft.[10] Veräußert der Erbteilserwerber zusammen mit den übrigen Miterben ein Nachlassgrundstück, so ist zur Eintragung des Erwerbers des Grundstücks die vorherige Eintragung des Erbteilserwerbs und der Miterben nicht erforderlich.[11]

b) Liegt **Vorerbschaft** vor, so ist zu unterscheiden:
Liegt eine der in Abs. 1 oder Abs. 2 genannten **Eintragungsunterlagen** vor, so erübrigt sich die Voreintragung des Vorerben, wenn zugleich die Wirksamkeit der Verfügung gegenüber dem Nacherben nach allgemeinen Grundsätzen nachgewiesen ist (Nacherbenzustimmung,[12] Verzicht des Nacherben auf Eintragung des Nacherbenvermerks;[13] nachgewiesene Entgeltlichkeit.) Von dieser Prüfung entbindet § 40 GBO nicht. Andernfalls – bei nicht nachgewiesener Wirksamkeit gegenüber dem Nacherben – muss gem. § 51 GBO ein Nacherbenvermerk eingetragen werden, um einen gutgläubigen Erwerb zu verhindern. Der Nacherbenvermerk kann aber nicht isoliert, sondern nur mit Offenlegung der Vorerbfolge eingetragen werden.[14] § 40 GBO ist dann unanwendbar. Das gilt auch bei der Auseinandersetzung einer Vorerbengemeinschaft.[15]
Stellt der Vorerbe keinen entsprechenden Antrag, so ist zurückzuweisen.[16]

c) **Keine Erben** im Sinne dieser Bestimmung sind Vermächtnisnehmer und Erbschaftskäufer sowie Pflichtteilsberechtigte und der Erwerber aufgrund Schenkung von Todes wegen. Die sämtlichen hier bezeichneten Berechtigten erwerben durch rechtsgeschäftliche Übertragung (ggf. allerdings der Vermächtnisnehmer bei ausländischem Erbstatut auch unmittelbar dinglich. Das Gleiche gilt von einem Miterben, der ein Nachlassgrundstück im Weg der Auseinandersetzung erworben hat.

---

[3] BayObLG MittBayNot 1994, 435; anders OLG Nürnberg FGPrax 2014, 17.
[4] OLG Nürnberg FGPrax 2014, 17; KG FGPrax 2019, 196.
[5] Kurth, ErbR 2020, 233.
[6] Weber, DNotZ 2018, 16.
[7] RGZ 53, 298; KGJ 49, 174.
[8] RGZ 65, 218.
[9] KG JFG 22, 161; OLG Hamm FGPrax 2017, 104.
[10] OLG Hamm DNotZ 1966, 744; BayObLGZ 1994, 158 = Rpfleger 1995, 103.
[11] KG OLG 4, 189; KGJ 44, 240.
[12] OLG Hamm Rpfleger 1995, 210.
[13] BayObLG Rpfleger 1989, 412 = DNotZ 1990, 50; OLG Hamm Rpfleger 1995, 209.
[14] KG KGJ 30, 216.
[15] Rpfleger 1978, 244.
[16] RGZ 65, 217.

Bei **Löschung eines der Nacherbfolge unterliegenden Rechtes** sind stets die genannten Nachweise zur Wirksamkeit der Vorerbenverfügung vorzulegen. Voreintragung wäre bedeutungslos, da die Schutzwirkung des Nacherbenvermerkes mit der Löschung des Rechtes bedeutungslos wird.[17]

II. Andere Fälle der Gesamtrechtsnachfolge

Durch die Rechtsprechung ist § 40 GBO auf andere erbgangsähnliche Fälle der Gesamtrechtsnachfolge **ausgedehnt** worden:[18]

a) der Anfall des Vereins- oder Stiftungsvermögens an den Fiskus.[19]
b) Vermögensübergang bei Umwandlung von Kapitalgesellschaften oder Personalhandelsgesellschaften gemäß UmwG.[20]
c) Die Fälle des Rechtsüberganges durch Staatensukzession (z.B. Art. 135 Abs. 2, 3, 6 GG), Eingemeindung oder Teilung von Gemeinden in Einzelgemeinden.[21]
d) Die Fälle des Rechtsübergangs durch Entstehen der ehelichen oder fortgesetzten Gütergemeinschaft. Die Mitglieder dieser Gemeinschaften müssen bei Übertragung oder Löschung eines zum Gesamtgut gehörenden Rechtes auch dann nicht eingetragen werden, wenn das betroffene Recht bisher nur auf den Namen eines Ehegatten eingetragen war,[22] eine entsprechende Anwendung auf sonstige Eintragungen ist jedoch nicht möglich. Keine Rolle spielt, wann die Gütergemeinschaft entstanden ist. Gleichgültig ist daher, ob die Gütergemeinschaft schon bei Eintragung des Rechtes vorhanden war oder erst später vereinbart wurde.

Für den Erbgang typisch ist der Eintritt in die gesamten Rechtsverhältnisse einer weggefallenen Person kraft Gesetzes. Nicht möglich ist daher die Anwendung auf einen Wechsel im Bestand der Mitglieder einer BGB-Gesellschaft unter Lebenden.[23] Die Voreintragung bleibt ebenfalls erforderlich bei gesellschaftsrechtlichen Anwachsungsvorgängen.[24]

C. Voreintragung des Erblassers
I. Eintragung

Der Erblasser (oder sonstiger Rechtsvorgänger) muss eingetragen sein. Da § 40 GBO auch den Erbeserben privilegiert[25] genügt die Eintragung des Erblasser-Erblassers. Ist dies nicht der Fall, so verbleibt es beim Grundsatz des § 39 GBO. Ist der Erblasser selbst durch Rechtsübergang außerhalb des Grundbuchs Eigentümer geworden und vor entsprechender Grundbuchberichtigung verstorben, so soll die entsprechende Berichtigung auf ihn unzulässig sein;[26] dies ist grundbuchrechtlich formal richtig, verlässt jedoch den Grundgedanken der Bestimmung des § 40 GBO, Zwangsvollstreckungen im Grundbuch zu erleichtern, wenn die Rechtsnachfolge nach der Person des Schuldners als solche klar ist, die Erbenermittlung aber die Vollstreckung behindern würde. Von dem Grundgedanken der Bestimmung aus kann es keinen Unterschied machen, ob zufälligerweise die vorhergehende Berichtigung des Grundbuchs zu Lebzeiten des Erblassers erfolgt ist oder nicht.[27]

Bei einer **Vor- und Nacherbschaft** ist nach Eintritt des Nacherbfalles zu unterscheiden:

Wurde anstelle des Erblassers der Vorerbe eingetragen, so braucht nach Eintritt des Nacherbfalles der nun verfügende Nacherbe seinerseits nicht eingetragen zu werden.[28] Ist der Vorerbe noch nicht eingetragen, so verbleibt es bei der Regelung des § 40 GBO. War der Erblasser nicht eingetragen, so ist der Nacherbe

---

17 RGZ 102, 337; KG JFG 15, 188; OLG München KG JFG 21, 84.
18 BayObLG NJW-RR 1989, 977.
19 §§ 45 Abs. 3, 46, 88 BGB; KG JFG 1, 292.
20 *Heinze*, DStR 2019, 1643.
21 RGZ 86, 286; KG KGJ 52, 188; RGZ 87, 284; KGJ 41, 216; dazu OLG Hamm Rpfleger 1980, 148.
22 KG JFG 1, 295.
23 KG Rpfleger 1992, 430; zur Rechtslage ab 1.1.2024 vgl. Art. 229 § 21 EGBGB sowie *Wilsch*, MittBayNot 2023, 457, 460.
24 OLG Köln FGPrax 2018, 60 (Anwachsung durch Ausscheiden des einzigen Kommanditisten einer GmbH & Co. KG).
25 Richtig KGJ 49, 176; *Demharter*, § 40 Rn 21.
26 KG Rpfleger 1975, 133.
27 Vgl. dazu i.E. *Hagena*, Rpfleger 1975, 389.
28 KG KGJ 51, 191.

einzutragen; die Eintragung des Vorerben ist in jedem der beiden Fälle überflüssig und wäre falsch, da der Nacherbe nur Erbe des Erblassers, nicht des Vorerben ist.[29]

11 Der Scheinerbe steht dem Erblasser nicht gleich. Wird aufgrund eines zunächst übersehenen Testaments zunächst ein Scheinerbe berichtigend eingetragen, der sich später mit dem wahren Erben im Vergleichswege einigt, das Grundstück zu behalten, sind berichtigend zunächst der wahre Erbe, sodann aufgrund Auflassung der Scheinerbe einzutragen.[30] Da der Erblasser nicht als letzter Eigentümer geführt ist, kann § 40 GBO nicht greifen. Die Eintragung des wahren Erben ist auch zum Verständnis der Auflassung teleologisch geboten.

II. Der Eintragung wird gleich geachtet

12 a) Bei Briefrechten der Fall des § 39 Abs. 2 GBO; die Eintragung des Erben ist infolgedessen überflüssig, wenn er sich im Besitz des Briefes befindet und das Gläubigerrecht des Erblassers gemäß § 1155 BGB nachweist.[31]

13 b) Bei **Eigentümergrundpfandrechten,** wenn der Erblasser als Grundstückseigentümer eingetragen ist und eine Eigentümerhypothek oder -grundschuld erworben hat.[32] Dasselbe wird zu gelten haben, wenn der Erbe des eingetragenen Eigentümers das Eigentümerpfandrecht erworben hat.[33]

D. Übergang oder Aufhebung eines Rechts
I. Keine Voreintragung des Erben

14 Bei Übertragung oder Aufhebung eines Rechts ist die Voreintragung des Erben stets überflüssig. Da in diesen Fällen entweder das Recht oder der Berechtigte gleich wieder aus dem Grundbuch verschwinden würde, hält es das Gesetz für gerechtfertigt, den starren Eintragungszwang zu lockern, um dem Erben Kosten zu sparen. Diesem Gedanken wird insoweit auch der innere Zusammenhang des Grundbuchs zum Opfer gebracht. Durch den Verzicht auf die Voreintragung entfällt die auf § 891 BGB gestützte verbundene Erleichterung der Legitimationsprüfung. Erforderlich ist daher der Nachweis der Erbfolge.[34]

15 Für die Anwendung des § 40 GBO ist irrelevant, ob der Erbe sich förmlich als solcher legitimiert (also durch Erbschein/öffentliches Testament), oder ob die Erben aufgrund transmortaler Vollmacht unter Offenlegung des Erbfalls vertreten werden. Auch in letzterem Fall entfällt das Gebot der Voreintragung.[35]

II. Fälle der Rechtsübertragung

16 **Übertragung** ist neben der rechtsgeschäftlichen Abtretung und Auflassung auch die Übertragung kraft Gesetzes oder aufgrund richterlicher Anordnung; auch die Überweisung an Zahlungs Statt ist eine Übertragung. Sie kann im Gegensatz zu einer etwa vorhergehenden selbstständigen Pfändung ohne Voreintragung des betroffenen Erben geschehen. Die Voreintragungspflicht entfällt auch bei der Auflassung an einen oder mehrere Miterben,[36] insbesondere bei einer Erbauseinandersetzung[37]

Die Übertragung eines realen Teiles eines Rechtes fällt unter die Bestimmung;[38] dagegen nicht Übertragung eines Bruchteils des für den Erblasser eingetragenen Rechts, da diese zugleich eine inhaltliche Änderung des dem Erben verbleibenden Teiles mit sich bringt.[39]

17 Gleichzustellen ist der Übertragung eines Rechtes dessen Sicherung durch Eintragung einer **Vormerkung** oder eines **Widerspruchs**.[40]

---

29 Ebenso *Demharter*, § 40 Rn 13.
30 BGH NJW 1952, 622; DNotI-Rep 2014, 181.
31 KG KGJ 36, 244; RGZ 88, 349.
32 KG KGJ 25, 303.
33 *Demharter*, § 40 Rn 15.
34 *Demharter*, § 40 Rn 2.
35 LG Neuruppin MittBayNot 2004, 46; LG Stuttgart ZEV 2012, 377; OLG Frankfurt ZEV 2015, 648.
36 OLG Hamm ZEV 2017, 234 = FGPrax 2017, 104; OLG München ZEV 2018, 30.
37 OLG Bamberg ZEV 2017, 234 (in der Begründung nicht überzeugend).
38 KG JFG 7, 372.
39 *Demharter*, § 40 Rn 17; KGJ 36, 240.
40 KG JFG 7, 333; 16, 312.

Gleichgültig ist, ob die Übertragung mit einer **Belastung**,[41] **Inhaltsänderung**[42] oder **Rangänderung**[43] verbunden ist.

Die Erbteilsübertragung fällt nach OLG Nürnberg[44] unter den Begriff der „Rechtsübertragung"; es könne sogleich die verbleibende Erbengemeinschaft eingetragen werden.

Die Voreintragungspflicht entfällt nach h.M. auch bei Bewilligung der Eintragung einer Abschichtung der Erbengemeinschaft.[45]

Zur **Aufhebung** gehören neben der Löschung eingetragener Rechte der Verzicht auf das Eigentum (§ 928 BGB) sowie die Pfandfreigabe von Trennstücken,[46] da es gleichgültig ist, ob das Recht ganz oder teilweise aufgehoben wird. Die Begründung von Wohnungseigentum durch einseitigen Antrag (§ 8 WEG) hebt das bisherige Alleineigentum am Grundstück durch Begründung einer neuen Eigentumsform auf. Sie ist daher ebenfalls von diesem Begriff erfasst. Auf dem alten Grundbuchblatt ist der Erbe daher keinesfalls zu vermerken. Kann auf dem neuen Grundbuchblatt der neue Erwerber (Käufer) sofort vorgetragen werden, so ist § 40 GBO seinem Grundgedanken nach unmittelbar gegeben. Das Grundbuchblatt ist daher auf den neuen Erwerber anzulegen. Ist dessen sofortige Eintragung nicht möglich, so ist der Erbe als Eigentümer einzutragen.

Andere, auf den Erben zurückgehende Verfügungen – seien es rechtsgeschäftlich bewilligte oder auf der Grundlage eines gegen ihn, den Erben, erstrittenen rechtskräftigen Titels durchgesetzte – sind nicht vom Voreintragungserfordernis befreit. Vgl. aber zur transmortalen Vollmacht Rdn 30 ff.

E. Sonstige Eintragungen

I. Grundsatz

§ 40 GBO dispensiert ferner bestimmte Bewilligungen, genauer: Bewilligende, vom Voreintragungsgrundsatz, um vor allem bei unbekannten oder nicht grundbuchtauglich legitimierten Erben den Vollzug sicherzustellen. Das Interesse des Erben tritt demgegenüber aufgrund der Erwägung zurück, dass die getroffene oder erstrittene Verfügung ihm gegenüber sowieso wirksam ist, weswegen für die Testamentsvollstreckerverfügung die Wirksamkeit gegenüber dem Erben, d.h. die Abgabe im Rahmen der ihm zugewiesenen Befugnisse, nochmals in den Normtatbestand aufgenommen ist. Das Ziel der Bewilligung (Aufhebung, Übertragung, Belastung, Inhalts- oder Rangänderung, ggf. auch nur Vormerkung oder Widerspruch) ist bei diesen Verfügungen egal.[47]

II. Besondere Eintragungsunterlagen

Privilegiert sind danach die Eintragungsbewilligung des Erblassers, des Testamentsvollstreckers[48] oder des Nachlasspflegers.[49] Als Nachlasspfleger ist auch der Nachlassverwalter anzusehen.

Es muss eine Eintragungsbewilligung gemäß § 19 GBO gegeben sein. Schuldrechtliche Verpflichtungen des Erblassers zur Eintragung oder Ermächtigung des Erben zu einer Eintragung im Testament genügen nicht.[50]

Eine Eintragungsbewilligung des Erblassers oder eines Nachlasspflegers genügt immer, da sie den Erben bindet; das Gleiche gilt für die Bewilligung eines Nachlassverwalters.[51] Der Voreintragungsverzicht bei Bewilligungen des Nachlasspflegers gilt aber nur für den Nachlasspfleger für unbekannte Erben des eingetragenen Berechtigten, nicht für den unbekannten Erbeserben des bekannten, im Grundbuch nicht ein-

---

41 KG DRZ 1931, 511.
42 KG KGJ 36, 240.
43 KG JFG 7, 372.
44 FGPrax 2014, 17.
45 OLG Köln FGPrax 2018, 59; OLG München ZEV 2018, 268; wohl auch OLG Bamberg ZEV 2017, 234; OLG Nürnberg ZEV 2013, 680.
46 KG KGJ 23, 151.
47 Vgl. etwa die Sachverhalte von OLG Hamburg FamRZ 2016, 330 (Eintragung eines Nießbrauchs aufgrund postmortaler Vollmacht verlangt Einhaltung des § 39 GBO; wohl falsch); OLG Düsseldorf MittBayNot 2017, 240: „normale" Grundschuld.
48 OLG München RNotZ 2016, 602; OLG München DNotZ 2019, 535.
49 Dazu DNotI-Rep 2014, 66.
50 OLG Darmstadt KGJ 50, 239.
51 RG JFG 13, 388.

getragenen Erben des Berechtigten.[52] Insoweit gilt diese Normalternative (anders als beim Erben) nur ‚einstufig'. Eine Zusammenschau mit § 40 Abs. 1 1. Alt GBO ist möglich, muss dann aber berücksichtigen, dass auf der ersten Stufe der Voreintragungsverzicht auf bestimmte Verfügungen beschränkt ist (Rechtsaufhebung oder -übertragung).[53] § 40 GBO befreit lediglich vom Voreintragungsgrundsatz. Die Verfügungsberechtigung muss aber bestehen; das Vorhandensein einer etwa erforderlichen nachlassgerichtlichen Genehmigung bleibt vom Grundbuchamt zu prüfen.

23 Die Eintragungsbewilligung des Testamentsvollstreckers genügt nur dann, wenn sie gegen den Erben wirksam ist, also im Rahmen der Befugnisse des Testamentsvollstreckers liegt (§§ 2205 bis 2209 BGB). Bei Nachweis der Testamentsvollstreckung durch öffentliches Testament muss auch die Amtsannahme nachgewiesen sein[54] (bei Nachweis durch Testamentsvollstreckerzeugnis wird die Annahme bei Zeugniserteilung inzident geprüft). Der Testamentsvollstrecker übt das Amt aus eigenem Recht aus, nicht als Vertreter der Erben. Die Wirksamkeit seiner Bewilligung gegenüber den Erben ergibt sich aus sich heraus. Von der Voreintragung freigestellt sind auch Eintragungen, die nicht der Testamentsvollstrecker selbst bewilligt, sondern ein von ihm Bevollmächtigter (v.a. Grundstückserwerber aufgrund Finanzierungsvollmacht).[55]

24 Der Voreintragungsverzicht greift aber dann nicht, wenn die Bewilligung des Testamentsvollstreckers nicht voll wirksam ist, z.B. wegen Vereitelung eines Nacherbenrechts. Dann sind die Vorerben einzutragen, um einen Bezugspunkt für den erforderlichen Nacherbenvermerk zu haben.[56]

25 Ist der Erbe seinerseits verstorben, so genügen auch die Bewilligungen der für seinen Nachlass bestellten oben genannten Personen, da die Bestimmung auch für Erbeserben gilt.[57]

III. Vollstreckbarer Titel

26 a) **Titel:** Jeder Titel genügt, welcher Eintragungsunterlagen unmittelbar oder mittelbar ersetzen kann (§§ 704, 794,[58] 804, 932, 936 ZPO), gleichgültig ist, ob der Titel gegen den Erblasser, den Nachlasspfleger oder den Testamentsvollstrecker lautet. In Frage kommen insbesondere neben Urteilen, welche eine Bewilligung ersetzen,[59] Urteile, die auf Zahlung einer Geldsumme lauten, aufgrund deren die Eintragung einer Sicherungshypothek verlangt wird. Auch Pfändungsbeschlüsse genügen, da hier mittelbare Grundlage der Eintragung der Vollstreckungstitel ist.[60] Im Verwaltungszwangsverfahren steht die Feststellung der Vollstreckungsbehörde, dass ein vollstreckbarer Anspruch vorhanden ist, einem vollstreckbaren Titel gleich.[61] Weiter gehören hierher einstweilige Verfügungen und vollstreckbare Entscheidungen gemäß § 25 GBO.

27 b) Der Titel muss **vollstreckbar** sein. Ist er nur vorläufig vollstreckbar, so kann lediglich eine Vormerkung oder ein Widerspruch ohne vorherige Eintragung der Erben erfolgen (§ 895 ZPO).

28 Eine Vollstreckungsklausel ist **nicht** erforderlich bei einem die Bewilligung ersetzenden Urteil gemäß § 894 Abs. 1 S. 1 ZPO. Hier gilt die Erklärung mit der Rechtskraft bzw. Verkündung des Urteils als abgegeben.

29 c) Liegt der **Beginn der Zwangsvollstreckung vor dem Tod des Erblassers,** so kann die Vollstreckung mit der alten Vollstreckungsklausel gegen den Erblasser auch in andere Nachlassgegenstände fortgesetzt werden (§ 779 ZPO). In allen übrigen Fällen muss die Klausel umgestellt und zugestellt worden sein (§§ 727, 750 ZPO[62]). Bei Titeln gegen den Testamentsvollstrecker ist § 748 ZPO einschlägig. Danach entfällt die Voreintragung der Erben nur im Fall der in § 748 Abs. 1 ZPO aufgeführten Möglichkeiten.

---

52 DNotI-Rep 2014, 66 m.w.N.; Bauer/Schaub/*Schaub*, § 40 Rn 26.
53 Bauer/Schaub/*Schaub*, § 40 Rn 26.
54 OLG München RNotZ 2016, 602.
55 OLG München DNotZ 2019, 535.
56 OLG Hamm DNotZ 2020, 533.
57 Vgl. KG KGJ 49, 176.
58 Dazu LG Saarbrücken BeckRS 2011, 12819.
59 § 894 ZPO.
60 KG JFG 14, 329.
61 KG JFG 14, 324.
62 LG Saarbrücken BeckRS 2011, 12819.

F. Belastungen aufgrund transmortaler Vollmacht

Für die auf den/die Erben zurückgehende Verfügung hat die bis 2017 vorherrschende Grundbuchpraxis eine weitere Ausdehnung des § 40 GBO auf andere als die genannten Verfügungen (Aufhebung, Übertragung, Sicherung der Übertragung durch Vormerkung[63]) abgelehnt. Die praktische Relevanz zeigte sich vorrangig an der vom Käufer aufgrund Vollmacht bewilligten Finanzierungsgrundschuld nach einer Veräußerung der Immobilie durch die Erben: Während Auflassung und Auflassungsvormerkung ohne Voreintragung hätten vollzogen werden können, wurde für den „Nebenakt" Grundschuld die Voreintragung erforderlich.[64]

Mit Beschluss vom 27.6.2017 hat das OLG Frankfurt[65] mit dieser einhelligen Ansicht gebrochen und die Eintragung einer Finanzierungsgrundschuld des Käufers auch ohne vorherige Berichtigung der Erbfolge zugelassen. Verkauft hatte nach dem Erbfall der transmortal bevollmächtigte Witwer der Erblasserin, der zugleich dem Käufer eine Finanzierungsvollmacht erteilt hatte. Dabei stützt sich das OLG Frankfurt auf zwei Erwägungen: einerseits sei das Handeln des transmortal Bevollmächtigten der Bewilligung des Nachlaßpflegers gleichzustellen (also: Erweiterung oder Analogie zu § 40 Alt. 2 GBO), andererseits sei die Finanzierungsgrundschuld Nebenaspekt der Veräußerung, der Erbe verschwinde in absehbarer Zeit wieder aus dem Grundbuch, seine zwischenzeitliche Eintragung verursache unnötige Kosten (also: Erweiterung des § 40 Alt. 1 GBO). Der Begründungsdualismus war der Klarheit der nachfolgenden Diskussion nicht förderlich.

Die Erweiterung des § 40 Alt. 1 GBO beschränkt den Voreintragungsverzicht auf Nebenaspekte einer Veräußerung nach dem Erbfall, also konkret auf die Finanzierungsgrundschuld des Käufers, würde aber den Voreintragungsverzicht auch dann gestatten, wenn nicht ein transmortal Bevollmächtigter, sondern die Miterben selbst verkaufen: Wer die Veräußerung tätigt, ist für die Feststellung einer nur kurzzeitigen Eintragung irrelevant. Diese Folgerung zieht aber die Praxis jedenfalls derzeit nicht. Verkaufen die gem. § 35 GBO legitimierten Miterben, ist für die Eintragung der Finanzierungsgrundschuld die Voreintragung der Erben erforderlich.[66]

Die Anwendung von § 40 Alt. 2 GBO aufgrund Gleichstellung des Vorsorgebevollmächtigten mit Nachlaßpfleger/Testamentsvollstrecker beschränkt zwar den Voreintragungsverzicht auf das Handeln einer besonders legitimierten Person, d.h. aufgrund trans- oder postmortaler Vollmacht (die erbscheinslegitimierten Erben als solche könnten nicht unter Voreintragungsverzicht verkaufen), würde aber den Kreis der unmittelbar eintragungsfähigen Verfügungen wesentlich erweitern auf solche, die nicht Nebenaspekt zum Grundstücksverkauf oder anderer Rechtsänderung sind, ebenso wie ja auch jedwede Verfügung eines Testamentsvollstreckers unmittelbar eintragungsfähig ist. Gleichwohl wenden die Beschwerdegerichte häufig einerseits § 40 Alt. 2 GBO an, beschränken die Analogie aber auf einen Sachzusammenhang mit Grundstücksverkäufen. Insgesamt gibt dies ein sehr uneinheitliches Bild.[67]

Die Eintragung einer Finanzierungsgrundschuld durch den Käufer, der seinerseits von einem transmortal Bevollmächtigten gekauft hatte und unterbevollmächtigt wurde, wurde unter Voreintragungsverzicht gestattet von OLG Hamburg,[68] OLG Düsseldorf,[69] OLG München,[70] KG,[71] OLG Karlsruhe,[72] OLG Stuttgart,[73] OLG Celle.[74]

Selbst beim Erwerb von einem transmortal Bevollmächtigten wurde die Voreintragung der Erben vor Eintragung der Finanzierungsgrundschuld verlangt von OLG Bremen,[75] OLG Oldenburg[76] sowie OLG Hamm.[77]

---

63 BGH DNotZ 2018, 914 = NJW 2018, 3310 = FGPrax 2018, 242.
64 In diesem Sinn KG FGPrax 2011, 270.
65 OLG Frankfurt MittBayNot 2018, 247 = RNotZ 2018, 28
66 OLG Hamm NJW-RR 2023, 524; OLG Jena NotBZ 2022, 460; KG MittBayNot 2021, 245; OLG Oldenburg FGPrax 2021, 153.
67 Übersichten bei *Becker*, MittBayNot 2021, 247.
68 OLG Hamburg DNotZ 2023, 296.
69 OLG Düsseldorf RNotZ 2022, 419.
70 OLG München RNotZ 2022, 444 = MittBayNot 2022, 226.
71 KG MittBayNot 2021, 245.
72 OLG Karlsruhe FGPrax 2022, 5.
73 OLG Stuttgart DNotZ 2019, 194; OLG Stuttgart MittBayNot 2019, 578.
74 OLG Celle FGPrax 2020, 10 = DNotZ 2020, 672.
75 OLG Bremen ZEV 2022, 157.
76 OLG Oldenburg FGPrax 2021, 153; Insgesamt ablehnend zu dieser Entwicklung noch *Jurksch*, Rpfleger 2019, 70.
77 OLG Hamm MittBayNot 2023, 362 = FGPrax 2023, 5.

35 Das OLG Köln verlangte die Voreintragung der Erben vor Eintragung einer Grundschuld, die zwar vom transmortal Bevollmächtigten bewilligt wurde, aber keinen Zusammenhang mit einem Verkauf auswies.[78] Ebenso hielt es die Voreintragung für erforderlich bei anderen Belastungen (Nießbrauch), auch wenn sie von einem transmortal Bevollmächtigten bewilligt wurde.[79]

Demgegenüber gibt es aktuell keine Entscheidung eines Beschwerdegerichts, welche die Eintragung eines anderen vom Bevollmächtigten bewilligten Rechts gestatten würde. Das KG[80] äußert sich allerdings zustimmend; der Sachverhalt betraf jedoch eine Finanzierungsgrundschuld.

36 Bei der Einordnung der Diskussion muss wesentlich stärker berücksichtigt werden, dass § 40 Abs. 1 GBO zwei unterschiedliche Gestaltungen regelt und deswegen zwei unterschiedliche Normzwecke in sich trägt. In der 1. Alt. (Rechtsübertragung durch den Erben) ist der Erbe erbrechtlich legitimiert im Sinne des § 35 GBO, sonst könnte seine Verfügung schon aus ganz anderen Gründen nicht vollzogen werden. Maßgeblich ist hier die Ersparnis von Kosten für eine nur temporäre Eintragung. In der zweiten Alternative der Nachlasspflegerverfügung geht es nicht um die nur vorübergehende Dauer der Grundbuchberichtigung durch Aufdeckung der Erbfolge, sondern darum, dass die Erbfolge überhaupt gar nicht aufgedeckt werden kann und daran die Verfügung scheitern würde. Der Nachlasspfleger ist eingesetzt, weil der Erbe nicht bekannt und/oder nicht verfahrenstechnisch legitimiert ist, dessen Voreintragung, abgesehen vom Fall der Eintragung unbekannter Erben, deswegen eine Unmöglichkeit wäre. Diese Normzwecke dürfen auch bei Überlegungen zur Erweiterung des Anwendungsbereichs nicht miteinander vermengt werden.

37 Damit sprechen die besseren Gründe zumindest für eine Ausdehnung des Voreintragungsverzichts auf den transmortalen Bevollmächtigten. Zum einen geht es parallel zum Nachlasspfleger bei der transmortalen Vollmacht auch darum, Verfügungen trotz ungeklärter Erbfolge zu ermöglichen. Deswegen weisen die Beschwerdegerichte bei der Frage, ob die transmortale Vollmacht ausgenutzt werden darf, ausdrücklich darauf hin, dass der Bevollmächtigte handeln kann ohne die Erben zu benennen.[81] Er ist ihnen schuldrechtlich verpflichtet und muss deren Interessen wahren (nicht diejenigen des Erblassers, nicht seine eigenen), er muss aber im Außenverhältnis weder die Erben benennen noch grundbuchtauglich legitimieren. Auch nach der Intention des Vollmachtgebers soll die Vollmacht Handlungsfähigkeit sicherstellen in einem Zeitpunkt, in dem der Erbe noch unbekannt oder jedenfalls nicht erbrechtlich legitimiert ist.

Der ausgedehnte Verzicht auf Voreintragung ist zudem im Sinne einer sinnvollen Verhaltenssteuerung wünschenswert. Anderenfalls würden nämlich nur Verschleierungsmechanismen angestoßen, um nur dem Grundbuchamt den Eintritt des Erbfalls nicht offenlegen zu müssen. Konkret: Das Voreintragungsverlangen gegenüber dem Bevollmächtigten provoziert zur Lüge. §§ 39, 40 GBO sind ja in allen Varianten nur Soll-Vorschrift, d.h. die im Grundbuch einmal vollzogene Verfügung, bei denen das Grundbuchamt mangels Kenntnis vom Erbfall nicht auf Voreintragung bestehen konnte, ist und bleibt wirksam. Es bleibt im Rahmen des § 29 GBO nicht aus, dass die Beteiligten sich besser stellen, wenn sie dem Grundbuchamt bestimmte Nebenaspekte nicht offenlegen. Die Rechtsordnung sollte solches aber nicht noch unterstützen, sondern möglichst Kenntnis und Unkenntnis des Grundbuchamtes gleich behandeln.

38 Auch sprechen gute Gründe für eine erweiternde Auslegung des § 40 Abs. 1 Alt. 1 GBO, also für einen Voreintragungsverzicht durch vom Erben erteilte Untervollmacht und Eintragung der Finanzierungsgrundschuld des Käufers als Nebenaspekt des Kaufvertrages. Zuzugeben ist der herrschenden Meinung, dass der historische Gesetzgeber ursprünglich ausdrücklich nur von der Veräußerung des Grundstücks sprach und diese voreintragungsverzichtsfrei stellen wollte, nicht aber die Eintragung eines Grundpfandrechts durch den Erben.[82]

Allerdings war diese Absicht eingebettet in eine völlig andere Kreditwirtschaft. Voreintragungsfrei sollte nämlich beispielsweise auch die Abtretung einer Hypothek durch Erben des Gläubigers sein,[83] weil der

---

78 OLG Köln MittBayNot 2020, 51.
79 OLG Köln MittBayNot 2020, 437 = ZEV 2020, 173 (Nießbrauch).
80 Wohl auch KG FGPrax 2021, 99 in der Begründung.
81 OLG München RNotZ 2022, 444 = MittBayNot 2022, 226.
82 *Güthe/Triebel*, Grundbuchordnung für das Deutsche Reich, 4. Aufl. 1923, § 41 GBO [Vorgängervorschrift des § 40] Rn 1.
83 *Güthe/Triebel*, Grundbuchordnung für das Deutsche Reich, 4. Aufl. 1923, § 41 GBO [Vorgängervorschrift des § 40] Rn 1.

Gesetzgeber damals eben nicht die heutige Praxis vor Augen hatte, dass Grundschulden vom Veräußerer gelöscht und vom Erwerber für ein anderes Institut und in einer ihm passenden nominalen Höhe neu bestellt würden, sondern dass Kredit und Hypotheken in Anrechnung auf den Kaufpreis übernommen würden. Auch die damals noch diskutierte Restkaufpreishypothek wäre ja indirekt gemäß § 40 GBO voreintragungsfrei gewesen, weil sie zeitgleich mit Vollzug der Auflassung (die voreintragungsfrei) vollzogen worden wäre. Diese Gestaltungen kommen aber in der heutigen Notar- und Grundbuchpraxis zu Grundstücksveräußerungen überhaupt nicht mehr vor. Die Frage, was „zwingender Nebenaspekt zum Kauf" sein kann, ist deswegen heute grundsätzlich anders zu beantworten als bei Ausarbeitung der GBO durch den historischen Gesetzgeber.

§ 41 [Eintragung bei Briefhypothek]

(1) Bei einer Hypothek, über die ein Brief erteilt ist, soll eine Eintragung nur erfolgen, wenn der Brief vorgelegt wird. Für die Eintragung eines Widerspruchs bedarf es der Vorlegung nicht, wenn die Eintragung durch eine einstweilige Verfügung angeordnet ist und der Widerspruch sich darauf gründet, daß die Hypothek oder die Forderung, für welche sie bestellt ist, nicht bestehe oder einer Einrede unterliege oder daß die Hypothek unrichtig eingetragen sei. Der Vorlegung des Briefes bedarf es nicht für die Eintragung einer Löschungsvormerkung nach § 1179 des Bürgerlichen Gesetzbuchs.

(2) Der Vorlegung des Hypothekenbriefs steht es gleich, wenn in den Fällen der §§ 1162, 1170, 1171 des Bürgerlichen Gesetzbuchs auf Grund des Ausschließungsbeschlusses die Erteilung eines neuen Briefes beantragt wird. Soll die Erteilung des Briefes nachträglich ausgeschlossen oder die Hypothek gelöscht werden, so genügt die Vorlegung des Ausschlußurteils.

A. Allgemeines	1	II. Sonderfälle	16
I. Inhalt	1	**D. Verfahren des GBA**	17
II. Zweck	2	**E. Ersatz für die Vorlegung des Briefes**	20
B. Voraussetzungen der Vorlegungspflicht	3	**F. Weitere Ausnahmen vom**	
I. Briefhypothek	3	Vorlegungszwang	24
II. Eintragung	4	I. Nach GBO	24
III. Eintragung „bei" einer Briefhypothek	5	II. Nach Bundesrecht	27
C. Vorlegungspflicht	11	III. Nach Landesrecht	28
I. Beschaffung des Briefes	11	**G. Verletzung der Vorschrift**	29

A. Allgemeines

I. Inhalt

Abs. 1 S. 1 stellt für Eintragung bei Briefhypotheken eine **weitere** Eintragungsvoraussetzung auf: Die Vorlegung des Hypothekenbriefes. Dieses Erfordernis ist unverzichtbar für das GBA.[1] § 41 GBO setzt damit im Verfahrensrecht die materiell-rechtliche Legitimationsfunktion des Briefbesitzes (§ 1154 Abs. 1 S. 1 BGB) um. Mit dem Rückgang der Kreditsicherung durch Hypotheken ist der unmittelbare Anwendungsfall der Norm selten geworden. Zur Anwendung auf die Grundschuld siehe § 42 GBO.

1

Abs. 1 S. 2 enthält eine Ausnahme von dieser Regelung; Abs. 2 führt gewisse Tatbestände auf, die der Briefvorlage gleichwertig sind. In diesen Fällen hat der Brief auch materiell-rechtlich wegen Kraftlosigkeit seine Legitimations- und Transportfunktion eingebüßt. Abs. 1 S. 3 schafft Sonderrechte für Löschungsvormerkungen nach neuem Recht.

---

1 OLG Düsseldorf Rpfleger 1995, 105.

II. Zweck

2 Die Regelung des Abs. 1 S. 1 beruht auf zwei Erwägungen:

Zunächst soll, da die Briefhypothek außerhalb des Grundbuches übertragen werden kann, durch den Zwang, den Brief vorzulegen, die Prüfung der Verfügungsberechtigung des Bewilligenden ermöglicht werden. Ferner dient sie in Verbindung mit § 62 GBO der Erhaltung der Übereinstimmung zwischen Grundbuch und Brief.[2] Das Interesse an einer Übereinstimmung von Grundbuch und Hypothekenbrief besteht ungeachtet der Tatsache, dass der (unrichtige) Brief nie Rechtsscheingrundlage gegenüber dem (richtigen) Grundbuch sein kann, insoweit also Beeinträchtigungen des wahren Berechtigten nicht zu befürchten sind. Gemäß § 1140 BGB kann der Brief nur den öffentlichen Glauben an das Grundbuch zerstören, nicht aber gegen das Grundbuch einen anderen Rechtsschein setzen. Deswegen kann die Norm als Soll-Vorschrift auch nur rein verfahrensrechtliche Bedeutung haben, d.h., normwidrig vorgenommene Eintragungen sind nicht per se unwirksam (oder sogar inhaltlich unzulässig).

B. Voraussetzungen der Vorlegungspflicht

I. Briefhypothek

3 Die in Frage stehende Eintragung muss eine Briefhypothek betreffen; Buchhypotheken, über die versehentlich ein Brief erteilt worden ist oder bei denen versehentlich der früher erteilte Brief bei der Umwandlung des Rechts in eine Buchhypothek nicht unbrauchbar gemacht wurde, sind keine Briefhypotheken.[3] Mangels fehlender Rechtsscheingrundlage hat der im Umlauf befindliche Brief nicht die Legitimationskraft, die Buchhypothek gegen das Grundbuch zum Briefrecht zu machen. Eine im Zeitpunkt der Grundbuchanlegung bestehende Hypothek ist eine Buchhypothek (Art. 192 EGBGB) soweit die Landesgesetzgebung nichts anderes bestimmt hat (Art. 193 EGBGB). Die Kraftloserklärung des Hypothekenbriefs im Aufgebotsverfahren wandelt die Hypothek nicht automatisch in eine Buchhypothek um.

II. Eintragung

4 Es muss eine Eintragung bei der Briefhypothek in Frage stehen. Andere Tätigkeiten des GBA (Gestattung der Einsicht, Erteilung von Abschriften) sind jedenfalls von § 41 GBO nicht erfasst; es kann sich bei ihnen die Notwendigkeit der Briefvorlage aus anderen Gründen ergeben.

III. Eintragung „bei" einer Briefhypothek

5 Es muss sich um eine Eintragung **bei** der Hypothek handeln.

6 In Frage kommen **alle** Eintragungen, welche in der 3. Abteilung unter der Nummer der Hypothek zu erfolgen haben.[4] Gleichgültig ist dabei, ob es sich um rechtsändernde oder berichtigende Eintragungen handelt, ob sie vorläufigen oder endgültigen Charakter haben. § 41 GBO gilt für alle Fälle. Gleichgültig ist auch, ob die Eintragung auf Bewilligung, auf Urteil oder Unrichtigkeitsnachweis beruht, ob sie auf Antrag, auf Ersuchen oder von Amts wegen erfolgt.[5] Unerheblich ist schließlich, ob die Eintragung das Recht des Hypothekengläubigers beeinträchtigt, verbessert oder unberührt lässt.[6] Das Gesetz unterscheidet nicht; auch greift der zweite der oben aufgeführten Gründe für den Vorlegungszwang durch, die Erhaltung der Übereinstimmung zwischen Buch und Brief. Jedoch fallen Eintragungen, die nur Tatsachen aufweisen, ohne die vorhandene Rechtslage ändern zu können, nicht unter den Vorlegungszwang.[7]

7 Eintragungen, die zwar materiell auf die Hypothek einwirken, aber äußerlich buchmäßig nicht mit ihr in Zusammenhang stehen, erfordern **keine** Vorlegung des Briefes.[8]

---

2 Ebenso: OLG Frankfurt Rpfleger 1979, 205.
3 Ebenso: *Demharter*, § 41 Rn 2.
4 KG KGJ 36, 222.
5 OLG Düsseldorf Rpfleger 1995, 104.
6 KG KGJ 44, 256.
7 KG KGJ 44, 257.
8 KG KGJ 53, 208; KG JFG 11, 342.

Die **Vorlegung** des Briefes ist daher **nötig** bei Eintragung von Abtretungen, Inhalts- und Rangänderungen (jedenfalls beim zurücktretenden Recht), Belastungen, Verfügungsbeschränkungen,[9] auch zum Vermerk der Pfändung eines Miterbenanteils bei einer zum Nachlass gehörenden Grundschuld und bei Vormerkungen.[10]

Die Enthaftung eines Grundstücksteils durch Abschreibung und Nicht-Mitübertragung der Hypothek (§ 46 Abs. 2 GBO) gilt als eine vereinfachte Eintragung des Löschungsvermerks bei der Hypothek und macht daher Briefvorlagen nötig.[11] Die Vorlage ist weiter nötig bei der Eintragung von Widersprüchen,[12] ausgenommen die in Abs. 1 S. 2 genannten Fälle. Bei Eintragung einer Teilabtretung oder eines durch Gesetz eingetretenen Teilübergangs ist neben einem etwaigen Teilhypothekenbrief auch der Stammbrief vorzulegen.[13] Die Vorlegung ist ebenfalls erforderlich bei Änderungen des Belastungsobjekts im Flurbereinigungsverfahren.[14]

Bei Eintragung einer Rangänderung ist die Vorlegung des Hypothekenbriefes für eine zurücktretende Briefhypothek in jedem Fall zu verlangen. Ebenso ist die Briefvorlage erforderlich, wenn zunächst nur eine Vormerkung zur Absicherung eines Anspruchs auf Rangänderung eingetragen werden soll.[15] Mit der älteren Rechtsprechung gilt dies auch für eine vortretende Briefhypothek (arg. § 880 BGB: auch beim vortretenden Recht ist die Legitimationsprüfung sinnvoll).[16]

Bei einer Einweisung in den Rangvorbehalt muss der Brief zum weichenden Recht nie vorgelegt werden: Sinn des Rangvorbehalts ist gerade die von der Inhaberschaft am Recht unabhängige Eigentümerbefugnis.

C. Vorlegungspflicht

I. Beschaffung des Briefes

Der Antragsteller (oder die ersuchende Behörde) hat den Brief zu beschaffen.[17] Unerheblich ist, ob die Vorlegung tatsächliche Schwierigkeiten bereitet.[18] Dies gilt auch für das Umlegungs- oder Grenzregelungsverfahren nach dem Bundesbaugesetz,[19] ebenso im Flurbereinigungsverfahren.[20]

Hat das GBA den Brief aus anderer Veranlassung in Verwahrung, z.B., weil er unmittelbar vor Inangriffnahme der Eintragung hergestellt wurde und daher noch nicht ausgehändigt war,[21] so gilt er nur dann als vorgelegt, wenn dies aufgrund sorgfältiger Prüfung ganz offenbar dem Willen des GBA gegenüber Verfügungsberechtigten entspricht oder wenn eine Eintragung von Amts wegen erfolgen soll.[22] Wie jede Besitzübergabe mit Legitimationswirkung enthält auch die Vorlage nach § 41 GBO ein willensbasiertes Element (vgl. etwa als Gegensatz das Abhandenkommen des § 935 Abs. 1 BGB). Die Aushändigung an das GBA darf also nicht zufällig oder „irgendwie" erfolgt sein, sondern in einer Weise, die als Legitimation geeignet ist.[23] Anderenfalls bedarf es einer Erklärung des Verfügungsberechtigten, dass er mit der Verwendung des Briefes in der anderen Sache einverstanden ist. Diese Erklärung bedarf jedoch nicht der Form des § 29 GBO.[24] Wird sie mündlich abgegeben, so ist sie aktenkundig zu machen.

Für die verfahrensrechtliche Eintragungsvoraussetzung der Briefvorlage genügt es auch, wenn der Brief **von dritter Seite** vorgelegt wird und davon auszugehen ist, dass der Dritte mit der Verwendung des Briefes im Zusammenhang mit der vom eingetragenen Berechtigten erklärten Bewilligung einverstanden ist.[25] Die Form des § 29 GBO ist insoweit nicht erforderlich.

---

9 KG KGJ 38, 296.
10 KG KGJ 27, 82.
11 OLG Rostock KGJ 29, 282.
12 KG KGJ 38, 296.
13 KG KGJ 30, 238.
14 BGH NJW-RR 2019, 403.
15 Richtig: OLG München NJW-RR 2010, 1173; OLG München FGPrax 2011, 279: trotz der naheliegenden Probleme in der Vollstreckung wäre die fortbestehende Passivlegitimation anders nicht zu prüfen.
16 KG KGJ 36, 225; 44, 257. Anders aber 7. Auflage sowie krit.: *Demharter*, § 41 Rn 6.
17 KG KGJ 30, 282.
18 OLG Karlsruhe DNotZ 1926, 262; OLG Frankfurt Rpfleger 1979, 206.
19 A.A. LG Hanau Rpfleger 1977, 171, mit nicht umfassender Begründung.
20 BGH FGPrax 2013, 98.
21 BayObLG BayObLGZ 1952, 38.
22 Vgl. OLG Oldenburg Rpfleger 1966, 174; BayObLG Rpfleger 1992, 56.
23 *Volmer*, ZfIR 2010, 71.
24 A.A. KGJ 50, 230; wie hier: *Demharter*, § 41 Rn 7. Auch das in der „Vorlage" enthaltene Willenselement unterliegt nicht dem Formgebot des § 29 GBO.
25 BayObLG Rpfleger 1992, 56.

14 Der vorgelegte (Teil-)Brief darf urkundstechnisch nicht so weit zerstört sein, dass er seine Legitimationswirkung verloren hätte oder wesentliche Teile entfernt wurden.[26]

15 Befindet der Brief sich hingegen aus anderer Veranlassung als der Durchführung des Antrages bei der Gerichtskasse, so steht er nicht zur Verfügung des GBA und ist daher nicht vorgelegt. Der Antragsteller muss in diesem Fall für die Vorlage und das GBA sorgen; es genügt nicht, wenn er dem GBA anheimgibt, den Brief von der Gerichtskasse einzufordern.[27]

II. Sonderfälle

16 a) Bei **Eintragung eines Widerspruches** oder einer **Löschung von Amts wegen** ist der Besitz des Briefes nach § 62 Abs. 2 S. 1 GBO zur Vorlegung zu veranlassen.

b) Die Briefvorlage **entfällt vollständig** bei **Eintragung von Löschungsvormerkungen** nach neuem Recht (§ 1179 BGB).

D. Verfahren des GBA

17 **Wird der Brief nicht vorgelegt**, so ist nach § 18 GBO zu verfahren. Bleibt die Zwischenverfügung ergebnislos, so hat Zurückweisung des gestellten Antrages zu erfolgen.

18 **Wird der Brief vorgelegt**, so hat das GBA anhand des vorgelegten Briefes die Verfügungsberechtigung des Bewilligenden zu prüfen. Abtretungserklärungen müssen in der Form des § 1155 BGB vorliegen. Für das weitere Verfahren gelten §§ 62 Abs. 1, 69 GBO.

19 Andererseits schafft der vom eingetragenen Berechtigten (oder vom förmlich – § 1155 BGB – legitimierten Zessionar) vorgelegte Brief eine so starke Rechtsscheingrundlage für die bestehende Rechtsinhaberschaft, dass das GBA selbst bekannten anderweitigen Abtretungserklärungen weder nachgehen muss noch darf.[28] Allein die Abtretungserklärung besagt zur Briefübergabe (kumulativ erforderlich nach § 1154 Abs. 1 BGB) nichts; vielmehr spricht die Briefvorlage durch den Zedenten gegen die Übergabe an den Zessionar.

E. Ersatz für die Vorlegung des Briefes

20 Die in Abs. 2 aufgeführten Tatbestände **stehen der Vorlegung des Briefes gleich**. Die Vorschrift bezweckt, unnötige Weiterungen zu vermeiden.

21 Die Sonderregelung trifft zu, wenn der Brief gem. § 1162 BGB für **kraftlos erklärt** worden oder durch ein Ausschlussurteil gem. §§ 1170, 1171 BGB kraftlos geworden ist. Wird ein neuer Brief beantragt, so genügt Vorlage des Ausschlussurteils. Das gleiche gilt für den Fall, dass die Brieferteilung nachträglich ausgeschlossen oder die Hypothek gelöscht werden soll.

Die Kraftloserklärung wirkt für und gegen alle, selbst dann, wenn das Ausschlussurteil von einem Nichtberechtigten erwirkt worden ist.[29] Das GBA ist nicht befugt, das Recht des Antragstellers im Aufgebotsverfahren nachzuprüfen.[30] Insbesondere ist die Löschung zu vollziehen, wenn der Veräußerer, der sich zur Lastenfreistellung verpflichtet hat, das Aufgebot in Verfahrensstandschaft für den Erwerber durchführt.[31] Ebenso ist aufgrund Aufgebot des Briefes nach § 1162 BGB und Bewilligung des Eigentümers zu löschen, wenn der Brief einer Inhabergrundschuld nach Aktenstand dem Eigentümer ausgehändigt wurde (dann erster Rechtserwerb durch diesen) und keine Anhaltspunkte für eine Abtretung bestehen.[32]

Dem Ausschlussurteil nach § 1162 BGB steht ein nach dem Gesetz über die Kraftloserklärung von Hypotheken-, Grundschuld- und Rentenschuldbriefen in besonderen Fällen vom 18.4.1950[33] erwirktes Ausschlussurteil gleich.

---

26 OLG Saarbrücken FGPrax 2019, 168 (Teilbrief ohne begl. Abschnitt des Stammbriefes).
27 KG KGJ 50, 228.
28 OLG München NJOZ 2012, 1818.
29 KG KGJ 45, 298.
30 KG KGJ 45, 298.
31 OLG Hamm FGPrax 2020, 163.
32 KG FGPrax 2019, 53.
33 BGBl I 1960, 297 (in der Fassung v. 29.4.1960).

Wurde der Brief vom GBA **aus Versehen unbrauchbar gemacht**, so ist zur Löschung der Hypothek weder die Vorlage eines Briefes noch eines Ausschlussurteils notwendig.[34]

Das einen Grundschuldbrief für kraftlos erklärende Ausschlussurteil ersetzt nur den Briefbesitz. An den Besitz des Ausschlussurteils ist nicht die Vermutung geknüpft, dass der Brief übergeben wurde.[35]

F. Weitere Ausnahmen vom Vorlegungszwang
I. Nach GBO

1. Die Briefvorlage ist nicht erforderlich bei Eintragung einer Löschungsvormerkung gem. § 1179 BGB, gem. Abs. 1 S. 2 und bei **Eintragung eines Widerspruchs** aufgrund einstweiliger Verfügung und aufgrund bestimmter Tatsachen:

a) Beantragt sein muss die Eintragung eines Widerspruchs. Die Eintragung einer Vormerkung[36] oder einer Verfügungsbeschränkung[37] genügt nicht.
b) Der Widerspruch muss sich auf bestimmte Tatsachen gründen, nämlich darauf, dass:
  aa) die Hypothek oder die zugrundeliegende Forderung nicht besteht; dabei ist unerheblich, ob diese Rechte von Anfang an nicht bestanden haben oder später erloschen sind; die Hypothek besteht nicht, wenn die erklärte Einigung nichtig ist oder eine auflösende Bedingung wirksam wurde, auch wenn der Eigentümer nachträglich die Hypothek erwirbt, greift die Bestimmung ein;
  bb) die Hypothek oder Forderung einer Einrede unterliegt. Dabei kommt jede Einrede in Betracht, die nach §§ 1137, 1157 BGB eintragungsfähig ist, oder darauf dass
  cc) die Hypothek unrichtig eingetragen ist. Dies ist der Fall, wenn Inhalt oder Rang der Hypothek unrichtig bezeichnet sind. Für eine Unterscheidung zwischen ursprünglicher oder später eingetretener Unrichtigkeit fehlt eine Handhabe.[38]

Hat der Widerspruch einen anderen Inhalt, so ist der Brief vorzulegen. Dies gilt auch, wenn sich bei einer Briefgrundschuld der erstrebte Widerspruch aufgrund einstweiliger Verfügung nicht gegen den Bestand oder Inhalt der Grundschuld richtet, sondern gegen die Berechtigung des angeblichen Briefbesitzers und dessen Verfügungsrecht[39] oder eine Verfügungsbeschränkung eingetragen werden soll: Die Passivlegitimation des Verfügungsbeklagten ist hier gerade zu prüfen.

2. Die Eintragung des Widerspruchs muss gerade durch **einstweilige Verfügung** angeordnet sein. Erfolgt die Eintragung der Vormerkung oder des Widerspruches hingegen aufgrund freiwilliger oder nach § 894 ZPO erzwungener Bewilligung oder aufgrund eines vorläufig vollstreckbaren, auf Bewilligung der endgültigen Eintragung gerichteten Titels gem. § 895 ZPO, so ist der Brief vorzulegen[40] oder eine Verfügungsbeschränkung einzutragen.

Ist entsprechend dieser Bestimmung der Widerspruch eingetragen worden, so hat das GBA nach § 62 Abs. 2 S. 2 GBO den Besitzer des Briefes zur nachträglichen Vorlegung, nötigenfalls durch Ordnungsstrafen anzuhalten, damit der Widerspruch nachträglich auf dem Brief vermerkt werden kann. Dabei gilt indes die Amtsermittlungspflicht des GBA insbesondere bzgl. der Frage, wer den Hypothekenbrief in Besitz hat.

3. Die gleiche Regelung gilt nach § 53 Abs. 2 S. 1 GBO, wenn ein Widerspruch mit dem oben angegebenen Inhalt von Amts wegen eingetragen worden ist. Auch hier gilt für die nachträgliche Vervollständigung des Briefes der Vorlegungszwang des § 62 GBO.

II. Nach Bundesrecht

Auf folgende Bestimmungen ist hinzuweisen: §§ 128, 130a Abs. 2 S. 1, 131, 158 Abs. 2 ZVG, § 6 S. 1 GBMaßnG.[41] Ersucht das Insolvenzgericht nach § 21 Abs. 2 Nr. 2 InsO um Eintragung eines allgemeinen

---

34 KG KGJ 48, 226.
35 BayObLG Rpfleger 1987, 363.
36 KG KGJ 27, 82.
37 BayObLG KGJ 49, 285.
38 Str.: a.A. Güthe/*Triebel*, § 41 Anm. 25.

39 OLG Frankfurt Rpfleger 1975, 301.
40 KG KGJ 38, 296; OLG Schleswig ZfIR 1998, 708; OLG Düsseldorf Rpfleger 1995, 104.
41 BGBl I 1963, 986.

Veräußerungsverbots oder der Insolvenzeröffnung, so ist die Vorlegung des Briefes ebenfalls entbehrlich.[42] Nicht jedoch für die Enteignungsbehörde bei einem Ersuchen nach § 117 Abs. 7 BauGB. Letzteres ist aber zweifelhaft. Der hoheitliche Eingriff sollte nicht unter Verfahrensvorbehalte des Grundbuchvollzugs gestellt werden. Nimmt die Enteignungsbehörde den falschen Rechtsinhaber an, ist das nicht im Grundbuchverfahren zu korrigieren, sondern im Enteignungsverfahren. Die Ausführungsanordnung hat abschließend feststellende Wirkung für das GBA.

III. Nach Landesrecht

28 An landesrechtlichen Ausnahmen kommen in Frage die Vorschriften über das Unschädlichkeitszeugnis, etwa:

Baden-Württemberg	§§ 22–28 AGBGB v. 26.11.1974
Bayern	Unschädlichkeitszeugnis gem. Art. 72 ff. BayAGBGB i.d.F. ab 1.12.2016
Berlin	Unschädlichkeitszeugnisgesetz, erlassen als Art. 4 des Gesetzes über die Modernisierung und Bereinigung von Justizgesetzen im Land Berlin vom 22.1.2021, GVBl S. 75.
Brandenburg	§§ 20–30 BbgAGBGB v. 28.7.2000
Bremen	§§ 1 ff. UZeugnG v. 28.2.2012
Hamburg	§§ 35–42 AGBGB i.d.F. v. 1.7.1958
Hessen	HVGG (Hessisches Vermessungs- und Geoinformationsgesetz) §§ 27–30 v. 6.9.2007
Mecklenburg-Vorpommern	Als einziges Bundesland keine landesrechtl. Regelung
Niedersachsen	UZeugnG Niedersachsen i.d.F. v. 7.6.1990
Nordrhein-Westfalen	Gesetz über Unschädlichkeitszeugnisse vom 1.4.1966
Rheinland-Pfalz	UZLG v. 26.9.2000
Saarland	Gesetz Nr. 842 über Unschädlichkeitszeugnisse v. 25.1.1967
Sachsen	§§ 46–53 SächsJG v. 24.11.2000
Sachsen-Anhalt	GrdstVUZeugnG ST v. 4.2.1993
Schleswig-Holstein	§§ 14–19 AGBGB Schl.-H. v. 27.9.1974
Thüringen	§§ 28–31 ThürVermGeoG v. 16.12.2008

Ziel des Unschädlichkeitszeugnisses ist gerade die Ersetzung von Bewilligung (und Legitimation) des Betroffenen durch hoheitliche Entscheidung.

---

42 OLG Hamburg KGJ 23 D 27.

G. Verletzung der Vorschrift

Hat das GBA eine Eintragung ohne Briefvorlage vorgenommen, so ist zu unterscheiden: 29

I. War der Bewilligende nicht der Berechtigte, so ist das Grundbuch unrichtig geworden,[43] und es ist nach den allgemeinen Regeln zu verfahren;
II. Wurde lediglich § 41 GBO verletzt, so berührt dies die Wirksamkeit der vorgenommenen Eintragung nicht.[44] In diesem Fall hat das GBA kein Recht, die nachträgliche Vorlegung des Briefes zu veranlassen.[45]

§ 42 [Eintragung bei Briefgrundschulden und Briefrentenschulden]

Die Vorschriften des § 41 sind auf die Grundschuld und die Rentenschuld entsprechend anzuwenden. Ist jedoch das Recht für den Inhaber des Briefes eingetragen, so bedarf es der Vorlegung des Briefes nur dann nicht, wenn der Eintragungsantrag durch die Bewilligung eines nach § 1189 des Bürgerlichen Gesetzbuchs bestellten Vertreters oder durch eine gegen ihn erlassene gerichtliche Entscheidung begründet wird.

A. Namensgrundschuld, Namensrentenschuld 1	I. Grundsatz; materielle Rechtfertigung der Norm 6
B. Inhabergrundschuld, Inhaberrentenschuld 6	II. Keine Briefvorlegung vom Grundbuchvertreter 8
	C. Weitere Ausnahmen 13

A. Namensgrundschuld, Namensrentenschuld

§ 42 S. 1 GBO erklärt die Regelung des § 41 GBO auf Briefgrundschulden und Briefrentenschulden im vollen Umfang für anwendbar. 1

Im Rahmen der entsprechenden Anwendung des § 41 Abs. 1 S. 1 GBO gelten keine Besonderheiten. „Bei" der Grundschuld (Rentenschuld) erfolgt eine Eintragung mit Bezug auf das dingliche Recht. Dabei ist die Legitimation des Rechtsinhabers in gleicher Weise zu prüfen wie bei der Hypothek.

Aufgrund der Nichtakzessorietät der Grundschuld (Rentenschuld) ergeben sich jedoch Besonderheiten 2
bei der auf einstweiliger Verfügung beruhenden Eintragung eines Widerspruchs – nicht hinsichtlich des Vorlagenverzichts, sondern hinsichtlich der berücksichtigungsfähigen Einreden. Wie bei der Hypothek kann auch bei der Grundschuld der Widerspruch gegen das Entstehen des dinglichen Rechts an sich (z.B. Unwirksamkeit der Einigung) oder gegen die Inhaberschaft gerichtet sein. Das ist unstritig. Hierher gehört auch der Fall, dass infolge Zahlung auf das dingliche Recht die Grundschuld analog § 1143 BGB[1] kraft Gesetzes und außerhalb des Grundbuchs auf den Eigentümer übergegangen ist. Hier geht es um die Inhaberschaft am dinglichen Recht. Zu berücksichtigen ist dabei aber, dass dieser Fall in der heutigen Kreditsicherungspraxis extrem selten ist und nur bei Drittsicherheiten und Zahlungen in der angedrohten Versteigerung vorkommt. Sonst wird nur auf die Forderung gezahlt.[2]

Einreden, die sich bei unveränderter Inhaberschaft an der Grundschuld (Rentenschuld) nur auf die Nicht- 3
valutierung der Grundschuld stützen (insbesondere also bei anfänglichem Fehlschlagen der Kreditausreichung in Entsprechung zu § 1139 BGB oder die spätere Tilgung des Darlehens) hält die heute herrschende Rechtspraxis für insgesamt nicht eintragungsfähig.[3] Da das GBA in seiner Rechtsansicht zur Eintragungsfähigkeit nicht durch die im Verhältnis Verfügungskläger/Verfügungsbeklagter ergangenen Ent-

---

43 Fall: OLG Hamm FG Prax 2002, 193.
44 RG RGZ 73, 50; BayOLG KGJ 49, 286; OLG Düsseldorf Rpfleger 1995, 104.
45 OLG Dresden JFG 7, 415; RG RGZ 83, 270.
1 Zum Meinungsstand bzgl. dieser Analogie vgl. Grüneberg/Herrler, BGB, § 1191 Rn 36.
2 Dazu insgesamt: *Schöner/Stöber*, Rn 2304; Grüneberg/Herrler, BGB, § 1191 Rn 34 ff.
3 Dazu: BGH BGHZ 59, 1; BGH WM 1984, 1078; *Gaberdiel*, DNotZ 2005, 718. Anders früher z.B.: KG KGJ 53, 129. Anders auch: OLG Frankfurt NJOZ 2013, 1402 (zur Sicherungsreallast). Krit.: *Wilhelm*, Sachenrecht, 5. Aufl. 2017, Rn 1779 ff.

scheidung gebunden ist, erscheint ungeachtet des Rechtsbefehls des § 42 GBO die Eintragung eines darauf gestützten Widerspruchs zweifelhaft.

4 Vorstehende Überlegungen gelten entsprechend bei der nichtakzessorischen Rentenschuld.

5 Die Eintragung eines Widerspruchs im Grundbuch kann im Fall einer Briefgrundschuld nicht mit der Begründung verweigert werden, dass der durch die beantragte Eintragung Betroffene, z.B. der Inhaber eines Briefrechtes, im Grundbuch gar nicht als Berechtigter eingetragen sei.[4]

B. Inhabergrundschuld, Inhaberrentenschuld
I. Grundsatz; materielle Rechtfertigung der Norm

6 Für diese gilt die Regelung des § 42 S. 2 GBO. In Frage kommen nur die genannten Rechte (§§ 1195, 1199 BGB); Inhaberhypotheken sind nur als Buchhypotheken möglich (§ 1187 BGB), kommen hier also nicht in Betracht.

7 Auf den **Inhabergrundschuld- und -rentenschuldbrief** sind die Vorschriften über eine Schuldverschreibung auf den Inhaber (§ 793 ff. BGB) entsprechend anzuwenden (§ 1195 BGB). Daraus ergibt sich die Rechtfertigung für die in § 42 S. 2 GBO getroffene Regelung, die besagt, dass grundsätzlich **stets die Vorlegung des Briefes nötig ist,** auch wenn es sich um die Eintragung eines Widerspruchs gem. § 41 Abs. 1 S. 2 GBO handelt. Würde man die Eintragung eines solchen Widerspruchs nur im Grundbuch, nicht auf dem Brief zulassen, so würde dies § 796 BGB widersprechen und die Umlauffähigkeit des Briefs vereiteln. Eintragungen, welche die persönliche Berechtigung betreffen, sind unzulässig. Diese Frage richtet sich nicht nach Liegenschaftsrecht, sondern nach Mobiliarsachenrecht. Die persönliche Berechtigung folgt der Verfügungsmacht über das Papier. Bei Eintragung eines Amtswiderspruches hat sich das GBA daher in jedem Fall zuvor den Brief zu verschaffen.

II. Keine Briefvorlegung vom Grundbuchvertreter

8 Nach der Regelung des § 42 S. 2 GBO bedarf es trotzdem der **Vorlegung des Briefes nicht,** wenn ein **Vertreter** gem. § 1189 BGB bestellt ist und die beantragte Eintragung durch eine Bewilligung dieses Treuhänders als Grundbuchvertreter oder durch gegen ihn erlassene gerichtliche Entscheidung begründet wird. Die Ausnahme rechtfertigt sich dadurch, dass die Verfügungsmacht des Grundbuchvertreters auch ohne Vorlegung des Briefes feststeht und eine Ergänzung des Briefes durch vermerkte Eintragung verkehrsmäßig nicht erforderlich ist, da die Bestellung des Treuhänders und die Möglichkeit, dass er Verfügungen trifft, sich aus dem Brief ergibt. Auch die nachträgliche Anforderung des Briefes ist daher nicht geboten.[5] Eine Briefvorlage ist dagegen erforderlich, weil nicht vom § 42 GBO erfasst, für Eintragungen aufgrund Bewilligungen des Gläubigers oder aufgrund Ersuchens einer Behörde.

9 Die Bestellung eines Grundbuchvertreters gem. § 1189 BGB schließt die Verfügungsberechtigung des Gläubigers selbst nicht aus.[6] Verfügt der Gläubiger selbst, ist die Vorlage des Briefes aber erforderlich.

10 Der **Umfang der dem Grundbuchvertreter eingeräumten Vertretungsmacht** ist sorgfältig zu prüfen.[7] Der Name des Vertreters muss im Grundbuch eingetragen sein,[8] der Umfang seiner Vertretungsmacht angegeben sein, mindestens durch Bezugnahme auf die Eintragungsbewilligung.[9] Für den eingetragenen Vertreter spricht die Vermutung des § 891 BGB.[10] Der Grundbuchvertreter besitzt im Außenverhältnis eine von der Person des Gläubigers unabhängige Vertretungsmacht.[11]

11 Dem Vertreter kann das **Recht zur Ernennung eines Nachfolgers** eingeräumt sein.[12] Ist der Treuhänder eine Aktiengesellschaft, so erwirbt bei einer Verschmelzung die aufnehmende Gesellschaft auch die

---

4 OLG Frankfurt Rpfleger 1975, 301.
5 Ebenso *Demharter,* § 42 Rn 6.
6 KG KGJ 45, 279.
7 BayObLG BayObLGZ 1920, 349 = OLG 41, 182.
8 RG JFG 13, 285.
9 BayObLG BayObLGZ 1920, 349.
10 KG KGJ 51, 307.
11 RG JFG 13, 283; zu seiner Rechtsstellung im Allgemeinen vgl. BayObLG BayObLGZ 1920, 349; KG JFG 7, 301; RG RGZ 117, 372.
12 KG KGJ 51, 306.

Rechtsstellung des Treuhänders.[13] Die nachträgliche Bestellung eines Grundbuchvertreters und Änderungen der Vertretungsmacht sind Inhaltsänderungen der Grund- oder Rentenschuld.[14]

Eintragungen bei der Inhabergrundschuld oder Inhaberrentenschuld sind nur insoweit möglich, als sie den Bestand oder den Inhalt des Rechtes betreffen. Eintragungen, welche die persönliche Berechtigung betreffen, sind unzulässig.

C. Weitere Ausnahmen

Für weitere Ausnahmen vom Vorlegungszwang gelten die aufgeführten Regelungen entsprechend (siehe § 41 GBO Rdn 24).

Zu beachten ist, dass bei Inhabergrundschulden für eine Ausnahme kein Bedürfnis besteht.

§ 43 [Hypothek für Forderung aus Schuldverschreibung]

(1) Bei einer Hypothek für die Forderung aus einer Schuldverschreibung auf den Inhaber, aus einem Wechsel oder einem anderen Papier, das durch Indossament übertragen werden kann, soll eine Eintragung nur erfolgen, wenn die Urkunde vorgelegt wird; die Eintragung ist auf der Urkunde zu vermerken.
(2) Diese Vorschrift ist nicht anzuwenden, wenn eine Eintragung aufgrund der Bewilligung eines nach § 1189 des Bürgerlichen Gesetzbuchs bestellten Vertreters oder aufgrund einer gegen diesen erlassenen gerichtlichen Entscheidung bewirkt werden soll.

A. Allgemeines	1	III. Erste Eintragung	7
B. Voraussetzungen	4	C. Beschaffung der Urkunde	8
I. Inhaber- oder Orderhypothek	4	D. Verfahren des GBA	9
II. Eintragung bei der Hypothek	6	E. Ausnahmen	10

A. Allgemeines

Die Bestimmung behandelt Hypotheken für Forderungen aus Schuldverschreibung auf den Inhaber, Wechsel oder andere durch Indossament übertragbare Papiere. Für die Zwecke des Grundbuchverfahrens wird das über die Forderung ausgestellte Wertpapier dem Hypothekenbrief gleichgestellt.

Solche Hypotheken sind nach § 1187 BGB zulässig, und zwar ausschließlich als Sicherungshypotheken, zu denen also kein Brief erteilt wird. Die Abtretung der Forderung – und damit der Hypothek (§ 1153 BGB) – richtet sich nicht nach § 1154 Abs. 3 mit § 873 BGB, sondern nach den für die Forderung geltenden Vorschriften. Sie geschieht also durch Übereignung des Papiers, wozu bei Orderpapieren noch das Indossament hinzukommt. Damit nähert sich das Papier dem Hypothekenbrief. Sein Besitz ist maßgebend für das Verfügungsrecht. Da ferner auch die Übereinstimmung zwischen Buch und Papier verkehrsmäßig erwünscht ist, rechtfertigt sich die durch § 43 GBO vollzogene weitgehende grundbuchmäßige Gleichstellung des Papiers mit dem Brief.

§ 43 GBO ist auf Grund- und Rentenschuld nicht anwendbar. Die materiell-rechtliche Vorgabe des § 1187 BGB gilt nur für die Hypothek.[1] Für die Grundschuld des § 1195 BGB gilt stattdessen § 42 GBO.

B. Voraussetzungen
I. Inhaber- oder Orderhypothek

Es muss sich also um eine Hypothek für die Forderung aus einer Schuldverschreibung auf den Inhaber oder aus einem durch Indossament übertragbaren Papier handeln. Solche Papiere sind der **Wechsel**,

---

13 RG JFG 13, 281.
14 KG KGJ 45, 279.

1 Erman/*Wenzel*, BGB, § 1187 Rn 6.

der **Scheck** (Art. 14 ScheckG), **Namensaktie** (§ 68 AktienG) sowie die in § 363 HGB aufgeführten Papiere, sämtlich jedoch nur, wenn sie auf Zahlung einer bestimmten Geldsumme lauten (§ 1113 Abs. 1 BGB). Eine Genehmigungspflicht besteht für solche Papiere nicht mehr.

5 Die Eintragung des Gläubigers lautet bei der **Orderhypothek** auf den ersten Nehmer mit dem Zusatz „oder den durch Indossament legitimierten Inhaber".[2] Für den jeweiligen Gläubiger kann als Treuhänder ein sog. Grundbuchvertreter bestellt werden, § 1189 Abs. 1 BGB (vgl. § 42 GBO Rdn 8 ff.).

II. Eintragung bei der Hypothek

6 Vergleiche zunächst Kommentierung zu § 41 GBO Rdn 5 ff. Eintragungen betreffend die persönliche Berechtigung sind ausgeschlossen; sie widersprechen dem Zweck dieser Hypotheken, der gerade auf Umlauf außerhalb des Grundbuchs geht, und sind daher unzulässig.[3]

Zu den zulässigen Eintragungen, welche den Bestand oder Inhalt betreffen, gehört jedoch auch die Eintragung einer Löschungsvormerkung gem. § 1179 BGB.[4]

III. Erste Eintragung

7 Bestritten ist, ob die Bestimmung auch auf die erste Eintragung der Hypothek selbst zu beziehen ist. Wie der Wortlaut ergibt, ist hierfür die Vorlage der Schuldurkunden nicht erforderlich; sie wäre auch oft praktisch nicht durchführbar, z.B., weil die Wertpapiere während des Vorgangs der Ausschreibung und Zeichnung der Anleihen noch nicht oder gar nicht gedruckt vorliegen.[5] Später erfolgende Vermerke auf den Schuldurkunden sind so zu fassen, dass der Zusammenhang mit der eingetragenen Hypothek klargestellt wird.

C. Beschaffung der Urkunde

8 Hier ist auf das Gesagte zu verweisen (siehe § 41 GBO Rdn 11 ff.).

D. Verfahren des GBA

9 Dafür gilt Folgendes:
- Wird die Urkunde nicht vorgelegt, so ist sie durch Zwischenverfügung anzufordern. Geschieht dies trotzdem nicht, so ist der gestellte Antrag zurückzuweisen.
- Erfolgt die Vorlage der Urkunde, so hat das GBA anhand der Urkunde die Legitimation des Bewilligenden zu prüfen. Bei einer Inhaberhypothek ergibt sich die Legitimation aus dem Besitz der Urkunde. Wird sie durch Indossamente hergestellt, so müssen diese in der Form des § 29 GBO vorliegen und eine ununterbrochene Reihe bilden (Art. 16 WechselG).
- Die vorgenommene Eintragung wird auf der Urkunde vermerkt. Der Vermerk ist mit Unterschrift und Siegel versehen. Für die Unterzeichnung ist § 56 Abs. 2 GBO entsprechend anwendbar.

E. Ausnahmen

10 § 43 GBO bringt eine dem § 42 S. 2 GBO entsprechende Ausnahme vom Vorlegungszwang, die auf den gleichen Erwägungen wie den dort dargestellten beruht (siehe § 42 GBO Rdn 13).

---

2 OLG Dresden KGJ 22, D 29; KG KGJ 35, B 31.
3 KGJ 22, D 28.
4 KG KGJ 50, 200.
5 A.A. *Demharter*, § 43 Rn 3; wie hier: Meikel/*Wegner*, § 43 Rn 7.

§ 44 [Bezugnahme auf Eintragungsbewilligung, Datum, Unterschrift]

(1) Jede Eintragung soll den Tag, an welchem sie erfolgt ist, angeben. Die Eintragung soll, sofern nicht nach § 12c Abs. 2 Nr. 2 bis 4 der Urkundsbeamte der Geschäftsstelle zuständig ist, die für die Führung des Grundbuchs zuständige Person, regelmäßig unter Angabe des Wortlauts, verfügen und der Urkundsbeamte der Geschäftsstelle veranlassen; sie ist von beiden zu unterschreiben, jedoch kann statt des Urkundsbeamten ein von der Leitung des Amtsgerichts ermächtigter Justizangestellter unterschreiben. In den Fällen des § 12c Abs. 2 Nr. 2 bis 4 haben der Urkundsbeamte der Geschäftsstelle und zusätzlich entweder ein zweiter Beamter der Geschäftsstelle oder ein von der Leitung des Amtsgerichts ermächtigter Justizangestellter die Eintragung zu unterschreiben.

(2) Soweit nicht gesetzlich etwas anderes bestimmt ist und der Umfang der Belastung aus dem Grundbuch erkennbar bleibt, soll bei der Eintragung eines Rechts, mit dem ein Grundstück belastet wird, auf die Eintragungsbewilligung Bezug genommen werden. Hierbei sollen in der Bezugnahme der Name des Notars, der Notarin oder die Bezeichnung des Notariats und jeweils die Nummer der Urkundenrolle, bei Eintragungen aufgrund eines Ersuchens (§ 38) die Bezeichnung der ersuchenden Stelle und deren Aktenzeichen angegeben werden. Bei der Eintragung von Dienstbarkeiten und Reallasten soll der Inhalt des Rechts im Eintragungstext lediglich schlagwortartig bezeichnet werden; das gleiche gilt bei der Eintragung von Vormerkungen für solche Rechte.

(3) Bei der Umschreibung eines Grundbuchblatts, der Neufassung eines Teils eines Grundbuchblatts und in sonstigen Fällen der Übernahme von Eintragungen auf ein anderes, bereits angelegtes oder neu anzulegendes Grundbuchblatt soll, sofern hierdurch der Inhalt der Eintragung nicht verändert wird, die Bezugnahme auf die Eintragungsbewilligung oder andere Unterlagen bis zu dem Umfange nachgeholt oder erweitert werden, wie sie nach Absatz 2 zulässig wäre. Im gleichen Umfang kann auf die bisherige Eintragung Bezug genommen werden, wenn ein Recht bisher mit seinem vollständigen Wortlaut im Grundbuch eingetragen ist. Sofern hierdurch der Inhalt der Eintragung nicht verändert wird, kann auch von dem ursprünglichen Text der Eintragung abgewichen werden.

A. Allgemeines ... 1	IV. Drohung, Zwang ... 21
I. Anwendungsbereich ... 1	E. Sammelbuchung ... 22
II. Besonderheiten beim maschinell geführten Grundbuch ... 6	F. Bezugnahme auf die Eintragungsbewilligung ... 27
B. Eintragungsverfügung ... 7	I. Grundsatz ... 27
I. Grundsatz ... 7	II. Umfang der Bezugnahme ... 31
II. Inhalt ... 8	1. Allgemeines ... 31
C. Tagesangabe (Datierung) ... 10	2. Angabe des Rechtes und des Berechtigten ... 32
I. Grundsatz ... 10	3. Bedingungen und Befristungen ... 35
II. Fehlende oder falsche Angabe ... 11	4. Erbbaurecht ... 36
III. Nachholung ... 13	5. Wohnungseigentum ... 37
D. Unterzeichnung der Eintragungen ... 14	6. Vormerkung ... 38
I. Grundsatz ... 14	7. Hypothek und Grundschuld ... 39
II. Nachholung fehlender Unterzeichnung ... 15	III. Bezugnahme bei Umschreibung ... 42
III. Zuständigkeitsmängel ... 19	

A. Allgemeines

I. Anwendungsbereich

Die Vorschrift gilt für alle Eintragungen, gleichgültig ob sie konstitutiv oder berichtigend sind oder ob sie auf Antrag oder von Amts wegen erfolgen. Sie gilt auch für das Wohnungs- oder Teileigentumsgrundbuch (§ 7 Abs. 1 S. 1 WEG), für das Erbbaugrundbuch (§ 14 Abs. 1 S. 1 ErbbauRG) und das Gebäudegrundbuch.[1] Die Regelung gilt hinsichtlich des Grundtatbestandes von Datum und Unterschrift auch für Umschreibungs- und Schließungsvermerke.[2] Die Vorschrift wurde durch das RegVBG v. 20.12.1993[3]

---

1 *Demharter*, § 44 Rn 1; Bauer/Schaub/*Knothe*, § 44 Rn 7; Hügel/*Kral*, § 44 Rn 1.
2 Meikel/*Böttcher*, § 44 Rn 14; *Demharter*, § 44 Rn 1.
3 BGBl I 1993, 2182.

wesentlich erweitert und neu gefasst. Durch das DaBaGG v. 1.10.2013[4] wurde ferner in Abs. 2 ein weiterer Satz betreffend die schlagwortartige Bezeichnung eines Rechtsinhalts eingefügt.

2 In Abs. 3 wurde durch das DaBaGG mit **Satz 2** eine Regelung eingefügt, die es im Rahmen der Umschreibung ermöglicht, auf das bisherige und nun zu schließende Grundbuchblatt zu verweisen, wenn dort ein vollständiger Rechtsinhalt eingetragen ist. Praktisch bedeutsam ist dies bei Umschreibung alter Erbbaugrundbücher, weil gerade dort früher der komplette Rechtsinhalt ohne Bezugnahme nach § 14 ErbbauRG in das Bestandsverzeichnis eingetragen worden ist.[5] Parallel wurde durch das DaBaGG auch § 874 BGB dahin geändert, dass als Bezugnahme auf die Bewilligung auch die Bezugnahme nach Abs. 3 S. 2 gilt.

3 § 44 GBO regelte ursprünglich lediglich das Erfordernis von Datum und Unterschrift der Eintragung. Die Angabe des Eintragungszeitpunktes ist bedeutsam für den Rang von Rechten, die in verschiedenen Abteilungen eingetragen sind (§ 879 Abs. 1 S. 2 BGB). S. 2, der die Unterzeichnung vorschreibt, schafft Klarheit darüber, wann eine abgeschlossene Eintragung vorliegt, daneben soll er die verantwortlichen Beamten zur Nachprüfung der Eintragung veranlassen.

4 Die Norm schreibt schließlich vor, von der in § 874 BGB vorgesehenen Bezugnahmemöglichkeit soweit es geht Gebrauch zu machen und bei der Grundbuchblattumschreibung unterbliebene Bezugnahmen nachzuholen (Abs. 3). Insoweit hat die Norm zusammen mit § 874 BGB auch unmittelbar materiell-rechtlichen Charakter.[6]

5 § 44 GBO beinhaltet drei Gebote zur Grundbucheintragung:[7]
– das Datierungsgebot (Abs. 1 S. 1),
– das Unterzeichnungsgebot (Abs. 1 S. 2, 3),
– das Bezugnahmegebot (Abs. 2, 3).

II. Besonderheiten beim maschinell geführten Grundbuch

6 Das Unterzeichnungsgebot sowie die Regelung zur Eintragungsverfügung gehen noch von der Führung des Grundbuchs in Papierform mit Unterschrift des zuständigen Rechtspflegers (§ 3 Nr. 1 lit. h RPflG) und des UdG aus. Sie sind mit der Einführung des maschinell geführten Grundbuchs durch §§ 129, 130 GBO überholt. Insbesondere bedarf es keiner gesonderten Eintragungsverfügung, wenn die Eintragung durch die das Grundbuch führende Person selbst veranlasst wird (§ 74 GBV). Die Veranlassung der Eintragung und der Speicherung ist auch hier aktenkundig zu machen (§ 130 S. 2 GBO).

B. Eintragungsverfügung

I. Grundsatz

7 Die Eintragungsverfügung ist grundsätzlich erforderlich und ergeht durch den zuständigen Rechtspfleger oder Urkundsbeamten bei dessen Zuständigkeit nach § 12c GBO. Sie ist ein Gerichtsinternum, das den Beteiligten nicht bekanntgemacht wird und auch nicht angefochten werden kann.[8] Die Eintragungsverfügung ist Bestandteil der Grundakte, soweit diese in Papierform geführt wird.[9] Zu den Besonderheiten beim maschinell geführten Grundbuch siehe § 130 GBV Rdn 3 und § 74 GBV Rdn 4.[10] Die Eintragungsverfügung stellt zusammen mit der Eintragung selbst die Entscheidung des Grundbuchamts über einen Eintragungsantrag dar. Die GBO weicht hierbei von §§ 38, 40, 41 FamFG ab, indem kein Beschluss zur Eintragung erlassen oder den Beteiligten bekanntgemacht werden muss. Auch stellt die Eintragungsverfügung keinen sog. anfechtbaren Vorbescheid als Ankündigung der Entscheidung dar.[11]

---

4 BGBl I 2013, 3719.
5 BT-Drucks 17/12635, 24.
6 Meikel/*Böttcher*, § 44 Rn 4.
7 Lemke/*Wagner*, § 44 Rn 1.
8 *Demharter*, § 44 Rn 4; Hügel/*Wilsch*, § 55 Rn 27; Bauer/Schaub/*Knothe*, § 44 Rn 12; Hügel/*Kral*, § 44 Rn 2.
9 Lemke/*Schmidt-Räntsch*, § 130 Rn 3; weitgehender: Meikel/*Dressler-Berlin*, § 130 Rn 6.
10 Lemke/*Wagner*, § 44 Rn 7.
11 BayObLG BayObLGZ 1993, 53 = DNotZ 1993, 599; OLG Karlsruhe Rpfleger 1993, 192; BayObLG NJW-RR 2000, 1258; *Demharter*, § 71 R 18; Bauer/Schaub/*Knothe*, § 44 Rn 11; Hügel/*Kral*, § 44 Rn 2.

II. Inhalt

Die Eintragung ist im Wortlaut zu verfügen, sei es auf einem gesonderten Vordruck oder im Handblatt (24 GBV). Das Handblatt wurde im Papiergrundbuch als Kopie oder Durchschlag des Grundbuchs in der Grundakte geführt. Im maschinell geführten Grundbuch ist es nicht mehr erforderlich.[12]

8

In der Eintragungsverfügung werden üblicherweise auch weitere Tätigkeiten angeordnet. Anzugeben bzw. anzuordnen sind bspw.:

9

- Eintragungsort (Grundbuchblatt, Abt., Sp., lfd. Nr.),
- Anordnungen über eine Brieferteilung und die Aushändigung bei Briefgrundpfandrechten; bei Löschungen auch Unbrauchbarmachung des Briefes,
- Anordnung über technische Hinweise (Rötungen, Durchkreuzungen im Papiergrundbuch),
- Anordnungen über die Anfertigung von Abschriften,
- Anordnungen über die Benachrichtigungen gem. § 55 GBO,
- Rückgabe eingereichter Urkunden und Fertigung beglaubigter Abschriften zur Grundakte (insbes. bei Erbscheinen nach § 35 GBO),
- Aktualisierung von Verzeichnissen (Eigentümer-/Flurstückskartei),
- Kostenbehandlung.

C. Tagesangabe (Datierung)

I. Grundsatz

Bei der Eintragung in das Papiergrundbuch ist der Zeitpunkt der Vollendung (siehe Rdn 14) anzugeben, und zwar mit Kalendertag, Monat und Jahr. Ergreift eine Eintragung mehrere Spalten des Bestandsverzeichnisses oder einer Abteilung, so bedarf es nur einer Datierung, da die mehreren Vermerke als eine Eintragung gelten (vgl. § 20 GBV Rdn 2). Die Uhrzeit der Eintragung wird nicht angegeben, die Eintragung gilt dann als am Eintragungstag zu Tagesbeginn um 00.00 Uhr erfolgt. Bedeutung kann dies haben, wenn gegen den Berechtigten am selben Tag eine Verfügungsbeeinträchtigung, z.B. die Insolvenzeröffnung mit Uhrzeitangabe nach § 27 Abs. 2 Nr. 3 InsO, wirksam wird. Im maschinell geführten Grundbuch wird das Datum der Eintragung (§ 129 GBO) automatisch generiert. Die Fragestellungen der fehlenden oder falschen Datumsangabe und ihrer Nachholung stellen sich dann nur noch bei alten Grundbucheintragungen, welche auch noch nicht auf das maschinell geführte Grundbuch umgestellt sind oder bei welchen das falsche Eintragungsdatum bei der Umschreibung in das maschinell geführte Grundbuch übernommen worden ist.

10

II. Fehlende oder falsche Angabe

Fehlt das Datum, so ist die Eintragung trotzdem wirksam.[13] Die Angabe des Datums gehört nicht zu den materiellrechtlich erforderlichen Tatbeständen der Eintragung. Eine konstitutive Eintragung wird zu dem wahren Zeitpunkt der Eintragung wirksam.[14] Ist das Datum nicht angegeben, muss es aus dem Zusammenhang der Eintragungen oder den Eintragungsunterlagen und der Eintragungsverfügung rekonstruiert werden. Die fehlende Datumsangabe ist durch einen ergänzenden Vermerk, regelmäßig in der Veränderungsspalte, nachzuholen. Bei fehlender Datumsangabe ergeben sich aber Probleme der Angabe des Rangverhältnisses zu anderen Rechten. Der Rang eines Rechts bestimmt sich gegenüber anderen Rechten der gleichen Abteilung nach der räumlichen Reihenfolge (§ 879 Abs. 1 S. 1 BGB). Insoweit ist hier das Eintragungsdatum nicht entscheidend, die räumliche Stellung der Eintragung kann dann aber auch auf das richtige Eintragungsdatum schließen lassen. Bei Rechten, die in verschiedenen Abteilungen eingetragen sind, gilt das Tempusprinzip des § 879 Abs. 1 S. 2 BGB.[15] Soweit in einem solchen Fall das Eintragungsdatum aus dem Zusammenhang der Eintragungen und der Grundakte nicht nachgewiesen werden kann, muss das undatierte Recht weichen und hat hinter alle Eintragungen der anderen Abteilung zurückzutreten.[16]

11

---

12 Lemke/*Wagner*, § 44 Rn 5.
13 *Demharter*, § 44 Rn 60; Grüneberg/*Herrler*, § 879 Rn 9.
14 Meikel/*Böttcher*, § 44 Rn 17; zu den damit zusammenhängenden Fragen vgl. *Westermann/Eickmann*, Sachenrecht, § 97 I; Staudinger/*Kutter*, BGB, § 879 Rn 61;

Soergel/*Stürner*, BGB, § 879 Rn 10; *Stadler*, AcP 189 (1989), 427, 448.
15 Meikel/*Böttcher*, § 44 Rn 29 ff.; Bauer/Schaub/*Weber*, § 44 Rn 25, 26.
16 Eingehend: Meikel/*Böttcher*, § 44 Rn 8, 19–22, § 45 Rn 219; Lemke/*Wagner*, § 44 Rn 14, 15.

12 Ist ein falsches Datum angegeben, ist ebenfalls durch Rekonstruktion des richtigen Eintragungsdatums das angegebene Datum zu berichtigen. Allerdings kann für die Eintragung eines Rechtes hinsichtlich eines Rangverhältnisses zu anderen Rechten der öffentliche Glaube des Grundbuchs (§ 892 BGB) gelten und es kann sich gutgläubiger Erwerb des Rechts mit dem sich aus dem eingetragenen Datum ergebenden Rangverhältnis ergeben. Daher kann die Berichtigung in einem solchen Fall nicht von Amts wegen erfolgen, sie muss über § 22 GBO vollzogen werden.[17] Da die Angabe eines falschen Datums praktisch nur auf einem Fehler des Grundbuchamtes beruhen kann, ist die Eintragung eines Amtswiderspruchs nach § 53 Abs. 1 S. 1 GBO angezeigt. Unterfällt die Eintragung mit falschem Datum nicht dem öffentlichen Glauben des Grundbuchs, bspw. bei Veränderungen im Grundstücksbestand, kann das Datum von Amts wegen berichtigt werden.

III. Nachholung

13 Allgemein gilt, dass eine Nachholung der vergessenen Zeitangabe nur durch einen ergänzenden Vermerk möglich ist und auch nur dann, wenn der Tag der Eintragung zweifelsfrei festgestellt werden kann. Keinesfalls darf das sich aus dem gegenwärtigen Grundbuchinhalt ergebende Rangverhältnis ohne entsprechende Erklärungen der Beteiligten geändert werden.[18]

D. Unterzeichnung der Eintragungen

I. Grundsatz

14 Jede Eintragung in das Papiergrundbuch war von zwei zuständigen Bediensteten zu unterzeichnen. Die Unterschrift war mit vollem Nachnamen unter den Eintragungstext zu setzen; die Beifügung der Amtsbezeichnung war nicht üblich, aber unschädlich.

Im maschinell geführten Grundbuch tritt an die Stelle der Unterschrift im Sinne des Abs. 1 S. 2 die elektronische Unterschrift nach § 75 GBV, die Erteilung des Abspeicherungsbefehls (§ 74 Abs. 2 GBV) nach Prüfung der Vollständigkeit und Richtigkeit der Eintragung sowie die Übernahme in den Datenspeicher nach § 129 Abs. 1 GBO. Erst durch letzteres ist die Eintragung im Rechtssinne bewirkt.

II. Nachholung fehlender Unterzeichnung

15 Fehlt die Unterschrift im Papiergrundbuch oder soweit erforderlich auch nur eine von ihnen, so ist das Recht nicht entstanden; eine **Eintragung im Rechtssinn liegt nicht vor**. Das materielle Recht, soweit es eine Eintragung verlangt, sagt zwar nichts darüber, ob diese unterschrieben sein muss. Es ist jedoch zweifelsfrei, dass materielle Rechtsfolgen nur an eine im Rechtssinn existierende Eintragung geknüpft werden können. Deshalb kann nur eine formell wirksame Eintragung materielle Wirkungen haben. Die Leistung der zweiten und letzten Unterschrift im Papiergrundbuch vollendet die Eintragung; deshalb muss – werden beide Unterschriften an verschiedenen Tagen geleistet – das Eintragungsdatum dem der letzten Unterschrift entsprechen.[19]

16 Das Problem, dass eine Eintragung in das Grundbuch ohne Unterschriftsleistung erfolgt und diese nachgeholt wird, kann im maschinell geführten Grundbuch nicht auftreten, da die Eintragung **erst mit Aufnahme in den Datenspeicher** rechtswirksam erfolgt und dieser technisch zwingend **elektronische Unterschrift und Freigabe vorausgehen** müssen. Einer fehlenden Unterschrift könnte gleichkommen, wenn im maschinell geführten Grundbuch die Übernahme in den Datenspeicher nicht erfolgt ist.

17 Ist im Papiergrundbuch eine Unterschrift unterblieben, so kann ihre Nachholung das Recht **erst in diesem Zeitpunkt** zum Entstehen bringen. In besonders schwerwiegenden Fällen kann sich das erst Jahre nach der vermeintlichen Eintragung ergeben, etwa wenn bei Grundbuchumschreibung das Unterbleiben der Unterschriftsleistung entdeckt wird. Die Frage nach dem Rang eines solchen Rechts, bei welchem die Un-

---

17 Lemke/*Wagner*, § 44 Rn 18.
18 Meikel/*Böttcher*, § 44 Rn 23 ff.; Bauer/Schaub/*Knothe*, § 44 Rn 25; Eickmann/*Böttcher*, Grundbuchverfahrensrecht, Rn 321.
19 OLG Köln Rpfleger 1980, 477.

terschrift und damit die rechtswirksame Eintragung nachgeholt wird, wird unterschiedlich beantwortet. Überwiegend wird die Auffassung vertreten, es habe Rang nach allen anderen Rechten, auch wenn sie ihm räumlich nachgehen.[20]

Vertritt man diese Auffassung, so kann die Unterschrift nachgeholt werden, sofern die allgemeinen Voraussetzungen noch erfüllt sind. Damit das Grundbuch jedoch nicht den Schein eines besseren Ranges verlautbart, muss von Amts wegen ein entsprechender **Rangvermerk** angebracht werden.[21]

„Das Recht Nr. 2 hat infolge nachträglicher Unterzeichnung Rang nach den Rechten [...]."

III. Zuständigkeitsmängel

Zuständigkeitsmängel[22] führen zur **Unwirksamkeit** der Eintragung, so bei der Unterzeichnung durch den Urkundsbeamten anstelle des zuständigen Rechtspflegers (vgl. § 1 GBO Rdn 26), bei Unterzeichnung durch einen Beamten des gehobenen Dienstes, der nicht Rechtspfleger ist (siehe § 1 GBO Rdn 27) und bei der Unterzeichnung durch einen nur zur zweiten Unterschrift ermächtigten Angestellten an Stelle des Urkundsbeamten.

Wirksam ist die Unterzeichnung durch den Richter an Stelle des Rechtspflegers (vgl. § 1 GBO Rdn 22) oder Urkundsbeamten (siehe § 1 GBO Rdn 23), durch den Rechtspfleger an Stelle des Urkundsbeamten (vgl. § 1 GBO Rdn 25) und – entgegen der allgemeinen Regel (siehe § 1 GBO Rdn 24) – die Unterzeichnung der vom Richter verfügten Eintragungen durch den Rechtspfleger.

Wirksam ist die Eintragung auch dann, wenn der Rechtspfleger kraft Gesetzes ausgeschlossen war oder die Besorgnis der Befangenheit bestand (§ 11 Rdn 7).[23]

Ein Zuständigkeitsmangel soll im maschinell geführten Grundbuch durch **die elektronische Unterschrift nach § 75 GBV** ausgeschlossen sein. Liegt womöglich mit krimineller Energie aber eine Fälschung dieser elektronischen Unterschrift mittels Verwendung der Signatur, die nur der zuständige Beamte kennen sollte, vor, ist es eine Frage der Sachverhaltsaufklärung, die Unwirksamkeit der Unterschriftsleistung festzustellen.

IV. Drohung, Zwang

Handelt einer der zuständigen Grundbuchbeamten unter Zwang oder Drohung gegen sein Leben, so liegt eine rechtserhebliche Unterzeichnung nicht vor;[24] in diesem Fall ist die Eintragung nichtig. An sie kann sich auch kein guter Glaube nach §§ 891, 892 BGB anknüpfen.[25]

E. Sammelbuchung

Bei der gleichzeitigen Eintragung mehrerer Rechte in derselben Abteilung ist Abs. 1 S. 2 grundsätzlich verletzt, wenn bei der Eintragung mehrerer selbstständiger Rechte in einer Abteilung nicht **jeder Vermerk für sich**, sondern nur der letzte Vermerk **unterzeichnet** ist.

Etwas anderes gilt bei der sog. Sammelbuchung, bei der mehrere materiell-rechtlich selbstständige Eintragungen zu einer Sammeleintragung unter einer laufenden Nummer zusammengefasst werden. Dies ist zulässig,[26] wenn auch aus Gründen der Übersichtlichkeit des Grundbuchs und der Gefahr möglicher Änderungen bei den einzelnen Rechten nicht ratsam.[27] Eine Sammelbuchung ist in zweierlei Form möglich.

---

20 *Demharter*, § 44 Rn 65; MüKo-BGB/*Kohler*, § 879 Rn 27; Meikel/*Böttcher*, § 44 Rn 50.
21 MüKo-BGB/*Kohler*, § 879 Rn 27; *Eickmann/Böttcher*, Grundbuchverfahrensrecht, Rn 323; a.A. *Demharter*, § 44 Rn 65.
22 Dazu auch: Lemke/*Wagner*, § 44 Rn 25 ff.
23 Meikel/*Böttcher*, § 44 Rn 57.
24 BGHZ 7, 64.
25 Zur Wirksamkeit der Eintragung durch einen „unzurechnungsfähigen Beamten" vgl. *Josef*, JW 1929, 1826; *Hoche*, NJW 1952, 1289.
26 BayObLG BayObLGZ 1957, 322 = Rpfleger 1958, 88; BayObLG BayObLGZ 1984, 252 = DNotZ 1985, 702; BayObLG Rpfleger 1995, 149, 153; OLG Frankfurt NJW 1969, 469; LG Fulda Rpfleger 1970, 396; ausf. dazu: *Jestaedt*, Rpfleger 1970, 380; zust. auch Meikel/*Böttcher*, § 44 Rn 52 ff.; *Demharter*, § 44 Rn 11; Bauer/Schaub/*Knothe*, § 44 Rn 36; Hügel/*Kral*, § 44 Rn 10.
27 *Schöner/Stöber*, Grundbuchrecht, Rn 1112, 1909.

23 **Beispiel: Buchung unter einer Nummer**

1	1	Je beschränkte persönliche Dienstbarkeit – Wohnungsrecht – für
		a) Josef Meier, geb. am …,
		b) Maria Meier, geb. Huber, geb. am …
		eingetragen gemäß Bewilligung vom […] am […].

Die Buchung von Eintragungen in Abteilung II unter einer laufenden Nummer und ohne Zusatz nach § 47 GBO (siehe § 47 GBO Rdn 1) sowie ohne Rangvermerk (vgl. § 45 GBO Rn 17) wird überwiegend als zulässig angesehen.[28] Sie kann sinnvoll sein, bei Rechten in sog. Sukzessiv- oder Alternativberechtigungen.[29] Die Rechte, insbesondere der Nießbrauch oder das Wohnungsrecht, wechseln sich dann mit jeweils auflösenden oder aufschiebenden Bedingungen inhaltsgleich einander ab. Typisch ist dies beim Wohnungsrecht für einen Berechtigten, das aufschiebend bedingt durch den Tod und damit das Erlöschen des Rechts eines vormalig Berechtigten bestellt wird.[30] Bei der durch eine Vormerkung für einen späteren Berechtigten gesicherten Sukzessivberechtigung ist eine Sammelbuchung des Rechts zusammen mit der Vormerkung nicht ratsam.[31]

24 Die **Sammelbuchung von Grundpfandrechten** unter einer Nummer ist tunlichst zu unterlassen, weil die Möglichkeit der Veränderung der Rechte durch Teillöschung oder Teilabtretung das Grundbuch in einem solchen Fall unübersichtlich machen würde.[32]

25 **Beispiel: Buchung unter mehreren Nummern**

1	1	30 000	Hypothek ohne Brief zu dreißigtausend EUR für die A-Bank in X; 7 % Zinsen
2	1	10 000	Grundschuld zu zehntausend EUR für die B-Bank in Y; 10 % Zinsen
			zu Nr. 1 u. 2: vollstreckbar gemäß § 800 ZPO; gemäß Bewilligungen je vom […] eingetragen am […]

Diese Buchungsform ist für Grundpfandrechte zwar zulässig, aber in keinem Fall empfehlenswert.[33] Sie kann bei Abtretung einzelner Rechte zu Unklarheiten führen. Empfehlenswert und in der Rechtspraxis üblich ist daher, jedes Recht gesondert mit seinem Inhalt und mit Bezugnahme auf die Bewilligung einzutragen, auch wenn dadurch Wiederholungen im Wortlaut der Eintragungen entstehen.

26 Bei der zulässigen Sammelbuchung decken die abschließenden Unterschriften die Eintragungsvermerke aller Rechte. Der Eintragungstext muss jedoch völlig zweifelsfrei ergeben, dass die Unterschriften und die Datierung sich auf alle Rechte erstrecken sollen.[34] Zu den Rangverhältnissen bei Sammelbuchungen, siehe § 45 GBO Rdn 17; zu Sammelbuchungen bei der Grundbuchumschreibung vgl. § 30 GBV Rdn 6, 8.

---

[28] RG HRR 1929, 602; BGH NJW 1967, 627; BayObLG BayObLGZ 1957, 322 = Rpfleger 1958, 88; OLG Oldenburg DNotZ 1957, 317 je für Wohnungsrechte; für Dauerwohnrecht siehe LG Hildesheim NJW 1960, 49; zum Vorkaufsrecht vgl. BGHZ 35, 146 = NJW 1961, 1669; für Erbbaurecht: LG Münster MDR 1956, 678; zum Nießbrauch siehe OLG München Rpfleger 2014, 14; *Bratfisch*, Rpfleger 1961, 40.

[29] BayObLG BayObLGZ 1984, 252 = DNotZ 1985, 702; BayObLG BayObLGZ 1995, 145 = DNotZ 1996, 366; *Demharter*, § 44 Rn 11; Bauer/Schaub/*Wegmann*, § 47 Rn 142; Schöner/Stöber, Grundbuchrecht, Rn 261a ff.; *Streuer*, Rpfleger 1994, 397; *Amann*, MittBayNot 1990, 225.

[30] BayObLG BayObLGZ 1995, 149 = NJW-RR 1995, 1297; *Demharter*, § 44 Anh. Rn 108.

[31] Allg.: OLG München MittBayNot 2011, 231 m. Anm. *Preuß*; OLG Hamm FGPrax 2012, 192; OLG München RNotZ 2013, 487.

[32] Meikel/*Böttcher*, § 44 Rn 57; *Jestaedt*, Rpfleger 1970, 380.

[33] OLG Frankfurt Rpfleger 1970, 396, 397; LG Fulda Rpfleger 1970, 396; *Jestaedt*, Rpfleger 1970, 380.

[34] BayObLG BayObLGZ 1953, 64 = NJW 1953, 826.

F. Bezugnahme auf die Eintragungsbewilligung
I. Grundsatz

Nach § 874 BGB kann bei der Eintragung eines Rechts auf die Bewilligung Bezug genommen werden. Das zulässigerweise in Bezug Genommene gilt als eingetragen (sog. „mittelbare Eintragung") und ist Bestandteil des Grundbuchinhalts.

Abs. 2 schreibt vor, **von der Bezugnahmemöglichkeit soweit wie möglich Gebrauch zu machen.** In Abs. 2 S. 2 ist geregelt, wie das eintragungstechnisch zu geschehen hat; diese Vorschrift hätte besser in der GBV ihren Platz gefunden. Die Entscheidung, in welchem Umfang und mit welchem Wortlaut die Bezugnahme erfolgt, trifft das Grundbuchamt eigenverantwortlich und unabhängig, an Anträge und Vorschläge ist es nicht gebunden, auch nicht bei Ersuchen nach § 38 GBO.[35] Der **Eintragungstext im Grundbuchblatt** selbst hat den **wesentlichen Inhalt** eines Rechtes klar und eindeutig wiederzugeben, er soll nicht ausufernd und weitschweifig sein.[36]

Die **Bezugnahme auf eine Eintragungsbewilligung** oder Eintragungsgrundlage ist **nur dort angezeigt**, wo **wegen des Inhalts eines Rechtes** nach § 874 BGB überhaupt Bezug genommen werden kann. Bei Eintragungen, die keiner näheren Bezeichnung eines Rechtsinhalts bedürfen, ist eine Bezugnahme nicht angezeigt. Der Wortlaut des Abs. 2 S. 2 verleitet dazu, zu meinen, es sei stets auf die Eintragungsgrundlage zu verweisen. Das ist unzutreffend. Mithin ist es grundbuchrechtlich falsch, bei Eintragung der Auflassung als Eintragungsgrundlage in Abt. I Sp. 4 auf Notar und URNr. zu verweisen.[37] Denn der Inhalt der Auflassung besteht nur in der Einigung über den Eigentumsübergang, eine Bezugnahme auf eine Bewilligung erfolgt nicht. Ebenso ist bei der Eintragung des Erstehers in der Zwangsversteigerung nur auf das Ersuchen nach § 130 ZVG zu verweisen, der Zuschlagsbeschluss selbst, mit welchem der Eigentumserwerb wirksam geworden ist (§ 90 Abs. 1 ZVG), ist nicht Eintragungsgrundlage.[38]

Auch ist es üblich, bei Eintragung des Erben auf Aktenzeichen und Nachlassgericht des Erbscheins nach § 35 GBO zu verweisen (so auch Anl. 2a zu § 22 GBV Abt. I Sp. 4 zu lfd. Nr. 2). Auch hier hat die Nennung von Aktenzeichen und Nachlassgericht nichts mit Abs. 2 zu tun. Schließlich wird auch bei Eintragung von Insolvenzvermerk und Zwangsversteigerungsvermerk (vgl. § 12c GBO Rdn 12, 13) gerne auf das betreffende Gericht verwiesen (so auch Anl. 2a zu § 22 GBV Abt. II lfd. Nr. 6). Auch dies ist kein Fall des § 44 GBO oder gar des § 874 BGB und daher überflüssig.[39] Die Nennung von Insolvenz-, Versteigerungs- oder Nachlassgericht nebst Aktenzeichen hat allein den Vorteil, das Verfahren beim dortigen Gericht schneller zu finden oder über die öffentliche Bekanntmachung unter www.insolvenzbekanntmachungen.de die Person des Insolvenzverwalters festzustellen.

Nicht zu beanstanden ist aber, bei einzelnen Eintragungen auf die Eintragungsgrundlage zu verweisen, um den inhaltlichen Zusammenhang der Eintragung mit der Eintragungsgrundlage herzustellen, auch wenn damit keine Bezugnahme auf den Inhalt eines Rechtes im Sinne des § 874 BGB verbunden ist. Dies ist bspw. der Fall bei Eintragung von Pfändungsvermerken mit Verweisung auf den betreffenden Pfändungsbeschluss.[40] Die sachenrechtlich relevante Aussage des Pfändungsvermerks besteht allein in der Verfügungsbeeinträchtigung gegenüber dem Rechtsinhaber durch § 829 Abs. 1 ZPO. Der inhaltliche Zusammenhang besteht zur Vollstreckungsforderung des Gläubigers, deretwegen die Pfändung erfolgte.

II. Umfang der Bezugnahme
1. Allgemeines

Die Frage, in welchem Umfang eine Bezugnahme zulässig ist, gehört zu § 874 BGB (bzw. § 1115 BGB) und ist eine Frage des materiellen Rechts. Für die Eintragung von Rechten in Abt. II schreibt § 44 Abs. 2 S. 3 GBO eine schlagwortartige Bezeichnung des konkreten Rechtsinhalts unmittelbar bei der Eintragung

---

35 RGZ 50, 145, 153; BGHZ 47, 41; BayObLG BayObLGZ 1995, 153 = DNotZ 1996, 24; *Schöner/Stöber*, Grundbuchrecht, Rn 223.
36 *Demharter*, § 44 Rn 13; Bauer/Schaub/*Knothe*, § 44 Rn 18; Hügel/*Kral*, § 44 Rn 20, 22.
37 Großzügig: Meikel/*Böttcher*, § 9 GBV, Rn 26.
38 OLG München FGPrax 2022, 6 = Rpfleger 2022, 117.
39 Zu Recht krit.: *Schöner/Stöber*, Grundbuchrecht, Rn 1635.
40 KG KGJ 33 A, 262; MüKo-BGB/*Kohler*, § 874 Rn 14; a.A. Soergel/*Stürner*, § 874 Rn 8.

vor.[41] Dies entspricht seit jeher geltendem Recht und hätte keiner besonderen gesetzlichen Klarstellung bedurft.[42] Die Eintragung eines Rechts ohne konkreten Inhalt ist inhaltlich unzulässig im Sinne des § 53 Abs. 1 S. 2 GBO.[43]

Die **Angabe von Notar und Urkundenverzeichnisnummer** (UVZ) oder früher **Urkundenrollennummer** (URNr.)[44] war regional verbreitet, insbesondere im baden-württembergischen Raum, und wurde durch das RegVBG v. 20.12.1993[45] in Abs. 2 S. 2 zum Gesetzesrang erhoben. Sie soll dem schnelleren Auffinden der Bewilligung in der Grundakte dienen. Materiellrechtliche Bedeutung hat die Angabe nicht, fehlt sie, ist die Eintragung trotzdem wirksam. Regelungstechnisch hätte die Vorschrift ihren Platz daher besser bei §§ 17 oder 21 GBV gefunden. Abs. 2 S. 2 verleitet zudem dazu, bei jedweder Eintragung detaillierte Angaben zur Eintragungsgrundlage zu tätigen, auch wo es nach § 874 BGB gar nicht erforderlich oder sogar irreführend ist (siehe Rdn 28 ff.).

2. Angabe des Rechtes und des Berechtigten

32 Die **Art des einzutragenden Rechtes** muss stets **unmittelbar aus dem Grundbuch** hervorgehen. Es muss aus dem Eintragungstext hervorgehen, ob eine Grunddienstbarkeit, eine beschränkte persönliche Dienstbarkeit, ein Wohnungsrecht, ein Nießbrauch oder eine Reallast eingetragen sind. Daher genügt eine allgemeine Bezeichnung als „Nutzungsrecht" keinesfalls,[46] denn es könnte sich sowohl um eine Dienstbarkeit als auch einen Nießbrauch handeln.[47] Ein sog. Charakterisierungszusatz ist insbesondere bei Grunddienstbarkeit oder beschränkter persönlicher Dienstbarkeit („Geh- und Fahrtrecht", „Hochspannungsleitungsrecht", „Wegerecht", „Abwasserleitungsrecht", „Baubeschränkung", „Abstandsflächendienstbarkeit", „Gewerbebeschränkung", „Tierhaltungsbeschränkung") und Reallast („Brunnenrecht", „Zaunerhaltungsrecht", „Geldrente") anzugeben (Abs. 2 S. 3).[48] Soll zum Inhalt eines Geh-, Fahr- und Leitungsrechts auch das Recht zum Verweilen im Sinne eines Aufenthalts und eines beliebigen Hin- und Hergehens auf dem dienenden Grundstück sein, muss dies auch zumindest schlagwortartig eingetragen werden.[49] Bei der Reallast, deren Inhalt in einer Geldrente besteht, muss der Geldbetrag selbst nicht angegeben werden. Ist die Leistung wertgesichert, wäre das sogar irreführend. Dann sollte aber auch auf die Wertsicherung hingewiesen werden. Die Eintragung kann dann lauten „wertgesicherte Geldrente".

33 Geht aus dieser schlagwortartigen Bezeichnung des Rechtsinhalts auch schon der Rechtstyp hervor, muss dieser nicht nochmals erwähnt werden; es genügt die Eintragung als „Geh- und Fahrtrecht für den jeweiligen Eigentümer" für die Bestimmtheit als Grunddienstbarkeit.[50] Wegen des detaillierten Inhalts ist auf die Eintragungsbewilligung Bezug zu nehmen, so z.B. bei Tankstellendienstbarkeiten in Bezug auf die Ausschließlichkeit,[51] den Umfang des Betriebsverbots,[52] bei Vereinbarungen nach § 1010 BGB bezüglich der Einzelregelungen,[53] bei Wegerechten bezüglich des Umfangs des Weges und Unterhaltungspflichten.

34 Der **Berechtigte eines Rechtes** ist unmittelbar gem. § 47 und § 15 GBV zu bezeichnen. Bei mehreren Berechtigten ist auch das Berechtigungsverhältnis unmittelbar einzutragen.

---

41 Ausf.: Hügel/*Kral*, § 44 Rn 51 ff.
42 Zu den Erwägungen des Gesetzgebers ohne konkrete Aussage vgl. BT-Drucks 17/12635, 23.
43 BayObLG BayObLGZ 1990, 35 = DNotZ 1991, 258; BayObLG NJW-RR 1998, 879 („Grunddienstbarkeit", eingetr. 1934); OLG Düsseldorf FGPrax 2010, 272; großzügiger: OLG Hamm NJW-RR 1995, 914.
44 Siehe §§ 7 ff. Verordnung über die Führung notarieller Akten und Verzeichnisse (NotAKtVV) v. 13.10.2020 (BGBl I, 2020, 2246); dazu *Püls*, DNotZ 2021, 862.
45 BGBl I 1993, 2182.
46 Zu großzügig für „Mitbenutzungsrecht": OLG Zweibrücken FGPrax 1998, 6 = MittBayNot 1999, 76.
47 Hügel/*Kral*, § 44 Rn 27, 28; *Schöner/Stöber*, Grundbuchrecht, Rn 1148.
48 OLG Köln Rpfleger 1980, 467; BayObLG BayObLGZ 1981, 117 = Rpfleger 1981, 295; OLG Zweibrücken FGPrax 1996, 171 = Rpfleger 1996, 444; OLG Hamm Rpfleger 1989, 448;
49 BGH MDR 2022, 423.
50 BayObLG BayObLGZ 1981, 117 = MittBayNot 1982, 24; zu zweifelhaften Angaben: OLG Nürnberg NJW-RR 2000, 1257; *Demharter*, § 44 Rn 18.
51 BGHZ 35, 382; OLG Hamm Rpfleger 1961, 238; BayObLG Rpfleger 1959, 22; BayObLG BayObLGZ 1973, 184 = Rpfleger 1973, 298; KG Rpfleger 1959, 20.
52 BayObLG Rpfleger 1973, 298.
53 BayObLG Rpfleger 1973, 246; Hügel/*Kral*, § 44 Rn 56.

Lastet ein **Recht an mehreren Grundstücken**, die nicht im selben Grundbuchblatt gebucht sind, ist der Mithaftvermerk des § 48 GBO unmittelbar einzutragen.

Rangvermerke sind ebenfalls **unmittelbar einzutragen**, gleich, ob sie unmittelbar mit dem Recht eingetragen werden oder bei späterer Rangänderung (vgl. § 45 GBO Rdn 17 ff.).

3. Bedingungen und Befristungen

Die **Tatsache der Bedingung oder Befristung** eines Rechts ist **unmittelbar** im Eintragungstext zu nennen.[54] Bezug genommen werden kann wegen der näheren Ausgestaltungen insbesondere der konkreten Bedingungen.[55] Wird die Bedingung oder Befristung bei der Eintragung nicht erwähnt, entsteht das Recht zwar nur bedingt oder befristet, weil sich nur insoweit Einigung und Eintragung decken.[56] Das Grundbuch ist hinsichtlich der nicht eingetragenen Bedingung oder Befristung aber unrichtig, und das Recht kann als unbefristetes recht gutgläubig erworben werden.

Wird das Recht auf die Lebenszeit des Berechtigten beschränkt bestellt, was bei Reallasten je nach Inhalt der Leistung üblich sein kann, ist dies unmittelbar in das Grundbuch einzutragen.[57] Ist das Recht kraft Gesetzes auf die Lebenszeit beschränkt (§ 1061 BGB), muss dies natürlich nicht erwähnt werden. Wird in diesen Fällen bei rückstandsfähigen Rechten eine Löschungserleichterung nach §§ 23, 24 GBO vereinbart, ist eine sog. Löschungserleichterungsklausel nach 23 Abs. 2 GBO unmittelbar einzutragen.

4. Erbbaurecht

Nach § 14 Abs. 1 ErbbauRG kann und soll zum näheren Inhalt des Erbbaurechts Bezug auf die Bewilligung genommen werden (vgl. § 56 GBO Rdn 1 ff.). Eine **Befristung ist unmittelbar einzutragen**. Die Modalitäten einer nach § 5 ErbbauRG vereinbarten Veräußerungs- und Belastungsbeschränkung sollen unmittelbar eintragen werden (§ 56 Abs. 2 GBV).[58]

5. Wohnungseigentum

Nach § 7 Abs. 3 bzw. § 32 WEG soll zur näheren Bezeichnung des Gegenstandes und Inhalts des Sondereigentums bzw. Dauerwohnrechts Bezug auf die Eintragungsbewilligung genommen werden (vgl. § 3 WGV Rdn 7).

Unmittelbar einzutragen ist nach § 7 Abs. 3 S. 2 WEG die **Veräußerungsbeschränkung** des § 12 WEG; Gleiches gilt für **Haftungsregelungen** der Gemeinschaftsordnung gegenüber Rechtsnachfolgern eines Sondereigentümers. § 7 Abs. 3 S. 2 WEG wurde diesbezüglich mit Wirkung seit 1.12.2020[59] konkretisiert; bis dato war die Eintragung materiellrechtlich auch durch Bezugnahme wirksam und lediglich durch § 3 WGV als unmittelbare Eintragung vorgeschrieben (eingehend § 3 WGV Rdn 8 ff.). Nach § 48 Abs. 3 S. 1 WEG gilt § 7 Abs. 3 S. 2 WEG auch für **Vereinbarungen und Beschlüsse, die vor dem 1.12.2020** getroffen oder gefasst wurden. Das gilt gleichermaßen für die Veräußerungsbeschränkung des § 12 WEG wie für Haftungsregelungen gegenüber Rechtsnachfolgern für Hausgeldansprüche. Die ausdrückliche Eintragung erfolgt auf Antrag eines Wohnungseigentümers oder der Gemeinschaft der Wohnungseigentümer. Eine **Frist** regelt § 48 Abs. 3 S. 3 WEG **nur für die Eintragung der Haftungsregelung**. Ist diese bis **31.12.2025** nicht unmittelbar in das Grundbuch eingetragen, kann sie einem Sonderrechtsnachfolger nicht entgegengehalten werden. Für die Nachholung der Eintragung der Veräußerungsbeschränkung gilt das nicht. Damit bleiben Eintragungen durch Bezugnahme, die bisher nach § 3 Abs. 2 WGV unmittelbar hätten eingetragen werden sollen, weiterhin wirksam.

Hinsichtlich der Veräußerungsbeschränkung nach § 12 WEG ist streitig, in welchem Umfang die Einzelheiten und insbesondere Ausnahmen der Zustimmungspflicht unmittelbar in das Grundbuch einzutragen

---

[54] BGH FGPrax 2021, 1 mAnm *Dressler-Berlin* = MittBayNot 2021, 239 mAnm *Reymann* = ZfIR 2021, 32 mAnm *Otto*.
[55] KG DNotZ 1956, 556; OLG Köln DNotZ 1963, 48.
[56] BGH Rpfleger 2011, 488; OLG München FamRZ 2013, 733; Grüneberg/*Herrler*, BGB, § 873 Rn 12.
[57] OLG Hamm FGPrax 2020, 259 = Rpfleger 2020, 16.
[58] Dazu: Meikel/*Böttcher*, § 56 GBV, Rn 9.
[59] WEMoG v. 16.10.2020 (BGBl I S. 2187).

sind. Nach einer Ansicht sind alle Einzelheiten und Ausnahmen im vollen Wortlaut einzutragen.[60] Nach anderer Ansicht ist lediglich die Eintragung der Tatsache des Bestehens einer Verfügungsbeschränkung erforderlich, wegen der Ausnahmen könne auf die Eintragungsbewilligung Bezug genommen werden.[61]

6. Vormerkung

38 Gemäß § 885 BGB kann zur näheren Bezeichnung des gesicherten Anspruchs auf die einstweilige Verfügung oder die Bewilligung Bezug genommen werden. Dies verlangt zunächst die Bezeichnung des Leistungsgegenstandes („auf Einräumung einer Hypothek") sofern sich dieser nicht schon aus der Rechtsbezeichnung („Eigentumsvormerkung") ergibt. Aber auch dann sind Besonderheiten erkennbar zu machen. Dies ist insbesondere von Bedeutung bei Beschränkung des Anspruchs auf eine Teilfläche. In einem solchen Fall ist im Eintragungstext anzugeben „an einer Teilfläche"; deren Umschreibung, Lage usw. kann durch Bezugnahme auf die Bewilligung eingetragen werden.

7. Hypothek und Grundschuld

39 Unmittelbar einzutragen ist, ob eine Hypothek oder eine Grundschuld bestellt ist. Bei der Hypothek kann wegen des Schuldgrundes der Forderung auf die Bewilligung Bezug genommen werden; die früher oft anzutreffende Eintragung als „Darlehenshypothek" oder „Kaufpreisresthypothek" ist heute nicht mehr gebräuchlich.[62] Der Geldbetrag (Kapitalbetrag) des Rechtes ist stets unmittelbar einzutragen. Unmittelbar einzutragen ist auch der Ausschluss der Brieferteilung (§ 1116 Abs. 2 BGB).

40 Gemäß § 1115 BGB kann hinsichtlich verschiedener Nebenleistungen Bezug genommen werden (siehe § 7 Einl. Rdn 19 ff.):[63]

– **Zinsen:** Bezugnahme bezüglich des Zeitraumes „jährlich";[64] die Eintragung eines variablen Zinssatzes ist im Übrigen zulässig, die Angabe eines Höchstzinssatzes ist sinnvoll, kann aber insbesondere der Sicherungshypothek nach §§ 866, 867 ZPO fehlen; die Modalitäten der Zinsberechnung sind dann unmittelbar einzutragen.

– **Sonstige Nebenleistungen:** Bezug genommen werden kann wegen deren Art, wegen der Berechnung aus dem Ursprungskapital,[65] nicht jedoch wegen eines Befristungszeitraums.

Unmittelbar einzutragen ist auch der Vermerk über die Vollstreckungsunterwerfung nach § 800 ZPO.[66] Bei Unterwerfung nur wegen eines Teilbetrages, ist dieser anzugeben.[67]

41 Bei Eintragung der Grundschuld ist neben der Eintragung des Kapitalbetrags ein Schuldgrund nicht einzutragen.[68] Die Bezugnahme auf die Bewilligung führt nicht zu einer Verdinglichung der schuldrechtlichen Forderung. Ob mit Einführung des § 1192 Abs. 1a BGB einzutragen ist, dass eine Sicherungsgrundschuld vorliegt, ist streitig.[69] Der mit der Sicherungsgrundschuld verbundene Ausschluss des § 1157 BGB oder das Kündigungserfordernis des § 1193 BGB (vgl. § 7 Einl. Rdn 60) beinhalten sachenrechtliche Auswirkungen der Qualität einer Grundschuld als Sicherungsgrundschuld. Die unmittelbare Eintragung als Sicherungsgrundschuld ist daher möglich und geboten (siehe § 6 Einl. Rdn 60).[70]

III. Bezugnahme bei Umschreibung

42 Während es in § 30 Abs. 1 lit. f GBV noch untersagt war, aus Anlass einer Blattumschreibung in weiterem Umfang als bisher geschehen Bezug zu nehmen, ist dies nunmehr durch **Abs. 3** sogar vorgeschrieben.

---

60 LG Marburg Rpfleger 1960, 336; LG Mannheim Rpfleger 1963, 301; AG Göppingen Rpfleger 1966, 14; LG Nürnberg-Fürth, Beschl. v. 15.2.1967, zit. bei *Diester*, Rpfleger 1968, 41.
61 LG Kempten Rpfleger 1968, 58; Weitnauer/*Lüke*, WEG, § 12 Rn 8; *Diester*, Rpfleger 1968, 205/207; *Demharter*, GBO, Anh. § 3 Rn 51; *Schöner/Stöber*, Grundbuchrecht, Rn 2902, 2903.
62 Hügel/*Kral*, § 44 Rn 59; *Demharter*, § 44 Anh. Rn 43.
63 BGHZ 47, 41, 42 = NJW 1967, 925; BGH NJW 1975, 1314 = Rpfleger 1975, 296; OLG Frankfurt Rpfleger 1978, 409; Lemke/*Wagner*, § 44 Rn 50 ff.
64 OLG Frankfurt Rpfleger 1980, 18; OLG Saarbrücken Rpfleger 1979, 305; *Meyer-Stolte*, Rpfleger 1975, 120.
65 BGH Rpfleger 1967, 111.
66 *Demharter*, § 44 Rn 27.
67 BGHZ 108, 372 = NJW 1990, 258; *Schöner/Stöber*, Grundbuchrecht, Rn 2050; zum sog. letztrangigen Teilbetrag vgl. OLG Hamm NJW 1987, 1090.
68 *Schöner/Stöber*, Grundbuchrecht, Rn 2284, 2316 ff.
69 Eher abl.: Lemke/*Wagner*, § 44 Rn 57.
70 Zum Charakter der abgetretenen Grundschuld als Sicherungsgrundschuld siehe BGH ZIP 2013, 2352 = Rpfleger 2014, 128.

Dies gilt auch bei der Übernahme von Belastungen auf ein anderes Blatt (z.B. bei Veräußerung, bei Grundstücksverbindungen, bei Bildung von Wohnungseigentum). Selbstverständliche Voraussetzung dafür ist, dass der Inhalt nicht verändert werden darf.

Die Erweiterung des **Abs. 3** durch **Satz 2** wird nur in wenigen Fällen greifen.[71] Sie setzt voraus, dass ein Recht mit seinem vollen Inhalt im Grundbuch eingetragen ist. Bei Umschreibung insbesondere in das maschinell geführte Grundbuch soll dann wegen des näheren Inhalts auf dieses frühere Grundbuchblatt verwiesen werden. Auf dieses kann nach § 10a GBO zugegriffen werden.

43

§ 45 [Reihenfolge der Eintragungen; Rang]

(1) Sind in einer Abteilung des Grundbuchs mehrere Eintragungen zu bewirken, so erhalten sie die Reihenfolge, welche der Zeitfolge der Anträge entspricht; sind die Anträge gleichzeitig gestellt, so ist im Grundbuch zu vermerken, daß die Eintragungen gleichen Rang haben.
(2) Werden mehrere Eintragungen, die nicht gleichzeitig beantragt sind, in verschiedenen Abteilungen unter Angabe desselben Tages bewirkt, so ist im Grundbuch zu vermerken, daß die später beantragte Eintragung der früher beantragten im Rang nachsteht.
(3) Diese Vorschriften sind insoweit nicht anzuwenden, als ein Rangverhältnis nicht besteht oder das Rangverhältnis von den Antragstellern abweichend bestimmt ist.

A. Allgemeines 1	2. Eintragung einer Zinserhöhung 20
I. Das materiell-rechtliche Rangverhältnis ... 1	3. Die Pfanderstreckung (nachträgliche Mitbelastung) 21
II. Die Darstellung des Ranges im Grundbuch 3	**D. Abweichende Bestimmung des Rangverhältnisses** 22
III. Betroffene Rechte 4	I. Grundsätze 22
1. Rangfähigkeit der Eintragung 4	II. Zusammentreffen mehrerer Rangbestimmungen 23
2. Rechte an einzelnen Anteilen eines Miteigentümers 5	III. Regeln 24
3. Rechte an Grundstücksrechten 6	**E. Rangvorbehalt** 29
4. Teilrechte und Nebenansprüche eines Rechts 7	I. Rechtsnatur 29
B. Anwendungsbereich 8	II. Entstehung und Eintragung 30
I. Mehrere zu bewirkende Eintragungen 8	III. Ausübung des Vorbehalts 34
II. Bestehen eines Rangverhältnisses 9	IV. Löschung des Rangvorbehalts 36
III. Ausnahmen 14	**F. Nachträgliche Rangänderung** 37
C. Darstellung der Rangverhältnisse im Grundbuch 17	**G. Die Rangregulierung** 42
I. Eintragungen in derselben Abteilung 17	**H. Verletzung des § 45 GBO** 44
II. Eintragungen in verschiedenen Abteilungen 18	I. Eintragung ohne Berücksichtigung der Eingangsreihenfolge 44
III. Eintragungen in den Haupt- und Veränderungsspalten 19	II. Eintragung ohne Berücksichtigung einer Rangbestimmung 45
1. Eintragungen ohne Belastungserweiterung 19	III. Sonstige Rechtsverletzungen 46

A. Allgemeines

I. Das materiell-rechtliche Rangverhältnis

Die Vorschrift steht in Zusammenhang mit §§ 879 ff. BGB, die den materiellen Rang der Grundstücksrechte untereinander regeln. Das Rangverhältnis bestimmt die Reihenfolge, in der mehrere an einem Grundstück oder grundstücksgleichen Recht bestehende dingliche Rechte in der Zwangsversteigerung und -verwaltung Berücksichtigung finden (§ 10 Abs. 1 Nr. 4, § 11 Abs. 1 ZVG). Die Berücksichtigung erfolgt in der Zwangsversteigerung in zweierlei Hinsicht. Geht ein Recht dem Anspruch des die Versteigerung betreibenden Gläubigers im Range vor, bleibt es bei der Versteigerung bestehen und muss vom Ersteher übernommen werden (§§ 44, 45, 52 Abs. 1 ZVG). Bedeutsam ist dieser Aspekt für Rechte in Ab-

1

---

[71] BT-Drucks 17/12635, S. 24.

teilung II des Grundbuchs, insbesondere für Dienstbarkeiten zur Sicherung von Versorgungsleitungen. Steht es im Gleichrang oder Nachrang zum betreibenden Gläubiger, erlischt es mit dem Zuschlag und wird aus dem Erlös befriedigt, soweit dieser reicht (§ 91 ZVG). Dieser Aspekt führt bei Grundpfandrechten zu dem Begehren, möglichst die beste Rangstelle im Grundbuch zu erhalten.

2 Nach **§ 879 BGB** bestimmt sich der Rang mehrerer eingetragener Rechte in derselben Abteilung nach der örtlichen Reihenfolge der Eintragung (§ 879 Abs. 1 S. 1 BGB, sog. **„Locusprinzip"**). In der örtlichen Reihenfolge setzt dies voraus, dass die Rechte innerhalb der Abteilung fortlaufend sowohl in der Nummerierung als auch hinsichtlich des nachfolgend freien Eintragungsraumes eingetragen werden. Sind die Rechte in verschiedenen Abteilungen eingetragen, so entscheidet die Datumsangabe (§ 879 Abs. 1 S. 2 BGB, sog. **„Tempusprinzip"**). Ist ein besonderer Rangvermerk eingetragen, richtet sich der Rang nach dem Inhalt dieses Vermerks (§ 879 Abs. 3 BGB). Die Eintragung im Grundbuch bestimmt den Rang auch dann, wenn die materiell-rechtliche Einigung der Eintragung nachfolgt (§ 879 Abs. 2 BGB), weil der Zeitpunkt der Einigung aus dem Buch nicht zu entnehmen ist und gerade über den Rang der dinglichen Rechte Klarheit herrschen muss. § 879 Abs. 2 BGB gilt auch, wenn eine zunächst schwebend-unwirksame Einigung nachträglich genehmigt wird oder wenn eine ursprünglich nichtige Einigung nachgeholt wird. Der Rang gehört zum Inhalt des Rechts.[1]

Nachträgliche Rangänderungen nach § 880 BGB sind vom Regelungsgehalt des § 45 GBO nicht erfasst. Sie erfolgen verfahrensrechtlich auf Bewilligung der von ihr Betroffenen (zu beachten insbesondere auch § 880 Abs. 2 S. 2 BGB). Das Grundbuchamt prüft die Wirkungen der Rangänderung auf Zwischenrechte (§ 880 Abs. 5 BGB) nicht, auch die Unwirksamkeit einer Rangänderung nach § 880 Abs. 4 BGB ist allein materiell-rechtlich zu beurteilen. Zu beachten sind diese Wirkungen vom Vollstreckungsgericht im Zwangsversteigerungsverfahren bei Feststellung der Rangfolge zur Bildung des geringsten Gebots (§§ 44, 45 ZVG). Auch die Wirkungen eines Rangvorbehalts nach § 881 BGB sind ausschließlich im materiellen Recht zu beachten.

II. Die Darstellung des Ranges im Grundbuch

3 § 45 GBO bestimmt, wie die äußere Erscheinungsform des Grundbuchs, die den materiellen Rang der Rechte bestimmt, zustande kommt, wenn Rechte, die dasselbe Recht betreffen, in das Grundbuch einzutragen sind. Er stellt die Regel auf, dass der früher gestellte Antrag zur besseren Rangstelle führt und damit das den Regeln des § 879 BGB entsprechende Rangverhältnis zum Ausdruck zu bringen ist. § 45 GBO ist ferner eine Ergänzung zu § 17 GBO. Dort ist bestimmt, dass von zwei Eintragungsanträgen der später gestellte nicht vor dem früher gestellten erledigt werden darf. Besteht die Erledigung des früheren Antrages in einer Zurückweisung, so genügt diese Bestimmung. Besteht die Erledigung dagegen in einer Eintragung, so muss noch gesagt werden, wie diese Eintragung im Verhältnis zur anderen Eintragung beschaffen sein soll, damit der Zweck des § 17 GBO erreicht wird; auch das ist Aufgabe des § 45 GBO.

III. Betroffene Rechte

1. Rangfähigkeit der Eintragung

4 Die **Vorschrift setzt die Rangfähigkeit einer Eintragung** voraus. Rangfähig sind alle Grundstücksrechte des BGB, in seiner Doppelnatur auch das Erbbaurecht (vgl. nur § 10 ErbbauRG).

Die Vorschrift betrifft aber nicht nur Grundstücksrechte im eigentlichen Sinn, sie ist auch anzuwenden auf sonstige Eintragungen, durch welche eine Rangfähigkeit vermitteln oder eine Wirksamkeit dargestellt. Sie betrifft daher **Vormerkungen**, insbesondere auch auf die Auflassungsvormerkung,[2] auch wenn diese nicht unmittelbar am materiellen Rang teilhaben; es genügt jedoch, dass sie einen Rang ver-

---

1 BGHZ 6, 70, 74; BayObLGZ 1956, 461; OLG Zweibrücken Rpfleger 1985, 54; Staudinger/*Kutter*, BGB, § 879 Rn 3; Meikel/*Böttcher*, § 45 Rn 2; Lemke/*Wagner*, § 45 Rn 3.

2 RGZ 124, 200, 202; 129, 124, 127; BGHZ 143, 175; OLG Köln Rpfleger 1992, 497; MüKo-BGB/*Kohler*, § 879 Rn 9; Meikel/*Böttcher*, § 45 Rn 18; *Demharter*, § 45 Rn 11; a.A. LG Lüneburg Rpfleger 2004, 214; Bauer/Schaub/*Weber*, § 45 Rn 14; *Lehmann*, NotBZ 2002, 205.

mitteln (§ 883 Abs. 3 BGB) und in der Versteigerung als erlöschendes Recht einen Erlösanteil erhalten. Zur Frage der Eintragung eines Wirksamkeitsvermerks gegenüber der Vormerkung siehe § 1 Einl. Rdn 85.[3]

Problematisch ist, ob ranggleiche Auflassungsvormerkungen am ganzen Grundstück eingetragen werden können, wenn der Auflassungsanspruch das ganze Grundstück erfassen soll. Dies wird überwiegend bejaht[4] mit der Feststellung, es entstünde dann Miteigentum. Dies ist jedoch abzulehnen, da der Erwerb von Miteigentum gegenüber dem zu sichernden Anspruch regelmäßig nicht nur ein minus, sondern ein aliud darstellt. Vielmehr sichert die jeweilige Vormerkung den jeweiligen Übereignungsanspruch am ganzen Grundstück. Welcher der Ansprüche am Ende durchgesetzt wird und welcher Vormerkungsberechtigte Eigentümer wird, ist mit der Eintragung der Vormerkung noch nicht vorweggenommen. Es ist daher auch bei Ranggleichheit der Vormerkungen eine Frage des materiellen Rechts und damit zwischen den Parteien zu klären, wer tatsächlich auch Eigentümer wird. Würde man bereits im Rahmen der Eintragung der Vormerkungen diese Frage stellen, würde man im Grundbuchverfahren materiellrechtliche Fragen vorwegnehmen. Aus demselben Grunde können auch Auflassungsvormerkungen bezüglich nicht vermessener Teilflächen im gleichen Rang eingetragen werden, ohne dass geprüft werden muss oder darf, ob sich die Teilflächen überschneiden oder sonst kollidieren.

Wegen des jeweiligen Übereignungsanspruchs aus einem (schuldrechtlichen) Vorkaufs- und einem Ankaufsrecht soll **eine** einheitliche Vormerkung eintragbar sein, weil Schuldner, Gläubiger und Ziel der Ansprüche identisch sind.[5]

Zum Rangverhältnis von Verfügungsbeschränkungen zu eingetragenen Grundstücksrechten siehe Rdn 12.

2. Rechte an einzelnen Anteilen eines Miteigentümers

Die Vorschrift erfasst auch die Eintragung von Rechten an dem **Anteil eines Miteigentümers** (§§ 1095, 1106, 1114, 1192, 1199 BGB);[6] Anderes gilt, wenn die Anteile verschiedener Miteigentümer belastet sind.

5

3. Rechte an Grundstücksrechten

§ 45 GBO ist auch anwendbar auf die Eintragung von **Rechten an Grundstücksrechten**, soweit sie der Eintragung bedürfen; hier richtet sich der Rang mangels eines gesonderten Rangvermerks nach der räumlichen Reihenfolge; zur Form solcher Eintragungen siehe § 11 GBV Rdn 8 ff.

6

4. Teilrechte und Nebenansprüche eines Rechts

Teile und Nebenrechte eines Rechtes haben, solange sie sich in einer Hand befinden, untereinander grundsätzlich Gleichrang, wenn sie unter einer Nummer gebucht sind und nichts anderes eingetragen ist.[7]

7

B. Anwendungsbereich

I. Mehrere zu bewirkende Eintragungen

Die Anwendung des § 45 GBO setzt zunächst voraus, dass mehrere Eintragungen beantragt sind. Die Eintragungen müssen dasselbe Grundstück, grundstücksgleiche Rechte oder denselben Anteil eines Miteigentümers betreffen. Auf Eintragungen von Amts wegen ist § 45 GBO zwar nicht unmittelbar anwendbar, jedoch hat das Grundbuchamt auch bei solchen Eintragungen zu prüfen, ob ein Rangverhältnis zwischen der vorzunehmenden Eintragung und anderen Eintragungen bestehen kann. Ist dies der Fall, so ist der Rang nach den Grundsätzen der § 879 BGB, § 45 GBO gleichfalls von Amts wegen zu verlautbaren.

8

---

3 Umfassend auch Meikel/*Böttcher*, § 45 Rn 19.
4 MüKo-BGB/*Kohler*, § 883 Rn 66, 69; Staudinger/*Gursky*, BGB, § 883 Rn 285 ff.; *Schöner/Stöber*, Grundbuchrecht, Rn 1506; *Lüdtke/Handjeri*, DB 1974, 517; *Lemke*, JuS 1980, 514, 517; *Promberger*, MittBayNotV 1974, 145; *Wieling*, JZ 1982, 839.
5 BayObLG NotBZ 2003, 72; siehe auch *Schöner/Stöber*, Grundbuchrecht, Rn 1515a.
6 Meikel/*Böttcher*, § 45 Rn 12; *Demharter*, § 45 Rn 2.
7 RGZ 132, 110; LG Frankenthal Rpfleger 1983, 142.

II. Bestehen eines Rangverhältnisses

9 § 45 GBO zielt auf grundbuchmäßige Verwirklichung der Grundsätze des § 879 BGB. Demgemäß findet er **keine Anwendung**, wo entweder überhaupt kein Rangverhältnis in Frage kommt oder wo der Rang gesetzlich bestimmt oder auch ohne Eintragung in das Grundbuch gewahrt ist.

10 Ein **Rangverhältnis**, d.h. ein Verhältnis, kraft dessen von mehreren, ihrem unmittelbaren Inhalt nach vollwirksamen Rechten das eine dem anderen im Kollisionsfalle vorgeht, ist nur unter beschränkten dinglichen Rechten möglich. Die unbeschränkten dinglichen Rechte können unter sich keinen Rang haben, sondern sich nur gegenseitig ganz verdrängen. Sie können auch zu den beschränkten dinglichen Rechten keinen Rang haben, da sie diesen unter Aufopferung eines Teiles ihrer Substanz stets weichen. Zwischen beschränkten dinglichen Rechten kann ein Rangverhältnis nur in Frage kommen, wenn sie ein und dasselbe Grundstücksrecht betreffen, andernfalls berühren sie sich nicht. Ein in allen Wohnungsgrundbüchern eingetragenes beschränktes dingliches Recht am ganzen Grundstück ruht auch auf dem Teilrecht des einzelnen Wohnungseigentümers[8] und steht daher in einem Rangverhältnis zu den Belastungen, die nur auf einem der Wohnungseigentumsrechte ruhen.

11 **Kein Rangverhältnis** besteht zwischen Eintragungen im Bestandsverzeichnis untereinander und zu Eintragungen in den drei Abteilungen, ferner zwischen Eintragungen in Abt. I zueinander und zu den Eintragungen in den anderen Abteilungen. Das Gleiche gilt für Eintragungen, sofern sie die Anteile verschiedener Miteigentümer betreffen.

12 Streitig ist, ob auch auf das Eigentum betreffende **Verfügungsbeeinträchtigungen** zu Grundstücksrechten in einem Rangverhältnis stehen. Das Bestehen eines echten materiellen Rangverhältnisses wird allgemein verneint.[9] Je nach Art der Verfügungsbeeinträchtigung stellt sich materiell-rechtlich aber die Frage der Wirksamkeit eines Rechts gegenüber dem von der Verfügungsbeeinträchtigung Geschützten. Dies schließt eine Anwendung der formellen Vorschriften der §§ 17 und 45 GBO nicht aus, weil die Darstellung des zeitlichen Vorgehens der einen vor der anderen Eintragung im Grundbuch auch für das materielle Recht bedeutungsvoll ist. Wegen §§ 878 oder 892 BGB ist das zeitliche Verhältnis zwischen Verfügungsbeschränkung und Grundpfandrechten von großer Bedeutung.[10] Die entsprechende Anwendung von § 45 GBO ist deshalb insoweit geboten, als die Wirksamkeit eines eingetragenen Rechts gegenüber der Verfügungsbeschränkung zu verlautbaren ist.[11] Verfahrensrechtlich wird dies gerne als „Vorrang" bezeichnet, was in diesem Falle eben nicht „Befriedigungsreihenfolge" wie beim Verhältnis dinglicher Rechte zueinander, sondern „Wirksamkeitsreihenfolge" bedeutet. Dies kann auch durch einen sog. Wirksamkeitsvermerk klargestellt werden (dazu § 1 Einl. Rdn 85).[12] Allerdings dürfen nicht Rangvermerk und Wirksamkeitsvermerk nebeneinander eingetragen werden, das Grundbuchamt muss sich für eine Form der Kenntlichmachung der Wirksamkeit einer Eintragung entscheiden.[13]

13 Auch zwischen **Widersprüchen** und Grundstücksrechten besteht zwar kein materielles Rangverhältnis,[14] jedoch erscheint auch hier wegen § 892 Abs. 1 S. 1 BGB die Anwendung der vorstehenden Grundsätze geboten.

III. Ausnahmen

14 § 45 findet dann keine Anwendung, wenn andere **gesetzliche Vorschriften** für eine Eintragung eine ausdrückliche **Rangbestimmung** enthalten. Hier sind zu nennen:
– **§ 883 Abs. 3 BGB.** Ein durch Vormerkung gesichertes Recht erhält den Rang der Vormerkung; diese ist deshalb halbspaltig einzutragen (vgl. § 19 GBV Rdn 2, 3); dies gilt auch für die Amtsvormerkung nach § 18 Abs. 2 GBO.

---

8 RGZ 146, 365; BGH NJW 1961, 1352.
9 RGZ 135, 378, 384; KG HRR 1934, 199; JFG 1913, 114 und 1916, 235; OLG Hamm Rpfleger 1957, 19 und 1966, 48; OLG Hamburg DNotZ 1967, 376; MüKo-BGB/*Kohler*, § 879 Rn 11; Staudinger/*Kutter*, BGB, § 879 Rn 12 ff.; Westermann/*Gursky/Eickmann*, Sachenrecht, § 96 I. 3.
10 *Eickmann*, Rpfleger 1972, 77; *Böttcher*, Rpfleger 1983, 49, 55.
11 Grüneberg/*Herrler*, BGB, § 879 Rn 6; *Demharter*, § 45 Rn 18; *Böttcher*, Rpfleger 1983, 49, 55.
12 Dazu auch Hügel/*Zeiser*, § 45 Rn 9, 10; *Kesseler*, RNotZ 2014, 155.
13 OLG Bremen Rpfleger 2005, 529; LG Darmstadt Rpfleger 2004, 482; Hügel/*Zeiser*, § 45 Rn 10; Schöner/Stöber, Grundbuchrecht, Rn 1523.
14 RGZ 135, 378, 384.

- § 10 Abs. 1 ErbbauRG; hinsichtlich möglicher Ausnahmen gilt jedoch § 45 GBO wieder (siehe § 3 Einl. Rdn 193).
- § 128 Abs. 1 ZVG. Die Sicherungshypotheken für die nach § 118 ZVG übertragenen Forderungen gegen den Ersteher eines versteigerten Grundstücks erhalten den Rang des Anspruchs, zu dessen Befriedigung die Forderung übertragen wurde. Das Rangverhältnis muss vom Vollstreckungsgericht in dessen Eintragungsersuchen genau bezeichnet werden.[15] Die Sicherungshypothek entsteht mit Eintragung (§ 128 Abs. 2 ZVG).
- § 130 Abs. 3 ZVG. Hat der Ersteher eines versteigerten Grundstücks vor seiner Eintragung als Eigentümer die Eintragung eines Rechts an dem Grundstück bewilligt, so ist diese Eintragung nicht vor der Erledigung des Ersuchens nach § 130 Abs. 1 ZVG vorzunehmen. Eine förmliche Beanstandung ist jedoch nicht veranlasst, das Grundbuchamt stellt die Eintragung bis zur Vollzugsreife nach § 130 ZVG zurück. § 130 Abs. 3 ZVG gilt auch für Löschungen.

Auch bei Rechten, die **außerhalb des Grundbuchs entstanden** sind, scheidet eine Anwendung von § 45 GBO grundsätzlich aus. Hier sind zu **unterscheiden**:

- Rechte, die ohne Rangvermerk zu buchen sind; das sind die öffentlichen Grundstückslasten, falls sie ausnahmsweise eingetragen werden (§ 54 GBO). Sie gehen, falls nicht gesetzlich etwas anderes bestimmt ist, allen anderen Rechten am Grundstück ohne Rücksicht auf Zeit und Ort ihrer Eintragung im Range vor. Ein trotzdem eingetragener Rangvermerk ist inhaltlich unzulässig.
- Rechte, deren außerhalb des Grundbuchs erworbener Rang ohne Rücksicht auf § 45 GBO zu verlautbaren ist. Der Rang richtet sich hier in der Regel nach der Entstehungszeit. So ist bei Pfandrechten an dinglichen Rechten, sofern sie außerhalb des Grundbuchs entstehen, der Zeitpunkt der Zustellung an den Drittschuldner (= Grundstückseigentümer) maßgebend oder, bei Briefgrundpfandrechten, die Briefwegnahme.[16] Ist allerdings zur Entstehung des Pfandrechts die Eintragung erforderlich, gilt § 879 BGB und damit § 45 GBO entsprechend.

Das Grundbuchamt ist zwar gehalten, beim Vollzug von solchen berichtigenden Einträgen die Regel des § 45 GBO zu befolgen, solange ihm nicht der außerhalb des Grundbuchs entstandene Rang nachgewiesen wird, es ist jedoch empfehlenswert, beim Vorliegen mehrerer solcher Anträge die Beteiligten zum Nachweis des richtigen Rangverhältnisses anzuhalten, da ja das Grundbuch unrichtig wird, wenn der gem. § 45 GBO verlautbarte Rang mit der wahren Rechtslage nicht übereinstimmt.

Mitbenutzungsrechte nach §§ 321, 322 ZGB, Art. 233 § 5 EGBGB, erhalten den Rang ihres Entstehens, wenn dieser nach § 29 GBO nachgewiesen werden kann oder von den nachfolgenden Betroffenen bewilligt wird (Art. 233 § 5 Abs. 3 EGBGB), ansonsten werden sie an nächstoffener Rangstelle gebucht. Zum Erlöschen des bei Ablauf des 31.12.2000 nicht im Grundbuch eingetragenen Rechts siehe aber § 8 Abs. 3 GBBerG.

Eine **Sicherungshypothek** nach § 848 ZPO entsteht mit dem Rang nach einer vereinbarten Kaufpreisresthypothek oder nach anderen Rechten, die dem Veräußerer aufgrund des Rechtsverhältnisses zu bestellen sind, aus dem der gepfändete Auflassungsanspruch entspringt.[17] Die Sicherungshypothek hat aber Vorrang vor Rechten, die der Schuldner als Auflassungsempfänger vor Pfändung einem Dritten bestellt hat,[18] sofern er nicht nach dem der Auflassung zugrundeliegenden Rechtsverhältnis zur Bestellung verpflichtet war, oder sofern sie der Kaufpreisfinanzierung dienen oder der Dritte den Vorrang vor der Sicherungshypothek bereits kraft Gutglaubensschutzes erlangt hat.[19] Ein Verstoß gegen diese Regeln führt zur Grundbuchunrichtigkeit.

---

15 Meikel/*Böttcher*, §§ 45 Rn 32; *Demharter*, § 45 Rn 22; *Stöber/Nicht*, ZVG, § 128 ZVG Rn 5.
16 Zum Vollzug mehrerer Anträge auf Eintragung von Pfandrechten an Grundpfandrechten *Ripfel*, DNotZ 1936, 857; *Behr/Eickmann*, Pfändung v. Grundpfandrechten, S. 73; zur rangmäßigen Behandlung mehrerer Anträge auf Eintragung von Pfandrechten an einem Erbteil *Ripfel*, NJW 1958, 692; zur mehrfachen Hypothekenpfändung *Behr/Eickmann*, Pfändung v. Grundpfandrechten, S. 73 ff.
17 BGHZ 49, 197; BayObLGZ 1972, 536 = Rpfleger 1972, 182; LG Frankenthal Rpfleger 1985, 231; OLG Jena Rpfleger 1996, 100; ausführlich *Böttcher*, Rpfleger 1988, 252.
18 BGHZ 49, 197 = DNotZ 1968, 483.
19 BayObLG Rpfleger 1994, 162; Meikel/*Böttcher*, § 45 Rn 37; a.A. bzgl. der Drittrechte *Kerbusch*, Rpfleger 1988, 475; *Stöber/Rellermeyer*, Forderungspfändung, Rn G.49, 50.

C. Darstellung der Rangverhältnisse im Grundbuch

I. Eintragungen in derselben Abteilung

17 Sind die **Anträge zu verschiedenen Zeiten** gestellt, so erhalten die Eintragungen die Reihenfolge, die der Zeitfolge der Anträge entspricht. Sind die **Anträge zur gleichen Zeit** gestellt, so muss durch einen besonderen Rangvermerk klargestellt werden, dass nicht das Locusprinzip gilt, sondern dass beide Eintragungen Gleichrang haben.

Bei **Sammelbuchungen** unter einer Nummer (siehe § 44 GBO Rdn 22) haben die mehreren Rechte Gleichrang, bei Sammelbuchungen unter mehreren Nummern (vgl. § 44 GBO Rdn 24) entscheidet, sofern kein Rangvermerk gebucht ist, die räumliche Reihenfolge.[20]

II. Eintragungen in verschiedenen Abteilungen

18 Sind die **Anträge zu verschiedenen Zeiten** gestellt, so muss die früher beantragte Eintragung den Vorrang vor der anderen erhalten. Dies geschieht entweder dadurch, dass sie an einem früheren Tage ausgeführt wird, dann erhält sie das frühere Datum und damit den besseren Rang. Werden beide Eintragungen unter demselben Datum vorgenommen, so muss der Vorrang der früher beantragten durch einen besonderen Rangvermerk klargestellt werden.[21]

Sind sie **gleichzeitig beantragt**, so müssen sie gleichen Rang erhalten. Das geschieht dadurch, dass sie am selben Tag bewirkt werden und demgemäß dasselbe Datum erhalten.

III. Eintragungen in den Haupt- und Veränderungsspalten

1. Eintragungen ohne Belastungserweiterung

19 Werden in der Veränderungsspalte Inhaltsänderungen gebucht, die keine Erweiterung des Umfanges der Belastung ergeben (z.B. Änderung der Zahlungsbestimmungen, der Kündigungsregeln), so haben solche Eintragungen keinen Rang im materiellen Sinne; die Eintragung von Rangvermerken erübrigt sich. Im Übrigen ist streitig, ob die Eintragung in der Veränderungsspalte den Rang des Rechtes nach der Hauptspalte teilt.[22] Praktische Auswirkungen hat diese Frage insoweit, als bei nachträglichen Eintragungen in der Veränderungsspalte ein Rangvermerk eingetragen werden muss oder unterbleiben kann, je nachdem, welcher Ansicht man hierzu folgt.[23] Relevant ist die Frage vor allem bei nachträglichen Pfänderstreckungen von Grundpfandrechten (nachfolgend Rdn 21).

2. Eintragung einer Zinserhöhung

20 Liegt ein Fall des § 1119 BGB vor (= Zinserhöhung auf maximal 5 %) oder des Art. 233 § 9 Abs. 3 EGBGB (= Zinserhöhung auf maximal 13 % bei Aufbauhypothek), so teilt der nachträglich vereinbarte zusätzliche Zinsbetrag den Rang des ursprünglichen Rechtes kraft Gesetzes;[24] ein Rangvermerk ist entbehrlich, freilich als deklaratorischer Vermerk unschädlich.

Ist § 1119 BGB oder Art. 233 § 9 Abs. 3 EGBGB nicht anwendbar, so kann der nachträglich vereinbarte zusätzliche Zinsbetrag Gleichrang mit dem bisher eingetragenen Hauptrecht nur erhalten, wenn die diesem Recht gleich- oder nachstehenden Beteiligten in Abt. II und III zustimmen. Stimmen sie nicht zu, kann der nachträglich vereinbarte zusätzliche Zinsbetrag nur die im Zeitpunkt seiner Eintragung offene Rangstelle erwerben.[25] Die Eintragung solcher Mehrzinsen im Range des Hauptrechts ist also nicht nur eine Inhalts-, sondern auch eine Rangänderung. Als solche bedarf sie nach § 880 Abs. 1 BGB der aus-

---

20 BayObLGZ 1953, 64 = NJW 1953, 826; *Jestaedt*, Rpfleger 1970, 380.
21 Lemke/*Wagner*, § 45 Rn 33, 34; dazu auch Meikel/*Böttcher*, § 45 Rn 73; Bauer/Schaub/*Weber*, § 45 Rn 44, 45.
22 So RGZ 132, 106, 110; OLG Hamm Rpfleger 1985, 17; Bauer/v. Oefele/*Knothe*, § 45 Rn 20, 30, 31; Hügel/*Zeiser*,
§ 45 Rn 12 ff.; Schöner/Stöber, Grundbuchrecht, Rn 2656, 2659, 2666, 2667.
23 Eingehend Meikel/*Böttcher*, § 45 Rn 43 ff.; *Böttcher*, BWNotZ 1988, 73.
24 MüKo-BGB/*Lieder*, § 1119 Rn 3.
25 Ganz h.M., vgl. Staudinger/*Wolfsteiner*, BGB, § 1119 Rn 7.

drücklichen Eintragung. Nach h.M. soll es dabei jedoch genügen, die Zinserhöhung als solche zu buchen, weil die Eintragung in der Veränderungsspalte den Rang der Hauptspalte teile.[26] Die abweichende Auffassung[27] verlangt die ausdrückliche Buchung eines Rangvermerkes. Dieser Auffassung ist zuzustimmen. Das innerhalb einer Abteilung geltende Reihenfolgeprinzip ist eine vereinfachte Umsetzung des Prioritätsgedankens auf die Technik der Grundbuchführung: die Reihenfolge muss ja der zeitlichen Priorität entsprechen.[28] Kann von einer echten Reihenfolge nicht mehr gesprochen werden, nämlich beim Verhältnis von Eintragungen in Haupt- und Veränderungsspalten zueinander, so muss der Grundgedanke der Priorität, die zeitliche Zuordnung, den Rang regeln. Dem stimmt die h.M. ja auch insoweit zu, als sie der nachträglichen Erhöhung grundsätzlich den Nachrang zuweist. Dann kann sie jedoch § 880 Abs. 1 BGB nicht außer Acht lassen, will sie nicht zu dem absurden Ergebnis kommen, dass zwar die Rangänderung ohne Rangvermerk möglich sein soll, jedoch die Eintragung des gesetzlichen Nachranges eines Rangvermerkes bedürfte.

3. Die Pfänderstreckung (nachträgliche Mitbelastung)

Auch bei der nachträglichen Mitbelastung von Grundstücken ergeben sich Rangprobleme. 21

Beispiel 1: Auf dem Grundstück BestVerz. Nr. 1 lastet eine Hypothek Abt. III/1, das Recht soll auf das bisher unbelastete Grundstück BestVerz. Nr. 2 erstreckt werden.

Die auf BestVerz. Nr. 2 nunmehr neu einzutragende (= durch den Mitbelastungsvermerk zu vermerkende) Hypothek hat auf dem neuen Grundstück ebenfalls die erste Rangstelle, da dieser Rang ja hier noch frei ist; ein Rangvermerk ist entbehrlich.

Beispiel 2: Grundstück BestVerz. Nr. 2 ist belastet mit einer Grundschuld (III/1), BestVerz. Nr. 1 ist belastet mit einer Hypothek (III/2). Die Hypothek soll auf BestVerz. Nr. 1 erstreckt werden.

Die Hypothek steht hinter der Grundschuld; wird sie auf BestVerz. Nr. 2 erstreckt, so kann sie dort nur zweite Rangstelle erwerben, weil die erste Rangstelle besetzt ist. Dieser Nachrang wird jedoch bereits von der Hauptspalte ausgewiesen, so dass es eines Rangvermerkes nicht bedarf.

Beispiel 3: Wie Beispiel 2, jedoch soll die Grundschuld auf BestVerz. Nr. 1 erstreckt werden.

Auch hier kann die Grundschuld nur zweite Rangstelle erwerben, weil die erste Rangstelle durch die Hypothek besetzt ist. Dieser Nachrang ist jedoch aus dem Buch nicht ersichtlich, weil ja die Grundschuld räumlich vor der Hypothek eingetragen ist. In diesem Falle ist deshalb ein gesonderter Rangvermerk erforderlich. Er kann – zusammen mit dem Mitbelastungsvermerk – lauten:

„*Das Grundstück BestVerz. Nr. 1 haftet mit. Im Range nach der Hypothek Nr. 2 eingetragen am ...*"

Beispiel 4: Auf BestVerz. Nr. 1 lasten als III/1 eine Hypothek und als III/2 eine Grundschuld. Beide sollen auf das bisher unbelastete Grundstück BestVerz. Nr. 2 erstreckt werden.

Auf dem neuen Grundstück entstehen die beiden Rechte im Augenblick ihrer Eintragung; sie haben dann nach den allgemeinen Grundsätzen des Rangrechts Gleichrang. Die h.M. nimmt demgegenüber an, die Rechte hätten wegen der Einheit von Haupt- und Veränderungsspalte den sich aus der Rangfolge ihrer Ersteintragungen ergebenden Rang.[29] Mit *Meyer-Stolte*[30] ist jedoch entgegen der h.M. von der Geltung der §§ 17, 45 auch in diesem Fall auszugehen. Ohne Vorliegen einer Rangbestimmung ist also Gleichrang der Rechte auf dem nachverpfändeten Grundstück anzunehmen.

Meyer-Stolte, ist auch darin zuzustimmen, dass in der Nachverpfändungserklärung eine solche Rangbestimmung im Wege der Auslegung stets dahin gefunden werden kann, die Rechte sollten auch auf dem neuen Grundstück den Rang erhalten, den sie auf dem anderen Grundstück bereits haben. Auch wenn man diese – stillschweigende – Rangbestimmung richtigerweise annimmt, ist damit noch nichts zur Frage gewonnen, ob es der Eintragung eines **Rangvermerkes** bedarf oder nicht. Soweit die h.M.

---

26 RGZ 132, 106; BayObLGZ 1959, 520; Staudinger/*Kutter*, BGB, § 879 Rn 53; MüKo-BGB/*Kohler*, § 879 Rn 21; Bauer/Schaub/*Weber*, § 45 Rn 20; *Schöner/Stöber*, Grundbuchrecht, Rn 2656.

27 Meikel/*Böttcher*, § 45 Rn 44; *Schmid*, Rpfleger 1982, 251 und 1984, 130; *Böttcher*, BWNotZ 1988, 73.

28 MüKo-BGB/*Kohler*, § 879 Rn 23 ff.

29 OLG Hamm Rpfleger 1985, 17; *Streuer*, Rpfleger 1982, 139; *Demharter*, § 48 Rn 20; *Schöner/Stöber*, Grundbuchrecht, Rn 2659, 2666, 2667; *Streuer*, Rpfleger 1982, 138 u. 1985, 144.

30 Rpfleger 1971, 201, 202.

die Entbehrlichkeit eines solchen Vermerkes annimmt,[31] kann sie sich nicht auf *Meyer-Stolte*, berufen, weil er zur Buchung nichts aussagt, sondern sich nur mit der Auslegung der Nachverpfändungserklärung befasst. Wie in allen Fällen der Buchung eines vom Prioritätsgrundsatz abweichenden Rangs gilt jedoch auch hier, dass dieser abweichende Rang durch entsprechende Vermerke kenntlich zu machen ist.[32]

D. Abweichende Bestimmung des Rangverhältnisses
I. Grundsätze

22 Der von den Beteiligten gewünschte **Rang kann ausdrücklich bestimmt werden**, dann findet § 45 GBO keine Anwendung (**Abs. 3**). Die Rangbestimmung kann enthalten sein in der Bewilligung oder im Eintragungsantrag. Dass es möglich ist, die Rangbestimmung in der Bewilligung zu treffen, kann keinem Zweifel unterliegen, unabhängig davon, ob man nun den Rang des Rechts als Bestandteil des Rechtsinhalts ansieht oder als eine besondere Eigenschaft des Rechts. Die Möglichkeit, im Antrag eine Rangbestimmung zu treffen, ergibt sich unmittelbar aus Abs. 3. Sofern die Rangbestimmung im Antrag erhalten ist, bedarf dieser der Form des § 29 GBO.[33]

Rangbestimmungen betreffen stets das Rangverhältnis zwischen **mehreren Rechten** verschiedener Gläubiger oder auch desselben Gläubigers. Dabei kann ein Recht aber auch nur einen Rang haben, es kann nicht in verschiedene Ränge gespalten werden. Insbesondere kann bei einem Grundpfandrecht nicht bestimmt werden, ein Teilbetrag habe Vorrang vor einem anderen.

Streitig ist, ob der Notar im Rahmen des § 15 Abs. 2 GBO eine Rangbestimmung treffen kann. Die früher herrschende Meinung verneinte dies.[34] Ihre Auffassung kann jedoch nicht geteilt werden. Wenn der Notar zur Vertretung eines Antragstellers kraft Gesetzes befugt ist und der Antragsteller im Antrag eine Rangbestimmung treffen kann, so ist nicht nachzuvollziehen, weshalb gerade dieser Bestandteil des Antrages der Vertretungsregelung des § 15 GBO nicht unterliegen soll.[35] Im Übrigen kann der Notar bereits den jeweiligen Eingangszeitpunkt der von ihm gestellten Anträge durch zeitlich versetzte Übergabe eines jeden Antrags an den Präsentatsbeamten des Grundbuchamtes steuern und damit faktisch eine Rangbestimmung treffen.[36] Ihm dann die ausdrückliche Rangbestimmung zu verwehren, ist unnötige Förmelei.

II. Zusammentreffen mehrerer Rangbestimmungen

23 Widersprechen Rangbestimmungen in einem Antrag oder mehreren Anträgen Rangbestimmungen in einer Bewilligung, so gilt nach allgemeiner Auffassung nur die letztere. Die Möglichkeit der Bestimmung im Antrag soll **subsidiär sein**, sie greift nur ein, wenn die Bewilligungen aller beteiligten Rechte schweigen. Enthält auch nur eine der Bewilligungen zur Rangfrage eine Regelung, so sollen Rangbestimmungen in einem Antrag oder in mehreren Anträgen gegenstandslos sein. Die Erklärung, dass ein Recht erste, notfalls nächstoffene Rangstelle erhalten sollte, stellt nie eine dingliche Rangbestimmung im vorstehenden Sinne dar, sondern nur eine schuldrechtliche Verpflichtung.[37] Rangbestimmungen müssen stets die beabsichtigte Rangstelle eindeutig und ohne Vorbehalt bezeichnen.

Es gelten dabei folgende **Regeln**:[38]

III. Regeln

24 **Übereinstimmende** Rangbestimmungen in mehreren Bewilligungen oder in mehreren Aufträgen sind stets vollziehbar.

---

31 *Demharter*, § 48 Rn 20; *Schöner/Stöber*, Grundbuchrecht, Rn 2659, 2666, 2667; LG Köln MittRhNotK 1973, 438.
32 *Eickmann/Böttcher*, GBVerfR, Rn 358; *Schmid*, Rpfleger 1982, 251; *ders.*, 1984, 130; ebenso Meikel/*Böhringer*, § 48 Rn 103 u. Meikel/*Böttcher*, § 45 Rn 45–47.
33 BayObLG Rpfleger 1982, 334.
34 OLG Hamm DNotZ 1950, 40 OLG Schleswig SchlHA 1960, 208; OLG Frankfurt/M. Rpfleger 1991, 362; KG Rpfleger 2000, 453; *Demharter*, § 15 Rn 15; Bauer/*Schaub/Wilke*, § 15 Rn 27; Lemke/*Wagner*, § 45 Rn 20, 21.
35 Meikel/*Böttcher*, § 15 Rn 31; Meikel/*Böttcher*, § 45 Rn 83; *Eickmann/Böttcher*, GBVerfR, Rn 350.
36 So auch Hügel/*Zeiser*, § 45 Rn 34.
37 BayObLG Rpfleger 1976, 302; OLG Frankfurt/M. Rpfleger 1980, 477.
38 Nähere Begründung und Nachweise bei *Eickmann/Böttcher*, GBVerfR, Rn 351 ff.

Enthält nur **eine Bewilligung** eine Rangbestimmung, so ist sie vollziehbar, es sei denn, eines der beteiligten Rechte ist bereits eingetragen und hat auf diese Weise den Rang, der beansprucht wird, bereits erworben. Unwichtig ist, ob die Rangbestimmung in der zuerst eingegangenen oder in der später eingegangenen Bewilligung enthalten ist.

Widersprechen sich mehrere Rangbestimmungen in verschiedenen **Bewilligungen**, so sind sie insoweit vollziehbar, als sie mit der Eingangsreihenfolge übereinstimmen.

Enthält nur **ein Antrag** eine Rangbestimmung, so ist sie vollziehbar, wenn sie entweder mit der Eingangsreihenfolge übereinstimmt oder der aus der Eingangsreihenfolge Begünstigte seinen besseren Rang preisgibt, der Antrag also von ihm herrührt.

Widersprechen sich Rangbestimmungen in mehreren **Anträgen**, so werden die Anträge in der Eingangsreihenfolge vollzogen. Es schadet dabei nicht, wenn einem Recht durch den Eingang ein besserer Rang verschafft wird, als für es beantragt ist.

Diese Regeln gelten auch bei der Bestellung von Rechten für einen **Grundstücksveräußerer**, die mit Rechten zusammentreffen, die der Erwerber für Dritte bestellt hat.[39] Hier ist bei Fehlen einer ausdrücklichen gegenteiligen Erklärung auch des Veräußerers nach einer Ansicht stets eine **stillschweigende Rangbestimmung** dahin anzunehmen, dass die Rechte für den Veräußerer Vorrang erhalten sollen.[40] Richtigerweise sollte durch Zwischenverfügung nach § 18 GBO geklärt werden, welche Rangbestimmung gewollt ist.[41]

E. Rangvorbehalt

I. Rechtsnatur

Der Rangvorbehalt ist ein vorbehaltenes Stück Eigentumsrecht, für den Gläubiger eine Beschränkung seines Rechts.[42] Er gestattet es dem jeweiligen Eigentümer (§ 881 Abs. 3 BGB), später im Vorrang vor einem einzutragenden Recht ein anderes Recht eintragen zu lassen (§ 881 Abs. 1 BGB), dieselbe Wirkung also, die durch die Eintragung einer Eigentümergrundschuld erreicht würde. Der Vorbehalt kann jedoch auch Eintragung eines Rechts mit gleichem Rang sichern. Das Recht aus dem Rangvorbehalt ist unübertragbar und unpfändbar.[43]

II. Entstehung und Eintragung

Materiell-rechtlich sind zur Bestellung eines Rangvorbehalts Einigung und Eintragung (§§ 873, 881 Abs. 2 BGB) erforderlich; bei einer Eigentümergrundschuld genügt die einseitige Erklärung des Eigentümers.

Formell-rechtlich genügt bei gleichzeitiger Eintragung mit dem betroffenen Recht die Bewilligung des Eigentümers. Ist das betroffene Recht bereits eingetragen und es wird bei ihm nachträglich ein RV vermerkt, so ist die Bewilligung des betroffenen Gläubigers und – bei Grundpfandrechten – die Zustimmung des Eigentümers erforderlich.[44]

Gegenstand des Vorbehalts können alle dinglichen Rechte sowie Vormerkungen sein.

Eingetragen werden muss der Umfang des Vorbehalts, Bezugnahme auf die Bewilligung ist insoweit nicht zulässig, jedoch genügt die Angabe des Betrages von Kapital und Nebenleistung.[45] Der Zeitpunkt

---

39 *Bauch/Bielau*, Rpfleger 1983, 421.
40 BayObLGZ 1992, 131; *Demharter*, § 16 Rn 11.
41 Meikel/*Böttcher*, § 45 Rn 100; Lemke/*Wagner*, § 45 Rn 28; dazu auch OLG München Rpfleger 2006, 68; *Schöner/Stöber*, Grundbuchrecht, Rn 317.
42 BGH NJW 1954, 954; *Fabricius*, Rpfleger 1956, 155, 301 m.w.N.
43 RGZ 117, 431; BGHZ 12, 241 = DNotZ 1954, 378.
44 Ebenso Meikel/*Böttcher*, § 45 Rn 168; *Demharter*, § 45 Rn 37; *Schöner/Stöber*, Grundbuchrecht, Rn 2131; a.A. KG JFG 12, 289.
45 Siehe dazu OLG Frankfurt/M. Rpfleger 1964, 376; LG Itzehoe MDR 1968, 1010; LG Essen Rpfleger 1982, 172 (genaue Angabe des Umfanges von Nebenleistungen).

des Zinsbeginnes ist nur anzugeben, wenn er vom künftigen Eintragungsdatum abweichen soll.[46] Nicht erforderlich ist die Angabe eines Berechtigten; zulässig ist jedoch die Beschränkung auf eine bestimmte Person oder einen gattungsmäßig bezeichneten Berechtigten. Der Vorbehalt kann bedingt oder befristet sein; zulässig ist weiter eine Beschränkung auf eine bestimmte Zweckschuld (z.B. Baugeld etc.). Zulässig ist auch die Beschränkung auf Rechte, die unter Mitwirkung eines bestimmten Notars bestellt werden.[47]

Zulässig ist auch ein Vorbehalt auf Eintragung eines Rechts mit gleichem Rang.

33 Der Rangvorbehalt wird bei dem betroffenen Recht eingetragen (§ 881 Abs. 2 Hs. 2 BGB); die Eintragung wird in der Hauptspalte, bei nachträglicher Begründung des Rangvorbehalts in der Veränderungsspalte, bewirkt.

Muster:

„Vorbehalten ist der Vorrang für ein Grundpfandrecht bis zu 10.000 EUR nebst Zinsen und sonstigen Nebenleistungen bis zu …%."

Die Fassung bezüglich der Nebenleistungen empfiehlt sich, da umstritten ist, ob die Eintragung eines Höchstzinssatzes auch andere Nebenleistungen umfasst.[48]

III. Ausübung des Vorbehalts

34 Die Ausübung des Rangvorbehalts steht dem jeweiligen Grundstückseigentümer zu. Die Ausübung durch einen Gläubiger bei Eintragung einer Zwangshypothek ist nicht möglich.[49]

Die Eintragung geschieht bei dem vortretenden und dem zurücktretenden Recht.

Muster:

a) *„Unter Ausnutzung des Vorbehalts mit dem Vorrang vor dem Recht Abteilung III Nr. 1 eingetragen …*

b) *Der vorbehaltene Vorrang vor diesem Recht ist dem Recht Abteilung III Nr. … eingeräumt. Eingetragen am …"*

35 Der Rangvorbehalt kann auch teilweise oder stufenweise ausgeübt werden.[50] Der Rangvorbehalt kann mehrmals ausgeübt werden.[51] Dies ergibt sich aus der Rechtsnatur des Rangvorbehalts als eines vorbehaltenen Stücks Eigentum, also eines Zustandsrechts, das ausgeübt werden kann, solange es besteht. Zum Einfluss einer Zuschreibung auf den Umfang des Rangvorbehalts siehe § 6 GBO Rdn 25.

IV. Löschung des Rangvorbehalts

36 Zur Löschung des Rangvorbehalts genügt formell-rechtlich die Bewilligung des Grundstückseigentümers. Die vereinzelt für erforderlich gehaltene Zustimmung des Gläubigers des begünstigten Rechts[52] kann auch dann nicht verlangt werden, wenn der Vorbehalt gegenwärtig ausgeützt wird, weil die Löschung des Rangvorbehalts den einmal eingetragenen Vorrang nicht berührt.[53]

Ist der Rangvorbehalt ausdrücklich auf einen bestimmten Fall beschränkt, so erlischt er ausnahmsweise mit der Ausübung. In diesem Fall ist die Tatsache des Erlöschens einzutragen.

---

46 LG Aachen Rpfleger 1986, 89; OLG Frankfurt/M. Rpfleger 1989, 401; OLG Frankfurt/M. Rpfleger 1996, 340; LG Dresden Rpfleger 1994, 292; a.A. BGH Rpfleger 1995, 343; BayObLGZ 1994, 203, die den Eintragungstag nicht als primären Zinsbeginn ansehen, ebenso *Kutter*, DNotZ 1990, 744; *Demharter*, § 45 Rn 38; für bereits eingetragene Rangvorbehalte gilt nach BGH der Eintragungstag „als Mindestinhalt"; damit wird das Ganze als reines Auslegungsproblem doch minimiert. Weshalb eine den Normalfall annehmende Auslegung unwahrscheinlicher sein soll als die auf die Ausnahme zielende ist unverständlich.

47 LG Düsseldorf Rpfleger 1985, 100; *Demharter*, § 45 Rn 39.

48 OLG Frankfurt/M. Rpfleger 1964, 376; LG Wuppertal BlGBW 1953, 200; *Schmitz/Valckenberg*, NJW 1964, 1477; die Frage ist zu bejahen, *Schöner/Stöber*, Grundbuchrecht, Rn 928.

49 BGHZ 12, 238 = DNotZ 1955, 378; OLG Frankfurt/M. MDR 1953, 243; vgl. auch *Jansen*, NJW 1954, 238.

50 KGJ 40, 236; BayObLGZ 1956, 462; zur grundbuchmäßigen Behandlung siehe *Unterreitmayer*, Rpfleger 1960, 282.

51 Staudinger/*Kutter*, BGB, § 881 Rn 29; Soergel/*Stürner*, BGB, § 881 Rn 14; ablehnend LG Nürnberg-Fürth MittBayNotV 1977, 64.

52 So *Fabricius*, Rpfleger 1956, 155 u. 301.

53 LG Kassel NJW 1956, 424; LG Hof MittBayNot 1974, 268; *Staudenmaier*, Rpfleger 1960, 81 m.w.N.

F. Nachträgliche Rangänderung

Der nach § 879 BGB bestehende Rang der eingetragenen Rechte kann nachträglich durch Vereinbarung der Beteiligten geändert werden.

Materiell-rechtlich erfordert die Rangänderung Einigung zwischen dem vortretenden und dem zurücktretenden Gläubiger und die Eintragung in das Grundbuch, bei Grundpfandrechten ist weiter erforderlich die Zustimmung des Grundstückseigentümers (§ 880 Abs. 2 S. 2 BGB); § 876 BGB gilt entsprechend, § 880 Abs. 3 BGB.

Formell-rechtlich ist die Rücktrittserklärung des zurücktretenden Gläubigers im Rahmen seiner Bewilligung,[54] bei Grundpfandrechten die Zustimmung des Eigentümers erforderlich. Gesamtberechtigte gem. § 428 BGB müssen den Rangrücktritt gemeinsam bewilligen, es genügt nicht, dass einer der Berechtigten ihn allein erklärt. Die Zustimmung des Eigentümers wird bei der Eintragung des Vorrangs einer Zwangshypothek durch den vollstreckbaren Titel ersetzt.[55]

Tritt ein vormerkungswidrig eingetragenes Recht gem. § 888 BGB hinter eine gem. § 1287 BGB oder § 848 Abs. 2 ZPO entstandene Sicherungshypothek zurück, so bedarf es gleichfalls keiner Eigentümerzustimmung.[56]

Drittberechtigte (Pfandgläubiger, Nießbraucher) müssen gleichfalls zustimmen, § 19 GBO i.V.m. § 876 S. 1 BGB. Die Mitwirkung der am herrschenden Grundstück Berechtigten bei Rücktritt eines subjektivdinglichen Rechts (§§ 880 Abs. 3, 876 S. 2 BGB) ist gem. § 21 GBO jedoch nur erforderlich, wenn der Herrschvermerk (§ 9 GBO) gebucht ist. Zur Antragsberechtigung (insbesondere des Eigentümers siehe § 13 GBO Rdn 75 ff.); zur grundbuchtechnischen Durchführung siehe § 18 GBV Rdn 1.

Wird die Rangänderung nur in Bezug auf **Teile eines Rechts** vorgenommen, so führt sie zu einer Teilung des Rechts i.S.v. § 1151 BGB.[57] Hierbei ist in der Bewilligung oder dem Antrag anzugeben, in welchem Rangverhältnis die Teilrechte zueinander stehen sollen. Das Rangverhältnis ist in dem Abtretungsvermerk im Grundbuch anzugeben. Manche Grundbuchämter tragen die Teilabtretung oft auch in zwei Vermerken in das Grundbuch ein, in einem ersten Vermerk die Teilung, in einem zweiten die Abtretung. Dies ist unnötig, denn schon die Eintragung der Teilabtretung in einem Vermerk beinhaltet denknotwendig die Teilung. Der gebührenrechtliche Aspekt, dass mit zwei Eintragungsvermerken die Gebühr des KV GNotKG 14130 vielleicht doppelt angesetzt werden könnte, ist keinesfalls maßgeblich.

Umstritten ist, ob die Teilabtretungen in der Kautelarpraxis weitgehend üblichen **Rangbestimmungen** („... im Range vor dem Restbetrag ...") der **Eintragung** im Grundbuch (§ 880 Abs. 2 BGB) auch dann bedürfen, wenn bei einem Briefrecht die Abtretung gem. § 1154 Abs. 1 BGB außerhalb des Grundbuchs erfolgt.[58] Die Befürworter der Eintragungsbedürftigkeit erliegen dem Fehler, ein eigenständiges Teilungsgeschäft anzunehmen, demgegenüber allerdings § 880 BGB seinerseits eigenständige Bedeutung behalten müsste; ein solches gibt es jedoch nicht. Die Teilung unterliegt in Voraussetzung und Form insgesamt den Regeln, die für das sie bewirkende Rechtsgeschäft gelten; beruht sie auf einer Inhaltsänderung, so muss sie – insgesamt – stets eingetragen werden, beruht sie auf einer Teilabtretung, so kann dies in einem Briefrecht eben außerhalb des Buches geschehen. Die Festlegung des Teilungsgeschäfts auf einen Teilbereich des Rechts, der auch rangmäßig beschrieben werden kann, ist kein gesondertes Rechtsgeschäft des § 880 BGB, sondern Inhalt des Teilungsgeschäfts; sie ist letztlich nichts anderes als die konkretisierende Beschreibung des Gegenstandes dieses Rechtsgeschäfts. Im Falle des § 1154 Abs. 1 BGB entfällt daher die Notwendigkeit der Eintragung der Rangbestimmung. Dass sie in der Abtretungserklärung bestimmt sein muss, steht außer Frage.

---

54 Eingehend auch Hügel/*Zeiser*, § 45 Rn 59 ff.
55 BGHZ 12, 244 = DNotZ 1954, 378; KG JFG 12, 306; MüKo-BGB/*Kohler*, § 880 Rn 11; *Schöner/Stöber*, Grundbuchrecht, Rn 2580; kritisch *Eickmann*, RpflStud 1982, 74, 77; ebenso Meikel/*Böttcher*, § 45 Rn 114.
56 BayObLG NJW-RR 1991, 567.
57 OLG Zweibrücken Rpfleger 1985, 54.
58 Für die Eintragung Staudinger/*Wolfsteiner*, BGB, § 1151 Rn 10; Meikel/*Böttcher*, § 45 Rn 112; Grüneberg/*Herrler*, BGB, § 1151 Rn 3; *Schöner/Stöber*, Grundbuchrecht, Rn 2412; *Schmid*, Rpfleger 1988, 136. *Ulbrich*, MittRhNK 1995, 289; gegen die Eintragung OLG Hamm Rpfleger 1988, 58; 1992, 340; OLG Düsseldorf Rpfleger 1991, 240; *Baur/Stürner*, Sachenrecht, § 38 Rn 12; *Wilhelm*, Sachenrecht, Rn 557 (dort Fn 237); *Demharter*, § 45 Rn 47.

G. Die Rangregulierung

42 Sie wird unter bestimmten Voraussetzungen bei Veränderungen im Grundstücksbestand (Vereinigungen, Bestandteilszuschreibungen) erforderlich, insbesondere um die in § 5 Abs. 2 GBO geregelte Besorgnis der Verwirrung zu beseitigen (dazu § 5 GBO Rdn 13, 18).

> **Beispiel:** BestVerz. Nr. 1 ist mit einer Hypothek (III/1), BestVerz. Nr. 2 mit einer Grundschuld (III/2) belastet. Die beiden Grundstücke sollen miteinander vereinigt werden.

Hinsichtlich der beiden Grundpfandrechte führt die Vereinigung zunächst zu keiner Veränderung, weil sie an den bisherigen Grundstücken (nunmehr: realen Grundstücksteilen) bestehen bleiben. Dabei kann es sein Bewenden haben, wenn die Vereinigung dergestalt bewirkt wird, dass die beiden bisherigen Flurstücke katastermäßig erhalten bleiben. In diesem Fall bedarf es keiner Pfanderstreckung und damit auch keiner Rangregulierung.

Wird jedoch durch die Katasterbehörde ein einheitliches neues Flurstück gebildet, so ist regelmäßig im Hinblick auf die unterschiedlichen Belastungsverhältnisse Verwirrung zu besorgen (siehe § 5 GBO Rdn 12 ff.). Zur Ausräumung des Verwirrungsbedenkens ist Pfanderstreckung erforderlich. Dies setzt jedoch gleichzeitig eine Rangregulierung, das heißt eine Festlegung über den Rang der beiden Rechte am einheitlichen Grundstück voraus, weil sie ja beide bisher den ersten Rang innehatten. Dazu sind erforderlich:

– Bestimmung des Eigentümers gem. § 45 Abs. 3 GBO darüber, welchen Rang die Rechte nunmehr haben sollen;
– Bewilligung des Gläubigers, dessen Recht nunmehr insgesamt schlechteren Rang erhalten soll.

43 **Weiteres Beispiel.** Wie oben (vgl. Rdn 42) jedoch soll das Grundstück BestVerz. Nr. 2 dem Grundstück BestVerz. Nr. 1 als Bestandteil zugeschrieben werden.

Auch hier ist – in § 1131 BGB – die Folge der Zuschreibung genau geregelt; bleiben die bisherigen Flurstücke auch nach der Zuschreibung erhalten, so ist weiter nichts veranlasst.

Wird jedoch ein neues einheitliches Grundstück im Wege der Flurstücksverschmelzung gebildet, so muss Pfanderstreckung insoweit durchgeführt werden, als die Wirkung des § 1131 BGB nicht eintritt. Auch in diesem Fall muss dann durch Rangregulierung ein einheitliches Rangverhältnis am Gesamtgrundstück herbeigeführt werden.[59]

H. Verletzung des § 45 GBO

I. Eintragung ohne Berücksichtigung der Eingangsreihenfolge

44 Trägt das Grundbuchamt die Rechte entgegen der Eingangsreihenfolge und damit unter Verletzung des Abs. 1 in das Grundbuch ein, ist hinsichtlich des Ranges der Rechte das Grundbuch nicht unrichtig.[60] Die Rechte sind mit dem sich aus dem Grundbuch ergebenden Rangverhältnis nach § 879 Abs. 1 BGB entstanden. Die Herstellung des Ranges entsprechend der Eingangsreihenfolge kann nur durch nachträgliche Rangänderung erfolgen, wobei der nachrangige Rechtsinhaber keinen Anspruch gegen den vorrangigen auf Rangänderung hat, dieser ist nicht etwa hinsichtlich des Vorrangs ungerechtfertigt bereichert. Wegen der Verletzung des Abs. 1, auch wenn er nur Ordnungsvorschrift ist, kann aber eine Amtshaftung nach § 839 BGB in Betracht kommen.[61] Der Schaden des nachrangigen Berechtigten kann aber erst bestimmt werden, wenn es tatsächlich zu einem Zwangsversteigerungsverfahren kommt und er mit seinem Recht ausfällt.

---

59 Zu den aufgeworfenen Fragen *Röll*, DNotZ 1968, 537, 540; *Eickmann/Böttcher*, GBVerfR, Rn 359 ff.
60 RGZ 57, 277; BGHZ 21, 98.
61 Meikel/*Böttcher*, § 45 Rn 213 ff.; *Schöner/Stöber*, Grundbuchrecht, Rn 324.

II. Eintragung ohne Berücksichtigung einer Rangbestimmung

Missachtet das Grundbuchamt bei der Eintragung eine Rangbestimmung im Antrag oder insbesondere in der Bewilligung, decken sich materiell rechtlich zwar Einigung und Eintragung möglicherweise nicht, weshalb das Grundbuch unrichtig wäre.[62] Aus § 139 BGB ist aber anzunehmen, dass auch im Interesse der Berechtigten wenigstens mit dem sich aus dem Grundbuch ergebenden Rangverhältnis entstanden sind.[63] Ob im Einzelfall die Auslegungsregel des § 139 BGB gilt, oder ob die Beteiligten ausschließlich das vereinbarte Rangverhältnis wollten, ist materiell rechtlich zu klären. Eine nachträgliche Rangänderung kann sich dann auch als Grundbuchberichtigung herausstellen.[64]

45

III. Sonstige Rechtsverletzungen

Der im Papiergrundbuch noch denkbare Fall, dass das Grundbuchamt bei der Eintragung einen offenen Zwischenraum einer Abteilung (siehe § 21 Abs. 3 GBV) mit einer neuen Eintragung versieht und damit ein später eingetragenes Recht örtlich eine „frühere" Rangposition erlangt, kann im maschinell geführten Grundbuch nicht auftreten. In diesem Fall entscheidet die tatsächliche (zeitliche) Reihenfolge über den Rang, denn der für das bereits eingetragene Recht entstandene Rang kann durch die regelwidrige spätere Eintragung nicht verlorengehen. Allerdings kann die formal unberechtigte Rangposition durch gutgläubigen Erwerb des Rechts bei späterer Abtretung auch materiell-rechtliche Wirksamkeit erlangen.[65]

46

Fehler bei Eintragung des Tages der Eintragung können im maschinell geführten Grundbuch ebenfalls nicht auftreten. Werden sie noch in einem Papiergrundbuch etwa im Rahmen der Umschreibung festgestellt, gilt auch hier das tatsächliche Eintragungsdatum, nicht das versehentlich falsch eingetragene. Das tatsächliche Eintragungsdatum muss dabei aus den Eintragungsunterlagen und der Eintragungsverfügung rekonstruiert werden.

§ 46 [Löschung]

(1) Die Löschung eines Rechtes oder einer Verfügungsbeschränkung erfolgt durch Eintragung eines Löschungsvermerks.

(2) Wird bei der Übertragung eines Grundstücks oder eines Grundstücksteils auf ein anderes Blatt ein eingetragenes Recht nicht mitübertragen, so gilt es in Ansehung des Grundstücks oder des Teils als gelöscht.

A. Allgemeines	1	II. Nichtübertragung	6
B. Voraussetzungen der Löschung	3	D. Verletzung des § 46 GBO	9
I. Eingetragenes Recht	3	E. Besonderheiten	10
II. Geltung der Eintragungsvorschriften	4	I. Gesetzliche Sonderregelungen	10
C. Arten der Löschung	5	II. Sonstige Fälle	12
I. Eintragung eines Löschungsvermerkes	5		

A. Allgemeines

Die Bestimmung regelt die grundbuchmäßige Form der Löschung einer Eintragung. Da das materielle Recht über die Form der Löschung nichts aussagt, sind die Vorschriften des § 46 GBO in Verbindung mit § 17 Abs. 1 S. 1 und Abs. 2, 5 GBV zwingendes, das materielle Recht insoweit ergänzendes Recht. Als Grundtatbestand ist zu beachten, dass die Löschung eines Rechtes oder eines sonstigen Vermerks auch eine Eintragung im Sinne des materiellen Rechts ist. Ihre konstitutive Notwendigkeit, insbesondere nach § 875 BGB, wird durch § 46 GBO umgesetzt. Materiell-rechtlich erlischt ein Recht nicht allein durch

1

---

[62] So BayObLG Rpfleger 1976, 302; OLG Brandenburg FGPrax 2002, 49 = Rpfleger 2002, 135; OLG München Rpfleger 2006, 68.

[63] BGH MittBayNot 1990, 102; Hügel/*Zeiser*, § 45 Rn 91; eingehend Meikel/*Böttcher*, § 45 Rn 228.

[64] So wohl BGH FGPrax 2014, 99.

[65] Grüneberg/*Herrler*, BGB, § 879 Rn 8; Meikel/*Böttcher*, § 45 Rn 216 ff.; Bauer/Schaub/*Knothe*, § 45 Rn 26.

Eintragung des Löschungsvermerks oder Nichtübertragung. Es bedarf regelmäßig nach § 875 BGB der Aufgabeerklärung des Berechtigten und ggf. der Zustimmung Dritter (§ 876, 1183 BGB). Diese materiell-rechtlichen Erklärungen können der Löschung auch zeitlich nachfolgen.[1] Die Löschung erfolgt aufgrund Bewilligung des Berechtigten (§ 19 GBO), Unrichtigkeitsnachweis (§ 22 GBO) oder bei Verfügungsbeeinträchtigung und sonstigen Vermerken auf Ersuchen einer Behörde (§ 38 GBO). § 46 GBO regelt nicht die verfahrensrechtlichen Voraussetzungen der Löschung sondern nur ihre Durchführung. Auf andere Weise als durch § 46 GBO vorgeschrieben und erlaubt, etwa mittels Durchstreichen oder Einklammern kann eine Löschung nicht wirksam vorgenommen werden. Insbesondere stellt die Rötung nach § 17 Abs. 3 GBV nur eine optische Unterstützung der Löschung dar, sie wirkt selbst nicht konstitutiv.[2] Das maschinell geführte Grundbuch lässt ohnehin technisch keine anderen Formen einer Löschung zu.

§ 46 GBO kennt zwei Arten der Löschung, erstens durch **Eintragung eines ausdrücklichen Löschungsvermerkes** (siehe Rdn 5) oder durch **Nichtübertragung des Rechts** auf ein neues Grundbuchblatt (siehe Rdn 6). Auch diese letztgenannte Löschungsart ist begrifflich eine „Eintragung", für welche die allgemeinen Regeln gelten.

2   Welche Form der Löschung im Einzelfall zu wählen ist, bestimmt das Grundbuchamt unter Berücksichtigung von Zweckmäßigkeit und Grundbuchklarheit nach seinem Ermessen.[3] An Anregungen des Antragstellers ist das Grundbuchamt nicht gebunden.[4] Die Löschung durch Nichtübertragung kommt dabei nur in Betracht, wenn das belastete Grundstück auf ein anderes Grundbuchblatt übertragen wird. Auch diese Entscheidung liegt im Ermessen des Grundbuchamtes, der Antragsteller hat keinen Anspruch auf eine bestimmte Art der Grundbuchführung und insbesondere keinen Anspruch auf Übertragung eines Grundstücks auf ein anderes oder neues Grundbuchblatt.[5] Im Übrigen ist zu berücksichtigen, dass mit der Löschung und der durch § 17 Abs. 3 GBV vorgeschriebenen Rötung die gelöschte Eintragung stets auch sichtbar und lesbar bleiben soll, damit durch das Grundbuch auch die historische Entwicklung der Rechte am Grundstück dokumentiert wird.[6] Zu allgemein ist es deshalb, zu fordern, von der Möglichkeit des Abs. 2 solle „soweit und so oft wie möglich" Gebrauch gemacht werden.[7]

B. Voraussetzungen der Löschung
I. Eingetragenes Recht

3   Die Vorschrift gilt für eingetragene Rechte, wobei der Begriff „Rechte" i.S. des § 46 GBO im weitesten Sinne zu verstehen ist; die Vorschrift umfasst auch – neben den in Abs. 1 genannten Verfügungsbeschränkungen – Vormerkungen und Widersprüche.

II. Geltung der Eintragungsvorschriften

4   Für die Löschung als Eintragung im Sinne des Gesetzes gelten alle Vorschriften, die allgemein für Eintragungen getroffen sind, also die §§ 13, 19, 22, 23, 24, 27, 38, 39, 40, 41 und 42 GBO.[8] Das belastete Grundstück (§ 28 GBO) und das zu löschende Recht müssen in der Eintragungsgrundlage bestimmt genug bezeichnet sein, erforderliche Zustimmungen Dritter (§ 27 GBO) müssen in grundbuchmäßiger Form vorliegen. Ob danach materiell-rechtlich vielleicht in der Zustimmung nach § 27 GBO auch eine Aufhebungserklärung nach § 875 BGB liegt, wenn tatsächlich ein verdecktes Eigentümerrecht vorliegt, hat das Grundbuchamt nicht zu prüfen.[9]

---

1 Lemke/*Wagner*, § 46 Rn 9.
2 Bauer/Schaub/*Weber*, § 46 Rn 13; Hügel/*Reetz*, § 46 Rn 38 ff.
3 HansOLG Hamburg Rpfleger 1972, 380; OLG Köln Rpfleger 1959, 290 m. Anm. *Riggers*; OLG Frankfurt DNotZ 1971, 312; Bauer/Schaub/*Weber*, § 46 Rn 13; Hügel/*Reetz*, § 46 Rn 4; *Haegele*, Rpfleger 1957, 355; a.A. *Tröster*, Rpfleger 1959, 342.
4 Meikel/*Böhringer*, § 46 Rn 8; OLG Düsseldorf Rpfleger 1977, 460; *Voigt*, BWNotZ 1952, 65.
5 Meikel/*Böhringer*, § 46 Rn 7.
6 OLG Düsseldorf FGPrax 1997, 83; OLG Naumburg NotBZ 2013, 71; OLG Naumburg FGPrax 2014, 54.
7 So Meikel/*Böhringer*, § 46 Rn 11; Lemke/*Wagner*, § 46 Rn 2.
8 Allgemein RGZ 72, 362; BayObLG Rpfleger 1987, 101; OLG München NJOZ 2014, 1056; Meikel/*Böhringer*, § 46 Rn 12.
9 Insoweit zu ausführlich und § 46 nicht betreffend bezüglich des Verzichts auf das Grundpfandrecht Hügel/*Reetz*, § 46 Rn 25 ff.

C. Arten der Löschung

I. Eintragung eines Löschungsvermerkes

Erforderlich ist ein besonderer Vermerk, der die Löschung, d.h. die buchmäßige Beseitigung der betroffenen Eintragung zum Ausdruck bringt. Der Angabe des materiell-rechtlichen Grundes bedarf es nicht, sie wird bei der Eintragung auch nicht geprüft. Auf eine Eintragungsbewilligung (Löschungsbewilligung) wird bei der Löschung nicht Bezug genommen, auch die Angabe des Notars und der Urkundenrollennummer, der die Löschungsbewilligung beglaubigt hat unterbleibt; § 44 Abs. 2 S. 2 GBO findet keine Anwendung.

Soll nur der **Teil eines Rechts gelöscht** werden, etwa bei Grundpfandrechten im Rahmen einer sog. Pfandentlassung, oder ein Recht nur an einem von mehreren Grundstücken gelöscht werden, etwa bei der lastenfreien Abschreibung einer Dienstbarkeit nach § 1026 BGB, ist dies im Löschungsvermerk kenntlich zu machen. Eine Änderung des Belastungsgegenstandes, etwa bei der sog. Pfandauswechslung bei Grundpfandrechten, besteht sachenrechtlich aus einer Löschung am bisherigen Grundstück und Neueintragung am neuen Grundstück.[10] Der Eintragungsvermerk der Pfandauswechslung stellt sich dann auch als Löschungsvermerk dar und kann auch so gefasst werden, wenngleich er regelmäßig in der Veränderungsspalte Platz findet und nicht in der Löschungsspalte der jeweiligen Abteilung.

Der Löschungsvermerk wird in der Löschungsspalte (Abt. II Sp. 6, 7; Abt. III Sp. 7, 8) der jeweiligen Abteilung bei der zu löschenden Eintragung angebracht. Auf die Eintragungsgrundlage oder einen möglichen materiell-rechtlichen Tatbestand, der ohnehin nicht immer festgestellt werden kann und nicht zu prüfen ist, wird nicht verwiesen. Ob die Eintragung „Gelöscht am ..." oder in der Löschungsspalte nur „am ..." lauten muss, mag dahingestellt bleiben.[11] Jedenfalls ist die Eintragung lediglich des Datums sprachlich nicht gelungen und für einen Laien wenig verständlich, insbesondere wenn die Eintragungsmitteilung nach § 55 GBO lediglich diesen Wortlaut der Eintragung mitteilt. Zur Fassung und der Stellung des Vermerks sowie der anderen grundbuchtechnischen Fragen siehe § 17 GBV Rdn 2; zur Behandlung der Briefe siehe § 69 GBO Rdn 1 ff.

II. Nichtübertragung

Durch Nichtübertragung des Rechts auf ein neues Blatt wird das **Recht gelöscht**. Abs. 2 betrifft zwei Fälle, nämlich dass ein Recht auf einem zu übertragenden Grundstück oder Grundstücksteil wegfallen soll und dass es auf einem abzuschreibenden Grundstücksteil nicht nicht mehr lastet.[12] Wird das Grundbuch als Datenbankgrundbuch geführt, soll nach § 76a Abs. 1 Nr. 3 GBV die Löschung durch Nichtübertragung unterbleiben und allein durch Eintragung des Löschungsvermerks erfolgen (siehe auch § 76a GBV Rdn 8).[13] Ferner ist § 13 Abs. 4 S. 4 GBV zu beachten, wonach Löschungen von Rechten an einem Grundstücksteil im Rahmen von Grundstücksveränderungen in der Veränderungsspalte der jeweiligen Abteilung einzutragen sind. Problematisch ist an diesen Regelungen allein, dass sie lediglich im Rahmen der GBV als Rechtsverordnung geregelt sind und daher Abs. 2 nicht außer Kraft setzen können. Wird insbesondere gegen § 13 Abs. 4 S. 4 GBV verstoßen und bei Grundstücksteilungen und -abschreibungen die Löschung eines Rechts durch Nichtübertragung vollzogen, ist dies materiellrechtlich wirksam.[14] Der Gesetzgeber des DaBaGG[15] hätte besser Abs. 2 aufheben sollen, als Sonderregelungen in einer Rechtsverordnung zu verstecken.

Die **Übertragung** auf ein anderes Blatt ist insbesondere gegeben in den Fällen der **Zusammenschreibung** und deren Aufhebung (§ 4 GBO), der **Vereinigung** und deren Aufhebung (§ 5 GBO), der **Zuschreibung** und deren Aufhebung (§ 6 GBO), der **selbstständigen Buchung**, der **Umschreibung** aus buchtechnischen Gründen (§ 28 GBV) sowie der **Neufassung** der Abt. II oder III (§ 33 GBV). Unter die erstere Alternative (Wegfall eines Rechts) fällt insbesondere die sogenannte **Entlassung aus der Mithaft** bei Grundpfandrechten. Erforderlich ist die Bewilligung der pfandfreien (lastenfreien) Abschreibung durch

---

10 Meikel/*Böhringer*, § 46 Rn 16; Bauer/Schaub/*Weber*, § 46 Rn 4; Hügel/*Reetz*, § 46 Rn 17.
11 Dazu Bauer/Schaub/*Weber*, § 46 Rn 14; Hügel/*Reetz*, § 46 Rn 33.
12 Fallgruppen bei Hügel/*Reetz*, § 46 Rn 61.
13 Dazu BT-Drucks 17/12635, S. 32, 33; zum Vorschlag, § 46 Abs. 2 GBO insgesamt aufzuheben Meikel/*Dressler-Berlin*, § 76a GBV Rn 16.
14 Im Ergebnis ebenso Lemke/*Wagner*, § 46 Rn 19.
15 DaBaGG v. 1.10.2013 (BGBl I S. 3719).

die Betroffenen.[16] Handelt es sich um ein Grundpfandrecht, wird die Entlassung eines Teilstückes aus der Mithaft als Verzicht nach § 1175 Abs. 1 S. 2 BGB angesehen, die eine Eigentümerzustimmung entbehrlich macht.[17]

Ein aus der Mithaft entlassenes (Teil-)Grundstück kann sofort auf ein anderes Blatt übertragen werden. Die vorherige Eintragung der Freigabe durch einen gesonderten Vermerk ist überflüssig und deshalb unrichtig.

8   Unter die zweite Alternative (ein Recht ruht nicht mehr auf dem abzuschreibenden Grundstücksteil) fallen insbesondere **Dienstbarkeiten**, wenn im Falle der **Teilung** des dienenden (belasteten) Grundstücks die außerhalb des Bereichs der Ausübung liegenden Teile gem. §§ 1026, 1090 BGB von dem Recht freiwerden.[18] Bei der Buchung des (freigewordenen) Teilgrundstückes ist das Recht nicht mehr mitzuübertragen. Voraussetzung dazu ist, dass die räumliche Einschränkung dem Grundbuchamt nachgewiesen wird, sollte sie nicht ausnahmsweise offenkundig sein.[19] Steht fest, dass der abzuschreibende Teil außerhalb des Ausübungsbereiches liegt, darf das Recht auch dann nicht mitübertragen werden, wenn dies ausdrücklich beantragt sein sollte, weil sonst das Grundbuch unrichtig würde.

D. Verletzung des § 46 GBO

9   Ist ein Recht **irrtümlich gelöscht oder nicht übertragen** worden, so ist das Grundbuch, sofern das Recht nicht ohnehin schon erloschen war, unrichtig. Insbesondere gilt die irrtümliche Nichtübertragung als Löschung,[20] so dass eine Nachholung der unterbliebenen Mitübertragung ausscheidet. Das Grundbuchamt hat mit der lastenfreien Eintragung des Grundstücks im neuen Grundbuchblatt einen öffentlichen Glauben begründet, der nicht durch eine Nachholung der Übertragung zerstört werden kann. Es ist – auf dem neuen Blatt! – gemäß § 53 Abs. 1 S. 1 GBO ein Amtswiderspruch gegen die Löschung einzutragen.[21] Im Ergebnis unschädlich ist es aber, wenn das Recht unzutreffend auf dem alten Grundbuchblatt mit Löschungsvermerk gelöscht und im neuen Grundbuchblatt mit Angabe des ursprünglichen Eintragungsdatums eingetragen wird.[22] Das zu Unrecht gelöschte Recht besteht außerhalb des Grundbuchs weiter und kann im Wege der Grundbuchberichtigung aufgrund neuer Bewilligung des betroffenen Eigentümers wieder eingetragen werden.[23] Mit gutgläubigem Grundstückserwerb erlischt es aber endgültig.[24]

E. Besonderheiten

I. Gesetzliche Sonderregelungen

10 Die GBO und andere Vorschriften sehen für die Löschung bestimmter Rechte teilweise Sonderregelungen vor.

11 **Befristete** oder bedingte sowie rückstandsfähige **Rechte**: §§ 23, 24 GBO; **Erbbaurecht**: § 31 Abs. 3 ErbbauRG; **Gegenstandslose Eintragungen**: §§ 84 ff. GBO; **Gesamtrechte**: § 48 Abs. 2 GBO; **Grundpfandrechte**: § 27 GBO; **Inhaltlich unzulässige Eintragungen**: § 53 Abs. 1 S. 2 GBO; **Löschungserleichterung** (bei auf Lebenszeit beschränkten Rechten): § 23 GBO; **Vormerkungen und Widersprüche**: §§ 18 Abs. 2, 25, 76 Abs. 2 GBO.

---

16 Zur Auslegung von Pfandfreigaben vor Vermessung s. BayObLG NotBZ 05, 46.
17 KG HRR 1931, 47; LG München JFG 23, 322; ausf. *Mansfeld*, Rpfleger 1957, 240 u. *Lotter*, MittBayNot 1985, 8; *Demharter*, § 46 Rn 18; Meikel/*Böttcher*, § 46 Rn 79.
18 BGH Rpfleger 2002, 511 = DNotZ 2002, 721; OLG Hamm Rpfleger 2000, 157; BayObLG Rpfleger 1983, 143; 1987, 451; Rpfleger 1992, 57 u. Rpfleger 2004, 280; LG Köln MittRh NotK 1994, 289.
19 KG KGJ 31, 312; BayObLG Rpfleger 1985, 186. Vgl. auch BayObLG Rpfleger 1992, 57 bezüglich eines Grundstücksteils mit Versorgungsleitungen in Bezug auf ein Wohnungsrecht; zum Nachweis aufgrund hinreichend bestimmter Eintragungsunterlagen BayObLG NJW-RR 1987, 1101; BayObLGZ 1991, 139 = DNotZ 1992, 670; BayObLG MittBayNot 1994, 318; *Schöner/Stöber*, Grundbuchrecht, Rn 1189.
20 BGH Rpfleger 1988, 353; BayObLGZ 1988, 127.
21 BayObLG Rpfleger 1986, 295.
22 Eingehend auch *Keller*, RpflStud 1992, 161.
23 BayObLG FGPrax 2003, 201.
24 BayObLG Rpfleger 2004, 37.

II. Sonstige Fälle

Besonderheiten gelten auch für die nachstehenden Eintragungen: 12
- Bei der teilweisen Löschung einer **Tilgungshypothek** oder **Abzahlungshypothek** muss zusätzlich zum Löschungsvermerk angegeben werden, welche planmäßigen Tilgungsbeiträge und außerordentlichen Rückzahlungen der zu löschende Teilbetrag umfasst. Dies gilt nicht, sofern es sich um den ranglezten Teilbetrag handelt. Bei einer Tilgungshypothek kann die Eintragung eines Vermerks beantragt werden, der klarstellt, ob Tilgung oder Nebenleistung vom ursprünglichen Kapitalbetrag oder vom Restbetrag zu berechnen ist.
- Die Eintragung einer **Zinssenkung** ist gleichfalls eine Löschung. Sie geschieht jedoch nicht in der Form des § 46 GBO, sondern in der Veränderungsspalte der Abteilung III:
Sp. 5–7 1 3.000 EUR Die Zinsen sind seit dem 1.1.2005 auf 6 % ermäßigt. Eingetragen am …
Die Eintragung des bisherigen Zinssatzes ist zu röten.
- Der sogenannte **Wirksamkeitsvermerk** stellt klar, dass ein eingetragenes Recht einem Nacherbenvermerk oder einer anderen Verfügungsbeschränkung gegenüber wirksam ist (vgl. § 45 GBO Rdn 12). Er beinhaltet eine Teillöschung.[25] Auch sie wird nicht gem. § 46 GBO verlautbart, sondern in die Veränderungsspalte eingetragen.
Sp. 5–7 1 3.000 EUR Die Hypothek ist dem Nacherben gegenüber wirksam. Eingetragen am …
Ein solcher Wirksamkeitsvermerk ist auch zulässig, um die Wirksamkeit einer Belastung gegenüber einer Vormerkung (§ 883 Abs. 2 BGB) auszudrücken (vgl. § 1 Einl. Rdn 85). Ein Vorrangverhältnis kann durch ihn nicht verlautbart werden.[26]

§ 47 [Angabe des Gemeinschaftsverhältnisses] (bis 31.12.2023 geltende Fassung)

(1) Soll ein Recht für mehrere gemeinschaftlich eingetragen werden, so soll die Eintragung in der Weise erfolgen, daß entweder die Anteile der Berechtigten in Bruchteilen angegeben werden oder das für die Gemeinschaft maßgebende Rechtsverhältnis bezeichnet wird.

(2) Soll ein Recht für eine Gesellschaft bürgerlichen Rechts eingetragen werden, so sind auch deren Gesellschafter im Grundbuch einzutragen. Die für den Berechtigten geltenden Vorschriften gelten entsprechend für die Gesellschafter.

§ 47 [Angabe des Gemeinschaftsverhältnisses] (seit 1.1.2024 geltende Fassung)

(1) Soll ein Recht für mehrere gemeinschaftlich eingetragen werden, so soll die Eintragung in der Weise erfolgen, daß entweder die Anteile der Berechtigten in Bruchteilen angegeben werden oder das für die Gemeinschaft maßgebende Rechtsverhältnis bezeichnet wird.

(2) Für eine Gesellschaft bürgerlichen Rechts soll ein Recht nur eingetragen werden, wenn sie im Gesellschaftsregister eingetragen ist.

A. Allgemeines … 1	D. Gesamtberechtigung nach § 428 BGB … 22
I. Anwendungsbereich und Rechtsgeschichte … 1	I. Begriff … 22
II. Ausnahmen … 4	II. Einzelfälle … 23
B. Bruchteilsgemeinschaft … 9	III. Eintragung … 24
I. Begriff … 9	E. Gesamthandsberechtigung nach § 432 BGB … 25
II. Einzelfälle … 11	I. Begriff … 25
III. Eintragung … 12	II. Einzelfälle … 27
C. Gesamthandsgemeinschaft … 14	III. Eintragung … 29
I. Begriff … 14	F. Nachweis des Gemeinschaftsverhältnisses … 30
II. Einzelfälle … 19	I. Grundsatz … 30
III. Eintragung … 20	II. Zwangseintragungen … 32

---

25 *Demharter*, § 46 Rn 4; Meikel/*Böhringer*, § 46 Rn 21.   26 OLG Köln Rpfleger 1998, 106.

III. Nachträgliche Ergänzung 33
IV. Angabe des Gemeinschaftsverhältnisses im schuldrechtlichen Vertrag 34
G. Die Eintragung der Gesellschaft bürgerlichen Rechts (eGbR) 36
  I. Rechtsgeschichte und Rechtsgrundlagen ... 36
    1. Die Teilrechtsfähigkeit und die Grundbuchfähigkeit bis 1.1.2024 36
      a) Die Grundbucheintragung durch Nennung aller Gesellschafter 36
      b) Der Nachweis des Bestehens der GbR 42
      c) Die Vertretung der GbR 43
    2. Die Grundbuchfähigkeit der Gesellschaft bürgerlichen Rechts seit 1.1.2024 44
    3. Übergangsrecht 45
  II. Die Eintragung der Gesellschaft bürgerlichen Rechts seit 1.1.2024 47
    1. Neueintragung als Berechtigte 47
      a) Rechtserwerb nach dem 1.1.2024 ... 47
      b) Bezeichnung der eGbR als Berechtigte 49
      c) Am 1.1.2024 bereits eingeleiteter Rechtserwerb 50
      d) Eintragung einer Vor-Gesellschaft .. 51
    2. Eintragungen auf Bewilligung der vor dem 1.1.2024 eingetragenen Gesellschaft ... 52
    3. Zwangsvollstreckung für und gegen die Gesellschaft 54
      a) Vollstreckungstitel für und gegen die GbR 54
      b) Nachträgliche Registereintragung .. 55
      c) Zwangsvollstreckung gegen die nicht im Gesellschaftsregister eingetragene Gesellschaft 56
      d) Verfügungsbeeinträchtigungen 58
  III. Grundbuchberichtigung bei Eintragung der GbR vor dem 1.1.2024 59
    1. Grundsatz 59
    2. Eintragung auf Bewilligung der Gesellschafter 60
    3. Gesellschafterwechsel 61
    4. Tod eines Gesellschafters 62

A. Allgemeines

I. Anwendungsbereich und Rechtsgeschichte

1 Wenn ein einzutragendes Recht mehreren Berechtigten gemeinschaftlich zusteht, erfordert der das Grundbuchrecht beherrschende Bestimmtheitsgrundsatz, dass die Art und der Inhalt des Gemeinschaftsverhältnisses eingetragen werden, da die Verfügungsbefugnis des einzelnen Beteiligten bei den verschiedenen Arten der Gemeinschaften verschieden ist.[1] Es ist nicht maßgebend, ob die Eintragung eines Rechts konstitutiv oder berichtigend erfolgt.

2 Die Vorschrift betrifft Rechte im weitesten Sinne, sowohl das Eigentum, als auch Grundstücksrechte, als auch Vormerkungen und Widersprüche. Ein gemeinschaftliches Recht ist gegeben, wenn es den Berechtigten in Bruchteilsgemeinschaft (siehe Rdn 9 ff.), Gesamthandsgemeinschaft (siehe Rdn 14 ff.), als Gesamtberechtigte gem. § 428 BGB (siehe Rdn 22 ff.)[2] oder als Gesamthands- oder Mitberechtigte gem. § 432 BGB (siehe Rdn 25 ff.) zusteht.

3 Abs. 2 wurde mit Wirkung zum 1.1.2024 durch das Gesetz zur Modernisierung des Personengesellschaftsrechts vom 10.8.2021[3] geändert. Mit der Schaffung eines Gesellschaftsregisters für die Gesellschaft bürgerlichen Rechts (eGbR) ist der jahrzehntelange Streit über die Teilrechtsfähigkeit der Gesellschaft und ihre Grundbuchfähigkeit beigelegt (eingehend § 4 Einl. Rdn 52 ff.).[4] Ab 1.1.2024 soll die Gesellschaft nur mit dem im Gesellschaftsregister eingetragenen Namen in das Grundbuch eingetragen werden, die Eintragung im Gesellschaftsregister ist damit faktisch Voraussetzung der Grundbuchfähigkeit.[5] Bis 31.12.2023 galt Absatz 2 in der Fassung des Gesetzes zur Einführung des elektronischen Rechtsverkehrs (ERVGBG) vom 11.8.2009.[6] Danach war die GbR einzutragen unter namentlicher Nennung sämtlicher Gesellschafter, die Eintragung unterlag auch dem öffentlichen Glauben des Grundbuchs nach § 899a BGB. Zur Eintragung der Gesellschaft als eGbR sowie zum Übergangsrecht wird auf Rdn 36 ff. verwiesen.

---

1 Allgemein: BGHZ 136, 327; OLG Hamm Rpfleger 1973, 250; OLG Zweibrücken Rpfleger 1985, 284; BayObLG Rpfleger 1990, 503; OLG München RNotZ 2009, 394; Meikel/*Böhringer*, § 47 Rn 1; *Demharter*, § 47 Rn 1.
2 Dazu auch: OLG Zweibrücken MittBayNot 2014, 508 m. krit. Anm. *Amann*.
3 BGBl I 2021, 3436.
4 BT-Drucks 19/27635, S. 100 ff.
5 BT-Drucks 19/27635, S. 206 ff.
6 BGBl I 2009, 2713.

II. Ausnahmen

Sonderregelungen gelten für die Eintragung von **Altenteilen oder Leibgedingen** (siehe § 49 GBO Rdn 13)[7] sowie für die Eintragung eines **gemeinschaftlichen Vorkaufsrechts**; bei Letzterem ergibt sich das Verhältnis der mehreren Berechtigten zueinander aus § 472 BGB (vgl. Rdn 11, 19, 23).[8]

Zur Eintragung der **Gemeinschaft der Wohnungseigentümer** als Berechtigte eines dinglichen Rechts siehe Einl. § 4 GBO Rdn 57.

Ausnahmen ergeben sich bei der Eintragung **unbekannter Berechtigter** (z.B. nicht erzeugte Kinder, unbekannte Erben) sowie bei der Eintragung einer **Vormerkung** für noch zu benennende Dritte.[9]

Leben die Berechtigten in einem **Güterstand ausländischen Rechts**, der als besonderes Berechtigungsverhältnis anzusehen ist, das im deutschen Recht keine Entsprechung hat, so dass die Berechtigten nicht etwa als Berechtigte nach Bruchteilen eingetragen werden können oder wollen, ist auch die Eintragung des besonderen ausländischen Güterstands als Berechtigungsverhältnis denkbar.[10] Zum ausländischen Güterrecht vgl. eingehender: § 8 Einl. Rdn 204 ff. Zur Bruchteilsgemeinschaft von Ehegatten im **Beitrittsgebiet** siehe § 14 GBBerG Rdn 2. Zu weiteren Gemeinschaftsverhältnissen nach **ausländischem Recht** siehe § 8 Einl. Rdn 238.

So genannte **Sukzessiv-** oder **Alternativberechtigungen** fallen nicht unmittelbar in den Anwendungsbereich des § 47 GBO.[11] Sie haben sich als Mischformen bei Rechten entwickelt, die nicht übertragbar sind und mit dem Tod des Berechtigten erlöschen, insbesondere der beschränkten persönlichen Dienstbarkeit, dem Wohnungsrecht oder dem Nießbrauch. Bei diesen Rechten besteht das Bedürfnis, sie im Fall des Todes des Berechtigten oder bei Eintritt einer Bedingung auf einen anderen Berechtigten übergehen zu lassen. Dies wird durch Bestellung inhaltsgleicher Rechte für die verschiedenen Berechtigten je mit auflösender oder aufschiebender Bedingung unter demselben Tatbestand ermöglicht. So kann ein Wohnungsrecht, das mit dem Tod des Berechtigten erlischt, unter der aufschiebenden Bedingung des Todes für eine nachfolgende Person bestellt werden. Allein die Gesamtberechtigung nach § 428 BGB eignet sich zur Sicherung der Sukzessivberechtigung, wenn das Recht sogleich allen Berechtigten zustehen soll (typisch beim Wohnungsrecht für Eheleute oder Lebenspartner).[12]

B. Bruchteilsgemeinschaft

I. Begriff

Bei der Bruchteilsgemeinschaft (§§ 741 ff. BGB) steht das nach **ideellen** (nicht realen) Anteilen gemeinsame Recht mehreren derart zu, dass es als Teilrecht jedes einzelnen eine weit reichend selbständige Ausübung von Befugnissen (Fruchtziehung, Veräußerung, Belastung) hinsichtlich des einzelnen Anteils gestattet; während gewisse Befugnisse, die Auswirkung auf den Gemeinschaftsgegenstand haben, nur gemeinsam ausgeübt werden können, es sei denn, die Interessen der übrigen würden nicht verletzt.

Erwirbt ein Berechtigter mehrere Bruchteile, werden diese zu einem Bruchteil zusammengerechnet, es entstehen nicht wie bei der Gesamthandsgemeinschaft, insbesondere der Erbengemeinschaft, Unterbruchteilsgemeinschaften. Ebenso teilt sich der Bruchteil bei teilweiser Veräußerung.[13]

---

7 BGH BGHZ 73, 211; OLG Frankfurt Rpfleger 1973, 394; BayObLG BayObLGZ 1975, 193.
8 BGH DNotZ 1982, 368; BayObLG BayObLGZ 1958, 202; OLG Frankfurt DNotZ 1986, 239; LG Nürnberg-Fürth MittBayNot 1994, 110; OLG Frankfurt FGPrax 1998, 170; *Schöner/Stöber*, Grundbuchrecht, Rn 1403; zur Vormerkungssicherung bei einem Vorkaufsrecht nach § 472 BGB siehe BGH Rpfleger 1998, 17 (keine Angabe nach § 47 GBO, aber Hinweis auf § 472 BGB); anders noch: KG Rpfleger 1997, 377.
9 Eingehend dazu: Meikel/*Böhringer*, § 47 Rn 10–13.
10 *Demharter*, § 47 Rn 5, 25; Hügel/*Reetz*, § 47 Rn 16 ff.; Einzelfälle: OLG Zweibrücken DNotZ 2008, 529; OLG München RNotZ 2009, 394; OLG Schleswig Rpfleger 2010, 73; OLG München NJOZ 2013, 2004.
11 Eingehend: *Schöner/Stöber*, Grundbuchrecht, Rn 261a ff.; *Rastätter*, BWNotZ 1994, 27; *Streuer*, Rpfleger 1994, 397; *Amann*, MittBayNot 1998, 223.
12 *Schöner/Stöber*, Grundbuchrecht, Rn 261g.
13 Meikel/*Böhringer*, § 47 Rn 148; Hügel/*Reetz*, § 47 Rn 55.

II. Einzelfälle

11 Die Bruchteilsgemeinschaft ist mit folgenden Maßgaben bei einzelnen Grundstücksrechten denkbar:

- **Dienstbarkeit:** Für die Zulässigkeit der Bruchteilsberechtigung ist entscheidend, ob die Befugnis des Berechtigten teilbar ist. Ist das nicht der Fall, wie z.B. bei einem Geh- und Fahrtrecht, ist auch keine Bruchteilsberechtigung zulässig. Die Bestellung auch einer beschränkten persönlichen Dienstbarkeit für mehrere Berechtigte zu Bruchteilen ist nur möglich, sofern die Leistungen oder Ausübungsbefugnisse teilbar sind.[14] Unterlassungspflichten sind unteilbar, deshalb ist eine Bruchteilsgemeinschaft hier nicht möglich. Die Bestellung einer Grunddienstbarkeit ist unabhängig davon, wie die Eigentumsverhältnisse am herrschenden Grundstück sind, daher kann auch Bruchteilsberechtigung am herrschenden Grundstück bestehen, die Grunddienstbarkeit steht dennoch „dem jeweiligen Eigentümer" zu.[15]
- **Eigentümergrundschuld:** Die Bestellung zugunsten von Berechtigten in Bruchteilsgemeinschaft ist ohne weiteres zulässig, im Übrigen wird die Grundschuld ja nicht „für den jeweiligen Eigentümer" bestellt. Wenn eine Gesamthypothek an zwei ideellen Grundstückshälften den Eigentümern als Eigentümergrundschuld zusteht, bilden diese eine Bruchteilsgemeinschaft.[16] Miteigentümer eines Grundstücks zu Hälfteanteilen, denen außerdem noch Grundstücke zum Alleineigentum gehören, können ihren ganzen Grundbesitz ebenfalls mit einer ihnen zu Hälfteanteilen zustehenden Grundschuld belasten.[17]
- **Erbbaurecht:** Da Erbbaurecht grundstücksgleiches Recht ist, ist eine Bruchteilsgemeinschaft hieran ohne weiteres möglich.
- **Grundschuld:** Eine Bruchteilsgemeinschaft der Gläubiger ist ohne weiteres möglich (siehe unter „Hypothek").
- **Grundstückseigentum:** Dies ist der Regelfall einer Bruchteilsgemeinschaft. Die Übertragung eines Anteils an mehrere Erwerber zu Bruchteilen lässt keine Unterbruchteilsgemeinschaft am Anteil entstehen; die Erwerber treten in die am Grundstück bestehende Gemeinschaft mit entsprechenden Anteilen ein.[18] Bei **Bodenreformgrundstücken** in den neuen Bundesländern bilden die Zuweisungseigentümer des Art. 233 § 11 Abs. 2 S. 1 Nr. 2 EGBGB stets eine Bruchteilsgemeinschaft, auch wenn sie aus den Erben des Verstorbenen gebildet wird.[19]
- **Hypothek:** Da die gesicherte Forderung bzw. der Kapitalbetrag des Grundpfandrechts als Geldbetrag teilbar ist, ist eine Bruchteilsgemeinschaft der Gläubiger ohne weiteres möglich.
- **Nießbrauch:** Da die Fruchtziehung durch die Nießbraucher eine teilbare Leistung sein kann, ist eine Bruchteilsgemeinschaft der Berechtigten zulässig.[20]
- **Reallast:** Eine Bruchteilsgemeinschaft ist zulässig, sofern teilbare Leistungen geschuldet sind.
- **Vorkaufsrecht:** Ein mehreren Personen zustehendes Vorkaufsrecht kann nur gemeinsam ausgeübt werden, § 472 BGB. Es kann daher nicht für mehrere Personen zu Bruchteilen bestellt werden.[21] Da es nur gemeinschaftlich ausgeübt werden kann, ist die Angabe eines besonderen Gemeinschaftsverhältnisses nicht erforderlich. Damit ist nicht gesagt, in welchem Gemeinschaftsverhältnis die Vorkaufsberechtigten bei Ausübung ihres Rechts auch Eigentümer des Grundstücks werden. Dies ist hin-

---

14 KG JW 1935, 3564; BayObLG BayObLGZ 1957, 322; BayObLG DNotZ 1966, 174; BayObLG DNotZ 2002, 950; BayObLG MittBayNot 2002, 286 m. Anm. *Mayer*; Meikel/*Böhringer*, § 47 Rn 36; a.A. LG Traunstein Rpfleger 1987, 242; Bauer/Schaub/*Wegmann*, § 47 Rn 79; *Amann*, DNotZ 2008, 334.
15 BayObLG BayObLGZ 1965, 267 = Rpfleger 1966, 367; BayObLG MittBayNot 2002, 286; KG Rpfleger 1970, 282; OLG Frankfurt NJW 1969, 469.
16 KG JFG 16, 347; *Demharter*, § 47 Rn 7.
17 BayObLG Rpfleger 1963, 410 m. Anm. *Haegele*; Meikel/*Böhringer*, § 47 Rn 34 m.w.N.
18 Meikel/*Böhringer*, § 47 Rn 38 m.w.N.
19 Dazu Meikel/*Böhringer*, Einl. H Rn 3; *Eickmann*, Grundstücksrecht in den neuen Bundesländern, Rn 100 ff.; *Moser-Merdian/Flik/Keller*, Das Grundbuchverfahren in den neuen Bundesländern, 3. Aufl. 1995, Rn 131 ff.; *Böhringer*, MittBayNot 1992, 369; *Böhringer*, Rpfleger 1993, 89; *Keller*, VIZ 1993, 190; *Keller*, MittBayNot 1993, 70; *Keller*, Rpfleger 1993, 317; *Keller*, NJ 1993, 355; *Keller*, NJ 1994, 161.
20 RG JR 1944, 744; KGJ 49, 194; KG HRR 1936, 1217; BGH BGHZ 40, 326; BGH NJW 1981, 176; OLG Düsseldorf Rpfleger 1975, 409; Staudinger/*Heinze*, BGB, § 1030 Rn 40; Meikel/*Böhringer*, § 47 Rn 46; *Demharter*, § 47 Rn 6.
21 RG RGZ 35, 308, KG DNotZ 1929, 736; BayObLG BayObLGZ 1967, 275; OLG Frankfurt NJW-RR 1999, 17; *Schöner/Stöber*, Grundbuchrecht, Rn 1406; Meikel/*Böhringer*, § 47 Rn 48; a.A. OLG Hamm ZMR 1989, 374; LG Mönchengladbach MittBayNot 1992, 273; MüKo-BGB/*Westermann*, § 472 Rn 1; MüKo-BGB/*K. Schmidt*, § 741 Rn 12; *Panz*, BWNotZ 1995, 196; *Ischinger*, Rpfleger 1949, 493.

sichtlich des Vorkaufsrechts auch nicht erforderlich. Zulässig soll daher die Vereinbarung des Gemeinschaftsverhältnisses der Gesamtberechtigung nach § 428 BGB sein (siehe Rdn 23). Dadurch kann insbesondere die Sukzessivberechtigung bei Wegfall eines Berechtigten geregelt werden. Auch Bruchteilsberechtigung[22] und Gesamthandsberechtigung werden für zulässig erachtet,[23] wobei wegen § 472 BGB die Ausübung stets gemeinschaftlich erfolgen muss, weshalb die Angabe des Gemeinschaftsverhältnisses im Grundbuch nicht erforderlich ist.[24]

- **Vormerkung**: Wenn das vorzumerkende Recht in Bruchteilsgemeinschaft eingetragen werden kann, gilt dies auch für die darauf gerichtete Vormerkung. Wird die Vormerkung für den Anspruch aus einem unter § 472 BGB fallenden Vorkaufsrecht eingetragen, entfällt § 47 GBO.[25]
- **Widerspruch**: Die Angabe der Berechtigten zu Bruchteilen ist zulässig und geboten, wenn das zu sichernde Recht der Bruchteilsgemeinschaft zugänglich ist.[26]
- **Wohnungseigentum**: Eine Bruchteilsgemeinschaft ist wie bei Grundstückseigentum zulässig.[27] Anders als bei gewöhnlicher Bruchteilsgemeinschaft teilt sich aber der mit dem Sondereigentum verbundene Miteigentumsanteil am Grundstück nicht entsprechend auf; die Eigentümer werden in Abt. I des Wohnungsgrundbuchs mit ihren Bruchteilen eingetragen, der im Bestandsverzeichnis angegebene Miteigentumsanteil am Grundstück ändert sich nicht.
- **Wohnungsrecht**: Eine Bruchteilsgemeinschaft ist hier nicht möglich, da die Leistung des „Wohnens" nicht teilbar ist.[28]

III. Eintragung

Erforderlich ist die **genaue Bruchteilsangabe** auch dann, wenn das Gesetz Berechnungsregeln aufstellt, oder wenn eine **gesetzliche Vermutung** zur Höhe der Bruchteile besteht (so bei Art. 234 § 4a Abs. 1, 3 EGBGB bei Ehegatten im Beitrittsgebiet, die in den Güterstand der Zugewinngemeinschaft übergeleitet wurden). Empfehlenswert ist die Angabe in Ziffern; jedoch genügt auch die Angabe „zu gleichen Teilen" (vgl. § 9 GBV Rdn 2). Jede Änderung des Anteilsverhältnisses ist im Grundbuch einzutragen, sie wird insbesondere als Änderung von Eigentumsanteilen wegen § 873 BGB überhaupt erst mit Eintragung wirksam.

12

Besonderheiten ergeben sich bei der Eintragung von **Erbteilserwerbern**:[29] Diese erwerben nach § 2033 Abs. 1 BGB den Erbteil eines Miterben und treten an dessen Stelle in die Erbengemeinschaft ein. Da diese eine Gesamthandsgemeinschaft ist, ist die Angabe des Gemeinschaftsverhältnisses, zu welchem die Erwerber an dem Erbteil beteiligt sind, nicht erforderlich und auch nicht zulässig. Die Grundbucheintragung ist im Übrigen stets Grundbuchberichtigung nach § 22 GBO, denn Gegenstand der Verfügung ist der Erbteil, selbst wenn der Nachlass nur noch aus dem Grundbesitz besteht.[30]

13

C. Gesamthandsgemeinschaft

I. Begriff

Bei der Gesamthandsgemeinschaft steht das Recht den mehreren Berechtigten zur gesamten Hand zu; der einzelne Gesamthänder kann weder ganz noch teilweise allein über das Grundstücksrecht verfügen. Verfügungen können nur mit Zustimmung aller Berechtigten getroffen werden, der Umfang der Berechti-

14

---

22 LG Mönchengladbach MittRhNotK 1992, 273.
23 LG Köln MittRhNotK 1977, 192; siehe auch: Staudinger/*Schermaier*, BGB, § 1094 Rn 14.
24 BGH BGHZ 136, 327; eingehend auch: Hügel/*Reetz*, § 47 Rn 6.
25 BGH BGHZ 136, 327 = DNotZ 1998, 292 = Rpfleger 1998, 17; BayObLG MittBayNot 1993, 84; LG Karlsruhe Rpfleger 2005, 602; LG Regensburg MittBayNot 2008, 293; a.A. Lemke/*Böttcher*, § 47 Rn 26.
26 OLG Hamm NJW 1960, 436; Meikel/*Böhringer*, § 47 Rn 47; *Schöner/Stöber*, Grundbuchrecht, Rn 410; krit.: Bauer/Schaub/*Wegmann*, § 47 Rn 135.
27 BGH BGHZ 49, 250 = JZ 1968, 562; OLG Neustadt DNotZ 1960, 149.

28 BayObLG Rpfleger 1958, 88; OLG Köln DNotZ 1965, 686; OLG Hamm MDR 1966, 326; Meikel/*Böhringer*, § 47 Rn 54; *Schöner/Stöber*, Grundbuchrecht, Rn 1245; vgl. auch *Bader*, DNotZ 1965, 680.
29 BayObLG BayObLGZ 1967, 405; BayObLG Rpfleger 1981, 21; BayObLG Rpfleger 1991, 315; OLG Köln Rpfleger 1974, 109 (keine Eintragung des Gemeinschaftsverhältnisses!); a.A. LG Dresden Rpfleger 1996, 243. Ausf.: Meikel/*Böhringer*, § 47 Rn 72–76. Ausf. dazu: *Haegele*, Rpfleger 1968, 173.
30 BayObLG BayObLGZ 1967, 408 = Rpfleger 1968, 188 m. Anm. *Haegele*; *Schöner/Stöber*, Grundbuchrecht, Rn 962.

gung des Einzelnen ist nur für das Innenverhältnis relevant. Daher werden insbesondere die Erbteile der Miterben nicht in das Grundbuch eingetragen, ebenso wenig die Höhe der Anteile der Gesellschafter einer Gesellschaft bürgerlichen Rechts.

15 Fälle der Gesamthandsgemeinschaft sind die Gesellschaft nach BGB/**Gesellschaft bürgerlichen Rechts (GbR)** (§§ 705 ff. BGB), der **nicht rechtsfähige Verein** (§ 54 BGB), die **Erbengemeinschaft** am ungeteilten Nachlass (§§ 2032 ff. BGB), die **eheliche Gütergemeinschaft** (§§ 1416 ff. BGB) und die **fortgesetzte Gütergemeinschaft** (§§ 1485 ff. BGB). Die Vorschriften über das gemeinsam verwaltete Gesamtgut einer Gütergemeinschaft sind auch dann anzuwenden, wenn Ehegatten aus dem Beitrittsgebiet gem. Art. 234 § 4 Abs. 2 EGBGB für das Fortbestehen des DDR-Güterstands optiert haben (Art. 234 § 4a Abs. 2 EGBGB). Für die Lebenspartnerschaft in dem nach Inkrafttreten des „Gesetzes zur Einführung des Rechts auf Eheschließung für Personen gleichen Geschlechts am 1.10.2017"[31] fortbestehenden, gleichzeitig aber auslaufenden (Art. 3 Abs. 3 des Gesetzes) Institut der Lebenspartnerschaft galten und gelten die Güterstandsregelungen des ehelichen Familienrechts entsprechend (grundsätzlich Zugewinngemeinschaft; Wahlgüterstände nach §§ 6, 7 LPartG).

16 Beim **nicht rechtsfähigen Verein** unterscheidet § 54 Abs. 1 BGB in der seit 1.1.2024 geltenden Fassung,[32] ob der Vereinszweck auf einen wirtschaftlichen Geschäftsbetrieb gerichtet ist oder nicht.[33] Im letzteren Fall gelten die §§ 21 ff. BGB entsprechend, im ersteren wird auf §§ 705 ff. BGB verwiesen. Der nicht wirtschaftliche Verein kann damit nur durch Eintragung in das Vereinsregister Rechtsfähigkeit und Grundbuchfähigkeit erlangen.[34] Der auf einen wirtschaftlichen Geschäftsbetrieb gerichtete Verein muss wie die GbR im Gesellschaftsregister eingetragen sein. Nach der bis 31.12.2023 geltenden Rechtslage sollte er nur durch Nennung seiner Mitglieder in das Grundbuch eingetragen werden können (siehe § 4 Einl. Rdn 57).[35] **Politische Parteien** als nichtrechtsfähige Vereine werden als **grundbuchfähig** anerkannt, vgl. zur Parteifähigkeit im Zivilprozess auch § 3 PartG.[36]

17 Fälle einer Gesamthandsgemeinschaft sind auch die **offene Handelsgesellschaft (OHG)** und die **Kommanditgesellschaft (KG)** (§§ 105 Abs. 2, 161 Abs. 2 HGB). Auf sie ist § 47 GBO jedoch nicht anzuwenden, da das Recht nicht für den einzelnen Gesellschafter, sondern für die Gesellschaft unter ihrer Firma eingetragen wird (vgl. § 15 GBV Rdn 5 ff.). Dies entspricht der gesetzlichen Anerkennung dieser Handelsgesellschaften als teilrechtsfähige Gesellschaften nach § 124 HGB.

18 **Miteigentümer nach Bruchteilen**, insbesondere auch **Eheleute**, können sich betreffend die Bewirtschaftung der Immobilie **zu einer GbR zusammenschließen**, auch wenn deren Zweck nur auf Erwerb, Halten und Bewohnen eines Grundstücks gerichtet ist.[37] Sie bilden – wie sonstige Familiengesellschaften, deren Zweck lediglich die Verwaltung des eigenen Vermögens ist – eine typische **Innengesellschaft**, die **nicht rechtsfähig** ist. Wenn die GbR durch Vermietung oder Verpachtung der Immobilie am Rechtsverkehr teilnimmt, ist sie als Außengesellschaft zwar als teilrechtsfähig anerkannt, sachenrechtlich ist dies dennoch nicht relevant, wenn die Eigentümer als Berechtigte nach Bruchteilen im Grundbuch eingetragen sind,[38] sie sind nicht etwa gezwungen, als GbR Grundstückseigentümer zu sein.[39]

II. Einzelfälle

19 Neben der selbstverständlichen Zulässigkeit der Gesamthandsberechtigung beim Grundstückseigentum, bei grundstücksgleichen Rechten und bei Grundpfandrechten sind zu unterscheiden:

– **Beschränkte persönliche Dienstbarkeit**: Gesamthandsberechtigung ist zulässig; die einzelnen Berechtigten sind jedoch namentlich zu nennen.[40]

---

31 BGBl I 2017, 2787.
32 § 54 BGB gändert durch Art. 1 Nr. 2 MoPeG v. 10.8.2021 (BGBl I 2021, S. 3436).
33 BT-Drucks 19/27635, S. 123 f.; eingehend zur rechtspolitischen und rechtsgeschichtlichen Kritik an der früheren Regelung MüKo-BGB/*Arnold*, § 54 Rn 8 ff.
34 Ohne konkrete Aussage BT-Drucks 19/27635, S. 124.
35 KG NotBZ 2015, 263 = Rpfleger 2015, 410; Meikel/*Böhringer*, § 47 Rn 186; Hügel/*Reetz*, § 47 Rn 59; eingehend auch: MüKo-BGB/*Arnold*, § 54 Rn 21 ff.
36 OLG Zweibrücken FGPrax 2000, 3; LG Berlin Rpfleger 2003, 291.
37 BGH Rpfleger 1982, 23; vgl. dazu: *Schmidt*, AcP 1982, 481; *Schmidt*, JZ 1985, 909; *Rauscher*, AcP 1986, 550.
38 OLG München NJW-RR 2014, 552.
39 In Einzelfragen str., siehe: BGH DNotZ 1967, 501; BGH FamRZ 2008, 1822 m. Anm. *Grziwotz*.
40 BGH NJW 1982, 170; BayObLG BayObLGZ 1953, 85; BayObLG MittBayNot 1972, 118; LG Landshut Rpfleger 1997, 433.

- **Nießbrauch**: Gesamthandsberechtigung ist zulässig.[41]
- **Vorkaufsrecht**: Gesamthandsberechtigung ist zulässig.[42]

III. Eintragung

Erforderlich ist die Angabe des **konkreten Gesamthandsverhältnisses (Erbengemeinschaft, Gütergemeinschaft, GbR)**; die Angabe „zur gesamten Hand" genügt **nicht**. Dabei sind alle beteiligten Gesamthänder zu nennen und nach den Regeln des § 15 GBV einzutragen. Die Höhe des jeweiligen Anteils (Erbteils) wird nicht angegeben, weil sie für den Rechtsverkehr nicht relevant ist. Zur **Eintragung der GbR** mit Nennung ihrer Gesellschafter siehe Rdn 36 ff. sowie § 15 GBV Rdn 13 ff.

Bei der Eintragung von Erbengemeinschaften, die sich aus nachfolgenden Erbfällen ergeben, sind sie differenziert in ihren Untererbengemeinschaften darzustellen.[43] Die Gliederung der Berechtigten erfolgt nach § 9 Abs. 1 lit. a GBV im numerischen System, das gerade die Darstellung vieler Untergemeinschaften ermöglicht (vgl. § 9 GBV Rdn 22). Dabei können dieselben Personen durchaus mehrfach auftreten, wenn sie an mehreren Untererbengemeinschaften beteiligt sind. Die einfache Aufzählung aller Berechtigten mit dem Zusatz „in verschiedenen Erbengemeinschaften" ist unzulässig. Zu bedenken ist, dass wegen § 2033 BGB jeder Erbteil rechtlich eigenständig ist und eigenständig veräußert werden kann. Die Eintragung in einer „Sammelerbengemeinschaft" würde dies nicht richtig abbilden.

D. Gesamtberechtigung nach § 428 BGB

I. Begriff

Das Recht steht auch hier den Berechtigten **gemeinsam** und **in ihrer gesamthänderischen Verbundenheit** zu; wesentlich ist jedoch, dass im Unterschied zur Gesamthand der einzelne Gläubiger die Leistung **an sich allein** verlangen kann und diese Leistung den Schuldner **auch gegenüber den anderen Mitberechtigten befreit**. Die Gesamtberechtigung ist, wenn auch zögernd, von der Rechtsprechung auch für das Sachenrecht anerkannt worden,[44] sie muss allerdings stets dann versagen, wenn mehrere Berechtigte ein gemeinschaftliches Recht gleichzeitig und nebeneinander ausüben wollen, weil der Eigentümer nach der gesetzlichen Ausgestaltung immer nur die Ausübung durch einen einzelnen Berechtigten zu dulden braucht.

II. Einzelfälle

- **Dienstbarkeiten:**
    - Bei der **beschränkten persönlichen Dienstbarkeit** ist Gesamtberechtigung zulässig; jeder Berechtigte ist durch das Nutzungsrecht des anderen beschränkt.[45]
    - Bei der **Grunddienstbarkeit** wird eine Gesamtberechtigung mehrerer herrschender Grundstücke für zulässig angesehen,[46] wenn mehrere Grundstückseigentümer das Recht erhalten sollen, auf dem dienenden Grundstück eine ihnen gemeinsam zum Vorteil gereichende Anlage zu unterhalten.[47] Insofern kann von einer modifizierten Gesamtberechtigung analog §§ 428, 432 BGB gesprochen werden.[48] Ein Berechtigungsverhältnis allein aus §§ 1024, 1025 BGB ist aber nicht herleitbar.[49]

---

41 RG RGZ 155, 86; Meikel/*Böhringer*, § 47 Rn 99.
42 LG Amberg MittBayNot 1964, 385; Meikel/*Böhringer*, § 47 Rn 101.
43 BayObLG Rpfleger 1990, 503; LG München II MittBayNot 1981, 248; Meikel/*Böhringer*, § 47 Rn 176; Hügel/*Reetz*, § 47 Rn 60, 61; *Schöner/Stöber*, Grundbuchrecht, Rn 259, 966.
44 BGHZ 46, 260; Meikel/*Böhringer*, § 47 Rn 108; krit.: *Woelki*, Rpfleger 1968, 208.
45 BGH DNotZ 1967, 187; BGH NJW 1981, 176 = DNotZ 1981, 121; BayObLG DNotZ 1975, 619; Meikel/*Böhringer*, § 47 Rn 130; Bauer/Schaub/*Wegmann*, § 47 Rn 87; a.A. Lemke/*Böttcher*, § 47 Rn 21 (dieser für modifizierte Gesamtberechtigung analog §§ 428, 432 BGB).
46 BayObLG BayObLGZ 1965, 256 = Rpfleger 1966, 367; BayObLG NotBZ 2002, 265 = MittBayNot 2002, 286;
BayObLG Rpfleger 2002, 619; Meikel/*Böhringer*, § 47 Rn 132; Bauer/Schaub/*Wegmann*, § 47 Rn 81.
47 Ebenso: LG Dortmund Rpfleger 1963, 197; KG NJW 1970, 1686; SchlHOLG SchlHA 1975, 94; Hügel/*Reetz*, § 47 Rn 43; *Haegele*, Rpfleger 1966, 368; 1967, 62; *Haegele*, Rpfleger 1975, 153, 154; a.A. Meisner/Ring/Götz/*Götz*, Nachbarrecht in Bayern, § 28 Rn 45; *Herrmann*, DNotZ 1974, 189; *Rohs*, Geschäftsführung der Notare, S. 25.
48 Eingehend Staudinger/*Weber*, BGB, § 1018 Rn 51a; MüKo-BGB/*Falckenberg*, § 1018 Rn 23; Meikel/*Böhringer*, § 47 Rn 92, 132; *Amann*, DNotZ 2008, 324.
49 Staudinger/*Weber*, BGB, § 1018 Rn 51a; Bauer/Schaub/*Wegmann*, § 47 Rn 82 ff.; *Schöner/Stöber*, Grundbuchrecht, Rn 115; a.A. LG Kassel Rpfleger 2009, 502; *Amann*, DNotZ 2008, 324, 339.

- **Eigentum**: Gesamtberechtigung ist schon deshalb nicht zulässig, weil das Eigentum kein schuldrechtliches Forderungsrecht ist, was durch § 428 BGB begrifflich vorausgesetzt ist.[50]
- **Erbbaurecht**: Nach einer Ansicht soll Gesamtberechtigung zulässig sein.[51] Dies überzeugt jedoch nicht, weil die Berechtigung an einem Erbbaurecht eine gleiche ist wie das Eigentum am Grundstück. Der Erbbauberechtigte ist Eigentümer des Erbbaurechts ebenso wie ein Grundstückseigentümer Eigentümer des Grundstücks ist. Der Anspruch auf Gewährung des Erbbaurechts, der ähnlich wie der Übereignungsanspruch in Gesamtberechtigung bestehen kann, ist mit Eintragung des Erbbaurechts in das Grundbuch erfüllt. Fortan schuldet der Eigentümer des Grundstücks keine Leistung, für die § 428 BGB anwendbar wäre. Ein **Dauerwohn- und Dauernutzungsrecht** nach § 31 WEG kann dagegen in Gesamtberechtigung bestehen, weil hier ähnlich der Dienstbarkeit die Gewährung der Raumüberlassung Gegenstand des Rechts ist.[52]
- **Grundpfandrechte**: Gesamtberechtigung ist zulässig bei Hypotheken[53] und Grundschulden.[54] Dies gilt auch für die Bestellung eines einheitlichen Grundpfandrechts an den Anteilen mehrerer Miteigentümer als Gesamtberechtigte nach § 428 BGB.[55] Aus der Gesamtberechtigung folgt auch, dass ein Gesamtgläubiger die Löschung des gesamten Grundpfandrechts bewilligen kann.[56]
- **Nießbrauch**: Gesamtberechtigung ist zulässig.[57]
- **Reallast**: Gesamtberechtigung ist zulässig.[58]
- **Vorkaufsrecht**: Da die in § 472 BGB vorgeschriebene gemeinsame Ausübung zwingend ist, ist die Eintragung einer Gesamtberechtigung nicht zulässig.[59]
- **Vormerkung**: Eine Auflassungsvormerkung für Gesamtgläubiger ist zulässig.[60] Zwar kann man nicht „als Gesamtgläubiger" Eigentümer sein, jedoch sind der Anspruch auf Eigentumsübertragung und das Eigentum selbst zu unterscheiden. Ein Anspruch auf Eigentumsverschaffung kann durchaus mehreren Personen im Berechtigungsverhältnis zustehen, der Schuldner muss das Eigentum aber nur an einen der Berechtigten oder in deren Einvernehmen an mehrere in einem bestimmten Anteilsverhältnis übertragen. Im Übrigen ist Gesamtberechtigung dann zulässig, wenn das vorzumerkende Recht endgültig für Gesamtberechtigte eingetragen werden kann.
- **Wohnungsrecht**: Die Zulässigkeit der Gesamtberechtigung ist anerkannt.[61] Der Eigentümer des Grundstücks muss nicht nur das Wohnen eines Berechtigten, sondern das gleichzeitige Wohnen mehrerer dulden, hierin liegen zwar Anklänge an die Gesamthand oder die Mitberechtigung des § 432 BGB, diese Besonderheit hat aber das Wohnungsrecht mit anderen, für Gesamtberechtigte bestellten Rechten gemeinsam, die keine Leistung sondern primär ein Dulden verlangen.[62] Vermittelnd wird eine modifizierte Gesamtberechtigung analog §§ 428, 432 BGB angenommen.[63] Das entscheidende Argument für die Gesamtberechtigung nach § 428 BGB ist aber die elegante Lösung des Problems der Alternativ- oder Sukzessivberechtigung: Fällt ein Berechtigter weg, bleibt das Recht ungeschmälert dem oder den anderen erhalten.

---

50 Meikel/*Böhringer*, § 47 Rn 132.
51 LG Hagen DNotZ 1950, 381; LG Bielefeld Rpfleger 1985, 248; *Ingenstau*, § 1 ErbbauRG Rn 40; Palandt/*Herrler*, § 1 ErbbauRG Rn 9; a.A. Meikel/*Böhringer*, § 47 Rn 123; MüKo-BGB/*Heinemann*, § 1 ErbbauRG Rn 63–65; *Schöner/Stöber*, Grundbuchrecht, Rn 1685; *Böttcher*, Erbbaurecht, Rn 64, 65.
52 Meikel/*Böhringer*, § 47 Rn 118; a.A. Bauer/Schaub/*Wegmann*, § 47 Rn 129.
53 KG JFG 11, 275; BGH BGHZ 29, 363; *Woelki*, Rpfleger 1968, 208.
54 KG Rpfleger 1965, 366; *Woelki*, Rpfleger 1968, 208.
55 BGH DNotZ 1975, 487 = Rpfleger 1975, 84.
56 BayObLG Rpfleger 1996, 21; OLG Zweibrücken FGPrax 2014, 59; *Demharter*, § 19 Rn 57.
57 BGH Rpfleger 1980, 464; OLG Hamm Rpfleger 1980, 21; OLG München RNotZ 2009, 596; OLG Frankfurt MittBayNot 2012, 386; Staudinger/*Heinze*, BGB, § 1030 Rn 42; Meikel/*Böhringer*, § 47 Rn 139.
58 BGHZ 46, 255; BayObLG BayObLGZ 1975, 194 = DNotZ 1975, 619.
59 *Demharter*, § 47 Rn 3; Lemke/*Böttcher*, § 47 Rn 19; a.A. OLG Frankfurt DNotZ 1986, 239; LG Köln MittRhNotK 1977, 192; *Schöner/Stöber*, Grundbuchrecht, Rn 1404.
60 BayObLG BayObLGZ 1963, 128 = DNotZ 1964, 343; BayObLG BayObLGZ 1967, 275; OLG Köln Rpfleger 1975, 19; BayObLG DNotZ 1979, 502; OLG Zweibrücken Rpfleger 1985, 284 (Rückauflassungsvormerkung); LG Duisburg Rpfleger 2005, 600; LG Bayreuth MittBayNot 2006, 147; Staudinger/*Gursky*, BGB, § 883 Rn 83.
61 BGHZ 46, 253; BGH DNotZ 1967, 183 = Rpfleger 1967, 143; BGH DNotZ 1981, 121; BGH DNotZ 1997, 401; LG Köln MittRhNotK 1964, 502; *Soergel/Stürner*, BGB, § 1090 Rn 3; Staudinger/*Reymann*, BGB, § 1090 Rn 11; Meikel/*Böhringer*, § 47 Rn 144; Bauer/Schaub/*Wegmann*, § 47 Rn 101; *Faßbender*, DNotZ 1965, 662; *Bader*, DNotZ 1965, 673.
62 Eingehend: Lemke/*Böttcher*, § 47 Rn 22.
63 Staudinger/*Reymann*, BGB, § 1093, 23; Lemke/*Böttcher*, § 47 Rn 22; a.A. Bauer/Schaub/*Wegmann*, § 47 Rn 85a.

III. Eintragung

Die Gesamtberechtigung ist durch den Zusatz „**als Gesamtgläubiger**" oder den Zusatz „**als Gesamtberechtigte gem. § 428 BGB**"[64] zu kennzeichnen. Nicht genügend ist „als Gesamtberechtigte", weil ohne den Hinweis auf § 428 BGB Verwechslungsgefahr mit der Gesamthandsberechtigung nach § 432 BGB besteht.[65]

E. Gesamthandsberechtigung nach § 432 BGB

I. Begriff

Gesamthandsberechtigung liegt vor, wenn eine im Rechtssinne unteilbare Leistung mehreren dergestalt zusteht, dass sie zwar von jedem der Gläubiger verlangt werden kann, vom Schuldner aber nur gegenüber der Gemeinschaft erbracht werden muss und kann. Der Unterschied zur **Bruchteilsgemeinschaft** besteht in der Unteilbarkeit der geschuldeten Leistung. Von der **Gesamtgläubigerschaft** des § 428 BGB unterscheidet sie sich darin, dass die Leistung nur an alle, nicht an einen einzelnen Gemeinschafter möglich ist. Die **Gesamthandsverhältnisse** sind zwar insoweit der Mitberechtigung verwandt, als auch bei ihnen nur an die Gemeinschaft geleistet werden kann; da die bestehende rechtliche Gebundenheit die Ansprüche gleichfalls zu unteilbaren macht, fallen sie an sich unter § 432 BGB.[66] Die bei den einzelnen Gesamthandsverhältnissen getroffenen gesetzlichen Verwaltungsregeln verdrängen jedoch § 432 BGB.[67]

Die Eintragungsfähigkeit der Gesamthandsberechtigung ist in obiter dicta des BGH[68] und des OLG Hamm[69] bejaht.[70] Dem ist jedenfalls bei akzessorischen Rechten zuzustimmen, weil die schuldrechtliche Berechtigung am Anspruch beim dinglichen Sicherungsrecht dieselbe sein muss. Wenn aber das Recht ein Dulden des belasteten Eigentümers beinhaltet, soll die Gesamthandsberechtigung ausscheiden.

II. Einzelfälle

§ 432 BGB setzt eine rechtlich, nicht unbedingt auch tatsächlich unteilbare Leistung voraus: Ist eine Leistung tatsächlich ihrer Natur nach nicht teilbar, so ist sie es natürlich auch rechtlich nicht; eine tatsächlich an sich teilbare Leistung (z.B. Geldleistung) kann jedoch rechtlich unteilbar sein, wenn sie gemeinschafts- und zweckgebunden ist, so z.B. bei Mietzinsforderungen mehrerer Vermieter oder bei Ansprüchen der Eigentümergemeinschaft gegen einzelne Wohnungseigentümer auf Zahlung des Hausgeldes nach § 16 WEG (siehe § 15 GBV Rdn 15),[71] ferner bei dem Erlösüberschuss einer Teilungsversteigerung, wenn für die früheren Gemeinschafter eine Sicherungshypothek nach § 128 ZVG einzutragen ist.

Da § 432 BGB nur von „Leistungen" spricht, ist er nur auf **Leistungsrechte** (= Reallasten, Grundpfandrechte) anwendbar. Beim **Vorkaufsrecht** ist er unanwendbar wegen der Sonderregelung des § 472 BGB. Bei **Dienstbarkeiten** und **Nießbrauch** scheidet die Anwendbarkeit aus.[72] Eine **Auflassungsvormerkung** kann aber in eine Gesamthandsberechtigung eingetragen werden.[73]

III. Eintragung

Einzutragen ist „als Mitberechtigte nach § 432 BGB" oder – da § 432 BGB einen Unterfall der Gesamtberechtigung darstellt – „als Gesamtberechtigte nach § 432 BGB". Wegen der Verwechslungsgefahr mit § 428 BGB genügt die Eintragung „als Gesamtberechtigte" nicht.[74]

---

64 BGHZ 46, 260 = Rpfleger 1967, 143; BGH Rpfleger 1980, 464; BayObLG BayObLGZ 1963, 128 = DNotZ 1964, 343.
65 BGHZ 46, 253; BGH Rpfleger 1980, 464; OLG Hamm Rpfleger 1980, 21; *Demharter*, § 47 Rn 23; Meikel/*Böhringer*, § 47 Rn 191.
66 BGHZ 39, 15; Grüneberg/*Sprau*, § 832 Rn 4 ff.
67 *Nitschke*, ZfHK 128, 48.
68 BGH Rpfleger 1980, 464; vgl. auch: BGH Rpfleger 1979, 56.
69 BGH Rpfleger 1980, 21.
70 LG Bochum Rpfleger 1981, 148; Meikel/*Böhringer*, § 47 Rn 191; *Schöner/Stöber*, Grundbuchrecht, Rn 261.
71 KG OLGZ 1977, 1, 3; BayObLG Rpfleger 1979, 217; LG Bochum Rpfleger 1981, 148; Meikel/*Böhringer*, § 47 Rn 126.
72 OLG München DNotZ 2010, 120 m. krit. Anm. *Kesseler* = RNotZ 2009, 596; Meikel/*Böhringer*, § 47 Rn 46; Gutachten DNotI-Rep. 1996, 189; a.A. *Amann*, DNotZ 2008, 324.
73 OLG München FGPrax 2007, 160 (Rückauflassungsvormerkung); LG Karlsruhe BWNotZ 2006, 18; Meikel/*Böhringer*, § 47 Rn 131.
74 OLG Frankfurt Rpfleger 1976, 403; OLG Hamm Rpfleger 1980, 21.

F. Nachweis des Gemeinschaftsverhältnisses

I. Grundsatz

30 Die Eintragungsunterlagen müssen, wenn auch nicht mit der gesetzlichen Bezeichnung, so doch dem gesetzlichen Inhalt nach, das gewollte Gemeinschaftsverhältnis ergeben.[75] Fehlen sie, so ist eine Erklärung durch Zwischenverfügung herbeizuführen, eine evtl. nach § 18 Abs. 2 GBO einzutragende Vormerkung kann dann allerdings das Gemeinschaftsverhältnis nicht bezeichnen, was jedoch unschädlich ist.[76] Ist bereits ein Gemeinschaftsverhältnis eingetragen, so genügt es, wenn eine spätere Bewilligung erkennen lässt, dass für die neue Eintragung ebenfalls dieses Verhältnis gelten soll.

31 Bei einer Auflassung kann die erforderliche Ergänzung nur durch Veräußerer und Erwerber gemeinsam geschehen (vgl. § 20 GBO Rdn 74 ff.);[77] es wird auch Wiederholung der Auflassung gefordert.[78] Es wird aber auch die Auffassung vertreten, in der Auflassung liege regelmäßig die stillschweigende **Ermächtigung** durch den Veräußerer, dass die **Erwerber** das Gemeinschaftsverhältnis auch **einseitig** bestimmen können.[79] Dies ist in dieser pauschalen Form abzulehnen. Gewiss ist eine Auslegung der Eintragungsunterlagen statthaft; sie muss aber konkrete Anhaltspunkte ergeben, die es gestatten, auf einen entsprechenden Willen des Veräußerers zu rekurrieren. Jenseits dessen handelt es sich nicht um Auslegung, sondern um bloße Vermutungen.

II. Zwangseintragungen

32 Bei einer Zwangseintragung, die auf einem gerichtlichen Vollstreckungstitel beruht, kann nicht der Berechtigte einseitig das fehlende Gemeinschaftsverhältnis ergänzen.[80] Wenn dazu angeführt wird, der Wille des Verpflichteten spiele ohnehin keine Rolle und der Inhalt des Titels würde durch diese Ergänzung nicht geändert, so kann dem nicht zugestimmt werden. Es ist ein Unterschied, auch für den Verpflichteten, ob eine Hypothek nach Bruchteilen oder zur gesamten Hand eingetragen wird oder gar als Gesamtforderung nach § 428 BGB. Der jeweilige sachliche Inhalt der Eintragung muss durch den Titel gedeckt sein, der die Eintragungsbewilligung ersetzt. Ein Titel, der die Art der Gemeinschaft der Berechtigten nicht erkennen lässt, ist als Eintragungsgrundlage nicht geeignet.[81] Dies bedeutet jedoch nicht, dass das Anteilsverhältnis expressis verbis im Tenor festgestellt sein müsste; es genügt, wenn z.B. dem Titel, auch unter Zuhilfenahme der Urteilsgründe, das Anteils- oder Gemeinschaftsverhältnis im Wege der **Auslegung** entnommen werden kann. Nicht ausreichend und nicht auslegungsfähig ist aber die bloße Angabe „& Co."[82]

III. Nachträgliche Ergänzung

33 Fehlt die Angabe des Gemeinschaftsverhältnisses nach § 47 Abs. 1 GBO, ist die Eintragung des Rechts dennoch wirksam, jedoch unvollständig.[83] Das Recht ist auch nicht verkehrsfähig, weil je nach möglichem Gemeinschaftsverhältnis die Verfügungsbefugnis der Rechtsinhaber nicht klar ist. Daher ist ein gutgläubiger Erwerb des Rechts aufgrund Verfügung eines Berechtigten zugunsten eines Dritten ausgeschlossen.[84] Die Angabe des Gemeinschaftsverhältnisses kann nachgeholt werden.

---

75 KG JW 1933, 617; BayObLG BayObLGZ 1957, 324; OLG Jena OLG NL 1998, 8.
76 OLG Oldenburg Rpfleger 1991, 412; BayObLG NotBZ 2002, 265; OLG Rostock, NotBZ 2011, 301.
77 BayObLG BayObLGZ 1958, 353 = Rpfleger 1959, 128; BayObLG Rpfleger 1975, 302; OLG Hamm DNotZ 1965, 408; vgl. auch *Hieber*, DNotZ 1959, 463.
78 OLG Düsseldorf Rpfleger 1979, 139; OLG München MittBayNot 2010, 207.
79 OLG Köln Rpfleger 1980, 16; OLG Frankfurt Rpfleger 1994, 206; LG Lüneburg Rpfleger 1994, 206; Meikel/*Böttcher*, § 20 Rn 126; Meikel/*Böhringer*, § 47 Rn 266; *Demharter*, § 20 Rn 33; Lemke/*Böttcher*, § 47 Rn 31; *Schöner/Stöber*, Grundbuchrecht, Rn 255, 762, 3312.
80 So aber OLG Köln Rpfleger 1986, 91; OLG Frankfurt MDR 1989, 365; *Schneider*, MDR 1986, 817; wie hier: Hügel/*Reetz*, § 47 Rn 65.
81 LG Essen Rpfleger 2001, 543; Meikel/*Böhringer*, § 47 Rn 197; *Demharter*, § 47 Rn 14.
82 OLG München NJW 2017, 2420 = Rpfleger 2017, 619.
83 OLG Hamm DNotZ 1965, 408; BayObLG Rpfleger 1996, 21; Meikel/*Böhringer*, § 47 Rn 245.
84 RG JW 1934, 2612; Meikel/*Böhringer*, § 47 Rn 245.

IV. Angabe des Gemeinschaftsverhältnisses im schuldrechtlichen Vertrag

Die Angabe des Gemeinschaftsverhältnisses gehört zur dinglichen Einigung, ist diese dem GBA nicht zu unterbreiten, so muss die Eintragungsbewilligung das Gemeinschaftsverhältnis festlegen.

Die Angabe des Gemeinschaftsverhältnisses im **schuldrechtlichen Vertrag** (also insbesondere im Kaufvertrag) vermag die Angabe in der dinglichen Einigung oder in der Bewilligung nur ausnahmsweise zu ersetzen.[85] Zwar kann das Grundbuchamt bei inhaltlich einfachen und eindeutigen Erklärungen die im schuldrechtlichen Vertrag vereinbarten Regelungen über das Gemeinschafts- oder Anteilsverhältnis im Wege der Auslegung auch der dinglichen Einigung zugrunde legen, doch ist dies nicht ohne weiteres in jedem Fall möglich. Insbesondere dann, wenn zwischen dem Zeitpunkt der Beurkundung des Kaufvertrags und dem der Auflassung einige Zeit vergangen ist, kann eine solche Auslegung nicht mehr als von vornherein unbedenklich angesehen werden. Dies gilt also nicht, wenn das schuldrechtliche Geschäft und die Auflassung in ein und derselben Urkunde zusammenhängend beurkundet werden;[86] hier bestehen gegen eine Übernahme keine Bedenken.

G. Die Eintragung der Gesellschaft bürgerlichen Rechts (eGbR)
I. Rechtsgeschichte und Rechtsgrundlagen
1. Die Teilrechtsfähigkeit und die Grundbuchfähigkeit bis 1.1.2024
a) Die Grundbucheintragung durch Nennung aller Gesellschafter

Mit den umfassenden Änderungen der §§ 705 ff. BGB ist die Teilrechtsfähigkeit der Gesellschaft bürgerlichen Rechts (GbR) seit 1.1.2024 gesetzlich geregelt (siehe Einl. § 4 Rdn 52 ff.). Der Begriff der Teilrechtsfähigkeit, der in der Anerkennung der Handelsgesellschaften durch § 124 HGB seinen Ursprung hat, darf nicht mit der Anerkennung als juristische Person verwechselt werden. Der oft verwendete, aber ungenaue Begriff der Rechtsfähigkeit kann daher zu Verwechslungen mit juristischen Personen führen und sollte vermieden werden.[87] Der Gesetzgeber selbst definiert ihn jedoch in § 705 Abs. 2 BGB für die am Rechtsverkehr teilnehmende Gesellschaft, die früher oft als „Außengesellschaft" bezeichnet wurde, sie ist nunmehr „rechtsfähige Gesellschaft".

Die GbR kann seit Anerkennung ihrer Teilrechtsfähigkeit durch den BGH[88] auch Trägerin von Grundstücksrechten sein.[89] Eine Teilnahme am Rechtsverkehr wurde der GbR durch die Rechtsprechung auch in anderen Rechtsgebieten zugebilligt: Sie kann Vermieterin von Wohnraum sein und als solche auch Kündigungen wegen Eigenbedarfs (§ 573 BGB) aussprechen.[90] Sie kann auch Mitglied einer Kapitalgesellschaft[91] oder einer Personengesellschaft und auch Mitglied einer weiteren GbR sein.[92] Die Fähigkeit der GbR, Kommanditist zu sein, wird ebenfalls bejaht.[93] Die Fähigkeit, Verwalter von Wohnungs- und Teileigentum zu sein, wurde ihr aber verwehrt.[94] Seit 1.1.2024 kann das für die im Gesellschaftsregister eingetragene eGbR nicht mehr gelten, insbesondere weil ihre Vertretungsbefugnisse aus dem Register hervorgehen, sie kann damit auch Verwalter von Wohnungs- und Teileigentum sein.[95] Im Rahmen der Auseinandersetzung des Gesellschaftsvermögens konnte ein Gesellschafter auch die Versteigerung zum Zweck der Aufhebung der Gemeinschaft nach §§ 180 ff. ZVG betreiben.[96] Das wird für die Eintragungen der eGbR seit 1.1.2024 nicht mehr zulässig sein.

---

85 LG Saarbrücken Rpfleger 1971, 358; OLG Düsseldorf MittBayNot 1977, 66.
86 Meikel/*Böhringer*, § 47 Rn 231; *Demharter*, § 47 Rn 13.
87 Eingehend zu Abgrenzungsfragen nach der bis 1.1.2024 geltenden Rechtslage: MüKo-BGB/*Schäfer*, 7. Aufl. 2017, § 705 Rn 305 ff.
88 BGHZ 146, 341 = DNot 2001, 234 = MittBayNot 2001, 192 = NJW 2001, 1056 = NotBZ 2001, 100 = Rpfleger 2001, 246 = ZIP 2001, 330.
89 BGH NJW 2006, 2191; BGH NJW 2008, 1378; BGH DNotZ 2007, 118; BayObLG ZfIR 2004, 1005 = Rpfleger 2005, 19; zur Rechtsgeschichte: *Schöner/Stöber*, Grundbuchrecht, Rn 4250 ff.; umfassend: *Zorn*, Die bürgerlich-rechtliche Gesellschaft und das Grundbuch, 2014 (Diss. Münster 2012).
90 BGH NJW 2007, 2845; MüKo-BGB/*Schäfer*, 7. Aufl. 2017, § 705 Rn 311 m.w.N.
91 BGHZ 78, 311 = NJW 1981, 682 (zur GmbH); BGH BGHZ 116, 86 = NJW 1992, 499 (zur Genossenschaft); BGH BGHZ 118, 89 = NJW 1992, 222 (zur Aktiengesellschaft).
92 BGH NJW 1998, 376.
93 BGH 148, 291 = NJW 2001, 3121; auf Vorlage von BayObLG ZIP 2000, 2165; anders noch: BGH BGHZ 46, 291; eingehend: MüKo-BGB/*Schäfer*, § 705 Rn 316, 317.
94 BGH ZWE 2006, 183; BGH BGHZ 107, 268 = NJW 2006, 2189; OLG München NZM 2007, 45.
95 BGH NJW 2006, 2189.
96 BGH BGHZ 197, 262 = DNotZ 2013, 930 = MittBayNot 2014, 277 m. Anm. *Ruhwinkel*.

38 Zur Grundbuchfähigkeit und Grundbucheintragung der GbR wurde durch das Gesetz zur Einführung des elektronischen Rechtsverkehrs (ERVGBG) vom 11.8.2009[97] § 47 Abs. 2 GBO eingefügt, um Rechtsklarheit zu der Frage zu schaffen, ob die GbR als Rechtssubjekt allein unter ihrem Namen oder durch Nennung aller Gesellschafter in das Grundbuch einzutragen ist.[98] Der Gesetzgeber sah sich zum Handeln gezwungen, weil der BGH sich mit Beschl. v. 4.12.2008[99] der Meinung anschloss, die eine Eintragung allein des Namens der GbR befürwortete, ohne Nennung der Gesellschafter und ohne Registrierung der Gesellschaft.[100] Der Gesetzgeber ergänzte § 47 GBO und § 15 GBV und fügte § 899a BGB zum öffentlichen Glauben ein.[101] Zu Recht sah es der Gesetzgeber als nicht hinnehmbar an, wenn die GbR allein unter ihrem Namen im Grundbuch eingetragen worden wäre, ihre Gesellschafts- und Vertretungsverhältnisse aber nicht publik gewesen wären. Bereits *Karsten Schmidt* brachte die Problematik mit den Worten auf den Punkt: „Keine Publizität am Objekt ohne Publizität des Subjekts."[102]

39 Mit Abs. 2 und § 15 GBV wurde damit klargestellt, dass – wie vor der Entscheidung zur Anerkennung der Teilrechtsfähigkeit im Jahre 2001[103] – die Eintragung sämtlicher Gesellschafter zu erfolgen hat;[104] dies galt auch bei einer hohen Zahl an Gesellschaftern.[105] Bei sog. Publikumsgesellschaften konnte das Problem umgangen werden, indem alle Gesellschafter ihre Rechte an einen Treuhänder abgaben, der dann als Eigentümer in das Grundbuch eingetragen und sachenrechtlich auch Eigentümer wurde, allerdings mit den schuldrechtlichen Beschränkungen des Treuhandvertrags.

40 Als teilrechtsfähiger Rechtsträger war trotz Nennung aller Gesellschafter die GbR anzusehen.[106] Zutreffend bezeichnet *Böhringer* die grundbuchverfahrensrechtliche Streitfrage als Frage der Identifikation der GbR als Rechtsträger.[107] Soweit vorhanden sollte aber noch vor Nennung der Gesellschafter ein Name der GbR genannt werden, wenn sie einen solchen führte, um Verwechslungen bei personengleichen Gesellschaften zu vermeiden.[108]

41 Die Eintragung einer GbR ohne Nennung der Gesellschafter wurde und wird als inhaltlich unzulässig im Sinne des § 53 Abs. 1 S. 2 GBO angesehen.[109] Dies hatte ihre Löschung von Amts wegen zur Folge, gleichfalls aber das Wiederaufleben des seinerzeitigen, nun noch nicht erledigten Eintragungsantrags. War an einer GbR eine weitere GbR beteiligt,[110] so war auch diese Untergesellschaft durch Nennung aller Gesellschafter einzutragen. Die Gesellschaften waren ebenso wie bei der Eintragung von Untererbengemeinschaften differenziert darzustellen.[111]

---

97 BGBl I 2009, 2713.
98 BT-Drucks 17/13437, 27 ff.
99 BGHZ 179, 102 = NJW 2009, 594 = DNotZ 2009, 115; mit umfangreichen Nachweisen *Schöner/Stöber*, Grundbuchrecht, Rn 4251; *Altmeppen*, NJW 2011, 1905; *Altmeppen*, ZIP 2011, 1937; *Bachmayer*, BWNotZ 2009, 122; *Bachmayer*, NotBZ 2010, 161; *Bestelmeyer*, ZfIR 2011, 395; *Böhringer*, BWNotZ 2009, 61; *Böttcher*, AnwBl 2011, 1; *Krüger*, NZG 2010, 801; *Krüger*, ZNotP 2012, 42; *Lehmann*, DStR 2011, 1036; *Lieder*, Jura 2010, 926; *Miras*, DStR 2010, 604; *Reffken*, NVwZ 2009, 1131; *Ruhwinkel*, MittBayNot 2009, 177; *Scherer*, NJW 2009, 3063; *Schubert*, ZNotP 2009, 178; *Schürnbrand/Weiß*, ZJS 2009, 607; *Stavorinus*, NotBZ 2010, 281; *Steffek*, ZIP 2009, 1445; *Tolani*, JZ 2013, 224; *Weimer*, NotBZ 2010, 27; *Wellenhofer*, JuS 2010, 1048; *Wilhelm*, NZG 2011, 801; *Zimmer*, MDR 2009, 237.
100 OLG Stuttgart FGPrax 2007, 66, 67, m. krit. Anm. *Demharter*; OLG Dresden NL-BzAR 2008, 349, 352; LG Magdeburg NotBZ 2008, 39 f.; *Dümig*, Rpfleger 2003, 80, 82; *Ulmer*, ZIP 2001, 585, 595; *Behrens*, ZfIR 2008, 1; *Eickmann*, ZfIR 2001, 433, 436 f.; *Elsing*, BB 2003, 909, 914; *Hadding*, ZGR 2001, 712, 724; *Heßeler/Kleinhenz*, NZG 2007, 250, 251; *Kazemi*, ZfIR 2007, 101; *Knöfel*, AcP 205 (2005), 645, 663; *Knöfel*, ZfIR 2006, 428, 429; *Krebs*, NL-BzAR 2008, 327, 329; *Ott*, NJW 2003, 1223; *Pohlmann*, WM 2002, 1421, 1430; *Wagner*, ZZP 117 (2004), 305, 348; *Wagner*, ZIP 2005, 637, 645; *Wagner*, ZNotP 2006, 408, 410.
101 Dazu *Kratzlmeier*, ZfIR 2023, 197; *Wilsch*, MittBayNot 2023, 457; zu Beurkundungsfragen auch ausführlich *Krauß*, notar 2023, 339.
102 K. *Schmidt*, Gesellschaftsrecht, § 60 II 1.
103 BGHZ 146, 341 = DNotZ 2001, 234 = NJW 2001, 1056 = Rpfleger 2001, 246 = ZIP 2001, 330; dazu insbesondere: K. *Schmidt*, NJW 2001, 993; *Ulmer*, ZIP 2001, 585.
104 Eingehend: *Schöner/Stöber*, Grundbuchrecht, Rn 4252; *Böhringer*, Rpfleger 2009, 537.
105 *Demharter*, § 47 Rn 29.
106 OLG Frankfurt/M. NJOZ 2013, 765; OLG München NJW-RR 2014, 552; zur Geschichte der Rechtsdogmatik K. *Schmidt*, NJW 2001, 993; zur Rechtsgeschichte betreffend das Grundbuchverfahren siehe *Zorn*, Die bürgerlich-rechtliche Gesellschaft und das Grundbuch, S. 78 ff.
107 Meikel/*Böhringer*, § 47 Rn 203; siehe auch: BGH NJW 2011, 615.
108 Hügel/*Reetz*, § 47 Rn 92 ff.; *Schöner/Stöber*, Grundbuchrecht, Rn 4254.
109 *Schöner/Stöber*, Grundbuchrecht, Rn 4252 m.w.N.
110 BGH NJW 1998, 376.
111 OLG Hamm DStR 2011, 163; Hügel/*Reetz*, § 47 Rn 88; *Schöner/Stöber*, Grundbuchrecht, Rn 4255; *Bestelmeyer*, Rpfleger 2010, 169.

b) Der Nachweis des Bestehens der GbR

Das Bestehen der GbR als solcher musste nicht in Form des § 29 Abs. 1 S. 2 GBO nachgewiesen werden; es genügte, wenn die Gesellschafter erklärten, als GbR zu handeln und dass diese aus den genannten Gesellschaftern besteht.[112] Ebenso genügte es, wenn bei einem Eintragungsersuchen nach § 130 ZVG die GbR als Ersteherin in Gemäßheit des Abs. 2 bezeichnet wurde.[113]

c) Die Vertretung der GbR

Die Vertretung der GbR erfolgte durch alle Gesellschafter gemeinsam. Eine abweichende Vertretungsregelung war in der Form des § 29 GBO nachzuweisen durch notariell beurkundeten Gesellschaftsvertrag oder übereinstimmende Erklärung aller Gesellschafter.

§ 899a BGB beinhaltete die gesetzliche Vermutung, dass die eingetragenen Gesellschafter in Ansehung des Rechts, bei welchem die Eintragung besteht, vertretungsberechtigte Gesellschafter der GbR seien.[114] Damit wurde in Ansehung des Grundstücksrechts, nicht in Ansehung sonstiger Vermögenswerte, das Grundbuch faktisch zum Ersatzhandelsregister der GbR erklärt.[115] § 899a BGB vermutete zusammen mit §§ 709, 714 BGB positiv, wer Gesellschafter der GbR war und negativ, dass keine weiteren Personen Gesellschafter waren. Die Vermutung des § 899a BGB umfasste auch die Vertretungsbefugnis der eingetragenen Gesellschafter für die GbR,[116] weshalb Verfügungsbeeinträchtigungen eines Gesellschafters bei diesem auch einzutragen waren (vgl. § 12c GBO Rdn 13).[117]

Bei einem Gesellschafterwechsel hatten der neue Gesellschafter und die GbR daher im eigenen Interesse die entsprechende Grundbuchberichtigung herbeizuführen, um den guten Glauben des § 899a BGB an die Richtigkeit des Grundbuchs wiederherzustellen. Nach dem bis 1.1.2024 geltenden § 82 S. 3 GBO sollte dazu ein Grundbuchberichtigungszwangsverfahren eingeleitet werden. Streitig war, ob bei unrichtigem Grundbuch die Vermutung des § 899a BGB auch das schuldrechtliche Rechtsgeschäft der aufgrund des Grundbuchs falsch vertretenen GbR erfasste, damit der sachenrechtlich wirksame Rechtserwerb auch konditionsfest ist und nicht nach § 812 BGB zurückgewährt werden musste.[118]

2. Die Grundbuchfähigkeit der Gesellschaft bürgerlichen Rechts seit 1.1.2024

Abs. 2 in der seit 1.1.2024 geltenden Fassung setzt die Teilrechtsfähigkeit der GbR voraus, geht über die Regelung des § 707 BGB aber insoweit hinaus, als die Grundbuchfähigkeit nur dann anerkannt wird, wenn die GbR als solche im Gesellschaftsregister eingetragen ist; sie führt dann den Rechtsformzusatz „eGbR" (dazu auch Einl. § 4 Rdn 52 ff.). Damit wird ein faktischer Registerzwang geschaffen.[119] Das ist einerseits konsequent und für das Grundbuchverfahren begrüßenswert,[120] für die Diskretion der Gesellschaftsform aber bedauerlich. Denn mit § 12 GBO war die GbR die wohl letzte Gesellschaftsform, die

---

112 BGHZ 189, 274 = NJW 2011, 1958 = Rpfleger 2011, 483 m. Anm. *Demharter*; dazu: *Altmeppen*, ZIP 2011, 1937; *Böhringer*, NotBZ 2011, 317; *Böttcher*, notar 2012, 111; *Böttcher*, ZfIR 2011, 461; *Heinz/Jaeger*, NZM 2012, 100; *Kesseler*, NJW 2011, 1909; *Krüger*, ZNotP 2012, 42; *Lautner*, DNotZ 2011, 643; *Lehmann*, DStR 2011, 1036; *Ulmer*, ZIP 2011, 1689; *Wehrsdorfer-Meier*, NotBZ 2011, 241; *Zimmer*, NotBZ 2011, 260; eingehend: *Zorn*, Die bürgerlichrechtliche Gesellschaft und das Grundbuch, S. 37 ff., 265 ff.; anders noch: OLG München ZIP 2010, 1496, 1497; OLG Nürnberg ZIP 2010, 1344, 1345; OLG Hamm ZIP 2010, 2245, 2247; OLG Rostock NotBZ 2011, 64, 66; OLG Köln FGPrax 2011, 13, 16; KG Rpfleger 2011, 200; *Bestelmeyer*, Rpfleger 2010, 169, 182; *Heinze*, ZNotP 2010, 409, 414; *Lautner*, DNotZ 2009, 650, 658; *Lautner*, MittBayNot 2010, 286, 289; *Lautner*, MittBayNot 2011, 32, 33; *Schneider*, ZfIR 2010, 728, 729; differenzierend: OLG Saarbrücken DNotZ 2010, 301, 303; OLG Oldenburg ZIP 2010, 1846 f.; OLG Brandenburg NJW-RR 2011, 166, 168; OLG Dresden NotBZ 2010, 463, 464; *Hügel/Reetz*, § 47 Rn 112; *Albers*, ZfIR 2010, 705, 708; *Böttcher*, ZNotP 2009, 613, 618; *Böttcher*, NJW 2010, 1647, 1655; *Böttcher*, ZNotP 2010, 173, 176; *Böttcher*, AnwBl. 2011, 1, 5; *Böttcher*, NJW 2011, 822, 830; *Miras*, DStR 2010, 604, 608; *Werner*, MDR 2010, 721, 723; *Zimmer*, ZfIR 2010, 332; wohl auch: *Böhringer*, NotBZ 2009, 86, 88; *Weimer*, NotBZ 2010, 195, 196.
113 OLG Hamm FGPrax 2011, 171 = Rpfleger 2011, 453; OLG Naumburg FGPrax 2014, 200 = Rpfleger 2014, 586; OLG Nürnberg MDR 2014, 746.
114 Allgemein: Staudinger/*Picker*, BGB, Neubearb. 2019, § 899a Rn 5 ff.
115 OLG Schleswig DNotZ 2010, 296 m. Anm. *Ruhwinkel*; *Lautner*, DNotZ 2009, 650.
116 Staudinger/*Picker*, BGB, Neubearb. 2019, § 899a Rn 7.
117 Eingehend: K. Schmidt/*Keller*, § 32 InsO Rn 25, 26; eingehend auch: *Zorn*, Die bürgerlichrechtliche Gesellschaft und das Grundbuch, S. 371.
118 Eingehend: Staudinger/*Picker*, BGB, Neubearb. 2019, § 899a Rn 11 m.w.N.; *Schöner/Stöber*, Grundbuchrecht, Rn 4264; *Zorn*, Die bürgerlichrechtliche Gesellschaft und das Grundbuch, S. 200 ff.; MüKo-BGB/*Schäfer*, 7. Aufl. 2017, § 705 Rn 315; *Witt*, BB 2011, 259; *Kohler*, ZIP 2011, 2277.
119 BT-Drucks 19/27635, S. 127, 128, 206.
120 So auch *Kratzlmeier*, ZfIR 2023, 197.

es neben den steuerlichen und gesellschaftsrechtlichen Vorteilen, die sie besitzt, den Gesellschaftern erlaubte, diskret Eigentum zu erwerben und zu halten (vgl. Einl. § 1 Rdn 19). Das Gesellschaftsregister ist öffentlich, so dass die eGbR ebenso wie die im Handelsregister eingetragenen Gesellschaften volle Publizität genießt (§ 707a Abs. 3, § 707b Nr. 2 BGB, § 9 Abs. 1 S. 1, § 10 HGB, § 1 Abs. 1, § 5 GesRV, §§ 32, 33 HRV).

3. Übergangsrecht

45 Eintragungen der GbR unter Nennung der Gesellschafter, die vor dem 1.1.2024 vorgenommen worden sind, bleiben als solche im Grundbuch bestehen. Für weitere Verfügungen fehlt der GbR aber verfahrensrechtlich die Voreintragung im Sinne des § 39 GBO (dazu Rdn 53); sie muss erst als solche in das Grundbuch eingetragen werden, um verfügen zu können.

Das Übergangsrecht zu dieser Grundbuchberichtigung regelt Art. 229 § 21 EGBGB. Die Vorschrift lautet:

Art 229 § 21 EGBGB Übergangsvorschriften für die Gesellschaft bürgerlichen Rechts im Grundbuchverfahren und im Schiffsregisterverfahren

(1) Eintragungen in das Grundbuch, die ein Recht einer Gesellschaft bürgerlichen Rechts betreffen, sollen nicht erfolgen, solange die Gesellschaft nicht im Gesellschaftsregister eingetragen und daraufhin nach den durch das Personengesellschaftsrechtsmodernisierungsgesetz vom 10.8.2021 (BGBl I S. 3436) geänderten Vorschriften im Grundbuch eingetragen ist.

(2) [1]Ist die Eintragung eines Gesellschafters gemäß § 47 Absatz 2 Satz 1 der Grundbuchordnung in der vor dem 1.1.2024 geltenden Fassung oder die Eintragung eines Gesellschafters, die vor dem Zeitpunkt des Inkrafttretens gemäß Artikel 5 Absatz 2 des Gesetzes zur Einführung des elektronischen Rechtsverkehrs und der elektronischen Akte im Grundbuchverfahren sowie zur Änderung weiterer grundbuch-, register- und kostenrechtlicher Vorschriften vom 11.8.2009 (BGBl I S. 2713) am 18.8.2009 erfolgt ist, unrichtig geworden, findet eine Berichtigung nicht statt. [2]In diesem Fall gilt § 82 der Grundbuchordnung hinsichtlich der Eintragung der Gesellschaft nach den durch das Personengesellschaftsrechtsmodernisierungsgesetz geänderten Vorschriften im Grundbuch entsprechend.

(3) [1]Für die Eintragung der Gesellschaft in den Fällen der Absätze 1 und 2 gelten die Vorschriften des Zweiten Abschnitts der Grundbuchordnung entsprechend. [2]Es bedarf der Bewilligung der Gesellschafter, die nach § 47 Absatz 2 Satz 1 der Grundbuchordnung in der vor dem 1.1.2024 geltenden Fassung im Grundbuch eingetragen sind; die Zustimmung der einzutragenden Gesellschaft in den Fällen des § 22 Absatz 2 der Grundbuchordnung bleibt unberührt. [3]Dies gilt auch, wenn die Eintragung vor dem Zeitpunkt des Inkrafttretens gemäß Artikel 5 Absatz 2 des Gesetzes zur Einführung des elektronischen Rechtsverkehrs und der elektronischen Akte im Grundbuchverfahren sowie zur Änderung weiterer grundbuch-, register- und kostenrechtlicher Vorschriften vom 11.8.2009 (BGBl I S. 2713) am 18.8.2009 erfolgt ist.

(4) [1]§ 899a des Bürgerlichen Gesetzbuchs und § 47 Absatz 2 der Grundbuchordnung in der vor dem 1.1.2024 geltenden Fassung sind auf Eintragungen anzuwenden, wenn vor diesem Zeitpunkt die Einigung oder Bewilligung erklärt und der Antrag auf Eintragung beim Grundbuchamt gestellt wurde. [2]Wurde vor dem in Satz 1 genannten Zeitpunkt eine Vormerkung eingetragen oder die Eintragung einer Vormerkung vor diesem Zeitpunkt bewilligt und beantragt, sind § 899a des Bürgerlichen Gesetzbuchs und § 47 Absatz 2 der Grundbuchordnung in der vor diesem Zeitpunkt geltenden Fassung auch auf die Eintragung der Rechtsänderung, die Gegenstand des durch die Vormerkung gesicherten Anspruchs ist, anzuwenden.

(5) § 51 der Schiffsregisterordnung in der bis einschließlich 1.1.2024 geltenden Fassung ist auf Eintragungen anzuwenden, wenn vor diesem Zeitpunkt die Einigung oder Bewilligung erklärt wurde und die Anmeldung zur Eintragung beim Schiffsregister erfolgte.

46 Für Zwangsvollstreckungsmaßnahmen für und gegen die GbR regelt § 736 ZPO in der seit 1.1.2024 geltenden Fassung[121] in gleicher Weise wie § 47 Abs. 2 GBO einen faktischen Registerzwang für die Prozessfähigkeit.[122] Hier ist als Übergangsregelung § 45 EGZPO zu beachten. Die Vorschrift lautet:

§ 45 EGZPO Übergangsvorschrift zum Personengesellschaftsrechtsmodernisierungsgesetz

Zur Zwangsvollstreckung in das Vermögen einer rechtsfähigen Gesellschaft bürgerlichen Rechts im Sinne von § 705 Absatz 2 des Bürgerlichen Gesetzbuchs genügt ein gegen alle Gesellschafter gerichteter Vollstreckungstitel, wenn dieser vor dem 1.1.2024 erwirkt wurde.

---

121 Geändert durch Art. 34 Nr. 4 MoPeG v. 10.8.2021 (BGBl I, 2021, 3436).

122 BT-Drucks 19/27635, S. 202.

II. Die Eintragung der Gesellschaft bürgerlichen Rechts seit 1.1.2024

1. Neueintragung als Berechtigte

a) Rechtserwerb nach dem 1.1.2024

Die GbR ist nur dann grundbuchfähig und kann grundsätzlich nur dann als Berechtigte eingetragen werden, wenn sie im Gesellschaftsregister eingetragen ist. Abs. 2 bestimmt damit einen faktischen Registerzwang, auch wenn die Registereintragung nach § 705 Abs. 2 und § 707 Abs. 1 BGB selbst nicht Voraussetzung der Anerkennung der Teilrechtsfähigkeit ist.[123] Die Formulierung als Soll-Vorschrift beinhaltet kein dem Grundbuchamt oder den Beteiligten zustehendes Ermessen. Sie besagt lediglich, wie zahlreiche weitere Vorschriften der GBO auch, dass eine unter Verletzung der Norm erfolgte Eintragung materiellrechtlich nicht unwirksam ist. Sie ist dann aber zu berichten. Die Gesetzesbegründung zu Art. 229 § 21 EGBGB betrachtet dies als bloße Richtigstellung des Grundbuchs und „isolierte Umfirmierung".[124] Sie kann wie eine Namensberichtigung nach Umwandlung einer GbR in eine OHG im Grundbuch eingetragen werden.[125] Der Nachweis des Bestehens und der Eintragung der eGbR im Gesellschaftsregister erfolgt wie bei Handelsgesellschaften und juristischen Personen gemäß § 32 GBO (siehe § 32 Rdn 40 ff.).

Erwirbt die GbR ein Recht kraft Gesetzes, z.B. durch Erbfolge, muss neben der allgemein erforderlichen Eintragungsgrundlage (§ 35 GBO) auch der Nachweis der Eintragung im Gesellschaftsregister geführt werden.[126] Veräußert die GbR ein außerhalb des Grundbuchs erworbenes Recht ebenfalls außerhalb des Grundbuchs weiter, z.B. bei Abtretung eines vormerkungsgesicherten Anspruchs, den sie selbst kraft Erbfolge erworben hat, oder – vielleicht ein wenig realitätsnäher – bei Erwerb und Abtretung eines Briefgrundpfandrechts (§ 1154 BGB), besteht für den Erwerber eine Rechtsunsicherheit, wenn die GbR nicht in das Grundbuch voreingetragen wird.[127]

Erwirbt sie ein Recht kraft Hoheitsaktes, z.B. das Eigentum durch Zuschlagserteilung in der Zwangsversteigerung, muss im Eintragungsersuchen nach § 38 GBO mit § 130 ZVG der Name der Gesellschaft entsprechend der Eintragung im Gesellschaftsregister genannt werden. Es ist dann Sache der ersuchenden Behörde zu prüfen, ob die GbR im Gesellschaftsregister eingetragen ist. So muss das Vollstreckungsgericht im Zwangsversteigerungsverfahren dies bereits bei der Gebotsabgabe beachten und darf ein Gebot der GbR nur zulassen, wenn auch der Nachweis der Registereintragung sowie der Vertretungsnachweis geführt ist.[128]

b) Bezeichnung der eGbR als Berechtigte

Einzutragen ist die GbR nach § 15 Abs. 1 Nr. 2 GBV unter ihrem im Gesellschaftsregister eingetragenen Namen mit dem Rechtsformzusatz „eGbR" (§ 707a Abs. 2 BGB) und der Angabe des Sitzes (dazu § 15 GBV Rdn 13). Es sollen ferner das Registergericht und die Nummer des Registerblattes angegeben werden.

c) Am 1.1.2024 bereits eingeleiteter Rechtserwerb

Erfolgte die Einigung oder die Eintragungsbewilligung zugunsten der GbR vor dem 1.1.2024 und wurde der Antrag auf Eintragung beim Grundbuchamt vor diesem Datum gestellt, wird die GbR nach Art. 229 § 21 Abs. 4 S. 1 EGBGB wie nach der bis 31.12.2023 geltenden Rechtslage noch unter Nennung ihrer Gesellschafter in das Grundbuch eingetragen. War ein solcher Antrag auf Eintragung einer Vormerkung gerichtet, wird auch das später einzutragende Recht der GbR nach Satz 2 der Vorschrift unter Nennung der Gesellschafter eingetragen. Eine Grundbuchberichtigung und Umstellung auf die seit 1.1.2024 geltende Rechtslage findet erst dann statt, wenn die GbR später über das Recht verfügt und eine Eintragung bewilligt (dazu Rdn 59). Zwar regeln dies die vorgehenden Absätze des Art. 229 § 21 EGBGB, so dass man meinen könnte, die Eintragung unter Angabe der Gesellschafter könne dauerhaft Bestand haben. Das widerspräche aber dem Grundgedanken der Übergangsregelung. Sie soll lediglich Vertrauensschutz für den am 1.1.2024 bereits eingeleiteten Rechtserwerb schaffen, bei welchem nur noch die Grundbuchein-

---

123 BT-Drucks 19/27635, S. 206.
124 BT-Drucks 19/27635, S. 217.
125 BT-Drucks 19/27635, S. 217, mit Verweis auf KG Rpfleger 2009, 229; *Böhringer*, BWNotZ 2016, 154, 162.
126 BT-Drucks 19/27635, S. 207; dazu auch *Bolkart*, MittBayNot 2021, 319, 323; *Enneking/Wöffen*, NZG 2023, 308, 311; *John*, NZG 2022, 243, 247; *Wilsch*, ZfIR 2020, 521, 522; *Kratzlmeier*, ZfIR 2023, 197.
127 *Kratzlmeier*, ZfIR 2023, 197.
128 Lemke/*Wagner*, § 47 Rn 89.

tragung fehlt. Bei späteren Verfügungen muss aber § 47 Abs. 2 GBO in der seit 1.1.2024 geltenden Fassung berücksichtigt werden, es muss daher auch hier die korrekte Voreintragung der eGbR herbeigeführt werden (siehe Rdn 59).

d) Eintragung einer Vor-Gesellschaft

51 Fraglich ist, ob und wie die GbR bereits vor ihrer Eintragung im Gesellschaftsregister in das Grundbuch eingetragen werden kann.[129] Ein praktisches Bedürfnis hierfür kann schon dann bestehen, wenn ein Grundstückserwerb rasch vollzogen werden muss, die Registeranmeldung aber noch nicht erfolgt ist oder das Registergericht die Anmeldung noch nicht vollzogen hat. Das praktische Bedürfnis besteht dann mindestens für die Eintragung einer Vormerkung. Nach der bis 31.12.2023 geltenden Rechtslage war dies unproblematisch, weil die GbR sich spätestens mit Vertragsschluss spontan gründen konnte (siehe Rdn 42).

Denkbar wäre die Eintragung wie bei der Vor-GmbH als Vor-Gesellschaft (dazu § 4 Einl. Rdn 61), wobei es aber wegen der nach wie vor formfrei möglichen Gesellschaftsgründung keine Vor-GbR gibt, auch als teilrechtsfähige GbR entsteht sie mit Abschluss des Gesellschaftsvertrages und Teilnahme am Rechtsverkehr, die Eintragung in das Gesellschaftsregister ist anders als bei der GmbH nicht konstitutiv. Denkbar wäre mindestens für die Eintragung einer Vormerkung, konsequent aber auch für den Rechtserwerb selbst, die Eintragung durch Nennung aller Gesellschafter und eine spätere Grundbuchberichtigung entsprechend Art. 229 § 21 Abs. 3 EGBGB. Soweit eine Registeranmeldung bereits erfolgt ist, wäre auch die Eintragung mit dem bei der Anmeldung genannten Namen für die eGbR (§ 707 Abs. 2 Nr. 1 lit. a BGB) und dem Zusatz „in Gründung" denkbar. In beiden Varianten wäre es dann die Aufgabe des Grundbuchamtes, entsprechend Art. 229 § 21 Abs. 2 S. 2 EGBGB mit §§ 82 ff. GBO auf eine spätere Grundbuchberichtigung hinzuwirken. Das ist bei Eintragung einer Vor-GmbH anders. Anders als bei der Vor-GmbH, deren Grundbuchfähigkeit anerkannt ist, widerspricht aber die Eintragung der „Vor-GbR" der Regelung des § 47 Abs. 2 GBO, weshalb das Grundbuchamt die Pflicht hat, die vorläufige Eintragung zu einer endgültigen und korrekten Eintragung zu bringen. Problematisch ist dann aber der Fall, dass die Eintragung im Gesellschaftsregister nicht erfolgt, sei es weil sie gar nicht betrieben wird oder die Anmeldung zurückgenommen oder zurückgewiesen wird. In diesem Fall ist das Grundbuch zwar nicht materiellrechtlich unrichtig, das betreffende Recht ist aber nicht verkehrsfähig, weil die GbR ohne korrekte Grundbucheintragung und damit mangels Voreintragung nicht verfügen kann. Das muss hingenommen werden, denn Art. 229 § 21 EGBGB regelt diesen Fall auch nicht. Würden bei einer bereits vor dem 1.1.2024 eingetragenen GbR unter Nennung der Gesellschafter diese keine Grundbuchberichtigung beantragen, weil sie schlichtweg auch keine Eintragung in das Gesellschaftsregister betreiben, läuft auch das Grundbuchberichtigungszwangsverfahren leer. Das betreffende Grundstücksrecht bleibt auch hier auf Dauer nicht verkehrsfähig.

2. Eintragungen auf Bewilligung der vor dem 1.1.2024 eingetragenen Gesellschaft

52 Wurde die GbR unter Nennung der Gesellschaft vor dem 1.1.2024 als Berechtigte eingetragen, bleibt diese Eintragung wirksam und bestehen. Es erfolgt nach Art. 229 § 21 Abs. 2 S. 1 EGBGB keine Grundbuchberichtigung von Amts wegen. Satz 2 der Vorschrift verweist auf §§ 82 ff. GBO, wobei der Wortlaut der Norm insgesamt widersprüchlich klingt.[130] Die entscheidende Aussage besteht darin, dass eine Grundbuchberichtigung nicht von Amts wegen erfolgt und auch seitens des Grundbuchamtes nicht ohne Anlass ein Verfahren nach §§ 82 ff. GBO eingeleitet wird. Damit wird die GbR mit Nennung ihrer Gesellschafter auch noch lange Zeit im Grundbuch eingetragen bleiben, wenn keine Verfügung erfolgt und keine Grundbucheintragung beantragt wird. Wenn aber die GbR über das Grundstücksrecht verfügt, hat sie zunächst die Grundbuchberichtigung durch korrekte Eintragung mit dem im Gesellschaftsregister eingetragenen Namen zu bewirken, hierauf hat das Grundbuchamt nach §§ 82 ff. GBO hinzuwirken. Dies regelt Art. 229 § 21 Abs. 3 EGBGB (eingehend Rdn 59 ff.). Das Grundstücksrecht der GbR ist ohne ihre korrekte Eintragung praktisch nicht verkehrsfähig. Grundbuchrechtlich ist dies letztlich eine Frage der Voreintragung des Betroffenen im Sinne des § 39 GBO. Die ist aber auch materiellrechtlich angezeigt,

---

129 Auch zu Beurkundungsfragen eingehend *Krauß*, notar 2023, 339, 345.

130 Kritisch auch *Krauß*, notar 2023, 339, 341.

da andernfalls auf Bewilligung der eingetragenen Gesellschafter ein gutgläubiger Erwerb möglich wäre, wenn die Gesellschafterstellung nicht mehr zutreffend sein sollte.[131] Dem Zweck von § 47 Abs. 2 GBO und Art. 229 § 21 Abs. 1 EGBGB entsprechend ist Abs. 2 der Übergangsregelung weit auszulegen. Die Voreintragung als eGbR ist erforderlich beim Erwerb eines Rechts, bei der Begründung von Wohnungs- und Teileigentum (§§ 3, 8 WEG),[132] bei der Bestellung eines Erbbaurechts oder bei der Inhaltsänderung eines Grundstücksrechts.

Besteht die vorzunehmende Eintragung in der Übertragung oder Aufhebung eines Rechts, ist nicht geregelt, ob auch § 40 Abs. 1 GBO Anwendung finden kann. Grundbuchrechtlich erscheint dies naheliegend.[133] Die Voreintragung als eGbR in Gemäßheit des § 47 Abs. 2 GBO in der seit 1.1.2024 geltenden Fassung wäre dann entbehrlich, natürlich hat das Grundbuchamt dennoch die Existenz der GbR und die Vertretung durch die Gesellschafter, die im Zweifel durch Bewilligung aller Gesellschafter nachgewiesen wird, zu prüfen. Problematisch ist, dass § 899a BGB zum 1. Januar 2024 ersatzlos weggefallen ist. Für den Rechtsverkehr besteht damit kein öffentlicher Glaube hinsichtlich der eingetragenen Gesellschaft und der genannten Gesellschafter. Der Wegfall des § 899a BGB kann daher als Argument gegen die Anwendung des § 40 GBO angesehen werden, denn nur mit der Eintragung im Gesellschaftsregister besteht für den Rechtsverkehr die erforderliche Rechtssicherheit.[134] Der Gesetzgeber lässt es aber bei der Umstellung der eingetragenen Gesellschaft auch auf mit den Bewilligungen der eingetragenen Gesellschafter genügen (Art. 229 § 21 Abs. 3 EGBGB). Die eingetragenen Gesellschafter sind damit trotz Wegfalls des § 899a BGB maßgebend für die Eintragung der Gesellschaft. Eine Anwendung des § 40 GBO wird aber auch mangels einer planwidrigen Regelungslücke abgelehnt.[135] Dabei wird unter anderem damit argumentiert, der Gesetzgeber habe in der Begründung zu Art. 229 § 21 EGBGB ausdrücklich Beispielsfälle der Veräußerung genannt, die zu einer Voreintragung als eGbR führen sollten.[136] Das allein ist aber nicht überzeugend. Entscheidend ist, ob man gesellschaftsrechtlich oder grundbuchverfahrensrechtlich denkt. Gesellschaftsrechtlich ist die Eintragung in das Gesellschaftsregister gewünscht, die Voreintragung als eGbR im Grundbuch wäre dann auch bei Veräußerung und Aufhebung eines Grundstücksrechts erforderlich. Im Einzelfall wäre die Voreintragung aber l'art pour l'art, wenn sie nur dazu dienen soll, eine Eintragung in das Gesellschaftsregister zu erzwingen, die materiellrechtlich nicht zwingend ist. Der Gesetzgeber muss sich den Vorwurf gefallen lassen, mit der lediglich deklaratorischen Eintragung in das Gesellschaftsregister nur halbherzig gehandelt zu haben. Denn als rechtsfähig soll gerade auch die nicht eingetragene GbR anerkannt sein (§ 705 Abs. 2 BGB). Grundbuchverfahrensrechtlich wäre die Voreintragung als eGbR in den Fällen des § 40 GBO reine Förmelei.[137] Es spricht nichts dagegen – mit § 705 Abs. 2 BGB nicht einmal das Gesellschaftsrecht, wenn die eingetragenen Gesellschafter eine Veräußerung oder Aufhebung eines Rechtes bewilligen, diese ohne Voreintragung der eGbR zu vollziehen. Soweit ein Gesellschafterwechsel stattgefunden hat, ist dieser nachzuweisen (dazu Rdn 61 ff.). Wollte man auf die Voreintragung bestehen, würde man über den Umweg des Grundbuchrechts einen Registerzwang herbeiführen, zu dem sich der Gesetzgeber mit § 707 BGB gerade nicht durchringen konnte.

Im Ergebnis gilt das Gleiche – keine Voreintragung in Gesellschaftsregister und Grundbuch –, wenn die Gesellschaft bereits durch Ausscheiden der Gesellschafter aufgelöst ist und das Vermögen den letzten Gesellschafter zum Alleineigentum angewachsen ist (§ 712a BGB). Die Eintragung in das Gesellschaftsregister kann schon deshalb nicht mehr erfolgen, weil die Gesellschaft nicht mehr besteht. Es kann deshalb auch nicht für Eintragung des letzten Gesellschafters als Alleineigentümer oder für sonstige Verfügungen durch ihn die Voreintragung der eGbR gefordert werden.[138] Das Ausscheiden der Gesellschafter ist natürlich durch öffentliche Urkunden oder deren Bewilligung nachzuweisen.

Allein für den Fall der Löschung eines Fremdgrundpfandrechts ist zur Erlangung der Zustimmung nach § 27 GBO die Voreintragung als eGbR erforderlich.[139]

---

131 So auch Lemke/*Wagner*, § 47 Rn 90; zweifelnd wegen der Aufhebung des § 899a BGB *Wilsch*, ZfIR 2020, 521, 524.
132 Riecke/Schmid/*Schneider*, WEG, § 8 Rn 6.
133 *Bolkart*, MittBayNot 2021, 319, 329; *Wilsch*, MittBayNot 2023, 457.
134 *Krauß*, notar 2023, 339; *Bachnagel/Hilser*, notar 2023, 167, 174; *Wobst*, ZPG 2023, 58.
135 *Kratzlmeier*, ZfIR 2023, 197.
136 BT-Drucks 19/27635, S. 206, 216.
137 Ebenso *Wilsch*, MittBayNot 2023, 457.
138 Ebenso *Wilsch*, MittBayNot 2023, 457.
139 Lemke/*Wagner*, § 47 Rn 92; *Wilsch*, ZfIR 2020, 521, 525.

3. Zwangsvollstreckung für und gegen die Gesellschaft
a) Vollstreckungstitel für und gegen die GbR

54 Soll eine Eintragung im Wege der Zwangsvollstreckung erfolgen, muss die GbR als Gläubigerin oder als betroffene Schuldnerin seit 1.1.2024 grundsätzlich mit ihrem im Gesellschaftsregister eingetragenen Namen und den vertretungsberechtigten Gesellschaftern im Vollstreckungstitel bezeichnet sein.[140] Zur Zwangsvollstreckung in das Vermögen der Gesellschaft ist ein gegen die Gesellschaft selbst gerichteter Vollstreckungstitel erforderlich; aus einem gegen die Gesellschaft gerichteten Vollstreckungstitel findet die Zwangsvollstreckung gegen die Gesellschafter nicht statt; der dies festlegende § 722 BGB entspricht § 124 Abs. 2 und § 129 Abs. 4 HGB.[141]

Bei der Zwangsvollstreckung gegen die GbR sollen auch Art. 229 § 21 Abs. 1 und 3 EGBGB gelten, so dass die Eintragung erst dann erfolgen soll, wenn die eGbR mit dem im Gesellschaftsregister eingetragenen Namen voreingetragen ist. Dem Vollstreckungsgläubiger soll dafür analog § 14 GBO ein Antragsrecht auf Grundbuchberichtigung zustehen.[142] Das ist aber nur umsetzbar, wenn die eGbR bereits im Gesellschaftsregister eingetragen ist oder eingetragen wird. Betreiben aber die Gesellschafter die Eintragung gar nicht, kann der Vollstreckungsgläubiger diese auch nicht herbeiführen. Praktisch kaum durchführbar dürfte es sein, dem Gläubiger einen durchsetzbaren Anspruch und ein Recht auf Anmeldung der GbR zum Gesellschaftsregister zu geben.[143] Auch ist es nicht zielführend, dem Gläubiger oder dem Grundbuchamt analog § 14 HGB die Befugnis einzuräumen, durch Androhung und Festsetzung von Zwangsgeld die Anmeldung zum Gesellschaftsregister erzwingen zu können. Denn wenn die Gesellschaft schon Schuldnerin der Zwangsvollstreckung ist, wird eine Zwangsgeldfestsetzung kaum erfolgreich sein.

Bei der Zwangsvollstreckung gegen die GbR ist zu unterscheiden, ob sie bereits im Gesellschaftsregister eingetragen ist, noch eingetragen wird oder überhaupt nicht eingetragen wird:

b) Nachträgliche Registereintragung

55 § 736 ZPO regelt den Fall, bei welchem die GbR nachträglich, also nach Entstehen des Vollstreckungstitels, in das Gesellschaftsregister eingetragen wird. Eine Vollstreckung für oder gegen die eGbR kann stattfinden, wenn der in dem Vollstreckungstitel genannte Name und Sitz oder die Anschrift der Gesellschaft identisch sind mit dem Namen und Sitz oder der Anschrift der im Gesellschaftsregister eingetragenen Gesellschaft (§ 736 Nr. 1 ZPO) und die gegebenenfalls in dem Vollstreckungstitel aufgeführten Gesellschafter der Gesellschaft identisch sind mit den Gesellschaftern der im Gesellschaftsregister eingetragenen Gesellschaft (§ 736 Nr. 2 ZPO). Ist eine Gesellschaft damit in das Gesellschaftsregister eingetragen und soll die Zwangsvollstreckung aufgrund eines bereits für oder gegen die nicht registrierte Gesellschaft erwirkten Titels durchgeführt werden, so ist eine Umschreibung des Vollstreckungstitels nicht erforderlich. Dem Vollstreckungsorgan ist lediglich nachzuweisen, dass die Voraussetzungen des § 736 ZPO erfüllt sind.[144]

c) Zwangsvollstreckung gegen die nicht im Gesellschaftsregister eingetragene Gesellschaft

56 Weder § 722 BGB noch § 736 ZPO treffen Regelungen für den Fall, dass die Gesellschaft überhaupt nicht in das Gesellschaftsregister eingetragen wird. Die Gesetzesbegründung spricht diese Frage nur allgemein im Zusammenhang mit der Parteifähigkeit des nicht rechtsfähigen Vereins an. Ausgeführt wird dabei, dass eine Beschränkung der Parteifähigkeit auf die eingetragene Gesellschaft bürgerlichen Rechts nicht angezeigt sei, und davon auszugehen sei, dass die fehlende Registerpublizität durch die von der Rechtsprechung entwickelten Anforderungen an die hinreichend individualisierte Parteibezeichnung kompensiert werde, weil dies unter Umständen die Angabe des Namens der Gesellschafter erfordere, falls die Gesellschaft selbst keinen Namen trage.[145]

---

[140] BT-Drucks 19/27635, S. 201.
[141] BT-Drucks 19/27635, S. 168, 169.
[142] BT-Drucks 19/27635, S. 218, 219 mit Hinweis auf OLG Schleswig NJW-RR 2011, 1033 = Rpfleger 2011, 368;
Lemke/*Wagner*, § 47 Rn 103; *Schmiedeberg*, Rpfleger 2021, 69, 71.
[143] So *Reymann*, DNotZ 2021, 103, 118.
[144] BT-Drucks 19/27635, S. 202.
[145] BT-Drucks 19/27635, S. 202.

Die nicht eingetragene GbR muss auch schon deshalb mindestens passiv prozessfähig sein, weil § 705 Abs. 2 und § 707 Abs. 1 BGB für die Teilrechtsfähigkeit die Registereintragung nicht voraussetzen und andernfalls ein Gläubiger rechtlos gestellt wäre, der gegen die nicht eingetragene Gesellschaft klagen will. In diesem Fall muss der Gläubiger sämtliche Gesellschafter in gesamthänderischer Haftung verklagen. Trotz der Zuordnung des Gesellschaftsvermögens auf die Gesellschaft durch § 713 BGB und trotz der Regelung des § 722 Abs. 1 ZPO muss dann wie bei der bis 1.1.2024 geltenden Rechtslage aus einem gegen die Gesellschafter ergangenen Titel auch in das Gesellschaftsvermögen die Zwangsvollstreckung stattfinden können.[146]

Für das Grundbuchverfahren mögen diese Überlegungen nachrangig sein, denn wenn gegen die GbR als Vollstreckungsschuldnerin Eintragungen erfolgen müssen, muss sie nach § 47 Abs. 2 GBO als solche im Grundbuch voreingetragen sein. Ist sie dies nicht, weil es sich beispielsweise um eine Eintragung vor dem 1.1.2024 handelt, würde grundsätzlich wieder das Verfahren nach §§ 82 ff. GBO einzuleiten sein. Dessen Erfolg dürfte aber ausbleiben, wenn die Gesellschafter die Grundbuchberichtigung nicht betreiben. Man könnte hier dem Gläubiger analog § 14 GBO die Möglichkeit der Grundbuchberichtigung einräumen, was aber auch nur funktioniert, wenn die GbR im Gesellschaftsregister eingetragen ist. Daher muss für Zwangsvollstreckungsmaßnahmen gegen die GbR, die nicht im Gesellschaftsregister eingetragen ist und im Grundbuch mit Nennung der Gesellschafter bezeichnet ist, ein Vollstreckungstitel gegen die Gesellschafter genügen. Das bestätigt zuletzt § 45 EGZPO, der für Vollstreckungstitel, die vor dem 1.1.2024 erwirkt worden sind, die Nennung aller Gesellschafter als Schuldner genügen lässt.

d) Verfügungsbeeinträchtigungen

Die Eintragung von Verfügungsbeeinträchtigungen, welche die GbR selbst betreffen, sind nach den allgemeinen Regelungen bei den ihr zustehenden Rechten einzutragen, bspw. die Insolvenzeröffnung über das Vermögen der GbR (§ 11 Abs. 2 Nr. 1 InsO; siehe auch § 6 Einl. Rdn 89). Soweit noch die GbR mit Nennung der Gesellschafter eingetragen ist, ist die Insolvenzeröffnung über das Vermögen eines Gesellschafters wegen § 899a BGB und des guten Glaubens des Grundbuchs an seine Vertretungsbefugnis für die GbR bei diesem einzutragen (vgl. § 12c GBO Rdn 13). Wird die GbR mangels abweichender Vereinbarung durch die Insolvenz eines Gesellschafters aufgelöst, geht mit der Eröffnung des Insolvenzverfahrens über dessen Vermögen die Befugnis, über im Grundbuch eingetragene Rechte der GbR zu verfügen, von dem Gesellschafter auf den Insolvenzverwalter über. Eine dem Notar im Kaufvertrag erteilte Vollmacht zur Vertretung der GbR bei Abgabe der Eintragungsbewilligung erlischt.[147]

Die Verpfändung (§§ 1273 ff. BGB) oder Pfändung (§§ 829, 859 ZPO) eines Gesellschaftsanteils war auch bereits nach dem bis 1.1.2024 geltenden Recht nicht eintragungsfähig, da mit ihr keine Beeinträchtigung des Gesellschafters in der Verfügung über den Gesellschaftsanteil verbunden ist.[148]

III. Grundbuchberichtigung bei Eintragung der GbR vor dem 1.1.2024

1. Grundsatz

Ist die GbR durch Nennung ihrer Gesellschafter im Grundbuch eingetragen, ist das Grundbuch zu berichtigen. Es soll die seit 1.1.2024 geltende Rechtslage herbeigeführt werden.[149] Dies regelt Art. 229 § 21 Abs. 3 EGBGB. Er erfasst drei Fälle:

– Eintragung der GbR vor dem 1.1.2024 unter Geltung des § 47 Abs. 2 GBO in der bis 31.12.2023 geltenden Fassung.
– Eintragung der GbR nach dem 1.1.2024 aufgrund eines vor diesem Zeitpunkt gestellten Antrags (siehe Rdn 50).
– Eintragung der GbR nach dem 1.1.2204 unter Verletzung der Vorschrift des § 47 Abs. 2 GBO.

---

146 So auch *Wilsch*, ZfIR 2020, 521, 525; *Kratzlmeier*, ZfIR 2023, 197.
147 OLG München NZI 2018, 696 m. Anm. *Kesseler* = ZIP 2018, 1646, dazu EWiR 2018, 565 (*Grziwotz*).
148 BGHZ 119, 191; BGH DNotZ 2016, 925 = FGPrax 2016, 243 m. Anm. *Keller* = MittBayNot 2017, 83; a.A. OLG Düsseldorf NJW-RR 2004, 1111; LG Hamburg Rpfleger 1982, 142.
149 Mit ausführlichen Checklisten *Wilsch*, MittBayNot 2023, 457, 460.

2. Eintragung auf Bewilligung der Gesellschafter

60 Die Grundbuchberichtigung erfolgt nach Art. 229 § 21 Abs. 3 S. 2 EGBGB auf Bewilligung der Gesellschafter, die nach § 47 Abs. 2 GBO in der vor dem 1.1.2024 geltenden Fassung im Grundbuch eingetragen sind.

Um die im Gesellschaftsregister eingetragene eGbR davor zu schützen, Rechte an einem Grundstück aufgedrängt zu bekommen, ist allerdings davon auszugehen, dass das Grundbuchamt von Amts wegen überprüfen muss, ob die im Gesellschaftsregister eingetragene Gesellschaft mit derjenigen Gesellschaft identisch ist, die im Grundbuch unter Angabe ihrer Gesellschafter verlautbart ist. Es hat daher neben der Bewilligung derjenigen Gesellschafter, die im Grundbuch eingetragen sind, die Zustimmung der im Grundbuch einzutragenden Gesellschaft nach § 22 Abs. 2 GBO zu verlangen.[150] Der Nachweis der Vertretungsbefugnis erfolgt nach § 32 GBO.

3. Gesellschafterwechsel

61 Hat vor der Grundbuchberichtigung ein Gesellschafterwechsel stattgefunden, der nicht in das Grundbuch eingetragen worden ist, ist dieser nachzuweisen. Es gelten hier die gleichen Anforderungen an den Nachweis des Gesellschafterwechsels, wie nach der Rechtslage vor dem 1.1.2024.

Ein rechtsgeschäftlicher Gesellschafterwechsel erfolgt materiellrechtlich formfrei, wenn er im Gesellschaftsvertrag erlaubt ist oder alle Gesellschafter zustimmen. Die Eintragung des Gesellschafterwechsels ist Grundbuchberichtigung nach § 22 GBO und in Form des § 29 GBO nachzuweisen.[151] Vorzulegen sind insbesondere die Urkunde über den Erwerb des Gesellschaftsanteils (§ 22 GBO mit § 29 Abs. 1 S. 2 GBO) oder die Bewilligung des übertragenden Gesellschafters sowie die des eintretenden (§ 22 Abs. 2 GBO),[152] auch wenn dieser bereits Gesellschafter ist.[153] Die Gestattung der Übertragung im Gesellschaftsvertrag ist durch öffentliche Urkunde nachzuweisen. Ist dies nicht möglich, ist die Zustimmung aller sonstigen Gesellschafter in öffentlich beglaubigter Form erforderlich.[154]

Ist ein Gesellschafter ausgeschieden, ist sein Anteil den übrigen Gesellschaftern angewachsen, weshalb wegen § 22 Abs. 2 GBO neben der Bewilligung des ausscheidenden Gesellschafters die Bewilligungen aller aus dem Grundbuch verlautbarten Gesellschafter erforderlich sind.[155] Beim Ausscheiden eines Gesellschafters aus einer zweigliedrigen Gesellschaft ist mit der Anwachsung Alleineigentum des verbleibenden Gesellschafters entstanden.[156]

4. Tod eines Gesellschafters

62 Im Fall des zwischenzeitlich eingetretenen Todes eines Gesellschafters ist der Gesellschaftsvertrag in Form des § 29 GBO vorzulegen, um eine Anwendung besonderer Nachfolgeklauseln oder die Geltung des bis 1.1.2024 geltenden § 727 BGB nachzuweisen.[157] Nach dem Tod des Gesellschafters einer im Grundbuch als Eigentümerin eines Grundstücks eingetragenen GbR stellt die Buchposition des Gesellschafters keine gesondert vererbliche Rechtsposition dar; die Rechtsnachfolge in die Gesellschafterstellung vollzieht sich insgesamt nach Maßgabe des Gesellschaftsvertrags.[158] Die Gesellschafter können für den Fall des Todes bspw. eine Nachfolgeklausel zugunsten eines oder aller Erben oder eine Eintrittsklausel zugunsten eines Dritten bestimmt haben. Sie können auch eine Fortsetzungsklausel mit dem Inhalt

---

150 BT-Drucks 19/27635, S. 217.
151 OLG Zweibrücken FGPrax 2010, 286; OLG Zweibrücken NJW 2010, 384; OLG München DNotZ 2011, 769; OLG München FGPrax 2011, 66 = MittBayNot 2011, 224; OLG Frankfurt NotBZ 2011, 402; OLG Brandenburg NZM 2011, 522; OLG Hamm Rpfleger 2011, 663; vgl. auch DNotI-Report 16/2010, 145 ff.; praxisnah: *Schöner/Stöber*, Grundbuchrecht, Rn 4270 ff.; nicht überzeugend dagegen: *Bestelmeyer*, Rpfleger 2010, 169.
152 Meikel/*Hertel*, § 29 Rn 194 ff.
153 Anders für die bloße „Löschung" eines Gesellschafters KG FGPrax 2011, 217 = MittBayNot 2012, 219 m. Anm. *Böhringer* = Rpfleger 2012, 19; KG NJW-RR 2020, 990 = RNotZ 2020, 454.
154 OLG Zweibrücken NJW 2010, 384.
155 OLG München DNotZ 2011, 769; OLG Hamm FGPrax 2011, 226; abweichend: KG FGPrax 2011, 217; *Böttcher*, ZfIR 2009, 613.
156 Eingehend mit Eintragungsbeispielen *Eickmann*, Rpfleger 1985, 85.
157 BayObLG BayObLGZ 1991, 301 = DNotZ 1992, 157 = Rpfleger 1992, 19; BayObLG BayObLGZ 1997, 307 = DNotZ 1998, 811; OLG München ZIP 2020, 414.
158 BGH DNotZ 2022, 530 m. Anm. *Mayer* = FGPrax 2022, 97 m. Anm. *Stegbauer* = Rpfleger 2022, 379 = ZIP 2022, 687, dazu EWiR 2022, 263 (*Zipperer*); dazu *Dressler-Berlin*, FGPrax 2022, 61; BGH NZG 2022, 1250.

vereinbart haben, dass die Gesellschaft unter Anwachsung ihrer Anteile durch die verbliebenen Gesellschafter fortgeführt werde; die Erben des insoweit ausgeschiedenen Gesellschafters erhalten dann ein Abfindungsguthaben, werden aber gerade nicht Gesellschafter.[159] Die gesetzliche Regel des § 727 BGB führt zu einem Eintritt der Erben in Erbengemeinschaft an Stelle des Verstorbenen, jedoch mit dem Ziel der Auseinandersetzung der Gesellschaft.[160] Besteht für den Nachlass des verstorbenen Gesellschafters Testamentsvollstreckung, genügt die Bewilligung des Testamentsvollstreckers und der verbliebenen Gesellschafter, natürlich muss die Zustimmungsbefugnis des Testamentsvollstreckers nachgewiesen werden.[161]

Ist der Gesellschaftsvertrag nicht in der Form des § 29 GBO nachweisbar, müssen auch die Bewilligungen aller Gesellschafter sowie aller Erben mit Nachweis nach § 35 GBO zur Eintragung einer bestimmten Nachfolge genügen.[162] Diese kann aber nicht alternativ die Vorlage des Gesellschaftsvertrages ersetzen.[163]

Besonderheiten bestehen, wenn der verstorbene Gesellschafter insolvent war:[164] Wird eine Gesellschaft bürgerlichen Rechts (GbR) nach § 727 Abs. 1 BGB mangels abweichender Vereinbarung durch den Tod eines Gesellschafters aufgelöst, geht mit der Eröffnung des Insolvenzverfahrens über dessen Nachlass die Befugnis, über im Grundbuch eingetragene Rechte der GbR zu verfügen, von dem Erben auf den Insolvenzverwalter über. In das Grundbuch ist ein Insolvenzvermerk einzutragen. Enthält der Gesellschaftsvertrag eine Nachfolgeklausel, wird durch die Eröffnung des Nachlassinsolvenzverfahrens die Verfügungsbefugnis des Erben über im Grundbuch eingetragene Rechte der GbR nicht eingeschränkt.[165]

63

§ 48 [Gesamtbelastungen]

(1) Werden mehrere Grundstücke mit einem Recht belastet, so ist auf dem Blatt jedes Grundstücks die Mitbelastung der übrigen von Amts wegen erkennbar zu machen. Das gleiche gilt, wenn mit einem an einem Grundstück bestehenden Recht nachträglich noch ein anderes Grundstück belastet oder wenn im Falle der Übertragung eines Grundstücksteils auf ein anderes Grundbuchblatt ein eingetragenes Recht mitübertragen wird.
(2) Soweit eine Mitbelastung erlischt, ist dies von Amts wegen zu vermerken.

A. Allgemeines 1	1. Grundbücher desselben Grundbuchamts 17
B. Voraussetzungen 3	2. Verfahrensweise bei mehreren beteiligten
I. Mehrere Grundstücke 3	Grundbuchämtern 18
II. Zulässigkeit eines Gesamtrechts 6	3. Nachträgliche Gesamtbelastung 25
III. Doppelsicherung anderer Art 10	**D. Erlöschen der Mitbelastung** 27
C. Das grundbuchtechnische Verfahren 12	**E. Eintragung von Veränderungen** 30
I. Buchung der betroffenen Grundstücke auf	I. Veränderungen des Gesamtrechts 30
demselben Blatt 12	II. Einzelne Veränderungen 34
II. Buchung der betroffenen Grundstücke in	
verschiedenen Grundbüchern 17	

A. Allgemeines

§ 48 GBO **durchbricht den Antragsgrundsatz** für den Fall der Gesamtbelastung. **Mitbelastungen** sind auf allen betroffenen Grundbuchblättern **von Amts wegen** einzutragen. Der Grund liegt in dem besonde-

1

---

159 Umfassend zu den von § 727 BGB abweichenden Vereinbarungen mit umfangreichen Nachweisen: MüKo-BGB/*Schäfer*, 7. Aufl. 2017, § 727 Rn 26 ff.
160 MüKo-BGB/*Schäfer*, 7. Aufl. 2017, § 727 Rn 13 ff.
161 BGH DNotZ 2022, 530 m. Anm. *Mayer* = FGPrax 2022, 97 m. Anmm *Stegbauer* = Rpfleger 2022, 379 = ZIP 2022, 687, dazu EWiR 2022, 263 (*Zipperer*); dazu *Dressler-Berlin*, FGPrax 2022, 61; BGH NZG 2022, 1250.
162 Überzeugend: *Ertl*, MittBayNot 1992, 11; ferner: Meikel/*Hertel*, § 29 Rn 198, 199.
163 So aber KG FGPrax 2016, 193 = MittBayNot 2016, 328 = Rpfleger 2016, 548; dazu *Goslich*, MittBayNot 2016, 141.
164 BGH FGPrax 2017, 243 = DNotZ 2018, 312 = NJW 2017, 3715 = Rpfleger 2018, 11 = ZfIR 2017, 831 m. Anm. *Keller*, ZNotP 2017, 446; dazu auch *Altmeppen*, NZG 2017, 1281; *Lubberich*, DNotZ 2018, 256.
165 Ebenso zu Testamentsvollstreckung BGHZ 98, 48, 55.

ren Wesen der Gesamtbelastung. Es besteht, ähnlich wie bei der Gesamtschuldnerschaft des § 421 BGB darin, dass ein einheitliches Recht mehrere Grundstücke erfasst, und zwar in der Art, dass der Gläubiger seine vollständige Befriedigung aus jedem Grundstück suchen kann, jedoch die Befriedigung aus einem Grundstück die anderen Grundstücke von der Hypothek befreit (§§ 1132, 1173 BGB).[1] Für die Bewertung des Rechts im Verkehr ist daher die Tatsache der Mithaft anderer Grundstücke von ausschlaggebender Bedeutung. Ferner würden, wenn die Mithaft nicht erkennbar wäre, sich aus den Regeln über den öffentlichen Glauben Verwicklungen ergeben, die zur Folge hätten, dass das einheitliche Gesamtrecht sich in der Hand gutgläubiger Erwerber in mehrere Einzelrechte je von der Höhe des Gesamtrechts verwandeln könnte.

2 Trotz **Verstoßes gegen § 48 GBO** bleibt ein ohne Mithaftvermerke eingetragenes Recht Gesamtrecht; das Grundbuch ist jedoch unrichtig. Der Mithaftvermerk ist in einem solchen Fall von Amts wegen nachzuholen. Dies ist möglich, solange das Gesamtrecht noch dem ersten Berechtigten zusteht. Bei zwischenzeitlichem rechtsgeschäftlichem Übergang auf einen Erwerber muss von einem gutgläubigen Erwerb von Einzelrechten ausgegangen werden. Nachfolgende Rechte oder die zwischenzeitliche Eintragung von Rechten am Recht hindern die Nachholung des Mithaftvermerks nicht.

B. Voraussetzungen
I. Mehrere Grundstücke

3 Voraussetzung ist die **Gesamtbelastung mehrerer Grundstücke** oder grundstücksgleiche Rechte. Dasselbe gilt für Grundstücksbruchteile, auch wenn sämtliche Miteigentümer oder Wohnungseigentümer ihre Anteile mit demselben Recht belasten. Ein solches Grundpfandrecht ist Gesamtgrundpfandrecht, auch wenn die mehreren Eigentümer gemeinschaftlich eine Hypothek oder Grundschuld an dem ganzen Grundstück bestellen. Ebenso entsteht ein Gesamtgrundpfandrecht, wenn ein mit einem Einzelrecht belastetes, im Alleineigentum stehendes Grundstück nach Bruchteilen in Miteigentum übergeht. In diesem Fall wird jedoch die Gesamtrechtseigenschaft nicht kenntlich gemacht, sie ergibt sich aus Abt. I des Grundbuchs.

4 Reale Grundstücksteile kommen als Objekte einer Gesamtbelastung nicht in Frage. Handelt es sich um ein Gesamtgrundpfandrecht, so muss nach § 7 Abs. 1 GBO der belastete Teil vor der Belastung verselbstständigt werden. Gleiches gilt bei Reallasten; § 7 Abs. 2 GBO ist hierauf nicht anwendbar (vgl. § 7 GBO Rdn 17). Auch **Rechte an Grundstücksrechten** sind nur als selbstständige Belastungen zugelassen.

5 **Unerheblich** für die Anwendung des § 48 GBO ist, **wann die Gesamtbelastung eintritt**, ob von Anfang an bei Begründung des Rechts, ob nachträglich durch Hinzutritt eines weiteren Grundstücks in die Haftung oder ob durch Teilung eines bis dahin selbstständigen Grundstücks. **§ 48 GBO gilt in allen Fällen.** Er regelt damit drei Fallgestaltungen:
– Die anfängliche Belastung mehrerer Grundstücke mit demselben Recht (Abs. 1 S. 1).
– Die nachträgliche Mitbelastung (Abs. 1 S. 2 Hs. 2).
– Die durch Grundstücksteilung und Übertragung nachträglich entstehende Gesamtbelastung (Abs. 1 S. 2 Hs. 2).

II. Zulässigkeit eines Gesamtrechts

6 Während bei **Grundpfandrechten** die **Gesamtbelastung gesetzlich geregelt** und damit zugelassen ist (§§ 1132, 1192, 1200 BGB; zur Ausnahme bei Eintragung der Zwangshypothek[2] siehe § 867 Abs. 2 ZPO), besteht über die Möglichkeiten der Gesamtbelastung bei den anderen dinglichen Rechten teilweise Streit.

---

1 Allgemein auch zu Kritik am System des Gesamtrechts: Staudinger/*Wolfsteiner*, BGB, § 1132 Rn 1, 6; MüKo-BGB/*Lieder*, § 1132 Rn 5 ff.
2 Durch spätere Teilung des belasteten Grundstücks kann auch die Zwangshypothek zur zulässigen Gesamthypothek werden; ebenso kann bei gesamtschuldnerischer Haftung der Bruchteilsmiteigentümer die Zwangshypothek am Grundstück eingetragen werden, wegen § 1114 BGB ist sie dann auch Gesamtrecht, vgl. Zöller-ZPO/*Seibel*, § 867 Rn 19.

- **Reallast**: Als Gesamtrecht zulässig;[3] das Gesamtrecht kann auch durch Teilung des belasteten Grundstücks entstehen.[4]
- **Nießbrauch**: Als Gesamtrecht unzulässig.[5]
- **Vorkaufsrecht**: Als Gesamtrecht unzulässig.[6]
- **Erbbaurecht**: Als Gesamtrecht zulässig (vgl. § 3 Einl. Rdn 170; § 6a GBO Rdn 1 ff.).[7]
- **Dienstbarkeit**: Die Zulässigkeit einer Gesamtdienstbarkeit ist **umstritten**.[8] Der ablehnenden Ansicht ist bei **rein dogmatischer Betrachtung** zuzustimmen. Anders als bei Verwertungsrechten (Grundpfandrechten) ist es begrifflich ausgeschlossen, dass die naturnotwendig individuellen Befugnisse des Berechtigten einer Dienstbarkeit im Ganzen aus einem von mehreren belasteten Grundstücken erbracht werden können; er kann anders als der Grundpfandrechtsgläubiger und der Gläubiger von Gesamtschuldnern nicht wählen, aus welchem Recht oder von welchem Schuldner er voll Befriedigung fordern möchte.[9] Lediglich aufgrund des Anspruchs auf Wertersatz in der Zwangsversteigerung (§ 92 ZVG) eine Gesamthaftung zuzulassen ist nicht überzeugend. Der Wertersatz setzt ein bestehendes Gesamtrecht voraus, an dessen Stelle er hilfsweise tritt, er kann umgekehrt nicht die Bildung eines Gesamtrechts ermöglichen. Trotzdem hat sich vielfach aus angeblich **pragmatischen Gründen** die bejahende Auffassung durchgesetzt. Eine Dienstbarkeit soll dann gesamtrechtsfähig sein, wenn sich ihre Ausübung notwendig auf alle Grundstücke erstreckt.[10] Dies ist jedoch keinesfalls konsequent: Denn dann müsste ein Leitungsrecht zur Sicherung einer Hochspannungsleitung über mehrere hundert Kilometer an allen betroffenen Grundstücken als Gesamtrecht bestellt und in sämtliche Grundbücher eingetragen werden. Das wird wiederum nicht gemacht, es wäre auch praktisch nahezu unmöglich.
- **Dauerwohn- und Dauernutzungsrecht.** Auch hier besteht Streit über die Zulässigkeit.[11] Im Fall der Teilung des belasteten Grundstücks entstünde, ließe man ein Gesamtrecht nicht zu, wegen § 32 Abs. 1 WEG ein ordnungswidriger Zustand; wie beim Erbbaurecht muss deshalb die Zulässigkeit des Gesamtrechts bejaht werden. Dies gilt dann auch für die ursprüngliche Bestellung.
- Zum **Altenteil** als Gesamtrecht vgl. § 49 GBO Rdn 14, 15.

Rechte an Grundstücksrechten können **nicht** als Gesamtrechte bestellt werden. Auf Vormerkungen und Widersprüche ist § 48 GBO dann anwendbar, wenn sie sich auf eingetragene Gesamtrechte beziehen.

Das Gesamtrecht muss an den belasteten Grundstücken einen **einheitlichen Inhalt** haben, es handelt sich ja sachenrechtlich um ein Recht. Die Vollstreckungsunterwerfung nach § 794 Abs. 1 Nr. 5 mit § 800 ZPO braucht jedoch nicht hinsichtlich aller Grundstücke vorzuliegen.[12] Auch kann der Rang an jedem belasteten Grundstück unterschiedlich sein.[13] Einen **Sonderfall** bildet die seit 19.8.2008 geltende **Sicherungsgrundschuld** mit den zwingenden Regelungen der §§ 1192 Abs. 1a und § 1193 BGB (vgl. § 7 Einl.

---

3 BGH BGHZ 57, 57, 59; KG JW 1923, 1038; Staudinger/*Mayer*, BGB, § 1105 Rn 4; MüKo-BGB/*Joost*, § 1105 Rn 34; NK-BGB/*Reetz*, § 1105 Rn 23; Lemke/*Wagner*, § 48 Rn 13; *Böttcher*, Rpfleger 1989, 141; *Böttcher*, MittBayNot 1993, 129, 131.

4 BGH DNotZ 1972, 487; OLG Hamm DNotZ 1976, 229; OLG Oldenburg Rpfleger 1978, 411.

5 KG KGJ 43, 347; KG HRR 1934, 521; Staudinger/*Heinze*, BGB, § 1030 Rn 20; MüKo-BGB/*Pohlmann*, § 1030 Rn 45; Grüneberg/*Herrler*, BGB, § 1030 Rn 2; Meikel/*Böhringer*, § 48 Rn 31; Bauer/Schaub/*Wegmann*, § 48 Rn 7; *Hampel*, Rpfleger 1962, 126.

6 KG JFG 18, 146; BayObLG BayObLGZ 1951, 618 = DNotZ 1953, 262; Meikel/*Böhringer*, § 48 Rn 34; *Demharter*, § 48 Rn 6; Bauer/Schaub/*Wegmann*, § 48 Rn 10; Lemke/*Wagner*, § 48 Rn 15; Schöner/Stöber, Grundbuchrecht, Rn 1400; Bratfisch/Haegele, Rpfleger 1961, 40; *Tröster*, Rpfleger 1961, 404; *Hampel*, Rpfleger 1962, 126.

7 BGH BGHZ 65, 345; KG KGJ 51, 229; OLG Hamm DNotZ 1960, 107; OLG Hamm NJW 1963, 1112; OLG Hamm Rpfleger 1973, 427; OLG Köln Rpfleger 1988, 355; BayObLG BayObLGZ 1990, 356.

8 Für Gesamtdienstbarkeit: BayObLG BayObLGZ 1955, 170; BayObLG Rpfleger 1990, 111; OLG Zweibrücken ZfJR 1998, 210; LG Hildesheim NJW 1960, 49; LG Braunschweig NdsRpfl 1963, 229; Grüneberg/*Herrler*, BGB, § 1018 Rn 2; Soergel/*Stürner*, BGB, § 1018 Rn 39a; Schöner/Stöber, Grundbuchrecht, Rn 1120; Meikel/*Böhringer*, § 48 Rn 18; MüKo-BGB/*Falckenberg*, § 1018 Rn 20; gegen Gesamtdienstbarkeit: LG Dortmund Rpfleger 1963, 197; *Demharter*, § 48 Rn 8; LG Dortmund Rpfleger 1963, 197 m. Anm. *Haegele*; *Lutter*, DNotZ 1960, 85; *Marcus*, Gruch 56, 782; *Hampel*, Rpfleger 1962, 126; *Böttcher*, MittBayNot 1993, 129, 134.

9 Eingehend: Lemke/*Wagner*, § 48 Rn 21 ff.

10 BGH Rpfleger 2019, 72; BayObLG MittBayNot 1990, 41 mAnm *Ertl*; Grüneberg/*Herrler*, § 1018 BGB Rn 2; Meikel/*Böhringer*, § 48 Rn 18.

11 Für die Zulässigkeit: LG Hildesheim NJW 1960, 49; Meikel/*Böhringer*, § 48 Rn 17; *Demharter*, § 48 Rn 8; Lemke/*Wagner*, § 48 Rn 18; a.A. BayObLG BayObLGZ 1957, 110 = NJW 1957, 1814; OLG Frankfurt NJW 1959, 1977.

12 BGH BGHZ 26, 344; Meikel/*Böhringer*, § 48 Rn 26.

13 BGH BGHZ 80, 119.

Rdn 60). Eine vor diesem Zeitpunkt bestellte Sicherungsgrundschuld kann nur unter Geltung dieser Vorschriften auf ein weiteres Grundstück erstreckt werden. Bei der Eintragung der Pfanderstreckung ist klarzustellen, dass die Grundschuld am neuen Grundstück Sicherungsgrundschuld ist, die Gesamtrechtsfähigkeit und die Anwendung des § 48 GBO sind damit nicht ausgeschlossen.[14]

9 Wird ein **unzulässiges Gesamtrecht** bewilligt und beantragt, könnte die Bewilligung dahingehend auszulegen sein, dass entsprechende Einzelrechte eingetragen werden sollen. Richtigerweise ist aber eine Zwischenverfügung nach § 18 GBO zu erlassen. Seitens des Antragstellers könnte es auch gewollt sein, das Recht nicht eintragen zu lassen, wenn es als Gesamtrecht nicht zulässig ist.

III. Doppelsicherung anderer Art

10 § 48 GBO ist **entsprechend anzuwenden**, wenn zwar kein Gesamtrecht im eigentlichen Sinn, jedoch eine Doppelsicherung anderer Art vorliegt, nämlich bei Sicherung einer Forderung durch Verkehrs- und Ausfallsicherungshypothek oder der Sicherung einer Forderung durch Verkehrs- und Zwangshypothek; sofern man ein solches Nebeneinander überhaupt für zulässig hält.[15]

In beiden Fällen muss das Gläubigerrecht bezüglich beider Rechte ein einheitliches bleiben; es ist deshalb ein Vermerk entsprechend § 48 GBO erforderlich, um ein Auseinanderfallen des Gläubigerrechts zu vermeiden.

11 Muster: Gläubigervermerk

„Für dieselbe Forderung ist bereits in Bd. […] Bl. […] eine Verkehrshypothek eingetragen."

C. Das grundbuchtechnische Verfahren
I. Buchung der betroffenen Grundstücke auf demselben Blatt

12 Sollen die **Grundstücke gleichzeitig belastet** werden, so wird die Belastung in der vorgeschriebenen Abteilung einmal eingetragen und die Tatsache der Mithaft durch Aufnahme der Nummern der belasteten Grundstücke in die Nummernspalte zum Ausdruck gebracht.

13 Wird eines der auf demselben Blatt gebuchten Grundstücke **nachträglich mitbelastet**, so wird die Mithaft durch einen Vermerk in der Veränderungsspalte verlautbart. Zu der Frage, wann bei nachträglicher Mitbelastung Rangvermerke zu buchen sind, siehe § 45 GBO Rdn 21 ff., 37 ff.[16] Ist ein Brief erteilt, so ist nach § 63 GBO zu verfahren.

14 Eine Ergänzung der Nummernspalte durch Hinzufügen der Nummer des neu in die Mithaft eintretenden Grundstücks war im Papiergrundbuch oft üblich, ist jedoch nicht vorgeschrieben. Das maschinell geführte Grundbuch lässt diese Ergänzung technisch ohnehin nicht zu.

15 Bei Pfanderstreckung eines Grundpfandrechts, ist eine Wiederholung der Unterwerfungsklausel (§ 794 Abs. 1 Nr. 5 mit § 800 ZPO) in der Veränderungsspalte nicht erforderlich.[17] Es **muss** aber **bezüglich des nunmehr mithaftenden Grundstücks** eine solche Unterwerfungserklärung vorliegen. Dafür genügt eine urkundliche Erklärung der Erstreckung des Grundpfandrechts „samt Unterwerfungsklausel".[18]

16 Wird ein **belastetes Grundstück geteilt** und bleiben die Teilgrundstücke auf demselben Grundbuchblatt gebucht, so ist keinerlei Eintragung nötig. Die Mithaft ergibt sich aus den Änderungen im Bestandsverzeichnis. Es ist nicht erforderlich und dient auch nicht der Übersichtlichkeit des Grundbuchs, wenn in der Veränderungsspalte des Rechts die Änderungen der Nummern im Bestandsverzeichnis angegeben werden. Wird bspw. das Grundstück Nr. 1 im Bestandsverzeichnis geteilt und unter Nr. 2 und 3 neu vorgetra-

---

14 Eingehend: BGH NJW 2010, 3300; ferner: OLG München FGPrax 2010, 67; MüKo-BGB/*Lieder*, § 1132 Rn 12; *Böhringer*, Rpfleger 2009, 124; *Bestelmeyer*, Rpfleger 2010, 377.
15 RG RGZ 98, 110; BayObLG Rpfleger 1991, 53; Meikel/ *Böhringer*, § 48 Rn 39; Bauer/Schaub/*Wegmann*, § 48 Rn 17; eingehend: Westermann/Gursky/*Eickmann*, Sachenrecht, § 108 VI.
16 Es stellt sich wieder die Frage nach der Rangeinheit von Hauptspalte und Veränderungsspalte, vgl. Lemke/*Wagner*, § 48 Rn 29.
17 BGHZ 26, 346 = NJW 1958, 630; LG Essen DNotZ 1957, 670.
18 BayObLG Rpfleger 1992, 196.

gen, bleibt in Spalte 2 der Abt. III bei einem Grundpfandrecht die Bezeichnung „Nr. 1" für das belastete Grundstück bestehen. Denn im Zeitpunkt der Eintragung des Rechts war dieses das belastete Grundstück, spätere Änderungen innerhalb des Grundbuchblatts haben sich aus dem Bestandsverzeichnis zu ergeben. Ein etwaiger Grundpfandrechtsbrief ist nur auf Antrag zu ergänzen (§ 57 Abs. 3 GBO).

II. Buchung der betroffenen Grundstücke in verschiedenen Grundbüchern

1. Grundbücher desselben Grundbuchamts

Werden die Grundbücher von demselben Grundbuchamt geführt, gilt für die Eintragung des Mithaftvermerks Folgendes:

- Bei **gleichzeitiger Gesamtbelastung** muss jede Eintragung den Mithaftvermerk enthalten, und zwar in der Hauptspalte.
- Bei **nachträglicher Mitbelastung** ist auf dem Grundbuchblatt des neu in die Haftung eintretenden Grundstücks die Mithaft Bestandteil der Eintragung des Rechts in der Hauptspalte, auf dem anderen Grundbuchblatt ist sie in der Veränderungsspalte zu vermerken. Ist ein Grundpfandrechtsbrief erteilt, so ist nach § 63 GBO zu verfahren.
- Wird ein Grundstücksteil mit dem darauf lastenden Recht **auf ein anderes Grundbuchblatt übertragen**, so ist auf dem neuen Blatt das Recht nebst Mithaftvermerk in die Hauptspalte einzutragen; auf dem alten Blatt ist der Mithaftvermerk in die Veränderungsspalte aufzunehmen. Entsprechend ist zu verfahren, wenn eines von mehreren selbstständigen Grundstücken auf ein anderes Grundbuchblatt übertragen wird; nur ist in diesem Fall außerdem **die Nummer des übertragenen Grundstücks** in der Nummernspalte des alten Blatts **rot zu unterstreichen** (§ 13 Abs. 3 S. 1 GBV). Die Eintragung des Mithaftvermerks auf beiden Blättern ist keine Eintragung „bei der Hypothek" im Sinne des § 42 GBO, sondern nur hinweisender Art; einer Vorlegung des Grundpfandrechtsbriefs bedarf es daher nicht. Der Brief ist auf Antrag zu ergänzen (§ 57 Abs. 2 GBO).
- Die Behandlung der **Eintragungsunterlagen** regelt § 24 Abs. 2 GBV; zur Fassung des Mithaftvermerks siehe § 11 GBV Rdn 5).

2. Verfahrensweise bei mehreren beteiligten Grundbuchämtern

Werden die Grundbuchblätter von **verschiedenen Grundbuchämtern** geführt, regelt § 55a Abs. 2 GBO die Verfahrensweise.[19] Ergänzend regeln die Geschäftsanweisungen der Länder die Kommunikation zwischen den Grundbuchämtern (vgl. etwa Nr. 27 VwV-Grundbuchsachen Sachsen oder Abschn. 3.2.5 BayGBGA).

Bei **gleichzeitiger Gesamtbelastung** trägt das zuerst angegangene Grundbuchamt das Recht ein, und zwar sogleich als Gesamtbelastung unter Angabe sämtlicher mithaftender Grundstücke in der Hauptspalte. Sodann sendet es den Antrag nebst Unterlagen unter Zurückbehaltung beglaubigter Abschriften für seine Grundakten (§ 10 GBO) sowie einer beglaubigten Abschrift der von ihm vorgenommenen Eintragung an das andere beteiligte Grundbuchamt zur weiteren Veranlassung. Dieses trägt das Recht nebst Mithaftvermerk in die Hauptspalte ein und sendet eine beglaubigte Abschrift seiner Eintragung an das erste Grundbuchamt zurück. Das erste Grundbuchamt hat nunmehr die Bezeichnung der mitbelasteten Grundstücke in seinem Grundbuch mit der Mitteilung des zweiten Grundbuchamts zu vergleichen und sie nötigenfalls – durch Eintragung in der Veränderungsspalte – zu berichtigen. Damit solche nachträglichen Berichtigungsvermerke möglichst vermieden werden, sollen die Grundbuchämter, bevor sie die Eintragung vornehmen, miteinander in formloser Weise Kontakt aufnehmen und sich über die richtigen Bezeichnungen der Grundstücke verständigen.

Weist das zweite Grundbuchamt den Antrag zurück, so teilt es diese Verfügung dem ersten Grundbuchamt in beglaubigter Abschrift mit. Das erste Grundbuchamt berichtigt seine Eintragung – in der Veränderungsspalte – durch Beifügung eines Vermerkes, dass das zweite Grundstück nicht mithaftet. Die auf dem Blatt des ersten Grundbuchamts hiernach verbleibende Eintragung einer Einzelhypothek ist möglicherweise unrichtig, wenn nämlich diese Eintragung von der Einigung nicht gedeckt wird (§ 139 BGB). Gleichwohl kommt die Eintragung eines Amtswiderspruchs nach § 53 Abs. 1 S. 1 GBO nicht in Frage,

---

19 Siehe auch: Hügel/*Reetz*, § 48 Rn 45 ff.

da die Eintragung **nicht unter Verletzung** gesetzlicher Vorschriften vorgenommen wurde. Die Berichtigung des Grundbuchs muss vielmehr den Beteiligten nach den allgemeinen Vorschriften überlassen werden.

21 Bei Briefgrundpfandrechten hat jedes Grundbuchamt nach § 59 Abs. 2 GBO für die Grundbuchblätter, die es führt, einen **Hypothekenbrief** zu bilden; die Briefe sind **miteinander zu verbinden**. Damit nachträgliche Berichtigungen der Grundstücksbezeichnungen tunlichst vermieden werden, sind die Briefe regelmäßig erst dann auszustellen, wenn die sämtlichen beteiligten Grundbuchämter die Eintragungen übereinstimmend vollzogen haben. Über das Verfahren im Einzelnen haben sich die Grundbuchämter untereinander zu verständigen.

22 Das als erstes befasste Grundbuchamt hat den Antragsteller darauf hinzuweisen, dass es so vorgehen wird. Der Antragsteller kann aber die Sache auch selbst betreiben. Dann hat das erste Grundbuchamt, nachdem es die in seine Zuständigkeit fallenden Geschäfte erledigt hat, den Antrag nebst Unterlagen dem Antragsteller auf Verlangen auszuhändigen; es hat in diesem Fall **beglaubigte Abschriften zurückzubehalten** (§ 10 Abs. 1 S. 2 GBO). Die in § 55a Abs. 2 GBO vorgeschriebene Mitteilung an die anderen beteiligten Grundbuchämter ist auch in diesem Fall zu machen; ebenfalls haben sich die Grundbuchämter vor der Eintragung untereinander zu verständigen.

23 Das erste Grundbuchamt hat, nachdem es die Eintragung des Gesamtrechts vorgenommen hat, in geeigneter Weise zu überwachen, ob der Eintragungsantrag auch bei dem anderen Grundbuchamt gestellt wird. Ergibt sich, dass der Antrag in angemessener Zeit nicht gestellt wurde, so hat das Grundbuchamt – im Benehmen mit den anderen beteiligten Ämtern – dem Antragsteller eine Frist zur Antragsstellung zu setzen. Wird der Antrag innerhalb dieser Frist nicht gestellt, so ist anzunehmen, dass er nicht gestellt werden soll. Die Lage ist dann so, als wäre der Antrag vom zweiten Grundbuchamt zurückgewiesen worden; dementsprechend ist zu verfahren.

24 Denkbar ist auch, dass die **Anträge** bei **allen beteiligten** Grundbuchämtern **gleichzeitig** gestellt werden. Der Grund liegt darin, dass für die Rangwahrung im Sinne der §§ 17, 45 GBO jeder Antrag für sich zu betrachten ist. In solchen Fällen sollen die beteiligten Grundbuchämter sich über die geschäftliche Behandlung verständigen; ist dies nicht möglich, so wird man nach dem Rechtsgedanken aus § 45 GBO den Antragsteller für befugt ansehen können, das sog. „führende Grundbuchamt" zu bestimmen. Nicht zulässig ist jedoch ein kontaktloses „Nebeneinanderherarbeiten" der Grundbuchämter.

3. Nachträgliche Gesamtbelastung

25 Die **nachträgliche Gesamtbelastung** vollzieht sich folgendermaßen: Der Antragsteller beantragt die Eintragung auf dem Blatt des neu zu belastenden Grundstücks, ggf. unter Vorlegung des Grundpfandrechtsbriefs oder, wenn ein solcher nicht erteilt ist, einer beglaubigten Abschrift der ersten Eintragung. Das Grundbuchamt trägt den Mithaftvermerk in die Hauptspalte ein, bildet den Brief, verbindet ihn mit dem alten Brief und sendet ihn an das erste Grundbuchamt, das die Mithaft in der Veränderungsspalte vermerkt und den ersten Brief berichtigt; Letzteres muss in Hinblick auf § 59 GBO für zulässig und erforderlich gehalten werden.

26 Wird ein Grundstück oder Grundstücksteil, unter Mitübertragung der Belastung, **an ein anderes Grundbuchamt abgegeben** (Zuständigkeitswechsel), so verfährt das alte Grundbuchamt zunächst nach § 25 Abs. 3, 4 GBV. Bei dem Gesamtrecht ist zunächst nichts zu vermerken.

Das neue Grundbuchamt übernimmt das abgegebene Grundstück in sein Grundbuch und trägt die Last gehörigen Orts ein, unter Beifügung des Mithaftvermerks des alten Grundstücks. Es vermerkt die Übertragung auf dem Grundpfandrechtsbrief und macht dem alten Grundbuchamt mit Übersendung des Briefs Mitteilung (§ 25 Abs. 4 S. 2 GBV). Dieses vermerkt die Mithaft auf seinem Blatt in der Veränderungsspalte. Eine Briefvorlegung ist auch in diesem Fall nicht nötig.

Es entsteht hier also, entgegen § 59 GBO, ein Gesamtgrundpfandrecht in verschiedenen Bezirken mit einem Brief. Zur Fassung des Mithaftvermerks siehe § 11 GBV Rdn 5.

D. Erlöschen der Mitbelastung

Wenn die Kenntlichmachung der Mitbelastung vorgeschrieben ist, muss auch Vorsorge getroffen werden, dass dieser Vermerk in Übereinstimmung mit dem Grundbuch gehalten wird.

Nach Abs. 2 ist das Erlöschen einer Mitbelastung von Amts wegen zu vermerken. **Sämtliche** Fälle des Erlöschens – durch Rechtsgeschäft, Gesetz, ganz oder teilweise – sind gemeint.

Sind die belasteten Grundstücke **auf einem Blatt** verbucht, so wird das Erlöschen der Mithaft in der Veränderungsspalte vermerkt. Die **Nummer** des enthafteten Grundstücks in der Nummernspalte ist **rot zu unterstreichen** (§ 17 Abs. 3 GBV). Auf einem etwaigen Grundpfandrechtsbrief ist ein entsprechender Vermerk zu machen (§ 62 GBO).

Sind die Grundstücke **auf verschiedenen Blättern** gebucht, so hat das Grundbuchamt, welches das Erlöschen einträgt, die Löschung auf einem etwaigen Brief zu vermerken (sind besondere Briefe nach § 59 Abs. 2 GBO erteilt, so ist der Brief über das erloschene Recht nach Vermerk der Löschung unbrauchbar zu machen und abzutrennen) und sodann nach § 55a Abs. 2 GBO den anderen Ämtern unter Übersendung des Briefs davon Mitteilung zu machen. Diese tragen dann ihrerseits das Erlöschen in der Veränderungsspalte ein und vermerken dies auf dem Brief (§ 62 GBO).

E. Eintragung von Veränderungen

I. Veränderungen des Gesamtrechts

Sie sind grundsätzlich nur zulässig, wenn sie sich auf alle mithaftenden Grundstücke erstrecken. Dies gilt insbesondere für alle Änderungen bezüglich der Person des Berechtigten durch Abtretung, Verpfändung usw. Auch die Pfändung des Gesamtrechts ist nur hinsichtlich aller belasteten Grundstücke, nicht mit Beschränkung auf eines von ihnen zulässig. Kann das Gesamtrecht an einem der Grundstücke nicht gepfändet werden, so ist die Pfändung des Gesamtrechts überhaupt unzulässig. Sofern hierzu Bucheintragungen nötig sind, ist die Änderung nicht vollzogen, bevor sie auf allen betroffenen Grundbüchern eingetragen ist. Eintragungen unter Beschränkung auf ein Grundstück sind inhaltlich unzulässig.

Das Grundbuchamt, bei dem der Antrag auf Eintragung einer Veränderung gestellt wird, die nur als Gesamtveränderung zulässig ist, hat diesen Antrag, soweit es zuständig ist, zu erledigen und sodann entsprechend wie oben (vgl. Rdn 17) zu verfahren. Will der Antragsteller selbst die Sache betreiben, hat das Grundbuchamt dennoch den ordnungsgemäßen Vollzug zu überwachen.

Weist das zweite Grundbuchamt den Antrag zurück, oder ist anzunehmen, dass er dort nicht gestellt werden soll, so steht für das erste Grundbuchamt damit fest, dass die von ihm vorgenommene Eintragung das Grundbuch unrichtig gemacht hat. Obwohl sein Verfahren objektiv keine gesetzliche Vorschrift verletzt hat, wird es doch, in entsprechender Anwendung des § 53 Abs. 1 S. 1 GBO, einen Widerspruch einzutragen haben. Der Fall liegt hier insofern anders als der oben (siehe Rdn 9) besprochene Fall der erstmaligen Eintragung, weil die Möglichkeit eines Wirksamseins der unvollständigen Eintragung hier ausgeschlossen ist.

Etwas anderes gilt, wenn die Eintragung eine berichtigende war (z.B. Abtretung eines Briefpfandrechts durch schriftliche Abtretung und Briefübergabe). In diesem Fall sind die Grundbücher, in denen die Abtretung nicht vermerkt ist, unrichtig.

II. Einzelne Veränderungen

Einzelne Veränderungen, die nur **Umfang und Rang des Rechts** betreffen, sind hinsichtlich einzelner Grundstücke **zulässig**.

§ 49 [Altenteil, Leibgeding]

Werden Dienstbarkeiten und Reallasten als Leibgedinge, Leibzucht, Altenteil oder Auszug eingetragen, so bedarf es nicht der Bezeichnung der einzelnen Rechte, wenn auf die Eintragungsbewilligung Bezug genommen wird.

A. Allgemein	1	4. Berechtigter des Altenteils	10
B. Altenteil – Begriff und Rechtsnatur	3	C. Die Eintragung des Altenteils	11
I. Der Begriff des Altenteils	3	I. Bezeichnung	11
II. Einzelrechte des Altenteils	7	II. Mehrere Berechtigte	13
1. Dienstbarkeit und Wohnungsrecht	7	III. Belastung mehrerer Grundstücke	14
2. Nießbrauch	8	IV. Löschung des Altenteils	17
3. Reallast	9		

A. Allgemein

1 Während § 874 BGB die Bezugnahme auf die Eintragungsbewilligung nur zur näheren Bezeichnung des Inhalts eines Rechts zulässt, erweitert § 49 GBO diese Regel dahingehend, dass bei sog. **Altenteilen** (auch als **Leibgeding**, **Leibzucht** oder **Auszug** bezeichnet) auch zur Bezeichnung des Rechts selbst eine Bezugnahme gestattet ist. § 49 GBO erweitert somit § 874 BGB und hat deshalb materiell-rechtlichen Inhalt.[1] Verfahrensrechtlich stellt er eine Eintragungserleichterung für das Altenteil als Gesamtheit (Inbegriff) von Rechten dar (vgl. § 6 Einl. Rdn 240 ff., 259 ff.). Das Altenteil ist im Zwangsversteigerungsverfahren insofern privilegiert, als es nach landesrechtlicher Bestimmung auch dann bei der Versteigerung bestehen bleiben kann, wenn es vom geringsten Gebot nicht gedeckt ist (§ 9 EGZVG).[2]

2 Ob ein Altenteil vorliegt und § 49 GBO anwendbar ist, entscheidet das Grundbuchamt auf Grundlage der Eintragungsunterlagen. Im Eintragungsantrag und der Bewilligung sind die Umstände und Rechtsbeziehungen, die das Altenteil konkret kennzeichnen, anzugeben und die jeweiligen Rechte mit ihren Inhalten darzustellen.[3]

B. Altenteil – Begriff und Rechtsnatur
I. Der Begriff des Altenteils

3 Das Altenteil wird vielfach gesetzlich erwähnt, jedoch nicht legal definiert (Art. 96 EGBGB, § 49, § 9 EGZVG, § 850b Abs. 1 Nr. 3 ZPO, § 23 Nr. 2 lit. g GVG).[4] Das Altenteil wird regional unterschiedlich auch als Leibgeding, Leibzucht oder Auszug bezeichnet. Rechtsgeschichtlich hat es seine Grundlage als vorwiegend in ländlichen Gebieten vertragliches Rechtsinstitut,[5] weshalb es im Rahmen des Übergangsrechts auch landesrechtliche Vorbehalte in Art. 96 EGBGB erfahren hat.[6]

4 Das Altenteil ist ein vertraglich vereinbarter oder vermächtnisweise durch letztwillige Verfügung zugewandter Inbegriff von Geld- und/oder Sachleistungen, die zum Zweck der **dauernden persönlichen Versorgung des Berechtigten** dinglich gesichert werden sollen.[7] Ein vollständiges Nachrücken des Übernehmers in die wirtschaftliche Existenz ist aber nicht erforderlich.[8] Die Verbindung mit einer Grundstücksüberlassung ist dabei nicht begriffsnotwendig, soweit nicht das Landesrecht dies nach

---

1 Meikel/*Böhringer*, § 49 Rn 3; *Demharter*, § 49 Rn 1.
2 Eingehend: *Stöber/Keller*, ZVG, § 9 EGZVG Rn 7 ff.
3 Meikel/*Böhringer*, § 49 Rn 114.
4 Motive zum BGB, Bd. II, S. 636; Staudinger/*Reymann*, BGB, Einl. §§ 1105 ff. Rn 72 ff.
5 Meikel/*Böhringer*, § 49 Rn 10; Hügel/*Reetz*, § 49 Rn 4; Lemke/*Wagner*, § 49 Rn 2 ff.; eingehend: *Böhringer*, BWNotZ 1987, 129; *Wolf*, MittBayNot 1994, 117.
6 MüKo-BGB/*Habersack*, Art. 96 EGBGB Rn 4, 11 ff.; Staudinger-BGB/*Reymann*, BGB, Neubearb. 2017, Einl. §§ 1105 Rn 73 ff.
7 RGZ 162, 57; allgemein zum Versorgungszweck: BayObLG DNotZ 1975, 662 = Rpfleger 1975, 314; BGH NJW-RR 1989, 451; BGH NJW 1994, 1158; BayObLG Rpfleger 1993, 443; OLG Köln Rpfleger 1992, 431; Meikel/*Böhringer*, § 49 Rn 14; Bauer/Schaub/*Wegmann*, § 49 Rn 4; Lemke/*Böttcher*, § 49 Rn 2.
8 BGH NJW 1981, 2568; BGH BGHZ 125, 69, 73 = MittBayNot 1994, 217; OLG Zweibrücken MittBayNot 1993, 334; Hügel/*Reetz*, § 49 Rn 6.

Art. 96 EGBGB vorschreibt;[9] wohl aber werden persönliche Beziehungen zwischen dem Berechtigten und dem Verpflichteten vorausgesetzt. Grundstückseigentümer und Besteller eines Altenteils kann aber auch eine Gesellschaft bürgerlichen Rechts (GbR) sein.[10] Die Verknüpfung eines Altenteils mit einer Grundstücksüberlassung als Gegenleistung ist nicht zwingendes Tatbestandsmerkmal.[11] **Wesentlich** ist der **Versorgungscharakter** des Berechtigten und deren örtliche Bindung zum Grundbesitz. Das Altenteil muss nicht mit einem Leibrentenvertrag im Sinne der §§ 759 ff. BGB verbunden sein. Auch ein schuldrechtlicher Altenteilsvertrag, welcher von Art. 96 EGBGB ausgeht, ist nicht Voraussetzung oder schuldrechtliche Rechtsgrundlage des Altenteils.[12] Das Altenteil kann als Gegenleistung eines Kaufvertrags oder durch Schenkung gewährt werden. Es kann auch durch Verfügung von Todes wegen als Vermächtnis zugewiesen werden.[13]

Es ist nur zugunsten natürlicher Personen zulässig.[14] Seinem Zweck und auch dem Inhalt der Einzelrechte entsprechend ist es nicht übertragbar.[15] Denkbar sind aber Alternativ- und Sukzessivberechtigungen zur Übertragung an Gesamtrechtsnachfolger (Rdn 13). Ein Altenteil kann nicht nur auf einem ländlichen, sondern auch auf einem städtischen Grundstück bestellt werden.[16] Es kann an gewerblich genutzten Grundstücken bestellt werden und auch an Wohnungs- oder Teileigentum.[17] Die versorgende Lebensgrundlage soll nicht erst durch den Berechtigten geschaffen werden, er soll lediglich in sie eintreten.[18] Umgekehrt muss für den Schuldner und Eigentümer des Altenteils der zu belastende Grundbesitz nicht Grundlage und Sicherung seiner wirtschaftlichen Existenz sein.[19]

Zu beachten sind **landesrechtliche Regelungen** zum sog. Altenteilsvertrag nach **Art. 96 EGBGB**,[20] die den Begriff einschränkend interpretieren können und z.B. eine generationenwechselnde und verwandtschaftliche Grundstücksübergabe vorschreiben.[21]

II. Einzelrechte des Altenteils

1. Dienstbarkeit und Wohnungsrecht

Wesentlicher Gegenstand des Altenteils ist das Recht, **den belasteten Grundbesitz zu bewohnen**. Dies kann durch eine beschränkte persönliche Dienstbarkeit nach §§ 1090–1092 BGB als „Mitwohnrecht" oder durch das eigentliche Wohnungsrecht nach § 1093 BGB gesichert werden (zur Unterscheidung siehe § 6 Einl. Rdn 158 ff.).[22] Gerade beim Wohnungsrecht als Teil des Altenteils empfiehlt es sich, über § 1090 Abs. 2 mit § 1021 Abs. 1 S. 1 BGB eine Unterhaltungspflicht zu vereinbaren, nach welcher der Eigentümer die Wohnung in bewohnbarem Zustand zu halten und mit Warmwasser und Heizenergie zu versorgen hat.[23] Ein solches Wohnungsrecht mit Unterhaltungspflichten des Eigentümers und der Mitbenutzung unbebauter Teile des belasteten Grundstücks nach § 1093 Abs. 3 BGB kann bereits als Versorgungsrecht[24] einziges Recht eines Altenteil sein.[25]

---

9 RG RGZ 162, 52, 57; BGH NJW 1962, 2249; BayObLG DNotZ 1975 622; zu Art. 96 EGBGB siehe: BGH NJW 1994, 1158; zur Versorgungsabsicht vgl. *Schöner/Stöber*, Grundbuchrecht, Rn 1323.
10 KG MittBayNot 2015, 218 = Rpfleger 2015, 75.
11 RGZ 162, 52, 57; BGH MittBayNot 1989, 81 = NJW-RR 1989, 451; BGHZ 125, 69, 72; LG Mainz RNotZ 2001, 113 m. abl. Anm. *Keim*; Meikel/*Böhringer*, § 49 Rn 13, 18; *Schöner/Stöber*, Rn 1324.
12 BGHZ 125, 69, 72; Grüneberg/*Herrler*, BGB, Art. 96 EGBGB Rn 6; Bauer/Schaub/*Wegmann*, § 49 Rn 40 ff.; eingehend: Meikel/*Böhringer*, § 49 Rn 32 ff.
13 RGZ 162, 52; Meikel/*Böhringer*, § 49 Rn 18; Staudinger-BGB/*Heinze*, vor § 1030 Rn 57; eingehend: *Lüdtke-Handjery*, DNotZ 1985, 332.
14 Meikel/*Böhringer*, § 49 Rn 94; Lemke/*Böttcher*, § 49 Rn 16.
15 BGH NJW-RR 201, 1235; Lemke/*Wagner*, § 49 Rn 5.
16 BGHZ 73, 211 = DNotZ 1979, 499; BGH NJW 1981, 2568 = DNotZ 1982, 45; BGH NJW 1995, 1349 = DNotZ 1996, 640.
17 OLG Düsseldorf DNotZ 1977, 305; BayObLG DNotZ 1993, 603; a.A. LG Mainz RNotZ 2001, 113 m. Anm. *Keim*; Meikel/*Böhringer*, § 49 Rn 16; Lemke/*Böttcher*, § 49 Rn 2.

18 BGH NotBZ 2003, 117.
19 BGH Rpfleger 2007, 614; Meikel/*Böhringer*, § 49 Rn 114; Lemke/*Böttcher*, § 49 Rn 5.
20 MüKo-BGB/*Habersack*, Art. 96 EGBGB Rn 4, 11 ff.; Staudinger-BGB/*Reymann*, Einl. §§ 1105 Rn 73 ff.
21 OLG Hamm DNotZ 1970, 37; OLG Köln DNotZ 1990, 513.
22 Meikel/*Böhringer*, § 49 Rn 37, 62 ff.; Lemke/*Böttcher*, § 49 Rn 3; Hügel/*Reetz*, § 49 Rn 13; eingehend zu den Abgrenzungen: Staudinger/*Reymann*, BGB, Neubearb. 2017, § 1093 Rn 2 ff.; *Schöner/Stöber*, Grundbuchrecht, Rn 1236 ff.
23 Allgemein hierzu: Staudinger/*Mayer*, § 1021 Rn 7 ff.; zum Wohnungsrecht vgl. *Schöner/Stöber*, Grundbuchrecht, Rn 1251.
24 Hierzu umfassend m.w.N.: Meikel/*Böhringer*, § 49 Rn 69 ff.; zu § 1093 Abs. 3 BGB siehe Staudinger/*Reymann*, BGB, § 1093 Rn 31.
25 RGZ 152, 104; BGH MittBayNot 2000, 203 (zum Rücktritt vom Altenteilsvertrag); OLG Düsseldorf Rpfleger 2001, 542 (Altenteil nach Art. 96 EGBGB mit Art. 15 § 9 Abs. 2 PrAGBGB); LG Bonn MittRhNotK 1976, 573; Meikel/*Böhringer*, § 49 Rn 68; Staudinger/*Heinze*, BGB, Vor § 1030 Rn 57.

2. Nießbrauch

8 Ein Nießbrauch nach § 1030 BGB als Bestandteil des Altenteils darf sich nicht auf den gesamten vom Altenteil erfassten Grundbesitz erstrecken, da er dann als sog. **Total-Nießbrauch** nicht mehr dem Tatbestandsmerkmal der Weitergabe wirtschaftlicher Existenz entspricht, sondern der alleinigen Sicherung eigenwirtschaftlicher Tätigkeit des Berechtigten dient.[26] Der (neue) Eigentümer ist beim Total-Nießbrauch von einer eigenen Nutzung des Grundbesitzes völlig ausgeschlossen. Der Nießbrauch an nur einzelnen Grundstücken eines insgesamt vom Altenteil belasteten Grundbesitzes ist dagegen möglicher Bestandteil des Altenteils.[27]

3. Reallast

9 Für den Versorgungscharakter des Berechtigten wesentlicher Bestandteil des Altenteils ist die Reallast nach §§ 1105 BGB. Sie bietet hinsichtlich der Leistungspflichten des Eigentümers an den Berechtigten größte Flexibilität (vgl. § 6 Einl. Rdn 240 ff.).[28] Inhalt der Reallast als Teil eines Altenteils ist vielfach die Pflicht des Eigentümers, den oder die Berechtigten zu verköstigen, Kleidung und Wäsche instand zu halten, im Krankheitsfall zu pflegen oder Heilmittel zu erstatten.[29] Eine bestimmbare Leistung liegt insbesondere vor bei Übernahme einer persönlichen Pflegepflicht, „soweit sie den Übernehmern unter Berücksichtigung ihrer beruflichen und familiären Verhältnisse, insbesondere unter Berücksichtigung der Betreuung von Kindern der Übernehmer und nach deren körperlichen Fähigkeiten und ihrem Vermögen zur Pflege nach ihrer Ausbildung und ihren Kenntnissen zumutbar ist".[30] Auch einzelne der üblichen Sach- und Dienstleistungsansprüche können, ohne begrifflich miteinander verknüpft zu sein, als Altenteil vereinbart werden.[31] Einmalige Leistungen können ausnahmsweise auch Bestandteil einer Reallast sein, wenn sie Grundlage einer weiteren wiederkehrenden Leistung sind. Typischer Fall ist die Pflicht zur Tragung der Beerdigungskosten und der anschließenden Grabpflege.[32] Die Reallast ist insoweit vererblich und erlischt nicht mit dem Tod des Altenteilsberechtigten. Auch die Pflicht zur Ausrichtung einer Hochzeitsfeier wird als zulässiger Inhalt einer Reallast angesehen.[33]

4. Berechtigter des Altenteils

10 Berechtigte des Altenteils sind häufig die Eltern oder Verwandte des Grundstückseigentümers (Übernehmers). Dies ist nicht notwendiges Wesensmerkmal des Altenteils. Es können auch andere Personen, etwa der Ehegatte des Übergebers, Abkömmlinge, eingetragene Lebenspartner, entfernte Verwandte oder auch Lebensgefährten Berechtigte des Altenteils sein.[34]

Das Altenteil ist auf die Lebenszeit des Berechtigten beschränkt (zu Dienstbarkeit und Wohnungsrecht siehe § 1090 Abs. 2 mit § 1061 BGB); bei der Reallast ist regelmäßig eine lebenszeitliche Beschränkung anzunehmen; dies gilt auch für Geldleistungen.[35] Die Reallast ist hinsichtlich der Pflicht zur Tragung der Beerdigungskosten und Grabpflege vererblich.[36] Das Altenteil kann auflösend bedingt oder befristet bestellt werden. Auflösende Bedingung kann bspw. die Heirat des oder der Berechtigten sein.

---

26 BayObLGZ 1975, 132 = Rpfleger 1975, 314; Meikel/*Böhringer*, § 49 Rn 79; Bauer/Schaub/*Wegmann*, § 49 Rn 7; Staudinger/*Reymann*, BGB, Einl. §§ 1105 Rn 76; *Schöner/Stöber*, Grundbuchrecht, Rn 1328.
27 Krit.: KG OLG 40, 52; OLG Hamm DNotZ 1970, 38; a.A. OLG Schleswig SchlHA 1957, 74; *Reichert*, BWNotZ 1960, 119.
28 Allgemein: Staudinger/*Reymann*, BGB, § 1105 Rn 15 ff.; *Schöner/Stöber*, Grundbuchrecht, Rn 1296 ff.
29 BGH NJW 1962, 2249; BGHZ 130, 342, 345 = DNotZ 1996, 93; OLG Hamm DNotZ 1970, 37; OLG Oldenburg Rpfleger 1978, 411; OLG Frankfurt/M. Rpfleger 1988, 247; LG München I MittBayNot 1990, 244; eingehend mit Einzelfällen Meikel/*Böhringer*, § 49 Rn 76.
30 BGHZ 130, 342 = NJW 1995, 2780 = Rpfleger 1996, 61.
31 RGZ 152, 104; 162, 58; LG Frankenthal Rpfleger 1989, 451.
32 Zur Frage der Eintragung eines Löschungserleichterungsvermerks in diesem Fall Meikel/*Böttcher*, § 23, 24 Rn 17; *Schöner/Stöber*, Grundbuchrecht, Rn 1344, 1344a m.w.N.
33 Meikel/*Böhringer*, § 49 Rn 73.
34 Meikel/*Böhringer*, § 49 Rn 14, 45; *Schöner/Stöber*, Grundbuchrecht, Rn 1323.
35 RGZ 162, 52; BGHZ 125, 69 = DNotZ 1994, 881 = NJW 1994, 1158; BayObLG BayObLGZ 1964, 344; BayObLG BayObLGZ 1975, 132 = Rpfleger 1975, 314; OLG Köln NJW-RR 2010, 1600; Meikel/*Böhringer*, § 49 Rn 55.
36 BayObLG Rpfleger 1983, 308; OLG Naumburg Rpfleger 2014, 310.

C. Die Eintragung des Altenteils

I. Bezeichnung

Bei der Eintragung genügt die Bezeichnung des Gesamtrechts als **Altenteil** oder in ähnlicher regional üblicher Bezeichnung als Leibgeding. Auszug oder Leibzucht, es bedarf bei der unmittelbaren Eintragung nicht der Angabe der einzelnen in ihm enthaltenen Rechte.

Die **einzelnen Rechte** müssen jedoch nach Art und Umfang in der in Bezug genommenen Eintragungsbewilligung **genau beschrieben** und dadurch bestimmbar sein.[37] Der Bezugnahme nach § 874 BGB und § 44 GBO kommt insoweit besondere Bedeutung zu, als ohne sie die Bezeichnung als Altenteil im Grundbuch inhaltsleer und unbestimmt ist, die Eintragung müsste als inhaltlich unzulässig von Amts wegen gelöscht werden (§ 53 Abs. 1 S. 2 GBO).[38] Im Wege nachträglicher Inhaltsänderung können die im Altenteil zusammengefassten Rechte durch andere ersetzt werden.[39]

II. Mehrere Berechtigte

Wird das Altenteil für **mehrere Berechtigte** eingetragen, so bedarf es entgegen § 47 GBO auch keiner **Angabe des** zwischen ihnen bestehenden **Gemeinschaftsverhältnisses**. Auch insoweit genügt **ausnahmsweise die Bezugnahme auf die Bewilligung**. Diese muss das Anteilsverhältnis mehrerer Berechtigter genau angeben.[40] Möglich sind aber auch mehrere – je einzeln zu behandelnde – inhaltsgleiche Altenteilsrechte.[41] Es empfiehlt sich beim Wohnungsrecht eine Gesamtberechtigung nach § 428 BGB, da sie nach dem Tode eines Berechtigten dem anderen ungeschmälert weiter zusteht. Auch wenn Eheleute als Berechtigte in Gütergemeinschaft verbunden sind, ist ohne Eintragung dieses Gemeinschaftsverhältnisses die Bezeichnung als **Altenteil** genügend. Das Gemeinschaftsverhältnis kann für die einzelnen Ansprüche deshalb auch verschieden vereinbart sein. Unzulässig ist die Bestellung eines Leibgedings für eine bestimmte Person und deren Erben, denn das **Leibgeding** ist **unübertragbar und unvererblich**.[42] Besonderheiten bestehen bei der Grabpflege und bei ausschließlichen Geldleistungen.[43] Es können jedoch im Rahmen einer sog. Sukzessivberechtigung mehrere Altenteils-(Leibgedings-)Rechte aufschiebend bedingt oder befristet bestellt werden; der Bestimmtheitsgrundsatz verlangt jedoch die namentliche Angabe des oder der Berechtigten des nachfolgenden aufschiebend bedingten/befristeten Rechts.[44]

III. Belastung mehrerer Grundstücke

Wird das Altenteil als Gesamtrecht auf mehreren Grundstücken eingetragen, so ist darauf zu achten, dass das in ihm enthaltene **Wohnungsrecht** auf solchen Grundstücken nicht lasten kann, auf denen sich keine zur Wohnung geeignete Einrichtung findet, also z.B. auf Waldflächen oder Ackerland.[45] Insoweit muss die Eintragungsbewilligung eingeschränkt werden.

Zur Fassung des **Eintragungsvermerks** empfiehlt sich nach der hier vertretenen Auffassung:

„Mitbelastet, jedoch nicht mit dem Wohnungsrecht, ist das Grundstück […]."

---

37 BGH NJW 1994, 1158; KG DNotZ 1932, 520; BayObLG BayObLGZ 1953, 201 = DNotZ 1955, 98; OLG Hamm Rpfleger 1973, 98; OLG Zweibrücken MittRhNotK 1996, 229; LG Aachen MittRhNotK 1996, 232.
38 Meikel/*Böhringer*, § 49 Rn 135; Lemke/*Böttcher*, § 49 Rn 22.
39 BGH NJW 1957, 1798; KG DNotZ 1934, 862; Meikel/*Böhringer*, § 49 Rn 118, 127 ff.
40 BGH Rpfleger 1979, 56; LG Osnabrück Rpfleger 1974, 263; Meikel/*Böhringer*, § 49 Rn 101.
41 Meikel/*Böhringer*, § 49 Rn 95; *Nieder*, BWNotZ 1975, 8.
42 BayObLG DNotZ 1975, 243, 314; BayObLG Rpfleger 1990, 61; MüKo-BGB/*Joost*, § 1092 Rn 2; Meikel/*Böhringer*, § 49 Rn 54; *Amann*, MittBayNot 1990, 225.
43 OLG Hamm DNotZ 1976, 229; Lemke/*Böttcher*, § 49 Rn 7.
44 BayObLG DNotZ 1985, 702; OLG Zweibrücken Rpfleger 1985, 284; OLG Hamm Rpfleger 1988, 247; OLG Köln MittRhNotK 1997, 84; BayObLG MittBayNot 1990, 243; Meikel/*Böhringer*, § 49 Rn 107 ff.; Lemke/*Böttcher*, § 49 Rn 16; allgemein zur Sukzessivberechtigung vgl. Schöner/*Stöber*, Grundbuchrecht, Rn 261a ff.
45 BGH Rpfleger 1972, 88; BayObLG DNotZ 1976, 227; KG JW 1937, 2606; LG Kassel Rpfleger 1960, 404 m. Anm. *Haegele*; Schöner/*Stöber*, Grundbuchrecht, Rn 1334; *Hartung*, Rpfleger 1978, 48.

16 Die h.M. hält eine ausdrückliche Einschränkung im Grundbuch für entbehrlich und begnügt sich mit der Einschränkung in der Bewilligung.[46] Die dafür ins Feld geführten Rationalisierungserwägungen können gegenüber dem materiell-rechtlichen Eintragungsgebot nicht überzeugen. Einschränkungen können weder aus § 874 BGB noch aus § 49 GBO entnommen werden. Die Bezugnahmeerleichterung bezieht sich nur auf Art und Inhalt der Rechte, nicht aber auf deren Umfang und den Belastungsgegenstand.

IV. Löschung des Altenteils

17 Die Löschung des Altenteils erfolgt nach den allgemeinen Vorschriften entweder auf Bewilligung des oder der Berechtigten oder – häufiger – aufgrund Unrichtigkeitsnachweis nach § 22 GBO.[47] Da mit Ausnahme der Reallast betreffend die Tragung von Beerdigungs- und Grabpflegekosten die Rechte des Altenteils auf die Lebenszeit des oder der Berechtigten beschränkt sind, kann die Löschung mit Todesnachweis erfolgen, wobei § 23 GBO zu beachten ist. Ob eine Löschungserleichterungsklausel nach § 23 Abs. 2 GBO eingetragen werden kann, ist nach dem jeweiligen Inhalt der Rechte zu beurteilen. Nimmt man bspw. beim Wohnungsrecht die vereinbarte Unterhaltspflicht des Eigentümers als rückstandsfähigen Tatbestand im Sinne des § 23 GBO an, ist auch die Eintragung einer Löschungserleichterungsklausel zulässig.

§ 50 [Teilschuldverschreibung auf Inhaber]

(1) Bei der Eintragung einer Hypothek für Teilschuldverschreibungen auf den Inhaber genügt es, wenn der Gesamtbetrag der Hypothek unter Angabe der Anzahl, des Betrags und der Bezeichnung der Teile eingetragen wird.

(2) Diese Vorschrift ist entsprechend anzuwenden, wenn eine Grundschuld oder eine Rentenschuld für den Inhaber des Briefes eingetragen und das Recht in Teile zerlegt werden soll.

A. Allgemein 1	1. Inhaberschuldverschreibungen (Abs. 1) 4
I. Anwendungsbereich 1	2. Orderschuldverschreibungen 5
II. Eintragungsvoraussetzungen 3	3. Teilinhaberbriefgrundschuld (Abs. 2) .. 6
B. Eintragungsmuster 4	II. Grundbuchvertreter 7
I. Grundsatz 4	**C. Abs. 2** 8

A. Allgemein

I. Anwendungsbereich

1 Die Bestimmung enthält Abweichungen von § 1115 BGB und dem allgemeinen Bestimmtheitsgrundsatz der GBO. Sie regelt die Zulässigkeit der Sammelbuchung von Grundpfandrechten auf den Inhaber bei Teilschuldverschreibungen. § 50 GBO gilt entsprechend für indossable Teilschuldverschreibungen und Hypotheken für Forderungen aus Orderpapieren.[1] Die Vorschrift hat wie auch die Wertpapierhypothek (§ 1187 BGB) selbst keine praktische Bedeutung.[2]

2 Abs. 1 behandelt die Eintragung einer Hypothek für Teilschuldverschreibungen auf den Inhaber.

– Sind Teilschuldverschreibungen ausgegeben, so sind die dafür nach § 1187 BGB bestellten Hypotheken selbstständige Rechte, die an sich unter besonderen Nummern und unter Angabe des Geldbetrags für jede einzelne Teilverschuldung eingetragen werden müssten; § 50 GBO gestattet ihre Zusammenfassung zu einer Hypothek mit Angabe des Gesamtbetrags, der durch Angabe der Zahl, des Betrags und der Bezeichnung der Teilschuldverschreibungen zu ergänzen ist.[3]

---

46 BGHZ 58, 57 = DNotZ 1972, 487; OLG Hamm Rpfleger 1973, 98; *Demharter*, § 49 Rn 9; Meikel/*Böhringer*, § 49 Rn 92; Hügel/*Reetz*, § 49 Rn 113.
47 Meikel/*Böhringer*, § 49 Rn 131 ff.
1 Meikel/*Böhringer*, § 50 Rn 11.
2 *Demharter*, § 50 Rn 6; Bauer/Schaub/*Wegmann*, § 50 Rn 1; Hügel/*Reetz*, § 50 Rn 1; eingehend auch: Staudinger/*Wolfsteiner*, BGB, § 1187 Rn 3, 13.
3 BGH NJW 2009, 847.

- Das Gleiche gilt für indossable Teilschuldverschreibungen.
- Zulässig ist auch die Eintragung einer Höchstbetragshypothek nach § 1190 BGB, für die aber § 50 GBO nicht gilt.[4]

II. Eintragungsvoraussetzungen

Die Eintragung eines Grundpfandrechts für Inhaberschuldverschreibungen setzte bis zum 31.12.1990 voraus, dass die nach § 795 BGB erforderliche Genehmigung vorlag.[5] § 795 BGB ist zum 1.1.1991 außer Kraft getreten.[6] Bei Forderungen aus Orderpapieren ist eine solche Genehmigung nicht erforderlich.[7]

Die Schuldverschreibung selbst muss nach § 43 GBO nicht bereits bei der Eintragung der Hypothek vorgelegt werden. § 43 GBO bezieht sich wie § 41 GBO nur auf spätere Eintragungen.[8]

B. Eintragungsmuster

I. Grundsatz

1. Inhaberschuldverschreibungen (Abs. 1)

Muster:

„Sicherungshypothek über zweihunderttausend EUR nebst 4 % Jahreszinsen zur Sicherung der von der XY AG ausgegebenen tausend Stück Teilschuldverschreibungen auf den Inhaber zu je zweihundert EUR, Reihe A von 1 bis 1000 gem. Bewilligung vom […] eingetragen am […]."

Eine namentliche Bezeichnung des Gläubigers oder der Gläubiger ist bei Inhaberschuldverschreibungen naturgemäß nicht möglich.[9] Die Einzelrechte – im Beispiel 1000 Stück der Teilschuldverschreibung – haben im Rahmen der Sammelbuchung gleichen Rang.[10] Soll durch die Hypothek nur eine bestimmte Anzahl der Schuldverschreibungen gesichert werden, ein anderer nicht, muss dies bei der Eintragung angegeben werden („Sicherungshypothek für 500 Stück von gesamt 1000 […]"); andernfalls ist die Eintragung inhaltlich unzulässig.[11] Zulässig ist es aber, die Sicherungshypothek für einen bestimmten Gläubiger einzutragen und in der Eintragungsbewilligung zu bestimmen, dass ein bestimmter Teil der gesicherten Forderung als Anleihe in Form von Inhaberschuldverschreibungen genutzt wird.[12]

2. Orderschuldverschreibungen

„Sicherungshypothek für zweihunderttausend EUR nebst 4 % Jahreszinsen zur Sicherung der von der XY AG ausgegebenen, auf die A-Bank oder deren Order gestellten tausend Stück Teilschuldverschreibungen zu je 200 EUR, Reihe A Nr. 1 bis 1000. Eingetragen für die A-Bank in München oder die durch Indossament ausgewiesenen Inhaber gem. Bewilligung vom […] eingetragen am […]."

3. Teilinhaberbriefgrundschuld (Abs. 2)

„Grundschuld zu fünfhunderttausend EUR nebst 6 % Jahreszinsen zerlegt in fünfhundert Teile zu je tausend EUR, bezeichnet mit Nr. 1 bis 500. Eingetragen für die Inhaber der Briefe gem. Bewilligung vom […] am […]."

II. Grundbuchvertreter

Wird gem. § 1189 BGB ein Grundbuchvertreter bestellt,[13] so erhalten die Eintragungen folgenden Zusatz:

„Zum Vertreter der jeweiligen Gläubiger ist […] bestellt."

---

4 Meikel/*Böhringer*, § 50 Rn 12; *Demharter*, § 50 Rn 3.
5 So noch: Bauer/Schaub/*Wegmann*, § 50 Rn 5; Hügel/*Reetz*, § 50 Rn 4.
6 Gesetz zur Vereinfachung der Ausgabe von Schuldverschreibungen vom 17.12.1990 (vgl. BGBl I 1990, 2839).
7 Hügel/*Reetz*, § 50 Rn 4.
8 Hügel/*Reetz*, § 50 Rn 5.
9 Meikel/*Böhringer*, § 50 Rn 15; *Demharter*, § 50 Rn 5.
10 Meikel/*Böhringer*, § 50 Rn 14.
11 KG JFG 3, 427; *Demharter*, § 50 Rn 11; Bauer/Schaub/*Wegmann*, § 50 Rn 8.
12 RG JFG 5, 7; OLG Dresden JFG 3, 435; BayObLG JFG 3, 41; Meikel/*Böhringer*, § 50 Rn 13; *Demharter*, § 50 Rn 11; Hügel/*Reetz*, § 50 Rn 13.
13 Meikel/*Böhringer*, § 50 Rn 25; *Böhringer*, BWNotZ 1988, 25.

Auch im Fall des § 1189 BGB müssen jedoch in der Eintragung die gesicherten Teilschuldverschreibungen angegeben werden.

C. Abs. 2

8 Abs. 2 dehnt Abs. 1 auf den Fall aus, dass eine Inhabergrundschuld (oder -rentenschuld) eingetragen und das Recht in Teile zerlegt werden soll.[14] Bei der Eintragung genügt auch hier die Angabe des Gesamtbetrags, verbunden mit Angabe der Anzahl, des Betrags und der Bezeichnung der Teile. Jeder Teil der Grundschuld erhält nach § 70 Abs. 2 GBO einen eigenen Grundschuldbrief.

§ 51 [Nacherbenvermerk]

Bei der Eintragung eines Vorerben ist zugleich das Recht des Nacherben und, soweit der Vorerbe von den Beschränkungen seines Verfügungsrechts befreit ist, auch die Befreiung von Amts wegen einzutragen.

A. Überblick 1	V. Amtswegige Eintragung 24
B. Materielles Recht der Vor- und Nacherbfolge 2	VI. Unterbleiben der Eintragung 25
I. Voraussetzungen und Rechtsfolgen 2	VII. Nachholung eines unterbliebenen Vermerkes 31
II. Nacherbenanwartschaftsrecht 7	D. Wirkungen des Nacherbenvermerks 33
III. Verfügungsbeschränkungen und -befreiungen des Vorerben im Grundstücksverkehr 8	I. Grundsatz 33
IV. Testamentsvollstreckung und Vor- und Nacherbfolge 11	II. Löschung eines Rechts 35
V. Vollmachten und Vor- und Nacherbfolge .. 12	E. Eintragungen beim Nacherbenvermerk . 37
C. Grundbuchverfahrensrecht der Nacherbfolge 13	I. Wirksamkeitsvermerk 37
I. Inhalt des Nacherbenvermerks 13	II. Verfügungen über das Nacherbenanwartschaftsrecht 40
II. Eintragungsstelle und Rang 18	F. Löschung des Nacherbenvermerkes 41
III. Eintragungsvoraussetzungen 20	I. Löschungsbewilligung 42
IV. Nachweis der Eintragungsvoraussetzungen 23	II. Unrichtigkeitsnachweis 49
	G. Rechtsbehelfe 62
	H. Besonderheiten im Beitrittsgebiet 64

A. Überblick

1 Der Nacherbenvermerk soll im Sinne des § 892 Abs. 1 S. 2 BGB die Rechte des Nacherben dokumentieren, die die Verfügungsrechte des Vorerben über das zum Nachlass gehörende Grundstückseigentum oder Grundstücksrechte beschränken. Die Eintragung allein des Vorerben (als Erben) im Grundbuch gäbe die Rechtslage nur unvollständig wieder. Der Nacherbenvermerk schützt die aus der Nacherbfolge Berechtigten vor dem Verlust ihrer Rechte, der durch einen Gutglaubenserwerb vom eingetragenen (Vor-) Erben droht. Der Vermerk darf deshalb nur eingetragen werden, soweit der Vorerbe in Bezug auf das für ihn eingetragene Eigentum oder Recht am Grundstück durch die angeordnete Nacherbfolge in seiner Verfügungsmacht beschränkt ist.[1] Soweit die Beschränkung ihrerseits beschränkt ist und der Vorerbe damit doch in gewissem Umfang frei verfügen kann, ist dies demgemäß ebenfalls im Grundbuch einzutragen.

B. Materielles Recht der Vor- und Nacherbfolge

I. Voraussetzungen und Rechtsfolgen

2 Die Nacherbfolge setzt materiell-rechtlich eine rechtswirksame **letztwillige Verfügung** deutschen oder ausländischen Rechts voraus – keine Vor- und Nacherbfolge ohne Testament bzw. Erbvertrag! Für die Wirksamkeit der entsprechenden Verfügung von Todes wegen kommt es allein auf das materielle Recht

---

14 Hügel/*Reetz*, § 50 Rn 10.

1 BGH NJW 2007, 2114; NJW 1982, 2499.

an. Der Nachweis der Wirksamkeit der letztwilligen Verfügung und die Ermittlung ihres Inhalts für die Eintragung im Grundbuch bestimmt sich dagegen nach dem Grundbuchverfahrensrecht, vgl. Rdn 13.

Mit der Anordnung einer Vor- und Nacherbfolge (§ 2100 BGB) hinterlässt der Erblasser sein Vermögen als Ganzes nacheinander mehreren Personen, nämlich zunächst dem Vorerben und zu späterer Zeit dem Nacherben. Vor- und Nacherbe sind beide nacheinander Erben desselben Erblassers und des gleichen Nachlasses. Auf die Dauer der Vorerbschaft gehören die einzelnen Nachlassgegenstände dem Vorerben und nur er kann deshalb über sie verfügen, § 2112 BGB. Mit Eintritt der Nacherbfolge erwirbt der Nacherbe die Nachlassgegenstände automatisch und „von selbst" vom Erblasser. In den Händen des Vorerben ist der nacherbenbehaftete Nachlass deshalb ein von seinem Eigenvermögen getrennt zu betrachtendes Sondervermögen. Der Nacherbe erwirbt bereits beim Tode des Erblassers ein bis zum Eintritt des Nacherbfalls währendes erbrechtliches Anwartschaftsrecht am Nachlass insgesamt, aber kein (dingliches) Recht an einzelnen Nachlassgegenständen. Durch entsprechende letztwillige Verfügung kann der Erblasser die Nacherbfolge auf den gesamten Nachlass erstrecken oder auf einen Bruchteil der Erbschaft, auf bestimmte Erbteile oder auf den Bruchteil eines Erbteils beschränken[2] oder einzelne Nachlassgegenstände von der Nacherbfolge ausnehmen, vgl. § 2110 Abs. 2 BGB.[3]

Der Erblasser kann **mehrere Nacherbfolgen** nacheinander verfügen. In diesem Fall ist der Nacherbe seinerseits zugleich auch wieder Vorerbe im Verhältnis zu einem nächsten Nacherben. Der „Nachnacherbe" ist wie der Nacherbe selbst zu behandeln.

Der Erblasser kann unabhängig davon außerdem einen oder mehrere **Ersatznacherben** bestimmen. Der Ersatznacherbe ist nur dann zur Nacherbfolge berufen, wenn der „eigentlich berufene" Nacherbe gar nicht Erbe wird – sei es, dass der Nacherbe schon vor dem Eintritt des Erbfalls wegfällt oder zwar erst nach dem Erbfall, aber noch vor dem Nacherbfall.[4] Ist der Nacherbe also erst einmal Erbe geworden, so wird es der Ersatznacherbe nicht mehr; fällt der Nacherbe dagegen vor dem Nacherbfall weg, etwa weil er diesen nicht mehr erlebt, so rückt (dann erst) der vom Erblasser bestimmte Ersatznacherbe in die Rechtsstellung des Nacherben ein. Die materiell-rechtliche Rechtsstellung des Ersatznacherben ist deshalb eine andere als die des Nacherben oder eines Nachnacherben. Der Ersatznacherbe rückt erst und nur mit dem Ersatzerbfall in die Position des Nacherben ein.[5] Bis dahin hat er – anders als ein Nachnacherbe – keine unmittelbare eigene Verbindung zum Nachlass.

Unter den Voraussetzungen des § 2111 BGB erstreckt sich die Nacherbfolge auf bestimmte zunächst nachlassfremde Gegenstände (sog. **Surrogate** – der Vorerbe veräußert ein der Nacherbfolge unterliegendes Grundstück und erwirbt vom Erlös ein anderes Grundstück: das so erworbene Grundstück unterliegt wiederum der Nacherbfolge). Dies ist ggf. auch für den Grundbuchvollzug des entsprechenden Erwerbs durch den Vorerben zu beachten.

II. Nacherbenanwartschaftsrecht

Mit dem Tode des Erblassers erlangt der Nacherbe materiell-rechtlich ein bis zum Nacherbfall ganz oder teilweise **übertragbares, verpfändbares und pfändbares**[6] **Anwartschaftsrecht**,[7] wenn der Erblasser die Übertragbarkeit nicht ausgeschlossen hat.[8] Die Veräußerung des Anwartschaftsrechts an einen Dritten macht diesen nicht zum Nacherben; der Erwerber erwirbt aber die volle Rechtsstellung des Nacherben.[9] Der Erwerber des Anwartschaftsrechts übernimmt damit durchgehend vor und nach dem Nacherbfall die Rechtsstellung des Nacherben, kann also das Anwartschaftsrecht auch weiter veräußern, sofern es nicht durch Konsolidation erloschen ist und erwirbt mit dem Nacherbfall den Nachlass ohne Durchgangserwerb des Veräußerers des Anwartschaftsrechts; die zur Wirksamkeit einer Verfügung des Vorerben notwendige Zustimmung des Nacherben ist vom Erwerber der Nacherbenanwartschaft, nicht mehr vom „eigentlichen Nacherben" zu erteilen.[10] Die Pfändung oder Verpfändung des Nacherben-

---

2 BeckOK/*Bamberger/Roth/Litzenburger*, BGB, § 2100 Rn 24.
3 BGHZ 32, 60 = NJW 1960, 959.
4 BayObLG NJW 1960, 965; OLG Köln NJW 1955, 633.
5 *Dillmann*, RNotZ 2002, 2, 11.
6 RGZ 170, 163, 168; LG Stuttgart ZEV 2010, 578.
7 OLG Braunschweig NJW-RR 2020, 1082; Müko/*Lieder*, BGB, § 2100 Rn 51 m.w.N.
8 DNotI-Report 2010, 85, 86.
9 MüKo/*Lieder*, BGB, § 2100 Rn 61.
10 MüKo/*Lieder*, BGB, § 2100 Rn 64.

anwartschaftsrechts hat zur Folge, dass dort, wo eine Verfügung des Vorerben zur endgültigen Wirksamkeit der Zustimmung des Nacherben bedarf, zusätzlich auch die des Pfandgläubigers notwendig ist.

Ist Ersatznacherbfolge angeordnet, so kann der Nacherbe über seine Anwartschaft zwar ohne Zustimmung des Ersatznacherben verfügen. Fällt der Nacherbe dann aber bis zum Eintritt des Nacherbfalls weg, so tritt der Ersatznacherbe mit dem Wegfall an seine Stelle und erwirbt dann mit Eintritt des Nacherbfalls ohne Rücksicht auf die vorherige Verfügung über die Nacherbenanwartschaft den Nachlass.[11]

Der **Vorerbe** wird **zum unbeschränkten Vollerben**, wenn er das Nacherbenanwartschaftsrecht vom Nacherben erwirbt und der Erblasser entweder keine Ersatznacherbfolge oder Nachnacherbfolge angeordnet hat oder alle Ersatz- und Nachnacherben der Übertragung zugestimmt haben.[12] Umgekehrt wird der **Nacherbe zum unbeschränkten Vollerben**, wenn der Vorerbe seine Erbenstellung auf den Nacherben überträgt und weder eine Ersatz- noch Nachnacherbschaft angeordnet ist oder wiederum Ersatz- und Nachnacherben der Übertragung zugestimmt haben.

III. Verfügungsbeschränkungen und -befreiungen des Vorerben im Grundstücksverkehr

8   Über Grundstücke und Rechte an Grundstücken, die der Nacherbfolge unterliegen, kann der Vorerbe materiell-rechtlich zwar uneingeschränkt verfügen, § 2113 Abs. 1 BGB. Die Verfügungen können aber mit Eintritt der Nacherbfolge vergleichbar § 883 Abs. 2 BGB unwirksam werden, soweit sie das Nacherbenrecht vereiteln oder beeinträchtigen würden. „Verfügungen" in diesem Sinn sind alle dinglichen Verfügungen, also die Übertragung, Aufhebung, Inhaltsänderung, Belastung, Aufgabe des Eigentums nach BGB § 928 BGB, der Rangrücktritt mit einem Grundpfandrecht, die Bewilligung einer Vormerkung und sogar die einer Baulast.[13] Damit wird sichergestellt, dass der Nacherbe die der Nacherbfolge unterliegenden Grundstücke oder Grundstücksrechte mit Eintritt der Nacherbfolge ungeachtet der Verfügung des Vorerben darüber auch wirklich erwirbt.

§ 2113 Abs. 3 BGB eröffnet mit seinem Verweis „auf die Vorschriften zugunsten derjenigen, welche Rechte von einem Nichtberechtigten herleiten", also auf die §§ 892 f. BGB materiell-rechtlich die Möglichkeit eines endgültig wirksamen **Gutglaubenserwerbs** vom Vorerben, der für den Nacherben einen entsprechenden endgültigen Rechtsverlust zur Folge hat. Hiervor soll den Nacherben die Eintragung seines Rechts im Grundbuch schützen.[14] Der im Grundbuch eingetragene Nacherbenvermerk ist damit vergleichbar mit dem Rechtszustand, der durch die Eintragung einer Vormerkung gem. § 883 BGB geschaffen wird.

9   Der Erblasser kann den Vorerben von den gem. § 2113 Abs. 1 BGB für Grundstücke und Grundstücksrechte geltenden Beschränkungen durch Verfügung von Todes wegen generell oder für einzelne Grundstücke oder Grundstücksrechte oder bestimmte Verfügungen „**befreien**". Das für alle Nachlassgegenstände geltende sog. **Schenkungsverbot** des § 2113 Abs. 2 S. 1 BGB ist nicht disponibel, vgl. § 2136 BGB. Materiell-rechtlich sind nicht nur „reine Schenkungen" unwirksam, sondern auch schon teilentgeltliche (und damit „teilunentgeltliche") Verfügungen.[15]

Die Befreiung i.S.d. § 2136 BGB hat zur Folge, dass der Vorerbe über ein bis dahin von der Nacherbfolge umfasstes Grundstück oder Grundstücksrecht endgültig rechtswirksam zugunsten eines Dritten **entgeltlich** verfügen kann.[16]

10 Der Nacherbe kann auf die zu seinen Gunsten bestehende materiell-rechtliche **Verfügungsbeschränkung** des Vorerben hinsichtlich einzelner, der Nacherbfolge unterliegender Grundstücke oder Rechten an Grundstücken verzichten, in dem er einer Verfügung des Vorerben über den Nachlassgegenstand (sei es zugunsten eines Dritten, sei es zugunsten des Vorerben selbst) zustimmt oder sie genehmigt (vgl. Rdn 40).[17] Eine Zustimmung bzw. Genehmigung des Ersatznacherben ist nach einhelliger Meinung dazu materiell-rechtlich nicht erforderlich[18] und deshalb auch grundbuchverfahrensrechtlich nicht zu verlangen.

---

11 *Keim*, DNotZ 2016, 751, 752.
12 DNotI-Report 2010, 85; BayObLG NJW 1970, 1794; OLG Köln NJW 1955, 633; a.A. *Muscheler*, ZEV 2012, 289: Konsolidation unabhängig davon, ob Ersatz- oder Nacherbfolge angeordnet ist.
13 *Zimmer*, ZEV 2014, 526, 527.
14 BGH NJW 1982, 2499; OLG Hamm FGPrax 2015, 13, 15.
15 MüKo/*Lieder*, BGB, § 2113 Rn 58 f.
16 BeckOK/*Bamberger/Roth/Litzenburger*, BGB, § 2113 Rn 24.
17 BGH NJW 2014, 1593; MüKo/*Lieder*, BGB, § 2113 Rn 32 m.w.N; kritisch *Wegmann*, ZEV 2022, 433.
18 MüKo/*Lieder*, BGB, § 2102 Rn 16 m.w.N.

IV. Testamentsvollstreckung und Vor- und Nacherbfolge

Die Vor- und Nacherbfolge kann auf verschiedene Weise mit Testamentsvollstreckungen[19] verknüpft werden.[20]

11

Besteht die Testamentsvollstreckung nur für den Vorerben, ist auf die Dauer der Vorerbschaft nur der Testamentsvollstrecker über die Nachlassgegenstände verfügungsberechtigt, § 2211 BGB. Ob seine Verfügungsbefugnis materiell-rechtlich von den §§ 2113 ff. BGB begrenzt ist oder nicht, ist streitig und hängt letztlich vom Erblasserwillen ab.[21]

Der Nacherbentestamentsvollstrecker gem. § 2222 BGB nimmt an Stelle des Nacherben dessen Rechte und Pflichten gegenüber dem Vorerben wahr. Er hat die Rechtsmacht, einer Verfügung des Vorerben zuzustimmen (womit sich z.B. die Bestellung eines Pflegers und eine familiengerichtliche Genehmigung bei minderjährigen Nacherben erübrigen) und kann nach h.M. auf die Eintragung des Nacherbenvermerks verzichten, unabhängig davon, ob er damit seine Pflichten den Erben gegenüber verletzt.[22] Mir erscheint das nicht (mehr) einleuchtend, da der Testamentsvollstecker über die Anwartschaftsrechte der Nacherben nicht verfügen kann und mit dem Nacherbenvermerk gerade diese Anwartschaft im Grundbuch dokumentiert wird. Mit dem Verzicht auf die Eintragung des Nacherbenvermerks würde der Testamentsvollstrecker damit grundbuchverfahrensrechtlich über eine Buchposition disponieren, die seiner Rechtsmacht gerade entzogen ist. Dies scheint mir etwas anderes zu sein als die Zustimmung zu einer konkreten Verfügung des Vorerben über das nacherbengebundene Grundstückseigentum oder -recht.

Unterliegen Vor- und Nacherbe zugleich einer Testamentsvollstreckung, so gelten für den Testamentsvollstrecker nur die Verfügungsbeschränkungen aus dem Recht der Testamentsvollstreckung, nicht auch § 2113 BGB und auch nicht aus dem Familien- oder Betreuungsrecht.[23]

V. Vollmachten und Vor- und Nacherbfolge

Eine materiell-rechtliche Vollmacht, die der Erblasser über seinen Tod hinaus dem Vorerben, dem Nacherben oder einem Dritten in Ansehung der zum Nachlass gehörenden Sachen und Rechte erteilt hat, bleibt bestehen. Es ist streitig, ob sie dem Bevollmächtigten weiterhin unbeschränkte Rechte geben kann, oder ob sie zwangsläufig lediglich als Bevollmächtigung mit den dem Vorerben auferlegten Beschränkungen weitergilt. Ich neige der zuerst genannten Auffassung zu:[24] Der Bevollmächtigte leitet seine Rechtsmacht vom Erblasser ab.[25] Vorerbe und Nacherbe sind beide, nur nacheinander, Erben des Erblassers. Auch der Nacherbe kann damit allerdings bereits vor Eintritt des Nacherbfalls die Erblasservollmacht widerrufen, wenn sie sich auch auf seine Rechte und Pflichten erstreckt..[26] Die dem alleinigen Vorerben erteilte post- oder transmortale Vollmacht erlischt nach einer Meinung mit dem Tode des Erblassers, sodass der Vorerbe die gesetzlichen Verfügungsbeschränkungen nicht durch Ausübung der Vollmacht umgehen kann.[27] Mir erscheint die **Gegenauffassung**[28] zumindest für das Grundbuchverfahren, in dem typischerweise gerade nicht zur Überzeugung des GBA die Alleinerbfolge des Bevollmächtigten feststehen kann, solange er sie nicht gem. § 35 GBO nachweist (und tut er es, kommt es auf die Vollmacht nicht mehr an),[29] überzeugender. Diese Grundsätze gelten in gleicher Weise für die verfahrensrechtliche Bewilligungsvollmacht.

12

---

19 Zur Testamentsvollstreckung im Grundbuchverfahren vgl. § 52 GBO.
20 Übersicht bei MüKo/*Zimmermann*, BGB, § 2222 Rn 1.
21 OLG München ZEV 2016, 325 m. Anm. *Reimann*.
22 BayObLG DNotZ 1990, 56; *Schöner/Stöber*, Rn 3506.
23 BGHZ 40, 115 = NJW 1963, 2320; OLG Düsseldorf MittBayNot 2012, 468.
24 Vgl. auch OLG München RNotZ 2022, 444.
25 OLG Stuttgart ZEV 2019, 530 m. Anm. *Muscheler*; *Keim*, DNotZ 2008, 175, 177 ff.
26 OLG Stuttgart ZEV 2019, 530 m. Anm. *Muscheler*; *Spernath*, MittBayNot 2021, 425, 434.
27 OLG München NJW 2016, 3381; OLG Hamm DNotZ 2013, 689; *Keim*, DNotZ 2008, 175, 181; *Zimmer*, ZEV 2014, 526, 532; zwischen Innen- (Beschränkungen der Nacherbfolge zu beachten) und Außenverhältnis (Beschränkungen der Nacherbfolge nicht zu beachten) diff. *Weidlich*, ZEV 2016, 57, 64.
28 KG DNotZ 2021, 703 m. Anm. *Meier*; OLG Stuttgart MittBayNot 2020, 248 m. Anm. *Suttmann*; *Lutz*, BWNotZ 2013, 173, 174; *Keim*, MittBayNot 20121, 207, 210; 2017, 111, 113; *von Schwander*, RNotZ 2019, 57, 60; *Herrler*, DNotZ 2017, 508, 520 ff.
29 KG DNotZ 2021, 703, 705.

C. Grundbuchverfahrensrecht der Nacherbfolge

I. Inhalt des Nacherbenvermerks

13 Einzutragen ist gem. § 51 GBO nicht nur die Anordnung der Nacherbfolge selbst, sondern das gesamte „Recht des Nacherben". Dazu gehören die Person des Nacherben und etwaiger Nachnacherben und/oder Ersatznacherben sowie der Inhalt seines „Rechts", die Bedingungen für den Eintritt der Nacherbfolge und etwaige Befreiungen des Vorerben von den Beschränkungen seines Verfügungsrechts.

> Muster:
> „*Nacherbe des (Name des Erblassers) ist Hans Maier, Kaufmann in München. Die Nacherbfolge tritt ein beim Tode des Vorerben. Der Nacherbe ist auf den beim Eintritt des Nacherbfalls vorhandenen Rest der Erbschaft eingesetzt. Eingetragen am ...*"

14 Im Nacherbenvermerk sind sämtliche vom Erblasser bestimmte **Nacherben** zu bezeichnen, die den Vorerben aufgrund der angeordneten Nacherbfolge in seiner Verfügungsbefugnis einschränken. Dazu gehören neben allen Nacherben auch die **Ersatznacherben**[30] und Nachnacherben. Wird das Nacherbenanwartschaftsrecht übertragen, so ist im Grundbuch sein Erwerber als Nacherbe(nerwerber) zu vermerken.[31] Stehen die Nacherben etc. namentlich fest, so sind sie gem. § 15 Abs. 1 GBV in das Grundbuch einzutragen. Lassen sich Nacherben (einstweilen) nur auf andere Weise individualisieren – wenn z.B. der Erblasser ganz allgemein seine „Abkömmlinge" zu Nacherben eingesetzt hat, so sind die entsprechenden Individualisierungsmerkmale in den Vermerk aufzunehmen. Ein Anteilsverhältnis mehrerer Nacherben i.S.d. § 47 Abs. 1 GBO ist ebenso wenig wie bei mehreren Erben anzugeben.

15 Für den **Inhalt** des Nacherbenrechts genügt es im Hinblick auf seine gesetzliche Ausgestaltung im Regelfall, die Person des Nacherben als Nacherben zu bezeichnen. Die Unvererblichkeit der Nacherbenanwartschaft als Ausnahme zum gesetzlichen Regelfall der Vererblichkeit, vgl. § 2108 Abs. 2 BGB, ist ebenfalls zu vermerken. Ist die Nacherbfolge nur für einen Erbteil angeordnet, so ist auch dies im Vermerk kenntlich zu machen. Ist für die Nacherben **Testamentsvollstreckung** angeordnet (§ 2222 BGB), so ist auch dies im Rahmen des § 51 GBO (und nicht des § 52 GBO) zu vermerken. Eine Testamentsvollstreckung, vgl. §§ 2197 ff. BGB, mit der (auch) Vorerbe beschwert ist, ist gem. § 52 GBO zusätzlich zum Nacherbenvermerk im Grundbuch einzutragen.

16 Aus dem Nacherbenvermerk müssen sich die **Bedingungen** ergeben, von denen der Erblasser den Eintritt der Nacherbfolge sowie einer etwaigen Ersatznacherbfolge oder Nachnacherbfolge abhängig gemacht hat, also etwa die Wiederverheiratung des Vorerben, seinen Tod etc.[32]

17 Soweit der Vorerbe von den Beschränkungen seines Verfügungsrechts i.S.d. § 2136 BGB **befreit** ist, vgl. dazu auch § 2137 BGB („Einsetzung auf den Überrest" als im Zweifel vollumfängliche Befreiung), ist auch dies von Amts wegen einzutragen.

II. Eintragungsstelle und Rang

18 Die Eintragungsstelle des Nacherbenvermerks bestimmt sich nach §§ 10, 11 GBV. Demgemäß ist der Vermerk für das Eigentum in Abteilung II Spalte 3 einzutragen. Für Rechte in Abt. II ist er dort in Spalte 5, für Rechte in Abteilung III dort in Spalte 7 einzutragen.

19 Zwischen dem Nacherbfolgevermerk und Rechten am Grundstück besteht **kein** materiell-rechtliches **Rangverhältnis**, da der Nacherbenvermerk nur eine Verfügungsbeschränkung zum Ausdruck bringt.[33] Im Hinblick auf § 892 BGB gilt für ihn jedoch ein sog. formelles Rangverhältnis (vgl. dazu § 45 GBO Rdn 10). Mit Hilfe eines sog. **Wirksamkeitsvermerks** (siehe Rdn 37) kann grundbuchlich zum Ausdruck gebracht werden, dass ein Recht unbeeinträchtigt von der Verfügungsbeschränkung des Nacherben wirksam bleibt.[34]

---

30 OLG Hamm NJW-RR 2016, 392; DNotZ 1966, 108.
31 *Güthe/Triebel*, GBO, § 52 Rn 10.
32 *Güthe/Triebel*, GBO, § 52 Rn 11.
33 OLG Hamm NJW-RR 1989, 717.
34 OLG Köln DNotZ 2020, 343; OLG München FGPrax 2016, 112; BGH DNotZ 1999, 1000.

III. Eintragungsvoraussetzungen

Der **Nacherbenvermerk** ist im Grundbuch nur einzutragen,

- wenn eine – ggf. auch nur bedingte oder befristete[35] – Nacherbfolge grundbuchverfahrensrechtlich nachgewiesen ist, wobei die Nacherbfolge selbst ausschließlich aus erbrechtlicher Sicht zu beurteilen ist,
- die sich auf das Grundstück, grundstücksgleiche Recht oder beschränkte dingliche Recht am Grundstück erstreckt, bei dem der Nacherbenvermerk eingetragen werden soll
- und wenn der Vorerbe zugleich mit dem Vermerk eingetragen wird oder der Vorerbe schon eingetragen ist (keine Eintragung des Nacherbenvermerks ohne Eintragung des Vorerben).[36]
- Eine etwaige **Befreiung** des Vorerben von Beschränkungen seines Verfügungsrechts, die wiederum ausschließlich aus erbrechtlicher Sicht zu beurteilen ist, ist zusammen mit dem Nacherbenvermerk im Grundbuch einzutragen.

Das Nacherbenrecht – mit oder ohne Befreiung – erstreckt sich:

a) **Auf sämtliche zum Nachlass** gehörenden Gegenstände. Ein Austausch von Nachlassgegenständen gegen nicht zum Nachlass gehörendes Vermögen ist nicht möglich.[37] Lediglich ein dem Vorerben zugewendetes **Vorausvermächtnis gehört im Zweifel nicht zur Nacherbschaft** (§ 2110 Abs. 2 BGB). Die **Befreiung** von den gesetzlichen Beschränkungen kann auf sämtliche Nachlassgrundstücke und -rechte erstreckt, aber auch auf einzelne beschränkt werden.

b) **Auf den Surrogationserwerb des Vorerben nach § 2111 BGB.** Ob ein Erwerb durch Rechtsgeschäft mit Mitteln der Erbschaft vorliegt, ist dabei nicht nach formalen, sondern nach wirtschaftlichen Gesichtspunkten zu entscheiden.[38] Ist z.B. eine Hypothek mit Mitteln des Nachlasses abgelöst worden, so fällt die dann entstehende Eigentümergrundschuld in die Nacherbschaft.[39] Dasselbe gilt z.B. für eine Eigentümergrundschuld, die dadurch entstanden ist, dass eine zum Nachlass gehörende Hypothek, die auf einem nicht zum Nachlass gehörenden Grundstück des Erblassers eingetragen war, im Rahmen der Erbauseinandersetzung durch Verrechnen mit dem Auseinandersetzungsguthaben des Vorerben getilgt worden ist.[40] Alle Gegenstände, die der Vorerbe bei der Auseinandersetzung aus dem Nachlass erhält, sind gleichfalls Surrogate.[41] Zahlt der Vorerbe eine auf dem Nachlassgrundstück lastende Hypothek mit eigenen Mitteln zurück, so fällt die entstehende Eigentümergrundschuld nicht in den Nachlass.[42]

c) Ist der Vorerbe **Gesellschafter** einer Personen(handels-)gesellschaft, also einer Gesellschaft bürgerlichen Rechts oder einer **Personenhandelsgesellschaft**, so unterliegt zwar sein Gesellschaftsanteil der Nacherbfolge, nicht jedoch die zum Gesellschaftsvermögen gehörenden Grundstücke und Grundstücksrechte. Ein Nacherbschaftsvermerk kann deshalb an den Gesellschaftsgrundstücken nicht eingetragen werden, da sie nicht den Beschränkungen nach §§ 2113 ff. BGB unterliegen.[43]

d) § 51 GBO ist nach ganz h.M. auch dann **unanwendbar**, wenn ein Anteil an einem Gesamthandsvermögen, das nicht als rechtsfähig anerkannt ist (**Gütergemeinschaft** oder **Erbengemeinschaft**) vererbt wird, da zum nacherbengebundenen Nachlass in diesem Fall nicht Grundstückseigentum oder ein gesamthandsgebundener Anteil daran gehöre, sondern nur der Anteil des Erblassers am gesamthänderisch gebundenen Vermögen selbst.[44] Dies gilt im vorrangigen Interesse des „längerlebenden Gesamthänders" am Erhalt seiner Verfügungsbefugnis selbst dann, wenn die Gesamthand mit der Erbfolge endet, also beispielsweise für den Fall, dass der überlebende Ehegatte den anderen als Vorerben allein beerbt;[45] oder wenn bei einer aus zwei Miterben bestehenden Erbengemeinschaft, zu deren Gesamthandsvermögen Grundbesitz gehört, ein Miterbe den anderen als Vorerbe beerbt.[46]

---

35 OLG Hamm FGPrax 2020, 57.
36 OLG Naumburg DNotZ 2021, 146.
37 OLG Köln Rpfleger 1987, 60.
38 BGH BGHZ 40, 115 = DNotZ 1964, 623.
39 BGH Rpfleger 1993, 493.
40 BGH LM zu § 2111 BGB Nr. 2.
41 BGH MDR 1959, 290; KG Rpfleger 1993, 236; BayObLGZ 1986, 208 = Miteigentumsanteil am Nachlassgrundstück.
42 BGH NJW 1963, 2320; OLG Saarbrücken DNotZ 2000, 64.
43 BGH NJW 1976, 893, NJW 1978, 698; OLG Köln NJW-RR 1987, 267; Schöner/Stöber, Rn 3487f; a.A. K. Schmidt, FamRZ 1976, 683, 688.
44 OLG München ZEV 2016, 393 m. Anm. *Böhringer*.
45 BGH NJW 2007, 2114.
46 *Schaub*, ZEV 2007, 325.

22 Der Nacherbenvermerk samt etwaiger Befreiung ist zugleich mit der Eintragung des Vorerben im Grundbuch einzutragen – ohne Eintragung des Vorerben keine Eintragung des Nacherbenvermerks.[47] Bei **Surrogationserwerben** gem. § 2111 BGB ist der Nacherbenvermerk ebenfalls zusammen mit dem Vorerben im Grundbuch einzutragen.

Unterbleibt die Eintragung des Vorerben, insbesondere, unter den Voraussetzungen des § 40, so kann auch kein Nacherbenvermerk eingetragen werden. An der materiell-rechtlichen Rechtslage ändert dies aber nichts. Da die vom Vorerben bewilligte Grundbucheintragung in diesem Fall zum Verlust der Nacherbenrechte zu führen droht, kann sie zum Schutz der Nacherben nur vollzogen werden, wenn entweder diejenigen Nacherben der Grundbucheintragung zustimmen, die auch der Löschung eines gedachten Nacherbenvermerks zustimmen müssten, oder wenn die Zustimmung materiell-rechtlich entbehrlich ist oder wenn die Nacherben auf die Eintragung des Nacherbenvermerks verzichten.[48]

IV. Nachweis der Eintragungsvoraussetzungen

23 Die Nacherbfolge samt etwaiger Befreiungen ist gem. § 35 Abs. 1 durch **Erbschein**, § 2353 BGB, oder **öffentlich beurkundete Verfügung** von Todes wegen **mit Eröffnungsprotokoll** des Nachlassgerichts nachzuweisen.

a) Für das Grundbuchamt problemlos ist der Nachweis der Vor- und Nacherbfolge durch **Erbschein** (§ 2353 BGB). Liegt eine letztwillige Verfügung des Erblassers im Sinne von nachstehend lit. b vor, darf das Grundbuchamt nicht auf der Vorlage eines Erbscheines bestehen, auch dann nicht, wenn die Auslegung der letztwilligen Verfügung rechtliche Schwierigkeiten mit sich bringt. Lediglich dann, wenn zur Auslegung tatsächliche Ermittlungen erforderlich wären, ist ein Erbschein zu verlangen.

b) Eine (öffentliche) **letztwillige Verfügung des Erblassers** (nebst Eröffnungsniederschrift, § 35 Abs. 1) ist vom Grundbuchamt nach den allgemeinen Auslegungsregeln dahin zu untersuchen, ob Vor- und Nacherbschaft vom Erblasser gewollt war. Auf die Rechtsansicht der Beteiligten kommt es nicht an. Auch wenn der Erbe der Rechtsansicht des Grundbuchamts, er sei nur Vorerbe, widerspricht, ist nicht stets ein Erbschein zu verlangen,[49] da die Eintragung des Nacherbenvermerks antragsunabhängig ist – ggf. muss der Erbe gegen die Eintragung des Nacherbenvermerks Beschwerde erheben. Liegt eine letztwillige Verfügung i.S. des § 35 GBO vor, so kann ein Erbschein auch dann nicht verlangt werden, wenn die Verfügung die Person des Nacherben nicht namentlich, sondern nur anhand allgemeiner Qualifikationsmerkmale (z.B. „die Kinder" o.Ä.) bezeichnet.[50]

V. Amtswegige Eintragung

24 Die Eintragung des Nacherbenvermerks geschieht von Amts wegen zusammen mit der antragsgebundenen Eintragung des Vorerben, vgl. § 82 GBO. Ein Antrag auf Eintragung des Nacherbenvermerks ist als bloße Anregung anzusehen (§ 24 Abs. 1 FamFG). Die Eintragung kann, z.B. bei einem Surrogationserwerb (und muss, wenn sie nachgeholt werden soll) durch Berichtigungsbewilligung gem. § 19 GBO des eingetragenen Erben oder aufgrund Unrichtigkeitsnachweis gem. § 22 GBO erfolgen.[51]

VI. Unterbleiben der Eintragung

25 Der Vorerbe allein kann nicht beantragen, sein Recht ohne den Nacherbschaftsvermerk einzutragen. Auch der Erblasser kann die Eintragung nicht ausschließen.

---

47 BayObLG DNotZ 1996, 99.
48 OLG Hamm FGPrax 2017, 104; OLG Hamm MittBayNot 1995, 404; BayObLG DNotZ 1990, 56.
49 So aber OLG Stuttgart Rpfleger 1975, 135; auch Meikel/*Kraiß*, GBO, § 51 Rn 76.
50 BayObLG Rpfleger 1983, 104; OLG Hamm DNotZ 1966, 108; OLG Hamm FGPrax 1997, 48 (= eidesstattl. Versicherung kann genügen); *Demharter*, GBO, § 51 Rn 9; Meikel/*Roth*, GBO, § 35 Rn 134 ff.
51 OLG München RNotZ 2012, 286.

26 Die Eintragung unterbleibt jedoch, wenn alle Nacherben, die ohne den Verzicht im Vermerk zu bezeichnen und damit vom Unterbleiben der Eintragung betroffen wären, also **Nacherben, Ersatznacherben**[52] **und Nachnacherben** oder, wenn eine Nacherben-Testamentsvollstreckung angeordnet ist, an ihrer Stelle der Nacherben-Testamentsvollstrecker[53] auf die **Eintragung** (nur) des Vermerks **verzichten**;[54] Für die Verzichtserklärung durch unbekannte Nach- oder Ersatznacherben ist ein Pfleger zu bestellen.[55] Die Nacherben können bei Abgabe der Verzichtserklärung meines Erachtens auch kraft einer vom Erblasser erteilten post- oder transmortalen Vollmacht vertreten werden,[56] vgl. Rdn 12. Der Eintragungsverzicht ist isoliert betrachtet weder eine Verfügung über das Nacherbenrecht noch über das der Nacherbfolge unterliegende Grundstückseigentum oder –recht.[57] Er kann ggf. zusätzlich als materiell-rechtliche Verfügung über das Nacherbenanwartschaftsrecht zugunsten des Vorerben oder Ermächtigung des Nacherben an den Vorerben zur endgültig wirksamen Verfügung über das der Nacherbfolge unterliegende Grundstück oder Grundstücksrecht auszulegen sein. Das Grundstück oder Grundstücksrecht bleibt ungeachtet des bloßen grundbuchverfahrensrechtlichen Verzichts auf die Eintragung des Vermerks von der Nacherbfolge (samt etwaigen Befreiungen) umfasst. Durch den Verzicht entfällt „nur" der Schutz gegen gutgläubigen Dritterwerb. Der Verzicht ist in der Form des § 29 Abs. 1 S. 1 GBO gegenüber dem Grundbuchamt oder dem Erben zu erklären.[58] Das Nacherbenrecht braucht dann ungeachtet seines materiell-rechtlichen Fortbestehens vom Grundbuchamt nicht mehr beachtet zu werden.

Verzichten einzelne von mehreren Nacherben, so verbleibt der Vermerk als solcher eingetragen; nur die Namen der Verzichtenden sind zu röten (bzw. wegzulassen). In Sp. 5 ist dann einzutragen.

„Hans Maier und Josef Huber haben je für ihre Person auf die Eintragung des Nacherbenrechts verzichtet. Eingetragen am …"

27 Die Eintragung des Nacherbenvermerks unterbleibt – selbstverständlich – auch dann, wenn die Voraussetzungen für seine Eintragung nicht (mehr) erfüllt sind, sodass er sogleich wieder zu löschen wäre. Dies ist insbesondere der Fall, wenn der Vorerbe schon vor seiner Eintragung über das zum Nachlass gehörende und der Nacherbfolge unterliegende Recht rechtswirksam, insbesondere auch mit Zustimmung des Nacherben (vgl. Rdn 40), verfügt, oder wenn der Nacherbfall nicht mehr eintreten kann oder schon eingetreten ist.

28 Geht die begehrte Eintragung auf eine Bewilligung eines Nachlasspflegers oder Testamentsvollstreckers zurück oder dient sie der Erfüllung einer Nachlassverbindlichkeit (z.B. auch bei einer noch vom Erblasser eingegangenen Verpflichtung zur Verfügung), so kann sie ohne Eintragung der Nacherben vollzogen werden, soweit die Verfügungen dieser Personen auch den Nacherben binden.

29 In den Fällen des § 40 GBO muss das Grundbuchamt von Amts wegen die Rechte des Nacherben wahren, da mangels Eintragung des Vorerben auch der Nacherbschaftsvermerk nicht eingetragen werden kann.

30 In allen anderen Fällen muss, wenn die Eintragung des Nacherbenvermerks unterbleiben soll, der Vorerbe

a) wenn er befreiter Vorerbe ist, die Entgeltlichkeit nachweisen (siehe Rdn 41) oder bei unentgeltlicher Verfügung die Zustimmung der Personen vorlegen, die bei ihrer gedachten Eintragung als Nacherben auch von der Verfügung betroffen wären beibringen (siehe Rdn 40);

b) wenn er nicht befreiter Vorerbe ist, stets die Zustimmung der Personen vorlegen, die bei ihrer gedachten Eintragung als Nacherben auch von der Verfügung betroffen wären (vgl. Rdn 40).

Ist es dem Vorerben nicht möglich, die erforderlichen Nachweise zu führen, so muss er, auch wenn dies nach § 40 GBO nicht notwendig wäre, seine Voreintragung (und damit die Eintragung des Vermerks) herbeiführen.

---

52 OLG München FGPrax 2015, 118; OLG Düsseldorf ZEV 2014, 218; *Hartmann*, DNotZ 2020, 267, 272; a.A. Lemke/*Böttcher*, GBO, § 51 Rn 17: Verzichtserklärung der Ersatzerben ist nicht notwendig, weil sie noch keine gesicherte Rechtsposition hätten.
53 BayObLG DNotZ 1990, 56.
54 OLG München ZEV 2017, 234; KG KGJ 52, 169; RGZ 151, 397; a.A. *Bestelmeyer*, Rpfleger 1994, 190.
55 BGH FGPrax 2014, 98, 99; OLG Düsseldorf ZEV 2014, 218.
56 AA OLG Stuttgart ZEV 2019, 530 m. Anm. *Muscheler*; kritisch *Keim*, MittBayNot 2021, 207, 211.
57 *Bestelmeyer*, FGPrax 2017, 104, 106; BayObLG DNotZ 1990, 56.
58 KG DNotZ 1940, 286; OLG Köln NJW 1955, 633; *Haegele*, Rpfleger 1956, 159 und Rpfleger 1971, 121, 129.

VII. Nachholung eines unterbliebenen Vermerkes

31 Ist jemand als Erbe ohne das seine Verfügungsbefugnis beschränkende Recht des Nacherben im Grundbuch eingetragen worden – z.B. weil bei seiner Eintragung die Anordnung der Nacherbfolge dem Grundbuchamt noch nicht bekannt war –, so ist unter den weiteren Voraussetzungen des § 53 Abs. 1 S. 1 GBO im Hinblick auf die unterbliebene Eintragung der Verfügungsbeschränkung des Vorerben durch die Nacherbfolge ein Amtswiderspruch einzutragen.[59] Die Eintragung des Vermerks kann unmittelbar nur dann nachgeholt werden, wenn sie vom Vorerben oder Nacherben beantragt und vom durch sie betroffenen Vorerben bewilligt oder die Grundbuchunrichtigkeit nachgewiesen wird[60] und das Recht zwischenzeitlich noch nicht auf einen Dritten umgeschrieben wurde.

32 Der umgekehrte Fall, wenn der Nacherbenvermerk ohne Vorerben eingetragen sein sollte, ist vergleichbar dem der Eintragung des Testamentsvollstreckervermerks ohne den des Erben (vgl. § 52 GBO Rdn 23).

D. Wirkungen des Nacherbenvermerks

I. Grundsatz

33 Der Nacherbenvermerk schützt den Nacherben gegen einen Rechtsverlust, der ihm droht, wenn ein gutgläubiger Dritter Rechte vom Vorerben erwirbt, §§ 2113 Abs. 3, 892 Abs. 1 S. 2 BGB. Er bewirkt von nachstehenden Ausnahmen abgesehen **keine Grundbuchsperre**.[61] Ist der Vermerk eingetragen, so kann das Grundbuchamt Anträge aller Art ohne Rücksicht auf die Nacherbschaft und ohne Prüfung ihrer Wirksamkeit vollziehen, sofern es sich nicht um Löschungen handelt. Es ist dabei bedeutungslos, ob der Vorerbe befreit oder nicht befreit, ob die Verfügung entgeltlich oder unentgeltlich ist.[62] Der Nacherbenvermerk steht der Eintragung eines Erbbaurechts nicht entgegen.[63] Der Eintritt des Nacherbfalls ist aber dem einer auflösenden Bedingung im Sinn des § 1 Abs. 4 ErbbauRG vergleichbar mit der Folge, dass ein vom Vorerben zur Eintragung bewilligtes Erbbaurecht im Grundbuch nur eingetragen werden kann, wenn die Nacherben, von deren Zustimmung auch sonst die endgültige Wirksamkeit einer Verfügung abhängt, der Bestellung des Erbbaurechts zustimmen oder bei befreiter Vorerbschaft die Einräumung als entgeltlich anzusehen ist.

34 Hat das Grundbuchamt eine Eintragung (auch Löschung) ohne die dazu erforderliche Zustimmung der Nacherben oder ohne den Nachweis, dass keine Zustimmung erforderlich ist, vorgenommen, so muss unter den weiteren Voraussetzungen des § 53 GBO ein Amtswiderspruch eingetragen werden.

II. Löschung eines Rechts

35 Soll ein von der Nacherbfolge erfasstes Recht gelöscht werden, ist wegen des gleichzeitigen Wegfalls des Nacherbenvermerkes der Schutz des Nacherben nicht mehr gewährleistet. Eine Löschung kann deshalb nur erfolgen, wenn sie von allen Nacherben bewilligt wird, die im grundbuchverfahrensrechtlichen Sinn von der Verfügung über das Recht betroffen sind (vgl. Rdn 37). Ansonsten kommt es darauf an, ob der **Vorerbe befreit** oder **nicht befreit** ist (vgl. oben Rdn 5). Kommt eine Löschung ohne Bewilligung der Nacherben in Frage, so ist ihnen jedenfalls rechtzeitig davor (formlos) rechtliches Gehör zu gewähren; die betroffenen Nacherben sind dabei vom GBA zu ermitteln, nicht vom Antragsteller zu benennen.[64]

36 Ist der **Vorerbe nicht befreit**, darf eine Löschung des nacherbengebundenen Rechts ohne Zustimmung des durch die Löschung betroffenen Nacherben nur vollzogen werden, wenn nachgewiesen ist, dass das GB unrichtig würde, wenn nicht auch der Nacherbenvermerk gelöscht würde. Dies ist insbesondere der Fall, wenn mit der Löschung eine Nachlassverbindlichkeit erfüllt wird. Ansonsten kann die Löschung des

---

[59] OLG Hamm NJW-RR 2016, 202; KG DNotZ 1956, 195; a.A. *Demharter*, GBO, § 51 Rn 20, Bauer/v. Oefele/*Schaub*, GBO, § 51 Rn 87: Nachholung der Eintragung ohne weiteres möglich.

[60] Vgl. OLG München RNotZ 2012, 286, 287; a.A. OLG Hamm NJW-RR 2016, 202.

[61] OLG Hamm ZEV 2017, 595; OLG München NJW-RR 2017, 1038; OLG München RNotZ 2013, 552, 553; OLG Frankfurt a.M. DNotZ 2012, 150.

[62] RGZ 102, 334; 146, 392; KG KJW 1936, 2749; OLG München JFG 14, 340; OLG Schleswig SchlHA 1953, 287; OLG Düsseldorf Rpfleger 1957, 413; *Haegele*, Rpfleger 1971, 121, 127.

[63] OLG Hamm DNotZ 1990, 46.

[64] OLG München FGPrax 2020, 63; 2016, 112; BayObLG NJW-RR 1994, 1360.

Rechts nur mit Bewilligung aller von der Löschung betroffenen Nacherben, die in der Form des § 29 GBO zu erklären ist, erfolgen.[65] Ein Ersatznacherbe braucht nicht zuzustimmen.[66] Ist der Nacherbe unbekannt, so muss die Zustimmungserklärung durch einen dafür gem. § 1882 BGB bestellten Pfleger erklärt werden[67] und ist betreuungsgerichtlich zu genehmigen, §§ 1888, 1850 Nr. 1 BGB,

Ist der **Vorerbe befreit**, (§§ 2113 Abs. 2, 2136 BGB), muss das Grundbuchamt darüber hinaus die Löschung als Verfügung über das eingetragene Recht auch dann vollziehen, wenn ihre Entgeltlichkeit im materiell-rechtlichen Sinne nachgewiesen oder offenkundig ist, worüber ggf. in **freier Beweiswürdigung** zu entscheiden ist, vergleichbar der Einordnung über die Entgeltlichkeit im Rahmen des § 52 GBO.

E. Eintragungen beim Nacherbenvermerk
I. Wirksamkeitsvermerk

37

Bleibt eine Verfügung über ein der Nacherbfolge unterliegendes Grundstück oder Grundstücksrecht gegenüber dem Nacherben auch bei Eintritt des Nacherbfalls entgegen § 2113 BGB voll wirksam, kann dies durch einen sog. **Wirksamkeitsvermerk** ersichtlich gemacht werden, wenn ansonsten aufgrund der Eintragung der Verfügung nach dem Nacherbenvermerk gem. § 51 GBO deren Unwirksamkeit vermutet würde.[68]

Der Wirksamkeitsvermerk ist[69] ungeachtet seiner noch immer umstrittenen Rechtsnatur[70] vergleichbar der Löschung des Nacherbenvermerks vor Eintritt des Nacherbfalls aufgrund einer Berichtigungsbewilligung aller Nacherben und etwaigen Ersatznacherben gem. § 19 GBO im Grundbuch einzutragen, oder gem. § 22 GBO, wenn nachgewiesen wird, dass das einzutragende Recht entgegen § 2113 Abs. 1 und Abs. 2 BGB auch bei Eintritt der Nacherbfolge wirksam bleibt, insbesondere also bei einer vollentgeltlichen Verfügung durch den befreiten Vorerben,[71] wobei in diesem Fall den Nacherben nicht auch Ersatznacherben[72] (formlos) rechtliches Gehör zu gewähren ist.[73]

38

Die Eintragung erfolgt vergleichbar einem Rangvorbehalt in der Veränderungsspalte sowohl beim Nacherbenvermerk als auch in der Veränderungsspalte bei dem gegenüber der Nacherbfolge wirksam bleibenden Recht.[74]

39

Muster:

„Das Recht Nr. 1 ist dem Nacherben gegenüber wirksam. Eingetragen am ..."

II. Verfügungen über das Nacherbenanwartschaftsrecht

Grundbuchverfahrensrechtlich ist die analog § 2033 Abs. 1 BGB mögliche Verfügung über das Nacherbenanwartschaftsrecht, vgl. Rdn 7, auf einen Dritten oder die gem. § 857 ZPO zulässige Pfändung[75] beim Nacherbenvermerk auf Antrag gem. § 13 GBO und Bewilligung des betroffenen Nacherben bzw. Unrichtigkeitsnachweis (in der zweiten Abteilung in Spalte 5, in der dritten Abteilung in Spalte 7) zusammen mit dem Namen des Erwerbers bzw. Pfandgläubigers einzutragen. Ist die Nacherbfolge durch die Übertragung der Nacherbenanwartschaft auf den Vorerben endgültig erloschen[76] (mit der Folge, dass

40

---

65 *Demharter*, GBO, § 51 Rn 34; Meikel/*Kraiß*, GBO, § 51 Rn 122.
66 RGZ 45, 316; KG JW 1936, 3562; BGHZ 46, 119 = DNotZ 1964, 623; BayObLG BayObLGZ 1960, 410 und 1959, 497 = NJW 1960, 965; OLG Köln NJW 1955, 633; OLG Oldenburg Rpfleger 1962, 181; OLG Stuttgart BWNotZ 1957, 152; vgl. dazu auch *Haegele*, Rpfleger 1971, 121, 122 Fn 11 m. Hinw. auf *Kanzleiter*, DNotZ 1970, 335.
67 BayObLG Rpfleger 1982, 277 bei Einsetzung „der Kinder"; a.A. OLG Frankfurt a.M. Rpfleger 1986, 51. Zum Begriff „unbekannt" siehe ausführlich *Kanzleiter*, DNotZ 1970, 326. Die von ihm zu Recht verlangte objektive Auslegung wird von der h.M. abgelehnt, vgl. dazu ausf.
Haegele, Rpfleger 1969, 347, 348 und Rpfleger 1971, 121, 123.
68 BGH DNotZ 2000, 1000.
69 *Hartmann*, DNotZ 2017, 28, 39.
70 OLG München, DNotI-Report 2016, 45; *Hartmann*, DNotZ 2017, 28, 38.
71 OLG Köln DNotZ 2020, 343.
72 *Hartmann*, DNotZ 2017, 28, 33.
73 OLG München, FGPrax 2016,112; BayObLG MittBayNot 1997, 239.
74 *Schultz*, RNotZ 2001, 542, 5.61.
75 KG, Beschl. v. 4.3.1912 – 1. X. 36/1912, BeckRS 1912, 00009.
76 *Muscheler*, ZEV 2012, 289.

der Vor- zum Vollerben wird), so ist der Nacherbenvermerk auf der Grundlage einer entsprechenden Berichtigungsbewilligung aller Nacherben, ggf. auch Ersatz- und Nachnacherben oder Unrichtigkeitsnachweis gem. § 22 GBO zu löschen. Ist umgekehrt der Nacherbe durch Übertragung der Vorerbschaft zum Vollerben geworden, so ist er an Stelle des Vorerben im Grundbuch einzutragen und ist der Nacherbenvermerk zu löschen, wiederum auf der Grundlage einer entsprechenden Berichtigungsbewilligung des Vorerben und ggf. der Ersatz- und Nachnacherben oder Unrichtigkeitsnachweis gem. § 22 GBO. Bleibt die Nacherbfolge trotz der Übertragung des Anwartschaftsrechts bzw. der Vorerbschaft bestehen, insbesondere bei angeordneter Ersatznacherbfolge, so ist jeweils nur die Grundbucheintragung gemäß Eintragungsbewilligung des betroffenen Veräußerers bzw. Unrichtigkeitsnachweis auf den Erwerber zu berichtigen, während der Nacherbenvermerk im Übrigen bestehen bleibt.

F. Löschung des Nacherbenvermerkes

41 Die Löschung des Nacherbenvermerks im Grundbuch hat lediglich grundbuchverfahrensrechtliche Bedeutung. Sie lässt die Nacherbfolge materiell-rechtlich unberührt. Das Grundbuchamt darf nach Löschung des Nacherbenvermerks aber nicht mehr prüfen, ob der eingetragene Eigentümer den Verfügungsbeschränkungen einer Nacherbfolge (noch) unterliegt.[77] Der Nacherbenvermerk ist – wie andere Eintragungen auch – auf **Antrag** des Antragsberechtigten zu löschen, wenn die Löschung von allen von ihr Betroffenen bewilligt wird, § 19 GBO, oder wenn die Unrichtigkeit der Eintragung der Nacherbschaft gem. § 22 GBO nachgewiesen ist; unrichtig wird die Eintragung insbesondere immer dann, wenn die Nacherbenrechte am Grundstückseigentum oder -recht durch eine allen betroffenen Nacherben gegenüber wirksame Verfügung erloschen sind. Ist die Eintragung über den Nacherbenvermerk unrichtig (geworden), kommt auch seine Löschung im **Amtsverfahren** gem. §§ 84 ff. GBO in Betracht. Eine Löschung mittels Unschädlichkeitszeugnis, Art. 120 EGBGB ist nicht möglich. **Antragsberechtigt** i.S.d. § 13 GBO ist der Vorerbe, jeder Nacherbe, jeder Ersatznacherbe und diejenigen, zu deren Gunsten die Löschung erfolgen soll.

I. Löschungsbewilligung

42 Der Nacherbenvermerk kann unabhängig davon zur Löschung bewilligt werden, ob die Nacherbfolge materiell-rechtlich fortbesteht oder nicht. Besteht sie fort, so bewirkt der mit der Löschungsbewilligung verbundene Verzicht auf den Schutz des Nacherbenvermerks, dass das materiell-rechtlich fortbestehende Nacherbenrecht im Grundbuchverkehr nicht mehr zu beachten ist und der Gefahr des Untergangs mit gutgläubigem Erwerb Dritter durch Verfügung des Vorerben preisgegeben wird.[78]

43 Von der Löschung des Nacherbenvermerks sind i.S.d. § 19 GBO betroffen: Sämtliche im Grundbuch aufgrund der letztwilligen Verfügung, die der Anordnung der Nacherbfolge zugrunde liegt, eingetragenen bzw. einzutragenden Nacherben, Nachnacherben und auch Ersatznacherben,[79] sodass der Nacherbenvermerk insgesamt nur dann gelöscht werden kann, wenn alle Nacherben, Ersatznacherben und Nachnacherben die Löschung bewilligt haben. Bewilligen nur einzelne Nacherben die Löschung des Nacherbenvermerks kann dies ggf. als ihr **Verzicht** auf die Eintragung ihres Rechts (nicht auf das Recht selbst) im Grundbuch ausgelegt und dann beim Nacherbenvermerk vermerkt werden.

44 Das Grundbuchamt hat die Nacherben, von deren Zustimmung die Löschung des Nacherbenvermerks im Grundbuch abhängt, in eigener Zuständigkeit unter Auslegung der Grundlage für die Eintragung der Nacherben festzustellen.[80]

45 Für **unbekannte Nacherben, Nachnacherben** oder Ersatznacherben ist ein **Pfleger** zu bestellen,[81] § 1882 BGB, auch wenn einzelne Nacherben schon bekannt sind (z.B. zu den bereits vorhandenen Kindern oder Abkömmlingen des Vorerben kommen möglicherweise noch weitere Kinder oder Abkömm-

---

[77] OLG Hamm FGPrax 2015, 13.
[78] OLG München FGPrax 2015, 13, 15; BayObLG NJW-RR 1989, 1096.
[79] OLG Rostock ZEV 2016, 601; OLG München FGPrax 2015, 118.
[80] OLG München ZEV 2017, 114.
[81] OLG Düsseldorf NJOZ 2014, 1735.

linge hinzu). Das Grundbuchamt muss demgemäß im Verfahren zur Löschung des Nacherbenvermerks die letztwillige Verfügung auch unter dem Gesichtspunkt auslegen, ob neben den bereits bekannten und eingetragenen Nacherben noch weitere Nacherben, Ersatznacherben oder Nachnacherben in Frage kommen und die Löschung dann auch von deren Bewilligung abhängig machen.[82]

Ist der Vorerbe zugleich gesetzlicher Vertreter (z.B. Elternteil) des Nacherben (Kind), so unterliegt der Vorerbe = gesetzliche Vertreter gem. §§ 1629 Abs. 2 S. 1, 1824 Abs. 2, 181 BGB dem **Selbstkontrahierungsverbot** und ist von der Vertretung des Nacherben zur Abgabe der Löschungsbewilligung ausgeschlossen;[83] wo der Minderjährige (Kind) Nacherbe und zugleich Miterbe ist neben seinem gesetzlichen Vertreter (Elternteil) als Vorerben und dieser sich auch namens des Minderjährigen mit Genehmigung des Familiengerichts zur Verfügung über ein Nachlassgrundstück verpflichtet (Grundstücksverkauf), kann der gesetzliche Vertreter als solcher die Löschung des Nacherbenvermerks bewilligen, weil er damit eine Verpflichtung des Minderjährigen aus dem Kaufvertrag erfüllt; der Bestellung eines Ergänzungspflegers bedarf es aus diesem Grunde nicht.[84] Hat der Erblasser den Vorerben zu Grundstücksverfügungen unter Befreiung vom Selbstkontrahierungsverbot bevollmächtigt (insbesondere auch im Rahmen einer Generalvollmacht), so kann der Vorerbe unter Berufung auf die Vollmacht den Nacherbenvermerk zur Löschung bewilligen.[85]

Die Nacherbenzustimmung zur Löschung des Nacherbenvermerks bedarf materiell-rechtlich keiner **Form**;[86] für das Grundbuchverfahren ist § 29 GBO zu beachten.

Die vom Elternteil, Vormund, Betreuer oder Abwesenheitspfleger für den gesetzlich Vertretenen abgegebene Löschungsbewilligung bedarf der **familien-** bzw. **betreuungsgerichtlichen Genehmigung**, §§ 1643 Abs. 1, 1850 Nr. 1, 1888 BGB, wobei sich das Gericht bei seiner Ermessensentscheidung über die Genehmigung nur vom Interesse der Nacherben bzw. (noch) nicht existierenden Nacherben leiten zu lassen hat.[87]

II. Unrichtigkeitsnachweis

Der Nacherbenvermerk kann auf **Antrag**, § 13 GBO, oder im Verfahren nach §§ 84 ff. GBO ohne Löschungsbewilligung der davon Betroffenen gelöscht werden, wenn der Vermerk unrichtig und die **Unrichtigkeit nachgewiesen** ist, § 22 Abs. 1 S. 1 GBO. Die Unrichtigkeit bestimmt sich ausschließlich nach dem materiellen (Erb-)Recht. Sie ist gegeben, wenn entweder allgemein oder jedenfalls hinsichtlich des konkreten Grundstücks oder Grundstücksrechts, bei dem der Nacherbenvermerk eingetragen ist und gelöscht werden soll, das Nacherbenrecht im Zeitpunkt der Entscheidung über den Antrag nicht (mehr) besteht. Das ist dann der Fall, wenn die Nacherbfolge nie bestanden hat, sodass der Vermerk von Anfang unrichtig war und gar nicht hätte eingetragen werden dürfen, oder wenn die Nacherbfolge nach Eintragung des Vermerks weggefallen ist.[88] Die Anforderungen an den Nachweis der Unrichtigkeit richten sich gem. § 22 GBO nach dem Grundbuchverfahrensrecht.

Das **Nacherbenrecht** hat **von Anfang nicht** bestanden, wenn sie gar nicht erst angeordnet worden ist – sei es, dass sich die Auslegung der Verfügung von Todes wegen insoweit als unzutreffend erweist, sei es dass sich die Erbfolge nach einer anderen Verfügung von Todes wegen richtet, die keine Nacherbfolge enthält, oder das Grundstück oder Grundstücksrecht dem Vorerben endgültig als Vorausvermächtnis zugewandt ist, vgl. § 2110 Abs. 2 BGB.

Das Nacherbenrecht **entfällt nachträglich**, wenn der Nacherbfall nicht mehr eintreten kann oder bereits eingetreten ist.

Der Nacherbfall kann nicht mehr eintreten, wenn die Bedingung oder Befristung, an deren Eintritt die Nacherbfolge anknüpft, endgültig nicht mehr eintreten kann oder wenn sämtliche zur Nacherbfolge berufenen Personen weggefallen sind. Ein möglicher Bedingungsausfall ist in § 2109 BGB mit der Höchst-

---

82 OLG Stuttgart ZEV 2010, 94; krit. dazu *Heinze*, ZEV 2010, 95; BayObLG Rpfleger 1982, 277.
83 Bauer/v. Oefele/*Schaub*, GBO, § 51 Rn 125; offen gelassen von BayObLG DNotZ 1996, 50.
84 BayObLG DNotZ 1996, 50.
85 OLG Stuttgart ZEV 2019, 530 m. Anm. *Muscheler*.
86 MüKo/*Lieder*, BGB, § 2113 Rn 28.
87 BayObLG NJW-RR 2003, 649.
88 BayObLG DNotZ 1998, 138, 140.

dauer für den Nacherbfall geregelt; ansonsten ist der Bedingungs- bzw. Befristungsausfall abhängig von der Bedingung bzw. Befristung, von der der Erblasser die Nacherbfolge abhängig gemacht hat, und der Entwicklung der für die Bedingung bzw. Befristung maßgebenden tatsächlichen oder rechtlichen Verhältnisse.[89] Mit dem Wegfall sämtlicher vom Erblasser berufenen Nacherben einschließlich Ersatznacherben oder Nachnacherben entfällt auch das Nacherbenrecht; welche Personen zur Nacherbfolge berufen sind, ist durch Auslegung der letztwilligen Verfügung zu ermitteln, ein ggf. mühsames Unterfangen.[90]

52 Die Nacherbfolge kann bei einer materiell-rechtlichen **Verfügung** über das nacherbenbehaftete Grundstückseigentum oder -recht dann nicht mehr eintreten, wenn diese Verfügung gegenüber sämtlichen Nacherben (einschließlich Ersatznacherben) materiell-rechtlich wirksam ist.[91] Dies ist dann der Fall, wenn sämtliche dazu berufenen Nacherben der Verfügung zustimmen bzw. sie genehmigen,[92] womit sie auf die zu ihren Gunsten begründeten Rechtsfolgen des § 2113 BGB verzichten, oder wenn der Vorerbe materiell-rechtlich berechtigt ist, auch ohne Zustimmung der Nacherben über das Grundstück oder Grundstücksrecht wirksam zu verfügen, vgl. § 2136 BGB („**Befreiung des Vorerben**").

53 Die **Nacherbenzustimmung zu einer Verfügung** des Vorerben über ein Grundstück oder Grundstücksrecht – auch zugunsten des Vorerben[93] – ist rein materiell-rechtlich zu verorten. Sie ist vom bloßen Verzicht der Nacherben nur auf die Eintragung des Nacherbenvermerks oder der Bewilligung seiner Löschung, die beide lediglich grundbuchverfahrensrechtliche Bedeutung haben, zu unterscheiden, wobei die materiell-rechtliche Zustimmungserklärung ggf. auch als grundbuchverfahrensrechtliche Verzichtserklärung oder Löschungs- als Berichtigungsbewilligung ausgelegt werden kann. Für die materiell-rechtliche Wirksamkeit der Verfügung des Vorerben muss die Zustimmung oder Genehmigung sämtlicher vom Erblasser eingesetzter Nacherben und etwaiger Nachnacherben, egal ob sie schon in Person feststehen oder nicht, vorliegen.[94] Der Zustimmung etwaiger Ersatznacherben zur materiell-rechtlichen Verfügung des Vorerben bedarf es dagegen nach einhelliger Meinung materiell-rechtlich und damit auch grundbuchverfahrensrechtlich nicht. Dagegen bedarf die bloße Löschung des Nacherbenverzichts losgelöst von einer materiell-rechtlichen Verfügung über das Grundstück oder Grundstücksrecht, also bei fortbestehender Nacherbfolge, auch der Bewilligung der Ersatznacherben.[95] Vor- und Nacherbe(n) können durch rechtsgeschäftliche Vereinbarung (über deren Grundlage keine Einigkeit herrscht)[96] ein zum Nachlass gehörendes und der Nacherbenbindung unterliegendes Grundstück aus der Verfügungsbeschränkung der angeordneten Nacherbfolge entlassen, wobei z.T. danach unterschieden wird, ob es sich dabei um den einzigen Nachlassgegenstand handelt oder nicht;[97] auch eine solche Vereinbarung ist ohne Zustimmung der Ersatznacherben wirksam und ermöglicht, wenn sie dem Grundbuchamt nachgewiesen wird, die Löschung des eingetragenen Nacherbenvermerks gem. § 22 GBO.[98]

54 Wenn der Vorerbe im Verhältnis zum Nacherben zur Verfügung über das Nacherbengrundstück oder -grundstücksrecht **berechtigt**[99] oder **verpflichtet** ist,[100] fällt das Nacherbenrecht hieran mit der Verfügung des Vorerben weg. Voraussetzungen und Rechtsfolgen der Berechtigung oder Verpflichtung zur Verfügung sind rein materiell-rechtlich geregelt. Für die Löschung des Nacherbenvermerks sind sie mit den vom Grundbuchverfahrensrecht zugelassenen Beweismitteln, § 29 GBO, nachzuweisen. Da dies häufig nicht möglich ist, lässt die Rechtsprechung mit Billigung der Literatur Beweiserleichterungen zu.

---

89 MüKo/*Lieder*, BGB, § 2100 Rn 23 ff.
90 Vgl. BayObLG NJW-RR 2000, 1391.
91 KG KGJ 52, 144; OLG Düsseldorf Rpfleger 1957, 414; BayObLGZ 1957, 288 und LG Verden Rpfleger 1952, 341; OLG Frankfurt Rpfleger a.M. 1977, 170. Vgl. auch OLG Hamm Rpfleger 1984, 312 u. 1991, 59; KG Rpfleger 1993, 236; BayObLG Rpfleger 1991, 194; HansOLG Hamburg Rpfleger 2004, 617, 618; OLG Düsseldorf Rpfleger 2003, 495.
92 MüKo/*Lieder*, BGB, § 2113 Rn 28 ff.
93 OLG Hamm NJW-RR 2016, 1103; BayObLG DNotZ 2005, 790.
94 BGH FGPrax 2014, 98; OLG Hamm NJW 1969, 1490.
95 BGHZ 40, 115 = NJW 1963, 2320; OLG München ZEV 2017, 114; OLG München RNotZ 2014, 172, 175.
96 Vgl. *Hartmann*, RNotZ 2020, 377; *Weber*, DNotZ 2020, 439; *Neukirchen*, RNotZ 2018, 357, 365; *Keim*, DNotZ 2003, 822; *Hartmann*, ZEV 2009, 107; *Heskamp*, RNotZ 2014, 517.
97 OLG Frankfurt ZEV 2020, 364; OLG Düsseldorf ZEV 2020, 550 m. Anm. *Weidlich*; *Hartmann*, RNotZ 2020, 377.
98 OLG Hamm FGPrax 2016, 199.
99 OLG Düsseldorf DNotZ 2001, 140: Zulässigkeit der Verpflichtung der Nacherben, unentgeltlichen Verfügungen des Vorerben zuzustimmen.
100 BayObLG DNotZ 2001, 808.

Die **Berechtigung** zur Verfügung über das Nacherbengrundstück oder -grundstücksrecht ergibt sich aus der **Befreiung** gem. § 2136 i.V.m. § 2113 Abs. 1 BGB, über die ausschließlich nach materiell-rechtlichen Maßstäben zu entscheiden ist. Demgemäß kann der Erblasser den **Vorerben** zu entgeltlichen Verfügungen über einzelne oder alle zum Nachlass gehörenden Grundstücke und Grundstücksrechte ermächtigen. Zu unentgeltlichen und damit auch teilunentgeltlichen Verfügungen kann der Erblasser den Vorerben nicht ermächtigen, da § 2136 BGB von § 2113 Abs. 2 BGB keine Befreiung zulässt. Die für die Wirksamkeit der Verfügung erforderliche (Voll-)Entgeltlichkeit ist ausschließlich materiell-rechtlich zu beurteilen. **Unentgeltlichkeit** liegt vor, wenn der Vorerbe bei objektiver Betrachtung ohne gleichwertige Gegenleistung ein Opfer aus dem Nachlass bringt und, subjektiv betrachtet, entweder den Mangel der Gleichwertigkeit der Gegenleistung kennt oder doch erkennen müsste.[101] Ist der Vorerbe im Zeitpunkt der Verfügung über das Grundstück oder Grundstücksrecht gem. § 2136 BGB **befreit**,[102] so fällt das Nacherbenrecht hieran mit der entgeltlichen Verfügung des Vorerben weg, unabhängig davon, ob die Nacherben der Verfügung zugestimmt haben. Voraussetzungen und Rechtsfolgen der Befreiung i.S.d. § 2136 BGB sind ebenfalls rein materiell-rechtlich geregelt. Für die Löschung des Nacherbenvermerks sind sie gem. § 22 GBO mit den vom Grundbuchverfahrensrecht zugelassenen Beweismitteln, § 29 GBO, nachzuweisen.

55

Ein ausschließlich für den Vorerben bestellter **Testamentsvollstrecker** unterliegt denselben Verfügungsbeschränkungen wie der Vorerbe selbst. Der Nacherbentestamentsvollstrecker, § 2222 BGB, kann dagegen der Verfügung durch den Vorerben bzw. dem Vorerbentestamentsvollstrecker so zustimmen, dass die Verfügung materiell-rechtlich wirksam ist und der Nacherbenvermerk aufgrund Unrichtigkeit gem. § 22 GBO zu löschen ist.[103]

56

Der **Nachweis** über die Befreiung des Vorerben ergibt sich **aus dem Erbschein** für den Vorerben, § 352b Abs. 1 S. 2 FamFG oder der für die Nacherbfolge maßgebenden Verfügung von Todes wegen, für die im Grundbuchverfahren § 35 Abs. 1 S. 2 GBO zu beachten ist.

57

Die **Entgeltlichkeit** der Verfügung kann dagegen regelmäßig nicht mit öffentlichen Urkunden nachgewiesen werden. Eine Beweiserhebung von Amts wegen findet durch das Grundbuchamt nicht statt;[104] kann die Entgeltlichkeit nicht nachgewiesen werden, geht das Grundbuchamt von der Unentgeltlichkeit aus. Damit die materiell-rechtliche Befreiung des Vorerben nicht aus grundbuchverfahrensrechtlichen Gründen ins Leere läuft, sind die Anforderungen an die Offenkundigkeit der Entgeltlichkeit i.S.d. § 29 Abs. 1 S. 2 GBO anzupassen, wo sie nicht durch öffentliche Urkunden nachzuweisen ist.[105] Das Grundbuchamt hat deshalb über die Frage der Offenkundigkeit der Entgeltlichkeit bzw. Unentgeltlichkeit unter Berücksichtigung der natürlichen Gegebenheiten der gesamten Umstände des Falles im Wege **freier Beweiswürdigung** zu entscheiden.[106] Es hat sich dabei auch von Lebenserfahrungen[107] – Wahrscheinlichkeit einer entgeltlichen Verfügung beim Rechtsgeschäft des Vorerben mit einem fremden Dritten,[108] höherer Begründungsaufwand beim Rechtsgeschäft mit einem Verwandten[109] – leiten lassen.[110] Eine allzu ängstliche, auch die entferntesten Möglichkeiten noch berücksichtigende Betrachtungsweise darf dabei nicht Platz greifen.[111] Eine Entgeltliche Verfügung ist anzunehmen, wenn die dafür maßgebenden Beweggründe im Einzelnen angegeben werden, verständlich und der Wirklichkeit gerecht werdend erscheinen und begründete Zweifel an der Pflichtmäßigkeit der Handlung nicht ersichtlich sind.[112] Auf Verlangen des Vertragspartners kann der befreite Vorerbe analog § 2120 BGB vom Nacherben die Zustimmung zu einer Verfügung verlangen, etwa wenn das Grundbuchamt die Entgeltlichkeit anders beurteilt als die Vertragsparteien.[113]

Die **Verpflichtung** zur Verfügung über das Nacherbengrundstück oder -grundstücksrecht ergibt sich aus der Verfügung von Todes wegen, in der die Nacherbfolge angeordnet wird, oder aus einer späteren, in der

58

---

101 BGH NJW 1999, 2037; BGH NJW 1963, 161 und BGHZ 7, 74 = DNotZ 1953, 97 sowie BGHZ 18, 67 = NJW 1958, 89; BayObLG DNotZ 1958, 89 und Rpfleger 1988, 525; BayObLG Rpfleger 1968, 224 und Rpfleger 1972, 58.
102 BayObLG DNotZ 2001, 808.
103 *Reimann*, ZEV 2016, 328.
104 OLG Hamm FGPrax 2005, 239.
105 OLG München DNotZ 2005, 697.
106 OLG Rostock RNotZ 2016, 686.
107 BayObLG DNotZ 1989, 182.
108 OLG Frankfurt DNotZ 2012, 150.
109 OLG Düsseldorf FGPrax 2008, 94.
110 So (für den vergleichbaren Fall des § 52) BayObLG Rpfleger 1989, 200; *Demharter*, GBO, § 52 Rn 24.
111 OLG München DNotZ 2005, 697, 699.
112 OLG Karlsruhe FGPrax 2015, 248; OLG München FamRZ 2015, 697.
113 OLG Frankfurt a.M. RNotZ 2011, 614.

die Anordnung der Nacherbfolge entsprechend modifiziert wird. Typischer Fall ist eine entsprechende Vermächtnisanordnung, mit der der Erblasser den Vorerben beschwert.

59 Die Verpflichtung des Vorerben zur Grundstücksverfügung lässt sich nur dann gem. § 29 Abs. 1 S. 2 GBO (durch Vorlage der Verfügung von Todes wegen samt Ausfertigung der Eröffnungsniederschrift, aus der sich die Maßgeblichkeit dieser Verfügung von Todes wegen für die Erbfolge ergibt) **nachweisen**, wenn sie durch notarielles Testament begründet ist. Beruht sie auf einem privatschriftlichen Testament, genügt nach überwiegender Meinung dessen Vorlage mit Eröffnungsniederschrift.[114] Dieser – praxisfreundlichen – Auffassung ist zu folgen, wobei es in jedem Einzelfall Sache des Grundbuchamt ist, sich von der „Offenkundigkeit" der Berechtigung bzw. Verpflichtung zur Verfügung qua Einsicht in und Auslegung des privatschriftlichen Testaments zu überzeugen; bleiben Zweifel, müssen Vorerbe und Erwerber eben doch die Zustimmung der Nacherben zur Verfügung beibringen.

60 Ist der **Nacherbfall eingetreten**, ohne dass der Vorerbe zuvor über das der Nacherbfolge unterliegende Grundstückseigentum oder -recht verfügt hat, so ist sowohl die Eintragung des Vorerben unrichtig geworden als auch die des Nacherbenvermerks. In diesem Fall ist das Grundbuch auf der Grundlage eines entsprechenden Nachweises (z.B. Tod des Vorerben, vgl. § 2106 Abs. 1 BGB, durch Sterbeurkunde, Wiederverheiratung durch Heiratsurkunde) auf den Nacherben als Grundstückseigentümer oder Berechtigtem zu berichtigen als auch der Nacherbenvermerk zu löschen. Im Antrag des Nacherben, ihn an Stelle des Vorerben als Erben einzutragen, ist in der Regel zugleich der Antrag auf Löschung des Nacherbschaftsvermerkes zu erblicken.[115]

Hat der Vorerbeneigentümer vor Eintritt des Nacherbfalls das der Nacherbfolge unterliegende Grundstückseigentum oder -recht auf einen Dritten übertragen, ohne dass die Nacherbfolge daran damit erloschen wäre, ist das Grundbuch auf Antrag, § 13 GBO, des Nacherben oder Dritteigentümers und Berichtigungsbewilligung, § 19 GBO, des Dritteigentümers als Betroffenem auf den Nacherben zu berichtigen und der Nacherbenvermerk auf Antrag und Berichtigungsbewilligung des Nacherben zu löschen. Der entsprechende materiell-rechtliche Anspruch des Nacherben gegen den Dritteigentümer ergibt sich aus § 894 BGB. Der Unrichtigkeitsnachweis i.S.d. § 22 GBO lässt sich nicht allein mit dem Hinweis auf den Eintritt des Nacherbfalls führen, da die Verfügung im Verhältnis zum Nacherben wirksam sein könnte.

61 Vor der Löschung auf der Grundlage des § 22 GBO sind die Nacherben sowie die im Grundbuch eingetragenen oder einzutragenden Ersatz- und Nachnacherben **anzuhören**; für unbekannte Nacherben oder Ersatz- oder Nachnacherben ist dazu ggf. ein Pfleger zu bestellen.[116] Für das Grundbuchverfahren ergibt sich die Anhörungspflicht nicht aus der als mehr oder weniger „schwachen" materiell-rechtlichen Rechtsstellung der betroffenen Ersatznacherben, sondern allein schon daraus,[117] dass sie von der Löschung des Nacherbenvermerks wenigstens formal betroffen sind.[118]

G. Rechtsbehelfe

62 Entscheidungen des Grundbuchamts über die Eintragung des Nacherbenvermerks unterliegen der Beschwerde, § 71 GBO. Der Nacherbenvermerk selbst ist keinem gutgläubigem Erwerb zugänglich. An die Erbeneintragung ohne Vermerk sowie die Eintragung einer sog. Befreiung des Vorerben, vgl. Rdn 17, kann sich dagegen ein gutgläubiger Erwerb anschließen.

---

114 OLG München RNotZ 2015, 359, 361; OLG Düsseldorf DNotZ 2003, 637; noch offen gelassen von BayObLG DNotZ 2001, 808.
115 Bauer/von Oefele/*Schaub*, GBO, § 51 Rn 157; KG JFG 1, 366; *Haegele*, Rpfleger 1971, 121; 130 Fn 80; a.A. BayObLGZ 1952, 260.
116 OLG München DNotZ 2012, 24, 26; anders nun OLG München NJW-RR 2015, 907, 908; hinsichtlich einer Pflicht zur Anhörung der Ersatznacherben ablehnend ebenfalls OLG Hamm NJW-RR 2014, 1288; *Henn*, DNotZ 2013, 246; OLG Düsseldorf RNotZ 2012, 328; OLG Hamm Rpfleger 1984, 312; BayObLGZ 1994, 177; *Demharter*, GBO, § 51 Rn 37.
117 A.A. *Henn*, DNotZ 2013, 246, 251.
118 OLG Rostock NotBZ 2013, 465; a.A. OLG München NJW-RR 2015, 907, 908.

Gegen die **Eintragung des Nacherbenvermerks** selbst ist demgemäß die **Beschwerde** mit dem Ziel seiner Löschung zulässig, da § 72 Abs. 2 S. 1 GBO nur für Eintragungen gilt, die einem gutgläubigen Erwerb zugänglich sind, vgl. § 71 GBO Rdn 31.[119]

Die Beschwerde (des Nacherben) gegen die **Eintragung des Erben ohne jeden Nacherbenvermerk** ist auf die Eintragung einer einen Gutglaubenserwerb verhindernden Verfügungsbeschränkung gerichtet und kann gem. § 71 Abs. 2 S. 2 GBO nur auf die Eintragung eines Amtswiderspruchs abzielen,[120] da das Grundbuchamt nach dem Wortlaut des § 51 GBO zur Eintragung des Nacherbenvermerks von Amts wegen nur „zugleich" mit der des Erben berechtigt ist; nach h.M. kann dagegen der Nacherbenvermerk nachgeholt werden, solange der Vorerbe noch nicht über das der Nacherbfolge unterliegende Grundstück oder Grundstücksrecht verfügt hat.[121]

Auch gegen die – angeblich – unrechtmäßige Löschung des Nacherbenvermerks, z.B. wegen fehlender Bewilligung benannter Ersatznacherben, kann die Beschwerde nur mit dem in § 71 Abs. 2 S. 2 GBO vorgesehenen Rechtsschutzziel des Amtswiderspruchs verfolgt werden.[122]

Richtet sich die Beschwerde nicht gegen die Eintragung des Nacherbenvermerks an sich, sondern gegen die **Eintragung einer Befreiung** des Vorerben, so ist sie wiederum auf eine weitergehende Verfügungsbeschränkung gerichtet und kann deshalb ebenfalls gem. § 71 Abs. 2 S. 2 GBO nur zur Eintragung eines Amtswiderspruchs führen.[123]

H. Besonderheiten im Beitrittsgebiet

Das am 1.1.1976 in der damaligen DDR in Kraft getretene und bis zum 2.10.1990 maßgebende ZGB enthielt keine Bestimmungen zur Vor- und Nacherbfolge.[124]

Eine **vor dem 1.1.1976** oder nach dem 2.10.1990 **angeordnete** Vor- und Nacherbfolge bleibt nach einhelliger Meinung wirksam.[125] Eine während der Geltungsdauer des ZGB angeordnete Vor- und Nacherbfolge ist als solche unwirksam. Sie ist als unbeschränkte Erbeinsetzung des Vor- oder Nacherben auszulegen,[126] wenn auch der Erbfall zwischen dem 1.1.1976 und dem 2.10.1990 eingetreten ist. Ist der Erbfall dagegen erst am 3.10.1990 oder später eingetreten, so gelten BGB und § 51 GBO wieder unbeschränkt.[127]

Ist der **Erbfall bis zum 31.12.1975** und der Nacherbfall in der Geltungsdauer des ZGB eingetreten, ergeben sich weder materiell-rechtlich noch grundbuchverfahrensrechtlich Besonderheiten zur (gegenwärtig wieder) geltenden Rechtslage.

Ist der **Erbfall** bezogen auf die vor dem 1.1.1976 errichtete letztwillige Verfügung erst **in der Geltungsdauer des ZGB** eingetreten, so ist die Nacherbfolge ebenfalls als wirksam anzusehen,[128] entsprechend der Zielsetzung des ZGB jedoch unter Wegfall der Verfügungsbeschränkungen des Vorerben; die entsprechende Befreiung wäre damit auch im Nacherbenvermerk festzuhalten.[129]

Ist der **Erbfall** erst **nach dem 2.10.1990** eingetreten, gelten für die Nacherbfolge (wieder) uneingeschränkt die Bestimmungen des BGB, insbesondere also auch § 2113 BGB mit der Folge, dass im Grundbuch der Nacherbenvermerk ohne Besonderheiten einzutragen ist.

---

119 OLG Rostock NotBZ 2013, 465; KG JFG 21, 252; OLG München JFG 23, 300; BayObLGZ 1957, 287 = DNotZ 1958, 89; OLG Hamm Rpfleger 1957, 415.
120 OLG Hamm NJW RR 2016, 202.
121 OLG Hamm OLGZ 1976, 180, 186; Bauer/v. Oefele/ Schaub, GBO, § 51 Rn 91.
122 OLG Hamm FGPrax 2015, 13.
123 OLG Hamm OLGZ 1971, 448, 449.
124 *Böhringer*, DNotZ 2004, 694, 697.
125 *Böhringer*, DNotZ 2004, 694, 698.
126 *Böhringer*, DNotZ 2004, 694, 698.
127 *Böhringer*, DNotZ 2004, 694, 698.
128 BayObLG NJW-RR 2001, 950, 953.
129 OLG Naumburg OLG-NL 1999, 107; *Böhringer*, DNotZ 2004, 694, 698.

§ 52 [Testamentsvollstreckervermerk]

Ist ein Testamentsvollstrecker ernannt, so ist dies bei der Eintragung des Erben von Amts wegen miteinzutragen, es sei denn, daß der Nachlaßgegenstand der Verwaltung des Testamentsvollstreckers nicht unterliegt.

A. Überblick 1	III. Eintragungsvoraussetzungen 8
B. Materielles Recht der Testamentsvollstreckung 2	IV. Nachweis der Testamentsvollstreckung für die Grundbucheintragung 15
C. Grundbuchverfahrensrecht der Testamentsvollstreckung 5	V. Unterbleiben der Eintragung 21
I. Inhalt des Testamentsvollstreckungsvermerks 5	VI. Nachholung eines unterbliebenen Vermerks 23
	VII. Rechtsbehelfe 24
	D. Wirkungen des Vermerks 25
II. Eintragungsstelle und Rang 6	**E. Löschung des Vermerks** 31

A. Überblick

1 Die Testamentsvollstreckung entzieht materiell-rechtlich den Erben die Verfügungsmacht über die Nachlassgegenstände, die von der Testamentsvollstreckung erfasst sind. Die Eintragung allein des Erben im Grundbuch an Stelle des Erblassers gäbe die materiell-rechtliche Rechtslage damit nur unvollständig wieder. § 52 GBO schreibt deshalb die amtswegige Eintragung der Testamentsvollstreckung bei Eintragung der Erben im Grundbuch vor. Damit soll zum einen ein **Gutglaubenserwerb** vom Erben **verhindert werden**,[1] dem infolge der Testamentsvollstreckung die Verfügungsbefugnis über sein Grundstücksrecht entzogen ist,[2] und zum anderen das **Vollstreckungsverbot** gem. § 2214 BGB publik gemacht werden.[3] Die Eintragung ist nicht auf den Schutz der Person des Testamentsvollstreckers oder seine Bewilligungsbefugnis im Grundbuchverfahren gerichtet, sondern auf die Einschränkung der Verfügungsbefugnis des Erben.[4] Wo die Verfügungsbefugnis des Erben von der Testamentsvollstreckung unberührt bleibt, ist diese auch nicht im Grundbuch einzutragen.

B. Materielles Recht der Testamentsvollstreckung

2 Materiell-rechtliche Grundlage für die Testamentsvollstreckung ist gem. § 2197 Abs. 1 BGB eine letztwillige Verfügung. Die letztwillige Anordnung der Testamentsvollstreckung wird bereits als „Ernennung des Testamentsvollstreckers" bezeichnet (§ 2197 Abs. 1 BGB). Sie ist vom tatsächlichen Amtsantritt des Ernannten zu unterscheiden (§ 2202 Abs. 1 BGB). Die mit einer unbedingt angeordneten Testamentsvollstreckung verbundenen Verfügungsbeschränkungen des Erben sind ab dem Erbfall zu beachten, auch wenn der Testamentsvollstrecker zu diesem Zeitpunkt sein Amt noch nicht angetreten hat.[5] Ist die Testamentsvollstreckung aufschiebend bedingt angeordnet, gelten die mit ihr für den Erben verbundenen Verfügungsbeschränkungen erst ab dem Zeitpunkt, in dem die Testamentsvollstreckung an sich nach dem Erblasserwillen wirksam werden soll. Erst dann kann auch der Testamentsvollstreckervermerk ins Grundbuch eingetragen werden.[6]

3 Der Testamentsvollstrecker hat im gesetzlichen Regelfall den gesamten Nachlass samt dem, was er mit Nachlassmitteln erworben hat,[7] zu verwalten (§ 2205 S. 1 BGB). Er ist unter Ausschluss der Erben (§ 2211 Abs. 1 BGB) zur Verfügung über Nachlassgegenstände samt Surrogaten berechtigt (§ 2205 S. 2 BGB). Testamentsvollstreckung kann gem. § 2222 BGB auch zur Verwaltung der Nacherbenrechte und gem. § 2223 BGB zur Erfüllung von Vermächtnissen oder auch (nur) Verwaltung von Vermächtnisgegenständen bestimmt werden.[8]

---

1 OLG Köln FGPrax 2015, 56, 57; BayObLG NJW-RR 1996, 1167.
2 BGH NJW 1971, 1805.
3 *Walloschek*, ZEV 2011, 167.
4 OLG München RNotZ 2017 383.
5 DNotI-Report 2013, 38.
6 OLG Köln FGPrax 2015, 56; zur Eintragung des Nacherbenvermerks bei bedingter Nacherbfolge OLG Hamm ZEV 2011, 589; DNotI-Report 2013, 24.
7 MüKo/*Zimmermann*, BGB, § 2205 Rn 6.
8 BayObIG DNotZ 1991, 548. *Damrau*, ZEV 2023, 1; *Schmenger*, BWNotZ 2004, 97, 100 ff.; *Zahn*, MittRhNotK 2000, 90, 92 ff.

§ 2205 S. 3 BGB beschränkt die Verfügungsmacht des Testamentsvollstreckers auf entgeltliche Verfügungen. Seine materiell-rechtlichen Befugnisse können außerdem in den für die Anordnung der Testamentsvollstreckung maßgebenden letztwilligen Verfügungen eingeschränkt oder ausgeschlossen werden.[9] So können dem Testamentsvollstrecker insbesondere einzelne (Verfügungs-)Rechte entzogen werden (§ 2208 BGB). Die Testamentsvollstreckung kann auf die Verwaltung einzelner Gegenstände beschränkt werden[10] oder auf den Anteil eines Miterben; umgekehrt können dem Testamentsvollstrecker nur einzelne Befugnisse übertragen werden mit der Folge, dass ihm alle anderen sonst gesetzlich zukommenden Befugnisse entzogen sind.

Der Testamentsvollstrecker kann außerdem selbst seine Befugnisse dadurch beschränken, dass er dem Erben nach § 2217 BGB Nachlassgegenstände zur freien Verfügung überlässt, womit insoweit sein Verwaltungs- und Verfügungsrecht endgültig erlischt (siehe dazu auch Rdn 22).

C. Grundbuchverfahrensrecht der Testamentsvollstreckung

I. Inhalt des Testamentsvollstreckungsvermerks

Im Grundbuch wird gem. Wortlaut und Sinn und Zweck der Norm (vgl. Rdn 1) (nur) die Anordnung Testamentsvollstreckung an sich bei Grundstücken bzw. Grundstücksrechten vermerkt, die der Testamentsvollstreckung unterliegen. Der Name des jeweiligen Amtsinhabers und etwaige Modalitäten der Testamentsvollstreckung werden nicht erwähnt. Ist zur Wahrnehmung der Rechte und Pflichten eines Nacherben Testamentsvollstreckung angeordnet worden (§ 2222 BGB), so ist dies ggf. beim Nacherbenvermerk anzugeben.

II. Eintragungsstelle und Rang

Die Eintragung des Vermerks erfolgt für die Testamentsvollstreckung über das Eigentum an Grundstücken und grundstücksgleichen Rechten in Abteilung II, vgl. § 10 Abs. 1 lit. b GBV. Bezieht sich die Testamentsvollstreckung auf bereits eingetragene beschränkte Grundstücksrechte oder Rechte an solchen Rechten oder auf Vormerkungen, Widersprüche oder Verfügungsbeschränkungen, so ist der Vermerk in der für sie geführten Veränderungsspalte einzutragen. Soll der Vermerk zugleich mit einem entsprechenden Recht eingetragen werden, so geschieht dies zusammen mit dem Recht in Spalte 3 (Abteilung-II-Rechte) bzw. Spalte 4 (Abteilung-III-Rechte), vgl. §§ 10 Abs. 1 lit. b, Abs. 5, 6, 11 GBV.

Zwischen dem Testamentsvollstreckervermerk und Rechten am Grundstück besteht **kein** materiell-rechtliches **Rangverhältnis**, da der Vermerk nur eine Verfügungsbeschränkung zum Ausdruck bringt.[11]

III. Eintragungsvoraussetzungen

Der Testamentsvollstreckungsvermerk ist, ggf. auch im Wege des Grundbuchzwangs (§§ 82, 83 GBO) im Grundbuch einzutragen,

- wenn eine Testamentsvollstreckung angeordnet ist, was ausschließlich aus erbrechtlicher Sicht zu beurteilen ist,
- zum Nachlass das Eigentum an einem Grundstück oder ein grundstücksgleiches Recht oder beschränkt dingliches Recht an einem Grundstück gehört,
- auf das sich die Testamentsvollstreckung in einer die Verfügungsbefugnis des Erben beschränkenden Wirkung erstreckt.

Die Anordnung der Testamentsvollstreckung setzt eine letztwillige Verfügung voraus. Auch eine Testamentsvollstreckung **ausländischen materiellen Rechts** ist gem. § 52 GBO einzutragen, wenn hierdurch die Verfügungsbefugnis des Erben in vergleichbarer Weise eingeschränkt ist.[12]

---

9 *Zanger*, MittRhNotK 2000, 90, 92.
10 Vgl. dazu: BGH WPM 1966, 189; BayObLG BayObLGZ 1956, 186; BGH NJW 1962, 912.
11 OLG Köln FGPrax 2015, 56.
12 BayObLG NJW-RR 1990, 906.

10 Die Frage, ob bis zum Inkrafttreten des MoPeG ein Testamentsvollstreckervermerk beim Grundstück oder Grundstücksrecht einer werbenden **GbR** einzutragen ist, ist umstritten. Die Antwort hängt von materiell-rechtlichen Vorgaben des Erb- und Gesellschaftsrechts ab, an die das Grundbuchverfahrensrecht lediglich anknüpft. § 52 GBO setzt voraus, dass sich die vom Erblasser in letztwilliger Verfügung angeordnete Testamentsvollstreckung in der Weise auf ein Grundstückseigentum oder -recht erstreckt, dass der Erbe darüber nicht selbst verfügen kann. Gehört zum Nachlass lediglich der Anteil an einer **GbR,** die ihrerseits selbst als Grundstückseigentümerin bzw. Rechtsinhaberin anzusehen ist, ist die Testamentsvollstreckung nur dann zu vermerken, wenn die GbR infolge des Erbfalls eines Gesellschafters aufgelöst wird.[13] Wird die GbR dagegen (mit oder ohne die Rechtsnachfolger des verstorbenen Gesellschafters) fortgesetzt, so ist „Nachlassgegenstand" in diesem Fall nicht das Grundstückseigentum oder beschränkte dingliche Recht der GbR, sondern der Gesellschaftsanteil und ist der Erbe und nicht der Testamentsvollstrecker zur Mitwirkung an der Verfügung über das Grundstückseigentum oder -recht berechtigt,[14] so dass auch kein Testamentsvollstreckervermerk einzutragen ist.

11 Nach Erb- und Gesellschaftsrecht sind jedoch auch Geschäftsführungs- und Vertretungsbefugnisse eines Testamentsvollstreckers in der GbR möglich mit der Folge, dass dieser und nicht der Erbe zur Vertretung der GbR und damit auch zur Verfügung über GbR-eigene Grundstücke bzw. Grundstücksrechte berufen ist.[15] Ist der Testamentsvollstrecker gem. letztwilliger Verfügung und Gesellschaftsvertrag zur Vertretung der GbR ermächtigt, so erstreckt sich diese auch auf Vertretungshandlungen bei Grundstücksverfügungen mit der Folge, dass dann nach der bis zum 31.12.2023 geltenden Rechtslage auch der Testamentsvollstreckervermerk im Grundbuch zu vermerken war.[16] Wird die GbR durch den Tod eines Gesellschafters aufgelöst (vgl. § 727 BGB) so gelten für die Vererbung des GbR-Anteils ausschließlich erbrechtliche Maßstäbe mit der Folge, dass die Testamentsvollstreckung nach der bis zum 31.12.2023 geltenden Rechtslage gem. § 52 GBO zu vermerken war.[17] Ist oder wird die GbR gemäß der Vorgabe des § 47 Abs. 2 GBO im Gesellschaftsregister eingetragen, vgl. § 707 BGB, kann und braucht die Testamentsvollstreckung nicht mehr gem. § 52 GBO vermerkt werden.

12 Der einzelne Anteil an der **Güter-** oder **Erbengemeinschaftsgesamthand** kann ebenfalls einer verfügungsbeschränkenden Testamentsvollstreckung unterliegen und damit gem. § 52 GBO vermerkt werden.[18]

Die Anordnung einer bloßen **Nacherbentestamentsvollstreckung** im Sinne des § 2222 BGB ist nicht gem. § 52 GBO, sondern nur gem. § 51 GBO zu vermerken.

Der Testamentsvollstreckervermerk ist außerdem auch bei **gestuften Erbengemeinschaften** einzutragen, auch wenn Testamentsvollstreckung nur für den Miterben einer Obererbengemeinschaft angeordnet ist.[19]

Der Testamentsvollstreckervermerk ist auch bei einer angeordneten **Vermächtnisvollstreckung** einzutragen, wenn das vermachte Grundstück oder Grundstücksrecht der Verwaltung des Testamentsvollstreckers unterliegt und damit der Verfügungsbefugnis des Erben entzogen ist.[20]

13 Unter den vorgenannten Voraussetzungen ist die Testamentsvollstreckung zugleich mit der Eintragung des Erben im Grundbuch einzutragen – ohne Eintragung des Erben keine Eintragung des Testamentsvollstreckungsvermerks.[21] Die Eintragung der Erben und der Testamentsvollstreckung bilden eine Einheit.[22]

14 Die Eintragung des Testamentsvollstreckungsvermerks geschieht von Amts wegen, wenn die Erben ins Grundbuch eingetragen werden. Die Eintragung der Erben selbst ist gem. § 82 GBO antragsgebunden.[23] Ein auf die Eintragung des Testamentsvollstreckers gerichteter Antrag ist als bloße Anregung anzusehen

---

13 BGH NJW-RR 2022, 1241.
14 *Demharter*, § 52 Rn 8.
15 MüKo/*Schäfer*, BGB, § 705 Rn 118 f.
16 So auch: Grüneberg/*Weidlich*, § 2205 Rn 14; aA *Bauer/Schaub*, § 52 Rn 34; *Schöner/Stöber*, Rn 4290.
17 So BGH NJW 2017, 3715 (zum Insolvenzvermerk), vgl. nun auch BGH NJW-RR 2022, 1241.
18 Hügel/*Zeiser*, § 52 Rn 18 f.
19 DNotI-Report 2010, 13.
20 BayObLG NJW-RR 1990, 844.
21 OLG Nürnberg FGPrax 2021, 111; BayObLG DNotZ 1996, 99.
22 KG DNotZ 1956, 195, 197.
23 Für die Antragsberechtigung ist § 13 GBO maßgebend. Die Antragsberechtigung des Erben ungeachtet bestehender Testamentsvollstreckung befürworten: OLG Stuttgart MittBayNot 2013, 489; Hügel/*Zeiser*, § 52 Rn 17; Lemke/*Böttcher*, § 52 Rn 20; *Schneider*, MittRhNotK 2000, 283; abl.: *Demharter*, § 13 Rn 50; Hügel/*Reetz*, § 13 Rn 77; off. gel. v. OLG München Zerb 2014, 281. M.E. gehört der verfahrensrechtliche Antrag auf Grundbuchberichtigung zur Nachlassverwaltung, die dem Testamentsvollstrecker obliegt und damit nur ihn zur Antragstellung berechtigt.

(§ 24 Abs. 1 FamFG). Die Eintragung kann (und muss, wenn der Testamentsvollstreckervermerk nachgeholt werden soll) aber auch durch Berichtigungsbewilligung im Sinne des § 19 GBO des Erben erfolgen, es sei denn, dass sich aus den mit der Berichtigungsbewilligung vorgelegten Urkunden oder aus anderen dem GBA bekannten Umständen (z.B. einem Erbschein), ergibt, dass das Grundbuch durch die bewilligte Eintragung unrichtig würde.[24] Für die Eintragung des Vermerks kommt es im Hinblick auf den Schutzzweck der Norm (vgl. Rdn 1), nur auf die unbedingte Ernennung im Sinne des § 2197 Abs. 1 BGB an und nicht darauf, ob (schon) eine bestimmte Person ihr Amt als Testamentsvollstrecker im Sinne des § 2202 BGB begonnen hat. Unterliegt ein Grundstückseigentum oder -recht einer Vermächtnisvollstreckung, so ist dies ebenfalls im Grundbuch zu vermerken.[25]

IV. Nachweis der Testamentsvollstreckung für die Grundbucheintragung

Der Amtsermittlungsgrundsatz des § 26 FamFG gilt für die amtswegige Eintragung des Testamentsvollstreckervermerks nur eingeschränkt, da die Eintragung nur mit der ihrerseits antragsgebundenen Eintragung des Erben im Grundbuch erfolgt. Das GBA hat im Rahmen des Verfahrens zur Eintragung des Erben zu prüfen, ob Testamentsvollstreckung angeordnet ist und diese die Verfügungsbefugnis der Erben über das im Grundbuch eingetragene Recht beschränkt. (Nur) wenn beide Fragen zu bejahen sind, hat das GBA mit den Erben auch einen Testamentsvollstreckervermerk im Grundbuch einzutragen. Allein aufgrund entsprechender (Bewilligungs-) Erklärungen von Erben und Testamentsvollstreckern darf der Vermerk nicht eingetragen werden.[26]

15

Die **Erbfolge** ist gem. § 35 Abs. 1 GBO nachzuweisen.

16

Die Anforderungen an die Nachweisführung hinsichtlich der **Testamentsvollstreckung** und dazu, dass sich die Testamentsvollstreckung auf das Grundstückseigentum oder -recht, bei dem der Vermerk eingetragen werden soll, sind dagegen nicht ausdrücklich geregelt. § 35 Abs. 2 GBO bestimmt unmittelbar nur, wie die Verfügungsbefugnis der Person des Testamentsvollstreckers nachzuweisen ist. Als ausreichender Nachweis wird nach einhelliger Meinung[27] angesehen, wenn dem GBA um den Preis entsprechender Kosten[28] sowohl die Ausfertigung des Erbscheins als auch die Ausfertigung des Testamentsvollstreckerzeugnisses vorgelegt wird.[29]

Alternativ dazu genügt gem. § 35 Abs. 1 S. 2 GBO auch eine **notarielle Verfügung von Todes** wegen samt **Eröffnungsniederschrift** je in der dafür von § 29 Abs. 1 S. 2 GBO vorausgesetzten Form, wenn sich daraus sowohl die Erbfolge über den für die Grundbucheintragung maßgebenden Nachlassgegenstand ergibt als auch die Anordnung der Testamentsvollstreckung hinsichtlich dieses Nachlassgegenstands.[30] In Analogie zu § 34 GBO a.F. wird der formgerechten Vorlage der letztwilligen Verfügung samt Eröffnungsniederschrift auch eine Verweisung auf die beim selben Gericht geführte Nachlassakte als gleichwertig und damit genügend erachtet.[31] Die Erstreckung der Testamentsvollstreckung auf einen GbR-Anteil ist in gleicher Weise nachzuweisen wie die Erbfolge in den GbR-Anteil selbst.[32]

17

Es ist streitig, ob für die Eintragung der Erben samt Testamentsvollstreckungsvermerk auch die Vorlage allein des Erbscheins genügt. Ein Testamentsvollstreckerzeugnis allein kann schon deshalb nicht genügen, weil es nicht die im Grundbuch einzutragenden Erben ausweist.

18

Nach überwiegender Meinung[33] darf sich das GBA mit der Vorlage des **Erbscheins** nicht begnügen, da im Erbschein zwar gem. § 352b FamFG die Testamentsvollstreckung zu vermerken ist, nicht aber auch deren Umfang. Nur im Testamentsvollstreckerzeugnis gem. § 2368 Abs. 1 S. 2 BGB i.V.m. § 354 Abs. 2 FamFG sind auch für das GBA beachtliche Beschränkungen der Testamentsvollstreckung angegeben.[34]

19

---

24 OLG München RNotZ 2012, 286 (zum bewilligten Nacherbenvermerk).
25 BayObLG NJW-RR 1990, 844.
26 OLG München FamRZ 2016, 1811.
27 *Demharter*, § 52 Rn 11; *Schneider*, MittRhNotK 2000, 283, 285.
28 *Fackelmann*, MittBayNot 2014, 129, 137 f.
29 KG ErbR 2023, 42; OLG München ZEV 2016, 289.
30 OLG München ZEV 2016, 439, 440.
31 LG Landau MittBayNot 1990, 114.
32 Vgl. hierzu OLG München RNotZ 2017, 545; OLG München RNotZ 2016, 393; *Heinze*, RNotZ 2016, 24.
33 *Demharter*, § 52 Rn 11; *Walloschek*, ZEV 2011, 167, 168.
34 Das Testamentsvollstreckerzeugnis hat alle Abweichungen von der gesetzlichen Regelung aufzuführen, OLG Brandenburg FGPrax 2022, 170.

Munzig

Nach a.A.[35] genügt die Vorlage des Erbscheins, da das GBA mangels entgegenstehender Anhaltspunkte vom Regelfall der uneingeschränkten Testamentsvollstreckung ausgehen könne und dem GBA die Verfügungsbefugnis des Testamentsvollstreckers im konkreten Eintragungsverfahren ohnehin nachzuweisen sei.

20 Gemäß § 52 GBO hat das GBA neben der Anordnung der Testamentsvollstreckung an sich auch deren Reichweite auf die zum Nachlass gehörenden Grundbuchpositionen von Amts wegen zu prüfen. Bei der – innerhalb des Antragsverfahrens auf Eintragung der Erben – amtswegigen Prüfung ist das GBA gem. § 26 FamFG nicht auf eine bestimmte Art der Beweiserhebung beschränkt. Es liegt deshalb in seinem pflichtgemäßen Ermessen, ob es sich mit der Vorlage des Erbscheins begnügt, zumal ein bedeutender Teil der erbrechtlichen Literatur und Rechtsprechung ohnehin die Aufnahme solcher Verfügungsbeschränkungen des Testamentsvollstreckers in den Erbschein befürwortet, die zu entsprechender Verfügungsfreiheit der Erben führt,[36] oder ob es weitere Nachweise verlangt, die sich aber nicht auf das Testamentsvollstreckerzeugnis beschränken lassen. So mag dem GBA bspw. das eigenhändige Testament aus den Nachlassakten genügen, das die Grundlage für den Erbschein bildet und die Anordnung der Testamentsvollstreckung enthält.

V. Unterbleiben der Eintragung

21 Der Testamentsvollstreckungsvermerk darf nur dann nicht eingetragen werden, wenn nachgewiesen ist, dass das Grundstück der Verwaltung des Testamentsvollstreckers nicht unterliegt[37] und damit die Erben ungeachtet der Testamentsvollstreckung über die zum Nachlass gehörende Grundbuchposition unbeschränkt verfügen können.

22 Die Grundbucheintragung des Testamentsvollstreckungsvermerks unterliegt nach dem eindeutigen Wortlaut des § 52 GBO und seinem Sinn und Zweck nicht der Disposition der Beteiligten.[38] Weder der Erblasser, noch die verfügungsbeschränkten Erben noch die Person des Testamentsvollstreckers können je einzeln oder miteinander auf die Eintragung verzichten.[39] Der Erblasser kann die Eintragung nur verhindern, indem er die entsprechende materiell-rechtliche Rechtsposition von der Anordnung der Testamentsvollstreckung – damit aber auch von ihren materiell-rechtlichen Schutzwirkungen[40] – ausnimmt. Der Testamentsvollstrecker kann das Unterbleiben der Eintragung oder die Löschung des Vermerks nur dadurch erreichen, dass er den betroffenen Nachlassgegenstand gem. § 2217 BGB aus der Verwaltung freigibt,[41] womit er ihn aber ebenfalls der Schutzwirkungen der Testamentsvollstreckung beraubt.[42] Soweit er dies tut und dem GBA in der Form des § 29 GBO die Freigabe aus der Verwaltung nachweist, unterbleibt die Eintragung des Vermerks oder ist der Vermerk zu löschen.[43]

VI. Nachholung eines unterbliebenen Vermerks

23 Ist der Erbe ohne Testamentsvollstreckungsvermerk im Grundbuch eintragen worden – z.B., weil bei seiner Eintragung die Anordnung der Testamentsvollstreckung dem GBA noch unbekannt war –, so ist unter den weiteren Voraussetzungen des § 53 Abs. 1 S. 1 GBO im Hinblick auf die unterbliebene Eintragung der Verfügungsbeschränkung der Erben durch die Testamentsvollstreckung ein Amtswiderspruch einzutragen.[44] Die Eintragung des Vermerks kann unmittelbar nur dann nachgeholt werden, wenn die Testamentsvollstreckung nachgewiesen ist[45] und sie auch vom Erben oder Testamentsvollstrecker beantragt und vom Erben bewilligt oder die Grundbuchunrichtigkeit nachgewiesen wird und das Recht zwischen-

---

35 BeckOK-Hügel/*Zeiser*, § 52 Rn 27.
36 MüKo/*Mayer*, BGB, § 2364 Rn 15 m.w.N.
37 KG ErbR 2023, 42; OLG München ZEV 2019, 275.
38 OLG Nürnberg FGPrax 2021, 111.
39 *Weidlich*, MittBayNot 2006, 390.
40 *Limmer*, ZEV 2004, 133, 137.
41 KG BeckRS 1910, 00002.
42 *Keim*, ZEV 2012, 450, 453.
43 OLG Hamm, Beschl. v. 31.1.2023 – 15 W 269/22, BeckRS 2023, 1434; *Weidlich*, ZEV 2021, 492, 497; *Keim*, ZEV 2012, 450.
44 KG DNotZ 1956, 195; a.A. OLG München FamRZ 2016, 1811; *Demharter*, § 52 Rn 13; Hügel/*Zeiser*, § 52 Rn 34: Nachholung der Eintragung ohne weiteres möglich, da keine unzulässige Eintragung; missverständlich: *Schöner/Stöber*, Rn 3468.
45 OLG München FamRZ 2016, 1811.

zeitlich noch nicht auf einen Dritten umgeschrieben wurde. Die Antragsberechtigung des Erben steht zumindest für diesen Fall[46] aufgrund seiner Grundbucheintragung außer Zweifel. Der umgekehrte Fall, wenn der Testamentsvollstreckervermerk versehentlich ohne Erben eingetragen sein sollte, ist keine unzulässige Eintragung im Sinne des § 53 Abs. 1 S. 2 GBO;[47] auch ein Amtswiderspruch ist in jedem Fall entbehrlich, da die mit dem Fehlen der Eintragung der Erben begründbare Grundbuchunrichtigkeit jedenfalls keinen Gutglaubenserwerb ermöglicht.[48]

VII. Rechtsbehelfe

Gegen die Eintragung des Testamentsvollstreckervermerks, sei es, wie es § 52 GBO vorsieht, mit der Eintragung der Erben, sei es bei späterer Eintragung des Vermerks, kann **Beschwerde** mit dem Antrag auf Löschung eingelegt werden. Da der Vermerk keinen Gutglaubenserwerb ermöglicht (sondern verhindern soll), gilt § 71 Abs. 2 S. 1 GBO nicht. Die Entscheidung des GBA, einen Testamentsvollstreckervermerk nicht einzutragen, ist gem. § 71 Abs. 1 GBO ohne weiteres beschwerdefähig.

24

D. Wirkungen des Vermerks

Mit der Eintragung des Testamentsvollstreckungsvermerks werden die mit der Testamentsvollstreckung materiell-rechtlichen Verfügungsbeschränkungen der Erben (siehe Rdn 3) gem. § 891 BGB auch für das Grundbuchverfahrensrecht vermutet.[49] Dies hat zur Folge, dass das GBA Eintragungsanträge, die nur auf eine Bewilligung des Erben gestützt sind, mangels seiner Bewilligungsbefugnis zurückzuweisen hat.[50]

25

Aus dem Testamentsvollstreckervermerk ergibt sich nur die Verfügungsbeschränkung des Erben, nicht auch die Verfügungsbefugnis des Testamentsvollstreckers. Die Frage nach den Verfügungsrechten des Testamentsvollstreckers beantwortet sich rein materiell-rechtlich auf der Grundlage der letztwilligen Verfügung, die dazu ggf. auszulegen ist, und der gesetzlichen Rahmenbedingungen.[51]

26

Bewilligt der Testamentsvollstrecker eine Grundbucheintragung, so hat sich das GBA im Eintragungsverfahren davon zu überzeugen, dass der Testamentsvollstrecker dazu berechtigt ist. Zu prüfen ist demgemäß, ob

27

– der Bewilligende auch tatsächlich Testamentsvollstrecker ist,
– sich seine Verfügungsmacht auf das Grundstückseigentum oder -recht erstreckt und ob
– er hierüber wirksam verfügt.

Für den Nachweis, dass es sich bei einer bestimmten Person um den Testamentsvollstrecker handelt, und seine Verfügungsmacht gelten zunächst die gleichen Anforderungen wie für den Nachweis der Anordnung der Testamentsvollstreckung selbst. Zusätzlich ist nachzuweisen, dass die im Testamentsvollstreckerzeugnis bzw. in der letztwilligen Verfügung bestimmte Person sein/ihr Amt angenommen hat (§§ 2202 Abs. 1, Abs. 2 BGB). Dieser Nachweis wird durch ein entsprechendes Zeugnis des Nachlassgerichts oder durch eine Niederschrift des Nachlassgerichts über die Annahmeerklärung erbracht; ein Hinweis auf die privatschriftliche Annahmeerklärung in der Nachlassakte genügt nicht den Anforderungen des § 29 Abs. 1 GBO und auch nicht die bloße Erklärung in der dem GBA vorgelegten Bewilligung, das Amt des Testamentsvollstreckers gegenüber dem Nachlassgericht angenommen zu haben.[52]

28

Für die Wirksamkeit der Verfügung ist dem GBA gem. § 2205 S. 3 BGB ihre Vollentgeltlichkeit nachzuweisen, die sich nach materiell-rechtlichen Maßstäben bemisst. Der Nachweis der Entgeltlichkeit kann regelmäßig nicht in der Form des § 29 Abs. 1 S. 2 GBO, also mittels öffentlicher Urkunde, geführt werden. Es gelten dieselben Grundsätze wie für die Vollentgeltlichkeit der Verfügung eines Vorerben (vgl. § 51 GBO Rdn 57). Die Rechtsprechung lässt es dann für den Grundbuchvollzug genügen, dass die für die Ver-

29

---

46 Str. für den Fall der Befugnis zur Antragstellung von Eintragung des Erben und Testamentsvollstreckungsvermerks, vgl. *Demharter*, § 13 Rn 50 (nur Testamentsvollstrecker antragsbefugt) und Hügel/*Zeiser*, § 52 Rn 29 (auch Erbe antragsbefugt).
47 So aber BayObLG ZEV 1996, 150; zust.: *Schaub*, ZEV 1996, 151.
48 Vgl. *Demharter*, § 53 Rn 8.
49 MüKo/*Schäfer*, BGB, § 891 Rn 13.
50 OLG Nürnberg FGPrax 2021, 68, 69.
51 Vgl. MüKo/*Zimmermann*, BGB, § 2205 Rn 59 ff.
52 OLG München ZEV 2016, 439, 440.

fügung maßgebenden Beweggründe im Einzelnen angegeben werden, verständlich und der Wirklichkeit gerecht werdend erscheinen und begründete Zweifel an der Pflichtmäßigkeit der Handlung nicht ersichtlich sind, wobei auch eine privatschriftliche Erklärung des Testamentsvollstreckers, die diesen Anforderungen entspricht, genügen kann; der Nachweis kann sich dabei auch auf allgemeine Erfahrungssätze stützen, z.B., dass ein Kaufvertrag mit einem unbeteiligten Dritten ein entgeltlicher Vertrag und keine verschleierte Schenkung ist, wenn die Gegenleistung an den Erben oder Testamentsvollstrecker erbracht wird.[53] Etwaige andere Voraussetzungen, von denen die Verfügungsbefugnis des Testamentsvollstreckers ebenfalls abhängen kann, und die dem Urkundsbeweis zugänglich sind, z.B. eine Erbenzustimmung, die Erbeneigenschaft des Erwerbers oder die Erbquote,[54] sind in der Form des § 29 GBO nachzuweisen.

30 Stimmen der oder die Erben einer Verfügung durch den Testamentsvollstrecker zu, so ist diese unabhängig davon wirksam, ob sie vollentgeltlich ist oder nicht.[55]

E. Löschung des Vermerks

31 Der Testamentsvollstreckungsvermerk wird **von Amts wegen** gem. §§ 84 ff. GBO oder auf **Antrag** gelöscht, wenn entweder der Testamentsvollstrecker die Löschung bewilligt (§ 19 GBO) oder Unrichtigkeitsnachweis gem. § 22 GBO geführt wird.[56] Auch die Berichtigungsbewilligung darf vom GBA aber nur vollzogen werden, wenn ihm die Unrichtigkeit des im GB eingetragenen Vermerks nach den auch für § 22 GBO geltenden Maßstäben nachgewiesen wurde, da der jeweilige Testamentsvollstrecker über die Eintragung des Testamentsvollstreckungsvermerks nicht verfügen kann (vgl. Rdn 14) und damit auch nicht entsprechend bewilligungsberechtigt ist, und zwar selbst dann nicht, wenn zugleich auch die Erben die Löschung bewilligen.[57] Die Beendigung der Testamentsvollstreckung muss dem GBA zu seiner vollen Überzeugung durch öffentliche Urkunden nachgewiesen werden.[58] Dazu kommt ein Erbschein in Frage, aus dem sich ergibt, dass keine Testamentsvollstreckung (mehr) angeordnet ist, aber bspw. auch ein rechtskräftiger Beschluss des Nachlassgerichts, mit dem der Antrag des Testamentsvollstreckers auf Erteilung eines Zeugnisses über den Fortbestand der Testamentsvollstreckung zurückgewiesen wird,[59] ein Beschluss des Nachlassgerichts über die Einziehung des Testamentsvollstreckerzeugnisses[60] oder ein Testamentsvollstreckerzeugnis, das mit einem Vermerk des Nachlassgerichts über die Beendigung der Testamentsvollstreckung versehen ist[61] oder eine eigenhändig unterschriebene und mit Siegel versehene Erklärung des Nachlassgerichts.[62]

32 **Unrichtigkeit** im Sinne von § 22 GBO liegt vor, wenn:
 – die Testamentsvollstreckung insgesamt materiell-rechtlich **beendet** ist,[63] also nicht nur ein bestimmter Testamentsvollstrecker weggefallen ist.[64] Dies kann (bspw.) nachgewiesen werden durch einen neuen Erbschein (in dem die Testamentsvollstreckung nicht mehr vermerkt ist) oder durch einen rechtskräftigen Beschluss des Nachlassgerichts, mit dem der Antrag des Testamentsvollstreckers auf Erteilung eines Zeugnisses über den Fortbestand der Testamentsvollstreckung zurückgewiesen wird.[65] Meines Erachtens kann deshalb auch grundsätzlich nicht vom GBA verlangt werden, die Offenkundigkeit der endgültigen und vollständigen Beendigung der Testamentsvollstreckung zu prüfen;[66]
 – das im Grundbuch eingetragene Recht der **Verfügungsbefugnis des Testamentsvollstreckers nicht mehr unterliegt**, etwa infolge wirksamer Veräußerung oder Überlassung an den Erben gem. § 2217 BGB[67] oder einen Vorausvermächtnisnehmer;[68]

---

53 OLG München DNotZ 2012, 459, 461; OLG Rostock RNotZ 2016, 686, 688; DNotI-Report 2013, 75.
54 Vgl. OLG München ZEV 2014, 116.
55 Vgl. OLG München NJW 2015, 2271, 2272.
56 *Weidlich*, ZEV 2021, 492.
57 DNotI-Report 2001, 21, 22.
58 OLG Nürnberg FGPrax 2021, 68; OLG München FGPrax 2019, 109.
59 KG NJW-RR 2015, 787.
60 KG ZEV 2023, 91.
61 OLG München MittBayNot 2021, 35 m. Anm. *Klinger*.
62 OLG Karlsruhe RNotZ 2023, 97, 101.
63 OLG Nürnberg FGPrax 2021, 68, 69; MüKo/*Zimmermann*, BGB, § 2205 Rn 1.
64 Vgl. *Zimmermann*, ZEV 2006, 174.
65 KG NJW-RR 2015, 787.
66 A.A. DNotI-Report 2001, 21, 22; OLG München NJW 2015, 2271, 2272.
67 OLG Frankfurt MittBayNot 2007, 511.
68 LG Fulda RPfleger 2005, 664.

– die **Testamentsvollstreckung gar nicht bestanden hat,** was in gleicher Weise nachzuweisen ist wie die materiell-rechtliche Tatsache, dass die Testamentsvollstreckung insgesamt materiell-rechtlich beendet ist.

§ 53 [Amtswiderspruch und Amtslöschung]

(1) Ergibt sich, dass das Grundbuchamt unter Verletzung gesetzlicher Vorschriften eine Eintragung vorgenommen hat, durch die das Grundbuch unrichtig geworden ist, so ist von Amts wegen ein Widerspruch einzutragen. Erweist sich eine Eintragung nach ihrem Inhalt als unzulässig, so ist sie von Amts wegen zu löschen.

(2) Bei einer Hypothek, einer Grundschuld oder einer Rentenschuld bedarf es zur Eintragung eines Widerspruchs der Vorlegung des Briefes nicht, wenn der Widerspruch den im § 41 Abs. 1 Satz 2 bezeichneten Inhalt hat. Diese Vorschrift ist nicht anzuwenden, wenn der Grundschuld- oder Rentenschuldbrief auf den Inhaber ausgestellt ist.

A. Grundlagen	1
I. Normzweck	1
II. Anwendungsbereich	5
1. Eintragungen im Sinne des § 53 GBO	5
2. Auslegung und Umdeutung von Eintragungen	9
a) Auslegung	9
b) Umdeutung	11
B. Amtswiderspruch	12
I. Voraussetzungen der Eintragung eines Amtswiderspruchs	12
1. Vorliegen einer wirksamen Eintragung, die am öffentlichen Glauben teilnimmt	12
a) Vom Amtswiderspruch ausgeschlossene Eintragungen	13
b) Dem Amtswiderspruch mit Einschränkungen zugängliche Fallgruppen	14
2. Gesetzesverstoß des GBA	15
a) Verletzung einer gesetzlichen Vorschrift	15
b) Objektive Pflichtverletzung des GBA	17
3. Unrichtigkeit des Grundbuchs	20
4. Kausalität	23
II. Eintragung des Widerspruchs	24
1. Verfahren des GBA	24
a) Tätigwerden des GBA	24
b) Nachweis der Voraussetzungen	26
c) Entscheidung	27
2. Vornahme der Eintragung	28
3. Wirkung	33
4. Beseitigung des Amtswiderspruchs	35
C. Amtslöschung	38
I. Betroffene Eintragungen	39
II. Inhaltliche Unzulässigkeit	40
1. Definition	40
2. Grundlagen der Beurteilung der inhaltlichen Unzulässigkeit	41
a) Unterlagen	41
b) Maßgebender Zeitpunkt	42
c) Fallgruppen inhaltlich unzulässiger Eintragungen	46
aa) Nicht eintragungsfähige Rechte	46
bb) Eintragungen mit unerlaubtem Inhalt	48
cc) Eintragung ohne den gesetzlich gebotenen Mindestinhalt	51
dd) Widersprüchliche und unklare Eintragungen	52
ee) Sonstige Fälle inhaltlich unzulässiger Eintragungen	53
III. Löschungsverfahren	55
1. Voraussetzungen der Amtslöschung	55
2. Entscheidung und Durchführung der Amtslöschung	58
3. Rechtsmittel	62
D. Vorlegung des Briefes	64

A. Grundlagen

I. Normzweck

Eine Änderung der Rechtslage, z.B. die Begründung, Übertragung oder Aufhebung eines dinglichen Rechts, tritt nur ein, wenn die jeweiligen materiell-rechtlichen Voraussetzungen erfüllt sind (z.B. Aufgabeerklärung und Löschung im Fall des § 875 BGB, dazu ggf. die Zustimmung Dritter nach § 876 BGB). Die Eintragung allein bewirkt die Rechtsänderung mithin nicht und kann einen entsprechenden Fehler auch nicht heilen, sie macht das Grundbuch vielmehr unrichtig, wenn die materiellen Voraussetzungen nicht vorliegen. Diese **Unrichtigkeit bedroht die Rechtsstellung des** von ihr **Betroffenen,** da seine Position durch den Gutglaubensschutz der §§ 892 f. BGB sowie durch die Möglichkeit der Ersitzung (§ 900 BGB) bzw. des Erlöschens nach § 901 BGB zerstört bzw. gemindert werden kann.

1

2 Die Herbeiführung einer Grundbuchberichtigung (auf Antrag eines Berechtigten, § 13 Abs. 1 GBO) selbst mag – wenn nicht der Buchberechtigte sie bewilligt (§ 19 GBO) oder der Nachweis der Unrichtigkeit formgerecht geführt werden kann (§§ 22 Abs. 1, 29 Abs. 1 GBO) – geraume Zeit in Anspruch nehmen, da insbesondere dann auf Abgabe einer Berichtigungsbewilligung geklagt werden muss, wenn der Nachweis der Unrichtigkeit in der Form des § 29 GBO nicht möglich ist. Zeitnah kann der Betroffene Schutz vor den o.g. Rechtsnachteilen aber dadurch erlangen, dass er für die Eintragung eines Widerspruchs (§ 899 BGB) – ggf. aufgrund einstweiliger Verfügung – sorgt.

3 Beruht die zu der Unrichtigkeit des Grundbuchs führende Eintragung auf einer Pflichtverletzung des GBA, so drohen dem jeweiligen Bundesland als Dienstherrn zudem **Schadensersatzansprüche** des Betroffenen. Um solchen Ansprüchen vorzubeugen, verpflichtet § 53 Abs. 1 S. 1 das GBA, zum vorläufigen Schutz vor den o.g. Folgen der Grundbuchunrichtigkeit von Amts wegen einen Widerspruch gegen die Richtigkeit des Grundbuchs einzutragen.[1] Eine Berichtigung von Amts wegen kommt dagegen nicht in Betracht, soweit diese nicht in der Löschung einer unzulässigen Eintragung besteht.

4 **Inhaltlich unzulässige Eintragungen** unterliegen nicht dem öffentlichen Glauben des Grundbuchs und können nicht Grundlage neuer Eintragungen sein.[2] Sie können aber den Anschein einer rechtserheblichen Eintragung erzeugen und so (auf Unkundige) irreführend wirken, zudem belasten sie das Grundbuch unnötig. Angesichts jener Nachteile und der Bedeutungslosigkeit der inhaltlich unzulässigen Eintragungen gestattet § 53 Abs. 1 S. 2 GBO ausnahmsweise ihre Löschung von Amts wegen.[3]

II. Anwendungsbereich

1. Eintragungen im Sinne des § 53 GBO

5 Sowohl der Amtswiderspruch als auch die Amtslöschung können sich nur gegen formell wirksame Eintragungen richten.[4]

6 Der **Begriff der Eintragung** meint dabei jeden vollendeten, d.h. durch die nach § 44 Abs. 1 S. 2 GBO erforderliche(n) Unterschrift(en) bzw. nach § 129 GBO abgeschlossenen Eintragungsakt. Hierzu zählen insbesondere auch die Löschung (sowohl durch eigenen Vermerk als auch nach § 46 Abs. 2 GBO), die Vereinigung und Bestandteilszuschreibung von Grundstücken und die erstmalige Anlegung eines Grundbuchblatts.[5]

7 **Nicht zu den Eintragungen** im Sinne des § 53 GBO **zählen** demnach:
a) andere als die vorgenannten Handlungen im Grundbuch, z.B. **Rötungen** (§§ 13 ff. GBV), die keinen rechtlich verbindlichen Inhalt haben;[6]
b) noch **nicht abgeschlossene** oder ihrem Umfang nach unvollständige Eintragungen;[7]
c) **nichtige Eintragungen**. Eine nichtige, d.h. (nach dem Rechtsgedanken des § 44 VwVfG) keine Rechtswirkungen erzeugende Eintragung liegt vor, soweit die Mängel der Eintragung so gravierend sind, dass sie nicht mehr dem Bereich hoheitlichen Handelns zugerechnet werden kann.[8] Dies ist der Fall, wenn die Eintragung von Personen vorgenommen wurde, die nicht Angehörige der mit der Grundbuchführung betrauten Behörde oder zwar Angehöriger dieser Behörde, aber innerhalb derselben nicht funktionell zuständig sind,[9] weiter bei gravierenden Mängeln in der Willensbildung des handelnden Beamten, die sich allein aus Zwang oder Drohung mit schwerwiegenden Gefahren ergeben können.[10] Nicht zur Nichtigkeit führt vor diesem Hintergrund die bloße Geschäftsunfähigkeit des handelnden Amtsträgers, da die Vornahme der Eintragung keine Willenserklärung ist und daher die §§ 104 ff. BGB auf sie keine Anwendung finden können.

---

1 BGHZ 25, 16, 25 = NJW 1957, 1229; 30, 255, 260 = NJW 1959, 1635; Bauer/Schaub/*Bauer*, § 53 Rn 2. Siehe dazu auch Meikel/*Schneider*, § 53 Rn 2 f.
2 RGZ 88, 21, 27; BGH NJW 1995, 2851, 2854; Meikel/*Schneider*, § 53 Rn 5.
3 Meikel/*Schneider*, § 53 Rn 5 m.w.N.
4 Bauer/Schaub/*Bauer*, § 53 Rn 4; Meikel/*Schneider*, § 53 Rn 7.
5 Bauer/Schaub/*Bauer*, § 53 Rn 4; Meikel/*Schneider*, § 53 Rn 7.
6 KG HRR 1932 Nr. 1657; Bauer/Schaub/*Bauer*, § 53 Rn 5.
7 Eingehend: Bauer/Schaub/*Bauer*, § 53 Rn 6 f.
8 Bauer/Schaub/*Bauer*, § 53 Rn 8.
9 Näher: Bauer/Schaub/*Bauer*, § 53 Rn 10 m.w.N. (mit der Einführung des elektr. Grundbuchs ist die Möglichkeit derartiger Verstöße schon weitestgehend entfallen).
10 Eingehend: Bauer/Schaub/*Bauer*, § 53 Rn 11.

Bestimmte Vermerke können zudem **von Amts wegen berichtigt werden** und erfordern daher keinen Amtswiderspruch, namentlich:

a) **Tatsachenangaben**, z.B. die Bezeichnung des Grundstücks, die zur näheren Bezeichnung des Berechtigten dienenden Angaben (§ 15 GBV) sowie die Angaben zu Lage, Größe, Wirtschaftsart oder Bebauung des Grundstücks im Bestandsverzeichnis[11] und die Bezeichnung der Berechtigten, sofern sich deren Identität nicht ändert.[12] Hierzu zählen auch bloße Richtigstellungen wie bspw. Änderungen von Namen (z.B. durch Heirat) oder Änderungen von Firmen, insbesondere bei wandelnder Rechtsform (siehe § 22 GBO Rdn 15 f.).

b) **Hinweisvermerke**, deren Eintragung nicht vorgeschrieben, sondern lediglich zweckmäßig ist und die deshalb auch nicht dem öffentlichen Glauben unterliegen, z.B. Hinweise auf das Verfügungsverbot nach § 1365 Abs. 1 BGB, ebenso Herrschvermerke (§ 9 GBO) oder Hinweise auf die Eintragungsgrundlage.[13]

c) Eintragungen, die **offensichtliche Unrichtigkeiten** (insbesondere Schreib- oder Rechenfehler) aufweisen; ebenso unklare Eintragungen, deren Sinn durch Auslegung und ggf. Umdeutung festgestellt werden kann.[14]

2. Auslegung und Umdeutung von Eintragungen

a) Auslegung

Für die Auslegung von Eintragungen gelten zwar grundsätzlich die §§ 133, 157 BGB, jedoch ergeben sich gewisse Abweichungen hiervon aus dem Wesen und Zweck des Grundbuchs. So bilden grundsätzlich allein der Eintragungsvermerk und sein Inhalt, einschließlich der zulässigerweise in Bezug genommenen Bewilligung, die Grundlage der Auslegung,[15] umstritten ist bereits die Einbeziehung außerhalb der Bezugnahme liegender Inhalte der Bewilligung.[16] Abzustellen ist nach der Rspr. auf Wortlaut und Sinn, wie er sich unter Berücksichtigung der Eintragungszeit[17] aus dem Grundbuchinhalt selbst und aus der etwa in Bezug genommenen Eintragungsbewilligung für einen unbefangenen Betrachter als nächstliegende Bedeutung ergibt.[18] Außerhalb der Urkunde liegende Umstände dürfen dabei nur insoweit herangezogen werden, als sie nach den besonderen Verhältnissen des Einzelfalls für jedermann ohne weiteres erkennbar sind.[19]

Führt die Auslegung nicht zu einer vollständigen Beseitigung der inhaltlichen Mängel der Eintragung, so ist regelmäßig nicht von einer Gesamtnichtigkeit (§ 139 BGB) der Eintragung auszugehen.[20]

b) Umdeutung

Die h.M. befürwortet außerdem die Zulässigkeit der Umdeutung von Eintragungen entsprechend § 140 BGB,[21] jedoch nur in engen Grenzen: Eine Umdeutung soll allein dann zulässig sein, wenn sich ein eindeutiges Umdeutungsergebnis aufdrängt, d.h. Ziel der Eintragung mit Sicherheit ein anderes eintragungsfähiges Recht ist, wobei es über den Inhalt der gewollten Eintragung keinen Zweifel geben darf.[22] Eine Umdeutung darf nur dann stattfinden, wenn die vorgelegten Urkunden eine abschließende Würdigung gestatten und eine Beweisaufnahme nicht stattzufinden braucht.[23]

---

11 Bauer/Schaub/*Bauer*, § 53 Rn 13 m.w.N.
12 OLG Brandenburg FGPrax 2017, 245, 246.
13 Bauer/Schaub/*Bauer*, § 53 Rn 14 m.w.N.
14 Bauer/Schaub/*Bauer*, § 53 Rn 15 f.
15 OLG München BeckRS 2018, 13287.
16 Eingehend: Bauer/Schaub/*Bauer*, § 53 Rn 17 ff. und Meikel/*Schneider*, § 53 Rn 30 ff., je m.w.N.; recht großzügig insoweit: OLG München NotBZ 2013, 118.
17 BayObLGZ 1987, 121, 129.
18 BGH NJW 1985, 385; NJW-RR 1991, 526 f.
19 BGH BeckRS 2014, 23017; OLG Karlsruhe BWNotZ 2006, 65; OLG München BeckRS 2016, 21233.
20 RGZ 113, 223, 229; BGH NJW 1966, 1656, 1657; Bauer/Schaub/*Bauer*, § 53 Rn 20; Meikel/*Schneider*, § 53 Rn 33.
21 KG NJW 1967, 2358, 2359; BayObLGZ 1983, 118, 123; detailliert: Meikel/*Schneider*, § 53 Rn 34; a.A. *Abramenko*, Rpfleger 1998, 313; Staudinger/*Heinze*, BGB, § 873 Rn 280 ff.; MüKo-BGB/*Lettmaier*, § 873 Rn 107.
22 RGZ 104, 122, 124; OLG Hamm Rpfleger 1957, 117, 118; BayObLGZ 1997, 121, 123; *Demharter*, § 53 Rn 4.
23 *Böhringer*, MittBayNot 1990, 12, 16.

B. Amtswiderspruch
I. Voraussetzungen der Eintragung eines Amtswiderspruchs
1. Vorliegen einer wirksamen Eintragung, die am öffentlichen Glauben teilnimmt

12 Dem Normzweck des § 53 Abs. 1 GBO (vgl. Rdn 1 ff.) entsprechend kommt die Eintragung eines Amtswiderspruchs nur bei vollendeten rechtserheblichen Eintragungen (vgl. Rdn 6 f.) in Betracht, welche dem öffentlichen Glauben des Grundbuchs unterliegen, d.h. aus denen sich aufgrund der §§ 892 f. BGB ein Rechtsnachteil für den von der Unrichtigkeit Betroffenen (und damit die Gefahr von Amtshaftungsansprüchen) ergeben kann.[24] Hierher zählen auch Fälle der (fehlerhaften) Übertragung eines Rechts.[25] Insoweit ist der Anwendungsbereich des § 53 GBO dem der Berichtigungsvorschriften der §§ 22 ff. GBO gleich, die ebenfalls im Grundsatz nur eingreifen, wenn es sich um eine Unrichtigkeit nach den §§ 892 ff. BGB handelt (siehe § 22 GBO Rdn 9, 21).

a) Vom Amtswiderspruch ausgeschlossene Eintragungen

13 Aus dem Vorgenannten ergibt sich, dass die nachfolgend aufgeführten Eintragungen generell nicht Gegenstand eines Amtswiderspruchs sein können:

aa) **Eintragungen** rein **tatsächlicher Art** (vgl. Rdn 7), da diese jederzeit von Amts wegen berichtigt werden können.[26]

bb) Bloße **hinweisende Eintragungen**, z.B. die Eintragung einer öffentlichen Last kraft besonderer gesetzlicher Zulassung oder Anordnung (vgl. § 54 GBO Rdn 7). Auch sie sind ggfs. von Amts wegen zu berichtigen (siehe Rdn 7).

cc) **Inhaltlich unzulässige Eintragungen**, da sie keine materielle Wirkung haben und daher auch nicht am öffentlichen Glauben des Grundbuchs teilnehmen können.[27] Sie sind nach § 53 Abs. 1 S. 2 GBO von Amts wegen zu löschen (vgl. Rdn 38 ff.). Gleiches gilt im Ergebnis für die gegenstandslos gewordenen Eintragungen (siehe §§ 84 ff. GBO).[28]

dd) Den **Gutglaubensschutz hindernde Eintragungen**, namentlich Widersprüche (z.B. nach § 899 BGB, § 53 Abs. 1 S. 1 GBO), Vermerke über Verfügungsbeschränkungen (bspw. Veräußerungsverbote, Nacherben- und Testamentsvollstreckervermerke sowie eine Veräußerungsbeschränkung nach § 12 Abs. 1 WEG), Zustimmungsvorbehalte für Behörden (z.B. nach § 6 Abs. 4 BoSoG), der Mitbelastungsvermerk nach § 48 Abs. 1 GBO und Rechtshängigkeitsvermerke.[29] Dasselbe gilt für den Insolvenzvermerk, da auch er nur einen gutgläubigen Erwerb verhindert, nicht aber auch einen solchen selbst ermöglicht.[30]

ee) Die Eintragung des **Eigentumsverzichts** (§ 928 Abs. 1 BGB), weil der hieran anknüpfende Eigentumserwerb nach § 928 Abs. 2 BGB kein Verkehrsgeschäft ist und daher nicht dem Schutz des § 892 BGB unterliegt.[31]

ff) Eintragungen, deren Unrichtigkeit für jedermann ohne weiteres erkennbar ist, insbesondere **unvollständige und unklare Eintragungen**, z.B. bei Eintragung eines gemeinschaftlichen Rechts ohne die in § 47 Abs. 1 GBO vorgeschriebene Angabe eines Gemeinschaftsverhältnisses (vgl. Rdn 48 ff. zur Abgrenzung gegenüber den inhaltlich unzulässigen Eintragungen[32]). Die Angabe des Rechtsverhältnisses bzw. die Beseitigung der Unklarheit oder der sonstigen Unrichtigkeit (z.B. eines Schreib- oder Rechenfehlers) hat von Amts wegen nachträglich zu erfolgen.

gg) Eintragungen, die im **Widerspruch zu öffentlich-rechtlichen Tatbeständen** (z.B. Verfügungsbeschränkungen oder sonstige Änderungen der Rechtslage im Rahmen eines Flurbereinigungs-, Bo-

---

24 BGHZ 25, 16, 25 = BGH NJW 1957, 1229; Bauer/Schaub/*Bauer*, § 53 Rn 21; Meikel/*Schneider*, § 53 Rn 44.
25 OLG München FGPrax 2014, 51.
26 Vgl. Meikel/*Schneider*, § 53 Rn 45.
27 KG MittBayNot 2019, 452, 454; OLG Frankfurt BeckRS 2011, 16103; OLG Rostock MDR 2014, 1076 = FGPrax 2014, 246; Staudinger/*Picker*, BGB, § 892 Rn 18.
28 Meikel/*Schneider*, § 53 Rn 47.
29 Eingehend: Meikel/*Schneider*, § 53 Rn 48 (mit zahlreichen Einzelnachweisen); vgl. auch: Bauer/Schaub/*Bauer*, § 53 Rn 38.
30 OLG München NZI 2019, 358, 360.
31 OLG Zweibrücken OLGZ 1981, 139, 141; OLG Frankfurt FGPrax 2012, 148; Bauer/Schaub/*Bauer*, § 53 Rn 39.
32 Hiervon zu unterscheiden ist auch der Fall der inhaltlichen Unvollständigkeit, dazu näher: Bauer/Schaub/*Bauer*, § 53 Rn 31.

densonderungs- oder Umlegungsverfahrens) stehen, weil sich auch hieran kein Gutglaubensschutz nach den §§ 892 f. BGB anschließen kann.[33]

hh) Eingetragene Vermerke über die **Zwangsvollstreckungsunterwerfung** nach § 800 Abs. 1 S. 2 ZPO, die nur prozessuales Nebenrecht sind und am Schutz des öffentlichen Glaubens nicht teilnehmen.[34] Hingegen besteht die Gefahr gutgläubig lastenfreien Erwerbs (mit der Folge der Zulässigkeit der Eintragung eines Amtswiderspruchs), wenn eine im Grundbuch eingetragene Unterwerfungsklausel zu Unrecht gelöscht wird.[35]

ii) **Eintragungen**, die erkennbar **im falschen Grundbuchblatt** vorgenommen wurden; diese sind von Amts wegen zu löschen.[36] Gleiches gilt für **Doppelbuchungen** (§ 38 GBV Rdn 1 ff.).[37]

jj) Die Eintragung einer Pfändung eines Erbteils,[38] weil insoweit ein gutgläubiger Erwerb eines Dritten von vornherein ausgeschlossen ist, weil die Pfändung selbst nicht im Rahmen des gutgläubigen Erwerbs möglich ist und zudem das Grundbuch keinen guten Glauben an den Bestand und die Ausgestaltung des Erbanteils vermittelt.

b) Dem Amtswiderspruch mit Einschränkungen zugängliche Fallgruppen

Nur mit gewissen Einschränkungen zulässig ist die Eintragung eines Amtswiderspruchs in den nachfolgend genannten Fällen:

aa) Eine **Eintragung einer Vormerkung** ist dem Amtswiderspruch nur insoweit zugänglich, als auf ihrer Grundlage der Erwerb durch einen Dritten kraft öffentlichen Glaubens möglich ist,[39] d.h. soweit die Gefahr eines gutgläubigen Zweiterwerbs der Vormerkung[40] besteht.[41] Voraussetzung ist demnach, dass der vorgemerkte Anspruch besteht, das Grundbuch aber aus einem anderen Grund (etwa, weil die zur Entstehung der Vormerkung materiell-rechtlich erforderliche Bewilligung des Berechtigten fehlt oder weil ein Nichtberechtigter die Vormerkung zugunsten eines bösgläubigen Erwerbers bewilligt hat) unrichtig ist.[42]

bb) Die **Löschung von Vormerkungen und Verfügungsbeschränkungen** unterliegt in vollem Umfang dem öffentlichen Glauben des Grundbuchs und kann daher stets Gegenstand eines Amtswiderspruchs sein.[43] Umstritten ist, ob dies auch für die Löschung eines Widerspruchs gilt.[44] Dies ist in Hinblick darauf zu bejahen, dass der Widerspruch gegenüber demjenigen, der die Rechtswidrigkeit der Löschung kennt, seine Wirkung behält.[45] Geht man hiervon aus, ist auch insoweit eine Gefahr eines gutgläubigen Erwerbs entgegen des zu Unrecht gelöschten Widerspruchs nicht ausgeschlossen, so dass eine Anwendung des § 53 GBO geboten ist.

cc) Umstritten ist die Teilnahme sog. **verdinglichter Vereinbarungen** (siehe § 1 Einl. Rdn 56), z.B. nach § 2 ErbbauRG oder § 10 Abs. 2 WEG am Schutz des guten Glaubens; mithin also solcher Abreden, die zum dinglichen Inhalt des Erbbaurechts oder des Sondereigentums gemacht werden, obgleich sich die Regelungen im Grundsatz als schuldrechtlich erweisen.[46] Da sich der Gutglaubensschutz nach §§ 892, 893 BGB im Zweifel nicht nur auf den Bestand, sondern auch auf den gesamten Inhalt des Rechts bezieht, wird man grundsätzlich von deren Anwendbarkeit ausgehen müssen, sofern die Vereinbarung nicht (für jedermann) erkennbar gesetzwidrig ist.[47] Jedenfalls im Rahmen der Frage nach der Zulässigkeit der Eintragung eines Amtswiderspruchs wird man hier großzügig ver-

---

33 Meikel/*Schneider*, § 53 Rn 64 m.w.N.
34 OLG München JFG 15, 259, 261; KG HRR 1931 Nr. 1704; Staudinger/*Picker*, BGB, § 892 Rn 43; *Volmer*, MittBayNot 2017, 241.
35 KG JW 1937, 3037; Bauer/Schaub/*Bauer*, § 53 Rn 40; Meikel/*Schneider*, § 53 Rn 65; a.A. Staudinger/*Picker*, BGB, § 892 Rn 43.
36 Bauer/Schaub/*Bauer*, § 53 Rn 22 m.w.N.
37 RGZ 56, 58, 62; OLG Frankfurt FGPrax 2017, 153; Bauer/Schaub/*Bauer*, § 53 Rn 22; a.A. KG JFG 18, 180, 183.
38 OLG Frankfurt FGPrax 2021, 65, 66.
39 BayObLGZ 1999, 226; Bauer/Schaub/*Bauer*, § 53 Rn 25.
40 Hierzu: BGHZ 25, 16, 23 = NJW 1957, 1229; BGH NJW 1994, 2947; Staudinger/*Picker*, BGB, § 892 Rn 58 ff.

41 Eingehend und mit zahlreichen Einzelnachweisen: Meikel/*Schneider*, § 53 Rn 49.
42 BayObLGZ 1999, 226.
43 RGZ 129, 184, 185; 132, 419, 423 f.; BGHZ 60, 46 = NJW 1973, 323; OLG München Rpfleger 2014, 418; OLG Hamm FGPrax 2015, 13; Bauer/Schaub/*Bauer*, § 53 Rn 26; Meikel/*Schneider*, § 53 Rn 50.
44 Dafür: KG HRR 1933 Nr. 1131; BayObLG Rpfleger 1976, 421; eingehend: Meikel/*Schneider*, § 53 Rn 50; a.A. Staudinger/*Picker*, BGB, § 899 Rn 40 m.w.N; MüKo-BGB/*Schäfer*, § 899 Rn 6.
45 Meikel/*Schneider*, § 53 Rn 50.
46 Hierzu eingehend: Meikel/*Schneider*, § 53 Rn 51 ff.
47 Ausf.: Meikel/*Schneider*, § 53 Rn 54 ff. (auch zum Fall eines Verstoßes gegen §§ 307 ff. BGB).

fahren müssen, um einen effektiven Rechtsschutz für den von der Unrichtigkeit Betroffenen (und die sichere Vermeidung von Amtshaftungsansprüchen) zu gewährleisten.

dd) **Nicht eintragungsbedürftige**, aber eintragungsfähige **Rechte**, z.B. Sicherungshypotheken nach § 1287 S. 2 BGB oder § 848 Abs. 2 ZPO, altrechtliche Dienstbarkeiten[48] und Fischereirechte (etwa nach dem BayFiG), sind positiv (gutgläubiger Erwerb des eingetragenen Rechts) wie auch negativ (gutgläubig lastenfreier Erwerb nach Löschung des Rechts) dem öffentlichen Glauben zugänglich, so dass hier ebenfalls § 53 Abs. 1 S. 1 GBO anwendbar ist.

ee) Zulässig ist der Amtswiderspruch gleichermaßen gegen die Eintragung **nicht übertragbarer Rechte** (z.B. einer beschränkten persönlichen Dienstbarkeit), weil zwar die Gefahr des § 892 Abs. 1 BGB hier ausgeschlossen sein mag,[49] der Widerspruch aber jedenfalls zur Abwehr der von § 893 BGB (schuldbefreiende Leistung an den eingetragenen Berechtigten) und § 900 BGB (Ersitzung durch den eingetragenen Berechtigten) ausgehenden Gefahren erforderlich ist.[50]

ff) Schließlich kann in gewissen Fällen eine Eintragung aufgrund einer fehlerhaften Rangbestimmung oder unter Missachtung einer von den Betroffenen getroffenen Rangbestimmung zu einer Unrichtigkeit des Grundbuchs (und damit auch zur Anwendung des §§ 892 f. BGB) führen.[51]

2. Gesetzesverstoß des GBA

a) Verletzung einer gesetzlichen Vorschrift

15 Ein Gesetzesverstoß im Sinne des § 53 Abs. 1 S. 1 GBO liegt vor, soweit eine im Eintragungsverfahren zu beachtende Rechtsnorm (zum Umfang der Prüfungspflicht des GBA siehe § 2 Einl. Rdn 29 ff.) nicht richtig angewendet wurde.[52] Die Art der verletzten Vorschrift – materiell oder formell, zwingend oder nicht zwingend – (bloße Soll-/Ordnungsvorschrift) ist unerheblich.[53] Nicht zu den hier beachtlichen Normen gehören aber bloße Dienstanweisungen.[54] Zu den denkbaren verletzten Vorschriften kann auch eine gebotene Anhörung gehören, wobei es ohne Relevanz ist, ob sich das Erfordernis aus einer speziellen Regelung oder aus Art. 103 Abs. 2 GG ergibt.[55] Ebenso bewirkt eine Grundbuchberichtigung ohne die Beachtung der §§ 19, 22 GBO eine solche Gesetzesverletzung.[56] Innerhalb dieses Rahmens stellt auch die **Nicht- bzw. Fehlanwendung ausländischen Rechts** eine Gesetzesverletzung dar (vgl. § 13 GBO Rdn 13),[57] das GBA hat sich die erforderlichen Kenntnisse von Amts wegen zu verschaffen und darf nur ausnahmsweise die Hilfe des Antragstellers in Anspruch nehmen.[58] Dies gilt allerdings nicht für ausländisches Ehegüterrecht, da das GBA sich ohne nähere Anhaltspunkte grundsätzlich darauf zu verlassen hat, was die Ehegatten selbst über den sie betreffenden Güterstand in der Urkunde ausführen. Hilfsweise muss das GBA vom Vorliegen des gesetzlichen Güterstandes ausgehen.[59]

16 Eine Rechtsverletzung ist auch dann gegeben, wenn das GBA eine Löschung aufgrund einer noch nicht wirksam gewordenen Bewilligung vornimmt.[60] Des Weiteren soll eine Rechtsverletzung auch dann gegeben sein, wenn das GBA eine Rechtsveränderung an einem Briefrecht ohne die nach §§ 41, 42 GBO erforderliche Briefvorlage vornimmt.[61] Gleichermaßen eine Verletzung des Gesetzes bedeutet die Eintragung einer GbR ohne die an ihr beteiligten Gesellschafter im Rahmen des geltenden Rechts bis zum 31.12.2023.[62] Dasselbe gilt, wenn die Eintragung einer Umwandlung von Teil- in Wohnungseigentum

---

48 BGHZ 104, 139, 142 = DNotZ 1989, 146; BayObLGZ 1995, 413, 419; Meikel/*Schneider*, § 53 Rn 56.
49 Anders jedoch in den Fällen der §§ 1092 Abs. 2, 3, 1059a BGB, vgl. *Bassenge*, NJW 1996, 2777; Meikel/*Schneider*, § 53 Rn 60.
50 Bauer/Schaub/*Bauer*, § 53 Rn 29; *Eickmann*, RpflStud 1984, 1, 7; Staudinger/*Picker*, BGB, § 899 Rn 7 ff.; Meikel/*Schneider*, § 53 Rn 60; a.A. KG Rpfleger 1975, 68.
51 Die Einzelheiten sind teils umstritten, hierzu insgesamt näher: Bauer/Schaub/*Bauer*, § 53 Rn 32 ff. m.w.N.
52 BGH FGPrax 2023, 145.
53 OLG Hamm NotBZ 2010, 415; Bauer/Schaub/*Bauer*, § 53 Rn 46; Meikel/*Schneider*, § 53 Rn 75. Siehe auch OLG Frankfurt NJOZ 2018, 1447, 1148 zur Soll-Vorschrift der §§ 41, 42 GBO.
54 BayObLG Rpfleger 1956, 311, 313; Bauer/Schaub/*Bauer*, § 53 Rn 46 m.w.N.
55 BGH FGPrax 2023, 145, 146.
56 BGH FGPrax 2023, 145, 146.
57 KG JFG 20, 171, 178; OLG Hamm NJW-RR 1996, 530, 531; OLG Frankfurt NJOZ 2019, 1595, 1597; Bauer/Schaub/*Bauer*, § 53 Rn 46; Meikel/*Schneider*, § 53 Rn 79.
58 KG JFG 20, 171, 178; Bauer/Schaub/*Bauer*, § 53 Rn 46; Meikel/*Schneider*, § 53 Rn 79.
59 OLG Frankfurt NJOZ 2019, 1595, 1597.
60 Siehe dazu OLG München FGPrax 2023, 54, 55, das annimmt, eine Gesamtlöschungsbewilligung werde nur insoweit dem GBA gegenüber abgegeben, als der Antrag auf Löschung reicht, so dass die Löschung weiterer bewilligter, aber nicht in den Antrag aufgenommener Grundschulden eine Verletzung des Gesetzes darstelle.
61 OLG Frankfurt NJOZ 2018, 1447, 1448.
62 KG MittBayNot 2023, 258, 259.

erfolgt, ohne dass die erforderliche Zustimmung der übrigen Miteigentümer gegeben ist.[63] Ebenfalls eine Rechtsverletzung im Sinne des § 53 Abs. 1 Satz 1 BGB ist gegeben, wenn das GBA seinen Ermittlungspflichten nach § 118 GBO nicht ausreichend nachkommt, wobei eine lediglich abweichende Beweiswürdigung durch das Beschwerdegericht nicht genügen soll.[64] Einen Verstoß gegen das Gesetz begründet zudem eine Eintragung einer Zwangssicherungshypothek, wenn die Vollstreckbarkeit des Urteils von der Erbringung einer Gegenleistung abhängt und dies dem GBA nicht nachgewiesen ist.[65] In gleicher Weise ist ein derartiger Verstoß gegeben, wenn das GBA als Gläubiger einer Zwangssicherungshypothek eine andere Person einträgt als die im Urteil genannte.[66]

b) Objektive Pflichtverletzung des GBA

Es muss eine **Pflichtverletzung des GBA**, d.h. des im Einzelfall zuständigen Organs (Rechtspfleger oder Urkundsbeamter der Geschäftsstelle) vorliegen. Hieran fehlt es, wenn die Gesetzesverletzung nicht vom GBA ausgeht, weil die Eintragung auf Anordnung des Beschwerdegerichts oder auf Ersuchen einer Behörde (zur diesbezüglichen Prüfungskompetenz des GBA siehe § 38 GBO Rdn 85 ff.) vorgenommen wurde.[67]

17

Ausreichend ist eine objektive Pflichtverletzung. **Subjektive Elemente**, etwa ein Verschulden des Grundbuchbeamten, sind **nicht erforderlich**.[68] Maßgebend ist daher, ob das GBA die rechtliche Situation nach der zum Zeitpunkt der Eintragung geltenden Rechtslage[69] und aufgrund des ihm seinerzeit (ggf. auch unrichtig) vorgetragenen Sachverhalts richtig beurteilt hat.[70] Es fehlt demnach an einer Gesetzesverletzung im Sinne des § 53 Abs. 1 S. 1 GBO, wenn das GBA seine (folgerichtige) Beurteilung auf einen nicht der wahren Rechtslage entsprechenden Sachverhalt stützt, z.B. bei einer Eintragung aufgrund eines später als unrichtig eingezogenen Erbscheins[71] oder einer nicht der wahren Rechtslage entsprechenden Vertretungsbescheinigung nach § 32 Abs. 1 S. 1 GBO, § 21 Abs. 1 S. 1 BNotO,[72] solange das GBA die Unrichtigkeit nicht kannte oder kennen musste (**Legalitätsprinzip**, vgl. § 1 Einl. Rdn 61, § 3 GBO Rdn 1).[73] Ebenso ist kein Gesetzesverstoß im Sinne des § 53 Abs. 1 S. 1 GBO anzunehmen, wenn das GBA bei der Eintragung einer Zwangssicherungshypothek ein Vollstreckungshindernis nicht berücksichtigt hat, das es weder kannte noch kennen musste.[74] So muss das GBA nicht prüfen, ob die einfache Vollstreckungsklausel nach §§ 724, 725 ZPO zu Recht erteilt wurde oder als qualifizierte Klausel nach § 726 Abs. 1 ZPO hätte erteilt werden müssen[75] und auch nicht ob die Voraussetzungen für die Fälligkeit des Kapitals der Grundschuld und die Wartefrist gem. § 1193 Abs. 1 BGB gegeben sind.[76] Eine Gesetzesverletzung im Sinne der Vorschrift ist aber auch dann gegeben, wenn die Rechtslage zum Zeitpunkt der Eintragung noch nicht höchstrichterlich geklärt war, dies aber später erfolgt. Rechtsprechung begründet

18

---

63 OLG Stuttgart ZWE 2022, 78, 80.
64 OLG Düsseldorf NJW-RR 2020, 788, 789; OLG München BWNotZ 2021, 321, 324.
65 OLG Düsseldorf NJW-RR 2020, 1093, 1094; so wohl auch, allerdings die Grundbuchunrichtigkeit verneinend: OLG München BeckRS 2018, 21703.
66 OLG München NZM 2019, 790, 791 f.
67 KG JW 1937, 3176; OLG Brandenburg FGPrax 2018, 55; OLG Hamm OLGZ 1991, 137, 139; OLG München BWNotZ 2018, 95, 96: Das GBA hat aber u.a. zu prüfen, ob die konkret ersuchte Eintragung unter die Ersuchenskompetenz fällt; Bauer/Schaub/*Bauer*, § 53 Rn 47.
68 RG JFG 3, 4; BGHZ 30, 255 = NJW 1959, 1635; vgl. auch Meikel/*Schneider*, § 53 Rn 80 m.w.N.
69 RGZ 108, 176, 179; BGHZ 30, 255 = BGH NJW 1959, 1635, 1636; 198, 14, 21 = FGPrax 2013, 239, 241; Meikel/*Schneider*, § 53 Rn 83; ein späterer Wandel der Rspr. bleibt daher außer Betracht, ebenso aber auch jede spätere Gesetzesänderung, selbst eine mit rückwirkender Kraft: Bauer/Schaub/*Bauer*, § 53 Rn 48; Meikel/*Schneider*, § 53 Rn 83; a.A. *Eickmann*, RpflStud 1984, 1, 6; Bauer/v. Oefele/*Meincke*, GBO, 3. Aufl. 2013, § 53 Rn 64.
70 Zum Umfang der (insoweit ausschlaggebenden) Prüfungskompetenz des GBA hinsichtlich der Verfügungs-

beschränkung des § 1365 Abs. 1 BGB vgl. BGH Rpfleger 2013, 378 = NotBZ 2013, 344 m. krit. Anm. *Klepsch*.
71 OLG Frankfurt Rpfleger 1979, 106 f.
72 OLG Düsseldorf Rpfleger 2014, 255 = ZfIR 2014, 95 m. Anm. *Zimmer*.
73 OLG Düsseldorf NJOZ 2021, 211, 212; OLG Köln BWNotZ 2017, 67, 68; OLG München NZM 2018, 55; *Münzberg*, Rpfleger 1990, 253; Bauer/Schaub/*Bauer*, § 53 Rn 65; *Dümig*, FGPrax 2003, 197, 198; *Münzberg*, Rpfleger 1990, 253.
74 OLG Hamm Rpfleger 2005, 532 m. zust. Anm. *Eickmann*; a.A. OLG Celle Rpfleger 1990, 112.
75 OLG München BeckRS 2018, 13287; NJW 2018, 2134: Dies gilt auch dann, wenn sich das Bestehen einer Sicherungsabrede aus der Urkunde ergibt; a.A. wohl BGH NJW 2017, 2469, 2471: Die Eintragung des Zwangsversteigerungsvermerks in das Grundbuch macht nach außen hin deutlich, dass die titulierte Sicherungsgrundschuld gegen den Schuldner zwangsweise durchgesetzt werden soll, und schränkt so die Handlungsmöglichkeiten des Schuldners faktisch stark ein. Gerade davor sollte er aber für die Dauer der Kündigungsfrist bewahrt werden.
76 OLG Nürnberg FGPrax 2018, 14.

stets nur die Rechtserkenntnis, so dass selbst durch eine Änderung der höchstrichterlichen Rechtsprechung die geltende Rechtslage nicht verändert wird. Vor diesem Hintergrund liegt auch dann eine objektive Rechtsverletzung durch das GBA vor, wenn sich dieses auf eine zumindest vertretbare Auslegung des Gesetzes gestützt hat, die sich dennoch nicht als richtig erweist.[77]

19 Im Fall der **Auslegung einer Urkunde** durch das GBA ist eine Gesetzesverletzung ausgeschlossen, solange das Auslegungsergebnis rechtlich vertretbar, d.h. insbesondere mit den anerkannten Auslegungsregeln vereinbar war.[78] Der Unterschied zur Auslegung von Gesetzen ergibt sich daraus, dass bei der Auslegung von Verträgen und Urkunden auch ein erhebliches tatsächliches Element von Relevanz ist, weil die Auslegung anhand des objektiven Empfängerhorizonts zu erfolgen hat. Die Auslegung von Gesetzen ist dagegen als Rechtsfrage stets einem eindeutigen Ergebnis zugänglich, so dass insoweit dem GBA kein Ermessens- oder Beurteilungsspielraum zugebilligt werden kann.

3. Unrichtigkeit des Grundbuchs

20 Durch die so vorgenommene Eintragung muss das Grundbuch **unrichtig** geworden sein.

a) **Unrichtigkeit** ist die in § 894 BGB beschriebene Nichtübereinstimmung von Buch- und Rechtslage. Sie ist auch dann gegeben, wenn eine Verfügungsbeschränkung oder ein Widerspruch nicht oder nicht richtig eingetragen ist; ebenso, wenn eine Vormerkung zu Unrecht gelöscht ist. Sie kann jedoch nie vorliegen, wenn ein Eintragungsantrag bezüglich eines rechtsgeschäftlich bestellten Rechts nicht erledigt wurde, weil das Recht in diesem Fall mangels Eintragung nicht entstanden ist;[79] dasselbe gilt bei Unterlassung der gebotenen Eintragung einer Vormerkung nach § 18 Abs. 2 S. 1 GBO, da auch diese dann nicht entsteht.[80] Anderes gilt nur für solche Rechte, die außerhalb des Grundbuchs entstanden sind. Das **Grundbuch wird** auch **nicht unrichtig** durch die Eintragung einer vormerkungswidrigen Verfügung oder die Eintragung eines später beantragten Rechts vor dem früher beantragten,[81] also allgemein bei Verstößen gegen die §§ 17, 45 GBO, da es sich insoweit nur um Ordnungsvorschriften handelt, die die materielle Rechtslage nicht zu beeinflussen vermögen.[82] Ebenso führt es nicht zur Unwirksamkeit einer eingetragenen Rechtsänderung, wenn die ihr zugrunde liegenden Unterlagen den Formanforderungen des Grundbuchverfahrensrechts nicht entsprechen, ansonsten aber ordnungsgemäß sind.[83]

21 b) Die Unrichtigkeit muss **Folge der Eintragung** sein. Deshalb scheidet ein Amtswiderspruch aus, wenn eine Arresthypothek wegen Versäumung der Frist des § 929 Abs. 3 S. 2 ZPO unwirksam wird.[84] Zur Frage der notwendigen Kausalität siehe Rdn 23.

22 c) Die Unrichtigkeit muss **zur Zeit der Eintragung** des Amtswiderspruchs noch bestehen.[85] Die Frage eines gutgläubigen Dritterwerbs ist daher vor der Eintragung des Widerspruchs stets zu prüfen,[86] ebenso eine auf andere Weise bewirkte Heilung der ursprünglichen Unrichtigkeit. Kommt es auf den gutgläubigen Erwerb eines Dritten an, so unterbleibt die Eintragung des Amtswiderspruchs, solange nicht aufgrund konkreter Anhaltspunkte die Bösgläubigkeit des Erwerbers glaubhaft ist.[87]

4. Kausalität

23 Aus dem Normzweck des § 53 Abs. 1 S. 1 GBO (vgl. Rdn 1 ff.) folgt weiter, dass die zuvor genannten Tatbestände in **kausalem Zusammenhang** stehen müssen, d.h. der Gesetzesverstoß muss für die Eintragung ursächlich gewesen sein und die Eintragung muss ihrerseits die Grundbuchunrichtigkeit verursacht haben.[88]

---

77 BGH FGPrax 2022, 49, 52; Bauer/Schaub/*Bauer*, § 53 Rn 46; BeckOK GBO/*Holzer*, § 53 Rn 16; anders aber LG Lübeck JurBüro 1973, 651; Bauer/v. Oefele/*Meincke*, GBO, 3. Aufl. 2013, § 53 Rn 57; Meikel/*Schneider*, § 53 Rn 81.

78 OLG Dresden OLGE 40, 58; OLG Frankfurt Rpfleger 1976, 132; OLG Köln BWNotZ 2017, 67, 68 f.; Meikel/*Schneider*, § 53 Rn 81.

79 BayObLG Rpfleger 1982, 176.

80 So mit Recht: *Bestelmeyer*, Rpfleger 2007, 463 (gegen OLG München Rpfleger 2007, 314).

81 BayObLG DNotZ 1995, 68; LG Kassel Rpfleger 2004, 624; Staudinger/*Heinze*, BGB, § 879 Rn 45.

82 BGH Rpfleger 2014, 410 = NotBZ 2014, 248 m. Anm. *Krauß*: Eine Unrichtigkeit liegt demgegenüber vor, wenn die Eintragung gegen eine materiell-rechtliche Rangbestimmung (§ 879 BGB) verstößt.

83 OLG München NotBZ 2013, 478 (Aufteilungsplan).

84 BayObLG Rpfleger 1993, 397.

85 BGHZ 198, 14, 21 = FGPrax 2013, 239, 241; *Demharter*, § 53 Rn 26.

86 OLG Karlsruhe FGPrax 2020, 58, 59.

87 *Demharter*, Rpfleger 1991, 41, 42; *Demharter*, § 53 Rn 28; Meikel/*Schneider*, § 53 Rn 72.

88 Allg. Meinung, vgl. Bauer/Schaub/*Bauer*, § 53 Rn 50; Meikel/*Schneider*, § 53 Rn 111.

Umstritten ist indes, ob auch ein unmittelbarer Zusammenhang zwischen dem Verfahrensverstoß und der Grundbuchunrichtigkeit bestehen muss, d.h. die Unrichtigkeit auf dem Gesetzesverstoß beruhen muss.[89] Dies ist allerdings richtigerweise zu verneinen, da der Zweck des Amtswiderspruchs nicht nur darin besteht, einen aus § 894 BGB folgenden Anspruch auf Berichtigung gegen die mit dem öffentlichen Glauben des Grundbuchs verbundenen Gefahren zu sichern, sondern auch darin, Schadensersatzansprüche der eventuell durch eine Eintragung geschädigten Beteiligten gegen den Staat und die für ihn handelnden Personen abzuwenden.[90] Letzteres wäre aber dann nicht möglich, wenn ein Amtswiderspruch nur dann eingetragen werden könnte, wenn die Unrichtigkeit des Grundbuchs auf dem Gesetzesverstoß beruht. Entscheidend ist also, ob die durch die vorschriftswidrige Eintragung geschaffene Buchlage dem Schutzzweck der verletzten Vorschrift widerspricht.[91] Darüber hinaus lässt sich dem Gesetz kein derart strikter Zusammenhang entnehmen, sondern es genügt, dass eine Kausalkette besteht, die im Ergebnis zur Unrichtigkeit führt. Vor diesem Hintergrund genügt es auch, dass sich die Rechtsverletzung bei der Eintragung eines Rechtsvorgängers des jetzigen Buchberechtigten ereignet hat, selbst wenn sich die Eintragung des aktuellen Buchinhabers für sich genommen als formell korrekt erweist (bspw. aufgrund einer nachgewiesenen Erbfolge).[92]

II. Eintragung des Widerspruchs

1. Verfahren des GBA

a) Tätigwerden des GBA

Das GBA hat in den Fällen des § 53 Abs. 1 S. 1 GBO stets von Amts wegen tätig zu werden und geeignete Ermittlungen anzustellen (§ 26 FamFG).[93] Zu einer Überprüfung des Grundbuchinhalts ist es aber nur bei Vorliegen eines besonderen Anlasses, z.B. nach entsprechender Anregung eines Betroffenen (als die auch jeder gegen die Eintragung gerichteter Antrag zu verstehen ist[94]) oder im Fall der Umschreibung des Grundbuchblatts (§ 29 GBV) verpflichtet.[95] Am Verfahren sind der eingetragene Berechtigte, sämtliche Inhaber von Rechten an dem unrichtig eingetragenen Recht sowie der durch den einzutragenden Widerspruch Begünstigte zu beteiligen.[96] Ihnen allen ist rechtliches Gehör zu gewähren – ausnahmsweise jedoch erst nach Eintragung des Widerspruchs, soweit durch die sonst eintretende Verzögerung der Verfahrenszweck (vgl. Rdn 2) gefährdet wäre.[97]

24

Bei zwei der Erledigungsreihenfolge des § 17 GBO unterliegenden Anträgen muss dass das GBA einem Antrag auch dann entsprechen, wenn es bei seiner Prüfung feststellt, dass zu einem gutgläubigen Erwerb nur noch die rechtsändernde Eintragung fehlt, also die Eintragung den gutgläubigen Erwerb herbeiführen wird.[98] Nichts anderes gilt für Unrichtigkeiten, die das GBA selbst zu vertreten hat. Allerdings ist § 17 GBO bei Amtsverfahren wie dem des § 53 Abs. 1 S. 1 GBO ohne Bedeutung und findet daher für das Verhältnis von Antrag und Amtsverfahren keine Anwendung.[99] Ein Amtswiderspruch ist kein Antrag i.S.d. § 17 GBO. Für eine analoge Anwendung dieser Vorschrift ist gleichermaßen kein Raum. Daher darf ein Amtswiderspruch unabhängig von weiteren zur Eintragung bewilligten Rechten eingetragen werden, wenn das GBA die Unrichtigkeit wegen eines der Fälle des § 53 GBO feststellt.[100] Daher hat das GBA die Möglichkeit, über die Eintragung des Amtswiderspruchs gleichwohl den gutgläubigen Erwerb faktisch zu verhindern. Der Vertrauensschutz des § 892 BGB bewirkt mithin im Rahmen des § 53 GBO keine vollständige Sicherheit für den Erwerber.[101] Bei § 53 GBO handelt es sich um eine grundbuchverfahrens-

25

---

89 Hierfür: *Baur/Stürner*, § 16 Rn 57; dag. BayObLG DtZ 1994, 37, 38; KG DNotZ 1956, 195, 196; OLG München NJW-RR 2022, 812, 813; Bauer/Schaub/*Bauer*, § 53 Rn 66; *Demharter*, § 53 Rn 25; *Eickmann*, RpflStud 1984, 1, 5.
90 Vgl. zum Zweck: BeckOK GBO/*Holzer*, § 53 Rn 1 f.
91 Meikel/*Schneider*, § 53 Rn 111.
92 OLG München NJW-RR 2022, 812, 813.
93 BayObLGZ 1986, 513 = DNotZ 1987, 621; OLG Hamm Rpfleger 2012, 67; Bauer/Schaub/*Bauer*, § 53 Rn 58; Meikel/*Schneider*, § 53 Rn 37.
94 RG JFG 3, 1, 4; OLG Hamm Rpfleger 1962, 59.
95 RG JW 1936, 1211; Bauer/Schaub/*Bauer*, § 53 Rn 59.
96 Bauer/Schaub/*Bauer*, § 53 Rn 60; *Eickmann*, RpflStud 1984, 1, 3; Meikel/*Schneider*, § 53 Rn 38.
97 BGH Rpfleger 1984, 363; eingehend: Meikel/*Schneider*, § 53 Rn 39 m.w.N.
98 *Schöner/Stöber*, Rn 352 m.w.N.; s. auch LG Koblenz BeckRS 1996, 07636.
99 Bauer/Schaub/*Wilke*, § 17 Rn 6.
100 Staudinger/*Picker*, 2019, BGB, § 892 Rn 218; MüKo-BGB/*Schäfer*, § 892 Rn 68; a.A. aber *Foerste*, Grenzen der Durchsetzung von Verfügungsbeschränkung und Erwerbsverbot in Grundstücksrecht, 1986, 108 ff.; *Reuter*, MittBayNot 1994, 115, 116.
101 A.A. noch KEHE-GBO/*Schrandt*, 7. Aufl. 2015, § 53 Rn 23.

rechtliche Vorschrift, in deren Rahmen materiell-rechtliche Vorschriften keine Rolle spielen. Der Amtswiderspruch hat zum Ziel, eine Staatshaftung zu vermeiden.[102] Diesem Zweck könnte nicht gerecht werden, wenn das GBA verpflichtet wäre, „sehenden Auges" einen Rechtsverlust aufgrund der §§ 892 f. BGB wegen eines Fehlers des GBA zu ermöglichen; der Amtswiderspruch dient lediglich der Beseitigung früherer Fehler des GBA, so dass die eigene Fehlerkorrektur dem GBA nicht verwehrt werden darf.[103] In dieser Konstellation darf das GBA nicht an der Verwirklichung eines gutgläubigen Erwerbs mitwirken, wenn es den eigenen Fehler rechtzeitig erkennt.[104] Die Erledigung der sich aus § 53 Abs. 1 S. 1 GBO ergebenden Pflichten hat mithin Vorrang vor der Antragserledigungspflicht. Dies bedeutet, dass selbst ein bereits laufendes Antragsverfahren bis zur Entscheidung im Amtsverfahren auszusetzen ist, wenn Anhaltspunkte dafür bestehen, dass die Voraussetzungen für die Eintragung eines Amtswiderspruchs vorliegen.[105] Dies begründet auch keine nicht hinnehmbare Schutzlücke für den Erwerber,[106] weil bei Eintragung und gutgläubigem Erwerb der Vormerkung der Erwerber analog § 883 BGB auch vor einem Widerspruch geschützt ist.[107] Verzichtet er auf die Eintragung, so geht er das Risiko bewusst ein und ist daher nicht schutzwürdig.

b) Nachweis der Voraussetzungen

26 Die Eintragung des Amtswiderspruchs setzt voraus, dass einerseits zur Überzeugung des GBA feststeht, dass die betroffene Eintragung unter einem Gesetzesverstoß vorgenommen wurde,[108] andererseits die **Unrichtigkeit** des Grundbuchs wenigstens **glaubhaft**, d.h. überwiegend wahrscheinlich ist.[109] Hängt die Grundbuchunrichtigkeit (positiv oder negativ) davon ab, ob ein zwischenzeitlicher Erwerb kraft öffentlichen Glaubens stattgefunden hat, so hat das GBA entsprechend § 892 BGB solange vom guten Glauben des Erwerbers auszugehen, bis dessen Bösgläubigkeit zumindest glaubhaft ist.[110]

c) Entscheidung

27 Ergibt das Verfahren des GBA, dass die Voraussetzungen der Eintragung eines Amtswiderspruchs nicht vorliegen, so ist das Verfahren einzustellen. Einer diesbezüglichen förmlichen Entscheidung (durch Beschluss) bedarf es nur, soweit Außenstehende formell beteiligt waren.[111] Formell beteiligt ist derjenige, der das Amtsverfahren ausdrücklich angeregt hat.[112] Sind die oben zu b) genannten (vgl. Rdn 26) Voraussetzungen dagegen erfüllt, so ist der Amtswiderspruch im Grundbuch einzutragen (siehe Rdn 28 ff.).

2. Vornahme der Eintragung

28 Stellt das GBA das Vorliegen sämtlicher Voraussetzungen des § 53 Abs. 1 S. 1 GBO fest, so hat es den Widerspruch **von Amts wegen** in das Grundbuch einzutragen – unabhängig davon, ob etwa eine Behörde berechtigt ist, um Eintragung eines Widerspruchs zu ersuchen oder ob bereits auf anderer Grundlage (z.B. § 899 BGB) ein Widerspruch hinsichtlich desselben Rechts eingetragen wurde. Der Amtswiderspruch gewährt stärkeren Schutz, weil er nicht der Löschung nach § 25 GBO unterliegt.[113]

29 Umstritten ist, ob im **Verhältnis zu vorliegenden Anträgen** auf Eintragung anderer Rechte **§ 17 GBO** auf den Amtswiderspruch entsprechend anzuwenden ist.[114] Dies wird teilweise mit Blick auf § 892 BGB

---

102 Bauer/Schaub/*Bauer*, § 53 Rn 2.
103 *Braun*, MittBayNot 2018, 165.
104 Vgl. OLG Hamburg MittBayNot 2018, 163, 164.
105 OLG München BeckRS 2018, 13639.
106 BeckOGK-BGB/*Hertel*, § 892 Rn 139.
107 BGH NJW 1981, 446, 447; NJW 1994, 2947; NJW-RR 2008, 102, 104; anders aber BeckOGK BGB/*Assmann*, § 883 Rn 154 ff.
108 BayObLGZ 1985, 401, 402; Bauer/Schaub/*Bauer*, § 53 Rn 45.
109 OLG Hamm Rpfleger 2012, 67 = FGPrax 2011, 322, 324; Meikel/*Schneider*, § 53 Rn 113 m.w.N.; OLG München ZErb 2017, 79 fordert, dass die Unrichtigkeit in hohem Maße wahrscheinlich ist; nach OLG München FGPrax 2017, 62, 64 ist ein Umstand glaubhaft, wenn eine erhebliche (überwiegende) Wahrscheinlichkeit für sein Vorliegen besteht.
110 Eingehend: Meikel/*Schneider*, § 53 Rn 114.
111 *Eickmann*, RpflStud 1984, 1, 7; Meikel/*Schneider*, § 53 Rn 41.
112 Meikel/*Schneider*, § 53 Rn 38.
113 OLG Brandenburg OLGR 1995, 73, 74; Bauer/Schaub/*Bauer*, § 53 Rn 51; Meikel/*Schneider*, § 53 Rn 115.
114 Ausführlich: Meikel/*Schneider*, § 53 Rn 116 m.w.N.

bejaht,[115] ist richtigerweise aber abzulehnen.[116] Insoweit liegt für den Amtswiderspruch schon kein Antrag vor und zudem kann dem GBA eine Selbstkorrektur von Fehlern nicht untersagt sein (siehe Rdn 25).

Berechtigter des Widerspruchs (und zwingend als solcher einzutragen) ist der Inhaber des Berichtigungsanspruchs nach § 894 BGB, d.h. der durch die Unrichtigkeit unmittelbar Betroffene.[117] 30

Die Eintragung muss angeben, **gegen welche konkrete Unrichtigkeit** der Widerspruch gerichtet ist, ein pauschal „gegen die Unrichtigkeit des Grundbuchs" gerichteter Widerspruch wäre inhaltlich unzulässig.[118] Nicht erforderlich ist dagegen die Angabe des Grundes der Unrichtigkeit, also eine Begründung des Berichtigungsanspruchs, dementsprechend sind hier fehlerhafte Angaben unschädlich.[119] 31

Die Eintragung des Widerspruchs im Grundbuch erfolgt wie bei den übrigen Widersprüchen nach den Vorschriften der §§ 12, 19 GBV (siehe § 12 GBV Rdn 1 ff.).[120] 32

3. Wirkung

Der Amtswiderspruch steht in seiner Wirkung dem Widerspruch nach § 899 BGB gleich, d.h. er verhindert einen Erwerb kraft öffentlichen Glaubens (§ 892 Abs. 1 BGB), die Buchersitzung (§ 900 Abs. 3 BGB), das Erlöschen des Rechts infolge Verjährung des Berichtigungsanspruchs (§§ 901, 902 Abs. 2 BGB) sowie die Möglichkeit eines Ausschlusses des wahren Eigentümers im Wege des Aufgebotsverfahrens (§ 927 Abs. 3 BGB) und sorgt so für die Erhaltung des durch die Unrichtigkeit betroffenen Rechts.[121] 33

Hingegen begründet die Eintragung des Widerspruchs als solche **keine positive Rechtsstellung** des Eingetragenen – weder ein dingliches Recht noch eine Verfügungsbefugnis über das geschützte oder gar das betroffene Recht.[122] Zudem hat der Widerspruch weder die Wirkung einer Verfügungsbeschränkung noch entkräftet er die Vermutung des § 891 BGB: Eine Verfügung des eingetragenen Berechtigten über das von dem Widerspruch betroffene Recht hat das GBA grundsätzlich solange ungeachtet des Widerspruchs zu vollziehen, bis die Unrichtigkeit des Grundbuchs nicht nur glaubhaft ist, sondern feststeht (Legalitätsprinzip, vgl. § 2 Einl. Rdn 10, 34 ff.). Angesichts der Widerspruchswirkung ist dies für den wahren Berechtigten auch unschädlich, weil der Verlust seiner Rechte aufgrund des Widerspruchs nicht droht. Eine Ausnahme von diesem Grundsatz soll nur für Löschungen gelten, sodass eine Löschung des Rechts auch unter Aufrechterhaltung des Widerspruchs unzulässig sein soll.[123] 34

4. Beseitigung des Amtswiderspruchs

Die Löschung eines inhaltlich zulässigen Widerspruchs von Amts wegen ist – anders als im Fall der §§ 18 Abs. 2, 76 Abs. 2 GBO – grundsätzlich nicht zulässig.[124] Sofern der Widerspruch nicht ausnahmsweise seinerseits inhaltlich unzulässig (vgl. Rdn 40 ff.) oder gegenstandslos ist, muss die Löschung daher von dem durch ihn Betroffenen herbeigeführt werden. Er kann hierzu entweder einen Antrag auf Grundbuchberichtigung (§§ 13, 22 GBO) stellen oder gegen die Eintragung des Amtswiderspruchs die (unbeschränkte) Beschwerde mit dem Ziel der Löschung erheben (§ 71 Abs. 1 GBO): Die Beschränkungen des § 71 Abs. 2 GBO sind hier nicht anwendbar, weil der Amtswiderspruch keine dem öffentlichen Glauben des Grundbuchs zugängliche Eintragung ist (siehe Rdn 13, § 71 GBO Rdn 31 f.).[125] Denkbar ist schließlich auch die Löschung des Widerspruchs von Amts wegen im Verfahren nach §§ 84 ff. GBO, 35

---

115 BeckOGK-BGB/*Hertel*, § 892 Rn 139 m.w.N.; KEHE-GBO/*Schrandt*, 7. Aufl. 2015, § 53 Rn 23.
116 Staudinger/*Picker*, BGB, § 892 Rn 218; MüKo-BGB/*Schäfer*, § 892 Rn 68; a.A. aber *Foerste*, Grenzen der Durchsetzung von Verfügungsbeschränkung und Erwerbsverbot im Grundstücksrecht, 1986, 108 ff.; *Reuter*, MittBayNot 1994, 115, 116.
117 BGH NJW 1962, 963; Rpfleger 1970, 280; vgl. auch: Meikel/*Schneider*, § 53 Rn 117 mit zahlreichen Beispielen und Einzelnachweisen.
118 Bauer/Schaub/*Bauer*, § 53 Rn 54; Meikel/*Schneider*, § 53 Rn 118.
119 KG OLGE 44, 56, 59; Meikel/*Schneider*, § 53 Rn 118.
120 Detailliert: Bauer/Schaub/*Bauer*, § 53 Rn 56.
121 Bauer/Schaub/*Bauer*, § 53 Rn 57; Meikel/*Schneider*, § 53 Rn 121.
122 RGZ 117, 346, 352; Meikel/*Schneider*, § 53 Rn 121.
123 Siehe dazu Meikel/*Schneider*, § 53 Rn 122 m.w.N.
124 OLG Düsseldorf Rpfleger 2012, 21; Bauer/Schaub/*Bauer*, § 53 Rn 62; BeckOK GBO/*Holzer*, § 53 Rn 47; Meikel/*Schneider*, § 53 Rn 124.
125 BayObLGZ 1952, 24, 26; OLG Düsseldorf Rpfleger 2001, 230 = NJOZ 2001, 1140, 1141; Bauer/Schaub/*Bauer*, § 53 Rn 62; Meikel/*Schneider*, § 53 Rn 125.

wenn dieser nach Beseitigung der Grundbuchunrichtigkeit gegenstandslos ist, weil kein zwischenzeitlicher Erwerb stattgefunden hat.[126]

36 In beiden Fällen genügt für die Löschung die Feststellung, dass die Voraussetzungen für die Eintragung des Amtswiderspruchs nicht (mehr) vorliegen, d.h. entweder die angenommene Unrichtigkeit des Grundbuchs nicht mehr glaubhaft ist (zu den Anforderungen siehe Rdn 26),[127] die Vornahme der Eintragung (doch) nicht unter einem Gesetzesverstoß erfolgt war oder wenn zwar beide zuvor genannten Voraussetzungen vorliegen, der hieraus resultierende Grundbuchberichtigungsanspruch aber nicht dem eingetragenen Berechtigten zusteht.[128] Ebenso genügt es für die Löschung des Amtswiderspruchs, wenn der eingetragene Berechtigte – und ggf. zusätzlich jeder von der Löschung betroffene Dritte[129] – sie bewilligt,[130] da die möglichen Amtshaftungsansprüchen, deren Vermeidung § 53 GBO ebenfalls dient, dann die Grundlage entzogen ist.[131] Aus diesem Grund ist in jenem Fall die erneute Eintragung eines Widerspruchs gleichen Inhalts von Amts wegen durch das GBA ausgeschlossen.[132] Insoweit steht dem durch den Widerspruch nachteilig Betroffenen ein Anspruch aus § 894 BGB gegen denjenigen zu, zu dessen Gunsten der Widerspruch eingetragen ist.[133] Dieser muss, soweit der Widerspruch inhaltlich unrichtig ist, in der Konsequenz die Löschung desselben bewilligen.

37 Mit der (rechtmäßigen) Löschung verliert der Amtswiderspruch seine Wirkung, wobei umstritten ist, ob und inwieweit dies mit Rückwirkung geschieht.[134] Dies kann jedoch nur im Fall der Beseitigung des Widerspruchs durch wirksame Anfechtung oder bei Nichteinhaltung der Zustellungsfrist für die einstweilige Verfügung angenommen werden.[135] Beruht das Unwirksamwerden des Widerspruchs hingegen auf der Aufhebung der einstweiligen Verfügung oder der vollstreckbaren Entscheidung, so ergibt sich keine Rückwirkung, da andernfalls der Schutzzweck dieser Rechtsinstrumente unterlaufen würde und gesetzliche Anhaltspunkte für eine beabsichtigte Rückwirkung fehlen.[136]

C. Amtslöschung

38 Die Amtslöschung nach § 53 Abs. 1 S. 2 GBO dient dazu, mit möglichst geringem Aufwand solche Eintragungen zu beseitigen, die schon ihrem Inhalt nach (aus sich heraus) unzulässig und deshalb rechtlich bedeutungslos sind (vgl. Rdn 40).

I. Betroffene Eintragungen

39 Der Amtslöschung kann grundsätzlich jede im Rechtsverkehr erhebliche, selbstständige Eintragung (vgl. Rdn 6 f.) unterliegen,[137] **außer Betracht** bleiben daher Eintragungen auf Anordnung des Beschwerdegerichts[138] ebenso wie Vermerke rein tatsächlichen Inhalts bzw. mit bloßem Hinweischarakter (siehe Rdn 7).[139] Trotz ihrer Rechtserheblichkeit sind **Löschungen ihrerseits generell nicht der Amtslöschung zugänglich**, weil sie keinen unzulässigen Inhalt haben können, da die Löschung eines bestehenden Rechts selbst immer rechtlich möglich ist; in diesem Fall ist nur die Eintragung eines Amtswiderspruchs gegen die Löschung möglich.[140]

---

126 OLG Neustadt/W. Rpfleger 1960, 153; OLG München NJW-RR 2009, 597, 598; Bauer/Schaub/*Bauer*, § 53 Rn 63; Meikel/*Schneider*, § 53 Rn 128.
127 OLG Rostock MDR 2014, 1076 = FGPrax 2014, 246.
128 OLG Hamm OLGZ 1967, 342, 344; OLG Jena Rpfleger 2001, 73; OLG Düsseldorf Rpfleger 2001, 230; Bauer/Schaub/*Bauer*, § 53 Rn 62; Meikel/*Schneider*, § 53 Rn 125.
129 Z.B. des nicht miteingetragenen Ehegatten im Fall der §§ 1365 f. BGB, vgl. Meikel/*Schneider*, § 53 Rn 126 m.w.N.
130 OLG Brandenburg FGPrax 2017, 245; Bauer/Schaub/*Bauer*, § 53 Rn 62; Meikel/*Schneider*, § 53 Rn 126.
131 Meikel/*Schneider*, § 53 Rn 126.
132 KG HRR 1933 Nr. 142; Bauer/Schaub/*Bauer*, § 53 Rn 62; Meikel/*Schneider*, § 53 Rn 126.
133 BGH RNotZ 2023, 215, 217.
134 Diff.: Staudinger/*Picker*, BGB, § 899 Rn 95 ff.; MüKo-BGB/*Schäfer*, § 899 Rn 27 f.; vgl. auch Meikel/*Schneider*, § 53 Rn 127; für generelle Ex-nunc-Wirkung siehe z.B. Bauer/Schaub/*Bauer*, § 53 Rn 62 mit der Begründung, dass einer Grundbucheintragung Rechtswirkungen nicht für die Vergangenheit zukommen sollen.
135 Staudinger/*Picker*, BGB, § 899 Rn 95 ff.
136 Staudinger/*Picker*, BGB, § 899 Rn 97.
137 Vgl. Bauer/Schaub/*Bauer*, § 53 Rn 65; Demharter, § 53 Rn 54.
138 *Demharter*, § 53 Rn 54.
139 Meikel/*Schneider*, § 53 Rn 129.
140 BayObLGZ 1961, 23, 26 = NJW 1961, 1263, 1265.

II. Inhaltliche Unzulässigkeit

1. Definition

Das für die Amtslöschung maßgebende Kriterium der inhaltlichen Unzulässigkeit stellt deutlich höhere Anforderungen, als für die Eintragung eines Amtswiderspruchs einzuhalten sind. Inhaltlich unzulässig ist eine Eintragung gerade nicht schon deshalb, weil sie nicht hätte vorgenommen werden dürfen (vgl. Rdn 15 ff.) und/oder zu einer Grundbuchunrichtigkeit (siehe Rdn 20 ff.) führt, sondern dies ist nur dann gegeben, wenn die Eintragung **rechtlich ausgeschlossen** ist, d.h. einen Rechtszustand oder -vorgang verlautbart, den es nicht geben kann (vgl. Rdn 46 ff. zu den einzelnen Fallgruppen).[141] Eine solche Eintragung kann keine Rechtsänderung begründen. Die Frage der inhaltlichen (Un-)Zulässigkeit einer bestimmten Gestaltung ist nicht der Vereinbarung der Beteiligten zugänglich.[142]

40

2. Grundlagen der Beurteilung der inhaltlichen Unzulässigkeit

a) Unterlagen

Die inhaltliche Unzulässigkeit der Eintragung ist **allein anhand des Eintragungsvermerks und der** – soweit zulässig (§§ 874, 1115 Abs. 1 Hs. 2 BGB) – in Bezug genommenen **Eintragungsbewilligung** samt Anlagen[143] zu beurteilen.[144] So ist z.B. im Fall einer gegen § 867 Abs. 2 S. 1 ZPO verstoßenden Eintragung einer Zwangssicherungshypothek § 53 Abs. 1 S. 2 GBO nur dann anwendbar, wenn sich der Verstoß unmittelbar aus dem Grundbuchblatt des zweiten Grundstücks ergibt (vgl. Rdn 49); ansonsten liegt eine bloße Grundbuchunrichtigkeit vor, der nur nach § 53 Abs. 1 S. 1 GBO begegnet werden kann.[145] Ausnahmsweise können außerhalb des Grundbuchs liegende Umstände dann herangezogen werden, wenn sie nach den besonderen Umständen des Einzelfalls für jedermann ohne weiteres erkennbar sind.[146] Liegt dieser Sonderfall nicht vor, so bleiben allerdings außerhalb des Grundbuchs inklusive der Unterlagen, auch welche verwiesen wird, liegende Aspekte für die Bemessung der Unzulässigkeit außer Betracht.[147]

41

b) Maßgebender Zeitpunkt

Die inhaltliche Zulässigkeit einer Eintragung ist grundsätzlich nach dem zum Zeitpunkt ihrer **Vornahme** geltenden Recht zu beurteilen,[148] ebenso sind bei der Auslegung der Eintragung allein die Verkehrsauffassung und der Sprachgebrauch jener Zeit zu berücksichtigen.[149] Weiterhin zulässig bleiben daher insbesondere auch vor dem Inkrafttreten des BGB am 1.1.1900 vorgenommene Eintragungen von Rechten, die mit den Vorgaben des BGB (Typenzwang und Typenfixierung, vgl. § 1 Einl. Rdn 61 f.) unvereinbar sind, sofern sie zum Zeitpunkt der Eintragung zulässig waren (Art. 184 EGBGB).[150] Es kommt folglich nicht darauf an, ob die Eintragung nach heutigen, bei einer Neueintragung zu stellenden Anforderungen unwirksam wäre.[151]

42

Eine nachträgliche Gesetzesänderung kann daher nur dann ausnahmsweise zur Unzulässigkeit ursprünglich zulässiger Eintragungen führen, wenn das neue Gesetz – soweit dies verfassungsrechtlich zulässig ist – rückwirkende Kraft hat.[152] Änderungen der Rspr. stellen nur einen Akt der Rechtserkenntnis dar, so dass sich das geltende Recht nicht verändert. Infolgedessen sind Eintragungen auch dann von Anfang an unzulässig, wenn zum Zeitpunkt der Eintragung eine andere Ansicht vorherrschend war und die Rechtsprechung derartige Fälle abweichend beurteilte.[153]

43

---

141 OLG München Rpfleger 2014, 251 = NJOZ 2014 685, 686; zur Abgrenzung umfassend und mit zahlreichen Beispielen: Meikel/*Schneider*, § 53 Rn 130 ff.
142 KG JFG 3, 315, 316; Bauer/Schaub/*Bauer*, § 53 Rn 66.
143 OLG München NJOZ 2017, 822, 824.
144 RGZ 88, 83, 88; 113, 223, 229; OLG Hamm OLGZ 1993, 43, 45; OLG München NotBZ 2013, 118; Rpfleger 2014, 251 = NJOZ 2014 685, 686; Bauer/Schaub/*Bauer*, § 53 Rn 67; eingehend und mit zahlreichen Einzelnachweisen: Meikel/*Schneider*, § 53 Rn 135.
145 BayObLG Rpfleger 1986, 372; Meikel/*Schneider*, § 53 Rn 135.
146 OLG München NJOZ 2017, 822, 824.
147 Meikel/*Schneider*, § 53 Rn 31, 135.
148 RGZ 98, 215, 220; BayObLG Rpfleger 1998, 334 = MittBayNot 1998, 257, 258; KG OLGZ 1977, 6, 8; Bauer/Schaub/*Bauer*, § 53 Rn 68; Meikel/*Schneider*, § 53 Rn 136.
149 BayObLG Rpfleger 1976, 250; Rpfleger 1981, 479; Bauer/Schaub/*Bauer*, § 53 Rn 68; Meikel/*Schneider*, § 53 Rn 136.
150 Bauer/Schaub/*Bauer*, § 53 Rn 68; vgl. auch: OLG München NJOZ 2015, 12.
151 OLG München FGPrax 2018, 12.
152 BayObLGZ 1953, 165, 172; KG OLGE 21, 19, 23; OLGZ 1977, 6, 8; Bauer/Schaub/*Bauer*, § 53 Rn 68; Meikel/*Schneider*, § 53 Rn 136.
153 *Reuter*, Rpfleger 1986, 285, 288; a.A. Bauer/Schaub/*Bauer*, § 53 Rn 68.

44 Nachträglich eintreten kann eine inhaltliche Unzulässigkeit einer Eintragung auch durch Veränderungen des übrigen Grundbuchinhalts, etwa wenn eine an mehreren Miteigentumsanteilen (Wohnungseigentumseinheiten) lastende, nur am ganzen Grundstück ausübbare Dienstbarkeit an einzelnen Anteilen erlischt, z.B. infolge der Zwangsversteigerung einer Einheit: Soweit die Dienstbarkeit nicht isoliert an den einzelnen Miteigentumsanteilen ausgeübt werden kann, erlischt sie insgesamt; die Löschung der Dienstbarkeit an der versteigerten Einheit hat zur Folge, dass sie auch an allen übrigen (nicht versteigerten) Anteilen bzw. Einheiten als inhaltlich unzulässig zu löschen ist.[154] Des Weiteren kann die Vervollständigung der Eintragung durch einen entsprechenden Zusatzvermerk die inhaltliche Unzulässigkeit nachträglich (ex nunc) entfallen lassen.[155]

45 Kein Fall einer rückwirkend eintretenden Unzulässigkeit der Eintragung ist jedoch gegeben, wenn eine zulässigerweise in Bezug genommene Bewilligungsurkunde durch Kriegseinwirkungen oder andere, mit massiven und weitreichenden Auswirkungen verbundene Umstände (z.B. Naturkatastrophen) zerstört worden ist und daher entgegen der in § 10 Abs. 1 GBO statuierten gesetzlichen Pflicht nicht mehr vom GBA aufbewahrt wird. Das Recht war bei Eintragung durch zulässige Bezugnahme hinreichend definiert und ein späterer Untergang der Bewilligung kann das einmal rechtswirksam entstandene Recht nicht unzulässig im Sinne von § 53 Abs. 1 S. 2 GBO machen.[156]

c) Fallgruppen inhaltlich unzulässiger Eintragungen

46 **aa) Nicht eintragungsfähige Rechte.** Zu den von § 53 Abs. 1 S. 2 GBO erfassten Eintragungen gehören erstens Verhältnisse, deren Verlautbarung im Grundbuch generell nicht zugelassen ist, weil sie kein dingliches Recht zum Gegenstand haben, sondern nur Tatsachen oder persönliche Rechte sind, z.B. Mietrechte[157] oder schuldrechtliche An- und Wiederkaufsrechte.[158] Ebenfalls hierher gehört die Satzung einer aus Miteigentümern bestehenden Interessentengemeinschaft, da sie nicht den Rechtszustand der Grundstücke betrifft, sondern primär Organisationsstatut ist.[159] Nicht geklärt ist, ob Regelungen zur Verteilung der Kosten und Lasten im Rahmen des § 1010 BGB eintragungsfähig sind.[160] Dies ist aber richtigerweise zu bejahen, da sie Inhalt der Benutzungsregelung sind, so dass eine Amtslöschung ausscheiden muss.

47 Zweitens sind auch gewisse dingliche Rechte nicht eintragungsfähig: Hierzu zählen insbesondere die öffentlichen Lasten, soweit deren Eintragung nicht ausnahmsweise zugelassen ist (vgl. § 54 GBO Rdn 4 ff.) sowie auf öffentlichem Recht beruhende Nutzungsrechte[161] und öffentlich-rechtliche Beschränkungen.[162] Die zunehmend erhobene Forderung nach genereller Eintragung der zuletzt genannten Beschränkungen zum Schutz des Rechtsverkehrs[163] ist mit der derzeitigen Rechtslage, die eine Eintragung nur aufgrund besonderer gesetzlicher Anordnung zulässt, nicht vereinbar,[164] so dass sie allein rechtspolitischer Natur ist.

48 **bb) Eintragungen mit unerlaubtem Inhalt.** Zur inhaltlichen Unzulässigkeit eintragungsfähiger Rechte führt es ebenfalls, wenn diese mit einem gesetzlich nicht zugelassenen Inhalt eingetragen werden.[165] Die Zulässigkeit ist dabei nach den allgemeinen Vorgaben zu beurteilen, die das materielle Recht für jedes einzelne dingliche Recht aufstellt (siehe § 19 GBO Rdn 21 ff.).

---

154 OLG Düsseldorf RNotZ 2011, 40.
155 Meikel/*Schneider*, § 53 Rn 137 m.w.N.
156 OLG Köln MittBayNot 2022, 229, 230; OLG München FGPrax 2018, 12, 13.
157 RGZ 54, 233, 235; OLG Hamm DNotZ 1957, 314; Meikel/*Schneider*, § 53 Rn 142.
158 Meikel/*Schneider*, § 53 Rn 143; ein dingliches Recht ist hingegen z.B. das im Grundbuch eingetragene Wiederkaufsrecht nach § 20 SiedlG: BGHZ 57, 356 = NJW 1972, 537, 538.
159 Meikel/*Schneider*, § 53 Rn 144.
160 Daf.: BayObLG Rpfleger 1993, 59; MüKo-BGB/*Karsten Schmidt*, § 1010 Rn 9 (soweit sich die Regelung als Bestandteil einer Verwaltungs- und Benutzungsregelung darstellt); dag. OLG Hamm Rpfleger 1973, 167; Grüneberg/*Herrler*, BGB, § 1010 BGB (Eintragungsfähigkeit sei aber gegeben bei untrennbarer Verbindung mit der Benutzungsregelung); Staudinger/*Thole*, BGB, § 1010 Rn 20 m.w.N.
161 BayObLGZ 1960, 447, 453; Bauer/Schaub/*Bauer*, § 53 Rn 71; Meikel/*Schneider*, § 53 Rn 151.
162 Detailliert: Meikel/*Schneider*, § 53 Rn 153.
163 *Michalski*, MittBayNot 1988, 204, 208; *Schöner*, MittBayNot 1984, 17, 18.
164 H.M.: RGZ 55, 270, 273; BayObLGZ 1960, 447, 451; Bauer/Schaub/*Bauer*, § 53 Rn 71; Meikel/*Schneider*, § 53 Rn 153.
165 OLG München FGPrax 2018, 110 (Eintragung eines Wohnungsrechts anstatt einer Wohnungsreallast).

Inhaltlich unzulässig sind bspw.[166] die Eintragung einer **Zwangssicherungshypothek** unter dem Mindestbetrag des § 866 Abs. 3 S. 1 ZPO,[167] als Gesamtrecht (§ 867 Abs. 2 S. 1 ZPO)[168] oder unter Verstoß gegen das Verbot der Doppelsicherung.[169] Gleichermaßen unzulässig ist die Eintragung von als Nebenforderung titulierten Zinsen in kapitalisierter Form als Teil der Hauptforderung im Rahmen einer Zwangssicherungshypothek[170] sowie das Unterlassen einer Verteilung von titulierten Zinsen auf einzelne Grundstücke, soweit mehrere durch die Zwangssicherungshypothek belastet werden sollen.[171] Die Eintragung einer Grunddienstbarkeit oder beschränkten persönlichen **Dienstbarkeit an einem ideellen Miteigentumsanteil**, sofern das Recht seiner Art nach nur am ganzen Grundstück ausgeübt werden kann (z.B. ein Wege- oder Leitungsrecht),[172] ist ebenso unzulässig, wie wenn eine solche Dienstbarkeit die Grenze zum Nießbrauch überschreitet, indem sie dem Berechtigten sämtliche Nutzungen und Befugnisse gestattet.[173] Dies ist bspw. bei einer Dienstbarkeit der Fall, die jegliche Nutzung im Rahmen der jeweiligen öffentlich-rechtlichen Vorschriften zulässt, auch wenn die Ausübung des Nutzungsrechts auf eine Teilfläche des dienenden Grundstücks begrenzt ist.[174] Eine Dienstbarkeit ist gleichermaßen dann unzulässig ausgestaltet, wenn sie sich auf ein positives Tun des Verpflichteten richtet sowie in sonstigen Fällen, in denen die Dienstbarkeit unzulässig ein bestimmtes Verhalten absichern soll.[175] Ebenso inhaltlich unzulässig ist eine Grunddienstbarkeit mit der schlagwortartigen Bezeichnung „Benutzungsrecht hinsichtlich einer Teilfläche"[176] sowie eine beschränkte persönliche Dienstbarkeit, die auch (in anderen als den in § 1092 Abs. 2, 3 BGB bezeichneten Fällen) übertragbar sein soll.[177]

49

Von § 53 Abs. 1 S. 2 GBO erfasst wird ferner die Eintragung eines Erbbaurechts an anderer als erster Rangstelle;[178] die Eintragung eines dinglichen Vorkaufsrechts mit der Bestimmung, dass der Kauf nur zum Schätzpreis erfolgt;[179] die Eintragung eines nicht rechtsfähigen Personenzusammenschlusses;[180] die Eintragung einer GbR, die nach dem 18.8.2009 und vor dem 1.1.2024 ohne ihre Gesellschafter im Grundbuch vermerkt wurde;[181] die Eintragung gleichrangiger Vorkaufsrechte, sofern nicht bei der Bestellung des Rechts eine Kollisionsregel für den Fall der mehrfachen Ausübung des Rechts getroffen wird[182] sowie die Eintragung eines Eigentumsverzichts hinsichtlich eines ideellen Miteigentumsanteils, auch wenn dieser zu einer Wohnungs- oder Teileigentumseinheit gehört.[183] Inhaltlich unzulässig ist eine Eintragung einer Reallast zudem dann, wenn die hierdurch abgesicherte Verpflichtung noch nicht einmal bestimmbar ist, es insbesondere an einem objektiven Maßstab fehlt, der als Grundlage für die Berechnung der jährlichen Verpflichtung dienen kann.[184] Vice versa ist auch die Eintragung einer Dienstbarkeit unzulässig, wenn der Inhalt einer Reallast vereinbart wurde.[185] Von § 53 Abs. 1 S. 2 GBO umfasst ist darüber

50

---

166 Eine erschöpfende Zusammenstellung bietet Meikel/*Schneider*, § 53 Rn 194 ff.
167 RGZ 60, 279, 284; BayObLGZ 1975, 398, 403.
168 RGZ 163, 121, 125; OLG Stuttgart Rpfleger 1971, 191 = NJW 1971, 898; BayObLGZ 1975, 398, 403.
169 OLG Köln WM 1996, 151 f.; Bauer/Schaub/*Bauer*, § 53 Rn 72; das Verbot der Doppelbelastung steht nach h.M. jedoch nicht der Eintragung einer Zwangshypothek entgegen, wenn zur Sicherung derselben Forderung bereits eine Grundschuld bestellt worden ist: OLG München IBRRS 2015, 0817.
170 BGH FGPrax 2022, 49, 50.
171 KG FGPrax 2020, 154, 155 f.
172 KG JW 1933, 626; Rpfleger 1975, 68; denkbar ist hingegen z.B. die Ausübung eines Wohnungsrechts an einer einzelnen Wohnungseigentumseinheit. Zulässig ist ein Vermerk über räumliche Ausübungsbeschränkungen (§ 1023 BGB).
173 BayObLGZ 1989, 442, 444; Bauer/Schaub/*Bauer*, § 53 Rn 72 m.w.N.; siehe auch zur Abgrenzung zwischen Dienstbarkeit und Nießbrauch: BGH MittBayNot 2019, 336, 338.
174 BGH BeckRS 2014, 23017; siehe zur Unbeachtlichkeit der Ausübungsbeschränkung auf einen Teil des Grundstücks auch BGH MittBayNot 2019, 336, 338.
175 Siehe dazu OLG München MittBayNot 2020, 143, das annimmt, dass nur Dienstbarkeiten, die ein tatsächlich abgrenzbares Verhalten untersagen, zulässigerweise in das Grundbuch eingetragen werden dürfen; hierzu aber kritisch *Forschner*, MittBayNot 2020, 107.
176 OLG München BeckRS 2016, 21233.
177 OLG München Rpfleger 2014, 251.
178 BGH NJW 1954, 1443; insoweit besteht aber nach § 10 Abs. 2 ErbbauRG ein Vorbehalt für das Landesrecht, von dem z.B. in § 50 SächsJG Gebrauch gemacht wurde, vgl. dazu und zu sonstigen Ausnahmen: Staudinger/*Rapp*, § 10 ErbbauRG Rn 12 ff.
179 OLG Frankfurt FGPrax 2017, 202: Durch die inhaltliche Unzulässigkeit nur eines Teils der Grundbucheintragung wird die Zulässigkeit der restlichen Eintragung nicht berührt, wenn diese für sich den wesentlichen Anforderungen genügt und im Wege der Auslegung davon auszugehen ist, dass auch ein zulässiges nicht preislimitiertes dingliches Vorkaufsrecht von der Einigung der Vertragsparteien umfasst ist.
180 KG FGPrax 2017, 19 für den nicht rechtsfähigen Verein, wenn dieser nach dem 18.8.2009 allein unter seinem Namen eingetragen wurde.
181 KG FGPrax 2017, 19.
182 OLG Hamm FGPrax 2017, 9.
183 BGHZ 172, 209; 172, 338.
184 OLG Brandenburg BeckRS 2019, 35195.
185 OLG München FGPrax 2018, 110, 111 zur Eintragung eines Wohnungsrechts trotz materiell vereinbarter Wohnungsgewährungsreallast.

hinaus eine Aufteilung eines Grundstücks nach dem WEG, wenn die gebildeten Miteigentumsanteile mehr als ein Ganzes umfassen.[186]

51 **cc) Eintragung ohne den gesetzlich gebotenen Mindestinhalt.** Die inhaltliche Unzulässigkeit der Eintragung eines an sich eintragungsfähigen Rechts kann ebenfalls dadurch eintreten, dass die Eintragung nicht den gesetzlich vorgeschriebenen Mindestinhalt aufweist. Hierzu zählen insbesondere die Eintragung von Rechten, Vormerkungen, Widersprüchen[187] und Veräußerungsverboten ohne die Angabe eines Begünstigten,[188] die Eintragung einer Grunddienstbarkeit oder beschränkten persönlichen Dienstbarkeit ohne schlagwortartige Bezeichnung ihres Inhalts im Eintragungsvermerk[189] und ganz allgemein die unzureichende Bestimmtheit bzw. Bestimmbarkeit des Umfangs und Inhalts des Rechts.[190] Dazu soll nach teilweise vertretener Ansicht die Eintragung eines Erbbaurechts ohne nähere Bestimmung des Bauwerks gehören.[191] Der BGH hat allerdings bereits entschieden, dass eine Beschränkung auf alle Bauwerke zulässig sein soll, die ihrerseits öffentlich-rechtlich zulässig sind, wobei es nicht darauf ankommt, ob die Zulässigkeit zum jetzigen Zeitpunkt vorliegt oder erst später eintritt.[192] Legt man dies aber zugrunde, so kann es keine wirksame Anforderung an eine Konkretisierung geben, weil mögliche Änderungen des Bebauungsplans jederzeit möglich sind und daher faktisch jedes Bauwerk gestattet wird.

52 **dd) Widersprüchliche und unklare Eintragungen.** Führen auch die Auslegung bzw. Umdeutung der Eintragung (vgl. Rdn 9 ff.) nicht zu einer eindeutigen Feststellung des Inhalts und Umfangs des Rechts, so ist sie inhaltlich unzulässig.[193] Soweit der Eintragungsinhalt jedoch bestimmbar ist, ist keine Löschung durchzuführen, sinnvoll ist jedoch zur Vermeidung von Zweifeln die Anbringung eines Klarstellungsvermerks.[194] Inhaltlich unzulässig ist demnach auch eine an sich eintragungsfähige Bestimmung, wenn sie mit der ebenfalls zum Grundbuchinhalt gewordenen Eintragungsbewilligung in einem unlöslichen Widerspruch steht.[195]

53 **ee) Sonstige Fälle inhaltlich unzulässiger Eintragungen.** Eintragungen, die auf Rechtsgeschäften beruhen, welche ihrerseits wegen eines Verstoßes gegen zwingendes materielles Recht (insbesondere §§ 134, 138, 307 ff. BGB) nichtig sind, sind nicht allein deswegen stets inhaltlich unzulässig.[196] Inhaltliche Unzulässigkeit liegt vielmehr nur dann vor, wenn das Recht mit dem eingetragenen Inhalt aus Rechtsgründen nicht bestehen kann, eine Vereinbarung jenes Inhalts also generell (z.B. auch außerhalb des Anwendungsbereichs der §§ 307 ff. BGB im Wege der Individualvereinbarung) unzulässig ist.[197]

54 **Überflüssige Eintragungen** sind ebenfalls **nicht generell inhaltlich unzulässig**: Von Amts wegen gelöscht werden können sie vielmehr nur dann, wenn sie ausschließlich Aussagen ohne sachenrechtliche Bedeutung, z.B. hinsichtlich einer Vertretungsbefugnis, enthalten[198] oder lediglich eine Berechtigung wiederholen, die sich schon aus dem Gesetz ergibt.[199] Im Grundbuch verbleiben können dagegen sachenrechtlich erhebliche, wenn auch eigentlich unnötige Aussagen über den Umfang und Inhalt eines Rechts, z.B. die Eintragung gesetzlicher Zinsen oder eines gesetzlichen Rangverhältnisses.[200]

---

186 KG DNotZ 2023, 209, 211.
187 OLG München BeckRS 2018, 17976.
188 BGH NJW 1985, 3070; NJW 1962, 963; Bauer/Schaub/*Bauer*, § 53 Rn 73; eingehend: Meikel/*Schneider*, § 53 Rn 157 m.w.N.; vgl. insoweit auch: OLG München Rpfleger 2014, 251 (zur Amtslöschung einer altrechtlichen Dienstbarkeit ohne eingetragenen Berechtigten).
189 OLG Hamm DNotZ 1954, 207, 208; OLG Düsseldorf NJW-RR 1996, 15; BayObLGZ 1990, 35, 36; OLG München FGPrax 2018, 12; Bauer/Schaub/*Bauer*, § 53 Rn 73.
190 Ausf.: Meikel/*Schneider*, § 53 Rn 165 ff.
191 Diff.: OLG München NotBZ 2013, 118; vgl. auch: OLG Frankfurt OLGZ 1983, 165; *Demharter*, § 53 Rn 45.
192 BGH DNotZ 1988, 161.
193 RGZ 113, 223, 231; BayObLGZ 1987, 390, 393; 1990, 35, 36; OLG Frankfurt Rpfleger 1980, 280; Bauer/Schaub/*Bauer*, § 53 Rn 73.
194 OLG München NJOZ 2014, 685, 686; Bauer/Schaub/*Bauer*, § 53 Rn 73.
195 OLG München NZM 2017, 611, 612; siehe auch OLG Stuttgart ZWE 2022, 444 zu einem Widerspruch zwischen Eintragung als Wohnungseigentum und Bezeichnung als Teileigentum in der Teilungserklärung.
196 Bauer/Schaub/*Bauer*, § 53 Rn 74; *Demharter*, § 53 Rn 48; *Schöner/Stöber*, Rn 212; a.A. *Böttcher*, Rpfleger 1989, 408 f.: Zwischen einer Grundbuchunrichtigkeit und einer inhaltlichen Unzulässigkeit bestehe ein Aliud-Verhältnis.
197 OLG Köln Rpfleger 1989, 405; Meikel/*Schneider*, § 53 Rn 132; a.A. *Böttcher*, Rpfleger 1989, 408 f.
198 LG Düsseldorf Rpfleger 1977, 167; Meikel/*Schneider*, § 53 Rn 134.
199 Bauer/Schaub/*Bauer*, § 53 Rn 73; Meikel/*Schneider*, § 53 Rn 134.
200 Eingehend und mit zahlreichen Einzelnachweisen: Meikel/*Schneider*, § 53 Rn 134.

III. Löschungsverfahren

1. Voraussetzungen der Amtslöschung

Das GBA hat auch im Fall des § 53 Abs. 1 S. 2 GBO stets von Amts wegen tätig zu werden, ein insoweit gestellter „Antrag" hat lediglich die Bedeutung einer Anregung (§ 26 FamFG).[201] Daher steht es der Durchführung der Amtslöschung auch nicht entgegen, wenn ein Beteiligter die Eintragung eines Amtswiderspruchs verlangt, weil er meint, dass (nur) die Voraussetzungen des § 53 Abs. 1 S. 1 GBO erfüllt seien.[202] Allerdings muss das GBA Löschungsanregungen aufgreifen und verbescheiden.[203]

Die Unzulässigkeit der Eintragung muss sich mit Sicherheit aus ihr selbst heraus ergeben (vgl. Rdn 41), jede Möglichkeit einer Auslegung oder Umdeutung hin zu einer zulässigen Eintragung (siehe Rdn 9 ff.) muss ausgeschlossen sein.[204] Die Löschung darf nicht erfolgen, soweit die Unzulässigkeit von Vorfragen abhängt, die der Beurteilung (Prüfungskompetenz) des GBA entzogen sind.[205] Dementsprechend ist das GBA auch – positiv wie negativ – an die Beurteilung zivilrechtlicher Vorfragen durch ein rechtskräftiges Urteil des jeweiligen Prozessgerichts, z.B. die Feststellung oder Verneinung einer Nichtigkeit des Rechtsgeschäfts nach § 138 BGB, gebunden.[206]

Vor der Entscheidung über die Löschung ist allen formell Beteiligten, namentlich allen in der Eintragung als Berechtigte Bezeichneten, auch im Fall von Eigentümerrechten[207] **rechtliches Gehör** zu gewähren. Zwar enthält die Grundbuchordnung selbst keine Regelung zur Gewährung rechtlichen Gehörs. Auch das FamFG regelt dies nur für spezielle Verfahrenssituationen, etwa § 28 Abs. 1 S. 2 FamFG oder § 30 Abs. 4 FamFG. Soweit die Gehörsgewährung im Grundbuchverfahren hiervon nicht erfasst ist, ergibt sich die Notwendigkeit hierzu bereits aus Art. 103 Abs. 1 GG.[208] Umstritten ist, ob die Löschungsankündigung auch in Form eines beschwerdefähigen Vorbescheids erfolgen darf.[209] Wenngleich dies regelmäßig nicht geboten ist – Voraussetzung für die Amtslöschung ist ja, dass die inhaltliche Unzulässigkeit der Eintragung feststeht, bei Zweifeln hat die Löschung zu unterbleiben –, mag die Anwendung dieses Instruments in Ausnahmefällen sachgerecht sein.[210] Jedenfalls ist es dem GBA nicht verwehrt, den Beteiligten ein Mehr an Rechtsschutzmöglichkeiten durch den Vorbescheid zu gewähren.

2. Entscheidung und Durchführung der Amtslöschung

Ergibt das Verfahren des GBA, dass die Voraussetzungen der Amtslöschung nicht vorliegen, so ist das Verfahren einzustellen. Einer diesbezüglichen förmlichen Entscheidung (durch Beschluss) bedarf es nur, soweit Dritte formell beteiligt waren.[211] Dies gilt insbesondere auch dann, wenn ein Bürger die Durchführung angeregt hat, da insoweit das GBA die Anregung verbescheiden muss.[212]

Sind die Voraussetzungen des § 53 Abs. 1 S. 2 GBO dagegen erfüllt, ist die unzulässige Eintragung einschließlich aller an sie anknüpfenden Eintragungen zu löschen.[213] Eine teilweise Löschung ist zulässig, soweit der verbleibende Teil isoliert eine zulässige Eintragung bildet, d.h. ein eintragungsfähiges Recht umfasst[214] und keinen sonstigen erheblichen Mangel (vgl. Rdn 46 ff.) aufweist.[215] Das GBA muss in diesem Fall aber weiter prüfen, ob sich aus der verbleibenden Teileintragung eine Unrichtigkeit des Grund-

---

201 OLG München NotBZ 2013, 118; Bauer/Schaub/*Bauer*, § 53 Rn 75; Meikel/*Schneider*, § 53 Rn 353.
202 RGZ 60, 279, 284; Meikel/*Schneider*, § 53 Rn 353.
203 Bauer/Schaub/*Bauer*, § 53 Rn 75.
204 BayObLGZ 1961, 23, 35; OLG München Rpfleger 2014, 251; BeckOK GBO/*Holzer*, § 53 Rn 79 ff.; eingehend auch: Meikel/*Schneider*, § 53 Rn 138.
205 BayObLGZ 1979, 434, 437; BayObLG MDR 1981, 759; Bauer/Schaub/*Bauer*, § 53 Rn 75.
206 BGH MittBayNot 2019, 336, 337; OLG Zweibrücken OLGZ 1984, 385; Meikel/*Schneider*, § 53 Rn 139.
207 BayObLGZ 1961, 23; BayObLG Rpfleger 1998, 334.
208 BeckOK GBO/*Holzer*, § 1 Rn 118.
209 LG Memmingen Rpfleger 1990, 251; LG Koblenz Rpfleger 1997, 158 (ausnahmsweise zulässig, wenn aufgrund aller denkbaren und möglichen Entscheidungen des Rechtspflegers Amtshaftungsansprüche in Rede stehen und die Rechtslage eindeutig ist bzw. die entscheidende Frage in Rspr. und Lit. kontrovers behandelt wird); Meikel/*Schneider*, § 53 Rn 40; a.A. BGH NJW 1980, 2521 (generelle Unzulässigkeit); OLG Dresden BeckRS 2011, 17847; Bauer/Schaub/*Bauer*, § 53 Rn 75; Bauer/Schaub/*Budde*, § 71 Rn 15.
210 Vgl. Meikel/*Schneider*, § 53 Rn 40.
211 *Eickmann*, RpflStud 1984, 1, 7; Meikel/*Schneider*, § 53 Rn 41.
212 Bauer/Schaub/*Bauer*, § 53 Rn 75.
213 Meikel/*Schneider*, § 53 Rn 355.
214 BayObLGZ 1973, 21, 26; 2001, 301; KGJ 38 A 262, 268; KG HRR 1931 Nr. 126; OLG Frankfurt FGPrax 2017, 202. Vgl. auch Bauer/Schaub/*Bauer*, § 53 Rn 76.
215 KGJ 42 A 256, 260.

buchs ergibt, welche ggf. die (zugleich mit der Teillöschung zu vollziehende) Eintragung eines Amtswiderspruchs gebietet.[216]

60 Die **Vornahme der Löschung** im Grundbuch erfolgt nach den allgemeinen Regeln (vgl. § 46 GBO Rdn 3 ff., auch zu den Voraussetzungen einer etwaigen „Grundbuchwäsche").

61 Da die (von Anfang an) inhaltlich unzulässige Eintragung den seinerzeitigen **Eintragungsantrag** nicht erledigen konnte, muss dieser erneut – nach der nunmehrigen Rechtslage – geprüft und beschieden werden.[217] Dies gilt aber nicht für den Fall, dass eine anfänglich zulässige Eintragung erst nachträglich – etwa durch das Erlöschen einer Dienstbarkeit an einzelnen Miteigentumsanteilen des belasteten Grundstücks (siehe Rdn 44) – unzulässig wird, da der Antrag dann durch die frühere, ursprünglich wirksame Eintragung erledigt wurde und daher nun nicht noch einmal zu einer Eintragung führen kann.

3. Rechtsmittel

62 Lehnt das GBA die Amtslöschung ab (vgl. Rdn 58), so ist diese Entscheidung mit der unbeschränkten Beschwerde nach § 71 Abs. 1 GBO anfechtbar. Gleiches gilt für die etwa in Form eines beschwerdefähigen Vorbescheids erfolgte Löschungsankündigung (siehe Rdn 57).[218]

63 Eine vom GBA tatsächlich vorgenommene **Löschung** ist als Eintragung dagegen nur mit der beschränkten Beschwerde nach § 71 Abs. 2 S. 2 GBO – mit dem Ziel der Eintragung eines Amtswiderspruchs gegen die Löschung – anfechtbar (vgl. § 71 GBO Rdn 29).[219]

D. Vorlegung des Briefes

64 Auch in den Fällen des § 53 Abs. 1 GBO gilt der Grundsatz, dass eine Eintragung bei einem Briefgrundpfandrecht nur erfolgen soll, wenn der jeweilige Brief vorgelegt wird (§§ 41 Abs. 1 S. 1, 42 S. 2 GBO, siehe § 41 GBO Rdn 3 ff.).[220] Nötigenfalls hat das GBA die Briefvorlage durch Zwangsmittel (§ 35 FamFG) zu erwirken (§ 62 Abs. 3 S. 1 GBO, vgl. § 62 GBO Rdn 5).

65 Für die **Amtslöschung** nach § 53 Abs. 1 S. 2 GBO gilt das Vorstehende **ohne Ausnahme**, die Briefvorlage ist mithin in jedem Fall notwendige Voraussetzung der Löschung.[221]

66 Im Fall des **Amtswiderspruchs** (§ 53 Abs. 1 S. 1 GBO) ist zu differenzieren: Der o.g. Grundsatz gilt immer, wenn der betroffene Grund- oder Rentenschuldbrief auf den Inhaber ausgestellt ist (Inhabergrundschuld, § 1195 BGB) (§ 53 Abs. 2 S. 2 GBO).[222]

67 In allen anderen Fällen (Hypotheken, sonstige Grund- und Rentenschulden) ist die Briefvorlage nach § 53 Abs. 2 S. 2 GBO dagegen ausnahmsweise dann nicht erforderlich, wenn der Widerspruch einzig den in **§ 41 Abs. 1 S. 2 GBO** bezeichneten Inhalt hat, d.h. er sich allein darauf gründet, dass das Grundpfandrecht oder die hypothekarisch gesicherte Forderung nicht bestehe, einer Einrede unterliege bzw. dass das Grundpfandrecht unrichtig eingetragen sei (eingehend: § 41 GBO Rdn 24 ff.). Dies bildet eine Ausnahme von dem Grundsatz, dass das GBA vor Eintragung des Widerspruchs sicherstellen muss, dass kein gutgläubiger Erwerb erfolgt ist (siehe Rdn 22).[223] In diesen Fällen hat das GBA den Widerspruch nachträglich auf dem Brief zu vermerken, die hierfür erforderliche – nachträgliche – Einreichung des Briefes ist wiederum ggf. mit Zwangsmitteln durchsetzbar (§ 62 Abs. 3 S. 1, 2 GBO).[224]

68 Hat der Widerspruch indes einen **anderen Inhalt**, z.B. dahin, dass die Wirksamkeit einer eingetretenen Rechtsnachfolge bestritten wird, so verbleibt es beim Erfordernis der vorherigen Briefvorlage, da insoweit die Regelung des § 53 Abs. 2 S. 2 GBO belegt, dass der Gesetzgeber die Eintragung des Widerspruchs nicht generell von dem Erfordernis der Briefvorlage dispensieren wollte.[225]

---

216 OLG Zweibrücken Rpfleger 1977, 305.
217 BayObLGZ 1991, 139, 142; Bauer/Schaub/*Bauer*, § 53 Rn 76; Meikel/*Schneider*, § 53 Rn 358.
218 Meikel/*Schneider*, § 53 Rn 40. Vgl. auch Meikel/ *Schmidt-Räntsch*, § 71 Rn 29.
219 BayObLGZ 1961, 23, 26; KG OLGZ 1975, 301, 302; Rpfleger 1975, 68; Bauer/Schaub/*Bauer*, § 53 Rn 77; Meikel/*Schneider*, § 53 Rn 359.

220 Meikel/*Schneider*, § 53 Rn 360.
221 KGJ 42, A 175, 178; Meikel/*Schneider*, § 53 Rn 361.
222 *Demharter*, § 53 Rn 64; Meikel/*Schneider*, § 53 Rn 362.
223 BayObLGZ 1995, 399, 406; *Demharter*, § 53 Rn 65; Meikel/*Schneider*, § 53 Rn 363.
224 KGJ 38, A 294, 297; Meikel/*Schneider*, § 53 Rn 363.
225 KGJ 38, A 294, 297.

§ 54 [Öffentliche Lasten]

Die auf einem Grundstück ruhenden öffentlichen Lasten als solche sind von der Eintragung in das Grundbuch ausgeschlossen, es sei denn, dass ihre Eintragung gesetzlich besonders zugelassen oder angeordnet ist.

A. Inhalt der Vorschrift	1	B. Sicherung durch dingliche Rechte	9
I. Normzweck, Entstehungsgeschichte	1	I. Grundsätze	9
II. Begriff der öffentlichen Last	4	II. Grundpfandrechte	10
III. Rechtsfolgen	6	1. Hypothek	11
1. Grundsätzliches Eintragungsverbot	6	2. Grundschuld	16
2. Ausnahmen	7	III. Baulasten	18

A. Inhalt der Vorschrift
I. Normzweck, Entstehungsgeschichte

Die Vorschrift des § 54 GBO bestimmt, dass eine auf dem Grundstück ruhende **öffentliche Last als solche nicht eintragungsfähig** ist, sofern ihre Eintragung nicht im Einzelfall gesetzlich zugelassen ist. Der Zweck dieser durch die Verordnung zur Änderung des Verfahrens in Grundbuchsachen vom 5.8.1935[1] eingefügten Regelung besteht in einer Vereinheitlichung und Klarstellung der Rechtslage in mehrfacher Hinsicht. Zudem entlastet sie das Grundbuch und die dieses führenden Stellen von dem Erfordernis zusätzlicher Eintragungen. 1

So wird durch § 54 GBO festgelegt, dass die Eintragung einer öffentlichen Last in das Grundbuch von der ausdrücklicher Zulassung der Eintragung im Einzelfall abhängt. Da die Verlautbarung öffentlicher Lasten im Grundbuch **keine Bedeutung für ihren Bestand** besitzt und zudem öffentliche Lasten dem öffentlichen Glauben des Grundbuches nicht unterstehen,[2] ist ihre Eintragung im Grundbuch für sich genommen rechtlich unerheblich.[3] Der Ausschluss dient daher nicht zuletzt der Vermeidung sowohl einer Überfrachtung des Grundbuches mit unerheblichen Eintragungen als auch des irreführenden Eindrucks einer Erheblichkeit der Eintragung für den Bestand der öffentlichen Last.[4] 2

Ebenfalls wird durch die Norm klargestellt, dass die Grundbuchordnung nur die öffentliche Last **als solche** von der Eintragung ausschließt, nicht aber (dem numerus clausus genügende) dingliche Rechte zur Sicherung der sich aus öffentlichen Lasten ergebenden Verpflichtungen (siehe unten Rdn 9 ff.): Das damalige Fehlen einer reichseinheitlichen Vorschrift und die Uneindeutigkeit mancher landesrechtlichen Regelungen hatten vor Inkrafttreten des § 54 GBO in der Praxis zu erheblichem Streit gerade in der zuletzt genannten Hinsicht geführt.[5] Diesen hatte der Gesetzgeber in der Folge durch die Einfügung der Vorschrift entschieden und damit Rechtssicherheit geschaffen. 3

II. Begriff der öffentlichen Last

Der Begriff der **öffentlichen Last** ist gesetzlich nicht definiert, jedoch ist allgemein anerkannt, dass die durch § 436 BGB aufgestellte und zu § 10 Abs. 1 Nr. 3 ZVG entwickelte[6] Definition der öffentlichen Last als eine auf öffentlichem Recht beruhende, auf einmalige oder wiederkehrende Geldleistungen gerichtete Abgabeverpflichtung, für die das Grundstück dinglich haftet,[7] im Grundsatz auf § 54 GBO übertragbar ist.[8] Ob 4

---

1 RGBl 1935, I, 1065. Hierzu insgesamt eingehend *Saage*, JW 1935, 2769.
2 RGZ 86, 357, 360; KG DNotZ 1937, 897.
3 Meikel/*Schmidt-Räntsch*, § 54 Rn 1 m.w.N.
4 Zu den § 54 GBO zugrunde liegenden Erwägungen eingehend *Michalski*, MittBayNot 1988, 204; einen knappen Überblick bietet Bauer/Schaub/*Bauer*, § 54 Rn 1. Hierzu aber kritisch *Flik*, Rpfleger 1997, 333, der – de lege ferenda – eine generelle Eintragungsfähigkeit der öffentlichen Lasten im Sinne einer Warnfunktion des Grundbuches fordert. Zur Baulast ausführlich *Schmitz-Vornmoor*, RNotZ 2007, 121.
5 *Saage*, JW 1935, 2769, 2772.
6 Siehe dazu *Böttcher*, ZVG, § 10 Rn 23 f.; BeckOK ZVG/ *Fischinger*, § 10 Rn 63 ff.
7 Siehe dazu BGH NJW 1989, 107.
8 Bauer/Schaub/*Bauer*, § 54 Rn 2.

eine Baulast als öffentliche Last i.S.d. § 54 GBO anzusehen ist, war zweifelhaft.[9] Die Entscheidung kann aber offen bleiben, da die Eintragung einer Baulast im Grundbuch jedenfalls ausgeschlossen ist. Dies ergibt sich entweder aus § 54 GBO unmittelbar oder resultiert daraus, dass das Grundbuch nur zur Publizierung privatrechtlicher Rechtsverhältnisse dient und daher eine bestehende Verpflichtung nur im Verhältnis zu einer Behörde ohne explizite Anordnung nicht eintragungsfähig ist.[10]

5 Für die öffentliche Last bestimmend ist mithin die durch ein Bundes- oder Landesgesetz oder die Satzung einer Körperschaft begründete öffentlich-rechtliche Abgabenverpflichtung, für die (zumindest auch) eine **dingliche Haftung des Grundstücks** besteht; eine daneben angeordnete persönliche Haftung des Abgabenschuldners ist unerheblich und steht dieser Qualifikation nicht entgegen. Gleichgültig ist, ob es sich um einmalige oder wiederkehrende Leistungen handelt und ob die öffentliche Last in der zugrundeliegenden Vorschrift als solche bezeichnet ist.[11]

III. Rechtsfolgen

1. Grundsätzliches Eintragungsverbot

6 Die öffentlichen Lasten sind – von den unten genannten Ausnahmen abgesehen – von der Eintragung in das Grundbuch ausgeschlossen, d.h. ihre Eintragung ist **inhaltlich unzulässig**.[12] Eine verbotswidrige Eintragung ist deshalb nach § 53 Abs. 1 S. 2 GBO von Amts wegen zu löschen (siehe § 53 GBO Rdn 55 ff.).

2. Ausnahmen

7 Das allgemeine **Eintragungsverbot** des § 54 GBO **gilt jedoch nicht**, soweit die Eintragung einer öffentlichen Last gesetzlich besonders angeordnet oder zugelassen ist, z.B. im Falle des Bodenschutzlastvermerks nach § 25 BBodSchG i.V.m. § 93b Abs. 1 GBV sowie der Vermerke nach §§ 64 Abs. 4, 81 Abs. 2 BauGB.[13] Die Eintragung hat aber auch dann nur deklaratorische Wirkung, sie führt – sofern nichts anderes bestimmt ist – nicht dazu, dass die im Grundbuch eingetragene öffentliche Last künftig dem öffentlichen Glauben des Grundbuches untersteht, es sei denn, dass im Einzelfall ausdrücklich etwas anderes bestimmt ist.[14] Ebenso ist die Eintragung von Rangvermerken bei der öffentlichen Last auch in diesem Falle grundsätzlich unzulässig.[15]

8 Generell **nicht anwendbar** ist das Eintragungsverbot des § 54 GBO auf Eintragungen, die vor dem Inkrafttreten der Regelung am 1.4.1936 zulässigerweise erfolgt sind, da § 54 GBO keine rückwirkende Kraft hat.[16] Eine vor diesem Zeitpunkt erfolgte, vom seinerzeitigen Recht zugelassene Eintragung bleibt deshalb zulässig und wirksam.[17] Wird eine solche Eintragung – auch zu Unrecht – gelöscht, so darf aber eine Wiedereintragung nicht erfolgen, diese wäre gegebenenfalls von Amts wegen zu löschen, weil es für die Frage der Wiedereintragung auf den Rechtszustand zum Zeitpunkt der Wiedereintragung ankommt, so dass § 54 GBO hierauf anzuwenden ist.[18] Ebenfalls nicht erfasst sind aus anderen öffentlichen Registern in das Grundbuch überführte Buchungen vor 1900 entstandener Lasten.[19]

---

9 Dafür: BeckOK-GBO/*Wilsch*, § 54 Rn 24; dagegen aber Bauer/Schaub/*Bauer*, § 54 Rn 2.
10 So jedenfalls im Ergebnis auch OLG Hamburg Rpfleger 1980, 112, wobei sich das Gericht wohl auf § 54 stützt; wie hier: Bauer/Schaub/*Bauer*, § 54 Rn 2.
11 Vgl. Meikel/*Schmidt-Räntsch*, § 54 Rn 3–10 (eingehende Darstellung zum Wesen der öffentlichen Last) und Rn 12–48 (ausführliche Zusammenstellung der wichtigsten öffentlichen Lasten nach Bundes- und Landesrecht).
12 KG JFG 15, 95; *Demharter*, § 54 Rn 18; Meikel/*Schmidt-Räntsch*, § 54 Rn 56.
13 Hierzu näher Meikel/*Schmidt-Räntsch*, § 54 Rn 51 ff.
14 KG DNotZ 1937, 897; Bauer/Schaub/*Bauer*, § 54 Rn 7; Meikel/*Schmidt-Räntsch*, § 54 Rn 51; a.A. *Lutter*, AcP 164, 122, 134 ff.
15 KG JFG 14, 435; Bauer/Schaub/*Bauer*, § 54 Rn 12; Meikel/*Schmidt-Räntsch*, § 54 Rn 57.
16 *Demharter*, § 54 Rn 17.
17 KG JFG 11, 289, 292; DNotZ 1937, 897.
18 KG DNotZ 1937, 897; JFG 15, 95, 97.
19 Bauer/Schaub/*Bauer*, § 54 Rn 3; vgl. auch Meikel/*Schmidt-Räntsch*, § 54 Rn 55.

B. Sicherung durch dingliche Rechte

I. Grundsätze

Aus der Regelung des § 54 GBO folgt allein, dass die Eintragung der öffentlichen Last als solche grundsätzlich unzulässig ist. Die Norm trifft dagegen keine Aussage dahingehend, dass auch die Sicherung der aus den öffentlichen Lasten herrührenden Verpflichtungen durch Eintragung dinglicher Rechte unzulässig wäre.[20] Im Gegenteil wollte der Gesetzgeber klarstellen, dass dies grundsätzlich vorgesehen und daher denkbar ist, soweit ein entsprechendes dingliches Recht existiert.[21] Insoweit muss demnach im Einzelfall geprüft werden, ob die beantragte Eintragung nach den allgemeinen Rechtsgrundsätzen möglich ist. Nur wenn dies verneint werden muss, ist die Eintragung inhaltlich unzulässig.

II. Grundpfandrechte

Sofern die Sicherung einer Abgabenverpflichtung durch ein Grundpfandrecht erfolgen soll, muss zunächst danach differenziert werden, ob hierfür eine Hypothek oder eine Grundschuld gewählt wird:

1. Hypothek

Die Eintragung einer **Verkehrshypothek** für die öffentlich-rechtliche Forderung ist nach allgemeiner Ansicht **unzulässig**, weil die Anwendbarkeit des § 1138 BGB mit der strengen Akzessorietät der öffentlichen Lasten unvereinbar ist.[22] Dies gilt allerdings nicht, soweit die Hypothek dazu dient, eine Forderung aus einem abstrakten Schuldversprechen (§ 780 BGB), das zum Zwecke der Erfüllung der aus der öffentlichen Last herrührenden Verpflichtung abgegeben wurde, oder eine andere schuldrechtliche Verpflichtung des Zivilrechts, welche zu diesem Zweck eingegangen wurde, abzusichern.

Dem streng akzessorischen Charakter der öffentlichen Last entspricht dagegen eine **Sicherungshypothek** (§ 1184 BGB).[23] Hierbei muss aber weiterhin danach differenziert werden, welches Grundstück mit der Sicherungshypothek belastet werden soll: Für die Zulässigkeit der Eintragung an dem Grundstück, auf dem bereits die öffentliche Last ruht, kommt es weiter darauf an, ob es sich bei der Forderung um nach § 10 Abs. 1 Nr. 3 ZVG bevorrechtigte Ansprüche[24] handelt.

Sofern die Forderung noch das **Vorrecht** des § 10 Abs. 1 Nr. 3 ZVG genießt, geht sie ohnehin sämtlichen im Grundbuch eingetragenen Rechten (§ 10 Abs. 1 Nr. 4 ZVG) vor, so dass die Eintragung einer Sicherungshypothek insoweit zwecklos und daher unzulässig wäre.[25] Um aber dem Sicherungsbedürfnis des Gläubigers – für den Fall, dass der Anspruch sein Vorrecht verliert, weil die Beschlagnahme des Grundstückes nicht frühzeitig genug erfolgt – Rechnung zu tragen, lässt die allgemeine Ansicht die Eintragung einer Sicherungshypothek unter der **aufschiebenden Bedingung** des Wegfalls des Vorrechts zu.[26] Dieser Auffassung hat sich nunmehr auch der Gesetzgeber in § 322 Abs. 5 AO angeschlossen und ordnet die Möglichkeit einer Eintragung einer Zwangssicherungshypothek ausschließlich in der dargestellten Weise an. Eine entsprechende Eintragung könnte daher wie folgt lauten:

> Muster:
> *„Sicherungshypothek zu zweitausend EUR für eine Grundsteuerforderung der Stadt Bad Elster für den Zeitraum vom … bis … Im Wege des Verwaltungszwangsverfahrens unter der Bedingung, dass vor dem Erlöschen des Steueranspruchs dessen Vorrecht nach § 10 Abs. 1 Nr. 3 ZVG wegfällt, aufgrund des Ersuchens vom … eingetragen am …"*

Für nicht in der zuvor dargestellten Weise bevorrechtigte Ansprüche kann dagegen ohne weiteres eine unbedingte Sicherungshypothek eingetragen werden, gleich, ob kraft Rechtsgeschäfts oder im Wege der Zwangsvollstreckung. Zulässig ist insbesondere auch die Eintragung einer unbedingten Sicherungs-

---

20 *Saage*, JW 1935, 2769, 2772.
21 Insoweit entspricht es allg.M., dass Grundpfandrechte bestellt werden können: Lemke/*Wagner*, § 54 Rn 22; Meikel/*Schmidt-Räntsch*, § 54 Rn 58; BeckOK-GBO/*Wilsch*, § 54 Rn 16.
22 Bauer/Schaub/*Bauer*, § 54 Rn 9; Meikel/*Schmidt-Räntsch*, § 54 Rn 59.
23 Hierzu insgesamt sehr ausführlich Meikel/*Schmidt-Räntsch*, § 54 Rn 60 ff.
24 Zum Vorrecht des § 10 Abs. 1 Nr. 3 ZVG eingehend *Stöber*, ZVG, § 10 Rn 6.
25 KG HRR 1933 Nr. 145; OLG Dresden HRR 1937 Nr. 1110 (Zwangssicherungshypothek).
26 BayObLGZ 1956, 122; KG JFG 18, 175; vgl. auch § 322 Abs. 5 AO.

hypothek für eine Hausgeldforderung, die derzeit das Vorrecht des § 10 Abs. 1 Nr. 2 ZVG genießen würde,[27] da insoweit entgegenstehende gesetzliche Bestimmungen nicht existieren.

15 Zulässig ist auch die Sicherung der aus der öffentlichen Last herrührenden Forderung durch Belastung eines **anderen Grundstücks**, was zudem den Vorzug hat, dass hier auf die Bevorrechtigung der Forderung keine Rücksicht genommen werden muss, d.h. die Sicherungshypothek kann stets unbedingt bestellt werden.[28] Mehrere Grundstücke können mit einer Gesamthypothek belastet werden, unzulässig ist hingegen die **mehrfache Sicherung** desselben Anspruchs durch Bestellung selbstständiger Sicherungshypotheken an den verschiedenen Grundstücken.[29] Zudem müssen die oben dargestellten Einschränkungen auch dann eingreifen, wenn das Grundstück, das ohnehin für die öffentliche Last haftet, in die Gesamthypothek einbezogen werden soll. Als zulässig anerkannt ist zudem die Ergänzung der durch eine rechtsgeschäftlich begründete Sicherungshypothek gewährten Sicherung durch Eintragung einer Zwangssicherungshypothek an einem oder mehreren anderen Grundstücken, ggf. unter Beachtung der § 867 Abs. 2 ZPO, § 322 Abs. 1 AO.[30]

2. Grundschuld

16 Ohne jede Beschränkung zulässig ist demgegenüber die Sicherung der Ansprüche aus einer öffentlichen Last durch Eintragung oder Verpfändung einer Grundschuld:[31] Da diese vom Bestand der zu sichernden Forderung unabhängig ist, kommt es hier nicht darauf an, welches Grundstück belastet werden soll, ob die Forderung bevorrechtigt ist oder ob sie bereits anderweitig gesichert wurde.[32]

17 Ein nicht unerheblicher sachlicher Widerspruch ergab sich allerdings aus der Zulassung der Grundschuld als Sicherungsmittel im Vergleich zur Ablehnung der Verkehrshypothek mit der Begründung, dass diese dem gutgläubigen Erwerb zugänglich sei (vgl. Rdn 11). Soweit man die Möglichkeit des gutgläubigen Erwerbs als mit dem Wesen der öffentlichen Last unvereinbar betrachtet,[33] müsste konsequenterweise auch die Eintragung einer nicht-akzessorischen Grundschuld unzulässig sein, weil auch diese einen Erwerb der Belastung unabhängig von der bestehenden öffentlichen Last ermöglicht. Dieser Widerspruch ist aber seit den Änderungen durch das sog. Risikobegrenzungsgesetz[34] zumindest in der Sache aufgelöst. Die Einführung des § 1192 Abs. 1a BGB bewirkt, dass sämtliche Einreden, die gegen die Grundschuld bestehen, mithin insbesondere auch solche aus dem Sicherungsvertrag, nicht mehr gutgläubig wegerworben werden können, da § 1157 Abs. 2 BGB keine Anwendung findet. Der Schuldner der Grundschuld steht damit faktisch wie derjenige einer Sicherungshypothek, so dass nunmehr die Grundschuld und die Sicherungshypothek als gleichwertig im Hinblick auf die Bindung an die zugrunde liegende öffentliche Last betrachtet werden können.

III. Baulasten

18 Eine Sicherung öffentlich-rechtlicher Verpflichtungen durch Bestellung dinglicher Rechte kommt aber auch dort in Betracht, wo es um den Anwendungsbereich von Baulasten[35] geht. Die Baulast, insbesondere die sog. Fremdbaulast, wirft zahlreiche Probleme auf.[36] Insbesondere fehlt es ihr mangels §§ 892, 893 BGB entsprechender Vorschriften **an Rechtssicherheit**,[37] da selbst aus einer Eintragung im Baulastenverzeichnis nicht sicher auf das Bestehen der Baulast geschlossen werden kann. Es empfiehlt sich daher

---

27 OLG Dresden ZWE 2011, 365; OLG Frankfurt FGPrax 2011, 59; vgl. auch und *Zeiser*, Rpfleger 2008, 58 m.w.N.
28 Bauer/Schaub/*Bauer*, § 54 Rn 11; Meikel/*Schmidt-Räntsch*, § 54 Rn 74.
29 RGZ 70, 245; Meikel/*Schmidt-Räntsch*, § 54 Rn 75; allgemein dazu: Staudinger/*Wolfsteiner*, BGB, § 1113 Rn 45 ff. m.w.N.
30 RGZ 98, 106, 108; BGH NJW 1991, 2022; BayObLG MDR 1991, 163 = Rpfleger 1991, 53; Bauer/Schaub/*Bauer*, § 54 Rn 11; zweifelnd Meikel/*Schmidt-Räntsch*, § 54 Rn 77.
31 BVerwG RdL 1970, 83 = ZMR 1970, 149 (Eintragung einer Grundschuld); Bauer/Schaub/*Bauer*, § 54 Rn 11; Meikel/*Schmidt-Räntsch*, § 54 Rn 78 m.w.N.
32 Meikel/*Schmidt-Räntsch*, § 54 Rn 78 f.
33 So bspw. Bauer/Schaub/*Bauer*, § 54 Rn 9; Meikel/*Schmidt-Räntsch*, § 54 Rn 59.
34 BGBl 2008, I, S. 1666.
35 Hierzu ausführlich Schmitz-Vornmoor, RNotZ 2007, 121; einen Überblick bietet zudem Meikel/*Schmidt-Räntsch*, § 54 Rn 84 ff.
36 Vgl. *Weisemann*, NJW 1997, 2857.
37 Eingehend *Schöner/Stöber*, Rn 3197 ff., mit zahlreichen weiteren Nachweisen; vgl. auch VG Münster v. 30.9.2011 – 1 L 408/11 (juris) = BeckRS 2011, 55304.

regelmäßig, die betreffenden Verpflichtungen durch dingliche Rechte (insbesondere Dienstbarkeiten) zu sichern, soweit es Typenzwang und Typenfixierung (siehe § 1 Einl. Rdn 61 f.) zulassen.[38] Einem solchen Vorgehen steht § 54 GBO auch dann nicht entgegen, wenn man ihn auf Baulasten anwenden will,[39] da er nur die Eintragung der öffentlichen Last als solche verbietet (siehe Rdn 3). Ein Vorzug dieses Vorgehens liegt vor allem darin, dass sich für den Dienstbarkeitsberechtigten ein eigener, durchsetzbarer Anspruch auf das durch die Dienstbarkeit gesicherte Verhalten ergibt, während durch die Baulast grundsätzlich nur die Behörde berechtigt wird.

§ 55 [Bekanntmachung der Eintragungen]

(1) Jede Eintragung soll dem den Antrag einreichenden Notar, dem Antragsteller und dem eingetragenen Eigentümer sowie allen aus dem Grundbuch ersichtlichen Personen bekanntgemacht werden, zu deren Gunsten die Eintragung erfolgt ist oder deren Recht durch sie betroffen wird, die Eintragung eines Eigentümers auch denen, für die eine Hypothek, Grundschuld, Rentenschuld, Reallast oder ein Recht an einem solchen Recht im Grundbuch eingetragen ist.
(2) Steht ein Grundstück in Miteigentum, so ist die in Absatz 1 vorgeschriebene Bekanntmachung an den Eigentümer nur gegenüber den Miteigentümern vorzunehmen, auf deren Anteil sich die Eintragung bezieht. Entsprechendes gilt bei Miteigentum für die in Absatz 1 vorgeschriebene Bekanntmachung an einen Hypothekengläubiger oder sonstigen Berechtigten von der Eintragung eines Eigentümers.
(3) Veränderungen der grundbuchmäßigen Bezeichnung des Grundstücks und die Eintragung eines Eigentümers sind außerdem der Behörde bekanntzumachen, welche das in § 2 Abs. 2 bezeichnete amtliche Verzeichnis führt.
(4) Die Eintragung des Verzichts auf das Eigentum ist der für die Abgabe der Aneignungserklärung und der für die Führung des Liegenschaftskatasters zuständigen Behörde bekanntzumachen. In den Fällen des Artikels 233 § 15 Abs. 3 des Einführungsgesetzes zum Bürgerlichen Gesetzbuch erfolgt die Bekanntmachung nur gegenüber dem Landesfiskus und der Gemeinde, in deren Gebiet das Grundstück liegt; die Gemeinde unterrichtet ihr bekannte Berechtigte oder Gläubiger.
(5) Wird der in § 9 Abs. 1 vorgesehene Vermerk eingetragen, so hat das Grundbuchamt dies dem Grundbuchamt, welches das Blatt des belasteten Grundstücks führt, bekanntzumachen. Ist der Vermerk eingetragen, so hat das Grundbuchamt, welches das Grundbuchblatt des belasteten Grundstücks führt, jede Änderung oder Aufhebung des Rechts dem Grundbuchamt des herrschenden Grundstücks bekanntzumachen.
(6) Die Bekanntmachung hat die Eintragung wörtlich wiederzugeben. Sie soll auch die Stelle der Eintragung im Grundbuch und den Namen des Grundstückseigentümers, bei einem Eigentumswechsel auch den Namen des bisherigen Eigentümers angeben. In die Bekanntmachung können auch die Bezeichnung des betroffenen Grundstücks in dem in § 2 Abs. 2 genannten amtlichen Verzeichnis sowie bei einem Eigentumswechsel die Anschrift des neuen Eigentümers aufgenommen werden.
(7) Auf die Bekanntmachung kann ganz oder teilweise verzichtet werden.
(8) Sonstige Vorschriften über die Bekanntmachung von Eintragungen in das Grundbuch bleiben unberührt.

A. Allgemeines	1	V. Empfänger	7
B. Bekanntmachung	2	VI. Vollziehung	8
I. Nach § 55 GBO haben Anspruch auf Nachricht	3	VII. Ordnungsvorschrift	9
		VIII. Prüfungspflicht	10
II. Verzicht	4	C. Sonstige Bekanntmachungsvorschriften	11
III. Inhalt	5	D. Die Benachrichtigungsvollmacht	12
IV. Form	6		

---

[38] *Schöner/Stöber*, Rn 3201.

[39] Dafür: BeckOK-GBO/*Wilsch*, § 54 Rn 24; dagegen aber Bauer/Schaub/*Bauer*, § 54 Rn 2.

A. Allgemeines

1 Die Frage, wer vom Vollzug einer Eintragung zu benachrichtigen ist, wird an verschiedenen Stellen geregelt. § 55 GBO zählt eine Reihe von Personen auf, die infolge ihrer Stellung im Eintragungsverfahren oder ihrer besonderen Beziehung zu dem betroffenen Grundstück einen Anspruch auf Benachrichtigung haben. Die Norm wird durch §§ 55a, b GBO ergänzt. Die Regelungen waren bis zum RegVBG in §§ 39, 41 GBV enthalten, wurden dann hierher übernommen; bestehen geblieben ist jedoch die Ergänzung in § 39 Abs. 3 GBV (zur elektronischen Übermittlung vgl. § 140 GBO Rdn 3 ff.). Die Mitteilungen in Grundbuchsachen aufgrund der Zusammenstellung in der Allgemeine Verfügung – Neufassung der Anordnung über die Mitteilungen in Zivilsachen enthält eine Übersicht der mitzuteilenden Sachverhalte neben §§ 55 ff. GBO.[1] Für die Grundbuchordnung wird der Gesetzgeber von der Möglichkeit zur Beschränkung der aus der EU-DSGVO folgenden Betroffenenrechte Gebrauch machen, namentlich im Hinblick auf das **Auskunftsrecht** nach Art. 15 DSGVO, auf das Recht auf Berichtigung nach Art. 16 DSGVO und auf das Widerspruchsrecht nach Art. 21 DSGVO. Die Beschränkung erfolgt nach Art. 23 Abs. 1 lit. e) DSGVO in Verbindung mit Erwägungsgrund 73 DSGVO zum Schutz der Funktionalität und Verlässlichkeit des Grundbuchs als wichtiges Ziel des allgemeinen öffentlichen Interesses. Dabei stützt sich der Gesetzgeber auch auf die Regelung der Informationspflichten in § 55 GBO, die dem Anliegen der **Informationspflicht** Rechnung tragen.[2]

B. Bekanntmachung

2 Nach § 55 GBO sind „Eintragungen" bekanntzugeben. Gemeint sind, wie durchweg im 2. Abschnitt der GBO alle Eintragungen, sofern sie nicht bloß hinweisender Art sind.

I. Nach § 55 GBO haben Anspruch auf Nachricht

3
- Der **Notar**, sofern er den Antrag „eingereicht" hat; das ist der Fall, wenn er gem. § 15 GBO vertritt, aber auch, wenn er nur als Bote auftritt. Nicht benachrichtigt wird ein nur beurkundender oder beglaubigender Notar, wenn der Antrag nicht durch ihn vorgelegt worden ist.
- Der **Antragsteller** auch im Falle des § 14 GBO. Nach der Neufassung der Norm könnte angenommen werden, dass der Antragsteller stets neben dem Notar zusätzlich benachrichtigt wird. Das kann jedoch dann nicht gelten, wenn der Notar gem. § 15 GBO auftritt; eine andere Verfahrensweise müsste das Wesen der Stellvertretung verkennen.[3] Legt der Notar fest, dass auch bei einer „Einreichung" durch ihn der Antragsteller eine Nachricht erhalten soll, ist dies vom Grundbuchamt m.E. zu beachten, schon mit Blick auf die Enthaftung im Falle von etwaigen Fehlern Allerdings ist mit Blick auf die zentrale Rolle des Notars im Rahmen des grundbuchlichen Vollzuges, der einmal mehr durch § 15 Abs. 3 GBO vom Gesetzgeber unterstrichen wurde, die Praxis einer ausschließlichen Mitteilung an den Notar zu befürworten.[4] Wer als Antragsteller Nachricht erhält, braucht nicht – aus anderen Gründen – nochmals benachrichtigt zu werden.[5]
Einem Antragsteller steht eine ersuchende Behörde gleich.
Die bloße Anregung einer von Amts wegen vorzunehmenden Tätigkeit ist kein Antrag i.S. des § 55 GBO, gibt also auch keinen verfolgbaren Anspruch auf Benachrichtigung, freilich wird der Anreger, sofern er nicht ohnehin zu verbescheiden ist, als nobile officium zu benachrichtigen sein.

---

1 Http://www.verwaltungsvorschriften-im-internet.de/bsvwvbund_29041998_14301R57212002.htm, Stand: Änderung vom 17.8.2012 (BAnz AT 1292012. B1) eingearbeitet.

2 Entwurf des Gesetzes zur Umsetzung der Richtlinie (EU) 2016/680 im Strafverfahren sowie zur Anpassung datenschutzrechtlicher Bestimmungen an die Verordnung (EU) 2016/679, https://www.bmjv.de/SharedDocs/Gesetzgebungsverfahren/Dokumente/RefE_Umsetzung_RL-EU-2016-680_und_Anpassung_datnschutzrechtlicher_Bestimmungen.pdf?__blob=publicationFile&v=2.

3 OLG Düsseldorf NJW-RR 1998, 17 u. DNotZ 2001, 704; OLG Jena Rpfleger 2002, 516; LG Koblenz NJW-RR 1997, 720; OLG Frankfurt DNotZ 2013, 21; Meikel/*Morvilius*, § 55 GBO Rn 26. **A.A.** LG Schwerin NotBZ 2003, 401; Bauer/Schaub/*Wilke*, § 15 Rn 40 (Rn 40 nicht vorhanden; außerdem vertritt Bauer unter § 55 Rn 3/4 die h.M.); OLG Saarbrücken DNotZ 2011, 549.

4 Damit wird die bisherige Auffassung und die damit verbundene Kritik an der Praxis der Grundbuchämter zur ausschließlichen Versendung der Mitteilungen an den Notar aus den Vorauflagen aufgegeben.

5 OLG Zweibrücken Rpfleger 1968, 154; einschr. *Schmidt*, DNotZ 1969, 360; wie hier Meikel/*Morvilius*, § 55 Rn 8; *Demharter*, § 55 Rn 10 (verweist auf OLG Zweibrücken Rpfleger 1986, 154).

- Der eingetragene **Eigentümer**. Dieser erhält grundsätzlich Nachricht von jeder Eintragung, die auf seinem Grundbuchblatt geschieht, auch wenn sie im Einzelfall sein Recht nicht berührt. § 55 GBO hat den im Auge, der als Eigentümer im Grundbuch eingetragen ist. Der nicht eingetragene, wahre Eigentümer hat, auch wenn er dem GBA bekannt ist, keinen Anspruch auf Benachrichtigung. Doch ist das GBA in diesem Falle berechtigt, ihn – neben dem Eingetragenen – zu benachrichtigen.
- Die aus dem Grundbuch ersichtlichen **Personen, die** durch die Eintragung **begünstigt sind**.
  Der Begriff des „Begünstigten" ist derselbe wie in § 13 Abs. 1 GBO (vgl. § 13 GBO Rdn 78 ff.). Als Empfänger kommt regelmäßig nur der aus dem Grundbuch ersichtliche Begünstigte in Betracht.
- Die aus dem Grundbuch ersichtlichen **Personen, die** durch die Eintragung **betroffen werden**.
  Der Begriff des „Betroffenseins" deckt sich mit § 19 GBO, umfasst also auch die mittelbar Beteiligten, sofern ihr Recht betroffen wird. Diese müssen regelmäßig die Eintragung bewilligen; es erscheint deshalb sachgemäß, ihnen auch von der Vollziehung Nachricht zu geben.
  Auch hier hält sich das GBA hinsichtlich der Person des Betroffenen an das Grundbuch.
- **Gläubiger**, für die eine Hypothek, Grundschuld, Rentenschuld oder Reallast (oder ein Recht an einem solchen Recht) eingetragen ist, wenn die Eintragung, die den Gegenstand der Benachrichtigung bildet, eine Eigentümereintragung ist.
- **Katasterbehörde**. Ihr oder der sonstigen, das amtliche Verzeichnis führenden Behörde sind mitzuteilen:
  - Betriebsveränderungen,
  - Eigentumsveränderungen,
  - Verzicht auf das Eigentum; Abs. 3, 4. Die Benachrichtigung erfolgt in den meisten Ländern automatisiert über die Schnittstelle zum Vermessungsverfahren „Automatisiertes Liegenschaftsbuch (ALB)" oder zukünftig „Amtliches Liegenschaftskatasterinformationssystem (ALKIS)".
- **Aneignungsberechtigter**. Der eingetragene Verzicht auf das Eigentum ist dem aneignungsberechtigten Landesfiskus bekanntzumachen, Abs. 4.
- **Anderes Grundbuchamt**. Die Eintragung des sog. Herrschvermerkes (§ 9 GBO) über ein subjektiv-dingliches Recht auf dem Blatt des herrschenden Grundstückes ist der grundbuchführenden Stelle für das belastete Grundstück mitzuteilen; Abs. 5. Das löst dann eine umgekehrte Benachrichtigungspflicht für ändernde Eintragungen aus, Abs. 5 S. 2. Die Norm gilt entsprechend bei Grundbuchführung innerhalb **eines** Grundbuchamtes.

II. Verzicht

Jeder der genannten Empfangsberechtigten kann auf die Nachricht verzichten; sei es allgemein, sei es für den Einzelfall; Abs. 7. Der Form des § 29 GBO bedarf der Verzicht nicht; er kann mündlich, schriftlich oder zur Niederschrift erklärt werden.

III. Inhalt

Die Benachrichtigung hat die Eintragung wörtlich wiederzugeben (Abschrift oder Abdruck). Sie soll den in Abs. 6 S. 2 genannten Inhalt haben; die Inhalte nach Abs. 6 S. 3 sind fakultativ möglich. Praktisch wird hiervon aber nur höchst selten Gebrauch gemacht, obwohl die Daten bei einer Einreichung durch den Notar in aller Regel dem Grundbuchamt geliefert werden. Da aber eine Benachrichtigung aus den oben genannten Gründen (siehe Rdn 3) regelmäßig nur gegenüber dem Notar erfolgt, wird auf die Wiedergabe verzichtet. Tatsächlich ändern sich im Lauf des Vollzugs von Eintragungen auch nicht selten die Anschriften – so etwa wenn der Erwerber als neuer Eigentümer ein Eigenheim nach Besitzübergang, aber vor Eigentumsumschreibung bezieht. Dem Grundbuchamt liegen dann nicht die aktuell korrekten Daten vor.

IV. Form

Sie regelt sich nach § 15 Abs. 2 S. 1 Alt. 2 FamFG, der in Grundbuchsachen anwendbar ist; § 42 GBV enthält Ergänzungen, darüber hinaus finden sich Regelungen zu Zwischenverfügungen und Mitteilungen in § 140 Abs. 2 GBO.

Die Grundlage für die **Benachrichtigung von Notaren in rein elektronischer Form**[6] ist landesrechtlich umgesetzt, in Sachsen z.B. über das Elektronische Gerichts- und Verwaltungspostfach (EGVP), in Bayern über sicheren E-Mail Verkehr. Soweit ein Antragsteller allerdings nicht über EGVP/per Mail erreichbar ist, verbleibt es bei der postalischen Benachrichtigung. Der Eingang der Eintragungsmitteilungen über den EGVP erfordert eine Umstellung der bisherigen Büroabläufe. Zwar ist ein Ausdruck wie bisher im Notariat möglich und wegen der Papiergebundenheit der notariellen Nebenakte auch tunlich; mit Blick auf die zunehmende Bedeutung elektronischer Hilfsakten im Notariat ist eine Zuordnung zur elektronischen Nebenakte verbreitet.

Vom Versand der Eintragungsmitteilung zu unterscheiden ist die mit der SolumSTAR-Version 2.14 in vielen Grundbuchämtern eingeführte und in Sachsen seit 2005 genutzte Möglichkeit des Versandes eines sog. **Notarpings**.[7] Dieser steht dem Vernehmen nach vor der Abschaffung bzw. Überführung in den EGVP. Solange damit keine zeitlichen Verzögerungen bei der Benachrichtigung für die Notare und damit dem Bürger verbunden sind, ist dies zu begrüßen, stellt doch die Kommunikation über EGVP die sicherere Lösung dar. Freilich ist aus Sicht des Praktikers zu bemängeln, dass die büroninterne Weitergabe von Informationen aus dem EGVP nicht möglich ist. Beim Notarping musste für die Benachrichtigung des Sachbearbeiters das Informationsmedium nicht gewechselt werden. Wie sich der Workflow hier besser gestalten lässt, ist derzeit noch nicht klar.

V. Empfänger

7 Die Nachricht geht an den Empfangsberechtigten in Person. Zur Ermittlung seiner Anschrift darf das GBA zwar vom Inhalt des Grundbuchs ausgehen; doch darf es sich hierauf nicht beschränken. Zur Feststellung der Anschrift muss das GBA vielmehr auch die Grundakten, sonstige ihm zur Verfügung stehende Nachrichten (z.B. Postvermerke auf dem Rückbrief) benutzen; es wird auch befugt, und im Rahmen des nobile officium verpflichtet sein, Ermittlungen einfacher Art anzustellen.

Hat der Empfangsberechtigte einen gesetzlichen Vertreter, der dem GBA bekannt ist, so erhält dieser die Nachricht. Rechtsgeschäftlich bestellte Vertreter erhalten sie, wenn die Bevollmächtigung dem GBA nachgewiesen ist (siehe auch Rdn 12).

VI. Vollziehung

8 Über die geschäftsmäßige Vollziehung der Benachrichtigung vgl. Nr. 28, 32, 33, 34 VwVBGBS.

VII. Ordnungsvorschrift

9 § 55 GBO ist eine Ordnungsvorschrift. Zwar kann gegen die Eintragungsbenachrichtigung grundsätzlich Erinnerung oder Beschwerde eingelegt werden,[8] allerdings nicht mit dem Ziel, diese abzuändern.[9] Ihre Verletzung (nicht jedoch das Unterlassen der Mitteilung) kann im Wege der Beschwerde gerügt werden; sie kann auch Grund zu Schadensersatzansprüchen geben. Die Wirksamkeit der Eintragung berührt sie nicht.

VIII. Prüfungspflicht

10 Die Bekanntmachung ist vom Empfänger genau zu prüfen; erkannte Unrichtigkeiten oder Unklarheiten hat er unverzüglich zu beanstanden. Versäumung dieser Pflicht kann, sofern sie schuldhaft ist, unter Umständen zum Verlust etwaiger Regressansprüche führen.[10] Freilich kann sich die Prüfungspflicht nur auf Umstände erstrecken, die aus der Mitteilung selbst, in Zusammenhang mit dem gestellten Antrag, erkenn-

---

6 Aufgrund von Nr. 28c VwVBGBS.
7 Vgl. dazu *Wilsch*, BeckOK GBO § 55 Rn 53.
8 Bauer in Bauer/*Schaub*, GBO, 4. Aufl., § 55 Rn 11; *Schöner/Stöber*, GBR, 15. Aufl., Rn 306.
9 OLG München, Beschl. V. 10.2.2020 – 34 Wx 357/17, NJW-RR 2020, 468 Rn 20, beck-online.
10 RG RGZ 138, 114; auch RG JW 1936, 1891; BGH BGHZ 28, 104 = NJW 1958, 1532; OLG Köln Rpfleger 2001, 123. Vgl. dazu: *Reithmann*, NotBZ 2004, 100.

bar sind. Eine nochmalige Grundbucheinsicht ist ebenso wenig notwendig, wie die Nachprüfung anderer, außerhalb der Mitteilung liegender Umstände (Rangverhältnis im Hinblick auf andere Eingänge etc.).

Auch das Ausbleiben einer Benachrichtigung über die auf gestellten Antrag vorgenommene Eintragung kann dem Antragsteller die Pflicht auferlegen, beim GBA zu erinnern. Die Versäumung dieser Pflicht fällt unter Umständen unter § 839 Abs. 3 BGB.

Auch nach einer Prüfung durch einen Notar, der den Antrag nach § 15 GBO gestellt hat, bleibt die Prüfungspflicht des vom Notar im Verfahren Vertretenen auf Richtigkeit bestehen. Hier kann es bei Säumnissen auch zu einem Mitverschulden des Adressaten kommen.

C. Sonstige Bekanntmachungsvorschriften

An sonstigen bundesrechtlichen oder doch überwiegend bundeseinheitlichen Benachrichtigungspflichten – neben den nachfolgenden §§ 55a, 55b GBO – kommen beispielsweise[11] in Betracht (vgl. Nr. XVIII MiZi): **11**

1. §§ 39 bis 40 GBV (siehe § 39 GBV Rdn 1 ff.; § 40 GBV Rdn 1 ff.);
2. Nr. 23a; 34; 45l SächsVwVBGBS
3. §§ 19 Abs. 3, 146 Abs. 2 ZVG: Mitteilung von Eintragungen, die nach Eintragung des Zwangsversteigerungsvermerks erfolgen, an das Vollstreckungsgericht (vgl. auch § 119 Abs. 3 Nr. 3 BauGB).
4. § 17 ErbbauRG – Mitteilungen von Eintragungen im Grundbuch und im Erbbaugrundbuch.
5. § 54 Abs. 2, § 143 Abs. 2 S. 3, § 165 Abs. 9 S. 4 BauGB: Benachrichtigung der Umlegungsstelle von jeder nach Einleitung des Umlegungsverfahrens durchgeführten Eintragung bzw. Benachrichtigung der Gemeinde von jeder Eintragung nach Festlegung eines Sanierungsgebietes.
6. § 108 Abs. 6 BauGB, § 31 Abs. 5 LandbeschG: Benachrichtigung der Enteignungsbehörde von jeder nach Einleitung des Enteignungsverfahrens durchgeführten Eintragung.
7. § 13 GGV (vgl. § 13 GGV Rdn 1 ff.)
8. § 12 Abs. 3 FlurbG – Benachrichtigung der Flurbereinigungsbehörde.
9. § 29 Abs. 4, 5 BewG – Benachrichtigung der Finanzbehörde bei Eigentumswechsel, siehe auch Nr. XVIII/5 MiZi.

D. Die Benachrichtigungsvollmacht

Ein Benachrichtigungsberechtigter kann einen anderen zur Empfangnahme der Mitteilungen gegenüber dem GBA bevollmächtigten,[12] dann erhält nur dieser die Mitteilung. Dies empfiehlt sich vor allem bei Rechtszessionen außerhalb des Buches (§ 1154 Abs. 1 BGB), damit der tatsächlich Berechtigte die Mitteilungen erhält. Eine **Einschränkung** der Vollmacht des § 15 GBO dahin, dass der Notar zwar den Antrag stellen kann, jedoch nicht zur Entgegennahme der Benachrichtigung ermächtigt sein soll, ist – nach wohl ganz herrschender Meinung – unwirksam.[13] **12**

---

§ 55a   [Mehrere Grundbuchämter zuständig]

(1) Enthält ein beim Grundbuchamt eingegangenes Schriftstück Anträge oder Ersuchen, für deren Erledigung neben dem angegangenen Grundbuchamt auch noch ein anderes Grundbuchamt zuständig ist oder mehrere andere Grundbuchämter zuständig sind, so kann jedes der beteiligten Grundbuchämter den anderen beteiligten Grundbuchämtern Abschriften seiner Verfügungen mitteilen.

---

11 Weitere Fälle siehe Meikel/*Morvilius*, Rn 51–58.
12 BayObLG DNotZ 1990, 739; OLG Stuttgart Rpfleger 1974, 110; LG Ellwangen BWNotZ 1968, 126; LG Frankenthal Rpfleger 1972, 26.
13 OLG Frankfurt a.M., Beschl. v. 23.8.2013 – 20 W 239/13; OLG Koblenz Rpfleger 1996, 449; OLG Düsseldorf DNotZ 2001, 704; OLG Jena Rpfleger 2002, 516; OLG Frankfurt Beschluss v. 1.11.2004 – 20 W 53/04, NotBZ 2005, 366; OLG Brandenburg RNotZ 2008, 224; OLG Frankfurt a.M., Beschl. v. 23.8.2013 – 20 W 239/13; *Wilsch*, BeckOK GBO § 55 Rn 5; Meikel/*Morvilius*, § 55 Rn 26a; **A.A.** LG Potsdam NotBZ 2002, 386; LG Saarbrücken RNotZ 2001, 213; LG Schwerin Beschl. v. 17.7.2003 – 5 T 423/02, NotBZ 2003, 401. Zum Ganzen auch *Reithmann*, NotBZ 2004, 100.

(2) Werden bei Gesamtrechten (§ 48) die Grundbücher bei verschiedenen Grundbuchämtern geführt, so sind die Eintragungen sowie die Verfügungen, durch die ein Antrag oder Ersuchen auf Eintragung zurückgewiesen wird, den anderen beteiligten Grundbuchämtern bekanntzugeben.

A. Allgemeines 1   B. Inhalt 2

A. Allgemeines

1 Die Norm ist durch das RegVBG eingeführt worden; sie ergänzt § 55 GBO und das Verfahren des § 48 GBO.

B. Inhalt

2 Sind mehrere Grundbuchämter nebeneinander (Eintragung eines Gesamtrechts) oder hintereinander (Zuständigkeitswechsel bei Veränderungen im Grundstücksbestand) zuständig, so setzt eine sachgerechte Erledigung die Kenntnis von der Vorgehensweise der anderen Gerichte voraus.

3 Jedes Grundbuchamt hat deshalb den anderen Grundbuchämtern seine Verfügungen (Eintragungs- oder Zwischenverfügung, Zurückweisungsbeschluss) in Abschrift mitzuteilen. Sofern Zwischenverfügungen oder Zurückweisungsbeschlüsse angefochten werden, sollten auch die darauf ergehenden Entscheidungen mitgeteilt werden, weil die entsprechenden Rechtsfragen wegen der häufig gleichgerichteten Anträge auch für die anderen Grundbuchämter von Bedeutung sind.

4 Für die Fälle des § 48 GBO (vgl. § 48 GBO Rdn 12 ff.) schafft die Norm eine gesetzliche Grundlage zur Durchführung des dabei zu beachtenden Verfahrens.

5 Wenn beim Datenbankgrundbuch ein Grundbuchamt aufgrund einer Regelung nach § 127 Abs. 1 Nr. 4 GBO auch für Eintragungen in Grundbücher, die von anderen Grundbuchämtern geführt werden zuständig ist, sind diese Mitteilungen nicht erforderlich.

§ 55b [Benachrichtigung an Betroffenen nicht notwendig]

Soweit das Grundbuchamt aufgrund von Rechtsvorschriften im Zusammenhang mit Grundbucheintragungen Mitteilungen an Gerichte oder Behörden oder sonstige Stellen zu machen hat, muß der Betroffene nicht unterrichtet werden. Das gleiche gilt im Falle des § 55a.

A. Allgemeines 1   B. Inhalt 2

A. Allgemeines

1 Die Norm ist durch das RegVBG eingeführt worden; sie ergänzt § 55 GBO. Regelungsgegenstand sind die Fälle, in denen das Grundbuchamt Mitteilungen an Gerichte, Behörden und andere Stellen vorzunehmen hat. Hier sind zu nennen:
- Mitteilungen an die das amtliche Verzeichnis des § 2 GBO führende Stelle,
- Mitteilungen an das Vollstreckungsgericht gem. § 19 ZVG,
- Mitteilungen im Umlegungsverfahren (§ 54 BauGB),
- sowie allgemein die Fälle der §§ 55 Abs. 4, 55a GBO.

B. Inhalt

2 In den oben genannten Fällen bedarf es keiner Unterrichtung des Betroffenen davon, dass solche Mitteilungen getätigt worden sind. Die Norm stellt das im Hinblick auf mögliche datenschutzrechtliche Bedenken klar. Ein verfahrensrechtlich relevantes Bedürfnis für eine solche Benachrichtigung besteht ohnehin nicht.

Dritter Abschnitt: Hypotheken-, Grundschuld-, Rentenschuldbrief

§ 56 [Inhalt des Hypothekenbriefes]

(1) Der Hypothekenbrief wird von dem Grundbuchamt erteilt. Er muß die Bezeichnung als Hypothekenbrief enthalten, den Geldbetrag der Hypothek und das belastete Grundstück bezeichnen sowie mit Unterschrift und Siegel oder Stempel versehen sein.

(2) Der Hypothekenbrief ist von der für die Führung des Grundbuchs zuständigen Person und dem Urkundsbeamten der Geschäftsstelle zu unterschreiben. Jedoch kann statt des Urkundsbeamten der Geschäftsstelle ein von der Leitung des Amtsgerichts ermächtigter Justizangestellter unterschreiben.

A. Allgemeines	1	II. Form	4
B. Hypothekenbrief	3	III. Nichtigkeit	6
I. Zuständigkeit	3		

A. Allgemeines

Der 3. Abschnitt mit den §§ 56–70 GBO erhält Vorschriften, die sich mit dem Inhalt der Grundpfandrechtsbriefe befassen sowie die verschiedenen Briefformen (Gesamtbrief, Teilbrief) regeln. Von praktischer Bedeutung ist § 60 GBO, der Vorschriften über die Aushändigung des neu erstellten Briefes enthält. § 62 GBO bestimmt, dass der Briefinhalt auf dem Laufenden zu halten ist; §§ 63–65 befassen sich mit der Behandlung des Briefes in besonderen Fällen (Nachträgliche Mitbelastung, Verteilung einer Gesamthypothek, Umwandlung einer Hypothek). **1**

Die Norm regelt Erteilungszuständigkeit, Inhalt und Form in Bezug auf Hypothekenbriefe. Über § 70 GBO gilt sie auch für Grundschuldbriefe. **2**

Der Hypothekenbrief ist sachenrechtliches Wertpapier. Seine materiellrechtliche Bedeutung ergibt sich aus den §§ 1116, 1117, 1140, 1154, 1155, 1185 BGB.[1] Der Hypothekenbrief kann für sich allein guten Glauben nicht begründen, wohl aber den guten Glauben des GB nach § 1140 BGB zerstören.

Briefgrundpfandrechte haben heute in der Kreditsicherung nur geringe Bedeutung. Sie werden vereinzelt für Bausparkassen bestellt, um deren Refinanzierung durch Abtretung der durch das Grundpfandrecht gesicherten Forderung zu sichern.[2] Im Übrigen ist die Buchgrundschuld heute die Regel.

B. Hypothekenbrief

I. Zuständigkeit

Zuständig für die Ausstellung ist das Grundbuchamt. Ergänzend kann für die Bildung eines **Teilhypothekenbriefes** nach § 61 Abs. 1 GBO auch der Notar zuständig sein. Zur Zuständigkeit für die Erteilung von Briefen bei Gesamthypotheken siehe § 59 Abs. 2 GBO. **3**

II. Form

Der Brief ist von der für die Führung des Grundbuchs zuständigen Person (Rechtspfleger) und vom UdG bzw. einem ermächtigten Angestellten zu unterzeichnen. Der maschinell erstellte Brief im maschinell geführten Grundbuch muss nicht unterschrieben werden (§ 87 GBV).[3] Der Brief ist mit Siegel zu versehen. Ausreichend ist für eine Siegelung der Eindruck des Prägesiegels. Statt des Prägesiegels ist auch Farb- **4**

---

1 Eingehend Meikel/*Wagner*, § 56 Rn 2 ff.
2 Staudinger/*Wolfsteiner*, BGB, Einl. zu §§ 1113 ff. Rn 22; Lwowski/Fischer/Gehrlein/*Schoppmeyer*, Das Recht der Kreditsicherung, 17. Aufl. 2018, § 15 Rn 112.
3 Beispiele bei Schöner/*Stöber*, Grundbuchrecht, Rn 2020a.

drucksiegel zulässig (G. v. 22.6.1977, BGBl I 1977, 998). Die Siegelung mit Schnur und Siegel (Oblatensiegel) ist nur erforderlich, wenn Urkunden miteinander zu verbinden sind.[4] Mechanische Vervielfältigungen der Briefe und der Unterschriften sind nur zulässig bei Bildung von Inhaber-Teilgrundschuld- oder Teilrentenschuldbriefen (§ 70 Abs. 2; §§ 793 Abs. 2 S. 2, 1195 S. 2 BGB). Die Erteilung wird im Grundbuch nicht vermerkt. Die Erneuerung eines Hypothekenbriefes wird gem. § 68 Abs. 3 GBO im Grundbuch vermerkt.

5 § 87 GBV regelt die Herstellung des Grundpfandrechtsbriefes im maschinellen Grundbuch. Die Vorschrift wurde geändert m.W.v. 9.10.2013[5] Der Brief soll im maschinellen Verfahren hergestellt werden, eine manuelle Nachbearbeitung ist aber zulässig. Hinsichtlich der Unterschriftsleistung bestimmt § 87 S. 3 GBV als Soll-Vorschrift, dass eine Unterschriftsleistung und Siegel nicht erforderlich seien.

Die maschinelle Erteilung des Briefes (ohne eigenhändige Unterschrift) im nicht elektronisch geführten Grundbuch vor allem mit Hilfe elektronischer Textverarbeitungssysteme wird von *Bestelmeyer*[6] heftig kritisiert. Er kritisiert insbesondere auch landesrechtliche Geschäftsanweisungen, die einen mit Hilfe der Textverarbeitung (bspw. SolumSTAR) hergestellten Brief als maschinellen Brief im Sinne des § 87 GBV bezeichnen. Entsprechende landesrechtlichen Regelungen seien von § 93 GBV nicht gedeckt. Seine grundlegenden Bedenken sind lesenswert, im Ergebnis aber überstreng und nicht überzeugend.[7] Zweifel lassen sich mit § 87 S. 3 GBV ausräumen, indem auch der mittels Textverarbeitung hergestellte (nicht maschinelle) Brief oder überhaupt jeder Brief nach § 56 Abs. 1 S. 2 GBO unterschrieben und mit Siegel versehen wird.[8]

III. Nichtigkeit

6 Der Hypothekenbrief ist nichtig, wenn die **zwingenden Erfordernisse** des § 56 GBO verletzt sind; ein solcher Brief ist kein Brief im Sinne des Gesetzes. Die Hypothek ist zwar als Briefhypothek entstanden, jedoch kann über sie nicht verfügt werden (§ 1154 Abs. 1 BGB).

7 Zum **notwendigen Inhalt** vgl. § 57 GBO (siehe § 57 GBO Rdn 3–6).

§ 57 [Weiterer Inhalt des Hypothekenbriefes]

(1) Der Hypothekenbrief soll die Nummer des Grundbuchblatts und den Inhalt der die Hypothek betreffenden Eintragungen enthalten. Das belastete Grundstück soll mit der laufenden Nummer bezeichnet werden, unter der es im Bestandsverzeichnis des Grundbuchs verzeichnet ist. Bei der Hypothek eingetragene Löschungsvormerkungen nach § 1179 des Bürgerlichen Gesetzbuchs sollen in den Hypothekenbrief nicht aufgenommen werden.

(2) Ändern sich die in Absatz 1 Satz 1 und 2 bezeichneten Angaben, so ist der Hypothekenbrief auf Antrag zu ergänzen, soweit nicht die Ergänzung schon nach anderen Vorschriften vorzunehmen ist.

A. Allgemeines	1	I. Notwendige Angaben (§ 56 Abs. 1)	3
B. Zweck des Hypothekenbriefes	2	II. Nicht wesentlicher Inhalt (Abs. 1)	4
C. Inhalt des Briefes	3	D. Änderung des Inhalts des Grundbuches	5

A. Allgemeines

1 § 57 GBO wurde durch Art. 2 Nr. 4 des Gesetzes v. 22.6.1977 (BGBl I 1977, 998) sowie zuletzt durch Gesetz v. 25.12.1993 (BGBl I 1993, 2182) m.W.v. 25.6.1994 geändert. Die Vorschrift bestimmt den

---

4 BayObLG Rpfleger 1974, 10.
5 Geändert durch G. v. 1.10.2013 (BGBl I 2013, 3719).
6 *Bestelmeyer*, Rpfleger 2009, 1; Meikel/*Bestelmeyer*, 10. Aufl. 2010, § 56 Rn 54 ff.; in der von *Wagner* bearbeiteten 11. Aufl. 2015, § 56 Rn 45 ff., 53, ausdrücklich aufgegeben.
7 Bauer/Schaub/*Schneider*, § 56 Rn 10a ff.; *Schöner/Stöber*, Grundbuchrecht, Rn 2020a; dazu auch *Proff zu Irnich*, RNotZ 2010, 384.
8 Zur Praxisbefragung Meikel/*Wagner*, § 56 Rn 66 ff.

nichtwesentlichen Inhalt des Hypothekenbriefes. Die Nichteinhaltung des § 57 GBO berührt die Gültigkeit des Hypothekenbriefes nicht. Die nähere Ausgestaltung des Briefes ergibt sich aus den amtlichen Mustern (Muster Anl. 3–8 zur GBV und vgl. § 47 GBV Rdn 1).

B. Zweck des Hypothekenbriefes

Er hat die grundbuchlichen Verhältnisse zweifelsfrei kundzugeben und die Einsichtnahme des Grundbuches selbst für den Verkehr bis zu einem gewissen Grade entbehrlich zu machen. Materiell-rechtlich ist er von Bedeutung für die Entstehung, Übertragung, Belastung, Durchsetzung und Pfändung der Hypothek (§§ 1117, 1154, 1160 BGB, § 830 ZPO). Der Brief für sich alleine genießt keinen öffentlichen Glauben, er kann jedoch den öffentlichen Glauben des Buches zerstören (§ 1140 BGB).

C. Inhalt des Briefes

I. Notwendige Angaben (§ 56 Abs. 1)

- **Bezeichnung als Hypothekenbrief** (vgl. dazu § 47 GBV Rdn 1).
- **Angabe des Geldbetrages.** Sie erfolgt entsprechend der Eintragung im Grundbuch (vgl. dazu § 28 GBO Rdn 1 ff.).
- **Bezeichnung des Belastungsobjekts**; sie erfolgt mit Angabe der laufenden Nummer des oder der belasteten Grundstücks oder Grundstücke nach dem Bestandsverzeichnis mit Angabe des Grundbuchblattes. Die Angabe des Flurstücks und des Beschriebes unterbleibt. Mit dieser vereinfachten Grundstücksbezeichnung sind aber auch Gefahren verbunden, weil sich die laufende Nummer im Bestandsverzeichnis schnell ändern kann; die Flurstücksnummer ist hingegen „stabiler". Der Rechtsverkehr kann sich mithin ebenso wie bei Angabe des Grundstücks in Spalte 2 der Abteilungen II und III nur darauf verlassen, dass im Zeitpunkt der Eintragung des Rechts und der Erteilung des Briefes das belastete Grundstücks die entsprechende laufende Nummer im Bestandsverzeichnis hatte; spätere Veränderungen sind aus den Veränderungsspalten des Bestandsverzeichnisses zu entnehmen.

Bei Belastung eines Erbbaurechts ist dieses zu bezeichnen (siehe § 59 GBV Rdn 1) bei Wohnungs- oder Teileigentum dieses mit Angabe des Grundbuchblattes (vgl. § 5 WGV Rdn 1).

II. Nicht wesentlicher Inhalt (Abs. 1)

- **Blattnummer**. Anzugeben ist das Grundbuchblatt neben dem **Grundbuchbezirk**.
- **Inhalt der Eintragungen**. Wiederzugeben ist der Eintragungstext der Hypothek.[1] Hinzu kommen Widersprüche, Nacherben- und Testamentsvollstreckervermerke sowie andere Verfügungsbeschränkungen, sofern sie das Recht des Hypothekars selbst betreffen.

Die Angabe des Ranges der Hypothek und insbesondere Rangvermerke werden nicht in den Brief aufgenommen. Auch eine im Grundbuch eingetragene Löschungsvormerkung nach § 1179 BGB wird nicht im Brief vermerkt (§ 57 Abs. 1 S. 3 GBO). Die Eintragung von Rangvermerken war in § 57 Abs. 2 Buchst. d GBO in der bis 1977 geltenden Fassung vorgesehen.[2] Nach Änderung des § 57 GBO durch Gesetz v. 22.6.1977 (BGBl I 1977, 998) ist dieses Erfordernis entfallen. Es war jedoch trotzdem in Literatur und Rechtsprechung lange streitig, ob nicht doch der Rang der Hypothek im Brief vermerkt werden solle.[3] Dies wird auch heute noch vertreten.[4]

---

1 Bauer/Schaub/*Schneider*, § 57 Rn 4.
2 Mit umfangreichen Nachw. Meikel/*Wagner*, § 57 a.F. Rn 14 ff.
3 LG Krefeld Rpfleger 1979, 139; *Mißling*, Rpfleger 1980, 322; *Demharter*, § 57 Rn 3; Bauer/Schaub/*Schneider*, § 57 Rn 4a, 4b m.w.N.
4 OLG Zweibrücken Rpfleger 1980, 109; OLG Oldenburg NdsRpfl. 1980, 264; Meikel/*Wagner*, § 57 Rn 4, 5 m.w.N.

D. Änderung des Inhalts des Grundbuches

5 Bei Eintragungen bei der Hypothek findet § 62 Abs. 1 GBO Anwendung (vgl. ferner § 63 GBO bei Mitbelastung eines anderen Grundstückes); sie sind von Amts wegen auch auf dem Brief vorzunehmen. Ausgenommen ist jedoch auch hier die Löschungsvormerkung nach § 1179 BGB (Abs. 1 S. 3). Abs. 2 bezieht sich nur auf die Änderung der sonstigen Angaben; hierbei ist eine zusammenfassende Eintragung mehrerer Änderungen und eine Beschränkung auf die Wiedergabe des Ergebnisses zulässig. Auch die Änderung der Nummer des Grundbuchblattes gehört hierher.

Soweit Änderungen nicht bereits nach § 62 GBO vermerkt werden, kann der Brief auf Antrag ergänzt werden.[5] Jeder Briefinhaber – nicht nur der legitimierte – ist berechtigt, den Antrag auf Ergänzung zu stellen.

Vermerke über Änderungen der Angaben des § 58 GBO sind gem. § 49 GBV auf dem Brief im Anschluss an den letzten vorhandenen Vermerk oder auf einen besonderen Bogen zu setzen.

Für die Ergänzung eines vor dem 1.1.1978 erteilten Briefes gilt § 57 GBO in seiner alten Fassung; jedoch soll auch in diesem Fall der Vermerk einer Löschungsvormerkung unterbleiben (Art. 8 § 2 des Gesetzes v. 22.7.1977, BGBl I 1977, 998).

§ 58 [Verbindung mit Schuldurkunde]

(1) Ist eine Urkunde über die Forderung, für welche eine Hypothek besteht, ausgestellt, so soll die Urkunde mit dem Hypothekenbrief verbunden werden. Erstreckt sich der Inhalt der Urkunde auch auf andere Angelegenheiten, so genügt es, wenn ein öffentlich beglaubigter Auszug aus der Urkunde mit dem Hypothekenbrief verbunden wird.
(2) (weggefallen)
(3) Zum Nachweis, daß eine Schuldurkunde nicht ausgestellt ist, genügt eine darauf gerichtete Erklärung des Eigentümers.

A. Allgemeines	1	C. Fehlen der Schuldurkunde	3
B. Anderer Inhalt der Schuldurkunde	2	D. Ordnungsvorschrift	4

A. Allgemeines

1 § 58 GBO regelt die Verbindung des Briefes mit der über die Hypothekenforderung ausgestellten Schuldurkunde.[1] Zwar wird die Vorlage der Schuldurkunde wegen des formellen Konsensprinzips nicht verlangt, wenn sie jedoch vorhanden ist, muss sie mit dem Brief verbunden werden, um auseinandergehende Verfügungen möglichst zu vermeiden.[2] Das Grundbuchamt hat keine inhaltliche oder materiell-rechtliche Prüfungspflicht hinsichtlich des Inhalts der Schuldurkunde.[3] Beachtlich sind nur offensichtliche Unwirksamkeits- oder Nichtigkeitsgründe.

Die Urschrift der Schuldurkunde wird mit dem Brief verbunden. Die Schuldurkunde wird mit dem Brief selbst nur dann verbunden, wenn sie im Zeitpunkt der Brieferteilung vorliegt.[4] Wird die bestehende Urkunde nicht vorgelegt, kann aber auch kein Brief erteilt werden, die Hypothek wird gleichwohl in das Grundbuch eingetragen, allein Brieferteilung unterbleibt.[5] Ist eine Schuldurkunde tatsächlich nicht vorhanden oder ist sie bereits vor Brieferteilung abhandengekommen, ist der Brief zu erteilen mit einem entsprechenden Vermerk, dass Schuldurkunde nicht vorhanden ist.[6]

---

5 Bauer/Schaub/*Schneider*, § 57 Rn 7.
1 Muster bei *Schöner/Stöber*, Grundbuchrecht, Rn 2069.
2 Denkschrift zur GBO, S. 61; KG OLGE 3, 364; KGJ 25 A. 319; KGJ 37 A. 312 = DNotZ 1936, 277; OLG Düsseldorf NJW 1961, 2263.
3 Meikel/*Wagner*, § 58 Rn 13.
4 Güthe/Triebel, § 58 Rn 9; Meikel/*Wagner*, § 58 Rn 3.
5 Meikel/*Wagner*, § 58 Rn 18.
6 Bauer/Schaub/*Schneider*, § 58 Rn 10.

Andere Urkunden, z.B. Abtretungsurkunden, sind nicht zu verbinden (dazu noch § 37 Abs. 3 GeschO v. 25.2.1936, DJ 350; geänd. durch AV v. 23.12.1937, DJ 1938, 33).[7] Bei Urkunden, die nach Begründung der Hypothek ohne Änderung des ursprünglichen Schuldgrundes eine Änderung der Schuld, z.B. eine Änderung von Zahlungsbedingungen und Verzinsung, enthalten, ist eine Verbindung nicht vorgeschrieben.[8]

Nicht verbunden werden Urkunden, die lediglich über die dingliche Erklärung errichtet sind.

Nach § 15 GeschO (v. 25.2.1936, DJ 1936, 350; geänd. durch AV v. 23.12.1937, DJ 1938, 33) ist eine beglaubigte Abschrift der Schuldurkunde zu den Grundakten zu nehmen. Es empfiehlt sich, dass die Beteiligten die erforderliche Zahl von Abschriften dem Grundbuchamt zugleich mit dem Antrage einreichen. Eine Verpflichtung hierzu besteht für sie jedoch nicht.

Zur Abtrennung der Urkunde bei Umwandlung der Hypothek bzw. der Forderung siehe § 65 GBO.

B. Anderer Inhalt der Schuldurkunde

Wenn die Schuldurkunde sich noch auf andere Angelegenheiten erstreckt, genügt Verbindung eines öffentlich beglaubigten Auszugs aus der Urkunde.

2

Wenn die **Verbindung technisch nicht möglich** ist, z.B. wenn mehrere Briefe verbunden werden sollen und nur eine Urkunde vorliegt, oder wenn die Urschrift der gerichtlichen oder notariellen Urkunde in Verwahrung des Gerichts oder Notars zu bleiben hat, genügt die Verbindung einer Ausfertigung, einer beglaubigten Abschrift oder, wenn sich der Inhalt der Urkunde noch auf andere Angelegenheiten erstreckt, einer auszugsweisen Ausfertigung oder eines beglaubigten Auszuges. Ist die Urkunde eine vollstreckbare nach § 800 ZPO, so kann auch die vollstreckbare Ausfertigung mit dem Brief verbunden werden.

C. Fehlen der Schuldurkunde

Das Nichtvorhandensein einer Schuldurkunde oder ihr Verlust und die Nichtanfertigung einer neuen Urkunde sind zu beweisen. Die in Abs. 2 erwähnte Erklärung des Eigentümers genügt für diesen Beweis. Sie unterliegt nicht der Form des § 29 GBO, da es sich nicht um eine zur Eintragung erforderliche Erklärung handelt. Fehlt der Nachweis, dass keine Urkunde ausgestellt wurde, oder wird ein vorhandener Brief nicht vorgelegt, ist eine Beanstandung nach § 18 GBO und gegebenenfalls Zurückweisung veranlasst.

3

D. Ordnungsvorschrift

§ 58 GBO ist eine Ordnungsvorschrift. Ihre Verletzung hindert die Wirksamkeit der Eintragung und des Briefes nicht.[9]

4

§ 59 [Hypothekenbrief bei Gesamtrechten]

(1) Über eine Gesamthypothek soll nur ein Hypothekenbrief erteilt werden. Er ist nur von einer für die Führung des Grundbuchs zuständigen Person und von einem Urkundsbeamten der Geschäftsstelle oder ermächtigten Justizangestellten (§ 56 Abs. 2) zu unterschreiben, auch wenn bezüglich der belasteten Grundstücke insoweit verschiedene Personen zuständig sind.

(2) Werden die Grundbücher der belasteten Grundstücke von verschiedenen Grundbuchämtern geführt, so soll jedes Amt für die Grundstücke, deren Grundbuchblätter es führt, einen besonderen Brief erteilen; die Briefe sind miteinander zu verbinden.

A. Allgemeines	1	C. Ordnungsvorschrift	3
B. Führung der Grundbücher	2		

---

7 Bauer/Schaub/*Schneider*, § 58 Rn 3, 3a.
8 Staudinger/*Wolfsteiner*, BGB, § 1116 Rn 15; Meikel/*Wagner*, § 58 Rn 5; Hügel/*Kral*, § 58 Rn 3.
9 *Güthe/Triebel*, § 58 Rn 13; Meikel/*Wagner*, § 58 Rn 31 m.w.N.

A. Allgemeines

1 § 59 GBO regelt die gleichzeitige Belastung mehrerer Grundstücke mit einer Gesamthypothek; die Brieferteilung erfolgt bezogen auf alle Grundstücke gleichzeitig. Die nachträgliche Belastung anderer Grundstücke desselben Grundbuchamtsbezirks ist in § 63 GBO geregelt. Besonderheiten gelten ferner bei nachträglicher Belastung von Grundstücken in verschiedenen Grundbuchamtsbezirken (vgl. § 48 GBO Rdn 18 ff.).

Für den Inhalt des Gesamthypothekenbriefes gelten zunächst die §§ 56, 57 GBO. Nach dem amtl. Muster ist die Wiedergabe des Mithaftvermerkes nicht notwendig; die Tatsache der Gesamtbelastung ergibt sich aus der Angabe der Nummern der belasteten Grundstücke, sowie der Verbindung der Briefe. Empfehlenswert ist bei der Wiedergabe der Hypothekeneintragung die Beifügung der Worte „... im Wege der Gesamtbelastung".

B. Führung der Grundbücher

2 Werden die Grundbücher der belasteten Grundstücke von **demselben Grundbuchamt** geführt, so ist nach Abs. 1 nur ein Brief zu erteilen.

Werden die Grundbücher der belasteten Grundstücke von **verschiedenen Grundbuchämtern** geführt, so gilt Abs. 2. Hier erteilt zunächst jedes Grundbuchamt für die in seinem Grundbuch eingetragene Hypothek einen eigenen Brief. Die Briefe sind sodann nach § 50 GBV durch Schnur und Siegel zu verbinden. Die an der Eintragung der Hypothek bei gleichzeitiger Bestellung an allen Grundstücken beteiligten Grundbuchämter haben sich dabei untereinander abzusprechen (vgl. auch Nr. 37 VwV-Grundbuchsachen Sachsen). Eine Regel, nach welcher etwa das erste oder das letzte Grundbuchamt die Verbindung vornimmt, gibt es nicht.[1]

Wird der Brief maschinell erstellt, ist nach § 87 S. 4 GBV eine Verbindung abweichend von § 59 Abs. 2 GBO nicht erforderlich. Es soll genügen, wenn die Gesamtbelastung durch Nennung aller betroffenen Grundbuchblattnummern und Angabe der Gesamtzahl der Seiten des Briefes erfolgt. Die Verbindung der mehreren maschinell hergestellten Briefe wird gleichwohl empfohlen, um eine Verwirrung des Rechtsverkehrs zu vermeiden. § 87 S. 4 GBV, der eine Verbindung scheinbar aus Vereinfachungsgründen nicht vorschreibt, ist daher auch nicht sinnvoll.[2]

Bei **Erlöschen der Mithaft** gilt im Falle des Abs. 1 der § 62 GBO. Im Falle des Abs. 2 ist außer dem Vermerk gem. § 62 der Brief über das gelöschte Recht von den übrigen Briefen zu trennen und nach §§ 69, 53 GBV, unbrauchbar zu machen.[3] Zur Verteilung einer **Gesamthypothek** siehe § 64 GBO (vgl. § 64 GBO Rdn 2).

C. Ordnungsvorschrift

3 § 59 GBO ist Ordnungsvorschrift, Verstöße berühren die Wirksamkeit des Briefes nicht.

---

§ 60 [Aushändigung des Hypothekenbriefes]

(1) Der Hypothekenbrief ist dem Eigentümer des Grundstücks, im Falle der nachträglichen Erteilung dem Gläubiger auszuhändigen.
(2) Auf eine abweichende Bestimmung des Eigentümers oder des Gläubigers ist die Vorschrift des § 29 Abs. 1 Satz 1 entsprechend anzuwenden.

A. Allgemeines 1	C. Rechtsnatur des Herausgabeanspruchs .. 5
B. Aushändigung 2	D. Unanwendbarkeit der Norm 6
I. Regelfall 2	E. Versehentlich falsche Aushändigung 7
II. Abweichende Bestimmungen 3	

---

1 Bauer/Schaub/*Schneider*, § 59 Rn 6.
2 Meikel/*Wagner*, § 59 Rn 4; Bauer/Schaub/*Schneider*, § 59 Rn 6a.
3 Eingehend Bauer/Schaub/*Schneider*, § 59 Rn 7.

A. Allgemeines

§ 60 GBO regelt die Aushändigung des erteilten Briefes. Grundsätzlich soll er nach Abs. 1 der Norm vom Grundbuchamt dem Eigentümer ausgehändigt werden. Nach § 1117 Abs. 1 BGB erwirbt der Gläubiger die Briefhypothek erst, wenn ihm der Brief von dem Eigentümer des Grundstücks übergeben wird. Nach § 1163 Abs. 2 BGB steht die Hypothek bis zur Übergabe des Briefes an den Gläubiger dem Eigentümer zu. Durch diesen Mechanismus kann die Übertragung der Hypothek auf den Gläubiger mit dem Entstehen der Forderung, insbes. bei Darlehenshingabe, gleichsam als Zug-um-Zug-Leistung erfolgen.[1] Seitens der Kreditwirtschaft wird das Briefgrundpfandrecht gerade deshalb aber auch aus schwerfällig und in seiner Entstehung für den Gläubiger ungünstig bezeichnet.[2]

Gem. § 1117 Abs. 2 BGB kann die Übergabe durch die Vereinbarung ersetzt werden, dass der Gläubiger berechtigt sein soll, sich den Brief unmittelbar vom Grundbuchamt aushändigen zu lassen. In diesem Fall erwirbt der Gläubiger die Hypothek unmittelbar mit Grundbucheintragung (Direkterwerb), § 1163 Abs. 2 BGB wird umgangen.[3] In den seltenen Fällen der Bestellung eines Briefgrundpfandrechts wird in der heutigen Kreditpraxis daher regelmäßig § 1117 Abs. 2 BGB vereinbart; formularmäßige Vereinbarung in den Grundpfandrechtsurkunden als allgemeine Geschäftsbedingung ist zulässig. Als dingliche Vereinbarung soll § 1117 Abs. 2 BGB unwiderruflich sein.[4]

Bedeutung hat die Unterscheidung zwischen § 1117 Abs. 1 und 2 BGB mit der verfahrensrechtlichen Unterscheidung zwischen Abs. 1 und Abs. 2 im Falle nachträglich eintretender Verfügungsbeeinträchtigungen des Eigentümers – insbes. bei Insolvenzeröffnung, da § 878 BGB im Falle der „regulären" Briefrechtsbestellung nach § 1117 Abs. 1 BGB keine Anwendung finden kann, weil die Grundbucheintragung nicht der letzte zum Rechtserwerb erforderliche Tatbestand ist.[5] Gleiches gilt für § 892 Abs. 2 BGB bei möglichem gutgläubigem Erwerb.[6] Mit § 1117 Abs. 2 BGB erwirbt der Gläubiger das Grundpfandrecht bereits mit Grundbucheintragung, sodass sowohl § 878 BGB als auch § 892 Abs. 2 BGB Anwendung finden können.

Hinsichtlich der möglichen Anfechtbarkeit einer Grundpfandrechtsbestellung durch den Insolvenzverwalter (§§ 129 ff. InsO) oder auch bei Gläubigeranfechtung (§§ 3, 4 AnfG) ist die Anwendung von § 1117 Abs. 2 BGB ebenso von Bedeutung, da ähnlich § 878 BGB die Beendigung der Rechtsbestellung als anfechtbare Rechtshandlung mit dem Zeitpunkt der Antragstellung beim Grundbuchamt bestimmt wird (§ 140 Abs. 2 InsO).[7] In diesen Fällen sichert nur § 1117 Abs. 2 BGB dem Gläubiger einen frühen Zeitpunkt des Rechtserwerbs – eben den Zeitpunkt der Antragstellung bei Grundbuchamt, der unter Berücksichtigung der Anfechtungsfristen eine Anfechtung ausschließen kann.

B. Aushändigung

I. Regelfall

Der mit Eintragung der Hypothek neu erstellte Brief ist dem Eigentümer des Grundstücks auszuhändigen (Abs. 1), bei mehreren Miteigentümern oder verschiedenen Eigentümern mehrerer Grundstücke nur sämtlichen Eigentümern vermittels eines Empfangsberechtigten.[8] Der Notar ist zur Empfangnahme nicht ohne weiteres ermächtigt; § 15 gilt hier nicht.[9] Der Eigentümer kann den Notar bevollmächtigen, für ihn den Brief entgegenzunehmen. Absatz 2 ist auf die Empfangsvollmacht nicht anwendbar; Schriftform genügt.[10] Die

---

1 Allgemein Staudinger/*Wolfsteiner*, BGB, § 1117 Rn 3 mit Hinw. auf die Protokolle zum BGB.
2 Lwowski/Fischer/Gehrlein/*Schoppmeyer*, Das Recht der Kreditsicherung, 10. Aufl. 2018, § 15 Rn 112.
3 RGZ 84, 314; RGZ 89, 161; Staudinger/*Wolfsteiner*, BGB, § 1117 Rn 19 m.w.N.; MüKo/*Lieder*, BGB, § 1117 Rn 18 ff.; Westermann/*Gursky*/*Eickmann*, Sachenrecht, § 95 A II. 4. c.
4 RGZ 93, 248; Staudinger/*Wolfsteiner*, BGB, § 1117 Rn 21 will dagegen auf § 873 Abs. 2 BGB abstellen.
5 Staudinger/*Gursky*, BGB, § 878 Rn 38 m.w.N.; *Keller*, Insolvenzrecht, Rn 908, 928.
6 Staudinger/*Gursky*, BGB, § 892 Rn 214; *Keller*, Insolvenzrecht, Rn 945 ff.
7 Jaeger/*Henckel*, InsO, § 140 Rn 41, 42; *Keller*, Insolvenzrecht, Rn 1667 ff.
8 Bauer/Schaub/*Schneider*, § 60 Rn 2.
9 Meikel/*Wagner*, § 60 Rn 23; Bauer/Schaub/*Schneider*, § 60 Rn 2; Lemke/*Wagner*, § 60 Rn 6; Schöner/Stöber, Grundbuchrecht, Rn 2025.
10 Meikel/*Wagner*, § 60 Rn 23; Bauer/Schaub/*Schneider*, § 60 Rn 2; Lemke/*Wagner*, § 60 Rn 6.

§§ 10, 11 S. 4 FamFG stehen nicht entgegen.[11] Nach Insolvenzeröffnung über das Vermögen des Eigentümers ist der Brief dem Insolvenzverwalter auszuhändigen.[12]

Wird der Brief erst nachträglich erteilt, etwa bei Umwandlung der Buch- in eine Briefhypothek, ist der Brief dem Gläubiger auszuhändigen. Kann der Eigentümer nachweisen, dass die gesicherte Forderung noch nicht zur Entstehung gelangt ist, ist er noch Gläubiger (§ 1163 Abs. 1 S. 1 BGB); der Brief ist dann ihm auszuhändigen. Voreintragung als Hypothekengläubiger ist nicht erforderlich.[13] Freilich gelten auch bei nachträglicher Brieferteilung zugunsten des Rechts §§ 891 und 1138 BGB, sodass das Bestehen der Forderung vermutet wird.

II. Abweichende Bestimmungen

3 Abweichende Bestimmungen sind nach Abs. 2 **unbeschränkt zulässig**. Der Eigentümer kann bestimmen, dass der Brief dem Gläubiger oder einem Dritten ausgehändigt werden soll. Ist der Gläubiger bestimmungsberechtigt (Abs. 1 zweiter Fall), kann er eine entsprechende Bestimmung treffen. Die Bestimmung kann nicht durch den Notar im Rahmen des § 15 Abs. 2 GBO erfolgen.[14] Er bedarf dazu entsprechender Bevollmächtigung des Eigentümers in der Form des § 29 GBO; die Beurkundung der Notarvollmacht kann als Eigenurkunde erfolgen (§ 24 Abs. 3 S. 2 BNotO), § 11 S. 4 FamFG steht nicht entgegen.[15]

Der Bestimmung des Eigentümers, den Brief unmittelbar dem Gläubiger zu übersenden, kann – muss aber keine Vereinbarung nach § 1117 Abs. 2 BGB zugrunde liegen.[16] Wurde § 1117 Abs. 2 BGB nicht vereinbart, beinhaltet Abs. 2 nur die Anweisung an das Grundbuchamt, als Bote des Eigentümers den Brief zu übergeben, womit der Rechtserwerb nach § 1117 Abs. 1 BGB stattfindet. Das Grundbuchamt hat nicht zu prüfen, ob bei Bestimmung nach Abs. 2 GBO ein Fall des § 1117 Abs. 2 BGB vorliegt. Umgekehrt führt auch die aus der Hypothekenbestellung ersichtliche Vereinbarung nicht automatisch zur Anwendung des Abs. 2. Dies schon deshalb nicht, weil die materiell-rechtliche Vereinbarung formlos möglich ist, die verfahrensrechtliche Bestimmung aber der Form des § 29 GBO bedarf. Wurde durch den Eigentümer die Aushändigung an den Gläubiger bestimmt, bedarf es noch eines formlosen Herausgabeantrags des Gläubigers an das Grundbuchamt.[17]

Ist gem. Abs. 1 der Eigentümer empfangsberechtigt, so wird durch die bloße Verurteilung des Eigentümers zur Bewilligung der Eintragung ein Recht des Gläubigers auf unmittelbare Aushändigung des Briefes **nicht** begründet,[18] nur die rechtskräftige Verurteilung zur Abgabe einer Erklärung gem. Abs. 2 oder § 1117 BGB ersetzt die Bestimmung durch den Eigentümer.

Die Erklärung nach Abs. 2 ist wie die Eintragungsbewilligung eine reine Verfahrenshandlung.[19] Sie bedarf mindestens öffentlicher Beglaubigung (§ 29 GBO).

Zur **Form der Aushändigung** vgl. § 38 GeschO (v. 25.2.1936, DJ 1936, 350; geänd. durch AV v. 23.12.1937, DJ 1938, 33) bzw. Abschn. 6.1.5.1 BayGBGA und Nr. 38 VwV-Grundbuchsachen Sachsen. Sie erfolgt gegen Empfangsbestätigung, regelmäßig durch Einschreiben mit Rückschein.

4 Die versehentliche Aushändigung des Hypothekenbriefes an einen falschen Empfangsberechtigten (siehe Rdn 7) berührt weder die Wirksamkeit der Eintragung noch die des Briefes. Doch besteht die Gefahr von Schadensersatzansprüchen wegen Amtspflichtverletzung.

---

11 Bauer/Schaub/*Schneider*, § 60 Rn 2; *Weber*, Rpfleger 2009, 83; a.A. Hügel/*Kral*, § 60 Rn 8; Meikel/*Wagner*, § 60 Rn 23 am Ende.
12 *Eickmann*, Rpfleger 1972, 77, 80.
13 BGH Rpfleger 1968, 277; KG FGPrax 2009, 201; SchlHolstOLG FGPrax 2010, 280; OLG Hamm Rpfleger 1990, 157; Bauer/Schaub/*Schneider*, § 60 Rn 2a.
14 Bauer/Schaub/*Schneider*, § 60 Rn 4; Lemke/*Wagner*, § 60 Rn 14; Hügel/*Kral*, § 60 Rn 12.
15 BGH Rpfleger 1980, 465; BayObLGDNotZ 1983, 436; Bauer/Schaub/*Schneider*, § 60 Rn 4; Hügel/*Kral*, § 60 Rn 14.
16 Großzügig in der Auslegung Schöner/Stöber, Grundbuchrecht, Rn 121.
17 *Güthe/Triebel*, § 30 Rn 24; Meikel/*Wagner*, § 60 Rn 54–59; Bauer/Schaub/*Schneider*, § 60 Rn 5.
18 KG KGJ 1921, 171; Staudinger/*Wolfsteiner*, BGB, § 1117 Rn 10; Meikel/*Wagner*, § 60 Rn 16.
19 *Güthe/Triebel*, § 60 Rn 7; Bauer/Schaub/*Schneider*, § 60 Rn 7.

C. Rechtsnatur des Herausgabeanspruchs

Der in § 60 GBO geregelte Herausgabeanspruch gegen das Grundbuchamt ist **öffentlich-rechtlicher Natur**; ein privatrechtlicher Herausgabeanspruch besteht nicht gegenüber dem Grundbuchamt aufgrund eines verwahrungsähnlichen Rechtsverhältnisses sondern bestenfalls zwischen Eigentümer und Gläubiger aufgrund Sicherungsvereinbarung.[20] Ein privatrechtlicher Anspruch ist aus dem Eigentum am Brief abzuleiten (§§ 952 Abs. 2, 985 BGB), dieser Anspruch wird aber wegen der durch die Eintragungsbewilligung geschaffenen besonderen öffentlich-rechtlichen Rechtsbeziehungen vom öffentlich-rechtlichen Anspruch überlagert.

Für den Gläubiger, der zum Grundbuchamt in keinen Rechtsbeziehungen steht, besteht lediglich im Falle einer Vereinbarung gem. § 1117 Abs. 2 BGB ein Herausgabeanspruch aufgrund des Eigentums am Brief; fehlt es jedoch an einer gleichzeitigen Anweisung gem. Abs. 2, so kann der Gläubiger seinen Herausgabeanspruch aus § 985 BGB nicht gegen das Grundbuchamt geltend machen. Für das Grundbuchamt gilt allein § 60 GBO.

Diese Unterscheidung ist von Bedeutung für die Beurteilung von **Pfändungen** des Herausgabeanspruches:

Gepfändet werden kann nur dann wirksam, wenn öffentlich-rechtlicher und privatrechtlicher Anspruch sich nicht widersprechen, weil bei einem Widerspruch der öffentlich-rechtliche Anspruch den privatrechtlichen verdrängt, der öffentlich-rechtliche Anspruch allein jedoch nicht gepfändet werden kann.[21] Das bedeutet, dass wirksam gepfändet werden kann

– gegen den **Grundstückseigentümer** im Regelfalle § 60 Abs. 1 und im Falle des Abs. 2, wenn eine Vereinbarung nach § 1117 Abs. 2 BGB nicht vorliegt, desgleichen, wenn nur eine Vereinbarung nach § 1117 Abs. 2 BGB getroffen worden ist, jedoch keine Anweisung nach Abs. 2 erteilt ist;
– gegen den **Gläubiger** nur, wenn Vereinbarungen nach § 1117 Abs. 2 BGB und Abs. 2 nachgewiesen sind.

Die Pfändung des Herausgabeanspruches ist nur möglich, wenn zugleich die Hypothekenforderung mitgepfändet wird.[22]

D. Unanwendbarkeit der Norm

§ 60 GBO gilt nicht, wenn ein bereits ausgehändigter Brief bei einer späteren Eintragung wieder eingereicht wird. Ein eingereichter Hypothekenbrief ist dem, der ihn in eigenem Namen vorgelegt hat, und falls der Brief in fremdem Namen überreicht wird, dem zurückzugeben, in dessen Namen er eingereicht ist.

Hat jedoch derjenige, der den Brief für einen anderen eingereicht hat, Vollmacht zur Empfangnahme, so ist er ihm zurückzugeben. Das trifft regelmäßig auch für die vermutete Vollmacht des § 15 GBO zu. Es kann auch vom Berechtigten die Aushändigung an einen Dritten bestimmt werden. Diese Bestimmung bedarf nicht der Form des § 29 GBO, das Grundbuchamt kann jedoch bei Zweifeln an der Unterschrift diese Form verlangen. Die Bestimmung ist im Gegensatz zu der des Abs. 2 widerruflich. Fallen die Einreichereigenschaft und das Eigentum am Brief auseinander, so will *Derleder*[23] dem Eigentümer einen Herausgabeanspruch gegen das Grundbuchamt zugestehen. Dem kann nicht zugestimmt werden, weil das Grundbuchamt aufgrund der öffentlich-rechtlichen Vorlagepflicht nach § 41 GBO den Brief in Besitz hat und ihn in Erfüllung der ihm aus diesem öffentlich-rechtlichen Verhältnis erwachsenden Pflichten nur nach Maßgabe der oben erwähnten Grundsätze herausgeben darf.

---

20 So auch *Derleder*, DNotZ 1971, 272, 278; Meikel/*Wagner*, § 60 Rn 15.
21 KG KGJ 40, 327 und KGJ 44, 278; i.E. ebenso: OLG Neustadt Rpfleger 1960, 155; vgl. insbes. ausf. *Behr/Eickmann*, Pfändung von Grundpfandrechten, S. 55 ff.
22 Eingehend *Stöber*, Forderungspfändung, Rn 1808, 1821 ff.; Keller/*Schrandt*, Handbuch Zwangsvollstreckungsrecht, Rn 3.1210 ff.
23 DNotZ 1971, 272, 280.

E. Versehentlich falsche Aushändigung

7 Ein versehentlich einer nicht empfangsberechtigten Person ausgehändigter Brief muss zurückgefordert werden, notfalls ist die Rückgabe gem. § 35 FamFG zu erzwingen.[24] In Rechte eines Dritten darf dabei allerdings nicht eingegriffen werden. Dieser Grundsatz gilt wohl nicht für den Empfänger selbst, jedenfalls dann nicht, wenn ihm der Mangel der Empfangsberechtigung bekannt war. In einem solchen Fall besteht kein Anspruch auf Vertrauensschutz.[25]

§ 61 [Herstellung eines Teilhypothekenbriefes]

(1) Ein Teilhypothekenbrief kann von dem Grundbuchamt oder einem Notar hergestellt werden.
(2) Der Teilhypothekenbrief muß die Bezeichnung als Teilhypothekenbrief sowie eine beglaubigte Abschrift der im § 56 Abs. 1 Satz 2 vorgesehenen Angaben des bisherigen Briefes enthalten, den Teilbetrag der Hypothek, auf den er sich bezieht, bezeichnen sowie mit Unterschrift und Siegel oder Stempel versehen sein. Er soll außerdem eine beglaubigte Abschrift der sonstigen Angaben des bisherigen Briefes und der auf diesem befindlichen Vermerke enthalten. Eine mit dem bisherigen Brief verbundene Schuldurkunde soll in beglaubigter Abschrift mit dem Teilhypothekenbrief verbunden werden.
(3) Wird der Teilhypothekenbrief vom Grundbuchamt hergestellt, so ist auf die Unterschrift § 56 Abs. 2 anzuwenden.
(4) Die Herstellung des Teilhypothekenbriefes soll auf dem bisherigen Brief vermerkt werden.

A. Allgemeines	1	IV. Antrag	5
B. Voraussetzungen für die Bildung des Teilbriefes	2	C. Behandlung des Stammbriefes	6
		D. Zuständigkeit	7
I. Teilung der Forderung	2	E. Inhalt	8
II. Vorhandensein des Stammbriefes	3	I. Wesentlicher Inhalt	8
III. Vorlegung des Stammbriefes	4	II. Nichtwesentlicher Inhalt	9

A. Allgemeines

1 Im Falle einer Teilung der Forderung kann für jede der durch die Teilung entstandenen Hypothek ein Hypothekenbrief hergestellt werden; die Zustimmung des Eigentümers des Grundstücks ist nicht erforderlich. Der Teilhypothekenbrief tritt für den Teil, auf den er sich bezieht, an die Stelle des bisherigen Briefes (§ 1152 BGB). § 61 GBO regelt für den Teilbrief die Zuständigkeit zur Herstellung, den Inhalt und die Form.

B. Voraussetzungen für die Bildung des Teilbriefes
I. Teilung der Forderung

2 Es entstehen mehrere Hypotheken, wenn die Forderung teilweise abgetreten wird (§§ 1153, 1154, 398 BGB). An Stelle eines Gläubigers treten mehrere Gläubiger zu bestimmten Teilbeträgen oder nach Bruchteilen bezogen auf das Gesamtrecht.[1] Teilung tritt ferner ein bei Pfändung oder Verpfändung eines Teils der Hypothek. Vollstreckungsrechtlich ist eine Teilpfändung aber nicht ratsam.[2] Bei Bestellung eines Nießbrauchs an einem Teil, Übergang eines Teilbetrages auf den Eigentümer oder den persönlichen Schuldner (§§ 1142, 1143 oder § 1163 BGB).

---

24 KGJ 38 A 283 = JW 1925, 1775; OLG Düsseldorf MDR 1969, 409; OLG Frankfurt a.M. Rpfleger 1977, 169; Bauer/Schaub/*Schneider*, § 60 Rn 10.
25 **A.A.** OLG Düsseldorf Rpfleger 1969, 95; wohl auch *Demharter*, § 60 Rn 17; Meikel/*Wagner*, GBO, § 60 Rn 37 ff.

1 Eingehend Meikel/*Wagner*, § 61 Rn 6 ff.; Bauer/Schaub/*Schneider*, § 61 Rn 3.
2 Keller/*Steder*, Handbuch Zwangsvollstreckungsrecht, Rn 3.259 ff.

Einer Teilung in diesem Sinne steht es gleich, wenn ein Teil der Forderung bestehen bleibt, während der andere Teil erlischt und insoweit eine Eigentümergrundschuld entsteht (§ 1177 BGB). Ferner steht es der Teilung gleich, wenn ohne Wechsel in der Person des Berechtigten für einen Teil der Forderung Sonderbestimmungen bewilligt werden. Deshalb liegt Teilung in der Bestimmung verschiedenen Ranges bei Teilbeträgen[3] oder der Vollstreckungsunterwerfung wegen eines erst- oder letztrangigen Teilbetrages,[4] nicht jedoch bei Unterwerfung wegen eines „zuletzt zu zahlenden" Teilbetrages.[5]

Bei Abtretung eines Teiles einer Tilgungshypothek einschließlich des getilgten Betrages kann ein Teilbrief über den ganzen abgetretenen Betrag hergestellt werden; die Herstellung eines Teilhypothekenbriefs und eines Teilgrundschuldbriefs ist nicht nötig.

Bildung eines Teilbriefs für rückständige Zinsen, Kosten und andere Nebenleistungen ist wegen §§ 1159, 1178 Abs. 1 BGB nicht möglich.[6] Bei Abzweigung des künftigen Zinsrechts kann über das Zinsrecht ein Teilbrief erteilt werden. Keine Teilung bei Ersetzung eines Teils der Forderung durch eine andere Forderung gem. § 1180 BGB. Die Hypothek zur gesamten Hand steht allen Gläubigern zu, es ist daher kein Teilbrief für den einzelnen Gläubiger möglich.

Nach § 64 GBO ist im Falle der Verteilung einer Gesamthypothek auf die einzelnen Grundstücke für jedes Grundstück ein neuer Brief (kein Teilbrief) zu erteilen.

Mit der Teilung der Forderung darf nicht zugleich eine Teilung des belasteten Grundstückes stattfinden; in diesem Falle sind neue Briefe zu bilden.

Ein Teilbrief kann nicht gebildet werden, wenn der Betrag des Briefes nicht genügend bestimmt ist.

II. Vorhandensein des Stammbriefes

Es ist kein Teilbrief zu erteilen, wenn ein Teil einer Buchhypothek in eine Briefhypothek umgewandelt wird; ferner wenn eine Buchhypothek als Briefhypothek umgewandelt an mehrere Gläubiger abgetreten wird. Gleichzeitige Herstellung eines Stammbriefes und eines Teilbriefes ist nicht möglich, wohl aber Herstellung mehrerer über den Anteil jedes Gläubigers lautender Stammbriefe gem. §§ 56–58 GBO.

III. Vorlegung des Stammbriefes

Nach Abs. 4 ist die Herstellung des Teilhypothekenbriefes auf dem bisherigen Brief zu vermerken. Der Antrag auf Teilbriefherstellung ist abzulehnen, wenn der Stammbrief nicht vorgelegt wird.[7] Doch darf die Eintragung der Abzweigung nicht von der Herstellung des Teilbriefes abhängig gemacht werden. In einem solchen Fall verbrieft ein Brief zwei Teilhypotheken.

IV. Antrag

Der Antrag auf Bildung von Teilbriefen ist formfrei möglich. Antragsberechtigt sind der bisherige Gläubiger und der neue Gläubiger, sofern er bereits ein dingliches Recht erworben hat. Der neue Gläubiger bedarf **keiner** Zustimmung des alten Gläubigers.[8]

C. Behandlung des Stammbriefes

Auf dem Stammbrief ist die **Bildung des Teilhypothekenbriefes zu vermerken**. Der Vermerk ist von der ausstellenden Stelle zu unterschreiben und zu siegeln.

---

3 OLG Zweibrücken Rpfleger 1985, 54; OLG Celle Rpfleger 1990, 378; Meikel/*Wagner*, § 61 Rn 18.
4 OLG Hamm Rpfleger 1984, 60; OLG Köln JurBüro 1984, 122.
5 BGH Rpfleger 1990, 16; OLG Hamm Rpfleger 1987, 59 m. Anm. *Wolfsteiner*, DNotZ 1988, 234; BayObLG Rpfleger 1985, 355; *Demharter*, § 61 Rn 5; a.A. Meikel/*Wagner*, § 61 Rn 18.
6 Bauer/v. Oefele/*Schneider*, § 61 Rn 11.
7 Bauer/v. Oefele/*Schneider*, § 61 Rn 10, 16; Meikel/*Wagner*, § 61 Rn 10, 11.
8 *Demharter*, § 61 Rn 10; Meikel/*Wagner*, § 61 Rn 30; Bauer/v. Oefele/*Weber*, § 61 Rn 16.

Weiter ist gem. § 48 Abs. 2 GBV auf dem bisherigen Brief der Betrag ersichtlich zu machen, auf den sich der Brief noch bezieht. Wird auf dem Stammbrief die Herstellung des Teilbriefes nicht vermerkt und die Minderung des Betrages nicht angegeben, so erwirbt ein gutgläubiger Dritter die ganze Hypothek, sofern nicht das Grundbuch die Abzweigung der Teilhypothek ergibt. Ist der Teilbrief nichtig, jedoch der Vermerk auf den Stammbrief erfolgt, so ist die Teilbriefhypothek nicht verkehrsfähig. Bei Fehlern im muss- und Sollinhalt ist der Brief zur Berichtigung einzufordern. Die Zwangsmaßnahmen zur Vorlegung des Briefes richten sich nach § 35 FamFG.

D. Zuständigkeit

7 Zuständig für die Ausstellung eines Teilhypothekenbriefes sind das Grundbuchamt oder ein Notar (vgl. § 20 Abs. 2 BNotO).

E. Inhalt

I. Wesentlicher Inhalt

8 Der Teilbrief muss enthalten:[9]
- Bezeichnung als Teilbrief;
- Beglaubigte Abschrift der in § 56 S. 2 GBO vorgesehenen Angaben des bisherigen Briefes (vgl. dazu § 48 GBO Rdn 21);
- Bezeichnung des Teilbetrages;
- Unterschrift, Siegel oder Stempel (vgl. dazu § 56 GBO Rdn 3). Hat der Notar den Teilbrief erstellt, so unterzeichnet natürlich nur er.

II. Nichtwesentlicher Inhalt

9 Der Teilbrief kann ferner enthalten:[10]
- Beglaubigte Abschrift der sonstigen Angaben (vgl. § 57 GBO Rdn 4);
- Beglaubigte Abschrift der ergänzenden Vermerke;
- Herstellungsvermerk nach Muster Anl. 4 GBV;
- Eintragungsvermerk, den das Grundbuchamt gem. § 62 GBO anbringt;
- Evtl. begl. Abschrift der Schuldurkunde.

§ 62 [Nachträgliche Eintragungen auf dem Brief]

(1) Eintragungen, die bei der Hypothek erfolgen, sind von dem Grundbuchamt auf dem Hypothekenbrief zu vermerken; der Vermerk ist mit Unterschrift und Siegel oder Stempel zu versehen. Satz 1 gilt nicht für die Eintragung einer Löschungsvormerkung nach § 1179 des Bürgerlichen Gesetzbuchs.
(2) Auf die Unterschrift ist § 56 Abs. 2 anzuwenden.
(3) In den Fällen des § 53 Abs. 1 hat das Grundbuchamt den Besitzer des Briefes zur Vorlegung anzuhalten. In gleicher Weise hat es, wenn in den Fällen des § 41 Abs. 1 Satz 2 und des § 53 Abs. 2 der Brief nicht vorgelegt ist, zu verfahren, um nachträglich den Widerspruch auf dem Brief zu vermerken.

A. Allgemeines 1	D. Vermerke auf Antrag 4
B. Eintragungen bei der Hypothek 2	E. Vorlegung des Briefes 5
C. Andere Vermerke 3	F. Rückgabe des Briefes 6

---

[9] *Demharter*, § 61 Rn 10; Meikel/*Wagner*, § 61 Rn 30; Bauer/v. Oefele/*Weber*, § 61 Rn 16.

[10] Meikel/*Wagner*, GBO, § 61 Rn 44 ff.

A. Allgemeines

Zweck der Vorschrift ist die Sicherstellung der Übereinstimmung zwischen Brief und Grundbuch. Denn der Schutz des öffentlichen Glaubens tritt nur ein, wenn Grundbuch und Brief übereinstimmen. Der Brief kann selbstständig zwar keinen öffentlichen Glauben begründen, den des Grundbuchs aber zerstören (§ 1140 BGB), wenn das Grundbuch unrichtig, der Brief aber richtig ist.

B. Eintragungen bei der Hypothek

Alle Eintragungen, soweit sie bei der Hypothek erfolgen, sind **auf dem Briefe zu vermerken**. Hierher gehören Vormerkungen hinsichtlich der Hypothek, nach Abs. 1 S. 2 jedoch nicht Löschungsvormerkungen nach § 1179 BGB, Eintragung eines Nacherbenvermerks, Eintragung von Verfügungsbeschränkungen und teilweise oder gänzliche Löschung. Eine **Umstellung** des Kapitalbetrages der Hypothek von Deutsche Mark (DEM) auf EUR (EUR) ist nach § 26a Abs. 1 S. 5 GBMaßnG nicht von Amts wegen zu vermerken. Ein Vermerk erfolgt nur auf Antrag.[1]

Nicht der Eintragung bedürfen Änderungen des **Eigentums** am belasteten Grundstück; auch nicht die lastenfreie Abschreibung einer Teilfläche.[2]

Streitig ist, ob auf einem nach dem 1.1.1978 (also ohne Angabe der vorgehenden Rechte) erstellten Brief eine Vorrangseinräumung vermerkt werden muss (dazu vgl. auch § 57 GBO Rdn 4).[3] Richtigerweise sind Rangänderungen nicht zu vermerken, weil ein solcher Vermerk (im Gegensatz zu Briefen nach altem Recht) keinerlei Aussagewert haben kann und zudem der durch die seinerzeitige Gesetzesänderung erstrebten Rationalisierung zuwiderläuft.

Der Vermerk ist auf den Brief zu setzen, regelmäßig an den **Schluss des Briefes** (siehe § 49 GBV Rdn 1). Er ist zu siegeln; für die Unterschrift gilt § 56 Abs. 2 GBO.[4]

C. Andere Vermerke

Vermerke, die **nicht auf Eintragungen im Grundbuch beruhen**, fallen nicht unter § 62 GBO. Als solche Vermerke kommen in Frage:

– Alle durch die vorgeschriebenen **formellen Vermerke**, wie z.B. der auf den Stammbrief zu setzende Vermerk, dass ein Teilbrief gebildet ist (§ 61 Abs. 4) und der sog. Gültigkeitsvermerk (§ 48 GBV),
– Vermerke **anderer Amtspersonen, Behörden oder Beamten**, z.B. der Notare und Vollstreckungsgerichte. Nach § 127 ZVG hat z.B. das Vollstreckungsgericht auf dem Briefe zu vermerken, dass die Hypothek teilweise infolge der Versteigerung erloschen ist.[5]

D. Vermerke auf Antrag

Eintragungen, die nicht unter § 62 Abs. 1 GBO fallen, sind gem. § 57 Abs. 2 GBO auf Antrag auf dem Briefe zu vermerken.

E. Vorlegung des Briefes

Das Grundbuchamt kann den Besitzer des Briefes nur dann zur Vorlegung anhalten, wenn es dazu ausdrücklich gesetzlich ermächtigt ist.

---

1 *Bestelmeyer*, Rpfleger 1999, 368; *ders.*, Rpfleger 1999, 524; *Böhringer*, DNotZ 1999, 692.
2 OLG Celle Rpfleger 1985, 398; *Demharter*, § 62 Rn 3; a.A. *Burkhardt*, BWNotZ 1987, 111; Meikel/*Wagner*, GBO, § 62 Rn 5.
3 Bejahend: *Gaberdiel*, Rpfleger 1980, 89; *Böhringer*, Rpfleger 1987, 446; Meikel/*Wagner*, § 62 Rn 5; OLG Zweibrücken Rpfleger 1980, 109. Verneinend: OLG Celle Rpfleger 1985, 398; LG Krefeld Rpfleger 1979, 139; *Mißling*, Rpfleger 1980, 332; *Demharter*, § 62 Rn 3.
4 Bauer/Schaub/*Schneider*, § 62 Rn 8, 10.
5 Bauer/Schaub/*Schneider*, § 62 Rn 5; eingehend Meikel/*Wagner*, GBO, § 62 Rn 13.

Hierher gehört nicht der Fall der Verletzung des § 62 Abs. 1 GBO. Eine ausdrückliche gesetzliche Ermächtigung für das Grundbuchamt besteht dagegen nach § 62 Abs. 3 GBO in den Fällen des § 53 Abs. 1 und 2 GBO sowie nach § 41 Abs. 1 S. 2 GBO sowie nach §§ 88 Abs. 1 und 99 GBO.

Die Vorlegung wird sonst nur indirekt erzwungen, indem nach § 41 eine Eintragung ohne Vorlegung nicht erfolgen kann.

Es ist der **Besitzer zur Vorlegung anzuhalten**, wenn

- nach § 53 Abs. 1 GBO bei der Hypothek ein Amtswiderspruch einzutragen ist, zu dessen Eintragung das Grundbuchamt des Hypothekenbriefes bedarf, weil § 53 Abs. 2 GBO nicht anwendbar ist;
- nach § 53 Abs. 1 S. 2 GBO die Eintragung von Amts wegen zu löschen ist,
- die Eintragung des Widerspruchs zunächst ohne Vorlegung des Briefes gem. §§ 41 Abs. 1 S. 2, 53 Abs. 2 GBO erfolgt ist.

In den beiden erstgenannten Fällen muss der Brief vor der Eintragung beschafft werden, im letztgenannten Falle darf er erst nach der Eintragung verlangt werden.[6]

Die entsprechende Anwendung des § 62 Abs. 3 GBO im Falle der Löschung einer durch Zuschlag in der Zwangsversteigerung erloschenen Hypothek scheidet aus.

Sämtliche **Zwangsmaßnahmen** können sich nur gegen den wirklichen Besitzer des Briefes richten. Ein früherer Besitzer eines Briefes braucht, um das Zwangsverfahren zu vermeiden, nicht den Verlust des Briefes glaubhaft zu machen, vielmehr muss das Grundbuchamt von Amts wegen feststellen, wer der gegenwärtige Besitzer ist. Dies folgt aus der Natur des Verfahrens als Amtsverfahren (§ 26 FamFG).[7]

Die Durchführung des Zwangsverfahrens richtet sich nach § 35 FamFG.

F. Rückgabe des Briefes

6   Der Brief ist stets demjenigen zurückzugeben, der ihn eingereicht hat. Einem Notar jedoch nur dann, wenn er besondere Empfangsvollmacht hat. Zur Rückforderung bei Aushändigung an einen Nichtberechtigten siehe § 60 GBO Rdn 7.

Hat das Grundbuchamt aufgrund gesetzlicher Vorschrift vom Besitzer den Brief verlangt und freiwillig oder im Zwangswege erhalten, so darf es auf den Brief andere Vermerke als diejenigen, zu deren Anbringung es nach den obigen Ausführungen gesetzlich berechtigt ist, nur nach Zustimmung des Einreichenden setzen.

§ 63 [Nachträgliche Gesamtbelastung]

Wird nach der Erteilung eines Hypothekenbriefs mit der Hypothek noch ein anderes, bei demselben Grundbuchamt gebuchtes Grundstück belastet, so ist, sofern nicht die Erteilung eines neuen Briefes über die Gesamthypothek beantragt wird, die Mitbelastung auf dem bisherigen Brief zu vermerken und zugleich der Inhalt des Briefes in Ansehung des anderen Grundstücks nach § 57 zu ergänzen.

A. Inhalt der Vorschrift 1   B. Sonderfall 2

A. Inhalt der Vorschrift

1   Die Vorschrift regelt den Fall der nachträglichen Mitbelastung eines anderen Grundstücks desselben Grundbuchamtsbezirks,[1] nicht jedoch der Teilung des ursprünglich belasteten Grundstücks. Nach § 63 GBO kann entweder formlos unter Vorlegung des bisherigen Briefes die Erteilung eines neuen Briefes über die Gesamthypothek beantragt werden (§§ 59, 67, 68 GBO), oder es wird die Mitbelastung auf

---

6 Bauer/Schaub/*Schneider*, § 62 Rn 12 ff.; eingehend Meikel/*Wagner*, § 62 Rn 25 ff.

7 *Demharter*, § 62 Rn 18; a.A. Meikel/*Wagner*, § 62 Rn 31.
1 Bauer/Schaub/*Schneider*, § 63 Rn 3 ff.

dem bisherigen Brief vermerkt. Das Gesetz stellt beide Möglichkeiten zur Wahl. Die Erteilung eines neuen Gesamthypothekenbriefes soll dabei nur auf entsprechenden Antrag erfolgen. Der Vermerk der nachträglichen Mitbelastung ist, wenn ein anderer Antrag nicht gestellt ist, von Amts wegen anzubringen durchzuführen.[2]

Muster:

„Das Recht ist nachträglich in Moosach Bd. ... Bl. ... in Abt. III Nr. ... eingetragen worden."

Wird die Mitbelastung vermerkt, so ist von Amts wegen der Inhalt des Briefes in Ansehung des anderen Grundstückes nach § 57 GBO zu ergänzen.

Der Vermerk muss Unterschrift, Datum und Siegel oder Stempel tragen.

B. Sonderfall

Für den Fall der nachträglichen Mitbelastung eines in einem anderen Grundbuchamtsbezirk gelegenen Grundstücks siehe oben (vgl. § 48 GBO Rdn 18 ff.). 2

§ 64 [Verteilung einer Gesamthypothek]

Im Falle der Verteilung einer Gesamthypothek auf die einzelnen Grundstücke ist für jedes Grundstück ein neuer Brief zu erteilen.

| A. Allgemeines .... | 1 | B. Verfahren .... | 2 |

A. Allgemeines

Gem. § 1132 Abs. 2 S. 1 BGB ist der Gläubiger einer Gesamthypothek berechtigt, den Betrag der Forderung auf die einzelnen Grundstücke in der Weise zu verteilen, dass jedes Grundstück nur für den zugeteilten Teil haftet.[1] § 64 GBO regelt die Behandlung des Briefes in einem solchen Fall; er findet entsprechende Anwendung bei Teilung des Grundstückes und Verteilung der Hypothek auf die einzelnen Teile (§§ 1172, 1175 BGB).[2]

B. Verfahren

Die Vorschrift des § 64 GBO ist zwingend, sofern nicht die Erteilung des Briefes nachträglich ausgeschlossen wird. Es muss ein neuer Brief erteilt werden, die Benutzung der nach §§ 59, 63 GBO ausgestellten Briefe ist ausgeschlossen. Teilbriefe können nicht hergestellt werden.[3] Die Briefe sind dem berechtigten Gläubiger auszuhändigen, in den Fällen der §§ 1172, 1175 BGB dem Eigentümer. 2

Jeder Brief hat nach § 68 Abs. 1 GBO die Feststellung zu enthalten, dass er an die Stelle des bisherigen Briefes tritt; im Grundbuch ist die Erteilung zu vermerken (§ 68 Abs. 3 GBO).

§ 65 [Umwandlung des Grundpfandrechts; Forderungswechsel]

(1) Tritt nach § 1177 Abs. 1 oder nach § 1198 des Bürgerlichen Gesetzbuchs eine Grundschuld oder eine Rentenschuld an die Stelle der Hypothek, so ist, sofern nicht die Erteilung eines neuen Briefes beantragt wird, die Eintragung der Rechtsänderung auf dem bisherigen Brief zu vermerken und eine mit dem Brief verbundene Schuldurkunde abzutrennen.

(2) Das gleiche gilt, wenn nach § 1180 des Bürgerlichen Gesetzbuchs an die Stelle der Forderung, für welche eine Hypothek besteht, eine andere Forderung gesetzt wird.

---

2 Bauer/Schaub/*Schneider*, § 63 Rn 7, 7a.
1 MüKo/*Lieder*, BGB, § 1132 Rn 35 ff.

2 Bauer/Schaub/*Schneider*, § 64 Rn 5.
3 Bauer/Schaub/*Schneider*, § 64 Rn 7 ff.

A. Allgemeines 1	C. Verfahren 3
B. Ausnahmen 2	D. § 65 GBO ist Ordnungsvorschrift 4

A. Allgemeines

1 § 65 GBO regelt die Behandlung des Briefes für den Fall, dass an die Stelle der Hypothek eine Grund- oder Rentenschuld tritt oder die Forderung, die der Hypothek zugrunde liegt, ausgewechselt wird. Abs. 1 erwähnt zunächst den Fall des § 1177 BGB. Hauptfälle davon sind § 1163 Abs. 1 S. 2, § 1163 Abs. 2, §§ 1168, 1170 Abs. 2 BGB. Gleichgestellt ist der Fall des § 1198 BGB (Umwandlung einer Hypothek in eine Grundschuld). Abs. 2 stellt diesen Fällen die Forderungsauswechslung (§ 1180 BGB) gleich.[1]

B. Ausnahmen

2 Bei **teilweise Umwandlung** der Hypothek in einer Grundschuld kommt § 65 GBO nicht zur Anwendung. Auch bei rechtsgeschäftlicher teilweiser Forderungsauswechslung kann § 65 GBO nicht zur Anwendung kommen, wenn die Forderungen nicht demselben Gläubiger zustehen. In diesem Falle wird auf Antrag ein selbstständiger Brief gebildet. Wird kein Antrag gestellt, so bestehen keine Bedenken dagegen, dass der Brief zum Teil über eine Hypothek, zum Teil über eine Grundschuld lautet.[2]

Nicht unter § 65 GBO fallen die Umwandlung einer Briefhypothek in eine Buchhypothek und die Umwandlung einer Buchhypothek in eine Briefhypothek.

C. Verfahren

3 § 65 GBO setzt in sämtlichen Fällen die vorherige Eintragung der Rechtsänderung im Grundbuch voraus. Die Eintragung der Rechtsänderung auf dem neuen Brief und die Abtrennung der Schuldurkunde erfolgen von Amts wegen. Der Vermerk hat Datum, Unterschrift und Siegel oder Stempel zu tragen. Die Schuldurkunde ist demjenigen zurückzugeben (§ 69 S. 2 GBO), der den Brief eingereicht hat, oder seinem Bevollmächtigten.

Statt dieser Verfahrensweise kann auch ein neuer Brief über das durch die Änderung entstandene neue Recht erteilt werden. Dies muss aber ausdrücklich beantragt werden. Der bisherige Brief ist vorzulegen.[3]

D. § 65 GBO ist Ordnungsvorschrift

4 Seine Verletzung macht den Brief nicht unwirksam, jedoch sind Schadensersatzansprüche möglich.

---

§ 66 [Hypothekenbrief für mehrere Rechte]

Stehen einem Gläubiger mehrere Hypotheken zu, die gleichen Rang haben oder im Rang unmittelbar aufeinanderfolgen, so ist ihm auf seinen Antrag mit Zustimmung des Eigentümers über die mehreren Hypotheken ein Hypothekenbrief in der Weise zu erteilen, daß der Brief die sämtlichen Hypotheken umfaßt.

A. Allgemeines 1	D. Zuständigkeit, Verfahren 4
B. Abweichende Behandlung der sog. Einheitshypothek 2	E. Briefgemeinschaft 5
C. Voraussetzungen des § 66 GBO 3	F. Auflösung der Briefgemeinschaft 6

---

1 Bauer/Schaub/*Schneider*, § 65 Rn 3 bis 6.
2 KG JFG 21, 310; *Demharter*, § 65 Rn 3; Meikel/*Wagner*, § 65 Rn 4; a.A. *Güthe/Triebel*, § 65 Rn 3.
3 Bauer/Schaub/*Schneider*, § 65 Rn 9, 10.

A. Allgemeines

§ 66 GBO gestattet die Erteilung eines gemeinsamen Briefes für mehrere Hypotheken desselben Gläubigers. Die Bestimmung sollte einem praktischen Bedürfnis entgegenkommen.[1] Ob ein solches heute noch besteht, muss bezweifelt werden. Von der Möglichkeit des § 66 GBO wird praktisch nie Gebrauch gemacht. Die Vorschrift soll im Übrigen streng ausgelegt und zurückhaltend angewendet werden.[2]

B. Abweichende Behandlung der sog. Einheitshypothek

§ 66 GBO setzt mehrere selbstständige Hypotheken voraus. Zu unterscheiden ist hiervon die Bildung einer sogenannten Einheitshypothek (besser: einheitlichen Hypothek), wonach aufeinanderfolgende Hypotheken durch Vereinbarung zwischen Hypothekengläubiger und Eigentümer und entsprechende Eintragung im Grundbuch zu einer einheitlichen Hypothek, der sogenannten Einheitshypothek, zusammengefasst werden (vgl. dazu § 11 GBV Rdn 22). Über das neue einheitliche Recht kann auch nur ein einheitlicher Hypothekenbrief bestehen.

Im Antrage auf Eintragung einer Einheitshypothek ist zugleich der Antrag auf Bildung eines neuen einheitlichen Briefes zu erblicken. In dem Brief ist gem. § 68 GBO zu vermerken, dass er an die Stelle der bisherigen Briefe tritt; die alten Briefe sind nach § 69 GBO unbrauchbar zu machen.

C. Voraussetzungen des § 66 GBO

§ 66 GBO findet unter folgenden Voraussetzungen Anwendung:[3]

– **Sämtliche Hypotheken** müssen einem Gläubiger zustehen, Teilhypotheken dürfen sich unter den Hypotheken nicht befinden. Der gemeinschaftliche Brief kann nur dann verlangt werden, wenn der zu bildende Brief ein Stammbrief ist; dies auch dann, wenn alle Teile einer früher geteilten Hypothek in einer Hand wieder vereinigt werden.
– Die Hypotheken müssen **auf demselben Grundstück** oder denselben Grundstücken eingetragen sein.
– Sie müssen **gleichen Rang** haben oder im Range unmittelbar aufeinander folgen. Es darf also z.B. auch keine Zwischeneintragung in Abt. II vorliegen.

Fraglich ist, ob die Erteilung des gemeinschaftlichen Briefes möglich ist, wenn Zinsen und sonstige Nebenleistungen Rang hinter anderen Rechten haben. Das ist zu bejahen,[4] weil das Verwirrungsverbot auf die Brieferteilung nicht anwendbar ist; es gilt nur für den Inhalt des Grundbuches, der im Brief lediglich entsprechend zu verlautbaren ist.

Die Zustimmung des Eigentümers ist notwendig; sie bedarf nicht der Form des § 29 GBO.

D. Zuständigkeit, Verfahren

Zuständig für die Erteilung des gemeinschaftlichen Briefes ist das Grundbuchamt (§ 56 GBO).

Für den Inhalt und die Form des Briefes gelten die allgemeinen Vorschriften (vgl. § 56 GBO Rdn 1 ff.; § 57 GBO Rdn 3 ff.).[5] Sämtliche Schuldurkunden sind mit dem gemeinschaftlichen Briefe zu verbinden. Die Erteilung des Briefes ist im Grundbuch zu vermerken.

E. Briefgemeinschaft

Die Bildung des **gemeinschaftlichen Briefes** ist auf den selbstständigen Bestand der einzelnen Hypotheken ohne Einfluss.

---

1 Denkschrift zur GBO, S. 66.
2 KGJ 20. A 103; KGJ 39.A 276, 278; *Güthe/Triebel*, § 66 Rn 3; Meikel/*Wagner*, § 66 Rn 1; Bauer/Schaub/*Schneider*, § 66 Rn 1.
3 Bauer/Schaub/*Schneider*, § 66 Rn 2 ff.
4 KG JFG 9, 316; *Demharter*, § 66 Rn 6; Meikel/*Wagner*, GBO, § 66 Rn 7.
5 Eingehend Bauer/Schaub/*Schneider*, § 66 Rn 8 ff.

Formell-rechtlich ersetzt der gemeinschaftliche Brief die Briefe für die einzelnen Hypotheken. Alle Eintragungen, die sämtliche Hypotheken betreffen oder sich auf einzelne Hypotheken beziehen, aber der Weiterführung des gemeinschaftlichen Briefes nicht entgegenstehen, sind gem. § 62 Abs. 1 GBO auf dem Briefe zu vermerken. Wird für eine der Hypotheken ein besonderer Brief erteilt, so ist das kein Teilbrief, sondern ein selbstständiger Brief.

F. Auflösung der Briefgemeinschaft

6 Die Auflösung der Briefgemeinschaft kann jederzeit auf Antrag des Gläubigers erfolgen; von Amts wegen nur dann, wenn die Voraussetzungen für die Erteilung des gemeinschaftlichen Briefes fortgefallen sind, so, wenn beispielsweise ein Recht abgetreten, in ein Buchrecht oder in eine Grundschuld oder Rentenschuld umgewandelt wird.

§ 67 [Neue Brieferteilung]

Einem Antrag des Berechtigten auf Erteilung eines neuen Briefes ist stattzugeben, wenn der bisherige Brief oder in den Fällen der §§ 1162, 1170, 1171 des Bürgerlichen Gesetzbuchs der Ausschließungsbeschluss vorgelegt wird.

A. Allgemeines 1	C. Verfahren 4
B. Voraussetzungen der Neuausstellung 2	

A. Allgemeines

1 § 67 GBO regelt die Erteilung eines neuen Briefs anstelle eines bereits einmal erteilten Briefes. Er wird ergänzt durch § 26 GBMaßnG (siehe unten Rdn 3).

B. Voraussetzungen der Neuausstellung

2 Erforderlich ist ein Antrag; eine Erteilung von Amts wegen findet nicht statt, der Antrag bedarf keiner Form. Regelmäßig ist Antragsberechtigter der Gläubiger der Hypothek, auch wenn er nicht eingetragen ist; das Gläubigerrecht ist dann gem. § 29 GBO mit § 1155 BGB nachzuweisen.[1] Berechtigter ist auch derjenige, der sein Recht vom Gläubiger ableitet, z.B. aufgrund wirksamer Pfändung und Überweisung zur Einziehung (§§ 828, 830, 837 ZPO). Eine Zustimmung des Eigentümers ist nicht erforderlich.

Die Vorlage eines Ausschlussurteils kann den Nachweis der Antragsberechtigung nicht ersetzen,[2] das Urteil ersetzt nicht den Nachweis der gem. § 1154 Abs. 1 BGB erforderlichen Briefübergabe, an das Urteil ist keine § 1117 Abs. 3 BGB vergleichbare Vermutung geknüpft.[3]

Vorzulegen ist der bisherige **Brief**, nicht die Schuldurkunde. Die Erteilung einer neuen Schuldurkunde fällt nicht unter § 67 GBO.

Einem aufgrund des § 1162 BGB erwirkten Ausschlussurteil steht im Grundbuchverfahren ein aufgrund des Gesetzes über die Kraftloserklärung von Hypotheken-, Grundschuld- und Rentenschuldbriefen in besonderen Fällen v. 18.4.1950 (BGBl I 1950, 88 i.d.F. des Gesetzes v. 20.12.1952 (BGBl I 1952, 830), des Gesetzes v. 25.12.1955 (BGBl I 1955, 867) und des Gesetzes v. 29.4.1960 (BGBl I 1960, 297) erwirktes Ausschlussurteil gleich (§ 11 Abs. 1 dieses Gesetzes).[4]

Das Verfahren zur Herstellung des neuen Briefes richtet sich nach den §§ 68, 69 GBO.[5]

---

1 BayObLG Rpfleger 1988, 477.
2 BayObLG Rpfleger 1987, 363.
3 Zum Nachw. des Gläubigerrechts BayObLG Rpfleger 1987, 493.
4 Zu § 8 Abs. 1 dieses Gesetzes vgl. LG Kiel DNotZ 1950, 343; LG Nürnberg-Fürth DNotZ 1950, 477; LG Berlin DNotZ 1951, 87; *Fabian*, NJW 1952, 925 sowie *Dohse*, HW 1955, 463 m.w.N.
5 Bauer/Schaub/*Schneider*, § 67 Rn 12 ff.

§ 67 GBO wird ergänzt durch **§ 26 GBMaßnG** i.d.F. des Gesetzes vom 27.6.2000 (BGBl I 2000, 897), zuletzt geändert durch Gesetz v. 1.10.2013 (BGBl I 2013, 3719):

- Einem Antrag des Berechtigten auf Erteilung eines neuen Hypothekenbriefs ist außer in den Fällen des § 67 GBO der Grundbuchordnung auch stattzugeben, wenn der Brief durch Kriegseinwirkung oder im Zusammenhang mit besatzungsrechtlichen oder besatzungshoheitlichen Enteignungen von Banken oder Versicherungen in dem in Artikel 3 des Einigungsvertrages genannten Gebiet vernichtet worden oder abhandengekommen und sein Verbleib seitdem nicht bekanntgeworden ist. § 68 GBO gilt auch hier. Mit der Erteilung des neuen Briefs wird der bisherige Brief kraftlos. Die Erteilung des neuen Briefs ist kostenfrei.
- Soll die Erteilung des Briefs nachträglich ausgeschlossen oder die Hypothek gelöscht werden, so genügt an Stelle der Vorlegung des Briefs die Feststellung, dass die Voraussetzungen des Absatzes 1 vorliegen. Die Feststellung wird vom Grundbuchamt auf Antrag des Berechtigten getroffen. Mit der Eintragung der Ausschließung oder mit der Löschung wird der Brief kraftlos. Die Feststellung ist kostenfrei.
- Das Grundbuchamt hat die erforderlichen Ermittlungen von Amts wegen anzustellen. Es kann das Kraftloswerden des alten Briefs durch Aushang an der für seine Bekanntmachungen bestimmten Stelle oder durch Veröffentlichung in der für seine Bekanntmachungen bestimmten Zeitung bekanntmachen.
- Die Vorschriften der Abs. 1–3 gelten für Grundschuld- und Rentenschuldbriefe sinngemäß.

In einem solchen Falle hat das Grundbuchamt von Amts wegen zu ermitteln, ob die Behauptung des Antragstellers zutrifft.[6]

C. Verfahren

Für das Verfahren des Grundbuchamts gilt **§ 26 FamFG**. Andere Verlustgründe durch mittelbare Kriegseinwirkung, z.B. Abhandenkommen bei der Vertreibung aus den Gebieten östlich der Oder-Neiße-Linie oder bei der Plünderung durch Besatzungsgruppen, werden einer Vernichtung durch Kriegseinwirkung gleichzusetzen sein.[7]

War der Brief bei einem Notar hinterlegt und ist er in dessen Gewahrsam vernichtet worden, so ist auch der Notar antragsberechtigt.

§ 68 [Inhalt eines neu erteilten Briefes]

(1) Wird ein neuer Brief erteilt, so hat er die Angabe zu enthalten, daß er an die Stelle des bisherigen Briefes tritt.

(2) Vermerke, die nach den §§ 1140, 1145, 1157 des Bürgerlichen Gesetzbuchs für das Rechtsverhältnis zwischen dem Eigentümer und dem Gläubiger in Betracht kommen, sind auf den neuen Brief zu übertragen.

(3) Die Erteilung des Briefes ist im Grundbuch zu vermerken.

| A. Allgemeines .... | 1 | B. Verfahren .... | 2 |

A. Allgemeines

§ 68 GBO gilt für alle Fälle der Erteilung eines neuen Briefes. Er gibt ergänzende Vorschriften über den Inhalt des neuen Briefes und regelt die Kenntlichmachung im Grundbuch.

---

6 Über den Umfang der Ermittlungen und den zu fordernden Grad der Gewissheit vgl. LG Bielefeld NJW 1949, 153 (Die Entscheidung ist zu § 8 der VO v. 5.10.1942 ergangen, kann jedoch wegen der im Wesentlichen gleichen Rechtslage noch heute entspr. angewendet werden).

7 OLG Hamm DNotZ 1952, 583; a.A. LG München I DNotZ 1950, 347.

B. Verfahren

2 Der neue Brief ist nach der gegenwärtigen Lage des Grundbuches zu erteilen.[1] Außerhalb des Grundbuches erfolgte **Änderungen** sind nur bei Antrag auf Berichtigung des Grundbuches zu berücksichtigen. Dies gilt auch bei Übergang der Hypothek nach § 1154 Abs. 1 BGB außerhalb des Grundbuchs auf einen neuen Gläubiger.

Ebenfalls zu übertragen sind alle **Privatvermerke**. Dies sind zunächst die Vermerke, zu deren Vornahme nach §§ 1145, 1150, 1167 BGB der Hypothekengläubiger verpflichtet ist.[2] Aber auch jeder andere Privatvermerk ist zu übertragen, da er nach § 1140, 1145, 1157 BGB den öffentlichen Glauben ausschließen kann. Ist ein Vermerk unleserlich, so ist zu vermerken, dass sich auf dem alten Brief ein unleserlicher Vermerk befunden hat; auch kann eine Verhandlung mit den Beteiligten zur Klärung des Inhalts vorgenommen werden, wozu jedoch keine Verpflichtung besteht. Die Echtheit von Vermerken ist nicht zu prüfen.

Eine **Schuldurkunde**, die mit dem bisherigen Briefe verbunden war, ist abzutrennen und gem. § 58 GBO mit dem neuen Briefe zu verbinden (vgl. § 69 S. 2 GBO). Wenn die Schuldurkunde nicht mehr vorhanden ist, genügt die Verbindung mit einer beglaubigten Abschrift der bei den Grundakten befindlichen Urkunde.

Ein Ausschlussurteil wird nicht mit dem Brief verbunden, weil es sich nur auf den alten Brief bezieht, jedoch zum Grundpfandrecht nicht in Beziehung steht.

Der Vermerk nach Abs. 1 kann lauten:

„Dieser Brief tritt an die Stelle des bisherigen Briefes."

3 Die Erteilung des Briefes ist im Grundbuch zu vermerken (Abs. 3; vgl. hierzu § 11 GBV Rdn 5). Sie ist außer dem Antragsteller auch dem Eigentümer mitzuteilen.

4 Die Nichtbeachtung der vorstehenden Vorschriften berührt die Wirksamkeit des Briefes nicht, sofern nicht etwa gegen die Mussvorschrift der §§ 56 S. 2 und 61 Abs. 2 S. 1 GBO verstoßen ist.

§ 69 [Unbrauchbarmachung eines Hypothekenbriefes]

Wird eine Hypothek gelöscht, so ist der Brief unbrauchbar zu machen; das gleiche gilt, wenn die Erteilung des Briefes über eine Hypothek nachträglich ausgeschlossen oder an Stelle des bisherigen Briefes ein neuer Hypothekenbrief, ein Grundschuldbrief oder ein Rentenschuldbrief erteilt wird. Eine mit dem bisherigen Brief verbundene Schuldurkunde ist abzutrennen und, sofern sie nicht mit dem neuen Hypothekenbrief zu verbinden ist, zurückzugeben.

A. Allgemeines	1	C. Verfahren	3
B. Anwendungsbereich	2	D. Rechtsbehelfe	4

A. Allgemeines

1 § 69 GBO schreibt für verschiedene Fälle des Kraftloswerdens die Unbrauchbarmachung des Briefes vor. Sie bewirkt jedoch nicht die Ungültigkeit des Briefes, diese ergibt sich vielmehr aus dem Vermerk gem. § 62 GBO Abs. 1 GBO.

B. Anwendungsbereich

2 § 69 GBO betrifft folgende Fälle:
- **Völlige Löschung der Hypothek** (nicht Teillöschung, es sei denn, dass über den gelöschten Teil ein besonderer Teilbrief gebildet war). Hat der Brief noch eine Bedeutung für den Rechtsverkehr, so kommt eine Unbrauchbarmachung des Briefes nicht in Frage. Bei einer nach § 59 Abs. 2 GBO ver-

---

[1] Bauer/Schaub/*Schneider*, § 68 Rn 4. [2] Bauer/Schaub/*Schneider*, § 68 Rn 8.

brieften Gesamthypothek erfolgt nur Unbrauchbarmachung des Briefes, der für das Grundstück erteilt war, auf dem die Hypothek gelöscht wird;
- **Nachträgliche Ausschließung der Brieferteilung** (vgl. §§ 1116 Abs. 2 S. 2, 1186 BGB);
- Erteilung eines **neuen Hypothekenbriefes** (§§ 63, 64, 65 Abs. 1 und §§ 66, 67 GBO). Auch der Fall der Nichtigkeit des ersten Briefes mit nachfolgender Herstellung eines gültigen gehört hierher;
- **§ 127 ZVG** (Erlöschen von Grundpfandrechten in der Zwangsversteigerung). Auch hierauf ist ungeachtet der Zuständigkeit des Vollstreckungsgerichts § 69 GBO anzuwenden (vgl. unten Rdn 3).

C. Verfahren

Zuständig ist das Grundbuchamt, im Falle des § 127 ZVG jedoch das Vollstreckungsgericht (vgl. § 53 GBV Rdn 2). 3

Das Verfahren ist in § 53 GBV geregelt.[1] Die Schuldurkunde ist nicht unbrauchbar zu machen, sondern abzutrennen und dem, der sie eingereicht hat, oder dem von ihm (formlos) Bestimmten zurückzugeben, sofern sie nicht mit dem neuen Brief zu verbinden ist.[2]

Zur weiteren Behandlung des unbrauchbar gemachten Briefes siehe § 53 GBV Rdn 3.

D. Rechtsbehelfe

Gegen die Anordnung der Unbrauchbarmachung ist Beschwerde gegeben; sie richtet sich auf Erteilung eines neuen Briefes mit gleichem Inhalt. 4

§ 69 GBO ist Ordnungsvorschrift; Verstöße haben keine materiell-rechtlichen Folgen.

§ 70 [Anwendung auf Grundschuld- und Rentenschuldbrief]

(1) Die Vorschriften der §§ 56 bis 69 sind auf den Grundschuldbrief und den Rentenschuldbrief entsprechend anzuwenden. Der Rentenschuldbrief muß auch die Ablösungssumme angeben.
(2) Ist eine für den Inhaber des Briefes eingetragene Grundschuld oder Rentenschuld in Teile zerlegt, so ist über jeden Teil ein besonderer Brief herzustellen.

| A. Verweisung | 1 | B. Sonderfall | 2 |

A. Verweisung

Die von § 70 GBO vorgeschriebene entsprechende Anwendung der §§ 56–69 GBO auf den Grundschuld- und Rentenschuldbrief beinhaltet Folgendes: 1

§ 56 GBO gilt unter entsprechender Änderung der Bezeichnung; der Rentenschuldbrief muss die Ablösungssumme angeben (Abs. 1 S. 2);

§ 57 GBO findet uneingeschränkt Anwendung;

§ 58 GBO ist wegen Fehlens einer Schuldurkunde nicht anwendbar.[1] Eine Verbindung mit der Zweckerklärung oder mit Unterlagen über die gesicherte Forderung ist nicht möglich.

§ 59 GBO ist anzuwenden, jedoch ist die Verbindung von Hypothekenbrief und Grundschuldbrief unzulässig, weil eine Gesamtbelastung nur bei gleichartigen Rechten möglich ist;

§ 60 GBO ist anzuwenden;

§ 61 GBO ist anzuwenden, jedoch muss beim Teilrentenschuldbrief der Teilbetrag der Ablösungssumme angegeben werden. Die Verbindung mit einer Schuldurkunde fällt weg.

---

1 Bauer/Schaub/*Schneider*, § 69 Rn 9, 9a.
2 Bauer/Schaub/*Schneider*, § 69 Rn 12 ff.

1 *Ripfel*, DJ 1957, 87; OLG Düsseldorf NJW 1961, 2263; *Demharter*, § 70 Rn 3.

Mechanische Vervielfältigungen der Unterschriften der Grundbuchbeamten bei Inhaberteilbriefen (§§ 1195 S. 2, 793 Abs. 2 S. 2 BGB) sind zulässig.

§§ 62–64 GBO finden Anwendung.

§ 65 Abs. 1 GBO gilt mit entsprechender Abwandlung: Wenn nach §§ 1198, 1203 BGB eine Hypothek oder Rentenschuld an die Stelle einer Grundschuld oder eine Hypothek oder Grundschuld an die Stelle einer Rentenschuld treten, so ist – unbeschadet der Möglichkeit, einen neuen Brief zu beantragen – die Eintragung der Rechtsänderung auf dem alten Brief zu vermerken.

§ 65 Abs. 2 GBO gilt nicht. Wird eine Grundschuld oder Rentenschuld in eine Hypothek verwandelt, so ist die Schuldurkunde neu mit dem Brief zu verbinden.

§ 66 GBO gilt; unzulässig ist jedoch ein gemeinschaftlicher Brief über verschiedene Arten von Grundpfandrechten.

§§ 67, 68 und 69 S. 1 GBO finden Anwendung.

§ 69 S. 2 GBO gilt nicht, weil die Verbindung mit einer Schuldurkunde nicht in Betracht kommt.

Zins- und Erneuerungsscheine bei Inhabergrundschulden können nicht durch das Grundbuchamt, sondern nur durch den Eigentümer ausgegeben werden.

Wegen der Form der Briefe vgl. die Erläuterungen zu § 51 GBV.

B. Sonderfall

2 Bei der **Zerlegung des Rechts** in Teilrechte sind Teilbriefe herzustellen (Abs. 2), § 61 GBO ist entsprechend anwendbar.

Vierter Abschnitt: Beschwerde

Vorbemerkungen

A. Überblick	1	V. Dienstaufsichtsbeschwerde	14
B. Anwendung sonstiger Verfahrensgesetze	2	VI. Anfechtung von Justizverwaltungsakten	16
I. Grundsatz	2	VII. Verzögerungsrüge; Amtshaftungsklage	17
II. Anwendbarkeit der Vorschriften des FamFG	3	VIII. Widerspruch	18
III. Anwendbarkeit der Vorschriften der ZPO	4	IX. Beschwerde in Verfahrenskostenhilfeverfahren	19
IV. Sonderregelungen	7	X. Beschwerde gegen Kostenvorschussanforderung	22
C. Weitere Rechtsbehelfe	9	XI. Beschwerde gegen Geschäftswertfestsetzung	23
I. Tätigkeiten des Urkundsbeamten der Geschäftsstelle	9	XII. Rechtsmittel gegen den Kostenansatz	25
II. Tätigkeiten des Rechtspflegers	10	XIII. Rechtsmittel gegen die Kostenfestsetzung	28
III. Außerordentliche Beschwerde; Anhörungsrüge	12		
IV. Gegenvorstellung	13		

A. Überblick

Die Grundbuchordnung (GBO) regelt im vierten Abschnitt (§§ 71–81 GBO) das Rechtsmittelverfahren gegen Entscheidungen in Grundbuchsachen. Die §§ 71–77 GBO enthalten Vorschriften über die **Erstbeschwerde**, § 78 GBO befasst sich mit der **Rechtsbeschwerde**, während § 81 GBO ergänzende Regelungen für beide Rechtsmittelzüge trifft. Aufgehoben wurden die §§ 79 f. GBO, die das frühere Verfahren der Divergenzvorlage an den BGH betrafen. 1

B. Anwendung sonstiger Verfahrensgesetze

I. Grundsatz

Die Vorschriften über das Beschwerdeverfahren in den §§ 71 ff. GBO sind nicht abschließend.[1] Geregelt hat der Gesetzgeber die Statthaftigkeit der Beschwerde (§ 71 GBO), das zuständige Beschwerdegericht (§ 72 GBO), die Form und den Adressaten für die Einlegung der Beschwerde (§ 73 GBO), den Umfang des Beschwerdevorbringens (§ 74 GBO), die Abhilfebefugnis des Grundbuchamtes (§ 75 GBO), die einstweilige Anordnung (§ 76 GBO), die Beschwerdeentscheidung (§ 77 GBO), die Rechtsbeschwerde (§ 78 GBO) sowie die Besetzung der Rechtsmittelgerichte (§ 81 Abs. 1 GBO). Zudem enthält der vierte Abschnitt Bestimmungen über die Ausschließung und Ablehnung von Gerichtspersonen (§ 81 Abs. 2 GBO) sowie über die Möglichkeit der Einlegung einer Gehörsrüge (§ 81 Abs. 3 GBO). Weil das Grundbuchverfahren Teil der freiwilligen Gerichtsbarkeit (§ 1 FamFG, § 23a Abs. 2 Nr. 8 GVG) ist, können ergänzend die Regelungen des FamFG herangezogen werden, soweit die GBO keine Sonderbestimmungen enthält. Insoweit ergeben sich in Einzelfällen durchaus Abweichungen zum Beschwerderecht des FamFG. 2

II. Anwendbarkeit der Vorschriften des FamFG

Anwendbar aus dem **FamFG** sind für die Rechtsmittelverfahren z.B. § 2 Abs. 3 FamFG für die Entscheidung eines unzuständigen Beschwerdegerichts (siehe § 72 GBO Rdn 6), §§ 10, 11 FamFG für die Vertretung (siehe § 71 GBO Rdn 88 ff., § 73 GBO Rdn 6), § 35 FamFG für die Festsetzung von Zwangsmittel, § 38 FamFG für die Beschlussform und den Erlass, § 39 FamFG für die Rechtsbehelfsbelehrung, § 40 FamFG für die Wirksamkeit, § 41 FamFG für die Bekanntgabe, §§ 49 ff. FamFG für den Erlass einer einstweiligen Anordnung (siehe § 76 GBO Rdn 5), § 66 FamFG für die Anschlussbeschwerde (siehe § 73 GBO Rdn 19 ff.), § 67 FamFG für den Verzicht auf die Beschwerde und die Rücknahme der Beschwerde (siehe 3

---

1 Meikel/*Schmidt-Räntsch*, vor § 71 Rn 14; a.A. Vorschriften über die Beschwerde können grundsätzlich nicht herangezogen werden: *Demharter*, vor § 71; Hügel/*Kramer*, § 71 Rn 5, der eine Ausnahme nur für die Rechtsbehelfsbelehrung (§ 39 FamFG) annimmt.

§ 73 GBO Rdn 24 ff.), §§ 76 ff. FamFG für die Gewährung von Verfahrenskostenhilfe, §§ 80 ff. für die Kosten des Beschwerdeverfahrens (siehe § 73 GBO Rdn 22, 27, § 77 GBO Rdn 43 ff.) und für die Rechtsbeschwerde aufgrund der Verweisung in § 78 Abs. 3 GBO die §§ 71–74a FamFG. Strittig ist, ob sich die isolierte Anfechtung der Kostengrundentscheidung nach §§ 58 ff. FamFG[2] oder nach § 71 GBO[3] richtet. Erheblich ist diese Frage wegen des Wertes der Beschwer, da § 71 GBO abweichend von § 61 Abs. 1 FamFG keine Beschwerdewert vorsieht (siehe Rdn 41).

III. Anwendbarkeit der Vorschriften der ZPO

4 Die **Vorschriften der ZPO** sind i.d.R. nicht anwendbar. Dies gilt auch, wenn es sich um eine Vollstreckungsmaßnahme in Form der Eintragung einer Zwangshypothek (§ 866 ZPO) handelt und der Beschwerdeführer das Fehlen der Vollstreckungsvoraussetzungen rügt[4] oder wenn aufgrund einer einstweiligen Verfügung eine Vormerkung im Grundbuch eingetragen wird. Nur soweit die GBO bzw. das ergänzend heranzuziehende FamFG die Bestimmungen der ZPO für die Anfechtung von **Zwischen- und Nebenentscheidungen** für entsprechend anwendbar erklären (z.B. in § 81 Abs. 2 GBO für die Ausschließung und Ablehnung von Gerichtspersonen oder in § 35 Abs. 5 FamFG für die Zwangsmittelfestsetzung[5]), sind diese Regelungen anzuwenden.

5 Wird über die Verweisung auf die ZPO eine Beschwerdemöglichkeit eröffnet, richtet sich das Rechtsmittel und sein Verfahren nach den Vorschriften der ZPO (**§§ 567 ff. ZPO**). Die Beschwerde ist in diesem Fall in einer Notfrist von **zwei Wochen** ab Zustellung des Beschlusses beim Grundbuchamt oder beim Beschwerdegericht durch schriftliche (§ 569 Abs. 2 S. 1 ZPO) oder elektronische (vgl. § 130a ZPO) Einreichung einer Beschwerdeschrift oder zu Protokoll der Geschäftsstelle (§ 569 Abs. 3 ZPO) einzulegen. Gem. **§ 130d S. 1 ZPO** müssen seit dem 1.1.2022 **Rechtsanwälte, juristische Personen des öffentlichen Rechts** einschließlich der von ihr zur Erfüllung ihrer öffentlichen Aufgaben gebildeten Zusammenschlüsse in Beschwerdeverfahren nach §§ 567 ff. ZPO die Beschwerdeschrift als elektronisches Dokument einreichen;[6] § 73 Abs. 2 S. 2 GBO findet insoweit keine Anwendung. Dies gilt entsprechend für **Notare**. Zur Entscheidung über die sofortige Beschwerde ist der originäre Einzelrichter berufen (§ 568 ZPO). Die Beschwerde soll begründet werden (§ 571 ZPO). Das Grundbuchamt hat eine Abhilfe zu prüfen (§ 572 ZPO). Gegen die Beschwerdeentscheidung findet im Falle ihrer Zulassung die **Rechtsbeschwerde** zum BGH gem. § 574 ZPO statt (s. § 78 GBO Rdn 7).

6 Schließlich können ausnahmsweise die in der GBO und im FamFG bestehenden **Regelungslücken** durch die Heranziehung der Vorschriften der ZPO geschlossen werden, sofern die Grundsätze des Verfahrensrechts der freiwilligen Gerichtsbarkeit dem nicht entgegenstehen.[7]

IV. Sonderregelungen

7 Sonderregelungen enthalten die **§§ 2, 4 Abs. 4, 14 Abs. 2 GBMaßnG**. Insoweit findet bei der Zurückweisung eines Eintragungsantrags statt der Grundbuchbeschwerde (§ 71 GBO) die befristete Beschwerde nach den Vorschriften des FamFG (§§ 58 ff. FamFG) Anwendung. In **§§ 105 Abs. 2 Hs. 2, 110 GBO** ist die Grundbuchbeschwerde (§ 71 GBO) durch die befristete Beschwerde nach den Vorschriften des FamFG (§§ 58 ff. FamFG) ersetzt. Zudem sieht **§ 89 Abs. 1 GBO** für die Einlegung der Grundbuchbeschwerde (§ 71 GBO) gegen einen Feststellungsbeschluss eine Beschwerdefrist von zwei Wochen vor.

8 Im Verfahren zur Löschung gegenstandsloser Eintragungen und zur Klarstellung der Rangverhältnisse sind die in den **§§ 85 Abs. 2, 91 Abs. 1, 105 Abs. 2 Hs. 1 und 109 GBO** genannten Entscheidungen unanfechtbar; zur außerordentlichen Beschwerde siehe vor § 71 GBO Rdn 12. Gegen die Anlegung eines

---

2 So Hügel/*Kramer*, § 71 Rn 4, 175.
3 So die zutreffende hM z.B. OLG Dresden NotBZ 2013, 386; OLG Stuttgart FGPrax 2020, 280; Bauer/Schaub/ *Sellner*, § 71 Rn 36 ff.; *Demharter* § 71 Rn. 32; Meikel/ *Schmidt-Räntsch*, § 71 Rn 116.
4 St. Rspr. z.B.: BGHZ 148, 392 = NJW 2001, 3627; BGHZ 27, 310 = NJW 1958, 1090; KG NJW-RR 1987, 592; OLG Düsseldorf RNotZ 2016, 211; OLG München v. 1.3.2016 –

34 Wx 70/16, NJOZ 2016, 753; OLG München FGPrax 2008, 235; OLG Zweibrücken Rpfleger 2001, 174.
5 OLG München FGPrax 2010, 122; OLG Naumburg FGPrax 2013, 158.
6 BeckOK ZPO/*Wulf*, § 569 Rn 6.
7 BayObLG Rpfleger 1980, 153 (für die Streitverkündung); Meikel/*Schmidt-Räntsch*, vor § 71 Rn 16.

Grundbuchblatts ist gem. **§ 125 GBO** nur eine beschränkte Beschwerde gem. § 71 Abs. 2 S. 2 GBO mit dem Ziel der Eintragung eines Widerspruchs bzw. der Löschung möglich. Die Ablehnung der Eintragung einer Beschlagnahme eines Grundstücks (vgl. **§ 111c Abs. 3 S. 1 StPO**) oder einer Sicherungshypothek (vgl. **§ 111f Abs. 1 S. 1 StPO**) aufgrund eines nach § 111e StPO erlassenen Vermögensarrests durch das Grundbuchamt kann mit der Grundbuchbeschwerde (§ 71 GBO) angegriffen werden; dagegen findet gegen die erfolgte Eintragung nur ein strafprozessualer Rechtsbehelf nach **§ 111k Abs. 3 StPO** und damit der Antrag auf gerichtliche Entscheidung des nach § 162 StPO zuständigen Gerichts statt.[8] Gegen die anschließende Bewilligung einer Rangänderung durch die Staatsanwaltschaft kann hingegen die Grundbuchbeschwerde nach § 71 GBO eingelegt werden.[9]

C. Weitere Rechtsbehelfe

I. Tätigkeiten des Urkundsbeamten der Geschäftsstelle

Bei Entscheidungen des **Urkundsbeamten der Geschäftsstelle**, (§ 12c Abs. 1, Abs. 2 GBO) ist nach § 12c Abs. 4 GBO der Rechtsbehelf der **Erinnerung** gegeben, über die der Rechtspfleger zu entscheiden hat; erst gegen dessen Entscheidung ist die Beschwerde gem. § 71 GBO statthaft (zum Erinnerungsverfahren vgl. vor § 71 GBO Rdn 10 f.; § 12c GBO Rdn 18). Gleiches gilt für Eintragungen des Urkundsbeamten, die dieser im Rahmen seiner Zuständigkeit vorgenommen hat.[10]

II. Tätigkeiten des Rechtspflegers

Hat – was in Grundbuchsachen der Regelfall ist – der **Rechtspfleger** entschieden, so ist nach § 11 Abs. 1 RPflG das Rechtsmittel gegeben, das nach den allgemeinen verfahrensrechtlichen Vorschriften gegen die Entscheidung des Richters zulässig ist. Kann gegen die Entscheidung des Richters nach den allgemeinen verfahrensrechtlichen Vorschriften kein Rechtsmittel eingelegt werden (vgl. z.B. §§ 85 Abs. 2, 91 Abs. 1, 105 Abs. 2 Hs. 1 und 109 GBO), so findet die **Rechtspflegererinnerung** (§ 11 Abs. 2 S. 1 RPflG) statt, die innerhalb einer Frist von zwei Wochen einzulegen ist. Hat der Erinnerungsführer die Frist ohne sein Verschulden nicht eingehalten, ist ihm auf Antrag **Wiedereinsetzung in den vorigen Stand** zu gewähren, sofern er die Erinnerung binnen zwei Wochen nach der Beseitigung des Hindernisses einlegt und die Tatsachen, welche die Wiedereinsetzung begründen, glaubhaft macht. Ein Fehlen des Verschuldens wird vermutet, wenn eine Rechtsbehelfsbelehrung (§ 39 FamFG) unterblieben oder fehlerhaft ist. Der Rechtspfleger kann der Erinnerung abhelfen. Hilft er nicht ab, legt er die Erinnerung dem Richter zur Entscheidung vor (§ 11 Abs. 2 RPflG). Gemäß **§ 11 Abs. 2 S. 7 RPflG** finden auf das Erinnerungsverfahren die Vorschriften der ZPO über die sofortige Beschwerde (§§ 567 ff. ZPO) sinngemäße Anwendung. Gerichtliche Verfügungen, Beschlüsse oder Zeugnisse, die nach den Vorschriften der GBO oder des FamFG wirksam geworden sind und nicht mehr geändert werden können, sind gem. § 11 Abs. 3 S. 1 RPflG mit der Erinnerung **nicht anfechtbar** (vgl. Rdn 7).

Ist die **Erinnerung unzulässig**, so darf sie nicht sofort verworfen werden; vielmehr ist zu prüfen, ob sie nicht in einen Antrag auf Eintragung eines Amtswiderspruchs (§ 53 Abs. 1 S. 1 GBO) umgedeutet werden kann. Deutet der Rechtspfleger die unzulässige Erinnerung in der genannten Weise um, so kann er der Erinnerung gemäß der allgemeinen Regelung abhelfen und dem Antrag entsprechen. Hält der Rechtspfleger den umgedeuteten Antrag für unbegründet, so hat er ihn durch gesonderte Entscheidung abzulehnen; hiergegen findet die Grundbuchbeschwerde (§ 71 GBO) statt.[11] Dies bedeutet keine Umgehung von § 71 Abs. 2 GBO, weil hier Gegenstand des Verfahrens nicht die Eintragung selbst, sondern die Ablehnung von Maßnahmen nach § 53 GBO ist.[12]

---

8 OLG Hamm FGPrax 2018, 154; vgl. zum früheren Recht: OLG Düsseldorf wistra 2009, 207; OLG Hamm NStZ 2008, 586; OLG Jena FGPrax 2012, 101.
9 OLG München FGPrax 2011, 281.
10 *Demharter*, § 71 Rn 10 m.w.N.; Hügel/*Kramer*, § 71 Rn 4.
11 KG OLGZ 1987, 257 = NJW-RR 1987, 592.
12 KG OLGZ 1987, 257 = NJW-RR 1987, 592.

III. Außerordentliche Beschwerde; Anhörungsrüge

12 Eine **außerordentliche Beschwerde** wegen greifbarer Gesetzwidrigkeit scheidet spätestens seit der Entscheidung des BVerfG vom 30.4.2003[13] auch dann aus, wenn die angefochtene Entscheidung mit der geltenden Rechtsordnung schlechthin unvereinbar ist, weil sie jeder gesetzlichen Grundlage entbehrt und inhaltlich dem Gesetz fremd ist.[14] Denn ein außerordentliches Rechtsmittel untersteht dem verfassungsrechtlichen Grundsatz der Rechtsmittelklarheit und ist deshalb nicht mit dem Rechtsstaatsprinzip vereinbar. Gem. § 81 Abs. 3 GBO i.V.m. § 44 FamFG kann aber bei einer Verletzung des rechtlichen Gehörs (Art. 103 Abs. 1 GG) die **Anhörungsrüge** erhoben werden[15] (siehe § 81 GBO Rdn 21 ff.). Bei der Verletzung anderer Verfahrensgrundrechte bleibt nur die Möglichkeit der Verfassungsbeschwerde.[16]

IV. Gegenvorstellung

13 Die Gegenvorstellung[17] richtet sich auf eine Überprüfung einer Entscheidung durch dieselbe Instanz. Sie ist in Grundsachen nur in dem Umfange statthaft, in dem eine Entscheidung der Abänderungsmöglichkeit unterliegt, z.B. bei einer Geschäftswertfestsetzung während der Frist des § 79 Abs. 2 S. 2 GNotKG; nicht indes bei gerichtlichen Entscheidungen, die nach den Vorschriften der GBO oder des FamFG zumindest formell wirksam werden bzw. bei Endentscheidungen des Beschwerdegerichts bzw. des Rechtsbeschwerdegerichts.[18] In diesen Fällen ist das Gericht an seine eigene Entscheidung gebunden.[19] Eine Gegenvorstellung kann aber stets als Anregung an das Grundbuchamt aufgefasst werden. In diesem Fall soll die Eingabe das Gericht veranlassen, von Amts wegen zu prüfen, ob ein Tätigwerden erforderlich ist, z.B. durch Eintragung eines Amtswiderspruchs gem. § 53 Abs. 1 S. 1 GBO.

V. Dienstaufsichtsbeschwerde

14 Die **Dienstaufsichtsbeschwerde** ist ein formloser Rechtsbehelf im Sinne einer Anregung an den Dienstvorgesetzten, die Amtsführung des Urkundsbeamten, Rechtspflegers bzw. Richters unter dienstrechtlichen Gesichtspunkten zu überprüfen. Sie ist nur gegen die Art des Geschäftsbetriebs, die äußere Ordnung und das persönliche Verhalten gegeben; eine Sachprüfung scheidet grundsätzlich aus.[20] Gegen die Entscheidung des Dienstvorgesetzten besteht die Möglichkeit der weiteren Dienstaufsichtsbeschwerde an die nächsthöhere Aufsichtsbehörde. Maßnahmen im Rahmen der Dienstaufsicht stellen keine Justizverwaltungsakte im Sinne des § 23 EGGVG dar und können daher nicht mit einem Antrag auf gerichtliche Entscheidung nach den §§ 23 ff. EGGVG angegriffen werden.[21]

15 Eine Dienstaufsichtsbeschwerde ist z.B. gegeben, wenn der Rechtspfleger bei Erlass einer Zwischenverfügung nicht sämtliche Eintragungshindernisse benennt, sich vielmehr die Beanstandung weiterer Hindernisse durch weitere Zwischenverfügungen vorbehält.[22] Dagegen ist seit der Einführung der §§ 12a ff. GBO gegen die Ablehnung der Erteilung einer Auskunft durch den Urkundsbeamten des Grundbuchamts die Erinnerung statthaft (§ 12c Abs. 4 S. 1 GBO), über die der Rechtspfleger entscheidet. Gegen dessen Entscheidung ist gem. § 12c Abs. 4 S. 2 GBO sodann die Beschwerde nach §§ 71 ff. GBO eröffnet (s. vor § 71 GBO Rdn 9). Das gilt auch für die vom Rechtspfleger bestätigte, vom Urkundsbeamten ausgesprochene Ablehnung einer Auskunftserteilung aus dem geführten Eigentümerverzeichnis.[23] Wird ein Eintragungsantrag weder abgelehnt noch durch eine Zwischenverfügung nach § 18 GBO beschieden, vielmehr lediglich mitgeteilt, dem Antrag könne wegen Verlustes einer Ordnungsnummer aus den Grundakten z.Z. nicht stattgegeben werden, soll nach Ansicht des KG[24] nur die Dienstaufsichtsbeschwerde gegeben sein. Das erscheint bedenklich, weil eine Sachentscheidung auf unbestimmte Zeit

---

13 BVerfG NJW 2003, 1924.
14 Vgl. BGH FamRZ 2007, 1315; BFH NJW 2006, 861; KG FGPrax 2005, 66; OLG Jena FGPrax 2006, 115; OLG Köln FamRZ 2005, 2075; OLG München FGPrax 2008, 113; OLG Naumburg NJW-RR 2003, 353; OLG Zweibrücken FGPrax 2005, 233; unklar: OLG Celle FGPrax 2007, 296.
15 BVerfG NJW 2003, 1924.
16 BVerfG NJW 2007, 2538; BGH NJW-RR 2009, 144; BGH NJW 2008, 2126; BFH/NV 2007, 253.
17 Vgl. dazu: BGH NJW-RR 2007, 1295.
18 OLG Frankfurt v. 16.7.2013 – 20 W 172/13, BeckRS 2013, 18756; OLG Köln MDR 2011, 477.
19 OLG Frankfurt v. 16.7.2013 – 20 W 172/13, BeckRS 2013, 18756; OLG Köln MDR 2011, 477.
20 Vgl. BVerfG NJW 1989, 3148; BGH NJW 1985, 1471; vgl. auch: *Demharter*, § 71 Rn 92.
21 BGH NJW 1989, 587.
22 BayObLG FGPrax 1995, 95.
23 KG FGPrax 1997, 87.
24 KG DNotZ 1955, 206.

abgelehnt wird und dies einer unbefristeten Aussetzung des Verfahrens und damit einer Rechtsverweigerung gleichkommt.[25] Auf jeden Fall kommt die Verzögerungsrüge gem. § 198 GVG in Betracht (vgl. Rdn 17).

VI. Anfechtung von Justizverwaltungsakten

Gegen reine Justizverwaltungsakte findet nicht die Beschwerde nach den §§ 71 ff. GBO, sondern ein **Antrag auf gerichtliche Entscheidung nach den §§ 23 ff. EGGVG** statt. Justizverwaltungsakte haben ausschließlich die geschäftsmäßige Behandlung einer Grundbuchsache zum Inhalt, z.B. die Ablehnung, eine Auflassung wegen Geschäftsüberlastung entgegenzunehmen oder die Ablehnung der Übersendung von Grundakten aus verwaltungsmäßigen Gründen. Wird die Entscheidung sowohl auf Gründe des sachlichen Rechts als auch des Verfahrensrechts gestützt (z.B. die Ablehnung einer Auflassung wegen Ungenauigkeit derselben oder die Weigerung der Übersendung der Grundakten aus Gründen des sachlichen oder des Verfahrensrechts), dann ist statt des Antrages auf gerichtliche Entscheidung die Grundbuchbeschwerde (§ 71 GBO) gegeben; denn in diesen Fällen handelt es sich im Ergebnis um eine Sachentscheidung.[26] Den Antrag auf gerichtliche Entscheidung gem. § 23 EGGVG kann jeder stellen, der sich durch die Maßnahme, ihre Ablehnung oder Unterlassungen in seinen Rechten verletzt sieht, §§ 23 Abs. 1, Abs. 2, 24 Abs. 1 EGGVG. Der Antrag muss innerhalb eines Monats nach schriftlicher Bekanntgabe des Bescheides schriftlich, elektronisch oder zur Niederschrift der Geschäftsstelle des zuständigen OLG oder eines AG gestellt werden (§ 26 Abs. 1 EGGVG).

VII. Verzögerungsrüge; Amtshaftungsklage

Seit dem 3.12.2011 ist eine **Verzögerungsrüge** nach **§ 198 GVG** möglich. Wer infolge unangemessener Dauer eines Gerichtsverfahrens als Verfahrensbeteiligter einen Nachteil erleidet, wird angemessen entschädigt. Dies richtet sich nach den Umständen des Einzelfalles, insbesondere nach der Schwierigkeit und Bedeutung des Verfahrens und nach dem Verhalten der Verfahrensbeteiligten und Dritter. Diese Entschädigung erhält ein Verfahrensbeteiligter nur, wenn er zunächst bei dem mit der Sache befassten Gericht die Dauer des Verfahrens gerügt hat (Verzögerungsrüge). Diese kann erst erhoben werden, wenn der Beteiligte aufgrund bestimmter Anhaltspunkte Anlass zu der Besorgnis hat, das Verfahren könne nicht in einer angemessenen Zeit abgeschlossen werden (§ 198 Abs. 3 S. 2 Hs. 1 GVG). Eine Begründung der Verzögerungsrüge ist nicht erforderlich. Die Klage zur Durchsetzung der Entschädigung kann frühestens sechs Monate nach Erhebung der Verzögerungsrüge und somit auch schon während des laufenden Verfahrens erhoben werden. Die Klage muss aber auch spätestens sechs Monate nach Eintritt der Rechtskraft der Entscheidung, die das Verfahren beendet, oder einer anderen Erledigung des Verfahrens eingereicht werden. Die Zuerkennung einer Entschädigung setzt die Feststellung eines Schadens dem Grunde und der Höhe nach voraus, der bei einer angemessenen Dauer des Verfahrens nicht entstanden wäre. Neben der Entschädigungsklage besteht weiterhin die Möglichkeit der Erhebung einer **Amtshaftungsklage** nach § 839 BGB i.V.m. Art. 34 GG.

VIII. Widerspruch

Im Verfahren zur Klarstellung der Rangverhältnisse enthält § 104 GBO den besonderen Rechtsbehelf des **Widerspruchs** (s. § 104 GBO Rdn 1).

IX. Beschwerde in Verfahrenskostenhilfeverfahren

Da die GBO über die Verfahrenskostenhilfe keine eigene Regelung enthält, finden in Grundbuchsachen **§§ 76 ff. FamFG** Anwendung; über § 76 FamFG sind für das Verfahren ergänzend die §§ 114–127 ZPO heranzuziehen. Für das Beschwerdeverfahren gegen die Versagung bzw. Bewilligung der Verfahrenskostenhilfe gelten die §§ 127 Abs. 2–4, 567 ff. ZPO. Im Beschwerdeverfahren findet keine Erstattung der den Beteiligten entstandenen außergerichtlichen Kosten statt (§ 127 Abs. 4 ZPO). Die Gerichtskosten des Be-

---

25 Vgl. weitergehend auch: BVerfG NJW 2005, 2685.

26 KGJ 44, 213; KG JFG 18, 283.

schwerdeverfahrens richten sich nach Nr. 19116 KV GNotKG; im Falle der teilweisen Verwerfung oder Zurückweisung des Rechtsmittels kann das Gericht nach billigem Ermessen die Gebühr ermäßigen oder von einer Gebührenerhebung absehen. Für die Rechtsbeschwerde gelten Nr. 19128 KV GNotKG und Nr. 19129 KV GNotKG.

20 Wird die Verfahrenskostenhilfe verweigert, so ist dagegen die **sofortige Beschwerde** gegeben (§ 127 Abs. 2 S. 2 ZPO). Für sie gilt die Monatsfrist (§ 127 Abs. 2 S. 3 ZPO).[27] Gegen die Beschwerdeentscheidung des Beschwerdegerichts ist entsprechend § 574 ZPO die **Rechtsbeschwerde** statthaft, falls diese vom Beschwerdegericht zugelassen worden ist. Die Rechtsbeschwerde kann nur wegen solcher Fragen zugelassen werden, die das Verfahren oder die persönlichen Verhältnisse betreffen; das Rechtsbeschwerdeverfahren dient nicht zur Klärung zweifelhafter materieller Rechtsfragen.[28] Für die Rechtsbeschwerde besteht Anwaltszwang; dieser muss nicht beim BGH zugelassen sein (§ 10 Abs. 4 S. 1 FamFG).

21 Die **Bewilligung von Verfahrenskostenhilfe** kann allein von der Staatskasse angefochten werden;[29] § 11 Abs. 2 RPflG eröffnet insoweit für die übrigen Beteiligten nicht die Möglichkeit der Einlegung einer Erinnerung, da § 127 Abs. 3 ZPO insoweit eine Spezialregelung darstellt. Die Beschwerde der Staatskasse ist gem. § 127 Abs. 3 S. 1 ZPO nur statthaft, wenn weder Monatsraten noch aus dem Vermögen zu zahlende Beträge festgesetzt worden sind. Sie kann nur darauf gestützt werden, dass der Beteiligte nach seinen persönlichen und wirtschaftlichen Verhältnissen Zahlungen zu leisten hat (§ 127 Abs. 3 S. 2 ZPO). Die Beschwerdefrist beträgt einen Monat nach Bekanntgabe des Beschlusses (§ 127 Abs. 3 S. 3 ZPO). Die Rechtsbeschwerde ist ebenfalls gem. § 574 ZPO statthaft, sofern diese zugelassen worden ist. Für die Rechtsbeschwerde der Staatskasse gelten die Beschränkungen des § 127 Abs. 3 S. 1 ZPO. Für die Staatskasse besteht beim BGH kein Anwaltszwang (vgl. § 10 Abs. 4 S. 1 FamFG); der Bezirksrevisor als Vertreter der Staatskasse muss indes die Befähigung zum Richteramt besitzen.[30]

X. Beschwerde gegen Kostenvorschussanforderung

22 Macht das Grundbuchamt die Tätigkeit von der vorherigen Zahlung eines Vorschusses abhängig (vgl. § 13 GNotKG), findet hiergegen gem. **§ 82 GNotKG** die unbefristete Beschwerde nach § 81 Abs. 3–5 S. 1, S. 4 und Abs. 6–8 GNotKG statt.[31] Die Beschwerde ist weder von dem Erreichen eines Beschwerdewertes noch von der Zulassung des Rechtsmittels abhängig (vgl. im Übrigen vor § 71 GBO Rdn 26 f.).

XI. Beschwerde gegen Geschäftswertfestsetzung

23 Den Geschäftswert für das Verfahren setzt das Gericht durch Beschluss fest, wenn ein Zahlungspflichtiger oder die Staatskasse dies beantragt oder es sonst angemessen erscheint (§ 79 GNotKG). Die Festsetzung kann innerhalb von sechs Monaten geändert werden, nachdem die Entscheidung in der Hauptsache Rechtskraft erlangt oder das Verfahren sich anderweitig erledigt hat. Die von dem Grundbuchamt vorgenommene Geschäftswertfestsetzung (§ 79 GNotKG) ist mit der Beschwerde gem. **§ 83 GNotKG** anfechtbar. Das Rechtsmittel findet nur statt, wenn der Wert der Beschwerde 200 EUR übersteigt oder eine Zulassung wegen grundsätzlicher Bedeutung erfolgt ist (§ 83 Abs. 1 S. 1, 2 GNotKG). Ansonsten findet bei einer Entscheidung durch den Rechtspfleger die Erinnerung gem. § 11 Abs. 2 S. 1 RPflG statt.

24 Das Rechtsmittel muss **innerhalb von sechs Monaten** nach Rechtskraft der Hauptsacheentscheidung oder anderweitiger Erledigung des Verfahrens eingelegt werden. Wurde der Wert erst später als einen Monat vor Ablauf dieser Frist festgesetzt, kann die Beschwerde binnen einen Monats nach Zustellung oder formloser Mitteilung des Wertbeschlusses eingelegt werden (§ 83 Abs. 1 S. 3 GNotKG). Nach § 83 Abs. 2 GNotKG besteht die Wiedereinsetzungsmöglichkeit. Für die Entscheidung ist bei dem Beschwerdegericht regelmäßig der Einzelrichter zuständig (§ 83 Abs. 1 S. 5 GNotKG i.V.m. § 81 Abs. 6 S. 1 GNotKG), der bei besonderer Schwierigkeit rechtlicher oder tatsächlicher Art bzw. bei grundsätzli-

---

[27] A.A. 2 Wochen: *Demharter*, § 71 Rn 56.
[28] BGH NJW-RR 2012, 125; BGH NJW-RR 2008, 144; BGH NJW 2003, 1126.
[29] *Demharter*, § 71 Rn 56.
[30] BGH FGPrax 2010, 264.
[31] S. OLG Düsseldorf FGPrax 2017, 200, zum Verhältnis der Beschwerde gem. § 82 GNotKG und der Grundbuchbeschwerde gem. § 71 GBO bei Nichtzahlung des angeordneten Kostenvorschusses.

cher Bedeutung die Sache dem Senat übertragen kann. Eine Beschwerde zum Bundesgerichtshof scheidet aus (§ 83 Abs. 1 S. 5 GNotKG i.V.m. § 81 Abs. 3 S. 3 GNotKG), so dass gegen die Entscheidung des OLG **kein Rechtsmittel** möglich ist.

XII. Rechtsmittel gegen den Kostenansatz

Gegen den Kostenansatz des Grundbuchamts findet die **Erinnerung** nach **§ 81 Abs. 1 S. 1 GNotKG** statt. 25
Mit dem Rechtsbehelf kann geltend gemacht werden, der von der Staatskasse in Anspruch Genommene sei nicht der gesetzliche oder vom Gericht bestimmte Kostenschuldner, es bestehe Gebührenfreiheit (§§ 2, 22, 23 GNotKG)[32] oder die Höhe der angesetzten Kosten entspreche nicht den gesetzlichen Bestimmungen. Zuständig für die Entscheidung über die Erinnerung gegen den Kostenansatz ist das Gericht, das die Kosten in Ansatz gebracht hat. Die Entscheidung ergeht gebührenfrei (§ 81 Abs. 8 GNotKG).

Gegen die Erinnerungsentscheidung ist sodann die **Beschwerde** zulässig, wenn der Wert der Beschwerde 26
200 EUR übersteigt (§ 81 Abs. 2 GNotKG) oder das Gericht, das die angefochtene Entscheidung erlassen hat, die Beschwerde wegen der grundsätzlichen Bedeutung der zur Entscheidung stehenden Frage diese in dem Beschluss zulässt (§ 81 Abs. 2 S. 2 GNotKG). Ansonsten ist bei einer Entscheidung durch den Rechtspfleger die befristete Erinnerung gem. § 11 Abs. 2 S. 1 RPflG statthaft. Bei dem Beschwerdegericht ist für die Entscheidung regelmäßig der **Einzelrichter** zuständig (§ 81 Abs. 6 S. 1 GNotKG), der bei besonderer Schwierigkeit rechtlicher oder tatsächlicher Art bzw. bei grundsätzlicher Bedeutung die Sache dem Senat übertragen kann. Eine Beschwerde beim BGH scheidet aus (§ 81 Abs. 3 S. 3 GNotKG), so dass gegen die Entscheidung des OLG kein Rechtsmittel möglich ist.

Erinnerungen oder Beschwerden können nach § 81 Abs. 5 GNotKG in allen Fällen zu Protokoll der Ge- 27
schäftsstelle, als elektronischen Dokument (vgl. § 7 GNotKG) oder schriftlich ohne Mitwirkung eines Rechtsanwalts eingelegt werden. Der Kostenbeamte hat seiner gebührenmäßigen Beurteilung des Sachverhalts die Rechtsauffassung zugrunde zu legen, die der Rechtspfleger seiner grundbuchmäßigen Behandlung zugrunde gelegt hat.[33]

XIII. Rechtsmittel gegen die Kostenfestsetzung

Die Festsetzung der **außergerichtlichen Kosten** erfolgt in Grundbuchsachen aufgrund der Verweisung 28
in § 85 FamFG nach § 103 ff. ZPO. Gegen die Festsetzung ist die **sofortige Beschwerde gem. § 104 Abs. 3 S. 1 ZPO** i.V.m. § 567 Abs. 2 ZPO gegeben, sofern der Wert des Beschwerdegegenstandes 200 EUR übersteigt. Ansonsten findet bei der Entscheidung durch den Rechtspfleger die befristete Erinnerung gem. § 11 Abs. 1 RPflG statt. Die Beschwerdeentscheidung ergeht grundsätzlich durch den Einzelrichter (§ 568 ZPO), der bei besondere Schwierigkeit rechtlicher oder tatsächlicher Art bzw. bei grundsätzlicher Bedeutung die Sache dem Senat übertragen kann. Gegen die Beschwerdeentscheidung ist im Falle einer ausdrücklichen Zulassung (§ 574 ZPO) die Rechtsbeschwerde statthaft.

§ 71 [Beschwerde]

(1) Gegen die Entscheidungen des Grundbuchamts findet das Rechtsmittel der Beschwerde statt.
(2) Die Beschwerde gegen eine Eintragung ist unzulässig. Im Wege der Beschwerde kann jedoch verlangt werden, daß das Grundbuchamt angewiesen wird, nach § 53 einen Widerspruch einzutragen oder eine Löschung vorzunehmen.

A. Normzweck; Allgemeines 1	1. Grundsatz 4
B. Entscheidungen des Grundbuchamtes ... 2	2. Grundbuchrichter 5
I. Grundsatz 2	3. Rechtspfleger 6
II. Entscheidungsorgane des Grundbuchamtes 4	4. Urkundsbeamter der Geschäftsstelle 9

---

[32] RG HRR 28 Nr. 1466; BayObLGZ 1955, 114.   [33] BayObLGZ 1952, 138.

III. Entscheidungen 11
  1. Grundsatz 11
  2. Tätigkeit auf Anweisung des Beschwerdegerichts 16
  3. Zurückweisung eines Eintragungsantrags 17
  4. Zwischenverfügungen nach § 18 GBO 20
  5. Eintragungen im Rahmen des Abs. 2 ... 26
  6. Sonstige Entscheidungen 37
  7. Zurückweisung eines Berichtigungsantrags 38
  8. Kostengrundentscheidungen 40
     a) Grundsatz 40
     b) Kostengrundentscheidung und Erledigung 43
IV. Unanwendbarkeit der Grundbuchbeschwerde 46
  1. Grundsatz 46
  2. Fehlende Entscheidung des Grundbuchamts 48
     a) Unverbindliche Meinungsäußerungen 48
     b) Entschließungen betreffend den inneren Geschäftsbetrieb 52
     c) Vorbescheide 53
  3. Bedeutungslose Entscheidungen 55
  4. Untätigkeit des Grundbuchamts; Maßnahmen der Dienstaufsicht 56
C. Eventualbeschwerde; bedingte Beschwerde 57

D. Weitere Voraussetzungen der Beschwerde 58
  I. Allgemeine Verfahrensvoraussetzungen ... 58
  II. Verfahrensfähigkeit 59
  III. Beschwerdeberechtigung 60
    1. Allgemeines 60
    2. Maßgeblicher Zeitpunkt der Beschwerdeberechtigung 65
    3. Beschwerdeberechtigung in besonderen Fällen 67
       a) Grundsatz 67
       b) Beschwerde mit dem Ziel einer Eintragung 68
          aa) Allgemein 68
          bb) Einzelfälle 70
          cc) Ziel der Beschwerdeberechtigung 72
       c) Beschwerde gegen Eintragungen ... 73
          aa) Allgemein 73
          bb) Einzelfälle 74
    4. Beschwerdeberechtigung von Vertretern 79
       a) Grundsatz 79
       b) Testamentsvollstrecker, Insolvenz- und Nachlassverwalter 81
       c) Notar 82
    5. Beschwerdeberechtigung von Behörden 83
    6. Nachweis der Beschwerdeberechtigung 87
  IV. Vertretung des Beschwerdeführers 88
    1. Grundsatz 88
    2. Notar 90
  V. Rechtsschutzbedürfnis 93
E. Verwirkung, Rücknahme, Verzicht 94

A. Normzweck; Allgemeines

1 § 71 GBO enthält für Grundsachen eine Sondervorschrift gegenüber den für die Verfahren der freiwilligen Gerichtsbarkeit in §§ 59 ff. FamFG geregelten Beschwerdevorschriften. Ergänzt wird die Bestimmung durch die weiteren Beschwerdevorschriften in §§ 72–77, 81 GBO. Soweit diese Vorschriften keine abschließende Regelung für die Grundbuchbeschwerde enthalten, kann auf die Bestimmungen des FamFG zurückgegriffen werden,[1] so z.B. auf § 66 FamFG (siehe § 73 GBO Rdn 19 ff.) für die Anschlussbeschwerde und auf § 67 FamFG für die Beschwerderücknahme (siehe § 73 GBO Rdn 24 ff.). **Abs. 1** bestimmt, dass grundsätzlich gegen jede Entscheidung des Grundbuchamts die Beschwerde stattfindet. Abweichend von § 58 Abs. 1 FamFG ist die Anfechtbarkeit nicht auf Endentscheidungen beschränkt; vielmehr unterliegen auch Zwischenentscheidungen, wie z.B. die Zwischenverfügung (§ 18 GBO), der Anfechtung.[2] Diesen Grundsatz schränkt **Abs. 2** für Eintragungen ein. Damit soll verhindert werden, dass das Beschwerdegericht eine nach materiellem Recht vollzogene Eintragung beseitigt, obwohl aufgrund der Eintragung bereits ein gutgläubiger Erwerb eines Dritten stattgefunden hat. Weil die Feststellung, ob ein gutgläubiger Rechtserwerb erfolgt ist, nicht oder nur sehr schwer möglich ist, wird die Beschwerde gegen Eintragungen generell für unzulässig erklärt. Nur soweit das Grundbuchamt selbst nach § 53 GBO berechtigt wäre, von Amts wegen die Wirkungen einer Eintragung aufzuheben, kann auch das Beschwerdegericht die in § 53 GBO vorgesehenen Maßnahmen anordnen. Im Übrigen ist es Sache der Beteiligten, die Berichtigung des Grundbuches nach § 22 GBO zu betreiben oder Sicherungsmaßnahmen nach § 899 BGB zu treffen.

---

1 A.A. *Demharter*, vor § 71, kein Rückgriff auf die Vorschriften des FamFG; Hügel/*Kramer*, § 71 Rn 5, der eine Ausnahme nur für die Rechtsbehelfsbelehrung (§ 39 FamFG) annimmt.

2 St. Rspr. z.B.: KG FGPrax 2021, 53; OLG Brandenburg FGPrax 2021, 241; OLG Frankfurt FGPrax 2021, 150; OLG Hamm FGPrax 2010, 177; OLG München NJW-RR 2021, 42.

B. Entscheidungen des Grundbuchamtes
I. Grundsatz

§ 71 GBO ordnet die Anfechtbarkeit der Entscheidungen des Grundbuchamtes an. Soweit das Grundbuchamt als Vollstreckungsorgan entscheidet, werden die vollstreckungsrechtlichen Rechtsbehelfe (§§ 766, 793 ZPO) durch die Grundbuchbeschwerde nach § 71 GBO verdrängt. Daher ist gegen die Eintragung einer **Zwangssicherungshypothek** die Beschwerde nach Abs. 2 gegeben; es gilt auch Abs. 2 S. 2 (siehe Rdn 26 ff.).[3] Das Grundbuchamt handelt insoweit sowohl als Organ der freiwilligen Gerichtsbarkeit als auch als Vollstreckungsorgan.[4] Es hat die vollstreckungsrechtlichen und grundbuchrechtlichen Eintragungsvoraussetzungen zu prüfen.[5]

Gegen die Eintragung einer Vormerkung zur Sicherung des Anspruchs auf Eintragung einer **Bauhandwerkersicherungshypothek** findet anstelle der Vollstreckungserinnerung (§ 766 ZPO) bzw. der sofortigen Beschwerde (§ 793 ZPO) ebenfalls die Grundbuchbeschwerde nach § 71 GBO statt.[6] Gleiches gilt für Eintragungen nach **§ 89 Abs. 3 InsO** (z.B. eines Amtswiderspruchs gem. § 53 GBO Abs. 1 S. 1)[7] sowie für die Eintragung des Insolvenzvermerks nach **§ 32 InsO**; auch insoweit wird das Grundbuchamt und nicht das Insolvenzgericht tätig. Die Ablehnung der Eintragung einer Beschlagnahme eines Grundstücks (vgl. **§ 111c Abs. 3 StPO**) oder einer Sicherungshypothek in Vollziehung eines Vermögensarrests (vgl. **§ 111f Abs. 1 S. 1 StPO**) auf Ersuchen des Strafgerichts oder der Staatsanwaltschaft durch das Grundbuchamt ist ebenfalls mit der Grundbuchbeschwerde gem. § 71 GBO überprüfbar;[8] dagegen kann aufgrund der Sonderregelung in § 111k Abs. 3 StPO gegen eine bereits vollzogene Eintragung anstelle der Grundbuchbeschwerde ein Antrag auf gerichtliche Entscheidung des nach § 162 StPO zuständigen Gerichts gestellt werden.[9] Gegen eine anschließend erfolgte Eintragung einer Rangänderung aufgrund einer Bewilligung der Staatsanwaltschaft oder des Strafgerichts ist hingegen die Grundbuchbeschwerde nach § 71 GBO statthaft.[10]

II. Entscheidungsorgane des Grundbuchamtes
1. Grundsatz

Als Organe des Grundbuchamts können unterschiedliche Amtsträger tätig werden, der Grundbuchrichter (siehe Rdn 5), der Rechtspfleger (siehe Rdn 6 ff.) sowie der Urkundsbeamte der Geschäftsstelle (siehe Rdn 9 f.).

2. Grundbuchrichter

Da das RPflG die Grundbuchsachen in vollem Umfang dem Rechtspfleger überträgt (vgl. § 3 Nr. 1h RPflG) und keine Richtervorbehalte vorsieht, wird der Grundbuchrichter grundsätzlich nur noch auf Vorlage einer Sache durch den Rechtspfleger (§ 5 RPflG), aufgrund einer Erinnerung gem. § 11 Abs. 2 RPflG gegen die Entscheidung des Rechtspflegers (vgl. Rdn 7) oder im Falle von § 4 Abs. 2 Nr. 1 RPflG tätig. Entscheidungen des Grundbuchrichters sind immer nur mit der Beschwerde nach § 71 GBO anfechtbar, sofern das Gesetz nicht ausdrücklich den Ausschluss der Anfechtbarkeit (z.B. §§ 85 Abs. 2, 91 Abs. 1 S. 3, 105 Abs. 2 Hs. 1, 109 S. 2 GBO) anordnet. Dies gilt auch, wenn der Grundbuchrichter anstelle des Rechtspflegers bzw. des Urkundsbeamten der Geschäftsstelle entschieden hat. Diese Entscheidungen des Grundbuchrichters sind gem. §§ 8 Abs. 1, Abs. 5 RPflG grundsätzlich wirksam; daher kann eine Beschwerde nicht erfolgreich auf eine Kompetenzüberschreitung gestützt werden.[11]

---

3 Einhellige Rspr., vgl. z.B. BGH NJW 2013, 3786; BGHZ 148, 392, 394; BayObLG Rpfleger 1995, 106; BayObLGZ 1983, 187; KG NJW-RR 1987, 592; OLG Bremen FGPrax 2022, 242, OLG Celle Rpfleger 1990, 112; OLG Frankfurt NJW-RR 2007, 1248; OLG Köln FGPrax 2008, 193; OLG Köln Rpfleger 1996, 189; OLG München FGPrax 2015, 204; OLG München FamRZ 2012, 577; OLG Stuttgart FGPrax 2020, 28; OLG Zweibrücken FGPrax 2013, 24; OLG Zweibrücken FGPrax 2007, 162.
4 St. Rspr. BGHZ 27, 310, 313; BayObLG Rpfleger 1989, 396.
5 St. Rspr. z.B. BGH NJW-RR 2012, 532; BGH NJW 2001, 3627; OLG Stuttgart FGPrax 2020, 28.
6 OLG Stuttgart BWNotZ 1986, 89; LG Essen Rpfleger 1975, 315.
7 KG ZIP 2010, 2783; LG Dresden ZVI 2017, 195; HK/*Kayser*, § 89 Rn 39; *Uhlenbruck/Mock*, § 89 Rn 60.
8 Vgl. BGH NJW 2023, 2783.
9 OLG Hamm FGPrax 2018, 154.
10 OLG München FGPrax 2011, 281.
11 OLG Hamm Rpfleger 1971, 107; Sternal/*Sternal*, Einl. Rn 111.

3. Rechtspfleger

6 Der Rechtspfleger trifft nach § 3 Nr. 1 lit. h RPflG in Grundbuchsachen – von den genannten Ausnahmen (siehe Rdn 5) abgesehen – alle erstinstanzlichen Entscheidungen, insbesondere auch in den Fällen der §§ 22, 35 Abs. 1 und 2, 53 und 82a ff. GBO. Gegen seine Entscheidungen ist das Rechtsmittel gegeben, das nach den allgemeinen verfahrensrechtlichen Vorschriften zulässig ist (**§ 11 Abs. 1 RPflG**). Dies ist in Grundbuchsachen die Beschwerde nach § 71 GBO. Insoweit obliegt auch die Abhilfeentscheidung gem. § 75 GBO dem Rechtspfleger. Macht er von der Abhilfe keinen Gebrauch, ist von ihm die Sache dem Oberlandesgericht als Beschwerdegericht vorzulegen.

7 In den Fällen, in denen eine Beschwerde gegen Entscheidungen des Grundbuchamts gesetzlich ausdrücklich ausgeschlossen ist (z.B. §§ 85 Abs. 2, 91 Abs. 1 S. 3, 105 Abs. 2 Hs. 1, 109 S. 2 GBO), findet gegen die Entscheidung des Rechtspflegers nach **§ 11 Abs. 2 RPflG** die **Rechtspflegererinnerung** an den Grundbuchrichter statt. Die anschließende Entscheidung des Grundbuchrichters unterliegt keiner Anfechtung. Keiner Überprüfung unterliegen gem. **§ 11 Abs. 3 S. 1 RPflG** Verfügungen und Beschlüsse des Rechtspflegers, die nach den Vorschriften der GBO wirksam geworden sind und nicht mehr geändert werden können; insoweit ist die Rechtspflegererinnerung ausgeschlossen. Mithin ist eine vom Rechtspfleger verfügte Eintragung nur anfechtbar, wenn gegen sie die unbeschränkte Beschwerde gegeben ist (vgl. Rdn 31); in den anderen Fällen ist nur die beschränkte Grundbuchbeschwerde nach Abs. 2 S. 2 statthaft[12] und eine darüberhinausgehende Rechtspflegererinnerung (§ 11 Abs. 2 RPflG) an den Grundbuchrichter ausgeschlossen.

8 Sofern der Rechtspfleger anstelle des Urkundsbeamten der Geschäftsstelle entschieden hat, ist diese Entscheidung nach § 8 Abs. 5 RPflG wirksam und unterliegt der Beschwerde nach § 71 GBO und nicht der bei der Entscheidung des Urkundsbeamten statthaften Erinnerung gem. § 12c Abs. 4 S. 1 GBO (vgl. Rdn 9).[13] Die Grundbuchbeschwerde kann indes nicht erfolgreich mit einer Kompetenzüberschreitung des Rechtspflegers begründet werden.[14]

4. Urkundsbeamter der Geschäftsstelle

9 Außer dem Richter und Rechtspfleger trifft in Grundbuchsachen auch der Urkundsbeamte der Geschäftsstelle Entscheidungen. § 12c Abs. 1, 2 GBO weisen dem Urkundsbeamten verschiedene Aufgaben zu. Die insoweit getroffenen Entscheidungen des Urkundsbeamten können gem. § 12c Abs. 4 S. 1 GBO zunächst mit der **Erinnerung** angefochten werden sofern eine Änderung der Entscheidung des Urkundsbeamten der Geschäftsstelle verlangt wird und dieser dem Verlangen nicht entspricht. Zuständig für die Entscheidung über die Erinnerung ist der Rechtspfleger. Gegen dessen Entscheidung findet sodann die **Beschwerde** gem. § 71 GBO statt (§ 12c Abs. 4 S. 2). Nimmt ein Beamter des gehobenen Dienstes eine Aufgabe des Urkundsbeamten wahr (z.B. lehnt er einen Antrag auf Grundbucheinsicht ab), ohne dass feststeht, ob er als Rechtspfleger oder als Urkundsbeamter der Geschäftsstelle handelt, so kann das Beschwerdegericht über eine ihm vorgelegte Beschwerde in der Sache entscheiden, sofern dies sachdienlich erscheint.[15] Gegen die Entscheidung des Beschwerdegerichts ist anschließend die Rechtsbeschwerde nur bei ausdrücklicher Zulassung gegeben.[16]

10 Gegen **Eintragungen des Urkundsbeamten** ist unmittelbar die Grundbuchbeschwerde (§ 71 GBO) statthaft.[17] Denn der Zweck des § 12c Abs. 4 GBO über einen Antrag anstelle des Urkundsbeamten den Grundbuchführer entscheiden zu lassen, kann bei einer vollzogenen Eintragung mit Rücksicht auf die

---

12 BayObLG Rpfleger 1997, 101; BayObLGZ 1975, 398, 402; KG Rpfleger 1998, 65; KG NJW-RR 1987, 592; OLG Dresden FGPrax 2010, 66; a.A. OLG Hamm Rpfleger 1989, 319; offen gelassen OLG Frankfurt FGPrax 1997, 84.
13 BayObLG FGPrax 1997, 13; KG Rpfleger 1998, 65; OLG Dresden FGPrax 2010, 66; OLG Düsseldorf FGPrax 2019, 248; OLG Düsseldorf MDR 2020, 1177; Bauer/Schaub/*Sellner*, § 71 Rn 5; *Demharter*, § 71 Rn 6; Meikel/*Schmidt-Räntsch*, § 71 Rn 15; a.A.: OLG Hamm Rpfleger 1989, 319.
14 BayObLG FGPrax 1997, 13; KG Rpfleger 1998, 65; OLG Dresden FGPrax 2010, 66; *Demharter* § 71 Rn 6; Sternal/*Sternal*, Einl. Rn 115; a.A. OLG Hamm Rpfleger 1989, 319.
15 OLG Frankfurt FGPrax 1997, 85.
16 BayObLG FGPrax 2003, 199, für die Verweigerung der Erteilung eines Rechtskraftzeugnisses durch den Urkundsbeamten.
17 BayObLGZ 1976, 106, 109; a.A. Erinnerung über die der Rechtspfleger entscheidet: OLG Oldenburg Rpfleger 1992, 387; Bauer/Schaub/*Sellner*, § 71 Rn 5; *Demharter*, § 71 Rn 10; Meikel/*Schmidt-Räntsch*, § 71 Rn 17.

Wirkungen der Eintragung nicht mehr erreicht werden; Ausgangspunkt der Entscheidung des Grundbuchführers kann immer nur die vorgenommene Eintragung sein.[18] Der Urkundsbeamte kann bei einem Rechtsmittel gegen eine von ihm verfügte Eintragung nicht gem. § 75 GBO abhelfen, weil er zur Eintragung einer ohnehin nur in Betracht kommenden Löschung oder der Eintragung eines Amtswiderspruchs nicht befugt ist.

III. Entscheidungen

1. Grundsatz

§ 71 GBO setzt eine Entscheidung des Grundbuchamts voraus. Der Begriff der Entscheidung ist so zu verstehen wie derjenige in dem früheren § 19 FGG; das FamFG hat diesen Begriff für Grundbuchsachen unberührt gelassen. Entsprechend fallen darunter alle vom Grundbuchamt in der Sache selbst erlassenen endgültigen Beschlüsse (vgl. § 38 FamFG) oder Zwischenverfügungen (vgl. § 18 GBO) gleichgültig, ob diese sich auf grundbuchrechtliche oder andere vom Grundbuchamt anzuwendende materielle oder verfahrensrechtliche Vorschriften stützen.[19] Beschwerdefähig sind damit alle sachlichen Entscheidungen des Grundbuchamts, wenn sie ein Verfahren oder einen Abschnitt innerhalb eines anhängigen Verfahrens abschließen.[20] Dagegen stellen verfahrensleitende Maßnahmen (wie z.B. eine Eintragungsverfügung; eine Beweisanordnung des GBA) keine mit der Beschwerde anfechtbare Entscheidung dar (siehe Rdn 52).[21]

11

Für die Anfechtbarkeit ist es unerheblich, ob das Grundbuchamt bei seiner Entscheidung die Formvorschriften (siehe Rdn 13) gewahrt hat; maßgeblich ist allein der Inhalt der Entscheidung. Die Entscheidungen müssen verbindlich sein[22] und nach außen Rechtswirkungen entfalten,[23] insbesondere für einen Verfahrensbeteiligten bestimmt sein und diesem bekannt gegeben werden (vgl. §§ 41, 15 FamFG); sie dürfen sich also nicht auf interne Vorgänge des Grundbuchamts beziehen.[24] Mithin stellt das bloße Unterbleiben der Bekanntmachung einer Eintragung an einen Beteiligten keine beschwerdefähige Entscheidung des Grundbuchamts dar.[25] Über einen Eintragungsantrag kann nur durch Eintragung, Erlass einer Zwischenverfügung nach § 18 GBO oder durch Zurückweisung des Antrages entschieden werden.[26] Im Falle der Untätigkeit des Grundbuchamts ist nur die Verzögerungsrüge nach § 198 GVG (vgl. vor § 71 GBO Rdn 17) oder die Dienstaufsichtsbeschwerde (vgl. vor § 71 GBO Rdn 14 f.) möglich (vgl. Rdn 56).

12

Die Entscheidungen des Grundbuchamts müssen – außer im Falle der Vollziehung einer Eintragung – seit dem Inkrafttreten des FamFG stets in der **Form eines Beschlusses** gem. § 38 FamFG schriftlich ergehen. Dies gilt auch für Zwischenverfügungen gem. § 18 GBO. Damit scheiden die von der früheren Literatur tw. anerkannten mündlichen Entscheidungen aus. Der Beschluss muss die **Unterschrift** der entscheidenden Person tragen (vgl. § 38 Abs. 3 S. 2 FamFG) und eine Begründung enthalten (§ 38 Abs. 3 S. 1 FamFG). Bei Entscheidungen des Grundbuchamts in elektronischer Form ist gem. § 140 Abs. 1 S. 2 GBO eine **qualifizierte elektronische Signatur** nach dem SignaturG erforderlich (zu den Einzelheiten siehe § 140 GBO Rdn 3 ff.).

13

Entscheidungen **ohne Unterschrift** bzw. ohne qualifizierte elektronische Signatur sind nicht wirksam, sondern stellen lediglich Entwürfe dar.[27] Dies gilt auch, wenn sie nur mit einer Paraphe gekennzeichnet sind.[28] § 42 GBV findet keine Anwendung, da diese Bestimmung sich nur auf die Bekanntmachung einer Entscheidung bezieht; die bei den Grundakten befindliche Urschrift bedarf weiterhin der Unterschrift[29] bzw. bei einer elektronischen Akten der qualifizierten elektronischen Signatur. Ausnahmsweise reicht es aus, dass zwar die Entscheidung nicht ordnungsgemäß, wohl aber die dazugehörende Begleitverfügung

14

---

18 BayObLGZ 1976, 106, 109; a.A.: OLG Oldenburg Rpfleger 1992, 387; *Demharter*, § 71 Rn 10.
19 KGJ 44, 213; KG JFG 12, 269.
20 OLG Hamm OLGZ 1979, 419, 420; OLG Hamm Rpfleger 1978, 306; OLG Hamm OLGZ 1975, 150; OLG Frankfurt JurBüro 1980, 1565; OLG Köln NJW-RR 1991, 85.
21 OLG Köln NJW-RR 1991, 85.
22 OLG Köln FGPrax 2011, 172.
23 OLG Hamm OLGZ 1975, 150; OLG München Rpfleger 2010, 654; Meikel/*Schmidt-Räntsch*, § 71 Rn 18.
24 BayObLGZ 1988, 307; *Demharter*, § 71 Rn 11.
25 BayObLGZ 1988, 307.
26 KG JR 1954, 465; *Kleist*, MittRhNotK 1985, 133, 134.
27 BGH Rpfleger 1998, 123; BayObLG Rpfleger 1989, 388; OLG Köln Rpfleger 2006, 646; OLG Köln OLGZ 1988, 459.
28 OLG Köln Rpfleger 1991, 198; OLG Köln OLGZ 1988, 459.
29 BayObLG FGPrax 1996, 32.

über deren Versendung an die Beteiligten ordnungsgemäß unterschrieben bzw. mit einer qualifizierten elektronischen Signatur versehen ist. Hierdurch wird deutlich, dass die Entscheidung das Entwurfsstadium verlassen hat und ihr Außenwirkung zukommen soll.[30] Das OLG Zweibrücken[31] lässt eine unterschriebene Nichtabhilfeentscheidung des Rechtspflegers (§ 75 GBO), die auf eine Zwischenverfügung in Form eines nicht unterschriebenen Computerausdrucks Bezug nimmt, ausreichen; das begegnet zumindest dann Bedenken, wenn die Nichtabhilfeentscheidung nur „aus den zutreffenden Gründen" ergeht und sich damit nicht inhaltlich mit der Ausgangsentscheidung sowie dem Beschwerdevorbringen auseinandersetzt. Ein Rechtsmittel gegen einen Entwurf ist mangels wirksamer anfechtbarer Entscheidung des Grundbuchamts unzulässig. Die Sache ist durch das Beschwerdegericht unter Aufhebung der Nichtabhilfeentscheidung an das Grundbuchamt zurückzugeben; zudem kann klargestellt werden, dass dem Entwurf der Ausgangsentscheidung keine Wirkungen zukommt.

15 Eine **Rechtsbehelfsbelehrung** ist zwar in der GBO nur in § 89 Abs. 2 GBO ausdrücklich vorgeschrieben, indes ordnet § 39 FamFG für Verfahren der freiwilligen Gerichtsbarkeit und damit auch für die Grundbuchsachen grundsätzlich eine Rechtsbehelfsbelehrung an, sofern ein Rechtsbehelf überhaupt statthaft ist. Bei einer fehlenden oder fehlerhaften Rechtsbehelfsbelehrung kommt eine Wiedereinsetzung in den vorigen Stand in Betracht, wobei das Fehlen des Verschuldens unwiderleglich[32] vermutet wird, vgl. § 17 Abs. 2 FamFG. Eine Wiedereinsetzung scheidet ausnahmsweise aus, wenn zwischen dem Belehrungsmangel und der Fristversäumung kein ursächlicher Zusammenhang besteht.[33]

2. Tätigkeit auf Anweisung des Beschwerdegerichts

16 **Keine Entscheidung des Grundbuchamts** liegt vor, wenn dieses lediglich in Ausführung einer ergangenen Entscheidung des Beschwerdegerichts tätig geworden ist. Eine hiergegen eingelegte Beschwerde ist unzulässig, da infolge der Bindungswirkung der Entscheidung des Beschwerdegerichts eine Abänderung nicht in Betracht kommt. Die Entscheidung des Beschwerdegerichts ist nur mit der Rechtsbeschwerde anfechtbar,[34] sofern diese ausdrücklich zugelassen worden ist. Eine neue Beschwerde nach § 71 GBO ist indes dann statthaft, sofern sich in der Zwischenzeit die Sachlage geändert hat bzw. neue Tatsachen geltend gemacht werden.

3. Zurückweisung eines Eintragungsantrags

17 Mit der Beschwerde anfechtbar sind die Zurückweisung eines gestellten **Eintragungsantrags**, die Zurückweisung eines Eintragungsersuchens nach § 38 GBO sowie die **Ablehnung einer Anregung**, eine Eintragung von Amts wegen vorzunehmen.[35] Im Rahmen der Beschwerde können sämtliche Gründe geltend gemacht werden, die geeignet sind, die Zurückweisung des Antrags durch das Grundbuchamt zu widerlegen.[36] Mit der Beschwerde kann auch eine unvollständige **Erledigung mehrerer Eintragungsanträge** mit dem Ziel der Nachholung der unterbliebenen Eintragungen gerügt gemacht werden. Dagegen soll nach Auffassung der Rspr. eine **Ergänzung eines Eintragungsantrages** nicht in Betracht kommen, wenn die beantragte Eintragung inhaltlich nur unvollständig erfolgte (z.B. bei der Eintragung einer Grundschuld ohne die ebenfalls beantragte Eintragung der Zinsen). Der Antrag sei trotz der unvollständigen Eintragung erledigt, so dass nur eine beschränkte Beschwerde gem. Abs. 2 mit dem Ziel der Eintragung eines Amtswiderspruchs statthaft sei;[37] eine mit dem Ziel der Ergänzung erhobene Beschwerde sei entsprechend umzudeuten.[38] Die zutreffende Auffassung in der Literatur[39] erkennt dagegen die Möglichkeit der Ergänzung der unvollständig erfolgten Eintragung und die Beschwerde mit diesem Ziel an, um so dem ursprünglichen Antrag den Rang zu wahren.

---

30 OLG Jena FGPrax 1997, 172; a.A. OLG Frankfurt MDR 1996, 776.
31 OLG Zweibrücken FGPrax 2003, 249; OLG Zweibrücken FGPrax 1995, 93; ebenso BayObLG FGPrax 1996, 32; a.A. OLG Karlsruhe FamRZ 1999, 452; offen gelassen OLG Köln Rpfleger 2006, 646.
32 Sternal/*Sternal*, § 17 Rn 46; a.A. KG FamRZ 2011, 1663; OLG Brandenburg FamRZ 2012, 474; OLG Oldenburg FamRZ 2012, 1830; OLG Rostock FamRZ 2011, 986; offen gelassen BGH FamRZ 2012, 367.
33 St. Rspr. z.B. BGH FGPrax 2018, 96; BGH NJW-RR 2014, 517; BGH NJW 2013, 1308.
34 RGZ 70, 234; KG HRR 33 Nr. 1027; KG JFG 3, 264; *Demharter*, § 71 Rn 54.
35 KG NJW-RR 1987, 592; OLG Hamm MittRhNotK 1996, 228; OLG Nürnberg FGPrax 2021, 111.
36 OLG Hamm WM 1987, 972.
37 KG JFG 6, 307, 308; KG JFG 4, 413, 417.
38 KG OLGE 21, 412, 413.
39 Meikel/*Schmidt-Räntsch*, § 71 Rn 67 ff.; siehe auch: Bauer/Schaub/*Sellner*, § 71 Rn 64.

Gegen die Zurückweisung eines Eintragungsantrages ist eine Beschwerde auch dann statthaft, wenn eine zuvor ergangene Zwischenverfügung des Grundbuchamts (§ 18 GBO) nicht angefochten worden ist.[40] Indes kann in diesem Fall mit der Beschwerde nicht hilfsweise der Erlass einer neuen Zwischenverfügung verlangt werden, sofern der Antragsteller der zuvor ergangenen Zwischenverfügung des Grundbuchamts nicht nachgekommen ist.[41] Für dieses Begehren fehlt dem Beschwerdeführer das Rechtsschutzinteresse. Im Falle der Zurückweisung eines Eintragungsantrages kann die Beschwerde aber darauf gestützt werden, das Grundbuchamt habe von der nach § 18 GBO gegebenen Möglichkeit des **Erlasses einer Zwischenverfügung** keinen Gebrauch gemacht.[42]

18

Eine erfolglose Beschwerde gegen eine vorangegangen Zwischenverfügung schließt die Statthaftigkeit einer anschließenden Beschwerde gegen die Zurückweisung eines Eintragungsantrages nicht. In diesem Fall ist das Beschwerdegericht indes bei unverändertem Sachstand an seine frühere Entscheidung und die insoweit geäußerten Rechtsauffassung gebunden.[43] Zur Möglichkeit einer Beschwerde gegen die Zurückweisung eines Berichtigungsantrages vgl. Rdn 37 ff.; zur Erledigung der Beschwerde bei zwischenzeitlicher Vornahme der beantragten Eintragung durch das Grundbuchamt vgl. Rdn 43 ff.

19

4. Zwischenverfügungen nach § 18 GBO

Anfechtbar mit der Beschwerde sind auch die gem. § 18 GBO ergangenen **Zwischenverfügungen** (siehe dazu § 18 GBO Rdn 59 ff.). Grundsätzlich darf das Grundbuchamt bei der Prüfung des Eintragungsantrages nicht nur auf einige Eintragungsvoraussetzungen beschränken;[44] vielmehr müssen in der Zwischenverfügung sämtliche gegen die Eintragung bestehenden Bedenken aufgezeigt werden. Jede einzelne Beanstandung stellt für sich eine anfechtbare Entscheidung im Sinne von § 71 GBO dar,[45] kann also für sich allein mit der Beschwerde angefochten werden. Das Beschwerdegericht ist hinsichtlich seiner Entscheidung auf die in der Zwischenverfügung vom Grundbuchamt geltend gemachten Bedenken beschränkt; auf andere Bedenken kann aber wegweisend und **ohne Bindungswirkung** hingewiesen werden (vgl. dazu § 77 GBO Rdn 15 ff.).

20

Auch nach Ablauf der **zur Behebung des Eintragungshindernisses gesetzten Frist** bleibt eine Beschwerde gegen die Zwischenverfügung zulässig, solange das Grundbuchamt den Eintragungsantrag nicht zurückgewiesen oder die Eintragung vorgenommen hat. Die mit der Zwischenverfügung gesetzte Frist ist keine Beschwerdefrist, sondern nur eine Selbstbindungsfrist des Grundbuchamts. Wird nach Fristablauf der Eintragungsantrag zurückgewiesen, ist nur die Beschwerde gegen die zurückweisende Entscheidung gegeben; der Beschwerde gegen die Zwischenverfügung fehlt in diesem Fall das Rechtsschutzbedürfnis.[46] Wird eine Beschwerde innerhalb der zur Behebung des Hindernisses gesetzten Frist eingelegt, wird diese gegenstandslos und unzulässig, wenn das angenommene Eintragungshindernis beseitigt wird.[47] Dagegen wird eine Beschwerde gegen eine Zwischenverfügung des Grundbuchamts, mit der der Nachweis der Zustimmung des Ehegatten gemäß § 1365 BGB verlangt wird, nicht mit der rechtskräftigen Scheidung der Ehe unzulässig; vielmehr ist die Zwischenverfügung aufzuheben, sofern der Nachweis der Zustimmung nicht mehr geboten ist.[48]

21

Die Beschwerde gegen die Zwischenverfügung kann auch auf eine fehlende Fristsetzung oder auf eine zu kurz bemessene Frist zur Behebung des Hindernisses gestützt werden.[49] In diesem Fall kann das Beschwerdegericht die Zwischenverfügung aufheben[50] oder seinerseits eine neue Frist setzen bzw. diese verlängern. Mit der Beschwerde kann ebenfalls eine mangelnde sachliche Begründung der Zwischenverfügung, insbesondere wegen neu vorgetragener Tatsachen oder wegen neu vorgelegter Beweismittel, gerügt werden.

22

---

40 OLG Frankfurt NJW-RR 1994, 203.
41 OLG Celle DNotZ 1955, 542; *Riedel*, Rpfleger 1969, 151.
42 BayObLGZ 1984, 126, 127; KG NJW-RR 1989, 1360; OLG Köln OLGZ 1994, 521, 522.
43 KG HRR 33 Nr. 1027; *Böttcher*, MittBayNot 1987, 9, 16; *Kleist*, MittRhNotK 1985, 133, 143.
44 OLG Jena Rpfleger 2002, 431.
45 KG FGPrax 2023, 4.
46 KG JW 1936, 2933; OLG Frankfurt OLGR 1996, 97; OLG Frankfurt OLGZ 1970, 284; OLG München FGPrax 2016, 193.
47 BayObLG Rpfleger 1982, 275.
48 BayObLGZ 1972, 273 = NJW 1972, 2272; siehe dazu auch: BGH FamRZ 1978, 396; OLG Hamm FamRZ 1984, 53.
49 Vgl. BayObLG bei *Goerke*, Rpfleger 1983, 9, 12; KG HRR 40 Nr. 1077; OLG Frankfurt FGPrax 1997, 84.
50 KG OLGZ 1971, 451 = DNotZ 1971, 415; OLG Hamm OLGZ 1975, 150 = Rpfleger 1975, 134; JMBl. NRW 1963, 180.

23 Dagegen kann eine Zwischenverfügung nicht mit dem Ziel der sofortigen Zurückweisung eines von einem anderen Beteiligten gestellten Eintragungsantrages angefochten werden.[51] Ebenso wenig ist die Anfechtung einer aufgehobenen Zwischenverfügung mit dem Ziel deren Wiederherstellung statthaft (siehe § 77 GBO Rdn 18).[52] Wird ein Eintragungsantrag vor Ablauf der in einer Zwischenverfügung gesetzten Frist zurückgewiesen, so ist dieser Beschl. v. Beschwerdegericht wegen dieses formellen Mangels nur dann aufzuheben, wenn die Eintragungshindernisse noch innerhalb der Frist behoben werden kann.[53]

24 Die Beschwerde ist nur bei einer **echten Zwischenverfügung** im Sinne des § 18 GBO statthaft. Ob eine anfechtbare Zwischenverfügung vorliegt, ist aufgrund des objektiven Erklärungsinhalts der Verfügung zu beurteilen, wobei ohne Bedeutung ist, ob das Grundbuchamt die für die Zwischenverfügung erforderliche Beschlussform (§ 38 FamFG) gewählt, diese mit einer entsprechenden Rechtsbelehrung (§ 39 FamFG) versehen und förmlich zugestellt (§§ 15, 41 FamFG) bzw. die Verfügung überhaupt als Zwischenverfügung bezeichnet hat oder behandelt wissen will.[54] Eine anfechtbare Zwischenverfügung liegt vor, wenn dem Antragsteller die Beseitigung eines nach Ansicht des Grundbuchamts bestehenden und behebbaren Hindernisses aufgegeben und für den Fall der Nichtbeseitigung die Zurückweisung des Antrags angedroht wird.[55] Gleiches gilt für eine Mitteilung des Grundbuchamts in Form einer Zwischenverfügung, dass einer Anregung, von Amts wegen tätig zu werden, nicht gefolgt wird.[56] Anfechtbar sind auch Zwischenverfügungen, in denen das Grundbuchamt die Vornahme einer Eintragung von bestimmten Auflagen abhängig macht und die Zurückweisung des Eintragungsantrags für den Fall ankündigt, dass diese nicht fristgerecht erfüllt werden.[57] Enthält hingegen die Zwischenverfügung nur **Meinungsäußerungen** des Grundbuchamts oder dient sie ausschließlich der Gewährung des rechtlichen Gehörs, ohne dass ein taugliches Mittel der Behebung des Mangels aufgezeigt wird (siehe Rdn 48 ff.), ist die Beschwerde unzulässig. Ebenso stellt das **Anheimgeben, einen Eintragungsantrag zurückzunehmen**, grundsätzlich keine wirksame Zwischenverfügung im Sinne des § 18 GBO dar.[58]

25 Wenn das Grundbuchamt die Einschränkung des Eintragungsantrags[59] oder das Fallenlassen eines im Eintragungsantrag enthaltenen Zusatzes anheimgibt,[60] handelt es sich um eine beschwerdefähige Zwischenverfügung gem. § 18 GBO; denn diese hat einen auf die Einschränkung des Eintragungsantrags zielenden Inhalt.[61] Zu unzulässigen und nicht beschwerdefähigen Zwischenverfügungen siehe Rdn 48 ff. Einen beschwerdefähigen **Vorbescheid** gibt es in Grundbuchsachen nicht (vgl. Rdn 53 f.). Wird ein Antrag auf Berichtigung einer ursprünglich unrichtigen Eintragung durch Zwischenverfügung beanstandet, so ist dagegen die Beschwerde ohne die Beschränkung des Abs. 2 S. 2 zulässig.

5. Eintragungen im Rahmen des Abs. 2

26 Die Beschwerde gegen eine Eintragung ist grundsätzlich nach Abs. 2 S. 1 ausgeschlossen. Hiervon macht Abs. 2 S. 2 eine Ausnahme: Die Beschwerde gegen eine Eintragung ist dann zulässig, wenn mit ihr verlangt wird, dass nicht die Eintragung beseitigt, sondern das Grundbuchamt angewiesen werden soll, nach § 53 GBO von Amts wegen einen **Widerspruch** einzutragen oder eine **Löschung** vorzunehmen.[62] Voraussetzung für die Eintragung eines Amtswiderspruchs ist gem. **§ 53 Abs. 1 S. 1 GBO**, dass die Eintragung unter Verletzung gesetzlicher Vorschriften vorgenommen worden ist. Eine Gesetzesverletzung liegt nicht vor, wenn das Grundbuchamt auf den ihm unterbreiteten Sachverhalt das Gesetz zutreffend angewendet hat, dieser Sachverhalt aber vom Grundbuchamt nicht erkannt und bei gehöriger Prüfung

---

51 BayObLGZ 1980, 37, 40; KG DFG 1943, 44; OLG Frankfurt OLGZ 1970, 284.
52 BayObLG NJW-RR 1993, 1043; BayObLG Rpfleger 1991, 107; BayObLGZ 1980, 37, 40; OLG Brandenburg FGPrax 1997, 125; OLG Hamm FGPrax 1995, 14; OLG Stuttgart OLGZ 1968, 336.
53 BayObLG FGPrax 1996, 15.
54 St. Rspr., z.B.: OLG Braunschweig FamRZ 2019, 173; OLG Frankfurt FGPrax 2017, 60; OLG Frankfurt Rpfleger 1997, 105; OLG München FGPrax 2011, 173.
55 BGH NJW 1980, 2521; BayObLG FGPrax 1996, 15; KG OLGZ 1971, 451; OLG Frankfurt Rpfleger 1975, 59; OLG Frankfurt Rpfleger 1974, 194; OLG Hamm Rpfleger 1975, 134.
56 OLG Nürnberg FGPrax 2021, 111.
57 BayObLGZ 1953, 32.
58 BayObLGZ 1974, 336, 342.
59 BayObLG BWNotZ 1981, 148; BayObLGZ 1977, 81, 83; BayObLGZ 1976, 44, 45.
60 BayObLG Rpfleger 1976, 180.
61 BayObLG Rpfleger 1976, 180.
62 BGH FGPrax 2023, 145 Rn 5; BayObLGZ 1989, 136, 138; *Demharter*, § 71 Rn 36.

auch nicht erkennbar unrichtig oder unvollständig gewesen ist.[63] Liegt keine Gesetzesverletzung im Sinne des § 53 Abs. 1 GBO vor, kann trotz der verfassungsrechtlichen Garantie des effektiven Rechtsschutzes nicht die Eintragung eines Widerspruchs verlangt werden, selbst wenn Eintragung objektiv der Rechtsordnung widerspricht und das Grundbuch insoweit unrichtig ist.[64] Es muss gegen den zu Unrecht eingetragenen Berechtigten vor dem Prozessgericht auf Löschung geklagt werden. Eine Amtslöschung kommt gem. **§ 53 Abs. 1 S. 2 GBO** in Betracht, wenn die Eintragung nach ihrem Inhalt unzulässig ist (s. § 53 GBO Rdn 38 ff.).

Gegen den die Eintragung erst anordnenden Beschluss des **Beschwerdegerichts** ist – sofern zugelassen – die Rechtsbeschwerde mit dem Ziel gegeben, die Anordnung der Eintragung zu beseitigen.[65] Ist die vom Beschwerdegericht angeordnete Eintragung in das Grundbuch schon vollzogen worden, ist auch vom Rechtsbeschwerdegericht die Beschränkung der Beschwerde nach Abs. 2 S. 2 zu beachten.[66]   27

Eine Beschränkung der Beschwerde gegen eine Eintragung auf Anweisung des GBA, nach § 53 GBO von Amts wegen einen **Widerspruch einzutragen** oder eine **Löschung vorzunehmen** (vgl. Abs. 2 S. 2), braucht nicht ausdrücklich erklärt zu werden. Sie kann auch durch Auslegung aus einer ihrem Wortlaut nach auf Beseitigung der Eintragung gerichteten Beschwerde entnommen werden, wenn nicht die gesamten Umstände eindeutig das Gegenteil ergeben. Regelmäßig ist anzunehmen, dass der Beschwerdeführer das Rechtsmittel mit einem zulässigen Inhalt einlegen will.[67] Hält das Beschwerdegericht die Beschwerde gegen eine Eintragung für unzulässig, so hat es zu prüfen, ob das Rechtsmittel nicht mit der Beschränkung des Abs. 2 S. 2 gewollt ist und ob die Voraussetzungen des § 53 GBO vorliegen.[68] Die Anweisung, einen Amtswiderspruch einzutragen, kommt allerdings nicht in Betracht, wenn bereits ein solcher eingetragen ist. Dagegen hindert ein nach § 899 BGB eingetragener Widerspruch nicht die zusätzliche Buchung eines Amtswiderspruchs.[69]   28

Abs. 2 erfasst seinem Wortlaut nach alle Arten von **Eintragungen**, die in das Grundbuch vorzunehmen sind. Darunter fallen z.B. die Eintragung als Eigentümer,[70] der Vermerk, durch den der Erbanteil eines Miterben auf einen anderen Miterben oder einen Dritten umgeschrieben wird,[71] die Nichtübertragung eines Rechts nach § 46 Abs. 2 GBO die als Löschung des Rechts gilt,[72] die Vereinigung von Grundstücken und die Zuschreibung als Bestandteil,[73] die durch Bezugnahme nach § 874 BGB Teil der Eintragung gewordene Gemeinschaftsordnung der Wohnungseigentümer.[74] Löschungen gehören zu den Eintragungen, so dass die Anordnung einer Wiedereintragung unzulässig ist.[75] Entsprechend ist eine Beschwerde gem. Abs. 2 S. 1 unzulässig, wenn sie sich gegen die Zurückweisung eines auf eine ursprüngliche Unrichtigkeit der Eintragung gestützten Berichtigungsantrag gerichtet ist. Denn sie zielt im Ergebnis darauf ab, dass das Beschwerdegericht die Vornahme der Eintragung in das Grundbuch überprüft, was nur in den Grenzen des Abs. 2 S. 2 zulässig ist.[76]   29

Die Anlegung und die Führung eines Grundbuchblattes stellen noch keine Eintragung im Sinne des Abs. 2 S. 1 dar.[77] Durch sie wird vielmehr erst die Grundlage für künftige Eintragungen geschaffen. Da jedoch der Inhalt des angelegten Blattes bereits dem öffentlichen Glauben des Grundbuchs untersteht,[78] ist es erforderlich, die nach Abs. 1 an sich zulässige Beschwerde gegen die Anlegung auszuschließen.[79]   30

---

63 Vgl. BGHZ 30, 255; KG ZIP 2010, 2467; OLG Frankfurt NJW-RR 2007, 1248; OLG Hamm FGPrax 2005, 192; OLG München NJW-RR 2017, 847; OLG Schleswig FGPrax 2007, 210; a.A. OLG Celle Rpfleger 1990, 112.
64 So aber OLG Celle Rpfleger 1990, 112, 113; *Münzberg*, Rpfleger 1990, 253.
65 BGH FGPrax 2022, 49 Rn 8; OLG Düsseldorf JR 1950, 686.
66 RGZ 110, 69; BayObLG NJW 1983, 1567.
67 St. Rspr. z.B.: BayObLG NJW-RR 1990, 722; BayObLG FamRZ 1990, 98; BayObLGZ 1987, 431, 432; BayObLGZ 1987, 231, 235; BayObLG RdL 1981, 268; BayObLG Rpfleger 1980, 64; OLG Braunschweig NdsRpfl 49, 105; OLG Düsseldorf JMBl. NRW 1955, 30; OLG Hamm Rpfleger 1993, 486; OLG Hamm OLGZ 1977, 267; OLG Naumburg OLGR 1998, 107; OLG Schleswig SchlHA 1996, 161.
68 *Demharter*, § 71 Rn 55.
69 KG JFG 12, 303.
70 BayObLGZ 1990, 306, 307; OLG Oldenburg NdsRpfl. 1947, 20.
71 KGJ 40, 168.
72 KGJ 46, 211.
73 BayObLGZ 1971, 194, 198; *Demharter*, § 71 Rn 51.
74 BayObLG DNotZ 1995, 68; BayObLG MittBayNot 1982, 29.
75 RGZ 113, 234; RGZ 110, 70; BayObLGZ 1989, 136, 138; OLG Schleswig FGPrax 2021, 255.
76 BGH FGPrax 2022, 49 Rn 44; FGPrax 2018, 49 Rn 6; Rpfleger 2016, 313; OLG Hamm FGPrax 2012, 54; OLG München FGPrax 2014, 15; FGPrax 2022, 59; OLG Rostock FGPrax 2009, 208.
77 OLG Köln FGPrax 2020, 19.
78 OLG München JFG 17, 293.
79 OLG Köln OLGZ 1982, 141, 142.

Entsprechend bestimmt § 125 S. 1 GBO ausdrücklich, dass die Beschwerde gegen die Anlegung eines Grundbuchblatts unzulässig ist. Das gilt auch für die einzelnen, bei der Anlegung vorgenommenen Eintragungen. Entsprechend Abs. 2 S. 2 lässt jedoch § 125 S. 2 GBO zu, dass das Grundbuchamt im Beschwerdewege angewiesen wird, unter den Voraussetzungen des § 53 GBO einen Amtswiderspruch einzutragen oder eine Amtslöschung vorzunehmen; erforderlich ist eine Verletzung gesetzlicher Vorschriften im Anlegungsverfahren und eine Unrichtigkeit des Grundbuchs (s. § 125 GBO Rdn 2).[80] Unbeschränkt anfechtbar mit der Beschwerde ist hingegen die **Ablehnung** der Zusammenschreibung mehrerer Grundstücke auf einem gesonderten Grundbuchblatt[81] bzw. die Ablehnung eines Antrages auf Berichtigung der Eintragungsgrundlagen im Bestandsverzeichnis.[82]

31 Der Wortlaut des Abs. 2 S. 1 erfordert eine **Einschränkung**. Unter den Begriff der „Eintragung" fällt nicht alles, was sich im Grundbuch befindet; vielmehr sind darunter nur solche Einträge zu verstehen, welche die Grundlage von Rechten bilden können, auf die sich der öffentliche Glaube des Grundbuchs erstreckt. Der Ausschluss der Beschwerde gegen eine Eintragung beruht auf dem Gedanken, dass derjenige, der im Vertrauen auf die Richtigkeit des Grundbuchs ein Recht an einem Grundstück oder an einem eingetragenen Recht erworben hat, geschützt wird und nicht von Amts wegen durch eine Berichtigung oder gar Löschung in die Rechtsstellung der Beteiligten eingegriffen werden soll. Dementsprechend erstreckt sich Abs. 2 S. 1 nur auf solche Eintragungen, die unter dem **Schutz des öffentlichen Glaubens** des Grundbuchs stehen. Bei Eintragungen, an die sich kein gutgläubiger Erwerb anschließen kann, ist für die Eintragung eines Amtswiderspruchs, der den öffentlichen Glauben zerstören soll, kein Raum.[83] So kann eine Eintragung mit der unbeschränkten Beschwerde mit der Begründung angefochten werden, die Eintragung sei von einem unzuständigen Rechtspflegeorgan vorgenommen worden. In diesem Fall entfaltet die vorgenommene Eintragung keine Wirkungen und nimmt nicht am öffentlichen Glauben des Grundbuchs teil.[84] Dagegen steht die Eintragung der Teilung eines Grundstücks unter dem öffentlichen Glauben des Grundbuchs und ist nur mit der beschränkten Beschwerde anfechtbar.[85] Ebenso, wenn sich der Eigentümer gegen seine Eintragung wendet und die Wiedereintragung der vor ihm eingetragenen Person erstrebt.[86]

32 Entsprechend sind **unbeschränkt anfechtbar**:
- Eintragungen von **Amtswidersprüchen**.[87] Ist ein Widerspruch erst auf Anordnung des Beschwerdegerichts eingetragen worden, so ist im Falle der ausdrücklichen Zulassung gegen die Eintragung die Rechtsbeschwerde gegeben.[88]
- Eintragungen von **Vormerkungen**.[89] Sie genießen als akzessorisches Recht im Allgemeinen nicht den Schutz des öffentlichen Glaubens. Mit der Beschwerde kann geltend gemacht werden, eine Auflassungsvormerkung sei nicht wirksam entstanden, weil der gesicherte Anspruch nicht bestehe.[90] Dies gilt auch für eine auf einstweilige Verfügung hin eingetragene Vormerkung (z.B. zur Sicherung des Anspruchs auf Bestellung einer Hypothek nach § 648 BGB), die nach h.M. nicht gutgläubig erworben werden kann.[91] Auch für den Fall, dass geltend gemacht wird, der geschützte Anspruch, nicht aber die Vormerkung sei entstanden, wird teilweise von der Literatur ein gutgläubiger Erwerb verneint. Dagegen hält der BGH mit einem Teil der Literatur die Übertragung der Vormerkung an einen

---

80 OLG München JFG 7, 293.
81 OLG Köln FGPrax 2020, 19.
82 OLG Hamm FGPrax 2019, 157; OLG Hamm NJW-RR 1995, 1357; OLG Köln Beschl. v. 11.9.2019 – 2 Wx 239/19.
83 St. Rspr.: z.B. BGH Rpfleger 2018, 313; BGH NJW 1990, 258; BGHZ 64, 194, 198 ff.; BGH NJW 1957, 1229; BayObLG NJW-RR 1987, 334; KG Rpfleger 1975, 68; OLG Frankfurt Rpfleger 1996, 336; OLG Stuttgart MDR 1979, 853.
84 BayObLGZ 1992, 14.
85 BayObLG Rpfleger 1995, 495.
86 BGH Rpfleger 2018, 313; OLG München FGPrax 2010, 232; a.A. OLG Hamm FGPrax 2016, 8.
87 RGZ 117, 352; BayObLGZ 1989, 354, 356; BayObLGZ 1986, 294, 297; OLG Düsseldorf JR 1950, 686; OLG Frankfurt FGPrax 2019, 104; OLG Hamm FGPrax 2014, 10; OLG München NZI 2015, 1362; OLG Schleswig SchlHA 1996, 161; OLG Stuttgart MDR 1979, 853; OLG Zweibrücken MittBayNot 1975, 177.
88 BGH FGPrax 2022, 49 Rn 8; OLG Düsseldorf JR 1950, 686.
89 BGHZ 25; OLG München NJW-RR 2018, 1107; OLG Saarbrücken FGPrax 2023, 57.
90 BGH NJW 1957, 1229; BayObLG NJW-RR 1997, 1445; BayObLG Rpfleger 1993, 58; Bauer/Schaub/*Sellner*, § 71 Rn 54.
91 BayObLG Rpfleger 1987, 407; BayObLG Rpfleger 1987, 57; KG Rpfleger 1962, 211; Bauer/Schaub/*Sellner*, § 71 Rn 54; a.A. Meikel/*Schmidt-Räntsch*, § 71 Rn 54.

Gutgläubigen für möglich.[92] Hat ein im Grundbuch eingetragener Nichtberechtigter eine Vormerkung zugunsten eines gutgläubigen Dritten bewilligt, besteht die Möglichkeit eines gutgläubigen Erwerbs, weil die Bestellung einer Vormerkung eine Verfügung über das Recht im Sinne des § 893 BGB darstellt.[93] In diesen Fällen ist die Beschwerde mit dem Ziel der Eintragung eines Amtswiderspruchs zulässig. Von den schwierigen materiell-rechtlichen Vorfragen, deren Beantwortung von der Vornahme weiterer Ermittlungen abhängen kann, sollte nicht die Zulässigkeit eines Rechtsmittels abhängen.[94] Das gilt jedoch nicht, wenn der Erwerb auf einer einstweiligen Verfügung beruht; in diesem Fall ist die unbeschränkte Beschwerde gegeben.[95]

– Eintragungen von **Vormerkungen** und **Widersprüchen** nach § 18 Abs. 2 GBO (siehe § 18 GBO Rdn 113) sowie von Amtswidersprüchen nach § 53 Abs. 1 S. 1 GBO; für diese gelten die vorstehenden Erwägungen entsprechend.[96]

– Eintragungen von **Verfügungsbeschränkungen**, wie z.B. eines Verfügungsverbotes,[97] eines Testamentsvollstreckervermerks,[98] eines Rechtshängigkeitsvermerks[99] oder eines Vor- und Nacherbenvermerks.[100] Wird jedoch mit der Beschwerde gegen die Eintragung einer befreiten Vorerbschaft erstrebt, dass statt dieser eine nicht befreite Vorerbschaft eingetragen wird, so ist die Beschwerde nur mit der Beschränkung des Abs. 2 S. 2 zulässig. Denn in diesem Falle wird der gutgläubige Erwerber eines zum Nachlass gehörenden Grundstücks nach §§ 2113 Abs. 3, 892 Abs. 2 S. 2 BGB geschützt; der gutgläubige Erwerber kann sich darauf verlassen, dass über die eingetragene befreite Vorerbschaft hinaus eine weitergehende Verfügungsbeschränkung des Vorerben nicht besteht.[101] Auch der Umlegungsvermerk,[102] der Insolvenzvermerk[103] und der Zwangsversteigerungs- oder Zwangsverwaltungsvermerk fallen unter die Verfügungsbeschränkungen, gegen die die unbeschränkte Beschwerde mit dem Ziel der Löschung zulässig ist.[104] Indessen kann ein Beteiligter mit seiner Beschwerde nach Abs. 2 nicht die Löschung des **Versteigerungsvermerks** erreichen, weil die Beseitigung der Beschlagnahmewirkung im Vollstreckungsverfahren betrieben werden muss und der auf Ersuchen des Vollstreckungsgerichts in das Grundbuch eingetragene Vermerk nur auf Ersuchen desselben Gerichts gelöscht werden kann.

– Eintragungen von dinglichen **Unterwerfungsklauseln** nach § 800 ZPO. Diese gehört nicht zum materiellen Inhalt der Hypothek; sie ist vielmehr ein prozessuales Nebenrecht, das nicht am Gutglaubensschutz teilnimmt.[105]

– Eintragungen eines **Mithaftvermerks** nach § 48 GBO. Dieser soll wie der Widerspruch oder der Zwangsversteigerungsvermerk einen gutgläubigen Erwerb verhindern.[106]

– Eintragungen eines **nicht existenten Berechtigten** oder eines Eigentümers eines dinglichen Rechts.[107] Ebenso kann sich der Beschwerdeführer ohne Einschränkung gegen seine eigene Eintragung als Eigentümer wenden.[108]

– Eintragungen von **mehreren Berechtigten** ohne die nach § 47 Abs. 1 GBO erforderliche Angabe des Gemeinschaftsverhältnisses. Es handelt sich hierbei nur um eine Ordnungsvorschrift, deren Verletzung keine Berufung auf den öffentlichen Glauben des Grundbuchs ermöglicht.[109] Dagegen ist die

---

92 BGH NJW 1957, 1229; Bauer/Schaub/*Sellner*, § 71 Rn 54; Meikel/*Schmidt-Räntsch*, § 71 Rn 54.
93 BGH NJW 1957, 1229; BayObLG MittRhNotK 1989, 52; KG FGPrax 1997, 212; KG Rpfleger 1962, 212; OLG Naumburg OLGR 1998, 157.
94 Vgl. dazu näher: *Furtner*, NJW 1963, 1486; *Mayer*, NJW 1963, 2263; *Medicus*, AcP 163, 1 ff.; *Reinicke*, NJW 1964, 2373.
95 BayObLG NJW-RR 1987, 334; KG Rpfleger 1962, 212; a.A. *Furtner*, NJW 1963, 1486.
96 BayObLG NJW-RR 1998, 1025; BayObLG MittBayNot 1992, 395; BayObLG NJW-RR 1987, 812; BayObLGZ 1952, 26; OLG Düsseldorf JR 1950, 686; OLG Zweibrücken MittBayNot 1975, 177.
97 KG DNotV 1930, 492.
98 KGJ 40, 199.
99 OLG Frankfurt FGPrax 2009, 250; OLG Stuttgart MDR 1979, 853.
100 BayObLG DNotZ 1983, 318; BayObLGZ 1970, 137, 139; BayObLGZ 1957, 285, 287; OLG Hamm OLGZ 1976, 180; OLG Hamm NJW 1970, 1606; OLG Oldenburg NdsRpfl. 1947, 86; OLG Zweibrücken NJW-RR 1998, 666.
101 OLG Hamm Rpfleger 1971, 255.
102 OLG Frankfurt FGPrax 2011, 274.
103 BGH FGPrax 2011, 167; OLG München FGPrax 2017, 14; OLG Zweibrücken Rpfleger 1990, 87.
104 BayObLG FGPrax 1997, 13; KG HRR 30 Nr. 1509.
105 BGH NJW 1990, 258; BayObLG DNotZ 1987, 216; KG HRR 31 Nr. 1704; OLG München JFG 15, 260; *Räfle*, WM 1983, 806, 815.
106 KG HRR 34 Nr. 278.
107 KG FGPrax 1997, 212; OLG Frankfurt ZfIR 2005, 254; OLG Stuttgart FGPrax 2012, 15.
108 Bauer/Schaub/*Sellner*, § 71 Rn 50; a.A.: BayObLG MittBayNot 1998, 339; OLG München FGPrax 2010, 232.
109 RG JW 1934, 2612.

in § 47 Abs. 2 GBO i.d.F. bis zum 31.12.2023 vorgeschriebene Eintragung auch der Gesellschafter einer BGB-Gesellschaft nicht als bloße Soll-Vorschrift ausgestaltet, sondern zwingend. Ist die Gesellschaft identifizierbar nur mit ihrem Namen bezeichnet, besteht ein Berichtigungsanspruch. Sind nach dem 18.8.2009 (Inkrafttreten des ERVGBG) nicht sämtliche Gesellschafter eingetragen, ist das Grundbuch unrichtig mit der Möglichkeit eines gutgläubigen Erwerbs.

– Eintragungen von **Rechten, die nicht übertragbar** sind; z.B. das dingliche Wohnungsrecht,[110] das persönliche Vorkaufsrecht nach §§ 514, 1098 BGB[111] oder die Rechte, die zu ihrer Wirksamkeit der Eintragung in das Grundbuch nicht bedürfen, wie z.B. altrechtliche Grunddienstbarkeiten nach Art. 187 Abs. 1 EGBGB.[112] Sind diese Rechte einmal im Grundbuch eingetragen, wurden sie insbesondere später zu Unrecht gelöscht, so nehmen sie am öffentlichen Glauben des Grundbuchs teil (siehe § 53 GBO Rdn 4).[113] Soweit jedoch ein nicht übertragbares Recht einer juristischen Person zusteht, z.B. eine beschränkte persönliche Dienstbarkeit oder ein Nießbrauch (§§ 1059a Abs. 1, 1092 Abs. 2 BGB), ist nur die beschränkte Beschwerde nach Abs. 2 S. 2 zulässig, weil insoweit nach § 1059a Abs. 1 Nr. 2 BGB ein gutgläubiger Erwerb in Betracht kommen kann.[114]

– Eintragungen einer **inhaltlich zulässigen Zwangshypothek** mit dem Ziel ihrer Löschung **ausnahmsweise** dann, wenn nach dem konkreten Inhalt des Grundbuchs die Möglichkeit eines gutgläubigen Erwerbs sowohl für die Vergangenheit (infolge Fehlens einer entsprechenden Eintragung) als auch für die Zukunft (infolge Eintragung eines Amtswiderspruchs) rechtlich ausgeschlossen ist.[115] Ansonsten ist ein gutgläubiger Erwerb möglich, wenn die Zwangssicherungshypothek wegen vollstreckungsrechtlicher Mängel zwar nicht entstanden ist, aber die gesicherte Forderung und mit ihr gem. § 401 BGB die Hypothek abgetreten wird.[116]

– Eintragungen der Löschung eines **Bergwerkseigentums,** da insoweit ein gutgläubiger lastenfreier Erwerb des Grundstücks ausgeschlossen ist.[117] Dagegen kann sich an die Eintragung von Bergwerkseigentum gutgläubiger Erwerb anschließen, so dass insoweit nur die beschränkte Beschwerde statthaft ist.

33 Werden die vorstehend aufgeführten Eintragungen gelöscht, so ist gegen die **Löschung** grundsätzlich nur die Beschwerde im Rahmen des Abs. 2 S. 2 gegeben. Gegen eine Amtslöschung nach § 53 Abs. 1 S. 2 GBO ist die Beschwerde mit dem Ziel der Eintragung eines Amtswiderspruchs nach § 53 Abs. 1 S. 1 GBO möglich.[118] Gegen die zu Unrecht erfolgte Löschung einer Vormerkung kann lediglich die Eintragung eines Amtswiderspruchs erstrebt werden.[119] Ist ein Amtswiderspruch gelöscht worden, so ist die Beschwerde mit dem Ziel der Eintragung eines Widerspruchs gegen die durchgeführte Löschung, nicht die Eintragung eines Widerspruchs gegen die ursprüngliche Unrichtigkeit gegeben.[120] Des Weiteren ist nur die beschränkte Beschwerde gegen die zu Unrecht erfolgte Löschung einer eingetragenen Unterwerfungsklausel möglich.[121] Eine Ausnahme gilt indessen für die Löschung eines Rechts, das zur Erhaltung seiner Wirksamkeit gegenüber dem öffentlichen Glauben keiner Eintragung bedarf.[122]

34 Die **tatsächlichen Angaben** des Grundbuchs sind keine Eintragungen im Sinne von Abs. 2 S. 1. Werden derartige Einträge (z.B. die Größe,[123] Lage, Wirtschaftsart, vorhandene Baulichkeiten oder andere Eigenschaftsangaben des Grundstücks) von Amts wegen berichtigt oder findet die Übernahme einer Veränderung tatsächlicher Art aus dem Liegenschaftskataster in das Grundbuch statt,[124] dann ist dagegen die unbeschränkte Beschwerde nach Abs. 1 mit dem Ziel der Richtigstellung zulässig.[125] Das Gleiche gilt für

---

110 BayObLG MittBayNot 1991, 79; BayObLG Rpfleger 1982, 14; BayObLG RdL 1981, 268; BayObLGZ 1954, 149.
111 OLG Hamm MittBayNot 1989, 215.
112 RG JR 27 Nr. 810; KG Rpfleger 1975, 68; OLG Bamberg RdL 1956, 106.
113 BGH NJW 1988, 2037.
114 BayObLG MittBayNot 1991, 79; BayObLG Rpfleger 1982, 14.
115 BGH NJW 1975, 1282; OLG Frankfurt JurBüro 1998, 381; OLG Frankfurt OLGZ 1981, 261; OLG Naumburg OLGR 1998, 107.
116 BayObLG Rpfleger 1995, 106; Bauer/Schaub/*Sellner*, § 71 Rn 55.
117 OLG Frankfurt Rpfleger 1996, 336.
118 BayObLG FGPrax 1995, 188; KG Rpfleger 1975, 68; KG OLGZ 1975, 301, 302; OLG Hamm Rpfleger 1960, 154.
119 RGZ 132, 419.
120 BayObLG DNotZ 1995, 68; BayObLGZ 1989, 136, 138.
121 KG JW 1937, 3037.
122 KG Rpfleger 1975, 68; *Demharter*, § 71 Rn 44.
123 BayObLGZ 1987, 410, 412; BayObLGZ 1976, 106, 109; OLG Oldenburg Rpfleger 1992, 387.
124 *Plötz*, Rpfleger 1990, 198 (BayObLG).
125 OLG München BauR 2017, 928; Hügel/*Kramer*, § 71 Rn 125.

Verlautbarungen über persönliche oder geschäftliche Verhältnisse bzw. die Rechtsform des eingetragenen Berechtigten, wenn z.B. die unzutreffende Bezeichnung des Berechtigten (falsche Schreibweise des Namens[126]) berichtigt wird[127] oder wenn unter Beibehaltung der Firma eine offene Handelsgesellschaft in eine Kommanditgesellschaft,[128] eine Kommanditgesellschaft in eine GbR[129] oder eine GbR in eine Personenhandelsgesellschaft umgewandelt wird, ebenso für die Umstellung der Währungsangabe in EUR. **Eingeschränkt anfechtbar** sind hingegen die aus dem Kataster stammenden Bestandsangaben (Gemarkung, Flur, Flurstück), für die Zu- und Abschreibung von Grundstücken[130] und für die Abgrenzung von Sonder- zum Gemeinschaftseigentum,[131] da diese Angaben dem öffentlichen Glauben unterliegen.[132]

Wendet sich der Beteiligte nicht gegen den Inhalt oder den Umfang einer Eintragung, erstrebt er vielmehr eine klarstellende Ergänzung des Eintragungsvermerks, weil dieser mehrdeutig oder missverständlich ist, ist die unbeschränkte **Fassungsbeschwerde** zulässig.[133] Mit dieser Beschwerde kann die Richtigstellung der Eintragung oder die erstmalige Eintragung eines **Klarstellungsvermerks** verlangt werden. Die Fassungsbeschwerde kann gleichermaßen der Behebung von Unklarheiten wie auch der Namensberichtigung dienen, solange hierbei die Identität des Namensträgers außer Zweifel steht.[134] Die unbeschränkte Beschwerde ist ebenfalls zulässig gegen eine richtig- oder klarstellende Eintragung sowie gegen deren Ablehnung.[135] Bei Löschung eines Klarstellungsvermerks kann mit der Beschwerde nur die Wiedereintragung des Vermerks, nicht die Eintragung eines Amtswiderspruchs gegen die Löschung verlangt werden.[136] Von dem Klarstellungsvermerk ist der **Wirksamkeitsvermerk** zu unterscheiden. Gegen dessen unterbliebene Eintragung sowie gegen seine Eintragung oder Löschung ist nur die beschränkte Beschwerde nach Abs. 2 statthaft.[137]

35

Die **Ergänzung** einer unvollständigen Eintragung kann mit der Beschwerde nur verlangt werden, wenn die Ergänzung einen Punkt betrifft, auf den der öffentliche Glaube des Grundbuchs keine Anwendung findet, andernfalls ist Abs. 2 S. 2 zu beachten,[138] so z.B. bei Hinzufügung der Unterwerfungsklausel,[139] wenn das an der Forderung begründete Pfandrecht bei Eintragung der Hypothek nicht miteingetragen worden ist,[140] oder wenn das Grundbuchamt einen vereinbarten Rangvermerk oder Rangvorbehalt nicht eingetragen hat.[141] Ist ein beantragter Zusatz im Eintragungsvermerk fortgelassen oder in inhaltlich unzulässiger Weise eingetragen worden, so kann mit der Beschwerde erreicht werden, dass er Gegenstand einer neuen selbstständigen Eintragung bilden soll.[142]

36

6. Sonstige Entscheidungen

Daneben gibt es noch eine Reihe von **sonstigen beschwerdefähigen Entscheidungen des Grundbuchamtes**; so z.B.:

37

– Entscheidungen, die mit der **Erteilung eines Hypothekenbriefes** zusammenhängen. Sie können die Herstellung des Briefes oder seine Ergänzung betreffen, sich aber auch auf den Inhalt des Briefes beziehen. Der Hypothekenbrief stellt insofern eine unter Abs. 1 fallende Willensäußerung des Grundbuchamtes dar, als in ihm das Grundbuchamt das dingliche Recht und einen bestimmten Teil des Grundbuchinhalts beurkundet und dadurch diejenige Urkunde schafft, die für die Entstehung, Über-

---

126 KG JFG 8, 241.
127 OLG Stuttgart Rpfleger 1960, 338.
128 KG JFG 1, 371.
129 BayObLGZ 1948, 51, 430 = NJW 1952, 28.
130 RG JW 1911, 458; KG OLGE 8, 215; OLG Jena v. 14.3.2011 – 9 W 599/10, juris.
131 BayObLG Rpfleger 1980, 294.
132 Meikel/*Schmidt-Räntsch*, § 71 Rn 48.
133 St. Rspr.: BayObLG Rpfleger 2002, 303; BayObLGZ 1990, 188, 189; BayObLGZ 1988, 124, 126; BayObLGZ 1984, 239, 240; BayObLGZ 1972, 374; BayObLGZ 1968, 442; BayObLGZ 1956, 198; BayObLGZ 1952, 142; KG DR 1944, 255; KG JFG 5, 400; OLG Braunschweig Rpfleger 1964, 119; OLG Düsseldorf FGPrax 2010, 272; OLG Düsseldorf DNotZ 1971, 724; OLG Düsseldorf Rpfleger 1963, 287; OLG Hamm NJW 1967, 934; OLG Stuttgart Rpfleger 1981, 355; OLG Zweibrücken FGPrax 2007, 161.
134 BayObLGZ 1972, 374.
135 OLG Düsseldorf FGPrax 2009, 101; OLG Schleswig FGPrax 2012, 61.
136 BayObLGZ 1988, 124, 126.
137 *Demharter*, § 71 Rn 47; a.A.: BGH Rpfleger 1999, 383; OLG Celle Rpfleger 2013, 603; offen gelassen Meikel/*Schmidt-Räntsch*, § 71 Rn 70.
138 LG Düsseldorf Rpfleger 1963, 50.
139 KG JW 1937, 3037.
140 KG JFG 4, 417.
141 *Demharter*, § 71 Rn 48; a.A. Meikel/*Schmidt-Räntsch*, § 71 Rn 70.
142 KGJ 46, 256; OLG Düsseldorf FGPrax 2010, 272; *Demharter*, § 71 Rn 48.

tragung und Geltendmachung der Hypothek von maßgebender Bedeutung ist.[143] Dem Eigentümer des belasteten Grundstücks steht ein Beschwerderecht gegen den Inhalt des Hypothekenbriefs zu.[144] Auch alle die **Aushändigung des Briefs** betreffenden Entscheidungen sind beschwerdefähig;[145] so die Entscheidung über den Antrag eines Dritten, ihm statt des bisherigen Besitzers den Brief herauszugeben,[146] oder die Ablehnung, vorgeschriebene Benachrichtigungen an einen Bevollmächtigten des eingetragenen Berechtigten zu richten.[147] Schließlich sind anfechtbar die Entscheidungen über die **Einforderung und Unbrauchbarmachung des Briefes**, letztere mit dem Antrag, einen neuen gleichlautenden Brief zu erteilen.[148]

– Entscheidungen über die **Einsicht** des **Grundbuchs** und die Erteilung von Abschriften, § 12 GBO (siehe Rdn 9; vor § 71 GBO Rdn 9; § 12 GBO Rdn 16 f.; § 44 GBV Rdn 4).

– Entscheidungen über die **Verwahrung** und **Herausgabe** eingereichter **Urkunden**,[149] die **Erteilung** einer **vollstreckbaren Ausfertigung** einer in den Grundakten befindlichen Urkunde. Auch insoweit sind bei der Ablehnung einer Erteilung durch das Grundbuchamt die Rechtsmittel nach GBO und nicht nach der ZPO gegeben.[150]

– **Entscheidungen** über die **Schließung eines Grundbuchblattes** mit dem Ziel auf Anlegung eines neuen Blattes, das den Inhalt des geschlossenen hat (siehe § 35 GBV Rdn 2; zu Rechtsbehelfen bei Umschreibung eines Grundbuchblatts siehe § 30 GBV Rdn 14).

– Entscheidungen über die Einleitung und Durchführung des **Berichtigungszwangsverfahrens** (vgl. § 82 GBO Rdn 40 f.).[151]

– Entscheidungen über die **Gegenstandslosigkeit** einer Eintragung (§ 89 GBO).

– Entscheidungen über einen **Widerspruch** im **Rangklarstellungsverfahren** (§ 110 GBO).

7. Zurückweisung eines Berichtigungsantrags

38 Wird die Berichtigung des Grundbuchs beantragt, so wendet sich der Antragsteller gegen eine bestehende Eintragung oder Löschung. Wenn dieser Antrag vom Grundbuchamt zurückgewiesen wird, ist grundsätzlich die Beschwerde nach Abs. 1 und 2 statthaft.[152] Bei der Einlegung der Beschwerde zum Zwecke der Rücknahme eines Eintragungsantrags ist die Beschwerde unzulässig, da der Antrag auch noch nach dessen Zurückweisung bis zum Eintritt der formellen Rechtskraft wirksam zurückgenommen werden kann (§ 22 Abs. 1 S. 1 FamFG) und die ergangene Entscheidung mit der Rücknahme wirkungslos wird, ohne dass es einer ausdrücklichen Aufhebung durch das Gericht bedarf.[153]

39 Daraus ergibt sich:

– Die unbeschränkte Beschwerde nach Abs. 1 ist gegeben, wenn eine Berichtigung von Eintragungen abgelehnt wird, die **nicht unter dem öffentlichen Glauben** des Grundbuches stehen;[154] z.B. wenn beantragt wird, eine Vormerkung zu löschen und der Antrag auf den Nachweis des Nichtbestehens des durch die Vormerkung zu sichernden Anspruchs gestützt wird,[155] wenn eine Berichtigung von Eintragungen abgelehnt wird, die als rein tatsächliche Angaben nicht mehr unter Abs. 2 S. 1 fallen (siehe Rdn 33) oder wenn beantragt wird, einen an einem Grundstück eingetragenen Eigentumsverzicht durch Löschung und Wiedereintragung des Berechtigten zu berichtigen.[156]

– Die Beschwerde gegen die Zurückweisung eines Berichtigungsantrags ist auch dann unbeschränkt zulässig, wenn die Berichtigung nicht auf den Nachweis der Unrichtigkeit des Grundbuches, sondern gem. §§ 19, 22 GBO auf die Berichtigungsbewilligung sämtlicher Betroffener gestützt wird.[157] Glei-

---

143 BayObLGZ 1974, 55, 56; KGJ 52, 213, 215.
144 KG DNotV 1929, 239.
145 KG JW 1925, 1776.
146 KGJ 25, 322.
147 OLG Stuttgart OLGZ 1973, 422.
148 KG HRR 31 Nr. 2060.
149 BayObLGZ 1975, 264, 265.
150 BGH NJW 1967, 1371.
151 OLG Hamm FGPrax 2015, 201; OLG Hamm FGPrax 2011, 322; OLG Jena ZOV 2015, 32; OLG Köln FGPrax 2017, 61; nunmehr auch OLG München FGPrax 2020, 52 unter Aufgabe der früheren abweichenden Entscheidungen (FGPrax 2013, 109; FGPrax 2010, 122), wonach die Anfechtbarkeit der Anordnungen des Grundbuchamts nach § 82 GBO auf die Zwangsgeldfestsetzung beschränkt sein soll.
152 OLG Düsseldorf Rpfleger 1963, 287.
153 Vgl. OLG München 13.1.2010 – 34 Wx 119/09, juris; vgl. auch Sternal/*Sternal* § 22 Rn 7; a.A. *Demharter*, § 13 Rn 36, keine Anwendbarkeit des § 22 FamFG.
154 BayObLG Rpfleger 1993, 58; OLG Celle NJW 1955, 1234.
155 KG NJW 1969, 318.
156 OLG Zweibrücken OLGZ 1981, 139, 141.
157 BGH NJW 1990, 258; RGZ 133, 280; KG Rpfleger 1965, 232; OLG Braunschweig JFG 4, 402.

ches gilt, wenn sich der Beschwerdeführer gegen seine eigene Eintragung als Eigentümer wendet; denn in diesem Fall kann die Gefahr der Beeinträchtigung der Rechte eines gutgläubigen Erwerbers praktisch ausgeschlossen werden.[158]
– Wird gegen die Zurückweisung eines auf § 22 GBO gestützten Berichtigungsantrags Beschwerde erhoben, so ist zu unterscheiden, ob die Eintragung, deren Berichtigung begehrt wird, ursprünglich richtig war und erst durch spätere Vorgänge außerhalb des Grundbuchs unrichtig geworden ist (nachträgliche Unrichtigkeit) oder ob die Eintragung von Anfang an unrichtig war (ursprüngliche Unrichtigkeit). Im Falle der **nachträglichen Unrichtigkeit** ist die Beschwerde unbeschränkt zulässig; Abs. 2 S. 1 trifft nicht zu, weil die Beschwerde sich nicht gegen die Vornahme der Eintragung richtet, sondern dagegen, dass die Eintragung trotz der nachträglich eingetretenen Rechtsänderung weiterbesteht.[159] Im Falle der **ursprünglichen Unrichtigkeit** ist die Beschwerde mit dem Ziel der Beseitigung der Eintragung nach Abs. 2 S. 1 unzulässig, weil sie sich in Wahrheit nicht gegen die Zurückweisung des Berichtigungsantrags, sondern gegen die Eintragung selbst richtet. Unerheblich ist, ob die Unrichtigkeit auf die bei der Vornahme der Eintragung dem Grundbuchamt vorgelegten Unterlagen oder auf neue Tatsachen oder Beweise gestützt wird. Wird jedoch gemäß Abs. 2 S. 2 mit der Beschwerde die Anweisung an das Grundbuchamt begehrt, nach § 53 GBO einen Amtswiderspruch einzutragen oder eine Amtslöschung vorzunehmen, so ist sie mit dieser Beschränkung zulässig.[160] Deshalb ist die Ablehnung des an das Grundbuchamt gerichteten Ersuchens, einen Amtswiderspruch einzutragen, nur mit der beschränkten Beschwerde nach Abs. 2 anfechtbar.[161] Allerdings kann die Löschung einer Grundschuld unter dem Gesichtspunkt anfänglicher Nichtexistenz des eingetragenen Gläubigers mit der unbeschränkten Beschwerde weiterverfolgt werden, weil insoweit nicht der Gutglaubensschutz eingreift.[162]

8. Kostengrundentscheidungen

a) Grundsatz

Das Grundbuchamt hat über die gesamten Gerichtskosten und außergerichtlichen Kosten zu entscheiden. Die Kosten können ganz oder zum Teil einem Beteiligten nach billigem Ermessen auferlegt werden (vgl. § 81 Abs. 1 S. 1 FamFG). Mit der **Beschwerde gegen die Hauptsache** ist die Kostengrundentscheidung, soweit sie von der Entscheidung über die Hauptsache abhängig ist, grundsätzlich mit angefochten. Daneben kann die Kostengrundentscheidung auch **isoliert** ohne Anfechtung der Hauptsachenentscheidung angefochten werden. Dies gilt auch, wenn das Grundbuchamt bei seiner Entscheidung von einem (ausdrücklichen) Kostenausspruch absieht. Es handelt sich hierbei nicht nur um eine faktische Kostenbelastung eines Beteiligten, sondern auch um eine konstitutive Entscheidung. Denn das Grundbuchamt übt sein Ermessen dahingehend aus, dass sich die Kostentragungspflicht nach dem Gesetz bzw. den allgemeinen Grundsätzen richten soll.[163]

40

Die Anfechtung einer vom Grundbuchamt getroffenen **isolierten Kostengrundentscheidung** ist ebenfalls mit der Grundbuchbeschwerde gem. Abs. 1 möglich.[164]

41

---

158 OLG Hamm FGPrax 2016, 8; Bauer/Schaub/*Sellner*, § 71 Rn 50; a.A.: OLG München FGPrax 2010, 232.
159 RGZ 110, 71; BayObLGZ 1952, 159; KG JFG 1, 366, 367; OLG Hamm Rpfleger 1993, 486; OLG Hamm NJW-RR 1988, 461; OLG Frankfurt Rpfleger 1996, 336; OLG Nürnberg FGPrax 2018, 14; OLG Schleswig FGPrax 2010, 280.
160 St. Rspr.: RGZ 110, 70; BayObLG WuM 1995, 67; BayObLG DtZ 1994, 37; BayObLG NJW-RR 1990, 722; BayObLG MittRhNotK 1989, 52; BayObLG NJW-RR 1986, 1458; BayObLGZ 1972, 268; BayObLGZ 1970, 182, 184; BayObLGZ 1952, 160; KG NJW 1969, 138; KG Rpfleger 1965, 232; OLG Celle Rpfleger 1990, 112; OLG Frankfurt Rpfleger 1996, 336; OLG Frankfurt Rpfleger 1979, 418; OLG Hamm FGPrax 2012, 54; OLG Hamm Rpfleger 1993, 486; OLG Hamm OLGZ 1969, 303; OLG Köln OLGZ 1991, 154, 155; OLG Rostock FGPrax 2009, 208; OLG Schleswig SchlHA 1958, 9; a.A.: BezG Gera Rpfleger 1994, 106; *Köstler*, JR 1987, 402; *Otte*, NJW 1964, 634.
161 BayObLG MittBayNot 1982, 29; BayObLG DNotZ 1980, 543.
162 KG FGPrax 1997, 212; vgl. hierzu *Dümig*, ZfIR 2005, 240; *Dümig*, FGPrax 2003, 198.
163 *Demharter*, § 71 Rn 32; a.A.: BGH FGPrax 2012, 91; OLG München FGPrax 2014, 284; Hügel/*Kramer*, § 71 Rn 174.
164 OLG Dresden NotBZ 2013, 386; OLG Stuttgart FGPrax 2020, 28; *Demharter*, § 71 Rn 31 f.; a.A. Beschwerde gem. § 58 FamFG: Bauer/Schaub/*Sellner*, § 71 Rn 38; Hügel/*Kramer*, § 171 Rn 174.

Bei der ausschließlichen Beschwerde gegen die Kostengrundentscheidung bzw. die isolierte Kostengrundentscheidung findet § 61 FamFG grundsätzlich keine entsprechende Anwendung.[165] Entsprechend muss der Wert des Beschwerdegegenstandes keinen bestimmten Betrag übersteigen; ebenfalls ist die Statthaftigkeit der Beschwerde nicht von einer Zulassung durch das Grundbuchamt abhängig.

42 Eine **Rechtsbeschwerde** gegen die Beschwerdeentscheidung des OLG über die isolierte Kostenbeschwerde oder gegen eine Kostengrundentscheidung des Beschwerdegerichts kommt nur bei einer entsprechenden Zulassung durch das Beschwerdegericht (vgl. § 78 GBO) in Betracht. Die Zulassung einer Rechtsbeschwerde gegen eine isolierte Kostengrundentscheidung scheidet aus, soweit in analoger Anwendung des § 70 Abs. 4 FamFG die Hauptsache keiner Überprüfung durch das Rechtsbeschwerdegericht unterliegt, z.B. bei einer im Beschwerdeverfahren erlassenen oder abgelehnten einstweiligen Anordnung (§ 76 GBO).[166]

b) Kostengrundentscheidung und Erledigung

43 Auch im Beschwerdeverfahren nach § 71 GBO kann – wie in allen FamFG-Verfahren – eine **Erledigung der Hauptsache** eintreten, wenn der Verfahrensgegenstand durch ein Ereignis weggefallen ist, das eine Veränderung der Sach- und Rechtslage herbeigeführt hat (z.B. bei einer nach Beschwerdeeinlegung vollzogenen Eintragung oder bei einer Beschwerde gegen die Zurückweisung eines Antrages auf Ablehnung der Eigentumsumschreiben nach Vollzug des Eintragungsantrages[167]). Die Erledigung ist **von Amts wegen** zu beachten. In besonderen Ausnahmefällen ist eine Fortsetzung des in der Hauptsache erledigten Verfahrens zum Zwecke der Feststellung der Rechtswidrigkeit der angefochtenen Entscheidung nach § 62 FamFG möglich (s. § 77 GBO Rdn 25).[168]

44 Erledigt sich die Hauptsache **nach Erlass einer Entscheidung**, kann ein zulässiges Rechtsmittel wegen der Hauptsache nicht mehr eingelegt werden. Tritt die Erledigung **nach Einlegung einer zulässigen Beschwerde** ein, wird das Rechtsmittel zur Hauptsache unzulässig; jedoch kann der Beschwerdeführer seinen Antrag auf die Kosten beschränken. Die Kostengrundentscheidung bleibt nachprüfbar, und zwar ohne Rücksicht auf die Höhe des Beschwerdewerts; das Verfahren wird hinsichtlich der Kosten fortgesetzt.[169] Das Gericht hat über die Kosten des gesamten Verfahrens zu entscheiden, und zwar ausnahmsweise auch über die Gerichtskosten für alle Rechtszüge, selbst wenn und soweit eine solche Entscheidung nur klarstellende Bedeutung hat.[170]

45 Erledigt sich in der Rechtsmittelinstanz die Hauptsache im Falle der Zurückweisung eines Eintragungsantrags und beschränkt der Beschwerdeführer das Rechtsmittel auf die Kostenfolge, so ist auszusprechen, dass die Hauptsache erledigt ist und für die Zurückweisung des Antrags keine Gerichtskosten zu erheben sind.[171] Beschränkt der Beschwerdeführer sein Rechtsmittel nicht auf den Kostenpunkt, so wird die Beschwerde unzulässig; daran ändert auch nichts, dass sich der Beschwerdeführer auf die Verletzung des rechtlichen Gehörs durch das Grundbuchamt beruft.[172]

---

165 Bauer/Schaub/*Sellner*, § 71 Rn 38; a.A. Hügel/*Kramer*, § 71 Rn 175, der bei einer isolierten Kostenentscheidung die Anfechtung nach § 58 FamFG für statthaft erachtet.
166 Vgl. BGH NJW-RR 2003, 1075; Meikel/*Schmidt-Räntsch*, § 71 Rn 103.
167 BayObLG MittBayNot 1998, 339.
168 Vgl. BGH FGPrax 2017, 195; OLG Düsseldorf FamRZ 2018, 304; OLG Düsseldorf FamRZ 2014, 330; OLG Düsseldorf FGPrax 2010, 116; OLG Hamm FGPrax 2011, 209; OLG München FamRZ 2015, 2186.
169 St. Rspr.: z.B. BGH NJW 1983, 1672; BayObLG NJW-RR 1997, 1445; BayObLGZ 1993, 137, 138; BayObLG MittBayNot 1991, 78; BayObLG JurBüro 1989, 378; BayObLG JurBüro 1981, 104; BayObLG MittBayNot 1981, 18; BayObLG MittBayNot 1980, 22; BayObLGZ 1968, 195, 199; KG OLGZ 1972, 113; KG Rpfleger 1959, 385; OLG Frankfurt OLGR 1998, 204; OLG Frankfurt NJW-RR 1992, 725, 726; a.A. OLG Oldenburg DNotZ 1955, 659.
170 St. Rspr.: z.B. BayObLG NJW-RR 1997, 1445; BayObLGZ 1993, 137, 139; BayObLG MittBayNot 1990, 355; BayObLG JurBüro 1989, 378; BayObLG JurBüro 1981, 104; BayObLG MittBayNot 1981, 18; BayObLG MittBayNot 1980, 22; BayObLGZ 1968, 195, 199; BayObLGZ 1963, 80, 81; OLG Karlsruhe JurBüro 1996, 96.
171 BayObLG MittBayNot 1990, 355; BayObLG JurBüro 1989, 378; BayObLG MittBayNot 1972, 301.
172 BayObLG MittBayNot 1990, 355.

IV. Unanwendbarkeit der Grundbuchbeschwerde

1. Grundsatz

Eine Anfechtung gem. §§ 71 ff. GBO scheidet aus, wenn es an einer Entscheidung des Grundbuchamts fehlt. Dies ist insbesondere bei unverbindlichen Meinungsäußerungen des Grundbuchamts (siehe Rdn 48 ff.), bei Entschließungen, die lediglich den inneren Geschäftsbetrieb betreffen (vgl. Rdn 52) oder bei gesetzlich nicht vorgesehenen Vorbescheiden (siehe dazu Rdn 53 f.) der Fall. Bedeutungslose Entscheidungen unterliegen ebenfalls nicht der Anfechtung (vgl. Rdn 55).

Sonstige Zwischenentscheidungen, z.B. verfahrensleitende Maßnahmen, sind nur ausnahmsweise anfechtbar, wenn sie bereits unmittelbar in die grundrechtlich geschützten Rechte Beteiligter eingreifen. Demgemäß ist eine Aufklärungsverfügung des als Vollstreckungsorgan tätigen Grundbuchamt[173] oder eine Beweisanordnung[174] grundsätzlich nicht anfechtbar. Ausnahmsweise liegt ein anfechtbarer Eingriff in die Rechte eines Beteiligten bei der gerichtlich angeordneten Einholung eines nervenärztlichen Gutachtens vor.[175]

2. Fehlende Entscheidung des Grundbuchamts

a) Unverbindliche Meinungsäußerungen

Dem Grundbuchamt ist nicht verwehrt, den Beteiligten seine Auffassung zu bestimmten Fragen im Rahmen einer Verfügung mitzuteilen, um ihnen Gelegenheit zu geben, sich vor Erlass einer endgültigen Sachentscheidung zu äußern oder ihre Anträge zu ändern, zu ergänzen oder zurückzunehmen. In geeigneten Fällen werden solche Verfügungen sogar zweckmäßig sein. Hierbei handelt es sich nur um eine unverbindliche vorbereitende Maßnahmen für eine endgültige Sachentscheidung, die formlos den Beteiligten mitgeteilt werden können (vgl. § 15 Abs. 3 FamFG) und keiner Anfechtung unterliegen.[176] Für die Einordnung als Entscheidung oder Meinungsäußerung ist die vom Grundbuchamt gewählte Form als Beschluss oder Verfügung unerheblich. Maßgeblich ist allein der Inhalt; Kriterium ist die Verbindlichkeit der Äußerung des Grundbuchamts. Daher liegt keine Meinungsäußerung, sondern eine anfechtbare Sachentscheidung vor, wenn ein Antrag oder ein Amtsverfahren sachlich erledigt wird oder die Entscheidung Außenwirkung entfaltet.[177] Eine Anfechtung scheidet auch dann aus, wenn das Grundbuchamt die Meinungsäußerung als Zwischenverfügung bezeichnet und mit einer Rechtsbehelfsbelehrung versieht und eine Frist nach § 18 GBO setzt.[178] Eine Zulassung der Anfechtbarkeit hätte zur Folge, dass das Grundbuchamt seine Verantwortung auf die Rechtsmittelinstanzen abwälzen könnte. Damit würde die Sicherheit und Einfachheit des Grundbuchverkehrs, der baldige, endgültige Entscheidungen und damit klare Rechtsverhältnisse erfordert, beeinträchtigt.

Ebenfalls nicht mit einem Rechtsmittel angreifbar sind **gutachtliche Auskünfte** des Grundbuchamts über einen beabsichtigten, noch nicht gestellten Eintragungsantrag,[179] Ankündigungen des Grundbuchamtes, eine Grundbucheintragung von Amts wegen zu löschen[180] oder eine Eintragung oder die Anlegung eines Grundbuchblatts vornehmen zu wollen,[181] mag diese Mitteilung auch in Beschlussform (vgl. § 38 FamFG) gekleidet, mit einer Rechtsbehelfsbelehrung versehen (§ 39 FamFG) und den Beteiligten bekannt gegeben (vgl. §§ 15, 41 FamFG) worden sein.[182]

---

173 BayObLG FGPrax 2005, 57.
174 OLG Köln NJW-RR 1991, 85.
175 BayObLG ZMR 2000, 852; OLG Düsseldorf NZM 2005, 629; a.A. noch BayObLG FGPrax 1996, 58.
176 St. Rspr. z.B. BGH FGPrax 2014, 2; BGH Rpfleger 1998, 420; OLG Hamm OLGZ 1979, 419, 420; OLG Hamm Rpfleger 1975, 134; OLG Frankfurt FGPrax 2021, 197; OLG Köln FGPrax 2017, 61; OLG München v. 14.4.2016 – 34 Wx 105/16, NJOZ 2016, 1193; OLG Zweibrücken ZWE 2011, 179.
177 Vgl. OLG Celle FGPrax 2018, 145; OLG Hamm OLGZ 1975, 150; OLG Köln FGPrax 2011, 172.
178 OLG Celle NdsRpfl 209, 398; OLG Celle FGPrax 2018, 145; OLG München FGPrax 2012, 11.
179 KGJ 48, 173; KGJ 37, 218.
180 KG JFG 10, 214.
181 LG Heilbronn BWNotZ 1982, 8.
182 BayObLG BWNotZ 1981, 122; KG JFG 12, 268; OLG München JFG 16, 147; OLG Oldenburg NdsRpfl 1947, 20.

50 Auch Verfügungen des Grundbuchamts mit dem Anheimgeben, einen von ihm für unzulässig oder unbegründet gehaltenen Eintragungsantrag binnen bestimmter Frist zurückzunehmen, um die Zurückweisung zu vermeiden, oder einen anderen Antrag zu stellen,[183] Verfügungen, in denen den Beteiligten Gelegenheit gegeben wird, innerhalb einer bestimmten Frist die fehlende Rechtswirksamkeit einer Antragsrücknahmeerklärung herbeizuführen[184] oder Mitteilungen des Grundbuchamts, mit denen der Antragsteller auf ein nicht behebbares Eintragungshindernis hingewiesen wird, unterliegen keiner Anfechtung;[185] selbst wenn diese wegen ihrer äußeren Form als Zwischenverfügungen im Sinne von § 18 GBO in Beschlussform (§ 38 FamFG) ergehen.[186] In den genannten Fällen handelt es sich um keine typischerweise zur Wahrung des Rangs erlassene Zwischenverfügung im Sinne von § 18 GBO; anfechtbar ist erst die Zurückweisung des Antrages durch das Grundbuchamt. Ebenfalls nicht anfechtbar sind Aufklärungsverfügungen.[187] Zur Anfechtbarkeit einer mit dem Hinweis auf die Folgen der Zuwiderhandlung verbundenen Anordnung des Grundbuchamts, einen Berichtigungsantrag zu stellen s. § 82 GBO Rdn 40.

51 Eine unverbindliche Meinungsäußerung erlangt die Bedeutung einer Zwischenverfügung im Sinne von § 18 GBO, wenn bei mehreren, durch einen Vorbehalt nach § 16 Abs. 2 GBO verbundenen Anträgen durch Zurücknahme eines Antrags eine Eintragung auf einen anderen Antrag hin ermöglicht werden soll.[188] Die in einem solchen Falle eingelegte Beschwerde wird jedoch unzulässig, sobald das Grundbuchamt den übrigen Eintragungsanträgen trotz des Verbundes entspricht. Mit dem Vollzug der übrigen Eintragungsanträge entfällt die Berechtigung zur Anfechtung der Meinungsäußerung.[189]

b) Entschließungen betreffend den inneren Geschäftsbetrieb

52 Nur den inneren Geschäftsbetrieb betreffende Entschließungen und rein buchtechnische Maßnahmen sind nicht anfechtbar.[190] Hierunter fallen insbesondere die Eintragungsverfügungen. Sie enthalten lediglich die Anweisung an den Grundbuchführer, eine Eintragung vorzunehmen, und werden in aller Regel nicht bekannt gegeben. Auch wenn eine Eintragungsverfügung zur Kenntnis eines Beteiligten gelangt sein sollte, unterliegt sie für sich allein nicht der Beschwerde gem. § 71 GBO.[191] Dasselbe gilt für die bloße Rötung einer Eintragung (§ 17 Abs. 2 GBV), die diese nicht beseitigt und einer Löschung nicht gleichsteht; sie stellt nur eine buchungstechnische Maßnahme dar, um das Grundbuch übersichtlich zu machen.[192] Auch Bleistiftvermerke sind nicht mit der Beschwerde anfechtbar;[193] ebenso die mit der Umschreibung des Grundbuchs im Ganzen verbundene Änderung der Aufschrift des Grundbuchblatts.[194]

c) Vorbescheide

53 In Grundbuchsachen ist der Erlass eines Vorbescheides, wie er früher vor dem Inkrafttreten des FamFG im Erbscheinsverfahren zugelassen wurde, nicht statthaft und damit auch nicht beschwerdefähig;[195] erst die Entscheidung über den Antrag unterliegt der Anfechtung. In Grundbuchsachen besteht für den Erlass eines Vorbescheides kein hinreichendes praktisches Bedürfnis, weil mit dem Widerspruch gegen unrich-

---

183 St. Rspr.: z.B. BGH NJW 1980, 2521; BayObLG NJW-RR 1998, 737; BayObLG NJW-RR 1996, 589; BayObLG NJW-RR 1993, 530; BayObLG Rpfleger 1981, 60; BayObLG NJW-RR 1987, 399; BayObLGZ 1980, 299, 301; BayObLG MittBayNot 1979, 161; BayObLGZ 1977, 268, 270; KG OLGZ 1971, 451; OLG Frankfurt NJW-RR 1997, 401; OLG Frankfurt JurBüro 1980, 1565; OLG Frankfurt Rpfleger 1978, 306; OLG Frankfurt Rpfleger 1975, 59; OLG Frankfurt Rpfleger 1974, 194; OLG Hamm MittRhNotK 1979, 41; OLG Hamm Rpfleger 1975, 134; OLG Oldenburg Rpfleger 1975, 361.
184 KG HRR 31 Nr. 608.
185 BGH NJW 1980, 2521; KG OLGZ 1971, 451; KG JFG 13, 112; KGJ 46, 178; OLG Frankfurt Rpfleger 1974, 194; OLG Hamm MittRhNotK 1979, 41; OLG Hamm Rpfleger 1975, 134; a.A. OLG Oldenburg Rpfleger 1975, 361.
186 OLG Celle FGPrax 2018, 145; OLG Frankfurt NJW-RR 1997, 401.
187 BayObLG FGPrax 2005, 57.
188 BGH Rpfleger 1978, 365 (auf Vorlage von OLG Frankfurt, Rpfleger 1978, 165); BayObLG DNotZ 1982, 438; BayObLG BWNotZ 1981, 148; BayObLG MittBayNot 1979, 161; BayObLG 1977, 268, 271; KG HRR 35 Nr. 1525; KG HRR 31 Nr. 608; KG Hamm Rpfleger 1975, 134; OLG Hamm DNotZ 1971, 48; OLG Frankfurt JurBüro 1980, 1565.
189 BayObLGZ 1979, 81, 86.
190 OLG München BauR 2017, 928; *Demharter*, § 71 Rn 20; *Hügel/Kramer*, § 71 Rn 82.
191 KG HRR 29 Nr. 1875; OLG München JFG 16, 147; OLG Oldenburg NdsRpfl 47, 20; Bauer/Schaub/*Sellner*, § 71 Rn 23; *Demharter*, § 71 Rn 20; a.A.: *Hügel/Kramer*, § 71 Rn 81; OLG Saarbrücken OLGZ 1972, 129; LG Lübeck NJW-RR 1995, 1420.
192 KG HRR 31 Nr. 126, *Demharter*, § 71 Rn 20; *Hügel/Kramer*, § 71 Rn 82.
193 LG München DNotZ 1954, 485.
194 OLG München BauR 2017, 928.
195 OLG Frankfurt NJW-RR 2018, 1098; OLG Frankfurt v. 2.4. 2012 – 20 W 108/12; OLG Frankfurt v. 25.8.2010 – 20 W 282/10.

tige Eintragungen (§ 899 BGB, §§ 53 Abs. 1, 71 Abs. 2 S. 2, 76 GBO) ausreichende Mittel zur Verfügung stehen. Das Grundbuchamt würde sich sonst in schwierigen Fällen auf vorbereitende Ankündigungen oder den Erlass von Eintragungsverfügungen, die bewusst nicht vollzogen werden, beschränken und es den Beteiligten überlassen, die Streitfragen im Rechtsmittelwege auszutragen.[196]

Eine Ausnahme ist auch in besonderen Fällen nicht zuzulassen, selbst wenn die Löschung einer Eintragung als inhaltlich unzulässig angekündigt[197] oder der Rat erteilt wird, den Antrag zurückzunehmen.[198] Die frühere Zulässigkeit von Vorbescheiden im Erbscheinsverfahren war durch die Besonderheiten dieses Verfahrens gerechtfertigt. Dessen Abschaffung durch das FamFG spricht ebenfalls gegen die Zulässigkeit des Vorbescheides in Grundbuchsachen.[199] Demgemäß handelt es sich, wenn das Grundbuchamt durch Beschluss den Vollzug eines Veränderungsnachweises anordnet, um einen unzulässigen Vorbescheid, der nicht mit der Grundbuchbeschwerde angegriffen werden kann.[200]

3. Bedeutungslose Entscheidungen

Die Gerichte sind nicht zu Entscheidungen verpflichtet, die lediglich theoretische Aussprüche enthalten und keinen praktischen Wert mehr haben; z.B., wenn für die Anfechtbarkeit der Entscheidung kein Rechtsschutzbedürfnis mehr besteht[201] oder wenn die Zurückweisung eines Eintragungsantrags angegriffen wird, nachdem die Eintragung aufgrund eines neuen Antrags erfolgt ist.[202] Die Beschwerde gegen eine Zwischenverfügung wird dadurch gegenstandslos und unzulässig, dass das Grundbuchamt durch eine spätere Entscheidung den Eintragungsantrag zurückweist (siehe Rdn 21).[203] Nach Durchführung des Zwangsversteigerungsverfahrens, also nach Erteilung des Zuschlags, ist für ein grundbuchrechtliches Beschwerdeverfahren kein Raum mehr; soweit Beteiligte ein anderes Rangverhältnis für sich in Anspruch nehmen oder ihre Rechte weiterverfolgen wollen, kann dies nur durch Widerspruch gegen den Teilungsplan oder im Wege eines besonderen Rechtsstreits geschehen.[204] Die Beschwerde, die sich lediglich gegen den Inhalt der Entscheidungsgründe, nicht aber gegen den entscheidenden Teil des Beschlusses richtet, ist unzulässig.[205]

4. Untätigkeit des Grundbuchamts; Maßnahmen der Dienstaufsicht

Die bloße Untätigkeit des Grundbuchamts unterliegt keiner Anfechtung; in Betracht kommt eine Dienstaufsichtsbeschwerde (vgl. vor § 71 GBO Rdn 14 f.). Die teilweise von der früheren Rechtsprechung anerkannte, gesetzlich nicht geregelte **Untätigkeitsbeschwerde** ist spätestens seit der Einführung der Verzögerungsrüge gem. § 198 Abs. 3 GVG, die auch in Grundbuchsachen möglich ist (s. vor § 71 GBO Rdn 17), nicht mehr statthaft.[206] Maßnahmen oder Bescheide der **Dienstaufsicht** unterliegen nicht der Anfechtung nach § 71 GBO.[207] und können auch nicht mit dem Antrag auf gerichtliche Entscheidung (§§ 23 ff. EGGVG) überprüft werden (s. vor § 71 GBO Rdn 14).

C. Eventualbeschwerde; bedingte Beschwerde

Die gegen eine noch nicht ergangene, erst zukünftige Entscheidung eingelegte Beschwerde (Eventualbeschwerde), z.B. für den Fall, dass die Entscheidung in einem bestimmten Sinn erfolgen möge (z.B. ab-

---

196 St. Rspr.: z.B. BayObLG NJW-RR 1994, 1429; BayObLGZ 1993, 52; KG JFG 12, 271; OLG Dresden v. 19.4.2011 – 17 W 345/11, juris; OLG Frankfurt Rpfleger 1978, 306; OLG Hamm JMBl. NRW 1961, 275; OLG Karlsruhe Rpfleger 1993, 192; OLG Stuttgart Justiz 1990, 299; OLG Zweibrücken FGPrax 1997, 127.
197 BayObLG NJW-RR 1994, 1429; OLG Karlsruhe Rpfleger 1993, 192; a.A.: OLG Saarbrücken OLGZ 1972, 129; LG Freiburg BWNotZ 1980, 61; LG Koblenz Rpfleger 1997, 158; LG Memmingen Rpfleger 1990, 250.
198 BayObLGZ 1993, 52.
199 OLG Dresden v. 19.4.2011 – 17 W 345/11, juris; vgl. schon zum früheren Recht: BGH NJW 1980, 2521; BayObLG NJW-RR 1994, 1429; BayObLGZ 1993, 52, 55.
200 BayObLG NJW-RR 2000, 1258.
201 RG RGZ 43, 426; KG 43, 139.
202 BayObLG bei *Meyer-Stolte*, Rpfleger 1995, 331, 333; KG OLG Rspr. 5, 439.
203 KG OLGZ 1971, 452; KGJ 51, 278; OLG München JFG 23, 324; vgl. aber: *Demharter*, FGPrax 2005, 195 m. Anm. zu OLG München FGPrax 2005, 193.
204 BayObLGZ 1928, 59.
205 BayObLGZ 1994, 115, 117; BayObLG HRR 35 Nr. 128; KG 48, 175.
206 Vgl. BGH NJW 2012, 385; OLG Düsseldorf FGPrax 2012, 184.
207 OLG München v. 14.4.2016 – 34 Wx 105/16, NJOZ 2016, 1193.

lehnend), ist unzulässig,[208] da zum Zeitpunkt der Einlegung noch keine Sachentscheidung vorliegt (s. Rdn 16; § 73 GBO Rdn 2). Durch den späteren Erlass einer entsprechenden Entscheidung (§ 38 Abs. 3 S. 3 FamFG) tritt keine Heilung ein.[209] Hingegen ist eine unter einer innerprozessualen Bedingung eingelegte Beschwerde statthaft,[210] z.B. unter der Voraussetzung, dass eine bereits ergangene Sachentscheidung nicht abgeändert wird oder dass bereits eine – dem Beschwerdeführer unbekannte – Sachentscheidung ergangen ist.[211]

D. Weitere Voraussetzungen der Beschwerde
I. Allgemeine Verfahrensvoraussetzungen

58 Im Beschwerdeverfahren sind von dem Beschwerdegericht stets die allgemeinen Verfahrensvoraussetzungen **von Amts wegen** zu prüfen. Die **örtliche** und **sachliche Zuständigkeit** richtet sich nach §§ 72, 81 GBO. Form, Inhalt und Adressat der Beschwerde sind in §§ 73, 74 GBO geregelt. Für die Einlegung der Grundbuchbeschwerde sieht das Gesetz grundsätzlich keine **Frist** vor (Ausnahme § 89 GBO); § 63 FamFG findet insoweit keine Anwendung (s. § 73 GBO Rdn 5). Das **Abhilfeverfahren** richtet sich nach § 75 GBO. Zu den weiteren Verfahrensvoraussetzungen siehe Rdn 59 ff.

II. Verfahrensfähigkeit

59 Die Ausübung des Beschwerderechts setzt voraus, dass der **Beschwerdeführer verfahrensfähig** ist. Die GBO enthält keine Vorschrift über die Fähigkeit eines Beteiligten, wirksame Verfahrenshandlungen vorzunehmen. Dies bestimmt sich in Grundsachen nach § 9 FamFG.[212] Geschäftsunfähige Personen können in Grundbuchsachen eine Beschwerde nur durch ihre gesetzlichen Vertreter erheben.

III. Beschwerdeberechtigung
1. Allgemeines

60 Die Beschwerdeberechtigung ist in der GBO nicht besonders geregelt; § 59 FamFG findet nach h.M. in Grundbuchsachen keine Anwendung.[213] Andererseits kommt eine Popularbeschwerde ebenso wie in den übrigen Verfahren der freiwilligen Gerichtsbarkeit auch in Grundbuchsachen nicht in Betracht.[214] Die Rechtsprechung hat im Laufe der Jahre Grundsätze entwickelt, die für das Beschwerderecht in Grundbuchsachen auch nach Inkrafttreten des FamFG weiterhin maßgebend sind.[215]

61 Grundsätzlich ist jeder **beschwerdeberechtigt**, der durch die Entscheidung in seiner Rechtsstellung mittelbar oder unmittelbar beeinträchtigt ist oder wäre, wenn die angefochtene Entscheidung in der von der Beschwerde behaupteten Richtung unrichtig wäre, er also ein rechtlich geschütztes Interesse an ihrer Beseitigung hat.[216] So ist z.B. die Beschwerdeberechtigung gegeben, wenn gegen den einen Eintragungsantrag zurückweisenden Beschluss geltend gemacht wird, das Grundbuchamt hätte den Antrag nicht zurückweisen dürfen, sondern mit einer Zwischenverfügung Gelegenheit zur Zurücknahme des Antrags geben müssen.[217] Statt der Beeinträchtigung eines Rechts im Sinne des § 59 Abs. 1 FamFG genügt somit in Grundbuchsachen die eines rechtlichen Interesses. Dagegen reicht die Beeinträchtigung nur wirtschaft-

---

208 KG HRR 29 Nr. 1945; OLG Frankfurt NJW-RR 1996, 529; OLG Hamm Rpfleger 1979, 461, OLG München NJW-RR 2014, 552.
209 OLG Hamm OLGZ 1979, 419, 422.
210 KG HRR 29 Nr. 1945; OLG München Rpfleger 2015, 199; OLG München FGPrax 2013, 111.
211 BayObLGZ 1990, 37, 38.
212 *Demharter*, § 1 Rn 43.
213 OLG Düsseldorf FGPrax 2021, 195; Bauer/Schaub/*Sellner*, § 71 Rn 71; *Demharter*, § 71 Rn 57; a.A. Meikel/*Schmidt-Räntsch*, § 71 Rn 109; offen gelassen BGH FGPrax 2017, 195.
214 BayObLGZ 1957, 106; KGJ 52, 103; OLG Düsseldorf FGPrax 2021, 195.
215 Vgl. dazu näher: *Furtner*, DNotZ 1961, 453.
216 St. Rspr.: z.B. BGH NJW 1981, 1563; BayObLGZ 1994, 115, 117; BayObLG NJW-RR 1989, 52; BayObLG NJW-RR 1987, 1204; BayObLGZ 1977, 251, 254; KG FGPrax 2020, 9; FGPrax 1995, 223; OLG Düsseldorf FGPrax 1996, 172; OLG Hamm FGPrax 2002, 239; OLG Hamm FGPrax 1996, 201; OLG Hamm FGPrax 1996, 44; OLG Hamm FGPrax 1995, 181; OLG Köln Rpfleger 2002, 194; OLG München FGPrax 2019, 60; OLG Stuttgart OLGZ 1973, 422.
217 BayObLG Rpfleger 1979, 210.

licher oder sonstiger berechtigter Interessen nicht aus.[218] Das beeinträchtigte Recht kann sowohl im Privatrecht als auch im öffentlichen Recht begründet sein.[219]

Eine nur **formelle Beschwer** begründet keine Beschwerdebefugnis.[220] Daher genügt nicht allein die Zurückweisung eines Antrags oder einer Anregung, von Amts wegen tätig zu werden (z.B. ein Berichtigungszwangsverfahren nach § 82 GBO einzuleiten oder eine inhaltlich unzulässige Eintragung nach § 53 Abs. 1 S. 2 GBO zu löschen). Gegen eine ablehnende Entscheidung hat nur der Antragsteller bzw. der Anregende ein Beschwerderecht, dessen Rechtsstellung beeinträchtigt ist.[221] Der Eigentümer eines mit einer Grunddienstbarkeit belasteten Grundstücks gegen die von Amts wegen vorgenommene Änderung der Bezeichnung des herrschenden Grundstücks hat kein Beschwerderecht, wenn er das Bestehen der Grunddienstbarkeit nicht angreift.[222] Ist dem Eintragungsersuchen einer Behörde nicht entsprochen worden, so kann ein anderer Beteiligter, dessen Recht durch die ablehnende Entscheidung beeinträchtigt wird, beschwerdeberechtigt sein.[223] Der aus einer eingetragenen Auflassungsvormerkung Berechtigte ist im Verfahren über die Eintragung eines Amtswiderspruchs gegen das Eigentumsrecht nicht beschwerdeberechtigt, weil er nicht Eigentümer ist, sondern erst werden will.[224] Der Beschwerdeführer ist nicht beschwerdeberechtigt, wenn er sich gegen eine Eintragung mit dem Einwand wendet, ihm stehe das eingetragene Recht nicht zu; insoweit kann er nicht gemäß § 894 BGB Grundbuchberichtigung verlangen.[225] Die Geltendmachung von Verfahrensfehlern allein kann eine Beschwer und damit die Eröffnung des Rechtsmittelzuges nur ausnahmsweise begründen.[226]

62

Stirbt in einem Grundbuchverfahren der Antragsteller nach Erlass der abweisenden Verfügung, so steht i.d.R. den **Erben** gemeinsam[227] das Beschwerderecht zu.[228] Die Erbberechtigung muss nicht zwingend in der Form des § 35 GBO nachgewiesen werden,[229] vielmehr genügt ein schlüssiger Sachvortrag.[230] Dies gilt auch, wenn der eingetragene Hofeigentümer vor der Zurückweisung des von ihm gestellten Antrags auf Löschung des Höfevermerks gestorben ist.[231] Wurde der Beschwerdeführer anwaltlich oder durch einen Notar vertreten, tritt keine Unterbrechung des Beschwerdeverfahrens ein, sofern kein Aussetzungsantrag gestellt wird (§§ 239, 246 ZPO).

63

In folgenden Fällen ist beispielsweise **kein Beschwerderecht** gegeben:

64

– Hat das OLG auf Beschwerde des Grundstückserwerbers eine Zwischenverfügung des Grundbuchamts, mit der weitere Eintragungsunterlagen verlangt wurden, aufgehoben, so steht dem Veräußerer kein Beschwerderecht für eine – zugelassene – Rechtsbeschwerde zu, wenn er selbst den Eintragungsantrag mit gestellt und aus nachträglich entstandenen Gründen ein Interesse daran hat, dass die Eintragung unterbleibt.[232]

– Lehnt das Grundbuchamt die Übernahme der Berichtigung eines sog. Aufnahmefehlers (wenn die Abgrenzung eines Flurstücks nicht dem rechtlichen Bestand entspricht[233]) aus Rechtsgründen ab, so steht dem Grundstückseigentümer, den das Grundbuchamt nicht zur Mitwirkung veranlasst hat, kein Beschwerderecht zu.[234]

– Wird auf Beschwerde des Veräußerers eines Grundstücks die Zurückweisung des Antrags auf Eintragung der Auflassung in das Grundbuch aufgehoben, so fehlt einem am Grundstück angeblich mitberechtigten Dritten das Beschwerderecht für die weitere Beschwerde mit dem Ziel, den Eintragungs-

---

218 BGH NJW 1981, 1563; BayObLGZ 1994, 115, 117; BayObLG Rpfleger 1982, 470; BayObLGZ 1957, 106; KG HRR 32 Nr. 1469; OLG Hamm FGPrax 1996, 210.
219 KGJ 25, 92; KG JFG 12, 342, 344; Hügel/*Kramer*, § 71 Rn 179.
220 BayObLGZ 1994, 115, 117.
221 KG JFG 14, 449; BayObLG DNotZ 1989, 438; BayObLGZ 1969, 284, 288.
222 BayObLG bei *Stanglmair*, Rpfleger 1976, 291.
223 KG JFG 17, 354.
224 BayObLG Rpfleger 1999, 178; OLG Brandenburg Rpfleger 2002, 197.
225 BGH Rpfleger 2018, 313.
226 OLG München BauR 2017, 928; OLG München FGPrax 2015, 204; Bauer/Schaub/*Sellner*, § 71 Rn 73 m.w.N.
227 OLG München FGPrax 2029, 60.
228 KGJ 45, 146; OLG Köln FGPrax 2005, 103.
229 BGH NJW 1999, 2369; *Demharter*, § 71 Rn 59d; einschr. Meikel/*Schmidt-Räntsch*, § 71 Rn 111; a.A. OLG Hamm JMBl. NRW 1962, 284.
230 BGH NJW 1999, 2369; *Demharter*, § 71 Rn 62; a.A. OLG München NJW-RR 2011, 235, ernsthafte Möglichkeit der Rechtsbeeinträchtigung.
231 Vgl. *Demharter*, § 71 Rn 59d; a.A. OLG Hamm JMBl. NRW 1962, 284.
232 BayObLG Rpfleger 1980, 63.
233 Vgl. RGZ 73, 125.
234 LG Aachen Rpfleger 1986, 11.

- antrag aus anderen Gründen zurückzuweisen.[235] Dasselbe gilt für die weitere Beschwerde eines anderen Beteiligten mit dem Ziel, die zurückweisende Entscheidung des Grundbuchamts wiederherzustellen.[236]
- Die gegen die Löschung des in Abt. II des Grundbuchs eingetragenen Reichsheimstättenvermerks nach Art. 6 § 2 des Gesetzes zur Aufhebung des Reichsheimstättengesetzes (RSHG) v. 17.6.1993 an sich gegebene Beschwerde ist mangels Beschwerdeberechtigung unzulässig.[237] Auch wenn mit der Löschung des Reichsheimstättenvermerks bei den in Abt. III eingetragenen Grundpfandrechten nach Art. 6 § 2 Abs. 3 des Gesetzes v. 17.6.1993 vermerkt wird, für sie gelte weiterhin § 17 Abs. 2 S. 2 RSHG, ist der Grundpfandgläubiger, der geltend macht, das für ihn eingetragene Grundpfandrecht sei keine unkündbare Tilgungsschuld im Sinne von § 17 Abs. 2 S. 2 RSHG, nicht beschwerdeberechtigt.[238]
- Wird eine unverändert bestehenbleibende Dienstbarkeit auf einen anderen Berechtigten, z.B. von einem Grundstückseigentümer auf einen Teileigentümer einer Wohnungseigentumsgemeinschaft, umgeschrieben, so steht dem Eigentümer des belasteten Grundstücks dagegen kein Beschwerderecht zu.[239]
- Weist das Grundbuchamt Eintragungsanträge einschließlich nicht gestellter Anträge zurück und weist das Beschwerdegericht das Grundbuchamt zur Eintragung der gestellten Anträge an, die Beschwerde aber im Übrigen zurück, so ist eine zugelassene Rechtsbeschwerde, mit der nur die Aufhebung des zurückweisenden Teils der Beschwerdeentscheidung verlangt wird, mangels Beschwerdeberechtigung unzulässig.[240]
- Zweifelhaft ist, ob dem Grundstückseigentümer gegen die Gewährung der Grundbucheinsicht durch das Grundbuchamt an einen Dritten ein Beschwerderecht zusteht;[241] s. § 12 GBO Rdn 17.
- Die Beschwerdeberechtigung fehlt, wenn dem Beteiligten die Verfügungsmacht hinsichtlich des Vermögensgegenstandes entzogen ist, z.B. durch eine einstweilige Anordnung/einstweilige Verfügung untersagt wird, einen Auflassungsantrag zu stellen. In diesem Fall ist der Beteiligte nicht mehr berechtigt, einen zurückgewiesenen Eintragungsantrag mit der Beschwerde weiter zu verfolgen.[242]

2. Maßgeblicher Zeitpunkt der Beschwerdeberechtigung

65 Die Beschwerdeberechtigung muss i.d.R. bei der Einlegung des Rechtsmittels vorhanden sein und noch **im Zeitpunkt der Beschwerdeentscheidung** vorliegen.[243] Es genügt aber, wenn die zunächst fehlende Beschwerdeberechtigung zum Zeitpunkt der Beschwerdeentscheidung gegeben ist.[244] Dagegen ist die Beschwerde unzulässig und zu verwerfen, wenn die ursprünglich vorhandene Beschwerdeberechtigung vor der Entscheidung wegfällt.[245] Das **Beschwerderecht** steht nicht nur demjenigen zu, der sich im Zeitpunkt des Erlasses der Entscheidung in der beeinträchtigenden Rechtsstellung befindet, sondern auch demjenigen, der erst nach Erlass in diese Rechtsstellung eintritt.[246]

66 Ist die Beschwerdeberechtigung erst im Verfahren der (zugelassenen) Rechtsbeschwerde eingetreten, so kann dieser Umstand vom Gericht der Rechtsbeschwerde berücksichtigt werden, wenn hierdurch die Entscheidung des Beschwerdegerichts nachträglich zulässig wird; z.B., wenn das Beschwerdegericht den damals bestehenden Verfahrensmangel übersehen und eine Sachentscheidung getroffen hat.[247]

---

235 BayObLGZ 1980, 37.
236 BayObLG bei *Goerke*, Rpfleger 1984, 401, 404; siehe auch OLG Brandenburg FGPrax 1997, 125.
237 OLG Düsseldorf FGPrax 1996, 172; OLG Hamm FGPrax 1996, 44.
238 OLG Düsseldorf FGPrax 1996, 172; OLG Hamm FGPrax 1995, 181.
239 BayObLG bei *Goerke*, Rpfleger 1984, 140, 142.
240 BayObLGZ 1994, 115.
241 Verneinend: BGH NJW 1981, 1563; OLG Stuttgart Rpfleger 1992, 107.
242 OLG München FGPrax 2020, 209; Hügel/*Kramer*, § 71 Rn 218a.
243 BGH NJW-RR 2004, 1365; BayObLG Rpfleger 1970, 26; KG OLGRspr. 41, 22; OLG Frankfurt NJW-RR 1997, 1447; OLG Hamm NJW-RR 1997, 593.
244 OLG Hamm FGPrax 1996, 210, für die Rechtsbeschwerde.
245 BayObLGZ 1969, 284, 287; OLG Hamm FGPrax 1996, 210.
246 OLG Düsseldorf JR 1952, 405; OLG Frankfurt OLGZ 1970, 284; OLG Hamm FGPrax 1996, 210.
247 OLG Hamm FGPrax 1996, 210.

3. Beschwerdeberechtigung in besonderen Fällen

a) Grundsatz

Von dem Grundsatz, dass die mittelbare Beeinträchtigung eines rechtlich geschützten Interesses genügt, gibt es zwei Ausnahmen: Dieser gilt nicht, wenn (1) im Eintragungsverfahren ein Antrag oder Gesuch zurückgewiesen worden ist (vgl. Rdn 68 ff.) oder wenn (2) mit der Beschwerde die Anweisung zur Eintragung eines Amtswiderspruchs erstrebt wird (siehe Rdn 73 ff.).

67

b) Beschwerde mit dem Ziel einer Eintragung

aa) Allgemein. Im Eintragungsverfahren deckt sich im Falle der Zurückweisung eines Eintragungsantrags oder des Erlasses einer Zwischenverfügung (§ 18 GBO) das Beschwerderecht mit dem Antragsrecht;[248] jeder Antragsberechtigte ist beschwerdeberechtigt, selbst wenn dieser nicht den Antrag, sondern ein anderer Beteiligter ihn gestellt hat;[249] beschwerdeberechtigt ist daher z.B. auch jeder Miterbe.[250] Antragsberechtigt sind nach § 13 Abs. 1 S. 2 GBO aber nur die unmittelbar Beteiligten, so dass die Beschwerdeberechtigung in diesen Fällen grundsätzlich eine unmittelbare Beeinträchtigung eines Rechts erfordert (s. dazu auch § 13 GBO Rdn 67 ff.).[251] Ausnahmsweise genügt eine mittelbare Rechtsbeeinträchtigung in den Fällen des § 9 Abs. 1 S. 2 GBO und des § 14 GBO.

68

Ein einzelner von mehreren Antragsberechtigten ist bei Zurückweisung eines gemeinsamen Eintragungsantrags berechtigt, Beschwerde mit dem Ziel der Aufhebung der Zurückweisung in vollem Umfang einzulegen.[252] Die Zurückweisung des Eintragungsantrags allein verschafft dem Antragsteller noch kein Beschwerderecht,[253] insbesondere wenn der Antragsteller nicht antragsberechtigt ist[254] oder wenn ein Antrag zurückgewiesen wird, der gar nicht gestellt wurde.[255] Gleiches gilt, wenn das Grundbuchamt gegenüber einem nicht antragsberechtigten Beteiligten eine Zwischenverfügung erlassen hat.[256] Demgegenüber besteht die erforderliche Beschwerdeberechtigung, wenn das Grundbuchamt einen Antrag mit der Begründung zurückweist, es fehle die Antragsberechtigung. Werden zwei Grundbucheintragungen beantragt, von denen die eine nicht ohne die andere erfolgen soll (§ 16 Abs. 2 GBO) so steht dem Antragsteller, der wegen der Zurückweisung eines der Anträge beschwerdeberechtigt ist, auch wegen der Zurückweisung des anderen Antrags ein Beschwerderecht zu; selbst wenn er bei isolierter Antragstellung insoweit nicht beschwerdeberechtigt gewesen wäre.[257]

69

bb) Einzelfälle. Der Grundstückseigentümer hat kein Beschwerderecht, wenn die Löschung des Pfandrechts an einer Hypothek abgelehnt wird;[258] ebenso nicht der Miteigentümer, der sich gegen die Belastung des Bruchteils eines anderen Miteigentümers wendet;[259] desgleichen nicht der Gläubiger eines Grundstückserwerbers, wenn der Eintragungsantrag des letzteren zurückgewiesen worden ist.[260] Bei einer Gütergemeinschaft besitzt ein Ehegatte hinsichtlich des Gesamtgutes kein Beschwerderecht, sofern nicht ausnahmsweise eine gem. § 1455 BGB bestimmte Verwaltungshandlung vorliegt, die ein Ehegatte ohne Mitwirkung des anderen vornehmen kann; dazu zählt z.B. die Einlegung einer Beschwerde gegen die Eintragung einer Zwangshypothek.[261] Dem Wohnungseigentumsverwalter das Beschwerderecht ge-

70

---

248 St. Rspr. z.B. BGH NJW 2005, 1430; BGH NJW 1998, 3347; BayObLG FGPrax 1998, 87; BayObLG MittBayNot 1994, 94; BayObLG DNotZ 1989, 438; BayObLG MittRhNotK 1989, 52; BayObLGZ 1974, 434, 435; OLG Hamm NJW-RR 1996, 1230; OLG Hamm NJW-RR 1991, 1399; OLG Hamm FamRZ 1991, 113; OLG Frankfurt FGPrax 1997, 11; OLG Frankfurt FGPrax 1996, 208; OLG Frankfurt NJW-RR 1988, 139; OLG Karlsruhe FGPrax 2005, 219; OLG München FamRZ 2011, 1058, OLG Naumburg FamRZ 2011, 1058.
249 BayObLGZ 1980, 37, 40; KG OLGZ 1979, 139, 140; OLG Frankfurt FGPrax 1996, 208; OLG Hamm MittRhNotK 1995, 317; OLG München JFG 14, 342; OLG Oldenburg DNotZ 1966, 42.
250 *Demharter*, § 71 Rn 63.
251 BayObLG Rpfleger 1991, 107; BayObLG DNotZ 1989, 438; BayObLGZ 1980, 37, 40; BayObLGZ 1974, 294, 296; BayObLG Rpfleger 1970, 26; KGJ 45, 205; OLG Frankfurt NJW-RR 1988, 139.
252 OLG München JFG 14, 342.
253 BGH FGPrax 2014, 48; BGH Rpfleger 2005, 354; BayObLGZ 1994, 115, 117; BayObLG DNotZ 1989, 438. 439.
254 BayObLG MittBayNot 1994, 39, 40.
255 BayObLGZ 1995, 115, 117.
256 OLG Hamm FGPrax 1995, 14.
257 OLG Hamm NJW-RR 1996, 1230.
258 KG OLGRspr. 30, 22.
259 KG HRR 32 Nr. 1469; OLG München v. 1.3.2016 – 34 Wx 70/16, NJOZ 2016, 753, betr. die Eintragung einer Zwangshypothek am Grundstücksanteil des anderen Miteigentümers; Bauer/Schaub/*Sellner*, § 71 Rn 84.
260 KG HRR 31 Nr. 3.
261 OLG München FGPrax 2011, 18; FamRZ 2011, 1058.

gen die Eintragung des Verzichts eines Wohnungseigentümers auf sein Wohnungseigentum.[262] Der schuldrechtlich zur Herbeiführung der Löschung einer Auflassungsvormerkung Verpflichtete hat kein Beschwerderecht zur Durchsetzung der Löschung wegen Unrichtigkeit. Wer einen schuldrechtlichen Anspruch auf Einräumung eines dinglichen Rechts hat, kann durch Widerspruch oder Beschwerde die Eintragung dieses Rechts für einen anderen nicht hindern.[263]

71 Dem Gläubiger, der die Zwangsversteigerung aufgrund eines persönlichen Schuldtitels betreibt, fehlt das Beschwerderecht, wenn er das Nichtbestehen eines eingetragenen Rechts geltend macht.[264] Kein Beschwerderecht hat auch der Nacherbe, für den im Grundbuch ein Nacherbenvermerk eingetragen ist, gegen die Anordnung, die vom Vorerben erklärte Auflassung eines Nachlassgrundstücks im Grundbuch einzutragen.[265] Jedoch steht dem Nacherben im Verfahren auf Löschung des Nacherbenvermerks nach § 22 GBO gegen eine ihm nachteilige Entscheidung ein Beschwerderecht zu.[266] Der aus einer Eigentumsverschaffungsvormerkung Berechtigte hat hinsichtlich eines Grundpfandrechts kein eigenes Beschwerderecht.[267] Wird aber der zunächst nicht beschwerdeberechtigte Vormerkungsberechtigte als Eigentümer im Grundbuch eingetragen, so begründet das seine Beschwerdeberechtigung.[268] Demgegenüber steht dem Vormerkungsberechtigten aus einer Bauhandwerkersicherungsvormerkung kein Beschwerderecht gegen eine vormerkungswidrige Eintragung zu.[269]

72 **cc) Ziel der Beschwerdeberechtigung.** Die der Antragsberechtigung entsprechende Beschwerdeberechtigung ist nur zu dem Zweck eingeräumt, dem Antragsrecht zum Erfolg zu verhelfen, also den verfahrensrechtlichen Anspruch auf Eintragung in das Grundbuch zu ermöglichen, nicht aber, um eine Eintragung in das Grundbuch zu verhindern.[270] Deshalb kann mit der Beschwerde nicht begehrt werden, den Eintragungsantrag zurückzuweisen.[271] Ebenso wenig kann mit der weiteren Beschwerde die Aufhebung der Zurückweisung eines Eintragungsantrages mit dem Ziel angefochten werden, den Eintragungsantrag aus anderen Gründen zurückzuweisen.[272] Jedoch muss einem Dritten, der vom Beschwerdegericht infolge einer Verwechselung der Identität als Beschwerdeführer behandelt wird, das Recht eingeräumt werden, gegen die das Rechtsmittel zurückweisende Entscheidung im Falle der Zulassung die Rechtsbeschwerde einzulegen.[273]

c) Beschwerde gegen Eintragungen

73 **aa) Allgemein.** Für Beschwerden gegen Eintragungen gilt die allgemeine Regel (vgl. Rdn 26 ff.). Wird gemäß § 71 Abs. 2 S. 2 GBO mit der Beschwerde die Anweisung an das Grundbuchamt erstrebt, einen Amtswiderspruch einzutragen, dann ist nur derjenige beschwerdeberechtigt, der einen Anspruch auf Berichtigung des Grundbuchs nach § 894 BGB geltend machen kann.[274] Das ist derjenige, zu dessen Gunsten der Widerspruch zu buchen ist oder derjenige, dem der Widerspruchsberechtigte den Berichtigungsanspruch abgetreten hat, damit er im eigenen Interesse zugunsten des Widerspruchsberechtigten das Grundbuch berichtigen lassen kann.[275] Im Falle der Verlautbarung des Eigentums ist dies der wahre Eigentümer als tatsächlicher Rechtsinhaber.[276] Es macht keinen Unterschied, ob sich die Beschwerde unmittelbar gegen die Eintragung oder die Anordnung der Löschung eines Amtswiderspruchs oder gegen

---

262 BayObLG DNotZ 1989, 438.
263 KG DR 1943, 705.
264 KG HRR 35 Nr. 1406.
265 BayObLG Rpfleger 1980, 64.
266 OLG Hamm FGPrax 1995, 14.
267 BayObLG NotBZ 2001, 226; OLG Frankfurt FGPrax 1996, 208; vgl. auch: BayObLGZ 1998, 255.
268 OLG Hamm FGPrax 1996, 210.
269 BayObLG MDR 1997, 96.
270 BayObLG FGPrax 1998, 87; BayObLG FamRZ 1988, 503; BayObLGZ 1980, 37, 41; OLG München, FGPrax 2006, 202; OLG Frankfurt NJW-RR 1996, 1168; OLG Hamm FGPrax 1995, 14; vgl. auch BGH NJW 1998, 3347; a.A. Bauer/Schaub/*Sellner*, § 79 Rn 68 m.w.N.
271 BayObLGZ 1994, 115, 117; BayObLGZ 1987, 431, 432 f.
272 BayObLGZ 1980, 37, 41.
273 Vgl. OLG Frankfurt NJW-RR 1996, 1168, noch zum früheren Recht.
274 OLG Köln FGPrax 2002, 52; OLG München v. 27.2.2015 – 34 Wx 345/14, juris; *Demharter*, § 71 Rn 69 m.w.N.
275 St. Rspr. z.B.: BGH NJW 1989, 1609; BayObLG FamRZ 1990, 98; BayObLGZ 1989, 136, 142; BayObLG DNotZ 1989, 438; BayObLG FamRZ 1988, 503; BayObLG NJW-RR 1987, 1416; BayObLG NJW 1983, 1567; BayObLG BWNotZ 1983, 61; BayObLG BWNotZ 1982, 90; BayObLG Rpfleger 1980, 64; BayObLGZ 1977, 1, 2; KG Rpfleger 1972, 174; OLG Celle NJW 1963, 1161; OLG Hamm FGPrax 1996, 210; OLG Hamm MittRhNotK 1996, 324; OLG Hamm NJW-RR 1993, 529; OLG Zweibrücken Rpfleger 1968, 88.
276 BGH NJW 2000, 2021; OLG München NJW-RR 2011, 235.

die Ablehnung der Anregung, einen Amtswiderspruch einzutragen, richtet. Beschwerdeberechtigt ist nur der wahre Eigentümer, nicht derjenige, der erst durch Vornahme der beantragten Eintragung Eigentümer werden soll.[277]

bb) Einzelfälle. Steht einer Wohnungseigentümergemeinschaft ein Berichtigungsanspruch zu, so ist der Verwalter nach § 27 Abs. 1 Nr. 2 WEG beschwerdeberechtigt.[278] Hat das Grundbuchamt dagegen bei einem Wohnungseigentum einen Eigentumswechsel unter Verstoß gegen eine durch die Teilungserklärung begründete rechtsgeschäftliche Verfügungsbeschränkung (§ 12 WEG) eingetragen, so ist die Beschwerde des Wohnungseigentumsverwalters mit dem Ziel der Eintragung eines Amtswiderspruches unzulässig, weil weder dem Verwalter noch den übrigen Wohnungseigentümern in einem solchen Fall eine Grundbuchberichtigungsanspruch gem. § 894 BGB zusteht.[279] Hat ein im Güterstand der Zugewinngemeinschaft lebender Ehegatte über ein Grundstück verfügt und ist der Vertragspartner als Eigentümer im Grundbuch eingetragen, so ist auch der andere Ehegatte berechtigt, im Wege der Beschwerde die Eintragung eines Amtswiderspruchs mit der Begründung zu verlangen, es fehle seine Zustimmung nach §§ 1365 Abs. 1, 1368 BGB; als Widerspruchsberechtigte sind in diesem Fall beide Ehegatten einzutragen.[280] Bei einer Gütergemeinschaft ist jeder Ehegatte ohne Mitwirkung des anderen Ehegatten befugt, gegen die Eintragung einer Zwangshypothek am Grundstück der Gütergemeinschaft Beschwerde einzulegen.[281] Wenn die Berichtigung des Grundbuchs zugunsten von Miterben erfolgen soll, so ist auch ein Mitglied der Erbengemeinschaft allein beschwerdeberechtigt.[282] 74

Bei einer Gesamthandsberechtigung steht die Beschwerdebefugnis gegen eine ablehnende Entscheidung grundsätzlich nur allen Berechtigten gemeinsam zu.[283] Überträgt der Miteigentümer eines Grundstücks seinen Anteil oder einen Bruchteil davon auf einen Dritten, so ist der andere Miteigentümer nicht berechtigt, die Unrichtigkeit der Eintragung des Erwerbers mit der Beschwerde geltend zu machen.[284] Kein Beschwerderecht hat der Grundstückseigentümer, wenn eine Hypothek zu Unrecht auf einen neuen Gläubiger umgeschrieben worden ist[285] oder ein Mithaftvermerk eingetragen oder gelöscht worden ist.[286] Dagegen ist der Nichteigentümer, der sich gegen seine Eintragung als Eigentümer wendet, beschwerdeberechtigt,[287] da Art. 14 Abs. 1 GG auch eine negative Eigentumsfreiheit gewährleistet. Der Beschwerdebefugnis steht nicht entgegen, dass ihm ein Grundbuchberichtigungsanspruch nach § 894 BGB nicht zusteht.[288] Seine Beschwerde hat indes i.d.R. keinen Erfolg, da zugunsten des Nichtberechtigten kein Amtswiderspruch gebucht werden kann und ein Rechtsnachteil durch einen gutgläubigen Erwerb nicht eintreten kann. Einem Hypothekengläubiger steht gegen die auf Antrag des Eigentümers durch Zusammenschreibung bewirkte Vereinigung des mit der Hypothek belasteten Grundstücks mit einem anderen Grundstück kein Beschwerderecht zu.[289] Ist ein nicht entstandenes Sondernutzungsrecht im Grundbuch eingetragen, so steht den übrigen Wohnungseigentümern ein Beschwerderecht zu.[290] 75

Gegen die Eintragung eines sog. **Rechtshängigkeitsvermerks** steht nur demjenigen die Beschwerde zu, der befugt ist, über das Grundstück zu verfügen; ist dies wegen unklarer Führung des Grundbuchs zweifelhaft, fehlt es an der Beschwerde desjenigen, der das Recht für sich in Anspruch nimmt.[291] Dagegen ist der Hypothekengläubiger berechtigt, Beschwerde gegen die Anordnung der Eintragung eines Widerspruchs einzulegen, der sich gegen die Löschung einer ihm vorgehenden Hypothek richtet.[292] Der Grundstückseigentümer ist beschwerdeberechtigt, wenn ohne seine Zustimmung ein Widerspruch gegen die 76

---

277 BayObLG Rpfleger 1999, 178; BayObLG BWNotZ 1982, 90; OLG Brandenburg Rpfleger 2002, 197; OLG Brandenburg OLG-NL 2002, 44, zur fehlenden Beschwerdebefugnis im Rahmen des § 3 VermG.
278 OLG Karlsruhe/Freiburg Justiz 1983, 307.
279 KG NZM 2002, 590; OLG Frankfurt NJW-RR 2004, 524; OLG Hamm FGPrax 2001, 98.
280 BayObLG FamRZ 1988, 503; OLG Hamm Rpfleger 1959, 349; OLG Jena Rpfleger 2001, 298.
281 OLG München FGPrax 2011, 8.
282 BayObLG FamRZ 1990, 98; BayObLG MittBayNot 1989, 308.
283 OLG München FGPrax 2019, 60; OLG Zweibrücken FGPrax 2016, 74.
284 BayObLG bei *Plötz*, Rpfleger 1991, 4.
285 KG JW 1935, 3236.
286 KG HRR 34 Nr. 278.
287 OLG Hamm FGPrax 2016, 8; OLG München FGPrax 2010, 232; *Demharter*, § 71 Rn 59a; a.A. OLG München FGPrax 2006, 202.
288 A.A. OLG Brandenburg v. 19.6.2008 – 5 Wx 48/07, juris; Bauer/Schaub/*Sellner*, § 71 Rn 74.
289 KGJ 31, 241.
290 BayObLG Rpfleger 1991, 308.
291 BezG Erfurt DtZ 1993, 310.
292 KGJ 47, 213.

Eintragung einer angeblich nicht bestehenden Hypothek eingetragen worden ist.[293] Andererseits ist derjenige, zu dessen Gunsten eine Eintragung hätte erfolgen sollen, gegen die Löschung der Amtsvormerkung auch mit dem beschränkten Ziel des Abs. 2 S. 2 jedenfalls dann nicht beschwerdeberechtigt, wenn der Eintragungsantrag nicht von ihm gestellt worden war.[294]

77 Der Erbbauberechtigte kann gegen einen ohne seine Zustimmung eingetragenen Amtswiderspruch und gegen die Eintragung von Grundpfandrechten am Erbbaurecht Beschwerde einlegen; dagegen ist er nicht zur Einlegung der Beschwerde berechtigt bezüglich eines Amtswiderspruchs gegen die Eintragung des Erbbauzinses und eines Vorkaufsrechts für den jeweiligen Grundstückseigentümer.[295] Wird gegen einen im Grundbuch vermerkten Vorrang einer Grundschuld vor einer Auflassungsvormerkung ein Amtswiderspruch eingetragen, so ist der Vormerkungsberechtigte nicht beschwerdeberechtigt, weil dadurch seine Rechtsstellung nicht beeinträchtigt wird.[296] Auch dem Inhaber einer Auflassungsvormerkung steht gegen Eintragungen, durch welche der vorgemerkte Anspruch beeinträchtigt wird, kein Beschwerderecht zu.[297]

78 Vor Eintritt des Nacherbfalls ist der Nacherbe nicht berechtigt, mit der Beschwerde die Eintragung eines Amtswiderspruchs gegen die Eintragung eines Eigentümers zu verfolgen.[298] Dagegen ist ein im Grundbuch eingetragener Rechtsinhaber beschwerdeberechtigt, wenn ein im Rang vorgehendes Recht, z.B. eine Auflassungsvormerkung, wegen Unrichtigkeit gelöscht werden soll.[299] Zum Beschwerderecht des weiteren Hoferben im Sinne von § 6 Abs. 2 S. 3 HöfeO, wenn der Hofvorerbe ein Hofgrundstück veräußert, siehe OLG Oldenburg NdsRpfl 1966, 69. Ein Wasserverband in Württemberg ist nicht berechtigt, im Wege der Beschwerde die Eintragung eines Widerspruchs gegen das Eigentum eines Dritten an einem Fischereirecht zu verlangen.[300]

4. Beschwerdeberechtigung von Vertretern
a) Grundsatz

79 Grundsätzlich können sich die Beteiligten bei der Einlegung der Beschwerde durch einen vertretungsberechtigten Bevollmächtigten vertreten lassen (siehe Rdn 88 f.). Im eigenen Namen kann ein Vertreter nur dann Beschwerde einlegen, wenn ihm (wegen nicht nachgewiesener Vertretungsmacht) Kosten auferlegt worden sind, vgl. § 81 Abs. 4 FamFG, oder er ein eigenes rechtliches Interesse an der Abänderung der Entscheidung hat, z.B. wenn das Grundbuchamt es ablehnt, vorgeschriebene Benachrichtigungen an ihn an Stelle des eingetragenen Berechtigten zu richten.[301] Wird seine Vertretungsbefugnis bemängelt, hat er selbst dagegen kein Beschwerderecht, sondern nur der Vertretene.[302]

80 Zudem kann ein Dritter, der vom Berechtigten zur Geltendmachung eines Grundbuchberichtigungsanspruchs ermächtigt wurde, die Beschwerde im Wege der **gewillkürten Verfahrensstandschaft** mit dem Ziel erheben, die Berichtigung zugunsten des Berechtigen herbeizuführen.[303] Gleiches gilt für den Miterben, der von dem Testamentsvollstrecker ermächtigt wird, zur Sicherung eines Berichtigungsanspruchs die Eintragung eines Amtswiderspruchs zu verlangen.[304] Problematisch ist, ob ein früherer Eigentümer in entsprechender Anwendung des § 265 Abs. 2 ZPO einen Eintragungsantrag in **gesetzlicher Verfahrensstandschaft** weiter verfolgen kann.[305] Dagegen bestehen Bedenken, da den Grundbuchsachen in aller Regel die Merkmale eines echten Streitverfahrens fehlen.

---

293 KG JFG 5, 352.
294 KG Rpfleger 1972, 174.
295 BayObLGZ 1986, 294, 296.
296 BayObLG Rpfleger 1982, 470; OLG Hamm NJW-RR 1993, 529.
297 BayObLG Rpfleger 2004, 417; BayObLG MittBayNot 1991, 78; BayObLG NJW-RR 1987, 1416; OLG Hamm OLGZ 1993, 284, 285.
298 OLG München NJW-RR 2017, 1038.
299 BayObLG MittRhNotK 1989, 52.
300 LG Ellwangen BWNotZ 1981, 19.
301 OLG Stuttgart OLGZ 1973, 422.
302 BayObLGZ 1974, 294, 297; Bauer/Schaub/*Sellner*, § 71 Rn 92.
303 RGZ 112, 269, 265; KG Rpfleger 1972, 174; OLG Brandenburg FGPrax 2017, 245; OLG Karlsruhe BWNotZ 2007, 31; Bauer/Schaub/*Sellner*, § 71 Rn 83; Meikel/ *Schmidt-Räntsch*, § 71 Rn 134.
304 OLG Zweibrücken Rpfleger 1968, 88.
305 Verneinend: OLG Frankfurt FGPrax 1997, 211; Bauer/Schaub/*Sellner*, § 71 Rn 75; *Demharter*, FGPrax 1997, 7, 8.

b) Testamentsvollstrecker, Insolvenz- und Nachlassverwalter

Testamentsvollstrecker, Insolvenz- und Nachlassverwalter sind im eigenen Namen **kraft ihres Amtes** beschwerdeberechtigt.[306] Dagegen hat der Rechteinhaber nur ein Beschwerderecht, soweit er eine Überschreitung der Verfügungsbefugnis des Amtsinhabers geltend macht;[307] ansonsten besteht in diesen Fällen kein eigenes Beschwerderecht; z.B. des Erben,[308] des Insolvenz- oder Zwangsvollstreckungsschuldners.[309] Der Testamentsvollstrecker kann aber einen einzelnen Miterben ermächtigen, die Eintragung eines Amtswiderspruchs im Wege der Beschwerde zur Sicherung eines Berichtigungsanspruchs, der einer Erbengemeinschaft zusteht, zu deren Gunsten im eigenen Namen zu fordern.[310] Mit der Beendigung des Amts während des Verfahrens entfällt die Beschwerdeberechtigung und es tritt ein Beteiligtenwechsel kraft Gesetzes ein.[311] Stellt der Insolvenzverwalter einen Antrag auf Löschung des Insolvenzvermerks (§ 32 InsO), so ist dies einer Freigabe insolvenzgebundenen Vermögens gleichzusetzen, und das Beschwerderecht steht dem Schuldner zu.[312]

c) Notar

Dem Notar steht, wenn er im Rahmen von **§ 15 GBO** tätig geworden ist, kein eigenes Beschwerderecht zu; auch nicht zur Vermeidung von Regressansprüchen.[313] Fehlerhaft ist daher die häufig in der Praxis im Rahmen einer Nichtabhilfeentscheidung benutzte Formulierung „es wird der Beschwerde des Notars [...] nicht abgeholfen." Aus dem gleichen Grund ist der Notar regelmäßig in den Entscheidungen des Grundbuchamts nicht als Beteiligter, sondern als **Verfahrensbevollmächtigter der Urkundsbeteiligten** aufzuführen. Dieser ist er auch ohne Vorlage einer Vollmacht berechtigt, die Urkundsbeteiligten im Beschwerdeverfahren zu vertreten (siehe Rdn 90).

5. Beschwerdeberechtigung von Behörden

Behörden sind beschwerdeberechtigt, soweit sie das Grundbuchamt nach § 38 GBO kraft gesetzlicher Vorschrift um eine Eintragung ersuchen dürfen[314] oder soweit sie berechtigt sind, die privatrechtlichen Interessen von Beteiligten zu wahren.[315] Daneben sind Behörden beschwerdeberechtigt, sofern sie dieselbe verfahrensrechtliche Stellung einnehmen wie eine Privatperson. Weitergehend hat das KG[316] einer Behörde ein allgemeines Beschwerderecht zuerkannt, wenn die sachgemäße Erfüllung der ihr zugewiesenen staats- und volkswirtschaftlichen Aufgaben ohne die Möglichkeit selbstständiger Anfechtung von Grundbuchentscheidungen nicht gewährleistet sein würde.[317] Die Gefahr einer uferlosen Ausdehnung des Beschwerderechts und einer Überbewertung der staatlichen Aufgaben kann dadurch begegnet werden, dass der vom KG entwickelte Grundsatz im Einzelfall nur dann angewandt wird, wenn die Versagung des Beschwerderechts an die Behörde der Beeinträchtigung eines rechtlich geschützten Interesses bei einer Privatperson gleichkommt.[318] Es muss um die „Abwehr" gesetzwidriger Grundbuchgeschäfte und nicht nur um die Förderung der von der Behörde betreuten Rechtsvorgänge gehen, z.B. wenn die Behörde durch die (teilweise) Löschung der Dienstbarkeit unmittelbar erreichen will, dass § 5 S. 2 LFischG eingehalten wird und nicht gesetzeswidrig Fischereirechte begründet werden.[319]

---

306 BayObLG FGPrax 1996, 32; KGJ 51, 214, 216; OLG Karlsruhe FGPrax 2003, 219; OLG Stuttgart BWNotZ 1954, 137; a.A. LG Stuttgart Rpfleger 1998, 243.
307 BGH FGPrax 2023, 97 Rn 4; KG DR 1943, 90.
308 OLG Stuttgart BWNotZ 1954, 137; KGJ 51, 216.
309 OLG München ZIP 2019, 1538; Meikel/*Schmidt-Räntsch*, § 71 Rn 143.
310 OLG Zweibrücken Rpfleger 1968, 88.
311 BGH FGPrax 2011, 163; OLG Köln FGPrax 2009, 102.
312 BayObLGZ 1932, 379.
313 BayObLG NJW-RR 1989, 1495; BayObLGZ 1972, 44; KG NJW 1959, 1087; OLG Hamm MittRhNotK 1996, 330; OLG Naumburg FGPrax 2003, 109.
314 BGH DNotZ 2017, 463, 467; OLG Hamm NJW-RR 2011, 741; OLG München FGPrax 2016, 152; OLG Nürnberg FGPrax 2014, 202; Bauer/Schaub/*Sellner*, § 71 Rn 96; *Demharter*, § 38 Rn 79; Hügel/*Kramer*, § 71 Rn 233; Meikel/*Schmidt-Räntsch*, § 71 Rn 147.
315 BayObLG RdL 1983, 268; KG JR 1954, 465; KG JFG 18, 55; KG JFG 16, 215; KG JFG 14, 430; KG JFG 12, 344; KG JFG 3, 271; OLG Celle MittBayNot 1986, 20; OLG Celle NdsRpfl. 49, 70; OLG Düsseldorf Rpfleger 1988, 140; OLG Hamm MittRhNotK 1996, 228; OLG Hamm Rpfleger 1985, 396.
316 KG JFG 16, 215; KG JFG 12, 344.
317 Ebenso: OLG Düsseldorf Rpfleger 1988, 140; OLG Düsseldorf JMBl. NRW 1956, 209; OLG Zweibrücken OLGZ 1981, 139, 140; dagegen haben BayObLG, RdL 1983, 268 und OLG Celle, NdsRpfl 1949, 70 offengelassen, ob der Grundsatz in dieser allgemeinen Form richtig ist oder ob er auf konkrete Fälle zu beschränken ist.
318 Für eine Einschränkung auch: *Demharter*, § 71 Rn 77.
319 OLG Schleswig FGPrax 2009, 262.

84 Von der Rechtsprechung ist den Gerichten und Behörden ein Beschwerderecht zuerkannt worden, so dem Insolvenzgericht,[320] dem Landwirtschaftsgericht,[321] dem Vollstreckungs- bzw. Versteigerungsgericht,[322] dem Umlegungsausschuss,[323] der früheren Devisenstelle,[324] der Grunderwerbssteuerbehörde,[325] der Staatsanwaltschaft,[326] dem Kulturamt in Angelegenheiten, die die Durchführung des Siedlungsverfahrens betreffen,[327] dem Landeskulturamt in Fragen der Bodenreform,[328] den Kulturämtern in Flurbereinigungsverfahren[329] – dagegen aber nicht gegen die Ablehnung ihrer Anregung, für eines der von der Flurbereinigung betroffenen Grundstücke das Grundbuchblatt zu schließen, auf dem nach Eintritt des neuen Rechtszustands eine Auflassung vollzogen worden ist –,[330] dem Ausgeber einer früheren Heimstätte, wenn er geltend macht, die Verfügung über die Heimstätte widerspreche dem Zweck des RHeimstG und sei deshalb unzulässig,[331] der bei der Siedlungseintragung nach Landesrecht zuständigen Enteignungsbehörde,[332] der beauftragten Stelle für den Lastenausgleich nach § 139 LAG,[333] dem Katasteramt gegen die Ablehnung, die Bestandsangaben des Grundbuchs fortzuschreiben.[334]

85 Dagegen reicht das bloße Aufsichtsrecht eines Gerichts oder einer Behörde nicht aus, um eine Beschwerdebefugnis zu begründen.[335] Demgemäß hat die Rechtsprechung ein Beschwerderecht abgesprochen dem Oberbergamt,[336] dem Nachlassgericht,[337] dem Familien- oder Betreuungsgericht,[338] der Schulaufsichtsbehörde,[339] dem Entschuldungsamt,[340] der Baupolizeibehörde[341] und dem Umlegungsausschuss.[342] Dem Grundbuchamt steht weder gegen die Entscheidung der höheren Instanz noch gegen die eines anderen GBA, so bei gemeinschaftlichen Obliegenheiten,[343] ein Beschwerderecht zu.

86 Beteiligte, deren Rechtsstellung beeinträchtigt wird, bleiben neben der Behörde, auch im Falle des § 38 GBO beschwerdeberechtigt.[344]

6. Nachweis der Beschwerdeberechtigung

87 Die Beschwerdeberechtigung muss nicht in der Form des § 29 GBO nachgewiesen werden. Es reicht ein schlüssiger Sachvortrag, aus dem sich die Berechtigung zur Einlegung des Rechtsmittels ergibt;[345] die ernsthafte Möglichkeit einer Rechtsbeeinträchtigung genügt.[346]

IV. Vertretung des Beschwerdeführers
1. Grundsatz

88 Grundsätzlich können sich die Beteiligten bei der Einlegung der Beschwerde durch einen vertretungsberechtigten Bevollmächtigten vertreten lassen (s. § 73 GBO Rdn 6). Die Vertretungsberechtigung richtet sich in Grundbuchsachen nach **§ 10 FamFG** bzw. **§ 15 GBO**. Berechtigt sich daher nur Rechtsanwälte sowie die in § 10 Abs. 2 FamFG enumerativ aufgezählten Personen. Das Gericht hat einen nicht vertretungsberechtigten Bevollmächtigten durch unanfechtbaren Beschluss zurückzuweisen (§ 10 Abs. 3 S. 1 FamFG). Verfahrenshandlung, die ein nicht vertretungsbefugter Bevollmächtigter bis zu seiner Zurückweisung vorgenommen hat, und Zustellungen und Mitteilungen an diesen Bevollmächtigten sind wirksam (§ 10 Abs. 3 S. 2 FamFG).

---

320 BGH NJW 2017, 1951; OLG München FGPrax 2016, 152; LG Dessau ZInsO 2001, 626; LG Frankenthal Rpfleger 2002, 72.
321 BGH FGPrax 2014, 192; BGH FGPrax 2013, 54; OLG Celle Beschl. v. 10.4.2012 – 7 W 18/12; OLG Köln FGPrax 2020, 19.
322 OLG Hamm NJW-RR 2011, 741; OLG Nürnberg FGPrax 2014, 202.
323 OLG Hamm Rpfleger 1996, 453.
324 KG JFG 12, 342, 344.
325 KG JFG 13, 233.
326 OLG München FGPrax 2018, 68.
327 KG JFG 16, 215.
328 OLG Celle NdsRpfl 1949, 141; OLG Celle NdsRpfl 1949, 70.
329 BayObLG RdL 1983, 268; OLG Schleswig SchlHA 1964, 263.
330 BayObLG RdL 1983, 268.
331 OLG Düsseldorf JBMl. NRW 1956, 209.
332 KG JFG 3, 271.
333 BayObLGZ 1953, 250.
334 OLG Düsseldorf Rpfleger 1988, 140.
335 KG JFG 12, 344; KG JFG 3, 271.
336 KGJ 20, 14.
337 KGJ 32, 244.
338 KGJ 32, 244, noch zum früheren Vormundschaftsgericht.
339 KGJ 42, 186.
340 KGJ 14, 436.
341 KG JFG 16, 55.
342 OLG Celle NJW 1963, 1161.
343 KGJ 52, 102.
344 BayObLG NJW-RR 1990, 1510; KG JFG 17, 354; KG JFG 5, 299.
345 BGH NJW 1999, 2369; *Demharter*, § 71 Rn 62.
346 OLG München NJW-RR 2011, 235; OLG München FGPrax 2009, 155.

Der Vertreter hat seine Vertretungsmacht nachzuweisen. Die **Vollmacht** ist schriftlich zu den Gerichtsakten einzureichen (§ 11 S. 1 FamFG), wobei diese nachgereicht werden kann (§ 11 S. 2 FamFG). Eine besondere Form des Nachweises ist nicht erforderlich. Regelmäßig genügt bei Bevollmächtigten eine privatschriftliche Vollmacht. Da Gericht kann von der Vorlegung einer Vollmachtsurkunde absehen; das wird es regelmäßig tun können, wenn ein Rechtsanwalt die Beschwerde eingelegt hat, weil von ihm zu erwarten ist, dass er nicht ohne Vollmacht auftreten wird.[347] Für gesetzliche Vertreter gelten die vorstehenden Grundsätze entsprechend.

2. Notar

Hat der Notar eine zur Eintragung erforderliche Erklärung beglaubigt oder beurkundet, so kann dieser im Namen eines zur Antragstellung Berechtigten Beschwerde einlegen; das braucht aber nicht der Antragsberechtigte zu sein, für den der Notar tatsächlich den Antrag gestellt hat.[348] In jedem Fall ist weiter erforderlich, dass der Notar den **Antrag nach § 15 GBO** gestellt hat; es genügt nicht, dass er nur dazu berechtigt gewesen wäre.[349] Liegen die Voraussetzungen des § 15 GBO vor (s. hierzu § 15 GBO Rdn 14 ff.), so ist der Notar zur Beschwerde befugt, ohne dass er eine besondere Vollmacht vorzulegen braucht.[350] Dies gilt nicht nur für Rechtsmittel gegen die auf den Eintragungsantrag selbst ergangene Entscheidung, sondern auch für Rechtsmittel gegen eine Entscheidung, die mit dieser in engem sachlichen Zusammenhang steht, z.B. die allein die Eintragungsnachricht betrifft.[351]

Hat der Notar keinen Antrag nach § 15 GBO gestellt, sondern nur Urkunden beim Grundbuchamt eingereicht, kann das für eine botenmäßige Handlung sprechen. Dieser kann aber gleichwohl beschwerdebefugt sein, wenn aus sonstigen Umständen zu entnehmen ist, dass er nicht als bloßer Bote anzusehen ist.[352] Zur Vermeidung von Schwierigkeiten ist es ratsam, dass der Notar die in den Urkunden enthaltenen Anträge von sich aus wiederholt. Zweckmäßigerweise erklärt der Notar, in wessen Namen er Beschwerde einlegt. Hat er das unterlassen, so ist mangels gegenteiliger Anhaltspunkte davon auszugehen, dass er das Rechtsmittel **für alle Antragsberechtigten** erhoben hat.[353] Übermittelt das Grundbuchamt die Eintragungsmitteilungen nicht, wie beantragt, an die Betroffenen, sondern nur an den tätig gewordenen Notar, liegt hierin eine der Beschwerde zugängliche Entscheidung. Wendet sich allerdings der Notar dagegen, dass ausschließlich ihm und nicht den Betroffenen die Eintragung im Grundbuch bekanntgemacht wird, fehlt es an der Beschwerdebefugnis.[354]

Ist der Notar nicht nach § 15 GBO ermächtigt, so kann er im Beschwerdeverfahren nur aufgrund besonderer Vollmacht tätig werden.[355] Legt der nicht durch § 15 GBO legitimierte Notar keine Vollmachtsurkunde vor, so ist vor Verwerfung der Beschwerde zu prüfen, ob er nicht rechtsgeschäftlich bevollmächtigt war.[356] Das Gericht wird jedoch von der Vorlegung einer Vollmachtsurkunde in aller Regel absehen können, weil anzunehmen ist, dass ein Notar nicht ohne Vollmacht auftritt.[357] Jedenfalls darf es die Beschwerde nicht mangels Nachweises der Vollmacht als unzulässig verwerfen, ohne dass vorher dem Notar Gelegenheit gegeben wird, die Vollmacht nachzuweisen.[358]

V. Rechtsschutzbedürfnis

Der Beschwerdeführer muss ein berechtigtes Interesse an einer Änderung der angefochtenen Entscheidung durch das Beschwerdegericht haben. Dieses fehlt, wenn der Beschwerdeführer mit dem Rechtsmittel einen neuen, erstinstanzlich nicht geltend gemachten Antrag verfolgt.[359] Ebenfalls fehlt das Rechts-

---

347 KG JFG 17, 229.
348 BayObLGZ 1934, 122.
349 KG JFG 17, 229.
350 BayObLGZ 1988, 307, 308; BayObLG JFG 9, 201.
351 BayObLGZ 1988, 307, 308.
352 BayObLG JFG 9, 201.
353 St. Rspr. z.B.: BGH NJW 1985, 3070; BayObLG NJW-RR 1993, 530; BayObLG NJW-RR 1986, 894; BayObLGZ 1985, 153, 154; BayObLG MittRhNotK 1984, 12; BayObLGZ 1967, 409; BayObLGZ 1953, 185; OLG Frankfurt FGPrax 2017, 60; OLG Hamm OLGZ 1988, 260, 262; OLG Hamm OLGZ 1965, 343.
354 OLG Naumburg FGPrax 2003, 109.
355 OLG Hamm MittRhNotK 1996, 330; OLG Hamm Rpfleger 1986, 367.
356 KG JFG 17, 230.
357 BayObLG Rpfleger 1995, 495; OLG Hamm NJW-RR 1988, 894; BayObLGZ 1974, 112, 114; KG JFG 17, 230.
358 BayObLG Rpfleger 1995, 495.
359 OLG Düsseldorf FGPrax 2012, 142.

schutzbedürfnis, wenn der Beschwerdeführer keine Abänderung der erstinstanzlichen Sachentscheidung, sondern nur eine Änderung der Begründung erstrebt.[360] Maßgeblich für das Vorliegen des Rechtsschutzbedürfnisses ist der Zeitpunkt der Beschwerdeentscheidung.

E. Verwirkung, Rücknahme, Verzicht

94 Zur Verwirkung des Beschwerderechts siehe § 73 GBO Rdn 26; zur Rücknahme der Beschwerde siehe § 73 GBO Rdn 27 ff.; zum Verzicht auf die Beschwerde siehe § 73 GBO Rdn 32 ff.

§ 72 [Beschwerdeentscheidung, Zuständigkeit]

Über die Beschwerde entscheidet das Oberlandesgericht, in dessen Bezirk das Grundbuchamt seinen Sitz hat.

A. Normzweck; Allgemeines 1	D. Sonderfälle 4
B. Sachliche Zuständigkeit 2	E. Überschreitung der Zuständigkeit 6
C. Örtliche Zuständigkeit 3	

A. Normzweck; Allgemeines

1 § 72 GBO regelt den Devolutiveffekt der Beschwerde und bestimmt die **sachliche** und **örtliche Zuständigkeit** des OLG als Rechtsmittelgericht zur Entscheidung über die Beschwerde in Grundbuchsachen. Ergänzt wird die Regelung durch § 81 Abs. 1 GBO, welche die Entscheidung über das Rechtsmittel einem Zivilsenat überträgt. Die Regelung der sachlichen Zuständigkeit ist an sich überflüssig, da sich diese für das Verfahren der freiwilligen Gerichtsbarkeit bereits aus § 119 Abs. 1 Nr. 1 lit. b GVG ergibt. Die örtliche und sachliche Zuständigkeit ist eine ausschließliche. Die **internationale Zuständigkeit** folgt der örtlichen Zuständigkeit.[1]

B. Sachliche Zuständigkeit

2 Die Entscheidung über die Beschwerde wird dem OLG, und zwar nach § 81 Abs. 1 GBO einem Zivilsenat, übertragen (§ 119 Abs. 1 Nr. 1b GVG). Die frühere Zuständigkeit des LG bleibt nur für die bereits zum 1.9.2009 (Inkrafttreten der Übergangsvorschrift des Art. 111 FGG-Reformgesetz) eingeleiteten Antrags- sowie Amtsverfahren bestehen.[2] In der Praxis dürften indes solche Altverfahren trotz der fehlenden Befristung der Grundbuchbeschwerde nicht mehr vorkommen. Welcher Zivilsenat des OLG für die konkrete Entscheidung zuständig ist, bestimmt der Geschäftsverteilungsplan des jeweiligen OLG (§ 21e GVG).

C. Örtliche Zuständigkeit

3 Örtlich zuständig ist das OLG, in dessen Bezirk das Grundbuchamt seinen Sitz hat, also das dem Grundbuchamt im Instanzenzug übergeordnete OLG. Wechselt die Zuständigkeit des Grundbuchamts, nachdem dieses über einen Eintragungsantrag entschieden hatte, und wird sodann Beschwerde eingelegt, so hat das OLG über die Beschwerde zu entscheiden, das dem nunmehr zuständigen Grundbuchamt übergeordnet ist.[3] Liegen Grundstücke, an denen Gesamtrechte bestehen, in den Bezirken verschiedener OLG, so sind widersprechende Entscheidungen möglich; diese können nur im Falle einer zugelassenen

---

360 OLG Köln Rpfleger 1986, 184; Meikel/*Schmidt-Räntsch*, § 71 Rn 31.
1 Vgl. z.B. OLG Köln Rpfleger 2004, 478, für die Eintragung einer Arresthypothek auf ein diplomatisch genutztes Grundstück.

2 OLG Dresden FGPrax 2010, 53; OLG Frankfurt ZfIR 2011, 897; OLG Hamm FGPrax 2009, 283; OLG Köln Beschl. v. 20.1.2010 – 2 Wx 109/99, juris; FGPrax 2009, 240; OLG München NotBZ 2010, 153.
3 KG JFG 13, 402.

Rechtsbeschwerde durch den BGH gem. § 78 Abs. 2 Nr. 2 GBO beseitigt werden.[4] Allein die theoretische Möglichkeit divergierender Entscheidungen genügt indes noch nicht für eine Zulassung der Rechtsbeschwerde gem. § 78 Abs. 2 GBO. Eine Bestimmung des zuständigen Gerichts gem. § 5 FamFG für die in dem Bezirk mehrerer Grundbuchämter liegenden Grundstücke kommt nach § 1 Abs. 2 GBO nur für die erste Instanz, nicht aber für das Beschwerdegericht in Betracht.[5]

D. Sonderfälle

Soweit **frühere** oder **geschlossene Grundbücher** und Grundakten von anderen als den grundbuchführenden Stellen aufbewahrt werden, entscheidet über die Gewährung der Einsicht in die früheren Grundbücher und Grundakten sowie über die Erteilung von Abschriften gem. §§ 12b, 12c Abs. 5 GBO der Leiter der Stelle oder ein von ihm hierzu ermächtigter Bediensteter. Gegen dessen Entscheidung ist die Beschwerde nach § 71 GBO gegeben. Örtlich zuständig für das Beschwerdeverfahren ist das Oberlandesgericht, in dessen Bezirk die Stelle ihren Sitz hat (§ 12c Abs. 5 S. 3 GBO).[6]

Die in **Baden-Württemberg** nach §§ 1 Abs. 3, 26–35 Bad.-Württ. LFGG a.F. bei den Gemeinden bestehende Zuständigkeit für die Führung der Grundbücher ist zum **31.12.2017** aufgehoben worden. Seitdem bestehen gegenüber dem übrigen Bundesgebiet keine Besonderheiten mehr.

E. Überschreitung der Zuständigkeit

Entscheidet ein **örtlich unzuständiges** OLG über eine Beschwerde, so ist die Entscheidung wirksam (vgl. § 2 Abs. 3 FamFG); diese ist – im Falle der Zulassung – mit der Rechtsbeschwerde an den BGH anfechtbar. Insoweit schränkt § 72 Abs. 2 FamFG für die Rechtsbeschwerde nur die Rüge der Zuständigkeit des erstinstanzlichen Gerichts, mithin in Grundbuchsachen des GBA, nicht indes die Rüge der Unzuständigkeit des Beschwerdegerichts ein. Daher kann im Rechtsbeschwerdeverfahren die **fehlende örtliche und sachliche Zuständigkeit** des Beschwerdegerichts überprüft werden.[7] Der BGH kann die Beschwerdeentscheidung aufheben und die Sache an das örtlich zuständige Beschwerdegericht verweisen.[8]

Auch die Verletzung der **sachlichen Zuständigkeit** (Entscheidung über die Beschwerde durch das LG) führt nicht zur Unwirksamkeit, sondern kann im Rahmen einer Rechtsbeschwerde geprüft werden (siehe Rdn 6), sofern diese zugelassen worden ist.[9] Der BGH kann die angefochtene Entscheidung aufheben und das Verfahren an das sachlich berufene OLG als Beschwerdegericht verweisen. Dagegen kommt wegen des verfassungsrechtlichen Gebots der Rechtsmittelklarheit[10] auch aus dem Grundsatz der Meistbegünstigung keine weitere Beschwerde an das OLG in Betracht, wenn das LG fehlerhaft seine Zuständigkeit bejaht.[11] Soweit indes unzutreffend der Rechtspfleger des Grundbuchamts anstelle des sachlich berufenen OLG entscheidet, ist diese Entscheidung unwirksam[12] und nach Aktenvorlage vom Beschwerdegericht aus formellen Gründen ohne Weiteres aufzuheben. Die vorstehenden Grundsätze gelten entsprechend für – in Grundbuchsachen in der Praxis wohl kaum vorkommende – Verstöße gegen die **internationale Zuständigkeit**, wobei eine Verweisung an ein ausländisches Gericht ausscheidet.

Verstöße gegen die **funktionelle Zuständigkeit** im Verhältnis zwischen Richter, Rechtspfleger und Urkundsbeamten der Geschäftsstelle (z.B., wenn an Stelle des Richters des Beschwerdegerichts der Rechtspfleger über eine Beschwerde entscheidet; vgl. § 8 RPflG),[13] führen zur Unwirksamkeit der Entscheidung.[14]

---

4 *Demharter*, § 72 Rn 3; *Hügel/Kramer*, § 72 Rn 3; *Meikel/Schmidt-Räntsch*, § 72 Rn 3.
5 *Bauer/Schaub/Sellner*, § 72 Rn 4; *Demharter*, § 72 Rn 3; *Meikel/Schmidt-Räntsch*, § 72 Rn 3.
6 *Demharter*, § 72 Rn 4; *Meikel/Schmidt-Räntsch*, § 72 Rn 3.
7 *Demharter* § 72 Rn 5; *Sternal/Göbel*, § 72 Rn 48, für das FamFG; a.A. *Meikel/Schmidt-Räntsch*, § 72 Rn 4, der unter Anwendung des Rechtsgedankens des § 572 ZPO eine entsprechende Rüge im Rechtsbeschwerdeverfahren für unzulässig erachtet.
8 Vgl. BayObLGZ 1968, 63, 65; BayObLGZ 1961, 119, 121; KG OLGZ 1968, 321, 324.
9 *Demharter*, § 72 Rn 5; *Hügel/Kramer*, § 72 Rn 10; a.A. *Meikel/Schmidt-Räntsch*, § 72 Rn 6, der unter Anwendung des Rechtsgedankens des § 572 ZPO eine entsprechende Rüge im Rechtsbeschwerdeverfahren nicht für zulässig erachtet; offen gelassen: BGH wistra 2012, 198, für einen Fall der Genehmigung einer Videoüberwachung.
10 Vgl. BVerfG NJW 2003, 1924.
11 So im Ergebnis auch *Meikel/Schmidt-Räntsch*, § 72 Rn 7; a.A.: OLG Schleswig FGPrax 2011, 18; *Hügel/Kramer*, § 72 Rn 12.
12 BGH Rpfleger 2009, 221; OLG München ZfIR 2015, 733.
13 Vgl. BGH NJW-RR 2009, 718.
14 Vgl. *Sternal/Sternal*, § 2 Rn 36 für das FamFG.

Eine hiergegen erhobene (zugelassene) Rechtsbeschwerde ist mangels wirksamer Beschwerdeentscheidung unzulässig;[15] eine Aufhebung kann klarstellend durch das Beschwerdegericht in seiner gerichtsverfassungsmäßigen Besetzung erfolgen. Verstöße gegen die **geschäftsplanmäßige Zuständigkeit** begründen einen Verstoß gegen den gesetzlichen Richter und stellen einen absoluten Rechtsbeschwerdegrund dar (§ 78 Abs. 3 GBO i.V.m. § 72 Abs. 2 FamFG, § 547 Nr. 1 ZPO), der – im Fall einer zugelassenen Rechtsbeschwerde – zur Aufhebung und Zurückverweisung führt.[16]

§ 73 [Beschwerdeeinlegung]

(1) Die Beschwerde kann bei dem Grundbuchamt oder bei dem Beschwerdegericht eingelegt werden.

(2) Die Beschwerde ist durch Einreichung einer Beschwerdeschrift oder durch Erklärung zur Niederschrift des Grundbuchamts oder der Geschäftsstelle des Beschwerdegerichts einzulegen. Für die Einlegung der Beschwerde durch die Übermittlung eines elektronischen Dokuments, die elektronische Gerichtsakte sowie das gerichtliche elektronische Dokument gilt § 14 Absatz 1 bis 3 und 5 des Gesetzes über das Verfahren in Familiensachen und in den Angelegenheiten der freiwilligen Gerichtsbarkeit.

A. Normzweck; Allgemeines 1	F. Bedingte Beschwerdeeinlegung; Wirkung der Beschwerde 19
B. Zeitpunkt der Beschwerdeeinlegung 2	G. Beschwer 21
C. Adressat der Beschwerde, Abs. 1 3	H. Anschlussbeschwerde 22
D. Beschwerdefrist 5	I. Verwirkung des Beschwerderechts 26
E. Form der Beschwerde 6	J. Zurücknahme der Beschwerde 27
I. Grundsatz 6	K. Verzicht auf die Beschwerde 32
II. Einreichung einer Beschwerdeschrift, Abs. 2 S. 1 Alt. 1 7	L. Elektronische Gerichtsakte; gerichtliches elektronisches Dokument; Abs. 2 S. 2 i.V.m. § 14 Abs. 1 bis 3, Abs. 5 FamFG 35
III. Einlegung zur Niederschrift, Abs. 2 S. 1 Alt. 2 11	
IV. Einlegung in elektronischer Form, Abs. 2 S. 2 i.V.m. § 14 Abs. 2 FamFG 14	

A. Normzweck; Allgemeines

1 § 73 GBO regelt, bei welchem Gericht und in welcher Form die Beschwerde erhoben werden kann; insoweit finden die §§ 63, 64 FamFG keine Anwendung. Gemäß **Abs. 1** besteht weiterhin die Möglichkeit der Rechtsmitteleinlegung beim Beschwerdegericht; insoweit wird eine Verfahrensverzögerung in Kauf genommen. Zudem sieht die GBO für Grundsachen als das regelmäßige Rechtsmittel die **einfache (unbefristete) Beschwerde** vor. Eine Ausnahme enthält § 89 GBO für den Feststellungsbeschluss. Zudem findet aufgrund der Verweisung in §§ 105 Abs. 2, 110 GBO im Verfahren zur Klarstellung der Rangverhältnisse die sofortige Beschwerde nach den Vorschriften des FamFG Anwendung; dasselbe gilt nach §§ 2, 4 Abs. 4 und 14 Abs. 2 GBMaßnG. **Abs. 2 S. 1** bestimmt näher, wie das Rechtsmittel angebracht werden kann. Die Möglichkeit der Einlegung zur Niederschrift des Grundbuchamts bzw. der Geschäftsstelle des Beschwerdegerichts dient dem Rechtsschutz des rechtsunkundigen oder schreibungewandten Beschwerdeführers. **Abs. 2 S. 2** öffnet durch die Verweisung auf § 14 FamFG für die Justiz den elektronischen Rechtsverkehr; hierdurch soll die Prozesswirtschaftlichkeit gefördert werden. Es wird die Möglichkeit einer umfassenden elektronischen Aktenbearbeitung durch Einführung der elektronischen Akte sowie der Übermittlung elektronischer Dokumente eröffnet. Zudem werden die Voraussetzungen für die Einführung des gerichtlichen elektronischen Dokuments als Äquivalent zur Papierform geschaffen.

---

15 BGH NJW-RR 2009, 718; *Demharter*, § 72 Rn 7.   16 Im Ergebnis auch: Hügel/*Kramer*, § 72 Rn 11.

B. Zeitpunkt der Beschwerdeeinlegung

Die Beschwerde kann erst ab dem Zeitpunkt des **Erlasses der Entscheidung** des Grundbuchamts (§ 38 Abs. 3 S. 3 FamFG) eingelegt werden; eine Bekanntmachung der Entscheidung an den oder die Beteiligten ist nicht notwendig. Voraussetzung dafür ist, dass das Grundbuchamt überhaupt eine Entscheidung im Sinne des § 71 GBO getroffen hat; hierunter fallen nicht bloße Meinungsäußerungen des Grundbuchamts (s. § 71 GBO Rdn 48 ff.). Ein **vor Erlass** der Entscheidung erhobenes Rechtsmittel gegen eine künftige Entscheidung ist unzulässig; dieser Mangel wird nicht durch die später erlassene Entscheidung geheilt (s. § 71 GBO Rdn 57).[1] Für den Beschwerdeführer besteht aber die Möglichkeit der Einlegung einer (erneuten) Beschwerde zu einem späteren Zeitpunkt. Gegen eine Eintragung kann ein Rechtsmittel mit deren Wirksamwerden (s. § 129 GBO) eingelegt werden.

C. Adressat der Beschwerde, Abs. 1

Für die Entgegennahme der Beschwerde sind zwei Stellen zugelassen: Das **Grundbuchamt**, das in erster Instanz zuständig ist – nicht ein anderes Grundbuchamt oder AG[2] –, sowie das **Beschwerdegericht**. Der Beschwerdeführer hat insoweit ein Wahlrecht. Geht die Beschwerde bei einem örtlich **unzuständigen Grundbuchamt** oder einem anderen Gericht als dem Beschwerdegericht oder einer anderen Behörde ein, so ist sie zunächst nicht wirksam eingelegt. Das unzuständige Gericht ist aber verpflichtet, die Beschwerdeschrift im ordentlichen Geschäftsgang an das zuständige Gericht weiterzuleiten (vgl. § 25 Abs. 3 S. 1 FamFG).[3] Das Rechtsmittel ist erst wirksam eingelegt, wenn der Schriftsatz in die Verfügungsgewalt des zuständigen Grundbuchamts oder des zuständigen Beschwerdegerichts gelangt ist (vgl. § 25 Abs. 3 S. 2 FamFG).[4] Durch die nunmehr bestehende Notwendigkeit, jeder Entscheidung eine **Rechtsbehelfsbelehrung** beizufügen, § 39 FamFG (s. § 71 GBO Rdn 15),[5] erhält der Beteiligte die notwendigen Informationen, bei welchem Gericht und in welcher Form ein Rechtsmittel erhoben werden kann.

Wird die Beschwerdeschrift beim Beschwerdegericht eingereicht, so kann dieses dem Grundbuchamt **Gelegenheit zur Abhilfe** (§ 75 GBO) geben. Eine Verpflichtung des Beschwerdegerichts zur Vorlage an das Grundbuchamt zwecks Prüfung einer Abhilfe besteht indes nicht; vielmehr darf das Beschwerdegericht auch **ohne Durchführung eines Abhilfeverfahrens** sofort entscheiden.[6] Um eine Übersendung der Beschwerdeschrift an das erstinstanzliche Gericht zur Prüfung der Abhilfe (§ 75 GBO) und damit eine Verzögerung des Verfahrens zu vermeiden, ist in der Regel eine Einlegung beim Grundbuchamt zweckmäßig.

D. Beschwerdefrist

Die Beschwerde ist **nicht befristet**; § 63 FamFG findet insoweit keine Anwendung.[7] Daher kann eine Beschwerde auch noch nach mehreren Jahren eingelegt werden,[8] sofern nicht ausnahmsweise das Beschwerderecht verwirkt ist. Eine **Ausnahme** enthält § 89 GBO für die Grundbuchbeschwerde gegen den Feststellungsbeschluss; diese muss innerhalb von **zwei Wochen** erhoben werden. Zudem wird im Rangklarstellungsverfahren aufgrund der §§ 105 Abs. 2, 110 GBO die Grundbuchbeschwerde durch die befristete Beschwerde nach den Vorschriften des FamFG (§§ 59 ff. FamFG) ersetzt. In diesem Fall sieht § 63 FamFG für die Einlegung der Beschwerde eine Frist von **einem Monat** vor; gleiches gilt für die Rechtsmittel nach §§ 2, 4 Abs. 4 GBMaßnG.

---

1 BayObLG DNotZ 1980, 94; KG OLGZ 1977, 129; OLG Hamm Rpfleger 1979, 461.
2 BayObLG bei *Plötz*, Rpfleger 1988, 237, 238.
3 St. Rspr. z.B.: BVerfG NJW 2006, 1579; BVerfG NJW 1995, 3173; BGH NJW 2013, 1308; BGH FamRZ 2013, 436.
4 BGH NJW 2002, 2397; Bauer/Schaub/*Sellner*, § 73 Rn 4; Hügel/*Kramer*, § 73 Rn 2.
5 Vgl. *Demharter*, § 1 Rn 76 ff.
6 OLG Köln FGPrax 2011, 172; *Demharter*, § 73 Rn 5; Meikel/*Schmidt-Räntsch*, § 73 Rn 5.
7 OLG Zweibrücken Rpfleger 2022, 678.
8 OLG München ZIP 2019, 1538.

E. Form der Beschwerde

I. Grundsatz

6 Die Beschwerde kann **in drei Formen** eingelegt werden:
(1) durch Einreichung einer Beschwerdeschrift (Rdn 7 ff.),
(2) zur Niederschrift des Grundbuchamts bzw. der Geschäftsstelle des Beschwerdegerichts (Rdn 11 ff.),
(3) gem. § 73 Abs. 2 S. 2 GBO i.V.m. § 14 Abs. 2 FamFG in der Form eines elektronischen Dokuments (Rdn 14 f.).

Dem Beschwerdeführer steht hinsichtlich der Nutzung der gesetzlich vorgesehenen Formen ein Wahlrecht zu. **Mündliche** oder **telefonische Erklärungen** genügen **nicht**;[9] auch dann nicht, wenn darüber vom Grundbuchamt oder der Geschäftsstelle des Beschwerdegerichts ein Vermerk in den Gerichtsakten oder eine Niederschrift angefertigt wird.[10] Der Beschwerdeführer kann sich bei der Rechtsmitteleinlegung gem. **§§ 10, 11 FamFG** vertreten lassen (s. § 71 GBO Rdn 88 ff.). Bei der Beschwerdeeinlegung durch einen Notar, der eine zur Eintragung erforderliche Erklärung beurkundet hat, wird über § 15 Abs. 2 GBO eine Vollmacht zur Beschwerdeeinlegung vermutet (s. § 71 GBO Rdn 90).[11] Der Notar soll mit der Beschwerde klarstellen, für welchen Beteiligten er das Rechtsmittel einlegt. Geschieht dies nicht, so ist die Beschwerde als im Namen aller Urkundsbeteiligten erhoben, sofern sich aus den Umständen nichts anderes ergibt.[12]

II. Einreichung einer Beschwerdeschrift, Abs. 2 S. 1 Alt. 1

7 Die Beschwerde kann gem. Abs. 2 S. 1 Alt. 1 durch Einreichung einer Beschwerdeschrift per **Bote**, per **Post** sowie als **Telebrief**,[13] **Fax**[14] oder **Computerfax**[15] eingelegt werden. Soweit die Möglichkeit der Einreichung per Fax oder Computerfax eröffnet ist (z.B. durch Angabe einer Faxnummer), muss das Gericht für die Funktionsfähigkeit des Empfangsgerätes auch nach Dienstschluss sorgen.[16] Bei einer elektronischen Übermittlung ist die Beschwerde mit vollständiger Aufzeichnung und Speicherung der Daten durch das Empfangsgerät bei dem Gericht eingegangen; auf den Zeitpunkt des Ausdrucks kommt es nicht an.[17] Gibt das Gericht auf seinen Briefbögen die Telexnummer oder die Faxnummer einer anderen Justizbehörde an, so ist eine an diese gerichtete Beschwerde fristgerecht eingelegt, wenn sie innerhalb der Beschwerdefrist unter der angegebenen Nummer bei dem dortigen Gericht aufgezeichnet wird.[18] Ebenso kann das Rechtsmittel durch **Einscannen einer Beschwerdeschrift** und Übersendung der Datei als Anhang einer E-Mail eingelegt werden.[19] Dagegen wahrt die bloße Zusendung einer CD, DVD, Diskette oder eines anderen Mediums mit einer gespeicherten Datei nicht die notwendige Form.[20] Zur Einreichung als elektronisches Dokument siehe Rdn 14 ff. Auch eine **telegrafische Einlegung** ist zulässig, selbst wenn das Telegramm dem Absendepostamt fernmündlich aufgegeben wird,[21] wobei seit 2023 die Deutsche Post diese Dienstleistung nicht mehr anbietet. Zur – ggf. erforderlichen – Fristwahrung genügt die fernmündliche Durchsage des Telegrammwortlauts vor Ablauf der Beschwerdefrist durch das Zustellpostamt an eine zur Entgegennahme befugte Person; diese hat über den Wortlaut des Telegramms eine Niederschrift aufzunehmen.[22] Ebenso kann – soweit diese technischen Möglichkeiten noch bestehen – die Beschwerde durch **Fernschreiber**[23] eingelegt werden. In diesem Fall soll die Beschwerde erst in dem Zeit-

---

9 BGH NJW-RR 2009, 852; OLG Frankfurt FGPrax 2001, 46.
10 BGH FamRZ 2009, 970; OLG Frankfurt FGPrax 2001, 46.
11 St. Rspr. z.B.: OLG Köln FGPrax 2019, 199; OLG München FGPrax 2020, 205; OLG Nürnberg MittBayNot 2020, 592.
12 St. Rspr. z.B.: BGH NJW 1989, 2059; BGH NJW 1985, 3070; OLG Bamberg FGPrax 2020,122; OLG Düsseldorf Rpfleger 2021, 91; OLG Hamm OLGZ 1988, 206; OLG München Rpfleger 2014, 14; OLG Naumburg OLGR 2005, 488; OLG Zweibrücken MittRhNotk 1996, 59.
13 BGH NJW 1983, 1498; BFH NJW 1982, 2520; BAG NJW 1984, 199; BayObLG FamRZ 1990, 562.
14 BVerfG NJW 1996, 2857; GmS-OGH NJW 2000, 2340; BGH FamRZ 1999, 21; BGH NJW 1998, 762.
15 GmS-OGH NJW 2000, 2340; BGH NJW-RR 2015, 624.
16 BGH FamRZ 1992, 296.
17 BGH NJW 2007, 2045; BGH NJW 2006, 2263.
18 BGH NJW 1987, 2586; BayObLG MDR 1991, 1088.
19 BGH FGPrax 2015, 142.
20 Hügel/*Kramer*, § 73 Rn 18; Meikel/*Schmidt-Räntsch*, § 73 Rn 9.
21 BGH NJW 1953, 25; BVerwG NJW 1956, 605; KG JFG 19, 139; OLG München JFG 21, 2.
22 BGH NJW 1953, 25.
23 BVerfG NJW 1987, 2067; GmS-OGB NJW 2000, 2340; BGH NJW 1987, 2586; BGH NJW 1986, 1759.

punkt eingegangen sein, in dem sie im Empfängerapparat ausgedruckt wird, auch dann, wenn dieser Zeitpunkt nach Dienstschluss liegt und die Fernschreibanlage nicht besetzt ist.

Die Beschwerdeschrift unterliegt weder der **Formvorschrift** des § 29 GBO oder des § 126 BGB[24] noch dem **Anwaltszwang**. Immer muss es sich aber um eine Schrift handeln. Sie kann auf dem Postweg, durch einen Boten oder auch persönlich eingereicht werden. Zuständig für die Entgegennahme ist die Eingangsstelle des Gerichts oder der Urkundsbeamte der Geschäftsstelle. Hinsichtlich der Form und des Inhalts der Beschwerdeschrift enthält die GBO keine weiteren Angaben. Erforderlich ist auf jeden Fall eine in deutscher Sprache verfasste Schrift,[25] da gem. § 184 GVG die Gerichtssprache „deutsch" ist. Zu den weiteren inhaltlichen Anforderungen an eine Beschwerdeschrift siehe § 74 GBO Rdn 2 ff. 8

Die GBO enthält – abweichend von § 64 Abs. 2 S. 4 FamFG – keine Regelung über die Notwendigkeit einer Unterzeichnung der Beschwerdeschrift. Eine **eigenhändige Unterschrift** des Beschwerdeführers oder seines Bevollmächtigten ist daher weiterhin **nicht zwingend erforderlich**,[26] jedoch grundsätzlich zweckmäßig, da sie beweist, dass der über der Unterschrift stehende Text abgeschlossen ist und vom Unterzeichner gewollt ist. Eine Unterschrift ist somit entbehrlich, wenn sich die Person des Beschwerdeführers und sein Wille, Beschwerde einzulegen, aus dem Schriftstück zweifelsfrei ergeben.[27] Ein solcher Wille wird sich regelmäßig aus der Fassung des Textes ergeben. Insbesondere bei einer von einem Notar eingelegten Beschwerde wird das so gut wie immer der Fall sein.[28] Die **Unterschrift** muss eine das Vorliegen eines die Identität des Unterzeichnenden kennzeichnenden Schriftzugs mit individuellen und entsprechend charakteristischen Merkmalen aufweisen. Ein Schriftzug, der nach seinem äußeren Erscheinungsbild eine bewusste und gewollte Namensabkürzung und damit eine **Paraphe** darstellt, genügt nicht.[29] Bei einem Computerfax reicht eine eingescannte Unterschrift.[30] Deshalb kann auch mechanische Unterzeichnung, z.B. durch einen **Faksimilestempel**, nicht ohne Weiteres als unzulässig angesehen werden. Hierbei wird unter Berücksichtigung der Verkehrsgewohnheiten im Einzelfall zu prüfen sein, ob eine abgeschlossene Erklärung vorliegt. Ausreichend kann auch die Unterzeichnung ausschließlich mit dem Vornamen sein.[31] 9

Bei Einlegung der Beschwerde durch eine **Behörde** ist nicht wesentlich, dass diese von dem zuständigen Behördenleiter oder seinem Stellvertreter unterzeichnet ist; es genügt die Unterschrift des Sachbearbeiters, sofern dieser berechtigt ist, die Behörde insoweit nach außen zu vertreten.[32] Es reicht die Übersendung einer beglaubigten Abschrift, die mit einem Dienststempel versehen ist.[33] Ein Dienstsiegel ist indes nicht zwingend erforderlich, da die Beschwerdeschrift nicht unter § 29 Abs. 3 GBO fällt.[34] Ausreichend ist, wenn die Beschwerdeschrift klar zum Ausdruck bringt, dass sie dem Willen der Behörde entspricht.[35] 10

III. Einlegung zur Niederschrift, Abs. 2 S. 1 Alt. 2

Die Beschwerde kann nach Abs. 2 S. 1 Alt. 2 auch zur Niederschrift des zuständigen **Grundbuchamts** oder der **Geschäftsstelle des zuständigen Beschwerdegerichts** erhoben werden. Keine Regelung trifft die Vorschrift hinsichtlich der Möglichkeit der Einlegung der Beschwerde durch Erklärung **zur Niederschrift eines anderen Gerichts**. Die Vorschrift ist aber als abschließende Sonderregelung zu verstehen, so die Möglichkeit der Einlegung zur Niederschrift der Geschäftsstelle eines anderen Gerichts nicht besteht;[36] § 25 Abs. 2 FamFG findet insoweit keine Anwendung.[37] Eine dennoch aufgenommene Niederschrift hat das aufnehmende Gericht im normalen Geschäftsbetrieb an das zuständige Gericht weiterzuleiten (vgl. § 25 Abs. 3 S. 1 FamFG). Die Niederschrift gilt mit Eingang beim zuständigen Grundbuch- 11

---

24 St. Rspr. BGH NJW 1967, 2059; BayObLGZ 1987, 275, 277; OLG Frankfurt Rpfleger 1975, 306; OLG Köln Rpfleger 1980, 222.
25 BayObLGZ 1986, 537; siehe auch BGHSt 30, 182.
26 OLG Frankfurt Rpfleger 1975, 306; OLG Naumburg MittBayNot 2015, 314; *Demharter*, § 73 Rn 7.
27 BGH MDR 1959, 923, für die Person des Beschwerdeführers; BGHZ 8, 301 = NJW 1953, 624; BayObLGZ 1964, 334; KG JFG 19, 139; OLG Frankfurt Rpfleger 1975, 306; OLG Köln Rpfleger 1980, 222; OLG Naumburg MittBayNot 2015, 314;
28 OLG Köln Rpfleger 1980, 222.
29 St. Rspr. z.B.: BGH GE 2008, 529; OLG Celle FamRZ 2998, 485; Sternal/*Sternal*, § 64 Rn 43 m.w.N.
30 GmS-OGB NJW 200, 2340.
31 BayObLG Rpfleger 1983, 10.
32 OLG Schleswig FamRZ 2014, 789.
33 BGH NJW 1967, 2059.
34 OLG Schleswig FGPrax 2009, 262.
35 BGH MDR 1959, 923; KG JFG 19, 139; OLG München JFG 21, 2; OLG Schleswig Rpfleger 2009, 675.
36 Bauer/Schaub/*Sellner*, § 73 Rn 8; Hügel/*Kramer*, § 73 Rn 20.
37 Bauer/Schaub/*Sellner*, § 73 Rn 8; *Demharter*, § 73 Rn 9.

amt bzw. Beschwerdegericht als Beschwerdeschrift (vgl. § 25 Abs. 3 S. 2 FamFG). Die Einlegung des Rechtsmittels zur Niederschrift setzt stets die **körperliche Anwesenheit des Erklärenden** voraus, da nur so verlässlich geprüft werden kann, welche Person welche Erklärung abgibt;[38] eine telefonische Erklärung genügt nicht (siehe Rdn 6).

12 Grundsätzlich muss die Niederschrift vom **Urkundsbeamten der Geschäftsstelle** aufgenommen werden. Versieht der Urkundsbeamte eine vom Beschwerdeführer vorgelegte Beschwerdeschrift nur mit einer Eingangs- oder Schlussformel, liegt keine Beschwerde zur Niederschrift sondern durch Einreichung einer Beschwerdeschrift vor.[39] Nach dem Wortlaut des § 73 Abs. 2 S. 1 GBO kann beim Grundbuchamt sowohl der Richter oder Rechtspfleger als auch der Urkundsbeamte der Geschäftsstelle die Niederschrift aufnehmen;[40] beim Beschwerdegericht (OLG) dagegen nur der Urkundsbeamte der Geschäftsstelle. Indes ist es unschädlich, wenn eine Aufnahme durch den **Rechtspfleger** oder **Richter** erfolgt,[41] z.B. in einem richterlichen Sitzungsprotokoll.[42] Hat der Rechtspfleger des OLG eine Beschwerde in einer Grundbuchsache aufgenommen, so berührt dies nach § 8 Abs. 5 RPflG nicht die Wirksamkeit der Beschwerde. Nach § 24 Abs. 2 RPflG soll der Rechtspfleger Rechtsbehelfe aufnehmen, soweit sie gleichzeitig begründet werden. Aus § 8 Abs. 1 RPflG folgt zudem, dass dasselbe auch für die vom Richter des OLG aufgenommene Niederschrift gilt, sofern man eine solche Niederschrift nicht schon als Beschwerdeschrift ansieht.[43] Eine Verpflichtung zur Aufnahme der Beschwerde besteht indes nicht.

13 Für die **Form der Niederschrift** fehlen besondere bundesrechtliche Vorschriften. Das BeurkG, insbesondere dessen § 1 Abs. 2 BeurkG findet keine Anwendung. Deshalb ist das Landesrecht maßgebend. Die Niederschrift erfordert die Unterschrift des Urkundsbeamten, nicht auch die des Beschwerdeführers[44] und die Feststellung, dass die Niederschrift vorgelesen oder zur Durchsicht vorgelegt und genehmigt wurde. Das Fehlen dieser Angaben muss nicht zur Unwirksamkeit der Beschwerdeeinlegung führen.[45] In der Regel ist es angezeigt, auch den Beschwerdeführer unterschreiben zu lassen; die Ablehnung der Unterschrift durch den Beschwerdeführer kann ergeben, dass eine Beschwerde nicht beabsichtigt ist.[46] Mängel aller Art der Erklärung zur Niederschrift werden zudem durch die Unterschrift des Beschwerdeführers geheilt, da hierdurch die abgegebene Erklärung zu einer Beschwerdeschrift wird.

IV. Einlegung in elektronischer Form, Abs. 2 S. 2 i.V.m. § 14 Abs. 2 FamFG

14 Seit dem 1.1.2018 **kann** gem. § 73 Abs. 2 S. 2 GBO i.V.m. § 14 Abs. 2 FamFG die Beschwerde auch als elektronisches Dokument entsprechend §§ 130a, 298 ZPO eingelegt werden. Nach § 130a Abs. 1 ZPO können vorbereitende Schriftsätze und deren Anlagen, für Anträge und Erklärungen der Beteiligten sowie für Auskünfte, Aussagen, Gutachten und Erklärungen Dritter als elektronisches Dokument eingereicht werden, sofern diese für die Bearbeitung durch das Gericht geeignet ist (§ 130a Abs. 2 S. 1 ZPO). Ist letzteres nicht der Fall, muss dies unverzüglich dem Absender unter Angabe der geltenden technischen Rahmenbedingungen mitgeteilt werden (§ 130a Abs. 6 S. 1 ZPO), wobei das Dokument als zum Zeitpunkt der früheren Einreichung **als eingegangen gilt**, sofern der Absender es unverzüglich in einer für das Gericht zur Bearbeitung geeigneten Form nachreicht und glaubhaft macht, dass es mit dem zuerst eingereichten Dokument inhaltlich übereinstimmt (§ 130a Abs. 6 S. 1 ZPO).

15 Die verantwortende Person **muss** das übermittelte Dokument entweder mit einer qualifizierten **elektronischen Signatur** versehen oder signieren und auf einem der in § 130a Abs. 4 ZPO abschließend aufgelisteten sicheren Übermittlungswege einreichen (§ 130a Abs. 3 ZPO).[47] Ein elektronisches Dokument ist erst dann **wirksam** bei dem zuständigen Gericht **eingereicht**, wenn es auf dem gerade für dieses Gericht

---

38 BGH FamRZ 2009, 970; OLG Frankfurt FGPrax 2001, 46; OLG Köln Rpfleger 1996, 189.
39 BayObLG Rpfleger 1995, 342; OLG Köln FGPrax 1995, 85.
40 RGZ 110, 314.
41 BayObLG NJW-RR 1989, 1241; OLG Frankfurt FGPrax 2001, 46; OLG Hamm MDR 1976, 763.
42 OLG Düsseldorf FamRZ 2011, 1081.
43 BayObLG NJW-RR 1989, 1241; Bauer/Schaub/*Sellner*, § 73 Rn 8; *Demharter*, § 73 Rn 9.
44 BayObLGZ 1964, 330, 334 = Rpfleger 1965, 110; OLG Stuttgart Justiz 1961, 311; Sternal/*Sternal*, § 64 Rn 23 m.w.N.; a.A.: LG Essen NJW-RR 2010, 1234; LG Freiburg NJW-RR 2012, 638.
45 BayObLGZ 1964, 330, 334 = Rpfleger 1965, 110.
46 BayObLG FamRZ 2005, 834.
47 BGH Beschl. v. 19.1.2023 – V ZB 28/22, juris, zu den Anforderungen an eine qualifizierte elektronische Signatur; BGB NJW 2022, 2415; FGPrax 2015, 142; BGH NJW 2011, 1294; BGH NJW 2010, 2134.

eingerichteten Empfängern-Intermediär im Netzwerk für das elektronische Gerichts- und Verwaltungspostfach (EGVP) gespeichert worden ist (§ 130a Abs. 5 S. 1 ZPO).[48] Unerheblich ist, wann bei einer noch nicht elektronischen Aktenführung die Beschwerdeschrift für die Papierakte ausgedruckt wird. Der Versender erhält über den Zeitpunkt des Eingangs automatisch eine Bestätigung (§ 130a Abs. 5 S. 2 ZPO). Ist eine nicht auf dem sicheren Übertragungsweg eingereichte Beschwerdeschrift nicht mit einer qualifizierten Signatur versehen, muss das Empfangsgericht den Absender im Rahmen des ordnungsgemäßen Geschäftsgangs hierauf hinweisen und diesem Gelegenheit zur Behebung des Fehlers geben, sofern eine bestehende Frist noch nicht abgelaufen ist.[49]

Gem. § 130a Abs. 2 S. 2 ZPO kann die Bundesregierung durch Rechtsverordnung mit Zustimmung des Bundesrates die für die Übermittlung und Bearbeitung geeigneten technischen Rahmenbedingungen bestimmen. Dies ist durch Verordnung über die technischen Rahmenbedingungen des elektronischen Rechtsverkehrs und über das besondere elektronische Behördenpostfach (**Elektronisches-Rechtsverkehr-Verordnung** – ERVV) v. 24.11.2017 geschehen.[50]

Soweit seit dem **1.1.2022** die Nutzung des elektronischen Rechtsverkehrs für die in § 14b Abs. 1 S. 1 FamFG aufgeführten Personen (Rechtsanwälte, Behörden, juristische Personen des öffentlichen Rechts etc.) **verpflichtend** ist, findet diese Vorschrift auf die **Grundbuchbeschwerde nach § 71 GBO** (anders als bei den Beschwerden nach §§ 105 Abs. 2 Hs. 2, 110 GBO) **keine Anwendung**.[51] Insoweit normiert § 135 Abs. 1 S. 2 GBO, dass die Landesregierungen ermächtigt werden, durch Rechtsverordnung zu bestimmen, von welchem Zeitpunkt an Dokumente elektronisch übermittelt werden können (Nr. 1) und ab welchem Zeitpunkt Dokumente elektronisch übermittelt werden müssen (Nr. 4).[52] Zudem regelt § 135 Abs. 4 S. 2 GBO ausdrücklich, dass die Vorschriften in den §§ 71–81 GBO über den elektronischen Rechtsverkehr und die elektronischen Akten in Beschwerdeverfahren unberührt bleiben. Für die Einlegung der Beschwerde sieht § 73 GBO gegenüber § 64 FamFG eine **Sonderregelung** vor. Insoweit ist die Form der Beschwerde in § 73 Abs. 2 GBO abschließend geregelt. Die Vorschrift verweist nur auf § 14 Abs. 1 bis 3, Abs. 5 FamFG, nicht indes auf § 14b FamFG. Damit kann eine Beschwerde als elektronisches Dokument eingelegt werden, ohne dass eine entsprechende Verpflichtung besteht.[53]

Zu den elektronischen Dokumenten zählen nicht das **Computerfax** bzw. die eingescannte und **per Dateianhang übersandte Beschwerdeschrift**; insoweit handelt es sich um die Einlegung einer Beschwerde durch Einreichung einer Beschwerdeschrift im Sinne des Abs. 1 S. 1 (vgl. Rdn 10).

F. Bedingte Beschwerdeeinlegung; Wirkung der Beschwerde

Grundsätzlich darf eine Beschwerde nicht unter einer Bedingung erhoben werden,[54] z.B. dass das eingelegte Rechtsmittel zulässig und begründet ist, oder das Verfahrenskostenhilfe gewährt wird (s. § 71 GBO Rdn 57). Ein solcher Schwebezustand ist mit der Bedeutung dieser Verfahrenshandlung für das Gericht und die übrigen Beteiligten nicht zulässig. Eine entsprechend erhobene Beschwerde ist **unzulässig**. Im Zweifel ist davon auszugehen, dass ein Rechtsmittel unbedingt eingelegt worden ist und der Beschwerdeführer eine Überprüfung der Ausgangsentscheidung erstrebt.[55] Gegebenenfalls muss das Gericht bei dem Rechtsmittelführer eine klarstellende Erklärung einfordern. Zulässig sind indes **innerprozessuale Bedingungen**, z.B. die Erfolglosigkeit des von einem weiteren Beschwerdeführer eingelegten Rechtsmittels,[56] weil insoweit das Rechtsmittel nicht von einem unsicheren außerprozessualen Ereignis abhängig gemacht wird.[57]

---

48 BGH NJW-RR 2023, 351.
49 Vgl. BGH NJW 2023, 1587, für eine Berufungsschrift.
50 BGBl I 3803.
51 OLG Dresden FGPrax 2022, 150; OLG Schleswig FGPrax 2022, 109; OLG Zweibrücken FGPrax 2022, 112; *Wainar*, NotBZ 2022, 90, 92; a.A. Bauer/Schaub/*Sellner*, § 73 Rn 11 f., unter Hinweis auf die Intention des Gesetzgebers, in allen Verfahrensordnungen eine Nutzungspflicht einzuführen.
52 Eine Übersicht des eröffneten Rechtsverkehrs in Grundbuchsachen findet sich bei „www.elrv/info"; vgl. auch KG FGPrax 2023, 150; OLG Köln Beschl. v. 6.6.2023 – 2 Wx 70/23; jew. zur elektronischen Einreichung eines Vollstreckungsantrages bei fehlender Eröffnung des elektronischen Rechtsverkehrs zum Grundbuchamt.
53 OLG Dresden FGPrax 2022, 150; OLG Schleswig FGPrax 2022, 109; DNotI-Report 2022, 25 (30); a.A. Bauer/Schaub/*Sellner*, § 73 Rn 11 f.
54 BGH VersR 1974, 194; BayObLGZ 1987, 46, 49; OLG Hamm JurBüro 1968, 247; OLG Nürnberg Rpfleger 2011, 521.
55 BGH NJW-RR 2012, 755; BGH NJW 2006, 693.
56 BGH NJW-RR 1989, 1286.
57 Vgl. BGH NJW 1984, 1240; BayObLG FamRZ 2001, 1311; BayObLG NJW-RR 1990, 1033; KG OLGZ 1977, 129; KG OLGZ 1975, 85, 86.

Sternal

20 Die Beschwerde hat nur die Wirkung, dass über sie entschieden werden muss. Sie hat insbesondere **keine aufschiebende Wirkung** und hindert weitere Eintragungen nicht, hat also keine Sperre des Grundbuchs zur Folge; zum Sonderfall der Beschwerde gegen eine Zwangsgeldfestsetzung (§ 76 Abs. 3 GBO Rdn 22). Zu neuen Eintragungsanträgen im Beschwerdeverfahren siehe § 74 GBO Rdn 5 ff.; zur Möglichkeit des Erlasses einer einstweiligen Anordnung durch das Beschwerdegericht s. § 76 GBO Rdn 4 ff.

G. Beschwer

21 Die GBO schreibt für die Zulässigkeit der Beschwerde nach § 71 GBO keine Mindestbeschwer vor; § 61 Abs. 1 FamFG findet keine Anwendung. Daher bedarf es keiner Entscheidung des Grundbuchamts über die Zulassung eines Rechtsmittels. Soweit im Rangklarstellungsverfahren aufgrund der §§ 105 Abs. 2, 110 GBO die Grundbuchbeschwerde durch die befristete Beschwerde nach den Vorschriften des FamFG (§§ 59 ff. FamFG) ersetzt wird, muss der Beschwerdewert höher als 600 EUR sein; Gleiches gilt für die Beschwerde nach §§ 2, 4 Abs. 4 GBMaßnG.

H. Anschlussbeschwerde

22 Eine eigene Regelung für die Anschlussbeschwerde enthält die GBO nicht; insoweit ist **§ 66 FamFG** entsprechend anwendbar. Grundsätzlich kann sich ein Beschwerdeberechtigter – bei einer befristeten Beschwerde auch nach Ablauf der Beschwerdefrist – der Beschwerde eines anderen Beteiligten anschließen, auch wenn er zuvor auf sein eigenes Beschwerderecht verzichtet hat (§ 66 S. 1 FamFG).[58] Die Anschließung ist indes unzulässig, wenn der Anschlussbeschwerdeführer hierauf nach Einlegung des Hauptrechtsmittels durch Erklärung gegenüber dem Gericht verzichtet hat (§ 67 Abs. 2 FamFG). Eine bedingte Anschließung ist im Fall einer innerprozessualen Bedingung zulässig, z.B. für den Fall einer bestimmten Entscheidung des Gerichts.[59] Möglich ist auch eine **Anschließung an die Anschlussbeschwerde**.[60]

23 Voraussetzung für eine Anschließung ist die bereits erfolgte wirksame Einlegung des Hauptrechtsmittels. Die Anschließung kann bis zum Erlass der Entscheidung über die Beschwerde (vgl. § 38 Abs. 3 S. 3 FamFG) erfolgen. Eine danach eingelegte Anschlussbeschwerde kann unter Umständen als neue eigenständige Beschwerde ausgelegt werden. Hinsichtlich der **Form** der Anschließung gelten die gleichen Grundsätze wie für die Einlegung der Beschwerde (siehe Rdn 7); Entsprechendes gilt für den Inhalt der Anschlussbeschwerdeschrift (s. § 74 GBO Rdn 2 ff.). Die Anschlussbeschwerde muss grundsätzlich beim Beschwerdegericht eingereicht werden (§ 66 S. 2 FamFG). Die Durchführung eines Abhilfeverfahrens sehen weder § 66 FamFG noch § 75 GBO ausdrücklich vor. Eine bereits während des Abhilfeverfahrens beim Grundbuchamt eingereichte Anschlussbeschwerde kann indes Berücksichtigung finden, da das erstinstanzliche Gericht im Rahmen des Abhilfeverfahrens berechtigt ist, seine Entscheidung zu ändern (s. § 75 GBO Rdn 13 ff.). Zur Rücknahme der Anschlussbeschwerde siehe Rdn 27; zum Verzicht auf die Anschlussbeschwerde vgl. Rdn 34.

24 Die Anschließung muss sich gegen dieselbe Entscheidung richten, wie die eingelegte Beschwerde. Die Anschlussbeschwerde darf nicht über den Verfahrensgegenstand hinausgehen. Eine **Erweiterung des Verfahrensgegenstandes** ist in Antragsverfahren nur in dem Umfang möglich, in dem der Sachantrag in der Beschwerdeinstanz erweitert werden kann; in Amtsverfahren scheidet eine Erweiterung generell aus.[61] Für die Einlegung der Anschlussbeschwerde bedarf es keiner eigenen Beschwer des Anschließenden. Erforderlich ist indes ein entsprechendes Rechtsschutzbedürfnis. Dieses fehlt, wenn mit der Anschließung lediglich das gleiche Ziel wie mit dem Hauptrechtsmittel verfolgt wird.[62] In Amtsverfahren wird wegen des bestehenden uneingeschränkten Amtsermittlungsprinzips häufig das Rechtsschutzinteresse fehlen.[63]

25 Über die Anschlussbeschwerde entscheidet das **Beschwerdegericht**. Eine gleichzeitige Entscheidung mit dem Hauptrechtsmittel ist nicht erforderlich, aber regelmäßig angezeigt, da über die **Kosten** der Be-

---

58 *Demharter*, § 73 Rn 3.
59 BGH NJW 1984, 1240, zur Anschlussberufung.
60 Sternal/*Sternal*, § 66 Rn 11.
61 Sternal/*Sternal*, § 66 Rn 12.
62 BGH FGPrax 2014, 187; BGH FamRZ 1985, 267; KG NJW-RR 2011, 1372; OLG Bremen FamRZ 2011, 1296; OLG München FamRZ 2012, 1503.
63 Sternal/*Sternal*, § 66 Rn 9.

schwerde und Anschlussbeschwerde einheitlich zu befinden ist. Hinsichtlich der Kostenverteilung gelten die §§ 81 ff. FamFG. Mit der Zurücknahme der Hauptbeschwerde bzw. deren Verwerfung als unzulässig **verliert** die Anschließung **ihre Wirkung** (§ 66 S. 3 FamFG). In diesem Fall trägt der Beschwerdeführer gem. § 84 FamFG auch die Kosten der Anschlussbeschwerde.

I. Verwirkung des Beschwerderechts

In Grundbuchsachen kann wegen der Besonderheiten dieses Verfahrens das Recht zur Einlegung der unbefristeten Beschwerde nicht durch Zeitablauf bzw. sonstigen Umständen verwirkt werden.[64] Eine Ausnahme kann bei einer befristeten Beschwerde in Grundbuchsachen bestehen,[65] wobei wegen der Befristung kaum Fälle denkbar sind.

26

J. Zurücknahme der Beschwerde

Eine Zurücknahme der Beschwerde ist ab der Einlegung des **Rechtsmittels bis zum Erlass der Beschwerdeentscheidung** möglich (vgl. § 67 Abs. 4 FamFG), d.h., bis zur Übergabe des Beschlusses an die Geschäftsstelle oder der Bekanntgabe durch Verlesen der Beschlussformel (vgl. § 38 Abs. 3 S. 3 FamFG). Gleiches gilt für die Rücknahme einer Anschlussbeschwerde.[66] Eine Zurücknahme der Beschwerde ist nicht von der Zulässigkeit des eingelegten Rechtsmittels abhängig. Eine vor Einlegung der Beschwerde erklärte Rechtsmittelrücknahme kann als Verzichtserklärung ausgelegt werden. Die nach Erlass der Entscheidung eingehende Rücknahmeerklärung entfaltet keine Wirkungen mehr, selbst wenn sich der Beschwerdeführer außergerichtlich zur Rücknahme des Rechtsmittels verpflichtet hat.[67]

27

Die Zurücknahme der Beschwerde bedarf keiner besonderen **Form**, insbesondere nicht der des § 29 GBO bzw. des § 31 GBO. Maßgebend ist vielmehr die für die Einlegung vorgeschriebene Form des § 73 Abs. 2 GBO. Die Zurücknahme kann also durch einen Schriftsatz (Rdn 7 ff.), durch Erklärung zur Niederschrift (Rdn 11 ff.) oder mittels elektronisches Dokument (Rdn 14 ff.) erfolgen.[68] Es bedarf nicht der Zustimmung der übrigen Beteiligten.

28

Die Rücknahme darf als Verfahrenshandlung nicht unter einer **Bedingung** oder unter einem Vorbehalt erklärt werden; sie kann aber von einem innerprozessualen Vorgang abhängig gemacht werden.[69] Sie ist zudem als Verfahrenshandlung unwiderruflich und unanfechtbar.[70]

29

Die Rücknahme führt zum **Verlust des Rechtsmittels**; zugleich erlischt die Befugnis des Gerichts zur Entscheidung über das Rechtsmittel in der Hauptsache. Eine dennoch ergangene Entscheidung entfaltet keine Wirkungen.[71] Zur Klarstellung kann eine entsprechende Entscheidung aufgehoben werden.[72] Zudem können die Wirkungen der Rücknahme (Verlust des Rechtsmittels; Kostentragungspflicht) durch Beschluss ausgesprochen werden. Die Kostentragungspflicht richtet sich nach § 84 FamFG.[73] Eine Beschwerderücknahme enthält **nicht** ohne Weiteres einen **Verzicht auf das Rechtsmittel**; für die Annahme eines Verzichts müssen besondere Umstände gegeben sein.[74] Deshalb ist eine Wiederholung der Beschwerde möglich.

30

Im Falle der Zurücknahme der Beschwerde reduziert sich die **Gerichtsgebühr** für das Beschwerdeverfahren auf die Hälfte der vollen Gebühr, höchstens 400 EUR (Nr. 14511 KV GNotKG). Eine Reduzierung der anwaltlichen Gebühren erfolgt nicht. Zu dem für die Berechnung maßgeblichen Geschäftswert siehe § 77 GBO Rdn 46. Zur Erstattung außergerichtlicher Kosten eines Beteiligten durch einen anderen Beteiligten s. § 77 GBO Rdn 45.

31

---

64 BGH NJW 1968, 105; BayObLGZ 1966, 240; BayObLGZ 1956, 57; BayObLGZ 1953, 7, 9; OLG Frankfurt Rpfleger 1963, 295; OLG Hamm Rpfleger 1973, 305; OLG Hamm MDR 1952, 369; OLG München FGPrax 2005, 142; Bauer/Schaub/*Sellner*, § 73 Rn 23; *Demharter*, § 73 Rn 3, § 78 Rn 2; Hügel/*Kramer*, § 71 Rn 245 f.; Meikel/*Schmidt-Räntsch*, § 71 Rn 172.
65 Meikel/*Schmidt-Räntsch*, § 71 Rn 173.
66 Sternal/*Sternal*, § 67 Rn 30.
67 OLG Köln FGPrax 2005, 181.
68 *Demharter*, § 73 Rn 11; Hügel/*Kramer*, § 73 Rn 37; Meikel/*Schmidt-Räntsch*, § 73 Rn 22.
69 BGH NJW-RR 2008, 85; BGH NJW-RR 1990, 67; OLG Köln FGPrax 2008, 10; OLG Köln NZM 2002, 268.
70 BGH NJW 1985, 2334; Sternal/*Sternal*, § 67 Rn 26.
71 BayObLGZ 1988, 259; OLG Köln FGPrax 2005, 181; OLG Zweibrücken OLGR 2001, 44.
72 BayObLGZ 1965, 347, Sternal/*Sternal*, § 67 Rn 27.
73 Sternal/*Sternal*, § 67 Rn 28.
74 OLG Karlsruhe JFG 7, 242.

K. Verzicht auf die Beschwerde

32 Ein Verzicht auf die Beschwerde ist mit unmittelbarer verfahrensrechtlicher Wirkung, die ihre erneute Einlegung hindert, zulässig; ebenfalls ist bei einem teilbaren Verfahrensgegenstand ein Teilverzicht möglich. Der Verzicht führt zum **Verlust der Möglichkeit der Einlegung des Rechtsmittels** bzw. eines bereits eingelegten Rechtsmittels, was das Gericht von Amts wegen zu beachten hat. Eine dennoch erhobene Beschwerde ist in entsprechender Anwendung des § 67 Abs. 1 FamFG als unzulässig zu verwerfen.[75] Die **Kostenentscheidung** richtet sich in diesem Fall nach § 84 FamFG.[76] Der Verzicht kann gegenüber dem GBA, dem Beschwerdegericht oder den anderen Beteiligten (vgl. § 67 Abs. 3 FamFG) mündlich, schriftlich, als elektronisches Dokument oder auch konkludent erklärt werden.[77] Erforderlich ist eine unbedingte und eindeutige Erklärung. Ein Verzicht unter einer Bedingung ist unwirksam. Eine Ausnahme besteht bei einer innerprozessualen Bedingung, z.B. der Rechtsmittelverzicht der übrigen Beteiligten. Es liegt im Ermessen des Gerichts, welche Anforderungen es an den Nachweis des Verzichts stellt. Mit der Erklärung, keine Beschwerde einzulegen, kann im Einzelfall ein Verzicht verbunden sein; eine bloße Absichtserklärung, keine Beschwerde einlegen zu wollen, genügt regelmäßig noch nicht.[78] Ein wirksam erklärter Verzicht kann als Verfahrenshandlung **nicht widerrufen** oder wegen Willensmängel nach §§ 119 BGB **angefochten** werden;[79] selbst dann nicht, wenn sich der Verzichtende über die Tragweite seiner Erklärung geirrt hat.

33 Ein einseitiger Verzicht, der vor Erlass der Entscheidung des Grundbuchamts (vgl. § 38 Abs. 3 S. 2 FamFG) gegenüber **dem Gericht** erklärt wird, ist nicht zulässig und daher unwirksam.[80] Einer Bekanntgabe der Entscheidung bedarf es entgegen dem Wortlaut des § 67 Abs. 1 FamFG nicht.[81] Dagegen sieht das Gesetz hinsichtlich der Erklärung **gegenüber einem anderen Beteiligten** keine zeitliche Beschränkung vor, so dass der Verzicht schon vor Erlass der Entscheidung erklärt werden kann.[82] Zudem können die Beteiligten jederzeit unabhängig von der Regelung in § 67 FamFG einen Verzicht im Wege eines Vertrages oder eines Vergleichs vereinbaren.[83] Der gegenüber anderen Beteiligten erklärte Verzicht hat die Unzulässigkeit der Beschwerde nur dann zur Folge, wenn diese sich darauf berufen (§ 67 Abs. 4 FamFG).

34 Auf die Einlegung der **Anschlussbeschwerde** kann nach § 67 Abs. 2 FamFG verzichtet werden. Ein Verzicht ist frühestens nach Einlegung des Hauptrechtsmittels möglich. Ein vorher erklärter Verzicht entfaltet keine Wirkungen und hindert die Einlegung einer Anschlussbeschwerde nicht. Im Fall einer wirksamen Verzichtserklärung ist eine dennoch erhobene Anschlussbeschwerde unzulässig (§ 67 Abs. 2 FamFG). Sofern der Verzicht nicht gegenüber dem Gericht, sondern nur gegenüber einem anderen Beteiligten erklärt wird, führt dies nur dann zur Unzulässigkeit der Anschlussbeschwerde, wenn sich der Erklärungsempfänger im Beschwerdeverfahren darauf beruft (§ 67 Abs. 3 FamFG).

L. Elektronische Gerichtsakte; gerichtliches elektronisches Dokument; Abs. 2 S. 2 i.V.m. § 14 Abs. 1 bis 3, Abs. 5 FamFG

35 Außer in Papierform können die **Gerichtsakten des Beschwerdeverfahrens** auch elektronisch geführt werden (§ 73 Abs. 2 S. 2 GBO i.V.m. § 14 Abs. 1 Abs. 1 FamFG), sofern diese Möglichkeit eröffnet worden ist. Die entsprechende Verordnungsermächtigung über die Einführung und Ausgestaltung ist in § 81 Abs. 4 GBO geregelt, wobei weder § 73 Abs. 2 S. 2 GBO noch § 81 Abs. 4 GBO derzeit – wie in § 14b Abs. 4a FamFG – eine zwingende Einführung der elektronischen Akte im Beschwerdeverfahren zum 1.1.2026 vorsehen.[84] Einzelheiten der elektronischen Aktenführung ergeben sich aus § 14 Abs. 1 S. 2 FamFG i.V.m. § 298a Abs. 2 ZPO. Für das **gerichtliche elektronische Dokument** wird über § 73 Abs. 2 S. 2 GBO i.V.m. § 14b Abs. 3 FamFG auf § 130b ZPO und § 298 ZPO verwiesen. Danach können

---

[75] Vgl. BGH NJW 1989, 296; BayObLGZ 1998, 62, 63; OLG Hamm Rpfleger 1990, 510.
[76] Sternal/*Sternal*, § 64 Rn 16.
[77] Sternal/*Sternal*, § 64 Rn 8 m.w.N.
[78] BGH NJW-RR 1994, 386; BGH NJW 1989, 295; BayObLGZ 1998, 62.
[79] BGH NJW 1989, 296; BGH NJW 1985, 2334; KG FGPrax 2003, 205.
[80] *Demharter*, § 73 Rn 13; Sternal/*Sternal*, § 67 Rn 12.
[81] Sternal/*Sternal*, § 67 Rn 12 m.w.N.
[82] BGH NJW 1967, 2059; OLG Frankfurt DNotZ 1972, 180; OLG Hamm OLGZ 1973, 118; Sternal/*Sternal*, § 67 Rn 16 m.w.N.
[83] *Demharter*, § 73 Rn 13; Sternal/*Sternal*, § 67 Rn 9 m.w.N.
[84] Vgl. auch Bauer/Schaub/*Sellner*, § 73 Rn 27.

auch im Beschwerdeverfahren Dokumente elektronisch aufgezeichnet werden. Zur **elektronischen Grundakte** s. die Ausführungen zu §§ 135 ff. GBO.

Bei einer elektronischen Aktenführung wird die handschriftliche Unterzeichnung dadurch ersetzt, dass die sie verantwortenden Personen am Ende des Dokuments ihren Namen hinzufügen und das Dokument mit einer **qualifizierten elektronischen Signatur** versehen wird (§ 14 Abs. 3 FamFG i.V.m. § 130b S. 1 ZPO).[85] Dieser Form genügt auch ein gerichtliches elektronisches Dokument, in welches das handschriftlich unterzeichnete Schriftstück gem. § 298a Abs. 2 ZPO übertragen worden ist (§ 14 Abs. 3 FamFG i.V.m. § 130b S. 2 ZPO). Haben mehrere Personen das Dokument zu unterzeichnen (z.B. die Beschwerdeentscheidung), bedarf es einer **mehrfachen Signatur**, wobei die Signierenden am Ende des Dokuments ihren Namen anzugeben haben, damit nachvollziehbar ist, wer das Dokument verantwortet.[86] Dabei darf der Text nach der Signatur einer Person nicht mehr durch Korrekturen oder Zusätze geändert werden. Ansonsten wird die bereits erteilte elektronische Signatur zerstört.[87] Vermerke (z.B. der Erlassvermerk gem. § 38 Abs. 3 S. 3 FamFG) sind auf einem gesonderten elektronischen Dokument anzufertigen und durch eine zusätzliche Signatur mit dem Ursprungsdokument zu verbinden.[88]

Wird die in § 130b ZPO vorgeschriebene Form **nicht eingehalten**, so liegt ein erheblicher Mangel vor. Für die Auswirkungen sowie die Möglichkeit der Heilung des Mangels ist auf die von der Rechtsprechung entwickelten Grundsätze für das jeweilige Dokument in Schriftform abzustellen. So handelt es sich bei einer fehlenden Signierung eines Beschlusses in elektronischer Form nur um einen Entwurf, dem keine rechtlichen Auswirkungen zukommen. Zudem kommt einem fehlerhaften Ausdruck eines gerichtlichen elektronischen Dokuments die Beweiskraft des § 416a ZPO nicht zu.[89] Die Überlassung der Signierung durch einen Dritten hat keinen Einfluss auf die Wirksamkeit des Dokuments;[90] anders dürfte dies sein, wenn eine Signierung in Unkenntnis oder gegen den Willen des Signierungspflichtigen erfolgt.

Die **noch in Papierform eingereichten Dokumente** müssen zur Ersetzung der Urschrift in ein elektronisches Dokument umgewandelt werden. Erforderlich ist, dass das elektronische Dokument und das Papierdokument inhaltlich und bildlich übereinstimmen (§ 298 Abs. 2 S. 2 ZPO). Durch die Neufassung des § 298a Abs. 2 S. 1 ZPO zum 1.1.2018 wird klargestellt, dass die Übertragung in das elektronische Dokument nach dem Stand der Technik vorgenommen werden muss.

Die Papierdokumente müssen nach der Übertragung nur noch sechs Monate lang **aufbewahrt werden** (§ 298a Abs. 2 S. 3 ZPO). Danach ist das in Papierform eingereichte Dokument zu vernichten oder an den Einreicher/Übersender zurückzugeben. In der Praxis sollte indes geprüft werden, ob die Unterlagen nicht bis zum Abschluss des Verfahrens benötigt werden oder ob eine Vernichtung oder Rückgabe bereits nach sechs Monaten in Betracht kommt. Sind die Papierdokumente der Gerichtsakte auf einen Bildträger übertragen worden, der die Urschrift ersetzt, können Auszüge, Ausfertigungen und Abschriften von diesem Datenträger erteilt werden. Die Übereinstimmung der Wiedergabe mit der Urschrift muss jedoch schriftlich bestätigt werden. Auf der Urschrift anzubringende Vermerke sind in diesem Fall bei dem Nachweis anzufügen (§ 14 Abs. 5 FamFG).

Ab wann die Akten elektronisch geführt und elektronische Dokumente eingereicht werden können, haben Bund und Länder gemäß der **Ermächtigung in § 81 Abs. 4 GBO** jeweils für ihren Bereich durch Rechtsverordnung zu bestimmen. Dabei kann die Zulassung auf einzelne Gerichte oder Verfahren beschränkt werden. In der Rechtsverordnung sind auch die Rahmenbedingungen für die Bildung, Führung und Aufbewahrung der elektronischen Akten zu bestimmen sowie die für die Bearbeitung der Dokumente geeignete Form. Eine flächendeckende elektronische Aktenführung in Beschwerdeverfahren ist bisher noch nicht eingeführt worden; in NRW wird die Grundbuchbeschwerde seit 2022 in einer elektronischen Akte bearbeitet.

---

[85] Sternal/*Sternal*, § 14 Rn 30 ff.
[86] BT-Drucks 15/4067, 31; Sternal/*Sternal*, § 14 Rn 31.
[87] BT-Drucks 15/4067, 31; Sternal/*Sternal*, § 14 Rn 31; *Viefhues* NJW 2005, 1009 (1011 f.).
[88] Zöller/*Greger* § 130a Rn 2; Sternal/*Sternal* § 14 Rn 31; *Viefhues* NJW 2005, 1009 (1010).
[89] MüKoZPO/*Prütting* § 298a Rn 11; Sternal/*Sternal* § 14 Rn 32.
[90] MüKoZPO/*Fritsche* § 130b Rn 4; Sternal/*Sternal* § 14 Rn 32, Zöller/*Greger* § 130b Rn 3.

Für die **Umwandlung eines elektronischen Dokuments** (z.B. die Beschwerdeentscheidung bei elektronischer Aktenführung; z.B. in NRW) in die Papierform (z.B. bei weiterer Führung der Grundakten in Papierform beim Grundbuchamt; z.B. in NRW) verweist § 14 Abs. 3 FamFG auf die Regelung in § 298 ZPO.

§ 74 [Beschwerde, neue Tatsachen und Beweise]

Die Beschwerde kann auf neue Tatsachen und Beweise gestützt werden.

A. Normzweck; Allgemeines 1	C. Vorbringen von neuen Tatsachen und Beweisen 9
B. Notwendiger Inhalt der Beschwerdeschrift 2	I. Grundsatz 9
I. Grundsatz 2	II. Neue Tatsachen 12
II. Neuer Antrag 5	III. Neue Beweise 13
III. Beschränkung des ursprünglichen Antrages 8	D. Wirkung des neuen Vorbringens 14

A. Normzweck; Allgemeines

1 § 74 GBO regelt in Übereinstimmung mit § 571 Abs. 2 S. 1 ZPO sowie § 65 Abs. 3 FamFG, dass das Beschwerdevorbringen grundsätzlich keinen Beschränkungen unterliegt. Mit der Beschwerdebegründung können neue Tatsachen und Beweise vorgebracht werden. Im Grundbuchverfahren ist das Beschwerdegericht zweite Tatsacheninstanz.[1] Dies bezweckt eine Beschleunigung und Vereinfachung des Verfahrens. Der Beschwerdeführer ist nicht gezwungen, neue Tatsachen und Beweise mit einem neuen Antrag an das Grundbuchamt geltend zu machen. Weitere Bestimmungen über den Inhalt der Beschwerde enthält die GBO nicht.

B. Notwendiger Inhalt der Beschwerdeschrift

I. Grundsatz

2 In formeller Hinsicht sind an den Antrag und den Inhalt der Beschwerde nur **geringe Anforderungen** zu stellen. Es genügt, dass die angefochtene Entscheidung und die Person des Beschwerdeführers[2] möglichst genau bezeichnet werden, damit im Fall von mehreren Beschlüssen des Grundbuchamts bzw. mehreren Beteiligten Klarheit über die angefochtene Entscheidung und den Rechtsmittelführer herrscht. Wird die Beschwerde von einem Bevollmächtigten für einen Vertretenen erhoben, muss zudem aus der Beschwerdeschrift erkennbar sein, für wen das Rechtsmittel erhoben wird. Legt ein Notar Rechtsmittel ein, ohne zu erklären, für wen er als Vertreter tätig wird, sind diejenigen Beschwerdeführer, für die er den Eintragungsantrag gestellt hat oder letztlich alle Antragsberechtigten, die durch die angefochtene Entscheidung beschwert sind (s. § 71 GBO Rdn 90).[3]

3 **Inhaltlich** muss die Beschwerdeschrift erkennen lassen, dass eine unbedingte sachliche Überprüfung einer bestimmten Entscheidung des Grundbuchamts durch die nächst höhere Instanz erstrebt wird.[4] Bestimmte Formulierungen oder Ausdrücke sind nicht erforderlich; insbesondere bedarf es nicht der Bezeichnung der Eingabe als „Beschwerde". Unrichtige Angaben sind unschädlich, sofern der Wille des Eingabeführers feststellbar ist. Im Zweifel ist der statthafte Rechtsbehelf gewollt. Gegebenenfalls ist vom Gericht auf eine Klarstellung hinzuwirken. An einer Beschwerde fehlt es, wenn durch die Eingabe nur das Grundbuchamt zur Überprüfung seiner bisherigen Rechtsauffassung veranlasst oder zur Abänderung seiner Entscheidung angeregt werden soll. Zur Unzulässigkeit einer Gegenvorstellung s. vor § 71 GBO Rdn 13.[5]

---

1 OLG Köln MDR 2011, 477.
2 BGHZ 85, 299; BayObLG NJW-RR 1988, 96; BayObLGZ 1985, 272, 275; BayObLGZ 1984, 29, 31.
3 St. Rspr. z.B. BGH NJW 1989, 2059; BGH NJW 1985, 3070; OLG Bamberg FGPrax 2020,122; OLG Düsseldorf Rpfleger 2021, 91; OLG Hamm OLGZ 1988, 206; OLG München Rpfleger 2014, 14; OLG Naumburg OLGR 2005, 488; OLG Zweibrücken MittRhNotk 1996, 59.
4 BayObLGZ 1999, 330; BayObLGZ 1990, 37, 38; OLG Frankfurt JurBüro 1979, 97; OLG Köln Rpfleger 1980, 222.
5 OLG Köln MDR 2011, 477.

Die Beschwerde braucht keinen **Antrag** zu enthalten. Im Zweifel ist die Entscheidung des Grundbuchamts ihrem ganzen Umfang nach angefochten. Bei Unzulässigkeit der Beschwerde gegen eine erfolgte Eintragung (siehe § 71 GBO Rdn 26 ff.), ist i.d.R. die Eintragung eines Amtswiderspruchs oder die Amtslöschung (vgl. § 71 GBO Rdn 28) als beantragt anzusehen. Die Notwendigkeit einer **Begründung der Beschwerde** sieht das GBO ebenfalls nicht vor. Auch im Fall einer fehlenden Begründung muss das Beschwerdegericht umfänglich von Amts wegen auf die verfahrensrechtliche, tatsächliche und rechtliche Richtigkeit überprüfen. Hinsichtlich neuer Tatsachen und Beweise ist die Überprüfungspflicht auch nicht davon abhängig, dass diese im Beschwerdeverfahren geltend gemacht werden. Vielmehr hat das Beschwerdegericht sämtliche ihm bis zum Erlass der Entscheidung bekannt gewordenen Umstände von Amts wegen zu berücksichtigen. Es empfiehlt sich aber, die Beschwerde zu begründen. Nur dann kann der Beschwerdeführer erwarten, dass sich das Beschwerdegericht umfassend mit seinem alten und neuen Vorbringen auseinandersetzt. Die GBO sieht keine Frist zur Begründung des Rechtsmittels vor. Zur Wartefrist des Beschwerdegerichts bis zum Erlass einer Entscheidung vgl. § 77 GBO Rdn 22.

II. Neuer Antrag

Ein völlig neuer Antrag kann weder als Haupt- noch als Hilfsantrag zum Gegenstand der Beschwerde gemacht werden.[6] Ein solcher Antrag ist im Beschwerdeverfahren unzulässig. Über ihn hat zunächst das Grundbuchamt zu entscheiden; wird er gleichwohl mit der Beschwerde verfolgt, so ist das Rechtsmittel als unzulässig zu verwerfen.[7] Neu ist ein Antrag, wenn er die Angelegenheit zu einer anderen macht, als diejenige es war, welche Gegenstand der Entscheidung erster Instanz gewesen ist,[8] Gegenstand des Beschwerdeverfahrens kann nur der Verfahrensgegenstand sein, über den im ersten Rechtszug entschieden worden ist.

In **Antragsverfahren** bestimmt sich der Verfahrensgegenstand nach dem erstinstanzlich gestellten Antrag und dem zugrundeliegenden Sachverhalt.[9] Entsprechend kann im Beschwerdeverfahren kein neuer Eintragungsantrag gestellt werden,[10] da es an einer der Überprüfung durch das Beschwerdegericht zugänglichen Ausgangsentscheidung des Grundbuchamt fehlt.[11] Dagegen liegt kein unzulässiger neuer Antrag vor, wenn ein Berichtigungsantrag nicht mehr auf den Nachweis der Unrichtigkeit, sondern nunmehr auf die Bewilligung des Betroffenen gestützt wird oder umgekehrt.[12] Um einen neuen Antrag handelt es sich hingegen, wenn statt der Eigentumsübertragung in Verbindung mit einem Nießbrauch an dem übertragenen Grundstück die Eigentumsübertragung in Verbindung mit einer beschränkten persönlichen Dienstbarkeit eingetragen werden soll.[13] Der Antrag auf Eintragung eines neuen Eigentümers aufgrund einer Auflassung ist ein neuer im Beschwerdeverfahren unzulässiger Antrag gegenüber dem bisherigen im Wege der Berichtigung verfolgten Antrag aufgrund eines Erbausweises.[14] Gleiches gilt für den Antrag auf Auskunft anstelle des ursprünglichen Grundbucheinsichtsantrages.[15]

In **Amtsverfahren** ist maßgeblich, ob die von dem Beteiligten angeregte bzw. die von dem Grundbuchamt in Betracht gezogene Maßnahme identisch bleiben.[16] Daher kann im Beschwerdeverfahren, in dem die Ablehnung einer beantragten Grundbuchberichtigung angegriffen wird, nicht erstmals als weiterer Verfahrensgegenstand die Grundbuchberichtigung im Amtsverfahren nach §§ 82 ff. GBO eingeführt werden;[17] ebenso scheidet im Beschwerdeverfahren ein Übergang vom Amtslöschungsverfahren in das Antragsverfahren nach §§ 13, 22 GBO aus.[18]

---

6 KG FGPrax 1997, 87; *Demharter*, § 74 Rn 6.
7 St. Rspr. z.B.: BGH Rpfleger 1958, 216; BayObLG MittBayNot 1978, 155; KG FGPrax 1997, 87; KG FGPrax 1995, 219; KGJ 52, 124; KG JFG 4, 420; OLG Hamm NJW-RR 1994, 271; OLG Hamm Rpfleger 1953, 129; OLG Jena FGPrax 1996, 170.
8 St. Rspr. z.B.: BGH FGPrax 2011, 202; BGH FGPrax 2011, 78; BGH NJW 1980, 891; BayObLGZ 1994, 73, 78; KG FamRZ 2011, 827; OLG Köln NJW 1963, 541; OLG Zweibrücken FGPrax 2003, 36.
9 Hügel/*Kramer*, § 74 Rn 9.
10 BayObLG DNotZ 1999, 822; OLG Hamm NJW-RR 1994, 271; OLG Jena FGPrax 1996, 71.
11 OLG Frankfurt FGPrax 2009, 255.
12 *Demharter*, § 74 Rn 6.
13 OLG Frankfurt v. 4.10.2007 – 20 W 336/04, juris.
14 OLG Hamm Rpfleger 1953, 129.
15 KG FGPrax 1997, 87.
16 Hügel/*Kramer*, § 74 Rn 10; Meikel/*Schmidt-Räntsch*, § 74 Rn 5.
17 OLG Hamm NJW-RR 1994, 271.
18 OLG Jena FGPrax 1996, 170.

III. Beschränkung des ursprünglichen Antrages

8 Zulässig ist dagegen eine Einschränkung des bisherigen vom Grundbuchamt beschiedenen Antrages, sofern es sich um einen teilbaren Verfahrensgegenstand handelt.[19] Ein Eintragungsantrag kann im Beschwerdeverfahren beschränkt werden, so z.B. die Erklärung des Gläubigers, dass statt der ursprünglich beantragten Gesamtzwangssicherungshypothek die Eintragung bestimmter Teilsicherungshypotheken gem. § 867 Abs. 2 ZPO erfolgen soll[20] oder dass der Vorbehalt im Sinne des § 16 Abs. 2 GBO zurückgenommen wird.[21] Auch eine Ermäßigung des in erster Instanz gestellten Antrags ist statthaft,[22] wobei die nach § 31 GBO für die Antragsrücknahme vorgeschriebene Form gewahrt werden muss.[23] Der Beschwerdeführer kann mit der Beschwerde statt der Zurückweisung eines Antrags den Erlass einer Zwischenverfügung begehren (s. § 71 GBO Rdn 18).[24]

C. Vorbringen von neuen Tatsachen und Beweisen

I. Grundsatz

9 Das Vorbringen neuer Tatsachen und Beweise ist im Beschwerdeverfahren grundsätzlich **uneingeschränkt zulässig**; insoweit handelt es sich bei dem Beschwerdeverfahren um eine vollwertige weitere Tatsacheninstanz.[25] Nicht nur der Beschwerdeführer, sondern auch die übrigen Beteiligten haben das Recht zu einem neuen Vortrag.[26] Insoweit sieht § 74 GBO keine Präklusion hinsichtlich der Umstände vor, die bereits im erstinstanzlichen Verfahren hätten vorgebracht werden können. In Eintragungsverfahren sind im Rahmen der Beschwerdeentscheidung aber nur solche neuen Tatsachen zu berücksichtigen, die in der nach § 29 Abs. 1 GBO vorgeschriebenen Form nachgewiesen werden, bzw. wenn die Tatsache der freien Beweiswürdigung unterliegt, eine andere tatsächliche Würdigung durch das Beschwerdegericht rechtfertigen.[27] Weiterhin besteht eine Ausnahme bei einer **beschränkten Beschwerde** nach § 71 Abs. 2 GBO mit dem Ziel der Eintragung eines Amtswiderspruchs. Insoweit darf das Beschwerdegericht die Frage der Verletzung des Gesetzes nicht auf nachträglich entstandene Tatsachen stützen. Vielmehr sind, wenn das Grundbuchamt seiner Aufklärungspflicht nachgekommen ist, der Beschwerdeentscheidung nur die dem Grundbuchamt bekannten Tatsachen zugrunde zu legen.[28]

10 Neue Tatsachen sind auch die von dem Antragsteller beizubringenden Unterlagen. Dabei kommt es nicht darauf an, ob die Tatsachen vor oder nach der erstinstanzlichen Entscheidung entstanden sind.[29] Die Zulässigkeit neuen Vorbringens kann dazu führen, dass eine ursprünglich richtige Entscheidung aufgehoben werden muss, weil sie der durch das neue Vorbringen geänderten Sachlage nicht mehr entspricht[30] oder weil das dem zu Recht zurückgewiesenen Eintragungsantrag entgegenstehende Hindernis nachträglich behoben worden ist.[31] Ebenso kann aufgrund neuer Tatsachen und Beweise der Erlass einer neuen Zwischenverfügung geboten sein. Zur Erhebung der Zuständigkeitsrüge im Beschwerdeverfahren siehe § 77 GBO Rdn 4. Werden neue Tatsachen und Beweise schon in der Beschwerdeschrift vorgebracht, so müssen diese bereits im Rahmen der **Abhilfeentscheidung** (§ 75 GBO) berücksichtigt werden.[32] Zeitlich können die neuen Tatsachen und Beweise bis zum Erlass (§ 38 Abs. 3 S. 3 FamFG) der Beschwerdeentscheidung (vgl. § 77 GBO Rdn 49) geltend gemacht werden.

11 Die **Nichtberücksichtigung neuen Vorbringens** durch das Grundbuchamt im Abhilfeverfahren bzw. das Beschwerdegericht ist ein schwerer Verfahrensmangel, der das rechtliche Gehör verletzt. Dies kann im Fall einer statthaften Rechtsbeschwerde (§ 78 GBO) oder im Wege der Anhörungsrüge (§ 81

---

19 BayObLG DNotZ199, 822; Hügel/*Kramer*, § 74 Rn 6.
20 KG FGPrax 2010, 171; KG FGPrax 1995, 219; OLG München ZfIR 2010, 255.
21 BayObLGZ 1974, 365, 367.
22 BayObLG DNotZ 1999, 822.
23 OLG München v. 2.2.2015 – 34 Wx 408/14, juris; *Demharter*, § 74 Rn 7; Hügel/*Kramer*, § 74 Rn 7.
24 *Demharter*, § 74 Rn 8.
25 OLG Saarbrücken FGPrax 2020, 117.
26 Meikel/*Schmidt-Räntsch*, § 74 Rn 11; Sternal/*Sternal*, § 65 Rn 11, zum FamFG-Verfahren.
27 Vgl. Bauer/Schaub/*Sellner*, § 74 Rn 7.
28 Bauer/Schaub/*Sellner*, § 74 Rn 7; Hügel/*Kramer*, § 74 Rn 22; vgl. auch OLG Frankfurt FGPrax 2003, 197; OLG Schleswig FGPrax 2006, 150.
29 OLG Rostock FGPrax 2919, 10.
30 OLG Braunschweig JFG 10, 220; OLG Zweibrücken v. 20.9.2011 – 3 W 114/11; jew. für die nachträgliche Einzahlung eines Kostenvorschusses; OLG München FGPrax 2018, 109.
31 BayObLG JurBüro 1989, 378; KG FGPrax 2019, 245; KG FGPrax 2017, 198; OLG Düsseldorf FGPrax 2020, 162; OLG München NotBZ 2014, 350.
32 OLG München v. 12.1.2017 – 34 Wx 11/17, juris; OLG München NotBZ 2014, 350.

Abs. 3 GBO i.V.m. § 44 FamFG) gerügt werden. Im Falle einer Zurückverweisung eines Verfahrens an das GBO ist das Beschwerdegericht im Rahmen einer erneuten Beschwerde an die tatsächlichen und rechtlichen Ausführungen des Zurückverweisungsbeschlusses gebunden. In diesem Umfang können mit der erneuten Beschwerde keine neuen Tatsachen und Beweise geltend gemacht werden.

II. Neue Tatsachen

Neue Tatsachen sind nicht nur solche Ereignisse, die schon vorher entstanden sind, aber erst in der Beschwerdeinstanz geltend gemacht werden, sondern auch solche, deren zeitliche Entstehung nach der Entscheidung des Grundbuchamts liegt.[33] Es können daher auch solche Angaben und Nachweise, von denen das Grundbuchamt die beantragte Eintragung abhängig gemacht hat, nachgeholt werden, so der Nachweis des Vorliegens der Voraussetzungen der beantragten Zwangsvollstreckung,[34] die nachträgliche Verteilung der Forderungen nach § 867 Abs. 2 ZPO,[35] die Beibringung eines Grundschuldbriefs,[36] die Beibringung einer erforderlichen Genehmigung[37] oder einer Zustimmungserklärung des Eigentümers,[38] die Vorlage sonstiger fehlender Urkunden[39] oder einer Unbedenklichkeitsbescheinigung. Als **neue Tatsache** ist z.B. auch die Einzahlung des Kostenvorschusses zu berücksichtigen, wenn das Grundbuchamt nach fruchtlosem Ablauf der zur Zahlung gesetzten Frist den Eintragungsantrag zurückgewiesen hat.[40] Dasselbe gilt bei beantragten Zwangseintragungen für Tatsachen, von deren Eintritt die Zulässigkeit der Vollstreckung abhängt, wie die Zustellung der Vollstreckungsklausel.[41] Eine neue Tatsache ist auch die erforderliche, nachträglich beigebrachte Zustimmung eines Dritten oder der Eintritt der Voraussetzungen des § 185 Abs. 2 BGB,[42] desgleichen die Nachholung der Verteilung der Forderung nach § 867 Abs. 2 ZPO.[43] **Keine neuen Tatsachen** sind die sich aus dem Grundbuchamt vorliegenden Akten und Urkunden ergebenden, indes nicht berücksichtigten Umstände. Diese hat das Beschwerdegericht bereits von Amts wegen zu beachten.

III. Neue Beweise

Als neue Beweise kommen im Beschwerdeverfahren nur diejenigen Beweismittel in Betracht, die in dem jeweiligen Ausgangsverfahren zulässig sind; mithin im Antragsverfahren nur Urkunden, nicht indes Zeugen und Sachverständige.

D. Wirkung des neuen Vorbringens

Die Wirkungen des neuen Vorbringens im Beschwerdeverfahren regelt nicht die GBO. Vielmehr gelten hierzu die von der Rechtsprechung entwickelten Grundsätze. Die durch neues Vorbringen **erfolgreiche Beschwerde** führt zur **Aufhebung der Vorentscheidung**. Das ist auch dann der Fall, wenn die einen Eintragungsantrag zurückweisende Entscheidung des Grundbuchamts nach der damaligen Sachlage gerechtfertigt war und die Beschwerdeentscheidung auf dem neuen Vorbringen beruht. Das hat zur Folge, dass die ursprünglich zu Recht gegen die Beteiligten für die Zurückweisung des Antrags angesetzten Kosten in Wegfall kommen.[44] Eine kostenauslösende Zurückweisung eines Antrags liegt dann nicht mehr vor. Hiervon zu unterscheiden ist die Frage, ob in einem solchen Fall für die sachenrechtliche Rangwahrung auf den Zeitpunkt der Stellung des Antrags oder den Eingang des neuen Vortrags abzustellen ist.

Wird vom Beschwerdegericht die Zurückweisung eines Eintragungsantrags aufgehoben, so hat dies auf **Eintragungen**, die **in der Zwischenzeit** aufgrund später gestellter Anträge nach deren formeller Erledi-

---

33 Vgl. BGH NZI 2008, 391; OLG München Rpfleger 2019, 138.
34 BayObLG Rpfleger 1995, 106; BayObLGZ 1975, 398; OLG Hamm FGPrax 1997, 86.
35 BGH Rpfleger 1958, 216; OLG München ZflR 2010, 255.
36 KG DR 1941, 935.
37 OLG München FGPrax 2019, 115.
38 BayObLG NJW-RR 2001, 1654; OLG München Rpfleger 2018, 52.
39 OLG Düsseldorf FGPrax 2020, 162; OLG München RNotZ 2019, 220.
40 OLG Braunschweig JFG 10, 220; OLG Zweibrücken v. 20.9.2011 – 3 W 114/11, juris; LG Düsseldorf Rpfleger 1986, 175; LG Hannover JurBüro 1973, 904; LG Köln MittRhNotK 1985, 216.
41 KG JFG 17, 59.
42 KG JFG 1, 304.
43 BGH Rpfleger 1958, 218.
44 BayObLG BWNotZ 1975, 94; KG BWNotZ 1975, 94; OLG Zweibrücken v. 8.9.2011 – 3 W 108/11, juris; LG Stuttgart BWNotZ 1975, 94.

gung zugunsten Dritter vollzogen worden sind, keinen Einfluss.[45] In einem solchen Fall hat jedoch die Entscheidung des Beschwerdegerichts insoweit rückwirkende Kraft, als die durch den Eingang des Antrags beim Grundbuchamt begründete **Rangstellung** wiederauflebt, wenn später eingegangene Anträge noch nicht erledigt sind.

16 Das gilt indessen nicht, wenn die Beschwerde **nur aufgrund neuer Tatsachen und Beweise** Erfolg gehabt hat; denn eine so begründete Beschwerde ist als neuer Antrag anzusehen, der im Zeitpunkt der Beschwerdeeinlegung als gestellt gilt und der nur aus Zweckmäßigkeitsgründen beim Beschwerdegericht angebracht wird.[46] Für die **Rangstellung** maßgebend ist in diesem Fall der Zeitpunkt der Beschwerdeeinlegung beim Grundbuchamt oder, falls diese beim Beschwerdegericht vorgenommen wird, der Eingang des Beschwerdeantrags beim Grundbuchamt.[47] Andererseits hat die Entscheidung des Beschwerdegerichts, die aufgrund neuen Vorbringens ergeht, hinsichtlich der Rangstellung rückwirkende Kraft, wenn das Beschwerdegericht feststellt, dass das GBA den Beteiligten durch Erlass einer Zwischenverfügung hätte Gelegenheit geben sollen, die neuen Tatsachen geltend zu machen.

§ 75 [Abhilfe der Beschwerde]

Erachtet das Grundbuchamt die Beschwerde für begründet, so hat es ihr abzuhelfen.

A. Normzweck; Allgemeines 1	IV. Fehlerhaftes oder fehlendes Abhilfeverfahren 11
B. Abhilfeverfahren 4	C. Abhilfeentscheidung 12
I. Abhilfepflicht 4	I. Form der Abhilfeentscheidung 12
II. Voraussetzungen der Abhilfe 7	II. Inhalt der Abhilfeentscheidung 14
III. Zuständigkeit für Abhilfeentscheidung 10	D. Mitteilungspflicht des GBA 20

A. Normzweck; Allgemeines

1 § 75 GBO entspricht § 572 ZPO und § 68 Abs. 1 FamFG und verpflichtet das GBA, einer Beschwerde gegen eine Entscheidung des Richters oder Rechtspflegers im Sinne von § 71 GBO, die es für begründet erachtet, abzuhelfen. Dies dient der zeitnahen Selbstkontrolle und damit der Verfahrensbeschleunigung. Zudem besteht für den Beschwerdeführer die Möglichkeit, Kosten zu sparen, wenn er sein Rechtsmittel aufgrund der Begründung der Nichtabhilfeentscheidung zurücknimmt. Letztlich werden durch das Abhilfeverfahren die Beschwerdegerichte entlastet.

2 Die allgemeine Abänderungsbefugnis ergibt sich für das GBA, weil wegen der fehlenden Befristung der Beschwerde in Grundbuchsachen eine formelle Rechtskraft der Entscheidung nicht eintreten kann. Daher gilt in Grundbuchsachen nicht die Beschränkung der freien Abänderbarkeit durch § 48 Abs. 1 FamFG.[1] Anders ist dies nur bei einer Bindungswirkung durch die Entscheidung des Beschwerdegerichts nach § 77 GBO (s. dazu § 77 GBO Rdn 20). § 75 GBO findet auch im Fall einer Beschwerde nach § 89 GBO Anwendung. Dagegen gelten für die sofortigen Beschwerden gem. §§ 105 Abs. 2, 110 GBO sowie §§ 2, 4 Abs. 4 GBMaßnG die §§ 58 ff. FamFG; entsprechend richtet sich das Abhilfeverfahren nach § 68 Abs. 1 FamFG. Die Abhilfe bei einer Erinnerung gegen eine Rechtspflegerentscheidung (§ 11 Abs. 1 RPflG) bestimmt sich nach § 11 Abs. 2 S. 5 RPflG und bei einer Erinnerung gegen eine Entscheidung des Urkundsbeamten der Geschäftsstelle nach § 12c Abs. 4 GBO.

3 Bei Einlegung der Beschwerde unmittelbar **beim Beschwerdegericht** ist dieses berechtigt, ohne Durchführung eines Abhilfeverfahrens unmittelbar selbst zu entscheiden.[2] Das Beschwerdegericht ist aber auch

---

45 RGZ 135, 385; BGH NJW 1966, 1020; BayObLG Rpfleger 1983, 101; *Demharter*, § 74 Rn 12.
46 KG JFG 17, 59; KGJ 52, 122; OLG Braunschweig JFG 10, 220.
47 BGH Rpfleger 1958, 218.

1 Bauer/Schaub/*Sellner*, § 75 Rn 2.
2 OLG Frankfurt FGPrax 2018, 152; OLG Köln FGPrax 2011, 172; OLG München FGPrax 2013, 155; OLG Naumburg FGPrax 2014, 56; OLG Stuttgart FGPrax 2012, 158.

berechtigt, die Beschwerde vorab an das Grundbuchamt zur Durchführung eines Abhilfeverfahrens zu übersenden.[3] Dieses bietet sich an, wenn die Beschwerde auf neue Tatsachen und Beweise gestützt wird, die nicht Gegenstand des Ausgangsverfahrens waren und eine Abänderung der erstinstanzlichen Entscheidung rechtfertigen können. § 75 GBO findet nur auf die Erstbeschwerde Anwendung; daher darf das Beschwerdegericht einer **Rechtsbeschwerde** nicht abhelfen.

B. Abhilfeverfahren

I. Abhilfepflicht

Die Durchführung des gesetzlich vorgeschriebenen Abhilfeverfahrens von Amts wegen ist für das Grundbuchamt **zwingend**; unabhängig davon, ob im Ergebnis abgeholfen wird oder nicht. Eines entsprechenden Antrages des Beschwerdeführers bedarf es nicht. Hiervon zu unterscheiden ist die zu verneinende Frage, ob das Beschwerdegericht im Falle einer fehlenden Abhilfeentscheidung die Akten an das Grundbuchamt zurückgeben muss (siehe Rdn 11). Für das Grundbuchamt besteht kein Wahlrecht, ob es von der Möglichkeit einer Abhilfe Gebrauch macht. Das Abhilfeverfahren ist angesichts der eindeutigen gesetzlichen Formulierung „hat es ihr abzuhelfen" auch nicht in eilbedürftigen Verfahren entbehrlich. Eine Abhilfemöglichkeit besteht nicht bei einer **Anschlussbeschwerde**, sofern die Hauptbeschwerde bereits beim Beschwerdegericht anhängig ist. Zur Möglichkeit der Berücksichtigung der Anschlussbeschwerde bei einem noch beim Grundbuchamt anhängigen Abhilfeverfahren vgl. § 73 GBO Rdn 22.

4

Eine Abhilfe durch das Grundbuchamt ist bis zum Erlass (siehe § 38 Abs. 3 S. 3 FamFG) der Beschwerdeentscheidung möglich.[4] § 75 GBO stellt insoweit keine zeitliche Grenze auf und die Entscheidung des Grundbuchamts erwächst nicht in Rechtskraft, so dass diese von dem Grundbuchamt geändert werden kann, soweit keine bindende Beschwerdeentscheidung vorliegt. Die Abhilfepflicht besteht indes nur bis zur Vorlage des Rechtsmittels an das Beschwerdegericht, da ab diesem Zeitpunkt die Sache dem Beschwerdegericht anfällt. Kündigt der Beschwerdeführer die **Einreichung einer Beschwerdebegründung** an, muss das Grundbuchamt vor der Abhilfeentscheidung eine angemessene Frist abwarten bzw. dem Beschwerdeführer eine Frist zur Vorlage der Begründung setzen (vgl. § 77 GBO Rdn 22).[5] Ansonsten besteht keine Pflicht des Grundbuchamt, mit der Entscheidung über die Abhilfe zu warten.[6]

5

Von dem Abhilfeverfahren ist zu unterscheiden die jederzeit bestehende Möglichkeit der **Berichtigung eines Beschlusses** wegen Schreibfehlern, Rechenfehlern oder ähnlichen offenbaren Unrichtigkeiten.

6

II. Voraussetzungen der Abhilfe

Ist das **Grundbuchamt**, gleichgültig aus welchen Erwägungen, überzeugt, dass eine Beschwerde sachlich begründet ist, so **muss** es ihr **abhelfen**.[7] Die Abhilfepflicht besteht auch gegenüber einer **unzulässigen Beschwerde**.[8] Das Abhilfeverfahren knüpft nicht an die Zulässigkeit des Rechtsmittels an. Erforderlich ist aber in Antragsverfahren die Antragsberechtigung des Beschwerdeführers, da nur der Antragsteller bzw. ein anderer Antragsberechtigter (vgl. § 13 Abs. 2 GBO) eine Änderung beanspruchen kann.[9] Ebenso muss bei einer Abhilfe im Wege der Eintragung eines Amtswiderspruchs dem Beschwerdeführer ein Berichtigungsanspruch nach § 894 BGB zustehen.[10]

7

Eine Abhilfe kommt bei einer **anderen Würdigung der tatsächlichen Grundlagen** der Entscheidung, insbesondere bei der Kenntnis von neuen tatsächlichen Umständen, bei einer anderen Rechtsauffassung oder bei einer zwischenzeitlich geänderten obergerichtlichen Rechtsprechung in Betracht. Bloße Zweifel

8

---

3 OLG Köln FGPrax 2011, 172.
4 BayObLG NJW-RR 2001, 1654; OLG Hamm JMBl. NW 1959, 176; OLG München Rpfleger 2018, 52; Bauer/Schaub/*Sellner*, § 75 Rn 4; *Demharter*, § 75 Rn 7; Hügel/*Kramer*, § 75 Rn 5; a.A. Meikel/*Schmidt-Räntsch*, § 75 Rn 5, nur bis zur Vorlage an das Beschwerdegericht.
5 OLG Hamm ZfIR 2011, 153.
6 A.A. Bauer/Schaub/*Sellner*, § 75 Rn 9, der stets eine Wartepflicht annimmt.
7 KG FGPrax 2020, 54; OLG Köln v. 20.1.2010 – 2 Wx 109/09, juris; Meikel/*Schmidt-Räntsch*, § 75 Rn 8.
8 Bauer/Schaub/*Sellner*, § 75 Rn 6; *Demharter*, § 75 Rn 6; Hügel/*Kramer*, § 75 Rn 8; *Kramer*, FGPrax 2021, 95; a.A. BGH FGPrax 2021, 48, für das Abhilfeverfahren gem. § 68 Abs. 1 S. 1 FamFG.
9 Bauer/Schaub/*Sellner*, § 75 Rn 6, Hügel/*Kramer*, § 75 Rn 8.
10 Bauer/Schaub/*Sellner*, § 75 Rn 6; Hügel/*Kramer*, § 75 Rn 10.

an der Richtigkeit der Entscheidung reichen nicht aus.[11] Eine Abänderungspflicht kann sich auch aus einer **Veränderung sonstiger Umstände** ergeben, z.B., wenn durch einen neuen Antrag ein durch eine Zwischenverfügung aufgezeigtes Eintragungshindernis ausgeräumt und damit ein früher Antrag vollzugsfähig gemacht wird.[12] Das Grundbuchamt hat ebenso wie das Beschwerdegericht bei seiner Entscheidung auch **neue Tatsachen und Beweise** zu berücksichtigen (vgl. § 74 GBO Rdn 9 ff.).[13]

9 Gegenstand des Abhilfeverfahrens ist ausschließlich der erstinstanzliche Verfahrensgegenstand, nicht indes ein mit der Beschwerde erstmals gestellter Hilfsantrag.[14] Wird mit der Beschwerde ein völlig **neuer Antrag** gestellt (siehe § 74 GBO Rdn 5 ff.), so hat das Grundbuchamt hierüber so zu entscheiden, als wenn kein Rechtsmittel eingelegt worden wäre. Eine Abhilfe ist nicht mehr möglich, wenn der Eintragungsantrag durch eine inzwischen veränderte Grundbuchlage gegenstandslos geworden ist. Über eine dem Grundbuchamt von dem Beschwerdegericht zur Prüfung der Abhilfe vorgelegte Beschwerde, die einen einheitlichen Antrag enthält, muss bei der Abhilfe in vollem Umfang entschieden oder ganz von einer Entscheidung abgesehen werden.[15]

III. Zuständigkeit für Abhilfeentscheidung

10 Zur **Entscheidung über die Abhilfe** und zur Abänderung der Ausgangsentscheidung ist der derjenige befugt, der die Ausgangsentscheidung erlassen hat, mithin in Grundbuchsachen grundsätzlich der Rechtspfleger,[16] der Grundbuchrichter nur bei eigener Zuständigkeit nach §§ 5, 6 RPflG.[17] Nicht erforderlich ist eine Personenidentität, so dass die Abhilfeentscheidung auch von einem Vertreter oder Amtsnachfolger getroffen werden kann. Eine richterliche Entscheidung über die Abhilfe in einem dem Rechtspfleger übertragenen Geschäft ist aber gem. § 8 Abs. 1 RPflG wirksam. Für die Entscheidung über die Abhilfe der sofortigen Beschwerde gem. den §§ 105 Abs. 2, 110 sowie den §§ 2, 4 Abs. 4 GBMaßnG ist ebenfalls derjenige zuständig, der die Ausgangsentscheidung erlassen hat (vgl. § 68 Abs. 1 S. 1 FamFG). Der Rechtspfleger kann auch einer Erinnerung gem. § 11 Abs. 1 RPflG gegen eine von ihm erlassene Entscheidung nach § 11 Abs. 2 S. 5 RPflG abhelfen (siehe vor § 71 GBO Rdn 10). Der Urkundsbeamte der Geschäftsstelle ist nach § 12c Abs. 4 S. 1 GBO berechtigt, aufgrund einer Erinnerung seine Entscheidung abzuändern.

IV. Fehlerhaftes oder fehlendes Abhilfeverfahren

11 Bei groben Verfahrensverstößen oder Mängeln bei der Durchführung des Abhilfeverfahrens (z.B. Verletzung des rechtlichen Gehörs; mangelnde Begründung der Nichtabhilfeentscheidung) kann das Beschwerdegericht die Sache unter **Aufhebung der Abhilfeentscheidung** an das Grundbuchamt zur erneuten Durchführung des Abhilfeverfahrens zurückgeben.[18] Gleiches gilt bei einem fehlenden Abhilfeverfahren. Ein förmlicher Antrag des Beschwerdeführers oder eines anderen Beteiligten ist hierfür nicht erforderlich.[19] Trotz vorhandener Mängel oder bei Fehlen eines Abhilfeverfahrens darf das Beschwerdegericht auch in der Sache entscheiden.[20] Eine Rückgabe ist auf jeden Fall dann angezeigt, wenn der Beschwerdeführer mit der Beschwerde neue Tatsachen und/oder Beweismittel vorgebracht hat, mit denen sich das Grundbuchamt nicht oder nicht genügend auseinandergesetzt hat.[21]

---

11 *Demharter*, § 75 Rn 8; Meikel/*Schmidt-Räntsch*, § 75 Rn 4.
12 OLG München NotBZ 2014, 115.
13 KG FGPrax 2020, 245; KG FGPrax 2021, 193; OLG München v. 12.1.2017 – 34 Wx 11/17, juris; OLG München NotBZ 2014, 115.
14 Vgl. BGH Rpfleger 2007, 188; Meikel/*Schmidt-Räntsch*, § 75 Rn 3.
15 KGJ 43, 245.
16 BayObLG FGPrax 1999, 210.
17 BayObLG FGPrax 1999, 210; OLG Jena Rpfleger 2000, 210; Bauer/Schaub/*Sellner*, § 75 Rn 7; *Demharter*, § 75 Rn 5; Hügel/*Kramer*, § 75 Rn 11; Meikel/*Schmidt-Räntsch*, § 75 Rn 6; a.A.: LG Meiningen ZfIR 1999, 326; LG Mühlhausen NJW-RR 2000, 680.
18 OLG Celle Rpfleger 2011, 278; OLG Düsseldorf MDR 2016, 728; OLG Düsseldorf Rpfleger 2010, 577; OLG München v. 12.1.2017 – 34 Wx 11/17, juris; OLG München RNotZ 2010, 397; OLG München FamRZ 2010, 1000; OLG Schleswig FGPrax 2012, 157.
19 Vgl. OLG Hamm FGPrax 2011, 127.
20 OLG Düsseldorf FGPrax 2016, 251; OLG Jena NotBZ 2019, 395; OLG Köln FGPrax 2011, 172; OLG München FGPrax 2023, 104; OLG München FGPrax 2017, 14; OLG München FGPrax 2013, 155; OLG Saarbrücken FGPrax 2020, 117.
21 OLG Hamm FGPrax 2010, 266.

C. Abhilfeentscheidung

I. Form der Abhilfeentscheidung

Die Entscheidung über die Abhilfe hat durch **Beschluss**[22] (§ 38 FamFG) zu erfolgen, der grundsätzlich mit einem vollständigen **Rubrum** (§ 38 Abs. 2 Nr. 1 FamFG) und einer **Begründung** zu versehen ist (vgl. § 38 Abs. 3 S. 1 FamFG),[23] im Original zu **unterzeichnen**[24] bzw. bei einer elektronischen Aktenführung zu signieren und gem. § 38 Abs. 3 S. 3 FamFG durch Übergabe an die Geschäftsstelle oder durch Verlesen der Beschlussformel zu **erlassen**[25] sowie den Beteiligten zumindest formlos (vgl. aber § 41 FamFG) bekannt zu geben ist.[26] Fehlt das Datum der Übergabe des Beschlusses an die Geschäftsstelle auf dem Beschluss, beeinträchtigt dies nicht die Wirksamkeit der Entscheidung, wenn die Übergabe des Beschlusses an die Geschäftsstelle zum Zwecke der Hinausgabe aus dem inneren Geschäftsbetrieb an die Verfahrensbevollmächtigten feststeht.[27] Die Begründung muss sich mit den tragenden Gesichtspunkten der Beschwerde befassen, sofern diese Gesichtspunkte nicht bereits Gegenstand der Ausgangsentscheidung waren. Eine Auseinandersetzung mit neuen Tatsachen und Beweisen ist stets erforderlich. Eine Bezugnahme auf die angefochtene Entscheidung reicht nicht aus, sofern diese keine oder nur eine unzureichende Begründung enthält.

12

Im Falle einer Abhilfe der Ausgangsentscheidung ist zudem von dem Grundbuchamt über die außergerichtliche **Kosten des Beschwerdeverfahrens** zu befinden.[28] Dagegen bedarf es keiner Entscheidung über die Gerichtskosten, da für das Beschwerdeverfahren im Falle der Abhilfe **keine Gerichtsgebühr** anfällt, auch nicht der ermäßigte Gebühr nach Nr. 14511 KV GNotKG.[29] Eine Kostenentscheidung durch das Grundbuchamt ist ebenfalls erforderlich, wenn das Rechtsmittel vor Entscheidung über die Abhilfe **zurückgenommen** wird.[30]

13

II. Inhalt der Abhilfeentscheidung

Die Abhilfe kann darin bestehen, dass in vollem Umfang den Anträgen des Beschwerdeführers entsprochen und die Ausgangsentscheidung geändert wird. Vor einer abändernden Entscheidung ist den übrigen Beteiligten regelmäßig rechtliches Gehör (Art. 103 Abs. 1 GG) zu gewähren.[31] Für den **Rang von Anträgen**, die in der Zwischenzeit eingegangen sind, gelten die Ausführungen bei § 74 GBO Rdn 15). Somit hat die Aufhebung der eine Eintragung zurückweisenden Verfügung durch das Grundbuchamt keinen Einfluss auf Eintragungen, die in der Zwischenzeit zugunsten Dritter erfolgt sind.[32] Hebt das Grundbuchamt die einen Eintragungsantrag zurückweisende Entscheidung auf, so muss sich die Aufhebung auch auf den **Kostenausspruch** erstrecken, und zwar selbst dann, wenn die Beschwerde nur aufgrund neuen Vorbringens Erfolg hat; denn eine dem § 97 Abs. 2 ZPO entsprechende Vorschrift sieht weder das FamFG noch die GBO vor.[33]

14

Die Entscheidung kann bei mehreren selbstständigen Verfahrensgegenständen auch nur **teilweise** geändert werden; so darf eine Antragszurückweisung durch eine Zwischenverfügung ersetzt[34] oder von mehreren Beanstandungen einer Zwischenverfügung eine oder mehrere fallengelassen werden. Diese Möglichkeit besteht wegen des **fehlenden Verbots der reformatio in peius** selbst dann, wenn der Beschwerdeführer zum Ausdruck gebracht hat, dass er nur eine einheitliche abändernde Entscheidung erstrebt.[35]

15

---

22 OLG Düsseldorf FGPrax 2010, 274; OLG München FGPrax 2023, 104; OLG München v. 12.1.2017 – 34 Wx 11/17, juris; OLG München FamRZ 2010, 1000; OLG München RNotZ 2010, 351; *Demharter*, § 75 Rn 11; vgl. auch zum Abhilfeverfahren nach § 68 Abs. 1 S. 1 FamFG: OLG Düsseldorf FGPrax 2010, 43; OLG Hamm FGPrax 2010, 266; OLG Köln FGPrax 2011, 128.
23 OLG Celle Rpfleger 2011, 278; OLG München v. 12.1.2017 – 34 Wx 11/17, juris; OLG Saarbrücken FGPrax 2021, 205.
24 OLG München FGPrax 2017, 12.
25 OLG München FGPrax 2017, 12.
26 OLG Düsseldorf FGPrax 2010, 274; OLG München FGPrax 2023, 104; OLG München RNotZ 2010, 397.
27 OLG München FGPrax 2017, 12.
28 BayObLG FGPrax 2000, 199; OLG Köln FGPrax 2010, 229.
29 OLG München Rpfleger 2018, 52 m.w.N.
30 KG FGPrax 2011, 207.
31 OLG Hamm FamRZ 1986, 1127.
32 RGZ 135, 385; BGH NJW 1966, 1020.
33 Vgl. auch BayObLG Büro 1989, 378, 380; KjG 52, 125; OLG Braunschweig JFG 10, 221; LG Stuttgart BWNotZ 1975, 94.
34 KG FGPrax 2020, 54.
35 Bauer/Schaub/*Sellner*, § 75 Rn 14; a.A. Hügel/*Kramer*, § 75 Rn 24.

16 Das Verbot der **reformatio in peius** gilt grundsätzlich nicht für die erste Instanz und damit für das Abhilfeverfahren (für das Beschwerdeverfahren vgl. § 77 GBO Rdn 11). Damit darf das GBO auch die Ausgangsentscheidung zum Nachteil des Beschwerdeführers abändern, vorab ist indes das rechtliche Gehör zu gewähren (Art. 103 Abs. 1 GG).

17 Das Grundbuchamt darf indes nur seine eigene Entscheidung, nicht indes eine im konkreten Verfahren vorangegangene Zurückverweisungsentscheidung des Beschwerdegerichts abändern (zur Bindungswirkung siehe § 77 GBO Rdn 20). Gegenüber Eintragungen kann die Abhilfe lediglich in den nach § 53 GBO zulässigen Maßnahmen bestehen, es sei denn, dass die Unrichtigkeit des Grundbuchs nachgewiesen ist; in diesem Fall kann eine Abänderung erfolgen, die sich im Rahmen des § 22 GBO hält. Wird im Fall der vollständigen oder teilweisen Abhilfe der Beschwerde durch das Grundbuchamt ein Beteiligter erstmals beschwert, bedarf die Abhilfeentscheidung einer **Rechtsbehelfsbelehrung** (§ 39 FamFG), da der Beteiligte nunmehr Beschwerde einlegen kann.

18 Erachtet das Grundbuchamt das Rechtsmittel für **unbegründet**, so hilft es der Beschwerde nicht ab und legt die Sache unverzüglich mit den Akten dem Beschwerdegericht vor.[36] Die Beteiligten sind durch Übersendung der Nichtabhilfeentscheidung einschließlich dessen Begründung über die Vorlage zu benachrichtigen.[37] Der Vorlage ist ein vollständiger und aktueller **Grundbuchauszug** (§ 78 GBV) **beizufügen**,[38] sofern das Beschwerdegericht keinen eigenen Zugriff auf das maschinell geführte Grundbuch hat. Soweit die Grundakten elektronisch geführt werden, hat das Grundbuchamt im Fall einer Beschwerde von den in der elektronischen Grundakte gespeicherten Dokumenten für das Beschwerdegericht **Ausdrucke** zu fertigen, soweit dies zur Durchführung des Beschwerdeverfahrens erforderlich ist (§ 98 Abs. 3 S. 1 GBV). Die Ausdrucke sind mindestens bis zum rechtskräftigen Abschluss des Beschwerdeverfahren aufzubewahren (§ 98 Abs. 3 S. 2 GBV). Die Fertigung der Ausdrucke erübrigt sich, sofern das Beschwerdegericht auf die elektronisch geführten Grundakten zugreifen kann.

19 Die Nichtabhilfeentscheidung ist **nicht isoliert anfechtbar**.[39] Falls der Beschwerdeführer weiter die Nichtabhilfe angreift, macht er regelmäßig nur deutlich, dass er auf seiner Sachbeschwerde beharrt und eine Entscheidung des übergeordneten Gerichts begehrt.[40] Im Falle einer bereits erlassenen Beschwerdeentscheidung, ist eine anschließend gegen die Nichtabhilfeentscheidung des Grundbuchamts eingelegte Beschwerde durch das Beschwerdegericht als unzulässig zu verwerfen.[41]

D. Mitteilungspflicht des GBA

20 Das Grundbuchamt hat dem Beschwerdegericht, sofern dieses bereits von der Beschwerde Kenntnis hatte, mitzuteilen, dass und in welcher Weise es der Beschwerde abgeholfen hat. Denn die Beschwerde wird in dem Umfang der Abhilfe gegenstandslos, so dass eine Entscheidung über das Rechtsmittel nicht mehr zu treffen ist.[42] Ist eine Verständigung unterblieben, so kann die Gefahr bestehen, dass neben der Abhilfeentscheidung eine Beschwerdeentscheidung ergeht. In diesem Fall entfaltet nur die zeitlich zuerst ergangene Entscheidung Wirksamkeit.[43] Die zeitlich nachfolgende Entscheidung ist zur Klarstellung aufzuheben. In der Praxis dürfte eine doppelte Entscheidung bei Aktenführung in Papierform selten vorkommen, da dem Beschwerdegericht bei der Durchführung des Abhilfeverfahrens durch das Grundbuchamt nicht die Akten vorliegen dürften. Anders könnte es bei der elektronischen Grundakte der Fall sein, wenn dem Beschwerdegericht nur ein Aktenausdruck (vgl. Rdn 18) vorliegt.

---

36 S. zum Verfahren: LG Wuppertal Rpfleger 1988, 471.
37 BGH NVwZ 2011, 127; OLG München FGPrax 2008, 13.
38 OLG Köln Rpfleger 2011; OLG Köln FGPrax 2010, 216.
39 BayObLG FGPrax 2000, 199; OLG Köln FGPrax 2010, 229.
40 BayObLG NJW-RR 2003, 1667.
41 OLG Köln FGPrax 2010, 229.
42 Hügel/*Kramer*, § 75 Rn 19; Meikel/*Schmidt-Räntsch*, § 75 Rn 13.
43 Hügel/*Kramer*, § 75 Rn 26; Meikel/*Schmidt-Räntsch*, § 75 Rn 13.

§ 76 [Beschwerde, einstweilige Anordnung]

(1) Das Beschwerdegericht kann vor der Entscheidung eine einstweilige Anordnung erlassen, insbesondere dem Grundbuchamt aufgeben, eine Vormerkung oder einen Widerspruch einzutragen, oder anordnen, daß die Vollziehung der angefochtenen Entscheidung auszusetzen ist.
(2) Die Vormerkung oder der Widerspruch (Absatz 1) wird von Amts wegen gelöscht, wenn die Beschwerde zurückgenommen oder zurückgewiesen ist.
(3) Die Beschwerde hat nur dann aufschiebende Wirkung, wenn sie gegen eine Verfügung gerichtet ist, durch die ein Zwangsgeld festgesetzt wird.

A. Normzweck; Allgemeines 1	IV. Sonstige Maßnahmen 15
B. Voraussetzungen einer einstweiligen Anordnung (Abs. 1) 4	D. Verfahren 16
I. Zuständiges Gericht 4	I. Grundsatz 16
II. Zeitpunkt für den Erlass 6	II. Bekanntmachung; Vollziehung 17
III. Anforderungen an den Erlass 7	III. Rechtsmittel 18
C. Inhalt einer einstweiligen Anordnung ... 9	IV. Änderung, Aufhebung der Entscheidung ... 19
I. Grundsatz 9	E. Löschung der Vormerkung oder des Widerspruchs (§ 76 Abs. 2 GBO) 20
II. Vormerkung, Widerspruch 10	F. Aufschiebende Wirkung einer Beschwerde (Abs. 3) 22
III. Aussetzung der Vollziehung der angefochtenen Entscheidung 14	G. Kosten und Gebühren 23

A. Normzweck; Allgemeines

Abs. 1 trägt dem Umstand Rechnung, dass gem. **Abs. 3** eine Beschwerde grundsätzlich (Ausnahme bei Festsetzung eines Zwangsgeldes) keine aufschiebende Wirkung hat (s. § 73 GBO Rdn 20) und damit auch zu keiner Sperre des Grundbuchs führt. Daher verliert ein Eintragungsantrag mit seiner Zurückweisung die durch den Eingang beim Grundbuchamt erreichte Rangstellung.[1] Entsprechend können später eingegangene Anträge erledigt werden und so den mit der Beschwerde erstrebten Erfolg vereiteln.[2] Das Grundbuchamt kann auch trotz Einlegung einer Beschwerde gegen eine Zwischenverfügung zwischenzeitlich den gestellten Eintragungsantrag endgültig zurückweisen.[3] Daher gibt Abs. 1 dem Beschwerdegericht die Möglichkeit, vor der Beschwerdeentscheidung eine einstweilige Anordnung zu erlassen, um die dem Beschwerdeführer etwa entstehenden Nachteile bis zur Entscheidung über das Rechtsmittel zu verhindern. Ergänzend bestimmt **Abs. 2** die Folgen der Rücknahme bzw. Zurückweisung der Beschwerde auf die im Wege der einstweiligen Anordnung vorgenommenen Eintragungen. 1

Die Vorschrift findet hauptsächlich Anwendung, wenn es sich um eine Beschwerde gegen die Zurückweisung eines Eintragungsantrags oder gegen eine Eintragung handelt, ohne dass andere Fälle damit ausgeschlossen wären. So kann beispielsweise ein Notar, dem bei einem Grundstücksgeschäft mit Umschreibung des Eigentums ein selbstständiger Vollzugsauftrag erteilt wird, nach Erhalt einer Zwischenverfügung des Grundbuchamtes, durch das unter Verweis auf § 1365 Abs. 1 BGB die Eintragung einer Rechtsänderung abgelehnt wird, einen Antrag nach § 76 GBO anregen. 2

Ein Bedürfnis für eine einstweilige Anordnung nach § 76 GBO besteht regelmäßig **nicht**, 3
– wenn die Beschwerde ausnahmsweise aufschiebende Wirkung hat, nämlich gem. Abs. 3 bei einem Rechtsmittel gegen die Anordnung eines Zwangsgeldes,
– wenn eine Eintragung erst nach Rechtskraft der Entscheidung des Grundbuchamts erfolgen kann (§ 87 lit. c GBO),
– oder wenn sich an die Eintragung, gegen die sich die Beschwerde wendet, kein gutgläubiger Erwerb anschließen kann.

---

1 BayObLG FGPrax 2004, 209.
2 KG JW 1931, 1044.
3 KGJ 51, 276.

§ 76 GBO schließt auch in Grundbuchsachen nicht die Möglichkeit des Erlasses einer selbstständigen einstweiligen Anordnung gem. **§§ 49 ff. FamFG** durch das Grundbuchamt oder das Rechtsmittelgericht aus (vgl. Rdn 5).[4]

B. Voraussetzungen einer einstweiligen Anordnung (Abs. 1)
I. Zuständiges Gericht

4 Die Befugnis zum Erlass einer einstweiligen Anordnung steht dem **Beschwerdegericht** und in entsprechender Anwendung dieser Vorschrift dem **Rechtsbeschwerdegericht** zu (siehe § 78 GBO Rdn 73).[5] Die Anordnung selbst kann nur durch das Gericht, also durch Senat in seiner geschäftsplanmäßigen Besetzung und nicht – auch nicht in Eilfällen – durch den Vorsitzenden allein getroffen werden.[6]

5 Das **Grundbuchamt** ist grundsätzlich nicht – auch nicht während des Abhilfeverfahrens – berechtigt, von sich aus eine einstweilige Anordnung nach § 76 GBO zu erlassen, insbesondere einen Widerspruch oder eine Vormerkung einzutragen.[7] § 76 GBO bzw. die übrigen Vorschriften der GBO schließen indes nicht die Anwendung der §§ 49 ff. FamFG aus. Daher kann, sofern die Voraussetzungen vorliegen (Antrag und Glaubhaftmachung bei Antragsverfahren, vgl. § 51 FamFG), das Grundbuchamt bis zur Vorlage der Beschwerde an das OLG oder nach Rückgabe der Akten durch das Beschwerdegericht eine selbstständige einstweilige Anordnung gem. §§ 49 ff. FamFG erlassen.[8]

II. Zeitpunkt für den Erlass

6 Das **Beschwerdegericht** kann eine einstweilige Anordnung ab Eingang des Rechtsmittels bei dem OLG oder ab der Vorlage der Beschwerde durch das GBO erlassen; vorher ist das Beschwerdegericht noch nicht mit der Sache befasst und darf daher keine Entscheidung in der Sache treffen. Die Befugnis zum Erlass der einstweiligen Anordnung endet mit dem Erlass der endgültigen Beschwerdeentscheidung (§ 38 Abs. 3 S. 3 FamFG). Eine einstweilige Anordnung kann nicht mehr in der die Beschwerde sachlich erledigenden Entscheidung oder zugleich mit dieser oder gar erst danach getroffen werden. Das Beschwerdegericht darf auch keine Regelung für die Zeit **nach seiner Beschwerdeentscheidung** treffen. Eine Ausnahme wird aus Gründen der Gewährung eines effektiven Rechtsschutzes zugelassen, wenn das Beschwerdegericht die Sache aufhebt und an das Grundbuchamt zur weiteren Sachaufklärung zurückgibt. In diesem Fall besteht die Möglichkeit, mit der Beschwerdeentscheidung eine über den Zeitpunkt der Rechtsmittelentscheidung hinausgehende einstweilige Anordnung zu erlassen.[9] Ansonsten ist nur im Falle einer zugelassenen und eingelegten Rechtsbeschwerde der BGH als **Rechtsbeschwerdegericht** befugt, in entsprechender Anwendung des § 76 GBO eine einstweilige Anordnung zu erlassen.[10]

III. Anforderungen an den Erlass

7 Voraussetzung für den Erlass ist eine **zulässige Beschwerde**, weil nur in diesem Fall das Beschwerdegericht zu einer sachlichen Prüfung befugt ist.[11] Ist noch eine umfangreiche Prüfung der Zulässigkeit erforderlich, reicht ausnahmsweise auch die bloße Möglichkeit einer zulässigen Beschwerde aus.[12] Eine vorherige Entscheidung des Grundbuchamts über die Frage der Abhilfe ist nicht Voraussetzung. Ob das Beschwerdegericht eine einstweilige Anordnung treffen will, steht in seinem **pflichtgemäßen Ermessen**.[13] Für die Ausübung des Ermessens wird bedeutsam sein, ob die Beschwerde bei einer summarischen

---

4 Meikel/*Schmidt-Räntsch*, § 76 Rn 2 f.
5 *Demharter*, § 76 Rn 1.
6 *Demharter*, § 76 Rn 4; Hügel/*Kramer*, § 76 Rn 3; Meikel/*Schmidt-Räntsch*, § 76 Rn 4.
7 Bauer/Schaub/*Sellner*, § 76 Rn 3; *Demharter*, § 76 Rn 4; Hügel/*Kramer*, § 76 Rn 4; Meikel/*Schmidt-Räntsch*, § 76 Rn 4. Die früher vertretene gegenteilige Auffassung, z.B. bei *Böttcher*, MittBayNot 1987, 9, 16 und *Kleist*, MittRhNotK 1985, 133, 144, widerspricht dem eindeutigen Wortlaut des § 76 Abs. 1 GBO und ist überholt.
8 Meikel/*Schmidt-Räntsch*, § 76 Rn 2.
9 OLG Hamm Rpfleger 2003, 349; Bauer/Schaub/*Sellner*, § 76 Rn 4; Meikel/*Schmidt-Räntsch*, § 76 Rn 6.
10 *Demharter*, §§ 76 Rn 2, 78 Rn 49; Hügel/*Kramer*, §§ 76 Rn 15, 78 Rn 116.
11 LG Ellwangen BWNotZ 1981, 19; *Demharter*, § 76 Rn 2; Meikel/*Schmidt-Räntsch*, § 76 Rn 5.
12 Hügel/*Kramer*, § 76 Rn 7; Meikel/*Schmidt-Räntsch*, § 76 Rn 5.
13 BayObLGZ 1932, 3; *Demharter*, § 76 Rn 3.

Prüfung Aussicht auf Erfolg hat und ob der Eintritt eines Schadens zu befürchten ist.[14] Es sind die Erfolgsaussichten der Beschwerde mit den drohenden Nachteilen für den Betroffenen, insbesondere der Eintritt eines Schadens, gegeneinander abzuwägen. Erforderlich für den Erlass einer einstweiligen Anordnung ist ein dringendes Bedürfnis, das ein Zuwarten bis zur endgültigen Entscheidung nicht zulässt.

Grundsätzlich dürfen im Rahmen der Ermessensentscheidung auch erstmals mit der Beschwerde vorgetragene **neue Tatsachen und Beweise** (§ 74 GBO) berücksichtigt werden. Eine Ausnahme besteht hinsichtlich neuen Vorbringens und neuer Beweismittel im Rahmen einer Beschwerde gegen die Zurückweisung eines Eintragungsantrages. Diese dürfen im Rahmen des einstweiligen Anordnungsverfahrens keine Berücksichtigung finden, da dem Beschwerdeführer nicht durch den Erlass einer einstweiligen Anordnung eine bisher nicht bestehende Rangstellung gewährt werden darf (vgl. § 74 GBO Rdn 16).[15]

C. Inhalt einer einstweiligen Anordnung

I. Grundsatz

Welche konkrete einstweilige Anordnung das Gericht treffen will, liegt ebenfalls in seinem Ermessen. Die einstweilige Anordnung muss sich im Rahmen des Verfahrensgegenstandes des Beschwerdeverfahrens halten, der dem Beschwerdegericht angefallen ist.[16] Der Erlass von Maßnahmen, die außerhalb des Verfahrensgegenstandes liegen, ist nur im Rahmen einer selbstständigen einstweiligen Anordnung nach §§ 49 ff. FamFG möglich.[17] Das Gesetz hebt **drei Maßnahmen** besonders hervor: Eintragung einer Vormerkung oder eines Widerspruchs bzw. die Aussetzung der Vollziehung der angefochtenen Entscheidung. Daneben kann das Gericht jede Maßnahme wählen, die geeignet ist, die berechtigten Interessen des Beschwerdeführers vor Schaden zu schützen.

II. Vormerkung, Widerspruch

Eine **Vormerkung** kommt in Frage, wenn der Antrag auf Rechtsänderung, ein **Widerspruch**, wenn er auf Berichtigung gerichtet ist. Eine falsche Bezeichnung des Sicherungsmittels ist unschädlich, wenn klar ist, welche Art von Rechten gesichert werden soll.[18] Es ist zulässig, eine vorläufige Vormerkung nach § 76 GBO einzutragen, wenn der Antrag selbst nur auf die Eintragung einer Vormerkung gerichtet ist; ebenso kann ein vorläufiger Widerspruch eingetragen werden, wenn lediglich ein Widerspruch beantragt ist.

Die **Eintragung** der Vormerkung oder des Widerspruchs geschieht durch das Grundbuchamt. Dieses ist an die Anordnung des Beschwerdegerichts gebunden.[19] Es darf, beispielsweise wenn das Beschwerdegericht davon abgesehen hat, die Vorlegung des Hypothekenbriefes zu verlangen, nicht seinerseits die Eintragung der Anordnung von der Vorlegung abhängig machen.[20] Ansonsten richtet sich die **Vorlegung des Hypothekenbriefs** nach den allgemeinen Vorschriften des § 41 GBO. Auch die Ausnahme des § 41 Abs. 1 S. 2 GBO ist entsprechend anzuwenden. Für die Beschaffung des Briefes hat das Beschwerdegericht zu sorgen.

Die angeordnete Eintragung darf indes nicht erfolgen, wenn ihr eine in der Zwischenzeit eingetretene **Veränderung der Grundbuchlage** entgegensteht, z.B. bei zwischenzeitlichem Wegfall der Voreintragung des Bewilligenden[21] oder bei der Eintragung eines Dritterwerbers. Das Grundbuchamt hat dies dem Beschwerdegericht unverzüglich anzuzeigen, damit dieses die einstweilige Anordnung aufhebt oder den veränderten Umständen anpasst.[22] Etwaige noch nicht erledigte Eintragungsanträge stehen indes nicht entgegen, da § 17 GBO auf die von Amts wegen vorzunehmenden Eintragungen keine Anwendung findet (s. § 17 GBO Rdn 5). Weist das Rechtsbeschwerdegericht die Sache zur abschließenden Entscheidung über die Eintragung eines Amtswiderspruchs an das Grundbuchamt zurück, so kann es gleichzeitig das

---

14 Vgl. BGH FGPrax 2010, 97 für § 64 Abs. 3 FamFG; BayObLG FGPrax 2000, 135.
15 BGH NJW 1958, 1090; Hügel/*Kramer*, § 76 Rn 10.
16 BayObLG FamRZ 1997, 571; OLG Bamberg FamRZ 1995, 181; OLG München FamRZ 1996, 1022; OLG Stuttgart FamRZ 1998, 1128; OLG Zweibrücken FamRZ 1996, 1226.
17 Meikel/*Schmidt-Räntsch*, § 76 Rn 3; vgl. auch: Sternal/*Sternal*, § 64 Rn 80, zu § 64 Abs. 3 FamFG.
18 RGZ 55, 343.
19 KG JW 1931, 1044.
20 Bauer/Schaub/*Sellner*, § 76 Rn 10; Hügel/*Kramer*, § 76 Rn 24; Meikel/*Schmidt-Räntsch*, § 76 Rn 14.
21 OLG München FGPrax 2009, 12.
22 Hügel/*Kramer*, § 76 Rn 25.

Grundbuchamt zur Eintragung eines vorläufigen Amtswiderspruchs anweisen.[23] Einstweilige Anordnungen sollen zwar regelmäßig den Zeitraum bis zur abschließenden Entscheidung der Instanz überbrücken. Sie können darüber hinaus aber im Interesse eines effektiven Rechtsschutzes geboten sein, um eine Lücke zu vermeiden, während deren Dauer hinsichtlich des eingetragenen Rechts mit Gutglaubenswirkung verfügt und damit der abschließende Erfolg des Rechtsmittels vereitelt werden könnte.[24]

13 **Fassung und Ort der Eintragung** richten sich nach den allgemeinen Vorschriften (§§ 12, 19 GBV). Eine Bezugnahme auf die einstweilige Anordnung ist nicht zulässig. Zweckmäßig ist es, in den Eintragungsvermerk aufzunehmen, dass die Eintragung auf einstweilige Anordnung des Beschwerdegerichts erfolgt, damit im Fall des § 76 Abs. 2 GBO die Voraussetzungen für eine Löschung sofort erkennbar sind.

III. Aussetzung der Vollziehung der angefochtenen Entscheidung

14 Zudem kann das Beschwerdegericht die Vollziehung der angefochtenen erstinstanzlichen Entscheidung aussetzen. Die Aussetzung ist bei solchen Beschlüssen zulässig, die erst eines Vollzuges bedürfen. Eine solche Anordnung kommt in Grundbuchsachen nur selten in Betracht. Sie kann erfolgen bei Beschlüssen nach § 35 FamFG (wobei das Rechtsmittel gegen die Festsetzung des Zwangsgeldes aufschiebende Wirkung entfaltet, vgl. § 570 Abs. 1 ZPO), bei einem Beschluss, durch den der verspätete Widerspruch gegen eine Löschungsankündigung verworfen wird (§ 87 lit. b GBO) oder hinsichtlich der in dem erstinstanzlichen Beschluss enthaltenen Kostenentscheidung und damit des auf ihr beruhenden Kostenfestsetzungsbeschlusses.

IV. Sonstige Maßnahmen

15 Als sonstige Maßnahmen kann das Beschwerdegericht z.B. dem Grundbuchamt verbieten, einen Hypothekenbrief herauszugeben oder, falls eine Zwischenverfügung angefochten ist, über den Eintragungsantrag endgültig zu entscheiden. Bei Beschwerden gegen Zwischenverfügungen gewährt § 18 Abs. 2 GBO den notwendigen Schutz, allerdings nur bis zur Zurückweisung des Eintragungsantrags; es kann daher eine einstweilige Anordnung des Inhalts erlassen werden, dass dem Grundbuchamt verboten wird, über den Eintragungsantrag zu entscheiden.[25]

D. Verfahren

I. Grundsatz

16 Es bedarf keines förmlichen Antrags, da das Beschwerdegericht **von Amts wegen** zu entscheiden hat. In der Praxis empfiehlt sich indes eine entsprechende Anregung an das Beschwerdegericht unter Darlegung der Notwendigkeit des Erlasses einer einstweiligen Anordnung. Das Beschwerdegericht hat etwa erforderliche Ermittlungen von Amts wegen vorzunehmen.[26] In Fällen besonderer Eilbedürftigkeit ist eine **Anhörung der übrigen Beteiligten** nicht erforderlich; diese muss dann unverzüglich nachgeholt werden. Die Entscheidung über den Erlass einer einstweiligen Anordnung hat in entsprechender Anwendung des § 38 FamFG durch **Beschluss** zu ergehen, der gem. § 38 Abs. 3 S. 3 FamFG zu erlassen ist. Eine Kostenentscheidung ist entbehrlich, da durch die Entscheidung über die einstweilige Anordnung keine besonderen Kosten und Gebühren entstehen. Über die Ablehnung des Erlasses einer einstweiligen Anordnung bedarf es selbst dann keiner förmlichen Entscheidung, wenn der Beschwerdeführer den Erlass angeregt hat.

II. Bekanntmachung; Vollziehung

17 Die einstweilige Anordnung wird mit der Bekanntmachung an denjenigen Beteiligten wirksam, für die sie ihrem wesentlichen Inhalt nach bestimmt ist (§ 40 Abs. 1 FamFG). Zudem ist die einstweilige Anordnung dem Grundbuchamt und den sonstigen Beteiligten mitzuteilen. Ist angeordnet, eine Vormerkung oder ei-

---

23 OLG Hamm Rpfleger 2003, 349.
24 Bauer/Schaub/*Sellner*, § 76 Rn 4.
25 *Demharter*, § 76 Rn 4; *Böttcher*, MittBayNot 1987, 65, 69; *Kleist*, MittRhNotK 1985, 133, 142.
26 Hügel/*Kramer*, § 76 Rn 2.

nen Widerspruch einzutragen, so kann die Bekanntmachung an die Beteiligten nicht in Hinblick auf § 55 GBO unterbleiben. Die Vollziehung der Einstweiligen Anordnung erfolgt durch das Grundbuchamt.

III. Rechtsmittel

Gegen die einstweilige Anordnung oder deren Ablehnung ist in entsprechender Anwendung des § 70 Abs. 4 FamFG weder die **Rechtsbeschwerde** noch sonst ein Rechtsmittel gegeben;[27] auch nicht die Erstbeschwerde zum BGH bei einer selbstständigen neuen Regelung.[28] Eine Anfechtung im Wege einer außerordentlichen Beschwerde scheidet aus, da dieser Rechtsbehelf dem verfassungsrechtlichen Grundsatz der Rechtsmittelklarheit widerspricht (siehe vor § 71 GBO Rdn 12).[29] Auch gegen die aufgrund einer einstweiligen Anordnung erfolgte Eintragung einer Vormerkung oder eines Widerspruchs kann nicht angefochten werden.[30] Ansonsten würden auf diesem Umweg Beschwerden gegen die einstweilige Anordnung ermöglicht und damit der mit dem Ausschluss der Anfechtbarkeit verfolgte Zweck illusorisch gemacht werden.

18

IV. Änderung, Aufhebung der Entscheidung

Das Beschwerdegericht kann die einstweilige Anordnung **jederzeit** von Amts wegen **aufheben** oder – entsprechend § 48 Abs. 1 FamFG – **ändern**;[31] es kann beispielsweise die Löschung einer Vormerkung oder eines Widerspruchs anordnen.[32] Die Aufhebung hat durch Beschluss (§ 38 FamFG) zu erfolgen, der zu erlassen ist (§ 38 Abs. 3 S. 3 FamFG). Zudem kann das Beschwerdegericht die einstweilige Anordnung von vornherein befristen. In diesem Fall verliert die einstweilige Anordnung mit Ablauf der Frist ihre Wirkung, ohne dass es einer förmlichen Aufhebung bedarf; ein klarstellender Ausspruch kann aber erfolgen.

19

E. Löschung der Vormerkung oder des Widerspruchs (§ 76 Abs. 2 GBO)

Bei **Zurücknahme** oder **Zurückweisung der Beschwerde** erfolgt **von Amts wegen** die Löschung der Vormerkung oder des Widerspruchs (§ 76 Abs. 2 GBO). Eine besondere Anordnung des Beschwerdegerichts oder ein entsprechender Antrag sind nicht erforderlich. Die Einlegung einer Rechtsbeschwerde gegen die Entscheidung des Beschwerdegerichts hindert die Löschung nicht. Das Rechtsbeschwerdegericht kann jedoch eine neue einstweilige Anordnung erlassen (siehe Rdn 4).

20

Im Fall der **Stattgabe der Beschwerde** wird die Vormerkung oder der Widerspruch in das endgültige Recht umgeschrieben. Die Umschreibung erfolgt, wenn mit der Beschwerde die Eintragung einer Vormerkung oder eines Widerspruchs erstrebt wird, in der Weise, dass die vorläufige Vormerkung oder der vorläufige Widerspruch durch einen Vermerk als endgültig bezeichnet werden;[33] eine Wiederholung der früheren, wörtlich gleichlautenden Eintragung ist nicht erforderlich.[34]

21

F. Aufschiebende Wirkung einer Beschwerde (Abs. 3)

Entgegen dem allgemeinen Grundsatz (vgl. § 73 GBO Rdn 17) hat die Beschwerde ausnahmsweise aufschiebende Wirkung, wenn sie sich gegen die **Festsetzung eines Zwangsgelds** richtet (Abs. 3). Insoweit stimmt § 76 Abs. 3 GBO mit den Regelungen in § 35 Abs. 5 FamFG i.V.m. § 570 Abs. 1 ZPO überein. Die aufschiebende Wirkung tritt kraft Gesetzes ein, wenn mit der Beschwerde eine Zwangsgeldfestsetzung angefochten wird, dagegen nicht, wenn sie sich gegen die Androhung eines Zwangsgeldes wendet.

22

---

27 Bauer/Schaub/*Sellner*, § 76 Rn 13; Meikel/*Schmidt-Räntsch*, § 76 Rn 12; vgl. Sternal/*Sternal*, § 64 Rn 89, für § 64 Abs. 3 FamFG; vgl. auch BGH NJW 1963, 1306; BayObLG Rpfleger 1975, 196; KG FamRZ 1977, 63; OLG Celle NdsRpfl. 1971, 207; OLG Frankfurt OLGR 2006, 86.
28 Meikel/*Schmidt-Räntsch*, § 76 Rn 12; vgl. Sternal/*Sternal*, § 64 Rn 89, für § 64 Abs. 3 FamFG; a.A. Hügel/*Kramer*, § 76 Rn 28, unter Verweis auf BayObLG Rpfleger 1975, 176, betreffend § 24 Abs. 3 FGG.
29 BVerfG NJW 2003, 1924.
30 BGH NJW 1963, 1305; BayObLG NJW-RR 1998, 1047; *Demharter*, § 76 Rn 9; Meikel/*Schmidt-Räntsch*, § 76 Rn 12.
31 Bauer/Schaub/*Sellner*, § 76 Rn 14; *Demharter*, § 76 Rn 9; Hügel/*Kramer*, § 76 Rn 27.
32 *Demharter*, § 76 Rn 9.
33 Bauer/Schaub/*Sellner*, § 76 Rn 10; *Demharter*, § 76 Rn 5; Meikel/*Schmidt-Räntsch*, § 76 Rn 16.
34 RGZ 113, 234; KGJ 52, 147.

G. Kosten und Gebühren

23 Für den Erlass einer einstweiligen Anordnung durch das Beschwerdegericht nach § 76 GBO fällt **keine Gebühr** an. Eintragungen und Löschungen, die aufgrund von einstweiligen Anordnungen des Beschwerdegerichts vorgenommen werden, sind nach vor 1.4 Abs. 2 Nr. 2 vor Nr. 14110 KV GNotKG gerichtsgebührenfrei.

§ 77 [Entscheidung des Beschwerdegerichts]

Die Entscheidung des Beschwerdegerichts ist mit Gründen zu versehen und dem Beschwerdeführer mitzuteilen.

A. Normzweck; Allgemeines	1
B. Prüfungspflicht des Beschwerdegerichts	2
I. Grundsatz	2
II. Ermessensentscheidungen	3
III. Zuständigkeitsrüge	4
IV. Antragsverfahren	5
1. Allgemeines	5
2. Bindung an Anträge	6
V. Amtsverfahren	7
VI. Verbot der reformatio in peius	8
1. Antragsverfahren	8
2. Amtsverfahren	10
3. Sonstiges	11
VII. Prüfungsumfang des Beschwerdegerichts	13
1. Bei Zurückweisung eines Eintragungsantrags	13
2. Bei Beschwerde gegen eine Eintragung	14
3. Bei Anfechtung einer Zwischenverfügung	15
4. Bindungswirkung einer früheren Beschwerdeentscheidung	20
C. Verfahren des Beschwerdegerichts bis zur Entscheidung	21
I. Grundsatz	21
II. Wartefrist	22
III. Rechtliches Gehör	23
IV. Zeitpunkt der Entscheidung; Aussetzung; Unterbrechung	24
V. Erledigung des Verfahrens	25
D. Entscheidung des Beschwerdegerichts	26
I. Prüfung der Zulässigkeit der Beschwerde	26
II. Entscheidung bei unbegründeter Beschwerde	30
III. Entscheidung bei begründeter Beschwerde	32
E. Abfassung der Beschwerdeentscheidung	37
I. Grundsatz	37
II. Tatsächliche Feststellungen und Rechtsausführungen	39
III. Bezugnahme auf erstinstanzliche Entscheidung	42
IV. Kostengrundentscheidung	43
V. Geschäftswert	46
VI. Entscheidung über die Zulassung der Rechtsbeschwerde	47
VII. Unterschrift; Signatur; Beschlusserlass	48
VIII. Mängel der Begründung bzw. der Unterzeichnung der Beschwerdeentscheidung	50
F. Verfahren nach der Entscheidung des Beschwerdegerichts	51
I. Mitteilung der Entscheidung	51
II. Keine Abänderung der Entscheidung	52
G. Tätigkeit des Grundbuchamts	53
H. Kosten	55

A. Normzweck; Allgemeines

1 Das eigentliche Beschwerdeverfahren ist in der GBO nur rudimentär geregelt. § 77 trifft lediglich eine Regelung über die Begründung der Beschwerdeentscheidung sowie deren Bekanntgabe, in der Vorschrift noch als Bekanntmachung bezeichnet. Um die Richtigkeitsgewähr der Entscheidung zu stärken und dessen Akzeptanz bei den Beteiligten zu erhöhen, schreibt die Regelung in Übereinstimmung mit anderen Verfahrensordnungen (z.B. § 69 FamFG) vor, dass die Entscheidung des Beschwerdegerichts **stets zu begründen** und dem Beschwerdeführer bekannt zu geben ist. Zudem wird in den Fällen der Zulassung der Rechtsbeschwerde dem Rechtsbeschwerdegericht (BGH) die Überprüfung der Beschwerdeentscheidung in rechtlicher Hinsicht nur ermöglicht, wenn diese mit Gründen versehen ist und die tatsächlichen Feststellungen erkennbar sind. Dass dem Beschwerdeführer die gerichtliche Entscheidung mitzuteilen ist, ist für ein Verfahren, das rechtsstaatlichen Grundsätzen entsprechen soll, an sich selbstverständlich und hätte keiner ausdrücklichen Regelung bedurft.

B. Prüfungspflicht des Beschwerdegerichts
I. Grundsatz

Die Prüfungspflicht des Beschwerdegerichts ist durch keine gesetzlichen Vorschriften eingeschränkt. Das Beschwerdeverfahren ist eine **zweite Tatsacheninstanz**.[1] Insoweit tritt das Beschwerdegericht in den Grenzen der Beschwerde vollständig an die Stelle des Grundbuchamts. Es hat dessen Entscheidung in tatsächlicher und rechtlicher Beziehung umfassend nachzuprüfen. Das bezieht sich sowohl auf zwingende Vorschriften als auch auf Ordnungsvorschriften. Urkunden und Erklärungen hat es selbst auszulegen (vgl. § 2 Einl. GBO Rdn 75 ff.). Das Beschwerdegericht erhebt indes keine Beweise, zu deren Erhebung nicht auch das Grundbuchamt verpflichtet wäre. Daher findet in **Antragsverfahren** grundsätzlich weder eine mündliche Verhandlung noch eine Beweisaufnahme (z.B. durch Vernehmung von Zeugen) statt. Im Verfahren zur Klarstellung der Rangverhältnisse hat das Grundbuchamt nach §§ 100, 102 GBO einen Verhandlungstermin abzuhalten; dazu ist auch das Beschwerdegericht berechtigt. In allen übrigen **Amtsverfahren** kann es die Beteiligten anhören oder Beweise erheben. Die Überprüfungsmöglichkeit wird durch den erstinstanzlichen Verfahrensgegenstand sowie den beim Beschwerdegericht angefallenen Gegenstand begrenzt. Hat das Rechtsbeschwerdegericht die vorangegangene Beschwerdeentscheidung aufgehoben und die Sache zurückverwiesen, so ist das Beschwerdegericht an die rechtliche Beurteilung des BGH gebunden (§ 77 Abs. 3 GBO i.V.m. § 74 Abs. 6 S. 4 FamFG).

II. Ermessensentscheidungen

Die Beschwerde eröffnet dem Beschwerdegericht eine umfassende Nachprüfung der Entscheidung in tatsächlicher und rechtlicher Beziehung, auch soweit es sich um die Anwendung des Ermessens durch das Grundbuchamt handelt. Streitig ist, in welchem Umfang die Ermessensentscheidung der Prüfung durch das Beschwerdegericht unterliegt. Teilweise wird vertreten, dass bei allen Ermessensvorschriften nicht nur eine Nachprüfung zu erfolgen hat, ob das Grundbuchamt das Ermessen richtig gehandhabt hat, sondern sein eigenes Ermessen auszuüben. Es kann eine neue, eigene Ermessensentscheidung treffen.[2] Dem gegenüber geht die zutreffende h.M. in Rechtsprechung und Literatur[3] von einer dahingehenden eingeschränkten Überprüfungsmöglichkeit aus. Das Beschwerdegericht darf nur prüfen, ob das Grundbuchamt von dem ihm eingeräumten Ermessen fehlerfrei Gebrauch gemacht hat. Ist dies der Fall, ist das Beschwerdegericht nicht befugt, die fehlerfreie Entscheidung durch eine eigene (abweichende) Ermessensentscheidung zu ersetzen.[4]

III. Zuständigkeitsrüge

Die GBO sieht abweichend von § 65 Abs. 4 FamFG **keinen Ausschluss** der Zuständigkeitsrüge im Beschwerdeverfahren vor. Daher hat das Beschwerdegericht auch zu prüfen, ob das Grundbuchamt seine örtliche, sachliche oder funktionelle Zuständigkeit zu Recht bejaht hat. Ebenso kann das Vorliegen der deutschen Gerichtsbarkeit durch das Beschwerdegericht überprüft werden.[5]

IV. Antragsverfahren
1. Allgemeines

Im Antragsverfahren beschränkt sich die Nachprüfungspflicht des Beschwerdegerichts auf den vom Beschwerdeführer vorgelegten Tatsachenstoff. Das Beschwerdegericht hat nicht den gesamten Sachverhalt von Amts wegen aufzuklären, wie es § 26 FamFG für das Verfahren der freiwilligen Gerichtsbarkeit vorschreibt; diese Vorschrift ist im Antragsverfahren nicht anwendbar. Das Beschwerdegericht kann aber zur Beseitigung von Unklarheiten Rückfragen beim Grundbuchamt oder beim Beschwerdeführer halten, diesem die Ergänzung seines Vorbringens oder die Vorlage von Urkunden aufgeben oder andere Betei-

---

1 OLG Saarbrücken FGPrax 2020, 117.
2 LG Traunstein MittBayNot 1973, 83.
3 *Demharter*, § 77 Rn 2.
4 Vgl. OLG Düsseldorf FGPrax 2014, 44; OLG Frankfurt MDR 2013, 530; OLG Hamm MDR 2013, 469; jew. für eine Kostenentscheidung; vgl. auch: OLG Köln FGPrax 2013, 151.
5 Vgl. OLG Köln FGPrax 2004, 100, für die Eintragung einer Arresthypothek bei einem diplomatisch genutzten Grundstück.

ligte auffordern, sich zur Beschwerdebegründung oder zu bestimmten Fragen zu äußern; vgl. § 27 FamFG zur Mitwirkungspflicht der Beteiligten. Die Beteiligten haben ihre Erklärungen über tatsächliche Umstände vollständig und der Wahrheit gemäß abzugeben (vgl. § 27 Abs. 2 FamFG).

2. Bindung an Anträge

6 Die Prüfung durch das Beschwerdegericht hat sich in den Grenzen des vom Beschwerdeführer gestellten Beschwerdeantrags zu halten. Dieser Antrag ist für das Beschwerdegericht bindend. Über ihn darf es nicht hinausgehen; dies gilt insbesondere bei einer teilweisen Anfechtung der Entscheidung des Grundbuchamts. Enthält die Beschwerde **keinen bestimmten Antrag**, so ist anzunehmen, dass die Entscheidung des Grundbuchamts in ihrem ganzen Umfang angefochten ist, sowie der Beschwerdeführer beschwert ist. Über einen im Beschwerdeverfahren gestellten neuen Antrag (vgl. § 74 GBO Rdn 5 ff.) darf das Beschwerdegericht nicht entscheiden;[6] eine entsprechende Beschwerde muss als unzulässig verworfen werden. Indessen ist das Beschwerdegericht in seiner Prüfung nicht auf die vom Beschwerdeführer geltend gemachten Gründe beschränkt. Es hat den ihm vorgelegten Tatsachenstoff in seiner Gesamtheit daraufhin zu prüfen, ob dem gestellten Antrag auch aus anderen Gründen entsprochen werden kann oder nicht.[7] Es darf die Prüfung nicht nur auf einen Teil des Streitstoffes beschränken, etwa auf die Frage, ob die Begründung des Grundbuchamts zutreffend ist, und die weitere Prüfung an das Grundbuchamt verweisen.[8]

V. Amtsverfahren

7 Im Amtsverfahren besteht **keine Beschränkung der Nachprüfungspflicht** hinsichtlich des vom Beschwerdeführer geltend gemachten Tatsachenstoffes. Insoweit besteht auch keine Bindung des Beschwerdegerichts an den Antrag des Beschwerdeführers. Vielmehr gilt der Amtsermittlungsgrundsatz (§ 26 FamFG) uneingeschränkt. Die Amtsermittlungspflicht gilt sowohl für die Begründetheit der Beschwerde als auch für Zulässigkeitsfragen.[9] Das Beschwerdegericht hat von Amts wegen die zur Feststellung des Sachverhalts erforderlichen Ermittlungen anzustellen und die geeignet erscheinenden Beweise im Frei- oder Strengbeweisverfahren[10] zu erheben, soweit das Grundbuchamt dieser Verpflichtung noch nicht nachgekommen ist. Es kann auch die Beteiligten im Rahmen einer mündlichen Verhandlung anhören.[11]

VI. Verbot der reformatio in peius

1. Antragsverfahren

8 Aufgrund der Dispositionsmaxime ist in Antragsverfahren eine Schlechterstellung des Beschwerdeführers (**reformatio in peius**) durch das Beschwerdegericht grundsätzlich ausgeschlossen.[12] Das Verbot der reformatio in peius ist verletzt, wenn das Rechtsmittelgericht die angefochtene Entscheidung in der Hauptsache zum Nachteil desjenigen ändert, der das Rechtsmittel eingelegt hat. Ob das Verbot verletzt ist, richtet sich nach dem Entscheidungssatz, nicht nach den Gründen.[13] Das Beschwerdegericht kann also die Zurückweisung eines Antrags durch das Grundbuchamt aus einem anderen, für den Beschwerdeführer ungünstigeren Grund bestätigen, ohne damit gegen das Verbot der Schlechterstellung zu verstoßen.[14] Ebenso wenig liegt eine verbotene Schlechterstellung bei der Zurückweisung eines Antrags als unzuläs-

---

6 OLG Düsseldorf FGPrax 2012, 242; OLG Frankfurt v. 4.10.2007 – 20 W 336/04, juris; OLG München FGPrax 2005, 142.
7 BayObLG Rpfleger 1967, 12; KG JFG 5, 434.
8 KJG 31, 14; KG JFG 1, 301; OLG Hamm JMBl. NRW 1961, 276.
9 BayObLGZ 2004, 37 = FamRZ 2004, 1818, BayObLGZ 1969, 472; BayObLGZ 1959, 472; Hügel/*Kramer*, § 77 Rn 14; Meikel/*Schmidt-Räntsch*, § 77 Rn 25; a.A.: KG FGPrax 1995, 120; KG NJW 1961, 1208.
10 Vgl. BayObLG NJW-RR 1992, 653; OLG Frankfurt OLGZ 1972, 120, 127; Hügel/*Kramer*, § 77 Rn 15; Meikel/*Schmidt-Räntsch*, § 77 Rn 24.
11 *Demharter*, § 77 Rn 6; Hügel/*Kramer*, § 77 Rn 13.
12 BayObLG FGPrax 1997, 13; BayObLG Rpfleger 1995, 332; BayObLG DNotZ 1982, 438; BayObLGZ 1967, 408, 410; BayObLGZ 1954, 235; OLG Oldenburg NdsRpfl. 1951, 198; Bauer/Schaub/*Sellner*, § 77 Rn 8; Hügel/*Kramer*, § 77 Rn 4; vgl. auch Sternal/*Sternal*, § 69 Rn 32 ff., für das FamFG-Verfahren.
13 OLG München DFG 37, 129.
14 *Blomeyer*, DNotZ 1971, 343.

sig statt als unbegründet oder umgekehrt vor.[15] Auch sind rechtliche Hinweise für die weitere Sachbehandlung, die an der Bindungswirkung der Entscheidung nicht teilnehmen, zulässig.[16]

Da das Verbot der Schlechterstellung auf der Dispositionsmaxime beruht, ist es auch in Antragsverfahren nicht anzuwenden, wenn nicht Privatinteressen, sondern **zwingende öffentliche Interessen** in Betracht kommen. Daher ist eine nachteilige Beschwerdeentscheidung möglich, wenn die erstinstanzliche Entscheidung wegen eines schwerwiegenden, von Amts wegen zu beachtenden Verfahrensmangels unzulässig war.[17]

2. Amtsverfahren

In **Amtsverfahren** der freiwilligen Gerichtsbarkeit und somit auch in entsprechenden Grundbuchverfahren besteht grundsätzlich die Möglichkeit der Schlechterstellung des Beschwerdeführers.[18] Daher ist mit Rücksicht auf die nach § 53 Abs. 1 S. 2 GBO geschützten öffentlichen Interessen die Löschung einer inhaltlich unzulässigen Eintragung anzuordnen, selbst wenn die Beschwerde nur eine Änderung ihrer Fassung erstrebt hat oder wenn das Grundbuchamt einen Amtswiderspruch eingetragen und der Beschwerdeführer nur diese Eintragung angegriffen hat.[19]

3. Sonstiges

Das Verbot der reformatio in peius gilt grundsätzlich nicht für die **Abhilfeentscheidung** (§ 75 GBO) des Grundbuchamts. Insoweit obliegt dem Grundbuchamt eine umfassende Überprüfung seiner Entscheidung; es ist damit auch befugt, diese zum Nachteil des Beschwerdeführers abzuändern (vgl. § 75 GBO Rdn 16). Unanwendbar ist das Verschlechterungsverbot auch für Beschwerden betreffend die **Kostengrundentscheidung** (arg. aus § 81 FamFG)[20] sowie die **Geschäftswertfestsetzung** (vgl. § 79 Abs. 2 S. 1 Nr. 2 GNotKG).[21] Dagegen gilt der Grundsatz des Verbots der Schlechterstellung bei der Anfechtung einer **Kostenfestsetzung**, sowie wenn ausschließlich die Überprüfung der erstinstanzlichen Kostengrundentscheidung Gegenstand des Beschwerdeverfahrens ist.[22]

Verweist das Beschwerdegericht die Sache an die **erste Instanz** zurück, so darf diese nach erneuter Prüfung der Sach- und Rechtslage, die auch durch Hinweise des Beschwerdegerichts veranlasst worden sein kann, nicht eine dem Beschwerdeführer ungünstigere Entscheidung treffen. Denn der Rechtsmittelführer darf nicht schlechter gestellt werden als durch eine eigene Sachentscheidung des Rechtsmittelgerichts. Vielmehr ist es auch nach dem Grundsatz des fairen Verfahrens geboten, ihn davor zu schützen, auf sein eigenes Rechtsmittel hin in seinen Rechten über die mit der angegriffenen Entscheidung verbundene Beschwer hinaus weiter beeinträchtigt zu werden.[23]

VII. Prüfungsumfang des Beschwerdegerichts

1. Bei Zurückweisung eines Eintragungsantrags

Richtet sich die Beschwerde gegen die Zurückweisung eines Eintragungsantrags, so muss das Beschwerdegericht die **gesamte Sach- und Rechtslage** überprüfen. Gelangt es zu dem Ergebnis, dass die Begründung der angefochtenen Entscheidung unrichtig ist, so muss es prüfen, ob dem Antrag andere Hindernisse entgegenstehen, und kann entweder das Grundbuchamt zur Eintragung oder zum Erlass einer Zwischenverfügung anweisen oder die Beschwerde aus anderen Gründen zurückweisen.[24]

---

15 BayObLG FamRZ 1992, 1354; BayObLGZ 1962, 47, 55.
16 BayObLG DNotZ 1982, 438, 440; BayObLGZ 1967, 408, 410; BayObLGZ 1960, 216, 220.
17 Meikel/*Schmidt-Räntsch*, § 77 Rn 8.
18 Vgl. BGH FamRZ 1989, 957; BGH NJW 1983, 173; BayObLG FamRZ 1985, 635; KG NJW-RR 1987, 5.
19 BayObLGZ 1984, 239, 246; OLG Düsseldorf DNotZ 1958, 157; OLG Hamm MittBayNot 1973, 89.
20 BayObLGZ 1968, 304, 311; BayObLGZ 1958, 49; BayObLG MittBayNot 1991, 79; KG Rpfleger 1959, 386.
21 BayObLGZ 1990, 111, 114; OLG Köln FGPrax 2006, 85; OLG München Rpfleger 2013, 55.
22 Meikel/*Schmidt-Räntsch*, § 77 Rn 9.
23 BGHZ 159, 122 = NJW-RR 2004, 1422.
24 BayObLG FamRZ 1989, 321; BayObLG Rpfleger 1967, 12; KG DNotZ 1972, 178; OLG Hamm OLGZ 1978, 304.

2. Bei Beschwerde gegen eine Eintragung

14 Hält das Beschwerdegericht eine gegen eine Eintragung gerichtete Beschwerde nach § 71 Abs. 2 S. 1 GBO für unzulässig, so muss es prüfen, ob das Rechtsmittel nicht mit der Beschränkung des § 71 Abs. 2 S. 2 GBO gewollt ist und ob die Voraussetzungen des § 53 GBO vorliegen. Ist dies – was in aller Regel der Fall sein wird – zu bejahen, dann muss die Richtigkeit der Eintragung unter allen Gesichtspunkten geprüft werden. Wenn mit der Beschwerde lediglich die Eintragung eines Amtswiderspruchs verlangt wird, so muss das Beschwerdegericht, falls die Eintragung inhaltlich unzulässig ist, gleichwohl die Löschung anordnen;[25] der Antrag und die Begründung der Beschwerde haben in diesem Fall keine entscheidende Bedeutung.[26] Für eine Eintragung im **Rahmen der Zwangsvollstreckung** besteht nach der zutreffenden h.M. keine Ausnahme.[27] Eine a.A. erkennt die Möglichkeit der Eintragung eines Amtswiderspruchs nach § 53 Abs. 1 S. 1 GBO auch ohne dessen Voraussetzungen an, wenn die Eintragung objektiv der Rechtsordnung widerspricht.[28]

3. Bei Anfechtung einer Zwischenverfügung

15 Ist eine Zwischenverfügung angefochten, so beschränkt sich das Verfahren und damit die Nachprüfung auf die in dieser Zwischenverfügung geltend gemachten Bedenken oder Eintragungshindernisse.[29] Zu dieser Nachprüfung ist der gesamte Tatsachenstoff heranzuziehen.[30] Werden mehrere Beanstandungen erhoben, die jede für sich die Zurückweisung des Antrags rechtfertigen würde, so kann jede Beanstandung für sich mit der Beschwerde angefochten werden.[31] Bedenken anderer als der in der Zwischenverfügung geäußerten Art können nicht zur Zurückweisung der Beschwerde führen. Gelangt das Beschwerdegericht zu der Auffassung, dass die Zwischenverfügung aus keinem der in ihr genannten Gründe gerechtfertigt ist, so muss es sie aufheben, selbst wenn der Eintragungsantrag unbegründet ist oder dem Antrag andere, bisher vom Grundbuchamt nicht erörterte Hindernisse entgegenstehen.

16 Es darf jedoch in den Gründen seiner Entscheidung – allerdings nur wegweisend und ohne Bindungswirkung – auf die seiner Ansicht nach bestehenden anderen Bedenken oder Eintragungshindernisse hinweisen.[32] Eine Rechtsbeschwerde gegen solche Hinweise ist – auch im Falle der Zulassung durch das Beschwerdegericht – mangels einer Beschwer unzulässig;[33] und zwar auch dann, wenn das Beschwerdegericht, obwohl es das vom Grundbuchamt angenommene Eintragungshindernis für gegeben hält, die Zwischenverfügung mit der Begründung aufhebt, der beantragten Eintragung stünden weitere Hindernisse entgegen.[34]

17 Eine **Zurückweisung des Eintragungsantrags** ist in jedem Falle ausgeschlossen;[35] auch in der Weise, dass die Sache an das Grundbuchamt zur Zurückweisung des Eintragungsantrags zurückverwiesen wird.[36] Ebenso wenig darf das Beschwerdegericht die Zwischenverfügung aufheben und dem **Eintragungsantrag statt geben**.[37] da der Eintragungsantrag nicht Gegenstand der Beschwerde ist. Auch wenn das Grundbuchamt gegen den Grundsatz verstoßen hat, alle behebbaren Hindernisse in der Zwischenverfügung auf einmal zu bezeichnen (siehe § 18 GBO Rdn 60), so führt das nicht zur Aufhebung

---

25 BayObLGZ 1991, 139, 141; OLG Hamm Rpfleger 1957, 117.
26 OLG Naumburg VIZ 2004, 337.
27 OLG Hamm FGPrax 2005, 192; OLG Schleswig Rpfleger 2006, 536; Demharter, § 71 Rn 49; offen gelassen BGH Rpfleger 2007, 134.
28 So OLG Celle Rpfleger 1990, 112; Meikel/Schmidt-Räntsch, § 71 Rn 83.
29 OLG Braunschweig FamRZ 2020, 641; OLG Frankfurt ErbR 2017, 38; OLG München RNotZ 2017, 378.
30 BayObLGZ 1954, 289.
31 St. Rspr. z.B.: BayObLG FGPrax 1997, 169; BayObLG Rpfleger 1977, 101; BayObLG Rpfleger 1975, 95; BayObLG DNotZ 1972, 358; BayObLG Rpfleger 1972, 139; BayObLGZ 1970, 287; BayObLGZ 1970, 134; BayObLGZ 1967, 410; KG DNotZ 1972, 358; KG Rpfleger 1965, 367; OLG Düsseldorf FGPrax 1996, 125; OLG Frankfurt Rpfleger 1979, 205; OLG Hamm OLGZ 1984, 54.
32 St. Rspr. z.B.: BayObLGZ 1993, 166, 168; BayObLG NJW-RR 1989, 142; BayObLG Rpfleger 1986, 217; BayObLG DNotZ 1983, 752; BayObLGZ 1967, 410; KG NJW-RR 1993, 268; OLG Frankfurt Rpfleger 1979, 315; OLG Saarbrücken OLGZ 1991, 153.
33 BayObLG Rpfleger 1986, 217; OLG Saarbrücken OLGZ 1991, 153; KG NJW-RR 1993, 268; OLG Hamm FGPrax 2002, 146; OLG Zweibrücken FGPrax 2011, 177.
34 OLG Hamm FGPrax 2002, 146; OLG Saarbrücken OLGZ 1991, 153.
35 BayObLG NJW-RR 1993, 1043; BayObLGZ 1954, 235; OLG Oldenburg NdsRpfl 1951, 198; OLG Schleswig NJW-RR 2010, 1316.
36 BayObLG NJW-RR 1987, 1204; KG NJW-RR 1993, 268.
37 BGH FGPrax 2014, 2; BayObLG NJW-RR 1991, 465; KG FGPrax 2020, 53; OLG Hamm Rpfleger 2002, 353; OLG Schleswig FGPrax 201, 282.

der Zwischenverfügung;[38] das Beschwerdegericht kann weitere Eintragungshindernisse auch in diesem Fall nur wegweisend und ohne Bindungswirkung erörtern.[39]

Hat das OLG auf Beschwerde eine Zwischenverfügung des Grundbuchamt aufgehoben, so kann mit der Rechtsbeschwerde nicht die **Wiederherstellung der Zwischenverfügung** begehrt werden (vgl. § 71 GBO Rdn 23); es kann auch nicht die bloße Aufhebung der Entscheidung des OLG verlangt werden, falls diese die verfahrensrechtliche Stellung des Rechtsbeschwerdeführers beeinträchtigt, um die Bindungswirkung der Entscheidung zu beseitigen.[40] Hat aber das OLG eine Zwischenverfügung bestätigt, obwohl diese, weil z.B. ein endgültiges Eintragungshindernis vorliegt, nicht hätte erlassen werden dürfen, so muss das Rechtsbeschwerdegericht die Zwischenverfügung insgesamt aufheben, damit das Grundbuchamt Gelegenheit erhält, den Eintragungsantrag zurückzuweisen.[41] Hebt das OLG dagegen die Zwischenverfügung nicht nur auf, sondern weist es das Grundbuchamt darüber hinaus an, über den Eintragungsantrag erneut zu befinden und diesen zurückzuweisen, so ist der Antragsteller dadurch beschwert und zur Rechtsbeschwerde berechtigt;[42] diese Anweisung ist unzulässig und auf Rechtsbeschwerde aufzuheben.[43]

Mit dem Grundsatz der Verpflichtung zur Prüfung des gesamten Rechts- und Streitstoffes steht es nicht in Widerspruch, dass, wenn eine Zwischenverfügung nur wegen eines von mehreren Hindernissen, deren Beseitigung aufgegeben ist, angefochten wird, sich die Nachprüfung darauf beschränkt, ob dieses Hindernis zu Recht besteht, da es dem Beschwerdeführer überlassen bleiben muss, die sonstigen Auflagen des Grundbuchamts zu erfüllen. Das Beschwerdegericht darf in seiner Entscheidung nicht offenlassen, ob das in der Zwischenverfügung angenommene Hindernis besteht und nicht die Beschwerde mit der Begründung zurückweisen, dass ein anderes Eintragungshindernis vorliege.[44] Erachtet das Beschwerdegericht eine Beanstandung für unberechtigt, die andere für berechtigt, so hat es die Zwischenverfügung in dem Umfang aufzuheben, in dem es die Beschwerde für begründet hält; eine Zurückweisung der Beschwerde in vollem Umfang darf nicht erfolgen.[45] Wird mit der Beschwerde gegen eine Zwischenverfügung nur die Verlängerung einer Frist verlangt, was zulässig ist, so braucht die Berechtigung der Zwischenverfügung nicht nachgeprüft zu werden.

4. Bindungswirkung einer früheren Beschwerdeentscheidung

Grundsätzlich ist das Beschwerdegericht an seine früheren Entscheidungen gebunden, wenn es in derselben Sache über eine neue Beschwerde zu entscheiden hat.[46] So verbleibt es in Fällen, in denen ein Antrag wiederholt wird, nachdem das Beschwerdegericht die Zurückweisung eines sachgleichen früheren Antrags bestätigt hatte, bei der Bindung.[47] Die Bindungswirkung entfällt, wenn sich aufgrund neuer Tatsachen und Beweismittel ein anderer Sachverhalt ergibt.[48] Hat das Beschwerdegericht eine Zwischenverfügung bestätigt, so ist das Grundbuchamt an die vertretene Rechtsansicht bei einer anschließenden Antragszurückweisung gebunden. Keine Bindungswirkung besteht für das Beschwerdegericht bei einer anschließenden neuen Beschwerde, wenn mangels Zulassung (§ 78 Abs. 1 GBO) gegen die vorangegangene Beschwerdeentscheidung die Rechtsbeschwerde nicht hätte eingelegt werden können.[49]

---

38 BayObLG FGPrax 1995, 95.
39 BayObLG NJW-RR 1990, 906.
40 So zutr. BGH WM 1998, 1847; BayObLG FGPrax 1998, 87; a.A. OLG Brandenburg FGPrax 1997, 125.
41 BayObLG FGPrax 1996, 32; BayObLGZ 1991, 97, 102; BayObLGZ 1984, 136, 138.
42 KG NJW-RR 1993, 268.
43 KG NJW-RR 1993, 268.
44 BayObLG MittBayNot 1984, 184; BayObLG Rpfleger 1977, 101; BayObLGZ 1972, 24; OLG Frankfurt WuM 1997, 286.
45 BayObLGZ 1970, 134.
46 BayObLG Rpfleger 1974, 148; KG NJW 1955, 1074; OLG Hamm NJW 1970, 2118; zur Abgrenzung vgl. BayObLGZ 1999, 104.
47 OLG München v. 14.4.2016 – 34 Wx 105/16, juris; OLG München v. 21.3.2016 – 34 Wx 265/15, juris; OLG München v. 12.3.2012 – 34 Wx 245/12, BeckRS 2012, 14113.
48 OLG Karlsruhe Rpfleger 1988, 315; OLG München FGPrax 2017, 67; OLG Schleswig FGPrax 2005, 105.
49 KG FGPrax 2020, 154; OLG München FGPrax 2017, 67; BayObLGZ 2001, 279, 281 f.; BayObLGZ 1999, 104, 107; Hügel/Kramer, § 77 Rn 75; Meikel/Schmidt-Räntsch, § 77 Rn 54 bei Fn 205.

C. Verfahren des Beschwerdegerichts bis zur Entscheidung

I. Grundsatz

21 Über die weitere Ausgestaltung des vom Beschwerdegericht einzuschlagenden Verfahrens enthält die GBO keine Vorschriften. Insoweit besteht für das Beschwerdegericht eine relativ freie Gestaltungsmöglichkeit, die begrenzt wird durch die Verfahrensgrundrechte.[50] Das Beschwerdeverfahren ist zwar eine **zweite Tatsacheninstanz**. Das Beschwerdegericht erhebt indes keine Beweise, zu deren Erhebung nicht auch das Grundbuchamt verpflichtet wäre. Daher finden in Antragsverfahren grundsätzlich weder mündliche Verhandlungen noch eine Beweisaufnahme (z.B. durch Vernehmung von Zeugen) statt. Das Beschwerdegericht muss das Vorbringen der Beteiligten zur Kenntnis nehmen und sich mit den wesentlichen Ausführungen des Beschwerdeführers auseinandersetzen.[51] Eine Übertragung des Verfahrens auf den **Einzelrichter** sieht die GBO (anders als § 68 Abs. 4 FamFG) nicht vor. Formlose Ermittlungen können dem Berichterstatter übertragen werden. Ebenso kann in den Fällen des § 375 ZPO eine Beweiserhebung durch einen beauftragten Richter erfolgen.[52]

II. Wartefrist

22 Wenn der Beschwerdeführer sein Rechtsmittel nicht näher begründet bzw. nicht das Nachreichen einer Begründung ankündigt, darf das Gericht **sofort** über das Rechtsmittel entscheiden.[53] Im Fall der Ankündigung einer Begründung, muss das Beschwerdegericht eine **angemessene Frist** abwarten.[54] Die Dauer der Wartepflicht bestimmt sich nach dem Einzelfall, insbesondere der Dringlichkeit der anstehenden Entscheidung; ein Zuwarten von **zwei bis drei Wochen** ab Rechtsmitteleinlegung reicht grundsätzlich aus.[55] Das Grundbuchamt oder das Beschwerdegericht bzw. dessen Vorsitzender können auch eine angemessene **Begründungsfrist** bestimmen, wobei i.d.R. zwei bis drei Wochen ausreichen;[56] in eiligen Verfahren ist eine kürzere Frist gerechtfertigt. Räumt sich der Beschwerdeführer selbst eine Begründungsfrist ein, kann das Gericht diese Frist durch Setzen einer eigenen, den Umständen nach angemessenen Frist abkürzen.[57] Eine nach Ablauf der Frist eingereichte Stellungnahme ist bis zum Erlass der Entscheidung zu berücksichtigen (siehe Rdn 23).

III. Rechtliches Gehör

23 Der in Art. 103 Abs. 1 GG normierte **Grundsatz des rechtlichen Gehörs** gilt für das gesamte Gebiet der freiwilligen Gerichtsbarkeit und somit auch für das Beschwerdeverfahren in Grundbuchsachen.[58] Dieser Grundsatz besagt, dass den Beteiligten Gelegenheit gegeben werden muss, sich vor der Entscheidung zum Gegenstand des Verfahrens und zum Sachverhalt zu äußern sowie zu Tatsachen und Beweisergebnissen Stellung zu nehmen, die das Gericht seiner Entscheidung zugrunde zu legen beabsichtigt, und dass solche Tatsachen und Beweise zum Nachteil der Beteiligten nur verwendet werden dürfen, wenn sich diese zu ihnen erklären konnten.[59] Für das Beschwerdeverfahren bedeutet dies insbesondere, dass die angefochtene Entscheidung zuungunsten anderer Beteiligter als den Beschwerdeführer nur geändert werden darf, wenn diese sich zuvor zur Beschwerde äußern konnten. Ausnahmsweise hat eine Anhörung zu unterbleiben, wenn die Gefahr eines Rechtsverlusts besteht, z.B. bei der Anordnung der Eintragung eines Amtswiderspruchs.[60] Zum rechtlichen Gehör im **Verfahren vor dem Grundbuchamt** siehe § 2 Einl. GBO Rdn 27 f., 58 ff.

---

50 Einschränkend Meikel/*Schmidt-Räntsch*, § 77 Rn 1, der davon ausgeht, dass auf das Verfahren die §§ 68, 69 FamFG und über die Verweisung in § 68 Abs. 3 FamFG die Vorschriften des erstinstanzlichen Verfahrens Anwendung finden.
51 Vgl. z.B.: BVerfG NJW 1984; BVerfG NJW 1982, 1453; OLG Köln MDR 1981, 1028.
52 *Demharter*, § 77 Rn 4; Hügel/*Kramer*, § 77 Rn 17; Meikel/*Schmidt-Räntsch*, § 77 Rn 24.
53 OLG Köln Rpfleger 2001, 123.
54 BayObLG Rpfleger 2003, 361; OLG Frankfurt NJW-RR 1995, 785; OLG Köln Rpfleger 2001, 123.
55 OLG Frankfurt NJW-RR 1995, 785; OLG Hamburg ZMR 2005, 976, OLG Köln NJW-RR 1986, 862.
56 Sternal/*Sternal*, § 65 Rn 7.
57 Vgl. OLG Köln Rpfleger 1984, 424.
58 BayObLG MDR 1973, 407; BayObLG Rpfleger 1967, 12; BayObLGZ 1961, 29; OLG Frankfurt OLGR 1998, 204; OLG Hamm OLGZ 1966, 344.
59 BayObLG MDR 1973, 407; BayObLG Rpfleger 1967, 12.
60 OLG München FGPrax 2022, 59; Hügel/*Kramer*, § 77 Rn 18 f.

IV. Zeitpunkt der Entscheidung; Aussetzung; Unterbrechung

Das Beschwerdegericht hat über die Beschwerde zu entscheiden, sobald es dazu in der Lage ist. Es müssen nicht zwingend Schriftsatzfristen gesetzt werden, sofern dies nicht aus Gründen des rechtlichen Gehörs geboten ist.[61] Eine **Aussetzung** des Beschwerdeverfahrens kann der Beschwerdeführer nicht verlangen und kommt auch grundsätzlich nicht in Betracht.[62] Das Beschwerdeverfahren wird weder durch den Tod eines anwaltlich oder notariell vertretenen Antragstellers[63] noch durch die Eröffnung des Insolvenzverfahrens[64] **unterbrochen**. Das Beschwerdegericht hat die Zulässigkeit und Begründetheit der Beschwerde stets nach Maßgabe des Sach- und Streitstandes zu beurteilen, wie er sich zur **Zeit der Entscheidung** darstellt.[65] Zu berücksichtigen ist der gesamte Tatsachenstoff, der bis zum Erlass der Entscheidung (vgl. § 38 Abs. 3 S. 3 FamFG) vorliegt.[66] Schriftsätze sind daher auch dann zu berücksichtigen, wenn diese vor Erlass, aber nach Unterzeichnung der Entscheidung durch die Richter bei Gericht eingehen.[67] Dagegen dürfen Schriftsätze, die nach Erlass, aber vor Herausgabe der Entscheidung durch die Geschäftsstelle des Gerichts eingehen, keine Berücksichtigung mehr finden, da das Beschwerdegericht an seine Entscheidung gebunden ist. Zur **Bindungswirkung** der Beschwerdeentscheidung und deren Abänderungsmöglichkeit siehe Rdn 54.

24

V. Erledigung des Verfahrens

Mit der Erledigung der Hauptsache ist ein **Amtsverfahren** einzustellen. Das Vorliegen dieser Voraussetzungen hat das Gericht von Amts wegen festzustellen, wobei das Gericht bei diesen Verfahren nicht an die Erklärungen der Beteiligten gebunden ist.[68] Ein **Antragsverfahren** endet, wenn der Antragsteller die Erledigung erklärt.[69] Erledigt sich ein Amts- oder Antragsverfahren nach Erlass der Entscheidung des Grundbuchamts, **aber vor Einlegung eines Rechtsmittels**, so fehlt i.d.R. das Rechtsschutzinteresse für eine Überprüfung der Hauptsacheentscheidung durch das Rechtsmittelgericht, da keine Beschwer in der Hauptsache mehr vorliegt. Für eine Überprüfung der Entscheidung gem. § 62 FamFG besteht in Grundbuchsachen i.d.R. kein Raum. Allenfalls in seltenen Fällen kommt eine Beschwerde mit dem Ziel der Feststellung der Rechtswidrigkeit in Betracht.[70] Erforderlich ist, dass die Entscheidung zu einem schwerwiegenden Grundrechtseingriff für den Beschwerdeführer geführt hat (§ 62 Abs. 2 Nr. 1 FamFG) oder eine Wiederholungsgefahr konkret zu erwarten ist (§ 62 Abs. 2 Nr. 2 FamFG). Allein der Umstand, dass sich die angefochtene Entscheidung wirtschaftlich nachteilig für einen Beteiligten ausgewirkt hat, genügt nicht.[71] Die Beschwerde kann aber hinsichtlich der Kostengrundentscheidung eingelegt werden (siehe § 71 GBO Rdn 40 ff.). Tritt die Erledigung **nach Einlegung einer zulässigen Beschwerde** ein, kann eine Sachentscheidung des Beschwerdegerichts nicht mehr ergehen. Das Rechtsmittel wird unzulässig, sofern der Beschwerdeführer dieses nicht in zulässiger Weise auf den Kostenpunkt beschränkt.

25

D. Entscheidung des Beschwerdegerichts

I. Prüfung der Zulässigkeit der Beschwerde

Das Beschwerdegericht hat grundsätzlich vor einer sachlichen Prüfung zunächst von Amts wegen die Zulässigkeit des Rechtsmittels zu prüfen.[72] Die Zulässigkeitsvoraussetzungen müssen bis zur Beschwerdeentscheidung vorliegen.[73] Eine unzulässige Beschwerde wird nicht dadurch zulässig, dass der Beteiligte eine Verletzung des rechtlichen Gehörs durch das Grundbuchamt geltend macht.[74] Verneint das

26

---

61 Hügel/*Kramer*, § 77 Rn 21 f.
62 OLG München FGPrax 2017, 68; OLG München MittBayNot 2014, 47; *Demharter*, § 77 Rn 8.
63 OLG Köln FGPrax 2005, 103.
64 BayObLG Rpfleger 2002, 261.
65 St. Rspr. z.B.: BGH NZI 2008, 391; BGH NJW 1982, 1464; BayObLG FGPrax 2002, 82; BayObLG FGPrax 1996, 25; OLG Hamm FamRZ 1990, 893; OLG Schleswig FamRZ 1993, 832.
66 Vgl. BGH NJW 1954, 639; BayObLG Rpfleger 1981, 144; BayObLG Rpfleger 1964, 315.
67 BGH FGPrax 2015, 286; *Demharter*, § 77 Rn 5.

68 Vgl. dazu: Keidel/*Sternal*, § 22 Rn 28.
69 Zu den Einzelheiten siehe Keidel/*Sternal*, § 22 Rn 29 ff.
70 OLG Düsseldorf FGPrax 2010, 116; OLG Hamm FGPrax 201, 209; OLG München FamRZ 2015, 2186; Bauer/Schaub/*Sellner*, § 77 Rn 22.
71 OLG Hamm FGPrax 2011, 209.
72 BayObLGZ 1959, 472, 476 f.; OLG Zweibrücken FamRZ 1976, 699; zur Prüfungsreihenfolge vgl. Sternal/*Sternal*, § 68 Rn 92 ff.
73 Vgl. Sternal/*Sternal*, § 68 Rn 62 m.w.N.
74 BayObLG MittBayNot 1990, 355.

Beschwerdegericht die Zulässigkeit, so ist das Rechtsmittel ohne Sachprüfung **als unzulässig zu verwerfen**. Vorab ist dem Beschwerdeführer regelmäßig rechtliches Gehör zu gewähren.[75] Enthält der Verwerfungsbeschluss zusätzlich eine sachliche Begründung, so ist diese als nicht geschrieben anzusehen[76] und erzeugt keine Bindungswirkung.

27 Die Zulässigkeit darf auch nicht unterstellt werden; eine Ausnahme besteht nur bei den sog. **doppelrelevanten Tatsachen**.[77] An der Zulässigkeit des Rechtsmittels fehlt es, wenn die angegriffene Entscheidung unanfechtbar ist (vgl. § 71 GBO Rdn 46 ff.), wenn die vorgeschriebene Form oder Frist nicht gewahrt ist, wenn die Beschwerde in der Hauptsache aufrechterhalten und nicht auf den Kostenpunkt beschränkt wird, obwohl sie gegenstandslos geworden ist (z.B., wenn bei einer Beschwerde gegen eine Zwischenverfügung das Vollzugshindernis beseitigt wird),[78] wenn eine Beschwerde trotz eines wirksamen Verzichts auf das Rechtsmittel (siehe § 73 GBO Rdn 32 ff.) eingelegt wird,[79] wenn bei behaupteter ursprünglicher Unrichtigkeit des Grundbuchs das Grundbuchamt auf die Beschwerde einen Widerspruch zugunsten des Beschwerdeführers einträgt[80] oder wenn im Zeitpunkt der Entscheidung kein Rechtsschutzinteresse gegeben ist bzw. die Beschwerdeberechtigung fehlt. Eine unzulässige Beschwerde wird auch nicht dadurch zulässig, dass diese auf eine Verletzung des rechtlichen Gehörs durch das Grundbuchamt gestützt wird.[81]

28 Die **Beschwerdeberechtigung** ist ein Erfordernis der Zulässigkeit des Rechtsmittels, so dass dieses bei ihrem Fehlen als unzulässig zu verwerfen und nicht als unbegründet zurückzuweisen ist. Das entspricht der fast einhelligen Ansicht von Rechtsprechung und Schrifttum in der freiwilligen Gerichtsbarkeit.[82] In Grundbuchsachen kann nichts anderes gelten.[83] Eine Unterscheidung danach, ob die Beschwerdebefugnis aus Gründen des Verfahrensrechts oder des sachlichen Rechts fehlt, ist abzulehnen.[84] Das gilt auch, wenn die Prüfung der Beschwerdeberechtigung ein Eingehen auf die Sache selbst oder den Anspruch, auf den sich das Rechtsmittel bezieht, erfordert.[85] In diesem Fall genügt es, dass das tatsächliche Vorbringen, seine Richtigkeit unterstellt, bei zutreffender rechtlicher Würdigung die Beschwerdebefugnis ergibt; denn prozessuale Voraussetzungen bedürfen keines Nachweises, soweit sie mit den sachlichen Voraussetzungen identisch sind.[86]

29 Auch ohne förmliche Verfahrensverbindung darf das Beschwerdegericht, wenn es zweckmäßig ist, über Beschwerden gegen die in verschiedenen selbstständigen Eintragungsverfahren ergangenen Entscheidungen **in einem einzigen Beschluss** entscheiden.[87]

II. Entscheidung bei unbegründeter Beschwerde

30 Hält das Beschwerdegericht die Zulässigkeitsvoraussetzungen der Beschwerde für gegeben, so hat es die Sachprüfung vorzunehmen. Ergibt diese, dass die Beschwerde keinen Erfolg haben kann, dann ist sie **als unbegründet zurückzuweisen**.[88] Dabei kommt es nur darauf an, ob die angefochtene Entscheidung im Ergebnis berechtigt ist. Die zurückweisende Beschwerdeentscheidung kann auf anderen als den vom Grundbuchamt angeführten Gründen oder auf vorgebrachten neuen Tatsachen und Beweisen beruhen. Deshalb kann eine im Zeitpunkt ihres Erlasses unrichtige Entscheidung sich infolge neuen Vorbringens oder veränderter Umstände nunmehr als im Ergebnis zutreffend erweisen. Vorab ist aber dem Beschwerdeführer rechtliches Gehör zu gewähren, damit dieser zu den neuen Gesichtspunkten bzw. rechtlichen Erwägungen Stellung nehmen kann.

---

75 Vgl. BGH NJW-RR 2013, 1281 (für die Versäumung der Beschwerdefrist).
76 KG OLGZ 1965, 237, 239.
77 Vgl. dazu OLG Frankfurt MDR 1968, 236; OLG Hamm Rpfleger 2013, 510; OLG München FGPrax 2012, 251.
78 BayObLG Rpfleger 1982, 275; vgl. auch OLG Köln FGPrax 2005, 181.
79 BGH NJW 1989, 296; BayObLGZ 1998, 63.
80 BayObLG WuM 1995, 67.
81 BGH Rpfleger 1998, 420; BayObLG MittBayNot 1990, 355.
82 BGH DNotZ 1966, 13; BGH MDR 1963, 39; BGH FamRZ 1956, 381; BGH NJW 1953, 1666; OLG Hamm NJW 1954, 288.
83 BayObLGZ 1986, 294, 297; BayObLG Rpfleger 1982, 470; BayObLGZ 1980, 37, 39; OLG Köln OLGZ 1971, 94; OLG Zweibrücken Rpfleger 1977, 305.
84 *Furtner*, JZ 1961, 529.
85 *Riedel*, Rpfleger 1969, 155; siehe auch: BGH MDR 1963, 39.
86 BayObLGZ 1973, 84, 86; OLG Zweibrücken Rpfleger 1977, 305.
87 BGH Rpfleger 2010, 485; BGH NJW 1957, 183; BayObLG FGPrax 2001, 178.
88 Vgl. BayObLG NJW-RR 1993, 530.

Eine anfänglich begründete Beschwerde ist als gegenstandslos zurückzuweisen, wenn die **Grundbuchlage** sich so **verändert** hat, dass es zur Eintragung des beantragten Rechts nicht mehr kommen kann, etwa weil die Berechtigung des Bewilligenden inzwischen aufgehört hat.[89] Bei einer teilweisen Begründetheit des Rechtsmittels ist, sofern der Verfahrensgegenstand trennbar ist, der unbegründete Teil zurückzuweisen und im Übrigen dem Rechtsmittel stattzugeben. Bei einer unbegründeten Beschwerde gegen eine Zwischenverfügung, kann das Beschwerdegericht die vom Grundbuchamt gesetzte **Beseitigungsfrist** verlängern, Dies kann insbesondere dann angezeigt sein, wenn die Frist bereits abgelaufen ist oder deren Ablauf alsbald droht.

III. Entscheidung bei begründeter Beschwerde

Erweist sich die Beschwerde als begründet, dann hat das Beschwerdegericht eine stattgebende Entscheidung zu treffen. Dies kann eine abschließende abändernde Entscheidung (siehe Rdn 33), eine Zwischenverfügung (vgl. Rdn 34) oder eine zurückverweisende aufhebende Entscheidung (siehe Rdn 35) sein.

Die **abändernde Entscheidung** kann verschiedene Inhalte haben.

– Bei Beschwerden gegen eine erfolgte Eintragung ist dem Grundbuchamt aufzugeben, gem. § 71 Abs. 2 S. 2 GBO zu verfahren. Die vorzunehmende Eintragung ist genau zu bestimmen, so ist der Inhalt eines Widerspruchs genau zu bezeichnen. Ist die Löschung eines Amtswiderspruchs angefochten, so muss dagegen ein Amtswiderspruch, nicht ein neuer Widerspruch gegen die ursprüngliche Eintragung eingetragen werden.[90]
– Bei Beschwerden gegen die Zurückweisung eines Eintragungsantrags muss das Beschwerdegericht das Grundbuchamt anweisen, die Eintragung vorzunehmen.[91]
– Bei Beschwerden gegen eine Zwischenverfügung ist das Grundbuchamt anzuweisen, anderweitig über den Eintragungsantrag zu entscheiden. Eine unmittelbare Entscheidung über den Eintragungsantrag ist nicht zulässig, weil Gegenstand des Beschwerdeverfahrens nur die Zwischenverfügung ist.
– Wird eine sonstige Entscheidung aufgehoben, so ist das Grundbuchamt zu einer bestimmten Handlungsweise anzuweisen, z.B. die Grundbucheinsicht zu gewähren oder einen Hypothekenbrief zu ergänzen.

Das Beschwerdegericht ist auch zum **Erlass einer Zwischenverfügung** berechtigt.[92] Diese muss allen Erfordernissen des § 18 GBO gerecht werden. Regelmäßig wird das Beschwerdegericht aus Zweckmäßigkeitsgründen dem Beschwerdeführer aufgeben, die Beseitigung der Hindernisse dem Grundbuchamt nachzuweisen.[93] Bei zwischenzeitlich eingegangenen Eintragungsanträgen wird das Grundbuchamt gem. § 18 Abs. 2 GBO eine Vormerkung oder einen Widerspruch einzutragen haben. Das Beschwerdegericht kann aber auch dem Grundbuchamt den Erlass einer Zwischenverfügung aufgeben.[94] Richtet sich die Beschwerde lediglich gegen die zu kurze Frist einer Zwischenverfügung, so bleibt diese aufrechterhalten; nur die gesetzte Beseitigungsfrist ist zu verlängern.

Das Beschwerdegericht darf die Sache auch unter Aufhebung der Vorentscheidung die Sache an das Grundbuchamt zur erneuten Behandlung und Entscheidung **zurückverweisen**. Das Beschwerdegericht kann in den Gründen der Entscheidung für das weitere Verfahren auf tatsächliche und rechtliche Gesichtspunkte hinweisen. Insoweit besteht indes für das Grundbuchamt keine Bindungswirkung. Für die Zurückverweisung bedarf es **keines Antrages eines Beteiligten**, da insoweit § 69 Abs. 1 S. 2 FamFG nicht anwendbar ist.[95] Die Aufhebung und Zurückverweisung steht vielmehr im Ermessen des Beschwerdegerichts. Im Rahmen der Ermessensentscheidung ist eine Abwägung zwischen dem Verlust der Tatsacheninstanz sowie den Nachteilen des hiermit verbundenen Zeit- und Kostenaufwands vorzunehmen. Das Ermessen ist – im Fall der Zulassung der Rechtsbeschwerde – durch das Rechtsbeschwerdegericht nachprüfbar.

---

89 KGJ 26, 244.
90 KG HRR 34 Nr. 1223.
91 BayObLGZ 1999, 104.
92 KG JFG 3, 384; OLG Jena FGPrax 2018, 104.
93 RGZ 111, 397; KG OLGRspr. 42, 157.
94 OLG München MittBayNot 2014, 47; OLG Nürnberg FGPrax 2021, 68.
95 OLG Hamm FGPrax 2011, 127.

36 Eine Zurückverweisung an das Grundbuchamt kommt insbesondere in Betracht, wenn die erstinstanzliche Entscheidung ohne die erforderliche Sachprüfung ergangen ist oder sonst an so schwerwiegenden Verfahrensmängeln leidet, dass ihre Beseitigung durch das Beschwerdegericht dem Verlust einer Instanz gleichkäme.[96] Ebenso kann einer Aufhebung der erstinstanzlichen Entscheidung und Rückgabe der Sache an das GBO angezeigt sein, wenn das GBO keine Entscheidung über die Abhilfe (§ 75 GBO) getroffen hat oder das Abhilfeverfahren an einen gravierenden Mangel leidet (z.B. bei einer fehlenden Auseinandersetzung mit der Beschwerdeschrift oder bei einer Verletzung des rechtlichen Gehörs).

E. Abfassung der Beschwerdeentscheidung
I. Grundsatz

37 Die Beschwerdeentscheidung ergeht durch **Beschluss** (§ 38 FamFG), der stets mit einer **Begründung** (§ 77 Alt. 1 GBO) zu versehen ist. Zum einen, um die Akzeptanz der Entscheidung zu erhöhen, zum andern in den Fällen der zugelassenen Rechtsbeschwerde auch deshalb, weil diese nach § 78 Abs. 2 GBO nur auf eine Verletzung des Rechts gestützt werden kann und damit die tatsächlichen Feststellungen ebenso wie bei § 72 FamFG für das Rechtsbeschwerdegericht bindend sind (siehe § 78 GBO Rdn 50 ff.). Daraus ergeben sich zugleich auch die Anforderungen, die im Einzelfall inhaltlich an die Begründung zu stellen sind. Zu den Folgen einer fehlenden bzw. unvollständigen Begründung vgl. Rdn 50. Hinsichtlich des weiteren Inhalts des Beschlusses enthält die GBO keine Regelung. Insoweit ist § 38 Abs. 2 FamFG heranzuziehen. Daher muss der Beschluss die **Beteiligten**, ihre gesetzlichen Vertreter und die Verfahrensbevollmächtigten (§ 38 Abs. 2 Nr. 1 FamFG), das entscheidende Gericht, die Namen der entscheidenden Gerichtspersonen (§ 38 Abs. 2 Nr. 2 FamFG) sowie die **Beschlussformel** (§ 38 Abs. 2 Nr. 3 FamFG) enthalten.

38 Nach § 39 FamFG hat jeder Beschluss eine **Rechtsbehelfsbelehrung** eine Belehrung über das statthafte Rechtsmittel oder die Erinnerung sowie das Gericht, bei dem diese Rechtsbehelfe einzulegen sind, dessen Sitz und die einzuhaltende Form und Frist zu enthalten; über die Sprungrechtsbeschwerde muss nicht belehrt werden. Soweit das Beschwerdegericht die Rechtsbeschwerde nach § 78 nicht zulässt, bedarf es keiner Rechtsbehelfsbelehrung. Angezeigt kann ein Hinweis auf die fehlende Anfechtbarkeit der Beschwerdeentscheidung sein.

II. Tatsächliche Feststellungen und Rechtsausführungen

39 Die **Begründung** muss klar erkennen lassen, auf welchen tatsächlichen Feststellungen die Rechtsausführungen aufbauen. Nur so kann das Gericht der Rechtsbeschwerde (BGH) nachprüfen, ob das Gesetz auf den in Betracht kommenden Sachverhalt richtig angewendet worden ist.[97] Eine strenge Trennung zwischen Tatbestand und Entscheidungsgründen, wie bei Urteilen im Zivilprozess, ist nicht vorgeschrieben. In der Praxis üblich ist eine Trennung des vom Gericht festgestellten Sachverhalts sowie der rechtlichen Würdigung durch „I." bzw. „1." und „II." bzw. „2."

40 Regelmäßig ist bei einer zugelassenen Rechtsbeschwerde eine **vollständige Sachdarstellung** unter erschöpfender Würdigung des Vorbringens der Beteiligten und einer durchgeführten Beweiserhebung erforderlich, wenn auch nicht auf alle – insbesondere auf unwesentliche Einzelheiten und Behauptungen der Beteiligten – eingegangen zu werden braucht.[98] Ist gegen die Beschwerdeentscheidung kein Rechtsmittel statthaft, bedarf es keiner vollständigen Sachdarstellung, sofern diese nicht zum Verständnis der Entscheidung angezeigt ist.

41 Der Umfang der Begründung richtet sich nach dem Einzelfall. Es bedarf zumindest einer Zusammenfassung der Erwägungen, auf denen die Entscheidung in tatsächlicher und rechtlicher Hinsicht beruht. Auch mit den Angriffen der Beschwerde muss sich die Begründung auseinandersetzen. Nicht erforderlich ist

---

96 BayObLGZ 1953, 223; KG JFG 17, 289; OLG Hamm OLGZ 1966, 216.
97 BayObLG WE 1988, 38; BayObLGZ 1986, 218, 219; OLG Frankfurt NJW-RR 1996, 529; OLG Hamm JMBl. NRW 1959, 113; OLG Köln MDR 1981, 1028; OLG Stuttgart Justiz 1990, 299; OLG Zweibrücken NJW-RR 1999, 1174.
98 BayObLG WE 1988, 38; BayObLGZ 1948–1951, 419; OLG Frankfurt NJW-RR 1996, 529; OLG Köln Rpfleger 1981, 398 (Ls.).

indes eine Auseinandersetzung mit allen denkbaren Gesichtspunkten sowie allen Einzelpunkten des Vorbringens der Beteiligten.[99] Allgemeine Redewendungen reichen indes nicht aus.[100] Bei Ermessensentscheidungen muss die Begründung die maßgeblichen Gesichtspunkte für die Ausübung des Ermessens erkennen lassen. Schließlich müssen die Gründe die Rechtsanwendung auf den festgestellten Sachverhalt ergeben.

III. Bezugnahme auf erstinstanzliche Entscheidung

Eine Bezugnahme auf die erstinstanzliche Entscheidung ist nicht ausgeschlossen. Sie ist aber nur zulässig, wenn die Vorentscheidung ausreichend begründet ist, das Beschwerdegericht diese Gründe billigt und sich die Sachlage in der zweiten Instanz nicht geändert hat.[101]

42

IV. Kostengrundentscheidung

Ein Ausspruch in der Beschwerdeentscheidung darüber, ob **gerichtliche Kosten** entstanden sind und wer sie zu tragen hat, ist grundsätzlich nicht geboten, weil sich dies aus dem Gesetz ergibt. Insoweit gilt dasselbe wie für die erste Instanz. Indes ist ein **Kostenausspruch erforderlich**, wenn sich die Kostenfolge, z.B. bei mehreren Beteiligten oder bei der Erledigung des Verfahrens, nicht eindeutig aus der Entscheidung ergibt.

43

Im Einzelfall kann gem. § 81 Abs. 1 S. 2 FamFG von der **Erhebung der Gerichtskosten** abgesehen werden. Dies bedarf eines ausdrücklichen Ausspruchs durch das Beschwerdegericht. Ebenso besteht bei einer unrichtigen Sachbehandlung durch das Ausgangsgericht die Möglichkeit einer Niederschlagung der Kosten gem. § 21 GNotKG. Im Fall einer Zurückverweisung der Sache an das Grundbuchamt besteht die Möglichkeit, dem Grundbuchamt die Entscheidung über die Kosten des Beschwerdeverfahrens zu übertragen.

44

Die Notwendigkeit einer Entscheidung über die Verpflichtung zur Erstattung **außergerichtlicher Kosten** soll das Gesetz nach nicht näher begründeten Auffassung des BGH[102] nicht vorsehen. Vor dem Inkrafttreten des FamFG war es jedoch herrschende Meinung, dass auch in Grundbuchsachen über die Erstattung außergerichtlicher Kosten der Beteiligten nach § 13a FGG a.F. zu entscheiden war. Hieran wollte das FamFG nichts ändern. Daher ist nunmehr hinsichtlich der Entscheidung über die Kosten auf die Regelungen der §§ 81 ff. FamFG zurückzugreifen.[103] Eine Entscheidung über die Anordnung der Erstattung außergerichtlicher Kosten ist nur erforderlich, wenn mehrere Personen mit gegensätzlichen Interessen am Beschwerdeverfahren beteiligt sind. Ansonsten hat jeder Beteiligte seine außergerichtlichen Kosten zu tragen. Insoweit bedarf die **Kostenentscheidung** einer Begründung, wobei i.d.R. eine Bezugnahme auf die maßgebliche Vorschrift (§§ 81 ff. FamFG) genügt. Bei der Zurückweisung einer Beschwerde richtet sich die Kostenentscheidung regelmäßig nach § 84 FamFG. Der Staatskasse können selbst bei einer erfolgreichen Beschwerde die außergerichtlichen Kosten eines Beteiligten nicht auferlegt werden.[104]

45

V. Geschäftswert

Sofern kein Fall des § 79 Abs. 1 S. 2 GNotKG vorliegt, hat das Beschwerdegericht den Geschäftswert für das Beschwerdeverfahren festzusetzen (§ 79 Abs. 1 S. 1 GNotKG). Der Geschäftswert richtet sich nach den §§ 36 ff. GNotKG. Maßgeblich ist das wirtschaftliche Interesse des Beschwerdeführers, welches nach freiem Ermessen zu schätzen ist. Bestehen keine hinreichenden Anhaltspunkte für eine Schätzung, gilt der **Regelwert von 5.000 EUR** (§ 36 Abs. 3 GNotKG). Für eine Beschwerde gegen eine Zwischenverfügung ist bei der Bemessung des Geschäftswertes auf die Schwierigkeiten abzustellen, die die Behebung

46

---

99 St. Rspr. z.B.: BayObLG FamRZ 1993, 443; KG NJW-RR 1989 842; OLG Frankfurt FGPrax 2002,124; OLG Zweibrücken NJW-RR 2002, 292.
100 KG JW 1927, 721; OLG Köln Rpfleger 1981, 398.
101 BayObLGZ 1986, 218, 220; BayObLGZ 1965, 328; OLG Köln Rpfleger 1981, 398; OLG Köln OLGZ 1968, 328.
102 BGH v. 16.2.2012 – V ZB 204/11, BeckRS 2012, 6466.
103 So auch: Bauer/Schaub/*Sellner*, § 77 Rn 35; *Demharter*, § 77 Rn 33.
104 OLG München FGPrax 2013, 229.

des Hindernisses machen.[105] Dies kann bei einer Zwischenverfügung betreffend die Eintragung eines Eigentümers auch der Wert des Grundstückes,[106] aber auch der Bruchteil des Verkehrswertes sein.[107]

VI. Entscheidung über die Zulassung der Rechtsbeschwerde

47 Zudem bedarf es einer Entscheidung des Beschwerdegerichts über die Zulassung der Rechtsbeschwerde. Ein entsprechender Zulassungsantrag eines Beteiligten ist nicht erforderlich. Zu den Voraussetzungen der Zulassung einer Rechtsbeschwerde s. § 78 Abs. 2 GBO und die dortigen Erläuterungen. Eine **nachträgliche Zulassung** der Rechtsbeschwerde ist nicht möglich; eine Ausnahme besteht nur in dem Verfahren nach § 81 Abs. 3 GBO i.V.m. § 44 FamFG im Fall einer erfolgreichen Anhörungsrüge.[108] Trifft das Beschwerdegericht **keine ausdrückliche Entscheidung** über die Frage der Zulassung, so ist die Rechtsbeschwerde nicht zugelassen. Weder die Zulassung noch die Nichtzulassung der Rechtsbeschwerde unterliegen einem Rechtsmittel.

VII. Unterschrift; Signatur; Beschlusserlass

48 Als räumlicher Abschluss der Beschwerdeentscheidung muss diese von den erkennenden Richtern **unterzeichnet** (§ 38 Abs. 3 S. 2 FamFG) bzw. bei einer elektronischen Aktenführung durch die erkennenden Richter mit einer **qualifizierten elektronischen Signatur** versehen werden (zu den Einzelheiten § 73 GBO Rdn 36 ff.). Der Wechsel eines Richters nach abschließender Beratung zu einem anderen Spruchkörpern desselben Gericht steht einer Unterzeichnung bzw. Signierung der Beschwerdeentscheidung durch diesen Richter nicht entgegen.[109] Die Ausfertigung des Beschlusses muss erkennen lassen, dass das Original von den Richtern unterzeichnet bzw. signiert worden ist; insoweit genügt eine Wiedergabe der Richternamen in Klammern nicht.[110] An die Unterschrift der Richter sind die gleichen Anforderungen zu stellen wie an einen bestimmenden Schriftsatz; unzureichend ist eine Paraphe.[111]

49 Zudem muss die Beschwerdeentscheidung das Datum der Übergabe an die Geschäftsstelle oder der Bekanntgabe durch Verlesen der Beschlussformel (**Erlass**) enthalten (§ 38 Abs. 3 S. 3 FamFG). Bis zum Zeitpunkt des Erlasses können zulässige neue Tatsachen und Beweise geltend gemacht werden (§ 74 GBO Rdn 10). Fehlt das Datum der Übergabe des Beschlusses an die Geschäftsstelle auf dem Beschluss, beeinträchtigt dies nicht die Wirksamkeit der Entscheidung, wenn die Übergabe des Beschlusses an die Geschäftsstelle zum Zwecke der Hinausgabe aus dem inneren Geschäftsbetrieb an die Verfahrensbevollmächtigten feststeht.[112] Der Originalbeschluss mit den Unterschriften der Richter sowie dem Erlassvermerk ist bei einen Aktenführung in Papierform zu den Sammelakten des Gerichts zu nehmen; in den Akten verbleibt eine beglaubigte Abschrift der Entscheidung.[113] Zur **elektronischen Aktenführung** im Beschwerdeverfahren § 73 GBO Rdn 35 ff.

VIII. Mängel der Begründung bzw. der Unterzeichnung der Beschwerdeentscheidung

50 § 77 GBO ist verletzt, wenn die Gründe nicht den gesetzlichen Anforderungen (s. Rdn 39 ff.) entsprechen.[114] Dies ist z.B. der Fall, wenn die Entscheidungsgründe einen wesentlichen Gesichtspunkt unberücksichtigt lassen, so, wenn das Beschwerdegericht einen Eintragungsantrag auslegt, ohne die maßgeblichen Erwägungen hierfür darzulegen.[115] Dieser Mangel kann – im Falle der Zulassung der Rechtsbeschwerde – zur Aufhebung der Beschwerdeentscheidung und zur Zurückverweisung der Sache führen, sofern der angefochtene Beschluss auf dem Fehler beruht.[116] Fehlen dagegen die Gründe ganz oder mindestens für einen selbstständigen Verfahrensgegenstand, so liegt der absolute Rechtsbeschwerdegrund des § 72 Abs. 3 FamFG, § 547 Nr. 6 ZPO vor,[117] der indes nur im Fall der – eher unwahrschein-

---

105 BayObLGZ 1993, 142; OLG Naumburg NotBZ 2016, 67.
106 BayObLG JurBüro 1995, 259; OLG Naumburg FGPrax 2015, 61; OLG Schleswig FGPrax 2005, 105.
107 Vgl. BayObLG JurBüro 1995, 259; BayObLGZ 1993, 142.
108 Vgl. dazu BGH NJW-RR 2014, 1470; BGH WM 2012, 325; BGH NJW 2011, 1516.
109 Vgl. BGH GRUR 2016, 860; BGH NStZ 1982, 476.
110 Vgl. BGH NJW-RR 1987, 377; BGH VersR 1991, 326.
111 Vgl. KG NJW 1988, 2807; OLG Köln NJW 1988, 2805.
112 OLG München FGPrax 2017, 12.
113 Vgl. BGH NJW-RR 2016, 1093.
114 BayObLGZ 1952, 117.
115 OLG Schleswig SchlHA 1982, 169.
116 OLG Zweibrücken NJW-RR 1999, 1174.
117 RGZ 109, 204; RG JW 1927, 1861.

lichen – Zulassung der Rechtsbeschwerde überprüft werden kann. In diesem Fall darf das Gericht der Rechtsbeschwerde in der Sache nicht selbst entscheiden, sondern muss die angefochtene Entscheidung aufheben und die Sache zurückverweisen (vgl. § 78 GBO Rdn 76 ff.). Haben nicht alle mitwirkenden Richter die Beschwerdeentscheidung unterzeichnet bzw. bei einer elektronischen Aktenführung signiert, liegt lediglich ein Entscheidungsentwurf vor, der keine rechtliche Wirkung entfaltet. Eine hiergegen erhobene Rechtsbeschwerde ist mangels einer wirksamen Entscheidung unzulässig. Die Unwirksamkeit kann klarstellend durch das Rechtsbeschwerdegericht oder auch das Beschwerdegericht festgestellt werden. Dagegen soll nach unzutreffender Auffassung des BayObLG die eigenhändige Unterschrift nur eines Richters unter dem Beschlusstext ausreichen, um die Herkunft des Beschlusses zu verbürgen und sicherzustellen, dass es sich hierbei nicht um einen bloßen Entwurf einer gerichtlichen Entscheidung handelt.[118]

F. Verfahren nach der Entscheidung des Beschwerdegerichts
I. Mitteilung der Entscheidung

Weiterhin ist eine Mitteilung der Beschwerdeentscheidung an den Beschwerdeführer erforderlich. Aus der Formulierung in § 77 GBO kann nicht unmittelbar hergeleitet werden, dass die Mitteilung an andere Beteiligte, die im Verfahren aufgetreten sind oder deren Rechtsstellung durch die Beschwerdeentscheidung beeinträchtigt wird, entbehrlich ist. Die **Mitteilungspflicht** an diese Beteiligten ergibt sich aus den allgemeinen Verfahrensgrundsätzen, wie sie in § 41 FamFG niedergelegt sind. Insoweit finden die §§ 15, 41 FamFG Anwendung. Erst mit der Mitteilung der Entscheidung in Form der Bekanntgabe wird die Beschwerdeentscheidung wirksam (vgl. § 40 Abs. 1 FamFG). Das gilt auch dann, wenn das Beschwerdegericht eine Eintragung anordnet. Die Benachrichtigung von der Vornahme der Eintragung durch das Grundbuchamt nach § 55 GBO ist nicht ausreichend, um den Beteiligten die erforderliche Kenntnis von der Entscheidung des Beschwerdegerichts und deren Gründe rechtzeitig zu verschaffen.

51

II. Keine Abänderung der Entscheidung

Das Beschwerdegericht darf seine nach § 77 GBO wirksam gewordene Entscheidung nicht mehr ändern. Auch wenn keine Rechtsbeschwerde eingelegt ist, gilt für das Beschwerdegericht das Änderungsverbot. Das folgt bereits daraus, dass das Beschwerdegericht nach Erlass seiner Entscheidung nicht mehr mit der Sache befasst ist.[119] Dies gilt auch bei einer Gegenvorstellung, die im Beschwerdeverfahren nach § 71 GBO unzulässig ist (s. vor § 71 GBO Rdn 13), da das Beschwerdeverfahren mit der Entscheidung abgeschlossen ist und das Beschwerdegericht damit seine Entscheidungsbefugnis verliert.[120] Ausnahmen bestehen bei **offensichtlichen Unrichtigkeiten**, die gem. § 42 FamFG berichtigt werden können, oder im Fall einer begründeten **Anhörungsrüge** gem. § 81 Abs. 3 GBO i.V.m. § 44 FamFG. Zudem kann das Beschwerdegericht seine Entscheidung (deklaratorisch) aufheben, wenn diese unwirksam ist, z.B. bei einer Entscheidung über eine nicht existente Beschwerde wegen fehlender Einlegung oder Zurücknahme der Beschwerde;[121] auch das Rechtsbeschwerdegericht kann auf die Rechtsbeschwerde eine solche Entscheidung aufheben.[122]

52

G. Tätigkeit des Grundbuchamts

Das **Grundbuchamt** ist **an** die **Entscheidung** des Beschwerdegerichts **gebunden**. Es ist verpflichtet, die ihm erteilte Anweisung auszuführen, und zwar auch dann, wenn es diese für sachlich nicht berechtigt hält. Hat das Beschwerdegericht das Grundbuchamt angewiesen, eine Eintragung vorzunehmen, so darf das Grundbuchamt im Anschluss an die angeordnete Eintragung gegen diese keinen Amtswiderspruch eintragen.[123] Hat das Beschwerdegericht die Entscheidung des Grundbuchamts aufgehoben und die Sache zurückverwiesen, so ist das Grundbuchamt für das weitere Verfahren an die rechtliche Beurteilung des Beschwerdegerichts gebunden.[124] Die Anordnung des Beschwerdegerichts hindert jedoch nicht ein ab-

53

---

118 BayObLG WuM 2002, 47, unter Bezugnahme auf BGHZ 148, 55.
119 RGZ 70, 236; KG OLGZ 1966, 608; OLG Düsseldorf JR 1952, 686.
120 So auch Hügel/*Kramer*, § 77 Rn 65.
121 BayObLGZ 1965, 347; *Demharter*, § 77 Rn 43.
122 BayObLGZ 1988, 259, 261.
123 KG JFG 3, 267.
124 BayObLGZ 1974, 18; OLG Hamm NJW 1970, 2118; OLG München FGPrax 2021, 109; FGPrax 2009, 12.

weichendes Verhalten des Grundbuchamts aus Gründen, über die das Beschwerdegericht nicht entschieden hat. Ist daher ein Teil des Sachverhalts oder eine Rechtslage nicht erörtert worden, so kann das Grundbuchamt insoweit eine abweichende Entscheidung treffen.[125] Hat das Beschwerdegericht eine Zwischenverfügung des Grundbuchamts aufgehoben und die Sache an das Grundbuchamt zurückverwiesen, so erstreckt sich die Bindung des Grundbuchamts an die Beschwerdeentscheidung nur auf die den Beschwerdegegenstand unmittelbar betreffenden Gründe der Entscheidung.[126] Jedoch darf das Grundbuchamt in keinem Fall der Rechtsauffassung des Beschwerdegerichts zuwiderhandeln.

54 Dagegen darf das Grundbuchamt dann **anders als das Beschwerdegericht** entscheiden, wenn durch eine Veränderung der Grundbuchlage oder eine Änderung des anzuwendenden Rechts die vom Beschwerdegericht angeordnete Eintragung nicht mehr vorgenommen werden kann.[127] Gleiches gilt, wenn die Eintragung nur mit einem schlechteren Rang als dem vom Beschwerdegericht angeordneten erfolgen kann. Auch wenn das Grundbuchamt in einem neuen Verfahren mit derselben Sache befasst wird, entfällt bei veränderter Sach- und Rechtslage die Bindung an die Rechtsauffassung des Beschwerdegerichts.

H. Kosten

55 Wird die Beschwerde als **unzulässig verworfen** oder als **unbegründet zurückgewiesen**, so wird die volle Gerichtsgebühr von 1,0, höchstens aber ein Betrag von 800 EUR erhoben (Nr. 14510 KV GNotKG). Wird die Beschwerde vor einer Entscheidung **zurückgenommen**, ist die Hälfte der vollen Gerichtsgebühr zu zahlen, höchstens aber ein Betrag von 400 EUR (Nr. 14511 KV GNotKG). Eine Ausnahme besteht, wenn für die Vornahme des Geschäfts eine Festgebühr vorgesehen ist. Dann richtet sich gem. vor 1.4.5 KV GNotKG die Gebühr für das Beschwerdeverfahren nach Nr. 19116 KV GNotKG. Beschwerden mehrerer Beteiligter gegen dieselbe Entscheidung gelten kostenrechtlich als eine gemeinschaftliche Beschwerde, sofern das gleiche Ziel verfolgt wurde. **Kostenschuldner** ist grundsätzlich der Beschwerdeführer (vgl. § 25 Abs. 1 i.V.m. § 22 Abs. 1 GNotKG).

56 Wird der Beschwerde **stattgegeben**, so werden weder Gerichtsgebühren noch Auslagen erhoben. Wenn die Beschwerde nur teilweise verworfen oder zurückgewiesen wird, fällt gem. Nr. 14510 KV GNotKG die Gebühr nur aus dem für den verwerfenden oder zurückweisenden Teil der Beschwerdeentscheidung festzusetzenden Geschäftswert an.

57 Für die **Tätigkeit des Rechtsanwalts** im Beschwerdeverfahren entsteht bei einer Beschwerde gegen eine Hauptsacheentscheidung gem. der Vorbemerkung 3.2.1 Nr. 2b zu Nr. 3200 VV RVG eine Verfahrensgebühr nach Nr. 3200 VV RVG. Dagegen fällt bei einer sog. einfachen Beschwerde, d.h., solchen gegen Zwischen- und Nebenentscheidungen, eine Gebühr nach Nr. 3500 VV RVG an.[128] Str. ist, ob bei einer Beschwerde gegen eine Zwischenverfügung gem. § 18 die Verfahrensgebühr nach Nr. 3200 VV RVG oder nach Nr. 3500 VV RVG anfällt.[129] Zudem kann in Ausnahmefällen eine Terminsgebühr nach Nr. 3202 VV RVG bzw. Nr. 3513 VV RVG hinzukommen.

§ 78 [Rechtsbeschwerde]

(1) Gegen einen Beschluss des Beschwerdegerichts ist die Rechtsbeschwerde statthaft, wenn sie das Beschwerdegericht in dem Beschluss zugelassen hat.
(2) Die Rechtsbeschwerde ist zuzulassen, wenn
1. die Rechtssache grundsätzliche Bedeutung hat oder
2. die Fortbildung des Rechts oder die Sicherung einer einheitlichen Rechtsprechung eine Entscheidung des Rechtsbeschwerdegerichts erfordert.
Das Rechtsbeschwerdegericht ist an die Zulassung gebunden.

---

125 BayObLGZ 1918, 288.
126 BayObLG Rpfleger 1974, 148.
127 KG JFG 20, 205.
128 Sternal/*Göbel* § 58 Rn 150; wohl auch *Demharter*, § 77 Rn 42.
129 Das OLG München FGPrax 2019, 286 bejaht den Anfall einer Gebühr nach Nr. 3200 VV RVG, wenn mit der Beschwerde zugleich ein weitergehender Antrag zurückgewiesen wird; vgl. auch *Demharter*, § 77 Rn 42.

(3) Auf das weitere Verfahren finden § 73 Absatz 2 Satz 2 dieses Gesetzes sowie die §§ 71 bis 74a des Gesetzes über das Verfahren in Familiensachen und in den Angelegenheiten der freiwilligen Gerichtsbarkeit entsprechende Anwendung.

A. Normzweck; Allgemeines	1
B. Zulässigkeit der Rechtsbeschwerde	4
I. Statthaftigkeit der Rechtsbeschwerde	4
1. Grundsatz	4
2. Anweisung, eine Eintragung vorzunehmen	9
3. Zurückverweisende Entscheidung	11
4. Anfechtung einer Zwischenverfügung	12
II. Zulassung der Rechtsbeschwerde, Abs. 1	16
1. Grundsatz	16
2. Funktionelle Zuständigkeit; Bindungswirkung	18
3. Nichtzulassungsbeschwerde	20
4. Zulassungshindernisse	21
III. Zulassungsgründe, Abs. 2	22
1. Grundsätzliche Bedeutung der Rechtsfrage, Abs. 2 Nr. 1	22
2. Rechtsfortbildung, Abs. 2 Nr. 2 Alt. 1	23
3. Sicherung einer einheitlichen Rechtsprechung, Abs. 2 Nr. 2 Alt. 2	24
IV. Einlegung der Beschwerde, Abs. 3 i.V.m. §§ 71 FamFG, 73 Abs. 2 S. 2 GBO	25
1. Rechtsmittelschrift	27
2. Elektronische Form, Abs. 3 i.V.m. § 73 Abs. 2 S. 2 GBO	30
3. Adressat, Abs. 3 i.V.m. § 71 Abs. 1 S. 1 FamFG	31
4. Frist, Abs. 3 i.V.m. § 71 Abs. 1 S. 1 FamFG	32
5. Inhalt der Rechtsbeschwerdeschrift, Abs. 3 i.V.m. § 71 Abs. 2, Abs. 3 FamFG	35
V. Beschwerdeberechtigung	37
VI. Rücknahme, Verzicht und Verwirkung	39
VII. Anschlussrechtsbeschwerde, Abs. 3 i.V.m. § 73 FamFG	40
C. Begründetheit der Rechtsbeschwerde, Abs. 3 i.V.m. §§ 72, 74 FamFG	44
I. Begriff des Rechts	45
II. Verletzung des Rechts	49
III. Bindung an tatsächliche Feststellungen, Abs. 3 i.V.m. § 74 Abs. 3 FamFG	50
IV. Ursächlichkeit der Rechtsverletzung, Abs. 3 i.V.m. § 72 Abs. 1 S. 1 FamFG	56
V. Absolute Rechtsbeschwerdegründe, Abs. 3 i.V.m. §§ 72 Abs. 3 FamFG, 547 ZPO	58
VI. Richtigkeit des Ergebnisses	59
VII. Veränderung der Tatsachenlage	61
VIII. Hauptsachenerledigung	63
D. Verfahren des Rechtsbeschwerdegerichts, Abs. 3 i.V.m. §§ 74, 74a FamFG	67
I. Grundsatz	68
II. Abhilfe	69
III. Elektronische Gerichtsakte, Abs. 3 i.V.m. § 73 Abs. 2 S. 2 GBO	70
IV. Entscheidung des Rechtsbeschwerdegerichts	71
1. Prüfungsumfang	71
2. Einstweilige Anordnungen	73
3. Verwerfung wegen Unzulässigkeit	74
4. Zurückweisung als unbegründet	75
5. Aufhebung der Beschwerdeentscheidung	76
6. Form der Entscheidung, Begründung und Bekanntgabe	79
7. Kostengrundentscheidung	81
E. Wirkung der Entscheidung	82
F. Kosten	83

A. Normzweck; Allgemeines

1 Das Rechtsmittelverfahren der freiwilligen Gerichtsbarkeit ist durch das FGG-RG v. 17.12.2008[1] mit Wirkung vom 1.9.2009 neu geordnet worden. Anstelle der weiteren Beschwerde an das OLG mit der Vorlagemöglichkeit an den BGH in Divergenzfällen zur Sicherung einer einheitlichen Rechtsprechung wurde auch in Grundbuchsachen (vgl. § 79 GBO a.F.) entsprechend den §§ 70 FamFG und §§ 574 ff. ZPO die **Rechtsbeschwerde** an den BGH (§ 133 GVG) eingeführt. Dies soll zur Rechtsvereinheitlichung und zur Fortbildung des Rechts bzw. Sicherung einer einheitlichen Rechtsprechung beitragen. Ergänzt wird die Vorschrift durch die Regelung des zuständigen Entscheidungsorgans in § 81 Abs. 1 GBO sowie der Einführung des elektronischen Rechtsverkehrs und der elektronischen Akten in § 81 Abs. 4 GBO.

2 Um eine Überlastung der dritten Instanz zu vermeiden, macht **Abs. 1** die Statthaftigkeit der Rechtsbeschwerde ausnahmslos von der Zulassung durch das Beschwerdegericht abhängig. **Abs. 2** regelt die Voraussetzungen und die Wirkung der Zulassung. Der BGH ist an die Zulassung gebunden, auch wenn die Zulassungsgründe nicht vorliegen (**Abs. 2 S. 2**). Für die Durchführung des Rechtsbeschwerdeverfahrens enthält die GBO keine eigenständigen Bestimmungen. Mit der Bezugnahme in **Abs. 3** auf § 73 Abs. 2 S. 2 GBO wird die elektronische Aktenführung eröffnet. Zudem werden durch die Verweisung auf die §§ 71 bis 74a FamFG Bestimmungen über die Frist und Form der Rechtsbeschwerde, ihr Revisions-

---
[1] BGBl I 2008, 2586.

charakter, die Zulässigkeit der Anschlussbeschwerde und die Entscheidungsmöglichkeiten des Rechtsbeschwerdegerichts für anwendbar erklärt. Letztlich besteht ein Gleichklang mit den FamFG- und ZPO-Vorschriften über die Rechtsbeschwerde. Dagegen verweist Abs. 3 nicht auf § 75 FamFG. Daher gibt es **keine Sprungrechtsbeschwerde** unmittelbar vom Grundbuchamt an den BGH.

3 Die Rechtsbeschwerde nach § 78 GBO vereint Elemente der Rechtsbeschwerde gem. §§ 574 ff. ZPO mit der zivilprozessualen Revision (§§ 542 ff. ZPO). Die Rechtsbeschwerdeinstanz ist eine reine Rechtsanwendungskontrolle. Das Rechtsbeschwerdegericht ist an den von dem Beschwerdegericht festgestellten Sachverhalt gebunden. Soweit § 74 Abs. 4 FamFG für das weitere Verfahren auf die für den ersten Rechtszug geltenden Vorschriften verweist, bedeutet dies für die Rechtsbeschwerde in Grundbuchsache vorrangig eine Bezugnahme auf die Verfahrensvorschriften der GBO. Zur **Schließung von Lücken** im Rechtsbeschwerdeverfahren ist zudem auf die eigenständigen Beschwerdebestimmungen der GBO (§§ 71 ff. GBO) zurückzugreifen.[2] Entsprechend hat auch das Rechtsbeschwerdegericht die Besonderheiten der Beschwerdeberechtigung und bei einer Rechtsbeschwerde gegen eine Eintragung die Beschränkungen des § 71 Abs. 2 GBO zu beachten.[3]

B. Zulässigkeit der Rechtsbeschwerde

I. Statthaftigkeit der Rechtsbeschwerde

1. Grundsatz

4 Statthaft ist die Rechtsbeschwerde nur gegen eine zulassungsfähige Beschwerdeentscheidung des OLG, sofern das Beschwerdegericht ausdrücklich die Zulassung angeordnet hat. Das Rechtsmittel findet nur gegen **endgültige, instanzabschließende Entscheidungen** des Beschwerdegerichts i.S.v. § 77 GBO statt. Dazu gehören auch Teilentscheidungen,[4] die Verwerfung einer Beschwerde als unzulässig,[5] die Zurückweisung einer unzulässigen Beschwerde als unbegründet oder Entscheidungen gem. § 43 FamFG über die Ergänzung des Beschlusses des Beschwerdegerichts.[6] Die Entscheidung des Beschwerdegerichts kann erst mit deren Existenz angefochten werden. Dies erfordert die Unterzeichnung des Beschlusses durch die Mitglieder des Senats (vgl. § 81 Abs. 1 GBO) sowie den Erlass des Beschlusses (vgl. § 38 Abs. 3 S. 3 FamFG);[7] eine Bekanntgabe bzw. förmliche Zustellung der Entscheidung ist indes nicht notwendig. Die Rechtsbeschwerde muss die tragenden Rechtsausführungen des Beschwerdegerichts angreifen, nicht nur sonstige Ausführungen.

5 Demgegenüber findet keine Rechtsbeschwerde nach § 78 GBO gegen eine einstweilige Anordnung oder deren Ablehnung (§ 76 Abs. 1 GBO) statt, weil insoweit § 70 Abs. 4 FamFG entsprechende Anwendung findet (s. § 76 GBO Rdn 18).[8] Ebenso wenig unterliegen Neben- und Zwischenentscheidungen[9] des Beschwerdegerichts, die der Verfahrensleitung dienen (z.B. Beweisanordnungen des Beschwerdegerichts),[10] der Rechtsbeschwerde nach § 78 GBO. Gleiches gilt für rechtliche Hinweise des Beschwerdegerichts oder für ein obiter dictum in den Entscheidungsgründen.[11]

6 In den Fällen, in denen die Grundbuchbeschwerde durch die Beschwerde nach den Vorschriften des FamFG ersetzt wird, sind die **§§ 70 ff. FamFG unmittelbar anwendbar**. Soweit nach § 110 GBO das Grundbuchamt eine neue Rangordnung festgestellt und über einen Widerspruch entschieden worden ist, ist gegen den Beschluss die Beschwerde nach dem FamFG zulässig, die Rechtsbeschwerde aber ausdrücklich ausgeschlossen (§ 110 GBO Rdn 5).

---

2 Vgl. zum Rückgriff auf die Beschwerdevorschriften des FamFG: BGH FGPrax 2010, 150; BGH FGPrax 2010, 97.
3 Bauer/Schaub/*Sellner*, § 78 Rn 1; *Demharter*, § 78 Rn 3; Hügel/*Kramer*, § 78 Rn 31.
4 OLG Hamm NJW-RR 1993, 1299.
5 Bauer/Schaub/*Sellner*, § 78 Rn 2.
6 Meikel/*Schmidt-Räntsch*, § 78 Rn 5.
7 A.A. Hügel/*Kramer*, § 78 Rn 23, der auf eine im Gesetz nicht geregelte Herausgabe der Entscheidung abstellt.
8 Bauer/Schaub/*Sellner*, § 78 Rn 2; *Demharter*, § 78 Rn 2; Hügel/*Kramer*, § 78 Rn 26; Meikel/*Schmidt-Räntsch*, § 78 Rn 6.
9 Hügel/*Kramer*, § 78 Rn 26, der die Statthaftigkeit einer Erstbeschwerde analog § 71 GBO oder analog § 574 Abs. 1 S. 2 ZPO bejaht.
10 Bauer/Schaub/*Sellner*, § 78 Rn 2; Hügel/*Kramer*, § 78 Rn 26, der die Statthaftigkeit einer Erstbeschwerde analog § 71 GBO oder analog § 574 Abs. 1 S. 2 ZPO bejaht.
11 BayObLG Rpfleger 1986, 217; KG NJW-RR 1993, 268.

Ist gegen eine Neben- oder Zwischenentscheidung des Grundbuchamts (z.B. Aussetzung des Beschwerdeverfahrens; Ablehnung oder Bewilligung der Verfahrenskostenhilfe;[12] Verhängung von Zwangsmittel nach § 35 FamFG) die sofortige Beschwerde entsprechend den ZPO-Vorschriften (§§ 567 ff. ZPO) zulässig, findet gegen die hierüber ergangenen Beschwerdeentscheidung – im Falle der ausdrücklichen Zulassung – die **Rechtsbeschwerde nach §§ 574 ff. ZPO** statt.[13] Entsprechendes gilt für originäre Neben- oder Zwischenentscheidungen des Beschwerdegerichts, sofern gegen diese, wären sie im erstinstanzlichen Verfahren getroffen worden, die Beschwerde eröffnet ist.[14] Daher ist z.B. die Zurückweisung eines Antrags auf Berichtigung der Beschwerdeentscheidung (§ 42 Abs. 3 S. 1 FamFG) unanfechtbar, während gegen den Beschluss, durch den die Beschwerdeentscheidung berichtigt wird, im Falle der Zulassung die Rechtsbeschwerde stattfindet.[15]

Keiner Anfechtung unterliegen die Entscheidungen des OLG in Grundbuchsachen über die Festsetzung des gerichtlichen Geschäftswertes (§ 83 Abs. 2 S. 7 GNotKG i.V.m. § 81 Abs. 3 S. 3 GNotKG) sowie über die Anordnung einer Vorauszahlung (§ 82 Abs. 1 S. 2 GNotKG i.V.m. § 81 Abs. 3 S. 3 GNotKG). Gleiches gilt für die Festsetzung der Gerichtskosten. Insoweit findet gegen die Entscheidung des Kostenbeamten lediglich die Erinnerung statt (§ 81 Abs. 1 GNotKG); gegen die Erinnerungsentscheidung des OLG ist kein Rechtsmittel zum BGH eröffnet (§ 81 Abs. 3 S. 3 GNotKG).

2. Anweisung, eine Eintragung vorzunehmen

Um eine Beschwerdeentscheidung handelt es sich auch, wenn das Beschwerdegericht das Grundbuchamt anweist, eine angeordnete Eintragung vorzunehmen. Bis zum Vollzug der Eintragung auf Anordnung des Beschwerdegerichts ist diese noch **unbeschränkt anfechtbar**.[16] Hat das Grundbuchamt diese vollzogen, so wird damit die bis zu diesem Zeitpunkt unbeschränkt zulässige Rechtsbeschwerde nicht gegenstandslos, sondern sie bleibt im Rahmen des § 71 Abs. 2 S. 2 GBO zulässig; mit ihr kann also die Eintragung eines Amtswiderspruchs oder die Vornahme einer Löschung erstrebt werden.[17] Hat das Grundbuchamt auf Anordnung des OLG einen Widerspruch eingetragen, so kann mit der Rechtsbeschwerde die Löschung des Widerspruchs verlangt werden.[18] Gegen die Entscheidung des OLG, durch die das Grundbuchamt zur Löschung einer Vormerkung angewiesen wird, ist nach Vornahme dieser Löschung die Rechtsbeschwerde mit dem Ziel der Neueintragung der beantragten Vormerkung aufgrund des ursprünglichen Antrags, jedoch nur an bereitester Stelle zulässig.[19]

Die Rechtsbeschwerde mit dem Ziel der **Eintragung eines Amtswiderspruchs** ist auch zulässig, wenn das Grundbuchamt einen Eintragungsantrag zurückgewiesen, das OLG auf die Erstbeschwerde verfahrensfehlerhaft lediglich den Ablehnungsgrund des Grundbuchamts verworfen und dieses daraufhin nach Prüfung der Voraussetzungen im Übrigen die Eintragung vorgenommen hat; der Gegenstand der weiteren Beschwerde beschränkt sich in diesem Falle nicht auf den vom OLG geprüften ursprünglichen Ablehnungsgrund.[20] Ist nicht der in dem eingetragenen Amtswiderspruch bezeichnete Berechtigte, sondern eine andere Person Inhaber des Berichtigungsanspruchs, ist der Amtswiderspruch auf Beschwerde hin zu löschen; das Grundbuchamt hat dann – in einem neuen Verfahren – zu prüfen, ob zugunsten desjenigen, dem der Grundbuchberichtigungsanspruch zusteht, ein neuer Amtswiderspruch einzutragen ist.[21] Hat sich die Erstbeschwerde gegen eine Eintragung gerichtet und ist sie erfolglos geblieben, so ist dagegen die weitere Beschwerde gegeben, unabhängig davon, ob die Erstbeschwerde nach § 71 Abs. 2 GBO zulässig oder unzulässig war.[22]

---

12 Vgl. BGH FGPrax 2010, 1126.
13 BGH FGPrax 2010, 154.
14 BGH NJW-RR 2009, 210; Bauer/Schaub/*Sellner*, § 78 Rn 2; Meikel/*Schmidt-Räntsch*, § 78 Rn 5; unklar Hügel/*Kramer*, § 78 Rn 36, der von der Zulässigkeit einer Erstbeschwerde nach § 567 ZPO oder analog § 71 GBO ausgeht, aber teilweise eine Zulassung der Beschwerde analog § 574 ZPO durch das OLG fordert.
15 Meikel/*Schmidt-Räntsch*, § 78 Rn 3; Keidel/*Meyer-Holz*, § 42 Rn 39.
16 BayObLG NJW 1983, 1567; LG Regensburg NJW-RR 1987, 1044.
17 BGH NJW 1989, 1609; BayObLG FamRZ 1988, 503; BayObLG Rpfleger 1980, 64; KG NJW-RR 1989, 1495; KG DNotZ 1972, 177; OLG Hamm FamRZ 1991, 113; OLG Hamm OLGZ 1991, 137, 138.
18 BayObLG MittBayNot 1982, 240; OLG Düsseldorf JMBl. NRW 1950, 127; OLG Frankfurt Büro 1985, 1693; OLG Hamm OLGZ 1978, 304; JurBüro 1974, 820.
19 KG JFG 5, 330.
20 KG Rpfleger 1972, 58.
21 OLG Jena Rpfleger 2001, 73.
22 KG NJW 1969, 138.

3. Zurückverweisende Entscheidung

11 Mit der Rechtsbeschwerde **anfechtbar** sind Entscheidungen, durch die die Sache an das Grundbuchamt zurückverwiesen wird; denn solche Entscheidungen beenden den Beschwerderechtszug.[23] Hierdurch ist der Beschwerdeführer auch beschwert, weil seinem Begehren nicht voll stattgegeben worden ist.

4. Anfechtung einer Zwischenverfügung

12 Hat das Beschwerdegericht eine **Zwischenverfügung des Grundbuchamts** bestätigt, so wird die gegen diesen Beschluss eingelegte Rechtsbeschwerde nicht dadurch gegenstandslos, dass das Grundbuchamt den Eintragungsantrag aus den in der Zwischenverfügung angeführten Gründen endgültig zurückweist.[24] Hat die Rechtsbeschwerde Erfolg und wird die Zwischenverfügung aufgehoben, so ist das Grundbuchamt anzuweisen, den Zurückweisungsbeschluss von Amts wegen aufzuheben.[25] Mit der Rechtsbeschwerde kann dies jedoch nicht verlangt werden; denn eine Rechtsbeschwerde gegen den Beschluss des Grundbuchamts unter Übergehung des OLG ist nicht statthaft.[26] Wenn nach Einlegung der Rechtsbeschwerde auch der Zurückweisungsbeschluss des Grundbuchamts mit der Erstbeschwerde angefochten wird, rechtfertigt dies keine andere Beurteilung.[27] Anders, wenn nur hinsichtlich einer von zwei Beanstandungen einer Zwischenverfügung Rechtsbeschwerde eingelegt wird.[28] Hat das OLG die Beschwerde gegen eine Zwischenverfügung als unzulässig verworfen, so ist die dagegen gerichtete Rechtsbeschwerde unzulässig, wenn das Grundbuchamt nach ihrer Einlegung den Eintragungsantrag endgültig zurückweist.[29] Hat das OLG aber die Verwerfung auf dieselben Gründe gestützt, die in der Zwischenverfügung als Eintragungshindernis genannt sind, so ist die Rechtsbeschwerde zulässig.[30] Hingegen ist die Rechtsbeschwerde unzulässig, wenn das Grundbuchamt keine anfechtbare Zwischenverfügung erlassen, sondern durch eine nicht mit der Beschwerde angreifbare Verfügung auf einen nicht behebbaren Mangel hingewiesen hat und die Erstbeschwerde vom OLG deshalb als unzulässig verworfen worden ist.[31]

13 Die unterschiedliche Beurteilung der einzelnen Fälle beruht darauf, dass das Grundbuchamt an die Rechtsauffassung des OLG in dem Beschluss, durch den die Zwischenverfügung bestätigt worden ist, bei seiner späteren Entscheidung über die Zurückweisung des Antrags gebunden ist. Dieser Bindungswirkung unterliegt auch das OLG. Nur das Gericht der Rechtsbeschwerde kann durch Aufhebung der Zwischenverfügung abändernd eingreifen. Dadurch entfällt für die unteren Instanzen die Bindungswirkung. Diese besteht für das Grundbuchamt andererseits jedoch nicht, wenn das OLG gar keine Sachentscheidung getroffen, sondern die Erstbeschwerde als unzulässig verworfen hat.

14 Hat das Grundbuchamt die beantragte Eintragung einer Auflassung in einer Zwischenverfügung beanstandet und hat sodann das OLG auf Beschwerde eines Dritten die Zwischenverfügung aufgehoben, so ist die Rechtsbeschwerde des Antragstellers mit dem Ziel der Verwerfung der Erstbeschwerde des Dritten unzulässig, und zwar auch, wenn der Antragsteller inzwischen ein Interesse daran erlangt hat, dass die Eintragung unterbleibt.[32] Bei einer Erstbeschwerde des Antragstellers kann ein Dritter mangels Beschwerdeberechtigung nicht die Rechtsbeschwerde mit dem Ziel einlegen, die aufgehobene Zwischenverfügung wiederherzustellen.[33] Hat jedoch das OLG eine Zwischenverfügung bestätigt, obwohl diese, weil z.B. ein endgültiges Eintragungshindernis vorliegt, nicht hätte erlassen werden dürfen, so muss das

---

23 BayObLGZ 1953, 60; OLG Köln JMBl. NRW 1959, 71.
24 St. Rspr. z.B. BGH NJW 1983, 2262; BayObLG NJW-RR 1992, 1369; BayObLG MittRhNotK 1992, 86; BayObLG MittBayNot 1989, 149; BayObLG 1978, 335, 337; BayObLG NJW 1974, 954; OLG Düsseldorf MittRhNotK 97; 399; OLG Frankfurt FGPrax 1997, 11; OLG Frankfurt Rpfleger 1977, 103; OLG Karlsruhe Justiz 1983, 457; OLG Stuttgart BWNotZ 1980, 92; OLG Zweibrücken OLGZ 1975, 405.
25 St. Rspr. z.B. BayObLG MittRhNotK 1994, 288; BayObLG NJW-RR 1992, 1369; BayObLG NJW-RR 1988, 980; BayObLG NJW-RR 1986, 883; BayObLG FamRZ 1974, 384; BayObLG Rpfleger 1970, 23; KG OLGZ 1965, 93; OLG Stuttgart MittBayNot 1987, 29; BWNotZ 1980, 92; a.A. OLG München FGPrax 2005, 193.
26 BayObLG MittRhNotK 1994, 288; BayObLG NJW-RR 1993, 1171.
27 KG JFG 6, 350; OLG Frankfurt FGPrax 1997, 11.
28 KJG 43, 141; a.A.: Bauer/Schaub/*Sellner*, § 78 Rn 19; *Demharter*, § 78 Rn 29; Hügel/*Kramer*, § 78 Rn 88.1.
29 BGH FGPrax 2002, 196; OLG Frankfurt FGPrax 1997, 11.
30 OLG Frankfurt FGPrax 1997, 11; OLG München FGPrax 2005, 192.
31 KG OLGZ 1971, 452.
32 BayObLG Rpfleger 1980, 63; BayObLGZ 1977, 251.
33 BayObLG bei *Goerke*, Rpfleger 1983, 9, 12.

Rechtsbeschwerdegericht die Zwischenverfügung insgesamt aufheben, damit das Grundbuchamt Gelegenheit erhält, den Eintragungsantrag zurückzuweisen.[34]

Hebt das OLG auf Beschwerde des Antragstellers eine Zwischenverfügung des Grundbuchamts aus formellen Gründen auf, weil neben dem in der Zwischenverfügung aufgezeigten ein weiteres, nicht mit Rückwirkung zu beseitigendes Eintragungshindernis bestehe, so erstreckt sich die Bindungswirkung der Entscheidung des OLG für das Grundbuchamt nicht auf die Beurteilung dieses anderweitigen Eintragungshindernisses; der Antragsteller ist deshalb zur Einlegung der Rechtsbeschwerde gegen diese Entscheidung des OLG, mit der er sich gegen die Annahme dieses anderweitigen Eintragungshindernisses wendet, nicht beschwerdebefugt.[35] Hebt das OLG eine Zwischenverfügung auf und nimmt das Grundbuchamt daraufhin die beantragte Eintragung vor, ist die Rechtsbeschwerde gegen den Beschluss des OLG auch nicht mit dem Ziel der Eintragung eines Amtswiderspruchs gegen die Eintragung zulässig.[36] Wird nämlich im Beschwerdeverfahren eine Zwischenverfügung des Grundbuchamts aufgehoben, die aufgrund eines Eintragungsantrags ergangen war, so steht dem von der Eintragung Betroffenen ein Recht zur Rechtsbeschwerde gegen die Entscheidung des Beschwerdegerichts jedenfalls dann nicht zu, wenn das Grundbuchamt nicht zugleich angewiesen worden ist, die Eintragung vorzunehmen.[37]

II. Zulassung der Rechtsbeschwerde, Abs. 1

1. Grundsatz

Die statthafte Rechtsbeschwerde setzt immer eine **ausdrückliche**[38] **Zulassung** durch das OLG voraus. Die Zulassungsgründe sind in Abs. 2 abschließend geregelt. Die Rechtsbeschwerde kann zugelassen werden bei grundsätzlicher Bedeutung einer Rechtssache (s. Rdn 22), für die Fortbildung des Rechts (s. Rdn 23) sowie für die Sicherung einer einheitlichen Rechtsprechung (s. Rdn 24). Über die Zulassung hat das OLG von Amts wegen zu befinden. Liegen die Voraussetzungen für eine Zulassung vor, so muss die Rechtsbeschwerde zugelassen werden; das Beschwerdegericht hat insoweit **kein Ermessen**. Ebenso wenig bedarf es eines entsprechenden Antrags eines Beteiligten. Die Zulassung kann sich auf einen selbstständigen Teil des Verfahrensgegenstandes beschränken, wenn über diesen gesondert entschieden werden und die Rechtsbeschwerde insoweit beschränkt werden kann.[39] Unzulässig ist eine Beschränkung der Zulassung auf einzelne Rechts- oder Vorfragen; in diesem Fall ist die Rechtsbeschwerde unbeschränkt zugelassen.[40]

Enthält die Beschwerdeentscheidung keine Zulassung, ist die Rechtsbeschwerde nicht möglich. Eine **Nichtzulassungsbeschwerde** sieht das Gesetz nicht vor (s. Rdn 20). Eine (fehlende) Zulassung wird auch nicht durch eine der Entscheidung beigefügte entsprechende (falsche) Rechtsmittelbelehrung ersetzt. Wird die Rechtsbeschwerde in den Gründen zugelassen, sollte sie auch im Tenor ausgesprochen werden. Die Zulassung sollte begründet werden; erforderlich ist dies nicht. Es ist diejenige Alternative anzugeben, die das Beschwerdegericht nach Abs. 2 für vorliegend erachtet. Gegebenenfalls ist auch die Einschränkung der Zulassung zu begründen. Um die Zuständigkeit des Beschwerdegerichts zu klären, darf die Rechtsbeschwerde nicht zugelassen werden.[41]

2. Funktionelle Zuständigkeit; Bindungswirkung

Zuständig für die Zulassung der Rechtsbeschwerde ist ausschließlich der Beschwerdesenat in seiner **geschäftsplanmäßigen Besetzung**; eine Zuständigkeit des Einzelrichters besteht nicht. Erlässt der – im Beschwerdeverfahren nicht vorgesehene (vgl. § 77 GBO Rdn 21) – Einzelrichter die Beschwerdeentscheidung unter Zulassung der Rechtsbeschwerde ist das Rechtsbeschwerdegericht zwar an die Zulassung

---

34 BayObLG FGPrax 1996, 32; BayObLGZ 1991, 97, 102; BayObLGZ 1984, 136, 138.
35 OLG Hamm FGPrax 2002, 146.
36 BayObLG NJW-RR 2002, 443.
37 BGH FGPrax 1998, 165; OLG München ZfIR 2009, 78.
38 Vgl. BGH NJW 2011, 2371; BGH NJW 2008, 2351; vgl. auch BGH NJW 2004, 779; BayObLG NJW 2002, 3262; NJW-RR 2000, 148.
39 BGH NJW 2007, 1466.
40 BGH FGPrax 2012, 95.
41 OLG Schleswig FGPrax 2010, 109.

gebunden. Die Einzelrichterentscheidung ist jedoch schon aus formalen Gründen wegen Verstoßes gegen das Verfassungsgebot des gesetzlichen Richters aufzuheben und an den Senat zurückzuverweisen.[42]

19　Die Zulassung hat durch den Beschwerdesenat in der das Beschwerdeverfahren abschließenden Sachentscheidung zu erfolgen (s. § 77 GBO Rdn 47). Die Zulassung kann nicht im Wege einer Ergänzung der Entscheidung (vgl. § 43 FamFG) nachgeholt werden;[43] allenfalls kommt eine Beschlussberichtigung in Betracht (§ 42 FamFG), sofern – was indes selten der Fall sein wird – eine offensichtliche Unrichtigkeit vorliegt.[44] Zudem kann eine Zulassung im Falle einer erfolgreichen Anhörungsrüge (§ 81 Abs. 3 i.V.m. § 44 FamFG) **nachgeholt** werden (s. § 77 GBO Rdn 47). Der BGH ist an die Zulassung gebunden, selbst wenn kein Zulassungsgrund vorliegt und die Zulassung in den Beschlussgründen nicht weiter ausgeführt wird. Der BGH kann daher die Rechtsbeschwerde nicht wegen Fehlens eines Zulassungsgrundes als unzulässig verwerfen.

3. Nichtzulassungsbeschwerde

20　Die Nichtzulassung der Rechtsbeschwerde durch das OLG ist **unanfechtbar**. Dies ergibt sich daraus, dass ein solcher Rechtsbehelf nicht vorgesehen ist. Eine Korrektur ist dann nur noch durch das Verfassungsgericht möglich. Denn der Anspruch auf effektiven Rechtsschutz (Art. 2 Abs. 1 GG i.V.m. Art. 20 Abs. 3 GG)[45] sowie Art. 101 Abs. 1 S. 2 GG sind verletzt, wenn ein Gericht willkürlich oder trotz grundsätzlicher Bedeutung mit einer unzureichenden Begründung die Rechtsbeschwerde nicht zugelassen hat.[46] Ist die Auslegung und Anwendung der Zulassungsvoraussetzungen für ein Rechtsmittel sachlich nicht zu rechtfertigen, erweist sie sich damit als objektiv willkürlich und erschwert den Zugang zur nächsten Instanz unzumutbar.

4. Zulassungshindernisse

21　Eine Zulassung kommt nicht in Frage, wenn das Beschwerdegericht an eine bestimmte Rechtsauffassung gebunden ist, also keine Wahl hat. Dies kann eintreten, wenn in derselben Sache bei unverändertem Sach- und Streitstand bereits früher durch Zurückverweisung des OLG an das Grundbuchamt[47] für das anhängige Verfahren bindend entschieden worden ist.

III. Zulassungsgründe, Abs. 2

1. Grundsätzliche Bedeutung der Rechtsfrage, Abs. 2 Nr. 1

22　Die Rechtsbeschwerde ist bei grundsätzlicher Bedeutung der Rechtsfrage zuzulassen. Voraussetzung ist, dass nicht nur über einen konkreten Einzelfall zu entscheiden ist, sondern dass die anstehenden entscheidungserheblichen, klärungsbedürftigen und klärungsfähigen Rechtsfragen in einer **unbestimmten Vielzahl von Fällen** auftreten können und deshalb das Interesse der Allgemeinheit an der einheitlichen Entwicklung und Handhabung des Rechts berührt.[48] Zudem liegt eine grundsätzliche Bedeutung der Rechtsfrage vor, wenn es zwar nicht um die Klärung einer für eine Vielzahl von Fällen maßgeblichen Rechtsfrage geht, aber die Auswirkung der konkreten Rechtssache auf die Allgemeinheit deren Interessen in besonderem Maße berühren, insbesondere aufgrund ihres Gewicht für die beteiligten Verkehrskreise.[49]

2. Rechtsfortbildung, Abs. 2 Nr. 2 Alt. 1

23　Erforderlich ist die Zulassung, wenn es um die Fortbildung des Rechts geht. Dieser Zulassungsgrund deckt sich weitgehend mit der grundsätzlichen Bedeutung der Rechtssache. Der Einzelfall muss Veranlassung geben, für die Auslegung von Gesetzesbestimmungen entweder des materiellen Rechts und des Verfahrensrechts Grundsätze zu bilden oder Gesetzeslücken auszufüllen.[50] Der zur Entscheidung an-

---

42　BGH NJW-RR 2012, 123; BGH WuM 2011, 242; BGH NJW 2003, 1254.
43　BGH NJW 2004, 779; *Demharter*, § 78 Rn 6; wohl auch Meikel/*Schmidt-Räntsch*, § 78 Rn 15.
44　BGH NJW 2004, 2389; NJW 2004, 779; Meikel/*Schmidt-Räntsch*, § 78 Rn 17.
45　BVerfG WM 2020, 1975.
46　Vgl. BVerfG NZI 2020, 1060; BVerfG FamRZ 2015, 2123; BVerfG v. 1.8.2013 – 1 BvR 2515/12, juris; BVerfGE 125, 104; BVerfG ZMR 2004, 732.
47　BGH NJW 1955, 21.
48　BGH FamRZ 2004, 1275; BGH NJW 2002, 2957.
49　BGH NJW 2003, 3765; BGH NJW 2003, 65.
50　BGH NJW-RR 2007, 1022; BGH NJW 2002, 3029.

stehende Fall muss eine **verallgemeinerungsfähige rechtliche Frage** aufwerfen.[51] Bei auslaufendem Recht kommt eine Zulassung nur noch in Betracht, wenn die maßgebliche Frage noch auf eine Vielzahl von anhängigen Verfahren anzuwenden und somit noch von allgemeiner Bedeutung ist.[52]

3. Sicherung einer einheitlichen Rechtsprechung, Abs. 2 Nr. 2 Alt. 2

Die dritte Fallgruppe betrifft die Notwendigkeit der Zulassung, wenn dies der Sicherung einer einheitlichen Rechtsprechung dient. Hier geht es um Fälle, in denen bei den Unterinstanzen oder bei anderen Beschwerdegerichten **eine unterschiedliche Rechtsprechung** entstanden ist, die eine höchstrichterliche Klärung verlangt. Maßgeblich ist, dass von den Gerichten bei vergleichbaren Sachverhalten unterschiedliche Rechtssätze zugrunde gelegt werden.[53] Zudem kann die Sicherung einer einheitlichen Rechtsprechung eine Zulassung der Rechtsbeschwerde erfordern, wenn gegen eine bestehende BGH-Rechtsprechung ernst zu nehmende Einwände im Schrifttum vorgebracht werden.

IV. Einlegung der Beschwerde, Abs. 3 i.V.m. §§ 71 FamFG, 73 Abs. 2 S. 2 GBO

§ 71 FamFG Frist und Form der Rechtsbeschwerde

(1) Die Rechtsbeschwerde ist binnen einer Frist von einem Monat nach der schriftlichen Bekanntgabe des Beschlusses durch Einreichen einer Beschwerdeschrift bei dem Rechtsbeschwerdegericht einzulegen. Die Rechtsbeschwerdeschrift muss enthalten:
1. die Bezeichnung des Beschlusses, gegen den die Rechtsbeschwerde gerichtet wird, und
2. die Erklärung, dass gegen diesen Beschluss Rechtsbeschwerde eingelegt werde.

Die Rechtsbeschwerdeschrift ist zu unterschreiben. ⁴Mit der Rechtsbeschwerdeschrift soll eine Ausfertigung oder beglaubigte Abschrift des angefochtenen Beschlusses vorgelegt werden.

(2) Die Rechtsbeschwerde ist, sofern die Beschwerdeschrift keine Begründung enthält, binnen einer Frist von einem Monat zu begründen. Die Frist beginnt mit der schriftlichen Bekanntgabe des angefochtenen Beschlusses. § 551 Abs. 2 Satz 5 und 6 der Zivilprozessordnung gilt entsprechend.

(3) Die Begründung der Rechtsbeschwerde muss enthalten:
1. die Erklärung, inwieweit der Beschluss angefochten und dessen Aufhebung beantragt werde (Rechtsbeschwerdeanträge);
2. die Angabe der Rechtsbeschwerdegründe, und zwar
   a) die bestimmte Bezeichnung der Umstände, aus denen sich die Rechtsverletzung ergibt;
   b) soweit die Rechtsbeschwerde darauf gestützt wird, dass das Gesetz in Bezug auf das Verfahren verletzt sei, die Bezeichnung der Tatsachen, die den Mangel ergeben.

(4) Die Rechtsbeschwerde- und die Begründungsschrift sind den anderen Beteiligten bekannt zu geben.

§ 10 FamFG Bevollmächtigte

...

(4) Vor dem Bundesgerichtshof müssen sich die Beteiligten, außer im Verfahren über die Ausschließung und Ablehnung von Gerichtspersonen und im Verfahren über die Verfahrenskostenhilfe, durch einen beim Bundesgerichtshof zugelassenen Rechtsanwalt vertreten lassen. Behörden und juristische Personen des öffentlichen Rechts einschließlich der von ihnen zur Erfüllung ihrer öffentlichen Aufgaben gebildeten Zusammenschlüsse können sich durch eigene Beschäftigte mit Befähigung zum Richteramt oder durch Beschäftigte mit Befähigung zum Richteramt anderer Behörden oder juristischer Personen des öffentlichen Rechts einschließlich der von ihnen zur Erfüllung ihrer öffentlichen Aufgaben gebildeten Zusammenschlüsse vertreten lassen. Für die Beiordnung eines Notanwaltes gelten die §§ 78b und 78c der Zivilprozessordnung entsprechend.

1. Rechtsmittelschrift

Die Rechtsbeschwerde erfordert das Einreichen einer Rechtsbeschwerdeschrift nach Abs. 3 i.V.m. § 71 Abs. 1 S. 1 FamFG durch einen beim Bundesgerichtshof zugelassenen Rechtsanwalt. Eine Ausnahme besteht nur für (zugelassene) Rechtsbeschwerden gegen Entscheidungen des Beschwerdegerichts über die

---

51 BGH NJW 2004, 289; BGH NJW 2003, 437.
52 BGH NJW 2003, 2352.
53 BGH NJW-RR 2007, 1676; BGH NJW 2004, 1167; vgl. auch BVerfG WM 2020, 1975.

Ausschließung und Ablehnung von Gerichtspersonen oder über die Bewilligung von Verfahrenskostenhilfe (§ 10 Abs. 4 FamFG). Die Einlegung durch einen **Notar** genügt nicht, selbst wenn dieser den Eintragungsantrag nach § 15 Abs. 2 GBO gestellt hat und insoweit die Vollmachtsvermutung gilt.[54] Findet ein Beteiligter keinen zu seiner Vertretung bereiten Rechtsanwalt und erscheint die Rechtsverfolgung nicht mutwillig, kann den Beteiligten ein Notanwalt beigeordnet werden (§§ 78b und 78c ZPO). Mit der Rechtsbeschwerde soll eine Ausfertigung oder beglaubigte Abschrift des angefochtenen Beschlusses vorgelegt werden (Abs. 3 i.V.m. § 71 Abs. 1 S. 4 FamFG). Die Nichteinhaltung dieser Ordnungsvorschrift ist unschädlich, da dies nur der alsbaldigen Information des Rechtsbeschwerdegerichts über die angefochtene Entscheidung dient.

28 Die Einlegung der Rechtsbeschwerdeschrift kann als **elektronisches Dokument** (s. Rdn 30) und weiterhin auch per Post, Telefax, Telegramm, Fernschreiben oder Computerfax eingelegt werden, sofern kein Rechtsanwalt oder keine Behörde tätig wird. Soweit seit dem 1.1.2022 die Nutzung für die in **§ 14b Abs. 1 S. 1 FamFG** aufgeführten Personen (Rechtsanwälte, Behörden, juristische Personen des öffentlichen Rechts etc.) verpflichtend ist; findet diese Vorschrift für die Grundbuchrechtsbeschwerde **keine Anwendung**. Abs. 3 verweist für die Einlegung der Rechtsbeschwerde ausschließlich auf § 73 Abs. 2 S. 2 und damit nur auf § 14 Abs. 1 bis 3, Abs. 5 FamFG und nicht auf § 14b FamFG. Damit kann eine Rechtsbeschwerde weiterhin als elektronisches Dokument eingelegt werden, ohne dass eine entsprechende Verpflichtung besteht. Ausgeschlossen ist die Einlegung der Rechtsbeschwerde zur Niederschrift des Urkundsbeamten der Geschäftsstelle, da § 73 Abs. 2 S. 1 GBO nicht anwendbar ist.

29 **Behörden** und juristische Personen des öffentlichen Rechts einschließlich der von ihnen zur Erfüllung ihrer öffentlichen Aufgaben gebildeten Zusammenschlüsse sind vom Anwaltszwang befreit (§ 10 Abs. 4 S. 2 FamFG), wobei die Vertretung durch einen Beschäftigten mit der Befähigung zum Richteramt erfolgen muss.[55] Auch der Bezirksrevisor kann als Vertreter der Staatskasse im Verfahren der Verfahrenskostenhilfe die Rechtsbeschwerde nur einlegen, sofern er – was regelmäßig nicht der Fall ist – die Befähigung zum Richteramt besitzt. Die Behörde ist nur vom Anwaltszwang befreit, wenn sie im Rahmen ihrer Amtsbefugnisse tätig wird. Die muss zur Erledigung der ihr übertragenen Aufgaben im eigenen Namen oder als Organ bzw. gesetzlicher Vertreter der Verwaltung auftreten. Dagegen darf die Behörde die Rechtsbeschwerde nicht ohne Einschaltung eines BGH-Anwaltes einlegen, wenn sie diese als rechtsgeschäftlicher Vertreter einer Privatperson einlegt.[56]

2. Elektronische Form, Abs. 3 i.V.m. § 73 Abs. 2 S. 2 GBO

30 Für die Einlegung der Rechtsbeschwerde genügt die Aufzeichnung und Übertragung der Rechtsbeschwerdeschrift als elektronisches Dokument. Insoweit verweist Abs. 3 auf die Form für die Einlegung der Beschwerde nach § 73 Abs. 2 S. 2 GBO (s. dazu § 73 GBO Rdn 14). Erforderlich ist allerdings die qualifizierte **elektronische Signatur** eines beim BGH zugelassenen Rechtsanwalts. Es reicht nicht aus, wenn die Signatur von einem Dritten unter Verwendung der Signaturkarte des Rechtsanwalts benutzt wird, ohne dass dieser gemäß Nachprüfung des Schriftsatzes diesen verantwortlich übernommen hat.[57] Zu den näheren Einzelheiten s. § 73 GBO Rdn 14 ff.

3. Adressat, Abs. 3 i.V.m. § 71 Abs. 1 S. 1 FamFG

31 Die Rechtsbeschwerde kann wirksam **ausschließlich** beim BGH (§ 133 GVG) erhoben werden (Abs. 3 i.V.m. § 71 Abs. 1 S. 1 FamFG). Die Einlegung beim Beschwerdegericht oder einem anderen Gericht wahrt die Rechtsmittelfrist nicht.

4. Frist, Abs. 3 i.V.m. § 71 Abs. 1 S. 1 FamFG

32 Für die Einlegung der Rechtsbeschwerde läuft eine Frist **von einem Monat** (§ 71 Abs. 1 S. 1 FamFG). Sie beginnt mit der schriftlichen Bekanntgabe (§§ 41, 15 FamFG) des angefochtenen Beschlusses. Die Bekanntgabe kann nach § 15 Abs. 2 FamFG durch förmliche Zustellung oder durch Aufgabe zur Post ge-

---

54 *Demharter*, § 78 Rn 17; Hügel/*Kramer*, § 78 Rn 47.
55 BGH FGPrax 2010, 264.
56 Vgl. BGH NJW 1958, 1092; KG FamRZ 1973, 313; KG FamRZ 1964, 325; OLG Hamburg MDR 1953, 689.
57 BGH NJW 2011, 1294 für den Parallelfall einer Berufungsbegründung; NJW 2007, 3117.

schehen. Dem Beteiligten, dessen Willen die Beschwerdeentscheidung nicht entspricht, ist die Beschwerdeentscheidung förmlich zuzustellen (§§ 41 Abs. 1 S. 2, 15 Abs. 2 S. 1 Alt. 1 FamFG i.V.m. §§ 166 ff. ZPO). Geschieht dies nicht, wird die Beschwerdefrist nicht in Gang gesetzt. Eine Heilung der fehlerhaften Zustellung (z.B. durch Aufgabe zur Post) durch den tatsächlichen Zugang scheidet wegen des fehlenden Zustellungswillens des Gerichts aus.[58] Eine dem § 63 Abs. 3 S. 2 FamFG vergleichbare Regelung enthalten die §§ 71 ff. FamFG nicht. Daher kann für die Rechtsbeschwerde auch nicht die Rechtsprechung zur fehlenden Beteiligung eines materiell Betroffenen entsprechend herangezogen werden.

Eine Monatsfrist besteht auch, wenn die Rechtsbeschwerde gegen einen Beschluss des Beschwerdegerichts gem. § 89 Abs. 1 S. 1 GBO in einem Verfahren gegen einen Feststellungsbeschluss nach **§ 87 lit. c GBO** erhoben wird.[59]

Wurde die Frist ohne Verschulden nicht eingehalten, ist die **Wiedereinsetzung in den vorigen Stand** auf Antrag möglich (§ 17 Abs. 1 FamFG). Der Wiedereinsetzungsantrag muss innerhalb von **zwei Wochen** nach Wegfall des Hindernisses gestellt und die Rechtsbeschwerde auch innerhalb dieser Frist nachgeholt werden (§ 18 Abs. 1, Abs. 3 S. 2 FamFG). Bei der Versäumung der Rechtsbeschwerdebegründungsfrist beträgt die Frist **einen Monat** (§ 18 Abs. 1 S. 2 FamFG).[60] Mit der Entscheidung über den Antrag darf erst nach Ablauf der Wiedereinsetzungsfrist entschieden werden. Enthält die angefochtene Beschwerdeentscheidung keine oder eine fehlerhafte Rechtsmittelbelehrung, wird das Fehlen des Verschuldens nach § 17 Abs. 2 FamFG vermutet. Das Verschulden eines gesetzlichen Vertreters oder eines Rechtsanwalts steht dem Verschulden der Beteiligten entsprechend § 85 Abs. 2 ZPO gleich (s. § 11 S. 5 FamFG). Auch in Grundbuchverfahren sind Rechtsmittel, bei denen nicht ausdrücklich angegeben ist, in dessen Rahmen sie eingelegt werden, als von dem Antragsberechtigten eingelegt anzusehen; die (ungenaue) Formulierung in der Beschwerdeschrift „lege ich Beschwerde ein" steht dem nicht entgegen.[61]

5. Inhalt der Rechtsbeschwerdeschrift, Abs. 3 i.V.m. § 71 Abs. 2, Abs. 3 FamFG

Die Rechtsbeschwerde erfordert die Einhaltung der in § 71 FamFG aufgestellten Formvorschriften. Insbesondere ist nach § 71 Abs. 2, Abs. 3 FamFG eine **Begründung** notwendig. Diese muss ebenfalls innerhalb der Monatsfrist geliefert werden. Auch insoweit kann, wenn die Frist schuldlos nicht eingehalten wurde, auf Antrag Wiedereinsetzung in den vorigen Stand (§§ 17 ff. FamFG) gewährt werden. Die Begründungsfrist kann nach § 71 Abs. 2 S. 2 FamFG vom Vorsitzenden des Rechtsbeschwerdegerichts verlängert werden. Mit der Bewilligung der Verfahrenskostenhilfe beginnt eine neue Monatsfrist für die Begründung der Rechtsbeschwerde.

Nach § 71 Abs. 1 S. 2 Nr. 1 FamFG muss in der Rechtsbeschwerdebegründung konkret den Beschluss bezeichnen, gegen den sich die Rechtsbeschwerde richtet. Anzugeben sind die Beteiligten, das Gericht, das den angefochtenen Beschluss erlassen hat, das Datum des Erlasses der Entscheidung sowie das Aktenzeichen.[62] Dies dient der eindeutigen Identifizierung. Zudem bedarf es nach § 71 Abs. 1 S. 2 Nr. 2 FamFG der Erklärung, dass gegen den näher bezeichnete Beschluss die Rechtsbeschwerde eingelegt und ihre Abänderung beantragt wird. Weiterhin ist die Rechtsbeschwerdeschrift zu unterzeichnen (§ 71 Abs. 1 S. 3 FamFG) bzw. bei einer Übermittlung als elektronisches Dokument mit einer qualifizierten Signatur zu versehen (dazu § 73 Rdn 15). Die Begründung der Rechtsbeschwerde muss einen **bestimmten Antrag** (§ 71 Abs. 3 Nr. 1 FamFG) und die Angabe der **Rechtsbeschwerdegründe** (§ 71 Abs. 3 Nr. 2 FamFG) enthalten. Insoweit muss dargelegt werden, aus welchen Gründen sich eine Rechtsverletzung ergibt. Die maßgeblichen Rechtsbeschwerdegründe ergeben sich aus § 72 FamFG (s. Rdn 45 ff.). Die allgemeine Rüge, das materielle Recht sei verletzt, ist nicht ausreichend. Die Rechtsbeschwerdebegründung muss sich mit den tragenden Gründen der angefochtenen Entscheidung auseinandersetzen. Beruft sich der Rechtsbeschwerdeführer auf einer Verletzung des Verfahrensrechts, muss im Einzelnen angegeben werden, woraus sich ein Verfahrensmangel ergeben soll. Gegebenenfalls muss auch die Ursächlichkeit des Verfahrensmangels näher ausgeführt werden.

---

58 BGH NJW 2021, 2660; BGH FamRZ 2020, 770; BGH FamRZ 2019, 477 Rn 7.
59 Bauer/Schaub/*Sellner*, § 89 Rn 7; Hügel/*Zeiser*, § 89 Rn 11; a.A.: Zwei-Wochen-Frist: *Demharter*, § 89 Rn 5; Hügel/*Kramer*, § 78 Rn 64; Meikel/*Schneider*, § 89 Rn 6.
60 Nunmehr auch Meikel/*Schmidt-Räntsch*, § 78 Rn 42.
61 OLG Frankfurt NotBZ 2007, 259.
62 BGH NJW 2001, 1070.

V. Beschwerdeberechtigung

37 Die Berechtigung zur Einlegung der weiteren Beschwerde richtet sich nach den für die Erstbeschwerde geltenden Grundsätzen (vgl. § 71 GBO Rdn 60 ff.).[63] Beschwerdeberechtigt ist jeder, der durch die Entscheidung des Beschwerdegerichts in seiner Rechtsstellung beeinträchtigt ist, sei es, dass die Entscheidung des Grundbuchamts zu seinen Ungunsten abgeändert worden ist, oder sei es, dass das OLG die Entscheidung des Grundbuchamts bestätigt hat. Von mehreren Beschwerdeführern kann jeder für sich die Rechtsbeschwerde einlegen.[64] Auch die Beteiligten, die von ihrem Recht zur Erstbeschwerde keinen Gebrauch gemacht hatten, können Rechtsbeschwerde einlegen.[65] Das gilt allerdings nicht, wenn die Erstbeschwerde eines anderen Beteiligten als unzulässig verworfen worden ist,[66] und im Falle der sofortigen Beschwerde nur, wenn die Beschwerdeentscheidung des OLG noch nicht formell rechtskräftig geworden ist oder einen neuen selbstständigen Beschwerdegrund enthält.[67]

38 Hat der Beschwerdeführer bereits die Erstbeschwerde eingelegt, dann steht ihm die Befugnis zur Rechtsbeschwerde stets zu, wenn seine Erstbeschwerde, gleichgültig aus welchem Grund, erfolglos geblieben ist.[68] Wird mit der Rechtsbeschwerde das Ziel einer Eintragung eines Amtswiderspruchs gegen eine Eigentümer bei Eintragung verfolgt, kann die dafür erforderliche Beschwerdebefugnis nicht darauf gestützt werden, dass die mit entsprechenden Ziel eingelegte erste Beschwerde eines anderen Beteiligten zurückgewiesen worden ist.[69] Wird auf Beschwerde ein Löschungsantrag mangels Antragsbefugnis als unzulässig zurückgewiesen, ist gegen die Beschwerdeentscheidung die Rechtsbeschwerde eines Dritten, der antragsberechtigt ist, unzulässig.[70]

VI. Rücknahme, Verzicht und Verwirkung

39 Ebenso wie die Erstbeschwerde (vgl. § 73 GBO Rdn 22 ff.) kann die Rechtsbeschwerde zurückgenommen werden. Die Mitwirkung eines beim BGH zugelassenen Rechtsanwalts ist nicht erforderlich, dasselbe gilt für den Verzicht.[71] Mit Rücknahme der Rechtsbeschwerde verliert eine Anschlussrechtsbeschwerde ihrer Wirkung (§ 78 Abs. 3 GBO i.V.m. § 73 S. 3 FamFG). Für die Verwirkung gelten dieselben Grundsätze wie bei der Erstbeschwerde (vgl. § 73 GBO Rdn 22).

VII. Anschlussrechtsbeschwerde, Abs. 3 i.V.m. § 73 FamFG

40 § 73 FamFG Anschlussrechtsbeschwerde

Ein Beteiligter kann sich bis zum Ablauf einer Frist von einem Monat nach der Bekanntgabe der Begründungsschrift der Rechtsbeschwerde durch Einreichen einer Anschlussschrift beim Rechtsbeschwerdegericht anschließen, auch wenn er auf die Rechtsbeschwerde verzichtet hat, die Rechtsbeschwerdefrist verstrichen oder die Rechtsbeschwerde nicht zugelassen worden ist. Die Anschlussrechtsbeschwerde ist in der Anschlussschrift zu begründen und zu unterschreiben. Die Anschließung verliert ihre Wirkung, wenn die Rechtsbeschwerde zurückgenommen, als unzulässig verworfen oder nach § 74a Abs. 1 zurückgewiesen wird.

41 Abs. 3 verweist auch auf § 73 FamFG. Deshalb besteht für die Verfahrensbeteiligten die Möglichkeit, ohne Beschränkung auf bestimmte Verfahrensgegenstände eine Anschlussrechtsbeschwerde einzulegen. Ihre Zulässigkeit setzt die Anhängigkeit der Rechtsbeschwerde eines anderen Beteiligten gegen denjenigen Beschluss des Beschwerdegerichts voraus, der Gegenstand der Anschließung sein soll. Mit der Anschlussrechtsbeschwerde kann nur ein Rechtsschutzziel verfolgt werden, dass sich gegen den Rechts-

---

63 BayObLGZ 1980, 37, 39; OLG Frankfurt FGPrax 1998, 128; OLG Frankfurt FGPrax 1996, 139.
64 OLG München JFG 14, 340.
65 Vgl. BGHZ 5, 46, 52; BayObLG FamRZ 1990, 563; KG NJW-RR 1990, 1292; OLG Hamm NZM 2000, 831; a.A.: BayObLGZ 1987, 135; BayObLGZ 1986, 496.
66 OLG Frankfurt OLGR 2005, 464; OLG München ZfIR 2009, 611.
67 BGH NJW 1984, 2414; BGH NJW 1980, 1960.
68 St. Rspr. z.B. BGH NJW 2005, 1430; BayObLG FGPrax 2003, 59; BayObLGZ 1980, 291, 301; BayObLGZ 1974, 294, 296; BayObLGZ 1973, 85; BayObLGZ 1969, 287; BayObLGZ 1967, 138; KG FamRZ 1975, 352, 353; KG FamRZ 1972, 50; OLGZ 1965, 69; KG NJW 1962, 2354; OLG Hamm OLGZ 1984, 54; OLG Hamm OLGZ 1984, 23; OLG Hamm OLGZ 1979, 419, 420.
69 OLG Hamm, v. 15.2.2011 – 15 Wx 172/10, 15 Wx 173/10, juris.
70 OLG München ZfIR 2009, 611, zur früheren weiteren Beschwerde.
71 A.A Hügel/*Kramer*, § 78 Rn 107, dieselben Voraussetzungen, wie für die Einlegung der Rechtsbeschwerde.

beschwerdeführer richtet und über die Zurückweisung seines Rechtmittel hinausgeht.[72] Neue Sachanträge sind unzulässig; ebenso ein im Beschwerdeverfahren unterlassener Angriff gegen die Entscheidung des Grundbuchamts.[73] Aufgrund des begrenzten Rechtsschutzziels setzt die Einlegung der Anschlussrechtsbeschwerde eine Beschwer des Anschließenden durch die Beschwerdeentscheidung voraus.[74]

Unerheblich ist, ob die eigene Rechtsbeschwerde des sich anschließenden Beteiligten mangels für ihn erfolgter Zulassung unstatthaft[75] oder wegen Versäumung der Rechtsbeschwerdefrist unzulässig wäre. Dementsprechend muss für die Anschlussrechtsbeschwerde auch **kein Zulassungsgrund** vorliegen; es muss keine Rechtsfrage grundsätzlicher Bedeutung zu klären sein und keine Entscheidung des Rechtsbeschwerdegerichts zur Rechtsfortbildung oder Vereinheitlichung der Rechtsprechung erforderlich sein. Eine verfristete Rechtsbeschwerde kann bei Vorliegen der Voraussetzungen in eine Anschließung an ein Rechtsmittel eines anderen Beteiligten umgedeutet werden. Selbst wenn ein Beteiligter zuvor auf die Rechtsbeschwerde verzichtet hat, kann er sich dennoch der gegnerischen Rechtsbeschwerde anschließen (§ 73 S. 1 FamFG).

42

Die Anschließung muss innerhalb **eines Monats** nach Bekanntgabe (vgl. § 15 Abs. 2 FamFG) der Begründung der Rechtsbeschwerde (§ 71 Abs. 4 FamFG) an den Beteiligten, der sich anschließen will, erfolgen (§ 73 S. 1 FamFG). Einzureichen ist die Anschlussschrift beim BGH. Der Schriftsatz mit der Anschlussrechtsbeschwerde muss ebenfalls von einem beim **BGH zugelassenen Rechtsanwalt** unterschrieben und begründet werden (§ 73 S. 2 FamFG). Die Anschließung verliert ihre Wirkung, wenn die Rechtsbeschwerde zurückgenommen, als unzulässig verworfen oder nach § 74a Abs. 1 FamFG zurückgewiesen worden ist (**§ 73 S. 3 FamFG**). Über die **Kosten der Anschließung** ist im Rahmen des § 84 FamFG i.V.m. § 81 FamFG zu treffenden Billigkeitsentscheidung zu befinden.[76] Für den Geschäftswert bei einer Anschlussrechtsbeschwerde gilt § 35 Abs. 1 GNotKG.

43

C. Begründetheit der Rechtsbeschwerde, Abs. 3 i.V.m. §§ 72, 74 FamFG

§ 72 FamFG Gründe der Rechtsbeschwerde

44

(1) Die Rechtsbeschwerde kann nur darauf gestützt werden, dass die angefochtene Entscheidung auf einer Verletzung des Rechts beruht. Das Recht ist verletzt, wenn eine Rechtsnorm nicht oder nicht richtig angewendet worden ist.

(2) Die Rechtsbeschwerde kann nicht darauf gestützt werden, dass das Gericht des ersten Rechtszugs seine Zuständigkeit zu Unrecht angenommen hat.

(3) Die §§ 547, 556 und 560 der Zivilprozessordnung gelten entsprechend.

I. Begriff des Rechts

Die Rechtsbeschwerde ist begründet, wenn die Entscheidung des Beschwerdegerichts auf einer Verletzung des Rechts beruht (§ 72 Abs. 1 S. 1 FamFG). **Recht** im Sinne dieser Vorschrift ist jede Rechtsnorm. Es gehören alle Gesetze im formellen und materiellen Sinne, also alle Bundes- und Landesgesetze, Rechtsverordnungen, Staatsverträge,[77] Europäisches Gemeinschaftsrecht,[78] autonome Satzungen und das Gewohnheitsrecht dazu; ebenso das fortgeltende Recht der ehemaligen DDR. Ebenso unterliegen Allgemeine Geschäftsbedingungen der Prüfung und Auslegung durch das Rechtsgeschäft, wenn es auf deren Anwendung ankommt.[79] Es können zwingende Vorschriften oder Ordnungsvorschriften sein, sachlich-rechtliche wie verfahrensrechtliche. Auch die GBV ist eine revisible Rechtsverordnung,[80] Statuten und ähnliche Normen sind Recht im Sinne des § 78 GBO, soweit die Unterwerfung unter sie auf gesetzlichem

45

---

72 Vgl. BGH NJW-RR 2011, 521.
73 Vgl. BGH NJW 1983, 1858.
74 Bauer/Schaub/*Sellner*, § 78 Rn 15, Keidel/*Meyer-Holz*, § 73 Rn 6; vgl. auch BGH NJW 1995, 2563.
75 BGH NJW-RR 2005, 651.
76 Vgl. Sternal/*Göbel*, § 73 Rn 16 f.

77 BGH NJW 1973, 417.
78 Hügel/*Kramer*, § 78 Rn 164; Meikel/*Schmidt-Räntsch*, § 78 Rn 50.
79 BGH MDR 1974, 293.
80 BayObLGZ 1957, 322, 328; BayObLGZ 1956, 196, 203; KG JFG 4, 312; OLG Hamm Rpfleger 1962, 274.

Zwang beruht. Deshalb unterliegen Satzungen der Kapitalgesellschaften und öffentlichen Kreditanstalten der Nachprüfung durch das Rechtsbeschwerdegericht;[81] nicht indes rein innerdienstliche, das Gericht nicht bindende Verwaltungsanweisungen[82] sowie allgemeine Erfahrungssätze oder rechtsgeschäftliche Bestimmungen zwischen den Parteien.

46 Die Rechtsbeschwerde kann auch auf die Verletzung **ausländischen Rechts** gestützt werden, denn die Beschränkung des früheren § 545 ZPO auf Bundesrecht ist durch das FGG-RG aufgehoben worden.[83] Nicht gestützt werden kann die Rechtsbeschwerde darauf, dass das Grundbuchamt seine **Zuständigkeit zu Unrecht angenommen** hat (§ 72 Abs. 2 FamFG). Anderes gilt auch dann nicht, wenn die Rechtsbeschwerde gerade zur Klärung der Zuständigkeit zugelassen worden ist.[84] Dagegen kann gerügt werden, dass der Rechtspfleger des Grundbuchamts für die Entscheidung funktionell unzuständig war.[85]

47 Die Revisibilität von **Kann- und Sollvorschriften** lässt sich nicht einheitlich beurteilen. Bezweckt die Vorschrift mit ihrer Fassung, dass ihre Nichtbeachtung eine Unwirksamkeit zur Folge hat, so rechtfertigt ein Verstoß die weitere Beschwerde. Bedeutet die Kann- oder Sollfassung aber nur, dass eine Entscheidung in das pflichtgemäße Ermessen des Gerichts gestellt wird, dann ist eine Verletzung im Rechtsbeschwerdeverfahren nur beschränkt nachprüfbar. Insoweit gelten dieselben Grundsätze wie für richterliche Ermessensentscheidungen.

48 Tritt nach Erlass der Beschwerdeentscheidung eine **Gesetzesänderung** ein, so ist diese vom Rechtsbeschwerdegericht zu beachten. Es kommt nicht auf eine subjektive Rechtsverletzung der Tatsacheninstanz, sondern darauf an, dass die Entscheidung des Rechtsbeschwerdegerichts objektiv mit dem Gesetz in Einklang steht. Deshalb ist grundsätzlich das im Zeitpunkt der Entscheidung des Rechtsbeschwerdegerichts geltende Recht maßgebend. Das gilt jedoch nicht, wenn der Verfahrensgegenstand nach dem zeitlichen Geltungsbereich des neuen Rechts von der Änderung nicht betroffen wird. Diese bereits im Bereich der ZPO und der freiwilligen Gerichtsbarkeit allgemein anerkannten Grundsätze[86] sind auch in Grundbuchsachen anzuwenden. Änderungen des Verfahrensrechts ergreifen grundsätzlich, wenn keine gegenteiligen Übergangsvorschriften ergangen sind, anhängige Verfahren, sind also vom Gericht der Rechtsbeschwerde zu berücksichtigen.

II. Verletzung des Rechts

49 Das Recht muss verletzt sein. Das ist nach § 72 Abs. 1 S. 2 FamFG der Fall, wenn eine Rechtsnorm **nicht oder nicht richtig angewandt** worden ist. Es genügt eine objektive Rechtsverletzung, auf ein Verschulden des Beschwerdegerichts kommt es nicht an. Das Recht ist unrichtig angewandt, wenn auf den festgestellten Sachverhalt eine nicht zutreffende oder nicht mehr geltende Rechtsnorm angewandt oder eine in Frage kommende Rechtsnorm übersehen oder falsch ausgelegt oder ein einzelnes Tatbestandsmerkmal nicht erkannt wird oder wenn die tatsächlichen Feststellungen die einzelnen Tatbestandsmerkmale der anzuwendenden Rechtsnorm nicht ausfüllen.

III. Bindung an tatsächliche Feststellungen, Abs. 3 i.V.m. § 74 Abs. 3 FamFG

50 Nach Abs. 3 GBO i.V.m. §§ 74 Abs. 3 S. 4 FamFG, 559 Abs. 1 ZPO unterliegt der Beurteilung des Gerichts der Rechtsbeschwerde nur dasjenige Parteivorbringen, das aus der Beschwerdeentscheidung oder dem Sitzungsprotokoll ersichtlich ist. Ist die Sachverhaltsschilderung unklar und unbestimmt, dann darf das Rechtsbeschwerdegericht nicht von sich aus versuchen, die tatsächlichen Unklarheiten anhand der

---

81 BGHZ 9, 281; 14, 36; BayObLGZ 1985, 391, 393; BayObLG NJW-RR 1988, 140; OLG Düsseldorf Rpfleger 1989, 374.
82 BGH MDR 1970, 210; BayObLGZ 1982, 29, 31.
83 *Demharter*, § 78 Rn 34; *Hügel/Kramer*, § 78 Rn 164; a.A.: BGH NJW 2013, 3656; Bauer/Schaub/*Budde*, § 78 Rn 25, unter Hinweis auf die Gesetzesmaterialien zum FGG-RG; vgl. auch OLG Köln, Beschl. v. 24.4.2012 – 4 UF 185/10, BeckRS 2012, 09517.
84 BGH NJW 2009, 1974; *Demharter*, § 78 Rn 34.
85 OLG Düsseldorf FGPrax 2011, 158.
86 St. Rspr. z.B. BGH NJW 1973, 417; BGH NJW 1971, 981; BGH NJW 1962, 961; BGH NJW 1953, 1629; BGH NJW 1953, 941; BayObLGZ 1987, 369, 371; BayObLGZ 1980, 347, 349; BayObLG MittBayNot 1980, 111; BayObLG Rpfleger 1977, 327; BayObLG NJW 1971, 1464; BayObLGZ 1952, 311 = NJW 1953, 826; KG FGPrax 1996, 12; KG FGPrax 1995, 24; OLG Hamburg FamRZ 1959, 255; OLG Hamm FamRZ 1977, 742; OLG Hamm FamRZ 1972, 309.

Gerichtsakten aufzuklären.[87] Das Gericht der Rechtsbeschwerde ist nach § 559 Abs. 2 ZPO an die darin festgestellten **Tatsachen gebunden**. Die Nachprüfung ihrer Richtigkeit ist im dritten Rechtszug ausgeschlossen. **Neue Tatsachen und Beweise**, die sich auf die Sache beziehen, z.B. nachgebrachte behördliche Genehmigungen, dürfen grundsätzlich nicht berücksichtigt werden.[88] Die Bindung an die tatsächlichen Feststellungen setzt voraus, dass diese in verfahrensrechtlich einwandfreier Weise zustande gekommen sind. Die Würdigung der tatsächlichen Verhältnisse ist nur dahin zu prüfen, ob das Beschwerdegericht das Gesetz verletzt hat. Das ist der Fall, wenn es nicht alle wesentlichen Umstände berücksichtigt, gegen die Denkgesetze oder allgemein anerkannte Erfahrungssätze verstoßen und im Amtsverfahren den maßgebenden Sachverhalt nicht ausreichend aufgeklärt hat.[89]

Zu der tatsächlichen Würdigung des Streitstoffs gehört auch die **Auslegung von Urkunden** und **Willenserklärungen**, so z.B. einer Vollmacht oder eines Testaments. Zu der individuellen Auslegung gehört auch die Berücksichtigung der außerhalb der Urkunde liegenden Umstände. Deren Feststellung und Würdigung ist dem Tatrichter vorbehalten.[90] Das Gericht der Rechtsbeschwerde kann nur nachprüfen, ob außer den bereits genannten Rechtsfehlern der Tatrichter die gesetzlichen Auslegungsregeln, insbesondere den Sinn und Wortlaut der Erklärung, beachtet[91] oder ob er gar die Auslegung ganz unterlassen hat.[92] Leidet die Auslegung an derartigen Rechtsfehlern, so ist sie für das Rechtsbeschwerdegericht nicht bindend; dieses hat sie dann selbst vorzunehmen.[93]

51

Ermessensentscheidungen des Tatrichters unterliegen im Rechtsbeschwerdeverfahren nur einer eingeschränkten Nachprüfung dahingehend, ob das Gericht von seinem Ermessen keinen oder einen rechtsfehlerhaften, dem Sinn und Zweck des Gesetzes zuwiderlaufenden Gebrauch gemacht hat oder von ungenügenden oder verfahrenswidrig zustande gekommenen Feststellungen ausgegangen ist oder wesentliche Umstände unerörtert gelassen hat. Mit der Rechtsbeschwerde kann auch gerügt werden, dass das Beschwerdegericht sein Ermessen bei der Bestätigung der Zurückweisung eines Eintragungsantrages anstelle des Erlasses einer Zwischenverfügung (vgl. dazu § 18 GBO Rdn 23 ff.) fehlerhaft ausgeübt hat.[94] Im Ermessen des Grundbuchamts steht es auch, ob über mehrere Grundstücke nach § 4 GBO ein gemeinschaftliches Grundbuchblatt geführt wird oder wie es in den Fällen der §§ 3 Abs. 3, 7 Abs. 2, 82, 82a und 84 GBO entscheidet.

52

Von diesen Grundsätzen besteht nach § 74 Abs. 2 FamFG i.V.m. § 559 Abs. 2, 551 Abs. 3 Nr. 2b ZPO für solche Tatsachen, die ergeben, dass das Gesetz in Bezug auf das **Verfahren verletzt** ist, eine **Ausnahme**. Insoweit sind neue Tatsachen im Rechtsbeschwerdeverfahren beachtlich, und das Gericht der Rechtsbeschwerde ist in der Würdigung des neuen und des bereits vom Beschwerdegericht gewürdigten Tatsachenstoffs frei. Zu den Verfahrensfragen gehören z.B. die Zulässigkeit der Erstbeschwerde, die Wahrung der Form und Frist, die Beschwerdeberechtigung des Beschwerdeführers sowie alle **verfahrensrechtlich erheblichen Erklärungen** der Beteiligten.[95] Diese unterliegen der uneingeschränkten Nachprüfung durch das Rechtsbeschwerdegericht. Das Gericht der Rechtsbeschwerde hat deshalb die Frage, ob ein Eintragungsantrag gestellt ist, ohne Bindung an die Auffassung des Tatrichters zu prüfen.[96]

53

Der selbstständigen Würdigung des Rechtsbeschwerdegerichts unterliegen nicht nur prozessuale, sondern auch behördliche Willenserklärungen, die zur Kenntnis von jedermann bestimmt sind, so Entschei-

54

---

87 OLG Köln Rpfleger 1984, 352.
88 BayObLGZ 1985, 225, 227.
89 OLG Frankfurt NJW-RR 1996, 974; OLG Frankfurt NJW-RR 1994, 203.
90 BGH NJW 1986, 1033.
91 St. Rspr. z.B.: BayObLG DNotZ 1983, 44; BayObLG Rpfleger 1981, 147; BayObLG Rpfleger 1979, 425; BayObLG Rpfleger 1978, 372; BayObLG Rpfleger 1975, 26; BayObLGZ 1971, 307, 309; KG OLGZ 1992, 150; OLG Düsseldorf DNotZ 1950, 41; OLG Hamm OLGZ 1988, 260, 264; OLG Hamm MittBayNot 1985, 197; OLG Hamm OLGZ 1975, 294, 296.
92 BayObLGZ 1984, 155, 158; BayObLG Rpfleger 1976, 304; OLG Frankfurt OLGZ 1994, 129, 130.
93 St. Rspr. z.B. BGHZ 37, 233, 243; BayObLG 1984, 155, 158; BayObLG 1984, 122, 124; BayObLG DNotZ 1983, 44; BayObLG Rpfleger 1980, 111; KG OLGZ 1992, 150; OLG Frankfurt OLGZ 1994, 129.
94 BayObLG FGPrax 1997, 89; BayObLGZ 1997, 55, 58; BayObLGZ 1984, 126, 128; OLG Celle DNotZ 1954, 32; OLG Frankfurt v. 18.9.2003 – 20 W 321/03, juris.
95 BayObLG MittRhNotK 1992, 86; KG OLGZ 1965, 376; OLG Hamm NJW-RR 1988, 461; OLG Hamm WM 1985, 45.
96 St. Rspr. z.B.: BayObLGZ 1984, 155, 158; BayObLG Rpfleger 1980, 19; BayObLG Rpfleger 1979, 106; BayObLG DNotZ 1979, 25; OLG Braunschweig NJW 1961, 1362; OLG Frankfurt Rpfleger 1996, 104; OLG Hamm Rpfleger 1992, 474; OLG Hamm OLGZ 1975, 294, 296; OLG Hamm DNotZ 1972, 510; a.A. OLG Frankfurt Rpfleger 1958, 222, das nur eine Überprüfung in rechtlicher Hinsicht für zulässig gehalten hat.

dungen von Verwaltungsbehörden[97] oder von Gerichten wie z.B. Zuschlags- oder Pfändungsbeschlüsse,[98] Umfang und Wirkungskreis von Pflegerbestellungen[99] oder von Grundbucheintragungen und in Bezug genommenen Urkunden, wie z.B. Teilungserklärungen, Gemeinschaftsordnungen etc.[100] Da die Eintragungsbewilligung nach richtiger Ansicht eine rein verfahrensrechtliche Erklärung ist, hat auch sie das Rechtsbeschwerdegericht selbstständig auszulegen, ohne an die Auslegung der Tatsacheninstanzen gebunden zu sein.[101]

55 **Neue Tatsachen** dürfen **ausnahmsweise** ferner dann Berücksichtigung finden, wenn sie die Sachlage derartig verändern, dass der Antrag infolge Beseitigung seiner wesentlichen Grundlagen zwecklos wird und für eine Entscheidung über ihn kein Raum bleibt[102] oder wenn sie die weitere Beschwerde in der Hauptsache erledigen.[103] Eine weitere Ausnahme gilt aus Gründen der Verfahrenswirtschaftlichkeit bei offensichtlichen, wie etwa urkundlich belegten Tatsachen,[104] und erst recht solchen, die aus einer eigenen anderen Entscheidung des Rechtsbeschwerdegerichts resultieren. Tritt die Rechtskraft der Entscheidung, die zu bescheinigen ein Beteiligter verlangt hat, zu einem Zeitpunkt ein, in dem die weitere Beschwerde wegen der Versagung des Rechtskraftzeugnisses anhängig ist, kann das Rechtsbeschwerdegericht diesen neuen Umstand berücksichtigen und das Grundbuchamt anweisen, das verlangte Zeugnis zu erteilen.[105]

IV. Ursächlichkeit der Rechtsverletzung, Abs. 3 i.V.m. § 72 Abs. 1 S. 1 FamFG

56 Die angefochtene Entscheidung muss auf der festgestellten Verletzung des Rechts beruhen, d.h. es muss ein **ursächlicher Zusammenhang** zwischen der Verletzung und der Entscheidung gegeben sein (§ 72 Abs. 1 S. 1 FamFG). Dies erfordert die Feststellung, dass die Entscheidung anders ausgefallen wäre, wenn das Recht nicht verletzt worden wäre. Allerdings reicht es bei Verfahrensfehlern aus, dass die angefochtene Entscheidung auf dem Fehler beruhen kann, die Möglichkeit der Ursächlichkeit sich also nicht ausschließen lässt.[106] Eine Heilung des Verfahrensfehlers lässt die Begründetheit der Rechtsbeschwerde entfallen.

57 In den Fällen des § 547 ZPO wird der ursächliche Zusammenhang stets **unwiderleglich gesetzlich vermutet**. Dies bedeutet, dass hier § 561 ZPO nicht angewendet werden kann und dass, wenn einer der Fälle des § 547 ZPO vorliegt, die angefochtene Entscheidung ohne weitere Prüfung aufgehoben werden muss, mag sie auch sachlich richtig sein.

V. Absolute Rechtsbeschwerdegründe, Abs. 3 i.V.m. §§ 72 Abs. 3 FamFG, 547 ZPO

58 Für das Grundbuchverfahren kommen folgende **absolute Revisions- oder Rechtsbeschwerdegründe** in Betracht (§ 78 Abs. 3 GBO i.V.m. §§ 72 Abs. 3 FamFG, 547 ZPO):

– Die nicht vorschriftsmäßige Besetzung des Beschwerdegerichts (§ 547 Nr. 1 ZPO).
– Die Mitwirkung eines kraft Gesetzes ausgeschlossenen Richters (§ 547 Nr. 2 ZPO), sofern nicht dieses Hindernis mittels eines Ablehnungsgesuchs ohne Erfolg geltend gemacht worden ist.
– Die Mitwirkung eines Richters, der wegen Besorgnis der Befangenheit mit Erfolg abgelehnt worden ist (§ 551 Nr. 3 ZPO); nur bei erfolgreicher Ablehnung liegt der absolute Beschwerdegrund vor; die Ausschließung und Ablehnung eines Richters bestimmt sich gemäß § 81 Abs. 2 GBO nach den §§ 42 bis 48 ZPO (vgl. § 81 GBO Rdn 10 ff.).

---

97 BGHZ 3, 15; RGZ 102, 3; BayObLGZ 1988, 131, 133.
98 RGZ 153, 254; BGH MDR 1965, 738.
99 BayObLG Rpfleger 1986, 471.
100 St. Rspr. z.B.: BGH NJW 1991, 1616; BGH WM 1975, 498; BGH DNotZ 1971, 96; BGHZ 59, 205, 208; BGHZ 37, 147, 149; BGHZ 13, 134; BayObLG Rpfleger 1983, 62; BayObLG MittBayNot 1980, 203; BayObLGZ 1978, 270, 275; BayObLGZ 1978, 214, 217; BayObLGZ 1977, 226, 230; KG NJW-RR 1992, 214; OLG Düsseldorf Rpfleger 1993, 193; OLG Frankfurt FGPrax 1997, 221; OLG Hamburg OLGZ 1989, 318, 319; OLG Hamm Rpfleger 1962, 60; OLG Saarbrücken OLGZ 1972, 131; OLG Zweibrücken ZMR 1996, 387.
101 BayObLG NJW-RR 1993, 283; OLG Zweibrücken MittRhNotK 1996, 229, 230; a.A. OLG BayObLG 1984, 122, 124; BayObLGZ 1984 252, 253; OLG Hamm Rpfleger 1988, 404; OLG Hamm OLGZ 1975, 294, 296.
102 BayObLGZ 1988, 124, 127; BayObLGZ 1983, 301, 303.
103 OLG Frankfurt FGPrax 1995, 180; OLG Frankfurt OLGZ 1970, 283; OLG Frankfurt NJW 1962, 2113.
104 BGHZ 85, 288, 290; BGHZ 54, 132, 135 f.; BGHZ 31, 128, 130; BayObLGZ 1983, 301, 303; OLG Hamburg Rpfleger 2004, 617 unter Hinweis auf BGH NJW-RR 1998, 1284.
105 BayObLG FGPrax 2003, 199.
106 BGH NVwZ 2011, 127; Sternal/*Göbel*, § 72 Rn 26.

- Der Mangel einer vorschriftsmäßigen Vertretung von Beteiligten im Beschwerdeverfahren (§ 547 Nr. 4 ZPO); die Vorschrift gilt für die gesetzliche und die rechtsgeschäftliche Vertretung; anders nur, wenn der Beteiligte die Prozessführung ausdrücklich oder stillschweigend genehmigt hat.
- Der Mangel der Entscheidungsgründe (§ 547 Nr. 6 ZPO). Dieser absolute Beschwerdegrund ist nur gegeben, wenn die Gründe für die ganze Entscheidung oder für einen Teil, wie etwa für einen Rechtsbehelf oder einen selbstständigen Verfahrensgegenstand, fehlen, nicht schon, wenn die Gründe die Sach- und Rechtslage nicht erschöpfen, sondern unzulänglich und lückenhaft sind (vgl. § 77 GBO Rdn 50).[107] Sind zwar Gründe vorhanden, aber so unverständlich und verworren, dass sie nicht erkennen lassen, welche Überlegungen für die Entscheidung maßgebend waren, so ist das einer fehlenden Begründung gleichzusetzen. Dasselbe gilt, wenn die Gründe sachlich inhaltslos sind und sich auf leere Redensarten oder die Wiedergabe des Gesetzestextes beschränken.[108]
- Der Fall des § 547 Nr. 5 ZPO – Verletzung der Vorschriften über die Öffentlichkeit – hat für das Beschwerdeverfahren in Grundbuchsachen keine Bedeutung, weil Vorschriften über die Öffentlichkeit nicht bestehen.[109]

VI. Richtigkeit des Ergebnisses

Lassen die Gründe des angefochtenen Beschlusses zwar eine Verletzung des Rechts erkennen und beruht die Entscheidung darauf, erweist sie sich aber aus anderen Gründen **im Ergebnis als richtig**, dann ist die Rechtsbeschwerde zurückzuweisen (§ 74 Abs. 2 FamFG). Liegt eine Rechtsverletzung vor, die an sich zur Aufhebung der angefochtenen Entscheidung führen müsste, so tritt das Rechtsbeschwerdegericht an die Stelle des Beschwerdegerichts.[110] Es kann den Sachverhalt in tatsächlicher Hinsicht selbstständig und abweichend vom Beschwerdegericht würdigen und neue Tatsachen, mögen diese auch erst nach Erlass des angefochtenen Beschlusses eingetreten sein, berücksichtigen, wenn ihre Feststellung keine weiteren Ermittlungen erfordert. Das Rechtsbeschwerdegericht kann sodann in der Sache selbst abschließend entscheiden und dabei auch eine eigene Auslegung von Urkunden und Willenserklärungen vornehmen.[111]

Erweist sich die Beschwerdeentscheidung als richtig, so ist die Rechtsbeschwerde zurückzuweisen. Ist die **Rechtsbeschwerde begründet**, so ist der angefochtene Beschluss aufzuheben und in der Sache abschließend zu entscheiden. Ist das aber nicht möglich, weil noch weitere tatsächliche Feststellungen erforderlich sind, so muss das Rechtsbeschwerdegericht die Sache an die Vorinstanz zurückverweisen. Die Zurückverweisung kann im Ausnahmefall auch an einen anderen Spruchkörper des Beschwerdegerichts erfolgen. Bei krassen Verfahrensmängeln bereits in der ersten Instanz, kommt auch eine Zurückverweisung an das Grundbuchamt in Betracht. Hat dagegen das Beschwerdegericht den Sachverhalt verfahrensfehlerfrei festgestellt und ist ihm lediglich bei der Anwendung des materiellen Rechts ein Fehler unterlaufen, dann hat das Rechtsbeschwerdegericht unter Bindung an den festgestellten Sachverhalt in der Sache abschließend zu entscheiden; § 74 Abs. 6 FamFG ist in diesem Falle entsprechend anzuwenden.[112]

VII. Veränderung der Tatsachenlage

Regelmäßig ist das Rechtsbeschwerdegericht an die tatsächlichen Feststellungen des OLG gebunden (§ 74 Abs. 3 S. 4 FamFG i.V.m. § 559 ZPO). Der Nachprüfung unterliegen jedoch Verfahrensfehler des OLG, wenn es um die Feststellung des Sachverhalts geht. Bei der Beweiswürdigung des Beschwerdegerichts müssen alle wesentlichen Umstände, gesetzliche Beweisregeln, die Denkgesetze und feststehende Verfahrens Grundsätze berücksichtigt werden; weiter, ob die Anforderungen an die Beweisführung zu hoch oder zu niedrig angenommen worden sind sowie ob die bei den Akten befindlichen Urkunden berücksichtigt worden sind. Insgesamt gilt, dass in den Amtsverfahren ausreichende Ermittlungen angestellt worden sein müssen. Im Antragsverfahren dürfen Ergebnisse einer unzulässigen Beweisaufnahme nicht verwertet werden.

---

107 RG JW 1927, 1861; RGZ 109, 204.
108 BGH NJW 1963, 2273; BayObLGZ 1948–1951, 48.
109 BayObLG Rpfleger 1974, 314.
110 BayObLG NJW-RR 1993, 1417.
111 BGH NJW 1961, 1303; BayObLGZ 1989, 270, 275; BayObLG Rpfleger 1987, 407; BayObLGZ 1982, 90, 93; BayObLGZ 1971, 307, 309; BayObLGZ 1954, 4; BayObLGZ 1952, 33; OLG Hamm Rpfleger 1988, 248.
112 Vgl. BayObLG NJW-RR 1993, 1417.

62 Andere Beweismittel sind nur zu berücksichtigen, wenn sie einen Verfahrensmangel erweisen sollen, ferner die Zulässigkeit der Erstbeschwerde betreffen oder die Rechtsbeschwerde gegenstandslos oder im Gegenteil überhaupt erst zulässig machen. Darüber hinaus sind jedoch generell zwischenzeitlich ergangene weitere Entscheidungen des Rechtsbeschwerdegerichts, aber auch sonstige behördlich belegte Tatsachen heranzuziehen, auch wenn sie erst während des Rechtsbeschwerdeverfahrens vorgefallen sind oder ihr Nachweis geführt wird. Aus Gründen der Prozesswirtschaftlichkeit können darüber hinaus unstreitige Tatsachen oder solche, die sich eindeutig aus den Akten ergeben, berücksichtigt werden, um ein neues Verfahren in derselben Angelegenheit zu verhindern. Dagegen können neue Sache Anträge nicht gestellt werden.

VIII. Hauptsachenerledigung

63 Die Rechtsbeschwerde kann infolge von Ereignissen, die nach ihrer Einlegung eingetreten sind, gegenstandslos und damit unzulässig werden. Allgemein tritt die in Grundbuchsachen in jeder Lage des Verfahrens von Amts wegen zu beachtende Erledigung der Hauptsache ein, wenn der Verfahrensgegenstand durch eine Änderung in der Sach- und Rechtslage fortgefallen und die Fortsetzung des Verfahrens dadurch sinnlos geworden ist.[113] Dies ist z.B. der Fall, wenn das Grundbuchamt Eintragungen vornimmt, die dem Antrag, auf den sich die weitere Beschwerde bezieht, die wesentliche Grundlage nehmen[114] oder wenn sich die Hauptsache dadurch erledigt, dass die Verfügungsberechtigung wegfällt, oder wenn die angefochtene Zwischenverfügung dadurch gegenstandslos wird, dass der Eintragungsantrag aus anderen als den in der Zwischenverfügung genannten Gründen zurückgewiesen wird.

64 Ist gegen die Eintragung einer Auflassungsvormerkung Beschwerde mit dem Ziel der Eintragung eines Amtswiderspruchs eingelegt und wird im Verlauf des Beschwerdeverfahrens das Eigentum umgeschrieben und die Auflassungsvormerkung gelöscht, so kann das Beschwerdeverfahren nicht mit dem Ziel der Eintragung eines Amtswiderspruchs gegen den neuen Eigentümer fortgesetzt werden.[115] Hat dagegen ein durch einen Urkundsnotar vertretener Antragsteller gegen die Ablehnung eines Eintragungsantrags wirksam Rechtsbeschwerde eingelegt, bleibt das Rechtsmittel zulässig, wenn der Antragsteller verstirbt; das Verfahren wird auch nicht unterbrochen, wenn der Notar keinen Aussetzungsantrag stellt.[116]

65 Ist die Zuständigkeit zur Führung des Grundbuchs nach der Entscheidung des Beschwerdegerichts auf ein anderes Grundbuchamt übergegangen, so wird deshalb die Rechtsbeschwerde nicht unzulässig.[117] Bei Vornahme einer Grundbucheintragung aufgrund einer geänderten Teilungserklärung tritt die Erledigung der Hauptsache durch verfahrensrechtliche Überholung ein, soweit ein Beschwerdeverfahren noch den Vollzug der ursprünglichen Teilungserklärung betrifft.

66 Wenn die Erledigung der Rechtsbeschwerde erst nach deren Einlegung eingetreten ist, kann die Rechtsbeschwerde auf den Kostenpunkt beschränkt werden, insoweit bleibt sie zulässig (vgl. auch § 71 GBO Rdn 43 ff.).[118] Hat sich die Hauptsache vor Einlegung der Rechtsbeschwerde erledigt, ist diese jedenfalls dann unzulässig, wenn das Beschwerdegericht keine isoliert anfechtbare Kostenentscheidung getroffen hat.[119]

D. Verfahren des Rechtsbeschwerdegerichts, Abs. 3 i.V.m. §§ 74, 74a FamFG

67 § 74 FamFG Entscheidung über die Rechtsbeschwerde

(1) Das Rechtsbeschwerdegericht hat zu prüfen, ob die Rechtsbeschwerde an sich statthaft ist und ob sie in der gesetzlichen Form und Frist eingelegt und begründet ist. ²Mangelt es an einem dieser Erfordernisse, ist die Rechtsbeschwerde als unzulässig zu verwerfen.

(2) Ergibt die Begründung des angefochtenen Beschlusses zwar eine Rechtsverletzung, stellt sich die Entscheidung aber aus anderen Gründen als richtig dar, ist die Rechtsbeschwerde zurückzuweisen.

---

113 BGH NJW-RR 2011, 882.
114 KGJ 39, 198.
115 OLG Düsseldorf Rpfleger 1996, 404.
116 OLG Köln FGPrax 2005, 103.
117 KG JFG 13, 402.
118 BGH NJW-RR 2012, 651; BGH NJW 1983, 1672; KG OLGZ 1974, 365; KG OLGZ 1972, 113; OLG Düsseldorf Rpfleger 1996, 404; OLG Frankfurt NJW 1962, 2113.
119 BGH FGPrax 2012, 91.

(3) ¹Der Prüfung des Rechtsbeschwerdegerichts unterliegen nur die von den Beteiligten gestellten Anträge. ²Das Rechtsbeschwerdegericht ist an die geltend gemachten Rechtsbeschwerdegründe nicht gebunden. ³Auf Verfahrensmängel, die nicht von Amts wegen zu berücksichtigen sind, darf die angefochtene Entscheidung nur geprüft werden, wenn die Mängel nach § 71 Abs. 3 und § 73 Satz 2 gerügt worden sind. ⁴Die §§ 559, 564 der Zivilprozessordnung gelten entsprechend.

(4) Auf das weitere Verfahren sind, soweit sich nicht Abweichungen aus den Vorschriften dieses Unterabschnitts ergeben, die im ersten Rechtszug geltenden Vorschriften entsprechend anzuwenden.

(5) Soweit die Rechtsbeschwerde begründet ist, ist der angefochtene Beschluss aufzuheben.

(6) Das Rechtsbeschwerdegericht entscheidet in der Sache selbst, wenn diese zur Endentscheidung reif ist. Andernfalls verweist es die Sache unter Aufhebung des angefochtenen Beschlusses und des Verfahrens zur anderweitigen Behandlung und Entscheidung an das Beschwerdegericht oder, wenn dies aus besonderen Gründen geboten erscheint, an das Gericht des ersten Rechtszugs zurück. Die Zurückverweisung kann an einen anderen Spruchkörper des Gerichts erfolgen, das die angefochtene Entscheidung erlassen hat. Das Gericht, an das die Sache zurückverwiesen ist, hat die rechtliche Beurteilung, die der Aufhebung zugrunde liegt, auch seiner Entscheidung zugrunde zu legen.

(7) Von einer Begründung der Entscheidung kann abgesehen werden, wenn sie nicht geeignet wäre, zur Klärung von Rechtsfragen grundsätzlicher Bedeutung, zur Fortbildung des Rechts oder zur Sicherung einer einheitlichen Rechtsprechung beizutragen.

§ 74a FamFG Zurückweisungsbeschluss

(1) Das Rechtsbeschwerdegericht weist die vom Beschwerdegericht zugelassene Rechtsbeschwerde durch einstimmigen Beschluss ohne mündliche Verhandlung oder Erörterung im Termin zurück, wenn es davon überzeugt ist, dass die Voraussetzungen für die Zulassung der Rechtsbeschwerde nicht vorliegen und die Rechtsbeschwerde keine Aussicht auf Erfolg hat.

(2) Das Rechtsbeschwerdegericht oder der Vorsitzende hat zuvor die Beteiligten auf die beabsichtigte Zurückweisung der Rechtsbeschwerde und die Gründe hierfür hinzuweisen und dem Rechtsbeschwerdeführer binnen einer zu bestimmenden Frist Gelegenheit zur Stellungnahme zu geben.

(3) Der Beschluss nach Absatz 1 ist zu begründen, soweit die Gründe für die Zurückweisung nicht bereits in dem Hinweis nach Absatz 2 enthalten sind.

§ 559 ZPO Beschränkte Nachprüfung tatsächlicher Feststellungen

(1) Der Beurteilung des Revisionsgerichts unterliegt nur dasjenige Parteivorbringen, das aus dem Berufungsurteil oder dem Sitzungsprotokoll ersichtlich ist. Außerdem können nur die in § 551 Abs. 3 Nr. 2 Buchstabe b erwähnten Tatsachen berücksichtigt werden.

(2) Hat das Berufungsgericht festgestellt, dass eine tatsächliche Behauptung wahr oder nicht wahr sei, so ist diese Feststellung für das Revisionsgericht bindend, es sei denn, dass in Bezug auf die Feststellung ein zulässiger und begründeter Revisionsangriff erhoben ist.

I. Grundsatz

Rechtsbeschwerde und ihre Begründung sind den anderen Beteiligten **bekannt zu geben** (§ 71 Abs. 4 FamFG). Damit wird gegebenenfalls auch die Anschließungsfrist in Lauf gesetzt. Mit der ausdrücklichen Verweisung in Abs. 3 auf § 74 FamFG wird nach dessen Abs. 1 ausdrücklich angeordnet, dass das Rechtsbeschwerdegericht zu prüfen hat, ob die Rechtsbeschwerde an sich **statthaft** ist und ob sie in der gesetzlichen **Form und Frist eingelegt** und begründet ist. Mangelt es an einem dieser Erfordernisse, ist die Rechtsbeschwerde als unzulässig zu verwerfen.

68

II. Abhilfe

Das Beschwerdegericht ist nicht befugt, der Rechtsbeschwerde abzuhelfen. Selbst vor Einlegung der Rechtsbeschwerde kann das OLG seiner Entscheidung nach Erlass nicht ändern. Dies ist nur unter den Voraussetzungen des § 48 Abs. 1 FamFG zulässig. Nur wenn die Entscheidung über die Beschwerde unwirksam ist, kann das OLG sie selbst (klarstellend) aufheben. Das Beschwerdegericht kann eine ausgesprochene Zulassung der Rechtsbeschwerde nicht widerrufen.

69

III. Elektronische Gerichtsakte, Abs. 3 i.V.m. § 73 Abs. 2 S. 2 GBO

70 Abs. 3 i.V.m. § 73 Abs. 2 S. 2 GBO eröffnet auch für das Rechtsbeschwerdegericht die Möglichkeit der elektronischen Aktenführung. Insoweit wird auf die für das Beschwerdeverfahren geltenden Vorschriften verwiesen (siehe dazu § 73 GBO Rdn 35 ff.). Beim BGH können ab dem 2.4.2020 die Akten elektronisch geführt werden.[120] Gem. § 2 der Bundesgerichte-AktenführungsVO v. 27.2.2020[121] können aber in Papierform angelegte Akten in Papierform weitergeführt werden.

IV. Entscheidung des Rechtsbeschwerdegerichts

1. Prüfungsumfang

71 Der Prüfungsumfang des Rechtsbeschwerdegerichts wird durch den Rechtsbeschwerdeantrag, die geltend gemachten Verfahrensrügen sowie die von dem Beschwerdegericht festgestellten Tatsachen beschränkt. Das Rechtsbeschwerdegericht ist gem. § 74 Abs. 3 S. 1 FamFG an den mit der Rechtsbeschwerde gestellten Antrag gebunden; eine Änderung des Antrags im Rechtsbeschwerdeverfahren ist möglich, sofern die Rechtsbeschwerdebegründung auch diesen Antrag deckt. Keine Bindung besteht hinsichtlich der mit der Rechtsbeschwerde vorgetragenen Gründen (§ 74 Abs. 3 S. 2 FamFG). Insoweit darf das Rechtsbeschwerdegericht auch andere Gesichtspunkte prüfen. Dies gilt nicht hinsichtlich der nicht von Amts wegen zu prüfenden Verfahrensrügen. Diese unterliegen nur dann der Beurteilung durch das Rechtsbeschwerdegericht, wenn die Mängel nach §§ 71 Abs. 3, 73 S. 2 FamFG ausdrücklich gerügt worden sind (§ 74 Abs. 3 S. 3 FamFG).

72 Der Grundsatz der **reformatio in peius** (vgl. § 77 GBO Rdn 8 ff.) gilt ebenfalls im Rechtsbeschwerdeverfahren. Daher ist das Rechtsbeschwerdegericht in einem Antragsverfahren gehindert, den Rechtsbeschwerdeführer durch seine Entscheidung schlechter zu stellen. Eine Ausnahme besteht bei Einlegung einer Anschlussrechtsbeschwerde (vgl. Rdn 40 ff.).

2. Einstweilige Anordnungen

73 Die Rechtsbeschwerde entfaltet grundsätzlich keine aufschiebende Wirkung. Daher darf auch das Rechtsbeschwerdegericht vor seiner Endentscheidung **in entsprechender Anwendung von § 76 GBO** einstweilige Anordnungen erlassen.[122] Dies kann auch von Amts wegen beschlossen werden, wenn eine abschließende Sachentscheidung noch nicht möglich ist. Die einstweilige Anordnung dient der Vermeidung von Rechtsnachteilen durch zwischenzeitlich weitere Grundbucheintragungen. Ob das Rechtsbeschwerdegericht von der Möglichkeit des § 76 GBO Gebrauch machen will und welche konkrete Anordnung es trifft, steht in seinem pflichtmäßigen Ermessen. An sich möglich ist auch die Anordnung, dass die Löschung einer nach § 76 Abs. 1 GBO auf Anordnung des OLG eingetragenen Vormerkung entgegen § 76 Abs. 2 GBO zu unterbleiben hat. Das ist indessen wenig zweckmäßig und nur dann zulässig, wenn nachfolgende Eintragungen nicht vorhanden sind; denn die Wirkung, dass diese mit der Zurückweisung der Erstbeschwerde im Range aufrücken, kann vom Gericht der weiteren Beschwerde nicht rückgängig gemacht werden.[123]

3. Verwerfung wegen Unzulässigkeit

74 Die endgültige Entscheidung kann lauten auf **Verwerfung wegen Unzulässigkeit**. Dafür kommen die gleichen Gründe wie für die Entscheidung des Beschwerdegerichts in Betracht (vgl. § 77 GBO Rdn 26 ff.). Außerdem ist die Rechtsbeschwerde als unzulässig zu verwerfen, wenn die Form oder die Frist nicht gewahrt sind. Auch wenn das OLG eine unzulässige Beschwerde sachlich beschieden und als unbegründet zurückgewiesen hat, ist die gegen diese Entscheidung gerichtete Rechtsbeschwerde mit der Maßgabe zurückzuweisen, dass die erste Beschwerde als unzulässig verworfen wird.[124]

---

[120] § 2 VO über die elektronische Aktenführung bei den obersten Gerichten des Bundes in der Zivilgerichtsbarkeit und den Fachgerichtsbarkeiten v. 27.3.2020 (BGBl I 2020, 746).

[121] BGBl I 2020, 745 i.V.m. Art. 2 der VO v. 27.3. 2020 (BGBl I 2020, 746).

[122] Bauer/Schaub/*Sellner*, § 78 Rn 39; *Demharter*, § 78 Rn 49; Hügel/*Kramer*, § 78 Rn 116; vgl. auch BGH FGPrax 2010, 97 zu § 64 Abs. 3 FamFG.

[123] So zutreffend *Demharter*, § 78 Rn 17.

[124] OLG München FGPrax 2009, 102, zur früheren weiteren Beschwerde, die der jetzigen Rechtsbeschwerde entspricht.

4. Zurückweisung als unbegründet

Sind keine Rechtsfehler festzustellen, ist die Rechtsbeschwerde zurückzuweisen. Die **Zurückweisung als unbegründet** hat auch dann zu erfolgen, wenn die Beschwerdeentscheidung zwar auf einer Verletzung des Rechts beruht, sich jedoch aus anderen Gründen im Ergebnis als richtig erweist (vgl. Rdn 59 f.). Hat das OLG eine unzulässige Beschwerde zu Unrecht aus unbegründet zurückgewiesen, obwohl sie als unzulässig hätte verworfen werden müssen, so ist die Rechtsbeschwerde mit der Maßgabe zurückzuweisen, dass die Erstbeschwerde als unzulässig verworfen wird.[125] Zudem kann das Rechtsbeschwerde die zugelassene Rechtsbeschwerde durch einstimmigen Beschluss zurückweisen, sofern es davon überzeugt ist, dass die Voraussetzungen für die Zulassung der Rechtsbeschwerde nicht vorliegen und die Rechtsbeschwerde keine Aussicht auf Erfolg hat (§ 74a Abs. 1 FamFG). Zuvor hat der BGH die Beteiligte darauf hinzuweisen und dem Beschwerdeführern eine Frist zur Stellungnahmen einzuräumen (§ 74a Abs. 2 FamFG).

75

5. Aufhebung der Beschwerdeentscheidung

Aufzuheben ist die OLG-Entscheidung, wenn die Rechtsbeschwerde begründet ist. Wenn die Sache zur Entscheidung reif ist, insbesondere keine weiteren tatsächlichen Feststellungen erforderlich sind, entscheidet das Rechtsbeschwerdegericht abweichend vom Beschwerdegericht oder auch vom Grundbuchamt in der Sache selbst abschließend. Ist die Sache noch nicht entscheidungsreif oder liegen die absoluten Revisionsgründe des § 547 ZPO vor (vgl. Rdn 58), so ist die Zurückverweisung der Sache erforderlich. Das Gericht der Rechtsbeschwerde ist befugt, die Sache an das Grundbuchamt zurückzuverweisen, ohne dass hierfür besondere Gründe gegeben sein müssten; vielmehr reichen Zweckmäßigkeitserwägungen aus. Auch eine Zurückverweisung an das Beschwerdegericht ist möglich; diese wird vor allem dann in Betracht kommen, wenn die Beschwerdeentscheidung wegen Verletzung einer Verfahrensvorschrift aufgehoben wird oder das OLG eine sachliche Entscheidung nicht getroffen hat.[126] Eine Zurückverweisung an einen anderen Senat des OLG, wie sie in § 563 Abs. 1 S. 2 ZPO bei der Revision vorgesehen ist, kann ebenfalls erfolgen (§ 74 Abs. 6 S. 3 FamFG).

76

Hat das OLG der Beschwerde gegen den einen Eintragungsantrag zurückweisenden Beschluss des Grundbuchamts zum Teil stattgegeben, würde aber diese Entscheidung zu einer inhaltlich unzulässigen Eintragung führen, so ist die Beschränkung der Rechtsbeschwerde des Antragstellers auf den die Erstbeschwerde zurückweisenden Teil der OLG-Entscheidung unbeachtlich. Das Rechtsbeschwerdegericht ist in diesem Falle nicht gehindert, den Beschluss des OLG ganz aufzuheben und die Erstbeschwerde in vollem Umfang zurückzuweisen.[127]

77

Der Erlass einer Zwischenverfügung kommt nur insoweit in Betracht, als die Beibringung neuer Tatsachen in der dritten Instanz zulässig ist oder der Sachverhalt keiner weiteren Ermittlungen mehr bedarf.[128] Außerdem kann das Rechtsbeschwerdegericht eine unvollständige Zwischenverfügung ergänzen.[129] Das Rechtsbeschwerdegericht kann aber dann keine Zwischenverfügung erlassen, wenn zwar das Grundbuchamt statt der Antragszurückweisung eine Zwischenverfügung hätte erlassen müssen, die Entscheidung des Grundbuchamts schon neun Monate zurückliegt und das in einem Erwerbsverbot bestehende Eintragungshindernis immer noch besteht.[130]

78

6. Form der Entscheidung, Begründung und Bekanntgabe

Die Entscheidung des Rechtsbeschwerdegerichts hat durch Beschluss (§ 38 Abs. 1 S. 1 FamFG) zu ergehen und ist mit Gründen (vgl. § 38 Abs. 3 S. 3 FamFG) zu versehen. Ausnahmen von der Begründungspflicht bestehen, wenn die Begründung nicht geeignet wäre, zur Klärung von Rechtsfragen grundsätzli-

79

---

125 St. Rspr. z.B. BGH FGPrax 2005, 102; BayObLG Rpfleger 1982, 275; BayObLGZ 1976, 180, 185; BayObLGZ 1974, 294, 296; KG Rpfleger 1965, 232; KG NJW 1962, 2354; OLG Hamm NJW-RR 1993, 529; OLG Hamm OLGZ 1973, 258, 261; OLG Hamm MDR 1972, 700; OLG Frankfurt FGPrax 1996, 208; OLG Frankfurt NJW-RR 1988, 139; OLG Köln FGPrax 2009, 101; OLG Rostock FGPrax 2009, 208.

126 Siehe dazu KG FGPrax 1997, 212.
127 BayObLG DNotZ 1976, 106.
128 OLG Frankfurt Rpfleger 1993, 147.
129 BayObLG Rpfleger 1990, 363; BayObLGZ 1986, 208, 211; BayObLGZ 1985, 378, 386.
130 BayObLG FGPrax 1997, 89.

cher Bedeutung, zur Fortbildung des Rechts oder zur Sicherung einer einheitlichen Rechtsprechung beizutragen (§ 74 Abs. 4 FamFG), wenn die Rechtsbeschwerde durch einstimmigen Beschluss verworfen wird (§ 74a Abs. 2 FamFG) und zuvor ein mit Begründung versehener Hinweis ergangen ist (§ 74a Abs. 3 FamFG) oder wenn die erhobenen Verfahrensrügen keine Erfolg haben (§ 74 Abs. 3 S. 4 FamFG i.V.m. § 564 ZPO).

80 Die Entscheidung des Rechtsbeschwerdegerichts ist sämtlichen Verfahrensbeteiligten bekanntzugeben. Insoweit ist § 77 GBO entsprechend anzuwenden, darüber hinaus aber auch § 41 Abs. 1 FamFG. Die Bekanntgabe hat nach § 15 Abs. 2 S. 1 FamFG durch förmliche Zustellung nach den Vorschriften der ZPO oder durch Aufgabe zur Post zu erfolgen.

7. Kostengrundentscheidung

81 Ein Ausspruch in der Rechtsbeschwerdeentscheidung darüber, ob **gerichtliche Kosten** entstanden sind und wer sie zu tragen hat, ist grundsätzlich nicht geboten, weil sich dies aus dem Gesetz ergibt. Insoweit gilt dasselbe wie für die erste und zweite Instanz (vgl. § 77 GBO Rdn 43). Indes ist ein Kostenausspruch, insbesondere über die Erstattung der **außergerichtlichen Kosten** der Beteiligten, geboten, wenn sich die Kostenfolge nicht eindeutig aus der Entscheidung ergibt, z.B. bei mehreren Beteiligten mit gegensätzlichen Interessen oder bei einer Erledigung des Verfahrens. Insoweit sind die §§ 81 ff. FamFG im Verfahren der Grundbuchbeschwerde grundsätzlich anwendbar.

E. Wirkung der Entscheidung

82 Das Gericht der Rechtsbeschwerde kann seinen Beschluss, nachdem dieser wirksam geworden ist, nicht mehr ändern. Eine Ausnahme hiervon muss für Beschlüsse gemacht werden, durch die die Rechtsbeschwerde als unzulässig verworfen worden ist, wenn sich nachträglich herausstellt, dass die Verwerfung auf unrichtigen Tatsachen oder auf einer unrichtigen Beurteilung der tatsächlichen Voraussetzungen beruht. Zudem ist eine Abänderung im Falle einer begründeten Anhörungsrüge (§ 44 FamFG) möglich (vgl. § 81 GBO Rdn 21 ff.).[131] Im Falle der Zurückverweisung sind entsprechend dem Grundsatz des § 563 Abs. 2 ZPO das Beschwerdegericht und das Grundbuchamt an die der Entscheidung des OLG zugrundeliegende Rechtsauffassung gebunden, es sei denn, dass sich der Sachverhalt oder das maßgebende Recht nachträglich geändert hat. Auch der BGH ist bei unverändertem Sach- und Streitstand an seine frühere Rechtsauffassung gebunden, wenn die Sache auf erneute Rechtsbeschwerde wieder zu ihm gelangt.[132] Dann besteht auch keine Zulassungspflicht. Die Bindung tritt jedoch nicht für solche Teile der Entscheidung ein, die nur unverbindliche Empfehlungen für die weitere Behandlung der Sache darstellen, auf denen also die Zurückverweisung nicht beruht.[133]

F. Kosten

83 Bei einer **erfolgreichen Rechtsbeschwerde** fallen keine Gerichtsgebühren an (Umkehrschluss aus Nr. 14522 KV GNotKG).

84 Wird die Beschwerde als **unzulässig verworfen** oder als **unbegründet zurückgewiesen**, so wird das Eineinhalbfache der vollen Gerichtsgebühr, höchstens aber ein Betrag von 1.200 EUR erhoben (Nr. 14520 KV GNotKG). Der Geschäftswert ist nach § 61 GNotKG zu bestimmen. Beschwerden mehrerer Beteiligter gegen dieselbe Entscheidung gelten kostenrechtlich als eine gemeinschaftliche Beschwerde, wenn sie das gleiche Ziel verfolgt hat.[134] Kostenschuldner ist stets der Beschwerdeführer.

85 Wird das gesamte Verfahren durch **Zurücknahme der Rechtsbeschwerde** oder des Antrags beendet, bevor die Schrift zur Begründung der Rechtsbeschwerde bei Gericht eingegangen ist, entsteht eine halbe Gerichtsgebühr, höchstens 400 EUR (Nr. 14521 KV GNotKG). Wird das gesamte Verfahren durch Zurücknahme der Rechtsbeschwerde oder des Antrags vor Ablauf des Tages, an dem die Endentscheidung der Geschäftsstelle übermittelt wird, beendet, entsteht eine ganze Gebühr, höchstens 800 EUR (Nr. 14522 KV GNotKG).

---

131 Demharter, § 78 Rn 22.
132 RGZ 124, 323; BGH NJW 1955, 21; BGH NJW 1954, 1445; OLG Hamm NJW 1970, 2118.
133 BGH NJW 1954, 1933; BayObLG Rpfleger 1974, 148.
134 BayObLGZ 1958, 219.

Für den (beim BGH zugelassenen) **Rechtsanwalt** entsteht eine Verfahrensgebühr nach Nr. 3208 VV RVG bei einer Rechtsbeschwerde gegen eine Endentscheidung.

§§ 79, 80 [Weiteres Beschwerdeverfahren]

Aufgehoben durch Art. 36 FGG-RG vom 17.12.2008 (BGBl I 2008, 2586) m.W.v. 1.9.2009. In den §§ 79, 80 GBO waren das weitere Beschwerdeverfahren, die Zuständigkeit des OLG für die Entscheidung über dieses Rechtsmittel sowie die Voraussetzungen einer Vorlage an den BGH geregelt. Diese Vorschriften sind aufgrund der Einführung der Rechtsbeschwerde zum BGH entbehrlich.

§ 81 [Ergänzende Regelungen]

(1) Über Beschwerden entscheidet bei den Oberlandesgerichten und dem Bundesgerichtshof ein Zivilsenat.
(2) Die Vorschriften der Zivilprozeßordnung über die Ausschließung und Ablehnung der Gerichtspersonen sind entsprechend anzuwenden.
(3) Die Vorschrift des § 44 des Gesetzes über das Verfahren in Familiensachen und in den Angelegenheiten der freiwilligen Gerichtsbarkeit über die Fortführung des Verfahrens bei Verletzung des Anspruchs auf rechtliches Gehör ist entsprechend anzuwenden.
(4) Die Bundesregierung und die Landesregierungen bestimmen für ihren Bereich durch Rechtsverordnung den Zeitpunkt, von dem an elektronische Akten geführt werden können. Die Bundesregierung und die Landesregierungen bestimmen für ihren Bereich durch Rechtsverordnung die organisatorisch-technischen Rahmenbedingungen für die Bildung, Führung und Aufbewahrung der elektronischen Akten. Die Rechtsverordnungen der Bundesregierung bedürfen nicht der Zustimmung des Bundesrates. Die Landesregierungen können die Ermächtigungen durch Rechtsverordnung auf die Landesjustizverwaltungen übertragen. Die Zulassung der elektronischen Akte kann auf einzelne Gerichte oder Verfahren beschränkt werden.

Wortlaut des § 44 FamFG:

§ 44 Abhilfe bei Verletzung des Anspruchs auf rechtliches Gehör

(1) Auf die Rüge eines durch eine Entscheidung beschwerten Beteiligten ist das Verfahren fortzuführen, wenn
1. ein Rechtsmittel oder ein Rechtsbehelf gegen die Entscheidung oder eine andere Abänderungsmöglichkeit nicht gegeben ist und
2. das Gericht den Anspruch dieses Beteiligten auf rechtliches Gehör in entscheidungserheblicher Weise verletzt hat.

Gegen eine der Endentscheidung vorausgehende Entscheidung findet die Rüge nicht statt.

(2) Die Rüge ist innerhalb von zwei Wochen nach Kenntnis von der Verletzung des rechtlichen Gehörs zu erheben; der Zeitpunkt der Kenntniserlangung ist glaubhaft zu machen. Nach Ablauf eines Jahres seit der Bekanntgabe der angegriffenen Entscheidung an diesen Beteiligten kann die Rüge nicht mehr erhoben werden. Die Rüge ist schriftlich oder zur Niederschrift bei dem Gericht zu erheben, dessen Entscheidung angegriffen wird. Die Rüge muss die angegriffene Entscheidung bezeichnen und das Vorliegen der in Absatz 1 Satz 1 Nr. 2 genannten Voraussetzungen darlegen.

(3) Den übrigen Beteiligten ist, soweit erforderlich, Gelegenheit zur Stellungnahme zu geben.

(4) Ist die Rüge nicht in der gesetzlichen Form oder Frist erhoben, ist sie als unzulässig zu verwerfen. Ist die Rüge unbegründet, weist das Gericht sie zurück. Die Entscheidung ergeht durch nicht anfechtbaren Beschluss. Der Beschluss soll kurz begründet werden.

(5) Ist die Rüge begründet, hilft ihr das Gericht ab, indem es das Verfahren fortführt, soweit dies aufgrund der Rüge geboten ist.

§ 81 GBO

A. Normzweck; Allgemeines	1	III. Ablehnungsgründe	12
B. Besetzung der Rechtsmittelgerichte (Abs. 1)	2	IV. Verfahren	13
		V. Rechtsmittel	17
C. Verfahren des BGH zur Wahrung einheitlicher Rechtsprechung	5	VI. Wirkungen der Ausschließung oder Ablehnung	19
I. Allgemeines	5	E. Anhörungsrüge (Abs. 3)	21
II. Abweichung von früherer Entscheidung: Großer Senat	6	I. Allgemeines	21
		II. Frist und Form	23
III. Großer Senat in anderen Fällen	8	III. Entscheidung des Gerichts auf die Rüge	27
IV. Entscheidung des Großen Senats	9	IV. Kosten	30
D. Ausschließung und Ablehnung von Gerichtspersonen (Abs. 2)	10	F. Elektronische Gerichtsakte	31
I. Anwendungsbereich	10	I. Verordnungsermächtigung (Abs. 4)	31
II. Ausschließungsgründe	11	II. Elektronische Aktenführung	32

A. Normzweck; Allgemeines

1 § 81 GBO enthält ergänzende Vorschriften für das Beschwerde- und Rechtsbeschwerdeverfahren. **Abs. 1** bestimmt den Spruchkörper des für die Entscheidung über das Rechtsmittel berufene Beschwerdegerichts (OLG) bzw. des Rechtsbeschwerdegerichts (BGH). Außerdem erklärt **Abs. 2** die Bestimmungen der ZPO über die Ausschließung und Ablehnung von Gerichtspersonen für entsprechend anwendbar. Diese Regelung ist an sich überflüssig, weil bereits über den in Grundbuchsachen anwendbaren § 6 FamFG diese Vorschriften der ZPO Anwendung finden. Weiterhin eröffnet **Abs. 3** durch die Verweisung auf § 44 FamFG und damit die Anhörungsrüge im Falle einer nicht anfechtbaren bzw. nicht abänderbaren Entscheidung eine instanzinterne Selbstkorrektur bei Verletzung des Anspruchs auf rechtliches Gehör (Art. 103 Abs. 1 GG). Schließlich ermächtigt **Abs. 4** – entsprechend § 14 Abs. 4 FamFG – die Bundesregierung bzw. die Landesregierungen, den Zeitpunkt der Einführung der elektronischen Aktenführung sowie die näheren Einzelheiten durch Rechtsverordnung zu regeln. Diese Regelung dient der Öffnung der Justiz und damit der Prozesswirtschaftlichkeit.

B. Besetzung der Rechtsmittelgerichte (Abs. 1)

2 Abs. 1 weist die Entscheidung über Beschwerden in Grundbuchsachen bei den Oberlandesgerichten (vgl. § 119 Abs. 1 lit. 1b GVG) und Rechtsbeschwerden bei dem BGH (vgl. § 133 GVG) jeweils einem **Zivilsenat** in seiner geschäftsplanmäßigen vollen Besetzung (§ 122 Abs. 1 GVG) zu. Damit kommt eine Entscheidung durch den **Einzelrichter** nicht in Betracht; § 68 Abs. 4 FamFG der auf § 526 Abs. 4 FamFG verweist, wird durch die Spezialregelung in Abs. 1 verdrängt.[1] Soweit Sondervorschriften für Beschwerden außerhalb des § 71 GBO eine Entscheidungszuständigkeit des Einzelrichters vorsehen, werden diese durch Abs. 1 nicht verdrängt: so z.B. gem. § 81 Abs. 6 GNotKG für die Entscheidung über die Beschwerde gegen den Kostenansatz; gem. § 83 Abs. 2 S. 7 GNotKG i.V.m. § 81 Abs. 6 GNotKG für die Entscheidung über die Beschwerde gegen die Festsetzung des Geschäftswertes; gem. § 568 ZPO für die Entscheidung über die Beschwerde gegen Zwischen- und Nebenentscheidungen; gem. § 11 Abs. 2 S. 7 RPflG i.V.m. § 568 ZPO für die Entscheidung über die Erinnerung gegen die Entscheidungen des Rechtspflegers des Beschwerdegerichts.

3 Für die Geschäftsverteilung und **Besetzung der Senate** gelten die Vorschriften des GVG. Welcher Senat zuständig ist, bestimmt die vom Präsidium beschlossene Geschäftsverteilung (§ 21e GVG). Die Besetzung der Senate richtet sich nach den §§ 122 Abs. 1, 139 Abs. 1 GVG. Das Beschwerdegericht entscheidet durch den Vorsitzenden und 2 Beisitzern, das Rechtsbeschwerdegericht durch den Vorsitzenden und 4 Beisitzern (§ 139 GVG). Welcher Beisitzer bei der Entscheidung mitwirkt, muss im senatsinternen Geschäftsverteilungsplan geregelt sein (§ 21g Abs. 2 GVG).

---

[1] OLG München FGPrax 2008, 99; Bauer/Schaub/*Sellner*, § 81 Rn 1; *Demharter*, § 81 Rn 3; Hügel/*Kramer*, § 81 Rn 2; a.A. Meikel/*Schmidt-Räntsch*, § 81 Rn 5.

Die Vorschriften über die Zuständigkeit und Besetzung der Beschwerdegerichte müssen im Hinblick auf Art. 101 Abs. 1 S. 2 GG, wonach niemand seinem gesetzlichen Richter entzogen werden darf, genau eingehalten werden. Entscheidet ein nicht ordnungsgemäß besetzter Spruchkörper oder der Einzelrichter über die Beschwerde, so ist grundsätzlich deshalb die Entscheidung nicht unwirksam, sondern mit dem statthaften Rechtsbehelf anfechtbar.[2] Ist das Beschwerdegericht nicht vorschriftsmäßig besetzt, so stellt dies einen absoluten Rechtsbeschwerdegrund nach § 78 Abs. 3 GBO i.V.m. §§ 72 Abs. 3 FamFG, 547 Nr. 1 ZPO dar (vgl. hierzu § 78 GBO Rdn 58). Eine Überprüfung durch das Rechtsbeschwerdegericht ist nur bei einer zugelassenen und eingelegten Rechtsbeschwerde möglich. Im Falle einer fehlenden Zulassung kommt nur eine Verfassungsbeschwerde gestützt auf einen Verstoß gegen den gesetzlichen Richter in Betracht.

C. Verfahren des BGH zur Wahrung einheitlicher Rechtsprechung
I. Allgemeines

Um die Einheitlichkeit der Rechtsprechung des BGH zu wahren und um Meinungsverschiedenheiten innerhalb dieses Gerichts auszugleichen, erklärte Abs. 2 in der bis zum 31.8.2009 geltenden Fassung § 132 GVG und § 138 GVG entsprechend anwendbar. Durch das FGG-RG wurde die Anwendung der Vorschriften des GVG auf alle Angelegenheiten der freiwilligen Gerichtsbarkeit erstreckt. Nunmehr gelten diese Bestimmungen auch in Grundbuchsachen unmittelbar, so dass die frühere Fassung des Abs. 2 entbehrlich wurde.

II. Abweichung von früherer Entscheidung: Großer Senat

Nach § 132 Abs. 2 GVG darf ein Zivilsenat, der über eine ihm vom OLG zugelassene Rechtsbeschwerde zu entscheiden hat, von der Entscheidung eines anderen Zivil- oder Strafsenats oder eines Großen Senats oder der Vereinigten Großen Senate nicht abweichen. Will er abweichen, so hat er die Rechtsfrage dem Großen Senat für Zivilsachen oder den Vereinigten Großen Senaten zu unterbreiten. Die Vorlage ist nach § 132 Abs. 3 S. 1 GVG aber nur zulässig, wenn der Senat, von dessen Entscheidung abgewichen werden soll, auf Anfrage des erkennenden Senats erklärt hat, dass er an seiner Rechtsauffassung festhalten will. Diese Anrufungspflicht ist anders nicht darauf beschränkt, dass die Rechtsfrage eine das Grundbuchrecht betreffende Vorschrift zum Gegenstand hat; denn § 132 GVG enthält keine Einschränkung auf bestimmte Verfahrensgegenstände.[3] Die Vorlage an den Großen Senat für Zivilsachen ist nicht nur bei unterschiedlicher Auslegung derselben Gesetzesbestimmung erforderlich, sondern auch dann, wenn der gleiche Rechtsgrundsatz, mag er auch in mehreren Gesetzesbestimmungen seinen Niederschlag gefunden haben, von zwei Senaten unterschiedlich aufgefasst und gehandhabt wird.[4]

Will der Zivilsenat von der Entscheidung eines anderen obersten Gerichtshofs des Bundes oder des Gemeinsamen Senats der obersten Gerichtshöfe abweichen, so hat er, sofern nicht ein Fall vorliegt, in welchem die Rechtsfrage nach § 132 Abs. 2 GVG dem Großen Senat für Zivilsachen oder den Vereinigten Senaten zu unterbreiten ist, die Entscheidung des Gemeinsamen Senats anzurufen. Dessen Entscheidung ist für den beschließenden Senat in der vorgelegten Sache bindend (§§ 2, 11, 16 des Gesetzes zur Wahrung der Einheitlichkeit der Rechtsprechung der obersten Gerichtshöfe des Bundes vom 19.6.1968).[5] Da der Gemeinsame Senat nur über die Rechtsfrage entscheidet (§ 15 des Gesetzes), muss der vorlegende Senat des BGH alsdann noch über die weitere Beschwerde befinden.

III. Großer Senat in anderen Fällen

Auch wenn keine widersprechende Entscheidung eines anderen Senats vorliegt, kann der zuständige Senat des BGH nach § 132 Abs. 4 GVG in Fragen von grundsätzlicher Bedeutung die Entscheidung des Großen Senats herbeiführen, wenn das nach seiner Auffassung zur Fortbildung des Rechts oder zur Sicherung einer einheitlichen Rechtsprechung erforderlich ist.

---

2 Meikel/*Schmidt-Räntsch*, § 81 Rn 6.
3 Ebenso *Demharter*, § 81 Rn 6; Meikel/*Schmidt-Räntsch*, § 81 Rn 7.
4 BGH NJW 1953, 821.
5 BGBl I 1968, 661.

IV. Entscheidung des Großen Senats

9 Der Große Senat oder die Vereinigten Großen Senate entscheiden nur über die Rechtsfrage. Aufgrund ihrer Entscheidung, die bindend ist, befindet der zuständige Senat anschließend über die Rechtsbeschwerde (§ 138 Abs. 1 GVG). Will der Große Senat von der Entscheidung eines anderen obersten Gerichtshofs des Bundes oder des Gemeinsamen Senats der obersten Gerichtshöfe abweichen, so hat er die Entscheidung des Gemeinsamen Senats anzurufen. Dessen Entscheidung ist in der vorgelegten Sache für den beschließenden Senat bindend (§§ 2, 11 Abs. 2, 16 des Gesetzes vom 19.6.1968).

D. Ausschließung und Ablehnung von Gerichtspersonen (Abs. 2)

I. Anwendungsbereich

10 Abs. 2 regelt die **Ausschließung und Ablehnung von Gerichtspersonen** im Beschwerdeverfahren und erklärt (wie § 6 FamFG) die Vorschriften der ZPO, also die §§ 41 bis 49 ZPO für entsprechend anwendbar. Da bei der Entscheidung der Beschwerdegerichte Urkundsbeamte der Geschäftsstelle nicht mitwirken, werden in der Regel nur Richter der Beschwerdegerichte bzw. des Rechtsbeschwerdegerichts in Betracht kommen. Allerdings kann auch der Urkundsbeamte ausgeschlossen sein oder abgelehnt werden, wenn er eine Beschwerde zur Niederschrift aufgenommen hat. In diesem Falle gelten nach § 49 ZPO die §§ 41 ff. ZPO entsprechend. Für den Ausschluss oder die Ablehnung eines Rechtspflegers des Beschwerdegerichts – dieser Fall wird ebenfalls kaum praktisch vorkommen – sind nach § 10 RPflG die für den Richter geltenden Vorschriften maßgebend.

II. Ausschließungsgründe

11 Die Gründe, aus denen ein Richter kraft Gesetzes von der Ausübung des Richteramtes ausgeschlossen ist, sind in **§ 41 ZPO** enthalten. Es handelt sich vor allem um die eigene Beteiligung bzw. die Beteiligung seines (auch früheren) Ehegatten/Lebenspartner am Verfahren, um verwandtschaftliche Beziehungen zu einem Verfahrensbeteiligten und um Fälle der Vorbefassung mit der anstehenden Sache. Wegen Einzelheiten wird auf die Kommentierungen zu § 42 ZPO bzw. § 6 FamFG[6] verwiesen.

III. Ablehnungsgründe

12 § 42 ZPO nennt die Gründe, aus denen ein Richter abgelehnt werden kann. Eine Ablehnung kommt in Betracht, wenn ein Fall des Ausschlusses kraft Gesetzes gegeben ist oder wenn Besorgnis der Befangenheit geltend gemacht wird. Wegen Besorgnis der Befangenheit findet nach § 42 Abs. 2 ZPO die Ablehnung statt, wenn ein Grund vorliegt, der geeignet ist, Misstrauen gegen die Unparteilichkeit eines Richters zu rechtfertigen. Maßgebend ist, ob vom Standpunkt des betreffenden Beteiligten aus genügende objektive Gründe vorliegen, die in den Augen eines vernünftigen Menschen geeignet sind, Misstrauen gegen die Unparteilichkeit der Gerichtsperson zu erregen.[7] Nicht erforderlich ist, dass die Gerichtsperson tatsächlich befangen ist oder sich für befangen hält. Wegen Einzelheiten wird auf die Kommentierungen zu § 42 ZPO bzw. § 6 FamFG[8] verwiesen.

IV. Verfahren

13 Das Verfahren ist in den §§ 43 bis 48 ZPO geregelt. Das Gericht entscheidet aufgrund eines Ablehnungsgesuchs eines Beteiligten oder von Amts wegen, wenn der Richter sich selbst ablehnt oder wenn Zweifel bestehen, ob der Richter kraft Gesetzes ausgeschlossen ist (§ 48 ZPO). Den Richter trifft eine Amtspflicht, ihm bekannte und begründete Ausschließungs- oder Ablehnungsgründe anzuzeigen.[9] Das Ablehnungsrecht steht, wie sich aus § 42 Abs. 3 ZPO ergibt, jedem Beteiligten, nicht nur dem Beschwerdeführer zu.

---

6 Z.B. Sternal/*Sternal*, § 6 Rn 8 ff.
7 St. Rspr. z.B. BVerfG NJW 2012, 3228; BGH NJW-RR 2014, 318; BGH NJW-RR 2007, 669; BGH NJW-RR 2003, 1220.
8 Z.B. Sternal/*Sternal*, § 6 Rn 22 ff.
9 *Demharter*, § 81 Rn 12; Meikel/*Schmidt-Räntsch*, § 81 Rn 13.

Ein auf Besorgnis der Befangenheit gestütztes Ablehnungsgesuch ist nach § 43 ZPO **unzulässig**, wenn sich ein Beteiligter vor dem Gericht in Kenntnis des Ablehnungsgrundes in eine Verhandlung eingelassen oder Anträge gestellt hat. Demgemäß sind im schriftlichen Verfahren Ablehnungsgründe von Beteiligten mit der nächsten Äußerung nach Bekanntwerden des Grundes geltend zu machen.[10] Nach Beendigung des Rechtszuges kann ein Ablehnungsgrund mit Wirkung für die erlassene Entscheidung nicht mehr angebracht werden. Das gilt auch dann, wenn der Ablehnungsgrund oder die Mitwirkung des Richters erst nach dem Erlass der Entscheidung bekannt geworden ist.[11] Abgelehnt werden können nur einzelne Gerichtspersonen, alle einzelnen Mitglieder eines Spruchkörpers oder alle einzelnen Mitglieder eines Gerichts, nicht indes der Spruchkörper[12] oder das Gericht als Ganzes.[13] Wegen weiterer Einzelheiten wird auf die Kommentierungen zu § 42 ZPO bzw. § 6 FamFG[14] verwiesen.

14

Form und Inhalt des Ablehnungsgesuchs sind in § 44 ZPO näher geregelt. Das Ablehnungsgesuch ist bei dem Gericht, dem die Gerichtsperson angehört, anzubringen; es kann vor der Geschäftsstelle zu Protokoll erklärt werden. Der Ablehnungsgrund ist glaubhaft zu machen; zur Versicherung an Eides statt darf der Beteiligte nicht zugelassen werden. Zur Glaubhaftmachung kann aber auf das Zeugnis der abgelehnten Gerichtsperson Bezug genommen werden. Wegen Einzelheiten wird auf die Kommentierungen zu § 42 ZPO bzw. § 6 FamFG[15] verwiesen.

15

Über das Ablehnungsgesuch **entscheidet** nach § 45 Abs. 1 ZPO das Gericht, dem die abgelehnte Gerichtsperson angehört, ohne dessen Mitwirkung. Vor einer Entscheidung sind die Beteiligten anzuhören.[16] Einer Entscheidung bedarf es nicht, wenn die abgelehnte Gerichtsperson das Ablehnungsgesuch für begründet erachtet. Wird das zur Entscheidung berufene Gericht durch das Ausscheiden des abgelehnten Mitglieds beschlussunfähig, so entscheidet das im Instanzenzug höhere Gericht.

16

V. Rechtsmittel

Der Beschluss, durch den das Ablehnungsgesuch **für begründet erklärt** wird, ist aufgrund der eindeutigen Regelung in § 46 Abs. 2 ZPO unanfechtbar; dies gilt auch bei einer Verletzung des rechtlichen Gehörs.[17] Die Richtigkeit der Ausschließung kann auch nicht später im Rahmen eines Rechtsmittels gegen die Endentscheidung überprüft werden. Gegen die Entscheidung ist indes Anhörungsrüge in teleologischer Reduktion des § 81 Abs. 3 GBO i.V.m. § 321a Abs. 1 S. 2 ZPO/§ 44 Abs. 1 S. 2 FamFG möglich (s. Rdn 21 ff.).[18]

17

Gegen den Beschluss, durch den die Ablehnung für **unbegründet oder unzulässig erklärt** wird, sieht § 46 Abs. 2 ZPO dem Grunde nach die sofortige Beschwerde vor. Indes findet gegen die Ablehnung eines Antrages auf Ablehnung einer Gerichtsperson wegen Besorgnis der Befangenheit durch das OLG nur die Rechtsbeschwerde an den BGH statt, sofern diese vom OLG (entsprechend § 574 ZPO) zugelassen worden ist.[19] Ansonsten sind die Entscheidungen des OLG oder des BGH über Ablehnungsanträge unanfechtbar; aber mit der Anhörungsrüge überprüfbar (s. Rdn 17).[20] Eine rechtskräftige Zurückweisung eines Ablehnungsgesuchs wird im Rahmen der anschließenden Sachentscheidung nicht noch einmal auf ihre Richtigkeit oder auf mögliche Gehörsverletzungen im Ablehnungsverfahren überprüft[21] und ist für das Rechtsbeschwerdegericht bindend und damit nicht überprüfbar.[22]

18

---

10 *Demharter*, § 81 Rn 12.
11 BayObLG Rpfleger 1993, 327.
12 BGH NJW-RR 2012, 61 Rn 8, BGH NJW-RR 2002, 789; BGH NJW 1974, 55; OLG Köln NJW-RR 1992, 894.
13 St. Rspr. z.B. BGH ZInsO 2019, 2179; BGH FamRZ 2015, 1698; BGH FamRZ 2007, 1734; BGH NJW 1974, 55; OLG Brandenburg FamRZ 2001, 290.
14 Z.B. Sternal/*Sternal*, § 6 Rn 43 f.
15 Z.B. Sternal/*Sternal*, § 6 Rn 33 ff.
16 BVerfG NJW 1993, 2229; BGH NJW 1993, 403.
17 Meikel/*Schmidt-Räntsch*, § 81 Rn 18; a.A.: OLG Frankfurt OLGZ 1997, 940; OLG Oldenburg NJW-RR 1995, 830.
18 *Demharter*, § 81 Rn 12; Meikel/*Schmidt-Räntsch*, § 81 Rn 18; vgl. auch BVerfGE 119, 292; a.A.: BGH NJW 2007, 3786; BAG NJW 2007 1379.
19 BGH NJW-RR 2012, 582; BGH NJW-RR 2005, 294; BGH NJW-RR 2004, 1077; BGH NJW-RR 2004, 726; BayObLG NJW 2002, 3262.
20 *Demharter*, § 81 Rn 12; Meikel/*Schmidt-Räntsch*, § 81 Rn 18; vgl. auch BVerfGE 119, 292; a.A.: BGH NJW 2007, 3786; BAG NJW 2007 1379.
21 BVerfGE 119, 292.
22 BGH NJW-RR 2005, 294; BGHZ 95, 302, 306; BGH NJW 1964, 568; BayObLGZ 1986, 366; BayObLGZ 1985, 307; Meikel/*Schmidt-Räntsch*, § 81 Rn 19.

VI. Wirkungen der Ausschließung oder Ablehnung

19 Nach § 47 ZPO darf ein abgelehnter Richter vor Erledigung des Ablehnungsgesuchs nur solche Handlungen vornehmen, die keinen Aufschub gestatten. Er ist deshalb befugt, beim Erlass von einstweiligen Anordnungen nach §§ 76, 80 Abs. 3 GBO mitzuwirken. Wird ein Richter während der – in Grundsachen sehr seltenen – mündlichen Verhandlung abgelehnt und würde die Entscheidung über die Ablehnung eine Vertagung der Verhandlung erfordern, so kann der Termin unter Mitwirkung des abgelehnten Richters fortgesetzt werden (§ 47 Abs. 2 S. 1 ZPO). Wird die Ablehnung später für begründet erklärt, so ist der nach Anbringung des Ablehnungsgesuchs liegende Teil der Verhandlung zu wiederholen (§ 47 Abs. 2 S. 2 ZPO). Die Einlegung eines unstatthaften Rechtsmittels gegen die Zurückweisung eines Ablehnungsgesuchs durch Beschluss des Beschwerdegerichts löst keine weitere Wartepflicht des erfolglos abgelehnten Richter gem. § 47 Abs. 1 ZPO aus.[23]

20 Wirkt bei der Entscheidung ein kraft Gesetzes ausgeschlossener oder wegen Besorgnis der Befangenheit mit Erfolg abgelehnter Richter mit, so ist die Entscheidung aus diesem Grunde nicht nichtig.[24] Hat bei der Entscheidung ein ausgeschlossener oder mit Erfolg abgelehnter Richter mitgewirkt, so stellt das nach § 78 Abs. 3 GBO i.V.m §§ 72 Abs. 3 FamFG, 547 Nr. 2 und 3 ZPO einen absoluten Rechtsbeschwerdegrund dar. Eine zugelassene und eingelegte Rechtsbeschwerde führt in diesem Falle ohne Rücksicht auf die Ursächlichkeit des Mangels zur Aufhebung der Entscheidung (vgl. auch § 78 GBO Rdn 58).[25] Ansonsten besteht nur die Möglichkeit eine Verfassungsbeschwerde, gestützt auf einen Verstoß gegen den Grundsatz des gesetzlichen Richters.[26] Wird dagegen die Ablehnung eines Richters des Beschwerdesenats erst **nach Erlass der** den Rechtszug abschließenden Entscheidung für begründet erklärt, so liegt kein absoluter Aufhebungsgrund gemäß § 547 Nr. 3 ZPO vor; vielmehr handelt es sich nur um einen relativen Aufhebungsgrund, der nur bei einer zugelassenen und eingelegten Rechtsbeschwerde zur Aufhebung der Entscheidung führt, wenn sie darauf beruht oder zumindest beruhen kann.[27]

E. Anhörungsrüge (Abs. 3)

I. Allgemeines

21 Abs. 3 bestimmt die entsprechende Anwendung des § 44 FamFG über die Fortführung des Beschwerde- bzw. Rechtsbeschwerdeverfahrens bei Verletzung des Anspruchs auf rechtliches Gehör (Art. 103 Abs. 1 GG). Auf die Verletzung anderer Verfahrensgrundrechte (z.B. Verletzung des Willkürverbots; Verstoß gegen den gesetzlichen Richter) findet die Vorschrift keine Anwendung.[28] Insoweit besteht nur die Möglichkeit der Einlegung einer Verfassungsbeschwerde.[29] Nach § 44 FamFG ist auf die Rüge eines durch eine gerichtliche Endentscheidung beschwerten Beteiligten das Verfahren in derselben Instanz (**iudex a quo**) fortzuführen, wenn ein Rechtsmittel, Rechtsbehelf oder andere Abänderungsmöglichkeiten gegen die Entscheidung nicht gegeben ist/sind und ferner das Gericht den Anspruch dieses Beteiligten auf rechtliches Gehör in entscheidungserheblicher Weise verletzt hat.

22 Das Verfahren dient der Selbstkorrektur durch die Fachgerichte, um eine Verfassungsbeschwerde zu vermeiden. Die Anhörungsrüge ist auf die **Endentscheidung** beschränkt; auf ein der Endentscheidung vorausgehende Entscheidung findet die Rüge nicht statt (§ 44 Abs. 1 S. 2 FamFG). Bei verfassungskonformer Auslegung der Vorschrift gilt dieser Ausschluss nur für nicht anfechtbare Zwischenentscheidungen, die inzidenter im Rahmen der Endentscheidung überprüft werden können (z.B. bei einem Beweisbeschluss). Wird dagegen durch das **Zwischenverfahren** endgültig mit Bindungswirkung für das weitere Verfahren und die künftige Endentscheidung befunden, dann muss nach dem Grundsatz des wirkungsvollen Rechtsschutzes über den Wortlaut des § 44 Abs. 1 S. 2 FamFG die Anhörungsrüge eröffnet sein.[30]

---

[23] BGH ZIP 2005, 45; Meikel/*Schmidt-Räntsch*, § 81 Rn 19.
[24] BGH NJW-RR 2007, 776; Bauer/Schaub/*Sellner*, § 81 Rn 3.
[25] OLG Hamm Rpfleger 1969, 211.
[26] BVerfG v. 15.6.2015 – 1 BvR 1288/14, juris.
[27] BayObLGZ 1993, 52, 56.
[28] BVerfG NJW 2009, 3710; BGH NJW-RR 2009, 144; BGH NJW 2008, 144; BGH NJW 2008, 2126; BFH NJW 2007, 2576.
[29] Bauer/Schaub/*Sellner*, § 81 Rn 6 bejaht die Möglichkeit der Erhebung einer Gegenvorstellung.
[30] BVerfG NJW 2009, 833; BVerfGE 119, 292; BGH NJW-RR 2011, 427; vgl. auch Bauer/Schaub/*Sellner*, § 81 Rn 5; Sternal/*Göbel*, § 44 Rn 15 f.; Meikel/*Schmidt-Räntsch*, § 81 Rn 22; a.A. Hügel/*Kramer*, § 81 Rn 25, keine Anhörungsrüge möglich.

Dies gilt auch bei fehlender Zulassung der Rechtsbeschwerde bzw. bei Beschlüssen des Rechtsbeschwerdegerichts bei der Verweigerung von Verfahrenskostenhilfe, bei der Entscheidung über ein Ablehnungsgesuch.

II. Frist und Form

Die Anhörungsrüge ist innerhalb von **zwei Wochen** nach Kenntnis des Beteiligten von der Verletzung des rechtlichen Gehörs zu erheben. Eine Verlängerung oder Abkürzung der Frist ist nicht möglich. Für den Lauf der Frist ist weder eine förmliche Zustellung an den Beteiligten noch eine entsprechende Rechtsbehelfsbelehrung erforderlich. Formlos mitgeteilte Entscheidungen gelten mit dem dritten Tage nach Aufgabe zur Post als bekannt gegeben (vgl. § 15 Abs. 2 S. 2 FamFG0. Bei einer fehlenden Einhaltung der Rügefrist kann Wiedereinsetzung in den vorigen Stand gewährt werden (§ 17 Abs. 1 FamFG). Der Zeitpunkt der Kenntnis ist durch den Rügeführern glaubhaft zu machen, wobei als Mittel der Glaubhaftmachung auch die Versicherung an Eides statt (§ 31 FamFG) in Betracht kommt. Die Form des § 29 GBO muss nicht gewahrt werden. Nach Ablauf eines Jahres seit der Bekanntgabe (§ 41 FamFG) der angegriffenen Entscheidung an diesen Beteiligten kann die Rüge nicht mehr erhoben werden; eine Wiedereinsetzung in den vorigen Stand kommt nicht in Betracht.[31]

23

Die Rüge ist **schriftlich**, als **elektronisches Dokument** oder zur **Niederschrift der Geschäftsstelle** bei dem Gericht zu erheben, dessen Entscheidung angegriffen wird (§ 44 Abs. 2 S. 3 FamFG). Eine Verpflichtung zur Erhebung der Anhörungsrüge als elektronisches Dokument besteht auch für die in § 14b Abs. 1 S. 1 FamFG aufgeführten Personen (Rechtsanwälte, Behörden, juristische Personen des öffentlichen Rechts etc.) seit dem 1.1.2022 nicht, da § 14b FamFG mangels eines ausdrücklichen Verweises auf diese Vorschrift in § 81 Abs. 3 GBO keine Anwendung findet. Beim BGH kann die Rüge nur schriftlich oder als elektronisches Dokument durch einen beim BGH zugelassenen Rechtsanwalt eingelegt werden.

24

Die Anhörungsrüge muss stets – bereits **innerhalb der Frist für die Einlegung der Rüge** – die angegriffene Entscheidung bezeichnen und aufzeigen, dass eine andere Anfechtungsmöglichkeit ausscheidet. Zudem muss sich aus der Rügeschrift das Vorliegen der in § 44 Abs. 1 S. 1 Nr. 2 FamFG genannten Voraussetzungen ergeben (§ 44 Abs. 2 S. 4 FamFG). Erforderlich ist eine Darlegung der Verletzung des Anspruchs des Beteiligten auf rechtliches Gehör in entscheidungserheblicher Weise durch das Gericht). Diese Darlegung ist weniger als eine Glaubhaftmachung, darf aber auch nicht nur pauschale Ausführungen einer angeblichen Gehörsverletzung enthalten. Aufgezeigt werden müssen vielmehr Tatsachen, aus den sich die behauptete Gehörsverletzung ergibt. Zudem muss der unterbliebene Sachvortrag nachgeholt werden, der bei der Gewährung des rechtlichen Gehörs vorgetragen worden wäre. Schließlich muss der Rügeführer aufzeigen, dass bei Berücksichtigung dieses Vortrages und einer aufgrund dessen möglicherweise gebotenen weiteren Sachaufklärung es zu einer für den Rügeführer günstigeren Entscheidung hätte kommen können. Fehlen Angaben zu der Entscheidungserheblichkeit des als übergangen gerügten tatsächlichen Vorbringens, ist die Anhörungsrüge unzulässig.[32] Eine Nachholung dieser Angaben außerhalb der Frist des § 44 Abs. 2 S. 1 FamFG scheidet aus; vielmehr ist in diesem Fall die Anhörungsrüge bereits unzulässig.[33]

25

Die Entscheidungserheblichkeit ist bereits dann gegeben, wenn nicht auszuschließen ist, dass die Berücksichtigung des Vorbringens zu einer anderen Entscheidung geführt hätte. Soweit erforderlich, ist den übrigen Beteiligten Gelegenheit zur Stellungnahme zu geben. Sie sind betroffen, weil aus deren Sicht die Rechtskraft der Entscheidung nachträglich in Frage gestellt wird.

26

III. Entscheidung des Gerichts auf die Rüge

Ist die Anhörungsrüge nicht in der gesetzlichen Form oder Frist erhoben, so ist sie als **unzulässig** zu verwerfen (§ 44 Abs. 4 S. 1 FamFG). Ist die Rüge unbegründet, weist das Gericht sie zurück (§ 44 Abs. 4 S. 2 FamFG). Die Entscheidungen über die Verwerfung oder Zurückweisung ergeht durch Beschluss (§ 44

27

---

31 BT-Drucks 15/3706, 16.
32 OLG München FGPrax 2016, 143; OLG München FGPrax 2019, 93.
33 OLG Brandenburg FGPrax 2008, 201; OLG München FGPrax 2019, 93.

Abs. 4 S. 3 i.V.m. § 38 FamFG), der kurz begründet werden soll (§ 44 Abs. 4 S. 4 FamFG). Die Kostenentscheidung richtet sich nach § 84 FamFG. An der Entscheidung können auch Richter mitwirken, die an der angegriffenen Entscheidung nicht beteiligt waren.[34] Der Beschluss ist nicht anfechtbar (§ 44 Abs. 4 S. 3 FamFG); hiergegen findet selbst dann keine erneute Anhörungsrüge statt, wenn eine originäre Gehörsverletzung bei der Behandlung der Rüge geltend gemacht wird.[35] Erfolgt die Verwerfung oder Zurückweisung zu Unrecht, kann dagegen Verfassungsbeschwerde unter Hinweis auf Art. 103 Abs. 1 GG eingelegt werden.

28 Bei einem Verstoß gegen Art. 103 Abs. 1 GG ist die Rüge **begründet**; ein Verschulden des Gerichts ist nicht erforderlich. Eine Gehörsverletzung kann z.B. bei einer fehlenden Berücksichtigung eines Schriftsatzes, bei der fehlenden Gewährung des rechtlichen Gehörs auf einen Schriftsatzes eines anderen Beteiligten, bei dem Übergehen des wesentlichen Kern des entscheidungserheblichen Sachvortrages eines Beteiligten[36] oder bei dem Abstellen auf einen rechtlichen Gesichtspunkt, mit dem die Beteiligten nicht zu rechnen brauchten[37] in Betracht kommen.[38] Dagegen liegt keine Gehörsverletzung vor, wenn das Gericht einen erst nach Erlass der Entscheidung bei Gericht eingegangenen Schriftsatz nicht mehr berücksichtigt. Der vermerkte Zeitpunkt der Übergabe an die Geschäftsstelle und damit der Erlass (vgl. § 38 Abs. 3 S. 3 FamFG) führt zur Existenz des Beschlusses und dazu, dass auch das erkennende Gericht an ihn gebunden ist, indem es ihn außerhalb eines dafür vorgesehenen besonderen Verfahrens nicht mehr von Amts wegen abändern darf.[39]

29 Im Falle der begründeten Rüge hilft das Gericht ihr dadurch ab, dass es das Verfahren fortführt, soweit dies aufgrund der Rüge geboten ist (§ 44 Abs. 5 FamFG). Die Beschwerdeinstanzen haben die Möglichkeit, einstweilige Anordnungen zu erlassen, insbesondere die Vollziehung auszusetzen. Entsprechend der Konzeption des § 44 FamFG stellt die Anhörungsrüge nicht einen rechtskrafthemmenden, sondern einen rechtskraftdurchbrechenden Rechtsbehelf dar.[40] Zu einer Zulassung der Rechtsbeschwerde (§ 78 Abs. 2 GBO) kann die Anhörungsrüge nur dann führen, wenn das Verfahren aufgrund des Gehörsverstoßes fortgesetzt wird (§ 44 FamFG) und sich aus dem dann nachgeholten rechtlichen Gehör ein Zulassungsgrund ergibt; die unterbliebene Zulassung als solche kann den Anspruch auf rechtliches Gehör nicht verletzen, es sei denn, ein auf die Zulassungsentscheidung der Beteiligten bezogener Vortrag ist verfahrensfehlerhaft übergangen worden.[41]

IV. Kosten

30 Wird die Anhörungsrüge in vollem Umfang verworfen oder zurückgewiesen (also nicht nur teilweise), fällt eine Gerichtsgebühr von 66 EUR an (Nr. 19200 KV GnotKG). Das Rügeverfahren gehört nach § 19 Abs. 1 S. 2 Nr. 5b RVG zum Rechtszug, so dass keine gesonderte Gebühr für den RA anfällt. Eine Ausnahme besteht, wenn sich die Tätigkeit des Anwalts ausschließlich auf das Rügeverfahren bezieht. In diesem Fall entstehen eine Verfahrensgebühr nach Nr. 3330 VV RVG und ggf. eine Terminsgebühr nach Nr. 3331 VV RVG.

F. Elektronische Gerichtsakte
I. Verordnungsermächtigung (Abs. 4)

31 Durch die Neufassung des § 73 Abs. 2 S. 2 GBO und des § 81 Abs. 4 GBO zum 1.1.2018 wurde die elektronische Einreichung von Dokumenten generell eröffnet. Damit können Rechtsmittel gem. § 71 GBO nunmehr auch als elektronische Dokument eingereicht werden; eine Verpflichtung hierzu besteht auch für die in § 14b Abs. 1 S. 1 FamFG aufgeführten Personen (Rechtsanwälte, Behörden, juristische Personen des öffentlichen Rechts etc.) seit dem 1.1.2022 nicht, da diese Vorschrift für die Grundbuchbeschwerde nach § 71 GBO (anders als bei den Beschwerden nach §§ 105 Abs. 2 Hs. 2, 110 GBO) **keine**

---

34 BGH NJW-RR 2006, 63; BGH v. 28.7.2005 – III ZR 438/04, juris.
35 BayVerfGH NJW-RR 2011, 430; OLG Nürnberg FamRZ 2015, 269.
36 BVerfG NVwZ-RR 2002, 802; BGH NJW 2015, 2125; BGH NJW-RR 2010, 1216.
37 BVerfG NJW 2003, 3687.
38 Weitere Beispiele bei Sternal/*Göbel*, § 44 Rn 39.
39 KG FGPrax 2011, 48; OLG München FGPrax 2013, 138, Sternal/*Jokisch*, § 38 Rn 88.
40 BT-Drucks 15/3706, 17; Sternal/*Göbel*, § 44 Rn 1.
41 BGH NJW 2011, 1514.

Anwendung findet;[42] s. dazu § 73 GBO Rdn 14 f. Bund und Länder können nur noch den jeweiligen Zeitpunkt der Führung elektronischer Akten festlegen. Hierdurch soll dem Bund und den Ländern die Möglichkeit gegeben werden, zunächst die erforderlichen Infrastrukturmaßnahmen zu ergreifen.

II. Elektronische Aktenführung

Sobald die Bundesregierung bzw. die jeweilige Landesregierung bzw. die von diesen ermächtigten Landesjustizverwaltungen dies durch Verordnung (vgl. die Ermächtigung in § 81 Abs. 4 S. 1 GBO) für den jeweiligen Bereich zugelassen haben, können auch in Grundbuchbeschwerdeverfahren die Gerichtsakten elektronisch geführt werden (dazu § 73 Rdn 35 ff.). Abs. 4 ergänzt die Regelung in § 135 Abs. 3 GBO, die die Einführung der elektronischen Akte bei den Grundbuchämtern betrifft. Bis zur Zulassung der elektronischen Aktenführung muss bei Einreichung des Rechtsmittels als elektronisches Dokument für die noch in Papierform geführte Gerichtsakten ein Ausdruck des übermittelten elektronischen Dokuments gefertigt werden. Die weiteren organisatorisch-technischen Rahmenbedingungen für die Bildung, Führung sowie Aufbewahrung der elektronischen Gerichtsakte müssen die Bundesregierung bzw. die jeweils zuständige Landesregierung durch Verordnungen regeln (§ 81 Abs. 4 S. 2 GBO). Bisher ist eine flächendeckende elektronische Aktenführung noch nicht eingeführt worden. In NRW ist seit 2022 in Grundbuchbeschwerdeverfahren die elektronischen Akte eingeführt worden.

Zu den Einzelheiten der elektronischen Aktenführung s. § 73 GBO Rdn 35 ff. sowie auf die Kommentierungen zu § 130a ZPO bzw. § 14 FamFG[43] verwiesen.

---

[42] OLG Dresden FGPrax 2022, 150; OLG Schleswig FGPrax 2022, 109; OLG Zweibrücken FGPrax 2022, 112: *Wainar*, NotBZ 2022, 90, 92.

[43] Z.B. Sternal/*Sternal* § 14 Rn 9 ff.

Fünfter Abschnitt: Verfahren des Grundbuchamts in besonderen Fällen

Vorbemerkungen

A. Überblick 1
B. Einführung des Grundbuchberichtigungs-
zwangsverfahrens 2
C. Löschung gegenstandsloser Eintragungen 3
D. Klarstellung der Rangverhältnisse 4
E. Weitere Sondergesetze 5

A. Überblick

1 Der fünfte Abschnitt enthält Vorschriften, die erst nach dem Inkrafttreten der GBO – am 1.1.1900 – in das Gesetz eingefügt worden sind. Er gliedert sich in drei Teile:
1. Grundbuchberichtigungszwang (§§ 82, 82a, 83 GBO),
2. Löschung gegenstandsloser Eintragungen (§§ 84–89 GBO),
3. Klarstellung der Rangverhältnisse (§§ 90–115 GBO).

Es handelt sich hierbei um **selbstständige Amtsverfahren**, die der Aktualisierung bzw. Bereinigung des Grundbuchs dienen. Diese Regelungen dienen der Richtigkeit sowie Übersichtlichkeit des Grundbuchs und damit auch der Erleichterung des Rechtsverkehrs.

B. Einführung des Grundbuchberichtigungszwangsverfahrens

2 Von besonders weittragender Bedeutung in der Praxis ist hierbei der § 82 GBO, der den beschränkten Grundbuchberichtigungszwang einführt. Nicht selten stimmt die Eigentümereintragung im Grundbuch nicht mehr mit der wahren Rechtslage überein. Das Eigentum ist, z.B. im Wege der Erbfolge, außerhalb des Grundbuchs übergegangen. Stellen die Eigentümer keinen Antrag auf Berichtigung des Grundbuchs und hat das GBA keine Möglichkeit hatte, die Berichtigung herbeizuführen, bleibt – manchmal über mehrere Generationen hinaus – das Grundbuch unrichtig. Diesem als störend empfundenen Mangel will der § 82 GBO abhelfen. Ergänzt wird die Vorschrift durch den später eingefügten[1] § 82a GBO sowie den § 83 GBO. § 82 GBO gibt dem GBA die Möglichkeit, in bestimmten Fällen das Grundbuch von Amts wegen zu berichtigen, während § 83 GBO dem Nachlassgericht gegenüber dem GBA Mitteilungspflichten auferlegt.

C. Löschung gegenstandsloser Eintragungen

3 Auch die Vorschriften über die Löschung gegenstandsloser Eintragungen (§§ 84–89 GBO) sind Mittel, die, insbesondere unter Berücksichtigung der in den §§ 28 ff. GBV vorgesehenen Möglichkeit der Umschreibung der Grundbücher, geeignet sind, das Grundbuch von veralteten Eintragungen freizuhalten und den Inhalt des Grundbuchs klar und übersichtlich zu gestalten. Zur Beseitigung der durch die Inflation und Aufwertungszeit eingetretenen Komplizierung des Grundbuchinhalts dienten bis zum Inkrafttreten der ÄndVO am 1.4.1936 die §§ 22 und 24 GrdBBerG vom 18.7.1930 (RGBl I 1930, 305), die dem Landesrecht die Möglichkeit gaben, Verfahren zur Löschung gegenstandsloser Eintragungen zu schaffen. Die meisten Länder hatten aufgrund vorheriger Verständigung in inhaltlich weitgehend übereinstimmender Weise von der Möglichkeit Gebrauch gemacht. Es erschien angebracht, diese Vorschriften, die sich durchaus bewährt hatten, mit Rücksicht auf ihre Bedeutung zum Dauerbestand der GBO zu machen. Die §§ 84–89 GBO sind fast wörtlich dem preußischen Ausführungsgesetz zu § 22 GrdBBerG vom 16.3.1931 (GS, 16) und der DVO hierzu vom gleichen Tage entnommen. Soweit andere Länder derartige Vorschriften hatten, stimmten sie mit den preußischen Bestimmungen meist wörtlich überein. Die §§ 22 und 24 GrdBBerG sind durch Art. 2 ÄndVO mit Wirkung ab 1.4.1936 aufgehoben worden. Landesrechtliche Vorschriften, die ein gerichtliches Berichtigungsverfahren zum Gegenstand hatten, sind außer Kraft getreten.[2]

---

1 RGBl I 1942, 573 (§ 4 GBVereinfVO v. 5.10.1942).   2 Vgl. dazu näher: *Saage*, DJ 1935, 1326, 1332.

Fünfter Abschnitt: Verfahren des Grundbuchamts in besonderen Fällen § 82 GBO

D. Klarstellung der Rangverhältnisse

Die Regelungen in §§ 90–115 GBO über die Klarstellung der Rangverhältnisse lehnen sich ebenfalls an der preußischen VO über das Verfahren zur Klarstellung der Rangverhältnisse vom 16.3.1931 (GS, 20) an. Diese Vorschrift gibt dem GBA die Möglichkeit, Unklarheiten und Unübersichtlichkeit in den Rangverhältnissen von Amts wegen oder auf Antrag zu beseitigen. 4

E. Weitere Sondergesetze

Die Regelungen der Grundbuchberichtigung sowie der Klarstellung werden ergänzt durch das Gesetz über Maßnahmen auf dem Gebiete des Grundbuchwesens (GBMaßnG) vom 20.12.1963 (BGBl I 1963, 986), das beispielsweise Erleichterungen bei der Briefvorlage für alte Grundpfandrechte beinhaltet. Weiterhin enthält das Grundbuchbereinigungsgesetz (GBBerG) vom 21.12.1993 (BGBl I 1993, 2182) Regelungen zur Umstellung wertbeständiger Grundpfandrechte (z.B. Goldmarkhypotheken) oder zum erleichterten Aufgebotsverfahren bestimmter Grundstücksrechte, für welche das BGB kein Aufgebotsverfahren vorsieht (§ 6 Abs. 1a GBBerG). Zudem sieht § 5 Abs. 2 GBBerG bei Rechten, die kraft Gesetzes oder rechtsgeschäftlich auf die Lebenszeit des Berechtigten beschränkt sind, ein Erlöschen mit dem Erreichen des 110. Lebensjahres des Berechtigten vor. Das Recht erlischt nicht, wenn der Berechtigte innerhalb von vier Wochen nach Erreichen des 110. Lebensjahres durch formlose Erklärung gegenüber dem GBA dem Erlöschen widerspricht. 5

I. Grundbuchberichtigungszwang

§ 82 [Verpflichtung zur Grundbuchberichtigung] (bis 31.12.2023 geltende Fassung)

Ist das Grundbuch hinsichtlich der Eintragung des Eigentümers durch Rechtsübergang außerhalb des Grundbuchs unrichtig geworden, so soll das Grundbuchamt dem Eigentümer oder dem Testamentsvollstrecker, dem die Verwaltung des Grundstücks zusteht, die Verpflichtung auferlegen, den Antrag auf Berichtigung des Grundbuchs zu stellen und die zur Berichtigung des Grundbuchs notwendigen Unterlagen zu beschaffen. Das Grundbuchamt soll diese Maßnahme zurückstellen, solange berechtigte Gründe vorliegen. Ist eine Gesellschaft bürgerlichen Rechts als Eigentümerin eingetragen, gelten die Sätze 1 und 2 entsprechend, wenn die Eintragung eines Gesellschafters gemäß § 47 Absatz 2 unrichtig geworden ist.

§ 82 [Verpflichtung zur Grundbuchberichtigung] (seit 1.1.2024 geltende Fassung)

Ist das Grundbuch hinsichtlich der Eintragung des Eigentümers durch Rechtsübergang außerhalb des Grundbuchs unrichtig geworden, so soll das Grundbuchamt dem Eigentümer oder dem Testamentsvollstrecker, dem die Verwaltung des Grundstücks zusteht, die Verpflichtung auferlegen, den Antrag auf Berichtigung des Grundbuchs zu stellen und die zur Berichtigung des Grundbuchs notwendigen Unterlagen zu beschaffen. Das Grundbuchamt soll diese Maßnahme zurückstellen, solange berechtigte Gründe vorliegen

A. Normzweck; Anwendungsbereich 1	C. Entscheidung des Grundbuchamts über die
B. Voraussetzungen des	Einleitung 18
Grundbuchberichtigungszwangs, Satz 1 . 5	I. Grundsatz 18
I. Verfahrenseinleitung 5	II. Einstellung des Verfahrens 19
II. Unrichtigkeit der Eigentümereintragung ... 7	III. Einstweilige Aussetzung des Verfahrens ... 20
III. Gesellschafterwechsel bei einer GbR, Satz 3	IV. Berichtigungszwangsverfahren 21
i.d.F. bis zum 31.12.2023 11	D. Durchführung des Berichtigungszwangs 22
IV. Rechtsübergang außerhalb des Grundbuchs 13	I. Grundsatz 22
V. Feststellung der Unrichtigkeit 15	II. Zurückstellung der Berichtigung, Satz 2 ... 23

Sternal 1179

	1. Allgemeines ... 23	F. Rechtsmittel ... 40	
	2. Berechtigte Gründe für Zurückstellung 24	G. Kosten ... 42	
III.	Inhalt der Verpflichtung ... 26	H. Anwendung der §§ 82–83 auf die Pflichten nach § 78 SachenRBerG ... 43	
IV.	Verpflichteter Personenkreis ... 28		
V.	Form der Entscheidung des Grundbuchamts 32	I. Anwendung von §§ 82, 82a S. 1 auf § 14 GBBerG ... 50	
E. Erzwingung der Erfüllung ... 35			

A. Normzweck; Anwendungsbereich

1 Ohne einen entsprechenden Antrag nach den §§ 13, 22 GBO erfolgt i.d.R. keine Berichtigung des Grundbuchs. Diesem Umstand trägt § 82 GBO Rechnung, indem es für bestimmte Fälle einen beschränkten Grundbuchberichtigungszwang einführt. Ergänzt wird § 82 GBO durch die §§ 82a, 83 GBO (vgl. dazu § 82a GBO Rdn 1, § 83 GBO Rdn 1). Diese Vorschriften schränken das Antragsverfahren der §§ 13 ff. GBO und die darin zum Ausdruck kommende Privatautonomie ein. Sie dienen vor allem dem öffentlichen Interesse an der fortdauernden Übereinstimmung der Grundbücher mit der wirklichen Rechtslage sowie der Richtigkeit der Grundbucheintragung des Eigentümers und damit letztlich der Verkehrsfähigkeit des Grundstücks.[1] Daneben trägt die Vorschrift auch den Interessen Einzelner Rechnung, die zur Verfolgung der ihnen zustehenden Rechte auf eine Grundbuchberichtigung angewiesen sind.[2] Es handelt sich um ein Amtsverfahren der GBO, welches durch die GBVereinfVO mit Wirkung vom 1.4.1936 in die GBO eingeführt worden ist.[3] Das frühere Recht bot dem Grundbuchamt keine Handhabe, bei einem Rechtsübergang außerhalb des Grundbuchs die Stellung eines Grundbuchberichtigungsantrags durch den oder die Berechtigten herbeizuführen; vielmehr war es dem Eigentümer eines Grundstücks überlassen, ob und wann er seine Eintragung im Grundbuch beantragen wollte. Demgegenüber gibt § 82 GBO dem Grundbuchamt die Möglichkeit, unter bestimmten Voraussetzungen von dem Berechtigten die Stellung eines Berichtigungsantrags zu erzwingen.

2 Ursprünglich war die Ausübung des Berichtigungszwanges davon abhängig, dass die alsbaldige Berichtigung des Grundbuchs angezeigt erschien; außerdem war § 82 GBO zunächst als Kann-Vorschrift ausgestaltet. Das hat in der Praxis zu Schwierigkeiten geführt. Deshalb ist § 82 GBO durch § 27 Nr. 4 GBMaßnG[4] neu gefasst worden. Dadurch sollte deutlich zum Ausdruck kommen, dass dem außerhalb des Grundbuchs eintretenden Eigentumsübergang grundsätzlich die Berichtigung des Grundbuchs alsbald folgt. An die Stelle der Kann-Vorschrift ist eine **Soll-Vorschrift** getreten, die von der Voraussetzung unabhängig ist, dass die alsbaldige Berichtigung des Grundbuchs angezeigt erscheint. Dies wird allerdings durch den neu angefügten **§ 82 S. 2 GBO** dahin gemildert, dass das Grundbuchamt den Berichtigungszwang zurückstellen soll, solange berechtigte Gründe vorliegen.[5] Der Grundbuchberichtigungszwang ist damit von seiner ursprünglich beschränkten Form zu einem Verfahren mit einem weitgehend eingeschränkten Ermessen des GAB umgestaltet worden.

3 Eine weitere Änderung hat die Vorschrift durch das ERVGBG[6] mit der Einfügung von **§ 82 S. 3 GBO** erfahren. Diese **bis zum 31.12.2023** geltende Regelung trägt den Besonderheiten bei Eintragung einer Gesellschaft bürgerlichen Rechts Rechnung und erweitert den Anwendungsbereich auf die Fälle, in denen neben der Gesellschaft gem. § 47 Abs. 2 S. 2 GBO auch die Gesellschafter einer GbR im Grundbuch eingetragen sind (s. dazu Rdn 11). Durch die am **1.1.2024** in Kraft tretende Neuregelung des § 47 Abs. 2 GBO, wonach für eine GbR nur noch ein Recht in das Grundbuch eingetragen werden soll, wenn diese im Gesellschaftsregister eingetragen ist, ist § 82 S. 3 GBO mit Wirkung ab dem 1.1.2024 obsolet geworden (siehe Rdn 12).[7]

4 Nach **§ 78 Abs. 1 S. 6 SachenRBerG** ist § 82 GBO entsprechend anwendbar auf die Verpflichtung des Eigentümers zur Aufgabe des Gebäudeeigentums (siehe Rdn 43 ff.). Zudem gilt gem. **§ 14 S. 1 GBBerG**

---

1 Vgl. BayObLG NJW-RR 1995, 272; KG JR 1953, 185; OLG Frankfurt Rpfleger 1978, 413; OLG Frankfurt Rpfleger 1977, 413; OLG Hamm FGPrax 2011, 322; OLG Hamm NJW-RR 1994, 271; OLG Nürnberg FGPrax 2020, 169.
2 BayObLG NJW-RR 1995, 272; KG JFG 14, 448, 449; KG JFG 14, 418, 421; OLG Hamm NJW-RR 1994, 271.
3 RGBl I 1935, 1073; vgl. dazu: *Saage*, DJ 1935, 1326.
4 BGBl I 1969, 986 (Gesetz v. 20.12.1963).
5 BT-Drucks 4/351, 17, 18.
6 BGBl I 2009, 273 (Gesetz v. 11.8.2009).
7 BT-Drucks 19/27635, 207.

die Vorschrift entsprechend für die Berichtigung der Eigentümereintragung von Ehegatten aufgrund des Wechsels des gesetzlichen Güterstandes in den Fällen des Art. 234 § 4a Abs. 1 S. 1 EGBGB (vgl. Rdn 50 f.).

B. Voraussetzungen des Grundbuchberichtigungszwangs, Satz 1
I. Verfahrenseinleitung

Das Berichtigungsverfahren nach § 82 GBO vollzieht sich in zwei Schritten, der **Einleitung** sowie der **Durchführung des Verfahrens**. Es handelt sich um ein **Amtsverfahren** der GBO. Anträge eines Beteiligten auf Durchführung des Verfahrens sind als bloße Anregung im Sinne des § 24 Abs. 1 FamFG zu verstehen.[8] Sowohl die Einleitung als auch die Ablehnung eines Zwangsberichtigungsverfahrens stellen eine Sachentscheidung dar, die durch einen mit einer Begründung versehenen **Beschluss** in der Form des § 38 FamFG zu treffen und mit einer Rechtsbehelfsbelehrung zu versehen ist.[9] Der Beschluss kann mit der Beschwerde angegriffen werden (siehe Rdn 40).[10] Vor der Anwendung des Berichtigungszwangs hat das Grundbuchamt zunächst die Unrichtigkeit der Grundbucheintragung des Eigentümers (vgl. Rdn 7 ff.) festzustellen und den **wahren Eigentümer** (siehe Rdn 17) **von Amts wegen zu ermitteln**.

Der Einleitung des Berichtigungszwangsverfahrens steht ein **bereits laufendes Berichtigungsverfahren** nicht entgegen. So kann das Zwangsverfahren auch dann eingeleitet werden, wenn ein Beteiligter bereits den Antrag auf Berichtigung gestellt hat;[11] das wird beispielsweise notwendig sein, wenn der freiwillig gestellte Antrag ohne Mitwirkung eines sich an dem Antragsverfahren nicht beteiligenden Miteigentümers keinen Erfolg haben kann;[12] insbesondere, wenn der Antragsteller den Nachweis der Rechtsnachfolge, z.B. den Erbschein hinsichtlich der Erbfolge nach einem Miterben, nicht selbst beschaffen kann.[13] In einem **Beschwerdeverfahren**, in dem die Ablehnung einer beantragten Grundbuchberichtigung angegriffen wird, kann nicht erstmals als weiterer Verfahrensgegenstand die Grundbuchberichtigung nach § 82 GBO eingeführt werden.[14] Ebenso wenig ist es möglich, in einem Beschwerdeverfahren vom Berichtigungszwangsverfahren in das Antragsverfahren nach §§ 13, 22 GBO überzugehen.[15]

II. Unrichtigkeit der Eigentümereintragung

Das Grundbuch muss hinsichtlich der **Eigentümereintragung** (Abt. I Spalte 2) unrichtig sein. Ebenfalls anwendbar ist die Vorschrift bei einer Unrichtigkeit des Grundbuchs hinsichtlich der Eintragung des **Erbbauberechtigten**.[16] Dagegen werden Eintragungen in anderen Abteilungen des Grundbuchs nicht von § 82 GBO erfasst; entsprechende Berichtigungen können nicht erzwungen werden. Daher ist eine Anwendung der Vorschrift auf andere Rechte als das Eigentum (z.B. bei einer erloschenen, aber noch im Grundbuch eingetragenen Umstellungsgrundschuld, bei einer Umwandlung einer Hypothek in eine Eigentümergrundschuld, bei einem Erlöschen des Nießbrauchs durch den Tod des Berechtigten) nicht möglich. Ebenso wenig kann eine Berichtigung der Eintragung in Abt. I Spalte 4 oder eines in Abt. II eingetragenen Testamentsvollstreckervermerks erzwungen werden.[17] Zudem scheidet die entsprechende Anwendung des § 82 GBO auf Fälle aus, in denen die tatsächlichen Besitz- und Wirtschaftsverhältnisse mit der materiellen Rechts- und Grundbuchlage nicht übereinstimmen.

Das Grundbuch muss **unrichtig** im Sinne des § 894 BGB sein.[18] Die Eigentümereintragung darf mit der materiellen Rechtslage nicht mehr übereinstimmen, z.B. bei Tod des eingetragenen Eigentümers. Auch der Wegfall eines im Nacherbenvermerk namentlich benannten Nacherben vor Eintritt des Nacherbfalls wird von § 82 GBO erfasst,[19] da der im Grundbuch dokumentierte Nacherbfall nicht mehr eintreten kann.

---

8 OLG Hamm NJW-RR 1994, 271; OLG Jena ZOV 2015, 32.
9 OLG Düsseldorf FGPrax 2021, 104; OLG Köln FGPrax 2017, 61; *Demharter*, §§ 82–83 Rn 21; a.A. *Holzer*, FGPrax 2021, 105, durch Verfügung.
10 OLG Jena ZOV 2015, 32.
11 OLG Rostock NJW-RR 2005, 604.
12 BayObLG NJW-RR 1995, 272; KG JFG 14, 422.
13 BayObLG NJW-RR 1995, 272.
14 OLG Hamm NJW-RR 1994, 271.
15 OLG Jena FGPrax 1996, 170; vgl. auch OLG München Rpfleger 22017, 258; a.A. OLG Rostock OLGR 2006, 649.
16 OLG Hamm OLGZ 1993, 147; Hügel/*Holzer*, § 82 Rn 3.
17 OLG Frankfurt v. 22.3.2011 – 20 W 425/10, juris.
18 OLG Frankfurt FGPrax 2011, 322.
19 OLG Köln FGPrax 2017, 61; a.A.: OLG Hamm FGPrax 2016, 32; Bauer/Schaub/*Sellner*, § 82 Rn 7.

§ 82 GBO ist ebenfalls anwendbar, wenn die nach § 47 GBO erforderliche Eintragung des Gemeinschaftsverhältnisses nicht mehr der wirklichen Rechtslage entspricht, z.B. bei dem Tod eines eingetragenen Miterben einer Erbengemeinschaft.[20] Zu den weiteren Einzelheiten siehe Rdn 13 f.

9 **Keine Unrichtigkeit** des Grundbuchs in diesem technischen Sinne liegt vor, wenn sich lediglich der Name des Eigentümers (z.B. durch Heirat) geändert hat; dasselbe gilt für eine Änderung des Berufs oder des Wohnorts des Eigentümers (siehe § 22 GBO Rdn 11 ff.). Gleiches gilt bei gesellschaftsrechtlichen Veränderung im Bereich einer Personengesellschaft, die bei unverändertem Gesellschafterbestand die Identität der als solche fortbestehenden Gesellschaft unberührt lassen.[21] Wenn dagegen eine offene Handelsgesellschaft unter ihrer Firma im Grundbuch eingetragen ist und einer von zwei Gesellschaftern die Firma und das Handelsgeschäft mit Aktiven und Passiven übernimmt, so kann er vom Grundbuchamt nach § 82 GBO angehalten werden, sich als nunmehriger Alleineigentümer mit seinem bürgerlichen Namen eintragen zu lassen.[22]

10 § 82 GBO umfasst ebenfalls nicht die Fälle der **ursprünglichen Unrichtigkeit** der Grundbucheintragung,[23] insbesondere, wenn diese auf einer Unwirksamkeit der Auflassung (z.B. weil diese nichtig oder mit Erfolg angefochten ist) oder auf einem sonstigen Grunde beruht. Gleiches gilt, wenn eine berichtigende Eintragung unter Verletzung gesetzlicher Vorschriften erfolgt ist. Auch in diesem Fall kann zur Behebung des Mangels kein Berichtigungszwangsverfahren eingeleitet werden; möglich ist aber die Eintragung eines Amtswiderspruchs.[24]

III. Gesellschafterwechsel bei einer GbR, Satz 3 i.d.F. bis zum 31.12.2023

11 Der bis zum **31.12.2023** geltende S. 3 GBO dehnt den Anwendungsbereich der Vorschrift auf die Fälle aus, in denen neben der **GbR** als Rechtsträger nach § 47 Abs. 2 S. 2 GBO deren **Gesellschafter** eingetragen sind. Denn gemäß dieser Vorschrift gelten für die Eintragung eines Gesellschafters die Vorschriften über die Eintragung des Berechtigten entsprechend. Die Bestimmung ist daher auf alle Formen des Gesellschafterwechsels anzuwenden, wenn die Gesellschaft als eingetragene Eigentümerin fortbesteht. Die Vorschrift findet über Art. 229 § 21 EGBGB auch Anwendung auf die Eintragung von Gesellschaftern einer GbR, die vor dem Inkrafttreten des ERVGBG erfolgt ist, also auf die Altfälle.[25] Allerdings müssen wegen des Zusammenhangs der Regelung in § 47 Abs. 2 S. 2 GBO mit § 899a BGB die Gesellschafter bereits eingetragen sein. Daher ist § 82 GBO nicht anwendbar auf Altfälle, in denen auf der Grundlage des Entscheidung des BGH vom 4.12.2008[26] nur die GbR unter der deren Namen und nicht indes deren Gesellschafter im Grundbuch eingetragen sind. Insoweit kann über § 82 S. 3 GBO nicht durch das Grundbuchamt die Eintragung der Gesellschafter gem. § 47 Abs. 2 S. 2 GBO erzwungen werden.[27]

12 Ab dem **1.1.2024** kann wegen der Neufassung des § 47 Abs. 2 GBO[28] für eine GbR nur noch ein Recht ins Grundbuch eingetragen werden, wenn die Gesellschaft bereits im Gesellschaftsregister eingetragen ist.[29] Die GbR ist ab dem 1.1.2024 als Grundstücksberechtigte nur noch unter ihrem Namen im Grundbuch einzutragen (§ 15 Abs. 1 lit b GBV n.F.[30]). Eine Eintragung der Gesellschafter als Rechtsträger scheidet aus, sodass die Regelung des § 82 S. 3 GBO obsolet ist. Die Regelung in S. 3 erstreckt den Grundbuchberichtigungszwang auf Änderungen im Gesellschafterbestand außerhalb des Grundbuchs. Sie knüpft an den bisherigen § 47 Abs. 2 S. 2 GBO an, wonach für die Eintragung des Gesellschafters die Vorschriften über die Eintragung des Berechtigten entsprechend gelten. Dieser Anknüpfungspunkt ist mit der Neufassung des § 47 Abs. 2 GBO entfallen.[31] Existenz, Identität und ordnungsgemäße Vertretung der Gesell-

---

20 OLG Frankfurt Rpfleger 1978, 413.
21 BayObLG NJW 1952, 28, zur Fortführung einer KG nach Aufgabe des Gewerbebetriebes; KG JFG 1, 368, 371, zum Wechsel der Gesellschaftsform einer OHG zur KG; Bauer/Schaub/*Sellner*, § 82 Rn 5.
22 OLG München JFG 14, 498.
23 OLG Celle ZEV 2008, 401; OLG Frankfurt v. 26.7.2013 – 20 W 156/13, juris; Bauer/Schaub/*Sellner*, § 82 Rn 6; Hügel/*Holzer*, § 82 Rn 7.
24 OLG Hamm FGPrax 2011, 322.
25 OLG Schleswig FGPrax 2010, 235.
26 BGH NJW 2009, 594.
27 Bauer/Schaub/*Sellner*, § 82 Rn 2; *Demharter*, § 47 Rn 34, a.A.: Hügel/*Holzer*, § 82 Rn 2; *Ruhwinkel*, MittNot 2009, 421.
28 I.d.F. des Art. 40 Nr. 2 des Personengesellschaftsrechtsmodernisierungsgesetzes v. 10.8.2021 (BGBl I 2021, 3436).
29 Dazu *Kramer*, FGPrax 2023, 193 ff.
30 I.d.F. des Art. 41 Nr. 2 des Personengesellschaftsrechtsmodernisierungsgesetzes v. 10.8.2021 (BGBl I 2021, 3436).
31 BT-Drucks 19/27635, 207.

schaft ergeben sich aus dem Gesellschaftsregister mit Publizitätswirkung. Die Neuregelung ist vom Grundbuchamt zwingend einzuhalten; sie räumt dem Grundbuchamt kein Ermessen ein. Die Formulierung des § 47 Abs. 2 GBO n.F. als Soll-Vorschrift bringt zum Ausdruck, dass eine Eintragung unter Verstoß gegen diese Vorschrift die Wirksamkeit der Eintragung unberührt lässt.[32] Zur **Übergangsregelung** s. Art. 229 § 21 EGBGB sowie die Kommentierung bei § 47 GBO Rdn 45.[33]

IV. Rechtsübergang außerhalb des Grundbuchs

Die Unrichtigkeit des Grundbuchs muss auf einem Rechtsübergang **außerhalb des Grundbuchs** beruhen.[34] Der wichtigste Fall ist hier der Eigentumsübergang kraft Erbgangs (§ 1922 BGB). Weitere Fälle sind beispielsweise: die Übertragung des Anteils eines Miterben an dem Nachlass (§ 2033 BGB);[35] der Tod eines Miterben;[36] bei dem Eintritt oder Ausscheiden eines Miteigentümers bei einer Bruchteilsgemeinschaft; die Entstehung von Bruchteilseigentum durch Wechsel des Güterstandes; der Eintritt in eine eheliche oder fortgesetzten Gütergemeinschaft (§§ 1416, 1485 BGB; die Anwachsung, wenn aus der fortgesetzten Gütergemeinschaft ein Abkömmling durch den Tod ohne Hinterlassung von anteilsberechtigten Abkömmlingen oder durch Verzicht ausscheidet (§§ 1490, 1491 BGB); die Anwachsung, wenn ein Gesellschafter aus einer im Übrigen fortbestehenden Gesellschaft des bürgerlichen Rechts ausscheidet (§ 738 BGB) oder das Geschäft einer aus zwei Gesellschaftern bestehenden offenen Handelsgesellschaft von einem Gesellschafter übernommen wird;[37] die Verschmelzung, Spaltung oder Vermögensübertragung nach §§ 30, 131, 174 UmwG.[38]

13

Die Eigentümereintragung wird durch Rechtserwerb außerhalb des Grundbuchs auch unrichtig, wenn der Ersteher in der Zwangsversteigerung durch den Zuschlag gem. **§ 90 ZVG** Eigentümer des Grundstücks wird. Da jedoch das Vollstreckungsgericht nach § 130 ZVG das Grundbuchamt um Eintragung des Erstehers zu ersuchen hat, mithin ein Antrag des Erstehers weder erforderlich noch ausreichend ist, ist für die Anwendung des § 82 GBO kein Raum.[39] Gleiches gilt für Eigentumsübergänge nach § 34 VermG, §§ 3, 4 VermZOG und §§ 12, 13 PostUmwG. Zudem scheidet das Berichtigungsverfahren nach § 82 GBO generell aus, wenn als Grundlage der Eintragung nur ein **behördliches Ersuchen** nach § 38 GBO in Betracht kommt.[40]

14

V. Feststellung der Unrichtigkeit

Die Unrichtigkeit des Grundbuchs hinsichtlich der Eigentümereintragung **muss zur Überzeugung des Grundbuchamts feststehen.**[41] Nach der ursprünglichen Fassung des § 82 GBO genügte es, wenn begründeter Anlass zu der Annahme bestand, dass das Grundbuch unrichtig geworden ist. In der geltenden Fassung verlangt die Vorschrift vom Grundbuchamt die Feststellung, dass das Grundbuch unrichtig geworden ist. Hiervon muss das Grundbuchamt positive Kenntnis haben und überzeugt sein. Die **bloße Vermutung** oder die Wahrscheinlichkeit der Unrichtigkeit genügen nicht. Auf welche Weise das Grundbuchamt die Überzeugung von der Unrichtigkeit erlangt, ist nicht entscheidend. Es ist möglich, dass dem Grundbuchamt bereits aufgrund seiner Amtstätigkeit die erforderlichen Tatsachen bekannt werden, um von der Unrichtigkeit überzeugt zu sein. Auch durch eine Mitteilung des Nachlassgerichts nach § 83 GBO kann das Grundbuchamt die notwendige Kenntnis erhalten. Ebenso kann das Grundbuchamt Kenntnis durch eine Mitteilung seitens einer Behörde erlangen. So sollte die Flurbereinigungsbehörde, wenn eine Unrichtigkeit des Grundbuchs hinsichtlich der Eigentümereintragung feststellt, dem Grundbuchamt hiervon Mitteilung machen und die Durchführung des Berichtigungszwangsverfahrens anregen. Möglich ist weiter, dass ein Beteiligter die Einleitung des Berichtigungszwangsverfahrens anregt[42] und dadurch das Grundbuchamt zu einer Tätigkeit veranlasst.

15

---

32 BT-Drucks 19/27635, 207.
33 Siehe auch *Demharter*, § 47 Rn 45 ff.; *Ring*, § 2 Rn 40.
34 OLG Celle ZEV 2008, 401; OLG Frankfurt v. 26.7.2013 – 20 W 156/13, juris.
35 BGH DNotZ 1969, 623; BayObLG NJW-RR 1995, 272; BayObLG NJW-RR 1987, 398.
36 OLG Frankfurt Rpfleger 1979, 413.
37 Z.B. BGH NJW-RR 1993, 1443; BGH NJW 1989, 1030; BGH NJW 1978, 1525; BGH NJW 1968, 1964; BGH NJW 1966, 827; OLG München JFG 14, 498.
38 Bauer/Schaub/*Sellner*, § 82 Rn 7.
39 KG DJ 1936, 905; OLG Hamm Rpfleger 2012, 252.
40 OLG Hamm Rpfleger 2012, 252.
41 OLG Frankfurt FGPrax 2011, 322; OLG Hamm FamRZ 2015, 1134; OLG Hamm ZEV 2012, 117.
42 KG JFG 14, 448; KG JFG 14, 421.

16 Zu Ermittlungen von Amts wegen (§ 26 FamFG) über die **Richtigkeit oder Unrichtigkeit** des Grundbuchs ist das Grundbuchamt nur genötigt, wenn ihm Tatsachen bekannt werden, die nach den Erfahrungen des Lebens den Schluss zulassen, dass der buchmäßige Eigentümer nicht mehr der wahre Eigentümer ist. Das wird beispielsweise der Fall sein, wenn seit der Eintragung des Eigentümers ein so langer Zeitraum verstrichen ist, dass die Annahme berechtigt ist, der eingetragene Eigentümer sei nicht mehr am Leben.

17 Steht fest, dass das Grundbuch hinsichtlich der Eigentümereintragung unrichtig geworden ist, so muss das Grundbuchamt zur Anwendung des Berichtigungszwangs notfalls den oder die Rechtsnachfolger des eingetragenen Eigentümers gem. § 26 FamFG **von Amts wegen ermitteln.** Solange dem Nachlassgericht, bei dem das Grundbuchamt anzufragen wird, das Vorhandensein eines Testaments nicht bekannt ist und die gesetzlichen Erben nicht nachweisen, dass der Erblasser eine letztwillige Verfügung errichtet hat, wird das Grundbuchamt das Verfahren gegen die gesetzlichen Erben einleiten können.[43] Das Grundbuchamt kann zur Ermittlung der antragsverpflichteten (Mit-)Erben (s. dazu Rdn 29) auch die Hilfe des Nachlassgerichts in Anspruch nehmen. Da in diesem Stadium des Verfahrens im Falle des § 82 GBO noch dieselben Voraussetzungen wie im Fall des § 82a GBO gelten (vgl. § 82a GBO Rdn 2), ist auch hier § 82a S. 2 GBO anwendbar.[44] An die Ermittlungen des Nachlassgerichts ist indes das Grundbuchamt nicht gebunden; sondern es hat eine eigene Bewertung vorzunehmen.[45] Das Grundbuchamt darf sich aber nicht darauf beschränken, lediglich vorläufige Feststellungen über den Erben zu treffen und diesem sodann den Nachweis seiner Nachfolge bzw. die Existenz weiterer Miterben aufgeben;[46] das würde mit § 26 FamFG und dem eindeutigen Wortlaut des § 82 GBO in Widerspruch stehen, wonach nur der Antragsberechtigte, aber nicht der mutmaßliche Eigentümer verpflichtet werden kann.

C. Entscheidung des Grundbuchamts über die Einleitung
I. Grundsatz

18 Die Entscheidung des Grundbuchamts lautet entweder auf

- Einstellung des Verfahrens (Rdn 19),
- auf einstweilige Aussetzung (Rdn 20) oder
- auf Durchführung des Berichtigungsverfahrens (Rdn 21 ff.).

II. Einstellung des Verfahrens

19 Das Verfahren ist einzustellen, sofern das Grundbuch richtig ist. Da es sich bei der Verfahrenseinstellung um eine Sachentscheidung handelt (s. Rdn 5), die der Grundbuchbeschwerde unterliegt (s. Rdn 40), bedarf es einer förmlichen Entscheidung durch **Beschluss** (§ 38 FamFG), der mit Gründen und einer Rechtsbehelfsbelehrung (§ 39 FamFG) zu versehen ist. Dies gilt insbesondere, wenn die Einleitung des Verfahrens angeregt worden ist bzw. Dritte bereits an dem Einleitungsverfahren beteiligt worden sind. In diesem Fall sind die Beteiligten in entsprechender Anwendung des § 24 Abs. 2 FamFG über die Verfahrenseinstellung zu unterrichten. Ein Vermerk in den Akten kann ausnahmsweise genügen, sofern das Verfahren bis zu seiner Einstellung ohne Außenwirkung rein intern ohne Beteiligung Dritter geführt wurde (z.B. wenn der Grundbuchrechtspfleger aufgrund einer Todesanzeige Kenntnis von einem Erbfall erhält und danach aufgrund interner Ermittlungen feststellt, dass es sich bei dem Toten nicht um den im Grundbuch eingetragenen Eigentümer handelt).

III. Einstweilige Aussetzung des Verfahrens

20 Das Verfahren ist einstweilen auszusetzen, wenn das Grundbuch zwar unrichtig ist, aber berechtigte Gründe für eine **Zurückstellung des Berichtigungszwanges** vorliegen (vgl. Rdn 23 ff.).

---

43 KG JFG 14, 423; OLG Naumburg FGPrax 2013, 158.
44 OLG Hamm FGPrax 2013, 197; Hügel/*Holzer*, § 82 Rn 15.
45 Hügel/*Holzer*, § 82 Rn 15; *Hesse*, DFG 1943, 17, 19.
46 OLG Frankfurt ZEV 2015, 366; OLG Hamm FamRZ 2015, 1134; OLG Hamm FGPrax 2013, 197; OLG München FGPrax 2020, 52; OLG Naumburg v.11.7.2016 – 12 Wx 7/16, juris.

IV. Berichtigungszwangsverfahren

Hält das Grundbuchamt die Voraussetzungen für eine Grundbuchberichtigung für gegeben und wird der Berichtigungsantrag nicht freiwillig gestellt, so **hat** das Grundbuchamt der zur Berichtigung verpflichteten Person (vgl. Rdn 28 ff.) kraft öffentlichen Rechts die Verpflichtung aufzuerlegen, den Berichtigungsantrag zu stellen und die zur Berichtigung notwendigen Unterlagen zu beschaffen (vgl. Rdn 22 ff.).[47]

D. Durchführung des Berichtigungszwangs

I. Grundsatz

Stehen die Unrichtigkeit des Grundbuchs sowie die Rechtsnachfolger des eingetragenen Eigentümers fest, so ist das Grundbuchamt grundsätzlich – „soll" – verpflichtet, das Berichtigungszwangsverfahren einzuleiten. Die Soll-Vorschrift räumt dem Grundbuchamt **kein freies Ermessen** ein. Vielmehr wird mit dieser Formulierung nur zum Ausdruck gebracht, dass bei der Einleitung des Verfahrens eine Abwägung zwischen den Interessen der Allgemeinheit an einer alsbaldigen Grundbuchberichtigung und den privaten Belangen der Beteiligten, insbesondere bei Vorliegen von Zurückstellungsgründen nach § 82 S. 2 GBO (siehe Rdn 23 ff.), erfolgen muss.[48] Ein laufendes Antragsberichtigungsverfahren gem. §§ 13, 22 GBO hindert nicht die Durchführung des Verfahrens nach § 82 GBO, da beide Verfahren voneinander völlig unabhängig sind.[49] Insoweit scheidet auch eine Verfahrensaussetzung gem. § 21 FamFG aus;[50] möglich ist aber eine **Zurückstellung der Berichtigung** nach § 82 S. 2 GBO (vgl. Rdn 23 f.). Dagegen ist das Amtsberichtigungsverfahren (§ 82a GBO) nachgeordnet (siehe § 82a GBO Rdn 3). Dass das Verfahren nach § 82 GBO in der Praxis selten angewandt wird, ändert es nichts an dem zwingenden Charakter der Vorschrift.[51] Bevor das Grundbuchamt darüber entscheidet, ob es das Zwangsverfahren durchführt, wird es zweckmäßigerweise den berichtigungspflichtigen Eigentümer anhören und ihn über seine Verpflichtung zur Berichtigung belehren.

II. Zurückstellung der Berichtigung, Satz 2

1. Allgemeines

Die Verpflichtung zur Einleitung des Verfahrens wird indessen durch § 82 S. 2 GBO gemildert. Danach soll das Grundbuchamt den Berichtigungszwang zurückstellen, solange berechtigte Gründe vorliegen. In der ursprünglichen Fassung des § 82 GBO war der Berichtigungszwang davon abhängig, dass die alsbaldige Berichtigung des Grundbuchs angezeigt erschien. Danach war das Antragszwangsverfahren nur dann anzuwenden, wenn die alsbaldige Berichtigung einem objektiven, allen beteiligten Interessen gerecht werdenden Bedürfnissen entsprach. Wenn demgegenüber die geltende Fassung eine Zurückstellung des Verfahrens gebietet, solange berechtigte Gründe dafür vorliegen, so verlangt das ebenfalls eine Interessenabwägung: Die Belange der Beteiligten müssen schwerer wiegen als das Interesse an der alsbaldigen Durchführung des Verfahrens.

2. Berechtigte Gründe für Zurückstellung

Berechtigte Gründe für eine Zurückstellung des Berichtigungszwanges werden beispielsweise angenommen, wenn das Grundstück veräußert oder einem Miterben im Wege der Erbauseinandersetzung übereignet oder Wohnungseigentum begründet[52] werden soll oder wenn ein Verzicht auf das Eigentum zu erwarten ist; denn hier braucht nach § 40 GBO, der von § 82 GBO unberührt bleibt, der Betroffene nicht erst voreingetragen zu werden.[53] Eine Berichtigung ist ebenfalls zurückzustellen, wenn der Eigentümer dem Grundbuchamt glaubwürdig darlegt, dass eine Belastung des Grundstücks bevorsteht, bei der ohnehin gemäß § 39 GBO das Grundbuch hinsichtlich der Eigentümereintragung berichtigt werden muss. Auch eine bevorstehende Teilungsversteigerung zum Zwecke der Auseinandersetzung wird die Einlei-

---

47 OLG Nürnberg FGPrax 2020, 169.
48 Bauer/Schaub/*Sellner*, § 82 Rn 15.
49 OLG Rostock NJW-RR 2005, 604; Hügel/*Holzer*, § 82 Rn 17.
50 Hügel/*Holzer*, § 82 Rn 17.
51 LG Ellwangen JurBüro 1979, 759; Bauer/Schaub/*Sellner*, § 82 Rn 15; *Riedel*, Büro 1979, 659.
52 BGH NJW 2021, 157 Rn 17; OLG Frankfurt Rpfleger 2002, 433 m. Anm. *Dümig*.
53 KG JR 1953, 185; KG JFG 22, 117; KG JFG 14, 449; OLG Frankfurt Rpfleger 1977, 409; *Riedel*, JurBüro 1979, 659.

tung des Berichtigungsverfahrens regelmäßig überflüssig machen, da das Grundbuch in einem solchen Falle nach §§ 17, 181 Abs. 2 ZVG vorher nicht berichtigt zu werden braucht.[54] Berechtigte Gründe für eine Zurückstellung liegen ebenfalls vor, wenn die Beschaffung der zur Berichtigung erforderlichen Unterlagen unverhältnismäßige Schwierigkeiten bereitet.[55] Bei der Beurteilung der Frage, ob berechtigte Gründe für eine Zurückstellung vorliegen, ist auch die Parallelwertung des Gesetzgebers hinsichtlich der Gebührenfreiheit nach Nr. 14110 KV GNotKG zu beachten. Wenn der Gesetzgeber die innerhalb der Zweijahresfrist beantragte Eintragung der Erben noch als förderungswürdige Beschleunigung der Grundbuchberichtigung ansieht, kann nicht andererseits Anlass zur Erzwingung der Berichtigung bestehen, sofern im Einzelfall nicht besondere Umstände vorliegen.[56] Berechtigte Gründe für eine Zurückstellung des Berichtigungszwangs können schließlich gegeben sein, wenn sich der wahre Eigentümer im Ausland aufhält und die Herbeiführung des Antrags auf große Schwierigkeiten stoßen würde oder wenn die Beschaffung der Berichtigungsunterlagen zurzeit nicht möglich ist.

25 Dagegen liegen **keine berechtigten Gründe** für eine Zurückstellung der Grundbuchberichtigung vor, wenn sich die Verhandlungen über einen beabsichtigten Eigentumswechsel in die Länge ziehen und nicht abzusehen ist, ob und wann sie im Grundbuch vollzogen wird.[57] Es empfiehlt sich jedoch in derartigen Fällen, das Verfahren nur **einstweilen auszusetzen**, um es, wenn nach angemessener Frist die vom Berechtigten in Aussicht gestellte Verfügung nicht vorgenommen worden ist, weiter durchzuführen.[58] Der Umstand, dass das Grundstück geringwertig ist, hindert nicht die Einleitung des Berichtigungszwangsverfahrens; hier ist der nach § 35 Abs. 3 GBO erleichterte Nachweis des Rechtsübergangs zu beachten. Auch bei Grundstücken mit zerstörten Bauwerken (z.B. Brand, Unwetter, Kriegseinwirkungen) oder erheblichen Umweltbelastungen ist die Berichtigung der Eigentümereintragung grundsätzlich vorzunehmen.[59] Ebenfalls liegen i.d.R. keine berechtigten Gründe für eine Zurückstellung vor, wenn die Ermittlung der Erben und die ebenfalls von Amts wegen vorzunehmende Klärung, ob die Erbfolge sich auch auf einen Gesellschaftsanteil bezieht, möglicherweise aufwändig und mit Schwierigkeiten verbunden ist.[60]

III. Inhalt der Verpflichtung

26 Der Inhalt der Verpflichtung erstreckt sich zum einen auf die Stellung des Berichtigungsantrags und zum anderen auf die Beschaffung der zur Berichtigung notwendigen Unterlagen. Der **Antrag** ist als solcher formlos möglich, es gelten die allgemeinen Anforderungen des § 13 GBO. Nur wenn er zugleich eine zur Eintragung erforderliche Erklärung ersetzt, bedarf er der Form des § 29 GBO. Die Zurücknahme eines erzwungenen Antrags ist zulässig; denn § 82 GBO erfordert kein Abweichen von den allgemeinen Grundsätzen, da das Grundbuchamt notfalls nach § 82a GBO vorgehen kann.

27 Zu den zur **Berichtigung notwendigen Unterlagen** gehören alle Unterlagen, die erforderlich wären, um einem nicht erzwungenen Antrag zum Erfolg zu verhelfen, beispielsweise der Erbschein oder Genehmigungen nach dem BauGB. Auch die Unbedenklichkeitsbescheinigung nach § 22 GrEStG stellt eine Eintragungsunterlage dar, da das Grundbuchamt die Berichtigung erst vornehmen darf, wenn die Bescheinigung vorgelegt wird. Dagegen ist nach § 22 Abs. 2 GBO die Zustimmungserklärung des Eigentümers nicht erforderlich, wenn die Unrichtigkeit nachgewiesen wird. Über den Nachweis des Eigentumsübergangs bei geringwertigen Grundstücken durch Beweismittel, die nicht den §§ 29, 35 Abs. 1 und 2 GBO entsprechen, vgl. § 35 Abs. 3 GBO. Ist bereits ein Berichtigungsantrag gestellt, so kann sich das Verlangen des Grundbuchamts auf die Beibringung der zur Berichtigung notwendigen Unterlagen beschränken.

IV. Verpflichteter Personenkreis

28 **Der verpflichtete Personenkreis** wird bestimmt durch die Worte „dem Eigentümer oder dem Testamentsvollstrecker, dem die Verwaltung des Grundstücks zusteht". Antragsverpflichtet ist, wer nach den allgemeinen Vorschriften antragsberechtigt (vgl. § 13 Abs. 1 S. 1 GBO) ist; denn § 82 GBO verwandelt ein bestehendes Antragsrecht in eine Antragspflicht. Danach ist auch die Frage zu beurteilen, wer von

---

54 BGH NJW 2021, 157 Rn 17; KG JFG 14, 422.
55 BGH NJW 2021, 157 Rn 17 m.w.N.
56 OLG Frankfurt Rpfleger 2002, 433; OLG Hamm FGPrax 2010, 276; vgl. auch BGH NJW 2021, 157.
57 BayObLG bei *Plötz*, Rpfleger 1991, 353, 354.
58 KG JFG 22, 119; KG JFG 14, 450.
59 KG JR 1953, 185, für ein kriegszerstörtes Grundstück.
60 OLG Hamm FamRZ 2012, 1249; OLG Jena ZOV 2015, 32.

mehreren Beteiligten verpflichtet werden kann. Nicht verpflichtet ist indes ein gem. § 14 GBO antragsberechtigter Gläubiger, der einen Erbteil des Miterben gepfändet hat. Denn der Berichtigungszwang richtet sich nur unmittelbar gegen den Eigentümer.[61]

Bei eingetragenen **Miteigentümern, Erbengemeinschaften** oder einer **GbR** kann die Verpflichtung einem jeden einzelnen, aber auch allen gemeinsam auferlegt werden.[62] Ausschlaggebend sind insoweit Zweckmäßigkeitserwägungen.[63] Voraussetzung für die Anwendung des Grundbuchzwangs gegen einen Miterben ist jedoch, dass das Grundbuchamt im Wege der ihm obliegenden Amtsermittlung selbst die Erbfolge für den Gesamtnachlass feststellt, so dass dem in Anspruch genommenen Beteiligten ein inhaltlich bestimmter Berichtigungsantrag vorgegeben werden kann.[64] § 26 FamFG ist insoweit anwendbar. Unzulässig ist eine Verlagerung der gebotenen Ermittlungen der Erbenstellung auf jemanden, von dem lediglich feststeht, dass er als Erbe berufen ist, während offen bleibt, ob und welche weiteren Personen neben ihm zu welchen Quoten zu Erben berufen sind.[65] Die Tatsache, dass somit unter Umständen nicht sämtliche Miteigentümer (z.B. Miterben) den Antrag zu stellen brauchen, wird gerade in den Fällen von Bedeutung sein, in denen einzelne Miteigentümer der deutschen Gerichtsbarkeit nicht unterliegen, jedoch angenommen werden kann, dass der der deutschen Gerichtsbarkeit unterliegende Miteigentümer in der Lage ist, sie zur Mitwirkung an der Berichtigung zu veranlassen. Ein Verfahren nach § 82 GBO kann auch nach dem Tod eines Miterben oder Gesellschafters einer im Grundbuch bereits eingetragenen Erbengemeinschaft oder GbR gegen einen anderen Miterben oder Gesellschafter eingeleitet werden.[66] Da nach § 22 Abs. 2 GBO bei Unrichtigkeitsnachweis nicht mehr die Zustimmung des Eigentümers erforderlich ist, wird es i.d.R. genügen, wenn die Verpflichtung nur einem Miteigentümer auferlegt wird. Der Grundbuchberichtigungszwang kann auch gegen einen Miterben oder Gesellschafter der GbR mit dem Ziel ausgeübt werden, dass dieser einen Berichtigungsantrag für den Gesamtnachlass stellt und dazu einen ggf. erforderlichen Erbschein bzw. Gesellschaftsvertrag bei der GbR beibringt.

Ein **Testamentsvollstrecker** kann nur zur Berichtigung angehalten werden, wenn ihm die Verwaltung des Grundstücks zusteht. Steht sie ihm nicht zu, so kann nur der Erbe verpflichtet werden.[67] Das Grundbuchamt darf grundsätzlich zunächst davon ausgehen, dass das Grundstück der Verwaltung des Testamentsvollstreckers unterliegt (§ 2205 BGB). Ist ein antragsberechtigter Testamentsvollstrecker vorhanden, so kann nur dieser, nicht auch der Erbe, angehalten werden, den Berichtigungsantrag zu stellen.[68] Zur Abgabe der Zustimmungserklärung nach § 22 Abs. 2 GBO ist der Testamentsvollstrecker ohne Mitwirkung der Erben befugt.[69] Er hat den Nachweis der Erbfolge in der Form des § 35 GBO auch dann zu führen, wenn die Berichtigung aufgrund seiner Bewilligung erfolgen soll. Gleiches gilt für die Befugnis zur Verfügung über den Nachlassgegenstand. Bei Vorhandensein mehrerer Testamentsvollstrecker müssen alle den Antrag stellen und zustimmen, da sie nach § 2224 Abs. 1 BGB ihr Amt grundsätzlich gemeinschaftlich führen. Deswegen muss die Verpflichtung, den Antrag zu stellen, auch allen Testamentsvollstreckern auferlegt werden.[70]

Im Falle der Anordnung einer **Nachlassverwaltung**, muss sich der Berichtigungszwang gegen den Nachlassverwalter richten, weil die Verfügungsbefugnis der Erben durch seine Verwaltungsbefugnis verdrängt wird (§ 1985 Abs. 1 BGB). Steht dem Nachlassverwalter kein Verwaltungsrecht hinsichtlich eines zum Gesellschaftsvermögen gehörenden Grundstücks zu, kann hingegen kein Verfahren nach § 82 GBO eingeleitet werden.[71]

---

61 Bauer/Schaub/*Sellner*, § 82 Rn 11.
62 OLG Frankfurt v. 6.8.2014 – 20 W 114/14, juris; OLG Frankfurt Rpfleger 1978, 413, OLG Nürnberg FGPrax 2020, 169.
63 Bauer/Schaub/*Sellner*, § 82 Rn 12.
64 OLG Frankfurt v. 6.8.2014 – 20 W 114/14, juris; OLG Hamm FamRZ 2012, 1249; OLG Hamm FGPrax 2013, 197; OLG Nürnberg FGPrax 2020, 169.
65 OLG Nürnberg FGPrax 2020, 169.
66 OLG Frankfurt Rpfleger 1978, 413.
67 OLG Hamm Rpfleger 1993, 282.
68 KGJ 51, 216; OLG München JFG 1920, 377; a.A. *Bertsch*, Rpfleger 1968, 178.
69 KGJ 40, 206.
70 OLG München JFG 17, 298.
71 BayObLG Rpfleger 1991, 58; OLG Hamm Rpfleger 1993, 282.

V. Form der Entscheidung des Grundbuchamts

32 Kommt der Verpflichtete nach seiner Anhörung und Belehrung seiner Verpflichtung zur Antragstellung und/oder Beibringung der Unterlagen nicht nach, ist den Beteiligten die Verpflichtung durch **förmlichen Beschluss** (vgl. § 38 FamFG)[72] aufzuerlegen. Der mit einer Begründung (§ 38 Abs. 3 S. 1 FamFG) und einer Rechtsbehelfsbelehrung (§ 39 FamFG) zu versehende Beschluss, der gem. § 38 Abs. 3 S. 3 FamFG erlassen werden muss, ist dem Verpflichteten durch Zustellung bekannt zu geben (§§ 41 Abs. 1 S. 2, 15 Abs. 2 S. 1 1. Alt. FamFG, 166 ff. ZPO). Zur Anfechtung dieses Beschlusses siehe Rdn 40. In dem Beschluss sind die erforderlichen Unterlagen sowie ihre Form im Einzelnen zu bezeichnen, um spätere Beanstandungen des Antrags möglichst zu vermeiden. In der Verfügung ist zugleich eine angemessene Frist zur Erledigung zu setzen.

33 Damit bei fruchtlosem Ablauf der gesetzten Frist Zwangsmaßnahmen nach § 35 FamFG eingeleitet werden können, muss der Beschluss gem. § 35 Abs. 2 FamFG ein **Hinweis auf die Folgen** einer Zuwiderhandlung enthalten.[73] Erforderlich ist die Angabe der in Aussicht genommenen Zwangsmittel gem. § 35 Abs. 1 FamFG (Zwangsgeld, Ersatzzwangsgeld, Zwangshaft). Fehlt der Hinweis, kann der Beschluss nachträglich um diesen Hinweis ergänzt werden.[74] Die konkrete Festsetzung des Zwangsmittels erfolgt erst im Rahmen der Erzwingung der Erfüllung (s. Rdn 35). Zwangsmittel können auch gegen den gesetzlichen Vertreter eines geschäftsunfähigen Beteiligten angedroht werden.

34 Wird im Berichtigungszwangsverfahren ein Antrag gestellt, scheidet dessen Beanstandung durch **Zwischenverfügung nach § 18 GBO** aus. Denn würde nach Fristablauf die Beanstandung nicht behoben sein, so wäre der Antrag nach § 18 Abs. 1 S. 2 GBO zurückzuweisen. Ein solches Vorgehen würde jedoch gerade dem Wesen des Verfahrens und dem schon in ihm erzielten Erfolg (Stellung des Antrags) zuwiderlaufen.[75] Vielmehr ist die Behebung des Hindernisses im Rahmen des Zwangsverfahrens dadurch zu erreichen, dass eine entsprechende Verpflichtung auferlegt wird.

E. Erzwingung der Erfüllung

35 Kommt der Beteiligte der ihm auferlegten Verpflichtung nicht nach, kann das Grundbuchamt die Erfüllung erzwingen. Die zwangsweise Durchsetzung der Verpflichtung richtet sich nach **§ 35 FamFG**. Daraus ergibt sich, dass dem einzelnen Eigentümer oder Miteigentümer nur solche Verpflichtungen auferlegt werden können, deren Erfüllung von seinem Willen abhängig ist; andere Verpflichtungen sind nicht erzwingbar.[76] Voraussetzung für die zwangsweise Durchsetzung der Verpflichtung ist gem. § 35 Abs. 2 FamFG ein entsprechender zuvor erfolgter **Hinweis auf die Folgen** der Zuwiderhandlung (siehe Rdn 33). Die Entscheidung über die Verhängung eines Zwangsmittels hat durch **Beschluss** (§ 38 FamFG) zu ergehen, der mit einer Begründung (§ 38 Abs. 3 S. 1 FamFG) und einer Rechtsbehelfsbelehrung (§ 39 FamFG) zu versehen und gem. § 38 Abs. 3 S. 3 FamFG zu erlassen ist. Der Beschluss ist dem Betroffenen im Wege der Zustellung bekannt zu geben (§§ 41 Abs. 1 S. 2, 15 Abs. 2 S. 1 1. Alt. FamFG, 166 ff. ZPO). Inhaltlich kann das Grundbuchamt ein **Zwangsgeld** in Höhe von **5 bis 25.000 EUR** (§ 35 Abs. 3 S. 1 FamFG, Art. 6 Abs. 1 EGStGB) festsetzen. Die konkrete Höhe unter Abwägung aller Umstände zu bestimmen.[77] Im Einzelfall kann auch eine **Zwangshaft** festgesetzt werden, sofern das mildere Zwangsmittel des Zwangsgeldes keinen Erfolg verspricht (§ 35 Abs. 1 S. 3 FamFG).

36 Die Festsetzung setzt voraus, dass der Beteiligte der ihm auferlegten Verpflichtung **schuldhaft** nicht nachgekommen ist. Da das Zwangsgeld des § 35 FamFG ein reines Beugemittel und keine Sühne für begangenes Unrecht ist, ist das festgesetzte Zwangsgeld nicht nur aufzuheben, wenn die Zwangsfestsetzung zu Unrecht erfolgt ist, sondern auch, wenn das Grundbuchamt zu der Auffassung gelangt, dass die Berichtigung nicht mehr durchgeführt werden soll, oder wenn der Betroffene die Nichtbefolgung der gerichtlichen Anordnung nachträglich ausreichend entschuldigt.[78] Dies gilt auch dann, wenn der Erbe das Nachlassgrundstück einem Dritten aufgelassen hat und der Eigentumsumschreibung ein Vollzugshindernis entgegensteht.[79]

---

[72] A.A. Entscheidung auch durch Verfügung möglich: Bauer/Schaub/*Sellner*, § 82 Rn 18; Hügel/*Holzer*, § 82 Rn 29.
[73] So auch Bauer/Schaub/*Sellner*, § 82 Rn 18.
[74] BGH NJW 2011, 3163; OLG Naumburg FamRZ 2015, 1222; Sternal/*Jokisch*, § 35 Rn 13; a.A. *Riedel*, JurBüro 1979, 659, noch zum FGG.
[75] OLG München JFG 23, 70; Hügel/*Holzer*, § 82 Rn 30.
[76] OLG München JFG 14, 338.
[77] *Riedel*, JurBüro 1979, 661.
[78] KG JFG 22, 117; OLG Frankfurt Rpfleger 1977, 409; *Riedel*, JurBüro 1979, 661.
[79] OLG Frankfurt Rpfleger 1977, 409.

Die Zwangsmittelfestsetzung unterliegt nach § 35 Abs. 5 FamFG in entsprechender Anwendung der §§ 567–572 ZPO der **sofortigen Beschwerde**,[80] über die der Einzelrichter des Beschwerdegerichts entscheidet. Die Beschwerdefrist beträgt **zwei Wochen** (§ 569 Abs. 1 S. 1 ZPO). Das Grundbuchamt kann der Beschwerde abhelfen (§ 572 Abs. 1 ZPO). Das Rechtsmittel kann sowohl beim Grundbuchamt als auch beim Beschwerdegericht (OLG) eingelegt werden § 569 Abs. 1 ZPO). Im Rahmen der Beschwerde ist die Erfüllung der Verpflichtung als neue Tatsache zu berücksichtigen(vgl. § 571 Abs. 2 S. 1 ZPO).[81] Zu den weiteren Einzelheiten des Beschwerdeverfahrens nach §§ 567 ff. ZPO vgl. vor § 71 GBO Rdn 5.

Nach Ablauf der Rechtsmittelfrist ohne Einlegung der Beschwerde oder nach Zurückweisung des Rechtsmittels tritt die formelle Rechtskraft der Zwangsgeldfestsetzung ein (§ 45 FamFG). Die **Vollstreckung des festgesetzten Zwangsgeldes** erfolgt nach § 1 Abs. 1 Nr. 3 JBeitrO i.V.m. §§ 1 ff. EBAO.[82] Die Zwangsmittel können **wiederholt festgesetzt** werden, bis der Verpflichtete der Anordnung nachkommt.[83]

Sollte sich **nachträglich** herausstellen, dass ihre Voraussetzungen nicht oder nicht mehr vorliegen, ist die Zwangsgeldfestsetzung aufzuheben; das ergibt sich aus dem Charakter des Zwangsgeldes als Beugemittel, das nur auf den richtigen Beteiligten bis zur Vornahme der Handlung einwirken soll. Liegen zwar die Voraussetzungen zur Durchführung des Berichtigungsverfahrens vor, ist es jedoch nicht durchführbar, z.B. weil der Aufenthalt des Eigentümers unbekannt ist oder sich dieser im Ausland befindet, oder bietet es keine Aussicht auf Erfolg, z.B. weil der Verpflichtete sich im Ausland befindet, so kann das Grundbuchamt von der Durchführung des Zwangsverfahrens absehen und das Grundbuch von Amts wegen berichtigen (vgl. § 82a GBO Rdn 1 ff.).

F. Rechtsmittel

Die Einleitung eines Zwangsberichtigungsverfahrens stellt eine Sachentscheidung dar, die in Form eines begründeten mit einer Rechtsbehelfsbelehrung (§ 39 FamFG) versehenen Beschlusses (§ 38 FamFG)[84] zu treffen ist und gegen die den betroffenen Beteiligten das Rechtsmittel der **Grundbuchbeschwerde** nach den §§ 71 ff. zusteht.[85] Dies gilt auch für die Ablehnung der Einleitung eines entsprechenden Verfahrens, und zwar insbesondere dann, wenn das Grundbuchamt eine Anregung auf Einleitung des Verfahrens ablehnt.[86] Die gesetzlich nicht vorgesehene isolierte Androhung eines Zwangsmittels kann ebenfalls mit der Grundbuchbeschwerde angefochten werden.[87] Dagegen ist die Festsetzung eines **Zwangsmittels gem. § 35 Abs. 5 FamFG** mit der sofortigen Beschwerde in entsprechender Anwendung der §§ 567–572 ZPO anfechtbar (siehe Rdn 37). Die Beschwerde kann auch auf einen nachträglichen Wegfall der Voraussetzungen für eine Zwangsgeldfestsetzung gestützt werden (vgl. § 571 Abs. 2 S. 1 ZPO).[88] Die nunmehr bestehenden Möglichkeit der Anfechtung des festgesetzten Zwangsmittels schließt indes nicht eine Anfechtung der Einleitung des Berichtigungsverfahrens aus.[89] Keiner Anfechtung unterliegen die **formlosen Hinweise und Belehrungen** des Grundbuchamts über die Berichtigungsverpflichtung bzw. noch vorzulegende Unterlagen (vgl. § 71 GBO Rdn 60 f.).[90] Hat das Grundbuchamt einem Eintragungsantrag

---

80 OLG Frankfurt v. 27.7.2013 – 20 W 156/13, NJOZ 2014, 341; OLG Frankfurt FGPrax 2011, 322; OLG Frankfurt v. 22.3.2011 – 20 W 425/10, juris; OLG Hamm FGPrax 2011, 322; OLG Hamm FGPrax 2010, 276; OLG Köln FGPrax 2010, 216; OLG Naumburg FGPrax 2013, 158.
81 BayObLG FGPrax 2002, 118; OLG Frankfurt FGPrax 2011, 322; OLG Frankfurt Rpfleger 1977, 409.
82 Siehe dazu näher Sternal/*Jokisch*, § 35 Rn 28 f.
83 Sternal/*Jokisch*, § 35 Rn 18.
84 OLG Düsseldorf FGPrax 2021, 104; OLG Köln FGPrax 2017, 61; *Demharter*, §§ 82–83 Rn 21; a.A. *Holzer*, FGPrax 2021, 105, durch Verfügung.
85 OLG Düsseldorf FGPrax 2021, 104; OLG Hamm FGPrax 2015, 201; OLG Hamm FGPrax 2011, 322; OLG Jena ZOV 2015, 32; OLG Köln FGPrax 2017, 61; nunmehr auch OLG München FGPrax 2020, 52, unter Aufgabe seiner früheren Rechtsprechung FGPrax 2013, 109 sowie FGPrax 2010, 122, wonach die Anfechtbarkeit der Anordnungen des Grundbuchamt nach § 82 GBO auf die Zwangsgeldfestsetzung beschränkt sein soll.
86 BayObLG NJW-RR 1995, 272; KG JR 1953, 185; KG JFG 14, 448; KG JFG 14, 421; OLG Jena ZOV 2015, 32; Bauer/Schaub/*Sellner*, § 82 Rn 22; *Demharter* §§ 82–83 Rn 23.
87 OLG München FGPrax 2010, 168.
88 OLG Frankfurt FGPrax 2011, 322; OLG Naumburg FGPrax 2013, 158.
89 OLG Hamm FGPrax 2015, 201; OLG Hamm FGPrax 2011, 322; OLG Jena ZOV 2015, 32; OLG Köln FGPrax 2017, 61; nunmehr auch OLG München FGPrax 2020, 52, unter Aufgabe seiner früheren Rechtsprechung FGPrax 2013, 109 sowie FGPrax 2010, 122, wonach die Anfechtbarkeit der Anordnungen des Grundbuchamt nach § 82 GBO auf die Zwangsgeldfestsetzung beschränkt sein soll.
90 OLG Hamm FGPrax 2015, 201.

(hier: auf im Berichtigungswege als Eigentümer einzutragende Erben) in vollem Umfang entsprochen, so fehlt einer Beschwerde des Antragstellers, mit dem Ziel, einen geänderten Antrag (hier: Eintragung anderer Erben) anzubringen, regelmäßig das Rechtsschutzbedürfnis.[91]

41 **Beschwerdeberechtigt** ist jeder, dessen Rechtsstellung durch die Entscheidung beeinträchtigt wird; dies ist insbesondere jeder, dem ein dingliches Recht am Grundstück oder ein Anspruch auf Verschaffung des Eigentums zusteht.[92] Das gilt nicht nur für ablehnende Entscheidungen.[93] Wer das Amtsverfahren nach §§ 82 ff. GBO lediglich angeregt hat, ist jedoch gegen die Zurückweisung dieser Anregung nicht beschwerdeberechtigt.[94] Ebenfalls nicht beschwerdeberechtigt ist bei einer Ablehnung der Verfahrenseinleitung derjenige, der selbst berechtigt ist, die Grundbuchberichtigung nach § 22 GBO zu betreiben.[95] Auch ein Titelgläubiger, dem die Erben des eingetragenen Eigentümers bekannt sind und der den Erbanteil seines Schuldners gepfändet hat, ist gegen die Ablehnung des Berichtigungsverfahrens nach § 82 GBO nicht beschwerdeberechtigt.[96]

G. Kosten

42 Die Gerichtsgebühren für die Berichtigung der Eigentümereintragung richten sich nach den allgemeinen Bestimmungen des GNotKG. Für die Berichtigung durch Eintragung eines neuen Eigentümers fällt eine 1,0-Gebühr nach Nr. 14110 KV GNotKG an; Kostenschuldner ist gem. § 23 Nr. 11 GNotKG der Eigentümer. Im Einzelfall kann für das Verfahren Verfahrenskostenhilfe nach § 76 FamFG bewilligt werden.

H. Anwendung der §§ 82–83 auf die Pflichten nach § 78 SachenRBerG

43 § 78 SachenRBerG[97] lautet:

> § 78 Rechtsfolgen des Erwerbs des Grundstückseigentums durch den Nutzer
>
> (1) Vereinigen sich Grundstücks- und Gebäudeeigentum in einer Person, so ist eine Veräußerung oder Belastung allein des Gebäudes oder des Grundstücks ohne das Gebäude nicht mehr zulässig. Die Befugnis zur Veräußerung im Wege der Zwangsversteigerung oder zu deren Abwendung bleibt unberührt. Der Eigentümer ist verpflichtet, das Eigentum am Gebäude nach § 875 des Bürgerlichen Gesetzbuchs aufzugeben, sobald dieses unbelastet ist oder sich die dinglichen Rechte am Gebäude mit dem Eigentum am Gebäude in seiner Person vereinigt haben. Der Eigentümer des Gebäudes und der Inhaber einer Grundschuld sind verpflichtet, das Recht aufzugeben, wenn die Forderung, zu deren Sicherung die Grundschuld bestellt worden ist, nicht entstanden oder erloschen ist. Das Grundbuchamt hat den Eigentümer zur Erfüllung der in den Sätzen 3 und 4 bestimmten Pflichten anzuhalten. Die Vorschriften über den Grundbuchberichtigungszwang im Fünften Abschnitt der Grundbuchordnung finden entsprechende Anwendung.
>
> (2) Der Eigentümer kann von den Inhabern dinglicher Rechte am Gebäude verlangen, die nach § 876 des Bürgerlichen Gesetzbuches erforderliche Zustimmung zur Aufhebung zu erteilen, wenn sie Rechte am Grundstück an der gleichen Rangstelle und im gleichen Wert erhalten und das Gebäude Bestandteil des Grundstücks wird.
>
> (3) Im Falle einer Veräußerung nach Absatz 1 S. 2 kann der Erwerber vom Eigentümer auch den Ankauf des Grundstücks oder des Gebäudes oder der baulichen Anlage nach diesem Abschnitt verlangen. Der Preis ist nach dem vollen Verkehrswert (§ 70) zu bestimmen. Im Falle der Veräußerung des Grundstücks ist § 71 anzuwenden. Eine Preisermäßigung nach § 73 kann der Erwerber vom Eigentümer nur verlangen, wenn
> 1. die in § 73 Abs. 1 bezeichneten Voraussetzungen vorliegen und
> 2. er sich gegenüber dem Eigentümer wie in § 73 Abs. 1 S. 2 verpflichtet.
>
> Der frühere Grundstückseigentümer erwirbt mit dem Entstehen einer Nachzahlungsverpflichtung des Eigentümers aus § 73 Abs. 1 ein vorrangiges Pfandrecht an den Ansprüchen des Eigentümers gegen den Erwerber aus einer Nutzungsänderung.

44 Ziel der Sachenrechtsbereinigung ist die Überführung des Gebäudeeigentums und ihm vergleichbarer Nutzungstatbestände in die Rechtsformen des bürgerlichen Rechts. § 78 SachenRBerG trifft eine Regelung für bestimmte Fallgruppen des echten Gebäudeeigentums, wenn sich Grundstücks- und Gebäudeei-

---

91 OLG Düsseldorf FGPrax 2012, 248.
92 KG JR 1953, 185; KG JFG 14, 448; KG JFG 14, 421.
93 BayObLGZ 1994, 158, 163 = NJW-RR 1995, 272, 273; OLG Hamm OLGZ 1994, 257, 261 = NJW-RR 1994, 271, 272.
94 OLG Jena FGPrax 1996, 170.
95 OLG Jena ZOV 2015, 32; Bauer/Schaub/*Sellner*, § 82 Rn 22.
96 OLG Hamm OLGZ 1994, 257, 262 = NJW-RR 1994, 271.
97 Gesetz v. 21.9.1994 (BGBl I 1994, 2457).

gentum in einer Person vereinigen. Die Vorschrift gilt grundsätzlich in allen Fällen der Vereinigung in einer Hand, es sei denn, die Anwendbarkeit des SachenRBerG ist schlechthin ausgeschlossen.[98] Auch wenn Grundstücks- und Gebäudeeigentum sich in einer Hand vereinigen, kommt es nicht zur Konsolidation nach § 889 BGB.[99] Deshalb schreibt § 78 Abs. 1 S. 1 SachenRBerG vor, dass dann eine Veräußerung oder Belastung allein des Gebäudes oder des Grundstücks nicht mehr zulässig ist; eine Ausnahme wird nur für eine Veräußerung von Grundstück oder Gebäude im Wege der Zwangsversteigerung oder zu deren Abwendung zugelassen. Um das Ziel der Sachenrechtsbereinigung zu erreichen, verpflichtet § 78 Abs. 1 S. 3 SachenRBerG den Erwerber zur Aufgabe des Gebäudeeigentums nach § 875 BGB, sobald dieses unbelastet ist oder sich die dinglichen Rechte am Gebäude mit dem Eigentum am Gebäude in seiner Person vereinigt haben. § 78 Abs. 1 S. 4 SachenRBerG trifft eine entsprechende Regelung für alle Grundschulden. Der Rechtscharakter der Vorschrift ist umstritten,[100] richtiger Ansicht nach aber als absolutes Verfügungsverbot im Sinne von § 134 BGB anzusehen.[101]

Nach § 78 Abs. 1 S. 5 SachenRBerG hat das Grundbuchamt den Eigentümer zur **Erfüllung** der in den Sätzen 3 und 4 bestimmten Pflichten **anzuhalten**. Zur Durchführung dieser Verpflichtung wird in Satz 6 die entsprechende Anwendung der §§ 82–83 GBO über den Grundbuchberichtigungszwang vorgeschrieben. Dies bedeutet, dass das Grundbuchamt, sobald die Voraussetzungen der Sätze 3 und 4 vorliegen, dem Grundstückseigentümer die Abgabe einer Löschungserklärung aufzugeben und diese erforderlichenfalls durch Zwangsmaßnahmen nach § 35 FamFG durchzuführen hat (vgl. Rdn 35).[102] 45

Zwar ist durch die pauschale Verweisung auf die §§ 82–83 GBO auch ausnahmsweise die Möglichkeit einer **Berichtigung von Amts wegen** nach § 82a GBO gegeben. Jedoch muss diese Möglichkeit in den Fällen des § 78 SachenRBerG ausscheiden, weil eine amtswegige Löschung das Gebäudeeigentum mangels einer Aufhebungserklärung des Gebäudeeigentümers nicht zum Erlöschen bringen würde und die materiell-rechtliche Willenserklärung des § 875 BGB durch § 78 Abs. 1 S. 5 SachenRBerG nicht ersetzt werden kann, das Grundbuch somit unrichtig werden würde.[103] Der Grundbuchberichtigungszwang kann nicht durch Zuschreibung des Gebäudeeigentums zum Grundstück als Bestandteil und umgekehrt des Grundstücks zum Gebäudeeigentum als Bestandteil umgangen werden.[104] 46

Von der Durchsetzung der nach dem Wortlaut des § 78 Abs. 1 S. 3 SachenRBerG uneingeschränkt bestehenden Aufgabepflicht ist **ausnahmsweise abzusehen**, wenn durch tatsächliche Umstände konkrete Anhaltspunkte dafür vorliegen, dass durch die erzwungene Komplettierung dem Eigentümer Rechtsnachteile, insbesondere aufgrund unerkannt gebliebener Rückerwerbspositionen Dritter, erwachsen können. Allein die abstrakte Gefahr, dass eine einmal erteilte Grundstückverkehrsordnung-Genehmigung widerrufen werden könnte, rechtfertigt noch keine Einschränkung der Aufgabepflicht.[105] 47

Ein Antrag auf Grundbucheintragung eines Löschungsvermerks dahin, dass der Antragsteller das zu seinen Gunsten im Grundbuch eingetragene Gebäudeeigentum und Nutzungsrecht an einem Grundstück unter der auflösenden Bedingung des Wiederauflebens von etwaigen Anträgen auf Rückübertragung bzw. des Bekanntwerdens von Restitutionsanträgen aufgeben will, ist unzulässig. Eine Löschung aufgrund dieses Antrages würde dazu führen, dass das Grundstück einen vorläufigen Rechtszustand betreffend den Bestand von selbstständigem Gebäudeeigentum und dinglichem Nutzungsrecht verlautbart. Eine in diesem Sinne vorläufige Löschung ist dem Grundbuchrecht indes fremd.[106] 48

Die Befugnis des Grundbuchamt umfasst auch das Recht, den Erwerber zur Geltendmachung der in § 78 Abs. 1 S. 4, Abs. 2 SachenRBerG bestimmten Ansprüche anzuhalten, sofern deren Erfüllbarkeit ohne Mitwirkung bereits eingetragener dinglicher Gläubiger aus dem Grundbuch ersichtlich ist.[107] Es genügt grundsätzlich die Löschungsbewilligung des Gebäudeeigentümers, in der die materiell-rechtliche Auf- 49

---

98 Siehe dazu näher: *Eickmann*, Sachenrechtsbereinigung, § 78 SachenRBerG Rn 1 ff.
99 *Eickmann*, Sachenrechtsbereinigung, § 78 SachenRBerG Rn 1; *Vossius*, SachenRBerG, 2. Aufl., 1996, § 78 Rn 7.
100 Vgl. *Eickmann*, Sachenrechtsbereinigung, § 78 SachenRBerG Rn 2 ff.; *Vossius*, SachenRBerG, 2. Aufl. 1996, § 78 Rn 8.
101 OLG Jena FGPrax 1997, 208; *Böhringer*, Rpfleger 1994, 45, 49.
102 BT-Drucks 12/5992, 158.
103 Ebenso *Eickmann*, Sachenrechtsbereinigung, § 78 SachenRBerG Rn 7.
104 Siehe dazu näher: *Eickmann*, Sachenrechtsbereinigung, § 78 SachenRBerG Rn 7a.
105 OLG Brandenburg OLGR 2006, 206.
106 OLG Brandenburg NotBZ 2004, 281.
107 *Eickmann*, Sachenrechtsbereinigung, § 78 SachenRBerG Rn 8; *Vossius*, SachenRBerG, 2. Aufl., 1996, § 78 Rn 22.

hebungserklärung zu erblicken ist,[108] die zu den Grundakten einzureichen ist, vgl. Art. 233 § 4 Abs. 6 EGBGB. Dies ist jedoch nur dann ausreichend, wenn das Gebäudeeigentum unbelastet ist oder Zug um Zug mit der Aufgabe des Rechts Erklärungen der dinglich Berechtigten nach in § 78 Abs. 2 SachenRBerG vorgelegt werden und der Grundstückseigentümer entsprechende Eintragungen bewilligt und beantragt.[109] Bei Grundschulden ergeben sich praktische Schwierigkeiten daraus, dass das Grundbuchamt nicht feststellen kann, ob eine Grundschuld noch valutiert ist, und dem Gläubiger gegenüber kein Berichtigungszwang besteht.[110]

I. Anwendung von §§ 82, 82a S. 1 auf § 14 GBBerG

50 § 14 GBBerG[111] lautet:

> § 14 Gemeinschaftliches Eigentum von Ehegatten
>
> In den Fällen des Artikels 234 § 4a Abs. 1 Satz 1 des Einführungsgesetzes zum Bürgerlichen Gesetzbuche gelten die §§ 82, 82a Satz 1 der Grundbuchordnung entsprechend. Der für die Berichtigung des Grundbuchs erforderliche Nachweis, daß eine Erklärung nach Artikel 234 § 4 Abs. 2 und 3 des Einführungsgesetzes zum Bürgerlichen Gesetzbuche nicht abgegeben wurde, kann durch Berufung auf die Vermutung nach Artikel 234 § 4a Abs. 3 des Einführungsgesetzes zum Bürgerlichen Gesetzbuche oder durch übereinstimmende Erklärung beider Ehegatten, bei dem Ableben eines von ihnen durch Versicherung des Überlebenden und bei dem Ableben beider durch Versicherung der Erben erbracht werden; die Erklärung, die Versicherung und der Antrag bedürfen nicht der in § 29 der Grundbuchordnung vorgeschriebenen Form. Die Berichtigung ist in allen Fällen des Artikels 234 § 4a des Einführungsgesetzes zum Bürgerlichen Gesetzbuche gebührenfrei.

51 § 14 S. 1 GBBerG schreibt in den Fällen des Art. 234 § 4a Abs. 1 S. 1 EGBGB die entsprechende Anwendung der §§ 82, 82a S. 1 GBO vor. § 14 GBBerG und Art. 234 § 4a EGBGB gelten **nur in den neuen Bundesländern**. § 14 S. 1[112] GBBerG muss im Zusammenhang mit dem Güterrecht von in den neuen Bundesländern lebenden Eheleuten gesehen werden. Nach Art. 234 § 4 Abs. 2 S. 1 EGBGB konnten Ehegatten bis zum Ablauf von zwei Jahren nach Wirksamwerden des Beitritts, also bis zum 2.10.1992, dem Kreisgericht gegenüber erklären, dass für ihre Ehe der bisherige gesetzliche Güterstand fortgelten solle. Diese Erklärung bedurfte nicht der Zustimmung des anderen Ehegatten. Wurde die Erklärung abgegeben, so gilt die Überleitung des FGB-Güterstandes in den Güterstand der Zugewinngemeinschaft als nicht erfolgt.[113]

52 Haben dagegen die Ehegatten eine solche Erklärung nicht abgegeben, so wird nach Art. 234 § 4a Abs. 1 S. 1 EGBGB gemeinschaftliches Eigentum von Ehegatten Eigentum zu gleichen Bruchteilen. § 14 S. 1 GBBerG ergänzt diese Vorschrift, die in der Praxis in vielen Fällen zu einer dauerhaften Unrichtigkeit des Grundbuchs führen kann, dadurch, dass die Vorschriften der §§ 82, 82a S. 1 GBO über den Grundbuchberichtigungszwang für entsprechend anwendbar erklärt werden. Das Grundbuchamt wird demnach, wenn die Unrichtigkeit des Grundbuchs hinsichtlich der Eigentümereintragung feststeht, das Verfahren nach § 82 GBO durchzuführen haben. Das Grundbuchamt kann aber auch eine Berichtigung des Grundbuchs von Amts wegen durchführen, wenn die Voraussetzungen des § 82a S. 1 GBO vorliegen. Das wird sich dann anbieten, wenn dem Grundbuchamt die Unrichtigkeit des GB hinsichtlich des Beteiligungsverhältnisses z.B. aufgrund einer Erklärung der Eigentümer bekannt ist, diese aber keinen Berichtigungsantrag stellen wollen und das Grundstück nur einen geringen Wert hat oder die Eigentümer sich im Ausland aufhalten oder vermögenslos sind.[114]

53 Da für die Berichtigung des Grundbuchs dem Grundbuchamt die Unrichtigkeit der Eintragung nachgewiesen werden muss, schafft **§ 14 S. 2 GBBerG** eine Erleichterung des Nachweises, dass die Ehegatten eine Optierungserklärung nicht abgegeben haben. Danach kann dieser Nachweis durch die Berufung auf Art. 234 § 4a Abs. 3 EGBGB oder durch übereinstimmende Erklärung beider Ehegatten, bei Ableben ei-

---

108 *Eickmann*, Sachenrechtsbereinigung, § 78 SachenRBerG Rn 10.
109 LG Magdeburg WM 1994, 165; *Eickmann*, Sachenrechtsbereinigung, § 78 SachenRBerG Rn 8; *Vossius*, SachenRBerG, 2. Aufl., 1996, § 78 Rn 23.
110 *Eickmann*, Sachenrechtsbereinigung, § 78 SachenRBerG Rn 17.
111 Gesetz v. 20.12.1993 (BGBl I 1993, 2182, 2192).
112 Vgl. dazu: OLG München JFG 14, 498.
113 Siehe dazu näher: *Böhringer*, DNotZ 1991, 223.
114 BT-Drucks 12/6228, 81.

nes von ihnen durch Versicherung des Überlebenden oder bei dem Ableben beider durch Versicherung der Erben erbracht werden. Die Erklärung, die Versicherung und der Antrag bedürfen nicht der in § 29 GBO vorgeschriebenen Form. Um eine möglichst große Akzeptanz bei den zur Berichtigung Verpflichteten zu erreichen, soll die einfache Schriftform ausreichen.[115] Die Berichtigung kann nicht nur von jedem Ehegatten bzw. den Erben, sondern auch nach § 14 GBO von einem Gläubiger eines Ehegatten beantragt werden.[116]

Nach Art. 234 § 4a Abs. 3 EGBGB wird widerleglich vermutet, dass gemeinschaftliches Eigentum von Ehegatten nach dem FGB der DDR Bruchteilseigentum zu 1/2-Anteilen ist, sofern sich nicht aus dem Grundbuch andere Anteile ergeben oder sich aus dem Güterrechtsregister etwas anderes feststellen lässt.[117] Zum Wahlrecht der Ehegatten, andere Anteile als die gesetzliche Halbteilung zu bestimmen s. Art. 234 § 4a Abs. 1 S. 2–5 EGBGB.[118] Die Vermutung des Art. 234 § 4a Abs. 3 EGBGB gilt auch für das Grundbuchamt. Im Grundbuchberichtigungsverfahren hat es davon auszugehen, dass die Eheleute zu je $1/2$ Anteil Eigentümer des Grundstücks oder Gebäudes sind; es ist nicht verpflichtet, Nachforschungen anzustellen, die zu einer Widerlegung der gesetzlichen Vermutung führen können.[119] Nur wenn das Grundbuchamt sichere Kenntnis davon hat, dass die Vermutung widerlegt ist, kommt eine Berichtigung des Grundbuchs nicht in Betracht; bloße Zweifel oder Vermutungen genügen nicht.[120]

54

§ 82a [Grundbuchberichtigung von Amts wegen]

Liegen die Voraussetzungen des § 82 vor, ist jedoch das Berichtigungszwangsverfahren nicht durchführbar oder bietet es keine Aussicht auf Erfolg, so kann das Grundbuchamt das Grundbuch von Amts wegen berichtigen. Das Grundbuchamt kann in diesem Fall das Nachlaßgericht um Ermittlung des Erben des Eigentümers ersuchen.

A. Normzweck; Anwendungsbereich 1	III. Durchführung des Amtsberichtigungs-
B. Die Berichtigung von Amts wegen 2	verfahrens 6
I. Vorliegen der Voraussetzungen (Satz 1) ... 2	1. Grundsatz 6
II. Besondere Voraussetzungen des § 82a GBO 3	2. Ermittlung durch Nachlassgericht
1. Grundsatz 3	(Satz 2) 7
2. Undurchführbarkeit des Zwangsberichti-	3. Eintragung ins Grundbuch 10
gungsverfahrens 4	C. Rechtsmittel 11
3. Aussichtslosigkeit des Zwangsberichti-	D. Kosten 12
gungsverfahrens 5	

A. Normzweck; Anwendungsbereich

§ 82a GBO ist durch § 4 GBVereinfVO[1] in die GBO eingefügt worden. Er stellt eine Ergänzung des § 82 GBO dar, der wohl im Allgemeinen ausreicht, die Berichtigung des Grundbuchs herbeizuführen, jedoch nicht immer zu dem gewünschten Erfolg führt. So lässt sich eine zwangsweise Berichtigung oftmals nicht erreichen, wenn der Antragsverpflichtete im Ausland wohnt oder vermögenslos ist.[2] Während § 82 GBO das Ziel verfolgt, einen entsprechenden Berichtigungsantrag unter Beifügung der notwendigen Unterlagen durch den wahren Eigentümer herbeizuführen, gibt § 82a GBO dem Grundbuchamt die Möglichkeit, das Grundbuch von Amts wegen zu berichtigen.[3] Das Verfahren nach § 82a GBO ist dem Zwangsberich-

1

---

115 BT-Drucks 12/6228, 81.
116 Siehe dazu näher: Eickmann/*Böhringer*, Sachenrechtsbereinigung, Art. 234 § 4a EGBGB Rn 39 ff.
117 Vgl. LG Chemnitz DtZ 1994, 288; LG Dresden Rpfleger 1996, 405; *Böhringer*, Rpfleger 1994, 282, 283; *Peters*, DtZ 1994, 399.
118 Vgl. auch Eickmann/*Böhringer*, Sachenrechtsbereinigung, Art. 234 § 4a EGBGB Rn 14 ff.

119 *Böhringer*, Rpfleger 1994, 282, 283.
120 Eickmann/*Böhringer*, Sachenrechtsbereinigung, Art. 234 § 4a EGBGB Rn 32, 34.
 1 RGBl I 1942, 573 (vom 5.10.1942).
 2 Vgl. BayObLG Rpfleger 1995, 103; BayObLG 1973, 262; OLG Düsseldorf FGPrax 2012, 242.
 3 Siehe dazu: BayObLG Rpfleger 1973, 262.

tigungsverfahren nach § 82 GBO nachgeordnet. Es findet nur Anwendung, wenn das Verfahren nach § 82 GBO zu keinem Ergebnis führt oder führen kann, weil es von vornherein keine Erfolgsaussichten bietet.[4]

B. Die Berichtigung von Amts wegen

I. Vorliegen der Voraussetzungen (Satz 1)

2 **Voraussetzung** für die Berichtigung von Amts wegen ist einmal, dass die Erfordernisse des § 82 GBO erfüllt sind:[5]
- Das Grundbuch muss hinsichtlich der Eigentümereintragung **unrichtig** sein (vgl. § 82 GBO Rdn 7 ff.).
- Die Unrichtigkeit des Grundbuchs muss auf einem Rechtsübergang außerhalb des Grundbuchs **beruhen** (siehe § 82 GBO Rdn 13 ff.).
- Die Unrichtigkeit des Grundbuchs hinsichtlich der Eigentümereintragung muss **feststehen** (vgl. § 82 GBO Rdn 14 ff.).
- Es dürfen **keine berechtigten Gründe für eine Zurückstellung** des Berichtigungszwanges vorliegen (siehe § 82 GBO Rdn 22 ff.).

II. Besondere Voraussetzungen des § 82a GBO

1. Grundsatz

3 Außer den Erfordernissen des § 82 GBO ist für die Vornahme einer Berichtigung von Amts wegen zusätzlich erforderlich, dass das Zwangsberichtigungsverfahren des § 82 GBO nicht durchführbar ist oder keine Aussicht auf Erfolg bietet. Die Durchführung des Verfahrens liegt im Ermessen des GBA: Es „kann durchführen". Es kann das ihm zustehende Ermessen auch dahin ausüben, dass es das Nachlassgericht um Ermittlung des maßgeblichen Erbrechts ersucht (siehe Rdn 7).[6] Liegen aber nur die Voraussetzungen des § 82 GBO vor, dann kann lediglich das Zwangsberichtigungsverfahren durchgeführt werden. Ob auch das weitere Erfordernis des § 82a GBO gegeben ist, kann bei Einleitung des Verfahrens zunächst zweifelhaft sein. Eine Klärung wird sich oft erst im Laufe des Verfahrens ergeben. Da die Voraussetzungen der §§ 82 und 82a GBO insoweit übereinstimmen, als § 82a GBO den vollen Tatbestand des § 82 GBO einschließt, kann sich das Grundbuchamt die Entscheidung, welchen der beiden Wege es beschreiten will, bis zum Abschluss seiner Ermittlungen vorbehalten. Führen diese zur Feststellung eines dem Berichtigungszwang des § 82 GBO zugänglichen Eigentümers oder eines zur Stellung des Berichtigungsantrags befugten Testamentsvollstreckers, so muss es vom Berichtigungszwang des § 82 GBO Gebrauch machen. Die Berichtigung von Amts wegen kann das Grundbuchamt nur vornehmen, wenn eine der beiden folgenden Voraussetzungen gegeben ist:

2. Undurchführbarkeit des Zwangsberichtigungsverfahrens

4 Das Berichtigungsverfahren nach § 82 GBO darf nicht durchführbar sein. Ob das auf subjektiven oder objektiven Gründen beruht, ist unerheblich.[7] Die Ursachen können im objektiven Bereich oder in der Person des Eigentümers begründet sein. Hierher gehören die Fälle, dass ein an sich feststehender Rechtsübergang sich mit den nach § 29 GBO erforderlichen Beweismitteln nicht nachweisen lässt oder der Aufenthalt des Eigentümers unbekannt ist. Auch eine vorübergehende Undurchführbarkeit des Verfahrens ist ausreichend. Dagegen ist § 82a GBO nicht schon deswegen anwendbar, weil sich der Weg des § 82a GBO gegenüber dem des § 82 GBO als zweckmäßiger erweist.[8] Allerdings können Zweckmäßigkeitserwägungen dann eine Rolle spielen, wenn das Verfahren nach § 82 GBO nur vorübergehend nicht durchführbar ist und das Grundbuchamt zu entscheiden hat, ob deshalb das Verfahren nach § 82 GBO einstweilen auszusetzen oder die Berichtigung von Amts wegen durchzuführen ist.

---

4 BayObLGZ 1994, 158, 163; OLG Rostock NJW-RR 2005, 604.
5 OLG Hamm FGPrax 2012, 148.
6 KG Rpfleger 1977, 307.
7 Bauer/Schaub/*Sellner*, § 82a Rn 4; Hügel/*Holzer*, § 82a Rn 5.
8 Hügel/*Holzer*, § 82a Rn 4; a.A. KG JR 1953, 185.

3. Aussichtslosigkeit des Zwangsberichtigungsverfahrens

Zudem darf das Zwangsberichtigungsverfahren keine Aussicht auf Erfolg bieten.[9] Auch hier können die verschiedensten Gründe vorliegen; z.B. die zwangsweise Durchführung der Berichtigungsverpflichtung im Wege des Zwangsgeldfestsetzungsverfahrens ist nicht möglich, weil der die Stellung des Berichtigungsantrags ablehnende Eigentümer sich im Ausland aufhält und somit die deutsche Gerichtsbarkeit ihm gegenüber versagt oder weil der Verpflichtete vermögenslos ist (vgl. § 82 GBO Rdn 39).[10]

III. Durchführung des Amtsberichtigungsverfahrens

1. Grundsatz

Für die Durchführung des Berichtigungsverfahrens nach § 82a GBO gilt der **Amtsermittlungsgrundsatz** (§ 26 FamFG). Das Grundbuchamt soll grundsätzlich die zur Feststellung des Eigentümers erforderlichen Ermittlungen selbst vornehmen. Es ist hierbei nicht an die für das Antragszwangsverfahren geltenden Beweisvorschriften gebunden. Insbesondere ist im Fall der Unrichtigkeit des Grundbuchs infolge Erbgangs, auch wenn die Voraussetzungen des § 35 Abs. 3 GBO nicht vorliegen, nicht der Nachweis durch Erbschein erforderlich.

2. Ermittlung durch Nachlassgericht (Satz 2)

Das Grundbuchamt kann das zuständige **Nachlassgericht zur Ermittlung des oder der Erben** des Eigentümers **ersuchen** (S. 2). Die Ermittlungen müssen so weit geführt werden, dass zur Überzeugung des Grundbuchamtes der neue Eigentümer feststeht.[11] Das Ersuchen kann sich nur auf die Ermittlung des maßgeblichen Erbrechts erstrecken; es darf nicht darauf gerichtet sein, einen unrichtigen Erbschein einzuziehen.[12] Das Grundbuchamt wird von der Möglichkeit des **Satzes 2** vor allem bei Erbfällen Gebrauch machen, bei denen die Ermittlungen zu schwierig oder zeitraubend sind; ferner dann, wenn derselbe Erbfall für mehrere Grundbuchämter von Bedeutung ist und die Gefahr widersprechender Feststellungen besteht oder wenn Ermittlungen zur Vervollständigung eines bereits erteilten Erbscheins notwendig sind; eigene Ermittlungen des Grundbuchamts scheiden in diesem Fall aus.[13] Das vom Grundbuchamt angegangene Nachlassgericht hat nicht etwa einen Erbschein zu erteilen oder eine sonstige, rechtsmittelfähige Entscheidung zu treffen, sondern es hat lediglich im Rahmen des § 26 FamFG mit den ihm zu Gebote stehenden rechtlichen und tatsächlichen Hilfsmitteln den Erben zu ermitteln und dem Grundbuchamt mitzuteilen.

Das ersuchte Nachlassgericht darf das **Ersuchen** des Grundbuchamts **ablehnen**, wenn es überhaupt nicht Nachlassgericht oder nicht das örtlich zuständige Nachlassgericht ist. Es kann ferner ablehnen, wenn nach dem für das ersuchte Gericht geltenden Recht die von ihm verlangte Tätigkeit in abstracto unzulässig ist. Dagegen darf das Nachlassgericht nicht die grundbuchrechtliche Gesetzmäßigkeit oder Zweckmäßigkeit des Ersuchens im Einzelfall nachprüfen. Es handelt sich bei der Tätigkeit des Nachlassgerichts nicht um einen Fall der **Rechtshilfe** im eigentlichen Sinne.[14] Das nötigt aber nicht dazu, die sowohl in Grundbuch- als auch in Nachlasssachen anwendbaren §§ 157 ff. GVG auszuschließen; vielmehr ist eine entsprechende Anwendung der §§ 157 ff. GVG geboten. Deshalb kann das Grundbuchamt gegen die Weigerung des Nachlassgerichts nach § 159 GVG das zuständige Oberlandesgericht anrufen;[15] selbst dann, wenn es sich um dasselbe Amtsgericht handelt.[16]

Das Grundbuchamt ist an das Ergebnis des Nachlassgerichts **nicht gebunden**. Es kann das Ergebnis frei würdigen und darüber entscheiden, ob es davon Gebrauch machen will oder nicht.

---

9 OLG Hamm FGPrax 2012, 149; OLG Nürnberg FGPrax 2020, 169.
10 Siehe BayObLG NJW-RR 1995, 272, 273.
11 OLG Hamm FGPrax 2013, 197; OLG Hamm Rpfleger 2012, 253.
12 KG Rpfleger 1977, 307.
13 KG Rpfleger 1977, 307.
14 *Hesse*, DFG 1943, 19.
15 KG Rpfleger 1977, 307; KG Rpfleger 1969, 57; Sternal/*Zimmermann* § 342 Rn 7.
16 OLG Düsseldorf FGPrax 2012, 242.

3. Eintragung ins Grundbuch

10 Hat das Grundbuchamt entweder selbst den Eigentümer ermittelt oder nach Satz 2 ermitteln lassen, so wird dieser **von Amts wegen** in das Grundbuch **eingetragen**. Dabei ist in Spalte 4 der ersten Abteilung des Grundbuchblatts als Grundlage der Eintragung die Berichtigung von Amts wegen aufgrund des § 82a GBO anzugeben. Das Grundbuchamt darf im Fall des § 82a GBO den neuen Eigentümer auch ohne Vorlage einer Unbedenklichkeitsbescheinigung der Finanzbehörde nach § 22 GrEStG eintragen. Das Grundbuchamt ist insbesondere nicht verpflichtet, sich selbst beim zuständigen Finanzamt die Unbedenklichkeitsbescheinigung zu beschaffen, weil gem. § 3 Nr. 2 GrEStG keine Grunderwerbsteuer anfällt.[17] Es gelten hier die gleichen Grundsätze wie für das Grundbuchanlegungsverfahren.[18]

C. Rechtsmittel

11 Gegen die Berichtigungseintragung von Amts wegen findet die beschränkte **Grundbuchbeschwerde** gem. § 71 Abs. 2 GBO statt. Die **Einleitung** der amtswegigen Ermittlung ist nicht anfechtbar, da es sich hier nicht um eine Entscheidung des GBA, sondern nur um die Grundlage für das später durchzuführende Verfahren nach § 82a GBO handelt.[19] Insoweit werden die Beteiligten noch nicht in ihren Rechten betroffen. Gegen die **Ablehnung der Einleitung** eines (angeregten) Amtsverfahrens ist die Beschwerde nach §§ 71 ff. GBO statthaft.[20] Beschwerdeberechtigt ist indes nur, wer zur Durchsetzung seiner Rechte auf die vorherige Grundbuchberichtigung angewiesen ist, indes dieses Ziel nicht selbst durch einen Berichtigungsantrag erreichen kann.[21]

D. Kosten

12 Die Gerichtsgebühren für die Eintragung des Eigentümers aufgrund des § 82a GBO einschließlich des vorangegangenen Verfahrens vor dem Grundbuchamt oder dem Nachlassgericht richten sich nach Nr. 14111 KV GNotKG; sie beträgt im Unterschied zur „normalen" Eigentumseintragung das Doppelte der Gebühr nach § 34 GNotKG Tabelle B; **Kostenschuldner** ist der einzutragende Eigentümer nach § 23 Nr. 11 GNotKG.

---

§ 83 [Mitteilungspflicht des Nachlassgerichts]

Das Nachlaßgericht, das einen Erbschein oder ein Europäisches Nachlasszeugnis erteilt oder sonst die Erben ermittelt hat, soll, wenn ihm bekannt ist, daß zu dem Nachlaß ein Grundstück gehört, dem zuständigen Grundbuchamt von dem Erbfall und den Erben Mitteilung machen. Wird ein Testament oder ein Erbvertrag eröffnet, so soll das Gericht, wenn ihm bekannt ist, daß zu dem Nachlaß ein Grundstück gehört, dem zuständigen Grundbuchamt von dem Erbfall Mitteilung machen und die als Erben eingesetzten Personen, soweit ihm ihr Aufenthalt bekannt ist, darauf hinweisen, daß durch den Erbfall das Grundbuch unrichtig geworden ist und welche gebührenrechtlichen Vergünstigungen für eine Grundbuchberichtigung bestehen.

A. Normzweck; Allgemeines 1	III. Durchführung der Mitteilung 6
B. Mitteilungspflicht des Nachlassgerichts . 2	**C. Weitere Benachrichtigungspflichten** 7
I. Grundsatz 2	**D. Kosten** 8
II. Inhalt der Mitteilung 5	

---

17 Vgl. Bauer/Schaub/*Sellner*, § 82a Rn 9.
18 Vgl. dazu: KG JFG 13, 127.
19 Hügel/*Holzer*, § 82a Rn 21.
20 BayObLG NJW-RR 1995, 272; OLG Naumburg Beschl. 22.4.2020 – 12 Wx 55/19, juris; OLG Jena ZOV 2015, 32; Bauer/Schaub/*Sellner*, § 82a Rn 10; Meikel/*Schneider*, § 82a Rn 13.
21 OLG Hamm Rpfleger 1994, 248; OLG Jena FGPrax 1996, 170; OLG Naumburg Beschl. v. 22.4.2020. 12 Wx 55/19, juris; Meikel/*Schneider*, § 82a Rn 13.

A. Normzweck; Allgemeines

§ 83 GBO ergänzt die §§ 82, 82a GBO und begründet für enumerativ aufgezählte Fälle eine Mitteilungspflicht des Nachlassgerichts. Durch die in ihm aufgestellte Verpflichtung soll dem Grundbuchamt Kenntnis von den Vorgängen gegeben werden, die zu einer Unrichtigkeit des Grundbuchs geführt haben. Er ist die einzige Vorschrift, die eine Verpflichtung von Behörden oder sonstigen Stellen zur Mitteilung derartiger Vorgänge an das Grundbuchamt aufstellt. **Satz 2** ist durch § 27 Nr. 5 GBMaßnG vom 20.12.1963[1] hinzugefügt worden. Dadurch sollte § 83 für die Fälle der Eröffnung einer Verfügung von Todes wegen erweitert werden, um dem Grundbuchamt eine Grundlage für die Ausübung des Berichtigungszwangs zu geben. Der Hinweis auf die Unrichtigkeit des Grundbuchs soll den Erben veranlassen, die Berichtigung selbst zu beantragen.[2] **Satz 1** ist das Gesetz vom 29.6.2015[3] um das nunmehr eingeführte Europäische Nachlasszeugnis erweitert worden.

B. Mitteilungspflicht des Nachlassgerichts

I. Grundsatz

Das Nachlassgericht (vgl. §§ 342 ff. FamFG, Art. 147 EGBGB) soll dem Grundbuchamt von dem Erbfall sowie dem oder den Erben unter folgenden **Voraussetzungen Mitteilung** machen:

– Wenn es einen **Erbschein** (§§ 352 ff. FamFG) bzw. ein **Europäisches Nachlasszeugnis** (§§ 33 ff. IntErbRVG) erteilt hat, wenn es ein Testament oder einen Erbvertrag eröffnet hat (§§ 348 ff. FamFG) oder wenn es sonst den Erben ermittelt hat. Hierunter fällt einmal die Ermittlung des Erben durch einen Nachlasspfleger (§§ 1960, 1961 BGB). Sodann ist besonders auch an die Fälle gedacht, in denen das Landesrecht besondere Verfahren zur Ermittlung der Erben kennt, so z.B. Bayern (Art. 37 BayAGGVG[4]).
– Wenn ihm bekannt ist, dass zu dem Nachlass **ein Grundstück** gehört. Zu Ermittlungen, ob dies der Fall ist, ist das Nachlassgericht nicht verpflichtet. In Zweifelsfällen dürfte jedoch eine Anfrage bei den Erben geboten sein.

Liegen diese Voraussetzungen vor, so hat das Nachlassgericht die Mitteilung zu machen. Insoweit besteht für das Nachlassgericht **kein Ermessen**. In eine Prüfung, ob die Voraussetzungen des § 82 GBO oder des § 82a GBO vorliegen, darf es nicht eintreten.

Keine Mitteilungspflicht sieht das Gesetz bei der Erteilung eines **Testamentsvollstreckerzeugnisses** oder der Bestellung eines **Nachlassverwalters** vor. Insoweit ist die Vorschrift entgegen der tw. in der Literatur vertretenen Auffassung[5] auch nicht entsprechend anzuwenden, da die Regelung abschließend ist. Der Gesetzgeber hat die Vorschrift in Kenntnis der Literaturmeinung lediglich um das Europäische Nachlasszeugnis erweitert, ohne eine Notwendigkeit der Aufnahme des Testamentsvollstreckerzeugnisses zu sehen.

Zudem kann es zweckmäßig sein, die Erben schon durch das Nachlassgericht auf ihre Pflicht zur Berichtigung des Grundbuchs hinzuweisen. Im Falle der Eröffnung eines Testaments oder eines Erbvertrags ist es dazu nach **Satz 2** verpflichtet. Die Hinweispflicht erstreckt sich auch auf die gebührenrechtlichen Vergünstigungen einer Grundbuchberichtigung gemäß Nr. 14110 Anm. 1 KV GNotKG. In **Bayern** hat das Nachlassgericht die Erben von Amts wegen zu ermitteln und unabhängig von § 83 GBO nach Art. 37 Abs. 3 BayAGGVG[6] bei den Erben auf die Berichtigung des Grundbuchs hinzuwirken und einen von ihnen gestellten Antrag auf Grundbuchberichtigung an das Grundbuchamt weiterzuleiten.

---

[1] BGBl I 1963, 986.
[2] Amtl. Begründung des Regierungsentwurfs BT-Drucks IV, Nr. 351 S. 18.
[3] BGBl I, 2015, 1042.
[4] Gesetz v. 23.6.1981 (GVBl 188); siehe dazu BGH NJW 1992, 1884.
[5] So Bauer/Schaub/*Sellner*, § 83 Rn 2; Hügel/*Holzer*, § 83 Rn 6.
[6] Gesetz v. 26.6.1981 (GVBl 188).

II. Inhalt der Mitteilung

5 Die Mitteilung muss enthalten:
- die Bezeichnung des Grundstücks, das zum Nachlass gehört,
- die Bezeichnung des Erblassers und die Zeit seines Todes,
- die Bezeichnung der oder des Erben, möglichst unter genauer Angabe ihrer Anschrift.

Zweckmäßigerweise wird das Nachlassgericht das Grundbuchamt auch von einem Testamentsvollstrecker, dem die Verwaltung des Grundstücks zusteht, Mitteilung zu machen haben.

III. Durchführung der Mitteilung

6 Die Mitteilung kann entweder durch Übersendung der Akten oder durch besondere Benachrichtigung geschehen. **Funktionell zuständig** für die Mitteilung ist der Richter oder Rechtspfleger entsprechend seiner Zuständigkeit für die Erteilung des Erbscheins, des Nachlasszeugnisses oder der Eröffnung des Testaments bzw. Erbvertrages.

C. Weitere Benachrichtigungspflichten

7 Außer nach § 83 GBO gibt es keine gesetzliche Benachrichtigungspflicht im Antragszwangsverfahren des § 82 GBO oder im Verfahren des § 82a GBO zur Berichtigung von Amts wegen. Es ist aber nicht nur zulässig, sondern sogar erwünscht, wenn über den Rahmen des § 83 GBO hinaus auch noch andere Stellen (z.B. Prozess-, Betreuungs-, Registergerichte oder Notare) dem Grundbuchamt von Vorgängen, die zu einer Unrichtigkeit des Grundbuchs geführt haben, Mitteilung machen.

D. Kosten

8 Mit der Mitteilung durch das Nachlassgericht sind **keine** zusätzlichen Kosten oder Gebühren verbunden.

II. Löschung gegenstandsloser Eintragungen

§ 84 [Löschung gegenstandsloser Eintragung]

(1) Das Grundbuchamt kann eine Eintragung über ein Recht nach Maßgabe der folgenden Vorschriften von Amts wegen als gegenstandslos löschen. Für die auf der Grundlage des Gesetzes vom 1.6.1933 zur Regelung der landwirtschaftlichen Schuldverhältnisse eingetragenen Entschuldungsvermerke gilt Satz 1 entsprechend.

(2) Eine Eintragung ist gegenstandslos:
a) soweit das Recht, auf das sie sich bezieht, nicht besteht und seine Entstehung ausgeschlossen ist;
b) soweit das Recht, auf das sie sich bezieht, aus tatsächlichen Gründen dauernd nicht ausgeübt werden kann.

(3) Zu den Rechten im Sinne der Absätze 1 und 2 gehören auch Vormerkungen, Widersprüche, Verfügungsbeschränkungen, Enteignungsvermerke und ähnliches.

A. Normzweck 1	3. Erloschene Rechte 9
B. Allgemeines 3	4. Nach dem Inhalt unzulässige Rechte ... 14
C. Gegenstandslosigkeit einer Eintragung (Abs. 2) 5	III. Gegenstandslosigkeit aus tatsächlichen Gründen (Abs. 2 lit. b) 15
I. Grundsatz 5	1. Überblick 15
II. Gegenstandslosigkeit aus Rechtsgründen (Abs. 2 lit. a) 7	2. Veränderung des Grundstücks 16
1. Gegenstandslosigkeit 7	3. Veränderung der tatsächlichen Gegebenheiten 17
2. Nicht entstandene Rechte 8	

4. Fehlende Feststellung der Person des Berechtigten	18	2. Widersprüche	22
IV. Vergleichbare Eintragungen (Abs. 3)	19	3. Ähnliche Eintragungen	23
1. Vormerkungen	19	**D. Verfahren des Grundbuchamts**	25
		E. Kosten	27

A. Normzweck

Das Gesetz gibt in den §§ 84 ff. GBO dem Grundbuchamt die Möglichkeit, gegenstandslose Eintragungen nicht nur klarzustellen, sondern in einem Amtsverfahren zu löschen. Das Grundbuch soll von bedeutungslos gewordenen Eintragungen freigehalten werden, weil diese den Grundbuchverkehr erschweren und verunsichern.[1] Die Regelungen dienen damit der Übersichtlichkeit des Grundbuchs und der Sicherheit des Rechtsverkehrs. Während **Abs. 1** den Grundsatz der Amtslöschung von gegenstandslosen Eintragungen enthält, regeln **Abs. 2** und **Abs. 3** die näheren Einzelheiten. **Abs. 2** bestimmt den Begriff der Gegenstandslosigkeit und **Abs. 3** besagt, welche Rechte als gegenstandslos gelöscht werden dürfen.

Abs. 1 S. 2 wurde eingefügt mit der Aufhebung des Gesetzes zur Abwicklung der landwirtschaftlichen Entschuldung vom 25.3.1952[2] sowie der VO über die Löschung der Entschuldungsvermerke vom 31.1.1962[3] durch das Gesetz vom 26.10.2001.[4] Die gebührenfreie Löschung von Amts wegen der wenigen in den Grundbüchern vorhandenen **Entschuldungsvermerke** wurde dadurch ermöglicht. Die VO zur Aufhebung von Rechtsbeschränkungen aus der landwirtschaftlichen Entschuldung vom 12.3.1959[5] sah im Gebiet der früheren DDR die Löschung der Entschuldungsvermerke von Amts wegen vor. Noch vorhandene Vermerke sind als gegenstandslos zu betrachten und von Amts wegen zu löschen. Für Vermerke über die Entschuldung von Klein- und Mittelbauern beim Eintritt in die landwirtschaftlichen Produktionsgenossenschaften aufgrund des Gesetzes vom 17.2.1954[6] ist in § 113 Abs. 1 Nr. 6 S. 2 lit. a GBV (§ 150 Abs. 5 S. 1 GBO) ein vereinfachtes Verfahren zur Löschung dieser Vermerke geregelt. Zudem gelten im Gebiet der früheren DDR die §§ 22–25 GBMaßnG nach Maßgabe des § 36a GBMaßnG i.d.F. durch das VermRAnpG v. 4.7.1995,[7] wobei an die Stelle des Jahres 1994 das Jahr 1995 tritt.[8]

B. Allgemeines

Die Amtslöschung bezweckt eine Grundbuchberichtigung. Es ist indes nicht Aufgabe des Verfahrens, einen Streit der Beteiligten über das Bestehen oder Nichtbestehen eines eingetragenen Rechts zu entscheiden.[9] Bei der Beurteilung der Frage der Gegenstandslosigkeit einer Eintragung ist große Vorsicht geboten. Deshalb kommt eine Löschung nur dann in Betracht, wenn die Gegenstandslosigkeit des eingetragenen Rechts **außer Zweifel steht**.[10] Im Gegensatz zu § 82 GBO besteht kein Zwang gegen den Inhaber des zu löschenden Rechts, einen entsprechenden Antrag zu stellen oder Unterlagen zu beschaffen. Das Verfahren nach §§ 84 ff. GBO **verdrängt nicht das Antragsverfahren**.[11] Das Amtsverfahren kommt insbesondere in Betracht, wenn die Beteiligten die für das Antragsverfahren erforderlichen Unterlagen nicht oder nur schwer beschaffen können.[12] Solange das Amtsverfahren betrieben wird, ist das Grundbuchamt nicht berechtigt, den Grundberichtigungszwang auszuüben.[13]

Eine **fälschliche Löschung** beseitigt die Eintragung, nicht das von der Löschung betroffene Recht. In diesem Fall wird das Grundbuch unrichtig. An die Stelle der Bestandsvermutung (§ 891 Abs. 1 BGB) bezüglich des Rechts tritt mit der Löschung die Erlöschensvermutung (§ 891 Abs. 2 BGB) und verschlechtert damit die Rechtsstellung des Inhabers.[14] Das Verfahren der §§ 84 ff. GBO dient auch nicht der Anpassung

---

1 Bauer/Schaub/*Böhringer*, § 84 Rn 1; Hügel/*Zeiser*, § 84 Rn 1.
2 BGBl I 1952, 203.
3 BGBl I 1962, 67.
4 BGBl I 2001, 2710.
5 GBl I 1959, 175.
6 GBl I 1954, 224.
7 BGBl I 1995, 895.
8 *Böhringer*, DtZ 1995, 432.
9 BayObLG MittBayNot 1998, 255; OLG Brandenburg Beschl. v. 20.12.2007 – 5 Wx 30/07, juris.
10 BayObLG ZfIR 2003, 341; BayObLG DNotZ 1999, 507; BayObLG NJW-RR 1986, 1206; OLG Düsseldorf RNotZ 2008, 97; OLG Hamm NJW 1965, 2405.
11 OLG München ZEV 2012, 672; Bauer/Schaub/*Böhringer*, § 84 Rn 2; Meikel/*Schneider*, § 84 Rn 2.
12 Bauer/Schaub/*Böhringer*, § 84 Rn 2.
13 Bauer/Schaub/*Böhringer*, § 84 Rn 2; Hügel/*Zeiser*, § 84 Rn 4; a.A. Meikel/*Schneider*, § 84 Rn 2.
14 BayObLG MittBayNot 1998, 255; BayObLGZ 1986, 218, 221.

eingetragener Rechte an veränderte Verhältnisse, z.B. bei Wegerechten, sondern setzt den totalen Fortfall des eingetragenen Rechts voraus.

C. Gegenstandslosigkeit einer Eintragung (Abs. 2)

I. Grundsatz

5 Für eine Amtslöschung kommt nur eine **Eintragung über ein Recht** in Betracht; das ergibt sich sowohl aus Abs. 1 als auch aus Abs. 2. Welche Rechte darunter zu verstehen sind, ist in § 84 Abs. 3 GBO näher erläutert. Danach ist der Ausdruck „Recht" im weitesten Sinne zu verstehen. Es gehören dazu nicht nur alle Rechte am Grundstück und an Grundstücksrechten, sondern auch Vormerkungen, Widersprüche, Verfügungsbeschränkungen, Enteignungsvermerke und ähnliche Eintragungen. Mithin kann jede Eintragung in den **Abt. II** und **Abt. III** des Grundbuchs gelöscht werden;[15] auch Amtswidersprüche[16] oder deklaratorische Sanierungsvermerke.[17] Dagegen kann eine Eigentumseintragung in Abt. I des Grundbuchs niemals gegenstandslos im Sinne des § 84 GBO sein;[18] insoweit kommt aber ein Verfahren nach §§ 82–83 GBO in Betracht.

6 Eine Eintragung kann als gegenstandslos gelöscht werden entweder
   – gem. Abs. 2 lit. a aus Rechtsgründen (siehe Rdn 7) oder
   – gem. Abs. 2 lit. b aus tatsächlichen Gründen (siehe Rdn 15).

Im Einzelfall können sowohl die Voraussetzungen des lit. a als auch diejenigen des lit. b gegeben sein; z.B., wenn eine Grunddienstbarkeit deshalb erloschen ist, weil sie aus tatsächlichen Gründen auf Dauer nicht mehr ausgeübt werden kann und deshalb erlischt.[19]

II. Gegenstandslosigkeit aus Rechtsgründen (Abs. 2 lit. a)

1. Gegenstandslosigkeit

7 Gegenstandslosigkeit aus Rechtsgründen liegt vor, soweit das eingetragene Recht nicht besteht und seine Entstehung ausgeschlossen ist.[20] Das können Rechte sein, die niemals entstanden sind und auch in Zukunft nicht mehr entstehen werden (siehe Rdn 8), sowie Rechte, die zwar entstanden, dann aber durch Rechtsvorgänge außerhalb des Grundbuchs wieder erloschen sind (vgl. Rdn 9).[21] Zudem kommen inhaltlich unzulässige Rechte in Betracht (siehe Rdn 14). Dagegen ist eine Eintragung nicht schon allein deswegen gegenstandslos, weil es an der erforderlichen Einigung fehlt, weil diese später noch nachgeholt werden kann. Ein Recht kann ebenfalls nicht als gegenstandslos gelöscht werden, wenn sein Bestehen durch Abweisung der **Löschungsklage** rechtskräftig festgestellt worden ist.[22] Eine Löschung wegen Gegenstandslosigkeit kommt auch aus dem Gesichtspunkt der **Verwirkung** nicht in Betracht. Denn ein dingliches Recht unterliegt nicht der Verwirkung; allenfalls kann dessen Ausübung gegen § 242 BGB verstoßen.[23]

2. Nicht entstandene Rechte

8 Rechte, die niemals entstanden sind und deren Entstehung auch in Zukunft ausgeschlossen ist, sind rechtlich gegenstandslos. Beide Voraussetzungen müssen kumulativ gegeben sein.[24] Daher scheidet eine Löschung eines eingetragenen Rechts wegen Gegenstandslosigkeit aus, wenn die für die Entstehung des Rechts erforderliche Einigung zwar nicht vorliegt, aber noch nachgeholt werden kann.

---

15 Bauer/Schaub/*Böhringer*, § 84 Rn 4; *Demharter*, § 84 Rn 3; Hügel/*Zeiser*, § 84 Rn 6; Meikel/*Schneider*, § 84 Rn 3.
16 OLG München NJW-RR 2009, 597.
17 Bauer/Schaub/*Böhringer*, § 84 Rn 4; *Heiß/Schreiner*, NVwZ 2009, 1147, 1149.
18 KG JFG 20, 379.
19 BGH NJW 1984, 2157, 2158; BayObLG NJW-RR 1986, 1206.
20 OLG Brandenburg Beschl. v. 18.6.2008 – 5 Wx 48/07, BeckRS 2008, 15841.
21 BayObLG MittBayNot 1988, 255; BayObLGZ 1953, 165, 171; OLG München FGPrax 2015, 159; *Peter*, BWNotZ 1983, 49, 50.
22 KG HRR 40 Nr. 868 = DR 1940, 1378.
23 BayObLG FGPrax 1999, 210.
24 OLG Brandenburg Beschl. v. 19.6.2008 – 5 Wx 48/07, BeckRS 2008, 15841.

3. Erloschene Rechte

Entstandene, aber mittlerweile **erloschene Rechte** sind ebenfalls rechtlich gegenstandslos. Unerheblich ist, ob das Recht aufgrund einer altrechtlichen Regelung oder des derzeitigen materiellen Rechts erloschen ist. Erforderlich ist indes, dass das Recht vollständig weggefallen ist und nicht etwa in anderer Form fortbesteht. Hier kommen solche Rechte in Betracht, die infolge Zeitablaufs, Erreichens des Endtermins oder Wegfalls des Berechtigten erloschen sind; z.B. Altenteilsrechte, Nießbrauchsrechte, Wohnungsrechte, weitere Rechte, die durch einen außerhalb des Grundbuchs eingetretenen Rechtsvorgang erloschen sind, so eine Grunddienstbarkeit, die infolge Teilung des belasteten Grundstücks nach § 1026 BGB erloschen ist[25] oder wenn sie für die Benutzung des Grundstücks des Berechtigten in Gegenwart und Zukunft jeden Vorteil verloren hat[26] oder die Fälle der §§ 1173–1175 BGB, ferner solche Rechte, die infolge **Änderung der Gesetzgebung** weggefallen sind. Hierzu gehören auch Grunddienstbarkeiten, deren Inhalt sich mit öffentlich-rechtlichen, sich zweifelsfrei aus dem Gesetz ergebenden Beschränkungen deckt.[27]

Der mit Ablauf des 31.12.1992 gegenstandslos gewordene Vermerk über die Anordnung der staatlichen Verwaltung des Grundstücks oder Gebäudes in einem Grundbuch im Gebiet der früheren DDR ist nach § 11a Abs. 2 VermG auf Antrag des Eigentümers oder des früheren staatlichen Verwalters zu löschen; das schließt aber eine Löschung von Amts wegen nach §§ 84 ff. GBO nicht aus.[28] Gelöscht werden können zudem alte Grunddienstbarkeiten, die eine Baubeschränkung zum Inhalt haben und deren Bestellung seinerzeit durch inzwischen außer Kraft getretene öffentlich-rechtliche Vorschriften veranlasst worden ist,[29] im Grundbuch eingetragene Wiederkaufrechte im Sinne von Art. 29 § 1 des Preuß. AusfG zum BGB vom 20.9.1899,[30] aufgrund der Aufhebung des § 35 Preuß. AusfG durch § 38 Abs. 2 ff. Nr. 7 GrdstVG v. 28.7.1961[31] gegenstandslos gewordene Verfügungsbeschränkungen, die aufgrund des § 35 Preuß. AusfG zum RSiedlG vom 15.12.1919 eingetragen wurden[32] und durch das Gesetz zur Bereinigung des in Nordrhein-Westfalen geltenden preußischen Rechts vom 7.11.1961[33] gegenstandslos gewordene Verfügungsbeschränkungen, die aufgrund des § 4 des Preuß. AusfG zum BGB betreffend die Beförderung der Errichtung von Rentengütern vom 7.7.1891 im Grundbuch eingetragen sind.[34] Ebenfalls gegenstandslos sind in den Grundbüchern etwa noch eingetragene Dismembrations (Teilungsverbote) ehemaliger (allodifizierter) Lehen,[35] die aufgrund des Gesetzes zur Aufhebung des Reichsheimstättengesetzes vom 17.6.1993[36] gegenstandslos gewordenen Reichsheimstättenvermerke, wobei das Grundbuchamt die Löschung nur aus besonderem Anlass vornehmen soll (vgl. Art. 6 § 2 Abs. 1 S. 2 des Gesetzes zur Aufhebung des Reichsheimstättengesetzes) sowie aufgehobene staatliche Vorkaufsrechte.[37]

Trägt das Grundbuchamt an einem Einlagegrundstück eines Flurbereinigungsverfahrens ein beschränkt dingliches Recht, z.B. einen Nießbrauch ein, nachdem die vorzeitige Ausführung des Flurbereinigungsplans wirksam angeordnet war und ist für das belastete Einlagegrundstück im Flurbereinigungsplan kein Ersatzgrundstück ausgewiesen, so hat das Grundbuchamt auf Anregung der Flurbereinigungsbehörde ein Löschungsverfahren nach § 84 GBO wegen rechtlicher Gegenstandslosigkeit des beschränkt dinglichen Rechts einzuleiten. Dies gilt jedenfalls, wenn die Flurbereinigungsbehörde ausdrücklich nicht um die Löschung des Nießbrauchs im Rahmen von § 79 FlurbG ersucht. Im Weg der Zwischenverfügung kann der Flurbereinigungsbehörde weder die Ergänzung ihres Berichtigungsersuchens nach § 79 FlurbG, noch die Abänderung des bestandskräftigen Flurbereinigungsplans aufgegeben werden.[38]

---

25 BayObLG DNotZ 1989, 164; OLG Hamm JMBl.NRW 1964, 78; OLG München RNotZ 2016, 236; OLG München Beschl. v. 3.9.2014 – 34 Wx 90/14, juris; OLG München Beschl. v. 7.8.2012 – 34 Wx 76/12, juris.
26 BGH NJW 1985, 1025; BGH WM 1967, 582; BayObLG NJW-RR 1988, 781; BayObLG NJW-RR 1986, 1206; OLG Frankfurt FGPrax 2009, 253; OLG München FGPrax 2015, 61.
27 KG JFG 22, 191.
28 *Budde*, in: Fieberg/Reichenbach/Messerschmidt/Neuhaus, VermG, § 11a Rn 25; a.A. anscheinend *Demharter*, § 84 Rn 1.
29 BGH DNotZ 1970, 348.
30 OLG Naumburg Beschl. v. 25.1.2001 – 11 Wx 18/00, juris.
31 BGBl I 1961, 1091.
32 OLG Hamm OLGZ 1965, 87; LG Bielefeld Rpfleger 1964, 377.
33 GVBl. NRW 1961, 325.
34 OLG Hamm RdL 1965, 199.
35 OLG Celle NdsRpfl. 1953, 204.
36 BGBl I 1993, 912.
37 OLG Rostock OLGR 2006, 649, für ein sog. Büdnerrecht.
38 OLG Frankfurt Rpfleger 2002, 73.

12 Dagegen können im Grundbuch eingetragene Rechte nicht als gegenstandslos gelöscht werden, nur weil sie einem für verbindlich erklärten Bebauungsplan widersprechen.[39] Ein dingliches Recht erlischt auch nicht durch einen bloßen Wandel in der Rechtsanschauung.[40] Zur Löschung von gegenstandslos gewordenen Nießbräuchen, beschränkten persönlichen Dienstbarkeiten, Wohnungsrechten und sonstigen für eine natürliche Person eingetragenen unvererblichen und unveräußerlichen Rechten, z.B. Reallasten, sowie von Kohleabbaugerechtigkeiten und zu deren Ausübung dem Inhaber eingeräumter Dienstbarkeiten und Vorkaufsrechten enthält **§ 5 GBBerG** eine Sonderregelung zu § 84 GBO.[41]

13 Eine nicht mehr valutierende **Hypothek** kann nicht nach § 84 GBO gelöscht werden, weil das Recht als Grundschuld des Grundstückseigentümers besteht. Jedoch kann jeder Eigentümer eines mit einer zur Eigentümergesamtgrundschuld gewordenen Gesamtsicherungshypothek belasteten Grundstücks von dem Hypothekengläubiger die Löschung des Grundpfandrechts auf seinem Grundstück verlangen, wenn er von den Eigentümern der anderen gesamtbelasteten Grundstücke eine entsprechende Auseinandersetzung der Gemeinschaft an der Eigentümergesamtgrundschuld verlangen kann.[42]

4. Nach dem Inhalt unzulässige Rechte

14 Unter § 84 Abs. 2 lit. a GBO fällt auch ein seinem Inhalt nach unzulässiges Recht, wobei im Gegensatz zu § 53 Abs. 1 S. 2 GBO zur Feststellung der inhaltlichen Unzulässigkeit nicht nur der Inhalt der Eintragung, sondern auch andere Umstände herangezogen werden können; z.B. macht ein Verstoß gegen § 1018 BGB die Eintragung inhaltlich unzulässig im Sinne des § 53 GBO, ein Verstoß gegen § 1019 BGB macht sie dagegen meistens nur gegenstandslos im Sinne des § 84 GBO.[43] Ein inhaltlich unzulässiges Recht kann jedoch nicht gelöscht werden, solange eine nachträgliche Ergänzung noch möglich ist.[44]

III. Gegenstandslosigkeit aus tatsächlichen Gründen (Abs. 2 lit. b)

1. Überblick

15 Eine Eintragung ist nach Abs. 2 lit. b gegenstandslos, wenn das eingetragene Recht aus tatsächlichen Gründen **dauerhaft nicht ausgeübt werden kann**, etwa wenn der Gegenstand des Rechts untergegangen ist und eine Pflicht zur Wiederherstellung nicht besteht, ferner, wenn sich die tatsächlichen Gegebenheiten derart verändert haben, dass das Recht nicht mehr ausübbar ist.[45] In Betracht kommen insbesondere die Veränderung des Grundstücks oder die fehlende Feststellung der Person des Berechtigten.

2. Veränderung des Grundstücks

16 Tatsächlich gegenstandslos sind Rechte, wenn der Gegenstand des Rechts weggefallen ist;[46] z.B. ein Grundstück sich so verändert hat, dass die Ausübung des eingetragenen Rechts unmöglich ist, insbesondere, wenn der Gegenstand, auf den sich das Recht (z.B. Brücke oder Weg) bezieht, nicht mehr vorhanden ist, z.B. bei einer völligen Überbauung des Grundstücks.[47] Bei einer Dienstbarkeit muss der Berechtigte das Recht infolge der Veränderungen nie mehr ausüben können und auch kraft seines dinglichen Rechts keinen Anspruch auf Wiederherstellung des ursprünglichen Zustands haben.[48] Daher muss z.B. die Löschung einer Grunddienstbarkeit unterbleiben, wenn unklar bleibt, ob die Berechtigten von Grunddienstbarkeiten im Falle der Nichtmehr-Existenz eines Privathafens und eines Stichkanals die Wiederherstellung des Privathafens verlangen könnten, so dass die Grunddienstbarkeiten nicht dauernd gegenstandslos wären.[49] Ein dingliches Wohnrecht im Sinne des § 1093 BGB erlischt mit der vollständigen Zerstörung

---

39 OLG Hamm NJW 1965, 2405.
40 OLG Nürnberg Beschl. v. 2.6.2017 – 15 W 1995/16, juris.
41 BT-Drucks 12/5553, 92; Eickmann/*Böhringer*, Sachenrechtsbereinigung, § 5 GBBerG Rn 21 ff.; über sonstige gegenstandslose Eintragungen siehe Eickmann/*Böhringer*, Sachenrechtsbereinigung, § 5 GBBerG Rn 42 ff.
42 BGH Rpfleger 2009, 305.
43 Ebenso *Demharter*, § 84 Rn 5; a.A. Löschung nach Maßgabe des § 53 GBO: OLG Brandenburg Beschl. v. 19.6.2008 – 5 Wx 48/07, juris; Hügel/*Zeiser*, § 84 Rn 9; Meikel/*Schneider*, § 84 Rn 13.
44 Zur Löschung eines Nießbrauchs an einem Einlagegrundstück in einem Flurbereinigungsverfahren vgl. OLG Frankfurt Rpfleger 2002, 73.
45 OLG Brandenburg Beschl. v. 19.6.2008 – 5 Wx 48/07, juris.
46 OLG München FGPrax 2015, 159.
47 OLG München MittBayNot 2013, 82; weitere Beispiele bei: *Peter*, BWNotZ 1983, 49, 50.
48 BayObLG NJW-RR 1986, 1206; OLG München MittBayNot 2013, 82.
49 OLG Brandenburg Beschl. v. 14.6.2006 – 5 Wx 30/07, juris.

des Gebäudes.[50] Dagegen führt ein in der Person des Berechtigten liegendes Ausübungshindernis nicht zum Erlöschen einer beschränkt-persönlichen Dienstbarkeit, unter Umständen sogar zu einer Anpassung, etwa zu einer Vermietungsmöglichkeit.[51] Ein Nießbrauch an einem Hausgrundstück erstreckt sich nach Zerstörung des Hauses ohne Weiteres auf das wiederaufgebaute Haus.[52] Auch eine Grunddienstbarkeit, die dazu berechtigt, unter der Oberfläche eines fremden Grundstücks einen Keller zu halten, erlischt grundsätzlich nicht mit der Zerstörung eines auf diesem Grundstück errichteten Gebäudes.[53]

3. Veränderung der tatsächlichen Gegebenheiten

Eine Grunddienstbarkeit erlischt auch, wenn der **Vorteil**, den sie dem herrschenden Grundstück bringt, infolge Veränderungen der tatsächlichen oder der rechtlichen Grundlage **wegfällt** (vgl. § 1019 BGB).[54] Der Wegfall des Vorteils muss in der Form des § 29 GBO nachgewiesen werden.[55] Eine Veränderung der tatsächlichen Gegebenheiten liegt vor und führt zu einem Untergang einer Grunddienstbarkeit (Wegerecht), wenn das Wegegrundstück zur öffentlichen Straße gewidmet ist und es nach dem gewöhnlichen Lauf der Dinge ausgeschlossen erscheint, dass die öffentliche Straße wieder entwidmet wird.[56] Dagegen reicht es für die Amtslöschung nicht, wenn das herrschende Grundstück auch über andere Grundstücke erreichbar ist.[57] Eine Grunddienstbarkeit in der Form eines Wasserleitungsrechts bzw. Oberflächenableitungsrechts wird dadurch gegenstandslos, dass das herrschende Grundstück aufgrund eines bestehenden Anschluss- und Benutzungszwangs an die an die Wasserver- bzw. Wasserentsorgungsanlage angeschlossen werden muss und die Voraussetzungen einer Befreiung vom Anschluss- und Benutzungszwang nicht vorliegen.[58] Die Löschung von Forst- und Weiderechten als gegenstandslos setzt nach Abs. 2 lit. b voraus, dass das Recht, auf das sich die Eintragung bezieht, aus tatsächlichen Gründen dauernd nicht ausgeübt werden kann.[59]

4. Fehlende Feststellung der Person des Berechtigten

Eine Amtslöschung kommt ebenfalls in Betracht, wenn die Person des Berechtigten nicht mehr feststellbar ist. Ob dies der Fall ist, muss sehr sorgfältig geprüft werden. Dabei sind der Sprachgebrauch zur Zeit der Eintragung und die damaligen Verhältnisse zu berücksichtigen. So kann z.B. die Person des Berechtigten bei einer Eintragung „die Herrschaft hat das Vorkaufsrecht" oder „der Hauptcorpus" anhand der Umstände zum Zeitpunkt der Eintragung ermittelt werden.[60] Noch eingetragene Rechte einer **erloschenen juristischen Person** können grundsätzlich nicht gelöscht werden; es ist vielmehr noch einmal in das Liquidationsverfahren einzutreten.[61] Auch wenn derzeit kein Benefiziat vorhanden ist, aber eine Stiftung als juristische Person des öffentlichen Rechts, ist ein Wohnungsrecht der Stiftung nicht gegenstandslos.[62] Ein in der Person des Berechtigten liegendes Ausübungshindernis (hier: medizinisch notwendiger Aufenthalt des Berechtigten in einem Pflegeheim) führt nicht generell zum Erlöschen des Wohnungsrechts, selbst wenn das Hindernis auf Dauer besteht.[63]

---

50 BGH MDR 1972, 500; BGH DNotZ 1954, 383; BGH NJW 1952, 1375.
51 OLG Celle NJW-RR 1999, 10 m. abl. Anm. *Schneider*, MDR 1999, 87, der auf entgegenstehende Auffassung des OLG Oldenburg (NJW-RR 1994, 1041) verweist; OLG Köln NJW-RR 1995, 1358; OLG Zweibrücken OLGZ 1987, 27; vgl. auch BayObLG FGPrax 1997, 210.
52 BGH DNotZ 1965, 165.
53 BayObLGZ 1967, 404.
54 BGH NJW 1984, 2157; BayObLG MittBayNot 1998, 255; BayObLGZ 1988, 1, 14 f.; BayObLG NJW-RR 1986, 1206; BayObLGZ 1971, 1, 5; OLG Frankfurt FGPrax 2009, 253; OLG Köln Rpfleger 1980, 389; OLG München FGPrax 2015, 61.
55 OLG München FGPrax 2015, 61; Bauer/Schaub/*Böhringer*, § 84 Rn 8.
56 OLG Düsseldorf MDR 1995, 471; DNot-Report 2003, 55; einschr. OLG München Rpfleger 2015, 392.
57 BayObLG ZfIR 2003, 341.
58 BayObLG MittBayNot 1998, 255; BayObLG NJW-RR 1988, 781; BayObLG NJW 1986, 1206.
59 OLG München MittBayNot 2013, 82.
60 KG JFG 10, 280; Bauer/Schaub/*Böhringer*, § 84 Rn 18; *Demharter*, § 84 Rn 15; Hügel/*Zeiser*, § 84 Rn 11.
61 BayObLGZ 1955, 295.
62 BayObLGZ 1999, 248; BayObLG FGPrax 1999, 210.
63 BGH NJW 2007, 1884 m. Anm. *Krauß*, NotBZ 2007, 129.

IV. Vergleichbare Eintragungen (Abs. 3)

1. Vormerkungen

19 Vormerkungen, denen die endgültige Eintragung gefolgt ist, werden dadurch nicht gegenstandslos; vielmehr ist zu prüfen, ob die Aufrechterhaltung der Vormerkungseintragung im Einzelfall erforderlich ist.[64] So unterliegt eine Auflassungsvormerkung trotz der Eintragung der Auflassung nicht der Löschung, wenn das Grundstück zwischen der Eintragung der Vormerkung und der Auflassung ohne Zustimmung des Vormerkungsberechtigten belastet worden ist.[65] Die Vormerkung kann auch dann Bedeutung erlangen, wenn ein wirksamer endgültiger Rechtserwerb, z.B. wegen Geschäftsunfähigkeit eines Vertragspartners, nicht vorliegt.[66] Eine Auflassungsvormerkung darf auch nicht gelöscht werden, wenn für den vorgemerkten Anspruch die 30-jährige Verjährungsfrist verstrichen ist.[67]

20 Dagegen kann eine Vormerkung als gegenstandslos gelöscht werden, wenn der Anspruch, zu dessen Sicherung sie dienen sollte, nicht besteht und seine Entstehung ausgeschlossen ist.[68] So besteht der durch eine Vormerkung gesicherte Anspruch auf Einräumung einer Grunddienstbarkeit nicht, wenn infolge Veränderung eines der betroffenen Grundstücke die Ausübung dauernd ausgeschlossen ist, oder wenn der Vorteil für die Benutzung des herrschenden Grundstücks infolge grundlegender Änderung der tatsächlichen Verhältnisse oder der rechtlichen Grundlage objektiv und endgültig wegfällt. Dagegen kann ein im Grundbuch eingetragenes Wegerecht nicht schon deshalb von Amts wegen als gegenstandslos gelöscht werden, weil das herrschende Grundstück auch über andere Grundstücke erreichbar ist.[69]

21 Eine Vormerkung ist mit Blick auf ihre mögliche Verwendung zur Sicherung eines neuen, deckungsgleichen Anspruchs („**Neuaufladung**"[70]) nicht allein aufgrund des Nachweises im Grundbuch zu löschen, dass der ursprünglich gesicherte Anspruch durch Ausübung des Vorkaufsrechts erloschen ist.[71] Demgegenüber ist die Auflassungsvormerkung unrichtig, wenn der durch sie gesicherte Eigentumsübertragungsanspruch erloschen ist, weil feststeht, dass die aufschiebende Bedingung endgültig nicht mehr eintreten kann.[72]

2. Widersprüche

22 Auch ein gegenstandslos gewordener Widerspruch gegen die Eigentumseintragung kann von Amts wegen gelöscht werden;[73] dies gilt auch für Amtswidersprüche.[74] Der Löschung eines Amtswiderspruchs gegen eine Grundschuld dadurch, dass das Grundbuchamt auf Ersuchen des Vollstreckungsgerichts, die Löschung der Grundschuld vorzunehmen, bei Umschreibung des Grundbuchblatts den Amtswiderspruch nicht mitüberträgt, steht nicht entgegen, dass das Ersuchen den Amtswiderspruch nicht ausdrücklich umfasst, da die Löschung eines Amtswiderspruchs wegen Gegenstandslosigkeit auch von Amts wegen möglich ist.[75]

3. Ähnliche Eintragungen

23 Ein **Nacherbenvermerk** ist bei einer Veräußerung des Gegenstandes, auf den er sich bezieht, gegenstandslos, sofern die Nacherben der Veräußerung zugestimmt haben. Gleiches gilt bei einer entgeltlichen Verfügung des befreiten Vorerbens. Dagegen wird der Nacherbenvermerk nicht allein dadurch gegenstandslos, weil der Nacherbe im Vorerbfall seinen Pflichtteil fordert. Ausnahmsweise kommt die Löschung eines Nacherbenvermerks in Betracht, wenn ein dringendes öffentliches Bedürfnis an der Klarheit

---

64 LG Heidelberg BWNotZ 1985, 86; LG Nürnberg DNotZ 1956, 607; *Schwitzke*, Rpfleger 1972, 394, 396.
65 KGJ 50, 173.
66 LG Karlsruhe BWNotZ 1978, 167; *Demharter*, § 84 Rn 8.
67 OLG Köln Rpfleger 1986, 374.
68 KG JFG 21, 119; OLG Brandenburg Beschl. v. 19.6.2008 – 5 Wx 48/07, juris; siehe auch: BayObLG Rpfleger 1975, 395; *Effertz*, NJW 1977, 794.
69 BayObLG OLGR 2003, 149.
70 Vgl. BGH NJW 2008, 578; BGH NJW 2000, 805; vgl. auch BGH NJW 2012, 2032, zur Notwendigkeit einer Kongruenz im Fall des Wiederaufladens; OLG Düsseldorf RNotZ 2011, 295; OLG Köln FGPrax 2010, 14; OLG Schleswig Rpfleger 2011, 23; OLG Zweibrücken ZfIR 2012, 321.
71 OLG Düsseldorf DNotZ 2011, 694; OLG Zweibrücken ZfIR 2012, 324.
72 OLG Düsseldorf RNotZ 2008, 97.
73 OLG Neustadt Rpfleger 1960, 153.
74 OLG München NJW-RR 2009, 597; OLG Neustadt Rpfleger 1960, 153.
75 OLG München NJW-RR 2009, 597.

des Grundbuchs besteht.[76] Allein die fehlende Berechtigung eines Beteiligten, einen Erbschein beantragen zu können, ändert aber nichts an der Pflicht, den Wegfall der Nacherbfolge urkundlich zu beweisen. Der erfolglose Berichtigungsantrag von Beteiligten kann unter besonderen Voraussetzungen Anlass sein, im Amtsverfahren nach § 84 GBO die Löschung einer Eintragung zu prüfen.[77]

Der Vermerk der **Pfändung eines Miterbenanteils** ist nach durchgeführter Teilungsversteigerung gegenstandslos.[78] Die Eintragung der **Verpfändung des Erbanteils** eines Miterben wird gegenstandslos, wenn der Testamentsvollstrecker das Grundstück wirksam veräußert.[79]

D. Verfahren des Grundbuchamts

Die Löschung gegenstandsloser Eintragungen nach §§ 84 ff. erfolgt **von Amts wegen**. Der Antrag eines Beteiligten hat lediglich die Bedeutung einer Anregung (vgl. § 24 Abs. 1 FamFG).[80] Ob das Löschungsverfahren einzuleiten und durchzuführen ist, hat das Grundbuchamt **nach freiem Ermessen**[81] zu entscheiden (§ 85 Abs. 2 Hs. 1 GBO); Anträge von Beteiligten haben nur die Bedeutung von Anregungen[82] (siehe auch § 85 GBO Rdn 3). Ausnahmsweise kann ein erfolgloser Berichtigungsantrag unter besonderen Voraussetzungen Anlass sein, im Amtsverfahren nach § 84 GBO die Löschung einer Eintragung zu prüfen.[83] Eines förmlichen Einleitungsbeschlusses bedarf es regelmäßig nicht, vgl. § 85 GBO Rdn 4. Die für die Löschung erforderlichen **Ermittlungen** sind nach § 26 FamFG **von Amts wegen** anzustellen und die geeignet erscheinenden Beweise zu erheben (siehe § 85 GBO Rdn 5). Zwangsmaßnahmen gegen einen Beteiligten zwecks Antragstellung oder Unterlagenbeschaffung sind nicht zulässig. Zum weiteren Verfahren vgl. §§ 85 ff. GBO. Eine Löschung darf nur erfolgen, wenn die Gegenstandslosigkeit des eingetragenen Rechts **außer Zweifel** steht (vgl. Rdn 3).[84]

Die Entscheidung des Grundbuchamts über eine **Einleitung** ist **grundsätzlich unanfechtbar** (§ 85 Abs. 2 Hs. 2 GBO); zur Anfechtung einer Entscheidung des Rechtspflegers mit der Erinnerung nach § 11 Abs. 2 RPflG siehe § 85 GBO Rdn 6. Ein Übergang eines Amtslöschungsverfahrens in ein Antragsverfahren ist hingegen im (unzulässigen) Rechtsmittelverfahren nicht möglich.[85] Gegen die im eingeleiteten Amtslöschungsverfahren **getroffene Entscheidung des Grundbuchamts** ist nur der Betroffene nach §§ 87 lit. c, 89 GBO beschwerdeberechtigt, nicht indes ein sonstiger Beteiligter, der die Löschung im eigenen Interesse beantragt hatte; dessen Löschungsantrag kann vom Grundbuchamt als Berichtigungsantrag nach §§ 13 Abs. 2, 22 GBO ausgelegt und behandelt werden.[86]

E. Kosten

Für die Durchführung des Amtslöschungsverfahrens einschließlich der Löschung gegenstandsloser Eintragungen sowie für die Beurkundung der Erklärungen der Beteiligten, werden mangels eines entsprechenden Gebührentatbestandes **keine Gerichtsgebühren** erhoben.[87] Das GNotKG vermeidet konsequent Auffanggebühren.[88]

---

76 Zur Löschung des Nacherbenvermerks bei einem Hof im Sinne der HöfeO vgl. OLG Celle RdL 1963, 181.
77 OLG München FamRZ 2013, 155.
78 KG JFG 17, 38.
79 KG JFG 22, 122.
80 BayObLG NJW-RR 1989, 1495; BayObLG Rpfleger 1973, 433; OLG München Rpfleger 2017, 258.
81 OLG München Rpfleger 2017, 258; OLG München MittBayNot 2013, 82.
82 BayObLGZ 1973, 272, 273; OLG München Rpfleger 2017, 258.
83 OLG München FamRZ 2013, 155.
84 BayObLG ZfIR 2003, 341; BayObLG DNotZ 1999, 507; BayObLG NJW-RR 1986, 1206; OLG Düsseldorf RNotZ 2008, 97; OLG Hamm NJW 1965, 2405.
85 OLG Jena FGPrax 1996, 170; OLG München Rpfleger 2017, 258; a.A. OLG Rostock OLGR 2006, 649.
86 BayObLG NJW-RR 1989, 1495; BayObLG BWNotZ 1988, 165; BayObLG DNotZ 1974, 235; KG FGPrax 1997, 212; OLG Hamm OLGZ 1976, 180, 181; OLG München Rpfleger 2008, 480.
87 A.A. Hügel/*Zeiser*, § 84 Rn 15, der für die Löschung eine Gebühr gem. Nr. 14143 KV GNotKG bzw. bei Grundpfandrechten gem. Nr. 14140 KV GNotKG annimmt, Kostenschuldner soll der Eigentümer gem. § 23 Nr. 11 GNotKG sein.
88 Korintenberg/*Heyl*, vor 1.4. KV Rn 9.

§ 85 [Einleitung des Löschungsverfahrens]

(1) Das Grundbuchamt soll das Verfahren zur Löschung gegenstandsloser Eintragungen grundsätzlich nur einleiten, wenn besondere äußere Umstände (z.B. Umschreibung des Grundbuchblatts wegen Unübersichtlichkeit, Teilveräußerung oder Neubelastung des Grundstücks, Anregung seitens eines Beteiligten) hinreichenden Anlaß dazu geben und Grund zu der Annahme besteht, daß die Eintragung gegenstandslos ist.

(2) Das Grundbuchamt entscheidet nach freiem Ermessen, ob das Löschungsverfahren einzuleiten und durchzuführen ist; diese Entscheidung ist unanfechtbar.

A. Normzweck; Allgemeines ... 1	I. Ermessensentscheidung ... 3
B. Voraussetzungen der Verfahrenseinleitung (Abs. 1) ... 2	II. Form der Entscheidung ... 4
	III. Durchführung des Löschungsverfahrens ... 5
C. Entscheidung des Grundbuchamts (Abs. 2 Hs. 1) ... 3	D. Rechtsmittel (Abs. 2 Hs. 2) ... 6

A. Normzweck; Allgemeines

1 § 85 GBO trifft nähere Bestimmungen über die Einleitung, die Durchführung des Verfahrens sowie die Unanfechtbarkeit der Entscheidung des Grundbuchamts über die Einleitung oder Nichteinleitung eines Löschungsverfahrens. Eine generelle Verpflichtung des Grundbuchamts zur Durchsicht der Grundbücher auf gegenstandslose Eintragungen von Amts wegen besteht grundsätzlich nicht.[1] Durch die §§ 84 ff. GBO soll den Beteiligten nicht die Sorge für die Reinhaltung des Grundbuchs abgenommen werden. Es ist vielmehr in erster Linie ihre Aufgabe, die Löschung einer unrichtigen Eintragung herbeizuführen, wie sich bereits aus dem einschränkenden Gesetzeswortlaut „nur einleiten, wenn besondere Umstände" ergibt. Liegt aber im Einzelfall ein dringendes öffentliches Interesse an der Klarheit des Grundbuchs vor, so kann das Grundbuchamt ohne Weiteres den Weg der §§ 84 ff. GBO beschreiten.[2]

B. Voraussetzungen der Verfahrenseinleitung (Abs. 1)

2 Anlass für eine Verfahrenseinleitung kann ein Eintragungs- oder Berichtigungsantrag eines Beteiligten sein, anlässlich dessen Bearbeitung das gegenstandslose Recht vom Grundbuchamt bemerkt wird. Ebenso kann ein Antrag eines Beteiligten auf Löschung eines gegenstandslosen Rechts Anlass zur Verfahrenseinleitung geben, wobei es sich bei diesem **Antrag nur um eine Anregung** handelt (vgl. § 86 GBO). Zudem kann ein erfolgloser Berichtigungsantrag unter besonderen Voraussetzungen Anlass dafür sein, im Amtsverfahren nach § 84 GBO die Löschung einer Eintragung zu prüfen.[3] Für die Einleitung eines Verfahrens auf Löschung gegenstandsloser Rechte sind regelmäßig **zwei Voraussetzungen** erforderlich:

– Ein **hinreichender Anlass** in Gestalt besonderer äußerer Umstände. Als solcher äußerer Anlass kommt neben den im Gesetz erwähnten Umständen auch die durch die Einführung des einheitlichen Grundbuchmusters der GBV (§ 97 Abs. 2 GBV) erforderliche Umschreibung der Grundbücher in Frage.
– **Grund zur Annahme**, dass die Eintragung **gegenstandslos** ist. Hieraus folgt, dass nicht jede Eintragung näher geprüft werden muss. Vielmehr ist die Prüfung des Grundbuchamts auf Eintragungen, bei denen es gewisse Verdachtsmomente für eine Gegenstandslosigkeit bestehen, zu beschränken.

---

1 Bauer/Schaub/*Böhringer*, § 85 Rn 1; *Demharter*, § 85 Rn 1; Hügel/*Zeiser*, § 85 Rn 1; Meikel/*Schneider*, § 85 Rn 1.
2 KG JFG 21, 120.
3 OLG München FamRZ 2013, 155.

C. Entscheidung des Grundbuchamts (Abs. 2 Hs. 1)

I. Ermessensentscheidung

In dem Rahmen der genannten Voraussetzungen **entscheidet** das **Grundbuchamt nach freiem Ermessen**[4] über die Einleitung des Verfahrens; Anträge von Beteiligten haben nur die Bedeutung von Anregungen.[5] Bei seiner Entscheidung hat sich das Grundbuchamt im Wesentlichen von Zweckmäßigkeitsgesichtspunkten leiten lassen. Das Grundbuchamt wird deshalb ein Verfahren in der Regel nur einleiten, wenn mit einer Wahrscheinlichkeit damit zu rechnen ist, dass es auch zu einer Löschung der fraglichen Eintragung kommt. Berücksichtigt werden kann im Rahmen der Ermessensentscheidung auch das Interesse der Öffentlichkeit und des Grundbuchamts an einem übersichtlichen Grundbuch, das nur relevante Rechte ausweist. Sind umfangreiche und kostspielige Ermittlungen erforderlich, wird sich eine Einleitung und Durchführung des Verfahrens nur rechtfertigen lassen, wenn der Aufwand in einem angemessenen Verhältnis zur Bedeutung der Eintragung steht. Ebenso kann das Grundbuchamt jederzeit nach freiem Ermessen von der Durchführung des eingeleiteten Verfahrens wieder **Abstand nehmen**, wenn es sich hiervon keinen Erfolg verspricht.

II. Form der Entscheidung

Eines **förmlichen Einleitungsbeschlusses** bedarf es – anders ist es im Rangklarstellungsverfahren nach § 91 Abs. 2 GBO – regelmäßig nicht.[6] Es genügt ein Vermerk in den Akten oder die bloße Vornahme von Ermittlungen. Dasselbe gilt, wenn die Einleitung des Verfahrens abgelehnt oder ein eingeleitetes Verfahren eingestellt wird, sofern nicht der Fall des § 86 GBO gegeben ist.[7] Ergeht ein förmlicher (vgl. § 38 FamFG) Einleitungsbeschluss oder ein Ablehnungsbeschluss (vgl. § 38 FamFG), so muss dieser – zumindest knapp – begründet werden (vgl. § 38 Abs. 3 S. 1 FamFG),[8] sofern keine der in § 38 Abs. 4 FamFG vorgesehenen Möglichkeiten für ein Absehen von einer Begründung vorliegen. Der Beschluss ist etwaigen Beteiligten bekannt zu geben (vgl. § 41 Abs. 1 S. 1 FamFG)[9] und – sofern die Voraussetzungen einer befristeten Erinnerung nach § 11 Abs. 2 RPflG gegeben sind (vgl. Rdn 7) – mit einer entsprechenden Rechtsbehelfsbelehrung (§ 39 FamFG) versehen werden.

III. Durchführung des Löschungsverfahrens

Zu der Durchführung des Löschungsverfahrens enthält § 85 GBO keine eigenständigen Regelungen. Insoweit finden auf die Sachverhaltsaufklärung und die Beweiserhebung die Vorschriften des FamFG Anwendung. Es gilt der Amtsermittlungsgrundsatz (§ 26 FamFG). Die Beweiserhebung kann im Wege des Frei- oder Strengbeweises (§§ 29 f. FamFG) erfolgen, wobei regelmäßig die Beweiserhebung hinsichtlich der Gegenstandslosigkeit des Rechts mit den Mitteln des Strengbeweises, insbesondere durch Urkunden, angezeigt sein dürfte.[10] Hinsichtlich der Voraussetzungen einer Löschung enthält § 87 GBO weitere Regelungen (siehe § 87 GBO Rdn 2 ff.).

D. Rechtsmittel (Abs. 2 Hs. 2)

Die im Rahmen der Einleitung eines Löschungsverfahrens vom Grundbuchamt getroffenen **Entscheidungen** sind **unanfechtbar**, da das Grundbuchamt die für die Einleitung und Durchführung des Verfahrens maßgebenden Umstände am besten beurteilen kann und sich die auf Zweckmäßigkeitserwägungen beruhende Entscheidung für eine Nachprüfung durch eine höhere Instanz kaum eignet. Außerdem vereinfacht die Unanfechtbarkeit das Verfahren wesentlich. Insbesondere ist die Ablehnung einer Löschung

---

4 BayObLG Rpfleger 1973, 433; OLG München Rpfleger 2017, 258; OLG München MittBayNot 2013, 82.
5 BayObLG Rpfleger 1973, 433; OLG München Rpfleger 2017, 258.
6 OLG Hamm OLGZ 1965, 87.
7 *Demharter*, § 85 Rn 4.
8 A.A. Begründung nicht erforderlich: Bauer/Schaub/*Böhringer*, § 85 Rn 12; Meikel/*Schneider*, § 85 Rn 14, indes einschränkend Rn 15 bei Vorliegen des § 86 GBO.
9 A.A. Bekanntmachung nicht erforderlich: Bauer/Schaub/*Böhringer*, § 85 Rn 12; Meikel/*Schneider*, § 85 Rn 14, indes einschränkend Rn 15 bei Vorliegen des § 86 GBO.
10 Vgl. auch Meikel/*Schneider*, § 85 Rn 11.

nicht anfechtbar.[11] Das gilt auch, wenn das Beschwerdegericht einen Feststellungsbeschluss des Grundbuchamts nach § 87 lit. c GBO aufhebt und damit das eingeleitete Löschungsverfahren zum Abschluss bringt (siehe § 89 GBO Rdn 2 ff.).[12]

7 Gegen die Ermessensentscheidung des für die Entscheidung über die Einleitung des Verfahrens grundsätzlich zuständigen Rechtspflegers (§ 3 Nr. 1 lit. h RPflG) findet wegen der Unanfechtbarkeit indes die **befristete Erinnerung** nach § 11 Abs. 2 S. 1 RPflG statt,[13] über die im Fall der Nichtabhilfe durch den Rechtspfleger der Richter des Grundbuchamts abschließend entscheidet. Eine Erinnerung kann indes nur dann wirksam bei einer Rechtsbeeinträchtigung und damit einer Beschwer des Erinnerungsführers durch die Entscheidung des Rechtspflegers erhoben werden. Diese liegt regelmäßig nur im Fall der Ablehnung einer von einem Beteiligten angeregten Einleitung des Löschungsverfahrens (vgl. § 86 GBO) vor.[14] Sofern ausnahmsweise der Richter entscheidet, kommt bei einer Verletzung des rechtlichen Gehörs eine Anhörungsrüge gem. § 44 FamFG in Betracht.

8 Ein unzulässiges Rechtsmittel desjenigen, der eine Löschung erfolglos angeregt hat, kann jedoch vom Grundbuchamt als neuer Grundbuchberichtigungsantrag nach §§ 13 Abs. 2, 22 GBO behandelt werden;[15] dagegen ist eine Überleitung eines (unzulässigen) Rechtsmittels in ein Antragsverfahren nicht möglich.[16]

§ 86 [Anregung des Löschungsverfahrens durch Beteiligten]

Hat ein Beteiligter die Einleitung des Löschungsverfahrens angeregt, so soll das Grundbuchamt die Entscheidung, durch die es die Einleitung des Verfahrens ablehnt oder das eingeleitete Verfahren einstellt, mit Gründen versehen.

A. Normzweck; Allgemeines 1   C. Bekanntgabe 4
B. Begründete Entscheidung 2

A. Normzweck; Allgemeines

1 § 86 GBO enthält eine Sondervorschrift für den Fall, dass ein Beteiligter die Einleitung des Löschungsverfahrens angeregt hat, ohne den Grundsatz des § 85 Abs. 2 GBO, dass das Grundbuchamt nach freiem Ermessen entscheidet, zu durchbrechen. Um den Beteiligten nicht in Ungewissheit über seine Anregung zu lassen und ihn ggf. zur Beschaffung weiterer für eine Löschung erforderlicher Unterlagen zu veranlassen, schreibt die Vorschrift – abweichend von der allgemeinen Regelung in § 24 Abs. 2 FamFG – auch bei einer Anregung die Begründung der verfahrensabschließenden Entscheidung und damit eine **förmliche Bescheidung in Beschlussform** (vgl. § 38 Abs. 1 S. 1 FamFG)[1] vor, wenn das Grundbuchamt die Einleitung des Löschungsverfahrens ablehnt oder später das eingeleitete Verfahren einstellt.

---

11 BayObLGZ 1997, 266, 268; BayObLG NJW-RR 1989, 1495; BayObLG NJW-RR 1987, 1200, OLG München Beschl. v. 28.7.2020 – 34 Wx 564/19, juris; OLG München v. 29.5.2018 – 34 Wx 97/18, juris.
12 BayObLG NJW-RR 1987, 1200.
13 OLG Brandenburg Beschl. v. 19.6.2008 – 2 Wx 48/07, BeckRS 2008, 15841; OLG Frankfurt OLGR 2005, 332; OLG München Rpfleger 2017, 258; OLG München FGPrax 2015, 61; Bauer/Schaub/*Böhringer*, § 85 Rn 17; a.A. die Frage der generellen Statthaftigkeit ist vom Vorliegen einer konkreten Rechtsbeeinträchtigung abhängig: *Demharter*, § 85 Rn 6; Hügel/*Zeiser*, § 85 Rn 10 ff.
14 Vgl. OLG München Rpfleger 2017, 258; so im Ergebnis auch: *Demharter*, § 85 Rn 6; Hügel/*Zeiser*, § 85 Rn 13.

15 BayObLG NJW-RR 1989, 1495; BayObLG BWNotZ 1988, 165; BayObLG DNotZ 1974, 235; KG FGPrax 1997, 212; OLG Hamm OLGZ 1976, 180, 181; OLG München Rpfleger 2008, 480.
16 OLG Jena FGPrax 1996, 170; OLG München Beschl. v. 22.12.2016 – 34 Wx 455/16, juris; a.A. OLG Rostock OLGR 2006, 649.
1 A.A. Bauer/Schaub/*Böhringer*, § 86 Rn 4, der eine Entscheidung durch Verfügung für ausreichend erachtet; Meikel/*Schneider*, § 86 Rn 4, der einen Vermerk und auch eine mündliche Erläuterung für ausreichend erachten; unklar Hügel/*Zeiser*, § 86 Rn 4 bzw. Rn 5.

B. Begründete Entscheidung

Die Anregung auf Einleitung des Löschungsverfahrens ist kein Antrag. Da das Grundbuchamt nach freiem Ermessen durch unanfechtbaren Beschluss entscheidet (§ 85 Abs. 2 Hs. 2), war vor dem Inkrafttreten des FamFG eine **Begründung der Entscheidung** nach allgemeinen Grundsätzen nicht erforderlich. Nunmehr muss nach § 38 Abs. 3 S. 1 FamFG, der auch auf Beschlüsse des Grundbuchamts Anwendung findet,[2] ein Beschluss stets eine Begründung enthalten, sofern nicht einer der Ausnahmen nach § 38 Abs. 4 FamFG vorliegt. Die Begründungspflicht besteht unabhängig von der Möglichkeit einer Anfechtbarkeit der Entscheidung, wie sich bereits aus dem Wortlaut des § 38 Abs. 3 GBO („ist zu begründen") erschließt.

Hinsichtlich des **Umfangs der Begründung** enthält § 86 GBO keine Vorgabe. Diese richtet sich nach dem Einzelfall. Notwendig ist eine Darlegung der tragenden Erwägungen, die das Gericht veranlasst haben, von einer Einleitung des Verfahrens abzusehen bzw. das eingeleitete Verfahren einzustellen. Gegebenenfalls ist aufzuzeigen, wieso die benannten bzw. vorgelegten Unterlagen für eine Löschung nicht ausreichen und welche Nachweise für die Durchführung eines Löschungsverfahrens noch erforderlich sind. Die Entscheidung des Grundbuchamts ist – unabhängig ob sie mit einer Begründung versehen ist oder (fehlerhaft) ohne (ausreichende) Begründung ergeht – nicht mit einem Rechtsmittel anfechtbar. Im Fall einer Entscheidung durch den Rechtspfleger, was der Regelfall ist (vgl. § 3 Nr. 1h RPflG), findet aber eine Überprüfung im Wege der **befristeten Erinnerung** (§ 11 Abs. 2 RPflG) statt (vgl. § 85 GBO Rdn 7); erinnerungsbefugt ist derjenige der die Löschung angeregt hat.[3]

C. Bekanntgabe

Die Entscheidung muss den Beteiligten gem. § 41 Abs. 1 S. 1 FamFG **bekannt gegeben werden**. Eine formlose Übersendung der Entscheidung (vgl. § 15 Abs. 3 FamFG) genügt nur dann ausnahmsweise, wenn gegen die Entscheidung die Einlegung einer befristeten Erinnerung (vgl. § 11 Abs. 2 S. 1 RPflG) nicht statthaft ist,[4] also der Richter die Entscheidung nach § 86 GBO getroffen hat. Ansonsten richtet sich die Art und Weise der Bekanntgabe nach §§ 41 Abs. 1 S. 1, 15 Abs. 1, Abs. 2 FamFG; erforderlich ist dann eine förmliche Bekanntgabe.[5]

Wer **Beteiligter** ist, sagt das Gesetz nicht. In jedem Fall werden der Anregende und regelmäßig der Grundstückseigentümer zu beteiligen sein.[6] Außerdem können auch diejenigen, für die ein Recht am Grundstück eingetragen ist, als Beteiligte in Betracht kommen, wobei der Ausdruck „Recht" im Sinne von § 84 Abs. 3 GBO weit auszulegen ist.[7]

§ 87 [Löschung einer Eintragung]

Die Eintragung ist zu löschen:
a) wenn sich aus Tatsachen oder Rechtsverhältnissen, die in einer den Anforderungen dieses Gesetzes entsprechenden Weise festgestellt sind, ergibt, daß die Eintragung gegenstandslos ist;
b) wenn dem Betroffenen eine Löschungsankündigung zugestellt ist und er nicht binnen einer vom Grundbuchamt zugleich zu bestimmenden Frist Widerspruch erhoben hat;
c) wenn durch einen mit Gründen zu versehenden Beschluß rechtskräftig festgestellt ist, daß die Eintragung gegenstandslos ist.

A. Normzweck; Allgemeines 1	II. Fehlender Widerspruch gegen Löschungs-
B. Voraussetzungen der Löschung 2	ankündigung (lit. b) 4
I. Feststellung der Gegenstandslosigkeit (lit. a) 2	1. Grundsatz 4

---

2 *Demharter*, § 1 Rn 75.
3 OLG München Rpfleger 2017, 258; OLG München Beschl. v. 3.9.2014 – 34 Wx 90/14, juris.
4 Hügel/*Zeiser*, § 86 Rn 7.
5 So auch Hügel/*Zeiser*, § 86 Rn 6.
6 Bauer/Schaub/*Böhringer*, § 86 Rn 3; a.A. keine Pflicht zur Beteiligung des Eigentümers: Hügel/*Zeiser*, § 86 Rn 3; Meikel/*Schneider*, § 86 Rn 3.
7 Bauer/Schaub/*Böhringer*, § 86 Rn 3; *Demharter*, § 86 Rn 3.

2. Form und Inhalt	6	III. Rechtskräftige Feststellung der Gegenstandslosigkeit (lit. c)	13
3. Frist	7		
4. Zustellung und Adressat	8	**C. Durchführung der Löschung und dessen Wirkung**	16
5. Widerspruch	10		
6. Weitere Voraussetzungen	12	**D. Rechtsmittel**	19

A. Normzweck; Allgemeines

1 § 87 GBO enthält die verfahrensrechtlichen Voraussetzungen für die Löschung einer materiell gegenstandslosen Eintragung im Sinne des § 84 GBO und ergänzt insoweit die §§ 85 f. GBO. Das Gesetz lässt für die Löschung drei Wege zu, die enumerativ genannt werden. Jeder für sich rechtfertigt zwar die Amtslöschung. Sie stehen jedoch in einem subsidiären Verhältnis, und zwar derart, dass der in lit. b genannte Weg, nämlich die widerspruchlose Entgegennahme der Löschungsankündigung, erst in Betracht kommt, wenn die in lit. a aufgeführte Möglichkeit der Feststellung der Gegenstandslosigkeit in grundbuchmäßiger Form scheitert, und die in lit. c erwähnte rechtskräftige Feststellung der Gegenstandslosigkeit erst, wenn die in den lit. a und lit. b geschilderten Wege versagen.[1] Die Durchführung des Amtslöschungsverfahrens nach lit. c kommt vor allem dann in Betracht, wenn der Betroffene unbekannt ist,[2] oder wenn das Verfahren deshalb nicht durchführbar ist, weil ein Betroffener der Löschungsankündigung nach lit. b widersprochen hat.[3]

B. Voraussetzungen der Löschung

I. Feststellung der Gegenstandslosigkeit (lit. a)

2 Eine Eintragung kann gelöscht werden, wenn sich ihre Gegenstandslosigkeit aus Tatsachen oder Rechtsverhältnissen ergibt, die in einer den Anforderungen der GBO entsprechenden Weise festgestellt sind. Hiermit wird auf § 29 GBO, der an sich nur für das Antragsverfahren gilt, hingewiesen und die Löschung für zulässig erklärt, wenn die Gegenstandslosigkeit der Eintragung offenkundig und damit dem Grundbuchamt zweifelsfrei bekannt ist[4] (siehe § 29 GBO Rdn 172 f.) oder, sofern sie aus Erklärungen abzuleiten ist, in der Form des § 29 GBO durch öffentliche oder öffentlich beglaubigte Urkunden (siehe § 29 GBO Rdn 146 ff.) nachgewiesen wird.[5] Der Offenkundigkeit gleichzusetzen ist die sich unmittelbar aus dem Gesetz ergebende Gegenstandslosigkeit einer Eintragung, so wenn das den Gegenstand der Eintragung bildende Recht durch Gesetz aufgehoben worden ist.[6] In diesen Fällen wäre auch eine Berichtigung nach §§ 19, 22 GBO möglich. § 87 GBO lässt sie von Amts wegen zu, ohne dass der Beteiligte einen Antrag stellt und die Nachweise beibringt.

3 Die erforderlichen Ermittlungen hat das Grundbuchamt von Amts wegen (§ 26 FamFG) durchzuführen, dazu gehört insbesondere die Beschaffung etwa erforderlicher Unterlagen in grundbuchmäßiger Form. Auch ein das Verfahren anregender Beteiligter kann entsprechende Nachweise vorlegen. Das Grundbuchamt ist aber nicht berechtigt, die Beteiligten mit Zwangsmittel hierzu anzuhalten. Vor einer Löschung, insbesondere von Grunddienstbarkeiten oder von Rechten, ist den beteiligten – unmittelbar betroffenen – Personen rechtliches Gehör zu gewähren (Art. 103 Abs. 1 GG).[7]

II. Fehlender Widerspruch gegen Löschungsankündigung (lit. b)

1. Grundsatz

4 Lässt sich die Gegenstandslosigkeit der Eintragung nicht in grundbuchmäßiger Form feststellen, so darf eine Löschung erfolgen, wenn dem Betroffenen eine Löschungsankündigung zugestellt wurde und er nicht binnen einer zugleich vom Grundbuchamt bestimmten Frist Widerspruch erhoben hat. Über den Er-

---

1 OLG Karlsruhe Rpfleger 1993, 192; *Demharter*, § 87 Rn 1; Hügel/*Zeiser*, § 87 Rn 1.
2 Siehe dazu *Peter*, BWNotZ 1983, 49, 52.
3 *Demharter*, § 87 Rn 10; Hügel/*Zeiser*, § 87 Rn 2; Meikel/ *Schneider*, § 87 Rn 11.
4 BayObLGZ 1952, 324; KG JFG 20, 220; OLG Frankfurt Rpfleger 1972, 104.
5 BayObLGZ 1955, 296; vgl. OLG Brandenburg v. 20.12.2007 – 5 Wx 30/07, juris; OLG Düsseldorf RNotZ 2011, 295; OLG München RNotZ 2011, 295.
6 OLG Hamm OLGZ 1965, 87.
7 OLG München NJW-RR 2009, 597; Bauer/Schaub/*Böhringer*, § 87 Rn 16; Hügel/*Zeiser*, § 87 Rn 5.

lass einer Löschungsankündigung entscheidet das Grundbuchamt gem. § 85 Abs. 2 GBO **nach freiem Ermessen**. Insoweit ist zwar nicht erforderlich, dass das Grundbuchamt die Gegenstandslosigkeit der Eintragung bereits sicher festgestellt hat. Das Grundbuchamt wird aber durch geeignete Amtsermittlungen (§ 26 FamFG) vorher festzustellen haben, dass eine **Wahrscheinlichkeit für die Gegenstandslosigkeit** vorliegt.[8] Denn nach § 85 Abs. 1 GBO darf das Amtslöschungsverfahren nur eingeleitet werden, sofern Grund für die Annahme besteht, dass ein Recht gegenstandslos ist (siehe § 85 GBO Rdn 3). Durch die Löschungsankündigung wird das rechtliche Gehör gewahrt.

Eine Vorlöschungsklausel nach § 23 Abs. 2 GBO stellt nur eine verfahrensmäßige Erleichterung im Falle einer Löschung auf Antrag dar, liefert aber nicht den Nachweis der Gegenstandslosigkeit, wie er nach § 87 GBO für eine Löschung von Amts wegen erforderlich ist. Eine Löschung von Amts wegen kommt deshalb allein aufgrund der Vorlöschungsklausel nach § 23 Abs. 2 GBO nicht in Betracht.[9]

2. Form und Inhalt

Zum **Inhalt sowie der Form einer Löschungsankündigung** enthält das Gesetz keine Vorgaben. Vielmehr ist das Grundbuchamt insoweit frei. Da es sich nicht um eine verfahrensbeendende Entscheidung handelt, wird die Auffassung vertreten, die Ankündigung könne auch im Wege einer Verfügung erfolgen. Angesichts der erheblichen Folgen der Versäumung der Einlegung eines Widerspruchs erscheint indes die **Beschlussform** des § 38 FamFG geboten, um so die Bedeutung der Ankündigung herauszustellen und die Akzeptanz bei dem Empfänger zu erhöhen. Inhaltlich müssen der Beschluss und das zu löschende Recht konkret bezeichnet sowie die Gründe für eine Gegenstandslosigkeit angegeben werden. Zudem muss über die Möglichkeit des Widerspruchs und die Folgen eines nicht rechtzeitigen Widerspruchs **belehrt werden**. Zudem sollte darauf hingewiesen werden, dass ein unbegründeter Widerspruch die Möglichkeit der Fortführung des Löschungsverfahrens nach lit. c eröffnet.[10]

3. Frist

Schließlich ist mit der Löschungsankündigung zugleich eine **Frist zu setzen**, innerhalb der der Widerspruch erhoben werden kann. Die Widerspruchsfrist muss angemessen sein und den gegebenen Verhältnissen gerecht werden. Dabei müssen auch die Belange der Betroffenen berücksichtigt werden. Eine Frist von vier Wochen kann ausreichend sein.[11] Es handelt sich hierbei nicht um eine Ausschlussfrist (siehe Rdn 10).

4. Zustellung und Adressat

Die **Zustellung einer Löschungsankündigung** setzt voraus, dass alle Beteiligten, die von der Löschung betroffen werden, dem Grundbuchamt bekannt und dass auch erreichbar sind. Die Zustellung hat förmlich (§§ 15, 41 FamFG) unter Beachtung des § 88 Abs. 2 GBO (vgl. § 88 GBO Rdn 4 f.) zu erfolgen. Eine **öffentliche Zustellung** an die Beteiligten ist ausgeschlossen (§ 88 Abs. 2 lit. b GBO); ebenfalls kommt keine Bestellung eines Pflegers für einen Beteiligten durch das Grundbuchamt in Betracht.[12] Zuzustellen ist an den oder die Betroffenen. Dies sind die materiell Betroffenen im Sinne des § 19 GBO, die durch die Löschung beeinträchtigt werden oder möglicherweise beeinträchtigt werden können (siehe § 19 GBO Rdn 42 ff.).[13] Die Wirkungen einer Löschungsankündigung treten mit der Bekanntgabe an den betroffenen Beteiligten ein (§ 40 FamFG).

Ist der in Wirklichkeit Betroffene ein anderer als derjenige, welchen das Grundbuchamt als den Betroffenen ansieht, so hat dennoch die Zustellung an den nach Auffassung des Grundbuchamts Betroffenen und die Nichterhebung des Widerspruchs die Wirkung des § 87 GBO. Derjenige jedoch, der eine solche Ankündigung zugestellt erhält und dem Grundbuchamt nicht davon Kenntnis gibt, dass er nicht oder nicht mehr der Berechtigte sei, macht sich unter Umständen dem wirklich Berechtigten gegenüber schadensersatzpflichtig, wenn es zur Löschung kommt und infolgedessen der wirklich Berechtigte sein Recht durch die Wirkung des öffentlichen Glaubens endgültig verliert.

---

8 Bauer/Schaub/*Böhringer*, § 87 Rn 7; *Demharter*, § 87 Rn 6; Hügel/*Zeiser*, § 87 Rn 7; Meikel/*Schneider*, § 87 Rn 8.
9 LG Saarbrücken ZfIR 2005, 470.
10 *Demharter*, § 87 Rn 6, Hügel/*Zeiser*, § 87 Rn 8; Meikel/*Schneider*, § 87 Rn 8.
11 Bauer/Schaub/*Böhringer*, § 87 Rn 9; Hügel/*Zeiser*, § 87 Rn 9.
12 BayObLGZ 1955, 296.
13 Vgl. BGH NJW 1984, 2409; BGH NJW 1976, 962.

5. Widerspruch

10 Der Widerspruch kann **schriftlich**, als **elektronisches Dokument** aber auch **zur Niederschrift** beim Grundbuchamt erhoben werden. Da lit. b nicht auf § 14b FamFG verweist besteht auch weiterhin für Rechtsanwälte, Notare, Behörden oder juristischen Personen des öffentlichen Rechts **keine Pflicht** zur Einreichung des Widerspruchs als elektronisches Dokument. Ob auch eine telefonische Einlegung möglich ist,[14] erscheint wegen der fehlenden Möglichkeit der zuverlässigen Feststellung der Person des Widersprechenden bedenklich. Auf jeden Fall sollte der Anrufer angehalten werden, den Widerspruch nochmals schriftlich einzureichen bzw. persönlich beim Grundbuchamt einzulegen. Der Widerspruch bedarf keiner Begründung; eine solche kann aber – auch im Hinblick auf die Möglichkeit einer anschließenden Löschung aufgrund eines rechtskräftigen Feststellungsbeschlusses nach lit. c – sinnvoll sein. Die in der Löschungsankündigung vom Grundbuchamt bestimmte Widerspruchsfrist ist allerdings keine Ausschluss- oder Notfrist; vielmehr ist auch ein Widerspruch, der nach Ablauf der Frist, aber vor Ausführung der Löschung eingeht, zu beachten.[15]

11 Erhebt der Betroffene **keinen Widerspruch**, so ist die Versäumnis der Frist ein Indiz für die Gegenstandslosigkeit der Eintragung und somit der Unrichtigkeit des Grundbuchs. Das Grundbuchamt ist berechtigt, indes nicht verpflichtet, die angekündigte Löschung tatsächlich durchzuführen.[16]

6. Weitere Voraussetzungen

12 An den weiteren materiellen Erfordernissen der Löschung wird grundsätzlich nichts geändert, z.B. ist die Vorlegung des Hypothekenbriefs (§ 41 GBO) erforderlich. Das Erfordernis des § 39 GBO (Voreintragung des Betroffenen) ist stets erfüllt, da durch Nichterhebung des Widerspruchs die Unrichtigkeit für das Grundbuchverfahren feststeht und in diesem Falle immer nur der Buchberechtigte betroffen ist. Das Recht des GBA, gleichwohl von der Löschung Abstand zu nehmen, bleibt unberührt (§ 85 Abs. 2 GBO). In diesem Fall wird, sofern die Beteiligten von dem Verfahren Kenntnis haben, nach § 86 GBO verfahren. Die Versäumung der Frist ersetzt nicht die materiell-rechtliche Erklärung des Betroffenen, die zur Aufhebung des Rechts erforderlich wäre (§ 875 BGB).

III. Rechtskräftige Feststellung der Gegenstandslosigkeit (lit. c)

13 Lässt sich die Gegenstandslosigkeit der Eintragung nicht in grundbuchmäßiger Form nachweisen (lit. a) und ist auch der Weg der Löschungsankündigung (lit. b) nicht möglich, so kann nach lit. c die Löschung aufgrund eines mit Gründen versehenen förmlichen **Feststellungsbeschlusses** erfolgen. Diese Möglichkeit kommt vor allem in Betracht, wenn der Betroffene oder sein Aufenthalt unbekannt ist oder wenn er gegen die Löschungsankündigung Widerspruch erhoben hat.

14 Der Feststellungsbeschluss muss die **Form des § 38 FamFG** einhalten. Er bedarf somit gem. § 38 Abs. 2 FamFG eines Rubrums sowie einer Beschlussformel, die dahingehend lautet, dass die Gegenstandslosigkeit des Rechts festgestellt wird. Außerdem muss der Beschluss eine Begründung enthalten (§ 38 Abs. 3 FamFG), die sich mit den maßgeblichen Gesichtspunkten auseinandersetzt. Schließlich muss der Beschluss gem. § 39 FamFG mit einer Belehrung über das fristgebundene Rechtsmittel nach § 89 GBO versehen sein; fehlt diese Belehrung, kommt eine Wiedereinsetzung in den vorigen Stand gem. §§ 17 ff. FamFG in Betracht. Zudem ist der Feststellungsbeschluss den Betroffenen zuzustellen (vgl. §§ 88 Abs. 2 lit. c und 89 GBO), wobei auch eine öffentliche Zustellung möglich ist (§ 88 Abs. 2 lit. c GBO).

15 Wird die Beschwerdefrist des § 89 GBO versäumt oder ist der Rechtsweg erschöpft, so erlangt der Feststellungsbeschluss **formelle Rechtskraft**. Nur diese ist in lit. c gemeint. Mit Eintritt der formellen Rechtskraft ist das Grundbuchamt berechtigt, die Löschung vorzunehmen. Eine Verpflichtung hierzu besteht nicht, vielmehr kann das Grundbuchamt – z.B. bei neuen Erkenntnissen – auch davon Abstand nehmen.[17]

---

14 So Hügel/*Zeiser*, § 87 Rn 15; Meikel/*Schneider*, § 87 Rn 12.

15 Bauer/Schaub/*Böhringer*, § 87 Rn 9; *Demharter*, § 87 Rn 7; Hügel/*Zeiser*, § 87 Rn 15; Meikel/*Schneider*, § 87 Rn 10.

16 *Demharter*, § 87 Rn 8; Hügel/*Zeiser*, § 87 Rn 16; Meikel/*Schneider*, § 87 Rn 10.

17 Bauer/Schaub/*Böhringer*, § 87 Rn 14; *Demharter*, § 87 Rn 11; Meikel/*Schneider*, § 87 Rn 13.

C. Durchführung der Löschung und dessen Wirkung

Die **Löschung einer gegenstandslosen Eintragung** folgt gem. § 46 Abs. 1 GBO durch Eintragung eines Löschungsvermerks (vgl. § 46 GBO Rdn 5) oder gem. § 46 Abs. 2 GBO durch Nichtübertragung auf ein anderes Grundstücksblatt mit anschließender Rötung gem. § 17 GBV (siehe § 46 GBO Rdn 6). Die Aufnahme eines Hinweises, dass die Löschung auf ein Verfahren gem. §§ 84 ff. GBO beruht, ist nicht erforderlich, da sich hieran keine besondere Wirkung knüpft.[18]

Die **Wirkung der Löschung** ist in jedem Fall nur buchmäßig. Sie hat nicht das Erlöschen des materiellen Rechts zur Folge; sie beseitigt aber die für den Inhaber des Rechts sprechende Vermutung des § 891 Abs. 1 BGB und begründet zugleich die ihm nachteilige Vermutung des § 891 Abs. 2 BGB.[19] Denn durch die Tatbestände der lit. a bis c wird nur der grundbuchmäßige Nachweis der Unrichtigkeit geführt. Ebenso wie durch eine Löschung nach § 22 GBO das Grundbuch unrichtig werden kann, kann dies auch hier eintreten.[20] Der Betroffene kann verlangen, dass sein Recht wieder eingetragen wird. Ein dritter Rechtserwerber wird nach Löschung durch den öffentlichen Glauben des Grundbuchs gem. § 894 BGB geschützt.

Mit der Löschung im Grundbuch sind **keine Gerichtsgebühren** verbunden, vgl. § 84 GBO Rdn 27.

D. Rechtsmittel

Gegen die **Löschungsankündigung** nach lit. b ist kein Rechtsmittel gegeben;[21] es kann nur der vorgesehene Widerspruch erhoben werden. Gegen den **Feststellungsbeschluss** nach lit. c ist die befristete Grundbuchbeschwerde nach § 89 GBO statthaft. Hebt das Beschwerdegericht den Feststellungsbeschluss auf und lehnt es die Einleitung des Verfahrens gem. § 85 GBO ab, findet hiergegen keine Rechtsbeschwerde statt.[22] Gegen eine **erfolgte Löschung** ist die Beschwerde im Rahmen des § 71 GBO zulässig. Regelmäßig kann mit dieser Beschwerde nur die Eintragung eines Amtswiderspruchs verlangt werden (s. dazu § 71 GBO Rdn 73 ff.). Allerdings ist die Löschung eines Rechts unbeschränkt anfechtbar, wenn dieses Recht nicht dem öffentlichen Glauben des Grundbuchs untersteht und es zur Erhaltung seiner Wirksamkeit gegenüber Dritten nicht der Eintragung bedarf.[23]

§ 88 [Verfahren]

(1) Das Grundbuchamt kann den Besitzer von Hypotheken-, Grundschuld- oder Rentenschuldbriefen sowie von Urkunden der in den §§ 1154, 1155 des Bürgerlichen Gesetzbuchs bezeichneten Art zur Vorlegung dieser Urkunden anhalten.

(2) § 40 Abs. 1 und § 41 Abs. 1 und 2 des Gesetzes über das Verfahren in Familiensachen und in den Angelegenheiten der freiwilligen Gerichtsbarkeit ist auf die Löschungsankündigung (§ 87 Buchstabe b) und den Feststellungsbeschluß (§ 87 Buchstabe c) mit folgenden Maßgaben anzuwenden:

a) § 184 der Zivilprozessordnung ist nicht anzuwenden;

b) die Löschungsankündigung (§ 87 Buchstabe b) kann nicht öffentlich zugestellt werden;

c) der Feststellungsbeschluß (§ 87 Buchstabe c) kann auch dann, wenn die Person des Beteiligten, dem zugestellt werden soll, unbekannt ist, öffentlich zugestellt werden.

A. Normzweck; Allgemeines 1	C. Bekanntgabe der Löschungsankündigung
B. Vorlegung von Briefen und anderen	und des Feststellungsbeschlusses (Abs. 2) 4
Urkunden (Abs. 1) 2	

---

[18] Bauer/Schaub/*Böhringer*, § 87 Rn 17; Meikel/*Schneider*, § 87 Rn 14.
[19] BayObLG NJW-RR 1986, 1206.
[20] KG JFG 10, 280; OLG Hamm OLGZ 1965, 87.
[21] KG JFG 10, 214.
[22] BayObLGZ 1997, 266, 268; BayObLG NJW-RR 1987, 1200; OLG Rostock OLGR 2006, 649.
[23] KG JFG 10, 281; OLG Hamm OLGZ 1965, 87.

A. Normzweck; Allgemeines

1 § 88 GBO ergänzt die Verfahrensvorschriften betreffend die Löschung gegenstandsloser Eintragungen. Grundsätzlich finden auch in Grundbuchsachen auf Amtsverfahren die allgemeinen Vorschriften des **FamFG**, insbesondere der Amtsermittlungsgrundsatz gem. § 26 FamFG, Anwendung, soweit die GBO keine Spezialregelungen enthält. Diese Verfahrensvorschriften fügt § 88 GBO zwei Ergänzungen hinsichtlich der Vorlegung von Briefen und anderen Urkunden sowie der Bekanntgabe der Löschungsankündigung und des Feststellungsbeschlusses hinzu. **Abs. 1** bezweckt die Erfüllbarkeit der im Amtsverfahren nicht geltenden Vorschriften der §§ 41, 42 GBO und dient der sicheren Feststellung des Berechtigten, da bei Briefrechten allein die Eintragung im Grundbuch die Vermutung des § 891 Abs. 1 BGB nicht begründet. Zudem soll hierdurch die Aufnahme des Vermerks entsprechend § 62 Abs. 1 GBO sichergestellt werden.[1] **Abs. 2** wurde durch das Zustellungsgesetz v. 25.6.2001[2] sowie durch das FGG-RG v. 17.12.2008[3] geändert. Die Vorschrift bezweckt zuverlässig die durch das Gericht gesetzte Widerspruchsfrist nach § 87 lit. b GBO bzw. die gesetzliche Beschwerdefrist nach § 87 lit. c GBO in Gang zu setzen und dient damit der Rechtssicherheit.

B. Vorlegung von Briefen und anderen Urkunden (Abs. 1)

2 Grundsätzlich ist das Grundbuchamt nur in den gesetzlich ausdrücklich vorgesehen Fällen ermächtigt, die Besitzer von Urkunden zur Vorlage anzuhalten. Eine solche Ermächtigung enthält Abs. 1 für das Löschungsverfahren. In diesem Verfahren kann der Besitzer von Briefen sowie von Urkunden der in den §§ 1154, 1155 BGB bezeichneten Art (z.B. Abtretungserklärungen, Überweisungsbeschlüsse insbesondere bei Überweisung an Zahlungs Statt gem. § 835 Abs. 2 ZPO, Anerkenntnisse einer kraft Gesetzes übertragenen Forderung etc.) durch das Grundbuchamt zur Vorlegung dieser Unterlagen angehalten werden. Den in § 1155 BGB genannten Urkunden sind der Pfändungsbeschluss nach § 830 ZPO sowie die Verpfändungserklärungen (§ 1274 i.V.m. § 1154 BGB)[4] sowie für den Nachweis eines gesetzlichen Rechtsübergangs Erbscheine oder öffentliche Verfügungen von Todes wegen mit Eröffnungsniederschrift gleichzustellen.[5] Die Löschung einer Briefhypothek, Briefgrundschuld oder Briefrentenschuld ist entsprechend der Vorschrift des § 62 Abs. 1 GBO **auf dem Brief zu vermerken**.

3 Im Falle der Weigerung ist nach entsprechendem Hinweis gem. § 35 Abs. 2 FamFG die Vorlegung mit den **Zwangsmitteln** nach § 35 Abs. 1 FamFG (Zwangsgeld bis zu 25.000 EUR, Zwangshaft bis zu 6 Wochen) oder § 35 Abs. 4 FamFG (zwangsweise Wegnahme der Urkunde) durchsetzbar (s. auch die Kommentierung zu § 62 GBO Rdn 1 ff.). Für den Vollzug der Haft gelten §§ 820g Abs. 1 S. 2, Abs. 2, 802h, 802j Abs. 1 ZPO entsprechend (§ 35 Abs. 3 S. 3 FamFG). Der Zwangsmittelbeschluss ist mit der sofortigen Beschwerde entspr. §§ 567 ff. ZPO anfechtbar (§ 35 Abs. 5 FamFG), weil § 35 FamFG insoweit als Sondervorschrift § 71 Abs. 1 GBO vorgeht.[6]

C. Bekanntgabe der Löschungsankündigung und des Feststellungsbeschlusses (Abs. 2)

4 Die Bekanntgabe der Löschungsankündigung (§ 87 lit. b GBO) oder des Feststellungsbeschlusses (§ 87 lit. c GBO) richtet sich grundsätzlich nach § 41 Abs. 1 FamFG i.V.m. § 15 Abs. 2 S. 1 1. Alt. FamFG. Sie kann durch Bekanntgabe an den anwesenden Empfänger oder § 41 Abs. 2 FamFG oder nach den Vorschriften der ZPO über die Amtszustellung (§§ 166 bis 195 ZPO) bewirkt werden. Dagegen sind gem. Abs. 2 lit. a durch den Ausschluss der Anwendbarkeit des § 184 ZPO die Zustellung an einen Zustellungsbevollmächtigten (§ 184 Abs. 1 S. 1 ZPO) sowie die Zustellung durch Aufgabe zur Post (§ 184 Abs. 1 S. 2 ZPO) ausgeschlossen, da bei diesen Arten der Zustellung eine Klärung der Rechtslage regelmäßig nicht erzielt werden würde. Da Abs. 2 lit. a nur auf § 184 ZPO Bezug nimmt, ist unklar, ob auch die Zustellung

---

1 Bauer/Schaub/*Böhringer*, § 88 Rn 2.
2 BGBl I 2001, 1206.
3 BGBl I 2008, 2586.
4 Bauer/Schaub/*Böhringer*, § 88 Rn 3; Hügel/*Zeiser*, § 88 Rn 3; Meikel/*Schneider*, § 88 Rn 2.
5 Bauer/Schaub/*Böhringer*, § 88 Rn 3; Hügel/*Zeiser*, § 88 Rn 3.
6 OLG Frankfurt a. M. Beschl. v. 26.7.2013 – 20 W 156/13, NJOZ 2014, 341; OLG Hamm FGPrax 2011, 322; OLG München FGPrax 2010, 168; OLG Naumburg FGPrax 2013, 158.

durch Aufgabe zur Post nach § 15 Abs. 2 S. 2. Alt. FamFG unanwendbar ist. Dafür spricht, dass mit Anwendbarkeit dieser Bestimmung die mit dem Amtslöschungsverfahren bezweckte Klärung der Rechtslage nicht ausreichend gewährleistet wird. Letztlich dürfte der Gesetzgeber bei der Neufassung von Abs. 2 dieses Problem übersehen haben.

Ferner gem. Abs. lit. b darf die Löschungsankündigung **nicht öffentlich zugestellt** werden, da hierin eine hinreichende Grundlage für das Präjudiz des § 87 lit. b GBO nicht gesehen werden kann. Damit ist die Löschungsankündigung nur bei einem bekannten Aufenthalt des Betroffenen möglich. Ist der Aufenthalt des Berechtigten unbekannt, so muss ein Feststellungsbeschluss (§ 87 lit. c GBO) erlassen werden, dessen öffentliche Zustellung nicht nur in den Fällen des § 185 ZPO zugelassen ist, sondern darüber hinaus auch in den Fällen, in denen die Person des Beteiligten unbekannt ist. Die Zustellung erfolgt in solchen Fällen an den, den es angeht. 5

§ 89 [Beschwerde gegen den Feststellungsbeschluß]

(1) Die Beschwerde (§ 71) gegen den Feststellungsbeschluß ist binnen einer Frist von zwei Wochen seit Zustellung des angefochtenen Beschlusses an den Beschwerdeführer einzulegen. Das Grundbuchamt und das Beschwerdegericht können in besonderen Fällen in ihrer Entscheidung eine längere Frist bestimmen.
(2) Auf den zur Zustellung bestimmten Ausfertigungen der Beschlüsse soll vermerkt werden, ob gegen die Entscheidung ein Rechtsmittel zulässig und bei welcher Behörde, in welcher Form und binnen welcher Frist es einzulegen ist.

A. Normzweck; Allgemeines 1	II. Beschwerdeverfahren 3
B. Rechtsmittel gegen den	III. Rechtsbeschwerde 7
Feststellungsbeschluss (Abs. 1) 2	C. Rechtsbehelfsbelehrung (Abs. 2) 8
I. Grundsatz 2	

A. Normzweck; Allgemeines

Abs. 1 dient der Beschleunigung des Löschungsverfahrens und lässt gegen den Feststellungsbeschluss die befristete Grundbuchbeschwerde gem. §§ 71 ff. GBO zu, damit die nach § 87 lit. c GBO erforderliche formelle Rechtskraft alsbald eintreten kann. Außerdem schreibt **Abs. 2** eine Rechtsbehelfsbelehrung vor. Die vorgeschriebene Rechtsbehelfsbelehrung war ursprünglich aus Gründen der Rechtsfürsorge in die GBO aufgenommen worden, weil die GBO i.d.R. keine befristete Beschwerde kennt. Die Vorschrift ist indes seit dem Inkrafttreten des FamFG überflüssig, da bereits § 39 FamFG ausdrücklich vorschreibt, dass jeder Beschluss (§ 38 FamFG) mit einer entsprechenden Rechtsbehelfsbelehrung zu versehen ist. Insoweit hat der Gesetzgeber es versäumt, die Vorschrift an das FamFG anzupassen. 1

B. Rechtsmittel gegen den Feststellungsbeschluss (Abs. 1)
I. Grundsatz

Die Beschwerde ist nicht als Beschwerde im Sinne des § 58 FamFG, sondern als befristete Grundbuchbeschwerde ausgestaltet, wie sich aus dem Klammerzitat des § 71 in Abs. 1 GBO erschließt. Daher finden auf die Beschwerde und deren Verfahren die §§ 71 ff. GBO Anwendung. Die **Abhilfemöglichkeit** ergibt sich für das Grundbuchamt aus § 75 GBO. Unterbleibt die Abhilfeentscheidung des Grundbuchamts, kann das Beschwerdegericht dennoch entscheiden, ohne die Sache zunächst zurückzuleiten (siehe § 75 GBO Rdn 3). Hilft das Grundbuchamt der Beschwerde nicht ab, so legt es sie dem OLG als Beschwerdegericht vor. 2

II. Beschwerdeverfahren

3 Die **Form** und der **Adressat der Beschwerde** richten sich nach § 73 GBO. Im Gegensatz zu der unbefristeten Grundbuchbeschwerde sieht Abs. 1 S. 1 eine regelmäßige **Frist** für die Einlegung der Beschwerde von **zwei Wochen** vor. Sie beginnt – abweichend von § 63 Abs. 3 FamFG – stets mit der förmlichen Zustellung des angefochtenen Beschlusses (Abs. 1 S. 1); eine etwaige Fehlerhaftigkeit oder ein Fehlen einer Rechtsbehelfsbelehrung haben auf den Lauf der Frist keine Auswirkungen (vgl. Rdn 10).[1] Die Zustellung hat nach § 15 Abs. 2 S. 1 Alt. 1 GBO nach den §§ 166–195 ZPO zu verfolgen.

4 Die Beschwerdefrist kann nach **Abs. 1 S. 2** in besonderen Fällen durch ausdrückliche Entscheidung des Grundbuchamts verlängert werden. Das kann schon in der Entscheidung selbst oder auch erst während des Laufs der Beschwerdefrist geschehen und sogar nach Ablauf der ursprünglichen Frist, wenn zumindest der Verlängerungsantrag vor Fristablauf beim Grundbuchamt eingeht.[2] Eine Verlängerung durch das Beschwerdegericht scheidet aus, da dieses vor Erhebung des Rechtsmittels noch nicht zur Entscheidung zuständig ist; dieses kann nur die Frist hinsichtlich seiner eigenen Entscheidung verlängern.[3]

5 **Beschwerdeberechtigt** ist der nach § 87 lit. c GBO Betroffene, nicht auch der Beteiligte, der die Löschung im eigenen Interesse beantragt hatte.[4]

6 Auch das **Beschwerdeverfahren** ist ein Amtsverfahren, so dass insbesondere der Amtsermittlungsgrundsatz § 26 FamFG zu beachten ist. Die Beschwerde kann auf neue Tatsachen und Beweise gestützt werden (§ 74 GBO). Zudem ist die Erhebung weiterer Beweise durch das Beschwerdegericht möglich und unter Umständen geboten. Dem Beschwerdegericht obliegt auch die Ermessensentscheidung, inwieweit ein Löschungsverfahren einzuleiten und durchzuführen ist. Hinsichtlich der Form und des Inhalts der Beschwerdeentscheidung gelten die für die Grundbuchbeschwerde aufgestellten Grundsätze (siehe § 77 GBO Rdn 25 ff.). Zur Beifügung einer Rechtsbehelfsbelehrung vgl. Rdn 8.

III. Rechtsbeschwerde

7 Gegen die Entscheidung des Beschwerdegerichts ist die **Rechtsbeschwerde** gegeben, sofern das Beschwerdegericht sie in seiner Entscheidung zugelassen hat (§ 78 Abs. 1 GBO). Sie unterliegt, da Abs. 1 S. 1 nur für die Erstbeschwerde eine kurze Frist von zwei Wochen regelt (siehe Rdn 3), gem. § 78 Abs. 3 GBO i.V.m. § 71 Abs. 1 FamFG der **Monatsfrist**.[5] Auch die Monatsfrist kann, wie sich aus der Formulierung in Abs. 1 S. 2 erschließt, durch das Beschwerdegericht in besonderen Fällen verlängert werden.[6] Die Rechtsbeschwerde ist unzulässig, wenn das Beschwerdegericht die Gegenstandslosigkeit der fraglichen Eintragung verneint und den Feststellungsbeschluss des Grundbuchamts aufhebt. Dies ergibt sich daraus, dass die gleiche Entscheidung des Grundbuchamts nach § 85 Abs. 2 GBO unanfechtbar wäre und das OLG mit seiner Sachprüfung und Entscheidung an die Stelle des Grundbuchamts tritt.[7] Zu den weiteren Einzelheiten zur Rechtsbeschwerde siehe § 78 GBO.

C. Rechtsbehelfsbelehrung (Abs. 2)

8 Der Feststellungsbeschluss **ist** mit einer Rechtsbehelfsbelehrung **zu versehen**. Zwar ist Abs. 2 als „Soll-Vorschrift" formuliert, jedoch muss die Belehrung bereits aus Gründen der Rechtsfürsorge entsprechend § 39 FamFG als zwingend angesehen werden.[8] Zu belehren ist in schriftlicher Form über das Rechtsmittel selbst, über die einzuhaltenden Form- und Fristerfordernisse sowie über das Gericht bzw. die Gerichte, bei denen die Rechtsbehelfe einzulegen sind. Die Belehrung muss einzelfallbezogen sein. Keine Belehrung muss über die Möglichkeit eines Antrages auf Wiedereinsetzung in den vorigen Stand (§ 18 FamFG)

---

1 BGH FGPrax 2012, 182; BGH FGPrax 2010, 96; OLG München FGPrax 2010, 120; *Demharter*, § 89 Rn 7; a.A:. Bauer/Schaub/*Sellner*, § 89 Rn 3; Hügel/*Zeiser*, § 89 Rn 4; unklar Meikel/*Schneider*, § 89 Rn 8.
2 BGH NJW 1982, 1651.
3 Bauer/Schaub/*Sellner*, § 89 Rn 2; Hügel/*Zeiser*, § 89 Rn 3; a.A. Meikel/*Schneider*, § 89 Rn 3.
4 BayObLG Rpfleger 1973, 433; OLG Hamm OLGZ 1976, 180, 181.
5 Bauer/Schaub/*Sellner*, § 89 Rn 7; a.A. Zwei-Wochenfrist: *Demharter*, § 89 Rn 5; Meikel/*Schneider*, § 89 Rn 6; unklar Hügel/*Zeiser*, § 89 Rn 11.
6 So auch: Hügel/*Zeiser*, § 89 Rn 3; a.A. Bauer/Schaub/*Sellner*, § 89 Rn 7.
7 BayObLG NJW-RR 1987, 1200; KG DR 1939, 1822; KG JW 1935, 220; *Demharter*, § 89 Rn 6.
8 Bauer/Schaub/*Sellner*, § 89 Rn 3; Hügel/*Zeiser*, § 89 Rn 14; a.A. *Demharter*, § 89 Rn 7, nur Sollvorschrift.

erfolgen. Die Belehrung soll auf der zur Zustellung bestimmten Ausfertigung des Beschlusses vermerkt werden. Diese Vorschrift ist unter Beachtung der nunmehr in allen Verfahrensordnungen postulierten Belehrungspflicht dahingehend auszulegen, dass die Rechtsbehelfsbelehrung Bestandteil des Feststellungsbeschlusses ist und somit den Gründen zu folgen hat und von der Unterschrift der erkennenden Person erfasst sein muss. Allein das Beifügen einer entsprechenden Formularbelehrung durch die Geschäftsstelle genügt nicht.[9]

Aus Abs. 2 i.V.m. Abs. 1 S. 2 folgt, dass auch die **Beschwerdeentscheidung** mit einer Rechtsbehelfsbelehrung zu versehen ist, wobei im Fall der Nichtzulassung der Rechtsbeschwerde der Hinweis auf die fehlende Anfechtbarkeit der Beschwerdeentscheidung genügt. Eine Belehrung über die Möglichkeit der Erhebung einer Anhörungsrüge (§ 81 Abs. 3 GBO i.V.m. § 44 FamFG) ist nicht erforderlich, da die Anhörungsrüge keine generelle Überprüfung der angefochtenen Entscheidung und deren Abänderung ermöglicht, sondern nur eine Fortsetzung des Verfahrens und erneute Entscheidung bei Verletzung des rechtlichen Gehörs.[10]

9

Das **Unterbleiben der Rechtsmittelbelehrung** bzw. deren **Fehlerhaftigkeit** steht weder der Wirksamkeit der gerichtlichen Entscheidung noch des Eintritts der Rechtskraft bzw. dem Beginn des Laufs der Rechtsmittelfrist entgegen.[11] Es kann aber **Wiedereinsetzung in den vorigen Stand** gewährt werden (§§ 17 ff. FamFG), wobei im Fall einer fehlenden oder fehlerhaften Rechtsbehelfsbelehrung das Verschulden vermutet wird (§ 17 Abs. 2 FamFG). Die Vermutung ist entgegen der teilweise in Rechtsprechung[12] und Literatur[13] vertretenen Auffassung nicht widerlegbar, wie sich aus der Entstehungsgeschichte der Vorschrift ergibt.[14] Die Beantragung einer Wiedereinsetzung ist nach Ablauf eines Jahres, von dem Ende der versäumten Frist an gerechnet, nicht mehr möglich (vgl. § 18 Abs. 4 FamFG bzw. § 105 Abs. 3 GBO). Ebenso scheidet eine Wiedereinsetzung aus, wenn die Löschung bereits im Grundbuch vollzogen ist.[15]

10

Die gesetzliche Vermutung greift nicht im Fall einer **fehlenden Kausalität zwischen Belehrungsmangel und Fristversäumnis**.[16] Daher ist eine Wiedereinsetzung in denjenigen Fällen ausgeschlossen, in denen der Beteiligte wegen vorhandener Rechtskenntnisse über sein Rechtsmittel keiner Unterstützung durch eine Rechtsbehelfsbelehrung bedarf, etwa wenn der Beteiligte anwaltlich vertreten ist[17] oder bei einer sach- und rechtskundigen Behörde.[18] Eine unrichtige Rechtsbehelfsbelehrung eröffnet nicht ein an sich nicht statthaftes Rechtsmittel,[19] z.B. die Beschwerde zum Landgericht oder die Rechtsbeschwerde im Fall der fehlenden Zulassung durch das Beschwerdegericht.

11

III. Klarstellung der Rangverhältnisse

§ 90 [Beseitigung von Unklarheiten]

Das Grundbuchamt kann aus besonderem Anlaß, insbesondere bei Umschreibung unübersichtlicher Grundbücher, Unklarheiten und Unübersichtlichkeiten in den Rangverhältnissen von Amts wegen oder auf Antrag eines Beteiligten beseitigen.

A. Normzweck; Allgemeines	1	C. Verfahren	4
B. Voraussetzungen des Verfahrens	3	D. Kosten	6

---

9 Vgl. auch Sternal/*Jokisch*, § 39 Rn 11.
10 Sternal/*Jokisch*, § 39 Rn 8.
11 BGH FGPrax 2012, 182; BGH FGPrax 2010, 96; OLG München FGPrax 2010, 120; *Demharter*, § 89 Rn 7; a.A.: Bauer/Schaub/*Sellner*, § 89 Rn 3; Hügel/*Zeiser*, § 89 Rn 4; unklar Meikel/*Schneider*, § 89 Rn 8.
12 KG FamRZ 2011, 1663; OLG Brandenburg FamRZ 2012, 474; OLG Oldenburg FamRZ 2012, 1830; OLG Rostock FamRZ 2011, 986.
13 Bumiller/Harders/Schwamb/*Bumiller*, § 17 Rn 22; MüKoFamFG/*Pabst*, § 17 Rn 16.
14 Sternal/*Sternal*, § 17 Rn 46 m.w.N.
15 Bauer/Schaub/*Sellner*, § 89 Rn 4; *Demharter*, § 89 Rn 3; Hügel/*Zeiser*, § 89 Rn 5.
16 St. Rspr. BGH NJW-RR 2014, 517; NJW 2013, 1308; vgl. auch Sternal/*Sternal*, § 17 Rn 47 f.
17 BGH NZI 2018, 96; BGH NJW 2013, 1308; BGH NJW-RR 2012,1025; BGH FamRZ 2012, 367; BGH FamRZ 2011, 100; BGH NJW-RR 2010, 1425.
18 BGH NJW 2013, 1308; BGH FamRZ 2012, 367; OLG Köln FGPrax 2011, 261.
19 BGH FGPrax 2011, 320; BGH NJW-RR 2007, 1071.

A. Normzweck; Allgemeines

1 Die Vorschriften über die Löschung gegenstandsloser Eintragungen (§§ 84 bis 89 GBO) werden durch die §§ 90 bis 115 GBO ergänzt. In diesen Bestimmungen wird ein Verfahren zur **Klarstellung der Rangverhältnisse** der einzelnen in Abt. II und Abt. III eingetragenen Grundstücksrechte geregelt. Es dient dazu, die Grundbücher zu bereinigen und übersichtlicher zu machen. Es sollen Zweifel oder Meinungsverschiedenheiten über die materielle Rechtslage beseitigt und verwickelte Rangverhältnisse vereinfacht werden.[1] Das Verfahren zielt damit auf eine Klärung oder Änderung der materiellen Rechtslage ab und geht damit weit über den üblichen Aufgabenkreis des Grundbuchamts hinaus. Die Tätigkeit ist vergleichbar mit dem notariellen Vermittlungsverfahren zur Auseinandersetzung des Nachlasses (§§ 363 ff. FamFG). Es soll einen gerechten und billigen Ausgleich zwischen den verschiedenen Interessen herbeiführen. Das liegt nicht nur im Interesse des besseren und sichereren Grundbuchverkehrs, sondern erleichtert etwaige Zwangsversteigerungsverfahren, z.B. bei der Aufstellung von Teilungsplänen.

2 Das Bedürfnis für ein Rangklarstellungsverfahren ergab sich in der Inflationszeit nach dem ersten Weltkrieg. Die Aufwertung der Grundpfandrechte und die durch den Vollzug des AufwG vom 16.7.1925[2] entstandenen Veränderungen der Rangverhältnisse führte zu einer teilweisen Funktionslosigkeit des Grundbuchverkehrs. Das GrdBBerG vom 18.7.1930[3] hatte sich in § 24 GBO darauf beschränkt, gewisse Rahmenrichtlinien aufzustellen, innerhalb deren sich die landesrechtliche Regelung bewegen sollten. Daraufhin ist die Preuß. VO über das Verfahren zur Klarstellung der Rangverhältnisse im Grundbuch vom 16.3.1931[4] ergangen. Eine Reihe anderer Länder haben gleichartige Vorschriften erlassen. Diese Bestimmungen, die sich bewährt hatten, sind durch die GBÄndVO mit Wirkung vom 1.4.1936 in die GBO übernommen worden.[5] In der Praxis hat das in der GBO geregelte Rangklarstellungsverfahren kaum Bedeutung. Neben dem Rangklarstellungsverfahren können unübersichtliche Rangverhältnisse u.U. bereits durch eine Umschreibung des Grundbuchblattes (§§ 28 ff. GBV) beseitigt werden.[6]

B. Voraussetzungen des Verfahrens

3 Eine Einleitung des Verfahrens zur Klarstellung bzw. Neuordnung der Rangverhältnisse, das auch als Rangbereinigungsverfahren bezeichnet wird,[7] hat zwei Voraussetzungen:

- Zunächst müssen **Unklarheiten oder Unübersichtlichkeiten in den Rangverhältnissen** vorliegen. Gemeint sind materielle Unklarheiten, d.h. Zweifel oder Meinungsverschiedenheiten über die materielle Rechtslage. Dies kann der Fall sein, wenn die materielle Rechtslage nur mit Schwierigkeiten erkennbar ist oder Zweifel über sie bestehen.[8] Rangverhältnisse sind unübersichtlich, wenn diese entweder formell grundbuchmäßig unübersichtlich oder formell klar, aber materiell besonders verwickelt sind, z.B. im Falle der Häufung relativer Rangverhältnisse durch Rangänderungen, Bestandszuschreibungen oder Vereinigungen unterschiedlich belasteter Grundstücke.[9]
- Weitere formelle Voraussetzung für die Einleitung des Verfahrens ist weiterhin ein **besonderer Anlass**. Das Gesetz erwähnt als Hauptfall die Umschreibung eines Grundbuchblatts wegen Unübersichtlichkeit. In diesem Falle soll nach § 91 Abs. 1 GBO das Grundbuchamt stets prüfen, ob eine Klarstellung geboten ist. Daneben kommen noch andere Anlässe in Betracht, z.B. das Bevorstehen einer Zwangsversteigerung, die Anfrage eines Beteiligten hinsichtlich der bestehenden Rangverhältnisse oder die Umschreibung der Grundbücher auf den einheitlichen Vordruck der GBV.

C. Verfahren

4 Über die Einleitung und Durchführung des Rangklarstellungsverfahrens entscheidet das Grundbuchamt nach „**freiem Ermessen**" (vgl. §§ 91 Abs. 1 S. 2, 109 GBO). Der in § 90 GBO erwähnte **Antrag** eines

---

1 OLG Naumburg FGPrax 2016, 71, 72; *Holzer*, ZNotP 2018, 395, 396; *Saage*, JW 1935, 2769, 2773.
2 RGBl I 1925, 117.
3 RGBl I 1930, 305.
4 PreußGS 1931, 20.
5 Zur Gesetzesgeschichte siehe näher *Holzer*, ZNotP 2018, 393.
6 Bauer/Schaub/*Waldner*, § 90 Rn 10; Hügel/*Hügel*, § 90 Rn 3; Meikel/*Schneider*, § 90 Rn 10.
7 So *Demharter*, § 90 Rn 2.
8 AG Bielefeld Rpfleger 1990, 203; *Holzer*, ZNotP 2018, 395, 399 m.w.N.
9 Bauer/Schaub/*Waldner*, § 90 Rn 9.

Beteiligte ist – wie beim Löschungsverfahren gem. §§ 84 ff. – lediglich als **Anregung** zu verstehen.[10] Auf jeden Fall bedarf es auch bei einem Antrag eines Beteiligten des besonderen Anlasses. Dieser ist gegeben, wenn der Beteiligte geltend macht, bereits aus den Rangverhältnissen seien Schwierigkeiten entstanden oder unmittelbar zu befürchten. Ein Antrag eines Beteiligten, der erkennbar darauf zielt, das Grundbuch hinsichtlich der Rangverhältnisse unübersichtlicher bzw. rechtlich komplizierter zu machen (etwa zur Erschwerung eines Zwangsversteigerungsverfahrens) ist zurückzuweisen.[11] Bei einer irrtümlichen Verwechselung der Bezeichnung einer Grundstücksparzelle besteht lediglich ein Anspruch auf Erteilung einer der Form von § 90 GBO entsprechenden, die Falschbezeichnung richtig stellenden Erklärung.[12] Die Entscheidung des Grundbuchamts über die **Verfahrenseinleitung** oder dessen **Ablehnung** ist grundsätzlich **nicht anfechtbar** (§ 91 Abs. 1 S. 3 GBO); zur gerichtlichen Überprüfung einer Entscheidung des Rechtspflegers bzw. bei Verletzung des rechtlichen Gehörs siehe § 91 GBO Rdn 7.

Auf das Verfahren finden außer den **übrigen Bestimmungen der GBO**, soweit diese passen, ergänzend die Vorschriften und Grundsätze des **FamFG** Anwendung, soweit die §§ 90 bis 115 GBO keine Sondervorschriften enthalten; insbesondere gilt für die Prüfungen und Ermittlungen des Grundbuchamts der Amtsermittlungsgrundsatz (§ 26 FamFG). Anwendbar ist zudem neben § 108 Abs. 1 S. 2 GBO auch § 36 FamFG über die Möglichkeit des Abschlusses eines Vergleichs.[13] Primäre Aufgabe des Grundbuchamts ist die Erreichung einer einvernehmlichen Neuordnung der Rangverhältnisse durch die Beteiligten (vgl. §§ 103 ff. GBO). Gelingt dies nicht, soll das Grundbuchamt den Beteiligten einen Vorschlag zur Neuordnung der Rangverhältnisse unterbreiten (vgl. § 103 GBO).

D. Kosten

Für das Rangbereinigungsverfahren sowie für die Eintragung und Löschung in diesem Verfahren werden keine Gerichtsgebühren erhoben. Die Auslagen des Gerichts sowie die außergerichtlichen Kosten der Beteiligten hat derjenige zu tragen, dem sie das Grundbuchamt auferlegt hat; vgl. dazu § 114 GBO Rdn 1 ff.

§ 91 [Einleitung des Verfahrens]

(1) Vor der Umschreibung eines unübersichtlichen Grundbuchblatts hat das Grundbuchamt zu prüfen, ob die Rangverhältnisse unklar oder unübersichtlich sind und ihre Klarstellung nach den Umständen angezeigt erscheint. Das Grundbuchamt entscheidet hierüber nach freiem Ermessen. Die Entscheidung ist unanfechtbar.
(2) Der Beschluß, durch den das Verfahren eingeleitet wird, ist allen Beteiligten zuzustellen.
(3) Die Einleitung des Verfahrens ist im Grundbuch zu vermerken.
(4) Der Beschluß, durch den ein Antrag auf Einleitung des Verfahrens abgelehnt wird, ist nur dem Antragsteller bekanntzumachen.

A. Normzweck; Allgemeines 1	II. Einleitungsbeschluss (Abs. 1, 2) 4
B. Prüfungspflicht des Grundbuchamts (Abs. 1 S. 1) 2	III. Bekanntgabe (Abs. 1 S. 2, Abs. 4) 5
C. Verfahren des Grundbuchamts 3	IV. Rechtsbehelf (Abs. 1 S. 3) 7
I. Grundsatz (Abs. 1 S. 2) 3	D. Grundbuchvermerk (Abs. 3) 8

A. Normzweck; Allgemeines

§ 91 GBO ergänzt zusammen mit § 109 GBO die Regelung in § 90 GBO und enthält nähere Bestimmungen über die Einleitung des Rangklarstellungsverfahrens. Hierdurch sollen u.a. die Beteiligten über ein entsprechendes Verfahren informiert und deren rechtliches Gehör gewahrt werden. Die Vorschrift ist äu-

---

10 Hügel/*Hügel*, § 90 Rn 3; Meikel/*Schneider*, § 90 Rn 1; Holzer, ZNotP 2018, 395, 399; a.A. Bauer/Schaub/*Waldner*, § 90 Rn 6, unter Hinweis auf § 92.
11 AG Bielefeld Rpfleger 1990, 203.
12 LG Münster, Urt. v. 13.2.2006 – 11 O 352/05, juris.
13 *Holzer*, ZNotP 2018, 395, 397.

ßerlich auf den Fall der Umschreibung eines unübersichtlichen Grundbuchblatts zugeschnitten. Sie enthält indes allgemeine Verfahrensgrundsätze und ist daher auch auf andere Fälle der Einleitung des Rangklarstellungsverfahrens anzuwenden.[1]

B. Prüfungspflicht des Grundbuchamts (Abs. 1 S. 1)

2   Abs. 1 S. 1 legt dem Grundbuchamt die Pflicht auf, vor der Umschreibung eines unübersichtlichen Grundbuchblatts (§ 28 S. 1 GBV) zu prüfen, ob die Rangverhältnisse unklar oder unübersichtlich sind (siehe § 90 GBO Rdn 3) und ihre Klarstellung nach den Umständen angezeigt erscheint. Wegen § 29 GBV gilt die Pflicht auch bei der Umschreibung nach § 28 S. 2 GBV. Obwohl das Gesetz die Prüfungspflicht nur für die Umschreibung eines unübersichtlichen Grundbuchblatts ausdrücklich vorschreibt, hat das Grundbuchamt auch in allen anderen Fällen, in denen ein besonderer Anlass gegeben ist, die gleiche Prüfung vorzunehmen. Während jedoch bei der Umschreibung die Prüfung stets zu erfolgen hat, bedarf es sonst dazu eines besonderen Anlasses (siehe § 90 GBO Rdn 4). Die fehlerhafte Annahme der Voraussetzungen für die Einleitung eines Rangklarstellungsverfahrens begründet keinen Verfahrensmangel, kann aber, da Gerichtskosten nicht anfallen (siehe § 114 GBO Rdn 2), das Absehen von der Erhebung etwaiger gerichtlicher Auslagen rechtfertigen.[2]

C. Verfahren des Grundbuchamts

I. Grundsatz (Abs. 1 S. 2)

3   Das Grundbuchamt entscheidet **nach freiem Ermessen** (Abs. 1 S. 2) darüber, ob die Rangverhältnisse unklar oder unübersichtlich sind und ob ihre Klarstellung angezeigt erscheint, ob also das Verfahren einzuleiten ist. Es wird das Verfahren nur einleiten, wenn seine Durchführung hinreichende Aussicht auf Erfolg verspricht. Ebenso wie im Fall des § 85 Abs. 2 GBO sind im Wesentlichen Zweckmäßigkeitsgesichtspunkte wie Erfolgsaussichten, Ermittlungs-, Kosten- und Nutzenaufwand maßgebend, so dass etwa erforderliche kostspielige und umfangreiche Ermittlungen die Einleitung nur in besonderen Fällen rechtfertigen können. Ein eingeleitetes Verfahren kann das Grundbuchamt nach § 109 jederzeit einstellen, wenn es sich von seiner Fortsetzung keinen Erfolg verspricht.

II. Einleitungsbeschluss (Abs. 1, 2)

4   Das Verfahren beginnt mit einem **förmlichen Einleitungsbeschluss** (Abs. 2); für die Form des Beschlusses gilt § 38 Abs. 2, Abs. 3 FamFG. Der Beschluss ist gem. § 38 Abs. 3 S. 3 FamFG zu erlassen und im Fall der Statthaftigkeit einer befristeten Erinnerung (vgl. Rdn 7) gem. § 39 FamFG mit einer entsprechenden Rechtsbehelfsbelehrung zu versehen. Ein förmlicher Beschluss ist auch dann erforderlich, wenn ein **Antrag** eines Beteiligten (= Anregung, vgl. § 90 GBO Rdn 5) **auf Einleitung** des Verfahrens **abgelehnt** wird (§ 91 Abs. 4 GBO). Zwar schreibt § 91 GBO eine **Begründung** des Einleitungs- und Ablehnungsbeschlusses nicht ausdrücklich vor, jedoch ergibt sich diese Notwendigkeit bereits aus § 38 Abs. 3 S. 1 FamFG sowie den allgemeinen Verfahrensgrundsätzen.[3]

III. Bekanntgabe (Abs. 1 S. 2, Abs. 4)

5   Der Einleitungsbeschluss ist – abweichend von § 41 Abs. 1 S. 2 FamFG – nicht nur demjenigen, dessen erklärten Willen er nicht entspricht, sondern nach § 91 Abs. 2 GBO allen Beteiligten **zuzustellen**. Hierdurch soll das rechtliche Gehör gewährt werden, da die GBO eine Anhörung der Beteiligten vor dem Erlass des Einleitungsbeschlusses nicht vorschreibt. Die Zustellung richtet sich nach § 15 Abs. 2 S. 1 1. Alt. FamFG und hat nach §§ 166 ff. ZPO zu erfolgen.[4] Aufgrund der Regelung in § 98 GBO scheidet eine öffentliche Zustellung aus. Wer als Beteiligter in Betracht kommt, ergibt sich aus §§ 92 ff. GBO. Mit dem

---

1 Bauer/Schaub/*Waldner*, § 91 Rn 1; Hügel/*Hügel*, § 91 Rn 1.
2 Bauer/Schaub/*Waldner*, § 90 Rn 5.
3 Ebenso Bauer/Schaub/*Waldner*, § 91 Rn 4, 8; Hügel/*Hügel*, § 91 Rn 4, 7; Meikel/*Schneider*, § 91 Rn 5, 9; *Holzer*,
ZNotP 2018, 395, 402; a.A. *Demharter*, § 91 Rn 4, beim Einleitungsbeschluss nicht erforderlich.
4 So auch Bauer/Schaub/*Waldner*, § 91 Rn 3; Hügel/*Hügel*, § 91 Rn 3.

Einleitungsbeschluss ist den Beteiligten gem. § 93 S. 2 GBO ein schriftlicher **Hinweis auf die Anzeigepflicht** des § 93 S. 1 GBO zuzustellen.

Der Beschluss, durch den ein Antrag auf Einleitung des Rangklarstellungsverfahrens **abgelehnt wird**, ist zu begründen und wegen der Möglichkeit seiner Anfechtung nach Abs. 4 dem Antragsteller bekannt zu geben; gemeint ist damit die Bekanntgabe i.S.v. § 15 FamFG. Sofern die befristete Erinnerung nicht statthaft ist (vgl. Rdn 7), genügt die formlose Übermittlung (§ 15 Abs. 1, Abs. 3 FamFG). Ansonsten bedarf es, da keine förmliche Zustellung vorgeschrieben ist, einer Bekanntgabe entweder durch förmliche Zustellung nach den §§ 166 ff. ZPO (§ 15 Abs. 2 S. 1 Alt. 1 FamFG) oder durch Aufgabe zur Post (§ 15 Abs. 2 S. 1 Alt. 2 FamFG). Sofern die Entscheidung dem erklärten Willen eines Beteiligten nicht entspricht (§ 41 Abs. 1 S. 2 FamFG) bedarf es der förmlichen Zustellung, sofern die befristete Erinnerung statthaft ist (vgl. Rdn 7).

IV. Rechtsbehelf (Abs. 1 S. 3)

Die stattgebende oder ablehnende Entscheidung des Grundbuchamts über die Einleitung des Rangklarstellungsverfahrens ist gem. Abs. 1 S. 3 zwar **unanfechtbar**. Wie bei § 85 Abs. 2 GBO (siehe § 85 GBO Rdn 7) findet bei einer Entscheidung des Rechtspflegers, der im Regelfall zuständig ist (vgl. § 3 Nr. 1 lit. h RPflG), wegen der Unanfechtbarkeit jedoch die **befristete Erinnerung** nach § 11 Abs. 2 S. 1 RPflG statt,[5] über die im Fall der Nichtabhilfe durch den Rechtspfleger der Richter des Grundbuchamts abschließend entscheidet. Sofern ausnahmsweise der Richter entscheidet, kommt bei einer Verletzung des rechtlichen Gehörs eine **Anhörungsrüge** gem. § 44 FamFG in Betracht.

D. Grundbuchvermerk (Abs. 3)

Abs. 3 schreibt vor, dass die Einleitung des Verfahrens im Grundbuch zu vermerken ist, und zwar nach § 10 Abs. 1 lit. c GBV in Abt. II. Der Eintragungsvermerk über die Einleitung des Verfahrens bewirkt weder eine Grundbuchsperre noch eine Verfügungsbeschränkung der Beteiligten. Vielmehr soll der öffentliche Glaube des Grundbuchs eingeschränkt werden.[6] Nach § 112 GBO hat die das Verfahren abschließende Eintragung der neuen Rangordnung materiellrechtliche Wirkung gegenüber allen Beteiligten. Deshalb müssen die Inhaber der im Grundbuch eingetragenen Rechte, auf die sich das Verfahren erstreckt, sowie ihre Rechtsnachfolger damit rechnen, dass der Rang ihrer Rechte geändert wird. Insoweit muss der öffentliche Glaube des Grundbuchs ausgeschlossen werden. Zur Löschung des Vermerks siehe § 113 GBO.

§ 92 [Beteiligte im Verfahren]

(1) In dem Verfahren gelten als Beteiligte:
a) der zur Zeit der Eintragung des Vermerks (§ 91 Abs. 3) im Grundbuch eingetragene Eigentümer und, wenn das Grundstück mit einer Gesamthypothek, (-grundschuld, -rentenschuld) belastet ist, die im Grundbuch eingetragenen Eigentümer der anderen mit diesem Recht belasteten Grundstücke;
b) Personen, für die in dem unter Buchstabe a bestimmten Zeitpunkt ein Recht am Grundstück oder ein Recht an einem das Grundstück belastenden Recht im Grundbuch eingetragen oder durch Eintragung gesichert ist;
c) Personen, die ein Recht am Grundstück oder an einem das Grundstück belastenden Recht im Verfahren anmelden und auf Verlangen des Grundbuchamts oder eines Beteiligten glaubhaft machen.

(2) Beteiligter ist nicht, wessen Recht von der Rangbereinigung nicht berührt wird.

A. Normzweck; Allgemeines 1	D. Glaubhaftmachung 8
B. Beteiligte (Abs. 1) 2	E. Verzicht auf Hinzuziehung 9
C. Nichtbeteiligte (Abs. 2) 7	

---

[5] Bauer/Schaub/*Waldner*, § 91 Rn 3; *Demharter*, § 81 Rn 6; Hügel/*Hügel*, § 91 Rn 3.

[6] Bauer/Schaub/*Waldner*, § 91 Rn 5; *Demharter*, § 91 Rn 5; Hügel/*Hügel*, § 91 Rn 5; a.A. Meikel/*Schneider*, § 91 Rn 7, nur Warn- und Schutzfunktion.

A. Normzweck; Allgemeines

1 § 92 GBO bestimmt, wer im Rangklarstellungsverfahren als Beteiligter anzusehen und damit hinzuziehen ist. Hierdurch soll der Verfahrensaufwand des Grundbuchamts im Rangbereinigungsverfahren hinsichtlich der Ermittlung der zum Verfahren hinzuzuziehenden Beteiligten erleichtert werden. § 92 GBO orientiert sich an dem materiellen Beteiligtenbegriff und lehnt sich an § 9 ZVG an, so dass die zu dieser Vorschrift ergangene Rechtsprechung zur Auslegung herangezogen werden kann.[1] Die Vorschrift wird durch die §§ 94, 95 GBO ergänzt.

B. Beteiligte (Abs. 1)

2 Beteiligte sind grundsätzlich alle Personen, deren Rechte von der Änderung der Rangverhältnisse betroffen werden können. Zur Erleichterung des Verfahrens wird jedoch der Kreis der Beteiligten in den §§ 92 bis 97 GBO abschließend bestimmt. Wer nach diesen Vorschriften nicht beteiligt ist, gilt selbst dann nicht als Beteiligter, wenn sein Recht durch die Änderung der Rangverhältnisse benachteiligt werden könnte.

3 **Demnach sind Beteiligte**:
– der eingetragene Eigentümer, Wohnungseigentümer oder Erbbauberechtigte und bei Gesamtbelastungen die Eigentümer aller übrigen Grundstücke;
– diejenigen, für die ein Recht am Grundstück oder ein Recht an einem Grundstücksrecht eingetragen oder durch Eintragung gesichert ist; zu den Rechten am Grundstück gehören auch Vormerkungen, Widersprüche, Verfügungsbeschränkungen, Nacherbenvermerke und dergleichen;
– diejenigen, die ein Recht am Grundstück oder an einem Grundstücksrecht im Verfahren anmelden und auf Verlangen glaubhaft (§ 31 FamFG) machen.

4 Für die gesetzliche Feststellung der Beteiligten ist gem. **Abs. 1 lit. a und b** maßgebend der Inhalt des Grundbuchs zur Zeit der Eintragung des Vermerks nach § 91 Abs. 3 GBO. Dies gilt auch für Briefrechte. Die insoweit im Grundbuch eingetragenen Berechtigten sind automatisch Beteiligte und bedürfen keiner weiteren Legitimation;[2] zum Wechsel des Berechtigten während des laufenden Verfahrens siehe § 95 GBO. Sofern die Verwaltungs- und Verfügungsrechte nicht dem Beteiligten unmittelbar, sondern kraft eines Amtes einem Dritten zustehen, z.B. dem Testamentsvollstrecker[3] oder dem Insolvenzverwalter, so ist dieser zu beteiligen.

5 Personen, die im Grundbuch nicht eingetragen sind, müssen, um beteiligt zu werden, gem. **Abs. 1 lit. c GBO** ihr Recht im Verfahren anmelden und auf Verlangen des Grundbuchamts oder eines anderen Beteiligten glaubhaft machen (siehe Rdn 8). Die Anmeldung ist an keine Frist und Form gebunden und kann bis zum rechtskräftigen Abschluss des Verfahrens (vgl. § 108 GBO) schriftlich, als elektronisches Dokument oder mündlich gegenüber dem Grundbuchamt erfolgen.

6 Zusätzlich kann das Grundbuchamt nach seinem Ermessen gem. **§ 94 GBO** nach der Person des wahren Berechtigten Ermittlungen anstellen. Der so ermittelte Berechtigte gilt vom Zeitpunkt seiner Feststellung an auch als Beteiligter (§ 94 Abs. 2 GBO). Bestehen Zweifel darüber, wer von mehreren Personen der Berechtigte ist, so gelten sämtliche Personen als Berechtigte (§ 94 Abs. 3 GBO).

C. Nichtbeteiligte (Abs. 2)

7 Nichtbeteiligte sind nach Abs. 2 diejenigen, deren Rechte bei Einleitung des Verfahrens nicht von der Rangbereinigung berührt werden, z.B. Inhaber von Rechten, die allen anderen am Verfahren beteiligten Personen entweder vor- oder nachgehen. Weiterhin bedarf es auch keiner Beteiligung der persönlichen Gläubiger des Eigentümers oder eines dinglich Berechtigten, z.B. der Käufer eines Grundstücks, für

---

1 Bauer/Schaub/*Waldner*, § 92 Rn 1; *Demharter*, § 92 Rn 1; Meikel/*Schneider*, § 92 Rn 9 für eine entsprechende Anwendung des § 86 GBO.
2 Bauer/Schaub/*Waldner*, § 92 Rn 4.
3 So auch *Demharter*, § 92 Rn 6; a.A. Bauer/Schaub/*Waldner*, § 92 Rn 3; Meikel/*Schneider*, § 92 Rn 9; die unter Hinweis darauf, dass dem Grundbuch der Umfang der Rechte nicht ersichtlich sei, den Testamentsvollstrecker nur zusätzlich zu dem Eigentümer und dem Berechtigten als „Beteiligter kraft Amtes" beteiligen wollen.

den keine Auflassungsvormerkung eingetragen ist. Kein Beteiligter ist mangels Betroffenheit der Antragsteller, solange sein Antrag nicht durch Eintragung erledigt ist.[4]

Daneben sind gem. § 95 Abs. 2 GBO auch diejenigen nicht zu beteiligen, die im Lauf des Verfahrens ein neues Recht am Grundstück oder an einem das Grundstück belastenden Recht, das vom Verfahren berührt wird, erwerben, bevor ihre Person dem Grundbuchamt bekannt ist. Gleiches gilt gem. § 95 Abs. 1 GBO für die Erwerber eines bestehenden Rechts während des Laufs des Verfahrens, bevor ihre Person dem Grundbuchamt bekannt ist.

D. Glaubhaftmachung

Wenn jemand ein Recht am Grundstück oder an einem Grundstücksrecht im Verfahren anmeldet, kann verlangt werden, dass der Anmeldende sein Recht glaubhaft macht. Dieses Verlangen, das an keine Frist gebunden ist, kann jederzeit das Grundbuchamt oder auch ein Beteiligter stellen. Das Verlangen bedarf keiner Begründung. Die Art der Glaubhaftmachung richtet sich nach **§ 31 Abs. 1 FamFG**. Demnach sind alle Mittel der Glaubhaftmachung, insbesondere auch die Versicherung an Eides Statt, zugelassen. Die Formvorschrift des § 29 Abs. 1 GBO findet keine Anwendung. Im Falle des Verlangens einer Glaubhaftmachung bleibt der Anmeldende zunächst bis zu einer etwaigen Zurückweisung durch das Grundbuchamt Beteiligter.[5] Die Zurückweisung muss durch einen förmlichen mit einer Rechtsbehelfsbelehrung (§ 39 FamFG) versehenen **Beschluss** (§ 38 FamFG) erfolgen, der von dem Anmeldenden mit der Grundbuchbeschwerde (§ 71 FamFG) angefochten werden kann.[6]

8

E. Verzicht auf Hinzuziehung

Ein Beteiligter kann jederzeit auf seine Zuziehung zum Verfahren formlos verzichten. Der Verzicht ist schriftlich, als elektronisches Dokument oder mündlich gegenüber dem Grundbuchamt zu erklären. Ein Widerruf des Verzichts ist jederzeit möglich. Im Falle eines Verzichts gilt der Beteiligte als Nichtbeteiligter; jedoch muss er die nach §§ 108, 122 GBO festgestellte neue Rangordnung gegen sich gelten lassen. Der Verzicht lässt nicht die Anzeigepflicht des § 93 GBO entfallen.[7]

9

§ 93 [Anzeigepflicht]

Ist der im Grundbuch als Eigentümer oder Berechtigter Eingetragene nicht der Berechtigte, so hat er dies unverzüglich nach Zustellung des Einleitungsbeschlusses dem Grundbuchamt anzuzeigen und anzugeben, was ihm über die Person des Berechtigten bekannt ist. Ein schriftlicher Hinweis auf diese Pflicht ist ihm zugleich mit dem Einleitungsbeschluß zuzustellen.

A. Normzweck; Allgemeines	1	C. Hinweis auf Anzeigepflicht (Satz 2)	5
B. Anzeigepflicht des Buchberechtigten (Satz 1)	2		

A. Normzweck; Allgemeines

Für die Stellung als Beteiligte des Rangklarstellungsverfahrens ist in erster Linie maßgebend der Inhalt des Grundbuchs zum Zeitpunkt der Eintragung des Einleitungsvermerks. Das Gesetz ist jedoch bestrebt, den wahren Berechtigten zum Verfahren hinzuziehen, sofern dieser nicht mit dem Buchberechtigten übereinstimmt. Diesem Zweck dienen die §§ 93 bis 95, 99 GBO, wobei § 93 GBO dem Buchberechtigten zur Aufdeckung etwaiger Grundbuchunrichtigkeiten eine Anzeigepflicht auferlegt.

1

---

4 *Demharter*, § 92 Rn 8; a.A. Bauer/Schaub/*Waldner*, § 92 Rn 7.
5 Bauer/Schaub/*Waldner*, § 92 Rn 5; Meikel/*Schneider*, § 92 Rn 13.
6 Bauer/Schaub/*Waldner*, § 92 Rn 5, Meikel/*Schneider*, § 92 Rn 18.
7 Bauer/Schaub/*Waldner*, § 92 Rn 9; *Demharter*, § 92 Rn 11.

B. Anzeigepflicht des Buchberechtigten (Satz 1)

2 § 93 GBO regelt den Fall, dass der im Grundbuch eingetragene Eigentümer oder dinglich Berechtigte, also der **Buchberechtigte**, nicht der wirkliche Inhaber des Rechts ist. Das kann darauf zurückzuführen sein, dass er trotz Eintragung nicht das Recht erworben hat oder sein Recht außerhalb des Grundbuchs auf einen anderen übergegangen ist, z.B. wenn er eine Briefhypothek abgetreten hat.

3 Dem Buchberechtigten legt S. 1 eine **doppelte Verpflichtung** auf:
– Einmal hat er unverzüglich, d.h. ohne schuldhaftes Zögern, nach Zustellung des Einleitungsbeschlusses dem Grundbuchamt anzuzeigen, dass er nur der Buchberechtigte, nicht aber der wahre Berechtigte ist.
– Zum anderen muss er angeben, was ihm über die Person des wirklich Berechtigten bekannt ist. Der Buchberechtigte wird auf seine Verpflichtung durch einen schriftlichen Hinweis, der ihm mit dem Einleitungsbeschluss zuzustellen ist, ausdrücklich aufmerksam gemacht.

4 Die **Erfüllung der Pflicht** kann nach § 35 FamFG durch Zwangsgeld oder Zwangshaft erzwungen werden. Voraussetzung ist aber, dass für das Grundbuchamt hinreichende Anhaltspunkte für eine Anzeigepflicht bestehen. Zur bloßen Klärung der Rechtslage darf kein Zwangsmittel einsetzt werden;[1] vielmehr muss insoweit das Grundbuchamt die erforderlichen Ermittlungen durchführen (vgl. § 94 GBO). Die Verpflichtung gem. S. 1 wird durch den Verzicht eines Beteiligten auf Hinzuziehung zum Verfahren nicht berührt (vgl. § 92 GBO Rdn 9). Verletzt der eingetragene Berechtigte seine Anzeigepflicht, so kann das Schadensersatzansprüche nach sich ziehen, denn § 93 GBO ist ein Schutzgesetz im Sinne des § 823 Abs. 2 BGB zugunsten des wahren Berechtigten.[2] Voraussetzung für eine Pflichtverletzung ist eine positive Kenntnis des Buchberechtigte von seiner fehlenden Berechtigung. Zweifel an der Berechtigung genügen nicht.

C. Hinweis auf Anzeigepflicht (Satz 2)

5 Gemäß § 93 S. 2 GBO ist das Grundbuchamt verpflichtet, den Beteiligten auf die Anzeigepflicht hinzuweisen; hierbei sollte auch auf die Konsequenzen einer Verletzung der Pflicht hingewiesen werden. Der Hinweis muss zugleich mit dem Einstellungsbeschluss zugestellt werden. Der Hinweis auf die Anzeigepflicht kann zugleich mit einem Hinweis auf eine drohende Schadensersatzpflicht verbunden werden.[3] Die Zustellung hat gem. § 15 Abs. 2 S. 1 1. Alt. FamFG nach §§ 166 ff. ZPO zu erfolgen, wobei eine öffentliche Zustellung des Hinweises gem. § 98 GBO unzulässig ist (vgl. § 91 GBO Rdn 5). Die Anzeigepflicht folgt bereits aus S. 1 und ist nicht von der Erteilung eines ordnungsgemäßen Hinweises gem. S. 2 abhängig.[4] Bei einem **fehlerhaften bzw. fehlenden Hinweis** kann aber das Verschulden des Beteiligten fehlen.

§ 94 [Ermittlungen von Amts wegen]

(1) Das Grundbuchamt kann von Amts wegen Ermittlungen darüber anstellen, ob das Eigentum oder ein eingetragenes Recht dem als Berechtigten Eingetragenen oder einem anderen zusteht, und die hierzu geeigneten Beweise erheben. Inwieweit § 35 anzuwenden ist, entscheidet das Grundbuchamt nach freiem Ermessen.
(2) Der ermittelte Berechtigte gilt vom Zeitpunkt seiner Feststellung an auch als Beteiligter.
(3) Bestehen Zweifel darüber, wer von mehreren Personen der Berechtigte ist, so gelten sämtliche Personen als Berechtigte.

---

1 Bauer/Schaub/*Waldner*, § 93 Rn 5; Hügel/*Hügel*, § 93 Rn 3.
2 Bauer/Schaub/*Waldner*, § 93 Rn 4; *Demharter*, §§ 93, 94 Rn 2; Meikel/*Schneider*, § 93 Rn 4.
3 Bauer/Schaub/*Waldner*, § 93 Rn 4; Meikel/*Schneider*, § 93 Rn 3.
4 Bauer/Schaub/*Waldner*, § 93 Rn 2; Hügel/*Hügel*, § 93 Rn 3; Meikel/*Schneider*, § 93 Rn 2.

A. Normzweck; Allgemeines	1	D. Wirkungen der Ermittlungen (Abs. 2)	4
B. Ermittlung des Berechtigten (Abs. 1 S. 1)	2	E. Zweifel über die Berechtigung mehrerer Personen (Abs. 3)	5
C. Ermittlungen im Fall des Todes des Berechtigten (Abs. 1 S. 2)	3		

A. Normzweck; Allgemeines

Wie §§ 93, 95 und 99 GBO dient auch § 94 GBO der Hinzuziehung des wahren Berechtigten zum Rangklarstellungsverfahren. Diese Vorschrift räumt dem Grundbuchamt die Befugnis ein, nach der Person des wahren Berechtigten Ermittlungen anzustellen. An sich ist Abs. 1 S. 1 überflüssig, da die Amtsermittlungspflicht und damit auch Amtsermittlungsberechtigung bereits aus **§ 26 FamFG folgt**. Abs. 1 S. 2 und Abs. 3 sollten die Arbeit des Grundbuchamts erleichtern, indem sie die Amtsermittlung begrenzen. Insbesondere ist das Grundbuchamt aufgrund der Fiktion in Abs. 3 bei Zweifeln nicht verpflichtet, die materielle Berechtigung mehrerer potentieller Berechtigter endgültig zu klären. Insoweit nehmen die potentiellen Berechtigten als formelle Beteiligte[1] am Verfahren teil.

B. Ermittlung des Berechtigten (Abs. 1 S. 1)

Das Grundbuch kann von Amts wegen Ermittlungen zur Feststellung des wahren Berechtigten anstellen und hierzu die geeigneten Beweise erheben. Es handelt sich um ein Amtsverfahren, für das die Grundsätze des § 26 FamFG gelten. Das Grundbuchamt hat nicht nur das Recht zu Ermittlungen, sondern dann sogar die **Pflicht** hierzu, wenn es Kenntnis vom Wegfall des eingetragenen Berechtigten erhält oder sonst begründete Anhaltspunkte dafür hat, dass der eingetragene Berechtigte nicht mehr der wahre Berechtigte ist.[2] Jedoch kommt es hierbei auch darauf an, ob die Ermittlungen eine hinreichende Aussicht auf Erfolg bieten und das Verfahren nicht ungebührlich verzögern. Die Entscheidung, ob Anlass zur Ermittlung des Berechtigten Anlass besteht, liegt gem. Abs. 1 S. 1 („kann") im **pflichtgemäßen Ermessen** des Grundbuchamts, welches bei seiner Entscheidung aber berücksichtigen muss, dass das Gesetz offenbar die Zuziehung des wahren Berechtigten erstrebt. In die Ermessensentscheidung darf auch das Verhältnis des Ermittlungsaufwandes zu dem voraussichtlichen Ermittlungserfolg einfließen. Für die Ermittlung des Grundbuchamts gilt der **Freibeweis**; § 29 GBO findet keine Anwendung.

C. Ermittlungen im Fall des Todes des Berechtigten (Abs. 1 S. 2)

Im Fall des Todes des eingetragenen Berechtigten ist das Grundbuchamt hinsichtlich des Nachweises der Erbfolge, des Bestehens einer fortgesetzten Gütergemeinschaft und der Befugnis des Testamentsvollstreckers zur Verfügung über den Nachlassgegenstand nicht an die Vorschrift des § 35 GBO gebunden. Es ist berechtigt, von der Beibringung eines Erbscheins, eines öffentlichen Testaments, eines Testamentsvollstreckerzeugnisses (§ 2368 BGB) oder eines Zeugnisses über die Fortsetzung der Gütergemeinschaft (§ 1507 BGB) abzusehen. Hierüber entscheidet das Grundbuchamt nach **freiem Ermessen**. Das Grundbuchamt kann sich mit anderen Beweismitteln begnügen; insoweit gilt der Freibeweis. Zudem ist das Grundbuchamt nicht an die Form des § 29 GBO gebunden.

D. Wirkungen der Ermittlungen (Abs. 2)

Der ermittelte Berechtigte gilt vom Zeitpunkt seiner Feststellung an, also **ex nunc**, als Beteiligter (Abs. 2) und ist deshalb zu dem weiteren Verfahren als solcher hinzuzuziehen. Neben ihm bleibt aber auch der eingetragene Berechtigte Beteiligter, es sei denn, dass nach § 95 Abs. 1 GBO ein Beteiligtenwechsel vorliegt oder der eingetragene Berechtigte nach § 93 GBO in glaubhafter Weise seine Berechtigung geleugnet hat.[3]

---

1 So auch *Holzer*, ZNotP 2018, 395, 401.
2 So auch Hügel/*Hügel*, § 94 Rn 1; Meikel/*Schneider*, § 94 Rn 1; einschr. Bauer/Schaub/*Waldner*, § 94 Rn 1, bei zweifelhaften Fällen; a.A. *Demharter*, §§ 93, 94 Rn 1, nur zweckmäßig.
3 A.A. Leugnen der Berechtigung reicht nicht aus: Bauer/Schaub/*Waldner*, § 94 Rn 3; Meikel/*Schneider*, § 94 Rn 5.

E. Zweifel über die Berechtigung mehrerer Personen (Abs. 3)

5 Zweifel über die Berechtigung mehrerer Personen hat nicht das Grundbuchamt zu entscheiden. Es hat vielmehr dann alle in Frage Kommenden als Beteiligte anzusehen (Abs. 3). Erforderlich ist jedoch, dass die Zweifel nicht durch einfache Ermittlungen behoben werden können. Zu zeitaufwändigen und kostenträchtigen Ermittlungen ist das Grundbuchamt indes nicht verpflichtet.

§ 95 [Wechsel des Berechtigten]

(1) Wechselt im Laufe des Verfahrens die Person eines Berechtigten, so gilt der neue Berechtigte von dem Zeitpunkt ab, zu dem seine Person dem Grundbuchamt bekannt wird, als Beteiligter.

(2) Das gleiche gilt, wenn im Laufe des Verfahrens ein neues Recht am Grundstück oder an einem das Grundstück belastenden Recht begründet wird, das von dem Verfahren berührt wird.

A. Normzweck; Allgemeines 1	C. Begründung eines neuen Rechts (Abs. 2) 3
B. Wechsel des Berechtigten (Abs. 1) 2	D. Rechtsstellung des neuen Beteiligten 4

A. Normzweck; Allgemeines

1 Auch § 95 GBO dient wie §§ 93, 94 und 99 GBO dem Zweck, den wahren Berechtigten zum Rangklarstellungsverfahren hinzuziehen. § 95 GBO enthält Regelungen für den Wechsel der Person des Berechtigten während des laufenden Verfahrens sowie für die Begründung eines neuen dinglichen Rechts im Laufe des Verfahrens. In beiden Fällen soll möglichst der wirkliche Berechtigte am Verfahren teilnehmen. Die Durchführung des Verfahrens wird dadurch erleichtert, dass das Grundbuchamt Rechtsänderungen erst ab dem **Zeitpunkt der Kenntniserlangung** berücksichtigen muss.

B. Wechsel des Berechtigten (Abs. 1)

2 Ein **Wechsel in der Person** eines am Verfahren Beteiligten kann während des Verfahrens durch Vorgänge **innerhalb oder außerhalb des Grundbuchs** eintreten. Erfasst werden Erwerbsvorgänge durch Rechtsgeschäft, Hoheitsakt oder Gesetz. Im Betracht kommt z.B. ein Wechsel der Person des Berechtigten durch Tod des bisherigen Berechtigten oder durch Übertragung des Rechts. Entsprechend anwendbar ist § 95 GBO bei einem Wegfall eines Berechtigten,[1] z.B. des Inhabers eines Wohnungsrechts. Der Rechtsnachfolger ist Beteiligter nicht schlechthin vom Zeitpunkt seines Rechtserwerbs ab, sondern erst von dem Zeitpunkt ab, zu dem der Wechsel und die Person des neuen Berechtigten dem Grundbuchamt bekannt werden. Unerheblich ist dabei, auf welche Weise das Grundbuchamt die Kenntnis erhält.[2] Der **bisherige Berechtigte** scheidet aus dem Verfahren aus. Bestehen für das Grundbuchamt Zweifel über die Gültigkeit des Rechtswechsels, findet § 94 Abs. 3 GBO Anwendung. Beteiligte sind in diesem Fall der bisherige und der neue Berechtigte.[3]

C. Begründung eines neuen Rechts (Abs. 2)

3 Ebenso wird Beteiligter, wer im Laufe des Verfahrens ein **neues Recht** am Grundstück oder an einem das Grundstück belastenden Recht **erwirbt**, sofern das Recht vom Verfahren berührt wird. Auch ein Erwerb außerhalb des Grundbuchs (z.B. Begründung eines Nießbrauchs oder Erwerb eines Pfandrechts an einer Briefhypothek) fällt darunter.

---

1 Bauer/Schaub/*Waldner*, § 95 Rn 3; Hügel/*Hügel*, § 95 Rn 4; Meikel/*Schneider*, § 95 Rn 2.
2 Ebenso Bauer/Schaub/*Waldner*, § 95 Rn 3; *Demharter*, § 95 Rn 4; Hügel/*Hügel*, § 95 Rn 1.
3 Ebenso Bauer/Schaub/*Waldner*, § 95 Rn 5; Hügel/*Hügel*, § 95 Rn 2; Meikel/*Schneider*, § 95 Rn 5.

D. Rechtsstellung des neuen Beteiligten

In beiden Fällen des § 95 GBO tritt der neu hinzukommende Beteiligte in das Verfahren in dem Zustand ein, in dem es sich gerade befindet. Er muss das **bisherige Verfahren** gegen sich gelten lassen. Durch die Eintragung des Einleitungsvermerks (§ 91 Abs. 3 GBO) war er bei einem rechtsgeschäftlichen Erwerb über die Durchführung des Rangklarstellungsverfahrens in Kenntnis gesetzt. Zudem hat der neue Beteiligte die Möglichkeit, durch Anmeldung beim Grundbuchamt sein Recht frühzeitig bekannt zu machen (§ 92 Abs. 1 lit. c GBO).

§ 96 [Bestellung eines Pflegers]

Ist die Person oder der Aufenthalt eines Beteiligten oder seines Vertreters unbekannt, so kann das Grundbuchamt dem Beteiligten für das Rangbereinigungsverfahren einen Pfleger bestellen. Für die Pflegschaft tritt an die Stelle des Betreuungsgerichts das Grundbuchamt.

A. Normzweck; Allgemeines	1	C. Wirkungen der Pflegschaft	4
B. Voraussetzungen der Pflegschaft	2	D. Beendigung der Pflegschaft	5

A. Normzweck; Allgemeines

Wegen der Bedeutung des Rangklarstellungsverfahrens ist es erforderlich, dass alle Beteiligten am Verfahren teilnehmen und Abwesende ordnungsgemäß vertreten sind. Da in dem Verfahren eine öffentliche Zustellung ausscheidet (§ 98 GBO), ermöglicht § 96 GBO die Bestellung eines speziellen Verfahrenspflegers durch das GBA,[1] damit dieser die Interessen eines unbekannten Beteiligten durch Abgabe von Erklärungen, Teilnahme an mündlichen Verhandlungen und Entgegennahme von Zustellungen im Verfahren wahrnehmen kann.[2]

B. Voraussetzungen der Pflegschaft

Die Bestimmung des § 96 GBO entspricht dem mit Wirkung vom 1.9.2013 aufgehobenen[3] § 364 FamFG, geht aber weiter als dieser. Nach **S. 1** kommt die Bestellung eines Pflegers durch das Grundbuchamt (**S. 2**) in Betracht, wenn die Person des Beteiligten, dessen Aufenthaltsort, die Person des Vertreters des Beteiligten oder dessen Aufenthaltsort unbekannt sind. Unter Vertreter ist sowohl der gesetzliche als auch der rechtsgeschäftliche Vertreter zu verstehen.[4] In **entsprechender Anwendung** von § 1884 BGB ist die Bestellung eines Pflegers auch zulässig, wenn die Person und der Aufenthalt des Beteiligten bekannt sind, dieser aber an der Teilnahme und Wahrnehmung seiner Rechte im Rangbereinigungsverfahren durch Abwesenheit verhindert ist.[5]

An die Feststellung der Voraussetzungen für die Pflegschaft sind nicht zu geringe Anforderungen zu stellen, da es das Bestreben des Gesetzes ist, zur Gewährung des rechtlichen Gehörs den wahren Beteiligten hinzuzuziehen, und dieser durch einen Pfleger meist nur unvollkommen vertreten wird. Das Grundbuchamt hat deshalb, bevor es zur Bestellung des Pflegers schreitet, in geeigneter Weise Ermittlungen anzustellen und alle zumutbaren Erkenntnisquellen auszuschöpfen.[6] Hat der Beteiligte einen Vertreter, dessen Person oder Aufenthalt dem Grundbuchamt bekannt ist und dessen gesetzliche oder rechtsgeschäftliche Vertretungsmacht für das Rangbereinigungsverfahren, insbesondere auch für die Empfangnahme von Zustellungen, ausreicht, so kommt eine Pflegerbestellung nicht in Frage.

---

1 OLG Stuttgart BWNotZ 2019, 229.
2 *Holzer*, ZNotP 2018, 395, 402.
3 Vgl. BGBl I 2013, 1800 (Art. 7 Nr. 4 des Gesetzes vom 26.6.2013).
4 Bauer/Schaub/*Waldner*, § 96 Rn 2; Hügel/*Hügel*, § 96 Rn 2; Meikel/*Schneider*, § 96 Rn 2.
5 Bauer/Schaub/*Waldner*, § 96 Rn 2; *Demharter*, § 96 Rn 2.
6 So auch Bauer/Schaub/*Waldner*, § 96 Rn 2; Hügel/*Hügel*, § 96 Rn 2.

C. Wirkungen der Pflegschaft

4 Die Pflegschaft des § 96 GBO hat lediglich verfahrensrechtliche Bedeutung und **beschränkt sich auf das Rangklarstellungsverfahren**. Seine Bestellung schließt nicht die Bestellung eines weiteren Verfahrenspflegers für Verfahrensunfähige aus.[7] Der Pfleger hat den unbekannten Beteiligten oder dessen Vertreter im Rangklarstellungsverfahren zu vertreten. Alle Zustellungen haben an den Pfleger zu erfolgen. Seine Erklärungen wirken für und gegen diesen Beteiligten. Im Übrigen unterliegt die Pflegschaft den Vorschriften des BGB über Pflegschaften; insbesondere ist § 1888 BGB anzuwenden. Der Pfleger haftet dem Vertretenen nach §§ 1888, 1826 BGB. An die Stelle des Betreuungsgerichts tritt das Grundbuchamt (**S. 2**), vor allem auch für die Erteilung etwa notwendig werdender **Genehmigungen** nach §§ 1888, 1848 ff. BGB sowie für die **Festsetzung der Vergütung**.

D. Beendigung der Pflegschaft

5 Da es sich um eine Pflegschaft zur Besorgung einer einzelnen Angelegenheit handelt, endet diese gem. § 1886 Abs. 2 BGB mit ihrer Erledigung; also mit der Beendigung (§ 112 GBO) oder Einstellung (§ 109 GBO) des Rangbereinigungsverfahrens. Beendigung der Pflegschaft tritt ebenfalls mit ihrer Aufhebung entsprechend §§ 1886 Abs. 1, 1887 BGB ein. Die vom Pfleger oder ihm gegenüber vorgenommenen Verfahrenshandlungen bleiben gem. § 47 FamFG wirksam.[8]

---

§ 97 [Bestellung eines Zustellungsbevollmächtigten]

(1) Wohnt ein Beteiligter nicht im Inland und hat er einen hier wohnenden Bevollmächtigten nicht bestellt, so kann das Grundbuchamt anordnen, daß er einen im Inland wohnenden Bevollmächtigten zum Empfang der für ihn bestimmten Sendungen oder für das Verfahren bestellt.

(2) Hat das Grundbuchamt dies angeordnet, so können, solange der Beteiligte den Bevollmächtigten nicht bestellt hat, nach der Ladung zum ersten Verhandlungstermin alle weiteren Zustellungen in der Art bewirkt werden, daß das zuzustellende Schriftstück unter der Anschrift des Beteiligten nach seinem Wohnort zur Post gegeben wird; die Postsendungen sind mit der Bezeichnung „Einschreiben" zu versehen. Die Zustellung gilt mit der Aufgabe zur Post als bewirkt, selbst wenn die Sendung als unbestellbar zurückkommt.

A. Normzweck; Allgemeines 1	C. Durchführung und Wirkung der
B. Anordnung des Grundbuchamts (Abs. 1) 2	Anordnung (Abs. 2) 4

A. Normzweck; Allgemeines

1 Die Vorschrift lehnt sich an § 184 ZPO (Zustellung durch Aufgabe zur Post bei Adressat im Ausland) an. Sie bezweckt die Erleichterung des Verfahrens sowie die Vermeidung von Verzögerungen. § 97 Abs. 1 GBO ist durch das RegVBG vom 20.12.1993[1] insofern an die jetzigen Verhältnisse angepasst worden, als die Worte „Deutsches Reich" durch „Inland" ersetzt worden sind.

B. Anordnung des Grundbuchamts (Abs. 1)

2 Das Grundbuchamt kann gem. Abs. 1 unter folgenden Voraussetzungen die Bestellung eines Zustellungsbevollmächtigten anordnen:

– Der Beteiligte wohnt **nicht im Inland,** also in der Bundesrepublik Deutschland, sondern im Ausland. Hierunter fallen auch exterritoriale Deutsche.[2]

---

7 Bauer/Schaub/*Waldner*, § 96 Rn 3; Hügel/*Hügel*, § 96 Rn 3; *Holzer*, ZNotP 2018, 395, 402.
8 Bauer/Schaub/*Waldner*, § 96 Rn 5.

1 BGBl I 1993, 2182.
2 Vgl. OLG Köln MDR 1986, 243.

– Der Beteiligte hat **keinen** im Inland wohnenden **Bevollmächtigten bestellt**; auch ein Zustellungsbevollmächtigter genügt. Bestehen Zweifel über den Umfang der Vollmacht, so findet ebenfalls § 97 GBO Anwendung.

Bei Vorliegen dieser Voraussetzungen, ist das Grundbuchamt berechtigt, den Beteiligten zur Bestellung eines im Inland wohnenden Zustellungsbevollmächtigten aufzufordern. Die Entscheidung liegt im **Ermessen des Grundbuchamts**. Es wird hiervon nur Gebrauch machen, wenn die Zustellung an den Beteiligten selbst Schwierigkeiten macht, was keineswegs auf alle Zustellungen im Ausland zutrifft. So ist gem. §§ 15 Abs. 2 S. 1 FamFG, 183 Abs. 1 S. 1 ZPO i.V.m. Art. 18 EuZVO 2022 bei Beteiligten mit Wohnsitz in einem Mitgliedstaat der EU eine unmittelbare Übersendung gerichtlicher Schriftstücke durch Postdienste per Einschreiben mit Empfangsbestätigung oder mittels eines gleichwertigen Nachweises möglich. Leitender Gesichtspunkt bei der Prüfung, ob die Bestellung eines Zustellungsbevollmächtigten geboten ist, muss sein, nach Möglichkeit den Beteiligten selbst heranzuziehen.

C. Durchführung und Wirkung der Anordnung (Abs. 2)

Im Falle der Anordnung der Bestellung eines Zustellungsbevollmächtigten für den Beteiligten kann das Grundbuchamt alle Zustellungen, die nach der Ladung zum ersten Verhandlungstermin (§ 100 GBO) erforderlich werden, in der in § 97 Abs. 2 GBO beschriebenen Weise vorgenommen werden (Abs. 2 S. 1 Hs. 1). Erforderlich ist die Aufgabe zur Post mit der richtigen und vollständigen Anschrift (Abs. 2 S. 1 Hs. 2). Bei Schreibfehlern kommt es darauf an, ob der Mangel zu Verwechselungen führen kann.[3] Das Grundbuchamt darf die letzte ihm bekannte Anschrift verwenden und muss keine Nachforschungen anstellen.[4]

Die Postsendung muss – abweichend von der Aufgabe zur Post nach § 15 Abs. 2 S. 1 Alt. 2 FamFG bzw. § 184 ZPO – als „**Einschreiben**" versandt werden (Abs. 2 S. 1 Hs. 3).[5] Eine Belehrung des Empfängers über die Rechtsfolgen der Aufgabe zur Post ist nicht erforderlich, kann sich aber anbieten. Sie gilt (nicht wie gem. § 15 Abs. 2 S. 2 FamFG nach drei Tagen bzw. gem. § 184 ZPO erst nach einer Zweiwochenfrist) schon **mit der Aufgabe zur Post** als bewirkt, selbst wenn die Sendung als unzustellbar zurückkommt (Abs. 2 S. 2). Die Zustellung des Einleitungsbeschlusses (§ 91 Abs. 2 GBO) und die Ladung zum ersten Verhandlungstermin (§ 100 GBO) müssen in jedem Fall nach den allgemeinen Vorschriften (vgl. § 183 ZPO) bewirkt werden. Ist das nicht möglich und kann auch kein Pfleger bestellt werden (§ 96 GBO), so bleibt nichts anderes übrig, als das Verfahren einzustellen (§ 109 GBO).

§ 98 [Öffentliche Zustellung]

Die öffentliche Zustellung ist unzulässig.

Mit Rücksicht auf die tiefgreifenden Wirkungen des Rangbereinigungsverfahrens ist die öffentliche Zustellung (§§ 185–188 ZPO), bei welcher eine sichere Gewähr für das Erreichen des Beteiligten nicht besteht, für alle Zustellungen ausgeschlossen. Die Zustellungsfiktion bietet keine Gewähr dafür, dass die Zustellung tatsächlich den Betroffenen erreicht. Hier kommt die Tendenz des Gesetzes, nach Möglichkeit den Beteiligten selbst zum Verfahren heranzuziehen und insoweit das rechtliche Gehör (Art. 103 Abs. 1 GG) zu gewähren, in starkem Maße zum Ausdruck. Eine entgegen § 98 GBO erfolgte öffentliche Zustellung ist unwirksam und setzt keine Fristen (z.B. nach §§ 104, 110 GBO) in Gang.[1] Ist der Aufenthalt eines Beteiligten bzw. seines Vertreters unbekannt, kommt als Ersatz für die öffentliche Zustellung die Bestellung eines Pflegers nach § 96 GBO in Betracht; bei einem im Ausland wohnenden Beteiligten besteht die Möglichkeit, nach § 97 GBO vorzugehen.

---

3 BGH NJW-RR 2001, 1361.
4 BGH NJW 1999, 1187.
5 So auch Bauer/Schaub/*Waldner*, § 97 Rn 3.

1 Bauer/Schaub/*Waldner*, § 98 Rn 1; Meikel/*Schneider*, § 98 Rn 1.

§ 99 [Vorlage von Urkunden]

Das Grundbuchamt kann den Besitzer von Hypotheken-, Grundschuld- oder Rentenschuldbriefen sowie von Urkunden der in den §§ 1154, 1155 des Bürgerlichen Gesetzbuchs bezeichneten Art zur Vorlegung dieser Urkunden anhalten.

1 Die Vorschrift gibt die gesetzliche Grundlage für die Anwendung von **Zwangsmitteln gem. § 35 FamFG**. Entsprechend der Vorschrift des § 88 Abs. 1 GBO hat das Grundbuchamt die Befugnis, die Vorlegung von Hypotheken-, Grundschuld- und Rentenschuldbriefen und der in den §§ 1154, 1155 BGB genannten Urkunden anzuordnen und erforderlichenfalls zwangsweise durchzusetzen. Die Vorschrift soll die sichere Feststellung des wahren Berechtigten und die vorschriftsmäßige Eintragung der Rangänderung ermöglichen.

2 Das Grundbuchamt hat zunächst den Urkundenbesitzer unter Mitteilung des Sinns und Zwecks der Maßnahme aufzufordern, die Urkunden freiwillig vorzulegen bzw. Angaben über deren Verbleib zu machen. Kommt der Besitzer der Vorlageanordnung nicht nach, ist das Grundbuchamt berechtigt, nach entsprechendem Hinweis (§ 35 Abs. 2 FamFG) die Vorlage gem. § 35 Abs. 1 FamFG durch Festsetzung von Zwangsgeld bis zu 25.000 EUR oder Zwangshaft bis zu 6 Wochen bzw. gem. § 35 Abs. 4 FamFG durch Anordnung der zwangsweisen Wegnahme durch den Gerichtsvollzieher zu erzwingen. Für den Vollzug der Haft gelten §§ 820g Abs. 1 S. 2, Abs. 2, 802h, 802j Abs. 1 ZPO entsprechend (§ 35 Abs. 3 S. 3 FamFG). Der Zwangsmittelbeschluss ist mit der **sofortigen Beschwerde** entspr. §§ 567 ff. ZPO anfechtbar (§ 35 Abs. 5 FamFG), weil § 35 FamFG insoweit als Sondervorschrift § 71 Abs. 1 GBO vorgeht.[1]

§ 100 [Ladung zum Verhandlungstermin]

Das Grundbuchamt hat die Beteiligten zu einem Verhandlungstermin über die Klarstellung der Rangverhältnisse zu laden. Die Ladung soll den Hinweis enthalten, daß ungeachtet des Ausbleibens eines Beteiligten über die Klarstellung der Rangverhältnisse verhandelt werden würde.

A. Normzweck; Allgemeines 1	C. Ladung 3
B. Verhandlungstermin 2	

A. Normzweck; Allgemeines

1 Die Durchführung des eigentlichen Klarstellungsverfahrens regeln die §§ 100 ff. GBO. Sie lehnen sich in erheblichem Umfang an die Vorschriften der §§ 365 ff. FamFG über das Auseinandersetzungsverfahren zwischen Miterben sowie §§ 92 ff. SachenRBerG über das Verfahren zur Feststellung von Nutzungs- und Grundstücksgrenzen an, weichen jedoch in einigen wichtigen Punkten davon ab. Wie bei diesen beiden Verfahren (vgl. § 365 Abs. 1 FamFG, § 92 Abs. 1 S. 1 SachenRBerG) ist auch hier ein **Termin zur mündlichen Verhandlung** vorgeschrieben, um die Sache mit den Beteiligten zu erörtern und eine Einigung zwischen ihnen herbeizuführen.

B. Verhandlungstermin

2 Die Durchführung des Verhandlungstermins ist **zwingend**. Die Regelung verdrängt § 32 Abs. 1 S. 1 FamFG, wonach die Terminsbestimmung im Ermessen des Gerichts liegt. Die Beteiligten können hierauf auch nicht einvernehmlich verzichten;[1] ebenso wenig sieht das Gesetz die Durchführung eines schriftlichen Verfahrens vor. Es besteht aber die Möglichkeit, durch Vorlage entsprechender Rang-

---

[1] OLG Frankfurt a. M. Beschl. v. 26.7.2013 – 20 W 156/13, NJOZ 2014, 341; OLG Hamm FGPrax 2011, 322; OLG München FGPrax 2010, 168; OLG Naumburg FGPrax 2013, 158.

[1] Bauer/Schaub/*Waldner*, § 100 Rn 2; Hügel/*Hügel*, § 100 Rn 2; *Holzer*, ZNotP 2018, 395, 404.

änderungserklärungen in der Form des § 29 GBO dem Verfahren die Grundlage zu entziehen und damit den Termin zur mündlichen Verhandlung überflüssig zu machen.[2] Die Anberaumung weiterer Termine steht im Ermessen des Grundbuchamts. Im Übrigen kann das weitere Verfahren nach dem Ermessen des Grundbuchamts auch schriftlich durchgeführt werden, je nachdem, was im Einzelfalle zweckmäßig erscheint.

C. Ladung

Die Ladung muss allen Beteiligten bzw. Vertretern bekannt gegeben werden (vgl. § 15 Abs. 1 FamFG). Die Bekanntgabe kann mangels ausdrücklicher gesetzlicher Anordnung der Notwendigkeit einer förmlichen Zustellung nach den §§ 166–195 ZPO auch durch Aufgabe zur Post bewirkt werden (§ 15 Abs. 2 S. 1 Alt. 2 FamFG).[3] Eine öffentliche Zustellung scheidet indes aus (§ 98 GBO). Die Ladung soll den Hinweis darauf enthalten, dass trotz Ausbleibens des Beteiligten die Verhandlung über die Klarstellung stattfinden kann (S. 2). Die Vorschrift ist, wie die Fassung ergibt, eine **Ordnungsvorschrift**. Die Verletzung der Hinweispflicht beeinträchtigt die Wirksamkeit der Ladung nicht.[4]

§ 101 [Ladungsfrist]

(1) Die Frist zwischen der Ladung und dem Termin soll mindestens zwei Wochen betragen.
(2) Diese Vorschrift ist auf eine Vertagung sowie auf einen Termin zur Fortsetzung der Verhandlung nicht anzuwenden. Die zu dem früheren Termin Geladenen brauchen zu dem neuen Termin nicht nochmals geladen zu werden, wenn dieser verkündet ist.

A. Normzweck, Allgemeines	1	C. Ladungsfristen bei weiteren Terminen	
B. Ladungsfrist (Abs. 1)	2	(Abs. 2)	4

A. Normzweck, Allgemeines

§ 101 GBO präzisiert für das Rangklarstellungsverfahren die Regelung in § 32 Abs. 2 FamFG, wonach die Ladungsfrist angemessen sein soll. Die Anordnung einer Ladungsfrist bezweckt, den Beteiligten ausreichend Zeit zur Prüfung der Sach- und Rechtslage sowie zur Beschaffung etwa erforderlicher Urkunden und sonstiger Beweismittel zu geben.

B. Ladungsfrist (Abs. 1)

Die Ladungsfrist zu dem ersten Termin soll nach Abs. 1 **mindestens zwei Wochen** betragen. Der Tag der Zustellung und des Termins ist gem. § 16 FamFG i.V.m. § 222 Abs. 1 ZPO, §§ 187, 188 BGB nicht mitzurechnen. Da die Ladungsfrist angemessen sein muss (§ 32 Abs. 2 FamFG), kann das Grundbuchamt, insbesondere bei besonders bedeutsamen oder schwierigen Fällen sowie bei im Ausland wohnenden Beteiligten, eine erheblich längere Frist bestimmen. Auch Abs. 1 ist aufgrund der eindeutigen gesetzlichen Formulierung („soll [...] betragen") – wie § 100 S. 2 GBO – nur als **Ordnungsvorschrift** ausgestaltet. Das Grundbuchamt darf daher den Termin auch dann durchführen, wenn die gesetzlich vorgeschriebene Mindestladungsfrist (ausnahmsweise) unterschritten worden ist und nicht alle Beteiligten erschienen sind.[1]

---

2 Bauer/Schaub/*Waldner*, § 100 Rn 2; *Holzer*, ZNotP 2018, 395, 404.
3 So im Ergebnis auch Bauer/Schaub/*Waldner*, § 100 Rn 3; a.A. Meikel/*Schneider*, § 100 Rn 4, nur förmliche Zustellung gem. §§ 166 ff. ZPO.
4 Bauer/Schaub/*Waldner*, § 100 Rn 3; *Demharter*, §§ 100, 101 Rn 2; Hügel/*Hügel*, § 100 Rn 3; Meikel/*Schneider*, § 100 Rn 4.
1 *Demharter*, §§ 100, 101 Rn 3; a.A.: Hügel/*Hügel*, § 101 Rn 3; Meikel/*Schneider*, § 101 Rn 2.

3 Die Einhaltung einer Ladungsfrist ist nicht erforderlich, wenn alle Beteiligten von vornherein auf die **Einhaltung der Frist verzichtet** haben oder nachträglich durch Vereinbarung oder im Termin verzichten.[2] Der Verzicht kann ausdrücklich oder konkludent durch Teilnahme an dem Termin und Einlassung zur Sache erfolgen. Ob allein in dem rügelosen Verhandeln bereits ein Verzicht auf die Einhaltung der Ladungsfrist liegt, muss anhand des Einzelfalls entschieden werden.[3]

C. Ladungsfristen bei weiteren Terminen (Abs. 2)

4 Nach Abs. 2 S. 1 braucht die Ladungsfrist nicht nochmals gewahrt zu werden, wenn der Termin vertagt, d.h. vor Eintritt in die Verhandlung verlegt wird, oder wenn ein neuer Termin zur Fortsetzung der Verhandlung anberaumt wird. Allerdings ist hierbei Voraussetzung, dass die Ladungsfrist für den ersten Termin eingehalten worden ist. Die zum früheren Termin Geladenen müssen grundsätzlich nochmals geladen werden, es sei denn, dass der neue Termin in einem Termin, zu dem sie ordnungsgemäß geladen waren, verkündet worden ist (Abs. 2 S. 2). Sinnvoll ist es aber, die im Termin nicht erschienenen Beteiligten bzw. deren Vertreter (formlos, vgl. § 15 Abs. 3 FamFG) über den weiteren Termin in Kenntnis zu setzen.

§ 102 [Termin zur Klärung der Rangordnung]

(1) In dem Termin hat das Grundbuchamt zu versuchen, eine Einigung der Beteiligten auf eine klare Rangordnung herbeizuführen. Einigen sich die erschienenen Beteiligten, so hat das Grundbuchamt die Vereinbarung zu beurkunden. Ein nicht erschienener Beteiligter kann seine Zustimmung zu der Vereinbarung in einer öffentlichen oder öffentlich beglaubigten Urkunde erteilen.
(2) Einigen sich die Beteiligten, so ist das Grundbuch der Vereinbarung gemäß umzuschreiben.

A. Normzweck; Allgemeines	1	C. Grundbuchumschreibung (Abs. 2)	10
B. Verhandlungstermin (Abs. 1)	2		

A. Normzweck; Allgemeines

1 § 102 GBO ergänzt §§ 100, 101 GBO und enthält Vorschriften über den eigentlichen Verhandlungstermin. Kernstück der Bestimmung ist die dem Grundbuchamt übertragene Aufgabe, eine Einigung der Beteiligten auf eine neue, klare Rangordnung herbeizuführen. Um dieser Verpflichtung nachzukommen, wird das Grundbuchamt alle gegebenen Möglichkeiten für eine Einigung ausschöpfen müssen. Im Falle einer Einigung ist diese vom Grundbuchamt zu beurkunden (Abs. 1 S. 2) und das Grundbuchamt entsprechend umzuschreiben Abs. 2). Kommt trotz aller Bemühungen des Grundbuchamts keine einvernehmliche Einigung zwischen den Beteiligten zustande, kann das Grundbuchamt den Beteiligten einen Vorschlag für eine neue Rangordnung nach den §§ 103, 104 GBO unterbreiten.

B. Verhandlungstermin (Abs. 1)

2 Das Grundbuchamt hat im Termin zu versuchen, eine **Einigung der Beteiligten auf eine klare Rangordnung** herbeizuführen. Diese Aufgabe erfordert, dass schon vor dem Termin Überlegungen darüber angestellt werden, worin die Unklarheit und Unübersichtlichkeit der Rangverhältnisse besteht und auf welche Weise Abhilfe geschaffen werden kann. Ob und welche Vorbereitungsmaßnahmen getroffen werden, liegt im Ermessen des Grundbuchamts. Es ist regelmäßig zweckmäßig, dass das Grundbuchamt den Beteiligten einen etwaigen Plan, nach dem die Klarstellung der Rangverhältnisse seiner Meinung nach erfolgen könnte, schon vor dem Termin mitteilt, z.B. mit der Ladung. So kann der Termin gründlich vorbereitet werden; außerdem ist für die Erörterung mit den Beteiligten und eine etwaige Einigung eine

---

[2] Bauer/Schaub/*Waldner*, § 101 Rn 2; *Demharter*, §§ 100, 101 Rn 5; Hügel/*Hügel*, § 101 Rn 2; Meikel/*Schneider*, § 101 Rn 2.

[3] Vgl. dazu Hügel/*Hügel*, § 101 Rn 2; Meikel/*Schneider*, § 101 Rn 2; enger Bauer/Schaub/*Waldner*, § 101 Rn 2.

Grundlage vorhanden; die Beteiligten haben schließlich die Möglichkeit, schon vor dem Termin sich über die Vorschläge des Grundbuchamts Gedanken zu machen und sie untereinander zu besprechen. Einer solchen Verfahrensweise steht die Vorschrift des § 103 GBO nicht entgegen.[1]

Sind **sämtliche Beteiligte** zum Termin erschienen oder entsprechend vertreten, kann der Termin durchgeführt werden. Fehlen Beteiligte bzw. sind diese nicht vertreten, muss geprüft werden, ob die Durchführung eines Termins trotz der Abwesenheit überhaupt Erfolg verspricht. Das Nichterscheinen von Beteiligten führt zu keiner Versäumnisentscheidung. Vielmehr kann der Termin nur durchgeführt werden, wenn Aussicht auf eine Einigung der Anwesenden und einer Beurkundung besteht. In diesem Fall ist die Beurkundung noch nicht wirksam; denn es müssen sich alle Beteiligten einigen. Es bedarf also noch der grundbuchmäßig verlautbarten Zustimmung der Nichterschienenen in einer öffentlichen oder öffentlich beglaubigten Urkunde gem. § 29 GBO (vgl. Rdn 8).

Bei der Durchführung des Termins steht das **Bemühen** des Grundbuchamts **um eine Einigung** im Mittelpunkt. Dabei wird es die Sach- und Rechtslage mit den Beteiligten erörtern und auf einen Ausgleich der widerstreitenden Interessen hinwirken, um auf diese Weise eine Einigung zu erreichen. Diese für ein Verfahren der freiwilligen Gerichtsbarkeit typische Aufgabe sollte das Grundbuchamt sehr ernst nehmen. Die Einigung der Beteiligten muss eine **klare Rangordnung** zum Ziel haben. Dies bedeutet, dass eine größtmögliche Übersichtlichkeit der Rangverhältnisse geschaffen werden muss. So werden insbesondere relative Rangverhältnisse zu beseitigen, bestehende Rangunterschiede bei einem Recht durch Teilung des Rechts in mehrere selbstständige Rechte mit entsprechendem Rang aufzuheben und mehrere aufeinanderfolgende Rechte desselben Gläubigers zu einem einheitlichen Recht zusammenzufassen sein.

Gelingt dem Grundbuchamt eine Einigung, so ist **die Vereinbarung zu beurkunden** (Abs. 1 S. 2). Das Grundbuchamt hat nur eine solche Einigung zu beurkunden, welche die Unklarheit oder Unübersichtlichkeit der Rangverhältnisse beseitigt. Da es sich im Fall des Abs. 1 S. 2 um eine Beurkundung als Teil eines gerichtlichen Verfahrens handelt, sind gem. § 1 Abs. 2 BeurkG die Vorschriften dieses Gesetzes nicht anwendbar.[2] Gleichwohl hat das Grundbuchamt sich an den zweckmäßigen Regeln des § 13 BeurkG auszurichten.[3] Der Inhalt der Beurkundung hängt vom Einzelfall ab. Es sind alle zulässigen Regelungen möglich, die für eine Klärung des Rangverhältnisses notwendig und sinnvoll sind.

Die **Löschung der gegenstandslosen Rechte** richtet sich nach §§ 84 ff. GBO.[4] Inhaltliche Veränderungen der Rechte können im Rahmen des Rangklarstellungsverfahrens indes nicht erfolgen. Diese ist nur durch eine materiell rechtliche Veränderung nach den allgemeinen Vorschriften des BGB möglich.[5]

Das Rangklarstellungsverfahren einschließlich der Beurkundung sind mangels Gebührentatbestände im **GNotKG gebührenfrei**.

Den zum Termin nicht erschienenen bzw. nicht vertretenen Beteiligten ist zweckmäßigerweise von der getroffenen Einigung unter den Erschienenen Kenntnis zu geben mit dem Anheimstellen, ihr **in der durch Abs. 1 S. 3 vorgeschriebenen Form** (öffentlich oder mittels öffentlich beglaubigter Urkunde) zuzustimmen. Das kann auch im Wege der Rechtshilfe durch das Amtsgericht des Wohnsitzes eines Beteiligten geschehen. Ausgeschlossen ist eine Mitteilung der beurkundeten Einigung unter der Vermutung der Zustimmung mangels Widerspruchs.[6] Der Grund dafür liegt darin, dass die Umschreibung des Grundbuchs auf einer sicheren und zuverlässigen Grundlage beruhen muss und als solche nur tatsächlich abgegebene Einigungserklärungen der Beteiligten angesehen werden können.

Kommt eine **Einigung nicht zustande**, dann kann das Grundbuchamt das besondere Verfahren nach den §§ 103, 104 GBO einleiten, das man als eine Art Versäumnisverfahren bezeichnen kann, oder, wenn es sich hiervon keinen Erfolg verspricht, das Verfahren nach § 109 GBO einstellen.

---

1 Ebenso *Demharter*, § 102 Rn 3.
2 *Winkler*, BeurkG, § 1 Rn 30 f.; a.A. Meikel/*Schneider*, § 102 Rn 11.
3 Bauer/Schaub/*Waldner*, § 102 Rn 6; Hügel/*Hügel*, § 102 Rn 6; im Ergebnis Meikel/*Schneider*, § 102 Rn 11, das BeurkG ist unmittelbar anwendbar.
4 Hügel/*Hügel*, § 102 Rn 4; Meikel/*Schneider*, § 102 Rn 10; a.A. Bauer/Schaub/*Waldner*, § 102 Rn 3, die Beteiligten können eine Löschung bewilligen.
5 Hügel/*Hügel*, § 102 Rn 4.
6 Bauer/Schaub/*Waldner*, § 102 Rn 5; Hügel/*Hügel*, § 102 Rn 5.

C. Grundbuchumschreibung (Abs. 2)

10 Liegt eine Einigung der Beteiligten vor und hat sie das Grundbuchamt beurkundet, so muss es das Grundbuch umschreiben (Abs. 2). Die **Wirkung** ist in § 112 GBO geregelt: Mit der Eintragung tritt die neue Rangordnung an die Stelle der bisherigen. Das Grundbuchamt kann nicht als berechtigt angesehen werden, das Verfahren noch nach Einigung und Beurkundung einzustellen. Abs. 2 geht der Vorschrift des § 109 GBO vor. Die Umschreibung geschieht von Amts wegen. Die Grundsätze, die zu § 22 und zu § 39 GBO dargelegt worden sind, gelten daher für diese Eintragung nicht. Die Grundbuchumschreibung ist **gebührenfrei**.

§ 103 [Vorschlag durch Grundbuchamt]

Einigen sich die Beteiligten nicht, so macht das Grundbuchamt ihnen einen Vorschlag für eine neue Rangordnung. Es kann hierbei eine Änderung der bestehenden Rangverhältnisse, soweit sie zur Herbeiführung einer klaren Rangordnung erforderlich ist, vorschlagen.

A. Normzweck; Allgemeines 1	C. Inhalt des Vorschlags 3
B. Vorlage eines Einigungsvorschlages 2	

A. Normzweck; Allgemeines

1 § 103 GBO will verhindern, dass das Rangklarstellungsverfahren bereits an der mangelnden Einigung der Beteiligten scheitert. Daher gibt die Vorschrift dem Grundbuchamt die Möglichkeit, die Initiative zu ergreifen und – ähnlich wie bei § 98 SachenRBerG – einen eigenen Vorschlag für die Rangordnung zu erstellen. Dieser kann, sofern kein Beteiligter ausdrücklich widerspricht (vgl. § 104 GBO), Grundlage des Feststellungsbeschlusses (siehe § 108 GBO) sein. Insoweit vermutet das Gesetz das Einverständnis der schweigenden Beteiligten zu vorgelegten Plan.

B. Vorlage eines Einigungsvorschlages

2 Falls sich die **Beteiligten nicht einigen**, macht ihnen das Grundbuchamt einen Vorschlag für eine neue Rangordnung (vgl. § 103 S. 1 GBO). Dies gilt sowohl für den Fall, dass keine Einigung bei Erscheinen sämtlicher Beteiligter zustande kommt, als auch für den Fall, dass ein nicht erschienener Beteiligter der zwischen den erschienenen Beteiligten geschlossenen Einigung nicht zustimmt. Denn eine Rangänderung ist nur bei einer Einigung aller Beteiligten möglich (vgl. § 102 GBO Rdn 3); ein Versäumnisverfahren mit dem Ziel einer Ersetzung ihrer Zustimmung ist nicht zulässig. Ob das Grundbuchamt den Beteiligten einen Vorschlag macht, hat es nach pflichtgemäßem Ermessen zu entscheiden. In aussichtslosen Fällen kann es auch das Verfahren nach § 109 GBO einstellen.

C. Inhalt des Vorschlags

3 Der **Vorschlag** muss so beschaffen sein, dass dadurch klare und übersichtliche Rangverhältnisse erreicht werden. Das Grundbuchamt darf auch einen geeigneten früheren Vorschlag, der dazu diente, die Einigung der Beteiligten herbeizuführen, weiterverfolgen. Im Hinblick auf dieses Ziel gestattet das Gesetz dem Grundbuchamt auch Eingriffe in die bestehenden materiellen Rangverhältnisse (S. 2). Da die Unübersichtlichkeiten hauptsächlich durch relative Rangverhältnisse geschaffen werden, ist in erster Linie auf ihre Ersetzung durch absolute Rangverhältnisse hinzuwirken. Zu diesem Zweck kann auch die Teilung eines Rechts in mehrere Rechte in Betracht kommen. Auch können Teilrechte verselbstständigt werden. Eine **Inhaltsänderung** der betroffenen Rechte darf nicht vorgeschlagen werden.[1] Daneben wird der Vorschlag alle die Maßnahmen zu enthalten haben, die ohne Änderung der bestehenden Rangverhältnisse doch zu ihrer Klarstellung nötig sind, wie z.B. die Löschung gegenstandsloser Eintragungen nach §§ 84 ff. GBO.[2]

---

[1] Bauer/Schaub/*Waldner*, § 103 Rn 2.

[2] Bauer/Schaub/*Waldner*, § 103 Rn 2; Meikel/*Schneider*, § 103 Rn 2.

§ 104 [Zustellung des Vorschlags; Widerspruch gegen den Vorschlag]

(1) Der Vorschlag ist den Beteiligten mit dem Hinweise zuzustellen, daß sie gegen ihn binnen einer Frist von einem Monat von der Zustellung ab bei dem Grundbuchamt Widerspruch erheben können. In besonderen Fällen kann eine längere Frist bestimmt werden.
(2) Der Widerspruch ist schriftlich oder durch Erklärung zur Niederschrift des Urkundsbeamten der Geschäftsstelle eines Amtsgerichts einzulegen; in letzterem Falle ist die Widerspruchsfrist gewahrt, wenn die Erklärung innerhalb der Frist abgegeben ist.

A. Zustellung des Vorschlags (Abs. 1) 1	C. Einlegung des Widerspruchs (Abs. 2) 3
B. Widerspruchsfrist (Abs. 1) 2	

A. Zustellung des Vorschlags (Abs. 1)

Der Vorschlag gem. § 103 GBO muss allen Beteiligten im Sinne des §§ 92 ff. GBO förmlich bekannt gegeben werden. Da die Vorschrift eine förmliche Zustellung verlangt, hat diese gem. § 15 Abs. 2 S. 1 Alt. 1 FamFG nach den **§§ 166 ff. ZPO** zu erfolgen;[1] eine Bekanntgabe durch Aufgabe zur Post (§ 15 Abs. 2 S. 1 Alt. 2 FamFG) scheidet damit aus.[2] Mit der Zustellung des Vorschlags sind die Beteiligten darauf hinzuweisen, dass sie binnen einer bestimmten Frist ab Zustellung gegen den Vorschlag beim Grundbuchamt Widerspruch erheben können (Abs. 1 S. 1). Solange der zwingend vorgeschriebene Hinweis nicht erfolgt ist, beginnt die Widerspruchsfrist auch nicht zu laufen.[3] Die Einlegung des Widerspruchs ist sodann bis zu dem in § 105 Abs. 3 GBO genannten Zeitpunkt zulässig.

B. Widerspruchsfrist (Abs. 1)

Das Gesetz sieht eine regelmäßige Widerspruchsfrist **von einem Monat** von der Zustellung an vor (Abs. 1 S. 1). In besonderen Fällen kann eine längere Frist bestimmt werden, z.B. bei besonderer Schwierigkeit der Sache oder bei in der Person eines Beteiligten liegenden Gründen. Zudem ist auf Antrag oder von Amts wegen eine Verlängerung der Monatsfrist oder der bereits eingeräumten längeren Frist möglich, solange diese noch nicht abgelaufen ist; auch mehrmalige Verlängerungen kommen in Betracht.[4] Eine Verkürzung der Frist unter einen Monat ist nicht zulässig.

C. Einlegung des Widerspruchs (Abs. 2)

Für die schriftliche Einlegung des Widerspruchs gelten die **Vorschriften über die Beschwerdeschrift** (vgl. § 73 GBO Rdn 3 ff.) entsprechend. Der Widerspruch kann schriftlich, als elektronisches Dokument oder zur Niederschrift bei dem Urkundsbeamten der Geschäftsstelle eines **jeden Amtsgerichts** eingelegt werden (Abs. 2 Hs. 1). Eine Einlegung beim Grundbuchamt ist nicht zwingend erforderlich. Bei Einlegung des Widerspruchs zur Niederschrift des Urkundsbeamten ist die Widerspruchsfrist bereits mit der Abgabe der Erklärung bei einem Amtsgericht gewahrt (Abs. 2 Hs. 2). Ein mündlicher oder telefonischer Widerspruch genügt nicht. Eine Begründung des Widerspruchs ist nicht vorgeschrieben, aber zu empfehlen. Nur so kann sich das Grundbuchamt mit den vorgetragenen Einwendungen umfassend auseinandersetzen.

---

1 Meikel/*Schneider*, § 104 Rn 3.
2 Unklar Bauer/Schaub/*Waldner*, § 104 Rn 1.
3 So auch Hügel/*Hügel*, § 104 Rn 1; a.A. Bauer/Schaub/ *Waldner*, § 104 Rn 1, bei Fehlen des Hinweises ist der Vorschlag des GBA unwirksam.
4 Bauer/Schaub/*Waldner*, § 104 Rn 1; Hügel/*Hügel*, § 104 Rn 2; Meikel/*Schneider*, § 104 Rn 4.

§ 105 [Wiedereinsetzung in den vorigen Stand]

(1) Einem Beteiligten, der ohne sein Verschulden verhindert war, die Frist (§ 104) einzuhalten, hat das Grundbuchamt auf seinen Antrag Wiedereinsetzung in den vorigen Stand zu gewähren, wenn er binnen zwei Wochen nach der Beseitigung des Hindernisses den Widerspruch einlegt und die Tatsachen, die die Wiedereinsetzung begründen, glaubhaft macht.

(2) Die Entscheidung, durch die Wiedereinsetzung erteilt wird, ist unanfechtbar; gegen die Entscheidung, durch die der Antrag auf Wiedereinsetzung als unzulässig verworfen oder zurückgewiesen wird, ist die Beschwerde nach den Vorschriften des Gesetzes über das Verfahren in Familiensachen und in den Angelegenheiten der freiwilligen Gerichtsbarkeit zulässig.

(3) Die Wiedereinsetzung kann nicht mehr beantragt werden, nachdem die neue Rangordnung eingetragen oder wenn seit dem Ende der versäumten Frist ein Jahr verstrichen ist.

A. Normzweck, Allgemeines 1	D. Entscheidung über die Wiedereinsetzung 4
B. Voraussetzungen der Wiedereinsetzung (Abs. 1) 2	E. Rechtsmittel (Abs. 2) 7
C. Ausschlussfrist (Abs. 3) 3	F. Kosten 11

A. Normzweck, Allgemeines

1 § 105 GBO regelt – im Wesentlichen in Übereinstimmung mit den §§ 17–19 FamFG – die Voraussetzungen für die Gewährung der Wiedereinsetzung in den vorigen Stand. Hierdurch sollen in einem engen Rahmen Korrekturmöglichkeiten eröffnet werden. Dies dient der Umsetzung des Grundsatzes des fairen Verfahrens sowie der Gewährung des rechtlichen Gehörs. Abs. 2 1. Alt. schreibt ausdrücklich vor, dass die Gewährung der Wiedereinsetzung keiner Anfechtung unterliegt; dagegen ist die ablehnende Entscheidung gem. Abs. 2 Alt. 1 anfechtbar. Um Rechtssicherheit zu schaffen, schließt Abs. 3 die Möglichkeit der Beantragung der Wiedereinsetzung nach Eintragung der Rangordnung bzw. nach Ablauf eines Jahres aus.

B. Voraussetzungen der Wiedereinsetzung (Abs. 1)

2 Die Wiedereinsetzung in den vorigen Stand setzt voraus, dass der Beteiligte die nach § 104 Abs. 1 GBO gesetzte Widerspruchsfrist versäumt hat. Zudem muss der Beteiligte **ohne sein Verschulden** verhindert gewesen sein, diese Frist einzuhalten (siehe Rdn 6). Die Wiedereinsetzung erfolgt nicht von Amts wegen, sondern nur auf **Antrag** des Beteiligten. Der Antrag bedarf keiner besonderen Form. Dieser kann auch konkludent in dem nach Ablauf der Widerspruchsfrist eingelegten Widerspruch liegen. Weiterhin muss der den Widerspruch binnen **zwei Wochen nach Beseitigung des Hindernisses** einlegen.[1] Innerhalb dieser Frist[2] muss er auch die Tatsachen, die die Wiedereinsetzung begründen, **glaubhaft machen** (§ 31 FamFG). Glaubhaft zu machen sind das unverschuldete Hindernis, die Ursächlichkeit für das Unterlassen des Widerspruchs und der Zeitpunkt des Wegfalls des Hindernisses.[3] Gegen die Versäumung der Zweiwochenfrist nach Abs. 1 für die Stellung des Wiedereinsetzungsantrages kann – wie bei Versäumung der Frist nach § 18 Abs. 1 FamFG – Wiedereinsetzung in den vorigen Stand gewährt werden.[4]

C. Ausschlussfrist (Abs. 3)

3 Eine Wiedereinsetzung in den vorigen Stand ist nicht mehr möglich, wenn die neue Rangordnung **im Grundbuch eingetragen** bzw. seit dem Ende der Widerspruchsfrist **ein Jahr verstrichen** ist (Abs. 3). Hierbei handelt es sich um eine Ausschlussfrist, die in jedem Fall eine Wiedereinsetzung unmöglich

---

1 Bauer/Schaub/*Waldner*, § 105 Rn 3; Hügel/*Hügel*, § 105 Rn 2.
2 A.A. Glaubhaftmachung kann jederzeit erfolgen: Bauer/Schaub/*Waldner*, § 105 Rn 5; Meikel/*Schneider*, § 105 Rn 8.
3 Siehe Sternal/*Sternal*, § 18 Rn 17 f.
4 Vgl. BVerfGE 22, 83; BVerfG NJW 1967, 1267; OLG Frankfurt Rpfleger 1979, 105; OLG Hamm OLHZ 1985, 147; OLG Köln DNotZ 1981, 716; Sternal/*Sternal*, § 18 Rn 16.

macht. Diese Ausschlussfrist ist mit dem Grundgesetz vereinbar.[5] Gegen die Versäumung der Jahresfrist gibt es keine Wiedereinsetzung in den vorigen Stand.[6] Ob wegen des Anspruchs auf ein rechtsstaatliches, faires Verfahren (Art. 2 Abs. 1 i.V.m. Art. 20 Abs. 3 GG) Ausnahmen anzuerkennen sind, wenn die Überschreitung der Jahresfrist nicht in der Sphäre der Beteiligten lag, sondern allein dem Gericht zuzurechnen ist,[7] erscheint aus Gründen der Rechtssicherheit bedenklich.

D. Entscheidung über die Wiedereinsetzung

Zuständig für die Entscheidung über den Antrag auf Wiedereinsetzung ist das Gericht, das über die Rechthandlung zu befinden hat. Dies ist bei Versäumung der Widerspruchsfrist des § 104 Abs. 1 GBO **das Grundbuchamt**. Die Entscheidung über die Gewährung der Wiedereinsetzung kann durch gesonderten Beschluss (vgl. § 38 FamFG), der nur formlos mitgeteilt werden muss (§ 15 Abs. 3 FamFG) oder in Verbindung mit der sachlichen Entscheidung über den Widerspruch erfolgen. Im ersteren Fall ist das Grundbuchamt bei der späteren Sachentscheidung (§§ 107, 108 GBO) gebunden. Die **ablehnende Entscheidung** hat wegen dessen Anfechtbarkeit stets durch gesonderten, mit einer Rechtsbehelfsbelehrung (§ 39 FamFG) versehenen Beschluss (§ 38 FamFG) zu erfolgen, der dem Beteiligten, der den Widerspruch erhoben hat, förmlich zuzustellen ist (§ 41 Abs. 1 S. 2 FamFG i.V.m. § 15 Abs. 2 S. 1 Alt. 1 FamFG, §§ 166 ff. ZPO).

4

Vor der Entscheidung ist grundsätzlich den übrigen Beteiligten rechtliches Gehör zu gewähren (Art. 103 Abs. 1 GG).[8] Die Entscheidung über die Gewährung der Wiedereinsetzung steht **nicht im Ermessen** des Grundbuchamts, wie die Gesetzesformulierung „hat zu gewähren" belegt. Vielmehr muss bei Vorliegen der Voraussetzungen die Wiedereinsetzung in die versäumte Widerspruchsfrist gewährt werden.

5

Eine Wiedereinsetzung erfordert, dass den Beteiligten kein Verschulden an der Frist trifft. Dies ist der Fall, wenn die Fristversäumung bei Anwendung der Sorgfalt, welche unter Berücksichtigung der konkreten Sachlage im Verkehr erforderlich war und dem Beteiligten vernünftigerweise zugemutet werden konnte, nicht vermeidbar war. Insoweit können die zu § 17 FamFG entwickelten Grundsätze herangezogen werden.[9] Hat der Beteiligte einen **gesetzlichen oder bevollmächtigten Vertreter**, so steht – wie bei der Wiedereinsetzung nach §§ 17 ff. FamFG[10] – dessen Verschulden dem Verschulden des Vertretenen gleich,[11] da §§ 9 Abs. 4, 11 S. 5 FamFG grundsätzlich auf das Grundbuchverfahren anzuwenden sind.[12]

6

E. Rechtsmittel (Abs. 2)

Wird **Wiedereinsetzung in den vorigen Stand gewährt**, so ist diese Entscheidung, auch wenn sie in Form eines selbstständigen Beschlusses ergeht, – abgesehen von der Rechtspflegererinnerung des § 11 Abs. 2 RPflG – angesichts der eindeutigen gesetzlichen Formulierung unanfechtbar (Abs. 2 S. 1 Hs. 1). Die Entscheidung ist bindend und kann auch nicht inzidenter im Rahmen der Rechtsmittelentscheidung überprüft werden. Die teilweise in der Literatur[13] vertretene gegenteilige Auffassung, eine Abänderung könne im Rahmen einer Gegenvorstellung erfolgen, ist spätestens seit der Plenumsentscheidung des BVerfG[14] zur Unzulässigkeit ungeschriebener außerordentlicher Rechtsbehelfe nicht mehr vertretbar.

7

Wird der Antrag auf Wiedereinsetzung als unzulässig verworfen (z.B. weil er verspätet ist oder der Widerspruch nicht rechtzeitig nachgeholt worden oder die erforderliche Glaubhaftmachung unterblieben ist) oder als unbegründet zurückgewiesen, so ist gem. Abs. 2 S. 1 Hs. 2 die **befristete Beschwerde** nach den Vorschriften des FamFG (§§ 58 ff. FamFG), also nicht die Grundbuchbeschwerde gem.

8

---

5 Vgl. BVerfG VersR 1987, 256.
6 Vgl. BGH NJW 1991, 1834; KG FGPrax 1995, 95; Sternal/*Sternal*, § 18 Rn 16.
7 Vgl. BGH NZI 2016, 238; BGH NJW 2013, 1684; BGH NJW-RR 2008, 878; BGH NJW-RR 2004, 1651.
8 St. Rspr. BVerfGE 53, 109; siehe auch zum FamFG: Sternal/*Sternal*, § 19 Rn 4.
9 Zu den Einzelheiten siehe die Ausführungen bei Sternal/*Sternal*, § 17 Rn 12 ff.
10 Siehe dazu: Sternal/*Sternal*, § 17 Rn 32 ff.
11 A.A.: Bauer/Schaub/*Waldner*, § 105 Rn 1; *Demharter*, § 105 Rn 2; Hügel/*Hügel*, § 105 Rn 2; Meikel/*Schneider*, § 105 Rn 1.
12 So auch *Demharter*, § 1 Rn 45, 54; a.A.: Bauer/Schaub/*Waldner*, § 105 Rn 1; *Demharter*, § 105 Rn 2; Hügel/*Hügel*, § 105 Rn 2; Meikel/*Schneider*, § 105 Rn 1.
13 So Bauer/Schaub/*Waldner*, § 105 Rn 7.
14 BVerfG NJW 2003, 1924.

§§ 71 ff. GBO gegeben. Das Rechtsmittel ist **innerhalb der Monatsfrist** des § 63 Abs. 1 FamFG ausschließlich beim Grundbuchamt (§ 64 Abs. 1 S. 1 FamFG) einzulegen; eine Einlegung beim Beschwerdegericht ist angesichts des eindeutigen Wortlauts der Vorschrift nicht möglich. Die Verpflichtung des Grundbuchamts zur Durchführung eines Abhilfeverfahrens richtet sich nach § 68 Abs. 1 S. 1 FamFG.

9 Eine Beschwerde kann gem. § 64 Abs. 2 S. 1 FamFG
- durch Einreichung einer Beschwerdeschrift beim Grundbuchamt,
- durch Erklärung zur Niederschrift der Geschäftsstelle des Grundbuchamts oder
- gemäß § 14 Abs. 2 S. 1 FamFG i.V.m. § 130a ZPO durch Einreichung eines elektronischen Dokuments erhoben werden, siehe zu den Einzelheiten die entsprechend geltenden Ausführungen § 73 Rdn 6 ff. Auf die Beschwerde nach Abs. 2 i.V.m. §§ 58 ff. FamFG finden über § 68 Abs. 3 S. 1 FamFG die Vorschriften über das Verfahren im ersten Rechtszug und damit auch § 14b FamFG Anwendung. Entsprechend können – abweichend von der Grundbuchbeschwerde gem. §§ 71 ff. GBO – seit dem 1.1.2022 **Rechtsanwälte, Notare, Behörden** oder **juristischen Personen des öffentlichen Rechts** einschließlich der von ihr zur Erfüllung ihrer öffentlichen Aufgaben gebildeten Zusammenschlüsse die Beschwerde **ausschließlich als elektronisches Dokument** einlegen.[15] Die Statthaftigkeit der Beschwerde ist davon abhängig, ob der Wert des Beschwerdegegenstandes 600 EUR übersteigt (§ 61 Abs. 1 FamFG), da es sich bei dem Rechtsmittel gegen die Versagung der Wiedereinsetzung wegen der Versäumung des Widerspruchs um eine vermögensrechtliche Angelegenheit handelt.[16]

10 Obwohl die in der Hauptsache in Form des Feststellungsbeschlusses (§ 108 GBO) ergehende Sachentscheidung keiner Überprüfung durch die Rechtsbeschwerde unterliegt (vgl. § 110 Abs. 2 GBO), findet bei Zulassung gegen die Entscheidung des Beschwerdegerichts über die Wiedereinsetzung die **Rechtsbeschwerde** an den BGH nach § 70 FamFG statt,[17] da § 105 GBO keine § 19 Abs. 3 FamFG vergleichbare Regelung enthält. Das Grundbuchamt bei Zurückweisung der Wiedereinsetzung und das Beschwerdegericht bei Zulassung der Rechtsbeschwerde haben ihrem Beschluss einer **Rechtsmittelbelehrung** (§ 39 FamFG) beizufügen.[18] Bei dessen Fehlen bzw. Fehlerhaftigkeit wird vermutet, dass die Versäumung der Beschwerdefrist unverschuldet ist (§ 17 Abs. 2 FamFG).

F. Kosten

11 Mit der Gewährung oder Versagung der Wiedereinsetzung in den vorigen Stand sind **keine gesonderten Kosten und Gebühren** verbunden. Die Rechtsanwaltstätigkeit ist durch die Verfahrensgebühr abgedeckt. Eine gesonderte Rechtsanwaltsgebühr fällt nur bei einer Einzeltätigkeit des Rechtsanwalts im Wiedereinsetzungsverfahren an.

§ 106 [Aussetzung des Verfahrens]

(1) Ist ein Rechtsstreit anhängig, der die Rangverhältnisse des Grundstücks zum Gegenstand hat, so ist das Verfahren auf Antrag eines Beteiligten bis zur Erledigung des Rechtsstreits auszusetzen.

(2) Das Grundbuchamt kann auch von Amts wegen das Verfahren aussetzen und den Beteiligten oder einzelnen von ihnen unter Bestimmung einer Frist aufgeben, die Entscheidung des Prozeßgerichts herbeizuführen, wenn die Aufstellung einer neuen klaren Rangordnung von der Entscheidung eines Streites über die bestehenden Rangverhältnisse abhängt.

A. Normzweck; Allgemeines 1	II. Aussetzung von Amts wegen (Abs. 2) 5
B. Aussetzung des Verfahrens 2	C. Kosten 7
I. Aussetzung auf Antrag (Abs. 1) 2	

---

[15] Vgl. BGH FG Pax2023, 44; OLG Frankfurt FamRZ 2022, 802; Sternal/*Sternal* § 64 Rn 28.
[16] *Demharter*, § 105 Rn 4 i.V.m. § 71 Rn 2; Meikel/*Schneider*, § 105 Rn 12.
[17] Bauer/Schaub/*Waldner*, § 105 Rn 8; Hügel/*Hügel*, § 105 Rn 4.
[18] *Demharter*, § 105 Rn 4.

A. Normzweck; Allgemeines

Für die erfolgreiche Durchführung des Rangklarstellungsverfahrens wird regelmäßig die Feststellung der bestehenden materiellen Rangverhältnisse der Ausgangspunkt sein. Herrscht hierüber Streit, ist es nicht Sache des Grundbuchamts, diesen Streit von Amts wegen zu entscheiden. Hierzu ist vielmehr der Prozessrichter berufen. Diesem Umstand trägt § 106 GBO Rechnung. Da die GBO für das Grundbuchverfahren als ein Verfahren der freiwilligen Gerichtsbarkeit keine generelle Regelung für die Möglichkeit der Aussetzung des Verfahrens mit Rücksicht auf einen anhängigen Rechtsstreit vorsieht und die Kann-Regelung in § 21 FamFG keine Anwendung findet,[1] bedurfte es der Bestimmung des § 106 GBO, um eine Aussetzung zu ermöglichen. Ähnliche gesonderte Regelungen über die Verfahrensaussetzung enthalten § 370 FamFG sowie § 94 SachenRBerG.

B. Aussetzung des Verfahrens

I. Aussetzung auf Antrag (Abs. 1)

Nach Abs. 1 kann **jeder Beteiligte** die Aussetzung des Rangklarstellungsverfahrens beantragen, sobald ein Rechtsstreit anhängig ist, der die Rangverhältnisse zum Gegenstand hat. Unerheblich ist, ob der Rechtsstreit bereits zur Zeit der Einleitung des Verfahrens anhängig war oder erst später anhängig geworden ist. Es genügt, dass er zur Zeit der Stellung des Aussetzungsantrags anhängig ist.[2] Der Rechtsstreit muss die Rangverhältnisse zum Gegenstand haben, die auch Gegenstand des Rangklarstellungsverfahrens sind, wobei allerdings nicht erforderlich ist, dass er sich auf alle beteiligten Rechte bezieht. Notwendig ist nicht, dass der Rechtsstreit ein Zivilprozess ist; es kann sich auch um ein Verfahren der freiwilligen Gerichtsbarkeit oder um ein verwaltungsgerichtliches Verfahren handeln.[3]

Liegen die genannten Voraussetzungen vor, steht dem Grundbuchamt **kein Ermessen** zu; vielmehr muss es, wie sich aus der gesetzlichen Formulierung „ist einzustellen" erschließt, dem Antrag entsprechen. Die Entscheidung hat durch **Beschluss** (§ 38 FamFG) zu ergehen,[4] der den Beteiligten formlos mitzuteilen ist (§ 15 Abs. 3 FamFG). Eine Bekanntgabe nach § 15 Abs. 1, Abs. 2 FamFG ist nicht erforderlich,[5] da der Aussetzungsbeschluss in entsprechender Anwendung des § 109 GBO unanfechtbar ist, weil das Grundbuchamt das Verfahren auch einstellen könnte.[6]

Die **Zurückweisung des Aussetzungsantrages** hat durch Beschluss (§ 38 FamFG) zu erfolgen, der mit einer Rechtsbehelfsbelehrung (§ 39 FamFG) zu versehen ist. Der Beschluss ist dem Antragsteller förmlich zuzustellen (§ 41 Abs. 1 S. 2 FamFG i.V.m. § 15 Abs. 2 S. 1 Alt. 1 FamFG, §§ 166 ff. ZPO) und den übrigen Beteiligten gem. § 41 Abs. 1 S. 1 FamFG i.V.m. § 15 Abs. 1, Abs. 2 FamFG bekannt zu geben, da gegen die Ablehnung des Antrags eines Beteiligten die **Grundbuchbeschwerde** nach den §§ 71 ff. GBO gegeben ist.

II. Aussetzung von Amts wegen (Abs. 2)

Nach Abs. 2 braucht das Grundbuchamt einen Antrag nicht abzuwarten, sondern kann das Rangklarstellungsverfahren von Amts wegen durch **Beschluss** (§ 38 FamFG) aussetzen. Die Entscheidung liegt **im Ermessen des Grundbuchamts** „kann einstellen" und ist – wie die Verfahrensaussetzung auf Antrag – nicht anfechtbar (vgl. Rdn 3). Zugleich kann das Grundbuchamt allen oder einzelnen Beteiligten unter Bestimmung einer Frist aufgeben, die Entscheidung des Prozessgerichts herbeizuführen. In diesem Fall ist die Entscheidung den Beteiligten, denen eine Frist gesetzt wird, gem. § 41 Abs. 1 S. 1 FamFG i.V.m. §§ 15 Abs. 1, Abs. 2 FamFG bekannt zu geben; ansonsten genügt die formlose Mitteilung gem. § 15 Abs. 3 FamFG. Die Fristsetzung unterliegt keiner Anfechtung.[7]

---

1 Vgl. OLG München MittBayNot 2014, 47; *Demharter*, § 1 Rn 74; *Holzer*, ZNotP 2018, 395, 397.
2 *Demharter*, § 106 Rn 2; Hügel/*Hügel*, § 106 Rn 2.
3 So auch Bauer/Schaub/*Waldner*, § 106 Rn 2.
4 Einschr. Meikel/*Schneider*, § 106 Rn 3, zweckmäßig.
5 Meikel/*Schneider*, § 106 Rn 3; unklar Hügel/*Hügel*, § 160 Rn 3, der von der Notwendigkeit einer Bekanntmachung spricht.
6 Bauer/Schaub/*Waldner*, § 106 Rn 3; *Demharter*, § 3 Rn 4; Hügel/*Hügel*, § 106 Rn 3; Meikel/*Schneider*, § 106 Rn 4.
7 Bauer/Schaub/*Waldner*, § 106 Rn 5, Meikel/*Schneider*, § 105 Rn 6.

6 Voraussetzung für die Aufgabe der Herbeiführung einer gerichtlichen Entscheidung ist, dass die Aufstellung einer neuen klaren Rangordnung von der Entscheidung eines Streits über die bestehenden Rangverhältnisse abhängt. Über die Aussetzung und die weiteren Maßnahmen entscheidet das Grundbuchamt nach **freiem Ermessen**. Das Grundbuchamt ist aber nicht berechtigt, die Beteiligten unmittelbar zum Anhängigmachen eines Rechtsstreits zu zwingen; eine Ermächtigung zu Zwangsmaßnahmen nach § 35 FamFG enthält die Regelung nicht.[8] Das Grundbuchamt kann nur dadurch mittelbar einen Druck ausüben, dass es das Verfahren nach Ablauf der Frist gem. § 109 GBO einstellt, wenn die Beteiligten der Auflage nicht nachkommen.

C. Kosten

7 Mit der Anordnung bzw. der Ablehnung der Aussetzung sind keine gesonderten Kosten und Gebühren verbunden. Für den Rechtsanwalt eines Beteiligten ist das Aussetzungsverfahren Teil der Hauptsache (vgl. § 15 Abs. 2 RVG). Im Fall der Erhebung einer Beschwerde erhält der Rechtsanwalt die Gebühr nach Nr. 3500 VV RVG.

§ 107 [Fortsetzung des Verfahrens]

Ist der Rechtsstreit erledigt, so setzt das Grundbuchamt das Verfahren insoweit fort, als es noch erforderlich ist, um eine klare Rangordnung herbeizuführen.

1 Das Grundbuchamt ist nach dem Zweck der Aussetzung gem. § 106 GBO an die in einem gerichtlichen Verfahren (Zivil- oder Verwaltungsprozess bzw. Verfahren der freiwilligen Gerichtsbarkeit) ergangene Entscheidung über die streitigen Rangverhältnisse gebunden, soweit diese Entscheidung reicht. Verbleiben keine weiteren Unklarheiten oder Unübersichtlichkeiten, so ist das Ziel des Rangklarstellungsverfahrens erreicht; das Verfahren ist gegenstandslos und einzustellen (§ 109 GBO).

2 Möglich ist aber auch, dass zwar durch die Entscheidung in dem Verfahren die bestehenden materiellen Rangverhältnisse festgestellt werden, diese aber gleichwohl unübersichtlich geblieben sind, z.B. wenn diese besonders verwickelt sind. Ebenso kann es in dem Verfahren aus prozessualen oder sachlichen Gründen nicht zu einer Klärung des Streits der Beteiligten gekommen sein. In beiden Fällen kann das Grundbuchamt das Rangklarstellungsverfahren fortsetzen. Hierbei kann auch in die durch die in dem Prozess festgestellten Rangverhältnisse erneut durch Einigung der Beteiligten (§ 102 GBO) oder durch Feststellungsbeschluss (§ 108 GBO) eingegriffen werden.[1]

§ 108 [Feststellung der Rangordnung]

(1) Nach dem Ablauf der Widerspruchsfrist stellt das Grundbuchamt durch Beschluß die neue Rangordnung fest, sofern nicht Anlaß besteht, einen neuen Vorschlag zu machen. Es entscheidet hierbei zugleich über die nicht erledigten Widersprüche; insoweit ist die Entscheidung mit Gründen zu versehen.

(2) Ist über einen Widerspruch entschieden, so ist der Beschluß allen Beteiligten zuzustellen.

A. Normzweck; Allgemeines 1	II. Fehlender Widerspruch 4
B. Ablauf der Widerspruchsfrist 2	III. Erhebung eines Widerspruchs 6
C. Entscheidung des Grundbuchamts	D. Bekanntgabe der Entscheidung (Abs. 2) . 9
(Abs. 1) 3	E. Wirkung der Entscheidung; Rechtsmittel 11
I. Grundsatz 3	

---

[8] Bauer/Schaub/*Waldner*, § 106 Rn 4; *Demharter*, § 103 Rn 3; Hügel/*Hügel*, § 106 Rn 4; Meikel/*Schneider*, § 106 Rn 5.

[1] *Demharter*, § 107 Rn 1; Hügel/*Hügel*, § 107 Rn 1; Meikel/*Schneider*, § 107 Rn 3.

A. Normzweck; Allgemeines

§ 108 GBO enthält Bestimmungen über das weitere Verfahren, wenn das Grundbuchamt den Beteiligten einen Vorschlag für eine neue Rangordnung nach § 103 GBO gemacht hat. Nach Ablauf der Widerspruchsfrist muss das Grundbuchamt darüber entscheiden, ob die neue Rangordnung durch Beschluss festgestellt oder den Beteiligten ein neuer Vorschlag gemacht wird. Dabei muss es zugleich über erhobene Widersprüche befinden. Vergleichen sich die Beteiligten über die Rangverhältnisses, findet § 36 FamFG neben Abs. 1 S. 1 Anwendung.[1]

B. Ablauf der Widerspruchsfrist

Das Grundbuchamt kann über die Feststellung der neuen Rangordnung erst entscheiden, wenn die Widerspruchsfrist des § 104 Abs. 1 GBO abgelaufen ist. Das setzt voraus, dass der Vorschlag für eine neue Rangordnung allen Beteiligten ordnungsmäßig zugestellt worden ist. Deshalb wird das Grundbuchamt zunächst prüfen müssen, ob gegenüber allen Beteiligten die Vorschrift des § 104 GBO Abs. 1 beachtet worden und die Widerspruchsfrist abgelaufen ist. Hierbei ist zu berücksichtigen, dass Widersprüche nicht nur beim Grundbuchamt, sondern nach § 104 Abs. 2 GBO bei der Geschäftsstelle jedes anderen Amtsgerichts eingelegt werden können; das Grundbuchamt wird daher mit seiner Entscheidung eine angemessene Zeit warten müssen.

C. Entscheidung des Grundbuchamts (Abs. 1)

I. Grundsatz

Nach Ablauf der Widerspruchsfrist (siehe Rdn 2) kommen folgenden Möglichkeiten in Betracht:
- Es sind **keine Widersprüche** erhoben worden und das Grundbuchamt hat keine Zweifel an seinem bisherigen Vorschlag (vgl. Rdn 4).
- Es sind **keine Widersprüche** erhoben worden und das Grundbachamt hat Anlass zur Änderung des ursprünglichen Vorschlages (siehe Rdn 5).
- Es sind **unzulässige oder unbegründete Widersprüche** erhoben worden und das Grundbuchamt hat keine Zweifel an seinem bisherigen Vorschlag (vgl. Rdn 6).
- Es sind **begründete Widersprüche** oder **unzulässige oder unbegründete Widersprüche** erhoben worden und das Grundbuchamt hat Anlass zur Änderung des ursprünglichen Vorschlages (siehe Rdn 7).

II. Fehlender Widerspruch

Sind keine Widersprüche erhoben, und besteht für das Grundbuchamt kein Anlass seinen Vorschlag zu ändern. ist nach Ablauf der Widerspruchsfrist (vgl. Rdn 2) regelmäßig die neue Rangordnung gemäß dem unangefochten gebliebenen Vorschlag festzusetzen (Abs. 1 S. 1).

Hat jedoch das Grundbuchamt hinsichtlich der Richtigkeit der Rangfestsetzung aus irgendwelchen Gründen Bedenken bekommen, so kann es den Beteiligten einen diesen Bedenken Rechnung tragenden **neuen Vorschlag** machen. Das weitere Verfahren richtet sich in diesem Fall nach §§ 103 ff. GBO. Eine Festsetzung, die von dem ersten Vorschlag abweicht, kann das Grundbuchamt in diesem Falle nicht ohne Weiteres treffen.

III. Erhebung eines Widerspruchs

Hält es die Widersprüche für **unzulässig oder unbegründet** und hat es auch gegen den ersten Vorschlag aus anderen Gesichtspunkten keine Bedenken, so setzt es die Rangordnung nach dem ersten Vorschlag fest und weist gleichzeitig die Widersprüche zurück. Das Grundbuchamt muss hierbei mit dem Feststellungsbeschluss über die Rangordnung zugleich über die noch nicht erledigten, d.h. die nicht zurückgenommenen oder gegenstandslos gewordenen Widersprüche entscheiden (Abs. 1 S. 2 Hs. 1). Eine

---

1 *Holzer*, ZNotP 2018, 395, 397.

selbstständige Entscheidung über einen Widerspruch sieht das Gesetz nicht vor. Ergeht sie gleichwohl, so ist sie zwar fehlerhaft und im Rechtsmittelverfahren aufzuheben, aber nicht nichtig.[2] Wird im Feststellungsbeschluss über einen Widerspruch entschieden, so muss die Entscheidung insoweit begründet werden (Abs. 1 S. 2 Hs. 2).

7 Ist dagegen ein Widerspruch nach Ansicht des Grundbuchamts **zulässig** und **begründet**, so wird es regelmäßig einen neuen Vorschlag (§ 103 GBO), der dem Widerspruch Rechnung trägt, zu machen haben. Gleiches gilt, wenn das Grundbuchamt zwar die Widersprüche für unzulässig oder unbegründet erachtet, indes nunmehr Anlass hat, den ursprünglichen Vorschlag zu ändern. Das Grundbuchamt kann aber auch einen Verhandlungstermin nach § 102 GBO bestimmen.

8 Nur wenn durch den begründeten Widerspruch der erste Vorschlag lediglich unwesentlich geändert wird, dürfte es zulässig sein, sogleich einen neuen abgeänderten Feststellungsbeschluss zu erlassen, jedoch nicht bevor den übrigen betroffenen Beteiligten Gelegenheit zur Stellungnahme gegeben worden ist.[3] Will das Grundbuchamt nur teilweise von seinem Vorschlag abweichen, so genügt es, wenn ein ergänzender Rangordnungsvorschlag aufgestellt und dieser lediglich den Beteiligten zugestellt wird, die von der Änderung des ursprünglichen Vorschlags betroffen werden.[4]

D. Bekanntgabe der Entscheidung (Abs. 2)

9 Ist in dem Feststellungsbeschluss **über einen Widerspruch** entschieden worden, so muss der Beschluss allen Beteiligten zugestellt werden, nicht nur dem Widersprechenden (Abs. 2). Die Zustellung, mit welcher der Lauf der Beschwerdefrist des § 110 GBO beginnt, richtet sich nach § 15 Abs. 2 S. 1 Alt. 1 FamFG i.V.m. §§ 166 ff. ZPO.[5] Die Beschwerdefrist beträgt nach § 63 Abs. 1 FamFG einen Monat. Die Rechtsbeschwerde ist unzulässig (§ 110 Abs. 2 GBO).

10 Ist **kein Widerspruch** erhoben, so ist der Beschluss ebenfalls allen Beteiligten bekannt zu geben, da hiervon nach § 40 Abs. 1 S. 1 FamFG seine Wirksamkeit abhängt. Außerdem haben die Beteiligten ein Interesse daran, von dem Beschluss Kenntnis zu erhalten, um die Übereinstimmung der späteren Eintragung mit dem Beschluss prüfen zu können. Diese Bekanntgabe kann nach § 15 Abs. 2 FamFG durch Zustellung oder durch Aufgabe zur Post erfolgen.

E. Wirkung der Entscheidung; Rechtsmittel

11 Zu der **Wirkung** des Feststellungsbeschlusses siehe § 111 GBO.

12 Zum **Rechtsmittel** siehe § 110 GBO.

---

§ 109 [Einstellung des Verfahrens]

Das Grundbuchamt kann jederzeit das Verfahren einstellen, wenn es sich von seiner Fortsetzung keinen Erfolg verspricht. Der Einstellungsbeschluß ist unanfechtbar.

A. Normzweck; Allgemeines (Satz 1) 1   B. Entscheidung; Rechtsmittel (Satz 2) 2

A. Normzweck; Allgemeines (Satz 1)

1 Die Vorschrift berechtigt das Grundbuchamt, das Rangklarstellungsverfahren jederzeit von Amts wegen einzustellen. Die Beteiligten haben kein Recht auf Durchführung des Verfahrens. Voraussetzung für eine Einstellung ist lediglich, dass sich das Grundbuchamt von der Fortsetzung des Verfahrens keinen Erfolg

---

2 Bauer/Schaub/*Waldner*, § 108 Rn 3; Hügel/*Hügel*, § 108 Rn 3.
3 *Demharter*, § 108 Rn 5.
4 Bauer/Schaub/*Waldner*, § 108 Rn 6; Hügel/*Hügel*, § 108 Rn 2; Meikel/*Schneider*, § 108 Rn 6.
5 Unklar Meikel/*Schneider*, § 108 Rn 10, der nur von einer Bekanntmachung spricht.

verspricht. Die Einstellung ist bis zur rechtskräftigen Feststellung der neuen Rangordnung zulässig. Die Entscheidung hierüber steht im **pflichtgemäßen Ermessen** des Grundbuchamts. Eine Einstellung scheidet indes aus, wenn die Beteiligten sich geeinigt haben (§ 102 Abs. 2 GBO); in diesem Fall muss zwingend umgeschrieben werden.

B. Entscheidung; Rechtsmittel (Satz 2)

Die Einstellung des Verfahrens hat durch **Beschluss** (§ 38 FamFG) zu erfolgen. Eine Begründung des Beschlusses ist zwar nicht ausdrücklich vorgeschrieben, jedoch nach allgemeinen Verfahrensgrundsätzen erforderlich.[1] Die Entscheidungsgründe müssen sich nicht mit der Tatsache der Einstellung, sondern auch mit den maßgeblichen Gesichtspunkten für eine Verfahrenseinstellung befassen. Der Beschluss muss wegen der Möglichkeit der Einlegung der Rechtspflegererinnerung (§ 11 Abs. 2 RPflG) allen Beteiligten **bekannt gegeben werden**. Hat ausnahmsweise der Richter entschieden, genügt eine formlose Mitteilung nach § 15 Abs. 3 FamFG. In den sonstigen Fällen hat wegen der Statthaftigkeit der Rechtspflegererinnerung die Bekanntgabe nach §§ 41 Abs. 1, 15 Abs. 1, Abs. 2 FamFG zu erfolgen.

Der Beschluss ist **unanfechtbar** (S. 2); gegen die Entscheidung des Rechtspflegers ist gem. § 11 Abs. 2 S. 1 RPflG die **Rechtspflegererinnerung** statthaft. Insoweit muss der Beschluss mit einer entsprechenden Rechtsbehelfsbelehrung (§ 39 FamFG) versehen werden. Mit der Einstellung des Verfahrens ist nach § 113 GBO der **Einleitungsvermerk** (vgl. § 91 Abs. 3 GBO) zu löschen.

§ 110 [Beschwerde]

(1) Hat das Grundbuchamt in dem Beschluß, durch den die neue Rangordnung festgestellt wird, über einen Widerspruch entschieden, so ist gegen den Beschluß die Beschwerde nach den Vorschriften des Gesetzes über das Verfahren in Familiensachen und in den Angelegenheiten der freiwilligen Gerichtsbarkeit zulässig.
(2) Die Rechtsbeschwerde ist unzulässig.

A. Normzweck; Allgemeines	1	C. Keine Rechtsbeschwerde	6
B. Rechtsmittel gegen den Feststellungsbeschluss (Abs. 1)	2		

A. Normzweck; Allgemeines

§ 110 GBO regelt die Überprüfung des Feststellungsbeschlusses durch die Rechtsmittelinstanz. Dabei wird zwischen einem **streitigen Feststellungsbeschluss**, d.h. bei dem zugleich über einen Widerspruch entschieden wird, und einem unstreitigen Beschluss unterschieden. Im letzteren Fall verzichtet das Gesetz auf ein Rechtsmittel, weil kein Beteiligter gegen den Vorschlag für die neue Rangordnung einen Widerspruch erhoben hatte. Um alsbald Rechtssicherheit zu schaffen, verweist die Vorschrift für die Anfechtung eines Feststellungsbeschlusses, durch den zugleich über einen Widerspruch entschieden worden ist, ausdrücklich auf die **befristete Beschwerde** nach §§ 58 ff. FamFG und schließt damit die Beschwerde nach §§ 71 ff. GBO aus.

B. Rechtsmittel gegen den Feststellungsbeschluss (Abs. 1)

Sofern gegen den Vorschlag des Grundbuchamts **kein Widerspruch** (§ 104 GBO) erhoben worden ist, muss das Grundbuchamt auch nicht in dem Feststellungsbeschluss (§ 108 GBO) über die Rangordnung und über einen Widerspruch entscheiden. In diesem Fall unterliegt der Feststellungsbeschluss (§ 108 GBO) keiner Anfechtung; der Beschluss wird mit der Bekanntgabe (§ 41 Abs. 1 FamFG) wirksam. Sofern

---

[1] Hügel/*Hügel*, § 109 Rn 2; Meikel/*Schneider*, § 109 Rn 4; einschr. *Demharter*, § 109 Rn 3, zweckmäßig; differenzierend Bauer/Schaub/*Waldner*, § 109 Rn 3, Begründung erforderlich bei Einleitung auf Antrag eines Beteiligten, ansonsten Begründung zweckmäßig.

3 Hat dagegen das Grundbuchamt in dem Feststellungsbeschluss **über einen Widerspruch entschieden**, so findet gegen den Beschluss die befristete Beschwerde nach den Vorschriften der §§ 58 ff. FamFG statt (Abs. 1). Das Rechtsmittel ist **innerhalb der Monatsfrist** des § 63 Abs. 1 FamFG ausschließlich beim Grundbuchamt (§ 64 Abs. 1 S. 1 FamFG) einzulegen; eine Einlegung beim Beschwerdegericht ist angesichts des eindeutigen Wortlauts der Vorschrift nicht möglich. Eine Beschwerde kann gem. § 64 Abs. 2 S. 1 FamFG

– durch Einreichung einer Beschwerdeschrift beim Grundbuchamt,
– durch Erklärung zur Niederschrift der Geschäftsstelle des Grundbuchamts oder
– gemäß § 14 Abs. 2 S. 1 FamFG durch Einreichung eines elektronischen Dokuments erhoben werden, (zu den Einzelheiten siehe die entsprechend geltenden Ausführungen § 73 Rdn 6 ff.) Über § 68 Abs. 3 S. 1 finden für das Beschwerdeverfahren die Vorschriften über das Verfahren im ersten Rechtszug und damit auch § 14b FamFG Anwendung. Entsprechend können – abweichend von der Grundbuchbeschwerde gem. §§ 71 ff. GBO – seit dem 1.1.2022 **Rechtsanwälte, Notare, Behörden** oder **juristischen Personen des öffentlichen Rechts** einschließlich der von ihr zur Erfüllung ihrer öffentlichen Aufgaben gebildeten Zusammenschlüsse die Beschwerde gem. § 110 GBO **ausschließlich als elektronisches Dokument** einlegen.[1]

4 Die Frist zur Einlegung des Rechtsmittels beginnt mit der Zustellung des Feststellungsbeschlusses an alle Beteiligten (vgl. § 108 Abs. 2 GBO, § 41 Abs. 1 S. 2 FamFG i.V.m. §§ 15 Abs. 2 S. 1 Alt. 1, 166 ff. FamFG), spätestens mit Ablauf nach fünf Monaten nach Erlass des Beschlusses (§ 63 Abs. 3 FamFG i.V.m. § 38 Abs. 3 S. 2 FamFG). Die Beschwerdebefugnis richtet sich nach § 59 FamFG; die Beschwerde steht somit jedem zu, dessen Recht durch die Entscheidung unmittelbar beeinträchtigt wird. Das ist in erster Linie der Widersprechende. Ob auch andere Beteiligte beschwerdeberechtigt sind, wird von der Gestaltung des Einzelfalles abhängig sein; dies dürfte indessen nur im Ausnahmefall zu bejahen sein. Ist zum Zeitpunkt der Beschwerdeeinlegung die neue Rangordnung bereits im Grundbuch eingetragen, weil z.B. ein Fall des § 63 Abs. 2 FamFG vorlag, dürfte dem Rechtsmittel zumindest das Rechtsschutzinteresse fehlen (Rechtsgedanken des § 103 Abs. 1 GBO). Zudem muss der Beschwerdewert des § 61 Abs. 1 FamFG von 600,01 EUR erreicht werden. Hält das Grundbuchamt die Beschwerde für begründet, so muss es ihr abhelfen (§ 68 Abs. 1 S. 1 FamFG), ansonsten sind die Akten unverzüglich dem Oberlandesgericht als Beschwerdegericht vorzulegen.

5 Die **Wiedereinsetzung in den vorigen Stand** wegen der Versäumung der Beschwerdefrist (§§ 17 ff. FamFG) ist zeitlich begrenzt durch die Eintragung der neuen Rangordnung, obwohl eine dem § 105 Abs. 3 GBO entsprechende Bestimmung hier fehlt. Wegen Gleichheit der Rechtslage muss der Gedanke des § 105 Abs. 3 GBO aber auch hier entsprechend angewendet werden.[2]

C. Keine Rechtsbeschwerde

6 Die Rechtsbeschwerde **ist** nach Abs. 2 **ausgeschlossen**, weil diese nach Auffassung des Gesetzgebers den Besonderheiten des Rangklarstellungsverfahrens nicht gerecht werden würde.[3] Dies gilt auch in Anwendung des Rechtsgedankens des § 19 Abs. 3 FamFG für den Fall einer abgelehnten Wiedereinsetzung in den vorigen Stand, da sich die Anfechtung der Versagung der Wiedereinsetzung nach den Vorschriften für die versäumte Rechtshandlung richtet.[4]

---

1 Vgl. BGH FG Prax 2023, 44; OLG Frankfurt FamRZ 2022, 802; Sternal/*Sternal*, § 64 Rn 28.
2 Bauer/Schaub/*Waldner*, § 110 Rn 3; *Demharter*, § 108 Rn 11; Hügel/*Hügel*, § 110 Rn 3; Meikel/*Schneider*, § 110 Rn 5; *Holzer*, ZNotP 2018, 395, 408.
3 Bauer/Schaub/*Waldner*, § 110 Rn 4; Hügel/*Hügel*, § 110 Rn 5; Meikel/*Schneider*, § 110 Rn 6.
4 A.A. Bauer/Schaub/*Waldner*, § 110 Rn 4.

§ 111 [Umschreibung des Grundbuchs]

Ist die neue Rangordnung rechtskräftig festgestellt, so hat das Grundbuchamt das Grundbuch nach Maßgabe dieser Rangordnung umzuschreiben.

A. Normzweck; Allgemeines	1	C. Kosten	6
B. Umschreibung des Grundbuchs	2		

A. Normzweck; Allgemeines

Der rechtskräftige Feststellungsbeschluss bildet sowohl in formeller wie auch in materieller Hinsicht die Grundlage für die Eintragung der neuen Rangordnung. Er ersetzt in formeller Beziehung die Eintragungsbewilligung der Beteiligten, in materieller Hinsicht die Einigung der Beteiligten sowie die sonstigen Erklärungen. Deshalb verpflichtet § 111 GBO das GBA, das Grundbuch entsprechend der neuen Rangordnung umzuschreiben. 1

B. Umschreibung des Grundbuchs

Voraussetzung für eine Umschreibung des Grundbuchs ist, dass die neue Rangordnung rechtskräftig festgestellt ist. Dies bedeutet, dass der nach § 108 GBO erlassene Feststellungsbeschluss gegenüber allen Beteiligten (siehe § 92 GBO Rdn 2 ff.) formelle Rechtskraft erlangt haben muss. Der Beschluss muss also allen Beteiligten ordnungsmäßig bekannt gegeben (§§ 41 Abs. 1 S. 1 FamFG i.V.m. § 15 Abs. 2 FamFG) oder, falls mit ihm zugleich über einen Widerspruch entschieden worden ist, dem Beteiligten zugestellt worden sein (§ 108 Abs. 2 GBO i.V.m. §§ 41 Abs. 1 S. 2, 15 Abs. 2 S. 1 Alt. 1 FamFG, §§ 166 ff. ZPO) und die Beschwerdefrist des § 110 GBO muss abgelaufen oder über eingelegte Beschwerden entschieden sein. Insoweit bedarf es vor Umschreibung einer Rechtskraftanfrage beim **OLG als Beschwerdegericht**.[1] Ist die formelle Rechtskraft eingetreten, so hat das Grundbuchamt die Umschreibung vorzunehmen. Eine Einstellung des Verfahrens (§ 109 GBO) in diesem Zeitpunkt kommt nicht mehr in Frage. 2

Unter **Umschreibung** ist grundsätzlich nicht die Umschreibung wegen Unübersichtlichkeit im Sinne der §§ 28 ff. GBV zu verstehen; vielmehr bedeutet Umschreibung hier zunächst nur Verlautbarung der neuen Rangordnung an Stelle der alten im Grundbuch. Diese Verlautbarung muss grundsätzlich auf dem alten Blatt erfolgen. Das kann durch Eintragung von Rangvermerken geschehen. 3

In vielen Fällen wird sich hieraus allerdings eine Unübersichtlichkeit des Grundbuchs ergeben, die zur Umschreibung oder Neufassung im technischen Sinne (§§ 28 ff. GBV) Veranlassung gibt; dann dürfte aber nichts dagegen einzuwenden sein, die Umschreibung ohne vorherige Verlautbarung der Rangordnung auf dem alten Blatt vorzunehmen. Manchmal wird es ausreichen, nur die zweite oder dritte Abteilung des Grundbuchblatts neu zu fassen, was § 33 GBV ermöglicht. Der Einleitungsvermerk ist nach § 113 GBO vor der Umschreibung auf dem alten Blatt zu löschen. 4

Für die **Vorlegung von Grundpfandbriefen** gelten die allgemeinen Bestimmungen (§§ 41 ff., 62 GBO).[2] Das Grundbuchamt hat daher die Briefe, soweit sie nach diesen Grundsätzen vorliegen müssen, einzufordern. Die Befugnis hierzu ergibt sich aus § 99 GBO. Neue Briefe werden bei Umschreibung des Grundbuchs nach § 111 GBO nicht von Amts wegen, sondern nur auf Antrag (vgl. § 67 GBO) hergestellt. Werden gleichwohl von Amts wegen neue Briefe gebildet, so stellt das eine unrichtige Sachbehandlung im Sinne von § 21 GNotKG dar.[3] 5

---

[1] Falsch Hügel/*Hügel*, § 111 Rn 2, der von der Notwendigkeit einer „Notfristanfrage" beim LG ausgeht, welches indes seit dem 1.9.2009 nicht mehr in den Rechtsmittelzug eingebunden ist.

[2] Bauer/Schaub/*Waldner*, § 111 Rn 5; *Demharter*, § 111 Rn 6; Hügel/*Hügel*, § 111 Rn 5; a.A. Meikel/*Schneider*, § 111 Rn 7, kann nur nach § 62 GBO erfolgen.

[3] Vgl. zur KostO: KG JW 1934, 433.

C. Kosten

6 Für die Umschreibung des Grundbuchblatts werden keine Kosten und Gebühren erhoben (siehe § 114 GBO Rdn 1).

§ 112 [Eintragung der neuen Rangordnung]

Ist die neue Rangordnung (§ 102 Abs. 2, § 111) eingetragen, so tritt sie an die Stelle der bisherigen Rangordnung.

A. Normzweck; Allgemeines .... 1 B. Rechtsmittel 3

A. Normzweck; Allgemeines

1 Durch § 112 GBO wird klargestellt, dass mit der Eintragung die neue Rangordnung materiellrechtliche **Wirksamkeit** erlangt und die alte Rangordnung vollständig beseitigt ist. Die neue Rangordnung ist so zu behandeln, als ob sie von vornherein eingetragen gewesen wäre.[1] Sie ist nicht eine nachträgliche Rangänderung im Sinne des § 880 BGB. Bei späteren Verfahren darf auf die frühere Rangordnung nicht zurückgegriffen werden.

2 Mit der Eintragung der neuen Rangordnung sind die Geltendmachung von **Willensmängeln** bezüglich der Einigungserklärung eines Beteiligten (§ 102 Abs. 2 GBO) sowie **Bereicherungsansprüche ausgeschlossen**. Das folgt daraus, dass die Einigung nach § 102 GBO an die Stelle der Feststellung der Rangordnung durch das Grundbuchamt tritt und diese ersetzt. Ebenso wenig wie gegenüber der Eintragung, die aufgrund der Feststellung geschieht, Willensmängel oder Bereicherungsansprüche geltend gemacht werden können, kann dies gegenüber der Eintragung des § 102 GBO zugelassen werden, wenn man nicht den Gesamterfolg des Verfahrens in Frage stellen will. Mit der Eintragung entfällt zudem die Möglichkeit, Wiedereinsetzung in den vorigen Stand wegen der Versäumung der Widerspruchsfrist zu beantragen (§ 102 Abs. 2 GBO).

B. Rechtsmittel

3 Eine **Beschwerde** gegen die Eintragung der neuen Rangordnung ist nur eingeschränkt mit dem Ziel des § 71 Abs. 2 S. 2 GBO möglich. Das Rechtsmittel kann nur darauf gestützt werden, dass die eingetragene Rangordnung mit der Rangordnung nicht übereinstimmt, über die sich die Beteiligten geeinigt haben oder welche rechtskräftig festgestellt worden ist.[2]

§ 113 [Löschung des Einleitungsvermerks]

Wird die neue Rangordnung eingetragen (§ 102 Abs. 2, § 111) oder wird das Verfahren eingestellt (§ 109), so ist der Einleitungsvermerk zu löschen.

1 Mit Beendigung des Rangklarstellungsverfahrens durch Eintragung der neuen Rangordnung (§§ 102 Abs. 2, 111 GBO) oder durch Einstellung des Verfahrens (§ 109 GBO) wird der im Grundbuch eingetragene Einleitungsvermerk überflüssig. Er ist zu löschen. Die Löschung des Einleitungsvermerks gehört zur Durchführung des Rangklarstellungsverfahrens.

2 Die Löschung kann auf dem bisherigen Grundbuchblatt durch Eintragung eines Löschungsvermerks (§ 46 Abs. 1 GBO) erfolgen. In dem nach §§ 28 ff. GBV etwa durch Umschreibung wegen Unübersicht-

---

[1] Bauer/Schaub/*Waldner*, § 112 Rn 1; *Demharter*, § 112 Rn 1; Hügel/*Hügel*, § 112 Rn 1.

[2] Bauer/Schaub/*Waldner*, § 112 Rn 3; *Demharter*, § 112 Rn 2, Hügel/*Hügel*, § 112 Rn 3; Meikel/*Schneider*, § 112 Rn 3.

lichkeit anzulegenden neuen Blatt (vgl. § 111 GBO) kann die Löschung durch Nichtmitübertragung auf das neue Blatt (§ 46 Abs. 2 GBO) vollzogen werden. Möglich ist auch die Eintragung der laufenden Nummer des Vermerks mit dem Zusatz „gelöscht" (vgl. § 30 Abs. 1 lit. c GBV).

§ 114 [Kosten des Verfahrens erster Instanz]

Die Kosten des Verfahrens erster Instanz verteilt das Grundbuchamt auf die Beteiligten nach billigem Ermessen.

A. Kosten des Verfahrens 1   B. Verteilung der Kosten 3

A. Kosten des Verfahrens

Für die Eintragungen und Löschungen zur Beseitigung unklarer oder unübersichtlicher Rangverhältnisse werden mangels Gebührentatbestand im GNotKG **keine Gebühren** erhoben. Gebührenfrei ist auch das vorangegangene Rangklarstellungsverfahren vor dem Grundbuchamt einschließlich der Beurkundung der Erklärung der Beteiligten. Anders als bei der Löschung gegenstandsloser Eintragungen können hier einem Beteiligten keine Gebühren auferlegt werden. Auch für die Umschreibung unübersichtlicher Grundbuchblätter und für die Neufassung einzelner Teile eines Grundbuchblatts gem. §§ 28 ff. GBV dürfen keine Gebühren erhoben werden. Dagegen sind Auslagen (Dokumentenpauschale, Postentgelte etc., vgl. Nr. 31000 ff. KV GNotKG) von demjenigen zu erheben, dem sie das Grundbuchamt nach § 114 GBO auferlegt hat. Derjenige, dem die Auslagen auferlegt werden, wird dadurch nach § 27 Nr. 1 GNotKG Kostenschuldner gegenüber der Staatskasse. Stellt sich die Einleitung des Rangänderungsverfahrens als unnötig heraus, kann von einer Erstattung der Auslagen abgesehen werden (siehe § 91 GBO Rdn 2).[1]

§ 114 GBO betrifft somit nur die **gerichtlichen Auslagen** und die **außergerichtlichen Kosten der Beteiligten**. Die Vorschrift regelt lediglich die Kosten des Verfahrens erster Instanz, also vor dem GBA. Für die Kosten des Beschwerdeverfahrens gelten die allgemeinen Vorschriften, insbesondere Nr. 14510 f. KV GNotKG.

B. Verteilung der Kosten

Die gerichtlichen Auslagen und die außergerichtlichen Kosten der Beteiligten hat das Grundbuchamt **nach billigem Ermessen** auf die Beteiligten zu verteilen. § 114 GBO enthält keine allgemeinen Grundsätze über die Verteilung der Kosten. Allein entscheidend ist das billige Ermessen des GBA. Hierbei dürfte weniger auf die Tatsache abzustellen sein, wer den Antrag (= Anregung, vgl. § 90 GBO Rdn 5) auf Einleitung des Rangklarstellungsverfahrens gestellt hat, als vielmehr darauf, in wessen Interesse die Klarstellung vornehmlich gelegen hat.[2] So kann es berechtigt sein, die gerichtlichen Auslagen auf die Beteiligten zu verteilen oder sie einem Beteiligten allein aufzuerlegen. Dagegen wird in der Regel jeder Beteiligte seine außergerichtlichen Kosten selbst zu tragen haben, es sei denn, dass besondere Umstände eine andere Entscheidung geboten erscheinen lassen.

---

1 Bauer/Schaub/*Waldner*, § 90 Rn 5.

2 Bauer/Schaub/*Waldner*, § 114 Rn 3; Hügel/*Hügel*, § 114 Rn 3; a.A. *Demharter*, § 114 Rn 2, grundsätzlich Verteilung der Auslagen auf alle Beteiligten.

§ 115 [Kosten eines erledigten Rechtsstreits]

Wird durch das Verfahren ein anhängiger Rechtsstreit erledigt, so trägt jede Partei die ihr entstandenen außergerichtlichen Kosten. Die Gerichtskosten werden niedergeschlagen.

A. Normzweck 1
B. Kostenverteilung bei Erledigung 2
C. Teilweise Erledigung 3

A. Normzweck

1 Das Ergebnis des Rangklarstellungsverfahrens kann auf einen bei Einleitung dieses Verfahrens bereits anhängigen oder erst während des Verfahrens anhängig werdenden gerichtlichen Verfahrens (Zivil- oder Verwaltungsprozess bzw. Verfahren der freiwilligen Gerichtsbarkeit) derart einwirken, dass dieses Verfahren für die Verfahrensbeteiligten in der Hauptsache gegenstandslos wird.[1] Daher regelt § 115 GBO als Spezialregelung die außergerichtlichen Kosten eines durch das Rangklarstellungsverfahren erledigten gerichtlichen Verfahrens. Insoweit werden die kostenrechtlichen Vorschriften der jeweiligen Verfahrensordnungen verdrängt.

B. Kostenverteilung bei Erledigung

2 Erledigt sich ein laufender Rechtsstreit dadurch, dass die Beteiligten oder wenigstens derjenige Beteiligte, der in dem Rechtsstreit einen von der getroffenen Rangfestsetzung abweichenden Standpunkt eingenommen hat, die neue Rangordnung anerkennt, so greift die Regelung des § 115 GBO ein. In diesem Fall trägt jede Partei des Rechtsstreits ihre eigenen außergerichtlichen Kosten und die Gerichtskosten werden niedergeschlagen. Diese Kostenregelung folgt automatisch aus der gesetzlichen Regelung in § 115 GBO.[2] Eines Ausspruchs des Prozessgerichts über den Kostenausgleich nach § 115 GBO bedarf es nicht; sie hat allenfalls deklaratorische Bedeutung.[3] Die Kostenregelung tritt ohne weiteres kraft Gesetzes ein; ein von § 115 GBO abweichender Kostenausspruch des Prozessgerichts oder des Gerichts der freiwilligen Gerichtsbarkeit ist nicht möglich[4] und wäre wirkungslos.

C. Teilweise Erledigung

3 Bei **teilweiser Erledigung** eines gerichtlichen Verfahrens, so wenn z.B. außer den Rangverhältnissen noch andere Ansprüche im Streit sind, muss das Prozessgericht den § 115 GBO im Rahmen seiner Kostenentscheidung nach den §§ 91 ff. ZPO (bzw. in einem Verfahren der freiwilligen Gerichtsbarkeit nach §§ 80 ff. FamFG) berücksichtigen. Entsprechend § 98 ZPO werden die Beteiligten aber durch zu protokollierenden Vergleich eine andere Regelung für ihre außergerichtlichen Kosten treffen können.

---

1 RGZ 112, 302, zu dem vergleichbaren früheren § 82 AufwG.
2 Bauer/Schaub/*Waldner*, § 115 Rn 2.
3 Bauer/Schaub/*Waldner*, § 115 Rn 2; *Demharter*, § 115 Rn 4; Hügel/*Hügel*, § 115 Rn 1, Meikel/*Schneider*, § 115 Rn 2.
4 RGZ 112, 302.

Sechster Abschnitt: Anlegung von Grundbuchblättern

§ 116 [Anlegung eines Grundbuchblattes]

(1) Für ein Grundstück, das ein Grundbuchblatt bei der Anlegung des Grundbuchs nicht erhalten hat, wird das Blatt unbeschadet des § 3 Abs. 2 bis 9 von Amts wegen angelegt.
(2) Das Verfahren bei der Anlegung des Grundbuchblatts richtet sich nach den Vorschriften der §§ 118 bis 125.

A. Allgemeines 1	B. Besonderheiten 4

A. Allgemeines

Die §§ 116–125 GBO regeln das Verfahren zur Anlegung eines Grundbuchblattes für ein **bisher nicht gebuchtes** Grundstück. Die Vorschriften wurden als 6. Abschnitt durch das Registerverfahrenbeschleunigungsgesetz (RegVBG) vom 20.12.1993[1] eingefügt. Das Verfahren zur Anlegung eines Grundbuchblattes war zunächst in den §§ 7–17 der Verordnung zur Ausführung der Grundbuchordnung (AVOGBO) vom 8.8.1935[2] geregelt.[3]

Das Verfahren ist von Amts wegen durchzuführen, wenn das Grundstück dem Buchungszwang unterliegt und das Grundbuchamt durch eine Mitteilung des Liegenschaftskatasters Kenntnis von seiner Existenz erlangt. Bei nach § 3 Abs. 2 GBO buchungsfreien und bisher nicht gebuchten Grundstücken erfolgt die Anlegung von Amts wegen, wenn über das Grundstück verfügt werden soll, ansonsten auf Antrag des Eigentümers.

Das Verfahren der Anlegung eines Grundbuchblattes hat wenig praktische Bedeutung, da selbst für buchungsfreie Grundstücke heute regelmäßig Grundbücher angelegt sind. Das Verfahren hatte nach Inkrafttreten der GBO Bedeutung in den Ländern des Deutschen Reiches, welche noch kein Grundbuch hatten. Dort war auch die Frage der Feststellung des Eigentums relevant, wenn nach der jeweiligen Rechtsordnung ein Eigentumserwerb außerhalb des Grundbuchs erfolgen konnte.[4] Heute kann eine Grundbuchblattanlegung in Betracht kommen, wenn für nicht gebuchte Gewässergrundstücke ein Grundbuch angelegt werden soll. Dabei sind das Wasserhaushaltsgesetz v. 31.7.2009 (BGBl I 2009, S. 2585) und landesrechtliche Gesetze zum Eigentum und zur Unterhaltungslast zu beachten.[5] Eine Grundbuchblattanlegung muss auch dann erfolgen, wenn ein Flurstück aufgrund Neuvermessungen und Flächenkorrekturen neu gebildet wurde. Hier ist natürlich festzustellen, dass das Flurstück als Teil der Erdoberfläche bereits vorhanden war und bereits als Teil anderer Flurstücke gebucht war. Mit einer Flächenkorrektur und dem möglichen Neuentstehen als eigenes Flurstück ist damit kein Eigentumswechsel verbunden.

Das Anlegungsverfahren ist insbesondere dann durchzuführen,
– wenn ein Grundstück bei der erstmaligen Anlegung des Grundbuches **versehentlich nicht gebucht** worden ist;
– wenn im Rahmen von Flächenberichtigungen bei Grundstücksveränderungen ein neues Grundstück gebildet wird;
– wenn über ein buchungsfreies Grundstück verfügt wird; die Anlegung erfolgt auch auf Antrag des Eigentümers oder Berechtigten (§ 3 Abs. 2 GBV);
– wenn bei Grenzregulierungen ein bisher im Ausland gelegenes Grundstück dem Bundesgebiet einverleibt wird.

---

1 BGBl I 1993, S. 2182.
2 RGBl I 1935, S. 1089.
3 Eingehend auch Meikel/*Schneider*, Vor §§ 116 ff. Rn 1, 43 ff.
4 Eingehend Meikel/*Schneider*, § 123 Rn 13 ff.
5 Eingehend Meikel/*Schneider*, § 116 Rn 7 ff.

3 In den neuen Bundesländern war die Anwendung der §§ 116 ff. GBV streitig bei der Anlegung eines Grundbuchblattes für selbstständiges Gebäudeeigentum. Mit der Regelung des Art. 233 § 2b Abs. 2 EGBGB und der Einführung der Gebäudegrundbuchverfügung (GGV) wurde diese Frage geklärt (eingehend: § 1 GGV Rdn 10 ff.). Im Unterschied zur Anlegung eines Grundbuchblattes für ein nicht gebuchtes Grundstück geht es bei der Anlegung eines Gebäudegrundbuchblattes aber nicht nur um die Frage, wer Eigentümer ist, sondern entscheidend darum, ob überhaupt Gebäudeeigentum besteht (vgl. § 3 Einl. Rdn 227 ff.). Diese Rechtsfrage und Feststellung wird von den §§ 116 ff. GBO nicht geregelt.

B. Besonderheiten

4 Die §§ 116 ff. GBV sind nicht anwendbar, wenn ein zerstörtes Grundbuchblatt wiederhergestellt werden soll, was seit Einführung des elektronischen Grundbuchs und in der Zukunft des Datenbankgrundbuchs kaum mehr notwendig sein dürfte. Die §§ 116 ff. GBV sind anwendbar bei der Beseitigung einer Doppelbuchung nach § 38 GBV.

5 Ein Fall des Anlegungsverfahrens liegt nicht vor, wenn eine Blattanlegung nach § 3 Abs. 8, 9 GBV geboten ist oder wenn nach Schließung der Wohnungsgrundbücher (§ 9 Abs. 3 WEG) erneut ein Grundstücksblatt anzulegen ist.

§ 117 [Nachweis des Liegenschaftskatasters]

(aufgehoben)

1 Die Vorschrift regelte die Übersendung eines amtlichen Auszugs aus dem Verzeichnis des Liegenschaftskatasters als Nachweis der Existenz des Grundstücks. Sie ist durch das DaBaGG vom 1.10.2013[1] ersatzlos aufgehoben worden.

§ 118 [Feststellungen von Amts wegen]

Zur Feststellung des Eigentums an dem Grundstück hat das Grundbuchamt von Amts wegen die erforderlichen Ermittlungen anzustellen und die geeigneten Beweise zu erheben.

A. Allgemeines	1	I. Verfahrenseinleitung	2
B. Das Verfahren	2	II. Verfahrensgang	4

A. Allgemeines

1 Die Norm nennt das Verfahrensziel (Eigentumsfeststellung) und charakterisiert das Verfahren als Amtsverfahren. Inhaltlich entspricht die Norm § 26 FamFG, so dass die dort geltenden Regeln hierher übertragen werden können.

B. Das Verfahren
I. Verfahrenseinleitung

2 Das Anlegungsverfahren wird **von Amts wegen** durchgeführt.[1] Sofern ausnahmsweise ein **Antrag** erforderlich ist (§ 3 Abs. 2 GBO) kann ihn jedoch nur stellen, wer dartut, dass er zu einer der genannten Personengruppen gehört (siehe § 116 GBO Rdn 1, 2). Erforderlich ist der Nachweis von Tatsachen, die das Eigentum des Antragstellers zumindest wahrscheinlich machen.[2] Erscheint es aufgrund der ermittelten

---

1 BGBl I 2013, 3719.
1 Allgemein: Meikel/*Schneider*, § 118 Rn 7 ff.

2 KG KGJ 34, 218; BayObLG BayObLGZ 1965, 403 = Rpfleger 1966, 332.

Tatsachen als ausgeschlossen, dass der Antragsteller zu dem vorgenannten Kreis der Antragsberechtigten gehört, ist sein Antrag zurückzuweisen.

Ist ein Antrag nicht erforderlich, muss das Verfahren mit der Anlegung eines Grundbuchblattes enden.[3] 3
Das Grundbuchamt kann das Verfahren nicht mit der Begründung einstellen, der Eigentümer habe sich nicht ermitteln lassen. Ein dann einzutragender Eigentümer braucht allerdings nicht mit dem Antragsteller identisch zu sein.

II. Verfahrensgang

Das Grundbuchamt fordert zunächst verschiedene **Unterlagen**, und zwar auch dann von Amts wegen, 4
wenn es sich um Antragsverfahren nach § 3 Abs. 2 GBO handelt. Sodann sind die zur Feststellung des Eigentümers notwendigen **Ermittlungen** anzustellen und dabei die notwendigen Beweise zu erheben.

Das Grundbuchamt hat entgegen den sonst im Grundbuchverfahren geltenden Grundsätzen (§§ 13, 29 GBO) 5
seine Anordnungen von Amts wegen zu treffen und ist bei Feststellung des Eigentums auf die von den Beteiligten beigebrachten Beweismittel nicht beschränkt. Bei der Prüfung der Wahrheit einer Behauptung ist es an die Erklärung der Beteiligten nicht gebunden, sondern verpflichtet, selbstständig ohne Rücksicht auf das Vorbringen der Beteiligten den Sachverhalt aufzuklären und die erforderlichen Beweise zu erheben.

Das Grundbuchamt ist nicht auf bestimmte Beweismittel beschränkt, insbesondere gilt kein § 29 Abs. 1 S. 2 6
GBO. Ihm stehen vielmehr sämtliche denkbaren Beweismittel zur Verfügung, auch private Urkunden, Stellungnahmen öffentlicher Stellen oder privater Beteiligter, bspw. auch von Mietern oder Pächtern.

Die Verletzung der Ermittlungspflicht im Anlegungsverfahren stellt eine Verletzung gesetzlicher Vor- 7
schriften im Sinne des § 53 GBO dar, welche die Anordnung eines Widerspruchs nach § 125 S. 2 GBV rechtfertigt.[4]

Unzulässig sind bei der Feststellung des Eigentums alle Maßnahmen, die den Fortgang des Anlegungs- 8
verfahrens von der freien Entschließung der Beteiligten abhängig machen, denn das Verfahren dient in erster Linie dem Interesse der Allgemeinheit. Deswegen ist auch für eine Zwischenverfügung im Sinne des § 18 GBO kein Raum. Aus diesem Grund ist es auch nicht zulässig, dass das Grundbuchamt vor der Eintragung des Eigentümers eine Unbedenklichkeitsbescheinigung der Finanzbehörde fordert, da sonst in den Fällen, in denen eine Grunderwerbssteuer zu entrichten ist, das Anlegungsverfahren hinausgeschoben werden würde, bis der Grundstückseigentümer die Grunderwerbssteuer zahlt oder sich stunden lässt. Das aber ist mit dem Amtsbetrieb des Anlegungsverfahrens nicht zu vereinbaren.

§ 119 [Aufgebotsverfahren]

Das Grundbuchamt kann zur Ermittlung des Berechtigten ein Aufgebot nach Maßgabe der §§ 120 und 121 erlassen.

§ 120 [Inhalt des Aufgebots]

In das Aufgebot sind aufzunehmen:
1. die Ankündigung der bevorstehenden Anlegung des Grundbuchblatts;
2. die Bezeichnung des Grundstücks, seine Lage, Beschaffenheit und Größe nach dem für die Bezeichnung der Grundstücke im Grundbuch maßgebenden amtlichen Verzeichnis;
3. die Bezeichnung des Eigenbesitzers, sofern sie dem Grundbuchamt bekannt oder zu ermitteln ist;

---

3 KG JFG 8, 211, 219; KG KGJ 30, 174, 175; KG KGJ 49, 156, 158; Meikel/*Schneider*, § 123 Rn 3; a.A. OLG Hamm Rpfleger 1952, 245 m. abl. Anm. *Bruhn*.

4 OLG München JFG 17, 293; OLG Hamm Rpfleger 1980, 229.

4. die Aufforderung an die Personen, welche das Eigentum in Anspruch nehmen, ihr Recht binnen einer vom Grundbuchamt zu bestimmenden Frist von mindestens sechs Wochen anzumelden und glaubhaft zu machen, widrigenfalls ihr Recht bei der Anlegung des Grundbuchs nicht berücksichtigt wird.

§ 121 [Bekanntmachung]

(1) Das Aufgebot ist an die für den Aushang von Bekanntmachungen des Grundbuchamts bestimmte Stelle anzuheften und einmal in dem für die amtlichen Bekanntmachungen des Grundbuchamts bestimmten Blatte zu veröffentlichen. Das Grundbuchamt kann anordnen, daß die Veröffentlichung mehrere Male und noch in anderen Blättern zu erfolgen habe oder, falls das Grundstück einen Wert von weniger als 3.000 Euro hat, daß sie ganz unterbleibe.

(2) Das Aufgebot ist in der Gemeinde, in deren Bezirk das Grundstück liegt, an der für amtliche Bekanntmachungen bestimmten Stelle anzuheften oder in sonstiger ortsüblicher Weise bekanntzumachen. Dies gilt nicht, wenn in der Gemeinde eine Anheftung von amtlichen Bekanntmachungen nicht vorgesehen ist und eine sonstige ortsübliche Bekanntmachung lediglich zu einer zusätzlichen Veröffentlichung in einem der in Absatz 1 bezeichneten Blätter führen würde.

(3) Das Aufgebot soll den Personen, die das Eigentum in Anspruch nehmen und dem Grundbuchamt bekannt sind, von Amts wegen zugestellt werden.

A. Grundsätze	1	C. Bekanntmachung	5
B. Inhalt des Aufgebots	4	D. Anmeldung des Eigentums	7

A. Grundsätze

1 Ist der Eigentümer gänzlich unbekannt, kann nach Maßgabe der §§ 119–122 GBO ein **Aufgebot** durchgeführt werden. Nach Durchführung des Aufgebots richtet sich das weitere Anlegungsverfahren, insbesondere die Ermittlung des Eigentümers nach den §§ 118 und 123 GBO. Das Grundbuchamt kann denjenigen, der aufgrund des Aufgebots sein Eigentum angemeldet und glaubhaft gemacht hat, gem. § 123 Nr. 2 GBO als Eigentümer eintragen, sofern es nicht einen anderen Eigentümer ermittelt hat oder das Eigentum einer anderen Person ihm bei Würdigung der erhobenen Beweise glaubhafter erscheint.

2 Meldet sich ein Berechtigter innerhalb der Aufgebotsfrist nicht, so geht er damit nicht seines materiellen Rechtes verlustig. Die Feststellung des Eigentümers durch das Grundbuchamt nach Durchführung des Aufgebots erwächst nicht in materielle Rechtskraft. Es hat lediglich zur Folge, dass sein Recht bei der Anlegung des Grundbuches nicht berücksichtigt wird. Die Verfolgung seines Rechts im ordentlichen Rechtsweg gegen den im Anlegungsverfahren eingetragenen Eigentümer bleibt ihm unbenommen. Die Anmeldefrist des § 120 Nr. 4 GBO ist zudem keine Ausschlussfrist. Auch ein Berechtigter, der sich nach Ablauf der Frist meldet, kann noch als Eigentümer eingetragen werden. Ein Recht auf Berücksichtigung im Anlegungsverfahren hat er jedoch nicht. Das Grundbuchamt ist insbesondere auch nicht verpflichtet, Ermittlungen über sein verspätet vorgebrachtes Eigentumsrecht anzustellen.

3 Meldet sich aufgrund des Aufgebots niemand, so hat das auf den Gang des Anlegungsverfahrens keinen Einfluss. Die Lage ist dann die gleiche, als wenn ein Aufgebotsverfahren nicht stattgefunden hat. Es erübrigt sich jedoch in solchem Fall die Bekanntmachung nach § 122 GBO.

B. Inhalt des Aufgebots

4 Er ist in **§ 120 GBO** bestimmt:
– Das Aufgebot enthält die in § 120 Nr. 1 GBO bezeichnete **Ankündigung**.
– Die in § 120 Nr. 2 GBO vorgeschriebenen **Angaben** dienen der Identifizierung des Grundstücks insbesondere durch die mit dem Aufgebot Angesprochenen. Sie sind den nach § 117 GBO erholten Un-

terlagen zu entnehmen; hat das Grundbuchamt darüber hinaus Kenntnis von weiteren Charakteristika des Grundstückes (z.B. Bewuchs, frühere Nutzung, besondere Bezeichnung des Grundstückes in der Bevölkerung wie etwa „Schulzenwiese" o.Ä.) so sollen auch diese angegeben werden.
- Nach § 120 Nr. 3 GBO ist der **Eigenbesitzer** (§ 872 BGB) anzugeben. Da er auch dann anzugeben ist, wenn er ermittelt werden kann, sind solche Ermittlungen zwingend. Angesichts des subjektiven Elements in § 872 BGB („als ihm gehörend") empfiehlt sich eine Anhörung des Besitzers über die Rechtsgrundlagen seines Besitzes.
- Wesentlich ist die **Aufforderung** nach § 120 Nr. 4 GBO, das Eigentum anzumelden und glaubhaft zu machen.[1] Die Frist dazu ist großzügig zu bemessen.

C. Bekanntmachung

Die Regeln dafür ergeben sich aus **§ 121 GBO**: 5

- Der vollständige Wortlaut ist an der für den **Aushang** der amtlichen Bekanntmachungen des GBA bestimmten Stelle anzuheften. Es empfiehlt sich, den Aushang während des gesamten Fristlaufes (§ 120 Nr. 4 GBO) vorzunehmen.
- Daneben ist das Aufgebot in dem für die **amtlichen Bekanntmachungen** bestimmten Blatt (Amtsblatt) zu veröffentlichen. Das Grundbuchamt kann darüber hinaus mehrfache Veröffentlichungen, auch in anderen Blättern anordnen. Es empfiehlt sich jedenfalls eine zusätzliche Veröffentlichung in einer örtlichen Tageszeitung.
- Das Aufgebot ist ferner in der **Belegenheitsgemeinde** in ortsüblicher Weise bekannt zu machen; dies geschieht mittels Amtshilfeersuchen an die Gemeinde. Eine Doppelveröffentlichung in örtlichen Publikationsorganen ist dabei zu vermeiden.

Sind Personen aufgetreten, die das Eigentum für sich in Anspruch nehmen, so ist ihnen das Aufgebot zuzustellen. 6

D. Anmeldung des Eigentums

Das Aufgebot dient der Feststellung des Eigentums ergänzend zur Amtsermittlung des Grundbuchamts 7
nach § 118 GBO. Steht das Eigentum zur Überzeugung des Grundbuchamtes fest, muss das Aufgebotsverfahren nicht durchgeführt werden. Umgekehrt sind die Anmeldung und Glaubhaftmachung des Eigentums nach § 120 Nr. 4 GBO nicht bindend, sie bilden nur eine weitere Grundlage für die von Amts wegen zu treffende Entscheidung.

Bei der Anmeldung auf das Aufgebot hin muss auch das geltend gemachte Eigentum glaubhaft gemacht 8
werden. Es muss dargelegt werden, weshalb man sich für den Eigentümer hält, und es müssen taugliche Nachweise vorgelegt werden. Zu den Mitteln der Glaubhaftmachung kann § 31 FamFG angewendet werden, der im übrigen wörtlich § 294 ZPO entspricht. Der Anmeldende kann privatschriftliche Urkunden vorlegen, aus denen sich seine Eigentümerstellung erkennen lassen könnte. Er kann auch Abgaben- oder Steuerbescheide vorlegen, die über einen längeren Zeitraum mindestens den Eigenbesitz (§ 872 BGB) glaubhaft machen. Ein Zeugenbeweis erscheint unstatthaft, wenn der Zeuge nicht präsent vernommen werden kann (§ 31 Abs. 2 FamFG). Die eidesstattliche Versicherung als Mittel der Glaubhaftmachung ist zugelassen, das Grundbuchamt ist aber ebenso wie ein anderes Gericht nicht verpflichtet, ihr zu glauben. Die Beweiskraft der eidesstattlichen Versicherung hängt auch von der inhaltlichen Begründung des Eigentumsanspruchs ab.

Ist das Eigentum ausreichend glaubhaft gemacht, dient dies der Feststellung des Eigentums durch das 9
Grundbuchamt. Haben mehrere Anmeldende ihr Eigentum glaubhaft gemacht, hat das Grundbuchamt die Beweise zu würdigen und zu werten, es hat dann denjenigen als Eigentümer einzutragen, dessen Eigentum am wahrscheinlichsten erscheint.

Hat der Anmeldende sein Eigentum nicht ausreichend glaubhaft gemacht, hat das Grundbuchamt dennoch von Amts wegen zu ermitteln, ob er Eigentümer ist.[2] 10

---

1 Meikel/*Schneider*, § 120 Rn 4.   2 Meikel/*Schneider*, § 120 Rn 5.

§ 122 [Bekanntmachung des Eigentümers]

Das Grundbuchblatt darf, wenn ein Aufgebotsverfahren (§§ 120, 121) nicht stattgefunden hat, erst angelegt werden, nachdem in der Gemeinde, in deren Bezirk das Grundstück liegt, das Bevorstehen der Anlegung und der Name des als Eigentümer Einzutragenden öffentlich bekanntgemacht und seit der Bekanntmachung ein Monat verstrichen ist; die Art der Bekanntmachung bestimmt das Grundbuchamt.

A. Grundsatz	1	I. Inhalt	2
B. Inhalt, Art	2	II. Art	3

A. Grundsatz

1 Hat ein Aufgebotsverfahren nicht stattgefunden, muss vor der Anlegung in jedem Fall zunächst eine öffentliche Bekanntmachung ergehen. Sie ist auch dann nicht entbehrlich, wenn das Eigentum (z.B. im Fall des § 3 Abs. 2 GBO) offenkundig ist.[1]

B. Inhalt, Art

I. Inhalt

2 – Das Grundstück ist – zweckmäßig wie dargestellt (siehe §§ 119, 120 GBO) – zu bezeichnen.
– Es ist derjenige, der als Eigentümer eingetragen werden soll, nach den Regeln des § 15 GBV zu bezeichnen.
– Die Bekanntmachung enthält sodann den Hinweis, dass nach Ablauf eines Monats die Blattanlegung zugunsten des genannten Eigentümers geschehen wird.

II. Art

3 Das Gesetz schreibt vor, dass die Ankündigung „in der Gemeinde" geschieht. Das kann mittels Aushang an der Gemeindetafel der Fall sein, auch durch Veröffentlichung in einem Publikationsorgan der Gemeinde oder in einer öffentlichen Tageszeitung.

§ 123 [Eintragung des Eigentümers]

Als Eigentümer ist in das Grundbuch einzutragen:
1. der ermittelte Eigentümer;
2. sonst der Eigenbesitzer, dessen Eigentum dem Grundbuchamt glaubhaft gemacht ist;
3. sonst derjenige, dessen Eigentum nach Lage der Sache dem Grundbuchamt am wahrscheinlichsten erscheint.

A. Grundsatz	1	C. Eintragung des Eigentümers	4
B. Entscheidungskriterien	2		

A. Grundsatz

1 Die Norm ist zentral für das Anlegungsverfahren als zwingend positiv zu beendendes Verfahren. Sie stellt den Grundsatz auf, dass das Grundbuchamt auf jeden Fall einen **Eigentümer einzutragen** hat, wenn es das Verfahren in Gang gesetzt hat. Das Anlegungsverfahren darf niemals mit einem „non liquet", also

---

1 RGZ 164, 390; Meikel/*Schneider*, § 122 Rn 1.

ohne Feststellung des Eigentums enden.[1] § 123 GBO ist insbesondere für den Fall von Bedeutung, dass kein eindeutiges Ermittlungsergebnis vorliegt. Sie verdeutlicht ferner, dass die Ermittlungen des Grundbuchamts mit der Feststellung und Eintragung des Eigentümers nicht in materielle Rechtskraft erwachsen. Die Eintragung genießt selbstverständlichen öffentlichen Glauben nach §§ 891, 892 BGB. Wenn ein Dritter behauptet, an Stelle des Eingetragenen der wahre Eigentümer zu sein, kann er diesen nach § 894 BGB auf Abgabe einer Berichtigungsbewilligung verklagen.

B. Entscheidungskriterien

Das Grundbuchamt muss nach den allgemeinen Grundsätzen der freiwilligen Gerichtsbarkeit selbst über das Eigentum **entscheiden** und darf sich dieser Pflicht nicht entziehen. Eine andere Frage ist es, ob nicht die Befugnis besteht, das Anlegungsverfahren mit Rücksicht auf einen schwebenden Rechtsstreit über das Eigentum **auszusetzen**. Hier wird eine Analogie zum Erbscheinsverfahren zu ziehen sein; denn auch dieses Verfahren führt zu einer mit öffentlichem Glauben ausgestatteten Schlussentscheidung. Man wird daher die für das Erbscheinsverfahren entwickelten Grundsätze über die Aussetzung[2] auch im Anlegungsverfahren anwenden können und dem Grundbuchamt die Befugnis geben müssen, in geeigneten Fällen das Verfahren bis zur Entscheidung eines bereits schwebenden Eigentumsprozesses auszusetzen.[3]

Im Anlegungsverfahren muss die vom Grundbuchamt aufgrund pflichtgemäßer Prüfung gewonnene Überzeugung über das Vorliegen der Voraussetzungen der Anlegung und über das Eigentum ihren Ausdruck in der Grundbuchanlegung finden.

C. Eintragung des Eigentümers

Ist das Grundbuchamt in freier Würdigung der erhobenen Beweise und ggf. der glaubhaft gemachten Anmeldungen zur festen Überzeugung gelangt, dass eine bestimmte Person Eigentümer ist, so hat es diese als Eigentümer einzutragen (§ 123 Nr. 1 GBO).

Ist das Beweisergebnis nicht eindeutig, so hat das Grundbuchamt denjenigen als Eigentümer einzutragen, der dem Eigentum am nächsten steht, d.h., den Eigenbesitzer (§ 872 BGB), dessen Eigentum dem Grundbuchamt glaubhaft gemacht ist (§ 123 Nr. 2 GBO). Der Eigenbesitz muss nachgewiesen sein, das Eigentum muss glaubhaft sein. Die Glaubhaftmachung hat gem. § 31 FamFG bzw. § 294 ZPO zu erfolgen, z.B. durch Zeugenaussagen, behördliche Bescheinigungen, eidesstattliche Versicherungen.

Konnte das Grundbuchamt keinen Eigentümer ermitteln (§ 123 Nr. 1 GBO) und ist ihm auch das Eigentum eines Eigenbesitzers nicht glaubhaft gemacht (§ 123 Nr. 2 GBO) hat es denjenigen einzutragen, dessen **Eigentum ihm nach Lage der Sache** unter Berücksichtigung sämtlicher Umstände **am wahrscheinlichsten** erscheint (§ 123 Nr. 3 GBO).[4] Das Grundbuchamt muss damit stets zur Eigentumsfrage eine Entscheidung treffen. Völlig unzulässig ist es daher, in das Grundbuch etwa einzutragen: „unbekannter Eigentümer" (dazu auch § 15 GBV Rdn 3).[5]

Die Eintragung als Eigentümer in Anlegungsverfahren hat keine materiell-rechtliche Wirkung (s. Rdn 1). Einem materiell Berechtigten ist es überlassen, sein Eigentumsrecht im Prozesswege gegen den im Anlegungsverfahren eingetragenen Eigentümer durchzusetzen, insbesondere auch die Eintragung eines Widerspruchs gegen die Eigentümer nach § 899 BGB zu erwirken. Im Anlegungsverfahren selbst kann ein Widerspruch nur im Rahmen des § 53 Abs. 1 S. 2 GBO (bzw. gem. § 125 GBO) eingetragen werden. Dabei muss aber das Grundbuchamt eine Gesetzesverletzung im Anlegungsverfahren begangen haben.

---

1 Meikel/*Schneider*, § 123 Rn 3.
2 Vgl. KG KGJ 35, 110; KG OLG 40, 155 = FamRZ 1968, 219.
3 Meikel/*Schneider*, § 118 Rn 3; a.A. *Demharter*, § 123 Rn 1; Bauer/Schaub/*Waldner*, § 118 Rn 2; ähnlich zum Vorbescheidsverfahren Meikel/*Schneider*, § 125 Rn 4.
4 Vgl. dazu BayObLG Rpfleger 1981, 300.
5 BGH NJW 1970, 1544; zur Unzulässigkeit des Antrags, den eingetragenen Eigentümer zu löschen BGH Rpfleger 2023, 74.

§ 124 [Eintragung beschränkter dinglicher Rechte]

(1) Beschränkte dingliche Rechte am Grundstück oder sonstige Eigentumsbeschränkungen werden bei der Anlegung des Grundbuchblatts nur eingetragen, wenn sie bei dem Grundbuchamt angemeldet und entweder durch öffentliche oder öffentlich beglaubigte Urkunden, deren erklärter Inhalt vom Eigentümer stammt, nachgewiesen oder von dem Eigentümer anerkannt sind.
(2) Der Eigentümer ist über die Anerkennung anzuhören. Bestreitet er das angemeldete Recht, so wird es, falls es glaubhaft gemacht ist, durch Eintragung eines Widerspruchs gesichert.
(3) Der Rang der Rechte ist gemäß den für sie zur Zeit ihrer Entstehung maßgebenden Gesetzen und, wenn er hiernach nicht bestimmt werden kann, nach der Reihenfolge ihrer Anmeldung einzutragen.

A. Grundsatz	1	I. Anmeldung	2
B. Berücksichtigung von Rechten	2	II. Nachweis; Anerkenntnis	3

A. Grundsatz

1. Die Feststellung der Belastungsverhältnisse ist nicht Zweck und Gegenstand des Anlegungsverfahrens. Werden sie jedoch im Verfahren angemeldet sowie nachgewiesen bzw. anerkannt, so werden sie mit berücksichtigt. Denkbar ist dies vor allem bei beschränkten dinglichen Rechten.[1]

B. Berücksichtigung von Rechten
I. Anmeldung

2. Sie ist die Geltendmachung eines bestimmten dinglichen Rechts. Sie bedarf nicht der Form des § 29 GBO.

II. Nachweis; Anerkenntnis

3. Das beanspruchte Recht kann **nachgewiesen** werden (§ 124 Abs. 1 GBO). Geeignet dazu sind lediglich dem § 29 GBO genügende Unterlagen, die eine Erklärung des einzutragenden Eigentümers enthalten. Aus dieser Erklärung muss sich dessen Einverständnis mit dem Recht ergeben, z.B. in Form einer Eintragsbewilligung.

4. Das Recht kann auch durch den als Eigentümer Einzutragenden **anerkannt** sein. Hierfür ist § 29 GBO dem Wortlaut der Norm nach nicht vorgeschrieben; da das Grundbuchamt jedoch davon überzeugt sein muss, dass das Anerkenntnis von Eigentümern herrührt, wird sich bei formlosen Unterlagen die Anhörung nach § 124 Abs. 2 GBO nie vermeiden lassen.

5. Ist ein angemeldetes Recht weder nachgewiesen noch überzeugend anerkannt, so hat das Grundbuchamt den als Eigentümer Einzutragenden **anzuhören**. Anerkennt er das Recht zur Niederschrift des Grundbuchamts (§ 1 Abs. 2 BeurkG), so ist es einzutragen. Erkennt er das Recht nicht an, so kommt es darauf an, ob das Recht durch den Anmelder wenigstens glaubhaft gemacht wurde, was gem. § 294 ZPO (also auch durch die nach § 124 Abs. 1 GBO ausgeschlossenen Beweismittel) geschehen kann und dem Grundbuchamt die Wahrscheinlichkeit der Existenz vermitteln muss.

6. Ist das Vorbringen des Anmelders glaubhaft gemacht, so wird das Recht zwar nicht eingetragen, aber durch einen **Widerspruch** gesichert:

    „*Widerspruch gegen die Nichteintragung eines [...] (= Art des Rechts, Charakterisierung) zugunsten des [...] (= Anmelder)*".

7. Ist das Vorbringen des Anmelders nicht glaubhaft gemacht, so wird er dahin vorbeschieden, dass die Eintragung des von ihm angemeldeten Rechts **unterbleibt**. Es kommt nicht zu einer Zurückweisung, weil ein Antrag im Rechtssinne nicht vorliegt.

---

[1] Meikel/*Schneider*, § 124 Rn 3 ff.

Sind **mehrere Rechte** einzutragen, so erhalten sie den Rang ihrer Entstehungszeit, sofern nicht das dafür geltende Recht anderes vorsieht. Das kann jedoch nur gelten, wenn der Zeitpunkt oder die anderen Rangkriterien formgerecht nachgewiesen werden kann. Ansonsten erhalten die Rechte den Rang, der sich aus der Reihenfolge der Anmeldungen ergibt.

§ 125 [Widerspruch]

Die Beschwerde gegen die Anlegung des Grundbuchblatts ist unzulässig. Im Wege der Beschwerde kann jedoch verlangt werden, daß das Grundbuchamt angewiesen wird, nach § 53 einen Widerspruch einzutragen oder eine Löschung vorzunehmen.

A. Grundsatz .... 1 B. Widerspruch 2

A. Grundsatz

Die Anlegung eines Grundbuchblattes stellt keine Eintragung im Sinne des § 71 Abs. 2 GBO dar. Durch sie wird vielmehr erst die Grundlage für künftige Eintragungen geschaffen. Da jedoch der Inhalt des angelegten Blattes bereits dem öffentlichen Glauben des Grundbuchs untersteht, ist es erforderlich, die nach § 71 Abs. 1 GBO an sich zulässige Beschwerde gegen die Anlegung auszuschließen. Aus diesem Grund bestimmt die Norm ausdrücklich, dass die Beschwerde gegen die Anlegung unzulässig ist. Auch gegen die einzelne bei der Auslegung vorgenommene Eintragung ist die Beschwerde zulässig.

B. Widerspruch

Entsprechend § 71 Abs. 2 S. 2 GBO lässt jedoch auch Satz 2 zu, dass das Grundbuchamt im Beschwerdegang angewiesen wird, unter den Voraussetzungen des § 53 GBO einen **Widerspruch** einzutragen oder eine Löschung vorzunehmen. Es ist danach also notwendig, dass eine Verletzung gesetzlicher Vorschriften im Anlegungsverfahren erfolgt und dass das Grundbuch unrichtig geworden ist.

Auch für das Anlegungsverfahren ist der Rechtspfleger zuständig. Fraglich ist, ob gegen seine Entscheidung die Erinnerung zulässig ist, die ja grundsätzlich dann eingelegt werden kann, wenn die Entscheidung, hätte sie der Richter getroffen, unanfechtbar ist (vgl. § 11 Abs. 2 RPflG). Gerichtliche Entscheidungen, die nach den Vorschriften der GBO wirksam geworden sind und nicht mehr geändert werden können, sind jedoch kraft ausdrücklicher Vorschrift in § 11 Abs. 3 RPflG auch nicht mit der Erinnerung anfechtbar. Das muss auch für den vorliegenden Fall gelten. Mit der Beschwerde (§ 125 S. 2 GBO) kann also nur eines der Verfahren nach § 53 GBO in Gang gesetzt werden.

Anfechtbar ist aber die Ablehnung der Anregung, ein Blatt anzulegen. Insoweit ist die unbeschränkte Beschwerde statthaft.[1] Eine Gesetzesverletzung im Sinne des § 53 GBO liegt vor, wenn das Grundbuchamt eine der zwingenden Vorschriften des Anlegungsverfahrens missachtet, oder wenn es keine ausreichenden Ermittlungen angestellt hat. Mit der Beschwerde kann jedoch nicht die Beweiswürdigung des Grundbuchamts angegriffen werden;[2] es sei denn, in der Beweiswürdigung liegt ein eigener Rechtsverstoß.

---

1 BayObLG Rpfleger 1980, 390; Meikel/*Schneider*, § 125 Rn 3; *Demharter*, § 125 Rn 2.

2 *Demharter*, § 125 Rn 3. a.A. OLG Oldenburg MDR 1956, 112.

Siebenter Abschnitt: Das maschinell geführte Grundbuch

Vorbemerkung zu § 126 GBO

Literatur Kommentare zu §§ 126 bis 141 GBO je m.w.N.; *Aufderhaar/Jaeger*, Gesetzliche Neuregelung zur Modernisierung des Grundbuchverfahrens, ZfIR 2009, 681; *Bartho*, Die elektronische Grundakte in der Praxis, siebtes Dresdner Forum für Notarrecht 2019, https://www.notarkammer-sachsen.de/fileadmin/docs/forum-notarrecht/2019/vortrag-bartho.pdf (besucht 230402); *Büttner*, in: Kersten/Bühling, Formularbuch und Praxis der Freiwilligen Gerichtsbarkeit, 27. Auflage 2023, § 13 Elektronischer Rechtsverkehr im Notariat, Rn 100; *Büttner/Frohn*, Elektronische Antragstellung in Grundbuchsachen, NotBZ 2016, 201 ff., 241 ff.; *Bund Deutscher Rechtspfleger*, Haushalt, Aufgabenübertragungen und Datenbankgrundbuch – Gespräch mit Staatsminister Prof. Dr. Winfried Bausback, http://by.bdr-online.de/index.php/newsuebersicht/nachrichten2014/320-haushalt-aufgabenuebertragungen-und-datenbankgrundbuch; *Böhringer*, Isolierte Grundbucheinsicht durch Notar für Dritte, DNotZ 2014, 16; *Bredl*, SOLUM-STAR – Das maschinell geführte Grundbuch, MittBayNot 1997, 72; *Herrmann*, Elektronischer Rechtsverkehr in Grundbuchsachen – Praktische Demonstration der Umsetzung in Sachsen, in: *Lüke/Püls* (Hrsg.): Zukunftsfragen des Notariats – Internationalisierung und E-Justiz, 5. Dresdener Forum für Notarrecht (2014), 79 ff.; *Frenz*, Ein Jahrhundert-Gesetz für die Freiwillige Gerichtsbarkeit, DNotZ 1994, 153; *Gassen*, Die Zukunft des Grundbuchs: das Datenbankgrundbuch, DNotZ-Sonderheft 2012, 115; *Gassen/Mödl*, Der elektronische Rechtsverkehr in Grundbuchsachen, ZRP 2009, 77; *Geiger/Göttlinger/Kobes*, Die Konzeption des Computer-Grundbuchs, Rpfleger 1973, 193; *Göttlinger*, Pilotprojekt Elektronisches Grundbuch: Einsatz in Sachsen, DNotZ 1995, 370; *Göttlinger*, Notariat und Grundbuchamt im elektronischen Zeitalter, DNotZ 2002, 743; *Grziwotz*, Das EDV-Grundbuch, CR 1995, 68; *Hecht*, Notariat 4.0 und Blockchain Technologie, MitBayNot 2020,314; *Joachimski*, Grundbuch online, NJW-CoR 1994, 280; *Jung*, Altrechtliches Stockwerkseigentum und Datenbankgrundbuch, RPfleger 2020, S. 425; *Keim*, Das EDV-Grundbuch, DNotZ 1984, 724; *Keuchen*, Grundbuch 4.0 – folgt das Blockchain-Grundbuch dem Datenbankgrundbuch? ZfIR 20 20,593; *Klink*, Datenschutz in der elektronischen Justiz, Kassel 2010; *Krahl/Kolonoko*, Grundbuchrecht, 2022; *Lehmann*, Einsicht in die E-Grundakte per SolumWEB für Notarinnen und Notare, NotBZ 2020, 281; *Lüke/Püls* (Hrsg.), Der elektronische Rechtsverkehr in der notariellen Praxis, 2009; *Lüke/Püls* (Hrsg.), E-Justiz: Notare als Mittler und Motoren im elektronischen Rechtsverkehr, 2011; *Lüke/Püls* (Hrsg.), Zukunftsfragen des Notariats – Internationalisierung und E-Justiz, 2017; *Oberseider*, Das maschinell geführte Grundbuch, MittBayNot 1997, 88; *Meyer/Mödl*, Die Einführung des elektronischen Rechtsverkehrs im Grundbuchverfahren, DNotZ 2009, 743; *Philipp*, XML-Abfragen im elektronischen Grundstücksregister, http://www.mittelstandswiki.de/wissen/E-Government:Datenbankgrundbuch (besucht 230402); *Püls*, Signatur statt Siegel? Notarielle Leistungen im elektronischen Rechtsverkehr, DNotZ 2002, Sonderheft, 168; *Püls*, Notarielle Tätigkeit im Lichte des Justizkommunikationsgesetzes, NotBZ 2005, 305; *Püls*, in Kilian/Sandkühler/v. Stein, Praxishandbuch Notarrecht, 2017, § 17 Rn 1 ff.; *Püls*, Die Grundbucheinsicht durch Notare im Lichte der Aufgabenübertragung, NotBZ 2013, 329; *Püls*, Die Zulassung eines Notars zum automatisierten Grundbuchabrufverfahren, NotBZ 2017, 361; *Püls/Gerlach*, Die eIDAS-VO – ein Update zu elektronischen Signaturen, NotBZ 2019, 81; *Püls*, Auf dem Weg zum DaBaG – Kurioses und Perlen am Wegesrand, FS Oliver Vossius zum 65. Geburtstag, 2023, 205 ff.; *Riedel*, Aktuelle Entwicklungen bei den Grundbuchverfahren – Was bringt das Datenbankgrundbuch? 5. Dresdner Forum für Notarrecht (2014), 55 ff. (www.notarkammer-sachsen.de/fileadmin/docs/forum-notarrecht/2014/vortrag-riedel.pdf (besucht 230402); *Rüßmann*, Das elektronische Grundbuch in Deutschland, http://archiv.jura.uni-saarland.de/projekte/Bibliothek/text.php?id=312, besucht 2017–02–22 (besucht 230402); *Rüßmann*, Zu den Sicherheitsanforderungen für elektronisch geführte Grundbücher (Teile 1–3), JurPC Web-Dok. 149/1999; *Schmidt-Räntsch*, Das neue Grundbuchrecht, 1994; *Simmchen*, Grundbuch exmachina – Eine kritische Untersuchung zum Einsatz der Blockchain im Grundbuchwesen, 2020; *Schneider*, Referentenentwurf zum Datenbankgrundbuch vorgelegt, ZWE 2012, 356; *Scheider*, Quo vadis – Grundbuch?, ZfIR 2013, 81; *Wiggers*, Das Gesetz zur Einführung eines Datenbankgrundbuchs und seine Auswirkungen für die Praxis, FGPrax 2013, 235; *Weike*, Das Grundbuch in Europa, notar 2009, 92; *Wilsch*, Die Blockchain-Technologie aus der Sicht des deutschen Grundbuchrechts, DNotZ 2017, 761; *ders.*, Die Grundbuchverfügung (GBV) im Lichte des Datenbankgrundbuchs, ZfIR 2020, 175; *Wudarski*, Polen: Auf dem Weg zum EDV-Grundbuch, WiRO 2011, 139 (Teil 1), 176 (Teil 2); *Wudraski*, Funktionswandel des elektronischen Grundbuchsystems in Polen, WiRO 2015, 33; *ders.*, Zum Datenbankgrundbuch der Zukunft, ZfIR 2023, 165; *Zeiser*, Datenbankgrundbuchgesetz – Zusatzarbeit für die Rechtspfleger, Bund Deutscher Rechtspfleger online, Rechtspfleger-Kurier. Verband Bayerischer Rechtspfleger e.v. Ausgabe I/2014 Jahrgang 47 – PDF Free Download (docplayer.org) (besucht 230402); *Zeiser*, Ein Bericht aus dem Arbeitskreis „Datenbankgrundbuch" aus Bad Boll, 6.11.2014, mit Walther Bredl, Bayerisches Staatsministerium der Justiz, und Thomas Lang, Gemeinsame IT-Stelle der Bayerischen Justiz, ZfIR 2015, 226; *ders.* Plädoyer für mehr Versorgungssicherheit im Grundbuchverfahren; ZfIR 2023, 1 ff.; *ders.*, Vorbereitungen zur Umstellung des Grundbuchs auf das Datenbankgrundbuch, Rechtspfleger 2021, 313; *Zimmer*, Der Referentenentwurf des BMJ für das Gesetz zur Einführung eines Datenbankgrundbuchs, ZfIR 2012, 904; *Zimmermann*, Die neue Übertragung von Aufgaben der Gerichte auf Notare, FamRZ 2014, 11.

| A. Allgemeines .... | 1 | C. Entwicklung in Europa .... | 13 |
| B. Die Entwicklung des Datenbankgrundbuchs .... | 8 | | |

A. Allgemeines

Die §§ 126 bis 141 GBO wurden seinerzeit durch das RegVBG vom 20.12.1993 in die GBO eingefügt.[1] Mit dem ERVGBG[2] wurden die Weichen für den bidirektionalen ERV mit den Grundbuchämtern gestellt und mit dem DaBaGG[3] wurden die Umsetzungen für die Migration des maschinellen Grundbuchs hin zu einem Datenbankgrundbuch geschaffen.

Bereits die Regelungen des RegVBG bildeten eine praktikable Rechtsgrundlage für das maschinell geführte Grundbuch. Den Ländern wurde die Möglichkeit eröffnet, die Vorteile der modernen EDV zur Rationalisierung und Beschleunigung der Verfahren im wiedervereinigten Deutschland zu nutzen sowie dem Rechtsverkehr ein zeitgemäßes, leistungsfähigeres Grundbuch als Beitrag zur Stärkung des Wirtschaftsstandorts Deutschland zur Verfügung zu stellen. Hervorzuheben waren in diesem Zusammenhang die erstmals geschaffenen Möglichkeiten, entweder bei einem anderen Grundbuchamt oder im Online-Zugriff unmittelbar Auskunft über den Grundbuchinhalt zu erhalten.

Mit dem ERVGBG im Jahr 2009 wurde die nächste Stufe der elektronischen Kommunikation regelungstechnisch vorbereitet, in dem der rechtliche Rahmen für eine medienbruchfreie elektronische Vorgangsbearbeitung unter Beibehaltung des hohen Qualitätsstandards des deutschen Grundbuchverfahrens geschaffen wurde.[4] Kernstück ist dabei die **Schaffung einer elektronischen Grundakte**[5] und die Lieferung von strukturierten Daten insbesondere durch Ämter und Gerichte, insbesondere aber auch durch die Notare. Die Bundesnotarkammer hat – wie andere Projekte im Bereich des ERV – auch hier die praktische Umsetzung durch Pilotverfahren und im Rahmen der BLK-AG „Maschinell geführtes Grundbuch" begleitet.[6] Die praktische Erprobung lief erst im Jahr 2012 an, der Echtbetrieb – allerdings ohne direkte Nutzung des strukturierten Datenaustauschs – folgte in Baden-Württemberg im Juli 2012, in Sachsen unter voller Nutzung der strukturierten Daten in einer elektronischen Grundakte im April 2014.[7] Der Zugriff erfolgt hier über SolumWEB.[8] Vorausgegangen war auch hier eine Pilotierungsphase und bereits seit 2011 erfolgte die Versendung von Eintragungsbekanntmachungen an Notare ausschließlich in elektronischer Form über das elektronische Gerichts- und Verwaltungspostfach. Die Flächendeckende Einführung des ERV in Grundbuchsachen wurde 2018 in Sachsen abgeschlossen.[9] Da man in Sachsen nicht auf die Umsetzung des DaBaG als Voraussetzung für die Einführung der elektronischen Grundakte warten wollte, ist in diesem Bundesland der flächendeckende online-Zugriff auf die Grundakte seit dem 18.5.2020 möglich. Der zeitliche Rahmen, wie weit auf Datenbestände zurückgegriffen werden kann, hängt dabei vom jeweiligen Umstellungszeitpunkt des angefragten Gerichts (Gemarkung) ab.[10] Seit 1.6.2020 werden für die Einsichten in die elektronische Grundakte Gebühren erhoben.

---

1 Gesetz zur Vereinfachung und Beschleunigung registerrechtlicher und anderer Verfahren (Registerverfahrensbeschleunigungsgesetz – RegVBG), BGBl v. 24.12.1993, S. 2182 ff.; dazu BT-Drucks 12/5553, S. 72 ff.; Meikel/*Dressler*, vor §§ 126–134 GBO Rn 4 ff., 13 ff. Bauer/Schaub/*Waldner*, Vor § 126 GBO Rn 3.
2 Gesetz zur Einführung des elektronischen Rechtsverkehrs und der elektronischen Akte im Grundbuchverfahren sowie zur Änderung weiterer grundbuch-, register- und kostenrechtlicher Vorschriften (ERVGBG), BGBl I v. 17.8.2009, S. 2713 ff.
3 Gesetz zur Einführung eines Datenbankgrundbuchs (DaBaGG), BGBl I v. 8.10.2013, S. 3719 ff.
4 BR-Drucks 66/09.
5 Vgl. § 94 ff. GBV.
6 Vgl. *Gassen/Mödl*, ZRP 2009, 77 ff.
7 Aus der Praxis vgl. *Fichtner/Herrmann*, Elektronischer Rechtsverkehr in Grundbuchsachen – Praktische Demonstration der Umsetzung in Sachsen, 5. Dresdener Forum für Notarrecht 2014, in Lüke/Püls, Zukunftsfragen des Notariats – Internationalisierung und E-Justiz, 2017, S. 79 ff.
8 *Bartho*, Die elektronische Grundakte in der Praxis, Dresdner Forum für Notarrecht 2019, https://www.notarkammer-sachsen.de/fileadmin/docs/forum-notarrecht/2019/vortrag-bartho.pdf (besucht 230402). Eine praktische Handreichung – auch zum Zugriff auf die Grundakte –steht bei der Anmeldung für Notare nach erfolgter Authentifizierung auf der Seite des jeweiligen Grundbuchportals zum Download zur Verfügung.
9 https://onlinehilfe.bnotk.de/einrichtungen/notarnet/xnotar/modul-grundbuch/fachverfahren-grundbuch-aufnahme-des-elektronischen-rechtsverkehrs-nach-bundeslaendern/grundbuchaemtern-2023.html.
10 So kann man beim AG Dresden z.B. auf Grundakten für die seit 2013 elektronisch von den Notaren befüllten Grundbücher zurückgreifen, vgl. *Lehmann*, NotBZ 2020, 281. In Schleswig-Holstein wurden die Grundakten zum Ende des Jahres 2016 auf rein elektronische Führung umgestellt. Inzwischen reihen sich etliche andere Bundesländer in die Übernahme des „sächsischen Modells" ein, da das DaBaG sich verzögert, s.u.; weitere Nachweise auch bei https://www.move-online.de/meldung_41948_Amtsgericht+als+digitaler+Wegbereiter.html, besucht 230995.

Bundesweit wird erst nach Abschluss der Umstellung auf das Datenbankgrundbuch mit einem vollständigen ERV und der eben geschilderten Einsicht in eine Grundakte zu rechnen sein.

4   Mit dieser Entwicklung hat die Justiz einen anderen Bereich, in dem der ERV in seiner theoretischen Umsetzung sehr weit vorangeschritten war, überholt, nämlich den des ERV mit den Banken und Kreditinstituten zur Umsetzung der „elektronischen Grundschuld".[11] Denn tatsächlich ist mit Einführung der elektronischen Grundakte **die Bereitstellung von XML Strukturdatensätzen** für die Notare als Hauptanwender möglich, was einen Einstieg in den echten bidirektionalen ERV bedeutet. Hierzu laufen erste Pilotierungen im Bundesland Sachsen.

5   Kern der Neuregelungen des ERVGB im Siebenten Abschnitt der GBO waren:
  – § 126 GBO bestimmt die allgemeinen Anforderungen der maschinellen Führung des Grundbuchs einschließlich von Hilfsverzeichnissen und eröffnet die Möglichkeit der gemeinsamen Nutzung von Datenbeständen solcher Verzeichnisse durch Grundbuchamt und Liegenschaftskataster. Mit der Einführung der Datenverarbeitung im Auftrag können außenstehende Stellen mit technischen Vorgängen der Grundbuchführung beauftragt werden.
  – § 127 GBO regelt die mögliche Integration von Liegenschaftskataster und Grundbuch, wenn beide automatisiert geführt werden.
  – § 128 GBO legt den Zeitpunkt fest, zu dem das maschinelle Grundbuch an die Stelle eines herkömmlich geführten Grundbuchblattes tritt.
  – § 129 GBO enthält Ausführungen zum Wirksamwerden von Eintragungen, deren Überprüfung und zur Angabe des Wirksamkeitsdatums im Zusammenhang mit der Eintragung.
  – § 130 GBO befreit vom Erfordernis der Unterschrift, die bei Eintragungen in das maschinelle Grundbuch nicht mehr wie bisher geleistet werden kann, und eröffnet die Möglichkeit, von einer gesonderten Eintragungsverfügung abzusehen.
  – § 131 GBO führt den Begriff des Ausdrucks anstelle der einfachen Abschrift und des amtlichen Ausdrucks anstelle der beglaubigten Abschrift ein.
  – § 132 GBO eröffnet die Einsichtnahme auch bei einem anderen Grundbuchamt als demjenigen, das das Grundbuch führt.
  – § 133 GBO enthält die Voraussetzungen für die Einrichtung des automatisierten Abrufverfahrens.
  – § 134 GBO ermächtigt das Bundesministerium der Justiz, mit Zustimmung des Bundesrates weitere Einzelheiten in einer Rechtsverordnung zu regeln bzw. Verwaltungsvorschriften zu erlassen oder die Ermächtigung auf Länderebene zu delegieren.

6   Auf Seiten der Notare ist mit der Einführung des ERV in Grundbuchsachen auch Handlungsbedarf entstanden, insbesondere ist die Erstellung einer Software zur elektronischen Erfassung von Grundbuchanträgen notwendig geworden. Die Bundesnotarkammer hat die eingesetzte XNotar weiterentwickelt und um ein Modul „Grundbuch" in der Plattformsoftware XNP erweitert.

7   Das derzeitige Grundbuchverfahren birgt in technischer Hinsicht Potential für mögliche Effizienzsteigerungen. Vor diesem Hintergrund wurde das Grundbuchverfahren in rechtlicher Hinsicht mit dem DaBaGG weiter modernisiert und an die veränderten Anforderungen des Grundstücks- und Rechtsverkehrs angepasst. Das Verfahren im Grundbuchwesen soll unter Berücksichtigung internationaler technischer Standards zukunftssicher ausgestaltet und damit ein Beitrag zur Stärkung des Wirtschaftsstandorts Deutschland geleistet werden.[12] Dies soll durch die Einführung eines vollstrukturierten Datenbankgrundbuchs gelingen.[13] Auch durch die Entwicklungen im Bereich des Projektes eNOVA werden weitere, dringend erforderliche Synergie-Effekte für einen effizienten Rechtsverkehr mit den Grundbuchämtern möglich.[14]

---

11 Vgl. *Steiner*, Elektronische Bearbeitung von Kreditsicherheiten, in: Lüke/Püls, Der elektronische Rechtsverkehr in der notariellen Praxis, S. 61 ff. dazu auch *Gassen/Mödl*, ZRP 2009, 78.
12 BT-Drucks 17/12635, 1 ff.
13 BT-Drucks 17/12635, 15 ff.
14 *Berthold*, 9. Dresdner Forum zum Notarrecht, https://www.notarkammer-sachsen.de/fileadmin/docs/forum-notarrecht/2023/praesentation_enova_dr._berthold.pdf, besucht 230927.

B. Die Entwicklung des Datenbankgrundbuchs

Das Datenbankgrundbuch ist die Weiterentwicklung des elektronischen Grundbuchs. Das abfotografierte oder als Fließtext abgeschriebene Grundbuch soll in eine digitale strukturierte Datenbank überführt werden. Diese strukturierte Datenbank ermöglicht eine wesentlich effizientere Nutzung der elektronischen Daten. So können diese beispielsweise für den elektronischen Rechtsverkehr mit den Gerichten und Behörden genutzt werden. Das Datenbankgrundbuch lässt aber auch übersichtlichere und nach den Bedürfnissen angepasste Darstellungsformen sowie neue Recherche- und Auskunftsmöglichkeiten zu. Zukünftig wird man dadurch auch auf einzelne Eintragungsmerkmale systematisch zurückgreifen können. Hoffnung auf das DaBaGG setzte die Politik auch mit Blick auf die wachsenden Anforderungen zur Geldwäscheprävention,[15] gerät der Immobilienbereich doch hier schon angesichts der bewegten Mittel in den Fokus von Tätern[16] und Ermittlern.[17] Allerdings ist bereits jetzt festzustellen, dass die Einführung eines „Immobilienregisters" durch das Sanktionsdurchsetzungsgesetz II wohl entbehrlich gewesen wäre, wenn die technischen Hürden auf dem Weg zum DaBaG im ursprünglich vorgesehenen zeitlichen Rahmen überwunden worden wären – und der Föderalismus eine Zentralisierung des Zugriffs (die grds. möglich ist, § 133 Abs. 7 S. 2 GBO) – nicht erschwert hätte. Das gleiche, einen nicht unerheblichen Mehraufwand zeitigende Szenario ist von den in Länderhoheit geführten Handelsregistern bekannt und führte zu Mehraufwand (und Mehrkosten) für Unternehmen und Bürger durch Doppelregistrierung beim Transparenzregister. Der Koalitionsvertrag der Bundesregierung versprach, hier Abhilfe zu schaffen,[18] und doch wirkt es so, als stocke der Prozess.[19]

Das DaBaGG führte insbesondere folgende Regelungsbereiche in GBO und GBV ein:[20]

– Die Landesregierungen werden ermächtigt, ein Datenbankgrundbuch einzuführen.
– Für das Datenbankgrundbuch werden neue Darstellungsformen des Grundbuchinhalts eingeführt oder zugelassen; die bisherige Darstellungsform bleibt erhalten. Während die Darstellung des derzeitigen elektronischen Grundbuchs stets der des früheren Papiergrundbuchs entspricht, lässt eine strukturierte Datenhaltung neue Darstellungsformen zu, durch die der Grundbuchinhalt – dem jeweiligen Bedarf entsprechend – übersichtlicher und verständlicher wiedergegeben werden kann. Die neuen Ansichtsformen stellen ein zusätzliches Angebot an die Nutzer dar, die herkömmliche Grundbuchansicht bleibt daneben erhalten. So ergibt sich beim derzeitigen Grundbuch der aktuelle Inhalt einer Belastung in Abteilung III oft nur aus der Gesamtschau von Hauptspalte, Veränderungs- und Löschungsspalte, eventuell auch unter Einbeziehung des Inhalts von BV und Abteilung I.[21]
– Die stufenweise Überführung der aktuellen Grundbuchinhalte in das Datenbankgrundbuch wird zugelassen und geregelt. Es wird ein mehrstufiges Verfahren zur Anlegung des Datenbankgrundbuchs geregelt, an dessen Abschluss die vollständige Strukturierung der aus den bisherigen Grundbüchern übernommenen Grundbuchinhalte steht. Dabei sollen die zu übernehmenden Grundbucheintragungen redaktionell so modifiziert werden, dass sie den durch die Datenbankstruktur vorgegebenen Anforderungen gerecht werden. Technisch entspricht die Systemarchitektur des Programms SolumSTAR nicht mehr dem Stand der Technik, alleine schon wegen der fehlenden Schnittstellen für

---

15 Vgl. https://www.bundesfinanzministerium.de/Content/DE/Pressemitteilungen/Finanzpolitik/2022/10/2022–10–26-sanktionsdurchsetzungsgesetz-ll.html, besucht 230907.

16 Vgl. https://www.transparency.de/fileadmin/Redaktion/Publikationen/2019/Studie_Geldwa__sche_web.pdf, besucht 230907.

17 FIU Tätigkeitsbericht 2022, S. 39 ff. (https://www.zoll.de/SharedDocs/Downloads/DE/Links-fuer-Inhaltseiten/Fachthemen/FIU/fiu_jahresbericht_2021.pdf?__blob=publicationFile&v=2); Sektorspezifische Analyse (Erste Nationale Risikoanalyse): https://www.bundesfinanzministerium.de/Content/DE/Downloads/Broschueren_Bestellservice/2019–10–19-erste-nationale-risikoanalyse_2018–2019.pdf?__blob=publicationFile&v=18.

18 Koalitionsvertrag 2021, S. 172 (bundesregierung.de), besucht 230908.

19 Vgl. zunächst noch Niedersächsischer Landtag, 18. Wahlperiode, Drucks. 18/8939, www.landtag-niedersachsen.de/drucksachen/drucksachen_18_10000/08501–09000/18–08939.pdf (letzter Zugriff am 18.10.2022); die Beschlüsse des E-Justice-Rats auf der 20. Sitzung am 15.9.2021 klingen hingegen kryptisch und deuten auf weitere Verzögerungen hin, https://justiz.de/laender-bund-europa/e_justice_rat/beschluesse/20_sitzung.pdf (letzter Zugriff am 18.10.2022).

20 BT-Drucks 17/12635, 15; Überblick zum DaBaGB bei *Zeiser*, Beck'scher OK, Sonderbereich Grundbuchverfügung Rn 74–78, Stand 1.2.2016.

21 Vgl. *Riedel*, 5. Dresdner Forum zum Notarrecht, https://www.notarkammer-sachsen.de/fileadmin/docs/forum-notarrecht/2014/vortrag-riedel.pdf (besucht 230927).

einen effizienten Datenaustausch mit der Vermessungs-/Katasterverwaltung, den Notariaten, mit anderen Behörden (z.B. Bodenordnungsbehörden) und auch mit anderen Gerichtsabteilungen.[22]
- Die Landesregierungen werden ermächtigt, für bestimmte Eintragungen grundbuchamtsübergreifende Zuständigkeiten zu begründen. Durch die Begründung grundbuchamtsübergreifender Zuständigkeiten sollen Gesamtrechte, die Grundstücke in verschiedenen Grundbuchamtsbezirken eines Landes betreffen, an sämtlichen Grundstücken von einem einzigen Rechtspfleger eingetragen werden können. Das Gleiche gilt für die Richtigstellung von Berechtigtenbezeichnungen, die beispielsweise infolge Eheschließung oder Firmenänderung unrichtig geworden sind.
- Es werden neue Recherche- und Auskunftsmöglichkeiten in Bezug auf den Grundbuchinhalt zugelassen. Die Datenbankstruktur ermöglicht zielgenauere Abfragen und Auswertungen des Grundbuchinhalts. Ergebnisse von Grundbuchrecherchen können entsprechend den jeweiligen Bedürfnissen aufbereitet werden.

10 Praktische Grundlage für die bundesweite Errichtung eines Datenbankgrundbuchs ist eine Verwaltungsvereinbarung aller Bundesländer.[23] Die Länder sollen auch dafür sorgen, dass einheitliche Schnittstellen zu externen Nutzern des Grundbuches geschaffen werden, so dass es selbst bei unterschiedlichem Entwicklungsstand der Bundesländer nicht zu einer Zersplitterung im automatisierten Abrufverfahren kommt.[24] Das ganze Vorhaben hat freilich auch wichtige Bezüge zur Entwicklung im Katasterwesen.[25]

11 Die Arbeitsgruppe „Zukunft" der Bund-Länder-Kommission ging in einem Papier[26] von 2011 davon aus, dass die Einführung des flächendeckenden, bidirektionalen ERV in Grundbuchsachen bis 2020 abgeschlossen sein sollte. Dies deckt sich mit dem Auslaufen der „Experimentierklausel" in § 134a GBO zum 31.12.2020, vgl. § 150 Abs. 6 GBO a.F. Inzwischen ist die Frist verlängert worden auf den 31.12.2024, § 150 Abs. 6 GBO.[27] Im Hinblick auf die für 2017 ursprünglich vorgesehene stufenweise Einführung des Datenbankgrundbuches war in den Grundbuchämtern hoher Umschreibungsbedarf für die vorzunehmende Migration erwartet worden, der auch – sollte das ambitionierte Projekt doch ein Erfolg werden[28] – eine ausreichende personelle Ausstattung voraussetzt.[29] Nicht unerhebliche Einsparungen sollten perspektivisch – neben Effizienzgewinnen für die Nutzer[30] – die Folge sein.[31]

12 Der IT-Planungsrat sah unter der Federführung Bayerns nach Abschluss des Fachfeinkonzeptes die Schwerpunkte für die nächste Stufe des Projekts (Programmierung des Gesamtsystems und Pilotierung) in der Abstimmung des Architekturkonzepts mit den Ländern und die Durchführung des europaweiten Vergabeverfahrens. Das Projektende war einst für den 31.12.2017 avisiert.[32] Dabei ging es auch um

---

22 Zu der praktischen Arbeit mit SolumStar: *Krahl/Kolonoko*, Grundbuchrecht, S. 223 ff. Im SolumStar-Verbund befinden sich folgende Länder: Bayern, Berlin, Brandenburg, Freie Hansestadt Bremen, Freie und Hansestadt Hamburg, Hessen, Mecklenburg-Vorpommern, Niedersachsen, Nordrhein-Westfalen, Rheinland-Pfalz, Saarland, Thüringen und Sachsen, wobei Mecklenburg-Vorpommern und NRW nicht SolumWeb als Abrufverfahren sondern das Verfahren IGBE benutzen; FOLIA verwenden die Bundesländer Baden-Württemberg und Schleswig-Holstein (Stand: 27.9.2023).

23 16 Bundesländer haben diese Verwaltungsvereinbarung unterzeichnet und die Steuerung des Projekts fünf Ländern unter Federführung Bayerns übertragen. Zum Ganzen *Riedel*, https://www.notarkammer-sachsen.de/fileadmin/docs/forum-notarrecht/2014/vortrag-riedel.pdf (besucht 230402).

24 *Dyckmanns*, zu Protokoll für TOP 35 der 250. Sitzung des Deutschen Bundestages am 27.6.2013: Zweite und Dritte Beratung des von der Bundesregierung eingebrachten Entwurfs eines Gesetzes zur Errichtung eines Datenbankgrundbuchs, BT-PlPr 17/250, S. 32131D, BT-Drucks 17/12635, S. 44; *Wiggers*, FGPrax 2013, S. 235.

25 Vgl. dazu *Gruber*, Die dritte Dimension im amtlichen Vermessungswesen Deutschlands, 29.3.2012, vormals http://www.kreis-re.de/dok/Katasteramt/File/Geoinforma

tik2012_Gruber.pdf; jetzt nur Foliensatz unter Die dritte Dimension im amtlichen Vermessungswesen Deutschlands (yumpu.com) (besucht 230902).

26 „Gemeinsame Strategie zur Einführung des elektronischen Rechtsverkehrs und der elektronischen Aktenführung", Stand: 16.3.2011.

27 Zuletzt geändert durch Artikel 16 G. v. 19.12.2022 BGBl I S. 2606.

28 Zu gescheiterten Projekten außerhalb der Justiz vgl. z.B. *Mertens* (Hrsg.), Fehlschläge bei IT-Großprojekten der Öffentlichen Verwaltung, 2009.

29 https://www.grundbuch.eu/beschreibung/, besucht 230908.

30 Dazu auch *Gassen*, DNotZ-Sonderheft 2012, 115 ff.

31 „Wir sehen Ansätze, nach denen 2 % Einsparungen erzielt werden können. Hochgerechnet auf 15 Jahre sind das 60 Mio. EUR." so *Bredl*, XML-Abfragen im elektronischen Grundstücksregister in: http://www.mittelstandswiki.de/wissen/E-Government:Datenbankgrundbuch, besucht 230902.

32 Http://www.it-planungsrat.de/DE/Projekte/Koordinierungsprojekte/EDV-Grundbuch/edvGrundbuch_node.html (besucht 160519); zu Ziel von xDomea Regierung: xDomea Regierung | IT-Planungsrat (besucht 230402 – auch hier geht es nicht voran.

ein Programm zur Unterstützung der Migration von bundesweit fast 36 Mio. Grundbuchblättern mit einem Gesamtumfang von rd. 400 Mio. Seiten; Sachsen wären beispielsweise (Stand 18.9.2023) 1,95 Millionen Grundbücher/Blätter und rund 944.000 elektronische Grundakten zu migrieren. Nach der Pilotierung sollte es dann schnell gehen.[33] Dabei laufen die Migrationsvorbereitung nach Kenntnis des Verfassers in länderspezifischen Vorbereitungsgruppen durchaus auf „Hochtouren". Dafür sind die – leider nicht umfassend öffentlich zugänglichen – Auflistungen von problematischen Altfällen, die möglichst im Interesse einer Grundbuchhygiene schon im Vorfeld der Umstellung bereinigt werden sollten, ein starkes Indiz.[34] Würden hier auch der notariellen Praxis stärkere Handreichungen für die Löschungsmöglichkeiten in der Praxis gegeben und die Anforderungen bei den Grundbuchämtern bisweilen nicht so hoch geschraubt, könnte hier ein deutlicher Bereinigungsfortschritt erzielt werden.

Allerdings kam die Entwicklung – wie leider bei manch anderen IT-Großprojekt in Deutschland – dann doch anders.[35] In den Projektnachrichten zur Entwicklung eines bundeseinheitlichen Datenbankgrundbuchs wird nunmehr mit Stand vom 6.2.2023 eingeräumt, dass verlässliche Prognosen zum Zeitpunkt einer ersten Projektierung aktuell nicht möglich sind.[36] *Wilsch* hat eine aktuelle Einschätzung vorgelegt, um das Projekt noch sachgerecht zu realisieren. Sein Beitrag endet mit der Feststellung: *Disruption ist zu vermeiden, um die Integration mit dem Liegenschaftskataster nicht zu gefährden. Fatal wären Rechtspositionen ohne Registerort, verlorene Rechte.*[37]

Ebenso werden unter dem Begriff „Gigabit-Grundbuch" ambitionierte Ziele[38] verfolgt, die volkswirtschaftlich gesehen durchaus wünschenswert sind, aber die auch die Angreifbarkeit der Volkswirtschaft durch Hacking deutlich erhöhen. Wenn hier mit der Zentralisierung von Informationen keine Erhöhung des Zugriffsschutzes einhergeht, wäre das höchst bedenklich.[39]

C. Entwicklung in Europa

Die gesamte Entwicklung in Europa in den Ländern mit einem mehr oder weniger ausgeprägten Grundbuchwesen[40] geht in Richtung ERV. Pionier war hier Österreich, aber auch die ehemaligen Reformstaaten wie z.B. Polen folgen dem Trend.[41] Ein guter Überblick zu den Grundbuchformen in den Mitgliedstaaten der EU findet sich im Europäischen **Justizportal unter Register/Grundbücher/Mitgliedstaaten**.[42]

Unabhängig von der Einführung echter Datenbankgrundbücher entwickelt sich die Vernetzung der – freilich unterschiedlich strukturierten und aussagekräftigen – Grundbucheinrichtungen über EULIS (European Land Information Service) als europaweiter Datenverbund nationaler Grundbuchsysteme.[43] Besondere Erwähnung in diesem Zusammenhang verdient die Arbeit des Verbandes deutscher Pfandbriefbanken (vdp).[44] Mit der Etablierung eines „Runden Tisches" im Jahr 2005 wurde hier – mit dem Schwerpunkt im Bereich der Grundpfandrechte – ein Forum mit Expertise zu rechtvergleichenden Fragen geschaffen,[45] das auch den Fokus auf die zunehmende Digitalisierung in den verschiedenen Rechtsordnungen in den Fokus nimmt und nehmen muss. Dabei spielt, befördert durch die eIDAS – VO der EU, auch die qualifizierte elektronischen Signatur (qeS) für die gebotene Transaktionssicherheit eine wichtige Rolle.[46] Diese wird auch im europaweiten Grundbuchverkehr perspektivisch an Bedeutung gewinnen.[47]

---

33 *Zeiser*, ZfIR 2015, 226, 227.
34 Vgl. etwa *Zeiser*, Rpfleger 2021, S. 313; *Jung*, RPfleger 2020, S. 425; *Wilsch*, ZfIR 2023, 175.
35 Dazu ausführlicher Püls. FS für Oliver Vossius um 65. Geburtstag, 2023, S. 205 ff.
36 dabag – Projektnachrichten (grundbuch.eu), besucht 230402. Aus Justizkreisen vernimmt man, dass das DaBaG-Projekt wird frühestens im 2.–3. Quartal 2024 von einem neuen Dienstleister fortgeführt werden wird (Stand 230927).
37 *Wilsch*, ZfIR 2023, 165 ff, 174.
38 Das Gigabit-Grundbuch ist das zentrale Zugangsportal für die Bereitstellung relevanter Informationen zur Planung des Infrastrukturausbaus sowie zum aktuellen und künftigen Grad der Versorgung im Bereich der Telekommunikation. Das Gigabit-Grundbuch bündelt die bestehenden Geoinformationssysteme in einem Portalauftritt. Damit liegen Daten, Karten und weiterführendes Informationsmaterial zu digitalen Infrastrukturen für alle Nutzerinnen und Nutzer zentral an einem Ort vor. Vgl. https://gigabitgrundbuch.bund.de/, besucht 230512.
39 In diesem Sinn auch *Rauscher*, https://background.tagesspiegel.de/digitalisierung/das-gigabit-grundbuch-macht-unsere-digitale-infrastruktur-angreifbarer veröffentlicht 11.1.2023, besucht 230415.
40 Vgl. *Weike*, notar 2009, 92 (notar 2009, 92, beck-online).
41 Vgl. *Wudarski*, WiRO 2011, 176 ff.; *ders.*, WiRO 2015, 33.
42 https://e-justice.europa.eu/109/DE/land_registers_in_eu_countries besucht 230412.
43 Vgl. http://eulis.eu/.
44 vdpGrundpfandrechte | Start, besucht 230902.
45 *Stöcker/Stürner*, EuZW 2023, 107 ff.
46 *Püls/Gerlach*, NotBZ 2019, 81.
47 https://app.vdpgrundpfandrechte.de/login (als Gast fortfahren).

15 Auch wenn das Thema der Block-Kette (blockchain) im Zusammenhang mit Notar unter Grundbuchwesen im Rahmen der allgemeinen Hype um diese neue Technologie regelmäßig die Presse und die Medien beschäftigt, werden unbeschadet aller möglichen Ansatzpunkte für einen sinnvollen Einsatz[48] dieser Technologie in bestimmten Verfahrensbereichen grundlegende Aspekte in der Diskussion verkannt und bewusst verkürzt. Darauf hat *Wilsch*[49] im Zusammenhang mit dem Grundbuch eindrücklich hingewiesen. Hier seien nur stichpunktartig erwähnt die Komplexität der Vorgänge,[50] die zwar im Einzelfall durchaus als standardisierter Vertragstyp erscheinen mögen, aber schon im Zusammenhang mit der Bestellung eines Wohnungsrechtes, einer Dienstbarkeit oder der Verschiebung des Besitzübergangs auf den Schulanfang der schulpflichtigen Kinder im Rahmen einer Beurkundung zu komplexen Verkettungen führen, die ein Algorithmus theoretisch, aber nur schwer – für rentable Kosten – praktisch abbilden kann.[51] Außerdem darf nicht verkannt werden, dass ein bestehendes und funktionierendes Registersystem, zumal wenn es sich wie das Datenbankgrundbuch anschickt, den Sprung ins 21. Jahrhundert zu vollziehen, der kompletten Neuerschaffung eines ähnlich komplexen Systems im Wege einer Blockkette alleine von den Rücksichten auf wirtschaftliche, aber auch persönliche Belange der Bevölkerung und der Volkswirtschaft überlegen ist. Auch hinsichtlich der finanziellen Größenordnung der Umsetzung einer kompletten Neuschaffung durch Substitution mit bundesweiter Umsetzung darf und sollte man sich keiner Illusion hingeben; andere Verfahren im Bereich des elektronischen Rechtsverkehrs (vergleiche zum Beispiel die elektronische Gesundheitskarte) haben hier belegt, dass die Kosten sehr schnell ungeahnte Dimensionen erreichen können.[52]

§ 126 [Maschinelles Grundbuch/automatisierte Datei]

(1) Die Landesregierungen können durch Rechtsverordnung bestimmen, daß und in welchem Umfang das Grundbuch in maschineller Form als automatisiertes Dateisystem geführt wird; sie können dabei auch bestimmen, dass das Grundbuch in strukturierter Form mit logischer Verknüpfung der Inhalte (Datenbankgrundbuch) geführt wird. Hierbei muß gewährleistet sein, daß

1. die Grundsätze einer ordnungsgemäßen Datenverarbeitung eingehalten, insbesondere Vorkehrungen gegen einen Datenverlust getroffen sowie die erforderlichen Kopien der Datenbestände mindestens tagesaktuell gehalten und die originären Datenbestände sowie deren Kopien sicher aufbewahrt werden;
2. die vorzunehmenden Eintragungen alsbald in einen Datenspeicher aufgenommen und auf Dauer inhaltlich unverändert in lesbarer Form wiedergegeben werden können;
3. die nach den Artikeln 24, 25 und 32 der Verordnung (EU) 2016/679 erforderlichen Anforderungen erfüllt sind.

³Die Landesregierungen können durch Rechtsverordnung die Ermächtigung nach Satz 1 auf die Landesjustizverwaltungen übertragen.

(2) ¹Die Führung des Grundbuchs in maschineller Form umfaßt auch die Einrichtung und Führung eines Verzeichnisses der Eigentümer und der Grundstücke sowie weitere, für die Führung des Grundbuchs in maschineller Form erforderliche Verzeichnisse. ²Das Grundbuchamt kann für die Führung des Grundbuchs auch Verzeichnisse der in Satz 1 bezeichneten Art nutzen, die bei den für die Führung des Liegenschaftskatasters zuständigen Stellen eingerichtet sind; diese dürfen die in Satz 1 bezeichneten Verzeichnisse insoweit nutzen, als dies für die Führung des Liegenschaftskatasters erforderlich ist.

---

48 Zweifelnd allerdings *Schrey/Thalhofer*, NJW 2017, 1431.
49 *Wilsch*, DNotZ 2017, 761.
50 Auch aus weiteren Gründen skeptisch *Heinze*, Handelsblatt online vom 10.7.2019, Dokumentnummer HB 24575822; keinen Mehrwert sieht auch *Keuchen*, ZfIR 2020, S. 593; ebenso *Hecht*, MitBayNot 2020, 314.
51 *Simmchen*, Grundbuch ex machina, S. 129, 254 sieht daher im Fazit seiner umfassenden und lesenswerten Untersuchung allenfalls eine Unterstützende Einbindung, die aber wiederum von etlichen (tiefgreifenden) Umstellungen abhängt.
52 Vgl. hierzu auch https://www.hertie-school.org/de/magazin/detail/content/studie-oeffentliche-grossprojekte-im-schnitt-73-prozent-teurer-als-geplant (besucht 230902); auch die ökologischen Nachteile offener Blockkettensysteme (wie etwa Bitcoin) mit ihrem Ressourcen-Hunger sollen hier nicht weiter vertieft werden.

(3) Die Datenverarbeitung kann im Auftrag des nach § 1 zuständigen Grundbuchamts auf den Anlagen einer anderen staatlichen Stelle oder auf den Anlagen einer juristischen Person des öffentlichen Rechts vorgenommen werden, wenn die ordnungsgemäße Erledigung der Grundbuchsachen sichergestellt ist.

A. Von der papierenen zur maschinellen Grundbuchführung 1	B. Einführung durch Rechtsverordnung ... 15
I. Papierene Führung 1	C. Anforderungen 17
II. Automationsunterstützte Führung 2	I. Allgemeines 17
III. Vollelektronische Führung, Datenbankgrundbuch 6	II. Grundsätze ordnungsgemäßer Datenverarbeitung 18
IV. Datenformate und Erfassung der Altdatenbestände 11	III. Speicherung und Wiedergabe 22
1. Verschiedene Systeme und offene Schnittstellen 11	IV. Maßnahmen zum Datenschutz 24
2. CI- und NCI-Daten 12	D. Verzeichnisse 25
3. OCR-Nachbearbeitung 13	I. Eigentümer- und Grundstücksverzeichnis .. 25
4. Weitere Entwicklung 14	II. Sonstige Verzeichnisse des Grundbuchamts 26
	III. Gemeinsame Nutzung von Verzeichnissen durch Grundbuchamt und Katasterbehörde 27
	E. Datenverarbeitung im Auftrag 28

A. Von der papierenen zur maschinellen Grundbuchführung

I. Papierene Führung

Herkömmlich wird das Grundbuch in verschiedener äußerer Form – ursprünglich als fest gebundener Band, in modernerer Art als Loseblattgrundbuch – auf Papier geführt. Darin liegt die fundamentale Gemeinsamkeit der ansonsten im Laufe der Geschichte des Grundbuchs und nach Rechtssystemen unterschiedlichen Formen der Dokumentation von Rechten an Grundstücken.[1] Die Führung auf Papier bestimmt maßgeblich den Ablauf von Eintragungsverfahren, Einsichtnahme, Fertigung von Abschriften[2] usw. Die Übergänge von der handschriftlichen zur maschinenschriftlichen Führung und vom festen Grundbuchband zum Loseblattgrundbuch stellten zwar wichtige Schritte zur Erleichterung und Verbesserung der Grundbuchführung, jedoch keine grundsätzliche Änderung der durch die Verkörperung auf dem Medium Papier vorgegebenen Verfahrensweisen dar.

II. Automationsunterstützte Führung

Erste Überlegungen, das Grundbuch mit Hilfe von EDV-Systemen rationeller zu führen, gehen auf die späten 60er Jahre zurück.[3] Die Pläne zur Vollautomatisierung des Grundbuchs mussten Anfang der 80er Jahre jedoch bis auf weiteres aufgegeben werden. Ursache dafür waren u.a. die Nichtverfügbarkeit praktikabler Verfahren zur Erfassung der Altdatenbestände und die damals hohen Kosten der benötigten Speicherkomponenten.

Stattdessen entstanden in verschiedenen Bundesländern Verfahren zur automationsunterstützten Grundbuchführung, bei denen elektronische Datenverarbeitungsanlagen zur komfortablen Abfassung der Eintragungstexte, Vollzugsmitteilungen, des Schriftverkehrs mit den Katasterbehörden und anderer Schriftstücke mit Hilfe von Textbausteinen eingesetzt und die Texte anschließend, z.T. in vorgefertigte Formulare ausgedruckt wurden:

Für die historische (zeitgeschichtliche) Entwicklung des maschinellen Grundbuchs wird auf die Vorauflage verwiesen.[4] Diesen Verfahren war zunächst gemeinsam, dass der Einsatz der EDV auf die Rolle intelligenter Schreibsysteme zur Herstellung papierener Grundbücher beschränkt blieb. Mit der Verkörperung der erfassten Daten auf Papier endet grundsätzlich die elektronische Datenhaltung, weshalb Änderungen der GBO insoweit nicht erforderlich waren. Zur Erleichterung der Suche nach einem Eigentümer oder einem Grundstück wurden im Geschäftsgang der Grundbuchämter gleichwohl elektronische Verzeichnisse angelegt, die mit § 12a GBO durch das RegVBG nachträglich eine Rechtsgrundlage erhielten.

---

1 Vgl. die ausführliche Darstellung bei Meikel/*Böhringer*, Einleitung A (m.w.N.).
2 *Demharter*, § 126 GBO Rn 1.
3 Meikel/*Dressler*, vor §§ 126–134 GBO Rn 3 ff.; vgl. auch den knappen Überblick bei *Schöner/Stöber*, Rn 84 f. sowie die Literaturnachweise dort.
4 Vgl. KEHE, Vorauflage § 126 GBO Rn 4.

5 Mit Voranschreiten der Digitalisierung im Bereich der vorsorgenden Rechtspflege,[5] insbesondere aber im Bereich des Grundbuchwesens, ist die papiergebundene Führung der Grundbücher inzwischen verschwunden. Die papiergebundene Grundakte dominiert hingegen (leider) noch die Praxis.

III. Vollelektronische Führung, Datenbankgrundbuch

6 Die durch das RegVBG eingeführte Neuerung besteht darin, dass das Grundbuch selbst (nicht die Grundakten, siehe hierzu § 10a GBO Rdn 1 ff.) „in maschineller Form[6] als automatisierte Datei" geführt werden kann, d.h. nicht durch Ausdruck auf Papier verkörpert werden muss, denn der Inhalt des Datenspeichers selbst stellt das Grundbuch dar (§ 62 GBV). Zur Anlegung des maschinell geführten Grundbuchs vgl. § 128 GBO sowie §§ 67 ff. GBV. Die Darstellung am Bildschirm unterscheidet sich äußerlich nicht vom herkömmlichen Grundbuch (§ 63 GBV). Überlegungen zur Neugestaltung des Grundbuchs anlässlich der Umstellung auf maschinelle Führung wurden nicht realisiert.[7] Bezüglich des elektronischen Grundbuchs im Allgemeinen war bis zur Verabschiedung des DaBaGG nur geregelt, dass der Inhalt des Grundbuchblatts in den dafür bestimmten Datenspeicher aufzunehmen ist.

Nicht festgelegt war die **Form der zu speichernden Daten**. § 126 GBO in der Fassung des DaBaGG sichert die verbindliche Grundbuchführung in strukturierter Form (durch Ermächtigung zum Erlass entsprechender Verordnungen).

7 Das maschinell geführte Grundbuch hat drei Hauptbestandteile:[8]
1. Das **Produktionssystem** enthält die erforderlichen Schreibkomponenten. Es ermöglicht insbesondere die Herstellung der Eintragungstexte.
2. Die **Archivierungskomponente** tritt hinzu. Sie ist die „automatisierte Datei", also das Kernstück des elektronischen Grundbuchs.
3. Mit Hilfe der **Recherchekomponente** erfolgt das für die Einsicht in das maschinelle Grundbuch unerlässliche Wiederauffinden der gespeicherten Daten. Eine Benutzeroberfläche muss sowohl für die Einsichtnahme im Grundbuchamt (§§ 12 ff., 132 GBO) als auch den Abruf im automatisierten Verfahren (§ 133 GBO) vorgesehen werden.

8 Bei dem ersten in der Praxis funktionsfähigen Verfahren SolumSTAR wurde SOLUM als Produktionssystem mit den nachstehend beschriebenen Komponenten verbunden. SolumSTAR wurde in einem Projektverbund von den Ländern Bayern, Hamburg, Sachsen und Sachsen-Anhalt entwickelt und wird heute – mit Ausnahme von derzeit noch Baden-Württemberg und Schleswig-Holstein (dort wird FOLIA verwendet) – flächendeckend in Deutschland eingesetzt und an die Anforderungen des ERV angepasst.[9] Seit 2002 wird für das Abrufverfahren überwiegend das SolumWEB zum Einsatz gebracht, das in den letzten Jahren an die Entwicklung hin zum Elektronischen Rechtsverkehr in Grundbuchsachen angepasst wurde.[10]

9 Das **Datenbankgrundbuch**[11] (vgl. vor § 126 GBO Rdn 8 ff.) ist eine spezielle Form des maschinell geführten (elektronischen) Grundbuchs. Daher gelten die Vorschriften des siebenten Abschnitts der Grundbuchordnung auch für das Datenbankgrundbuch, soweit nichts Abweichendes bestimmt ist. Bezüglich des elektronischen Grundbuchs im Allgemeinen ist bisher lediglich geregelt, dass der Inhalt des Grundbuchblatts in den dafür bestimmten Datenspeicher aufzunehmen ist. Nicht festgelegt war bisher, in welcher Form die Daten zu speichern sind. So kann der Grundbuchinhalt beispielsweise sowohl als Bilddatei als auch als Textdatei abgelegt sein. Die Besonderheit des künftigen Datenbankgrundbuchs besteht darin, dass bei diesem die Grundbuchinhalte in strukturierter Form gespeichert werden und die Inhalte in der Datenbank logisch verknüpft sind. Mit dem DaBaGG wurden die Landesregierungen bzw. die von diesen ermächtigten Landesjustizverwaltungen ermächtigt, eine Bestimmung dahingehend vorzunehmen, dass

---

5 *Püls*, DNotZ 2021, 862; *Püls*, Festschrift 25 Jahre freiberufliches Notariat, 2015, S. 283 ff.
6 Zur Begriffsbildung Meikel/*Dressler*, § 126 Rn 7.
7 Meikel/*Dressler*, vor §§ 126–134 GBO Rn 36 ff.
8 Ausführlich *Göttlinger*, DNotZ 1995, 370, 372 ff.
9 Zur historischen Entwicklungen in Sachsen vgl. *Göttlinger*, DNotZ 1995, 370, in Bayern *Bredl*, MittBayNot 1997, 72 und in Württemberg *Böhringer*, Das Schicksal der Grundbuchämter in Württemberg bei Einführung des maschinell geführten Grundbuchs BWNotZ 2001, 1.
10 Vgl. die im Internet zugänglichen Bedienungsanleitungen, zu SolumWEB in der Fassung SolumSTAR V2, http://www.justizportal.bremen.de/sixcms/media.php/13/Bedienungsanleitung_SolumWeb.pdf.
11 BT-Drucks 17/12635, 20 ff.

das elektronische Grundbuch als Datenbankgrundbuch geführt wird. Auch wenn eine Grundbuchführung in strukturierter Form bereits jetzt möglich ist, gelten die grundbuchrechtlichen Sonderregelungen für das Datenbankgrundbuch (beispielsweise in den §§ 71a und 76a GBV) erst dann, wenn die Führung des Grundbuchs als Datenbankgrundbuch ausdrücklich durch Rechtsverordnung angeordnet wird.

In den Fällen, in denen das Grundbuch als Datenbankgrundbuch geführt wird, dürften die Daten aus den Hilfsverzeichnissen im Sinne des § 12a GBO regelmäßig gemeinsam mit den Grundbuchdaten in derselben Datenbank gespeichert werden. Auch bei einer solchen gemeinsamen Verwaltung der Daten bleibt § 12a Abs. 1 S. 2 GBO anwendbar, wonach weder eine Verpflichtung, die Hilfsverzeichnisse auf dem neuesten Stand zu halten, noch eine Haftung bei unrichtiger Auskunft aus diesen Verzeichnissen besteht. Hierauf sollten nach der Begründung zum DaBaGG die Empfänger von Auskünften aus Hilfsverzeichnissen hingewiesen werden.[12] Praktisch ist das nicht befriedigend, kommt den Hilfsverzeichnissen – wie etwa der Markentabelle – auch aus Kostengründen – eine erhebliche Bedeutung zu, etwa bei der Erteilung von Notarbescheinigungen. Im Rahmen der Möglichkeiten, die ein Datenbankgrundbuch bietet, sollte die Verbindlichkeit der Aussagen aufgewertet werden. Technisch erfolgt die Recherche beim Datenbankgrundbuch (Suche nach einem konkreten Objekt, z.B. Gläubiger, Berechtigter, Zinshöhe o.Ä.) dann tatsächlich unmittelbar in der Grundbuchdatenbank, eine fehlerhafte Auskunft bei einer konkreten Suche kann theoretisch nur bei einer fehlerhaften Befüllung eines konkreten Datenbankfeldes auftreten (z.B. Zinshöhe steht im Feld Nennwert der Grundschuld). Anders als in der Zeit, zu der die Hilfsverzeichnisse von Geschäftsstellenmitarbeitern händisch geführt wurden, werden nach der Einführung des Datenbankgrundbuchs auch diese datenbankmäßig erfassten und abrufbaren Aussagen verbindlich sein und die Hilfeverzeichnisse im herkömmlichen Sinn damit verzichtbar.

IV. Datenformate und Erfassung der Altdatenbestände
1. Verschiedene Systeme und offene Schnittstellen

Wie bei den unterschiedlichen technischen Gegebenheiten der automationsunterstützten Verfahren ist auch beim elektronischen Grundbuch keine bundeseinheitliche gesetzliche Regelung vorgesehen. Die Länder entscheiden eigenständig über die zum Einsatz gelangenden Systeme und im Rahmen der GBO und GBV über die Vorgehensweise bei der Umstellung. Die GBO beschreibt keine technischen Verfahren und sieht dementsprechend auch keine ausdrücklichen Anforderungen an einheitliche Datenformate oder Schnittstellen vor. Dadurch entsteht die Gefahr, dass spezifische Vorteile des maschinellen Grundbuchs, wie die Möglichkeit der Übergabe und Übernahme von Daten, der Online-Abfrage o.Ä. an den Ländergrenzen enden und entscheidende Vorteile des maschinellen Grundbuchs nicht genutzt werden können. Um ein Mindestmaß an Gemeinsamkeit bei der technischen Gestaltung des elektronischen Grundbuchs sicherzustellen, hat die Bund-Länder-Kommission für Datenverarbeitung und Rationalisierung in der Justiz deshalb „Organisatorische und technische Grundsätze für die Grundbuch- und Registerautomation" entwickelt,[13] die diesen Gefahren begegnen und bei Beschaffungsmaßnahmen und Ausschreibungen als Orientierungshilfe dienen sollen und die kontinuierlich weiterentwickelt werden. Bestimmte technische Anforderungen wurden ferner auf der Grundlage der Ermächtigung in § 134 GBO in die GBV aufgenommen, wobei § 93 GBV den Ländern wiederum die eigenständige Regelung von weiteren Einzelheiten überlässt.

2. CI- und NCI-Daten

Mit Hilfe von Textverarbeitungssystemen erfasste Daten werden normalerweise als Textdaten in Form codierter Information gespeichert (CI). So entstehen etwa die Eintragungstexte im Produktionssystem. Auch Altdatenbestände, also der bei der Umstellung vorhandene Grundbuchinhalt, können durch manuelle Eingabe aller Texte neu erfasst werden. Dies hat sich etwa in Bayern als wirtschaftlich nicht machbar erwiesen,[14] während in Sachsen und Thüringen nach der Wiedervereinigung die Grundbücher insgesamt

---

12 BT-Drucks 17/12635, 20.
13 Einzelheiten bei Meikel/*Dressler*, vor §§ 126–134 GBO Rn 32 f. und in den Leitlinien selbst, die im Anhang dazu abgedr. sind; hervorzuheben ist Abschn. 3.6, der vorsieht, dass der Zugang zu den maschinell geführten Registern durch externe Benutzer im automatisierten Abrufverfahren in allen Ländern über die gleiche offene Schnittstelle ermöglicht werden soll.
14 Zu bewältigen waren dort insgesamt ca. 5 Mio. Grundbuchblätter von insg. ca. 50 Mio. Seiten, vgl. *Bredl*, MittBayNot 1997, 74.

neu gefasst und dabei auch textlich wiedererfasst werden mussten.[15] Auch in den Ländern, die FOLIA als Software verwendeten (Baden-Württemberg und Schleswig-Holstein), erfolgte diese Art der Erfassung. Bayern und die anderen 11 Länder entschieden sich für die Erfassung durch Scannen, wobei von den einzelnen Seiten ein Bild gefertigt, digitalisiert und als sog. nichtcodierte (NCI) Information abgespeichert wird. Die kombinierte Darstellung von neu erfassten CI- und gescannten NCI-Daten auf dem Bildschirm erfolgt aber so, dass der Benutzer keine Brüche wahrnehmen kann. GBO und GBV berücksichtigen diese technischen Vorgaben, indem verschiedene Formen der Anlegung des maschinellen Grundbuchs (Umschreibung, Neufassung und Umstellung) zugelassen werden (vgl. § 128 GBO Rdn 2 ff.) i.V.m. §§ 67 ff. GBV.

3. OCR-Nachbearbeitung

13 Die nachträgliche Umwandlung von NCI- in CI-Daten ist grundsätzlich jederzeit mittels sog. OCR-Programme (OCR = Optical Character Recognition) möglich. In den bestehenden Systemen ist diese Möglichkeit aber nicht mehr vorgesehen, zumal die Qualität der Umwandlung von der Qualität der Vorlagen bestimmt wird. Auch bei der Migration auf das Datenbankgrundbuch wird nicht auf diese technische Möglichkeit gesetzt; vielmehr soll der Migrationsautomat (Software) einen Eintragungsvorschlag liefern, der vom Rechtspfleger zu bestätigen ist.

4. Weitere Entwicklung

14 Pilotversuche der Bundesnotarkammer in Zusammenarbeit mit den Justizverwaltungen des Freistaats Bayern und des Freistaats Sachsen hatten gezeigt,[16] dass weitere Rationalisierungs- und Entlastungseffekte durch eine stärkere Integration der Datenverarbeitung von Grundbuchamt und Notaren erreicht werden könnten, etwa durch die Übernahme und Übergabe von elektronischen Daten, wobei im Einzelnen zahlreiche organisatorische, technische und rechtliche Probleme zu lösen sind. Als unmittelbar realisierbar erwies sich zunächst die elektronische Vollzugsmitteilung, die zwar zum Zeitpunkt der Durchführung des Projekts nicht in den eingesetzten Programmen berücksichtigt war, für die in § 42 S. 3 GBV jedoch eine ausreichende Rechtsgrundlage bereits vorhanden ist.[17] Soweit ersichtlich, wird die elektronische Vollzugsmitteilung unter Nutzung des EGVP derzeit im Bereich der Freistaaten Sachsen und Bayern eingesetzt. Der derzeit in zusätzlich von SolumSTAR angebotene „Notar-Ping" stellt demgegenüber aus Sicht der Nutzer zwar noch ein Minus dar, da es sich dabei lediglich um einen Hinweis an den Notar handelt, dass eine beantragte Eintragung vorgenommen wurde. Um den Inhalt der Eintragung zu prüfen, muss der Empfänger selbst (erneut und kostenpflichtig) Einsicht in das Grundbuch nehmen. Aber in der Praxis ist immer noch festzustellen, dass der „Notarping" den Notar deutlich schneller erreicht als selbst die elektronische Vollzugsmitteilung. Der ERV in Grundbuchsachen wird aber eine weitere Beschleunigung des Eintragungsverfahrens ermöglichen. Der – leider erst für die Zeit nach der Umsetzung des Datenbankgrundbuchs – in Aussicht gestellt bidirektionale ERV, der dann auch eine effektive Lieferung von XML Daten an die Notare sicherstellen wird, kann dann als echter ERV angesehen werden. Bis dahin bietet SolumSTAR in der aktuellen Version nicht die technischen Voraussetzungen. Allerdings soll zeitnah auch in Ansätzen möglich sein, in einer weiterentwickelten Version von SolumSTAR strukturierte Bestandteile in den Eintragungsmitteilungen wiederzugeben. Diese müssten dann auch für die Notare direkt nutzbar sein.

---

15 Vgl. hierzu *Göttlinger*, DNotZ 1995, 370 ff.
16 Berichte über die Tätigkeit der Bundesnotarkammer im Jahr 1995, DNotZ 1996, 720 f. und 1996, DNotZ 1997, 520 sowie Projektabschlussbericht (nicht veröffentlicht). Frucht der Projektarbeit ist wohl auch der instruktive Beitrag von *Göttlinger*, Notariat und Grundbuchamt im elektronischen Zeitalter, DNotZ 2002, 743, der zahlreiche weiterführende Vorschläge enthält, wie die Gewährung von Grundbucheinsicht durch Notare, die *Göttlinger* zu Recht schon aktuell für zulässig erachtet, die Befugnis zur Erteilung von Grundbuchausdrucken durch Notare, der elektronisch eingereichte Eintragungsantrag und das elektronische Urkundenarchiv; hierzu ebenfalls Meikel/*Dressler*, vor §§ 126–134 GBO Rn 41 ff.
17 Vgl. *Bredl*, MittBayNot 1997, 76. Zu möglichen Entwicklungsperspektiven Meikel/*Dressler*, vor §§ 126–134 GBO Rn 41 ff.

B. Einführung durch Rechtsverordnung

Mit dem DaBaGG wird die verbindliche Grundbuchführung in strukturierter Form (durch Ermächtigung) ermöglicht. Die Entscheidung über die Einführung treffen die Landesregierungen durch Rechtsverordnung, wobei die Verordnungsermächtigung auf die Landesjustizverwaltung übertragen werden kann. Die Entscheidung über den Umfang der Einführung und die Vorgehensweise hierbei steht im Ermessen der Länder[18] und ihrer für die Umstellung zuständigen Stellen.[19] So wie die Umstellung auf das elektronische Grundbuch nicht insgesamt und gleichzeitig für alle Grundbücher eines Landes erfolgt ist, sondern entsprechend den örtlichen Gegebenheiten und Rationalisierungsbedürfnissen beginnend mit ausgewählten Grundbuchämtern und mit Rücksicht auf einen auch in der Umstellungsphase möglichst reibungslosen Einsichts- und Auskunftsbetrieb meist gemarkungsweise.[20] Die Anlegung maschinell geführten Grundbuchs wird häufig verbunden mit Konzentration der Grundbuchämter gem. § 1 Abs. 3 GBO (z.B.: Saarland: Konzentration aller Grundbuchämter auf AG Saarbrücken; Berlin: statt den zuvor zwölf nun nur noch sechs Grundbuchämter; ähnliche Überlegungen oder bereits stattgefunden Konzentrationen auch in anderen Bundesländern wie Baden-Württemberg oder Mecklenburg-Vorpommern). Die Vorschrift des § 126 GBO betrifft nur die zwingend durch Gesetz festzulegenden wesentlichen Vorgaben für maschinelle Grundbuchführung; technische Einzelheiten sind aufgrund der Ermächtigung in § 134 in Grundbuchverfügung geregelt. Von der Ermächtigung des § 134 S. 2 GBO hat das Bundesjustizministerium in § 93 GBV Gebrauch gemacht.

15

Landesregierungen/-justizverwaltungen treffen Entscheidung durch Rechtsverordnungen, die in der Regel auch die Befugnisse aus der Ermächtigung in § 134 S. 2 GBO umsetzen. Eine Übersicht zu den Umsetzungen der Verordnungen zum elektronischen Rechtsverkehr sowohl für Handelsregister als auch für das Grundbuch wird von der Bundesnotarkammer aktuell gepflegt und ist unter folgendem Link abrufbar: **Übersicht Verordnungen | Elektronischer Rechtsverkehr (elrv.info)**.[21] Schon mit Blick auf die Notwendigkeit für Notare, die jeweiligen Gerichte auch tagesaktuell in der richtigen Form mit Anträgen wahlweise papiergebunden oder elektronisch zu adressieren, macht diese Übersicht zum geschätzten Hilfsmittel in der täglichen Praxis. Nur verschiedentlich gelingt es den Hersteller der Notariatssoftware, die Gemarkungen so im System zu hinterlegen, dass der Sachbearbeiter auch ohne Konsultation der Liste (beispielsweise bei Vollzug in einem anderen Bundesland) programmgestützt die richtige Form (Papier oder Elektronik) als Vorauswahl erhält.

16

C. Anforderungen

I. Allgemeines

Die Gewährleistung einer mindestens gleichwertigen Qualität und Sicherheit des maschinellen Grundbuchs im Rechtsverkehr gegenüber dem Papiergrundbuch durch technische und organisatorische Maßnahmen regelt Abs. 1 S. 2. Der unkörperliche Inhalt des elektronischen Datenspeichers ist nicht mehr unmittelbar sinnlich wahrnehmbar. Der Sicherheit und Zuverlässigkeit der Datenhaltung durch ordnungsgemäße Datenverarbeitung sowie der dauerhaften, inhaltlich unveränderten Verfügbarkeit und Möglichkeit zur Lesbarmachung des Grundbuchinhalts (Abs. 1 S. 2 Nr. 1 und 2) kommt daher besondere Bedeutung zu. Zu berücksichtigen sind ferner Anforderungen an den Datenschutz in ihrer speziellen, grundbuchrechtlichen Ausprägung (Abs. 1 S. 2 Nr. 3).

17

II. Grundsätze ordnungsgemäßer Datenverarbeitung

Es handelt sich um eine Gesamtheit von Anforderungen, die sich aus der Natur des maschinellen Grundbuchs ergeben, und die in Nr. 1, in §§ 64 bis 66 GBV sowie der Anlage zu Nr. 3 konkretisiert werden. Die Realisierung muss sich nicht an den optimalen, wohl aber an den üblichen Standards orientieren.[22]

18

---

18 *Demharter*, § 126 GBO Rn 3 (m. Verw. auf § 128 GBO Rn 1).
19 Meikel/*Dressler*, § 126 GBO Rn 14 ff.
20 Die Erfahrungen in der Umstellungsphase beschreibt aus notarieller Sicht *Becker*, in BNotK-Intern, Beilage zum DNotI-Report 23, 1997. Als hilfreich erweisen sich in den Ländern, in denen die Umstellung noch läuft, Internetseiten, auf denen der Umstellungsstand mitgeteilt wird.
21 Besucht am 2.4.2023.
22 Vgl. BT-Drucks 12/5553, S. 77.

19 Gefordert werden **Vorkehrungen gegen den unbefugten Zugang** von Personen zu den Datenverarbeitungsanlagen sowie zu den gespeicherten Daten. Dies bedingt die entsprechend räumlich abgetrennte Unterbringung der Anlagen, die nur befugten Benutzern den Zutritt ermöglicht, sowie geeignete Identifikations- und Authentifikationsmechanismen an Hard- und Software (PIN, Passwortschutz). Ist die Anlage an Telekommunikationseinrichtungen angeschlossen, muss der Zugriff außenstehender Dritter (Hacking) ausgeschlossen sein.

20 Sodann müssen **Datenverlust und -manipulation** verhindert werden. Neben der allgemeinen Sicherstellung eines störungsfreien Betriebs durch Schaffung geeigneter Betriebsbedingungen und Wartung, gegen Fehleingaben weitgehend gesicherten Ablaufgestaltung und programmeigenen Plausibilitätsprüfungen gehören hierzu entsprechende Speichertechnologien, die regelmäßig an die technischen Entwicklungen angepasst werden, die Protokollierung vorgenommener Veränderungen und schließlich auch die elektronische Unterschrift (§ 75 GBV; siehe hierzu § 129 GBO Rdn 9 f.). Sicherungen werden derzeit automatisiert in einem Backup-System auf speziellen Servern erzeugt (NetApp oder Centerra-Technologie).

21 Der **dauerhaften Verfügbarkeit der gespeicherten Inhalte** kommt besondere Bedeutung zu, was in Nr. 2 besonders hervorgehoben wird. Dies kann entsprechend dem technischen Fortschritt und veränderten Sicherheitsanforderungen einen Wechsel der zum Einsatz gelangenden Komponenten bedingen.

III. Speicherung und Wiedergabe

22 Die **alsbaldige Aufnahme von Eintragungen in „einen" Datenspeicher**, der noch nicht das maschinelle Grundbuch selbst zu sein braucht, ermöglicht eine flexible Gestaltung des Eintragungsverfahrens. Dabei werden die Speichermechanismen regelmäßig modernisiert.

23 Die Gewährleistung der **Wiedergabe des Grundbuchs** stellt Anforderungen, die auf die mangelnde unmittelbare Wahrnehmungsmöglichkeit elektronischer Daten sowie deren Flüchtigkeit zurückzuführen sind: Eintragungen müssen **auf Dauer inhaltlich unverändert** wiedergegeben werden können, und zwar **in lesbarer Form**. Diese Vorgaben folgen bereits aus den Grundsätzen ordnungsgemäßer Datenverarbeitung, werden vom Gesetz aber mit Rücksicht auf die zeitlich unbegrenzte Dokumentationsfunktion des Grundbuchs besonders hervorgehoben. Nicht eingeschränkt werden dadurch die Möglichkeiten zur Umschichtung, Umspeicherung oder sonstigen technischen Behandlung der Daten, solange sie wiedergabefähig erhalten bleiben.

IV. Maßnahmen zum Datenschutz

24 Die Vorschriften der GBO, insbesondere § 12 GBO und der vorliegende Abschnitt 7 über das maschinelle Grundbuch, stellten eine gegenüber dem BDSG bis zum Inkrafttreten der DSGVO in spezieller Weise geregelte Form der Datenverarbeitung dar.[23] Nach dem Referentenentwurf[24] zur Umsetzung der DSGVO im Bereich der GBO ist folgende Fassung der Nummer 3 geplant: „3. die nach den Artikeln 24, 25 und 32 der Verordnung (EU) 2016/679 erforderlichen Anforderungen erfüllt sind". Die Anforderungen an den Datenschutz decken sich teilweise mit den Grundsätzen ordnungsgemäßer Datenverarbeitung nach Nr. 1 (siehe oben Rdn 18 ff.).

D. Verzeichnisse
I. Eigentümer- und Grundstücksverzeichnis

25 Die Einrichtung von Hilfsverzeichnissen ergab sich bereits im Zusammenhang mit den automationsunterstützten Verfahren und fand ihre nachträgliche, allgemeine gesetzliche Verankerung in § 12a GBO. Die Einbindung von SOLUM als Produktionssystem in SOLUM-STAR machte die Übernahme des vorhandenen Eigentümer- und Grundstücksverzeichnisses als Programmbestandteil erforderlich,

---

23 Zur alten Rechtslage vergleiche die Vorauflage. Aufgrund der abschließenden Geltung haben die Mitgliedstaaten keine Konkretisierungsbefugnisse. Die Ausführungen des BDSG zu technischen und organisatorischen Maßnahmen (§ 9 BDSG a.F. nebst Anlage) sind daher im BDSG (2018) entfallen.

24 Vgl. die Nachweise bei § 55 GBO Rdn 1.

denn SOLUM ist ein Text- und kein Datenbanksystem. Das bedeutet, dass freies Suchen nach diesen Angaben vom Programm selbst nicht unterstützt wird. Die Grundbuchblätter wurden daher bei der Erfassung mit Indizes versehen, die ihre Wiederauffindbarkeit ermöglichen. Ist die Grundbuchstelle aber nicht bekannt, sondern – wie in der Praxis häufig – nur der Name des Eigentümers oder die Flurstücksnummer, werden die entsprechenden Hilfsverzeichnisse benötigt, die zu den zum Aufruf benötigten Angaben über die Grundbuchstelle hinführen. In den meisten Ländern werden hierfür die Verzeichnisse, die für die Führung des Liegenschaftskatasters von den Katasterbehörden eingerichtet sind (ALB;[25] ALKIS[26]) genutzt. Abs. 2 S. 1 trägt diesen technischen Vorgaben über § 12a GBO hinaus auch für die maschinelle Grundbuchführung Rechnung und stellt klar, dass die **Hilfsverzeichnisse als Teil des maschinellen Grundbuchs** elektronisch geführt werden können. Eine Haftung für die Aktualität und Richtigkeit der Hilfsverzeichnisse trägt das Grundbuchamt unabhängig von der Art der Führung und im Gegensatz zum eigentlichen Grundbuchinhalt jedoch nie, § 12a Abs. 1 S. 2 GBO. Dies soll auch für ein künftiges Datenbankgrundbuch gelten soweit Hilfsverzeichnisse implementiert (vgl. oben Rdn 10) werden, obwohl – abgesehen von Fehleingaben, die dann auch das Grundbuch selbst betreffen – Abweichungen bei den Suchergebnissen von der Darstellung im Grundbuch selbst nicht mehr vorkommen werden. Als Hilfsverzeichnis können zukünftig Daten bezeichnet werden, die nicht unmittelbar Inhalt des Grundbuchs sind, z.B. Adressdaten der Eigentümer. Für solche Daten kann das Grundbuchamt keine Haftung übernehmen. Für alle Daten, die selbst Grundbuchinhalt sind, kann es rein technisch keine Abweichungen beim Suchergebnis mehr geben, wenn alle Datenbankfelder mit den richtigen Objekten gefüllt werden.

II. Sonstige Verzeichnisse des Grundbuchamts

Die Vorschrift ist bewusst offengehalten, um Organisationsabläufe und Dienstleistungsangebote fortentwickeln zu können. Ein gelungenes Beispiel für ein derartiges sonstiges Verzeichnis stellt die sog. **Markentabelle**[27] dar. Aus Sicht des Grundbuchamtes handelt es sich um ein Verzeichnis, das der Verwaltung der eingehenden Eintragungsanträge dient. Für die Benutzer bietet es die Möglichkeit, sich einen Überblick über die dem Grundbuchamt vorliegenden unerledigten Eintragungsanträge zu verschaffen. Obwohl die Einsichtnahme in die Markentabelle weder im positiven noch im negativen Sinn guten Glauben an einen bestimmten Grundbuchinhalt begründen kann und nur dann eine Grundlage etwa zur Erteilung von Rangbescheinigungen darstellt, soweit auf den Charakter als Hilfsverzeichnis hingewiesen wird,[28] bietet sie doch wertvolle Informationen und Anhaltspunkte für weitergehenden Nachforschungsbedarf und sollten daher von den Grundbuchämtern entsprechend den einheitlichen Weisungen auch gewissenhaft geführt werden. Dies gilt insbesondere dann, wenn Anträge zu verschiedenen Grundbuchblättern anhängig sind. Hier kann nur durch eine konsequente und gewissenhafte manuelle Zuordnung Verlässlichkeit (Handlungsanweisung) geschaffen werden, bis das Datenbankgrundbuch hier eventuell Abhilfe schafft.

III. Gemeinsame Nutzung von Verzeichnissen durch Grundbuchamt und Katasterbehörde

Abs. 2 S. 2 ermächtigt Grundbuchamt und Katasterbehörde wechselseitig zur Nutzung von Verzeichnissen der in S. 1 bezeichneten Art,[29] um die mehrfache Erfassung, Speicherung und Verwaltung identischer Daten, den erforderlichen Datenabgleich, den damit verbundenen Mehraufwand und Divergenzen zu ver-

---

25 Automatisiertes Liegenschaftsbuch, enthält die Daten sämtlicher Flurstücke in digitaler Form.
26 Amtliches Liegenschaftskatasterinformationssystem, ersetzt die automatisierte Liegenschaftskarte (ALK) und das ALB, indem es diese Informationen in einem System vereint.
27 Zur grundbuchamtsinternen Funktion vgl. *Göttlinger*, DNotZ 1995, 370, 378f. Es handelt sich daneben um ein Hilfsverzeichnis nach § 12a Abs. 1, das schon bei den früheren Bemühungen um die Konzeption eines maschinellen Grundbuchs vor dem Hintergrund der in etwa vergleichbaren Einrichtung der „Plombe" des österreichischen Systems von der notariellen Praxis gewünscht worden war; vgl. *Frenz*, 160 f. sowie *Keim*, 736; zur Ausgestaltung im einzelnen *Göttlinger*, a.a.O. und *Bredl*, MittBayNot 1997, 75.
28 Wohl für den Fall eines fehlenden Hinweises auf die Markentabelle als Grundlage einer Notarbestätigung *Keilich/Schönig*, NJW 2012, 1841, 1845; legt der Notar offen, worauf er seine Bestätigung gründet, kann eine Haftung m.E. nicht greifen.
29 Zu den Gestaltungsvarianten Meikel/*Dressler*, § 126 GBO Rn 92 ff.

meiden. Nicht erfasst werden Daten, die im Grundbuch und Kataster selbst enthalten sind. Die Schaffung von Schnittstellen zwischen EDV-Grundbuch und -Liegenschaftsbuch ist jedoch durch § 127 GBO bereits vorgesehen und bildet den Gegenstand von Überlegungen zur Weiterentwicklung beider Systeme.

E. Datenverarbeitung im Auftrag

28 Abs. 3 bezieht sich sowohl auf das maschinelle Grundbuch nach Abs. 1 wie auch auf die Verzeichnisse nach Abs. 2 und geht zunächst davon aus, dass auch beim maschinellen Grundbuch grundsätzlich jedes nach § 1 GBO zuständige Grundbuchamt für die Führung seiner Grundbücher personell und sachlich verantwortlich bleibt. Der Anwendungsbereich der Vorschrift betrifft daher lediglich die prozedurale Frage der Datenverarbeitung auf EDV-Anlagen außerhalb des zuständigen Grundbuchamts, wenn nicht jedes Grundbuchamt mit einer eigenen Rechenanlage ausgestattet werden soll. Den Ländern sind hierfür verschiedene Organisationsmodelle eröffnet.

29 In Betracht kommen zunächst die gemeinsame Datenverarbeitung für mehrere oder alle Grundbuchämter eines Landes durch eines von ihnen, oder die Wahrnehmung durch zentrale IT-Stellen der Justizverwaltung[30] oder anderer staatlicher Stellen. Ferner sind bestehende oder neugegründete juristische Personen des öffentlichen Rechts als Aufgabenträger vorgesehen. Keinesfalls kann die Verarbeitung von Grundbuchdaten privaten oder gewerblichen Auftragnehmern übertragen werden.

30 Die Anforderungen der GBO an die Grundbuchführung im Übrigen bleiben unberührt. Die rechtliche und organisatorische Verantwortung für die Eintragungen verbleibt bei dem nach § 1 GBO zuständigen Grundbuchamt, ebenso die Zuständigkeit für die Prüfung der Darlegung eines berechtigten Interesses bei Einsichtsbegehren, die Gewährung der Einsicht und die Erteilung von Ausdrucken nach § 131 GBO (soweit nicht §§ 132, 133 GBO anwendbar sind). Insbesondere die zeitgerechte und Abs. 1 S. 2 entsprechende Erledigung müssen sichergestellt sein.

§ 127 [Ermächtigung/Erlass Rechtsverordnung]

(1) Die Landesregierungen werden ermächtigt, durch Rechtsverordnung zu bestimmen, dass

1. Grundbuchämter Änderungen der Nummer, unter der ein Grundstück im Liegenschaftskataster geführt wird, die nicht auf einer Änderung der Umfangsgrenzen des Grundstücks beruhen, sowie im Liegenschaftskataster enthaltene Angaben über die tatsächliche Beschreibung des Grundstücks aus dem Liegenschaftskataster automatisiert in das Grundbuch und in Verzeichnisse nach § 126 Absatz 2 einspeichern sollen;

2. Grundbuchämter den für die Führung des Liegenschaftskatasters zuständigen Stellen die Grundbuchstellen sowie Daten des Bestandsverzeichnisses und der ersten Abteilung automatisiert in elektronischer Form übermitteln;

3. Grundbuchämter, die die Richtigstellung der Bezeichnung eines Berechtigten in von ihnen geführten Grundbüchern vollziehen, diese Richtigstellung auch in Grundbüchern vollziehen dürfen, die von anderen Grundbuchämtern des jeweiligen Landes geführt werden;

4. in Bezug auf Gesamtrechte ein nach den allgemeinen Vorschriften zuständiges Grundbuchamt auch zuständig ist, soweit Grundbücher betroffen sind, die von anderen Grundbuchämtern des jeweiligen Landes geführt werden.

Die Anordnungen können auf einzelne Grundbuchämter beschränkt werden. In den Fällen des Satzes 1 Nummer 3 und 4 können auch Regelungen zur Bestimmung des zuständigen Grundbuchamts getroffen und die Einzelheiten des jeweiligen Verfahrens geregelt werden. Die Landesregierungen können die Ermächtigungen durch Rechtsverordnung auf die Landesjustizverwaltungen übertragen.

---

30 Zur historischen Entwicklung vgl. *Bredl*, MittBayNot 1997, 73 und *Demharter*, § 126 GBO Rn 15. Der Anreiz zu entsprechenden Investitionen wurde historisch mit der von § 133 Abs. 8 eröffneten Möglichkeit der Gebührenabtretung geschaffen (Rn 41 f. dort), spielt aber heute keine Rolle mehr; zu den Einzelfällen vgl. *Wilsch*, BeckOK GBO § 126 Rn 11.

(2) Soweit das Grundbuchamt nach bundesrechtlicher Vorschrift verpflichtet ist, einem Gericht oder einer Behörde über eine Eintragung Mitteilung zu machen, besteht diese Verpflichtung nicht bezüglich der Angaben, die nach Maßgabe des Absatzes 1 Satz 1 Nummer 1 aus dem Liegenschaftskataster in das Grundbuch übernommen wurden.

(3) Ein nach Absatz 1 Satz 1 Nummer 4 zuständiges Grundbuchamt gilt in Bezug auf die Angelegenheit als für die Führung der betroffenen Grundbuchblätter zuständig. Die Bekanntgabe der Eintragung nach § 55a Absatz 2 ist nicht erforderlich. Werden die Grundakten nicht elektronisch geführt, sind in den Fällen des Absatzes 1 Satz 1 Nummer 3 und 4 den anderen beteiligten Grundbuchämtern beglaubigte Kopien der Urkunden zu übermitteln, auf die sich die Eintragung gründet oder auf die sie Bezug nimmt.

A. Integration mit dem Liegenschaftskataster; Richtigstellungen und Gesamtrechte 1	D. Mitteilungspflichten 21
B. Automatisierte Übermittlung 18	E. Verfahrensrechtliche Besonderheiten, Grundschuldbriefe,
C. Folgen bei Übernahmefehlern 19	Eintragungsmitteilungen 22

A. Integration mit dem Liegenschaftskataster; Richtigstellungen und Gesamtrechte

§ 127 GBO schafft die Rechtsgrundlage, nach der die Länder die maschinelle Übernahme von Daten des Grundbuchs und des Liegenschaftskatasters aus dem jeweils anderen Verzeichnis einführen können (und zwar über die gemeinsame Nutzung von Hilfsverzeichnissen hinaus, vgl. § 126 GBO Rdn 25). Die in Abs. 1 bereits erhaltenen Verordnungsermächtigungen zugunsten der Landesregierungen wurden im DaBaGG übernommen und um weitere Ermächtigungen ergänzt.[1] Weil und soweit die technischen Voraussetzungen für die in Abs. 1 S. 1 genannten Maßnahmen nicht in allen Grundbuchämtern eines Landes gleichzeitig erfüllt sein werden, können die Anordnungen auf einzelne Grundbuchämter beschränkt werden. Außerdem können die grundbuchamtsübergreifenden Zuständigkeiten nach Abs. 1 S. 1 Nr. 3 und 4 auch weiter untergliedert werden. Es besteht die Möglichkeit für die Länder, durch Rechtsverordnung eine übergreifende Zuständigkeit von namentlich bestimmten oder allen Grundbuchämtern festzulegen und dabei jeweils ein bestimmtes (z.B. jeweils ein Grundbuchamt für einen Landgerichtsbezirk oder auch nur ein Grundbuchamt mit übergreifender Zuständigkeit für alle Grundbücher des Landes) oder grundsätzlich das erste mit der Sache befasste Grundbuchamt für die Richtigstellung sämtlicher betroffener Grundbücher des jeweiligen Landes zu ermächtigen.

1

Die Einführung der Integration von Grundbuch und Liegenschaftskataster erfolgt durch Rechtsverordnung der **Landesregierung**, die auch die **Landesjustizverwaltung** zum Erlass ermächtigen kann (Übersicht siehe § 126 GBO Rdn 16 und **Übersicht Verordnungen | Elektronischer Rechtsverkehr (elrv.info)**.[2]

2

Klargestellt wurde mit dem DaBaGG, dass eine diesbezügliche Anordnung der Landesregierung bzw. Landesjustizverwaltung für die Grundbuchämter grundsätzlich bindend ist („sollen", bis 2013: „dürfen"). Für die Fälle, in denen eine offenkundige Unrichtigkeit der aus dem Liegenschaftskataster übermittelten Daten vorliegt, sollen die Mitarbeiter des Grundbuchamts jedoch eingreifen dürfen, was die Ausgestaltung als „Soll-Vorschrift" erklärt. Die Ermächtigung führt zu einem hohen Maß an Flexibilität, die Anordnung dann in Kraft zu setzen, wenn jeweils die organisatorischen und technischen Voraussetzungen für eine automatisierte Datenübernahme gegeben sind. Eine bundeseinheitliche Anordnung kommt aufgrund der unterschiedlichen Gegebenheiten in den einzelnen Ländern nicht in Betracht.

3

Bereits nach Abs. 1 Nr. 1 in seiner bisherigen Fassung konnten auf der Grundlage entsprechender Rechtsverordnungen der Landesregierungen bestimmte Grundstücksdaten automatisiert aus dem **Liegenschaftskataster** in das Grundbuch übernommen werden. Inhaltlich betroffen sind hinsichtlich des Grundbuchs etwa die Angaben des Liegenschaftskatasters, die nach § 2 Abs. 2 GBO auch bisher zur wechselseitigen Verwendung (auf schriftlichem Weg) ausgetauscht wurden. Die maschinelle Übermitt-

4

---

[1] BT-Drucks 17/12635, 20 f.
[2] https://www.elrv.info/elektronischer-rechtsverkehr/uebersicht-verordnungen oder https://onlinehilfe. bnotk.de/einrichtungen/notarnet/xnotar/modul-grundbuch/bundeslandspezifische-anforderungen.html besucht 230927.

lung dient zur Vermeidung dieses Medienbruchs und kann erheblich zur Beschleunigung und Rationalisierung der Vorgänge beitragen, da die Mehrfacherfassung bereits vorhandener Daten wegfällt. Entbehrlich ist auch gem. § 129 Abs. 2 S. 2 GBO die Angabe des Tages des Wirksamwerdens einer Eintragung aufgrund Abs. 1 Nr. 1. Weitere Einzelheiten in § 86 Abs. 1, 2, 3 S. 1 und 4 GBV.

5 In den in § 86 Abs. 3 S. 2, 3 GBV genannten Fällen werden Grundbuchdaten für die Führung von Verzeichnissen benötigt, die (zeitweilig) an die Stelle des amtlichen Verzeichnisses gem. § 2 Abs. 2 GBO treten. Es können daher auch diese Behörden Empfänger und weitere Nutzer der übermittelten Grundbuchdaten sein, allerdings liegt dann kein Fall von § 127 GBO vor.

6 Unberührt bleibt die Zuständigkeit und Verantwortlichkeit der beteiligten Behörden für die Vornahme der Eintragungen, die ihnen auch bei maschineller Übernahme von Daten aus anderen Verzeichnissen zugerechnet werden (vgl. unten Rdn 10, 19).

7 Die **Übernahme von Daten aus dem Liegenschaftskataster** erstreckt sich nach Abs. 1 Nr. 1 auf die Nummer, unter der das Grundstück im Liegenschaftskataster geführt wird, d.h. die Angabe von **Gemarkung** und **Flurstücksnummer**, allerdings nur, wenn letztere nicht das Ergebnis von Grenzveränderungen ist (dann bleibt ein schriftlicher Veränderungs- bzw. Fortführungsnachweis erforderlich,[3] der bei einer Beurkundung der zugrundeliegenden Rechtsveränderung heranzuziehen ist), ferner auf den **Beschrieb**, d.h. Wirtschaftsart, Lage und Fläche.

8 Nach Abs. 1 Nr. 2 können der für die Führung des **Liegenschaftskatasters** zuständigen Behörde die Angabe der **Grundbuchstelle**, das **Bestandsverzeichnis** (im Hinblick auf die laufende Nummer des Grundstücks im Grundbuch und etwaige besondere Rechtsverhältnisse wie Wohnungs- oder Teileigentum, ein bestehendes Erbbaurecht o.Ä.) sowie die **erste Abteilung** des Grundbuchs mit den Angaben zu Eigentümern und Eigentumsverhältnissen automatisiert und in elektronischer Form übermittelt werden. Eine automatisierte Übermittlung der **weiteren Abteilungen** des Grundbuchs ist denkbar, richtet sich aber dann nach den Voraussetzungen von § 133 (vgl. § 133 GBO Rdn 1 ff. und siehe hierzu Rdn 9).

9 Die automatisierte Übernahme nach § 127 GBO kann außerhalb der sonst geltenden Formvorschrift des § 29 Abs. 3 GBO erfolgen. Sie ist auch nicht an das Erfordernis einer Genehmigung oder Vereinbarung geknüpft, § 86 Abs. 3 S. 1 GBV. Die für die Führung des Liegenschaftskatasters zuständige Behörde gehört jedoch zu den Stellen, denen nach § 133 Abs. 2 GBO die Genehmigung erteilt werden kann bzw. mit der eine Vereinbarung geschlossen werden kann, am automatisierten Abrufverfahren teilzunehmen. Im Unterschied zur Integration von Grundbuch und Liegenschaftskataster dient der Online-Abruf in seiner bisherigen Form jedoch nicht primär dem automatisierten Datenabgleich, sondern stellt eine dem maschinellen Grundbuch adäquate Form der Grundbucheinsicht im Zusammenhang mit § 12 GBO zur Verfügung. Dies schließt allerdings die maschinelle Übernahme von Daten nicht aus und wird im bi- oder mehrdirektionalen ERV mit Umsetzung des DaBaGB Standard werden.

10 Nach § 1 Abs. 1 S. 2 GBO ist jedes Grundbuchamt für die in seinem Bezirk liegenden Grundstücke zuständig. Anträge und sonstige Vorgänge, die Grundstücke in mehreren Grundbuchamtsbezirken betreffen, müssen daher parallel von mehreren Grundbuchämtern bearbeitet werden. Diese **Zuständigkeitsregelung** war zur Zeit des Papiergrundbuchs praktischen Zwängen geschuldet. Wird das Grundbuch in elektronischer Form geführt, entfallen die sich aus der Verwendung des Mediums Papier ergebenden faktischen Beschränkungen. Ein Schreibzugriff auf das Grundbuch kann technisch auch für Stellen außerhalb des nach § 1 Abs. 1 S. 2 GBO zuständigen Grundbuchamts eingerichtet werden. Dem trägt Abs. 1 S. 1 Nr. 3 mit seiner Ermächtigung Rechnung.

11 Auch wenn es regelmäßig bei der bisherigen Zuständigkeitsregelung bleiben soll, wird mit der Neuregelung für bestimmte **Richtigstellungen** von Grundbucheintragungen eine begrenzte Erweiterung der örtlichen Zuständigkeit möglich. Die Gesetzesbegründung nennt dabei ausschließlich Angelegenheiten mit grundbuchamtsübergreifender Bedeutung, so etwa die Fälle, in denen die im Grundbuch eingetragene Bezeichnung eines Eigentümers oder sonstigen Berechtigten (z.B. in Abt. II) unrichtig (geworden) ist, beispielsweise durch Namensänderung infolge Eheschließung oder bei Gesellschaften durch Firmenänderungen oder formwechselnde Umwandlungen. Die Identität des Berechtigten bleibt in all diesen Fäl-

---

[3] *Bengel/Simmerding*, § 183 Rn 49.

len unverändert. Ein Rangverhältnis der Richtigstellungen zu anderen Grundbucheintragungen besteht nicht; § 17 GBO findet insoweit keine Anwendung. Eine Überprüfung, ob vorgehende Eintragungsanträge vorliegen, ist somit nicht erforderlich.

Die Berichtigung in sämtlichen Blättern stellt einen erheblichen Aufwand dar (sowohl für die Beteiligten, die die Unrichtigkeit gegenüber sämtlichen Grundbuchämtern belegen müssen, als auch für die Grundbuchämter, die jedes für sich in eigener Verantwortung die Voraussetzungen für die Grundbucheintragung prüfen und diese vollziehen müssen), so dass mit der Neuregelung Grundbuchämter, die mit einer solchen Richtigstellung befasst sind, diese auch in Grundbüchern vollziehen können, die von anderen Grundbuchämtern desselben Landes geführt werden, wovon sich der Gesetzgeber eine Reduzierung des Aufwandes[4] und eine verbesserte Aktualität des Grundbuchinhalts verspricht.

Eine solche Vorgehensweise setzt technische und organisatorische Voraussetzungen voraus und bietet sich an, wenn das Grundbuch als Datenbankgrundbuch geführt wird. Daher sollen die Länder ermächtigt werden zu bestimmen, ob und ab wann sie die Möglichkeit der grundbuchamtsübergreifenden Eintragungen einführen. Die Regelung führt dazu, dass für die Richtigstellung der Berechtigtenbezeichnung mehrere Grundbuchämter örtlich zuständig sein können, vgl. Rdn 17. Bei den Richtigstellungen nach Abs. 1 S. 1 Nr. 3 handelt es sich um Amtsverfahren, bei denen es keine verfahrenseinleitenden Anträge im engeren Sinne, sondern lediglich Anregungen gibt. Vor diesem Hintergrund erscheint es sachgerecht, als „Befassung" im Sinne der vorgenannten Vorschrift regelmäßig den **Vollzug der Eintragung im Grundbuch** selbst zu sehen. Dabei ist jedes einzelne betroffene Grundbuchblatt gesondert zu betrachten, so dass es praktisch nicht zur Kollision mehrerer örtlich zuständiger Grundbuchämter kommen kann. Selbst wenn ein früherer Zeitpunkt als der Vollzug als für die Befassung maßgebend angenommen würde, wären die vorgenommenen Richtigstellungen nicht schon deswegen unwirksam, weil sie von einem örtlich unzuständigen Gericht vorgenommen worden wären, vgl. § 2 Abs. 3 FamFG.

Die Länder haben die Möglichkeit, die Zuständigkeit für die **Vornahme der Richtigstellung** bei grundbuchamtsübergreifenden Vorgängen abweichend von der allgemeinen Zuständigkeitsregelung des § 2 Abs. 1 FamFG zu regeln, Abs. 1 S. 3.

Einen weiteren Anwendungsfall für grundbuchamtsbezirksübergreifende Eintragungen stellen **Gesamtrechte** dar. Bisher ist das Verfahren zur Eintragung solcher Rechte aufgrund der erforderlichen Abstimmung zwischen den beteiligten Grundbuchämtern sehr aufwändig. Eine einheitliche örtliche Zuständigkeit – wie nach Abs. 1 S. 1 Nr. 4 möglich – soll dem abhelfen, wenn die Landesjustizverwaltungen durch geeignete technische und organisatorische Maßnahmen sicherstellen können, dass den Grundbuchämtern alle erforderlichen Informationen zur Verfügung stehen, um mehrere Eintragungsanträge in der vorgeschriebenen Reihenfolge erledigen zu können. Dies wird erst nach Einführung des elektronischen Rechtsverkehrs und nur dann der Fall sein, wenn sämtliche als zuständig in Betracht kommenden Grundbuchämter ohne zeitliche Verzögerung Lesezugriff auf die zu sämtlichen betroffenen Grundstücken vorliegenden Eintragungsanträge haben, wohl also erst wenn die Umstellung landesweit abgeschlossen ist.

Von der Ermächtigung nach Abs. 1 S. 1 Nr. 4 sind nicht nur die Anträge auf Ersteintragung eines Gesamtrechts betroffen, sondern alle Vorgänge, die auf Eintragungen in Grundbuchblättern verschiedener Grundbuchämter zielen und ein Gesamtrecht[5] betreffen. Dazu zählen v.a. Inhaltsänderungen, Übertragungen, Löschungen sowie Mithaftvermerke, auf das Gesamtrecht bezogene Vormerkungen und Widersprüche (auch von Amts wegen), aber auch Korrekturen unrichtiger Eintragungen. *Wilsch* sieht darin zu recht einen Weg, um durch Rechtsverordnung grundbuchamtsübergreifende Zuständigkeitsregelungen im Interesse der Versorgungssicherheit zu schaffen.[6]

Um die Zuständigkeitsregelung für die Beteiligten möglichst einfach zu gestalten, soll jedes nach § 1 für einen Teil der betroffenen Grundbuchblätter zuständige Grundbuchamt für die Eintragung in allen betroffenen Blättern des jeweiligen Landes zuständig sein, unabhängig davon, von welchem Grundbuchamt diese Blätter geführt werden. Von mehreren örtlich zuständigen Grundbuchämtern ist nach § 2 Abs. 1

---

4 So entfällt beispielsweise der Prüfungsaufwand der bei der Bewilligungsberechtigung auftretenden Personen. Die grundbuchamtsübergreifende Richtigstellung wurde auch dadurch erleichtert, dass nach dem GNotKG hierfür künftig keine Gebühren mehr anfallen.
5 BT-Drucks 17/12635, S. 22.
6 *Wilsch*, ZfIR 2023, S. 1 ff.

FamFG dasjenige zuständig, das zuerst mit der Angelegenheit befasst ist (erste Antragstellung). Ob die Länder von der Zuständigkeitsregelung Gebrauch machen werden, hängt neben den technischen Fragen sicher auch von der Konzentration der Grundbuchämter ab. Vergleichbar zu den Fällen der Richtigstellung der Berechtigtenbezeichnung, sollen die Länder auch bei der Eintragung von Gesamtrechten Einzelheiten des Verfahrens und auch die örtliche Zuständigkeit regeln können. Die zu treffende Zuständigkeitsregelung kann sich dabei darauf beziehen, bei welchem Grundbuchamt (oder welchen Grundbuchämtern) ein grundbuchamtsübergreifender Antrag wirksam gestellt werden kann. Die Regelung kann aber auch Bestimmung des für die Entscheidung über den Eintragungsantrag zuständigen Grundbuchamts vorsehen.

B. Automatisierte Übermittlung

18 Voraussetzung für eine Übernahme von Daten nach § 127 GBO ist, dass sowohl das Grundbuch als auch das Liegenschaftskataster **maschinell geführt** werden. Daneben erfordert die automatisierte Datenübermittlung **Schnittstellen**, die eine unmittelbare Übernahme ermöglichen, was bei bestehenden Systemen erheblichen Anpassungsaufwand mit sich bringen kann. Perspektivisch weitergehende Überlegungen könnten darauf abzielen, § 127 GBO so zu ändern, dass auf eine doppelte Haltung der Datenbestände – vergleichbar der gemeinsamen Nutzung von Hilfsverzeichnissen – überhaupt verzichtet werden kann. Dies würde mit Blick auf die Informations- und Sicherungsfunktion des Grundbuchs im Rechtsverkehr jedoch voraussetzen, dass sowohl bei der Einsicht nach § 132 GBO als auch beim Fernabruf nach § 133 GBO die entsprechenden Daten des Liegenschaftskatasters als Teil des Grundbuchs zuverlässig sichtbar gemacht werden können. Das ist selbst im Rahmen des DaBaGB noch nicht vorgesehen.

C. Folgen bei Übernahmefehlern

19 Die maschinelle Übernahme von Daten ändert nichts an der vollumfänglichen Verantwortung der übernehmenden Stelle für den Inhalt des von ihr geführten Datenbestandes. Bei Fehlern gilt daher:

20 – **Technische Fehlfunktionen** der verwendeten Anlagen und Programme, die von der übernehmenden Seite zur Einspeicherung eingesetzt werden, fallen jeweils der für die Eintragung zuständigen Stelle zur Last, d.h. bei Nr. 1 dem Grundbuchamt, bei Nr. 2 der katasterführenden Stelle.
 – Sind die übernommenen Daten selbst **inhaltlich fehlerhaft**, gilt nichts anderes als bei schriftlicher Übermittlung. Es handelt sich um eine Eintragung zur Erhaltung der Übereinstimmung zwischen dem Grundbuch und dem Liegenschaftskataster nach §§ 2 Abs. 2, 12c Abs. 2 Nr. 2 GBO, die in die Zuständigkeit des Urkundsbeamten der Geschäftsstelle fällt. Hiergegen sind je nach Sachlage die allgemeinen Regeln über die Berichtigung bzw. die allgemeinen Rechtsbehelfe, d.h. zunächst die Erinnerung (§ 12c Abs. 4 GBO) und bei Nichtabhilfe die Beschwerde gem. § 71 GBO eröffnet.

D. Mitteilungspflichten

21 Abs. 2 stellt klar, dass die maschinelle Datenübernahme aus dem Liegenschaftskataster nach Abs. 1 S. 1 Nr. 1 **keine Benachrichtigungspflichten** gegenüber Gerichten und Behörden auslöst. Er steht in sachlichem Zusammenhang mit §§ 55 ff. GBO, die wiederum durch §§ 39 Abs. 1 und 40 GBO ergänzt werden, jedoch auf Eintragungen im Zusammenhang mit Rechtsverhältnissen auf der Grundlage eines Antrags (§ 13 GBO) und nicht auf Eintragungen hinweisender oder beschreibender Art zugeschnitten sind; vgl. hierzu auch den Anwendungsbereich von § 12c Abs. 2 Nr. 2 GBO. Der Vorschrift dürfte damit ein eigenständiger Regelungsgehalt lediglich im Zusammenhang mit sonstigen bundesrechtlichen Mitteilungspflichten zukommen, wie in XVIII MiZi aufgelistet, sowie nach landesrechtlichen Vorschriften, die i. R. von § 136 GBO fortgelten (zu den entfallenden Pflichten vgl. auch Rdn 22, 23).

E. Verfahrensrechtliche Besonderheiten, Grundschuldbriefe, Eintragungsmitteilungen

22 Abs. 3 stellt klar, dass die verfahrensrechtlichen Regelungen, die an die Zuständigkeit für die Führung der Grundbücher anknüpfen, auch für die nach Abs. 1 S. 1 Nr. 4 zuständigen Grundbuchämter gelten. So können beispielsweise die hierzu berufenen Mitarbeiter des örtlich zuständigen Grundbuchamts Anträge be-

züglich der Gesamtgrundpfandrechte auch mit Wirkung für die anderen betroffenen Grundbuchämter entgegennehmen (vgl. § 13 Abs. 3 GBO), wobei – vorbehaltlich einer abweichenden Regelung nach Abs. 1 S. 3 – die diesbezügliche Zuständigkeit der übrigen Grundbuchämter dadurch nicht beeinträchtigt werden soll. Weiterhin folgt aus der Regelung, dass § 59 Abs. 2 GBO, wonach im Fall der Führung der betroffenen Grundbuchblätter durch verschiedene Grundbuchämter jedes Grundbuchamt einen besonderen **Grundpfandrechtsbrief** erteilt, nicht greift. Die Übersendung einer **Eintragungsmitteilung** bei Gesamtrechten an die übrigen Grundbuchämter nach § 55a Abs. 2 GBO ist ebenfalls nicht erforderlich, aber möglich.

Allerdings sind in den Fällen des Abs. 1 S. 1 Nr. 3 und 4 den anderen beteiligten Grundbuchämtern **beglaubigte Kopien der Eintragungsgrundlagen** zur Aufnahme in die jeweils betroffenen Grundakten zu übermitteln, wenn diese noch in Papierform geführt werden. Bei elektronischer Führung ist eine Übersendung nicht erforderlich, da die Eintragungsgrundlagen über die Grundakten aller beteiligten Blätter abgerufen werden können (vgl. § 96 GBV Rdn 10).

§ 128 [Freigabe; Aussonderung Grundbuch]

(1) Das maschinell geführte Grundbuch tritt für ein Grundbuchblatt an die Stelle des bisherigen Grundbuchs, sobald es freigegeben worden ist. Die Freigabe soll erfolgen, sobald die Eintragungen dieses Grundbuchblattes in den für die Grundbucheintragungen bestimmten Datenspeicher aufgenommen worden sind.
(2) Der Schließungsvermerk im bisherigen Grundbuch ist lediglich von einer der nach § 44 Abs. 1 Satz 2 zur Unterschrift zuständigen Personen zu unterschreiben.
(3) Die bisherigen Grundbücher können ausgesondert werden, soweit die Anlegung des maschinell geführten Grundbuchs in der Weise erfolgt ist, dass der gesamte Inhalt der bisherigen Grundbuchblätter in den für das maschinell geführte Grundbuch bestimmten Datenspeicher aufgenommen wurde und die Wiedergabe auf dem Bildschirm bildlich mit den bisherigen Grundbuchblättern übereinstimmt.

A. Allgemeines	1	C. Freigabe	5
B. Formen der Anlegung	2	I. Bedeutung und Voraussetzungen	5
I. Umschreibung	2	II. Vorgehensweise	8
II. Neufassung	3	III. Mitteilungspflichten	9
III. Umstellung	4	**D. Schließung des alten Grundbuchblatts**	10
		E. Archivierung, Aussonderung	12

A. Allgemeines

Damit das maschinelle Grundbuch an die Stelle des Papiergrundbuchs treten kann, muss es angelegt werden. Wie die **Anlegung** im Einzelnen vorgenommen wird, ist nicht in § 128 GBO geregelt, sondern in der GBV (Abschnitt XIII Unterabschnitt 2). §§ 67 bis 73 GBV bieten dafür drei verschiedene Möglichkeiten an: **Umschreibung**, **Neufassung** und **Umstellung**. Alle drei Methoden knüpfen an Regelungen an, die für das Papiergrundbuch gelten (siehe unten Rdn 2, 3, 4). Beim maschinellen Grundbuch tritt jedoch der Übergang vom Medium Papier zum elektronischen Datenspeicher hinzu, der mit unterschiedlichen technischen Mitteln bewirkt werden kann (vgl. hierzu § 126 GBO Rdn 11 ff.) und mit der **Freigabe** abgeschlossen wird. Welche Methode gewählt wird, entscheidet gem. § 67 GBV das jeweilige Grundbuchamt selbst, soweit nicht Vorschriften einer landesrechtlichen Verordnung nach § 126 Abs. 1 S. 1 GBO einzuhalten sind. Mit dem ERVGBG wurde mit Wirkung zum 1.10.2010 Abs. 3 angefügt, der eine in oder dem § 10a GBO vergleichbare Aussonderungsregelung trifft. Der Umstellungsprozess ist inzwischen – nach unbestätigten Angaben – bundesweit abgeschlossen.

B. Formen der Anlegung

I. Umschreibung

2 Die Umschreibung nach § 68 GBV hat ihr Vorbild in §§ 23 Abs. 1, 28 ff. GBV, ihre Zulässigkeit ist jedoch nicht an die dort genannten Voraussetzungen (insb. Mangel an Raum für Neueintragungen auf dem Papiergrundbuchblatt, Unübersichtlichkeit) geknüpft. Das elektronische Grundbuch kann ohne Vorliegen besonderer Rechtfertigungsgründe jederzeit durch Umschreibung angelegt werden. § 68 Abs. 2 GBV verweist für die Durchführung der Umschreibung auf die entsprechenden Regelungen für das Papiergrundbuch (§ 44 Abs. 3 GBO sowie Abschnitt VI und § 39 Abs. 3 GBV; Einzelheiten jeweils dort), nimmt jedoch § 32 Abs. 1 S. 2 und § 33 GBV ausdrücklich aus.

II. Neufassung

3 Die **Neufassung**[1] nach § 69 GBV nimmt auf § 68 GBV Bezug, soweit nicht die von der Vorschrift genannten Abweichungen zu berücksichtigen sind: So erhält das neugefasste Grundbuchblatt keine neue Nummer, es wird nur der aktuelle Stand eingetragener Rechtsverhältnisse wiedergegeben. Werden lediglich die von § 69 Abs. 3 S. 1 GBV geforderten Angaben übernommen, kann es allerdings zu einer Einschränkung der Aussagekraft des neugefassten Grundbuchs kommen.[2] Soweit Belastungen nach landesrechtlichen Vorschriften noch in einer einheitlichen Abteilung geführt werden, ist eine Aufgliederung und getrennte Darstellung in der zweiten und dritten Abteilung vorzunehmen. § 39 GBV gilt nicht, d.h. Benachrichtigungen sind nicht erforderlich. Die Eintragungen sind durch den sog. Neufassungsvermerk abzuschließen.

III. Umstellung

4 Mit der **Umstellung**[3] nach § 70 GBV ist die Übernahme der Inhalte des Papiergrundbuchs durch Scannen oder die Übernahme von Daten aus Datenspeichern gemeint, die im Zusammenhang mit der elektronisch unterstützten Papiergrundbuchführung entstanden und „vorratsweise" aufbewahrt worden sind.[4] Die Speicherung des Schriftzugs der Unterschriften ergibt sich bei der ersten Variante automatisch. Bei der zweiten Form müsste nachträglich das Abbild der Unterschriften der handelnden Personen digitalisiert und mit dem restlichen Datenbestand verbunden werden. Da ein solches Verfahren aber erheblichen Aufwand verursachen würde, verzichtet die GBV auf diese Anforderung, mit der kein Sicherheitsgewinn verbunden wäre, § 70 Abs. 1 S. 4 GBV.

C. Freigabe

I. Bedeutung und Voraussetzungen

5 Mit der Freigabe tritt das maschinelle Grundbuch an die Stelle eines Papiergrundbuchblattes. Sie ist der **rechtlich entscheidende Akt** für den Übergang vom Medium Papier zum elektronischen Grundbuch. Der Inhalt des als solchen eindeutig zu bezeichnenden Grundbuchdatenspeichers ist erst ab diesem Zeitpunkt maßgeblich für die Verlautbarung der im Grundbuch registrierten dinglichen Rechte und den daran anknüpfenden öffentlichen Glauben.

6 Die Freigabe darf nur erfolgen, wenn die **Vollständigkeit und Richtigkeit** des angelegten maschinell geführten Grundbuchs und seine **Abrufbarkeit** aus dem Datenspeicher gesichert sind. Dies setzt entsprechende technische und manuelle Kontrollmechanismen sowohl bei der elektronischen Erfassung als auch bei der abschließenden Überprüfung vor der Freigabe voraus. Sie soll erfolgen, sobald der Inhalt eines Grundbuchblattes in den für die Eintragungen bestimmten Datenspeicher aufgenommen worden ist, also grundsätzlich nach einer abschließenden Feststellung der korrekten Erfassung.

---

1 Dieser Weg wurde etwa in Sachsen und Thüringen beschritten. Zu den Gründen und den Vorteilen *Göttlinger*, DNotZ 1995, 370, 381 f.; vgl. auch § 2 Abs. 1 der Verordnung des Sächsischen Staatsministeriums der Justiz über das maschinell geführte Grundbuch (MaschGBV) v. 28.7.1995, GVBl. 259.

2 § 2 Abs. 1 der MaschGBV Sachsen wurde deshalb geändert und bestimmt, dass weitere Angaben, insbes. über den Grund des Rechtserwerbs, aufzunehmen sind.

3 Ausführungen zur Umstellung, die in Bayern gewählt wurde, bei *Bredl*, MittBayNot 1997, 74 f.

4 Meikel/*Dressler*, § 128 GBO Rn 21 ff.

Zuständig ist nach § 3 Nr. 1 Buchst. h RPflG grundsätzlich der Rechtspfleger, wobei § 93 GBV die Ermächtigung[5] zur Übertragung auf den Urkundsbeamten der Geschäftsstelle enthält.

II. Vorgehensweise

Der Gesetzgeber hatte sich historisch dafür entschieden,[6] die blattweise Umstellung zuzulassen und nicht zwingend zu verlangen, dass jeweils eine gesamte Einheit (Gemarkung, Bezirk bzw. Bestand eines Grundbuchamtes) umzustellen sei. Die Grundbuchämter konnten damit gemäß örtlicher Prioritäten zunächst Bereiche bearbeiten, die vordringlich erscheinen, und das elektronische Grundbuch insoweit sofort in Kraft setzen. Anfängliche Akzeptanzschwierigkeiten in der Praxis in diesen Fällen, wenn auch für vergebliche Einsichtsversuche die volle Abrufgebühr entrichtet werden musste, dürften aufgrund des bundesweit nahezu abgeschlossenen Umstellungsstandes überwunden sein. Für die Umstellung auf das Datenbankgrundbuch – wie auch für den ERV mit den Grundbuchämtern – dürfte sich dann aber für manchen Nutzer ein Déjà-vu-Effekt einstellen, der freilich durch das auch in der Umstellungsphase ununterbrochen zugängliche elektronische Grundbuch in seiner bisherigen Form etwas abgemildert wird.

III. Mitteilungspflichten

Nur bei Umschreibung sind gem. §§ 68, 39 Abs. 3 GBV Bekanntmachungen erforderlich. Bei Neufassung ist dies mit Rücksicht auf § 69 Abs. 2 S. 4 GBV, bei Umstellung wegen §§ 70 Abs. 2, 101 Abs. 7 GBV nicht der Fall, da diese Vorschriften Mitteilungspflichten ausdrücklich ausschließen.

D. Schließung des alten Grundbuchblatts

Der nach Abs. 2 vorgesehene Schließungsvermerk im alten Grundbuch richtet sich grundsätzlich nach den auch für Papiergrundbücher geltenden Vorschriften, § 72 GBV. Es genügt, wenn er in Abweichung von § 44 Abs. 1 S. 2 GBO lediglich von einer Person unterschrieben wird, da ihm – anders als der Freigabe (siehe oben Rdn 5) – nur formelle Bedeutung zukommt. Zuständig ist der Rechtspfleger, wenn nicht die gesamte Freigabe auf den Urkundsbeamten der Geschäftsstelle übertragen worden ist (siehe oben Rdn 7). Eine etwaige Unterlassung hindert nicht den Übergang vom Papiergrundbuch zum elektronischen Grundbuch.

Für die Schließung des papierenen Grundbuchblattes gelten die allgemeinen Regeln, insb. Abschnitt VII der GBV. Für die Schließung eines maschinell geführten Grundbuchblattes gilt im Wesentlichen dasselbe, § 72 Abs. 1 GBV. Es soll weiterhin in angemessener Zeit lesbar gemacht werden können.

E. Archivierung, Aussonderung

Abs. 3 lässt unter bestimmten Voraussetzungen die **Aussonderung** geschlossener Grundbuchblätter zu (vgl. § 10a GBO, dort auch zur Archivierung).

Sind Grundbuchblätter durch Scannen erfasst worden, ist wegen der bildgetreuen Speicherung die Aussonderung zulässig, da im Bedarfsfall auch die historischen Grundbuchstände zweifelsfrei festgestellt werden können. Die Aussonderung kann nur nach Anlegung und Prüfung der Vollständigkeit und Richtigkeit der gescannten Daten erfolgen.[7] Wurde bei der Anlegung der Weg der Neufassung gewählt, kommt eine Aussonderung nicht in Betracht, da die Historie der Grundstücke nur aus den Papiergrundbüchern ersichtlich ist.

---

5 Vgl. Übersichten bei § 126 Rn 16; in Sachsen ist die Regelung mit Abschluss der Anlegung weggefallen und nicht mehr in der SächsEJustizVO enthalten.

6 Zum Vergleich mit der Umstellung der Katasterbücher auf elektronische Datenverarbeitung *Bengel/Simmerding*, Rn 1.

7 BT-Drucks 16/12319, S. 22.

§ 129 [Eintragung/Wirksamwerden]

(1) Eine Eintragung wird wirksam, sobald sie in den für die Grundbucheintragungen bestimmten Datenspeicher aufgenommen ist und auf Dauer inhaltlich unverändert in lesbarer Form wiedergegeben werden kann. Durch eine Bestätigungsanzeige oder in anderer geeigneter Weise ist zu überprüfen, ob diese Voraussetzungen eingetreten sind.

(2) Jede Eintragung soll den Tag angeben, an dem sie wirksam geworden ist. Bei Eintragungen, die gemäß § 127 Absatz 1 Satz 1 Nummer 1 Inhalt des Grundbuchs werden, bedarf es abweichend von Satz 1 der Angabe des Tages der Eintragung im Grundbuch nicht.

A. Allgemeines	1	D. Manipulationsschutz	9
B. Voraussetzungen der Wirksamkeit	3	E. Tag der Eintragung	11
C. Kontrollmechanismen	8		

A. Allgemeines

1 § 129 GBO enthält eine Sonderregelung für das elektronische Grundbuch, die gegenüber § 44 Abs. 1 GBO (nicht Abs. 2 und 3) insoweit vorrangig ist, als sich aus der Natur der maschinellen Grundbuchführung Abweichungen betreffend das **Wirksamwerden von Eintragungen** und die **Angabe des Tages der Grundbucheintragung** ergeben. Eintragungen im Papiergrundbuch werden mit der (handschriftlichen) Unterschrift der für die Führung des Grundbuchs zuständigen verfügenden Person und des vollziehenden Urkundsbeamten wirksam. Ein die Eintragung räumlich und inhaltlich abschließender handschriftlicher Namenszug wäre beim maschinellen Grundbuch begrifflich nur durch die Einfügung des Abbildes einer handschriftlichen Unterschrift denkbar. Die allgemeine Digitalisierung von Unterschriftsbilddaten würde jedoch Missbrauchsmöglichkeiten eröffnen und kann deshalb nicht als Sicherheitsfaktor in Betracht kommen (zu ähnlichen Überlegungen bei der Anlegung des maschinellen Grundbuchs durch Umstellung siehe § 128 GBO Rdn 4). Es bedarf bei der Vornahme von Eintragungen der Bestimmung einer der Unterschrift gleichwertigen (nicht notwendig gleichartigen) Verfahrensweise, die den Anforderungen an die Autorisierung des Inhalts der Eintragung entsprechen kann (siehe unten Rdn 9 f.).

2 Eine weitere Sonderregelung zu § 44 Abs. 1 S. 2 GBO enthalten § 130 GBO und §§ 74, 75 GBV durch die Aufgabe der Trennung von Verfügung und Veranlassung. Beide Arbeitsschritte werden in einer Person zusammengeführt, die keine gesonderte Verfügung mehr zu erstellen hat, jedoch in Übereinstimmung mit § 130 S. 2 GBO als Veranlasser aktenkundig sein muss (siehe § 130 GBO Rdn 1, 3 ff.).

B. Voraussetzungen der Wirksamkeit

3 Abs. 1 erfordert zunächst die **Aufnahme in den Datenspeicher** des maschinellen Grundbuchs gem. § 126 Abs. 1 Nr. 2 GBO und § 62 GBV, lässt also nicht etwa schon die Erzeugung der Daten am Arbeitsplatz des Rechtspflegers und ihre Speicherung auf einem lokalen Speichermedium genügen. Der Eintragungstext wird vielmehr nach seiner Entstehung und abschließenden Überprüfung[1] zunächst durch einen ausdrücklichen **Abspeicherungsbefehl** in seiner Endfassung festgehalten.

4 Das muss aber nicht bedeuten, dass er damit schon in den Grundbuchdatenspeicher gelangt wäre. Entscheidend für die Wirksamkeit ist in jedem Fall die technische Wiedergabemöglichkeit (siehe unten Rdn 6).

5 Anders als beim Papiergrundbuch können also die abschließende Bearbeitung durch die zuständigen Personen und die Wirksamkeit der Eintragung zeitlich auseinanderfallen. In der Zwischenzeit kann eine veranlasste Eintragung in gleicher Weise **zurückgenommen**[2] oder geändert werden wie dies beim Papiergrundbuch in der Zeit zwischen Verfügung und Unterschrift im Grundbuch der Fall ist, etwa bei Bekanntwerden von Eintragungshindernissen oder Verfügungsbeschränkungen.

---

1 Einzelheiten zur Programmgestaltung bei SOLUM-STAR vgl. *Bredl*, MittBayNot 1997, 75.

2 Zur technischen Verfahrenskonzeption Meikel/*Dressler*, § 129 GBO Rn 19 f.

Weiteres Wirksamkeitserfordernis ist die **Wiedergabemöglichkeit** der Eintragung, und zwar **auf Dauer inhaltlich unverändert in lesbarer Form** nach Maßgabe von § 62 GBV. Die Wiedergabe zur Lesbarmachung erfolgt entweder durch Einsichtnahme am Bildschirm des Grundbuchamtes am Ort (§ 79 GBV), bei einem anderen Grundbuchamt (§ 132 GBO), im automatisierten Abrufverfahren (§ 133 GBO) oder durch Fertigung von Ausdrucken (§ 78 GBV) bzw. von Abdrucken (§ 80 GBV).

Verschleiß und technische Fortentwicklung bedingen, dass Hard- und Software von Zeit zu Zeit Änderungen erfahren müssen, die auch den Übergang von Komponenten zu neuerer Technik mit sich bringen. Die Umstellung hat dabei so zu erfolgen, dass keine zeitlichen Ausfälle entstehen, während das Grundbuch dem Rechtsverkehr entzogen wäre, und die Daten nach der vorgenommenen Veränderung inhaltlich identisch wiedergegeben werden können.

C. Kontrollmechanismen

Nach Abs. 1 S. 2 muss überprüft werden, ob Abspeicherung und Wiedergabemöglichkeit eingetreten sind. Beispielhaft wird eine **Bestätigungsanzeige** genannt, es kommt aber jede andere geeignete Art der **Überprüfung** in Betracht, vgl. zu weiteren Einzelheiten § 74 Abs. 2 GBV. Damit soll verhindert werden, dass eine Eintragung erstellt und der Abspeicherbefehl ausgelöst wird, aber unbemerkt bleibt, dass etwa durch technisches Versagen die betreffenden Inhalte nicht in den Grundbuchdatenspeicher gelangen.

D. Manipulationsschutz

Mit der „**elektronischen Unterschrift**" die in § 75 GBV näher definiert wird, wurde ein Verfahren zum Schutz vor unbemerkten Datenmanipulationen eingeführt, das nicht mit der handschriftlichen Unterschrift verwechselt werden darf. Es handelt sich nicht um das digitalisierte Abbild der Unterschrift des Rechtspflegers, sondern um einen Rechenprozess, der aus dem elektronisch zu „unterschreibenden" Text eine Art charakteristische Quersumme errechnet. Im Gegensatz zur handschriftlichen Unterschrift wird die elektronische durch Dazwischentreten technischer Abläufe vermittelt; ihr haften damit keinerlei individualisierten Schriftzüge an. Sie kann vielmehr durch Weitergabe der Schlüssel spurenlos übertragen werden. Durch Verfahrensanweisungen wird die Verwendung durch Nichtautorisierte verhindert. Allenfalls durch zusätzliche Sicherheitsvorkehrungen wie biometrische Verfahren ließe sich die Verwendung durch Nichtautorisierte noch effektiver verhindern.

Da die elektronische Unterschrift als Rechenergebnis durch die verfügbaren Programme nicht in sinnvoller Weise im Grundbuch sichtbar und online nachprüfbar gemacht werden kann, ist vorgesehen, dass der Rechtspfleger durch die Angabe seines Nachnamens im Anschluss an die von ihm vorgenommene Eintragung individualisiert wird. Der Eintragungstext einschließlich des Namenszusatzes als elektronisch unterschriebener Datensatz ist jedoch hinsichtlich nachträglicher Änderungen jederzeit vom Grundbuchamt rechnerisch überprüfbar.[3]

E. Tag der Eintragung

In entsprechender Anwendung der Regelung von § 44 Abs. 1 GBO, die die Angabe des Tages verlangt, an dem eine Eintragung **erfolgt** ist, ist nach Abs. 2 S. 1 der Tag maßgeblich, an dem die Eintragung **wirksam** geworden ist (siehe oben Rdn 1). Angesichts der beschriebenen Eigenschaften der Eintragungsverfahren ist denkbar, dass der Abspeicherungsbefehl und die endgültige Übernahme der Daten in den Grundbuchspeicher an verschiedenen Tagen erfolgen. Mit Rücksicht darauf bewährt sich in der Praxis die maschinelle Hinzufügung des Eintragungsdatums aufgrund programmgesteuerter Abläufe.

Gemäß Abs. 2 S. 2 ist die Angabe des Tages des Wirksamwerdens entbehrlich, wenn gemäß § 127 Abs. 1 GBO Daten automatisiert aus dem Liegenschaftskataster in das Grundbuch übernommen werden. Zwar

---

[3] Zur verfahrensmäßigen Einbindung der digitalen Signatur bei SOLUM-STAR vgl. *Bredl*, MittBayNot 1997, 75; ausführlich zur Signatur bei § 75 GBV.

handelt es sich um Eintragungen in das Grundbuch, die dem Grundbuchamt auch ohne eigenes Tätigwerden zuzurechnen sind, die Erleichterung ist aber gerechtfertigt, da es sich bei den in Frage kommenden beschreibenden Grundstücksangaben und Berichtigungen um Vorgänge ohne rechtliche Auswirkungen handelt.

§ 130 [Nichtanwendbare Normen]

§ 44 Abs. 1 Satz 1, 2 Halbsatz 2 und Satz 3 ist für die maschinelle Grundbuchführung nicht anzuwenden; § 44 Abs. 1 Satz 2 erster Halbsatz gilt mit der Maßgabe, daß die für die Führung des Grundbuchs zuständige Person auch die Eintragung veranlassen kann. Wird die Eintragung nicht besonders verfügt, so ist in geeigneter Weise der Veranlasser der Speicherung aktenkundig oder sonst feststellbar zu machen.

A. Allgemeines	1	II. Maschinelles Grundbuch	3
B. Eintragungsverfügung und Eintragung	2	III. Überprüfungen	5
I. Papiergrundbuch	2	C. Eintragungsdatum	8

A. Allgemeines

1 Die Regelung schließt hinsichtlich des Wirksamwerdens von Eintragungen an §§ 129, 44 Abs. 1 GBO an. Sie ermöglicht ferner durch die Aufhebung der Trennung von Eintragungsverfügung und Eintragung (siehe unten Rdn 3 f.) die Verwirklichung von Rationalisierungspotentialen des elektronischen Grundbuchs. Bei Wegfall einer gesonderten Eintragungsverfügung muss gleichwohl sichergestellt sein, dass der Veranlasser einer Eintragung feststellbar bleibt (siehe unten Rdn 6 f.).

B. Eintragungsverfügung und Eintragung
I. Papiergrundbuch

2 **Beim Papiergrundbuch** wird herkömmlich eine Eintragung durch den Grundbuchführer zunächst verfügt und anschließend vom Urkundsbeamten der Geschäftsstelle veranlasst, § 44 Abs. 1 S. 1 GBO. Dabei wird die Verfügung auf Papier niedergeschrieben und enthält auch den Eintragungstext. Bei den automationsunterstützten Verfahren wird die Trennung von Eintragungsverfügung und Eintragung beibehalten, jedoch ermöglichen diese Systeme in der Regel, den Eintragungstext mit Hilfe von vorgefertigten Textbausteinen, die am Bildschirm ergänzt werden, weitgehend vorzubereiten und elektronisch zwischenzuspeichern. Der Urkundsbeamte erhält eine Verfügung, die auf den bereits elektronisch gespeicherten Text oder den betreffenden zu vervollständigenden Textbaustein Bezug nimmt, den er dann in das Papiergrundbuch ausdruckt.

II. Maschinelles Grundbuch

3 Diese zwingende Aufteilung auf verschiedene Verfahrensbeteiligte gibt § 130 GBO **für das maschinelle Grundbuch** auf, indem zunächst in Abweichung von § 44 Abs. 1 S. 2 GBO die Verantwortung für Verfügung und Eintragung auf nunmehr eine Person übertragen werden kann und ferner gem. S. 2 die Eintragung nicht mehr besonders verfügt werden muss. Dadurch wird der Praxis der maschinellen Grundbuchführung Rechnung getragen, bei der alle Arbeitsgänge bis hin zum Abspeicherbefehl am Rechner und an einem Arbeitsplatz erledigt werden können, ohne dass Medienbrüche wie das bisher noch erforderliche Ausdrucken erfolgen müssten. Durch den Wegfall von Verfahrensschritten werden außerdem erhebliche Rationalisierungspotentiale als Folge der Grundbuchautomation frei.

4 § 74 GBV greift die Aufhebung der Trennung auf und übernimmt sie als Regelfall. Nur wenn ein Land von dieser Möglichkeit nicht Gebrauch machen will, kann es durch Rechtsverordnung wieder die ursprüngliche Rollenaufteilung einführen. Diese Schwelle wurde vom Gesetzgeber bewusst und mit Rücksicht auf die dadurch verursachte, dem Zweck des Registerverfahrensbeschleunigungsgesetzes zuwiderlaufende Vereitelung von Rationalisierungsvorteilen eingeführt.[1]

III. Überprüfungen

Die **Überprüfung der Urheberschaft von Verfügung und Eintragung** ist beim Papiergrundbuch durch Vergleich der Eintragung und der bei den Grundakten aufbewahrten Eintragungsverfügung leicht möglich. Die **Unterschriften** der die Eintragung veranlassenden Person und des vollziehenden Urkundsbeamten sind Wirksamkeitserfordernis nach § 44 S. 2 Hs. 2 GBO. Auch in den Fällen von § 12c Abs. 2 Nr. 2 bis 4 GBO bleibt es bei dem Erfordernis von zwei Unterschriften.

Beim elektronischen Grundbuch wird diese Anforderung ersetzt durch ein technisches Verfahren (siehe § 129 GBO Rdn 9 f.), das gem. § 75 GBV aus dem Namenszusatz und der **elektronischen Unterschrift** des Eintragungstextes sowie des Namenszusatzes der die Eintragung veranlassenden Person besteht, und das ebenfalls eine gewisse Rückverfolgung ermöglicht. S. 2 sieht nicht zuletzt wegen des Wegfalls der Kontrolle durch eine weitere Person vor, den Veranlasser der Speicherung aktenkundig oder sonst feststellbar zu machen. Dies kann durch einen schriftlichen Vermerk geschehen, der Art und Umfang der vorgenommenen Eintragung sowie die veranlassende Person angibt, und der den Grundakten beigefügt wird. Die elektronische Unterschrift ist nicht Wirksamkeitsvoraussetzung[2] (vgl. § 129 GBO Rdn 3 ff.).

Für die Zukunft wäre es mit Blick auf die Erhöhung des Sicherheitsstandards wünschenswert, die zum Vollzug der elektronischen Unterschrift benutzten Unterschriftsschlüssel den Grundbuchführern höchstpersönlich zuzuteilen und hierüber ein gesondertes (elektronisches) Verzeichnis zu führen (qualifizierte elektronische Signatur), mittels dessen eine Online-Überprüfung durchgeführt werden könnte. Dies würde allerdings die Einrichtung sog. Zertifizierungsstellen[3] bei der Justiz oder in ihrem Auftrag erfordern. Forderungen nach einer sog. Behördensignatur[4] ist eine Absage zu erteilen. Sie erlaubt keine individuelle Zuordnung und senkt damit das Sicherheitsniveau ab. Stellt man sich die volkswirtschaftliche Bedeutung des Grundbuches vor, sollten hier wirtschaftliche Gründe nicht vor Sicherheitsinteressen gehen.

C. Eintragungsdatum

Nach S. 1 ist § 44 Abs. 1 S. 1 GBO, der die Angabe des Datums des Tages der Eintragung vorsieht, nicht anzuwenden. Stattdessen gilt § 129 Abs. 2 GBO, d.h. die Angabe des Tages des Wirksamwerdens (siehe oben § 129 GBO Rdn 11 ff.).

§ 131 [(Amtlicher) Ausdruck]

(1) Wird das Grundbuch in maschineller Form als automatisiertes Dateisystem geführt, so tritt an die Stelle der Abschrift der Ausdruck und an die Stelle der beglaubigten Abschrift der amtliche Ausdruck. Die Ausdrucke werden nicht unterschrieben. Der amtliche Ausdruck ist als solcher zu bezeichnen und mit einem Dienstsiegel oder -stempel zu versehen; er steht einer beglaubigten Abschrift gleich.

---

1 Meikel/*Dressler-Berlin*, § 130 GBO Rn 9.
2 Ebenso *Kral*, BeckOK GBO § 130 Rn 4; *Schöner/Stöber*, Rn 227a; entscheidend ist nur die tatsächlich erfolgte Abspeicherung und Wiedergabefähigkeit des Eintragungswortlauts, so auch *Demharter*, § 130 GBO Rn 4; Meikel/ *Dressler-Berlin*, § 129 GBO Rn 21.
3 Es ist bemerkenswert, dass § 75 GBV bereits zu einem Zeitpunkt auf solche technischen Verfahren Bezug genommen hat, als das erste Signaturgesetz noch nicht einmal im Entwurf existierte. Allerdings wurde mit Rücksicht auf das Fehlen allgemeingültiger Anforderungen damals auf die Inanspruchnahme einer Zertifizierungsstelle verzichtet. Zur digitalen Signatur i.a. vgl. *Bieser/Kersten*, Chipkarte statt Füllfederhalter, Heidelberg 1998 und GBV § 75 Rn 12 ff.; zur eIDAS-VO *Püls/Gerlach*, NotBZ 2019, 81.
4 *Gottwald/Viefhues*, MMR 2004, 792, 796.

(2) Die Landesregierungen werden ermächtigt, durch Rechtsverordnung
1. zu bestimmen, dass Auskünfte über grundbuchblattübergreifende Auswertungen von Grundbuchinhalten verlangt werden können, soweit ein berechtigtes Interesse dargelegt ist, und
2. Einzelheiten des Verfahrens zur Auskunftserteilung zu regeln.

Sie können diese Ermächtigungen durch Rechtsverordnung auf die Landesjustizverwaltungen übertragen.

A. Einsicht, Abschrift und Ausdruck 1	I. Einfacher Ausdruck 6
I. Verhältnis von Einsicht und Abschrift/Ausdruck 1	II. Amtlicher Ausdruck 7
II. Besonderheiten beim maschinellen Grundbuch 3	III. Teilausdruck 8
	C. Übermittlung 9
B. Arten von Ausdrucken 6	D. Verordnungsermächtigung 12
	E. Kosten 14

A. Einsicht, Abschrift und Ausdruck

I. Verhältnis von Einsicht und Abschrift/Ausdruck

1 § 131 GBO fasst die Besonderheiten des maschinellen Grundbuchs in Bezug auf den Ausdruck zusammen, § 132 GBO betrifft die Grundbucheinsicht, die jedoch anstelle der Wiedergabe auf einem Bildschirm auch durch Einsicht in einen Ausdruck stattfinden kann, § 79 Abs. 2 GBV. Beide Tatbestände hängen daher eng zusammen. Der mit dem DaBaGG eingefügte Abs. 2 eröffnet eine Verordnungsermächtigung zur effektiveren Auswertung des maschinellen Grundbuchs in bestimmten Fällen. Die Änderung des Begriffs „automatisiertes Dateisystem ist eine Folge der europarechtlichen Vereinheitlichung von Begriffen durch die Datenschutz-Grundverordnung.[1]

2 Nach § 12 Abs. 2 GBO besteht im Rahmen des Rechts, bei Darlegung eines berechtigten Interesses in das Grundbuch Einsicht zu nehmen, auch das Recht, Abschriften zu verlangen, etwa um diese im Rechtsverkehr als Nachweis über die vom Grundbuch ausgewiesenen Rechte verwenden zu können. Die Abschrift ist auf Verlangen zu beglaubigen. Beim elektronischen Grundbuch tritt an die Stelle der Abschrift der einer Verkörperung des Inhalts eines Datenspeichers angemessenere Begriff des Ausdrucks, ohne dass damit eine Änderung des Umfangs des Einsichtsrechts oder der Zuständigkeit des Urkundsbeamten der Geschäftsstelle (§ 12c Abs. 1 Nr. 1, Abs. 2 Nr. 1 GBO) verbunden wäre.

II. Besonderheiten beim maschinellen Grundbuch

3 Beim maschinellen Grundbuch sind anders als beim Papiergrundbuch weder die Einsichtnahme in das Grundbuch noch die Erstellung von Ausdrucken an das örtlich zuständige Grundbuchamt gebunden. Vielmehr kann sich der Einsichtnehmende unter den allgemeinen Voraussetzungen (insb. Darlegung eines berechtigten Interesses) an jedes Grundbuchamt wenden, dessen besonders benannte Bedienstete Zugang zum fraglichen Grundbuchdatenspeicher haben (§ 132 GBO, § 79 Abs. 3, 4 GBV). Es bleibt daher zu hoffen, dass eines Tages eine möglichst weitgehende, auch länderübergreifende Vernetzung der Grundbuchämter – wie in § 79 Abs. 3 S. 4 GBV vorgesehen – erfolgen wird. Freilich wenden sich in der Praxis inzwischen viele Eigentümer – dies wurde im Zusammenhang mit der Grundsteuerreform und dem Stichtag 31.01.2023 zuletzt wieder deutlich spürbar – direkt an den Notar, um zeitnah und effizient einen Ausdruck oder gleich die pdf-Datei des Grundbuchauszuges zu erhalten (vgl. § 85 GBV Rdn 5).

4 Weitere Änderungen im Verfahrensablauf ergeben sich mit Rücksicht auf die Natur des maschinellen Grundbuchs, bei dem eine Sichtbarmachung und Verkörperung der gespeicherten Inhalte mittels Bildschirmen bzw. Druckern erst erfolgen muss, vgl. §§ 77 GBV ff.

---

1 Gesetz zur Umsetzung der Richtlinie (EU) 2016/680 im Strafverfahren sowie zur Anpassung datenschutzrechtlicher Bestimmungen an die Verordnung (EU) 2016/679; https://www.buzer.de/outb/bgbl/1724191.htm; BT-Drs: 19/4671, S. 94.

Sowohl für die Einsicht als auch für Ausdrucke gilt § 63 GBV. Die Darstellung der Inhalte erscheint in beiden Fällen optisch identisch wie im Papiergrundbuch, was die Orientierung beim Lesen erleichtert, allerdings dürfen Rötungen mit Rücksicht auf den höheren Kostenaufwand bei der Anschaffung von Farbdruckern schwarz dargestellt werden, § 91 S. 2 GBV.

B. Arten von Ausdrucken
I. Einfacher Ausdruck

Der **einfache Ausdruck** tritt beim maschinellen Grundbuch an die Stelle der einfachen Abschrift. Er wird schlicht als „Ausdruck" bezeichnet und trägt das Datum seiner Erstellung (§ 78 Abs. 1 GBV) sowie ggf. einen Hinweis auf den Eintragungsstand (§ 78 Abs. 3 GBV).[2] Dienstsiegel, -stempel und Unterschrift werden nicht angebracht.

II. Amtlicher Ausdruck

Der **amtliche Ausdruck** hat die rechtliche Funktion sowie die Rechtswirkungen der beglaubigten Abschrift. Er erfüllt das Formerfordernis von § 29 GBO. Auch er ist nicht zu unterschreiben, trägt jedoch den Vermerk „beglaubigt"[3] mit dem Namen der Person, die den Ausdruck veranlasst hat, sowie die Bezeichnung „amtlicher Ausdruck", § 78 Abs. 2 S. 1 GBV. Erforderlich ist ferner ein ausdrücklicher Vermerk über die Entbehrlichkeit der Unterschrift sowie die Gleichstellung mit der beglaubigten Abschrift; zur Formulierung vgl. § 78 Abs. 2 S. 2 Hs. 2 GBV a.E. Dienstsiegel oder Dienststempel müssen vorhanden sein, können jedoch auch automatisiert beim Vorgang des Ausdruckens aufgebracht werden[4] oder bereits auf dem hierfür verwendeten Papier vorgedruckt sein, § 78 Abs. 2 S. 2 GBV. Unzulässig ist allerdings, das Dienstsiegel der Stelle, der die Datenverarbeitung übertragen wurde (§ 126 Abs. 3 GBO), zu verwenden, da diese nicht für die Führung des Grundbuchs zuständig ist.[5] Hinsichtlich Erstellungsdatum und Eintragungsstand gilt dasselbe wie für einfache Ausdrucke.

III. Teilausdruck

Sonderregelungen für die Erstellung von **Teilausdrucken**[6] kennen GBO und GBV nicht. Es bleibt insoweit bei der allgemeinen Regelung von § 45 Abs. 1 GBV i.V.m. § 44 Abs. 2 S. 2 GBV innerhalb der Möglichkeiten, die die zur Grundbuchführung verwendeten Programme zu bieten haben.

C. Übermittlung

Nach Fertigung eines Ausdrucks gelten für die Übermittlung gegenüber herkömmlichen Grundbuchabschriften keine Besonderheiten, d.h. für ihren körperlichen Transport vom Erstellungs- zum Bestimmungsort. Anders als bisher ermöglicht die maschinelle Grundbuchführung jedoch die elektronische (**telekommunikative) Übermittlung** des Inhalts des Grundbuchdatenspeichers, dessen Verkörperung durch Ausdruck erst beim Empfänger erfolgt. Grundbuchämter machen davon i.d.R. nur zögerlich Gebrauch. Möglich ist dies nur im Fall des **einfachen Ausdrucks** nach § 78 Abs. 1 S. 2 GBV. (Zu den „beglaubigten Ausdrucken" der Notare – die auch in elektronisch signierter Form – elektronisch versandt werden können (vgl. § 85 GBV Rdn 5). Der maschinelle „Aufdruck" eines Siegels auf ein Dokument und dessen Speicherung in Form einer pdf Datei genügt nicht den Anforderungen an einen amtlichen Ausdruck.

---

2 Hierzu ergänzend die Leitlinien der Landesjustizverwaltungen, Meikel/*Dressler-Berlin*, § 131 Rn 9.
3 Beglaubigung bedeutet in diesem Zusammenhang nicht die Überprüfung der Übereinstimmung durch eine Person. Die Richtigkeitsgewähr liegt bei den Programmen, vgl. Meikel/*Dressler-Berlin*, § 131 Rn 17; zu möglichen ergänzenden Vorkehrungen gegen Fälschung vgl. Meikel/*Dressler-Berlin*, § 131 Rn 28.
4 Zu den organisatorischen Schwierigkeiten hinsichtlich der Angabe des Ortes der zuständigen Behörde bei Auslagerung auf eine andere Stelle nach § 126 Abs. 3 vgl. Meikel/*Dressler-Berlin*, § 126 Rn 15.
5 Meikel/*Dressler-Berlin*, § 131 Rn 26.
6 Einzelheiten bei Meikel/*Dressler-Berlin*, § 131 Rn 18 ff.

10 In Frage kommt insbesondere der Versand per E-Mail, nicht jedoch die Datenübermittlung im Rahmen des automatisierten Abrufverfahrens nach § 133 GBO (vgl. im Einzelnen § 133 GBO Rdn 1 ff. und § 78 Rdn 6 ff. GBV).

11 Da die telekommunikative Übermittlung voraussetzt, dass der Empfänger über entsprechende Empfangseinrichtungen verfügt, wird diese Art des Datentransports nur auf seine Veranlassung und mit seinem Einverständnis zustande kommen. Das grundsätzliche Problem des Vertraulichkeitsschutzes bei Datenfernübertragung – beim Eintragungsverfahren durch den Einsatz von Verschlüsselungsverfahren gewährleistet[7] – kann deshalb in diesem Zusammenhang weitgehend vernachlässigt werden. Außerdem ist die Transportverschlüsselung bei E-Mail grundsätzlich auch datenschutzkonform.

D. Verordnungsermächtigung

12 Mit dem DaBaGG[8] und den damit vorgesehenen Grundbuchinhalten in strukturierter Form wird es möglich sein, die **Daten automatisiert auszuwerten** und berechtigten Personen und Stellen grundbuchblattübergreifende Auskünfte zu erteilen. Die Gesetzesbegründung nennt beispielsweise das Interesse von Energieversorgungsunternehmen an einer Aufstellung aller Grundbuchblätter, in denen für das Unternehmen Leitungsrechte eingetragen sind. Die Landesregierungen oder die von diesen ermächtigten Landesjustizverwaltungen sollen durch Rechtverordnung bestimmen können, ab wann die Grundbuchämter diese Auskünfte, auch in schriftlicher Form, zu erteilen haben.[9]

13 Durch die Rechtsverordnung können auch Einzelheiten geregelt werden, wie z.B. die Frage, **welche Arten von Auswertungen** zugelassen sind und die örtliche Zuständigkeit des Grundbuchamtes für derartige Auswertungen (Konzentration/Spezialisierung). Funktionell zuständig für die Erteilung der Auskünfte ist der Urkundsbeamte der Geschäftsstelle (vgl. § 12c Abs. 1 Nr. 3 GBO). Mangels Umsetzung des DaBaG in die Praxis sind bis dato keine Auswertungen – die durchaus hilfreich wären[10] – möglich.

E. Kosten

14 Nach dem GNotKG fällt nach Nr. 17000 KV eine Festgebühr von 10 EUR für Ausdrucke aus dem Grundbuch beim Grundbuchamt an, für amtliche Ausdrucke eine Gebühr nach Nr. 17001 von 20 EUR. Für die elektronische Übermittlung fallen gesonderte Auslagen an.

---

§ 132 [Einsicht in das maschinelle Grundbuch]

Die Einsicht in das maschinell geführte Grundbuch kann auch bei einem anderen als dem Grundbuchamt gewährt werden, das dieses Grundbuch führt. Über die Gestattung der Einsicht entscheidet das Grundbuchamt, bei dem die Einsicht begehrt wird.

A. Rechtsgrundlagen .... 1 C. Kosten 4
B. Vornahme der Einsicht beim maschinellen
  Grundbuch 2

A. Rechtsgrundlagen

1 Die Voraussetzungen der Einsichtnahme, insb. die Darlegung eines berechtigten Interesses gem. § 12 Abs. 1 GBO, sowie die örtliche (§ 1 Abs. 1 GBO) und die funktionelle (§ 12c Abs. 1 Nr. 1 GBO) Zuständigkeit des Urkundsbeamten bei dem Grundbuchamt, in dessen Bezirk das Grundstück liegt, für die Entscheidung über die Gewährung der Einsicht bleiben durch § 132 unberührt. (Zu den praktischen Anfor-

---

7 *Bredl*, MittBayNot 1997, 73 a.E.
8 BT-Drucks 17/12635, S. 22.
9 Denkbar ist dabei auch ein zeitlich gestrecktes Vorgehen dergestalt, dass zunächst nur einzelne Grundbuchämter oder Grundbuchbezirke betroffen sein sollen, BT-Drucks a.a.O.
10 Meikel/*Dressler-Berlin*, § 131 Rn 31.

derungen und vorgesehenen Erleichterungen hinsichtlich der Darlegung beim automatisierten Abrufverfahren siehe § 133 GBO Rdn 1, 11 ff., 26 ff.)

B. Vornahme der Einsicht beim maschinellen Grundbuch

§ 132 GBO setzt voraus, dass die Zulässigkeit der Einsichtnahme in das maschinelle Grundbuch weiterhin im Rahmen der allgemeinen Rechtsgrundlagen geregelt bleibt, enthält jedoch eine medienadäquate Rechtsgrundlage für die Erweiterung der tatsächlichen Einsichtsmöglichkeiten. Die Vorschrift erschließt einen wesentlichen Vorteil der maschinellen Grundbuchführung für den Publikumsverkehr, indem durch die **Verbindung elektronischer Datenhaltung mit Einrichtungen der Fernkommunikation** im Grundsatz der Zugriff auf jeden Grundbuchdatenspeicher von jeder dafür zugelassenen Stelle aus eröffnet werden kann. Unbeschadet der Besonderheit des auf bestimmte Nutzerkreise beschränkten automatisierten Abrufverfahrens nach § 133 GBO kommt dafür allerdings nur die Einsichtsgewährung in den Räumlichkeiten eines anderen Grundbuchamts[1] in Betracht, das anstelle des örtlich zuständigen die Berechtigung zur Einsichtnahme überprüft. In den Grundbuchämtern sind die Einsichten in der Regel auf das jeweilige Bundesland beschränkt. Da sich Notare in der Regel bundesweit für den Zugriff auf das maschinelle Grundbuch registrieren lassen (vgl. § 133 Rdn 5) und in der Fläche präsenter als Grundbuchämter vertreten sind, sind sie der erste Anlaufpunkt für den Bürger.

Die Gewährung der Einsicht erfolgt nach § 79 GBV durch
- **Wiedergabe am Bildschirm**; bei der Gestaltung vor Ort muss aber sichergestellt sein, dass von den Bildschirmeinsichtsplätzen aus nur im zulässigen Umfang Einsicht genommen und nur ein Abruf der Daten, nicht jedoch deren Veränderung vorgenommen werden kann (§ 79 Abs. 1 GBV). Je nach Gestaltung der Programme wird demnach entweder ein Bediensteter des Grundbuchamtes den Aufruf der gewünschten Stelle vornehmen, oder die Recherche kann dem Einsichtnehmenden selbst gestattet werden.
- **Einsicht in einen Ausdruck** (§ 79 Abs. 2 GBV); diese Form kommt nach dem Ermessen des Grundbuchamts insbesondere in Betracht, wenn die Kapazitäten an Bildschirmeinsichtsplätzen für einen reibungslosen Einsichtsbetrieb nicht ausreichen, wenn nur eine Teileinsicht gewährt werden kann etc. Soweit der Einsichtnehmende die Mitnahme des Ausdrucks wünscht, was ausdrücklich von § 79 Abs. 4 GBV vorgesehen wird, handelt es sich um einen Fall von § 131 GBO, der Gebühren auslöst.
- **Wiedergabe am Bildschirm oder Einsicht in einen Ausdruck bei einem anderen Grundbuchamt** (§ 79 Abs. 3 GBV), soweit dort die technischen Voraussetzungen dafür bestehen und hierfür besonders zu bestimmende Bedienstete mit einer speziellen Kennung Zugang zum Datenbestand des örtlich zuständigen Grundbuchamtes haben. Angesichts der zunehmenden Mobilität der Gesellschaft ist zu hoffen, dass die gesetzlich vorgesehene Möglichkeit der grenzüberschreitenden Einsichtnahme von den Bundesländern im Zusammenhang mit der Einführung des maschinellen Grundbuchs technisch verwirklicht wird, so dass die nach § 79 Abs. 3 S. 3 GBV erforderlichen Vereinbarungen geschlossen werden können. Anzeichen hierfür gibt es in der Praxis trotz fortgeschrittener Elektronisierung der Grundbücher in den Ländern bedauerlicherweise noch nicht.

C. Kosten

Die Einsicht in das Grundbuch ist nach GNotKG bei den Gerichten mangels gesetzlicher Bestimmung gebührenfrei. Zu den Kosten für Ausdrucke bei Gericht vgl. § 131 GBO Rdn 14; zu den Kosten beim Notar vgl. § 85 GBV Rdn 6.

---

[1] Zu den weiteren Anforderungen an Ausstattung und Ablauf vgl. Meikel/*Dressler-Berlin*, § 132 GBO Rn 16 ff.

§ 133 [Zulässigkeit der Einrichtung eines automatisierten Verfahrens]

(1) Die Einrichtung eines automatisierten Verfahrens, das die Übermittlung der Daten aus dem maschinell geführten Grundbuch durch Abruf ermöglicht, ist zulässig, sofern sichergestellt ist, daß
1. der Abruf von Daten die nach den oder aufgrund der §§ 12 und 12a zulässige Einsicht nicht überschreitet und
2. die Zulässigkeit der Abrufe auf der Grundlage einer Protokollierung kontrolliert werden kann.

(2) Die Einrichtung eines automatisierten Abrufverfahrens nach Absatz 1 bedarf der Genehmigung durch die Landesjustizverwaltung. Die Genehmigung darf nur Gerichten, Behörden, Notaren, öffentlich bestellten Vermessungsingenieuren, an dem Grundstück dinglich Berechtigten, einer von dinglich Berechtigten beauftragten Person oder Stelle, der Staatsbank Berlin sowie für Zwecke der maschinellen Bearbeitung von Auskunftsanträgen (Absatz 4), nicht jedoch anderen öffentlich-rechtlichen Kreditinstituten erteilt werden. Sie setzt voraus, daß
1. diese Form der Datenübermittlung unter Berücksichtigung der schutzwürdigen Interessen der betroffenen dinglich Berechtigten wegen der Vielzahl der Übermittlungen oder wegen ihrer besonderen Eilbedürftigkeit angemessen ist,
2. auf seiten des Empfängers die Grundsätze einer ordnungsgemäßen Datenverarbeitung eingehalten werden und
3. auf seiten der grundbuchführenden Stelle die technischen Möglichkeiten der Einrichtung und Abwicklung des Verfahrens gegeben sind und eine Störung des Geschäftsbetriebs des Grundbuchamts nicht zu erwarten ist.

(3) Die Genehmigung ist zu widerrufen, wenn eine der in Absatz 2 genannten Voraussetzungen weggefallen ist. Sie kann widerrufen werden, wenn die Anlage mißbräuchlich benutzt worden ist. Ein öffentlich-rechtlicher Vertrag oder eine Verwaltungsvereinbarung kann in den Fällen der Sätze 1 und 2 gekündigt werden. In den Fällen des Satzes 1 ist die Kündigung zu erklären.

(4) Im automatisierten Abrufverfahren nach Absatz 1 können auch Anträge auf Auskunft aus dem Grundbuch (Einsichtnahme und Erteilung von Abschriften) nach § 12 und den diese Vorschriften ausführenden Bestimmungen maschinell bearbeitet werden. Absatz 2 Satz 1 und 3 gilt entsprechend. Die maschinelle Bearbeitung ist nur zulässig, wenn der Eigentümer des Grundstücks, bei Erbbau- und Gebäudegrundbüchern der Inhaber des Erbbaurechts oder Gebäudeeigentums, zustimmt oder die Zwangsvollstreckung in das Grundstück, Erbbaurecht oder Gebäudeeigentum betrieben werden soll und die abrufende Person oder Stelle das Vorliegen dieser Umstände durch Verwendung entsprechender elektronischer Zeichen versichert.

(5) Dem Eigentümer des Grundstücks oder dem Inhaber eines grundstücksgleichen Rechts ist jederzeit Auskunft aus einem über die Abrufe zu führenden Protokoll zu geben, soweit nicht die Bekanntgabe den Erfolg strafrechtlicher Ermittlungen oder die Aufgabenwahrnehmung einer Verfassungsschutzbehörde, des Bundesnachrichtendienstes, des Militärischen Abschirmdienstes oder der Zentralstelle für Sanktionsdurchsetzung gefährden würde; dieses Protokoll kann nach Ablauf von zwei Jahren vernichtet werden.

(6) Genehmigungen nach Absatz 2 gelten in Ansehung der Voraussetzungen nach den Absätzen 1 und 2 Satz 3 Nr. 1 und 2 im gesamten Land, dessen Behörden sie erteilt haben. Sobald die technischen Voraussetzungen dafür gegeben sind, gelten sie auch im übrigen Bundesgebiet. Das Bundesministerium der Justiz und für Verbraucherschutz stellt durch Rechtsverordnung mit Zustimmung des Bundesrates fest, wann und in welchen Teilen des Bundesgebiets diese Voraussetzungen gegeben sind. Anstelle der Genehmigungen können auch öffentlich-rechtliche Verträge oder Verwaltungsvereinbarungen geschlossen werden. Die Sätze 1 und 2 gelten entsprechend.

Literatur Kommentare zu § 133; *Bredl*, SOLUM-STAR – Das maschinell geführte Grundbuch, MittBayNot 1997, 72; w. Nachw. vor § 126; *Püls*, Die Grundbucheinsicht durch Notare im Lichte der Aufgabenübertragung, NotBZ 2013, 329; rechtsvergleichend: vdpGrundpfandrechte I Start; Kapitel II ab Frage 10 vgl. https://app.vdpgrundpfandrechte.de/ besucht 230428.

A. Allgemeines	1	D. Reichweite der Zulassung; Umfang des Datenmaterials	24
B. Zugelassener Nutzerkreis	5	E. Kontrolle	26
I. Uneingeschränkt Abrufberechtigte	5	I. Grundlegende Vorschriften	28
II. Eingeschränkt Abrufberechtigte	8	1. Grundbuchrechtliche Gesichtspunkte	28
C. Zulassung	11	2. Vorschriften Bundesdatenschutzgesetz	29
I. Allgemeine Zulassungsvoraussetzungen	13	3. Daten im Abrufverfahren	31
1. Schutzwürdiges Interesse	14	II. Ablauf der Kontrollen	32
2. Ordnungsgemäße Datenverarbeitung	15	F. Technische Anforderungen	34
3. Technische Möglichkeiten im Grundbuchamt	16	I. Anforderungen im Grundbuchamt	34
II. Zulassung zum uneingeschränkten Abrufverfahren	17	II. Anforderungen beim Abrufer	36
		G. Gebühren	38
III. Zulassung zum eingeschränkten Abrufverfahren	20	I. Abruf aufgrund Genehmigung	38
		II. Abruf aufgrund Verwaltungsvereinbarung oder öffentlich-rechtlichem Vertrag	42

A. Allgemeines

§ 133 GBO ergänzt systematisch §§ 131 und 132 GBO, indem er über die Einsichtnahme im Grundbuchamt und die Erteilung von Ausdrucken hinaus ermöglicht, die Grundbuchdaten auch online abzurufen. Die Einführung des automatisierten Abrufverfahrens stellte für die regelmäßigen Nutzer des maschinellen Grundbuchs unter den vorgenannten Vorschriften daher den wesentlichsten Fortschritt des maschinellen Grundbuchs dar. **§§ 80 ff. GBV regeln die Einzelheiten des Abrufverfahrens**, bei dem wie bei der Einsichtnahme im Grundbuchamt §§ 12, 12a und 12b beachtet werden müssen, das hierfür allerdings spezifische Sicherheitsmechanismen bereithält (siehe unten Rdn 11 und 38), da eine Einzelfallkontrolle im Vorhinein nicht mehr erfolgt. Die Norm wurde durch das ERVGBG (BT-Drucks 16/12319, S. 22 ff.) geändert: Die Änderung von Abs. 5 S. 2 trug den strafrechtlichen Ermittlungsgrundsätzen Rechnung, die Streichung von Abs. 8 beruhte auf der Eingliederung der Gebührenvorschriften für das Grundbuchabrufverfahren in die Justizverwaltungskostenordnung. Mit dem GNotKG erfolgt die Regelung der Kosten in § 15 JVKostG. Mit dem DaBaGG wurde die Frist in Abs. 5 S. 2 von einem auf zwei Jahre hochgesetzt. Änderungen erfolgten aufgrund des Inkrafttretens der DS-GVO und wurden mit Wirkung zum 26.11.2019 umgesetzt.[1] Abs. 5 wurde zuletzt um die Zentralstelle für Sanktionsdurchsetzung ergänzt.[2]

Der Zugriff umfasst nicht nur das Grundbuch, sondern (über § 12a Abs. 1 S. 5 GBO hinaus) nach § 12a Abs. 1 S. 7 GBO auch die in § 126 Abs. 2 GBO genannten Hilfsverzeichnisse (Eigentümer- und Flurstücksdatei, Markentabelle, vgl. § 126 GBO Rdn 25 ff.), die somit unterschiedslos allen Abrufern zugänglich gemacht werden können.[3] Der Zugriff umfasst mittlerweile auch die Grundakte (soweit eingerichtet), § 141 GBO, der insoweit § 134 GBO nachgebildet ist und § 99 Abs. 2 GBV i.V.m. § 79 GBV bzw. für den Abruf im Verfahren nach § 139 GBO gem. § 99 Abs. 3 GBV i.V.m. §§ 80 bis 84 GBV.[4]

Die Nutzer können den Bildschirminhalt ausdrucken oder speichern. Früher hatten im Online-Abruf gefertigte Abdrucke des Grundbuchinhalts (§ 80 S. 1 a.F. GBV) jedoch nach § 80 S. 2 a.F. GBV nicht den rechtlichen Status von (einfachen) Ausdrucken i.S.v. § 131 GBO. Mit dem Gesetz zur Übertragung von Aufgaben im Bereich der freiwilligen Gerichtsbarkeit auf Notare und der Streichung von § 80 S. 2 a.F. GBV wurde die Unterscheidung von Abdrucken und Ausdrucken aufgehoben (vgl. § 80 GBV Rdn 1 und vgl. § 85 GBV Rdn 1 ff.).

---

1 Gesetz zur Umsetzung der Richtlinie (EU) 2016/680 im Strafverfahren sowie zur Anpassung datenschutzrechtlicher Bestimmungen an die Verordnung (EU) 2016/679; https://www.buzer.de/outb/bgbl/1724191.htm; BT-Drs: 19/4671, S. 94.
2 Zweites Gesetz zur effektiveren Durchsetzung von Sanktionen (Sanktionsdurchsetzungsgesetz II) v. 19.12.2022, BGBl I S. 2606.
3 Wegen Einschränkungen zur Verhinderung von Ausforschungsersuchen vgl. Meikel/*Dressler-Berlin*, § 133 GBO Rn 51. Bemerkenswert und nur durch den föderalen Aufbau der LJV zu erklären ist der Umstand, dass in bestimmten Bundesländern umfangreichere Recherchen als in anderen möglich sind: so sind etwa in NRW Recherchen bezüglich juristischer Personen über alle Amtsgerichte möglich, in Sachsen nur die amtsgerichtsbezogenen Recherchen. Die für die Grundbucheinsicht eingesetzte Software ist aber von Bundesland zu Bundesland unterschiedlich und kann anscheinend auch unterschiedlich konfiguriert werden.
4 Zur Umsetzung in den Ländern vgl. z.B. SächsVwV Grundbuchsachen, REVOSax Landesrecht Sachsen – VwV Grundbuchsachen – VwVGBS Abschnitt VII.

4   Die Vorteile eines Abrufverfahrens – Aktualität, dezentraler und grundsätzlich jederzeitiger Zugriff, Dateiformat – trifft sich[5] mit Rationalisierungsvorteilen für die grundbuchführenden Stellen, die einen größeren Teil des mit dem Einsichtsbetrieb verbundenen Aufwandes in die Sphäre der Einsichtnehmenden verlagern können.[6] Nicht zuletzt die ermutigenden Erfahrungen im Ausland[7] haben dazu beigetragen, dass auch der deutsche Gesetzgeber das Online-Abrufverfahren von Anfang an mit in die Konzeption einbezogen hat. Auch perspektivisch wird die Vernetzung der Grundbücher in Europa diskutiert. Nach der Schließung des Portals EULIS[8] als historischem Kern für die Grundstücksauskunft erfolgte eine Integration mit einem Überblick über die jeweilige grundbuchliche Situation in das E-Justice-Portal.[9] Perspektivisch wünschenswert wäre jedenfalls, dass nur die autorisierten Daten der jeweiligen nationalen Register über das E-Justice-Portal vermittelt würden. Dabei sind neben technischen Voraussetzungen auch Fragen des Datenschutzes einer Lösung zuzuführen.[10] Insgesamt kann das Grundbuchwesen, das mit dem automatisierten Abrufverfahren und der Eröffnung des elektronischen Rechtsverkehrs unter Einschaltung der Notare die Anforderungen einer modernen Volkswirtschaft erfüllt, nicht hoch genug eingeschätzt werden.[11] (Zur Höhe der Kosten der Teilnahme am Verfahren und der Abrufkosten vgl. unten Rdn 38, 40).

B. Zugelassener Nutzerkreis

I. Uneingeschränkt Abrufberechtigte

5   Der Begriff wird an keiner Stelle von den einschlägigen Rechtsgrundlagen verwendet, er folgt vielmehr im Umkehrschluss aus § 82 Abs. 2 GBV, der vom eingeschränkten Abrufverfahren (siehe unten Rdn 8 ff.) spricht. Unabhängig von der Einordnung des eingeschränkten oder uneingeschränkten Abrufberechtigten stellt sich die Frage, inwieweit eine Delegation zulässig ist. Hier wird in der Literatur zum Teil zwischen den Verfahren und den Abstufungen (nur technische Ermittler, Substitute) differenziert.[12] Insbesondere für den Kreis der uneingeschränkt Abrufberechtigten und der kompletten Delegation auf Substitute wird hier zurecht ein engerer Maßstab, insbesondere auf die Kontrolldichte, anzulegen sein.[13] Für den Bereich des Notariats dürfte sich allerdings diese Frage mit der Möglichkeit der bundesweiten Einsicht nicht mehr in der Schärfe stellen, wie dies noch vor der entsprechenden Gesetzesänderung notwendig gewesen wäre. Freilich könnte durch Vereinfachung des Zulassungsverfahrens bei einer Zentralstelle und auch einheitliche Abrufroutinen in den Ländern für mehr Stringenz gesorgt werden, vergleiche auch die Ausführungen bei Rdn 2 zum unterschiedlichen Umfang der Suchmöglichkeiten im föderalen System.

6   Zum uneingeschränkten Abruf berechtigt sind die in Abs. 2 S. 2 genannten Stellen, nämlich Gerichte, Behörden, Notare, öffentlich bestellte Vermessungsingenieure und (seinerzeit[14]) die inzwischen abgewickelte Staatsbank Berlin.

---

5 Meikel/*Dressler-Berlin*, § 133 GBO Rn 4.
6 Die Grundbuchämter hatten dies rasch erkannt und durch verminderte Einsichtsmöglichkeiten vor Ort reagiert, vgl. *Oberseider*, MittBayNot 1997, 88 (Nr. 3). Unbeschadet der durch § 133 GBO geschaffenen Rechtsgrundlage findet in der Praxis eine der volkswirtschaftlichen Bedeutung des Grundbuches angemessene und dem Anliegen des Gesetzgebers bei der Einführung des automatisierten Abrufverfahrens entsprechende intensive Nutzung der Einsichtsmöglichkeiten durch die Notare statt. Dies dient nicht zuletzt der Rechtssicherheit und der weiteren qualitativen Verbesserung im Rechtsverkehr mit den Grundbuchämtern.
7 In Österreich wurde durch das Grundbuchumstellungsgesetz vom 27.11.1980, BGBl 550; *Feil*, Die Umstellung des Grundbuchs auf automationsunterstützte Datenverarbeitung (GUG), ÖNotZ 1981, 2; rechtsvergleichende Übersichten zum Stand des ERV beim Verein der Pfandbriefbanken, https://app.vdpgrundpfandrechte.de/ besucht 230904.
8 European Land Information Service – Wikipedia, besucht 230518.
9 https://e-justice.europa.eu/109/DE/land_registers_in_eu_countries, besucht 230518.
10 Der Europäische Datenschutzbeauftragte betont, dass bei einer Verknüpfung der Register eine gesonderte Verhältnismäßigkeitsprüfung und zusätzliche angemessene datenschutzrechtliche Garantien erforderlich werden, Stellungnahme des Europäischen Datenschutzbeauftragten zu einem Vorschlag für eine Richtlinie des Europäischen Parlaments und des Rates zur Änderung der Richtlinien 89/666/EWG, 2005/56/EG und 2009/101/EG in Bezug auf die Verknüpfung von Zentral-, Handels- und Gesellschaftsregistern, (2011/C 220/01), Amtsblatt der Europäischen Union C 220/1, 26.7.2011, Rn 32.
11 Vgl. zur Grundaussage *Spellenberg*, in: FS für Werner Lorenz zum 70. Geburtstag, 1991, 779 ff., 804.
12 Meikel/*Dressler-Berlin*, § 133 GBO Rn 40 ff.
13 Meikel/*Dressler-Berlin*, § 133 GBO Rn 44.
14 Meikel/*Dressler-Berlin*, § 133 GBO Rn 31.

Die Regelung schließt an § 43 GBV an, wonach bereits beim Papiergrundbuch Behörden, zu denen in diesem Zusammenhang auch die Gerichte zu zählen sind,[15] Notare und öffentlich, bestellte Vermessungsingenieure berechtigt sind, das Grundbuch auch ohne Darlegung eines berechtigten Interesses einzusehen, unbeschadet dessen Vorliegen. Dasselbe gilt auch für das Abrufverfahren. Die Frage, ob das berechtigte Interesse bei Einsicht vorlag, lässt sich allerdings in bestimmten Fällen erst im Lichte des Grundbuchinhalts selbst zuverlässig beurteilen. Die grundsätzliche Einsichtsbefugnis ist daher bei den genannten Personengruppen weit zu verstehen. Die Einsicht durch diese Gruppen von Abrufern lässt grundsätzlich keinen Missbrauch befürchten.[16] Wird offenbar, dass ein berechtigtes Interesse nicht vorliegt und erfolgt gleichwohl die Weitergabe der Einsicht durch den privilegierten Abrufberechtigten,[17] kann der Zugriff als privilegierter Zugriff verweigert werden. Das Gesetz unterscheidet richtigerweise zwischen der Einsicht (d.h. dem Abruf) und der Mitteilung des Inhaltes, vgl. § 133a Abs. 1 GBO.

II. Eingeschränkt Abrufberechtigte

Zum eingeschränkten Abruf nach § 82 Abs. 2 GBV – den Abs. 4 S. 1 als maschinelle Bearbeitung von Anträgen auf Auskunft aus dem Grundbuch bezeichnet – können dinglich Berechtigte mit Bezug auf das von ihrem Recht betroffene Grundstück zugelassen werden, ferner vom dinglich Berechtigten beauftragte Personen oder Stellen sowie mit Zustimmung des Eigentümers oder im Zusammenhang mit Zwangsvollstreckungsmaßnahmen Einsichtnehmende, vgl. Abs. 2, 4; § 82 Abs. 2 GBV.[18]

Abs. 2 S. 2 Hs. 2 stellt klar, dass öffentlich-rechtliche Kreditinstitute[19] (außer vormals die Staatsbank Berlin) nicht zum Kreis der uneingeschränkt Abrufberechtigten zählen. Ihnen kann, ebenso wie anderen Kreditinstituten, nach Abs. 4 jedoch der Abruf im eingeschränkten Verfahren mit Darlegungserklärung (siehe Rdn 10) eröffnet werden. Im Zuge der Verabschiedung des DaBaGG wurde im Rechtsausschuss des Bundestages auch erörtert, ob eine Erweiterung des Kreises der Personen und Stellen in Betracht gezogen werden soll, die am automatisierten Grundbuchabrufverfahren teilnehmen dürfen.[20] Konkret wurde der Kreis der Verwalter von Wohnungseigentumsanlagen aufgeführt. Nach Auffassung des Rechtsausschusses sind aber hierfür weitere technische Vorkehrungen zur Beschränkung des Zugriffs auf bestimmte Inhalte eines Grundbuchblatts bzw. auf einzelne Grundbuchblätter Voraussetzung. Außerdem müsste die Kontrolle der Rechtmäßigkeit der Abrufe durch die aufsichtführende Stelle gewährleistet sein.

Im Unterschied zum uneingeschränkten Abrufverfahren müssen die eingeschränkt Zugriffsberechtigten bei jedem Einzelabruf eine (kodierte, siehe unten Rdn 20) Darlegungserklärung über die Art des von ihnen beanspruchten berechtigten Interesses abgeben.

C. Zulassung

Die Zulassung des Online-Abrufs ist grundsätzlich an die Erteilung einer entsprechenden Genehmigung geknüpft, Abs. 2 S. 1, soweit nicht – etwa bei Gerichten und Behörden – eine Verwaltungsvereinbarung oder ein öffentlich-rechtlicher Vertrag geschlossen wird, Abs. 7 S. 4, § 81 Abs. 1 GBV. Die Genehmigung wird bei Vorliegen der Zulassungsvoraussetzungen auf Antrag erteilt, § 81 Abs. 2 S. 1 GBV. Die in der GBO und der GBV enthaltenen Zulassungsvoraussetzungen sind abschließend. Genehmigungsbehörde ist die Landesjustizverwaltung, Abs. 2 S. 1, soweit nicht durch Verordnung (siehe oben § 126 GBO Rdn 15) etwas anderes bestimmt ist, § 81 Abs. 1 a.E. GBV. Zu den auf das Genehmigungsverfahren anwendbaren Vorschriften vgl. § 81 Abs. 2 S. 3 GBV. Neben den allgemeinen Zulassungsvoraussetzungen (siehe Rdn 13 ff.) sind besondere Zulassungsvoraussetzungen für den uneingeschränkten (siehe Rdn 17 ff.) sowie den eingeschränkten (siehe Rdn 20 ff.) Abruf zu unterscheiden. Die Versorgungsunternehmen (§ 81 Abs. 1 GBV) können auch im automatisierten Abrufverfahren Einsicht nehmen, wobei die Einzelheiten der Übermittlung gem. § 86a Abs. 2 S. 2 GBV i.V.m. § 81 Abs. 2 GBV geregelt werden können.

---

15 Meikel/*Dressler-Berlin*, § 133 GBO Rn 31.
16 Meikel/*Schneider*, § 43 GBV Rn 1.
17 OLG Celle, Urt. v. 14.1.2011 – Not 26/10, NZM 2012, 319; zum Fall der Weitergabe der Einsichten an Makler.
18 Vgl. auch Meikel/*Dressler-Berlin*, § 133 Rn 34 ff.
19 Offenbar als Reaktion auf LG Ellwangen, 29.10.1969 – 1 T 32/6, BWNotZ 70. 91.
20 BT-Drucks 17/14190, S. 38.

12 Die Komplexität des Zulassungsverfahrens ist auf Kritik gestoßen,[21] der man perspektivisch über Single-sign-on Mechanismen im Rahmen von S.A.F.E. Abhilfe schaffen will.[22] Zu den Zugangswegen im Föderalen System vgl. die Übersicht „Elektronische Kommunikation im Bereich der Justiz".[23]

I. Allgemeine Zulassungsvoraussetzungen

13 Sie sind in Abs. 2 S. 3 Nr. 1 bis 3 aufgeführt und müssen stets erfüllt sein. Der Wegfall auch nur einer von ihnen verpflichtet nach Abs. 3 S. 1 zum Widerruf der Zulassung bzw. zur Kündigung.

1. Schutzwürdiges Interesse

14 Nr. 1 wägt die **schutzwürdigen Interessen der betroffenen dinglich Berechtigten**, insb. des Eigentümers, gegen das Interesse der Einsicht begehrenden Kreise an einem erleichterten Zugang zum Grundbuchinhalt ab. Über die allgemeinen Anforderungen der §§ 12, 12b GBO hinaus sind jedoch das Bedürfnis nach einer Vielzahl von Übermittlungen und die besondere Eilbedürftigkeit zugunsten der Zulassung gerade dieser Übermittlungsart zu berücksichtigen. Der mit der Einrichtung und dem Abruf verbundene Kostenaufwand dürfte allerdings regelmäßig für das Vorliegen eines besonderen Bedürfnisses beim Antragsteller sprechen.[24] Der genehmigenden Stelle wird bei der Beurteilung ein großzügiger Ermessensspielraum zukommen.[25] M.E. zwang das Normenverständnis nicht dazu, den Zugang zum Abrufverfahren zu widerrufen, z.B. weil nach Auffassung der Zulassungsbehörde im Beurteilungszeitraum keine oder nicht genügend Abrufe erfolgt sind. Die gegenteilige Auffassung der Rechtsprechung behinderte die Arbeit der Notare und konterkariert die Vorzüge und die Ziele eines elektronischen Grundbuchs.[26] der Gesetzgeber hat zwischenzeitlich reagiert und durch Gesetzesänderung Abhilfe geschaffen.[27]

2. Ordnungsgemäße Datenverarbeitung

15 Nr. 2 nimmt auf die **Grundsätze einer ordnungsgemäßen Datenverarbeitung**, die beim Abrufer gewährleistet sein muss, Bezug (hinsichtlich derselben Anforderung im Zusammenhang mit der maschinellen Grundbuchführung beim Grundbuchamt siehe § 126 Abs. 1 S. 2 Nr. 1 und 3 GBO (vgl. dazu Rdn 17–21, 24)). Die Pflicht zur Einhaltung allgemeiner datenschutzrechtlicher Anforderungen stellt darüber hinaus auch Abs. 6 klar.

3. Technische Möglichkeiten im Grundbuchamt

16 Nr. 3 knüpft die Zulassung an das **Vorhandensein entsprechender technischer Möglichkeiten im Grundbuchamt**, was selbstverständlich erscheint, wodurch jedoch klargestellt wird, dass eine Verpflichtung zur Schaffung solcher Abrufmöglichkeiten nicht besteht. Die zuständigen Stellen können hierüber vielmehr im Rahmen ihres Organisationsermessens bei der Dimensionierung, Anschaffung und Einrichtung der Datenverarbeitungsanlage befinden.

II. Zulassung zum uneingeschränkten Abrufverfahren

17 Beim uneingeschränkten Abruf kommen zu den vorgenannten weitere, von § 82 Abs. 1 GBV bestimmte Anforderungen hinzu: Der Abrufer erhält ein Codezeichen, das ihn identifiziert. Um Missbräuche zu verhindern, andererseits aber in angemessenem Umfang auch den Zugriff durch Mitarbeiter des zum Abruf

---

21 Frankfurter Allgemeine Zeitung, 16.11.2007, Nr. 267, S. 49: Grundbuch-Online verspielt seine Vorteile.
22 *Voß*, 4. Dresdner Forum für Notarrecht, https://www.notarkammer-sachsen.de/fileadmin/docs/forum-notarrecht/2012/vortrag-voss.pdf, besucht 230518.
23 Siehe https://justiz.de/laender-bund-europa/elektronische_kommunikation/index.php;jsessionid=CA4E4F41443C18130EB943B9BB5B5CF6, besucht 230429.
24 *Demharter*, § 133 GBO Rn 14; Meikel/*Dressler-Berlin*, § 133 GBO Rn 64 am Ende mit Bezug auf die Gesetzesänderung; a.A. BayObLG Beschl. v. 1.12.2021 – 102 VA 116/21, NJOZ 2022, 1195 Rn 33, beck-online (allerdings für beschränktes Einsichtsrecht).
25 Meikel/*Dressler-Berlin*, § 133 GBO Rn 64.
26 *Püls*, NotBZ 2017, 361 ff. Anmerkung zu BGH, Beschl. v. 21.6.2017 – IV AR(VZ) 3/16, NotBZ 2017, 389; kritisch auch BeckOK GBO/*Wilsch* GBO § 133 Rn 16; Bauer/v. Oefele/*Waldner* § 133 Rn 5; *Frohn/Büttner*, NotBZ 2016, 243.
27 Gesetz zur Änderung von Vorschriften über die außergerichtliche Streitbeilegung in Verbrauchersachen und zur Änderung weiterer Gesetze vom 30.11.2019 (BGBl I S 1942) mit Wirkung vom 6.12.2019. Meikel/*Böttcher*, GBO, 12. Auflage 2021, § 133 GBO Rn 98.

Berechtigten bzw. der berechtigten Stelle zu ermöglichen, wird dem Zugelassenen zur Auflage gemacht, das Codezeichen missbrauchssicher zu verwahren.

Das Codezeichen dürfte allerdings über den Wortlaut von § 82 Abs. 1 S. 3 GBV hinaus in jedem Fall des Verdachts der Kompromittierung auszutauschen sein.

Im Fall der missbräuchlichen Nutzung, etwa wenn Einsicht genommen wird, obwohl ein berechtigtes Interesse nicht besteht (siehe oben Rdn 1, 7, 9 f.), oder wenn die mit der Genehmigung verbundenen Auflagen nicht eingehalten wurden, § 82 Abs. 1 GBV, kann die Genehmigung widerrufen bzw. der öffentlich-rechtliche Vertrag oder die Verwaltungsvereinbarung gekündigt werden, Abs. 3 S. 2 und 4. Nicht hinzunehmen ist der Widerruf wegen geringer Abrufzahlen, siehe Rdn 14.

III. Zulassung zum eingeschränkten Abrufverfahren

Der eingeschränkte Abruf muss über die vorgenannten Anforderungen (siehe Rdn 13–19) hinaus an die Verwendung eines weiteren Codezeichens geknüpft werden, das die Art des Abrufs bezeichnet, § 82 Abs. 2 S. 1 GBV. Es handelt sich um eine Darlegungserklärung, die das berechtigte Interesse in abgekürzter Form wiedergibt. Beide Codezeichen können verbunden werden.

Die Abrufe im eingeschränkten Verfahren sind entweder getrennt oder zusammen mit der generellen Protokollierungspflicht nach § 83 GBV insgesamt festzuhalten und zwei Jahre nach Ablauf des auf die Erstellung der Protokolle folgenden Kalenderjahres zur Überprüfung bereitzuhalten. Damit soll Missbrauchsmöglichkeiten begegnet werden, die theoretisch auch hier nicht auszuschließen sind, aber in Kauf genommen werden, weil eine Einzelfallkontrolle durch das Grundbuchamt vor jedem Abruf entsprechend der Prüfung vor Einsichtgewährung ins Papiergrundbuch einen Teil der mit der Automatisierung erreichten Verbesserungen zunichtemachen würde.

Bei missbräuchlicher Nutzung droht der Widerruf der Genehmigung bzw. die Kündigung des öffentlich-rechtlichen Vertrags oder der Verwaltungsvereinbarung, Abs. 3 S. 2 und 4.

Die Gestaltung der Programme kann diese Vorgaben sowie die sich aus § 12a GBO ergebenden Einschränkungen in unterschiedlicher Weise erfüllen durch eine geeignete Menüführung und Merkmale, die eine systematische Ausforschung des Grundbuchinhaltes nach sachfremden Gesichtspunkten verhindern oder wesentlich erschweren, etwa indem der Aufruf eines Grundbuchblattes erst zugelassen wird, nachdem ein eindeutig spezifiziertes Suchergebnis erzielt wurde.[28]

D. Reichweite der Zulassung; Umfang des Datenmaterials

Nach Abs. 7 haben Genehmigungen zum Online-Abruf Geltung im Gesamtgebiet des Bundeslandes, in dem sie erteilt wurden (S. 1) und vorbehaltlich der Schaffung der technischen Voraussetzungen im übrigen Bundesgebiet (S. 2). Dasselbe gilt, wenn der Online-Abruf nicht durch Genehmigung, sondern aufgrund eines öffentlich-rechtlichen Vertrags oder einer Verwaltungsvereinbarung eingerichtet wurde (S. 5).

Die Möglichkeit des grenzüberschreitenden Abrufs kann sich auf einzelne Bundesländer beschränken. (Zur Kritik am derzeitigen Verfahren siehe oben Rdn 12).

Die Einführung des elektronischen Rechtsverkehrs und der gemeinsamen Benutzerverwaltung, Online-Abrufverfahren (Grundbuchverfahren) wurde in der Umsetzung bis 2015 als Ziele im Papier „Gemeinsame Strategie zur Einführung des elektronischen Rechtsverkehrs und der elektronischen Aktenführung"

---

28 Einzelheiten bei Meikel/*Dressler-Berlin*, § 133 GBO
Rn 53 f; 59.

der Arbeitsgruppe „Zukunft" der Bund-Länder-Kommission mit Stand März 2011 formuliert.[29] Basis für die Umsetzung ist S.A.F.E. (Secure Access to Federated e-Justice/e-Government) (vgl. Rdn 12).[30]

E. Kontrolle

26 Da beim Online-Abruf keine unmittelbare Eingriffsmöglichkeit des Grundbuchamtes mehr besteht, das ggf. vorher über die Berechtigung einer Einsichtnahme entscheiden könnte, kommt der Protokollierung und späteren Möglichkeit einer Auswertung der Protokolle wesentliche Bedeutung zu. Wie bei jeder Einsichtnahme ist die Beachtung der §§ 12, 12a und 12b GBO zu überprüfen. Besonderes Augenmerk hat der Gesetzgeber darüber hinaus aber auch auf die **Einhaltung der Belange ordnungsgemäßer Datenverarbeitung und des Datenschutzes** gerichtet, die an verschiedenen Stellen angeordnet und deren Kontrolle ausführlich sowie unter Rückgriff auf allgemeine und besondere Aspekte geregelt ist, vgl. Abs. 1 Nr. 2, Abs. 5 und Abs. 6.

27 §§ 82 Abs. 2, 83 und 84 GBV enthalten ergänzende Ausführungsvorschriften, die allgemeine und nach der Art des Abrufverfahrens differenzierte Mechanismen vorsehen. (Zu den ähnlich motivierten Anforderungen bei der maschinellen Grundbuchführung vgl. § 126 GBO Rdn 17–24).

I. Grundlegende Vorschriften

1. Grundbuchrechtliche Gesichtspunkte

28 Abs. 1 Nr. 2 sieht zur Gewährleistung der beschränkten Öffentlichkeit des Grundbuchs unter **grundbuchrechtlichen Gesichtspunkten** (§§ 12, 12a GBO) eine entsprechende Protokollierung vor. Es handelt sich hierbei um eine gegenüber dem BDSG spezielle Datenschutzvorschrift.

2. Vorschriften Bundesdatenschutzgesetz

29 Abs. 5 greift auf allgemeine **Vorschriften des Bundesdatenschutzgesetzes** zur Überwachung der Einhaltung datenschutzrechtlicher Vorschriften zurück,[31] verschärft diese aber insoweit, als bei Abrufern, die keine öffentliche Stelle sind, auch ohne Anhaltspunkte für eine Zuwiderhandlung jederzeit Kontrollen durch die Aufsichtsbehörde durchgeführt werden können. § 84 GBV erklärt das jederzeitige Kontrollrecht darüber hinaus auch für anwendbar, wenn der Abrufer keiner allgemeinen Aufsicht unterliegt oder (nur) zum eingeschränkten Abrufverfahren berechtigt ist.[32]

30 Über die durchgeführten Abrufe erhält der Eigentümer oder Inhaber eines grundstücksgleichen Rechts innerhalb der Aufbewahrungszeit jederzeit Auskunft, soweit nicht Abs. 5 S. 2 eine Einschränkung im Zusammenhang mit strafrechtlichen Ermittlungen vorsieht. Das zu diesem Zweck geführte Protokoll (§ 83 Abs. 2 GBV; zum Inhalt siehe unten Rdn 33) kann nach Ablauf der Aufbewahrungszeit, d.h. Ablauf des

---

29 Http://www.justiz.de/elektronischer_rechtsverkehr/erv_gesamtstrategie.pdf, besucht 230519; Justizportal des Bundes und der Länder: Elektronische Kommunikation im Bereich der Justiz, besucht am gleichen Tag, verweist immer noch auf dieses Papier; zu den Tagesordnungen der „gemeinsamen Kommission elektronische Rechtsverkehr" vgl. https://www.edvgt.de/gemeinsame-kommission-elektronischer-rechtsverkehr/

30 Vgl. dazu Justizportal des Bundes und der Länder: Grob- und Feinkonzept (besucht 230519) und IT-Planungsrat, Aktionsplan des IT-Planungsrats für das Jahr 2014, http://www.it-planungsrat.de/SharedDocs/Downloads/DE/Entscheidungen/12_Sitzung/Aktionsplan.pdf?__blob=publicationFile, S. 11. Wortgleich mit: IT-Planungsrat, Aktionsplan des IT-Planungsrats für das Jahr 2017, http://www.it-planungsrat.de/SharedDocs/Downloads/DE/Entscheidungen/21_Sitzung/20_Anlage1_Aktionsplan.pdf?__blob=publicationFile, S. 17 f.; zuletzt wird allerdings. S.A.F.E. in einem Papier als Beispiel für eine heterogene Landschaft mit angeführt; https://www.it-planungsrat.de/fileadmin/beschluesse/2021/Beschluss 2021–27_Einkommensbegriff.pdf, S. 108, besucht 230519 (über die Seite https://www.it-planungsrat.de/).

31 Obsolet mit der Einführung der DSGVO, vgl. § 55 GBO Rdn 1 zum aktuellen Referentenentwurf; nach diesem Entwurf ist eine Anpassung durch Streichung von Abs. 5 S. 1, eine Ergänzung des bisherigen Satzes 2 und eine Aufhebung des bisherigen Abs. 6 infolge der DSGVO vorgesehen (Entwurfsstand August 2018).

32 Für die Grundbuchordnung hat der Gesetzgeber von der Möglichkeit zur Beschränkung der aus der EU-DSGVO folgenden Betroffenenrechte Gebrauch gemacht, namentlich im Hinblick auf das Auskunftsrecht nach Art. 15 DSGVO, auf das Recht auf Berichtigung nach Art. 16 DSGVO und auf das Widerspruchsrecht nach Art. 21 DSGVO. Die Beschränkung erfolgt nach Art. 23 Abs. 1 lit. e) DSGVO in Verbindung mit Erwägungsgrund 73 DSGVO zum Schutz der Funktionalität und Verlässlichkeit des Grundbuchs als wichtiges Ziel des allgemeinen öffentlichen Interesses.

auf die Erstellung des Protokolls nächstfolgenden Kalenderjahres, § 83 Abs. 3 GBV vernichtet werden. Zur Einsicht in die Protokolle der Notare über Mitteilung von Grundbuchinhalten vgl. § 85a Abs. 2 GBV. Die hier getroffenen Vorkehrungen rechtfertigen auch von der Beschränkung der aus der EU-DSGVO folgenden Betroffenenrechte Gebrauch zu machen, namentlich im Hinblick auf das Auskunftsrecht nach Art. 15 DSGVO, auf das Recht auf Berichtigung nach Art. 16 DSGVO und auf das Widerspruchsrecht nach Art. 21 DSGVO.

3. Daten im Abrufverfahren

Abs. 6 stellt klar, dass die Übermittlung von Daten im Abrufverfahren **zweckgebunden**, d.h. im Rahmen des dargelegten rechtlichen Interesses erfolgt, und nicht etwa eine Verwertung zu sonstigen Zwecken, etwa kommerzieller Art, zulässig ist. 31

II. Ablauf der Kontrollen

§ 83 Abs. 1 GBV ordnet die **generelle Protokollierung** aller Abrufe[33] an, egal ob er im uneingeschränkten oder eingeschränkten Abrufverfahren vorgenommen wird. Die zu erfassenden Daten sind detailliert: Grundbuchamt, Grundbuchblatt, Abrufer sowie Geschäfts- und Aktenzeichen des Abrufers. In den Fällen des eingeschränkten Abrufverfahrens kommt nach Abs. 4 S. 2 a.E., § 82 Abs. 2 GBV die Protokollierung der ggf. kodierten Darlegungserklärung (siehe oben Rdn 20) hinzu. 32

Der Ausdruck des Protokolls ist nicht mehr vorgesehen. Es ist lediglich für **Stichprobenkontrollen** durch die aufsichtführenden Stellen und für Einsichtnahmen nach Abs. 5 S. 2 Hs. 1 durch den **Eigentümer oder den Inhaber des betroffenen grundstücksgleichen Rechts** zwei Jahre nach Ablauf des auf die Erstellung der Protokolle folgenden Kalenderjahres bereit zu halten, anschließend zu vernichten, wobei im Rahmen von Ermittlungen der Strafverfolgungsbehörden Besonderheiten gelten (siehe § 83 GBV Rdn 9). Zur Einsicht in die Protokolle der Notare über Mitteilung von Grundbuchinhalten vgl. § 85a Abs. 2 GBV.[34] 33

F. Technische Anforderungen

I. Anforderungen im Grundbuchamt

Der Gesetzgeber hat mit Rücksicht auf die erforderliche Flexibilität und den raschen Fortschritt im Bereich der Informationstechnik zu Recht darauf verzichtet, konkrete Anforderungen an die vom Grundbuchamt einzusetzende Hard- und Software festzuschreiben. Die abstrakten Anforderungen der §§ 126 ff. GBO im Allgemeinen und von § 133 GBO für das Abrufverfahren im Besonderen schaffen jedoch Rahmenregelungen für die Leistungsfähigkeit und Zuverlässigkeit der Anlagen, innerhalb deren die Landesjustizverwaltung die erforderlichen Beschaffungs- und Modernisierungsentscheidungen nach Ermessen treffen kann. Ein Anspruch der Grundbuchnutzer auf eine bestimmte Ablaufgestaltung oder die Bereitstellung einer bestimmten Abrufkapazität – etwa zur Verkürzung der Antwortzeiten – besteht jedoch nicht. 34

Für die Entwicklung des bidirektionalen ERV zwischen Grundbuchamt und Notar – wie vom DaBaGG zugrunde gelegt und in wenigen Bundesländern wie etwa Sachsen oder Baden-Württemberg auch schon jetzt umgesetzt – ist die kodierte und strukturierte Erfassung und Speicherung zur direkten Weiterverarbeitung beim Abrufer unabdingbar,[35] um den unvermeidlichen Medienbruch zu vermeiden, der eintritt, wenn die abgerufenen Daten von Hand etwa in Urkundsentwürfen wieder eingegeben werden müssen. 35

---

33 Nicht mehr wie früher nur die mindestens jedes zehnten Abrufs, Meikel/*Dressler-Berlin*, § 133 GBO Rn 85; zur Änderung von § 83 GBV und die dadurch eingetretenen Vereinfachungseffekte Meikel/*Dressler-Berlin*, § 83 GBV, Rn 4.

34 Dazu auch *Blaeschke*, Praxishandbuch Notarprüfung, § 3 Rn 124 ff.

35 Zur Praxis in Sachsen vgl. *Püls*, in: FS Oliver Vossius zum 65. Geburtstag, 2023, S. 205 ff., 214.

II. Anforderungen beim Abrufer

36 Die Hard- und Softwareanforderungen beim Abrufer hängen von der technischen Ausgestaltung des maschinellen Grundbuchs und der zur Online-Recherche bereitgestellten Software ab. Teilweise erfolgen Spezifikationen durch die zulassende Stelle mit Rücksicht auf einen störungsfreien Abrufbetrieb als zwingende Vorgabe,[36] teilweise haben sie aber auch empfehlenden Charakter und können den Abrufern als Orientierung für Organisations- und Kaufentscheidungen dienen.[37]

37 Die vom Abrufer zu erfüllenden Anforderungen werden in Merkblättern der Justizverwaltungen konkretisiert (vgl. oben Rdn 12).

G. Gebühren

I. Abruf aufgrund Genehmigung

38 Waren die Kosten, um überhaupt am Abrufverfahren teilnehmen zu können, für die Anwender historisch betrachtet sehr hoch und die Kostenstruktur eher inhomogen, hat sich dies durch technischen Fortschritt, insbesondere durch die Entwicklung seit SolumWEB deutlich verbessert. Die Gesamtnutzungskosten sind freilich auch im Lichte der zu beachtenden Sicherheitsinfrastruktur für den Abrufer nicht unerheblich geblieben.

39 Die bei einer Teilnahme am automatisierten Abrufverfahren zu entrichtenden Gebühren sind geregelt im Gesetz über Kosten in Angelegenheiten der Justizverwaltung (Justizverwaltungskostengesetz – JVKostG), dort Anlage (zu § 4 Absatz 1) Kostenverzeichnis:[38]

Einrichtung und Nutzung des automatisierten Abrufverfahrens

in Grundbuchangelegenheiten, in Angelegenheiten der Schiffsregister,

des Schiffsbauregisters und des Registers für Pfandrechte an Luftfahrzeugen

Vorbemerkung 1.1.5:

(1) Dieser Abschnitt gilt für den Abruf von Daten und Dokumenten aus dem vom Grundbuchamt oder dem Registergericht geführten Datenbestand. Für den Aufruf von Daten und Dokumenten in der Geschäftsstelle des Grundbuchamts oder des Registergerichts werden keine Gebühren erhoben. Der Abruf von Daten aus den Verzeichnissen (§ 12a Abs. 1 der Grundbuchordnung, § 31 Abs. 1, § 55 Satz 2 SchRegDV, §§ 10 und 11 Abs. 3 Satz 2 LuftRegV) und der Abruf des Zeitpunkts der letzten Änderung des Grundbuchs oder Registers sind gebührenfrei.

(2) Neben den Gebühren werden keine Auslagen erhoben.

1150	Genehmigung der Landesjustizverwaltung zur Teilnahme am eingeschränkten Abrufverfahren (§ 133 Abs. 4 Satz 3 der Grundbuchordnung, auch i.V.m. § 69 Abs. 1 Satz 2 SchRegDV, und § 15 LuftRegV) Mit der Gebühr ist die Einrichtung des Abrufverfahrens für den Empfänger mit abgegolten. Mit der Gebühr für die Genehmigung in einem Land sind auch weitere Genehmigungen in anderen Ländern abgegolten.	50,00 EUR
1151	Abruf von Daten aus dem Grundbuch oder Register: für jeden Abruf aus einem Grundbuch- oder Registerblatt	8,00 EUR
1152	Abruf von Dokumenten, die zu den Grund- oder Registerakten genommen wurden: für jedes abgerufene Dokument	1,50 EUR

---

[36] Es besteht kein Anspruch auf Zulassung mit beliebiger eigener Technik; ggf. können von der Landesjustizverwaltung Funktionstests verlangt werden, vgl. Meikel/*Dressler-Berlin*, § 133 GBO Rn 22 und *Bredl*, MittBayNot 1997, 76.

[37] *Bredl*, MittBayNot 1997, 76; *Oberseider*, MittBayNot 1997, 88 (Nr. 4).

[38] Artikel 2 G. v. 23.7.2013 BGBl I S. 2586, 2655 (Nr. 42); zuletzt geändert durch Artikel 2 G. v. 18.7.2017 BGBl I S. 2732, Geltung ab 1.8.2013.

Kostenschuldner der Abrufe ist der angeschlossene Notar, weswegen die Weiterberechnung der Umsatzsteuer unterliegt.[39]

40

Beim Notar ist die Einsicht im Zusammenhang mit einem Beurkundungsgeschäft gebührenfrei (Auslagen sind dem Notar nach KVNr. 32011 GNotKG in voller Höhe zu erstatten), für Einsichten ohne direkten Zusammenhang mit einer Beurkundung oder einem Amtsgeschäft beträgt die Gebühr KVNr. 25209 einschließlich der Mitteilung des Inhalts an den Beteiligten 15 EUR zzgl. Auslagen und USt.

41

II. Abruf aufgrund Verwaltungsvereinbarung oder öffentlich-rechtlichem Vertrag

Gemäß § 85 Abs. 2 S. 1 GBV orientieren sich zu vereinbarende Gebühren an den o.g. Sätzen und übernehmen sie mit Rücksicht auf die Pflicht zur Gleichbehandlung der Grundbuchnutzer in der Regel. Etwas anderes kann nach S. 2 bei Vereinbarungen mit Stellen der öffentlichen Verwaltung bestimmt werden, wobei eine Gebührenermäßigung bis hin zum Gebührenerlass zulässig ist.

42

§ 133a Erteilung von Grundbuchabdrucken durch Notare; Verordnungsermächtigung

(1) Notare dürfen demjenigen, der ihnen ein berechtigtes Interesse im Sinne des § 12 darlegt, den Inhalt des Grundbuchs mitteilen. Die Mitteilung kann auch durch die Erteilung eines Grundbuchabdrucks erfolgen.

(2) Die Mitteilung des Grundbuchinhalts im öffentlichen Interesse oder zu wissenschaftlichen und Forschungszwecken ist nicht zulässig.

(3) Über die Mitteilung des Grundbuchinhalts führt der Notar ein Protokoll. Dem Eigentümer des Grundstücks oder dem Inhaber eines grundstücksgleichen Rechts ist auf Verlangen Auskunft aus diesem Protokoll zu geben.

(4) Einer Protokollierung der Mitteilung bedarf es nicht, wenn
1. die Mitteilung der Vorbereitung oder Ausführung eines sonstigen Amtsgeschäfts nach § 20 oder § 24 Absatz 1 der Bundesnotarordnung dient oder
2. der Grundbuchinhalt dem Auskunftsberechtigten nach Absatz 3 Satz 2 mitgeteilt wird.

(5) Die Landesregierungen werden ermächtigt, durch Rechtsverordnung zu bestimmen, dass abweichend von Absatz 1 der Inhalt von Grundbuchblättern, die von Grundbuchämtern des jeweiligen Landes geführt werden, nicht mitgeteilt werden darf. Dies gilt nicht, wenn die Mitteilung der Vorbereitung oder Ausführung eines sonstigen Amtsgeschäfts nach § 20 oder § 24 Absatz 1 der Bundesnotarordnung dient. Die Landesregierungen können die Ermächtigung durch Rechtsverordnung auf die Landesjustizverwaltungen übertragen.

A. Allgemeines	1	IV. Rechtsmittel bei Weigerung der Mitteilung	10
B. Mitteilung des Grundbuchinhalts	5	C. Protokollierung über die Mitteilung	11
I. Bei berechtigtem Interesse	5	I. Grundsatz	11
II. Keine Mitteilung bei öffentlichem Interesse etc.	7	II. Unterbleiben der Protokollierung	14
III. Mitteilung durch Erteilung eines Grundbuchabdrucks	8	III. Ausnahme: Protokollierung in bestimmten Fällen	16
		D. Verordnungsermächtigung	18

A. Allgemeines

§ 133a GBO wurde 2013 eingefügt mit Gesetz zur Übertragung von Aufgaben im Bereich der freiwilligen Gerichtsbarkeit auf Notare.[1] Die bereits im Entwurf des Gesetzes in § 132 GBO-E vorgesehene Möglichkeit der Grundbucheinsichten durch Notare (mit der VO-Ermächtigung an die Landesregierungen),

1

---

39 BNotK Rundschreiben 22/2013 v. 5.9.2013; *Everts*, MittBayNot 2006, 21.

1 BGBl I v. 20.6.2013, 1800 ff.

§ 133a GBO

wurde im Rechtsausschuss[2] zu einer grundsätzlichen Befugnis der Notare, den Inhalt des Grundbuches mitzuteilen. Auch die Klarstellung, dass selbst im Falle eines „opt-out" durch eine Landesregierung die Arbeit der Notare im Bereich der vorsorgenden Rechtspflege nicht beeinträchtigt werden darf, ist zu begrüßen.[3]

2 Schon bisher hatten die Notare die Möglichkeit der Grundbucheinsicht im Wege der Fernabfrage und die Möglichkeit und die Befugnis Abdrucke zu erstellen (vgl. § 80 GBV Rdn 4 ff.). Diese Einsicht steht und stand den Notaren seit jeher ohne die Darlegung eines berechtigten Interesses offen. Zuletzt war vereinzelt angezweifelt worden, ob die geltenden Bestimmungen dem Notar die Vornahme einer Einsicht beispielsweise auch „nur" zur Weitergabe an den Grundstückseigentümer oder an einen anderen Notar erlauben.[4] Offenbar um diese Unsicherheit zu beseitigen, die auch Auswirkungen auf die Geschäftsprüfung der Notare gehabt hätte und dann auch zu disziplinarrechtlichen Überlegungen[5] hätte führen können, hat der Rechtsausschuss die Klarstellung in § 133a GBO vorgenommen.[6]

3 Da bei der Geschäftsprüfung die Berechtigung einer erfolgten Grundbucheinsicht in das elektronische Grundbuch stichprobenweise[7] geprüft wird, wurde bisweilen schon in der Vergangenheit empfohlen, für solche Vorgänge eine **Sammelakte „Grundbucheinsichten"** anzulegen, bei denen es **nicht** zu einer Beurkundung oder Beratung im Rahmen der sonstigen Betreuungstätigkeit des Notars gekommen ist, insbesondere dann, wenn auch nicht auf andere Weise eine Auskunft zum Anlass der Einsicht sichergestellt ist. Eine Aufnahme in die vorgeschlagene Sammelakte oder gar die Führung besonderer „Register" war bei rechtsbetreuender Tätigkeit nicht vorgesehen und ist auch künftig nicht erforderlich.

4 Nicht erfasst von der Vorschrift ist die Mitteilung von Einsichten in die Hilfsverzeichnisse nach § 12a GBO. Anders als für die Abrufverfahren einschlägige Bestimmung des § 133 GBO erwähnt § 133a GBO diese zulässigen Einsichten nicht. Zur Einsicht in die elektronische **Grundakte** vgl. § 99 Rn 1 ff. GBV.

B. Mitteilung des Grundbuchinhalts
I. Bei berechtigtem Interesse

5 Die **Mitteilung, d.h. die Weitergabe des eingesehenen Grundbuchinhaltes** an denjenigen, der ein berechtigtes Interesse darlegt, ist dem Notar gestattet. Der Notar wird sich vor der Einsicht das berechtigte Interesse[8] darlegen lassen und am Maßstab des § 12, § 43 GBV in eigener Verantwortung überprüfen. Die Einsicht ist dabei auch in Zweifelsfällen zulässig, etwa um die Stichhaltigkeit des Dargelegten zu überprüfen. Die Weitergabe selbst darf nur dann erfolgen, wenn der Notar nach Einsicht und Prüfung das dargelegte berechtigte Interesse bejaht und kein Fall des Abs. 2 vorliegt. (Zu den **Fallgruppen des berechtigten Interesses** vgl. § 12 GBO Rdn 9 und § 43 GBV Rdn 3 ff.).[9]

6 Die Entscheidung des Notars ist einzelfallbezogen. Nicht verkannt werden darf, dass auch die Gerichte bei der Beurteilung in der Vergangenheit nicht selten zu unvorhersehbaren und nicht immer konsistenten

---

2 BT-Drucks 17/13136, S. 2 ff.
3 Ziel der Aufgabenübertragung ist eine möglichst bundeseinheitliche Lösung, BT-Drucks 17/13136, S. 17 ff. Der Gesetzgeber hat mit dem Regelungsmechanismus klargestellt, dass auch im Falle einer Verordnung zum „opt-out" eine Einschränkung der notariellen Zuständigkeit zur umfassenden Grundbucheinsicht und Mitteilung nicht zulässig ist, § 85a Abs. 5 S. 2 GBV.
4 *Bettendorf*, Die Entwicklung des elektronischen Rechtsverkehrs im Notariat, in: 50 Jahre BNotK, Sonderheft DNotZ 2011, 9 ff., 24.
5 Offen noch OLG Celle, Beschl. v. 24.8.2010 – Not 9/10 = ZfIR 2010, 837 mit Anmerkung *Lang*; verschärfend OLG Celle, Beschl. v. 15.2.2013 – Not 11/12 = openJur 2013, 20171 = BeckRS 2013, 04924.
6 BT-Drucks 17/13136, 20. Dass diese Einschätzung zutreffend war, haben die vereinzelten Reaktionen der Aufsichtsbehörden auf das Urteil des OLG Celle bestätigt.
7 § 18 Abs. 2 Nr. 21 DONot; *Blaeschke*, Praxishandbuch Notarprüfung, § 3 Rn 15.
8 Auf die Bandbreite zwischen dem hohen „rechtlichen" (§ 299 Abs. 2 ZPO) und dem niederen „jedes Interesse" (§ 9 Abs. 1 HGB) weist zu Recht *Kreuzer* hin, MittBayNot 2015, 465.
9 Weitere Nachweise auch bei Meikel/*Böttcher*, § 12 Rn 4 ff., 15 f.; *Schöner/Stöber* GrundbuchR, Rn 523, beck-online) und bei *Böhringer*, DNotZ 2014, 24; zu Abwägung im Einzelfall vgl. Bauer/Schaub/*Maaß*, § 12 Rn 11 ff., 26 ff. und *Zumpe*, Öffentlichkeit staatlicher Informationen. Dargestellt am Beispiel der Informationsfreiheitsgesetze des Bundes und der Länder, 2007, S. 172 ff., 192 ff.

Ergebnissen gekommen sind.[10] Dieser Maßstab kann aber für Notare in dieser Frage nicht enger angelegt werden als für Kollegialgerichte.

II. Keine Mitteilung bei öffentlichem Interesse etc.

Einsichtnahmen im öffentlichen Interesse (z.B. der Presse)[11] oder zu wissenschaftlichen und Forschungszwecken können nach Abs. 3 S. 3 nicht bei einem Notar erfolgen. Hierfür sind weiterhin allein die Grundbuchämter zuständig. Damit obliegt die Entscheidung, ob und in welchem Umfang in derartigen Fällen Einsichtnahme zu gewähren ist, weiterhin den zuständigen gerichtlichen Stellen (z.B. in Bayern bei wissenschaftlichen und Forschungszwecken der Präsident des Landgerichts bzw. Amtsgerichts, § 37 GeschO, Nr. 3.4.3 und 3.4.4 BayGBGA[12]).

III. Mitteilung durch Erteilung eines Grundbuchabdrucks

§ 85 GBV enthält die Regelungen, die nun den Abdruck des Notars dem „amtlichen Ausdruck" gleichstellen, wenn bestimmte Formalien beachtet werden. Unabhängig von der Terminologie hatte sich – entsprechend der Bedeutung des Grundbuches als öffentliches Register in einer Volkswirtschaft und unabhängig vom langwierigen Gesetzgebungsprozess bei der Aufgabenübertragung – in der Praxis schon die Kenntnis durchgesetzt, dass der Notar die Einsicht bei berechtigtem Interesse auch als Ausdruck zur Verfügung stellen kann. Die Mitteilung des Notars über den Grundbuchinhalt kann in den unterschiedlichsten Formen erfolgen: durch Einsicht in einen Bildschirminhalt, durch mündliche Erläuterung, durch Übersendung des Datenbestandes in elektronischer Form. Der Notar kann aber nach eigenem Ermessen die Art der Gewährung auswählen, wobei stets die Weitergabe des Inhaltes durch Erteilung eines Grundbuchabdrucks möglich ist. Der Bürger kann nicht auf Mitteilung durch Einsicht in ein Bildschirmgerät bestehen (Abs. 3 S. 2). Damit kann der Einsichtnehmende den Abdruck mitnehmen und später darauf zurückgreifen, was auch regelmäßig gewünscht wird. Gleichzeitig werden die Notare entlastet, die keine eigenen Bildschirmarbeitsplätze für Einsichtnahmen einrichten und Personal für die Anleitung der einsichtnehmenden Personen abstellen müssen.

Zu den Kosten des Ausdruckes siehe unten (vgl. § 85 GBV Rdn 6 ff.).

IV. Rechtsmittel bei Weigerung der Mitteilung

Gegen Entscheidungen des Grundbuchamts zur Gewährung der Einsicht findet die Beschwerde zum Oberlandesgericht statt (§§ 71 f. GBO). Lehnt ein Notar die Mitteilung des Grundbuchinhaltes ab – etwa weil es an der Darlegung des berechtigten Interesses fehlt – ist die Beschwerde zum Landgericht gegeben, § 15 Abs. 2 BNotO. Da aber die Mitteilung des Grundbuchinhalts keine Pflichtaufgabe der Notare ist, sondern es sich um eine sonstige Betreuungstätigkeit auf dem Gebiet der vorsorgenden Rechtspflege handeln soll, wird eine diesbezügliche Weigerung des Notars im Beschwerdeverfahren lediglich darauf zu überprüfen sein, ob die Entscheidung willkürlich erfolgt ist.

C. Protokollierung über die Mitteilung

I. Grundsatz

Ausgehend von dem Grundsatz, dass die in § 43 GBV genannten Personengruppen oder Behördenvertreter, zu denen auch die Notare gehören, berechtigt sind, das Grundbuch auch ohne Darlegung des berechtigten Interesses einzusehen und gerade deswegen bei der Einführung des automatisierten Abrufverfahrens in den 1990er Jahren bewusst keine Veränderung bezüglich der in der Papierwelt geprägten Praxis eintreten sollte,[13]

---

10 Bauer/Schaub/*Maaß*, § 12 Rn 12.
11 Kritisch zum Umfang Bauer/Schaub/*Maaß*, § 12 Rn 18 ff.
12 https://www.gesetze-bayern.de/Content/Document/BayGBGA-NN4, besucht 230519.
13 Obwohl dies zum Teil damals auch unter Datenschutzaspekten erörtert wurde. Vgl. auch *Erber-Faller* in der 6. Aufl. 2005 des vorliegenden Kommentars, § 133 Rn 24 ff. Das Protokoll des Grundbuchamtes dient den aufsichtführenden Stellen im Rahmen von Stichprobenkontrollen (Sicherstellung des Ausschlusses einer kommerziellen Nutzung durch den Abrufberechtigten) und zur Einsicht für betroffene Eigentümer/Inhaber von grundstücksgleichen Rechten.

ist die Norm bezogen auf das Protokollierungserfordernis nur von ihrem Abs. 4 her zu verstehen, der die Protokollierung als Ausnahmefall sieht. Auch Abs. 1 (wie auch § 43 GBV) macht deutlich, dass der Notar stets das Grundbuch einsehen kann, nur hat er **vor einer Weitergabe bzw. Mitteilung des Grundbuches das berechtigte Interesse (§ 12 GBO) des Mitteilungsempfängers** zu prüfen. Daraus wird auch deutlich, dass es nicht darauf ankommt, dass das berechtigte Interesse bereits vor der Einsicht, also bei Durchführung des Abrufverfahrens, vorliegen muss. Die Regel ist, dass der Notar aus den in Abs. 4 Nr. 1 genannten Gründen die Einsicht und auch eine Weitergabe vornimmt.[14] Aber gerade bei Einsichten für den Eigentümer oder Personen, die dem Notar gegenüber ein berechtigtes Interesse außerhalb eines Amtsgeschäftes dartun, kann der beauftragte Notar oft erst nach der erfolgten Einsicht und der Auswertung seines Inhaltes die Entscheidung treffen, ob das dargestellte Interesse sich mit der Faktenlage des Grundbuches deckt und die Weitergabe daher möglich ist.

12 Konsequenterweise sieht § 85a Abs. 3 S. 1 GBV auch ein Protokoll nicht etwa über die Einsichten vor, die im Wege des automatisierten Abrufs überhaupt getätigt wurden, sondern nur ein **Protokoll über die vom Notar vorgenommenen Mitteilungen des Grundbuchinhalts**, sofern kein Fall des Abs. 4 vorliegt. Zum Inhalt des Protokolls vgl. § 85 GBV.

13 Zu Art und Umfang des zu führenden Protokolls vgl. § 85a GBV.

II. Unterbleiben der Protokollierung

14 Einer Protokollierung über die Mitteilung des Grundbuchinhaltes bedarf es nach Abs. 4 Nr. 1 dann nicht, wenn die Mitteilung der Vorbereitung oder Ausführung eines sonstigen Amtsgeschäfts nach § 20 BNotO oder § 24 Abs. 1 BNotO dient. Die ausdrückliche Nennung von § 24 Abs. 1 BNotO, wonach zum Amt und zur Zuständigkeit des Notars auch **die sonstige Betreuung der Beteiligten auf dem Gebiete vorsorgender Rechtspflege** gehört, macht deutlich, dass es sich um einen sehr weiten Bereich handelt, der von der Protokollierungspflicht ausgenommen ist. Die Entwurfsbegründung[15] selbst nennt die Einsicht und Mitteilung als sonstige Betreuungstätigkeit, so dass damit kaum noch Raum für Gegenausnahmen bleibt. Die Ausnahmeregelung beschränkt sich bewusst nicht auf die in §§ 20 BNotO genannten Amtsgeschäfte, die in der BNotO auch als „Urkundstätigkeit" bezeichnet werden, § 10a BNotO. Anders als bei der Urkundstätigkeit handelt es sich bei der notariellen Rechtsbetreuung nicht um einen exakt abgegrenzten Zuständigkeitsbereich, wobei eine Beschränkung darin liegt, dass sich die Betreuung auf das Gebiet der vorsorgenden Rechtspflege beschränkt. Der vorsorgenden Rechtpflege unterfallen im Wesentlichen solche Aufgaben, die der Sicherung und Erleichterung des Rechtsverkehrs, insbesondere durch das Register- und Urkundenwesen dienen. Der Staat stellt hier mit der Einrichtung des Notariats gebietsdeckend ein Netz von rechtskundigen Vertrauenspersonen zur Verfügung. Eine Einschränkung der Arbeit der Notare in diesem Bereich – und sei es auch „nur" durch die Führung eines zusätzlichen Registers – wollte der Gesetzgeber ausdrücklich nicht.[16]

15 Weiter ist eine Protokollierung über die Mitteilung des Grundbuchinhalts nicht erforderlich, wenn dieser **einem Auskunftsberechtigten nach Abs. 3 S. 2 mitgeteilt** wurde, Abs. 4 Nr. 2. Ziel der Protokollierung ist weniger die Schaffung einer Dokumentation zur Überwachung, insbesondere nicht zur Ausforschung oder einer anlasslosen Verdachtsüberwachung durch die Aufsicht des Notars, sondern die Nachvollzieh-

---

14 Davon geht offenbar auch der Gesetzgeber aus, denn im Zusammenhang mit der Erörterung des zulässigen Rechtsmittels (Rn 10) sieht die Begründung die Einsicht und Mitteilung als sonstige Betreuungstätigkeit an, BT-Drucks 17/13136, 20 f. a.E. Wörtlich heißt es dort: *„Da aber die Mitteilung des Grundbuchinhalts (die Erteilung von Grundbuchabdrucken) nicht zu den Pflichtaufgaben des Notars gehört, sondern* **es sich um eine sonstige Betreuungstätigkeit auf dem Gebiet der vorsorgenden Rechtspflege handeln soll** (Hervorhebung des Autors), *wird eine diesbezügliche Weigerung des Notars im Beschwerdeverfahren lediglich darauf zu überprüfen sein, ob die Entscheidung willkürlich erfolgt ist."* In diesem Sinne bereits *Bettendorf,* Die Entwicklung des elektronischen Rechtsverkehrs im Notariat, in: 50 Jahre BNotK, Sonderheft DNotZ 2011, 9 ff., 25: „Da zum Bereich der vorsorgenden Rechtspflege jede Förderung der Sicherheit und der Leichtigkeit des Rechtsverkehrs gehört, insbesondere auch durch das Register- und Urkundenwesen, ist bereits die Einsichtnahme in das Grundbuch und die Unterrichtung über den Grundbuchinhalt an sich als Betreuung nach § 24 Abs. 1 S. 1 BNotO und damit als Amtstätigkeit einzuordnen."

15 BT-Drucks 17/13136, S. 20 a.E.

16 BT-Drucks 17/13136, S. 20: *„In den Fällen, in denen die Mitteilung des Grundbuchinhalts der Vorbereitung oder Ausführung eines (sonstigen) Amtsgeschäfts nach § 20 oder § 24 Absatz 1 BNotO dient,* **ist eine Einschränkung der notariellen Zuständigkeit nicht zulässig.**" (Hervorhebung vom Bearbeiter).

barkeit für den von der Weitergabe der Grundbuchdaten Betroffenen. Dies entspricht allgemeinen datenschutzrechtlichen Grundsätzen, insbesondere dem Anspruch auf Auskunft über gespeicherte Daten, Art. 15 DS-GVO. Gerade dieser schutzwürdige Aspekt kann aber bei einer Mitteilung an den Eigentümer des Grundstücks oder den Inhaber eines grundstücksgleichen Rechts selbst nicht mehr durch eine Protokollierungspflicht vertieft werden.

III. Ausnahme: Protokollierung in bestimmten Fällen

Somit verbleiben für eine Protokollierung die Sachverhalte, in denen der Notar ein berechtigtes Interesse bejaht und den Grundbuchinhalt mitteilt, obwohl keine der vorstehenden Fallgruppen einschlägig ist.[17] Dies könnte etwa der Fall sei, wenn der Notar kollegialiter Einsichten für einen anderen Notar vornimmt. Da allerdings die Vermutung für die Verwendung im Rahmen der vorsorgenden Rechtspflege auch für den Kollegen spricht und die Weitergabe eben nicht außerhalb der Sphäre des §§ 12, 43 GBV erfolgt, ist es m.E. ohne weiteres vertretbar, dass hier allenfalls der anfordernde Kollege bei einer Mitteilung außerhalb der in Abs. 4 Nr. 1 genannten Sachverhalte seinerseits protokollierungspflichtig ist. Denn auf den Weg des Zugriffs auf das Grundbuch sollte es eigentlich nicht ankommen, entscheidend ist in diesem Zusammenhang die Mitteilung/Weitergabe. Bis zu einer Klärung mit der zuständigen Aufsicht über die Behandlung der Einsichten für Kollegen wird ein vorsichtiger Notar in diesen Fällen im Zweifel einen Protokolleintrag vornehmen. Da infolge eines verbesserten bundesweiten Zugriffs auf die Grundbücher das Bedürfnis nach derartigen Anfragen im Kollegenkreis aber ohnehin stark abgenommen hat und bei Umstellung des Verfahrens auf S.A.F.E. der länderübergreifende Abruf nochmals deutlich einfacher werden wird,[18] dürften diese Fälle kaum mehr große Bedeutung erlangen.

Das Gesetz und auch die Begründung bleiben die Benennung eines Beispiels einer „isolierten" Grundbucheinsicht schuldig. Der bis zum Gesetz durch die Entscheidung des OLG Celle aus dem Jahr 2013 streitige Fall der Mitteilung an den Eigentümer (oder auch den von einem solchen Bevollmächtigten) ist jedenfalls nach dem oben Ausgeführten kein zu protokollierender Vorgang mehr. Beanstandungen oder gar disziplinarische Ahndungen der Einsicht und Weitergabe verbieten sich hier.

D. Verordnungsermächtigung

Ziel der im Rechtsausschuss des BT gefundenen Regelung war es, von vornehereien hinsichtlich der Erteilung von Grundbuchauszügen durch Notare eine bundesweit einheitliche Lösung zu finden.[19] Dieses Ziel ist durch die Formulierung einer sog. „opt-out" Klausel für die Bundesländer in Abs. 5 besser gelungen, als dies noch bei der Regelung in § 132 GBV–E des Gesetzgebungsverfahrens der Fall war. Ob das mit der Aufgabenübertragung verfolgte Ziel der Bürgerfreundlichkeit und Einheitlichkeit in den Ländern dauerhaft gewahrt bleiben wird, wird die Zukunft weisen. Angesichts des dem Gebot der Demographie folgenden konstanten Abbaus von Grundbuchämtern bzw. deren Konzentration im Zusammenhang mit den Effizienzgewinnen des ERV, gibt es eigentlich keine Gründe, die für ein „opt-out" der Länder sprechen. Der Gesetzgeber hat ausdrücklich klargestellt, dass auch im Falle einer Verordnung zum „opt-out" eine Einschränkung der notariellen Zuständigkeit zur umfassenden Grundbucheinsicht und Mitteilung nicht zulässig ist, Abs. 5 S. 2.

---

17 So auch RS 14/2013 v. 10.6.2013 der BNotK, abrufbar im internen Bereich unter https://www.bnotk.de/intern/rundschreiben-der-bundesnotarkammer/details/gesetz-zur-uebertragung-von-aufgaben-im-bereich-der-freiwilligen-gerichtsbarkeit-auf-notare: „*Die Protokollierungspflicht greift mithin nur in den Fällen der sog. „isolierten Grundbucheinsicht", d.h. in denjenigen Konstellationen, in denen die Einsichtnahme in das Grundbuch und die Erteilung eines Grundbuchabdrucks nicht im Zusammenhang mit einer Beratung, Beglaubigung oder Beurkundung durch den Notar steht, und auch in diesem Fall nur dann, wenn die Mitteilung des Grundbuchinhalts nicht an den Eigentümer oder Inhaber eines grundstücksgleichen Rechts erfolgt."*

18 Vgl. Dresdner Forum für Notarrecht 2012, Effiziente vorsorgende Rechtspflege – Zusammenarbeit zwischen Justiz und Notaren, Beitrag *Sven Voß*, S.A.F.E. – Identitätsmanagement in der Justiz, 4. DFN, https://www.notarkammer-sachsen.de/fileadmin/docs/forum-notarrecht/2012/vortrag-voss.pdf.

19 BT-Drucks 17/13136, S. 17 ff.

§ 134 [BMJ/Ermächtigung zum Erlass von Rechtsverordnungen]

Das Bundesministerium der Justiz und für Verbraucherschutz wird ermächtigt, durch Rechtsverordnung mit Zustimmung des Bundesrates nähere Vorschriften zu erlassen über
1. die Einzelheiten der Anforderungen an die Einrichtung und das Nähere zur Gestaltung des maschinell geführten Grundbuchs sowie die Abweichungen von den Vorschriften des Ersten bis Sechsten Abschnitts der Grundbuchordnung, die für die maschinelle Führung des Grundbuchs erforderlich sind;
2. die Einzelheiten der Gewährung von Einsicht in maschinell geführte Grundbücher;
3. die Einzelheiten der Einrichtung automatisierter Verfahren zur Übermittlung von Daten aus dem Grundbuch auch durch Abruf und der Genehmigung hierfür.

Das Bundesministerium der Justiz und für Verbraucherschutz kann im Rahmen seiner Ermächtigung nach Satz 1 die Regelung weiterer Einzelheiten durch Rechtsverordnung den Landesregierungen übertragen und hierbei auch vorsehen, daß diese ihre Ermächtigung durch Rechtsverordnung auf die Landesjustizverwaltungen übertragen können.

A. Allgemeines	1	II. Weiterübertragung	4
B. System der Vorschrift	2	III. Allgemeine Verwaltungsvorschriften	5
I. Verordnungsermächtigung	3		

A. Allgemeines

1 Der 7. Abschnitt enthält lediglich die allgemeinen und grundsätzlichen Anforderungen an die maschinelle Grundbuchführung. Die Einzelheiten zur Ausgestaltung von Abläufen und Verfahren sind auf der Grundlage von § 134 GBO entsprechend dem System der Grundbuchordnung in die Grundbuchverfügung integriert worden, um bei einer notwendigen Anpassung an die Veränderung technischer Vorgaben flexibler reagieren zu können. Darüber hinaus werden weitere Detailregelungen auf regionaler Ebene ermöglicht.

B. System der Vorschrift

2 § 134 GBO enthält drei Ermächtigungen:

I. Verordnungsermächtigung

3 Aufgrund der **Verordnungsermächtigung** nach **S. 1** hat das Bundesministerium der Justiz in Abschnitt XIII der GBV mit Zustimmung des Bundesrats zu den in S. 1 Nr. 1–3 aufgeführten Themenbereichen folgende Regelungen selbst getroffen:
– zu Nr. 1: §§ 61–76a, 87–93 GBV (Einrichtung und Gestaltung des maschinellen Grundbuchs; Abweichungen von den Abschnitten 1–6 der GBO); die bis zum DaBaGG enthaltende Verordnungsermächtigung zur Wiederherstellung von Grundbüchern und Grundakten wurde in **§ 148 Abs. 1 GBO** integriert.
– zu Nr. 2: §§ 77–79 GBV (Einsicht);
– zu Nr. 3: §§ 80–85a GBV (Automatisiertes Abrufverfahren).

II. Weiterübertragung

4 Die Möglichkeit der **Weiterübertragung** nach **S. 2 Hs. 2** wurde in § 93 GBV wahrgenommen. Die Landesregierungen können vorbehaltlich des Erlasses allgemeiner Verwaltungsvorschriften (siehe unten Rdn 5) weitere Einzelheiten regeln und ihrerseits die Ermächtigung auf die Landesjustizverwaltungen delegieren.

III. Allgemeine Verwaltungsvorschriften

Das Bundesministerium der Justiz hat bisher keine **allgemeinen Verwaltungsvorschriften** nach S. 2 Hs. 1 zur Regelung technischer Einzelheiten erlassen. Auch hierfür wäre die Zustimmung des Bundesrates erforderlich. Die Ermächtigung könnte etwa praktische Bedeutung erlangen, falls die von den Ländern eingeführten Verfahren so sehr divergieren, dass eine länderübergreifende Nutzung des maschinellen Grundbuchs nicht in Betracht käme.

§ 134a Datenübermittlung bei der Entwicklung von Verfahren zur Anlegung des Datenbankgrundbuchs

(1) Die Landesjustizverwaltungen können dem Entwickler eines automatisierten optischen Zeichen- und Inhaltserkennungsverfahrens (Migrationsprogramm) nach Maßgabe der Absätze 2 bis 5 Grundbuchdaten zur Verfügung stellen; im Übrigen gelten das Bundesdatenschutzgesetz und die Datenschutzgesetze der Länder. Das Migrationsprogramm soll bei der Einführung eines Datenbankgrundbuchs, die Umwandlung der Grundbuchdaten in voll strukturierte Eintragungen sowie deren Speicherung unterstützen.

(2) Der Entwickler des Migrationsprogramms darf die ihm übermittelten Grundbuchdaten ausschließlich für die Entwicklung und den Test des Migrationsprogramms verwenden. Die Übermittlung der Daten an den Entwickler erfolgt zentral über eine durch Verwaltungsabkommen der Länder bestimmte Landesjustizverwaltung. Die beteiligten Stellen haben dem jeweiligen Stand der Technik entsprechende Maßnahmen zur Sicherstellung von Datenschutz und Datensicherheit zu treffen, insbesondere zur Wahrung der Vertraulichkeit der betroffenen Daten. Die nach Satz 2 bestimmte Landesjustizverwaltung ist für die Einhaltung der Vorschriften des Datenschutzes verantwortlich und vereinbart mit dem Entwickler die Einzelheiten der Datenverarbeitung.

(3) Die Auswahl der zu übermittelnden Grundbuchdaten erfolgt durch die Landesjustizverwaltungen. Ihr ist ein inhaltlich repräsentativer Querschnitt des Grundbuchdatenbestands zugrunde zu legen. Im Übrigen erfolgt die Auswahl nach formalen Kriterien. Dazu zählen insbesondere die für die Grundbucheintragungen verwendeten Schriftarten und Schriftbilder, die Gliederung der Grundbuchblätter, die Darstellungsqualität der durch Umstellung erzeugten Grundbuchinhalte sowie das Dateiformat der umzuwandelnden Daten. Es dürfen nur so viele Daten übermittelt werden, wie für die Entwicklung und den Test des Migrationsprogramms notwendig sind, je Land höchstens 5 Prozent des jeweiligen Gesamtbestands an Grundbuchblättern.

(4) Der Entwickler des Migrationsprogramms kann die von ihm gespeicherten Grundbuchdaten sowie die daraus abgeleiteten Daten der nach Absatz 2 Satz 2 bestimmten Landesjustizverwaltung oder den jeweils betroffenen Landesjustizverwaltungen übermitteln. Dort dürfen die Daten nur für Funktionstests des Migrationsprogramms sowie für die Prüfung und Geltendmachung von Gewährleistungsansprüchen in Bezug auf das Migrationsprogramm verwendet werden; die Daten sind dort zu löschen, wenn sie dafür nicht mehr erforderlich sind.

(5) Der Entwickler des Migrationsprogramms hat die von ihm gespeicherten Grundbuchdaten sowie die daraus abgeleiteten Daten zu löschen, sobald ihre Kenntnis für die Erfüllung der in Absatz 2 Satz 1 genannten Zwecke nicht mehr erforderlich ist. An die Stelle einer Löschung tritt eine Sperrung, soweit und solange die Kenntnis der in Satz 1 bezeichneten Daten für die Abwehr von Gewährleistungsansprüchen der Landesjustizverwaltungen erforderlich ist. Ihm überlassene Datenträger hat der Entwickler der übermittelnden Stelle zurückzugeben.

(6) Für den im Rahmen der Konzeptionierung eines Datenbankgrundbuchs zu erstellenden Prototypen eines Migrationsprogramms mit eingeschränkter Funktionalität gelten die Absätze 1 bis 5 entsprechend.

A. Allgemeines	1	B. Systematik der Vorschrift	3

A. Allgemeines

1 Zur Entwicklung von Verfahren zur Anlegung des Datenbankgrundbuchs, insbesondere zur Entwicklung von Migrationsverfahren zur Umwandlung der vorhandenen Grundbucheintragungen in voll strukturierte Grundbuchdaten wurde mit Einführung des § 134a GBO die Übermittlung von personenbezogenen Grundbuchdaten an Entwickler von Daten-Migrationsprogrammen zugelassen, der Zweck der Datennutzung definiert, die Auswahl der benötigten Daten beschrieben und die Dauer der Aufbewahrung der Daten geregelt.[1] Ohne eine derartige „Experimentierklausel" wäre die Entwicklung von komplexen Programmen wie bei der Umstellung auf das Datenbankgrundbuch erforderlich, nicht möglich. Dabei hat die Entwicklung im Bereich des Grundbuchwesens durchaus Vorrang vor anderen Handlungsfeldern des ERV, auch und gerade mit Blick auf die Zusammenarbeit der Länder und des Bundes und der Länder.[2]

2 In der ab dem 22.12.2011 geltenden Fassung, eingeführt durch Artikel 4 Gesetz vom 15.12.2011[3] (Gesetz zur Verbesserung des Austauschs von strafregisterrechtlichen Daten zwischen den Mitgliedstaaten der Europäischen Union und zur Änderung registerrechtlicher Vorschriften), war auch in Abs. 1 zunächst das Datenbankgrundbuch legal definiert. Mit dem DaBaGG[4] wurde die Legaldefinition des Datenbankgrundbuchs in § 126 GBO verankert. § 134a GBO tritt (nach Verlängerung der Frist) (voraussichtlich, bei nicht nochmaliger Verlängerung der Frist) am 31.12.2024 außer Kraft, vgl. § 150 Abs. 6 GBO.

B. Systematik der Vorschrift

3 Abs. 1 enthält eine Ermächtigung für die Landesjustizverwaltungen zur Bereitstellung von Daten. Als bereichsspezifische Sonderregelungen gehen die Abs. 3 bis 5 den Bestimmungen der Bundes- und Landesdatenschutzgesetze vor:[5]

4 Abs. 2 regelt die datenschutzrechtlichen Anforderungen an den Zweck und die Art der Übermittlung. Die Übermittlung kann sowohl durch Datenfernübertragung als auch durch Übersendung bzw. Übergabe von Datenträgern erfolgen. Flexibilität gewährt die Norm, soweit die dem jeweiligen Stand der Technik entsprechende Datenschutzmaßnahmen zu treffen sind. Mit Blick auf die begrenzten Einsichtsrechte in das Grundbuch (vgl. §§ 12, 43 GBV) ist die Sicherung der Vertraulichkeit besonders hervorgehoben.

5 In Abs. 3 werden die Arten der Daten spezifiziert. Die Auswahl der zu übermittelnden Daten erfolgt nach objektiven Kriterien. So soll in der Auswahl möglichst die ganze im Grundbuchverfahren vorkommende Bandbreite an Eintragungstypen (wie z.B. Grundpfandrechte, Dienstbarkeiten, Altrechte oder landesspezifische Besonderheiten) – gegebenenfalls mit ihren verschiedenen Formulierungsvarianten – berücksichtigt werden.[6]

6 Abs. 4 und 5 regelt die Art und Weise, wie die übermittelten Daten und daraus abgeleitete Daten zu behandeln sind, insbesondere dass auch die (Rück-)Übermittlung an die Landesjustizverwaltungen zulässig ist und wie die Datenspeicherung und Verwahrung zu erfolgen hat. Dabei können im Vorfeld einer Umstellung bereits Maßnahmen ergriffen werden, um die spätere Migration zu erleichtern. Hierzu gibt es auch Empfehlungen, die z.T. auf einer Arbeitsgruppe für die Entwicklung des DaBaGB beruhen.[7]

7 Bis ein Migrationsprogramm endgültig entwickelt sein wird, werden mehrere Stufen durchlaufen sein. Dem trägt Abs. 6 Rechnung, indem er die entsprechende Geltung der Abs. 1 bis 5 für die zu entwickelnden Prototypen anordnet.

---

1 BT-Drucks 17/7415, S. 2.
2 Vgl. Arbeitsgruppe „Zukunft" der Bund-Länder-Kommission, „Gemeinsame Strategie zur Einführung des elektronischen Rechtsverkehrs und der elektronischen Aktenführung", S. 30.
3 BGBl I 2011, S. 2714.
4 BT-Drucks 17/12635, S. 23.
5 Zum System der Bereichsausnahmen vgl. auch *Püls*, Sonderheft DNotZ – 28. Deutscher Notartag 2012, S. 121 m.w.N.
6 BT-Drucks 17/7415, S. 12 mit Ausführungen zu den unterschiedlichen Erfassungsgraden in den Ländern und der Auswirkung auf die Migration und damit auf die Art der in die Testprogramme aufzunehmenden Daten.
7 Vgl. *Zeiser*, Beck'scher OK, Sonderbereich Grundbuchverfügung, Rn 84–113.

Mögliche Gewährleistungsansprüche im Zusammenhang mit der Entwicklung des Migrationsprogramms sollten bis 2020 erkannt sein. Der Gesetzgeber hielt aus der Sicht des Jahres 2013 den Zeitrahmen – auch im Lichte seiner eigenen IT-Strategie (vgl. vor § 126 GBO Rdn 11) – für ausreichend und ordnet das Ende der Geltungsdauer des § 134a für den 31.12.2020 an. Möglich erscheint aus heutiger Sicht, dass diese Frist verlängert werden muss.[8] Das Vergabeverfahren startete jedenfalls im Mai 2014 und der Zuschlag wurde 2015 erteilt. Erstaunlicherweise verzeichnete das einschlägige Portal seit 2016 unter dem Thema Aktuelles keine neuen Einträge, was bei einem Projekt dieser Größenordnung etwas verwundert. Hier würde sich die Praxis durchaus Informationen über den Fortgang wünschen.[9] Solche sucht man allerdings vergeblich und ist auf Spekulationen angewiesen.[10]

---

8 Bei *Philipp*, Mittelstandswiki, XML-Abfragen im elektronischen Grundstücksregister, https://www.mittelstandswiki.de/wissen/E-Government:Datenbankgrundbuch besucht am 25.8.2018, heißt es noch unter Berufung auf *Bredl*: „*In einem europaweiten Vergabeverfahren wird 2014 ein Unternehmen für die Umsetzung gesucht. Die Programmierung wird voraussichtlich bis Ende 2015 dauern; die Erprobungsphase soll im Laufe des Jahres 2016 abgeschlossen sein.*" Aus Justizkreisen verlautbart (Stand 230927), dass die Arbeit am DaBaG mit einem neuen Dienstleister im 4. Quartal 2024 wieder aufgenommen werden soll.

9 Http://www.grundbuch.eu/nachrichten/, besucht am 25.8.2018; nach dem Meilensteinplan (a.a.O.) zum Vertrag war die Pilotierung für 2019 geplant, die Erprobung sollte 2020 abgeschlossen werden.

10 Zum Thema wird auf dem 2. Münchner Grundbuchtag am 16.10.2023 referiert werden, RpflAR *Winkler*, Jus-IT, Sachstand zum Datenbankgrundbuch.

Achter Abschnitt: Elektronischer Rechtsverkehr und elektronische Grundakte

Vorbemerkungen

1 Der 8. Abschnitt mit den Übergangs- und Schlussbestimmungen ist zuletzt durch das ERVGBG vom 11.8.2009[1] und davor durch das RegVBG vom 20.12.1993[2] geändert und neu gefasst worden; er ist an die Stelle des früheren 8. bzw. 6. Abschnitts mit den §§ 135 bis 144 GBO bzw. davor §§ 116 bis 125 GBO getreten. Er enthält im Einzelnen folgende Vorschriften: § 142 Abs. 1 GBO regelte früher das Inkrafttreten der GBO und Abs. 2 erklärt noch jetzt eine Reihe von Bestimmungen des EGBGB für entsprechend anwendbar. § 143 GBO enthält den einzigen noch geltenden Vorbehalt zugunsten des Landesgrundbuchrechts, während sich in § 144 GBO eine Einschränkung dieses Vorbehalts für bestimmte grundstücksgleiche Rechte befindet. Die §§ 145 bis 147 GBO haben Übergangsvorschriften für die Bücher, die nach den bisherigen Bestimmungen als Grundbücher geführt wurden, zum Inhalt. Der § 148 GBO räumt den Landesregierungen Ermächtigungen zum Erlass bestimmter Vorschriften auf dem Verordnungswege ein, und zwar über die Wiederherstellung zerstörter oder abhanden gekommener Grundbücher oder Urkunden und über das Ersatzgrundbuch beim maschinell geführten Grundbuch und die Rückkehr zum Papiergrundbuch. Schließlich enthalten die §§ 149 und 150 GBO Vorbehalte für einzelne Bundesländer über die Führung des Grundbuchs. Während § 149 GBO den Vorbehalt für Baden-Württemberg zum Inhalt hat, regelt § 150 GBO die Anwendung der GBO in den neuen Bundesländern, wobei die dort geregelten Maßgaben (wie etwa das Gebäudegrundbuch) zwischenzeitlich weitgehend überholt sind bzw. nur in Ausnahmefällen eine Rolle spielen (z.B. ungetrennte Hofräume).

§ 135 Elektronischer Rechtsverkehr und elektronische Grundakte; Verordnungsermächtigungen

(1) Anträge, sonstige Erklärungen sowie Nachweise über andere Eintragungsvoraussetzungen können dem Grundbuchamt nach Maßgabe der folgenden Bestimmungen als elektronische Dokumente übermittelt werden. Die Landesregierungen werden ermächtigt, durch Rechtsverordnung

1. den Zeitpunkt zu bestimmen, von dem an elektronische Dokumente übermittelt werden können; die Zulassung kann auf einzelne Grundbuchämter beschränkt werden;
2. Einzelheiten der Datenübermittlung und -speicherung zu regeln sowie Dateiformate für die zu übermittelnden elektronischen Dokumente festzulegen, um die Eignung für die Bearbeitung durch das Grundbuchamt sicherzustellen;
3. die ausschließlich für den Empfang von in elektronischer Form gestellten Eintragungsanträgen und sonstigen elektronischen Dokumenten in Grundbuchsachen vorgesehene direkt adressierbare Einrichtung des Grundbuchamts zu bestimmen;
4. zu bestimmen, dass Notare
   a) Dokumente elektronisch zu übermitteln haben und
   b) neben den elektronischen Dokumenten bestimmte darin enthaltene Angaben in strukturierter maschinenlesbarer Form zu übermitteln haben;
   die Verpflichtung kann auf die Einreichung bei einzelnen Grundbuchämtern, auf einzelne Arten von Eintragungsvorgängen oder auf Dokumente bestimmten Inhalts beschränkt werden;
5. Maßnahmen für den Fall des Auftretens technischer Störungen anzuordnen.

Ein Verstoß gegen eine nach Satz 2 Nummer 4 begründete Verpflichtung steht dem rechtswirksamen Eingang von Dokumenten beim Grundbuchamt nicht entgegen.

(2) Die Grundakten können elektronisch geführt werden. Die Landesregierungen werden ermächtigt, durch Rechtsverordnung den Zeitpunkt zu bestimmen, von dem an die Grundakten elektronisch geführt werden; die Anordnung kann auf einzelne Grundbuchämter oder auf Teile des bei einem Grundbuchamt geführten Grundaktenbestands beschränkt werden.

---

1 BGBl I 2009, 2713. 2 BGBl I 1993, 2182.

(3) Die Landesregierungen können die Ermächtigungen nach Absatz 1 Satz 2 und Absatz 2 Satz 2 durch Rechtsverordnung auf die Landesjustizverwaltungen übertragen.

(4) Für den elektronischen Rechtsverkehr und die elektronischen Grundakten gilt § 126 Absatz 1 Satz 2 und Absatz 3 entsprechend. Die Vorschriften des Vierten Abschnitts über den elektronischen Rechtsverkehr und die elektronische Akte in Beschwerdeverfahren bleiben unberührt.

Literatur Vergleiche die Literaturnachweise vor § 126 GBO.

A. Allgemeines	1	D. Zulässigkeit der elektronischen Grundakte	15
B. System der Vorschrift, Regelungsziele	2	E. Beschwerdeverfahren	16
C. Vorgaben für den ERV	5		

A. Allgemeines

Text in der Fassung des Art. 1 Gesetz zur Einführung des elektronischen Rechtsverkehrs und der elektronischen Akte im Grundbuchverfahren sowie zur Änderung weiterer grundbuch-, register- und kostenrechtlicher Vorschriften (ERVGBG), Gesetz vom 11.8.2009.[1] Auf § 135 GBO nehmen Bezug die folgenden Vorschriften: § 136 GBO (Eingang elektronischer Dokumente beim Grundbuchamt), § 141 GBO (Ermächtigung des Bundesministeriums der Justiz) und § 148 GBO.

Mit der Vorschrift werden die rechtlichen Grundlagen für die Einführung des elektronischen Rechtsverkehrs in Grundbuchsachen und der elektronischen Grundakte geschaffen. U.a. aufgrund der Ermächtigung in Abs. 1 S. 2 und Abs. 2 S. 2 wurden bereits die Verordnung erlassen, vgl. https://www.elrv.info/elektronischer-rechtsverkehr/uebersicht-verordnungen.

B. System der Vorschrift, Regelungsziele

Abs. 1 lässt die elektronische Übermittlung an das Grundbuch zu und schafft die Ermächtigungsrundlage für die Länder, die weiteren Voraussetzungen im Verordnungswege näher zu regeln, unter denen die Anlieferung von Daten möglich bzw. auch verpflichtend wird. Anders als beim ERV (hier im Sinne der direkten elektronischen Kommunikation) in HR-Sachen geht der Gesetzgeber davon aus, dass die Einführung in GB-Sachen zweckmäßiger Weise weder bundes-, noch gar landesweit „auf einen Schlag" erfolgen muss oder sollte. Die Einführung des ERV in Grundbuchsachen hat zwar mit dem DaBaGB unmittelbar nichts zu tun und kann davon losgelöst erfolgen; jedoch ist auch hier ein gestuftes Vorgehen mit Pilotphasen erforderlich. § 135 sieht aber hier anders als in § 134a keine Experimentierklausel vor, sondern erlaubt dem Verordnungsgeber im Interesse einer flexiblen Handhabung die mehrfach gestufte Einführung bzw. die Einführung der elektronischen Grundakte unabhängig von der Einführung des ERV (vgl. vor § 126 GBO Rdn 1 ff.). Allerdings ist dort, wo die Übermittlung von Dokumenten durch VO als **möglicher Zugang zum Grundbuchverfahren** zugelassen wurde (Abs. 1 Nr. 1), der gesamte Bereich der Kommunikation erfasst; eine Beschränkung auf bestimmte Antragsarten etwa, die zu einer Zersplitterung und damit zu einer Erschwerung des Rechtsverkehrs durch Unübersichtlichkeit gekommen wäre, wurde im Gesetz nicht zugelassen.[2] Davon zu unterscheiden ist die **Pflicht zur elektronischen Einreichung**, die nach Abs. 1 Nr. 4 sowohl auf einzelne Grundbuchämter, als auch auf bestimmte Arten von Eintragungsvorgängen beschränkt werden kann.

Eine wesentliche Voraussetzung für einen medienbruchfreien ERV im Grundbuchverfahren – und nur dieser ist für die Justiz mit den größten Effizienzsteigerungen verbunden – ist auf Seiten der Grundbuchämter die Schaffung elektronischer Grundakten. Hierzu enthält Abs. 2 die Ermächtigungsgrundlage für

---

1 BGBl I S. 2713 m.W.v. 1.10.2009; BeckOK GBO/*Wilsch*, GBO § 135 Rn 1 spricht zu Recht von der Norm als Ausgangspunkt der kopernikanischen Grundbuchverfahrenswende.
2 BT-Drucks 16/12319, S. 23 f. betont zu Recht, dass es den Verfahrensbeteiligten, insbesondere den Notaren, bereits allein aus Gründen der Verfahrenseffizienz möglich sein muss, inhaltlich zusammenhängende Anträge einheitlich zu übermitteln. Auch wird der sonst erforderliche Informationsaufwand als unpraktikabel eingeschätzt.

die Länder bzw. deren Justizverwaltungen (Delegationsbefugnis in Abs. 3). Einzelheiten zur elektronischen Grundakte sind in § 96 GBV geregelt.

4 Wesentliche Grundsätze und Anforderungen für den ERV sind bereits mit der Einführung des maschinellen Grundbuches geregelt worden. Daher wird in Abs. 4 auf die Bestimmungen in § 126 Abs. 1 S. 2 GBO und Abs. 3 verwiesen.

C. Vorgaben für den ERV

5 Um eine zwar föderale, aber doch bundeseinheitliche Lösung zu finden, sind für die Umsetzungen der Anforderungen einheitliche Vorgaben wichtig. Die Anforderungen, die nach Abs. 1 S. 2 Nr. 2 an die **Datenübermittlung** gestellt werden können, soll der Landesgesetzgeber regeln.[3] Die Begründung des Gesetzes verweist bereits auf den Datensatz XJustiz[4] als Standard, was auch in den bisher ergangenen Verordnungen beachtet wurde, vgl. etwa SächsEJustizVO.[5] Damit wird aber eher der Inhalt der neben den Dokumenten zu übertragenden Daten – mithin auch **Datenformate** – beschrieben. Weitere Formatfragen betreffen die elektronischen Dokumente selbst.

6 Abs. 1 S. 2 Nr. 3 sieht eine **direkt adressierbare Empfangseinrichtung** (abzugrenzen davon ist die Bestimmung des Datenspeichers vgl. § 95 GBV Rdn 2) **des Grundbuchamtes** vor, um zu gewährleisten, dass der tatsächliche Eingangszeitpunkt beim jeweiligen Grundbuchamt rechtssicher festgestellt werden kann (vgl. auch § 136 GBO). In der Gesetzesbegründung ist hinsichtlich der Nutzung des EGVP – also auch einer Frage des Weges der Datenübermittlung – klargestellt, dass es zwingend eines eigenen **Postfaches des Grundbuchamtes** bedarf und eine bloße Adressierung an das Grundbuchamt im Nachrichtentext unter Übersendung an das allgemeine Postfach des Amtsgerichts nicht genügt. Eine direkte Adressierung an das Grundbuchamt auch im EGVP ist im Interesse der Rechtssicherheit sehr wichtig. In diesem Zusammenhang muss jedoch gewährleistet werden, dass der Absender – insbesondere der Notar – zeitnah eine valide Eingangsbestätigung erhält, auf deren Inhalt er sich verlassen kann. Unter Zugrundelegung dieser Anforderungen scheint die Einrichtung eines gesonderten Postfaches für jedes Grundbuchamt derzeit tatsächlich die rechtssicherste Lösung bei der Nutzung des EGVP zu sein. Wichtig für die Praxis wird sein, dass diese **Adressen gepflegt und kommuniziert** werden, z.B. dass eine eventuelle Änderung bei Zusammenlegung von Grundbuchämtern zeitnah so kommuniziert wird, dass der Rechtsverkehr, insbesondere die zuständigen Stellen für die Entwicklung und Pflege des Programms XNotar mit seiner Unteranwendung XGrundbuch bei der Notarnet GmbH rechtzeitig informiert werden.

7 Allerdings gilt es darüber hinaus zu berücksichtigen, dass der Eingang der Nachricht im EGVP selbst nicht durch den Notar bewirkt werden kann. Die durch den Notar versandte Nachricht wird technisch vielmehr an einen sog. **Intermediär** (OSCI-Manager) übermittelt, von wo aus die Nachricht durch das EGVP abgerufen werden kann. Ob und wann dieser Abruf erfolgt, unterliegt allein der Verantwortung des Grundbuchamtes. Aus Sicht der notariellen Praxis ist es vor diesem Hintergrund wichtig, dass bereits der Eingang beim Intermediär als maßgebliches Kriterium für den Antragseingang im obigen Sinne definiert ist. So muss im Rahmen der technischen Umsetzung in jedem Fall sichergestellt werden, dass ein regelmäßiger automatischer Abruf vom Intermediär erfolgt und der Notar eine Eingangsbestätigung jedenfalls dann erhält, wenn die übermittelte Nachricht tatsächlich im EGVP des Grundbuchamtes eingegangen ist. Die Eingangsbestätigung enthält den Zeitstempel des Intermediärs (OSCI-Server), nicht des EGVP-Postfachs des Grundbuchamts. Der Absender bekommt die Bestätigung automatisch. Ein Abruf ist über die Registerkarte Eingangsbestätigung im Postkorb „Gesendete" und im Archiv möglich.

---

3 Mit Delegationsbefugnis an die Landesjustizverwaltungen, § 135 Abs. 3.
4 BT-Drucks 16/12319, S. 24; zum Standard XML vgl. bereits *Püls*, DNotZ 2002, Sonderheft, 168, 178.
5 Notifiziert gemäß der Richtlinie 98/34/EG des Europäischen Parlaments und des Rates v. 22.6.1998 über ein Informationsverfahren auf dem Gebiet der Normen und technischen Vorschriften und der Vorschriften für die Dienste der Informationsgesellschaft (ABl L 204 vom 21.7.1998, S. 37), zuletzt geändert durch Artikel 26 Abs. 2 der Verordnung (EU) Nr. 1025/2012 v. 25.10.2012 (ABl L 316 vom 14.11.2012, S. 12).

Um dem ERV in Grundbuchsachen zur Verbreitung und damit auch zur effizienten Nutzung durch die Justiz zu verhelfen, war es naheliegend,[6] die **Notare zur elektronischen Einreichung zu verpflichten**. Sie verfügen über die technischen Einrichtungen und die notwendige Erfahrung aus dem elektronischen Rechtsverkehr mit den Handelsregistern.[7] Auch nach Abschaffung des § 15 Abs. 3 S. 2 BNotO zum 17.5.2017[8] sind Notare weiter verpflichtet technische Einrichtungen vorzuhalten, um dem Urkundgewährungsanspruch (§ 15 Abs. 1 BNotO) Rechnung zu tragen. Mit § 14b FamFG wurde für alle Verfahren im Anwendungsbereich des FamFG unter anderem für Rechtsanwälte und Notare die Pflicht begründet, Anträge und Erklärungen als elektronisches Dokument zu übermitteln. Unabhängig davon ermöglicht es Abs. 1 S. 2 Nr. 4 den Landesjustizverwaltungen, dem Notar die **Pflicht zur elektronischen Übermittlung der Dokumente** zu verpflichten, wobei Beschränkungen dieser Verpflichtung auf bestimmte Grundbuchbezirke und bestimmte Verfahrensarten oder Dokumente möglich sind. Ebenso kann die **Pflicht zur antragsbegleitenden Übersendung von Daten in strukturierter Form** angeordnet werden (vgl. oben Rdn 2).[9] Soweit es danach erforderlich ist, dass der Notar strukturierte Daten in Form der Extensible Markup Language (XML) oder in einem nach der Stand der Technik vergleichbaren Format für eine automatisierte Weiterbearbeitung beim Grundbuchamt erzeugt, fällt hierfür eine gesonderte Vollzugsgebühr in Höhe von 0,2 an, die auf 125 EUR beschränkt ist (Nr. 22114 KV GNotKG). Die elektronische Kommunikation mit den Grundbuchämtern kann – ebenso wie die Kommunikation mit den Handels- und Vereinsregistern über das Programm XNotar (XNP-Modul Grundbuch) mit integrierter OSCI-Funktion für die sichere Übermittlung abgewickelt werden. Auf der Seite der Notarnet erhalten Notare einen Überblick zum Stand der Eröffnung des ERV bei den Grundbuchämtern.[10] Maßgeblich ist als Ausgangsbasis der Datensatz XJustiz Fachmodul Grundbuch, der jedoch auf die Bedürfnisse im Notariat anzupassen ist und sich so zu einem (kompatiblen) Datensatz XNotar entwickelt.[11]

Bereits mittelfristig könnten jedoch auch weitere Beteiligte oder Kommunikationspartner des Grundbuchamtes einbezogen werden, um die sonst weiter bestehenbleibenden Medienbrüche zu verhindern. § 137 Abs. 2 GBO enthält entsprechend bereits Regelungen für Behörden, die am Grundbuchverfahren beteiligt sind. Es erscheint daher sehr naheliegend, der Verpflichtung der Notare auch eine Verpflichtung der Behörden zur Seite zu stellen.[12] Das zunächst bestehende Interesse der Finanzwirtschaft, sich in den Prozess des ERV in Grundbuchsachen durch Entwicklung eines Workflows zur elektronischen Grundschuld einzubringen, ist ins Stocken geraten.[13] Es könnte und sollte allerdings auch unter dem Eindruck des Zwanges zu weiteren Rationalisierungen aufgrund von Personalengpässen wieder an Fahrt gewinnen.

Da die **Beschränkung auf bestimmte Antragsarten** bei der Verpflichtung der Notare für diese einerseits im Büroablauf nicht praktikabel erscheint und andererseits auch die dann zu fürchtenden „Hybrid-Einreichungen" sowohl in Papier- als auch in elektronischer Form innerhalb eines Vorganges etwa zu komplizierten Rangfragen führen könnte,[14] haben die bisher erlassenen Verordnungen zu Recht keinen Gebrauch von dieser Einschränkungsmöglichkeit[15] bei der Verpflichtung zur Einreichung Gebrauch gemacht.

---

6 Auch für den Gesetzgeber der GBO, der den Ländern empfiehlt: „Die Länder sollten allerdings darauf achten, dass sie eine derartige Verpflichtung nur begründen, soweit die gängigen Notariatssoftwareprodukte die Erstellung und Mitübersendung strukturierter Datensätze an das Grundbuchamt auch ermöglichen." Auf den Stand der Notariatssoftware sollte man dabei nicht zwingend warten, zu Recht ist jedoch mit dem GNotKG eine Gebühr in KV 22114 für die Erfassung der XML – Strukturdaten vorgesehen worden.
7 Vgl. *Püls*, NotBZ 2005, 305.
8 Vgl. BGBl I, S. 1146; zur Begründung Drucksache 18/9521, S. 219.
9 Zur entsprechenden Verpflichtung im Bereich des HR vgl. § 378 Abs. 4 FamFG.
10 Fachverfahren Grundbuch: Aufnahme des elektronischen Rechtsverkehrs nach Bundesländern/Grundbuchämtern 2023 | Onlinehilfe der Bundesnotarkammer (bnotk.de), besucht 230519.
11 Vgl. https://xjustiz.justiz.de/, besucht 230519.
12 Zu Recht kritisch daher *Wilsch*, BeckOK GBO § 135 Rn 9; unverändert aber aktuell kein Zwang für Behörden, vgl. OLG Zweibrücken, Beschl. v. 25.3.2022 – 3 W 19/22.
13 *Lüke/Püls/Steiner*, Der elektronische Rechtsverkehr in der notariellen Praxis, 2009, 61 ff.
14 *Wilsch*, BeckOK GBO § 135 Rn 6 allerdings zu dem vom Gesetzgeber abgelehnten Fall der Eröffnung des ERV auch für einzelne Verfahrensarten.
15 Die Gesetzesbegründung nennt etwa die Beschränkung Grundpfandrechte oder Auflassungsvormerkungen, BT-Drucks 16/12319, S. 25.

11 Eine **Beschränkung auf Dokumente bestimmten Inhalts** ist ebenfalls kontraproduktiv zu den Zielen[16] des ERV, macht aber im Ergebnis mehr Sinn als die Beschränkung auf bestimmte Antragsarten. Denn alleine aufgrund von Formatfragen etwa bei übergroßen Plänen stößt eine verpflichtende Umsetzung für den Notar an seine faktischen Grenzen. Die Verordnungsgeber sind gut beraten, hier Ausnahmen vorzusehen und gleichzeitig durch eigene, durchaus zentral einsetzbare Technologien den Medientransfer gem. § 138 GBO hin zur (rein) elektronischen Grundbuchakte sicherzustellen. Der einzelne Notar kann dies nicht immer technisch sicherstellen. Selbst wenn er sich externer Dienstleister bedienen würde, was wegen § 18 BNotO eine Zustimmung der Urkundsbeteiligten voraussetzen würde, ist dies nicht immer dort möglich, wo Notare in der Fläche noch der Justiz ihr Gesicht verleihen. Die Umsetzungen in den Verordnungen tragen dem bereits jetzt unterschiedlich Rechnung, was allerdings nicht zur Harmonisierung und Verfahrensvereinfachung beiträgt.

12 So lautet die **Einschränkung in § 1 Abs. 3 S. 2 SächsEJustizVO**:

> Satz 1 Nummer 1 gilt nicht für Pläne und Zeichnungen, die ein größeres Format als DIN A3 aufweisen, und, soweit es sich nicht um Urkunden des antragstellenden oder eines mit ihm zur gemeinsamen Berufsausübung verbundenen Notars handelt, für die mit den Plänen oder Zeichnungen gemäß § 44 des Beurkundungsgesetzes verbundenen Dokumente, wenn mindestens die in Satz 1 Nummer 2 genannten Angaben in strukturierter maschinenlesbarer Form übermittelt werden. § 137 Absatz 1 Satz 3 der Grundbuchordnung bleibt unberührt.

§ 3 Abs. 2 ERGA-VO BW lautet:

> Notare haben Amtsgerichten, die mit der Führung der Grundbücher betraut sind, in Grundbuchsachen Dokumente elektronisch zu übermitteln. Neben den elektronischen Dokumenten haben die Notare Angaben über die in § 4 Nr. 4 bezeichneten zusätzlichen Angaben (Metadaten) in strukturierter maschinenlesbarer Form im Format XML (Extensible Markup Language) zu übermitteln, die mindestens eine Bezeichnung des Grundbuchamts, der politischen Gemeinde, des Grundbuchbezirks, des Grundbuchblatts und die Art der eingereichten Dokumente ermöglichen. S. 1 und 2 gilt nicht für Pläne und Zeichnungen, die ein größeres Format als DIN A3 aufweisen sowie die damit gemäß § 44 des Beurkundungsgesetzes verbundenen Dokumente.

13 **Verstoßen Notare gegen die durch Verordnung begründete Pflicht** zur Übermittlung strukturierter Daten, berührt dies aus Gründen der Rechtssicherheit nicht den rechtswirksamen Eingang der übermittelten Dokumente (und damit der darin gestellten Anträge), Abs. 1 S. 3. Die Regelung ist auch im Hinblick auf etwaige technische Probleme bei der Übermittlung elektronischer Dokumente erforderlich. Nach Abs. 1 S. 2 Nr. 5 können die Landesregierungen zwar für diese Fälle beispielsweise auch die Ersatzeinreichung in Papierform zulassen. Vor diesem Hintergrund ist es unerlässlich, dass sowohl das Grundbuchamt als auch die Verfahrensbeteiligten unverzüglich erkennen können, ob und wann ein Eintragungsantrag wirksam gestellt ist. Die Zulässigkeit der Ersatzeinreichung in jedem Fall von der vorherigen Erlaubnis durch das Grundbuchamt oder die Justizverwaltung abhängig zu machen, erscheint im Hinblick auf die damit für die Beteiligten verbundene Gefahr eines Rangverlustes nicht sachgerecht. Eine disziplinarische Untersuchung und ggf. auch Ahndung von Pflichtverstößen eines Notars bleibt aber möglich.[17]

14 Nach Abs. 1 S. 2 Nr. 5 können die Landesregierungen respektive die Justizverwaltungen nach Delegation in ihren Verordnungen Maßnahmen für den Fall des Auftretens technischer Störungen anordnen. Bedeutung erlangen solche Maßnahmen nach dem Willen des Gesetzgebers insbesondere dann, wenn nach Abs. 1 S. 2 Nr. 4 lit. a bestimmt ist, dass Notare Dokumente nur mittels Datenfernübertragung in elektronischer Form beim Grundbuchamt einreichen dürfen. Hier kann für Störungsfälle beispielsweise die Übermittlung elektronischer Dokumente auf einem Datenträger oder die Einreichung in Papierform zugelassen werden. Aufgetretene technische Störungen im Bereich des HR im August 2017 legen jedenfalls dringend eine abgestimmte und einheitliche Praxis der Bundesländer und einen schnellen Informationsfluss zu aufgetretenen Problemen über die entsprechenden Plattformen im Interesse der Rechtsanwender nahe.

---

16 Vgl. *Püls*, DNotZ 2002, Sonderheft, 168, 175.

17 BT-Drucks 16/12319, S. 25 f.

D. Zulässigkeit der elektronischen Grundakte

Abs. 2 S. 2 Hs. 2 lässt die Führung elektronischer Grundakten zu. Eine gleichzeitige bundesweite Umstellung aller Grundbuchämter auf die elektronische Aktenführung ist aus technischen und organisatorischen Gründen nicht möglich. Die Landesregierungen können daher jeweils für ihren Zuständigkeitsbereich bestimmen, ab wann und bei welchen Grundbuchämtern die Grundakten elektronisch geführt werden. Auch bei der Einführung elektronischer Grundakten kann aber die Anordnung auf einzelne Grundbuchämter oder auf Teile des bei einem Grundbuchamt geführten Grundaktenbestands beschränkt werden, vgl. Abs. 2 S. 2 Hs. 2. Zulässig ist damit auch die Anordnung, nur Teile einer Grundakte in elektronischer Form zu führen und die restlichen Bestandteile (weiterhin) in Papierform aufzubewahren (sogenannte Hybridakte).[18] Einzelheiten zur elektronischen Grundakte sind in dem mit dem ERVGBG eingeführten Abschnitt XV der GBV (§ 94 ff. GBV) geregelt, vgl. § 94 GBV Rdn 1 ff.[19]

E. Beschwerdeverfahren

Der IV. Abschnitt der Grundbuchordnung (§§ 71 ff. GBO) enthält bereits Regelungen über den elektronischen Rechtsverkehr in den Fällen der Beschwerde sowie der weiteren Beschwerde. Durch das FamFG wurden diese Regelungen modifiziert. Danach soll für den elektronischen Rechtsverkehr und die elektronische Akte in Verfahren über die Beschwerde und die Rechtsbeschwerde künftig § 14 FamFG gelten, vgl. in § 73 Abs. 2 S. 2 GBO. Dies gilt auch für die Rechtsbeschwerde, vgl. § 78 Abs. 3 GBO i.V.m. § 73 Abs. 2 S. 2 GBO.

§ 136 Eingang elektronischer Dokumente beim Grundbuchamt

(1) Ein mittels Datenfernübertragung als elektronisches Dokument übermittelter Eintragungsantrag ist beim Grundbuchamt eingegangen, sobald ihn die für den Empfang bestimmte Einrichtung nach § 135 Absatz 1 Satz 2 Nummer 3 aufgezeichnet hat. Der genaue Zeitpunkt soll mittels eines elektronischen Zeitstempels bei dem Antrag vermerkt werden. § 13 Absatz 2 und 3 ist nicht anzuwenden. Die Übermittlung unmittelbar an die nach § 135 Absatz 1 Satz 2 Nummer 3 bestimmte Einrichtung ist dem Absender unter Angabe des Eingangszeitpunkts unverzüglich zu bestätigen. [5]Die Bestätigung ist mit einer elektronischen Signatur zu versehen, die die Prüfung der Herkunft und der Unverfälschtheit der durch sie signierten Daten ermöglicht.

(2) Für den Eingang eines Eintragungsantrags, der als elektronisches Dokument auf einem Datenträger eingereicht wird, gilt § 13 Absatz 2 Satz 2 und Absatz 3. Der genaue Zeitpunkt des Antragseingangs soll bei dem Antrag vermerkt werden.

(3) Elektronische Dokumente können nur dann rechtswirksam beim Grundbuchamt eingehen, wenn sie für die Bearbeitung durch das Grundbuchamt geeignet sind. Ist ein Dokument für die Bearbeitung durch das Grundbuchamt nicht geeignet, ist dies dem Absender oder dem Einreicher eines Datenträgers nach Absatz 2 Satz 1 unter Hinweis auf die Unwirksamkeit des Eingangs und auf die geltenden technischen Rahmenbedingungen unverzüglich mitzuteilen.

A. Allgemeines	1	C. Sonderfälle: Übermittlung eines	
B. Übermittlung mittels		Datenträgers, ungeeignete Dokumente	6
Datenfernübertragung und Eingang	3		

A. Allgemeines

Text in der Fassung des Art. 1 Gesetz zur Einführung des elektronischen Rechtsverkehrs und der elektronischen Akte im Grundbuchverfahren sowie zur Änderung weiterer grundbuch-, register- und kostenrechtlicher Vorschriften (ERVGBG), G. v. 11.8.2009 BGBl I S. 2713 m.W.v. 1.10.2009.

---

18 BT-Drucks 16/12319, S. 26.   19 Vgl. auch *Wilsch*, BeckOK GBO § 135 Rn 14 ff.

2 Mit Blick auf § 17 GBO kommt der exakten Festlegung des Eingangszeitpunkts auch von elektronischen Dokumenten erhebliche Bedeutung zu.[1] Die Norm stellt in bewusster Abweichung von § 13 Abs. 2 und 3 GBO auf die Besonderheiten des ERV ab.

B. Übermittlung mittels Datenfernübertragung und Eingang

3 Die Regelung des Abs. 1 S. 1, nach der ein **elektronisch übermitteltes Dokument** beim Grundbuchamt eingegangen ist, sobald ihn die für den **Empfang bestimmte Einrichtung** nach § 135 Abs. 1 S. 2 Nr. 3 GBO des Grundbuchamtes aufgezeichnet hat, dient der Rechtssicherheit und vermeidet Haftungsgefahren für den Einreicher. Allerdings bedarf der genaue Zeitpunkt einer weiteren Konkretisierung, ggf. auch im Rahmen einer auf der Grundlage des § 141 Nr. 1 GBO zu erlassenden Rechtsverordnung (zur Frage der Adressierung vgl. § 135 GBO Rdn 6). In der Regel ist die Einrichtung der Intermediär (OSCI-Manager), das „Postfach" des Grundbuchamts versendet selbst keine gesonderte Eingangsbestätigung das EGVP des Grundbuchamtes. Die eingehenden Dateien werden automatisch im Zeitpunkt des Eingangs bei der bestimmten Einrichtung mit einem elektronischen **Zeitstempel** versehen, was dem § 13 Abs. 2 S. 1 GBO entspricht, der allerdings – weil, wie auch § 13 Abs. 3 GBO für die Papierwelt konzipiert – explizit in § 135 Abs. 1 S. 3 GBO abbedungen wird.

4 Die Notwendigkeit einer rechtlichen Normierung einer **Eingangsbestätigung** wie in Abs. 1 S. 4 vorgesehen, ergibt sich auch aus den Erfahrungen mit dem elektronischen Handelsregisterverfahren. Im Rahmen dieses Verfahrens sind aufgrund des Fehlens einer rechtlichen Regelung sowohl die rechtliche Qualität der Empfangsbestätigung als auch die Rechtsfolge im Fall einer Unrichtigkeit derselben unklar. Durch eine rechtliche Normierung der Empfangsbestätigung im elektronischen Grundbuchverkehr wird deren Bedeutung im Hinblick auf das Prioritätsprinzip des Grundbuchrechts (§ 17 GBO) in sachgerechter Weise aufgewertet.

5 Bestätigt wird der Eingangszeitpunkt unter **Beifügung einer elektronischen Signatur**, Abs. 1 S. 5. Dabei handelt es sich nicht um eine qualifizierte elektronische Signatur, sondern um digitale Zertifikate in Verbindung mit einer Public-Key-Infrastruktur. Im Streitfall soll so der Einreicher den Beweis des Eingangs führen können. Wird das elektronische Dokument z.B. an das allgemeine Postfach des Amtsgerichts adressiert, erhält der Absender in der Regel die Eingangsbestätigung immer vom Intermediär und diese enthält aber als Hinweis den Empfänger der Nachricht. Der Notar sollte also auf die richtige Empfängerbezeichnung in der Eingangsbestätigung achten. Bei einer anschließenden Weiterleitung des Dokuments erhält der Einreicher keine zusätzliche/weitere Nachricht über den Eingang im elektronischen Postfach des Grundbuchamts.

C. Sonderfälle: Übermittlung eines Datenträgers, ungeeignete Dokumente

6 Abs. 2 stellt für die Ersatzeinreichung durch **Übersendung eines Datenträgers** – insbesondere in den von § 135 Abs. 2 S. 2 Nr. 5 GBO erfassten Fällen – die Geltung allgemeiner Eingangsregeln entsprechend der Papiereinreichung her, § 13 Abs. 2 S. 2 und Abs. 3 GBO. Theoretisch erfasst werden könnten auch die Fälle, in denen die Verordnung nach § 135 Abs. 2 S. 2 Nr. 2 GBO die Einreichung per Datenträger ausdrücklich vorsieht.[2] Diese Form der Einreichung reduziert die Effizienzgewinne und stellt in den entsprechenden RVOen der Länder somit zu Recht die Ausnahme dar. Allerdings sind die Vorschriften über die Ersatzeinreichung (auch beim Handelsregister) aufgrund unterschiedlicher Regelungen – schon über die Zuständigkeiten für Entscheidungen zur Zulässigkeit der Ersatzeinreichung) – für die Notare im Bundesgebiet im Fall von grundhaften Störungen der IT-Infrastruktur kaum handhabbar. Eine bundeseinheitliche Regelung, die dann auch eine nachträgliche online – Ersatzeinreichung vorsehen sollte, tut not. Eine Lösung wäre eine bundesgesetzliche Norm, die vorsieht, dass bei allgemeinen Störungen der Übermittlungs- oder Empfangswege Fristen nicht während der Störung ablaufen, sondern dass solche Anträge fristwahrend eingegangen sind, die innerhalb einer gewissen Frist nach Behebung der Störung tatsächlich eingehen.

---

1 Dies mag auch an der ausführlichen Begründung des Gesetzesentwurfes deutlich werden, der auf vier Seiten die Handlungsalternativen für eine Regelung darstellt und abwägt, BT-Drucks 16/12319, S. 26–29.

2 So die amtl. Begründung, BT-Drucks 16/12319, S. 29.

Abs. 3 sieht schließlich noch eine Sonderregelung des Eingangs für solche **Dokumente** vor, die sich **als** 7
für elektronische Weiterverarbeitung als ungeeignet erweisen. Die Gesetzesbegründung nennt als
Beispiel virenbehaftete Dateien. Losgelöst aller technischen Fragen, die sich beim Umgang mit derartigen Sonderfällen aufdrängen, bleibt die Frage des Verhältnisses einer Bestätigung des Eingangs nach
Abs. 1 zu der nach Abs. 3 S. 2 vorgesehenen Mittteilung über die Unwirksamkeit des Eingangs. Es ist
also zu vermuten, dass derartige Probleme in der Weiterverarbeitung auch auf technische Schwierigkeiten im Bereich des Grundbuchamtes zurückzuführen sein könnten, wenn die grundsätzlich richtigen Formate verwendet wurden. Allein durch die Übersendung einer Mittteilung über die „Ungeeignetheit" der
Daten zur Weiterbearbeitung kann das Problem mit Blick auf die Bedeutung der rangwahrenden Wirkung damit nicht zu Lasten des Einreichers gelöst sein. Gemeint ist auch nicht der Fall des Fehlens
oder der Fehlerhaftigkeit von strukturierten Daten, da § 135 Abs. 1 S. 3 GBO hierfür eine Spezialregelungen enthält, die gerade von der Wirksamkeit des Eingangs ausgeht. Würde die Eingangsbestätigung –
etwa wegen Virenbefalls – gar nicht an den Einreicher versandt werden, bliebe auch kein Raum für
eine Mitteilung über die Ungeeignetheit bzw. jedenfalls nicht über die Unwirksamkeit des Eingangs.
Es verbleiben also praktisch nur die Fälle, in denen die übermittelten Dokumente (also die eigentlich
sichtbar zu machenden und damit lesbaren Daten wie Anträge, Urkunden oder Vollzugsbehelfe) **nicht
den qua Verordnung zugelassenen Dateiformaten entsprechen**. In diesen Fällen entsteht auch für
den Einreicher kein Beweisnotstand, denn was von ihm versandt wurde, sollte dokumentiert werden. Waren es die falschen Formate, tritt keine Rangwahrung ein. Waren die Formate richtig, kann die Ungeeignetheit nicht durch bloße Mitteilung des Grundbuchamtes zum Verlust des Ranges führen. Es sind aber
auch Fälle einer fehlerhaften pdf-Umwandlung vorstellbar, durch die Dokumente de facto beim Empfänger nicht lesbar sind, also für die Bearbeitung nicht geeignet sind. In diesem Fall muss das Grundbuchamt
lesbare Dokumente nachfordern. Ob es sich hierbei um rangwirksam eingegangene Dokumente oder um
einen Fall des Abs. 3 (Unwirksamkeit des Eingangs) handelt, ist vom Einzelfall abhängig. Wenn durch die
mitgesandten XML-Daten eine Zuordnung zu einem Grundbuchblatt eindeutig möglich ist, könnte man
von einer Rangwahrung ausgehen; falls keine Zuordnung möglich ist oder die Grundbuchblattangabe
nicht exakt ist, kann der Eingang keine rangwahrende Wirkung entfalten. Freilich werden solche Streitfälle extrem selten sein, eine Verlagerung des Risikos nur auf den Einreicher ist aber auch im Lichte der
geschilderten Normen nicht plausibel.

§ 137 Form elektronischer Dokumente

(1) Ist eine zur Eintragung erforderliche Erklärung oder eine andere Voraussetzung der Eintragung
durch eine öffentliche oder öffentlich beglaubigte Urkunde nachzuweisen, so kann diese als ein mit
einem einfachen elektronischen Zeugnis nach § 39a des Beurkundungsgesetzes versehenes elektronisches Dokument übermittelt werden. Der Nachweis kann auch durch die Übermittlung eines öffentlichen elektronischen Dokuments (§ 371a Absatz 3 Satz 1 der Zivilprozessordnung) geführt werden, wenn

1. das Dokument mit einer qualifizierten elektronischen Signatur versehen ist und
2. das der Signatur zugrunde liegende qualifizierte Zertifikat oder ein zugehöriges qualifiziertes Attributzertifikat die Behörde oder die Eigenschaft als mit öffentlichem Glauben versehene Person
   erkennen lässt.

Ein etwaiges Erfordernis, dem Grundbuchamt den Besitz der Urschrift oder einer Ausfertigung einer Urkunde nachzuweisen, bleibt unberührt.

(2) Werden Erklärungen oder Ersuchen einer Behörde, aufgrund deren eine Eintragung vorgenommen werden soll, als elektronisches Dokument übermittelt, muss

1. das Dokument den Namen der ausstellenden Person enthalten und die Behörde erkennen lassen,
2. das Dokument von der ausstellenden Person mit einer qualifizierten elektronischen Signatur versehen sein und
3. das der Signatur zugrunde liegende qualifizierte Zertifikat oder ein zugehöriges qualifiziertes Attributzertifikat die Behörde erkennen lassen.

(3) Erklärungen, für die durch Rechtsvorschrift die Schriftform vorgeschrieben ist, können als elektronisches Dokument übermittelt werden, wenn dieses den Namen der ausstellenden Person enthält und mit einer qualifizierten elektronischen Signatur versehen ist.

(4) Eintragungsanträge sowie sonstige Erklärungen, die nicht den Formvorschriften der Absätze 1 bis 3 unterliegen, können als elektronisches Dokument übermittelt werden, wenn dieses den Namen der ausstellenden Person enthält. Die §§ 30 und 31 gelten mit der Maßgabe, dass die in der Form des § 29 nachzuweisenden Erklärungen als elektronische Dokumente gemäß den Absätzen 1 und 2 übermittelt werden können.

A. Allgemeines 1	D. Erklärungen einer Behörde 9
B. Systematik der Vorschrift 2	E. Erklärungen in Schriftform 10
C. Dokumente in öffentlichen oder öffentlich beglaubigten Urkunden 6	F. Dokumente, die keiner Form bedürfen ... 11

A. Allgemeines

1   Text in der Fassung des Art. 1 Gesetz zur Einführung des elektronischen Rechtsverkehrs und der elektronischen Akte im Grundbuchverfahren sowie zur Änderung weiterer grundbuch-, register- und kostenrechtlicher Vorschriften (ERVGBG), Gesetz vom 11.8.2009;[1] Abs. 1 S. 2 geändert m.W.v. 1.7.2014 durch Gesetz vom 10.10.2013.[2] Mit § 137 GBO werden die aus den §§ 29 ff. GBO bekannten Formbestimmungen auf die Formvorschriften des ERV angepasst.

B. Systematik der Vorschrift

2   Abs. 1 regelt die Form der elektronischen Dokumente für **Erklärungen oder Eintragungsvoraussetzungen, die durch öffentliche oder öffentlich beglaubigte Urkunde** nachzuweisen sind und orientiert sich dabei an den aus dem ERV mit den Handelsregistern erprobten Verfahrensweisen, wobei nach Abs. 1 S. 3 Einreichung bestimmter Urschriften in Papierform fortbesteht.

3   Abs. 2 behandelt **Erklärungen oder Ersuchen einer Behörde**, aufgrund deren eine Eintragung vorgenommen werden soll und regelt die Anforderungen.

4   Abs. 3 trifft die Regeln, die bei der Transformation von **Erklärungen in Schriftform** (§ 126 BGB) zu beachten sind.

5   Abs. 4 schließlich enthält die Bestimmungen für die **Übermittlung von sonstigen Erklärungen, die formfrei sind** und nicht den Bestimmungen der Abs. 1 bis 3 unterliegen sowie die entsprechende Geltung der § 30 GBO (z.B. Eintragungsanträge die Bewilligungen enthalten) und § 31 GBO (z.B. Rücknahme von Eintragungsanträgen) nach Maßgabe der Abs. 1 bis 3 für Erklärungen in der Form des § 29 GBO.

C. Dokumente in öffentlichen oder öffentlich beglaubigten Urkunden

6   Hat der Nachweis von Eintragungsbewilligungen oder sonstigen erforderlichen Erklärungen in der Form des § 29 Abs. 1 GBO zu erfolgen, ist für die Übermittlung an das Grundbuchamt ein Transformationsprozess erforderlich, um die elektronische Form des § 39a BeurkG zu erreichen. Zentrales Anliegen ist auch im Bereich des Grundbuchwesens die Sicherheit und das Vertrauen in den ERV. Hier nimmt die Signaturtechnik eine besondere Stellung ein. Die elektronische Form gem. § 126a BGB soll nach den Motiven des Gesetzgebers eine Grundlage für den sicheren elektronischen Rechtsverkehr bilden. Für den Verkehr mit den Grundbuchämtern und den bewährten Anforderungen des § 29 GBO kommt es daher auf die Einhaltung eines hohen Sicherheitsniveaus an.[3]

---

[1] BGBl I 2009, S. 2713 m.W.v. 1.10.2009.
[2] BGBl I 2013, S. 3786.
[3] Zu den (historischen) Grundlagen: Schippel/Bracker/*Püls*, BNotO, 7. Aufl., Anh. zu § 24 Rn 6 ff.; Kilian/Sandkühler/vom Stein/*Püls*, Praxishandbuch Notarrecht, § 17 Rn 59 ff.; zu den Vorzügen der Signatur vgl. *Püls/Gerlach*, NotBZ 2019, S. 81 ff.

Abs. 1 S. 1 sieht als Regelfall die **Übermittlung durch den Notar in der Form des § 39a BeurkG** vor. § 39a BeurkG ist – im Kernbereich – als Parallelnorm zu § 39 BeurkG konzipiert und regelt die gemeinsamen Merkmale elektronischer Vermerkdokumente. Die Amtsbereitschaft der Notare für diese Urkundstätigkeit wurde vorausgesetzt und ist seit 1.4.2006 gewährleistet.[4] Bei der Frage des erstellten Dokumentes war es unmittelbar nach der Einführung des ERV in Registersachen immer wieder zu Zwischenverfügungen gekommen, wenn der Medientransfer beim Notar nicht durch Scannen einer Urkunde (und der Beachtung der weiteren Voraussetzungen des § 39a BeurkG) erfolgte, sondern die „Abschrift" von dem im Original in Papier vorliegenden Dokument im Wege des sog. TIF – oder PDF – Renderings erstellt wurde (z.B. ein vom Notar zu signierendes Schreiben wird nicht erst von diesem auf Papier unterschrieben und gesiegelt, sondern direkt eine Datei aus der Textverarbeitung in das für die Datenübermittlung zugelassene Format PDF/A verwandelt und anschließend elektronisch signiert), sei hier auf die Zulässigkeit des Verfahrens ausdrücklich hingewiesen.[5] Dies gilt im Übrigen selbstverständlich auch uneingeschränkt für **notarielle Eigenurkunden**. Daneben ist die Übermittlung von **öffentlichen elektronischen Dokumenten i.S.d. § 371a Abs. 3 S. 1 ZPO** zulässig, wenn diese eine qualifizierte elektronische Signatur aufweisen und sich aus dem Attributzertifikat die Behörde oder die Eigenschaft als mit öffentlichem Glauben versehene Person (Notar) erkennen lässt. Für diese Dokumente gilt im Übrigen auch § 437 ZPO entsprechend. Ausdrücklich nicht ausreichend ist damit die Form des § 371b ZPO, der zwar in gerichtlichen Verfahren (außer dem Strafverfahren) als Beweisregel gilt, den aber Abs. 1 S. 2 zu Recht durch die ausdrückliche Benennung von § 371a Abs. 3 ZPO ausschließt.[6]

Soweit im Eintragungsverfahren auch der Besitz der Urkunde als rechtserhebliche Tatsache nachzuweisen ist, greift Abs. 1 S. 3. Der Gesetzgeber greift hier die in Rechtsprechung und Schrifttum vertretenen Meinungen auf und stellt klar, dass mit der Einführung des elektronischen Rechtsverkehrs insoweit keine Änderung der Rechtslage verbunden ist. Die Regelung zielt in erster Linie auf **Erbscheine und auf Testamentsvollstreckerzeugnisse**.[7] Bei Vollmachten sowie Bestallungsurkunden von Vormündern, Pflegern, Betreuern und Insolvenzverwaltern wird der Notar im in der Form des § 39a BeurkG übermittelten Dokument bestätigen, dass ihm bei Beurkundung die Vollmacht oder die Bestallungsurkunde etc. in Urschrift oder Ausfertigung vorgelegen hat, was dem Eintragungsverfahren genügt und bisweilen auch bei Testamentsvollstreckerzeugnissen so praktiziert wird. Eine Möglichkeit auf die Vorlage der Papierurkunden zu verzichten, wäre in jedem Fall eine Feststellung des Notars gem. vorstehendem Satz und die Versicherung, den Erbschein erst nach Abschluss des Eintragungsverfahrens an die Beteiligten herauszugeben bzw. im Falle der Einziehung das Grundbuchamt unverzüglich zu benachrichtigen. Dann wäre dem ursprünglichen Zweck der Papiervorlage hinreichend Rechnung getragen und der Aufwand der Hybridaktenführung weiter minimiert.[8] Echte Abhilfe wird offenbar erst ein Gültigkeitsregister schaffen.[9]

---

4 Zu § 39a BeurkG vgl. Schippel/Bracker/*Püls*, BNotO, 7. Aufl, Anh. zu § 24 Rn 28.

5 Zu der Frage des Transformationsprozesses sind etliche Entscheidungen ergangen: LG Trier, 19.3.2009 – 7 HK T 1/09: „*Es steht dem Notar nach § 12 Abs. 2 S. 2 Hs. 1 HGB („genügt") allerdings frei, eine elektronische Aufzeichnung zu übermitteln, unter welchem Begriff ein optisches Abbild der Papierurkunde zu verstehen ist. Gesetzlich vorgeschrieben ist hier die Einreichung einer die Unterschrift des Notars und dessen Dienstsiegel bildlich zeigenden Urkunde jedoch nicht.*" Ebenso KG Beschl. v. 20.6.2011 – 25 W 25/11 = BeckRS 2011, 17964; weitere Entscheidungen zum Ganzen: LG Hannover BWNotZ 2010, 211; OLG Brandenburg, Beschl. v. 28.10.2010 – 7 Wx 22/10 = FGPrax 2011, 89; OLG Jena FGPrax 2010, 199; OLG Schleswig Beschl. v. 13.12.2007 – 2 W 198/07; OLG Stuttgart MMR 2009, 434; zurückhaltend für den praktisch seltenen Fall der elektronischen Beglaubigung einer Unterschrift Meikel/*Böttcher*, § 137 Rn 32 informativ: https://www.elrv.info/elektronischer-rechtsverkehr/elektronische-dokumente, besucht 230519; *Püls/Gerlach*, NotAktVV, § 6 Abschnitt D.

6 Vgl. dazu die ausführliche Gesetzesbegründung zu § 371b ZPO, BT-Drucks 17/12634, S. 34.

7 *Demharter*, § 137 Rn 5; ausführlich: *Büttner/Frohn*, NotBZ 2016, 201, 241.

8 A.A. offenbar *Demharter*, § 137 Rn 5; *Böhringer*, NotBZ 2016, 281.

9 Vgl. *Danninger*, 8. Dresdener Forum zum ERV, https://www.notarkammer-sachsen.de/fileadmin/docs/forum-notarrecht/2021/vortrag-danninger.pdf und *Nordhues*, 10. DFN zum ERV, https://www.notarkammer-sachsen.de/fileadmin/docs/forum-notarrecht/2023/praesentation_gueltigkeitsregister_dr._nordhues.pdf, beide besucht 230927.

D. Erklärungen einer Behörde

9 Die Vorschrift greift die Regelungen des § 29 Abs. 3 GBO auf. Dort wird für in Papierform eingereichte Eintragungsvoraussetzungen aufgrund behördlicher Erklärungen und Ersuchen eine Einschränkung der Prüfungspflicht des Grundbuchamts begründet. Ist eine behördliche Urkunde unterschrieben und mit Siegel oder Stempel versehen, begründet dies für das Grundbuchamt die Vermutung der Ordnungsgemäßheit der Erklärung. Es genügt eine einzige Unterschrift. Das Grundbuchamt hat nicht zu prüfen, ob die Urkunde nach den für die Behörde geltenden Verfahrensvorschriften von mehr als einer Person zu unterzeichnen ist. Die Beidrückung des Siegels oder Stempels begründet für das Grundbuchamt zudem die Vermutung der Vertretungsbefugnis des Unterzeichners, sofern die Behörde im Rahmen ihrer Zuständigkeit gehandelt hat.[10] Die Regelung dient dem Schutz des Grundbuchamts sowie der Erleichterung seiner Arbeit. Das **Dienstsiegel bzw. der Stempel der Behörde wird durch das qualifizierte Zertifikat oder ein zugehöriges qualifiziertes Attributzertifikat ersetzt**, aus dem sich die Zugehörigkeit der signierenden Person zu der Behörde ergibt.

E. Erklärungen in Schriftform

10 Soweit im Grundbuchverfahren ausnahmsweise die Schriftform[11] vorgeschrieben ist, bedürfen **elektronisch übermittelte Dokumente dann der qualifizierten elektronischen Signatur**, Abs. 3. Die gilt etwa im Fall des Rangklarstellungsverfahrens nach § 104 Abs. 2 GBO. Für das Beschwerdeverfahren gelten nach § 135 Abs. 4 S. 2 GBO aber die Vorschriften des IV. Abschnitts der GBO (§ 73 Abs. 2 S. 2 und Abs. 3 i.V.m. § 14 FamFG).

F. Dokumente, die keiner Form bedürfen

11 Entsprechend der Regelung in § 13 Abs. 2 S. 1 GBO wonach ein Antrag, wenn er nicht zu Protokoll erklärt wird, **in einem Schriftstück niedergelegt sein muss und es genügt, wenn die Person des Antragstellers zweifelsfrei erkennbar ist**, sieht Abs. 4 S. 1 vor, dass die Beantragung einer Grundbucheintragung mittels eines elektronischen Dokuments lediglich voraussetzt, dass dieses den Namen der ausstellenden Person enthält. Einer darüber hinausgehenden elektronischen Signatur bedarf es nicht. Auch alle sonstigen Erklärungen, die nicht der Schriftform oder einer höheren Form unterliegen sowie Behördenerklärungen bzw. -ersuchen im Sinne des Abs. 2, können so an das Grundbuchamt übermittelt werden.

Daher besteht bei elektronischen **Antragsschreiben eines Notars** an das Grundbuchamt keine Pflicht zur (namentlichen) Klarstellung, ob der Notar oder sein Vertreter eingereicht hat. Denn aus dem Briefkopf wird in aller Regel deutlich, dass immer der Notar (gegebenenfalls eben durch seinen amtlich bestellten Vertreter) derjenige ist, der den Antrag stellt. Die Probleme sind tatsächlich auch erst mit den rein elektronischen Anträgen bei Grundbuchämtern in Sachsen als Fragestellung aufgetaucht. Denn wenn ein entsprechender Antrag für das Grundbuchamt vorbereitet wird, ist für den Mitarbeiter im Zeitpunkt der Fertigung des Schreibens in der Regel noch nicht erkennbar, ob der Notar oder der amtlich bestellte Vertreter unterschreiben wird. Eindeutig genügt aber die Bezeichnung des Amtsträgers wie vorhin ausgeführt. Hilfsweise empfiehlt sich noch das Hinzufügen einer Schriftzeile „*mit freundlichen Grüßen, Notar XYZ/Notarvertreter (gemäß elektronische Signatur)*".

Etwas anderes kann bei Sozietäten gelten. Hier sollte der jeweils antragstellende Sozius (mindestens) aus der Unterschriftenzeile erkennbar sein, da im Briefkopf im Zweifel beide Sozien aufgeführt werden.

---

10 BT-Drucks 16/12319, S. 30. 11 Zu Recht verweist Meikel/*Böttcher*, § 137 Rn 44.

§ 138 Übertragung von Dokumenten

(1) In Papierform vorliegende Schriftstücke können in elektronische Dokumente übertragen und in dieser Form anstelle der Schriftstücke in die Grundakte übernommen werden. Die Schriftstücke können anschließend ausgesondert werden, die mit einem Eintragungsantrag eingereichten Urkunden jedoch nicht vor der Entscheidung über den Antrag.
(2) Der Inhalt der zur Grundakte genommenen elektronischen Dokumente ist in lesbarer Form zu erhalten. Die Dokumente können hierzu in ein anderes Dateiformat übertragen und in dieser Form anstelle der bisherigen Dateien in die Grundakte übernommen werden.
(3) Wird die Grundakte nicht elektronisch geführt, sind von den eingereichten elektronischen Dokumenten Ausdrucke für die Akte zu fertigen. Die elektronischen Dokumente können aufbewahrt und nach der Anlegung der elektronischen Grundakte in diese übernommen werden; nach der Übernahme können die Ausdrucke vernichtet werden.

A. Allgemeines 1	D. Übertragung von übermittelten
B. Übertragung von Papierdokumenten;	elektronischen Dokumenten in
Aussonderung 2	Papierdokumente; Speicherung 6
C. Übertragung von elektronischen	
Dokumenten 5	

A. Allgemeines

Text in der Fassung des Art. 1 Gesetz zur Einführung des elektronischen Rechtsverkehrs und der elektronischen Akte im Grundbuchverfahren sowie zur Änderung weiterer grundbuch-, register- und kostenrechtlicher Vorschriften (ERVGBG), Gesetz vom 11.8.2009.[1] Interne Verweise auf § 138 GBO finden sich in §§ 12b und 148 GBO. Die Vorschrift ermöglicht den grundbuchamtsinternen Medientransfer, der zum einen die Überführung von Papierdokumenten in elektronische Dokumente und damit die Bedienung der elektronischen Akte ermöglicht, zum anderen bei möglicher elektronischer Übermittlung und fehlender E-Akte die Umwandlung in Papierdokumente, um der sukzessiven Einführung des ERV und der Grundakte Raum zu geben. Die Bestimmungen des § 138 GBO und des § 97 GBV lassen den Medientransfer zu und regeln dessen Umsetzung. Die Beweiskraft des ersetzenden Scannens beruht aber auf dem 2013 mit dem E-Justiz Gesetz eingeführten § 371b ZPO.

B. Übertragung von Papierdokumenten; Aussonderung

Sämtliche in Papier vorhandenen oder noch so übermittelten Dokumente können nach Abs. 1 S. 1 in die elektronische Form überführt werden. Zu den weiteren Regelungen § 97 GBV Rdn 1 ff. und die Technische Richtlinie des BSI „BSI TR-03138 Ersetzendes Scannen (RESISCAN)".[2]

Da eines der Ziele des ERV auch ist, Archivkapazitäten (und den damit verbundenen Verwaltungsaufwand) zu verringern, sieht § 137 Abs. 1 S. 2 GBO die Aussonderung des Papierdokuments vor. Soweit es sich um Urkunden handelt, die im Zusammenhang mit einem Antrag auf Grundbucheintragung eingereicht wurden, sind diese mindestens bis zur Entscheidung über den Eintragungsantrag aufzubewahren, was gewährleisten soll, dass die Entscheidung auf der Grundlage der Originaldokumente getroffen werden kann. Dies mag aus Gründen der Beweiserheblichkeit naheliegen, zwingend ist es aber im Lichte der Beweiswirkung des § 371b ZPO i.V.m. § 437 ZPO nicht und deswegen schon in der Begründung[3] auf die Fälle beschränkt, in denen es auf den Besitz der Urschrift oder Ausfertigung einer Urkunde zum Zeitpunkt des Grundbuchvollzugs ankommt, § 137 Abs. 1 S. 3 GBO. Die Einzelheiten der Aussonderung richten sich nach dem jeweiligen Landesrecht und ggf. datenschutzrechtlichen Bestimmungen und können für verschiedene Arten von Urkunden auch unterschiedliche Handhabungen vorsehen.[4]

---

1 BGBl I 2009, S. 2713 m.W.v. 1.10.2009.
2 .https://www.bsi.bund.de/SharedDocs/Zertifikate_TR/Technische_Sicherheitseinrichtungen/BSI-K-TR-0374–2020.html, besucht 230519, besucht 230519.
3 BT-Drucks 16/12319, S. 31.
4 BT-Drucks 16/12319, S. 31.

4 Die Vorschrift begründet keine Verpflichtung zur Vernichtung von Schriftstücken oder deren Rückgabe an die einreichende Person. Daher ist auch eine weitere Aufbewahrung zulässig, wobei die Aufbewahrung nicht bei den Grundakten erfolgen muss. Die Rückgabe sollte jedoch dann – wie bisher auch – der Regelfall sein, wenn mit den Papierdokumenten noch eine anderweitige Verwendung naheliegt, in jedem Fall wenn der Einreicher dies beantragt.[5] Werden aber z.B. Erbscheinsausfertigungen ausgesondert, sollte allerdings darauf geachtet werden, dass die Vernichtung so dokumentiert wird, dass für den Fall, dass der Erbschein eingezogen wird, ein Aufgebotsverfahren vermieden werden kann.

C. Übertragung von elektronischen Dokumenten

5 § 137 Abs. 2 GBO trägt dem Bedürfnis nach einer kontinuierlichen Anpassung der nach den Landesverordnungen (vgl. § 135 GBO Rdn 1) zugelassenen Übermittlungsformaten an die technische Weiterentwicklung Rechnung.[6] Der Vorgang ist vergleichbar mit der Übertragung eines elektronischen Dokuments in die Papierform zum Zweck der Aufnahme in die (noch) in Papierform geführte Grundakte (Abs. 3): Es ist sicher zu stellen, dass das an die Stelle des elektronischen Originaldokuments tretende Surrogat inhaltlich und bildlich mit dem Original übereinstimmt. Einzelheiten der Übertragung regelt § 98 Abs. 2 GBV.

D. Übertragung von übermittelten elektronischen Dokumenten in Papierdokumente; Speicherung

6 Die Vorschrift in Abs. 3 ist nur vor dem Hintergrund des möglichst weiten Spielraums der Landesgesetzgeber bei der Einführung des ERV und der eGrundakte zu verstehen. Auch wenn wenig effizient und daher wenig wahrscheinlich, könnte ein Land den elektronischen Rechtsverkehr zulassen, ohne gleichzeitig auch die elektronische Akte einzuführen. Für den Fall, dass die Grundakte, zu der ein elektronisches Dokument eingereicht wird, noch nicht (auch nicht teilweise) in elektronischer Form geführt wird und eine Umstellung auch nicht im Zusammenhang mit der Einreichung dieses Dokuments erfolgen soll, sieht Abs. 3 S. 1 vor, dass das übermittelte elektronische Dokument in die Papierform übertragen und in dieser Form zur Grundakte genommen wird. Um dann nicht wieder bei Einführung der eAkte auf den Medientransfer nach Abs. 1 zurückgreifen zu müssen, wird die Speicherung zu diesem Zweck der späteren Überführung zugelassen. Für die Aufbewahrung der elektronischen Dokumente gilt – wie für den gesamten VIII. – Abschnitt – § 135 Abs. 4 S. 1 GBO mit dem Verweis auf § 126 Abs. 1 S. 2 und Abs. 3 GBO und die danach einzuhaltenden Grundsätze der ordnungsgemäßen Datenverarbeitung und die zu treffenden Vorkehrungen gegen Datenverlust und Datenmanipulation.

---

§ 139 Aktenausdruck, Akteneinsicht und Datenabruf

(1) An die Stelle der Abschrift aus der Grundakte tritt der Ausdruck und an die Stelle der beglaubigten Abschrift der amtliche Ausdruck. Die Ausdrucke werden nicht unterschrieben. Der amtliche Ausdruck ist als solcher zu bezeichnen und mit einem Dienstsiegel oder -stempel zu versehen; er steht einer beglaubigten Abschrift gleich.

(2) Die Einsicht in die elektronischen Grundakten kann auch bei einem anderen als dem Grundbuchamt gewährt werden, das diese Grundakten führt. Über die Gestattung der Einsicht entscheidet das Grundbuchamt, bei dem die Einsicht begehrt wird.

(3) Für den Abruf von Daten aus den elektronischen Grundakten kann ein automatisiertes Verfahren eingerichtet werden. § 133 gilt entsprechend mit der Maßgabe, dass das Verfahren nicht auf die in § 12 Absatz 1 Satz 2 genannten Urkunden beschränkt ist.

---

5 In diesem Sinn auch Meikel/*Böttcher*, § 138 Rn 7; ebenso BT-Drucks, a.a.O.
6 Zum insoweit bestehenden Zielkonflikt mit der Notifizierungspflicht der Landesverordnungen nach EU Recht (Richtlinie 98/34/EG des Europäischen Parlaments und des Rates vom 22.6.1998 über ein Informationsverfahren auf dem Gebiet der Normen und technischen Vorschriften und der Vorschriften für Dienste der Informationsgesellschaft) vgl. die Begründung, BT-Drucks, a.a.O.

| A. Allgemeines | 1 | C. Automatisierter Abruf | 4 |
| B. Ausdruck und Akteneinsicht | 2 | | |

A. Allgemeines

Text in der Fassung des Art. 1 Gesetz zur Einführung des elektronischen Rechtsverkehrs und der elektronischen Akte im Grundbuchverfahren sowie zur Änderung weiterer grundbuch-, register- und kostenrechtlicher Vorschriften (ERVGBG).[1] § 99 GBV (Aktenausdruck, Akteneinsicht und Datenabruf) enthält Ausführungsbestimmungen und nimmt Bezug auf Abs. 3.

Die Vorschrift enthält die Regelungen, um die nach § 12 Abs. 2 und § 46 Abs. 3 GBV gestattete Einsicht in die Grundakte auch im Anwendungsbereich der E-Grundakte sicherzustellen.[2]

B. Ausdruck und Akteneinsicht

Wird die Grundakte elektronisch geführt, tritt an die Stelle der Abschrift ein maschinell gefertigter **Ausdruck**, Abs. 1 S. 1. Die Vorschrift ist § 131 GBO nachgebildet, der eine vergleichbare Regelung für Ausdrucke aus dem Grundbuch enthält.[3] Einzelheiten der Erteilung von Ausdrucken aus der Grundakte regelt § 99 Abs. 1 GBV in Verbindung mit § 78 Abs. 1 und 2 GBV.

So wie bisher dem Berechtigten die Grundakte vorgelegt wurde, kann er nach Einführung und Freischaltung der **eGrundakte** den Datenbestand über eine vom Mitarbeiter des Grundbuchamtes zu gewährende **Bildschirmeinsicht** erhalten. Einzelheiten der Einsichtgewährung regelt § 99 Abs. 2 GBV in Verbindung mit § 79 GBV. Die **dezentrale Einsicht**, bereits ein Erfolg des maschinellen Grundbuchs (vgl. § 132 GBO), wird in Abs. 2 für die eAkte ebenfalls vorausgesetzt. Eine dem § 133a GBO entsprechende Möglichkeit, die Einsicht auch durch Notare, d.h. dezentral und bürgerfreundlich zu gewähren, ist zwar noch nicht vorgesehen. Die Argumente, die den Gesetzgeber aber im Rahmen des § 133a GBO bewegt haben,[4] sollten auch hier ohne weiteres gelten. Ähnlich wie im Bereich der Grundbucheinsichten hat sich dieser Weg unter Beachtung aller technischen und rechtlichen Vorgaben bereits in der Praxis etabliert. Wie bereits bei der Grundbucheinsicht ist die „isolierte" Einsicht durch Notare nicht wirklich ein Problem. Gleichwohl sollte der Notar die Vorgaben des § 133a GBO, § 85a GBV entsprechend beachten. Zur Verweisungsproblematik vgl. § 99 GBV Rdn 4 ff.

C. Automatisierter Abruf

Abs. 3 S. 1 sieht die **Einrichtung eines automatisierten Abrufverfahrens für die Grundakteneinsicht** vor. Das Verfahren erlaubt dem zugelassenen Nutzer den Zugriff auf die gespeicherten Daten, ohne dass das Grundbuchamt den Abruf vorher im Einzelfall gestattet. Dabei wird auf § 133 GBO verwiesen, der zum Verfahren weitreichende Ausführungen enthält (vgl. § 133 GBO Rdn 1 ff. und § 80 GBV Rdn 1 ff.) und auch einen in der Praxis erprobten und bewährten rechtlichen Rahmen darstellt.[5] § 99 Abs. 3 GBV verweist für Abrufe aus der elektronischen Grundakte hierher (vgl. § 99 GBV Rdn 5). Wie Abs. 3 S. 2 klarstellt, bezieht sich die Gestattung auf den **Abruf aller Dokumente** und nicht nur die Urkunden, auf die im Grundbuch zur Ergänzung einer Eintragung Bezug genommen ist (vgl. § 12 Abs. 1 S. 2 GBO). Zur Verwendung der Abrufe im Rahmen von Beurkundungsverfahren vgl. die Kommentierung bei § 75 GBV Rdn 18.

---

[1] Gesetz v. 11.8.2009 BGBl I S. 2713 m.W.v. 1.10.2009.
[2] BT-Drucks 16/12319, S. 32.
[3] BT-Drucks 16/12319, S. 32.
[4] BT-Drucks 17/13136, S. 20; zum Entwurf der Regelung in § 132 Abs. 2 ff. -E BT-Drucks 17/1469, 2 und 19 f. zum Ganzen *Püls*, NotBZ 2013, 329 ff.
[5] So auch die ausdrückliche Feststellung der Begründung, BT-Drucks 16/12319, S. 32; Kommentierung bei § 113 Rn 1 ff.

§ 140 Entscheidungen, Verfügungen und Mitteilungen

(1) Wird die Grundakte vollständig oder teilweise elektronisch geführt, können Entscheidungen und Verfügungen in elektronischer Form erlassen werden. Sie sind von der ausstellenden Person mit ihrem Namen zu versehen, Beschlüsse und Zwischenverfügungen zusätzlich mit einer qualifizierten elektronischen Signatur. Die Landesregierungen werden ermächtigt, durch Rechtsverordnung den Zeitpunkt zu bestimmen, von dem an Entscheidungen und Verfügungen in elektronischer Form zu erlassen sind; die Anordnung kann auf einzelne Grundbuchämter beschränkt werden. Die Landesregierungen können die Ermächtigung durch Rechtsverordnung auf die Landesjustizverwaltungen übertragen.

(2) Den in § 174 Absatz 1 der Zivilprozessordnung genannten Empfängern können Entscheidungen, Verfügungen und Mitteilungen durch die Übermittlung elektronischer Dokumente bekannt gegeben werden. Im Übrigen ist die Übermittlung elektronischer Dokumente zulässig, wenn der Empfänger dem ausdrücklich zugestimmt hat. Die Dokumente sind gegen unbefugte Kenntnisnahme zu schützen. Bei der Übermittlung von Beschlüssen und Zwischenverfügungen sind die Dokumente mit einer elektronischen Signatur zu versehen, die die Prüfung der Herkunft und der Unverfälschtheit der durch sie signierten Daten ermöglicht.

(3) Ausfertigungen und Abschriften von Entscheidungen und Verfügungen, die in elektronischer Form erlassen wurden, können von einem Ausdruck gefertigt werden. Ausfertigungen von Beschlüssen und Zwischenverfügungen sind von dem Urkundsbeamten der Geschäftsstelle zu unterschreiben und mit einem Dienstsiegel oder -stempel zu versehen.

(4) Die Vorschriften des Vierten Abschnitts über gerichtliche elektronische Dokumente in Beschwerdeverfahren bleiben unberührt. Absatz 1 gilt nicht für den Vollzug von Grundbucheintragungen.

A. Allgemeines	1	D. Medientransfer	6
B. Erlass von Entscheidungen, Verfügungen	2	E. Beschwerdesachen; keine Geltung für Grundbucheintragungen	7
C. Übermittlung von Entscheidungen, Verfügungen, Mitteilungen	3		

A. Allgemeines

1 Text in der Fassung des Art. 1 Gesetz zur Einführung des elektronischen Rechtsverkehrs und der elektronischen Akte im Grundbuchverfahren sowie zur Änderung weiterer grundbuch-, register- und kostenrechtlicher Vorschriften (ERVGBG), Gesetz vom 11.8.2009[1] und der Änderung in Abs. 1 S. 1 durch das DaBaGG, Gesetz zur Einführung eines Datenbankgrundbuchs vom 1.10.2013.[2]

Abs. 1 regelt die Abfassung von Entscheidungen und Verfügungen in elektronischer Form nach entsprechender Zulassung durch Rechtsverordnung. Abs. 2 benennt mit § 174 Abs. 1 ZPO den Adressatenkreis für die Übermittlung derartiger Dokumente unter Einschluss der Mitteilungen in elektronischer Form. Abs. 3 sieht den Ausdruck und zu beachtende Formanforderungen vor, wenn zwar die Entscheidungen und Verfügungen in elektronischer Form erlassen wurden, aber dann in Papierform übermittelt werden. In Abs. 4 ist klargestellt, dass die Vorschriften des Vierten Abschnitts (§ 71 bis § 81 GBO) für das Beschwerdeverfahren unberührt bleiben, so etwa § 73 Abs. 2 S. 2 i.V.m. § 14 Abs. 1 S. 3 bis 5 FamFG, vgl. auch § 135 Abs. 4 S. 2 GBO (siehe § 135 GBO Rdn 16).[3]

---

[1] BGBl I S. 2713 m.W.v. 1.10.2009; BT-Drucks 17/12635, S. 23.
[2] BGBl I 3719.
[3] BT-Drucks 16/12319, S. 32 f.

B. Erlass von Entscheidungen, Verfügungen

Nach § 135 Abs. 2 S. 1 GBO kann die Grundakte elektronisch geführt werden, wobei auch Teile des Akteninhalts (weiterhin) in Papierform aufbewahrt werden können (siehe auch § 135 GBO Rdn 15).[4] Nach Abs. 1 S. 1 können – nach der Einfügung der Worte „vollständig oder teilweise" durch das DaBaGG – auch bei Hybridakten **Entscheidungen und Verfügungen** des Grundbuchamts in elektronischer Form erlassen werden. Die Landesregierungen bzw. die Landesjustizverwaltungen können hier die elektronische Form durch Rechtsverordnung gemäß Abs. 1 S. 3 auch für Verfügungen, die ausschließlich den internen Geschäftsablauf betreffen, aber auch für Maßnahmen mit Außenwirkung wie beispielsweise eine Antragszurückweisung oder Zwischenverfügungen nach § 18 Abs. 1 GBO sowie die Ablehnung eines Antrags auf Grundbucheinsicht vorschreiben.[5]

C. Übermittlung von Entscheidungen, Verfügungen, Mitteilungen

Die den Beteiligten bekannt zu gebenden **Beschlüsse und Zwischenverfügungen** liegen dem Grundbuchamt regelmäßig als elektronische Dokumente vor.[6] Diese und, wo der ERV zunächst in Etappen umgesetzt wurde wie etwa in Sachsen, insbesondere die **Mitteilungen** über Grundbucheintragungen nach § 55 GBO,[7] können nach Abs. 2 S. 1 in elektronischer Form übermittelt werden. Beschlüsse und Zwischenverfügungen sind mit einer qualifizierten elektronischen Signatur (qeS)[8] zu versehen. Diese wird im EGVP-Client nach Eingang etwa bei einem Notar automatisch überprüft. Vom beN-Client wird automatisch nach Abrufen der Nachricht ein Prüfprotokoll erstellt.

Nach Abs. 2, wonach nicht nur **Notaren**, sondern auch anderen in § 174 Abs. 1 ZPO genannten Empfängern Entscheidungen elektronisch bekannt gegeben werden können,[9] erweitert die Möglichkeiten der elektronischen Abwicklung und der effektiven Arbeit des Grundbuchamtes. Die Vorschrift stellt eine wesentliche Beschleunigung der Kommunikationswege jedenfalls dann sicher, wenn die Übermittlung sich auch zeitnah an den Entscheidungs- bzw. Eintragungsvorgang (bei Mitteilungen) anschließt. Der Vorteil der medienbruchfreien Verarbeitung im Grundbuchamt und dann durch den Empfänger wird in jedem Falle so besser gewahrt, als bei einem Hybridverfahren, bei dem der Notar z.B. elektronisch einreicht, die Zwischenverfügung oder Mitteilungen dann aber noch in Papierform erhält.[10] Im Übrigen ist die Übermittlung elektronischer Dokumente nur dann zulässig, wenn der **andere Empfänger** dem ausdrücklich zugestimmt hat, Abs. 2 S. 2.

Bei der **Form der zu übermittelnden Dokumente** im Falle von Beschlüssen und Verfügungen, die nicht bereits nach Abs. 1 S. 2 signiert wurden (qeS), stimmen der Wortlaut des Gesetzes und die Begründung zu Abs. 2 S. 4 nicht vollständig überein. Nach der **Entwurfsbegründung** sind Beschlüsse und Zwischenverfügungen, die nicht bereits nach Abs. 1 elektronisch signiert sind,[11] nach S. 4 mit einer qualifizierten elek-

---

4 Zur Zulässigkeit von Hybridakten vgl. § 96 Abs. 1 S. 1 GBV. Die Klarstellung erfolgte durch das DaBaGG, Gesetz zur Einführung eines Datenbankgrundbuchs v. 1.10.2013, BGBl I 3719, vollständig oder teilweise.

5 BT-Drucks 16/12319, S. 32.

6 Entweder als solche im Sinne des Abs. 1 oder – mit Blick auf die vollständige Umstellung – als elektronisch gespeicherte Dateien von in Papierform erlassenen Beschlüssen und Zwischenverfügungen.

7 Die ersten Übermittlungen im Testbetrieb begannen in Sachsen im Januar 2011, inzwischen erfolgt ausschließlich Empfang via beN.

8 Die Verordnung (EU) Nr. 910/2014 des Europäischen Parlaments und des Rates über elektronische Identifizierung und Vertrauensdienste für elektronische Transaktionen im Binnenmarkt und zur Aufhebung der Richtlinie 1999/93/EG (im Folgenden: eIDAS-Verordnung) ist am 17.9.2014 in Kraft getreten ist und seit dem 1.7.2016 vollständig anwendbar.

9 Die Begründung nennt ausdrücklich die Notare an erster Stelle und führt weiter auf: Anwälte, Gerichtsvollzieher, Steuerberater und sonstige Personen, bei denen aufgrund ihres Berufes von einer erhöhten Zuverlässigkeit ausgegangen werden kann, sowie Behörden, Körperschaften und Anstalten des öffentlichen Rechts; BT-Drucks 16/12319, S. 33. Gerade die Umsetzung bei den letztgenannten öffentlichen Einrichtungen hapert aber bisweilen.

10 Ähnlich positiv Wilsch, BeckOK GBO § 140 Rn 2 mit dem richtigen Hinweis auf eine Abstimmung mit den Notarkammern bei der Einführung der rein elektronischen Übermittlung.

11 Die Signaturpflicht nach S. 4 besteht beispielsweise dann, wenn der Beschluss oder die Zwischenverfügung in Papierform erlassen wurde und als elektronisches Dokument übermittelt werden soll. Wurde der Beschluss oder die Zwischenverfügung in elektronischer Form erlassen, gemäß Abs. 1 S. 2 elektronisch signiert und liegt dieser Signatur ein Zertifikat oder ein zugehöriges Attributzertifikat zugrunde, das erkennen lässt, welchem Grundbuchamt oder Amtsgericht die erlassende Person angehört, sind Authentizität und Integrität des Dokuments bereits durch diese Signatur verifizierbar, BT-Drucks 16/12319, S. 33.

tronischen Signatur zu versehen.¹² Dies erscheint sachgerecht, da der Empfänger hierdurch Herkunft und Unverfälschtheit des Dokumentes **zweifelsfrei** prüfen kann und die Erstellung elektronisch beglaubigter Abschriften durch den Notar möglich wird (§ 42 Abs. 4 BeurkG). Der **Wortlaut** des Abs. 2 S. 4 sieht jedoch nur das Erfordernis einer (einfachen) „elektronischen Signatur" vor. Die erforderliche Signatur unterliegt damit keinen technischen und rechtlichen Vorgaben und muss auch nicht eine bestimmte natürliche Person oder ein bestimmtes Grundbuchamt oder Amtsgericht als Aussteller erkennen lassen. Die in der Entwurfsbegründung zu Recht geforderte Möglichkeit der zuverlässigen Überprüfbarkeit der Authentizität eines Dokuments, das unmittelbar an außenstehende Personen gerichtet ist, ist somit nicht in einem Maße gewährleistet, wie dies bei einer qualifizierten elektronischen Signatur der Fall ist. Richtigerweise ist daher im Zusammenspiel der Norm Abs. 2 S. 4 so zu lesen, dass die medienbruchfreie Erstellung und Signatur nach Abs. 1 S. 2 den Regelfall bei der Umstellung auf den ERV darstellt.¹³ Nachvollziehbar ist hingegen der Verzicht auf eine elektronische Signatur bei Mitteilungen nach den §§ 55 bis 55b, was allerdings deren Wert – etwa bei einer Kaufpreisfälligstellung durch den Notar – allerdings auch wieder in Frage stellt.

D. Medientransfer

6 Abs. 3 regelt den **Medientransfer von Entscheidungen und Verfügungen**, die in elektronischer Form erlassen wurden in eine Papierausfertigung. Die mittels eines Ausdrucks hergestellten Ausfertigungen sind vom Urkundsbeamten der Geschäftsstelle zu unterschreiben und zu siegeln. Im ERV stellt das Verfahren einen Medienbruch dar, worin immer ein Nachteil für die ansonsten betonten Effizienzgewinne zu sehen ist.¹⁴ Die Regelung orientiert sich an § 317 Abs. 3 und 4 ZPO.

E. Beschwerdesachen; keine Geltung für Grundbucheintragungen

7 Für die Einlegung im Beschwerdeverfahren gilt nach Abs. 4 nur § 73 Abs. 2 GBO (für die Rechtsbeschwerde i.V.m. § 78 Abs. 3 GBO) i.V.m. § 14 Abs. 1 bis 3 und 5 FamFG. Bei den Grundbucheintragungen wird durch die technischen und organisatorischen Vorgaben in Grundbuchordnung und Grundbuchverfügung (§ 75 GBV) sichergestellt, dass diese nur durch hierzu befugte Personen vorgenommen werden können.¹⁵ Eine qualifizierte elektronische Signatur ist hier nicht erforderlich.

§ 141	Ermächtigung des Bundesministeriums der Justiz und für Verbraucherschutz

Das Bundesministerium der Justiz und für Verbraucherschutz wird ermächtigt, durch Rechtsverordnung mit Zustimmung des Bundesrates nähere Vorschriften zu erlassen über

1. die Einzelheiten der technischen und organisatorischen Anforderungen an die Einrichtung des elektronischen Rechtsverkehrs und der elektronischen Grundakte, soweit diese nicht von § 135 Absatz 1 Satz 2 Nummer 2 erfasst sind,
2. die Einzelheiten der Anlegung und Gestaltung der elektronischen Grundakte,

---

12 BT-Drucks 16/12319, S. 33: *"... mit einer elektronischen Signatur zu versehen, die die Prüfung der Herkunft und der Unverfälschtheit der durch sie signierten Daten ermöglicht."* Dies ist die qeS (iSd. Art. 3 Nr. 12 eIDAS-VO), jedoch hält die Begründung diese in den Ausführungen zu § 135 Abs. 1 S. 5 zwar für sicher, aber nicht mit den Anforderungen an ein automatisiertes Verfahren vereinbar und lässt deshalb ein niedrigeres Niveau zu. Was für Eingangsbestätigungen (BT-Drucks 16/12319, S. 29) noch einleuchtend ist, kann allerdings nicht ohne weiteres für Beschlüsse und Verfügungen, die konkrete Mitarbeiter zu verantworten haben, gelten. Faktisch ist das Niveau hier vom Gesetzgeber ohne Not und vorbei an den Zielen der Begründung abgesenkt worden.

13 Einfache Signatur dagegen ausreichend bei Zwischenverfügungen nach *Wilsch*, BeckOK § 140 GBO Rn 2.
14 Dies betont *Wilsch*, BeckOK § 140 GBO Rn 4 unter Verweis auf den zusätzlich notwendigen „Zuständigkeitstransfer".
15 Hier gilt faktisch und tatsächlich der Standard der qeS, vgl. die Ausführungen bei § 75 GBV und z.B. die Verfahrensbeschreibung Datenschutzgerechtes eGovernment – Beispielhafte Lösungen des Justizministeriums Mecklenburg-Vorpommern, http://www.lfd.niedersachsen.de/download/32060/Grundbuch_in_Mecklenburg.pdf, besucht 230429.

3. die Einzelheiten der Übertragung von in Papierform vorliegenden Schriftstücken in elektronische Dokumente sowie der Übertragung elektronischer Dokumente in die Papierform oder in andere Dateiformate,
4. die Einzelheiten der Gewährung von Einsicht in elektronische Grundakten und
5. die Einzelheiten der Einrichtung automatisierter Verfahren zur Übermittlung von Daten aus den elektronischen Grundakten auch durch Abruf und der Genehmigung hierfür.

Das Bundesministerium der Justiz und für Verbraucherschutz kann im Rahmen seiner Ermächtigung nach Satz 1 die Regelung weiterer Einzelheiten durch Rechtsverordnung den Landesregierungen übertragen und hierbei auch vorsehen, dass diese ihre Ermächtigung durch Rechtsverordnung auf die Landesjustizverwaltungen übertragen können.

1 Text in der Fassung des Art. 1 Gesetz zur Einführung des elektronischen Rechtsverkehrs und der elektronischen Akte im Grundbuchverfahren sowie zur Änderung weiterer grundbuch-, register- und kostenrechtlicher Vorschriften (ERVGBG), Gesetz vom 11.8.2009[1] mit den Änderungen des DaBaGG[2] (Streichung Nr. 2 a.E.). Die Norm kann als Fortführung des § 134 GBO für den Bereich der eGrundakte gesehen werden. Die diversen Verordnungsermächtigungen zur Wiederherstellung von Grundbüchern und Grundakten werden in § 148 Abs. 1 GBO zusammengefasst. Die in Satz 1 Nr. 2 a.E. enthaltene Ermächtigung bezüglich der Wiederherstellung des Inhalts der elektronischen Grundakte konnte daher entfallen. Mit dem DaBaGG wurden die Zuständigkeiten insoweit beim Bundesministerium der Justiz zusammengeführt. Dieses soll künftig mit Zustimmung des Bundesrates die Wiederherstellungsverfahren unabhängig davon regeln können, ob das Grundbuch und die Grundakte in Papierform oder elektronisch geführt werden.

2 Im Achten Abschnitt der Grundbuchordnung, der mit § 141 GBO endet, sind die Möglichkeit der Einführung des ERV und der elektronischen Grundakte sowie die in diesem Zusammenhang aus Sicht des Bundesgesetzgebers wesentlichen Besonderheiten und Abweichungen von den bereits existierenden Vorschriften der Grundbuchordnung geregelt. Die Einzelheiten der Durchführung können durch Rechtsverordnung geregelt werden, was mit der GBV im dortigen Fünfzehnten Abschnitt (§§ 94 bis 101 GBV) erfolgt ist. Wie bei § 134 S. 2 GBO ist auch hier eine Grundlage für die Ausfüllung durch Rechtsverordnungen der Landesregierungen bzw. nach entsprechender Delegation der Landesjustizverwaltungen vorgesehen. Von dieser Ermächtigung macht § 101 GBV Gebrauch.

3 Zu den im Rahmen der Verordnungsermächtigung getroffenen Regelungen bezüglich der **technischen und organisatorischen Anforderungen, S. 1 Nr. 1**, vergleiche unten (siehe § 95 GBV Rdn 1 ff.).

4 Zu den im Rahmen der Verordnungsermächtigung getroffenen Regelungen bezüglich der **Anlegung und Führung, S. 1 Nr. 2**, vergleiche unten (siehe § 96 GBV Rdn 1 ff.).

5 Zu den im Rahmen der Verordnungsermächtigung getroffenen Regelungen bezüglich der **Übertragung von in Papierform vorliegenden Schriftstücken in elektronische Dokumente, S. 1 Nr. 3 Alt. 1**, vergleiche unten (siehe § 97 GBV Rdn 1 ff.).

6 Zu den im Rahmen der Verordnungsermächtigung getroffenen Regelungen bezüglich der **Übertragung elektronischer Dokumente in die Papierform oder in andere Dateiformate, S. 1 Nr. 3 Alt. 2**, vergleiche unten (siehe § 98 GBV Rdn 1 ff.).

7 Zu den im Rahmen der Verordnungsermächtigung getroffenen Regelungen bezüglich der Einzelheiten der **Gewährung von Einsicht in elektronische Grundakten, S. 1 Nr. 4**, und der **Einrichtung automatisierter Verfahren zur Übermittlung von Daten aus den elektronischen Grundakten (Abrufverfahren), S. 1 Nr. 5**, vergleiche unten (siehe § 99 GBV Rdn 1 ff.).

---

[1] BGBl I 2009, S. 2713 m.W.v. 1.10.2009. [2] BT-Drucks 17/12635, S. 23.

Neunter Abschnitt: Übergangs- und Schlußbestimmungen

§ 142 [Inkrafttreten der GBO; Verhältnis zum EGBGB]

(1) (Inkrafttreten)
(2) Die Artikel 1 Abs. 2, Artikel 2, 50, 55 des Einführungsgesetzes zum Bürgerlichen Gesetzbuch sind entsprechend anzuwenden.

A. Allgemeines	1	B. Inkrafttreten der GBO	3
I. 9. Abschnitt der GBO	1	C. Entsprechende Anwendung von	
II. Entwicklung der Vorschrift	2	Vorschriften des EGBGB	7

A. Allgemeines
I. 9. Abschnitt der GBO

1 Der 9. Abschnitt mit den §§ 124–150 GBO war bis zur Neufassung der GBO durch die ÄndVO v. 5.8.1935 (RGBl I 1935, 1065) der 5. Abschnitt.[1] Weitere Änderungen und Umnummerierungen erfuhr er durch das RegVBG v. 20.12.1993 (BGBl I 1993, 2182). Er enthält weitgehend überholte Übergangsvorschriften und landesrechtliche Vorbehalte. Praktische Bedeutung haben die §§ 149 und 150 GBO betreffend Vorbehalte für Baden-Württemberg und die neuen Bundesländer (Beitrittsgebiet).

II. Entwicklung der Vorschrift

2 Der inzwischen aufgehobene Abs. 1 der Vorschrift regelte das Inkrafttreten der GBO. Abs. 2 erklärt eine Reihe von Bestimmungen des EGBGB für entsprechend anwendbar.

Die Bestimmung ist von der ÄndVO 1935 unverändert aus der alten GBO (§ 82) entnommen und durch Art. 6 § 3 des Gesetzes zur Neuregelung des Internationalen Privatrechts v. 25.7.1986 (BGBl I 19986, 1142) m.W.v. 1.9.1986 geändert worden. In der früheren Fassung verwies Abs. 2 auf die Art. 2–5, 32 und 55 EGBGB. Art. 2 und 55 sind durch das Gesetz v. 25.7.1986 nicht geändert worden und gelten fort. Art. 3 EGBGB a.F. hat in Art. 1 Abs. 2 und Art. 32 EGBGB a.F. hat in Art. 50 bei jeweils unverändertem Wortlaut einen neuen Standort erhalten. Art. 4 EGBGB a.F. ist im Wege der Textbereinigung gestrichen worden (siehe dazu Rdn 12). Art. 5 EGBGB a.F. bezog sich auf das Reichsland Elsass-Lothringen.

B. Inkrafttreten der GBO

3 Hinsichtlich des Inkrafttretens der GBO ist zu unterscheiden zwischen Vorschriften, die die Anlegung des Grundbuchs betreffen, und den übrigen Bestimmungen des Gesetzes.

4 Soweit die **Anlegung des Grundbuchs** in Frage kommt, gelten die Vorschriften der GBO seit dem 1.1.1900, dem Tage des Inkrafttretens des BGB. Unter Anlegung des Grundbuchs ist hier die erstmalige Anlegung zu verstehen. Dies ist im Allgemeinen gemäß Art. 186 Abs. 1 EGBGB durch landesrechtliche Verordnungen geregelt, die als auf materiell-rechtlichem Vorbehalt beruhend weiter gelten. Nur einzelne Bestimmungen der GBO über die Einrichtung der Grundbücher und die Form der Eintragung spielen auch bei der Anlegung des Grundbuchs im Rahmen der Anlegungsvorschriften eine Rolle und gelten insoweit ab 1.1.1900 (z.B. § 2 Abs. 1 und 2 GBO; §§ 3–8 GBO). Dies bezieht sich natürlich nur auf die GBO in der Gestalt, in der sie am 1.1.1900 bestanden hat. Die durch die ÄndVO 1935 vorgenommenen Änderungen haben durch den jetzigen § 142 GBO nicht etwa rückwirkende Kraft erhalten, sondern gelten grundsätzlich erst vom 1.4.1936 ab (Art. 7 Abs. 2 ÄndVO).

---

[1] Eingehend zu Änderungen des Grundbuchrechts in dieser Zeit *Thieme*, Grundbuchordnung in der Fassung der Bekanntmachung vom 5.8.1935 – Hauptwerk, Berlin 1949.

Die übrigen Vorschriften der GBO setzen ein angelegtes Grundbuch voraus. Sie sind deshalb in jedem Grundbuchbezirk mit dem Zeitpunkt in Kraft getreten, in dem das Grundbuch für den Bezirk als angelegt anzusehen war. Dieser Zeitpunkt wurde nach Art. 186 Abs. 1 EGBGB ebenfalls durch landesrechtliche Verordnung bestimmt; von ihm datiert die Herrschaft des materiellen Liegenschaftsrechts des BGB in dem Bezirk (Art. 189 EGBGB). So ist die Anlegung des Grundbuchs im Gebiet des ehemaligen Freistaats Preußen seit dem 2.12.1925[2] und in Bayern seit dem 16.1.1911[3] beendet. Im gesamten Gebiet der Bundesrepublik einschl. der neuen Bundesländer ist das Grundbuch als angelegt anzusehen.

Sobald das Grundbuch für einen Bezirk als angelegt anzusehen war, war nach Art. 186 Abs. 2 EGBGB die Anlegung auch für solche zu dem Bezirk gehörende Grundstücke, die noch kein Blatt im Grundbuch haben, als erfolgt anzusehen, soweit nicht bestimmte Grundstücke durch besondere Anordnung ausgenommen waren. Hierbei handelt es sich entweder um buchungsfreie Grundstücke oder um solche, für die versehentlich kein Grundbuchblatt angelegt worden ist.

C. Entsprechende Anwendung von Vorschriften des EGBGB

Abs. 2 erklärt einige grundlegende Bestimmungen des EGBGB auf das Grundbuchrecht für entsprechend anwendbar.

Art. 1 Abs. 2 EGBGB besagt, übertragen auf das Grundbuchrecht folgendes: Soweit in der GBO oder der ÄndVO 1935 die Regelung den Landesgesetzen vorbehalten oder bestimmt ist, dass landesgesetzliche Vorschriften unberührt bleiben oder erlassen werden können, bleiben die bestehenden landesrechtlichen Vorschriften in Kraft und können neue Vorschriften dieser Art erlassen werden. Der einzige Vorbehalt, den die GBO zugunsten des Landesgrundbuchrechts macht, ist der des § 143 GBO. Soweit er reicht, bleiben also die landesrechtlichen Vorschriften auch gegenüber der neuen GBO in Kraft und können auch geändert werden. Doch gilt dies nur im Verhältnis zur GBO, nicht gegenüber anderen Reichs- oder Bundesgesetzen.[4]

Die Übertragung des **Art. 2 EGBGB** auf das Grundbuchrecht ergibt den Satz: „Gesetz im Sinne der GBO und der ÄndVO ist jede Rechtsnorm."[5] Der Begriff „Gesetz" spielt in der GBO eine Rolle in den §§ 13, 38, 53, 54, 78, 143 GBO. Überall umfasst er Gesetze im materiellen Sinn, ohne Rücksicht auf ihre Form, einschließlich des Gewohnheitsrechts. Den Gegensatz zu Rechtsnormen bilden die Verwaltungsnormen, die für die inneren Verhältnisse der Behörden bestimmt sind und nach außen weder berechtigend noch verpflichtend wirken.[6]

Art. 50 EGBGB regelt, übertragen auf das Grundbuchrecht, das Verhältnis der anderen Reichsgesetze grundbuchrechtlichen Inhalts zur GBO und ihrem Einführungsgesetz, der ÄndVO 1935. Danach bleiben grundbuchrechtliche Vorschriften anderer Reichs- oder Bundesgesetze in Kraft. Sie treten jedoch insoweit außer Kraft, als sich aus der GBO oder der ÄndVO 1935 ihre Aufhebung ergibt.

Art. 55 EGBGB regelt das Verhältnis der Landesgesetze grundbuchrechtlichen Inhalts zur GBO und zur ÄndVO 1935. Die entsprechende Anwendung besagt, dass grundbuchrechtliche Vorschriften des Landesrechts beseitigt sind, soweit nicht die GBO oder die ÄndVO 1935 etwas anderes bestimmen. Diese abweichende Bestimmung muss eine ausdrückliche sein. Eine solche befindet sich – abgesehen von Übergangsvorschriften – nur in § 143 GBO.

So muss bspw. eine im Servitutenbuch einer württembergischen Gemeinde eingetragene Dienstbarkeit auf einem gemäß §§ 4 ff. GBV neu angelegten Grundbuchblatt als Belastung eingetragen sein, auch damit sie materiell-rechtlich aufgehoben und gelöscht werden kann. Ist sie auf das neue Grundbuchblatt nicht übertragen worden, gilt sie nach dem in § 46 Abs. 2 GBO bestimmten Grundsatz als gelöscht (wenngleich materiell-rechtlich weiterbestehend). Aufgrund der Verweisung auf Art. 55 EGBGB in § 142 Abs. 2 GBO sind von der GBO abweichende landesrechtliche Vorschriften außer Kraft getreten. Die Grundbuchordnung enthält keinen Vorbehalt, der es erlaubt, nach §§ 4 ff. GBV angelegte Grundbücher nach landesrechtlichen Vorschriften in Verbindung mit einem anderen Register als das Grundbuch i.S.d. BGB zu führen.[7]

---

2 Bek. d. Preuß. JM v. 2.12.1925 – GS 175.
3 Bek. d. Bayer. JM v. 22.12.1910 – JMBl 1042.
4 KG RJA 14, 155.
5 Meikel/*Böhringer*, § 142 Rn 14 ff.
6 Vgl. dazu BayObLGZ 1969, 118 = Rpfleger 1969, 44.
7 BGH NJW-RR 2012, 346.

12 Art. 4 EGBGB a.F., angewandt auf das Grundbuchrecht, bestimmte, dass dort, wo die GBO Vorschriften außer Kraft gesetzt hatte, auf die in anderen Reichs- oder Landesgesetzen verwiesen ist, diese Vorschriften durch die entsprechenden der GBO ersetzt wurden. Diese globale Änderungsbestimmung für alle früheren Verweisungen wird heute nicht mehr benötigt und ist deshalb gestrichen worden.[8]

§ 143 [Geltung landesrechtlicher Vorbehalte]

(1) Soweit im Einführungsgesetz zum Bürgerlichen Gesetzbuch zugunsten der Landesgesetze Vorbehalte gemacht sind, gelten sie auch für die Vorschriften der Landesgesetze über das Grundbuchwesen; jedoch sind die §§ 12a und 13 Abs. 3, § 44 Abs. 1 Satz 2 und 3, § 56 Abs. 2, § 59 Abs. 1 Satz 2, § 61 Abs. 3 und § 62 Abs. 2 auch in diesen Fällen anzuwenden.
(2) Absatz 1 zweiter Halbsatz gilt auch für die grundbuchmäßige Behandlung von Bergbauberechtigungen.
(3) Vereinigungen und Zuschreibungen zwischen Grundstücken und Rechten, für die nach Landesrecht die Vorschriften über Grundstücke gelten, sollen nicht vorgenommen werden.
(4) § 15 Absatz 3 gilt nicht, soweit die zu einer Eintragung erforderlichen Erklärungen von einer gemäß § 68 des Beurkundungsgesetzes nach Landesrecht zuständigen Person oder Stelle öffentlich beglaubigt worden sind.

A. Allgemeines	....	1	III. Einschränkungen des Vorbehalts	10
B. Vorbehalt zugunsten des Landesgrundbuchrechts	....	2	C. Beschränkung von Vereinigung und Zuschreibung (Abs. 3)	13
I. Verhältnis der GBO zum Landesrecht	......	2	D. Befreiung vom Prüfvermerk nach § 15	
II. Inhalt des Vorbehalts	....	4	Abs. 3 GBO (Abs. 4)	15

A. Allgemeines

1 § 143 GBO (früher § 136 bzw. § 117) ist durch das ERVGBG v. 11.8.2009 (BGBl I 2009, 2713) und vorher durch das RegVBG v. 20.12.1993 (BGBl I 1993, 2182) weitgehend unverändert übernommen worden, Abs. 1 Hs. 2 sowie die Abs. 2 und 3 wurden neu eingefügt.

Abs. 1 enthält den einzigen noch geltenden Vorbehalt zugunsten des Landesgrundbuchrechts. Abs. 2 erklärt die Vorschrift auf die grundbuchmäßige Behandlung von Bergbauberechtigungen für anwendbar, und Abs. 3 beschränkt die Vereinigung und Zuschreibung zwischen Grundstücken und grundstücksgleichen Rechten des Landesrechts. Von ihnen ist nach der Vereinfachung des Grundbuchrechts im Jahre 1935 lediglich der des Abs. 1 Hs. 1 übriggeblieben. Die ÄndVO 1935 hat alle anderen Vorbehalte beseitigt. Durch Art. 7 Abs. 3 ÄndVO sind auch die in anderen Reichsgesetzen enthaltenen Vorbehalte zugunsten des Landesgrundbuchrechts aufgehoben worden.[1] Nur einzelne Vorschriften sind gemäß Art. 8 Abs. 3 ÄndVO übergangsweise aufrechterhalten worden.

B. Vorbehalt zugunsten des Landesgrundbuchrechts
I. Verhältnis der GBO zum Landesrecht

2 Die GBO a.F. kannte zahlreiche Vorbehalte zugunsten des Landesgrundbuchrechts. Der Vorbehalt des Abs. 1 beruht auf der Erwägung, dass das Grundbuchrecht nicht Selbstzweck ist, sondern der Verwirklichung des materiellen Rechts dient; es liefert das Kleid, in dem das materielle Recht in dem Verkehr auftritt. Da das Kleid sich seinem Träger anpassen muss, war es unvermeidlich, auf den Rechtsgebieten, auf denen nach dem EGBGB das Landesrecht noch materiell herrscht, auch die Landesgrundbuchgesetze im Sinn von § 142 Abs. 2, Art. 2 EGBGB aufrechtzuerhalten. Nach § 143 Abs. 2 GBO, Art. 1 Abs. 2 EGBGB können die Landesgesetze insoweit auch noch neu erlassen oder geändert werden.

---

8 BT-Drucks 10/504, S. 34.   1 Vgl. dazu näher *Hesse*, DJ 1935, 1291.

Der Vorbehalt des Abs. 1 hatte bis zur Gründung der Bundesrepublik Deutschland Bedeutung in den Ländern, denen die Gesetzgebungskompetenz auf dem Gebiete des Grundbuchrechts zustand, verloren. Mit der Geltung des Grundgesetzes hat er seine volle Bedeutung wiedererlangt, da nach Art. 74 Nr. 1 GG das Grundbuchrecht zur konkurrierenden Gesetzgebung i.S.d. Art. 72 GG gehört.

II. Inhalt des Vorbehalts

Der Vorbehalt gestattet dem Landesgesetzgeber auf den **landesrechtlichen Reservatgebieten** von den **Vorschriften der GBO abzuweichen**, und zwar grundsätzlich von allen ihren Vorschriften.[2] Er kann andere Behörden als die Amtsgerichte zu Grundbuchämtern machen; er kann die Bezirke der Ämter selbstständig regeln, über die Bezeichnung der Grundstücke, über die Art der Buchung (ob Personal- oder Realfolium, ob Buchung von Grundstücken oder auch von Anteilen an solchen) Bestimmungen treffen, die materiellen Eintragungsgrundlagen anders ordnen usw. Eine Ausnahme wird jedoch zu machen sein: Der Landesgesetzgeber kann nicht für befugt gehalten werden, eine Regelung vorzunehmen, die die vom Reichs- oder Bundesgesetzgeber für sein Gebiet vorgenommene Regelung berührt und mit ihr im Wesen und Grundsatz nicht vereinbar ist.

Der Landesgesetzgeber kann z.B., wie schon hervorgehoben, **andere Behörden als die Amtsgerichte** zu Grundbuchämtern machen. Tut er dies aber nicht, sondern bedient er sich der Amtsgerichte zu diesem Zwecke, so muss die Vertretung des Grundbuchamts nach außen, die „sachliche Zuständigkeit der Grundbuchbeamten", einheitlich sein.[3] Es würde zu großer Rechtsunsicherheit und Unklarheit führen, wenn dasselbe Amtsgericht in diesem Punkt nach verschiedenen Vorschriften zu verfahren hätte, je nachdem, ob es sich um bundes- oder landesrechtliche Angelegenheiten handelt. Bedient sich der Landesgesetzgeber der Amtsgerichte als Grundbuchämter, so muss er auch ihre bundesrechtlich festgesetzte Verfassung hinnehmen.

Das war auch der Standpunkt, der in § 20 AVO-GBO zum Ausdruck gekommen ist, wo hervorgehoben wurde, dass die reichsrechtlichen (bundesrechtlichen) Vorschriften über die funktionelle Zuständigkeit der Grundbuchbeamten künftig in landesrechtlichen Angelegenheiten gelten. Lediglich für Baden-Württemberg verblieb es bis zum Jahre 2018 in dieser Beziehung bei dem bisherigen Landesrecht.

Ähnliches gilt für die **formelle Einrichtung der Grundbücher** (vgl. § 103 GBV). Der Landesgesetzgeber könnte für die ihm allein unterstehenden Rechtsgebiete besondere Vordrucke einführen, wie er das auch vielfach getan hat (vgl. die Berg- und Bahngrundbücher).[4] Er kann aber nicht die nach dem Vordruck der GBV geführten allgemeinen Grundbücher benutzen, sich in ihren Rahmen einfügen und dann versuchen, sie durch wesentliche Änderungen umzugestalten. Damit würde eine geordnete Grundbuchführung, die eine einheitliche Ausgestaltung des Vordrucks in den Ländern fordert, unmöglich gemacht. Dagegen steht nichts im Wege, dass der Landesgesetzgeber landesrechtliche Sondergestaltungen dem nach dem Vordruck der GBV geführten Grundbuch zur Aufnahme zuweist, auch über ihre formelle Behandlung Sondervorschriften erlässt, solange diese mit den Grundsätzen der bundesrechtlichen Vorschriften nicht in Widerspruch stehen.

Besonderheiten bestehen bei der Anlegung eines Grundbuchblatts für eine **Fischereigerechtigkeit** nach preuß. Recht im Land Berlin[5] oder in Bayern (dazu §§ 6 ff. BayVO v. 7.10.1982 (GVBl, 892).[6] Für die Anlegung eines Grundbuchblattes für ein selbstständiges grundstücksgleiches **Fischereirecht** in Baden-Württemberg gilt das FischereiG für Baden-Württemberg v. 14.11.1979 (GVBl, 466).[7]

Die **erlassenen Landesgesetze bleiben bestehen**, soweit sie aufgrund des Vorbehalts des § 143 Abs. 1 Hs. 1 (früher § 83, § 136 a.F. bzw. § 83, 117 a.F.) wirklich erlassen sind, nicht schon soweit sie aufgrund dieses Vorbehalts hätten erlassen werden können. Wenn z.B. das Württembergische AGBGB bestimmte,

---

2 Meikel/*Böhringer*, § 143 Rn 9; Bauer/Schaub/*Bauer*, § 143 Rn 2.
3 Meikel/*Böhringer*, § 143 Rn 10.
4 Meikel/*Böhringer*, § 143 Rn 12.
5 KG OLGZ 75, 138.
6 BayObLGZ 1969, 118 = Rpfleger 1969, 244; BayObLGZ 1972, 226 = MittBayNot. 1972, 236; BayObLGZ 1990, 66; 1994, 226 = Rpfleger 1994, 453; BayObLGZ 1995, 13 = NJW-RR 1995,1044.
7 *Böhringer*, BWNotZ 1984, 153; 1985, 153; 1986, 126; *Schmid*, BWNotZ 1978, 21; 1981, 73; 1986, 117; *Ulshöfer*, BWNotZ 1990, 13; *Schröder*, BWNotZ 1994, 97 jeweils m.w.N.

dass in jeder Gemeinde ein staatliches Grundbuchamt besteht und dass der zuständige Bezirksnotar Grundbuchbeamter ist, so beruhte diese Bestimmung, auch soweit sie auf landesrechtliche Grundbuchsachen Anwendung fand, nicht auf dem Vorbehalt des früheren § 83, sondern auf dem stillschweigenden, in § 1 der alten GBO enthaltenen Vorbehalt für die Länder, die Grundbuchämter zu organisieren (siehe für die Zeit ab 1.7.1975 näher §§ 1 Abs. 3, 26–35, 47, 48 Abs. 2, 50 Bad. Württ. LFGG v. 12.2.1975, GVBl, 116; Gesetz zur Reform des Notariats- und Grundbuchwesens in Baden-Württemberg v. 29.7.2010 (GBl, 555)). An eine stoffliche Unterscheidung zwischen reichs- und landesrechtlichen Grundbuchsachen war dabei nicht gedacht. Demnach fällt die genannte Bestimmung in Württemberg ganz und gar fort, wenn dort § 1 in Kraft tritt; nicht etwa bleiben die Gemeindegrundbuchämter für die landesrechtlichen Grundbuchsachen bestehen.

III. Einschränkungen des Vorbehalts

10 Die **Übernahme der AVO-GBO in die GBO** durch das RegVBG vom 20.12.1993 (BGBl I, 2182) hat eine Anpassung des früheren § 136 a.F. bzw. 117 a.F. erforderlich gemacht. § 20 AVO-GBO hat die Regelungsbefugnis des Landesgesetzgebers dahin eingeschränkt, dass die Vorschriften des Abschnitts I über die „sachliche" (gemeint ist die funktionelle) Zuständigkeit der Grundbuchbeamten anzuwenden sind. Durch die Einschränkung sollen Rechtsunsicherheit und Unklarheiten vermieden werden, die sich ergeben können, wenn innerhalb des Grundbuchamts für vergleichbare Tätigkeiten unterschiedliche Zuständigkeitsbestimmungen anzuwenden sind. Diese Einschränkung des Vorbehalts hat sich als zweckmäßig erwiesen und soll deshalb beibehalten werden.[8] Deshalb nimmt Abs. 1 Hs. 2 die in Abschnitt I der früheren AVO-GBO genannten Regelungen der GBO – das sind die im Einzelnen genannten Vorschriften – vom Vorbehalt zugunsten des Landesrechts aus. Abs. 1 Hs. 2 ist an die Stelle des gegenstandslos gewordenen zweiten Halbsatzes des früheren § 136 a.F. bzw. § 117 a.F. über die Hausverfassungen getreten.

11 **Abs. 2** erklärt Abs. 1 auch auf die grundbuchmäßige Behandlung von Bergbauberechtigungen für anwendbar. Die Vorschrift entspricht dem durch das BBergG in § 20 AVO-GBO eingefügten Abs. 2. Da das RegVBG die AVO-GBO in die GBO übernommen hat, war es erforderlich, eine dem § 20 Abs. 2 AVO-GBO entsprechende Vorschrift in das Gesetz einzustellen. Das ist durch Abs. 2 geschehen. Die Vorschrift soll klarstellen, dass auch bei der grundbuchmäßigen Behandlung von Bergbauberechtigungen trotz des Vorbehalts für den Landesgesetzgeber in § 176 Abs. 2 BBergG die in Abs. 1 Hs. 2 erwähnten Regelungen über die funktionelle Zuständigkeit anzuwenden sind.

12 Weitere Einschränkungen des Vorbehalts des Abs. 1 finden sich in den §§ 54 und 144.

C. Beschränkung von Vereinigung und Zuschreibung (Abs. 3)

13 **Abs. 3** ist durch das RegVBG v. 20.12.1993 (BGBl I 1993, 2182) eingefügt worden und enthält eine Vorschrift über die Vereinigung und Zuschreibung von Grundstücken und Rechten, für die nach Landesrecht die Vorschriften über Grundstücke gelten. Nach dem materiellen Recht sind zwischen solchen Rechten und Grundstücken Vereinigungen und Zuschreibungen nicht ausgeschlossen. Einen solchen Ausschluss, der für das Bergwerkseigentum bereits in ähnlicher Weise in § 9 Abs. 2 BBergG enthalten ist, hat der Gesetzgeber für zweckmäßig erachtet, weil Vereinigungen und Zuschreibungen von Grundstücken und grundstücksgleichen Rechten des Landesrechts beim maschinell geführten Grundbuch zu Schwierigkeiten führen und darüber hinaus allgemein Unklarheit und Verwirrung in der Grundbuchführung bewirken können.[9] Die Bestimmung ist als Sollvorschrift ausgestaltet. Dadurch soll erreicht werden, dass bestehende Vereinigungen und Zuschreibungen durch die Rechtsänderung nicht berührt werden.

14 Das **selbstständige Gebäudeeigentum** im Beitrittsgebiet fällt nicht unter Abs. 3.[10] Für das Gebäudeeigentum gelten Art. 233 § 4 Abs. 1, 7, § 2b Abs. 5, § 8 S. 2 EGBGB (siehe dazu § 3 Einl. Rdn 227 ff. und § 150 GBO Rdn 1 ff.).

---

8 BT-Drucks 12/5553, S. 88.
9 BT-Drucks 12/5553, S. 88.

10 Begründung etwas unklar bei Bauer/Schaub/*Bauer*, § 143 Rn 6.

D. Befreiung vom Prüfvermerk nach § 15 Abs. 3 GBO (Abs. 4)

Absatz 4 wurde eingefügt durch Art. 5 Nr. 2 des Gesetzes vom 1.6.2017 (BGBl I 2017, 1396). Er ergänzt die ebenfalls durch dieses Gesetz eingefügte Regelung des § 15 Abs. 3 GBO. Nach § 15 Abs. 3 GBO hat der Notar dem Grundbuchamt gegenüber die Eintragungsfähigkeit der zur Eintragung erforderlichen Erklärungen zu bescheinigen. Die Regelung des § 15 Abs. 3 GBO ist umstritten (vgl. § 15 GBO Rdn 78 ff.).[11]

§ 143 Abs. 4 GBO bestimmt Ausnahmen von der Bescheinigungspflicht, wenn die Erklärung von einer nach Landesrecht zuständigen Person oder Stelle öffentlich beglaubigt worden ist.[12] Nach dem Vorbehalt des § 68 BeurkG sind die Länder befugt, die Beglaubigungsbefugnis für Unterschriften anderen Personen oder Stellen zu übertragen.[13] So ist in Baden-Württemberg früher der Ratsschreiber der Gemeinde zur Unterschriftsbeglaubigung befugt (§ 35a Abs. 4 LFGG; dazu § 66 Abs. 4 BeurkG aufgehoben seit 1.1.2018 durch Gesetz vom 15.7.2009, BGBl I 2009, 1798). In Rheinland-Pfalz sind nach dem Landesgesetz über die Beglaubigungsbefugnis vom 21.7.1978 (GVBl. 1978, 597; zuletzt geänd. d. Gesetz vom 4.4.2017, GVBl. 2017, 74) die Bürgermeister oder Stadtverwaltungen zur Unterschriftsbeglaubigung befugt (§ 2 mit § 1 Abs. 1 Nrn. 1 bis 4). In Hessen bestimmt die Verordnung vom 20.10.2009 (GVBl. 2009, 404) auf Grundlage von § 34 des Hessischen Verwaltungsverfahrensgesetzes (idF vom 15.1.2010, GVBl. 2010, 18) eine Beglaubigungsbefugnis der Behörden.

§ 144 [Einschränkungen der landesrechtlichen Vorbehalte]

(1) Die Vorschriften des § 20 und des § 22 Abs. 2 über das Erbbaurecht sowie die Vorschrift des § 49 sind auf die in den Artikeln 63, 68 des Einführungsgesetzes zum Bürgerlichen Gesetzbuch bezeichneten Rechte entsprechend anzuwenden.
(2) Ist auf dem Blatt eines Grundstücks ein Recht der in den Artikeln 63 und 68 des Einführungsgesetzes zum Bürgerlichen Gesetzbuch bezeichneten Art eingetragen, so ist auf Antrag für dieses Recht ein besonderes Grundbuchblatt anzulegen. Dies geschieht von Amts wegen, wenn das Recht veräußert oder belastet werden soll. Die Anlegung wird auf dem Blatt des Grundstücks vermerkt.
(3) Die Landesgesetze können bestimmen, daß statt der Vorschriften des Absatzes 2 die Vorschriften der §§ 14 bis 17 des Erbbaurechtsgesetzes entsprechend anzuwenden sind.

A. Allgemeines 1	C. Anlegung eines besonderen
B. Anwendbarkeit von Vorschriften der	Grundbuchblattes 3
GBO 2	

A. Allgemeines

Das RegVBG v. 20.12.1993 (BGBl I 1993, 2182) hat die Vorschrift des früheren § 118 GBO als § 137 GBO unverändert übernommen. Nach dem ERVGBG v. 11.8.2009 (BGBl I 2009, 2713) ist sie § 144 GBO geworden. Die Bestimmung befasst sich mit den landesgesetzlichen Erbpachtrechten einschließlich der Büdner- und Häuslerrechte (Art. 63 EGBGB) und den landesgesetzlichen Rechten auf Abbau eines den bergrechtlichen Vorschriften nicht unterliegenden Minerals, z.B. Ton, Kalk, Sandstein, Granit u.a. (Art. 68 EGBGB). Diese Rechte unterstehen materiell grundsätzlich dem Landesrecht; doch haben die genannten Bestimmungen des EGBGB sie gewissen reichsrechtlichen (jetzt bundesrechtlichen) Vorschriften unterworfen, durch die sie dem Erbbaurecht des BGB angenähert sind. § 144 GBO führt diesen Gedanken für die grundbuchrechtliche Behandlung weiter und schränkt damit den sonst geltenden Vorbehalt des § 143 GBO ein.

---

11 Eingehend *Demharter*, GBO, § 15 Rn 22 ff.; *Weber*, RNotZ 2017, 427; *Diehn/Rachlitz*, DNotZ 2017, 487; *Eickelberg*, FGPrax 2018, 7; zur Beanstandung durch das Grundbuchamt OLG Schleswig NJW 2017, 3603; OLG Celle ZfIR 2018, 102, ablehnend dazu *Buchner*, ZfIR 2018, 136.
12 *Demharter*, GBO, § 15 Rn 23.
13 Eingehend *Böhringer*, BWGZ 2018, 92.

B. Anwendbarkeit von Vorschriften der GBO

2   Es gelten für diese Rechte folgende Vorschriften der GBO entsprechend:
    - **§ 20 GBO.** Dies bedeutet, dass im Falle der Bestellung, Inhaltsänderung oder Übertragung eines Erbpachtrechts oder Abbaurechts die Eintragung nur erfolgen darf, wenn die Einigung nachgewiesen ist.
    - **§ 22 Abs. 2 GBO.** Dies hat zur Folge, dass die Berichtigung des Grundbuchs durch Eintragung eines Erbpachtberechtigten oder eines Abbauberechtigten nur mit Zustimmung des Berechtigten erfolgen darf, sofern nicht der Fall des § 14 GBO vorliegt oder die Unrichtigkeit nachgewiesen wird.
    - **§ 49 GBO.** Er hat Bedeutung für den Fall, dass die genannten Rechte nach Landesrecht nicht einheitlicher Art sind, sondern nur eine Zusammenfassung mehrerer selbstständiger dinglicher Rechte. Für ihre Eintragung gilt dann bundesrechtlich die dem Altenteil gewährte Erleichterung (vgl. dazu § 49 GBO Rdn 1 ff.).

C. Anlegung eines besonderen Grundbuchblattes

3   Abs. 2 entspricht dem früheren § 8 GBO, der die Anlegung eines Grundbuchblattes für Erbbaurechte zum Inhalt hat, die vor dem 22.1.1919 in das Grundbuch eingetragen wurden und für die die Vorschriften des BGB über das Erbbaurecht maßgebend blieben. Dabei ist § 60 Buchst. a – nicht aber Buchst. b – GBV zu beachten, sodass das Grundbuchblatt z.B. die Aufschrift „Erbpachtrecht" oder „Kalkabbaurecht" zu tragen hat. Im Übrigen gelten für die Einrichtung des Grundbuchblattes nach § 103 GBV die landesrechtlichen Vorschriften.

4   Durch die Übertragung des Bundesrechts auf die genannten Rechte wird im angegebenen Umfang das Landesrecht ausgeschlossen. Jedoch ist es dem Landesrecht nach Abs. 3 gestattet anzuordnen, dass die Rechte hinsichtlich der Anlegung eines besonderen Blattes nicht dem früheren § 8 GBO also dem Erbbaurecht des BGB, sondern den §§ 14–17 ErbbauRG, also den Erbbaurechten neuer Art, gleichgestellt werden (vgl. hierzu § 104 GBV Rdn 1 ff.).

§ 145 [Fortführung alter Grundbücher]

Die Bücher, die nach den bisherigen Bestimmungen als Grundbücher geführt wurden, gelten als Grundbücher im Sinne dieses Gesetzes.

A. Allgemeines 1   B. Fortführung der bisherigen Bücher 4

A. Allgemeines

1   Das RegVBG v. 20.12.1993 (BGBl I 1993, 2182) hat die Vorschrift des früheren § 119 GBO als § 138 GBO unverändert übernommen; nach dem ERVGBG v. 11.8.2009 (BGBl I 2009, 2713) ist daraus § 145 GBO geworden. Die Vorschrift stellt klar, dass die Bücher, die nach den Bestimmungen, die vor dem 1.4.1936 galten, als Grundbücher geführt wurden, auch als Grundbücher im Sinne der jetzt geltenden anzusehen sind, mögen sie auch ihren Anforderungen nicht entsprechen.

2   Das frühere Recht gestattete (§ 87), dass kraft landesrechtlicher Verordnung ein am 1.1.1900 geführtes Buch oder mehrere solcher Bücher für sich allein oder zusammen als Grundbuch gelten sollten. Soweit solche Anordnungen ergangen sind, sind die dadurch geschaffenen Grundbücher als solche durch § 145 GBO beibehalten.

3   Die notwendigsten Anpassungsvorschriften für solche Bücher gaben die §§ 88, 89 GBO a.F., die in den §§ 146, 147 GBO (früher §§ 120, 121 GBO bzw. §§ 139, 140 GBO) wiederkehren. Spätestens nach Einführung des maschinell geführten Grundbuchs in allen Bundesländern haben die §§ 145 ff. GBO keine praktische Bedeutung mehr. Nach dem Beitritt der neuen Bundesländer und der Fortführung der dortigen „alten" Grundbücher hatten die Vorschriften neben den Sonderregelungen für das Beitrittsgebiet (§ 150

GBO) noch temporär Bedeutung. Als letztes Relikt einer Sonderform können für sog. ungetrennte Hofräume noch die bis 31.12.2025 geltenden Vorschriften der Hofraumverordnung i.d.F.v. 12.7.2017 (BGBl I 2017, S. 2358) gelten.[1]

B. Fortführung der bisherigen Bücher

Da die nach den landesrechtlichen Bestimmungen geführten Bücher als Grundbücher im Sinne der GBO anzusehen sind, bleiben die Eintragungen in den bisherigen Büchern bestehen und behalten ihre Wirksamkeit. Vom Inkrafttreten der GBV an, dem 1.4.1936, sind neue Eintragungen solange in den alten Büchern vorzunehmen, als diese nicht auf den neuen Vordruck umgeschrieben sind. Jedoch sind neue Grundbuchblätter nach § 97 Abs. 1 GBV anzulegen. Allerdings konnte für eine Übergangszeit die Verwendung der alten Vordrucke besonders zugelassen werden. Dann waren nach § 98 S. 1 GBV die alten landesrechtlichen Vorschriften über die Nummernbezeichnung und die Eintragung im Grundbuch weiterhin anzuwenden.

Die **Angleichung der alten Grundbuchblätter** an den Vordruck der GBV erfolgt gemäß § 97 Abs. 2 GBV allmählich, und zwar grundsätzlich durch Umschreibung. Sofern die vorhandenen Grundbücher dem neuen Vordruck im Wesentlichen entsprechen, kann auch ihre Weiterführung besonders zugelassen werden. Das ist geschehen, wenn eine Anpassung der alten Vordrucke an das Muster der GBV möglich war, ohne dass darunter das Äußere und die Übersichtlichkeit des Grundbuchs zu leiden hatte. Dabei ist § 98 S. 1 GBV zu beachten. Für die Umschreibung bereits angelegter Grundbuchblätter auf den neuen Vordruck sind die §§ 29, 30 GBV sinngemäß anzuwenden (§ 99 GBV). Siehe auch die Erläuterungen zu §§ 97–99 GBV.[2]

Die **Umschreibung der Grundbuchblätter** auf den durch die GBV eingeführten neuen Vordruck war mit Beginn des Zweiten Weltkrieges ins Stocken geraten. Sie wurde aufgrund ausdrücklicher Anordnung durch AV des RdJ v. 1.3.1943[3] bis auf weiteres eingestellt. Nach dem Kriege sind die Umschreibungsarbeiten in den Ländern wiederaufgenommen worden, so z.B. in Bayern durch Bek. d. JM v. 8.4.1952[4] und in Nordrhein-Westfalen durch AV des JM v. 10.9.1954.[5]

Zur **Umstellung von Grundbuchblättern** in festen Bänden durch Verwendung von Ablichtungen der bisherigen Blätter auf Bände mit herausnehmbaren Einlegebogen (sog. Loseblattgrundbuch) vgl. § 101 GBV i.d.F. v. 24.1.1995 (BGBl I 1995, 114).

§ 146 [Mehrere fortgeführte Grundbücher für ein Grundstück]

Werden nach § 145 mehrere Bücher geführt, so muß jedes Grundstück in einem der Bücher eine besondere Stelle haben. An dieser Stelle ist auf die in den anderen Büchern befindlichen Eintragungen zu verweisen. Die Stelle des Hauptbuchs und die Stellen, auf welche verwiesen wird, gelten zusammen als das Grundbuchblatt.

Das RegVBG v. 20.12.1993 (BGBl I 1993, 2182) hat die Vorschrift des früheren § 120 GBO als § 139 GBO unverändert übernommen, nach Inkrafttreten des ERVGBG v. 11.8.2009 (BGBl I 2009, 2713) wurde er § 146 GBO. § 146 GBO ist ebenso wie § 147 GBO eine Ergänzungsvorschrift des § 145 GBO.

Wo früher das Grundbuch aus mehreren Büchern bestand, muss dafür Sorge getragen werden, dass der Grundsatz des Realfoliums (§ 3 Abs. 1 GBO) gewahrt bleibt. In einem der Bücher muss jedes Grundstück eine besondere Stelle haben; doch brauchen hier nicht alle Eintragungen vereinigt zu werden, sondern es

---

1 Dazu *Böhringer*, Rpfleger 2015, 309; *Böhringer*, Rpfleger 2018, 609.
2 Zur rechtlichen Bedeutung einer im Jahre 1922 gem. § 346 der Bayer. Dienstanweisung für die Grundbuchämter v. 27.2.1905 vorgenommenen Eintragung der Eigentümer eines Wegegrundstücks und den Auswirkungen ihrer unveränderten Übernahme auf den neuen Vordruck siehe BayObLGZ 1987, 121.
3 DJ 1943, 169.
4 BayJMBl. 52, 105.
5 JMBlNRW 1954, 219.

kann hier auf die in den anderen Büchern befindlichen Eintragungen verwiesen werden. Die Stelle des Hauptbuchs und die Stellen, auf welche verwiesen wird, gelten zusammen als das Grundbuchblatt.

2 Im Übrigen spielen diese Vorschriften nach Einführung des maschinell geführten Grundbuchs nur noch eine geringe Rolle. Wo solche Grundbücher, die aus mehreren Büchern bestehen, noch vorhanden waren, sollten sie inzwischen auf den durch die GBV eingeführten neuen Vordruck umgeschrieben worden sein.

§ 147 [Grundstücksbezeichnung im fortgeführten Grundbuch]

Sind in einem Buch, das nach § 145 als Grundbuch gilt, die Grundstücke nicht nach Maßgabe des § 2 Abs. 2 bezeichnet, so ist diese Bezeichnung von Amts wegen zu bewirken.

1 Das RegVBG v. 20.12.1993 (BGBl I 1993, 2182) hat die Vorschrift des früheren § 121 GBO als § 140 GBO unverändert übernommen nach Inkrafttreten des ERVGBG v. 11.8.2009 (BGBl I 2009, 2713) wurde er § 147 GBO. § 147 GBO ist ebenso wie § 146 GBO eine Ergänzungsvorschrift des § 145 GBO.

Die Bestimmung enthält eine weitere Anpassungsvorschrift für Bücher älterer Art, die nach § 145 GBO als Grundbücher gelten. Nach § 2 Abs. 2 GBO sind die Grundstücke im Grundbuch nach einem amtlichen Verzeichnis zu bezeichnen. Die Vorschrift des § 147 GBO will die Durchführung dieser Bestimmung auch in den nach § 145 GBO fortgeführten alten Grundbüchern sichern. Wo die Grundstücke in den bisherigen Grundbüchern oder in den als solche geltenden Büchern nicht nach Maßgabe des § 2 Abs. 2 GBO bezeichnet sind, ist diese Bezeichnung von Amts wegen zu bewirken, um die Auffindung der Grundstücke in der Örtlichkeit zu sichern.

2 Wesentliche praktische Bedeutung kommt der Vorschrift nicht mehr zu, da die alte GBO bereits in ihrem § 89 die gleiche Vorschrift enthielt und aufgrund dieser Vorschrift die Bezeichnung bereits größtenteils nachgeholt sein wird.

§ 148 [Wiederherstellung von Grundbüchern und Urkunden]

(1) Das Bundesministerium der Justiz und für Verbraucherschutz wird ermächtigt, durch Rechtsverordnung mit Zustimmung des Bundesrates das Verfahren zum Zwecke der Wiederherstellung eines ganz oder teilweise zerstörten oder abhandengekommenen Grundbuchs sowie das Verfahren zum Zwecke der Wiederbeschaffung zerstörter oder abhandengekommener Urkunden der in § 10 Absatz 1 bezeichneten Art zu bestimmen. Es kann dabei auch darüber bestimmen, in welcher Weise die zu einer Rechtsänderung erforderliche Eintragung bis zur Wiederherstellung des Grundbuchs ersetzt werden soll.
(2) Ist die Vornahme von Eintragungen in das maschinell geführte Grundbuch (§ 126) vorübergehend nicht möglich, so können auf Anordnung der Leitung des Grundbuchamts Eintragungen in einem Ersatzgrundbuch in Papierform vorgenommen werden, sofern hiervon Verwirrung nicht zu besorgen ist. Sie sollen in das maschinell geführte Grundbuch übernommen werden, sobald dies wieder möglich ist. Für die Eintragungen nach Satz 1 gilt § 44; in den Fällen des Satzes 2 gilt § 128 entsprechend. Die Landesregierungen werden ermächtigt, die Einzelheiten des Verfahrens durch Rechtsverordnung zu regeln; sie können diese Ermächtigung auf die Landesjustizverwaltungen durch Rechtsverordnung übertragen.
(3) Ist die Übernahme elektronischer Dokumente in die elektronische Grundakte vorübergehend nicht möglich, kann die Leitung des Grundbuchamts anordnen, dass von den Dokumenten ein Ausdruck für die Akte zu fertigen ist. Sie sollen in die elektronische Grundakte übernommen werden, sobald dies wieder möglich ist. § 138 Absatz 3 Satz 2 gilt entsprechend.
(4) Die Landesregierungen können durch Rechtsverordnung bestimmen, dass
1. das bis dahin maschinell geführte Grundbuch wieder in Papierform geführt wird,
2. der elektronische Rechtsverkehr eingestellt wird oder
3. die bis dahin elektronisch geführten Grundakten wieder in Papierform geführt werden.

Die Rechtsverordnung soll nur erlassen werden, wenn die Voraussetzungen des § 126, auch in Verbindung mit § 135 Absatz 4 Satz 1, nicht nur vorübergehend entfallen sind und in absehbarer Zeit nicht wiederhergestellt werden können. Satz 2 gilt nicht, soweit durch Rechtsverordnung nach § 135 Absatz 1 und 2 bestimmt wurde, dass der elektronische Rechtsverkehr und die elektronische Führung der Grundakten lediglich befristet zu Erprobungszwecken zugelassen oder angeordnet wurden. § 44 gilt sinngemäß. Die Wiederanordnung der maschinellen Grundbuchführung nach dem Siebenten Abschnitt sowie die Wiedereinführung des elektronischen Rechtsverkehrs und die Wiederanordnung der elektronischen Führung der Grundakte nach dem Achten Abschnitt bleiben unberührt.

A. Allgemeines	1	D. Vorschriften bei maschineller Grundbuchführung	10
B. Wiederherstellung von Grundbüchern und Wiederbeschaffung von Urkunden	2	E. Ersatzausdruck für die elektronische Grundakte	16
C. Verfahren	6	F. Rückkehr zum Papiergrundbuch	17

A. Allgemeines

Die Vorschrift lässt Rechtsverordnungen über das Verfahren zur Wiederherstellung zerstörter oder abhanden gekommener Grundbücher sowie zur Wiederbeschaffung zerstörter oder abhanden gekommener Urkunden der in § 10 Abs. 1 GBO bezeichneten Art zu. Die Ermächtigung, die ursprünglich der Landesgesetzgebung zustand, ist durch die ÄndVO 1935 auf den Reichsminister der Justiz übertragen worden und gem. Art. 129 Abs. 1 GG auf den Bundesminister der Justiz übergegangen. § 27 Nr. 6 GBMaßnG v. 22.12.1963 (BGBl I 1986, 986) hat die Vorschrift dahin abgeändert, dass die Landesregierungen die Ermächtigung übertragen erhalten haben. Die beiden Absätze 2 und 3 sind durch das RegVBG v. 20.12.1993 (BGBl I 1993, 2182) eingefügt worden. Mit dem ERVGBG v. 11.8.2009 (BGBl I 2009, 27113) ist Abs. 3 durch die Abs. 3 und 4 ersetzt worden.[1] Abs. 2 enthält Bestimmungen darüber, wie zu verfahren ist, wenn das maschinell geführte GB vorübergehend oder auf Dauer nicht benutzt werden kann. Abs. 3 befasst sich mit dem Fall, dass die Übernahme elektronischer Dokumente in die elektronische Grundakte vorübergehend nicht möglich ist. Abs. 4 behandelt den Fall, dass das Grundbuch auf Dauer nicht mehr maschinell geführt werden kann und die Voraussetzungen für den elektronischen Rechtsverkehr und die elektronische Führung der Kontakte auf Dauer entfallen sind.

B. Wiederherstellung von Grundbüchern und Wiederbeschaffung von Urkunden

§ 148 Abs. 1 GBO bezieht sich auf die **Wiederherstellung** ganz oder teilweise **zerstörter** oder abhanden gekommener **Grundbücher** sowie der ihnen an Bedeutung gleichkommenden Urkunden, auf welche eine Eintragung sich gründet oder Bezug nimmt. Die Bestimmung über die Wiederbeschaffung dieser Urkunden ist erst durch die ÄndVO 1935 in die GBO aufgenommen worden. Ihre Ausdehnung auf andere Urkunden oder Briefe ist unzulässig.

Zur Wiederherstellung von Briefen siehe § 67 GBO Rdn 1 ff. sowie § 26 GBMaßnG. Sonstige Urkunden sind, soweit möglich, von Amts wegen wiederzubeschaffen (vgl. auch die VO über die Ersetzung zerstörter oder abhanden gekommener gerichtlicher oder notarieller Urkunden vom 18.6.1942 (RGBl I 1942, 395) und §§ 68 und 46 BeurkG (vgl. auch Gesetz v. 28.8.1969, BGBl I 1969, 1513). Ebenfalls bezieht sich Abs. 1 nicht auf das Handblatt (§ 24 Abs. 4 GBV); es ist von Amts wegen ohne besondere Anordnung wiederherzustellen, wenn es zerstört oder abhandengekommen ist.[2]

Ein **Grundbuch** oder die Grundakte sind ganz oder teilweise **zerstört**, wenn sie wegen Verletzung ihrer Substanz für den Rechtsverkehr nicht mehr geeignet sind. Für das Grundbuch in Form des maschinell geführten Grundbuchs sollte angesichts der Datensicherung dieser Fall nicht mehr zutreffen (siehe aber Rdn 10).

---

1 Allgemein dazu *Aufderhaar/Jaeger*, ZfIR 2009, 681.

2 Zur Wiederherstellung einer zerstörten notariellen Urkunde vgl. LG Potsdam Rpfleger 2000, 545.

Unübersichtlichkeit eines Grundbuchblatts ist ebenso wenig eine Zerstörung wie Vollgeschriebensein. In beiden Fällen bedarf es der Umschreibung (§§ 23, 28 GBV).

4 Obwohl eine Zerstörung nicht vorliegt, erscheint es doch nicht ausgeschlossen, die **Vorschriften** über die Wiederherstellung zerstörter Grundbücher auf den Fall **entsprechend anzuwenden**, in dem für ein innerhalb der Bundesrepublik gelegenes Grundstück das Grundbuchblatt unter Verstoß gegen die Zuständigkeitsvorschriften von einem außerhalb der Bundesrepublik gelegenen Grundbuchamt geführt wird und die nach den Vorschriften über den Zuständigkeitswechsel (§ 25 GBV) vorgeschriebene Mitwirkung dieses Grundbuchamts nicht erreicht werden kann.[3]

5 **Wiederherstellung** bedeutet Reproduktion des Buchstandes zur Zeit der Zerstörung oder des Abhandenkommens, nicht etwa Herstellung eines Buches, das den gegenwärtigen Rechtszustand wiedergibt. Letzteres ist Neuanlegung eines Blattes und von der Wiederherstellung begrifflich verschieden. Bei der Wiederherstellung sind Eintragungen nach der Zerstörung oder nach dem Abhandenkommen nur gemäß Abs. 1 S. 2 zu berücksichtigen.

C. Verfahren

6 Abs. 1 lässt eine **allgemeine Anordnung** über die Wiederherstellung der Grundbücher und der in § 10 Abs. 1 GBO bezeichneten Urkunden **oder** aber eine **nur** den **Einzelfall betreffende Regelung** zu. Nachdem zunächst nur Einzelfälle geregelt wurden (z.B. die VO des RdJ v. 23.2.1939, RGBl I 1939, 422), ist eine allgemeine Regelung aufgrund der Ermächtigung des § 123 a.F. in der Verordnung über die Wiederherstellung zerstörter oder abhanden gekommener Grundbücher und Urkunden v. 26.7.1940 (RGBl I 1940, 1048) durch den Reichsminister der Justiz getroffen worden.

7 Die Ermächtigung für den Reichsminister der Justiz ist gem. Art. 129 Abs. 1 GG auf den **Bundesminister für Justiz** übergegangen.[4] Dieser hat nur die VO über den Rechtsverkehr bis zur Wiederherstellung zerstörter Grundbücher bei dem Amtsgericht in Burgsteinfurt v. 27.6.1951 (BGBl I 1948, 443) erlassen.

8 **Vor** dem **Inkrafttreten des Grundgesetzes** sind in einzelnen Ländern im Rahmen ihrer Gesetzgebungskompetenz **Vorschriften** erlassen worden. Es sind zu erwähnen: die Hessische Verordnung zur Änderung und Ergänzung der Verordnung über die Wiederherstellung zerstörter oder abhanden gekommener Grundbücher und Urkunden v. 25.3.1948 (Hess. GVBl 1948, 66); die AV des Oberpräsidenten von Rheinland-Hessen-Nassau v. 9.7.1946 und v. 8.10.1946 (JBl 1947, 26) und des Justizministers des Landes Rheinland-Pfalz v. 19.2.1947 (JBl 1947, 27); für Berlin die AV des Senators für Justiz v. 27.10.1949 (JR 1949, 552) für das Saarland die Rechtsanordnung über den Ersatz zerstörter Grundbücher v. 16.12.1946 (ABl 1947, 104) und die Ausführungsanordnung zu dieser Rechtsanordnung v. 10.1.1947 (ABl 1947, 104).

9 Durch § 27 Nr. 6 GBMaßnG (Gesetz v. 22.12.1963, BGBl I 1963, 986) ist die **Ermächtigung auf** die **Landesregierungen** oder die von ihnen bestimmten obersten Landesbehörden **übertragen** worden. Die bisher erlassenen Vorschriften sind dadurch unberührt geblieben. Sie sind weiterhin in Kraft. Die Landesregierungen oder die von ihnen bestimmten obersten Landesbehörden waren nach § 28 GBMaßnG berechtigt, sie zu ändern, zu ergänzen oder aufzuheben. § 28 GBMaßnG wurde aber im Jahre 2013 zugunsten des § 148 Abs. 1 aufgehoben.[5] In Ausführung des früher geltenden § 28 GBMaßnG ist z.B. die VO des Landes Nordrhein-Westfalen über die Wiederherstellung der beim AG Wuppertal zerstörten oder abhanden gekommenen Grundbücher und Urkunden sowie über den Rechtsverkehr bis zur Wiederherstellung v. 13.1.1981 (GVBl, 14) ergangen.

D. Vorschriften bei maschineller Grundbuchführung

10 Auch beim maschinellen Grundbuch können Schwierigkeiten auftreten, die den Zugriff auf den Grundbuchinhalt zeitweilig oder dauerhaft ausschließen. Soweit nicht eine Wiederherstellung des maschinellen

---

[3] Ebenso Meikel/*Böhringer*, § 148 Rn 23; a.A. BayObLGZ 1980, 185, 189 = Rpfleger 1980, 390, 391.
[4] Vgl. die Entscheidung v. 27.6.1951 – BGBl I 1959, 443.
[5] Art. 4 Abs. 1 Nr. 2 DaBaGG v. 1.10.2013 (BGBl I 2013, 3719).

Grundbuchs in Betracht kommt, die sich im Wesentlichen an den allgemeinen Vorschriften über die Wiederherstellung orientiert, regelt in Abs. 2 die (zeitweilige) Führung eines papierenen Ersatzgrundbuchs bzw. die (dauerhafte, nicht notwendig endgültige) Rückkehr zum Papiergrundbuch.

Die Notwendigkeit einer **Wiederherstellung des maschinellen Grundbuchs** regelt § 92 Abs. 1 GBV im Rahmen der Verordnungsermächtigung nach § 134 S. 1 Nr. 1. § 92 Abs. 1 S. 3 GBV verweist im Übrigen auf die allgemeinen Regelungen über die Wiederherstellung zerstörter oder abhanden gekommener Grundbücher und Urkunden gem. Abs. 1 (siehe oben Rdn 6 ff.). Gemeint ist der Fall, dass Datenbestände ganz oder teilweise **dauerhaft nicht mehr in lesbarer Form wiedergegeben** werden können, etwa bei Abhandenkommen oder Zerstörung von Datenträgern, Löschung von Daten durch unsachgemäße Benutzung, Fehlfunktionen oder Sabotage. Zwar treffen die Vorschriften über die maschinelle Grundbuchführung insb. in § 126 (nebst Anlage) und §§ 61 ff. GBV dem neuen Medium angemessene und nach menschlichem Ermessen ausreichende Vorsorge gegen derartige Ereignisse, auszuschließen sind sie aber wie beim Papiergrundbuch nicht.

Der durch Abs. 2 zu regelnde Tatbestand betrifft die Führung eines **Ersatzgrundbuchs**, wenn Eintragungen in das maschinelle Grundbuch **vorübergehend**[6] nicht möglich sind. Vorübergehende Störungen sind z.B. Stromausfall oder behebbare Fehler an Hard- und Software.

Soweit kurzfristig Abhilfe – etwa durch eine anderweitige Stromversorgung oder Wartungsmaßnahmen – geschaffen werden kann, kommt solchen Vorkommnissen keine Bedeutung zu. Die Anlegung eines Ersatzgrundbuchs würde hier nur zu Verwirrung führen.

Anders läge der Fall, wenn längerfristig weder Eintragungen vorgenommen noch Einsicht genommen oder Abschriften erteilt werden könnten und bei den Grundbuchämtern eine Häufung unerledigter Ansuchen eintreten würde. Dann kann ein papierenes Ersatzgrundbuch geführt werden, wobei für Eintragungen die allgemeinen Vorschriften für das Papiergrundbuch nach § 44 GBO gelten. Umgekehrt hat bei der Übernahme der Daten aus dem Ersatzgrundbuch in das wieder funktionstaugliche maschinelle Grundbuch in entsprechender Anwendung von § 128 GBO eine Freigabe der übernommenen Bestände und eine Schließung des Ersatzgrundbuchs zu erfolgen.

Beim Ersatzgrundbuch handelt es sich nur um eine auf begrenzte Zeit angelegte Zwischenlösung. Vorgenommene Eintragungen sollen „sobald dies wieder möglich ist" in das maschinell geführte Grundbuch, das weiterhin allein das Grundbuch im Rechtssinn darstellt, übertragen werden. Gleichwohl entfalten die Eintragungen im Ersatzgrundbuch volle Wirksamkeit im Rechtsverkehr, insbesondere im Hinblick auf §§ 873 ff., 892 BGB, und erfordern entsprechende Sorgfalt.

E. Ersatzausdruck für die elektronische Grundakte

Nach Abs. 3 ist die Leitung des Grundbuchamtes ermächtigt, die Führung der elektronischen Kontakte in Papierform anzuordnen, wenn die Übernahme elektronischer Dokumente in die elektronische Grundakte vorübergehend nicht möglich ist. Die Vorschrift deckt sich mit der Bestimmung in Abs. 2. Damit wird gewährleistet, dass bei technischen Störungen hinsichtlich der elektronischen Kontakte auf die Papierform ausgeglichen werden kann. Nach Wegfall der Störung sind die Dokumente in die elektronische Grundakte zu überführen.

F. Rückkehr zum Papiergrundbuch

Die Landesregierungen können durch Rechtsverordnung den Übergang sowohl vom maschinellen als auch vom elektronischen Grundbuch einschließlich des elektronischen Grundbuchverkehrs zurück zum Papiergrundbuch anordnen, jedoch nicht nach freiem Ermessen, sondern nur unter den Voraussetzungen von Abs. 4. Sollte das maschinelle oder das elektronische Grundbuch in einer Weise ausfallen,

---

6 Nach § 4 der sächsischen VO v. 28.7.1995 soll ein Ersatzgrundbuch angelegt werden, wenn Eintragungen in das maschinelle Grundbuch länger als zwei Wochen nicht möglich sind. Für Bayern bestimmt § 5 Abs. 1 der VO v. 14.6.1996 (GVBl, 242, die ab 10.7.1996 an die Stelle der VO v. 14.11.1994, GVBl, 1021 getreten ist) für den Regelfall eine Monatsfrist. Dort auch Regelungen für die Rückkehr vom Ersatzgrundbuch in das maschinell geführte Grundbuch.

dass weder die vorübergehende Anlegung eines Ersatzgrundbuchs nach Abs. 2 noch die Wiederherstellung als maschinelles Grundbuch nach Abs. 1 in Betracht zu ziehen ist, bleibt die erneute Führung als Papiergrundbuch die einzige Möglichkeit, Eintragungen innerhalb angemessener Zeiträume vornehmen zu können. Für die Wiederanlegung gilt § 44 entsprechend. Auch ohne längerfristige und unabsehbare Störung ist die Beendigung einer angeordneten bloßen Erprobungsphase möglich (Abs. 4 S. 3).

18 § 141 Abs. 4 S. 5 GBO stellt klar, dass die erneute Einführung des maschinellen Grundbuchs, die wiederum den §§ 126 ff. GBO zu folgen hätte, jederzeit rechtlich möglich bleibt. Dasselbe gilt für den elektronischen Rechtsverkehr und die elektronische Grundakte entsprechend den §§ 135 ff. GBO. Zu berücksichtigen ist aber der erhebliche finanzielle und organisatorische Aufwand, der häufigere Wechsel im System der Grundbuchführung faktisch ausschließt.

§ 149 [Vorbehalt für Baden-Württemberg]

In Baden-Württemberg können die Gewährung von Einsicht in das maschinell geführte Grundbuch und in die elektronische Grundakte sowie die Erteilung von Ausdrucken hieraus im Wege der Organleihe auch bei den Gemeinden erfolgen. Zuständig ist der Ratschreiber, der mindestens die Befähigung zum mittleren Verwaltungs- oder Justizdienst haben muss. Er wird insoweit als Urkundsbeamter der Geschäftsstelle des Grundbuchamts tätig, in dessen Bezirk er bestellt ist. § 153 Absatz 5 Satz 1 des Gerichtsverfassungsgesetzes gilt entsprechend. Das Nähere wird durch Landesgesetz geregelt.

A. Allgemeines	1	C. Grundbucheinsicht seit 1.1.2018	3
B. Zuständigkeiten bis 31.12.2017	2		

A. Allgemeines

1 Die Norm (früher § 143 GBO) wurde durch das RegVBG v. 21.12.1993 (BGBl I 1993, 2182) angefügt. Sie enthält Vorbehalte, die sich früher in § 8 der ÄndVO 1935 fanden, sowie Sonderregelungen aus § 19 AVO-GBO. Durch Abs. 2 wurde die Form der Eintragungsunterlagen den im übrigen Bundesgebiet geltenden Regeln angepasst.

B. Zuständigkeiten bis 31.12.2017

2 In Baden-Württemberg wurde das Grundbuch bis 31.12.2017 nicht vom Amtsgericht geführt, sondern von den in den Gemeinden errichteten **staatlichen Grundbuchämtern**. Die Grundbuchgeschäfte werden dort von den im Landesdienst stehenden Notaren, Notarvertretern, Ratschreibern sowie (im badischen Landesteil) auch von Rechtspflegern wahrgenommen.[1]

Daraus ergaben sich auch Sonderregelungen für die Zahl der erforderlichen Unterschriften im Buch und auf den Grundpfandrechtsbriefen.

Grundlagen waren das Landesgesetz über die Freiwillige Gerichtsbarkeit v. 12.2.1975 (GBl, 116, m. Änd.) sowie die AVO zum LFGG v. 21.5.1975 (GBl, 398, m. Änd.). Sie bleiben nach Abs. 1 unberührt. Seit dem 1.1.2018 wird auch in Baden-Württemberg das Grundbuch bei den Amtsgerichten geführt, wobei die örtliche Zuständigkeit auf 13 Amtsgerichte konzentriert ist (vgl. hierzu das Gesetz zur Reform des Notariats-und Grundbuchwesens v. 29.7.2010, GBl, 555).[2]

C. Grundbucheinsicht seit 1.1.2018

3 § 149 GBO in der seit 1.1.2018 geltenden Fassung enthält einen Vorbehalt zur Möglichkeit der Gewährung von Grundbucheinsicht bei der örtlichen Gemeinde, die früher als Grundbuchamt zuständig war.

---

1 Eingehend Meikel/*Böhringer*, § 149 Rn 3 ff.   2 Meikel/*Böhringer*, § 149 Rn 16, 17.

§ 150 [Maßgaben für das Beitrittsgebiet]

(1) In dem in Artikel 3 des Einigungsvertrages genannten Gebiet gilt dieses Gesetz mit folgenden Maßgaben:
1. Die Grundbücher können abweichend von § 1 bis zum Ablauf des 31. Dezember 1994 von den bis zum 2. Oktober 1990 zuständigen oder später durch Landesrecht bestimmten Stellen (Grundbuchämter) geführt werden. Die Zuständigkeit der Bediensteten des Grundbuchamts richtet sich nach den für diese Stellen am Tag vor dem Wirksamwerden des Beitritts bestehenden oder in dem jeweiligen Lande erlassenen späteren Bestimmungen. Diese sind auch für die Zahl der erforderlichen Unterschriften und dafür maßgebend, inwieweit Eintragungen beim Grundstücksbestand zu unterschreiben sind. Vorschriften nach den Sätzen 2 und 3 können auch dann beibehalten, geändert oder ergänzt werden, wenn die Grundbücher wieder von den Amtsgerichten geführt werden. Sind vor dem 19. Oktober 1994 in Grundbüchern, die in dem in Artikel 3 des Einigungsvertrages genannten Gebiet geführt werden, Eintragungen vorgenommen worden, die nicht den Vorschriften des § 44 Abs. 1 entsprechen, so sind diese Eintragungen dennoch wirksam, wenn sie den Anforderungen der für die Führung des Grundbuchs von dem jeweiligen Land erlassenen Vorschriften genügen.
2. Amtliches Verzeichnis der Grundstücke im Sinne des § 2 ist das am Tag vor dem Wirksamwerden des Beitritts zur Bezeichnung der Grundstücke maßgebende oder das an seine Stelle tretende Verzeichnis.
3. Die Grundbücher, die nach den am Tag vor dem Wirksamwerden des Beitritts bestehenden Bestimmungen geführt werden, gelten als Grundbücher im Sinne der Grundbuchordnung.
4. Soweit nach den am Tag vor dem Wirksamwerden des Beitritts geltenden Vorschriften Gebäudegrundbuchblätter anzulegen und zu führen sind, sind diese Vorschriften weiter anzuwenden. Dies gilt auch für die Kenntlichmachung der Anlegung des Gebäudegrundbuchblatts im Grundbuch des Grundstücks. Den Antrag auf Anlegung des Gebäudegrundbuchblatts kann auch der Gebäudeeigentümer stellen. Dies gilt entsprechend für nach später erlassenen Vorschriften anzulegende Gebäudegrundbuchblätter. Bei Eintragungen oder Berichtigungen im Gebäudegrundbuch ist in den Fällen des Artikels 233 § 4 des Einführungsgesetzes zum Bürgerlichen Gesetzbuch das Vorhandensein des Gebäudes nicht zu prüfen.
5. Neben diesem Gesetz sind die Vorschriften der §§ 2 bis 85 des Gesetzes über das Verfahren in Familiensachen und in den Angelegenheiten der freiwilligen Gerichtsbarkeit entsprechend anwendbar, soweit sich nicht etwas anderes aus Rechtsvorschriften, insbesondere aus den Vorschriften des Grundbuchrechts, oder daraus ergibt, daß die Grundbücher nicht von Gerichten geführt werden.
6. Anträge auf Eintragung in das Grundbuch, die vor dem Wirksamwerden des Beitritts beim Grundbuchamt eingegangen sind, sind von diesem nach den am Tag vor dem Wirksamwerden des Beitritts geltenden Verfahrensvorschriften zu erledigen.
7. Im übrigen gelten die in Anlage I Kapitel III Sachgebiet A Abschnitt III unter Nr. 28 des Einigungsvertrages aufgeführten allgemeinen Maßgaben entsprechend. Am Tag des Wirksamwerdens des Beitritts anhängige Beschwerdeverfahren sind an das zur Entscheidung über die Beschwerde nunmehr zuständige Gericht abzugeben.

(2) Am 1. Januar 1995 treten nach Absatz 1 Nr. 1 Satz 1 fortgeltende oder von den Ländern erlassene Vorschriften, nach denen die Grundbücher von anderen als den in § 1 bezeichneten Stellen geführt werden, außer Kraft. Die in § 1 bezeichneten Stellen bleiben auch nach diesem Zeitpunkt verpflichtet, allgemeine Anweisungen für die beschleunigte Behandlung von Grundbuchsachen anzuwenden. Die Landesregierungen werden ermächtigt, durch Rechtsverordnung einen früheren Tag für das Außerkrafttreten dieser Vorschriften zu bestimmen. In den Fällen der Sätze 1 und 3 kann durch Rechtsverordnung der Landesregierung auch bestimmt werden, daß Grundbuchsachen in einem Teil des Grundbuchbezirks von einer hierfür eingerichteten Zweigstelle des Amtsgerichts (§ 1) bearbeitet werden, wenn dies nach den örtlichen Verhältnissen zur sachdienlichen Erledigung zweckmäßig erscheint, und, unbeschadet des § 176 Abs. 2 des Bundesberggesetzes im übrigen, welche

Stelle nach Aufhebung der in Satz 1 bezeichneten Vorschriften die Berggrundbücher führt. Die Landesregierung kann ihre Ermächtigung nach dieser Vorschrift durch Rechtsverordnung auf die Landesjustizverwaltung übertragen.

(3) Soweit die Grundbücher von Behörden der Verwaltung oder Justizverwaltung geführt werden, ist gegen eine Entscheidung des Grundbuchamts (Absatz 1 Nr. 1 Satz 1), auch soweit sie nicht ausdrücklich im Auftrag des Leiters des Grundbuchamts ergangen ist oder ergeht, die Beschwerde nach § 71 der Grundbuchordnung gegeben. Diese Regelung gilt mit Wirkung vom 3. Oktober 1990, soweit Verfahren noch nicht rechtskräftig abgeschlossen sind. Anderweitig anhängige Verfahren über Rechtsmittel gegen Entscheidungen der Grundbuchämter gehen in dem Stand, in dem sie sich bei Inkrafttreten dieser Vorschrift befinden, auf das Beschwerdegericht über. Satz 1 tritt mit dem in Absatz 2 Satz 1 oder Satz 3 bezeichneten Zeitpunkt außer Kraft.

(4) In den Grundbuchämtern in dem in Artikel 3 des Einigungsvertrages genannten Gebiet können bis zum Ablauf des 31. Dezember 1999 auch Personen mit der Vornahme von Amtshandlungen betraut werden, die diesen Ämtern auf Grund von Dienstleistungsverträgen auf Dauer oder vorübergehend zugeteilt werden. Der Zeitpunkt kann durch Rechtsverordnung des Bundesministeriums der Justiz und für Verbraucherschutz mit Zustimmung des Bundesrates verlängert werden.

(5) Das Bundesministerium der Justiz und für Verbraucherschutz wird ermächtigt, durch Rechtsverordnung mit Zustimmung des Bundesrates nähere Vorschriften zu erlassen über den Nachweis der Befugnis, über

1. beschränkte dingliche Rechte an einem Grundstück, Gebäude oder sonstigen grundstücksgleichen Rechten,
2. Vormerkungen oder
3. sonstige im Grundbuch eingetragene Lasten und Beschränkungen

zu verfügen, deren Eintragung vor dem 1. Juli 1990 in dem in Artikel 3 des Einigungsvertrages genannten Gebiet beantragt worden ist. Dabei kann bestimmt werden, dass § 39 nicht anzuwenden ist und dass es der Vorlage eines Hypotheken-, Grundschuld- oder Rentenschuldbriefes nicht bedarf.

(6) § 134a tritt am 31. Dezember 2024 außer Kraft.

A. Allgemeines	1	IV. Gebäudegrundbücher	7
B. Sonderregelungen	2	V. Rechtsanwendung	8
I. Grundbuchämter	2	VI. Altanträge	9
II. Grundbuchbedienstete; Unterschriften	3	VII. Beschwerdeverfahren	10
III. Grundbücher; Amtliches Verzeichnis	5	VIII. Maßgaben nach dem Einigungsvertrag	11

A. Allgemeines

1 Die Norm enthält verfahrensrechtliche Übergangsregelungen für das sog. Beitrittsgebiet, also die Bundesländer Brandenburg, Mecklenburg-Vorpommern, Sachsen, Sachsen-Anhalt und Thüringen sowie den ehemaligen Ostteil von Berlin.[1]

Während sich Überleitungsvorschriften für das materielle Recht insbes. in Art. 231 § 5 sowie Art. 233 EGBGB finden, waren solche Regelungen für das Verfahren zunächst in Anl. I Kap. III Sachgeb. Abschn. III Nr. 1–5 des Einigungsvertrages getroffen. Durch das 2. VermRÄndG v. 14.7.1992 (BGBl I 1992, 1278) und das RegVBG v. 20.12.1993 (BGBl I 1993, 2182) sind diese Maßgaben teilweise geändert, aufgehoben oder nunmehr hierher übernommen worden. Die Maßgaben insbes. zur Grundbuchführung sind weitgehend überholt und gegenstandslos.

---

[1] Zur Rechtsentwicklung von 1945 bis 1990 Meikel/*Böhringer*, § 150 Rn 6 ff.

B. Sonderregelungen

I. Grundbuchämter

Die zunächst übergangsweise bestimmte Weiterführung der Grundbücher durch die am 2.10.1990 zuständigen Stellen und die dann an deren Stelle getretenen landesrechtlich bestimmten Zuständigkeiten sind mit Ablauf des 31.12.1994 beendet. Seit dem 1.1.1995 gilt auch im Beitrittsgebiet § 1 (**Abs. 1 Nr. 1**). In **Abs. 2 S. 4** findet sich eine Ermächtigung zur Errichtung von Zweigstellen der Amtsgerichte sowie zur Zuständigkeitsregelung in Bezug auf die Berggrundbücher.

II. Grundbuchbedienstete; Unterschriften

Die Vorschriften in RPflG und GBO über die funktionelle Zuständigkeit galten im Beitrittsgebiet nicht uneingeschränkt. Hinsichtlich der Rechtspflegertätigkeit bestand bis 31.12.1996 die Maßgabe in Anl. I Kap. III Sachgeb. A Abschn. III Nr. 3 des Einigungsvertrages. Sie ist gem. § 34 Abs. 1 RPflG nach dem genannten Zeitpunkt nicht mehr anzuwenden, wirkt jedoch in gewissem Umfang gem. § 34 Abs. 2 und 3 RPflG weiter fort.

Im Übrigen gelten die am 2.10.1990 bestehenden oder später von den Ländern erlassenen Vorschriften fort. Die Bestimmungen zur Zahl der notwendigen Unterschriften (**Abs. 1 Nr. 1 S. 2, 3**) sind nach Einführung des maschinell geführten Grundbuchs obsolet.

Bis zum 31.12.1999 konnten auch Personen eingesetzt werden, die den Grundbuchämtern aufgrund von Dienstleistungsverträgen auf Dauer oder auch nur vorübergehend zugeteilt sind. Die Frist konnte verlängert werden (**Abs. 4**); dies ist nicht geschehen.

III. Grundbücher; Amtliches Verzeichnis

Die **Grundbücher**, die am 2.10.1990 nach den seinerzeit geltenden Vorschriften geführt wurden, sind nunmehr Grundbücher im Sinne der GBO (**Abs. 1 Nr. 3**). Die Norm wird ergänzt durch § 113 Abs. 2 GBV.

Amtliches Verzeichnis ist das am 2.10.1990 bestehende Verzeichnis oder das (durch Einrichtung des Liegenschaftskatasters) an seine Stelle getretene (oder tretende) Verzeichnis (**Abs. 1 Nr. 2**).

IV. Gebäudegrundbücher

Da das nach dem Recht der DDR begründete Gebäudeeigentum fortbesteht und dem Grundstücksrecht unterliegt, gilt für es auch der Grundbuchzwang. Deshalb sind die am 2.10.1990 geltenden Vorschriften über die Anlegung und Führung von Gebäudegrundbüchern nach **Abs. 1 Nr. 4 S. 1** aufrechterhalten worden.[2]

Aufgrund der Ermächtigung in Art. 18 Abs. 4 Nr. 2 RegVBG ist jedoch am 15.7.1994 die **Gebäudegrundbuchverfügung** (GGV) ergangen. Damit wurden die nach Abs. 1 Nr. 4 fortgeltenden alten Vorschriften weitgehend gegenstandslos, soweit nicht die GGV ausdrücklich auf sie Bezug nimmt. Die GGV ist in **Teil IV** (Anhang) kommentiert wiedergegeben.

V. Rechtsanwendung

Nach **Abs. 5 Nr. 5** sind die Vorschriften der §§ 2–85 FamFG anwendbar. Dieser Regelung hätte es, sobald die Grundbücher von den Gerichten geführt wurden, nicht bedurft. Das Grundbuchverfahren ist ein Verfahren der Freiwilligen Gerichtsbarkeit. Sobald es wieder den Gerichten zugewiesen war, hatten diese selbstverständlich die für die Freiwillige Gerichtsbarkeit geltende Verfahrensordnung anzuwenden; diese war auch durch den Einigungsvertrag im Beitrittsgebiet hinsichtlich ihres allgemeinen Teiles uneingeschränkt in Kraft getreten. Dass das FamFG insoweit nicht anzuwenden ist, als die GBO Spezialregelungen enthält, entspricht einer allgemeinen Rechtsanwendungsregel, die nicht nur im Beitrittsgebiet Geltung beansprucht.

---

[2] Meikel/*Böhringer*, § 150 Rn 25 ff.

VI. Altanträge

9 Abs. 1 Nr. 6 enthält eine zwischenzeitlich gegenstandslos gewordene Regelung für Anträge, die bis zum 2.10.1990 eingegangen sind; sie waren weiterhin nach den vor dem Beitritt geltenden Verfahrensvorschriften[3] zu behandeln. Auch das materielle Recht richtete sich dann nach den vor dem Beitritt geltenden Vorschriften (vgl. Art. 233 § 7 EGBGB).

VII. Beschwerdeverfahren

10 Am 3.10.1990 anhängig gewesene Beschwerdeverfahren waren an das zuständige Gericht abzugeben (Abs. 1 Nr. 7 S. 2). Das waren zunächst die Bezirksgerichte als Beschwerdegericht und ein besonderer Senat des Bezirksgerichts als Rechtsbeschwerdegericht. Mit der Einführung der Gerichtsorganisation des GVG galt § 81. Solange die Aufgaben des Grundbuchamts durch andere Stellen erledigt werden konnten (also bis zum 31.12.1994), war auch gegen deren Entscheidungen die Beschwerde des § 71 gegeben. Die Regelung ist durch Zeitablauf außer Kraft getreten, Abs. 3 S. 4.

VIII. Maßgaben nach dem Einigungsvertrag

11 In Abs. 1 Nr. 7 S. 1 werden „im Übrigen", d.h. also, soweit hier nichts anderes bestimmt ist, die Maßgaben in Anl. I Kap. III Sachgeb. A Abschn. III Nr. 28 EinigungsV aufrechterhalten.

§ 151 [Übergangsvorschrift zu § 15 Abs. 3]

Für Erklärungen, die bis einschließlich 8. Juni 2017 beurkundet oder beglaubigt wurden, findet § 15 Absatz 3 keine Anwendung.

A. Allgemeines .... 1 B. Inhalt der Regelung 2

A. Allgemeines

1 Die Norm wurde durch Art. 5 Nr. 3 des Gesetzes zur Neuordnung der Aufbewahrung von Notariatsunterlagen und zur Einrichtung des Elektronischen Urkundenarchivs bei der Bundesnotarkammer sowie zur Änderung weiterer Gesetze vom 1.6.2017 (BGBl 2017 I 1396) eingefügt. Sie enthält eine Übergangsregelung zu § 15 Abs. 3 GBO, der durch Art. 5 Nr. 1 dieses Gesetzes eingefügt wurde.

B. Inhalt der Regelung

2 Nach § 15 Abs. 3 GBO hat der Notar die Eintragungsfähigkeit von Grundbucherklärungen zu prüfen und zu bescheinigen. Die Vorschrift ist umstritten (vgl. § 15 GBO Rdn 78 ff.). § 15 Abs. 3 GBO gilt im Übrigen nicht für Erklärungen einer Behörde sowie für Erklärungen, die von einer nach Landesrecht zuständigen Person oder Stelle beglaubigt worden sind (§ 143 Abs. 4 GBO).

§ 151 GBO enthält eine Übergangsregelung, nach welcher die Eintragungsfähigkeit nicht bescheinigt werden muss, wenn die Erklärung bis einschließlich 8.6.2017 beurkundet oder beglaubigt worden ist; § 15 Abs. 3 GBO ist am 9.6.2017 in Kraft getreten. Es kommt mithin nicht auf den Zeitpunkt der Antragstellung bei Grundbuchamt an.

---

[3] Vgl. dazu *v. Schuckmann*, Rpfleger 1991, 139.

Teil 3: Verordnung zur Durchführung der Grundbuchordnung (Grundbuchverfügung – GBV)

In der Fassung der Bek. v. 24.1.1995 (BGBl. I S. 114)
Zuletzt geändert durch: Sanktionsdurchsetzungsgesetz II (SanktDG II) vom 19.12.2022 (BGBl. I S. 2606)

Vorbemerkungen

A. Rechtsgrundlagen der GBV 1	IV. Ermöglichung eines Datenbankgrundbuchs im Jahre 2013 10
B. Inkrafttreten und Bedeutung der GBV .. 4	**C. Gliederung der GBV** 11
I. Einführung eines einheitlichen Grundbuchsystems im Jahre 1936 4	**D. Beachtung der GBV durch das Grundbuchamt** 12
II. Neubekanntmachung im Jahre 1995 8	
III. Ermöglichung des elektronischen Rechtsverkehrs im Jahre 2009 9	

A. Rechtsgrundlagen der GBV

Die Grundbuchverfügung enthält die Vorschriften über die Einrichtung und Führung der Grundbücher im weitesten Sinne. Ihre Rechtsgrundlage bilden die Ermächtigungsvorschriften der GBO, insbes. §§ 1 Abs. 4, 10 Abs. 2, 10a Abs. 3, 12 Abs. 3 und §§ 126, 127, 134, 141 Abs. 3, 142 GBO. **1**

Die Vorschriften der Grundbuchverfügung (§§ 1–60 GBV) gelten für die gem. § 7 Abs. 1 GBV, § 8 Abs. 2 WEG für jeden Miteigentumsanteil anzulegenden besonderen Grundbuchblätter (Wohnungs- oder Teileigentumsgrundbücher) und für die gem. § 30 Abs. 3 WEG anzulegenden Wohnungs- oder Teilerbbaugrundbücher entsprechend, soweit sich nicht aus den §§ 2, 5, 8 und 9 WGV etwas anderes ergibt (vgl. § 1 WGV). **2**

Die WGV ergänzt die GBV. Sie ist wie Letztere Rechtsvorschrift. Die Probeeintragungen, die in den der WGV beigefügten Mustern enthalten sind, sind nur Beispiele und nicht Teil der WGV. Sie haben daher wie die Probeeintragungen in den amtlichen Mustern der GBV nicht die Natur einer Rechtsverordnung.

Für die Anlegung und Führung von Gebäudegrundbüchern im Beitrittsgebiet gilt die Gebäudegrundbuchverfügung (GGV) v. 15.7.1994 (BGBl I 1994, 1606), die als Rechtsverordnung der GBV und der WGV gleichsteht. Zur Rechtslage im Beitrittsgebiet enthalten ferner die § 113 sowie § 150 GBO Sonderregelungen. **3**

B. Inkrafttreten und Bedeutung der GBV

I. Einführung eines einheitlichen Grundbuchsystems im Jahre 1936

Die GBV ist am 1.4.1936 in Kraft getreten (§ 94 S. 1 GBV; in der Neufassung der GBV vom 10.1.1995, BGBl. I S. 115, nicht mehr abgedruckt). Da aber die Umstellung auf das neue Grundbuchsystem notwendigerweise eine gewisse Zeit in Anspruch nahm, war es erforderlich, auf bestimmten Gebieten und in bestimmtem Umfang dem Landesrecht noch für eine Übergangszeit Geltung zu lassen. Die GBV trat daher insoweit noch nicht in Kraft, als sich das aus den §§ 102 ff. GBV ergibt. Danach ist insbes. Abweichendes bestimmt: **4**

1. im § 102 GBV für Grundbuchbezirke,
2. im § 103 GBV für die Form der Grundbuchbände,
3. im § 107 Abs. 2 GBV für die Anlegung von Grundakten.

Am 1.4.1936 sind die Vorschriften des Landesrechts, welche das von der GBV umfasste Gebiet betrafen, außer Kraft getreten (§ 94 Hs. 2 GBV). **5**

Die Bedeutung der Grundbuchverfügung besteht in der Vereinheitlichung der Vorschriften über die Einrichtung und Führung des Grundbuchs. Sie führte im Jahre 1935 mit Erhebung des sog. „Preußen-Musters" zum allgemeinen Grundbuchmuster für das gesamte Deutsche Reich einen einheitlichen Grundbuchvordruck und reichsrechtliche Vorschriften über die Führung des Grundbuchs ein. Sie regelt das von ihr umfasste Gebiet grundbuchrechtlich erschöpfend. Durch das RegVBG v. 21.12.1993 (BGBl I S. 2583) hat sie umfangreiche Änderungen und Ergänzungen erfahren. Sachlich geändert wurde die GBV durch das Datenbankgrundbuch-Gesetz v. 1.10.2013 (BGBl I S. 3719), letzte Änderungen erfuhr **6** sie durch Art. 17 des Sanktionsdurchsetzungsgesetzes II v. 19.12.2022 (BGBl I S. 2606), das hinsichtlich der Bekämpfung der Geldwäsche Änderungen des Geldwäschegesetzes zur Kaufpreiszahlung von Immobilien (§ 16a GwG sowie insbes. § 13 Abs. 1 S. 3 GBO) sowie umfangreiche Mitteilungspflichten an die Zentralstelle für Sanktionsdurchsetzung (§ 19b GwG) enthält.

7 Die GBV regelt die Einrichtung und Führung des Grundbuchs im weitesten Sinne. Neben ihr, auch nicht zu ihrer Ergänzung, ist, soweit das nicht ausdrücklich zugelassen wird (wie z.B. in § 39 Abs. 4 GBV), für landesrechtliche Grundbuchvorschriften kein Raum.

Nicht von der GBV umfasst sind Vorschriften rein geschäftsordnungsmäßigen Charakters. Diese sind daher durch sie auch nicht außer Kraft gesetzt worden.

II. Neubekanntmachung im Jahre 1995

8 Durch VO v. 10.2.1995 (BGBl I S. 115) wurde die GBV grundlegend neu bekanntgemacht und unter Berücksichtigung der zahlreichen Änderungen der GBO durch das RegVBG v. 20.12.1993 (BGBl I S. 2182) geändert. Hierbei wurden auch die Mustereintragungen Anlagen 1–10b aktualisiert und neu gefasst; sie sind weiterhin ausdrücklich nicht Teil der GBV als Rechtsverordnung (§ 22 GBV).

III. Ermöglichung des elektronischen Rechtsverkehrs im Jahre 2009

9 Abschnitt XV mit den §§ 94–101 GBV wurde eingefügt durch das Gesetz zur Einführung des elektronischen Rechtsverkehrs und der elektronischen Akte im Grundbuchverfahren v. 11.8.2009 (BGBl I S. 2713) mit Wirkung v. 1.10.2009.[1] § 100a ist eingefügt worden durch das Datenbankgrundbuchgesetz v. 1.10.2013 (BGBl I S. 3719).

Die Regelungen des Gesetzes zur Einführung des elektronischen Rechtsverkehrs haben wesentlich folgende Ziele:[2]

– Die Landesregierungen sollen ermächtigt werden, den elektronischen Rechtsverkehr im Grundbuchverfahren einzuführen. Dabei soll den Ländern ein weiter Handlungsspielraum eröffnet werden. Sie sollen den Zeitpunkt der Einführung frei bestimmen und den elektronischen Rechtsverkehr auf einzelne Grundbuchämter beschränken können.
– Die Landesregierungen sollen Notare zur Teilnahme am elektronischen Rechtsverkehr verpflichten können.
– Als Schnittstelle zu den Verfahrensbeteiligten soll auch die Virtuelle Poststelle genutzt werden können, die bereits in zahlreichen anderen gerichtlichen Verfahren – bspw. im Bereich des Handelsregisters – im Einsatz ist.
– Für den Zeitpunkt des Eingangs eines per Datenfernübertragung in elektronischer Form gestellten Eintragungsantrags soll dessen Aufzeichnung in der hierfür bestimmten Einrichtung des Grundbuchamts maßgebend sein.
– Der Nachweis der Eintragungsvoraussetzungen im Rahmen des elektronischen Rechtsverkehrs soll entweder durch elektronische Dokumente, die vom Notar mit einem einfachen elektronischen Zeugnis nach § 39a BeurkG versehen sind, oder durch öffentliche elektronische Dokumente i.S.d. § 371a Abs. 2 ZPO geführt werden.
– Entscheidungen, Verfügungen und (Eintragungs-)Mitteilungen des Grundbuchamts sollen unter bestimmten Voraussetzungen den Empfängern durch die Übermittlung elektronischer Dokumente bekannt gegeben werden können.

Die Einführung des elektronischen Rechtsverkehrs im Grundbuchverfahren wird in verschiedenen Bundesländern an Pilotgerichten geplant, erprobt oder bereits praktiziert. Eintragungsanträge können im Rahmen des elektronischen Rechtsverkehrs nur noch elektronisch gestellt werden in den Bundesländern Baden-Württemberg, Rheinland-Pfalz, Sachsen und Schleswig-Holstein. Der Testbetrieb ist geplant in Bayern und Hessen.[3]

---

1 Gesetzesentwurf v. 18.3.2009, BT-Drucks 16/12319; Beschlussempfehlung v. 17.6.2009, BT-Drucks 16/13437.
2 BT-Drucks 16/12319, S. 20.
3 Übersicht und Rechtsgrundlagen auf der Homepage der Bundesnotarkammer: http://www.elrv.info/de/elektronischer-rechtsverkehr/rechtsgrundlagen/ElRv_Uebersicht_BL.html (Stand: 2.7.2018).

Eine bundesweite Einführung des elektronischen Rechtsverkehrs und der elektronischen Grundakte auch in Verbindung mit den Möglichkeiten des sog. Datenbankgrundbuchs ist noch nicht in Sicht.

IV. Ermöglichung eines Datenbankgrundbuchs im Jahre 2013

Zuletzt wurde die GBV in einigen Punkten durch das Datenbankgrundbuchgesetz v. 1.10.2013 (BGBl I S. 3719) geändert. Diese Änderungen betreffen die Protokollierung der Grundbucheinsicht sowie weitere Vorschriften über das maschinell geführte Grundbuch.

10

C. Gliederung der GBV

Die Gliederung der Grundbuchverfügung ist folgende:

11

- I. Das Grundbuch, §§ 1–3 GBV
    1) Die Grundbuchbezirke, § 1 GBV
    2) Die äußere Form des Grundbuchs, §§ 2, 3 GBV
- II. Das Grundbuchblatt, §§ 4–12 GBV
- III. Die Eintragungen, §§ 13–23 GBV
- IV. Die Grundakten, § 24 GBv
- V. Der Zuständigkeitswechsel, §§ 25–27a GBV
- VI. Die Umschreibung von Grundbüchern, §§ 28–33 GBV
- VII. Die Schließung des Grundbuchblatts, §§ 34–37 GBV
- VIII. Die Beseitigung einer Doppelbuchung, § 38 GBV
- IX. Die Bekanntmachung der Eintragungen, §§ 39–42 GBV
- X. Grundbucheinsicht und -abschriften, §§ 43–46 GBV
- XI. Hypotheken-, Grundschuld- und Rentenschuldbriefe, §§ 47–53 GBV
- XII. Das Erbbaugrundbuch, §§ 54–60 GBV
- XIII. Vorschriften über das maschinell geführte Grundbuch, §§ 61–93 GBV
- XIV. Vermerke über öffentliche Lasten, §§ 93a, 93b GBV
- XV. Vorschriften über den elektronischen Rechtsverkehr und die elektronische Grundakte §§ 94–101 GBV
- XVI. Übergangs- und Schlussvorschriften, §§ 102–114 GBV.

D. Beachtung der GBV durch das Grundbuchamt

Die Grundbuchverfügung ist eine Rechtsverordnung. Auf die Befolgung der in ihr enthaltenen Vorschriften haben die Beteiligten regelmäßig einen durch Beschwerde (§§ 71 ff. GBO) verfolgbaren Rechtsanspruch. Kraft ausdrücklicher Bestimmung (§§ 22 S. 2, 31 S. 2, 58 S. 2 GBO) sind jedoch die in den amtlichen Mustern befindlichen Eintragungen nur Beispiele und nicht Teil der Grundbuchverfügung. Das hat zur Folge, dass das Grundbuchamt bei Abfassung der Eintragungen nicht an die Formulierungen der Mustereintragungen gebunden ist. Den Wortlaut der Eintragungen bestimmt das Grundbuchamt vielmehr in sachlicher Unabhängigkeit. An Vorschläge der Beteiligten ist das Grundbuchamt nicht gebunden.[4] Eine abweichende Meinung[5] will ihre Ansicht aus dem Antragsgrundsatz herleiten. Dem kann nicht zugestimmt werden. Der Antrag bewirkt nur, dass eine Eintragung bestimmten materiellen Inhalts vorgenommen werden kann, ihr Wortlaut liegt – wie bei allen gerichtlichen Entscheidungen – in der Hand des Gerichts, das auch für die Richtigkeit und Gesetzmäßigkeit der Eintragung die alleinige Verantwortung trägt.

12

Die GBV enthält nur Sollvorschriften, deren Nichtbeachtung die Wirksamkeit der Eintragung nicht berührt.[6] Die Beachtung der Vorschriften der GBV ist für das Grundbuchamt aber Amtspflicht. Ihre Nichtbeachtung kann zu Amtshaftungsansprüchen führen, wenn einem Beteiligten ein Schaden entsteht und die Nichtbeachtung der GBV durch das Grundbuchamt dafür kausal ist.

---

4 RGZ 50, 153; KG Rpfleger 1966, 305; BGHZ 47, 46 = Rpfleger 1967, 111; *Hamelbeck*, DNotZ 1964, 498.

5 OLG Düsseldorf Rpfleger 1963, 287 und OLG Schleswig Rpfleger 1964, 82.

6 Eingehend Meikel/*Schneider*, Vor GBV Rn 53 ff.

Abschnitt I: Das Grundbuch

Unterabschnitt 1. Grundbuchbezirke

§ 1 [Grundbuchbezirk und Gemeindebezirk]

(1) Grundbuchbezirke sind die Gemeindebezirke. Soweit mehrere Gemeinden zu einem Verwaltungsbezirk zusammengefaßt sind (Gesamtgemeinden; zusammengesetzte Gemeinden), bilden sie einen Grundbuchbezirk. Jedoch kann ein Gemeindebezirk durch Anordnung der Landesjustizverwaltung oder der von ihr bestimmten Stelle in mehrere Grundbuchbezirke geteilt werden.

(2) Wird ein Gemeindebezirk mit einem anderen Gemeindebezirk vereinigt oder wird ein Gemeindebezirk oder ein Verwaltungsbezirk der in Absatz 1 Satz 3 genannten Art in mehrere selbstständige Verwaltungsbezirke zerlegt, so können die bisherigen Grundbuchbezirke beibehalten werden.

A. Grundbuchbezirk	1	D. Grundbuch je Grundbuchbezirk	5
B. Teilung	2	E. Übergangsregelung	6
C. Abs. 2	3		

A. Grundbuchbezirk

1 Grundbuchbezirk (§ 2 Abs. 1 GBO) ist regelmäßig der Gemeindebezirk.[1] Er ist zu unterscheiden vom Grundbuchamtsbezirk, der grundsätzlich der Amtsgerichtsbezirk ist (§ 1 Abs. 1 GBO). Gemeindebezirk ist der Bezirk der politischen Gemeinde. Zum Grundbuchbezirk gehören also sämtliche im Gemeindebezirk gelegenen Grundstücke. Dementsprechend führt auch der Grundbuchbezirk grundsätzlich die Bezeichnung des Gemeindebezirks. Im Falle der Zusammenschreibung, Vereinigung oder Zuschreibung (§§ 4, 5, 6 GBO) kann ein Grundstück in einen anderen Grundbuchbezirk übergehen, bis die Zusammenschreibung, Vereinigung oder Zuschreibung wieder aufgehoben wird (vgl. die Vorschriften über den Zuständigkeitswechsel, §§ 25 ff. GBV). Eine Änderung der Grundbuchbezirke als solche tritt hierdurch jedoch nicht ein.

B. Teilung

2 Ob eine Teilung des Gemeindebezirks in mehrere Grundbuchbezirke (Abs. 1 S. 2) erfolgen soll, ist eine Zweckmäßigkeitsfrage, für die in erster Linie der Umfang des Gemeindebezirks entscheidend sein wird.

C. Abs. 2

3 Abs. 2 stellt eine wichtige Ausnahme von Abs. 1 dar. Nach Abs. 1 ändert sich bei Vereinigung oder Zerlegung des Gemeindebezirks, ohne dass es einer dahingehenden Anordnung bedarf, der Grundbuchbezirk entsprechend; das Gleiche gilt für die Zerlegung der in Abs. 1 S. 2 genannten Verwaltungsbezirke in mehrere selbstständige Verwaltungsbezirke derselben Art. Die bisherigen Grundbuchbezirke können jedoch beibehalten werden. Entscheidend sind oft auch historisch gewachsene Strukturen. Wenn etwa eine frühere Gemeinde einen Grundbuchbezirk bildete, sie dann aber durch Gemeindegebietsreformen ihre Eigenständigkeit verloren hat, bleibt der Grundbuchbezirk bestehen. Durch ihn wird damit nicht selten auch die geschichtliche Entwicklung von Gemeinden oder Stadtteilen dokumentiert.

Der Vollzug einer Änderung des Grundbuchbezirks im GB richtet sich nach den Vorschriften über den Zuständigkeitswechsel, § 27 GBV.

4 Die Behandlung von gemeindefreien Grundstücken oder Gutsbezirken, die aufgrund der VO des RMJ v. 15.11.1938 (RGBl I 1938, 1631) über gemeindefreie Grundstücke und Gutsbezirke gebildet worden sind oder noch gebildet werden, ist geregelt in der AV des RJM v. 8.2.1939 (DJ 1939, 264). Diese Vorschriften sind durch landesrechtliche Regelungen teilweise ersetzt oder aufgehoben worden.[2]

---

1 Meikel/*Schneider*, GBV, § 1 Rn 3. 2 Siehe auch Hügel/*Zeiser*, GBV Rn 2.

D. Grundbuch je Grundbuchbezirk

Für jeden Grundbuchbezirk ist ein Grundbuch einzurichten, im früheren Papiergrundbuch war dies mindestens ein Grundbuchband. 5

E. Übergangsregelung

Soweit die Grundbücher noch für andere Bezirke als die in Abs. 1 und 2 genannten angelegt sind (z.B. für Steuerbezirke), behält es bis zur Auflösung dieser Bezirke bei dieser Einrichtung sein Bewenden. Geändert werden können diese Bezirke als „Grundbuchbezirke" nur durch die Landesjustizverwaltung. 6

Unterabschnitt 2. Die äußere Form des Grundbuchs

§ 2 [Führung in Bänden oder Loseblattform]

Die Grundbücher werden in festen Bänden oder nach näherer Anordnung der Landesjustizverwaltungen in Bänden oder Einzelheften mit herausnehmbaren Einlegebogen geführt. Die Bände sollen regelmäßig mehrere Grundbuchblätter umfassen; mehrere Bände desselben Grundbuchbezirks erhalten fortlaufende Nummern. Soweit die Grundbücher in Einzelheften mit herausnehmbaren Einlegebogen geführt werden, sind die Vorschriften, die Grundbuchbände voraussetzen, nicht anzuwenden.

A. Form der Grundbuchbände	1	C. Loseblattgrundbuch	3
B. Bezeichnung der Grundbuchbände	2		

A. Form der Grundbuchbände

Nach Einführung des maschinell geführten Grundbuchs in allen Bundesländern (§§ 61 ff. GBV) hat § 2 GBV nurmehr historische Bedeutung. 1

Die Grundbücher wurden bis zur Einführung des maschinellen Grundbuchs nach § 2 GBV in festen Bänden oder in Loseblattform geführt (zum Loseblattgrundbuch vgl. unten Rdn 3). Mehrere Grundbuchblätter mussten beim alten System des Papiergrundbuchs in festen Bänden zu einem Band zusammengefasst werden. Diesem Erfordernis war nur genügt, wenn die einzelnen Blätter zu einem einheitlichen, mit Buchrücken und festem Deckel versehenen Buch derart zusammengefasst waren, dass die einzelnen Blätter oder Seiten nicht ohne Zerstörung oder Beschädigung des ganzen Buches oder seiner einzelnen Teile entfernt werden konnten.

B. Bezeichnung der Grundbuchbände

Jeder Grundbuchband begann mit einem Titelblatt, auf dem der Name des Amtsgerichts, der Grundbuchbezirk und beim Vorhandensein mehrerer Bände für den gleichen Grundbuchbezirk seine Nummern anzugeben waren. Außerdem enthielt das Titelblatt die Bescheinigung über die Seitenzahl des Bandes (vgl. § 3 GBV Rdn 2). Auf dem Rücken jedes Bandes war ein Schild anzubringen, auf dem der Grundbuchbezirk, die Nummer des Bandes und die Nummern der darin enthaltenen Grundbuchblätter angegeben wurden (§ 8 Abs. 3, 4 GeschO v. 25.2.1936, DJ 1936, 350; geänd. durch AV v. 23.12.1937, DJ 1938, 33). 2

Die Bände jedes Grundbuchbezirks erhielten fortlaufende Nummern (S. 2). Auch die für die Einlagebogen gebildeten Bände entsprachen durchweg diesen Vorschriften; wenn sie in Heftform geführt wurden, galten die für Grundbuchbände getroffenen Vorschriften nicht (S. 3).

Das Grundbuch durfte nicht von der Amtsstelle entfernt werden (§ 13 GeschO).

C. Loseblattgrundbuch

3 Versuche, das Grundbuch in Loseblattform[1] zu führen, gehen bereits auf das Jahr 1929 zurück,[2] wurden im Jahre 1936 wiederum aufgegriffen,[3] konnten sich jedoch nie richtig durchsetzen. Nach 1949 haben die Landesjustizverwaltungen den Gedanken erneut aufgegriffen, da diese Art der Grundbuchführung als die damals wohl rationellste sich angeboten hatte.[4] In den 70er-Jahren des 20. Jahrhunderts wurde in allen Bundesländern das Loseblattgrundbuch eingeführt, das teilweise in Bänden (so in Bayern) geführt wurde, teilweise in Einzelheften (so in Baden-Württemberg).[5] Bei der Führung in Bänden wurden – wie im Grundbuch mit festen Bänden – je Band 35 Grundbuchblätter geführt, wobei die Blattzählung „durch die Bände hindurchlief". Es wurde nicht je Band eine neue Blattzählung begonnen, Band 1 enthielt die Blätter 1 bis 35, Band 2 die Blätter 36 bis 70 usw. Mit der Einführung des maschinell geführten Grundbuchs hat die Bandzählung ihre Bedeutung verloren.

§ 3 [Nummerierung der Grundbuchblätter]

(1) Sämtliche Grundbuchblätter desselben Grundbuchbezirks erhalten fortlaufende Nummern. Besteht das Grundbuch aus mehreren Bänden, so schließen sich die Blattnummern jedes weiteren Bandes an die des vorhergehenden an.

(2) Von der fortlaufenden Nummernfolge der Grundbuchblätter kann abgewichen werden, wenn das anzulegende Grundbuchblatt einem Band zugeteilt werden soll, in dem der Umfang der Grundbuchblätter von dem des sonst nach Absatz 1 zu verwendenden Grundbuchblatts verschieden ist.

(3) Wird das Grundbuch in Einzelheften mit herausnehmbaren Einlegebogen geführt, so kann nach Anordnung der Landesjustizverwaltung bei der Nummerierung der in Einzelheften anzulegenden Grundbuchblätter eines Grundbuchbezirks neu mit der Nummer 1 oder mit der auf den nächsten freien Tausender folgenden Nummer begonnen werden.

A. Nummerierung der Grundbuchblätter .. 1
B. Abs. 2 2
C. Abs. 3 3

A. Nummerierung der Grundbuchblätter

1 Die Grundbuchblätter im Loseblattgrundbuch wie auch früher in festen Bänden wurden nicht nur innerhalb der einzelnen Bände, sondern durch alle Bände des Grundbuchbezirks hindurch fortlaufend nummeriert. Im maschinell geführten Grundbuch hat Abs. 1 S. 2 keine Bedeutung. Hier genügt es, die Grundbuchblätter je Grundbuchbezirk fortlaufend zu nummerieren, die Untergliederung der Blätter in Bände, ob als feste Bände oder Loseblattbände, erübrigt sich.

Für die Bezeichnung der Erbbaugrundbuchblätter sowie der Wohnungs- oder Teileigentumsgrundbücher und Wohnungs- und Teilerbbaugrundbücher sowie für das Gebäudegrundbuch gilt das Gleiche. Diese Grundbücher werden nicht in besonderen Bänden geführt, sondern im allgemeinen Grundbuch des Grundbuchbezirks, in dem das Grundstück liegt. Die Grundbuchblätter erhalten die nächste fortlaufende Nummer. Doch werden sie in der Aufschrift besonders als Erbbaugrundbuch, Wohnungs- oder Teileigentumsgrundbuch oder Gebäudegrundbuch gekennzeichnet.

Wird ein Grundbuchblatt geschlossen, insbesondere weil alle dort gebuchten Grundstücke auf andere Grundbuchblätter übertragen werden, ist die Nummer des geschlossenen Blattes nicht mehr wieder zu verwenden (§ 37 GBV).

---

1 Eingehend *Vollmert*, JVBl. 1959, S. 7; *Popp*, JVBl. 1959, S. 156; *Schmidt*, BWNotZ 1967, 284; *Pissowotzki/Wahn*, JVBl. 1969, S. 193; *Riedel*, Rpfleger 1970, 277.
2 Vgl. d. PreußAV v. 24.10.1929, JMBl 1929, 319.
3 AV d. RJM v. 21.6.1936, DJ 1936, 1033.
4 Zu den landesrechtlichen Vorschriften und den entspr. Fundstellen siehe *Schöner/Stöber*, Grundbuchrecht, Rn 80.
5 Zur Rechtsgeschichte Meikel/*Schneider*, GBV, § 2 Rn 8 ff.

B. Abs. 2

Abs. 2 ist im maschinell geführten Grundbuch ohne Bedeutung. Er trug dem verschiedenen Raumbedarf der jeweils einzurichtenden Grundbuchblätter Rechnung. Grundsatz war die Ingebrauchnahme eines Grundbuchbandes für jeden Grundbuchbezirk, so dass jedes neue Blatt die auf das zuletzt angelegte Blatt folgende freie Blattnummer erhielt. Da der Raumbedarf eines jeden Grundbuchblattes aber je nach der Zahl und dem Umfang der bereits vorhandenen oder erfahrungsgemäß noch zu erwartenden Eintragungen ein verschiedener sein konnte, gestattete Abs. 2, neben dem Normalband noch einen oder mehrere Bände gleichzeitig in Benutzung zu nehmen, bei denen die Zahl der Bogen eines jeden Grundbuchblattes größer oder kleiner ist als bei dem Normalband. Im Normalband wurden im Loseblattgrundbuch 35 Grundbuchblätter geführt. Wurden mehrere Bände nach Abs. 2 in Gebrauch genommen, so musste der Umfang der Blätter jedes dieser Bände voneinander verschieden sein.

C. Abs. 3

Abs. 3 wurde mit VO v. 21.3.1974 (BGBl I 1974, 771) eingefügt. Er diente einer vereinfachten Nummerierung, indem er vielstellige Blattnummern vermied.

Abschnitt II: Das Grundbuchblatt

§ 4 [Aufbau des Grundbuchblattes]

Jedes Grundbuchblatt besteht aus der Aufschrift, dem Bestandsverzeichnis und drei Abteilungen.

A. Anwendungsbereich	1	C. Prinzip des Realfoliums	6
B. Grundbuchmuster	3		

A. Anwendungsbereich

1 Das in der GBV geregelte Muster zum Aufbau eines Grundbuchblattes ist das verbindliche Grundbuchmuster für sämtliche kraft Bundesrechts anzulegenden Grundbuchblätter. Die Übergangsregelungen für das Beitrittsgebiet nach § 150 Abs. 1 Nrn. 1–3 GBO sind nach Einführung des maschinellen Grundbuchs gegenstandslos. Auch die Wohnungs- und Teileigentumsgrundbücher, die Wohnungs- und Teilerbbaugrundbücher (vgl. § 1 WGV) und das besondere Blatt für Erbbaurechte gem. § 14 der ErbbauRG sowie die Gebäudegrundbücher im Beitrittsgebiet sind nach dem Muster der GBV zu führen (§§ 54, 60 GBV).

2 Die Weiterführung der früher geführten landesrechtlichen (Papier-)Grundbücher ist theoretisch zulässig:

1. in den Fällen des § 103 GBV; z.B. Berggrundbücher, Bahngrundbücher, Fischereirechtsgrundbücher,
2. im Rahmen der Übergangsvorschriften der §§ 97, 98 GBV.

Soweit die alten Vordrucke weitergeführt werden dürfen, werden auch Wohnungs- und Teileigentumsgrundbücher sowie die Wohnungs- und Teilerbbaugrundbücher auf dem alten Vordruck angelegt. § 10 WGV sieht daher die Möglichkeit der Anpassung der WGV an landesrechtliche Besonderheiten vor.

Soweit landesrechtlich auf die in den Art. 63, 68 EGBGB genannten Rechte die Vorschriften der §§ 14–17 ErbbauRG für entsprechend anwendbar erklärt sind, ist auch für die Anlegung der Blätter für diese Rechte das Grundbuchmuster nach der GBV zu verwenden (§ 73 GBV).

B. Grundbuchmuster

3 Das Grundbuchmuster der GBV lehnt sich im Wesentlichen an den früher insbesondere in Preußen in Gebrauch gewesenen Vordruck an (Preußisches System). Auch die Systeme, die gegenüber dem preußischen wesentliche Unterschiede aufweisen, haben wohl größtenteils dem praktischen Bedürfnis genügt. Es war jedoch geboten, um die notwendig werdende Umstellung auf das neue System möglichst einzuschränken, sich bei Gestaltung des einheitlichen Grundbuchs an das preußische System anzuschließen, das bereits den größten Teil Deutschlands beherrschte. Die Aufteilung der Grundbucheintragungen in Bestandsverzeichnis und drei Abteilungen muss dabei nicht als perfekt gelten. Dass insbesondere Verfügungsbeeinträchtigungen des Eigentums in Abt. II eingetragen werden, ist nicht zwingend. Das frühere sog. Sächsische Muster sah hier eine Eigentümerabteilung vor, in welcher Verfügungsbeeinträchtigungen und auch die sog. Auflassungsvormerkung einzutragen waren. Die Eintragung in Abt. II führt zwar zur einer übersichtlichen Gestaltung der Abt. I, zwingt bei Grundbucheinsicht aber auch stets dazu, die Abt. II einzusehen, um eben Verfügungsbeeinträchtigung ersehen zu können. Die Eintragung beschränkter dinglicher Rechte und von Grundpfandrechte in verschiedenen Abteilungen ist dagegen praktisch sinnvoll.

4 Die Einteilung des Grundbuchblattes nach § 4 stellt eine Ordnungsvorschrift dar.[1] Da nach § 3 Abs. 1 S. 2 GBO das gesamte Grundbuchblatt als Grundbuch i.S.d. BGB gilt, ist eine entgegen den Vorschriften der GBV an falscher Stelle, aber auf dem richtigen Blatt vorgenommene Eintragung nicht unwirksam, es sei denn, dass durch die ihr zugewiesene Stelle Inhalt und Zweck der Eintragung in Frage gestellt werden. Nur ausnahmsweise, nämlich wo das materielle Recht selbst einer Eintragung einen bestimmten Platz im Grundbuch zuweist, wie im Falle des § 881 Abs. 2 Hs. 2 BGB, muss die Eintragung zur Erreichung

---

[1] Allgemein auch Meikel/*Schneider*, GBV, § 4 Rn 1, 2.

materieller Wirksamkeit an dieser Stelle des Blattes erfolgen. Ist hiernach eine an falscher Stelle vermerkte Eintragung wirksam, so kann das Grundbuchamt trotzdem das Grundbuch durch Eintragung an der richtigen Stelle unter Vermerk eines etwaigen Rangverhältnisses auch formell richtigstellen; ein Rechtsanspruch der Beteiligten auf anderweitige Eintragung kann nicht anerkannt werden, solange die Eintragung materiell-rechtlich wirksam ist. Eine unwirksame Eintragung ist nach den allgemeinen Vorschriften (§§ 53, 71 ff. GBO) zu behandeln.

Wird ein Grundbuchblatt ohne Verwendung des Musters oder auf einem für andere Fälle vorgesehenen Muster angelegt, so sind die Eintragungen wirksam, wenn das Blatt aus sich selbst heraus noch verständlich ist und die Eintragungen als Grundbucheintragungen angesehen werden können. Ein nach diesem Grundsatz nach Ansicht des Grundbuchamts wirksames Grundbuchblatt ist in entsprechender Anwendung des § 28 Abs. 1 GBV umzuschreiben. Ein hiernach unwirksames Blatt ist neu anzulegen; das alte Blatt wird, unbeschadet der materiellen Rechtslage, zu schließen sein.

Über die Gestaltung des Musters im Einzelnen vgl. § 22 sowie § 11 Abs. 2 GeschO (v. 25.2.1936, DJ 1936, 350; geänd. durch AV v. 23.12.1937, DJ 1938, 33). Die GeschO ist heute weitgehend durch landesrechtliche Geschäftsanweisungen ersetzt, vgl. bspw. Verwaltungsvorschrift des Sächsischen Staatsministeriums der Justiz über die Behandlung von Grundbuchsachen (VwV Grundbuchsachen – VwVGBGS) v. 27.12.2005 (SächsJMBl 2006 Nr. 1, 2).

C. Prinzip des Realfoliums

Dem Grundsatz des § 3 GBO folgend geht das Grundbuchmuster vom Prinzip des Realfoliums aus. Es nähert sich jedoch insofern dem Prinzip des Personalfoliums, als es zugleich als gemeinschaftliches Blatt für die Grundstücke desselben Eigentümers unter den Voraussetzungen des § 4 GBO dient.

§ 5 [Aufschrift des Grundbuchblattes]

In der Aufschrift sind das Amtsgericht, der Grundbuchbezirk und die Nummer des Bandes und des Blattes anzugeben. In den Fällen des § 1 Abs. 2 ist durch einen Zusatz auf die Vereinigung oder Teilung des Bezirks hinzuweisen.

S. 1 bestimmt den Inhalt der **Aufschrift** für den Normalfall.

Ausnahmsweise werden nach Bundesrecht beispielsweise in der Aufschrift folgende Vermerke eingetragen:

1. in den Fällen des § 1 Abs. 2 der Hinweis auf die Vereinigung oder Teilung des Grundbuchbezirks (S. 2).
2. der Verweisungsvermerk bei Zuständigkeitswechsel (§§ 25 Abs. 2 Buchst. a, § 26 Abs. 3 S. 2 GBV),
3. der Umschreibungsvermerk (§ 30 Abs. 1Buchst. b GBV),
4. der Schließungsvermerk (§ 36 Buchst. b GBV),
5. der Wiederbenutzungsvermerk (§ 37 Abs. 2 Buchst. c GBV),
6. bei Erbbaugrundbüchern der Vermerk „Erbbaugrundbuch" (§ 55 Abs. 2GBV) oder „Erbbaurecht" (§ 60 Buchst. a GBV),
7. bei selbstständigem Gebäudeeigentum der Vermerk „Gebäudegrundbuch" (§ 3 Abs. 3 GGV),
8. bei Höfen i.S.d. HöfeO der Hofvermerk:
   „*Hof gemäß der Höfeordnung. Eingetragen am …*"

   Der Vermerk lautet beim Ehegattenhof, wenn der Grundbesitz der Ehegatten nicht auf demselben Grundbuchblatt eingetragen ist:
   „*Dieser Grundbesitz bildet mit dem im Grundbuch vom … Band … Blatt … eingetragenen Grundbesitz einen Ehegattenhof gem. der Höfeordnung. Eingetragen am …*"
9. bei den nach dem WEG zu führenden Grundbüchern in Klammern die Vermerke „Wohnungsgrundbuch", „Teileigentumsgrundbuch", „Wohnungs- und Teileigentumsgrundbuch" (vgl. § 2 WGV), „Wohnungserbbaugrundbuch" (vgl. § 8 WGV), „Gemeinschaftliches Teileigentumsgrundbuch" oder „Gemeinschaftliches Wohnungs- und Teileigentumsgrundbuch" (§ 7 WGV).

§ 6 [Bestandsverzeichnis des Grundbuchs]

(1) In dem Bestandsverzeichnis ist die Spalte 1 für die Angabe der laufenden Nummer des Grundstücks bestimmt.

(2) In der Spalte 2 sind die bisherigen laufenden Nummern der Grundstücke anzugeben, aus denen das Grundstück durch Vereinigung, Zuschreibung oder Teilung entstanden ist.

(3a) Die Spalte 3 dient zur Bezeichnung der Grundstücke gemäß dem amtlichen Verzeichnis im Sinne des § 2 Abs. 2 der Grundbuchordnung. Hier sind einzutragen:

1. in Unterspalte a: die Bezeichnung der Gemarkung oder des sonstigen vermessungstechnischen Bezirks, in dem das Grundstück liegt;
2. in Unterspalte b: die vermessungstechnische Bezeichnung des Grundstücks innerhalb des in Nummer 1 genannten Bezirks nach den Buchstaben oder Nummern der Karte;
3. in den Unterspalten c und d: die Bezeichnung des Grundstücks nach den Artikeln oder Nummern der Steuerbücher (Grundsteuermutterrolle, Gebäudesteuerrolle oder ähnliches), sofern solche Bezeichnungen vorhanden sind;
4. in Unterspalte e: die Wirtschaftsart des Grundstücks und die Lage (Straße, Hausnummer oder die sonstige ortsübliche Bezeichnung).

Die für die Bezeichnung des Grundstücks nach der Gebäudesteuerrolle oder einem ähnlichen Buch bestimmte Unterspalte d kann nach näherer Anordnung der Landesjustizverwaltung mit der Maßgabe weggelassen werden, daß die Unterspalte c durch die Buchstaben c/d bezeichnet wird; im Rahmen dieser Änderung kann von den Mustern in der Anlage zu dieser Verfügung abgewichen werden. Ferner kann die Landesjustizverwaltung anordnen, daß die in Nummer 3 bezeichneten Eintragungen unterbleiben.

(3b) Soweit das Grundbuch in Loseblattform mit einer Vordruckgröße von 210 × 297 mm (DIN A4) geführt wird, kann die Landesjustizverwaltung abweichend von den Bestimmungen des Absatzes 3a) und von den Mustern in der Anlage zu dieser Verfügung anordnen, daß

1. die Unterspalten a und b der Spalte 3 in der Weise zusammengelegt werden, daß die vermessungstechnische Bezeichnung des Grundstücks unterhalb der Bezeichnung der Gemarkung oder des sonstigen vermessungstechnischen Bezirks einzutragen ist; die Eintragung der Bezeichnung der Gemarkung oder des sonstigen vermessungstechnischen Bezirks kann nach näherer Anordnung der Landesjustizverwaltung unterbleiben, wenn sie mit der des Grundbuchbezirks übereinstimmt;
2. die Unterspalten c und d der Spalte 3 weggelassen werden und die für die Eintragung der Wirtschaftsart des Grundstücks und der Lage bestimmte Unterspalte e der Spalte 3 durch den Buchstaben c bezeichnet wird.

(3c) Soweit in besonderen Fällen nach den bestehenden gesetzlichen Vorschriften ein Grundstück, das nicht im amtlichen Verzeichnis aufgeführt ist, im Grundbuch eingetragen werden kann, behält es hierbei sein Bewenden.

(4) Besteht ein Grundstück aus mehreren Teilen, die in dem maßgebenden amtlichen Verzeichnis als selbstständige Teile aufgeführt sind (z.B. Katasterparzellen), so kann die in Absatz 3a, Nr. 2 und 3 vorgeschriebene Angabe unterbleiben, soweit dadurch das Grundbuch nach dem Ermessen des Grundbuchamts unübersichtlich werden würde. In diesem Fall müssen jedoch die fehlenden Angaben in einem bei den Grundakten aufzubewahrenden beglaubigten Auszug aus dem maßgebenden amtlichen Verzeichnis der Grundstücke nachgewiesen werden. Das Grundbuchamt berichtigt den beglaubigten Auszug aufgrund der Mitteilung der das amtliche Verzeichnis führenden Behörde, sofern der bisherige Auszug nicht durch einen neuen ersetzt wird. Sofern das Verzeichnis vom Grundbuchamt selbst geführt wird, hat dieses das Verzeichnis auf dem laufenden zu halten. Statt der in Absatz 3a Nr. 4 vorgeschriebenen Angabe genügt alsdann die Angabe einer Gesamtbezeichnung (z.B. Landgut). Ab dem 9.10.2013 darf eine Buchung gemäß den Vorschriften dieses Absatzes nicht mehr vorgenommen werden.

(5) Die Spalte 4 enthält die Angaben über die Größe des Grundstücks nach dem maßgebenden amtlichen Verzeichnis. Besteht ein Grundstück aus mehreren Teilen, die in diesem Verzeichnis als selbstständige Teile aufgeführt sind (z.B. Katasterparzellen), so ist die Größe getrennt nach den aus dem Grundbuch ersichtlichen selbstständigen Teilen anzugeben; ist das Grundstück nach Maßgabe des Absatzes 4 bezeichnet, so ist die Gesamtgröße anzugeben.

(6) In der Spalte 6 sind einzutragen:

a) Der Vermerk über die Eintragung des Bestandes des Blattes bei der Anlegung (Zeit der Eintragung, Nummer des bisherigen Blattes usw.);

b) die Übertragung eines Grundstücks auf das Blatt;

c) die Vereinigung mehrerer auf dem Blatt eingetragener Grundstücke zu einem Grundstück sowie die Zuschreibung eines solchen Grundstücks zu einem anderen als Bestandteil;

d) die Vermerke, durch welche bisherige Grundstücksteile als selbstständige Grundstücke eingetragen werden, insbesondere im Falle des § 7 Abs. 1 der Grundbuchordnung, sofern nicht der Teil auf ein anderes Blatt übertragen wird;

e) die Vermerke über Berichtigungen der Bestandsangaben; eines Vermerks in Spalte 6 bedarf es jedoch nicht, wenn lediglich die in Absatz 3a Nr. 3 für die Unterspalte c vorgeschriebene Angabe nachgetragen oder berichtigt wird.

(7) Die Spalte 8 ist bestimmt für die Abschreibungen, bei denen das Grundstück aus dem Grundbuchblatt ausscheidet.

(8) Bei Eintragungen in den Spalten 6 und 8 ist in den Spalten 5 und 7 auf die laufende Nummer des von der Eintragung betroffenen Grundstücks zu verweisen.

A. Allgemeines 1	F. Spalten 5 und 6 15
B. Spalte 1 2	I. Spalte 5 16
C. Spalte 2 3	II. Spalte 6 17
D. Spalte 3 4	G. Spalten 7 und 8 20
I. Grundlage dieser Bezeichnung 5	I. Spalte 7 21
II. Gegenstand der Bezeichnung 7	II. Spalte 8 22
III. Ausfüllung der Spalte 3 im Einzelnen 8	III. Ausführung der Abschreibungen 23
1. Grundsatz (Abs. 3 Buchst. a) 8	IV. Ausnahmen 24
2. Ausnahmen 11	H. Wohnungseigentum 25
E. Spalte 4 14	I. Gebäudeeigentum 26

A. Allgemeines

In das Bestandsverzeichnis sind Grundstücke, subjektiv-dingliche Rechte (§ 9 GBO) und in gewissen Fällen Miteigentumsanteile an Grundstücken (§ 3 Abs. 4 GBO) einzutragen.   **1**

B. Spalte 1

Sie dient zur Angabe der laufenden Nummer des Grundstücks. Jedes Grundstück im Rechtssinne erhält   **2** eine laufende Nummer im Grundbuch, gleichgültig aus wie vielen vermessungstechnisch selbstständigen Teilen (Flurstücken; Katasterparzellen) es besteht. Ein aus mehreren Flurstücken (Parzellen) bestehendes Grundstück ist daher unter einer laufenden Nummer aufzuführen.[1] Bei Umschreibung der bisher geführten, auf Landesrecht beruhenden Grundbücher ist daher Prüfung notwendig, ob ein in diesen Büchern unter einer Nummer eingetragenes Grundstück auch rechtlich als ein selbstständiges Grundstück aufzufassen ist, oder ob es nicht vielmehr nur Teil eines unter verschiedenen Nummern eingetragenen Grundstücks ist. Desgleichen ist zu prüfen, ob nicht in den bisherigen Büchern unter einer Nummer mehrere rechtlich selbstständige Grundstücke eingetragen sind.

Welche laufende Nummer das Grundstück erhält, richtet sich nach der Zahl der bereits im Bestandsverzeichnis stehenden Eintragungen. Gezählt werden hierbei sowohl die Grundstücke wie auch die

---

1 KG KGJ 49, 232; BayObLGZ 1954, 262.

subjektiv-dinglichen Rechte (§ 7 GBV) und die Miteigentumsanteile (§ 8 GBV). Ein neu auf dem Grundbuchblatt gebuchtes Grundstück erhält die nächste laufende Nummer im Bestandsverzeichnis.

C. Spalte 2

3 In ihr sind die bisherigen laufenden Nummern des Grundstücks auf demselben Grundbuchblatt anzugeben. Diese Angabe ist nur möglich, wenn
1. Grundstücke desselben Blattes auf diesem Blatt miteinander vereinigt werden (§ 13 Abs. 1 GBV),
2. ein Grundstück einem anderen auf demselben Blatt stehenden Grundstück als Bestandteil zugeschrieben wird (§ 13 Abs. 1 GBV),
3. bei Teilung eines Grundstücks ein Teil oder mehrere oder alle Teile auf demselben Blatt stehenbleiben (§ 13 Abs. 2 GBV); hierbei ist der bisherigen laufenden Nummer außerdem der Zusatz „Rest von …" oder „Teil von …" beizufügen,
4. im Falle der Berichtigung der Bestandsangaben (vgl. Rdn 19), wenn das Grundstück von einem anderen Blatt übertragen wird. Dieser Grundsatz gilt auch für die Umschreibung; hier wird die Spalte 2 nur dann ausgefüllt, wenn in den Fällen des § 30 Abs. 1 Buchst. c GBV die Darlegung der Entstehungsgeschichte des Grundstücks erforderlich wird, beispielsweise, weil es aus mehreren früher selbstständigen, belasteten Grundstücken entstanden ist.

D. Spalte 3

4 Die **Bezeichnung der Grundstücke** im Grundbuch zum Zweck ihrer Auffindung in der Örtlichkeit erfolgt in der Spalte 3.

I. Grundlage dieser Bezeichnung

5 Grundlage dieser Bezeichnung ist das amtliche Verzeichnis i.S.d. § 2 Abs. 2 GBO oder die an dessen Stelle tretenden Nachweise. Zum Begriff des Amtlichen Verzeichnisses siehe § 2 GBO (siehe § 2 GBO Rdn 8 ff.).[2]

Nur die amtlichen Verzeichnisse dienen als Grundlage zur Eintragung in der Spalte 3. Auch Wirtschaftsart und Lage sind daher ausschließlich aus dem amtlichen Verzeichnis zu übernehmen. Soweit das amtliche Verzeichnis eine in diese Spalte aufzunehmende Angabe nicht enthält, darf sie nicht etwa aus einem anderen Verzeichnis entnommen werden, selbst wenn es von einer Behörde geführt wird. Verweist jedoch das amtliche Verzeichnis auf ein anderes Verzeichnis, so wird dessen Inhalt damit zum Inhalt des amtlichen Verzeichnisses und kann in das Grundbuch übernommen werden. Zur Aufrechterhaltung der Übereinstimmung zwischen Grundbuch und amtlichem Verzeichnis vgl. auch unten (siehe Rdn 19).

6 Ausnahmsweise erfolgt die Bezeichnung eines Grundstücks nicht nach dem amtlichen Verzeichnis, wenn nach den bestehenden Vorschriften ein Grundstück in das Grundbuch eingetragen werden kann, obwohl es nicht im amtlichen Verzeichnis aufgeführt ist (Abs. 3 Buchst. c).

II. Gegenstand der Bezeichnung

7 Gegenstand der Bezeichnung ist das einzelne Grundstück. Besteht das Grundstück aus mehreren vermessungstechnisch selbstständigen Teilen, die auch im amtlichen Verzeichnis selbstständig aufgeführt sind, so ist grundsätzlich auch im Grundbuch jeder dieser Teile selbstständig in Spalte 3, jedoch nur unter einer laufenden Nummer, zu bezeichnen. Ausnahme siehe Abs. 4 (vgl. Rdn 11 ff.).

---

[2] Meikel/*Schneider*, GBV, § 6 Rn 13 ff.

III. Ausfüllung der Spalte 3 im Einzelnen

1. Grundsatz (Abs. 3 Buchst. a)

In den **Unterspalten a und b** ist das Grundstück vermessungstechnisch zu bezeichnen. Durch die Eintragungen in diesen Unterspalten muss das Grundstück vermessungstechnisch und kartenmäßig einwandfrei individualisiert und identifiziert sein, sodass es eines Zurückgreifens auf andere Teile des Grundbuchs nicht bedarf, um das Grundstück in der Öffentlichkeit auffinden zu können.

In der Unterspalte a ist hierbei die Bezeichnung der Gemarkung oder des sonstigen Vermessungsbezirks anzugeben, in dem das Grundstück liegt (Abs. 3 Buchst. a Nr. 1). Dieser Bezirk kann mit dem Gemeinde- und Grundbuchbezirk räumlich identisch sein; er kann aber auch von ihm abweichen. Insbesondere kann auch seine Bezeichnung eine vom Grundbuch- oder Gemeindebezirk verschiedene sein. Die Angabe ist in jedem Fall zu machen, auch wenn Vermessungsbezirk und Grundbuchbezirk räumlich und in der Bezeichnung übereinstimmen.

In der Unterspalte b, die im amtlichen Muster in zwei Halbspalten aufgeteilt ist, ist das Grundstück nach der Karte des Vermessungsbezirks zu bezeichnen (Abs. 3 Buchst. a Nr. 2). In der Regel wird die Karte eines Vermessungsbezirks (der sog. Katasterplan, die Flurkarte) in mehrere Teile zerfallen. Auf diesen Fluren sind die einzelnen Flurstücke (Parzellen) eingezeichnet und nach Nummern oder Buchstaben benannt. Zur Angabe dieser Flur- und Flurstücksnummern dienen die beiden Halbspalten der Unterspalte b. Ist nach der augenblicklichen Gestaltung der Karte nur eine dieser beiden Angaben erforderlich und ausreichend, so wird nur eine der beiden Halbspalten ausgefüllt.

In den **Unterspalten c und d** wird die Nummer des Liegenschaftsbuchs (Bestand, Nummer) bei jedem Grundstück eingetragen.

Vor allem in den früher preußischen Gebieten wurden aus steuerlichen Gründen auch Gebäudebücher geführt. Die Nummer des Gebäudebuchs wurde eingetragen, wenn sie in Spalte 4 des Bestandsblattes des Liegenschaftskatasters vermerkt war. War die Nummer des Gebäudebuchs auf dem Bestandsblatt in Spalte 10 vermerkt, weil die Gebäude nicht Bestandteil des Grundstücks waren, so war die Nummer in das Bestandsverzeichnis nicht zu übernehmen. Die Fortführung des früheren Gebäudebuchs erfolgte zumeist nicht. Mit der Ergänzung von Abs. 3 Buchst. a (letzter Satz) durch VO v. 21.3.1974 (BGBl I 1974, 771) wurde dieser Tatsache Rechnung getragen; die Eintragungen nach Nr. 3 können durch entsprechende Anordnung für entbehrlich erklärt werden.[3]

In der **Unterspalte e** sind Wirtschaftsart und Lage des Grundstücks anzugeben (Abs. 3 Buchst. a Nr. 4). Auch diese Angaben sind nur aus dem amtlichen Verzeichnis zu übernehmen. Hierbei ist der Begriff der Wirtschaftsart weit zu fassen; er umfasst z.B. die Beschreibung des Grundstücks nach geographischer Beschaffenheit, Kulturart, Bebauung usw.

2. Ausnahmen

Nach näherer Anordnung der Landesjustizverwaltung kann die Unterspalte d weggelassen und die Unterspalte c mit c/d bezeichnet werden (Abs. 3 Buchst. a S. 3).

Beim früheren Loseblattgrundbuch des Formats DIN A4 konnte in Spalte 3 die Unterspalten a und b in der Weise zusammengelegt werden, dass die vermessungstechnische Bezeichnung des Grundstücks unterhalb der Gemarkungsbezeichnung oder des sonstigen vermessungstechnischen Bezirks einzutragen waren. Ferner konnten die Unterspalten c und d weggelassen und die für die Eintragung der Wirtschaftsart und der Lage bestimmte Unterspalte kann durch den Buchstaben c bezeichnet werden (Abs. 3 Buchst. b Nr. 1 und 2).

Als weitere Ausnahme von der in Abs. 3 Buchst. a vorgeschriebenen Bezeichnung des Grundstücks gestattet **Abs. 4** die Eintragung des Grundstücks unter einer Gesamtbezeichnung unter folgenden Voraussetzungen:

– Es muss sich um ein **Grundbuchgrundstück** handeln. Die Zusammenfassung mehrerer Grundstücke zu einem Grundstück auf Antrag gem. §§ 5, 6 GBO, um die Voraussetzungen des Abs. 4 zu schaffen,

---

[3] Meikel/*Böttcher*, § 6 GBV Rn 22.

ist im Interesse der Übersichtlichkeit des Grundbuchs zulässig. Es geschieht dies in der Weise, dass zunächst die Einzelgrundstücke zu einem Grundstück vereinigt werden; das durch die Vereinigung entstandene Grundstück ist unter neuer Nummer sogleich unter der Gesamtbezeichnung einzutragen, die Eintragungen im Bestandsverzeichnis, die sich auf die Einzelgrundstücke beziehen, sind rot zu unterstreichen (§ 13 Abs. 1 GBV). Wird das Grundbuchblatt später umgeschrieben (§ 28 GBV) oder das Bestandsverzeichnis neugefasst (§ 33 GBV), so müssen alle Eintragungen des Bestandsverzeichnisses, soweit sie gelöscht sind, mit der laufenden Nummer ihrer Eintragung und dem Vermerk „gelöscht" in das neue Bestandsverzeichnis übernommen werden. Darüber hinaus sind die gelöschten Eintragungen vollinhaltlich zu übernehmen, soweit dies zum Verständnis der noch gültigen Eintragungen erforderlich ist; dieser Fall liegt z.B. vor, wenn eines der vereinigten Einzelgrundstücke besonders belastet war.

- Durch die Eintragung aller im amtlichen Verzeichnis als selbstständige Teile aufgeführten Parzellen des Grundstücks müsste das Grundbuch nach dem Ermessen des Grundbuchamts, das sämtliche Umstände des Einzelfalls zu berücksichtigen hat, **unübersichtlich** werden. Eine zu enge Auslegung dieser Bestimmung erscheint nicht am Platze.
- Ein **beglaubigter Auszug aus dem amtlichen Verzeichnis**, der sämtliche Parzellen des Grundstücks nachweist, muss sich **bei den Grundakten** befinden. Er ist mit dem Handblatt zu verbinden (§ 31 Abs. 1 GeschO). Das gilt auch für die Durchschrift des Bestandsblattes anlässlich der Zurückführung der Grundbücher auf das Reichskataster. Die Durchschrift muss in diesem Falle von der Vermessungsbehörde beglaubigt werden.
- Enthält ein Grundbuchblatt mehrere nach § 6 Abs. 4 GBV bezeichnete Grundstücke, so ist der beglaubigte Auszug für jedes Grundstück getrennt zu halten (§ 31 Abs. 3 GeschO; ebenso in den von einzelnen Ländern anstelle der GeschO erlassenen Bestimmungen). Auch in den Fällen, in denen das Grundbuchamt selbst das amtliche Verzeichnis führt (vgl. § 2 GBO Rdn 9), erübrigt sich die Aufbewahrung des beglaubigten Auszuges nicht.
- Der beglaubigte Auszug aus dem amtlichen Verzeichnis ist auf Ersuchen des Grundbuchamts von der zuständigen Behörde herzustellen; diese hat das zur Erhaltung der Übereinstimmung zwischen dem Auszug und dem amtlichen Verzeichnis Vorgeschriebene zu tun; die Berichtigung des Auszuges hat in diesen Fällen das Grundbuchamt aufgrund der Mitteilung der das amtliche Verzeichnis führenden Behörde vorzunehmen (§ 31 Abs. 2 S. 2 GeschO), sofern nicht ein neuer Auszug übersandt wird.[4]

Ist ein Grundstück gem. § 6 Abs. 4 GBV unter einer Gesamtbezeichnung eingetragen, so hat, abgesehen von landesrechtlich besonders geregelten Fällen, die Katasterbehörde (Vermessungsbehörde) nur tätig zu werden, wenn die Neuerteilung eines beglaubigten Auszugs erforderlich ist.

In den Fällen, in denen das amtliche Verzeichnis auf ein anderes Verzeichnis verweist, ist auch der beglaubigte Auszug aus diesem fortlaufend zu berichtigen.

Führt das Grundbuchamt selbst das amtliche Verzeichnis, so hat es selbst das Verzeichnis und den beglaubigten Auszug auf dem Laufenden zu halten (Abs. 4 S. 4). Es kann dann jedoch die Angabe der Wirtschaftsart (Abs. 3 Buchst. a Nr. 4) in vereinfachter Form vornehmen, nämlich durch eine zusammenfassende Angabe (Landgut, Wohnanlage, Gärtnereibetrieb etc.).

Sind die vorgenannten Voraussetzungen gegeben, so können die **Unterspalten b, c und d unausgefüllt** bleiben. Die Angaben in der Unterspalte (Abs. 3 Buchst. a Nr. 1) über die Gemarkung (Vermessungsbezirk) sind stets zu machen. An die Stelle der für jedes Teilstück notwendigen Angaben über Wirtschaftsart und Lage gemäß dem amtlichen Verzeichnis in der Unterspalte tritt die Angabe einer Gesamtbezeichnung für das ganze Grundstück, die nicht aus dem amtlichen Verzeichnis entnommen zu sein braucht.

Der **Zusammenschreibung** eines nach Abs. 4 bezeichneten Grundstücks mit einem nach Abs. 3 bezeichneten auf ein gemeinschaftliches Blatt (§ 4 GBO) steht nichts entgegen. Es ist ebenfalls möglich, über mehrere nach Abs. 4 bezeichnete Grundstücke ein gemeinschaftliches Blatt zu führen.

---

4 Dazu OLG München DNotZ 2007, 749 = Rpfleger 2007, 391.

Soll ein Grundstück mit dem nach Abs. 4 bezeichneten Grundstück **vereinigt** oder ihm als Bestandteil **zugeschrieben** werden, so ist dies im Bestandsverzeichnis zu vermerken. Das neu entstandene Grundstück ist unter einer neuen laufenden Nummer im Bestandsverzeichnis unter der Gesamtbezeichnung einzutragen. Ferner ist der beglaubigte Auszug aus dem amtlichen Verzeichnis zu ergänzen. Ein besonderes Verfahren ist für die Ergänzung des Auszugs bundesrechtlich nicht vorgeschrieben. Die für den umgekehrten Fall der Abschreibung eines Grundstücksteils gegebene Vorschrift des § 13 Abs. 4 S. 3 GBV dürfte entsprechend anwendbar sein. Sofern nicht zweckmäßigerweise ein neuer beglaubigter Auszug angefordert wird, genügt es, wenn die Vereinigung oder Zuschreibung im alten Auszug vom Grundbuchamt durch einfaches Nachtragen des neuen Teilstücks und Berichtigung der Gesamtgröße vermerkt wird. Der Eintragung des gesamten neuen Bestandes des Grundstücks unter einer neuen laufenden Nummer im Auszug bedarf es nicht. Auch ist eine erneute Beglaubigung des berichtigten Auszugs nicht erforderlich.

Wird ein gem. Abs. 4 bezeichnetes Grundstück **geteilt,** weil beispielsweise ein Teil des Grundstücks belastet werden soll (§ 7 Abs. 1 GBO), so ist für jeden Grundstücksteil erneut zu prüfen, ob die Voraussetzungen des Abs. 4 weiterhin für ihn gegeben sind.

E. Spalte 4

Die in Spalte 4 einzutragende Größe des Grundstücks ist ausschließlich aus dem amtlichen Verzeichnis zu entnehmen.

14

Besteht das Grundstück im Rechtssinne aus mehreren vermessungstechnisch selbstständigen Teilen, so ist regelmäßig die jeweilige Größe der einzelnen Teile des Grundstücks anzugeben. Es mag empfehlenswert sein, sich dabei nach der Angabe im amtlichen Verzeichnis (Gesamt- oder Teilangabe) zu richten. Ist ein Grundstück nach Abs. 4 bezeichnet so ist nur die Gesamtgröße anzugeben.

F. Spalten 5 und 6

Die Spalten 5 und 6 mit der gemeinsamen Überschrift „Bestand und Zuschreibung" spiegeln das rechtliche Schicksal des Grundstücksbestandes mit Ausnahme der Abschreibungen wider und geben insoweit zu den Eintragungen der Spalten 1 bis 4 die notwendigen Erläuterungen.

15

I. Spalte 5

Die Spalte 5 dient hierbei zur Angabe der laufenden Nummer des Grundstücks in der Spalte 1, auf das sich der in Spalte 6 einzutragende Vermerk bezieht. Sie stellt den Zusammenhang zwischen den Spalten 1 bis 4 und der Spalte 6 her (Abs. 8) und wird nur bei Eintragungen in Spalte 6 ausgefüllt.

16

II. Spalte 6

Über die Gestaltung der Eintragung in der Spalte 6 und ihre buchtechnische Beziehung zu anderen Eintragungen sagt Abs. 6 nichts. Die hierfür maßgebenden Vorschriften enthält § 13 GBV.

17

Im Einzelnen ist über den Inhalt der in der Spalte 6 vorzunehmenden Eintragungen festzuhalten:

Der Vermerk über die **Eintragung des Bestandes** des Blattes (Abs. 6 Buchst. a) ist einzutragen, sobald das Blatt angelegt wird. Die Anlegung des Blattes ist hier nicht nur gleichzusetzen mit der Anlegung des Grundbuchs. Sie bedeutet die Einrichtung des Grundbuchblattes, umfasst also:

a) die erstmalige Anlegung des Grundbuchs (Art. 186 EGBGB),
b) die nachträgliche Anlegung des Grundbuchs für das Grundstück (§ 122 GBO) sowie
c) auch jede Anlegung dieses Blattes durch Übertragung eines Grundstücks von einem anderen Blatt; Letzteres ist aus den Worten „Nummer des bisherigen Blattes" in Abs. 6 Buchst. a zu folgern.

Ausnahmsweise ist auch die Anlegung des Grundbuchblattes auf einem bereits bestehenden Blatt zulässig.

Nicht eingetragen wird im Bestandsverzeichnis die rechtliche Grundlage der Anlegung des Blattes oder die Angabe des Grundes, aus dem für das Grundstück das Blatt eingerichtet ist. Desgleichen ist im Falle c) die Angabe der laufenden Nummer, unter der das Grundstück auf einem bisherigen Blatt eingetragen war, nicht erforderlich. Der bisherige Grundbuchbezirk wird anzugeben sein, wenn er von dem jetzigen abweicht. In den Fällen a) und b) lautet der Eintragungsvermerk in der Spalte 6:

„Bei Anlegung des Grundbuchs eingetragen am ..."

Im Falle c) ist einzutragen:

„Von Blatt ... (des Grundbuchs von ...) hierher übertragen am ..."

Zur Eintragung des Grundstücksbestandes bei einem umgeschriebenen oder im Bestandsverzeichnis neugefassten Blatt vgl. §§ 30, 33 Abs. 2 GBV.

18 Weiter sind in der Spalte 6 einzutragen die Vermerke über **Veränderungen im Grundstücksbestand** mit Ausnahme der Abschreibungen. Hierher gehören:

Die Übertragung eines Grundstücks auf das Blatt (Abs. 6 Buchst. b), d.h. auf ein bereits bestehendes Blatt. Es kann dies geschehen im Wege der bloßen Zusammenschreibung (§ 4 GBO) oder zum Zwecke der Vereinigung mit einem bereits auf dem Blatt eingetragenen Grundstück (§ 5 GBO) oder der Zuschreibung als Bestandteil zu einem solchen Grundstück (§ 6 GBO).

Ausnahmsweise wird man auch die Anlegung des Grundbuchs auf einem bereits bestehenden Blatt für zulässig halten müssen, und zwar, wenn ein buchungsfreies, bisher nicht gebuchtes Grundstück an einen anderen Eigentümer aufgelassen werden soll, der keine Buchungsfreiheit genießt und schon ein Grundbuchblatt hat. In diesem Falle wird der übliche Anlegungsvermerk in der Spalte 6 des Bestandsverzeichnisses eingetragen. In der ersten Abteilung wird der Vermerk über die Eintragung bei Anlegung mit der Voreintragung des Veräußerers und dem Vermerk über die Auflassung in den Spalten 3 und 4 verbunden. Die Eintragung in der ersten Abteilung kann beispielsweise lauten:

„Grundbuch aufgrund ... (Nachweis des Eigentums im Anlegungsverfahren) für den ... (Veräußerer) hier angelegt. Aufgelassen am ... Eingetragen am ..."

Ferner gehört in die Spalte 6 der Vermerk über die Vereinigung mehrerer bereits auf dem Blatt eingetragener Grundstücke zu einem Grundstück (§ 5 GBO) sowie über die Zuschreibung eines solchen Grundstücks zu einem anderen als Bestandteil (§ 6 GBO), Abs. 6 Buchst. c. Wegen der Vereinigung oder Zuschreibung von Grundstücksteilen vgl. § 13 GBV.

In Spalte 6 werden auch eingetragen die Teilung von Grundstücken und die Eintragung der bisherigen Grundstücksteile als selbstständige Grundstücke auf demselben Grundbuchblatt (Abs. 6d). Soll bei einer Grundstücksteilung auch nur ein Grundstücksteil auf ein anderes Blatt übertragen werden, so ist dies nicht in der Spalte 6 zu vermerken, sondern als Abschreibung in der Spalte 8 (vgl. Abs. 7, § 13 Abs. 4 GBV). Die in dem § 2 Abs. 3 und § 7 Abs. 1 GBO erwähnte „Abschreibung" ist eine Teilung des Grundstücks, die, sofern nicht ein Teil auf ein anderes Blatt übertragen werden soll (Abs. 7), ebenfalls in der Spalte 6 zu vermerken ist.

Über die Ausführung der Eintragungen in den Fällen aa)–cc) im Einzelnen vgl. § 13 GBV. Siehe dort auch wegen der sog. „Katastertechnischen Teilung".

19 Schließlich sind in der Spalte 6 noch einzutragen die Vermerke über **Berichtigungen der Bestandsangaben** (Abs. 6 Buchst. e). Derartige Vermerke, die im Gegensatz stehen zu Eintragungen von Änderungen im Grundstücksbestand (z.B. Vereinigungen, Zuschreibungen, Teilungen), bezwecken die Erhaltung der Übereinstimmung zwischen dem Grundbuch und dem amtlichen Verzeichnis i.S.d. § 2 Abs. 2 GBO oder einem sonstigen hiermit in Verbindung stehenden Verzeichnis. Hierunter zu zählen sind auch die Fälle, in denen die zur Grundstücksbezeichnung dienenden Angaben des amtlichen Verzeichnisses schon bei der Übernahme in das Grundbuch unrichtig waren, oder in denen die Zurückführung der Bestandsangaben auf das amtliche Verzeichnis unrichtig vorgenommen ist. Derartige Unstimmigkeiten sind von Amts wegen zu klären. Die Berichtigung der Bestandsangaben kann nur erfolgen, wenn der sonstige Inhalt des Grundbuchs nicht entgegensteht; materielle Rechte, die sich aus dem Grundbuch ergeben, dürfen dadurch nicht beeinträchtigt werden.

In der Spalte 6 sind auch die Vermerke über die Berichtigung der Bestandsangaben bei Zurückführung der Grundbücher auf das Kataster einzutragen. Sowohl bei der Zurückführung der Grundbücher auf das Kataster als auch bei der Erhaltung der Übereinstimmung zwischen Grundbuch und Kataster sind die Bestandsangaben grundsätzlich in der Weise zu berichtigen, dass das Grundstück mit den neuen Angaben unter einer neuen laufenden Nummer eingetragen wird. Hierbei ist § 13 Abs. 1 GBV entsprechend anzuwenden. Sofern die Übersichtlichkeit des Grundbuchs nicht gefährdet wird, kann jedoch die neue Bestandsangabe unter oder über der rot zu unterstreichenden bisherigen Angabe eingetragen werden.

Sind lediglich die Angaben nach Abs. 3 Buchst. a Nr. 3 zu berichtigen oder nachzutragen, so bedarf es keines gesonderten Berichtigungsvermerkes (und damit auch keiner Datierung und Unterzeichnung) mehr; die neue Angabe wird lediglich in Spalte 3c vermerkt und ein alter entsprechender Vermerk gerötet.

G. Spalten 7 und 8

In den Spalten 7 und 8 sind Abschreibungen eines Grundstücks oder Grundstücksanteils einzutragen, bei denen das Grundstück oder der Grundstücksteil aus dem Grundbuchblatt ausscheidet. Hier wird auch die Abschreibung der Miteigentumsanteile eingetragen, wenn gem. § 7 Abs. 1 oder § 8 Abs. 2 WEG für die Miteigentumsanteile besondere Grundbuchblätter anzulegen sind.

I. Spalte 7

Die Spalte 7 dient zur Angabe der laufenden Nummer des Grundstücks in der Spalte 1, auf das sich der in Spalte 8 einzutragende Abschreibungsvermerk bezieht. Sie stellt den Zusammenhang zwischen den Spalten 1–4 und der Spalte 8 her (Abs. 8).

II. Spalte 8

In die Spalte 8 gehört der Abschreibungsvermerk bei Ausscheiden des Grundstücks aus dem Grundbuchblatt. Sofern auch nur ein Grundstücksteil aus dem Blatt ausscheidet, ist der gesamte Vorgang der Abschreibung in der Spalte 8 einzutragen. Bleiben bei Abschreibung von Grundstücksteilen die einzelnen Teile dagegen auf demselben Blatt stehen, so hat die Eintragung in der Spalte 6 zu erfolgen. Das Ausscheiden aus dem Grundbuchblatt ist aus drei Gründen möglich:

a) Das Grundstück oder der Grundstücksteil wird auf ein anderes Grundbuchblatt übertragen,
b) das Grundstück oder der Grundstücksteil scheidet überhaupt aus dem Grundbuch aus, sog. „Ausbuchung" (vgl. § 3 Abs. 3 GBO),
c) bei Miteigentumsanteilen werden besondere Grundbuchblätter gem. § 7 Abs. 1 oder § 8 Abs. 2 WEG oder gem. § 3 Abs. 4, 5 GBO angelegt.

III. Ausführung der Abschreibungen

Zur Ausführung der Abschreibungen in den Fällen zu Nr. 2a und 2b im Einzelnen vgl. § 13 GBV.

IV. Ausnahmen

Ausnahmsweise wird in den Spalten 7 und 8 der Abschreibungsvermerk mit der Eintragung eines neuen Eigentümers verbunden, sodass ausnahmsweise Grundstücke verschiedener Eigentümer vorübergehend auf einem Blatt stehen. Es sind das die in § 25 Abs. 2 Buchst. b GBV behandelten Fälle der mit einer Eigentumsübertragung verbundenen Abschreibungen, wenn dadurch die Zuständigkeit des Grundbuchamts für die Führung des Grundbuchs für das abzuschreibende Grundstück oder den abzuschreibenden Grundstücksteil erlischt.

Das gilt auch für die entsprechenden Fälle der Veräußerung und Ausbuchung eines von mehreren auf einem Blatt stehenden Grundstücken oder eines Grundstücksteils.

H. Wohnungseigentum

Zu den Eintragungen im Bestandsverzeichnis von Wohnungsgrundbüchern und Teileigentumsgrundbüchern sowie von Wohnungs- und Teileigentumsgrundbüchern siehe § 3 WGV Rdn 3 ff.

I. Gebäudeeigentum

Zum Bestandsverzeichnis beim Gebäudegrundbuch siehe § 3 Abs. 4 GGV.

§ 7 [Vermerke zu subjektiv-dinglichen Rechten]

(1) Vermerke über Rechte, die dem jeweiligen Eigentümer eines auf dem Blatt verzeichneten Grundstücks zustehen, sind in den Spalten 1, 3 und 4 des Bestandsverzeichnisses einzutragen.
(2) In Spalte 1 ist die laufende Nummer der Eintragung zu vermerken. Dieser ist, durch einen Bruchstrich getrennt, die laufende Nummer des herrschenden Grundstücks mit dem Zusatz „zu" beizufügen (z.B. 7/zu 3).
(3) In dem durch die Spalten 3 und 4 gebildeten Raum sind das Recht nach seinem Inhalt sowie Veränderungen des Rechts wiederzugeben. Im Falle der Veränderung ist in der Spalte 2 die bisherige laufende Nummer der Eintragung zu vermerken.
(4) In Spalte 6 ist der Zeitpunkt der Eintragung des Rechts zu vermerken.
(5) In Spalte 8 ist die Abschreibung des Rechts zu vermerken.
(6) Bei Eintragungen in den Spalten 6 und 8 ist in den Spalten 5 und 7 auf die laufende Nummer des von der Eintragung betroffenen Rechts zu verweisen.

A. Eintragung des Herrschvermerks nach § 9 GBO	
I. Ersteintragung des Vermerks	1
II. Eintragungen in der Veränderungsspalte ...	4
III. Eintragungen bei Abschreibungen	5
B. Besonderheiten bei Wohnungs- und Teileigentum	6

A. Eintragung des Herrschvermerks nach § 9 GBO
I. Ersteintragung des Vermerks

1 Der Vermerk subjektiv-dinglicher Rechte auf dem Blatt des herrschenden Grundstücks gem. § 9 GBO wird im Bestandsverzeichnis nach Maßgabe der folgenden Ausführungen eingetragen:

Die **Spalte 1** dient zur Angabe der laufenden Nummer des Vermerks (Abs. 2), und zwar erhält er die auf die vorhergehende Eintragung folgende Nummer. Um kenntlich zu machen, mit welchem Grundstück das Recht verbunden ist, und um den Vermerk zugleich gegenüber den Grundstückseintragungen auch äußerlich hervorzuheben, wird der laufenden Nummer des Vermerks als Nenner eines Bruches mit dem Zusatz „zu" die laufende Nummer beigefügt, die das herrschende Grundstück in der Spalte 1 führt. Wegen des Hinweises bei der Eintragung von Veränderungsvermerken vgl. § 14 GBV.

2 Die **Spalte 2** wird bei der erstmaligen Eintragung des Vermerks auf dem Blatt nicht ausgefüllt. Nur beim Vermerk von Veränderungen des Rechts ist in Spalte 2 die bisherige laufende Nummer des Vermerks anzugeben (Abs. 3 S. 2).

3 Die **Spalten 3 und 4** werden als eine Spalte behandelt (Abs. 3). In dem durch sie gebildeten Raum sind einzutragen der Inhalt des Rechts sowie Veränderungen.

Beim Inhalt des Rechts ist das Recht nicht im Einzelnen, wie auf dem Blatt des belasteten Grundstücks, zu bezeichnen. Es genügt eine allgemeine Angabe des Inhalts des Rechts (z.B. Wegerecht, Leitungsrecht), die Bezeichnung des belasteten Grundstücks und die Angabe der Stelle, an der das Recht im Grundbuch des belasteten Grundstücks eingetragen ist. Hierbei ist in der ersten Abteilung in Spalte 4 die Eintragungsgrundlage des im Bestandsverzeichnis eingetragenen Vermerks anzugeben. Beachte auch § 9 Abs. 3 GBO.

Zu Vermerken über Veränderungen des Rechts gehören auch z.B. Übertragungen des belasteten Grundstücks auf ein anderes Blatt oder Übertragungen des Rechts auf ein anderes Blatt zur Mithaft. Die Löschung einer Veränderung ist eine Veränderung und daher ebenfalls in dem durch die Spalte 3 und 4 gebildeten Raum einzutragen. Zur Ausführung der Veränderungseintragungen vgl. § 14 GBV.

II. Eintragungen in der Veränderungsspalte

In den **Spalten 5 und 6** ist der Zeitpunkt der Eintragungen des Vermerks der Spalten 3 und 4 anzugeben (Abs. 4, 6).

Die Spalte 5 stellt, wie bei der Eintragung von Grundstücken, den Zusammenhang her zwischen den Vermerken in den Spalten 3, 4 und 6 (Abs. 6). Hier ist, ebenfalls in Bruchform, die laufende Nummer, die das Recht oder die Veränderung in Spalte 1 führt, anzugeben.

In Spalte 6 ist der Zeitpunkt anzugeben, in dem das Recht oder die Veränderung des Rechts in den Spalten 3 und 4 vermerkt ist (Abs. 4). Bei erstmaliger Eintragung des Vermerks oder bei Eintragung eines Veränderungsvermerks lautet die Eintragung in Spalte 6:

„*Vermerkt am ...*"

Wird der Vermerk zusammen mit dem herrschenden Grundstück auf ein anderes Grundbuchblatt übertragen, so lautet die Eintragung:

„*Von Blatt ... hierher übertragen am ...*".

III. Eintragungen bei Abschreibungen

Die **Spalten 7 und 8** dienen zum Vermerk der Abschreibung des Rechts (Abs. 5, 6).[1]

Die Spalte 7 ist, wie bei der Abschreibung von Grundstücken zur Herstellung des Zusammenhangs zwischen den Spalten 3, 4 und 8 bestimmt. Hier ist die laufende Nummer, die der Vermerk in Spalte 1 führt, anzugeben.

In Spalte 8 ist die Abschreibung des Rechts einzutragen. Hierunter fallen (Abs. 5) der Vermerk der Aufhebung des Rechts und die Übertragung des Rechts mit dem herrschenden Grundstück auf ein anderes Grundbuchblatt.

Zur Ausführung der Abschreibungen vgl. § 14 GBV Rdn 3.

B. Besonderheiten bei Wohnungs- und Teileigentum

Zu beachten ist bei der Eintragung von subjektiv-dinglichen Rechten, wenn herrschendes Grundstück das gemeinschaftliche Grundstück der Wohnungseigentümer (Teileigentümer) ist, dass der nach § 7 GBV erforderliche Vermerk in sämtlichen für Miteigentumsanteile an dem herrschenden Grundstück angelegten Wohnungs- oder Teileigentumsgrundbüchern einzutragen ist. In Spalte 6 ist auf diese Eintragungen hinzuweisen (§ 3 Abs. 7 WGV).

§ 8 [Buchung ideeller Miteigentumsanteile]

Für die Eintragung eines Miteigentumsanteils nach § 3 Abs. 5 der Grundbuchordnung gilt folgendes:
a) In Spalte 1 ist die laufende Nummer der Eintragung zu vermerken. Dieser ist, durch einen Bruchstrich getrennt, die laufende Nummer des herrschenden Grundstücks mit dem Zusatz „zu" beizufügen;
b) in dem durch die Spalten 3 und 4 gebildeten Raum ist der Anteil der Höhe nach zu bezeichnen. Hierbei ist das gemeinschaftliche Grundstück zu beschreiben;
c) für die Ausfüllung der Spalten 5 bis 8 gilt § 6 Abs. 6 bis 8 entsprechend.

A. Allgemeines	1	II. Spalte 2	3
B. Die einzelnen Spalten	2	III. Spalten 3 und 4	4
I. Spalte 1	2	IV. Spalten 5–8	5

---

1 Eingehend auch Meikel/*Schneider*, GBV, § 7 Rn 12 ff.

A. Allgemeines

1 Die **Eintragung von ideellen Miteigentumsanteilen** ist nur im Falle des § 3 Abs. 4, 5 GBO zulässig. Sie dient der Verkehrsfähigkeit sog. dienender Grundstücke, die im Miteigentum der jeweiligen Eigentümer der herrschenden Grundstücke stehen. Durch die Buchung des Miteigentumsanteils im Bestandsverzeichnis des jeweiligen Grundbuchblattes wird insbesondere vermieden, dass dieses ohne den Miteigentumsanteil am dienenden Grundstück veräußert wird. Da das bürgerliche Recht kein subjektiv-dingliches Eigentum kennt, würden dann Eigentum am herrschenden Grundstück und am dienenden Grundstück auseinanderfallen. Die Buchung des in Miteigentumsanteile aufgeteilten dienenden Grundstücks erfolgt im Bestandsverzeichnis des jeweils herrschenden Grundstücks durch Anteilsbuchung.

B. Die einzelnen Spalten
I. Spalte 1

2 Die Spalte 1 wird entsprechend den für Grundstücke und subjektiv-dingliche Rechte geltenden Vorschriften ausgefüllt. Um kenntlich zu machen, zu welchem Grundstück wirtschaftlich der Miteigentumsanteil gehört, und um ihn auch rein äußerlich gegenüber den eingetragenen realen Grundstücken hervorzuheben, wird der laufenden Nummer in Bruchform als Nenner die laufende Nummer des „herrschenden" Grundstücks mit dem Zusatz „zu" beigefügt (Buchst. a).

II. Spalte 2

3 Die Spalte 2 bleibt bei der erstmaligen Eintragung des Anteils auf dem Blatt unausgefüllt. Im Falle der Eintragung einer Veränderung des Anteils ist in dieser Spalte jedoch die bisherige laufende Nummer der Eintragung zu vermerken. Dies folgt daraus, dass die Anteile grundbuchtechnisch wie Grundstücke behandelt werden.

III. Spalten 3 und 4

4 Für die eigentliche Eintragung des Anteils dient der durch die Spalten 3 und 4 gebildete Raum (Buchst. b). Hier ist der Inhalt des Anteils als solcher genau der Höhe nach zu bezeichnen; hierzu gehört auch die Beschreibung des gemeinschaftlichen Grundstücks, die nach § 6 Abs. 3 oder 4 GBV zu geschehen hat.

IV. Spalten 5–8

5 Für die Ausfüllung der Spalten 5–8 gelten die §§ 6–8 GBV entsprechend (Buchst. c) GBV. Hieraus folgt, dass auch die Vorschriften über die Ausführung der Eintragungen, die sich in § 13 GBV finden, entsprechend angewendet werden sollen.[1]

Die **Spalte 5** enthält die laufende Nummer des Anteils in Spalte 1 (vgl. § 6 GBV). Die Angabe in Bruchform ist nicht erforderlich, aber auch nicht unzulässig.

6 In die **Spalte 6** sind einzutragen:
– der Vermerk über die Eintragung des Anteils, die Zeit der Eintragung, die Nummer des Blattes, auf dem der Anteil oder das gemeinschaftliche Grundstück bisher eingetragen war.
– Gleichzeitig ist in Abt. I die Grundlage der Eintragung des Anteils in Spalte 4 anzugeben.

7 – die **Veränderungen des Anteils** mit Ausnahme der Abschreibung. Sie sind wie Veränderungen im Grundstücksbestand zu behandeln, so dass die Anteile auch wie das einzelne Grundstück geteilt oder vereinigt werden können.
– Deswegen wird man es beispielsweise für zulässig halten müssen, dass der Grundstückseigentümer bei Teilung des herrschenden Grundstücks (ohne Eigentumsübergang) auch den Miteigentumsanteil teilen kann. Teilt er in einem solchen Falle den Anteil nicht, so entfällt damit auch die Möglichkeit, die Miteigentumsanteile im Grundbuch an Stelle des gemeinschaftlichen Grundstücks einzutragen.

---
[1] Ebenso Meikel/*Schneider*, GBV, § 8 Rn 8.

- Aus § 3 Abs. 8 GBO muss auch gefolgert werden, dass der Erwerb eines anderen Miteigentumsanteils ohne Erwerb des zugehörigen herrschenden Grundstücks die Voraussetzungen für die Eintragung der Miteigentumsanteile entfallen lässt, da sich der Anteil vom herrschenden Grundstück getrennt hat, die erforderliche Beziehung zwischen beiden somit nicht mehr besteht. Nur wenn das Grundstück, zu dem der erworbene Anteil gehört, überhaupt aus dem Kreis der herrschenden Grundstücke ausscheidet, wird die Trennung des Eigentums am Anteil vom Eigentum am ehemals herrschenden Grundstück zulässig sein. In diesem Falle müssen bei Veräußerung des Anteils an einen anderen Miteigentümer, dessen Anteil sich nunmehr aus seinem ursprünglichen und dem neuerworbenen Anteil zusammensetzt, nach Übertragung des neuen Anteils auf das Blatt des herrschenden Grundstücks beide Anteile auf einen vom Eigentümer zu stellenden Antrag[2] als ein einheitlicher eingetragen werden. Wird der Antrag nicht gestellt, so ist die besondere Buchungsform nicht mehr aufrechtzuerhalten. Die Eintragung der beiden Anteile in den Spalten 1–4 ist rot zu unterstreichen (§ 13 Abs. 1 GBV). Der einheitliche Anteil ist unter neuer laufender Nummer seinem jetzigen Inhalt nach einzutragen. In der Spalte 2 ist hierbei auf die bisherigen laufenden Nummern der Anteile zu verweisen. In den Spalten 5 und 6 ist dieser Vorgang zu erklären.

- Erwirbt ein Miteigentümer ein anderes herrschendes Grundstück und den zugehörigen Miteigentumsanteil, so ist zu unterscheiden:
  - das neuerworbene Grundstück und der Anteil standen allein auf einem Grundbuchblatt, oder sie werden auf ein anderes Grundbuchblatt, auf dem sie allein stehen, übertragen. Hier bleiben die beiden Anteile getrennt auf verschiedenen Blättern gebucht;
  - das neuerworbene Grundstück und der Anteil werden auf das Blatt des ursprünglichen Grundstücks und Anteils übertragen. Bleibt jedes der herrschenden Grundstücke rechtlich selbstständig, so bleiben auch die Anteile selbstständig gebucht. Werden die herrschenden Grundstücke vereinigt, oder wird ein Grundstück dem anderen als Bestandteil zugeschrieben, so sind auf Antrag des Eigentümers auch die Anteile als ein einheitlicher Anteil einzutragen. Stellt der Eigentümer den Antrag auf Eintragung des einheitlichen Anteils nicht, so entfallen die Voraussetzungen des § 3 Abs. 4 GBO überhaupt, da es nicht zulässig ist, dass zu einem Grundstück mehrere Anteile gehören.

- Erwirbt ein Miteigentümer ein anderes herrschendes Grundstück ohne den dazugehörigen Miteigentumsanteil, so liegt der Fall des § 3 Abs. 8 GBV vor; die besondere Buchungsart der Miteigentumsanteile wird unzulässig.

- die **Berichtigungen der Bestandsangaben** beim dienenden Grundstück.

Die **Spalte 7** enthält die laufende Nummer des Anteils in Spalte 1 (§ 6 Abs. 8 GBV). Auch dürfte, wie in Spalte 5, Angabe in Bruchform nicht erforderlich sein.

Die **Spalte 8** dient zur Eintragung von Abschreibungen des Miteigentumsanteils, bei denen der Anteil ganz oder zum Teil aus dem Grundbuchblatt ausscheidet (vgl. § 6 Abs. 7 GBV). Hier sind folgende Möglichkeiten gegeben:

Der Anteil scheidet aus dem Grundbuchblatt aus, weil das gemeinschaftliche Grundstück ein Grundbuchblatt erhalten soll oder muss; oder der Anteil wird mit dem herrschenden Grundstück auf ein anderes Blatt übertragen. Im letzteren Falle sind die für die Abschreibungen von Grundstücken geltenden Vorschriften entsprechend anzuwenden.

Ein Teil des Anteils wird (mit einem Teil des herrschenden Grundstücks) auf ein anderes Blatt übertragen: Der Restanteil ist unter neuer laufender Nummer einzutragen. Neben dieser Nummer ist in Spalte 2 die bisherige laufende Nummer des Anteils anzugeben. Die ursprüngliche Anteilseintragung ist in den Spalten 1–4 rot zu unterstreichen. Der gesamte Vorgang ist in den Spalten 7 und 8 zu vermerken, wobei die laufende Nummer, unter der der Restanteil in Spalte 1 eingetragen ist, angegeben wird.

---

2 **A.A.** (kein Antrag): Meikel/*Schneider*, GBV, § 8 Rn 18.

§ 9 [Eintragungen in Abteilung I]

(1) In der ersten Abteilung sind einzutragen:

a) in Spalte 1: die laufende Nummer der unter Buchstabe b vorgesehenen Eintragung. Mehrere Eigentümer, die in einem Verhältnis der in § 47 der Grundbuchordnung genannten Art stehen, sollen entsprechend dem Beispiel 1 in DIN 1421, Ausgabe Januar 1983, nummeriert werden;

b) in Spalte 2: der Eigentümer, bei mehreren gemeinschaftlichen Eigentümern auch die in § 47 der Grundbuchordnung vorgeschriebene Angabe; besteht zwischen mehreren Eigentümern kein Rechtsverhältnis der in § 47 der Grundbuchordnung genannten Art, so ist bei den Namen der Eigentümer der Inhalt ihres Rechts anzugeben;

c) in Spalte 3: die laufende Nummer der Grundstücke, auf die sich die in Spalte 4 enthaltenen Eintragungen beziehen;

d) in Spalte 4: der Tag der Auflassung oder die anderweitige Grundlage der Eintragung (Erbschein, Europäisches Nachlasszeugnis, Testament, Zuschlagsbeschluß, Bewilligung der Berichtigung des Grundbuchs, Ersuchen der zuständigen Behörde, Enteignungsbeschluß usw.), der Verzicht auf das Eigentum an einem Grundstück (§ 928 Abs. 1 BGB) und der Tag der Eintragung.

(2) Die Eintragung eines neuen Eigentümers ist auch in den Fällen des Ausscheidens eines Grundstücks aus dem Grundbuch sowie der Einbuchung eines Grundstücks in das Grundbuch in der ersten Abteilung vorzunehmen.

A. Allgemeines	1	III. Angabe der Grundlage des Eigentumserwerbs		7
B. Eintragungen in der ersten Abteilung	2	IV. Eintragung eines Eigentumsverzichts		10
I. Gliederung mehrerer Eigentümer	2	V. Eintragung des Herrschvermerks		11
II. Eintragung des Eigentümers	5			

A. Allgemeines

1 Die erste Abteilung dient zur Eintragung des Eigentümers oder der Eigentümer der im Bestandsverzeichnis gebuchten Grundstücke. In Ausnahmefällen wird der Eigentumsübergang nicht in der ersten Abteilung, sondern in den Spalten 7 und 8 des Bestandsverzeichnisses eingetragen (hierüber vgl. § 6 GBO Rdn 24).

B. Eintragungen in der ersten Abteilung

I. Gliederung mehrerer Eigentümer

2 In der **Spalte 1** ist die laufende Nummer der in Spalte 2 eingetragenen Eigentümer einzutragen. Es erhält also nicht jede Eintragung in der ersten Abteilung eine neue laufende Nummer.

Steht das Grundstück im Eigentum mehrerer Berechtigter (§ 47 GBO), wurden die Eigentümer früher unter einer laufenden Nummer eingetragen. Innerhalb der laufenden Nummer erhielt jeder Eigentümer einen besonderen Buchstaben. Dies führte insbesondere bei Erbengemeinschaft und Untererbengemeinschaften schnell zu Unklarheiten, da die einzelnen Miteigentümer auch je Untergemeinschaft erkennbar sein müssen.[1] Es ist insbesondere nicht zulässig, bei mehreren ineinander verschachtelten Erbengemeinschaften den hierbei mehrfach vorkommenden Miterben nur einmal zu nennen und als Gemeinschaftsverhältnis „in verschiedenen Erbengemeinschaften" anzugeben. Dies ist problematisch, weil auch im Hinblick auf die Veräußerung eines jeden Erbteils ein solcher gesondert erkennbar bleiben muss.

3 § 9 Abs. 1 Buchst. a GBV hat durch das Datenbankgrundbuchgesetz v. 10.2.2013 (BGBl I 2013, 3719) diesbezüglich eine grundlegende Änderung erfahren. Mit Verweis auf DIN 1421 sollen mehrere Eigen-

---

[1] BayObLG Rpfleger 1991, 503; allg. Meikel/*Schneider*, GBV, § 9 Rn 6, 11.

tümer nach der dort geregelten rein numerischen Gliederung in der Weise „1.1.1", „1.2.1" etc. aufgezählt werden. Diese, in wissenschaftlichen Arbeiten eher den technischen als den geisteswissenschaftlichen Fachrichtungen eigene Gliederungssystematik soll gerade bei Untergemeinschaften der Übersichtlichkeit dienen. Die Gesetzesbegründung führt hierzu aus:[2]

Mehrere Eigentümer werden in Abteilung I des Grundbuchs bisher jeweils unter einem eigenen Buchstaben aufgeführt. Durch die nun vorgeschlagene Bezugnahme auf das Beispiel 1 in DIN 1421 soll künftig eine stufenweise Nummerierung der Miteigentümer erfolgen. Die eindeutige Darstellung von Eigentümergemeinschaften im Grundbuch wird dadurch vereinfacht. Dies gilt insbesondere in den Fällen, in denen die Eigentümergemeinschaft aus mehreren Untergemeinschaften besteht (danach könnte beispielsweise die erste Untergemeinschaft die Nummern 4.1.1 und 4.1.2 und die zweite Untergemeinschaft die Nummern 4.2.1 und 4.2.2 tragen). Die neue Nummerierungsstruktur stellt zudem eine Angleichung an die Regeln der Führung der Namensnummern im Liegenschaftskataster dar. Sie vereinfacht damit auch den vollautomatisierten Datenaustausch mit den Vermessungs- und Katasterämtern.

Nach Abschnitt 3.1.1 der DIN 1421 soll die vorstehend beschriebene Unterteilung in der dritten Stufe enden. Im Grundbuch sind jedoch mitunter sehr komplexe Eigentümergemeinschaften einzutragen. In diesen Fällen soll auch in den weiteren Stufen das Nummerierungssystem entsprechend dem Beispiel 1 in DIN 1421 angewendet werden. Nicht geregelt ist, ob die Nummerierung in Spalte 1 oder Spalte 2 der Ersten Abteilung vorgenommen wird. Bei umfangreichenden Gemeinschaften und Untergemeinschaften hat man in Spalte 2 schlicht ein Platzproblem. Es ist daher vertretbar, in Spalte 2 der Ersten Abteilung lediglich die erste Ordnungszahl anzugeben und die weiteren Gliederungsebenen in Spalte 3. Eine Eintragung könnte dann wie folgt lauten:

4

1. Gisela Müller, geb. am 6.4.1942, Berlin
– Miteigentum zu 1/2 –
2.1. Gisela Müller, geb. am 6.4.1942, Berlin
2.2. Stefan Müller, geb. am 16.2.1965, Berlin
– in Erbengemeinschaft Miteigentum zu 1/2 –

Die Regelung ist als Soll-Vorschrift ausgestaltet. Damit soll ermöglicht werden, dass in begründeten Einzelfällen, insbesondere dann, wenn bei bereits bestehenden umfangreichen und mehrstufigen Eigentümergemeinschaften nur hinsichtlich eines einzelnen Anteils eine Eintragung vorzunehmen ist, die bisherige Nummerierung fortgeschrieben werden kann. Spätestens bei der Umschreibung des Grundbuchblattes oder der Neufassung des Grundbuchs zur Anlegung des Datenbankgrundbuchs soll jedoch eine Umstellung auf das neue Nummerierungssystem erfolgen.

Verwandelt sich das Alleineigentum in Gemeinschaftseigentum, oder tritt zu einer Gemeinschaft ein weiterer Eigentümer oder ändert sich sonst die Zusammensetzung der Gemeinschaft, so hat die Eintragung der Gemeinschaft unter neuer laufender Nummer zu erfolgen. In solchem Falle ist in Spalte 4 die Grundlage der Eintragung anzugeben. Ändert sich der Name eines Gemeinschafters, so ist diese Veränderung unter der bisherigen laufenden Nummer, die in Spalte 1 zu wiederholen ist, zu vermerken. Bei Veräußerung eines Bruchteils entsteht keine neue Unterbruchteilsgemeinschaft, die Erwerber treten bei entsprechender Quotelung vielmehr ein.[3]

II. Eintragung des Eigentümers

Die **Spalte 2** dient zur Eintragung des oder der Eigentümer (Buchst. b). Wie der Eigentümer zu bezeichnen ist, richtet sich nach § 15 GBV.

5

– Bei mehreren gemeinschaftlichen Eigentümern sind in der Spalte 2 entweder die Anteile der Berechtigten in Bruchteilen anzugeben oder das für die Gemeinschaft maßgebende Rechtsverhältnis ist zu bezeichnen, § 47 GBO. Das gilt auch für die erste Abteilung des Wohnungsgrundbuchs (Teileigentumsgrundbuchs), wenn das Wohnungseigentum (Teileigentum) mehreren gemeinschaftlich zusteht.

---

2 BT-Drucks 17/12635, 30.
3 BGHZ 49, 250, 252; BayObLG DNotZ 1980, 98. Siehe auch *Venjakob*, Rpfleger 1993, 2 und Rpfleger 1997, 19; *Böhringer*, Rpfleger 1996, 244; a.A. LG Dresden Rpfleger 1996, 243; streitig ist die Frage insbes. bezüglich der Erbengemeinschaft, vgl. Meikel/*Schneider*, GBV, § 9 Rn 8.

- Statt der unter a) genannten Angabe wird der Inhalt des Rechts der Eigentümer bei ihrem Namen angegeben, wenn kein Rechtsverhältnis der im § 47 GBO genannten Art besteht.
- Berichtigungen oder Veränderungen in der Bezeichnung des Eigentümers gehören ebenfalls in Spalte 2,
  z.B.
  „Der Eigentümer heißt mit Vornamen richtig: Paul. Berichtigt am ..."
  Eine derartige Eintragung erhält in Spalte 1 keine neue laufende Nummer. Sie ist unter der bisherigen Nummer, die in Spalte 1 zu wiederholen ist, einzutragen. Sie ist in Spalte 2 zu unterschreiben.
- Die Spalte 2 wird nicht stets ausgefüllt, wenn die Spalten 3 und 4 ausgefüllt werden, sondern nur, wenn ein neuer Eigentümer eingetragen wird. Über die Behandlung der alten Eigentümereintragung bei Eintragung eines neuen Eigentümers vgl. § 16 GBV.

6 Die **Spalte 3** enthält die laufenden Nummern der Grundstücke im Bestandsverzeichnis (Spalte 1), auf die sich die in Spalte 4 enthaltenen Eintragungen beziehen. Zugleich mit der Ausfüllung der Spalte 4 muss auch die Ausfüllung der Spalte 3 erfolgen. Jede laufende Nummer ist ausdrücklich einzutragen. Die Zusammenfassung mehrerer aufeinander folgender Nummern ist grundsätzlich nicht statthaft. Ändert sich die laufende Nummer der Grundstücke im Bestandsverzeichnis, z.B. durch Vereinigung, Zuschreibung oder Teilung, so wird diese Änderung in Spalte 3 der Abt. I nicht nachgetragen, um eine Überfüllung dieser Spalte zu vermeiden. Die vielfach abweichende Übung der Praxis ist aber unbedenklich.

III. Angabe der Grundlage des Eigentumserwerbs

7 Die **Spalte 4** gibt die Grundlage der Eintragung in Abt. I an. Sie muss bei jeder Eintragung in Abt. I ausgefüllt werden. Anzugeben sind hier nur solche Tatsachen, auf denen die dingliche Rechtsänderung beruht oder die sonst die Eintragung unmittelbar begründen, unzulässig ist danach die Angabe des der Auflassung zugrunde liegenden Rechtsgeschäfts sowie der Vermerk, dass die Auflassung aufgrund einer Vormerkung erfolgt ist. Ein „klarstellender" Ergänzungsvermerk bei Zweifeln über die Wirksamkeit der eingetragenen Auflassung nach deren Wiederholung ist überflüssig, mithin unzulässig, da die Angabe in Spalte 4 nicht am öffentlichen Glauben teilnimmt.[4]

8 Erwerb durch Auflassung: Anzugeben ist der Tag der Auflassung; im Falle ergänzender Beurkundung sind alle Daten anzugeben. Dies gilt sowohl für den Fall, dass bei Eigentumswechsel das Grundstück schon vor der Übereignung auf dem Blatt stand, als auch für den Fall, dass das Grundstück von einem anderen Blatt eines anderen Eigentümers unter gleichzeitiger Übereignung abgeschrieben und auf das jetzige Blatt übertragen wird. Auf welchem Blatt das Grundstück bisher eingetragen war, ergibt sich im letztgenannten Fall aus der Eintragung im Bestandsverzeichnis. Über die Fassung der Eintragung in Spalte 4, falls das Grundbuch auf einem bereits bestehenden Blatt erst angelegt und das Grundstück aufgelassen wird, vgl. § 6 GBV.

Im Falle einer sog. Kettenauflassung wird unter Aussparung von Zwischenerwerbern nur der Enderwerber eingetragen; Rechtsgrundlage seines Erwerbes ist, geht man von der Bewertung des Vorganges nach § 185 BGB aus, nur die letzte Auflassung an den Einzutragenden.[5]

In Anlehnung an § 44 Abs. 2 GBO wird häufig zum Datum der Auflassung auf die Urkunde des Notars Bezug genommen, in welcher die Auflassung erklärt wurde. Dies soll dem schnelleren Auffinden der Urkunde in der Grundakte dienen. Sachlich geboten ist die Angabe aber nicht (siehe auch § 44 GBO Rdn 27, 28).[6] Denn anders als im Falle des § 44 GBO wird nicht mit Bezugnahme nach § 874 BGB auf den näheren Inhalt eines Grundstücksrechtes Bezug genommen. Der Inhalt der Auflassungserklärung ergibt sich aus der Eintragung selbst, eine Bezugnahme ist weder geboten noch erforderlich. Allein der Umstand, dass mit Nennung der Urkunde der schuldrechtliche Vertrag leichter eingesehen werden kann, ist nicht überzeugend, zumal bei getrennter Beurkundung der Auflassung eben auch nur auf diese Urkunde und keinesfalls auf den schuldrechtlichen Vertrag zu verweisen ist.

---

[4] BayObLG Rpfleger 2002, 303. **A.A.** OLG Jena Rpfleger 2002, 616. Vgl. auch *Böhringer*, NotBZ 2004, 13.
[5] Meikel/*Schneider*, GBV, § 9 Rn 32.
[6] Meikel/*Schneider*, GBV, § 9 Rn 31.

Wird ein Grundstück ohne Eigentumswechsel von einem Blatt auf ein anderes Blatt übertragen, so wird die auf dem ersten Blatt verzeichnete Grundlage der Eintragung auch in dem neuen Blatt angegeben; z.B.:

"Aufgelassen am 5.6.2012 und in Blatt 40 eingetragen am 1.7.2012. Hierher übertragen am 7.3.2021."

Im Bestandsverzeichnis findet sich ebenfalls ein Übertragungsvermerk. So ist auch zu verfahren, wenn auf dem alten Blatt die Eigentümereintragung ausnahmsweise mit dem Abschreibungsvermerk verbunden worden ist.

Die anderweitige Grundlage der Eintragung kann außer den in Abs. 1 Buchst. d genannten Beispielen ferner noch sein: Ausschlussurteil, Aneignung, Zeugnis über die Fortsetzung der Gütergemeinschaft, Zeugnis über den Abschluss einer ehelichen Gütergemeinschaft[7] oder auch die durch vertragliches Ausscheiden eines Gesellschafters bewirkte Anwachsung an die übrigen Gesellschafter. Dasselbe gilt für die Abwachsung bei Eintritt eines Gesellschafters entsprechend. Bemerkenswert ist in der Aufzählung des Abs. 1 Buchst. d die Nennung des Zuschlagsbeschlusses als Eintragungsgrundlage. Dies ist unzutreffend, denn Eintragungsgrundlage ist das Ersuchen des Vollstreckungsgerichts nach § 130 ZVG, auch wenn der Eigentumserwerb mit dem Zuschlag bereits eingetreten ist (§ 90 ZVG).[8] Ebenso sind bei der Eintragung von Erben nur der Erbschein oder das öffentliche Testament nebst Eröffnungsniederschrift anzugeben, auch wenn das Datum des Rechtserwerbs der Erbfall war.

Die die Eintragungsgrundlage bildende Urkunde kann durch Angabe von Datum und ausstellender Behörde näher gekennzeichnet werden, eine Bezugnahme im Sinne des § 44 Abs. 2 GBO ist aber auch hier nicht erforderlich. Zu der Eintragung des Ergebnisses eines Flurbereinigungsverfahrens vgl. § 13 GBV.

In den Fällen **gesetzlicher Eigentumszuweisung** ist ebenfalls auf die urkundliche Grundlage, insbesondere das Ersuchen der zuständigen Behörde nach § 38 GBO Bezug zu nehmen, die gesetzliche Grundlage des Eigentumserwerbs muss nicht genannt werden.

IV. Eintragung eines Eigentumsverzichts

In der Spalte 4 ist auch der Verzicht des Eigentümers auf das Eigentum am Grundstück (§ 928 Abs. 1 BGB) einzutragen. Die Eintragung erfolgt auf formlosen Antrag, der regelmäßig in der Verzichtserklärung enthalten sein wird:

"Der Eigentümer hat am ... den Verzicht auf das Eigentum erklärt. Eingetragen am ..."

Zur Behandlung der alten Eigentümereintragung vgl. § 16 GBV. Eine Löschung des Eigentums, wie sie das OLG Celle[9] in irrtümlicher Anwendung der für beschränkte dingliche Rechte vom KG[10] dargelegten Grundsätze für zulässig hält, ist begrifflich nicht möglich.

V. Eintragung des Herrschvermerks

Im Falle des Vermerks eines subjektiv-dinglichen Rechts (§ 9 GBO) im Bestandsverzeichnis oder der Eintragung eines Miteigentumsanteils (§ 3 Abs. 4 GBO) ist auch in Spalte 4 der ersten Abteilung die Grundlage dieser Eintragung anzugeben.

§ 10 [Eintragungen in Abteilung II]

(1) In der zweiten Abteilung werden eingetragen:
a) alle Belastungen des Grundstücks oder eines Anteils am Grundstück, mit Ausnahme von Hypotheken, Grundschulden und Rentenschulden, einschließlich der sich auf diese Belastungen beziehenden Vormerkungen und Widersprüche;
b) die Beschränkung des Verfügungsrechts des Eigentümers sowie die das Eigentum betreffenden Vormerkungen und Widersprüche;

---

7 Siehe auch KG FGG 7, 339.
8 OLG München FGPrax 2022, 6 = Rpfleger 2022, 117.
9 OLG Celle NdsRpfl. 1954, 181.
10 KG KGJ 39, 178.

c) die im Enteignungsverfahren, im Verfahren zur Klarstellung der Rangverhältnisse (§§ 90 bis 115 der Grundbuchordnung) und in ähnlichen Fällen vorgesehenen, auf diese Verfahren hinweisenden Grundbuchvermerke.

(2) In der Spalte 1 ist die laufende Nummer der in dieser Abteilung erfolgenden Eintragungen anzugeben.

(3) Die Spalte 2 dient zur Angabe der laufenden Nummer, unter der das betroffene Grundstück im Bestandsverzeichnis eingetragen ist.

(4) In der Spalte 3 ist die Belastung, die Verfügungsbeschränkung, auch in Ansehung der in Absatz 1 bezeichneten beschränkten dinglichen Rechte, oder der sonstige Vermerk einzutragen. Dort ist auch die Eintragung des in § 9 Abs. 1 der Grundbuchordnung vorgesehenen Vermerks ersichtlich zu machen.

(5) Die Spalte 5 ist zur Eintragung von Veränderungen der in den Spalten 1 bis 3 eingetragenen Vermerke bestimmt einschließlich der Beschränkungen des Berechtigten in der Verfügung über ein in den Spalten 1 bis 3 eingetragenes Recht und des Vermerks nach § 9 Abs. 3 der Grundbuchordnung, wenn die Beschränkung oder der Vermerk nach § 9 Abs. 3 der Grundbuchordnung nachträglich einzutragen ist.

(6) In der Spalte 7 erfolgt die Löschung der in den Spalten 3 und 5 eingetragenen Vermerke.

(7) Bei Eintragungen in den Spalten 5 und 7 ist in den Spalten 4 und 6 die laufende Nummer anzugeben, unter der die betroffene Eintragung in der Spalte 1 vermerkt ist.

A. Allgemeines	1
B. Die einzelnen Spalten	2
I. Spalte 1	2
II. Spalte 2	3
III. Spalte 3	4
IV. Spalte 4	5
V. Spalte 5	6
VI. Spalten 6 und 7	7
C. Muster	8
I. Altenteil	9
II. Auflassungsvormerkung	10
III. Belastung eines realen Grundstücksteiles	11
IV. Beschränkte persönliche Dienstbarkeit	12
V. Dauerwohnrecht nach WEG	13
VI. Erbbaurecht	14
1. Eintragung des Rechts	14
a) Grundstücksblatt:	15
b) Blatt des Erbbaugrundbuches:	16
2. Teilung des Erbbaurechts	17
3. Erbbauzins:	18
VII. Grunddienstbarkeit	19
VIII. Nießbrauch	20
IX. Pfändung von Rechten in Abt. II oder Abt. I	21
1. Ansprüche aus Auflassungsvormerkung	21
2. Nießbrauch	22
3. Anteil eines Miterben	23
4. Nacherbenrecht	24
X. Reallast	25
XI. Rechtshängigkeitsvermerk	26
XII. Untererbbaurecht	27
XIII. Veräußerungsverbote und Verfügungsbeschränkungen	28
1. Verfügungsbeeinträchtigung nach § 21 Abs. 2 Nr. 2 InsO	28
2. Insolvenzeröffnung	29
3. Nachtragsverteilung in der Insolvenz	30
4. Verfügungsverbot (allgemein)	31
5. Verfügungsverbot nach dem Flurbereinigungsgesetz	32
6. Verfügungsbeschränkung nach Bundesversorgungsgesetz	33
XIV. Vereinbarung zwischen Miteigentümern	34
XV. Vorkaufsrecht	35
XVI. Vormerkung für den Erwerber künftigen Raumeigentums	36
XVII. Wohnungsrecht	37

A. Allgemeines

1 Die Vorschrift regelt die Vornahme von Eintragungen in Abt. II. Die Abteilung II wird in Hauptspalte (Sp. 1–3), Veränderungsspalte (Sp. 4, 5) und Löschungsspalte (Sp. 6, 7) unterteilt. Die Veränderungsspalte ist ihrem Begriff nach als Ergänzung der Hauptspalte anzusehen. Deshalb haben die Eintragungen in der Veränderungsspalte räumlich, d.h. im Verhältnis zu anderen Eintragungen der Hauptspalte, grundsätzlich die gleiche Stellung wie die Eintragungen der Hauptspalte, zu denen sie gehören. Bei Eintragungen, die als Inhaltsänderung eine Erweiterung eines Rechtsinhalts darstellen, ist streitig, ob zwischen Hauptspalte und Veränderungsspalte eine Einheit im Rang nach § 879 BGB besteht (dazu § 45 GBO Rdn 19 ff.).[1] Im Zweifel ist daher zu empfehlen, bei rangfähigen Eintragungen in der Veränderungsspalte Rangvermerke anzubringen.

---

1 Eingehend auch Meikel/*Böttcher*, GBO, § 45 Rn 61 ff.

B. Die einzelnen Spalten

I. Spalte 1

Die Spalte 1 dient zur Angabe der laufenden Nummer der in Spalte 3 erfolgenden Eintragungen (Abs. 2). Alle Eintragungen werden fortlaufend nummeriert, ohne Rücksicht darauf, welches Grundstück des Grundbuchblattes sie betreffen. Jedes Recht erhält hierbei eine besondere Nummer. Bei der Eintragung mehrerer Rechte unter einer laufenden Nummer als sog. Sammelbuchung erfolgt die Eintragung unter einer laufenden Nummer (vgl. § 44 GBO Rdn 13, 14). Eine Sammelbuchung sollte aber auf Fälle beschränkt werden, bei welchen die Rechte inhaltlich zusammenhängen und denselben Berechtigten haben.

II. Spalte 2

In der Spalte 2 wird die laufende Nummer angegeben, die das von der Eintragung betroffene Grundstück im Bestandsverzeichnis führt (Abs. 3). Hierbei ist die laufende Nummer eines jeden betroffenen Grundstücks ausdrücklich einzutragen. Die Zusammenfassung mehrerer aufeinanderfolgender Nummern (z.B. „Nrn. 1 bis 7") ist nicht statthaft. Erhält das betroffene Grundstück im Bestandsverzeichnis nachträglich eine andere laufende Nummer, wird diese Änderung in Spalte 2 der Abt. II nicht nachgetragen, um eine Überfüllung dieser Spalte zu vermeiden. Ohnehin ist ein Nachtrag in Sp. 2 im maschinell geführten Grundbuch nicht möglich, es müsste ein Vermerk in die Veränderungsspalte eingetragen werden.[2] Bei mehreren Änderungen des oder der belasteten Grundstücke im Bestandsverzeichnis kann auch das zu Verwirrung führen. Richtigerweise bleibt es bei der in Spalte 2 angegebenen Nummer des belasteten Grundstücks. Bezogen auf das Eintragungsdatum war und ist diese Angabe zutreffend, ob das belastete Grundstück später noch diese Nummer im Bestandsverzeichnis hat, muss dort geprüft werden.

Wird nachträglich ein auf demselben Grundbuchblatt stehendes Grundstück mitbelastet, muss das natürlich in der Veränderungsspalte der Abt. II zum betreffenden Recht eingetragen werden, denn dies ist die rechtsbegründende Eintragung i.S.d. § 873 Abs. 1 BGB.

Auch bei Belastung eines Miteigentumsanteils genügt es, wenn in Spalte 2 nur die Nummer des Grundstücks angegeben wird, weil die Tatsache der Belastung nur des Miteigentumsanteils in Spalte 3 verlautbart wird: („Nur lastend auf dem Anteil des Max Huber").

III. Spalte 3

In der Spalte 3 erfolgt die eigentliche Eintragung. Hierher gehören:

– Alle **Grundstücksbelastungen** mit Ausnahme der Hypotheken-, Grund- und Rentenschulden (Abs. 1 Buchst. a); z.B. Erbbaurecht, beschränkte persönliche Dienstbarkeit, Grunddienstbarkeit, dingliches Vorkaufsrecht, Reallast, dingliches Wiederkaufsrecht, Dauerwohnrecht (Dauernutzungsrecht) nach §§ 31 ff. WEG. Hier ist auch die vertragsmäßige Feststellung der Höhe einer für einen Überbau oder einen Notweg zu entrichtenden Rente sowie der Verzicht auf die Rente (§§ 914 Abs. 2, 917 Abs. 2 BGB) einzutragen. Auch die öffentlichen Lasten sind, soweit sie in Ausnahme zu § 54 GBO überhaupt eintragungsfähig sind, hier zu buchen.
– Ist das einzutragende **Recht befristet oder bedingt**, ist die Tatsache der Befristung oder der Bedingung unmittelbar einzutragen. Wegen der näheren und ggf. umfangreichen Bedingungen ist auf die Eintragungsbewilligung Bezug zu nehmen.[3]
– Die **Belastungen von Miteigentumsanteilen** mit Ausnahme der Belastung durch Hypotheken, Grund- und Rentenschulden (Abs. 1 Buchst. a); hierbei bedarf die Tatsache, dass es sich um die Belastung eines Anteils handelt, nur des Eintrags in Spalte 3, nicht dagegen auch in Spalte 2.
– Die **„Belastungen"** eines Miteigentumsanteils gem. § 1010 Abs. 1 BGB und eines Erbanteils gem. § 2044 BGB; hierher gehören nicht Veräußerungs-, Belastungs- oder sonstige Verfügungsbeschränkungen, sie sind nicht gem. § 1010 BGB eintragbar.[4]

---

[2] So Meikel/*Schneider*, GBV, § 10 Rn 9, 10.
[3] Meikel/*Schneider*, GBV, § 10 Rn 26.
[4] OLG Hamm DNotZ 1973, 549; *Walter*, DNotZ 1975, 518.

- **Vormerkungen**, die den Anspruch auf Einräumung der in Abt. II Spalten 1–3 einzutragenden Rechte betreffen (Abs. 1 Buchst. a).
- **Widersprüche** gegen die Nichteintragung oder Löschung von Rechten, deren endgültige Eintragung in Abt. II, Spalten 1–3 zu erfolgen hat (§ 12 Abs. 1 Buchst. b, 2).
- **Beschränkungen des Verfügungsrechts** des Eigentümers (Abs. 1 Buchst. b); z.B. das Recht eines Nacherben (§ 51 GBO), die Ernennung eines Testamentsvollstreckers (§ 52 GBO), die Anordnung der Zwangsversteigerung oder Zwangsverwaltung eines Grundstücks (§ 19 Abs. 1 ZVG), das Veräußerungsverbot (Verfügungsverbot) des Insolvenzgerichts, die Eröffnung des Insolvenzverfahrens (§ 32 InsO; insbesondere bei Insolvenzbefangenheit des Eigentums) bzw. die Anordnung einer Nachtragsverteilung, die Pfändung oder Verpfändung des Erbanteils eines Miterben.[5]
- Die das Eigentum betreffenden **Vormerkungen und Widersprüche** (Abs. 1 Buchst. b).
- **Vermerke**, die auf gewisse Verfahren hindeuten (Abs. 1 Buchst. c), so z.B. die Vormerkung über ein eingeleitetes Enteignungsverfahren, der Vermerk gem. § 91 Abs. 3 GBO über die Einleitung des Rangklarstellungsverfahrens; der Vermerk gem. § 92 Abs. 5 SachenRBerG über das notarielle Vermittlungsverfahren (dürfte nach Verjährung der Ansprüche aber überholt sein, vgl. § 3 Einl. Rdn 237); der Sanierungsvermerk und der Entwicklungsvermerk.
- **Nebenbestimmungen** (wie z.B. Rangvorbehalt, Mithaft), die gleichzeitig mit dem Recht eingetragen werden, gehören ebenfalls in Spalte 3. Die Beschränkung des Berechtigten in der Verfügung über ein in den Spalten 1–3 eingetragenes Recht ist dagegen stets in Spalte 5 einzutragen, auch wenn die Eintragung der Verfügungsbeschränkung gleichzeitig mit der Eintragung des Rechts erfolgt.

IV. Spalte 4

5 Die Spalte 4, in der die laufende Nummer der betroffenen Eintragung anzugeben ist, stellt den Zusammenhang zwischen den Haupt- und den Veränderungseintragungen her (Abs. 7).

V. Spalte 5

6 Die Spalte 5 ist bestimmt zur Eintragung von

- **Veränderungen** der in den Spalten 1–3 eingetragenen Vermerke (Abs. 5 Buchst. a). Hierhin gehören insbesondere die Übertragung des Rechts, die Änderung des Rangverhältnisses (§ 880 BGB), die nachträgliche Eintragung eines Rangvorbehalts (§ 881 BGB), die nachträgliche Anlegung eines besonderen Grundbuchblattes für ein Erbbaurecht nach § 8 Abs. 2 GBO, die Mitbelastung eines anderen Grundstücks in den Fällen des § 48 Abs. 1 S. 2 GBO, das Erlöschen der Mithaft usw. Auch der Vermerk nach § 9 Abs. 3 GBO ist hier einzutragen.
- **Beschränkungen** des Berechtigten in der Verfügung über ein in den Spalten 1–3 eingetragenes Recht, auch wenn die Beschränkung gleichzeitig mit dem Recht und nicht erst nachträglich eingetragen wird (Abs. 5 Buchst. a). Stets ist die Verfügungsbeschränkung in der Veränderungsspalte zu vermerken.
- Beispiele: Nacherbenvermerk (§ 51 GBO), Testamentsvollstreckung (§ 52 GBO), Insolvenzvermerk und allgemeines Veräußerungsverbot (§ 21 Abs. 2 Nr. 2 InsO).
- **Vormerkungen** auf Einräumung eines in Spalte 5 einzutragenden Rechts an einem Recht, das in Abt. II gehört (§ 12 Abs. 1 Buchst. b GBV).
- Vormerkungen in den Fällen des § 12 Abs. 1 Buchst. c (vgl. auch § 19 Abs. 1).
- **Widersprüche** gegen die Eintragung eines in den Spalten 1–3 eingetragenen Rechts, gegen die Eintragung eines Rechts an einem Grundstücksrecht, gegen die Nichteintragung oder Löschung eines Rechts an einem Grundstücksrecht und gegen die unrichtige Eintragung eines Rechts oder eines Rechts an einem solchen Rechte (§ 12 Abs. 2 GBV).

---

[5] Eingehend zu § 32 InsO *K. Schmidt/Keller*, InsO, § 32 Rn 8 ff., 27 ff.; allg. auch Meikel/*Schneider*, GBV, § 10 Rn 30, 31.

VI. Spalten 6 und 7

Die Spalten 6 und 7 dienen zur Löschung sämtlicher in Abt. II vorgenommenen Eintragungen, gleichgültig, ob es sich um Eintragungen in Spalte 3 oder in Spalte 5 handelt.

- Die Spalte 6 gibt die laufende Nummer des von der Löschung betroffenen Rechts an. Sie dient zur Herstellung des Zusammenhangs zwischen dem Löschungsvermerk und der gelöschten Eintragung (Abs. 7).
- In Spalte 7 wird der Löschungsvermerk eingetragen (Abs. 6). Über die Löschung im Einzelnen vgl. § 17 GBV.

C. Muster

Vorbemerkung

Die nachstehenden Eintragungsmuster sind keine „Normtexte", sondern Anregungen und Hilfestellungen bei der Ermittlung des für den Einzelfall passenden Eintragungstextes. Die Normierung und Schablonisierung von Grundbucheintragungen ist gerade aber im maschinell geführten Grundbuch zur Regel geworden. Es gilt aber, dass der Eintragungstext vom Grundbuchamt (Rechtspfleger) in sachlicher Unabhängigkeit bestimmt wird. Ein zunehmender Druck zur Verwendung von Normtexten im Rahmen elektronischer Datenverarbeitung (sog. Fachverfahren) stellt eine Gefährdung der Unabhängigkeit des Grundbuchamts dar, wodurch auch dem Rechtsstaat sicherlich kein guter Dienst erwiesen wird.

I. Altenteil

„Altenteil (oder: Leibgeding oder: Auszug oder: Leibzucht) für …; zur Löschung genügt der … (Todesnachweis, Verheiratungsnachweis usw.); Wertersatz gem. § 882 BGB: … EUR; gemäß Bewilligung vom … (Notar … in …, UVZ-Nr. …) eingetragen am …"

Vgl. dazu auch § 49 GBO Rdn 3 ff. mit Hinw. auf Eintragungsbesonderheiten. Enthält das Recht auch die Verpflichtung zur Tragung von Beerdigungs- und Grabpflegekosten, so ist mangels Beschränkung dieser Teilansprüche auf Lebenszeit auch keine Löschungserleichterung eintragbar.[6]

II. Auflassungsvormerkung

„Auflassungsvormerkung bezüglich einer Teilfläche von 1.000 qm aus FlSt. 100 für Hans Meier, geb. am 4.3.1960, gemäß Bewilligung vom … (Notar … in …, UVZ-Nr. …) eingetragen am …"[7]

III. Belastung eines realen Grundstücksteiles

„Beschränkte persönliche Dienstbarkeit (Anpflanzungsrecht) an einer Teilfläche; gemäß Bewilligung vom … (Notar … in …, UVZ-Nr. …) eingetragen am …"

Die Belastung einer realen Teilfläche nach Maßgabe des § 7 Abs. 2 GBO ist ausdrücklich einzutragen; wegen der genauen Lage mit Bezugnahme auf den Auszug aus dem Liegenschaftskataster kann auf die Bewilligung Bezug genommen werden. Ebenso kann bei Belastung des ganzen Grundstücks mit Ausübungsbeschränkung auf einen realen Teil des Grundstücks (§ 1023 BGB) auf die Bewilligung Bezug genommen werden.

---

[6] BayObLG Rpfleger 1988, 98, vgl. aber auch OLG Hamm Rpfleger 1988, 248.

[7] Vgl. dazu BayObLG Rpfleger 1957, 48 und NJW-RR 1998, 522; LG Nürnberg-Fürth Rpfleger 1958, 378; LG Würzburg DNotZ 1963, 367; zur Eintragung einer nur bestimmbaren Person als Berechtigter vgl. OLG Schleswig DNotZ 1957, 661; eine Vormerkung kann auch subjektiv-dinglich eingetragen werden, RGZ 128, 346; zur Behandlung der Vormerkung bei oder nach Vollzug der Auflassung siehe *Ripfel*, Rpfleger 1962, 200.

IV. Beschränkte persönliche Dienstbarkeit

12 Bei der Eintragung einer beschränkten persönlichen Dienstbarkeit ist der Inhalt des Rechts schlagwortartig anzugeben (§ 44 Abs. 2 GBO). Häufiger vorkommende Rechtstypen: Baubeschränkung (= jede Art von Beschränkung bei Errichtung eines Bauwerkes); Betretungsrecht; Garten(mit-)benutzungsrecht; Geh- und Fahrtrecht; Gewerbebetriebsbeschränkung; Kanalrecht, Kraftfahrzeugeinstellrecht; Tankstellenrecht (= Recht zur Errichtung, Unterhaltung und zum Betrieb einer Tankstelle); Versorgungsleitungsrecht; Wasserleitungsrecht; Wegerecht; Weiderecht; Wohnungsbesetzungsrecht (= Verpflichtung des Eigentümers, Wohnung nur an vom Berechtigten Benannte zu vermieten); Wohnungsrecht.

V. Dauerwohnrecht nach WEG

13 *„Dauerwohnrecht an der Wohnung Nr. 3 im Erdgeschoss (Nr. 3 des Aufteilungsplanes) für ... Es besteht eine Veräußerungsbeschränkung nach Nr. 10 der ...; eine Vereinbarung nach § 35 WEG ist getroffen; eingetragen gemäß Bewilligung vom ... am ..."*

„Beschränkte persönliche Dienstbarkeit (– Inhalt des Rechts, siehe unten –) für ... Wertersatz gem. § 882 BGB ... EUR; gemäß Bewilligung vom ... (Notar ... in ..., UVZ-Nr. ...) eingetragen am ..."

Zur Eintragung der Veräußerungsbeschränkung nach § 12 WEG siehe ausführlich § 3 WGV Rdn 8. Die Veräußerungsbeschränkung nach § 35 WEG ist wie diejenige nach § 12 WEG eintragungsbedürftig.[8] Neben der Eintragung beim begünstigten Dauerwohnrecht sind Eintragungen bei den betroffenen Rechten notwendig:

„Bezüglich Abt. II Nr. 1 ist eine Vereinbarung gem. § 35 WEG getroffen; eingetragen am ..."

VI. Erbbaurecht

1. Eintragung des Rechts

14 Die Eintragung des Erbbaurechts als Belastung des Grundstücks erfolgt in Abteilung II des Grundstücksgrundbuchs.[9]

a) Grundstücksblatt:

15 *„Erbbaurecht für Max Bauer, geb. am 19.10.1950, auf die Dauer von 99 Jahren seit dem Eintragungstag, unter Bezugnahme auf die Nr. 1 des Bestandsverzeichnisses des Erbbaugrundbuches von ... Bd. ... Bl. ... mit dem Vorrang vor Nr. 1 der Abt. III eingetragen am ..."*

b) Blatt des Erbbaugrundbuches:

16 *„Erbbaurecht an dem Grundstück Moosach 427/1 Freifläche 0.250 (Moosach Bl. 1223) eingetragen in Abt. II Nr. 1 für die Dauer von 99 Jahren seit dem 1.2.2003. Die Veräußerung des Erbbaurechts bedarf der Zustimmung des Grundstückseigentümers. Als Eigentümer des belasteten Grundstücks ist eingetragen Hans Maier, geb. am 14.5.1956, München. Gemäß Bewilligung vom 2.1.2003 bei Anlegung des Blattes hier vermerkt am ..."*

2. Teilung des Erbbaurechts

17 a) Eintragungen im Grundstücksblatt:
   aa) Teilung des Grundstücks
   bb) Abt. II, Spalten 4 und 5:
   „Das Erbbaurecht ist geteilt. Es lastet je ein selbstständiges Erbbaurecht an FlSt. ... und FlSt. ... Eingetragen je unter Bezugnahme auf die Nr. 1 der Erbbaugrundbücher ... am ..."

---

[8] OLG Schleswig SchlHA 1962, 146; LG Hildesheim Rpfleger 1966, 116.

[9] Allgemein mit Hinweisen zum Inhalt der Eintragungsbewilligung BGH Rpfleger 1973, 355.

b) Eintragungen im Blatt des Erbbaurechts:
Best. Verz. Spalten 1–4:
„Nach Teilung des Grundstücks in FlSt. … und FlSt. … (VN …) und Teilung des Erbbaurechts lastet je ein selbstständiges Erbbaurecht an den oben bezeichneten Grundstücken."

Nach Teilung des Erbbaurechts das neubegründete selbstständige Erbbaurecht an FlSt. … übertragen nach Bd. … Bl. … am …

3. Erbbauzins:

„Erbbauzins wertgesichert für den jeweiligen Eigentümer des im Grundbuch von … Bl. … unter Nr. 1 des Bestandsverzeichnisses eingetragenen Grundstücks; gemäß Bewilligung vom … (Notar … in …, UVZ-Nr. …) eingetragen am …"; 18

Ob bei einer Reallast und insbesondere beim Erbbauzins der Geldbetrag der Leistung unmittelbar einzutragen ist, ist in § 17 Abs. 1 GBV nur allgemein geregelt. Als schlagwortartige Bezeichnung würde die Angabe „Geldrente" oder „Rentenreallast" genügen. Gerade bei wertgesicherten Rechten ist die Eintragung des anfänglichen Geldbetrages nicht empfehlenswert, weil sich die Leistung entsprechend der Bezugsgröße automatisch ändert und dann die Eintragung zumindest unklar wird.

VII. Grunddienstbarkeit

„Geh- und Fahrtrecht für den jeweiligen Eigentümer des Grundstücks Grundbuch von … Blatt … Bestandsverzeichnis Nr. …; gemäß Bewilligung vom … (Notar … in …, UVZ-Nr. …) eingetragen am …; das Recht ist auf dem Blatte des herrschenden Grundstücks vermerkt." 19

Wie bei beschränkter persönlicher Dienstbarkeit auch hier genaue Bezeichnung des Gegenstandes des Rechts erforderlich. Der Hinweis auf den Vermerk nach § 9 GBO kann im Falle der gleichzeitigen Eintragung des Rechts auch in die Hauptspalte übernommen werden.

Belastbar Grundstück oder realer Teil. Davon ist zu unterscheiden die beschränkte Ausübung bei Belastung des ganzen Grundstücks.

VIII. Nießbrauch

„Nießbrauch für Anna Meier, geb. am 4.7.1930; zur Löschung genügt der Todesnachweis; gemäß Bewilligung vom … (Notar … in …, UVZ-Nr. …) eingetragen am …" 20

Bezugnahme erforderlich bei Einschränkungen des gesetzlichen Inhalts, etwa bei Ausschluss einzelner Nutzungen.

IX. Pfändung von Rechten in Abt. II oder Abt. I

1. Ansprüche aus Auflassungsvormerkung

„Gesicherter Anspruch gepfändet wegen einer Forderung v. 10.000 EUR für … gem. Pfändungs- und Überweisungsbeschluss des AG München vom … (Az.: …), eingetragen am …" 21

2. Nießbrauch

„Gepfändet wegen einer Forderung in Höhe von für … gem. …" 22

Es ist nicht etwa einzutragen „Ausübungsbefugnis gepfändet", weil die Pfändung das Stammrecht selbst erfasst.[10] Trotz fehlender Möglichkeit der Übertragung besteht ein Bedürfnis, die Pfändung einzutragen, weil anders eine das Pfandrecht gefährdende Löschung nicht verhindert werden kann.

3. Anteil eines Miterben

„Miterbenanteil des … am ungeteilten Nachlass gepfändet für … gem. … eingetragen am …" 23

---

10 BGH Rpfleger 1974, 186.

4. Nacherbenrecht

24 „*Nacherbenrecht des ... gepfändet für ... gem. ... eingetragen am ...*"

X. Reallast

25 „*Reallast (– Inhalt des Rechts –) für ...; gem. Bewilligung vom ... (Notar ... in ..., UVZ-Nr. ...) eingetragen am ...*"

Der Inhalt des Rechts ist schlagwortartig anzugeben (44 GBO Rdn 20). Häufigste Fälle: Rentenrecht (auch: Leibrente), Recht auf Pflege, Recht auf Verpflegung, Lieferung von Waren.

XI. Rechtshängigkeitsvermerk

26 „*Gegen (– Bezeichnung der mit der rechtshängigen Klage angefochtenen Eintragung –) hat ... Klage erhoben; eingetragen gem. ... am ...*"

Der Vermerk ist nur eintragungsfähig, wenn das dingliche Recht prozessbefangen ist. Bei einem Anspruch nach dem AnfG besteht eine schuldrechtliche Rückgewährpflicht; eine Eintragung scheidet aus.

XII. Untererbbaurecht

27 „*Untererbbaurecht am Erbbaurecht Bl. ...; in Abt. II Nr. ... eingetragen auf ... Jahre ab dem dortigen Eintragungstag. Das Erbbaurecht lastet am Grundstück Bl. ... BestVerz. Nr. ... und ist dort eingetragen in Abt. II Nr. ... auf ... Jahre ab dem dortigen Eintragungstag. Der Erbbauberechtigte bedarf zur Veräußerung und Belastung des Erbbaurechts mit ... der Zustimmung des Eigentümers; im Übrigen ist das Erbbaurecht eingetragen gem. Bewilligung vom ... Der Untererbbauberechtigte bedarf zur Veräußerung und Belastung des Untererbbaurechts mit ... der Zustimmung des Erbbauberechtigten. Erbbauberechtigter: ...; gemäß Bewilligung vom ... eingetragen beim Erbbaurecht am ...; Blatt angelegt am ...*"

Auf dem Blatt des belasteten Erbbaurechts wird das Recht wie ein Erbbaurecht eingetragen. Auch hier gilt das Erstrangigkeitsgebot des § 10 ErbbauRG.

XIII. Veräußerungsverbote und Verfügungsbeschränkungen

1. Verfügungsbeeinträchtigung nach § 21 Abs. 2 Nr. 2 InsO

28 Das Insolvenzgericht kann im Insolvenzeröffnungsverfahren gegen den Schuldner entweder ein allgemeines Verfügungsverbot oder einen so genannten Zustimmungsvorbehalt erlassen. Beide Verfügungsbeeinträchtigungen sind in § 21 Abs. 2 Nr. 2 InsO geregelt. Sie sind jedoch streng voneinander zu unterscheiden. Die Unterscheidung ist von großer Bedeutung, weil sich nach der Art der Verfügungsbeeinträchtigung die Rechtsstellung eines vorläufigen Insolvenzverwalters nach §§ 21 Abs. 2 Nr. 1 mit § 22 Abs. 1 oder 2 InsO bestimmt.[11]

Es ist deshalb bei der Eintragung genau anzugeben, ob ein allgemeines Verfügungsverbot oder ein Zustimmungsvorbehalt angeordnet ist.

Zustimmungsvorbehalt gem. § 21 Abs. 2 Nr. 2 InsO; eingetragen auf Ersuchen des AG ... (Az.: ...) am ...

2. Insolvenzeröffnung

29 „*Das Insolvenzverfahren ist eröffnet. Eingetragen auf Ersuchen des AG ... (Az.: ...) am ...*"

Ob bei der Eintragung des Insolvenzvermerks wie auch des Zustimmungsvorbehalts oder sonstiger Verfügungsbeeinträchtigungen, wie auch des Zwangsversteigerungsvermerks, das Aktenzeichen des ersuchenden Gerichts anzugeben ist, ist nicht geregelt. Eine Bezugnahme i.S.d. § 44 GBO ist nicht gegeben. Allerdings kann gerade beim Insolvenzvermerk die Angabe des Aktenzeichens sinnvoll sein, da dadurch mindestens über die öffentliche Bekanntmachung im Insolvenzverfahren unter www.insolvenzbekanntmachungen.de wichtige Informationen etwa zur Person des Insolvenzverwalters eingeholt werden können.

---

11 Eingehend Uhlenbruck/*Vallender*, InsO, § 21 Rn 17 ff., 24 ff.; *Keller*, Insolvenzrecht, Rn 608 ff.

3. Nachtragsverteilung in der Insolvenz

„Das Grundstück (oder: „Das Recht") unterliegt einer Nachtragsverteilung im Insolvenzverfahren. Eingetragen auf Ersuchen des AG ... (Az.: ...) am ..."

Anordnung einer Nachtragsverteilung lässt Insolvenzbeschlag wieder ex nunc aufleben. Zur Verhinderung gutgläubigen Erwerbs muss diese Tatsache eintragbar sein.[12]

Neben diesen grundsätzlichen Verfügungsbeeinträchtigungen des Insolvenzrechts kommen je nach Verfahrensart weitere in Betracht, bspw. im Verfahren der Eigenverwaltung, wenn das Gericht nach § 277 InsO einen sog. Zustimmungsvorbehalt anordnet. Auch dieser ist in das Grundbuch einzutragen (§ 277 Abs. 3 S. 3 mit § 32 InsO).

4. Verfügungsverbot (allgemein)

„Dem Eigentümer ist zugunsten von ... verboten, das Grundstück zu veräußern oder zu belasten. Eingetragen gem. ... am ..."

5. Verfügungsverbot nach dem Flurbereinigungsgesetz

„Verfügungsverbot nach § 53 Abs. 2 Flurbereinigungsgesetz für die Teilnehmergemeinschaft ...; eingetragen am..."

6. Verfügungsbeschränkung nach Bundesversorgungsgesetz

„Verfügungsverbot nach § 75 Bundesversorgungsgesetz; eingetragen am ..."

Die Angabe eines Berechtigten ist hier nicht erforderlich.

XIV. Vereinbarung zwischen Miteigentümern

„Die Miteigentümer haben die Verwaltung und Benutzung des Grundstückes geregelt und die Aufhebung der Gemeinschaft für immer ausgeschlossen. Als Belastung jedes Miteigentumsanteiles zugunsten der anderen Miteigentümer; gem. Bewilligung vom ... (Notar ... in ..., UVZ-Nr. ...) eingetragen am ..."

Einzutragen als Belastung jedes Anteiles. Wegen der näheren Regelung genügt Bezugnahme auf Bewilligung.[13] Es genügt, wenn die Grundstücksteile, auf die sich die Benutzungsregelung bezieht, in eine in der Bewilligung in Bezug genommene Karte (Lageplan, Skizze) eingezeichnet sind.[14] Umstritten bezüglich der Eintragungsfähigkeit ist die Verpflichtung zur Tragung der Lasten und Kosten.

XV. Vorkaufsrecht

„Vorkaufsrecht für alle Verkaufsfälle für Max Bauer, geb. am 25.5.1967, München, (– oder: für den jeweiligen Eigentümer des Grundstücks Moosach Bd. ... Bl. ... –); gem. Bewilligung vom ... (Notar ... in ..., UVZ-Nr. ...) eingetragen am ..."

Vorkaufsrecht sowohl bestellbar für eine bestimmte Person als auch subjektiv-dinglich. Ein für einen bestimmten Berechtigten und seinen Rechtsnachfolger bestelltes VR ist jedoch kein subjektiv-dingliches nach § 1094 Abs. 2 BGB.[15] Wegen des Verhältnisses mehrerer Berechtigter siehe § 47 GBO.

XVI. Vormerkung für den Erwerber künftigen Raumeigentums

„Vormerkung zur Sicherung des Anspruchs auf Übertragung eines Miteigentumsanteils von ... und auf Bildung und Übertragung eines damit zu verbindenden Sondereigentums an ... für ...; gem. Bewilligung vom ... (Notar ... in ..., UVZ-Nr. ...) eingetragen am ..."

---

12 *Uhlenbruck/Wegener*, InsO, § 203 Rn 12.
13 *Schöner/Stöber*, Grundbuchrecht, Rn 1469; vgl. wegen des Umfanges der Bezugnahme auch BayObLG Rpfleger 1973, 246.
14 OLG Hamm Rpfleger 1973, 167.
15 BGH DNotZ 1963, 235.

Der Gegenstand des Sondereigentums ist genau zu bezeichnen.[16] Dabei ist in der Regel die Vorlage eines Aufteilungs- oder Bauplanes[17] oder die Beschreibung der – schon erstellten – Räume in der Bewilligung[18] notwendig. Stets muss der Miteigentumsanteil genau beziffert werden.[19] Die Eintragung der Vormerkung ist auch möglich, wenn noch keine Abgeschlossenheitsbescheinigung vorliegt, es sei denn, das Grundbuchamt ist der Auffassung, sie könne nicht erteilt werden.[20]

XVII. Wohnungsrecht

37   Muster siehe § 44 GBO Rdn 23.

§ 11 [Eintragungen in Abteilung III]

(1) In der dritten Abteilung werden Hypotheken, Grundschulden und Rentenschulden einschließlich der sich auf diese Rechte beziehenden Vormerkungen und Widersprüche eingetragen.
(2) Die Spalte 1 ist für die laufende Nummer der in dieser Abteilung erfolgenden Eintragungen bestimmt.
(3) In der Spalte 2 ist die laufende Nummer anzugeben, unter der das belastete Grundstück im Bestandsverzeichnis eingetragen ist.
(4) Die Spalte 3 dient zur Angabe des Betrags des Rechts, bei den Rentenschulden der Ablösungssumme.
(5) In der Spalte 4 wird das Recht inhaltlich eingetragen, einschließlich der Beschränkungen des Berechtigten in der Verfügung über ein solches Recht.
(6) In der Spalte 7 erfolgt die Eintragung von Veränderungen der in den Spalten 1 bis 4 vermerkten Rechte, einschließlich der Beschränkungen des Berechtigten in der Verfügung über ein solches Recht, wenn die Beschränkung erst nachträglich eintritt.
(7) In der Spalte 10 werden die in den Spalten 3, 4 und 6, 7 eingetragenen Vermerke gelöscht.
(8) Bei Eintragungen in den Spalten 7 und 10 ist in den Spalten 5 und 8 die laufende Nummer, unter der die betroffene Eintragung in der Spalte 1 eingetragen ist, und in den Spalten 6 und 9 der von der Veränderung oder Löschung betroffene Betrag des Rechts anzugeben.

A. Allgemeines 1	5. Forderungsauswechslung bei der Hypothek 19
B. Die einzelnen Spalten 2	6. Änderung von Zins- und Zahlungsbestimmungen oder andere Inhaltsänderungen 20
I. Spalte 1 2	
II. Spalte 2 3	
III. Spalte 3 4	7. Umstellung auf EUR 21
IV. Spalte 4 5	8. Einheitshypothek 22
V. Spalte 5 6	II. Pfändung der Hypothekenforderung oder der Grundschuld 23
VI. Spalte 6 7	
VII. Spalte 7 8	III. Rentenschuld 24
VIII. Spalten 8 bis 10 13	IV. Rückgewährvormerkung bei Sicherungsgrundschuld 25
C. Eintragungsmuster 14	
I. Hypothek oder Grundschuld 14	V. Verteilung eines Grundpfandrechts 26
1. Abtretung einer Grundschuld unter Umwandlung in eine Hypothek 15	VI. Rangvorbehalt 27
2. Abtretung der aus einem Fremdrecht entstandenen Eigentümergrundschuld 16	VII. Zinssatzerhöhungen 28
3. Abtretung mit Zinssatzerhöhung 17	VIII. Zwangssicherungshypothek und Arresthypothek 29
4. Abtretung einer Teil-Eigentümergrundschuld 18	1. Zwangssicherungshypothek 29
	2. Arresthypothek 30

---

16 Vgl. OLG Frankfurt a.M. DNotZ 1972, 180; BayObLG Rpfleger 1977, 300; *v. Barby*, NJW 1972, 8.
17 BayObLG Rpfleger 1974, 261.
18 BayObLG Rpfleger 1977, 300; OLG Köln DNotZ 1985, 450.

19 LG Hannover Rpfleger 1975, 284; LG Hamburg Rpfleger 1982, 272; *Meyer-Stolte*, Rpfleger 1977, 121; *Demharter*, Anh. § 44 GBO Rn 112; a.A. *Schmedes*, Rpfleger 1975, 285.
20 LG Köln MittRheinNotK 1990, 224.

A. Allgemeines

Die Abt. III dient zur Eintragung der Grundpfandrechte und der diese betreffenden Veränderungen. Sie ist in zehn Spalten (Spalten 1–3: Haupteintragungen; Spalten 5–7: Veränderungen, Spalten 8–10: Löschungen) eingeteilt.

Zum Verhältnis der Haupt- und Veränderungsspalten zueinander vgl. § 45 GBO Rdn 19 ff.[1] Im Zweifel ist es insbesondere bei inhaltlichen Erweiterungen eines Rechts – dort ist die Rangfrage entscheidend – empfehlenswert, Rangvermerke anzubringen. Innerhalb der Veränderungsspalte spielt das räumliche Verhältnis keine Rolle.

B. Die einzelnen Spalten

I. Spalte 1

Spalte 1 dient zur Angabe der laufenden Nummer der in den Spalten 3 und 4 vorzunehmenden Eintragung. Die Eintragungen werden fortlaufend nummeriert, ohne Rücksicht darauf, welches Grundstück sie betreffen (Abs. 2). Jedes Recht wird regelmäßig unter einer besonderen Nummer gebucht. Sogenannte Sammelbuchungen (= Buchung mehrerer Rechte unter einer Nummer oder unter mehreren Nummern bei Zusammenfassung in einem Vortrag) sollten unterbleiben. Sie können bei nachträglichen Änderungen einzelner Rechte zur Verwirrung führen.[2]

II. Spalte 2

In der Spalte 2 wird die laufende Nummer angegeben, die das von der Eintragung betroffene Grundstück in Spalte 1 des Bestandsverzeichnisses führt (Abs. 3). Wird nachträglich noch ein auf demselben Grundbuchblatt stehendes Grundstück mitbelastet, so wird seine Nummer in Spalte 2 nicht nachgetragen. Die vielfach abweichende Übung der Praxis ist aber unbedenklich. Wesentlich bedenklicher ist die leider weit verbreitete Nachlässigkeit, bei Veränderungen im Grundstücksbestand die Spalte 2 nicht entsprechend zu ergänzen bzw. zu berichtigen.

Wegen der Belastung eines Miteigentumsanteiles vgl. § 10 GBV; Ähnliches dürfte für die Belastung von Eigentumsbruchteilen in den Fällen des § 7 GBO gelten.

III. Spalte 3

In Spalte 3 ist bei Hypotheken und Grundschulden der Betrag des Rechts, bei Rentenschulden der Betrag der Ablösungssumme anzugeben (Abs. 4). Die Angabe erfolgt in Ziffern; § 17 Abs. 1 S. 1 GBV gilt nur für die Eintragungsspalten. Die Währungsangabe kann abgekürzt werden (z.B. EUR). Bei jeder Teillöschung ist der gelöschte Teil von dem Betrag abzuschreiben (§ 17 Abs. 5 GBV). Der Geldbetrag von Nebenforderungen ist in Spalte 3 nicht aufzunehmen.

Zur Kenntlichmachung einer sog. Zusatzhypothek vgl. unten (siehe Rdn 8).

IV. Spalte 4

In Spalte 4 erfolgt die inhaltliche Eintragung der Hypothek, Grund- oder Rentenschuld (Abs. 5). Hierbei sind Geldbeträge in Buchstaben zu schreiben (§ 17 Abs. 1 S. 1 GBV). Nicht eingetragen wird hier die Zusammenfassung mehrerer im Range aufeinanderfolgender Hypotheken desselben Gläubigers zu einer sog. Einheitshypothek (besser: einheitlichen Hypothek). Sie stellt vielmehr eine Inhaltsänderung der betroffenen Posten dar und ist daher in der Veränderungsspalte einzutragen.

Die Erhöhung des Hypothekenkapitals ist grundsätzlich in Spalte 4 einzutragen. Doch sind Ausnahmen zulässig (vgl. Rdn 8).

---

[1] Vgl. auch Meikel/*Schneider*, GBV, § 11 Rn 3 ff.

[2] Ebenso Meikel/*Schneider*, GBV, § 11 Rn 10, für die Veränderungsspalte aber die Sammelbuchung zulassend.

Auch Vormerkungen, die den Anspruch auf Einräumung einer Hypothek, Grund- oder Rentenschuld sichern sollen, sind in Spalte 4 einzutragen (§ 12 Abs. 1 Buchst. b GBV).

Ferner gehören hierher Widersprüche gegen die Nichteintragung oder Löschung von Hypotheken, Grundschulden und Rentenschulden (§ 12 Abs. 1 Buchst. b, 2 GBV).

In Spalte 4 gehören auch die Nebenbestimmungen, die gleichzeitig mit dem Recht eingetragen werden, z.B. die Ausschließung der Erteilung des Hypothekenbriefes (§ 1116 Abs. 2 BGB; siehe Rdn 8), die Mithaft anderer Grundstücke nach § 48 GBO, ein Rangvorbehalt nach § 881 BGB (beim zurücktretenden und begünstigten Recht jeweils Rangvermerke) oder die Unterwerfungserklärung nach § 800 ZPO.[3] Unmittelbar einzutragen sind auch einmalige Nebenleistungen und insbesondere Zinsen. Bei diesen kann ein Höchstzinssatz angegeben werden, bei variablem Zins, der insbesondere bei der Sicherungshypothek nach § 867 ZPO die Regel ist (§ 288 BGB), sind die Zinsbestimmungen einzutragen.[4] Zu den Bestimmungen der Fälligkeit der Zinsen und weiterer Nebenbestimmungen, bspw. zum Verzicht auf das Widerspruchsrecht aus § 1160 Abs. 1 BGB, genügt die Bezugnahme auf die Eintragungsbewilligung.

Bei Angabe einer Mithaft (§ 48 GBO) von Grundstücken anderer Grundbuchblätter sind sämtliche betroffenen Grundbücher einzeln anzugeben. Ändert sich nämlich eine Mithaft, insbesondere bei Pfandentlassung einzelner Grundstücke, kann dann der Mithaftvermerk berichtigt werden. Bei nur summarischer Angabe der mithaftenden Grundbücher ist das nicht möglich. Abzulehnen ist auch die Variante, nur auf einem der Blätter im Mithaftvermerk sämtliche Mithaftgrundstücke mit ihrer Grundbuchstelle zu bezeichnen und bei den anderen Eintragungen hierauf zu verweisen.[5]

Verfügungsbeschränkungen des Berechtigten sind stets in Spalte 7 einzutragen (vgl. Rdn 9).

V. Spalte 5

6 Die Spalte 5 stellt den Zusammenhang mit der Haupt- und der Veränderungseintragung her (Abs. 8). Hier ist die laufende Nummer des von der Veränderung betroffenen Rechts einzutragen. Besonderheiten gelten für Teilabtretungen (vgl. § 17 Abs. 4 GBV).

VI. Spalte 6

7 Die Spalte 6 dient zur Angabe des Betrages (in Ziffern mit abgekürzter Währungsangabe), der von der Veränderung betroffen wird. Es kann dies der ganze Betrag des Rechts oder auch nur ein Teilbetrag sein. Bei Teilabtretungen wird so z.B. der abgetretene Teilbetrag angegeben; hierüber im Einzelnen § 17 GBV. Wird ein Teilbetrag teilweise gelöscht, so ist außer der Abschreibung in Spalte 3 auch der gelöschte Teilbetrag in Spalte 6 von dem Teilbetrag abzuschreiben (§ 17 Abs. 5 S. 2 GBV).

VII. Spalte 7

8 Die Spalte 7 ist bestimmt zur Eintragung von allen Veränderungen im weitesten Sinne (Abs. 6). Hier sind insbesondere einzutragen:[6]

Veränderungen des Rechts im eigentlichen Sinne. Hier kommen vor allem in Betracht:

– Abtretungen, Änderungen des Rangverhältnisses (§ 880 BGB), die nachträgliche Eintragung eines Rangvorbehalts (§ 881 BGB), der Vermerk über die Ausnutzung eines Rangvorbehalts bei dem zurücktretenden Recht, die Aufhebung eines in Spalte 4 eingetragenen Rangvorbehalts (wegen der Aufhebung eines in Spalte 7 eingetragenen Rangvorbehalts vgl. unten, die nachträgliche Ausschließung der Erteilung eines Briefes oder die Aufhebung der Ausschließung (§ 1116 Abs. 2, 3 BGB), der nachträgliche Verzicht auf das Widerspruchsrecht aus § 1160 Abs. 1 BGB, die Änderung der Zinsbedingungen (auch wenn ein Teil der Zinsen im Range nachsteht, jedoch ist dann im Vermerk das Rangverhältnis anzugeben; der Zahlungszeit oder des Zahlungsortes (§ 1119 BGB), die Pfändung oder Verpfändung des Rechts (§§ 1154 Abs. 2, 3, 1192 BGB; § 830 ZPO), die Änderung der Forderung,

---

[3] Weitere Beispiele bei Meikel/*Schneider*, GBV, § 11 Rn 20.
[4] Dazu BGH NJW 2006, 1341 = Rpfleger 2006, 313.
[5] Siehe auch Meikel/*Böhringer*, § 48 GBO Rn 68.
[6] Vgl. auch Meikel/*Schneider*, GBV, § 11 Rn 27 ff.

für welche die Hypothek besteht (§ 1180 BGB), die Umwandlung einer Hypothek, Grundschuld oder Rentenschuld (§§ 1177, 1186, 1198, 1203 BGB), der Übergang der Hypothek auf den Eigentümer infolge Verzichts (§ 1168 BGB) sowie die Erteilung eines neuen Briefes (§ 68 Abs. 3 GBO).
- Die nachträgliche Mitbelastung eines anderen Grundstücks (§ 48 Abs. 1 S. 2 GBO), die Übertragung eines mithaftenden Grundstücks auf das Blatt eines anderen mithaftenden Grundstücks, das Erlöschen der Mithaft (wegen der Behandlung der Mithaft vgl. auch noch § 30 GeschO).[7]
- In Spalte 7 wird auch die Zusammenfassung mehrerer Hypotheken zu einer sog. Einheitshypothek (besser: einheitlichen Hypothek), die eine Inhaltsänderung darstellt, eingetragen. Es ist zweckmäßig, der Einheitshypothek statt der Bezeichnung durch mehrere laufende Nummern eine einheitliche Bezifferung zu geben; hierzu eignen sich am besten römische Ziffern. Beispiel: „1, 2, 3 (jetzt I)". Diese Bezeichnung führt die Einheitshypothek auch bei späteren Veränderungen und Löschungen in den Spalten 5 oder 8: „I (früher 1, 2, 3)". Eine Eintragung in den Spalten 1–4 findet nicht statt. Muster unten (siehe Rdn 20).
- Auch die Eintragung einer Zinserhöhung ist eine Veränderung des Rechts, die mit einer Erweiterung des Inhalts verbunden ist; bei der Eintragung in der Veränderungsspalte stellt sich hinsichtlich des erhöhten Zinsbetrages dann die Frage des Ranges gegenüber den übrigen bereits eingetragenen Rechten.[8]
- In allen Fällen einer Erweiterung des Hypothekenkapitals ist grundsätzlich eine neue Eintragung in der Hauptspalte geboten.[9] Die Eintragung als solche ist schon notwendig, weil es sich dabei um eine Neubelastung des Grundstücks handelt. Die Eintragung in der Hauptspalte folgt jedoch nicht aus dem Bestimmtheitsgrundsatz; denn die Höhe der dinglichen Belastung des Grundstücks wird ja hinreichend bestimmt angegeben. Die Notwendigkeit der Eintragung einer Kapitalerhöhung in der Hauptspalte folgt vielmehr aus dem Aufbau der dritten Abteilung des Grundbuchmusters, deren Ziel es ist, dem Leser aus den Haupteintragungsspalten sofort einen klaren Überblick über die Höhe der Grundstücksbelastungen zu geben. Gerade hinsichtlich des Rangverhältnisses zu anderen Rechten ist hier die Eintragung in der Hauptspalte auch klarer als etwa in der Veränderungsspalte.
- Auch die Herabsetzung des Zinssatzes wird, obwohl sie rechtlich eine Löschung eines Teils des Rechts darstellt (vgl. § 46 GBO), in der Veränderungsspalte eingetragen. Muster siehe § 46 GBO.

Beschränkungen des Berechtigten in der Verfügung über ein in den Spalten 1 bis 4 vermerktes Recht, auch wenn die Beschränkung gleichzeitig mit dem Recht und nicht erst nachträglich eingetragen wird (Abs. 6).

Vormerkungen auf Einräumung eines in Spalte 7 einzutragenden Rechts an einer Hypothek, Grundschuld oder Rentenschuld (§ 12 Abs. 1 Buchst. b GBV).

Vormerkungen in den Fällen des § 12 Abs. 1 Buchst. c GBV.

Widersprüche der in § 10 GBV genannten Art.

VIII. Spalten 8 bis 10

Die Spalten 8 bis 10 dienen der Löschung sämtlicher in Abt. III vorgenommenen Eintragungen, gleichgültig, ob es sich um die Löschung von Eintragungen in den Spalten 1 bis 4 oder 5 bis 7, oder ob es sich um völlige oder teilweise Löschungen handelt. Hier wird auch die Aufhebung eines in den Spalten 5 bis 7 eingetragenen Rangvorbehalts eingetragen,[10] denn es handelt sich nicht um eine Inhaltsänderung, sondern um eine echte Aufhebung.[11]

- Die Spalte 8 soll den Zusammenhang zwischen dem Löschungsvermerk und der gelöschten Eintragung herstellen. Hier wird daher die laufende Nummer des von der Löschung betroffenen Rechts eingetragen (Abs. 8). Bei Löschungen von Teilabtretungen ist auch der Buchstabe (und ggf. die römische Zahl), den der Teilbetrag in Spalte 5 neben der laufenden Nummer führt (§ 17 Abs. 4 GBV), anzugeben.

---

7 Ausf. dazu *Saage*, DFG 38, 109 ff.
8 Meikel/*Schneider*, GBV, § 11 Rn 41.
9 KG JFG 14, 378; 16, 248; RGZ 143, 425; Meikel/*Schneider*, GBV, § 11 Rn 42.
10 **A.A.** (= Veränderungsspalte): *Demharter*, GBO, § 45 Rn 45; Meikel/*Böttcher*, § 45 GBO, Rn 206.
11 Grüneberg/*Herrler*, BGB, § 881 Rn 12; MüKo-BGB/*Kohler*, § 881 Rn 10; Erman/*Hagen*, BGB, § 881 Rn 8; a.A. (= Inhaltsänderung): Staudinger/*Kutter*, BGB, § 881 Rn 43; RGRK/*Augustin*, BGB, § 881 Rn 18.

- Die Spalte 9 dient zur Angabe des gelöschten Betrages in Ziffern.
- In Spalte 10 wird der Löschungsvermerk selbst eingetragen. Vgl. hierüber im Einzelnen § 17 GBV Rdn 2.

C. Eintragungsmuster
I. Hypothek oder Grundschuld

14 *Hypothek ohne Brief zu fünfzigtausend EUR Darlehensforderung für Otto Bauer, geb. am 22.8.1960; bis zu 10 % Zinsen; einmalige Nebenleistung bis zu 5 %; vollstreckbar gemäß § 800 ZPO; gemäß Bewilligung vom ... (Notar ... in ..., UVZ-Nr. ...) eingetragen am ...*

Grundschuld zu fünfzigtausend EUR für Otto Bauer, geb. am 22.8.1960; bis zu 10 % Zinsen; einmalige Nebenleistung bis zu 5 %; vollstreckbar gemäß § 800 ZPO; gemäß Bewilligung vom ... (Notar ... in ..., UVZ-Nr. ...) eingetragen am ...

Hinweise zur Eintragung:
- Zum zulässigen Inhalt siehe § 7 Einl. Rdn 8 ff.
- Da das Buchrecht die gesetzliche Ausnahme darstellt (§ 1116 Abs. 2 BGB), die der Ausschluss der Brieferteilung unmittelbar einzutragen.
- Zur Bezeichnung des Gläubigers siehe § 15 GBV.
- Eintragung der Zinsen und Nebenleistungen:
  - Bei gleitendem Zinssatz ist die Angabe eines Höchstzinssatzes entbehrlich (vgl. § 7 Einl. Rdn 20 ff.). Die Voraussetzungen der Zinsänderung, insbes. der -erhöhungen müssen in der Bewilligung aber klar geregelt sein.[12]
  Der Zinsbeginn ist – durch Bezugnahme – einzutragen; die Bewilligung muss darüber klare Angaben enthalten.[13] Ist der Zinsbeginn nicht feststellbar, muss der Antrag beanstandet werden. Im Wege der Auslegung kann jedoch regelmäßig festgestellt werden, dass der Zinsbeginn mit dem Eintragungstag zusammenfallen soll. Dies ist auch dann der Fall, wenn Valutierung noch aussteht, aber vor Eintragung möglich erscheint.[14]
- Eintragung der Unterwerfungsklausel nach § 800 ZPO.[15]

Die Eintragung der Grundschuld erfolgt nach den gleichen Grundsätzen. Bei Eintragung einer offenen Eigentümergrundschuld (§ 1196 BGB) ist der Berechtigte namentlich nach § 15 GBV zu benennen, der Hinweis „Eigentümergrundschuld" sollte tunlichst unterbleiben, da ja mit Abtretung des Rechts außerhalb des Grundbuchs, da regelmäßig als Briefrecht bestellt, dies nicht mehr richtig wäre.

1. Abtretung einer Grundschuld unter Umwandlung in eine Hypothek

15 *„Abgetreten mit Zinsen und Nebenleistungen seit ... an ... unter Umwandlung in eine Hypothek ohne Brief für eine Darlehensrückzahlungsforderung mit geänderten Zins- und Zahlungsbedingungen; vollstreckbar gemäß § 800 ZPO; gemäß Bewilligung vom ... (Notar ... in ..., UVZ-Nr. ...) eingetragen am ..."*

2. Abtretung der aus einem Fremdrecht entstandenen Eigentümergrundschuld

16 *„Als Grundschuld kraft Gesetzes auf den Eigentümer übergegangen; abgetreten mit Zinsen und Nebenleistungen seit ... an ...; gemäß Bewilligung vom ... (Notar ... in ..., UVZ-Nr. ...) eingetragen am ..."*

3. Abtretung mit Zinssatzerhöhung

17 *„Abgetreten mit den Zinsen seit ... an ...; Zinssatz geändert in ... %; die ... % übersteigenden Zinsen jährlich haben Rang vor Abt. ... Nr. ...; eingetragen am ..."*

Zum Rangvermerk siehe Rdn 1, 8.

---

12 BGHZ 35, 22 = Rpfleger 1961, 231; OLG Stuttgart DNotZ 1955, 80.
13 Ausf. *Böttcher*, Rpfleger 1980, 81; dort auch zu Fragen der Eintragung des Zinsbeginns u.a.
14 BayObLG NotBZ 2004, 279.
15 LG Weiden Rpfleger 1961, 305; LG Nürnberg-Fürth Rpfleger 1966, 338; OLG Köln Rpfleger 1974, 150; *Schöner/Stöber*, Grundbuchrecht, Rn 2050.

4. Abtretung einer Teil-Eigentümergrundschuld

„Teilbetrag von ... EUR im Range nach dem Restrecht des Gläubigers übergegangen auf ... mit den Zinsen seit ...; gemäß Bewilligung vom ... (Notar ... in ..., UVZ-Nr. ...) eingetragen am ...

Das Rangverhältnis des § 1176 BGB ist im Buch zu verlautbaren.[16]

Die Eintragung einer vor dem Zessionswirksamkeitszeitpunkt liegenden Abtretung von Zinsen ist zulässig.[17]

5. Forderungsauswechslung bei der Hypothek

„An die Stelle der Darlehensforderung ist eine Kaufpreisforderung in gleicher Höhe mit 6 % Jahreszinsen getreten; gemäß Bewilligung vom ... (Notar ... in ..., UVZ-Nr. ...) eingetragen am ..."

6. Änderung von Zins- und Zahlungsbestimmungen oder andere Inhaltsänderungen

„Zinsbestimmungen (– Zahlungsbestimmungen, Kündigungsvereinbarungen, Bedingungen –) sind geändert; eingetragen gemäß Bewilligung vom ... (Notar ... in ..., UVZ-Nr. ...) am ..."

Liegt eine Erweiterung der Leistungspflicht (also eine inhaltliche Verschlechterung für den Eigentümer) vor, so kann – sofern entsprechend bewilligt – die Unterwerfung gem. § 800 ZPO mit eingetragen werden.

7. Umstellung auf EUR

Seit 1.1.2002 ist der Umstellungsvermerk nach Maßgabe von § 26a Abs. 1 S. 2, 4 GBMaßnG von Amts wegen vorzunehmen. Die Umstellung erfolgt anlassbezogen, wenn im Grundbuchblatt eine Eintragung vorzunehmen ist, diese muss sich nicht auf Abt. III beziehen.

Alte Eintragung in Spalte 3 und Spalte 4: 50.000 DM.

Nunmehr:

a) In Spalte 3 ist unter die Zahlenangabe einzufügen: = 25.564,59 EUR
b) In Spalte 4 ist die Betragsangabe zu röten.
c) In Spalte 6 ist einzutragen 50.000 DM = 25.564,59 EUR
d) In Spalte 7 ist zu vermerken:

„Umgestellt auf 25.564,59 EUR; eingetragen am ..."

8. Einheitshypothek

Drei Hypotheken von bisher:

1 20.000 EUR

2 10.000 EUR

3 30.000 EUR

werden zusammengefasst zu:

60.000 EUR

Die Hypotheken Nr. 1, 2 und 3 sind zusammengefasst zu einer einheitlichen Hypothek für sechzigtausend EUR Darlehen mit bis zu 8 % Jahreszinsen und bis zu 5 % weiteren Nebenleistungen gegen den jeweiligen Eigentümer sofort vollstreckbar. Die bisherigen Hypothekenbriefe sind zu einem einheitlichen Hypothekenbrief zusammengefasst worden; gemäß Bewilligung vom ... (Notar ... in ..., UVZ-Nr. ...) eingetragen am ...

---

[16] KG KGJ 29, 184; Staudinger/*Wolfsteiner*, BGB, § 1176 Rn 12; MüKo-BGB/*Lieder*, § 1176 Rn 9.

[17] Vgl. nunmehr BayObLG Rpfleger 1987, 364; OLG Celle WM 1989, 890; MüKo-BGB/*Lieder*, § 1197 Rn 9. **A.A.** *Bayer*, Rpfleger 1988, 139; abl. wohl auch Staudinger/*Wolfsteiner*, BGB, § 1197 Rn 8 unter Hinw. auf § 1178 BGB, der aber für Rückstände nicht gelten kann, die nicht gezogen werden konnten.

In der Hauptspalte (Spalte 4) bedarf es keiner Veränderung, auch keiner Rötung.[18] Die zusammenfassenden Rechte müssen bei der Zusammenfassung in Bezug auf Forderungsart, Zins- und Zahlungsbestimmungen und Form des Grundpfandrechts gleich sein! Unterschiedlicher Zinsbeginn schadet nicht.[19] Die Zusammenfassung ist nicht möglich, wenn bei einem Recht Veräußerungsverbote auf Übertragung des Rechts (anders bei Löschungsvormerkungen), Widersprüche oder Pfandrechte eingetragen sind.[20]

II. Pfändung der Hypothekenforderung oder der Grundschuld

23 *„Gepfändet mit Zinsen seit ... für ... wegen einer ... Forderung von ... EUR mit ... Zinsen gemäß Pfändungs- und Überweisungsbeschluss des ..., eingetragen am ..."*

Sollen Zinsen erst ab Eintragungstag der Pfändung oder ab Briefwegnahme gepfändet sein, so bedarf es keiner Eintragung, die Pfändung erstreckt sich auch ohne Eintragung auf diese Zinsen.[21] Rückständige Zinsen werden wie eine gewöhnliche Geldforderung gepfändet, § 830 ZPO ist insoweit nicht anwendbar; der zeitliche Pfändungsumfang ist einzutragen.

Gläubiger und Forderungsgrund der zu sichernden Forderung (= Forderung des pfändenden Gläubigers) sind ausdrücklich einzutragen. Streitig ist, ob der Geldbetrag der zu sichernden Forderung nebst Zinsen etc. anzugeben ist,[22] dies wird jedoch zu bejahen sein, weil er den Umfang des Befriedigungsrechts beschränkt und der Rechtsumfang stets unmittelbar zu verlautbaren ist.

III. Rentenschuld

24 *Rentenschuld zu halbjährlich fünfhundert EUR, ablösbar mit zwanzigtausend EUR, für Josef Meier, geb. am 20.2.1953; gemäß Bewilligung vom ... (Notar ... in ..., UVZ-Nr. ...) eingetragen am ...*

Die Eintragung der Rentenschuld sei hier nur der Vollständigkeit halber erwähnt. Sie hat sich in der Rechtspraxis nicht durchgesetzt, weil sie aufgrund des Ablöserechts des Eigentümers unsicher ist. Die Sicherung wiederkehrender Leistungen ist durch die Reallast besser zu erreichen.

IV. Rückgewährvormerkung bei Sicherungsgrundschuld

25 *„Abtretungsvormerkung (– oder, je nach Inhalt des Anspruchs: Verzichtsvormerkung, Aufhebungsvormerkung) für ... gem. Bewilligung vom ... (Notar ... in ..., UVZ-Nr. ...) eingetragen am ..."*

Die Bezeichnung ist je nach dem Inhalt des Anspruchs zu wählen. Umfasst der Anspruch sowohl Abtretung, wie auch Verzicht und Aufhebung, so kann der zusammenfassende Ausdruck „Rückgewährvormerkung" gewählt werden.

V. Verteilung eines Grundpfandrechts

26 *„Nach Verteilung lasten:*

... EUR an BestVerz. Nr. ...

... EUR an BestVerz. Nr. ...

... EUR an BestVerz. Nr. ... Im Übrigen ist die Mithaft erloschen; eingetragen am ..."

Vorstehendes Muster setzt Buchung aller belasteten Grundstücke auf demselben Blatt voraus.

Bei Buchung der belasteten Grundstücke auf verschiedenen Blättern ist einzutragen:

„Nach Verteilung lastet das Recht hier noch in Höhe von ... EUR; im Übrigen ist die Mithaft erloschen; eingetragen am ..."

---

18 *Saage*, DFG 1937, 115 und 1938, 101; *Schöner/Stöber*, Grundbuchrecht, Rn 2701; *Ripfel*, S. 196; a.A. *Kutzner*, JW 1935, 2543; *Fraß*, DNotZ 1937, 61; *Pyrkosch*, Rpfleger 1937, 116.
19 LG Hof Rpfleger 1964, 375.
20 *Schöner/Stöber*, Grundbuchrecht, Rn 2702.
21 RG RGZ 136, 233; OLG Oldenburg Rpfleger 1970, 100; *Böttcher*, Zwangsvollstreckung im Grundbuch, Rn 805.
22 Verneinend: OLG Nürnberg BayJMBl. 1955, 116; wie hier: *Böttcher*, Zwangsvollstreckung im Grundbuch, Rn 739. Im Ergebnis („zweckmäßig und praktische Übung") so auch Meikel/*Böttcher*, § 11 GBV Rn 33.

VI. Rangvorbehalt

„... *Vorbehalten ist der Vorrang (– od.: Gleichrang –) für ein ... (– Angabe des Rechts; fehlt Einschränkung: Grundpfandrecht –) bis zu ... EUR mit Zinsen bis zu ... % und anderen Nebenleistungen bis zu ... %; gemäß Bewilligung vom ... (Notar ... in ..., UVZ-Nr. ...) eingetragen am ..."* 27

Zwar muss der Rechtstyp angegeben werden, dem der Vorrang vorbehalten ist, jedoch ist eine genauere Typenbezeichnung (Buch- oder Briefrecht) nicht erforderlich.

Der Rangvorbehalt kann auf eine bestimmte Schuldart (etwa Darlehensforderungen) beschränkt werden; Bezugnahme genügt insoweit zur Eintragung. Der Umfang des vorbehaltenen Rechts muss – wenn auch mit Höchstbeträgen – genau bezeichnet sein.

VII. Zinssatzhöhungen

Eine Erhöhung auf bis zu 5 % (bei Aufbauhypotheken nach ZGB: bis zu 13 %) ist ohne Zustimmung gleich- oder nachrangiger Berechtigter möglich (§ 1119 BGB); über diesen Satz hinaus bedarf ein Zinssatz, der Gleichrang mit dem Hauptrecht haben soll, der Zustimmung der nachrangig Berechtigten. Wird die Zustimmung nicht erteilt, haben die erhöhten Zinsen Nachrang. Einzutragen ist deshalb wie folgt: 28

a. Bei Zustimmung (= Zinserhöhung bei Post III/1):
   „Die Zinsen sind seit ... auf 15 % erhöht; eingetragen gemäß Bewilligung vom ... (Notar ... in ..., UVZ-Nr. ...) im Range vor Nr. 2 am ..."

b. Ohne Zustimmung, also bei Nachrang des Zinsmehrbetrages, kann die Erhöhung ohne Rangvermerk gebucht werden; ein solcher empfiehlt sich jedoch aus Klarheitsgründen.

VIII. Zwangssicherungshypothek und Arresthypothek

1. Zwangssicherungshypothek

„Sicherungshypothek zu siebzehntausendzweihundertfünfundachtzig 35/100 EUR für ...; Zinsen in Höhe von fünf Prozentpunkten über Basiszins seit ... aus fünfzehntausendsechshundertachtzig 27/100 EUR; gemäß Urteil des Landgerichts Ansbach vom ... (Aktenzeichen ...) im Wege der Zwangsvollstreckung eingetragen am ..." 29

Die Eintragung erfolgt grundsätzlich wie bei der rechtsgeschäftlich bestellten Hypothek, unmittelbar anzugeben ist die Rechtsqualität als Sicherungshypothek. Das Wort „Zwangshypothek" sollte vermieden werden, weil die Sicherungshypothek auch gesetzlich nicht so benannt ist, besser sollte formuliert werden: „im Wege der Zwangsvollstreckung eingetragen am ...". Bei der Eintragung ist auf den oder die Vollstreckungstitel als Eintragungsgrundlage zu verweisen. Zinsen können nur in der Weise eingetragen werden, wie sie tituliert sind; eine Kapitalisierung rückständiger Zinsen und Hinzurechnung zum Hauptsachebetrag ist nicht zulässig.[23] Soll die Hypothek an mehreren Grundstücken eingetragen werden, ist wegen des Verbots der anfänglichen Gesamtzwangshypothek (§ 867 Abs. 2 ZPO) eine Verteilung der Forderung durch den Gläubiger erforderlich; dies gilt auch bei Belastung mehrerer ideeller Miteigentumsanteile, es sei denn die Miteigentümer haften als Gesamtschuldner.

2. Arresthypothek

„Höchstbetragshypothek zu zwanzigtausend EUR für ...; gemäß Arrestbefehl des Amtsgerichts Ansbach vom ... (Aktenzeichen ...) im Wege der Arrestvollziehung eingetragen am ..." 30

Die Arresthypothek (§§ 916 ff. ZPO) ist als Höchstbetragshypothek (§ 1190 BGB) mit der im Arrestbefehl/-urteil genannten Lösungssumme (§ 923 ZPO) als Höchstbetrag einzutragen.

---

23 BGH FGPrax 2022, 49 mAnm *Keller* = Tpfleger 2022, 307 mAnm *Dressler-Berlin*.

§ 12 [Vormerkung und Widerspruch]

(1) Eine Vormerkung wird eingetragen:

a) wenn die Vormerkung den Anspruch auf Übertragung des Eigentums sichert, in den Spalten 1 bis 3 der zweiten Abteilung;

b) wenn die Vormerkung den Anspruch auf Einräumung eines anderen Rechts an dem Grundstück oder an einem das Grundstück belastenden Recht sichert, in der für die endgültige Eintragung bestimmten Abteilung und Spalte;

c) in allen übrigen Fällen in der für Veränderungen bestimmten Spalte der Abteilung, in welcher das von der Vormerkung betroffene Recht eingetragen ist.

(2) Diese Vorschriften sind bei der Eintragung eines Widerspruchs entsprechend anzuwenden.

A. Allgemeines 1	III. Angaben zum Rechtsinhalt und zum Berechtigten 7
B. Eintragung von Vormerkungen und Widersprüchen 2	IV. Verpfändung und Pfändung eines vorgemerkten Anspruchs 9
I. Eintragung der Vormerkung 2	C. Löschung von Vormerkungen und Widersprüchen 10
II. Eintragung des Widerspruchs 5	

A. Allgemeines

1 § 12 GBV bestimmt die Abteilung und die Spalte, in der **Vormerkungen und Widersprüche** eingetragen werden sollen (zu diesen allgemein § 6 Einl. Rdn 3 ff. und Rdn 57 ff.). Er behandelt sämtliche Arten dieser Vermerke; sowohl solche, die sich auf das Eigentum beziehen, wie auch solche, die sich auf beschränkte dingliche Rechte an Grundstücken oder auf Rechte an solchen Rechten beziehen; so beispielsweise die Vormerkungen der §§ 883 ff., 1179 BGB, § 18 Abs. 2 GBO, § 76 GBO und die Widersprüche der §§ 899, 927, 1139, 1140, 1160 BGB, §§ 18 Abs. 2, 41, 53, 62, 71, 76 GBO, § 38 GBV. Nicht unter § 12 fällt der Widerspruch des § 23 Abs. 1 GBO. Seine Eintragung richtet sich nach den allgemeinen Vorschriften. Er wird, wenn er gleichzeitig mit dem Recht eingetragen wird, in der Haupt-, sonst in der Veränderungsspalte vermerkt. Ergänzt wird § 12 GBV durch § 19 GBV.

B. Eintragung von Vormerkungen und Widersprüchen

I. Eintragung der Vormerkung

2 Im Einzelnen sind nach § 12 GBV zu unterscheiden:

Vormerkungen und Widersprüche, die sich auf das Eigentum am Grundstück beziehen, sind in Abt. II, Spalten 1–3 (**Abs. 1 Buchst. a**) einzutragen. Hier sind auch die Widersprüche gegen unrichtige Vereinigungen und Zuschreibungen zu vermerken.

3 Vormerkungen auf Einräumung (**Abs. 1 Buchst. b**):
- eines in die zweite Abteilung einzutragenden Rechts;
- eines Rechts an einem in die zweite Abteilung einzutragenden Recht;
- einer Hypothek, Grundschuld oder Rentenschuld;
- eines Rechts an einer Hypothek, Grundschuld oder Rentenschuld.

In den vorgenannten Fällen erfolgt die Eintragung der Vormerkung in der für die endgültige Eintragung bestimmten Abteilung und Spalte (Abs. 1 Buchst. b). Zu beachten ist dabei jedoch **§ 19 GBV** (= halbspaltige Eintragung).

4 Alle übrigen Vormerkungen, soweit die endgültige Eintragung in Abt. II oder III zu erfolgen hat (**Abs. 1 Buchst. c**). Sie sind dort in der Veränderungsspalte der Abteilung einzutragen, in der das von der Vormerkung betroffene Recht eingetragen ist. Hierher gehören z.B. Vormerkungen zur Sicherung des Anspruchs auf Löschung von Rechten oder Rechten an solchen Rechten und auf Änderung des Inhalts oder Ranges eines solchen Rechts.

II. Eintragung des Widerspruchs

Widersprüche gegen die Nichteintragung oder Löschung eines Rechts am Grundstück oder eines Rechts an einem solchen Recht (**Abs. 2, 1 Buchst. b**): Sie sind in der für die endgültige Eintragung bestimmten Abteilung und Spalte einzutragen.

Alle übrigen Widersprüche (**Abs. 2, 1 Buchst. c**): Sie sind stets in der Veränderungsspalte der Abteilung einzutragen, in der das angegriffene Recht eingetragen ist.

III. Angaben zum Rechtsinhalt und zum Berechtigten

Bei der Eintragung ist die Vormerkung oder der Widerspruch als solcher zu bezeichnen. Zu bezeichnen ist der Vormerkungsberechtigte oder der Widerspruchsbegünstigte nach § 15 GBV, bei der Vormerkung zugunsten eines noch zu benennenden Dritten sind die Kriterien der Benennung zu bezeichnen. Anzugeben ist schließlich schlagwortartig der gesicherte bzw. der geschützte Anspruch. Eine Bezugnahme auf die Eintragungsbewilligung ist streng genommen nur bei Vormerkungen erforderlich, weil dadurch der konkrete Inhalt des gesicherten Anspruchs definiert wird. Aber auch bei Widersprüchen ist es üblich, die Eintragungsgrundlage anzugeben, auch wenn der Angabe keine Bedeutung im Sinne des § 874 BGB zukommt.[1]

Veränderungen bei der Vormerkung sind in der Veränderungsspalte der jeweiligen Abteilung einzutragen. Das gilt insbesondere für den Vermerk über die Abtretung des vorgemerkten Anspruchs oder die Änderung des vorgemerkten Anspruchs unter Ausnutzung der noch eingetragenen Vormerkungshülle (dazu § 6 Einl. Rdn 29).

IV. Verpfändung und Pfändung eines vorgemerkten Anspruchs

Wird der vorgemerkte Anspruch verpfändet oder gepfändet, ist der entsprechende Vermerk in der Veränderungsspalte der Abteilung einzutragen, in welcher die Vormerkung eingetragen ist. Streitig ist, ob im Verpfändungsvermerk die Forderung zu bezeichnen ist, für welche der Anspruch verpfändet ist. Wegen der Akzessorietät des Pfandrechts wird dies bejaht,[2] zur Vermeidung vermeintlich öffentlichen Glaubens an das Bestehen der Forderung aber auch verneint.[3] Im durchaus vergleichbaren Fall der Pfändung im Wege der Zwangsvollstreckung ist die Angabe der Vollstreckungsforderung des Gläubigers aber unstreitig (vgl. auch § 11 GBV Rdn 24). Sie sollte auch bei der Verpfändung erfolgen, um den Umfang des Pfandrechts anzuzeigen. Das gilt insbesondere bei der Verpfändung des Anspruchs auf Eigentumserwerb (Auflassungsanspruch), weil mit dem Eigentumserwerb des Vormerkungsberechtigten zugunsten des Gläubigers die Sicherungshypothek des § 1287 BGB entsteht.[4]

C. Löschung von Vormerkungen und Widersprüchen

Sie ist zu unterscheiden von dem Fall, dass die Vormerkung oder der Widerspruch durch die endgültige Eintragung ihre Bedeutung verliert (vgl. § 19 Abs. 2 GBV). Die Löschung richtet sich nach den für die Löschung von anderen Eintragungen geltenden Vorschriften. Sie erfolgt in allen Fällen in der Löschungsspalte der betreffenden Abteilung, in welcher der Vermerk eingetragen ist.

---

1 Meikel/*Schneider*, GBV, § 12 Rn 15.
2 *Schöner/Stöber*, Grundbuchrecht, Rn 1573; *Vollkommer*, Rpfleger 1969, 409.
3 Meikel/*Schneider*, GBV, § 12 Rn 24.
4 Zur verfahrensrechtlichen Frage, ob die Eintragung als Eigentümer der Mitwirkung des Ver-/Pfändungsgläubigers bedarf eingehend – und den Anspruch der Kommentierung des § 12 GBV sprengend – Meikel/*Schneider*, GBV, § 12 Rn 25.

Abschnitt III: Die Eintragungen

§ 13 [Veränderungen im Bestandsverzeichnis]

(1) Bei der Vereinigung und der Zuschreibung von Grundstücken (§ 6 Abs. 6 Buchstabe c) sind die sich auf die beteiligen Grundstücke beziehenden Eintragungen in den Spalten 1 bis 4 rot zu unterstreichen. Das durch die Vereinigung oder Zuschreibung entstehende Grundstück ist unter einer neuen laufenden Nummer einzutragen; neben dieser Nummer ist in der Spalte 2 auf die bisherigen laufenden Nummern der beteiligten Grundstücke zu verweisen, sofern sie schon auf demselben Grundbuchblatt eingetragen waren.

(2) Bisherige Grundstücksteile (§ 6 Abs. 6 Buchstabe d) werden unter neuen laufenden Nummern eingetragen; neben diesen Nummern ist in der Spalte 2 auf die bisherige laufende Nummer des Grundstücks zu verweisen. Die Eintragungen, die sich auf das ursprüngliche Grundstück beziehen, sind in den Spalten 1 bis 4 rot zu unterstreichen.

(3) Wird ein Grundstück ganz abgeschrieben, ist in Spalte 8 des Bestandsverzeichnisses die Nummer des Grundbuchblatts anzugeben, in das das Grundstück aufgenommen wird; ist das Blatt einem anderen Grundbuchbezirk zugeordnet, ist auch dieser anzugeben. Eintragungen in den Spalten 1 bis 6 des Bestandsverzeichnisses sowie in den drei Abteilungen, die ausschließlich das abgeschriebene Grundstück betreffen, sind rot zu unterstreichen. In Spalte 6 des Bestandsverzeichnisses des Grundbuchblatts, in das das Grundstück aufgenommen wird, ist die bisherige Buchungsstelle in entsprechender Anwendung des Satzes 1 anzugeben. Wird mit dem Grundstück ein Recht oder eine sonstige Eintragung in der zweiten oder dritten Abteilung übertragen, soll dies in der Veränderungsspalte der jeweils betroffenen Abteilung des bisherigen Blatts vermerkt werden. Die Sätze 1 bis 4 gelten auch für die nach § 3 Absatz 5 der Grundbuchordnung eingetragenen Miteigentumsanteile, wenn nach § 3 Absatz 8 und 9 der Grundbuchordnung für das ganze gemeinschaftliche Grundstück ein Blatt angelegt wird.

(4) Wird ein Grundstücksteil abgeschrieben, sind die Absätze 2 und 3 Satz 1 bis 4 entsprechend anzuwenden. Ein Grundstücksteil, der in dem amtlichen Verzeichnis nach § 2 Absatz 2 der Grundbuchordnung als selbstständiges Flurstück aufgeführt ist, soll nur dann abgeschrieben werden, wenn er in Spalte 3 Unterspalte b des Bestandsverzeichnisses in Übereinstimmung mit dem amtlichen Verzeichnis gebucht ist. Im Fall des Satzes 2 kann das Grundbuchamt von der Eintragung der bei dem Grundstück verbleibenden Teile unter neuer laufender Nummer absehen; in diesem Fall sind lediglich die Angaben zu dem abgeschriebenen Teil rot zu unterstreichen. Löschungen von Rechten an dem Grundstücksteil sind in der Veränderungsspalte der jeweils betroffenen Abteilung einzutragen. Ist das Grundstück nach Maßgabe des § 6 Abs. 4 bezeichnet, so ist auch in dem bei den Grundakten aufzubewahrenden beglaubigten Auszug aus dem maßgebenden amtlichen Verzeichnis der Grundstücke die Abschreibung zu vermerken; eine ganz oder teilweise abgeschriebene Parzelle ist rot zu unterstreichen; eine bei dem Grundstück verbleibende Restparzelle ist am Schluß neu einzutragen.

(5) Die Vorschriften der Absätze 3 und 4 gelten auch für den Fall des Ausscheidens eines Grundstücks oder Grundstücksteils aus dem Grundbuch (§ 3 Abs. 3 der Grundbuchordnung).

A. Allgemeines 1	D. Abschreibungen 10
B. Vereinigung und Bestandteilszuschreibung 2	I. Abschreibung auf dem alten Blatt 11
I. Grundstücke auf demselben Blatt 3	II. Löschung von Miteigentumsanteilen (Abs. 3 S. 2) 13
II. Grundstücke auf verschiedenen Grundbuchblättern desselben Grundbuchamts 4	E. Abschreibung eines Grundstücksteils 15
III. Blätter bei verschiedenen Grundbuchämtern 6	F. Ausbuchung eines Grundstücks 16
C. Grundstücksteilung 9	G. Die Zurückführung der Bestandsangaben 17

A. Allgemeines

§ 13 GBV behandelt die Eintragung von Veränderungen im Grundstücksbestand; er ergänzt insoweit § 6 GBV. Er regelt ferner in Abs. 3 S. 2 die Behandlung der Miteigentumsanteile (§ 3 Abs. 5 GBO), wenn für das ganze gemeinschaftliche Grundstück ein Blatt angelegt wird.

Dabei ist es im Interesse einer einheitlichen Grundbuchführung notwendig, einheitliche Bezeichnungen für Grundstücksveränderungen zu gebrauchen. Bei Vereinigung mehrerer Grundstücke gem. § 890 Abs. 1 BGB ist das Wort „vereinigen", für die Zuschreibung gem. § 890 Abs. 2 BGB das Wort „zuschreiben" oder der Begriff „als Bestandteil zugeschrieben" zu gebrauchen; bei Teilung eines Grundstücks ist das Wort „teilen" zu verwenden. Vermessungstechnische Ausdrücke, wie etwa „verschmelzen" u.Ä., sind nicht zu verwenden. Bei Zusammenschreibung mehrerer Grundstücke gem. § 4 GBO wird im Bestandsverzeichnis lediglich die Tatsache der Übertragung auf das Blatt eingetragen. Werden durch die Änderungen im Grundstücksbestand Änderungen hinsichtlich der Belastungen der beteiligten Grundstücke verursacht, so wird im Bestandsverzeichnis nichts hierüber vermerkt.

B. Vereinigung und Bestandteilszuschreibung

Abs. 1 **behandelt Vereinigung** und **Zuschreibung.** Hierbei ist zu unterscheiden, ob die zu verbindenden Grundstücke bereits auf demselben Grundbuchblatt oder bisher auf verschiedenen Grundbuchblättern eingetragen waren.

I. Grundstücke auf demselben Blatt

Die Grundstücke sind bereits auf demselben Grundbuchblatt eingetragen. Hier werden die Eintragungen in den Spalten 1–4 des Bestandsverzeichnisses rot unterstrichen. Das durch die Verbindung entstehende Grundstück ist unter einer neuen laufenden Nummer in den Spalten 1–4 einzutragen; hierbei werden in der Spalte 2 die bisherigen laufenden Nummern der verbundenen Grundstücke auf dem Blatt angegeben. Die Verbindung wird in Spalten 5 und 6 zweckmäßigerweise wie folgt eingetragen:

a) bei Vereinigung:
   „Nr. 3 und Nr. 4 vereinigt und als Nr. 5 eingetragen am …"
b) bei Zuschreibung:
   „Nr. 3 der Nr. 1 als Bestandteil zugeschrieben und Nr. 3 mit Nr. 1 als Nr. 4 eingetragen am …"

Ob in den Abt. I–III die Nummer des belasteten Grundstücks bezogen auf die dortige Spalte 2 zu korrigieren ist, ist nicht geregelt. Im maschinell geführten Grundbuch ist dies nur durch einen Vermerk in der Veränderungsspalte von Abt. II oder III möglich, eine einfache „Korrektur" in Spalte 2 wie früher im Papiergrundbuch ist technisch nicht umsetzbar. Schon wegen dieses Aufwandes ist von einer Nachkorrektur der laufenden Nr. des Bestandsverzeichnisses in den Abt. II und III abzuraten (vgl. auch § 10 GBV Rdn 3). Zudem ist deren Eintragung nicht unrichtig. Im Zeitpunkt der Eintragung des jeweiligen Rechtes war das belastete Grundstück in Spalte 2 korrekt bezeichnet. Ob es später noch dieselbe laufende Nr. trägt, wird aber nicht in Abt. II oder III ausgesagt sondern nur im Bestandsverzeichnis selbst.

II. Grundstücke auf verschiedenen Grundbuchblättern desselben Grundbuchamts

Die Grundstücke sind auf verschiedenen Blättern desselben Grundbuchamts eingetragen. Hier kann entweder ein neues Blatt angelegt werden, auf das die zu verbindenden Grundstücke unter Abschreibung von ihrem bisherigen Blatt übertragen werden, oder es kann eines der bereits bestehenden Blätter benutzt werden, auf welches das andere Grundstück vor der Verbindung unter einer eigenen Nummer zu übertragen ist.

Die Eintragungen in den Spalten 1–4 des Bestandsverzeichnisses sind rot zu unterstreichen. Das durch die Verbindung entstehende Grundstück ist unter einer neuen laufenden Nummer (Spalte 1) in den Spalten 1–4 einzutragen. In Spalte 2 sind die laufenden Nummern anzugeben, die die verbundenen Grundstücke bisher (in Spalte 1) führten. Die Worte „sofern sie schon auf demselben Grundbuchblatt eingetragen waren" in Abs. 1 S. 2 Hs. 2 a.E. sagen etwas Selbstverständliches, da die Grundstücke zur Durchführung der Verbindung stets vorher auf demselben Blatt eingetragen sein müssen. In Spalten 5 und 6 werden die Übertragung und die Verbindung vermerkt.

Ein Grundstücksteil, der mit einem Grundstück vereinigt oder einem Grundstück als Bestandteil zugeschrieben werden soll, ist vorher katastermäßig zu verselbstständigen (vgl. § 2 Abs. 3 GBO) und im Grundbuch als selbstständiges Grundstück einzutragen (vgl. § 5 GBO). Sodann ist nach § 13 Abs. 1 zu verfahren.

5 Bei **Zuflurstücken** – soweit diese nach dem jeweiligen Katasterrecht gebildet werden – ist die Voreintragung begrifflich nicht möglich. Sie werden sofort mit dem Stammgrundstück verbunden.

„*Nr. 1 mit dem von Bd. ... Bl. ... hierher übertragenen Zuflurstück zu 25/1 (aus 25) vereinigt und als Nr. 2 eingetragen am ...*"

„*Zuflurstück zu 25/1 (aus 25) von Bd. ... Bl. ... hierher übertragen, der Nr. 1 als Bestandteil zugeschrieben und beide neu eingetragen am ...*"

Zur Bestandteilszuschreibung von zwei Zuflurstücken siehe § 6 GBO Rdn 6.

Ist das übertragene Grundstück auf dem alten Blatt schon vor der Übertragung und Verbindung auf den Namen des jetzigen Eigentümers eingetragen, so wird in Abt. I in Spalte 4 der auf dem alten Blatt befindliche Vermerk für Tag und Grundlage der Eintragung übernommen und zugleich die Übertragung vermerkt.

Wird das übertragene Grundstück erst von dem Eigentümer erworben, so werden in Abt. I in Spalte 4 nur der Tag und die Grundlage der Eintragung angegeben.

In der zweiten und dritten Abteilung ist die Belastung des übertragenen Grundstücks je nach der materiellen Rechtslage einzutragen. Haftet das Grundstück bereits für eine auf den anderen Grundstücken, die auf dem neuen Blatt stehen, ruhende Last, so wird diese nicht neu eingetragen, sondern nur in der Veränderungsspalte die Übertragung des Grundstücks auf das Blatt vermerkt. Spalte 2 ist entsprechend zu ergänzen. Das Rangverhältnis des § 1131 S. 2 BGB bedarf keiner besonderen Hervorhebung im Grundbuch.

III. Blätter bei verschiedenen Grundbuchämtern

6 Werden die Grundbuchblätter der beteiligten Grundstücke von verschiedenen Grundbuchämtern geführt, muss vor Durchführung der Verbindung hier das zuständige Grundbuchamt (§ 5 Abs. 1 S. 2, § 6 Abs. 1 S. 2 GBO) zunächst über die Verbindung Beschluss fassen. Es ist also eine Verständigung zwischen den beiden Grundbuchämtern erforderlich. Es sind dabei folgende Fälle zu unterscheiden:

7 Das mit einem anderen Grundstück beim zuständigen anderen Grundbuchamt zu verbindende Grundstück ist für sich allein auf einem Blatt eingetragen.
– Sollen die Grundstücke ohne Eigentumswechsel verbunden werden, so ist nach Beschlussfassung § 25 Abs. 1 auf das abzugebende Grundstück anzuwenden.
– Soll zugleich ein Eigentumswechsel erfolgen, so ist zunächst dieser einzutragen; denn das andere Amtsgericht würde für diese Eintragung unzuständig sein. Erst hierauf ist die Beschlussfassung über die Verbindung möglich. Auf das weitere Verfahren ist § 25 Abs. 1 anzuwenden.

8 Das zu verbindende Grundstück ist ein Grundstück, über das ein gemeinschaftliches Blatt geführt wird (§ 4 GBO), oder ein Grundstücksteil.
– Sollen die Grundstücke ohne Eigentumswechsel verbunden werden, so ist nach Beschlussfassung § 25 Abs. 3 Buchst. a GBV anzuwenden. Der Anlegung eines besonderen Blattes für das abzugebende Grundstück bedarf es nicht.
– Tritt gleichzeitig ein Eigentumswechsel ein, so muss zunächst dieser eingetragen werden, wobei grundsätzlich ein besonderes Blatt für das abzugebende Grundstück oder den Grundstücksteil anzulegen ist. Das abgebende Grundbuchamt kann aber auch von der Anlegung eines besonderen Blattes für das abzugebende Grundstück absehen und die Eintragung des neuen Eigentümers mit dem Abschreibungsvermerk in den Spalten 7 und 8 des Bestandsverzeichnisses verbinden, falls durch die Verbindung Verwirrung nicht zu besorgen ist und andere gem. § 16 Abs. 2 GBO zu berücksichtigende Eintragungsanträge nicht vorliegen.

Die Verbindung selbst erfolgt in der vorgenannten Weise. Im Übertragungsvermerk ist auch das bisher zuständige Grundbuchamt anzugeben.

C. Grundstücksteilung

Abs. 2 behandelt die **Grundstücksteilung nach § 7 GBO**, bei der die bisherigen Teile als selbstständige Grundstücke auf demselben Grundbuchblatt eingetragen werden (vgl. dagegen Abs. 4). Die bisherigen Grundstücksteile und jetzt selbstständigen Grundstücke werden in den Spalten 1–4 unter neuen laufenden Nummern (Spalte 1) eingetragen. In Spalte 2 ist hierbei auf die bisherige laufende Nummer zu verweisen („Teil von Nr. ..."). Die Eintragungen in den Spalten 1–4 des Bestandsverzeichnisses, die sich auf das ursprüngliche Grundstück beziehen, sind rot zu unterstreichen. In Spalte 5 werden die laufende Nummer des ursprünglichen Grundstücks und die laufenden Nummern der neuen, durch die Teilung entstandenen Grundstücke angegeben. In Spalte 6 wird die Teilung vermerkt;

z.B.

„*Nr. 9 geteilt und als Nr. 11 und 12 eingetragen am ...*"

In den drei Abteilungen wird nichts vermerkt.

Eine reine **katastertechnische Teilung,** bei der ein Grundstück, das bisher aus einem Flurstück bestand, in zwei Flurstücke zerlegt wird, jedoch ein Grundstück im Rechtssinn bleibt, geschieht folgendermaßen:

In Spalte 1 erhält das Grundstück eine neue Nummer, in Spalte 2 ist die bisherige Nummer zu nennen. In Spalte 3 wird der neue Grundstücksbeschrieb dargestellt, beide Flurstücke sind gesondert aufzuführen. In Spalte 4 ist die Größe jedes Flurstücks gesondert darzustellen. Für den Vermerk in Spalte 6 wird vorgeschlagen:

„*Flurstück ... zerlegt in Flurstücke ... und als Nr. ... eingetragen am ...*"

Der Ausdruck „geteilt" sollte vermieden werden, damit der Vorgang nicht mit einer echten Teilung im Rechtssinn (§ 7 GBO) verwechselt wird.

D. Abschreibungen

Abs. 3 regelt die **Abschreibung** eines ganzen Grundstücks.

I. Abschreibung auf dem alten Blatt

Die Eintragungen in den Spalten 1–6 des Bestandsverzeichnisses, die das abzuschreibende Grundstück betreffen, sind rot zu unterstreichen. Die Abschreibung ist in Spalten 7 und 8 einzutragen. Der Vermerk in Spalte 8 lautet:

„*Übertragen nach Moosach Bd. ... Bl. ...*"

Bleibt das Grundstück in demselben Grundbuchbezirk, so genügt die Angabe des Bandes und des Blattes. Geht das Grundstück in den Grundbuchbezirk eines anderen Grundbuchamts über, so ist auch das Grundbuchamt im Abschreibungsvermerk anzugeben. Der Angabe der laufenden Nummer, die das Grundstück auf dem neuen Blatt führt, bedarf es nicht. Ist bei der Abschreibung dem Grundbuchamt noch nicht bekannt, auf welches Blatt das Grundstück übertragen wird, so ist im Abschreibungsvermerk die Bezeichnung des Blattes, auf das das Grundstück übertragen wird, zunächst offenzulassen. Sie wird nach Bekanntwerden nachgetragen (vgl. §§ 25 Abs. 4, 27 GBV).

Im Falle des § 25 Abs. 3 Buchst. b S. 2 GBV ist der Abschreibungsvermerk mit der Eintragung des neuen Eigentümers zu verbinden. Der Vermerk lautet dann:

„*Aufgelassen an Friedrich Meyer, geb. am 16.6.1976; eingetragen am 10.5.2013; übertragen nach Bl. ... des Grundbuches von ... am 19.5.2013.*"

In den Abt. I–III werden die Vermerke, die ausschließlich das abgeschriebene Grundstück betreffen, rot unterstrichen. Danach sind sowohl die Belastungen wie auch die Eintragungen in Abt. I, Spalten 3 und 4, die sich auf das abgeschriebene Grundstück allein beziehen, rot zu unterstreichen.

Die Übertragung etwaiger Belastungen auf das neue Blatt wird auf dem alten Blatt nicht vermerkt; sie kommt allein durch den Übertragungsvermerk in Spalte 8 des Bestandsverzeichnisses zum Ausdruck. Auch im Falle der pfandfreien Abschreibung bedarf es keines besonderen Löschungsvermerks, da die Löschung schon gem. § 46 Abs. 2 GBO zum Ausdruck kommt. War dagegen außer dem abgeschriebenen Grundstück noch ein anderes auf demselben Blatt stehendes Grundstück mit dem Recht belastet, so wird die Belastung nicht rot unterstrichen, es ist vielmehr die Mithaft des abgeschriebenen Grundstücks in der Veränderungsspalte zu vermerken; ferner sind die laufenden Nummern des abgeschriebenen Grundstücks in Abt. I, Spalte 3 und in Abt. II und III, Spalte 2 rot zu unterstreichen.

12 Die Eintragung des abgeschriebenen Grundstücks auf dem neuen Blatt hat unter neuer laufender Nummer in den Spalten 1–6 des Bestandsverzeichnisses zu geschehen. Der Vermerk in Spalte 6 lautet, wenn das Grundstück als selbstständiges eingetragen bleiben soll:

„von Bd. ... Bl. ... hierher übertragen am ..."

Zur Eintragung in Abt. I vgl. § 9 GBV.

Falls das übertragene Grundstück belastet war, ist die Belastung in Abt. II oder III des neuen Blattes, je nach der materiellen Rechtslage, zu vermerken. Haftet das Grundstück bereits für eine auf den anderen Grundstücken ruhende Last, so ist in der Veränderungsspalte die Übertragung des Grundstücks auf das Blatt zu vermerken. Spalte 2 ist entsprechend zu ergänzen.

II. Löschung von Miteigentumsanteilen (Abs. 3 S. 2)

13 Vor der Anlegung des Grundbuchblattes für das ganze gemeinschaftliche Grundstück sind die die einzelnen Miteigentumsanteile betreffenden Eintragungen (§ 3 Abs. 5 GBO) zu löschen. Dazu werden die den Anteil betreffenden Eintragungen in den Spalten 1–6 des Bestandsverzeichnisses rot unterstrichen. In Spalte (7 und) 8 wird vermerkt:

„Bei Anlegung des Grundbuchblattes für das gemeinschaftliche Grundstück Bl. ... gelöscht am ..."

Die ausschließlich den Miteigentumsanteil betreffenden Vermerke in den drei Abteilungen sind rot zu unterstreichen.

14 Von der Löschung des Miteigentumsanteils ist die bloße **Abschreibung** zu unterscheiden, die erforderlich wird, wenn der Anteil mit dem herrschenden Grundstück zusammen auf ein anderes Grundbuchblatt übertragen werden soll. Hierauf sind die für die Abschreibung von Grundstücken geltenden Vorschriften entsprechend anwendbar (§ 8 Buchst. c). Die Eintragungen in den Spalten 1–6 des Bestandsverzeichnisses, die sich auf den Anteil beziehen, sind rot zu unterstreichen. Der Vermerk über die Abschreibung des Grundstücks und der Vermerk über die Abschreibung des Anteils in Spalte 8 werden zweckmäßigerweise vereinigt.

Beispiel: Spalte 7: 8,

Spalte 8: 10/zu 8

„Übertragen nach Bd. ... Bl. ... am ..."

E. Abschreibung eines Grundstücksteils

15 Abs. 4 erklärt auf die **Abschreibung eines Grundstücksteils** die Regeln des Abs. 2 entsprechend anwendbar.

Besteht das Grundstück aus mehreren katastertechnischen Einheiten (vgl. dazu § 2 GBO Rdn 4 ff.), so bedarf es keiner Neueintragung des (nunmehr aus einer geringeren Zahl von Katastergrundstücken bestehenden) Grundstücks. Zu röten sind lediglich die Angaben über den abzuschreibenden Grundstücksteil; ist die Gesamtgröße angegeben, ist sie zu röten und die neue Gesamtgröße in Spalte 4 einzutragen. Der Abschreibungsvermerk in Spalte 8 lautet dann wie folgt:

Spalte 8: *„Von Nr. 1 nach Teilung das Flurstück 2/1 übertragen nach Bd. ... Bl. ... am ..."*

Bei einem Zuflurstück ist zu vermerken:

Spalte 8: *„Von Nr. 1 das Zuflurstück zu 25/1 übertragen nach Bd. ... Bl. ... am ..."*

Ist das Grundstück, von dem ein Teil abgeschrieben werden soll, nach § 6 Abs. 4 GBO bezeichnet, so richtet sich die Berichtigung des beglaubigten Auszugs aus dem amtlichen Verzeichnis nach § 13 Abs. 4 GBO. Im Auszug bedarf es nicht der Eintragung des Restbestandes unter einer neuen laufenden Nummer. Es wird lediglich die Abschreibung im Auszug vermerkt und das abgeschriebene Flurstück rot unterstrichen. Nur für den Fall, dass von einem Flurstück nur ein Teil abgeschrieben wird, ist in Abs. 4 S. 3 Hs. 3 bestimmt, dass der Rest des Flurstücks, der bei dem Grundstück verbleibt, am Schluss des Auszugs neu aufzuführen ist.

Einer erneuten Beglaubigung des vom Grundbuchamt ergänzten Auszuges aus dem amtlichen Verzeichnis bedarf es nicht.

Eine **Abschreibung ohne** vorgängige **Teilung** ist begrifflich unmöglich, weil gegen § 93 BGB verstoßend; diese in der Praxis zuweilen zu beobachtende Unsitte macht das Buch unrichtig und kann zu Amtshaftung führen.

F. Ausbuchung eines Grundstücks

Abs. 5 regelt die **Ausbuchung** eines Grundstücks oder Grundstücksteils (§ 3 Abs. 3 GBO). Über die Voraussetzungen der Buchungsfreiheit und der Ausbuchung vgl. § 3 GBO (siehe § 3 GBO Rdn 4–6). Auf die Ausbuchung sind die für die Abschreibung eines Grundstücks oder Grundstücksteils geltenden Vorschriften des Abs. 3 entsprechend anzuwenden:

16

Die Ausbuchung ist in Spalten 7 und 8 des Bestandsverzeichnisses zu vermerken.

> **Zum Beispiel:** *„Aus dem Grundbuch ausgeschieden am ..."*

oder bei Ausbuchung eines Grundstücksteils:

„von Nr. ... das Flurstück ... aus dem Grundbuch ausgeschieden am ... Rest: Nr. ..."

G. Die Zurückführung der Bestandsangaben

Die Zurückführung der Bestandsangaben auf das Liegenschaftskataster kann auf zweierlei Weise geschehen:

17

Wenn Verwirrung nicht zu besorgen ist und die Übersichtlichkeit des Grundbuchs nicht leidet, können die neuen Angaben über oder unter den alten Angaben vermerkt werden; Letztere sind rot zu unterstreichen.

In Spalten 5 und 6 ist zu vermerken:

1 Auf das Liegenschaftskataster zurückgeführt am ...

Ist Verwirrung oder Unübersichtlichkeit zu besorgen, so ist in entspr. Anwendung von Abs. 1 zu verfahren:

Der alte Bestand ist zu röten, der neue Bestand ist unter neuer Nummer und bei gleichzeitiger Verweisung in Spalte 2 auf die alte Nummer neu vorzutragen. In Spalten 5/6 ist der Zurückführungsvermerk anzubringen.

---

§ 14 [Veränderung eines subjektiv-dinglichen Rechts]

(1) Wird ein Vermerk über eine Veränderung eines Rechts, das dem jeweiligen Eigentümer eines auf dem Blatt verzeichneten Grundstücks zusteht, eingetragen, so ist der frühere Vermerk in den Spalten 3 und 4 insoweit rot zu unterstreichen, als er durch den Inhalt des Veränderungsvermerks gegenstandslos wird. Ferner ist bei der bisherigen Eintragung in Spalte 1 ein Hinweis auf die laufende Nummer des Veränderungsvermerks einzutragen.
(2) Im Falle der Abschreibung eines solchen Rechts sind in den Spalten 1 bis 6 des Bestandsverzeichnisses die Eintragungen, die sich auf dieses Recht beziehen, rot zu unterstreichen.

A. Allgemeines	1	C. Vermerk	3
B. Eintragung	2		

A. Allgemeines

1 Die Vorschrift ergänzt § 7 GBV, sie behandelt die Eintragung des Vermerks über die Veränderung eines subjektiv-dinglichen Rechts sowie der Abschreibung eines solchen Rechts.

B. Eintragung

2 Der Vermerk über eine Veränderung ist in dem durch die Spalten 3 und 4 des Bestandsverzeichnisses gebildeten Raum einzutragen. Die Änderung ist möglichst kurz und genau zu bezeichnen. In den Spalten 5 und 6 ist das Eintragungsdatum des Veränderungsvermerks anzugeben: „Vermerkt am …". Nicht jede Veränderung des subjektiv-dinglichen Rechts, die auf dem Blatt des belasteten Grundstücks eingetragen wird, macht zugleich eine Änderung des Vermerks auf dem Blatt des herrschenden Grundstücks erforderlich. Da der Vermerk nur kundmachende Wirkung hat, ist nur eine solche Veränderung des Rechts zu vermerken, die auch zugleich den Inhalt des alten Vermerks berührt.

Der alte Vermerk wird insoweit rot unterstrichen, als er durch den Inhalt des Veränderungsvermerks gegenstandslos geworden ist. Der laufenden Nummer in Spalte 1 des bisherigen Vermerks ist ein Hinweis auf die laufende Nummer des Veränderungsvermerks zuzufügen. Es geschieht dies beispielsweise durch den Vermerk:

„(vgl. 10/zu 6)".

Ein Vermerk in Abt. I wird anlässlich der Veränderungseintragung nicht eingetragen. Ein solcher ist nur bei der erstmaligen Eintragung des Vermerks des Rechts auf dem Blatt erforderlich.

C. Vermerk

3 Die Abschreibung des Rechts wird in den Spalten 7 und 8 vermerkt. Wird das Recht aufgehoben, so lautet der Vermerk: „Gelöscht am …"; wird es mit dem herrschenden Grundstück auf ein anderes Blatt übertragen, so wird der Vermerk mit dem Abschreibungsvermerk über das Grundstück vereinigt, z.B.

Spalte 7:

6, 10/zu 6

Spalte 8:

„Übertragen nach Bl. … am …"

Sämtliche Eintragungen, die sich auf das Recht beziehen, sind sodann, gleichviel ob sie sich im Bestandsverzeichnis oder in Abt. I befinden, rot zu unterstreichen.

§ 15 [Bezeichnung von Berechtigten] (bis 31.12.2023 geltende Fassung)

(1) Zur Bezeichnung des Berechtigten sind im Grundbuch anzugeben:
a) bei natürlichen Personen Vorname und Familienname, Geburtsdatum und, falls aus den Eintragungsunterlagen ersichtlich, akademische Grade und frühere Familiennamen; ergibt sich das Geburtsdatum nicht aus den Eintragungsunterlagen und ist es dem Grundbuchamt nicht anderweitig bekannt, soll der Wohnort des Berechtigten angegeben werden;
b) bei juristischen Personen, Handels- und Partnerschaftsgesellschaften der Name oder die Firma und der Sitz; angegeben werden sollen zudem das Registergericht und das Registerblatt der Eintragung des Berechtigten in das Handels-, Genossenschafts-, Partnerschafts- oder Vereinsregister, wenn sich diese Angaben aus den Eintragungsunterlagen ergeben oder dem Grundbuchamt anderweitig bekannt sind;
c) bei der Eintragung einer Gesellschaft bürgerlichen Rechts nach § 47 Absatz 2 der Grundbuchordnung zur Bezeichnung der Gesellschafter die Merkmale gemäß Buchstabe a oder Buchstabe b; zur Bezeichnung der Gesellschaft können zusätzlich deren Name und Sitz angegeben werden.

(2) Bei Eintragungen für den Fiskus, eine Gemeinde oder eine sonstige juristische Person des öffentlichen Rechts, kann auf Antrag des Berechtigten der Teil seines Vermögens, zu dem das eingetragene Grundstück oder Recht gehört, oder die Zweckbestimmung des Grundstücks oder des Rechts durch einen dem Namen des Berechtigten in Klammern beizufügenden Zusatz bezeichnet werden. Auf Antrag kann auch angegeben werden, durch welche Behörde der Fiskus vertreten wird.

§ 15 [Bezeichnung von Berechtigten] (seit 1.1.2024 geltende Fassung)

(1) Zur Bezeichnung des Berechtigten sind im Grundbuch anzugeben:
1. bei natürlichen Personen Vorname und Familienname, Geburtsdatum und, falls aus den Eintragungsunterlagen ersichtlich, akademische Grade und frühere Familiennamen; ergibt sich das Geburtsdatum nicht aus den Eintragungsunterlagen und ist es dem Grundbuchamt nicht anderweitig bekannt, soll der Wohnort des Berechtigten angegeben werden;
2. bei juristischen Personen und rechtsfähigen Personengesellschaften der Name oder die Firma und der Sitz; angegeben werden sollen zudem das Registergericht und das Registerblatt der Eintragung des Berechtigten in das Handels-, Genossenschafts-, Gesellschafts-, Partnerschafts- oder Vereinsregister, wenn sich diese Angaben aus den Eintragungsunterlagen ergeben oder dem Grundbuchamt anderweitig bekannt sind.

(2) Bei Eintragungen für den Fiskus, eine Gemeinde oder eine sonstige juristische Person des öffentlichen Rechts, kann auf Antrag des Berechtigten der Teil seines Vermögens, zu dem das eingetragene Grundstück oder Recht gehört, oder die Zweckbestimmung des Grundstücks oder des Rechts durch einen dem Namen des Berechtigten in Klammern beizufügenden Zusatz bezeichnet werden. Auf Antrag kann auch angegeben werden, durch welche Behörde der Fiskus vertreten wird.

A. Allgemeines	1	III. Juristische Personen	9
I. Grundlagen der Bestimmtheit	1	**C. Gesellschaft bürgerlichen Rechts und**	
II. Eintragung bei unbekannten Berechtigten	3	**WEG-Gemeinschaft als Sonderfälle**	13
B. Bezeichnung des Berechtigten	4	I. Gesellschaft bürgerlichen Rechts	13
I. Natürliche Person	4	II. WEG-Gemeinschaft	15
II. Personengesellschaften	7	**D. Eintragung eines Verpflichteten**	16

A. Allgemeines
I. Grundlagen der Bestimmtheit

§ 15 GBV regelt die Frage, wie ein Berechtigter im Grundbuch zu bezeichnen ist. Wer überhaupt als Berechtigter eingetragen werden kann, bestimmt sich nach den materiell-rechtlichen Vorschriften (siehe § 4 Einl. Rdn 42 ff.). 1

Die Vorschrift des § 15 GBV gilt für die Bezeichnung aller Berechtigten im Grundbuch, gleichgültig, ob es sich um Eigentümer oder dinglich Berechtigte handelt. Sie ist ein Ausfluss des Bestimmtheitsgrundsatzes, es handelt sich aber um eine Vorschrift des formellen Rechts. Ob eine Eintragung, die gegen § 15 GBV verstößt, materiell-rechtlich wirksam ist, hängt davon ab, ob sich aus den eingetragenen Angaben die Person des Berechtigten zweifelsfrei entnehmen lässt.[1] 2

Die Erfordernisse bei der Bezeichnung des Berechtigten sind sowohl Mindest- als auch Höchsterfordernisse, die vom Grundbuchamt stets zu beachten sind. Das Grundbuchamt soll mit Angaben, die über § 15 GBV hinausgehen, sparsam umgehen, um den Grundbuchinhalt nicht zu überfrachten und missverständlich werden zu lassen. So sind insbesondere Angaben zu unterlassen, die sich rasch ändern können. Anlage 1 des Eintragungsmusters zur GBV stellt in Abt. I bspw. die vollständige Adresse der Berechtigten dar. Das ist nicht hilfreich, denn diese kann sich schnell ändern, die Eintragung ist dann irreführend.

---

1 KG JFG, 34; RGZ 61, 355; 65, 278; 72, 40; vgl. auch OLG Düsseldorf NJW 1952, 32.

II. Eintragung bei unbekannten Berechtigten

3 Ein Grundstück, Wohnungs- oder Teileigentum, Erbbaurecht oder Gebäudeeigentum muss einen namentlich bezeichneten Eigentümer haben.[2] Ebenso muss ein Grundstücksrecht einen namentlich bezeichneten Berechtigten haben. Ist der Berechtigte namentlich nicht bekannt, z.B. bei nicht geklärter Erbfolge, ist die Eintragung des Namens durch andere Bezeichnungen zu ersetzen. So müssen beispielsweise die Inhaber subjektiv-dinglicher Rechte durch die Angabe des herrschenden Grundstücks bezeichnet werden, ferner können eingetragen werden die künftigen Abkömmlinge oder unbekannten Erben eines genau bezeichneten Verstorbenen,[3] nicht jedoch die Erben einer noch lebenden Person oder die vom Veräußerer erst noch zu bezeichnenden Personen.[4]

Sind bei der Eintragung von Miterben einzelne Personen noch nicht bekannt, sind diese durch Bezugnahme auf den namentlich bezeichneten Erblasser zu benennen, z.B.:

„Die weiteren noch unbekannten Erben des am ... mit letztem gewöhnlichen Aufenthaltsort in ... verstorbenen Max Müller, geb. am ..."

Die Eintragung von sonst nicht benannten Eigentümern ist unzulässig und führt auch materiell-rechtlich zu Komplikationen. Es muss stets ein Eigentümer eingetragen sein; dies ergibt sich mindestens aus § 123 GBO bei der Anlegung eines Grundbuchblattes (§ 123 GBO Rdn 4 ff.). Unzulässig ist es, beispielsweise bei öffentlichen Wegen oder Ufergrundstücken von Wasserflächen einzutragen: „unbekannter Eigentümer". Hier hat das Grundbuchamt entsprechend §§ 116 ff. GBO den Eigentümer zu ermitteln. Im schlechtesten Fall ist das Grundstück als herrenlos i.S.d. § 928 BGB zu betrachten.

B. Bezeichnung des Berechtigten
I. Natürliche Person

4 **Natürliche Personen** (Abs. 1 Nr. 1 n.F.) sind wie folgt zu bezeichnen:

- Der **Name** (Vorname und Familienname), gleichgültig, ob es sich um deutsche oder ausländische Namen handelt. Unstatthaft ist die Eintragung eines Pseudonyms oder eines Kunstnamens, der personenstandsrechtlich nicht anerkannt ist.[5] Die Angabe nur des Anfangsbuchstabens des Vornamens genügt nicht, jedoch brauchen nicht alle Vornamen eingetragen zu werden. Eintragungsfähig sind auch andere akademische Grade sowie akademische Titel.[6] Adelszusätze sind als Namensbestandteil mit dem Namen einzutragen, dabei sollte aber auch auf korrekte Formulierung geachtet werden (Vorname, Adelstitel, Nachname).[7] Familienrechtliche Angaben wie „seine Ehefrau" oder „die Eheleute" haben keine sachenrechtliche Bedeutung und sind daher nicht einzutragen.[8]
- Nach der Änderung von Abs. 1 Buchst. A a.F. durch DaBaGG v. 1.10.2013 (BGBl I 2013, 3719) ist endgültig nicht mehr der Beruf zu vermerken sondern stattdessen stets das **Geburtsdatum**. Das Geburtsdatum ergibt sich regelmäßig aus den Eintragungsunterlagen. Das Grundbuchamt ist nicht befugt, die Angabe des Geburtsdatums mit Zwischenverfügung nach § 18 GBO anzufordern; es kann allerdings darum gebeten werden.[9] Freilich sollte in notariellen Urkunden ohnehin das Geburtsdatum angegeben werden (§ 25 DONot). Gegebenenfalls ist die Person in anderer Weise identifizierbar zu beschreiben.[10] Mindestens ist dann der Wohnort anzugeben.
- Der **Wohnort** ist daher nur noch dann anzugeben, wenn das Geburtsdatum nicht angegeben werden kann.

---

[2] BGH NJW 1970, 1544; zur Unzulässigkeit des Antrags, den eingetragenen Eigentümer zu löschen BGH Rpfleger 2023, 74.
[3] OLG Hamm Rpfleger 1989, 17; KG Rpfleger 1975, 133; Meikel/*Schneider*, GBV, § 15 Rn 31; *Schöner/Stöber*, Grundbuchrecht, Rn 808, 3618 (dort Fn 2).
[4] Vgl. BayObLGZ 58, 168.
[5] Meikel/*Schneider*, GBV, § 15 Rn 17.
[6] LG Hamburg Rpfleger 1969, 94; Meikel/*Schneider*, GBV, § 15 Rn 10.
[7] Art. 109 Abs. 3 S. 2 WRV, Art. 123 Abs. 1 GG; grundlegend RGZ 103, 190; Meikel/*Schneider*, GBV, § 15 Rn 16.
[8] OLG Düsseldorf FGPrax 2016, 51 m. Anm. *Wilsch* = Rpfleger 2016, 224.
[9] Meikel/*Schneider*, GBV, § 15 Rn 9.
[10] BayObLG Rpfleger 2001, 403 (= Erbschein ohne Angabe der Geburtsdaten und ohne Berufsangabe).

Der **Einzelkaufmann** kann nicht unter seiner Firma (§ 17 HGB) in das Grundbuch eingetragen werden, einzutragen ist vielmehr ihr Inhaber als natürliche Person.[11] Ebenso ist ein Zusatz „... als Alleininhaber der Firma ..." unzulässig.[12] Dies gilt auch dann, wenn der zur Eintragung einer Zwangssicherungshypothek vorgelegte Titel den Gläubiger mit seiner Firma bezeichnet. Die formell unzulässige Eintragung der Firma des Einzelkaufmanns ist gleichwohl materiell-rechtlich wirksam.[13] Sie ist im Rahmen der Richtigstellung im Sinne einer Namensberichtigung zu berichten.

Partei kraft Amtes: Weist insbes. ein Vollstreckungstitel einen Testamentsvollstrecker, einen Zwangsverwalter oder Insolvenzverwalter als Partei kraft Amtes aus, soll nur dieser als Berechtigter zu benennen sein, insbes. sogar ohne Nennung der Parteieigenschaft.[14] Das ist nicht zutreffend.[15] Der vollstreckungsrechtliche Ansatz dieser Ansicht besteht in der Überlegung, dass das Grundbuchamt als Vollstreckungsorgan die Eintragung der Sicherungshypothek allein aufgrund des Vollstreckungstitels vornimmt, in welchem eben die Partei kraft Amtes ausgewiesen ist, und eine materielle Überprüfung des Vollstreckungstitels hinsichtlich des „wahren Berechtigten" nicht erfolgen könne. Das sich aufdrängende Folgeproblem einer möglichen späteren Grundbuchunrichtigkeit, wenn die Partei kraft Amtes wechselt, wird nicht erörtert. Werden das Insolvenzverfahren, das Zwangsverwaltungsverfahren oder auch eine Testamentsvollstreckung aufgehoben, endet das jeweilige Amt; die Partei kraft Amtes ist als solche nicht mehr existent. Unklar ist dann, wer Berechtigter des Rechtes sein soll und wie das Grundbuch berichtigt werden soll. Diese – unnötige – Problematik stellt sich nicht, wenn nicht die Partei kraft Amtes als Berechtigter eingetragen wird, sondern der jeweils materiell-rechtlich Berechtigte, ggf. mit dem notwendigen Vermerk der Verfügungsbeeinträchtigung. Probleme bei Wechsel des Amtes des Verfügungsberechtigten oder Verfahrensaufhebung ergeben sich dann nicht.[16]

II. Personengesellschaften

Handelsgesellschaften (Abs. 1 Nr. 2 n.F.) sind wie folgt zu bezeichnen:[17]

– Der Name oder die **Firma**. Beide müssen mit der Eintragungsbewilligung bzw. dem Eintragungsersuchen und dem Eintrag im Handelsregister genau übereinstimmen, das gilt auch hinsichtlich der Schreibart. Ob die Eintragung einer Zweigniederlassung ohne Angabe der Hauptniederlassung zulässig ist, ist streitig.[18] Mangels Rechtsfähigkeit allein der Zweigniederlassung sollte die Eintragung ohne Nennung der Hauptniederlassung unterbleiben.[19] Die Gesellschafter der Personengesellschaft werden nicht eingetragen.

– Der Sitz, d.h. der Ort, wo die Verwaltung geführt wird (vgl. § 17 Abs. 1 S. 2 ZPO).

Ändert sich die Bezeichnung des Berechtigten, so ist das Grundbuch auf formlosen Nachweis (HR-Auszug) von Amts wegen oder auf Antrag richtigzustellen.[20] Darauf ist besonders bei der Grundbuchumschreibung zu achten.

Die **Partnerschaftsgesellschaft** (PartGG) oder auch die Partnerschaftsgesellschaft mit beschränkter Berufshaftung (PartGmbB) sind wie die offene Handelsgesellschaft rechtsfähig (§ 7 Abs. 2 PartGG, § 124 HGB). Sie sind unter ihrem Namen in das Grundbuch einzutragen, ohne Nennung vertretungsberechtigter Berufsträger.

---

11 RGZ 72, 40; KG HRR 30, 737; BayObLG Rpfleger 1981, 192 und Rpfleger 1988, 309.
12 LG Bremen Rpfleger 1977, 211.
13 Hügel/*Zeiser*, GBV, Rn 12; *Schöner/Stöber*, Grundbuchrecht, Rn 231.
14 OLG München FGPrax 2010, 231 = ZIP 2010, 2371; OLG München FGPrax 2012, 154 = Rpfleger 2012, 687; OLG München NZI 2016, 506 m. abl. Anm. *Keller*; Hügel/*Wilsch*, ZwSi Rn 135; ebenso, jedoch ohne Begründung *Schöner/Stöber*, Grundbuchrecht, Rn 2612b.
15 Staudinger/*Wolfsteiner*, BGB, § 1115 Rn 28; Meikel/*Schneider*, GBV, § 15 Rn 22; eingehend *Keller*, IVR 2016, 81.
16 Das Problem überhaupt nicht erkennend OLG Karlsruhe FGPrax 2022, 199 = NZI 2022, 876 mAnm *Laroche*.
17 Eingehend auch Meikel/*Schneider*, GBV, § 15 Rn 40 ff.
18 OLG Düsseldorf NJW 1952, 32 und NJW 1969, 2151; LG Bonn DNotZ 1970, 663; *Woite*, NJW 1970, 548; BayObLG Rpfleger 1973, 56; LG Memmingen Rpfleger 1981, 233; zur Eintragung einer Zweigniederlassung einer ausländischen Gesellschaft OLG München DNotZ 2013, 474; a.A. OLG Schleswig NJW 1969, 215 und *Haas*, Rpfleger 1961, 43; Bauer/v. Oefele/*Kössinger*, AT II Rn 31.
19 Zur Rechtsgeschichte Meikel/*Schneider*, GBV, § 15 Rn 43.
20 Wegen des Nachweises einer Firmenänderung vgl. OLG Hamm Rpfleger 1968, 122; wegen der Änderung des Namens bei Verheiratung siehe OLG Hamm DNotZ 1965, 46 und LG Berlin Rpfleger 1962, 53 sowie *Schöner/Stöber*, Grundbuchrecht, Rn 239: ausreichend Notarbestätigung, so auch LG Berlin DNotZ 1963, 250 = Rpfleger 1962, 53.

III. Juristische Personen

9 Für die Eintragung der juristischen Person gilt das zur Handelsgesellschaft Gesagte entsprechend. Kapitalgesellschaften (AG, GmbH, UG, aber auch e.G. oder KGaA) sind unter ihrer **Firma und dem Sitz** einzutragen; der gesetzliche Vertreter wird nicht namentlich genannt.

- Die juristische Person kann auch bereits im Gründungsstadium als Berechtigte eingetragen werden.[21] Sie führt neben der Firma den Zusatz „i.G.". Nach Eintragung im Handelsregister und rechtswirksamem Entstehen kann mit entsprechendem Nachweis der Zusatz gelöscht werden. Es ist dies als Namensberichtigung einzutragen.
- Kreditinstitute, die als Anstalten des öffentlichen Rechts rechtsfähig sind, sind unter ihrem Namen und Sitz einzutragen, ohne Nennung eines Vertreters. Für die bundeseigene Kreditanstalt für Wiederaufbau genügt die Bezeichnung „KfW Frankfurt am Main".[22]

10
- Ein **eingetragener Verein** (e.V.) ist mit seinem Namen entsprechend der Eintragung im Vereinsregister und seinem Sitz zu bezeichnen.
- Ob der **nicht rechtsfähige Verein** (§ 54 BGB)[23] als grundbuchfähig anzuerkennen ist, war früher streitig.[24] Der BGH verneinte die Eintragungsfähigkeit allein unter dem Namen des Vereins.[25] Der Verweis des § 54 BGB auf die BGB-Gesellschaft würde zur Eintragung der Vereinsmitglieder nach § 47 Abs. 2 GBO (in der bis 31.12.2023 geltenden Fassung) führen.[26] Die Eintragung unter dem Namen des Vereins mit dem Zusatz „nicht rechtsfähig" führt zu Schwierigkeiten des Nachweises der Vertretungsberechtigung. Nach § 54 Abs. 1 S. 2 BGB gelten für den wirtschaftlich tätigen Verein die Vorschriften über die Gesellschaft (§§ 705 ff. BGB) entsprechend. Er ist dann grundbuchfähig, wenn er als Gesellschaft ins Gesellschaftsregister eingetragen ist.

11
- Für den **Fiskus als Berechtigten** ist als Rechtsträger das Land oder die Bundesrepublik Deutschland oder die Gebietskörperschaft einzutragen, der das Recht zugeordnet ist.[27] Insbes. bei Grundpfandrechten zugunsten der Finanzverwaltung ist nicht das Finanzamt einzutragen, sondern das Land als Rechtsträger. Zusätzlich kann der Standort der Fiskalverwaltung genannt werden (statio fisci); dieser hat sich aber aus den Eintragungsunterlagen zu ergeben.[28]

12 Bei Kirchen als Körperschaften und anerkannten Religionsgemeinschaften können neben der kirchenrechtlich anerkannten juristischen Person (z.B. Evang.-Luth. Landeskirche, kath. Bistum, Pfarrgemeinde) auch weitere rechtsfähige Personen gegeben sein (z.B. kath. Kirchenstiftung, Pfarrfonds, altrechtl. evang.-luth. Pfarrlehen).[29] Maßgeblich ist, ob nach kirchlichem Recht der jeweiligen Rechtseinheit die Funktion einer juristischen Person zukommt.[30]

C. Gesellschaft bürgerlichen Rechts und WEG-Gemeinschaft als Sonderfälle
I. Gesellschaft bürgerlichen Rechts

13 Bei einer **BGB-Gesellschaft** (auch GbR genannt) war nach dem bis 31.12.2023 geltenden Abs. 1 Buchst. c die Gesellschaft mit namentlicher Nennung der Gesellschafter einzutragen. Mit den Änderungen zum Personengesellschaftsrecht und der Einführung des Gesellschaftsregisters für die BGB-Gesellschaft (§§ 707 ff. BGB) zum 1.1.2024 ist Abs. 1 Buchst. c weggefallen.[31] Da durch den ebenfalls neugefassten § 47 Abs. 2 GBO faktisch nur noch die im Gesellschaftsregister eingetragene Gesellschaft grundbuchfähig ist (eingehend § 47 GBO Rdn 36 ff.), bedarf es in § 15 GBV keiner Sonderregelung mehr.

---

21 Eine gute Zusammenfassung gibt Meikel/*Schneider*, GBV, § 15 Rn 44 ff.
22 OLG Köln BWNotZ 2017, 107; LG Potsdam NotBZ 2005, 195.
23 Geändert durch MoPeG v. 10.8.2021 (BGBl I S. 3436).
24 Ablehnend OLG Zweibrücken NJW-RR 2000, 749; LG Hagen Rpfleger 2007, 26; eingehend MüKo-BGB/*Leuschner*, BGB, § 54 Rn 22 ff.
25 BGH FGPrax 2016, 97 = Rpfleger 2016, 470; bereits RGZ 127, 309.
26 OLG Zweibrücken Rpfleger 1986, 12; *K. Schmidt*, NJW 1984, 2249; *Demharter*, GBO, § 19 Rn 101. **A.A.** *Jung*, NJW 1986, 157; vgl. auch *Morlock/Schulte-Trux*, NJW 1992, 2058.
27 Meikel/*Schneider*, GBV, § 15 Rn 75 ff.
28 Meikel/*Schneider*, GBV, § 15 Rn 78; Zur Eintragung „Forstverwaltung" in Bayern OLG Bamberg FGPrax 2013, 192.
29 OLG Düsseldorf Rpfleger 2012, 684; LG Düsseldorf KirchE 18, 481.
30 Umfassend *Heimerl/Pree/Priemetshofer*, Handbuch des Vermögensrechts der katholischen Kirche, 1993, Rn I/165 ff.
31 Art. 41 MoPeG v. 10.8.2021 (BGBl I S. 3436).

Die Gesellschaft ist unter ihrem im Gesellschaftsregister eingetragenen Namen und ihrem Sitz einzutragen. Die Soll-Formulierung des § 47 Abs. 2 GBO stellt nur klar, dass eine Eintragung der nicht im Register eingetragenen Gesellschaft, die gleichwohl rechtsfähig sein kann, materiellrechtlich wirksam ist.

Vor dem 1.1.2024 war die Gesellschaft unter namentlicher Bezeichnung aller Gesellschafter einzutragen, es konnte auch eine Namensbezeichnung der Gesellschaft beigefügt werden.[32] Diese Eintragungen bleiben wirksam (zur Grundbuchberichtigung § 47 GBO Rdn 59 ff.).

Für die Beantragung einer Zwangssicherungshypothek für eine Gesellschaft und deren Bezeichnung im Vollstreckungstitel gilt § 736 ZPO in der seit 1.1.2024 geltenden Fassung. Danach findet die Zwangsvollstreckung für eine im Gesellschaftsregister eingetragene Gesellschaft bürgerlichen Rechts auch aus einem Vollstreckungstitel für eine nicht im Gesellschaftsregister eingetragene Gesellschaft bürgerlichen Rechts statt, wenn erstens der in dem Vollstreckungstitel genannte Name und Sitz oder die Anschrift der Gesellschaft identisch sind mit dem Namen und Sitz oder der Anschrift der im Gesellschaftsregister eingetragenen Gesellschaft und zweitens die gegebenenfalls in dem Vollstreckungstitel aufgeführten Gesellschafter der Gesellschaft identisch sind mit den Gesellschaftern der im Gesellschaftsregister eingetragenen Gesellschaft. Auch hier verfolgt der Gesetzgeber das Ziel, faktisch eine Eintragung im Gesellschaftsregister als Voraussetzung der Rechtsfähigkeit und der Grundbuchfähigkeit zu postulieren.

II. WEG-Gemeinschaft

Praktische Probleme ergaben sich bei der Eintragung dinglicher Rechte (insbes. Zwangshypotheken wegen Hausgeldrückständen) zugunsten einer **Wohnungseigentümergemeinschaft**. Bis zur Anerkennung der Rechtsfähigkeit durch § 10 Abs. 6 WEG aufgrund der WEG-Reform 2007[33] und § 9a WEG seit der WEG-Reform 2020[34] wurde der Gemeinschaft keine Rechtsfähigkeit zugebilligt.[35] Ihre Rechtsfähigkeit ist nunmehr gesetzlich festgestellt. Sie führt nach § 9a Abs. 1 S. 3 WEG die Bezeichnung „**Gemeinschaft der Wohnungseigentümer**" oder „Wohnungseigentümergemeinschaft" gefolgt von der bestimmten Angabe des gemeinschaftlichen Grundstücks. In dieser Weise ist sie als Berechtigte in das Grundbuch einzutragen (siehe auch § 4 Einl. Rdn 57 ff.). Es kann auf die einzelnen WE-Grundbücher als „Registerhinweis" verwiesen werden.

Eine Eintragung zugunsten der „jeweiligen Eigentümer des Grundstückes ..."[36] ist und war inhaltlich unzulässig, weil der numerus clausus der Sachenrechte ein subjektiv-dingliches Grundpfandrecht nicht vorsieht.

Weist ein Vollstreckungstitel bei Eintragung einer Zwangshypothek die WEG-Gemeinschaft nicht als solche aus, insbes. weil er noch aus der Zeit vor Inkrafttreten des § 10 Abs. 6 WEG aus dem Jahre 2007 stammt, kann er als Grundlage der Bezeichnung der WEG-Gemeinschaft nicht dienen.[37] Der WEG-Verwalter kann nur dann als Gläubiger eingetragen werden, wenn die Forderung an ihn als Treuhänder abgetreten ist;[38] die Abtretung ist gem. § 29 GBO nachzuweisen. Das alles gilt auch dann, wenn der Verwalter den Titel als Prozessstandschafter auf seinen Namen erwirkt hat, denn es handelt sich nur um eine Vollmachtstreuhand, nicht um Rechtsinhaberschaft. Für eine gewillkürte Prozessstandschaft dürfte es seit Geltung des § 10 Abs. 6 WEG (nunmehr § 9a Abs. 1 WEG) aber an einem schutzwürdigen Eigeninteresse des WEG-Verwalters fehlen.[39]

D. Eintragung eines Verpflichteten

Ist der Verpflichtete in das Grundbuch einzutragen, z.B. der Schuldner einer Hypothekenforderung, so wird er ebenfalls nach den Grundsätzen des § 15 GBV zu bezeichnen sein.

---

32 OLG Frankfurt a.M. Rpfleger 1975, 177; OLG Hamm Rpfleger 1983, 432.
33 WEG-ÄndG v. 26.3.2007 (BGBl I S. 370); die Rechtsfähigkeit bereits anerkennend BGHZ 163, 154 = NJW 2005, 2061.
34 Wohnungseigentumsmodernisierungsgesetz v. 16.10.2020 (BGBl I S. 2187).
35 Umfassend zur Rechtsgeschichte auch Meikel/*Schneider*, GBV, § 15 Rn 61 ff.
36 So *Bärmann*, DNotZ 1985, 395; *Röll*, NJW 1987, 1049; *Böhringer*, BWNotZ 1988, 1.
37 OLG München ZWE 2018, 354.
38 OLG Celle Rpfleger 1986, 484; OLG Köln Rpfleger 1988, 526; a.A. LG Lübeck Rpfleger 1992, 343.
39 Bärmann/Merle/*Becker*, WEG, § 27 Rn 165.

| § 16 | [Eintragung eines neuen Eigentümers] |

Bei der Eintragung eines neuen Eigentümers sind die Vermerke in den Spalten 1 bis 4 der ersten Abteilung, die sich auf den bisher eingetragenen Eigentümer beziehen, rot zu unterstreichen.

1 Bei der Eintragung eines neuen Eigentümers sind sämtliche Eintragungen der Abt. I, die sich auf den früheren Eigentümer beziehen, zu röten. Da nach § 9 die Berechtigten entsprechend DIN 1421 numerisch zu gliedern sind, ist bei einem Eigentumswechsel bezüglich eines Miteigentumsanteils oder eines Gesellschaftsanteils, mithin bei der Änderung nur eines von mehreren Eigentümern, das gesamte Eigentum unter einer neuen Nummer neu vorzutragen.

Beispiel: Die Miteigentümer zu je $^1/_2$ sind unter Nr. 1 eingetragen; Miteigentümer Nr. 1.1 stirbt und wird von Miteigentümerin Nr. 1.2 und einem weiteren Erben beerbt. Es ist die gesamte Nr. 1 zu röten und als neue Nr. 2 vorzutragen. Eine Eintragung könnte dann wie folgt lauten:

1 1. August Müller, geb. am 29.7.1939, Berlin
   – Miteigentum zu 1/2 –
   2. Gisela Müller, geb. am 6.4.1942, Berlin
   – Miteigentum zu 1/2 –
2 1.1. Gisela Müller, geb. am 6.4.1942, Berlin
   1.2. Stefan Müller, geb. am 16.2.1965, Berlin
   – in Erbengemeinschaft Miteigentum zu 1/2 –
   2. Gisela Müller, geb. am 6.4.1942, Berlin
   – Miteigentum zu 1/2 –

Es wird bezüglich des neuen Nr. 2.2 in Spalte 4 kein Eintragungsgrund angegeben. Nr. 2.2 war vorher als Nr. 1.2 eingetragen, der Eintragungsgrund hat sich nicht geändert. Daher wird die Eintragung zu Nr. 1 in Spalte 4 auch nicht gerötet.

2 Wird der Verzicht auf das Eigentum eingetragen, so ist § 16 GBV sinngemäß anzuwenden; die sich auf den bisher eingetragenen Eigentümer beziehenden Eintragungen sind rot zu unterstreichen; nicht jedoch der Verzichtsvermerk.

| § 17 | [Eintragungen bei einzelnen Rechten] |

(1) Bei Reallasten, Hypotheken, Grundschulden und Rentenschulden sind die in das Grundbuch einzutragenden Geldbeträge (§ 1107, § 1115 Abs. 1, § 1190 Abs. 1, §§ 1192, 1199 des Bürgerlichen Gesetzbuchs) in den Vermerken über die Eintragung des Rechts mit Buchstaben zu schreiben. Das gleiche gilt für die Eintragung einer Veränderung oder einer Löschung bezüglich eines Teilbetrags eines Rechts sowie im Falle des § 882 des Bürgerlichen Gesetzbuchs für die Eintragung des Höchstbetrags des Wertersatzes.

(2) Wird in der zweiten oder dritten Abteilung eine Eintragung ganz gelöscht, so ist sie rot zu unterstreichen. Dasselbe gilt für Vermerke, die ausschließlich die gelöschte Eintragung betreffen. Die rote Unterstreichung kann dadurch ersetzt werden, daß über der ersten und unter der letzten Zeile der Eintragung oder des Vermerks ein waagerechter roter Strich gezogen wird und beide Striche durch einen von oben links nach unten rechts verlaufenden roten Schrägstrich verbunden werden; erstreckt sich eine Eintragung oder ein Vermerk auf mehr als eine Seite, so ist auf jeder Seite entsprechend zu verfahren. Im Falle der Löschung eines Erbbaurechts unter gleichzeitiger Eintragung der in § 31 Abs. 4 Satz 3 des Erbbaurechtsgesetzes bezeichneten Vormerkung ist auf diese im Löschungsvermerk hinzuweisen.

(3) Wird in der zweiten oder dritten Abteilung ein Vermerk über eine Veränderung eingetragen, nach dessen aus dem Grundbuch ersichtlichen Inhalt ein früher eingetragener Vermerk ganz oder teilweise gegenstandslos wird, so ist der frühere Vermerk insoweit rot zu unterstreichen. Wird der früher eingetragene Vermerk ganz gegenstandslos, so gilt Absatz 2 Satz 3 entsprechend.

(4) Bei Teilabtretungen und sonstigen Teilungen der in der dritten Abteilung eingetragenen Rechte ist der in Spalte 5 einzutragenden Nummer eine Nummer entsprechend dem Beispiel 1 in DIN 1421, Ausgabe Januar 1983*, hinzuzufügen.

(5) Wird eine Hypothek, Grundschuld oder Rentenschuld teilweise gelöscht, so ist in der Spalte 3 der dritten Abteilung der gelöschte Teil von dem Betrag abzuschreiben. Bezieht sich diese Löschung auf einen Teilbetrag (Absatz 4), so ist der gelöschte Teil auch in Spalte 6 von dem Teilbetrag abzuschreiben.

A. Eintragung von Geldbeträgen 1	D. Teilabtretungen 5
B. Eintragung von Löschungsvermerken ... 2	E. Teillöschungen 6
C. Eintragung von Veränderungen in Abt. II und III 4	

A. Eintragung von Geldbeträgen

Nach Abs. 1 sind Geldbeträge bei Reallasten, Hypotheken, Grundschulden und Rentenschulden sowie der Höchstbetrag des Wertersatzes in dem Vermerk über die Eintragung des Rechts (d.h. in Abt. II in Spalte 3 und in Abt. III in Spalte 4) in Buchstaben zu schreiben. Die Eintragung des Geldbetrages bei einer Reallast und insbes. bei der Erbbauzinsreallast ist bei wertgesicherten Rechten aber nicht empfehlenswert, weil sich die Leistung entsprechend der Bezugsgröße automatisch ändert und dann die Eintragung zumindest unklar wird. Auf die Wertsicherung sollte in jedem Fall hingewiesen werden.[1]

Bei Rentenschulden ist sowohl die Ablösungssumme als auch der Betrag der Jahresleistung in Buchstaben anzugeben. Die Vorschrift gilt auch für die Eintragungen von Veränderungen und für Löschungen bezüglich eines Teilbetrages (S. 2). Die Währung kann mit einer gebräuchlichen Abkürzung bezeichnet werden.

Abs. 1 gilt nur für die Vermerke über die Eintragung des Rechts, der Veränderung oder Löschung, jedoch nicht für die Eintragung des Betrages in den Spalten 3, 6 und 9 der Abt. III; hier wird der Betrag nur in Ziffern angegeben.

B. Eintragung von Löschungsvermerken

Die Löschung von Eintragungen (Abs. 2), gleichgültig, ob Haupt- oder Veränderungseintragungen, in Abt. II oder III geschieht durch Eintragung eines Löschungsvermerks in der Löschungsspalte. In Abt. III ist, sofern ein Grundpfandrecht teilweise gelöscht wird, der Geldbetrag im Löschungsvermerk anzugeben; z.B.

„1.000 EUR gelöscht am ..."

Bei der Löschung von Veränderungen empfiehlt es sich, die gelöschte Veränderung im Löschungsvermerk kurz inhaltlich zu kennzeichnen, z.B.:

„Die am ... eingetragene Verfügungsbeschränkung gelöscht am ..."

Nicht nötig ist dies bei Löschung von abgetretenen Teilbeträgen von Hypotheken, Grundschulden oder Rentenschulden, da hier wegen der Vorschrift des Abs. 4 schon in der Spalte 8 eine genaue Bezeichnung des betroffenen Teilbetrages möglich ist (vgl. Rdn 6). Die gelöschte Eintragung ist in allen Spalten rot zu unterstreichen. Auch die Vermerke, die ausschließlich die gelöschte Eintragung betreffen (z.B. Löschungsvormerkungen), sind rot zu unterstreichen. Nach Abs. 2 kann das rote Unterstreichen durch eine sog. „Buchhalternase" ersetzt werden. Das Durchstreichen nach Abs. 2 S. 3 ist zulässig beim Haupteintrag und bei allen Nebeneintragungen (Veränderungen). Selbstverständlich ersetzt auch das Durchstreichen nicht den nach § 46 Abs. 1 GBO erforderlichen Löschungsvermerk. Der Löschungsvermerk selbst darf nicht gerötet werden. Wird ein ausgeübter Rangvorbehalt gelöscht, so werden die sich lediglich auf ihn beziehenden Teile der Vermerke beim zurückgetretenen und begünstigten Recht gerötet;

---

[1] Ähnlich Meikel/*Schneider*, GBV, §§ 17, 17a Rn 9.

nicht aber der in Spalte 7 eingetragene Vermerk über die Ausnutzung des Rangvorbehalts, da er als Rangvermerk für das zurückgetretene Recht noch von Bedeutung ist (vgl. § 45 GBO Rdn 34 ff.).

Abs. 2 S. 3 regelt den Sonderfall der Löschung eines Erbbaurechts bei gleichzeitiger Eintragung der Vormerkung nach § 31 Abs. 4 ErbbauRG. Der Löschungsvermerk muss hier auf die Vormerkung hinweisen.

C. Eintragung von Veränderungen in Abt. II und III

4 Wird ein Vermerk über eine Veränderung eingetragen, so sind frühere Vermerke insoweit rot zu unterstreichen, bzw. gem. Abs. 2 S. 3 zu durchkreuzen, als sie inhaltlich gegenstandslos sind. Das Rotunterstreichen ist im Allgemeinen nicht zulässig, wenn ein Vermerk materiell gegenstandslos wird.

Das Rotunterstreichen führt für sich allein die Löschung nicht herbei. Zur Beseitigung einer versehentlichen Rötung regelt für das Papiergrundbuch § 29 Abs. 2 GeschO, dass die Rötung durch kleine schwarze Kreuze zu durchkreuzen sei.

D. Teilabtretungen

5 Die Eintragung von Teilabtretungen der Hypotheken, Grund- und Rentenschulden geschieht grundsätzlich wie jede andere Veränderungseintragung; insbesondere ist in Spalte 3 nichts zu vermerken (siehe auch § 45 GBO Rdn 41). Besonderheiten gelten nur hinsichtlich der in Spalte 5 einzutragenden laufenden Nummer der Post (Spalte 1). Jedem abgetretenen Teilbetrag ist hier entsprechend DIN 1421 (vgl. auch § 9 GBV Rdn 2) eine Unterziffer beizufügen (Abs. 4), bspw. „1.1". Werden von einem Teilbetrag weitere Teilbeträge abgetreten, so ist entsprechend weiter zu gliedern, bspw. „1.1.2".[2]

Seinem Wortlaut nach bezieht sich Abs. 4 zwar nur auf Teilabtretungen, er wird aber sinngemäß auch auf Teilungen von Hypotheken, Grund- oder Rentenschulden ohne Wechsel des Gläubigers anzuwenden sein.

E. Teillöschungen

6 Teillöschungen von Hypotheken, Grund- und Rentenschulden unterliegen den gleichen Grundsätzen wie die Löschungen des ganzen Rechts oder die Löschungen von Veränderungen. In Spalte 8 wird die laufende Nummer des Rechts (oder des Teilbetrags; Abs. 4), in Spalte 9 der gelöschte Betrag in Ziffern angegeben. Spalte 10 enthält sodann den Löschungsvermerk unter Bezeichnung des gelöschten Betrages in Buchstaben, z.B.:

„5.000 EUR gelöscht am ..."

Besonderes gilt aber hinsichtlich der gleichzeitig erforderlichen Abschreibungen des gelöschten Betrages in der Spalte 3. Jeder gelöschte Teilbetrag ist in Spalte 3 von dem jeweiligen Betrag des Rechts abzuschreiben; es geschieht dies in der Form einer Subtraktion. Rot unterstrichen wird die bisherige Betragsangabe weder in Spalte 3 noch in Spalte 4.

Wird von einem Teilbetrag ein Teil gelöscht, so ist der gelöschte Teil nicht nur in Spalte 3 von dem jeweiligen Betrag des Rechts, sondern auch in Spalte 6 von dem Teilbetrag in Form einer Subtraktion abzuschreiben. Auch hier wird die Betragsangabe nicht gerötet. Wie sich aus Abs. 5 ergibt, sind auch auf die Löschung eines Teils eines Teilbetrags die Vorschriften des Abs. 2 über die Löschung anzuwenden; so sind Vermerke, die ausschließlich den gelöschten Teilbetrag betreffen, rot zu unterstreichen.

---

[2] Da das Eintragungsmuster der Anlage 2a zu Abt. III Nrn. 5–7 aus der Zeit vor der Änderung des § 17 Abs. 4 durch das DaBaGG v 1.10.2013 (BGBl I S. 3719) stammt, ist dort noch die frühere Untergliederung mit Buchstaben genannt; dazu Meikel/*Schneider*, GBV, § 17 Rn 17.

§ 17a [Löschungen im Bestandsverzeichnis]

§ 17 Abs. 2 Satz 3 ist auch bei Löschungen in dem Bestandsverzeichnis oder in der ersten Abteilung sinngemäß anzuwenden.

Die Norm ist durch VO v. 15.7.1994 (BGBl I 1994, 1606) neu eingefügt worden. Sie geht zurück auf Anregungen aus der Praxis. 1

Die Verwendung der sog. „Buchhalternase" war mangels einer entsprechenden Regelung im Bestandsverzeichnis und in Abt. I nicht zulässig. Die Norm erstreckt § 17 Abs. 2 S. 3 GBV auch auf Rötungen in diesen Abteilungen. Für die Grundbuchführung bei Rötung mehrerer Eintragungen mag dies praxisgerecht sein. Der ursprüngliche Sinn der Rötung geht dabei aber verloren. Sie soll gleichzeitig die Nichtmehr-Gültigkeit der Eintragung optisch hervorheben, die Eintragung selbst aber noch lesbar sein lassen. Gerade im Bestandsverzeichnis und in der ersten Abteilung sollte die Buchhalternase daher unterbleiben, damit der Eintragungstext nicht durchkreuzt und damit vielleicht unleserlich wird. 2

§ 18 [Rangvermerke]

Angaben über den Rang eines eingetragenen Rechts sind bei allen beteiligten Rechten zu vermerken.

A. Angaben zum Rang	1	B. Die Eintragung des Wirksamkeitsvermerks	5
I. Rangvermerk	1		
II. Rangvorbehalt	3		

A. Angaben zum Rang

I. Rangvermerk

§ 18 GBV gilt nur für die Fälle, in denen ein Rangvermerk überhaupt eingetragen zu werden braucht. Er ist eine grundbuchtechnische Vorschrift; die materielle Entstehung des Ranges wird durch sie nicht berührt; materiell-rechtlich genügt der Rangvermerk beim zurücktretenden Recht.[1] 1

Soweit ein Rangvermerk eingetragen werden muss, ist er verfahrensrechtlich bei allen beteiligten Rechten vorgeschrieben. Wird der Rangvermerk zugleich mit der Eintragung des Rechts eingetragen, so ist er bei der Eintragung des Rechts in der Hauptspalte einzutragen.[2] Erfolgt die Eintragung des Vermerks erst nach der Eintragung des Rechts, so dient hierzu die Veränderungsspalte; in ihr geschieht die Eintragung „bei" mehreren Rechten durch die Angabe von deren laufender Nummer.

Soweit sich ein Rangverhältnis unmittelbar aus Gesetz ergibt, z.B. bei § 1131 S. 2 BGB, bedarf es keiner besonderen Hervorhebung im Grundbuch; das Rangverhältnis ergibt sich aus dem Gesetz, dem Übertragungsvermerk in der dritten Abteilung und der Eintragung der Zuschreibung im Bestandsverzeichnis. 2

II. Rangvorbehalt

Der Rangvorbehalt nach § 881 BGB (dazu § 45 GBO Rdn 29 ff.), von welchem wegen seiner nur relativen Wirkung abzuraten ist, wird bei dem Recht eingetragen, das mit ihm belastet wird. Die Eintragung erfolgt in der Hauptspalte der jeweiligen Eintragung zusammen mit der Eintragung des Rechts. Die Eintragung kann wie folgt lauten: 3

„... vorbehalten ist der Vorrang für Grundpfandrechte bis zu ... EUR; eingetragen am ..."

---

1 *Westermann/Gursky/Eickmann*, Sachenrecht, Bd. II § 98 II 2; Soergel/*Stürner*, BGB, § 880 Rn 5; *Demharter*, § 45 GBO Rn 58; a.A. Staudinger/*Kutter*, BGB, § 880 Rn 22.

2 Zu materiellrechtlichen Fragen des Rangvermerks fast zu ausführlich Meikel/*Schneider*, GBV, § 18 Rn 5 ff.

4 Wird der Rangvorbehalt ausgeübt, ist dies sowohl beim betroffenen wie auch beim begünstigten Recht einzutragen, bei dem betroffenen dann in der Veränderungsspalte (vgl. auch Ablage 1 Abt. III der Grundbuchmuster zur GBV). Die Eintragung beim betroffenen Recht kann lauten:

„*Dem Recht Abt. III Nr. ... ist der vorbehaltene Vorrang eingeräumt; eingetragen am ...*"

Beim begünstigten Recht kann die Eintragung lauten:

„*unter Ausnutzung des Rangvorbehalts bei Abt. III Nr. ... eingetragen am ...*"

B. Die Eintragung des Wirksamkeitsvermerks

5 Der Wirksamkeitsvermerk ist als klarstellender Vermerk gegenüber Verfügungsbeeinträchtigungen, bspw. bei einem Nacherbenvermerk (§ 51 GBO), anerkannt (dazu § 1 Einl. Rdn 85). Gegenüber einer Auflassungsvormerkung wurde ebenfalls die Eintragung eines Wirksamkeitsvermerks bspw. hinsichtlich des Finanzierungsgrundpfandrechts für zulässig erachtet, obwohl die formelle Rangfähigkeit der Vormerkung vorzugswürdig ist.[3]

Die Eintragung soll bei dem begünstigten, voll wirksamen Recht erfolgen sowie bei der Vormerkung. Ob man auch bei dem Nacherbenvermerk in der Veränderungsspalte den Vermerk einträgt, ist nicht geklärt, erscheint aber wenig sinnhaft. Entscheidend ist in jedem Fall die Eintragung beim begünstigten Recht, zumal dem Wirksamkeitsvermerk keine konstitutive Wirkung zukommt.

Beim begünstigten, voll wirksamen Recht kann der Vermerk wie folgt formuliert werden:

„*eingetragen mit Wirksamkeit gegenüber Abt. II Nr. ... am ...*"

§ 19 [Halbspaltige Eintragung der Vormerkung]

(1) In den Fällen des § 12 Abs. 1 Buchstabe b und c ist bei Eintragung der Vormerkung die rechte Hälfte der Spalte für die endgültige Eintragung freizulassen. Das gilt jedoch nicht, wenn es sich um eine Vormerkung handelt, die einen Anspruch auf Aufhebung eines Rechts sichert.
(2) Soweit die Eintragung der Vormerkung durch die endgültige Eintragung ihre Bedeutung verliert, ist sie rot zu unterstreichen.
(3) Diese Vorschriften sind bei der Eintragung eines Widerspruchs entsprechend anzuwenden.

A. Allgemeines	1	C. Löschung	5
B. Eintragung	2		

A. Allgemeines

1 § 19 GBV ergänzt § 12 GBV. Während § 12 GBV lediglich Abteilung und Spalte der Eintragung einer Vormerkung oder eines Widerspruchs angibt, bestimmt § 19 Abs. 1 GBV den Platz, welcher der Vormerkung und dem Widerspruch innerhalb der einzelnen Spalte zukommt. § 19 GBV ist nur auf die unter § 12 GBV fallenden Vormerkungen und Widersprüche anwendbar. Er gilt aber insbes. für die Vormerkung nach § 18 Abs. 2 GBO zur Sicherung des Ranges eines beantragten Rechts.

B. Eintragung

2 Wird die endgültige Eintragung in einer anderen Spalte eingetragen als die Vormerkung oder der Widerspruch, so wird die Vormerkung oder der Widerspruch über die ganze Breite der Spalte geschrieben. Dies gilt insbes. für die Auflassungsvormerkung. Wird das zu schützende Recht in derselben Spalte wie die

---

[3] BGHZ 141, 169 = DNotZ 1999, 1000 = NJW 1999, 2275 = Rpfleger 1999, 383; Meikel/*Schneider*, GBV, § 18 Rn 7; eingehend auch *Keller*, BWNotZ 1998, 25.

Vormerkung oder der Widerspruch eingetragen, so werden diese nur auf der linken Hälfte der Spalte eingetragen, während die rechte Hälfte für die endgültige Eintragung freizulassen ist. Im Einzelnen folgt hieraus:

Die Vormerkung, die den Anspruch auf Übertragung des Eigentums sichert, sowie der Widerspruch gegen das Eigentum (§ 12 Abs. 1 Buchst. a, 2 GBV) sind über die ganze Spalte einzutragen.

Die Vormerkung, die einen Anspruch auf Aufhebung eines Grundstücksrechts oder eines Rechts an einem solchen Recht sichert, sowie der Widerspruch gegen die Eintragung eines Grundstücksrechts oder eines Rechts an einem solchen Rechte sind ebenfalls ganzspaltig einzutragen, denn die endgültige Eintragung erfolgt in der Löschungsspalte (Abs. 1 S. 2).

Alle anderen Vormerkungen und Widersprüche sind nur auf der linken Hälfte der betreffenden Spalte einzutragen (Abs. 1 S. 1, 2). Die endgültige Eintragung ist dann in der freigebliebenen zweiten Spaltenhälfte vorzunehmen. Sie wird eingeleitet mit „Umgeschrieben in …" und muss sodann alle notwendigen Elemente der endgültigen Eintragung (nochmals) enthalten.

Praktische Probleme können sich ergeben, wenn nicht in einem einzigen Buchungsvorgang umgeschrieben wird. Dies ist der Fall bei einer **stufenweisen Umschreibung**, so z.B. wenn der vorgemerkte Anspruch auf Bestellung eines Rechts aufgeteilt und an verschiedene Gläubiger abgetreten ist.[1] Hier wird nach dem Vorschlag von *Schneider*[2] zunächst die freie Halbspalte ausgenutzt und sodann an nächstfreier Stelle über die ganze Spaltenbreite das weitere Teilrecht eingetragen „… in weiterer Umschreibung der Vormerkung … im Range nach … oder: im Gleichrang mit …".

Vergleichbare Raumprobleme ergeben sich bei der **wiederholten Umschreibung**, insbesondere bei vorgemerkten Erbbauzinserhöhungen, wenn die Erbbauzinsreallast nicht selbst wertgesichert ist, sondern durch einen sog. Leistungsvorbehalt lediglich eine Vormerkung zur Sicherung des Anspruchs auf Bestellung einer erhöhten Erbbauzinsreallast eingetragen ist. Hier erscheint wiederum ein Vorschlag von *Schneider*[3] sinnvoll: In **Ausnahme von Abs. 1** könnte in diesen Fällen die Vormerkung ganzspaltig gebucht werden; ihre rangwahrende Wirkung (§ 883 Abs. 3 BGB) wird dokumentiert, wenn die jeweiligen inhaltsändernden Erhöhungen in Spalte 5 gebucht werden mit dem Zusatz „… im Range der Vormerkung Nr. …".

C. Löschung

Die Eintragung der Vormerkung oder des Widerspruchs ist rot zu unterstreichen, soweit ein Löschungsantrag gestellt und die Löschung vom Berechtigten bewilligt ist oder – von Amts wegen – sofern sie durch die endgültige Eintragung ihre Bedeutung verliert (Abs. 2). Ob sie ihre Bedeutung verliert, ist in jedem Fall sorgsam zu prüfen. Maßgebend dafür ist nicht die materielle Rechtslage, sondern allein der Grundbuchinhalt. So verliert eine Auflassungsvormerkung dann nicht ihre Bedeutung, wenn zwischen der Eintragung der Vormerkung und der Auflassung das Grundstück belastet wurde, einerlei ob die Belastung materiell wirksam ist oder nicht, oder wenn zwischenzeitlich der Versteigerungs- oder Insolvenzvermerk eingetragen worden ist.[4] Eine Umschreibung der Eigentumsverschaffungsvormerkung findet nicht statt,[5] weil dafür kein Bedürfnis besteht; der Berechtigte ist durch das vorstehend Gesagte hinreichend geschützt.

Eine gem. § 18 Abs. 2 GBO eingetragene **Rangschutzvormerkung** wird nach Eintragung des endgültigen Rechts deshalb nicht bedeutungslos, weil sich der Rang des Rechts im Verhältnis zur anderen Abteilung nicht nach dem beim Recht eingetragenen Datum bemisst, sondern nach dem Datum der Vormerkung. Diese Vormerkung ist deshalb nicht zu röten.[6]

---

1 BayObLG Rpfleger 1963, 383.
2 Meikel/*Schneider*, GBV, § 19 Rn 10.
3 Meikel/*Schneider*, GBV, § 19 Rn 11.
4 Vgl. dazu LG Nürnberg-Fürth DNotZ 1956, 607 und ausf. *Hoche*, DNotZ 1952, 21; *Hieber*, DNotZ 1951, 500 und 1952, 23; *Siegloch*, MittWürttNotV 1951, 227; *Ripfel*, Rpfleger 1962, 200; *Riedel*, Rpfleger 1968, 285.
5 LG Karlsruhe BWNotZ 1978, 167; LG Heidelberg BWNotZ 1985, 86; *Nieder*, NJW 1984, 329; Meikel/*Schneider*, GBV, § 19 Rn 24.
6 **A.A.** (ohne die Rangfrage anzusprechen): *Demharter*, § 18 GBO Rn 49; Meikel/*Böttcher*, § 18 GBO Rn 139.

§ 20 [Eintragung in mehreren Spalten]

Sind bei einer Eintragung mehrere Spalten desselben Abschnitts oder derselben Abteilung auszufüllen, so gelten die sämtlichen Vermerke im Sinne des § 44 der Grundbuchordnung nur als eine Eintragung.

A. Allgemeines .... 1 B. Ort der Unterschrift 2

A. Allgemeines

1 § 20 GBV ergänzt § 44 GBO und sagt eigentlich etwas Selbstverständliches. Jede Eintragung wird regelmäßig die Ausfüllung mehrerer Spalten des Grundbuchs notwendig machen, schon allein betreffend die Spalten 1, 2 und 3. Nach § 20 GBV ist nicht die Ausfüllung jeder einzelnen Spalte als gesonderte Eintragung anzusehen und zu unterschreiben. Vielmehr gelten die zusammengehörigen Eintragungen und sämtlichen Spalten desselben Abschnitts (Bestandsverzeichnisses) oder derselben Abteilung als eine Eintragung i.S.d. § 44 GBO; es ist daher nur einmal die Unterzeichnung bzw. elektronische Signatur erforderlich.

B. Ort der Unterschrift

2 – Im Bestandsverzeichnis.
  – Bei Eintragungen in den Spalten 1–6 erfolgen die Unterschriften in Spalte 6.
  – Bei Abschreibungen ist in Spalte 8 zu unterschreiben.
– In Abt. I sind die Eintragungen in Spalte 4 zu unterschreiben (vgl. § 9 GBV Rdn 7).
– In Abt. II ergibt sich Folgendes:
  – Eintragungen in den Spalten 1–3 sind in Spalte 3 zu unterschreiben.
  – Eintragungen in den Spalten 5 und 4 werden in Spalte 5 unterschrieben.
  – Löschungen (Spalten 6 und 7) werden in Spalte 7 unterschrieben.
– In Abt. III ist entsprechend Nr. 3 zu verfahren.

Hier hat die Unterschrift in den Spalten 4, 7 oder 10 zu erfolgen.

§ 21 [Vornahme der Eintragung]

(1) Eintragungen sind deutlich und ohne Abkürzungen herzustellen. In dem Grundbuch darf nichts radiert und nichts unleserlich gemacht werden.
(2) Für Eintragungen, die mit gleichlautendem Text in einer größeren Zahl von Grundbuchblättern vorzunehmen sind, ist die Verwendung von Stempeln mit Genehmigung der Landesjustizverwaltung oder der von ihr bestimmten Stelle zulässig.
(3) Die sämtlichen Eintragungen in das Bestandsverzeichnis und in der zweiten und dritten Abteilung sind an der zunächst freien Stelle in unmittelbarem Anschluß an die vorhergehende Eintragung derselben Spalte und ohne Rücksicht darauf, zu welcher Eintragung einer anderen Spalte sie gehören, vorzunehmen.
(4) Sollen bei einem in Loseblattform geführten Grundbuch Eintragungen gedruckt werden, so kann abweichend von Absatz 3 der vor ihnen noch vorhandene freie Eintragungsraum in den Spalten, auf die sich die zu druckende Eintragung erstreckt, nach Maßgabe der folgenden Vorschriften gesperrt werden. Unmittelbar im Anschluß an die letzte Eintragung wird der nicht zu unterzeichnende Hinweis angebracht: „Anschließender Eintragungsraum gesperrt im Hinblick auf nachfolge Eintragung"; für den Hinweis können Stempel verwendet werden, ohne daß es der Genehmigung nach Absatz 2 bedarf. Sodann werden auf jeder Seite in dem freien Eintragungsraum oben und unten über die ganze Breite der betroffenen Spalten waagerechte Striche gezogen und diese durch einen

von oben links nach unten rechts verlaufenden Schrägstrich verbunden. Der obere waagerechte Strich ist unmittelbar im Anschluß an den in Satz 2 genannten Hinweis und, wenn dieser bei einer sich über mehrere Seiten erstreckenden Sperrung auf einer vorhergehenden Seite angebracht ist, außerdem auf jeder folgenden Seite unmittelbar unter der oberen Begrenzung des Eintragungsraumes, der untere waagerechte Strich unmittelbar über der unteren Begrenzung des zu sperrenden Raumes jeder Seite zu ziehen. Liegen nicht sämtliche betroffenen Spalten auf einer Seite nebeneinander, so ist die Sperrung nach den vorstehenden Vorschriften für die Spalten, die nebeneinanderliegen, jeweils gesondert vorzunehmen.

A. Form der Grundbucheintragungen ……	1	B. Ort der Eintragung ……………………	4

A. Form der Grundbucheintragungen

1 Die Eintragungen sind deutlich, übersichtlich und leserlich zu schreiben. Der Druck von Eintragungen nach Vorgabe des § 10 Abs. 2 GBV war nur für das Papier-, insbes. das Loseblattgrundbuch technisch denkbar. Im maschinell geführten Grundbuch hat diese Vorgabe keine Bedeutung.

2 Die Eintragungen sind ohne **Abkürzungen** zu schreiben. Das schließt gewisse allgemein gebräuchliche und verständliche Abkürzungen nicht aus, so z.B. „Abt." = Abteilung; „Gde." = Gemeinde, „Gem." = Gemarkung, „Flst." = Flurstück, „Nr." = Nummer, „Sp." = Spalte, „VN" = Veränderungsnachweis, „LG" = Landgericht, „AG" = Amtsgericht sowie AG, KG, GmbH usw.

3 Das Radieren und Durchstreichen im (Papier-)Grundbuch war verboten; wurde trotzdem radiert, so blieb rechtlich die ursprüngliche Eintragung erhalten. Die nach der Radierung eingetragenen Bestandteile waren nichtig; sie konnten auch nicht Gegenstand des Gutglaubensschutzes sein.[1]

Schreibversehen, die vor dem Unterschreiben bemerkt werden, können mit Genehmigung des Beamten, der die Eintragung verfügt hat, durch Verbesserung des Eintrages berichtigt werden, wenn dadurch der ursprüngliche Eintrag nicht unleserlich oder unübersichtlich wird. Die Berichtigung der Eintragung ist am Schluss als solche zu vermerken (§ 29 Abs. 1 GeschO). Das gilt auch, wenn eine versehentlich erfolgte Rotunterstreichung beseitigt werden soll. Die Beseitigung erfolgt in der Weise, dass der rote Strich durch kleine schwarze Striche durchkreuzt wird (§ 29 Abs. 2 GeschO). Wird der Fehler erst nach Vollzug der Eintragung bemerkt, so ist Berichtigung von Amts wegen zulässig und notwendig. Der materielle Inhalt eines Rechts darf jedoch dadurch nie geändert werden.

B. Ort der Eintragung

4 Die sämtlichen Eintragungen in das Bestandsverzeichnis und in die Abt. II und III sind an der zunächst freien Stelle im unmittelbaren Anschluss an die vorgehende Eintragung der Spalte und ohne Rücksicht darauf, zu welcher Eintragung einer anderen Spalte sie gehören, vorzunehmen. Zwischenräume zwischen den einzelnen Eintragungen, d.h. den zusammengehörigen, einen Rechtsvorgang darstellenden Vermerken, sind also nicht zulässig. Ein freier Platz am Ende einer Seite ist durch einen Sperrvermerk nach Abs. 4 zu dokumentieren (eingefügt durch VO v. 1.12.1977, BGBl I 1977, 2313).

5 Abs. 2 ist nicht anwendbar auf Eintragungen in der ersten Abteilung. Hier richtet sich die Stelle, an der ein neuer Eigentümer in den Spalten 1 und 2 eingetragen werden soll, nach dem durch die Ausfüllung der Spalten 3 und 4 für die vorgehende Eigentümereintragung verbrauchten Raum dieser Spalten; d.h., die Eintragung in den Spalten 1 und 2 erfolgt nicht an der zunächst freien Stelle dieser Spalten, sondern in gleicher Höhe mit der zunächst freien Stelle der Spalten 3 und 4. Ist die Eintragung in Spalten 1 und 2 größer als die Eintragung in den Spalten 3 und 4, so erfolgt die neue Eintragung in den Spalten 3 und 4 in gleicher Höhe mit der an der zunächst freien Stelle der Spalten 1 und 2 vorgenommenen Eintragung.

---

1 OLG Frankfurt a.M. Rpfleger 1981, 479.

§ 22 [Verweis auf Grundbuchmuster]

Die nähere Einrichtung und die Ausfüllung des Grundbuchblatts ergibt sich aus dem in Anlage 1 beigefügten Muster. Die darin befindlichen Probeeintragungen sind als Beispiele nicht Teil dieser Verfügung.

1 Die GBV verweist mit §§ 22, 31, 52, 58 und 69 GBV auf Mustereintragungen von Grundbuchblättern und Grundpfandrechtsbriefen. Die enthaltenen Eintragungen sind in ihrem Wortlaut ausdrücklich nicht Teil des Verordnungstextes und daher für das Grundbuchamt nicht bindend. Sie sind als Formulierungsvorschläge zu betrachten. Ebenso wenig bindend sind die Eintragungstexte und Formularmasken der Textprogramme des maschinell geführten Grundbuchs (bspw. dem Programm „Solum-Star").[1]

Die Formulierung der Eintragung im Einzelfall erfolgt in sachlicher Unabhängigkeit des Rechtspflegers am Grundbuchamt, der über die Eintragung entscheidet.

Die Muster zu § 22 GBO wurden im Jahre 1995 aktualisiert und neu bekanntgemacht.[2] Hinsichtlich einzelner Eintragungen entsprechen sie aber auch nicht den Vorgaben der GBV, beispielsweise wenn in Abt. I der Anlage 1 die vollständige Adresse der Berechtigten nebst Postleitzahl genannt wird. Das war von § 15 GBV nie gefordert, anderes als früher die Angabe des Wohnortes (§ 15 GBV Rdn 4).

§ 23

(aufgehoben)

---

1 Dazu auch Meikel/*Schneider*, GBV, § 22 Rn 3, 4.   2 VO v. 10.2.1995, BGBl I 1995, 115.

Abschnitt IV: Die Grundakten

§ 24 [Inhalt der Grundakte]

(1) Die Urkunden und Abschriften, die nach § 10 der Grundbuchordnung von dem Grundbuchamt aufzubewahren sind, werden zu den Grundakten genommen, und zwar die Bewilligung der Eintragung eines Erbbaurechts zu den Grundakten des Erbbaugrundbuchs.

(2) Betrifft ein Schriftstück der in Absatz 1 bezeichneten Art Eintragungen auf verschiedenen Grundbuchblättern desselben Grundbuchamts, so ist es zu den Grundakten eines der beteiligten Blätter zu nehmen; in den Grundakten der anderen Blätter ist auf diese Grundakten zu verweisen.

(3) Ist ein Schriftstück der in Absatz 1 bezeichneten Art in anderer der Vernichtung nicht unterliegenden Akten des Amtsgerichts enthalten, welches das Grundbuch führt, so genügt eine Verweisung auf die anderen Akten.

(4) Bei den Grundakten ist ein in seiner Einrichtung dem Grundbuchblatt entsprechender Vordruck (Handblatt) zu verwahren, welcher eine wörtliche Wiedergabe des gesamten Inhalts des Grundbuchblatts enthält. Die mit der Führung des Grundbuchs beauftragten Beamten haben für die Übereinstimmung des Handblatts mit dem Grundbuchblatt zu sorgen.

A. Die Grundaktenführung	1	C. Verweisung auf andere Grundakte	4
B. Aufbewahrung	2	D. Handblatt	5
C. Mehrere Grundbuchblätter	3		

A. Die Grundaktenführung

Neben dem Grundbuch ist die Grundakte zu führen, das gilt auch beim maschinell geführten Grundbuch, bei welchem lediglich die Führung des Handblatts entfällt. Die Führung der Grundakte erfolgt nach den Vorschriften der Aktenordnung (AktO), die als bundeseinheitlich wortgleiche Verwaltungsvorschrift gilt, insbes. gelten die §§ 21–24 AktO. Ergänzend enthalten die Geschäftsanweisungen für Grundbuchsachen Vorschriften zur Grundaktenführung (sehr instruktiv Nr. 9 ff. VwV-Grundbuchsachen Sachsen, abgedr. in Anhang 2).

Eine Grundakte wird für jedes Grundbuchblatt eingerichtet und erhält als Aktenzeichen die Blattnummer des Grundbuchs. Sie enthält sämtliche Eintragungsunterlagen, insbesondere die gem. § 874 BGB und § 44 Abs. 2 GBO in Bezug genommenen Bewilligungen, die mittelbar Inhalt des Grundbuchs sind. Sie enthält ferner sämtliche zu dem betreffenden Grundbuchblatt eingegangenen Anträge, Ersuchen, Verfügungen und Entscheidungen. Die Schriftstücke der Grundakte werden teils lose geführt, teils geheftet. Die Schriftstücke sind in jedem Fall chronologisch einzusortieren, sie erhalten eine Ordnungsnummer nach der Reihenfolge des Eingangs (§ 21 Abs. 1 AktO). In einem Vorblatt sind die Ordnungsnummern mit Angabe der jeweiligen Schriftstücke zu vermerken.

Grundakten dürfen nur an Gerichte und Behörden herausgegeben werden, ferner zur Erledigung von Telearbeit des Grundbuchrechtspflegers (Nr. 2.1.1 BayGBGA). Bei der Versendung an Gerichte oder Behörden ist zu prüfen, ob die erbetenen Informationen nicht auch anderweitig übermittelt werden können (Nr. 16a VwV-Grundbuchsachen Sachsen). In der Regel wird das durch Kopien geschehen können. Eine notwendige Versendung hat gegen Empfangsbekenntnis zu erfolgen (eingehend Nr. 16b VwV-Grundbuchsachen Sachsen).

B. Aufbewahrung

Abs. 1 schreibt vor, wie die Aufbewahrung der Schriftstücke zu geschehen hat, deren Verwahrung § 10 GBO anordnet.

Über die Rückgabe derartiger Schriftstücke vgl. § 10 GBO (siehe § 10 GBO Rdn 10, 12). Zur Aufbewahrung wichtiger Urkunden, die nicht zu den Grundakten gehören, siehe § 23 GeschO sowie die Geschäftsanweisungen der Länder (z.B. Nr. 9–17 VwV-Grundbuchsachen Sachsen).

C. Mehrere Grundbuchblätter

3   Wenn eines der in Abs. 1 bezeichneten Schriftstücke Eintragungen auf verschiedenen Grundbuchblättern desselben Grundbuchamts betrifft, so ist es zu den Grundakten eines der beteiligten Blätter zu nehmen, und zwar nach § 14 Abs. 3 GeschO zu den Grundakten, bei denen es seine erste Ordnungsnummer gem. § 20 Abs. 2a GeschO erhalten hat (so auch Nr. 9c) VwV-Grundbuchsachen Sachsen). Zu den Grundakten, bei denen sich die Eintragungsunterlagen befinden, ist auch die Eintragungsverfügung zu nehmen.

In den Grundakten der Blätter, zu denen das Schriftstück nicht genommen wird, ist auf die Akten zu verweisen, bei denen es sich befindet.

C. Verweisung auf andere Grundakte

4   **Abs. 3** dient der Ausfüllung des Vorbehalts in § 10 Abs. 3 GBO. Er hat nur Bedeutung für die Sicherung des Beweises über die Eintragungsunterlagen, nicht dagegen für die Frage, ob zum Nachweis der Eintragungsvoraussetzungen auf Urkunden, die sich bei anderen Akten desselben Grundbuchamts befinden, Bezug genommen werden darf. Statt der Aufbewahrung einer beglaubigten Abschrift genügt eine Verweisung in den Grundakten auf die anderen Akten desselben Gerichts, wenn diese der Vernichtung nicht unterliegen. Reichen die Beteiligten bereits eine beglaubigte Abschrift ein, so ist sie zu den Grundakten zu nehmen.

D. Handblatt

5   Das nach **Abs. 4** zu führende Handblatt war nur im Papiergrundbuch zu führen, es war nicht Bestandteil der Grundakten (zur Aussonderung des Handblattes § 73 S. 2 GBV; Nr. 15 VwV-Grundbuchsachen Sachsen). Das Handblatt musste wörtlich mit dem Grundbuchblatt übereinstimmen (Abs. 4 S. 1). Im maschinell geführten Grundbuch ist ein Handblatt nicht erforderlich, da der Grundbuchinhalt stets elektronisch eingesehen werden kann. Zur Übersicht des Grundbuchinhalts insbes. bei umfangreichen Eintragungen, etwa bei Grundstücksveränderungen, ist es bei der Bearbeitung eines Eintragungsantrags nicht verboten, den Grundbuchinhalt auszudrucken, um zum einen ihn optisch besser erfassen zu können und zum anderen Skizzen zur eigenen Verdeutlichung von Veränderungen machen zu können.

§ 24a [Gestaltung der Eintragungsunterlagen]

Urkunden oder Abschriften, die nach § 10 der Grundbuchordnung bei den Grundakten aufzubewahren sind, sollen tunlichst doppelseitig beschrieben sein, nur die Eintragungsunterlagen enthalten und nur einmal zu der betreffenden Grundakte eingereicht werden. § 18 der Grundbuchordnung findet insoweit keine Anwendung. Das Bundesministerium der Justiz und für Verbraucherschutz gibt hierzu im Einvernehmen mit den Landesjustizverwaltungen und der Bundesnotarkammer Empfehlungen heraus.

A. Normzweck 1   B. Regelung 2

A. Normzweck

1   Die Vorschrift ergänzt § 10 GBO hinsichtlich der **äußeren Ausgestaltung** der nach der GBO vorzulegenden und aufzubewahrenden Eintragungsunterlagen. Sie wurde durch Verordnung v. 30.11.1994 (BGBl I S. 3580) eingefügt und steht im Zusammenhang mit § 10a GBO, der die Übertragung geschlossener Grundbücher und Urkunden auf Mikrofilm erlaubt. Sie sollte ferner ein geplantes Grundbucheinsichts-

gesetz vorbereiten (vgl. auch § 133 GBO Rdn 1 ff.).[1] Sie sind häufig sehr umfangreich und werden nicht selten mehrfach vorgelegt (z.B. zur Eintragung der Vormerkung und sodann erneut zur Eigentumsumschreibung). Diese Verfahrensweise belastet nicht nur das Grundbuchamt unnötig, sondern lässt auch den Umfang des zu verwahrenden Aktengutes zunehmen.

B. Regelung

Die Notare werden daher aufgefordert, **Doppeleinreichungen** durch die Erstellung **auszugsweiser Ausfertigungen** (Abschriften) zu vermeiden und die Urkunden **doppelseitig** zu beschreiben.

Diese Verfahrensweise ist jedoch nur eine rechtlich unverbindliche **Empfehlung**. Durch S. 2 ist klargestellt, dass ein Eintragungsantrag **nicht** deshalb **beanstandet** werden kann, weil der Notar sich nicht an die Empfehlungen gehalten hat.

Die in S. 3 angesprochenen Empfehlungen liegen noch nicht vor.[2]

---

[1] *Schmidt-Räntsch*, VIZ 1993, 422, 433; *Grziwotz*, MittBayNot 1995, 97.

[2] Zu den Beratungen und Entwürfen vgl. *Mock*, ZfIR 1997, 117.

Abschnitt V: Der Zuständigkeitswechsel

§ 25 [Zuständigkeitswechsel des Grundbuchamts]

(1) Geht die Zuständigkeit für die Führung eines Grundbuchblatts auf ein anderes Grundbuchamt über, so ist das bisherige Blatt zu schließen; dem anderen Grundbuchamt sind die Grundakten sowie eine beglaubigte Abschrift des Grundbuchblatts zu übersenden.

(2a) In der Aufschrift des neuen Blattes ist auf das bisherige Blatt zu verweisen.

(2b) Gelöschte Eintragungen werden in das neue Blatt insoweit übernommen, als dies zum Verständnis der noch gültigen Eintragungen erforderlich ist. Im übrigen sind nur die laufenden Nummern der Eintragungen mit dem Vermerk „Gelöscht" zu übernehmen. Die Übernahme der Nummern der Eintragungen mit dem Vermerk „Gelöscht" kann unterbleiben und der Bestand an Eintragungen unter neuen laufenden Nummern übernommen werden, wenn Unklarheiten nicht zu besorgen sind.

(2c) Die Übereinstimmung des Inhalts des neuen Blattes mit dem Inhalt des bisherigen Blattes ist im Bestandsverzeichnis und jeder Abteilung von der für die Führung des Grundbuchs zuständigen Person und dem Urkundsbeamten der Geschäftsstelle zu bescheinigen. Die Bescheinigung kann im Bestandsverzeichnis oder einer Abteilung mehrfach erfolgen, wenn die Spalten nicht gleich weit ausgefüllt sind. Befinden sich vor einer Bescheinigung leergebliebene Stellen, so sind sie zu durchkreuzen.

(2d) Das Grundbuchamt, welches das neue Blatt anlegt, hat dem früher zuständigen Grundbuchamt die Bezeichnung des neuen Blattes mitzuteilen. Diese wird dem Schließungsvermerk (§ 36 Buchstabe b) auf dem alten Blatt hinzugefügt.

(3a) Geht die Zuständigkeit für die Führung des Grundbuchs über eines von mehreren, auf einem gemeinschaftlichen Blatt eingetragenen Grundstücken oder über einen Grundstücksteil auf ein anderes Grundbuchamt über, so ist das Grundstück oder der Grundstücksteil abzuschreiben. Dem anderen Grundbuchamt sind eine beglaubigte Abschrift des Grundbuchblatts sowie die Grundakten zwecks Anfertigung von Abschriften und Auszügen der das abgeschriebene Grundstück betreffenden Urkunden zu übersenden.

(3b) Ist der Übergang der Zuständigkeit von einem vorherigen, die Eintragung des neuen Eigentümers erfordernden Wechsel des Eigentums abhängig, so hat das bisher zuständige Grundbuchamt den neuen Eigentümer auf einem neu anzulegenden Blatt einzutragen; sodann ist nach den Absätzen 1 und 2 zu verfahren.

(4) Im Abschreibungsvermerk ist die Bezeichnung des Blattes, auf das das Grundstück oder der Grundstücksteil übertragen wird, zunächst offen zu lassen. Sie wird aufgrund einer von dem nunmehr zuständigen Grundbuchamt dem früher zuständigen Grundbuchamt zu machenden Mitteilung nachgetragen.

A. Allgemeines	1	C. Wechsel der Zuständigkeit für Teile	8
B. Wechsel der Zuständigkeit	2	D. Abschreibung	13

A. Allgemeines

1 Die Vorschrift behandelt die grundbuchtechnischen Folgen des Übergangs der Zuständigkeit für die Führung eines Grundbuchblattes auf ein anderes Grundbuchamt. Ein solcher Übergang kann sich vollziehen kraft Gesetzes (infolge Änderung der Gerichtsbezirke), kraft gerichtlicher Bestimmungen (bei Vereinigung – § 5 GBO – oder Zusammenschreibung mehrerer Grundstücke – § 4 Abs. 2 GBO) oder kraft Zuschreibung (§ 6 GBO) oder bei Aufhebung einer Zusammenschreibung, wenn für die Führung eines oder mehrerer Grundstücke ein anderes Grundbuchamt zuständig ist (vgl. § 4 Abs. 2 GBO). Der Übergang der Zuständigkeit vollzieht sich im ersten Falle mit der Änderung des Bezirks, in den letzten Fällen erst, wenn das zuständige Grundbuchamt die Verbindung, Zusammenschreibung oder Aufhebung der Zusammenschreibung beschlossen hat.

Die Vorschriften über den Zuständigkeitswechsel sind entsprechend anwendbar, wenn ein Grundbuchblatt von einem unzuständigen Grundbuchamt geführt wird.

§ 25 GBV hat nur Bedeutung für das nicht mehr gebräuchliche Papiergrundbuch, für das Loseblattgrundbuch gilt § 27a GBV; für das maschinell geführte Grundbuch regelt § 92a GBV den Zuständigkeitswechsel weitaus einfacher. Beim maschinell geführten Grundbuch entfallen die aufwendigen Maßnahmen zur Schließung des alten Grundbuchblattes und Übernahme von Eintragungen in das neue Grundbuchblatt. Es gelten aber weiterhin die Regelungen zur Übersendung der Grundakte.[1]

B. Wechsel der Zuständigkeit

Abs. 1 war anwendbar, wenn die Zuständigkeit zur Führung des ganzen Grundbuchblattes auf ein anderes Grundbuchamt überging. Ging die Zuständigkeit zur Führung des Grundbuchs über eines von mehreren auf einem gemeinschaftlichen Blatt eingetragenen Grundstücks oder einen Grundstücksteil auf ein anderes Grundbuchamt über, so war hierfür **Abs. 3** maßgebend.

Die Behandlung des alten Papiergrundbuchblattes ist in Abs. 1 geregelt; zur Schließung vgl. § 36 GBV. Dem Schließungsvermerk (§ 36 Buchst. b GBV) war die Bezeichnung des neuen Blattes hinzuzufügen. Diese hatte das Grundbuchamt dem früher zuständigen Grundbuchamt mitzuteilen (**Abs. 2 Buchst. d**).

Abs. 2 regelt Vorschriften über das neue Papiergrundbuchblatt. Sie galten jedoch nur für den Fall, dass bei dem neuen Grundbuchamt für die Grundstücke ein neues Grundbuchblatt angelegt wurde (vgl. Abs. 2 Buchst. a).

Abs. 2 Buchst. a. regelte den Verweisungsvermerk in der Aufschrift des neuen Blattes.

Abs. 2 Buchst. b. Bestehende Eintragungen stets wörtlich in das neue Blatt zu übernehmen. Die Unterschriften der Grundbuchbeamten sind mit dem Zusatz „gez." zu übernehmen. Gelöschte Eintragungen waren im Wortlaut und rot unterstrichen nur insoweit zu übernehmen, als dies zum Verständnis der noch gültigen Eintragungen erforderlich war; also nur dann, wenn sie für die buchmäßige Darstellung der Tragweite der noch unmittelbar wirksamen Eintragung bedeutsam waren. Gelöschte Eintragungen waren dann in das neue Blatt zu übernehmen, wenn sie Rechte betrafen, die bei einer noch wirksamen Rangänderung beteiligt gewesen sind.

Im Übrigen waren aus dem alten Papiergrundbuchblatt – und zwar aus dem Bestandsverzeichnis und aus allen Abteilungen (Abs. 2 Buchst. b) – im Hinblick auf die Rechtsvermutung des § 891 Abs. 2 BGB gelöschte Eintragungen nur mit ihrer laufenden Nummer und dem Vermerk „Gelöscht" zu übernehmen. Die Mitübertragung der laufenden Nummer der gelöschten Eintragungen mit dem Vermerk „Gelöscht" erleichterte besonders im Bestandsverzeichnis die Benutzung des neuen Blattes und die Erhaltung der Übereinstimmung mit dem amtlichen Verzeichnis i.S.d. § 2 GBO.

Durch die Bescheinigung nach **Abs. 2 Buchst. c** sollte eindeutig klargestellt werden, welche Eintragungen, im Gegensatz zu späteren Eintragungen auf dem neuen Blatt, aus dem alten Blatt übernommen sind. Dementsprechend konnte die Bescheinigung an mehreren Stellen des Bestandsverzeichnisses oder der Abteilungen erfolgen.

Wurde bei dem Zuständigkeitswechsel der Bestand des alten Blattes auf ein bereits bestehendes Blatt übertragen, so war das Verfahren das gleiche wie bei jeder sonstigen Übertragung von Grundstücken auf ein bereits bestehendes Grundbuchblatt. Zu beachten war hier jedoch, dass im Übertragungsvermerk auch das bisher zuständige Grundbuchamt aufgeführt wird.

C. Wechsel der Zuständigkeit für Teile

Abs. 3 behandelte im Gegensatz zu Abs. 1 den Fall, dass die Zuständigkeit zur Führung des Grundbuchs über eines von mehreren auf einem gemeinschaftlichen Blatt eingetragenen Grundstücken oder über einen Grundstücksteil auf ein anderes Grundbuchamt überging.

---

[1] Zur Rechtsentwicklung auch Meikel/*Schneider*, GBV, § 25 Rn 2.

Abs. 3 war auch dann anwendbar, wenn die Zuständigkeit zur Führung des Grundbuchs über mehrere von mehreren auf einem gemeinschaftlichen Blatt eingetragenen Grundstücken oder über mehrere Grundstücksteile wechselte.

9 **Abs. 3 Buchst. a** regelte den Zuständigkeitswechsel ohne Eigentumsübergang.

- War der Fall des Abs. 3 Buchst. a gegeben, so wurde das betreffende Grundstück oder der Grundstücksteil abgeschrieben. Es trat nach Abschreibung des Grundstücks oder des Teils eine vorübergehende Ausbuchung des Grundstücks oder Grundstücksteils ein. Im Abschreibungsvermerk war die Bezeichnung des Blattes, auf das das Grundstück oder der Grundstücksteil übertragen wurde, zunächst offenzulassen. Sie wurde später nachgetragen (vgl. Abs. 4). Der dem Grundbuchamt zu übersendende Auszug aus dem Handblatt brauchte nur die Eintragungen enthalten, die für das abgeschriebene Grundstück (oder den Grundstücksteil) von Bedeutung waren.
- Das nunmehr zuständige Grundbuchamt hatte, je nachdem, ob das Grundstück auf einem neuen oder einem bereits bestehenden Blatt eingetragen wurde, wie oben zu verfahren. Nach Anfertigung der notwendigen Abschriften und Auszüge hatte es die Grundakten wieder an das bisherige Grundbuchamt zurückzusenden, weil nicht die Führung des ganzen Grundbuchblattes übergegangen war.

10 **Abs. 3 Buchst. b** behandelte den Fall, dass der Übergang der Zuständigkeit zur Führung des Grundbuchs über eines von mehreren auf einem Grundstücksteil mit einem Eigentumswechsel verbunden war. Es stellte dem abgebenden Grundbuchamt zwei Wege zur Wahl: Entweder die Anlegung eines neuen Grundbuchblattes für das abzuschreibende Grundstück oder den abzuschreibenden Grundstücksteil oder die Verbindung des Abschreibungsvermerks mit der Eigentümerübertragung:

11 — Das bisher zuständige Grundbuchamt hatte für das abzuschreibende Grundstück oder den Grundstücksteil ein neues Grundbuchblatt anzulegen und auf diesem den Erwerber als Eigentümer einzutragen. War dies geschehen, so vollzog sich der Zuständigkeitswechsel nunmehr nach § 25 Abs. 1 und 2.
— Abs. 3 Buchst. b S. 2 und 3 sahen demgegenüber ein vereinfachtes Verfahren vor, bei dem von der Anlegung eines neuen Blattes für das abzuschreibende Grundstück oder den abzuschreibenden Grundstücksteil abgesehen wurde. Die Eintragung des Erwerbers als neuen Eigentümer erfolgte daher nicht wie oben auf einem neu anzulegenden Grundbuchblatt. Sie wurde vielmehr unter Verbindung mit dem Abschreibungsvermerk in Spalte 8 des Bestandsverzeichnisses eingetragen.

War diese Eintragung vollzogen, so hatte das bisher zuständige Grundbuchamt wie bei einem Zuständigkeitswechsel ohne Eigentumswechsel dem nunmehr zuständigen Grundbuchamt einen beglaubigten Auszug aus dem Handblatt sowie die Grundakten zwecks Anfertigung von Abschriften und Auszügen der das abgeschriebene Grundstück oder den abgeschriebenen Grundstücksteil betreffenden Urkunden zu übersenden (Abs. 2 Buchst. b S. 2 i.V.m. Abs. 3 Buchst. a S. 2).

12 Lehnt im Falle des Abs. 3 Buchst. b S. 2 das andere Grundbuchamt trotz ursprünglich erklärter Bereitwilligkeit nachträglich die Übernahme der Zuständigkeit zur Grundbuchführung für das abzuschreibende Grundstück (Grundstücksteil) ab, so hatte das bisherige Grundbuchamt für das Grundstück (Grundstücksteil) ein neues Grundbuchblatt anzulegen (Abs. 3 Buchst. b S. 3) oder das Grundstück (Grundstücksteil) auf ein anderes Grundbuchblatt des neuen Eigentümers zu übertragen. Der Abschreibungsvermerk war in diesem Falle durch Nachtragen der Bezeichnung des neu angelegten Blattes oder der Bezeichnung des bereits von dem Grundbuchamt geführten anderen Grundbuchblattes des neuen Eigentümers zu ergänzen (Abs. 4 S. 3).

D. Abschreibung

13 **Abs. 4** war lediglich auf die in Abs. 3 geregelten Fälle der Abschreibung anwendbar; im Falle des Abs. 1 fand eine Abschreibung nicht statt.

14 Zur **Benachrichtigung** der Beteiligten von dem Zuständigkeitswechsel vgl. § 40 Abs. 1 GBV.

§ 26 [Abgabe des Grundbuches an ein anderes Grundbuchamt]

(1) Geht bei einer Bezirksänderung die Führung des Grundbuchs in Ansehung aller Blätter eines Grundbuchbandes auf ein anderes Grundbuchamt über, so ist der Band an das andere Grundbuchamt abzugeben. Dasselbe gilt, wenn von der Bezirksänderung nicht alle, aber die meisten Blätter eines Bandes betroffen werden und die Abgabe den Umständen nach zweckmäßig ist.
(2a) Der abzugebende Band ist an das andere Grundbuchamt zu übersenden.
(2b) Die von der Bezirksänderung nicht betroffenen Grundbuchblätter sind zu schließen. Ihr Inhalt ist auf ein neues Grundbuchblatt zu übertragen. § 25 Abs. 2a bis 2c findet entsprechende Anwendung. In dem Schließungsvermerk (§ 36 Buchstabe b) ist die Bezeichnung des neuen Blattes anzugeben.
(3) Die abgegebenen Grundbuchbände und Blätter erhalten nach Maßgabe des § 2 Satz 2 und des § 3 neue Bezeichnungen. In der neuen Aufschrift (§ 5) sind in Klammern mit dem Zusatz „früher" auch der bisherige Bezirk und die bisherigen Band- und Blattnummern anzugeben.
(4) Mit den Grundbuchbänden sind die Grundakten sowie die sonstigen sich auf die darin enthaltenen Grundbuchblätter beziehenden und in Verwahrung des Gerichts befindlichen Schriftstücke abzugeben.
(5) Bei Grundstücken, die kein Grundbuchblatt haben, sind die sich auf sie beziehenden Schriftstücke gleichfalls abzugeben.
(6) Geht die Führung der Grundbuchblätter eines ganzen Grundbuchbezirks auf ein anderes Grundbuchamt über, so sind auch die Sammelakten und Verzeichnisse (z.B. Katasterurkunden) abzugeben, soweit sie sich auf diesen Bezirk beziehen.
(7) In den Fällen der Absätze 4, 5 und 6 ist über die Abgabe ein Vermerk zurückzubehalten.

A. Anwendungsbereich	1	C. Bezirksänderung	6
B. Abs. 5	5		

A. Anwendungsbereich

Die Abs. 1–4 behandeln das Verfahren bei einer Bezirksänderung, wenn die Führung des Grundbuchs in Ansehung aller oder der meisten Blätter eines Grundbuchbandes auf ein anderes Grundbuchamt übergeht. Sie gehen weitgehend von der Führung des Papiergrundbuchs aus und sind insoweit durch das maschinell geführte Grundbuch überholt. 1

Waren im früheren Papiergrundbuch alle Blätter eines Bandes von der Bezirksänderung betroffen, so war der ganze Band abzugeben (Abs. 1 S. 1), d.h. an das nunmehr zuständige Grundbuchamt zu übersenden (Abs. 2a). Die Blätter wurden aber nicht geschlossen. Gleichzeitig waren und sind – auch im maschinell geführten Grundbuch – die Grundakten sowie die sonstigen in Verwahrung des Gerichts befindlichen Urkunden (nicht aus Sammelakten oder sonstigen Verzeichnissen), die die in dem abzugebenden Band enthaltenen Grundbuchblätter betreffen, abzugeben (Abs. 4). Über die Angabe hat das Grundbuchamt einen Vermerk zurückbehalten (Abs. 7). 2

Das zuständige Grundbuchamt hat, nachdem es die Bände und die Grundakten erhalten hat, beide mit neuen Bezeichnungen zu versehen (Abs. 3).

Sind nicht alle, aber die meisten Blätter eines Bandes von der Bezirksänderung betroffen, so hat das Grundbuchamt zu prüfen, ob es nach Abs. 1 oder nach § 25 Abs. 1 verfahren will. Vor Abgabe hat das Grundbuchamt die Blätter, für deren Führung es zuständig bleibt, zu schließen. Ihr Inhalt ist unter Anwendung des § 25 Abs. 2 Buchst. a–c GBV auf ein neues Grundbuchblatt zu übertragen. Im Schließungsvermerk (§ 36 Buchst. b GBV) ist die Bezeichnung des neuen Blattes anzugeben (Abs. 2 Buchst. b). Im Übrigen gilt für die Abgabe des Bandes, der Grundakten und sonstiger Urkunden und ihre Bezeichnung bei dem neuen Grundbuchamt das oben Gesagte. 3

Zur Benachrichtigung der Beteiligten von dem Zuständigkeitswechsel vgl. § 40 Abs. 1 GBV. 4

B. Abs. 5

5 Abs. 5 behandelt den Fall, dass ein Grundstück, für das kein Grundbuchblatt angelegt ist, in einen anderen Bezirk gelangt. Dieser Fall kann nur durch eine Bezirksänderung eintreten. Hier sind sämtliche Schriftstücke, die sich auf das ungebuchte Grundstück beziehen, abzugeben. War das Grundstück früher gebucht, und ist es dann gem. § 3 Abs. 3 GBO ausgebucht worden, so sind auch die früheren Grundakten abzugeben. Über die Abgabe ist vom abgebenden Grundbuchamt ein Vermerk zurückzubehalten (Abs. 7).

C. Bezirksänderung

6 Geht die Führung sämtlicher Grundbuchblätter eines ganzen Grundbuchbezirks (§ 1 Abs. 1 GBV) auf ein anderes Grundbuchamt über, so sind außer den in Abs. 4 bezeichneten Grundakten und Schriftstücken auch die Sammelakten und Verzeichnisse, soweit sie sich auf diesen Bezirk beziehen, abzugeben. Über die Abgabe hat das abgebende Grundbuchamt einen Vermerk zurückzubehalten (Abs. 7). Im Übrigen richtet sich das Abgabeverfahren nach Abs. 1–4. Da die in Abs. 6 bezeichneten Akten und Verzeichnisse nur abzugeben sind, wenn die Führung des ganzen Grundbuchbezirks auf ein anderes Grundbuchamt übergeht, ist für die Fälle, in denen ein Teil des Bezirks die Zuständigkeitswechsel zu folgern, dass insoweit eine Abgabe nicht zulässig ist. Hier sind lediglich Abschriften zu erteilen.

§ 27 [Verweisung bei Wechsel des Grundbuchbezirks]

Die Vorschriften des § 25 und des § 26 Abs. 1, 2 und 3 sind entsprechend anzuwenden, wenn ein Grundstück in einen anderen Grundbuchbezirk desselben Grundbuchamts übergeht.

1 Wechselt für ein Grundstück lediglich der Grundbuchbezirk, gelten die §§ 25 und 26 GBV entsprechend. Mit Bezugnahme auf § 1 Abs. 1 S. 2 und Abs. 2 GBV ist aber sowohl mit dem Wechsel lediglich des Grundbuchbezirkes als auch der Zuständigkeit des Grundbuchamts vorsichtig umzugehen. Durch Gemeindegebietsreformen oder Kreisreformen kann zwar die Zugehörigkeit zur politischen Gemeinde geändert werden; ob damit auch der Amtsgerichtsbezirk und die Grundbuchbezirke zu ändern sind, ist durch den Landesgesetzgeber sorgfältig abzuwägen. Gerade das Grundbuchwesen lebt von der Beständigkeit der Strukturen, ein Auseinanderfallen von politischer Gemeinde und Amtsgerichtsbezirk muss daher nicht zwangsläufig negativ sein, sondern kann auch Kontinuität der Gerichtsbarkeit dokumentieren.

§ 27a [Zuständigkeitswechsel im Loseblattgrundbuch]

(1) Geht die Zuständigkeit für die Führung eines oder mehrerer Grundbuchblätter auf ein anderes Grundbuchamt über und wird bei beiden beteiligten Grundbuchämtern für die in Frage kommenden Bezirke das Grundbuch in Einzelheften mit herausnehmbaren Einlegebogen geführt, so sind die betroffenen Blätter nicht zu schließen, sondern an das nunmehr zuständige Grundbuchamt abzugeben. § 26 Abs. 3, 4, 6 und 7 ist entsprechend anzuwenden. Im Falle des § 27 ist nach Satz 1 und § 26 Abs. 3 zu verfahren.

(2) Wird das Grundbuch in Einzelheften mit herausnehmbaren Einlegebogen nur bei einem der beteiligten Grundbuchämter für den in Frage kommenden Bezirk geführt, so ist nach § 25 Abs. 1 und 2, § 26 Abs. 3, 4, 6 und 7 zu verfahren. Im Falle des § 27 ist nach § 25 Abs. 1 und 2, § 26 Abs. 3 zu verfahren.

1 Nach Einführung des maschinell geführten Grundbuchs hat die Vorschrift keine Bedeutung mehr. Wurde das Grundbuch in **Loseblattform** geführt, gab § 27a GBV für die Durchführung des Zuständigkeitswechsels ein praktisches Verfahren, das in der Übersendung der in Frage stehenden Blätter an das neue Grundbuchamt bestand, sofern auch dieses nunmehr neu zuständige Grundbuchamt das Loseblattgrundbuch führte (Abs. 1 S. 1).

2 Führte das anzunehmende (neu zuständige) Grundbuchamt das Grundbuch **nicht in Loseblattform,** so galten die §§ 25 Abs. 1 und 2, 26 Abs. 3, 4, 6 und 7 GBV entsprechend.

Abschnitt VI: Die Umschreibung von Grundbüchern

§ 28 [Umschreibung eines unübersichtlichen Grundbuchblattes]

Ein Grundbuchblatt ist umzuschreiben, wenn es unübersichtlich geworden ist. Es kann umgeschrieben werden, wenn es durch Umschreibung wesentlich vereinfacht wird.

A. Zwingende Umschreibung	1	C. Rechtsmittel	4
B. Fakultative Umschreibung	2	D. Das Verfahren der Umschreibung	5

A. Zwingende Umschreibung

Ein Grundbuchblatt, das unübersichtlich ist, ist umzuschreiben. Ob ein Blatt unübersichtlich ist, hat das Grundbuchamt nach freiem Ermessen zu entscheiden.[1] Nicht nur die Vielzahl sich kreuzender Eintragungen und zahlreiche bereits im Grundbuch stehende Veränderungseintragungen können für diese Frage von Bedeutung sein; es bleibt darüber hinaus weiter zu prüfen, ob die noch vorzunehmenden neuen Eintragungen die gerade noch vorhandene Übersichtlichkeit zerstören würden. Entscheidend ist der Gesamtcharakter des Grundbuchblattes. Ist eine Vielzahl von Grundstücken gebucht mit ebenso zahlreichen Veränderungen im Bestand, was bei Grundbüchern von Kommunen häufig der Fall ist, ist das noch keine Unübersichtlichkeit. Hinzukommen muss eine Vielzahl an Grundstücksbelastungen, bei welchen dann unklar ist, welches Recht an welchem Grundstück oder Grundstücksteil lastet. § 28 GBV enthebt den Rechtsverkehr nicht davon, mit Zeitaufwand im Einzelfall anhand des Bestandsverzeichnisses nachzuprüfen, welches Grundstück jetzt welche laufende Nummer hat und mit welchen Rechten es belastet ist. 1

Eine innere Unklarheit des Inhalts einer Eintragung kann nicht durch Umschreibung beseitigt werden.[2] Dies wäre eine unzulässige Inhaltsänderung.

B. Fakultative Umschreibung

Die fakultative Umschreibung ist gesondert in Satz 2 geregelt. Sie erfolgt, wenn das Grundbuchblatt durch die Umschreibung wesentlich vereinfacht wird. Das ist beispielsweise der Fall, wenn es zahlreiche gelöschte Eintragungen oder viele Veränderungseintragungen aufweist, ohne dass es darum als unübersichtlich anzusprechen wäre. Oftmals wird auch die Zurückführung der Grundbücher auf das amtliche Verzeichnis eine geeignete Gelegenheit zur Umschreibung geben. 2

Fraglich ist, ob der **Eigentümer** aus anderen Gründen eine Umschreibung **verlangen** kann. Dies geschieht zuweilen, wenn alte Zwangsversteigerungs- oder Insolvenzvermerke oder alte Zwangshypotheken zwar längst gelöscht, aber trotzdem noch erkennbar sind und sich diskriminierend und kreditschädigend auswirken. Das Schrifttum steht einem solchen Verlangen auf „**Grundbuchwäsche**" grundsätzlich positiv gegenüber;[3] die Rechtsprechung lehnt einen derartigen Anspruch grundsätzlich ab.[4] Ein Anspruch auf Umschreibung muss jedenfalls dann anerkannt werden, wenn die diskriminierenden Eintragungen vorgenommen wurden, obwohl die gesetzlichen Voraussetzungen nicht vorlagen (Folgenbeseitigung).[5] Im Übrigen müssen die Interessen des Eigentümers abgewogen werden gegenüber der Aufgabe 3

---

1 OLG Düsseldorf FGPrax 2016, 50.
2 KG JW 1933, 2154.
3 Vgl. zur Problematik *Schiffhauer*, Rpfleger 1978, 404 und ZIP 1981, 934; *Vollkommer*, Rpfleger 1982, 2; *Böhringer*, BWNotZ 1989, 1; *Böhringer*, Rpfleger 1989, 309, 312; ablehnend *Demharter*, § 3 GBO Rn 12; *Schöner/Stöber*, Grundbuchrecht Rn 613a.
4 OLG Düsseldorf Rpfleger 1987, 409 und FGPrax 1997, 83; BayObLG Rpfleger 1992, 513; OLG Celle FGPrax 2013, 146; OLG Sachsen-Anhalt FGPrax 2014, 54; OLG München Rpfleger 2014, 189; OLG Köln FGPrax 2015, 249; OLG Düsseldorf FGPrax 2017, 100 m. Anm. *Wilsch* = Rpfleger 2017, 385; KG FGPrax 2022, 105 = Rpfleger 2022, 383 m. Anm. *Böhringer*; LG Köln MittRhNotK 1984, 247; LG Bonn Rpfleger 1988, 311; anders nur bei nicht gesetzmäßig zustande gekommenen Eintragungen OLG Schleswig NJW-RR 1990, 23.
5 OLG Frankfurt a.M. NJW 1988, 976; Thür. OLG, Beschl. v. 25.1.2013 – 9 E 581/12, n.v.; *Demharter*, § 3 GBO Rn 12.

der Grundbucheinrichtung, einen lückenlosen Überblick über die sachenrechtlichen Vorgänge zu gewähren. Gelöschte Eintragungen sind zuweilen für das Verständnis der Buchungszusammenhänge erforderlich, eine Umschreibung mit Wegfall dieser Eintragungen auf dem neuen Grundbuchblatt könnte danach auch das Verständnis der noch geltenden Eintragungen beeinträchtigen. Ob eine Orientierung an der andernorts (§ 882e Abs. 1 ZPO) festgelegten Drei-Jahres-Schranke dergestalt erfolgen soll, dass gelöschte und im vorstehenden Sinne unliebsame Eintragungen durch Umschreibung wegfallen sollen, ist mehr als fraglich.[6]

In einem Sonderfall gestand der BGH dem Eigentümer einen Anspruch auf Umschreibung zu:[7] Der Eigentümer änderte sein Geschlecht und damit auch den Vornamen. Unter Verweis auf § 5 Abs. 1 TSG beantragte die Eigentümerin die Umschreibung des Grundbuchs. § 5 Abs. 1 TSG verbietet die Verwendung des früheren Vornamens, des sog. Deadnames, ohne Zustimmung des Antragstellers. Ein besonderes öffentliches oder rechtliches Interesse an der Publizität des sog. Deadnames im Grundbuch sah der BGH zu Recht nicht. Er sah in § 5 TSG sogar einen Anspruch auf Grundbuchumschreibung entsprechend § 28 GBV verbunden mit dem Verbot, das geschlossene Grundbuch der Einsicht nach § 12 GBO zugänglich zu machen.

C. Rechtsmittel

4   Gegen die Umschreibung von Amts wegen ist kein Rechtsmittel gegeben, sie stellt insoweit lediglich eine Änderung des Akteninhalts ohne Rechtsänderung dar. Lehnt das Grundbuchamt einen Antrag auf Umschreibung ab, ist hiergegen Beschwerde nach §§ 71 ff. GBO statthaft.

D. Das Verfahren der Umschreibung

5   Das Verfahren der Umschreibung richtet sich in allen Fällen nach den §§ 29–32 GBV.

§ 29   [Von Amts wegen vorzunehmende Eintragungen]

Vor der Umschreibung hat die für die Führung des Grundbuchs zuständige Person Eintragungen, die von Amts wegen vorzunehmen sind, zu bewirken (z.B. §§ 4, 53 der Grundbuchordnung). Sie hat über die Einleitung eines Löschungsverfahrens (§§ 84 bis 89 der Grundbuchordnung) oder eines Verfahrens zur Klarstellung der Rangverhältnisse (§§ 90 bis 115 der Grundbuchordnung) zu beschließen und das Verfahren vor der Umschreibung durchzuführen; auch hat sie gegebenenfalls die Beteiligten über die Beseitigung unrichtiger Eintragungen sowie über die Vereinigung oder Zuschreibung von Grundstücken zu belehren.

1   § 29 GBV, der für alle Umschreibungsfälle gilt, regelt die Behandlung des alten Grundbuchblattes vor der Umschreibung. Nach der Umschreibung ist § 30 Abs. 2 GBV maßgebend.

Die Umschreibung selbst erfolgt von Amts wegen.[1] Eines Antrages von Beteiligten bedarf es nicht; er hätte nur die Bedeutung einer Anregung.

Schon vor der eigentlichen Umschreibung hat das Grundbuchamt den Inhalt des Grundbuchblattes möglichst zu vereinfachen. Es hat hierbei zu prüfen, welche Eintragungen von Amts wegen zu diesem Zwecke vorgenommen werden können. § 29 GBV begründet jedoch keine Amtspflicht zur Durchführung von Nachforschungen, die nicht schon nach den allgemeinen Vorschriften notwendig wären. S. 2 gibt dafür Beispiele.

2   Weiterhin ist das Grundbuchamt verpflichtet, falls sich nur auf Antrag der Beteiligten eine Vereinfachung des Grundbuchblattes (z.B. durch Vereinigung, Zuschreibung oder Beseitigung unrichtiger Eintragungen) erreichen lässt, auf diese Möglichkeit der Vereinfachung hinzuweisen und auf die Stellung der erforderlichen Anträge hinzuwirken.

---

6 So die Empfehlung von Meikel/*Schneider*, GBV, § 28 Rn 12.

7 BGH DNotZ 2019, 863 = NJW 2019, 2541 = Rpfleger 2019, 499; dazu *Schmidt-Räntsch*, ZNotP 2020, 11.

1 Dazu auch Hügel/*Zeiser*, GBV, Rn 29.

Es ist zweckmäßig, vor der Umschreibung festzustellen, ob dem auf dem umzuschreibenden Blatt als Eigentümer Eingetragenen noch andere Grundstücke desselben Grundbuchamtsbezirks gehören. Ist dies der Fall, so ist zu prüfen, ob eine Vereinigung (§ 890 Abs. 1 BGB) dieser Grundstücke oder die Zuschreibung eines oder mehrerer Grundstücke als Bestandteil zu einem anderen (§ 890 Abs. 2 BGB), ggf. unter einer Gesamtbezeichnung nach § 6 Abs. 4, angezeigt ist.

Diese Verfahren sind vor der Umschreibung noch auf dem alten Blatt durchzuführen. Hierzu gehört auch die Löschung des Vermerks gem. § 113 GBO, wenn die neue Rangordnung eingetragen oder das Verfahren eingestellt ist; dieser Vermerk ist nur mit seiner laufenden Nummer und dem Vermerk „Gelöscht" in das neue Blatt zu übernehmen (§ 30 Abs. 1c).

Allgemein hat sich bei der Erledigung der nach § 29 GBV vorzunehmenden Arbeiten eine **unmittelbare Verhandlung mit den Beteiligten** als außerordentlich zweckmäßig erwiesen. 3

§ 30 [Eintragungen im neuen Grundbuchblatt]

(1) Für das neue Blatt gelten die folgenden Bestimmungen:
a) Das Blatt erhält die nächste fortlaufende Nummer; § 3 Abs. 2 ist anzuwenden.
b) In der Aufschrift des neuen Blattes ist auf das bisherige Blatt zu verweisen.
c) Gelöschte Eintragungen werden unter ihrer bisherigen laufenden Nummer in das neue Blatt insoweit übernommen, als dies zum Verständnis der noch gültigen Eintragungen erforderlich ist. Im übrigen sind nur die laufenden Nummern der Eintragungen mit dem Vermerk „Gelöscht" zu übernehmen. Die Übernahme der Nummern der Eintragungen mit dem Vermerk „Gelöscht" kann unterbleiben und der Bestand an Eintragungen unter neuen laufenden Nummern übernommen werden, wenn Unklarheiten nicht zu besorgen sind; dabei sollen bei Eintragungen in der zweiten und dritten Abteilung die jeweiligen bisherigen laufenden Nummern vermerkt werden.
d) Die Eintragungsvermerke sind tunlichst so zusammenzufassen und zu ändern, daß nur ihr gegenwärtiger Inhalt in das neue Blatt übernommen wird.
e) Veränderungen eines Rechts sind tunlichst in den für die Eintragung des Rechts selbst bestimmten Spalten einzutragen; jedoch sind besondere Rechte (z.B. Pfandrechte), Löschungsvormerkungen sowie Vermerke, die sich auf mehrere Rechte gemeinsam beziehen, wieder in den für Veränderungen bestimmten Spalten einzutragen.
f) (weggefallen)
g) In der zweiten und dritten Abteilung ist der Tag der ersten Eintragung eines Rechts mit zu übertragen.
h) 1. Jeder übertragene Vermerk, dessen Unterzeichnung erforderlich ist, ist mit dem Zusatz „Umgeschrieben" zu versehen und von der für die Führung des Grundbuchs zuständigen Person und dem Urkundsbeamten der Geschäftsstelle zu unterzeichnen.
2. In Spalte 6 des Bestandsverzeichnisses genügt der Vermerk: „Bei Umschreibung des unübersichtlich gewordenen Blattes ... als Bestand eingetragen am ..."; der Vermerk in Spalte 4 der ersten Abteilung hat zu lauten: „Das auf dem unübersichtlich gewordenen Blatt ... eingetragene Eigentum bei Umschreibung des Blattes hier eingetragen am ...".
i) In den Fällen des § 30 (§§ 31, 32) des Reichsgesetzes über die Bereinigung der Grundbücher vom 18.7.1930 (Reichsgesetzbl. I S. 305) ist nach Möglichkeit an Stelle der Bezugnahme auf das Aufwertungsgesetz ein Widerspruch mit dem in § 30 des Gesetzes über die Bereinigung der Grundbücher bezeichneten Inhalt einzutragen, sofern eine endgültige Klarstellung in einem Verfahren zur Klarstellung der Rangverhältnisse (§§ 90 bis 115 der Grundbuchordnung) oder auf andere Weise nicht erreichbar ist.

(2) Das umgeschriebene Blatt ist zu schließen. In dem Schließungsvermerk (§ 36 Buchstabe b) ist die Bezeichnung des neuen Blattes anzugeben.

A. Allgemeines	1	E. Rechtsbehelfe	14
B. Gestaltung des neuen Blattes	2	F. Notwendigkeit der Umschreibung der Briefe	15
C. Schließung des alten Blattes	12		
D. Benachrichtigung	13		

A. Allgemeines

1 § 30 GBV bezieht sich auf alle Fälle der Umschreibung. Er behandelt in Abs. 1 die Gestaltung des neuen Blattes, während er in Abs. 2 Vorschriften über die Schließung des umgeschriebenen Blattes gibt.

Die praktische Bedeutung der Umschreibung beruht vornehmlich auf der Beseitigung der gelöschten Eintragungen und besonders auf der Zusammenfassung der in der Veränderungs- und Hauptspalte enthaltenen Eintragungen.

B. Gestaltung des neuen Blattes

2 Bei der Umschreibung und der Fassung des neuen Grundbuchblattes ist deshalb davon auszugehen, dass die Umschreibung nur eine äußerliche technische Unübersichtlichkeit beseitigen kann. Eine innere, den Inhalt betreffende Unklarheit kann nicht durch Umschreibung beseitigt werden. Dies wäre nur durch Änderung des Inhalts der Eintragungen möglich.

Im Einzelnen gilt Folgendes:

3 **Abs. 1 Buchst. a:** Das neue Grundbuchblatt erhält grundsätzlich die nächste fortlaufende Nummer. Unter den Voraussetzungen des § 3 Abs. 2 GBV kann jedoch von der fortlaufenden Nummernfolge abgewichen werden.

4 **Abs. 1 Buchst. b:** Der Verweisungsvermerk ist mit Datum und Unterschrift zu versehen. Er lautet etwa:

„*Dieses Blatt ist an die Stelle des wegen … (z.B. Unübersichtlichkeit) geschlossenen Blattes … getreten. Eingetragen am …*"

5 **Abs. 1 Buchst. c:** Grundsätzlich sind nur die gegenwärtig noch wirksamen Eintragungen zu übernehmen, insbesondere soweit sie die Grundlage für die Rechtsvermutungen des § 891 BGB und den öffentlichen Glauben des Grundbuchs gem. § 892 BGB bilden. Andere, insbesondere gelöschte Eintragungen werden unter ihrer bisherigen Nummer nur insoweit übernommen, als dies zum Verständnis der noch gültigen Eintragungen erforderlich ist.[1] So sind beispielsweise gelöschte Eintragungen dann in das neue Blatt zu übernehmen, wenn sie Rechte betreffen, die bei einer noch wirksamen Rangänderung beteiligt gewesen sind. Auch die Übertragung eines gelöschten Nacherbenvermerks kann mit Rücksicht auf die Wirksamkeit der während der Dauer der Vor- und Nacherbschaft getroffenen Verfügungen notwendig sein. Im Übrigen sind aus dem unübersichtlichen Grundbuchblatt aus dem Bestandsverzeichnis und den Abt. I–III gelöschte Eintragungen (mit Rücksicht auf die Rechtsvermutung des § 891 Abs. 2 BGB) nur mit der laufenden Nummer und dem Vermerk „Gelöscht" in das neue Blatt zu übernehmen. Bei den gelöschten Eintragungen ist diese Art der andeutenden Übertragung vorgeschrieben im Hinblick auf die Rechtsvermutung des § 891 Abs. 2 BGB; daneben erleichtert diese Mitübertragung besonders im Bestandsverzeichnis die Benutzung des neuen Blattes, den Zusammenhang mit dem alten Blatt und die Erhaltung der Übereinstimmung mit dem amtlichen Verzeichnis i.S.d. § 2 Abs. 2 GBO. Von der Übernahme auch dieser Kurzvermerke kann im gleichen Umfang wie bei § 25 Abs. 2 Buchst. b abgesehen werden.[2] Es sollte möglichst vermieden werden, dass gelöschte Eintragungen in erheblichem Umfang in das neue Blatt übernommen werden.

6 **Abs. 1 Buchst. d, e:** Die Übernahme der Eintragungen erfolgt im Gegensatz zu § 25 Abs. 2 Buchst. c GBV nicht wörtlich, vielmehr sind die Eintragungsvermerke zusammenzufassen, so dass nur ihr gegenwärtig noch bedeutsamer Inhalt in das neue Blatt übernommen wird.

7 **Abs. 1 Buchst. f**, der eine Erweiterung der bisherigen **Bezugnahme** untersagte, ist durch das RegVBG v. 20.12.1993 (BGBl I 1993, 2182) aufgehoben worden. Insoweit gilt nunmehr § 44 Abs. 3 GBO.

Bei der Umschreibung ist im Übrigen nur eine Umgestaltung in der Form oder im Wortlaut zulässig. Gegenstandslos gewordene Teile eines Eintragungsvermerks, gleichviel ob sie dessen Inhalt oder die Person

---

1 Vgl. dazu OLG Düsseldorf FGPrax 1997, 83.   2 Allg. auch Meikel/*Schneider*, GBV, § 30 Rn 7 ff.

des Berechtigten betreffen, sind wegzulassen, soweit nicht besondere Gründe entgegenstehen. So sind bei der neuen Eintragung des Rechts Veränderungen, die das Recht seit seiner ersten Eintragung erlitten hat, zur Eintragung in der Hauptspalte zu integrieren.[3] Rangvermerke sind grundsätzlich in den Haupteintrag zu übernehmen. Jedoch sind Vermerke, die ihrer Natur nach oder nach der ausdrücklichen Vorschrift der GBV nur in der Veränderungsspalte eingetragen werden können (z.B. Pfandrechte, Löschungsvormerkungen, Verfügungsbeschränkungen), auch im neuen Blatt wieder in der Veränderungsspalte einzutragen. Das Gleiche gilt für Vermerke, die sich auf mehrere Rechte gemeinsam beziehen (z.B. der Vermerk über die Erteilung eines gemeinschaftlichen Hypothekenbriefs).

Bei subjektiv-dinglichen Rechten können sich hinsichtlich der Bezeichnung des herrschenden Grundstücks Probleme ergeben, wenn dieses aufgrund Veränderungen nicht mehr identifiziert werden kann (dazu auch § 6 GBBerG Rdn 5). In diesem Fall sollte mit ausdrücklichem Hinweis auf das Datum der Ersteintragung die alte Bezeichnung beibehalten werden.[4]

Eine Umstellung der Eintragungen in Abt. II und III nach ihrer zur Zeit der Umschreibung bestehenden Rangfolge unter Weglassung der Rangvermerke wird jedoch durch Abs. 1 Buchst. d und e nicht gerechtfertigt. Eine solche Umstellung würde eine Änderung der Nummernbezeichnung für die einzelnen Rechte zur Folge haben; das könnte zu Schwierigkeiten bei der Benutzung des neuen Blattes führen, ließe sich bei relativen Rangverhältnissen nicht durchführen und würde auch eine Berichtigung der Briefe erforderlich machen. Eine Umstellung ist selbst dann nicht zulässig, wenn vor- und zurücktretendes Recht im Range unmittelbar aufeinander folgen oder mehrere Rechte vor- oder zurückgetreten sind, zumal immer die Möglichkeit des Vorhandenseins nicht eingetragener Zwischenrechte besteht. Bei allen Rangänderungen aufgrund der §§ 880, 881 BGB muss die Herkunft des Rangverhältnisses im Grundbuch ersichtlich bleiben, da sie für die Tragweite des so erworbenen Vorrangs bedeutsam ist (vgl. § 880 Abs. 4 BGB). Anderes gilt bei der Eintragung des Ergebnisses eines Rangklarstellungsverfahrens.

Auch die Bezeichnungen der Grundstücke, auf die sich die Eintragungen in den drei Abteilungen beziehen, sind bei der Umschreibung, soweit möglich, den inzwischen eingetretenen Veränderungen im Bestandsverzeichnis anzupassen.

Mit Rücksicht auf § 879 BGB ist in der zweiten und dritten Abteilung der Tag der ersten Eintragung mit zu übertragen. Es geschieht dies so, dass Eintragungs- und Umschreibungsvermerke zusammengefasst werden:

„*Eingetragen am ... und umgeschrieben am...*"

Bei jedem übertragenen Vermerk, dessen Unterzeichnung notwendig ist, muss zum Ausdruck gebracht werden, dass er umgeschrieben ist. Es geschieht dies durch den Zusatz „Umgeschrieben". Bei der Übertragung der Eintragung des Bestandsverzeichnisses genügt in Spalten 5 und 6 ein Übertragungsvermerk über den ganzen Bestand an Stelle der gesonderten Übertragung der einzelnen sich auf die übertragenen Nummern beziehenden Vermerke. Auch in Abt. I ist in Spalten 3 und 4 nur ein sich auf alle Grundstücke, Anteile und subjektiv-dingliche Rechte beziehender Übertragungsvermerk erforderlich. Die in Abs. 1 Buchst. h Nr. 2 aufgeführten Vermerke sind nur Beispiele für die Umschreibung nach § 28 Abs. 1 GBV. Bei Umschreibung gem. § 23 Abs. 1 oder § 28 Abs. 2 GBV ist der Vermerk entsprechend zu fassen.

Jeder mit dem Zusatz „Umgeschrieben" versehene Vermerk ist von den zuständigen Beamten zu unterzeichnen.

Abs. 1 Buchst. i stellt eine Ergänzung des Abs. 1 Buchst. d, e dar.

C. Schließung des alten Blattes

Das umgeschriebene Blatt ist gem. § 36 zu schließen. Der in der Aufschrift einzutragende Schließungsvermerk, bei dem der Grund der Schließung (§ 36 Buchst. b GBV) und die Bezeichnung des neuen Blattes anzugeben ist, lautet etwa:

„*Wegen Unübersichtlichkeit auf das Bl. ... umgeschrieben und geschlossen am ...*"

Der Vermerk ist zu unterzeichnen.

---

[3] Meikel/*Schneider*, GBV, § 30 Rn 18.

[4] Meikel/*Schneider*, GBV, § 30 Rn 20.

D. Benachrichtigung

13 Wegen der **Benachrichtigung** von der Umschreibung vgl. § 39 Abs. 3 GBV.

E. Rechtsbehelfe

14 Teilt das Grundbuchamt den Beteiligten mit, dass es das Grundbuchblatt umzuschreiben beabsichtigt, so ist gegen diese Mitteilung Erinnerung (Beschwerde) unzulässig, weil es sich dabei erst um die Ankündigung eines gerichtlichen Verfahrens handelt. Hat das Grundbuchamt die Umschreibung vorgenommen, so ist gegen die Umschreibung im Ganzen ein Rechtsbehelf ebenfalls unzulässig, da durch die Umschreibung als solche nicht in Rechte der Beteiligten eingegriffen wird. Der Einzelne hat kein Recht darauf, dass über sein Grundstück gerade ein bestimmtes Blatt geführt wird, sondern nur, dass überhaupt ein ordnungsgemäßes Blatt geführt wird. Dagegen ist gegen die einzelne bei der Umschreibung vorgenommene Übertragung und Zusammenfassung oder gegen die Nichtübertragung eines einzelnen Rechts die Erinnerung (Beschwerde), ggf. im Rahmen des § 71 Abs. 2 S. 2 GBO, zulässig. Anfechtbar muss auch die Entscheidung sein, mit der das Grundbuchamt einer Anregung auf Umschreibung nicht entspricht.

F. Notwendigkeit der Umschreibung der Briefe

15 Inwieweit bei einer Umschreibung auch eine Berichtigung der Hypotheken-, Grundschuld- und Rentenschuldbriefe notwendig wird, richtet sich nach den allgemeinen Vorschriften über nachträgliche Vermerke auf den Briefen. Vgl. §§ 57 Abs. 3, 62 GBO.

Nach § 57 Abs. 2 GBO ist die Änderung der Blattnummer auf dem Hypothekenbrief bzw. Grundpfandrechtsbrief zu vermerken. Diese Berichtigung stellt einen nachträglich kraft gesetzlicher Vorschrift auf den Brief gesetzten Vermerk dar, der nach § 49 GBV zu behandeln ist.

§ 31 [Verweis auf Muster]

Die Durchführung der Umschreibung im einzelnen ergibt sich aus den in den Anlagen 2a und 2b beigefügten Mustern. § 22 Satz 2 gilt entsprechend.

1 Anlagen 2a und 2b zur GBV enthalten Grundbuchmuster für die Umschreibung eines unübersichtlichen Grundbuchblattes.

§ 32 [Fortführung der Grundakte]

(1) Die für das geschlossene Grundbuchblatt gehaltenen Grundakten werden unter entsprechender Änderung ihrer Bezeichnung für das neue Blatt weitergeführt. Nach dem umgeschriebenen Blatt ist ein neues Handblatt herzustellen. Das alte Handblatt ist bei den Grundakten zu verwahren; es ist deutlich als Handblatt des wegen Umschreibung geschlossenen Blattes zu kennzeichnen.
(2) Mit Genehmigung der Landesjustizverwaltung oder der von ihr bestimmten Stelle können auch die für das geschlossene Grundbuchblatt gehaltenen Akten geschlossen werden. Das alte Handblatt und Urkunden, auf die eine Eintragung in dem neuen Grundbuchblatt sich gründet oder Bezug nimmt, können zu den Grundakten des neuen Blattes genommen werden; in diesem Fall ist Absatz 1 Satz 3 Halbsatz 2 entsprechend anzuwenden. Die Übernahme ist in den geschlossenen Grundakten zu vermerken.

1 Bei der Umschreibung des Blattes werden die bisherigen Grundakten weitergeführt. Sie erhalten lediglich die Bezeichnung des neuen Blattes. **Abs. 2** ermöglicht jedoch auch eine Schließung der Grundakte. Dabei sind alle für die Eintragungen im neuen Grundbuchblatt erforderlichen Urkunden und Vorgänge, insbesondere natürlich die in Bezug genommenen Eintragungsbewilligungen in die neuen Grundakten zu übernehmen.

Die Erwähnungen zur Behandlung des alten Handblattes sind nach Einführung des maschinell geführten Grundbuchs und Wegfall des Handblattes als Teil der Grundakte nicht mehr von Bedeutung. Die Herstellung eines neuen Handblattes, soweit ein solches überhaupt noch geführt wird, richtet sich nach § 24 Abs. 4 GBV. Um Verwechslungen vorzubeugen, ist das alte Handblatt – wenn noch geführt – als Handblatt des wegen Umschreibung geschlossenen Grundbuchs zu kennzeichnen, nachdem die wörtliche Übereinstimmung hinsichtlich der Vermerke, die anlässlich der Umschreibung auf dem alten Blatt eingetragen wurden, hergestellt ist.

§ 33 [Neufassung einzelner Abteilungen]

(1) Sind nur das Bestandsverzeichnis oder einzelne Abteilungen des Grundbuchblatts unübersichtlich geworden, so können sie für sich allein neu gefaßt werden, falls dieser Teil des Grundbuchblatts hierfür genügend Raum bietet.
(2a) § 29 ist entsprechend anzuwenden.
(2b) Der neu zu fassende Teil des Grundbuchblatts ist durch einen quer über beide Seiten zu ziehenden rot-schwarzen Doppelstrich abzuschließen und darunter der Vermerk zu setzen: „Wegen Unübersichtlichkeit neugefaßt". Die über dem Doppelstrich stehenden Eintragungen sind rot zu durchkreuzen.
(2c) § 30 Abs. 1 Buchstaben c, d, e, g, und i sind entsprechend anzuwenden, Buchstabe c jedoch mit Ausnahme seines Satzes 3.
(2d) 1. Jeder übertragene Vermerk, dessen Unterzeichnung erforderlich ist, ist mit dem Zusatz: „Bei Neufassung übertragen" zu versehen und von dem Richter und dem Urkundsbeamten der Geschäftsstelle zu unterzeichnen.
2. In Spalte 6 des Bestandsverzeichnisses genügt der Vermerk: „Bei Neufassung des unübersichtlich gewordenen Bestandsverzeichnisses als Bestand eingetragen am …".
(2e) Die nicht neu gefaßten Teile des Grundbuchblatts bleiben unverändert.

    A. Voraussetzungen 1   B. Durchführung 2

A. Voraussetzungen

Die Neufassung auch nur eines Teiles des Grundbuchblattes ist bezüglich aller Abteilungen zulässig.

Neben der Unübersichtlichkeit ist weitere Voraussetzung der Neufassung, dass der betroffene Teil des Grundbuchblattes für die Neufassung genügend Raum bietet. Unzulässig ist die Einheftung von Einlagebogen, um auf diese Weise die Neufassung zu ermöglichen. Zulässig muss nach dem Wortlaut des geänderten Abs. 1 auch die Neufassung mehrerer einzelner Abteilungen sein (also z.B. Best. Verz. und Abt. III), ohne dass deswegen eine Vollumschreibung des ganzen Blattes notwendig wäre.

B. Durchführung

Auf die Neufassung finden im Wesentlichen die Vorschriften über die Umschreibung entsprechende Anwendung, mit den Abweichungen, die sich daraus ergeben, dass nicht das ganze Blatt, sondern nur ein Teil des Blattes neugefasst wird. § 29 GBV ist im vollen Umfang anwendbar. Desgleichen sind die für die eigentliche Umschreibung geltenden Vorschriften des § 30 entsprechend anzuwenden (Abs. 2 Buchst. b). Anwendbar sind von § 30 Abs. 1 GBV die Buchst. c, d, e, g und i. Da S. 3 von Buchst. c ausdrücklich ausgenommen ist, sind alle alten Eintragungen zumindest in der sog. „Kurzform" (§ 30 Abs. 1 Buchst. c S. 2 GBV) zu übernehmen. An die Stelle der Schließung (§ 30 Abs. 2 GBV) tritt bei der Neufassung die Abschließung des neuzufassenden Teils des Grundbuchblattes durch einen rotschwarzen Doppelstrich. Der Schließungsvermerk (§ 36 Buchst. b GBV) wird ersetzt durch den Vermerk:

„Wegen Unübersichtlichkeit neugefasst."

(§ 33 Abs. 2b GBV). Mit Rücksicht darauf, dass das alte Blatt fortgesetzt und die Neufassung auf demselben Teil des Grundbuchblattes vollzogen wird, erscheint eine Unterzeichnung des Vermerks nicht erforderlich, dürfte aber zweckmäßig sein. Im Übrigen sind die über dem Doppelstrich stehenden, jetzt neugefassten Eintragungen rot zu durchkreuzen (Abs. 2 Buchst. b S. 2). Besonders zu beachten ist, dass die nicht neugefassten Teile des Grundbuchblattes gänzlich unverändert bleiben.

3   Die **Grundakten** bleiben bei der Neufassung völlig unverändert. Das Handblatt ist gem. § 24 Abs. 4 GBV mit dem neugefassten Teil des Grundbuchblattes wieder in Übereinstimmung zu bringen.

4   Eine **Benachrichtigung** der Beteiligten von der Neufassung ist nicht ausdrücklich vorgeschrieben. Eine entsprechende Anwendung des § 39 S. 3 GBV wird jedoch zweckmäßig sein.

Abschnitt VII: Die Schließung des Grundbuchblatts

§ 34 [Voraussetzungen der Schließung]

Außer den Fällen des § 25 Abs. 1, § 26 Abs. 2, § 27, § 27a Abs. 2 und § 30 Abs. 2 wird das Grundbuchblatt geschlossen, wenn:
a) alle auf einem Blatt eingetragenen Grundstücke aus dem Grundbuchblatt ausgeschieden sind;
b) an Stelle des Grundstücks die Miteigentumsanteile der Miteigentümer nach § 3 Abs. 4 und 5 der Grundbuchordnung im Grundbuch eingetragen werden und weitere Grundstücke nicht eingetragen sind;
c) das Grundstück untergegangen ist.

§ 34 GBV fügt den in § 25 Abs. 1, § 26 Abs. 2, § 27, § 27a und § 30 Abs. 2 GBV geregelten Fällen der Schließung **drei weitere Fälle der Schließung** hinzu. Ein Grundbuchblatt muss geschlossen werden: 1

– Wenn alle auf einem Blatt eingetragenen Grundstücke aus dem Blatt ausgeschieden sind (**Buchst. a**). 2
Das ist der Fall, wenn entweder alle Grundstücke abgeschrieben, d.h. auf ein anderes Blatt übertragen, oder als buchungsfrei gem. § 3 Abs. 2 GBO ausgebucht sind.
– Wenn für ein im Miteigentum stehendes Grundstück die Miteigentumsanteile der Miteigentümer gem. § 3 Abs. 4, 5 GBO auf den Grundbuchblättern der herrschenden Grundstücke eingetragen werden und auf dem Blatt, auf dem das gemeinschaftliche Grundstück bisher eingetragen war, weitere Grundstücke nicht eingetragen sind (**Buchst. b**).

Ähnlich liegt der Fall, wenn im Falle des § 7 Abs. 1 oder § 8 Abs. 2 WEG für jeden Miteigentumsanteil von 3
Amts wegen ein besonderes Grundbuchblatt (Wohnungsgrundbuch, Teileigentumsgrundbuch, Wohnungs- und Teileigentumsgrundbuch) angelegt wird. In diesem Falle wird das Grundbuchblatt des Grundstücks gem. § 7 Abs. 1 S. 3, § 8 Abs. 2 WEG von Amts wegen geschlossen, es sei denn, dass auf dem Grundbuchblatt von der Abschreibung der Miteigentumsanteile (Anlegung der besonderen Grundbuchblätter) nicht betroffene Grundstücke eingetragen sind (§ 6 S. 2 WGV).

Ein Grundbuchblatt ist auch dann zu schließen, wenn das (allein) auf dem Blatt verzeichnete Grundstück 4
(im tatsächlichen Sinne) untergegangen ist (**Buchst. c**); z.B. durch Erdrutsch oder Abschwemmung. Es muss feststehen, dass das Grundstück auf der Erdoberfläche infolge des Untergangs nicht mehr vorhanden ist. Hiervon zu unterscheiden ist der Fall, dass sich das Grundstück in der Örtlichkeit nicht mehr nachweisen lässt.

Ist eines von mehreren auf einem gemeinschaftlichen Grundbuchblatt (§ 4 GBO) eingetragenen Grund- 5
stücken oder ein Grundstücksteil untergegangen, so ist entweder das untergegangene Grundstück oder der untergegangene Grundstücksteil oder der noch vorhandene Restbestand des Blattes abzuschreiben. Sodann ist das Blatt, das den untergegangenen Bestand enthält, zu schließen.

§ 35 [Wegfall des Grundstücks]

(1) Das Grundbuchblatt wird ferner geschlossen, wenn das Grundstück sich in der Örtlichkeit nicht nachweisen läßt.
(2) Vor der Schließung sind alle, denen ein im Grundbuch eingetragenes Recht an dem Grundstück oder an einem solchen Recht zusteht, aufzufordern, binnen einer vom Grundbuchamt zu bestimmenden angemessenen Frist das Grundstück in der Örtlichkeit nachzuweisen, mit dem Hinweis, daß nach fruchtlosem Ablauf der Frist das Blatt geschlossen werde. Die Aufforderung ist den Berechtigten, soweit ihre Person und ihr Aufenthalt dem Grundbuchamt bekannt ist, zuzustellen. Sie kann nach Ermessen des Grundbuchamts außerdem öffentlich bekanntgemacht werden; dies

hat zu geschehen, wenn Person oder Aufenthalt eines Berechtigten dem Grundbuchamt nicht bekannt ist. Die Art der Bekanntmachung bestimmt das Grundbuchamt.

A. Allgemeines	1	I. Aufforderung	3
B. Besonderes Verfahren vor Schließung	2	II. Gemeinschaftliches Blatt	4

A. Allgemeines

1 § 35 GBV regelt einen Sonderfall der Schließung, wenn sich das Grundbuchgrundstück in der Örtlichkeit nicht nachweisen lässt oder nicht zu beseitigende Ungewissheit über den Nachweis des Grundstücks besteht.

B. Besonderes Verfahren vor Schließung

2 Mit Rücksicht auf die durch die Schließung des Grundbuchs eintretende Verschlechterung der Rechtslage der Beteiligten sieht § 35 GBV ein der Schließung vorangehendes besonderes Verfahren vor, das zugleich auch den Zweck hat, nach Möglichkeit die örtliche Lage des Grundstücks festzustellen.[1]

I. Aufforderung

3
– Die Aufforderung nach Abs. 2 S. 1 ist den Berechtigten, soweit ihre Person und ihr Aufenthalt dem Grundbuchamt bekannt ist, zuzustellen. Hierbei hat das Grundbuchamt grundsätzlich von dem Inhalt des Grundbuchs auszugehen. Es ist nicht verpflichtet, Ermittlungen über Person und Aufenthalt anzustellen; ist ihm jedoch Person und Aufenthalt des nicht im Grundbuch eingetragenen wahren Inhabers eines im Grundbuch eingetragenen Rechts bekannt, so hat es diesem zuzustellen. Die Zustellung richtet sich nach § 41 FamFG.
– Neben der Zustellung ist auch die öffentliche Bekanntmachung der Aufforderung nach dem Ermessen des Grundbuchamts möglich (Abs. 2 S. 3). Sie ist zwingend vorgeschrieben, wenn die Person oder der Aufenthalt auch nur eines Berechtigten nicht bekannt ist (Abs. 2 S. 3) und infolgedessen eine Zustellung an ihn nicht erfolgen kann, dürfte sich jedoch davon unabhängig stets empfehlen.

Nach Ablauf der Frist hat das Grundbuchamt zu prüfen, ob dem Beteiligten der Nachweis des Grundstücks in der Örtlichkeit gelungen ist. Ist dies der Fall, so ist das Grundbuch nicht zu schließen, sondern je nach Lage der Sache von Amts wegen richtigzustellen. Stellt es sich hierbei heraus, dass ein Fall der Doppelbuchung vorliegt, so ist nach § 38 GBV zu verfahren. Ist der Nachweis nicht gelungen, so ist das Grundbuchblatt zu schließen. Auch nach Ablauf der Frist eingehende Nachweise hat das Grundbuchamt noch zu berücksichtigen; denn es handelt sich um ein im öffentlichen Interesse geschaffenes Verfahren, die Frist ist keine Ausschlussfrist.

Hatte das Grundbuchamt das Blatt schon geschlossen und gelingt danach der Nachweis des Grundstücks in der Örtlichkeit, so ist ein neues Blatt für das Grundstück anzulegen. Die Wiedereröffnung des geschlossenen Blattes ist nicht möglich. Die dem Grundbuchamt beigebrachten Tatsachen können Anlass geben, von Amts wegen neue Ermittlungen anzustellen.

Die Schließung des Blattes richtet sich nach § 36 GBV. Sie hat lediglich formelle Bedeutung, sie berührt die materielle Rechtslage nicht. Den Beteiligten steht gegen die Schließung die Erinnerung (Beschwerde) mit dem Ziele der Neuanlegung des Blattes offen.

II. Gemeinschaftliches Blatt

4 Ist eines von mehreren auf einem gemeinschaftlichen Blatt (§ 4 GBO) eingetragenen Grundstücken oder ein Grundstücksteil in der Örtlichkeit nicht nachweisbar, so ist das Grundstück oder der Grundstücksteil entweder von dem Blatt abzuschreiben und für das Grundstück oder den Grundstücksteil ein neues Blatt anzulegen, oder die in der Örtlichkeit nachweisbaren Grundstücke oder Grundstücksteile sind auf ein neues Blatt zu übertragen. Dann ist hinsichtlich des nicht in der Örtlichkeit nachweisbaren Grundstücks oder Grundstücksteils nach § 35 Abs. 2 GBV zu verfahren.

---

[1] Meikel/*Schneider*, GBV, § 35 Rn 3 ff.

§ 36 [Rötung und Schließungsvermerk]

Das Grundbuchblatt wird geschlossen, indem
a) sämtliche Seiten des Blattes, soweit sie Eintragungen enthalten, rot durchkreuzt werden;
b) ein Schließungsvermerk, in dem der Grund der Schließung anzugeben ist, in der Aufschrift eingetragen wird.

Die Durchkreuzung sämtlicher Seiten eines Grundbuchblattes soll dessen Schließung kenntlich und eine weitere Verwendung unmöglich machen. Zur Rötung der Seiten eines Grundbuchblattes und zu dem Vermerk im Zusammenhang mit Umschreibung wegen Unübersichtlichkeit siehe Muster Anlage 2a. **1**

Der Schließungsvermerk ist auf der Aufschrift des Blattes anzubringen. Er hat den Grund der Schließung anzugeben, bspw. bei Abschreibung sämtlicher Grundstücke oder wegen Unübersichtlichkeit (vgl. § 34 GBV). In der Grundakte ist die Schließung zu vermerken (§ 21 Abs. 4 S. 1 AktO). **2**

Die Schließung muss den Beteiligten nicht besonders bekanntgegeben werden. Bekanntgegeben wird natürlich die jeweilige Eintragung, die möglicherweise zur Schließung geführt hat, bspw. die Abschreibung der Grundstücke (vgl. auch § 39 S. 1 GBV). **3**

Gegen die Schließung des Grundbuchs steht den Beteiligten kein Rechtsmittel zu, sie stellt lediglich eine aktentechnische Behandlung des Grundbuchamtes dar.[1]

§ 37 [Grundbuchblattnummer]

Die Nummern geschlossener Grundbuchblätter dürfen für neue Blätter desselben Grundbuchbezirks nicht wieder verwendet werden.

Im Interesse der Übersichtlichkeit des Grundbuches schreibt die Norm vor, dass geschlossene Grundbuchblätter zur Anlegung eines neuen Blattes nicht wieder verwendet werden dürfen. Im maschinell geführten Grundbuch ist dies bereits technisch ausgeschlossen. **1**

§ 37 GBV hatte bis Oktober 2013 weitere Absätze 2a, 2b, 2c und 3, die durch das DaBGG v. 1.10.2013 (BGBl I S. 3719) weggefallen sind. Sie regelten die ausnahmsweise zulässige Wiederverwendung der Nummer eines geschlossenen Grundbuchblattes.[1] **2**

---

1 Unklar Meikel/*Schneider*, GBV, § 36 Rn 6. 1 Meikel/*Schneider*, GBV, § 37 Rn 2.

Abschnitt VIII: Die Beseitigung einer Doppelbuchung

§ 38 [Doppelbuchung]

(1) Ist ein Grundstück für sich allein auf mehreren Grundbuchblättern eingetragen, so gilt folgendes:
a) Stimmen die Eintragungen auf den Blättern überein, so sind die Blätter bis auf eins zu schließen. Im Schließungsvermerk (§ 36 Buchstabe b) ist die Nummer des nicht geschlossenen Blattes anzugeben.
b) 1. Stimmen die Eintragungen auf den Blättern nicht überein, so sind alle Blätter zu schließen. Für das Grundstück ist ein neues Blatt anzulegen. Im Schließungsvermerk (§ 36 Buchstabe b) ist die Nummer des neuen Blattes anzugeben.
2. Das Grundbuchamt entscheidet darüber, welche Eintragungen aus den geschlossenen Blättern auf das neue Blatt zu übernehmen sind. Nicht übernommene Eintragungen sind durch Eintragung von Widersprüchen zu sichern. Das Grundbuchamt hat vor der Entscheidung, soweit erforderlich und tunlich, die Beteiligten zu hören und eine gütliche Einigung zu versuchen.
c) Die wirkliche Rechtslage bleibt durch die nach a und b vorgenommenen Maßnahmen unberührt.
(2a) Ist ein Grundstück oder Grundstücksteil auf mehreren Grundbuchblättern eingetragen, und zwar wenigstens auf einem der Grundbuchblätter zusammen mit anderen Grundstücken oder Grundstücksteilen (§§ 4, 5, 6, 6a der Grundbuchordnung), so ist das Grundstück oder der Grundstücksteil von allen Blättern abzuschreiben. Für das Grundstück oder den Grundstücksteil ist ein neues Blatt anzulegen.
(2b) Für die Anlegung des neuen Blattes gilt Absatz 1 Buchstabe b Nr. 2 entsprechend.
(2c) Würde das nach den Absätzen 2a und 2b anzulegende neue Blatt mit einem der alten Blätter übereinstimmen, so wird dieses fortgeführt und das Grundstück oder der Grundstücksteil nur von den anderen alten Blättern abgeschrieben.
(2d) Die wirkliche Rechtslage bleibt von den nach den Absätzen 2a bis 2c vorgenommenen Maßnahmen unberührt.

A. Allgemeines	1	C. Grundstück im gemeinschaftlichen Grundbuch	4
B. Grundstück allein in mehreren Grundbüchern	2	D. Rechtsmittel	5

A. Allgemeines

1 Das Verfahren zur Beseitigung einer Doppelbuchung ist verschieden gestaltet, je nachdem, ob das Grundstück für sich allein auf mehreren Grundbuchblättern eingetragen ist (Abs. 1), oder ob ein Grundstück oder Grundstücksteil auf mehreren Blättern eingetragen ist, und zwar wenigstens auf einem der Grundbuchblätter zusammen mit anderen Grundstücken oder Grundstücksteilen (Abs. 2).

Eine Doppelbuchung sollte nach Einführung des automatisierten Datenabgleichs zwischen Liegenschaftskataster und Bestandsverzeichnis des maschinell geführten Grundbuchs (dazu § 2 GBO Rdn 10 ff.) nicht mehr gegeben sein. Sie könnte sich ergeben, wenn das Grundstück auch im Liegenschaftskataster fälschlicherweise doppelt geführt wird.[1]

B. Grundstück allein in mehreren Grundbüchern

2 Steht das Grundstück auf **mehreren Blättern** je für sich **allein** eingetragen und stimmen die Eintragungen auf sämtlichen Blättern genau wörtlich (auch im Eintragungsdatum) überein, so wird nur eines der

---

[1] Fallgestaltungen bei Meikel/*Schneider*, GBV, Vorbem. zu § 38 Rn 1.

Blätter weitergeführt. Die nicht weitergeführten Blätter sind zu schließen (vgl. § 36 GBV); im Schließungsvermerk (§ 36 Buchst. b GBV) ist die Nummer des nicht geschlossenen Blattes anzugeben (Abs. 1 Buchst. a).

Stimmen die Eintragungen auf den Blättern **nicht überein,** so sind alle Blätter zu schließen. Für das Grundstück ist ein neues Blatt anzulegen. Auf diese Anlegung sind nicht etwa die §§ 116 ff. GBO anzuwenden. Das neue Blatt ist vielmehr aufgrund des Inhalts der alten Blätter anzulegen. Bei der Entscheidung der Frage, welche Eintragungen aus den alten Blättern auf das neue Blatt zu übernehmen sind (Abs. 1 Buchst. b Nr. 2), ist die materielle Rechtslage zu berücksichtigen; es werden nur solche Eintragungen übernommen, die das Grundbuchamt für materiell wirksam hält.

Es sind daher regelmäßig die Beteiligten zu hören, um etwaige Differenzen im Wege einer gütlichen Einigung beizulegen. Eine Einigung zwischen den Beteiligten stellt keinen Vergleich im Sinne der § 779 BGB oder § 278 ZPO dar, sie ist nur für das Grundbuchverfahren von Bedeutung.[2] Ein Beteiligter kann und muss daher, wenn er mit der Eintragung nicht einverstanden ist, die weiteren Berechtigten auf Grundbuchberichtigung in Anspruch nehmen. Sein vorher gegebenes Einverständnis kann dabei in eine Beweiswürdigung einfließen. Scheitert eine Einigung, so legt das Grundbuchamt das neue Blatt mit den nach seiner Ansicht wirksamen Eintragungen an. Diese Entscheidung hat keine materiell-rechtlich konstitutive Bedeutung. Gegebenenfalls ist die Rechtslage zwischen den Beteiligten im Prozess zu klären.

Nicht übernommene Eintragungen sind, wenn die Anlegung nicht auf gütlicher Einigung der Beteiligten beruht, durch Eintragung eines Widerspruchs zu sichern; hierdurch wird materiellen Rechtsverlusten der Beteiligten vorgebeugt, die etwa nach Anlegung des neuen Blattes wegen des öffentlichen Glaubens des Grundbuchs entstehen können. Entsprechendes muss gelten, wenn auf dem neuen Blatt ein anderer Berechtigter als auf einem der geschlossenen Blätter eingetragen wird. Für eine Prüfung der sachlichen Richtigkeit des Widerspruchs hinsichtlich des wirklichen Bestehens des durch den Widerspruch gesicherten Rechts ist kein Raum.

Die Nummer des neuen Blattes ist im Schließungsvermerk der alten Blätter (§ 36 Buchst. b GBV) anzugeben (Abs. 1 Buchst. b Nr. 1).

C. Grundstück im gemeinschaftlichen Grundbuch

Ist ein Grundstück oder Grundstücksteil auf mehreren Blättern eingetragen, aber wenigstens auf einem der Blätter zusammen mit anderen Grundstücken oder Grundstücksteilen, so ist das Grundstück oder der Grundstücksteil von allen Blättern abzuschreiben. Gegebenenfalls, wenn nämlich die Voraussetzungen des § 34 Buchst. a GBV infolge der Abschreibung hinsichtlich eines Blattes erfüllt sein würden, ist nach der Abschreibung des Grundstücks die Schließung dieses alten Blattes notwendig.

Es ist ein neues Grundbuchblatt für das Grundstück anzulegen (Abs. 2 Buchst. a). In dem Abschreibungsvermerk (im Falle des § 34 Buchst. a GBV im Schließungsvermerk) ist die Nummer des neuen Blattes und der Grund der Abschreibung anzugeben.

D. Rechtsmittel

Beschwerde gegen die einzelne Eintragung anlässlich der Beseitigung der Doppelbuchung ist nach Maßgabe des § 71 Abs. 2 S. 2 GBO statthaft. Gegen die Eintragung eines Widerspruchs ist gleichfalls Beschwerde statthaft.

---

2 Dazu Meikel/*Schneider*, GBV, § 38 Rn 7.

Abschnitt IX: Die Bekanntmachung der Eintragungen

§ 39 [Eintragungsbekanntmachung]

Die Umschreibung eines Grundbuchblatts ist dem Eigentümer, den eingetragenen dinglich Berechtigten und der Katasterbehörde (Flurbuchbehörde, Vermessungsbehörde) bekanntzugeben. Inwieweit hiermit eine Mitteilung von etwaigen Änderungen der Eintragungsvermerke zu verbinden ist, bleibt, unbeschadet der Vorschrift des § 55 der Grundbuchordnung, dem Ermessen der für die Führung des Grundbuchs zuständigen Person überlassen. Die Änderung der laufenden Nummern von Eintragungen (§ 30 Abs. 1 Buchstabe c Satz 3) ist dem Eigentümer stets, einem eingetragenen dinglich Berechtigten, wenn sich die laufende Nummer seines Rechts ändert oder die Änderung für ihn sonst von Bedeutung ist, bekanntzugeben. Ist über eine Hypothek, Grundschuld oder Rentenschuld ein Brief erteilt, so ist bei der Bekanntgabe der Gläubiger aufzufordern, den Brief zwecks Berichtigung, insbesondere der Nummer des Grundbuchblatts, dem Grundbuchamt alsbald einzureichen.

A. Verweisung .... 1 B. Mitteilungen nach Blattumschreibung ... 2

A. Verweisung

1 § 39 GBV wurde zusammen mit § 55 GBO durch das RegVBG v. 20.12.1993 (BGBl I 1993, 2182) neu gefasst. Die früheren Abs. 1, 2 und 4 wurden aufgehoben. Die in den aufgehobenen Vorschriften getroffenen Regelungen finden sich in § 55 Abs. 3, 4 und 8 GBO.

B. Mitteilungen nach Blattumschreibung

2 § 39 GBV schreibt die Mitteilung von der Umschreibung eines Grundbuchblattes vor. Die Vorschrift gilt für alle Fälle einer Blattumschreibung (§ 23 Abs. 1, § 28 Abs. 1, Abs. 2 Buchst. a und b GBV). Mitzuteilen ist hierbei grundsätzlich nur die Tatsache der Umschreibung.

- Bekannt zu geben ist die Umschreibung dem Eigentümer, den eingetragenen dinglich Berechtigten und der Katasterbehörde (Vermessungsbehörde) oder der sonstigen Behörde, die das nach § 2 Abs. 2 GBO maßgebende amtliche Verzeichnis führt.
- Ist auf dem umgeschriebenen Blatt ein Briefrecht eingetragen, so hat das Grundbuchamt bei der Mitteilung der Umschreibung an den Gläubiger diesen zugleich aufzufordern, den Brief zur Berichtigung dem Grundbuchamt einzureichen.

3 Verfährt das Grundbuchamt nach § 30 Abs. 1 Buchst. c S. 3 GBV (= Neunummerierung auf dem neuen Blatt), so sind zu benachrichtigen:
- immer der Eigentümer,
- ein dinglich Berechtigter, der im Buch eingetragen ist, wenn sein Recht eine neue Nummer erhalten hat;
- jeder dinglich Berechtigte, für den die Änderung von Bedeutung sein kann. Hier ist insbesondere zu denken an die Inhaber von Rechten an eingetragenen Rechten (Pfandgläubiger) oder sonstige i.S.v. § 19 GBO mittelbar Betroffene.

4 Inwieweit der Zwang zur Vorlegung des Hypotheken-, Grundschuld- oder Rentenschuldbriefes zwecks Berichtigung (vgl. § 39 S. 3 GBV) ausgeübt werden kann, richtet sich nach den allgemeinen Vorschriften (vgl. § 62 GBO).

Abschnitt IX: Die Bekanntmachung der Eintragungen § 42 GBV

§ 40 [Mitteilung von Zuständigkeitswechsel]

(1) Geht die Zuständigkeit für die Führung des Grundbuchblatts infolge einer Bezirksänderung oder auf sonstige Weise auf ein anderes Grundbuchamt über (§§ 25, 26), so hat dieses hiervon den eingetragenen Eigentümer und die aus dem Grundbuch ersichtlichen dinglich Berechtigten unter Mitteilung der künftigen Aufschrift des Grundbuchblatts zu benachrichtigen. Die Vorschriften des § 39 Satz 3 und 4 sind entsprechend anzuwenden. Die vorstehenden Bestimmungen gelten nicht, wenn die Änderung der Zuständigkeit sich auf sämtliche Grundstücke eines Grundbuchbezirks erstreckt und die Bezeichnung des Grundbuchbezirks sowie die Band- und Blattnummern unverändert bleiben.
(2) Die Vorschriften des Absatzes 1 Satz 1 und des § 39 Satz 3 und 4 sind entsprechend anzuwenden, wenn ein Grundstück in einen anderen Grundbuchbezirk desselben Grundbuchamts übergeht (§ 27).

Abs. 1 regelt die Benachrichtigung der Beteiligten in den Fällen des Zuständigkeitswechsels. Die Benachrichtigung ist erforderlich, um dem im Grundbuch eingetragenen Eigentümer und den aus dem Grundbuch ersichtlichen dinglichen Berechtigten von der neuen Bezeichnung des Grundbuchblattes Kenntnis zu geben (Abs. 1 S. 1). Die Benachrichtigung erübrigt sich daher, wenn die Änderung der Zuständigkeit sich auf einen ganzen Grundbuchbezirk erstreckt und die Bezeichnung des Blattes unverändert bleibt (Abs. 1 S. 2). Für die Benachrichtigung gilt § 39 Abs. 3 S. 3 und 4 GBV entsprechend; d.h., dass der Eigentümer stets, ein dinglich Berechtigter dann zu benachrichtigen ist, wenn die Änderung für ihn von Bedeutung ist. Das muss im vorliegenden Falle wohl stets angenommen werden.

Die in Abs. 1 S. 1 vorgeschriebene **Benachrichtigung** hat auch zu erfolgen, wenn ein Grundstück in einen anderen Grundbuchbezirk desselben Grundbuchamts übergeht (§ 27 GBV). Auch in diesen Fällen ist den in Abs. 1 S. 1 genannten Beteiligten die neue Bezeichnung des Grundbuchblattes bekannt zu geben.

§ 41

(weggefallen)

§ 42 [Unterschriftsleistung bei Mitteilungen]

Erforderliche maschinell erstellte Zwischenverfügungen und die nach den §§ 55 bis 55b der Grundbuchordnung vorzunehmenden Mitteilungen müssen nicht unterschrieben werden. In diesem Fall soll auf dem Schreiben der Vermerk „Dieses Schreiben ist maschinell erstellt und auch ohne Unterschrift wirksam" angebracht sein.

Die Vorschrift gilt für sämtliche in der GBO und GBV vorgeschriebenen Benachrichtigungen sowie für Zwischenverfügungen im maschinellen Verfahren. Sie müssen nicht unterschrieben werden; auf diesen Umstand ist durch den allgemein üblichen Hinweis aufmerksam zu machen. Diese Freistellung bezieht sich jedoch nur auf die an Beteiligte zu versendenden Ausfertigungen (Abschriften); die bei den Akten verbleibende **Urschrift** bedarf, wie jede gerichtliche Entscheidung, sehr wohl der Unterzeichnung.[1] Insbesondere ist ein Zurückweisungsbeschluss auf dem in den Akten verbleibenden Original zu unterzeichnen, an den Antragsteller ist eine ordnungsgemäß mit Unterschrift versehene beglaubigte Abschrift zu übersenden.

---

1 BayObLG Rpfleger 1996, 148.

Abschnitt X: Grundbucheinsichten und -abschriften

§ 43 [Einsichtsrecht von Behörden und Notaren]

(1) Beauftragte inländischer öffentlicher Behörden sind befugt, das Grundbuch einzusehen und eine Abschrift zu verlangen, ohne daß es der Darlegung eines berechtigten Interesses bedarf.
(2) Dasselbe gilt für Notare sowie für Rechtsanwälte, die im nachgewiesenen Auftrag eines Notars das Grundbuch einsehen wollen, für öffentlich bestellte Vermessungsingenieure und dinglich Berechtigte, soweit Gegenstand der Einsicht das betreffende Grundstück ist. Unbeschadet dessen ist die Einsicht in das Grundbuch und die Erteilung von Abschriften hieraus zulässig, wenn die für den Einzelfall erklärte Zustimmung des eingetragenen Eigentümers dargelegt wird.

A. Allgemeines .... 1 B. Inhalt der Vorschrift 2

A. Allgemeines

1 § 43 GBV beruht auf der Rechtsgrundlage des § 12 Abs. 3 GBO. Er erleichtert über den Rahmen des § 12 GBO hinaus die Grundbucheinsicht und die Erlangung von Abschriften aus dem Grundbuch.

B. Inhalt der Vorschrift

2 Auch im Falle des § 43 GBV ist Voraussetzung der Einsichtsgewährung und der Abschriftenerteilung das Vorliegen eines **berechtigten Interesses** (dazu § 12 GBO Rdn 5 ff.). Während grundsätzlich dieses berechtigte Interesse dem Grundbuchamt darzulegen ist, befreit § 43 GBV die darin Genannten von dieser Darlegungspflicht, weil in den erfassten Fällen regelmäßig von seinem Vorliegen ausgegangen werden kann und ein Missbrauch zumeist nicht zu besorgen ist. Da das berechtigte Interesse jedoch auch hier vorliegen muss,[1] muss das Grundbuchamt die Einsicht bzw. Abschriftenerteilung verweigern, wenn es weiß, dass ein berechtigtes Interesse ausnahmsweise nicht vorliegt.

3 Von der Darlegung eines **berechtigten Interesses sind befreit**:
– **Öffentliche Behörden**; Sparkassen als Anstalten des öffentlichen Rechts sind keine Behörden und genießen das Behördenprivileg daher nicht.[2] Der Einsichtnehmende muss sich als Beauftragter der Behörde ausweisen.

4 – **Notare**; sie sind den öffentlichen Behörden hinsichtlich Einsicht und Abschriftenerteilung gleichgestellt. Regelmäßig genügt deshalb der Hinweis auf die Eigenschaft als Notar, um die Einsicht zu rechtfertigen.

5 – **Rechtsanwälte**; für sie gilt die Erleichterung des § 43 GBV nur, wenn sie im Auftrag eines Notars handeln. Da Abs. 2 ausdrücklich einen „nachgewiesenen Auftrag" verlangt, dürfte eine dahingehende einfache Erklärung des Rechtsanwalts nicht genügen.[3] Der Auftrag ist vielmehr durch Vorlage einer Vollmacht nachzuweisen; empfehlenswert ist auch die Erklärung, in rein notarieller Angelegenheit tätig zu sein, um klar gegen die Anwaltstätigkeit abzugrenzen, die nicht privilegiert ist. Dies gilt insbesondere bei Anwaltsnotaren. In anderen Angelegenheiten – also ohne Auftrag eines Notars – gelten für Rechtsanwälte die Regeln des § 12 GBO.

6 – **Vermessungsingenieure**; sie genießen die Erleichterung des § 43 GBV, jedoch nur in Bezug auf das Grundstück, d.h., ihre erleichterte Einsicht beschränkt sich auf das Bestandsverzeichnis.

7 – **Dinglich Berechtigte**; sie fallen regelmäßig bereits unter § 12 GBO, so dass ihre Nennung hier keine Besonderheit bedeuten kann.

---

1 BayObLGZ 1952, 82.
2 Vgl. BVerfG Rpfleger 1983, 388.
3 Meikel/*Böttcher*, § 12 GBO Rn 41; a.A. *Demharter*, § 12 GBO Rn 15.

– **Presse**; Bei Auslegung von § 12 GBO ist der Pressefreiheit Rechnung zu tragen (§ 12 GBO Rdn 3, 9 „Presse"). Pressevertreter sind aber von der Darlegungspflicht nicht befreit; sie haben das besondere „Informationsinteresse" der Öffentlichkeit darzulegen.[4]

Da § 12 GBO neben seiner die Buchpublizität gewährleistenden Funktion auch die – viel zu sehr vernachlässigte – Aufgabe hat, die informationelle Selbstbestimmung des Eigentümers (und der eingetragenen Berechtigten) zu schützen, kann bei Fehlen der Voraussetzung des § 12 GBO ein Einsichtsrecht durch Zustimmung der Geschützten (hier nur Eigentümer) erlangt werden. Dass die Zustimmung nicht nachzuweisen, sondern nur „darzulegen" ist, muss als gesetzgeberische Fehlleistung bezeichnet werden. Angesichts der in dieser Beziehung tagtäglich anzutreffenden Bereitschaft zur schamlosen Lüge darf sich das Grundbuchamt keinesfalls mit der unsubstantiierten Behauptung begnügen, der Eigentümer sei einverstanden. Der Einsichtbegehrende hat sich vielmehr darüber zu erklären, wann, wo, unter welchen Umständen und in welchem Zusammenhang der Eigentümer sich so erklärt habe. Besteht Anlass, daran zu zweifeln (Makler, Adressenverlage, Gebäudereinigungsunternehmen u.Ä. suchen auf diesem Wege potenzielle Kunden, die dann mit Werbung belästigt werden), so ist ein Nachweis zu verlangen. Dies gilt umso mehr, als nach den Grundregeln der seit 25.5.2018 uneingeschränkte anwendbaren Datenschutz-Grundverordnung, der Verordnung (EU) 2016/679 (ABl L 119, 4.5.2016; ber. ABl L 127, 23.5.2018). Nach deren Grundsätzen in Art. 5 sind personenbezogene Daten, zu welchen ohne Zweifel die Grundbucheintragungen gehören, rechtmäßig und zweckgebunden zu verwenden. Die DSGVO verlangt nicht für jeden Fall einer Auskunft an Dritte die Einwilligung des Betroffenen, jedoch ist stets zu prüfen, ob die Weitergabe von Daten mit Wissen des jeweiligen Betroffenen erfolgt und seine berechtigten Interessen nicht beeinträchtigt.

§ 43 GBV ist nicht etwa eine **Ausführungsvorschrift zu** § 12 GBO, sondern stellt eigentlich eine Ergänzung bzw. Änderung dieser Vorschrift dar. Es gibt daher, wie § 12 GBO, einen mit den üblichen Rechtsbehelfen verfolgbaren Einsichtsanspruch.

Zur **Einsicht in die Grundakten** und der Erteilung von Abschriften daraus vgl. im Übrigen § 46 GBV. Zu **Auskünften** bzw. Einsichten in das **Eigentümerverzeichnis** siehe § 45 GBV.

§ 44 [Beglaubigter Auszug]

(1) Grundbuchabschriften sind auf Antrag zu beglaubigen.
(2) Auf einfachen Abschriften ist der Tag anzugeben, an dem sie gefertigt sind. Der Vermerk ist jedoch nicht zu unterzeichnen.

A. Abs. 1 1	C. Rechtsmittel 4
B. Abs. 2 3	

A. Abs. 1

Abs. 1 ergänzt § 12 Abs. 2 Hs. 2 GBO. Wer eine Grundbuchabschrift zu verlangen berechtigt ist, kann auch ihre Beglaubigung beantragen; der Berechtigte hat die Wahl, ob er eine einfache oder eine beglaubigte Abschrift verlangen will.

Für das maschinell geführte Grundbuch gilt § 78 GBV; § 44 GBV hat daher keine praktische Bedeutung mehr.

Zuständig für die Beglaubigung der Grundbuchabschriften bzw. für die Erteilung des „Amtlichen Ausdrucks" nach § 78 Abs. 2 GBV ist der Urkundsbeamte der Geschäftsstelle, § 12c Abs. 2 Nr. 1 GBO.

---

4 Vgl. dazu *Böhringer*, Rpfleger 2001, 331.

B. Abs. 2

3 Abs. 2 behandelt die einfachen Abschriften. Danach ist auf einer einfachen Abschrift der Tag anzugeben, an dem sie gefertigt ist. Dieser Vermerk ist jedoch weder von dem Grundbuchbeamten noch von den Kanzleikräften zu unterzeichnen.

C. Rechtsmittel

4 Die Beschwerde gegen die Erteilung einer Grundbuchabschrift ist zulässig; jedoch steht sie dem Eigentümer dann nicht mehr zu, wenn die Abschrift dem Dritten erteilt ist. Gegen die Ablehnung der Erteilung einer Abschrift durch den Urkundsbeamten der Geschäftsstelle ist Erinnerung entspricht § 12c Abs. 4 GBO statthaft.

§ 45 [Teilweise Abschrift]

(1) Die Erteilung einer beglaubigten Abschrift eines Teils des Grundbuchblatts ist zulässig.

(2) In diesem Fall sind in die Abschrift die Eintragungen aufzunehmen, welche den Gegenstand betreffen, auf den sich die Abschrift beziehen soll. In dem Beglaubigungsvermerk ist der Gegenstand anzugeben und zu bezeugen, daß weitere ihn betreffende Eintragungen in dem Grundbuch nicht enthalten sind.

(3) Im übrigen ist das Grundbuchamt den Beteiligten gegenüber zur Auskunftserteilung nur aufgrund besonderer gesetzlicher Vorschrift verpflichtet.

A. Erteilung von teilweisen Abschriften 1   B. Auskunftserteilung 2

A. Erteilung von teilweisen Abschriften

1 Absätze 1 und 2 behandeln die Erteilung einer beglaubigten Abschrift eines Teils des Grundbuchblattes. Wie auch § 44 GBV ist die Vorschrift durch § 78 GBV für das maschinell geführte Grundbuch weitgehend ersetzt.

Die Erteilung einer teilweisen Abschrift ist zulässig, obwohl sie einen Fall der Auskunftserteilung darstellt. Nicht zulässig ist dagegen die Erteilung einer einfachen (unbeglaubigten) Abschrift eines Teils des Grundbuchblattes.

Wird die Abschrift eines Teils des Grundbuchblattes verlangt, so sind in die Abschrift nur die Eintragungen aufzunehmen, die den Gegenstand betreffen, auf den sich die Abschrift beziehen soll. Dieser Gegenstand ist im Beglaubigungsvermerk anzugeben. Ferner ist im Beglaubigungsvermerk zu bezeugen, dass weitere, den Gegenstand betreffende Eintragungen im Grundbuch nicht enthalten sind (Abs. 2).

Den Umfang des zu beglaubigenden Teils und den Inhalt des Beglaubigungsvermerks hat der Urkundsbeamte der Geschäftsstelle zu bestimmen.

B. Auskunftserteilung

2 Absatz 3 behandelt die **Auskunftserteilung** des Grundbuchamts.

Eine Pflicht zur Auskunftserteilung besteht nur aufgrund ausdrücklicher gesetzlicher Vorschrift (Abs. 3 S. 1). Hierher gehören folgende Fälle:
– § 45 Abs. 2 S. 2 GBV, §§ 17 Abs. 2, 19 Abs. 2, § 146 ZVG. Eine Pflicht zur Auskunftserteilung aus dem **Eigentümerverzeichnis** ergibt sich unter den Voraussetzungen des § 12a Abs. 1 S. 3 GBO.
– Gegenüber Behörden ergibt sich eine Auskunftspflicht auch aus Art. 35 GG.

3 In den übrigen Fällen ist das Grundbuchamt zur Auskunftserteilung nicht verpflichtet, insbesondere können – von wem auch immer – telefonische Auskünfte nicht verlangt werden.

Unschwer zu erteilende Auskünfte an der Amtsstelle können u.U. ein nobile officium sein.[1] Das muss jedoch Ausnahme bleiben. Unzulässig ist eine Auskunft darüber, ob eine bestimmte Person Grundbesitz hat, wenn die Voraussetzungen des § 12a Abs. 1 S. 3 GBO nicht erfüllt sind.

Ausdrücklich verboten ist die Auskunftserteilung im Falle des § 45 Abs. 3 S. 2 GBV. Die Erteilung eines abgekürzten Auszuges aus dem Inhalt des Grundbuchs ist nicht zulässig. Im Gegensatz zur Abschrift eines Teils des Grundbuchblattes enthält der abgekürzte Auszug nicht die vollständige Abschrift des betreffenden Teils des Grundbuchblattes; der Inhalt des Grundbuchs wird nicht wörtlich, sondern nur in verkürzter Form wiedergegeben. Der Grund dieses Verbots ist, dass bei Erteilung derartiger Auszüge leicht Versehen vorkommen, die zu Schadensersatzforderungen führen können.[2]

Zuständig für die Auskunftserteilung in den gesetzlich vorgesehenen Fällen ist der Urkundsbeamte der Geschäftsstelle (§ 12c Abs. 1 Nr. 3 GBO).

Ein Rechtsbehelf gegen die Erteilung oder Nichterteilung einer Auskunft war nach früherer Auffassung[3] nicht statthaft; der die Auskunft Begehrende (bzw. der Eigentümer) wurde auf die Dienstaufsichtsbeschwerde verwiesen. Im Hinblick auf § 12c Abs. 1 Nr. 3, Abs. 4 GBO kann dies keine Geltung mehr beanspruchen.

§ 46 [Einsichtsgewährung in Grundakte]

(1) Die Einsicht von Grundakten ist jedem gestattet, der ein berechtigtes Interesse darlegt, auch soweit es sich nicht um die in § 12 Abs. 1 Satz 2 der Grundbuchordnung bezeichneten Urkunden handelt.
(2) Die Vorschrift des § 43 ist auf die Einsicht von Grundakten entsprechend anzuwenden.
(3) Soweit die Einsicht gestattet ist, kann eine Abschrift verlangt werden, die auf Antrag auch zu beglaubigen ist. Die Abschrift kann dem Antragsteller auch elektronisch übermittelt werden.

A. Allgemeines 1	B. Voraussetzungen, Zuständigkeit 2

A. Allgemeines

§ 46 GBV betrifft nur die Teile der Grundakten, die nicht unter § 12 Abs. 1 S. 2 GBO fallen, d.h. solche Schriftstücke, auf die nicht im Grundbuch zu Ergänzung einer Eintragung Bezug genommen ist; ebenfalls werden noch nicht erledigte Eintragungsanträge nicht von § 46 umfasst. Für die Einsicht dieser unter § 12 Abs. 1 S. 2 GBO fallenden Schriftstücke und für die Erteilung von Abschriften von ihnen gelten die für die Einsicht des Grundbuchs und für die Erteilung von Abschriften aus dem Grundbuch maßgebenden Vorschriften (§ 12 Abs. 1 S. 1, Abs. 2 GBO; §§ 43–45 GBV). Die Bestimmungen der §§ 12, 124 GBO und §§ 43–46 GBV ersetzen § 13 FamFG.

B. Voraussetzungen, Zuständigkeit

Die **Voraussetzungen** für die Einsicht der Grundakten und für die Erteilung von Abschriften aus den Grundakten sind die gleichen wie für die Einsicht des Grundbuches und die Erteilung von Abschriften aus dem Grundbuch.

Die Einsicht von Grundakten ist jedem gestattet, der ein berechtigtes Interesse darlegt. Dem Recht auf Akteneinsicht wird dadurch genügt, dass die Grundakten dem Berechtigten bei dem Grundbuchamt zur Verfügung gehalten werden. Ein Recht auf Vorlegung bei einem anderen Gericht ist mit ihm nicht – auch nicht für öffentliche Behörden und Notare – verbunden.

---

1 BayObLGZ 67, 351.
2 BGH Betrieb 1956, 1059.
3 KG KGJ 23, 213, siehe auch noch KG Rpfleger 1986, 299.

Wer zur Einsicht der Grundakten berechtigt ist, kann auch eine Abschrift aus den Grundakten verlangen, sei es eine einfache, eine beglaubigte oder eine elektronische.

3 **Zuständig** für die Entscheidung über die Anträge auf Einsicht der Grundakten oder auf Erteilung von Abschriften aus den Grundakten ist der Urkundsbeamte der Geschäftsstelle (§ 12c Abs. 1 Nr. 1 GBO).

§ 46a [Protokollierung der Einsicht]

(1) Das Protokoll, das nach § 12 Absatz 4 der Grundbuchordnung über Einsichten in das Grundbuch zu führen ist, muss enthalten:
1. das Datum der Einsicht,
2. die Bezeichnung des Grundbuchblatts,
3. die Bezeichnung der Einsicht nehmenden Person und gegebenenfalls die Bezeichnung der von dieser vertretenen Person oder Stelle,
4. Angaben über den Umfang der Einsichtsgewährung sowie
5. eine Beschreibung des der Einsicht zugrunde liegenden berechtigten Interesses; dies gilt nicht in den Fällen des § 43.

Erfolgt die Einsicht durch einen Bevollmächtigten des Eigentümers oder des Inhabers eines grundstücksgleichen Rechts, sind nur die Angaben nach Satz 1 Nummer 1 bis 3 in das Protokoll aufzunehmen.

(2) Dem Eigentümer des jeweils betroffenen Grundstücks oder dem Inhaber des grundstücksgleichen Rechts wird die Auskunft darüber, wer Einsicht in das Grundbuch genommen hat, auf der Grundlage der Protokolldaten nach Absatz 1 erteilt.

(3) Die Grundbucheinsicht durch eine Strafverfolgungsbehörde ist im Rahmen einer solchen Auskunft nicht mitzuteilen, wenn
1. die Einsicht zum Zeitpunkt der Auskunftserteilung weniger als sechs Monate zurückliegt und
2. die Strafverfolgungsbehörde erklärt hat, dass die Bekanntgabe der Einsicht den Erfolg strafrechtlicher Ermittlungen gefährden würde.

Durch die Abgabe einer erneuten Erklärung nach Satz 1 Nummer 2 verlängert sich die Sperrfrist um sechs Monate; mehrmalige Fristverlängerung ist zulässig. Wurde dem Grundstückseigentümer oder dem Inhaber eines grundstücksgleichen Rechts eine Grundbucheinsicht nicht mitgeteilt und wird die Einsicht nach Ablauf der Sperrfrist aufgrund eines neuerlichen Auskunftsbegehrens bekanntgegeben, so sind die Gründe für die abweichende Auskunft mitzuteilen.

3a) Die Grundbucheinsicht durch eine Verfassungsschutzbehörde, den Bundesnachrichtendienst oder den Militärischen Abschirmdienst, die Zentralstelle für Sanktionendurchsetzung oder die Zentralstelle für Finanztransaktionsuntersuchungen ist im Rahmen einer Auskunft nach Absatz 2 Satz 1 nicht mitzuteilen, wenn die Behörde erklärt hat, dass die Bekanntgabe der Einsicht ihre Aufgabenwahrnehmung gefährden würde. Die Auskunftssperre endet, wenn die Behörde mitteilt, dass die Aufgabengefährdung entfallen ist, spätestens zwei Jahre nach Zugang der Erklärung nach Satz 1. Sie verlängert sich um weitere zwei Jahre, wenn die Behörde erklärt, dass die Aufgabengefährdung fortbesteht; mehrmalige Fristverlängerung ist zulässig. Absatz 3 Satz 3 gilt entsprechend.

(4) Nach Ablauf des zweiten auf die Erstellung der Protokolle folgenden Kalenderjahres werden die nach Absatz 1 gefertigten Protokolle gelöscht. Die Protokolldaten zu Grundbucheinsichten nach Absatz 3 Satz 1 und Absatz 3a werden für die Dauer von zwei Jahren nach Ablauf der Frist, in der eine Bekanntgabe nicht erfolgen darf, für Auskünfte an den Grundstückseigentümer oder den Inhaber eines grundstücksgleichen Rechts aufbewahrt; danach werden sie gelöscht.

(5) Zuständig für die Führung des Protokolls nach Absatz 1 und die Erteilung von Auskünften nach Absatz 2 ist der Urkundsbeamte der Geschäftsstelle des Grundbuchamts, das das betroffene Grundbuchblatt führt.

(6) Für die Erteilung von Grundbuchabschriften, die Einsicht in die Grundakte sowie die Erteilung von Abschriften aus der Grundakte gelten die Absätze 1 bis 5 entsprechend. Das Gleiche gilt für die

Einsicht in ein Verzeichnis nach § 12a Absatz 1 der Grundbuchordnung und die Erteilung von Auskünften aus einem solchen Verzeichnis, wenn hierdurch personenbezogene Daten bekanntgegeben werden.

A. Allgemeines	1	D. Aufbewahrungsfrist (Abs. 4)	4
B. Inhalt des Protokolls (Abs. 1)	2	E. Zuständigkeit	5
C. Auskunftsrecht des Eigentümers (Abs. 2 und 3)	3	F. Sonstiges	6

A. Allgemeines

Die Vorschrift regelt die Führung des Protokolls über Grundbucheinsicht nach § 12 Abs. 4 GBO. Sie wurde eingefügt durch das Datenbankgrundbuchgesetz vom 1.10.2013 (BGBl I S. 3719). Wesentlich soll durch die Protokollierung der Datenschutz zugunsten des Eigentümers gesichert werden.[1] Durch Art. 16 des Gesetzes zur Umsetzung der Datenschutz-Grundverordnung v. 20.11.2019 (BGBl I S. 1724) wurden in Abs. 2 die Sätze 2 und 3 gestrichen. Durch das Sanktionendurchsetzungsgesetz II v. 19.12.2022 (BGBl I S. 2606) wurde in Abs. 3a die Zentralstelle für Sanktionendurchsetzung als weitere privilegierte Stelle eingefügt.

Zugleich wurden durch § 19b GwG die Grundbuchämter verpflichtet, bis zum 31.7.2023 zum Stand vom 30.6.2023 dem Transparenzregister umfassende Mitteilungen zu den Grundbüchern und den Eintragungen in Abt. I zu machen (§ 19b Abs. 1 GwG). Die Übermittlung soll auf Basis bereits verfügbarer strukturierter Daten erfolgen. Ab dem 1.7.2023 sollen dann Veränderungen der grundbuchmäßigen Bezeichnung des Grundstücks und des Eigentümers an das Transparenzregister mitgeteilt werden (§ 19b Abs. 2 GwG), auch das auf Basis verfügbarer strukturierter Daten. Nach § 19b Abs. 4 GwG (4) können abweichend die Länder eine Übermittlung der Daten durch die für die Führung der Liegenschaftskatasterzuständigen Behörden vorsehen. Die Grundbuchämter und die für die Führung der Liegenschaftskatasterzuständigen Behörden können mit dem Transparenzregister Vereinbarungen über das zu verwendende Datenformat treffen.

Nach § 12 Abs. 4 GBO ist über Einsichten in Grundbücher und die Grundakte sowie über die Erteilung von Abschriften aus dem Grundbuch und der Grundakte ein Protokoll zu führen, auf dessen Grundlage dem Eigentümer eines Grundstücks oder dem Inhaber eines grundstücksgleichen Rechts auf Verlangen Auskunft zu geben ist. Das Gleiche gilt nach § 12a Abs. 3 GBO in bestimmten Fällen für Einsichten in Hilfsverzeichnisse und die Auskunftserteilung aus solchen Verzeichnissen.[2]

B. Inhalt des Protokolls (Abs. 1)

Das Protokoll über Einsichten in Grundbücher muss so gefasst sein, dass der Eigentümer erkennen kann, wer wann und gegebenenfalls für wen das Grundbuch eingesehen hat. Es muss ersichtlich sein, ob das gesamte Grundbuchblatt oder nur Teile davon eingesehen wurden. Auch der Einsichtsgrund ist zu protokollieren; es genügt schlagwortartige Beschreibung.

Wie die Protokollierung technisch realisiert wird, ist nicht vorgegeben, auch die Geschäftsanweisungen der Länder geben keinen Aufschluss. Denkbar sind eine unmittelbare Zuordnung der Daten zu dem jeweils betroffenen Grundbuchblatt oder die Führung elektronischer Sammellisten. Zweckmäßig erscheint zudem eine Zusammenführung der Daten mit den Protokolldaten nach § 83 GBV über die Grundbuchabrufe.[3]

C. Auskunftsrecht des Eigentümers (Abs. 2 und 3)

Ein Auskunftsrecht steht nur dem Grundstückseigentümer oder Inhaber eines grundstücksgleichen Rechts zu.

---

[1] Eingehend *Böhringer*, Rpfleger 2014, 401.
[2] BT-Drucks 17/12635, S. 34.
[3] BT-Drucks 17/12635, S. 35.

Nach Abs. 3 ist § 12 Abs. 4 GBO folgend eine Grundbucheinsicht nicht mitzuteilen, wenn die Bekanntgabe den Erfolg strafrechtlicher Ermittlungen gefährden würde. Die Regelung ist § 83 Abs. 2 S. 3–5 GBV nachgebildet.

D. Aufbewahrungsfrist (Abs. 4)

4   Die Vorschrift entspricht § 83 Abs. 3 S. 1 und 2 GBV. Die Protokolldaten sind nach Ablauf des folgenden Kalenderjahres zu löschen. Besonderheiten bestehen bei Auskunft nach Abs. 3 an Strafverfolgungsbehörden.

E. Zuständigkeit

5   Funktionell zuständig für die Führung des Protokolls und die Erteilung von Auskünften aus dem Protokoll ist der Urkundsbeamte der Geschäftsstelle. Örtlich zuständig ist das Grundbuchamt, das das betroffene Grundbuchblatt führt. Hierzu bedarf es einer besonderen Regelung, da die Einsicht gemäß § 132 GBO auch bei einem anderen Grundbuchamt gewährt werden kann.[4]

F. Sonstiges

6   Die Protokollierungspflicht und das Auskunftsrecht betreffen auch Einsichten in die Grundakte, die Erteilung von Abschriften aus dem Grundbuch und der Grundakte sowie in bestimmten Fällen die Einsicht in Hilfsverzeichnisse und die Auskunftserteilung aus solchen Verzeichnissen (§§ 12 Abs. 4 S. 1 und 12a Abs. 3 S. 1 GBO). Abs. 1–5 gelten hierfür entsprechend.

---

[4] BT-Drucks 17/12635, S. 35.

Abschnitt XI: Hypotheken-, Grundschuld- und Rentenschuldbriefe

§ 47 [Äußere Form des Hypothekenbriefes]

Die Hypothekenbriefe sind mit einer Überschrift zu versehen, welche die Worte „Deutscher Hypothekenbrief" und die Bezeichnung der Hypothek (§ 56 Abs. 1 der Grundbuchordnung) enthält, über die der Brief erteilt wird. Die laufende Nummer, unter der die Hypothek in der dritten Abteilung des Grundbuchs eingetragen ist, ist dabei in Buchstaben zu wiederholen.

A. Verhältnis zu § 56 GBO 1	B. Nachweis in der Grundakte 3

A. Verhältnis zu § 56 GBO

§ 47 GBV regelt das **Äußere der Hypothekenbriefe**. Ihr zwingender Inhalt ist in den §§ 56 ff. GBO vorgeschrieben.[1]

In die Überschrift des Hypothekenbriefes gehören die Worte „Deutscher Hypothekenbrief" und die Bezeichnung der Hypothek, über die der Brief erteilt wird, nach Maßgabe des § 56 Abs. 1 GBO. Dort sind genannt der Geldbetrag des Rechts sowie die Bezeichnung des belasteten Grundstücks.

Die Verletzung der Vorschriften des § 47 GBV hat nicht die Nichtigkeit des Hypothekenbriefes zur Folge, sofern nur die zwingenden Vorschriften des § 56 GBO gewahrt sind.

B. Nachweis in der Grundakte

Ein Nachweis des erteilten Briefes, der früher als Briefentwurf bezeichnet wurde, ist zu den Grundakten zu nehmen. Das Nachweis soll durch das Grundbuchamt (Rechtspfleger) mit Namenszeichen abgezeichnet werden. Erst nach Prüfung der Ordnungsmäßigkeit der Brieferstellung ist dieser zur Herausgabe nach § 60 GBO an die Geschäftsstelle zu geben.[2] Die Vermerke über die Versendung des Briefes sind in der Grundakte zur Eintragungsverfügung zu fertigen, nicht auf dem Briefnachweis.

§ 48 [Vermerk bei Teillöschung]

(1) Wird eine Hypothek im Grundbuch teilweise gelöscht, so ist auf dem Brief der Betrag, für den die Hypothek noch besteht, neben der in der Überschrift enthaltenen Bezeichnung des Rechts durch den Vermerk ersichtlich zu machen: „Noch gültig für (Angabe des Betrags)." Der alte Betrag ist rot zu unterstreichen.

(2) In derselben Weise ist bei der Herstellung von Teilhypothekenbriefen auf dem bisherigen Brief der Betrag ersichtlich zu machen, auf den sich der Brief noch bezieht.

A. Kennzeichnung in Brief 1	B. Herstellung eines Teilhypothekenbriefes 2

A. Kennzeichnung in Brief

Nach § 62 Abs. 1 GBO sind Eintragungen, die bei der Hypothek vorgenommen werden, auch auf dem Hypothekenbrief zu vermerken. Der Vermerk ist mit Unterschrift und Siegel zu versehen. An welche Stelle des Briefes der Vermerk zu setzen ist, ergibt sich aus § 49 GBV. Eine Eintragung, die bei der Hypothek erfolgt, ist auch die teilweise Löschung der Hypothek. Außer dem Vermerk nach § 62 Abs. 1 GBO ist bei der Teillöschung die Betragsangabe am Kopf des Briefes zu berichtigen. Dies geschieht derart, dass

---

1 Meikel/*Schneider*, GBV, § 47 Rn 2.   2 RGZ 77, 423.

neben der Bezeichnung des Rechts der Betrag ersichtlich zu machen ist, für den das Recht noch besteht; also „Noch gültig für ... EUR". Dieser Vermerk ist zu unterzeichnen.

Die alte Betragsangabe in der Überschrift des Briefes ist rot zu unterstreichen. Dagegen wird die Betragsangabe an anderen Stellen des Briefes, z.B. beim „Inhalt der Eintragung", nicht rot unterstrichen.

Ist eine Hypothek in der Zwangsversteigerung teilweise erloschen, so ist der nach § 127 Abs. 1 S. 2 ZVG vorgeschriebene Vermerk vom Versteigerungsgericht vorzunehmen.

Abs. 1 S. 2 ist der einzige Fall, in dem ein Rotunterstreichen auf dem Hypothekenbrief zugelassen ist. In allen anderen Fällen ist Rotunterstreichen auf dem Brief unzulässig. Insbesondere ist die entsprechende Anwendung des § 17 Abs. 2–5 GBV auf die Vermerke auf dem Brief unstatthaft. Das gilt auch bei Erlöschen der Mithaft im Falle des § 59 Abs. 1 GBO; es handelt sich hierbei nicht um ein teilweises Erlöschen i.S.d. Abs. 1 GBV.

B. Herstellung eines Teilhypothekenbriefes

2 Die Herstellung eines Teilhypothekenbriefes soll nach § 61 Abs. 3 GBO auf dem bisherigen Brief vermerkt werden. Es geschieht dies zweckmäßigerweise im Anschluss an den nach § 62 Abs. 1 GBO notwendigen Vermerk über die Abtretung des Teilbetrages. Unterschrift und Siegel sind notwendig. Darüber hinaus schreibt Abs. 2 vor, dass auf dem bisherigen Brief der Betrag, auf den sich der Brief noch bezieht, ersichtlich zu machen ist. Dies geschieht in der Weise, dass der Betrag, für den der bisherige Brief noch gilt, durch den neben der Überschrift zu setzenden Vermerk: „Noch gültig für (Angabe des Betrages)" hervorgehoben wird. Der alte Betrag ist rot zu unterstreichen.

§ 49 [Nachträgliche Vermerke]

Vermerke über Eintragungen, die nachträglich bei der Hypothek erfolgen, sowie Vermerke über Änderungen der im § 57 der Grundbuchordnung genannten Angaben werden auf dem Brief im Anschluß an den letzten vorhandenen Vermerk oder, wenn hierfür auf dem Brief kein Raum mehr vorhanden ist, auf einen mit dem Brief zu verbindenden besonderen Bogen gesetzt.

1 § 49 GBV bestimmt, wie die gem. § 62 Abs. 1 GBO vorgeschriebenen Vermerke sowie die nach § 57 Abs. 2 GBO auf Antrag vorzunehmenden Ergänzungen des Auszuges einzutragen sind. Sie sind im Anschluss an den letzten auf dem Brief vorhandenen Vermerk zu setzen. Bietet der Brief zur Aufnahme des Vermerks keinen Raum mehr, so ist er auf einen besonderen Bogen zu setzen, der nach § 50 GBV mit dem Brief durch Schnur und Siegel verbunden werden muss. Sind mehrere Vermerke gleichzeitig auf dem Brief aufzunehmen, so geschieht das in der zeitlichen oder räumlichen Reihenfolge der Grundbucheintragungen.

2 Zu den nachträglich auf die Briefe zu setzenden Vermerken siehe § 57 GBO Rdn 5.

§ 49a [Versendung des Briefes]

Wird der Grundpfandrechtsbrief nicht ausgehändigt, soll er durch die Post mit Zustellungsurkunde oder durch Einschreiben versandt werden. Die Landesjustizverwaltungen können durch Geschäftsanweisung oder Erlaß ein anderes Versendungsverfahren bestimmen. Bestehende Anweisungen oder Erlasse bleiben unberührt.

1 Angesichts der Bedeutung des Briefes muss für seine sichere Zu- bzw. Rücksendung Sorge getragen werden. Die Geschäftsanweisungen der Länder schreiben regelmäßig Aushändigung auf der Geschäftsstelle gegen Empfangsbekenntnis oder Übersendung durch Einschreiben mit Rückschein oder Zustellungsurkunde vor (z.B. Abschn. 6.1.5.1 BayGBGA; Nr. 38 VwV-Grundbuchsachen Sachsen).

Die Empfangsberechtigung bestimmt sich nach § 60 GBO (eingehend hierzu vgl. § 60 GBO Rdn 2, 3). Die Zustellungsnachweise oder anderen Nachweise sind zur Grundakte zu nehmen und dort mit der entsprechenden Verfügung zu verbinden.

§ 50 [Verbindung mit Urkunden]

Die in § 58 Abs. 1 und § 59 Abs. 2 der Grundbuchordnung sowie in § 49 dieser Verfügung vorgeschriebene Verbindung erfolgt durch Schnur und Siegel.

Eine Verbindung von Urkunden oder Bogen ist in folgenden Fällen vorgeschrieben:

- Ist eine Urkunde über die Forderung ausgestellt, so soll sie mit dem Hypothekenbrief verbunden werden (§ 58 Abs. 1 GBO). Von der Schuldurkunde ist eine beglaubigte Abschrift zu den Grundakten zu nehmen (Nr. 35b VwV-Grundbuchsachen Sachsen). Urkunden, die lediglich eine Abtretungserklärung enthalten, werden mit dem Brief nicht verbunden.
- Die über eine Gesamthypothek hergestellten mehreren Briefe sind miteinander zu verbinden (§ 59 Abs. 2 GBO). Es empfiehlt sich hier im Allgemeinen, die einzelnen Briefe erst nach der Eintragung der Mitbelastung auszustellen; jedoch kann im Einzelfall ein anderes Verfahren geboten sein (vgl. Nr. 37 VwV-Grundbuchsachen Sachsen).

In allen genannten Fällen ist die Verbindung durch Schnur und Siegel vorzunehmen. Zu den Besonderheiten beim maschinell geführten Grundbuch siehe § 87 GBV.

§ 51 [Grundschuld- und Rentenschuldbriefe]

Die Vorschriften der §§ 47 bis 50 sind auf Grundschuld- und Rentenschuldbriefe entsprechend anzuwenden. In der Überschrift eines Rentenschuldbriefes ist der Betrag der einzelnen Jahresleistung, nicht der Betrag der Ablösungssumme, anzugeben.

Die Vorschriften der §§ 47–50 GBV über die Hypothekenbriefe sind auf die Grundschuld- und Rentenschuldbriefe entsprechend anzuwenden. Nicht anwendbar sind diese Vorschriften nur insoweit, als sich daraus, dass Grundschuld und Rentenschuld von der persönlichen Forderung losgelöst sind, etwas Besonderes ergibt.

§ 52 [Briefvordrucke]

(1) Für die Hypotheken-, Grundschuld- und Rentenschuldbriefe dienen die Anlagen 3 bis 8 als Muster.
(2) Für die Ausfertigung der Hypotheken-, Grundschuld- und Rentenschuldbriefe sind die amtlich ausgegebenen, mit laufenden Nummern versehenen Vordrucke nach näherer Anweisung der Landesjustizverwaltung zu verwenden.

Die der Grundbuchverfügung beigefügten Anlagen 3–8 dienen als Muster für den sachlichen Inhalt der Hypotheken-, Grundschuld- und Rentenschuldbriefe. Die Muster haben nur den Charakter von Beispielen. Sie sind wie die Grundbuchmuster des § 22 GBV nicht Teil der Grundbuchverfügung, sie sind weder Rechtsverordnung noch Dienstanweisung. Die Beteiligten haben keinen Anspruch darauf, dass das Grundbuchamt sich bei Fassung des Inhalts des Hypothekenbriefes an die Muster hält.

2 Nach **Abs. 2** sind die amtlichen Vordrucke zu verwenden. Es sind dies die Vordrucke A, B und C der Bundesdruckerei Berlin.[1] Die Anweisungen der Landesjustizverwaltungen sind hier sämtlich gleichlautend (z.B. Abschn. 6.1.2 BayGBGA; Nr. 36 VwV-Grundbuchsachen Sachsen). Der Vordruckzwang gilt auch für den seltenen Fall, dass ein Notar einen Brief (Teilbrief) erstellt.

§ 53 [Unbrauchbarmachung]

(1) Ist nach dem Gesetz ein Hypotheken-, Grundschuld- oder Rentenschuldbrief unbrauchbar zu machen, so wird, nachdem die bei dem Recht bewirkte Grundbucheintragung auf dem Brief vermerkt ist, der Vermerk über die erste Eintragung des Rechts durchstrichen und der Brief mit Einschnitten versehen.

(2) Ist verfügt worden, daß der Brief unbrauchbar zu machen ist, und ist in den Grundakten ersichtlich gemacht, daß die Verfügung ausgeführt ist, so ist der Brief mit anderen unbrauchbar gemachten Briefen zu Sammelakten zu nehmen. Die Sammelakten sind für das Kalenderjahr anzulegen und am Schluß des folgenden Kalenderjahres zu vernichten. In der Verfügung kann angeordnet werden, daß ein unbrauchbar gemachter Brief während bestimmter Zeit bei den Grundakten aufzubewahren ist.

| A. Vermerk auf dem Brief | 1 | B. Aufbewahrung des Briefes | 3 |

A. Vermerk auf dem Brief

1 Unbrauchbar zu machen ist ein Hypotheken-, Grundschuld- oder Rentenschuldbrief nach § 69 GBO:
– wenn ein Recht gelöscht wird;
– wenn die Erteilung des Briefes nachträglich ausgeschlossen wird;
– wenn an Stelle des bisherigen Briefes ein neuer Brief erteilt wird;
– wenn ein Recht als Folge der Zwangsversteigerung erloschen ist; in diesem Fall erfolgt nach § 127 ZVG die Unbrauchbarmachung durch das Vollstreckungsgericht (vgl. § 69 GBO Rdn 3).

2 In den Fällen, in denen ein Brief unbrauchbar zu machen ist, wird, nachdem die bei dem Recht nach § 62 GBO erforderliche Grundbucheintragung auf dem Brief vermerkt und der Vermerk mit Unterschrift und Siegel (§ 62 Abs. 1 Hs. 2 GBO) versehen ist, der Vermerk über die erste Eintragung des Rechts (rot) durchstrichen und der Brief mit Einschnitten versehen. Ist der Brief mit Schuldurkunden verbunden, sind diese zu trennen und zurückzugeben (§ 69 S. 2 GBO).

B. Aufbewahrung des Briefes

3 Der unbrauchbar gemachte Brief ist nicht den Beteiligten zurückzugeben oder zu vernichten, sondern in Sammelakten aufzubewahren. Dort sind die Briefe bis zum Schluss des folgenden Kalenderjahres aufzubewahren und dann gemeinsam zu vernichten.

Dies gilt nicht, wenn das Grundbuchamt ausdrücklich eine längere Aufbewahrung anordnet. Der Brief ist dann zu den Grundakten zu nehmen.

---

1 Zur Rechtsgeschichte Meikel/*Schneider*, GBV, § 52 Rn 2 ff.

Abschnitt XII: Das Erbbaugrundbuch

§ 54 [Anwendung der allgemeinen Vorschriften]

Auf das für ein Erbbaurecht anzulegende besondere Grundbuchblatt (§ 14 Abs. 1 des Erbbaurechtsgesetzes) sind die vorstehenden Vorschriften entsprechend anzuwenden, soweit sich nicht aus den §§ 55 bis 59 Abweichendes ergibt.

A. Grundstücksgrundbuch und Erbbaurechtsgrundbuch 1	B. Verweisung auf allgemeine Vorschriften der GBV 2

A. Grundstücksgrundbuch und Erbbaurechtsgrundbuch

Die Rechtsverhältnisse am Erbbaurecht werden sowohl durch Eintragungen im Grundstücksgrundbuch als auch im Erbbaugrundbuch verdeutlicht.[1] Das Grundstücksgrundbuch gibt Auskunft über

- das Bestehen des Erbbaurechts als Grundstücksbelastung durch Eintragung in Abt. II;
- die Dauer des Erbbaurechts, wenn es befristet bestellt ist (Regelfall);
- den Inhalt des Erbbaurechts durch Bezugnahme auf die Eintragungsbewilligung nach § 14 ErbbauRG;
- die Person des Erbbauberechtigten.

Das Erbbaurecht entsteht mit Eintragung in Abt. II des Grundstücksgrundbuchs. Die Anlegung des Erbbaugrundbuchs ist dafür nicht konstitutiv, sie ist aber Voraussetzung für die Verkehrsfähigkeit des Erbbaurechts selbst.

Eintragungen, die eine Änderung des Erbbaurechts betreffen, sind teils in das Grundstücksgrundbuch, teils im Erbbaurechtsgrundbuch einzutragen:

- ein Wechsel des Berechtigten (Eigentumswechsel) ist konstitutiv in das Erbbaugrundbuch einzutragen, dort Abt. I; die Eintragung in Abt. II des Grundstücksgrundbuchs ist deklaratorisch (§ 14 Abs. 3 S. 2 ErbbauRG);
- Inhaltsänderungen sind konstitutiv in das Bestandsverzeichnis des Erbbaugrundbuchs einzutragen (§ 14 Abs. 2 ErbbauRG);
- ein Eigentumswechsel am Grundstück ist selbstverständlich dort einzutragen, im Erbbaugrundbuch aber zu vermerken (§ 14 Abs. 1 S. 2 ErbbauRG);
- Änderungen des Erbbaurechts, die seine Qualität als Grundstücksbelastung betreffen, bspw. die Änderung der Befristung, sind konstitutiv in das Grundstücksgrundbuch einzutragen und werden im Erbbaugrundbuch vermerkt.[2] Gleiches gilt für eine Änderung der Grundstücksbelastung, bspw. die räumliche Erweiterung des Erbbaurechts.
- Die Teilung eines Erbbaurechts nach § 7 GBO setzt die Teilung des belasteten Grundstücks voraus. Die „Ver"-Teilung des Erbbaurechts auf die Teilgrundstücke stellt dann eine Änderung in der Belastung des Grundstücks dar und ist konstitutiv in das Grundstücksgrundbuch einzutragen, im Bestandsverzeichnis des Erbbaurechts ist sie zu vermerken.[3]
- Umgekehrt stellt die Vereinigung oder Bestandteilszuschreibung des Erbbaurechts mit einem anderen Grundstück oder Erbbaurecht (dazu § 5 GBO Rdn 8) eine Veränderung des grundstücksgleichen Rechts dar und ist konstitutiv in das Erbbaurechtsgrundbuch einzutragen.

---

1 Ausführlich Meikel/*Schneider*, Vorbem. zu den §§ 54 bis 60 Rn 3 ff.
2 Staudinger/*Rapp*, BGB, 2017, § 14 ErbbauRG Rn 3; MüKo-BGB/*Weiß*, § 11 ErbbauRG Rn 3; Meikel/*Schneider*, GBV, Vorbem. zu den §§ 54 bis 60 Rn 9.
3 Meikel/*Schneider*, Vorbem. zu den §§ 54 bis 60 Rn 10 m.w.N.; Meikel/*Schneider*, GBV, § 56 Rn 16 ff.

B. Verweisung auf allgemeine Vorschriften der GBV

2   § 54 GBV legt fest, dass auf das für ein Erbbaurecht nach dem ErbbauRG anzulegende Erbbaugrundbuchblatt die Vorschriften der Abschnitte I–XI der GBV entsprechend anzuwenden sind (vgl. auch § 57 Abs. 2 GBV). Insbesondere ist für dieses Blatt das allgemeine Grundbuchmuster (§ 4 GBV) zu verwenden. Besonderes gilt nur hinsichtlich der Aufschrift (§ 55 Abs. 2 GBV) und der Ausfüllung des Bestandsverzeichnisses (§ 56 GBV); ferner für die Eintragung in Abt. I (§ 57 Abs. 1 GBV) und für die Bildung der Hypotheken-, Grundschuld- und Rentenschuldbriefe (§ 59 GBV).

Für die Benachrichtigung über Eintragungen im Erbbaugrundbuch ist § 17 ErbbauRG zu beachten.

3   Die Vorschriften der §§ 55–59 GBV gelten nach § 3 Abs. 1 GGV – vorbehaltlich der Besonderheiten in der GGV – auch für das Gebäudegrundbuchblatt.

§ 55 [Grundbuchblattnummer]

(1) Das Erbbaugrundbuchblatt erhält die nächste fortlaufende Nummer des Grundbuchs, in dem das belastete Grundstück verzeichnet ist.
(2) In der Aufschrift ist unter die Blattnummer in Klammern das Wort „Erbbaugrundbuch" zu setzen.

1   Ist ein Erbbaugrundbuchblatt anzulegen, so erhält es die nächste fortlaufende Nummer des allgemeinen Grundbuchs des Grundbuchbezirks, in dem das mit dem Erbbaurecht belastete Grundstück verzeichnet ist.

2   Um die Erbbaurechtsblätter nach § 14 Abs. 1 GBV der ErbbauRG äußerlich von den in dem Grundbuchband befindlichen Blättern für Grundstücke hervorzuheben und um auf den besonderen Charakter des Blattes hinzuweisen, bestimmt Abs. 2, dass in der Aufschrift unter die Blattnummer (§ 5 GBV) in Klammern das Wort „Erbbaugrundbuch" zu setzen ist. Eine Unterzeichnung des Vermerks ist nicht erforderlich.

§ 56 [Bestandsverzeichnis]

(1) Im Bestandsverzeichnis sind in dem durch die Spalten 2 bis 4 gebildeten Raum einzutragen:
a) die Bezeichnung „Erbbaurecht" sowie die Bezeichnung des belasteten Grundstücks, wobei der Inhalt der Spalten 3 und 4 des Bestandsverzeichnisses des belasteten Grundstücks in die Spalten 3 und 4 des Erbbaugrundbuchs zu übernehmen ist;
b) der Inhalt des Erbbaurechts;
c) im unmittelbaren Anschluß an die Eintragung unter Buchstabe b der Eigentümer des belasteten Grundstücks;
d) Veränderungen der unter den Buchstaben a bis c genannten Vermerke.
(2) Bei Eintragung des Inhalts des Erbbaurechts (Absatz 1 Buchstabe b) ist die Bezugnahme auf die Eintragungsbewilligung zulässig; jedoch sind Beschränkungen des Erbbaurechts durch Bedingungen, Befristungen oder Verfügungsbeschränkungen (§ 5 des Erbbaurechtsgesetzes) ausdrücklich einzutragen.
(3) In der Spalte 1 ist die laufende Nummer der Eintragung anzugeben.
(4) In der Spalte 6 sind die Vermerke über die Berichtigungen des Bestandes des belasteten Grundstücks, die auf dem Blatt dieses Grundstücks zur Eintragung gelangen (§ 6 Abs. 6 Buchstabe e), einzutragen. In der Spalte 5 ist hierbei auf die laufende Nummer hinzuweisen, unter der die Berichtigung in den Spalten 3 und 4 eingetragen wird.
(5) Verliert durch die Eintragung einer Veränderung nach ihrem aus dem Grundbuch ersichtlichen Inhalt ein früherer Vermerk ganz oder teilweise seine Bedeutung, so ist er insoweit rot zu unterstreichen.
(6) Die Löschung des Erbbaurechts ist in der Spalte 8 zu vermerken.

A. Allgemeines 1	D. Veränderungsspalten 8
B. Laufende Nummer der Eintragung 2	E. Löschungsspalten 10
C. Bezeichnung des Erbbaurechts und des Grundstücks 3	F. Abs. 5 12

A. Allgemeines

§ 56 GBV behandelt das Bestandsverzeichnis des Erbbaurechtsblattes. Da das Erbbaurecht wie ein Grundstück behandelt wird, entsprechen die im Bestandsverzeichnis des Erbbaurechtsblattes gemachten Eintragungen über das Erbbaurecht den im Bestandsverzeichnis des gewöhnlichen Grundbuchblattes gemachten Eintragungen über das Grundstück; insbesondere entspricht der Beschreibung des Grundstücks im gewöhnlichen Blatt die Beschreibung des Erbbaurechts im Erbbaurechtsblatt.

B. Laufende Nummer der Eintragung

In Spalte 1 ist die laufende Nummer der Eintragung anzugeben (Abs. 3), d.h. der Eintragung, die in dem durch die Spalten 2–4 gebildeten Raum vorgenommen wird. Gleichgültig ist hierbei, welcher Art die Eintragung ist und auf welche bereits bestehende Eintragung im Bestandsverzeichnis sie sich bezieht.

C. Bezeichnung des Erbbaurechts und des Grundstücks

Die Spalten 2–4 gelten bei der Eintragung des Erbbaurechts als eine Spalte. In dem durch sie gebildeten Raum sind einzutragen: Das Erbbaurecht, die Bezeichnung des belasteten Grundstücks, sein Eigentümer und etwaige Veränderungen dieser Angaben (Abs. 1). Hierbei ist das Erbbaurecht zu bezeichnen.

Nach Abs. 1 Buchst. a ist ausdrücklich die Bezeichnung „Erbbaurecht" vorgeschrieben. Das mit dem Erbbaurecht belastete Grundstück ist zu beschreiben, und zwar in derselben Weise, wie es in seinem Grundbuch beschrieben ist, d.h. sowohl grundbuchmäßig nach Band und Blatt wie auch nach dem amtlichen Verzeichnis. Die Angaben der Spalten 3 und 4 des Bestandsverzeichnisses des Grundbuchblattes des belasteten Grundstücks sind in die Spalten 3 und 4 des Bestandsverzeichnisses des Erbbaugrundbuchs zu übernehmen.

Zur Bezeichnung des Erbbaurechts gehört auch die Angabe seines Inhalts (§§ 1, 2, 5 ErbbauRG; § 56 Abs. 1b GBV). Nach § 14 Abs. 1 S. 3 ErbbauRG kann zur näheren Bezeichnung des Inhalts des Erbbaurechts auf die Eintragungsbewilligung Bezug genommen werden. Dieser materiell-rechtlichen Vorschrift entsprechend gestattet auch § 56 Abs. 2 GBV, formell bei der Eintragung im Bestandsverzeichnis hinsichtlich des Inhalts des Erbbaurechts auf die Eintragungsbewilligung Bezug zu nehmen. Nicht zulässig ist die Bezugnahme auf die Eintragungsbewilligung, soweit es sich um die Eintragung von Bedingungen, Befristungen und Verfügungsbeschränkungen handelt, die sich auf das Erbbaurecht beziehen. Diese sind stets ausdrücklich einzutragen.[1]

Die Verfügungsbeschränkungen gehören kraft ausdrücklicher Vorschrift in § 5 Abs. 1 ErbbauRG zum Inhalt des Erbbaurechts, wegen des Inhalts des Rechts kann jedoch gem. § 14 Abs. 1 S. 3 ErbbauRG auf die Bewilligung Bezug genommen werden, so dass die Verfügungsbeschränkung schon durch die Bezugnahme mit der Eintragung des Rechts entsteht. Wegen der Bedeutung einer solchen Abrede ordnet jedoch § 56 Abs. 2 GBV ausdrücklich die unmittelbare Eintragung an. Ein Verstoß dagegen hat zwar keine materielle Bedeutung, das Grundbuchamt muss der Vorschrift jedoch entsprechen.[2] Es genügt jedoch, die Verfügungsbeschränkung als solche zu vermerken; nähere Bestimmungen, auch Ausnahmen, können durch Bezugnahme eingetragen werden.[3]

Nach § 14 S. 2 ErbbauRG soll auch der Eigentümer (und jeder spätere Erwerber) des belasteten Grundstücks im Erbbaugrundbuch vermerkt werden. Dies geschieht in dem durch die Spalten 2–4 gebildeten Raum des Bestandsverzeichnisses in unmittelbarem Anschluss an die Eintragung des Inhalts des Erbbaurechts.

---

1 Meikel/*Schneider*, GBV, § 56 Rn 6, 8.
2 LG Marburg Rpfleger 1968, 26; siehe auch *Schmidt*, BWNotZ 1961, 299.
3 BayObLG DNotZ 1980, 50; vgl. auch BayObLG Rpfleger 2002, 140; Meikel/*Schneider*, GBV, § 56 Rn 9.

7 In den durch die Spalten 2–4 gebildeten Raum sind auch einzutragen die Veränderungen der in den Spalten 2–4 eingetragenen Vermerke (Abs. 1 Buchst. d). Hierhin gehören beispielsweise etwaige Veränderungen des Inhalts des Erbbaurechts, Berichtigungen der Bestandsangaben des belasteten Grundstücks und Eintragungen späterer Erwerber des belasteten Grundstücks, die nach § 14 Abs. 1 S. 2 ErbbauRG im Erbbaugrundbuch zu vermerken sind. Nicht hierher gehört der Vermerk über die Löschung des Erbbaurechts. Bei Veränderungen der Eintragungen im Bestandsverzeichnis sollte in Spalte 1 keine gänzlich neue laufende Nummer vermerkt werden sondern durch Bruchstrich auf die vorhergehende Eintragung verwiesen werden, ähnlich der Eintragung des Herrschvermerks nach § 7 Abs. 2 GBV.[4] Denn die Eintragung der Veränderung stellt kein neues Rechtssubjekt dar, das eigenständig in Spalte 1 nummeriert wird, sondern bezieht sich auf das Erbbaurecht als Rechtssubjekt. In Anlage 9 der Grundbuchmuster (§ 58 GBV) ist allerdings jede Veränderung mit eigener Nummer versehen.

D. Veränderungsspalten

8 Die Spalte 5 wird nur ausgefüllt, wenn in Spalte 6 ein Vermerk eingetragen wird. In diesem Falle ist in Spalte 5 auf die laufende Nummer der Spalte 1 hinzuweisen, unter der die Berichtigung in den Spalten 3 und 4 eingetragen wird.

9 In Spalte 6 wird nicht wie bei dem allgemeinen Grundstücksgrundbuch immer schon dann etwas eingetragen, wenn in den Spalten 2–4 eine Eintragung vorgenommen wird. Die Eintragungen in den Spalten 2–4 sind im Erbbaugrundbuch vielmehr für sich allein verständlich; sie enthalten sämtliche Eintragungserfordernisse, wie z.B. Eintragungsdatum und Unterschrift. Nur in einem Falle werden die dort eingetragenen Vermerke in der Spalte 6 erläutert, nämlich bei Berichtigungen der Bestandsangaben des mit dem Erbbaurecht belasteten Grundstücks, die auf dem Blatt dieses Grundstücks zur Eintragung gelangen, sie sind auch in das Erbbaugrundbuch in die Spalten 3 und 4 zu übernehmen (Abs. 4), und zwar unter einer neuen laufenden Nummer. Diese Berichtigung ist in Spalte 6 zu erklären. Datum und Unterschrift gehören in diese Spalte und nicht in die Spalten 3, 4.

Muster:

„Die auf dem Blatt des belasteten Grundstücks unter lfd. Nr. ... des Bestandsverzeichnisses aufgrund des Auszuges aus dem Veränderungsnachweis von ... am ... eingetragene Berichtigung der Spalte ... hier vermerkt am ..."

In Spalte 5 wird dabei die Nummer der Spalte 1 angegeben, unter der die Berichtigung in den Spalten 3 und 4 eingetragen wird.

E. Löschungsspalten

10 Die Spalte 7 wird im Erbbaugrundbuchblatt nur ausgefüllt, wenn auf dem Blatt mehrere Erbbaurechte eingetragen sind.

11 In Spalte 8 wird die auf dem Blatt des belasteten Grundstücks vorgenommene Löschung des Erbbaurechts vermerkt.[5] Gemäß § 16 ErbbauRG ist dabei das Erbbaugrundbuch von Amts wegen zu schließen. Auf die Schließung sind die Vorschriften über die Schließung von Grundstücksgrundbuchblättern entsprechend anzuwenden (§ 54 GBV). Die Löschung des Erbbaurechts und die Schließung des Grundbuchs können natürlich erst dann erfolgen, wenn auch das Entstehen des Entschädigungsanspruchs nach §§ 27 ff. ErbbauRG ausgeschlossen ist oder dieser als besondere Belastung in das Grundstücksgrundbuch eingetragen wird (§ 28 ErbbauRG).[6]

Wegen der Vormerkung nach § 31 Abs. 4 S. 3 ErbbauRG auf dem Blatt des belasteten Grundstücks bei Löschung des Erbbaurechts vgl. § 17 Abs. 2 GBV.

---

4 Meikel/*Schneider*, GBV, § 56 Rn 11.
5 Eingehend Meikel/*Schneider*, GBV, § 56 Rn 33 ff.
6 Grundlegend BGHZ 197, 140 = DNotZ 2013, 850 = Rpfleger 2013, 441.

F. Abs. 5

Abs. 5 enthält die gleichen Gedanken wie die §§ 13, 16, 17 Abs. 2 und 3, 19 Abs. 2 GBV. Wird ein Vermerk über eine Veränderung im Bestandsverzeichnis eingetragen, so sind frühere Vermerke, ganz gleich, an welcher Stelle des Erbbaugrundbuchblattes sie stehen, insoweit rot zu unterstreichen, als sie nach dem aus dem Grundbuch ersichtlichen Inhalt des Veränderungsvermerks ganz oder teilweise ihre Bedeutung verloren haben. Maßgebend für die Frage, ob ein Vermerk seine Bedeutung verloren hat, ist allein der Grundbuchinhalt. 12

§ 57 [Abteilung I]

(1) Die erste Abteilung dient zur Eintragung des Erbbauberechtigten.
(2) Im übrigen sind auf die Eintragungen im Bestandsverzeichnis sowie in den drei Abteilungen die für die Grundbuchblätter über Grundstücke geltenden Vorschriften (Abschnitte II, III) entsprechend anzuwenden.

In Abt. I wird der Erbbauberechtigte eingetragen. Auf seine Eintragung finden die Vorschriften der §§ 9, 15, 16 GBV entsprechende Anwendung. 1

Die Eintragung eines neuen Erbbauberechtigten ist nach § 14 Abs. 3 S. 2 ErbbauRG unverzüglich auf dem Blatt des Grundstücks zu vermerken, und zwar in den Spalten 4 und 5 der Abt. II.

Auf die Eintragungen im Erbbaugrundbuch sind die Vorschriften des II. und III. Abschnitts der Grundbuchverfügung entsprechend anzuwenden, die Anwendung der übrigen Vorschriften der Grundbuchverfügung folgt bereits aus § 54 GBV. 2

Zur Eintragung von Belastungen des Erbbaurechts vgl. die Erl. zu §§ 10 und 11 GBV.

Die Reallast zur Sicherung des Erbbauzinses ist in Abt. II des Erbbaugrundbuchs als Belastung des Erbbaurechts einzutragen. Ist der Erbbauzins wertgesichert, genügt es, dies anzugeben. Für die genauen Bedingungen ist auf die Bewilligung Bezug zu nehmen. Es ist nicht empfehlenswert, den Geldbetrag des Erbbauzinses einzutragen, allenfalls mit dem Adjektiv „anfänglich". Soweit die Wertsicherung durch eine schuldrechtliche Anpassungsklausel erfolgt, die durch eine Vormerkung (§ 883 BGB) gesichert wird (bis 1.10.1994 allein zulässig, seither zulässig, aber eigentlich überflüssig; dazu § 3 Einl. Rdn 207 ff.), ist die Vormerkung unmittelbar im Nachrang zur Reallast einzutragen. Ob sie halbspaltig (§ 19 GBV) oder ganzspaltig eingetragen wird, ist offen. Da sie mehrfach ausgeübt werden kann, ist der Zweck der halbspaltigen Eintragung eher verfehlt.

§ 58 [Muster]

Die nähere Einrichtung und die Ausfüllung des für ein Erbbaurecht anzulegenden besonderen Grundbuchblatts ergibt sich aus dem in der Anlage 9 beigefügten Muster. § 22 Satz 2 ist entsprechend anzuwenden.

Die Anl. 9 betrifft ein Erbbaugrundbuch für ein Erbbaurecht nach der ErbbauRG. Zur der Bedeutung der Bezugnahme auf § 22 S. 2 GBV vgl. § 22 Rdn 1. 1

§ 59 [Grundpfandrechtsbriefe]

Bei der Bildung von Hypotheken-, Grundschuld- und Rentenschuldbriefen ist kenntlich zu machen, daß der belastete Gegenstand ein Erbbaurecht ist.

1 Entsprechend der Belastungsmöglichkeit von Erbbaurechten mit Hypotheken, Grundschulden und Rentenschulden ist auch die Bildung von Hypotheken-, Grundschuld- und Rentenschuldbriefen möglich. Nach § 54 GBV sind grundsätzlich hierauf die Vorschriften des XI. Abschnitts der GBV anzuwenden. Es sind die allgemeinen Briefvordrucke zu verwenden. Anstelle der früher vorgeschriebenen Wiedergabe der Erbbaurechtseintragung genügt nunmehr der Vermerk: „Das in Bl. ... eingetragene Erbbaurecht".

§ 60 [Erbbaurecht nach § 8 GBO]

Die vorstehenden Vorschriften sind auf die nach § 8 der Grundbuchordnung anzulegenden Grundbuchblätter mit folgenden Maßgaben entsprechend anzuwenden:
a) In der Aufschrift ist an Stelle des Wortes „Erbbaugrundbuch" (§ 55 Abs. 2) das Wort „Erbbaurecht" zu setzen;
b) bei der Eintragung des Inhalts des Erbbaurechts ist die Bezugnahme auf die Eintragungsbewilligung (§ 56 Abs. 2) unzulässig.

A. Allgemeines 1   B. Entsprechende Anwendung 2

A. Allgemeines

1 Die Bestimmung des § 60 GBV gilt nur für die nach § 8 GBO anzulegenden besonderen Grundbuchblätter für **altrechtliche Erbbaurechte** nach den bis 1919 geltenden §§ 1012–1017 BGB. Mit Rücksicht auf die geringe Zahl dieser Erbbaurechte kommt ihr kaum mehr praktische Bedeutung zu. Bemerkenswert ist, dass nach § 8 GBO für das Erbbaurecht nur dann ein Grundbuch anzulegen war, wenn das Erbbaurecht veräußert oder belastet werden sollte; grundsätzlich sollte es also buchungsfrei sein. Das führte hinsichtlich des Grundstücksgrundbuch zu Unklarheiten hinsichtlich des öffentlichen Glaubens nach §§ 891, 892 BGB.[1] Nicht nur deshalb regelte der Gesetzgeber mit der ErbbauVO von 1919 das Erbbaurecht als vollwertiges grundstücksgleiches Recht mit obligatorischer Anlegung eines eigenen Grundbuchblattes (eing. Einl. § 3 Rdn 192 ff.).

B. Entsprechende Anwendung

2 Grundsätzlich sind auf die Blätter nach § 8 GBO die für das Erbbaugrundbuch der ErbbauRG geltenden Vorschriften entsprechend anzuwenden.

– Entgegen der Vorschrift des § 55 Abs. 2 GBV ist bei den Blättern nach § 8 GBO zum Unterschied zu den Erbbaugrundbüchern der ErbbauRG in der Aufschrift unter die Blattnummer das Wort „Erbbaurecht" zu setzen (Buchst. a).
– Die Vorschrift des § 14 Abs. 1 S. 3 ErbbauRG, wonach zur näheren Bezeichnung des Inhalts des Erbbaurechts auf die Eintragungsbewilligung Bezug genommen werden darf, gilt nur für Erbbaurechte nach der ErbbauRG. Für die Erbbaurechte nach dem BGB gelten die allgemeinen Vorschriften des BGB (vgl. dazu § 8 GBO Rdn 3).

Die Bezugnahme auf die Eintragungsbewilligung ist jedenfalls formell-rechtlich für die alten Erbbaurechte verboten. Ihr gesamter Inhalt ist ausdrücklich im Grundbuch eingetragen. Dasselbe gilt für die Umschreibung alter Blätter.

---

1 MüKo-BGB/*Weiß*, § 14 ErbbauRG Rn 1.

Abschnitt XIII: Vorschriften über das maschinell geführte Grundbuch

Unterabschnitt 1. Das maschinell geführte Grundbuch

§ 61 Grundsatz

Für das maschinell geführte Grundbuch und das maschinell geführte Erbbaugrundbuch gelten die Bestimmungen dieser Verordnung und, wenn es sich um Wohnungsgrundbuchblätter handelt, auch die Wohnungsgrundbuchverfügung und die sonstigen allgemeinen Ausführungsvorschriften, soweit im folgenden nichts abweichendes bestimmt wird.

A. Allgemeines	1	C. Abweichende Bestimmungen	5
B. Geltung der allgemeinen Vorschriften im Grundsatz	2		

A. Allgemeines

Die §§ 61–66 GBO enthalten die technischen Grundregeln des maschinell geführten Grundbuchs und wurden im Wesentlichen mit dem RegVBG[1] – wie auch die weiteren Unterabschnitte des XIII. Abschnitts – eingefügt und in den §§ 62, 63 GBV mit dem DaBaGG[2] geändert. Die Vorschriften basieren auf der Ermächtigung in § 134 GBO (vgl. § 134 GBO Rdn 2). 1

B. Geltung der allgemeinen Vorschriften im Grundsatz

§ 61 GBO bestimmt, dass bei maschineller Grundbuchführung die allgemeinen Vorschriften in grundsätzlich gleicher Weise wie für das Papiergrundbuch gelten. Papiergrundbücher einschließlich der Erbbau- und Wohnungsgrundbücher und maschinell geführte Grundbücher sollen für den Grundbuchführer wie für den Benutzer **möglichst wenig differieren**. 2

Von Überlegungen zu einer grundsätzlichen Neugestaltung des Grundbuchs, die im Zusammenhang mit der Einführung des maschinellen Grundbuchs durchaus angestellt worden waren, wurde letztlich abgesehen.[3] Die Vorschrift stellt deshalb klar, dass es sich beim Übergang vom papierenen zum maschinellen Grundbuch um einen Wechsel des Trägermediums, jedoch **nicht** um einen **Wechsel im System der Grundbuchführung** handelt. Dies gilt auch im Wesentlichen für beabsichtigte Einführung eines Datenbankgrundbuchs (vgl. vor § 126 GBO Rdn 8 ff.). 3

Gleichwohl bedingt die maschinelle Grundbuchführung ihrer Natur nach eine Reihe von Sondervorschriften (siehe Rdn 6). § 91 GBV enthält aber eine weitere Sonderbestimmung für das vorrangige Verhältnis der §§ 54–60 GBV zu denen des Abschnitts XIII und damit auch zu den verwiesenen allgemeinen Vorschriften (vgl. § 91 GBV Rdn 3 ff.). 4

C. Abweichende Bestimmungen

Die notwendigen Sonderregelungen sind im Wesentlichen im siebten Abschnitt der GBO (§ 126–134a GBO) und im XIII. und XIV. Abschnitt der GBV zusammengefasst. Hinzu kommen §§ 92 Abs. 1 S. 2, 148 GBO mit dem Verweis auf die Verordnung über die Wiederherstellung zerstörter oder abhandenge- 5

---

1 Gesetz zur Vereinfachung und Beschleunigung registerrechtlicher und anderer Verfahren (Registerverfahrensbeschleunigungsgesetz – RegVBG) v. 20.12.1993, vgl. BGBl I 1993, 2182.

2 Gesetz zur Einführung eines Datenbankgrundbuchs (DaBaGG) v. 1.10.2013, siehe BGBl I 2013, 3719.

3 Zu den Einzelheiten vgl. *Keim*, 724 ff.; Meikel/*Dressler-Berlin*, § 61 GBV Rn 1 ff.

kommener Grundbücher und Urkunden[4] in der jeweils geltenden Fassung, die auch für die elektronische Grundakte über den Verweis in § 100 S. 2 GBO gilt.

6 Hier die wichtigsten Vorschriften im Überblick:
- **Grundbuch im Rechtssinn** ist nach §§ 62 Abs. 1 S. 1, 126 GBO die automatisierte Datei, die den Grundbuchinhalt umfasst und auf dem dafür bestimmten Datenspeicher abgelegt ist.
- Für die eingesetzte Hard- und Software im Allgemeinen einschließlich des Umgangs mit ihr sowie für die grundbuchspezifischen Datensicherheits- und Datenschutzfragen waren **technisch-organisatorische Anforderungen** festzulegen, vgl. insbesondere §§ 63–66, 75, 79 Abs. 1, 80–84, 126 (nebst Anl.), 133 GBO.
- Der Weg zur **Integration von Grundbuch und Kataster** wurde eröffnet, vgl. §§ 86, 127 GBO.
- Die **Arbeitsabläufe im Grundbuchamt** wurden – teilweise mit Rationalisierungsmöglichkeiten verbunden – auf die maschinelle Grundbuchführung abgestimmt, siehe §§ 67–75, 128–130 GBO.
- Anstelle von Abschriften werden künftig **Ausdrucke** erteilt (§§ 78, 131 Abs. 1 GBO).
- Die **Grundbucheinsicht** wurde medienspezifisch eingerichtet; das **automatisierte Abrufverfahren** ist hinzugekommen, vgl. §§ 80–85a, 132, 133 GBO.
- Bei **Briefrechten** gelten erleichterte Vorschriften, §§ 87–89.
- Bei schwerwiegenden Störungen bieten §§ 92, 148 GBO die Möglichkeit der **Wiederherstellung** des maschinellen Grundbuchs, der Führung eines papierenen **Ersatzgrundbuchs** oder der dauerhaften **Rückkehr zum Papiergrundbuch**.
- Der Bund hat von der Weitergabemöglichkeit der Ermächtigung zum **Erlass von Ausführungsvorschriften durch die Länder** in §§ 93, 134 GBO Gebrauch gemacht, vgl. § 126 GBO Rdn 16.
- Sonderbestimmungen für die **Grundakte** finden sich in §§ 94–101.

§ 62 Begriff des maschinell geführten Grundbuchs

(1) Bei dem maschinell geführten Grundbuch ist der in den dafür bestimmten Datenspeicher aufgenommene und auf Dauer unverändert in lesbarer Form wiedergabefähige Inhalt des Grundbuchblatts (§ 3 Abs. 1 Satz 1 der Grundbuchordnung) das Grundbuch. Die Bestimmung des Datenspeichers nach Satz 1 kann durch Verfügung der zuständigen Stelle geändert werden, wenn dies dazu dient, die Erhaltung und die Abrufbarkeit der Daten sicherzustellen oder zu verbessern, und die Daten dabei nicht verändert werden. Die Verfügung kann auch in allgemeiner Form und vor Eintritt eines Änderungsfalls getroffen werden.

(2) Nach Anordnung der Landesjustizverwaltung kann der Grundbuchinhalt in ein anderes Dateiformat übertragen oder der Datenbestand eines Grundbuchblatts zerlegt und in einzelnen Fragmenten in den Datenspeicher übernommen werden. Eine Übertragung nicht codierter Informationen in codierte Informationen ist dabei nicht zulässig. Durch geeignete Vorkehrungen ist sicherzustellen, dass der Informationsgehalt und die Wiedergabefähigkeit der Daten sowie die Prüfbarkeit der Integrität und der Authentizität der Grundbucheintragungen auch nach der Übertragung erhalten bleiben. § 128 Absatz 3 der Grundbuchordnung gilt entsprechend.

A. Allgemeines	1	II. Bestimmung durch Verfügung	7
B. Anforderungen an den Datenspeicher	5	C. Darstellung im Datenbankgrundbuch	12
I. Technische Beschaffenheit des Datenspeichers	5		

A. Allgemeines

1 Die Vorschrift in § 62 Abs. 1 GBO knüpft an §§ 3 Abs. 1, 126 Abs. 1 Nr. 2 und 129 Abs. 1 GBO an. § 62 Abs. 2 GBO wurde mit dem DaBaGG angefügt. Auf die Vorschrift wird in § 66 GBO (Sicherung der Da-

---

4 Aus dem Jahr 1940, zuletzt geändert mit Gesetz v. 8.12.2010 (BGBl I 2010, 1864).

ten), § 70 GBO (Anlegung des maschinell geführten Grundbuchs durch Umstellung), § 74 GBO (Veranlassung der Eintragung) und § 95 GBO (Allgemeine technische und organisatorische Maßgaben) verwiesen.

Beim Papiergrundbuch ist der Inhalt des Grundbuchs im Sinne von § 3 Abs. 1 S. 1 GBO verkörpert und greifbar. Beim maschinellen Grundbuch, das als Inhalt eines Datenspeichers nicht greifbar ist, musste der Gesetzgeber gesondert festlegen, was und wo das **Grundbuch im Rechtssinn** ist. Es musste „verortet" werden.[1]

Die ausdrückliche Verweisung (nur) auf § 3 Abs. 1 GBO nimmt Bezug auf die **grundlegende Definition des Grundbuchblatts**, bedeutet jedoch nicht, dass das maschinelle Grundbuch ausschließlich in Form des Realfoliums geführt werden könnte und die Anlegung von Personalfolien nach § 4 GBO ausgeschlossen würde,[2] wie insbesondere die Vorschriften zu Anlegung und Freigabe des maschinellen Grundbuchs durch Umstellung zeigen (vgl. § 128 GBO Rdn 4, § 70 GBV Rdn 3 ff.).

§ 126 Abs. 1 Nr. 2 GBO verlangt die alsbaldige Aufnahme in einen Datenspeicher und die Möglichkeit dauerhafter, inhaltlich unveränderter Wiedergabe in lesbarer Form. § 129 Abs. 1 GBO knüpft hieran das Wirksamwerden von Eintragungen. § 62 S. 1 GBO legt fest, dass diese Anforderungen von dem **dafür bestimmten Datenspeicher** zu erfüllen sind. Neben der amtlichen Überschrift belegt die Verweisung in § 66 Abs. 2 S. 2 GBO, dass § 62 S. 1 GBO die **Legaldefinition des maschinell geführten Grundbuchblattes** enthält. §§ 70 Abs. 1 S. 2 und 74 Abs. 2 GBO nehmen die Aufnahme in den Datenspeicher in Bezug und unterstreichen die Grundlegungen in § 62 GBO (vgl. § 92 GBV Rdn 3 f. zur Wiederherstellung des **maschinellen** Grundbuchs).

B. Anforderungen an den Datenspeicher

I. Technische Beschaffenheit des Datenspeichers

Die zur Erfüllung der Anforderungen an ein zuverlässiges und leistungsfähiges maschinelles Grundbuch notwendigen Maßnahmen müssen angemessen umgesetzt werden. Der Gesetzgeber hat jedoch davon abgesehen, bestimmte Speichertechnologien vorzuschreiben und Einzelheiten hinsichtlich deren Dimensionierung, Konfigurierung oder Aktualisierung festzulegen. Bei der Beschaffung, Instandhaltung und Fortschreibung der Anlagen wird den Ländern daher sowohl ein entsprechender Planungsspielraum als auch ein großes Maß an Verantwortung bei der Einschätzung der nach dem jeweiligen Stand der Technik am besten geeigneten Mittel zukommen.

Die zum Einsatz gelangenden Bestandteile (Produktionssystem, Archivierungskomponente und Recherchekomponente, vgl. § 126 GBO Rdn 7) des maschinell geführten Grundbuchs müssen insgesamt in der Lage sein, **Eintragungen** in vertretbaren Zeiträumen **abzuspeichern** sowie die **Grundbuchdaten unverändert** und ebenfalls in vertretbaren Zeiträumen wieder **sichtbar zu machen**. Speichermedien, die keinen unmittelbaren Zugriff auf die Daten erlauben,[3] die nicht zu deren dauerhafter Aufnahme bestimmt sind[4] oder die lediglich für Sicherungszwecke angelegt[5] wurden, erfüllen diese Anforderungen nicht (vgl. Rdn 9).

II. Bestimmung durch Verfügung

Erforderlich und ausreichend für die Bestimmung des Grundbuchdatenspeichers ist eine **ausdrückliche und grundsätzlich schriftlich**[6] **niederzulegende Verfügung** der zuständigen Stelle (siehe § 126 GBO Rdn 16), d.h. derjenigen Stelle, in deren Verantwortungsbereich der Datenspeicher geführt wird. Nicht notwendig ist die Aufnahme in eine Rechtsverordnung (§§ 93, 134 GBO), möglich ist aber die Verbindung mit Dienstanweisungen nach § 65 Abs. 1 S. 3 GBO.

---

1 Meikel/*Dressler-Berlin*, GBV § 62 Rn 3; BT-Drucks 12/6228, 83.
2 Vgl. Begründung bei Meikel/*Dressler-Berlin*, GBV § 62 Rn 3, 29 ff.
3 Meikel/*Dressler-Berlin*, GBV § 62 Rn 6 m.w.N.
4 Meikel/*Dressler-Berlin*, GBV § 62 Rn 7.
5 Meikel/*Dressler-Berlin*, GBV § 62 Rn 8.
6 Hierzu, zu Ausnahmefällen und dem dann gebotenen Vorgehen vgl.: Meikel/*Dressler-Berlin*, GBV § 62 Rn 22 f.

8 Die **Bestimmung** kann erforderlichenfalls mit der o.g. Maßgabe (vgl. Rdn 7) **geändert** werden, wenn der Grundbuchdatenspeicher ausfällt und dauernd oder zeitweilig durch Sicherungskopien ersetzt werden muss. Dasselbe gilt, soweit aufgrund Verschleiß, Beschädigung oder technischer Weiterentwicklungen Änderungen an der Archivierungskomponente vorgenommen werden.

9 Maßgeblich ist, dass die Daten durch die Speicherumschichtung nicht vorsätzlich oder fahrlässig und von der grundbuchführenden Stelle unbemerkt inhaltlich verändert werden können, was durch geeignete Vorkehrungen sicherzustellen ist. Der **Erkennbarkeit von Änderungen** dient insbesondere die elektronische Unterschrift (§ 75 GBO).

10 Die **Verfügung** kann auch **in allgemeiner Form und im Voraus** erfolgen, wie § 62 Abs. 1 S. 3 GBO ausdrücklich klarstellt.[7] Bedeutung kommt dem etwa zu, wenn durch technische Vorkehrungen die jederzeitige Übereinstimmung des Grundbuchdatenspeichers mit einem oder mehreren Sicherungsdatenspeichern, die parallel geführt werden, gewährleistet ist. Ein ausdrückliches Reagieren des GBA braucht dann nicht mehr zu erfolgen, wenn verfügt wird, dass bei einem Ausfall des Originalspeichers ohne Weiteres die, bzw. eine der Sicherungskopien an die Stelle des eigentlichen Grundbuchdatenspeichers treten soll.

11 § 95 GBO nimmt die Qualität und die Möglichkeit der Bestimmung des Datenspeichers durch die Verweisung auf.

C. Darstellung im Datenbankgrundbuch

12 So wie bisher, wird auch künftig der **Grundbuchinhalt** nicht das sein, was in einer bestimmten Ansichtsform tatsächlich wiedergegeben wird, sondern das, **was wiedergabefähig gespeichert** ist. Im elektronischen Grundbuch werden die Eintragungsinhalte unter gleichzeitiger Bestimmung ihrer Darstellungsinformationen für die unterschiedlichen Ansichtsformen in der Datenbank gespeichert. Eine direkte Eintragung in bestimmte Abteilungen oder Spalten erfolgt nicht mehr. Die diesbezüglichen Vorschriften (z.B. §§ 4 ff. GBO) stellen insoweit nicht mehr Eintragungs-, sondern **Visualisierungsregeln** dar. Auf die tatsächliche Darstellung (vgl. § 63 GBO) kommt es insoweit nicht an. Wird der Inhalt des Grundbuchs (in welcher Darstellungsform auch immer) falsch angezeigt, kann sich an den sichtbar gemachten, fehlerhaften Inhalt kein öffentlicher Glaube knüpfen.[8] Die Rechtslage ist insoweit vergleichbar mit den Fällen, in denen ein unrichtiger Grundbuchauszug erteilt wird.[9] Tatsächlich können etwa durch Treiberfehler bei der Software Inhalte abgebildet werden, die rein gar nichts mehr mit dem Inhalt des Grundbuches gemein haben. Daran kann sich verständlicherweise kein guter Glaube knüpfen. Bei Einhaltung der technischen Voraussetzungen gilt aber das im Abrufverfahren sichtbare Ergebnis als für den Anwender verbindlich.[10]

13 § 62 Abs. 2 GBO zielt in erster Linie darauf ab, die Übernahme der Grundbücher aus den derzeit im Einsatz befindlichen Systemen in das **Datenbankgrundbuch** zu ermöglichen.[11] Die Grundbuchdaten sollen dabei in ein langzeitarchivierbares Format übertragen und in dieser Form in das neue System übernommen werden (Altdatenübernahme). Zulässig ist aber auch eine Übertragung unabhängig von der Einführung des Datenbankgrundbuchs.

14 Die gesamte Migration aller Grundbücher stellt einen umfangreichen Prozess mit hohem personellem und logistischem Aufwand dar.[12] Die Neufassung des Grundbuchs als Datenbankgrundbuch ist so konzipiert, dass ein **Grundbuchblatt nicht zwingend in einem einzigen Bearbeitungsschritt vollständig neu gefasst** werden muss. Die Neufassung kann auch sukzessive erfolgen. So können die durch die

---

[7] § 62 Abs. 1 S. 3 GBO wurde angefügt durch die 2. EDVGB-ÄndV v. 11.7.1997 (BGBl I 1997, 1808); zu den Hintergründen siehe BR-Drucks 386/97, S. 7 ff. u. Meikel/*Dressler-Berlin*, GBV § 62 Rn 26 ff.
[8] Vgl. Bauer/Schaub/*Waldner*, vor § 126 GBO Rn 12.
[9] BT-Drucks 17/12635, 28.
[10] Insbesondere können fehlerhafte Einstellungen bei Druckern oder Softwaretreibern kein Argument gegen das Abrufverfahren und auch gegen die Einsicht bei Notaren (vgl. § 133a Abs. 5 GBO) sein. Die sächsische Website zum Grundbuchabrufverfahren verweist daher z.B. in einem Link auf ein Dokument, das den Abrufteilnehmern die Druckerkonfiguration erleichtern soll. Fehler sind in allen bekannt gewordenen Fällen aufgrund der starken Unformatiertheit der abgerufenen Dokumente (stark variierende Schriftgröße, Darstellung eines fremden Zeichensatzes) augenscheinlich und somit unproblematisch erkennbar gewesen.
[11] BT-Drucks 17/12635, 28.
[12] Zu den Prioritäten bei der nun drängenden Umsetzung vgl. *Wilsch*, ZfIR 2023, 165.

Altdatenübernahme gewonnenen Datensätze in einzelne Bestandteile zerlegt und in dieser Form in der Datenbank gespeichert werden. Die Summe der Fragmente ersetzt den aus dem Vorsystem übernommenen Datensatz und wird zum Grundbuch im Rechtssinn. Eine Benachrichtigung des Eigentümers oder sonstiger Personen und Stellen nach § 55 GBO im Rahmen der Migration ist nicht vorgesehen.

Zuständig für die Anordnung der Übertragung in andere Formate ist die jeweilige Landesjustizverwaltung. Die Zuständigkeitsregelung orientiert sich an § 108 Abs. 1 GBO, wonach die Landesjustizverwaltungen die Umstellung des in festen Bänden geführten Grundbuchs auf das Loseblattgrundbuch durch die Verwendung von Ablichtungen der bisherigen Blätter anordnen können.

Die Übertragung der Daten in ein anderes Format **kann automatisiert erfolgen**. Durch allgemeine technische und organisatorische Vorkehrungen ist sicherzustellen, dass die Wiedergabe der Zieldateien inhaltlich sowie bildlich mit der Wiedergabe der Ausgangsdateien übereinstimmt und etwaige Fehlfunktionen des Systems bei der Übernahme automatisch erkannt und gemeldet werden. Einer besonderen Freigabe der einzelnen Grundbücher durch einen Mitarbeiter des GBA soll es – beim klassischen elektronischen Grundbuch – nicht zwingend bedürfen. Dadurch können komplette Bereiche (z.B. ganze Grundbuch- oder Grundbuchamtsbezirke) in einem einheitlichen Vorgang übertragen werden. Allerdings muss auch nach der Übertragung feststellbar sein, ob eine Grundbucheintragung bis zu diesem Zeitpunkt verändert wurde und von wem eine Eintragung stammt.

Vor dem Hintergrund, dass die technische Entwicklung in diesem Bereich stetig voranschreitet, schreibt der Regelungsvorschlag für die Übertragung der Daten **keine bestimmte Vorgehensweise** vor. Er ist vielmehr so formuliert, dass stets diejenigen Verfahren eingesetzt werden können, die **zum jeweiligen Zeitpunkt der Übertragung dem Stand der Technik entsprechen**. Allerdings ist beim Datenbankgrundbuch gem. § 71a Abs. 4 GBV jedes Grundbuchblatt mit einem Freigabevermerk zu versehen und der Name der freigebenden Person hinzuzufügen. Daher kann es sich bei der vorliegenden Regelung nur um eine Formatübertragung unabhängig vom DaBaGB handeln. Eine derartige Formatübertragung ist aber, soweit ersichtlich, in der Praxis für das bisherige Grundbuch nirgends vorgesehen.

Nach der Übertragung ist die Aufbewahrung der Ausgangsdaten nicht mehr erforderlich. Entsprechend § 128 Abs. 3 GBO können sie vernichtet oder in anderer Weise ausgesondert werden (vgl. § 128 GBO Rdn 12 f.). Eine grundbuchrechtliche Pflicht zur **Aussonderung** besteht jedoch nicht. Die Behandlung dieser Daten richtet sich nach den jeweiligen (archivrechtlichen) Vorschriften der Länder.

Das Übertragungsverfahren soll nur dort gelten, wo die Fehleranfälligkeit sehr gering ist.[13] Von der Vorschrift **nicht erfasst** nach § 62 Abs. 2 S. 2 GBO **ist daher die Umwandlung von NCI-Daten in CI-Daten**, d.h., von Grundbuchinformationen, die uncodiert (etwa als Bild) abgelegt sind, zu solchen, die in codierter Form (etwa als Text) gespeichert werden (vgl. § 126 GBO Rdn 12). Die Fehleranfälligkeit einer derartigen Übertragung ist deutlich höher als bei der Übertragung von NCI- zu NCI-Daten oder von CI- zu CI-Daten. Das Übertragungsergebnis bedarf dann stets der Kontrolle durch einen Mitarbeiter des GBA, etwa wie im Verfahren nach § 97 Abs. 2 GBO bei der Übertragung von Urkunden in die elektronische Form. Soll der Grundbuchinhalt erstmals in Form von CI-Daten erfasst werden, kommen hierfür die Verfahren der Grundbuchumschreibung sowie der Grundbuchneufassung in Betracht. Zur Neufassung bei Anlegung des Datenbankgrundbuchs vgl. § 71a GBO.

---

[13] BT-Drucks 17/12635, 28.

§ 63 Gestaltung des maschinell geführten Grundbuchs; Verordnungsermächtigung

Der Inhalt des maschinell geführten Grundbuchs muß auf dem Bildschirm und in Ausdrucken so sichtbar gemacht werden können, wie es den durch diese Verordnung und die Wohnungsgrundbuchverfügung vorgeschriebenen Mustern entspricht. Wird das Grundbuch als Datenbankgrundbuch geführt, soll unter Verwendung dieser Muster die Darstellung auch auf den aktuellen Grundbuchinhalt beschränkt werden können; nicht betroffene Teile des Grundbuchblatts müssen dabei nicht dargestellt werden. Die Landesregierungen werden ermächtigt, durch Rechtsverordnung weitere Darstellungsformen für die Anzeige des Grundbuchinhalts und für Grundbuchausdrucke zuzulassen; sie können diese Ermächtigung durch Rechtsverordnung auf die Landesjustizverwaltungen übertragen.

A. Inhaltliche Identität der Darstellung 1	C. Aktueller Grundbuchinhalt und weitere
B. Äußere Identität der Darstellung 2	Darstellungsformen 4

A. Inhaltliche Identität der Darstellung

1   Im Anschluss an § 61 GBO bestimmt § 63 S. 1 GBO, dass Papiergrundbuch und maschinelles Grundbuch nicht nur grundsätzlich identisch geführt werden (vgl. § 61 GBV Rdn 2), sondern auch, dass die auf dem Bildschirm **sichtbare Information identisch mit der im Papiergrundbuch dargestellten** sein muss. Das bedeutet zum einen, dass sich der Aufbau und Inhalt des Grundbuchblatts nach den Abschnitten II und III der GBV an die herkömmliche Trennung in Aufschrift, Bestandsverzeichnis und Abteilungen I, II und III sowie an die allgemeinen Regeln für Eintragungen halten muss (zu der vergleichbaren Problematik bei der Anlegung durch Neufassung vgl. § 69 GBV Rdn 1). Mit dem DaBaGG wird in § 63 S. 2 u. 3 GBO – neben anderen Darstellungsformen – auch die Darstellung eines „aktuellen Auszugs" möglich, der nur die noch gültigen Eintragungen wiedergibt. Das Datenbankgrundbuch wird aufgrund der strukturierten Datenablage über die bisherige Darstellungsform hinaus vielfältige und auf die Bedürfnisse der verschiedenen Nutzergruppen speziell abgestimmte Möglichkeiten der Anzeige des Grundbuchinhalts sowie der Erteilung von Grundbuchausdrucken bieten. Die Länder werden ermächtigt, weitere Darstellungsformen zuzulassen.

B. Äußere Identität der Darstellung

2   Durch ausdrücklichen Verweis auf die Vordrucke und Muster wird zunächst klargestellt, dass dieselbe Information wie beim Papiergrundbuch sichtbar zu machen ist, vgl. § 63 S. 1 GBO. Daneben wird dadurch ausgedrückt, dass die optische Darstellung am Bildschirm sich nach dem **äußeren Erscheinungsbild des Papiergrundbuchs** zu richten hat (§ 22 S. 1 GBO i.V.m. Anl. 1 zur GBV). So muss etwa der Spaltenaufbau beibehalten werden.[1] In dieser Ansicht ist der vollständige Grundbuchinhalt einschließlich Löschungen, Veränderungen und Rötungen gem. den Vorschriften und Mustern der Grundbuchverfügung und Wohnungsgrundbuchverfügung (§§ 4 ff., 22 GBO, §§ 3, 9 WGV) darzustellen. Dies kann zu technischen Anforderungen an die zur Wiedergabe verwendeten Bildschirme führen, die über ein entsprechendes Bildauflösungsvermögen verfügen müssen, um eine gut lesbare Darstellung einer ganzen „Papierseite" erzeugen zu können (zu den von den Landesjustizverwaltungen für das automatisierte Abrufverfahren herausgegebenen Empfehlungen an die einzusetzende Technik vgl. § 133 GBO Rdn 34 f.); nichts anderes gilt in diesem Zusammenhang auch für die Bildschirme im GBA selbst.

3   Da die Größe der Darstellung am Bildschirm einerseits von dessen Größe, andererseits von der Verwendung von Zoom-Funktionen abhängt, hat ein Festhalten an den Formaten für das Papiergrundbuch (beim Loseblattgrundbuch normalerweise DIN A3; evtl. DIN A4, § 6 Abs. 3b GBO) beim maschinellen Grundbuch keinen Sinn mehr.

---

1   Die bisherige Darstellungsform bleibt auch deswegen erhalten, um eine möglichst große Akzeptanz bei der geplanten Umstellung zu erzielen.

C. Aktueller Grundbuchinhalt und weitere Darstellungsformen

Wenn das Grundbuch als Datenbankgrundbuch geführt wird, ist in § 63 S. 2 GBO eine Ansicht vorgesehen, die lediglich **die aktuell gültigen Eintragungsinhalte** umfasst. Bei dieser Ansicht werden die Eintragungen in den Veränderungs- und Löschungsspalten so weit wie möglich in den Text der Hauptspalten integriert.[2] Gelöschte Rechte werden in dieser Ansicht nicht angezeigt. Dabei verbleibt den Veränderungs- und Löschungsspalten i.d.R. kein eigener Informationsgehalt mehr, so dass auf ihre Darstellung verzichtet werden kann. Gleiches gilt für Abteilungen des Grundbuchs, die keine oder nur noch gelöschte Eintragungen enthalten. Vorschriften, die Grundbuchbände voraussetzen und deshalb nicht anzuwenden sind, sind zunächst §§ 2, 3 Abs. 1 S. 2, Abs. 2 und 3 GBO. Weitere nicht anwendbare Vorschriften sind in §§ 16, 17 Abs. 2 und 3, 19 Abs. 2, 21 GBO enthalten. Für Rötungen gelten nach § 91 S. 2 GBO abweichende Vorschriften.

Zusätzlich zu den beiden vorgenannten Ansichten sollen die Länder durch Rechtsverordnung **weitere Darstellungsformen** zulassen können. Denkbar ist u.a. eine Ansicht, die den Grundbuchstand für einen bestimmten Zeitpunkt in der Vergangenheit anzeigt. Daneben soll es auch möglich sein, den Grundbuchinhalt oder Teile davon abweichend von den in den Anlagen zur Grundbuchverfügung und zur Wohnungsgrundbuchverfügung vorgegebenen Mustern darzustellen, bspw. in einer Rangtabelle, in denen die Belastungen eines Grundstücks nach der Reihenfolge ihres Ranges sortiert sind.

§ 64 Anforderungen an Anlagen und Programme

(1) Für das maschinell geführte Grundbuch dürfen nur Anlagen und Programme verwendet werden, die den bestehenden inländischen oder international anerkannten technischen Anforderungen an die maschinell geführte Verarbeitung geschützter Daten entsprechen. Sie sollen über die in Absatz 2 bezeichneten Grundfunktionen verfügen. Das Vorliegen dieser Voraussetzungen ist, soweit es nicht durch ein inländisches oder ausländisches Prüfzeugnis bescheinigt wird, durch die zuständige Landesjustizverwaltung in geeigneter Weise festzustellen.

(2) Das eingesetzte Datenverarbeitungssystem soll gewährleisten, daß

1. seine Funktionen nur genutzt werden können, wenn sich der Benutzer dem System gegenüber identifiziert und authentisiert (Identifikation und Authentisierung),
2. die eingeräumten Benutzungsrechte im System verwaltet werden (Berechtigungsverwaltung),
3. die eingeräumten Benutzungsrechte von dem System geprüft werden (Berechtigungsprüfung),
4. die Vornahme von Veränderungen und Ergänzungen des maschinell geführten Grundbuchs im System protokolliert wird (Beweissicherung),
5. eingesetzte Subsysteme ohne Sicherheitsrisiken wiederhergestellt werden können (Wiederaufbereitung),
6. etwaige Verfälschungen der gespeicherten Daten durch Fehlfunktionen des Systems durch geeignete technische Prüfmechanismen rechtzeitig bemerkt werden können (Unverfälschtheit),
7. die Funktionen des Systems fehlerfrei ablaufen und auftretende Fehlfunktionen unverzüglich gemeldet werden (Verläßlichkeit der Dienstleistung),
8. der Austausch von Daten aus dem oder für das Grundbuch im System und bei Einsatz öffentlicher Netze sicher erfolgen kann (Übertragungssicherheit).

Das System soll nach Möglichkeit Grundbuchdaten übernehmen können, die in Systemen gespeichert sind, die die Führung des Grundbuchs in Papierform unterstützen.

A. Allgemeines	1	D. Grundfunktionen	10
B. Anerkannte technische Anforderungen	6	I. Identifikation und Authentisierung	10
C. Feststellung	8	II. Berechtigungsverwaltung	13

---

2 BT-Drucks 17/12635, 29: Die Begründung nennt als Beispiel die Löschung eines Teilbetrages einer Grundschuld und die dann mögliche Darstellung des Rechtes nur mit dem Restbetrag; bei einer Abtretung wird nur der neue Berechtigte dargestellt.

III. Berechtigungsprüfung	14	VII. Verlässlichkeit der Dienstleistung	19
IV. Beweissicherung	16	VIII. Übertragungssicherheit	20
V. Wiederaufbereitung	17	**E. Datenübernahme bei Vorratsspeicherung**	22
VI. Unverfälschtheit	18		

A. Allgemeines

1 Das Grundbuchrecht kennt – anders als das Notarrecht in Bezug auf die Bücher, nunmehr Verzeichnisse, des Notars und die Herstellung der Urkunden[1] – keine allgemeinen und einheitlichen Anforderungen an die zur Herstellung des Papiergrundbuchs verwendeten Materialien. Daraus sind bisher keine Gefährdungen für das Grundbuch bekannt geworden.

2 Die Inhomogenität der Eigenschaften gängiger EDV-Systeme und ihre ebenfalls unterschiedliche Eignung in Bezug auf höhere Sicherheitsanforderungen einerseits, die Öffnung der Grundbuchdatenspeicher für Fernzugriffe (§§ 127, 132, 133, 139 GBO) und die dadurch neu begründeten Gefahren andererseits machen jedoch **für das maschinelle Grundbuch bzw. die elektronische Grundakte bundeseinheitliche Regelungen** erforderlich. Andernfalls besteht die Gefahr, dass die Sicherheit in einzelnen Bereichen des maschinellen Grundbuchs/der elektronischen Grundakte nicht gewährleistet ist und die Systeme der Länder so sehr divergieren, dass eine bundesweite Vernetzung über offene Schnittstellen (siehe § 132 GBO Rdn 2, § 133 GBO Rdn 1, § 135 GBO Rdn 2, § 79 GBV Rdn 11) nicht verantwortet werden kann. § 64 GBV ist im Zusammenhang mit §§ 65, 66 GBV zu sehen. Die drei Vorschriften bilden ein technisch-organisatorisches Gesamtkonzept (vgl. § 65 GBV Rdn 1).

3 Die Bedeutung der Norm mit ihren Grundlegungen wird durch den Verweis in § 95 GBV (Allgemeine technische und organisatorische Maßgaben bei der elektronischen Grundakte, vgl. § 95 GBV Rdn 3) und die Bezugnahme in anderen registerrechtlichen Vorschriften unterstrichen. So finden sich **Bezugnahmen auf die Regelung in § 64** in folgenden Normen:

– Handelsregisterverordnung (HRV) v. 12.8.1937 (RMBl 1937, 515); zuletzt geändert durch Art. 2 Verordnung v. 16.12.2022 (BGBl I 2022, 2422) § 49 HRV (Anforderungen an Anlagen und Programme, Sicherung der Anlagen, Programme und Daten);
– Vereinsregisterverordnung (VRV), Art. 1 Verordnung v. 10.2.1999 (BGBl I 1999, 147); zuletzt geändert durch Art. 29 Gesetz v. 5.7.2021 (BGBl I 2021, 3338), § 20 VRV (Anforderungen an Anlagen und Programme, Sicherung der Anlagen, Programme und Daten);
– Verordnung zur Durchführung der Schiffsregisterordnung (SchRegDV), neugefasst durch Beschluss v. 30.11.1994 (BGBl I 1994, 3631; BGBl I 1995, 249); zuletzt geändert durch Art. 43 Gesetz v. 10.8.2021 (BGBl I 2021, 3436), § 58 SchRegDV;
– Luftfahrzeugpfandrechtsregisterverordnung (LuftRegV), Verordnung v. 2.3.1999 (BGBl I 1999, 279); zuletzt geändert durch Art. 25 Gesetz v. 20.11.2019 (BGBl I 2019, 1724), § 11 LuftRegV (Einführung der maschinellen Führung).

4 Die in § 64 Abs. 2 GBV aufgelisteten Anforderungen beziehen sich auf die zur Führung des maschinellen Grundbuchs verwendeten Systeme insgesamt, nicht auf einzelne Teile oder Komponenten.[2]

5 Sie müssen **programmgesteuert und automatisch ohne menschliches Dazwischentreten** ablaufen, weil für letzteres § 64 GBV nicht gilt.[3] Der Bereich der Verhaltensregeln fällt vielmehr unter § 65 GBV, der aber auch darüber hinausgehende Anforderungen an die Sicherheit der Anlagen und Programme enthält und durch die Vorschriften von § 66 GBV zur Datensicherung im engeren Sinn fortgesetzt wird.

---

1 Vgl. etwa §§ 7 Abs. 2, 14 Abs. 1 S. 3, 26 ff. DONot-a.F., jetzt NotAktVV für den ERV (passim) und § 12 ff. DONot. Spärlich dagegen z.B. Nr. 7 VwVBGBS (Verwaltungsvorschrift des Sächsischen Staatsministeriums der Justiz über die Behandlung von Grundbuchsachen); *Stamm/Stamm*, Aktenführung und weitere Aufgaben der Geschäftsstelle, 2023, S. 44 ff. zur allgemeinen Aktenbehandlung, S. 369 ff zu Grundbuchsachen.

2 BT-Drucks 12/6228, 84.

3 Meikel/*Dressler-Berlin*, GBV § 64 Rn 8.

B. Anerkannte technische Anforderungen

Die Vorschrift schließt an § 126 Abs. 1 S. 1 GBO sowie die zu dessen Nr. 3 ergangene Anlage an und konkretisiert in § 64 Abs. 2 GBV insbesondere den Begriff der **Grundsätze ordnungsgemäßer Datenverarbeitung** sowie die speziellen **grundbuchrechtlichen Anforderungen an Datensicherheit und** – insoweit aufgrund der Überlagerung durch die Datenschutzgrundverordnung historisch – an den **Datenschutz** (vgl. § 126 GBO Rdn 24). Bisher war die Anwendung der Datenschutzgesetze mit diesen bereichsspezifischen Regelungen ausgeschlossen. Mit Verabschiedung der EU-DSGVO ist allerdings die Möglichkeit der bereichsspezifischen Ausnahmetatbestände und Spezialregelungen eingeschränkt. Tatsächlich gilt für den Datenschutz insoweit nun auch die EU-Verordnung. Die bestehenden Regelungen können mithin nur mit Blick auf den Bereich der Datensicherheit (IT Sicherheit) verstanden werden.

Mit der Bezugnahme auf „technische Anforderungen" wurde eine offene Formulierung[4] gewählt, die durch Normen, Standards oder andere Festlegungen nationaler sowie internationaler Gremien ausgefüllt und dadurch stets aktuell fortgeschrieben werden kann.

C. Feststellung

Die erforderliche Feststellung kann in erster Linie auf der Grundlage eines **Prüfzeugnisses** einer inländischen oder ausländischen Behörde getroffen werden. In Deutschland etwa werden solche Zeugnisse vom Bundesamt für Sicherheit in der Informationstechnik (§ 3 Abs. 1 Nr. 5 BSIG) erteilt.[5]

Liegt ein Prüfzeugnis nicht vor, muss die Landesjustizverwaltung die Feststellung auf andere geeignete Weise vornehmen. In Betracht kommt die **Begutachtung** durch eine vom BSI akkreditierte (private) Prüfstelle[6] oder eine andere hinreichend sachkundige Einrichtung.

D. Grundfunktionen

I. Identifikation und Authentisierung

§ 64 Abs. 2 Nr. 1 GBV verlangt, dass sich der Benutzer gegenüber dem EDV-System **identifiziert**, d.h. sich als individuelle Person zu erkennen gibt.

Das System muss ihn anschließend **authentisieren**, d.h., überprüfen, ob der Identifizierte zur Nutzung des Systems überhaupt zugelassen ist. Es handelt sich an dieser Stelle noch nicht um eine Berechtigungsprüfung (siehe Rdn 14).

Neben der Zuteilung von Netzadressen und Passwörtern[7] kommt auch die Nutzung von hardwarebasierten Identifikations- und Authentisierungsmechanismen wie etwa Chipkarten mit persönlichen Identifikationsnummern (PIN) oder biometrischen Merkmalen als Zugangsmechanismus in Betracht. Letztere erfordern zusätzliche organisatorische Maßnahmen in Bezug auf Kartenausgabe und -verwaltung. Sie gelten allerdings nach den Vorgaben der eIDAS-VO[8] als deutlich sicherer.

II. Berechtigungsverwaltung

Nach § 64 Abs. 2 Nr. 2 GBV ist eine Berechtigungsverwaltung sicherzustellen. Im System müssen alle zugelassenen Nutzer **registriert** werden können. Bei der Anmeldung am System zu Beginn einer Arbeitssitzung muss das Programm die Übereinstimmung der Identifikations- und Authentisierungsdaten mit den gespeicherten Benutzerdaten etwa im Rahmen der Login-Prozedur prüfen und bei Diskrepanzen

---

4 Meikel/ *Dressler-Berlin*, GBV § 64 Rn 4, 6.
5 Vgl. BSI – Zertifizierung nach CC (bund.de) besucht 230408.
6 Dieses Modell wurde etwa auch beim Signaturgesetz für die Überprüfung von Zertifizierungsstellen gewählt, vgl. Begründung zu § 4 SigG (BT-Drucks 13/7385, 30).
7 Meikel/*Dressler-Berlin*, GBV § 64 Rn 9.
8 Die Bestimmungen des historischen deutschen Signaturgesetzes und der Signaturverordnung (beides galt noch nicht bei Inkrafttreten der entsprechenden Bestimmung der GBV) sind inzwischen durch die europäische eIDAS-VO (Verordnung (EU) Nr. 910/2014) aufgehoben. Der Sicherheitsstandard ist danach aber entsprechend auf europarechtlicher Ebene umgesetzt worden, *Püls/Gerlach*, Die eIDAS-VO – ein Update zu elektronischen Signaturen, NotBZ 2019, 81.

den Zugriff verweigern. Die Berechtigungsverwaltung ist nicht zu verwechseln mit der Berechtigungsprüfung (siehe Rdn 14 f.). Zu dem länderübergreifenden Zugriff und den Möglichkeiten einer zentralen Berechtigungsverwaltung im Rahmen eines single-sign-on über S.A.F.E. siehe § 133 GBO (vgl. § 133 GBO Rdn 12).

III. Berechtigungsprüfung

14 Im Unterschied zur reinen Berechtigungsverwaltung, die nur zwischen verschiedenen, dem System bekannten Benutzern unterscheidet, findet die Berechtigungsprüfung nach § 64 Abs. 2 Nr. 3 GBV im Zusammenhang mit **einzelnen Benutzungsarten**, die beim maschinellen Grundbuch vorgesehen sind, statt:

- **nur Lesen** (jeder zur Einsicht Berechtigte), ggf. auch **Ausdrucken** (Urkundsbeamter der Geschäftsstelle, § 12c Abs. 1 Nr. 1, Abs. 2 Nr. 1 GBO): darf etwa bei der Grundbucheinsicht nach § 79 Abs. 1, 2 und 4 GBV ermöglicht werden.
- **Fernzugriff, Lesen und Abdrucke erstellen** darf den zum Online-Abruf Berechtigten gestattet werden, wobei das System zwischen dem uneingeschränkten (§§ 81, 82 Abs. 1 GBV) und dem eingeschränkten (Prüfung der zusätzlichen Anforderungen nach § 82 Abs. 2 GBV) Abrufverfahren unterscheidet und die jeweils geforderten Eingaben verlangen muss.
- Die **Erstellung** von einfachen und amtlichen Ausdrucken (§ 78 GBV) muss der zuständigen Person (i.d.R. dem Urkundsbeamten der Geschäftsstelle, § 12c Abs. 2 Nr. 1 GBO) möglich sein.
- **Schreibvorgänge** im Zusammenhang mit Eintragungen in das Grundbuch nach §§ 74, 75 GBV schließlich bleiben dem jeweils zuständigen Rechtspfleger (§ 3 Nr. 1 lit. h RPflG) vorbehalten.

15 Es ist Aufgabe des Systems, die verschiedenen **Berechtigungsprofile zuzuordnen** und erforderlichenfalls den begehrten Vorgang **zu verweigern**.

IV. Beweissicherung

16 Sichergestellt werden muss nach § 64 Abs. 2 Nr. 4 GBV, dass **Veränderungen und Ergänzungen protokolliert**[9] werden, damit im Nachhinein überprüfbar ist, ob eine Eintragung in das Grundbuch in zulässiger Weise erfolgt ist. Eine Aufbewahrungsgrenze hinsichtlich dieser Protokolle sieht § 64 Abs. 2 GBV im Gegensatz zu §§ 82, 83 GBV nicht vor. Die Einzelheiten zur Sicherstellung der Dauerhaftigkeit der gespeicherten Daten und notfalls erforderliche Änderungen am Datenspeicher, die sich jedoch nicht auf Inhalt und Aussagekraft der Protokolldaten auswirken dürfen, können in der Dienstanweisung nach § 65 Abs. 1 S. 3 GBV (siehe Rdn 7) enthalten sein.

V. Wiederaufbereitung

17 Der Begriff der Subsysteme[10] in § 64 Abs. 2 Nr. 5 GBV meint die **Gesamtheit der als maschinelles Grundbuch zum Einsatz gelangenden Hard- und Softwarekomponenten**, insbesondere der als Grundbuchdatenspeicher eingesetzten Geräte (siehe § 126 GBO Rdn 22). Verwandte Regelungen, die schon dem Verlust von Datenbeständen vorbeugen sollen, und Nr. 5 ergänzende Vorschriften hinsichtlich der zuverlässigen Wiederherstellung von Datenbeständen enthalten §§ 65, 66 GBV.

VI. Unverfälschtheit

18 Gemeint sind in § 64 Abs. 2 Nr. 6 GBV nur **Fehlfunktionen des Systems** selbst, nicht Datenmanipulationen durch Personen innerhalb und außerhalb des GBA (zum Schutz hiergegen siehe Rdn 13). Gefordert wird der Einsatz entsprechender Prüfroutinen, die Warnmeldungen erzeugen, sobald an den Datenbeständen Auffälligkeiten eingetreten sind. Die Ursache ist egal: Es kann sich um Veränderungen der Inhalte, um Datenverluste oder um Probleme bei der Lesbarmachung handeln.

---

9 Zum Mindestinhalt der Protokolle siehe: Meikel/*Dressler-Berlin*, GBV § 64 Rn 12.

10 Vgl. auch die beispielhafte Auflistung bei Meikel/*Dressler-Berlin*, GBV § 64 Rn 14 ff.

VII. Verlässlichkeit der Dienstleistung

Entsprechende **Warnmeldungen** durch das System müssen nach § 64 Abs. 2 Nr. 7 GBV ebenfalls selbsttätig erzeugt werden, sobald Fehler auftreten, die die Einhaltung der Anforderungen in Nr. 1–6 oder aus sonstigen Gründen die Sicherheit und Zuverlässigkeit des maschinellen Grundbuchs gefährden. Die Meldungen müssen präzise genug sein, dass unverzüglich Wartungsmaßnahmen ergriffen werden können.

19

VIII. Übertragungssicherheit

Erforderlich ist nach Abs. 2 Nr. 8 eine **Absicherung jeder Datenfernkommunikation**. Das Problem der Übertragungssicherheit tritt bereits bei Übermittlung von Daten innerhalb des lokalen Netzes eines Grundbuchsystems auf. Es gewinnt an Schärfe bei Einsatz öffentlicher Netze, weil potentielle Angriffe Dritter hinzukommen können (siehe § 65 GBV Rdn 19). Öffentliche Netze können in Anspruch genommen werden, wenn von der Möglichkeit der Datenübertragung im Auftrag Gebrauch gemacht wird (§ 126 Abs. 3 GBO), bei der Integration von Grundbuch und Liegenschaftskataster (§ 127 GBO), im Fall der Einsichtnahme bei einem anderen Grundbuchamt (§ 132 GBO), das auch einen Ausdruck erstellen kann (§§ 132 GBO i.V.m. § 79 Abs. 3 GBV) und beim automatisierten Abrufverfahren (§ 133 GBO).

20

Der **Begriff des öffentlichen Netzes**, das auch von einem privaten Betreiber angeboten werden kann, ist zu unterscheiden von den Anforderungen bei der Datenverarbeitung im Auftrag nach § 126 Abs. 3 GBO, die öffentlich-rechtlich organisiert sein muss.[11]

21

E. Datenübernahme bei Vorratsspeicherung

Soweit im Rahmen der automationsunterstützten Führung des Papiergrundbuchs (siehe § 126 GBO Rdn 2 ff.) Datenbestände mit dem Grundbuchinhalt auch über die erfolgte Verkörperung hinaus gespeichert bleiben, haben diese keine rechtliche Funktion. Bei Einführung des maschinellen Grundbuchs war das Zurückgreifen auf diese Datenbestände jedoch ein großer Vorteil. Es ermöglichte die zügige **Anlegung des maschinellen Grundbuchs durch Umstellung** etwa nach § 70 Abs. 1 S. 3 GBV, indem einfach der Datenspeicher mit dem Grundbuchinhalt nach § 62 GBV zum maschinellen Grundbuch „umgewidmet" oder umkopiert wird (vgl. § 70 GBV Rdn 6). An der komfortablen Unterstützung einer Übernahme dieser Datenbestände als elektronisches Grundbuch durch das System besteht daher ein erhöhtes Interesse, was auch für die **elektronische Grundakte** gilt (siehe § 96 GBV Rdn 2).

22

§ 65 Sicherung der Anlagen und Programme

(1) Die Datenverarbeitungsanlage ist so aufzustellen, daß sie keinen schädlichen Witterungseinwirkungen ausgesetzt ist, kein Unbefugter Zugang zu ihr hat und ein Datenverlust bei Stromausfall vermieden wird. In dem Verfahren ist durch geeignete systemtechnische Vorkehrungen sicherzustellen, daß nur die hierzu ermächtigten Personen Zugriff auf die Programme und den Inhalt der maschinell geführten Grundbuchblätter haben. Die Anwendung der Zugangssicherungen und Datensicherungsverfahren ist durch Dienstanweisungen sicherzustellen.

(2) Ist die Datenverarbeitungsanlage an ein öffentliches Telekommunikationsnetz angeschlossen, müssen Sicherungen gegen ein Eindringen unbefugter Personen oder Stellen in das Verarbeitungssystem (Hacking) getroffen werden.

A. Allgemeines	1	D. Regelung durch Dienstanweisung	7
B. Schutz der Hardware	3	E. Schutz vor Hacking bei Datenfernkommunikation	9
C. Schutz der Software und der gespeicherten Inhalte	6		

---

11 Meikel/*Dressler-Berlin*, GBV § 64 Rn 27.

A. Allgemeines

1 Im Anschluss an § 64 GBV, der sich mit der Errichtung des maschinellen Grundbuchs (vergleichbar mit einer Anweisung zur Herstellung von Papierurkunden, siehe § 64 GBV Rdn 1) befasst, regelt § 65 GBV die Sicherheit von Anlagen und Programmen. Zusammen mit § 66 GBV, der die Sicherung von Datenbeständen (vergleichbar mit Anforderungen an die Verwahrung von Papierdokumenten) betrifft, ist eine relativ umfangreiche **technisch-organisatorische Gesamtregelung** entstanden, die die Anforderungen von §§ 126 Abs. 1 Nr. 1–3 (einschließlich der Anlage zu Nr. 3) und 129 Abs. 1 GBO umsetzt. Die Problematik ist unverändert aktuell. Die Sorge um die Sicherheit und Zuverlässigkeit des maschinellen Grundbuchs rechtfertigt deshalb die detaillierte Behandlung. § 66 GBV (Sicherung der Daten) und § 95 GBV (Allgemeine technische und organisatorische Maßgaben) verweisen auf § 65 GBV. Mit Blick auf den Geltungsvorrang der EU-DSGVO ist festzustellen, dass die Bestimmungen der §§ 65 ff. GBV nur als Maßnahmen im Sinne der IT-Sicherheit verstanden werden können.

2 § 65 GBV unterscheidet in Abs. 1 zwischen der **Datenverarbeitungsanlage (Hardware)** (vgl. Rdn 3 ff.) und den **Programmen (Software)** (vgl. Rdn 6). § 65 Abs. 2 GBV regelt den Anschluss an ein öffentliches **Telekommunikationsnetz (Datenfernkommunikation)** (siehe Rdn 9 f.).

B. Schutz der Hardware

3 Die Datenverarbeitungsanlage umfasst alle zur maschinellen Grundbuchführung eingesetzten Geräte im GBA oder bei Stellen, die nach § 126 Abs. 3 GBO im Auftrag tätig werden.

4 Ihre Aufstellung muss so erfolgen, dass schädliche **Witterungseinflüsse**, etwa durch Nässe, Sturm, übermäßige Kälte oder Hitze ausgeschlossen sind. Die Gebäude müssen gegen die genannten Umstände sichern, wozu eine zuverlässige Klimatisierung, ggf. auch Feuchtigkeitsregelung gehört. Die Maßnahmen brauchen jedoch nicht durch unverhältnismäßigen Aufwand auf gänzlich unwahrscheinliche Ereignisse wie Naturkatastrophen ausgerichtet zu werden. Nach den Hochwasserkatastrophen in Dresden und Teilen von Sachsen-Anhalt in 2002 und 2013 und dem damit verbundenen Ausfall des elektronischen Grundbuchs wird deutlich, wie wichtig der Schutz der hocheffizienten, aber auch angreifbaren zentralen Infrastruktur ist, um die volkswirtschaftlich notwendige und aus Gründen der Rechtssicherheit gebotene hohe Verfügbarkeit zu gewährleisten.[1]

5 Im Anschluss an Ziff. 1 der Anlage zu § 126 Abs. 1 S. 2 Nr. 3 GBO (siehe § 126 GBO Rdn 16) gilt ferner, dass die Gebäude und ihre Einrichtungen so abgeschlossen sein müssen, dass ein **Zutritt Unbefugter** ausgeschlossen wird. Zu schützen ist in erster Linie der Grundbuchdatenspeicher, aber auch jedes Peripheriegerät, von dem aus ein Zugriff auf das maschinelle Grundbuch denkbar ist.

C. Schutz der Software und der gespeicherten Inhalte

6 Vorzusehen ist eine zuverlässige Berechtigungsverwaltung und -prüfung bereits nach § 64 Abs. 2 Nr. 2 und 3 GBV i.V.m. Nr. 5 der Anlage zu § 126 Abs. 1 S. 2 Nr. 3 GBO. Die in der Anlage unter den Nrn. 2–4 und 6–9 genannten Maßnahmen sind des Weiteren zu nennen. Es handelt sich nicht nur um den **tatsächlichen Ausschluss nichtautorisierter Zugriffe und Manipulationen**, sondern ebenso um die **Sicherstellung der nachträglichen Überprüfbarkeit durchgeführter Veränderungen**, damit diese ggf. rückgängig gemacht und die Verursacher festgestellt werden können.

D. Regelung durch Dienstanweisung

7 Es bietet sich an, in einer Dienstanweisung nach § 65 Abs. 1 S. 3 GBV sämtliche Anforderungen und Maßnahmen hinsichtlich Datensicherheit und Datenschutz zusammenzufassen. Über die in § 65 Abs. 1 S. 1 und 2 GBV vorgesehenen Maßnahmen des Hard- und Softwareschutzes hinaus können insbesondere die Anforderungen der §§ 64, 65 Abs. 2, 66 und 75 GBV beschrieben und erläutert werden.

---

[1] *Volmer*, DNotZ 2021, 558, erwähnt in diesem Zusammenhang als Beispiel einen katastrophalen Brand einer Serverfarm in Frankreich. Tatsächlich sind solche Großereignisse der Prüfstein für ein vorausschauendes *risk management*.

Es kann eine einheitliche Dienstanweisung im Zusammenhang mit der Rechtsverordnung nach § 126 Abs. 1 GBO erlassen werden, wenn diese durch die Landesjustizverwaltung ergeht.[2] Möglich ist aber auch eine Übertragung auf eine andere Stelle der Justiz. Aus datenschutzrechtlicher Sicht ist von besonderer Bedeutung, dass nur berechtigte Personen Einträge realisieren können. Dies wird dadurch gewährleistet, dass sich jeder Rechtspfleger mit seiner personenbezogenen Smartcard zweifelsfrei gegenüber dem System authentisiert. Die Eingabe der PIN vor jedem Eintragungsvorgang stellt sicher, dass tatsächlich ein berechtigter Nutzer den jeweiligen Eintrag vornimmt, vgl. § 75 GBV Rdn 16 zum Thema der Verfahrensbeschreibung.

E. Schutz vor Hacking bei Datenfernkommunikation

Hacking, also das Eindringen Unbefugter über öffentliche Datenleitungen in fremde Datenverarbeitungsanlagen, ist ein ernstzunehmendes Problem, gegen das immer dann Vorkehrungen zu treffen sind, wenn eine Anlage zum Zweck der **Datenfernübertragung** an ein **öffentliches Telekommunikationsnetz** angeschlossen werden soll. Die GBO hat diese Möglichkeit zum Vorteil der an der Grundbuchführung beteiligten Behörden und Grundbuchnutzer mehrfach vorgesehen (vgl. §§ 126 Abs. 3, 127, 132, 133 GBO). Die mit der Datenübermittlung einhergehende Gefährdung der Daten (§ 64 Abs. 2 Nr. 8 GBV; vgl. § 64 GBV Rdn 20) und der beteiligten Datenverarbeitungsanlagen (hierauf bezieht sich § 65 Abs. 2 GBV) stellt die Kehrseite der Zugangserleichterungen dar.[3]

Denkbare Schutzmaßnahmen[4] sind Hardware- oder kombinierte Hard- und Softwaremechanismen wie Router, Firewalls oder auch geschlossene Benutzergruppen. Besonderes Augenmerk ist deshalb auf den im Hinblick auf seine leichte Verfügbarkeit vorteilhaften, aber besonders gefährdeten Zugang über das Internet zu richten sein. Der technikoffene Ansatz auch des Abrufverfahrens bietet die Möglichkeit im Rahmen des sog. Risikomanagements technisch fortgeschrittene Lösungen zu implementieren, was aber auch die Bewilligung von entsprechenden Mitteln in den Justizhaushalten voraussetzt und auch bei den Nutzern durch ein angemessenes Gebührenaufkommen abgedeckt sein muss.

§ 66 Sicherung der Daten

(1) Das Datenverarbeitungssystem soll so angelegt werden, daß die eingegebenen Eintragungen auch dann gesichert sind, wenn sie noch nicht auf Dauer unverändert in lesbarer Form wiedergegeben werden können.

(2) Das Grundbuchamt bewahrt mindestens eine vollständige Sicherungskopie aller bei ihm maschinell geführten Grundbuchblätter auf. Sie ist mindestens am Ende eines jeden Arbeitstages auf den Stand zu bringen, den die Daten der maschinell geführten Grundbuchblätter (§ 62) dann erreicht haben.

(3) Die Kopie ist so aufzubewahren, daß sie bei einer Beschädigung der maschinell geführten Grundbuchblätter nicht in Mitleidenschaft gezogen und unverzüglich zugänglich gemacht werden kann. Im übrigen gilt § 65 Abs. 1 sinngemäß.

A. Allgemeines	1	C. Sicherung der Grundbuchblätter	5
B. Sicherung noch nicht wirksamer Eintragungen	4	D. Zugänglichmachung	8
		E. Vorgehen bei Datenverlust	9

---

2 Dieses Vorgehen hat den Vorteil einer landesweit einheitlichen Handhabung für sich, vgl. Meikel/*Dressler-Berlin*, GBV § 65 Rn 20.
3 Zu den Gefahren von Hacking oder Cyber-war-Angriffen vgl. *Püls*, DNotZ, Sonderheft Notartag 2012, 120, 125. Zum geplanten „Gigabitgrundbuch" vgl. https://gigabitgrundbuch.bund.de/ und den möglichen Vorteilen und Gefahren https://background.tagesspiegel.de/digitalisierung/das-gigabit-grundbuch-macht-unsere-digitale-infrastruktur-angreifbarer; abgerufen 15.4.2023.
4 Meikel/*Dressler-Berlin*, GBV § 65 Rn 26 u. *Klink*, Datenschutz in der elektronischen Justiz, 112 ff.

A. Allgemeines

1 § 66 Abs. 1 GBV betrifft zunächst den **Schutz der Arbeitsabläufe im Vorfeld von Grundbucheintragungen** (vgl. Rdn 4). Zentraler Regelungsgegenstand der Vorschrift sind jedoch die anschließenden, in § 66 Abs. 2 und 3 GBV enthaltenen Ausführungsbestimmungen zu § 126 Abs. 1 S. 2 Nr. 1 GBO, der das **Prinzip tagesaktueller Sicherungskopien** (siehe Rdn 6) und deren **sichere Aufbewahrung** (vgl. Rdn 7) als grundlegende Schutzmaßnahmen in Bezug auf die maschinellen Grundbuchblätter festlegt. Zum Regelungszusammenhang der Vorschrift im Übrigen vgl. § 64 GBV Rdn 5 und § 65 GBV Rdn 1. Die Bedeutung der Norm mit ihren Grundlegungen wird durch den Verweis in § 95 GBV (Allgemeine technische und organisatorische Maßgaben bei der elektronischen Grundakte) und die Bezugnahme in anderen registerrechtlichen Vorschriften unterstrichen.

2 Zu den **Bezugnahmen auf die Regelung in § 66 GBV** in anderen Registern vgl. § 64 GBV Rdn 3.

3 Maßnahmen nach § 66 GBV gehören in die Dienstanweisung nach § 65 Abs. 1 S. 3 GBV (siehe § 65 GBV Rdn 7).

B. Sicherung noch nicht wirksamer Eintragungen

4 Eintragungen in das maschinelle Grundbuch werden i.d.R. erst am Bildschirm entworfen und – je nach Schwierigkeit und Komplexität des Eintragungsvorgangs kürzer oder länger – bearbeitet. Vor Erteilung des endgültigen Abspeicherungsbefehls (vgl. § 129 GBO Rdn 3) und dem Wirksamwerden einer Eintragung, d.h., der Möglichkeit der Wiedergabe auf Dauer unverändert in lesbarer Form im Sinne von § 129 Abs. 1 GBO (siehe § 129 GBO Rdn 6), kann daher unter Umständen ein **längerer Entstehungsvorgang** liegen. Zwar kommt den **Entwürfen von Eintragungen** keinerlei rechtliche Bedeutung zu, sodass die anspruchsvollen Vorgaben der GBO für die maschinelle Grundbuchführung darauf nicht übertragbar sind. Es entspricht aber einem praktischen Bedürfnis im Hinblick auf den reibungslosen und rationellen Geschäftsstellenbetrieb in den GBA, von der eingesetzten Technik zu verlangen, dass sie während des Entstehungsprozesses den jeweiligen Bearbeitungsstand des zuständigen Grundbuchführers zuverlässig festhält, indem sie auch hierfür Datensicherungsvorkehrungen bereithält.

C. Sicherung der Grundbuchblätter

5 § 66 Abs. 2 und 3 GBV betreffen die **Sicherung** der Grundbuchblätter, also **des Inhalts des Grundbuchdatenspeichers selbst**. Zwar ist auch die Sicherung anderer Daten wichtig (vgl. zur Sicherung noch nicht wirksamer Eintragungen: Rdn 4, oder von Protokolldaten nach §§ 64 Abs. 2 Nr. 4, 82 Abs. 2, 83 GBV). In keinem Fall hätte ein Datenverlust jedoch gravierendere Folgen als in diesem. Dem wird durch entsprechend hohe Anforderungen an Datensicherungsmaßnahmen Rechnung getragen.

6 § 66 Abs. 2 GBV ordnet die Fertigung mindestens einer vollständigen **Sicherungskopie** an, die **tagesaktuell** gehalten werden muss (§ 126 Abs. 1 S. 2 Nr. 1 GBO), also den jeweiligen Stand der Grundbuchblätter am Ende eines Arbeitstages wiedergeben muss. Die Fertigung weiterer Sicherungskopien wird dadurch nicht ausgeschlossen, sondern ist mehr als empfehlenswert, um auch bei einer Verkettung von Umständen, die das Original und eine Sicherungskopie betreffen, die Daten schnell wieder einsetzen zu können.

7 Unbedingt geboten ist die vom Originaldatenspeicher **getrennte Aufbewahrung** der Sicherungskopie(n), da denkbare Störfälle unter Umständen nicht nur den Grundbuchdatenspeicher selbst, sondern auch die Räumlichkeiten in Mitleidenschaft ziehen können, in denen er sich befindet (Einbruch, Brand o.Ä.). Für die Beurteilung einer sicheren Aufbewahrung von Sicherungskopien kann sinngemäß § 65 Abs. 1 GBV herangezogen werden[1] (vgl. § 65 GBV Rdn 4 f., 6, 9 ff.).

---

[1] Meikel/*Dressler-Berlin*, GBV § 66 Rn 15.

D. Zugänglichmachung

Falls der Originaldatenspeicher ausfällt, muss eine Sicherungskopie **unverzüglich**[2] zur Verfügung stehen. Die Kopie muss zum Datenspeicher bestimmt werden (§ 62 S. 2 GBV) und anschließend vollumfänglich die Rolle des Grundbuchs übernehmen. 8

E. Vorgehen bei Datenverlust

Soweit der Inhalt des Originaldatenspeichers verloren gegangen ist, hat dies auf die Wirksamkeit der Eintragungen im Grundbuch keinen Einfluss. Die Sicherungskopie ist gerade dafür vorgesehen, seine Funktion nahtlos zu übernehmen. 9

Sind auch die Datenbestände sämtlicher Sicherungskopien nicht mehr verfügbar, bleibt nur die **Wiederherstellung** nach § 148 Abs. 1 GBO (siehe § 148 GBO Rdn 10) entsprechend den allgemeinen Regeln. Schließlich kann bei Vorliegen der Voraussetzungen auch vorübergehend ein **Ersatzgrundbuch** geführt werden (§ 148 Abs. 2 GBO; vgl. § 148 GBO Rdn 12 ff.). Die Voraussetzungen hierfür können die Verordnungen der Länder zum maschinellen Grundbuch näher regeln (vgl. § 126 GBO Rdn 15). Eine **Rückkehr zum Papiergrundbuch** nach § 148 Abs. 4 GBO (vgl. § 148 GBO Rdn 16) dürfte nur unter außergewöhnlichen Umständen in Betracht kommen.[3] 10

Unterabschnitt 2. Anlegung des maschinell geführten Grundbuchs

§ 67 Festlegung der Anlegungsverfahren

Das Grundbuchamt entscheidet nach pflichtgemäßem Ermessen, ob es das maschinell geführte Grundbuch durch Umschreibung nach § 68, durch Neufassung nach § 69 oder durch Umstellung nach § 70 anlegt. Die Landesregierungen oder die von diesen ermächtigten Landesjustizverwaltungen können in der Verordnung nach § 126 Abs. 1 Satz 1 der Grundbuchordnung die Anwendung eines der genannten Verfahren ganz oder teilweise vorschreiben. Sie können hierbei auch unterschiedliche Bestimmungen treffen. Der in dem Muster der Anlage 2b zu dieser Verordnung vorgesehene Vermerk in der Aufschrift des neu anzulegenden Blattes wird durch den Freigabevermerk, der in dem Muster der Anlage 2a zu dieser Verordnung vorgesehene Vermerk in der Aufschrift des abgeschriebenen Blattes wird durch den Abschreibevermerk nach § 71 ersetzt.

A. Allgemeines	1	C. Anlegung des maschinellen Grundbuchs	7
B. Anlegung, Umschreibung, Umstellung und Neufassung beim Papiergrundbuch	2	D. Freigabe	10
		E. Schließung des Papiergrundbuchblatts	12

A. Allgemeines

Die §§ 67–73 GBV enthalten die Regeln für die Anlegung des maschinell geführten Grundbuchs und wurden im Wesentlichen mit dem RegVBG[1] eingefügt und in den §§ 68, 69, 70, 71a, 72 mit dem DaBaGG geändert. Zur Ermächtigungsgrundlage vgl. § 134 GBO (§ 134 GBO Rdn 3). Zur Anlegung der elektronischen Grundakte vgl. § 96 GBV. 1

---

2 Zur Auslegung des Begriffs „unverzüglich" unter Heranziehung von § 144 Abs. 2, Abs. 3 GBO vgl. Meikel/*Dressler-Berlin*, GBV § 66 Rn 17. § 13 Abs. 1 SächsE-JustizVO etwa schreibt grundsätzlich nach einem Zeitraum von 2 Wochen die Anlegung eines Ersatzgrundbuchs vor. Ein solcher Zeitrahmen dürfte tatsächlich die alleroberste Grenze der zeitlichen Toleranz bilden, innerhalb deren der Einsatz von Sicherungskopien ermöglichbar sein muss.
3 Meikel/*Dressler-Berlin*, GBV § 66 Rn 6.
1 Mit Gesetz zur Vereinfachung und Beschleunigung registerrechtlicher und anderer Verfahren (Registerverfahrenbeschleunigungsgesetz – RegVBG) v. 20.12.1993 (BGBl I 1993, 2197), als Abschn. XIII eingefügt.

B. Anlegung, Umschreibung, Umstellung und Neufassung beim Papiergrundbuch

2 Die im Zusammenhang mit der **Anlegung des maschinellen Grundbuchs** verwendeten Begriffe lehnen sich an die Terminologie des Papiergrundbuchs[2] an. Die geregelten Sachverhalte unterscheiden sich aber gleichwohl grundlegend, da beim maschinellen Grundbuch der Übergang vom Medium Papier auf ein grundlegend anders geartetes Medium bewältigt werden muss, vgl. Überblick bei § 128 GBO (siehe § 128 GBO Rdn 1).

3 Der Begriff der **Anlegung** wird beim Papiergrundbuch im Zusammenhang mit der Anlegung des Grundbuchs an sich (§ 142 GBO) oder bezüglich der nachträglichen Anlegung einzelner Grundbuchblätter (§ 116 GBO) verwendet.

4 Eine Umschreibung kommt unter der Voraussetzung von § 28 S. 1 GBV in Betracht, wenn ein Grundbuchblatt unübersichtlich geworden ist. Der Begriff hat auch historisch im Zusammenhang mit der Änderung des Systems der Grundbuchführung mehrfach eine Rolle gespielt.[3]

5 Eine **Neufassung** von Papiergrundbuchblättern ist bisher nur in § 33 GBV in Bezug auf unübersichtliche Teile eines Grundbuchblatts vorgesehen. Der Begriff wurde im Zusammenhang mit dem maschinellen Grundbuch als Sonderfall der Umschreibung auf das gesamte betroffene Grundbuchblatt ausgedehnt.

6 Die **Umstellung** wiederum knüpft an § 108 GBV an, der die Überführung der festen Grundbücher in das Loseblatt-Grundbuch betrifft.

C. Anlegung des maschinellen Grundbuchs

7 Die Vorschriften zur Anlegung des maschinellen Grundbuchs gehen – anders als bei der Anlegung eines Papiergrundbuchblatts – auf der Grundlage von § 128 GBO davon aus, dass bereits ein Grundbuchblatt existiert, das allerdings vom Medium Papier in elektronische Dateien überführt werden muss. Sofern allerdings der Übergang zur maschinellen Grundbuchführung bereits vollzogen ist, ist auch für erstmals zu buchende Grundstücke die unmittelbare Anlegung eines maschinellen Grundbuchblatts ohne den Umweg über ein Papierblatt entsprechend § 70 Abs. 1 S. 3 GBV zulässig, wobei es im Übrigen natürlich bei den grundsätzlichen Voraussetzungen für eine Anlegung wie beim Papiergrundbuch bleibt.[4]

8 Beim maschinellen Grundbuch stehen **drei Anlegungsformen (Umschreibung, § 68 GBV; Neufassung, § 69 GBV; Umstellung, § 70 GBV)** zur Verfügung; zu deren Besonderheiten und ggf. Abweichungen in Bezug auf die für das Papiergrundbuch geltende Regelungen jeweils dort.

9 Über die am besten geeignete Anlegungsform entscheidet das GBA nach pflichtgemäßem Ermessen, soweit nicht eine Rechtsverordnung des betreffenden Landes gem. § 67 S. 2 GBV i.V.m. § 126 Abs. 1 S. 1 GBO bestimmte Vorgaben macht.[5]

D. Freigabe

10 Nach § 128 Abs. 1 GBO ist das maschinelle Grundbuch freizugeben, bevor es an die Stelle des Papiergrundbuchs treten darf (zu den Anforderungen vgl. § 128 GBO Rdn 6).

11 Hieran knüpft § 67 S. 4 GBV an und verweist auf die näheren Regelungen in § 71 GBV zum **Freigabevermerk**, der beim maschinellen Grundbuch die Funktion des Umschreibungsvermerks beim Papiergrundbuch übernimmt. Der Vermerk hat auf dem Bildschirm und auf Ausdrucken zu erscheinen.[6]

---

2 Zur Begriffsbildung und zum historischen Hintergrund vgl. Meikel/*Dressler-Berlin*, GBV § 67 Rn 1–4, 6.
3 Meikel/*Engel/Dressler-Berlin*, GBV § 67 Rn 2.
4 Zum Anlegungsverfahren vgl. BeckOK/*Wilsch*, GBO, § 128 Rn 1 ff.
5 So historisch etwa in Sachsen § 2 MaschGBV, der die Anlegung durch Neufassung vorschrieb. Nach erfolgtem Abschluss der Anlegung im Jahr 2002 ist die Norm bedeutungslos und nicht in die SächsEJustizVO übernommen worden.
6 Vgl. auch *Schöner/Stöber*, Grundbuchrecht, Rn 551.

E. Schließung des Papiergrundbuchblatts

Das bisherige Grundbuchblatt ist nach § 128 Abs. 2 GBO zu schließen, wobei die Unterzeichnung des **Schließungsvermerks** (anders als grundsätzlich von § 44 Abs. 1 S. 2 Hs. 2 GBO vorgesehen) durch lediglich eine Person genügt.

Vgl. im Einzelnen zu Umschreibung und Neufassung §§ 68, 69 GBV i.V.m. § 30 Abs. 2; zur Umstellung § 70 GBV i.V.m. §§ 108 Abs. 5, 30 Abs. 2 GBV.

Für die Vornahme der Schließung gilt im Übrigen § 36 GBV; zu den durch die 2. EDVGB-ÄndV[7] eingeführten Erleichterungen bei der Umstellung siehe § 70 GBV Rdn 8.

§ 68 Anlegung des maschinell geführten Grundbuchs durch Umschreibung

(1) Ein bisher in Papierform geführtes Grundbuchblatt kann auch umgeschrieben werden, wenn es maschinell geführt werden soll. Die Umschreibung setzt nicht voraus, daß für neue Eintragungen in dem bisherigen Grundbuchblatt kein Raum mehr ist oder daß dieses unübersichtlich geworden ist.

(2) Für die Durchführung der Umschreibung nach Absatz 1 gelten § 44 Abs. 3 der Grundbuchordnung und im übrigen die Vorschriften des Abschnitts VI sowie § 39 mit der Maßgabe, daß die zu übernehmenden Angaben des umzuschreibenden Grundbuchblatts in den für das neue Grundbuchblatt bestimmten Datenspeicher durch Übertragung dieser Angaben in elektronische Zeichen aufzunehmen sind. § 32 Abs. 1 Satz 2 und 3 und § 33 finden keine Anwendung.

| A. Begriff .... | 1 | C. Durchführung der Umschreibung .... | 5 |
| B. Umschreibung beim maschinellen Grundbuch .... | 4 | D. Vermerke .... | 9 |

A. Begriff

Die **Umschreibung** ist eine Art der Anlegung (siehe § 67 GBV Rdn 8) des maschinellen Grundbuchs, die ihr Vorbild in §§ 28 ff. GBV hat. § 30 GBV legt fest, wie das neue Grundbuchblatt im Einzelnen aufzubauen ist. Dabei werden grundsätzlich **nur noch gültige Eintragungen** aus einem alten, bereits bestehenden Grundbuchblatt in ein neues übernommen, für gelöschte Eintragungen gibt es zur besseren Verständlichkeit jedoch die Ausnahme von § 30 Abs. 1 lit. c GBV. Zum vergleichbaren Problem der Aussagekraft des neuen Grundbuchblatts bei Neufassung vgl. § 69 GBV Rdn 3.

Beim Papiergrundbuch ist das Ziel der Umschreibung eine übersichtlichere, straffere Fassung der Eintragungstexte, also die **leichtere Lesbarkeit des Grundbuchs**. Sie muss erfolgen bei unübersichtlich gewordenen Grundbuchblättern (§ 28 S. 1 GBV). Es kann insbesondere eine Klarstellung unübersichtlicher Rangverhältnisse erforderlich sein (§ 91 GBO). Eine Umschreibung kommt darüber hinaus nach § 28 S. 2 GBV bei einer wesentlichen Vereinfachung (vgl. § 28 GBV Rdn 2) in Betracht.

Beim maschinellen Grundbuch gelten insoweit Besonderheiten (siehe Rdn 6 ff.).

B. Umschreibung beim maschinellen Grundbuch

§ 68 Abs. 1 GBV stellt ausdrücklich fest, dass allein die Absicht, das Grundbuch künftig maschinell zu führen, als Rechtfertigungsgrund für die Wahl des Anlegungsverfahrens durch Umschreibung genügt. Vor allem der beim Papiergrundbuch zwingende Grund der Unübersichtlichkeit des alten Blatts (§ 28 S. 1 GBV) braucht nicht vorzuliegen. Dies schließt nicht aus, dass im Zusammenhang mit der Einführung des maschinellen Grundbuchs die Umschreibung gewählt wird, weil wegen Unübersichtlichkeit der betroffenen Blätter die Anlegung durch Umstellung (§ 70 GBV) nicht zweckmäßig erscheint. Der Nutzen der Umschreibung liegt in der codierten Erfassung (siehe Rdn 8). Die Entscheidung liegt jedoch im

---

7 2. EDVGB-ÄndV v. 11.7.1997 (BGBl I 1997, 1808).

pflichtgemäßen Ermessen des GBA oder ergibt sich aus der Rechtsverordnung nach § 126 Abs. 1 GBO, § 67 GBV (siehe § 126 GBO Rdn 15).

C. Durchführung der Umschreibung

5 § 72 Abs. 1 GBV (für die Anlegung des maschinellen Grundbuchs im Allgemeinen), § 68 Abs. 2 (als Sondervorschrift für die Umschreibung) verweisen für die Durchführung grundsätzlich auf die **Regeln über das Papiergrundbuch**, § 44 Abs. 3 GBO (Regelungen für Eintragungen), §§ 28 ff. GBV (Umschreibung von Grundbüchern), § 39 GBV (Mitteilungen), nicht aber auf § 24 Abs. 4 GBV (Handblatt).

6 Ausdrücklich ausgenommen ist § 32 Abs. 1 S. 2 und 3 GBV, woraus i.V.m. der ebenfalls fehlenden Verweisung auf § 24 Abs. 4 GBV folgt, dass für das maschinelle Grundbuch **kein neues Handblatt** angelegt wird. Die Regelung wird ergänzt durch § 73 GBV, der die **Aussonderung und Vernichtung des alten Handblatts** gestattet. Die Entscheidung hierüber trifft das GBA nach Ermessen. Werden die alten Handblätter weiterhin aufbewahrt, müssen sie gem. § 32 Abs. 1 S. 3 Hs. 2 GBV deutlich als zu dem geschlossenen Blatt gehörig gekennzeichnet werden.

7 Ebenfalls nicht anwendbar ist § 33 GBV. Die **teilweise Umschreibung**, die die Führung des Grundbuchblatts teils als maschinelles, teils als Papiergrundbuch zum Ergebnis haben würde, ist zu Recht durch § 128 Abs. 1 GBO nicht vorgesehen worden.

8 Mit Rücksicht auf die begriffsnotwendige Veränderung am Datenbestand durch die Umschreibung kann mit **„Aufnahme der zu übernehmenden Angaben in den Datenspeicher in Form von elektronischen Zeichen"** nur gemeint sein, dass die Angaben in codierter Form manuell erfasst werden. Dabei kann es sich durchaus um eine Erfassung mit Hilfsmitteln wie Textbausteinsystemen handeln, nicht jedoch um eine Erfassung durch Scannen,[1] da hierbei ein identisches Abbild des Originalblatts gefertigt wird. Selbst bei einer etwaigen OCR-Nachbearbeitung (siehe § 10a GBO Rdn 9 und § 126 GBO Rdn 13) bliebe der Inhalt des Grundbuchblatts im Widerspruch zu § 30 GBV unverändert. Bei der Migration zum Datenbankgrundbuch wirken sich die Vorteile der aufwändigeren Umschreibung positiv aus.[2]

D. Vermerke

9 Nach § 30 Abs. 1 lit. h Nr. 1 und 2 GBV und § 68 Abs. 2 GBV sind die dort vorgesehenen **Umschreibungsvermerke** erforderlich. Die in § 30 GBV angeordnete Unterschrift kommt beim maschinellen Grundbuch nicht in Betracht. Die elektronische Unterschrift nach § 75 GBV[3] kann im Wege der ergänzenden Auslegung als Ersatz herangezogen werden, obwohl sie aufgrund ihrer systematischen Stellung nur bei Eintragungen, nicht aber im Anlegungsverfahren zum Einsatz kommen muss.

10 Nach § 128 Abs. 1 GBO ist das maschinelle Grundbuch nach seiner Anlegung freizugeben. §§ 68 S. 4, 71 GBV sehen einen **Freigabevermerk** (siehe § 67 GBV Rdn 11) vor, der die Art der Anlegung wiedergibt.

11 Der bisherige Schließungsvermerk auf dem alten Blatt wird nach §§ 67 S. 4, 71 GBV durch den dort vorgesehenen **Abschreibevermerk** ersetzt, der ebenfalls über die Anlegungsform des neuen, maschinellen Grundbuchblatts informiert. Für das Datenbankgrundbuch wird dessen Bedeutung in § 72 Abs. 3 Nr. 2 GBV besonders hervorgehoben.

---

1 Meikel/*Dressler-Berlin*, GBV § 68 Rn 23.
2 BeckOK/*Wilsch*, GBO § 128 Rn 2; zu praktischen Fragen siehe explizit: BeckOK/*Zeiser*, GBV, Rn 90–95.
3 Im Ergebnis ebenso: Meikel/*Dressler-Berlin*, GBV § 68 Rn 24, der jedoch § 75 GBV über die elektronische Unterschrift für direkt anwendbar hält; die Ersatzfunktion der elektronischen Unterschrift oder digitalen Signatur für die handschriftliche Unterschrift im Rechtsverkehr ist nicht unproblematisch, vgl. *Fritzsche/Malzer*, Ausgewählte zivilrechtliche Probleme elektronisch signierter Willenserklärungen, DNotZ 1995, 3; *Malzer*, DNotZ 1998, 96.

Abschnitt XIII: Vorschriften über das maschinell geführte Grundbuch § 69 GBV

| § 69 | **Anlegung des maschinell geführten Grundbuchs durch Neufassung** |

(1) Das maschinell geführte Grundbuch kann durch Neufassung angelegt werden. Für die Neufassung gilt § 68, soweit hier nicht etwas abweichendes bestimmt wird.

(2) Das neugefaßte Grundbuchblatt erhält keine neue Nummer. Im Bestandsverzeichnis soll, soweit zweckmäßig, nur der aktuelle Bestand, in den einzelnen Abteilungen nur der aktuelle Stand der eingetragenen Rechtsverhältnisse dargestellt werden. Soweit Belastungen des Grundstücks in einer einheitlichen Abteilung eingetragen sind, sollen sie, soweit tunlich, getrennt in einer zweiten und dritten Abteilung dargestellt werden. § 39 gilt nicht. Änderungen der laufenden Nummern von Eintragungen im Bestandsverzeichnis und in der ersten Abteilung sind der Katasterbehörde bekanntzugeben. Liegt ein von der Neufassung betroffenes Grundstück im Plangebiet eines Bodenordnungsverfahrens, sind Änderungen der laufenden Nummern von Eintragungen, auch in der zweiten und dritten Abteilung, der zuständigen Bodenordnungsbehörde bekanntzugeben.

(3) In Spalte 6 des Bestandsverzeichnisses ist der Vermerk „Bei Neufassung der Abteilung O/des Bestandsverzeichnisses als Bestand eingetragen am ..." und in Spalte 4 der ersten Abteilung der Vermerk „Bei Neufassung der Abteilung ohne Eigentumswechsel eingetragen am ..." einzutragen. Wird eine andere Abteilung neu gefaßt, so ist in dem neugefaßten Blatt der Vermerk „Bei Neufassung der Abteilung eingetragen am ..." einzutragen. In den Fällen der Sätze 1 und 2 ist der entsprechende Teil des bisherigen Grundbuchblatts durch einen Vermerk „Neu gefaßt am ..." abzuschließen. Die für Eintragungen in die neugefaßten Abteilungen bestimmten Seiten oder Bögen sind deutlich sichtbar als geschlossen kenntlich zu machen. Der übrige Teil des Grundbuchblatts ist nach § 68 oder § 70 zu übernehmen.[6] § 30 Abs. 1 Buchstabe h Nr. 1 ist nicht anzuwenden.

(4) Die Durchführung der Neufassung im einzelnen ergibt sich aus den in den Anlagen 10a und 10b beigefügten Mustern. Die darin enthaltenen Probeeintragungen sind als Beispiele nicht Teil dieser Verordnung.

| A. Allgemeines .... | 1 | C. Durchführung der Neufassung .... | 4 |
| B. Neufassung beim maschinellen Grundbuch .... | 2 | D. Vermerke .... | 5 |

A. Allgemeines

Die Neufassung ist beim Papiergrundbuch aufgrund § 33 GBV bei teilweiser Unübersichtlichkeit des Grundbuchblattes als **Unterfall der Umschreibung** vorgesehen.[1] § 69 GBV behandelt die – ganze oder teilweise – Anlegung des maschinellen Grundbuchs durch Neufassung in § 69 Abs. 1 GBV entsprechend und erklärt grundsätzlich die für die Umschreibung geltenden Vorschriften für anwendbar, enthält jedoch in § 69 Abs. 2–4 GBV einige Sonderregelungen (vgl. Rdn 4). Diese Sonderregelungen werden von §§ 67 (Festlegung der Anlegungsverfahren), 71 (Freigabe des maschinell geführten Grundbuchs), 71a und 72 sowie der Anlage 10a GBV (zu § 69 Abs. 4 GBV) (In Papierform geführtes Grundbuch) und der Anlage 10b (zu § 69 Abs. 4 GBV) (Maschinell geführtes Grundbuchblatt) durch Verweisung auf § 69 in Bezug genommen. Ebenso nimmt die Verordnung zur Durchführung der Schiffsregisterordnung (SchRegDV), neugefasst durch Beschluss v. 30.11.1994;[2] zuletzt geändert durch Art. 157, Verordnung vom 31.8.2015,[3] § 59 SchRegDV mit Bezug auf § 69 GBV.

B. Neufassung beim maschinellen Grundbuch

Die Anlegungsform der Neufassung wurde in Sachsen entwickelt und hat ihre Grundlage in dem dortigen Vorhandensein verschiedener Grundbuchtypen, die zur besseren Lesbarkeit im Rahmen der Anlegung des maschinellen Grundbuchs vereinheitlicht werden sollen. Vorteile sind die Möglichkeit der Umschreibung unter Beibehaltung der alten Blattnummer (§ 69 Abs. 2 S. 1 GBV) durch CI-Datenerfassung (vgl.

---

1 Einzelheiten im Überblick bei: Meikel/*Dressler-Berlin*, GBV § 69 Rn 1 ff.

2 BGBl I 1994, 3631; BGBl I 1995, 249.
3 BGBl I 2015, 1474.

§ 126 GBO Rdn 12), ein geringerer Speicheraufwand sowie die grundsätzliche Möglichkeit, den Abruf weiterverarbeitbarer Daten zu eröffnen.[4] Zur ausschließlichen Neufassung beim Datenbankgrundbuch vgl. § 71a GBV. Die in den württembergischen Grundbüchern enthaltenen Vermerke über die in den Servitutenbüchern eingetragenen Dienstbarkeiten bereiten in der Grundbuch- und Notarpraxis oftmals Schwierigkeiten, die auch bei der Neufassung (DaBaGG) zu beachten sind.[5]

3 Die sächsischen Erfahrungen hatten gezeigt, dass der bei der Neufassung wie bei der Umschreibung (vgl. § 68 GBV Rdn 1 ff.) verringerte Informationsgehalt der Grundbucheintragungen zu einer im Rechtsverkehr problematischen Verminderung der Aussagekraft des Grundbuchs führt, wenn über die Art des Rechtserwerbs sowie etwa zugrundeliegende Rechtsgeschäfte keinerlei Hinweis aus dem Grundbuch zu entnehmen ist. Sachsen hatte hierauf durch Änderung von § 2 Abs. 1 MaschGBV[6] reagiert und die Aufnahme weiterer Angaben, insbesondere über den Grund des Rechtserwerbs in Form von Zusätzen zum Neufassungsvermerk (vgl. Rdn 5) angeordnet. Nach Abschluss der Anlegung spielt diese Frage keine Rolle mehr.

C. Durchführung der Neufassung

4 Über die **grundsätzliche Geltung der Vorschriften für die Umschreibung** hinaus sind bei der Neufassung einige **besondere – vorwiegend erleichterte – Anforderungen** zu berücksichtigen:
– Das neugefasste Grundbuchblatt erhält keine neue Nummer, siehe § 69 Abs. 2 S. 1 GBV.
– Es wird nur der aktuelle Stand übernommen, vgl. § 69 Abs. 2 S. 2 GBV; zur Problematik vgl. Rdn 3.
– Die Trennung von Belastungen in Abteilung II und III ist v.a. für die neuen Bundesländer von Bedeutung,[7] siehe § 69 Abs. 2 S. 3 GBV.
– Mitteilungspflichten gibt es nicht. Wie bei der Anlegung des herkömmlichen elektronischen Grundbuchs schließt § 69 Abs. 2 S. 4 GBV die Anwendung des § 39 GBV, der grundsätzlich eine Benachrichtigungspflicht vorsieht, auch im Fall der Anlegung des Datenbankgrundbuchs aus, vgl. § 72 Abs. 1 S. 2 GBV. Allerdings gebietet die Erhaltung der Übereinstimmung von Grundbuch und Kataster, die Katasterbehörde zu unterrichten, wenn sich im Zuge der Migration die laufenden Nummern von Eintragungen im Bestandsverzeichnis oder in Abteilung I des Grundbuchs ändern. Um einen reibungslosen Ablauf von Bodenordnungsverfahren zu gewährleisten, sollen zudem den für diese Verfahren zuständigen Behörden Änderungen von laufenden Nummern mitgeteilt werden und zwar auch solche Änderungen, die die Abteilungen II und III des Grundbuchs betreffen.[8]
– § 69 Abs. 3 GBV lässt die Anlegung nur einzelner Abteilungen des maschinellen Grundbuchs durch Neufassung zu, dann müssen jedoch die anderen Abteilungen des Grundbuchblattes nach § 68 oder § 70 GBV angelegt werden. Eine gemischte Führung desselben Blattes auf maschinelle und papierene Weise ist ausgeschlossen (vgl. § 68 GBV Rdn 7).
– § 69 Abs. 4 GBV nimmt für die Einzelheiten Bezug auf die Anlagen 10a und 10b, die beispielhafte Eintragungen wiedergeben.

D. Vermerke

5 Die in Abs. 3 vorgesehenen **Neufassungsvermerke** richten sich nach dem Umfang der Neufassung, die nicht das gesamte Grundbuchblatt betreffen muss (vgl. Rdn 4). Zusätze sind zur Erhöhung der Aussagekraft des Grundbuchs zulässig (vgl. Rdn 3). Die Vorschrift ist gegenüber §§ 30 Abs. 1 lit. h, 33

---

4 *Göttlinger*, DNotZ 1995, 370. In dem von *Göttlinger* zitierten Pilotprojekt der Bundesnotarkammer sollte der elektronische Rechtsverkehr zwischen Notar und GBA umfassend erprobt werden. Eine Übergabe kodierter und strukturierter Grundbuchdaten gelang jedoch auf der Basis des damaligen Standes von SOLUM-STAR nicht. Die automatisierte Vollzugsmitteilung, für die §§ 42, 55 GBO eine ausreichende Rechtsgrundlage enthalten, wurde in Sachsen bei der Weiterentwicklung des Grundbuchprogramms bereits integriert. Vgl. für Bayern hierzu auch *Bredl*, MittBayNot 1997, 76.
5 *Ilg*, BWNotZ 2019, 318.
6 VO v. 28.7.1995, GVBl 1995, 259: aufgehoben und ersetzt durch SächsEJustizVO, Verordnung des Sächsischen Staatsministeriums der Justiz und für Europa zur Änderung der Verordnung über den elektronischen Rechtsverkehr in Sachsen und weiterer Verordnungen v. 5.3.2014.
7 Meikel/*Dressler-Berlin*, GBV § 69 Rn 13.
8 BT-Drucks 17/12635, 29.

Abs. 2d GBV vorrangig i.S.v. § 69 Abs. 1 S. 2 GBV. Durch den ausdrücklichen Ausschluss von § 30 Abs. 1 lit. h entfällt das Unterschriftserfordernis, das § 68 GBV beibehält.[9]

Der **Freigabevermerk** richtet sich nach §§ 67 und 71 GBV (siehe § 67 GBV Rdn 11 und § 71 GBV Rdn 6 ff.). 6

Zum **Abschreibevermerk** vgl. §§ 68 und 71 GBV (vgl. § 68 GBV Rdn 11). 7

§ 70 Anlegung des maschinell geführten Grundbuchs durch Umstellung

(1) Die Anlegung eines maschinell geführten Grundbuchs kann auch durch Umstellung erfolgen. Dazu ist der Inhalt des bisherigen Blattes elektronisch in den für das maschinell geführte Grundbuch bestimmten Datenspeicher aufzunehmen. Die Umstellung kann auch dadurch erfolgen, daß ein Datenspeicher mit dem Grundbuchinhalt zum Datenspeicher des maschinell geführten Grundbuchs bestimmt wird (§ 62 Absatz 1). Die Speicherung des Schriftzugs von Unterschriften ist dabei nicht notwendig.

(2) § 108 Abs. 2 Satz 1, Abs. 4, Abs. 5 Satz 1, Abs. 7 und § 36 Buchstabe b gelten entsprechend. Das geschlossene Grundbuch muß deutlich sichtbar als geschlossen kenntlich gemacht werden. Sämtliche Grundbuchblätter eines Grundbuchbandes oder eines Grundbuchamtes können durch einen gemeinsamen Schließungsvermerk geschlossen werden, wenn die Blätter eines jeden Bandes in mißbrauchssicherer Weise verbunden werden. Der Schließungsvermerk oder eine Abschrift des Schließungsvermerks ist in diesem Fall auf der vorderen Außenseite eines jeden Bandes oder an vergleichbarer Stelle anzubringen. Die Schließung muß nicht in unmittelbarem zeitlichen Zusammenhang mit der Freigabe erfolgen; das Grundbuchamt stellt in diesem Fall sicher, daß in das bisherige Grundbuchblatt keine Eintragungen vorgenommen werden und bei der Gewährung von Einsicht und der Erteilung von Abschriften aus dem bisherigen Grundbuchblatt in geeigneter Weise auf die Schließung hingewiesen wird.

A. Begriff	1	C. Durchführung der Umstellung	8
B. Umstellung beim maschinellen Grundbuch	3	D. Vermerke	9

A. Begriff

Text in der Fassung des Artikels 2 Gesetz zur Einführung des elektronischen Rechtsverkehrs und der elektronischen Akte im Grundbuchverfahren sowie zur Änderung weiterer grundbuch-, register- und kostenrechtlicher Vorschriften (ERVGBG), Gesetz vom 11.8.2009[1] mit Wirkung vom 1.10.2009; Abs. 1 S. 3 geändert durch Gesetz zur Einführung eines Datenbankgrundbuchs (DaBaGG) v. 1.10.2013[2] mit Wirkung vom 9.10.2013. 1

Die Anlegung (siehe § 67 GBV Rdn 2 f., 7 ff.) des maschinellen Grundbuchs durch Umstellung hat ihr Vorbild in § 108 GBV, der den Übergang von der Grundbuchführung in festen Bänden auf das Loseblattgrundbuch regelt. Die Umstellung erfolgt beim papierenen Loseblattgrundbuch durch Fertigung von Ablichtungen. Im Gegensatz zu Umschreibung (vgl. § 68 GBV Rdn 4) und Neufassung (vgl. § 69 GBV Rdn 1 ff.; § 71a GBV Rdn 1) führt dieses Vorgehen zum **vollständigen Erfassen** sämtlicher, **auch der gelöschten Eintragungen** des alten Grundbuchblattes. 2

---

9 Die Ungleichbehandlung ist weder logisch noch sachlich geboten. Angesichts der Verfügbarkeit der elektronischen Unterschrift, die bei Eintragungen ausdrücklich und bei § 68 GBV in ergänzender Auslegung zur Anwendung gelangt, sollte der Anwendungsbereich auch auf die Anlegung durch Neufassung erstreckt werden.
1 BGBl I 2009, 2713.
2 BGBl I 2013, 3719.

B. Umstellung beim maschinellen Grundbuch

3 § 70 Abs. 1 GBV bietet in S. 2 und 3 zwei verschiedene Vorgehensweisen an, die wie beim Papiergrundbuch das vollständige Erfassen des bisherigen Grundbuchblattes gewährleisten:

4 Mit der **elektronischen Aufnahme des Inhalts des bisherigen Blattes** ist dessen optische Erfassung durch Scannen gemeint, bei der quasi eine elektronische Fotokopie aufgenommen wird, die im NCI-Format (vgl. § 126 GBO Rdn 12) abgespeichert und bei Grundbucheinsicht oder -abruf wieder als Bild dargestellt wird.

5 Dem Vorteil der wesentlich schnelleren Erfassbarkeit von Inhalten als bei der Neueingabe durch Umschreibung oder Neufassung stehen jedoch verschiedene Nachteile gegenüber. So bleibt das äußere Erscheinungsbild der Eintragungen unverändert, die Übersichtlichkeit und Lesbarkeit des Grundbuchs wird nicht verbessert. Die Übergabe kodierter oder sogar strukturierter Daten zur unmittelbaren Weiterverarbeitung in den EDV-Anlagen von Abrufern scheidet aus, soweit nicht eine OCR-Nachbearbeitung (vgl. § 126 GBO Rdn 13) erfolgt. Angesichts der oft schlechten Qualität der Vorlagen ist bei einer solchen Nachbearbeitung allerdings mit Aufwand in einem Umfang zu rechnen, der den wirtschaftlichen Vorteil des Scannens wieder zunichtemachen würde. Schließlich kommt der Nachteil hohen Speicherbedarfs für Bilddaten hinzu. Je nach Struktur des vorliegenden Bestandes blieb jedoch aus wirtschaftlichen Gründen oft keine andere Möglichkeit, als diese Form der Umstellung zu wählen.

6 Die genannten Nachteile vermeidet die Umstellung durch **Bestimmung eines Datenspeichers mit dem Grundbuchinhalt zum Datenspeicher des maschinell geführten Grundbuchs**. Hierbei handelt es sich um die, meist im Rahmen der automationsunterstützten Führung des Grundbuchs ohnehin entstehende „Urversion" des Eintragungstextes, die vorratsweise gespeichert bleibt, um sie bei der Anlegung des maschinellen Grundbuchs zu verwenden. Die Umstellung erfolgt, indem gem. § 62 Abs. 1 GBV der sie beinhaltende Datenspeicher zum elektronischen Grundbuch bestimmt wird.

7 Diese Umstellungsform wird gleichwohl nur dort in Betracht kommen, wo entsprechende automationsunterstützte Verfahren flächendeckend in Betrieb sind, die über die technische Möglichkeit zur Vorratsspeicherung verfügen (§ 64 Abs. 2 GBV a.E., siehe § 64 GBV Rdn 22) und nicht zu große Altdatenbestände in zu kurzer Zeit erfasst werden müssen.

C. Durchführung der Umstellung

8 Für die Vorgehensweise bei Umstellung **verweist** § 70 Abs. 2 GBV auf verschiedene Regelungen von § 108 GBV, der wortgleich mit dem bis 1.10.2009 geltenden § 101 GBV ist:

- Das maschinelle Grundbuchblatt behält (wie bei der Neufassung nach § 69 Abs. 2 S. 1 GBV) die alte Nummer, vgl. § 108 Abs. 2 S. 1 GBV.
- Von der Übernahme von Abt. II oder III kann abgesehen werden, wenn keine aktuellen Eintragungen vorhanden sind und die gelöschten Eintragungen zum Verständnis nicht benötigt werden, siehe § 108 Abs. 4 S. 1 GBV.
- Das alte Grundbuchblatt ist zu schließen und dabei deutlich als solches zu kennzeichnen, §§ 70 Abs. 2 S. 2, 108 Abs. 5 S. 1.
- Mit der durch die 2. EDVGB-ÄndVO[3] eingeführten Erleichterung in Form von Sammelschließungsvermerken für ganze Bände oder sogar die Bestände ganzer GBA (§ 70 Abs. 2 S. 3 GBV) wurden erhebliche Rationalisierungsressourcen eröffnet.[4] In § 70 Abs. 2 S. 5 GBV wurde das Auseinanderfallen der Schließung des alten und der Freigabe des maschinellen Grundbuchs zugelassen, wobei die Schließung der Freigabe zeitlich erheblich nachfolgen kann. Dadurch entsteht erstmals eine Situation, in der die Ungültigkeit des alten Grundbuchs über längere Zeit hinweg nicht aus diesem selbst entnommen werden kann. Den daraus resultierenden Verwechslungsgefahren im Eintragungs- wie im Einsichtsbetrieb kann nur durch erhöhte Sorgfalt im Umgang mit den zu schließenden Grundbüchern begegnet werden.

---

3 2. EDVGB-ÄndV v. 11.7.1997, BGBl I 1997, 1808.

4 Zu den Vorteilen im Arbeitsablauf im Einzelnen, aber auch ausf. zu den Bedenken: Meikel/*Dressler-Berlin*, GBV § 70 Rn 19.

Abschnitt XIII: Vorschriften über das maschinell geführte Grundbuch § 71 GBV

- Benachrichtigungen sind nicht erforderlich, siehe § 108 Abs. 7 GBV.
- Ein Handblatt wird nach § 73 GBV, der nicht auf § 23 Abs. 4 GBV verweist, nicht angelegt (vgl. auch § 68 GBV Rdn 6, § 73 GBV Rdn 6).

D. Vermerke

§ 70 Abs. 2 S. 1 GBV verweist nicht auf § 108 Abs. 3 GBV. Daraus folgt, dass **keine Umstellungsvermerke** erforderlich sind. 9

Der **Freigabevermerk** richtet sich nach §§ 67 und 71 GBV (im Übrigen vgl. § 67 GBV Rdn 11; § 71 GBV Rdn 6 ff.). 10

Zum **Abschreibevermerk** vgl. §§ 68 und 71 (siehe § 68 GBV Rdn 11 und § 71 GBV Rdn 9). 11

§ 71 Freigabe des maschinell geführten Grundbuchs

Das nach den §§ 68 bis 70 angelegte maschinell geführte Grundbuch tritt mit seiner Freigabe an die Stelle des bisherigen Grundbuchblatts. Die Freigabe erfolgt, wenn die Vollständigkeit und Richtigkeit des angelegten maschinell geführten Grundbuchs und seine Abrufbarkeit aus dem Datenspeicher gesichert sind. In der Wiedergabe des Grundbuchs auf dem Bildschirm oder bei Ausdrucken soll in der Aufschrift anstelle des in Anlage 2b vorgesehenen Vermerks der Freigabevermerk erscheinen. Der Freigabevermerk lautet:

1. in den Fällen der §§ 69 und 70:
   „Dieses Blatt ist zur Fortführung auf EDV umgestellt/neu gefaßt worden und dabei an die Stelle des bisherigen Blattes getreten. In dem Blatt enthaltene Rötungen sind schwarz sichtbar. Freigegeben am/zum … Name(n)",
2. in den Fällen des § 68:
   „Dieses Blatt ist zur Fortführung auf EDV umgeschrieben worden und an die Stelle des Blattes (nähere Bezeichnung) getreten. In dem Blatt enthaltene Rötungen sind schwarz sichtbar. Freigegeben am/zum … Name(n)".

In der Aufschrift des bisherigen Blattes ist anstelle des in Anlage 2a zu dieser Verordnung vorgesehenen Vermerks folgender Abschreibevermerk einzutragen:

1. in den Fällen der §§ 69 und 70:
   „Zur Fortführung auf EDV umgestellt/neu gefaßt und geschlossen am/zum … Unterschrift(en)",
2. in den Fällen des § 68:
   „Zur Fortführung auf EDV auf das Blatt … umgeschrieben und geschlossen am/zum … Unterschrift(en)".

A. Allgemeine Voraussetzungen der Freigabe	1	B. Technische Anforderungen	4
		C. Vermerke	6

A. Allgemeine Voraussetzungen der Freigabe

Nach § 128 GBO kann das maschinelle Grundbuch erst nach der Freigabe an die Stelle des bisherigen Grundbuchs treten. Die Freigabe erfordert wiederum eine **Aufnahme der Grundbucheintragungen in den dafür bestimmten Datenspeicher**. § 67 GBV (Festlegung der Anlegungsverfahren) verweist für die Fassung der jeweiligen Vermerke auf § 71 GBV. Entsprechend nimmt die Verordnung zur Durchführung der Schiffsregisterordnung (SchRegDV), neugefasst durch Beschluss vom 30.11.1994;[1] zuletzt geändert durch Artikel 157 Verordnung vom 31.8.2015,[2] § 59 SchRegDV mit Bezug auf § 71 GBV. 1

---

1 BGBl I 1994, 3631; BGBl I 1995, 249.   2 BGBl I 2015, 1474.

§ 71 GBV

2   Zuständig ist nach § 3 Nr. 1 lit. h RPflG für den gesamten Anlegungsvorgang einschließlich der Freigabe grundsätzlich der Rechtspfleger, soweit nicht nach § 93 GBV eine Übertragung auf den Urkundsbeamten der Geschäftsstelle stattgefunden hat (vgl. § 128 GBO Rdn 7).

3   § 71 GBV wiederholt und ergänzt sowohl die **technischen Anforderungen** (siehe Rdn 4 f.), die der Freigabe vorangehen müssen, als auch die Regelungen zu ihrer **Verlautbarung** (vgl. Rdn 8) auf dem alten wie dem neuen Grundbuchblatt.

B. Technische Anforderungen

4   Sicherzustellen sind nach § 71 S. 2 GBV die **Vollständigkeit und Richtigkeit** des angelegten maschinellen Grundbuchs. Die Einzelheiten richten sich gem. § 71 S. 1 GBV zwingend nach der jeweiligen Anlegungsform (siehe § 67 GBV Rdn 8) und erfassen im Fall der Umschreibung oder Neufassung etwa die Frage, ob alle nach §§ 30, 68, 69 GBV notwendigen Eintragungen erfasst wurden oder im Fall der Umstellung, ob alle Seiten vollständig und richtig gescannt wurden bzw. der herangezogene Vorratsdatenspeicher vollständig, richtig und funktionstüchtig ist. Verantwortlich ist die für die Anlegung zuständige Person (siehe § 128 GBO Rdn 7). Bei fehlerhafter Erfassung oder bei Missachtung von Formvorschriften der §§ 71 ff. GBV liegt jedoch **kein Wirksamkeitshindernis** vor.[3] Etwa erforderliche Fehlerkorrekturen richten sich vielmehr nach den allgemeinen Vorschriften.

5   Sicherzustellen ist nach § 71 S. 2 GBV ferner die **Abrufbarkeit des maschinell geführten Grundbuchs aus dem Datenspeicher**. Bereits aus § 126 Abs. 1 S. 2 Nr. 2 GBO folgt die Grundanforderung der inhaltlich unveränderten, dauerhaften Wiedergabemöglichkeit (vgl. § 126 GBO Rdn 23). § 71 GBV greift diese zentrale Anforderung auf und stellt klar, dass die in § 128 GBO vorgesehene Aufnahme in den Datenspeicher allein nicht genügt. Es handelt sich um ein **Wirksamkeitserfordernis**.[4] Analog § 129 Abs. 1 S. 2 GBO (vgl. § 129 GBO Rdn 8) und § 74 Abs. 2 GBV wird daher zu fordern sein, dass die Abrufbarkeit durch geeignete Maßnahmen wie nochmaligen Aufruf, programmgesteuerte Bestätigungsanzeigen oder Ausdruck überprüft werden muss.[5]

C. Vermerke

6   § 71 S. 3 GBV bestimmt, dass **auf dem maschinell geführten Grundbuchblatt** ein **Freigabevermerk** erscheint, der die Funktion des Umschreibungsvermerks nach Anlage 2b übernimmt. Die Art seiner Erzeugung und seine Formulierung richten sich im Übrigen nach der gewählten Anlegungsform. Er enthält entsprechend § 91 S. 2 GBV den Hinweis, dass Rötungen schwarz erscheinen.

7   Für ihn gelten die allgemeinen Regelungen über Grundbucheintragungen, er muss daher bei jeder Wiedergabe des maschinellen Grundbuchs erscheinen.

8   Zum Nachweis der Verantwortlichkeit für die Freigabe ist der Freigabevermerk mit dem Namen im Unterschied zum Abschreibevermerk (siehe unten Rdn 9) nicht mit der Unterschrift – des Veranlassers zu kennzeichnen. § 75 GBV (elektronische Unterschrift) gilt systematisch zwar nur für Eintragungen in ein bestehendes, d.h., vollständig angelegtes und freigegebenes maschinelles Grundbuch und nicht für Vorgänge während der Anlegung.[6] Es kann sich jedoch empfehlen, zur Sicherung der Authentizität der angelegten maschinellen Grundbuchblätter diese unabhängig von der Anlegungsform einschließlich des Freigabevermerks mit der elektronischen Unterschrift zu „versiegeln".[7]

9   Auf dem nach §§ 68 Abs. 2 und 69 Abs. 1 S. 2 GBV je i.V.m. § 30 Abs. 2 S. 1 bzw. nach § 70 Abs. 2 GBV i.V.m. § 108 Abs. 5 S. 1 GBV **zu schließenden Grundbuchblatt** ist der nach § 71 S. 5 GBV entsprechend der gewählten Anlegungsform (siehe § 67 GBV Rdn 8) zutreffende **Abschreibevermerk** anzubringen. Seine Formulierung trägt dem Umstand Rechnung, dass beim maschinellen Grundbuch die Wirksamkeit erst zu einem späteren Datum eintreten kann (vgl. § 129 GBO Rdn 1). Da es sich um eine Eintragung in das

---

3 Meikel/*Dressler-Berlin*, GBV § 71 Rn 5, 10.
4 Meikel/*Dressler-Berlin*, GBV § 71 Rn 3.
5 So zu Recht: Meikel/*Dressler-Berlin*, GBV § 71 Rn 7 f.
6 Im Ergebnis ebenso Meikel/*Dressler-Berlin*, GBV § 71 Rn 23.
7 Vgl. auch *Bredl*, MittBayNot 1997, 75, der von der Versiegelung jedoch ebenfalls erst für Eintragungen – allerdings bezogen auf das gesamte Grundbuchblatt – berichtet.

Papiergrundbuch handelt, gelten die allgemeinen Bestimmungen hierfür. Der Vermerk ist daher handschriftlich zu unterzeichnen, vgl. § 44 Abs. 1 GBO.

§ 71a Anlegung des Datenbankgrundbuchs

(1) Die Anlegung des Datenbankgrundbuchs erfolgt durch Neufassung. Die §§ 69 und 71 gelten sinngemäß, soweit nachfolgend nichts Abweichendes bestimmt ist.

(2) Bei der Anlegung des Datenbankgrundbuchs gilt § 69 Absatz 2 Satz 2 mit folgenden Maßgaben:
1. Text und Form der Eintragungen sind an die für Eintragungen in das Datenbankgrundbuch geltenden Vorgaben anzupassen;
2. Änderungen der tatsächlichen Beschreibung des Grundstücks, die von der für die Führung des Liegenschaftskatasters zuständigen Stelle mitgeteilt wurden, sollen übernommen werden;
3. in Eintragungen in der zweiten und dritten Abteilung des Grundbuchs sollen die Angaben zu den betroffenen Grundstücken und sonstigen Belastungsgegenständen aktualisiert werden; bei Rechten, die dem jeweiligen Eigentümer eines Grundstücks zustehen, sollen zudem die Angaben zum herrschenden Grundstück und in Vermerken nach § 9 der Grundbuchordnung die Angaben zum belasteten Grundstück aktualisiert werden;
4. die Bezugnahme auf die Eintragungsbewilligung oder andere Unterlagen kann um die Angaben nach § 44 Absatz 2 Satz 2 der Grundbuchordnung ergänzt werden;
5. Geldbeträge in Rechten und sonstigen Vermerken, die in einer früheren Währung eines Staates bezeichnet sind, der an der einheitlichen europäischen Währung teilnimmt, sollen auf Euro umgestellt werden;
6. die aus der Teilung von Grundpfandrechten entstandenen Rechte sollen jeweils gesondert in die Hauptspalte der dritten Abteilung übernommen werden; für die Nummerierung der Rechte gilt § 17 Absatz 4 entsprechend.

Betrifft die Neufassung ein Grundpfandrecht, für das ein Brief erteilt wurde, bedarf es nicht der Vorlage des Briefs; die Neufassung wird auf dem Brief nicht vermerkt, es sei denn, der Vermerk wird ausdrücklich beantragt.

(3) Die §§ 29 und 69 Absatz 4 sind nicht anzuwenden.

(4) Der Freigabevermerk lautet wie folgt: „Dieses Blatt ist zur Fortführung als Datenbankgrundbuch neu gefasst worden und an die Stelle des bisherigen Blattes getreten. Freigegeben am/zum …". In der Aufschrift des bisherigen Blattes ist folgender Vermerk anzubringen: „Zur Fortführung als Datenbankgrundbuch neu gefasst und geschlossen am/zum …". Den Vermerken ist jeweils der Name der veranlassenden Person hinzuzufügen. Werden nur einzelne Teile des Grundbuchblatts neu gefasst, ist dies bei den betroffenen Eintragungen zu vermerken."

A. Allgemeines 1   B. Anlegung durch Neufassung 4

A. Allgemeines

Das Datenbankgrundbuch[1] stellt einen Unterfall des maschinell geführten (elektronischen) Grundbuchs dar. Daher sind die Vorschriften über die **Anlegung des Datenbankgrundbuchs** in Abschnitt XIII Unterabschnitt 2 der Grundbuchverfügung („Anlegung des maschinell geführten Grundbuchs") mit dem DaBaGG verortet worden.[2]

Anders als bei der Anlegung des herkömmlichen elektronischen Grundbuchs (Anlegung durch Umschreibung, Neufassung oder Umstellung, vgl. § 67 S. 1 und 2 GBV) enthält Abs. 1 S. 1 eine Spezialregelung dahin gehend, dass die Anlegung des Datenbankgrundbuchs **ausschließlich durch Neufassung** erfolgen soll.

---

[1] Vgl. die Legaldefinition in § 126 Abs. 1 S. 1 GBO.   [2] Gesetz v. 1.10.2013, BGBl I S. 3719.

3 Der Prozess im Rahmen der Anlage des Datenbankgrundbuchs erfolgt nach den bisherigen Überlegungen in Stufen. Mit der Altdatenübernahme im langzeitarchivierbaren Format (derzeit pdf/A) bleibt das Grundbuch elektronisch einsehbar. Dieser Stand soll als „historische Grundbuchansicht" dauerhaft verfügbar bleiben. Erst wenn der komplette Grundbuchinhalt in das pdf-Format übernommen worden ist, erfolgt in einem nächsten Schritt die „Fragmentierung", die die Voraussetzung für eine fragmentweise Migration darstellt. Die dazu erforderlichen Programme befinden sich derzeit in der Entwicklung (siehe § 134a GBO Rdn 1 ff.). Altdaten werden in einzelne Bestandteile (z.B. einzelne Grundstücksbelastungen) zerlegt (Fragmentierung, vgl. § 62 Abs. 2 GBV). Anschließend wird der Inhalt des Grundbuchblatts in einem Arbeitsgang oder auch nach und nach in eine strukturierte Form umgewandelt werden (Migration, vgl. § 134a GBO). Grundbuch im Rechtssinn ist dabei stets die Gesamtheit der jeweils aktuellen Datensätze zu den einzelnen Grundbucheintragungen.[3]

B. Anlegung durch Neufassung

4 Nach Abs. 1 gelten die Vorschriften entsprechend, die für die Anlegung des elektronischen Grundbuchs durch Neufassung des bis dahin in Papierform geführten Grundbuchblatts anzuwenden sind. Über den in Bezug genommenen § 69 Abs. 1 S. 1 GBV wird für die Neufassung auf § 68 Abs. 2 S. 1 GBV und damit auf die allgemeinen Vorschriften für die Umschreibung von Grundbüchern verwiesen, § 28 bis § 33 GBV (Abschnitt VI der Grundbuchverfügung). Im Rahmen der Migration sollen Grundbucheintragungen grundsätzlich nur mit ihrem aktuellen Inhalt in die Datenbankstruktur überführt werden, § 69 Abs. 2 S. 2 GBV. Um eine möglichst effiziente Verwaltung und Nutzung der Daten zu gewährleisten, sollen bei der Migration die nachfolgend bezeichneten Aktualisierungen und Bereinigungen nach Abs. 2 durchgeführt werden.[4] Die Regelungen sind weitgehend als Sollvorschriften ausgestaltet. Diese sind durch den zuständigen Bearbeiter zwar grundsätzlich ebenso einzuhalten wie Mussvorschriften. Allerdings führt aufgrund des Charakters als Sollvorschrift ein Verstoß nicht zur Unwirksamkeit der Grundbucheintragung. Zudem war aus Sicht des Gesetzgebers noch nicht absehbar, ob sich die Vorgaben nicht z.T. nur mit unverhältnismäßigem Aufwand umsetzen lassen.[5] Um die Umstellungsphase effizient zu nutzen und auch dem DaBaG in einem vertretbaren Zeitrahmen zum Durchbruch zu verhelfen, sollten alle Möglichkeiten ausgeschöpft werden. Dafür bietet auch die Zusammenarbeit mit den Notaren bei der Aufbereitung der durch die Migration entstandenen Rohdaten einen interessanten Ansatz, der allerdings noch der praktischen Umsetzung harrt.[6]

5 Nach Abs. 2 S. 1 Nr. 1 sind bei der Neufassung die Grundbucheintragungen an die in § 76a GBV definierten **redaktionellen Vorgaben für das Datenbankgrundbuch** anzupassen.

6 Sofern die sich aus dem Grundbuch ergebende Beschreibung eines Flurstücks (Wirtschaftsart, Lage, Größe) von der durch die Vermessungsverwaltung im Wege des elektronischen Datenaustauschs mitgeteilten Beschreibung abweicht, sollen die Flurstücke mit den von der Vermessungsverwaltung gelieferten Daten in die Datenbankstruktur überführt werden, Abs. 2 S. 1 Nr. 2. Dies folgt dem § 127 Abs. 1 Nr. 1 GBO, wonach die Landesregierungen bestimmen können, dass derartige Informationen maschinell in das Grundbuch eingespeichert werden sollen.

7 Die **logische Verknüpfung von eingetragenem Recht und Belastungsgegenstand** ist beim Datenbankgrundbuch von zentraler Bedeutung. Deshalb sollen nach Abs. 2 S. 1 Nr. 3 Angaben in den Abteilungen II und III zu den betroffenen Grundstücken oder sonstigen Belastungsgegenständen (z.B. Miteigentumsanteil), die nicht mehr aktuell sind, durch aktuelle Angaben ersetzt werden.[7] Bei allen subjektiv-dinglichen Rechten sind nach Abs. 2 Nr. 3 die Angaben zum herrschenden Grundbesitz auf den aktuellen

---

3 BT-Drucks 17/12635, S. 29.
4 Zu Vorarbeiten bei den Grundbuchämtern vgl. *Wilsch*, Grundbuchordnung für Anfänger, I. Eintragung und Bekanntmachung im Grundbuchverfahren Rn 308b.
5 BT-Drucks 17/12635, S. 30.
6 *Büttner/Frohn*, DNotZ Sonderheft 2016,157.
7 Die Begründung in BT-Drucks 17/12635, S. 30 nennt einige Beispiele: Eine nicht mehr aktuelle katastermäßige Bezeichnung des herrschenden Grundstücks beispielsweise bei einem subjektiv-dinglichen Recht soll bei der Migration durch die aktuelle Bezeichnung ebenfalls ersetzt werden. Gleiches gilt für die bei der Eintragung des Rechts vermerkten grundbuchmäßigen Buchungsangaben des herrschenden Grundstücks (Grundbuchblatt- und Bestandsverzeichnisnummer). Fehlende Angaben sollen möglichst ergänzt werden. Herrschvermerke nach § 9 GBO sollen in entsprechender Weise aktualisiert werden.

Stand zu bringen. Bezüglich der Aktualisierung katastermäßiger Grundstücksbezeichnungen wird das Grundbuchamt insbesondere auch auf Unterlagen und Bescheinigungen der Vermessungsverwaltung zurückgreifen können, jedoch steht hier **ein erheblicher Aufwand** zu erwarten.[8] Aber nur in der konsequenten Umsetzung wird der Erfolg eines Datenbankgrundbuchs überhaupt sichtbar und die (geplante) automatisierte Übernahme derartiger Verweise in das Datenbankgrundbuch bei späteren Änderungen wird nur funktionieren, wenn es zuverlässig auf den bei der Umstellung aktuellen Stand gebracht worden ist. Die gesetzliche „Soll-Bestimmung" verpflichtet die Grundbuchämter. Auch wenn ein Verstoß grundsätzlich keine materiell-rechtliche Wirkung zeitigen würde, könnten bei nicht oder nur teilweise vorgenommenen Aktualisierungen mit Blick auf einen gutgläubigen Erwerb Gefahren drohen. Bei den Aktualisierungen sollte also nicht gespart werden.[9]

Abs. 2 S. 1 Nr. 4 regelt die **Möglichkeiten der Bezugnahme**, um den Text des Datenbankgrundbuches übersichtlich zu halten. Über Abs. 1 i.V.m. §§ 69 Abs. 1 S. 2, 68 Abs. 2 S. 1 GBV gilt § 44 Abs. 3 GBO auch im Fall der Datenmigration. Sofern der Eintragungstext neben der Bezugnahme auf die Eintragungsbewilligung eine ausführlichere Beschreibung des Inhalts des Rechts oder der sonstigen Eintragung enthält, soll die Beschreibung grundsätzlich auf das gesetzlich zulässige Mindestmaß beschränkt werden (schlagwortartig).[10] Gleichzeitig wird die Bezugnahme erweitert. Ist bisher der vollständige Wortlaut eines Rechts oder einer sonstigen Eintragung im Grundbuch vermerkt, kann in dem in § 44 Abs. 2 GBO vorgegebenen Rahmen auch auf die bisherige Eintragung Bezug genommen werden (vgl. § 44 Abs. 3 S. 2 GBO). *Allerdings soll der Auskunftswert des Grundbuches nach dem Willen des Gesetzgebers im Nutzerinteresse auch erhöht werden: Seit dem RegVerfBG im Jahr 1993 sollen in der Bezugnahme der Notar – am besten mit Amtssitz*[11] *– und die Urkundenrollennummer (inzwischen UVZ-Nummer), bei Eintragungen aufgrund eines Ersuchens die ersuchende Stelle und deren Aktenzeichen, angegeben werden. Abs. 2 S. 1 Nr. 4 sieht vor, dass diese Angaben, soweit sie bislang noch nicht in der Grundbucheintragung enthalten sind, im Rahmen der Migration nacherfasst werden können.*[12] Auch das bedeutet zunächst Mehrarbeit, erleichtert aber den Nutzern den Zugriff etwa auf notarielle Eintragungsgrundlagen und entlastet damit perspektivisch auch das Grundbuchamt. Leider ist gegenwärtig hier ein „Sparkurs" bei den Eintragenden zu verzeichnen, der den Zielen des Grundbuchs als Rechtsregister mit schnellen und präzisen Informationen teilweise zuwiderläuft. Auch ist an dieser Stelle zu betonen, dass es grundsätzlich keine Pflicht für den Notar zur Einsicht in die Grundakten gibt. Für den Rechtsverkehr wesentliche Inhalte dürfen sich daher gerade nicht hinter dem Verweis auf die zugrundeliegende Eintragungsbewilligung verbergen. Anderseits hat sich die (bisherige) Bezugnahmepraxis bewährt und kann in Einzelfällen durchaus weiter praktiziert werden. *Wilsch* ist also zuzustimmen, wenn er fordert: *Das Datenbankgrundbuch der Zukunft darf nicht hinter das Informationsniveau zurückfallen, das die gegenwärtige Grundbuchpraxis prägt, und den Anwender den Ungewissheiten der eigenen due diligence ausliefern.*[13]

---

8 Grundbuchgerichte könnten in diesen Fällen die Vermessungsämter recherchieren lassen. Diese sind technisch in der Lage, über die reine Recherche der Abschreibungen hinaus, festzustellen, in welchen heutigen Grundstücken das damalige herrschende Grundstück tatsächlich enthalten ist. Diese „Amtshilfe" der Vermessungsämter müsste sinnvollerweise noch geklärt werden, vgl. *Zeiser*, Datenbankgrundbuchgesetz – Zusatzarbeit für die Rechtspfleger, http://by.bdr-online.de/index.php/newsuebersicht/nachrichten2014/319-datenbankgrundbuchgesetz-zusatzarbeit-fuer-die-rechtspfleger, besucht 2014–02–17.

9 So ausdrücklich *Zeiser*, Beck'scher OK, Sonderbereich Grundbuchverfügung Rn 77. Zu den bereits heute mit Blick auf die kommende Migration leistbaren Vorarbeiten in dieser Hinsicht *ders.*, a.a.O., Rn 104 ff.

10 Vgl. § 44 Abs. 2 S. 3: Sind die migrierenden Rechte Dienstbarkeiten oder Reallasten, soll, wie bei der Ersteintragung solcher Rechte vorgesehen (vgl. § 44 Abs. 2 S. 3 GBO), auch bei der Migration der Eintragungswortlaut auf eine schlagwortartige Bezeichnung beschränkt werden, die den wesentlichen Inhalt des Rechts kennzeichnet. Die materiell-rechtlichen Mindestanforderungen an die Bezeichnung des konkreten Rechtsinhalts im Eintragungsvermerk bleiben auch hier unberührt, BT-Drucks 17/12635, S. 30.

11 Denn Zweck dieser Regelung ist es, die Bewilligung eindeutig und zweifelsfrei zu definieren und i.Ü. den Zugriff auf die Bewilligung nicht nur über die Grundakten, sondern auch über die Erteilung von Abschriften durch die die Urkunde verwahrende Stelle zu ermöglichen, vgl. BeckOK BGB/*H.-W. Eckert*, BGB § 874 Rn 11.

12 Dies steht weder der Qualität des Grundbuchs als „Rechtsregister" entgegen, noch wären diese Inhalte durch die Praxis der Bezugnahme (dazu *Wilsch*, ZfIR, 2023, 165 ff, 166) klar erkennbar – im Gegenteil: eine aussagekräftige Eintragung im Grundbuch (Register) ist die Voraussetzung für beide vorstehenden Qualitätskriterien eines DaBaG.

13 *Wilsch*, ZfIR, 2023, 165, 166.

9 Geldbeträge, die in einer in den EUR aufgegangenen Währung eingetragen sind, sollen bei der Migration des Grundbuchs auf EUR **umgestellt** werden, Abs. 2 S. 1 Nr. 5. Die Vorschrift erfasst nicht nur die letzte Währung eines Staates vor der Einführung des EUR, sondern auch die auf dessen Gebiet früher gültigen Währungen (in Deutschland z.B. Reichsmark oder Mark der DDR).

10 § 17 Abs. 4 GBV sieht bei Teilabtretungen und sonstigen Teilungen von Grundpfandrechten vor, die Teilrechte entsprechend dem Beispiel 1 in DIN 1421, Ausgabe Januar 1983, zu nummerieren. Diese neue **Nummerierungsstruktur** soll im Rahmen der Migration auch für bereits bestehende Grundpfandrechte eingeführt werden, Abs. 2 S. 1 Nr. 6. Bei der Übernahme der durch Teilung entstandenen Grundpfandrechte in die Hauptspalte wird insbesondere auf die korrekte Darstellung der Rangverhältnisse, erforderlichenfalls unter Verwendung von Rangvermerken, zu achten sein. Zudem wird regelmäßig der Zeitpunkt anzugeben sein, ab dem die Zinsen abgetreten sind.

11 Abs. 2 S. 2 stellt klar, dass bei der Migration von Grundpfandrechten, für die Grundpfandrechtsbriefe erteilt wurden, die **Vorlage des Briefs nicht erforderlich** ist. Die Anbringung eines Vermerks über die Umstellung auf dem Brief erfolgt nur auf Antrag. Die Regelung orientiert sich an § 26a Abs. 1 S. 5 GBMaßnG.

12 Um eine Verzögerung der Neufassung zu vermeiden, gibt es **keine Verpflichtung aus § 29 GBV**, vorab u.a. Löschungsverfahren nach den §§ 84 ff. GBO oder Rangklarstellungsverfahren (§§ 90 ff. GBO) durchzuführen, Abs. 3. Die einzelnen Vorgaben bei der Neufassung ergeben sich[14] aus den noch zu treffenden Festlegungen für Eintragungsmasken, Mustertexte und Eintragungsformate. Der vom Bundesrat in der Stellungnahme zum Gesetzesentwurf diesbezüglich vorgesehene weitere Absatz zu § 76a GBV lautet: „Für Eintragungen in das Datenbankgrundbuch sind vorbehaltlich der Sätze 2 und 3 Eintragungsmasken, Mustertexte und Eintragungsformate gemäß der Bekanntmachung der durch Verwaltungsabkommen der Länder eingerichteten Koordinierungsstelle für Pflege und Weiterentwicklung des Datenbankgrundbuchs im Bundesanzeiger vom ... (einfügen: Datum und Fundstelle der Bekanntmachung) zu verwenden. Die Koordinierungsstelle kann Anpassungen, Änderungen oder Ergänzungen anordnen, die es, ohne den Inhalt der Eintragungsmasken zu verändern, ermöglichen, technische Entwicklungen nutzbar zu machen. Das Grundbuchamt soll von den vorgegebenen Mustertexten nur abweichen, soweit dies aus materiell-rechtlichen Gründen erforderlich ist."[15] Die Schaffung dieser Regelung ist für einen späteren Zeitpunkt geplant und unabdingbar für die Schaffung des Datenbankgrundbuchs. In der Stellungnahme der Bundesregierung[16] heißt es dazu: „Die bestimmungsgemäße Nutzung sollte soweit wie möglich sicher gestellt werden. Die Bundesregierung hält die vom Bundesrat vorgeschlagene Regelung grundsätzlich für geeignet, dieses Ziel zu erreichen. Die vorgeschlagene Vorschrift, die auf die Bekanntmachung im Bundesanzeiger verweisen soll, kann jedoch erst dann erlassen werden, wenn die Koordinierungsstelle für die Pflege und Weiterentwicklung des Datenbankgrundbuchs diese Bekanntmachung vorgenommen hat." Es wird also nach Fertigstellung der derzeit zu entwickelnden Programme neben den vorhandenen Mustertexten neue Mustertexte und Festlegungen zu Eintragungsformaten geben.

13 Für den **Freigabevermerk und die Aufschrift** des bisherigen Blattes enthalten Abs. 4 S. 1 und 2 abweichend von §§ 67 S. 4 GBV und 71 S. 3 bis 5 GBV speziell auf das Datenbankgrundbuch zugeschnittene Formulierungen. Mit der Freigabe des Datenbankgrundbuchs (Grundbuchblattes) durch den zuständigen Mitarbeiter des Grundbuchamts nach Prüfung von dessen Vollständigkeit und Richtigkeit sowie der Abrufbarkeit aus dem Datenspeicher (vgl. § 71 S. 1 und 2 GBV), tritt dieses an die Stelle des bisherigen Grundbuchblatts, Abs. 4 S. 3.

14 Im Interesse einer reibungslosen und effizienten Umstellung des Grundbuches, sollen nicht nur ein ganzes Grundbuchblatt oder einzelne Abteilungen, sondern auch lediglich einzelne Eintragungen oder, soweit technisch möglich, sogar Teile einer Eintragung (Fragmente, vgl. Rdn 3) in die strukturierte Form überführt werden können (sog. fragmentweise Neufassung). Das Datenbankgrundbuch kann daher teilweise aus Fragmenten und zum Teil aus bereits vollständig strukturierten Daten bestehen. Soweit dies der Fall ist, soll statt der Aufschrift ein entsprechender **Vermerk über die teilweise Neufassung** bei betroffenen Eintragungen angebracht werden, Abs. 4 S. 4.[17]

---

14 Anders noch beim elektronischen Grundbuch, vgl. § 69 Abs. 4 i.V.m. Anlagen 10a und 10b zur GBV.
15 BT-Drucks 17/12635, S. 39.
16 Vom 20.2.2013 zur BR-DRS. 794/12.
17 BT-Drucks 17/12635, S. 31; Beispiel bei *Zeiser*, Beck'scher OK, Sonderbereich Grundbuchverfügung Rn 82.

§ 72 Umschreibung, Neufassung und Schließung des maschinell geführten Grundbuchs

(1) Für die Umschreibung, Neufassung und Schließung des maschinell geführten Grundbuchs gelten die Vorschriften der Abschnitte VI und VII sowie § 39 sinngemäß, soweit in diesem Abschnitt nichts Abweichendes bestimmt ist. Anstelle von § 39 ist bei der Neufassung § 69 Absatz 2 Satz 5 und 6 anzuwenden.

(2) Der Inhalt der geschlossenen maschinell geführten Grundbuchblätter soll weiterhin wiedergabefähig oder lesbar bleiben.

(3) Wird das Grundbuch als Datenbankgrundbuch geführt, ist

1. § 33 nicht anzuwenden;
2. im Fall der Schließung des Grundbuchblatts (§ 36) in Spalte 8 des Bestandsverzeichnisses ein Hinweis auf die neue Buchungsstelle der von der Schließung betroffenen Grundstücke aufzunehmen, soweit nicht bereits ein Abschreibevermerk nach § 13 Absatz 3 Satz 1 eingetragen wurde.

A. Allgemeines	1	D. Wiedergabefähigkeit geschlossener Grundbuchblätter	11
B. Umschreibung	3		
C. Neufassung	9	E. Datenbankgrundbuch	12

A. Allgemeines

Die Vorschrift behandelt einmal angelegte, maschinell geführte Grundbuchblätter im Grundsatz wie Papiergrundbuchblätter nach den Abschnitten VI (§§ 28 ff. GBV) und VII (§§ 34 ff. GBV), wobei jedoch einige Besonderheiten des XIII. Abschnitts (§§ 61 ff. GBV) gelten. Der mit dem DaBaGG geänderte Abs. 1 S. 2 setzt die Änderung in der Bekanntgabepraxis um, wie bereits bei § 69 GBV vorgesehen (vgl. § 69 GBV Rdn 5 ff.). § 71 Abs. 3 GBV, angefügt mit dem DaBaGG,[1] trägt den Besonderheiten der logischen Verknüpfung im Datenbankgrundbuch Rechnung.

Vorgesehen sind nur **Umschreibung** und **Neufassung**. Das bereits maschinell geführte Grundbuch kann hingegen **nicht umgestellt** werden, da § 70 GBV bewusst nicht zu den in § 72 GBV ausdrücklich aufgeführten Vorschriften gehört: Die Umstellung nach §§ 70, 108 GBV beruht auf der Vorstellung, dass ohne Inhaltsänderung ein Abbild eines Papiergrundbuchs erzeugt und anschließend zum maschinellen Grundbuch erklärt wird. Existiert jedoch bereits ein maschinelles Grundbuch, richtet sich eine bloße Änderung des Grundbuchdatenspeichers nach § 62 Abs. 1 S. 2 GBV (vgl. § 62 GBV Rdn 7).

B. Umschreibung

Als Umschreibungsgrund kommen die **Unübersichtlichkeit** des Grundbuchblatts und eine **wesentliche Vereinfachung** in Betracht, § 28 S. 1 und 2 GBV.

Die Umschreibungsgründe aus den §§ 28 Abs. 2 lit. b und 23 GBV sind mit dem DaBaGG aufgehoben worden. Sie setzten die Führung des Grundbuchs in festen Bänden voraus und sind daher nicht mehr nötig.[2]

Die Durchführung der Umschreibung richtet sich nach § 68 Abs. 2 GBV (siehe § 68 GBV Rdn 5) und erfolgt durch **Aufnahme elektronischer Zeichen in den Grundbuchdatenspeicher**. Dabei kann selbstverständlich zur Vermeidung einer vollständigen Neueingabe über die Tastatur auf den vorhandenen Datensatz zurückgegriffen sowie dessen Inhalt mit den Möglichkeiten der Migrationssoftware im zweckmäßigen Umfang übernommen und ergänzt werden. Beim Datenbankgrundbuch geht es aber gerade nicht mehr um „Textverarbeitung mit Textbausteinen": Es werden konkrete Datenbankfelder mit Objekten ausgefüllt, die mittels Visualisierung als lesbarer Text nach den bekannten Mustern angezeigt werden.

---

1 Gesetz v. 1.10.2013, vgl. BGBl I 2013, 3719; zur Begründung vgl. auch: BT-Drucks 17/12635, 31.

2 BT-Drucks 17/12635, 26.

6 Das alte Blatt ist nach §§ 30 Abs. 2, 36 GBV zu schließen. Es erhält den **Schließungsvermerk**, der die neue Grundbuchstelle sowie den Grund der Schließung angeben muss. Für die nach § 36 lit. a GBV erforderliche Durchkreuzung ist § 91 S. 2 GBV insoweit vorrangig, als die rote Kennzeichnung auch schwarz dargestellt werden darf.

7 Die in § 71 GBV vorgesehenen Vermerke sind nicht erforderlich, da sie auf die (erstmalige) Anlegung eines maschinellen Grundbuchblattes abgestimmt sind.

8 Die Umschreibung löst die von § 69 Abs. 2 S. 5, 6 GBV vorgesehenen **Mitteilungspflichten** aus. § 39 GBV gilt insoweit ausdrücklich nicht.

C. Neufassung

9 Nach § 69 GBV kann die Neufassung bei Anlegung abweichend von § 33 GBV das gesamte Blatt umfassen (siehe § 69 GBV Rdn 2). Entsprechend kann auch ein bereits existierendes maschinelles Grundbuchblatt **ganz oder auch teilweise neugefasst** werden. Auch beim Datenbankgrundbuch ist eine teilweise Neufassung möglich, jedoch ist dies besonders zu vermerken (vgl. § 71a GBV Rdn 14).

10 Grundsätzlich richtet sich die Neufassung als Unterfall der Umschreibung nach § 69 i.V.m. § 68 GBV. **Besonderheiten** der Neufassung sind:
– Das neugefasste Grundbuchblatt erhält keine neue Nummer, vgl. § 69 Abs. 2 S. 1 GBV.
– Mitteilungen nach § 39 Abs. 3 GBV sind nicht vorgesehen, siehe § 69 Abs. 2 S. 4 GBV.
– Erforderliche Neufassungsvermerke richten sich nach § 69 Abs. 3 GBV.
– Bei teilweiser Neufassung müssen die neugefassten Abteilungen nach § 69 Abs. 3 S. 4 GBV deutlich sichtbar als geschlossen kenntlich gemacht werden. Die Vorschrift ist gegenüber § 33 Abs. 2b GBV speziell, so dass die dort vorgeschriebene Form der Durchkreuzung i.V.m. § 91 S. 2 GBV gewählt werden kann, aber nicht muss.

D. Wiedergabefähigkeit geschlossener Grundbuchblätter

11 § 72 Abs. 2 GBV korrespondiert mit § 10a GBO (vgl. § 10a GBO Rdn 4), der für papierene wie für maschinelle Grundbuchblätter gilt. Danach kommen **verschiedene Archivierungsformen** für geschlossene maschinelle Grundbuchblätter in Betracht:
– nach § 10a GBO Wiedergabe auf einem Bildträger oder einem Datenträger, der zu Archivierungszwecken gefertigt wird;
– Weiterführung als geschlossenes Grundbuchblatt im Grundbuchdatenspeicher nach § 62 GBV;[3]
– Ausdruck und Archivierung der papierenen Verkörperung.[4]

E. Datenbankgrundbuch

12 Im künftigen Datenbankgrundbuch werden dem Grundstück als der Buchungsstelle (zentrales Element des Systems) die Angaben zum Eigentümer sowie zu den Belastungen in den Abteilungen II und III zugeordnet sein. Eine lediglich **abteilungsweise Neufassung** von Grundbuchblättern wie in § 33 GBV für das Papiergrundbuch vorgesehen ist nicht systemkompatibel und daher **unzulässig**.

13 Bei der Schließung von Grundbuchblättern ergibt sich die Information, in welchem neuen Blatt die Grundstücke nunmehr gebucht sind, nicht immer aus dem Bestandsverzeichnis, sondern in bestimmten Fällen ausschließlich aus dem in der Aufschrift anzubringenden Schließungsvermerk. Dies gilt insbesondere bei der Umschreibung von Grundbuchblättern. Um eine effizientere automationsgestützte Recherche zu ermöglichen, stellt § 72 Abs. 3 Nr. 2 GBV sicher, dass für alle Grundstücke stets ein aussagekräf-

---

[3] Meikel/*Dressler-Berlin*, GBV § 72 Rn 24.
[4] Der Ausdruck ist allerdings nicht mit dem maschinellen Grundbuch identisch, denn dieses ist ausschließlich der dazu bestimmte Datenspeicher, vgl. § 62 GBV. § 72 GBV nimmt darauf Rücksicht, indem lediglich die Formulierung „Der Inhalt ..." gewählt wurde. Die mit dem maschinellen Grundbuch verbundenen Vorteile der Raum- und Papierersparnis dürften diese Archivierungsform nur in Ausnahmefällen attraktiv erscheinen lassen. Meikel/*Dressler-Berlin*, GBV § 72 Rn 25 weist daher zu Recht darauf hin, dass die Zweckmäßigkeit im Einzelfall zu prüfen sein wird.

tiger **Abschreibungsvermerk** in das Bestandsverzeichnis des zu schließenden Grundbuchblatts aufgenommen wird. Ein Schließungsvermerk wird dadurch jedoch nicht überflüssig, da sich dieser Vermerk auf das Grundbuchblatt als Ganzes bezieht, während ein Abschreibungsvermerk stets nur einzelne oder mehrere in dem Grundbuchblatt gebuchte Grundstücke betrifft.[5]

§ 73 Grundakten

Auch nach Anlegung des maschinell geführten Grundbuchs sind die Grundakten gemäß § 24 Abs. 1 bis 3 zu führen. Das bisher geführte Handblatt kann ausgesondert und auch vernichtet werden; dies ist in den Grundakten zu vermerken. Wird das bisher geführte Handblatt bei den Grundakten verwahrt, gilt § 32 Abs. 1 Satz 3 Halbsatz 2 entsprechend.

A. Allgemeines 1	C. Handblatt 6
B. Auf die Grundaktenführung anwendbare Vorschriften 3	

A. Allgemeines

§ 73 S. 1 GBV stellt ausdrücklich fest, dass sich die maschinelle Grundbuchführung nur auf das Grundbuch selbst, nicht jedoch auf die in **Papier geführten Grundakten** erstreckt, die weiterhin nach § 24 Abs. 1–3 GBV zu führen sind. Moderne Archivierungstechnologien werden für die inhaltlich unveränderten Grundakten durch § 10a GBO zugelassen. 1

§ 73 S. 2 GBV macht von diesen Grundsätzen eine Ausnahme und erlaubt, das nach § 24 Abs. 4 GBV vorgeschriebene Handblatt gänzlich auszusortieren und zu vernichten (vgl. Rdn 7). Zur **elektronischen Grundakte** und deren Führung enthalten die §§ 94 ff. GBV Regelungen (vgl. § 96 GBV Rdn 1). 2

B. Auf die Grundaktenführung anwendbare Vorschriften

§ 24 GBV verweist auf § 10 GBO, der im Einzelnen festlegt, welche Urkunden vom GBA aufzubewahren sind. Nach § 10 Abs. 3 GBO müssen die Schriftstücke im Original, bei notariellen Urkunden in Ausfertigung (die die Urschrift im Rechtsverkehr vertritt, vgl. § 47 BeurkG) oder in beglaubigter Abschrift zu den Grundakten genommen werden, die damit weiterhin grundsätzlich als papierene Akten zu führen sind.[1] 3

§ 10a GBO, der aufgrund des RegVBG v. 20.12.1993[2] in die GBO eingefügt wurde, lässt zwar nicht die maschinelle Führung der Grundakten zu, ergänzt jedoch die Vorschriften über die maschinelle Grundbuchführung, indem für die Aufbewahrung der Grundakten sowie geschlossener Grundbuchblätter (vgl. § 72 GBV Rdn 11) neben der papierenen Aktenführung der Einsatz von Bild- oder Datenträgern zugelassen wird (zu den gängigen Technologien vgl. § 10a GBO Rdn 6). 4

§ 10a GBO lässt jedoch nicht die Einreichung von Bild- oder Datenträgern oder gar die elektronische Einreichung durch Datenfernkommunikation zu. Vorzulegen ist vielmehr das papierene Original, von dem das GBA selbst das entsprechende Archivierungsstück fertigt (vgl. § 10a GBO Rdn 4). 5

C. Handblatt

§ 73 S. 1 GBV enthält keine Verweisung auf § 24 Abs. 4 GBV, der die Führung eines Handblattes bei der Führung von Grundakten zum Papiergrundbuch vorsieht. Die **Anlegung eines Handblattes** ist bei Anlegung des maschinellen Grundbuchs damit nicht erforderlich (vgl. auch § 68 GBV Rdn 6). 6

---

5 BT-Drucks 17/12635, 31.
1 Vgl. BeckOK GBO/*Zeiser*, GBV Rn 58.

2 Registerverfahrensbeschleunigungsgesetz v. 20.12.1993, siehe BGBl I 1993, 2182.

7 § 73 S. 2 GBV regelt darüber hinaus ausdrücklich die **Aussonderung und Vernichtung** des alten Handblattes, die dem GBA freigestellt wird.[3] Wird das Handblatt ausgesondert oder vernichtet, muss ein entsprechender Nachweis hierüber zu den Grundakten genommen werden.

8 Verbleibt das Handblatt bei den Grundakten, ist es nach § 32 Abs. 1 S. 3 Hs. 2 GBV deutlich als Handblatt des geschlossenen Blattes zu kennzeichnen.

9 Gerechtfertigt wird die Möglichkeit der Aussonderung und Vernichtung durch die beim elektronischen Grundbuch verbesserten Möglichkeiten, auf den Grundbuchinhalt jederzeit und auch auf Distanz (§§ 132, 133 GBO) sowie unabhängig von örtlichen Einschränkungen zuzugreifen,[4] die beim Papiergrundbuch etwa auftreten, wenn das Grundbuch im Geschäftsgang benötigt und deshalb von seinem Platz vorübergehend entfernt wird. Das Handblatt verliert damit seinen Zweck als Informationsträger, der die Verfügbarkeit des Grundbuchinhalts erhöht.

10 Auch dem Anliegen der Sicherheit und Rekonstruierbarkeit der Grundbucheintragungen wird beim maschinellen Grundbuch bereits durch technische Sicherheitsvorkehrungen,[5] wie die Anforderungen an die Grundbuchprogramme, die Fertigung von Sicherungskopien und Protokollierungsvorgänge Rechnung getragen.

Unterabschnitt 3. Eintragungen in das maschinell geführte Grundbuch

§ 74 Veranlassung der Eintragung

(1) Die Eintragung in das maschinell geführte Grundbuch wird, vorbehaltlich der Fälle des § 127 Absatz 1 Satz 1 Nummer 1 der Grundbuchordnung sowie des § 76a Absatz 1 Nummer 3 und Absatz 2 dieser Verordnung und des § 14 Absatz 4 des Erbbaurechtsgesetzes, von der für die Führung des maschinell geführten Grundbuchs zuständigen Person veranlaßt. Einer besonderen Verfügung hierzu bedarf es in diesem Fall nicht. Die Landesregierung oder die von ihr ermächtigte Landesjustizverwaltung kann in der Rechtsverordnung nach § 126 der Grundbuchordnung oder durch gesonderte Rechtsverordnung bestimmen, daß auch bei dem maschinell geführten Grundbuch die Eintragung von dem Urkundsbeamten der Geschäftsstelle auf Verfügung der für die Führung des Grundbuchs zuständigen Person veranlaßt wird.

(2) Die veranlassende Person soll die Eintragung auf ihre Richtigkeit und Vollständigkeit prüfen; die Aufnahme in den Datenspeicher (§ 62 Absatz 1) ist zu verifizieren.

A. Allgemeines	1	C. Anordnung der Beibehaltung	7
B. Wegfall der gesonderten Verfügung	4	D. Überprüfung von Eintragungen	8

A. Allgemeines

1 Die §§ 74–76a GBV enthalten die Regelungen für das Eintragungsverfahren beim maschinell geführten Grundbuch und wurden im Wesentlichen durch das RegVBG[1] als Abschnitt XIII eingefügt und in den §§ 74, 76, 76a GBV mit dem DaBaGG geändert. § 74 GBV selbst enthält Ausführungsvorschriften zu §§ 129, 130 GBO, die von den Regelungen über die Vornahme von **Eintragungen** im Papiergrundbuch nach § 44 GBO Ausnahmen bzw. Sonderregelungen für die maschinelle Grundbuchführung vorsehen. Es handelt sich um Folgeänderungen zu den vorgeschlagenen Änderungen des § 127 GBO, des § 14 Abs. 4 des ErbbauRG, des § 62 GBV sowie zur Einführung des § 76a GBV mit dem DaBaGG.

---

3 Soweit nicht Bestimmungen hierüber in der Rechtsverordnung nach § 93 GBV von der Landesregierung oder Landesjustizverwaltung erlassen werden; Meikel/*Dressler-Berlin*, GBV § 73 Rn 16.

4 Meikel/*Dressler-Berlin*, GBV § 73, Rn 14.

5 Meikel/*Dressler-Berlin*, GBV § 73, Rn 13.

1 Gesetz zur Vereinfachung und Beschleunigung registerrechtlicher und anderer Verfahren (Registerverfahrenbeschleunigungsgesetz – RegVBG) v. 20.12.1993 (BGBl 1993, 2197).

Die Regelungen betreffen zunächst den mit der **Erzeugung von Eintragungstexten** am Bildschirm durch eine einzige Person verbundenen Rationalisierungsvorteil, der auch die Einsparung von Arbeitsschritten ermöglicht (vgl. Rdn 4). Dieser Vorteil soll konsequent genutzt und nur in besonderen Fällen außer Kraft gesetzt werden (vgl. Rdn 7). Die Richtigkeit und Vollständigkeit der Eintragungen beim maschinellen Grundbuch muss eigens geprüft und nachgewiesen werden (vgl. Rdn 8 f.).

Schließlich gibt es beim maschinellen Grundbuch **Eintragungsvorgänge ohne Veranlassung durch eine Person**, nämlich bei automatisierter Datenübernahme aus dem Liegenschaftskataster (siehe § 127 GBO Rdn 8 f.). § 74 GBV nimmt diese Vorgänge deshalb ausdrücklich aus.[2]

B. Wegfall der gesonderten Verfügung

§ 130 S. 1 Hs. 2 GBO nimmt auf § 44 Abs. 1 GBO Bezug, gibt aber die dort vorgesehene Verteilung der **Eintragungsverfügung** und des **Eintragungsvollzugs** auf verschiedene Personen auf. Beim maschinellen Grundbuch kann der gesamte Eintragungsvorgang ohne Medienbrüche von einem einzigen Arbeitsplatz aus rationell erledigt werden (siehe auch § 130 GBO Rdn 4 f.).

Zuständig ist nach § 3 Nr. 1 lit. h RPflG i.d.R. der Rechtspfleger, nach §§ 12c Abs. 2 Nr. 2–4, 44 Abs. 1 S. 2 Hs. 1 GBO der Urkundsbeamte der Geschäftsstelle.

§ 130 GBO sieht mit Rücksicht auf die verminderte Kontrolle durch nur noch eine Person vor, dass der **Veranlasser** in geeigneter Weise **aktenkundig oder sonst feststellbar zu machen** ist. Diese Wirkung kann etwa der elektronisch unterschriebene Eintragungstext entfalten, der den Nachnamen der veranlassenden Person enthält, oder – bei entsprechender organisatorischer Einbindung – die elektronische Unterschrift selbst (siehe § 130 GBO Rdn 6, § 75 GBV Rdn 14). Daneben kann es sich anbieten, einen schriftlichen Vermerk über die Veranlassung zu den Grundakten zu bringen.[3]

C. Anordnung der Beibehaltung

§ 74 Abs. 1 S. 3 GBV ermöglicht die Beibehaltung der herkömmlichen Aufgabentrennung. Mit Rücksicht auf die dadurch ungenutzten Rationalisierungspotentiale der maschinellen Grundbuchführung soll hiervon aber nur **ausnahmsweise** Gebrauch gemacht werden. Die Vorschrift führt deshalb als Hürde das Erfordernis einer entsprechenden Bestimmung durch **Rechtsverordnung** auf Landesebene ein. Die Bestimmung über die elektronische Unterschrift in § 75 GBV ist stets zu beachten.

D. Überprüfung von Eintragungen

§ 74 Abs. 2 GBV knüpft an § 129 Abs. 1 S. 2 GBO an, der die **Überprüfung des Wirksamwerdens** von Eintragungen ausdrücklich anordnet. Die Überprüfung hat zwei Zielrichtungen: eine inhaltliche und eine technische, die nach § 74 Abs. 2 GBV beide von der veranlassenden Person selbst zu leisten sind.

Die **inhaltliche Überprüfung** bezieht sich auf die Richtigkeit und Vollständigkeit der Eintragungstexte, siehe § 74 Abs. 2 Hs. 1 GBV.

Dazu kommt die Kontrolle, ob die Aufnahme in den für die Grundbucheintragungen bestimmten Datenspeicher (vgl. § 62 GBV Rdn 7) **technisch korrekt vollzogen** wurde, damit die Eintragung im Sinne von § 129 Abs. 1 S. 1 GBO auf Dauer inhaltlich unverändert wiedergegeben werden kann. Sie kann durch nochmaligen Aufruf des betreffenden Grundbuchblattes und die Überprüfung der Richtigkeit und Vollständigkeit am Bildschirm erfolgen. Es gibt aber auch technische Gestaltungen der Grundbuchprogramme, aufgrund deren eine Bestätigungsanzeige erzeugt wird, wie in § 129 Abs. 1 S. 2 GBO ausdrücklich angesprochen.[4] Diese Anzeige kann auf dem Bildschirm oder in Form eines Ausdrucks ausgegeben werden.

Eine Unterlassung der Überprüfung bleibt ohne Auswirkungen auf die Wirksamkeit der Eintragung.[5]

---

2 Zum Fehler in der Verweisungskette vgl. Meikel/*Dressler-Berlin*, GBV § 74 Rn 8.

3 Meikel/*Dressler-Berlin*, GBV § 74 Rn 3; *Wilsch*, Grundbuchordnung für Anfänger, Rn 309.

4 Meikel/*Dressler-Berlin*, GBV § 74 Rn 8.

5 Meikel/*Dressler-Berlin*, GBV § 74 Rn 10.

| **§ 75** | **Elektronische Unterschrift** |

Bei dem maschinell geführten Grundbuch soll eine Eintragung nur möglich sein, wenn die für die Führung des Grundbuchs zuständige Person oder, in den Fällen des § 74 Abs. 1 Satz 3, der Urkundsbeamte der Geschäftsstelle der Eintragung ihren oder seinen Nachnamen hinzusetzt und beides elektronisch unterschreibt. Die elektronische Unterschrift soll in einem allgemein als sicher anerkannten automatisierten kryptographischen Verfahren textabhängig und unterzeichnerabhängig hergestellt werden. Die unterschriebene Eintragung und elektronische Unterschrift werden Bestandteil des maschinell geführten Grundbuchs. Die elektronische Unterschrift soll durch die zuständige Stelle überprüft werden können.

A. Wesen und Funktionen der eigenhändigen Unterschrift 1	III. Funktionsweise 9
B. Elektronische Unterschrift/digitale bzw. elektronische Signatur in der Theorie ... 6	C. Die digitale Signatur in der Praxis 11
	I. Rechtslage nach dem Signaturgesetz 11
I. Ausgangssituation 6	II. Die digital signierte Erklärung in der GBV 13
II. Begriffsbestimmung 8	III. Elektronische Archivurkunden in der elektronischen Grundakte 18

A. Wesen und Funktionen der eigenhändigen Unterschrift

1 In der herkömmlichen, vom Papier geprägten Rechtswelt spielt die eigenhändige Unterschrift eine überragende Rolle. Das Gesetz definiert sie nicht, sondern setzt sie in § 126 BGB als einen in seinen rechtlichen und soziokulturellen Wirkungen im Bewusstsein der Bevölkerung verwurzelten Begriff voraus.[1]

2 Die Attraktivität des Schriftdokuments mit Unterschrift folgt sicherlich zunächst aus seiner in einer alphabetisierten und industrialisierten Gesellschaft leichten Verfügbarkeit sowie seiner Anpassungsfähigkeit an verschiedene Lebenssachverhalte. Sie liegt ferner in dem gesellschaftlichen Konsens, der ihm bestimmte **Funktionen** zuerkennt, von denen drei von besonderer Bedeutung sind:[2]

3 – Die **Identitätsfunktion** der Unterschrift führt auf die Person des Unterzeichners hin. Sie folgt aus der Einmaligkeit und Unverwechselbarkeit der individuellen Handschrift, die sich auch im Namenszug ausdrückt.
– Die **Abschlussfunktion** der Unterschrift umfasst das Einverständnis mit dem Inhalt und die Vollständigkeit des darüberstehenden Textes. Sie bürgt für die Authentizität der verkörperten Erklärung.
– Die **Beweisfunktion** des Schriftdokuments erstreckt sich sowohl auf die Identität des durch die Unterschrift individualisierten Unterzeichners als auch auf den Inhalt der abgegebenen Erklärung.

4 Auch die GBO als Verfahrensgesetz greift auf das Modell der Schriftlichkeit zurück und ordnet in § 44 Abs. 1 S. 2 GBO für Eintragungen im Grundbuch die Unterschrift sogar von zwei Personen an. Nach § 130 Abs. 1 GBO gilt diese Vorschrift für Eintragungen im maschinellen Grundbuch verständlicherweise nicht. Mit § 75 GBV, der seit 1999 unverändert gilt, war jedoch ein Mechanismus zu schaffen, der den Funktionen von Schriftlichkeit und Unterschrift möglichst nahekommen soll. Für sich genommen ist der Begriff unscharf und der technische Vorgang wurde mit Einzug des ERV in die notarielle Praxis und den späteren Gesetzen durch den Terminus „**elektronische Signatur**" besser umschrieben.

5 So sah auch § 75 GBV-E (Referentenentwurf DaBaGG) vor, den Begriff der elektronischen Unterschrift durch den heute gebräuchlichen Begriff der elektronischen Signatur zu ersetzen und wollte damit auch im Justizbereich für ein einheitliches Erscheinungsbild der zentralen Technologie des ERV sorgen. Da dabei aber die Frage der Qualität der elektronischen Signatur und insbesondere die bisher stets gewahrte Unterzeichnerabhängigkeit[3] plötzlich in Frage gestellt wurde – die Rede war von einer bloßen **Behörden-**

---

1 Zum Ganzen vgl. *Püls*, DNotZ 2002, Sonderheft, 168 m.w.N.
2 Zu weiteren Funktionen und ihrem Bedeutungszusammenhang vgl. Grüneberg/*Ellenberger*, § 125 Rn 1, *Bettendorf*, XX. Internationaler Kongress des Lateinischen Notariats – Berichte der deutschen Delegation, EDV-Dokumente und Rechtssicherheit, Bundesnotarkammer (Hrsg.) 1992, 48.
3 Vgl. Meikel/*Dressler-Berlin*, GBV § 75 Rn 25.

signatur – beließ es der Gesetzgeber bei der bisherigen Formulierung. **An der hohen inhaltlichen Qualität der „elektronischen Unterschrift" wollte der Gesetzgeber auch des DaBaGG nämlich nichts ändern**. Dies wird auch daran deutlich, dass auf die Regelung in § 75 GBV Bezug genommen wird und dort dann von elektronischer Signatur die Rede ist: Handelsregisterverordnung (HRV), Verordnung vom 12.8.1937;[4] zuletzt geändert durch Artikel 123 Abs. 1 Gesetz v. 8.7.2016,[5] § 28 HRV (Elektronische Signatur) und die Vereinsregisterverordnung (VRV), Artikel 1 Verordnung vom 10.2.1999;[6] zuletzt geändert durch Artikel 6 Gesetz vom 24.9.2009,[7] § 28 VRV (Elektronische Registersignatur).

B. Elektronische Unterschrift/digitale bzw. elektronische Signatur in der Theorie

I. Ausgangssituation

Elektronische Dokumente sind ihrem Wesen nach flüchtig, manipulierbar und nicht aus sich selbst heraus individualisierbar. Infolge der zunehmenden Ersetzung traditionell mündlicher oder gewillkürt schriftlicher Erklärungen im Rechtsverkehr wurden **die Gefahren wie die Gefährdung des ungesicherten elektronischen Dokuments** offenbar.

In den 1970er Jahren wurden jedoch mathematische Verfahren entwickelt, mit denen bei geeigneter technisch-organisatorischer Einbindung (siehe unten Rdn 12) elektronische Dokumente gegen unbemerkte Veränderung geschützt und einem Urheber zugeordnet werden können.

II. Begriffsbestimmung

In der technischen Fachwelt hat sich hierfür der Begriff der **digitalen Signatur** herausgebildet. Juristen haben diese Überlegungen fortgesetzt und in der Diskussion über eine **Eignung** solcher Sicherungsmechanismen **als Unterschriftsersatz** dafür den Begriff der elektronischen Unterschrift geprägt. § 75 GBV greift dieses Verständnis auf. Die Signatur ist mit Inkrafttreten der sog. eIDAS–VO[8] im Interesse einer binnenmarktbedingten Vereinheitlichung neu geregelt worden und war damit den nationalen Regelungen wie Signaturgesetz und Signaturverordnung vorrangig. Mit dem Vertrauensdienstegesetz (VDG)[9] als Artikelgesetz wurde das Signaturgesetz sowie die Signaturverordnung aufgehoben und die Rechtslage in Deutschland an die EU-Verordnung (hier kurz: eIDAS-VO) angepasst.[10] Infolge der Umsetzung durch europäisches Recht hat sich für das Verfahren der Begriff **elektronische Signatur** eingebürgert.[11] Die GBV ist gem. § 75 Art. 2 Abs. 2 GBV vom Anwendungsbereich der eIDAS-VO ausgenommen. Ein prinzipieller Unterschied zu den elektronischen Signaturen der eIDAS-VO und der elektronischen Unterschrift besteht jedoch nicht, soweit die in § 75 GBV angesprochenen Kryptoverfahren gemeint sind.

III. Funktionsweise

Zum Verständnis der ablaufenden Vorgänge muss man sich von dem Vergleich mit der eigenhändigen Unterschrift lösen. Die digitale Signatur ist ihrem Urheber nur indirekt zuzuordnen, umfasst aber im Gegensatz zu der stets nur angefügten manuellen Unterschrift den signierten Text mit. Diese Zusammenhänge meint auch § 75 S. 2 GBV, wenn von einer **textabhängigen und unterzeichnerabhängigen Herstellung der elektronischen Unterschrift** die Rede ist. Die digitale Signatur bezweckt somit die Gewährleistung von **Integrität** und **Authentizität** der signierten Texte. Davon zu trennen ist die **Wahrung der Vertraulichkeit**, die mittels des Einsatzes derselben, leicht abweichend angewandten Verfah-

---

4 RMBl 1937, 515.
5 BGBl I 2016, 1594.
6 BGBl I 1999, 147.
7 BGBl I 2009, 3145.
8 VO (EU) Nr. 910/2014 über elektronische Identifizierung und Vertrauensdienste für elektronische Transaktionen im Binnenmarkt und zur Aufhebung der RL 1999/93/EG, vgl. http://data.europa.eu/eli/reg/2014/910/oj, besucht 19.9.2018, in Kraft seit 1.7.2016; Überblick beim BSI, https://www.bsi.bund.de/DE/Themen/DigitaleGesellschaft/eIDAS/eIDAS_node.html, besucht 19.9.2018.

9 Gesetz zur Durchführung der VO (EU) Nr. 910/2014 des Europäischen Parlaments und des Rates vom 23.7.2014 über elektronische Identifizierung und Vertrauensdienste für elektronische Transaktionen im Binnenmarkt und zur Aufhebung der Richtlinie 1999/93/EG (eIDAS-Durchführungsgesetz), vgl. BGBl I 2014, 2745.
10 Das Artikelgesetz wird frühestens vor Ende der 18. Legislaturperiode verabschiedet werden.
11 Vgl. zur Entwicklung die Kommentierung KEHE, Grundbuchrecht, 7. Aufl. § 75 GBV.

ren erreicht werden kann, die den betreffenden Text für Unbefugte verschlüsseln, also unleserlich machen. Digitale Signatur und diese Art von Verschlüsselungsverfahren bauen also auf denselben mathematischen Grundlagen auf, unterscheiden sich aber in dem von ihnen erzielten Ergebnis.

10 Dem digitalen Signaturverfahren als technischem Begriff (in Abgrenzung zur elektronischen Signatur als rechtlichem Begriff) liegt ein mathematisches Prinzip zugrunde und setzt voraus, dass der Signierende ein zusammengehöriges Paar von mathematischen „Unterschriftsschlüsseln" besitzt, das sich aus dem Produkt aus zwei Primzahlen als sog. **öffentlichen Schlüssel** und einem der Faktoren als sog. **privaten** oder **geheimen Schlüssel** zusammensetzt und das bei hohen Werten der Zahlen mit den gegebenen Rechnerleistungen nicht in vertretbarer Zeit errechnet werden kann (zu den Details siehe KEHE, Grundbuchrecht, 7. Aufl. § 75 GBV Rn 10, 11).

C. Die digitale Signatur in der Praxis
I. Rechtslage nach dem Signaturgesetz

11 Das **Signaturgesetz** und die daran anschließenden Ausführungsbestimmungen der **Signaturverordnung** sowie die von §§ 12 Abs. 2, 16 Abs. 6 SigV vorgesehenen **Maßnahmenkataloge** greifen das Anliegen der asymmetrischen Kryptoverfahren auf, elektronische Dokumente gegen Manipulationen zu schützen und sie auf einen Urheber zurückzuführen. Sie schaffen den für den Praxiseinsatz in einem offenen Umfeld nötigen rechtlichen und organisatorischen Rahmen, der einem Einsatz außerhalb geschlossener Benutzergruppen bisher entgegenstand. Zwischenzeitlich ist das Signaturgesetz durch die eIDAS Verordnung abgelöst worden, mit nationalen Umsetzungen im Vertrauensdienstegesetz. Die rechtlich-technischen Rahmenbedingungen aus den Zeiten des Signaturgesetzes gelten aber in technischer Hinsicht fort und seien deswegen nachfolgend nochmals auch mit den historischen Fundstellen beispielhaft genannt.[12]

12 – Der Begriff der **digitalen**, jetzt **elektronischen Signatur** musste gesetzlich festgelegt werden, vgl. § 2 Abs. 1 SigG.
– Die **Sicherheit der digitalen Signatur** ist u.a. abhängig von der vertrauenswürdigen Erzeugung von Schlüsseln durch „gute" mathematische Verfahren und ihrem Einsatz mittels sicherer EDV-Komponenten. § 14 Abs. 4 SigG regelt daher die Zertifizierung von Algorithmen, Soft- und Hardware durch zugelassene Prüfstellen.
– Ein wesentlicher Vertrauensfaktor ist ferner die eindeutige Zuordnung der öffentlichen Schlüssel zu ihren Inhabern durch das sog. **Zertifikat**, siehe § 2 Abs. 3 SigG, das keinesfalls mit den Zertifikaten verwechselt werden darf, die bei der Prüfung ausgestellt werden. Es handelt sich hier vielmehr um eine Bescheinigung der Zusammengehörigkeit von Schlüssel und Inhaber, die von einer **Zertifizierungsstelle** (§ 2 Abs. 2 SigG) elektronisch erteilt wird und im Rahmen der Überprüfung einer digitalen Signatur bei ihr abgerufen werden kann.
– Die Organisation der Zertifizierung von Schlüsseln für den Einsatz in einem offenen Umfeld soll mit staatlicher Unterstützung in Gang gebracht werden, um eines Tages in eine allgemein verfügbare **Sicherungsinfrastruktur**, d.h., in ein System von interoperabel agierenden Zertifizierungsstellen zu münden, auf die jede natürliche oder juristische Person im Rechtsverkehr zurückgreifen kann.

II. Die digital signierte Erklärung in der GBV

13 Zum Zeitpunkt des Erlasses des RegVBG befand sich die Diskussion über ein Signaturgesetz in ihren Anfangsgründen.[13] Die Aufnahme einer Vorschrift wie § 75 GBV in die Grundbuchordnung stellte seinerzeit eine Pioniertat dar, die hoch einzuschätzen ist. Da eine Verweisungsmöglichkeit damals nicht bestand, musste die GBV den **Einsatz der digitalen Signatur** im Zusammenhang mit Eintragungsvorgängen im Grundbuch **eigenständig regeln**:

---

12 Zur digitalen Signatur im Rahmen der eIDAS Verordnung bei Notaren ausführlich *Püls*, Praxishandbuch Notarrecht, § 15 passim.

13 Zur Historie und rechtssystematischen Entwicklung der digitalen Signatur im Rahmen der vorsorgenden Rechtspflege vgl. die umfangreiche Kommentierung in KEHE, Grundbuchrecht, 7. Aufl. § 75 GBV.

- Das Grundbuchprogramm soll Eintragungen überhaupt nur dann zulassen, wenn eine **elektronische Unterschrift** geleistet wurde, vgl. § 75 S. 1 GBV. Es handelt sich um eine sinnvolle Datensicherungsmaßnahme im Anschluss an § 126 Abs. 1 S. 2 Nr. 3 GBO, § 64 Abs. 2c.
- Die Person, die eine Eintragung vornimmt, hat der Eintragung ihren **Nachnamen** hinzuzusetzen und sodann den **Eintragungstext sowie den Namen elektronisch zu unterschreiben**, § 75 S. 1 GBV.
- Die elektronisch unterschriebene Eintragung einschließlich des Namenszusatzes sowie die elektronische Unterschrift werden **Bestandteil des maschinellen Grundbuchs**, § 75 S. 3 GBV.
- Die Unversehrtheit des Textes kann mittels des beschriebenen Verfahrens (siehe Rdn 9 f.), die Übereinstimmung von Namensangabe und Inhaberschaft des verwendeten Schlüssels aufgrund der dienstinternen Unterlagen im Einzelfall **überprüft werden**, § 75 S. 4 GBV. Eine **Zertifizierung** nach dem Signaturgesetz ist **nicht vorgesehen**.

Das Inkrafttreten der eIDAS-VO hat an diesen Vorgaben nichts geändert. Ein unmittelbarer Anpassungsbedarf von § 75 GBV besteht ebenfalls nicht, da der derzeitige Einsatz der digitalen Signatur im Eintragungsverfahren sich auf den **grundbuchamtsinternen Betrieb** beschränkt und lediglich die manipulationssichere und nachprüfbare Abspeicherung umfasst.[14] Eine Online-Überprüfung der Identität des nach § 75 GBV elektronisch unterschreibenden Grundbuchführers etwa beim automatisierten Abrufverfahren ist im Außenverhältnis nicht vorgesehen und wohl für den Bereich des Grundbuches selbst auch nicht erforderlich. Ebenso wenig findet eine Zertifizierung der Abrufer statt. Vielmehr gelten auch für das Abrufverfahren gesonderte Regelungen (§ 133 GBO, §§ 80 ff. GBV).

Die datenschutzmäßig geforderte Verfahrensbeschreibung (vgl. § 65 S. 3 GBV) der elektronischen Unterschrift wurde nach Kenntnis des Autors historisch für das Programm ARGUS niedergelegt ist allerdings inzwischen nicht mehr zugänglich; für SolumSTAR sind Verfahrensbeschreibungen – soweit ersichtlich – ebenso nicht zugänglich.[15]

Die bisherigen **Formerfordernisse** sollen jedoch auch bei der Nutzung offener elektronischer Übertragungswege qualitativ unverändert bleiben. Um die Unterschiede des geltenden Rechts auf die elektronische Arbeit zu übertragen, differenziert das Gesetz zwischen einfacher, qualifizierter oder einer elektronischen Signatur, die auf einem dauerhaft überprüfbaren Zertifikat beruht. Letztere wird von akkreditierten Zertifizierungsdienstleistern angeboten. Neben der Beibehaltung des (gewachsenen und proprietären) Standards, den § 75 GBV postuliert und den die Justizverwaltung umgesetzt haben, wäre auch der Einsatz von Signaturen und Zertifikaten ähnlich derjenigen, die die Notare nutzen, für die Kommunikation/Eintragungen der Grundbuchämter denkbar. Die Ausgabe der für die elektronische Kommunikation der Grundbuchämter mit den Notaren im Rahmen der Bearbeitung von Eintragungsanträgen und sonstigen Erklärungen erforderlichen Signatur- und Siegelzertifikate sieht § 78 Abs. 3 Satz 2 Nr. 3 BNotO grundsätzlich vor.[16]

III. Elektronische Archivurkunden in der elektronischen Grundakte

Eine wichtige Auswirkung dieser hohen Anforderungen an die Qualität der elektronischen Register- und inzwischen auch Aktenführung sei hier bereits erwähnt, auch wenn sie sich erst mit der elektronischen Grundakte entfaltet hat.[17] Sie hat aber hier, in der Qualität der elektronischen Sicherung ihren Ursprung. Während das Urkundenarchiv der Bundesnotarkammer erst die Urkunden ab 1.7.2022 enthält und dann auch aus gutem Grund nur den Notaren selbst, ihren Vertretern oder Amtsnachfolger den Zugriff gewährt, stehen die beim Grundbuchamt in der elektronischen Grundakte (zum Datenabruf vgl. § 99 GBV) archivierten Urkunden, die als PDF-Dateien mit entsprechend qualifizierter elektronischer Signatur[18] einge-

---

14 Vgl. Art. 2 Abs. 2 eIDAS-VO.
15 Zu den allgemeinen Sicherheitsanforderungen für elektronisch geführte Grundbücher vgl. *Rüßmann*, JurPC Web-Dok. 149/1999, *ders.*, http://archiv.jura.uni-saarland.de/projekte/Bibliothek/text.php?id=312 (besucht am 19.9.2018) sowie Fundstellen in der Kommentierung des KEHE, Grundbuchrecht, 7. Aufl. § 75 GBV.
16 Die Bundesnotarkammer ist qualifizierter Vertrauensdiensteanbieter im Sinn des Art. 20 Absatz 1 Satz 1 eIDAS-Verordnung; sie kann daher grundsätzlich qualifizierte Vertrauensdienste im Sinn des Artikel 3 Nr. 17 i.V.m. Artikel 3 Nr. 16 eIDAS-Verordnung anbieten, soweit dies die BNotO zulässt.
17 *Püls*, FS für Oliver Vossius zum 65. Geburtstag, S. 205 ff., 216.
18 Vgl. dazu zuletzt *Püls/Gerlach*, Die eIDAS-VO – ein Update zu elektronischen Signaturen, NotBZ 2019, 81.

reicht wurden (elektronisch beglaubigte Abschriften – ebA), auch den Notaren offen, die zur Vorbereitung von Folgeurkunden etc. Zugriff nehmen können.[19] So kann ein Notar z.B. die als ebA vorliegende Teilungserklärung aus der Grundakte unter Beifügung eines entsprechenden Transfervermerks verwenden. Auch für bestimmte Vorgänge, bei denen nochmals eine beglaubigte Abschrift der beim Grundbuchamt eingereichten ebA oder sonstigen Vollzugsbehelfe benötigt würde, bietet es sich an, die entsprechenden Vorlagen aus dem Grundbuchamt im Wege des Medientransfers[20] wieder dem Rechtskreislauf zuzuführen.

Nun darf man davon ausgehen, dass aufgrund der entsprechenden gesetzlichen Bestimmungen und weil ansonsten Zwischenverfügungen des Grundbuchamts den Vollzug gehindert hätten, die eingereichten Dokumente dort sämtlichst zumindest in elektronisch beglaubigter Form vorliegen. Außerdem sieht das Verfahren beim Grundbuchamt für die Eintragung in das Grundbuch selbst eine dem damaligen Signaturverfahren nachgebildete Infrastruktur vor, die eine Sicherheitsgewähr für die elektronische Eintragung bietet, § 75 GBV. Für die Abspeicherung der Daten, zu denen auch die von den Notaren übermittelten ebA gehören, ergibt sich aus der Grundlage für die Programmierung der eGA, dass aus verschlossenen Vorgängen keine Löschung möglich ist und aus noch nicht verschlossenen Vorgängen nur manuell zum Vorgang hinzugefügte Dokumente (mit einer Dokumentenherkunft „Scan") sowie Ausgangsdokumente (also vom Grundbuchamt erstellte und zu versendende Dokumente mit dem Übernahmetyp „ausgehend") gelöscht werden können. Somit steht für den die eGrundakte einsehenden Notar fest, dass via EGVP oder beN übermittelte Dokumente, die mit einem elektronischen Antrag eingegangen sind (und insoweit eben nicht vom Grundbuchamt manuell hinzugefügt wurden), nicht gelöscht werden können.

Folglich sind alle Metadaten wie auch die XML-Dateien sowie die Signaturdatei PKCS7 und Prüfprotokolle im Grundbuchamt in der Grundakte als „Archiv" gespeichert. Daraus resultiert konsequenterweise, dass der Notar nach Einsicht in eine in der Grundakte hinterlegte ebA einer notariellen Urkunde bei Fertigung eines Ausdrucks bzw. Speicherung einer PDF-Datei dieses Dokuments ohne Weiteres den entsprechenden Transfervermerk an das Dokument bzw. die Datei anbringen kann, der dieses Dokument bzw. die Datei als ebA der von ihm eingesehenen und beim Grundbuchamt hinterlegten ebA qualifiziert. Freilich sollte der Vermerk explizit Verfahren und Einsichtsquelle sowie den Zeitpunkt der Einsichtnahme wiedergeben. Ein Verfahren, das der Notar aber auch von sonstigen Vermerken und Tatsachenbescheinigungen kennt, vgl. § 39a BeurkG.

§ 76 Äußere Form der Eintragung

Die äußere Form der Wiedergabe einer Eintragung bestimmt sich nach dem Abschnitt III. § 63 Satz 3 bleibt unberührt.

1   § 76 GBV steht in einer Reihe mit §§ 61 (vgl. § 61 GBV Rdn 2), 63 (vgl. § 63 GBV Rdn 1) und 77 GBV (vgl. § 77 GBV Rdn 1), die ebenfalls dem **Prinzip der weitgehenden Identität von Papiergrundbuch und maschinellem Grundbuch** folgen. Danach ist sowohl bei der Bildschirmdarstellung als auch bei Ausdrucken der herkömmliche Aufbau nach Abteilungen und Spalten beizubehalten, innerhalb derer die einzelnen Inhalte wie gewohnt platziert sind. Der Wechsel vom Medium Papier zur maschinellen Grundbuchführung bleibt ohne Einfluss auf die Grundsätze der Grundbuchführung. Für die Sichtbarmachung von Eintragungen im maschinellen Grundbuch sind somit § 22 GBV und das als Anlage 1 zur GBV beigegebene Muster maßgeblich.

2   Die Vorschriften des Abschnitts III (§§ 13–23 GBV) können allerdings nur insoweit Anwendung finden, als nicht Abschnitt XIII **vorrangige Regelungen** enthält. Dies trifft auf § 91 S. 2 GBV zu, der die Darstellung von Rötungen in Schwarz erlaubt. Ferner ist zu beachten, dass Bestimmungen, die ein papierenes

---

[19] In Sachsen z.T. schon für Grundakten ab 2013; flächendeckend in Sachsen für alle Grundakte, die ab 2018 „elektronisch" befüllt wurden.

[20] Zu den Prozessen, an denen sich inhaltlich in all den Jahren wenig geändert hat bereits *Püls*, NotBZ 2005, 305 ff.

Grundbuch voraussetzen, gegenstandslos sind (§ 21 Abs. 1 S. 2 GBV hinsichtlich Radierungen; § 21 Abs. 2 GBV betreffend die Verwendung von Stempeln bei gleichlautenden Eintragungen; § 21 Abs. 4 GBV über den Ausdruck von Eintragungen im Loseblattgrundbuch (vgl. hierzu auch § 68 GBV Rdn 5 ff., siehe § 72 GBV Rdn 2).

Durch die Ergänzung in § 76 S. 2 GBV mit dem DaBaGG wird klargestellt, **dass die äußere Form** der Eintragung beim elektronischen Grundbuch **grundsätzlich der des Papiergrundbuchs** entspricht, die Länder allerdings zusätzlich nach § 63 S. 3 GBV abweichende Darstellungsformen bestimmen können (vgl. § 63 GBV Rdn 5). 3

§ 76a Eintragungen in das Datenbankgrundbuch; Verordnungsermächtigung

(1) Wird das Grundbuch als Datenbankgrundbuch geführt, gelten bei Eintragungen in das Grundbuch folgende Besonderheiten:
1. wird ein Grundstück ganz oder teilweise abgeschrieben, ist in Spalte 8 des Bestandsverzeichnisses neben der Nummer des aufnehmenden Grundbuchblatts auch die laufende Nummer anzugeben, die das Grundstück im dortigen Bestandsverzeichnis erhält; in Spalte 6 des Bestandsverzeichnisses des aufnehmenden Grundbuchblatts ist die bisherige Buchungsstelle in entsprechender Anwendung des Satzes 1 anzugeben;
2. ändert sich die laufende Nummer, unter der ein Grundstück im Bestandsverzeichnis eingetragen ist, sollen die Angaben in Spalte 2 der zweiten und dritten Abteilung, die dieses Grundstück betreffen, aktualisiert werden; die bisherige laufende Nummer ist rot zu unterstreichen; ist von einer Eintragung lediglich ein Grundstücksteil oder der Anteil eines Miteigentümers betroffen, soll bezüglich der Angaben zum betroffenen Gegenstand, auch in anderen Spalten der zweiten und dritten Abteilung, entsprechend verfahren werden; Aktualisierung und Rötung sollen automatisiert erfolgen; die diesbezügliche Zuständigkeit der für die Führung des Grundbuchs zuständigen Person bleibt jedoch unberührt;
3. die Löschung eines Rechts soll nicht dadurch ersetzt werden, dass das Recht bei der Übertragung eines Grundstücks oder eines Grundstücksteils auf ein anderes Grundbuchblatt nicht mitübertragen wird.

(2) Die Landesregierungen werden ermächtigt, durch Rechtsverordnung zu bestimmen, dass Vermerke nach § 48 der Grundbuchordnung über das Bestehen und das Erlöschen einer Mitbelastung automatisiert angebracht werden können. Die Anordnungen können auf einzelne Grundbuchämter beschränkt werden. Die Landesregierungen können die Ermächtigung durch Rechtsverordnung auf die Landesjustizverwaltungen übertragen. Automatisiert angebrachte Vermerke nach Satz 1 gelten als von dem Grundbuchamt angebracht, das die Eintragung vollzogen hat, die dem Vermerk zugrunde liegt.

A. Allgemeines	1	C. Aktualisierung bestimmter Angaben	4
B. Abschreibungen im Datenbankgrundbuch	3	D. Besonderheiten bei der Löschung	7
		E. Automatisierte Mithaftvermerke	9

A. Allgemeines

Nach § 61 GBV gelten für das elektronische Grundbuch und das elektronische Erbbaugrundbuch die (allgemeinen) Bestimmungen der GBV, soweit nichts Abweichendes bestimmt ist. § 76a Abs. 1 GBV enthält die speziellen Regelungen für die Eintragungen in das Datenbankgrundbuch, die insbesondere der Steigerung des Informationsgehaltes und der Erleichterung von Recherchen dienen. Im Übrigen sind die für Eintragungen in das herkömmliche elektronische Grundbuch geltenden Vorschriften anzuwenden. Die Vorschrift stützt sich auf die Verordnungsermächtigung in § 134 S. 1 Nr. 1 GBO. Die vom Bundesrat vor- 1 geschlagene Fassung eines § 76a Abs. 1 GBV-E[1] wurde mit dem DaBaGG (noch) nicht umgesetzt. Die damit verbundenen Fragen sollen einem Bundesamt zur Koordinierung und Regelung übertragen werden.

2 § 76a Abs. 2 GBV enthält eine Verordnungsermächtigung für die Landesregierungen (mit Delegationsmöglichkeit an die Landesjustizverwaltungen) für die automatisierte Vornahme von Vermerken an betroffenen Blattstellen.

B. Abschreibungen im Datenbankgrundbuch

3 Im Datenbankgrundbuch soll nach § 76a Abs. 1 Nr. 1 GBV bei der **Abschreibung** eines Grundstücks in Spalte 8 des Bestandsverzeichnisses des bisherigen Grundbuchblatts **neben der neuen Grundbuchblattnummer** auch die neue **Bestandsverzeichnisnummer** des Grundstücks ersichtlich sein. In dem **Zuschreibungsvermerk** in Spalte 6 des aufnehmenden Grundbuchblatts soll entsprechend auf das bisherige Blatt sowie die bisherige Bestandsverzeichnisnummer zu verweisen sein.[2] Die hierfür erforderlichen Verknüpfungen sollen automatisiert hergestellt und im Bestandsverzeichnis entsprechend visualisiert werden.

C. Aktualisierung bestimmter Angaben

4 § 76a Abs. 1 Nr. 2 GBV sieht vor, dass bei einer Änderung des belasteten Grundstücks die entsprechenden Angaben bei den **Belastungen in den Abt. II und III aktualisiert** werden müssen. Im Grunde geht es darum, die in der Datenbank vorgenommene Aktualisierung auch an allen Stellen entsprechend **anzuzeigen**. Eine Änderung des belasteten Grundstücks erfolgt in der Datenbank nur durch eine Aktualisierung (Versionierung) der entsprechenden Datenbankfelder. Die Vorschrift regelt, wo – nämlich in Spalte 2 – und wie (Rötung der bisherigen lfd. Nr.) eine solche Aktualisierung zukünftig **angezeigt** werden muss. Sind nur reale Grundstücksteile belastet oder ist nur der Anteil eines Miteigentümers betroffen, soll auch insoweit die Aktualisierung erfolgen, und zwar unabhängig davon, ob die Belastung des Grundstücksteils oder Miteigentumsanteils in Spalte 2 oder in der Hauptspalte der jeweiligen Abteilung vermerkt ist. So soll verbindlich die ordnungsgemäße weitere Bearbeitung, Anzeige und Recherche des Grundbuchinhalts sichergestellt werden.[3]

5 Bei der **Aktualisierung der Bezeichnung des Belastungsgegenstands** in Spalte 2 in Abteilung II oder III handelt es sich nach Auffassung des Gesetzgebers nicht um eine eigenständige Grundbucheintragung im Sinne der §§ 44 Abs. 1 oder 129 Abs. 1 S. 1 GBO.[4] Hierfür spricht durchaus die Tatsache, dass der öffentliche Glaube des Grundbuchs an den Grundbuchinhalt anknüpft und dieser auch beim Datenbankgrundbuch als der in den dafür bestimmten Datenspeicher aufgenommene und in der bisher gewohnten Form darstellbare Inhalt des Grundbuchblatts sein soll (vgl. § 62 GBV). Dies soll den Grundbuchführer aber nicht von einer **sorgfältigen Prüfung der aktualisierten Angaben** zum Belastungsgegenstand entbinden, auch wenn das System in der Lage sein wird, bei einer Veränderung des Belastungsgegenstandes die Aktualisierung in den Abteilungen II und III automatisiert vorzuschlagen.

---

1 BT-Drucks 17/12635, 31 ff., 39. Der Wortlaut des BR-Vorschlages lautete: „([Abs. 1 neu]) Für Eintragungen in das Datenbankgrundbuch sind vorbehaltlich der Sätze 2 und 3 Eintragungsmasken, Mustertexte und Eintragungsformate gemäß der Bekanntmachung der durch Verwaltungsabkommen der Länder eingerichteten Koordinierungsstelle für Pflege und Weiterentwicklung des Datenbankgrundbuchs im Bundesanzeiger vom ... (einfügen: Datum und Fundstelle der Bekanntmachung) zu verwenden. Die Koordinierungsstelle kann Anpassungen, Änderungen oder Ergänzungen anordnen, die es, ohne den Inhalt der Eintragungsmasken zu verändern, ermöglichen, technische Entwicklungen nutzbar zu machen. Das Grundbuchamt soll von den vorgegebenen Mustertexten nur abweichen, soweit dies aus materiell-rechtlichen Gründen erforderlich ist."

2 BT-Drucks 17/12635, 32.
3 BT-Drucks 17/12635, 32.
4 Die Eintragung ist hier ein Annex der zugrunde liegenden Eintragung im Bestandsverzeichnis oder der Abt. I (vergleichbar der Abschreibung in Sp. 3 der III. Abt. nach § 17 Abs. 5 GBV bei der Teillöschung eines Grundpfandrechts). Zumindest für die derzeitige Form des Grundbuchs gilt, dass sich dessen Inhalt nicht nach der Eintragung in einer einzelnen Abteilung oder Spalte bestimmt, sondern nach dem Zusammenhang der Eintragungen in den verschiedenen Abteilungen des Grundbuchblattes (RG RGZ 98, 215, 219). Auszugehen sei also immer vom Gesamtinhalt des Grundbuchblattes, vgl. BT-Drucks 17/12635, 32.

Bei einer **Änderung der laufenden Nummer** des Grundstücks im Bestandsverzeichnis (etwa durch Grundstücksteilung oder bei Berichtigung der Bestandsangaben gem. Veränderungsnachweis) wird – aufgrund logischer Verknüpfungen der Grundbuchsoftware im Datenbankgrundbuch – die Nummer des betroffenen Grundstücks in Spalte 2 der II. und III. Abteilung **automatisch aktualisiert**. Auch hier soll der Rechtspfleger als der für die Führung des Grundbuchs zuständigen Person kontrollierend und, wo nötig, korrigierend eingreifen.[5]

D. Besonderheiten bei der Löschung

Während beim bisherigen Grundbuch der Rechtspfleger nach freiem Ermessen über die Form der Löschung (vgl. § 46 Abs. 1 oder 2 GBO) entscheidet, wird im Datenbankgrundbuch stets nach § 46 Abs. 1 GBO (**Eintragung eines Löschungsvermerks**) verfahren. Dass es dadurch im Einzelfall zu einer Häufung von Mithaftentlassungsvermerken in einem Grundbuchblatt kommen kann, hat der Gesetzgeber gesehen, aber der Vorteil der Transparenz überwiegt den der Lesbarkeit, zumal nur die Veränderungspalte betroffen ist (die in bestimmten Darstellungsvarianten ausgeblendet werden kann). Die Empfehlung geht dahin, im Vorgriff auf § 76a Abs. 1 Nr. 3 GBV bereits jetzt auf die Löschung durch Nichtmitübertragung zu verzichten.[6]

Auch wenn die Löschung durch Nichtmitübertragung im Datenbankgrundbuch verfahrensrechtlich nicht mehr zulässig sein wird, soll es für den Fall, dass ein Recht (versehentlich) nicht mitübertragen wird, bei der Rechtsfolge des § 46 Abs. 2 GBO bleiben, dass die Nichtmitübertragung als Löschung des Rechts oder sonstigen Grundstückslast gilt.[7] Den vom Gesetzgeber noch hier avisierten Fall des versehentlichen Vergessens kann es eigentlich nicht mehr geben, denn solange das Recht nicht explizit in der Datenbank als gelöscht gekennzeichnet wird (eine faktische Löschung aus der Datenbank wird technisch ausgeschlossen, die Historie muss stets aus der Datenbank hervorgehen), muss es mit mindestens einem Grundstück verknüpft sein und eine entsprechende Visualisierung muss technisch sichergestellt werden. Rechte ohne eine Beziehung zu einem bestimmten Grundstück (oder grundstücksgleichen Recht) soll das System nicht zulassen. Denkbar wäre nur die (fehlerhafte) Aufhebung der Verknüpfung (Löschung) an einem von mehreren Grundstücken. Dann gilt aber auch die Eintragung in der Datenbank als Grundbuch im Rechtssinne, d.h., es würde sich um ein unrichtiges Grundbuch handeln, was ggf. durch einen Amtswiderspruch zu dokumentieren wäre.

E. Automatisierte Mithaftvermerke

Auch **Mithaftvermerke** und **Vermerke über die Löschung von Mitbelastungen** können im Datenbankgrundbuch automatisiert vom System erzeugt werden. Nach § 76a Abs. 2 S. 1 GBV werden die Landesregierungen ermächtigt, eine solche automatisierte Verfahrensweise anzuordnen.[8] Verstöße gegen § 48 GBO haben keinen Einfluss auf die Rechtsnatur der Belastung, vgl. § 48 GBO Rdn 1 ff.

Auch automatisiert angebrachte Mithaftvermerke sind nach der Begründung gem. § 75 GBV **mit einer Signatur zu versehen**.[9] Nur ging die Begründung von einer Behördensignatur aus, die sich letztendlich so nicht im Gesetzgebungsverfahren durchgesetzt hat (vgl. § 75 GBV Rdn 5). Der Ausgangsvermerk ist also in jedem Fall vom ausführenden Rechtspfleger zu signieren, auch wenn für die automatisiert erfolgte „Durchschreibung" an anderen Blattstellen keine (zusätzliche) persönliche Verantwortung durch einen Rechtspfleger des betroffenen Grundbuchblattes zu übernehmen ist, siehe § 76a Abs. 2 S. 4 GBV. Der „Transport" der ursprünglichen Signatur muss also auch bis an die Mithaftstellen gesichert sein. Für die Beschwerde gegen die Eintragung von Mithaftvermerken ist dann konsequenterweise auch das GBA zuständig, das den automatisiert angebrachten Vermerk ausgelöst hat, d.h. dasjenige, welches die dem Vermerk zugrundeliegende Eintragung vollzogen hat.

---

5 Z.B. wenn der Ausübungsbereich einer Dienstbarkeit auf einen bestimmten Teil des Grundstücks beschränkt ist, vgl. § 1026 BGB.
6 *Schöner/Stöber*, GrundbuchR, Rn 282; *Wilsch*, ZfIR 2020, 193: Die Löschung geht unmittelbar aus dem Grundbuch hervor.
7 BT-Drucks 17/12635, 33.
8 Meikel/*Böhringer*, GBO § 48 Rn 70, 143; dass ein Mitarbeiter des GBA **persönlich** die Verantwortung für die automatisiert erfolgte Eintragung übernimmt, ist nach Auffassung des Gesetzgebers deswegen nicht erforderlich, vgl. BT-Drucks 17/12635, 33.
9 BT-Drucks 17/12635, 33.

Unterabschnitt 4. Einsicht in das maschinell geführte Grundbuch und Abschriften hieraus

§ 77 Grundsatz

Für die Einsicht in das maschinell geführte Grundbuch und die Erteilung von Abschriften gelten die Vorschriften des Abschnitts X entsprechend, soweit im folgenden nichts Abweichendes bestimmt ist.

A. Allgemeines 1	II. Grundbuchabschriften 4
B. Einzelne Vorschriften des Abschnitts X . 2	III. Einsicht in die Grundakten 8
I. Privilegiert Einsichtsberechtigte 2	

A. Allgemeines

1 Die §§ 77–79 GBV enthalten Vorschriften betreffend die Einsicht in das maschinell geführte Grundbuch und wurden im Wesentlichen durch das RegVBG[1] eingefügt und gelten seither unverändert. Das **Prinzip der weitgehenden Identität von Papiergrundbuch und maschinellem Grundbuch** gilt auch für die **Einsichtnahme**. § 77 GBV schließt insoweit systematisch an §§ 61 (vgl. § 61 GBV Rdn 2), 63 (vgl. § 63 GBV Rdn 1) sowie 76 GBV (vgl. § 76 GBV Rdn 1) an und erklärt die Vorschriften des X. Abschnitts (vgl. §§ 43 ff. GBV) grundsätzlich für anwendbar. Abweichende sowie darüberhinausgehende und die Einsichtsmöglichkeiten z.T. erheblich erweiternde Regelungen sind außer in §§ 78 f. GBV auch in §§ 132, 133 GBO sowie in den diese ergänzenden §§ 80–85a GBV enthalten.

B. Einzelne Vorschriften des Abschnitts X
I. Privilegiert Einsichtsberechtigte

2 § 43 GBV, der insbesondere Behörden, Gerichten (die hier nicht ausdrücklich genannt sind (vgl. auch § 133 GBO Rdn 7), Notaren und öffentlich bestellten Vermessungsingenieuren die Einsichtnahme **ohne Darlegung eines berechtigten Interesses** gestattet, gilt beim maschinellen Grundbuch uneingeschränkt fort.

3 Er ist auch im Rahmen von § 132 GBO anzuwenden und wurde ferner auf das heute praktisch im Vordergrund stehende automatisierte Abrufverfahren erstreckt, das diesen Einsichtnehmenden den Online-Abruf im uneingeschränkten Abrufverfahren gestattet (vgl. § 133 GBO Rdn 6), ohne dass eine codierte Darlegungserklärung wie beim eingeschränkten Abruf verlangt würde (vgl. § 133 GBO Rdn 7, § 82 GBV Rdn 2).

II. Grundbuchabschriften

4 § 44 Abs. 1 GBV wird durch § 131 GBO sowie § 78 GBV insoweit ergänzt und abgeändert als der Begriff der „Grundbuchabschrift" dem neuen Medium entsprechend durch die Bezeichnung **„Ausdruck"** ersetzt wird. Anstelle einer „beglaubigten Abschrift" wird beim maschinellen Grundbuch ein **„amtlicher Ausdruck" durch das Grundbuchamt** erteilt.[2]

5 Die **Bestätigung oder Ergänzung** früherer Abschriften nach § 44 Abs. 2 GBV wird wegen unverhältnismäßigen Aufwandes gegenüber einem Neuausdruck stets abzulehnen sein.[3]

6 Ob dasselbe für Ausdrucke gilt, die nach § 44 Abs. 4 GBV nur die **aktuellen Eintragungen** enthalten, hängt im Einzelfall von den Möglichkeiten des verwendeten Grundbuchprogramms ab.[4]

---

[1] Gesetz zur Vereinfachung und Beschleunigung registerrechtlicher und anderer Verfahren (Registerverfahrenbeschleunigungsgesetz – RegVBG) v. 20.12.1993 (BGBl 1993, 2197).

[2] Zum „beglaubigen Ausdruck" durch einen Notar vgl. § 85 GBV.

[3] Meikel/*Dressler-Berlin*, GBV § 77 Rn 8.

[4] Meikel/*Dressler-Berlin*, GBV § 77 Rn 9.

Teilausdrucke sind nach § 45 Abs. 1 GBV als amtliche Ausdrucke weiterhin zulässig und ebenfalls im Rahmen des Leistungsprofils der zur Grundbuchführung verwendeten Programme[5] sowie unter Beachtung von § 45 Abs. 2 GBV möglich. Eine **Auskunftspflicht** besteht insoweit jedoch auch beim maschinellen Grundbuch nur aufgrund besonderer gesetzlicher Vorschrift, § 45 Abs. 3 S. 1 GBV. **Abgekürzte Auszüge** bleiben nach § 45 Abs. 3 S. 2 GBV untersagt.

III. Einsicht in die Grundakten

Die Einsicht in die Grundakten bestimmt sich weiterhin nach § 46 GBV, da die maschinelle Grundbuchführung nur das Grundbuch selbst erfasst. § 73 GBV stellt dies ausdrücklich klar, gestattet jedoch, von der Führung eines Handblattes abzusehen. Zu beachten ist jedoch § 10a GBO, der eine Führung der Grundakten auf Bild- oder Datenträgern erlaubt, wodurch sich die Art der Einsichtnahme dem jeweiligen Speichermedium anpasst (vgl. § 10a GBO Rdn 12). Allerdings wurde mit dem ERVGBG die **Einsichtsmöglichkeit in die elektronische Grundakte** (theoretisch) eröffnet (siehe § 99 GBV Rdn 1). Während etliche Bundesländer auf eine Umsetzung erst mit der Einführung des DaBaG setzten, ist z.B. in Sachsen seit 2018 der flächendeckende Zugriff auf die eGA möglich (Umstellung erfolgte ex nunc beginnend im Jahr 2013 in der Landeshauptstadt Dresden), vgl. vor § 126 GBO Rdn 3.[6]

§ 78 Ausdrucke aus dem maschinell geführten Grundbuch

(1) Der Ausdruck aus dem maschinell geführten Grundbuch ist mit der Aufschrift „Ausdruck" und dem Hinweis auf das Datum des Abrufs der Grundbuchdaten zu versehen. Der Ausdruck kann dem Antragsteller auch elektronisch übermittelt werden.

(2) Der Ausdruck gilt als beglaubigte Abschrift, wenn er gesiegelt ist und die Kennzeichnung „Amtlicher Ausdruck" sowie den Vermerk „beglaubigt" mit dem Namen der Person trägt, die den Ausdruck veranlaßt oder die ordnungsgemäße drucktechnische Herstellung des Ausdrucks allgemein zu überwachen hat. Anstelle der Siegelung kann in dem Vordruck maschinell ein Abdruck des Dienstsiegels eingedruckt sein oder aufgedruckt werden; in beiden Fällen muß auf dem Ausdruck „Amtlicher Ausdruck" und der Vermerk „Dieser Ausdruck wird nicht unterschrieben und gilt als beglaubigte Abschrift." aufgedruckt sein oder werden. Absatz 1 Satz 2 gilt nur, wenn der amtliche Ausdruck mit einer qualifizierten elektronischen Signatur versehen ist.

(3) Auf dem Ausdruck oder dem amtlichen Ausdruck kann angegeben werden, welchen Eintragungsstand er wiedergibt.

A. Allgemeines	1	C. Elektronische Übermittlung	6
B. Inhalt	4	D. Kosten	9

A. Allgemeines

Die Vorschrift enthält die Ausführungsbestimmungen zu § 131 GBO, der wiederum § 12 GBO bei maschineller Grundbuchführung ergänzt. § 131 GBO führt die Begriffe **Ausdruck** anstelle von „Abschrift" sowie **amtlicher Ausdruck** anstelle von „beglaubigte Abschrift" ein und regelt zusammen mit § 78 GBV die von der Papierabschrift abweichende Herstellung von Ausdrucken. § 99 GBV (Aktenausdruck, Akteneinsicht und Datenabruf) verweist für diese Frage, die auch bei der elektronischen Grundakte eine Rolle spielt, auf § 78 Abs. 1 und 2 GBV.

Im Übrigen gelten mit Rücksicht auf das **Prinzip der weitgehenden Identität von Papiergrundbuch und maschinellem Grundbuch** (vgl. § 61 GBV Rdn 3 m.w.N.), das auch in § 77 GBV zum Ausdruck kommt, die Vorschriften des Abschnitts X entsprechend. Zu Einzelheiten vgl. § 77 GBV Rdn 2 ff.

---

[5] Einzelheiten bei Meikel/*Dressler-Berlin*, GBO § 131 Rn 20 ff.

[6] Vgl. auch *Lehmann*, NotBZ 2020, 281.

3 Für die Erteilung von Ausdrucken ist grundsätzlich das GBA **örtlich zuständig**, das das betreffende Grundbuchblatt führt, siehe § 1 Abs. 1 GBO. Beim maschinellen Grundbuch tritt jedoch die Zuständigkeit nach §§ 132 S. 1 GBO, 79 Abs. 3 S. 1, Abs. 4 GBV hinzu. Die **funktionelle Zuständigkeit** liegt gem. § 12c Abs. 1 Nr. 1, Abs. 2 Nr. 1 GBO beim Urkundsbeamten der Geschäftsstelle. Beim maschinellen Grundbuch sind zusätzlich die Einschränkungen von § 79 Abs. 3 S. 2 und 3 GBV zu beachten, die in den Fällen von § 132 GBV nur bestimmten Grundbuchamtsbediensteten den Fernzugriff auf den fremden Grundbuchdatenbestand gestatten. Zu den vergleichbaren Zuständigkeitsfragen bei der Einsichtsgewährung vgl. § 79 GBV Rdn 4.

B. Inhalt

4 § 132 GBO, § 78 GBV treffen neben den für **Ausdrucke im Allgemeinen** geltenden Bestimmungen ergänzende Sonderregelungen für **amtliche Ausdrucke**.

5 Allgemein gilt:
- Der Ausdruck muss die jeweils zutreffende **Bezeichnung** tragen, also entweder „Ausdruck" oder „amtlicher Ausdruck".
- Anzugeben ist das **Datum**, an dem der Ausdruck aus dem Grundbuchspeicher abgerufen wurde, auch wenn die Veranlassung durch den zuständigen Bediensteten oder die Verkörperung durch Ausdruck aufgrund systembedingter Verarbeitungsprozeduren (vgl. § 126 GBV) des Grundbuchprogramms an einem anderen Tag erfolgte bzw. erfolgt. Von Bedeutung kann dies sein, wenn sich der Ausdruck nach dem Abruf verzögert und nachträgliche Eintragungen vorgenommen werden. Für den **Vertrauensschutz** gilt dann dasselbe, wie bei weiteren Eintragungen im Fall einer papierenen Abschrift, die das Datum gem. § 44 Abs. 3 GBV trägt.[1] Die Vorschrift ist so zu verstehen, dass die Angabe des Kalendertags[2] genügt, auch wenn bei maschineller Grundbuchführung exaktere Zeitangaben unschwer möglich und zulässig sind.
- Abs. 3 lässt die **Angabe des Eintragungsstandes**, also des Tages der letzten Änderung im Grundbuch zu. Der anzubringende Vermerk[3] hierüber erleichtert die Feststellung, ob der Ausdruck dem aktuellen Grundbuchstand noch entspricht.
- Zu beachten ist § 91 S. 2 GBV, der die Darstellung von Rötungen in Schwarz gestattet.
- Für amtliche Ausdrucke gilt nach § 78 Abs. 2 GBV zusätzlich: Zusätzlich zur Bezeichnung als amtlicher Ausdruck (vgl. Rdn 1) ist der Vermerk „**beglaubigt**" anzubringen und der **Name** der Person anzugeben, die den Ausdruck veranlasst hat. Diese Art der Beglaubigung umfasst jedoch nicht die Überprüfung der Übereinstimmung von Grundbuchinhalt und Inhalt des Ausdrucks durch diese Person, sondern nur die staatliche Richtigkeitsgewähr für das korrekte Funktionieren des EDV-Systems. Zur Klarstellung wurde § 78 Abs. 2 S. 1 GBV durch die 2. EDVGB-ÄndV entsprechend neu gefasst.[4] Unberührt bleibt die Notwendigkeit regelmäßiger Überprüfung der Funktionsfähigkeit der eingesetzten Programme und Hardware im normalen Geschäftsgang, die jedoch keine unmittelbaren rechtlichen Auswirkungen hat.
- Die als Regelfall vorgesehene und weiterhin mögliche herkömmliche **Siegelung** wird beim maschinellen Grundbuch indes normalerweise durch die Möglichkeit ersetzt werden, das Abbild des Dienstsiegels mit auszudrucken oder entsprechend vorbedrucktes Druckerpapier zu verwenden.[5]
- Es ist schließlich ein weiterer Vermerk erforderlich, der lautet: „**Dieser Ausdruck wird nicht unterschrieben und gilt als beglaubigte Abschrift.**"
- **Teilausdrucke** sind nur als amtliche Ausdrucke zulässig (siehe § 77 GBV Rdn 7 m.w.N.).

---

1 Meikel/*Dressler-Berlin*, § 78 GBV Rn 12.
2 Zur Auslegung des Begriffs „Datum" und zum Vergleich mit entsprechenden Vorschriften, die die Worte „Tag" oder „Zeit" verwenden Meikel/*Dressler-Berlin*, § 78 GBV Rn 10.
3 Zur Formulierung des Vermerks Meikel/*Dressler-Berlin*, § 131 GBO Rn 9.
4 Vgl. Begründung zur Neufassung von § 78 Abs. 2 S. 1 GBV durch die 2. EDVGB-ÄndV: BR-Drucks 386/97, 9 f.
5 Zu verschiedenen Gestaltungen in der Praxis siehe Meikel/*Dressler-Berlin*, GBV § 78 Rn 24 f.; zu Fragen eines ggf. weitergehenden Fälschungsschutzes: Meikel/*Dressler-Berlin*, GBO § 131 Rn 29.

C. Elektronische Übermittlung

§ 78 Abs. 1 S. 2 GBV gestattet die **elektronische Übermittlung mittels aller dem Grundbuchamt zur Verfügung stehenden Techniken**, etwa per Fax, E-Mail[6] o.Ä., jedoch nur beim einfachen Ausdruck. Für amtliche Ausdrucke schließt § 78 Abs. 2 S. 3 GBV diese Übermittlungsform ausdrücklich aus, um den Anforderungen an Sicherheit und Zuverlässigkeit der öffentlichen Urkunde unter allen Umständen zu genügen und das Risiko einer Fälschung zu vermeiden. Eine elektronische Fassung des „amtlichen Ausdrucks" kann nicht durch „pdf-Siegel" erstellt werden, vgl. § 131 GBO Rdn 10. Bei Übermittlung eines „amtlichen Ausdrucks" entgegen der Vorschrift liegt ein solcher daher nicht vor. Mit Blick auf die proprietäre Signaturtechnik der GBA (vgl. § 75 GBV) erscheint dies auch plausibel, selbst in Zeiten eines expandierenden elektronischen Rechtsverkehrs und des Bedürfnisses nach elektronischen authentischen Dokumenten. *Daran ändert auch die Reaktion des Bundesgesetzgebers auf die Entscheidung des BGH zur (nicht ausreichenden) Qualität des aufgedruckten Behördensiegels im Rahmen des § 29 Abs. 3 GBO[7] nichts. Für die eigene Qualitätssicherung wird am Standard der qeS festgehalten, § 78 Abs. 2 S. 3 GBV.* 6

Die bisherige Regelung des § 80 S. 2 GBV a.F., wonach Abdrucke der Notare den Ausdrucken nicht gleichstehen, ist mit der Neuregelung im Jahr 2013 überholt und wurde aufgehoben. 7

Die inzwischen gängigen Übermittlungsformen erlauben auch eine **Sicherung der Vertraulichkeit** der übermittelten Daten. Die Praxis behilft sich, wenn authentische elektronische Dokumente über den Grundbuchinhalt benötigt werden, durch entsprechende Einsichten von Notaren in Verbindung mit Tatsachenbescheinigungen, die dann sehr wohl in der Form des § 39a BeurkG mit qualifizierter elektronischer Signatur in rechtssicherer Form elektronisch versandt werden können.[8] 8

D. Kosten

Zu den Kosten siehe oben (vgl. § 131 GBO Rdn 14). 9

§ 79 Einsicht

(1) Die Einsicht erfolgt durch Wiedergabe des betreffenden Grundbuchblatts auf einem Bildschirm. Der Einsicht nehmenden Person kann gestattet werden, das Grundbuchblatt selbst auf dem Bildschirm aufzurufen, wenn technisch sichergestellt ist, daß der Umfang der nach § 12 oder § 12b der Grundbuchordnung oder den Vorschriften dieser Verordnung zulässigen Einsicht nicht überschritten wird und Veränderungen des Grundbuchinhalts nicht vorgenommen werden können.
(2) Anstelle der Wiedergabe auf einem Bildschirm kann auch die Einsicht in einen Ausdruck gewährt werden.
(3) Die Einsicht nach Absatz 1 oder 2 kann auch durch ein anderes als das Grundbuchamt bewilligt und gewährt werden, das das Grundbuchblatt führt. Die für diese Aufgabe zuständigen Bediensteten sind besonders zu bestimmen. Sie dürfen Zugang zu den maschinell geführten Grundbuchblättern des anderen Grundbuchamts nur haben, wenn sie eine Kennung verwenden, die ihnen von der Leitung des Amtsgerichts zugeteilt wird. Diese Form der Einsichtnahme ist auch über die Grenzen des betreffenden Landes hinweg zulässig, wenn die Landesjustizverwaltungen dies vereinbaren.
(4) Die Gewährung der Einsicht schließt die Erteilung von Abschriften mit ein.

---

6 Die Übersendung per unverschlüsselter E-Mail (mittels herkömmlicher Programme) wird in den meisten Diskussionen als aus datenschutzrechtlicher Sicht unzulässig angesehen. Im elektronischen Rechtsverkehr mit dem Bürger wird man dem kaum folgen können, da die Transportsicherung als Regelfall ausreicht; sie wird freilich von der Justiz nicht (soweit ersichtlich) angeboten. Inzwischen ist Versand via OSCI (beN/beBPo) im ERV mit Notaren Standard.

7 BGH NJW 2017, 1951 mit Anm. *Frohn* und berechtigter Kritik an der Änderung von § 29 Abs. 3 GBO; deutliche Kritik auch von *Püls*, FS für Oliver Vossius zum 65. Geburtstag, S. 205 ff, 220 mit einem Appell an die Verantwortlichen in Justiz und Parlament.

8 Kilian/Sandkühler/v. Stein/*Püls*, Praxishandbuch Notarrecht, § 15 Rn 82 ff., 132.

A. Allgemeines	1	D. Einsicht bei einem anderen Grundbuchamt	11
B. Einsicht durch Wiedergabe am Bildschirm	5	E. Kosten	14
C. Einsicht in einen Ausdruck	10		

A. Allgemeines

1 Die Vorschrift schließt an §§ 12, 132 GBO an und enthält nähere Ausführungen für die Vornahme der **Einsicht** in das maschinelle Grundbuch. Im Gegensatz zum Papiergrundbuch müssen die Eintragungsdaten beim maschinellen Grundbuch erst aufbereitet werden, um der **sinnlichen Wahrnehmung durch Lesen** (vgl. §§ 126 Abs. 1 S. 2 Nr. 2, 129 Abs. 1 S. 1 GBO; §§ 62 S. 1, 63 S. 1, 66 Abs. 1, 76 und 77 GBV) zugänglich zu sein. § 79 GBV sieht lediglich zwei Einsichtsformen vor, nämlich die **Einsicht am Bildschirm** (vgl. Rdn 5 ff.) und die **Einsicht in einen Ausdruck** (siehe Rdn 10), die beide **auch bei einem anderen Grundbuchamt** (vgl. Rdn 11 ff.) gewährt werden können. Für die mit dem ERVGBG eingeführte Möglichkeit der Einsicht in elektronisch geführte Grundakten nach § 99 Abs. 2 GBV gilt § 79 GBV entsprechend (vgl. § 99 GBV Rdn 4).

2 Der Begriff „**Einsicht**" beinhaltet technisch ebenfalls denkbare andere Ausgabeformen (Sprachausgabe, Braillezeile) nicht.

3 Eine über § 132 GBO noch hinausgehende Erweiterung der Einsichtsmöglichkeiten beim maschinellen Grundbuch enthält § 133 GBO, der das automatisierte Abrufverfahren betrifft. Dessen Ausführungsvorschriften haben in §§ 80–85a GBV eine umfassende eigene Regelung erfahren.

4 Für die Gewährung der Einsicht ist grundsätzlich das GBA **örtlich zuständig**, das das betreffende Grundbuchblatt führt, siehe § 1 Abs. 1 GBO. Beim maschinellen Grundbuch tritt jedoch die Zuständigkeit nach § 132 S. 1 GBO, § 79 Abs. 3 S. 1 GBV hinzu. Die **funktionelle Zuständigkeit** liegt gem. § 12c Abs. 1 Nr. 1 GBO beim Urkundsbeamten der Geschäftsstelle. Beim maschinellen Grundbuch sind zusätzlich die Einschränkungen von § 79 Abs. 3 S. 2 und 3 GBV zu beachten, die in den Fällen von § 132 GBO nur bestimmten Grundbuchamtsbediensteten den Fernzugriff auf den fremden Grundbuchdatenbestand gestatten. Zu den vergleichbaren Zuständigkeitsfragen bei der Gewährung von Ausdrucken siehe § 78 GBV Rdn 3. Die Gewährung von Abdrucken durch **Notare** – und damit auch die Einsicht in solche – ist in § 133a GBO und in § 85 GBV geregelt.

B. Einsicht durch Wiedergabe am Bildschirm

5 § 79 Abs. 1 GBV sieht als Regelfall die Einsichtnahme in eine Bildschirmdarstellung der Grundbuchdaten vor, die äußerlich dem herkömmlichen Papiergrundbuch entspricht, §§ 63 S. 1, 76 GBV. Die Grundbuchprogramme greifen im Regelfall aus Standardprogrammen bekannte Mittel auf, die es dem Leser erlauben, sich durch die oft umfangreichen Grundbuchdarstellungen zu bewegen. Vor allem bei Grundbüchern, die durch Umstellung nach § 70 Abs. 1 S. 2 GBV, also durch Scannen angelegt wurden, kann die Wiedergabequalität mit Rücksicht auf die evtl. Unübersichtlichkeit der Vorlagen eingeschränkt sein. Die **Zoom-Funktion** leistet hier gute Dienste.

6 Die Einschränkung, dass Veränderungen des Grundbuchinhalts bei Gelegenheit der Einsichtnahme am Bildschirm ausgeschlossen sein müssen, ist selbstverständlich. Die Einsicht findet im GBA, mit Rücksicht darauf, deshalb zweckmäßigerweise an dafür bestimmten, **besonders ausgestatteten Einsichtsbildschirmen und -plätzen** statt. Soweit nicht der Einsicht nehmenden Person gestattet wird, sich das Grundbuchblatt selbst aufzurufen (§ 79 Abs. 2 S. 2 GBV), wird dies durch einen Bediensteten des GBA geschehen.

7 Die weitere Einschränkung, dass die Einhaltung der Begrenzungen von §§ 12, 12b GBO technisch sichergestellt sein muss, kann bedeuten, dass dieser Bedienstete in jedem einzelnen Fall die betreffenden Blätter oder Abteilungen freizugeben hat, soweit nicht eine automatisierte Steuerung durch das System vorgesehen ist.[1]

---

[1] Organisationsbeispiel bei Meikel/*Dressler-Berlin*, GBV § 79 Rn 13 f.

Die Zahl und Ausstattung der Bildschirmarbeitsplätze sowie die Betreuung der Einsichtnehmenden in dem nach § 79 GBV erforderlichen Umfang muss ausreichend sein, um **einen der Funktion des Grundbuchs entsprechenden regulären Einsichtsbetrieb** zu gestatten. Dieser wird abhängig vom Umstellungsstand möglicherweise zunächst gering sein, mit der voranschreitenden Erfassung von Grundbuchblättern jedoch zunehmen. Zu berücksichtigen ist jedoch, dass als Alternative auch die Einsichtnahme in einen Ausdruck in Betracht kommt (siehe Rdn 10), etwa soweit durch die Bereitstellung von Bildschirmarbeitsplätzen ein unzumutbarer Aufwand entsteht, zur Entlastung der Einsichtsplätze in „Stoßzeiten", zur einfacheren Gewährung einer Teileinsicht oder wenn die Einsicht in einen Ausdruck ausdrücklich gewünscht wird.

Eine technische Beschränkung des inhaltlichen Umfangs der Einsichtsbefugnis ist in den Fällen des § 43 GBV nicht erforderlich, da hier die Darlegung eines berechtigten Interesses an der Einsichtnahme, das auch in diesen Fällen vorliegen muss, nicht im Einzelfall vom GBA geprüft werden muss.

C. Einsicht in einen Ausdruck

Die Einsichtnahme in einen Ausdruck, der wie die Bildschirmdarstellung dem gewohnten Muster des Papiergrundbuchs entspricht, §§ 63 S. 1, 76 GBV kann nach Abs. 2 als Alternative zur Darstellung am Bildschirm – über die Einsicht in das abgerufene PDF-Dokument – in Betracht kommen (siehe Rdn 1). Der einzelne Ausdruck wird aufgrund des Einsichtsbegehrens erzeugt und **verbleibt beim Grundbuchamt**, sofern der Einsichtnehmende nicht die – nach den Regeln der Erteilung von Ausdrucken – kostenpflichtige **Mitnahme** wünscht (vgl. §§ 131 GBO Rdn 2, 132 GBO Rdn 3). Zu den Gründen für die Einsichtnahme in einen Ausdruck statt am Bildschirm vgl. weiter oben (siehe Rdn 8) a.E.

D. Einsicht bei einem anderen Grundbuchamt

Die von § 132 GBO vorgesehene Möglichkeit der Einsichtnahme bei einem anderen GBA, die einen wesentlichen Vorteil der maschinellen Grundbuchführung für den Publikumsverkehr erschließt, wird von § 79 Abs. 3 GBV näher ausgestaltet. § 79 Abs. 3 S. 4 GBV bezieht sich ausdrücklich auch auf die derzeit noch nicht bestehende **Einsichtnahme über die Landesgrenzen hinweg**.

Diese Form der Einsichtnahme kommt nur in Betracht, wenn bei dem die Einsicht gewährenden Grundbuch die erforderlichen technischen Einrichtungen zum Datenabruf vorhanden sind. Zu beachten sind die von § 79 Abs. 3 GBV ausdrücklich geregelten Einschränkungen der funktionellen Zuständigkeit (vgl. Rdn 4), die den Zugang zum fremden Grundbuchdatenspeicher nur besonders bestimmten Bediensteten mittels einer ihnen zugeteilten besonderen Kennung gestattet.[2]

Auch das andere GBA kann nach § 79 Abs. 4 GBV uneingeschränkt Abschriften[3] (gemeint sind entsprechend der von § 78 GBV geprägten Terminologie wohl **Ausdrucke**) erteilen.

E. Kosten

Zu den Kosten siehe oben (vgl. § 131 GBO Rdn 14).

---

[2] Die Vorschrift über die Zuteilung der Kennung wurde mit Rücksicht auf organisatorische Erfordernisse durch die 2. EDVGB-ÄndV v. 11.7.1997 (BGBl I 1997, 1808) neu gefasst. Vgl. auch Meikel/*Dressler-Berlin*, GBV § 79 Rn 24 f.

[3] § 79 Abs. 4 GBV wurde klarstellend ohne sachliche Änderung durch die 2. EDVGB-ÄndV v. 11.7.1997 (BGBl I 1997, 1808) neu gefasst.

Unterabschnitt 5. Automatisierter Abruf von Daten

§ 80 Abruf von Daten

(1) Die Gewährung des Abrufs von Daten im automatisierten Verfahren nach § 133 der Grundbuchordnung berechtigt insbesondere zur Einsichtnahme in das Grundbuch in dem durch die §§ 12 und 12 b der Grundbuchordnung und in dieser Verordnung bestimmten Umfang sowie zur Fertigung von Abdrucken des Grundbuchblatts. Wird die Abrufberechtigung einer nicht-öffentlichen Stelle gewährt, ist diese in der Genehmigung oder dem Vertrag (§ 133 der Grundbuchordnung) darauf hinzuweisen, dass sie die abgerufenen Daten nur zu dem Zweck verwenden darf, für den sie übermittelt sind.

(2) Die Grundbuchdaten können auch für Darstellungsformen bereitgestellt werden, die von den in dieser Verordnung und in der Wohnungsgrundbuchverfügung vorgeschriebenen Mustern abweichen, oder in strukturierter maschinenlesbarer Form bereitgestellt werden. Insbesondere sind auszugsweise Darstellungen, Hervorhebungen von Teilen des Grundbuchinhalts sowie Zusammenstellungen aus verschiedenen Grundbuchblättern zulässig. Im Abrufverfahren können auch Informationen über den Zeitpunkt der jüngsten Eintragung in einem Grundbuchblatt bereitgestellt werden.

A. Allgemeines 1	D. Andere Darstellungs- und Abrufmöglichkeiten im DaBaGB 13
B. Umfang der Einsichtnahme 4	
C. Bestimmungsgemäße Verwendung der abgerufenen Daten 8	

A. Allgemeines

1 Die Vorschriften des 5. Unterabschnitts mit den §§ 80–85a GBV wurden seit der Einführung durch das RegVBG[1] mehrfach modifiziert[2] und in den §§ 62 und 63 GBV mit dem DaBaGG geändert. Sie basieren auf der Ermächtigung in § 134 GBO. Die Regelungen schließen an § 133 GBO an und enthalten detaillierte Ausführungsvorschriften für die neu geschaffene Einsichtsform des **automatisierten Abrufverfahrens**, dessen Bedeutung von Vertretern der Praxis schon im Gesetzgebungsverfahren unterstrichen wurde.[3] Die bisherige Regelung des § 80 S. 2 GBV a.F., wonach Abdrucke den Ausdrucken nicht gleichstehen, war mit der Neuregelung von 2013 überholt und wurde aufgehoben.[4] Formale Regelungen finden sich jetzt in § 85 GBV. Damit wurde Satz 3 zum jetzigen Satz 2. § 80 Abs. 2 GBV angefügt mit Wirkung vom 9.10.2013 durch das DaBaGG.[5]

2 § 80 GBV stellt klar, dass sich auch die Einsichtnahme im Wege des Online-Abrufs im Rahmen von §§ 12, 12b GBO halten muss. Hinsichtlich der **Darlegung des berechtigten Interesses** wurde – soweit nicht § 43 GBV einschlägig ist und eine Darlegung aus diesem Grund nicht gefordert wird (vgl. § 133 GBO Rdn 7) – eine dem Abrufverfahren angepasste Form der Darlegungserklärung eingeführt (vgl. § 82 GBV Rdn 9, § 133 GBV Rdn 20).[6]

3 § 133 GBV gestattet die **Einsichtnahme** (vgl. Rdn 4), die **Fertigung von Abdrucken** (vgl. Rdn 5) und die **Weiterverarbeitung der abgerufenen Daten** (vgl. Rdn 8).

---

1 Gesetz zur Vereinfachung und Beschleunigung registerrechtlicher und anderer Verfahren (Registerverfahrensbeschleunigungsgesetz – RegVBG) v. 20.12.1993 (BGBl 1993, 2197).
2 Geändert wurden mit dem ERVGBG v. 11.9.2009 die §§ 83 und 85 GBV, mit dem DaBaGG v. 1.10.2013 die §§ 80, 83 und 85 GBV, mit dem Gesetz zur Übertragung von Aufgaben im Bereich der freiwilligen Gerichtsbarkeit auf Notare ebenfalls 2013 die §§ 80, 85 GBV; § 85a GBV wurde eingefügt.
3 *Frenz*, DNotZ 1994, 153, 154, 163.
4 Gesetz v. 26.6.2013 (BGBl I 2013, 1800).
5 Gesetz v. 1.10.2013 (BGBl I 2013, 3719).
6 Zur unterschiedlichen Entwicklung bei Grundbucheinsicht/Datenschutz auch aufgrund der technischen Entwicklung in Österreich/Italien einerseits und Deutschland andererseits vgl. *Stabauer*, Grundbuch Datenschutz, S. 25 (Diplomarbeit).

B. Umfang der Einsichtnahme

Im Wege des automatisierten Abrufs kann auf sowohl auf das **maschinelle Grundbuch** selbst als auch auf die **Hilfsverzeichnisse** nach § 12a GBO, und zwar grundsätzlich uneingeschränkt, zugegriffen werden. Die derzeitigen Programme unterscheiden hinsichtlich der einsehbaren Inhalte zwischen eingeschränkt und uneingeschränkt Abrufberechtigten (zur Begriffsbildung vgl. § 133 GBO Rdn 5) nur beim Eigentümerverzeichnis, das zur Vermeidung von Ausforschungsansuchen beim eingeschränkten Abruf nur die Suche nach eindeutigen Treffern zulässt.[7] Bei der Abfrage mehrerer Grundbuchstellen muss daher die Suche immer wieder neu gestartet werden; eine gezielte Suche z.B. nach dem gesamten Grundbesitz eines Eigentümers wird erschwert. **Die Suche über mehrere Grundbuchbezirke** wird den einzelnen Bundesländern – jedenfalls für den externen Nutzer – unterschiedlich gehandhabt: z.T. ist sie möglich, z.T. muss grundbuchbezirksweise (amtsgerichtsbezirksweise) gesucht werden, was ebenfalls einen sinnvollen Zugriff erschwert.

Die Einsichtsberechtigung umfasst die **Herstellung von Abdrucken** und bei Notaren auch von mit Siegel versehenen Abdrucken, die dann den amtlichen Ausdrucken gleichstehen. Diese Möglichkeit dient zur Erleichterung der Arbeitsabläufe beim Abrufer, der nicht einen Teil der Vorteile des Abrufverfahrens durch den Zwang verlieren soll, die Daten vom Bildschirm abzuschreiben, bevor er sie in seinen Geschäftsgang einbringen kann.

Die bisherige Regelung des § 80 Abs. 2 GBV, wonach Abdrucke den Ausdrucken nicht gleichstanden, ist mit der Neuregelung durch das Gesetz zur Übertragung von Aufgaben im Bereich der freiwilligen Gerichtsbarkeit auf Notare aufgehoben worden.[8] Allerdings war auch schon nach alter Rechtslage nicht nachvollziehbar, weshalb die Übermittlung einfacher Ausdrucke an beliebige Empfänger mit beliebigen Mitteln nach § 78 GBV (vgl. § 78 GBV Rdn 6) zulässig ist, nicht jedoch im Rahmen von § 80 S. 2 GBV a.F. Hier kann man nur fiskalische Interessen vermuten, was aber der volkswirtschaftlichen Bedeutung[9] des Grundbuchs und eines möglichst effizienten Zugriffs darauf nicht gerecht wird. Zu den Einzelheiten der Mitteilung des Grundbuchinhalts durch den Notar vgl. § 85 GBV Rdn 3 ff. und § 133a GBO Rdn 5 ff.

§ 78 GBV wurde auch bereits in der Erkenntnis geändert, dass die Richtigkeitsgewähr bei der Erstellung von amtlichen Ausdrucken nicht mehr in der Überprüfung durch eine Person, sondern in dem fehlerfreien Funktionieren des Grundbuchsystems liegt.[10] Zusätzliche Datenschutzprobleme wie bei der elektronischen Übermittlung von Ausdrucken (vgl. § 78 GBV Rdn 6), können sich dadurch nicht ergeben, da die Sicherungsvorkehrungen im automatischen Abrufverfahren auch die Vertraulichkeit der Daten gewährleisten.

C. Bestimmungsgemäße Verwendung der abgerufenen Daten

§ 80 Abs. 1 S. 2 GBV, angefügt mit dem 2. EDVGB-ÄndV,[11] greift § 133 Abs. 6 GBO insoweit auf, als die abgerufenen Daten nur zu dem Zweck verwendet werden dürfen, zu dem sie übermittelt wurden. Die Bezugnahme auf „personenbezogene Daten" fehlt in § 80 S. 3 GBV, jedoch geht aus der Begründung des Verordnungsgebers hervor, dass mit der Vorschrift das in §§ 133 Abs. 6 GBO zum Ausdruck kommende **Anliegen des Datenschutzes** besonders unterstrichen werden sollte.[12] Die Regelung tritt somit neben § 12 GBO, nach dem das berechtigte Interesse eine besondere grundbuchrechtliche Zweckbindung für übermittelte Daten darstellt.

§ 80 Abs. 1 S. 2 GBV sieht vor, Abrufberechtigte, die **nicht-öffentliche Stellen** sind, auf die vorgenannte Pflicht **besonders hinzuweisen**. Der vom Verordnungsgeber zum Ausdruck gebrachte Anwendungsbereich ist nicht restlos klar, da sich der Kreis der nicht-öffentlichen Stellen im Sinn dieser Vorschrift an-

---

7 Meikel/*Dressler-Berlin*, § 133 GBO Rn 49.
8 S. 2 aufgehoben, bisheriger S. 3 wird S. 2 m.W.v. 1.9.2013 durch Gesetz v. 26.6.2013 (BGBl I 2013, 1800).
9 Vgl. im Weiteren: *Püls*, NotBZ 2013, 329.
10 So die Begründung zur Neufassung von § 78 Abs. 2 S. 1 GBV durch die 2. EDVGB-ÄndV, BR-Drucks 386/97, 9.
11 2. EDVGB-ÄndV v. 11.7.1997, siehe BGBl I 1997, 1808, damals noch als S. 3 zu § 80 GBV a.F.
12 Begründung zur Einführung von § 80 S. 3 GBV a.F. aufgrund der 2. EDVGB-ÄndV, vgl. BR-Drucks 386/97, 11.

scheinend teilweise mit dem Kreis der uneingeschränkt Abrufberechtigten überschneiden (vgl. § 133 GBO Rdn 6) und dabei auch Inhaber eines öffentlichen Amtes umfassen soll.[13]

10 Hintergrund der Einführung ist indes die Frage, ob die abgerufenen Daten in die EDV-Anlagen der Abrufer zur **Speicherung** und zur **unmittelbaren Weiterverarbeitung** übernommen werden dürfen. Aus der Begründung zu § 80 Abs. 1 S. 2 GBV (§ 80 S. 3 GBV a.F.) geht hervor, dass dies bereits nach § 133 Abs. 6 GBO im Rahmen der Zweckbindung für zulässig erachtet wird. Erlaubt ist etwa, dass Notare den Inhalt des Grundbuchs in eine Urkunde übernehmen oder Banken den Inhalt des **Grundbuchausdrucks** (gemeint ist wahrscheinlich -abdrucks) ihrer Kundenakte[14] beifügen. Die Grundbuchprogramme dürfen diese Möglichkeiten also vorsehen. Auch aus Gründen der persönlichen Haftung des Notars für den festgestellten Grundbuchinhalt verbietet sich jede andere Auffassung.

11 Die Vorschrift greift ein wesentliches Bedürfnis der Praxis auf, wird allerdings erst dann ihre volle Bedeutung erlangen, wenn die Grundbuchprogramme durchgehend kodierte und ggf. auch strukturierte **Daten in XML-Form** z.B. an die Notare zurückliefern (vgl. auch § 126 GBO Rdn 14), die dort dann von der Notariatssoftware weiterverarbeitet werden können.

12 Die Zweckbindung hat zur Folge, dass eine zeitlich oder inhaltlich über sie hinausgehende **Speicherung oder Verwendung** unzulässig ist.[15] Maßgeblich für den Notar sind hier allerdings die Aufbewahrungsfristen der DONot für die papiergebundene Aktenführung, also mindestens sieben Jahre mit Verlängerungsmöglichkeit, vgl. § 5 Abs. 4 S. 1 DONot.

D. Andere Darstellungs- und Abrufmöglichkeiten im DaBaGB

13 Im Grundbuchabrufverfahren wird derzeit der Grundbuchinhalt ausschließlich nach Maßgabe der in Abschnitt II der Grundbuchverfügung festgelegten Darstellungsform zur Verfügung gestellt. Mit der Einführung des **Datenbankgrundbuchs** wird es möglich sein, neben der klassischen Grundbuchansicht **auch andere Ansichtsformen** (bspw. Rangtabellen) gezielt recherchierte Einzelinformationen oder Zusammenstellungen von Inhalten verschiedener Grundbuchblätter – auch grundbuchamtsübergreifend – anzubieten. § 80 Abs. 2 GBV stellt klar, dass auch solche Abrufe zulässig sind. Die Aufzählung ist nicht abschließend und lässt weitere Abrufvarianten im Rahmen der Vorgaben des § 133 GBO zu. Soweit die Grundbuchdaten bereits in strukturierter Form mit logischer Verknüpfung der Inhalte in das Datenbankgrundbuch aufgenommen wurden, sollen die Nutzer des Abrufverfahrens die Möglichkeit erhalten, die Daten auch in dieser Form abzurufen.

14 Zudem wird auch der bereits heute angebotene und zur Vermeidung von Kosten häufig genutzte **Aktualitätsnachweis** ausdrücklich in § 80 Abs. 2 GBV genannt. Er erlaubt dem Nutzer festzustellen, ob die ihm bereits aus früheren Abrufen oder Einsichten vorliegenden Grundbuchinformationen oder bereits vorliegende Grundbuchausdrucke noch aktuell sind. Dadurch können unnötige Grundbuchabrufe und die damit verbundenen Kosten vermieden werden. Durch die Klarstellung wird die Verlässlichkeit für den Nutzer in einer Weise betont, dass sich der Notar auf einen dann so erteilten Hinweis – auch in haftungsrechtlicher Hinsicht – verlassen darf.

---

13 Die Begründung zu § 80 S. 3 GBV a.F. spricht jedenfalls ausdrücklich von den Notaren, siehe BR-Drucks 386/97, 11, die jedoch nach § 1 BNotO unabhängige Träger eines öffentlichen Amtes auf dem Gebiet der vorsorgenden Rechtspflege und als solche der Aufsicht durch die Justiz unterstellt sind.

14 BR-Drucks 386/97, 11.

15 Vgl. die bei Meikel/*Dressler-Berlin*, GBV § 80 Rn 20 f. genannten Beispiele (Speicherung durch eine Bank nur im Rahmen der bestehenden Geschäftsbeziehung; Unzulässigkeit des Aufbaus von Grundbuchauskunftssystemen; für den Fall des Handelsregisters BGH CR 1989, 984; vgl. auch: *Tountopoulos*, CR 1998, 129, zum Verhältnis von EU-Datenbankrichtlinie und Handelsregister.

| § 81 | Genehmigungsverfahren, Einrichtungsvertrag |

(1) Die Einrichtung eines automatisierten Abrufverfahrens bedarf bei Gerichten, Behörden und der Staatsbank Berlin einer Verwaltungsvereinbarung, im übrigen, soweit nicht ein öffentlich-rechtlicher Vertrag geschlossen wird, einer Genehmigung durch die dazu bestimmte Behörde der Landesjustizverwaltung.
(2) Eine Genehmigung wird nur auf Antrag erteilt. Zuständig ist die Behörde, in deren Bezirk das betreffende Grundbuchamt liegt. In der Rechtsverordnung nach § 93 kann die Zuständigkeit abweichend geregelt werden. Für das Verfahren gelten im übrigen das Verwaltungsverfahrens- und das Verwaltungszustellungsgesetz des betreffenden Landes entsprechend.
(3) Die Genehmigung kann auf entsprechenden Antrag hin auch für die Grundbuchämter des Landes erteilt werden, bei denen die gesetzlichen Voraussetzungen dafür gegeben sind. In der Genehmigung ist in jedem Fall das Vorliegen der Voraussetzungen nach § 133 Abs. 2 Satz 2 und 3 Nr. 1 und 2 der Grundbuchordnung besonders festzustellen.
(4) Der Widerruf einer Genehmigung erfolgt durch die genehmigende Stelle. Ist eine Gefährdung von Grundbüchern zu befürchten, kann in den Fällen des Absatzes 3 Satz 1 die Genehmigung für einzelne Grundbuchämter auch durch die für diese jeweils zuständige Stelle ausgesetzt werden. Der Widerruf und die Aussetzung einer Genehmigung sind den übrigen Landesjustizverwaltungen unverzüglich mitzuteilen.

A. Allgemeines	1	II. Zuständigkeit	10
B. Zugelassener Nutzerkreis	4	III. Allgemeine Zulassungsvoraussetzungen	12
C. Zulassung	7	IV. Reichweite	13
I. Arten	7	D. Entzug und Aussetzung der Zulassung	16

A. Allgemeines

§ 81 GBV enthält nähere **Regelungen zur Einrichtung des automatisierten Abrufverfahrens**, das nur bestimmten **Nutzerkreisen** (vgl. § 133 GBO Rdn 5 ff.) nach Durchlaufen einer förmlichen **Zulassung** (vgl. Rdn 7 ff.) bei Vorliegen der **Zulassungsvoraussetzungen** (vgl. Rdn 13 ff.) eröffnet werden darf. Dem Wortlaut nach gilt § 81 GBV nur für die uneingeschränkt Abrufberechtigten; § 82 Abs. 2 GBV greift jedoch für die Fälle des eingeschränkten Abrufs ebenfalls auf das allgemeine Zulassungssystem zurück. In § 86a GBV (Zusammenarbeit mit Versorgungsunternehmen) wird auf § 81 Abs. 2 GBV bezüglich der zuständigen Stelle verwiesen.

Ergänzend gelten die Verwaltungsverfahrensgesetze der Länder (siehe Rdn 9). Bei auftretenden Problemen sieht die Vorschrift die Möglichkeit des **Widerrufs** oder des **vorläufigen Einschreitens** vor.

Unbeschadet der Eröffnung umfassender Einsichtsmöglichkeiten (vgl. § 80 GBV Rdn 3) gelten auch für diese besondere Einsichtsform §§ 12, 12b GBO. Zur **Darlegung des berechtigten Interesses** siehe § 80 GBV Rdn 2 und § 82 GBV Rdn 9 f.

B. Zugelassener Nutzerkreis

§ 133 Abs. 2 S. 2 und Abs. 4 GBO i.V.m. § 82 Abs. 1 S. 1 GBV lassen erkennen, dass der Gesetz- und Verordnungsgeber bei der Konzeption des Abrufverfahrens zwei verschiedene Nutzerkreise im Auge hatte:

Die **uneingeschränkt Abrufberechtigten** (zur Begriffsbildung siehe § 133 GBO Rdn 5) decken sich mit denjenigen Personen oder Stellen, bei denen nach § 43 GBV eine Darlegung des berechtigten Interesses an der Einsichtnahme nicht im Einzelfall gefordert wird, weil sein Vorliegen vermutet werden kann (siehe § 133 GBO Rdn 7).

6 Für die Zulassung der **eingeschränkt Abrufberechtigten** enthält § 82 Abs. 2 GBV Sonderregelungen. Es besteht kein Anspruch eines WEG-Verwalters auf Teilnahme am eingeschränkten automatisierten Grundbuchabrufverfahren.[1]

C. Zulassung

I. Arten

7 § 81 GBV greift § 133 GBO auf, der die Zulassung zum automatisierten Abrufverfahren grundsätzlich an die Erteilung von **Genehmigungen** bzw. den Abschluss von **öffentlich-rechtlichen Verträgen** oder **Verwaltungsvereinbarungen** knüpft. Der Abschluss von Verwaltungsvereinbarungen[2] kommt lediglich bei Gerichten und Behörden (seinerzeit auch bei der – nun abgewickelten – Staatsbank Berlin) (vgl. § 133 GBO Rdn 11), die auch zum Kreis der uneingeschränkt Abrufberechtigten gehören, in Betracht. Für die übrigen uneingeschränkt Abrufberechtigten sowie sämtliche nach § 82 Abs. 2 GBV eingeschränkt Abrufberechtigten wird die **förmliche Genehmigung als Regelfall**, der öffentlich-rechtliche Vertrag als mögliche Alternative vorgesehen. Das Erfordernis des Vorliegens der allgemeinen Zulassungsvoraussetzungen (vgl. § 133 GBO Rdn 13 ff.) wird von der Form der Zulassung nicht berührt.

8 Die Genehmigung wird gem. § 81 Abs. 2 S. 1 GBV nur auf **Antrag** erteilt, in Verbindung mit dem der Antragsteller das Vorliegen der erforderlichen rechtlichen und technischen[3] Voraussetzungen erklären, ggf. auch nachweisen muss.

9 Gemäß Abs. 2 S. 3 gelten ergänzend für das Verfahren die Verwaltungsverfahrens- und -zustellungsrechte der Länder. Aus dieser rechtlichen Einordnung und aus der abschließenden Aufzählung der Zulassungsvoraussetzungen (vgl. § 133 GBO Rdn 11) ist zu folgern, dass auf die Genehmigung als begünstigendem Verwaltungsakt bei Vorliegen der rechtlichen Voraussetzungen und der beiderseitigen technischen Infrastruktur ein **Anspruch**[4] besteht.

II. Zuständigkeit

10 Die Zuständigkeit für die Erteilung der förmlichen Genehmigung liegt bei der Behörde, in deren Bezirk das betreffende GBA liegt. Je nach gewähltem Organisationsmodell für die maschinelle Grundbuchführung (vgl. § 126 GBO Rdn 8) wird dies das **Amtsgericht** oder eine andere, nach § 93 GBV durch Rechtsverordnung **bestimmte Stelle** sein.

11 Für den Abschluss von Verwaltungsvereinbarungen und öffentlich-rechtlichen Verträgen ist nach § 81 Abs. 1 GBV die **Landesjustizverwaltung** unmittelbar zuständig,[5] da § 81 Abs. 2 GBV nur für das förmliche Genehmigungsverfahren gilt.

III. Allgemeine Zulassungsvoraussetzungen

12 Eine Zulassung, gleich in welcher Form, darf bereits nach § 133 Abs. 2 S. 2 und 3 Nr. 1 und 2 GBO (vgl. § 133 GBO Rdn 13) nicht erteilt werden, wenn nicht die allgemeinen Zulassungsvoraussetzungen vorliegen (zu den zusätzlichen besonderen Voraussetzungen beim eingeschränkten Abruf siehe § 82 GBV Rdn 9 f.). § 81 Abs. 3 GBV bestimmt für den Fall der Genehmigung, dass das Vorliegen dieser Voraussetzungen in dem Genehmigungsbescheid **besonders festzustellen** ist, d.h., die Genehmigungsbehörde ebenso wie der Antragsteller werden veranlasst, sich mit den Zulassungsvoraussetzungen ausdrücklich

---

1 Vgl. OLG Hamm NJW 2008, 1891. Überlegungen einer diesbezüglichen Gesetzesänderung wurden im Rahmen des Gesetzgebungsverfahrens des DaBaGG 2013 verworfen.
2 Ausnahme für den eigenen Geschäftsbereich: Meikel/*Dressler-Berlin*, GBV § 81 Rn 10; hier genügt eine innerdienstliche Verwaltungsanordnung.
3 Der Einsatz einer speziellen Client-Software, die der Abrufer im Rahmen des ISDN-Abrufverfahrens erwerben muss, ist beim Internet-Abruf nicht mehr erforderlich.
4 *Erichsen* (Hrsg.), Allgemeines Verwaltungsrecht, § 11 II 5 Rn 30 ff. m.w.N.; *Maurer*, Allgemeines Verwaltungsrecht, § 8 Rn 1 ff. m.w.N.; *Stelkens/Bonk/Sachs*, VwVfG, § 36 Rn 130 (ggf. mit Nebenbestimmungen).
5 Zur Übertragung dieser Zuständigkeit vgl. Meikel/*Dressler-Berlin*, GBV § 81 Rn 26.

auseinanderzusetzen. Es ist vor diesem Hintergrund zweckmäßig, wenn auch nicht ausdrücklich vorgeschrieben, auch bei den anderen Zulassungsformen so zu verfahren.

IV. Reichweite

Die Genehmigung, die entsprechend § 82 Abs. 2 S. 1 GBV grundsätzlich auf den **Bereich des sie erteilenden Grundbuchamts** beschränkt ist, kann nach § 81 Abs. 3 GBV auf entsprechenden Antrag hin auch für **die anderen Grundbuchämter des Landes** erteilt werden, bei denen die gesetzlichen Voraussetzungen dafür gegeben sind, also das Grundbuch maschinell geführt wird. Dies gilt sinngemäß auch für die anderen Zulassungsformen. 13

Für die GBA und die Nutzer liegt hier ein wesentlicher Vorteil des Abrufverfahrens, der gerade bei räumlichen Distanzen aufwendige Reisetätigkeit oder Schriftverkehr bzw. die Einschaltung eines ortsansässigen zugelassenen Abrufers zu vermeiden hilft. 14

Darüber hinaus können die Zulassungen **im ganzen Bundesgebiet** Geltung erlangen, sobald die entsprechende Feststellung durch Rechtsverordnung des Bundesministeriums der Justiz nach § 133 Abs. 7 S. 3 GBO getroffen worden ist. Ein „Single Sign-on" ist aber bis heute noch nicht umgesetzt worden. 15

D. Entzug und Aussetzung der Zulassung

§ 133 Abs. 3 S. 1 GBO sieht im Fall der Genehmigung den **Widerruf** ohne Ermessen vor, wenn eine der allgemeinen Zulassungsvoraussetzungen nach § 133 Abs. 2 S. 3 Nr. 1–3 GBO (vgl. Rdn 12) wegfällt. Zur Kritik am Widerruf der Zulassung bei „nicht ausreichende[r] Anzahl von Einsichten" vgl. § 133 GBO Rdn 14.[6] Bei missbräuchlicher Benutzung kann die zuständige Behörde nach § 133 Abs. 3 S. 2 GBO hierüber nach pflichtgemäßem Ermessen eine Entscheidung treffen und dabei insbesondere berücksichtigen, ob Wiederholungsgefahr besteht. Eine Abmahnung im Hinblick auf einen vorbehaltenen Widerruf der Zugangsgenehmigung bei missbräuchlicher Verwendung ist – neben disziplinarischen Ahndungen – möglich.[7] 16

Diese Vorschriften gelten sinngemäß auch bei Bestehen einer Verwaltungsvereinbarung oder eines öffentlich-rechtlichen Vertrages. In diesen Fällen ist statt des Widerrufs die **Kündigung** auszusprechen, vgl. § 133 Abs. 3 S. 3 GBO.[8] 17

Zuständig ist die genehmigende bzw. an der Vereinbarung oder dem öffentlich-rechtlichen Vertrag beteiligte Stelle. 18

In allen Fällen sind theoretisch Situationen denkbar, bei denen durch Online-Abrufer eine Gefährdung der Grundbücher eintreten kann, sei es durch **Hacking** (vgl. § 65 GBV Rdn 9 f.), aber auch durch technische Fehlfunktionen der eingesetzten Programme. Unmittelbares Handeln kann erforderlich sein, um schwerwiegende Verluste oder Manipulationen zu verhindern. Die Zulassung kann in solchen Fällen kurzfristig **ausgesetzt** werden, d.h. im Verhältnis zu dem angeschlossenen Abrufer wird der Anschluss technisch unterbunden. Auf die Frage eines Verschuldens kommt es hierbei nicht an. Zwar sollten die eingesetzten Anlagen und Programme technisch so gestaltet sein, dass Datenschutz und Datensicherheit stets auf hohem Niveau gesichert sind (vgl. § 126 GBO Rdn 19 f., 24), tritt ein solcher Problemfall aber ein, muss er vor Ort unmittelbar einer vorübergehenden Lösung zugeführt werden können. **Zuständig** für die Aussetzung ist diejenige Stelle, die für den Grundbuchdatenspeicher verantwortlich ist, bei ortsübergreifenden Zulassungen neben der zulassenden Stelle jede für das einzelne GBA zuständige Stelle, siehe § 81 Abs. 4 S. 2 GBV. 19

Dauert das Problem an, ist zu entscheiden, ob die Aussetzung in einen Widerruf oder eine Kündigung wegen Wegfalls der allgemeinen Voraussetzungen oder wegen missbräuchlicher Nutzung (vgl. Rdn 2) münden muss. 20

---

6 Im konkreten Einzelfall aber bestätigt von BayObLG Beschl. v. 1.12.2021 – 102 VA 116/21.
7 OLG Hamm FGPrax 2017, 187.

8 Zur Anpassung und Kündigung vgl. *Stelkens/Bonk/Sachs*, VwVfG, § 60 Rn 9 ff.

21 Durch die Pflicht zur Unterrichtung der anderen Landesjustizverwaltungen nach § 81 Abs. 4 S. 3 GBV soll sichergestellt werden, dass Abrufer, die eine Gefährdung bedeuten, ggf. präventiv erkannt und erforderliche Schritte eingeleitet werden können.

§ 82 Einrichtung der Verfahren

(1) Wird ein Abrufverfahren eingerichtet, so ist systemtechnisch sicherzustellen, daß Abrufe nur unter Verwendung eines geeigneten Codezeichens erfolgen können. Der berechtigten Stelle ist in der Genehmigung zur Auflage zu machen, dafür zu sorgen, daß das Codezeichen nur durch deren Leitung und berechtigte Mitarbeiter verwendet und mißbrauchssicher verwahrt wird. Die Genehmigungsbehörde kann geeignete Maßnahmen anordnen, wenn dies notwendig erscheint, um einen unbefugten Zugriff auf die Grundbuchdaten zu verhindern.

(2) Wird ein Abrufverfahren für den Fall eigener Berechtigung an einem Grundstück, einem grundstücksgleichen Recht oder einem Recht an einem solchen Recht, für den Fall der Zustimmung des Eigentümers oder für Maßnahmen der Zwangsvollstreckung eingerichtet (eingeschränktes Abrufverfahren), so ist der berechtigten Stelle in der Genehmigung zusätzlich zur Auflage zu machen, daß der einzelne Abruf nur unter Verwendung eines Codezeichens erfolgen darf, das die Art des Abrufs bezeichnet. Das zusätzliche Codezeichen kann mit dem Codezeichen für die Abrufberechtigung verbunden werden.

A. Allgemeines 1	C. Darlegungserklärung 9
B. Codezeichen zur Identifizierung und Authentisierung 6	D. Protokollierung 11
	E. Gebühren 12

A. Allgemeines

1 § 133 GBO unterscheidet in Abs. 1 und Abs. 4 zwischen der „Einrichtung eines automatisierten Abrufverfahrens" und der „maschinellen Bearbeitung von Auskunftsanträgen". § 82 GBV greift dieses System weitgehend, aber nicht durchgehend auf und definiert in § 82 Abs. 2 GBV den **Begriff** des **eingeschränkten Abrufverfahrens**, aus dem in der Praxis die Bezeichnung des **uneingeschränkten Abrufverfahrens** für die übrigen Fälle abgeleitet wurde (vgl. auch § 133 GBO Rdn 5). Zur entsprechenden Geltung der §§ 82–84 GBV vgl. § 70 SchRegDV. Eine ausführliche Darstellung für Nutzer ist dem Handbuch SolumWEB[1] enthalten.

2 Danach sind als **uneingeschränkt Abrufberechtigte** von den in § 133 Abs. 1 GBO Genannten diejenigen zugelassen, die das Vorliegen eines berechtigten Interesses an der Einsichtnahme nach § 43 GBV nicht darzulegen brauchen, nämlich Behörden, Gerichte, Notare und öffentlich bestellte Vermessungsingenieure.

3 Alle übrigen in § 133 Abs. 1 GBO Genannten, sowie die unter § 133 Abs. 4 GBO Fallenden können als **eingeschränkt Abrufberechtigte** zugelassen werden. Dasselbe gilt für Versorgungsunternehmen (vgl. § 86a GBV Rdn 1 ff.).

4 § 82 GBV trifft die erforderlichen Vorkehrungen, um die Angehörigen der beiden Gruppen von Abrufern durch **allgemeine Codezeichen** identifizieren und authentisieren zu können (vgl. Rdn 6 ff.), sowie die Darlegung des **berechtigten Interesses** in einer maschinengerechten Weise entgegennehmen zu können (vgl. § 133a GBO Rdn 9 ff.).

5 Da eine individuelle Kontrolle bei Vornahme der Abrufe nicht mehr erfolgt, werden Mechanismen für den **Umgang mit den Codezeichen** (siehe Rdn 8), die **Protokollierung der Abrufe** (vgl. Rdn 11) und nachträgliche **Kontrollen** eingeführt.

---

1 Vgl. z.B. https://www.oberlandesgericht-celle.niedersachsen.de/download/32820 besucht 230415.

B. Codezeichen zur Identifizierung und Authentisierung

§ 82 Abs. 1 GBV ordnet an, dass jeder Abrufer bei seinen Abrufen ein **Codezeichen** zu verwenden hat. Zuständig für die Vergabe ist entweder die genehmigende Stelle (vgl. § 81 GBV Rdn 10 f.) oder die Stelle, die das System technisch verwaltet, etwa im Fall von § 126 Abs. 3 GBO (vgl. § 126 GBO Rdn 29).[2]

Das Codezeichen übernimmt die von § 64 Abs. 2 Nr. 1 GBV vorgeschriebene Identifizierung und Authentisierung des Benutzers gegenüber dem System, das im Sinne von § 64 Abs. 2 Nr. 2 und 3 GBV seinerseits in der Lage sein muss, die Berechtigungen zu verwalten und zu überprüfen. Die Funktion des Codezeichens entspricht etwa derjenigen, die die persönliche Identifikationsnummer (PIN) beim Einsatz von Euroscheck- oder Kreditkarten an Bankautomaten oder an Terminals von Zahlungssystemen hat. Ohne diese Art des Sich-Ausweisens gegenüber dem System darf auch ein Abruf aus dem maschinellen Grundbuch systemtechnisch nicht möglich sein. Die Ausgestaltung des Verfahrens im Einzelnen kann variieren.[3]

Im **Umgang mit dem Codezeichen** sind nach § 82 Abs. 1 S. 2 und 3 GBV verschiedene Anforderungen zu beachten:

- Jede abrufberechtigte Stelle erhält **nur ein allgemeines Codezeichen**. Da innerhalb der betreffenden Stellen oft mehrere Personen das Abrufverfahren bedienen sollen, ist vorgesehen, den Gebrauch auf berechtigte Mitarbeiter zu beschränken. Diese sind der genehmigenden Stelle nicht mehr[4] namentlich mitzuteilen, ebenso nicht mehr **Änderungen** bei den Verwendern, etwa das Ausscheiden eines berechtigten Mitarbeiters.
- Die **missbrauchssichere Verwahrung** des Codezeichens hat besonders bei Nutzung durch mehrere Personen Bedeutung. Zu verhindern ist, dass Unbefugte Kenntnis von dem Codezeichen erlangen und dadurch in die Lage versetzt werden, auf den Inhalt des maschinellen Grundbuchs zuzugreifen.
- Die **Ausgabe eines neuen Codezeichens** wird über den Wortlaut der Vorschrift hinaus nicht nur dann in Betracht kommen, wenn bei Mitarbeiterwechsel ein Missbrauch zu befürchten ist, sondern auch in den sonstigen Fällen des möglichen Bekanntwerdens gegenüber Unbefugten, etwa bei Einbruch oder Diebstahl, sowie bei Verlust, technischem Versagen o.Ä. Das Unterlassen der unverzüglichen Einschaltung der Genehmigungsbehörde kann den **Widerruf** der Zulassung (vgl. § 81 GBV Rdn 16) bzw. deren Aussetzung (vgl. § 81 GBV Rdn 19) wegen missbräuchlicher Benutzung rechtfertigen.

C. Darlegungserklärung

Beim eingeschränkten Abrufverfahren (vgl. Rdn 3) besteht zusätzlich zur Identifikations- und Authentifikationsprüfung das Erfordernis, die Anforderungen von §§ 12, 12b GBO zu überprüfen, d.h., die Darlegung eines berechtigten Interesses an der Einsichtnahme festzustellen. Da beim automatisierten Abruf eine Einzelfallprüfung durch einen Grundbuchamtsbediensteten nicht mehr erfolgt, wurde die **kodierte Darlegungserklärung** entwickelt. Nach § 82 Abs. 2 GBV müssen die zum **eingeschränkten Abruf Berechtigten** – und nur diese – ein zusätzliches Codezeichen verwenden, mit dem die Art der Einsichtsberechtigung bezeichnet wird.[5]

§ 82 Abs. 2 S. 2 GBV sieht zwar die Möglichkeit vor, dieses weitere Codezeichen ebenso wie das allgemeine Codezeichen (vgl. Rdn 6 ff.) durch eine zentrale Stelle zuzuteilen. Dies wird aber im Regelfall in der Praxis weniger zweckmäßig sein, weil es dabei nicht um die Mitteilung von nur dem Verwender und dem GBA bekannten Identifikationsdaten geht, die für jeden Abrufer unterschiedlich sind, sondern um eine begrenzte Zahl von Tatbeständen, die zur Einsicht in das Grundbuch berechtigen, und die leicht schematisiert abgebildet werden können (Auflistung vgl. § 133 GBO Rdn 39).[6] Die gängigen Verfahren bieten daher ein Auswahlmenü an, aus dem der Abrufer die für ihn zutreffende Angabe auswählen muss.

---

2 Meikel/*Dressler-Berlin*, GBV § 82 Rn 9.
3 Meikel/*Dressler-Berlin*, GBV § 82 Rn 9 f.
4 VO v. 10.2.1999 (BGBl I 1999, 147).
5 Anders – in völliger Verkennung des Sinns der technischen Überprüfungsvoraussetzungen einerseits und der Rolle des Notars im Rahmen der vorsorgenden Rechtspflege (§ 24 BNotO) andererseits: OLG Celle BeckRS 2013, 04924 = openJur 2013, 20171.
6 Zum Kreis der eingeschränkt Abrufberechtigten vgl. auch Meikel/*Dressler-Berlin*, GBO § 133 Rn 28 ff.

D. Protokollierung

11 Die in § 82 Abs. 2 S. 3–5 GBV a.F. enthaltene Protokollierungspflicht ist weggefallen durch die Verordnung v. 10.2.1999,[7] da sie nach den ersten Erfahrungen mit dem Abrufverfahren in der Praxis als nicht erforderlich angesehen wurde. Stattdessen protokolliert nunmehr das GBA alle Abrufe gem. § 83 GBV.

E. Gebühren

12 Für die erstmalige Einrichtung des Abrufverfahrens entsteht die Gebühr Nr. 1150 KV. Gebührenpflichtig ist nur die Teilnahme am eingeschränkten Abrufverfahren (vgl. § 82 Abs. 2 S. 1 GBV). Die Einrichtung für die Teilnahme am uneingeschränkten Abrufverfahren nach § 133 Abs. 2 GBO ist gebührenfrei.[8]

§ 83 Abrufprotokollierung

(1) Die Rechtmäßigkeit der Abrufe durch einzelne Abrufberechtigte prüft das Grundbuchamt nur, wenn es dazu nach den konkreten Umständen Anlaß hat. Für die Kontrolle der Rechtmäßigkeit der Abrufe, für die Sicherstellung der ordnungsgemäßen Datenverarbeitung und für die Erhebung der Kosten durch die Justizverwaltung protokolliert das Grundbuchamt alle Abrufe. Das Grundbuchamt hält das Protokoll für Stichprobenverfahren durch die aufsichtsführenden Stellen bereit. Das Protokoll muß jeweils das Grundbuchamt, die Bezeichnung des Grundbuchblatts, die abrufende Person oder Stelle, deren Geschäfts- oder Aktenzeichen, den Zeitpunkt des Abrufs, die für die Durchführung des Abrufs verwendeten Daten sowie bei eingeschränktem Abrufverfahren auch eine Angabe über die Art der Abrufe ausweisen.

(2) Die protokollierten Daten dürfen nur für die in Absatz 1 Satz 2 genannten Zwecke verwendet werden. Ferner kann der Eigentümer des jeweils betroffenen Grundstücks oder der Inhaber des grundstücksgleichen Rechts auf der Grundlage der Protokolldaten Auskunft darüber verlangen, wer Daten abgerufen hat; bei eingeschränktem Abruf auch über die Art des Abrufs. Der Abruf durch eine Strafverfolgungsbehörde ist im Rahmen einer solchen Auskunft nicht mitzuteilen, wenn

1. der Abruf zum Zeitpunkt der Auskunftserteilung weniger als sechs Monate zurückliegt und
2. die Strafverfolgungsbehörde erklärt, dass die Bekanntgabe des Abrufs den Erfolg strafrechtlicher Ermittlungen gefährden würde; die Landesjustizverwaltungen können bestimmen, dass die Erklärung durch die Verwendung eines Codezeichens abzugeben ist.

Durch die Abgabe einer erneuten Erklärung nach Satz 3 Nummer 2 verlängert sich die Sperrfrist um sechs Monate; mehrmalige Fristverlängerung ist zulässig. Wurde dem Grundstückseigentümer oder dem Inhaber eines grundstücksgleichen Rechts nach den Sätzen 3 und 4 ein Abruf nicht mitgeteilt und wird der Abruf nach Ablauf der Sperrfrist aufgrund eines neuerlichen Auskunftsbegehrens bekannt gegeben, so sind die Gründe für die abweichende Auskunft mitzuteilen. Die protokollierten Daten sind durch geeignete Vorkehrungen gegen zweckfremde Nutzung und gegen sonstigen Mißbrauch zu schützen.

(2a) Für die Mitteilung des Abrufs durch eine Verfassungsschutzbehörde, den Bundesnachrichtendienst, den Militärischen Abschirmdienst oder die Zentralstelle für Sanktionsdurchsetzung im Rahmen einer Auskunft nach Absatz 2 Satz 2 gilt § 46a Absatz 3a entsprechend. Die Landesjustizverwaltungen können bestimmen, dass die Erklärung nach § 46a Absatz 3a Satz 1 GBV durch die Verwendung eines Codezeichens abzugeben ist.

(3) Nach Ablauf des zweiten auf die Erstellung der Protokolle folgenden Kalenderjahres werden die nach Absatz 1 Satz 2 gefertigten Protokolle vernichtet. Die Protokolldaten zu Abrufen nach Absatz 2 Satz 3 und Absatz 2a Satz 1 werden für die Dauer von zwei Jahren nach Ablauf der Frist, in der eine Bekanntgabe nicht erfolgen darf, für Auskünfte an den Grundstückseigentümer oder den Inhaber eines grundstücksgleichen Rechts aufbewahrt; danach werden sie gelöscht. Protokolle, die im Rah-

---

7 Vgl. BGBl I 1999, 147.
8 Schneider/Volpert/Fölsch, Gesamtes Kostenrecht, Teil 2: Gesetz über Kosten in Angelegenheiten der Justizverwaltung (Justizverwaltungskostengesetz – JVKostG) Kostenverzeichnis Teil 1 Hauptabschnitt 1 Abschnitt 5 KV JVKostG Nr. 1150–1152 Rn 8, beck-online.

men eines Stichprobenverfahrens den aufsichtsführenden Stellen zur Verfügung gestellt wurden, sind dort spätestens ein Jahr nach ihrem Eingang zu vernichten, sofern sie nicht für weitere bereits eingeleitete Prüfungen benötigt werden.

A. Allgemeines	1	C. Auswertung der Protokolle; Auskunftspflicht; Aufbewahrung	8
B. Protokollierungspflicht	5	D. Verhältnis zu anderen Vorschriften	14

A. Allgemeines

Da beim automatisierten Abrufverfahren die Möglichkeit einer präventiven Einzelfallüberprüfung von Abrufen nicht besteht, sehen die dafür geltenden Vorschriften ein System von präventiven und nachträglichen Maßnahmen vor, mit denen insbesondere die Beachtung von §§ 12, 12b GBO sichergestellt werden soll. Mit dem ERVGB aus dem Jahr 2009 wurde die Vorschrift umfassend erweitert. Der Zugriff der Zentralstelle für Sanktionsdurchsetzung wurde mit dem Sanktionsdurchsetzungsgesetz II v. 19.12.2022 (BGBl I S. 2606) eingeführt. Die Fristen in § 83 Abs. 3 GBV wurden mit dem DaBaGG verlängert. Auf die Regelung in § 83 GBV nimmt die Luftfahrzeugpfandrechtsregisterverordnung (LuftRegV), Verordnung vom 2.3.1999,[1] zuletzt geändert durch Art. 4 Abs. 12 Gesetz vom 11.8.2009,[2] § 15 LuftRegV (Automatisierter Abruf von Daten) für die entsprechende Anwendung der Protokollierung Bezug, ebenso die anderen Registerbestimmungen (vgl. § 64 GBV Rdn 3).

Präventive Maßnahmen sind das Zulassungsverfahren (siehe § 81 GBV Rdn 7 ff.), die Vergabe von Codezeichen zur Identifizierung der Abrufer (siehe § 82 GBV Rdn 6 ff.), sowie die kodierte Darlegungserklärung (siehe § 82 GBV Rdn 9 f.).

§ 133 Abs. 5 S. 2 GBO ordnet ferner zum Zweck der **nachträglichen Überprüfbarkeit** die Führung eines **Protokolls** über die im Wege des automatisierten Abrufverfahrens vorgenommenen Abrufe an. § 83 GBV enthält Ausführungsvorschriften zum **Umfang** der Protokollierung (vgl. Rdn 7), zum **Inhalt** (vgl. Rdn 6), und zur **Auswertung** (vgl. Rdn 8 f.) der Protokolle. Die Vorschrift fügt sich gleichwohl nicht nahtlos in das System der Grundbuchverfügung ein (siehe Rdn 1). Zur eingeschränkten Protokollierungspflicht der Notare über Mitteilungen des Grundbuchinhalts in bestimmten Fällen vgl. § 133a GBO Rdn 16 f. und § 85a GBV Rdn 1.

Das Protokoll wird nicht etwa von einer Person erstellt, sondern aufgrund eines vorprogrammierten Ablaufs auf der Grundbuchrechenanlage, die sich ggf. nach § 126 Abs. 3 GBO außerhalb des GBA befinden kann, automatisiert aufgezeichnet und auf einem geeigneten Datenspeicher abgelegt.

B. Protokollierungspflicht

Die historisch komplex geregelte Protokollierungspflicht wurde durch die Verordnung vom 10.2.1999[3] wesentlich vereinfacht, in § 83 Abs. 2 GBV wurden die Sätze 3–5 eingefügt, der bisherige Satz 3 wurde zu Satz 6, Abs. 3 S. 2 wurde eingefügt, der bisherige Satz 2 wurde Satz 3 mit ERVGBG von 2009.[4] Mit dem DaBaGG[5] wurden die Fristen für die Aufbewahrung von Protokolldaten im automatisierten Grundbuchabrufverfahren an die in § 46a Abs. 4 GBV vorgesehenen Aufbewahrungsfristen für Protokolle zu Grundbucheinsichten angepasst.

---

1 Vgl. BGBl I 1999, 279.
2 Siehe BGBl I 2009, 2713.
3 Vgl. BGBl I 1999, 147.
4 BGBl I 2009, 2713.
5 BT-Drucks 17/14190, 23.

6 Das Protokoll enthält nach § 83 Abs. 1 S. 2 GBV **Angaben** zu GBA, Grundbuchblatt, Abrufer, dessen Geschäfts- oder Aktenzeichen, Abrufdatum und – beim eingeschränkten Abrufverfahren – die Darlegungserklärung in kodierter oder offener Form.

7 Sinnvollerweise muss das Protokoll zur Überprüfung nach verschiedenen Kriterien **aufbereitet** werden können, insbesondere **geordnet nach Grundbuchstellen** bzw. **Eigentümern** (vgl. § 133 Abs. 5 S. 2 GBO) sowie nach **Abrufern** (vgl. §§ 82 Abs. 2, 83 Abs. 2 S. 2, Abs. 3 S. 3 GBV).

C. Auswertung der Protokolle; Auskunftspflicht; Aufbewahrung

8 Nähere Vorschriften über die Behandlung des Protokolls enthält die Vorschrift nicht mehr. Das Protokoll muss nunmehr nur noch für **Stichprobenverfahren** durch die aufsichtsführenden Stellen bereitgehalten werden. Neben Zwecken der **Überprüfung** dient es nunmehr ausdrücklich auch der **Kostenberechnung**.

9 Die Ausgestaltung des in § 133 Abs. 5 S. 2 GBO angelegten Verfahrens ist in § 83 Abs. 2 S. 3–5 GBV bei Einschaltung einer **Strafverfolgungsbehörde**[6] nunmehr ausgiebig geregelt. Diese speziellen Abrufe sollen dem Grundstückseigentümer oder dem Inhaber eines grundstücksgleichen Rechts nur so lange nicht bekannt gegeben werden, wie die Gefährdung des Ermittlungserfolgs fortbesteht. Durch ein stark formalisiertes Verfahren[7] soll der Mehraufwand für die GBA und die Landesjustizverwaltungen auf ein Minimum beschränkt werden, auch wenn sämtliche Abrufe protokolliert werden.

10 Stellt der Grundstückseigentümer oder der Inhaber eines grundstücksgleichen Rechts nach Ablauf der Sperrfrist einen erneuten Antrag auf Auskunft über die Abrufe aus dem Grundbuch, ist ihm der Abruf durch die Strafverfolgungsbehörde mitzuteilen, soweit die Frist zur Aufbewahrung der Protokolldaten noch nicht abgelaufen ist (zur Aufbewahrungsfrist vgl. § 83 Abs. 3 S. 2 GBV). Gleichzeitig ist dem Antragsteller mitzuteilen, warum der Abruf in der früheren Auskunft nicht bekannt gegeben wurde, siehe § 83 Abs. 2 S. 5 GBV. Das GBA gibt dem Grundstückseigentümer oder dem Inhaber eines grundstücksgleichen Rechts nur auf Anfrage Auskunft über die erfolgten Abrufe aus dem Grundbuch. Die **Aufbewahrungszeit** ist in allen Fällen beschränkt auf den **Ablauf des zweiten Kalenderjahrs**, das auf die Erstellung des Protokolls folgt. Innerhalb dieser Frist kann eine **Einsichtnahme durch den Eigentümer**[8] sowie eine **Auswertung durch die zuständige Stelle** (entweder die Aufsichtsstelle oder – soweit eine solche nicht besteht – durch die genehmigende Stelle, vgl. § 83 Abs. 3 S. 1 GBV) vorgenommen werden. Eine dauerhafte Archivierung der Protokolle ist mit Rücksicht auf die entstehende Datenmenge und auch den Datenschutz nicht vorgesehen.

11 § 83 Abs. 3 S. 2 GBV verlängert diese **Frist für Protokolldaten zu Abrufen durch die Strafvollstreckungsbehörden**, in dem diese nach Ablauf der Sperrfrist noch zwei weitere Jahre für Auskünfte an die Berechtigten zur Verfügung stehen müssen. Die vorgesehene Zeitspanne orientiert sich an der sich aus § 83 Abs. 3 S. 1 GBV ergebenden Mindestaufbewahrungszeit der Protokolle. Nach Ablauf der Frist sind auch in diesen Fällen die Daten zu löschen.

12 Die protokollierten Daten sind durch geeignete Vorkehrungen gegen zweckfremde Nutzung und gegen sonstigen Missbrauch zu schützen (siehe § 83 Abs. 2 S. 6 GBV), was auch dem Datenschutz dient.

13 Mangels expliziter Regelung sind die jeweils zuständigen Aufsichtsstellen nach allgemeinen Grundsätzen[9] zu bestimmen, bei Notaren z.B. die Präsidenten der Landgerichte. Das Bestehen einer Aufsicht für eine effiziente Kontrolle ist aber der Vorschrift immanent (zu den zusätzlichen Kontrollen bei Fehlen einer solchen Stelle und beim eingeschränkten Abrufverfahren siehe § 84 GBV Rdn 6).

---

6 Die Strafverfolgungsbehörden kann durch die Abgabe einer Erklärung, dass die Bekanntgabe des Abrufs den Erfolg strafrechtlicher Ermittlungen gefährden würde, bzgl. des fraglichen Abrufs eine 6-monatige Auskunftsunterdrückung bewirken können, eine Verlängerung der Sperrfrist ist zulässig. Eine Prüfungsbefugnis oder gar -pflicht des GBA oder der Justizverwaltung in Bezug auf die Erforderlichkeit der Maßnahme besteht nicht. Die Erklärung ist der Strafverfolgungsbehörde – wie in den Fällen des § 82 Abs. 2 GBV – durch Verwendung eines entsprechenden Codezeichens abzugeben.

7 BT-Drucks 16/12319, 35.

8 Zu den Einzelheiten zur Realisierung des Auskunftsanspruchs: Meikel/*Dressler-Berlin*, GBV § 83 Rn 15 ff.

9 Meikel/*Dressler-Berlin*, GBV § 83 Rn 21 f.; zur Prüfung von Grundbucheinsichten im Zusammenhang mit den Geschäftsprüfungen bei Notaren vgl. *Püls*, Beck'sches Notarhandbuch, § 34 Rn 45, 49.

D. Verhältnis zu anderen Vorschriften

Zur Frage des Verhältnisses von § 83 GBV zur **Einsicht nach § 79 GBV beim Grundbuchamt** selbst wurde zu Recht darauf hingewiesen,[10] dass der Auskunftsanspruch des Eigentümers systematisch nicht schlüssig ist, da eine entsprechende Auskunftsmöglichkeit für den Eigentümer beim Papiergrundbuch generell und beim maschinellen Grundbuch in all den Fällen nicht besteht, in denen eine Protokollierungspflicht nicht vorgesehen ist. Allerdings wurde zum 1.10.2014 auch für die Einsicht im GBA die umfassende Protokollierungspflicht eingeführt (**§ 12 Abs. 4 GBO, § 46a GBV**). Sie gilt nun auch für die Fälle der **Einsicht nach § 132 GBO bei einem anderen als dem örtlich zuständigen Grundbuchamt** sowie bei der **Fertigung von Ausdrucken nach § 78 GBV**.

14

§ 84 Kontrolle

Die berechtigte Person oder Stelle, die einer allgemeinen Aufsicht nicht unterliegt oder die zum eingeschränkten Abrufverfahren berechtigt ist, muß sich schriftlich bereit erklären, eine Kontrolle der Anlage und ihrer Benutzung durch die genehmigende Stelle zu dulden, auch wenn diese keinen konkreten Anlaß dafür hat. § 133 Abs. 5 der Grundbuchordnung bleibt unberührt.

A. Zusätzliche Kontrolle 1	B. Die der besonderen Kontrolle Unterworfenen 6

A. Zusätzliche Kontrolle

§ 84 GBV sieht vor, dass über die in § 133 Abs. 5 GBO vorgesehene Protokollierungspflicht hinaus für die in der Vorschrift genannten beiden Nutzergruppen zusätzliche Kontrollen ihrer Anlage sowie deren Benutzung stattfinden. Die Kontrollen können **ohne konkreten Anlass** durchgeführt werden, erst recht aber, wenn der Verdacht auf Unregelmäßigkeiten besteht. Auf die Regelung in § 84 GBV nimmt die Verordnung zur Durchführung der Schiffsregisterordnung (SchRegDV), neugefasst durch den Beschluss v. 30.11.1994,[1] zuletzt geändert durch Art. 157 Verordnung vom 31.8.2015,[2] § 70 SchRegDV Bezug.

1

Die **Zuständigkeit** liegt bei der **Genehmigungsbehörde** selbst, die sich bei der Durchführung jedoch der Unterstützung etwa des mit den Grundbuchanlagen betrauten Fachpersonals bedienen kann.

2

Unter **Anlage** ist die Gesamtheit der zum Abruf benutzten Hard- und Software einschließlich der Kommunikationseinrichtungen zu verstehen, soweit sie beim automatisierten Abruf zum Einsatz gelangen. Sonstige, für andere Zwecke betriebene EDV-Anlagen bleiben außer Betracht, soweit von ihnen keine störenden Auswirkungen auf den Abrufbetrieb ausgehen können.

3

Die Kontrolle der **Benutzung** umfasst die innerbetriebliche Organisation des Abrufverfahrens (etwa den Umgang mit den Codezeichen, die Auswahl der verantwortlichen Mitarbeiter etc.) sowie die Art und Weise der Durchführung einzelner Abrufe (ordnungsgemäße Verwendung der Codezeichen; Sicherstellung, dass Abrufe nur zu den erlaubten Zwecken stattfinden etc.).

4

Die zusätzliche Kontrolle hat den Sinn, **präventiv** zu wirken und zwar sowohl gegen unbeabsichtigte Störungen des Abrufbetriebs als auch gegen etwaige Missbräuche. Die **schriftlich zu erklärende Einwilligung**, die mit dem Antrag auf Genehmigung (vgl. § 81 GBV Rdn 8) oder mit der abzuschließenden Verwaltungsvereinbarung bzw. dem öffentlich-rechtlichen Vertrag (vgl. § 81 GBV Rdn 7) verbunden werden kann, führt den Betroffenen dieses Anliegen vor Augen.

5

---

10 Meikel/*Dressler-Berlin*, GBV § 83 Rn 17.
1 Vgl. BGBl I 1994, 3631; BGBl I 1995, 249.
2 BGBl I 2015, 1474.

B. Die der besonderen Kontrolle Unterworfenen

6 Die Vorschrift sieht vor, dass die besonderen Kontrollen bei zwei Nutzerkreisen durchgeführt werden:

- Bei **Personen oder Stellen, die keiner Aufsichtspflicht unterliegen**, da hier keine regelmäßigen und regulären Kontrollen der Amts- oder Geschäftsführung stattfinden, anlässlich deren etwaige Missbräuche oder Störungsquellen entdeckt werden könnten. § 84 GBV soll hierfür einen gewissen, auf das Abrufverfahren beschränkten Ausgleich schaffen.
- Bei **zum eingeschränkten Abruf Berechtigten**, da ihnen die Abrufberechtigung im Gegensatz zu den uneingeschränkt Berechtigten nicht im Hinblick auf eine von ihnen wahrgenommene amtliche bzw. öffentlich-rechtlich strukturierte Funktion erteilt worden ist, sondern vielmehr vor einem individuellen wirtschaftlichen Hintergrund. Auch das Verfahren der kodierten Darlegungserklärung (vgl. § 82 GBV Rdn 9 f.), bei dem keine präventive Prüfung des berechtigten Interesses mehr stattfindet, lässt die Möglichkeit, bei einzelnen Abrufberechtigten zusätzliche Kontrollen durchzuführen, geboten erscheinen.

§ 85 Erteilung von Grundbuchabdrucken durch Notare

Der von dem Notar erteilte Grundbuchabdruck (§ 133a Absatz 1 Satz 2 der Grundbuchordnung) ist mit der Aufschrift „Abdruck" und dem Hinweis auf das Datum des Abrufs der Grundbuchdaten zu versehen. Der Abdruck steht einem amtlichen Ausdruck gleich, wenn er die Kennzeichnung „beglaubigter Ausdruck" trägt, einen vom Notar unterschriebenen Beglaubigungsvermerk enthält und mit dem Amtssiegel des Notars versehen ist. Der Ausdruck nach Satz 1 kann dem Antragsteller auch elektronisch übermittelt werden.

A. Allgemeines 1   C. Kosten 6
B. Anforderungen 3

A. Allgemeines

1 Die Norm wurde mit dem Gesetz zur Übertragung von Aufgaben im Bereich der freiwilligen Gerichtsbarkeit auf Notare mit Wirkung zum 1.9.2013 beim seit 2009 unbelegten § 85 GBV[1] eingefügt. Die bisherige Regelung des § 80 S. 2 GBV a.F., wonach **Abdrucke** den **Ausdrucken** nicht gleichstehen, war mit der Neuregelung überholt und wurde aufgehoben. Mit dem DaBaGG wurde die Regelung für die Erteilung von beglaubigten Abdrucken an die entsprechenden Regelungen in § 78 Abs. 2 GBV für die Erteilung von amtlichen Ausdrucken durch das GBA angepasst.[2]

2 Mit der Verankerung der Zuständigkeit der Notare auch für die Erteilung von Abdrucken war die Anpassung der Terminologie geboten. Unabhängig von der Terminologie hatte sich – entsprechende der Bedeutung des Grundbuches als öffentliches Register in einer Volkswirtschaft und unabhängig vom langwierigen Gesetzgebungsprozess bei der Aufgabenübertragung – in der Praxis schon die Kenntnis durchgesetzt, dass der Notar die Einsicht bei berechtigtem Interesse auch als Ausdruck (wenn auch nicht als Abdruck) zur Verfügung stellen kann. Wurde die Form einer öffentlichen Urkunde benötigt, so gab es beim Notar zwar keinen „amtlichen Ausdruck", wohl aber einen Ausdruck versehen mit der amtlichen Feststellung des Notars in Vermerkform.[3]

---

[1] Der historische § 85 GBV a.F. ist bereits mit dem ERVGBG, Gesetz v. 11.8.2009 (BGBl I 2009, 2713 m.W.v. 1.10.2009), aufgehoben worden; zuvor waren hier Gebührenvorschriften geregelt, die dann in die JVKostO aufgenommen wurden und nun im GNotKG geregelt sind.

[2] Der Wortlaut des Gesetzes zur Aufgabenübertragung war unter formalen Gesichtspunkten bereits zum Zeitpunkt des Inkrafttretens (BGBl I 2013, 1800 ff.) kritikwürdig. Mit dem DaBaGG wurde nachgebessert. Zum Ganzen vgl. *Püls*, NotBZ 2013, 329 ff.

[3] Vgl. zu dieser weit verbreiteten Praxis: *Bettendorf*, 50 Jahre BNotK, Sonderheft DNotZ 2011, 9 ff., 24.

B. Anforderungen

Auch künftig wird der Notar zwar keine „amtlichen Ausdrucke" erstellen, aber seine nach § 133a Abs. 1 GBO erteilten stehen diesen nunmehr gleich, wenn der Abdruck die Kennzeichnung „beglaubigter Abdruck" trägt. Außerdem muss der Abdruck einen **Beglaubigungsvermerk** tragen. Dieser Begriff ist nirgends legal definiert, aber erfasst in der notariellen Praxis die Vermerke über die Echtheit einer Unterschrift und die über die Vermerke bei Beglaubigung einer Abschrift.[4] Da das Gesetz auch von der nur auszuweisenden Mitteilung des Grundbuchinhaltes durch den Notar ausgeht (vgl. § 85a GBV Rdn 2 ff.), kann dies im Vermerk ebenfalls zum Ausdruck gebracht werden. Ein Datum ist nicht vorgesehen, aber auch aus Haftungsgründen vom Notar zweckmäßigerweise vorzusehen.

Formulierungsbeispiel Beglaubigungsvermerk:

Beglaubigter Ausdruck des Grundbuchs – aufgrund Einsicht in das elektronische Grundbuch beglaubige ich, dass der nachfolgend beigefügte Abdruck mit dem heute eingesehenen Grundbuchstand übereinstimmt. [Datum, Unterschrift des Notars, Siegel].

Zudem wird die **elektronische Übermittlung des einfachen Abdrucks zugelassen**. Dies entspricht der für einfache Ausdrucke des GBA geltenden Regelung des § 78 Abs. 1 S. 2 GBV. Die Vermerke des Notars können in diesem Fall auch direkt in der Form des § 39a BeurkG an der Datei angebracht werden.[5]

C. Kosten

Zu den Kosten für die Abdrucke wurde eine Regelung[6] vom GNotKG gleich mit übernommen:

Erteilt der Notar nach § 133a GBO im Auftrag eines Beteiligten Abdrucke von Grundbuch- oder Registerblättern, so erhält er

a) für einen Abdruck eine Gebühr von 10 EUR (KV 25210);
b) für einen beglaubigten Abdruck eine Gebühr von 15 EUR (KV 25211).

Für die Ergänzung oder Bestätigung von Abdrucken wird dieselbe Gebühr wie für die Erteilung erhoben. Neben der Gebühr nach Satz 1 werden Gebühren nach Abs. 1 sowie die Dokumentenpauschale nicht erhoben.

Wird anstelle eines Abdrucks in den Fällen der Gebühren KV 25210 und KV 25211 die elektronische Übermittlung einer beglaubigten Datei beantragt, so fallen 10 EUR nach KV 25213 bzw. 5 EUR nach KV 25212 für eine unbeglaubigte Datei an.

Werden zwei elektronische Dateien gleichen Inhalts in unterschiedlichen Dateiformaten gleichzeitig übermittelt, wird die Gebühr KV 25212 bzw. KV 25213 nur einmal erhoben. Sind beide Gebührentatbestände erfüllt, wird die höhere Gebühr erhoben.

Kraft ausdrücklicher Anordnung in Anm. zu KV 25211 wird neben den Gebühren KV 25210 oder KV 25211 keine Dokumentenpauschale erhoben. Andere Auslagen können anfallen, insbesondere werden die Grundbuchabrufgebühren weiterberechnet (KV 32011).

Bei einer isolierten Einsicht (vgl. § 133a GBO Rdn 16) ist zusätzlich die Gebühr nach KV 25209 zu erheben, um das gesonderte Prüfungsverfahren durch den Notar zu honorieren.[7]

---

4 BeckOK-BNotO/*Sander*, 7. Ed. 1.3.2023, BNotO § 20 Rn 57; Grundlegend *Reithmann*, Vorsorgende Rechtspflege durch Notare und Gerichte, 1989, S. 108 ff.

5 Vgl. § 78 Rn 7 und Kilian/Sandkühler/v. Stein/*Püls*, Praxishandbuch Notarrecht, 2017, § 15 Rn 82 ff., 132.

6 Art. 8 Nr. 6 des G. v. 26.6.2013, BGBl I 2013, 1800; BT-Drucks 17/13537, 272.

7 A.A.: Ländernotarkasse Leipzig mit Blick auf bloße Anwendbarkeit von KV 25209 nur bei Nichterteilung der Einsicht, vgl. Leipziger Kostenspiegel Rn 8.196; vgl. auch *Böhringer*, DNotZ 2014, 23.

| § 85a | Protokollierung der Mitteilung des Grundbuchinhalts durch den Notar |

(1) Das Protokoll, das nach § 133a Absatz 3 Satz 1 der Grundbuchordnung über die Mitteilung des Grundbuchinhalts durch den Notar zu führen ist, muss enthalten:
1. das Datum der Mitteilung,
2. die Bezeichnung des Grundbuchblatts,
3. die Bezeichnung der Person, der der Grundbuchinhalt mitgeteilt wurde, und gegebenenfalls die Bezeichnung der von dieser vertretenen Person oder Stelle und
4. die Angabe, ob ein Grundbuchabdruck erteilt wurde.

(2) Das Protokoll darf nur für die Überprüfung der Rechtmäßigkeit der Mitteilung sowie die Unterrichtung des Eigentümers des Grundstücks oder des Inhabers eines grundstücksgleichen Rechts nach § 133a Absatz 3 Satz 2 der Grundbuchordnung verwendet werden. § 83 Absatz 2 Satz 6 und Absatz 3 gilt entsprechend

A. Protokoll über die Mitteilung 1	C. Überprüfung und Schutz des Protokolls . 7
B. Inhalt des Protokolls 2	

A. Protokoll über die Mitteilung

1 Wie bereits aus dem Wortlaut des § 133a GBO hervorgeht, ist vom Notar kein Verzeichnis über die Grundbucheinsichten als solches zu führen, sondern nur unter engen Voraussetzungen (vgl. § 133a GBO Rdn 16) ein **Protokoll über die Mitteilung des Grundbuches in diesen Ausnahmefällen**. Die Anlage oder auch Vorlage eines Protokolls über vom Notar getätigte Einsichten als solches ist also mit dem Gesetz zur Übertragung von Aufgaben im Bereich der freiwilligen Gerichtsbarkeit auf Notare im Jahr 2013 nicht eingeführt worden.[1] Auch gilt die Vorschrift nicht für Abrufe aus Hilfsverzeichnissen: Anders als für die Abrufverfahren einschlägige Bestimmung des § 133 GBO erwähnt § 133a GBO diese nicht. Bei Mitteilung des Inhaltes nur aus den Hilfsverzeichnissen ist also eine Protokollierungspflicht gesetzlich nicht vorgeschrieben. Das Protokoll unterliegt einer **stichprobenartigen** Kontrolle (vgl. Rdn 10). Die Führung in elektronischer Form ist nicht vorgeschrieben, aber zulässig. Ein Papierausdruck des Protokolls genügt zur Ermöglichung der stichprobenartigen Kontrolle im Rahmen einer aufsichtlichen Prüfung.

B. Inhalt des Protokolls

2 In den Fällen, in denen der Notar ein Protokoll über die Mitteilung des Grundbuchinhaltes zu führen hat (vgl. § 133a GBO Rdn 16), ist ein zwingender **Mindestinhalt** vorgeschrieben. Freilich kann der Notar im Rahmen der sachlichen Unabhängigkeit[2] auch weitere Aspekte mit in ein solches Register aufnehmen.

3 Der Notar hat in das Protokoll das **Datum der Mitteilung an den Mitteilungsempfänger** aufzunehmen. Auf das Datum der Einsicht kommt es nicht an. Da es auch bei zunächst behauptetem berechtigten Interesse des Notars nach einer Einsicht und Überprüfung/Bewertung des Inhaltes durch den Notar vor einer Weitergabe sein kann, dass das dargelegte Interesse für eine Mitteilung an den Auftraggeber der Einsicht nicht ausreichend im Sinne des berechtigen Interesses (§ 12 GBO) ist, wird es auch Einsichten geben, die der Notar zwar vorgenommen hat, die er aber eben nicht weitergegeben und damit nicht mitgeteilt hat (vgl. § 133a GBO Rdn 10). Hier ist ebenfalls keine Aufzeichnung geschuldet. Im Rahmen einer aufsichtlichen Prüfung sollte der Notar aber unabhängig vom Nichtbestehen einer Aufzeichnungspflicht in der Lage sein, den Anlass der Einsicht als solcher nachzuvollziehen. Das dürfte dem Notar in diesen Ausnahmefällen aber auch ohne die Führung eines „Registers" oder Protokolls möglich sein.[3]

4 Weiter hat das Register in den registrierungspflichtigen Fällen die **Bezeichnung des Grundbuchblatts** zu enthalten. Dies dient der exakten Zuordnung des mitgeteilten Inhalts.

---

1 *Püls*, NotBZ 2013, 329, zust.: *Böhringer*, DNotZ 2014, 16.
2 *Püls*, in: Beck'sches Notar-Handbuch, M I Rn 22.
3 Vgl. dazu *Bettendorf*, 50 Jahre BNotK, Sonderheft DNotZ 2011, 9 ff., 25.

Das Protokoll hat zu enthalten die Bezeichnung **der Person, der der Grundbuchinhalt mitgeteilt wurde**. Unter Bezeichnung ist die adressmäßige Erfassung zu verstehen, die eine Individualisierung des Mitteilungsempfängers möglich macht: Name, Ort, Anschrift. Aber auch andere Formen der Individualisierung, die eine Kontrolle ermöglichen, sind zulässig. Dies gilt auch, wenn die Personen – für den Notar erkennbar – für eine **vertretene Person oder Stelle** gehandelt haben. Vertretungsnachweise sind aber nicht zu dokumentieren. Für die Prüfung der Berechtigung zur Weitergabe wird der Notar in diesen Fällen auf den Vertretenen oder die vertretene Stelle abstellen.

Schließlich ist in das Protokoll aufzunehmen **die Angabe, ob ein Grundbuchabdruck erteilt** wurde. Da die Datei – etwa im PDF-Format – dem Abdruck gleichsteht (vgl. § 85 GBV Rdn 5), wäre auch dieser Umstand aufzunehmen, nicht aber die Übermittlungsart als solches oder – wenn kein (kompletter) Abdruck weitergegeben wurde – Ausführungen darüber, in welchem Umfang der Grundbuchinhalt tatsächlich mitgeteilt wurde. Freilich dürften solche Feststellungen im Protokoll zulässig und hilfreich sein.[4]

C. Überprüfung und Schutz des Protokolls

Die protokollierten Daten sind durch geeignete Vorkehrungen gegen zweckfremde Nutzung und gegen sonstigen Missbrauch zu schützen, was sich aus dem Verweis auf § 83 Abs. 2 S. 6 GBV ergibt (vgl. § 83 GBV Rdn 12). Diese Vorgabe entspricht dem Datenschutz.

Nach Ablauf des auf die Erstellung der **Protokolle** nächstfolgenden Kalenderjahres sind die Protokolle über die Mitteilungspflicht zu **vernichten**, § 85a Abs. 2 i.V.m. § 83 Abs. 3 S. 1 GBV. Auch hier – wie bei der Pflicht zum Schutz der Protokolle steht der Gedanke des Datenschutzes im Vordergrund. Benötigt der Notar die Daten nicht für seine betreuende Tätigkeit im Rahmen der vorsorgenden Rechtspflege – für diese gilt dann die Vernichtungspflicht nach § 5 Abs. 4 DONot – hat er die im Protokoll festgehaltenen Daten zeitnah zu löschen. Erfolgte eine Mitteilung im Jahr 10, so hat deren Vernichtung mit Ablauf des Jahres 12 zu erfolgen.

Der Verweis auf die **Abrufe durch eine Strafverfolgungsbehörde** und die damit in Zusammenhang stehenden Einschränkungen der Auskunftspflicht nach § 83 Abs. 3 S. 2 i.V.m. Abs. 2 S. 3 wird beim Notar kaum eine Rolle spielen, da die Behörden sich in den seltensten Fällen an den Notar zur Einsicht im Rahmen von Strafverfolgungsmaßnahmen wenden werden.[5]

§ 85a Abs. 2 i.V.m. § 83 Abs. 3 S. 3 GBV richtet sich an die Aufsichtsorgane, denen Protokolle über erfolgte Mitteilungen im Rahmen eines **Stichprobenverfahrens** zur Verfügung gestellt wurden (vgl. § 83 GBV Rdn 8). Dort sind diese Protokolle spätestens ein Jahr nach ihrem Eingang zu vernichten, sofern sie nicht für weitere bereits eingeleitete Prüfungen benötigt werden. Das kann eine jahrgangsweise Zusammenfassung aller einschlägigen Protokolle nahelegen, führt man diese in Papier. Bei Führung in Dateiform ist dies nicht zwingend, da eine Datei auch programmtechnisch zur Vernichtung leichter ausgesondert werden kann. Bei der Einsichtgewährung gegenüber dem aktuellen Eigentümer steht dem Notar kein Ermessen zu. Der Notar hat insoweit nur zu prüfen, ob die Anfrage auf Einsicht in das entsprechende Protokoll vom jeweiligen aktuellen Eigentümer (bezogen auf den Einsichtszeitraum) verlangt wird. Da es sich insoweit um eine Amtspflicht des Notars handelt, ist gegen die Weigerung die Beschwerde nach § 15 Abs. 2 BNotO eröffnet.[6] Ebenso dürfte daher der Notar die Möglichkeit eines Vorbescheids bei Zweifelsfragen haben.

---

4 Formulierungsmuster bei *Böhringer*, DNotZ 2014, 22.
5 Angesichts des klaren Auftrags des Notars im Rahmen der vorsorgenden Rechtspflege tätig zu werden, besteht sogar ein Weigerungsrecht des Notars, solche Einsichten vorzunehmen. Strafverfolgung erfolgt im öffentlichen Interesse und unterfällt damit dem Verbot des § 133a Abs. 2 GBO.
6 Meikel/*Dressler-Berlin*, GBV § 85a Rn 8, 9.

Unterabschnitt 6. Zusammenarbeit mit den katasterführenden Stellen und Versorgungsunternehmen

§ 86 Zusammenarbeit mit den katasterführenden Stellen

(1) Soweit das amtliche Verzeichnis (§ 2 Abs. 2 der Grundbuchordnung) maschinell geführt wird und durch Rechtsverordnung nach § 127 Absatz 1 Satz 1 Nummer 1 der Grundbuchordnung nichts anderes bestimmt ist, kann das Grundbuchamt die aus dem amtlichen Verzeichnis für die Führung des Grundbuchs benötigten Daten aus dem Liegenschaftskataster anfordern, soweit dies nach den katasterrechtlichen Vorschriften zulässig ist.

(2) Soweit das Grundbuch maschinell geführt wird, dürfen die für die Führung des amtlichen Verzeichnisses zuständigen Behörden die für die Führung des automatisierten amtlichen Verzeichnisses benötigten Angaben aus dem Bestandverzeichnis und der ersten Abteilung anfordern.

(3) Die Anforderung nach den Absätzen 1 und 2 bedarf keiner besonderen Genehmigung oder Vereinbarung. Auf Ersuchen der Flurbereinigungsbehörde, der Umlegungsstelle, der Bodensonderungsbehörde, der nach § 53 Abs. 3 und 4 des Landwirtschaftsanpassungsgesetzes zuständigen Stelle oder des Amtes oder des Landesamtes zur Regelung offener Vermögensfragen übermittelt das Grundbuchamt diesen Behörden die für die Durchführung eines Bodenordnungsverfahrens erforderlichen Daten aus dem Grundbuch der im Plangebiet gelegenen Grundstücke, Erbbaurechte und dinglichen Nutzungsrechte. Bei Fortführungen der Pläne durch diese Behörden gelten Absatz 1 und Satz 1 entsprechend.

(4) Die Übermittlung der Daten kann in den Fällen der vorstehenden Absätze auch im automatisierten Verfahren erfolgen.

A. Allgemeines 1	C. Zusammenarbeit mit den Bodenordnungsbehörden 7
B. Zusammenarbeit mit den katasterführenden Stellen 4	

A. Allgemeines

1 Während § 127 GBO die Rechtsgrundlage für eine langfristig anzustrebende echte Integration von Grundbuch und Kataster schafft, ermöglicht § 86 GBV den Ländern in der Übergangszeit die **Einrichtung von Kooperationsmöglichkeiten**, die die Aufrechterhaltung der Übereinstimmung von Grundbuch und Kataster mit technischen Mitteln unterstützen, ohne eine weitergehende Integration bereits zu erfordern bzw. herbeizuführen. Mit dem DaBaGG wurde der Verweis auf eine mögliche Rechtsverordnung (§ 127 Abs. 1 S. 1 Nr. 1 GBO) lediglich präzisiert.[1]

2 Über den Wortlaut des Titels der Vorschrift hinaus regelt § 86 GBV nicht nur in Abs. 1 und 2 (siehe Rdn 4 ff.) die **Zusammenarbeit mit den Katasterbehörden**, sondern auch in Abs. 3 (siehe Rdn 7 ff.) die **Zusammenarbeit mit den Bodenordnungsbehörden**.

3 Alle Kooperationsformen sind frei von besonderen Genehmigungserfordernissen, § 86 Abs. 3 S. 1 GBV, setzen aber eine Verständigung über die notwendigen technischen Vorkehrungen voraus, die angesichts der auf beiden Seiten bereits vorhandenen, nach unterschiedlichen Maßgaben entstandenen Systeme u.U. mit nicht zu unterschätzendem Aufwand verbunden sein kann.

---

1 Folgeänderung zur Änderung des § 127 GBO.

B. Zusammenarbeit mit den katasterführenden Stellen

Sofern sowohl das Grundbuch als auch beim Liegenschaftskataster das Buchwerk[2] maschinell geführt werden, kommt der in § 86 GBV vorgesehene Datenaustausch[3] in Betracht. Er kann durch Datenfernübertragung oder auch durch den Austausch jeder Art von geeigneten Datenträgern vollzogen werden. Nach § 86 Abs. 4 GBV ist ferner eine **Übermittlung im automatisierten Verfahren**, d.h., aufgrund eines vorprogrammierten maschinellen Ablaufs, zulässig.

Die Angaben aus dem **Liegenschaftskataster**, die zur Führung des Grundbuchs benötigt werden, ergeben sich hauptsächlich aus § 6 GBV, der die Gestaltung des **Bestandsverzeichnisses** betrifft, beschränken sich aber nicht hierauf. Zulässig ist nach § 6 Abs. 1 GBV im Rahmen der katasterrechtlichen Vorschriften die Übernahme aller in Frage kommenden Daten.[4]

Die Katasterbehörden können ihrerseits nach Abs. 2 die Daten des Bestandsverzeichnisses und der ersten Abteilung aus dem **maschinellen Grundbuch** anfordern.

C. Zusammenarbeit mit den Bodenordnungsbehörden

Mit Rücksicht darauf, dass nach § 2 Abs. 2 GBO bei Durchführung von Bodenordnungsverfahren anstelle des Katasters andere Verzeichnisse für die Bezeichnung der Grundstücke maßgeblich sein können, sieht § 86 Abs. 3 GBV eine dem Datenaustausch zwischen GBA und Katasterbehörde entsprechende Kooperation mit den zuständigen Behörden vor, die nach § 86 Abs. 4 GBV ebenfalls automatisiert (siehe Rdn 4) ablaufen kann und nicht besonders genehmigt werden muss (siehe Rdn 3).

In den betreffenden Fällen erfolgt der Datenaustausch jedoch nur „für die Durchführung" des Verfahrens, ist also auf dessen Zweck und Dauer, nicht jedoch wie bei § 86 Abs. 1 und 2 GBV inhaltlich begrenzt, vgl. § 86 Abs. 3 S. 2 GBV. Die **umfassende Übermittlung des gesamten Grundbuchinhaltes** ist vor allem deshalb erforderlich, da innerhalb dieser Verfahren oft auch eine Neuordnung der Belastungen erfolgen muss.

Nach § 86 Abs. 3 S. 3 GBV kann das GBA nach Abschluss des Verfahrens seinerseits die geänderten Angaben zurückübernehmen.

§ 86a Zusammenarbeit mit Versorgungsunternehmen

(1) Unternehmen, die Anlagen zur Fortleitung von Elektrizität, Gas, Fernwärme, Wasser oder Abwasser oder Telekommunikationsanlagen betreiben (Versorgungsunternehmen), kann die Einsicht in das Grundbuch in allgemeiner Form auch für sämtliche Grundstücke eines Grundbuchamtsbezirks durch das Grundbuchamt gestattet werden, wenn sie ein berechtigtes Interesse an der Einsicht darlegen. Ein berechtigtes Interesse nach Satz 1 liegt in der Regel vor, wenn
1. Anlagen nach Satz 1 im Grundbuchbezirk belegen sind oder
2. konkrete Planungen für Änderung, Erweiterung oder Neubau von Anlagen nach Satz 1 betrieben werden, insbesondere dann, wenn die Erweiterung oder der Neubau im nach § 12c Absatz 4 des Energiewirtschaftsgesetzes bestätigten Netzwerkentwicklungsplan enthalten ist.

Wird die Gestattung befristet erteilt, sollte die Befristung nicht unter einem Zeitraum von drei Jahren liegen.

(2) Soweit die Grundbuchblätter, in die ein Versorgungsunternehmen aufgrund einer Genehmigung nach Absatz 1 Einsicht nehmen darf, maschinell geführt werden, darf das Unternehmen die benötigten Angaben aus dem Grundbuch anfordern. Die Übermittlung kann auch im automatisierten Verfahren erfolgen. Die Einzelheiten dieses Verfahrens legt die in § 81 Abs. 2 bestimmte Stelle fest.

---

2 Meikel/*Dressler-Berlin*, GBV § 86 Rn 5; in den meisten Ländern wurde das Buchwerk (nicht aber zwingend auch das Kartenwerk) schon seit längerer Zeit automatisiert geführt. Dies dürfte sich aktuell geändert haben.

3 Zu bereits jetzt praktizierten Vorstufen dieses Verfahrens vgl. Meikel/*Dressler-Berlin*, GBV § 86 Rn 10 f.

4 Vgl. Meikel/*Dressler-Berlin*, GBV § 86 Rn 13.

1 Die aufgrund der 2. EDVGB-ÄndV[1] neu geschaffene Vorschrift trägt dem Bedürfnis der **Versorgungsunternehmen (Legaldefinition)**[2] Rechnung, ihre Rechte aus den Verordnungen über die allgemeinen Versorgungstarife rationeller überprüfen zu können. In diesen Fällen ist die Einsichtnahme in eine Vielzahl von Grundbuchblättern erforderlich, was bei einer Einzeleinsichtnahme nur mit großem Aufwand zu verwirklichen ist. Durch das Gesetz zur Beschleunigung des Energieleitungsausbaus[3] wurden die Anforderungen an das berechtigte Interesse definiert, um einer uneinheitlichen Praxis bei der Ermessensausübung entgegenzuwirken, Abs. 1 Sätze 2 und 3 angefügt mit Wirkung zum 17.5.2019.[4]

Inwieweit das **Gigabit-Grundbuch als Vorhaben der aktuellen Bundesregierung**[5] hier gegebenenfalls auch Ausweitungen bringen wird bringen wird, ist derzeit nicht abzusehen.

2 Auch im Rahmen von § 86a GBV ist zu beachten, dass ein **berechtigtes Interesse** an der Einsichtnahme in jedes einzelne betroffene Grundbuchblatt gegeben sein muss. Durch die Einführung von Regelfallbeispielen wurde der Ermessensspielraum eingeengt. Die im Jahr 2019 erfolgte Gesetzesänderung soll eine zu große Ausdifferenzierung des Ermessens[6] im Interesse eines (zügigen) bundeseinheitlichen Leitungsausbaus vermeiden helfen. Die Vorgabe in § 86a Abs. 1 S. 3 GBV für die Befristung sollte nach der ursprünglichen Begründung sogar fünf Jahre umfassen und wurde im Gesetzgebungsverfahren auf drei Jahre verkürzt.[7] Damit dürfte auch die Beschränkung auf einzelne Gemarkungen (dazu 8. Aufl. § 86a GBV Rn 2) grundsätzlich im Rahmen der Ermessensausübung nicht mehr gefordert werden, wenn der Versorger nicht von sich aus die Beschränkung vornimmt.

3 Die Form der Einsichtnahme und ihrer technischen Realisierung ist in § 86a GBV nicht festgelegt. Bei maschineller Grundbuchführung hat jedoch gerade für diese Fälle das **maschinelle Abrufverfahren** nach §§ 80 ff. GBV erhebliche Vorteile. § 86a Abs. 2 S. 2 GBV erweitert deshalb den Kreis der möglichen eingeschränkten, d.h., von der Darlegung des berechtigten Interesses nicht befreiten Abrufberechtigten entsprechend.

4 Zur kodierten Darlegungserklärung siehe § 82 GBV Rdn 9 f., zu den Einzelheiten der Zulassung vgl. § 81 GBV Rdn 7 ff. und zur Kontrolle der Benutzung des Abrufverfahrens vgl. §§ 83, 84 GBV.

Unterabschnitt 7. Hypotheken-, Grundschuld- und Rentenschuldbriefe

§ 87 Erteilung von Briefen

Hypotheken-, Grundschuld- und Rentenschuldbriefe für Rechte, die im maschinell geführten Grundbuch eingetragen werden, sollen mit Hilfe eines maschinellen Verfahrens gefertigt werden; eine Nachbearbeitung der aus dem Grundbuch auf den Brief zu übertragenden Angaben ist dabei zulässig. Die Person, die die Herstellung veranlasst hat, soll den Wortlaut des auf dem Brief anzubringenden Vermerks auf seine Richtigkeit und Vollständigkeit prüfen. Der Brief soll abweichend von § 56 Absatz 1 Satz 2 der Grundbuchordnung weder unterschrieben noch mit einem Siegel oder Stempel versehen werden. Er trägt anstelle der Unterschrift den Namen der Person, die die Herstellung veranlasst hat, sowie den Vermerk „Maschinell hergestellt und ohne Unterschrift gültig". Der Brief muß mit dem Aufdruck des Siegels oder Stempels des GBA versehen sein oder werden. § 50 ist nicht anzuwenden; die Zusammengehörigkeit der Blätter des Briefs oder der Briefe ist in geeigneter Weise sichtbar zu machen.

---

1 2. EDVGB-ÄndV v. 11.7.1997, siehe BGBl I 1997, 1808.
2 Keine Versorgungsunternehmen sind demgemäß Unternehmen der chemischen Industrie (Rohölpipelines), vgl. OLG Brandenburg, Beschluss v. 13.3.2018, Az. 5 W 4/18; anders hingegen für Gaspipelinebetreiber, OLG Brandenburg BeckRS 2016, 16214.
3 Gesetz v. 13.5.2019 (BGBl I S. 706).
4 Amtliche Begründung BT-Drucks 11/19, S. 106 https://dserver.bundestag.de/brd/2019/0011-19.pdf.
5 https://gigabitgrundbuch.bund.de/GIGA/DE/_Home/start.html, besucht 230415.
6 OLG Düsseldorf NJW-RR 2018, 22; OLG Dresden Rpfleger 2016, 559.
7 Amtliche Begründung BT-Drucks 11/19, S. 106; https://dserver.bundestag.de/brd/2019/0011-19.pdf.

Die **grundbuchmäßige Behandlung von Briefrechten** und die Ausstellung von Hypotheken-, Grundschuld- und Rentenschuldbriefen richten sich auch bei maschineller Grundbuchführung grundsätzlich nach §§ 56 ff. GBO, §§ 47 ff. GBV. Zum anderen können die Briefe nach § 87 GBV maschinell erstellt werden.

Das Nebeneinander dieser beiden Briefvarianten, das nach § 87 GBV a.F. möglich war, ist im Rechtsverkehr auf wenig Verständnis gestoßen. § 87 S. 1 GBV schreibt nun[1] die maschinelle Briefherstellung vor. Zum Schutz des Rechtsverkehrs sollen jedoch auch Briefe, die gem. § 56 Abs. 1 S. 2 GBO auf herkömmliche Weise erstellt werden, volle Gültigkeit besitzen. Die Vorschrift ist als Soll-Vorschrift ausgestaltet.

Im RegVerfBG war stillschweigend von der Zulässigkeit der redaktionellen Nachbearbeitungen ausgegangen worden, um einer möglichen Verunsicherung im Rechtsverkehr entgegenzuwirken. Mit dem DaBaGG erfolgte eine Ergänzung in § 87 S. 1 Hs. 2 GBV, die klarstellt, dass im Rahmen der maschinellen Briefherstellung eine individuelle Nachbearbeitung des auf den Grundpfandrechtsbrief zu übernehmenden Grundbuchinhalts zulässig ist.

Die **Herstellung der Briefe** und der in ihnen enthaltenen Angaben wird bei maschineller Grundbuchführung i.d.R. programmgesteuert aus den für die Eintragung der Rechte eingegebenen Daten und den Benutzerkennungen der veranlassenden Rechtspfleger lediglich durch Eingabe entsprechender Menübefehle erfolgen können. Dass die maschinelle Führung im Verhältnis zur präziseren Handarbeit offenbar aufgrund technischer Probleme auch fehleranfällig ist, war zu erwarten. So richtig daher eine Einzelfallentscheidung[2] zu den Anforderungen an die Lesbarkeit bei maschinell erstellten Briefen sein mag, so richtig und wichtig wird es für die nächste Stufe der Digitalisierung, diese dann formgerecht und sicher auszugestalten. Denn es darf nicht verkannt werden, dass eine mehr als 2000 Jahre lange Sozialisierung mit dem Medium Papier durchaus Ansprüche weckt, wie mit maschineller Führung und perspektivisch auch mit digitaler Führung umgegangen wird. Wird hier das Vertrauen des Rechtsverkehrs aus (zu) praktischen Erwägungen (und beispielsweise nur, weil ein Maschinencode falsch programmiert ist oder aus Bequemlichkeit nicht angepasst wird) ausgehebelt, ist das keine gute Referenz für Vertrauen. Oder anders gewendet: Wenn der Staat schon aufgedruckte Siegel als amtlich gelten lassen will (dazu § 29 Abs. 3 GBV), dann möge er sich um die gebührende Form bemühen. Und wo technische Lösungen perspektivisch bei der Digitalisierung bessere Ansätze bei annähernd gleichem Aufwand bieten (digitale Signaturen) möge er sie bitte verwenden.

§ 87 GBV **erleichtert** dementsprechend in Abweichung von den allgemeinen Regeln die Herstellung der Briefe. Es genügt die Namensangabe der veranlassenden Person, deren eigenhändige Unterschrift nicht mehr erforderlich ist. Ferner ist ein Vermerk über die maschinelle Herstellung und die Entbehrlichkeit der Unterschrift auf dem Brief anzubringen. Die individuelle Anbringung des Siegels oder Stempels wird ersetzt durch den Aufdruck des Siegels oder Stempels des GBA, der bereits auf dem verwendeten Papier vorgefertigt sein oder beim Ausdruck des Textes des Briefs mitgestellt werden kann.

§ 87 S. 3 GBV regelt die Pflicht (und das Recht), den Wortlaut des Vermerks **abschließend zu prüfen**. Die Vorschrift orientiert sich an § 74 Abs. 2 GBV, der eine ähnliche Regelung für die Grundbucheintragung enthält. Damit ist eine andere Rechtslage geschaffen, wie sie bis dato galt und die eher vom Entfallen einer Prüfung ausging, wie bei der Herstellung von amtlichen Ausdrucken (vgl. § 78 GBV Rdn 5). Ob die arbeitsökonomische Seite bei der maschinellen Brieferstellung wirklich ein tragender Aspekt sein kann, mag man daher zu Recht bezweifeln[3] – zumal die Briefrechte in der Praxis doch die Ausnahme geworden sind.

Der mit der 2. EDVGB-ÄndV[4] angefügte, nunmehr in § 87 S. 6 GBV geregelte Satz erlaubt zur weiteren Rationalisierung den **Verzicht auf eine Verbindung mit Schnur und Siegel** der Blätter eines Briefs oder mehrerer Briefe, da dieser Vorgang nicht maschinell erledigt werden kann. Die Zusammengehörigkeit der Blätter muss dann allerdings in anderer geeigneter Weise deutlich gemacht werden, etwa durch Angabe der Grundbuchblattnummer, durch die Angabe der Gesamtzahl der Seiten[5] oder einen entsprechen-

---

1 Gesetz v. 1.10.2013 (BGBl I 2013, 3719).
2 OLG Zweibrücken Beschl. v. 10.1.2022 – 3 W 108/21, BeckRS 2022, 351.
3 Meikel/*Dressler-Berlin*, GBV § 87 Rn 14.
4 2. EDVGB-ÄndV v. 11.7.1997 (BGBl I 1997, 1808), damals als „Satz 4" der Vorschrift.
5 Begründung zur Ergänzung von § 87 GBV, siehe BR-Drucks 386/97, 13.

den Vermerk auf jedem Blatt („Seite m von n"). Durch diese Abbedingung des § 50 GBV und die Ergänzung wurde somit ein allgemeines Prinzip eingeführt, das zunächst nur in § 88 S. 3 GBV a.F. für die Verbindung von Schuldurkunden mit dem Brief galt.

§ 88 Verfahren bei Schuldurkunden

Abweichend von § 58 und § 61 Abs. 2 Satz 3 der Grundbuchordnung muß ein Brief nicht mit einer für die Forderung ausgestellten Urkunde, Ausfertigung oder einem Auszug der Urkunde verbunden werden, wenn er maschinell hergestellt wird. In diesem Fall muß er den Aufdruck „Nicht ohne Vorlage der Urkunde für die Forderung gültig" enthalten.

1 § 88 GBV erstreckt die für die Brieferteilung als solche nach § 87 GBV geltenden Grundsätze auf die Fälle von §§ 58 und 61 Abs. 2 S. 3 GBO, in denen mit dem Brief die zugrundeliegende **Schuldurkunde** im Original oder in vollständiger bzw. teilweiser Ausfertigung oder beglaubigter Abschrift **zu verbinden** ist. Auch hier gilt, dass bei maschineller Herstellung des Briefes die anschließende manuelle Verbindung nach § 50 GBV mit Schnur und Siegel unrationell wäre.

2 Zwar ist wegen des formellen Konsensprinzips die nur deshalb veranlasste Ausstellung und Vorlage einer Schuldurkunde für die Eintragung des Briefrechts nicht erforderlich (vgl. § 58 GBO Rdn 1), die Verbindung der Schuldurkunde mit dem Hypothekenbrief erfolgt bei deren Vorhandensein jedoch, um zu verhindern, dass in missbräuchlicher Weise über das Grundpfandrecht und die verbriefte Forderung eine besondere Verfügung getroffen wird.[1] Ist eine Schuldurkunde nicht vorhanden, muss deren Nichtvorhandensein nachgewiesen werden, vgl. § 58 Abs. 2 GBO. § 88 S. 2 GBV schreibt deshalb vor, dass der maschinell erstellte Brief einen besonderen Aufdruck erhält, der auf das grundsätzliche Erfordernis der Vorlegung der zugrundeliegenden Schuldurkunde hinweist, auch wenn diese nicht fest mit dem Brief verbunden ist.

3 § 88 S. 3 GBV der Vorschrift wurde aufgrund der 2. EDVGB-ÄndV[2] gestrichen (vgl. § 87 GBV Rdn 6).

§ 89 Ergänzungen des Briefes

Bei einem maschinell hergestellten Brief für ein im maschinell geführten Grundbuch eingetragenes Recht können die in §§ 48 und 49 vorgesehenen Ergänzungen auch in der Weise erfolgen, daß ein entsprechend ergänzter neuer Brief erteilt wird. Dies gilt auch, wenn der zu ergänzende Brief nicht nach den Vorschriften dieses Abschnitts hergestellt worden ist. Der bisherige Brief ist einzuziehen und unbrauchbar zu machen. Sofern mit dem Brief eine Urkunde verbunden ist, ist diese zu lösen und dem Antragsteller zurückzugeben.

1 § 89 GBV setzt die schon im Rahmen von §§ 87 und 88 GBV geltenden **Erleichterungen** auch für die Fälle der **Ergänzung von Briefen** fort. Unabhängig davon, ob der zu ergänzende Brief bereits maschinell oder noch herkömmlich hergestellt wurde, regelt die Vorschrift, dass statt einer Anbringung der Änderungen auf dem ursprünglichen Brief ein **neues, inhaltlich entsprechend fortgeschriebenes Original** erteilt wird, das nur noch den erleichterten Anforderungen nach §§ 87, 88 GBV entspricht.

2 Der alte Brief wird unbrauchbar gemacht. Mit ihm nach § 58 GBO etwa verbundene Urkunden werden dem Eigentümer zurückgegeben, da sie nach § 88 GBV nicht mehr mit dem (neuen) Brief verbunden werden. An ihre Stelle tritt der Vermerk nach § 88 S. 2 GBV.

---

1 *Demharter*, GBO § 58 Rn 1. 2 2. EDVGB-ÄndV v. 11.7.1997 (BGBl I 1997, 1808).

Abschnitt XIII: Vorschriften über das maschinell geführte Grundbuch § 90 GBV

Unterabschnitt 8. Schlußbestimmungen

§ 90 Datenverarbeitung im Auftrag

Die Bestimmungen dieser Verordnung gelten für die Verarbeitung von Grundbuchdaten durch eine andere Stelle im Auftrag des Grundbuchamts sinngemäß. Hierbei soll sichergestellt sein, daß die Eintragung in das maschinell geführte Grundbuch und die Auskunft hieraus nur erfolgt, wenn sie von dem zuständigen Grundbuchamt verfügt wurde oder nach § 133 der Grundbuchordnung oder den Unterabschnitten 5 und 6 zulässig ist.

A. Allgemeines	1	C. Ausschließliche Verantwortung des GBA für die Grundbuchführung 3
B. Anwendung der Grundbuchordnung auf die andere Stelle	2	

A. Allgemeines

Nach § 126 Abs. 3 GBO (vgl. § 126 GBO Rdn 28 ff.) kann die Verarbeitung der Grundbuchdaten im Auftrag des zuständigen GBA durch eine andere Stelle wahrgenommen werden, wenn die ordnungsgemäße Erledigung der Grundbuchsachen sichergestellt ist. § 90 GBV enthält die diesbezüglichen Ausführungsvorschriften, um sicherzustellen, dass die **Zuständigkeit für die Grundbuchführung** im rechtlichen Sinn uneingeschränkt **beim GBA** verbleibt (vgl. Rdn 3). Die „andere Stelle" nimmt als reine Dienstleistungseinrichtung lediglich eine technische Hilfsfunktion[1] ohne eigene grundbuchrechtliche Kompetenzen (vgl. Rdn 2) wahr.

B. Anwendung der Grundbuchordnung auf die andere Stelle

§ 90 S. 1 GBV stellt klar, dass auf die Tätigkeit der anderen Stelle nach § 126 Abs. 3 GBO die Vorschriften der Grundbuchverfügung im vollen Umfang ihrer Zuständigkeit für die Datenverarbeitung Anwendung finden. Dies betrifft insbesondere:

– die technische **Verantwortung für den Grundbuchdatenspeicher** nach § 62 GBV;
– die **Bereitstellung**, **Bereithaltung** und den **Schutz der Anlagen** nach den Anforderungen der §§ 64 und 65 GBV;
– die **Datensicherung** nach § 66 GBV;
– die Einrichtung der **technischen Vorkehrungen**, ggf. die Vornahme der **Erstellung von Ausdrucken** nach § 78 GBV auf Veranlassung der zuständigen Person im GBA;
– die Einrichtung der **technischen Vorkehrungen zur Einsichtnahme**, auch bei einem anderen GBA, nach § 79 GBV, die ebenfalls nur auf Veranlassung der zuständigen Person im GBA stattfinden darf;
– die technische **Bereitstellung des automatisierten Abrufverfahrens** einschließlich der Zuteilung der Codezeichen und der Prüfung des Vorliegens der technischen Voraussetzungen beim Antragsteller bzw. Partner des öffentlich-rechtlichen Vertrages oder der Verwaltungsvereinbarung;
– die technische Unterstützung der **Zusammenarbeit mit den Katasterbehörden, Bodenordnungsbehörden und Versorgungsunternehmen**, wenn das zuständige GBA eine solche veranlassen möchte.

C. Ausschließliche Verantwortung des GBA für die Grundbuchführung

§ 90 S. 2 GBV grenzt davon – entsprechend der geltenden Rechtslage – ausdrücklich die uneingeschränkte Verantwortung des zuständigen GBA für die inhaltliche Grundbuchführung ab. Darunter fällt insbesondere:

---

1 Meikel/*Dressler-Berlin*, GBV § 90 Rn 5.

- die **Verfügung bzw. Veranlassung von Eintragungen**, die nur der zuständigen Person obliegt, §§ 129, 130 GBO;
- die Entscheidung über die Gewährung von **Auskunft durch Einsicht und Ausdrucke**, §§ 12; 12c Abs. 1 Nr. 1, 2, Abs. 2 Nr. 1, 131, 132 GBO; §§ 78, 79 GBV; davon zu unterscheiden und zulässig ist die bloße Herstellung und Versendung von Ausdrucken durch die andere Stelle im Auftrag des GBA;
- die Entscheidung nach § 133 Abs. 2 GBO, § 81 GBV über die Genehmigung des Anschlusses an den Grundbuchdatenspeicher zum Zweck der **Auskunft im automatisierten Abrufverfahren** bzw. den Abschluss entsprechender öffentlich-rechtlicher Verträge oder Verwaltungsvereinbarungen;
- die Veranlassung der **Zusammenarbeit mit den Katasterbehörden, Bodenordnungsbehörden und Versorgungsunternehmen**, wenn die rechtlichen Voraussetzungen nach §§ 86, 86a GBV vorliegen.

§ 91 Behandlung von Verweisungen, Löschungen

Sonderregelungen in den §§ 54 bis 60 dieser Verordnung, in der Wohnungsgrundbuchverfügung und in der Gebäudegrundbuchverfügung gehen auch dann den allgemeinen Regelungen vor, wenn auf die §§ 1 bis 53 in den §§ 61 bis 89 verwiesen wird. Soweit nach den in Satz 1 genannten Vorschriften Unterstreichungen, Durchkreuzungen oder ähnliche Kennzeichnungen in rot vorzunehmen sind, können sie in dem maschinell geführten Grundbuch schwarz dargestellt werden.

A. Allgemeines 1	C. Rötungen 6
B. System der Verweisungen 3	

A. Allgemeines

1 § 91 GBV hatte als einzige Vorschrift des XIII. Abschnitts zunächst keine Überschrift, bis durch die 2. EDVGB-ÄndV[1] der jetzt geltende Text eingefügt wurde.

2 Die Vorschrift regelt zwei voneinander unabhängige Fragen:
- in § 91 S. 1 GBV das Verhältnis der **Verweisungen des XIII. Abschnitts** zu den allgemeinen Regelungen der Grundbuchführung und zu bereits bestehenden Sonderregelungen (vgl. Rdn 3 ff.);
- in § 91 S. 2 GBV die **Darstellung von Rötungen** im maschinellen Grundbuch und in Ausdrucken (vgl. Rdn 6).

B. System der Verweisungen

3 Auch für die maschinelle Grundbuchführung gelten grundsätzlich die Vorschriften der Grundbuchverfügung, was durch zahlreiche Verweisungen im XIII. Abschnitt (vgl. etwa §§ 61, 63, 67 S. 3, 68 Abs. 2, 69 Abs. 1 S. 2, 70 Abs. 2, 72, 73, 76, 77, 87 ff. GBV) immer wieder zum Ausdruck gebracht wird.

4 Nun enthalten (und enthielten bereits vor Inkrafttreten des RegVBG) bundes- und landesrechtliche Vorschriften **Besonderheiten für das Erbbau-, Wohnungs- oder Gebäudegrundbuch**, etwa was die Wiedergabe von Eintragungen und die diesbezüglichen Vordrucke betrifft.

5 § 91 S. 1 GBV bestimmt, dass solche **Sondervorschriften noch vor den allgemeinen Grundsätzen der zu beachten** sind, selbst wenn der XIII. Abschnitt lediglich auf die allgemeinen Regelungen verweist.[2]

C. Rötungen

6 § 91 S. 2 GBV gestattet – ebenso wie § 101 Abs. 2 S. 2 GBV bei der Umstellung auf das Loseblattgrundbuch durch Anfertigung von Kopien der Blätter aus festen Bänden – die **Darstellung von Rötungen in**

---

1 2. EDVGB-ÄndV v. 11.7.1997 (BGBl I 1997, 1808).   2 Beispiele bei Meikel/*Dressler-Berlin*, GBV § 91 Rn 1 ff.

Schwarz, schließt die grundsätzlich vorgesehene Darstellung in Rot aber nicht aus. Die Vorschrift trägt dem Umstand Rechnung, dass die in den GBA vorhandenen EDV-Anlagen oft zur Farbdarstellung nicht in der Lage waren und die Anschaffung bzw. Nachrüstung von Farbdruckern und von entsprechender Computerhard- und Software in der Regel mit erhöhten Kosten einhergeht.

§ 92 Ersetzung von Grundbuchdaten, Ersatzgrundbuch

(1) Kann das maschinell geführte Grundbuch ganz oder teilweise auf Dauer nicht mehr in lesbarer Form wiedergegeben werden, so ist es wiederherzustellen. Sein Inhalt kann unter Zuhilfenahme aller geeigneten Unterlagen ermittelt werden. Für das Verfahren gilt im übrigen die Verordnung über die Wiederherstellung zerstörter oder abhanden gekommener Grundbücher und Urkunden in der jeweils geltenden Fassung.

(2) Für die Anlegung und Führung des Ersatzgrundbuchs (§ 148 Abs. 2 Satz 1 der Grundbuchordnung) gelten die Bestimmungen dieser Verordnung, die Wohnungsgrundbuchverfügung und die in § 150 Abs. 1 Nr. 4 der Grundbuchordnung bezeichneten Vorschriften sinngemäß. Das Ersatzgrundbuch entspricht dem Muster der Anlage 2b dieser Verordnung, jedoch lautet der in der Aufschrift anzubringende Vermerk „Dieses Blatt ist als Ersatzgrundbuch an die Stelle des maschinell geführten Blattes von ... Band ... Blatt ... getreten. Eingetragen am ...". Dies gilt für Erbbaugrundbücher, Wohnungs- und Teileigentumsgrundbücher sowie Gebäudegrundbücher entsprechend.

A. Allgemeines	1	C. Ersatzgrundbuch	5
B. Wiederherstellung des maschinellen Grundbuchs	3	D. Rückkehr zum Papiergrundbuch	8

A. Allgemeines

§ 92 GBV knüpft an § 148 GBO an und regelt die **Wiederherstellung von Grundbüchern** (vgl. Rdn 3 f.) und – ausschließlich für das maschinelle Grundbuch – die **Anlegung von Ersatzgrundbüchern** (vgl. Rdn 5 ff.), nicht jedoch die **Rückkehr zum Papiergrundbuch** (vgl. Rdn 8). 1

Die Vorschriften über die Wiederherstellung sind in § 148 Abs. 1 GBO durch das DaBaGG konzentriert (ursprünglich § 123 GBO, bzw. bis zum ERVGBG: § 141 GBO) und betrafen historisch nur das Papiergrundbuch. Da das Bundesministerium der Justiz mit dem DaBaGG ermächtigt wurde, die GBWiederhV[1] zu ändern, konnte in § 92 Abs. 1 S. 3 GBV die bis dato statische durch eine dynamische Verweisung ersetzt werden (vgl. § 6 GBV). § 92 Abs. 2 S. 1 GBV wurde mit dem ERVGBG redaktionell angepasst. 2

B. Wiederherstellung des maschinellen Grundbuchs

Auch bei schwerwiegenden Problemen mit dem maschinellen Grundbuch wird es i.d.R. möglich sein, auf einen der Sicherungsdatenspeicher nach § 66 Abs. 2 GBV zuzugreifen und diesen nach § 62 Abs. 1 S. 1 GBV zum Grundbuchdatenspeicher zu bestimmen. Erst dann, wenn die Grundbuchdaten oder der Grundbuchdatenspeicher und alle Sicherungskopien vollständig zerstört oder verlorengegangen sind, oder wenn sie zwar noch vorhanden sind, die **Eintragungen** aber **dauerhaft nicht mehr in lesbarer Form wiedergegeben werden können** (vgl. § 126 Abs. 1 S. 2 Nr. 2 GBO), kann die Notwendigkeit bestehen, das Grundbuch – und zwar als maschinelles Grundbuch – wiederherzustellen. 3

Das Verfahren zur Wiederherstellung richtet sich nach § 148 Abs. 1 GBO, § 92 Abs. 1 GBV, d.h., nach den allgemein für die Wiederherstellung von Grundbüchern geltenden Regeln (siehe § 148 GBO Rdn 2 ff.). Für die Wiederherstellung der elektronischen Grundakten gelten die Abs. 1 S. 2 und 3 entsprechend, vgl. § 100 GBV. 4

---

[1] Verordnung über die Wiederherstellung zerstörter oder abhanden gekommener Grundbücher und Urkunden, zul. geänd. durch Gesetz v. 8.12.2010 (BGBl I 2010, 1864).

C. Ersatzgrundbuch

5 Die Führung eines papierenen Ersatzgrundbuchs kommt nach § 148 Abs. 2 S. 1 GBO in Betracht, wenn **Eintragungen** in das maschinelle Grundbuch **vorübergehend**[2] **nicht möglich** sind (siehe § 66 GBV Rdn 10). Dies kann bei behebbaren Programmstörungen der Fall sein, oder wenn Sicherungskopien zwar vorhanden, aber infolge ungewöhnlicher Umstände nicht sofort verfügbar sind. § 148 Abs. 3 GBO enthält Bestimmungen für die vorübergehende Verhinderung zur Aufnahme von elektronischen Dokumenten in die elektronische Grundakte.

6 Um sowohl einen Stillstand des Grundbuchrechtsverkehrs als auch ein Aufstauen unerledigter Eintragungsanträge in den Geschäftsstellen zu vermeiden, können für die betroffenen Vorgänge papierene Ersatzgrundbuchblätter angelegt werden. Die Anlegung erfolgt nach dem ausdrücklichen Wortlaut von § 148 Abs. 2 S. 1 GBO lediglich, wenn Eintragungen nicht vorgenommen werden können, nicht jedoch schon dann, wenn Auskunftsersuchen im Wege der Einsicht oder der Erteilung von Ausdrucken nicht entsprochen werden kann.[3]

7 Es ist ein **vollständiges**, dem Muster der Anlage 2b entsprechendes **Grundbuchblatt** anzulegen, das den ausdrücklich von § 92 Abs. 2 S. 2 GBV vorgeschriebenen Vermerk erhält. Nach Behebung der Störung sind die vorgenommenen Eintragungen unter Anwendung der für Eintragungen in das maschinelle Grundbuch geltenden Vorschriften (§ 128 f. GBO, § 67 ff. GBV) unverzüglich **in das maschinelle Grundbuch zu übernehmen**, § 148 Abs. 2 S. 2 GBO.[4]

D. Rückkehr zum Papiergrundbuch

8 § 92 GBV (wie auch § 100 GBV) enthält keine Regelungen zu der in § 148 Abs. 4 GBO behandelten Frage der endgültigen und dauerhaften Rückkehr zum Papiergrundbuch (vgl. hierzu § 148 GBO Rdn 17).

§ 92a Zuständigkeitswechsel

(1) Geht die Zuständigkeit für die Führung eines Grundbuchblatts auf ein anderes Grundbuchamt desselben Landes über, ist das betroffene Blatt nicht zu schließen, sondern im Datenverarbeitungssystem dem übernehmenden Grundbuchamt zuzuordnen, wenn die technischen Voraussetzungen für eine Übernahme der Daten gegeben sind. Die Zuordnung im System bedarf der Bestätigung durch das abgebende und das übernehmende Grundbuchamt.

(2) Geht die Zuständigkeit für die Führung eines Grundbuchblatts auf ein Grundbuchamt eines anderen Landes über und sind die technischen Voraussetzungen für eine Übernahme der Daten in das dortige Datenverarbeitungssystem gegeben, sind die Grundbuchdaten dem übernehmenden Grundbuchamt nach Anordnung der Landesjustizverwaltung in elektronischer Form zu übermitteln.

(3) In den Fällen der Absätze 1 und 2 ist § 26 Absatz 3, 4, 6 und 7 entsprechend anzuwenden. Sind die technischen Voraussetzungen für eine Übernahme der Daten nicht gegeben, erfolgt der Zuständigkeitswechsel in sinngemäßer Anwendung der Vorschriften des Abschnitts V dieser Verordnung.

1 Die Vorschrift wurde mit dem DaBaGG[1] eingeführt und trägt dem Umstand Rechnung, dass mit der Einführung der elektronischen Grundakte und der Vernetzung der Grundbücher andere technische Möglichkeiten bestehen. Die Regelungen über den Zuständigkeitswechsel in §§ 25 ff. GBV (Abschnitt V) decken diese Möglichkeiten nicht ab. Einer Schließung der abzugebenden Grundbuchblätter bedarf es nicht, weil die betroffenen Grundbuchblätter durch eine Änderung der Zuordnung im Datenverarbeitungssystem in den Bestand des übernehmenden GBA verschoben werden können. Auch wenn es sich dabei um einen rein technischen Vorgang handelt, soll die Verantwortung für die ordnungsgemäße Übernahme der

---

2 Die Frage, wann dieser Fall gegeben ist, kann durch landesrechtliche Vorschriften ausgefüllt werden; vgl. etwa §§ 9, 13 SächsEJustiVO (zwei Wochen).

3 Meikel/*Dressler-Berlin*, GBV § 92 Rn 9.
4 Meikel/*Dressler-Berlin*, GBV § 92 Rn 10.
1 BT-Drucks 17/12635, 34.

Grundbuchblätter bei den beteiligten GBA verbleiben. Die Änderung der Zuordnung im zentralen EDV-System bedarf daher der Zustimmung der betroffenen örtlichen GBA.

Bei der Abgabe von Grundbuchblättern an ein GBA eines anderen Landes ist eine unmittelbare Umstellung innerhalb des Systems nicht möglich, da dieses ja bundeslandbezogen arbeitet. Die Grundbuchdaten sollen in diesen Fällen in elektronischer Form an die übernehmenden GBA übermittelt werden, damit diese in das dortige System eingestellt werden können. § 26 Abs. 3, 4 und 5 GBO sind als Verfahrensvorschriften für den Abgabeprozess anzuwenden. Die technischen Einzelheiten der elektronischen Übermittlung bestimmt die Justizverwaltung des abgebenden Landes. Es gelten die üblichen Anforderungen an einen sicheren Datenaustausch.

Sofern die technischen Voraussetzungen für eine Übernahme der Daten nicht gegeben sind, soll der Zuständigkeitswechsel (wie bisher) in sinngemäßer Anwendung der Vorschriften des Abschnitts V (vgl. Rdn 1) der Grundbuchverfügung erfolgen.

§ 93 Ausführungsvorschriften; Verordnungsermächtigung

Die Landesregierungen werden ermächtigt, durch Rechtsverordnung
1. in der Grundbuchordnung oder in dieser Verordnung nicht geregelte weitere Einzelheiten des Verfahrens nach diesem Abschnitt zu regeln und
2. die Anlegung des maschinell geführten Grundbuchs einschließlich seiner Freigabe ganz oder teilweise dem Urkundsbeamten der Geschäftsstelle zu übertragen.

Die Landesregierungen können die Ermächtigungen durch Rechtsverordnung auf die Landesjustizverwaltungen übertragen. Die Ermächtigung nach Satz 1 Nummer 2 gilt nicht für die Freigabe eines Datenbankgrundbuchs.

A. Allgemeines	1	B. Verordnungsermächtigung nach § 93 GBV	4

A. Allgemeines

Die Vorschrift steht in Zusammenhang mit einem **System verschiedener Verordnungsermächtigungen**, mit denen auf Bundes- und Landesebene eine **Ausfüllung der Vorschriften über das maschinelle Grundbuch** vorgesehen ist:[1]

- § 126 Abs. 1 GBO: Ermächtigung der Landesregierungen mit Delegationsmöglichkeit auf die Landesjustizverwaltungen nach § 93 Abs. 1 S. 3 GBV;
- § 127 Abs. 1 GBO: Ermächtigung der Landesregierungen mit Delegationsmöglichkeit auf die Landesjustizverwaltungen;
- § 133 Abs. 7 S. 3 GBO: Ermächtigung des Bundesjustizministeriums mit Zustimmung des Bundesrates;
- § 133a Abs. 5 GBO: Ermächtigung der Landesregierungen mit Delegationsmöglichkeit auf die Landesjustizverwaltungen nach § 93 Abs. 1 S. 3 GBV;
- § 134 S. 1 GBO: Ermächtigung des Bundesjustizministeriums mit Zustimmung des Bundesrates mit Delegationsmöglichkeit nach § 93 S. 2 GBV auf die Landesregierungen, die ihrerseits auf die Landesjustizverwaltungen delegieren können;
- § 148 Abs. 4 GBO: Ermächtigung der Landesregierungen.

---

1 Sie wurde mit dem ERVGB als Folgeänderung zur Änderung des § 134 S. 2 GBO angepasst und die Vorschrift dann mit dem DaBaGG redaktionell systematisiert. Mit der Änderung in BT-Drucks 17/14190, 23 wurde dabei noch Satz 3 gegenüber dem Entwurfsstand BT-Drucks 17/12635, 34 angepasst, um einem Anliegen des Bundesrates (vgl. Nr. 4 der Stellungnahme zum Gesetzentwurf der Bundesregierung, BT-Drucks 17/12635, 39 f.) Rechnung zu tragen und greift einen hierzu von der Bundesregierung in ihrer Gegenäußerung formulierten Regelungsvorschlag auf.

3 Das Bundesjustizministerium hat in § 93 GBV an die ihm **durch § 134 S. 2 Hs. 2 GBO erteilte Ermächtigung** angeknüpft und in § 93 S. 1 GBV einen Teil seiner Regelungskompetenz mit Weitergabebefugnis nach § 93 S. 2 GBV auf die Landesregierungen übertragen. Zur Übertragung für den Bereich der elektronischen Grundakte vgl. § 101 GBV.

B. Verordnungsermächtigung nach § 93 GBV

4 Gegenstand von § 93 S. 1 GBV ist die **vollständige oder teilweise**[2] **Übertragung der Anlegung einschließlich der Freigabe des maschinellen Grundbuchs** nach § 128 GBO, §§ 67 ff. GBV auf den **Urkundsbeamten** der Geschäftsstelle. Hierfür ist nach § 3 Nr. 1 lit. h RPflG grundsätzlich der **Rechtspfleger** zuständig. Durch die Übertragung soll die Einführung des maschinellen Grundbuchs organisatorisch erleichtert und beschleunigt werden.

5 Die **Regelung weiterer Einzelheiten** ist den Ländern unter dem Vorbehalt des Erlasses von **Verwaltungsvorschriften** des Bundes nach § 134 S. 2 GBO (vgl. § 134 GBO Rdn 4) möglich. Das Bundesministerium der Justiz hat von der entsprechenden Ermächtigung bisher nicht Gebrauch gemacht, vgl. § 134 GBO Rdn 5.

6 Erforderlich ist der **Erlass einer Rechtsverordnung**, was auch in Verbindung mit den anderen oben aufgeführten Verordnungsermächtigungen geschehen kann, soweit sie sich an die Länder richten. Durch die Einfügung in § 93 S. 2 GBV wurde mit dem ERVGBG klargestellt, dass die Übertragung der sich aus § 93 S. 1 GBV ergebenden Verordnungsermächtigung auf die Landesjustizverwaltungen nur durch Rechtsverordnung der Landesregierungen erfolgen kann. Für die Anlegung und Freigabe des Datenbankgrundbuchs besteht allerdings nach § 93 S. 3 GBV die Einschränkung, dass insoweit die Rechtsverordnung der Landesregierung vorbehalten bleibt. Die Migration des Grundbuchinhalts ist regelmäßig mit Änderungen des Textes von Grundbucheintragungen verbunden. Sie erfordert ein hohes Maß an grundbuchrechtlichem Fachwissen, da vermieden werden muss, dass eine u.U. gebotene Textänderung (vgl. § 71a GBV Rdn 5) zu einer geänderten Interpretation des materiellen Inhalts einer Eintragung führt.[3] Eine Herabzonung auf den Urkundsbeamten der Geschäftsstelle ist insoweit nicht förderlich.

---

2 Zur Zweckmäßigkeit einer tw. Übertragung durch Rechtsverordnung und Alternativen im Einzelnen: Meikel/*Dressler-Berlin*, GBV § 93 Rn 8 f.

3 BT-Drucks 17/12635, 34.

Abschnitt XIV: Vermerke über öffentliche Lasten

§ 93a Eintragung öffentlicher Lasten

Öffentliche Lasten auf einem Grundstück, die im Grundbuch einzutragen sind oder eingetragen werden können, werden nach Maßgabe des § 10 in der zweiten Abteilung eingetragen.

§ 93b Eintragung des Bodenschutzlastvermerks

(1) Auf den Ausgleichsbetrag nach § 25 des Bundes-Bodenschutzgesetzes wird durch einen Vermerk über die Bodenschutzlast hingewiesen. Der Bodenschutzlastvermerk lautet wie folgt:
„Bodenschutzlast. Auf dem Grundstück ruht ein Ausgleichsbetrag nach § 25 des Bundes-Bodenschutzgesetzes als öffentliche Last."
(2) Der Bodenschutzlastvermerk wird auf Ersuchen der für die Festsetzung des Ausgleichsbetrags zuständigen Behörde eingetragen und gelöscht. Die zuständige Behörde stellt das Ersuchen auf Eintragung des Bodenschutzlastvermerks, sobald der Ausgleichsbetrag als öffentliche Last entstanden ist. Sie hat um Löschung des Vermerks zu ersuchen, sobald die Last erloschen ist. Die Einhaltung der in den Sätzen 2 und 3 bestimmten Zeitpunkte ist vom Grundbuchamt nicht zu prüfen. Eine Zustimmung des Grundstückseigentümers ist für die Eintragung und die Löschung des Vermerks nicht erforderlich.

A. Öffentliche Lasten	1	I. Allgemein	3
B. Bodenschutzlastvermerk	3	II. Der Grundbuchvermerk	4

A. Öffentliche Lasten

Die Eintragung öffentlicher Lasten ist nach § 54 GBO grds. ausgeschlossen. Sollte in Sondergesetzen dennoch ihre Grundbucheintragung geregelt sein, erfolgt diese in Abt. II des Grundbuchs. Sofern die Eintragung öffentlicher Lasten überhaupt zulässig ist, regelt § 93a GBV durch Verweisung auf § 10 GBV deren Ort. 1

Die Regelung hat derzeit neben § 93b GBV nur Bedeutung für §§ 64 Abs. 6, 81 Abs. 2 BauGB. 2

B. Bodenschutzlastvermerk
I. Allgemein

§ 93b GBV knüpft an das Gesetz v. 17.3.1998 (BGBl I S. 502) an. Dort ist eine Wertausgleichspflicht des Grundstückseigentümers für die Durchführung von Sanierungs- und Sicherungsmaßnahmen durch öffentliche Mittel vorgesehen. Der Wertausgleich wird durch die zuständige Behörde festgesetzt; er ruht als **öffentliche Last** auf dem Grundstück, § 25 Abs. 6 BBodSchG.[1] 3

II. Der Grundbuchvermerk

In der VO über die Eintragung des Bodenschutzlastvermerks v. 18.3.1999 (BGBl I S. 497) ist die Eintragung des Wertausgleichsbetrages angeordnet worden. Sie geschieht in Abt. II (§ 93a GBV) nach Maßgabe von Abs. 1.[2] Ein Geldbetrag wird nicht angegeben. Eintragung und Löschung geschehen auf Ersuchen (§ 38 GBO) der zuständigen Behörde. 4

---

1 Meikel/*Schneider*, GBV, § 93b Rn 2.   2 Meikel/*Schneider*, GBV, § 93b Rn 4.

Abschnitt XV: Vorschriften über den elektronischen Rechtsverkehr und die elektronische Grundakte

§ 94 Grundsatz

Die Vorschriften dieser Verordnung über die Grundakten gelten auch für die elektronischen Grundakten, soweit nachfolgend nichts anderes bestimmt ist.

1 Die Bestimmungen der §§ 94–101 GBV wurden mit dem ERVGBG[1] eingefügt und in § 95 und § 100a GBV mit dem DaBaGG[2] geändert. Die Vorschriften enthalten die Ausführungsbestimmungen zur Einrichtung von elektronischen Grundakten auf der Grundlage des § 141 GBO (vgl. § 141 GBO Rdn 2). Zur weiteren Ausgestaltung vgl. z.B. die VwV Grundbuchsachen vom 31.1.2020 (SächsJMBl. S. 10), enthalten in der Verwaltungsvorschrift vom 9.12.2021 (SächsABl SDr. S. S 199) (VwVGBS) Abschnitt III.[3]

2 Die Vorschrift stellt klar, dass für die elektronische Grundakte **grundsätzlich dieselben Bestimmungen** gelten wie für die Grundakte in Papierform. Dies betrifft bspw. das Einsichtsrecht (§ 46 GBV). Inhalt und Behandlung der Grundakte sollen nur dann abweichen, wenn dies aufgrund der elektronischen Speicherung des Akteninhalts notwendig oder sinnvoll erscheint und entsprechend geregelt ist.

3 Gem. § 96 GBV können die Grundakten vollständig oder teilweise in elektronischer Form geführt werden. Den Medientransfer regeln § 138 GBO, § 97 GBV. An die Stelle der Abschrift aus der Grundakte tritt der Ausdruck und an die Stelle der beglaubigten Abschrift der amtliche Ausdruck (§ 139 GBO, § 99 GBV). Wird die Grundakte elektronisch geführt, können Entscheidungen und Verfügungen in elektronischer Form erlassen werden (§ 140 GBO).[4] Praktisch hat sich die Einführung der eGA in hybrider Form durchgesetzt: Der Altbestand wird in Papier geführt, ab einem bestimmten Zeitpunkt elektronisch eingehende Anträge auch als solcher der eGA zugeführt.

4 Die Grundakten sind im Wege der Fernabfrage einsehbar, was erhebliche praktische Vorteile und einen deutlichen Gewinn an Rechtssicherheit bringt (vgl. § 75 GBV Rdn 3 ff.).

§ 95 Allgemeine technische und organisatorische Maßgaben

Für die Bestimmung des Datenspeichers für die elektronischen Grundakten, die Anforderungen an technische Anlagen und Programme, die Sicherung der Anlagen, Programme und Daten sowie die Datenverarbeitung im Auftrag gelten § 62 Absatz 1 Satz 2 und 3, § 64 Absatz 1 und 2 Satz 1 sowie die §§ 65, 66 und 90 sinngemäß.

A. Allgemeines 1	B. Entsprechende Geltung von Regelungen zum maschinellen Grundbuch 2

A. Allgemeines

1 Die Vorschrift wurde mit dem ERVGBG eingeführt.[1] Im Rahmen des ERV und der elektronischen Grundakte werden sensible personen- und grundstücksbezogene Daten übermittelt und gespeichert. Auch die Öffnung der EDV-Systeme für Fernzugriffe und die hieraus resultierenden Gefahren erfordern die Festlegung bundeseinheitlicher Standards in Bezug auf Datensicherheit und Datenschutz (vgl. auch

---

1 Gesetz v. 11.8.2009 (BGBl I 2009, 2713); zur Gesetzesbegründung vgl. BR-Drucks 66/09, 49; BT-Drucks 16/12319, 35.
2 Gesetz v. 1.9.2013 (BGBl I 2013, 3719).
3 Vgl. REVOSax Landesrecht Sachsen – VwV Grundbuchsachen – VwVGBS, besucht 230412.
4 *Schöner/Stöber*, GrundbuchR, Rn 69b.
1 Gesetz v. 11.8.2009 BGBl I 2009, 2713; zur Begründung vgl. BT-Drucks 16/12319, 36.

§ 61 GBV Rdn 6, § 65 GBV Rdn 1, § 75 GBV Rdn 14). Mit den bereichsspezifischen Ausnahmen im Datenschutz, die GBO und GBV geschaffen haben, gelten insoweit die Landesdatenschutzgesetze nicht. Anders wäre – bei der Vielfalt von Regelungen in den 16 Bundesländern – auch die angestrebte Vernetzung der Systeme innerhalb der Bundesrepublik nicht möglich. Um Datenschutzkonform zu bleiben, muss die Datenverarbeitung daher strengen technischen und organisatorischen Anforderungen genügen. Diese Anforderungen entsprechen den bereits bekannten des elektronischen Grundbuchs, so dass für den ERV und die elektronische Grundakte auf die entsprechenden Vorschriften des XIII. Abschnitts (§§ 61 ff. GBV) verwiesen werden kann.[2]

B. Entsprechende Geltung von Regelungen zum maschinellen Grundbuch

Zur **Bestimmung des Datenspeichers** für die elektronischen Grundakten ist § 62 S. 2 und 3 GBV entsprechend anzuwenden (Ausführungen vgl. § 62 GBV Rdn 7 ff.). Dies gilt sowohl für die **erstmalige Bestimmung** als auch für **spätere Änderungen**. Die für die Bestimmung zuständige Stelle bestimmen die Landesregierungen durch Rechtsverordnung nach § 101 GBV. Eine spätere Änderung der Bestimmung des Datenspeichers kann etwa vorgenommen werden, um die Erhaltung und die Abrufbarkeit der Daten sicherzustellen oder zu verbessern, auch z.B. bei Havarie (Zerstörung des Grundaktenservers).[3] Nicht unter die Vorschrift fällt z.B. die Bestimmung der für den Empfang elektronischer Dokumente im Rahmen des elektronischen Rechtsverkehrs vorgesehenen Einrichtung (z.B. Intermediär), weil es beim **Empfang** nicht um den Datenspeicher der von Dritten angelieferten elektronischen Aktenbestandteile geht, vgl. dazu aber § 135 Abs. 1 S. 2 Nr. 3 GBO (siehe § 135 GBO Rdn 6 f.).

Mit der Verweisung auf § 64 Abs. 1 und 2 S. 1 GBV werden die für die **technischen Anlagen und Programme geltenden Anforderungen** festgelegt. Es darf nur solche Hard- und Software eingesetzt werden, die den bestehenden inländischen oder international anerkannten technischen Anforderungen an die maschinell geführte Verarbeitung geschützter Daten entspricht (vgl. § 64 GBV Rdn 6). Das Vorliegen dieser Funktionen ist, soweit es nicht durch ein inländisches oder ausländisches Prüfzeugnis bescheinigt wird, durch die zuständige Landesjustizverwaltung in geeigneter Weise festzustellen.

Gegenstand des in § 95 GBV in Bezug genommenen § 65 GBV ist die **Sicherung der Datenverarbeitungsanlage und der Programme** sowie der Schutz vor sogenanntem Hacking und die Gewährleistung der Datensicherheit (vgl. § 65 GBV Rdn 2). Auch für die elektronische Grundakte ist die Anwendung der Zugangssicherungen und Datensicherungsverfahren durch **Dienstanweisungen** (siehe § 65 GBV Rdn 7 f.) sicherzustellen. Der mit den Übermittlungs- und Abrufverfahren notwendige Anschluss an die öffentlichen Telekommunikationsnetze erfordert die Sicherungen des § 65 Abs. 2 GBV (vgl. § 65 GBV Rdn 9 f.) gegen ein Eindringen unbefugter Personen oder Stellen in das Verarbeitungssystem zu treffen.

Die Verweisung stellt klar, dass bei eingereichten elektronischen Dokumenten auch schon mit dem **Eingang beim Grundbuchamt eine Sicherung der Daten** gewährleistet sein muss, auch wenn die Daten noch nicht in die elektronische Grundakte (Datenspeicher) übernommen wurden, vgl. § 66 Abs. 1 GBV. Die Verweisung auf § 66 Abs. 2 und 3 GBV führt § 135 Abs. 4 S. 1 GBO i.V.m. § 126 Abs. 1 S. 2 Nr. 1 GBO aus, wonach Vorkehrungen gegen Datenverlust getroffen, die erforderlichen Kopien der Datenbestände mindestens tagesaktuell gehalten und die originären Datenbestände sowie deren Kopien sicher aufbewahrt werden müssen. Es ist mindestens eine vollständige **tagesaktuelle Sicherungskopie** des Inhalts aller elektronischen Grundakten aufzubewahren (vgl. § 66 GBV Rdn 6). Die Sicherungskopie ist sicher aufzubewahren und muss unverzüglich zugänglich gemacht werden können, siehe § 66 Abs. 3 GBV.

Der vom elektronischen Grundbuch bekannte Grundsatz, wonach die **Datenverarbeitung im Auftrag** des zuständigen GBA auf den Anlagen einer anderen staatlichen Stelle oder auf den Anlagen einer juristischen Person des öffentlichen Rechts (§§ 135 Abs. 4 S. 1 GBO i.V.m. § 126 Abs. 3 GBO) zulässig ist, gilt auch bezüglich des elektronischen Rechtsverkehrs und der elektronischen Grundakte. Mit der Verwei-

---

[2] Zur Kommentierung des Abschnitt XV im Rahmen des § 135 GBO vgl. *Wilsch*, in: BeckOK GBO § 135 Rn 14 bis 23.

[3] Insoweit abzugrenzen von den Fällen des Wiederherstellungsverfahrens nach § 100 GBV i.V.m. § 92 Abs. 1 S. 2 u. 3 GBV.

sung auf § 90 GBV gelten die Bestimmungen der GBV auch bei einer derartigen Übertragung der Datenverarbeitung sinngemäß. Es ist daher auch sicherzustellen, dass die Aufnahme eines Dokuments in die elektronische Grundakte und die Erteilung von Auskünften aus der Akte nur auf Veranlassung des zuständigen GBA oder im Rahmen des (noch einzurichtenden) Abrufverfahrens nach § 139 Abs. 3 GBO erfolgen (vgl. § 90 GBV Rdn 3).

§ 96 Anlegung und Führung der elektronischen Grundakte

(1) Die Grundakte kann vollständig oder teilweise elektronisch geführt werden. Bei teilweiser elektronischer Führung sind in die beiden Teile der Grundakte Hinweise auf den jeweils anderen Teil aufzunehmen.
(2) Mit dem elektronischen Dokument ist in die Grundakte ein Protokoll darüber aufzunehmen,
1. welches Ergebnis die Integritätsprüfung des Dokuments ausweist,
2. wen die Signaturprüfung als Inhaber der Signatur ausweist,
3. welchen Zeitpunkt die Signaturprüfung für die Anbringung der Signatur ausweist,
4. welche Zertifikate mit welchen Daten dieser Signatur zugrunde lagen und
5. wann die Feststellungen nach den Nummern 1 bis 4 getroffen wurden.
Dies gilt nicht für elektronische Dokumente des Grundbuchamts.
(3) Das Grundbuchamt entscheidet vorbehaltlich des Satzes 3 nach pflichtgemäßem Ermessen, ob und in welchem Umfang der in Papierform vorliegende Inhalt der Grundakte in elektronische Dokumente übertragen und in dieser Form zur Grundakte genommen wird. Das gleiche gilt für Dokumente, die nach der Anlegung der elektronischen Grundakte in Papierform eingereicht werden. Die Landesregierungen oder die von diesen ermächtigten Landesjustizverwaltungen können in der Rechtsverordnung nach § 101 diesbezügliche Verfahrensweisen ganz oder teilweise vorschreiben.
(4) Abweichend von § 24 Absatz 1 bis 3 sind elektronische Dokumente, die nach § 10 der Grundbuchordnung vom Grundbuchamt aufzubewahren sind, so zu speichern, dass sie über die Grundakten aller beteiligten Grundbuchblätter eingesehen werden können. Satz 1 gilt nicht für Dokumente, die bereits in Papierform zu den Grundakten genommen wurden.

A. Allgemeines 1	D. Umfang der Übertragung von Inhalten aus Papierakten 8
B. Vollständige oder teilweise Führung elektronischer Grundakten 2	E. Zuordnung von elektronischen Dokumenten zu allen betroffenen Grundbuchblättern 10
C. Aufnahme elektronischer Dokumente in die elektronische Grundakte 3	

A. Allgemeines

1 Die Norm wurde mit dem ERVGB[1] mit Vorschriften für die Anlegung und Führung von elektronischen Akten angepasst und verdrängte die bis dahin dort geregelte Aufhebung der Führung von Grundbuchbänden, die jetzt in § 103 GBV geregelt ist. Der Gesetzgeber stellte angesichts der großen Herausforderungen, die eine Umstellung der Grundakten auf ein rein elektronisches System mit sich bringen wird, klar, dass ein möglichst **weiter Handlungsspielraum** für die Umsetzung gewährleistet sein sollte.[2] Dies kommt auch in der Verordnungsermächtigung zur Zulassung des ERV zum Ausdruck (vgl. § 135 GBO Rdn 2) und in der Delegationsbefugnis für die Einzelheiten der Anlegung und Gestaltung der elektronischen Grundakte (vgl. § 141 GBO Rdn 2).

---

1 Gesetz v. 11.8.2009, vgl. BGBl I 2009, 2713; BR-Drucks 66/09, 51.
2 Siehe BR-Drucks 66/09, 51.

B. Vollständige oder teilweise Führung elektronischer Grundakten

Die Umstellung auf die elektronische Grundakte kann auf unterschiedliche Weise erreicht werden, was eine Flexibilität in der Aktenführung voraussetzt:

– Der gesamte – d.h. auch der bereits vorhandene – Akteninhalt kann komplett in die elektronische Form übertragen werden. Es wird ab dem in der Verordnung festgelegten Zeitpunkt die ganze Akte nur noch in elektronischer Form geführt (**rein elektronische Grundaktenführung**).
– Die neu eingehenden elektronischen Dokumente werden ausgedruckt und in Papierform zur Akte genommen. Es handelt sich dabei weiter um **reine Papierakten**. Die Grundbuchpost trifft elektronisch ein und kann für eine später elektronische Führung zwischengespeichert werden. Dies gilt auch für die – setzt man auf Effizienz – so wichtigen XML-Datensätze, diese werden bei dem beschriebenen Verfahren nicht verwendet, auch wenn sie von Notaren etwa dem GBA angeliefert werden.
– Schließlich besteht die Möglichkeit, die bereits vorhandenen Aktenbestandteile in Papierform beizubehalten und lediglich die neu eingehenden elektronischen Dokumente in elektronischer Form zur Grundakte zu nehmen (**sogenannte Hybridakte**). Bei der Führung von Hybridakten ist nach § 96 S. 2 GBV aus Gründen der Transparenz und Vollständigkeit in dem elektronischen Teil auf den in herkömmlicher Form geführten Teil der Akte hinzuweisen und umgekehrt. Dies ist in der Praxis – soweit ersichtlich – der ausschließlich gewählte Weg. So lautet etwa Abschnitt III Nr. 4b) SächsVwV Grundbuchsachen: *Soweit bereits eine Grundakte in Papierform vorhanden ist, ist darauf zu vermerken, dass diese als elektronische Akte fortgeführt wird. Auf dem Vorblatt der vorhandenen Papiergrundakte ist unter der letzten Ordnungsnummer zu vermerken: „Unter dem AZ: (vierstelliges Kürzel – Blattnummer) als elektronische Grundakte fortgeführt seit (Datum des Eingangs des ersten elektronischen Antrags)". Für die Vermerke können Stempel verwendet werden.*

C. Aufnahme elektronischer Dokumente in die elektronische Grundakte

Die Anforderungen des § 96 Abs. 2 S. 1 GBV gelten nicht für Dokumente des GBA selbst, da die geltenden Verfahrensregelungen Integrität und Authentizität dieser Dokumente sicherstellen.[3] Für alle **anderen elektronischen Dokumente** sind die Bestimmungen von § 96 Abs. 2 S. 1 Nr. 1–5 zu beachten und es ist ein Protokoll zu fertigen.

Das **Prüfprotokoll** ist danach bei dem elektronischen Dokument in der Grundakte zu speichern. Spätere Prüfungen können unter Heranziehung des in der Akte gespeicherten Prüfprotokolls erfolgen. Ist ein elektronisches Dokument nicht signiert,[4] ist dies zu vermerken.

Hinsichtlich des **Inhalts des Protokolls** lehnt sich die Vorschrift an § 33 Abs. 5 S. 1 Nr. 1 und S. 2 VwVfG an und ist damit detaillierter als etwa § 42 Abs. 3 BeurkG oder § 298 Abs. 2 ZPO.

Form- oder Formatanforderungen für das Protokoll existieren nicht. Die Landesregierungen können durch Rechtsverordnung nach § 101 GBV festlegen, in welchem Format die Protokolle gespeichert werden, bspw. als Text- oder Bilddateien oder aber in einem XML-Format. Das Protokoll bedarf keiner Signatur.[5]

Es ist auch **keine Übersignierung** nach § 17 SigVO der aufgenommenen (signierten) elektronischen Dokumente durch das GBA (als Datenspeicherstelle) vorgesehen, selbst wenn der Sicherheitswert der vorhandenen Signatur durch Zeitablauf geringer wird (vgl. § 6 Abs. 1 S. 2 SigG). Die Verwahrung im Datenspeicher unter Beachtung der Verfahrensvorschriften (§§ 94 ff. GBV) macht eine Übersignierung entbehrlich.[6]

---

3 Für die Überführung von Papierdokumenten der bisherigen Grundakte beachte aber § 97 GBV.
4 Dokumente, die zwar elektronisch eingereicht werden können, die aber nicht zu signieren sind, wie z.B. die Eingangsbestätigung des Notars für eine erhaltene Zwischenverfügung. Hier sollte die Authentizität des Dokuments gleichwohl in einer gewissen Form sichergestellt sein, sei es durch normale Unterschrift des Notars und Rücksendung eines Scans oder durch Rücksendung einer von ihm signierten Empfangsbestätigung.
5 Vgl. auch die Begründung (BR-Drucks 66/09, 51): Der Gefahr der nachträglichen Veränderung wird durch die Aufnahme in den Dateispeicher begegnet, siehe § 95 GBV.
6 Vgl. BR-Drucks 66/09, 51.

D. Umfang der Übertragung von Inhalten aus Papierakten

8 Ob und in welchem Umfang nach verbindlicher Einführung der elektronischen Grundakte durch den Verordnungsgeber der in herkömmlicher Form bereits vorhandene Inhalt der „papierenen" Grundakte in elektronische Dokumente zu übertragen und wie nach der Anlegung der elektronischen Grundakte mit weiterhin eingehenden Papierdokumenten zu verfahren ist, entscheidet grundsätzlich das GBA für jede Grundakte gesondert.

9 Auch wenn die spätere Übertragung in die elektronische Form möglich ist, scheint eine einheitliche Vorgehensweise im Lichte einer effizienten Umsetzung geboten zu sein. Die Landesregierungen werden daher ermächtigt, durch Rechtsverordnung vorzuschreiben, ob und in welchem Umfang ein Medientransfer stattfinden soll, § 96 Abs. 3 S. 3 GBV i.V.m. § 101 GBV. Auch hier herrscht ein großer Spielraum für den Verordnungsgeber.[7] Die Vorschrift ist § 67 GBV nachempfunden, der die Festlegung der Verfahren zur Anlegung des elektronischen Grundbuchs regelt.

E. Zuordnung von elektronischen Dokumenten zu allen betroffenen Grundbuchblättern

10 Wird die Grundakte elektronisch geführt, können Dokumente (und Prüfprotokolle) die nach § 10 GBO vom GBA aufzubewahren sind, beliebig vervielfältigt werden. Damit können sie ohne Mehraufwand entweder in die elektronischen (oder noch umzustellenden) Grundakten aller beteiligten Grundbuchblätter aufgenommen oder durch entsprechende Verlinkung in den einzelnen Akten zugänglich gemacht werden. Warum der Gesetzgeber die **Regelung nur für Neueingänge** (in elektronischer Form oder in Papier und entsprechender Umwandlung) angewandt wissen will und nicht auch für den bei der Umstellung auf elektronische Grundaktenführung bereits in Papierform vorhandenen Aktenbestand erstreckt, bleibt unerfindlich und höchstens dem Ziel einer Überschaubarkeit des Arbeitsanfalles geschuldet. Denn ordnet der Verordnungsgeber die komplette Umstellung der Grundakte auf rein elektronische Form (siehe Rdn 9) an, dann macht auch die Zuordnung der nach § 10 GBO aufzubewahrenden Dokumente zu den anderen Grundbuchblättern Sinn. Freilich sollte die nachträgliche Zuordnung in diesen Fällen jedenfalls technisch einfacher sein.

| § 97 | Übertragung von Papierdokumenten in die elektronische Form |

(1) Wird ein in Papierform vorliegendes Schriftstück in ein elektronisches Dokument übertragen und in dieser Form anstelle der Papierurkunde in die Grundakte übernommen, ist vorbehaltlich des Absatzes 2 durch geeignete Vorkehrungen sicherzustellen, dass die Wiedergabe auf dem Bildschirm mit dem Schriftstück inhaltlich und bildlich übereinstimmt. Bei dem elektronischen Dokument ist zu vermerken, wann und durch wen die Übertragung vorgenommen wurde; zuständig ist der Urkundsbeamte der Geschäftsstelle.

(2) Bei der Übertragung einer in Papierform eingereichten Urkunde, auf die eine aktuelle Grundbucheintragung Bezug nimmt, hat der Urkundsbeamte der Geschäftsstelle bei dem elektronischen Dokument zu vermerken, dass die Wiedergabe auf dem Bildschirm mit dem Schriftstück inhaltlich und bildlich übereinstimmt. Durchstreichungen, Änderungen, Einschaltungen, Radierungen oder andere Mängel des Schriftstücks sollen in dem Vermerk angegeben werden. Das elektronische Dokument ist von dem Urkundsbeamten der Geschäftsstelle mit seinem Namen und einer qualifizierten elektronischen Signatur zu versehen. Ein Vermerk kann unterbleiben, soweit die in Satz 2 genannten Tatsachen aus dem elektronischen Dokument eindeutig ersichtlich sind.

A. Allgemeines 1	C. Übertragung öffentlicher Urkunden 6
B. Schriftstücke in Papierform 3	

---

[7] Vorgaben der VO können sich z.B. auf einzelne GBA (wird wohl so als Regel für die Umsetzung genutzt), Grundbuchbezirke oder sogar auf einzelne Grundakten (in der Sache wenig effizient) beschränken. Selbst unterschiedliche Anweisungen für verschiedene GBA, Grundbuchbezirke oder Grundakten wären theoretisch möglich. Hiervon sollte aber zur Vermeidung von Verwirrung sicher nur in gut begründeten Ausnahmesituationen Gebrauch gemacht werden.

A. Allgemeines

Die Norm wurde mit dem ERVGB[1] mit Vorschriften für die Anlegung und Führung von elektronischen Akten angepasst und verdrängte die bis dahin dort geregelte Umschreibung unter Verwendung bestimmter Vordrucke, die jetzt in § 104 GBV geregelt ist. Die Bestimmungen des § 138 GBO und des § 97 GBV lassen den **Medientransfer** von Papierdokumenten in die elektronische Form zum Zweck der Übernahme in die elektronische Grundakte zu und regeln dessen Umsetzung. Die Beweiskraft des ersetzenden Scannens bei öffentlichen Urkunden beruht auf dem 2013 mit dem E-Justiz-Gesetz[2] eingeführten § 371b ZPO, der aber für die **Einreichung** von elektronischen Unterlagen nicht ausreichend ist (vgl. § 137 GBO Rdn 7).

Wegen der Möglichkeit der Aussonderung nach § 138 Abs. 1 S. 2 GBO kommt der sorgfältigen Umsetzung in der Praxis besondere Bedeutung zu. Eine fehlerhafte bzw. unvollständige Übertragung einer Urkunde in die elektronische Form, die inhaltlich von der der in Bezug genommenen – meist notariellen – Urkunde abweicht, führt zur Unrichtigkeit des Grundbuchs.[3] § 97 Abs. 2 GBV regelt das Übertragungsverfahren und schreibt einen **hohen Sicherheitsstandard** vor.[4]

B. Schriftstücke in Papierform

§ 97 Abs. 1 GBV regelt allgemein den **Transfer bei Schriftstücken**, die in Papierform vorliegen.[5] Für Urkunden, auf die in einer Grundbucheintragung Bezug genommen wird, gelten die weitergehenden Vorschriften in § 97 Abs. 2 GBV (vgl. § 97 GBV Rdn 7 ff.). Selbstverständlich ist es zulässig, auch Schriftstücke dem Transferverfahren nach § 97 Abs. 2 GBV zu unterziehen.

Durch **allgemeine Vorkehrungen** ist sicherzustellen, dass die Wiedergabe auf dem Bildschirm mit dem in die elektronische Form übertragenen Schriftstück inhaltlich und bildlich übereinstimmt. Mittels technischer Systeme, die etwaige Fehlfunktionen des Systems automatisch erkennen und melden, kann hier ein hohes Maß an Übertragungssicherheit erreicht werden. Darüber hinaus können organisatorische Maßnahmen und stichprobenartige Kontrollen der Übertragungsergebnisse zur Qualitätssicherung beitragen. Einer individuellen Kontrolle jedes einzelnen Übertragungsvorgangs bedarf es – anders als in den Fällen des § 97 Abs. 2 GBV – nicht.

Bei dem elektronischen Dokument sind der **Name des für die Übertragung verantwortlichen Urkundsbeamten der Geschäftsstelle sowie der Zeitpunkt der Übertragung** zu vermerken. Eine elektronische Signatur ist nicht erforderlich.

C. Übertragung öffentlicher Urkunden

Die **Urkunden**, die bei einer Grundbucheintragung in Bezug genommen werden können, sind öffentliche oder öffentlich beglaubigte Urkunden, vgl. § 29 GBO.

§ 97 Abs. 2 GBV regelt das Verfahren zur Übertragung von **Urkunden, auf die in einer aktuellen Grundbucheintragung als Grundlage der Bewilligung Bezug genommen wird**, vgl. § 44 Abs. 2 S. 1 GBO (siehe § 44 GBO Rdn 27).[6] Auf diese in Bezug genommen Urkunden erstreckt sich der gute Glaube des Grundbuchs, siehe §§ 892, 893 BGB.

---

1 Gesetz v. 11.8.2009, BGBl I 2009, 2713; BR-Drucks 66/09, 52 f.
2 Gesetz v. 10.10.2013, BGBl I 2013, 3786.
3 Meikel/*Böttcher*, GBO § 10 Rn 35.
4 Der Bundesrat forderte im Gesetzgebungsverfahren die komplette Streichung: „Die Umstellung der vorhandenen Grundaktenbestände in die elektronische Form ist auf der Grundlage des § 97 Abs. 2 GBV-E nicht möglich. Die Urkunden müssten zunächst dahingehend gesichtet werden, ob eine Bezugnahme auf die Eintragungsbewilligung mit Sicherheit ausscheidet. Diese Prüfung kann nur durch einen Rechtspfleger erfolgen. Allein dieser zusätzliche Prüfungsaufwand erfordert einen in der Summe nicht leistbaren Personalaufwand. Erst danach könnte die elektronische Erfassung mit den erforderlichen Vermerken und Signaturen durch den Urkundsbeamten erfolgen. Auch aus Gründen der Rechtssicherheit ist der vereinfachte und weitgehend automatisierte Medientransfer nach § 97 Abs. 1 GBV-E für die Übertragung sämtlicher Urkunden ausreichend. Gründe dafür, an den Medientransfer von Urkunden höhere Anforderungen zu stellen als beim Grundbuch selbst, bestehen nicht." Vgl. BR-Drucks 66/09, 3. Der Gesetzgeber kam dieser Forderung zu Recht nicht nach.
5 Vgl. dazu auch *Demharter*, § 138 Rn 2 ff.
6 *Schöner/Stöber*, Grundbuchrecht, Rn 262 ff.

8 Nicht in den Geltungsbereich des § 97 Abs. 2 GBV fallen somit solche Urkunden, auf die in gelöschten Grundbucheintragungen Bezug genommen wird, wobei die Löschung im Zeitpunkt des Medientransfers erfolgt sein muss. Ebenfalls nicht erfasst vom Geltungsbereich sind Urkunden, auf die sich zwar eine Eintragung gründet, auf die aber in der Eintragung nicht Bezug genommen wird. Für diese Urkunden gilt § 97 Abs. 1 GBV.

9 Der für die Übertragung zuständige Urkundsbeamte der Geschäftsstelle hat nach § 97 Abs. 2 GBV
- festzustellen, ob die Wiedergabe auf dem Bildschirm mit dem Schriftstück **inhaltlich und bildlich übereinstimmt**, vgl. § 97 Abs. 2 S. 1 GBV;
- bei dem elektronischen Dokument zudem einen Vermerk darüber anzubringen, ob das Schriftstück Durchstreichungen, Änderungen, Einschaltungen, Radierungen oder andere **Mängel** aufweist (§ 97 Abs. 2 S. 2 GBV), wobei der Vermerk entfallen kann, soweit diese Umstände zweifelsfrei aus dem elektronischen Dokument ersichtlich sind, vgl. § 97 Abs. 2 S. 4 GBV.
- Der Vermerk ist von dem Urkundsbeamten der Geschäftsstelle **mit seinem Namen und einer qualifizierten elektronischen Signatur nach dem Signaturgesetz** zu versehen, die zugleich Aufschluss über Zeitpunkt der Übertragung gibt. Die Angabe des Namens ist nach dem Wortlaut des Gesetzes unabhängig von der zu verwendenden Signatur (die ja ebenfalls – verbindlichen – Aufschluss über die verantwortliche Person gibt) zusätzlich erforderlich.[7] Die Regelung, dass die elektronischen Dokumente zu signieren sind, soll sich nach Vorstellung des Gesetzgebers dabei positiv auf die Qualität der Übertragungsergebnisse auswirken, da das Anbringen der Signatur dem zuständigen Bediensteten seine unmittelbare Verantwortlichkeit für die ordnungsgemäße Durchführung des Übertragungsvorgangs verdeutlicht.[8]

§ 98 Übertragung elektronischer Dokumente in die Papierform oder in andere Dateiformate

(1) Wird ein elektronisches Dokument zur Übernahme in die Grundakte in die Papierform übertragen, ist durch geeignete Vorkehrungen sicherzustellen, dass der Ausdruck inhaltlich und bildlich mit der Wiedergabe des elektronischen Dokuments auf dem Bildschirm übereinstimmt. Bei dem Ausdruck sind die in § 96 Absatz 2 Satz 1 genannten Feststellungen zu vermerken.

(2) Wird ein elektronisches Dokument zur Erhaltung der Lesbarkeit in ein anderes Dateiformat übertragen, ist durch geeignete Vorkehrungen sicherzustellen, dass die Wiedergabe der Zieldatei auf dem Bildschirm inhaltlich und bildlich mit der Wiedergabe der Ausgangsdatei übereinstimmt. Protokolle nach § 96 Absatz 2, Vermerke nach § 97 sowie Eingangsvermerke nach § 136 Absatz 1 und 2 der Grundbuchordnung sind ebenfalls in lesbarer Form zu erhalten; für sie gilt Satz 1 entsprechend mit der Maßgabe, dass die inhaltliche Übereinstimmung sicherzustellen ist.

(3) Im Fall einer Beschwerde hat das Grundbuchamt von den in der elektronischen Grundakte gespeicherten Dokumenten Ausdrucke gemäß Absatz 1 für das Beschwerdegericht zu fertigen, soweit dies zur Durchführung des Beschwerdeverfahrens notwendig ist. Die Ausdrucke sind mindestens bis zum rechtskräftigen Abschluss des Beschwerdeverfahrens aufzubewahren.

A. Allgemeines	1	C. Übertragung von elektronischen Dokumenten in ein anderes Dateiformat	5
B. Übertragung von elektronischen Dokumenten in die Papierform	2	D. Ausdrucke für das Beschwerdegericht	7

A. Allgemeines

1 Die Norm wurde mit dem ERVGB[1] mit Vorschriften für die Anlegung und Führung von elektronischen Akten angepasst und verdrängte die bis dahin dort geregelte Verwendung alter Vordrucke, die jetzt in

---

7 Unklar insoweit die Begründung, vgl. BT-Drucks 16/12319, 38.
8 Siehe BT-Drucks 16/12319, 38.

1 Gesetz v. 11.8.2009 (BGBl I 2009, 2713); BR-Drucks 66/09, 54.

§ 105 GBV geregelt ist. Die Bestimmungen des § 138 GBO und des § 98 GBV lassen den **Medientransfer** von elektronischen Dokumenten in Papierdokumente und andere Dateiformate zum Zweck der Übernahme in die Grundakte zu und regeln dessen Umsetzung. Zum umgekehrten Transferverfahren vgl. § 97 GBV Rdn 3 ff.

B. Übertragung von elektronischen Dokumenten in die Papierform

§ 98 Abs. 1 GBV regelt die Einzelheiten der in § 138 Abs. 3 GBO vorgesehenen **Fertigung von Ausdrucken** elektronischer Dokumente zum Zweck der Übernahme in die in herkömmlicher Art geführte Grundakte.

Nach § 98 Abs. 1 S. 1 GBV ist durch allgemeine **technische und organisatorische Vorkehrungen** sicherzustellen, dass der Inhalt der elektronischen Dokumente in den Ausdrucken richtig und vollständig wiedergegeben wird und dass etwaige Fehlfunktionen des Systems automatisch erkannt und gemeldet werden (vgl. § 97 GBV Rdn 4), wobei es auch hier – ebenso wie bei § 97 Abs. 1 GBV – einer zusätzlichen Bestätigung der Übereinstimmung im Einzelfall durch einen Bediensteten des GBA nicht bedarf.

Das **Ergebnis der Integritäts- und Signaturprüfung** ist nach der Umwandlung beim Ausdruck zu vermerken.[2] Auch hier kann die Prüfung automatisiert erfolgen und der **Vermerk** nach S. 2 maschinell erstellt werden. Einer Beglaubigung oder handschriftlichen Unterzeichnung bedarf es nicht, was im Gesetzgebungsverfahren aus Gründen der Rechtssicherheit zwar angeregt, aber nicht aufgegriffen wurde.

C. Übertragung von elektronischen Dokumenten in ein anderes Dateiformat

§ 138 Abs. 2 GBO bestimmt, dass ein zur Grundakte genommenes elektronisches Dokument in lesbarer Form zu erhalten ist, was einen **Formatwechsel** erforderlich machen kann. Die in § 97 Abs. 2 GBV beschriebene Verfahrensweise weist Parallelen zur Übertragung eines elektronischen Dokuments in die Papierform zum Zweck der Aufnahme in eine noch in Papierform geführte Grundakte auf. Nach der Übertragung muss die Integrität und Authentizität der transformierten Daten mit denjenigen des Ausgangsdokuments gewährleistet sein, was durch allgemeine technische und organisatorische Vorkehrungen erfolgen kann, vgl. § 98 Abs. 2 S. 1 GBV. Einzelheiten der Übertragung, wie z.B. die Bestimmung des Dateiformats der Zieldatei oder die Bestimmung des Übertragungszeitpunkts, können die Landesregierungen bzw. die Landesjustizverwaltungen durch Rechtsverordnungen nach § 101 GBV regeln.

Weniger wichtig als die Übereinstimmung der bildlichen Darstellung ist die dauerhafte **Überprüfbarkeit von einmal erstellten Prüf- oder Transfervermerken**. Deswegen sind nach § 98 Abs. 2 S. 2 GBV auch Prüfprotokolle nach § 96 Abs. 2 GBV, Übertragungsvermerke nach § 97 GBV und Eingangsvermerke nach § 136 Abs. 1 und 2 GBO in lesbarer Form zu erhalten. Bei der Übertragung genügt die Sicherstellung der inhaltlichen Übereinstimmung.

D. Ausdrucke für das Beschwerdegericht

Soweit das **Beschwerdegericht** nicht selbst auf die elektronische Grundakte zugreifen kann und eine elektronische Übermittlung der Daten an das Beschwerdegericht ebenfalls nicht in Betracht kommt, hat das GBA Ausdrucke der in der Grundakte enthaltenen elektronischen Dokumente für das Beschwerdegericht zu fertigen. Die Herstellung der Ausdrucke erfolgt gem. § 98 Abs. 1. GBV. § 14 FamFG geht von der Möglichkeit der Führung elektronischer Gerichtsakten aus, die Umsetzung in den Ländern steht z.T. noch aus. Zur aktenmäßigen Behandlung vgl. exemplarisch Abschnitt III Nr. 7 lit. a) bis g) SächsVwVGrundbuchsachen.[3]

---

2 Vgl. die ähnlich aufgebauten Bestimmungen in § 33 Abs. 5 S. 1 Nr. 1 VwVfG und § 298 Abs. 2 ZPO.

3 REVOSax Landesrecht Sachsen – VwV Grundbuchsachen – VwVGBS

§ 99 Aktenausdruck, Akteneinsicht und Datenabruf

(1) Für die Erteilung von Ausdrucken aus der elektronischen Grundakte gilt § 78 Absatz 1 und 2 entsprechend. In den amtlichen Ausdruck sind auch die zugehörigen Protokolle nach § 96 Absatz 2 und Vermerke nach § 97 aufzunehmen.
(2) Für die Einsicht in die elektronischen Grundakten gilt § 79 entsprechend.
(3) Für den Abruf von Daten aus der elektronischen Grundakte im automatisierten Verfahren nach § 139 Absatz 3 der Grundbuchordnung gelten die §§ 80 bis 84 entsprechend.

A. Allgemeines 1	C. Einsicht in die elektronische Grundakte . 4
B. Erteilung von Ausdrucken und amtlichen Ausdrucken 2	D. Datenabruf 5

A. Allgemeines

1 Die Norm wurde mit dem ERVGB[1] mit Vorschriften für die Anlegung und Führung von elektronischen Akten angepasst und verdrängte die bis dahin dort geregelte Verwendung von Vordrucken bei der Umschreibung, die jetzt in § 106 GBV geregelt ist. Die Einsicht in herkömmliche Papierakten ist in § 46 Abs. 3 GBV geregelt. § 99 GBV mit den Verweisungen auf die Ausdrucke bei maschinell geführten Grundbüchern schafft praktikabel Einsichtsmöglichkeiten bei rein elektronischer Grundaktenführung und setzt damit § 139 Abs. 1 GBO um (vgl. § 139 GBO Rdn 2 f.).

B. Erteilung von Ausdrucken und amtlichen Ausdrucken

2 Im Fall der elektronischen Führung der Grundakte tritt an die Stelle der Abschrift aus der Grundakte der Ausdruck und an die Stelle der beglaubigten Abschrift der amtliche Ausdruck (§ 139 Abs. 1 GBO-E). Aufgrund der Verweisung in § 99 Abs. 1 S. 1 GBV sind die Regelungen des § 78 Abs. 1 und 2 GBV über Inhalt und Gestaltung der Ausdrucke aus dem maschinell geführten Grundbuch entsprechend anzuwenden. Die elektronische Übermittlung ist für einfache Ausdrucke möglich (vgl. § 78 GBV Rdn 6).

3 Ein amtlicher Ausdruck (vgl. § 78 Abs. 2 GBV) von elektronischen Dokumenten aus der elektronischen Grundakte muss auch die nach § 96 Abs. 2 GBV vorgesehenen Protokolle (vgl. § 96 GBV Rdn 3 ff.) zur Integritäts- und Signaturprüfung enthalten. Wurde das elektronische Dokument zunächst von der Papierform in die elektronische Form übertragen, so muss der Ausdruck auch den Vermerk nach § 97 GBV (vgl. § 97 GBV Rdn 5, 9) enthalten.

C. Einsicht in die elektronische Grundakte

4 Die rechtlichen und technischen Rahmenbedingungen für die Einsicht in die elektronische Grundakte entsprechen denjenigen für die Einsicht in das elektronische Grundbuch, weswegen auf die Regelungen in § 79 GBV Bezug genommen wird. Zu den Voraussetzungen im Einzelnen vgl. § 79 GBV Rdn 5 ff., 10. 11 ff. Unberührt bleibt die Geltung der übrigen Vorschriften der GBV über § 94 GBV, soweit keine Sonderregelungen für den ERV gelten. Hervorzuheben sind im Zusammenhang mit der Einsicht in die elektronische Grundakte §§ 46 Abs. 1 und 2 GBV i.V.m. § 94 GBV, wonach das Einsichtsrecht auch auf solche zur Grundakte genommenen Dokumente erstreckt wird, die nicht von § 12 Abs. 1 S. 2 GBO erfasst sind. Weiter ist § 43 GBV i.V.m. § 94 GBV zu beachten, wonach bestimmte Personen und Stellen bei der Einsichtnahme von der Darlegung des berechtigten Interesses befreit sind.

---

1 Gesetz v. 11.8.2009 (BGBl I 2009, 2713); BR-Drucks 66/09, 55.

D. Datenabruf

Auch insoweit verweist § 99 Abs. 3 GBV wegen der näheren Ausgestaltung des in § 139 Abs. 3 GBO vorgesehenen Verfahrens zum automatisierten Abruf von Daten aus der elektronischen Grundakte auf die §§ 80–84. Neben der ausführlichen Kommentierung (siehe § 80 GBV Rdn 1 ff.) sei hier nur schlagwortartig hervorgehoben:

Die Zulassung zum Abruf berechtigte auch zur **Fertigung von Abdrucken** aus der elektronischen Akte (vgl. § 80 GBV Rdn 5).[2] **Zu der weiteren Möglichkeit, die die Einsichtnahme für in der Grundakte gespeicherte Notarurkunden (elektronische Archivurkunden) bietet vgl. die Ausführungen bei § 75 GBV Rdn 18 (mit weiteren Nachweisen).**

Nach § 81 GBV bedarf die Einrichtung eines automatisierten Abrufverfahrens einer entsprechenden **Verwaltungsvereinbarung**, einer **Genehmigung durch die Landesjustizverwaltung** oder eines **öffentlich-rechtlichen Vertrags** (vgl. § 81 GBV Rdn 7). Die für die Genehmigung zuständige Behörde kann in der Rechtsverordnung nach § 101 GBV bestimmt werden.

Für die **Einrichtung des automatisierten Abrufverfahrens** ist systemtechnisch sicherzustellen, dass Abrufe nur unter Verwendung eines Codezeichens erfolgen können, das die abrufende Stelle identifiziert und authentisiert (vgl. § 82 GBV Rdn 6). Zum eingeschränkten Abrufverfahren siehe § 82 GBV Rdn 9.

Die **Protokollierungspflicht** ist in § 83 GBV geregelt, wobei hier auch die Vernichtungspflichten zu beachten sind (siehe § 83 GBV Rdn 3, 11). Hier ist nun der Blick auch auf Seite der Einsichtnehmenden, vorwiegend der Notare zu lenken: Anders als zu befürchten, sollte sich das Szenario um die Protokollierungspflicht bei „isolierten Einsichten" in die Grundakte nicht wiederholen, geht man davon aus, dass solche Einsichten auch vor der Einführung des § 133a GBO (i.V.m. § 85 GBV) im Grunde zulässig waren und der Gesetzgeber nur klarstellend tätig wurde. Da aber nie ganz auszuschließen ist, dass sich hier wieder (aufsichtliche) „Scharmützel" ereignen könnten, ist der Forderung nach einer Klarstellung durch Gesetzgeber zuzustimmen.[3]

§ 84 GBV sieht als zusätzlichen Missbrauchsschutz **besondere Kontrollen** bei Personen oder Stellen vor, die keiner allgemeinen Aufsicht unterliegen, sowie bei Berechtigten, die zum eingeschränkten Abrufverfahren zugelassen sind.

§ 100 Wiederherstellung des Grundakteninhalts

Kann der Inhalt der elektronischen Grundakte ganz oder teilweise auf Dauer nicht mehr in lesbarer Form wiedergegeben werden, so ist er wiederherzustellen. Für die Wiederherstellung gilt § 92 Absatz 1 Satz 2 und 3 entsprechend.

A. Allgemeines	1	B. Wiederherstellung der elektronischen Grundakte	2

A. Allgemeines

Die Norm wurde mit dem ERVGB[1] mit Vorschriften für die Anlegung und Führung von elektronischen Akten angepasst und verdrängte die bis dahin dort geregelte Verwendung von Vordrucken bei der Umschreibung, die jetzt in § 107 GBV geregelt ist.

B. Wiederherstellung der elektronischen Grundakte

Kann etwa aufgrund einer irreparablen Beschädigung des (Primär-)Datenspeichers im Sinne von § 62 Abs. 1 S. 2 GBV i.V.m. § 94 GBV der Inhalt der elektronischen Grundakte ganz oder teilweise auf Dauer

---

2 So auch Meikel/*Dressler-Berlin*, GBV § 99 Rn 6.
3 Meikel/*Dressler-Berlin*, GBV § 99 Rn 7.

1 Gesetz v. 11.8.2009, BGBl I 2009, 2713; BR-Drucks 66/09, 56.

nicht mehr in lesbarer Form wiedergegeben werden, ist der Akteninhalt in elektronischer Form wiederherzustellen. Im Regelfall wird dabei auf den Sicherungsspeicher zugegriffen werden können, der nach § 62 Abs. 1 S. 2 GBV ja auch insgesamt zum neuen „Primärdatenspeicher" bestimmt werden kann.[2] Im Übrigen gilt für die Wiederherstellung bundeseinheitlich die Verordnung über die Wiederherstellung zerstörter oder abhanden gekommener Grundbücher und Urkunden (vgl. § 61 GBV Rdn 5, § 92 GBV Rdn 3 f.). Eine Rückkehr zur Papierakte ist nur im Ausnahmefall unter den in § 148 Abs. 4 GBO genannten Voraussetzungen zulässig (vgl. § 148 GBO Rdn 17).

§ 100a Zuständigkeitswechsel

(1) Für die Abgabe elektronischer Akten an ein anderes Grundbuchamt gilt § 92a sinngemäß.
(2) Geht die Zuständigkeit für die Führung des Grundbuchs über eines von mehreren Grundstücken, die auf einem gemeinschaftlichen Blatt eingetragen sind, oder über einen Grundstücksteil auf ein anderes Grundbuchamt über, sind dem Grundbuchamt die das abgeschriebene Grundstück betreffenden Akteninhalte in elektronischer Form zu übermitteln.

A. Allgemeines 1	B. Wiederherstellung der elektronischen Grundakte 2

A. Allgemeines

1 Die Norm wurde mit dem DaBaGG[1] eingeführt und regelt den Fall eines Zuständigkeitswechsels durch Verweisung auf § 92a GBV und das Verfahren wie bei den Grundbüchern selbst. Zu den Sonderregelungen gegenüber §§ 25–27a vgl. § 92a GBV Rdn 1 ff., zu den Mitteilungspflichten siehe § 40 GBV Rdn 1 f.).

B. Wiederherstellung der elektronischen Grundakte

2 Das Verfahren richtet sich nach § 92a GBV. Ist nicht der gesamte Grundstücksbestand eines Grundbuchblattes vom Zuständigkeitswechsel betroffen, sieht § 100a Abs. 2 GBV vor, dass dem anderen GBA nur die Akteninhalte übermittelt werden, die die abgeschriebenen Grundstücke betreffen. Zum diesbezüglichen Verfahren bei Papiergrundakten vgl. § 25 Abs. 3a S. 2 GBV.

§ 101 Ausführungsvorschriften

Die Landesregierungen werden ermächtigt, in der Grundbuchordnung oder in dieser Verordnung nicht geregelte weitere Einzelheiten der Verfahren nach diesem Abschnitt durch Rechtsverordnung zu regeln. Sie können diese Ermächtigung durch Rechtsverordnung auf die Landesjustizverwaltungen übertragen.

1 Nach § 141 GBO ist das Bundesministerium der Justiz ermächtigt, durch Rechtsverordnung gewisse Regelungen im Hinblick auf den elektronischen Rechtsverkehr in Grundbuchsachen und die elektronischen Grundakten zu treffen. Dies ist mit dem XV. Abschnitt geschehen, wobei nach § 101 GBV den Landesregierungen weitere Einzelheiten übertragen werden und diese ihre Ermächtigung durch Rechtsverordnung auf die Landesjustizverwaltungen übertragen können. Zur entsprechenden Vorschrift für den Bereich des maschinell geführten Grundbuchs vgl. § 93 GBV.

2 In Betracht kommen z.B. Anordnungen der Landesregierungen bzw. Landesjustizverwaltungen zur Anlegung der elektronischen Grundakte und zur Übertragung von elektronischen Dokumenten in archivgeeignete Standardformate (Nachweise siehe § 69 GBV Rdn 2 f.).

---

2 So BR-Drucks 66/09, 57.

1 Gesetz v. 1.10.2013 (BGBl I 2013, 3719); BT-Drucks 17/12635, 34.

Abschnitt XVI: Übergangs- und Schlussvorschriften

§ 102 [Beibehaltung bisheriger Bezirke]

Soweit die Grundbücher bisher für andere Bezirke als die in § 1 Abs. 1 Satz 1 und 2 genannten angelegt sind, behält es bis zur Auflösung dieser Bezirke bei dieser Einrichtung sein Bewenden; jedoch bedarf es zur Änderung dieser Bezirke einer Anordnung der Landesjustizverwaltung.

§ 102 GBV stellt die Übergangsvorschrift für § 1 GBV dar, nach dem die Grundbuchbezirke den Gemeindebezirken entsprechen sollen. Da nach Landesrecht die Grundbuchbezirke zum Teil nach anderen Gesichtspunkten eingerichtet waren und eine sofortige Umstellung bei Inkrafttreten der GBV im Jahre 1936 Schwierigkeiten bereitet hätte, bestimmt § 102 GBV, dass bis zur Auflösung der landesrechtlich gebildeten Grundbuchbezirke die Bezirkseinteilung beibehalten werden konnte. Wie bereits zu § 1 GBV erläutert entsprechen aber auch heute die Grundbuchbezirke nicht stets den Gemeindebezirken (siehe § 1 GBV Rdn 3).

§ 103 [Fortführung früherer Hefte]

Soweit bisher jedes Grundbuchblatt in einem besonderen Grundbuchheft geführt worden ist, bedarf es der Zusammenfassung zu festen, mehrere Blätter umfassenden Bänden (§ 2) nicht, solange die bisherigen Blätter fortgeführt werden (§§ 104 bis 106).

§ 103 GBV ist insbes. nach Einführung des Loseblattgrundbuchs und nunmehr des maschinell geführten Grundbuchs praktisch bedeutungslos. Er regelte die Fortführung früherer Grundbuchhefte für Grundbuchblätter. § 103 GBV gestattete die Weiterführung in der bisherigen Form, solange die bisherigen Grundbuchblätter fortgeführt werden. Danach brauchten diese Grundbuchhefte nicht zu einem Band zusammengefasst zu werden, wenn die Umschreibung der Blätter angeordnet war, weil dabei ohnehin neue Grundbuchbände angelegt werden mussten.

§ 104 [Verwendung des neuen Grundbuchmusters]

(1) Vom Zeitpunkt des Inkrafttretens dieser Verfügung an sind neue Grundbuchblätter nur unter Verwendung des hier vorgeschriebenen Vordrucks (§§ 4 bis 12, 22) anzulegen, soweit nicht für eine Übergangszeit die Weiterverwendung des alten Vordrucks besonders zugelassen wird.
(2) Sämtliche Grundbuchblätter sind nach näherer Anordnung der Landesjustizverwaltung unter Verwendung des neuen Vordrucks umzuschreiben, sofern nicht ihre Weiterführung besonders zugelassen wird.

A. Allgemeines 1	C. Abs. 2 3
B. Neue Blätter 2	

A. Allgemeines

§ 104 GBV enthält die für die Umstellung des früheren Landesgrundbuchrechts auf den Vordruck der GBV wichtigsten Vorschriften. Er bildet – zusammen mit § 106 GBV – den Ausgangspunkt für sämtliche von den Landesjustizverwaltungen erlassenen Anordnungen, die die Umstellung auf den amtlichen Vordruck der GBV betreffen. Historisch ist § 104 GBV auf den Zeitpunkt des Inkrafttretens der GBV im Jahre 1935 zu beziehen. Neue Grundbuchblätter sollten nur unter Verwendung der vorgeschriebenen Vordrucke nach dem sog. Preuße-Muster angelegt werden (dazu § 4 GBV Rdn 3).

In Abs. 1 wird die Neuanlegung von Grundbuchblättern behandelt, in Abs. 2 die Umstellung auf das neue Grundbuchmuster.

B. Neue Blätter

2 Neue Grundbuchblätter waren nach Inkrafttreten der GBV nur unter Verwendung des Vordrucks der GBV (§§ 4–12) anzulegen (**Abs. 1**).

– Unter „**Anlegung**" ist hier nicht nur die Anlegung des Grundbuchs im technischen Sinne (Art. 186 EGBGB und § 122 GBO) zu verstehen, sondern die Einrichtung des Grundbuchblattes, sie umfasst die erstmalige Anlegung des Grundbuchs (Art. 186 EGBGB), die nachträgliche Anlegung des Grundbuchs (§§ 116 ff. GBO) und jede Anlegung des Blattes infolge Abschreibung eines Grundstücks von einem anderen Blatt oder infolge Umschreibung eines anderen Blattes.

– Abs. 1 bezieht sich auf alle Grundbuchblätter, auch auf **Erbbaugrundbuchblätter**; **Wohnungs- und Teileigentumsgrundbuchblätter** gab es bei Inkrafttreten der GBV noch nicht, da das WEG erst im Jahre 1951 in Kraft getreten ist. In den Fällen des § 110 und in den oben genannten Fällen kann jedoch der bisherige landesrechtlich vorgeschriebene Vordruck weiterverwendet werden. Dagegen bezieht sich § 104 Abs. 1 GBV auch auf die in § 111 GBV genannten Blätter.

– Grundsatz ist, dass neue Blätter nur auf dem neuen **Vordruck** angelegt werden können. Eine Ausnahme galt nur für den Fall, dass für eine Übergangszeit die Weiterverwendung des alten Vordrucks besonders zugelassen war. Diese Zulassung musste ausdrücklich für die Neuanlegung gem. § 104 Abs. 1 GBV geschehen. Es genügte nicht, dass einstweilen die Weiterverwendung schlechthin zugelassen wurde; auch in solchen Fällen mussten neue Blätter auf dem neuen Vordruck angelegt werden.

C. Abs. 2

3 Abs. 2 enthält die Vorschriften über die Überleitung der bisher geführten landesrechtlichen Grundbücher auf den Reichsvordruck.

Er unterscheidet hierbei zwei Wege: Die Umschreibung der bisherigen Grundbücher auf den neuen Vordruck und die Weiterführung der bisherigen Vordrucke, ggf. unter Anpassung an das Reichsmuster. Ist eine Anpassung an das neue Muster nicht möglich, bleibt nur der Weg der Umschreibung. Ist eine Anpassung der alten Vordrucke an das Reichsmuster möglich, ohne dass darunter das Äußere und die Übersichtlichkeit des Grundbuchs leiden, so wurde die Weiterführung der alten Vordrucke angeordnet, und es wurden Vorschriften über die Anpassung erlassen.

§ 105 [Nummerierung alter Grundbuchblätter]

Die bestehenden Vorschriften über die Nummernbezeichnung und die Eintragung im Grundbuch bleiben unberührt, solange die alten Vordrucke weder umgeschrieben sind, noch ihre Weiterführung nach § 104 Abs. 2 besonders zugelassen ist. Jedoch ist ein Grundbuchblatt, das für Neueintragungen keinen Raum mehr bietet, in jedem Fall unter Verwendung des neuen Vordrucks umzuschreiben.

A. Satz 1 1   B. Satz 2 2

A. Satz 1

1 § 105 GBV ist nach Einführung des Loseblattgrundbuchs und nun maschinell geführten Grundbuchs überholt. Sein Regelungsgehalt beruht auf der Erwägung, dass die Vorschriften der GBV auf den neuen Vordruck zugeschnitten sind und deshalb grds. nicht angewandt werden können, solange der alte Vordruck fortgeführt wird. Deshalb lässt § 105 GBV die seinerzeit bestehenden Vorschriften über die Nummernbezeichnungen und über die Eintragungen im Grundbuch so lange unberührt, wie die alten Vordrucke weder umgeschrieben sind, noch ihre Weiterführung nach § 104 Abs. 2 GBV besonders zugelassen ist.

B. Satz 2

Eine Ausnahme galt nach S. 2, wonach ein Grundbuchblatt, das für Neueintragungen keinen Raum mehr bot, in jedem Falle unter Verwendung des neuen Vordruckes umzuschreiben war.

§ 106 [Umschreibung alter Blätter]

Bei der Umschreibung der bereits angelegten Grundbuchblätter auf den neuen Vordruck sind die §§ 29, 30 sinngemäß anzuwenden. Weitere Anordnungen zur Behebung von hierbei etwa entstehenden Zweifeln bleiben vorbehalten.

§ 106 GBV bezieht sich auf alle Fälle, in denen Grundbuchblätter auf den neuen Vordruck umzuschreiben waren, gleichgültig, ob die Umschreibung aufgrund des § 104 Abs. 2 GBV, aufgrund des § 105 S. 2 GBV oder aus sonstigen Gründen, etwa wegen Unübersichtlichkeit des Blattes, vorgenommen wurde.

S. 1 erklärt die §§ 29, 30 GBV für anwendbar. Hierdurch sollte nicht die Anwendbarkeit des § 32 und des § 39 Abs. 3 GBV ausgeschlossen werden; diese Vorschriften griffen in den von § 106 GBV erfassten Fällen ebenfalls Platz.

§ 107 [Fortführung der Grundakten]

(1) Die bisher für jedes Grundbuchblatt geführten Grundakten können weitergeführt werden.
(2) Sofern bisher Grundakten nicht geführt sind, sind sie für jedes Grundbuchblatt spätestens bei der Neuanlegung (§ 104 Absatz 1) oder bei der Umschreibung des bisherigen Blattes (§ 104 Absatz 2, § 105 Satz 2) anzulegen, und zwar aus sämtlichen das Grundbuchblatt betreffenden Schriftstücken, die nach den für die Führung von Grundakten geltenden allgemeinen Vorschriften zu diesen gehören, auch sofern sie schon vor der Anlegung der Grundakten bei dem Grundbuchamt eingegangen sind. Das gleiche gilt für das Handblatt (§ 24 Absatz 4).

Die vor dem Inkrafttreten der GBV für jedes Grundbuchblatt geführten Grundakten können mit dem Inhalt, den sie beim Inkrafttreten der GBV hatten, weitergeführt werden. Seit dem Inkrafttreten der GBV richtet sich die Führung der Grundakten nach den Vorschriften der Aktenordnung, der Grundbuchverfügung, der Geschäftsordnung und der Geschäftsordnungen der Länder.

Abs. 2 bestimmte den Zeitpunkt, in dem in den Teilen Deutschlands, in denen vor Inkrafttreten der GBV keine Grundakten geführt wurden, die Grundakten spätestens anzulegen waren.

Die Grundakten waren spätestens, d.h., soweit sie nicht nach anderen Vorschriften schon zu einem früheren Zeitpunkt angelegt werden mussten, bei der Neuanlegung oder bei der Umschreibung des bisherigen landesrechtlichen Grundbuchblattes gem. § 104 Abs. 2 oder § 105 S. 2 GBV anzulegen.

§ 108 [Umstellung auf Loseblattgrundbuch]

(1) Grundbuchblätter in festen Bänden können nach näherer Anordnung der Landesjustizverwaltung durch die Verwendung von Ablichtungen der bisherigen Blätter auf Bände mit herausnehmbaren Einlegebogen umgestellt werden.
(2) Das neue Blatt behält seine bisherige Bezeichnung; ein Zusatz unterbleibt. In der Aufschrift ist zu vermerken, daß das Blatt bei der Umstellung an die Stelle des bisherigen Blattes getreten ist und daß im bisherigen Blatt enthaltende Rötungen schwarz sichtbar sind.
(3) Die Übereinstimmung des Inhalts des neuen Blattes mit dem bisherigen Blatt ist im Bestandsverzeichnis und in jeder Abteilung zu bescheinigen. § 25 Abs. 2 Buchstabe c gilt entsprechend.

(4) Enthält die zweite oder dritte Abteilung nur gelöschte Eintragungen, kann von der Ablichtung der betreffenden Abteilung abgesehen werden, wenn nicht die Übernahme zum Verständnis noch gültiger Eintragungen erforderlich ist. Auf dem für die jeweilige Abteilung einzufügenden Einlegebogen sind die laufenden Nummern der nicht übernommenen Eintragungen mit dem Vermerk „Gelöscht" anzugeben. Die Bescheinigung nach Absatz 3 lautet in diesem Falle inhaltlich: „Bei Umstellung des Blattes neu gefaßt". Enthält die zweite oder dritte Abteilung keine Eintragungen, so braucht für die betreffende Abteilung lediglich ein neuer Einlegebogen eingefügt zu werden; Absatz 3 ist anzuwenden.

(5) Das bisherige Blatt ist zu schließen. § 30 Abs. 2 Satz 2 und § 36 gelten entsprechend.

(6) Für Grundbuchblätter in einem festen Band, die vor der Umstellung geschlossen wurden, können in den Band mit herausnehmbaren Einlegebogen neue Blätter zur Wiederverwendung eingefügt werden. Das neue Blatt erhält die Nummer des alten Blattes unter Hinzufügung des Buchstabens A. Tritt das neue Blatt an die Stelle eines Blattes, das bereits mit einem solchen Zusatz versehen ist, ist an Stelle dieses Zusatzes der Buchstabe B hinzuzufügen.

(7) Die Umstellung braucht dem Eigentümer, den eingetragenen dinglich Berechtigten und der Katasterbehörde nicht mitgeteilt zu werden.

1 Nach Einführung des maschinell geführten Grundbuchs in allen Bundesländern ist die Vorschrift zur Umstellung von Grundbüchern in festen Bänden auf das Loseblattgrundbuch ohne praktische Bedeutung.

§ 109 [Vordrucke für Grundpfandrechtsbriefe]

Die noch vorhandenen Vordrucke für Hypotheken-, Grundschuld- und Rentenschuldbriefe können nach näherer Anordnung der Landesjustizverwaltung oder der von ihr bestimmten Stelle weiterverwendet werden. Jedoch ist die etwa am Kopfe des Briefes befindliche Angabe des Landes, in dem der Brief ausgegeben wird, zu durchstreichen und durch die Überschrift „Deutscher Hypothekenbrief" („Grundschuldbrief" o.ä.) zu ersetzen.

1 Die Vorschrift ist als Übergangsvorschrift zum Zeitpunkt des Inkrafttretens der GBV überholt. „Alte" Vordrucke für Grundpfandrechtsbriefe aus der Zeit vor 1935 dürften bei keinem Grundbuchamt mehr vorhanden sein.

§ 110 [Vorbehalt für Landesrecht]

In den Fällen des § 143 der Grundbuchordnung behält es bei den landesrechtlichen Vorschriften über Einrichtung und Führung von Grundbüchern sein Bewenden.

1 Nach § 143 GBO gelten, soweit im EGBGB zugunsten der Landesgesetze Vorbehalte gemacht sind, diese auch für die Vorschriften der Landesgesetze über das Grundbuchwesen. Dementsprechend hält auch die GBV in diesen Fällen die landesrechtlichen Vorschriften über die Einrichtung und Führung von Grundbüchern aufrecht.

2 Sämtliche landesrechtlichen Vorschriften, die für das betreffende Gebiet gelten, sind aufrechtzuerhalten, insbesondere auch die Vorschriften über die Grundbuchbezirke und über den Grundbuchvordruck. § 110 GBV hat jedoch nur die Fälle im Auge, in denen kraft Landesrechts besondere Grundbücher geführt werden, nicht aber solche Fälle, in denen landesrechtliche Sondergestaltungen auf dem allgemeinen Vordruck eingetragen werden.

Abschnitt XVI: Übergangs- und Schlussvorschriften § 112 GBV

§ 111 [Vorbehalt des Landesrechts]

Soweit auf die in den Artikeln 63 und 68 des Einführungsgesetzes zum Bürgerlichen Gesetzbuch bezeichneten Rechte nach den Landesgesetzen die §§ 14 bis 17 des Erbbaurechtsgesetzes für entsprechend anwendbar erklärt worden sind (§ 144 Abs. 3 der Grundbuchordnung), sind die Vorschriften über das Erbbaugrundbuch (Abschnitt XII) entsprechend anzuwenden.

In demselben Umfang, wie die Landesgesetze auf die in den Art. 63 und 68 EGBGB bezeichneten Rechte (Erbpacht-, Büdner-, Häuslerrechte sowie Abbaurechte an nicht bergrechtlichen Mineralien; vgl. § 144 GBO), die die grundbuchliche Behandlung der Erbbaurechte betreffenden Vorschriften (§§ 14–17 ErbbauRG) für entsprechend anwendbar erklären, ordnet § 111 GBV die Anwendung der das Erbbaugrundbuch betreffenden Bestimmungen der GBV (Abschnitt XII §§ 54–59) an. In diesen Fällen gelten also nicht die landesrechtlichen Vorschriften über die Einrichtung und Führung des Grundbuchs (§ 110), sondern die Vorschriften der GBV.

§ 112 [Nachweis ausländischer staatlicher Stellen]

Zum Nachweis der Rechtsinhaberschaft ausländischer staatlicher oder öffentlicher Stellen genügt gegenüber dem Grundbuchamt eine mit dem Dienstsiegel oder Dienststempel versehene und unterschriebene Bestätigung des Auswärtigen Amtes. § 39 der Grundbuchordnung findet in diesem Fall keine Anwendung.

A. Normzweck 1   B. Inhalt 2

A. Normzweck

Sind für ausländische und u.U. nicht mehr existierende Staaten (z.B. für Jugoslawien) dingliche Rechte eingetragen, so ist darüber der nunmehr selbstständige (ehem. Teil-)Staat verfügungsberechtigt, auf den der entsprechende Vermögenswert übergegangen ist. Die Norm soll die Schwierigkeiten beheben, die sich aus der Notwendigkeit einer beweiskräftigen Feststellung solcher Vermögenszuordnungen ergeben. Die Norm ist eine Ergänzung von §§ 29 und 39 GBO und gehört als Vorschrift nicht nur rein technischen, sondern verfahrensrechtlichen Charakters eigentlich in die GBO.

B. Inhalt

Die Norm enthält zwei Regelungen:

– Zur Feststellung der **Rechtsinhaberschaft**, also der Verfügungsberechtigung oder verfahrensrechtlich der Bewilligungsberechtigung, dient eine der Form des § 29 Abs. 3 GBO entsprechende Bescheinigung des Auswärtigen Amtes. Sie hat inhaltlich festzustellen, dass der eingetragene Vermögenswert nunmehr einem bestimmten Staat zusteht. Die Feststellung, welche von dessen Behörden (Stellen, Einrichtungen) ihm in Bezug auf den Vermögenswert vertritt, kann und soll mit der Bescheinigung verbunden werden.
– Aus der Natur des geregelten Falles folgt, dass der heutige Rechtsinhaber nicht eingetragen ist; anderenfalls bedürfte es einer Anwendung der Norm nicht. Neben ihrem Charakter als Beweisregelung enthält sie in S. 2 auch noch eine **Befreiung** von der **Voreintragungspflicht** des § 39 GBO. Der Inhaberstaat kann also jegliche Art von Verfügung vornehmen, ohne dass es seiner vorgängigen Eintragung bedürfte. Das ist zwar sinnvoll bei Aufhebung oder Veräußerung des eingetretenen Rechts, nicht aber bei Verfügungen, die den Vermögenswert in der Hand des betreffenden Staates belassen. In diesen Fällen bleibt das Grundbuch auf Dauer unrichtig. Außerdem ist zweifelhaft, ob die vorgelegte Bescheinigung auch für spätere Verfügungen noch als Nachweis dienen kann, oder ob sie nicht auch den allgemeinen Regeln über die schwindende Beweiskraft von Berechtigungsnachweisen unterliegt.

In Fällen dieser Art sollte deshalb, soweit es sich um übergegangenes Eigentum handelt, die Anwendung der §§ 82, 82a GBO erwogen werden. Nur die Eintragung des Eigentümers (Rechtsinhabers) liefert im Hinblick auf die andauernde Beweiskraft des Buches eine sichere Grundlage auch für spätere Verfügungen.

§ 113 [Bewilligungsstellen im Beitrittsgebiet]

(1) In dem in Artikel 3 des Einigungsvertrages genannten Gebiet gilt diese Verordnung mit folgenden Maßgaben:
1. Die §§ 43 bis 53 sind stets anzuwenden.
2. Die Einrichtung der Grundbücher richtet sich bis auf weiteres nach den am Tag vor dem Wirksamwerden des Beitritts bestehenden oder von dem jeweiligen Lande erlassenen späteren Bestimmungen. Im übrigen ist für die Führung der Grundbücher diese Verordnung entsprechend anzuwenden, soweit sich nicht aus einer abweichenden Einrichtung des Grundbuchs etwas anderes ergibt oder aus besonderen Gründen Abweichungen erforderlich sind; solche Abweichungen sind insbesondere dann als erforderlich anzusehen, wenn sonst die Rechtsverhältnisse nicht zutreffend dargestellt werden können oder Verwirrung zu besorgen ist.
3. Soweit nach Nummer 2 Bestimmungen diese Verordnung nicht herangezogen werden können, sind stattdessen die am Tag vor dem Wirksamwerden des Beitritts geltenden oder von dem jeweiligen Lande erlassenen späteren Bestimmungen anzuwenden. Jedoch sind Regelungen, die mit dem in Kraft tretenden Bundesrecht nicht vereinbar sind, nicht mehr anzuwenden. Dies gilt insbesondere auch für derartige Regelungen über die Voraussetzungen und den Inhalt von Eintragungen. Am Tag vor dem Wirksamwerden des Beitritts nicht vorgesehene Rechte oder Vermerke sind in entsprechender Anwendung dieser Verordnung einzutragen.
4. Im Falle der Nummer 3 sind auf die Einrichtung und Führung der Erbbaugrundbücher sowie auf die Bildung von Hypotheken-, Grundschuld- und Rentenschuldbriefen bei Erbbaurechten die §§ 56, 57 und 59 mit der Maßgabe entsprechend anzuwenden, daß die in § 56 vorgesehenen Angaben in die entsprechenden Spalten für den Bestand einzutragen sind. Ist eine Aufschrift mit Blattnummer nicht vorhanden, ist die in § 55 Abs. 2 vorgesehene Bezeichnung „Erbbaugrundbuch" an vergleichbarer Stelle im Kopf der ersten Seite des Grundbuchblatts anzubringen. Soweit in den oben bezeichneten Vorschriften auf andere Vorschriften dieser Verordnung verwiesen wird, deren Bestimmungen nicht anzuwenden sind, treten an die Stelle der in Bezug genommenen Vorschriften dieser Verordnung die entsprechend anzuwendenden Regelungen über die Einrichtung und Führung der Grundbücher.
5. Für die Anlegung von Grundbuchblättern für ehemals volkseigene Grundstücke ist ein Verfahren nach dem Sechsten Abschnitt der Grundbuchordnung nicht erforderlich, soweit für solche Grundstücke Bestandsblätter im Sinne der Nummer 160 Abs. 1 der Anweisung Nr. 4/87 des Ministers des Innern und Chefs der Deutschen Volkspolizei über Grundbuch und Grundbuchverfahren unter Colidobedingungen – Colido-Grundbuchanweisung – vom 27.10.1987 vorhanden sind oder das Grundstück bereits gebucht war und sich nach der Schließung des Grundbuchs seine Bezeichnung nicht verändert hat.
6. Gegenüber dem Grundbuchamt genügt es zum Nachweis der Befugnis, über beschränkte dingliche Rechte an einem Grundstück, Gebäude oder sonstigen grundstücksgleichen Rechten oder über Vormerkungen zu verfügen, deren Eintragung vor dem 1.7.1990 beantragt worden ist und als deren Gläubiger oder sonstiger Berechtigter im Grundbuch
   a) eine Sparkasse oder Volkseigentum in Rechtsträgerschaft einer Sparkasse,
   b) ein anderes Kreditinstitut, Volkseigentum in Rechtsträgerschaft eines Kreditinstituts, eine Versicherung oder eine bergrechtliche Gewerkschaft,
   c) Volkseigentum in Rechtsträgerschaft des Staatshaushalts oder eines zentralen Organs der Deutschen Demokratischen Republik, des Magistrats von Berlin, des Rates eines Bezirks,

Kreises oder Stadtbezirks, des Rates einer Stadt oder sonstiger Verwaltungsstellen oder staatlicher Einrichtungen,
d) eine juristische Person des öffentlichen Rechts oder ein Sondervermögen einer solchen Person, mit Ausnahme jedoch des Reichseisenbahnvermögens und des Sondervermögens Deutsche Post, eingetragen ist, wenn die grundbuchmäßigen Erklärungen von der Bewilligungsstelle abgegeben werden; § 27 der Grundbuchordnung bleibt unberührt. Bewilligungsstelle ist in den Fällen des Satzes 1 Buchstabe a die Sparkasse, in deren Geschäftsgebiet das Grundstück, Gebäude oder sonstige grundstücksgleiche Recht liegt, und in Berlin die Landesbank, in den übrigen Fällen des Satzes 1 jede Dienststelle des Bundes oder einer bundesunmittelbaren Körperschaft oder Anstalt des öffentlichen Rechts. Für die Löschung
   a) von Vermerken über die Entschuldung der Klein- und Mittelbauern beim Eintritt in Landwirtschaftliche Produktionsgenossenschaften aufgrund des Gesetzes vom 17.2.1954 (GBl Nr. 23 S. 224),
   b) von Verfügungsbeschränkungen zugunsten juristischer Personen des öffentlichen Rechts, ihrer Behörden oder von Rechtsträgern sowie
   c) von Schürf- und Abbauberechtigungen
gilt Satz 1 entsprechend; Bewilligungsstelle ist in den Fällen des Buchstabens a die Staatsbank Berlin, im übrigen jede Dienststelle des Bundes. Die Bewilligungsstellen können durch dem Grundbuchamt nachzuweisende Erklärung sich wechselseitig oder andere öffentliche Stellen zur Abgabe von Erklärungen nach Satz 1 ermächtigen. In den vorgenannten Fällen findet § 39 der Grundbuchordnung keine Anwendung. Der Vorlage eines Hypotheken-, Grundschuld- oder Rentenschuldbriefes bedarf es nicht; dies gilt auch bei Eintragung eines Zustimmungsvorbehalts nach § 11c des Vermögensgesetzes. In den Fällen des Satzes 1 Buchstabe c und d soll der Bund oder die von ihm ermächtigte Stelle die Bewilligung im Benehmen mit der obersten Finanzbehörde des Landes erteilen, in dem das Grundstück, Gebäude oder sonstige grundstücksgleiche Recht belegen ist; dies ist vom Grundbuchamt nicht zu prüfen.

(2) Als Grundbuch im Sinne der Grundbuchordnung gilt ein Grundbuchblatt, das unter den in Absatz 1 Nr. 5 genannten Voraussetzungen vor Inkrafttreten dieser Verordnung ohne ein Verfahren nach dem Sechsten Abschnitt der Grundbuchordnung oder den §§ 7 bis 17 der Verordnung zur Ausführung der Grundbuchordnung in ihrer im Bundesgesetzblatt Teil III, Gliederungsnummer 315–11–2, veröffentlichten bereinigten Fassung vom 8.8.1935 (RGBl I S. 1089), die durch Artikel 4 Abs. 1 Nr. 1 des Gesetzes vom 20.12.1993 (BGBl I S. 2182) aufgehoben worden ist, angelegt worden ist.

(3) Bei Eintragungen, die in den Fällen des Absatzes 1 Nr. 6 vor dessen Inkrafttreten erfolgt oder beantragt worden sind, gilt für das Grundbuchamt der Nachweis der Verfügungsbefugnis als erbracht, wenn die Bewilligung von einer der in Absatz 1 Nr. 6 genannten Bewilligungsstellen oder von der Staatsbank Berlin erklärt worden ist. Auf die in Absatz 1 Nr. 6 Satz 2 und 3 bestimmten Zuständigkeiten kommt es hierfür nicht an. Absatz 1 Nummer 6 tritt mit Ablauf des 31.12.2030 außer Kraft.

A. Allgemeines	1	II. Einrichtung und Führung der Bücher	3
B. Norminhalt	2	III. Sondervorschriften für den Nachweis der	
I. Anwendung der GBV (Grundsatz)	2	Verfügungsberechtigung	9

A. Allgemeines

Die durch das RegVBG v. 20.12.1993 (BGBl I 1993, 2182) eingefügte und durch VO v. 15.7.1994 (BGBl I 1994, 1606) ergänzte Norm enthält sog. Maßgaben für die Grundbuchführung im Beitrittsgebiet. Sie ist nur in den neuen Bundesländern und im ehemaligen Ostteil Berlins anzuwenden.

B. Norminhalt

I. Anwendung der GBV (Grundsatz)

2 **Stets** anzuwenden sind nach **Abs. 1 Nr. 1** die Regeln über

- Grundbucheinsicht und -abschriften,
- Grundpfandrechtsbriefe.

Bei der gebotenen Anwendung der anderen Normen ist darauf zu achten, ob nach dem nachstehend Gesagten eine Sonderregelung besteht.

II. Einrichtung und Führung der Bücher

3 Die **Einrichtung** der Grundbücher richtet sich bis auf weiteres nach den Bestimmungen, die am Beitrittstag bestanden, bzw. nach den danach erlassenen landesrechtlichen Bestimmungen, **Abs. 1 Nr. 1 S. 1**. Vgl. dazu aber auch **§ 150 GBO**.

4 Nicht anzuwenden sind jedoch Regelungen, die mit dem materiellen Bundesrecht nicht vereinbar sind, insbesondere in Bezug auf den Inhalt von Eintragungen (auch: Bezugnahme), sowie über die in der GBO geregelten Eintragungsvoraussetzungen. Daraus folgt, dass es sich bei den noch anwendbaren Regelungen lediglich um solche rein formal-technischen Charakters handeln kann. Man wird wie folgt unterscheiden müssen.

Rechtsinhalt (= Typenzwang nach Typus und Typeninhalt)	Grds. Bundesrecht, sofern nicht Rechtstypen nach EGBGB a) aufrechterhalten und b) neu/wieder eintragbar sind.
Verfahrensvoraussetzungen und Verfahrensgang	Grds. Bundesrecht, jedoch mit Sonderregelungen z.B. zu §§ 29, 39 GBO
Buchungsgestaltung, Buchungstechnik	§ 113 Abs. 1 Nr. 2, 3 GBV

5 Die Regeln der GBV sind stets uneingeschränkt anzuwenden, wenn Rechtstypen oder -vorgänge zu buchen sind, die das Recht der DDR nicht vorsah, **Abs. 1 Nr. 3 S. 4**.

6 Für die Einrichtung und Führung von **Erbbaugrundbüchern** sowie die Bildung von Grundpfandbriefen für Rechte, die am Erbbaurecht lasten, gelten jedoch – auch wenn nach Abs. 1 Nr. 3 noch Altrecht anwendbar ist – die §§ 56, 57 und 59 GBV mit den in Abs. 1 Nr. 4 beschriebenen formalen Anpassungen.

7 Bei der **Überführung von Grundstücken in Volkseigentum** wurden die Grundbücher geschlossen. Es existierte fortan nur das sog. Bestandsblatt i.S.d. Colido-Grundbuchanweisung (Colido = Computergestütze Liegenschaftsdokumentation).[1] Es war jedoch auch nach dem Rechtsverständnis der DDR **kein Grundbuch**, so dass es auch nicht nach § 150 Abs. 1 Nr. 3 GBO als Grundbuch fortgelten konnte.

Für solche Grundstücke sind mithin **Grundbuchblätter anzulegen**. Dabei ist die Einhaltung des förmlichen Verfahrens nach §§ 116 ff. GBO nicht erforderlich,

- wenn ein Bestandsblatt vorhanden ist, oder
- die alte Grundbucheintragung (wenngleich auf einem geschlossenen Blatt!) noch feststellbar ist, sofern sich an der Grundstücksbezeichnung nichts geändert hat, **Abs. 1 Nr. 5**.

8 Diese Erleichterung konnte erst mit Inkrafttreten der VO v. 15.7.1994 (BGBl I 1994, 1606) wirksam werden. Trotzdem hatte die Praxis in großem Umfang Blätter ohne Durchführung des förmlichen Anlegungsverfahrens angelegt. **Abs. 2** heilt diese nach damaligem Rechtszustand fehlerhaften Verfahren und erklärt auch solche Blätter zum Grundbuch im Rechtssinn. Dem Sinn und Zweck der Norm entsprechend muss

---

[1] GB-Anweisung v. 27.10.1987, Nr. 4/87 des Min. d. Inneren (nicht öffentlich bekannt gemacht).

ihr eine – im Wortlaut freilich nicht hinreichend zum Ausdruck kommende – **Rückwirkung** beigelegt werden, d.h., dass alle seit Blattanlegung bis zum Inkrafttreten der VO v. 15.7.1994 vorgenommenen Eintragungen als ordnungsgemäße Eintragungen i.S.d. materiellen Rechts anzusehen sind. Zweifelhaft ist freilich, ob eine solche Rückwirkungsregelung nicht hätte in einem förmlichen Gesetz getroffen werden müssen, denn es handelt sich im Grunde nicht um eine im § 1 Abs. 4 GBO angesprochene Angelegenheit des formalen Rechts (das ist es nur für die Zukunft), sondern um die Heilung von möglicherweise nicht wirksam gewordenen materiellen Verfügungen.

III. Sondervorschriften für den Nachweis der Verfügungsberechtigung

In **Abs. 1 Nr. 6** finden sich Regeln über den Nachweis (besser: Nichtnachweis) der Verfügungs-(Bewilligungs-)berechtigung bezüglich beschränkter dinglicher Rechte, die für bestimmte Rechtsinhaber eingetragen sind. Die Regelung ist also nicht anwendbar für Verfügungen über das Eigentum. Sie ist **zeitlich beschränkt** bis zum 31.12.2030.[2]

Der Kern der Regelung in Nr. 6 S. 1 besteht darin, bei bestimmten Gläubiger(Inhaber-)Eintragungen kraft einer nunmehr teilweise auf den Feststellungen in Art. 231 § 10 EGBGB beruhenden Fiktion bestimmte „Bewilligungsstellen" zu bezeichnen, deren Grundbucherklärungen die Norm für ausreichend erklärt.

Eingetragen ist:	Bewilligungsstelle
a) Sparkasse oder Volkseigentum mit Rechtsträger Sparkasse	Sparkasse der Belegenheit; in Berlin auch Landesbank
b) Anderes Kreditinstitut oder Volkseigentum mit Rechtsträger Kreditinstitut; bergrechtliche Gewerkschaft	
c) Volkseigentum, Rechtsträger: Staatsorgane; Kommunale Gebietskörperschaften; Staatliche Organe und Einrichtungen	b–d: Jede Dienststelle des Bundes, bundesunmittelbare Körperschaft oder Anstalt des öffentlichen Rechts
d) Juristische Personen des öffentlichen Rechts; Sondervermögen)	

Die im Text genannte „Staatsbank Berlin" existiert unter dieser Bezeichnung nicht mehr. Die Staatsbank Berlin ist seit 30.9.1994 erloschen; ihr Vermögen und vor allem die Akten sind auf die „Kreditanstalt für Wiederaufbau" übergegangen.[3]

Die in S. 1 genannten Regeln gelten entsprechend für die Löschung der in S. 3 genannten Eintragungen, also nicht für andere darauf gerichtete Verfügungen.

Eingetragen ist:	Bewilligungsstelle
Entschuldungsvermerk	Kreditanstalt für Wiederaufbau
Verfügungsbeschränkung zugunsten öffentlicher Investitionen	jede Dienststelle des Bundes

Die Bewilligungsbefugnis nach dieser Norm gilt **nicht** für das Vermögen der Reichsbahn und der Deutschen Post.[4]

---

[2] Ursprüngliche, bis 31.12.2020 geltende Befristung verlängert durch Art. 7 WEMoG vom 16.10.2020 (BGBl I 2020, 2187).

[3] Gesetz über die Kreditanstalt für Wiederaufbau i.d.F. d. Gesetzes v. 8.7.1994, BGBl I, 1994, 1465; z. Vermögensübertragung; VO v. 13.9.1994, BGBl I 1994, 2554.

[4] Vgl. zu deren Behandlung Eickmann/*Böhringer*, SachenRBerG, Art. 233 § 2 EGBGB Rn 21d.

14 Soweit die Norm anwendbar ist, findet § 39 GBO keine Anwendung; nach dem Sinn und Zweck der Regelung setzt sie ja gerade voraus, dass der Bewilligungsberechtigte nicht voreingetragen ist; S. **5**.

15 Die Vorlage von Grundpfandrechtsbriefen ist entbehrlich, S. **6**.

16 Die unübersichtliche Regelungssystematik erschließt sich durch die Vornahme folgender **Prüfungsschritte**:

Stufe 1: Was ist Gegenstand der Verfügung?
a) Das Eigentum: § 105 Nr. 6 GBV ist unanwendbar; es gelten die allgemeinen Regeln.
b) Eine sonstige Berechtigung im weitesten Sinne:
Weiter mit Stufe 2.

Stufe 2: Wann wurde die Eintragung der Berechtigung beantragt, über die verfügt werden soll?
a) Am 1.7.1990 oder danach: § 105 Nr. 6 GBV ist unanwendbar, es gelten die allgemeinen Regeln.
b) Vor dem 1.7.1990: Weiter mit Stufe 3.

Stufe 3: Welcher Art ist die Verfügung?
a) Sie ist eine Löschung: Weiter mit Stufe 4.
b) Sie ist eine andere Verfügung: Weiter mit Stufe 5.

Stufe 4: Welche Art von Berechtigung soll gelöscht werden?
a) Ein Entschuldungsvermerk, eine Verfügungsbeschränkung für die öffentliche Hand oder eine Schürf- bzw. Abbaugerechtigkeit: **siehe oben**.
b) Eine andere Berechtigung: Weiter mit Stufe 5.

Stufe 5: Für wen ist die Berechtigung eingetragen?
a) Für einen Berechtigten der in Abs. 1 Nr. 6 S. 1 Buchst. a–d genannten Art: **siehe oben**.
b) Für einen anderen Berechtigten: § 105 Nr. 6 GBV ist unanwendbar, es gelten die allgemeinen Regeln.

§ 114 [Übergangsvorschrift zum Datenbankgrundbuch]

Die §§ 6, 9, 13, 15 und 17 in der seit dem 9.10.2013 geltenden Fassung sind auch auf Eintragungen anzuwenden, die vor diesem Zeitpunkt beantragt, aber zu diesem Zeitpunkt noch nicht vorgenommen worden sind.

A. Allgemeines 1
B. Anwendung bestimmter Vorschriften auf unerledigte Eintragungsanträge 2
C. Nummerierung von Eintragungen 3

A. Allgemeines

1 Die Vorschrift war zunächst Übergangsvorschrift des Gesetzes zur Einführung des elektronischen Rechtsverkehrs und der elektronischen Akte im Grundbuchverfahren v. 11.8.2009 (BGBl I 2009, 2713) mit Wirkung v. 1.10.2009. Durch das Datenbankgrundbuchgesetz v. 1.10.2013 (BGBl I 2013, 3719) wurde sie Übergangsregelung dieses Gesetzes.

B. Anwendung bestimmter Vorschriften auf unerledigte Eintragungsanträge

2 Inhaltlich bestimmt die Vorschrift mit unechter Rückwirkung die Anwendung der §§ 6, 9, 13, 15 und 17 in der durch das DaBaGG genannten Fassung auch auf Eintragungsanträge, die am 9.10.2013, dem Tag des Inkrafttretens des Gesetzes, noch nicht erledigt waren.

C. Nummerierung von Eintragungen

Besonders bedeutsam ist die Anwendung von §§ 9, 15 und 17 GBV betreffend die Nummerierung mehrerer Berechtigter in Anwendung der DIN 1421 (dazu siehe § 9 GBV Rdn 2). Bisherige Eintragungen bleiben mit ihrer Nummerierung, die zumeist nach Buchstaben (1a, 1b etc.) erfolgt ist, bestehen. Das Grundbuchamt ist keinesfalls verpflichtet, bestehende Eintragungen neu zu nummerieren. Soweit aber eine Eintragung insbesondere in Abt. I zu erfolgen hat – typisch etwa weitere Eintragung eines Erben bei bereits eingetragener Erbengemeinschaft –, ist es sinnvoll, die gesamte Eintragung unter einer neuen laufenden Nummer, dann mit Anwendung der DIN 1421 bei Untergliederungen, neu vorzunehmen und so die Eigentumslage einem „Neustart" zu unterziehen.

Anlagen zur GBV

1 Auf die nachfolgend abgedruckten Muster wird in den §§ 22, 31, 52, 58, 69 GBV verwiesen. Sie sind jedoch ausdrücklich nicht Teil des Verordnungstextes und daher im jeweiligen Wortlaut einer Eintragung für das Grundbuchamt nicht bindend. Gerade bei nicht alltäglichen Eintragungen bilden sie aber eine taugliche Grundlage für Formulierungen einer Eintragung.

Anlage 1
(zu § 22)

Muster
(Grundbuchblatt)

Amtsgericht
Köln

Grundbuch
von
Worringen

Grundbuchblatt-Nr.
0100

Anlagen zur GBV GBV

Amtsgericht Köln **Grundbuch von** Worringen **Blatt** 0100 **Bestandsverzeichnis** 1

Laufende Nummer der Grundstücke	Bisherige laufende Nummer der Grundstücke	Bezeichnung der Grundstücke und der mit dem Eigentum verbundenen Rechte					Größe		
		Gemarkung (Vermessungsbezirk)	Karte		Liegen-schaftsbuch	Wirtschaftsart und Lage	ha	a	m²
		a	Flur	Flurstück	c/d	e			
			b						
1	2				3		4		
1		Worringen	1	100		Freifläche Alte Neußer Landstraße		10	10
2	1	Worringen	1	101		Weg Alte Neußer Landstraße			90
3	1	Worringen	1	102		Gebäude- und Freifläche Alte Neußer Landstraße 100		9	10
4		Worringen	1	200		Landwirtschaftsfläche Alte Neußer Landstraße		5	00
5		Worringen	1	310		Gartenland		2	00
6	3, 5	Worringen	1	102		Gebäude- und Freifläche Alte Neußer Landstraße 100 Gartenland		11	10
			1	310					
7 zu 6		1/10 Miteigentumsanteil an dem Grundstück Worringen	1	110		Weg Alte Neußer Landstraße		1	00

Keller 1543

Bestand und Zuschreibungen		Abschreibungen	
Zur laufenden Nummer der Grundstücke		Zur laufenden Nummer der Grundstücke	
5	6	7	8
1	Aus Blatt 0200 am 5. Januar 1993. Neumann Götz	2	Nach Blatt 0001 am 15. April 1993. Neumann Götz
1,2,3	Lfd. Nr. 1 geteilt und fortgeschrieben gemäß VN Nr. 100/93 in Nrm. 2 und 3 am 15. April 1993. Neumann Götz		
4,5	Aus Blatt 0250 am 10. Mai 1993. Neumann Götz		
3,5,6	Lfd. Nr. 5 der Nr. 3 als Restandteil zugeschrieben und unter Nr. 6 neu eingetragen am 9. Juni 1993. Neumann Götz		
7 --- zu 6	Aus Blatt 0300 am 12. Juli 1993. Neumann Götz		

1544 *Keller*

Anlagen zur GBV — **GBV**

Amtsgericht Köln **Grundbuch von** Worringen **Blatt** 0100 **Erste Abteilung** [1]

Laufende Nummer der Eintragungen	Eigentümer	Laufende Nummer der Grundstücke im Bestandsverzeichnis	Grundlage der Eintragung
1	2	3	4
1	M ü l l e r , Friedrich, geb. am 5. Juli 1944, Alte Neußer Landstraße 109, 5000 Köln 71	1	Aufgelassen am 14. Oktober 1992, eingetragen am 5. Januar 1993. Neumann Götz
		4,5	Aufgelassen am 11. November 1992, eingetragen am 10. Mai 1993. Neumann Götz
		7/zu 6	Das bisher in Blatt 0300 eingetragene Eigentum aufgrund Auflassung vom 15. April 1993 und Buchung gemäß § 3 Abs. 3 GBO hier eingetragen am 12. Juli 1993. Neumann Götz
2a)	S c h u m a c h e r , Ute geb. Müller, geb. am 12. Mai 1966, Grundermühle 7, 51515 Kürten	4,6,7	Erbfolge (33 VI 250/94 AG Köln), eingetragen am 7. Dezember 1994. Neumann Götz
b)	M ü l l e r , Georg, geb. am 6. März 1968, Kemperbachstraße 48, 51069 Köln – in Erbengemeinschaft –		

8

Keller 1545

Laufende Nummer der Eintragungen	Eigentümer	Laufende Nummer der Grundstücke im Bestandsverzeichnis	Grundlage der Eintragung
1	2	3	4

Amtsgericht Köln   Grundbuch von Worringen   Blatt 0100   **Zweite Abteilung**   1

Laufende Nummer der Eintra-gungen	Laufende Nummer der betroffenen Grundstücke im Bestandsverzeichnis	Lasten und Beschränkungen
1	2	3
1	4, 6, 7	Nießbrauch für Müller, Gerhard, geb. am 23. April 1918, Alte Neußer Landstraße 100, 50769 Köln, befristet, löschbar bei Todesnachweis. Unter Bezugnahme auf die Bewilligung vom 15. April 1993 - URNr. 400/93 Notar Dr. Schmitz in Köln - eingetragen am 12. Juli 1993. Neumann Götz
2	4, 6	Widerspruch gegen die Eintragung des Eigentümers des Friedrich Müller zugunsten des Josef Schmitz, geb. am 26. Juli 1940, Rochusstraße 300, 50827 Köln. Unter Bezugnahme auf die einstweilige Verfügung des Landgerichts Köln vom 30. Juli 1993 - 10 O 374/93 - eingetragen am 3. August 1993. Neumann Götz
3	4	Dienstbarkeit (Wegerecht) für den jeweiligen Eigentümer des Grundstücks Flur 1 Nr. 201 (derzeit Blatt 0250). Unter Bezugnahme auf die Bewilligung vom 11. November 1992 - URNr. 2231/92 Notar Dr. Schneider in Köln - eingetragen am 4. August 1993. Neumann Götz

Veränderungen		Löschungen	
Laufende Nummer der Spalte 1		Laufende Nummer der Spalte 1	
4	5	6	7
		2	Gelöscht am 31. August 1993. Neumann Götz

Amtsgericht Köln Grundbuch von Worringen Blatt 0100 **Dritte Abteilung** 1

Hypotheken, Grundschulden, Rentenschulden

Laufende Nummer der Eintragungen	Laufende Nummer der belasteten Grundstücke im Bestandsverzeichnis	Betrag	
1	2	3	4
1	3, 4, 5, 6	<u>10.000,00</u> DM 5.000,00 DM	Grundschuld – ohne Brief – zu zehntausend Deutsche Mark für die Stadtsparkasse Köln in Köln; 18% Zinsen jährlich; vollstreckbar nach § 800 ZPO. Unter Bezugnahme auf die Bewilligung vom 19. April 1993 – URNr. 420/93 Notar Dr. Schmitz in Köln – eingetragen am 9. Juni 1993. <u>Gesamthaft: Blätter 0100 und 0550.</u> Neumann Götz
2	4, 6	20.000,00 DM − 5.000,00 DM <u>15.000,00</u> DM	Hypothek zu zwanzigtausend Deutsche Mark für Bundesrepublik Deutschland (Wohnungsfürsorge); 12% Zinsen jährlich; 2% bedingte Nebenleistung einmalig. Unter Bezugnahme auf die Bewilligung vom 6. Oktober 1993 – URNr. 1300/93 Notar Dr. Schmitz in Köln –. Vorrangsvorbehalt für Grundpfandrechte zu DM 100.000,00; bis 20% Zinsen jährlich; bis 10% Nebenleistungen einmalig; inhaltlich beschränkt. Eingetragen am 15. November 1993. Neumann Götz
3	4, 6, 7	100.000,00 DM	Grundschuld zu einhunderttausend Deutsche Mark für Inge Müller geb. Schmidt, geb. am 12. Mai 1952, Alte Neußer Landstraße 100, 50769 Köln, 18% Zinsen jährlich. Unter Bezugnahme auf die Bewilligung vom 3. Januar 1994 – URNr. 2/94 Notar Dr. Klug in Köln –; unter Ausnutzung des Rangvorbehalts mit Rang vor III/2. Eingetragen am 17. Januar 1994. Neumann Götz

Veränderungen			Löschungen		
Laufende Nummer der Spalte 1	Betrag		Laufende Nummer der Spalte 1	Betrag	
5	6	7	8	9	10
2	20.000,00 DM	Dem Recht Abt. III Nr. 3 ist der vorbehaltene Vorrang eingeräumt. Eingetragen am 17. Januar 1994. Neumann Götz	2	5.000,00 DM	Fünftausend Deutsche Mark gelöscht am 4. Oktober 1994. Neumann Götz
3	100.000,00 DM	Gepfändet mit den Zinsen seit dem 30. Juni 1994 für die Haftpflicht-Versicherungs-Aktiengesellschaft in Köln wegen einer Forderung von DM 65.800,00 mit 9% Zinsen aus DM 59.660,00 seit dem 18. Juni 1992. Gemäß Pfändungs- und Überweisungsbeschluß des Amtsgerichts Köln vom 15. Juni 1994 - 183 M 750/94 - eingetragen am 20. Juni 1994. Neumann Götz	3 3a 3b	20.000,00 DM 60.000,00 DM 20.000,00 DM	Pfändungsvermerk vom 26. Juli 1994 gelöscht am 4. Oktober 1994. Neumann Götz
1	5.000,00 DM	Das Recht ist gemäß § 1132 Abs. 2 BGB derart verteilt, daß die hier eingetragenen Grundstücke nur noch haften für fünftausend Deutsche Mark. Die Mithaft in Blatt 0550 ist erloschen. Eingetragen am 1. Juli 1994. Neumann Götz			

| Amtsgericht Köln | | Grundbuch von Worringen | Blatt 0100 | Dritte Abteilung | 1 R |

Dritte Abteilung
Hypotheken, Grundschulden, Rentenschulden

Laufende Nummer der Eintragungen	Laufende Nummer der belasteten Grundstücke im Bestandsverzeichnis	Betrag	
1	2	3	4

4	4	8.200,00 DM	Zwangssicherungshypothek zu achttausendzweihundert Deutsche Mark für die Schmidt & Müller oHG, Köln, Wienerplatz 2, 51065 Köln, mit 8% Zinsen jährlich aus DM 7.180,00 seit dem 20. Oktober 1994. Gemäß Urteil des Amtsgerichts Köln vom 2. November 1994 - 115 C 1500/94 - eingetragen am 1. Dezember 1994.
			
			                                        Götz
			          Neumann

5	4, 6, 7	30.000,00 DM	Sicherungshypothek zum Höchstbetrag von dreißigtausend Deutsche Mark für die Stadt Köln – Amt für Wohnungswesen. Unter Bezugnahme auf die Bewilligung vom 3. November 1994 - URNr. 1400/94 Notar Dr. Schmitz in Köln - eingetragen am 5. Dezember 1994.
			
			                                        Götz
			          Neumann

Veränderungen			Löschungen		
Laufende Nummer der Spalte 1	Betrag		Laufende Nummer der Spalte 1	Betrag	
5	6	7	8	9	10
3 3 3a 3b	100.000,00 DM 20.000,00 DM 60.000,00 DM 20.000,00 DM	Das Recht ist geteilt in zwanzigtausend Deutsche Mark erstrangig -, sechzigtausend Deutsche Mark zweitrangig -, zwanzigtausend Deutsche Mark drittrangig -. Eingetragen am 1. August 1994. Neumann .Götz			
3a	60.000,00 DM	Abgetreten mit den Zinsen seit dem 17. Januar 1994 an die Kölner Bausparkasse Aktiengesellschaft in Köln. Eingetragen am 1. August 1994. Neumann Götz			

Anlage 2a
(zu § 31)

Muster
(Unübersichtliches Grundbuchblatt)

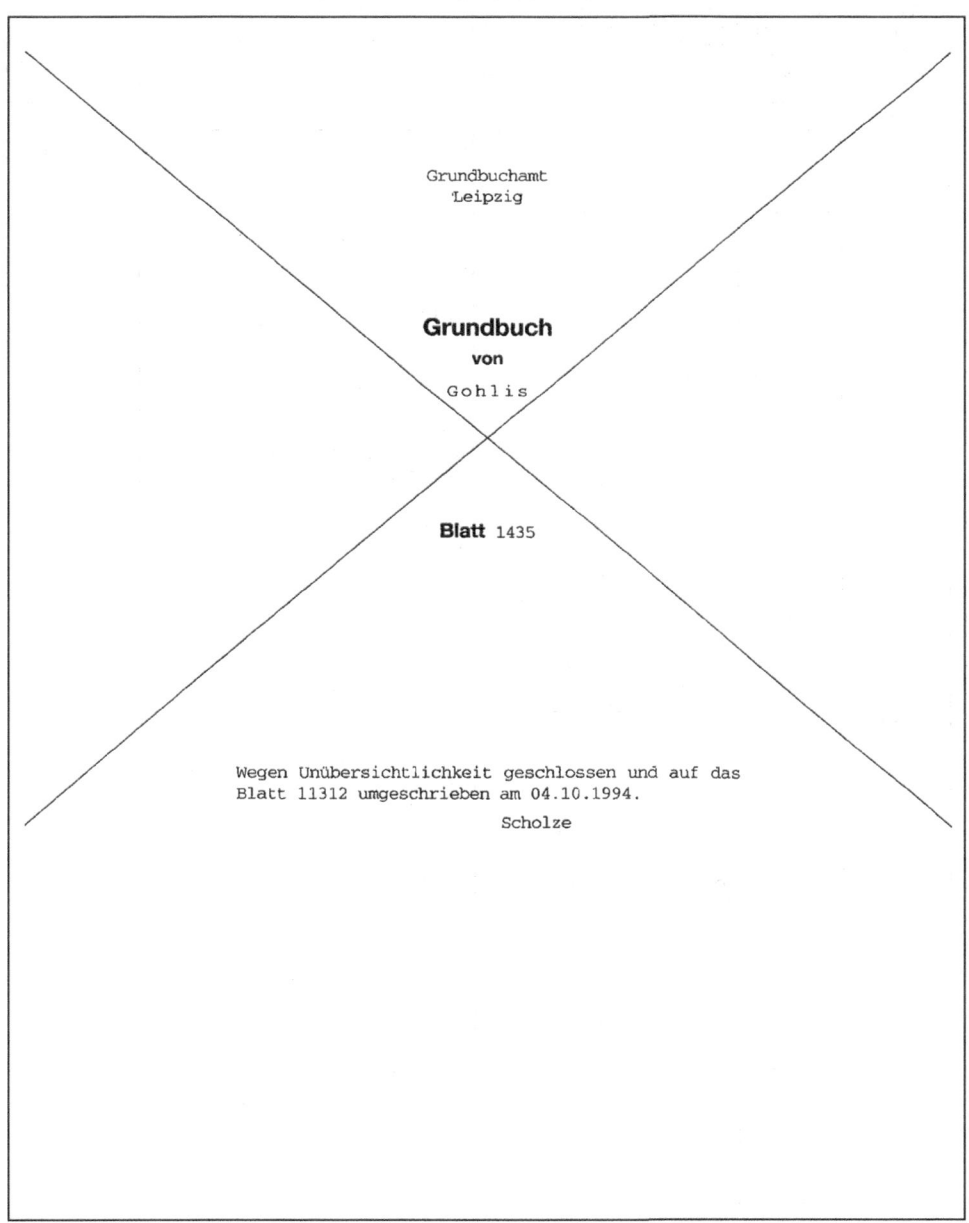

GBV				Anlagen zur GBV

Grundbuchamt Leipzig
Grundbuch von Gohlis **Blatt** 1435 **Bestandsverzeichnis** Einlegebogen / 1

Lfd. Nr. der Grundstücke	Bisherige lfd.-Nr. der Grundstücke	Bezeichnung der Grundstücke und der mit dem Eigentum verbundenen Rechte		Größe m²	
		Gemarkung (nur bei Abweichung vom Grundbuchbezirk angeben) Flurstück a/b	Wirtschaftsart und Lage c		
1	2	3		4	
1	–	1327	Freifläche	141 67	09
2	–	Stötteritz			
		110	Gartenfläche	10	53
		111	Landwirtschaftsfläche	90	00
		112	Gartenfläche	10	00
3	–	66	Gartenfläche	15	06
4	–	73	Dresdner Str. 54, Gebäude- und Freifläche	25	08
5	3,4	73	Dresdner Str. 54, Gebäude- und Freifläche	25	08
		66	Gartenfläche	15	06
6	R.v.5	73	Dresdner Str. 54, Gebäude- und Freifläche	25	08
		66	Gartenfläche	9	02
7	R.v.2	Stötteritz 112	Gartenfläche	10	00
8 zu 6	–	Geh- und Fahrtrecht an dem Grundstück Gohlis Flste. 74, 75; Grundbuch von Gohlis Blatt 2487.			
9	6,7	73	Dresdner Str. 54, Gebäude- und Freifläche	25	08
		66	Gartenfläche	9	02
		Stötteritz 112	Gartenfläche	10	00
10 zu 6		Das Geh- und Fahrtrecht lastet nur noch an Flst. 74; Grundbuch von Gohlis Blatt 2487.			
11	T.v.9	73	Dresdner Str. 54, Gebäude- und Freifläche	25	08
		Stötteritz 112	Gartenfläche	10	00
12	T.v.9	66	Gartenfläche	9	02

Anlagen zur GBV **GBV**

Grundbuchamt Leipzig
Grundbuch von Gohlis **Blatt** 1435 **Bestandsverzeichnis** 1/R Einlegebogen

Bestand und Zuschreibungen		Abschreibungen	
Zur lfd. Nr. der Grundstücke		Zur lfd. Nr. der Grundstücke	
5	6	7	8
1	Von Blatt 428 hierher übertragen am 04.10.1990. Dehn	1	Übertragen nach Blatt 3155 am 02.12.1991. Müller
2	Von Stötteritz Blatt 112 hierher übertragen am 05.11.1990. Müller	5,6	Veränderungsnachweis 54/92: BVNr. 5 geteilt; Flst. 102/66 übertragen nach Blatt 3900; Rest als BVNr. 6 neu vorgetragen am 05.02.1992. Müller
3	Von Blatt 27 hierher übertragen am 03.04.1991. Müller		
3,4,5	BVNr. 4 von Blatt 212 hierher übertragen, mit BVNr. 3 vereinigt und als BVNr. 5 neu vorgetragen am 20.09.1991. Müller	2,7	BVNr. 2 geteilt; Flste. 110, 111 übertragen nach Blatt 3796; Rest als BVNr. 7 neu vorgetragen am 11.06.1992. Lehmann
8 ---- zu 6	Hier vermerkt am 03.08.1992. Lehmann		
6,7,9	BVNr. 7 der BVNr. 6 als Bestandteil zugeschrieben und als BVNr. 9 neu vorgetragen am 02.12.1992. Lehmann		
10 ---- zu 6	Hier vermerkt am 08.12.1992. Lehmann		
9,11,12	BVNr. 9 geteilt in BVNrn. 11, 12 am 10.12.1992. Lehmann		

Fortsetzung auf Einlegebogen

Keller 1555

GBV				Anlagen zur GBV

Grundbuchamt Leipzig
Grundbuch von Gohlis **Blatt** 1435 **Erste Abteilung** Einlegebogen 1

Lfd. Nr. der Eintragungen	Eigentümer	Lfd. Nr. der Grundstücke im Bestandsverzeichnis	Grundlage der Eintragung
1	2	3	4
1	Gerber, Hans, geb. am 12.06.1916, Leipzig	1	Auflassung vom 20.09.1990; eingetragen am 04.10.1990. Dehn
		2	Auflassung vom 15.10.1990; eingetragen am 05.11.1990. Müller
		3	Auflassung vom 05.02.1991; eingetragen am 03.04.1991. Müller
2a	Gerber, Friedrich, geb. am 06.04.1942, Leipzig	1,2,3	Erbfolge vom 07.04.1991; Erbschein des Amtsgerichts Leipzig vom 17.04.1991 (VI 2554/91); eingetragen am 08.05.1991. Müller
b	Gerber, Max, geb. am 29.07.1939, Magdeburg		
c	Stumpf, Ella geb. Gerber, geb. am 21.09.1949, Berlin - in Erbengemeinschaft -		
3	Gerber, Friedrich, geb. am 06.04.1942, Leipzig	1,2,3	Auflassung vom 13.05.1991; eingetragen am 03.06.1991. Müller
		4	Ohne Eigentumswechsel; eingetragen am 20.09.1991. Müller
		8 zu 6	In Blatt 2487 eingetragen am 04.11.1991; hier vermerkt am 03.08.1992. Lehmann
4a	Gerber, Friedrich, geb. am 06.04.1942, Leipzig;	6,7, 8 zu 6	Ehevertrag vom 18.02.1992; eingetragen am 01.10.1992. Lehmann
b	Gerber, Amalie geb. Evers, geb. am 16.02.1948, Leipzig; - in Gütergemeinschaft -		

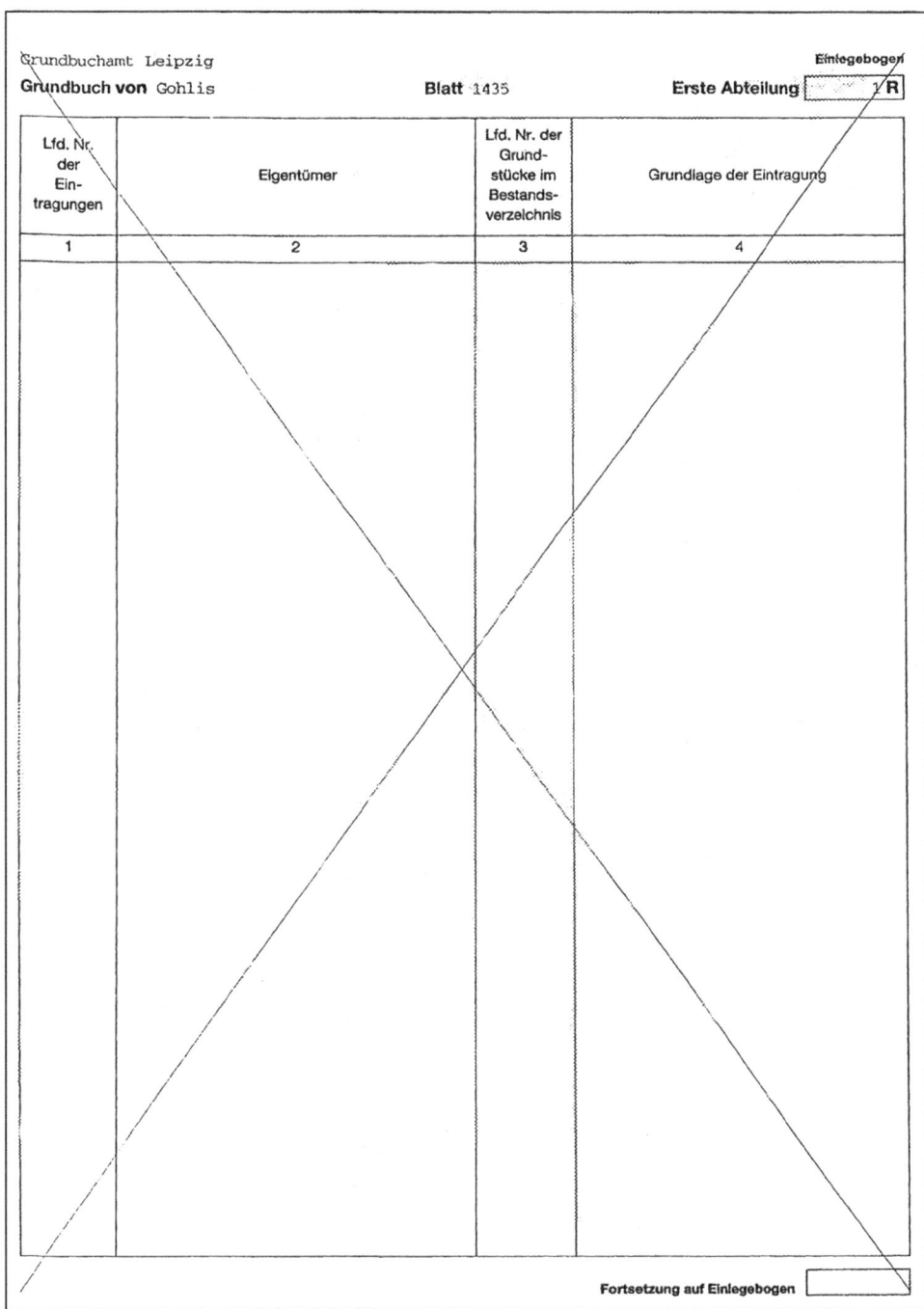

Grundbuchamt Leipzig
Grundbuch von Gohlis **Blatt** 1435 **Zweite Abteilung** Einlegebogen 1

Lfd. Nr. der Eintragungen	Lfd. Nr. der betroffenen Grundstücke im Bestandsverzeichnis	Lasten und Beschränkungen
1	2	3
1	1	Vorkaufsrecht für alle Verkaufsfälle für die Stadt Leipzig; gemäß Bewilligung vom 12.10.1990 eingetragen am 15.10.1990. Müller
2	2,7	Reallast (Geldrente) für die Stiftung „St. Laurentius", Leipzig; gemäß Bewilligung vom 02.11.1990 eingetragen am 07.11.1990. Müller
3	5	Geh- und Fahrtrecht für den jeweiligen Eigentümer des Flst. 85 (Grundbuch von Gohlis Blatt 19); gemäß Bewilligung vom 01.10.1991 eingetragen am 14.10.1991. Müller
4	2	Auflassungsvormerkung für Mühleisen, Franz, geb. am 14.04.1940, Dresden; gemäß einstweiliger Verfügung des Kreisgerichts Leipzig-Stadt vom 01.04.1992 - 38 Z 122/92 - eingetragen am 05.05.1992. Müller
5	12	Erbbaurecht auf die Dauer von 99 Jahren seit Eintragung für die Gemeinnützige Baugenossenschaft Leipzig-Mitte e.G., Leipzig; unter Bezugnahme auf BVNr. 1 des Erbbaugrundbuchs Gohlis Blatt 4128 eingetragen am 11.12.1992. Lehmann
6	11	Die Zwangsversteigerung ist durch Beschluß des Amtsgerichts Leipzig vom 16.02.93 - K 187/92 - angeordnet; eingetragen am 17.02.1993. Späth
7	11	Vorgemerkt gemäß § 18 Abs. 2 GBO: Nießbrauch für Frey, Adele geb. Gerber, geb. am 12.02.1925, Meißen; gemäß Bewilligung vom 01.06.1994 (Notar Behringer, Eilenburg, URNr. 1343/94) von Amts wegen eingetragen am 30.09.1994. Keller

Grundbuchamt Leipzig
Grundbuch von Gohlis **Blatt** 1435 **Zweite Abteilung** / R

Einlegebogen

Veränderungen		Löschungen	
Lfd. Nr. der Spalte 1		Lfd. Nr. der Spalte 1	
4	5	6	7
3	Das Recht ist auf dem Blatt des herrschenden Grundstücks vermerkt; hier vermerkt am 04.11.1991. Müller	1,3	Je gelöscht am 02.12.1991. Müller
		4	Gelöscht am 18.05.1992. Müller
2	Zur Mithaft übertragen nach Blatt 3796 am 11.06.1992. Müller	2	Gelöscht am 17.11.1992. Müller
5	Der Inhalt des Erbbaurechts ist gemäß BVNr. 2 des Erbbaugrundbuchs geändert; hier vermerkt am 04.01.1993. Späth	6	Gelöscht am 15.03.1993. Späth
5	Das Erbbaurecht ist übertragen auf die Wohnungsbaugesellschaft Gohlis mbH Leipzig; eingetragen am 17.08.1993. Keller		

Fortsetzung auf Einlegebogen

Grundbuchamt Leipzig
Grundbuch von Gohlis   **Blatt** 1435   **Dritte Abteilung**   Einlegebogen 1

Lfd. Nr. der Eintragungen	Lfd. Nr. der belasteten Grundstücke im Bestandsverzeichnis	Betrag	Hypotheken, Grundschulden, Rentenschulden
1	2	3	4
1	2, 7, 9 (nur Flst.112), 11 (nur Flst.112)	100.000 DM - 50.000 DM 50.000 DM - 10.000 DM 40.000 DM	Hypothek zu einhunderttausend Deutsche Mark für Dr. jur. Schulze, Walter, geb. am 22.05.1930, Görlitz; 14 % Zinsen; vollstreckbar nach § 800 ZPO; gemäß Bewilligung vom 12.10.1990 eingetragen am 23.11.1990. Müller
2	1, 2	30.000 DM	Grundschuld ohne Brief zu dreißigtausend Deutsche Mark für die Deutsche Handelsbank AG, Dresden; 15 % Zinsen; vollstreckbar nach § 800 ZPO; gemäß Bewilligung vom 22.11.1990 eingetragen am 03.12.1990. Müller
3	1, 2, 3, 5	70.000 DM	Hypothek zu siebzigtausend Deutsche Mark für Gruhn, Maria geb. Weiß, geb. am 24.02.1934, Crimmitschau; 6 % Zinsen; vollstreckbar nach § 800 ZPO; gemäß Bewilligung vom 20.02.1991 eingetragen am 18.06.1991. Mithaft: Gohlis Blatt 212 Müller
4	1, 2, 7, 9 (nur Flst.112), 11 (nur Flst.112)	5.000 DM	Vorgemerkt gemäß § 883 BGB: Sicherungshypothek zu fünftausend Deutsche Mark für Müller, Karl, geb. am 23.06.1938, Grimma; 14 % Zinsen; gemäß Bewilligung vom 10.05.1991 eingetragen am 02.07.1991. Müller	Sicherungshypothek zu fünftausend Deutsche Mark für Müller, Karl, geb. am 23.06.1938, Grimma; 14 % Zinsen; gemäß Bewilligung vom 10.05.1991 eingetragen am 01.08.1991. Müller
5	1	60.000 DM	Rentenschuld zu dreitausend Deutsche Mark jährlich; Ablösebetrag sechzigtausend Deutsche Mark für die Stadt Leipzig; gemäß Bewilligung vom 28.06.1991 eingetragen am 02.07.1991. Müller

Anlagen zur GBV　　　　　　　　　　　　　　　　　　　　　　　　　　　　　　　　　GBV

Grundbuchamt Leipzig　　　　　　　　　　　　　　　　　　　　　　　　　　Einlegebogen
Grundbuch von Gohlis　　　　　　　　**Blatt** 1435　　　　　　**Dritte Abteilung**　　R

Veränderungen			Löschungen		
Lfd. Nr. der Spalte 1	Betrag		Lfd. Nr. der Spalte 1	Betrag	
5	6	7	8	9	10
1a	30.000 DM	Erstrangiger Teilbetrag von dreißigtausend Deutsche Mark mit Zinsen seit 01.01.1991 abgetreten an den Freistaat Sachsen; eingetragen am 15.01.1991. Rennert	1	50.000 DM	Fünfzigtausend Deutsche Mark gelöscht am 16.01.1991. Rennert
1b	20.000 DM	Zwanzigtausend Deutsche Mark mit den Zinsen seit 01.10.1990 abgetreten an Rausch, Franz, geb. am 15.11.1954, Lommatzsch; eingetragen am 02.05.1991. Rennert	2	30.000 DM	Verfügungsverbot gelöscht am 21.05.1991. Rennert
2	30.000 DM	Verfügungsverbot für Schmidt, Bruno, geb. am 31.03.1936, Leipzig; gemäß einstweiliger Verfügung des Kreisgerichts Leipzig-Stadt vom 13.05.1991 - 38 Z 200/91 - eingetragen am 17.05.1991. Müller	1b	10.000 DM	Zehntausend Deutsche Mark gelöscht am 15.08.1991. Müller
1bI	10.000 DM	Erstrangiger Teilbetrag von zehntausend Deutsche Mark mit den Zinsen seit 01.01.1991 abgetreten an Martens, Paul, geb. am 24.08.1947, Leipzig; eingetragen am 29.05.1991. Müller	3	70.000 DM	Gelöscht am 02.10.1991. Müller
2	30.000 DM	Ausschluß der Brieferteilung aufgehoben; eingetragen am 04.07.1991. Müller	2	30.000 DM	Gelöscht am 11.11.1991. Müller
3	70.000 DM	Durch Erbfolge vom 14.05.1991 (Erbschein des Kreisgerichts Werdau vom 15.07.1991, VI 455/91) übergegangen auf Gruhn, Karl, geb. am 12.04.1959, Chemnitz; Nacherbfolge ist angeordnet; Nacherbe ist Gruhn, Emil, geb am 23.03.1963, Chemnitz; die Nacherbfolge tritt ein mit dem Tode des Vorerben; der Vorerbe ist von den gesetzlichen Beschränkungen nicht befreit; eingetragen am 12.09.1991. Müller	5	60.000 DM	Gelöscht am 25.07.1991. Müller

Fortsetzung auf Einlegebogen

Keller 1561

Grundbuchamt Leipzig
Grundbuch von Gohlis **Blatt** 1435 **Dritte Abteilung** Einlegebogen 2

Lfd. Nr. der Eintragungen	Lfd. Nr. der belasteten Grundstücke im Bestandsverzeichnis	Betrag	Hypotheken, Grundschulden, Rentenschulden
1	2	3	4

Anlagen zur GBV GBV

Grundbuchamt Leipzig
Grundbuch von Gohlis **Blatt** 1435 **Dritte Abteilung** 2 **R** Einlegebogen

Veränderungen			Löschungen		
Lfd. Nr. der Spalte 1	Betrag		Lfd. Nr. der Spalte 1	Betrag	
5	6	7	8	9	10
~~3~~	70.000 DM	Das mithaftende Grundstück Blatt 212 ist als BVNr. 4 hierher übertragen am 20.09.1991. Müller			
4	5.000 DM	An BVNr. 1 gelöscht am 11.11.1991. Müller			
4	5.000 DM	Der Gläubiger hat auf das Recht verzichtet; als Grundschuld ohne Brief umgeschrieben auf Gerber, Friedrich, geb. am 06.04.1942, Leipzig; eingetragen am 20.01.1992. Müller			
1a 1bI 4	30.000 DM 10.000 DM 5.000 DM	Zur Mithaft übertragen nach Blatt 3796 am 11.06.1992. Teichmann			
4	5.000 DM	Übergegangen auf Gerber, Friedrich, geb. am 06.04.1942, Leipzig und Gerber, Amalie geb. Evers, geb. am 16.02.1948, Leipzig, in Gütergemeinschaft; eingetragen am 01.10.1992. Teichmann			
4	5.000 DM	Gepfändet für die Westdeutsche Hypothekenbank AG, Frankfurt a.M., wegen einer Forderung von siebentausend Deutsche Mark nebst 14 % Zinsen seit 07.02.1993; gemäß Pfändungs- und Überweisungsbeschluß des Amtsgerichts Grimma vom 03.03.1993 (3 M 143/93) eingetragen am 23.03.1993. Späth			

Fortsetzung auf Einlegebogen

Anlage 2b
(zu § 31)

Muster
(Neues Grundbuchblatt)*)

```
                    Grundbuchamt
                      Leipzig




                     **Grundbuch**
                         von
                       Gohlis




                    **Blatt** 11312






        Dieses Blatt ist an die Stelle des wegen Unüber-
        sichtlichkeit geschlossenen Blattes 1435 getreten;
        eingetragen am 04.10.1994.
                         Scholze
```

*) Die Eintragungen sind gemäß § 30 Abs. 1 Buchstabe c Satz 3 der Grundbuchverfügung unter neuen laufenden Nummern in das neue Grundbuchblatt übernommen worden.

Grundbuchamt Leipzig
Grundbuch von Gohlis   **Blatt** 11312   **Bestandsverzeichnis**   Einlegebogen 1

Lfd. Nr. der Grundstücke	Bisherige lfd. Nr. der Grundstücke	Bezeichnung der Grundstücke und der mit dem Eigentum verbundenen Rechte		Größe
		Gemarkung (nur bei Abweichung vom Grundbuchbezirk angeben) Flurstück	Wirtschaftsart und Lage	m²
		a/b	c	
1	2	3		4
1	–	73	Dresdner Str. 54, Gebäude- und Freifläche	25 08
		Stötteritz 112	Gartenfläche	10 00
2	–	66	Gartenfläche	9 02
3 zu 1,2	–	Geh- und Fahrtrecht an dem Grundstück Gohlis Flst. 74, Grundbuch von Gohlis Blatt 2487.		

Grundbuchamt Leipzig
Grundbuch von Gohlis **Blatt** 11312 **Bestandsverzeichnis** 1 R
Einlegebogen

Bestand und Zuschreibungen		Abschreibungen	
Zur lfd. Nr. der Grundstücke		Zur lfd. Nr. der Grundstücke	
5	6	7	8
1,2, 3 ----- zu 1,2	Bei Umschreibung des unübersichtlichen Blattes 1435 als Bestand eingetragen am 04.10.1994. Scholze		

Fortsetzung auf Einlegebogen

Anlagen zur GBV — GBV

Grundbuchamt Leipzig
Grundbuch von Gohlis **Blatt** 11312 **Erste Abteilung** 1
Einlegebogen

Lfd. Nr. der Eintragungen	Eigentümer	Lfd. Nr. der Grundstücke im Bestandsverzeichnis	Grundlage der Eintragung
1.	2	3	4
1a b	Gerber, Friedrich, geb. am 06.04.1942, Leipzig; Gerber, Amalie geb. Evers, geb. am 16.02.1948, Leipzig; — in Gütergemeinschaft —	1,2, 3 ——— zu 1,2	Ohne Eigentumswechsel; eingetragen am 04.10.1994. Scholze

Keller 1567

Grundbuchamt Leipzig
Grundbuch von Gohlis **Blatt** 11312 **Erste Abteilung** R

Einlegebogen

Lfd. Nr. der Ein- tragungen	Eigentümer	Lfd. Nr. der Grund- stücke im Bestands- verzeichnis	Grundlage der Eintragung
1	2	3	4

Fortsetzung auf Einlegebogen

Anlagen zur GBV — GBV

Grundbuchamt Leipzig
Grundbuch von Gohlis   **Blatt** 11312   **Zweite Abteilung**   Einlegebogen 1

Lfd. Nr. der Ein- tragungen	Lfd. Nr. der betroffenen Grundstücke im Bestands- verzeichnis	Lasten und Beschränkungen
1	2	3
1	2	Erbbaurecht auf die Dauer von 99 Jahren seit Eintragung für die Wohnungsbaugesellschaft Gohlis mbH, Leipzig; unter Bezugnahme auf BVNr. 1 des Erbbaugrundbuchs Gohlis Blatt 4128 eingetragen am 11.12.1992 und umgeschrieben am 04.10.1994. Scholze
2	1	Vorgemerkt gemäß § 18 Abs. 2 GBO: Nießbrauch für Frey, Adele geb. Gerber, geb. am 12.02.1925, Meißen; gemäß Bewilligung vom 01.06.1994 (Notar Behringer, Eilenburg, URNr. 1343/94) von Amts wegen eingetragen am 30.09.1994 und umgeschrieben am 04.10.1994. Scholze
3	1	Vorkaufsrecht für alle Verkaufsfälle für Frey, Adele geb. Gerber, geb. am 12.02.1925, Meißen; gemäß Bewilligung vom 01.06.1994 (Notar Behringer, Eilenburg, URNr. 1343/94) eingetragen am 04.10.1994. Scholze

GBV   Anlagen zur GBV

Grundbuchamt Leipzig   Einlegebogen
Grundbuch von Gohlis   **Blatt** 11312   **Zweite Abteilung**   1 R

Veränderungen		Löschungen	
Lfd. Nr. der Spalte 1		Lfd. Nr. der Spalte 1	
4	5	6	7

Fortsetzung auf Einlegebogen

1570 *Keller*

Grundbuchamt Leipzig
Grundbuch von Gohlis   **Blatt** 11312   **Dritte Abteilung**   1   Einlegebogen

Lfd. Nr. der Eintragungen	Lfd. Nr. der belasteten Grundstücke im Bestandsverzeichnis	Betrag	Hypotheken, Grundschulden, Rentenschulden
1	2	3	4
1a	1 (nur Flst. 112)	30.000 DM	Hypothek zu dreißigtausend Deutsche Mark für den Freistaat Sachsen; 14 % Zinsen; vollstreckbar gemäß § 800 ZPO; gemäß Bewilligung vom 12.10.1990 (Notar Dieterlein, Pirna, URNr. 231/90) eingetragen am 23.11.1990 und umgeschrieben am 04.10.1994. Mithaft: Blatt 3796 Gohlis. <div align="right">Scholze</div>
b	1 (nur Flst. 112)	10.000 DM	Hypothek zu zehntausend Deutsche Mark für Martens, Paul, geb. am 24.08.1947, Leipzig; 14 % Zinsen; vollstreckbar gemäß § 800 ZPO; gemäß Bewilligung vom 12.10.1990 (Notar Dieterlein, Pirna, URNr. 231/90) eingetragen am 23.11.1990 und umgeschrieben am 04.10.1994. Mithaft: Blatt 3796 Gohlis. <div align="right">Scholze</div>
2	1 (nur Flst. 112)	5.000 DM	Grundschuld ohne Brief zu fünftausend Deutsche Mark entstanden durch Umwandlung der Sicherungshypothek für Gerber, Friedrich, geb. am 06.04.1942, Leipzig, und Gerber, Amalie geb. Evers, geb. am 16.02.1948, Leipzig, in Gütergemeinschaft; 14 % Zinsen; gemäß Bewilligung vom 10.05.1991 (Notar Dr. Fechter, Leipzig, URNr. 997/91) eingetragen am 01.08.1991 und umgeschrieben am 04.10.1994. Mithaft: Blatt 3796 Gohlis. <div align="right">Scholze</div>

Grundbuchamt Leipzig
Grundbuch von Gohlis **Blatt** 11312 **Dritte Abteilung** 1 R

Einlegebogen

	Veränderungen			Löschungen		
Lfd. Nr. der Spalte 1	Betrag			Lfd. Nr. der Spalte 1	Betrag	
5	6	7		8	9	10
2	5.000 DM	Gepfändet für die Westdeutsche Hypothekenbank AG, Frankfurt a.M., wegen einer Forderung von siebentausend Deutschen Mark nebst 14 % Zinsen seit 07.02.1993; gemäß Pfändungs- und Überweisungsbeschluß des Amtsgerichts Grimma vom 03.03.1993 (3 M 143/93) eingetragen am 23.03.1993 und umgeschrieben am 04.10.1994. Scholze				

Fortsetzung auf Einlegebogen

Anlagen zur GBV

Anlage 3
(zu § 52 Abs. 1)

Muster

(Hypothekenbrief)

Deutscher Hypothekenbrief

Noch gültig für
15 000 DM.

Schönberg, den 9. Juli 1981

über

20 000 Deutsche Mark

(Unterschriften)

eingetragen im Grundbuch von

Waslingen (Amtsgericht Schönberg)

Blatt 82 Abteilung III Nr. 3 (drei)

Inhalt der Eintragung:

Nr. 3: 20 000 (zwanzigtausend) Deutsche Mark Kaufpreisforderung mit fünf vom Hundert jährlich verzinslich für Josef Schmitz, geboren am 20. März 1931, Waslingen. Unter Bezugnahme auf die Eintragungsbewilligung vom 1. Dezember 1978 eingetragen am 16. Februar 1979.

Belastetes Grundstück:

Das im Bestandsverzeichnis des Grundbuchs unter Nr. 1 verzeichnete Grundstück.

Schönberg, den 20. Februar 1979

(Siegel oder Stempel)

Amtsgericht

(Unterschriften)

Dem belasteten Grundstück ist am 14. November 1980 das im Bestandsverzeichnis unter Nr. 3 verzeichnete Grundstück als Bestandteil zugeschrieben worden. Infolge der Zuschreibung ist das belastete Grundstück unter Nr. 4 des Bestandsverzeichnisses neu eingetragen worden.

Schönberg, den 13. März 1981

(Siegel oder Stempel)

Amtsgericht

(Unterschriften)

Von den vorstehenden 20 000 DM sind 5 000 (fünftausend) Deutsche Mark nebst den Zinsen seit dem 1. Juli 1981 mit dem Vorrange vor dem Rest abgetreten an den Ingenieur Hans Müller, geboren am 14. Januar 1958, Waslingen. Die Abtretung und die Rangänderung sind am 7. Juli 1981 im Grundbuch eingetragen. Für den abgetretenen Betrag ist ein Teilhypothekenbrief hergestellt.

Schönberg, den 9. Juli 1981

(Siegel oder Stempel)

Amtsgericht

(Unterschriften)

Anlage 4
(zu § 52 Abs. 1)

Muster

(Teilhypothekenbrief)

Deutscher
Teilhypothekenbrief

über

5 000 Deutsche Mark

Teilbetrag der Hypothek von 20 000 Deutsche Mark

eingetragen im Grundbuch von

Waslingen (Amtsgericht Schönberg)

Blatt 82 Abteilung III Nr. 3 (drei)

Der bisherige Brief über die Hypothek von 20 000 Deutsche Mark lautet wie folgt:

Deutscher
Hypothekenbrief

über

20 000 Deutsche Mark

eingetragen im Grundbuch von

Waslingen (Amtsgericht Schönberg)

Blatt 82 Abteilung III Nr. 3 (drei)

Inhalt der Eintragung:

Nr. 3: 20 000 (zwanzigtausend) Deutsche Mark Kaufpreisforderung mit fünf vom Hundert jährlich verzinslich für Josef Schmitz, geboren am 20. März 1931, Waslingen. Unter Bezugnahme auf die Eintragungsbewilligung vom 1. Dezember 1978 eingetragen am 16. Februar 1979.

Belastetes Grundstück:

Das im Bestandsverzeichnis des Grundbuchs unter Nr. 1 verzeichnete Grundstück.

Schönberg, den 20. Februar 1979

Amtsgericht

(Siegel oder Stempel)

(Abschrift der Unterschriften)

Dem belasteten Grundstück ist am 14. November 1980 das im Bestandsverzeichnis unter Nr. 3 verzeichnete Grundstück als Bestandteil zugeschrieben worden. Infolge der Zuschreibung ist das belastete Grundstück unter Nr. 4 des Bestandsverzeichnisses neu eingetragen worden.

Schönberg, den 13. März 1981

Amtsgericht

(Siegel oder Stempel)

(Abschrift der Unterschriften)

Die vorstehende Abschrift stimmt mit der Urschrift überein.

Von den 20 000 DM sind 5 000 (fünftausend) Deutsche Mark nebst den Zinsen seit dem 1. Juli 1981 mit dem Vorrange vor dem Rest abgetreten an den Ingenieur Hans Müller, geboren am 14. Januar 1958, Waslingen. Die Abtretung und die Rangänderung sind am 7. Juli 1981 im Grundbuch eingetragen.

Über diese 5 000 (fünftausend) Deutsche Mark ist dieser Teilhypothekenbrief hergestellt worden.

Schönberg, den 9. Juli 1981

Amtsgericht

(Siegel oder Stempel)

(Unterschriften)

Anlage 5
(zu § 52 Abs. 1)

Muster

(Hypothekenbrief über eine Gesamthypothek)

Deutscher Hypothekenbrief

über

12 000 Deutsche Mark

Gesamthypothek

eingetragen im Grundbuch von
Waslingen (Amtsgericht Schönberg)
Blatt 30 Abteilung III Nr. 3 (drei)
und ebenda Blatt 31 Abteilung III Nr. 2 (zwei)

Inhalt der Eintragungen:

12 000 (zwölftausend) Deutsche Mark Darlehen mit sechs vom Hundert jährlich verzinslich für Maria Weiß, geborene Grün, geboren am 11. Juli 1925, Waslingen. Unter Bezugnahme auf die Eintragungsbewilligung vom 15. Februar 1979 eingetragen am 15. Mai 1979.

Belastete Grundstücke:

I. Waslingen Blatt 30:

Die im Bestandsverzeichnis des Grundbuchs unter den Nummern 1, 2 und 3 verzeichneten Grundstücke;

II. Waslingen Blatt 31:

Das im Bestandsverzeichnis des Grundbuchs unter Nr. 1 verzeichnete Grundstück.

Schönberg, den 17. Mai 1979

Amtsgericht

(Siegel oder Stempel)

(Unterschriften)

Anlage 6
(zu § 52 Abs. 1)

Muster

(Gemeinschaftlicher Hypothekenbrief)

Deutscher Hypothekenbrief

über zusammen

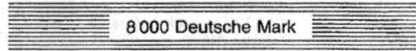
8 000 Deutsche Mark

eingetragen im Grundbuch von

Waslingen (Amtsgericht Schönberg)

Blatt 87 Abteilung III Nr. 1 (eins) und 2 (zwei)

mit 6 000 und 2 000 Deutsche Mark

Inhalt der Eintragungen:

Nr. 1: 6 000 (sechstausend) Deutsche Mark Darlehen mit sechs vom Hundert jährlich verzinslich für die Darlehensbank Aktiengesellschaft in Waslingen. Unter Bezugnahme auf die Eintragungsbewilligung vom 5. Januar 1979 eingetragen am 15. Januar 1979.

Nr. 2: 2 000 (zweitausend) Deutsche Mark Darlehen mit sechs vom Hundert jährlich verzinslich für die Darlehensbank Aktiengesellschaft in Waslingen. Unter Bezugnahme auf die Eintragungsbewilligung vom 21. März 1980 eingetragen am 3. April 1980.

Belastetes Grundstück:

Das im Bestandsverzeichnis des Grundbuchs unter Nr. 1 verzeichnete Grundstück.

Dieser Brief tritt für beide Hypotheken jeweils an die Stelle der bisherigen Briefe.

Schönberg, den 9. September 1982

(Siegel oder Stempel)

Amtsgericht

(Unterschriften)

Anlage 7
(zu § 52 Abs. 1)

Muster
(Grundschuldbrief)

Deutscher Grundschuldbrief

über

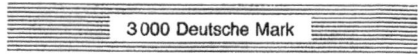
3 000 Deutsche Mark

eingetragen im Grundbuch von
Waslingen (Amtsgericht Schönberg)
Blatt 84 Abteilung III Nr. 3 (drei)

Inhalt der Eintragung:

Nr. 3: 3 000 (dreitausend) Deutsche Mark Grundschuld mit fünf vom Hundert jährlich verzinslich für Herbert Müller, geboren am 20. Januar 1910, Waslingen. Unter Bezugnahme auf die Eintragungsbewilligung vom 1. März 1979 eingetragen am 23. März 1979.

Belastetes Grundstück:

Das im Bestandsverzeichnis des Grundbuchs unter Nr. 1 verzeichnete Grundstück.

Schönberg, den 26. März 1979

(Siegel oder Stempel)

Amtsgericht

(Unterschriften)

Anlage 8
(zu § 52 Abs. 1)

Muster
(Rentenschuldbrief)

Deutscher Rentenschuldbrief

über

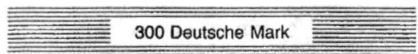

300 Deutsche Mark

eingetragen im Grundbuch von
Waslingen (Amtsgericht Schönberg)
Blatt 13 Abteilung III Nr. 5 (fünf)

Inhalt der Eintragung:
Nr. 5: 300 (dreihundert) Deutsche Mark, vom 1. März 1978 an jährlich am 1. Juli zahlbare Rentenschuld, ablösbar mit sechstausend Deutsche Mark, für die Gemeinde Waslingen. Eingetragen am 1. März 1978.

Belastetes Grundstück:
Das im Bestandsverzeichnis des Grundbuchs unter Nr. 1 verzeichnete Grundstück.

Schönberg, den 6. März 1978

(Siegel oder Stempel)

Amtsgericht

(Unterschriften)

Die Rentenschuld ist gelöscht am 25. Juni 1981.

Schönberg, den 25. Juni 1981

(Siegel oder Stempel)

Amtsgericht

(Unterschriften)

Anlage 9
(zu § 58)

Muster

(Erbbaugrundbuchblatt)

Amtsgericht

München

Grundbuch

von

Waslingen

Band 375   **Blatt** 11361

(Erbbaugrundbuch)

Amtsgericht München Einlegebogen

Grundbuch von Waslingen **Band** 375 **Blatt** 11361 **Bestandsverzeichnis** 1

Lfd. Nr. der Grund-stücke	Bisherige lfd. Nr. der Grund-stücke	Bezeichnung der Grundstücke und der mit dem Eigentum verbundenen Rechte		Größe		
		Gemarkung (nur bei Abweichung vom Grundbuchbezirk angeben) Flurstück	Wirtschaftsart und Lage	ha	a	m²
		a/b	c			
1	2	3		4		
1		Erbbaurecht an Grundstück Band 370 Blatt 11180 Bestands-verzeichnis Nr. 2:				
		102/66	Gebäude- und Freifläche, An der Wublitz		25	15
		eingetragen Abt. II/1, bis zum 30.06.2045; Zustimmung des Grundstückseigentümers ist erforderlich zur: Veräußerung, Belastung mit Grundpfandrechten, Reallasten, Dauerwohn-/Dauernutzungsrechten; nebst deren Inhaltsänderung als weitere Belastung; Grundstückseigentümer: Breithaupt Walter, geb. 26.08.1943; gemäß Bewilligung vom 25.07.1994 - URNr. 1000/Notar Dr. Schmidt, Waslingen -; angelegt am 02.08.1994. Fuchs Körner				
2		Als Eigentümer des belasteten Grundstücks ist am 01.09.1994 eingetragen worden: Geßler Ernst, geb. 28.02.1946; hier ver-merkt am 01.09.1994 Fuchs Körner				
3		Der Inhalt des Erbbaurechts ist dahin geändert, daß der Erbbauberechtigte zur Veräußerung des Erbbaurechts nicht der Zustimmung des Grundstückseigentümers bedarf. Eingetragen am 09.09.1994. Fuchs Körner				

Anlagen zur GBV

Amtsgericht München Einlegebogen
Grundbuch von Waslingen **Band** 375 **Blatt** 11361 **Bestandsverzeichnis** 1 R

Bestand und Zuschreibungen		Abschreibungen	
Zur lfd. Nr. der Grundstücke		Zur lfd. Nr. der Grundstücke	
5	6	7	8

Fortsetzung auf Einlegebogen

Amtsgericht München
Grundbuch von Waslingen   **Band** 375   **Blatt** 11361   **Erste Abteilung**   Einlegebogen   1

Lfd. Nr. der Ein- tragungen	Eigentümer	Lfd. Nr. der Grund- stücke im Bestands- verzeichnis	Grundlage der Eintragung
1	2	3	4
1	K ö h l e r Max, geb. 14.11.1911	1	Bei Bestellung des Erbbaurechts in Band 370 Blatt 11180 ein- getragen und hier vermerkt am 02.08.1994. Fuchs Körner
2	G r a u e r Walter, geb. 16.12.1948	1	Einigung vom 16.08.1994; ein- getragen am 15.09.1994. Fuchs Körner

1582 *Keller*

Anlagen zur GBV · GBV

Amtsgericht München · Einlegebogen
Grundbuch von Waslingen · **Band** 375 · Blatt 1361 · **Erste Abteilung** · R

Lfd. Nr. der Ein- tragungen	Eigentümer	Lfd. Nr. der Grund- stücke im Bestands- verzeichnis	Grundlage der Eintragung
1	2	3	4

Fortsetzung auf Einlegebogen

Keller 1583

Amtsgericht München		Einlegebogen
Grundbuch von Waslingen Band 375 Blatt 11361	Zweite Abteilung	1

Lfd. Nr. der Eintragungen	Lfd. Nr. der betroffenen Grundstücke im Bestandsverzeichnis	Lasten und Beschränkungen
1	2	3
1	1	Erbbauzins von 500 (fünfhundert) Deutsche Mark jährlich für jeweilige Eigentümer von BVNr. 2 in Band 370 Blatt 11180; gemäß Bewilligung vom 25.07.1994 – URNr. 1000/Notar Dr. Schmidt, Waslingen –; eingetragen am 02.08.1994. Fuchs Körner
2	1	Vorgemerkt nach § 883 BGB: Anspruch auf Einräumung einer Reallast (Erbbauzinserhöhung) für jeweilige Eigentümer von BVNr. 2 in Band 370 Blatt 11180; gemäß Bewilligung vom 25.07.1994 – URNr. 1000/Notar Dr. Schmidt, Waslingen –; eingetragen am 02.08.1994. Fuchs Körner
3	1	Geh- und Fahrtrecht für jeweilige Eigentümer von Flst. 166/10 (BVNr. 3 in Band 200 Blatt 9907); gemäß Bewilligung vom 26.07.1994 – URNr. 555/Notar Uhlig, Waslingen –; eingetragen am 18.08.1994. Fuchs Körner

Amtsgericht München					Einlegebogen	
Grundbuch von Waslingen		Band 375	Blatt 11361	Zweite Abteilung		1 R

Veränderungen			Löschungen	
Lfd. Nr. der Spalte 1			Lfd. Nr. der Spalte 1	
4	5		6	7
1	Das Recht ist auf dem Blatt des berechtigten Grundstücks vermerkt. Hier vermerkt am 02.08.1994. Fuchs Körner			

Amtsgericht München
Grundbuch von Waslingen   **Band** 375   **Blatt** 11361   **Dritte Abteilung**   Einlegebogen 1

Lfd. Nr. der Eintragungen	Lfd. Nr. der belasteten Grundstücke im Bestandsverzeichnis	Betrag	Hypotheken, Grundschulden, Rentenschulden
1	2	3	4
1	1	50.000 DM	Grundschuld ohne Brief zu fünfzigtausend Deutsche Mark für Heidemann Ernst, geb. 18.06.1944; 12 % Zinsen jährlich; vollstreckbar nach § 800 ZPO; gemäß Bewilligung vom 23.09.1994; - URNr. 1255/Notar Dr. Schmidt, Waslingen -; eingetragen am 30.09.1994. Fuchs Körner

Amtsgericht München   Einlegebogen
Grundbuch von Waslingen   **Band** 375   **Blatt** 11361   **Dritte Abteilung**   R

Veränderungen			Löschungen		
Lfd. Nr. der Spalte 1	Betrag		Lfd. Nr. der Spalte 1	Betrag	
5	6	7	8	9	10

Fortsetzung auf Einlegebogen

Anlage 10a
(zu § 69 Abs. 4)

Muster
(In Papierform geführtes Grundbuchblatt)

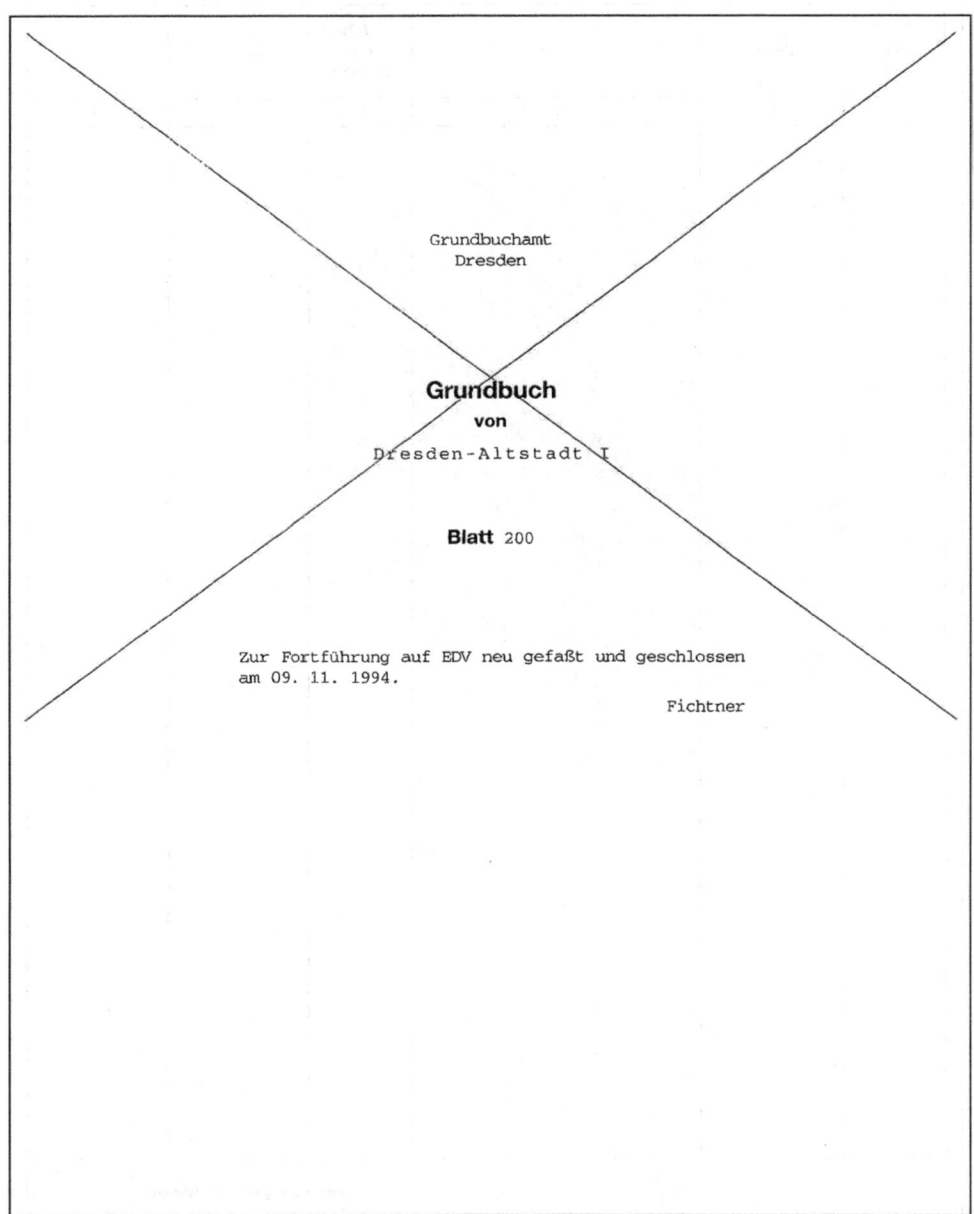

Anlagen zur GBV | **GBV**

		Grundbuchamt Dresden		Einlegebogen
Grundbuch von Dresden-Altstadt I		**Blatt** 200	**Bestandsverzeichnis**	1

Lfd. Nr. der Grundstücke	Bisherige lfd. Nr. der Grundstücke	Bezeichnung der Grundstücke und der mit dem Eigentum verbundenen Rechte		Größe
		Gemarkung (nur bei Abweichung vom Grundbuchbezirk angeben) Flurstück	Wirtschaftsart und Lage	m²
		a/b	c	
1	2	3		4
1		Flst. 74/1	Gebäude- und Freifläche Leipziger Straße 4	04 70

Keller 1589

Grundbuchamt Dresden			Einlegebogen
Grundbuch von Dresden-Altstadt I **Blatt** 200		**Bestandsverzeichnis**	/ R

Bestand und Zuschreibungen		Abschreibungen	
Zur lfd. Nr. der Grundstücke		Zur lfd. Nr. der Grundstücke	
5	6	7	8
1	Von Blatt 23 hierher übertragen am 10. 09. 1992. Richter		

Fortsetzung auf Einlegebogen

	Grundbuchamt Dresden		Einlegebogen
Grundbuch von Dresden-Altstadt I		**Blatt** 200	**Erste Abteilung** 1

Lfd. Nr. der Ein-tragungen	Eigentümer	Lfd. Nr. der Grund-stücke im Bestands-verzeichnis	Grundlage der Eintragung
1	2	3	4
1	Gudrun Beckert geb. Braun, geb. am 01. 11. 1939, Dresden	1	Auflassung vom 25. 05. 1992, ein-getragen am 10. 09.1992. Richter
	Simone Franke geb. Beckert, geb. am 06. 10. 1962, Dresden	1	Erbschein des Amtsgerichts Dresden vom 12. 12. 1992 – VI 256/92 –, ein-getragen am 15. 01. 1993. Richter

Grundbuch von		Blatt		Erste Abteilung	Einlegebogen R
Lfd. Nr. der Ein- tragungen	Eigentümer		Lfd. Nr. der Grund- stücke im Bestands- verzeichnis	Grundlage der Eintragung	
1	2		3	4	

Fortsetzung auf Einlegebogen

		Grundbuchamt Dresden	Einlegebogen
Grundbuch von Dresden-Altstadt I		**Blatt** 200 **Zweite Abteilung**	1

Lfd. Nr. der Ein- tragungen	Lfd. Nr. der betroffenen Grundstücke im Bestands- verzeichnis	Lasten und Beschränkungen
1	2	3
~~1~~	~~1~~	Beschränkte persönliche Dienstbarkeit (Wohnungsrecht) für Kathrin Paul ~~geb. Knauth~~, geb. am 06. 10. 1912, Dresden. Zur Löschung genügt der Nachweis des ~~Todes der Berechtigten~~. Gemäß Bewilligung vom 25. 05. 1992 (Notar Werner, Pirna, URNr. ~~434/92~~); ~~eingetragen~~ am 10. 09. 1992. Richter
2	1	Eigentumsübertragungsvormerkung für Grit Schmied geb. Bauer, geb. am 24. 03. 1964, Dresden. Gemäß Bewilligung vom 22. 10. 1993 (Notar Franz, Freital, URNr. 1234/93); eingetragen am 29. 10. 1993. Richter

		Grundbuchamt Dresden			Einlegebogen
Grundbuch von Dresden-Altstadt I			**Blatt** 200	**Zweite Abteilung**	R

Veränderungen		Löschungen	
Lfd. Nr. der Spalte 1		Lfd. Nr. der Spalte 1	
4	5	6	7
2	Rang nach Abt. III Nr. 4, eingetragen am 04. 01. 1994. Thomas	1	Gelöscht am 10. 05. 1994. Thomas
2	Rang nach Abt. III Nr. 5, eingetragen am 02. 11. 1994. Thomas		

Fortsetzung auf Einlegebogen

Anlagen zur GBV — GBV

Grundbuchamt Dresden
Grundbuch von Dresden-Altstadt I **Blatt** 200 **Dritte Abteilung** Einlegebogen 1

Lfd. Nr. der Eintragungen	Lfd. Nr. der belasteten Grundstücke im Bestandsverzeichnis	Betrag	Hypotheken, Grundschulden, Rentenschulden
1	2	3	4
1	1	100 000 DM	Grundschuld ohne Brief zu einhunderttausend Deutsche Mark für die Kreissparkasse Boxberg in Boxberg; 15 % Jahreszinsen; vollstreckbar nach § 800 ZPO; gemäß Bewilligung vom 09. 10. 1992 (Notar Wilhelm, Freiberg, URNr. 868/92); eingetragen am 11. 12. 1992. Richter
2	1	25 000 DM	Grundschuld zu fünfundzwanzigtausend Deutsche Mark für die MEIßNER BAUSPARKASSE AG, Meißen; 16 % Jahreszinsen; vollstreckbar nach § 800 ZPO; gemäß Bewilligung vom 22. 01. 1993 (Notar Peter, Plauen, URNr. 44/93); eingetragen am 02. 03. 1993. Richter
3	1	134 000 DM	Grundschuld ohne Brief zu einhundertvierunddreißigtausend Deutsche Mark für die LAUSITZER HYPOTHEKEN- UND WECHSEL-BANK Aktiengesellschaft, Görlitz; 17 % Jahreszinsen; vollstreckbar nach § 800 ZPO; gemäß Bewilligung vom 27. 10. 1993 (Notar Stephan, Bautzen, URNr. 1576/93); eingetragen am 24. 09. 1993. Richter
4	1	350 000 DM	Grundschuld zu dreihundertfünfzigtausend Deutsche Mark für die STADTSPARKASSE COTTA, Cotta; 18 % Jahreszinsen; 3 % einmalige Nebenleistung; vollstreckbar nach § 800 ZPO; Rang vor Abt. II Nr. 2; gemäß Bewilligung vom 11. 01. 1994 (Notarin Cosel, Stolpen, URNr. 56/94); eingetragen am 04. 01. 1994. Thomas
5	1	500 000 DM	Grundschuld zu fünfhunderttausend Deutsche Mark für die VOLKSBANK BÜHLAU eG, Bühlau; 18 % Jahreszinsen; 3 % einmalige Nebenleistung; vollstreckbar nach § 800 ZPO; gemäß Bewilligung vom 14. 10. 1994 (Notar Markus, Esslingen, URNr. 2589/94); eingetragen am 28. 10. 1994. Thomas

GBV — Anlagen zur GBV

Grundbuchamt Dresden
Grundbuch von Dresden-Altstadt I **Blatt** 200 **Dritte Abteilung**   Einlegebogen 1/R

Veränderungen			Löschungen		
Lfd. Nr. der Spalte 1	Betrag		Lfd. Nr. der Spalte 1	Betrag	
5	6	7	8	9	10
5	500 000 DM	Rang vor Abt. II Nr. 2, eingetragen am 02. 11. 1994. Thomas	1	100 000 DM	Gelöscht am 01. 06. 1994. Thomas
			2	25 000 DM	Gelöscht am 10. 08. 1994. Thomas
			4	350 000 DM	Gelöscht am 28. 10. 1994. Thomas

Fortsetzung auf Einlegebogen

Anlagen zur GBV — GBV

Anlage 10b
(zu § 69 Abs. 4)

Muster
(Maschinell geführtes Grundbuchblatt)*)

```
                    Grundbuchamt
                       Dresden
```

Grundbuch
von
Dresden-Altstadt I

Blatt 200

```
Dieses Blatt ist zur Fortführung auf EDV neu
gefaßt worden und dabei an die Stelle des bis-
herigen Blattes getreten. In dem Blatt enthaltene
Rötungen sind schwarz sichtbar.
Freigegeben am 09. 11. 1994.
                                        Fichtner
```

*) Die für das in Papierform geführte Grundbuch vorgesehene farbliche Gestaltung einschließlich der roten Unterstreichung ist zulässig.

		Grundbuchamt Dresden		Einlegebogen
Grundbuch von Dresden-Altstadt I		**Blatt** 200	**Bestandsverzeichnis**	1

Lfd. Nr. der Grundstücke	Bisherige lfd. Nr. der Grundstücke	Bezeichnung der Grundstücke und der mit dem Eigentum verbundenen Rechte		Größe
		Gemarkung (nur bei Abweichung vom Grundbuchbezirk angeben) Flurstück	Wirtschaftsart und Lage	m^2
		a/b	c	
1	2	3		4
1		Flst. 74/1	Gebäude- und Freifläche Leipziger Straße 4	04 70

1598 Keller

	Grundbuchamt Dresden		Einlegebogen
Grundbuch von Dresden-Altstadt I		**Blatt** 200	**Bestandsverzeichnis** 1 R

Bestand und Zuschreibungen		Abschreibungen	
Zur lfd. Nr. der Grundstücke		Zur lfd. Nr. der Grundstücke	
5	6	7	8
1	Bei Neufassung des Bestandsverzeichnisses als Bestand eingetragen am 09. 11. 1994.		

Fortsetzung auf Einlegebogen

Grundbuchamt Dresden

Einlegebogen

Grundbuch von Dresden-Altstadt I **Blatt** 200 **Erste Abteilung** 1

Lfd. Nr. der Ein- tragungen	Eigentümer	Lfd. Nr. der Grund- stücke im Bestands- verzeichnis	Grundlage der Eintragung
1	2	3	4
1	Simone Franke geb. Beckert, geb. am 06. 10. 1962, Dresden	1	Bei Neufassung der Abteilung ohne Eigentumswechsel eingetragen am 09. 11. 1994.

Anlagen zur GBV GBV

		Grundbuchamt Dresden		Einlegebogen
Grundbuch von Dresden-Altstadt I		**Blatt** 200	**Zweite Abteilung**	1

Lfd. Nr. der Ein- tragungen	Lfd. Nr. der betroffenen Grundstücke im Bestands- verzeichnis	Lasten und Beschränkungen
1	2	3
1	1	Eigentumsübertragungsvormerkung für Grit Schmied geb. Bauer, geb. am 24. 03. 1964, Dresden. Gemäß Bewilligung vom 22. 10. 1993 (Notar Franz, Freital, URNr. 1234/93); eingetragen am 29. 10. 1993 (ehem. Abt. II lfd. Nr. 2). Rang nach Abt. III Nr. 2. Bei Neufassung der Abteilung eingetragen am 09. 11. 1994.

Grundbuchamt Dresden
Grundbuch von Dresden-Altstadt I   **Blatt** 200   **Dritte Abteilung** | Einlegebogen 1 |

Lfd. Nr. der Eintragungen	Lfd. Nr. der belasteten Grundstücke im Bestandsverzeichnis	Betrag	Hypotheken, Grundschulden, Rentenschulden
1	2	3	4
1	1	134 000 DM	Grundschuld ohne Brief zu einhundertvierunddreißigtausend Deutsche Mark für die LAUSITZER HYPOTHEKEN- UND WECHSEL-BANK Aktiengesellschaft, Görlitz; 17 % Jahreszinsen; vollstreckbar nach § 800 ZPO; gemäß Bewilligung vom 27. 10. 1993 (Notar Stephan, Bautzen, URNr. 1576/93); eingetragen am 24. 09. 1993 (ehem. Abt. III lfd. Nr. 3).
2	1	500 000 DM	Grundschuld zu fünfhunderttausend Deutsche Mark für die VOLKSBANK BÜHLAU eG, Bühlau; 18 % Jahreszinsen; 3 % einmalige Nebenleistung; vollstreckbar nach § 800 ZPO; gemäß Bewilligung vom 14. 10. 1994 (Notar Markus, Esslingen, URNr. 2589/94); eingetragen am 28. 10. 1994 (ehem. Abt. III lfd. Nr. 5). Rang vor Abt. II Nr. 1. Rechte unter lfd. Nr. 1 bis 2 bei Neufassung der Abteilung eingetragen am 09. 11. 1994.

Teil 4: Verordnung über die Anlegung und Führung der Wohnungs- und Teileigentumsgrundbücher (Wohnungsgrundbuchverfügung – WGV)

In der Fassung der Bek. vom 24.01.1995 (BGBl. I S. 134)

Zuletzt geändert durch: Wohnungseigentumsmodernisierungsgesetz (WEMoG) vom 16.10.2020 (BGBl. I S. 2187)

§ 1 [Anlegung des Grundbuchs]

Für die gemäß § 7 Abs. 1, § 8 Abs. 2 des Wohnungseigentumsgesetzes vom 15.3.1951 (Bundesgesetzbl. I S. 175) für jeden Miteigentumsanteil anzulegenden besonderen Grundbuchblätter (Wohnungs- und Teileigentumsgrundbücher) sowie für die gemäß § 30 Abs. 3 des Wohnungseigentumsgesetzes anzulegenden Wohnungs- und Teilerbbaugrundbücher gelten die Vorschriften der Grundbuchverfügung entsprechend, soweit sich nicht aus den §§ 2 bis 5, 8 und 9 etwas anderes ergibt.

A. Allgemeines 1	II. Grundsatz des Realfoliums 3
B. Regelungsbereich der WGV 2	III. Ergänzende Anwendung der GBV 6
I. Anlegung eines Grundbuchs für Wohnungs- und Teileigentum 2	

A. Allgemeines

Die WGV ergänzt die GBV für den Bereich des Wohnungs- und Teileigentums. Sie ist wie die GBV Rechtsverordnung in Ausführung der Ermächtigung des § 1 Abs. 4 GBO. Die WGV ist neugefasst worden zum 24.1.1995 (BGBl I S. 134) aufgrund der VO vom 30.11.1994 (BGBl I S. 3580). Die WGV wurde zuletzt geändert durch Art. 8 des Wohnungseigentumsmodernisierungsgesetzes (WEMoG) vom 16.10.2020 (BGBl I S. 2187). **1**

Die WGV regelt die grundbuchmäßige Behandlung von Wohnungs- und Teileigentum sowie Wohnungs- und Teilerbbaurecht. Das in den §§ 31 ff. WEG geregelte Dauerwohnrecht wird wie andere Grundstücksbelastungen behandelt und untersteht daher den Regeln der GBV.

B. Regelungsbereich der WGV
I. Anlegung eines Grundbuchs für Wohnungs- und Teileigentum

Nach § 7 Abs. 1 WEG ist für jedes Wohnungseigentum ein eigenes Grundbuchblatt anzulegen. Dies erfolgt, wenn Wohnungs- und Teileigentum nach § 3 oder § 8 WEG gebildet wird. Der Begriff Anlegung hat hier nicht die Bedeutung, wie sie in §§ 116 ff. GBO geregelt ist. Nach diesen Vorschriften ist für ein bereits bestehendes, bisher aber nicht gebuchtes Grundstück ein Grundbuchblatt anzulegen. Das Wohnungseigentum als solches entsteht mit Eintragung in das Grundbuch durch Anlegung eines entsprechenden Blattes, bezogen auf das Grundstück entsteht es insgesamt, wenn sämtliche Wohnungseigentumsrechte eingetragen sind. Gleiches gilt für das Teileigentumsgrundbuch. Ob insbesondere in den Fällen des § 8 WEG das oder die Gebäude auch tatsächlich errichtet worden sind, ist für die grundbuchmäßige Behandlung des Wohnungs- oder Teileigentums nicht relevant. **2**

II. Grundsatz des Realfoliums

Für jedes Wohnungs- und Teileigentum ist ein eigenes Grundbuchblatt anzulegen, es kommt nicht auf die Größe oder wirtschaftliche Bedeutung des Wohnungs- oder Teileigentums an. Auch der sondereigentumsfähige Tiefgaragenstellplatz erhält damit ein eigenes Teileigentumsgrundbuch. Wohnungs- und Teileigentumsgrundbuch sind Realfolium i.S.d. § 3 GBO. Abweichend von der Regel des § 7 Abs. 1 **3**

Keller 1603

WEG sollte nach der früheren Regelung des § 7 von der Anlegung besonderer Grundbuchblätter abgesehen werden, wenn hiervon Verwirrung nicht zu besorgen sein sollte. Diese Möglichkeit, für Wohnungs- und Teileigentum ein gemeinschaftliches Grundbuchblatt im Sinne eines Personalfoliums zu führen, ist mit Aufhebung des § 7 weggefallen (s. § 7 Rdn 1).

4 Auch im Falle des § 8 WEG (sog. Vorratsteilung) ist für jedes einzelne Wohnungs- und Teileigentum ein eigenes Grundbuchblatt anzulegen (§§ 8 Abs. 2 S. 1, 7 Abs. 1 WEG). Als Eigentümer ist in jedes Wohnungs- oder Teileigentumsgrundbuch der teilende Eigentümer einzutragen.

5 Bei der Begründung von Wohnungserbbaurechten werden für die einzelnen Anteile ebenfalls eigene Grundbuchblätter angelegt (§ 30 Abs. 2 WEG).

III. Ergänzende Anwendung der GBV

6 Für die Anlegung der Grundbuchblätter und für deren weitere Führung gelten die Vorschriften der GBV entsprechend, soweit sich nicht aus den Vorschriften der WGV etwas anderes ergibt.

Anwendbar sind insbesondere §§ 1, 2, 3, 4, 5 (ergänzt durch § 2 WGV), 7, 9, 10 (ergänzt durch § 4 WGV), 11, 12, 13, 15–56, 57 Abs. 1, 2 Buchst. a (durch § 5 WGV) und 58–60 GBV.

§ 2 [Bezeichnung als Wohnungsgrundbuch]

In der Aufschrift ist unter die Blattnummer in Klammern das Wort „Wohnungsgrundbuch" oder „Teileigentumsgrundbuch" zu setzen, je nachdem, ob sich das Sondereigentum auf eine Wohnung oder auf nicht zu Wohnzwecken dienende Räume bezieht. Ist mit dem Miteigentumsanteil Sondereigentum sowohl an einer Wohnung als auch an nicht zu Wohnzwecken dienenden Räumen verbunden und überwiegt nicht einer dieser Zwecke offensichtlich, so ist das Grundbuchblatt als „Wohnungs- und Teileigentumsgrundbuch" zu bezeichnen.

A. Abgrenzung Wohnungs- und Teileigentumsgrundbuch 1
B. Begriff der Wohnung 2

A. Abgrenzung Wohnungs- und Teileigentumsgrundbuch

1 Je nachdem, ob sich das mit dem Miteigentumsanteil verbundene Sondereigentum auf eine Wohnung oder auf nicht zu Wohnzwecken dienende Räume bezieht, ist das Blatt in der Aufschrift als „Wohnungsgrundbuch" oder „Teileigentumsgrundbuch" zu bezeichnen. Sind mit dem Miteigentumsanteil Räumlichkeiten beider Art verbunden, so entscheidet diejenige Nutzungsart, die wirtschaftlich offensichtlich überwiegt. Ist ein solches Überwiegen nicht eindeutig erkennbar, so sind beide Bezeichnungen in die Aufschrift aufzunehmen.[1] Maßgeblich ist in jedem Fall aber die Festlegung in der Teilungserklärung bzw. der Gemeinschaftsordnung, die tatsächliche Nutzung, die dann gegebenenfalls gegen die Gemeinschaftsordnung verstößt, ist nicht maßgebend.[2]

In der Regel ergibt sich die Bezeichnung als Wohnungseigentum oder Teileigentum aus dem Aufteilungsplan und der Eintragungsbewilligung nach § 7 Abs. 3 und Abs. 4 Nr. 1 WEG. Das Grundbuchamt wird von der dort festgelegten Bezeichnung i.d.R. nicht abweichen, wenn nicht klar ersichtlich eine Falschbezeichnung vorliegt, ein Tiefgaragenstellplatz, der in keinem Fall Wohnung sein kann, etwa als Wohnungseigentum deklariert wird.

---

[1] BayObLG Rpfleger 1961, 400; Meikel/*Schneider*, WGV, § 2 Rn 3.

[2] Allgemein zur Abgrenzung BayObLG Rpfleger 1973, 139; OLG München ZME 2017, 820; Meikel/*Schneider*, WGV, § 2 Rn 2.

B. Begriff der Wohnung

Der Begriff „Wohnung" i.S.d. Vorschrift ergibt sich aus Nr. 4 der „Richtlinien für die Ausstellung von Bescheinigungen gem. § 7 Abs. 4 Nr. 2 und § 32 Abs. 2 Nr. 2 des Wohnungseigentumsgesetzes" vom 19.3.1974,[3] dort ist unter Hinweis auf DIN-Blatt 283[4] ausgeführt: „Eine Wohnung ist die Summe der Räume, welche die Führung eines Haushaltes ermöglichen, darunter stets eine Küche oder ein Raum mit Kochgelegenheit. Zu einer Wohnung gehören außerdem Wasserversorgung, Ausguss und Abort. Die Eigenschaft als Wohnung geht nicht dadurch verloren, dass einzelne Räume vorübergehend oder dauernd zu beruflichen oder gewerblichen Zwecken benutzt werden."[5]

2

Die Abgeschlossenheitsbescheinigung darf aber nicht als Instrument des Baurechts betrachtet werden. Dies geht allein aus einer erteilten Baugenehmigung hervor. Verbindliche Aussagen über eine baurechtlich zulässige Nutzung trifft die Abgeschlossenheitsbescheinigung nicht.[6]

Der Unterschied zu den „nicht zu Wohnzwecken dienenden Räumen" ergibt sich aus der Zweckbestimmung, die dem Raum von Anfang an beigelegt ist. Hierher gehören z.B. Läden, Werkstätten oder Praxisräume.

§ 3 [Eintragungen im Bestandsverzeichnis]

(1) Im Bestandsverzeichnis sind in dem durch die Spalte 3 gebildeten Raum einzutragen:
a) der in einem zahlenmäßigen Bruchteil ausgedrückte Miteigentumsanteil an dem Grundstück;
b) die Bezeichnung des Grundstücks nach den allgemeinen Vorschriften; besteht das Grundstück aus mehreren Teilen, die in dem maßgebenden amtlichen Verzeichnis (§ 2 Abs. 2 der Grundbuchordnung) als selbstständige Teile eingetragen sind, so ist bei der Bezeichnung des Grundstücks in geeigneter Weise zum Ausdruck zu bringen, dass die Teile ein Grundstück bilden;
c) das mit dem Miteigentumsanteil verbundene Sondereigentum und die Beschränkung des Miteigentums durch die Einräumung der zu den anderen Miteigentumsanteilen gehörenden Sondereigentumsrechte; dabei sind die Grundbuchblätter der übrigen Miteigentumsanteile anzugeben.

(2) Wegen des Gegenstandes und des Inhalts des Sondereigentums kann auf die Eintragungsbewilligung und einen Nachweis nach § 7 Absatz 2 Satz 1 des Wohnungseigentumsgesetzes Bezug genommen werden (§ 7 Absatz 3 Satz 1 des Wohnungseigentumsgesetzes); vereinbarte Veräußerungsbeschränkungen (§ 12 des Wohnungseigentumsgesetzes) und Vereinbarungen über die Haftung von Sondernachfolgern für Geldschulden sind jedoch ausdrücklich einzutragen (§ 7 Absatz 3 Satz 2 des Wohnungseigentumsgesetzes).

(3) In Spalte 1 ist die laufende Nummer der Eintragung einzutragen. In Spalte 2 ist die bisherige laufende Nummer des Miteigentumsanteils anzugeben, aus dem der Miteigentumsanteil durch Vereinigung oder Teilung entstanden ist.

(4) In Spalte 4 ist die Größe des im Miteigentum stehenden Grundstücks nach den allgemeinen Vorschriften einzutragen.

(5) In den Spalten 6 und 8 sind die Übertragung des Miteigentumsanteils auf das Blatt sowie die Veränderungen, die sich auf den Bestand des Grundstücks, die Größe des Miteigentumsanteils oder den Gegenstand oder den Inhalt des Sondereigentums beziehen, einzutragen. Der Vermerk über die Übertragung des Miteigentumsanteils auf das Blatt kann jedoch statt in Spalte 6 auch in die Eintragung in Spalte 3 aufgenommen werden.

(6) Verliert durch die Eintragung einer Veränderung nach ihrem aus dem Grundbuch ersichtlichen Inhalt eine frühere Eintragung ganz oder teilweise ihre Bedeutung, so ist sie insoweit rot zu unterstreichen.

---

3 BAnz. Nr. 58.
4 Abgedr. GemMinBl. 1951, 79 ff.
5 Zu Abgrenzungen einzelner Räume OLG Düsseldorf NJW 1976, 1458 = Rpfleger 1976, 215; OLG Hamm Rpfleger 1986, 374; BayObLG NJW 1992, 700 = Rpfleger 1992, 154 mAnm *Eckardt*.
6 BVerwG HGZ 1985, 433.

(7) Vermerke über Rechte, die dem jeweiligen Eigentümer des Grundstücks zustehen, sind in den Spalten 1, 3 und 4 des Bestandsverzeichnisses sämtlicher für Miteigentumsanteile an dem herrschenden Grundstück angelegten Wohnungs- und Teileigentumsgrundbücher einzutragen. Hierauf ist in dem in Spalte 6 einzutragenden Vermerk hinzuweisen.

A. Allgemeines 1	F. Eintragungsvorschläge 13
B. Das Bestandsverzeichnis 2	I. Ersteintragung 13
C. Gegenstand und Inhalt des Sondereigentums 9	II. Inhaltsänderung 14
	III. Veräußerung des Miteigentumsanteiles 15
D. Veräußerungsbeschränkungen und Haftungsregelungen 10	IV. Quotenänderung 16
E. Veränderungen am Grundstück und des Sondereigentums 12	V. Verteilung eines Grundpfandrechts 17

A. Allgemeines

1 In § 3 WGV ist die Führung des Wohnungsgrundbuchs geregelt. Die Vorschrift geht von der Führung des Grundbuchs als Realfolium aus. Zulässig wäre nach § 4 GBO auch die Führung als Personalfolium, bei welchen dann etwa Wohnungseigentum und Tiefgaragenstellplatz als Teileigentum in einem Grundbuchblatt gebucht würden. Aus Gründen der Verkehrsfähigkeit der Einheiten und der Übersichtlichkeit des Grundbuchs ist davon aber in jedem Fall abzuraten.

§ 3 WGV regelt die Eintragungen in das Wohnungs- oder Teileigentumsgrundbuch nicht abschließend, eher sogar rudimentär. So werden die zahlreichen Möglichkeiten der Veränderungen beim Wohnungs- oder Teileigentum nicht berücksichtigt. Auch die seit 1.12.2020 bestehende Möglichkeit, an Teilen des Grundstücks so genanntes Annex-Eigentum zu bilden (§ 3 Abs. 2 WEG) ist nicht berücksichtigt.

B. Das Bestandsverzeichnis

2 Spalte 1 des Bestandsverzeichnisses dient zur Angabe der laufenden Nr. der Eintragung; sie wird für die Eintragung des Wohnungs- oder Teileigentums, aber auch für die Eintragung des Herrschvermerks für ein subjektiv-dingliches Recht geführt.

3 Spalte 2 dient zur Angabe der bisherigen laufenden Nr. einer Eintragung, auf die sich eine unter einer neuen laufenden Nr. zu vollziehende Eintragung bezieht. Hierher gehören Fälle der Veränderung des Miteigentumsanteiles durch Vereinigung, Teilung, Veränderung des Grundstücksbestandes sowie Berichtigung der Bestandsangaben des Grundstücks.

4 In Spalte 3 wird das Wohnungs- oder Teileigentum als solches eingetragen. Anzugeben ist wie bei der Aufschrift des Grundbuchblattes, ob es sich um Wohnungs- oder um Teileigentum handelt; maßgebend ist die Festlegung in der Teilungserklärung oder der Gemeinschaftsordnung.[1] Einzutragen sind im Einzelnen:

a) der Miteigentumsanteil,
b) die Bezeichnung des Grundstücks gem. § 6 Abs. 3 GBV; besteht das Grundstück aus mehreren Flurstücken, so ist auf die Erfüllung des Gebotes in § 1 Abs. 3 WEG (vorherige Vereinigung mehrerer Grundstücke im Rechtssinne) ausdrücklich hinzuweisen, z.B. durch die Formulierung
„… an dem im Rechtssinne einheitlichen Grundstück
Fl.St. Nr. …
Fl.St. Nr. …"
Beinhaltet das Wohnungs- oder Teileigentum einen Überbau auf ein angrenzendes Grundstück, z.B. bei Balkonen, muss dieser rechtlich abgesichert sein. Der Überbau muss bei der Grundbucheintragung nicht erwähnt werden, auch die Nennung des überbauten Grundstücks unterbleibt.[2]
c) das mit dem Miteigentumsanteil verbundene Sondereigentum gemäß der im Aufteilungsplan bezeichneten Nummer der jeweiligen Räume; weiter die Beschränkung des Miteigentums durch die Einräu-

---

[1] Allg. auch Meikel/*Schneider*, WGV, § 3 Rn 4.   [2] Sehr ausführlich Meikel/*Schneider*, WGV, § 3 Rn 7 ff.

mung der zu den anderen Miteigentumsanteilen gehörenden Sondereigentumsrechte (§§ 3, 5 WEG).[3] Die Blätter der anderen Anteile sind anzugeben. Wegen des Gegenstandes und des Inhalts des Sondereigentums soll gem. § 7 Abs. 3 WEG auf die Eintragungsbewilligung Bezug genommen werden.[4] Vereinbarte Veräußerungsbeschränkungen nach § 12 WEG und in der Gemeinschaftsordnung geregelte Haftungsregelungen für Rechtsnachfolger sind nach § 7 Abs. 3 S 2 WEG in der seit 1.12.2020 geltenden Fassung jedoch ausdrücklich einzutragen. § 3 Abs. 2 WGV war bis 30.11.2020 dabei eine Ordnungsvorschrift, weil bis dato die unmittelbare Eintragung in das Grundbuch gesetzlich nicht vorgeschrieben war; unterblieb die ausdrückliche Eintragung im Bestandsverzeichnis, war die Veräußerungsbeschränkung über die Bezugnahme zur Eintragungsbewilligung gedeckt und damit wirksam durch Eintragung entstanden (dazu eingehend Rdn 10).

Spalte 4 dient der Eintragung der Grundstücksgröße nach den allgemeinen Vorschriften (vgl. § 6 GBV). 5

Ein Vermerk nach § 9 GBO (Herrschvermerk) ist in Spalten 1 bis 3 einzutragen. Wenn herrschendes 6 Grundstück das gemeinsame Grundstück ist, muss er erkennen lassen, dass das Recht nicht nur zugunsten des einzelnen Wohnungseigentums eingetragen ist. Abs. 7 verlangt deshalb entsprechende Kenntlichmachung. In Spalte 1 wird wie sonst beim Herrschvermerk dieser unter einer lfd. Nr. in Spalte 1 bezogen auf das vorstehend eingetragene Wohnungs- oder Teileigentum eingetragen. Der Text in Spalte 3 kann lauten:

„Hier sowie auf den für die übrigen Miteigentumsanteile angelegten Blättern (Bl. …) vermerkt am …"

In Spalten 5 und 6 ist das rechtliche Schicksal des Miteigentumsanteiles zu verlautbaren: 7

Spalte 5 dient zur Angabe der lfd. Nr. der Spalte 1, auf die sich die Eintragung in Spalte 6 bezieht;

Spalte 6 enthält den Herkunftsvermerk

„Miteigentumsanteil bei Anlegung dieses Blattes von Bd. … Bl. … übertragen am …"

Dieser Herkunftsvermerk kann jedoch auch in den Haupteintrag in Spalte 3 mit einbezogen werden.

In Spalte 6 sind auch Veränderungen des Miteigentumsanteiles hinsichtlich seiner Größe (jedoch mit Ausnahme von Abschreibungen einzutragen. Die Vereinigung von Miteigentumsanteilen geschieht dabei wie die Vereinigung von Grundstücken (vgl. § 13 GBV).

Weiter werden in Spalte 6 eingetragen:

– Vermerke über Inhaltsänderungen des Sondereigentums,
– Vermerke über Veränderungen im Grundstücksbestand,
– Vermerke über Berichtigung der Bestandsangaben des Grundstückes.

In den Spalten 7 und 8 werden solche Veränderungen des Miteigentumsanteiles eingetragen, die Abschreibungen darstellen oder solchen gleichstehen (dazu Rdn 12). 8

C. Gegenstand und Inhalt des Sondereigentums

Zur näheren Bezeichnung des Gegenstandes und des Inhalts des Sondereigentums soll auf die Eintragungsbewilligung Bezug genommen werden (§ 7 Abs. 3 S. 1 WEG). Der Begriff „Gegenstand des Sondereigentums" ist in § 5 Abs. 1–3 WEG geregelt. 9

Zum Inhalt des Sondereigentums nach § 13 Abs. 1 WEG gehören auch Vereinbarungen, durch die die Wohnungseigentümer ihr Verhältnis untereinander regeln; zu denken ist an

– Vereinbarungen über die Verwaltung und Benutzung (§§ 1010, 746 BGB);
– Vereinbarungen über den Anteil an Früchten (Nutzungen);
– Vereinbarungen über die Schuldenberichtigung und die Teilung im Falle der Aufhebung der Gemeinschaft.

Zum Inhalt des Sondereigentums gehören auch die sog. **Sondernutzungsrechte**. Es handelt sich dabei um Vereinbarungen der Eigentümer oder der Gemeinschaftsordnung, durch die ein Gemeinschaftsmit-

---

[3] Meikel/*Schneider*, WGV, § 3 Rn 1 ff. [4] Meikel/*Schneider*, WGV, § 3 Rn 9.

glied unter Ausschluss der anderen den Alleingebrauch an Teilen des Gemeinschaftseigentums eingeräumt erhält (typisch bei Stellplatz oder Gartenteil). Das Sondernutzungsrecht entsteht mit dinglicher Wirkung, also auch gegenüber späteren Miteigentümern, nur, wenn es im Grundbuch eingetragen wird. Materiell-rechtlich würde eine Bezugnahme auf die Eintragungsbewilligung genügen.[5] Eine ausdrücklicher Eintragung ist zur Rechtssicherheit jedoch stets geboten.[6] Sie kann wie folgt lauten:

„Sondernutzungsrecht an Kfz-Stellplatz Aufteilungsplan Nr. ..."

Zur Eintragung des so genannten **Annex-Eigentums** nach § 3 Abs. 2 WEG regelt § 3 WGV nichts. Es ist ähnlich wie das Sondernutzungsrecht als zum Sondereigentum zugehörig zu bezeichnen. Die Eintragung kann wie folgt lauten:

„Dem Sondereigentum ist das Eigentum gemäß § 3 Abs. 2 WEG an der abgegrenzten Gartenfläche, im Aufteilungsplan mit Nr. ... bezeichnet, zugeordnet."

Zur Abgrenzung des Annex-Eigentums von **sondereigentumsfähigem Eigentum an Stellplätzen** nach § 3 Abs. 1 S. 2 WEG ist es empfehlenswert, bei der Eintragung die gesetzliche Vorschrift zu erwähnen. Sind Stellplätze nach § 3 Abs. 1 S. 2 WEG einem Sondereigentum zugeordnet, muss sich dies aus dem Aufteilungsplan ergeben, die Stellplätze werden dann im Grundbuch nicht besonders erwähnt, ihre Zugehörigkeit zum Sondereigentum ergibt sich aus der Bezugnahme auf den Aufteilungsplan.

D. Veräußerungsbeschränkungen und Haftungsregelungen

10 Als Inhalt des Sondereigentums können auch **Veräußerungsbeschränkungen** vereinbart werden (§ 12 WEG); im Gegensatz zu Gegenstand und übrigem Inhalt des Sondereigentums sind Veräußerungsbeschränkungen nach Abs. 2 jedoch ausdrücklich in das Grundbuch einzutragen. Nach § 7 Abs. 3 S. 2 WEG in der seit 1.12.2020 geltenden Fassung ist dies auch materiellrechtlich vorgeschrieben. Bis dato genügte materiellrechtlich eine Bezugnahme auf die Eintragungsbewilligung i.S.d. § 874 BGB.[7] Dazu enthält § 48 Abs. 3 WEG eine Übergangsvorschrift. Nach dieser soll die ausdrückliche Eintragung auf Antrag eines Wohnungseigentümers oder der Gemeinschaft der Wohnungseigentümer erfolgen. Eine Ausschlussfrist für die Nachholung der ausdrücklichen Eintragung enthält die Vorschrift nicht, so dass die entgegen § 3 Abs. 2 WGV nur mittelbar eingetragene Verfügungsbeschränkung weiterhin wirksam bleibt.

Strittig ist, in welchem Umfang eine Wiedergabe der Beschränkung erforderlich ist. Eine Ansicht verlangt, die Beschränkung müsse mit allen Einzelheiten und Ausnahmen etwa bei Veräußerung an Familienangehörige oder im Wege der Zwangsvollstreckung im vollen Wortlaut eingetragen werden.[8] Nach anderer Ansicht ist lediglich die Eintragung der Tatsache des Bestehens einer Verfügungsbeschränkung erforderlich, wegen der Ausnahme könne auf die Eintragungsbewilligung Bezug genommen werden.[9]

Nach dieser Ansicht genügt es deshalb einzutragen:

„Zur Veräußerung des Wohnungseigentums ist in bestimmten Fällen nach Maßgabe des § ... der Gemeinschaftsordnung die Zustimmung des WEG-Verwalters erforderlich."

11 Soweit die Gemeinschaftsordnung eine **Haftungsregelung** enthält, nach welcher Einzelrechtsnachfolger des Sondereigentums für fällige Geldschulden der Rechtsvorgänger haften, ist nach § 7 Abs. 3 S. 2 WEG in der seit 1.12.2020 geltenden Fassung auch diese ausdrücklich in das Grundbuch einzutragen.[10] Bis dato war sie durch die Bezugnahme auf die Eintragungsbewilligung gedeckt und wurde anders als die Verfügungsbeschränkung des § 12 WEG nicht unmittelbar eingetragen. Die Übergangsregelung des § 48

---

5 OLG Hamm Rpfleger 1985, 109; KG Rpfleger 1987, 305; *Ertl*, Rpfleger 1979, 82.

6 *Ertl*, Rpfleger 1979, 82 (mit Eintragungsmustern); *Noack*, Rpfleger 1976, 196; eingehend Meikel/*Schneider*, WGV, § 3 Rn 12.

7 *Weitnauer/Lüke*, WEG, § 12 Anm. 7.

8 LG Marburg Rpfleger 1960, 336; LG Mannheim Rpfleger 1963, 301; AG Göppingen Rpfleger 1966, 14; LG Nürnberg-Fürth, Beschl. v. 15.2.1967, zit. bei *Diester*, Rpfleger 1968, 41.

9 LG Kempten Rpfleger 1968, 58; *Weitnauer/Lüke*, WEG, § 12 Rn 8; *Diester*, Rpfleger 1968, 205/207; *Demharter*, GBO, Anh. § 3 Rn 51; *Schöner/Stöber*, Grundbuchrecht, Rn 2902, 2903.

10 Eingehend *Böhringer*, Rpfleger 2022, 375.

Abs. 3 WEG enthält dazu in S. 3 eine Ausschlussfrist. Ist danach die nachträgliche ausdrückliche Eintragung nicht bis 31.12.2025 erfolgt, kann die Haftungsregelung dem Sonderrechtsnachfolger nicht entgegengehalten werden.

Die Haftungsregelung muss im Eintragungstext als solche benannt werden, die genauen Modalitäten, insbesondere der Zeitraum der Haftung für rückständige Geldschulden können sich aus der Eintragungsbewilligung und der Gemeinschaftsordnung ergeben. Die Eintragung kann wie folgt lauten:

„Sonderrechtsnachfolger haften für Geldschulden gegenüber der Gemeinschaft der Wohnungseigentümer gemäß § ... der Gemeinschaftsordnung."

E. Veränderungen am Grundstück und des Sondereigentums

Veränderungen bezüglich des Grundstücks, des Miteigentumsanteils oder des Sondereigentums sollen nach Abs. 5, 6 pauschal in den Spalte 5 bis 8 des Bestandsverzeichnisses eingetragen werden. Näheres regelt die WGV nicht, was einerseits eine flexible Handhabung ermöglicht, andererseits bei unterschiedlichen Verfahrensweisen zu Unklarheiten führen kann.[11] Als Grundregeln gelten:

– Veränderungen des Grundstücks sind entsprechend §§ 6, 13 GBV in Sp. 5, 6 einzutragen.
– Veränderungen der Miteigentumsanteile sind in Sp. 5, 6 einzutragen.
– Veränderungen des Sondereigentums sind in Sp. 5, 6 und Sp. 7, 8 einzutragen.
– Änderungen der Gemeinschaftsordnung.

Veränderungen des Grundstücks sind in allen Wohnungs- und Teileigentumsgrundbüchern einzutragen. Denkbar ist z.B. die Teilung des Grundstücks aufgrund Veräußerung einer Teilfläche.[12] Die Abschreibung der veräußerten Teilfläche wird in Sp. 7, 8 eingetragen.

Veränderungen der Miteigentumsanteile und der Sondereigentumsaufteilung sind in verschiedenen Gestaltungen denkbar, z.B. bei Umwandlung von Gemeinschafts- in Sondereigentum oder umgekehrt, Teilung und Unterteilung von Sondereigentum, Veränderung der Quoten der Miteigentumsanteile.[13] Grundsätzlich sind die Veränderungen in den Sp. 5, 6 einzutragen. Soweit sie eine Übertragung an ein anderes Grundbuchblatt zum Gegenstand haben, z.B. bei Änderung der Zuordnung von Räumen des Sondereigentums zu einem anderen Wohnungseigentum, sind sie in Sp. 7, 8 einzutragen.

Änderungen der Gemeinschaftsordnung sind in Sp. 5, 6 einzutragen. Die Änderungen selbst können stichwortartig benannt werden, im Übrigen kann auf die Eintragungsbewilligung Bezug genommen werden.

Beispielhafte Einzelfälle:

– Teilung eines Miteigentumsanteiles: Unter der neuen lfd. Nr. in Spalte 3 wird nur der veränderte Miteigentumsanteil mit dem Sondereigentum eingetragen. Der frühere Vermerk in Spalte 3 bleibt bestehen, soweit er durch die Änderung nicht berührt wird.
– Abschreibung eines realen Teiles des gemeinschaftlichen Grundstückes: Hier ist § 13 Abs. 4 GBV entsprechend anzuwenden. Die Vermerke sind auf allen Wohnungsgrundbüchern einzutragen. Der reale Teil erscheint auf dem Blatt, auf das er übertragen wird, entweder auf den Namen aller Miteigentümer oder, im Falle einer Veräußerung, sogleich auf den Namen des Erwerbers.
– Abschreibung des ganzen Wohnungseigentumsrechts (Miteigentumsanteil mit Sondereigentum) infolge Übertragung auf ein anderes Blatt: Eintragung in Spalten 7, 8.
– Aufhebung des Sondereigentums gem. § 4 WEG: Die Wohnungsgrundbücher werden in diesem Fall gem. § 9 Abs. 1 S. 1 WEG geschlossen.

Hilfreiche Hinweise zu Eintragungen ergeben sich auch aus dem Muster eines Wohnungsgrundbuchs in Anlage I zu § 9 WGV.

---

11 Meikel/*Schneider*, WGV, § 3 Rn 15, 16.
12 OLG Zweibrücken Rpfleger 1986, 93.
13 Eingehend auch zu materiellrechtlichen Voraussetzungen Meikel/*Schneider*, WGV, § 3 Rn 21 ff.

F. Eintragungsvorschläge

I. Ersteintragung

13 *„1 20/1000 Miteigentumsanteil an dem Grundstück Moosach 1125/10 Wohnhaus mit Garten verbunden mit dem Sondereigentum an der im Aufteilungsplan mit Nr. 2 bezeichneten Wohnung; das Miteigentum ist durch die Einräumung der zu den anderen Miteigentumsanteilen (eingetragen Bd. ... Bl. ...) gehörenden Sondereigentumsrechte beschränkt. Zur Veräußerung des Wohnungseigentums ist in bestimmten Fällen nach Maßgabe des § ... der Gemeinschaftsordnung eine Zustimmung des Verwalters erforderlich. Im Übrigen gem. Bewilligung vom ... eingetragen am ..."*

II. Inhaltsänderung

14 *„1 Der Inhalt des Sondereigentums ist geändert*

    a) durch neue Voraussetzungen der Veräußerungsbeschränkung
    b) durch eine Gebrauchsvereinbarung bezüglich des Hofraumes
Gemäß Bewilligung vom ... eingetragen am ...;"

oder; bei Änderung des Sondereigentums im Gegenstand.

„1 Der Gegenstand des Sondereigentums ist geändert. Eingetragen gem. Bewilligung vom ... am ..."

III. Veräußerung des Miteigentumsanteiles

15 Zunächst ist der Neubeschrieb des verbleibenden Wohnungseigentumsrechts in Spalten 1–3 vorzutragen; in Spalte 2 ist zu vermerken „Rest von 2". Sodann ist zu vermerken in Spalten 7 und 8:

„1, 2 Von Nr. 1 20/100 Miteigentumsanteil, verbunden mit Sondereigentum an dem Laden im Erdgeschoss und den anderen in der Bewilligung vom ... bezeichneten Räumen übertragen nach Bd. ... Bs. ... Bl. ... am ... Rest: Nr. 2."

Die Zulässigkeit einer Teilveräußerung nach Teilung ist zu bejahen, sofern mit jedem Teil des Miteigentumsanteiles Sondereigentum verbunden ist und das Abgeschlossenheitserfordernis des § 3 Abs. 2 WEG für den verbleibenden und den zu veräußernden Teil vorliegt.

IV. Quotenänderung

16 Sie liegt vor, wenn die Miteigentumsquoten im Verhältnis der Wohnungseigentümer untereinander ohne Veränderung im Bestand des Sondereigentums geändert werden. Es handelt sich dabei um eine Inhaltsänderung, die eine Änderungsvereinbarung und Teilauflassungen sowie deren Eintragung voraussetzt. Spalten 5 und 6

„1 Miteigentumsanteil durch Teilauflassung und Inhaltsänderung geändert am ..."

In Spalte 3 sind der alte Anteil zu röten und der neue Anteil darüber zu vermerken. In Abt. I ist keine Eintragung erforderlich.[14] Soweit Miteigentumsanteile verkleinert werden, bedarf dies der Zustimmung der Inhaber dinglicher Rechte, sofern die betroffenen WE-Rechte selbstständig belastet sind.

V. Verteilung eines Grundpfandrechts

17 Die auf dem ursprünglichen Grundstück lastenden Rechte können nach Anlegung der Wohnungs- und Teileigentumsgrundbücher auf die einzelnen Wohnungs- und Teileigentumsrechte verteilt werden. Insbesondere bei der Teilung nach § 8 WEG bleiben Grundpfandrechte aber grds. vollwertig an jedem Wohnungs- und Teileigentumsrecht erhalten, sie werden zu Gesamtrechten (oft als Globalgrundschulden bezeichnet). Eine Verteilung kann natürlich nur mit Bewilligung des jeweiligen Gläubigers des Grundpfandrechts erfolgen.

---

14 BayObLG Rpfleger 1959, 277.

Möglichkeiten des grundbuchtechnischen Vollzuges:

aa) Verteilung noch auf dem alten Blatt und Übertragung auf die neuen Blätter in der nach Veränderung entstehenden Höhe;
bb) Übertragung aus dem alten Blatt auf die neuen Blätter als Gesamtrecht, dort Verteilung in üblicher Form
„Die Post Nr. 3 ist unter Löschung des übersteigenden Betrages verteilt und lastet hier noch in Höhe von ... EUR. Die Mithaft ist erloschen; es ist ein neuer Brief erteilt. Eingetragen am ..."
Löschung in Spalten 8–10 ist unnötig; in Spalte 4 ist der Mithaftvermerk zu röten.
cc) Die Praxis wendet § 46 Abs. 2 GBO dergestalt an, dass sie – ohne Eintragungen auf dem alten Blatt – im neuen Blatt nur noch verlautbart:
In Spalte 3 den nunmehrigen (Teil-)Betrag
„Spalte 4 Hypothek für ... für den verteilten Betrag von ... EUR mit Jahreszinsen bis zu ... %. Eingetragen gem. Bewilligung vom ... in Bd. ... Bl. ... und nach Hypothekenverteilung unter Herstellung eines neuen Briefes als Einzelrecht hierher übertragen am ..."

Wird ein mit einem Rangvorbehalt versehenes Recht verteilt, ergeben sich bei der Übertragung des Rangvorbehalts auf die neuen Blätter Schwierigkeiten, weil dadurch u.U. die Ausnützung des Rangvorbehalts in der Hand der einzelnen Eigentümer liegen kann. In solchen Fällen hat das Grundbuchamt auf vorherige Löschung des Rangvorbehalts zu bestehen, der ohnehin angesichts der Veräußerung der einzelnen Einheiten für den bisherigen Eigentümer ohne Interesse ist.

§ 4 [Beschränkte dingliche Rechte am ganzen Grundstück]

(1) Rechte, die ihrer Natur nach nicht an dem Wohnungseigentum als solchem bestehen können (wie z.B. Wegerechte), sind in Spalte 3 der zweiten Abteilung in der Weise einzutragen, daß die Belastung des ganzen Grundstücks erkennbar ist. Die Belastung ist in sämtlichen für Miteigentumsanteile an dem belasteten Grundstück angelegten Wohnungs- und Teileigentumsgrundbüchern einzutragen, wobei jeweils auf die übrigen Eintragungen zu verweisen ist.

(2) Absatz 1 gilt entsprechend für Verfügungsbeschränkungen, die sich auf das Grundstück als Ganzes beziehen.

A. Beschränktes dingliches Recht am Grundstück 1	C. Inhaltliche Unzulässigkeit nicht vollständig eingetragener Rechte 3
B. Reallast als Gesamtrecht 2	

A. Beschränktes dingliches Recht am Grundstück

Besondere beschränkte dingliche Rechte können ihrer Natur nach nicht am einzelnen Wohnungseigentum als solchem bestehen, sondern nur an dem ganzen Grundstück (z.B. Geh- und Fahrtrechte, Leitungsrechte, Rechte auf Sicherung von Abstandsflächen etc.). Diese Rechte sind in Spalte 3 dergestalt einzutragen, dass die Belastung des ganzen Grundstücks erkennbar ist. Die Belastung ist in sämtlichen für Miteigentumsanteile an dem belasteten Grundstück angelegten Wohnungsgrundbüchern (Teileigentumsgrundbüchern) einzutragen, dabei ist jeweils auf die übrigen Eintragungen zu verweisen. Entsprechendes gilt für Verfügungsbeschränkungen, die sich auf das Grundstück als Ganzes beziehen.

Spalte 3 der Abt. II:

„Geh- und Fahrtrecht am ganzen Grundstück für den jeweiligen Eigentümer des Grundstücks ... eingetragen in Bl. ... am ... und hier sowie auf die für die anderen Miteigentumsanteile angelegten Blätter (Bl. ...) übertragen am ..."

B. Reallast als Gesamtrecht

2 Soweit es sich um Rechte an dem Grundstück handelt, die als Gesamtrechte an den Miteigentumsanteilen weiterbestehen können (z.B. Reallasten), werden sie als Belastung des Miteigentumsanteiles unter Angabe der übrigen mithaftenden Anteile eingetragen.

C. Inhaltliche Unzulässigkeit nicht vollständig eingetragener Rechte

3 Die Eintragung eines beschränkten dinglichen Rechtes am ganzen Grundstück muss zwingend in allen Wohnungs- und Teileigentumsgrundbüchern erfolgen. Sie ist inhaltlich unzulässig i.S.v. § 53 Abs. 1 S. 2 GBO, wenn sie auch nur auf einem Wohnungsgrundbuchblatt nicht gebucht ist.[1]

4 Eine praktische Gefahr besteht vor allem in der Zwangsversteigerung von Wohnungs- oder Teileigentum. Bleibt hier das Recht nicht im geringsten Gebot bestehen, erlischt es an dem Wohnungs- oder Teileigentum durch den Zuschlag und wird mit Löschung im Grundbuch für das gesamte Grundstück inhaltlich unzulässig. Der Berechtigte eines solchen Rechtes muss daher prüfen, ob sein Recht nach den Versteigerungsbedingungen bestehen bleibt oder nicht; ggf. hat er Antrag auf abgeänderte Versteigerungsbedingung nach § 59 ZVG zu stellen.[2]

§ 5 [Grundpfandrechtsbriefe]

Bei der Bildung von Hypotheken-, Grundschuld- und Rentenschuldbriefen ist kenntlich zu machen, daß der belastete Gegenstand ein Wohnungseigentum (Teileigentum) ist.

1 Für den Brief gelten die allgemeinen Vorschriften der GBV. Zur Bezeichnung des Belastungsgegenstandes vgl. die entspr. Vorschrift des § 59 GBV.

§ 6 [Abschreibung im Grundstücksgrundbuch]

Sind gemäß § 7 Abs. 1 oder § 8 Abs. 2 des Wohnungseigentumsgesetzes für die Miteigentumsanteile besondere Grundbuchblätter anzulegen, so werden die Miteigentumsanteile in den Spalten 7 und 8 des Bestandsverzeichnisses des Grundbuchblattes des Grundstücks abgeschrieben. Die Schließung des Grundbuchblatts gemäß § 7 Abs. 1 Satz 3 des Wohnungseigentumsgesetzes unterbleibt, wenn auf dem Grundbuchblatt von der Abschreibung nicht betroffene Grundstücke eingetragen sind.

1 Nach Aufteilung des Grundstücks in Miteigentumsanteile sind diese in Sp. 7 und 8 des Bestandsverzeichnisses (Grundstücksblatt) abzuschreiben und bei Belegung der Wohnungsgrundbuchblätter dort zu buchen.

„27/100 Miteigentumsanteil übertragen nach Bd. ... Bl. ... am ..."

Die Auflassung des Miteigentumsanteils ist erst im Wohnungsgrundbuch zu verlautbaren. Einer zusätzlichen Eintragung der Begründung des Sondereigentums in Abt. I des Wohnungsgrundbuches bedarf es nicht.[1] Die Begründung des Sondereigentums wird im Bestandsverzeichnis in genügender Form eingetragen.

S. 2 ergänzt hinsichtlich der Schließung des Grundstücksblattes § 7 Abs. 1 S. 3 WEG; das Gleiche ergibt sich auch aus § 34 Buchst. b GBV.

---

1 BayObLG Rpfleger 1995, 455; KG Rpfleger 1975, 68; OLG Frankfurt a.M. Rpfleger 1979, 149.

2 Eingehend zur Versteigerung bei WEG Elzer/Fritsch/Meier/*Keller*, WEG, § 5 Rn 187, 188.

1 A.A. *Ripfel*, BWNotZ 1969, 224.

§ 7

(aufgehoben)

Die Vorschrift ist durch Art. 3 DaBaGG v. 1.10.2013 (BGBl I 2013, 3719) ersatzlos aufgehoben worden. Sie betraf die Führung eines gemeinschaftlichen Grundbuchblattes für alle Wohnungs- und Teileigentumseinheiten nach § 7 Abs. 2 WEG. Diese Vorschrift wurde ebenfalls ersatzlos gestrichen. Die Führung eines gemeinschaftlichen Grundbuchs ist nunmehr gesetzlich nicht mehr zulässig; sie wurde in der Grundbuchpraxis ohnehin nie praktiziert (dazu § 1 WGV Rdn 2).

§ 8 [Wohnungs- und Teilerbbaurecht]

Die Vorschriften der §§ 2 bis 6 gelten für Wohnungs- und Teilerbbaugrundbücher entsprechend.

Bei Anlegung der besonderen Grundbuchblätter empfiehlt sich auf dem Blatt des belasteten Grundstücks folgender Vermerk:

„Das Erbbaurecht ist gem. §§ 8, 30 WEG geteilt. Es sind nunmehr eingetragen

Nr. 1a in Bd. ... Bl. ...

Nr. 1b in Bd. ... Bl. ...

usw."

Diese Eintragung ist zwar nicht ausdrücklich vorgeschrieben, weil Inhaltsänderungen auf dem Blatt des belasteten Grundstücks nicht verlautbart zu werden brauchen, sie empfiehlt sich aber zum besseren Hinweis auf die neu anzulegenden Blätter.

Allgemein gelten für das Wohnungs- bzw. Teilerbbaurecht die Vorschriften der §§ 2–7 WGV und §§ 54–60 GBV entsprechend.

§ 9 [Verweis auf Muster]

Die nähere Einrichtung der Wohnungs- und Teileigentumsgrundbücher sowie der Wohnungs- und Teilerbbaugrundbücher ergibt sich aus den als Anlagen 1 und 3 beigefügten Mustern. Für den Inhalt eines Hypothekenbriefs bei der Aufteilung des Eigentums am belasteten Grundstück in Wohnungseigentumsrechte nach § 8 des Wohnungseigentumsgesetzes dient die Anlage 4 als Muster. Die in den Anlagen befindlichen Probeeintragungen sind als Beispiele nicht Teil dieser Verfügung.

Die der WEGBV beigefügten Muster sind, ebenso wie die Muster der GBV (§ 22 GBV), für das Grundbuchamt nicht bindend. Eintragungsvorschläge finden sich im Übrigen jeweils bei den einschlägigen Vorschriften.

§ 10 [Ermächtigung an Landesrecht]

(1) Die Befugnis der zuständigen Landesbehörden, zur Anpassung an landesrechtliche Besonderheiten ergänzende Vorschriften zu treffen, wird durch diese Verfügung nicht berührt.

(2) Soweit auf die Vorschriften der Grundbuchverfügung verwiesen wird und deren Bestimmungen nach den für die Überleitung der Grundbuchverfügung bestimmten Maßgaben nicht anzuwenden sind, treten an die Stelle der in Bezug genommenen Vorschriften der Grundbuchverfügung die entsprechenden anzuwendenden Regelungen über die Einrichtung und Führung der Grundbücher. Die in § 3 vorgesehenen Angaben sind in diesem Falle in die entsprechenden Spalten für den Bestand einzutragen.

(3) Ist eine Aufschrift mit Blattnummer nicht vorhanden, ist die in § 2 erwähnte Bezeichnung an vergleichbarer Stelle im Kopf der ersten Seite des Grundbuchblatts anzubringen.

(4) Wurde von der Anlegung besonderer Grundbuchblätter abgesehen, sollen diese bei der nächsten Eintragung, die das Wohnungseigentum betrifft, spätestens jedoch bei der Anlegung des Datenbankgrundbuchs angelegt werden.

1 Abs. 1 korrespondiert mit dem Vorbehalt für Landesrecht nach § 143 GBO (siehe § 143 GBO Rdn 4 ff.).

2 Abs. 2 und 3 wurden eingefügt durch VO vom 30.11.1994 (BGBl I S. 3580). Sie betreffen wesentlich die Überleitung der Grundbücher im Beitrittsgebiet nach Maßgaben des Einigungsvertrages. Sie sind nach Einführung des elektronischen Grundbuchs nicht mehr von Bedeutung.

3 Abs. 4 wurde eingefügt durch Art. 3 Nr. 4 DaBaGG v. 1.10.2013 (BGBl I 2013, 3719). Die Regelung schreibt vor, dass die bisherige Führung eines gemeinschaftlichen Grundbuchblattes nach dem mit gleichem Gesetz aufgehobenen § 7 Abs. 2 WEG und ebenfalls aufgehobenem § 7 WGV in Führung gesonderter Grundbücher für jedes Wohnungs- und Teileigentum zu übertragen ist. Ein gemeinschaftliches Grundbuch (sollte es je mal geführt worden sein), ist also nicht als solches fortzuführen, sondern bei der nächsten Eintragung auf Grundbuchblatt je Wohnungs- oder Teileigentum umzuschreiben.

§ 11 [Inkrafttreten]

Diese Verfügung tritt am Tage nach ihrer Verkündigung in Kraft.

1 Die Verordnung zur Änderung und Ergänzung der Verfügung über die grundbuchmäßige Behandlung der Wohnungseigentumssachen vom 15.7.1959 (BAnz. 1959 Nr. 137) ist am 23.7.1959 in Kraft getreten. Sie wurde neu gefasst durch Neubekanntmachung vom 24.1.1995 (BGBl I S. 134).

Teil 5: Verordnung über die Anlegung und Führung von Gebäudegrundbüchern (Gebäudegrundbuchverfügung – GGV)

Vom 15.07.1994 (BGBl. I S. 1606)

Zuletzt geändert durch: Gesetz zur Einführung des elektronischen Rechtsverkehrs und der elektronischen Akte im Grundbuchverfahren sowie zur Änderung weiterer grundbuch-, register- und kostenrechtlicher Vorschriften (ERVGBG) v. 11.08.2009 (BGBl. I S. 2713)

§ 1 Anwendungsbereich

Diese Verordnung regelt
1. die Anlegung und Führung von Gebäudegrundbuchblättern für Gebäudeeigentum nach Artikel 231 § 5 und Artikel 233 §§ 2b, 4 und 8 des Einführungsgesetzes zum Bürgerlichen Gesetzbuche,
2. die Eintragung
   a) eines Nutzungsrechts,
   b) eines Gebäudeeigentums ohne Nutzungsrecht und
   c) eines Vermerks zur Sicherung der Ansprüche aus der Sachenrechtsbereinigung aus dem Recht zum Besitz gemäß Artikel 233 § 2a des Einführungsgesetzes zum Bürgerlichen Gesetzbuche

in das Grundbuchblatt des betroffenen Grundstücks.

A. Allgemein	1	B. Die Gebäudegrundbücher	4
I. Zweck der GGV	1	C. Das Grundbuch des Grundstückes	7
II. Gebäudegrundbücher nach dem Recht der DDR	2	D. Verhältnis der VO zu den allgemeinen Vorschriften	10

A. Allgemein

I. Zweck der GGV

Die GGV regelt Eintragungen im Grundbuch von Grundstücken, an denen rechtlich selbstständiges Gebäudeeigentum oder ein Recht zum Besitz i.S. des sog. sachenrechtlichen Moratoriums besteht, sowie die Anlegung und Führung von Gebäudegrundbüchern. 1

Sie ist in Ausführung der Verordnungsermächtigung des § 1 Abs. 4 GBO sowie des § 150 Abs. 5 GBO erlassen worden und zusammen mit dem SachenRBerG am 1.10.1994 in Kraft getreten (dazu § 3 Einl. Rdn 2227 ff.). Auch nach Verjährung der Ansprüche aus dem SachenRBerG hat sie Bedeutung für die Führung der Grundbücher des weiterhin bestehenden Gebäudeeigentums. Unter Berücksichtigung der Verjährung der Ansprüche sowie der Wiederherstellung des öffentlichen Glaubens des Grundbuchs hinsichtlich des Bestehens von Gebäudeeigentum durch Art. 231 § 5 Abs. 3 EGBGB sind einige Vorschriften nur noch eingeschränkt anwendbar.

II. Gebäudegrundbücher nach dem Recht der DDR

Die Regelungen der ehemaligen DDR zur grundbuchmäßigen Behandlung von Gebäudeeigentum waren 2 uneinheitlich je nach Art des Nutzungsrechts oder Gebäudeeigentums. Das verliehene Nutzungsrecht nach § 286 Abs. 1 Nr. 1 ZGB, § 2 NutzRG entstand mit dem in der Urkunde festgelegten Zeitpunkt (§ 287 Abs. 2 S. 2 ZGB). Die Verleihung stellte einen Verwaltungsakt dar.[1] In das Grundbuch des volkseigenen Grundstücks wurde das Nutzungsrecht deklaratorisch in Abt. II wie eine Belastung eingetragen

---

[1] *Böhringer*, Besonderheiten, Rn 502; *Schmidt-Räntsch*, Eigentumszuordnung, S. 102.

(§ 4 Abs. 3 NutzRG). Die Eintragung erfolgte als subjektiv persönliches Recht unter Angabe des oder der Berechtigten, später wurde es als subjektiv dingliches Recht eingetragen für den jeweiligen Gebäudeeigentümer. Von Amts wegen war ein Gebäudegrundbuch anzulegen (§ 4 Abs. 4 S. 3 NutzRG), für das verfahrensrechtlich die Regelungen der Grundstücksdokumentationsordnung[2] und der Grundbuchverfahrensordnung[3] Anwendung fanden (§ 3 Abs. 1 Buchst. a, § 16 GDO). Auch Nutzungsrechte für Arbeiterwohnungsbaugenossenschaften wurden in das Grundbuch des volkseigenen Grundstücks eingetragen, ein Gebäudegrundbuchblatt wurde angelegt (§ 7 Abs. 4 S. 2 AWGVO). Für genossenschaftlich zugewiesene Nutzungsrechte erfolgte zwar die Anlegung eines Gebäudegrundbuchblattes nach § 4 Abs. 2 S. 2 BereitVO, eine Eintragung eines Nutzungsrechts im oftmals privaten Grundstück erfolgte nicht. Lediglich im Bestandsblatt wurde ein Verweisungsvermerk zum Gebäudegrundbuchblatt angebracht.[4] Das Bestehen von Gebäudeeigentum ist daher bei landwirtschaftlichen Grundstücken nicht unbedingt aus dem Grundbuch ersichtlich. Erst recht ist es dies nicht bei Gebäudeeigentum der Genossenschaft selbst nach § 27 LPG-G. Für dieses erfolgte keinerlei Dokumentation im Grundbuch.[5] Gebäudeeigentum nach § 459 ZGB wurde in der Regel ebenfalls nicht grundbuchlich dokumentiert, obwohl § 8 Abs. 1 Nr. 2 der Verordnung zur Sicherung des Volkseigentums dies vorsah. Eine Eintragung im Grundstücksgrundbuch erfolgte bei Gebäudeeigentum nicht, lediglich für bauliche Anlagen sollte ein entsprechender Vermerk eingetragen werden; für diese wurde aber wiederum kein Gebäudegrundbuch angelegt.[6] Durch die GGV soll eine einheitliche verfahrensrechtliche Behandlung des Gebäudeeigentums gewährleistet sein.

3   Durch die GGV sollen für jede Art von Gebäudeeigentum die gleichen Regeln gelten,[7] daher ist als Art Generalklausel in Nr. 1 Bezug genommen auf die allgemeine Vorschrift Art. 231 § 5 EGBGB. Durch eine einheitliche Führung von Gebäudegrundbuchblättern und die Verlautbarung aus dem Grundstücksgrundbuch soll auch eine Verkehrsfähigkeit des Gebäudeeigentums erreicht werden (vgl. Art. 233 § 4 Abs. 1 S. 3 EGBGB).[8] Die GGV enthält ferner Regelungen zur Heilung fehlgeschlagener Komplettierungsfälle, also der Fälle von Zusammenführung von Gebäudeeigentum und Grundstück unter Aufhebung des Nutzungsrechts (§ 12 GGV).

Als verfahrensrechtliche und grundbuchtechnische Vorschrift steht die GGV neben der GBV oder der WGV. Sie ergänzt diese Verordnungen für den Bereich des Gebäudeeigentums, diese gelten daher für die Führung von Gebäudegrundbuchblättern subsidiär, vor allem §§ 54 ff. GBV.

B. Die Gebäudegrundbücher

4   Nach der ausdrücklichen Nennung in **Nr. 1 gilt** die GGV **unmittelbar** für folgende Fälle rechtlich selbstständigen Gebäudeeigentums:[9]

a) Art. 233 § 2b EGBGB: Gebäude landwirtschaftlicher Produktionsgenossenschaften (§ 27 LPGG), sowie Gebäude von Arbeiter-Wohnungsgenossenschaften und von gemeinnützigen Wohnungsgenossenschaften auf ehemals volkseigenen Grundstücken (= unten § 4 Abs. 2 GGV);

b) Art. 233 § 4 EGBGB: Gebäude auf ehemals volkseigenen oder genossenschaftlich genutzten Grundstücken, die in Ausübung eines verliehenen oder zugewiesenen Nutzungsrechts errichtet wurden, §§ 288 Abs. 4, 292 Abs. 3 ZGB (= unten § 4 Abs. 1 GGV); in diesen Fällen wurde bereits nach dem Recht der DDR für das Gebäudeeigentum ein Grundbuch geführt;

c) Art. 233 § 8 EGBGB: Gebäude die aufgrund vertraglicher Vereinbarung von einem VEB, staatlichen Organen oder Einrichtungen auf nicht volkseigenen Grundstücken errichtet wurden, § 459 ZGB (= unten § 4 Abs. 3 GGV).

5   Die GGV ist jedoch auf alle anderen, nicht genannten Arten von Gebäudeeigentum **entsprechend** anwendbar dies muss der Nennung von Art. 231 § 5 EGBGB entnommen werden, der ja keine bestimmte

---

2 V. 6.11.1975 (GBl I 1995 Nr. 43, 697).
3 V. 30.12.1975 (GBl I 1976 Nr. 3, 42).
4 Nr. 90 und Anlage 12 Nr. 3 Abs. 2 der Anweisung Nr. 4/87 des Ministers des Innern und Chefs der Deutschen Volkspolizei über Grundbuch und Grundbuchverfahren unter COLIDO-Bedingungen – COLIDO-Grundbuchanweisung v. 27.10.1987.

5 *Böhringer*, Besonderheiten, Rn 509.
6 *Schmidt-Räntsch*, Eigentumszuordnung, S. 138; *Böhringer*, Besonderheiten, Rn 559.
7 Begr. Entw. zur GGV, 5; Meikel/*Böhringer*, GGV, Vorbemerkungen Rn 3.
8 Begr. Entw. zur GGV, 4.
9 Im Überblick auch Meikel/*Böhringer*, Einl. H Rn 5 ff.

Art des Gebäudeeigentums, sondern dessen allgemeinen Begriff bezeichnet. Art. 231 § 5 Abs. 1 EGBGB erwähnt ferner Baulichkeiten, Anlagen und Anpflanzungen, die besonderes Eigentum sind. Sie stellen aber kein dem Immobiliareigentum gleichgestelltes Recht dar, die GGV findet daher auf sie keine Anwendung.[10] Als Baulichkeiten werden die aufgrund eines vertraglichen Nutzungsrechts nach §§ 312 ff. ZGB errichteten Gebäude bezeichnet, sie stellen bewegliche Sachen dar (§ 296 ZGB, Art. 232 § 4 Abs. 1 EGBGB). Für Anlagen und Anpflanzungen sollten nach dem Meliorationsanlagengesetz vom 21.9.1994 (BGBl I S. 2550) und nach dem Anpflanzungseigentumsgesetz vom 21.9.1994 (BGBl I S. 2549) beschränkte persönliche Dienstbarkeiten bestellt werden.[11]

In den Fällen a) und c), sowie in allen übrigen Fällen – ausgenommen die Fallgruppe b) – muss das Gebäude vor dem Beitritt errichtet worden sein, denn insoweit wird nur bereits entstandenes Gebäudeeigentum aufrechterhalten. In den von b) erfassten Fällen konnte und kann das Gebäudeeigentum auch noch **nach** dem Beitritt entstehen (Art. 231 § 5 Abs. 1 S. 2 EGBGB).

C. Das Grundbuch des Grundstückes

Die GGV sieht vor, dass parallel zur Anlegung eines Gebäudegrundbuches im Blatt des **Grundstückes** Eintragungen vorgenommen werden (**Nr. 2 Buchst. a und b**). Es werden eingetragen:

a) die einem bestehenden Gebäudeeigentum zugrundeliegenden Nutzungsrechte in den Fällen der Rdn 4 Buchst. b, vgl. § 5 GGV;
b) in den Fällen der Rdn 4 Buchst. a und c wird jeweils das (nutzungsrechtlose) Gebäudeeigentum als solches, wie eine quasi-Belastung in Abt. II, eingetragen, vgl. § 6 GGV.

Neben diesen unselbstständigen Eintragungen, die stets im Zusammenhang mit einem Gebäudegrundbuchblatt stehen, regelt die Verordnung gem. **Nr. 2 Buchst. c** noch die Eintragung eines Vermerks über das **Recht zum Besitz** gem. Art. 233 § 2a EGBGB, vgl. § 4 Abs. 4 GGV.

Die Verordnung regelt **nicht** die Eintragung eines **noch nicht ausgeübten** („isolierten") **Nutzungsrechts**. Ein solches liegt vor, wenn das Nutzungsrecht wirksam noch vor Wirksamwerden des Beitritts begründet worden ist, die Errichtung des Gebäudes aber erst später erfolgte, theoretisch bis heute nicht. Ob hinsichtlich des Entstehens von Gebäudeeigentum mit dem Bau wenigstens vor Wirksamwerden des Beitritts begonnen sein musste, ist streitig, nach richtiger Ansicht aber zu bejahen.[12] Seine Eintragung ist letztlich Grundbuchberichtigung und unterliegt **§ 22 GBO**.

D. Verhältnis der VO zu den allgemeinen Vorschriften

Die GGV enthält keine direkte Regelung ihres Verhältnisses zu den §§ 22, 116 ff. GBO, die ja gleichfalls die Berichtigung des Grundbuches und die Anlegung von Grundbuchblättern regeln. Dass die §§ 118 ff. GBO nur von „Grundstücken" sprechen, dürfte im Hinblick auf die weitgehende Gleichstellung von Gebäudeeigentum und Grundstück ohne Belang sein. Auch kann die Auffassung nicht geteilt werden, seit dem Inkrafttreten der GGV verdränge sie die allgemeinen Vorschriften nach dem Spezialitätsgrundsatz.[13] Dem steht einmal die ausdrückliche Regelung in Art. 233 § 2b Abs. 3 S. 3 EGBGB entgegen, daneben zeigt schon die Formulierung in § 4 GGV („... genügt ..."), dass die GGV keine abschließende, sondern eine ergänzende Regelung darstellt.[14] Es war insbes. das Ziel der GGV, dem Grundbuchamt bei der Anlegung von Gebäudegrundbüchern eine Hilfestellung zu geben, um nicht das eher ungeeignete Amtsverfahren nach §§ 116 ff. GBO anwenden zu müssen. Denn entscheidend ist nicht lediglich festzustellen, wer Eigentümer des Gebäudes ist (so bei §§ 116 ff. GBO), sondern auch, ob überhaupt Gebäudeeigentum vorliegt.

---

10 Meikel/*Böhringer*, GGV, § 1 Rn 4.
11 Eingehend *Keller/Padberg*, Nutzungsrechte an Grundstücken in den neuen Bundesländern, S. 59 ff., 92 ff.
12 OLG Brandenburg FamRZ 1999, 1071; Staudinger/*Rauscher*, BGB (2016), Art. 231 § 5 EGBGB Rn 54; *Rohde*, DNotZ 1991, 186.
13 OLG Brandenburg Rpfleger 1996, 22; KG Rpfleger 1996, 151 m.w.N.; OLG Jena Rpfleger 97, 104; Meikel/*Böhringer*, GGV, § 4 Rn 3, 4.
14 S. *Eickmann*, Grundstücksrecht, Rn 234, 235; *Demharter*, § 150 Rn 19; Meikel/*Böhringer*, § 150 Rn 108; Bauer/Schaub/*Bauer*, § 150 Rn 119.

11 Das formstrenge Verfahren nach §§ 22, 29 GBO wird in den Fällen der §§ 228, 292 ZGB ohnehin keine anderen Nachweise voraussetzen können, als jene in § 4 GGV genannten. Bei Urkundenverlust greift § 4 GGV nicht mehr; im Verfahren nach § 22 GBO kann sich das Grundbuchamt auch mit einer formgerechten Bescheinigung der Verleihungsbehörde begnügen; bei Verleihungen durch eine LPG ist § 70 Abs. 4 LwAnpG hilfreich. In den Fällen des § 459 ZGB wird das formstrenge Verfahren regelmäßig gegenüber dem der GGV nur den Unterschied aufweisen, dass der Vertrag zwischen VEB und Grundstückseigentümer formgerecht i.S.v. § 29 GBO sein muss. Allerdings war gerade die Regelung des § 4 GGV fragwürdig, weil sie von § 22 GBO abweichende Nachweise zulässt. Die Verordnungsermächtigung des § 1 Abs. 4 GBO deckte dies nicht ab. Der Gesetzgeber korrigierte das durch die Ermächtigung des § 150 Abs. 5 GBO, der nun ausdrücklich auch zur Regelung von Eintragungsnachweisen ermächtigt.

§ 2 Grundsatz für vorhandene Grundbuchblätter

Die Führung von vorhandenen Gebäudegrundbuchblättern richtet sich nach den in § 150 Abs. 1 Nr. 4 Satz 1 und 2 der Grundbuchordnung bezeichneten Vorschriften. Diese Grundbuchblätter können auch gemäß § 3 fortgeführt, umgeschrieben oder neu gefaßt werden.

1 Die Norm befasst sich mit **bereits bestehenden**, d.h. vor Inkrafttreten der GGV angelegten Gebäudegrundbuchblättern. Sie können nach den bis dato geltenden Vorschriften weitergeführt werden, um den mit einer umfassenden Neuanlegung verbundenen Arbeitsaufwand zu vermeiden.

2 Die angesprochenen Vorschriften, die noch auf der in der DDR bestehenden Rechtslage beruhen, kennen den in den §§ 5, 6 GGV vorgeschriebenen **unselbstständigen Parallelvermerk** im Grundstücksgrundbuch nicht für alle Fälle von Gebäudeeigentum. Auch wenn für das Gebäude die alten Blätter fortgeführt werden, müssen deshalb die Paralleleintragungen nach §§ 5, 6 GGV vorgenommen oder nachgeholt werden (vgl. auch Art. 233 § 4 Abs. 1 S. 3 EGBGB). Nach Umstellung der früheren Grundbücher auf das maschinelle Grundbuch ist die Vorschrift des § 2 GGV nicht mehr wirklich von Bedeutung.

3 Als besondere, nach der Aufzählung in Anlage I Kap. III Sachg. B Abschn. III Nr. 1 Buchst. d) des Einigungsvertrages fortgeltende Rechtsvorschriften der ehemaligen DDR zur Anlegung und Führung von Gebäudegrundbuchblättern sind zu erwähnen:[1]
- Gesetz über die Verleihung von Nutzungsrechten vom 1.1.1971 (GBl S. 372).
- § 16 Grundstücksdokumentationsordnung vom 6.11.1975 (GBl S. 697) zur entsprechenden Anwendung der Grundbuchvorschriften auf Gebäudegrundbücher.
- § 36 Grundbuchverfahrensordnung vom 30.12.1975 (GBl 1976, S. 42) zum Vermerk der Anlegung eines Gebäudegrundbuchs im Grundstücksgrundbuch.
- Für den grundbuchtechnischen Vollzug besondere Tatbestände der Colido-Grundbuchanweisung vom 27.10.1987 (Anweisung Nr. 4/87 des Ministers des Inneren).[2]

Diese fortgeltenden Rechtsvorschriften der ehemaligen DDR sind zwischenzeitlich durch Einführung des maschinell geführten Grundbuchs und eben durch die GGV überholt. Sie dienen noch dem Gesamtverständnis der Führung von Gebäudegrundbüchern.

---

[1] Meikel/*Böhringer*, GGV, § 2 Rn 3.

[2] „Colido" als Abkürzung für „computergestützte Liegenschaftsdokumentation".

§ 3 Gestaltung und Führung neu anzulegender Gebäudegrundbuchblätter

(1) Für die Gestaltung und Führung von neu anzulegenden Gebäudegrundbuchblättern gelten die Vorschriften über die Anlegung und Führung eines Erbbaugrundbuches, soweit im Folgenden nichts Abweichendes bestimmt ist.

(2) Ist ein Gebäudegrundbuchblatt neu anzulegen, so kann nach Anordnung der Landesjustizverwaltung bestimmt werden, daß es die nächste fortlaufende Nummer des bisherigen Gebäudegrundbuchs erhält.

(3) In der Aufschrift des Blattes ist anstelle der Bezeichnung „Erbbaugrundbuch" die Bezeichnung „Gebäudegrundbuch" zu verwenden.

(4) Im Bestandsverzeichnis ist bei Gebäudeeigentum auf Grund eines dinglichen Nutzungsrechts in der Spalte 1 die laufende Nummer der Eintragung, in der Spalte 2 die bisherige laufende Nummer der Eintragung anzugeben. In dem durch die Spalten 3 und 4 gebildeten Raum sind einzutragen:

1. die Bezeichnung „Gebäudeeigentum auf Grund eines dinglichen Nutzungsrechts auf" sowie die grundbuchmäßige Bezeichnung des Grundstücks, auf dem das Gebäude errichtet ist, unter Angabe der Eintragungsstelle; dabei ist der Inhalt der Spalten 3 und 4 des Bestandsverzeichnisses des belasteten oder betroffenen Grundstücks zu übernehmen;
2. der Inhalt und der räumliche Umfang des Nutzungsrechts, auf Grund dessen das Gebäude errichtet ist, soweit dies aus den der Eintragung zugrundeliegenden Unterlagen ersichtlich ist; sind auf Grund des Nutzungsrechts mehrere Gebäude errichtet, so sind diese nach Art und Anzahl zu bezeichnen;
3. Veränderungen der unter den Nummern 1 und 2 genannten Vermerke, vorbehaltlich der Bestimmungen des Satzes 5.

Bei der Eintragung des Inhalts des Nutzungsrechts sollen dessen Grundlage und Beschränkungen angegeben werden. Bezieht sich das Nutzungsrecht auf die Gesamtfläche mehrerer Grundstücke oder Flurstücke, gilt Satz 2 Nr. 1 für jedes der betroffenen Grundstücke oder Flurstücke. Die Spalte 6 ist zur Eintragung von sonstigen Veränderungen der in den Spalten 1 bis 3 eingetragenen Vermerke bestimmt. In der Spalte 8 ist die ganze oder teilweise Löschung des Gebäudeeigentums zu vermerken. Bei Eintragungen in den Spalten 6 und 8 ist in den Spalten 5 und 7 die laufende Nummer anzugeben, unter der die betroffene Eintragung in der Spalte 1 vermerkt ist.

(5) Verliert ein früherer Vermerk durch die Eintragung einer Veränderung nach ihrem aus dem Grundbuch ersichtlichen Inhalt ganz oder teilweise seine Bedeutung, so ist er insoweit rot zu unterstreichen.

(6) Bei dinglichen Nutzungsrechten zur Errichtung eines Eigenheims sowie für Freizeit- und Erholungszwecke sind mehrere Gebäude unter einer laufenden Nummer im Bestandsverzeichnis zu buchen, es sei denn, daß die Teilung des Gebäudeeigentums gleichzeitig beantragt wird. Im übrigen sind mehrere Gebäude jeweils unter einer besonderen laufenden Nummer im Bestandsverzeichnis oder in besonderen Blättern zu buchen, es sei denn, daß die Vereinigung gleichzeitig beantragt wird. Bei der Einzelbuchung mehrerer Gebäude gemäß Satz 2 können die in Absatz 4 Satz 2 bezeichneten Angaben zusammengefaßt werden, soweit die Übersichtlichkeit nicht leidet.

(7) Für die Anlegung eines Grundbuchblatts für nutzungsrechtsloses Gebäudeeigentum gemäß Artikel 233 §§ 2b und 8 des Einführungsgesetzes zum Bürgerlichen Gesetzbuche gelten die vorstehenden Absätze sinngemäß mit der Maßgabe, daß an die Stelle des Nutzungsrechts das Eigentum am Gebäude tritt. An die Stelle des Vermerks „Gebäudeeigentum auf Grund eines dinglichen Nutzungsrechts auf …" tritt der Vermerk „Gebäudeeigentum gemäß Artikel 233 § 2b EGBGB auf …" oder „Gebäudeeigentum gemäß Artikel 233 § 8 EGBGB auf …".

A. Normzweck; Grundsatz … 1	1. Nutzungsrecht zur Errichtung eines Eigenheimes und für Freizeit- und Erholungszwecke … 9
B. Spezielle Regelungen … 2	
I. Nummerierung (Abs. 2) … 2	
II. Aufschrift (Abs. 3) … 3	2. Nutzungsrecht anderer Art … 10
III. Bestandsverzeichnis (Abs. 4) … 4	VI. Nutzungsrechtloses Gebäudeeigentum (Abs. 7) … 11
IV. Rötungen (Abs. 5) … 7	
V. Mehrere Gebäudeeigentumsrechte (Abs. 6) … 8	

A. Normzweck; Grundsatz

1 Die Norm enthält Vorschriften über die **Gestaltung** und **Führung** der Gebäudegrundbuchblätter. Wegen der funktionellen Vergleichbarkeit von Gebäude- und Erbbaugrundbuch[1] verweist Abs. 1 auf die Vorschriften der §§ 54–59 GBV; diese gelten entsprechend, soweit die Absätze 2–7 nichts Abweichendes regeln.

B. Spezielle Regelungen

I. Nummerierung (Abs. 2)

2 Nach § 55 Abs. 1 GBV erhält ein Erbbaugrundbuchblatt die nächste fortlaufende Nummer des Grundbuches, in dem das Grundstück gebucht ist. Diese Regelung, innerhalb einer Nummernfolge sowohl Grundstücks-, wie auch Erbbaugrundbücher einzustellen, gilt auch hier. Wie der Wortlaut von Abs. 2 verdeutlicht, kann die Landesjustizverwaltung jedoch auch anordnen, die Gebäudegrundbücher getrennt und fortlaufend zu führen. Dies war in der DDR weit verbreitet und kann im Hinblick auf § 2 S. 2 GGV weiter möglich sein. Üblicherweise werden die Gebäudegrundbücher aber wie Grundstücks-, Erbbaurechts- und Wohnungsgrundbücher innerhalb des Grundbuchbezirks fortlaufend nummeriert und geführt.

II. Aufschrift (Abs. 3)

3 In der Aufschrift des Gebäudegrundbuchblattes ist die Bezeichnung „Gebäudegrundbuch" voranzusetzen.

III. Bestandsverzeichnis (Abs. 4)

4 Im Bestandsverzeichnis ist das Gebäudeeigentum darzustellen. Sp. 1 enthält die laufende Nummer. Da das Gebäudegrundbuch als Realfolium zu führen ist, erhält das Gebäudeeigentum regelmäßig die lfd. Nr. 1. Bei der Anlegung wird in Sp. 2 nichts eingetragen, ggf. ein Bindestrich. Bei späteren Änderungen des Gebäudeeigentums, bspw. einer Teilung, wird dieses unter einer neuen lfd. Nr. vorgetragen, in Sp. 2 ist dann auf die bisherige Nr. zu verweisen.

5 Die Eintragung des Gebäudeeigentums erfolgt in Sp. 3, 4 über die Teilspalten hinweg. Sie kann wie folgt lauten:

„*Gebäudeeigentum aufgrund eines dinglichen Nutzungsrechts nach § 287 ZGB zur Errichtung eines Eigenheimes auf dem Grundstück Flurstück 100 (Band 50 Blatt 801 Bestandsverzeichnis Nr. 1), Bauplatz an der Fridolinstraße zu 500 qm*".

6 Anzugeben ist die Bezeichnung als Gebäudeeigentum, verbunden mit der Angabe der Rechtsgrundlage, insbesondere dem Datum der Verleihung eines Nutzungsrechts, das sich aus der Nutzungsrechtsurkunde ergibt. Anzugeben ist der räumliche Umfang am betroffenen Grundstück, wenn sich dieser aus den Eintragungsunterlagen ergibt. Eine Bezugnahme auf die Eintragungsgrundlage, ähnlich § 7 Abs. 4 ErbbauRG, ist nicht angezeigt, da sich aus dieser regelmäßig auch kein besonderer Rechtsinhalt ergibt, auf den Bezug genommen werden müsste.[2] Unter „Grundlage" ist die gesetzliche Grundlage (z.B. § 287 ZGB) zu verstehen. Bei nutzungsrechtslosem Gebäudeeigentum ist die gesetzliche Grundlage seiner Entstehung anzugeben, bspw. Art. 233 § 2b EGBGB.[3]

Die Buchung **mehrerer Gebäude regelt** Nr. 2, letzter Hs.; diese sind nach Art und Anzahl zu bezeichnen. Dieser Fall ist bei landwirtschaftlichen Gebäuden und Gebäudeeigentum nach § 27 LPG-G denkbar.

Satz 4 regelt den im ländlichen Raum und ebenfalls bei Gebäudeeigentum nach § 27 LPG-G nicht seltenen Fall, dass das Gebäude **mehrere Grundstücke** belastet. Die betroffenen Grundstücke sind dann einzeln nach Maßgabe des S. 2 Nr. 1 zu bezeichnen.

---

[1] Auch zu Unterschieden Meikel/*Böhringer*, GGV, § 3 Rn 1 ff., 12, 13.

[2] Etwas weitläufig insoweit Meikel/*Böhringer*, GGV, § 3 Rn 22.

[3] Meikel/*Böhringer*, GGV, § 3 Rn 26.

Sätze 5 bis 7 regeln Eintragungen in den Spalten 6–8 wie beim Erbbaugrundbuch. Anzugeben sind Veränderungen oder auch die Aufhebung des Gebäudeeigentums, diese in Sp. 8. Veränderungen am Inhalt des Gebäudeeigentums – in Anlehnung an das Erbbaurecht – sind eher selten anzutreffen, da das Gebäudeeigentum keinen speziellen Inhalt hinsichtlich des Rechtsverhältnisses zum Grundstückseigentümer aufweist.[4]

IV. Rötungen (Abs. 5)

In Abs. 5 ist – wegen § 54 GBV eigentlich überflüssig – bestimmt, dass gegenstandslose Eintragungen zu röten sind.   7

V. Mehrere Gebäudeeigentumsrechte (Abs. 6)

Wurden in Ausübung eines Nutzungsrechts mehrere selbstständige Gebäude errichtet, so bestehen entsprechend viele rechtlich selbstständige Eigentumsrechte; anders wird dies bei Nutzungsrechten zur Errichtung eines Eigenheimes und für Freizeit und Erholungszwecke gesehen.[5] Davon ausgehend differenziert die Norm: 8

1. Nutzungsrecht zur Errichtung eines Eigenheimes und für Freizeit- und Erholungszwecke

In diesen Fällen sind nach **Abs. 6 S. 1** mehrere Gebäude unter einer laufenden Nummer zu buchen, es sei denn, dass gleichzeitig eine Teilung beantragt wird. Die Gebäude sind nach Art und Anzahl zu bezeichnen, Abs. 4 S. 2 Nr. 2.   9

2. Nutzungsrecht anderer Art

In diesen Fällen wird, sofern nicht gleichzeitig ein Vereinigungs-(Verbindungs-)antrag gestellt ist – für jedes Gebäude ein eigenes Gebäudeeigentumsrecht gebucht. Das kann geschehen: 10

– indem für jedes Eigentum ein eigenes Blatt nach den vorstehenden Vorschriften angelegt wird;
– indem die mehreren Rechte auf einem Blatt aber jeweils unter einer eigenen Nummer gebucht werden, wobei jede Nummer den gesamten Eintragungstext i.S. des Abs. 4 für sich selbst enthält;
– indem die mehreren Rechte auf einem Blatt, jeweils unter einer eigenen Nummer gebucht werden, wobei jedoch die in Abs. 4 S. 2 genannten Angaben für alle Eigentumsrechte zusammengefasst sind.

VI. Nutzungsrechtloses Gebäudeeigentum (Abs. 7)

In den Fällen von Gebäudeeigentum, dem kein Nutzungsrecht zugrunde liegt, gelten die Abs. 1–6 entsprechend.[6]   11

| § 4 | Nachweis des Gebäudeeigentums oder des Rechts zum Besitz gemäß Artikel 233 § 2a EGBGB |

(1) Zum Nachweis des Bestehens des Gebäudeeigentums gemäß Artikel 233 § 4 des Einführungsgesetzes zum Bürgerlichen Gesetzbuche und des Eigentums daran genügt die Nutzungsurkunde, die über das diesem Gebäudeeigentum zugrundeliegende Nutzungsrecht ausgestellt ist und die Genehmigung zur Errichtung des Gebäudes auf dem zu belastenden Grundstück oder ein Kaufvertrag über das auf dem belasteten Grundstück errichtete Gebäude. Anstelle der Genehmigung oder des Kaufvertrages kann auch eine Bescheinigung der Gemeinde vorgelegt werden, wonach das Gebäude besteht. Eine Entziehung des Gebäudeeigentums oder des Nutzungsrechts ist nur zu berücksichtigen, wenn sie offenkundig, aktenkundig oder auf andere Weise dem Grundbuchamt bekannt ist.

---

4 Zu Unterschieden zum Erbbaurecht Meikel/*Böhringer*, GGV, § 3 Rn 40.
5 *Schmidt-Räntsch/Sternal/Baeyens,* GGV, § 3 Rn 12.
6 Eingehend Meikel/*Böhringer*, GGV, § 3 Rn 9.

(2) Zum Nachweis von Gebäudeeigentum gemäß Artikel 233 § 2b des Einführungsgesetzes zum Bürgerlichen Gesetzbuche genügt der Bescheid des Präsidenten der Oberfinanzdirektion nach Absatz 3 jener Vorschrift, wenn auf dem Bescheid seine Bestandskraft bescheinigt wird.

(3) Zum Nachweis von Gebäudeeigentum gemäß Artikel 233 § 8 des Einführungsgesetzes zum Bürgerlichen Gesetzbuche genügt

1. die Vorlage des Vertrages, der die Gestattung zur Errichtung von Bauwerken enthalten muß, und
2. a) die Zustimmung nach § 5 der Verordnung über die Sicherung des Volkseigentums bei Baumaßnahmen von Betrieben auf vertraglich genutzten nichtvolkseigenen Grundstücken vom 7.4.1983 (GBl. I Nr. 12 S. 129) oder
   b) ein Prüfbescheid der staatlichen Bauaufsicht nach § 7 Abs. 5 und § 11 der Verordnung der Deutschen Demokratischen Republik über die staatliche Bauaufsicht vom 30.7.1981 (GBl. I Nr. 26 S. 313), der sich auf den Zustand des Gebäudes während oder nach der Bauausführung bezieht; der Nachweis der Bauausführung durch andere öffentliche Urkunden ist zulässig.

(4) Zum Nachweis der Ansprüche aus der Sachenrechtsbereinigung aus dem Recht zum Besitz gemäß Artikel 233 § 2a des Einführungsgesetzes zum Bürgerlichen Gesetzbuche genügt:

1. ein Nachweis seines Gebäudeeigentums nach Absatz 2 oder 3, oder
2. die Vorlage eines Prüfbescheids der staatlichen Bauaufsicht oder ein Abschlußprotokoll nach § 24 Abs. 6 der Verordnung über die Vorbereitung und Durchführung von Investitionen vom 30.11.1988 (GBl. I Nr. 26 S. 287), aus dem sich ergibt, daß von einem anderen Nutzer als dem Grundstückseigentümer ein Gebäude auf dem zu belastenden Grundstück oder Flurstück errichtet worden ist, oder
3. die Vorlage eines den Nutzer zu anderen als Erholungs- und Freizeitzwecken berechtigenden Überlassungsvertrages für das Grundstück oder
4. die Vorlage eines vor dem 22.7.1992 geschlossenen oder beantragten formgültigen Kaufvertrages zugunsten des Nutzers über ein Gebäude auf einem ehemals volkseigenen oder LPG-genutzten Grundstück oder
5. die Vorlage einer gerichtlichen Entscheidung, durch die die Eintragung angeordnet wird, oder
6. die Vorlage der Eintragungsbewilligung (§ 19 der Grundbuchordnung) des Grundstückseigentümers.

(5) Die Nachweise nach den Absätzen 1 bis 4 sind zu den Grundakten des Gebäudegrundbuchblattes oder, wenn dieses nicht besteht, zu den Grundakten des belasteten oder betroffenen Grundstücks zu nehmen.

A. Normzweck; Grundsätze 1	I. Allgemeines 17
I. Zulässigkeit der Anwendung der Norm 1	1. Zweck des Vermerks 17
II. Anwendungsbereiche 2	2. Eingeschränkte Anwendung nach dem
B. Das Gebäudeeigentum aufgrund eines	31.12.2000 und nach dem 31.12.2011 .. 18
dinglichen Nutzungsrechts (Abs. 1) 3	II. Nachweismöglichkeiten 19
C. Nutzungsrechtloses Gebäudeeigentum	F. Aufbewahrung der Eintragungsunterlagen
(Abs. 2) 8	(Abs. 5) 26
D. Gebäudeeigentum nach § 459 ZGB	G. Nachweis der Person des
(Abs. 3) 13	Gebäudeeigentümers 27
E. Recht zum Besitz nach Art. 233 § 2a	
EGBGB (Abs. 4) 17	

A. Normzweck; Grundsätze

I. Zulässigkeit der Anwendung der Norm

1   Die Norm, neben § 3 GGV die zweite zentrale Regelung der GGV.[1] Sie enthält Vorschriften darüber, wie das Gebäudeeigentum dem Grundbuchamt **nachgewiesen** werden kann und muss; daneben ist auch der

---

1 Allg. auch Meikel/*Böhringer*, GGV, § 4 Rn 2.

Nachweis des Rechts zum Besitz (Art. 233 § 2a EGBGB) geregelt: Die Eintragung dieser Rechte ist deshalb notwendig, weil sie mangels Eintragung (bzw. rechtzeitiger Beantragung) bei einer Grundstücksveräußerung untergehen (Art. 231 § 5 Abs. 3 EGBGB, § 111 SachenRBerG).

Gerade unter Beachtung der **Wiederherstellung des öffentlichen Glaubens** des Grundbuchs seit **1.1.2001** hinsichtlich des Bestehens oder Nichtbestehens von Gebäudeeigentum ist die Vorschrift des **§ 4 GGV aber einschränkend auszulegen**. Da nach Ablauf des 31.12.2000 durch Art. 231 § 5 Abs. 3 und Art. 233 § 4 Abs. 2 EGBGB bei Nichteintragung eines Nutzungsrechts oder eines Vermerks über selbstständiges Gebäudeeigentum im Grundbuch des Grundstücks vermutet wird, dass kein Gebäudeeigentum bestehe, erwirbt ein Erwerber des Grundstücks das Gebäude als wesentlichen Bestandteil des Grundstücks. Ein außerhalb des Grundbuchs bestehendes Gebäudeeigentum ist dann untergegangen.

Für die Anwendung des § 4 GGV bedeutet dies: Hat **seit dem 1.1.2001 ein Eigentumserwerb am Grundstück** stattgefunden, **kann die Vorschrift nicht mehr angewendet werden**, da vermutet werden muss, dass ein bestehendes Gebäudeeigentum durch gutgläubig lastenfreien Erwerb erloschen ist.[2] Die Eintragung des Gebäudeeigentums ist dann nur aufgrund Bewilligung des Grundstückseigentümers nach § 19 GBO oder aufgrund eines die Bewilligung ersetzenden Urteils (§ 894 ZPO) denkbar.

II. Anwendungsbereiche

Bei dem Gebäudeeigentum aufgrund eines verliehenen oder zugewiesenen Nutzungsrechts (Art. 233 § 4 EGBGB) sind dem Grundbuchamt nachzuweisen die Existenz des Nutzungsrechts und die tatsächliche Ausübung, d.h. die Gebäudeerrichtung, s. **Abs. 1**. Bei nutzungsrechtslosem Gebäudeeigentum (Art. 233 § 2b EGBGB) muss die das Gebäudeeigentum rechtfertigende gesetzliche Situation zur Überzeugung des Grundbuchamtes feststehen und wiederum die Gebäudeerrichtung nachgewiesen oder offenkundig sein, vgl. **Abs. 2**.

Beim Gebäudeeigentum nach § 459 ZGB sind nachweisbedürftig das zur Bebauung ermächtigende Vertragsverhältnis und wiederum die Bauausführung, vgl. **Abs. 3**.

Für das Recht zum Besitz ist einer der gesetzlichen Tatbestände nachzuweisen, **Abs. 4**.

B. Das Gebäudeeigentum aufgrund eines dinglichen Nutzungsrechts (Abs. 1)

Die Anlegung von Grundbüchern für Gebäudeeigentum kraft verliehenen oder zugewiesenen Nutzungsrechts, verliehen an Bürger, wird nur noch selten notwendig sein. In fast allen Fällen wurden bereits Grundbücher angelegt. Denkbar sind allenfalls noch Fälle nach dem VerkaufsG v. 7.3.1990 (GBl I 1990, 157). Beim Verkauf volkseigener Gebäude war für den Käufer durch den Rat des Kreises ein Nutzungsrecht am Grundstück zu verleihen, ein Gebäudegrundbuchblatt war anzulegen (§ 4 Abs. 1, Abs. 2 S. 1 VerkaufsG). Stand das Grundstück nicht in Rechtsträgerschaft der Kommune, war es zunächst in diese zu übertragen (§ 5 Abs. 2 S. 2 DVO zum VerkaufsG). Dies konnte nicht mehr in allen Fällen rechtzeitig geschehen, sodass der Käufer jetzt vielleicht eine Nutzungsurkunde und einen Kaufvertrag besitzt, eine Eintragung im Grundbuch und vor allem die Anlegung eine Gebäudegrundbuchblattes aber unterblieben ist (vgl. auch § 1 Abs. 1 Nr. 1 Buchst. d, § 3 Abs. 3 SachenRBerG).

Hier ist ein **doppelter Nachweis** erforderlich: einmal der des Bestehens eines Nutzungsrechts, denn es ist die rechtliche Grundlage für das Gebäudeeigentum, daneben aber auch der Nachweis der tatsächlichen Ausübung des Rechts, denn das Gebäudeeigentum kann schon rein begrifflich erst mit der Bauwerkserrichtung entstehen.

Zum Nachweis des **Nutzungsrechts** dient die Vorlage der seinerzeit ausgestellten Nutzungsurkunde.[3] Kam es beim Verkauf eines Gebäudes nicht einmal mehr zur Verleihung des Nutzungsrechts, soll der Kaufvertrag über das Gebäude genügen.

---

2 Instruktiver Sachverhalt bei OLG Sachsen-Anhalt FGPrax 2020, 166 mAnm *Keller* = NotBZ 2020, 70.

3 Eingehend Meikel/*Böhringer*, GGV, § 4 Rn 8 ff.

6 Zum Nachweis der **Bauerrichtung** genügt die Baugenehmigung, die zwar, streng betrachtet, nicht geeignet ist, den Nachweis der tatsächlichen Bauherstellung zu erbringen, was jedoch aus Vereinfachungsgründen bewusst in Kauf genommen wird.[4] Daneben kann der Baunachweis auch durch einen Kaufvertrag über den Erwerb des (nicht vom Antragsteller errichteten) Gebäudes erbracht werden. Letztlich kann der Baunachweis auch durch eine Bescheinigung der Belegenheitsgemeinde erbracht werden.

7 Nach §§ 290, 294 ZGB konnten **Nutzungsrechte entzogen** werden.[5] Da in solchen Fällen die Urkunden einzuziehen waren, erbringt die Vorlage der Urkunde durch den Antragsteller jedenfalls den Anscheinsbeweis dafür, dass eine Entziehung nicht stattfand. Dieser kann nach **Abs. 1 S. 3** widerlegt werden. Dabei wird ein Fall der Offenkundigkeit wohl kaum vorstellbar sein; aktenkundig wäre die Entziehung, wenn sie sich aus Akten, auch einer anderen Abteilung desselben Gerichts, ergibt. Welche Bedeutung daneben der dritten Variante in S. 3 („… auf andere Weise bekannt …") zukommt, ist nicht klar, denn jede wie auch immer geartete Mitteilung des Entziehungsvorganges macht ihn ja ohnehin aktenkundig.

C. Nutzungsrechtloses Gebäudeeigentum (Abs. 2)

8 Abs. 2 befasst sich mit den in **Art. 233 § 2b EGBGB** geregelten Fällen, nämlich
– dem Gebäudeeigentum gem. § 27 LPGG für landwirtschaftliche Produktionsgenossenschaften und die nach § 46 LPGG gleichgestellten Genossenschaften und Einrichtungen, sowie
– dem Gebäudeeigentum von Wohnungsbaugenossenschaften.

9 Hierher gehören auch die Fälle von Gebäudeeigentum, das für landwirtschaftliche Produktionsgenossenschaften vor Inkrafttreten des LPGG z.B., aufgrund der Musterstatuten für LPG, Typen I–III (GBl I 1959, 333, 350; GBl I 1962, 521) entstanden ist.

10 Die **Wohnungsbaugenossenschaften** sind durch § 1 WoGenVermG Eigentümer des von ihnen für Wohnzwecke genutzten, ehemals volkseigenen Grund und Bodens geworden. Das bereits vorher entstandene Gebäudeeigentum,[6] blieb davon, wie sich aus § 1 Abs. 4 WoGenVermG eindeutig ergibt, unberührt.

11 Nach Abs. 2 genügt zur **Anlegung** des Gebäudegrundbuches in den genannten Fällen ein mit dem Vermerk seiner Bestandskraft versehener Zuordnungsbescheid des Bundesamtes zur Regelung offener Vermögensfragen und für zentrale Dienste, vgl. Art. 233 § 2b Abs. 3 EGBGB.[7] Dieser Bescheid ist für das Grundbuchamt bindend (§ 1 Abs. 1 VZOG).[8]

12 Nach **Art. 233 § 2b Abs. 3 S. 2 EGBGB** bleibt es den Grundbuchämtern ausdrücklich unbenommen, auch nach den grundbuchrechtlichen Vorschriften zu verfahren.[9] Dabei ist ausdrücklich klargestellt, dass die um einen Zuordnungsbescheid angegangene BDAV den Antragsteller nicht an das Grundbuchamt verweisen darf, d.h. die BDAV muss auch ohne ein vorhergegangenes Grundbuchverfahren tätig werden. Umgekehrt ist streitig, ob das zuerst angegangene Grundbuchamt zunächst in Ermittlungen gem. §§ 116 ff. GBO eintreten muss, oder ob es sofort einen Zuordnungsbescheid verlangen kann.[10] Vor Inkrafttreten der GGV war überhaupt streitig, ob das Grundbuchamt in Anwendung der §§ 116 ff. GBO selbstständig das Gebäudeeigentums zu prüfen und ein Grundbuchblatt anzulegen habe. Dieser Streit ist endlich durch eine Neufassung des Art. 233 § 2b Abs. 3 EGBGB[11] und die GGV beendet.

Aus der Formulierung, dem Grundbuchamt „bleibe es unbenommen" muss wohl gefolgert werden, dass die Wahl zwischen den beiden Verfahrensarten dem pflichtgemäßen(!) Ermessen des Grundbuchamtes obliegt.[12] Keinesfalls kann einer Praxis zugestimmt werden, die ohne nähere Einzelfallprüfung stets einen Feststellungsbescheid verlangt. In vielen Fällen (z.B. Bebauung eines volkseigenen Grundstücks durch eine Wohnungsgenossenschaft) ist eine unmittelbare Entscheidung durch das Grundbuchamt un-

---

4 Schmidt-Räntsch/Sternal/Baeyens, GGV, § 4 Rn 4; Meikel/Böhringer, GGV, § 4 Rn 10.
5 Zur Frage, ob diese Möglichkeit auch nach dem Beitritt fortbestand vgl. Eickmann, Grundstücksrecht, Rn 152.
6 Vgl. Eickmann, Grundstücksrecht, Rn 127; Keller, MittBayNot 1994, 389.
7 Zuständigkeit von OFD verwiesen durch G.v.10.12.2013 (BGBl I, 2471) und G.v. 22.9.2005 (BGBl I, 2809).
8 Meikel/Böhringer, GGV, § 4 Rn 16.
9 Meikel/Böhringer, GGV, § 4 Rn 14 ff.
10 Vgl. Eickmann, Grundstücksrecht, Rn 232.
11 Art. 2 § 4 Nr. 2 Buchst. b SachenRÄndG; eine Änderung der Vorschrift in diesem Sinne wurde vom Bundesrat bereits in den Beratungen zum RegVBG vorgeschlagen, die Bundesregierung hielt eine Gesetzesänderung seinerzeit nicht für notwendig, BT-Drucks 12/5553, 196, 214.
12 Dazu Eickmann, Grundstücksrecht, Rn 232 u. Stellwag, VIZ 1995, 573.

schwer möglich; eine Verweisung des Antragstellers an das BDAV ist dann mit dem Verhältnismäßigkeitsgrundsatz kaum zu vereinbaren.

Zum Nachweis der **Rechtsinhaberschaft** vgl. unten Rdn 27–30.

D. Gebäudeeigentum nach § 459 ZGB (Abs. 3)

Es handelt sich um Gebäudeeigentum, das aufgrund vertraglich gestatteter Bebauung eines nicht volkseigenen Grundstücks durch volkseigene Betriebe, staatliche Organe oder Einrichtungen, vor dem Beitritt entstanden und in Art. 233 § 8 EGBGB aufrechterhalten ist. Hier besteht, ungeachtet der pauschalen Bezugnahme auf § 2b in Art. 233 § 8 EGBGB keine Möglichkeit, einen Zuordnungsbescheid zu erlassen.[13]

Ähnlich der Regelung in Abs. 1 ist auch hier ein **Doppelnachweis** vorgeschrieben, nämlich der der Bebauungsbefugnis und der Nachweis der Ausübung dieser Befugnis.

Der Nachweis der **Bebauungsbefugnis** wird durch den zwischen dem VEB usw. und dem Grundstückseigentümer abgeschlossenen Vertrag erbracht, **Abs. 3 Nr. 1**. Der Vertrag bedarf nicht – darin liegt die mit der GGV beabsichtigte Vereinfachung – einer der Formen des § 29 GBO. Nach § 4 der in Abs. 3 Nr. 2 Buchst. a genannten Verordnung bedurfte der Vertrag allerdings der Schriftform, was auch nach dem Recht der DDR bedeutete, dass er eigenhändig unterzeichnet sein musste. In **dieser** Form muss der Vertrag jedenfalls vorliegen; er muss die Bebauungsbefugnis ausdrücklich enthalten.

Daneben sind Nachweise über die **Ausübung** der Baubefugnis notwendig, vgl. **Abs. 3 Nr. 2**. Auch hier genügt – vergleichbar Abs. 1 – bereits die behördliche Zustimmung zu den Baumaßnahmen nach § 5 der genannten VO, vgl. Nr. 2 **Buchst. a**. Anstelle dieser Zustimmung kann auch ein Prüfbescheid der staatlichen Bauaufsicht vorgelegt werden (**Buchst. b**); letzlich ist ganz allgemein der Nachweis der Bauausführung durch andere öffentliche Urkunden zulässig. Hier ist insbes. an die schon in Abs. 1 S. 2 genannte Bescheinigung der Gemeinde zu denken.

E. Recht zum Besitz nach Art. 233 § 2a EGBGB (Abs. 4)

I. Allgemeines

1. Zweck des Vermerks

Zur Sicherung etwaiger Ansprüche nach dem SachenRBerG konnte gem. Art. 233 § 2c Abs. 2 EGBGB ein Vermerk eingetragen werden, wenn ein Recht zum Besitz i.S.v. § 2a des Art. 233 EGBGB bestand.[14] Dieser Vermerk (aber auch die Eintragung von Gebäudeeigentum bzw. Nutzungsrecht oder das Notarvermerks gem. § 92 Abs. 5 SachenRBerG) sollte verhindern, dass gem. § 111 SachenRBerG bei Verfügungen nach dem 31.12.2000 ein Rechtsverlust eintritt.

2. Eingeschränkte Anwendung nach dem 31.12.2000 und nach dem 31.12.2011

Der Vermerk nach Art. 233 § 2c Abs. 2 EGBGB hat die Wirkung einer Vormerkung. Sachenrechtlich ist er eigentlich auch nicht erforderlich, denn die Ansprüche des SachenRBerG auf Bestellung eines Erbbaurechtes oder auf Ankauf des Grundstücks hätte als Ansprüche auf Erwerb eines dinglichen Rechts ebenso durch Vormerkung nach § 883 BGB gesichert werden können. Nach Verjährung der Ansprüche mit Ablauf des 31.12.2011 hat auch der Vermerk keine praktische Bedeutung mehr. Seine Eintragung könnte eher theoretisch nur noch dann erfolgen, wenn die Verjährung des Anspruchs seit dem 31.12.2011 gehemmt wäre. Zudem sind die Ansprüche auf Durchführung der Sachenrechtsbereinigung über § 111 SachenRBerG seit dem 1.1.2001 dem öffentlichen Glauben des Grundbuchs unterworfen. Ebenso wie bei der Eintragung von Nutzungsrecht und Gebäudeeigentum kann die Eintragung eines Vermerks nach Art 233 § 2c Abs. 2 EGBGBB aufgrund der Nachweise nach § 4 Nr. 4 nur dann erfolgen, wenn seit dem 1.1.2001 kein Eigentumswechsel am Grundbuch stattgefunden hat.

---

13 *Schmidt-Räntsch/Sternal/Baeyens*, GGV, § 4 Rn 11.   14 OLG Jena FGPrax 1999, 45 = Rpfleger 1999, 216.

II. Nachweismöglichkeiten

19 **Gebäudeeigentum (Nr. 1).** Es genügt der Nachweis von Gebäudeeigentum nach Abs. 2 oder 3, nicht jedoch nach Abs. 1 (dazu unten b) und d).[15] Diese Nachweise genügen zwar auch zur Anlegung eines Gebäudegrundbuchblattes für dieses Gebäudeeigentum. Es ist jedoch denkbar, dass der Gebäudeeigentümer den Ankauf des Grundstückes (§ 15 Abs. 1 SachenRBerG) beabsichtigt und diesen Anspruch sichern will. Da er nach Eigentumserwerb am Grundstück ohnehin verpflichtet ist, das Gebäudeeigentum aufzuheben (§ 78 Abs. 2 S. 3 SachenRBerG), ist die Anlegung des Gebäudegrundbuches überflüssig. Ähnliches gilt, wenn der Nutzer die Bestellung eines Erbbaurechtes anstrebt.

20 **Baunachweis (Nr. 2).** Ansprüche aus der Sachenrechtsbereinigung bestehen auch dann, wenn ein anderer als der Eigentümer ein Grundstück gebaut hat, ohne dass Gebäudeeigentum entstand, sofern die Bebauung mit Billigung staatlicher Stellen geschah (vgl. § 1 Abs. 1 Nr. 1 Buchst. c, § 9 Abs. 1 Nr. 5 SachenRBerG). Daran knüpft Nr. 2 an, wenn sie den Nachweis der Billigung durch die im Text genannten Unterlagen zulässt.[16] Die amtlichen Bescheide müssen nicht den Antragsteller des Grundbuchverfahrens als Genehmigungsempfänger ausweisen. Angesichts der üblichen Praxis, im komplexen Wohnungsbau die Bauausführung sog. Hauptauftraggebern zu übertragen,[17] lauteten Baugenehmigungen u.Ä. regelmäßig auf diesen. Es genügt der Nachweis, dass die Errichtung des Gebäudes durch einen anderen als den Grundstückseigentümer geschah.[18]

21 Offen bleibt die Behandlung sog. „unechter Datschen". Darunter versteht man die Fälle, in denen einem Bürger ein Nutzungsrecht zu Erholungszwecken (§ 312 ZGB) zustand, das ihn zur Errichtung eines Wochenendhauses berechtigte. In nicht wenigen Fällen haben die Berechtigten jedoch auf diesen Grundstücken Wohnhäuser errichtet. Diese Fälle unterliegen nach dem erklärten Willen des Gesetzgebers der Sachenrechtsbereinigung (§ 9 Abs. 1 Nr. 5, § 10 Abs. 2 S. 2 SachenRBerG).[19] Entscheidend für die Anwendung des SachenRBerG war die Errichtung und Nutzung als Wohnhaus mit Billigung staatlicher Stellen i.S.d. § 10 SachenRBerG. Ob in den Fällen der sog. „unechten Datschen" ein eintragungsfähiges Recht zum Besitz besteht, ist fraglich.[20] Der Nutzer hätte zum Schutz seiner Ansprüche das notarielle Vermittlungsverfahren betreiben müssen, um auf diese Weise Schutz über § 92 Abs. 5 SachenRBerG zu erlangen.[21]

22 **Überlassungsverträge (Nr. 3).** Im Falle eines unter Art. 232 § 1a EGBGB einzuordnenden Rechtsverhältnisses[22] liegt ein schriftlicher Vertrag vor, der eine evtl. Bauberechtigung und das Grundstück ausweist.[23] Es handelt sich dabei stets um Grundstücke, die unter staatlicher oder treuhänderischer Verwaltung gestanden haben. Verträge, die lediglich zur Nutzung für Erholungs- und Freizeitzwecke berechtigten, fallen nicht unter die Norm (vgl. auch Art. 233 § 2a Abs. 7 EGBGB). Nach der zuletzt genannten Vorschrift gilt ein Miet- oder Pachtvertrag nicht als Überlassungsvertrag.

23 **Volkseigene oder LPG – genutzte Gebäude und/oder Grundstücke (Nr. 4).** Ein Recht zum Besitz besteht auch gem. Art. 233 § 2a Abs. 1 S. 1 Buchst. d EGBGB für den, der durch einen vor dem 22.7.1992 abgeschlossenen oder beantragten Kaufvertrag ein Gebäude erworben hat. Erfasst sind Fälle, in denen der Kauf ein volkseigenes Gebäude betraf oder ein Gebäude, das auf LPG-genutztem Boden errichtet war. Ein Sonderfall besteht bei ehemaligen bäuerlichen Handelsgenossenschaften; diese können an einem Grundstück der Deutschen Reichsbahn einen Besitzvermerk im Grundbuch eintragen lassen, sofern sie das Grundstück aufgrund eines schon zu DDR-Zeiten geschlossenen Nutzungsvertrages nutzten.[24]

24 **Gerichtliche Entscheidung (Nr. 5).** Die Eintragung kann in einem gegen den Grundstückseigentümer ergangenen Urteil oder in einer einstweiligen Verfügung angeordnet werden.

25 **Eintragungsbewilligung (Nr. 6).** Nach den allgemeinen Regeln (§ 19 GBO) kann der Grundstückseigentümer die Eintragung des Besitzrechts auch bewilligen. Es handelt sich dabei um eine sog. Berichtigungs-

---

15 Meikel/*Böhringer*, GGV, § 4 Rn 21.
16 Meikel/*Böhringer*, GGV, § 4 Rn 22.
17 Vgl. dazu *Eickmann*, Grundstücksrecht, Rn 43.
18 *Schmidt-Räntsch/Sternal/Baeyens*, GGV, § 4 Rn 19.
19 Vgl. dazu *Eickmann*, DNotZ 1996, 139, 144.
20 Ebenso: Eickmann/*Böhringer*, Sachenrechtsbereinigung, Art. 233 § 2a EGBGB Rn 5.
21 OLG Jena NJ 2004, 152 m. Anm. *Fritzsche*.
22 Einzelheiten: *Schmidt-Räntsch*, ZOV 1992, 2 ff.
23 OLG Brandenburg FGPrax 2002, 148 = Rpfleger 2002, 430.
24 OLG Dresden ZOV 2001, 249; zur Anwendung des Moratoriums auf Genossenschaften BGH NJW 1998, 1713.

bewilligung,[25] denn das Grundbuch ist in Bezug auf das eintragungsfähige aber nicht eingetragene Besitzrecht unrichtig. Die Berichtigungsbewilligung muss mit einem schlüssigen Sachvortrag versehen sein, aus dem sich die Unrichtigkeit (hier: Bestehen eines Rechts zum Besitz) ergibt.[26] Kommt das Grundbuchamt zu der Erkenntnis, dass das behauptete Recht nicht besteht, so darf es nicht eintragen, weil sonst die vorgebliche „Berichtigung" das Buch erst unrichtig werden ließe.

F. Aufbewahrung der Eintragungsunterlagen (Abs. 5)

Die in den Absätzen 1–4 genannten Eintragungsunterlagen sind zu den Grundakten für das Gebäudeeigentum zu nehmen. Besteht kein Gebäudegrundbuch, z.B. in den Fällen des Abs. 4, so werden die Eintragungsunterlagen zu den Grundakten des Grundstücks genommen.

G. Nachweis der Person des Gebäudeeigentümers

Die GGV befasst sich nur mit dem Nachweis der einzutragenden Rechte (Gebäudeeigentum, Recht zum Besitz), nicht jedoch mit dem Nachweis der jeweiligen Rechtsinhaberschaft. Dafür gelten die **allgemeinen Vorschriften**. In den Fällen des Abs. 1 können insoweit Probleme nicht auftreten, weil die Person des Nutzers sich aus der Urkunde ergibt. Ist aber eine Rechtsnachfolge außerhalb des Grundbuchs eingetreten, ist insbesondere der ausgewiesene Nutzer verstorben, ist die Rechtsnachfolge in der Form des § 29 Abs. 1 S. 2 GBO nachzuweisen, eine Erbfolge ist nach § 35 GBO nachzuweisen.

Bei Abs. 2 wird die Person des Gebäudeeigentümers ohnehin im Zuordnungsbescheid mit festgestellt (vgl. Art. 233 § 2b Abs. 3 EGBGB: „… und wem es zusteht …"); gerade bei der Feststellung im Anlegungsverfahren nach §§ 116 ff. GBO ist die Eigentümerfeststellung Gegenstand des Verfahrens.

In den Fällen des **Abs. 3** können Zweifel nicht bestehen, wenn Gebäudeerrichter ein VEB war, denn dann gilt § 11 Abs. 2 TreuhG und es bedarf lediglich eines Auszuges aus dem Handelsregister, der die Identität zwischen antragstellender GmbH und dem szt. VEB dartut. Bei Bauwerkserrichtung durch staatliche Organe können (müssen aber keinesfalls immer!) sich Zweifel in Bezug auf Art. 21, 22 EinigungsV ergeben, dann muss der Antragsteller einen Zuordnungsbescheid nach §§ 1, 2 VZOG erwirken. Dieser Bescheid kann zwar nicht das Bestehen des Gebäudeeigentums bindend feststellen, aber er kann die sachenrechtliche Zuordnung dieses (gem. Abs. 3 nachzuweisenden) Volkseigentums festlegen.[27]

Bei **Abs. 4** können sich Probleme wohl nur in den Fällen der Nr. 2 ergeben, wenn die Baugenehmigung usw. nicht dem heutigen Gebäudenutzer erteilt wurde. Dann freilich wird man zur Eintragung des Besitzberechtigten (vgl. § 7 GGV Rdn 4) noch den Nachweis der Grundstücksnutzung (z.B. in Form einer Gemeindebescheinigung, ähnlich wie in § 11 Abs. 5) erbringen müssen.

§ 5 Eintragung des dinglichen Nutzungsrechts

(1) In den Fällen des Artikels 233 § 4 Abs. 1 Satz 2 des Einführungsgesetzes zum Bürgerlichen Gesetzbuche ist das dem Gebäudeeigentum zugrundeliegende Nutzungsrecht in der zweiten Abteilung des für das belastete Grundstück bestehenden Grundbuchblattes nach Maßgabe des Absatzes 2 einzutragen. Ist ein Gebäudegrundbuchblatt bereits angelegt, so gilt Satz 1 entsprechend mit der Maßgabe, daß die Eintragung bei der nächsten anstehenden Eintragung im Gebäudegrundbuchblatt oder, soweit das Bestehen des Nutzungsrechts dem Grundbuchamt bekannt ist, im Grundbuchblatt des belasteten Grundstücks vorzunehmen ist.

(2) In Spalte 1 ist die laufende Nummer der Eintragung anzugeben. In der Spalte 2 ist die laufende Nummer anzugeben, unter der das belastete Grundstück im Bestandsverzeichnis eingetragen ist. In Spalte 3 sind einzutragen das Nutzungsrecht unter der Bezeichnung „Dingliches Nutzungsrecht für den jeweiligen Gebäudeeigentümer unter Bezugnahme auf das Gebäudegrundbuchblatt …" unter Angabe der jeweiligen Bezeichnung des oder der Gebäudegrundbuchblätter. Die Spalte 5 ist zur Ein-

---

25 Dazu: *Eickmann*, Grundbuchverfahrensrecht, Rn 363.
26 *Schöner/Stöber*, Grundbuchrecht, Rn 363 ff.
27 Ähnlich *Schmidt-Räntsch/Sternal/Baeyens*, GGV, § 4 Rn 14.

tragung von Veränderungen der in den Spalten 1 bis 3 eingetragenen Vermerke bestimmt, und zwar einschließlich der Beschränkungen in der Person des Nutzungsberechtigten in der Verfügung über das in den Spalten 1 bis 3 eingetragene Recht, auch wenn die Beschränkung nicht erst nachträglich eintritt. In der Spalte 7 erfolgt die Löschung der in den Spalten 3 und 5 eingetragenen Vermerke. Bei Eintragungen in den Spalten 5 und 7 ist in den Spalten 4 und 6 die laufende Nummer anzugeben, unter der die betroffene Eintragung in der Spalte 1 vermerkt ist.

(3) Bezieht sich das Nutzungsrecht auf mehrere Grundstücke oder Flurstücke, ist § 48 der Grundbuchordnung anzuwenden.

A. Normzweck 1	C. Inhalt der Eintragung (Abs. 2) 5
B. Eintragung von Amts wegen (Abs. 1) 2	D. Gesamtbelastung (Abs. 3) 7

A. Normzweck

1 Die Norm regelt (wie § 6 GGV), dass neben der Eintragung im Gebäudegrundbuch eine mit dessen Bestandsverzeichnis korrespondierende Eintragung auf dem Blatt des Grundstückes zu geschehen hat. Die Vorschrift kann nur im Zusammenhang mit der Anlegung eines Gebäudegrundbuchblattes angewendet werden. Allein im Falle des sog. zugewiesenen Nutzungsrechts war bereits nach dem Recht der DDR ein Gebäudegrundbuch angelegt, aber keine Eintragung des Nutzungsrechts im Grundstücksgrundbuch erfolgt. Dies ist von Amts wegen nachzuholen.

Die Eintragung im Grundstücksgrundbuch ist im Übrigen in doppelter Weise für die Frage eines gutgläubigen Erwerbers von Bedeutung: Einmal für den (positiven) Schutz redlicher Erwerber in Bezug auf das Gebäudeeigentum, weil der Redlichkeitsschutz die Eintragung auf dem Grundstücksblatt voraussetzt (Art. 233 § 4 Abs. 1 S. 3 EGBGB), zum anderen dient die Eintragung (negativ) dem Ausschluss eines gutgläubig lastenfreien Erwerbs des Grundstücks mit Erlöschen des Nutzungsrechts und des Gebäudeeigentums nach dem 31.12.2000 (Art. 233 § 4 Abs. 2 S. 1 und Art. 231 § 5 Abs. 3 EGBGB).

B. Eintragung von Amts wegen (Abs. 1)

2 Die Eintragung des Nutzungsrechts geschieht stets von Amts wegen.[1] Sie ist zu unterscheiden von der nur auf Antrag vorzunehmenden, in der GGV nicht geregelten Eintragung eines isolierten Nutzungsrechts.

3 Ist Antrag auf Anlegung eines Gebäudegrundbuches gestellt, so ist vorher das zugrundeliegende Nutzungsrecht von Amts wegen im Grundstücksblatt einzutragen (Art. 233 § 4 Abs. 1 S. 2 EGBGB). Dies regelt Abs. 1 S. 1.

4 Ist bereits ein Gebäudegrundbuch angelegt, jedoch eine Eintragung des Nutzungsrechts unterblieben, so ist diese von Amts wegen nachzuholen (Art. 233 § 4 Abs. 1 S. 2 EGBGB), nur bei Eintragung auch des Nutzungsrechts im Grundstücksgrundbuch ist das Gebäudeeigentum verkehrsfähig.[2] Das Grundbuchamt soll jedoch nicht zu Nachforschungen dahingehend genötigt sein; die Eintragung ist deshalb im Zusammenhang mit einer anderen auf dem Grundstücks- oder Gebäudeblatt anstehenden Eintragung vorzunehmen.

C. Inhalt der Eintragung (Abs. 2)

5 Das Nutzungsrecht wird in der zweiten Abteilung in den Spalten 1–3 eingetragen. Die Formulierung „Dingliches Nutzungsrecht für den jeweiligen Gebäudeeigentümer ..." knüpft an Art. 231 § 5 Abs. 2 EGBGB an, der das Nutzungsrecht zum Bestandteil des Gebäudes erklärt. Das Nutzungsrecht ist mithin wie ein subjektiv-dingliches Recht ausgestaltet, so dass bei Inhalts- oder Rangänderungen § 876 S. 2 BGB jedenfalls entsprechend anzuwenden sein wird.[3] Für seine Aufhebung ist das in Art. 233 § 4 Abs. 6 EGBGB ausdrücklich vorgesehen. § 21 GBO ist wegen des § 3 Abs. 4 Nr. 1 stets erfüllt.

---

[1] Meikel/*Böhringer*, GGV, § 5 Rn 3, 4.
[2] Meikel/*Böhringer*, Einl. H Rn 11.
[3] Meikel/*Böhringer*, GGV, § 5 Rn 7.

Eigentümlich ist die Regelung in Abs. 2 S. 3, der (in Sp. 5) die Eintragung von **Verfügungsbeschränkungen** in Bezug auf den Gebäudeeigentümer vorschreibt. Beim Erbbaurecht werden solche Eintragungen (z.B. der Gesamtvollstreckungsvermerk) in Abt. II des Erbbaugrundbuches vorgenommen, denn dieses ist gem. § 14 Abs. 3 ErbbauRG das Grundbuch im Sinne des Gesetzes. Die allgemeine Bezugnahme auf die Vorschriften für Erbbaugrundbücher legt deshalb nahe, Verfügungsbeschränkungen, die sich auf den Gebäudeeigentümer beziehen, entsprechend im Gebäudegrundbuch einzutragen; dies sollte auch deshalb gelten, weil die Eintragung des Nutzungsrechts im Grundstücksblatt den Gebäudeeigentümer, also den Betroffenen, ja nicht einmal in Person bezeichnet. Da alle Verfügungen des Gebäudeeigentümers auf dem Gebäudeblatt vollzogen werden, ist dieses für das Gebäudeeigentum das Grundbuch im Sinne des Gesetzes. Dann aber müssen Verfügungsbeschränkungen dort gebucht werden, sollen sie ihre materiell-rechtlichen Wirkungen (z.B. § 892 Abs. 1 S. 2 BGB) entfalten. Dies darf keinesfalls unterbleiben.

D. Gesamtbelastung (Abs. 3)

Da insbesondere im ländlichen Raum häufig nach der natürlichen Nutzbarkeit und ohne Rücksicht auf die Grundstücksgrenzen Nutzungsrechte vergeben wurden und gebaut wurde, erfassen die Rechte häufig mehrere Grundstücke. Dann ist § 48 GBO entsprechend anzuwenden, d.h. es ist das Nutzungsrecht auf allen Grundstücksblättern einzutragen und korrespondierend zu vermerken „Das Grundstück Bd. ... Blatt ... ist mitbelastet." Sind alle Grundstücke jedoch auf einem Blatt gebucht, so muss die Benennung von deren Nummern des Bestandsverzeichnisses in der Spalte 2 der Abt. II genügen.

Dass neben dem Fall der Belastung mehrerer Grundstücke Abs. 3 auch „Flurstücke" nennt, ist nicht nachzuvollziehen. Entweder sind die mehreren Flurstücke im Bestandsverzeichnis unter **einer** Nummer eingetragen, dann sind sie **ein** Grundstück im Rechtssinne. Eine Belastung dieses einen, einheitlichen Grundstückes ist keine Gesamtbelastung; die – auch nur entsprechende – Anwendung von § 48 GBO ist dann sachenrechtlich falsch und könnte nur Ursache gefährlicher Irrtümer sein. Sind die Flurstücke jedoch unter verschiedenen Nummern oder auf verschiedenen Blättern gebucht, dann sind sie ohnehin rechtlich selbstständige Grundstücke und es gilt das oben Gesagte (siehe Rdn 7).

§ 6 Eintragung des Gebäudeeigentums gemäß Artikel 233 §§ 2b und 8 EGBGB

Vor Anlegung des Gebäudegrundbuchblattes ist das Gebäudeeigentum von Amts wegen in der zweiten Abteilung des Grundbuchblattes für das von dem Gebäudeeigentum betroffene Grundstück einzutragen. Für die Eintragung gelten die Vorschriften des § 5 Abs. 2 und 3 sinngemäß mit der Maßgabe, daß an die Stelle des Nutzungsrechts das Eigentum am Gebäude tritt. An die Stelle des Vermerks „Dingliches Nutzungsrecht ..." tritt der Vermerk „Gebäudeeigentum gemäß Artikel 233 § 2b EGBGB ..." oder „Gebäudeeigentum gemäß Artikel 233 § 8 EGBGB ...". § 5 Abs. 1 gilt entsprechend.

A. Normzweck 1   B. Eintragung 2

A. Normzweck

Die Norm befasst sich mit den Fällen des nutzungsrechtslosen Gebäudeeigentums, also den Fällen des § 4 Abs. 2 GGV. Da hier kein Nutzungsrecht auf dem Grundstücksblatt eingetragen werden kann, muss – weil die dargestellte Rechtslage auch hier entsprechend besteht – das Gebäudeeigentum selbst, als Quasi-Belastung, eingetragen werden. Die Situation ist in diesen Fällen in besonderem Maße der beim Erbbaurecht angenähert, weil auch dort das Recht selbst auf dem Grundstücksblatt eingetragen ist.

B. Eintragung

2 Da S. 4 auf § 5 Abs. 1 GGV verweist, gilt das oben Gesagte entsprechend. Der Inhalt des Vermerkes nennt das Gebäudeeigentum und bezeichnet es mit seiner Rechtsgrundlage.

3 Ein wenig tautologisch, aber vom Verordnungsgeber gewollt ist die Bezeichnung des Berechtigten durch Verweis auf das Gebäudegrundbuch. Die Eintragung entsprechend § 5 Abs. 2 GGV lautet dann wie im Wortlaut des § 6 GGV vorgegeben, enthält aber nicht die Bezugnahme „für den jeweiligen Gebäudeeigentümer". Es würde ja dann ein wenig unsinnig lauten: „Gebäudeeigentum für den jeweiligen Gebäudeeigentümer." Die namentliche Bezeichnung des Gebäudeeigentümers – wie beim Erbbaurecht – ist aber von §§ 5, 6 GGV gerade nicht gefordert und nicht gewollt.

§ 7 Vermerk zur Sicherung der Ansprüche aus der Sachenrechtsbereinigung aus dem Recht zum Besitz gemäß Artikel 233 § 2a EGBGB

(1) Die Eintragung eines Vermerks zur Sicherung der Ansprüche aus der Sachenrechtsbereinigung aus dem Recht zum Besitz gemäß Artikel 233 § 2a des Einführungsgesetzes zum Bürgerlichen Gesetzbuche erfolgt in der zweiten Abteilung und richtet sich nach Absatz 2.

(2) In der Spalte 1 ist die laufende Nummer der Eintragung, in der Spalte 2 die laufende Nummer, unter der das betroffene Grundstück in dem Bestandsverzeichnis eingetragen ist, anzugeben. In der Spalte 3 ist einzutragen „Recht zum Besitz gemäß Artikel 233 § 2a EGBGB ..." unter Angabe des Besitzberechtigten, des Umfangs und Inhalts des Rechts, soweit dies aus den der Eintragung zugrundeliegenden Unterlagen hervorgeht, sowie der Grundlage der Eintragung (§ 4 Abs. 4). § 44 Abs. 2 der Grundbuchordnung gilt sinngemäß. § 9 Abs. 1 und 2 gilt sinngemäß mit der Maßgabe, daß an die Stelle der grundbuchmäßigen Bezeichnung des oder der betroffenen Grundstücke die laufende Nummer tritt, unter der diese im Bestandsverzeichnis eingetragen sind. Die Spalte 5 ist zur Eintragung von Veränderungen der in den Spalten 1 bis 3 eingetragenen Vermerke bestimmt, und zwar einschließlich der Beschränkungen in der Person des Besitzberechtigten in der Verfügung über das in den Spalten 1 bis 3 eingetragene Recht, auch wenn die Beschränkung nicht erst nachträglich eintritt. In der Spalte 7 erfolgt die Löschung der in den Spalten 3 und 5 eingetragenen Vermerke. Bei Eintragungen in den Spalten 5 und 7 ist in den Spalten 4 und 6 die laufende Nummer anzugeben, unter der die betroffene Eintragung in der Spalte 1 vermerkt ist.

| A. Normzweck | 1 | I. Ort der Eintragung | 2 |
| B. Eintragung | 2 | II. Inhalt der Eintragung | 3 |

A. Normzweck

1 Die Norm regelt, wie der Vermerk über das **Recht zum Besitz** gebucht wird. Dass er gebucht werden kann, folgt aus § 1 Nr. 2c GGV: Die Voraussetzungen der Eintragung finden sich in § 4 Abs. 4 GGV. Wie dort ist auch hier zu betonen, dass die Eintragung des Vermerks nur noch dann möglich ist, wenn nach dem 31.12.2000 kein Eigentumswechsel am Grundstück stattgefunden hat.

B. Eintragung

I. Ort der Eintragung

2 Der Vermerk ist in Abt. II einzutragen; er erhält dort die nächstoffene laufende Nummer in Spalte 1; in Spalte 2 ist das betroffene Grundstück zu nennen.

II. Inhalt der Eintragung

3 Das **Recht** ist als „Recht zum Besitz gem. Art. 233 § 2a EGBGB" zu bezeichnen.

4 Der **Besitzberechtigte** wird nach den allgemeinen Regeln (§ 15 GBV) bezeichnet. Dabei ist zu beachten, dass in den Fällen des Art. 233 § 2a Abs. 1 S. 1 Buchst. c EGBGB nicht nur derjenige besitzberechtigt ist, der den Überlassungsvertrag abgeschlossen hat, sondern auch „diejenigen, die mit diesem einen gemeinsamen Hausstand führen." Auf Antrag sind auch diese Personen mit einzutragen, sofern der gemeinsame Hausstand nachgewiesen wird, wofür eine Bescheinigung der Meldebehörde und ein schlüssiger Sachvortrag genügen sollten. „Gemeinsamer Hausstand" kann nicht nur mit Ehegatten und Verwandten bestehen, sondern allgemein beim Zusammenleben mehrerer Personen, wenn dies auf Dauer angelegt ist. Mit Mietern (Untermietern) besteht kein gemeinsamer Hausstand.

„Umfang und Inhalt des Rechts" sollen angegeben werden, wenn sie sich aus den Eintragungsunterlagen ergeben.[1] **Inhalt** des Rechts ist stets das Besitzrecht, ein Mehr oder Weniger ist kaum denkbar, so dass die Norm insoweit anwendungslos bleiben wird. Die Angabe des **„Umfangs"** muss wohl räumlich-flächenmäßig verstanden werden; sie erfasst das Besitzrecht nicht das ganze Grundstück, so gilt zunächst § 10 GGV, die Umfangsbeschränkung ist nach den allgemeinen Regeln und unter Beachtung von § 9 GGV darzustellen.

5

In entsprechender Anwendung von § 44 Abs. 2 GBO ist auf die **Eintragungsgrundlage** des § 4 Abs. 4 GGV Bezug zu nehmen.

6

In den Spalten 4 und 5 werden **Veränderungen** eingetragen. Das können Inhaltsveränderungen sein, wohl auch Rangänderungen, aber auch eine nach Art. 233 § 2a S. 2 EGBGB zulässige Übertragung des Besitzrechts.

7

In den Spalten 6 und 7 werden **Löschungen** vorgenommen.

8

§ 8 Nutzungsrecht, Gebäudeeigentum oder Recht zum Besitz für mehrere Berechtigte

Soll ein dingliches Nutzungsrecht oder ein Gebäudeeigentum als Eigentum von Ehegatten eingetragen werden (§ 47 GBO), kann der für die Eintragung in das Grundbuch erforderliche Nachweis, daß eine Erklärung nach Artikel 234 § 4 Abs. 2 und 3 des Einführungsgesetzes zum Bürgerlichen Gesetzbuche nicht abgegeben wurde, auch durch übereinstimmende Erklärung beider Ehegatten, bei dem Ableben eines von ihnen durch Versicherung des Überlebenden und bei dem Ableben beider durch Versicherung der Erben erbracht werden. Die Erklärung, die Versicherung und der Antrag bedürfen nicht der Form des § 29 der Grundbuchordnung. Für die bereits ohne Beachtung der Vorschrift des § 47 der Grundbuchordnung eingetragenen Rechte nach Satz 1 gilt Artikel 234 § 4a Abs. 3 des Einführungsgesetzes zum Bürgerlichen Gesetzbuche entsprechend mit der Maßgabe, daß die Eintragung des maßgeblichen Verhältnisses nur auf Antrag eines Antragsberechtigten erfolgen soll.

A. Normzweck	1	I. Erbengemeinschaften	5
B. Eintragung von Eheleuten	2	II. Gesellschaft bürgerlichen Rechts	6
C. Andere Berechtigte	5	III. Andere Rechtsverhältnisse	7

A. Normzweck

Die Norm befasst sich mit der von **§ 47 GBO** verlangten Eintragung des zwischen mehreren Berechtigten bestehenden Rechtsverhältnisse. Leider regelt die Norm die damit zusammenhängenden Fragen nur für Eheleute; für andere Personenmehrheiten fehlt eine Regelung, Lösungen für die insoweit aufgeworfenen Fragen müssen aus der Systematik der allgemeinen Regeln entwickelt werden (dazu vgl. unten Rdn 5–13).

1

B. Eintragung von Eheleuten

Sind Eheleute Inhaber eines Nutzungsrechts, Gebäudeeigentümer oder Besitzberechtigte, so steht ihnen das Recht, sofern sie vor dem Beitritt im Güterstand der ehelichen Vermögensgemeinschaft lebten und nicht gem. Art. 234 § 4 Abs. 2 EGBGB optiert haben, nunmehr in Bruchteilsberechtigung zu je ½ zu

2

---

1 Kritisch Meikel/*Böhringer*, GGV, § 7 Rn 4.

(Art. 234 § 4a Abs. 1 EGBGB). Eheleute oder deren Erben können auf dem in Satz 1 angesprochenen, § 14 GBBerG entsprechenden Wege durch formlose Erklärung (Versicherung) dartun, dass sie nicht optiert haben.

3 Ist bereits eine Eintragung ohne Angabe des Gemeinschaftsverhältnisses geschehen, so kann unter Berufung auf die Vermutung des Art. 234 § 4a Abs. 3 EGBGB die Ergänzung der Eintragung beantragt werden.

4 Da § 14 GBBerG auch hier anzuwenden ist, kann das Grundbuchamt, wenn ein Antrag nach S. 3 nicht gestellt wird, das Verfahren nach §§ 82 ff. GBO betreiben.

C. Andere Berechtigte
I. Erbengemeinschaften

5 Ist ein einzutragendes Recht von mehreren Erben im Wege der Erbfolge erworben worden, so kann das unschwer gem. § 35 GBO nachgewiesen werden. Sie sind dann als ungeteilte Erbengemeinschaft einzutragen.

II. Gesellschaft bürgerlichen Rechts

6 Mehrere neu einzutragende Berechtigte können beantragen, sie als Gesellschafter bürgerlichen Rechts zu buchen (§ 47 Abs. 2 GBO). Nach der Reform des Rechts der Gesellschaft bürgerlichen Rechts zum 1.1.2024 kann die Gesellschaft nur mit dem im Gesellschaftsregister eingetragenen Namen bezeichnet werden. Die Eintragung im Gesellschaftsregister ist damit faktisch zwingende Voraussetzung der Grundbuchfähigkeit (eing. § 47 GBO Rdn 36 ff.). Sind bei Anlegung des Grundbuchs die Gesellschafter nach § 47 Abs. 2 GBO in der bis 31.12.2023 geltenden Fassung namentlich genannt, bleibt es bei dieser Eintragung, bis eine sonstige Eintragung beantragt wird. Das Grundbuchamt entscheidet dann nach pflichtgemäßem Ermessen, ob es nach §§ 82 ff. GBO eine Grundbuchberichtigung anregt oder gar erzwingt.

III. Andere Rechtsverhältnisse

7 Ein Fall des § 47 GBO kann bei den Rechten nach **§ 4 Abs. 1 GGV** nur in Bezug auf Ehegatten vorliegen (dazu vgl. oben Rdn 2–4); an andere Personenmehrheiten wurden Nutzungsrechte nicht verliehen.

8 In den Fällen des **§ 4 Abs. 2 und 3 GGV** mag es zwar denkbar sein, dass z.B. mehrere Wohnungsgenossenschaften oder VEBs auf einem Grundstück gebaut haben. Es handelt sich dabei nicht um ein Gebäudeeigentum mehrerer Berechtigter, sondern um mehrere rechtlich selbstständige Berechtigungen jeweils eines Berechtigten; eine Bereinigung ist ggf. im Wege der Bodensonderung herbeizuführen. Im Falle einer späteren Spaltung der aus dem VEB usw. hervorgegangenen Kapitalgesellschaft kann anhand des Spaltungsplanes nachgewiesen werden, welcher der neuen Gesellschaften das Gebäudeeigentum usw. zusteht, vgl. § 2 Abs. 1 Nr. 9 SpTrUG. Ein Fall des § 47 GBO liegt **nicht** vor.

Zu den Fällen des **§ 4 Abs. 4 GGV** ist Folgendes zu sagen:

9 **Nr. 1:** Hier gilt das oben Gesagte.

10 **Nr. 2:** Aus der staatlichen Baugenehmigung bzw. Prüfbescheinigung ergibt sich regelmäßig nur ein Nutzer, allenfalls erging der Bescheid zugunsten von Ehegatten (dann gilt siehe oben Rdn 2–4). Wird die derzeitige Nutzung durch andere Personen dargetan (vgl. § 4 GGV Rdn 28 ff.), so bleibt, sofern es sich nicht wiederum um Ehegatten handelt, nur der oben aufgezeigte Weg (vgl. Rdn 2 ff.).

11 **Nr. 3:** Wurde ein Überlassungsvertrag zugunsten mehrerer Erwerber abgeschlossen, so war in ihm das Rechtsverhältnis der Erwerber anzugeben; es ist zu übernehmen, sofern es sich nicht um Ehegatten handelt. Fehlen die erforderlichen Angaben, so bleibt mangels Nachholbarkeit auch hier nur der oben (siehe Rdn 6) aufgezeigte Weg. War der Vertrag nur mit einem Einzelerwerber abgeschlossen, sollen jedoch auch Personen eines gemeinsamen Hausstandes (siehe § 7 GGV Rdn 4) zusammen mit dem Erwerber eingetragen werden, so werden sie regelmäßig eine Rechtsgemeinschaft gem. § 432 BGB bilden. Dies folgt daraus, dass die Hausstandszugehörigen kein eigenes, sondern nur ein vom Recht des Vertragsberechtigten abgeleitetes Recht haben, so dass ein auf eine unteilbare Leistung gerichtetes Verhältnis vorliegt.

Nr. 4: Auch hier gilt das oben Gesagte. 12

Nr. 5 und 6: Gerichtliche Entscheidungen und Eintragungsbewilligung müssen das Rechtsverhältnis 13
mehrerer Berechtigter enthalten. Ist das der Fall, so ist entsprechend einzutragen, ist das nicht der Fall,
so ist unter Hinweis auf § 47 GBO durch Zwischenverfügung eine Ergänzung anzufordern.

§ 9 Nutzungsrecht oder Gebäudeeigentum auf bestimmten Grundstücksteilen

(1) Bezieht sich das Gebäudeeigentum nur auf eine Teilfläche des oder der belasteten oder betroffenen Grundstücke oder Flurstücke, so sind dem in § 3 Abs. 4 Satz 2 Nr. 1 oder § 6 Abs. 1 Satz 3 vorgesehenen Vermerk die Bezeichnung „… einer Teilfläche von …", die Größe der Teilfläche sowie die grundbuchmäßige Bezeichnung des oder der belasteten oder betroffenen Grundstücke oder Flurstücke anzufügen. Soweit vorhanden, soll die Bezeichnung der Teilfläche aus dem Bestandsblatt des Grundbuchblattes für das Grundstück übernommen werden.
(2) Soweit sich im Falle des Absatzes 1 das Gebäudeeigentum auf die Gesamtfläche eines oder mehrerer Grundstücke oder Flurstücke sowie zusätzlich auf eine oder mehrere Teilflächen weiterer Grundstücke oder Flurstücke bezieht, sind die grundbuchmäßige Bezeichnung der insgesamt belasteten oder betroffenen Grundstücke oder Flurstücke und der Vermerk „… und einer Teilfläche von …" unter Angabe der Größe der Teilfläche sowie der grundbuchmäßigen Bezeichnung der teilweise belasteten oder betroffenen Grundstücke oder Flurstücke anzugeben.
(3) Für die Eintragung des Nutzungsrechts oder des Gebäudeeigentums im Grundbuch des oder der belasteten oder betroffenen Grundstücke gelten die Absätze 1 und 2 sinngemäß mit der Maßgabe, daß statt der grundbuchmäßigen Bezeichnung des oder der Grundstücke die laufende Nummer anzugeben ist, unter der das oder die Grundstücke im Bestandsverzeichnis eingetragen sind.

A. Normzweck	1	II. Eintragung im Grundstücksblatt	3
B. Eintragungen	2	III. Eintragung im Gebäudeblatt	5
I. Grundsatz	2		

A. Normzweck

Die Norm befasst sich, wie auch § 10 GGV, mit Nutzungsrechten und Gebäudeeigentum auf **Teilflächen**, 1
gleichviel, ob die Belastung nur den Teil eines Grundstückes erfasst, oder ein ganzes und den Teil eines
anderen. Im Unterschied zu § 10 GGV handelt es sich hier um Fälle, in denen die Grundstücke und die
Teilfläche **grundbuchmäßig bestimmt** sind.

B. Eintragungen

I. Grundsatz

Eine grundbuchmäßige Bestimmtheit liegt vor, wenn das Grundstück selbst grundbuchmäßig nachgewie- 2
sen ist und die betroffene Teilfläche grundbuchmäßig, d.h. nach dem für § 7 GBO geltenden Regeln dargestellt werden kann.

II. Eintragung im Grundstücksblatt

Bei Vorhandensein eines Grundstücksblattes (vgl. Abs. 1 S. 2) unterliegt die Eintragung der Teilbelastung 3
den allgemeinen Regeln. In der insoweit unzureichenden Fassung von Abs. 3 wäre ein Hinweis auf **§ 7
Abs. 2 GBO** wesentlich wichtiger gewesen, als die ohnehin selbstverständliche Wiederholung von
§ 10 Abs. 3 GBV. Der von Nutzungsrecht und/oder Gebäudeeigentum erfasste Grundstücksteil ist in
den Eintragungsunterlagen so genau zu bezeichnen, dass Zweifel nicht entstehen können. Dazu dient

die von der zuständigen Behörde beglaubigte **Karte** (§ 2 Abs. 3 GBO), deren Vorlegung das Grundbuchamt nach § 7 Abs. 2 GBO aber grundsätzlich nicht mehr verlangen kann (siehe hierzu § 7 GBO Rdn 12 ff.).

4   Eingetragen wird dann in Abt. II:

„Dingliches Nutzungsrecht an einer in der Karte vom ... rot schraffierten Teilfläche von 500 qm ...".

Wenn die belastete Teilfläche bei einem zusammengesetzten Grundstück mit einem (ganzen) Flurstück identisch ist, kann auch eingetragen werden:

„Dingliches Nutzungsrecht an Flurstück 100 ...".

III. Eintragung im Gebäudeblatt

5   Im Bestandsverzeichnis des Gebäudeblattes sind die Eintragungen des § 3 Abs. 4 Nr. 1 durch die Angabe der Teilflächenbelastung zu ergänzen:

„Gebäudeeigentum ... auf einer Teilfläche von 500 qm des Grundstücks Flurstück 100 ..., die in der in den Grundakten Bd. 50 Bl. 100 befindlichen Karte rot schraffiert ist ...".

oder auch:

„Gebäudeeigentum auf einer Teilfläche von 500 qm, bestehend aus dem Flurstück 100 ...".

§ 10   Nutzungsrecht, Gebäudeeigentum oder Recht zum Besitz auf nicht bestimmten Grundstücken oder Grundstücksteilen

(1) Besteht ein dingliches Nutzungsrecht, ein Gebäudeeigentum oder ein Recht zum Besitz an einem oder mehreren nicht grundbuchmäßig bestimmten Grundstücken oder an Teilen hiervon, so fordert das Grundbuchamt den Inhaber des Rechts auf, den räumlichen Umfang seines Rechts auf den betroffenen Grundstücken durch Vorlage eines Auszugs aus dem beschreibenden Teil des amtlichen Verzeichnisses oder einer anderen Beschreibung nachzuweisen, die nach den gesetzlichen Vorschriften das Liegenschaftskataster als amtliches Verzeichnis der Grundstücke ersetzt.

(2) Soweit die in Absatz 1 genannten Nachweise nicht vorgelegt werden können und der Berechtigte dies gegenüber dem Grundbuchamt versichert, genügen andere amtliche Unterlagen, sofern aus ihnen die grundbuchmäßige Bezeichnung der belasteten oder betroffenen Grundstücke hervorgeht oder bestimmt werden kann; diese Unterlagen und die Versicherung bedürfen nicht der in § 29 der Grundbuchordnung bestimmten Form. Ausreichend ist auch die Bestätigung der für die Führung des Liegenschaftskatasters zuständigen Stelle oder eines öffentlich bestellten Vermessungsingenieurs, aus der sich ergibt, auf welchem oder welchen Grundstücken oder Flurstücken das dingliche Nutzungsrecht, das Gebäudeeigentum oder das Recht zum Besitz lastet. Vervielfältigungen dieser anderen amtlichen Unterlagen sowie dieser Bestätigungen hat das Grundbuchamt der für die Führung des amtlichen Verzeichnisses zuständigen Stelle zur Verfügung zu stellen.

A. Normzweck	1	C. Ausnahmsweiser Nachweis durch andere Unterlagen (Abs. 2)	3
B. Grundsatz der Vermessung bzw. Bodensonderung (Abs. 1)	2		

A. Normzweck

1   Die Norm regelt, wie § 9 GGV, eine Teilflächenbelastung mit Nutzungsrecht und/oder Gebäudeeigentum. Während bei § 9 GGV jedoch das belastete Grundstück und die Ausübungsfläche grundbuchmäßig zumindest gem. § 7 Abs. 2 GBO bestimmt und nachgewiesen sind, ist dies bei § 10 GGV nicht der Fall. Situationen der hier geregelten Art ergeben sich insbesondere im ländlichen Raum, wo Nutzungsrechte häufig inmitten eines großflächigen, möglicherweise sogar unvermessenen Raumes, jedenfalls aber völlig unabhängig von Grundstücksgrenzen, vergeben wurden.

B. Grundsatz der Vermessung bzw. Bodensonderung (Abs. 1)

Grundsätzlich ist derjenige, der die Anlage eines Gebäudegrundbuches oder die Eintragung eines Besitzrechtes beantragt, durch Abs. 1 gehalten, für sachenrechtliche Bestimmtheit in Bezug auf den räumlichen Umfang seines Rechtes zu sorgen.[1] Das Grundbuchamt wird ihn durch Zwischenverfügung aufgeben, entweder bei der Katasterbehörde die **Vermessung** zu betreiben und die entsprechenden Katasternachweise sodann vorzulegen, oder ein **Bodensonderungsverfahren** nach § 1 Nr. 1 BoSoG zu betreiben.

C. Ausnahmsweiser Nachweis durch andere Unterlagen (Abs. 2)

Soweit die in Abs. 1 genannten Nachweise nicht erbracht werden können, sieht Abs. 2 Erleichterungen vor. Nach Wortlaut und Sinn der Regelungen besteht kein unmittelbarer Anspruch auf eine Verfahrensgestaltung nach Abs. 2, d.h. es liegt nicht im Belieben des Antragstellers, ob er die Verfahren des Abs. 1 betreiben will oder nicht. Das Grundbuchamt wird, sofern der Antragsteller auf Abs. 2 rekurriert, eine schlüssige Darlegung („versichert") dahin verlangen, weshalb nicht nach Abs. 1 verfahren werden kann. Dabei muss konkret dargetan werden, weshalb die sicheren Verfahren des Abs. 1 zugunsten anderer, wesentlich weniger sicheren Verfahrensgestaltungen aufgegeben werden sollen. Das Grundbuchamt darf keinesfalls im Interesse einer falsch verstandenen „Vereinfachung" oder „Erleichterung" dazu kommen, dass das Verfahren des Abs. 2 zur Regel wird.

Nach Abs. 2 genügen ausnahmsweise andere amtliche Unterlagen, wie z.B. Bauunterlagen (Baugenehmigung, Bauplan), Bestätigung der Gemeinde, Bestätigung eines öffentlich bestellten Vermessungsingenieurs oder der zuständigen Katasterbehörde, sofern sich daraus entnehmen lässt, welche Grundstücke betroffen sind.[2] Die Nachweise müssen nicht der Formstrenge des § 29 GBO genügen.

§ 11 Widerspruch

(1) In den Fällen der §§ 3, 5 und 6 hat das Grundbuchamt gleichzeitig mit der jeweiligen Eintragung einen Widerspruch gegen die Richtigkeit dieser Eintragung nach Maßgabe der Absätze 2 bis 5 von Amts wegen zugunsten des Eigentümers des zu belastenden oder betroffenen Grundstücks einzutragen, sofern nicht dieser die jeweilige Eintragung bewilligt hat oder ein Vermerk über die Eröffnung eines Vermittlungsverfahrens nach dem in Artikel 233 § 3 Abs. 2 des Einführungsgesetzes zum Bürgerlichen Gesetzbuche genannten Gesetz (Sachenrechtsbereinigungsgesetz) in das Grundbuch des belasteten oder betroffenen Grundstücks eingetragen ist oder gleichzeitig eingetragen wird.

(2) Die Eintragung des Widerspruchs nach Absatz 1 erfolgt

1. in den Fällen des § 3 in der Spalte 3 der zweiten Abteilung des Gebäudegrundbuchblattes; dabei ist in der Spalte 1 die laufende Nummer der Eintragung anzugeben;
2. in den Fällen der §§ 5 und 6 in der Spalte 5 der zweiten Abteilung des Grundbuchblattes für das Grundstück; dabei ist in der Spalte 4 die laufende Nummer anzugeben, unter der die betroffene Eintragung in der Spalte 1 vermerkt ist.

(3) Der Widerspruch wird nach Ablauf von vierzehn Monaten seit seiner Eintragung gegenstandslos, es sei denn, daß vorher ein notarielles Vermittlungsverfahren eingeleitet oder eine Klage auf Grund des Sachenrechtsbereinigungsgesetzes oder eine Klage auf Aufhebung des Nutzungsrechts erhoben und dies bis zu dem genannten Zeitpunkt dem Grundbuchamt in der Form des § 29 der Grundbuchordnung nachgewiesen wird.

(4) Ein nach Absatz 3 gegenstandsloser Widerspruch kann von Amts wegen gelöscht werden; er ist von Amts wegen bei der nächsten anstehenden Eintragung im Grundbuchblatt für das Grundstück oder Gebäude oder bei Eintragung des in Absatz 1 Halbsatz 2 genannten Vermerks zu löschen.

(5) Ein Widerspruch nach den vorstehenden Absätzen wird nicht eingetragen, wenn

1. der Antrag auf Eintragung nach Absatz 1 nach dem 31.12.1996 bei dem Grundbuchamt eingeht oder

---

1 Meikel/*Böhringer*, GGV, §§ 9, 10 Rn 15.　　2 Meikel/*Böhringer*, GGV, §§ 9, 10 Rn 16.

2. der Antragsteller eine mit Siegel oder Stempel versehene und unterschriebene Nutzungsbescheinigung vorlegt oder
3. sich eine Nutzungsbescheinigung nach Nummer 2 bereits bei der Grundakte befindet.

Die Nutzungsbescheinigung wird von der Gemeinde, in deren Gebiet das Grundstück belegen ist, erteilt, wenn das Gebäude vom 20.7.1993 bis zum 1.10.1994 von dem Antragsteller selbst, seinem Rechtsvorgänger oder aufgrund eines Vertrages mit einem von beiden durch einen Mieter oder Pächter genutzt wird. In den Fällen des Satzes 1 Nr. 2 und 3 wird der Widerspruch nach Absatz 1 auf Antrag des Grundstückseigentümers eingetragen, wenn dieser Antrag bis zum Ablauf des 31.12.1996 bei dem Grundbuchamt eingegangen ist. Der Widerspruch wird in diesem Fall nach Ablauf von 3 Monaten gegenstandslos, es sei denn, daß vorher ein notarielles Vermittlungsverfahren eingeleitet oder eine Klage auf Grund des Sachenrechtsbereinigungsgesetzes oder eine Klage auf Aufhebung des Nutzungsrechts erhoben und dies bis zu dem genannten Zeitpunkt dem Grundbuchamt in der Form des § 29 der Grundbuchordnung nachgewiesen wird. Absatz 4 gilt entsprechend.

A. Normzweck 1	II. Anhängigkeit eines notariellen Vermittlungsverfahrens 9
B. Anlass der Widerspruchseintragung 2	III. Zeitliche Begrenzung 10
C. Inhalt der Eintragung 4	IV. Vorliegen einer Nutzungsbescheinigung ... 11
I. Ort der Eintragung 4	E. Geltungsdauer und Löschung des
II. Bezeichnung 5	Widerspruches 14
III. Berechtigte 6	I. Gegenstandslosigkeit 14
IV. Eintragungsgrundlage 7	II. Löschung 16
D. Unterbleiben der Eintragung 8	
I. Bewilligte Blattanlegung 8	

A. Normzweck

1 Die Norm erklärt sich aus Regelungen des SachenRBerG: Dem aktuellen Gebäudeeigentümer (Nutzer) stehen gegen den Grundstückseigentümer grundsätzlich die Ansprüche aus § 15 SachenRBerG zu. Diesen Ansprüchen kann der Eigentümer gem. § 29 SachenRBerG bestimmte Einreden entgegenhalten, die persönlicher Art und an die Person des ursprünglichen Gebäudeeigentümers geknüpft sind. Bei der Veräußerung des Gebäudes an einen in Bezug auf die Einrede redlichen Erwerber würde die Einredemöglichkeit verlorengehen. Nach Einleitung der Verfahren nach dem Sachenrechtsbereinigungsgesetz werden entsprechende Verfahrensvermerke eingetragen, die den Eigentümer schützen. Bis dahin schützt der hier vorgesehene Widerspruch den Eigentümer temporär.

Es handelt sich mithin, entgegen der Auffassung von *Stellwaag*,[1] nicht um die Verhinderung eines gutgläubigen Erwerbs des Gebäudeeigentums, sondern um die Verhinderung des einredefreien Erwerbs.[2]

B. Anlass der Widerspruchseintragung

2 Nach Abs. 1 ist der Widerspruch bei der Neuanlegung des Gebäudeblattes (§ 3 GGV) und der Vornahme der Korrespondenzeintragungen nach §§ 5, 6 GGV **von Amts wegen** auf **beiden** Blättern einzutragen, sofern nicht ein Fall des Abs. 5 vorliegt. Es ist dabei unbeachtlich, auf welche Art und Weise das Bestehen des Gebäudeeigentums dargetan wurde; der Widerspruch wird also auch dann eingetragen, wenn Eintragungsgrundlage ein Zuordnungsbescheid ist, denn der Widerspruch protestiert nicht gegen das Eigentum des Eingetragenen, sondern gegen die Einredefreiheit.[3] Wegen der bewilligten Anlegung siehe unten.

3 Nicht unmittelbar angesprochen ist der Fall der **nachträglichen** Buchung von Gebäudeeigentum bzw. Nutzungsrecht auf dem Grundstücksblatt nach § 5 Abs. 1 S. 2, § 6 S. 3 GGV. In diesen Fällen ist aber schon deshalb kein Widerspruch einzutragen, weil das Gebäudegrundbuchblatt bereits angelegt war und lediglich die Korrespondenzeintragung im Grundbuch des Grundstücks nachzuholen ist.

---

1 *Stellwaag*, VIZ 1995, 336.
2 *Schmidt-Räntsch/Sternal/Baeyens*, GGV, § 11 Rn 3; Meikel/*Böhringer*, GGV, § 11 Rn 2 ff.
3 A.A. *Stellwaag*, VIZ 1995, 131.

Insgesamt ist § 11 GGV heute ohne praktische Bedeutung, weil nach Abs. 5 Nr. 1 GGV der **Widerspruch nur bis Ablauf des 31.12.1996 einzutragen** war. Dieses Datum bezog sich auf die Wiederherstellung des öffentlichen Glaubens des Grundbuchs durch Art. 231 § 5 Abs. 3 und Art. 233 § 4 Abs. 2 EGBGB sowie § 111 SachenRBerG, die nach dem EinV auch mit Ablauf des 31.12.1996 eintreten sollte, dann aber zweimal bis zuletzt 31.12.2000 verlängert wurde.[4] Eine Anpassung an diese Verlängerungen in § 11 Abs. 5 GGV wurde nicht vorgenommen. Ob dies als ein Redaktionsversehen gewertet werden muss, kann nach Ablauf des 31.12.2000 dahingestellt bleiben. Wie zu § 4 GGV (s. § 4 Rdn 1) muss hinsichtlich der (Erst-)Anlegung eines Gebäudegrundbuchs ferner berücksichtigt werden, dass diese ohne Bewilligung des Grundstückseigentümers nicht zulässig ist, wenn nach dem 31.12.2000 ein rechtsgeschäftlicher Eigentumswechsel am Grundstück stattgefunden hat. Mit Art. 233 § 5 Abs. 3 EGBGB wird dann das Erlöschen des Gebäudeeigentums durch guten Glauben vermutet, weshalb § 4 GVV dann nicht mehr angewendet werden kann und § 11 GVV ohnehin obsolet ist.

C. Inhalt der Eintragung

I. Ort der Eintragung

Der Widerspruch war auf dem Gebäudeblatt in den Spalten 1–3 der zweiten Abteilung und auf dem Grundstücksblatt in den Spalten 4 und 5 einzutragen.

II. Bezeichnung

Jeder Widerspruch musste das von ihm **betroffene Recht** bezeichnen. Das konnte das Bestehen des eingetragenen Nutzungsrechts und/oder Gebäudeeigentums, die Berechtigung des Nutzungsberechtigten (Gebäudeeigentümers), oder die – vermeintliche – **Einredefreiheit** in Bezug auf § 29 SachenRBerG sein. Einzutragen war deshalb: „Widerspruch gegen die Nichteintragung der Einreden gem. § 29 SachenRBerG und gegen die Richtigkeit der Eintragung des Nutzungsrechts (Gebäudeeigentums) zugunsten …".

III. Berechtigte

Inhaber der Einrede war derjenige Grundstückseigentümer, gegen den die Ansprüche aus der Sachenrechtsbereinigung geltend gemacht werden sollten (§ 14 SachenRBerG). Als Widerspruchsberechtigter war deshalb „der jeweilige Grundstückseigentümer" einzutragen.

IV. Eintragungsgrundlage

In der Eintragung war der Grund der Eintragung anzugeben; zweckmäßig: „… eingetragen von Amts wegen gem. § 11 GGV am …".

D. Unterbleiben der Eintragung

I. Bewilligte Blattanlegung

Die Eintragung eines Widerspruches unterblieb nach Abs. 1, wenn der Grundstückseigentümer die Blattanlegung bzw. die Eintragung des Nutzungsrechts/Gebäudeeigentums bewilligt hatte.

II. Anhängigkeit eines notariellen Vermittlungsverfahrens

Die Eintragung des Widerspruchs unterblieb gleichfalls, wenn dem Grundbuchamt ein Eintragungsersuchen nach § 92 Abs. 5 SachenRBerG vorlag oder der entsprechende Vermerk bereits gebucht war.

---

4 Nach dem 1. Eigentumsfristengesetz v. 20.12.1996 (BGBl I 1996, 2028) auf den 31.12.1999 und dann nochmals auf den 31.12.2000 (2. EigtFristG v. 20.12.1999, BGBl I 1999, 2493).

III. Zeitliche Begrenzung

10 Nach dem nunmehr entscheidenden Abs. 5 Nr. 1 unterbleibt die Eintragung des Widerspruches, wenn der Antrag auf Anlegung des Gebäudeblattes nach dem 31.12.1996 einging.

IV. Vorliegen einer Nutzungsbescheinigung

11 Die Eintragung des Widerspruchs unterbleibt nach Abs. 5 Nr. 2, 3 auch, wenn dem Grundbuchamt eine Bescheinigung vorliegt, die dartut, dass das Gebäude in dem Zeitraum von der Vorlage des Entwurfes des SachenRBerG bis zum Inkrafttreten der GGV genutzt wurde. Der letztere Zeitpunkt wurde aus praktischen Gründen gewählt; ein Nutzungsnachweis bis zum Eintragungszeitpunkt wäre tatsächlich nicht möglich gewesen. So verbleibt eine offene Zeitlücke, die der Eigentümer selbst absichern muss[5] (z.B. durch Eintragung der Einrede aufgrund einstweiliger Verfügung oder durch Herbeiführung des Vermittlungsverfahrens).

12 Die Bescheinigung wird durch die kreisfreie oder kreisangehörige Stadt oder Gemeinde der Belegenheit erteilt, bei Zugehörigkeit der Gemeinde zu einem Amt, dem alle öffentlichen Aufgaben obliegen, ist dieses zuständig. Eine Selbstverwaltungsangelegenheit liegt nicht vor, weil es sich um ein Tätigwerden kraft Bundesrechts handelt.

Die Bescheinigung muss den Inhalt nach Abs. 5 S. 2 haben, d.h. sie muss sich ausdrücklich auf das Gebäude beziehen und dessen Nutzung im genannten Zeitraum dartun, wobei die Nutzung geschehen sein muss

– durch den Antragsteller (= Gebäudeeigentümer) oder dessen (Einzel- oder Gesamt-)Rechtsvorgänger, oder

– durch einen Mieter/Pächter aufgrund Vertrages mit dem Gebäudeeigentümer bzw. dessen Rechtsvorgänger.

13 Die Bescheinigung muss nicht bestandskräftig sein.[6] Unterbleibt die Eintragung von Amts wegen, so kann der Grundstückseigentümer gem. Abs. 5 S. 3 durch einen vor dem 1.1.1997 zu stellenden Antrag gleichwohl die Eintragung erreichen. Dies mag geboten sein, wenn der Eigentümer die Bescheinigung inhaltlich für unzutreffend hält. Zur Frist siehe oben Rdn 10.

E. Geltungsdauer und Löschung des Widerspruches
I. Gegenstandslosigkeit

14 Der **von Amts wegen** (Abs. 1) eingetragene Widerspruch war nach Ablauf von **vierzehn Monaten** seit Eintragung, der **auf Antrag** (Abs. 5 S. 3) eingetragene nach Ablauf von **drei Monaten** gegenstandslos, Abs. 3, Abs. 5 S. 4. Diese Gegenstandslosigkeit trat nicht ein, wenn

– vor Fristablauf ein notarielles Vermittlungsverfahren eingeleitet oder eine Klage aufgrund des Sachenrechtsbereinigungsgesetzes oder eine Klage auf Aufhebung des Nutzungsrechts erhoben wurde und

– dies vor Fristablauf dem Grundbuchamt in der Form des § 29 GBO nachgewiesen wird.

15 Da die Klage erst mit Zustellung an den Beklagten erhoben ist (§ 253 ZPO), müsste an sich diese Zustellung vor Fristablauf liegen. Man wird jedoch § 270 Abs. 3 ZPO anwenden können, wonach die fristgemäße Klageeinreichung genügt, sofern die Zustellung demnächst erfolgte. Nachzuweisen sind dem Grundbuchamt mithin stets die Klageeinreichung und deren Zustellung.

II. Löschung

16 Der Widerspruch ist – sofern er noch eingetragen sein sollte – auf beiden Blättern von Amts wegen zu löschen, sobald er gegenstandslos geworden ist und eine Eintragung auf auch nur einem der beiden Blätter vorzunehmen ist.

---

5 *Schmidt-Räntsch/Sternal/Baeyens*, GGV, § 11 Rn 16. 6 *Schmidt-Räntsch/Sternal/Baeyens*, GGV, § 11 Rn 19.

Er wird wohl auch dann zu löschen sein, wenn vor Eintritt der Gegenstandslosigkeit eine den Erfordernissen (siehe oben Rdn 11, 12) genügende Nutzungsbescheinigung vorgelegt wird. Dies ist zwar nicht ausdrücklich vorgesehen, ergibt sich jedoch als zwingende Konsequenz aus Abs. 5: Wenn die ursprüngliche Vorlage der Nutzungsbescheinigung dazu führt, dass zwingend die Eintragung des Widerspruches unterbleibt, so muss die nachträgliche Vorlage dessen Löschung ermöglichen.[7]

§ 12 Aufhebung des Gebäudeeigentums

(1) Die Aufhebung eines Nutzungsrechts oder Gebäudeeigentums nach Artikel 233 § 4 Abs. 5 des Einführungsgesetzes zum Bürgerlichen Gesetzbuche oder nach § 16 Abs. 3 des Vermögensgesetzes ist in der zweiten Abteilung des Grundbuchs des oder der belasteten oder betroffenen Grundstücke oder Flurstücke einzutragen, wenn das Recht dort eingetragen ist; ein vorhandenes Gebäudegrundbuchblatt ist zu schließen.

(2) Sofern im Falle des Absatzes 1 eine Eintragung im Grundbuch des belasteten Grundstücks oder die Schließung des Gebäudegrundbuchblattes nicht erfolgt ist, sind diese bei der nächsten in einem der Grundbuchblätter anstehenden Eintragung nachzuholen. Ist das Grundbuchblatt des belasteten Grundstücks infolge der Aufhebung des Nutzungsrechts oder Gebäudeeigentums gemäß Absatz 1 geschlossen oder das belastete oder betroffene Grundstück in das Gebäudegrundbuchblatt übertragen worden, so gilt ein als Grundstücksgrundbuchblatt fortgeführtes Gebäudegrundbuchblatt als Grundbuch im Sinne der Grundbuchordnung.

(3) Sind die für Aufhebung des Nutzungsrechts oder Gebäudeeigentums erforderlichen Eintragungen erfolgt, ohne daß eine Aufgabeerklärung nach Artikel 233 § 4 Abs. 5 des Einführungsgesetzes zum Bürgerlichen Gesetzbuche dem Grundbuchamt vorgelegen hat, hat das Grundbuchamt die Erklärung von dem eingetragenen Eigentümer des Grundstücks bei der nächsten in einem der Grundbuchblätter anstehenden Eintragung nachzufordern. Ist der jetzt eingetragene Eigentümer des Grundstücks nicht mit dem zum Zeitpunkt der Schließung des Grundbuchblattes für das Grundstück oder das Gebäude eingetragenen Eigentümer des Gebäudes identisch, so hat das Grundbuchamt die in Satz 1 bezeichnete Erklärung von beiden anzufordern. Nach Eingang der Erklärungen hat das Grundbuchamt die seinerzeit ohne die notwendigen Erklärungen vorgenommenen Eintragungen zu bestätigen; Absatz 2 Satz 2 gilt entsprechend. Wird die Erklärung nicht abgegeben, werden Grundstück und Gebäude in der Regel wieder getrennt gebucht.

A. Normzweck	1	I. Unvollständige Erledigung (Abs. 2 S. 1)	10
B. Materiell-rechtliche Aufhebung	4	II. Umfunktionierte Gebäudeblätter (Abs. 2 S. 2)	11
C. Löschung	8		
D. Bereinigung von Verfahrensverstößen	10	III. Löschung ohne Rechtsgrundlage (Abs. 3)	12

A. Normzweck

Die Norm enthält die grundbuchtechnischen Regelungen zur Umsetzung der materiellen Normen über die Aufhebung von Nutzungsrecht und Gebäudeeigentum (Art. 233 § 4 Abs. 6 EGBGB). Diese werden in der Grundbuchpraxis oft als Komplettierungsfälle bezeichnet. In der notariellen und grundbuchlichen Praxis wurde eine Vielzahl von Modellen der Zusammenführung mit zum Teil kuriosen Konstruktionen praktiziert.[1] Eine Ansicht bestimmte bspw. für das Gebäudeeigentum im Falle des Zusammentreffens mit dem Eigentum am Grundstück eine Konsolidation.[2] Allgemein wurde aber in Anlehnung an das Eigentümererbbaurecht ein getrenntes Fortbestehen von Gebäude und Grundstück bejaht.[3] Eine grds. denkbare

---

[7] *Schmidt-Räntsch/Sternal/Baeyens*, GGV, § 11 Rn 20, 1.

[1] Allgemein dazu Bauer/Schaub/*Krauß*, Anh § 150 Rn 10 ff.; *Eickmann*, Grundstücksrecht, Rn 165; *Böhringer*, Besonderheiten, Rn 326, 613 ff.; *Hügel*, MittBayNot 1993, 196.

[2] LG Schwerin MittBayNot 1993, 217 m. abl. Anm. *Albrecht*.

[3] *Moser-Merdian/Flik/Keller*, Das Grundbuchverfahren in den neuen Bundesländern, 3. Aufl. 1995, Rn 258; *Böhringer*, Besonderheiten, Rn 619.

Vereinigung von Grundstück und Gebäude beinhaltet aber die Besorgnis der Verwirrung aus § 5 GBO.[4] Das ehemals volkseigene Grundstück war abgesehen vom dinglichen Nutzungsrecht unbelastet, das Gebäude war in aller Regel mit Aufbauhypotheken belastet. Als zweckmäßigste Möglichkeit einer Zusammenführung hat sich erwiesen, zunächst das Grundstück dem Gebäudeeigentum gem. § 890 Abs. 2 BGB, § 6 GBO als Bestandteil zuzuschreiben; als Folge dessen erstrecken sich sodann nach allgemeiner Ansicht die Belastungen und dabei insbes. die Aufbauhypotheken des Gebäudes gem. § 1131 BGB auf das Grundstück.[5] Das dingliche Nutzungsrecht kann dann gem. Art. 233 § 4 Abs. 6 EGBGB, § 875 BGB aufgehoben werden. Mit der Aufhebung geht das selbstständige Gebäudeeigentum unter, das Gebäude wird wieder wesentlicher Bestandteil des Grundstücks (Art. 233 § 4 Abs. 5 S. 3 EGBGB). Der Aufhebung müssten zwar die am Gebäude dinglich Berechtigten zustimmen (§ 876 S. 1 BGB), dies ist aber dann nicht notwendig, wenn sie das gleiche Recht im gleichen Rang am Grundstück innehaben.[6] Dieses durchaus brauchbare Modell einer Zusammenführung hat sich in der Rechtspraxis durchgesetzt.

2   Der Anwendungsbereich des § 12 GGV ist weit gefasst. Er soll in erster Linie die Fälle regeln, bei denen vorhandene Gebäudegrundbücher geschlossen und Nutzungsrechte gelöscht wurden, ohne dass eine Aufgabeerklärung nach Art. 233 § 4 Abs. 6 EGBGB, § 875 BGB abgegeben oder in sonstiger Weise eine „Komplettierung" nicht ordnungsgemäß durchgeführt worden ist.[7] § 12 Abs. 2 S. 2 GGV betrifft eine in der Praxis der Grundbuchämter sehr häufig praktizierte Verfahrensweise. Bei der Zusammenführung wurde das Grundstück vom bisherigen Grundbuchblatt, auf welchem es mit einer Vielzahl anderer volkseigener Grundstücke gebucht war, auf das Gebäudegrundbuchblatt übertragen. Hier wurde sodann die Eintragung über Gebäudeeigentum gerötet, sodass am Ende nur das Grundstück als Rechtsobjekt gebucht sein sollte. Das Gebäudeblatt wurde damit entgegen § 37 Abs. 1 GBV einfach als Grundstücksgrundbuch weitergeführt. Diese an sich unsachgemäße Grundbuchführung wurde durch § 12 Abs. 2 S. 2 GGV geheilt.

3   Schließlich waren jene Fälle zu regeln, bei denen zwar eine Löschung des Nutzungsrechts und Schließung des Gebäudegrundbuchs stattgefunden hat, es jedoch an einer entsprechenden Aufgabeerklärung oder Bewilligung mangelte. Der Wortlaut des § 12 Abs. 3 GGV geht hier davon aus, dass diese Erklärung dem Grundbuchamt eindeutig vorgelegen haben müsse. Kann die Aufgabeerklärung auch durch Auslegung nicht ermittelt werden, muss materiell-rechtlich davon ausgegangen werden, dass trotz einer grundbuchmäßigen Zusammenführung das Gebäudeeigentum weiterhin selbstständig besteht. Eine Heilung kann hier nur durch nachträgliche Abgabe der Erklärungen erfolgen. § 12 Abs. 3 GGV bestimmt hierzu, dass das Grundbuchamt bei der nächsten anstehenden Eintragung den Berechtigten unter Aufklärung des Sachverhaltes aufzufordern hat, eine entsprechende Erklärung nachträglich noch abzugeben. Wird diese Erklärung nicht abgegeben, ist es notwendig, das Grundbuch wieder mit der materiellen Rechtslage in Einklang zu bringen, also das Gebäudeeigentum wieder selbstständig zu buchen und vom Grundstück zu trennen. Diese Verfahrensweise sollte aber nicht unbedacht angewendet werden, die Beteiligten sind auf jeden Fall darauf hinzuweisen.

B. Materiell-rechtliche Aufhebung

4   Bei Gebäudeeigentum, dem ein **Nutzungsrecht** zugrunde liegt, gilt Art. 233 § 4 Abs. 6, 7 EGBGB. Das **eingetragene** Nutzungsrecht erlischt durch

- materiell formfreie Aufhebungserklärung
- die Zustimmung eventueller am Gebäudeeigentum dinglich Berechtigter, und
- die Löschung des Rechts, §§ 875, 876 BGB.

Aufgehoben wird, ungeachtet Art. 231 § 5 Abs. 2 EGBGB, das Nutzungsrecht; das Gebäudeeigentum erlischt dann kraft Gesetzes, Art. 233 § 4 Abs. 6 S. 3 EGBGB.

---

4 *Hügel*, MittBayNot 1993, 196.
5 *Hügel*, MittBayNot 1993, 196; *Böhringer*, Besonderheiten, Rn 786.
6 BayObLG Rpfleger 1987, 156.
7 Begr. Entw. GGV, 36, 37; Meikel/*Böhringer*, GGV, § 12 Rn 2.

Ist das Nutzungsrecht **nicht eingetragen**, so genügt die notariell beurkundete Aufhebungserklärung; eine Grundbucheintragung (Löschung) geschieht nicht und zwar auch dann nicht, wenn ein Gebäudeblatt – ohne Korrespondenzeintragung im Grundstücksblatt – besteht.

Für **nutzungsrechtloses Gebäudeeigentum** gilt das oben Gesagte (vgl. Rdn 4, 5) entsprechend, Art. 233 § 2b Abs. 4 EGBGB. Aufgehoben wird hier unmittelbar das Gebäudeeigentum.

Neben dieser rechtsgeschäftlichen Aufhebung können Nutzungsrechte noch durch Bescheid des AROV im **Restitutionsverfahren** aufgehoben werden, § 16 Abs. 3 VermG. Mit Rechtsbeständigkeit des Bescheides ist das Nutzungsrecht aufgehoben und das Gebäudeeigentum erloschen. Im Gegensatz zu den oben erfassten Fällen liegt hier eine Grundbuchberichtigung vor, denn die Erlöschungswirkungen treten außerhalb des Buches ein.

C. Löschung

Die Löschung in den betroffenen Fällen setzt voraus:

- Antrag des Grundstückseigentümers oder des Gebäudeeigentümers, § 13 GBO,
- Löschungsbewilligung (§ 19 GBO) des Gebäudeeigentümers i.d. Form des § 29 GBO,
- evtl. Zustimmung der am Gebäudeeigentum dinglich Berechtigten (§ 876 S. 1 BGB, § 19 GBO) i.d. Form des § 29 GBO.

In den Fällen gilt § 22 GBO. Der Nachweis ist durch den mit einer Bestätigung der Rechtsbeständigkeit versehenen Restitutionsbescheid zu erbringen.

Es gilt dann **Abs. 1**:[8] Die Löschung ist in Spalten 6 und 7 der Abt. II des Grundstücksblattes einzutragen: „Gelöscht am …", oder auch „Infolge Aufhebung gelöscht am …".

Das Gebäudeblatt ist dann von Amts wegen zu schließen. Bei einem Erbbaurecht muss vor der Schließung des Erbbaurechtsblattes die auf dem Grundstücksblatt eingetragene Löschung im Erbbaurechtsblatt (Spalte 8 des Bestandsverzeichnisses) deklaratorisch vermerkt werden, § 56 Abs. 6 GBV. Wegen der allgemeinen Verweisung in § 3 Abs. 1 GGV wird das auch hier zu gelten haben. Die Schließung geschieht nach § 36 GBV.

D. Bereinigung von Verfahrensverstößen

I. Unvollständige Erledigung (Abs. 2 S. 1)

Liegt ein Löschungsantrag (-ersuchen) vor, so ist er/es unvollständig erledigt, wenn entweder der konstitutive Löschungsvermerk oder die deklaratorische Blattschließung noch nicht geschehen ist. Ist die Löschung auf dem Grundstücksblatt noch nicht geschehen, so sind bei rechtsgeschäftlicher Aufhebung Nutzungsrecht und/oder Gebäudeeigentum noch nicht erloschen. Da jedoch das Gebäudeblatt bereits geschlossen wurde, kann über das materiell fortbestehende Gebäudeeigentum ohnehin nicht mehr verfügt werden, so dass es genügt, wenn Abs. 2 S. 1 anordnet, dass der Löschungsvermerk aus Anlass einer anderen Eintragung nachgeholt wird.[9] Ist zwar ein Löschungsvermerk im Grundstücksblatt gebucht, jedoch das Gebäudeblatt nicht geschlossen worden, so ist das Gebäudeeigentum trotzdem erloschen, denn die Blattschließung ist lediglich deklaratorischer Natur. Im Hinblick auf Art. 233 § 2 Abs. 3, § 4 Abs. 1 S. 3 EGBGB ist ungeachtet der Existenz eines Grundbuches für das erloschene Gebäudeeigentum ein Erwerb kraft Gutglaubensschutzes ausgeschlossen. Deshalb genügt es auch in diesen Fällen, wenn die Blattschließung aus Anlass einer Eintragung nachgeholt wird.

II. Umfunktionierte Gebäudeblätter (Abs. 2 S. 2)

Bei der Aufhebung von Gebäudeeigentum an ehedem volkseigenen Grundstücken im Zusammenhang mit sog. „Modrow-Kaufverträgen" (G. v. 7.3.1990) existierte häufig für das Grundstück ein Grundbuchblatt, sondern nur die Bestandskarte nach Nr. 160 der Colido-Grundbuchanweisung. Die Liegenschafts-

---

8 Abs. 1 nennt noch „Art. 233 § 4 Abs. 5 EGBGB"; der frühere Abs. 5 ist jetzt Abs. 6.

9 Meikel/*Böhringer*, GGV, § 12 Rn 12.

dienste (Grundbuchämter) haben dann häufig anstelle der Schließung des Gebäudeblattes und der Anlegung eines Grundstücksblattes unter Streichung des Wortteiles „Gebäude" das Gebäude- als Grundstücksblatt fortgeführt. Abs. 2 S. 2 sanktioniert dieses Vorgehen und bezeichnet das umfunktionierte Blatt als Grundbuch im Sinne der Gesetze. Die Vorschrift darf freilich nur als Heilungsnorm für Verfahrensverstöße in Übergangszeiten verstanden werden; sie billigt nicht etwa eine solche Verfahrensweise allgemein und auch für die Zukunft.[10]

III. Löschung ohne Rechtsgrundlage (Abs. 3)

12 Vielfach sind Löschungen und/oder Schließung bzw. Umfunktionierung des Gebäudeblattes geschehen, ohne dass die erforderliche Aufhebungserklärung (Löschungsbewilligung) vorlag. Diese genügte weder nach DDR-Recht noch nach Bundesrecht; Nutzungsrecht und/oder Gebäudeeigentum **bestehen fort**.

13 **Abs. 3** sieht vor, dass die Erklärung aus Anlass der nächsten anstehenden Eintragung beim dortigen Grundstückseigentümer anzufordern sind; hat das Eigentum zwischenzeitlich gewechselt, so ist gem. Satz 2 die Erklärung vom derzeitigen und vom vorherigen Eigentümer anzufordern. Gehen die notwendigen Erklärungen ein, so hat das Grundbuchamt gem. Satz 3 die seinerzeitigen Eintragungen „zu bestätigen". Dies hat dann durch eine erneute Eintragung in den Spalten 6 und 7 zu geschehen: „Der am ... eingetragene Löschungsvermerk gem. § 12 Abs. 3 GGV bestätigt am ...". Die Löschung ist dann erst mit dem Tage des Bestätigungsvermerkes als geschehen anzusehen.

14 Ist nur das Gebäudeblatt geschlossen oder dieses umfunktioniert worden, so ist ein Schließungsvermerk zu bestätigen, insbesondere aber ist der Löschungsvermerk im Grundstücksblatt (erstmals) einzutragen. Das ist zwar in der Vorschrift nicht ausdrücklich vorgesehen, ist aber zwingende Notwendigkeit für die vom Verordnungsgeber angestrebte Herbeiführung einer materiell wirksamen Aufhebung.[11]

15 Gehen die angeforderten Erklärungen nicht ein, so sind nach Satz 4 regelmäßig Grundstück und Gebäude getrennt zu buchen. Das kann insbesondere dann unterbleiben, wenn Gebäude- und Grundstückseigentum sich in einer Hand befinden und der Eigentümer gem. § 78 Abs. 1 S. 3 SachenRBerG verpflichtet ist, das Gebäudeeigentum aufzuheben. Dann kann nämlich das Grundbuchamt den Eigentümer gem. § 82 GBO, § 35 FamFG dazu anhalten, die erforderlichen Erklärungen nachzureichen, § 78 Abs. 1 S. 5 und 6 SachenRBerG.

§ 13   Bekanntmachungen

Auf die Bekanntmachungen bei Eintragungen im Grundbuch des mit einem dinglichen Nutzungsrecht belasteten oder von einem Gebäudeeigentum betroffenen Grundstücks oder Flurstücks sowie bei Eintragungen im Gebäudegrundbuchblatt ist § 17 des Erbbaurechtsgesetzes sinngemäß anzuwenden. Bei Eintragungen im Gebäudegrundbuchblatt sind Bekanntmachungen gegenüber dem Eigentümer des belasteten oder betroffenen Grundstücks jedoch nur dann vorzunehmen, wenn das Recht dort eingetragen ist oder gleichzeitig eingetragen wird und der Eigentümer bekannt ist.

1 **Eintragungen im Grundstücksblatt** werden bekanntgemacht dem einreichenden Notar, dem Antragsteller, dem Eigentümer sowie allen Betroffenen und Begünstigten; die Eintragung eines Eigentümers auch den Inhabern von Grundpfandrechten und Reallasten.

2 Die Eintragung eines Eigentümers, von Verfügungsbeschränkungen gegen diesen sowie die Eintragung eines Widerspruchs gegen das Eigentum ist auch dem Gebäudeeigentümer bekanntzumachen.

3 **Eintragungen auf dem Gebäudeblatt.** Hier gilt es oben Gesagte entsprechend, Rdn 2; jedoch nach Satz 2 nur dann, wenn das das Nutzungsrecht/Gebäudeeigentum auf dem Grundstücksblatt vermerkt und der Grundstückseigentümer bekannt ist.[1]

---

10 Dazu auch Meikel/*Böhringer*, GGV, § 12 Rn 13.
11 Kritisch zur Norm Meikel/*Böhringer*, GGV, § 12 Rn 17 ff.

1 Kritisch Meikel/*Böhringer*, GGV, § 13 Rn 2.

§ 14 Begriffsbestimmungen, Teilung von Grundstück und von Gebäudeeigentum

(1) Nutzer im Sinne dieser Verordnung ist, wer ein Grundstück im Umfang der Grundfläche eines darauf stehenden Gebäudes einschließlich seiner Funktionsflächen, bei einem Nutzungsrecht einschließlich der von dem Nutzungsrecht erfaßten Flächen unmittelbar oder mittelbar besitzt, weil er das Eigentum an dem Gebäude erworben, das Gebäude errichtet oder gekauft hat.

(2) Bestehen an einem Grundstück mehrere Nutzungsrechte, so sind sie mit dem sich aus Artikel 233 § 9 Abs. 2 des Einführungsgesetzes zum Bürgerlichen Gesetzbuche ergebenden Rang einzutragen.

(3) Die Teilung oder Vereinigung von Gebäudeeigentum nach Artikel 233 § 2b oder 8 des Einführungsgesetzes zum Bürgerlichen Gesetzbuche kann im Grundbuch eingetragen werden, ohne daß die Zustimmung des Grundstückseigentümers nachgewiesen wird. Bei Gebäudeeigentum nach Artikel 233 § 4 jenes Gesetzes umfaßt die Teilung des Gebäudeeigentums auch die Teilung des dinglichen Nutzungsrechts.

(4) Soll das belastete oder betroffene Grundstück geteilt werden, so kann der abgeschriebene Teil in Ansehung des Gebäudeeigentums, des dinglichen Nutzungsrechts oder des Rechts zum Besitz gemäß Artikel 233 § 2a des Einführungsgesetzes zum Bürgerlichen Gesetzbuche lastenfrei gebucht werden, wenn nachgewiesen wird, daß auf dem abgeschriebenen Teil das Nutzungsrecht nicht lastet und sich hierauf das Gebäude, an dem selbständiges Eigentum oder ein Recht zum Besitz gemäß Artikel 233 § 2a des Einführungsgesetzes zum Bürgerlichen Gesetzbuche besteht, einschließlich seiner Funktionsfläche nicht befindet. Der Nachweis kann auch durch die Bestätigung der für die Führung des Liegenschaftskatasters zuständigen Stelle oder eines öffentlich bestellten Vermessungsingenieurs, daß die in Satz 1 genannten Voraussetzungen gegeben sind, erbracht werden.

A. Normzweck 1	D. Teilung und Verbindung von Gebäudeeigentum (Abs. 3) 8
B. Begriff des Nutzers (Abs. 1) 2	I. Teilung 8
C. Der Rang mehrerer Nutzungsrechte (Abs. 2) 5	II. Verbindung 10
	E. Teilung des Grundstückes (Abs. 4) 11

A. Normzweck

Die Norm definiert zunächst in Abs. 1 den in § 4 Abs. 4 Nr. 2–4 verwendeten Begriff des Nutzers. Sie bestimmt sodann in Abs. 2 die Eintragung des Ranges mehrerer Nutzungsrechte, regelt in Abs. 3 die Teilung des Gebäudeeigentums und in Abs. 4 die Teilung des Grundstückes. 1

B. Begriff des Nutzers (Abs. 1)

Der hier gegebene und in § 4 Abs. 4 Nr. 2–4 verwendete Nutzerbegriff ist nicht der des § 9 SachenRBerG; dort kennzeichnet er alle aus dem Gesetz Berechtigten, hier kennzeichnet er – enger – alle aus dem Recht zum Besitz des Art. 233 § 2a EGBGB Berechtigten. 2

Die Definition geht zurück auf frühere Interpretationsempfehlungen der BMJ zu Art. 233 § 2b EGBGB.[1] Sie enthält: 3

– das **Besitzmoment**: Nutzer kann nur sein, wer unmittelbar oder mittelbar (§ 868 BGB) Besitzer ist; 4

– das **Erwerbsmoment**: Nutzer kann nur sein, wer Gebäudeeigentümer ist, wer das Gebäude errichtet oder wer wenigstens einen schuldrechtlichen Kaufvertrag darüber abgeschlossen hat, auch wenn dessen Erfüllung noch aussteht.

Darüber hinaus ist der Umfang des Rechts des Nutzers allgemein flächenmäßig beschrieben.

---
[1] Grundbuch-Info 2, S. 25 ff., auch: Bnz. Nr. 150 v. 13.8.93.

C. Der Rang mehrerer Nutzungsrechte (Abs. 2)

5 Mehrere Nutzungsrechte haben den Rang, der sich aus ihren **Entstehungszeitpunkten** ergibt (Art. 233 § 9 Abs. 2 EGBGB), denn es handelt sich um Rechte, die zu ihrer Entstehung nicht der Eintragung im Grundbuch bedurften.

6 Entstehungszeitpunkt ist beim Nutzungsrecht des § 278 ZGB der in der Urkunde genannte Zeitpunkt des Nutzungsbeginns; beim Nutzungsrecht des § 291 ZGB das Datum der Ausstellung der Urkunde.[2]

7 Die sich daraus ergebende Rangfolge ist entsprechend § 45 Abs. 1 GBO zu verlautbaren.

D. Teilung und Verbindung von Gebäudeeigentum (Abs. 3)

I. Teilung

8 Ob die Teilung eines Gebäudeeigentums überhaupt uneingeschränkt möglich ist, erscheint zweifelhaft. Der bloße Hinweis auf die in Art. 233 § 4 Abs. 1 u. 7 EGBGB verfügte grundsätzliche Gleichstellung mit dem Grundstückseigentum ist dafür nicht genügend,[3] steht doch auch das Erbbaurecht einem Grundstück gleich und unterliegt trotzdem hinsichtlich seiner Teilbarkeit eigenen Regeln. In den hier zu erörternden Fällen wird, wie beim Erbbaurecht gelten müssen, dass nach der Teilung auf jeden Ausübungsteil (Grundstücksteil) ein **selbständig nutzbares** eigenes **Bauwerk** besteht, denn an einem bloßen Gebäudeteil kann wegen § 93 BGB kein selbstständiges Gebäudeeigentum (nebst evtl. Belastungen) bestehen. Schon daran wird die Teilung wohl regelmäßig scheitern.

9 Ist nach dem oben Gesagten (siehe Rdn 8) eine Teilung möglich, so ist zu unterscheiden, ob es sich um Gebäudeeigentum aufgrund eines Nutzungsrechts (Art. 233 § 4 EGBGB) oder um nutzungsrechtloses Gebäudeeigentum handelt. Im letzten Falle ist eine Mitwirkung des Grundstückseigentümers nach Abs. 3 S. 1 nicht erforderlich. Bei Bestehen eines **Nutzungsrechts** ist nach S. 2 **auch dieses** zu teilen. Die darin zu erblickende **Inhaltsänderung** bedarf der Mitwirkung des Grundstückseigentümers, §§ 877, 873 BGB.

II. Verbindung

10 Die Vereinigung (besser: Verbindung) mehrerer Gebäudeeigentumsrechte wird allgemein als zulässig angesehen.[4] Bedenken dagegen bestehen nicht; es gelten die allgemeinen Regeln; einer Mitwirkung des Grundstückseigentümers bedarf es hier nicht. Dass bei Vereinigung der Gebäudeeigentumsrechte bestehende Nutzungsrechte gesamtrechtsähnlich verbunden werden (siehe § 5 Abs. 3 GGV), ist im Gegensatz zur Teilung wohl keine Inhaltsänderung, weil sich die Ausübung als solche nicht verändert.

E. Teilung des Grundstückes (Abs. 4)

11 Die Regelung greift bei einer Grundstücksteilung den Rechtsgedanken aus § 1026 BGB auf, hier freilich nur verfahrenstechnisch; eine vergleichbare materiell-rechtliche Norm fehlt.[5] Ein neugebildeter Grundstücksteil kann lastenfrei in Bezug auf Nutzungsrecht, Gebäudeeigentum oder Besitzrecht abgeschrieben werden, wenn nachgewiesen ist, dass der abzuschreibende Teil außerhalb des Ausübungsbereiches dieser Rechte liegt. Das kann sich entweder schon aus dem Buch oder den Grundakten gem. § 10 GGV ergeben, dann besteht Offenkundigkeit, die einen Nachweis erübrigt. Ansonsten kann eine Karte (Bestätigung) der Katasterbehörde oder eines Vermessungsingenieurs vorgelegt werden.

---

2 Ausf. dazu: *Eickmann*, Grundstücksrecht, Rn 135; a.A. offenbar *Schmidt-Räntsch/Sternal/Baeyens*, GGV, § 14 Rn 3.

3 So aber *Schmidt-Räntsch/Sternal/Baeyens*, GGV, § 14 Rn 4; kritisch auch Meikel/*Böhringer*, GGV, § 14 Rn 10.

4 *Böhringer*, Grundbuchrecht-Ost, Rn 43.

5 Das ist nicht unbedenklich, weil Voraussetzung der freien Buchung zunächst das materielle Freiwerden sein muss, vgl. BayObLGZ 1954, 286, 295.

§ 15 Überleitungsvorschrift

(1) Es werden aufgehoben:
1. § 4 Abs. 3 des Gesetzes über die Verleihung von Nutzungsrechten an volkseigenen Grundstücken vom 4.12.1970 (GBl. I Nr. 24 S. 372),
2. § 10 Abs. 1 der Verordnung über die Sicherung des Volkseigentums bei Baumaßnahmen von Betrieben auf vertraglich genutzten nichtvolkseigenen Grundstücken vom 7.4.1983 (GBl. I Nr. 12 S. 129),
3. Nummer 9 Abs. 3 Buchstabe a, Nummer 12 Abs. 2 Buchstabe a, Nummer 18 Abs. 2, Nummer 40 und Nummer 75 Abs. 3 sowie Anlage 16 der Anweisung Nr. 4/87 des Ministers des Innern und Chefs der Deutschen Volkspolizei über Grundbuch und Grundbuchverfahren unter Colidobedingungen – Colido-Grundbuchanweisung – vom 27.10.1987.

Nach diesen Vorschriften eingetragene Vermerke über die Anlegung eines Gebäudegrundbuchblattes sind bei der nächsten anstehenden Eintragung in das Grundbuchblatt für das Grundstück oder für das Gebäudeeigentum an die Vorschriften des § 5 Abs. 2 und 3, § 6, § 9 Abs. 3 und § 12 anzupassen.

(2) § 4 Abs. 1 gilt nicht für Gebäudegrundbuchblätter, die vor dem Inkrafttreten dieser Verordnung angelegt worden sind oder für die der Antrag auf Anlegung vor diesem Zeitpunkt bei dem Grundbuchamt eingegangen ist.

(3) § 14 Abs. 2 und 3 gilt nur für Eintragungen, die nach Inkrafttreten dieser Verordnung beantragt worden sind.

Die Norm enthält **Überleitungsvorschriften**. In Kraft getreten ist sie am 1.10.1994 (Art. 5 der VO v. 15.7.1994, BGBl I 1994, 1606).

Abs. 1 S. 1 hebt alle bisher noch fortgeltenden Rechtsvorschriften der DDR auf, die sich mit grundbuchtechnischen Fragen in Bezug auf Nutzungsrechte und Gebäudeeigentum befassen.

S. 2 lässt Eintragungen, die nach diesen Vorschriften bewirkt worden sind, zunächst bei Bestand, ordnet jedoch aus Anlass einer anderen Eintragung die Anpassung der alten Eintragung an die Regeln dieser VO an. Diese Anpassung wird in der Veränderungsspalte der Abt. II zu geschehen haben. Im Falle von Nr. 9 Abs. 3a Colido-Anweisung (= Vermerk des Gebäudeeigentümers gem. § 459 ZGB in der ersten Abteilung!) wird eine völlige Neueintragung in den Spalten 1–3 der zweiten Abteilung notwendig sein; der Vermerk in Abt. I ist zu röten.

Abs. 2 bestimmt, dass die Blätter, die vor dem Inkrafttreten dieser VO angelegt waren oder deren Anlegung vor Inkrafttreten beantragt war, die bisherigen Vorschriften gelten.

Abs. 3 unterwirft Eintragungen i.S. des § 14 GGV, die vor Inkrafttreten beantragt worden sind, nicht den in § 14 GGV getroffenen Regelungen. Da sich das dort Geregelte jedoch als unmittelbare Konsequenz des materiellen Rechts ergibt, kann auch für früher beantragte Eintragungen im Ergebnis nichts anderes gelten, weil sonst das Grundbuch unrichtig würde.

Teil 6: Grundbuchbereinigungsgesetz (GBBerG)

Vom 20.12.1993 (BGBl. I S. 2182, 2192)

Zuletzt geändert durch: Zehnte Zuständigkeitsanpassungsverordnung v. 31.08.2015 (BGBl. I S. 1474)

Abschnitt 1: Behandlung wertbeständiger und ähnlicher Rechte

§ 1 Umstellung wertbeständiger Rechte

(1) In dem in Artikel 3 des Einigungsvertrages bestimmten Gebiet kann aus einer Hypothek, Grundschuld oder Rentenschuld, die vor dem 1. Januar 1976 in der Weise bestellt wurde, daß die Höhe der aus dem Grundstück zu zahlenden Geldsumme durch den amtlich festgestellten oder festgesetzten Preis einer bestimmten Menge von Feingold, den amtlich festgestellten oder festgesetzten Preis einer bestimmten Menge von Roggen, Weizen oder einer bestimmten Menge sonstiger Waren oder Leistungen oder durch den Gegenwert einer bestimmten Geldsumme in ausländischer Währung bestimmt wird (wertbeständiges Recht), vom Inkrafttreten dieses Gesetzes an nur die Zahlung eines Geldbetrages nach den folgenden Vorschriften aus dem Grundstück verlangt werden.

(2) Ist die Leistung oder Belastung in einer bestimmten Menge von Roggen und daneben wahlweise in einer bestimmten Menge von Weizen ausgedrückt, so ist der höhere Betrag maßgeblich. Ist die Leistung oder Belastung in einer bestimmten Menge von Roggen oder Weizen und daneben wahlweise in Reichsmark, Rentenmark, Goldmark, in ausländischer Währung oder in einer bestimmten Menge von Feingold ausgedrückt, so kann aus dem Grundstück nur die Zahlung des Betrages in Deutscher Mark verlangt werden, auf den der in Reichsmark, Rentenmark, Goldmark, ausländischer Währung oder der in einer bestimmten Menge von Feingold ausgedrückte Betrag umzurechnen ist.

§ 2 Umgestellte wertbeständige Rechte

(1) Bei wertbeständigen Rechten, die bestimmen, daß sich die Höhe der aus dem Grundstück zu zahlenden Geldsumme durch den amtlich festgestellten oder festgesetzten Preis einer bestimmten Menge von Feingold bestimmt, entsprechen einem Kilogramm Feingold 1.395 Deutsche Mark.

(2) Ist bei wertbeständigen Rechten die aus dem Grundstück zu zahlende Geldsumme durch den amtlich festgestellten oder festgesetzten Preis einer bestimmten Menge von Roggen oder Weizen bestimmt, so entsprechen einem Zentner Roggen 3,75 Deutsche Mark und einem Zentner Weizen 4,75 Deutsche Mark. Satz 1 gilt nicht

1. für wertbeständige Rechte, die auf einem Grundstücksüberlassungsvertrag oder einem mit einer Grundstücksüberlassung in Verbindung stehenden Altenteilsvertrag (Leibgedings-, Leibzuchts- oder Auszugsvertrag) beruhen,
2. für wertbeständige bäuerliche Erbpachtrechte und ähnliche Rechte (Kanon, Erbenzins, Grundmiete, Erbleihe).

Die Sätze 1 und 2 gelten für Reallasten, die auf die Leistung einer aus dem Roggen- oder Weizenpreis errechneten Geldsumme aus dem Grundstück gerichtet sind, entsprechend.

(3) Dem Verpflichteten bleibt es unbenommen, sich auf eine andere Umstellung zu berufen, wenn er deren Voraussetzungen nachweist.

§ 3 Umstellung anderer wertbeständiger Rechte

(1) Bei sonstigen wertbeständigen Rechten einschließlich den in § 2 Abs. 2 Satz 2 genannten, bei denen sich die aus dem Grundstück zu zahlende Geldsumme nach dem Gegenwert einer bestimmten Menge Waren oder Leistungen bestimmt, kann nur Zahlung eines Betrages verlangt werden, der dem für die Umrechnung am Tag des Inkrafttretens dieses Gesetzes an den deutschen Börsen notierten Mittelwert, bei fehlender Börsennotierung dem durchschnittlichen Marktpreis für den Ankauf dieser Waren entspricht. Das Bundesministerium der Justiz und für Verbraucherschutz wird ermächtigt, diese Mittelwerte, bei ihrem Fehlen die durchschnittlichen Marktpreise, durch Rechtsverordnung festzustellen.

(2) Absatz 1 gilt entsprechend, wenn sich die Höhe der aus dem Grundstück zu zahlenden Geldsumme nach dem Gegenwert einer bestimmten Geldsumme in ausländischer Währung bestimmt. Die besonderen Vorschriften über schweizerische Goldhypotheken bleiben unberührt.

§ 4 Grundbuchvollzug

Die nach den §§ 1 bis 3 eintretenden Änderungen bedürfen zum Erhalt ihrer Wirksamkeit gegenüber dem öffentlichen Glauben des Grundbuchs nicht der Eintragung. Die Beteiligten sind verpflichtet, die zur Berichtigung, die auch von Amts wegen erfolgen kann, erforderlichen Erklärungen abzugeben. Gebühren für die Grundbuchberichtigung werden nicht erhoben.

A. Entwicklungen des GBBerG 1	b) Anwendungsbereich der §§ 1–4 GBBerG 5
I. Entstehung und Inkrafttreten 1	2. Grundbuchvollzug 6
II. Inhalt des Gesetzes im Überblick 2	II. Berechnung der Umstellung 7
B. Umrechnung und Umstellung alter Grundpfandrechte (§§ 1–4 GBBerG) 4	1. Umstellung wertbeständiger Rechte 7
I. Grundsätze 4	2. Schweizerische Goldhypothek 8
1. Umrechnung wertbeständiger Rechte .. 4	3. „Uralt-Grundpfandrechte" 9
a) Rechtsgrundlagen für wertbeständige Rechte 4	

A. Entwicklungen des GBBerG

I. Entstehung und Inkrafttreten

1 Das Grundbuchbereinigungsgesetz ist als Teil des RegVBG v. 20.12.1993 (BGBl I 1993, 2182) am 25.12.1993 in Kraft getreten. Die Vorschriften beinhalten eher unzusammenhängende Probleme des Grundbuchverfahrens in den neuen Bundesländern (Beitrittsgebiet), es ist als Reparaturgesetz für Einzelfallfragen zu betrachten.[1]

Das GBBerG wurde mehrfach ergänzt und zuletzt geändert durch das FFG-Reformgesetz v. 17.12.2008 (BGBl I 2008, 2586) sowie in Einzelvorschriften an andere Vorschriften angepasst durch die Zehnte Zuständigkeitsanpassungsverordnung (10. ZustAnpV) v. 31.8.2015 (BGBl I 2015, 1474).

Das Gesetz wird ergänzt durch die Verordnung zur Durchführung des Grundbuchbereinigungsgesetzes und anderer Vorschriften auf dem Gebiet des Sachenrechts – Sachenrechts-Durchführungsverordnung (SachenR-DV) v. 20.12.1994 (BGBl I 1994, 3900). Diese ist im Anhang zum GBBerG abgedruckt.

---

[1] Allgemein Eickmann/*Böhringer*, SachenRBerG, Vor § 1 GBBerG Rn 2; eingehend *Böhringer*, BWNotZ 2005, 25; *Böhringer*, BWNotZ 2007, 1.

II. Inhalt des Gesetzes im Überblick

Der Inhalt des Gesetzes lässt sich wie folgt gliedern:[2]

- §§ 1–4 GBBerG: Umrechnung alter Grundpfandrechte
- §§ 5, 6 GBBerG: Erlöschen und erleichtertes Aufgebotsverfahren bei beschränkten dinglichen Rechten
- § 8 GBBerG: Erlöschen nicht eingetragener beschränkter dinglicher Rechte
- §§ 9, 9a GBBerG: Entstehen und Grundbucheintragung beschränkter persönlicher Dienstbarkeiten für Energieversorger
- § 10 GBBerG: Erlöschen von Grundpfandrechten durch Hinterlegung
- § 11–13 GBBerG: Sonderfälle wie Ausnahmen vom Voreintragungsgrundsatz des § 39 GBO, Rechtsnachfolge bei Genossenschaften, Flurneuordnungsverfahren
- § 14 GBBerG: Gemeinschaftliches Eigentum von Ehegatten im Beitrittsgebiet
- § 15 GBBerG: Aufgebotsverfahren nach Entschädigungsgesetz

Zahlreiche Fragestellungen betreffen auch Grundbücher der alten Bundesländer, etwa das Erlöschen von Rechten, die auf die Lebenszeit eines Berechtigten beschränkt sind (§ 5). Der Anwendungsbereich des Gesetzes ist damit nicht gänzlich auf das Beitrittsgebiet beschränkt.

Ein wesentlicher Aspekt des GBBerG ist die Erleichterung der Löschung scheinbar überholter Grundstücksrechte. Hierzu enthalten die §§ 1–4 GBBerG Regelungen zur Umrechnung sog. wertbeständiger Grundpfandrechte. Sie gelten nach § 1 GBBerG nur im Beitrittsgebiet,[3] obgleich auch in den alten Bundesländern wertbeständige Alt-Grundpfandrechte eingetragen sein können. Gleiches gilt für das Erlöschen eines Grundpfandrechts durch Hinterlegung eines Geldbetrages nach § 10 GBBerG.

Einzelne Regelungen hielt der Gesetzgeber für so gelungen, dass er ihren Anwendungsbereich durch nachfolgende Gesetzesänderungen ausbaute, so insbes. zum Entstehen beschränkter persönlicher Dienstbarkeiten nach § 9 GBBerG.

B. Umrechnung und Umstellung alter Grundpfandrechte (§§ 1–4 GBBerG)

I. Grundsätze

1. Umrechnung wertbeständiger Rechte

a) Rechtsgrundlagen für wertbeständige Rechte

Vor allem in den 1920er-Jahren ermöglichten zahlreiche Rechtsvorschriften zum Ausgleich der galoppierenden Inflation nicht die Eintragung von Grundpfandrechten in ausländischer Währung sondern auch als sog. wertbeständige Rechte.[4] Der Kapitalbetrag des Grundpfandrechts bestimmte sich dann nach dem jeweiligen Preis von Edelmetall (Feingold oder auch Goldmark) oder einer bestimmten Ware (Getreide). Rechtsgrundlagen der Eintragungen waren insbes. das Gesetz über wertbeständige Hypotheken v. 23.6.1923 (RGBl I 1923, 407), die 5. VO zur Durchführung der Gesetzes über wertbeständige Hypotheken v. 17.4.1924 (RGBl I 1924, 415), das Gesetz über die Umwandlung wertbeständiger Rechte und ihre Behandlung im landwirtschaftlichen Entschuldungsverfahren (Roggenschuldgesetz) v. 16.5.1924 (RGBl I 1924, 391), die VO zur Durchführung des Roggenschuldgesetzes v. 25.5.1934 (RGBl I 1934, 448), die VO über wertbeständige Rechte v. 16.11.1940 (RGBl I 1940, 1521).[5]

Die Umstellung dieser Rechte in den westlichen Besatzungszonen erfolgte durch VO Nr. 92 der Militärregierung v. 1.7.1947 (VOBl BZ, 111) sowie dem Gesetz der Britischen Militärregierung Nr. 61 zur Neuordnung des Geldwesens v. 20.6.1948 (VOBl BZ, 139).

Da in der sowjetischen Besatzungszone entsprechende Regelungen nicht erlassen wurden und zudem der Grundstücksverkehr in der ehemaligen DDR wenig Bedeutung hatte, konnte keine Bereinigung der Grundbücher für solche Rechte erfolgen. Es waren und sind daher zahlreiche Grundpfandrechte oder auch Reallasten als wertbeständige Rechte in den Grundbüchern eingetragen.

---

2 Siehe auch Bauer/Schaub/*Maaß*, Vor § 1 GBBerG Rn 4 ff.
3 Eickmann/*Böhringer*, SachenRBerG, § 1 GBBerG Rn 3, § 2 GBBerG Rn 21; Bauer/Schaub/*Maaß*, Vor § 1 GBBerG Rn 18 ff.
4 *Böhringer*, BWNotZ 1993, 117; *Bultmann*, NJ 1993, 203.
5 Zu den Rechtsgrundlagen auch Eickmann/*Böhringer*, SachenRBerG, § 2 GBBerG Rn 2a.

b) Anwendungsbereich der §§ 1–4 GBBerG

5 §§ 1–4 GBBerG regeln die Umrechnung und Umstellung dieser Rechte. Sie gelten für Grundpfandrechte, die vor dem 1.1.1976 in das Grundbuch eingetragen worden sind. Als Grundsatz regelt § 1 Abs. 1 GBBerG, dass für diese Rechte die Leistung künftig nur nach den § 1 Abs. 2 und §§ 2 ff. GBBerG verlangt werden kann. Es kann damit Leistung nur nach dem umgerechneten Geldbetrag in Deutsche Mark verlangt werden.

Seit 1.1.2002 kann Leistung nur noch in EUR verlangt werden. Eine Anpassung der Vorschriften an die Euro-Umstellung war nicht erforderlich, da diese bereits kraft Einführung des EUR und Außerkrafttretens der Deutschen Mark gelten (vgl. § 26a GBMaßnG Rdn 4).

Sind Grundpfandrechte in Reichsmark eingetragen, bedarf es keiner Umrechnung nach den §§ 1–4 GBBerG, es gilt dann bereits § 36a GBMaßnG. Ein auf die Währung „Goldmark" eingetragenes Grundpfandrecht ist in gleicher Weise im Verhältnis 2:1 auf Deutsche Mark umzurechnen.[6]

2. Grundbuchvollzug

6 Die Vorschriften haben praktisch Bedeutung für die Löschung eines entsprechenden Rechtes, insbes. hinsichtlich der Geltung des § 10 GBBerG. In der Immobilienpraxis herrscht oft der Gedanke vor, solche Rechte seien wertlos oder überholt und daher problemlos löschungsfähig. Dem ist freilich nicht so. Auch der umgerechnete Geldbetrag eines wertbeständigen Rechtes kann sehr hoch sein, ferner ist eine mögliche Verjährung einer gesicherten Forderung kein Grund für die Unwirksamkeit des Rechtes (vgl. §§ 902, 216 Abs. 1 BGB). Die Umstellung nach den §§ 1–4 GBBerG kann dann die Grundlage bilden, um ein Aufgebotsverfahren nach § 1170 BGB in die Wege zu leiten, eine Löschung vereinfachen sie per se nicht (dazu auch §§ 1–21 GBMaßnG Rdn 6 ff.).

§ 4 GBBerG regelt den eher seltenen Fall der möglichen Grundbuchberichtigung durch Eintragung des umgestellten Betrages. Danach sind die Beteiligten zur Abgabe entsprechender Bewilligungen (§§ 22, 19 GBO) verpflichtet.[7] Die Berichtigung ist gebührenfrei.

II. Berechnung der Umstellung

1. Umstellung wertbeständiger Rechte

7 Bei der Berechnung der Umstellung sind nach § 2 sowie § 12 SachR-DV (in Ausführung zu § 3 Abs. 1 S. 2 GBBerG) folgende Grundsätze maßgebend:[8]

– Leistung zum Preis von Feingold: Ein Kilogramm Feingold ist mit 1.395 Deutsche Mark umzurechnen; sodann im Verhältnis 1,95583:1 auf EUR.

– Leistung zum Preis von Roggen: Ein Zentner Roggen ist mit 3,75 Deutsche Mark umzurechnen; sodann im Verhältnis 1,95583:1 auf EUR.

– Leistung zum Preis von Weizen: Ein Zentner Weizen ist mit 4,75 Deutsche Mark umzurechnen; sodann im Verhältnis 1,95583:1 auf EUR.

– Für „Roggen und Weizen" gilt dies nicht, wenn es sich um ein Altenteil i.S.d. § 49 GBO handelt oder um bäuerliche Erbpachtrechte.

– Rechte in ausländischer Währung: Ein US-Dollar ist mit 1,70 Deutsche Mark umzurechnen; sodann im Verhältnis 1,95583:1 auf EUR.

– Leistung zum Preis von Kohle:

– Eine Tonne Fettförderkohle des Rheinisch-Westfälischen Kohlesyndikats ist mit 285,66 Deutsche Mark umzurechnen; sodann im Verhältnis 1,95583:1 auf EUR.

– Eine Tonne gewaschene Fettnuss IV des Rheinisch-Westfälischen Kohlesyndikats ist mit 314,99 Deutsche Mark umzurechnen; sodann im Verhältnis 1,95583:1 auf EUR.

---

[6] BT-Drucks 12/5553, 91; Eickmann/*Böhringer*, SachenRBerG, § 2 GBBerG Rn 2, 3.
[7] Bauer/Schaub/*Maaß*, § 4 GBBerG Rn 4 ff.
[8] Dazu auch *Böhringer*, Rpfleger 1995, 139; *Schmidt-Räntsch*, MittBayNot 1995, 250; *Böhringer*, Rpfleger 2000, 433; *Böhringer*, ZfIR 2017, 721; *Böhringer*, RpflStud 2018, 46; *Böhringer*, BWNotZ 2020, 144; *Böhringer*, RpflStud 2021, 249.

- Eine Tonne oberschlesische Flammstückkohle ist mit 192,80 Deutsche Mark umzurechnen; sodann im Verhältnis 1,95583:1 auf EUR.
- Eine Tonne niederschlesische Stückkohle ist mit 114,60 Deutsche Mark umzurechnen; sodann im Verhältnis 1,95583:1 auf EUR.
- Eine Tonne niederschlesische gewaschene Nusskohle I ist mit 314,99 Deutsche Mark umzurechnen, sodann im Verhältnis 1,95583:1 auf EUR.
- Leistung zum Preis von Salz: Ein Doppelzentner zu 100 kg Kalidüngesalz 40 vom Hundert ist mit 23,00 Deutsche Mark umzurechnen, sodann im Verhältnis 1,95583:1 auf EUR.

Bei sonstigen wertbeständigen Rechten ist der Gegenwert der jeweiligen Leistung nach dem börsennotierten Mittelwert zum Stichtag des 25.12.1993 (Inkrafttreten des Gesetzes) maßgebend (§ 3 Abs. 1 GBBerG). Fehlt ein Börsenwert, ist der durchschnittliche Marktpreis maßgebend. Besteht hierbei zwischen den Beteiligten Streit über die Bestimmung, ist dieser im Rahmen eines Rechtsstreits über die Erteilung der Berichtigungs- oder der Löschungsbewilligung zu klären. Das Grundbuchamt bestimmt den Preis nicht.

2. Schweizerische Goldhypothek

Ausgenommen von diesen Umstellungsregeln sind Grundpfandrechte auf Goldbasis für schweizerische Gläubiger (§ 3 Abs. 2 GBBerG).[9] Diese sog. „schweizerischen Goldhypotheken" wurden bestellt aufgrund Art. 3 des Abkommens zwischen dem Deutschen Reich und der Schweizerischen Eidgenossenschaft betreffend schweizerische Goldhypotheken in Deutschland und gewisse Arten von Frankenforderungen an deutsche Schuldner v. 6.12.1920 (RGBl II 1920, 2023).

Nach Art. 6 des Zusatzabkommens v. 25.3.1923 (RGBl II 1923, 286) sollten diese Grundpfandrechte zum Kurs von 123,45 Schweizer Franken auf 100 Reichsmark umgerechnet werden. Durch Abkommen der Bundesrepublik Deutschland mit der Schweizerischen Eidgenossenschaft v. 23.2.1953 und Gesetz v. 15.5.1954 (BGBl II 1954, 538, 740) wurde die Fälligkeit der Rechte auf den Ablauf des 31.12.1957 bestimmt mit anschließender Tilgung auf 13 Jahre. Sollten solche Rechte noch im Grundbuch eingetragen sein, gelten diese Umrechnungsregelungen.

3. „Uralt-Grundpfandrechte"

Neben den in §§ 1–3 genannten Währungen und Bezugswerten können auch noch Grundpfandrechte in Rentenmark, Papiermark oder gar sog. „Talerhypotheken" eingetragen sein.[10] Die in früheren, auch vor dem Jahre 1914 bestehenden Währungen wurden durch das Aufwertungsgesetz v. 16.7.1925 (RGBl I 1925, 117) in Reichsmark umgerechnet. Bei Grundpfandrechten war ein Antrag auf Eintragung der Aufwertung bis zum 31.3.1931 zu stellen. Erfolgte dies nicht, ist das Recht erloschen und konnte und kann von Amts wegen gelöscht werden.[11] Je nach Zeitpunkt des Rechtserwerbs erfolgte die Aufwertung des Rechtes unterschiedlich, maßgeblich war der Entstehenszeitpunkt 1.1.1918.[12]

Abschnitt 2: Überholte Dienstbarkeiten und vergleichbare Rechte

§ 5 Erlöschen von Dienstbarkeiten und vergleichbaren Rechten

(1) Im Grundbuch zugunsten natürlicher Personen eingetragene nicht vererbliche und nicht veräußerbare Rechte, insbesondere Nießbrauche, beschränkte persönliche Dienstbarkeiten und Wohnungsrechte, gelten unbeschadet anderer Erlöschenstatbestände mit dem Ablauf von einhundertundzehn Jahren von dem Geburtstag des Berechtigten an als erloschen, sofern nicht innerhalb von 4 Wochen ab diesem Zeitpunkt eine Erklärung des Berechtigten bei dem Grundbuchamt einge-

---

[9] Eingehend auch Eickmann/*Böhringer*, SachenRBerG, § 3 GBBerG Rn 4 ff.
[10] Eickmann/*Böhringer*, SachenRBerG, § 2 GBBerG Rn 11; lesenswert *Böhringer*, RpflStud 2018, 46.
[11] BMJ-Schr. v. 4.5.1995 – Gz: I B 4 b-358/01–130080/95, MittBayNot 1995, 250; Eickmann/*Böhringer*, SachenRBerG, § 2 GBBerG Rn 11.
[12] Eickmann/*Böhringer*, SachenRBerG, § 2 GBBerG Rn 13.

gangen ist, daß er auf dem Fortbestand seines Rechts bestehe; die Erklärung kann in Textform oder zur Niederschrift des Urkundsbeamten der Geschäftsstelle abgegeben werden. Ist der Geburtstag bei Inkrafttreten dieses Gesetzes nicht aus dem Grundbuch oder den Grundakten ersichtlich, so ist der Tag der Eintragung des Rechts maßgeblich. Liegt der nach den vorstehenden Sätzen maßgebliche Zeitpunkt vor dem Inkrafttreten dieses Gesetzes, so gilt das Recht mit dem Inkrafttreten dieses Gesetzes als erloschen, sofern nicht innerhalb von 4 Wochen ab diesem Zeitpunkt eine Erklärung des Berechtigten gemäß Satz 1 bei dem Grundbuchamt eingegangen ist.

(2) In dem in Artikel 3 des Einigungsvertrages genannten Gebiet in dem Grundbuch eingetragene Kohleabbaugerechtigkeiten und dem Inhaber dieser Gerechtigkeiten zu deren Ausübung eingeräumte Dienstbarkeiten, Vormerkungen und Vorkaufsrechte erlöschen mit Inkrafttreten dieses Gesetzes. Der Zusammenhang zwischen der Kohleabbaugerechtigkeit und der Dienstbarkeit, der Vormerkung oder dem Vorkaufsrecht ist glaubhaft zu machen; § 29 der Grundbuchordnung ist nicht anzuwenden.

(3) Ein nach Maßgabe des Absatzes 1 als erloschen geltendes oder gemäß Absatz 2 erloschenes Recht kann von dem Grundbuchamt von Amts wegen gelöscht werden.

A. Allgemeiner Regelungsgehalt	1	C. Löschung von Kohleabbaugerechtigkeiten	6
B. Erlöschen von überholten beschränkten dinglichen Rechten	2	D. Löschung von altrechtlichen Verfügungsbeeinträchtigungen	7
I. Materiell-rechtlicher Erlöschenstatbestand	2		
II. Löschung im Grundbuch	5		

A. Allgemeiner Regelungsgehalt

1 Die Grundbücher im Beitrittsgebiet wurden angesichts des eingeschränkten Rechtsverkehrs auch von alten und überholten beschränkten dinglichen Rechten nicht bereinigt. Insbesondere bei Rechten, die auf die Lebenszeit des Berechtigten beschränkt waren, konnte eine „natürliche" Bereinigung der Grundbücher durch Löschung alter, bereits erloschener und überholter Rechte nicht stattfinden. Vielfach fanden und finden sich Rechte noch aus der zweiten Hälfte des 19. Jahrhunderts oder aus den ersten 30 Jahren des 20. Jahrhunderts, bei denen mit Sicherheit davon ausgegangen werden kann, dass der Berechtigte nicht mehr lebt oder das Recht erloschen ist. Aus der Praxis ist bspw. ein Auszugsrecht (Wohnrecht und Naturalreallast) für eine ledige Tochter des Grundstückseigentümers auflösend bedingt auf den Fall ihrer Heirat bekannt; die Berechtigte war 1842 geboren.

Ziel des § 5 GBBerG ist es daher, die Löschung solcher überholter oder erloschener Rechte, insbes. beschränkter persönlicher Dienstbarkeiten, zu erleichtern, weil urkundliche Nachweise zur Grundbuchberichtigung nur mit Schwierigkeiten oder gar nicht mehr beigebracht werden können.[1]

§ 5 Abs. 1 S. 1 GBBerG gilt in der Fassung d. Art. 6 des Gesetzes vom 13.7.2001 (BGBl I S. 1542); § 5 Abs. 2 S. 1 GBBerG in der Fassung d. Art. 2 § 6 Nr. 1 Buchst. a des Gesetzes vom 21.9.1994 (BGBl I S. 2457); § 5 Abs. 2 S 2 GBBerG in der Fassung d. Art. 2 § 6 Nr. 1 Buchst. b des Gesetzes vom 21.9.1994 (BGBl I S. 2457).

§ 5 GBBerG gilt anders als die meisten anderen Vorschriften des GBBerG nicht lediglich im Beitrittsgebiet sondern im gesamten Bundesgebiet. Er ergänzt insbes. hinsichtlich beschränkter dinglicher Rechte die Regelung des § 1061 BGB, indem er das Erlöschen des Rechtes mit Erreichen eines Lebensalters vorschreibt.

B. Erlöschen von überholten beschränkten dinglichen Rechten

I. Materiell-rechtlicher Erlöschenstatbestand

2 § 5 Abs. 1 GBBerG bestimmt, dass alle zugunsten natürlicher Personen eingetragenen unveräußerlichen und unvererblichen Rechte zu einem bestimmten Zeitpunkt erlöschen. Solche Rechte sind Dienstbarkeiten, Wohnungsrechte und Nießbrauchsrechte, die kraft Gesetzes nicht veräußerlich sind und mit dem Tod

---

[1] Eingehend auch *Böhringer*, NotBZ 2005, 269; *Grziwotz*, ZfIR 2012, 529.

des Berechtigten erlöschen, §§ 1059, 1061 BGB. Umgekehrt gilt § 5 GBBerG nicht bei der Grunddienstbarkeit.[2] Ist hier das herrschende Grundstück unbekannt, kann unter den Voraussetzungen von § 6 GBBerG ein Aufgebotsverfahren durchgeführt werden. Es können auch ein Grundpfandrecht oder eine Reallast als unveräußerlich und unvererblich bestellt worden sein, auch dann gilt § 5 GBBerG.[3] Steht das Recht mehreren Berechtigten zu, und kommt § 5 GBBerG nur bei einzelnen Berechtigten in Betracht, ist je nach Berechtigungsverhältnis zu prüfen, ob das Recht weiter bestehen bleibt.[4] Typisch ist dies bei einem Wohnungsrecht in Gesamtberechtigung nach § 428 BGB, bei welchen nach Wegfall eines Berechtigten das Recht für den oder die weiteren Berechtigten fortbesteht.

Der Zeitpunkt, zu dem solche Rechte erlöschen, orientiert sich an dem vermuteten Lebensalter des Berechtigten. Das Recht gilt mit dem Erreichen des 110. Geburtstags des Berechtigten als erloschen, wenn dieser nicht innerhalb von vier Wochen ab diesem Zeitpunkt gegenüber dem Grundbuchamt auf den Fortbestand des Rechts bestehe. Die Vorschrift ist wortgetreu anzuwenden, sie ermöglicht keine Vermutungen dahingehend, dass ein einhundert Jahre alter Berechtigter nicht mehr lebe.[5]

Streitig ist, ob es sich dabei um einen materiellen Erlöschenstatbestand handelt oder um eine gesetzliche Vermutung, dass das Recht erloschen sei, weil der Berechtigte vermutlich nicht mehr lebe.[6] Sicherlich geht das Gesetz davon aus, dass das Alter von 110 Jahren niemand erreicht. Durch die vierwöchige Widerspruchsfrist wird aber deutlich, dass das Recht auch dann erlöschen soll, wenn der Berechtigte noch lebt; er soll sich gerade durch die vierwöchige Widerspruchsfrist vor dem Erlöschen schützen können. Betrachtet man die gesetzliche Regelung nur als Fiktion, würde mit der Löschung das Grundbuch unrichtig, wenn der Berechtigte noch lebt. Es gelten dann §§ 891, 892 BGB und durch gutgläubigen Grundstückserwerb eines Dritten würde das Recht auch materiellrechtlich erlöschen.

Ist der Geburtstag des Berechtigten aus dem Grundbuch nicht ersichtlich, gilt das Eintragungsdatum zur Berechnung des 110. Geburtstages. Da nach dem früheren Wortlaut des § 15 GBV die Eintragung des Geburtsdatums nicht vorgeschrieben war, ist der Ansatz des Eintragungsdatums sinnvoll, da dies zudem zugunsten des Berechtigten wirkt. War der 110. Geburtstag am 25.12.1993 (Inkrafttreten des Gesetzes) bereits abgelaufen, begann die Widerspruchsfrist mit Inkrafttreten des Gesetzes.

Der denkbare Widerspruch des Berechtigten muss nach dem 110. Geburtstag erklärt sein, er bedarf nicht der Form des § 29 GBO.

Verfassungsrechtlich ist der eigenständige Erlöschenstatbestand neben § 1061 BGB bedenklich, weil er eine Enteignung i.S.d. Art. 14 Abs. 3 GG darstellt, die nur durch die Widerspruchsfrist haltbar sein mag, weshalb die verfassungskonforme Auslegung in ihr auch lediglich eine Vermutung sieht.[7] Gegenüber möglicherweise noch lebenden 110-jährigen Berechtigten kann der Erlöschenstatbestand als ein Affront bezeichnet werden, denn wer denkt an seinem 110. Geburtstag schon an die vierwöchige Widerspruchsfrist? In der Rechtspraxis hat sich die Regelung des § 5 Abs. 1 GBBerG aber durchaus bewährt, da ihr die lebensnahe Vermutung zugrunde liegt, der Berechtigte sei bereits früher gestorben.

II. Löschung im Grundbuch

Das Grundbuchamt hat bei einer Eintragung im Grundbuchblatt zu prüfen, ob eine durch § 5 GBBerG „überholte" Eintragung vorliegt. Das Erlöschen sowie das denkbare Vorliegen eines Widerspruchs in der Grundakte sind von Amts wegen zu prüfen. Die Löschung des Rechtes erfolgt ebenfalls von Amts wegen (§ 5 Abs. 3 GBBerG).

C. Löschung von Kohleabbaugerechtigkeiten

Im Hinblick auf die ungeklärte Rechtslage bei Kohleabbaurechten bestimmt § 5 Abs. 2 GBBerG, dass eingetragene Kohleabbaugerechtigkeiten und deren Nebenrechte mit Inkrafttreten des Gesetzes zum

---

2 OLG Düsseldorf FGPrax 2018, 195.
3 Eickmann/*Böhringer*, SachenRBerG, § 5 GBBerG Rn 6.
4 Bauer/Schaub/*Maaß*, § 5 GBBerG Rn 9.
5 OLG Sachsen-Anhalt MittBayNot 2021, 130 = Rpfleger 2020, 133.
6 *Holzer*, NJW 1994, 481; Bauer/Schaub/*Maaß*, GBBerG, § 5 Rn 2; vgl. aber BT-Drucks 12/5553, 93; Eickmann/*Böhringer*, SachenRBerG, § 5 GBBerG Rn 2.
7 Bauer/Schaub/*Maaß*, § 5 GBBerG Rn 2.

25.12.1993 erloschen sind. Damit wurde der gesetzliche Erlöschenstatbestand für diese schon während der Zeit der DDR faktisch gegenstandslosen Rechte geschaffen. Die Nutzung des Bodens zur Gewinnung von Bodenschätzen, insbes. die Kohleförderung wurde schon durch Art. 25 der Verfassung der DDR v. 7.10.1949 verstaatlicht.[8] Entsprechende Rechte, die als grundstücksgleiche Rechte fortgalten, sind danach kraft Verfassung erloschen.

Die Löschung all dieser kraft Gesetzes erloschenen Rechte im Grundbuch erfolgt auf Antrag des Grundstückseigentümers als unmittelbar Berechtigten. Sie kann auch von Amts wegen durch das Grundbuchamt erfolgen (§ 5 Abs. 3 GBBerG). Nachweise sind nicht zu erbringen, da sich die Voraussetzungen des Erlöschens des Rechts aus dem Grundbuch selbst ergeben.[9]

D. Löschung von altrechtlichen Verfügungsbeeinträchtigungen

7   Über den Wortlaut des § 5 GBBerG hinaus können weitere Eintragungen und insbes. Verfügungsbeeinträchtigungen vorliegen, an deren Gültigkeit gezweifelt werden kann. Eine einheitliche Regelung liegt hierzu nicht vor, es ist vielmehr nach der jeweiligen Eintragung zu unterscheiden.[10]

Bei Verfügungsbeeinträchtigungen des Nachlassrechts (Nacherbenvermerk, Testamentsvollstreckervermerk) ist insbes. zu prüfen, ob nach Maßgabe des Kollisionsrechts des § 8 EGZGB Vor- und Nacherbfolge oder Testamentsvollstreckung wirksam bestanden.[11]

Für altrechtliche Dienstbarkeiten aus der Entstehungszeit vor 1.1.1900 gilt grundsätzlich Art. 187 EGBGB. Sie haben bei Grundbucheintragung weiterhin Geltung, im Übrigen gilt § 8 GBBerG.

8   Ein noch eingetragener Familienfideikommissvermerk stellt eine Verfügungsbeeinträchtigung zugunsten eines gebundenen Familienvermögens dar (vgl. Zweyter Theil Vierter Titel Dritter Abschnitt §§ 47 ff. Allg. Preuß. Landrecht – ALR v. 5.2.1794). Diese der Verfügungsbefugnis des einzelnen Eigentümers entzogenen Familienvermögensverhältnisse sollten nach Inkrafttreten des BGB aufgelöst werden. Die Länder sollten dazu Verfahrensregelungen erlassen; vgl. dazu das Gesetz über das Erlöschen der Familienfideikommisse und sonstiger gebundener Vermögen v. 6.7.1938 (RGBl I 1938, 825) mit der VO v. 2.3.1939 (RGBl I 1939, 509) sowie das Gesetz zur Vereinheitlichung der Fideikommissauflösung v. 19.4.2006 (BGBl I 2006, 866) und zuletzt das Gesetz zur Aufhebung von Fideikommiss-Auflösungsrecht v. 23.11.2007 (Art. 64 des Zweiten Gesetzes zur Bereinigung des Bundesrechts im Zuständigkeitsbereich des Bundesministeriums der Justiz, BGBl I 2007, 2614, 2622). Dieses zuletzt genannte Gesetz hebt in Ausführung der Föderalismus-Reform 2006 und der Zuständigkeitsverteilung zwischen Bund und Ländern in § 1 die Auflösungsgesetze und -Verordnungen des Bundes auf und gibt das Rechtsgebiet in die Zuständigkeit der Länder. Solange diese keine eigenen Regelungen erlassen, gilt das Bundesrecht aber fort (§ 2 des Gesetzes).

Das frühere Landesrecht (bis 1939) sowie das spätere Recht sahen keine Auflösung der Fideikommisse kraft Gesetzes vor, sondern ein Auseinandersetzungsverfahren der Familienmitglieder. Der Vermerk im Grundbuch ist daher nicht als solcher gegenstandslos. Ein im Grundbuch eingetragener Fideikommissvermerk darf nur auf Ersuchen des Fideikommissgerichts bei dem Oberlandesgericht aufgrund eines Fideikommiss-Auflösungsscheins gelöscht werden.[12]

---

8 Eickmann/*Böhringer*, SachenRBerG, § 5 GBBerG Rn 16 ff.; dazu auch *Gutbrod*, VIZ 1993, 417; *von Bargen*, NJ 1996, 627; *Kremer*, LKV 1996, 368; *Hoffmann*, BB 1996, 1450.
9 Eickmann/*Böhringer*, SachenRBerG, § 5 GBBerG Rn 21, 26.
10 Eingehend Eickmann/*Böhringer*, SachenRBerG, § 5 GBBerG Rn 42 ff.
11 Eickmann/*Böhringer*, SachenRBerG, § 5 GBBerG Rn 44a.
12 OLG München MittBayNot 2004, 434; Eickmann/*Böhringer*, SachenRBerG, § 5 GBBerG Rn 60, 62.

Abschnitt 2: Überholte Dienstbarkeiten und vergleichbare Rechte § 6 GBBerG

| § 6 | **Berechtigte unbekannten Aufenthalts, nicht mehr bestehende Berechtigte** |

(1) Ist bei einem Nießbrauch, einer beschränkten persönlichen Dienstbarkeit oder einem eingetragenen Mitbenutzungsrecht (Artikel 233 § 5 Abs. 1 des Einführungsgesetzes zum Bürgerlichen Gesetzbuche) der Begünstigte oder sein Aufenthalt unbekannt, so kann der Begünstigte im Wege des Aufgebotsverfahrens mit seinem Recht ausgeschlossen werden, wenn seit der letzten sich auf das Recht beziehenden Eintragung in das Grundbuch 30 Jahre verstrichen sind und das Recht nicht innerhalb dieser Frist von dem Eigentümer in einer nach § 212 Abs. 1 Nr. 1 des Bürgerlichen Gesetzbuchs für den Neubeginn der Verjährung geeigneten Weise anerkannt oder von einem Berechtigten ausgeübt worden ist. Satz 1 gilt entsprechend bei Dienstbarkeiten, die zugunsten des jeweiligen Eigentümers oder Besitzers eines Familienfideikommisses, einer Familienanwartschaft, eines Lehens, eines Stammgutes oder eines ähnlichen gebundenen Vermögens eingetragen sind, sowie bei Grunddienstbarkeiten, die zugunsten des jeweiligen Eigentümers eines Grundstücks eingetragen sind, dessen Grundakten vernichtet und nicht mehr wiederherzustellen sind.

(1a) Soweit auf § 1170 des Bürgerlichen Gesetzbuchs verwiesen wird, ist diese Bestimmung auf die vor dem 3. Oktober 1990 begründeten Rechte auch dann anzuwenden, wenn der Aufenthalt des Gläubigers unbekannt ist. § 1104 Abs. 2 des Bürgerlichen Gesetzbuchs findet auf die vor dem 3. Oktober 1990 begründeten Vorkaufsrechte und Reallasten keine Anwendung.

(2) Für das Aufgebotsverfahren sind die besonderen Vorschriften der §§ 447 bis 450 des Gesetzes über das Verfahren in Familiensachen und in den Angelegenheiten der freiwilligen Gerichtsbarkeit sinngemäß anzuwenden.

(3) Diese Vorschrift gilt nur in dem in Artikel 3 des Einigungsvertrages genannten Gebiet. Sie kann im übrigen Bundesgebiet durch Rechtsverordnung der Landesregierung in Kraft gesetzt werden.

A. Allgemeiner Regelungsgehalt 1	I. Nießbrauch und beschränkte persönliche Dienstbarkeit 3
I. Problemstellungen 1	II. Grundpfandrechte 4
II. Geltungsbereich und Geltungsdauer 2	III. Subjektiv dingliche Rechte 5
B. Aufgebotsverfahren bei unbekannten Berechtigten 3	**C. Aufgebotsverfahren** 6
	D. Übersicht 7

A. Allgemeiner Regelungsgehalt

I. Problemstellungen

Die Löschung beschränkter dinglicher Rechte wird auch dadurch erschwert, dass der Berechtigte oder sein Aufenthalt oder Sterbeort unbekannt sind. Die Nachweise zum Erlöschen des Rechtes oder die Bewilligung des Berechtigten können dann nicht ohne unverhältnismäßige Schwierigkeiten beigebracht werden.[1]

Für derartige Fälle sieht das BGB das Aufgebotsverfahren zum Ausschluss des Berechtigten mit seinem Recht vor, für die Hypothek gilt § 1170 BGB, für Vorkaufsrecht und Reallast §§ 1104, 1112 BGB. Die Möglichkeiten, das Recht mit dem Aufgebotsverfahren zum Erlöschen zu bringen, sind im BGB nicht umfassend geregelt. So sah der Gesetzgeber keinen Bedarf dafür, den Berechtigten subjektiv dinglicher Rechte durch Aufgebotsverfahren auszuschließen, denn das berechtigte Grundstück ist ja in der Natur immer vorhanden. Auch beim Nießbrauch oder der beschränkten persönlichen Dienstbarkeit scheidet das Aufgebot aus, weil das Recht spätestens mit dem Tod des Berechtigten ohnehin erlischt. Hier soll mit § 6 GBBerG Abhilfe geschaffen werden. Die Möglichkeiten, Berechtigte mit ihren eingetragenen Grundstücksrechten auszuschließen, werden erheblich erweitert.

---

[1] Dazu auch *Böhringer*, NotBZ 2005, 269; *Böhringer*, BWNotZ 2007, 1.

II. Geltungsbereich und Geltungsdauer

§ 6 GBBerG gilt nur für das Beitrittsgebiet (Abs. 3). Die übrigen Bundesländer können durch Rechtsverordnung die Regelung für ihr Gebiet in Kraft setzen. Hiervon haben Gebrauch gemacht: Bayern mit VO v. 6.9.1994 (BayGVBl 1994, 928 sowie BayGVBl 1995, 157 und BayGVBl 1996, 577); Nordrhein-Westfalen mit VO v. 13.2.2001 (GVBl NW, 69);[2] Bremen mit VO v. 16.10.2001 (GBl, 363); Rheinland-Pfalz mit VO v. 23.6.2003 (GVBl, 129; befristet b31.12.2008).

§ 6 Abs. 1 S. 1 GBBerG wurde geändert durch Art. 5 Abs. 5 des Gesetzes vom 26.11.2001 (BGBl I S. 3138); § 6 Abs. 1a GBBerG wurde eingefügt durch Art. 2 § 6 Nr. 2 des Gesetzes vom 21.9.1994 (BGBl S. 2457); § 6 Abs. 2 GBBerG wurde geändert durch Art. 41 Nr. 1 nach Maßgabe des Art. 111 des Gesetzes vom 17.12.2008 (BGBl I S. 2586).

§ 6 GBBerG sollte insgesamt nur bis zum 31.12.1996 bzw. bis zur Wiederherstellung des öffentlichen Glaubens des Grundbuchs in Bezug auf Nutzungsrechte und selbstständiges Gebäudeeigentum nach Art. 231 § 5 Abs. 1 und Art. 233 § 4 EGBGB gelten. Durch Art. 2 Nr. 1 des 1. Eigentumsfristengesetzes v. 20.12.1996 (BGBl I 1996, 2028) wurde die Vorschrift „entfristet".[3]

B. Aufgebotsverfahren bei unbekannten Berechtigten
I. Nießbrauch und beschränkte persönliche Dienstbarkeit

Nach § 6 Abs. 1 GBBerG unterliegen auch der Nießbrauch, die beschränkte persönliche Dienstbarkeit und das im Grundbuch eingetragene Mitbenutzungsrecht (§ 321 ZGB) dem Aufgebotsverfahren.[4]

Das Aufgebotsverfahren ist dann zulässig, wenn seit der letzten Eintragung betreffend dieser Rechte 30 Jahre verstrichen sind (beim Mitbenutzungsrecht nach § 321 ZGB praktisch nicht möglich) und das Recht in dieser Zeit vom Grundstückseigentümer nicht anerkannt worden ist, vgl. § 208 BGB. Mit der Frist orientierte sich der Gesetzgeber an § 927 BGB (Ausschluss des Grundstückseigentümers bei 30-jährigem Eigenbesitz) und nicht an den eher vergleichbaren Fall des § 1170 BGB, der für das Aufgebot des Hypothekengläubigers nur eine zehnjährige Frist vorschreibt. Vorkaufsrechte,[5] Reallasten und Grundpfandrechte können nach §§ 1104, 1112, 1170 BGB nach wie vor mit zehnjähriger Frist aufgeboten werden.[6]

Der Berechtigte des Rechtes kann dabei unbekannt sein, z.B. wenn der Eingetragene längst verstorben ist und die Erben unbekannt sind; es genügt aber auch, wenn nur sein Aufenthalt unbekannt ist. In diesem Fall war bisher kein Aufgebot zulässig.[7]

II. Grundpfandrechte

Es gilt allgemein bereits § 1170 BGB. Das Aufgebotsverfahren wegen unbekannten Aufenthalts hat der Gesetzgeber durch § 6 Abs. 1a GBBerG auch für die gewöhnlichen Fälle des § 1170 BGB zugelassen.[8] Ein Aufgebotsverfahren ist aber nicht zulässig, wenn der Eigentümer des belasteten Grundstücks die durch Hypothek gesicherte Forderung des eingetragenen Gläubigers, der der Person nach bekannt ist, nach eigener Behauptung erfüllt hat, die Erfüllung aber nicht beweisen kann.[9] Bei einer Briefhypothek gilt der Gläubiger als unbekannt, wenn der Brief unauffindbar und der Aufenthalt des letzten bekannten Inhabers unbekannt ist. Der Antragsteller des Aufgebotsverfahrens muss zur Glaubhaftmachung alle naheliegenden und mit zumutbarem Aufwand zu erschließenden Erkenntnisquellen ausschöpfen, um den Verbleib des Briefs und den Aufenthalt seines letzten Inhabers zu klären.[10]

---

2 *Werstedt*, RNotZ 2001, 516.
3 Eickmann/*Böhringer*, SachenRBerG, § 6 GBBerG Rn 46, 47.
4 Allgemein *Böhringer*, NotBZ 2001,197.
5 Dazu *Schöne*, Rpfleger 2002, 131.
6 Zum Verhältnis zu § 6 GBBerG BGH Rpfleger 2004, 363.
7 Grüneberg/*Herrler*, BGB, § 1170 Rn 2; Eickmann/*Böhringer*, SachenRBerG, § 8 GBBerG Rn 2.
8 So bereits LG Erfurt Rpfleger 1994, 310.
9 OLG München FGPrax 2017, 47.
10 BGH DNotZ 2009, 544 = NotBZ 2009, 229 = Rpfleger 2009, 325; BGH ZfIR 2014, 611; BGH DNotZ 2014, 920 = Rpfleger 2014, 674.

III. Subjektiv dingliche Rechte

Nach § 6 Abs. 1 S. 2 GBBerG unterliegt auch die Grunddienstbarkeit als subjektiv-dingliches Recht dem Aufgebot, wenn die Grundakten vernichtet und nicht mehr wiederherzustellen sind und deshalb der Eigentümer des herrschenden Grundstücks nicht mehr ermittelt werden kann.

Hier hat der Gesetzgeber an jene Grundstücksenteignungen aus der Bodenreform gedacht, bei denen die an den Dienstbarkeiten berechtigten Grundstücke enteignet worden waren. Ihre Grundbücher wurden nicht selten vernichtet und sind daher nicht mehr rekonstruierbar. Steht nun im Grundbuch eines Grundstücks eine Dienstbarkeit für den Eigentümer eines anderen Flurstücks oder für ein sog. Rittergut,[11] kann dieses herrschende Grundstück mangels alten Grundbuchs und in Folge der Neuvermessungen durch die Bodenreform nicht mehr ermittelt werden.[12]

C. Aufgebotsverfahren

Das Verfahren erfolgt nach den §§ 447 ff. FamFG. Das Gericht, in dessen Bezirk das belastete Grundstück liegt, erlässt auf Antrag des Eigentümers das Aufgebot (§ 448 FamFG). Der Antragsteller hat die Voraussetzungen des Aufgebotsverfahrens – Unbekanntheit des Berechtigten, 30-jährige Grundbucheintragung und Nichtanerkennung – glaubhaft zu machen (§ 449 FamFG). Das Aufgebot wird als Aufforderung an den Gläubiger mit Bestimmung einer Frist öffentlich bekanntgemacht (§§ 435 ff. FamFG). Nach Ablauf der Frist ergeht der Ausschlussbeschluss. Mit Rechtskraft des Beschlusses treten die materiell-rechtlich geregelten Wirkungen ein, ein beschränktes dingliches Recht erlischt, ein Grundpfandrecht geht auf den Eigentümer über.

Die Löschung des Rechts im Grundbuch erfolgt auf Antrag des Grundstückseigentümers. Als urkundlichen Nachweis über das Erlöschen des Rechtes hat er den Ausschlussbeschluss mit Rechtskraftnachweis vorzulegen. Im Falle der Löschung eines Grundpfandrechts ist wegen § 1170 Abs. 2 BGB zusätzlich § 27 GBO zu beachten. Ob auch die aufgebotene Aufbauhypothek (§§ 453 ff. ZGB-DDR) nach § 1170 Abs. 2 BGB zum Eigentümerrecht wird, ist nicht geklärt. Nach den Grundgedanken des ZGB zur Aufbauhypothek ist das wohl zu verneinen, das ZGB gestaltete die Hypothek als streng akzessorisch aus und kannte keine Umwandlung in ein Eigentümerrecht. Dann ist auch § 27 GBO nicht anzuwenden.

D. Übersicht

Die Möglichkeiten des Aufgebotsverfahrens können wie folgt zusammengefasst werden:

Hypotheken, Grundschulden, Rentenschulden	Aufgebotsverfahren nach § 1170 BGB, §§ 447 ff. FamFG möglich, wenn – Berechtigter unbekannt oder unbekannten Aufenthalts (§ 6 Abs. 1a GBBerG!) – letzte Eintragung vor 10 Jahren – keine Anerkennung durch Eigentümer Eigentümer erwirbt Recht, § 1170 Abs. 2 BGB
Reallasten, Vorkaufsrechte	Aufgebotsverfahren nach § 1104, 1112 BGB, §§ 447 ff. FamFG möglich, wenn – Berechtigter unbekannt oder unbekannten Aufenthalts (§ 6 Abs. 1a GBBerG!) – letzte Eintragung vor 10 Jahren – keine Anerkennung des Rechtes Recht erlischt mit Beschluss nach §§ 433, 447 ff. FamFG

---

11 BGH ZNotP 1999, 125 = ZIP 1999, 29, dazu *Weber/Tamm*, EWiR 1999, 153; *Eickmann/Böhringer*, SachenRBerG, § 6 GBBerG Rn 21 ff.

12 Zur Rechtslage ausführlich BT-Drucks 12/6228, 72; *Eickmann/Böhringer*, SachenRBerG, § 6 GBBerG Rn 21–26.

Nießbrauch, beschr. pers. Dienstbarkeit	Aufgebotsverfahren nach § 6 Abs. 1 S. 1 GBBerG, wenn – Berechtigter unbekannt oder unbekannten Aufenthalts – letzte Eintragung vor 30 (!) Jahren – keine Anerkennung des Rechts Recht erlischt mit Beschluss nach §§ 433, 447 ff. FamFG
Subj. dingl. Reallast und subj. dingl. Vorkaufsrecht	Aufgebotsverfahren nach § 6 Abs. 1a S. 2 GBBerG, wenn – Berechtigter unbekannt oder unbekannten Aufenthalts – letzte Eintragung vor 30 (!) Jahren – keine Anerkennung des Rechts Recht erlischt mit Beschluss nach §§ 433, 447 ff. FamFG
Grunddienstbarkeit für – **Familienfideikommiss,** – **Rittergut, Lehen etc.** – **Grunddienstbarkeiten bei denen das herrschende Grundstück nicht mehr ermittelt werden kann**	Aufgebotsverfahren nach § 6 Abs. 1 S. 2 GBBerG, wenn – Berechtigter unbekannt oder unbekannten Aufenthalts – letzte Eintragung vor 30 (!) Jahren – keine Anerkennung des Rechts Recht erlischt mit Beschluss nach §§ 433, 447 ff. FamFG

§ 7 [Verkaufserlaubnis]

Außer Kraft.

1 Die Vorschrift regelte eine so genannte Verkaufserlaubnis für gesetzliche Vertreter des Eigentümers nach § 11b VermG oder Art. 233 § 2 Abs. 3 EGBGB. Diese sollte durch das Vormundschaftsgericht erteilt und öffentlich bekanntgemacht werden. Dabei musste auch der unbekannte Eigentümer aufgefordert werden, seine Rechte innerhalb von sechs Monaten geltend zu machen. Bei einem Verkauf musste dem Eigentümer der Erlös, mindestens aber der Verkehrswert ausgekehrt bzw. gezahlt werden.

Die Vorschrift ist nach ihrem Abs. 4 mit Ablauf des 31.12.2005 außer Kraft getreten.

Abschnitt 3: Nicht eingetragene dingliche Rechte

§ 8 Nicht eingetragene Rechte

(1) Ein nicht im Grundbuch eingetragenes Mitbenutzungsrecht der in Artikel 233 § 5 Abs. 1 des Einführungsgesetzes zum Bürgerlichen Gesetzbuche bezeichneten Art oder ein sonstiges nicht im Grundbuch eingetragenes beschränktes dingliches Recht mit Ausnahme der in Artikel 233 § 4 Abs. 2 des Einführungsgesetzes zum Bürgerlichen Gesetzbuche genannten Nutzungsrechte, das zur Erhaltung der Wirksamkeit gegenüber dem öffentlichen Glauben des Grundbuchs nicht der Eintragung bedarf, erlischt mit dem Ablauf des 31. Dezember 1995, wenn nicht der Eigentümer des Grundstücks vorher das Bestehen dieses Rechts in der Form des § 29 der Grundbuchordnung anerkennt und die entsprechende Grundbuchberichtigung bewilligt oder der jeweilige Berechtigte von dem Eigentümer vorher die Abgabe dieser Erklärungen in einer zur Unterbrechung der Verjährung nach § 209 des Bürgerlichen Gesetzbuchs geeigneten Weise verlangt hat. Die Frist des Satzes 1 kann durch Rechtsverordnung des Bundesministeriums der Justiz und für Verbraucherschutz mit Zustimmung des Bundesrates einmal verlängert werden.

(2) Wird in dem Anerkenntnis oder der Eintragungsbewilligung gemäß Absatz 1 ein Zeitpunkt für die Entstehung dieses Rechts nicht angegeben, so gilt dieses als am Tage des Inkrafttretens dieses Gesetzes entstanden.

(3) Diese Vorschrift gilt nicht für beschränkte dingliche Rechte, die die Errichtung und den Betrieb von Energieanlagen (§ 9) oder Anlagen nach § 40 Abs. 1 Buchstabe c des Wassergesetzes vom 2. Juli 1982 (GBl. I Nr. 26 S. 467) zum Gegenstand haben. Sie gilt im übrigen nur in dem in Artikel 3 des Einigungsvertrages genannten Gebiet. Sie kann im übrigen Bundesgebiet durch Rechtsverordnung der Landesregierung auch für einzelne Arten von Rechten, sofern es sich nicht um Rechte für Anlagen der in § 9 bezeichneten Art handelt, in Kraft gesetzt werden.

(4) Wird eine Klage nach Absatz 1 rechtshängig, so ersucht das Gericht auf Antrag des Klägers das Grundbuchamt um Eintragung eines Rechtshängigkeitsvermerks zugunsten des Klägers. Der Vermerk hat die Wirkungen eines Widerspruchs. Er wird mit rechtskräftiger Abweisung der Klage gegenstandslos.

A. Allgemeiner Regelungsgehalt	1	III. Erlöschenstatbestand nach § 8 Abs. 1 GBBerG	7
B. Erlöschen nicht eingetragener Rechte	3	1. Grundtatbestand	7
I. Altrechtliche Rechte im Beitrittsgebiet	3	2. Maßgeblicher Zeitpunkt	8
II. Überleitung des Mitbenutzungsrechts nach § 321 ZGB	4	3. Kein Erlöschen bei Klage auf Eintragung	9

A. Allgemeiner Regelungsgehalt

Die Vorschrift regelt das Schicksal nicht eingetragener Mitbenutzungsrechte nach § 321 ZGB. Der Überleitung sollte durch Art. 233 § 5 EGBGB erfolgen, indem die Rechte als beschränkte in das Grundbuch einzutragen waren und bei Nichteintragung ab dem 1.1.2001 dem öffentlichen Glauben des Grundbuchs unterworfen sein sollten. § 8 GBBerG überholte diese Regelung durch eine klare Erlöschensregelung.

1

§ 8 Abs. 1 S. 2 GBBerG wurde geändert durch Art. 158 Nr. 1 der Zehnten Zuständigkeitsanpassungsverordnung (10. ZustAnpV) v. 31.8.2015 (BGBl I S. 1474); § 8 Abs. 4 GBBerG wurde eingefügt durch Art. 2 § 6 Nr. 3 des Gesetzes vom 21.9.1994 (BGBl I S. 2457).

§ 8 GBBerG betrifft auch andere nicht im Grundbuch eingetragene beschränkte dingliche Rechte. Hier sind die sog. altrechtlichen Dienstbarkeiten von Bedeutung, die bereits durch die Regelungen der Art. 182, 187 EGBGB zum Inkrafttreten des BGB erfasst wurden.[1]

---

[1] Bauer/Schaub/*Maaß*, § 8 GBBerG Rn 10 ff.; *Böhringer*, VIZ 2000, 441.

2   Von Bedeutung ist die Vorschrift wegen ihrer materiell-rechtlichen Erlöschensregelung in Abs. 1. Die Ausnahmen vom Erlöschen durch Klage auf Abgabe einer Eintragungsbewilligung und zum Rechtshängigkeitsvermerk nach Abs. 4 sind heute ohne Bedeutung.

§ 8 GBBerG gilt nur im Beitrittsgebiet (Abs. 3). Die Landesregierungen können ihn durch Rechtsverordnung aber für sich in Kraft setzen.[2]

B. Erlöschen nicht eingetragener Rechte

I. Altrechtliche Rechte im Beitrittsgebiet

3   Dienstbarkeiten und beschränkte dingliche Rechte an Grundstücken konnten vor 1900 nach dem jeweiligen Landesrecht unterschiedlich entstehen, meist durch Vertrag des Berechtigten mit dem Grundstückseigentümer. Nach dem Bayerischen Landrecht konnte eine Dienstbarkeit bspw. durch Vertrag, stillschweigende Bestellung, Ersitzung oder kraft Herkommens entstehen.[3] Eine Grundbucheintragung war selten notwendig. Solche altrechtlichen Dienstbarkeiten behielten auch nach Inkrafttreten des BGB am 1.1.1900 ihre Wirksamkeit (Art. 184 EGBGB). Es war den Ländern überlassen, die Grundbucheintragung vorzuschreiben und das nicht eingetragene Recht dem öffentlichen Glauben mit der Folge zu unterwerfen, dass es durch gutgläubigen Erwerb des Grundstücks erlischt. Für Grunddienstbarkeiten regelte weitergehend Art. 187 EGBGB, dass diese nicht durch gutgläubigen Erwerb erlöschen können (§ 892 BGB insoweit nicht gelte).[4] Die Grundbucheintragung hatte aber zu erfolgen, wenn der Berechtigte oder der Grundstückseigentümer dies verlangte, Art. 187 Abs. 1 S. 2 EGBGB.[5] Durch Landesgesetz konnte bestimmt werden, dass die Grunddienstbarkeiten in das Grundbuch einzutragen seien, widrigenfalls sie wie andere nicht eingetragene Rechte auch durch gutgläubigen Erwerb erlöschen können (Art. 187 Abs. 2 EGBGB).[6] Daher kann es auch heute der Fall sein, dass Grundstücke mit Dienstbarkeiten aus der Zeit vor 1900 belastet sind, die aber nicht im Grundbuch eingetragen sind und auch nicht etwa durch gutgläubigen Erwerb erloschen sind.[7] Hiervon ist auch in den neuen Bundesländern auszugehen.[8]

II. Überleitung des Mitbenutzungsrechts nach § 321 ZGB

4   Die Beibehaltung des Status quo für Grundstücksrechte nach Art. 233 § 3 EGBGB sollte auch für das Mitbenutzungsrecht nach §§ 321, 322 ZGB gelten. Nach Art. 233 § 5 Abs. 1 EGBGB gilt das Mitbenutzungsrecht dann als Recht am Grundstück, soweit zu seiner Begründung seinerzeit die Zustimmung des Grundstückseigentümers notwendig war. Dies war bei Mitbenutzungsrechten zu einer dauernden Mitbenutzung nach § 321 Abs. 1 S. 3 ZGB stets der Fall, bei vereinbarter vorübergehender Mitbenutzung nur ausnahmsweise. Als Grundstücksrecht gilt daher nur das nach § 321 ZGB bestellte Mitbenutzungsrecht zu einer dauernden Nutzung des Grundstücks in einer bestimmten Beziehung.[9] Das bereits im Grundbuch eingetragene Mitbenutzungsrecht nach §§ 321, 322 ZGB-DDR bleibt nach dem Beitritt mit dem bisherigen Inhalt bestehen, es erfolgte keine Umwandlung in eine Grunddienstbarkeit nach §§ 1018 ff. BGB. Diese erfolgte nur insoweit, als es das Landesrecht in Ermächtigung des Art. 233 § 5 Abs. 4 EGBGB zuließ.[10] War für eine Grundstücksnutzung kein Mitbenutzungsrecht bestellt worden, konnte dem Nutzer unter den Voraussetzungen der §§ 115 ff. SachenRBerG ein Anspruch auf Bestellung einer Dienstbarkeit zustehen.[11] Dieser war wegen des Bestehens eines Mitbenutzungsrechts nach §§ 321, 322 ZGB nur ausgeschlossen, wenn das Recht nach dem Wirksamwerden des Beitritts gemäß Art. 233 § 5 EGBGB fortbestand.[12]

---

2 Für Berlin VO v. 27.2.1995 (GVBl Bln, 65).
3 BayObLGZ 1962, 70; *Bengel/Simmerding*, Grundbuch Grundstück Grenze, § 22 GBO Rn 65, 66; *Schöner/Stöber*, Grundbuchrecht, Rn 1172; *Grüneberg/Thorn*, BGB, Art. 184 EGBGB Rn 3.
4 BGHZ 104, 139 = Rpfleger 1988, 353.
5 Sie erfolgt als Grundbuchberichtigung; BayObLG Rpfleger 1990, 351; LG Freiburg Rpfleger 1981, 146; OLG München Rpfleger 1984, 461; *Schöner/Stöber*, Grundbuchrecht, Rn 1173.
6 Von dieser Ermächtigung hat Baden-Württemberg Gebrauch gemacht, Art. 31 BaWüAGBGB v. 26.11.1974 (GBl, 498); dagegen besteht in den meisten Bundesländern keine derartige Eintragungspflicht, für Bayern Art. 55 ff.,

80 Abs. 2 Nr. 2 BayAGBGB v. 20.9.1982 (BayRS 400–1-J).
7 BayObLGZ 1996, 286; zur Eintragung einer im Jahr 1890 in Bayern begründeten Wirtschaftsbeschränkung als dingliches Recht OLG Nürnberg, Beschl. v. 2.6.2017 – 15 W 1995/16, juris.
8 Eickmann/*Böhringer*, SachenRBerG, § 8 GBBerG Rn 6 ff.
9 BT-Drucks 11/7817, 42.
10 OLG Sachsen-Anhalt FGPrax 2020, 23 m.Anm *Keller* = NotBZ 2020, 312 = Rpfleger 2020, 134.
11 Eingehend *Keller/Padberg*, Nutzungsrecht an Grundstücken in den neuen Ländern, S. 45 ff.
12 BGH NJW-RR 2015, 852.

Weil das Mitbenutzungsrecht nach ZGB nicht der Eintragung in das Grundbuch bedurfte, wäre es unsachgemäß gewesen, in dieser Hinsicht die Grundbücher in den neuen Bundesländern sofort und umfassend dem öffentlichen Glauben nach §§ 891, 892 BGB zu unterstellen. Dem wollte Art. 233 § 5 Abs. 2 EGBGB für das Mitbenutzungsrecht vorbeugen. Sein Regelungsgehalt lässt sich etwas grob damit ausdrücken, dass der öffentliche Glaube des Grundbuchs in Bezug auf diese Rechte vorläufig nicht gelten sollte. Dieser Ausschluss des guten Glaubens des Grundbuchs sollte befristet gelten. Die Befristung war wie in fast allen überleitungsrechtlichen Vorschriften zunächst auf den Ablauf des 31.12.1996 festgelegt und zuletzt auf den Ablauf des 31.12.2000 verlängert.[13]

Das Grundbuchverfahren zur Eintragung des Mitbenutzungsrechts sollte nach den allgemeinen Regelungen zur Grundbuchberichtigung erfolgen.[14] Daher erforderte und erfordert die Eintragung als Grunddienstbarkeit auch eine entsprechende Bewilligung des Eigentümers.[15] Der Rang des Mitbenutzungsrechts gegenüber anderen Grundstücksrechten richtet sich nach seinem materiellen Entstehungszeitpunkt aus der Zeit vor 3.10.1990. Das ZGB kannte nur Rangvorschriften bezüglich der Aufbauhypothek, § 456 Abs. 3 ZGB, daher kann bezüglich anderer Rechte nur auf das Prioritätsprinzip zurückgegriffen werden, von dem auch § 879 BGB ausgeht. Dies wird auch aus dem durch das 2. VermRÄndG vom 14.7.1992 (BGBl I 1992, 1257) eingefügten Art. 233 § 9 EGBGB deutlich. Für im Grundbuch bereits eingetragene Rechte richtet sich der Rang nach dem Eintragungsdatum, vgl. auch § 879 Abs. 2 BGB. Für nicht eintragungsbedürftige Rechte, wozu auch das Mitbenutzungsrecht gehörte, gilt nach Art. 233 § 9 Abs. 2 EGBGB der materielle Entstehungszeitpunkt für das Rangverhältnis zu anderen Rechten. Für die Eintragung des Mitbenutzungsrechts in einem bestimmten Rang gilt Art. 233 § 5 Abs. 3 S. 2 EGBGB.

III. Erlöschenstatbestand nach § 8 Abs. 1 GBBerG

1. Grundtatbestand

Der Gesetzgeber sah im Rahmen des GBBerG das Problem der unsichtbaren Grundstücksbelastungen durch nicht eingetragene aber gleichwohl bestehende Mitbenutzungsrechte und andere beschränkte dingliche Rechte.[16] Er wollte das Problem gerade im Hinblick auf altrechtliche Rechte nicht lediglich durch Geltung des öffentlichen Glaubens des Grundbuchs lösen, gerade auch weil in den neuen Bundesländern Landesrecht nach Art. 184, 187 EGBGB nicht bestand.[17] Daher bestimmt bundesrechtlich § 8 Abs. 1 GBBerG das materiell-rechtliche Erlöschen der Rechte.

2. Maßgeblicher Zeitpunkt

Nach dem Wortlaut des § 8 Abs. 1 GBBerG war der für das Erlöschen maßgebliche Zeitpunkt der 31.12.1995. Im Hinblick auf die übrigen Regelungen zum Grundstücksrecht war fraglich, ob hier nicht ein Redaktionsversehen des Gesetzgebers vorlag und es nicht 31.12.1996 hätte heißen sollen.[18] Das BMJ hat hier aber von seiner Ermächtigung aus Art. 18 Abs. 4 Nr. 3 RegVBG, § 8 Abs. 1 S. 2 GBBerG zur Verlängerung Gebrauch gemacht und die Frist des § 8 Abs. 1 GBBerG auf den 31.12.2005 verlängert, längstens aber bis zum Stichtag des öffentlichen Glaubens des Grundbuchs aus Art. 233 § 5 EGBGB (§ 13 SachenR-DVO). Das war der 31.12.2000. Lag daher bis zum Ablauf des Stichtages keine Bewilligung zur Eintragung des Rechtes vor oder hat der Berechtigte nicht Klage erhoben, ist das nicht eingetragene Recht kraft Gesetzes erloschen.

3. Kein Erlöschen bei Klage auf Eintragung

Das jeweilige Recht ist zu einem bestimmten Zeitpunkt erloschen, wenn nicht der Grundstückseigentümer vorher das Bestehen des Rechtes durch Abgabe einer der Form des § 29 GBO entsprechenden Eintragungsbewilligung nach §§ 22, 19 GBO anerkannt hat oder der Berechtigte dies von ihm verlangt hat. Dieses Verlangen des Berechtigten muss entsprechend § 204 BGB geeignet sein, die Verjährung zu hemmen. Hat der Eigentümer die Eintragungsbewilligung bereits vor dem 3.10.1990 abgegeben, ist auch diese anzuerkennen.[19]

---

13 Allgemein *Böhringer*, BWNotZ 2008, 70.
14 *Böhringer*, NotBZ 2000, 371.
15 OLG Sachsen-Anhalt NotBZ 2021, 67.
16 BT-Drucks 12/5553, S. 94.
17 BGH ZfIR 2016, 806.
18 BT-Drucks 12/5553, S. 94; BR-Drucks 360/93; Sitzung des Unterausschusses Recht v. 14.6.1993, Prot. Abschn. B Nr. 26; offenbar ist man tatsächlich von 31.2.1996 ausgegangen; Eickmann/*Böhringer*, SachenRBerG, § 8 GBBerG Rn 4.
19 OLG Sachsen-Anhalt NotBZ 2021, 67.

Eine Eintragungsbewilligung des betroffenen Grundstückseigentümers nach §§ 22, 19 GBO musste das einzutragende Recht ausreichend und inhaltlich zulässig bestimmen, ebenso den Berechtigten und das belastete Grundstück. Auch sollte der Rang des Rechtes nach dem Zeitpunkt seines Entstehens angegeben sein, vgl. Art. 233 § 5 Abs. 3 EGBGB.

Gab der Grundstückseigentümer keine Bewilligung ab, blieb dem Berechtigten die Möglichkeit, den Eigentümer auf Abgabe der Bewilligung zu verklagen. Nur dadurch wäre das Recht auch nach 31.12.2000 noch ohne Grundbucheintragung bestehen geblieben (§ 8 Abs. 1 S. 1 GBBerG). Um während des Prozesses den Berechtigten zu schützen, konnte das Prozessgericht nach § 8 Abs. 4 GBBerG das Grundbuchamt um Eintragung eines sogenannten Rechtshängigkeitsvermerks ersuchen, er hatte die Wirkung eines Widerspruchs, § 8 Abs. 4 S. 2 GBBerG.[20] Hier wie auch im Rahmen einer Eintragung bei einstweiliger Verfügung (§ 941 ZPO) hat das Grundbuchamt nicht zu prüfen, ob die einstweilige Verfügung rechtmäßig und tatsächlich eine Grundbuchunrichtigkeit gegeben ist.[21]

§ 9 Leitungen und Anlagen für die Versorgung mit Energie und Wasser sowie die Beseitigung von Abwasser

(1) Zum Besitz und Betrieb sowie zur Unterhaltung und Erneuerung von Energieanlagen (Anlagen zur Fortleitung von Elektrizität, Gas und Fernwärme, einschließlich aller dazugehörigen Anlagen, die der Fortleitung unmittelbar dienen) auf Leitungstrassen, die am 3. Oktober 1990 in dem in Artikel 3 des Einigungsvertrages genannten Gebiet genutzt waren, wird zugunsten des Versorgungsunternehmens (Energieversorgungsunternehmen im Sinne des Energiewirtschaftsgesetzes und Fernwärmeversorgungsunternehmen), das die jeweilige Anlage bei Inkrafttreten dieser Vorschrift betreibt, am Tage des Inkrafttretens dieser Vorschrift eine beschränkte persönliche Dienstbarkeit an den Grundstücken begründet, die von der Energieanlage in Anspruch genommen werden. § 892 des Bürgerlichen Gesetzbuches gilt in Ansehung des Ranges für Anträge, die nach dem Inkrafttreten dieser Vorschrift, im übrigen erst für Anträge, die nach dem 31. Dezember 2010 gestellt werden. Ist das Grundstück mit einem Erbbaurecht oder einem dinglichen Nutzungsrecht im Sinne des Artikels 233 § 4 des Einführungsgesetzes zum Bürgerlichen Gesetzbuche belastet, ruht die Dienstbarkeit als Gesamtbelastung auf dem Grundstück und dem Erbbaurecht oder Gebäudeeigentum.

(2) Absatz 1 findet keine Anwendung, soweit Kunden und Anschlußnehmer, die Grundstückseigentümer sind, nach der Verordnung über Allgemeine Bedingungen für die Elektrizitätsversorgung von Tarifkunden vom 21. Juni 1979 (BGBl. I S. 684), der Verordnung über Allgemeine Bedingungen für die Gasversorgung von Tarifkunden vom 21. Juni 1979 (BGBl. I S. 676) oder der Verordnung über Allgemeine Bedingungen für die Versorgung mit Fernwärme vom 20. Juni 1980 (BGBl. I S. 742) zur Duldung von Energieanlagen verpflichtet sind, sowie für Leitungen über oder in öffentlichen Verkehrswegen und Verkehrsflächen.

(3) Das Versorgungsunternehmen ist verpflichtet, dem Eigentümer des nach Absatz 1 mit dem Recht belasteten Grundstücks, in den Fällen des Absatzes 1 Satz 3 als Gesamtgläubiger neben dem Inhaber des Erbbaurechts oder Gebäudeeigentums, einen einmaligen Ausgleich für das Recht zu zahlen. Dieser Ausgleich bestimmt sich nach dem Betrag, der für ein solches Recht allgemein üblich ist. Die erste Hälfte dieses Betrags ist unverzüglich nach Eintragung der Dienstbarkeit zugunsten des Versorgungsunternehmens und Aufforderung durch den Grundstückseigentümer, frühestens jedoch am 1. Januar 2001 zu zahlen, die zweite Hälfte wird am 1. Januar 2011 fällig. Das Energieversorgungsunternehmen ist zur Zahlung eines Ausgleichs nicht verpflichtet, wenn das Grundstück mit einer Dienstbarkeit des in Absatz 1 bezeichneten Inhalts belastet ist oder war und das Grundstück in einem diese Berechtigung nicht überschreitenden Umfang genutzt wird oder wenn das Versorgungsunternehmen auf die Dienstbarkeit nach Absatz 6 vor Eintritt der jeweiligen Fälligkeit verzichtet hat. Zahlungen auf Grund der Bodennutzungsverordnung

---

20 Bauer/Schaub/*Maaß*, § 8 GBBerG Rn 20 ff.; eingehend *Flik/Keller*, DtZ 1996, 330.

21 KG FGPrax 2013, 102; allgemein OLG Köln FGPrax 2012, 57 = NotBZ 2012, 174 = Rpfleger 2012, 522.

vom 26. Februar 1981 (GBl. I Nr. 10 S. 105), früherer oder anderer Vorschriften entsprechenden Inhalts genügen im übrigen nicht. Abweichende Vereinbarungen sind zulässig.

(4) Auf seinen Antrag hin bescheinigt die nach dem Energiewirtschaftsgesetz zuständige Landesbehörde dem Versorgungsunternehmen, welches Grundstück in welchem Umfang mit der Dienstbarkeit belastet ist. Die Aufsichtsbehörde macht den Antrag unter Beifügung einer Karte, die den Verlauf der Leitungstrasse auf den im Antrag bezeichneten Grundstücken im Maßstab von nicht kleiner als 1 zu 10.000 erkennen läßt, in ortsüblicher Weise öffentlich bekannt. Sie kann von der Beifügung einer Karte absehen, wenn sie öffentlich bekannt macht, daß der Antrag vorliegt und die Antragsunterlagen bei ihr eingesehen werden können. Sie erteilt nach Ablauf von vier Wochen von der Bekanntmachung an die Bescheinigung. Widerspricht ein Grundstückseigentümer rechtzeitig, wird die Bescheinigung mit einem entsprechenden Vermerk erteilt.

(5) Auf Antrag des Versorgungsunternehmens berichtigt das Grundbuchamt das Grundbuch entsprechend dem Inhalt der Bescheinigung, wenn die Bescheinigung

1. unterschrieben und mit dem Dienstsiegel der Aufsichtsbehörde versehen ist und
2. der Inhalt des Rechts, der Berechtigte, das belastete Grundstück und, wobei eine grafische Darstellung genügt, der räumliche Umfang der Befugnis zur Ausübung des Rechts auf dem Grundstück angegeben sind.

Ist in der Bescheinigung ein rechtzeitiger Widerspruch vermerkt, wird im Grundbuch ein Widerspruch zugunsten des Versorgungsunternehmens eingetragen, das den Eigentümer oder Inhaber eines mitbelasteten Gebäudeeigentums oder Erbbaurechts im ordentlichen Rechtsweg auf Bewilligung der Eintragung in Anspruch nehmen kann. Die Bescheinigung ist für den Eigentümer, Erbbauberechtigten oder sonstigen dinglich Berechtigten an dem Grundstück unanfechtbar. Diesem bleibt es jedoch unbenommen, den in der Bescheinigung bezeichneten Inhaber der Dienstbarkeit vor den ordentlichen Gerichten auf Berichtigung des Grundbuchs und auf Bewilligung der Löschung des Widerspruchs in Anspruch zu nehmen. Das Energieversorgungsunternehmen trägt die Beweislast für den Lagenachweis, es sei denn, daß das Grundstück nach dem Inhalt des Grundbuchs vor dem Inkrafttreten dieser Vorschrift mit einer Dienstbarkeit für Energieanlagen belastet war.

(6) Verzichtet das Versorgungsunternehmen auf die Dienstbarkeit vor ihrer Bescheinigung nach Absatz 4, so erlischt das Recht; sein Erlöschen kann auf Antrag durch die nach Absatz 4 zuständige Behörde bescheinigt werden. Im übrigen gelten für die Aufhebung, Änderung und Ausübung der Dienstbarkeit die Vorschriften des Bürgerlichen Gesetzbuchs. In Ansehung von Leitungsrechten vor Inkrafttreten dieses Gesetzes getroffene Vereinbarungen bleiben unberührt.

(7) Die nach Absatz 4 zuständige Behörde kann auf Antrag bescheinigen, daß eine im Grundbuch eingetragene beschränkte persönliche Dienstbarkeit für Energieanlagen nicht mehr besteht, wenn das Recht nicht mehr ausgeübt wird, das Energieversorgungsunternehmen, dem die Anlage wirtschaftlich zuzurechnen wäre, zustimmt und ein anderer Berechtigter nicht ersichtlich ist. Die Bescheinigung ist zur Berichtigung des Grundbuchs genügend. Die Behörde kann den Antragsteller auf das Aufgebotsverfahren verweisen.

(8) Das Bundesministerium der Justiz und für Verbraucherschutz wird ermächtigt, durch Rechtsverordnung mit Zustimmung des Bundesrates die näheren technischen Einzelheiten des in Absatz 1 beschriebenen Inhalts der Dienstbarkeit, nähere Einzelheiten des Verfahrens, insbesondere zum Inhalt der Bescheinigung, zum Antrag und zur Beschreibung des Rechts, zu regeln.

(9) Die Bundesregierung wird ermächtigt, durch Rechtsverordnung mit Zustimmung des Bundesrates die vorstehende Regelung und auf Grund von Absatz 8 erlassene Bestimmungen ganz oder teilweise zu erstrecken auf

1. Anlagen der öffentlichen Wasserversorgung und Abwasserbeseitigung, insbesondere Leitungen und Pumpstationen, mit Ausnahme jedoch von Wasserwerken und Abwasserbehandlungsanlagen,
2. Hochwasserrückhaltebecken ohne Dauer- oder Teildauerstau und Schöpfwerke, die der Aufrechterhaltung der Vorflut dienen und im öffentlichen Interesse betrieben werden,
3. gewässerkundliche Meßanlagen wie Pegel, Gütemeßstationen, Grundwasser- und andere Meßstellen nebst den dazugehörigen Leitungen.

Die Erstreckung ist nur bis zum Ablauf des 31. Dezember 1995 zulässig und soll erfolgen, soweit dies wegen der Vielzahl der Fälle oder der Unsicherheit der anderweitigen rechtlichen Absicherung erforderlich ist. In der Rechtsverordnung kann von den Bestimmungen der Absätze 4 bis 7 sowie der auf Grund von Absatz 8 erlassenen Rechtsverordnung abgewichen, insbesondere Absatz 7 von der Erstreckung ausgenommen werden, soweit dies aus Gründen des Wasserrechts geboten ist. Bis zu dem Erlaß der Rechtsverordnung bleiben Vorschriften des Landesrechts unberührt. Eine Verpflichtung zur Zahlung eines Ausgleichs nach Absatz 3 besteht nicht, soweit nach Landesrecht bereits Entschädigung geleistet worden ist.

(10) Die Landesregierungen werden ermächtigt, durch Rechtsverordnung die Zuständigkeit der in den Absätzen 4, 6 und 7 genannten oder in der Rechtsverordnung nach Absatz 9 bestimmten Behörden ganz oder teilweise auf andere Behörden zu übertragen. Die nach Absatz 4 oder Satz 1 dieses Absatzes zuständige Landesbehörde kann auch andere geeignete Stellen, bei nichtöffentlichen Stellen unter Beleihung mit hoheitlichen Aufgaben, beauftragen, die Bescheinigungen zu erteilen; diese stehen denen nach Absatz 4 gleich.

(11) Die Absätze 1 bis 10 und die auf ihrer Grundlage erlassenen Verordnungen gelten entsprechend für

1. Telekommunikationsanlagen der früheren Deutschen Post,
2. Anlagen zur Versorgung von Schienenwegen der früheren Reichsbahn und der öffentlichen Verkehrsbetriebe mit Strom und Wasser sowie zur Entsorgung des Abwassers solcher Anlagen,
3. Anlagen zur Fortleitung von Öl oder anderen Rohstoffen einschließlich aller dazugehörigen Anlagen, die der Fortleitung unmittelbar dienen, und
4. Anlagen zum Transport von Produkten zwischen den Betriebsstätten eines oder mehrerer privater oder öffentlicher Unternehmen,

die in dem in Artikel 3 des Einigungsvertrages genannten Gebiet liegen und vor dem 3. Oktober 1990 errichtet worden sind. Absatz 1 findet keine Anwendung, soweit Grundstückseigentümer auf Grund einer abgegebenen Grundstückseigentümererklärung nach § 7 der Telekommunikationsverordnung vom 24. Juni 1991 (BGBl. I S. 1376) oder nach § 8 der Telekommunikations-Kundenschutzverordnung vom 19. Dezember 1995 (BGBl. I S. 2020) zur Duldung von Telekommunikationsanlagen verpflichtet sind. An die Stelle der Aufsichtsbehörde im Sinne des Absatzes 4 treten das Bundesministerium für Verkehr und digitale Infrastruktur für Anlagen nach Satz 1 Nr. 1 und das Bundeseisenbahnvermögen für Anlagen der früheren Reichsbahn nach Satz 1 Nr. 2. Diese können mit der Erteilung der Bescheinigung auch eine andere öffentliche Stelle oder eine natürliche Person beauftragen, die nicht Bediensteter des Bundesministeriums oder des Bundeseisenbahnvermögens sein muß. Für Dienstbarkeiten nach Satz 1 Nr. 3 und 4 gilt § 1023 Abs. 1 Satz 1 Halbsatz 2 des Bürgerlichen Gesetzbuchs bei der Anlegung neuer öffentlicher Verkehrswege nur, wenn die Dienstbarkeit im Grundbuch eingetragen ist. Vor diesem Zeitpunkt hat der Inhaber der Dienstbarkeit die Kosten einer erforderlichen Verlegung zu tragen.

A. Allgemeiner Regelungsgehalt 1	II. Berechtigter der Dienstbarkeit 14
I. Problemstellung bei Dienstbarkeiten zur Sicherung der Energieversorgung 1	III. Inhalt des Rechts 16
1. Grundstücksnutzung nach dem Recht der DDR 1	1. Inhaltliche Ausgestaltung nach SachenR-DV 16
2. Regelungen des Überleitungsrechts 2	2. Energieanlagen 17
II. Grundgedanke der Norm des § 9 GBBerG . 4	3. Anlagen der Wasserversorgung 18
1. Sofortiges Entstehen einer Dienstbarkeit 4	4. Sonstige inhaltliche Regelungen 21
2. Verfassungsmäßigkeit 5	5. Übertragbarkeit der Dienstbarkeit 23
III. Erweiterung auf weitere Grundstücksnutzungen 6	IV. Ausgeschlossene Fälle (§ 9 Abs. 2 GBBerG) 24
	V. Zahlung der Entschädigungsleistung (§ 9 Abs. 3 GBBerG) 26
IV. Der öffentliche Glaube des Grundbuchs ... 8	1. Grundsatz 26
1. Gutgläubiger lastenfreier Erwerb 8	2. Fälligkeit der Entschädigung 27
2. Erlöschen in der Zwangsversteigerung .. 10	3. Wegfall der Entschädigungspflicht 28
B. Entstehen beschränkter persönlicher Dienstbarkeiten 11	**C. Das Bescheinigungsverfahren** 29
I. Entstehen kraft Gesetzes 11	I. Feststellung der Dienstbarkeit 29

II. Zuständigkeit für das Bescheinigungsverfahren	30	D. Eintragung der Dienstbarkeit in das Grundbuch	37
III. Verfahrensvoraussetzungen und Verfahrensgang	31	I. Antrag des Versorgungsunternehmens	37
1. Antrag des Berechtigten und öffentliche Bekanntmachung	31	II. Grundbuchverfahren zur Eintragung	38
2. Widerspruchsrecht des Grundstückseigentümers	33	III. Verfahren bei Widerspruch des Eigentümers	40
3. Inhalt der Bescheinigung	34	IV. Verzicht und Erlöschen der Dienstbarkeit	42
		1. Verzicht nach § 9 Abs. 6 GBBerG	42
		2. Erlöschen nach § 9 Abs. 7 GBBerG	43

A. Allgemeiner Regelungsgehalt
I. Problemstellung bei Dienstbarkeiten zur Sicherung der Energieversorgung
1. Grundstücksnutzung nach dem Recht der DDR

Die Energieversorger der DDR hatten nach dem für sie geltenden Recht erheblich weitergehende Möglichkeiten, Grundstücke für ihre Zwecke zu nutzen als Unternehmen des bundesdeutschen Rechts. Dies war grundlegend in der Energieverordnung v. 1.6.1988[1] geregelt. Danach bestanden für die Unternehmen an den Grundstücken kraft Gesetzes Mitbenutzungsrechte. Die Unternehmen konnten Grundstücke für ihre Zwecke bebauen, mit Leitungen überspannen oder sonst nutzen. Der Grundstückseigentümer musste alle diese Einwirkungen dulden. Er hatte nach den Durchführungsbestimmungen zur Energieverordnung sogar für die Unversehrtheit der Leitungen zu sorgen und für Beschädigungen einzustehen. Der Grundstückseigentümer musste z.B. auch bei der Vornahme von Erdarbeiten das Grundstück auf vorhandene Leitungen untersuchen. Das Energiekombinat konnte das Grundstück zum Zwecke der Instandhaltung der Anlagen jederzeit betreten. Einen Anspruch auf Ausgleichsleistungen allein aufgrund des Bestehens der Anlagen hatte der Grundstückseigentümer aber nicht.

Die Rechte der Energieversorger waren damit weitgehend durch Verordnung gesichert, eine dingliche Sicherung am Grundstück war nicht erforderlich. Eine gemeinsame Anweisung des Ministeriums des Innern und des Ministeriums für Schwerindustrie v. 20.7.1955 bestimmte daher, dass eingetragene Dienstbarkeiten in den Grundbüchern als gegenstandslos zu löschen seien.

2. Regelungen des Überleitungsrechts

Nach Anlage II Kap. V Sachg. D Abschn. III Nr. 1 des Einigungsvertrages gelten die Regelungen der Energieverordnung der DDR zur Grundstücksnutzung bis zum 31.12.2010 fort.[2] Damit sollte auch im Bereich der umfangreichen Grundstücksnutzung den Unternehmen Zeit und Möglichkeit gegeben werden, diese Nutzung und ihre Strukturen umzustellen. Regelungen zu dem gesetzlichen Mitbenutzungsrecht der Energieversorgungskombinate im Bereich des Grundstücksrechts enthielt der Einigungsvertrag nicht. Insofern sollten die Versorgungsunternehmen darauf verwiesen sein, für ihre notwendige Grundstücksnutzung sich durch die Eigentümer jeweils beschränkte persönliche Dienstbarkeiten bestellen zu lassen. Angesichts von etwa drei Millionen betroffener Grundstücke in den neuen Bundesländern hätte das aber einen hohen Verwaltungsaufwand bedeutet. Die Bestellung von Dienstbarkeiten wäre auch dadurch erschwert, dass die Feststellung des Eigentums an Grundstücken in den neuen Bundesländern nicht immer einfach war und ist. Schließlich hätte die Bestellung von Dienstbarkeiten besonders bei landwirtschaftlichen Grundstücken erst eine Neuvermessung der Grundstücke entsprechend ihrer jetzt tatsächlichen Nutzung erfordert.[3]

Die Grundbuchlage war daher uneinheitlich. In den Grundbüchern der betroffenen Grundstücke stehen noch häufig Dienstbarkeiten für Energieversorger aus der Zeit vor 1945 für auch jetzt noch genutzte Lei-

---

1 GBl I Nr. 10, 89; vgl. auch die Verordnung über die Änderung der Energieverordnung v. 25.7.1990 (GBl I Nr. 46, 812), sowie Durchführungsbestimmungen, zuletzt die 5. DVO v. 27.8.1990 (GBl I Nr. 58, 1423); ähnliche Regelungen enthielt bereits die Anordnung über die Benutzung von Grundstücken zum Zwecke der Energieversorgung v. 10.9.1954 (GBl, 807); vgl. auch das Wassergesetz v. 2.7.1982 (GBl I Nr. 26, 467) mit zahlreichen Nebenbestimmungen.
2 Zu Anwendungsproblemen *Assies*, DtZ 1994, 396.
3 Zur Problemlage insgesamt Bericht des Rechtsausschusses des BT zum RegVBG, BR-Drucks 862/93, S. 218 ff., BT-Drucks 12/6228; *Hartung*, VIZ 1993, 6; *Seeliger*, DtZ 1995, 34.

tungen und Anlagen.[4] Für einzelne Hochspanungsleitungen sind an einigen Grundstücken noch alte Dienstbarkeiten aus der Zeit vor 1930 in den Grundbüchern eingetragen, an anderen wurden sie gelöscht. Wieder in anderen Fällen erfolgte die Nutzung ohne dingliche Sicherung. Die nach der Wiedervereinigung vorgefundene tatsächliche Rechtslage in Bezug auf die dingliche Absicherung der Grundstücksnutzung machte daher ebenso eine besondere gesetzliche Regelung notwendig.[5]

II. Grundgedanke der Norm des § 9 GBBerG

1. Sofortiges Entstehen einer Dienstbarkeit

4   Die besondere und geradezu revolutionäre Regelung erfolgte durch § 9 GBBerG: Für die Nutzung zur Energieversorgung ist dabei ein sofortiges Entstehen von Dienstbarkeiten vorgesehen. Der Nachweis soll durch ein behördliches Bescheinigungsverfahren erfolgen, die Eintragung im Grundbuch erfolgt als Grundbuchberichtigung mit der Bescheinigung als urkundlichem Nachweis i.S.d. § 22 GBO.

§ 9 GBBerG ist in seinem Regelungsgehalt sehr komplex und durchdacht.[6] Zu seiner Ausführung wurde auf der Ermächtigungsgrundlage des § 9 Abs. 8, 9 GBBerG durch das BMJ eine Verordnung zur Durchführung des Grundbuchbereinigungsgesetzes und anderer Vorschriften auf dem Gebiet des Sachenrechts – SachenR-DV[7] erlassen, die eine Erstreckung der Regelungen des § 9 GBBerG auf wasserwirtschaftliche Nutzung vorsah und weitere Regelungen zum Inhalt der Dienstbarkeiten und zum Bescheinigungsverfahren beinhaltet.

2. Verfassungsmäßigkeit

5   Mit dem Entstehen einer Dienstbarkeit kraft Gesetzes scheint die Frage der Verfassungsmäßigkeit der Norm verbunden, da damit eine Belastung und Enteignung des Grundstückseigentümers verbunden ist. Der BGH bejahte aber zu Recht die Verfassungsmäßigkeit der Norm.[8] Denn der Eigentümer hat die Möglichkeit, im Bescheinigungsverfahren zu widersprechen. Es wird dann keine Dienstbarkeit eingetragen sondern ein Widerspruch zugunsten des Energieversorgers gegen die Nichteintragung. Er muss dann den Eigentümer auf Abgabe der Eintragungsbewilligung verklagen. Umgekehrt würde zwar bei unterbliebenem Widerspruch die Dienstbarkeit eingetragen, der Eigentümer könnte dann aber den Berechtigten auf Abgabe der Löschungsbewilligung verklagen. Im Ergebnis regelt das Bescheinigungsverfahren mit der anschließenden Grundbucheintragung die Prozess- und Beweislast für den Fall, dass keine Dienstbarkeit entstanden sein sollte. Ist eine solche aber auch materiell-rechtlich entstanden, hat der Eigentümer Anspruch auf Entschädigung.

III. Erweiterung auf weitere Grundstücksnutzungen

6   Weil die Rechtslage der Wasserwirtschaft derjenigen der Energieversorgung sehr ähnlich ist, und hier praktisch die gleichen Probleme auftreten, hatte der Gesetzgeber schon durch § 9 Abs. 9 GBBerG gestattet, diese Vorschrift auch auf die wasserwirtschaftliche Nutzung zu erstrecken, das ist durch § 1 SachenR-DV erfolgt. Die SachenR-DV ist am 11.1.1995 in Kraft getreten.[9] In Bezug auf die Nutzung dieser Anlagen und das Entstehen von Dienstbarkeiten hierfür ist daher dieses Datum maßgebend.

§ 9 GBBerG wurde mehrfach ergänzt und geändert: § 9 Abs. 4 S. 1 GBBerG durch Art. 3 Abs. 32 des Gesetzes vom 7.7.2005 (BGBl I S. 1970); § 9 Abs. 8 GBBerG durch Art. 158 Nr. 2 Buchst. a der Zehnten Zuständigkeitsanpassungsverordnung (10. ZustAnpV) v. 31.8.2015 (BGBl I S. 1474); § 9 Abs. 11

---

4 Eickmann/*Böhringer*, SachenRBerG, § 9 GBBerG Rn 2.
5 Die Aufnahme der Regelung in das RegVBG durch das GBBerG erfolgte nachträglich, daher findet sich die entsprechende Gesetzesbegründung erst in der Beschlussempfehlung des Rechtsausschusses des BT und nicht schon im Gesetzesentwurf der BReg BT-Drucks 12/5553.
6 Eingehend auch *Böhringer*, NJ 2015, 177; *Hartung*, VIZ 1995, 6; *Keller*, LKV 1997, 47 und 309; *Maaß*, NotBZ 2001, 280; *Moojer*, DtZ 1996, 362; *Schmidt-Räntsch*, VIZ 2004, 473; einen sehr guten Überblick zur Rechtsprechung bietet *Schmidt-Räntsch*, ZfIR 2011, 625 und 697.
7 V. 20.12.1994 (BGBl I 1994, 3900); im Entwurf wurde die Verordnung daher treffender auch als Leitungsrechtsverordnung bezeichnet.
8 BGHZ 157, 144 = Rpfleger 2004, 211 = ZfIR 2004, 155; dazu *Schiller*, LKV 2005, 11; die Verfassungsbeschwerde wurde nicht angenommen, BVerfG, Nichtannahmebeschl. v. 25.2.2004 – 1 BvR 250/04; ferner BVerfG RdE 2007, 52.
9 Eingehend *Schmidt-Räntsch*, VIZ 1995, 1.

GBBerG durch § 99 Abs. 3 des Gesetzes vom 25.7.1996 (BGBl I S. 1120); § 9 Abs. 11 S. 3 GBBerG durch Art. 87 der Verordnung vom 29.10.2001 (BGBl I S. 2785), durch Art. 63 der Verordnung vom 25.11.2003 (BGBl I S. 2304), durch Art. 93 der Verordnung vom 31.10.2006 (BGBl I S. 2407) und durch Art. 158 Nr. 2 Buchst. b der Zehnten Zuständigkeitsanpassungsverordnung (10. ZustAnpV) v. 31.8.2015 (BGBl I S. 1474).

Durch § 9 Abs. 11 GBBerG in der Fassung des Telekommunikationsgesetzes v. 25.7.1996[10] wurde der Regelungsgehalt mit Wirkung v. 1.8.1996 auf weitere Arten der Grundstücksnutzung erweitert, er gilt nun auch für:

– Telekommunikationsanlagen der früheren Deutschen Post,
– Anlagen zur Versorgung von Schienenwegen der früheren Reichsbahn und der öffentlichen Verkehrsbetriebe mit Strom und Wasser sowie zur Entsorgung des Abwassers solcher Anlagen,
– Anlagen zur Fortleitung von Öl oder anderen Rohstoffen einschließlich aller dazugehörigen Anlagen, die der Fortleitung unmittelbar dienen, und
– Anlagen zum Transport von Produkten zwischen den Betriebsstätten eines oder mehrerer privater oder öffentlicher Unternehmen.

IV. Der öffentliche Glaube des Grundbuchs

1. Gutgläubig lastenfreier Erwerb

Nach § 9 Abs. 1 S. 2 GBBerG war der öffentliche Glaube des Grundbuchs hinsichtlich der Nichteintragung der kraft Gesetzes entstandenen Dienstbarkeiten suspendiert.[11] Er galt lediglich hinsichtlich des Ranges der einzutragenden Dienstbarkeit.

Seit 1.1.2011 ist auch hinsichtlich der Eintragung der Dienstbarkeiten der öffentliche Glaube des Grundbuchs wiederhergestellt. Bei einem Eigentumswechsel nach diesem Datum erlischt damit eine nicht eingetragene Dienstbarkeit durch gutgläubig lastenfreien Erwerb.[12]

Für das Bescheinigungsverfahren und die Eintragung der Dienstbarkeit aufgrund der Bescheinigung bedeutet dies, dass bei einem Eigentumswechsel nach dem 1.1.2011 die Bescheinigung nicht mehr gelten kann, da durch § 892 Abs. 1 S. 1 BGB vermutet werden muss, dass die Dienstbarkeit mit dem Eigentumswechsel erloschen ist.[13] Sie kann dann nur auf Bewilligung des nunmehr eingetragenen Eigentümers in das Grundbuch eingetragen werden. Hat der Berechtigte die Eintragung rechtzeitig vor dem 31.12.2010 beim Grundbuchamt beantragt, ist er durch das Prioritätsprinzip des § 17 GBO vor Rechtsverlust geschützt, auch wenn die Dienstbarkeit erst nach 31.12.2010 in das Grundbuch eingetragen wird.

Erfolgte seit 1.1.2011 aber kein Eigentumswechsel, sind nach wie vor das Bescheinigungsverfahren wie auch die Eintragung aufgrund der Bescheinigung möglich.

2. Erlöschen in der Zwangsversteigerung

Im Verfahren der Zwangsversteigerung gilt seit 1.1.2011, dass die nicht eingetragene Dienstbarkeit im Verfahren und insbes. bei der Bestimmung des geringsten Gebots nicht berücksichtigt wird.[14] Sie erlischt dann mit dem Zuschlag. Eine Neueintragung ist nur auf Bewilligung des Erstehers als neuem Eigentümer möglich.

---

10 Telekommunikationsgesetz v. 25.7.1996 (BGBl I S. 1120).
11 Bauer/Schaub/*Maaß*, § 9 GBBerG Rn 11 ff.
12 KG, Beschl. v. 8.3.2012 – 1 W 640/11, juris; zur Veräußerung bei Wohnungseigentum BGH FGPrax 2015, 241 = NJW-RR 2015, 1497; OLG Thüringen FGPrax 2012, 55 = Rpfleger 2012, 517; zur Kenntnis des Grundbuchamtes OLG Rostock FGPrax 2014, 205 = Rpfleger 2015, 13; zum Erwerb eines Miteigentumsanteils OLG Brandenburg, Beschl. v. 6.1.2014 – 5 W 83/13, nicht veröff.; allgemein *Böhringer*, Rpfleger 2011, 403.
13 BGH FGPrax 2015, 241 = NJW-RR 2015, 1497; OLG Thüringen, Beschl. v. 29.8.2011 – 9 W 356/11, nicht veröff.; OLG Brandenburg, Beschl. v. 18.11.2013 – 5 W 68/13, nicht veröff.
14 Dazu BGHZ 165, 119 = NotBZ 2006, 142 = Rpfleger 2006, 272 = ZfIR 2006, 142 m. Anm. *Böhringer*.

B. Entstehen beschränkter persönlicher Dienstbarkeiten

I. Entstehen kraft Gesetzes

11 Kraft Gesetzes sind zum 25.12.1993 für Energieversorgungsleitungen, zum 11.1.1995 für wasserwirtschaftliche Anlagen und zum 1.8.1996 für Telekommunikationslagen und die weiteren Fälle des Abs. 11 an den genutzten Grundstücken beschränkte persönliche Dienstbarkeiten zugunsten der jeweils nutzenden Unternehmen im Umfang der Grundstücksnutzung entstanden. Voraussetzung für das Entstehen einer solchen Dienstbarkeit ist, dass das Versorgungsunternehmen das Grundstück am 3.10.1990 zum Betrieb, zur Unterhaltung und Erneuerung von Energieanlagen, die unmittelbar der Fortleitung von Elektrizität, Gas und Fernwärme dienen, in Benutzung hatte.

12 Die beschränkte persönliche Dienstbarkeit entstand kraft Gesetzes ohne Grundbucheintragung; der Grundstückseigentümer musste nicht zustimmen, konnte das Entstehen auch nicht verhindern. Der Grundstückseigentümer erhält als Ausgleich eine Entschädigungsleistung nach § 9 Abs. 3 GBBerG.

Die Nutzung muss am 3.10.1990 – oder besser bei Ablauf des 2.10.1990 – bestanden haben oder es muss mit ihr zumindest begonnen worden sein.[15] Eine später, etwa bis zum 25.12.1993 entstandene Nutzung fällt nicht unter § 9 GBBerG. Hier gelten das allgemeine Sachenrecht des BGB sowie die bundesrechtlichen Vorschriften über die Nutzung der Grundstücke. Ob die Nutzung den Anforderungen der Energieverordnung der DDR entsprach, ist dabei aber nicht maßgebend. Es kommt allein auf die tatsächliche Nutzung zum 3.10.1990 an.[16] Daher entsteht die Dienstbarkeit auch nur im Umfang dieser damals ausgeübten Nutzung und nur auf dem tatsächlich genutzten Grundstück. Ist dieses Grundstück mit einem Nutzungsrecht und selbstständigem Gebäudeeigentum oder mit einem Erbbaurecht belastet, entsteht die Dienstbarkeit als Gesamtbelastung auf dem Grundstück und dem Erbbaurecht oder Gebäudeeigentum (§ 9 Abs. 1 S. 3 GBBerG). Dadurch soll eine gleichmäßige Belastung beider Rechtsobjekte gewährleistet werden.

13 Von § 9 GBBerG wird aber auch nicht jede Art der Grundstücksnutzung abgesichert. Die Vorschrift erfasst nur die Fälle der Nutzung zum Besitz, Betrieb, zur Unterhaltung und Erneuerung von Anlagen, die unmittelbar der Fortleitung von Elektrizität, Gas oder Fernwärme dienen. Dazu gehören neben unterirdischen Leitungen, auch die Nutzung oberirdischer Hochspannungsleitungen sowie die dazu notwendigen Masten und Fundamente. Auch Transformatorenstationen und Umspannanlagen dienen der unmittelbaren Fortleitung. Anlagen zur Erzeugung der elektrischen Energie oder der Fernwärme werden nach dem Wortlaut aber nicht von § 9 Abs. 1 GBBerG erfasst.

II. Berechtigter der Dienstbarkeit

14 Die Dienstbarkeit ist als beschränkte persönliche Dienstbarkeit und nicht als Grunddienstbarkeit entstanden. Sie steht damit einem bestimmten Rechtsträger zu, unabhängig von dem Eigentum an einem Grundstück, von welchem etwa die Versorgungsleitung ausgeht. Berechtigter ist dasjenige Versorgungsunternehmen, das die jeweilige Anlage je nach Leitungsart am 25.12.1993 oder dem sonstigen Entstehenszeitpunkt betrieben hat. Die Nichtnutzung einer von § 9 Abs. 1 S. 1 GBBerG erfassten Leitung am maßgeblichen Stichtag hindert das Entstehen einer Dienstbarkeit nicht, wenn das Versorgungsunternehmen zu diesem Zeitpunkt Betreiber der Anlage im Sinne der Vorschrift war.[17] Als Betreiber gilt, wer die Anlagen im eigenen Namen, auf eigene Rechnung und in eigener Verantwortung führt und damit einen bestimmenden Einfluss auf die Einrichtung, Beschaffenheit und den Betrieb der Anlage ausübt.[18] Es wurde hier bewusst auf den Zeitpunkt des Entstehens der Dienstbarkeit abgestellt und nicht schon auf 3.10.1990.[19] Denn in den wenigsten Fällen ist der damalige Nutzer mit dem jetzigen Nutzer rechtlich identisch. Würde man auf den Nutzer zum 3.10.1990 abstellen, wären Probleme der Rechtsnachfolge zu klären. Dies wird dadurch erspart, dass ohne Rücksicht auf Rechtsnachfolge oder vorherige Nutzung die Dienstbarkeit für das Unternehmen entsteht, das die Anlage oder Leitung am 25.12.1993 in Betrieb hat. Sind im Übrigen in den Grundbüchern noch alte Dienstbarkeiten für alte Versorgungsunternehmen, ist eine Rechtsnachfolge auf den jetzigen Energieversorger nicht nachzuweisen.

---

15 OLG Brandenburg NotBZ 2008, 30.
16 BR-Drucks 862/93, 220; BT-Drucks 12/6228.
17 BGH, Urt. v. 26.11.2021 – V ZR 273/20, juris.
18 VG Cottbus, Urt. v. 25.7.2022 – 8 K 2631/17, juris.
19 BR-Drucks 862/93, S. 221; BT-Drucks 12/6228.

Mit dem Begriff des Versorgungsunternehmens bezieht sich § 9 GBBerG auf die Definition des Energiewirtschaftsrechts. Nach § 2 Abs. 2 EnWG sind Versorgungsunternehmen ohne Rücksicht auf ihre Rechtsform und Eigentumsverhältnisse alle Unternehmen und Betriebe, die andere mit elektrischer Energie oder Gas (und auch Fernwärme) versorgen.

III. Inhalt des Rechts

1. Inhaltliche Ausgestaltung nach SachenR-DV

Der Inhalt der kraft Gesetzes entstandenen Dienstbarkeit bestimmt sich nach der Art der Anlage und ihrer Nutzung. § 9 Abs. 1 GBBerG nennt keine inhaltlichen Bestimmungen. Selbstverständlich muss sich der Inhalt aber im Rahmen des nach § 1018 BGB für Dienstbarkeiten Zulässigen bewegen. Danach kann der Berechtigte zur Benutzung des Grundstücks in bestimmter Beziehung berechtigt sein, dem Eigentümer kann das Unterlassen bestimmter Handlungen untersagt werden. Zu positivem Tun kann der Eigentümer des belasteten Grundstücks aber nicht verpflichtet werden.

In Ausführung der Verordnungsermächtigung aus § 9 Abs. 8 regelt § 4 SachenR-DV den zulässigen Inhalt der Leitungs- und Anlagenrechte. Bei der Bestimmung des Inhalts wird dabei zwischen den einzelnen Arten der Nutzung bei Energieanlagen und Wasserversorgung unterschieden: In allen Fällen ist der Inhaber der Dienstbarkeit berechtigt, das belastete Grundstück für den Betrieb, die Instandsetzung und Erneuerung einschließlich Neubau von Anlagen und Baulichkeiten zu betreten oder sonst zu benutzen (§ 4 Abs. 1 Nr. 1 SachenR-DV).

2. Energieanlagen

Bei Energieanlagen darf der Inhaber der Dienstbarkeit nach § 4 Abs. 1 Nr. 2 Buchst. a SachenR-DV

– die Leitung auf einem Gestänge, auf Masten, Tragkonstruktionen, in einer Rohrleitung, auf einem Sockel, in der Erde, in einem Tunnel oder in einem Kanal führen.
– die für die Fortleitung erforderlichen Einrichtungen einschließlich der Fundamente und einschließlich der Einrichtungen zur notwendigen Informationsübermittlung halten, instand setzen, betreiben und erneuern.
– die für die Fortleitung eingerichteten Transformatoren, Umformer-, Regler- und Pumpstationen, Umspannwerke und vergleichbare Anlagen betreiben, instand halten und erneuern.

3. Anlagen der Wasserversorgung

Bei Anlage der öffentlichen Wasserversorgung ist der der Dienstbarkeit nach § 4 Abs. 1 Nr. 2 Buchst. b SachenR-DV folgender:[20] Der Inhaber der Dienstbarkeit ist berechtigt,

– Wasser oder Abwasser in einer Leitung, einem Kanal oder einem Graben führen.[21]
– die für die Fortleitung eingerichteten Brunnen, Brunnengalerien, Pumpwerke, Wassertürme, Rückhaltebecken, öffentliche Sammelbecken und ähnliche Anlagen betreiben, unterhalten, instand setzen und erneuern.

Bei Hochwasserrückhaltebecken (§ 9 Abs. 9 Nr. 2 GBBerG) ist der Inhaber der Dienstbarkeit nach § 4 Abs. 1 Nr. 2 Buchst. c SachenR-DV berechtigt,

– diese Becken einschließlich der zu ihrer Anlage errichteten Dämme und Deiche und der Entwässerungsgräben zu betreiben, zu unterhalten, zu bepflanzen und, soweit dies notwendig ist, auch vollständig zu überfluten.

Bei Schöpfwerken und gewässerkundlichen Messanlagen (§ 9 Abs. 9 Nr. 2, 3 GBBerG) ist der Inhaber der Dienstbarkeit nach § 4 Abs. 1 Nr. 2 Buchst. d SachenR-DV berechtigt,

– das Schöpfwerk und die Messanlagen einschließlich der dafür erforderlichen Leitungen und Datenübertragungsanlagen zu betreiben, zu unterhalten oder zu erneuern.

---

20 Eickmann/*Böhringer*, SachenRBerG, § 9 GBBerG Rn 12 ff.

21 Zu Abwasserentsorgung BGH, Urt. v. 26.11.2021 – V ZR 273/20, juris; VG Cottbus, Urt. v. 25.7.2022 – 8 K 2631/17, juris.

4. Sonstige inhaltliche Regelungen

21 In allen Fällen sind für den Inhalt der Dienstbarkeit die Art und der Umfang der gesicherten Anlage am 3.10.1990 maßgebend (§ 4 Abs. 1 S. 3 SachenR-DV). In den Fällen der Gesamtbelastung des Grundstücks mit einem Gebäudeeigentum oder Erbbaurecht gilt für dessen Belastung der gleiche Dienstbarkeitsinhalt (§ 4 Abs. 2 SachenR-DV).

22 Der Grundstückseigentümer darf keine baulichen oder sonstigen Anlagen errichten und keine Einwirkungen oder Maßnahmen vornehmen, die den ordnungsgemäßen Bestand der gesicherten Leitungen und Anlagen beeinträchtigen oder gefährden könnten (§ 4 Abs. 3 S. 1 SachenR-DV). Bei Energieanlagen wie Hochspannungsleitungen darf der Grundstückseigentümer insbes. keine leitungsgefährdenden Stoffe anhäufen, keine Anpflanzungen innerhalb des Schutzstreifens vornehmen und keine Geländeveränderungen am Schutzstreifen vornehmen (§ 4 Abs. 3 S. 2 Nr. 1, 2, 3 SachenR-DV). Allerdings kann vom Eigentümer kein positives Tun verlangt werden. Das Freischneiden von Leitungstrassen kann daher anders als nach dem Recht der DDR vom Eigentümer nicht verlangt werden (§ 4 Abs. 3 S. 3 SachenR-DV). Um dem Eigentümer die Nutzung seines Grundstücks zu erhalten, die er vor dem 3.10.1990 hatte, dürfen bauliche Anlagen und Anpflanzungen, die nach den einschlägigen Vorschriften der DDR zulässig waren auch weiterhin bestehen bleiben (§ 4 Abs. 4 SachenR-DV). Vom Eigentümer kann nicht verlangt werden, diese zu beseitigen, soweit sie die Leitung oder die gesicherte Anlage nicht gefährden (§ 4 Abs. 4 S. 2 SachenR-DV). Die Breite des Schutzstreifens für Elektrizitätsleitungen oder unterirdische Gasleitungen orientiert sich an den Gegebenheiten in der Natur, hier können keine festen Maßstäbe angesetzt werden. Der Eigentümer unterliegt keinen weitergehenderen Beschränkungen als sie am 3.10.1990 bestanden hatten. Eine Erweiterung der Leitung oder Anlage und damit eine Ausdehnung der Nutzung nach dem 3.10.1990 darf nicht zu einem entsprechend größeren Umfang der Dienstbarkeit führen, auch nicht wenn die Nutzungserweiterung vor dem 25.12.1993 erfolgte.

5. Übertragbarkeit der Dienstbarkeit

23 Die beschränkte persönliche Dienstbarkeit ist nach Maßgabe des § 1092 Abs. 3 BGB übertragbar.

IV. Ausgeschlossene Fälle (§ 9 Abs. 2 GBBerG)

24 In bestimmten Fällen ist keine Dienstbarkeit entstanden. Diese Fälle berücksichtigt § 9 Abs. 2 GBBerG. Denn die Bestellung von Dienstbarkeiten ist nur notwendig, soweit Leitungsrechte nicht durch allgemeines Bundesrecht abgesichert sind. Ergibt sich schon aus Gesetz oder Rechtsverordnung eine Pflicht des Grundstückseigentümers zur Duldung der Grundstücksnutzung, ist daneben eine Dienstbarkeit überflüssig, ja sogar unzulässig.

Daher bestimmt § 9 Abs. 2 GBBerG, dass in den Geltungsbereichen der Verordnungen über die Allgemeinen Bedingungen der Elektrizitäts-, Gas- und Fernwärmeversorgung[22] keine Dienstbarkeit entstanden ist, weil hier der Grundstückseigentümer schon aus den Verordnungen heraus zur Duldung der Anlagen verpflichtet ist.[23] Diese allgemeinen Bedingungen gelten im vertraglichen Verhältnis zwischen dem Versor-

---

[22] BGH NJW-RR 2006, 917 = Rpfleger 2006, 315; jeweils bis 7.11.2006 geltend: VO über Allgemeine Bedingungen für die Elektrizitätsversorgung v. 21.6.1979 (BGBl I 1979, 684); VO über Allgemeine Bedingungen für die Gasversorgung v. 21.6.1979 (BGBl 1979, 676); VO über Allgemeine Bedingungen für die Versorgung mit Fernwärme v. 20.6.1980 (BGB. I 1980, 742); seit 8.11.2006 geltend: VO über Allgemeine Bedingungen für die Grundversorgung von Haushaltskunden und die Ersatzversorgung mit Elektrizität aus dem Niederspannungsnetz – Stromgrundversorgungsverordnung v. 22.10.2014 (FNA-752-6-8); VO über Allgemeine Bedingungen für die Grundversorgung von Haushaltskunden und die Ersatzversorgung mit Gas aus dem Niederdrucknetz – Gasgrundversorgungsverordnung v. 22.10.2014 (FNA-752-6-9); VO über Allgemeine Bedingungen für den Netzanschluss und dessen Nutzung für die Elektrizitätsversorgung in Niederspannung – Niederspannungsanschlussverordnung v. 1.11.2006 (BGBl I 2006, 2477); VO über Allgemeine Bedingungen für den Netzanschluss und dessen Nutzung für die Gasversorgung in Niederdruck – Niederdruckanschlussverordnung v. 11.11.2006 (FNA 752-6-7).

[23] Die Grundsätze der Verkehrssicherungspflicht gebieten es auch, bei Baumaßnahmen das Grundstück auf mögliche Leitungen hin zu untersuchen; vgl. BGH NJW, 1971, 1313; BGH VersR 1983, 152; BGH VersR 1985, 1147; OLG Köln NJW-RR 1992, 983; OLG Naumburg NJW-RR 1994, 784; Palandt/*Sprau*, BGB, § 823 Rn 77.

gungsunternehmen und seinen Tarifkunden. Auch bei Leitungen über oder in öffentlichen Verkehrsflächen und Grundstücken ist eine Sicherung entbehrlich.[24]

Ändern sich nach 25.12.1993 die Verhältnisse an dem belasteten Grundstück dergestalt, dass nachträglich ein Grund des § 9 Abs. 2 GBBerG vorliegt, bleibt die kraft Gesetzes entstandene Dienstbarkeit trotzdem bestehen (§ 5 SachenR-DV).[25] Ebenso entsteht nach dem 25.12.1993 nicht kraft Gesetzes eine Dienstbarkeit, wenn nachträglich die Ausschlussgründe des § 9 Abs. 2 wegfallen. In diesem Fall muss die Dienstbarkeit rechtsgeschäftlich bestellt werden.

V. Zahlung der Entschädigungsleistung (§ 9 Abs. 3 GBBerG)

1. Grundsatz

Der Eigentümer muss sein Grundstück nicht unentgeltlich oder entschädigungslos zur Nutzung zur Verfügung stellen. Die Zahlung einer Entschädigung ist notwendiges Korrektiv zur kraft Gesetzes entstandenen Dienstbarkeit zur angemessenen Wahrung der Interessen des Eigentümers.[26] Dies regelt für die Leitungsrechte der Energieversorger § 9 Abs. 3 GBBerG. Berechtigter der Entschädigung ist, wer im Zeitpunkt ihres Entstehens Eigentümer des Grundstücks war.[27]

Art und Ausmaß der Entschädigung sind hier aber nur allgemein geregelt. Die Entschädigung an den Eigentümer bestimmt sich nach dem Betrag, der für ein solches Recht allgemein üblich ist (§ 9 Abs. 3 S. 2 GBBerG). Es kommt bei der Bemessung der Höhe des Ausgleichs entscheidend auf die tatsächliche Nutzung des Grundstücks an.[28] Wie bei der Bestellung einer Dienstbarkeit auch bestimmt sich die Höhe des Ausgleichsanspruchs regelmäßig nach dem Wert des in Anspruch genommenen Grundstücks am Tag der Begründung der Dienstbarkeit; später möglicherweise realisierbare höhere Verkaufspreise sind unerheblich. Für unterirdische Leitungen soll ein Ausgleich in Höhe von 20 Prozent des Wertes der durch den Schutzstreifen der Leitung in Anspruch genommenen Grundstücksfläche angemessen sein.[29]

2. Fälligkeit der Entschädigung

Die Entschädigung soll nach § 9 Abs. 3 S. 3 GBBerG in zwei Stufen fällig sein. Die erste Hälfte des Betrages wurde mit Eintragung der Dienstbarkeit in das Grundbuch fällig, frühestens am 1.1.2001. Die zweite Hälfte des Betrages wurde kraft Gesetzes am 1.1.2011 fällig.[30]

3. Wegfall der Entschädigungspflicht

Ist im Grundbuch noch eine Dienstbarkeit des entsprechenden Inhalts eingetragen, hat sie jeder Erwerber eines Grundstücks ohne weiteres zu dulden.[31] Genauso wie nun der Erwerber eines mit einer gewöhnlichen Dienstbarkeit belasteten Grundstücks diese ohne weiteren Anspruch auf Entschädigungsleistung dulden muss, kann er auch in den Fällen des § 9 Abs. 3 S. 4 GBBerG keine erneute Entschädigungsleistung verlangen.[32]

C. Das Bescheinigungsverfahren

I. Feststellung der Dienstbarkeit

Da die Dienstbarkeiten kraft Gesetzes entstanden sind, wurden die betreffenden Grundbücher unrichtig. Man entschloss sich daher, ein behördliches Feststellungsverfahren zu gestalten, nach dem durch eine

---

24 BR-Drucks 862/93, 223; BT-Drucks 12/6228; zu Schienenwegen als öffentliche Verkehrsflächen OVG Sachsen NJ 2008, 187.
25 BGH NotBZ 2004, 307 = VIZ 2004, 328.
26 Eickmann/*Böhringer*, SachenRBerG, § 9 GBBerG Rn 3.
27 BGH DNotZ 2015, 195 = NJW-RR 2015, 146 = NotBZ 2015, 103; OLG Dresden NotBZ 2005, 81; OLG Brandenburg NotBZ 2012, 422 = ZfIR 2012, 555 m. Anm. *Salzig*; ZOV 2015, 40.
28 BGH NJW 2014, 2959 = ZfIR 2014, 636 m. Anm. *Böhringer*; Eickmann/*Böhringer*, SachenRBerG, § 9 GBBerG Rn 25; zur Erstattungsfähigkeit von Sachverständigenkosten LG Neubrandenburg GWF/Recht und Steuern 2017, 1.
29 LG Neubrandenburg, Urt. v. 4.3.2015 – 3 O 815/13.
30 Eingehend BGH NotBZ 2004, 328 = VIZ 2004, 328; *Schmidt-Räntsch*, VIZ 2004, 473.
31 Zum Rechtsmangel beim Grundstückskaufvertrag wegen Bestehens der Dienstbarkeit nach § 9 GBBerG BGH NJW 2015, 2029 = MittBayNot 2015, 471.
32 BR-Drucks 862/93, 225; BT-Drucks 12/6228.

Verwaltungsbehörde gem. § 9 Abs. 4 GBBerG festgestellt werden, ob eine Dienstbarkeit nach § 9 Abs. 1 GBBerG entstanden ist, welche Grundstücke in welchem Umfang von ihr betroffen sind, welchen genauen Inhalt die Dienstbarkeit hat und wem sie als Berechtigten zusteht.

Das Bescheinigungsverfahren wird nur auf Antrag durchgeführt. Das Verfahren der Erteilung einer entsprechenden Bescheinigung regelt § 9 Abs. 4 GBBerG, der durch §§ 6, 7 SachenR-DV ergänzt wird. Die durch die Behörde erteilte Bescheinigung stellt für die Eintragung der Dienstbarkeit in das Grundbuch den urkundlichen Nachweis gem. § 29 Abs. 1 S. 2 GBO dar. Sie ist kein Verwaltungsakt im Sinne des § 35 VwVfG. Trotz entsprechender Bescheinigung könnte daher später durch gerichtliches Urteil festgestellt werden, dass eine Dienstbarkeit nach § 9 Abs. 1 GBBerG nicht entstanden ist. Dem Grundstückseigentümer steht es auch nach beziehungsweise trotz Feststellung und Eintragung der Dienstbarkeit frei, gegen den Berechtigten auf Löschung des Rechts wegen Nichtbestehens zu klagen. Gegen die Bescheinigung selbst hat er daher kein Rechtsmittel (§ 9 Abs. 5 S. 3 GBBerG).

II. Zuständigkeit für das Bescheinigungsverfahren

30 Für die Durchführung des Bescheinigungsverfahrens sind nach § 9 Abs. 4 S. 1 GBBerG die nach dem Energiewirtschaftsgesetz zuständige Landesbehörde zuständig.[33] Der Gesetzgeber hat es aber auch den jeweiligen Ländern freigestellt, durch Rechtsverordnung die Zuständigkeit ganz oder teilweise auf andere Behörden zu übertragen (§ 9 Abs. 10 S. 1 GBBerG). Das Bescheinigungsverfahren kann auch auf private Stellen als beliehene Unternehmen übertragen werden (§ 9 Abs. 10 S. 2 GBBerG).

Bei dem Bescheinigungsverfahren für die Leitungen und Anlagen der Wasserversorgung, Rückhaltebecken und Messpegelanlagen nach § 9 Abs. 9 GBBerG liegt die Zuständigkeit nach § 3 SachenR-DV bei den unteren Wasserbehörden.

Für die Anlagen nach § 9 Abs. 11 GBBerG ist das Bundesministerium für Verkehr und digitale Infrastruktur oder das Bundeseisenbahnvermögen zuständig (§ 9 Abs. 11 S. 3 GBBerG).

III. Verfahrensvoraussetzungen und Verfahrensgang

1. Antrag des Berechtigten und öffentliche Bekanntmachung

31 Das Bescheinigungsverfahren wird nur auf Antrag des Versorgungsunternehmens, durchgeführt (§ 9 Abs. 4 S. 1 GBBerG). An den Antrag werden bestimmte formale und inhaltliche Anforderungen gestellt, damit das Verfahren selbst ohne umfangreiche materielle Prüfung und Aufwand durchgeführt werden kann. Die Anforderungen an den Antrag regeln §§ 6, 7 SachenR-DV.

Die Behörde prüft im Bescheinigungsverfahren nicht, ob materiell eine Dienstbarkeit entstanden ist, die Bescheinigung hat auch keine materiell unmittelbare Wirkung. Es wird lediglich geprüft, ob der Antrag die nach §§ 6, 7 SachenR-DV erforderlichen Angaben enthält und ob diese in sich widerspruchsfrei sind.

32 Der Antrag ist durch die Bescheinigungsstelle öffentlich bekanntzumachen (§ 9 Abs. 4 S. 2 GBBerG, § 7 Abs. 1 SachenR-DV). Öffentlich bekanntzumachen sind die durch die Leitungen und Anlagen betroffenen Grundstücke sowie die Kommunen, in welchen die Leitungen und Anlagen sich befinden. Die Arten der Leitungen sind anzugeben.[34] Nach § 9 Abs. 4 S. 3 GBBerG ist der Veröffentlichung eine Karte mit der Leitung und den betroffenen Grundstücken im Maßstab von mindestens 1:10.000 beizufügen. Damit orientiert sich der Gesetzgeber am Verfahren im öffentlichen Planungsrecht. Es empfiehlt sich hier aber, von einer Veröffentlichung der Karte abzusehen und stattdessen gem. § 9 Abs. 4 S. 3 GBBerG, § 7 Abs. 1 SachenR-DV darauf hinzuweisen, dass Antrag und Unterlagen bei der Behörde eingesehen werden können.

2. Widerspruchsrecht des Grundstückseigentümers

33 Innerhalb einer Frist von vier Wochen nach öffentlicher Bekanntmachung des Antrags kann der Eigentümer eines betroffenen Grundstücks gegen die Bescheinigung Widerspruch bei der Bescheinigungsbehörde einlegen. Nur ein rechtzeitig eingelegter Widerspruch ist für das Verfahren beachtlich (vgl. § 7 Abs. 5 S. 4 SachenR-DV). Natürlich kann der Eigentümer durch seinen Widerspruch nicht das Ent-

---

33 Übersicht bei *Maaß*, NotBZ 2001, 280.   34 BR-Drucks 862/93, 228; BT-Drucks 12/6228.

stehen der Dienstbarkeit selbst verhindern, diese entstand ja bereits kraft Gesetzes. Er kann aber durch den Widerspruch seine Rechte vorläufig sichern, wenn er der Ansicht ist, dass § 9 Abs. 1 GBBerG in seinem Fall nicht zutrifft. Der Widerspruch kann sich richten gegen die Dienstbarkeit insgesamt oder gegen ihren beabsichtigten Inhalt.

Auch bei dem Widerspruch prüft die Bescheinigungsbehörde nicht materiell, ob er begründet ist. Selbstverständlich ist der Widerspruch nur von betroffenen Grundstückseigentümern zulässig. Im Übrigen hindert der Widerspruch die Feststellung der Dienstbarkeit nicht, er wird in der Bescheinigung lediglich vermerkt und sichert damit die materiellen Rechte des Grundstückseigentümers aus § 894 BGB.

3. Inhalt der Bescheinigung

Nach Ablauf von vier Wochen ab der öffentlichen Bekanntmachung des Antrags kann die Behörde die Bescheinigung über die Dienstbarkeit ausstellen (§ 9 Abs. 4 S. 4 GBBerG, § 7 Abs. 2 S. 1 SachenR-DV). Die Bescheinigung wird erteilt, wenn der Antragsteller die Unterlagen nach § 7 Abs. 2 S. 1 Nr. 1, 2 SachenR-DV beigebracht hat und die Angaben aus § 7 Abs. 2 S. 1 Nr. 3, 4 SachenR-DV der Behörde gegenüber versichert hat. Die Bescheinigung dient letztlich nur der Grundbucheintragung der Dienstbarkeit. Sie muss daher den formalen und inhaltlichen Voraussetzungen des Grundbuchverfahrens entsprechen. Formal bedarf die Bescheinigung einer Unterschrift und der Beidrückung des Dienstsiegels der Behörde, § 29 Abs. 3 GBO, § 9 Abs. 5 S. 1 Nr. 1 GBBerG.

Inhaltlich hat die Bescheinigung zu enthalten (vgl. § 9 Abs. 5 S. 1 Nr. 1, 2 GBBerG, § 7 Abs. 4 SachenR-DV):

- Die durch die einzelnen Dienstbarkeiten betroffenen Grundstücke; diese sind gem. § 28 GBO zu bezeichnen, mehrere Grundstücke sind nach Gemarkungen zusammenzufassen (§ 7 Abs. 4 S. 2 SachenR-DV); es kann auf die Liste nach § 7 Abs. 2 S. 1 Nr. 2 Buchst. a SachenR-DV Bezug genommen werden, die aber dann Bestandteil der Bescheinigung wird.
- Das Versorgungsunternehmen als Berechtigten der Dienstbarkeit; die Bezeichnung hat so zu erfolgen, dass eine Übernahme in das Grundbuch möglich ist, nach § 15 GBV sind die Firma und der Sitz des Unternehmens anzugeben.
- Den Inhalt der einzelnen Dienstbarkeiten entsprechend der Vorgaben aus § 4 Abs. 1 SachenR-DV; der bescheinigte Inhalt muss dabei nach dem allgemeinen Recht des BGB für beschränkte persönliche Dienstbarkeiten zulässig sein. Ist die Ausübung der Dienstbarkeit auf den realen Teil eines Grundstücks beschränkt, kann dieser Ausübungsbereich durch eine Karte graphisch dargestellt werden, die Karte ist Bestandteil der Bescheinigung.

Hat der Grundstückseigentümer rechtzeitig Widerspruch erhoben, so ist dieser Widerspruch auf der Bescheinigung zu vermerken (§ 9 Abs. 4 S. 5 GBBerG, § 7 Abs. 5 S. 3 SachenR-DV). Gegen was sich der Widerspruch im Einzelnen richtet, muss nicht angegeben werden. Die Erteilung der Bescheinigung kann der Eigentümer nicht verhindern, er hat auch kein Rechtsmittel gegen sie. Weil aber die Bescheinigung keine rechtsbegründende Wirkung hat, kann er gegen die bescheinigte und später im Grundbuch eingetragene Dienstbarkeit auf dem ordentlichen Gerichtsweg vorgehen.

D. Eintragung der Dienstbarkeit in das Grundbuch

I. Antrag des Versorgungsunternehmens

Die Eintragung der Dienstbarkeit ist Grundbuchberichtigung nach § 22 GBO.[35] Sie erfolgt auf Antrag des Versorgungsunternehmens (§ 9 Abs. 5 S. 1 GBBerG). Die Grundbuchunrichtigkeit wird nachgewiesen gem. § 22 GBO durch Vorlage der Bescheinigung der Aufsichtsbehörde nach § 9 Abs. 4, 5 GBBerG.

II. Grundbuchverfahren zur Eintragung

Das Grundbuchamt hat im Rahmen des Eintragungsverfahrens die Eintragungsfähigkeit des beantragten Rechts zu prüfen. Im Einzelnen ist dabei zu prüfen, ob der beantragte Inhalt, wie er sich aus der Bescheinigung ergibt, für die Dienstbarkeit zulässig und eintragungsfähig ist. Das Grundbuchamt ist dabei nicht

---

35 Eingehend *Böhringer*, Rpfleger 2002, 186.

an die Vorgaben der Bescheinigung gebunden. Hält es einzelne inhaltliche Punkte der Dienstbarkeit für unzureichend, ungenau oder unzulässig, hat es diese gem. § 18 Abs. 1 GBO durch Zwischenverfügung zu beanstanden. Teilvollzug des Antrags bezüglich einzelner Grundstücke ist zulässig (§ 8 Abs. 1 S. 3 SachenR-DV).

Nach § 8 Abs. 1 S. 2 SachenR-DV kann das Grundbuchamt die Vorlage der Karte nach § 7 Abs. 2 Nr. 1 SachenR-DV verlangen, aus der sich der Verlauf der Leitung und die Standorte von baulichen Anlagen ergeben. Die Vorlage der Karte sollte stets erfolgen. Sie ermöglicht nicht nur dem Grundbuchamt die Prüfung der Eintragungen an den einzelnen Grundstücken, sondern erleichtert auch die spätere Einsichtnahme in das Grundbuch.

39 Liegen die Eintragungsvoraussetzungen vor, trägt das Grundbuchamt die Dienstbarkeit mit ihrem schlagwortartigen Inhalt in das Grundbuch ein. In der Eintragung ist die Bescheinigung auch mit Aktenzeichen und der ausstellenden Behörde zu benennen (§ 8 Abs. 1 S. 4 SachenR-DV). Das Recht ist an der Rangstelle einzutragen, die ihm nach dem Grundbuchverfahrensrecht zukommt.

III. Verfahren bei Widerspruch des Eigentümers

40 Hat der Grundstückseigentümer bei der Behörde rechtzeitig Widerspruch gegen die Dienstbarkeit erhoben, ist dieser in der Bescheinigung vermerkt (§ 9 Abs. 4 S. 5 GBBerG). Unter Vorlage der Bescheinigung kann nun die Dienstbarkeit nicht in das Grundbuch eingetragen werden, damit würden die Rechte des Eigentümers übergangen. Andererseits ist davon auszugehen, dass die Dienstbarkeit nach § 9 Abs. 1 GBBerG entstanden sein kann. Dieser Streit über das Bestehen oder Nichtbestehen des Rechts kann nicht vor der Aufsichtsbehörde im Bescheinigungsverfahren ausgetragen werden, es sind die ordentlichen Gerichte zuständig.[36]

41 Um aber das Recht des Versorgungsunternehmens zu sichern, hat das Grundbuchamt nach § 9 Abs. 5 S. 2, § 8 Abs. 2 SachenR-DV einen Widerspruch gegen die Richtigkeit des Grundbuchs in Bezug auf die Nichteintragung der Dienstbarkeit einzutragen. Er ist in der Veränderungsspalte der Abteilung II einzutragen. Den Wortlaut gibt § 8 Abs. 2 SachenR-DV vor.

Erfolgte der Widerspruch des Eigentümers im Bescheinigungsverfahren verspätet, ist er auf den ordentlichen Rechtsweg zu verweisen (§ 7 Abs. 4 S. 4 SachenR-DV). Die Dienstbarkeit wird auf Grundlage der Bescheinigung in das Grundbuch eingetragen und der Eigentümer müsste das berechtigte Unternehmen auf Löschung des Rechts verklagen.[37] Gleiches gilt, wenn sich später herausstellt, dass keine Dienstbarkeit nach § 9 Abs. 1 GBBerG entstanden ist.[38] In diesem Fall der Klage des Eigentümers gegen das Versorgungsunternehmen müsste nach den allgemeinen Beweislastregeln dieser die Grundbuchunrichtigkeit beweisen. Hier stellt § 9 Abs. 5 S. 5 GBBerG aber eine sinnvolle Beweislastumkehr auf: Das Versorgungsunternehmen muss die Lage seiner Leitung und damit das Entstehen der Dienstbarkeit nachweisen. Nur wenn im Grundbuch bereits eine Dienstbarkeit eingetragen war, gilt für den Berechtigten § 891 Abs. 1 BGB.

IV. Verzicht und Erlöschen der Dienstbarkeit

1. Verzicht nach § 9 Abs. 6 GBBerG

42 Der Versorgungsunternehmer ist nicht verpflichtet, die kraft Gesetzes entstandene Dienstbarkeit auch auszuüben. Wird die entsprechende Leitung nicht mehr benötigt, wäre es umständlich, hier noch Dienstbarkeiten in das Grundbuch einzutragen.[39] Der Berechtigte kann daher gem. § 9 Abs. 6 S. 1 GBBerG auf die Dienstbarkeit verzichten. Das Recht erlischt dann. Der Verzicht ist vor der Erteilung einer Bescheinigung nach § 9 Abs. 4 GBBerG zu erklären. Es ist hierbei zweckmäßig, das Erlöschen kraft Verzichts

---

36 BR-Drucks 862/93, S. 229; BT-Drucks 12/6228.
37 Zur Eintragung eines Widerspruchs gegen die Dienstbarkeit OLG Dresden ZfIR 2014, 186 m. Anm. *Böhringer*.
38 BR-Drucks 862/93, S. 230 oben; BT-Drucks 12/6228.
39 Einen sehr prägnanten Fall bringt die Gesetzesbegründung zu Fernwärmeleitungen im ehemaligen Ost-Berlin, die wegen der Mauer und anderer Grenzanlagen kilometerlange Umwege nehmen mussten, heute aber unrentabel sind; Begründung zur Beschlussempfehlung des Rechtsausschusses, BR-Drucks 862/93, S. 225 unten; BT-Drucks 12/6228.

durch ein ähnliches Bescheinigungsverfahren feststellen zu lassen. Das regelt § 9 Abs. 6 S. 1 Hs. 2 mit § 9 Abs. 2 SachenR-DV: Das Versorgungsunternehmen kann bei der Aufsichtsbehörde eine Bescheinigung über den Verzicht und das Erlöschen beantragen. Der Antrag muss die Verzichtserklärung und das betroffene Grundstück beinhalten.

2. Erlöschen nach § 9 Abs. 7 GBBerG

Schließlich sind auch jene Fälle zu regeln, bei denen in den Grundbüchern noch alte Dienstbarkeiten für Energieversorgungsunternehmen eingetragen sind, diese Rechte aber nicht mehr benötigt werden. Auch in diesen Fällen ist grundsätzlich § 9 Abs. 1 GBBerG anwendbar. Wenn aber der jetzige Energieversorger das alte bereits bestehende Recht nicht mehr ausübt, ist eine Löschung im Grundbuch sinnvoll. Das Erlöschen des Rechts wird gem. § 9 Abs. 7, § 10 SachenR-DV bescheinigt. Die Dienstbarkeit kann unter Vorlage der Erlöschensbescheinigung im Grundbuch gelöscht werden (§ 9 Abs. 7 S. 2 GBBerG). 43

§ 9a [Leitungssammelkanäle und Unterhaltungspflichten]

(1) Die in § 9 sowie in den §§ 1 und 4 der Sachenrechts-Durchführungsverordnung bezeichneten Anlagen stehen mit Wirkung vom 3. Oktober 1990 im Eigentum des Inhabers der Dienstbarkeit. Befinden sich die Anlagen mehrerer Inhaber von Dienstbarkeiten in einem begehbaren unterirdischen Kanal oder einer vergleichbaren Anlage (Leitungssammelkanal), so steht das Eigentum an dieser Anlage zu gleichen Teilen in Miteigentum sämtlicher Inhaber dieser Dienstbarkeiten. Soweit ein Teil des Leitungssammelkanals fest verbunden ist mit einem Gebäude, an dem selbständiges Gebäudeeigentum besteht, gilt dieser Teil als wesentlicher Bestandteil des Gebäudes; besteht kein selbständiges Gebäudeeigentum, gilt dieser Teil des Leitungssammelkanals als wesentlicher Bestandteil des Grundstücks.

(2) In den Fällen des Absatzes 1 Satz 2 und 3 haften die Inhaber der Dienstbarkeit für ihre Verpflichtungen aus den §§ 1004 und 1020 des Bürgerlichen Gesetzbuchs als Gesamtschuldner. § 1004 des Bürgerlichen Gesetzbuchs gilt in diesen Fällen mit der Maßgabe, daß eine Beseitigung erst nach Erlöschen der letzten Dienstbarkeit verlangt werden kann.

(3) Vor dem 27. Oktober 1998 getroffene Vereinbarungen sowie vor diesem Zeitpunkt in Rechtskraft erwachsene Urteile bleiben unberührt.

(4) Die Vorschriften der Absätze 1 bis 3 gelten in den Fällen des § 9 Abs. 2 sinngemäß.

A. Allgemeiner Regelungsgehalt	1	I. Anlagen als Scheinbestandteile	2
B. Eigentum an Anlagen und Unterhaltungspflichten	2	II. Unterhaltungspflichten	3

A. Allgemeiner Regelungsgehalt

Die Vorschrift wurde als Ergänzung zu § 9 durch Gesetz v. 20.10.1998 (BGBl I 1998, 3180) eingefügt.[1] Sie soll Unklarheiten bei Fragen des Eigentums und vor allem der Unterhaltungspflichten von Anlagen der jeweiligen Dienstbarkeit nach § 9 GBBerG klären. § 9a Abs. 3 GBBerG regelt klarstellend das Überleitungsrecht, soweit über Pflichten und Ansprüche bereits rechtskräftig entschieden wurde. 1

Die Vorschrift ist materiell-rechtlicher Natur, sie ergänzt § 95 BGB sowie zur Unterhaltungspflicht die §§ 1020, 1021 BGB.

---

1 Dazu *Böhringer*, VIZ 1998, 605.

B. Eigentum an Anlagen und Unterhaltungspflichten

I. Anlagen als Scheinbestandteile

2 § 9a Abs. 1 S. 1 GBBerG stellt klar, dass die zu der jeweiligen Dienstbarkeit gehörenden Anlagen im Eigentum des Berechtigten der Dienstbarkeit stehen. Sie sind damit Scheinbestandteile i.S.d. § 95 Abs. 1 S. 2 BGB.[2] Wird die Anlage von mehreren Berechtigten genutzt, insbes. als sog. Leitungssammelkanal, steht sie in Miteigentum zu gleichen Teilen (§ 9a Abs. 1 S. 2 GBBerG). Zuletzt regelt S. 3 den Sonderfall, dass ein solcher Kanal mit einem Gebäude fest verbunden ist, er ist dann wesentlicher Bestandteil des Grundstücks oder des Gebäudes bei selbstständigem Gebäudeeigentum.

II. Unterhaltungspflichten

3 Die Unterhaltungspflicht des Berechtigten der Dienstbarkeit als Eigentümer der Anlage nach § 9a Abs. 1 S. 1 GBBerG folgt aus § 1020 S. 2 BGB. Dies musste nicht speziell geregelt werden. Für den Fall von Miteigentum mehrerer Berechtigten bestimmt aber § 9a Abs. 2 S. 2 GBBerG ihre gemeinsame Unterhaltungspflicht und gesamtschuldnerische Haftung insbes. gegenüber dem Grundstückseigentümer im Hinblick auf Beseitigungsansprüche und Unterlassungsansprüche, wenn der Eigentümer durch die Anlage unzulässig beeinträchtigt wird.

Die Unterhaltungspflichten gelten auch dann, wenn wegen § 9 Abs. 2 GBBerG keine Dienstbarkeit entstanden ist (§ 9a Abs. 4 GBBerG).

Für den Anspruch auf und die Kosten einer Verlegung der Anlage gelten die allgemeinen Regelungen der §§ 1018 ff., insbes. § 1023 BGB.[3]

Abschnitt 4: Ablösung von Grundpfandrechten

§ 10 Ablöserecht

(1) Eine vor dem 1. Juli 1990 an einem Grundstück in dem in Artikel 3 des Einigungsvertrages genannten Gebiet bestellte Hypothek oder Grundschuld mit einem umgerechneten Nennbetrag von nicht mehr als 6.000 Euro erlischt, wenn der Eigentümer des Grundstücks eine dem in Euro umgerechneten und um ein Drittel erhöhten Nennbetrag entsprechende Geldsumme zugunsten des jeweiligen Gläubigers unter Verzicht auf die Rücknahme hinterlegt hat; bei einer Höchstbetragshypothek entfällt die in Halbsatz 1 genannte Erhöhung des Nennbetrags. Satz 1 gilt für Rentenschulden und Reallasten entsprechend; anstelle des Nennbetrages tritt der für Rechte dieser Art im Verfahren nach dem Vermögensgesetz anzusetzende Ablösebetrag, der nicht zu erhöhen ist. Das Bundesministerium der Justiz und für Verbraucherschutz wird ermächtigt, durch Rechtsverordnung anstelle der Hinterlegung andere Arten der Sicherheitsleistung zuzulassen.

(2) Die §§ 1 bis 3 gelten auch für die Berechnung des Nennbetrages des Grundpfandrechts.

(3) Der Eigentümer des Grundstücks kann von dem jeweiligen Gläubiger die Zustimmung zur Auszahlung des die geschuldete Summe übersteigenden Teils eines hinterlegten Betrages oder im Falle der Leistung einer anderen Sicherheit entsprechende Freigabe verlangen.

(4) Ein für das Grundpfandrecht erteilter Brief wird mit dem Zeitpunkt des Erlöschens des Rechts kraftlos. Das Kraftloswerden des Briefes ist entsprechend § 26 Abs. 3 Satz 2 des Gesetzes über Maßnahmen auf dem Gebiet des Grundbuchwesens vom 20. Dezember 1963 (BGBl. I S. 986, zuletzt geändert durch Artikel 3 Abs. 3 des Registerverfahrensbeschleunigungsgesetzes vom 20. Dezember 1993 (BGBl. I S. 2182) bekanntzumachen.

---

[2] Eickmann/*Böhringer*, SachenRBerG, § 9a GBBerG Rn 2 ff.

[3] BGH ZfIR 2006, 374 m. Anm. *Böhringer*; OLG Rostock NJW-RR 2012, 595.

§ 10 GBBerG

A. Allgemeiner Regelungsgehalt	1	I. Betroffenes Grundpfandrecht oder Reallast	2
B. Voraussetzungen der Hinterlegungsmöglichkeit	2	II. Hinterlegungsbetrag	4
		III. Löschung des Rechts im Grundbuch	7

A. Allgemeiner Regelungsgehalt

Zweck der Vorschrift ist die Bereinigung der Grundbücher im Beitrittsgebiet von alten Grundpfandrechten oder Reallasten mit geringem Kapitalwert oder Geldbetrag. Damit soll die Beleihungsfähigkeit der Immobilien erleichtert werden, da solche Grundpfandrechte den Beleihungswert erheblich mindern, auch wenn von ihnen wirtschaftlich „wenig Gefahr" ausgehen mag.[1]

Während im allgemeinen Grundbuchverfahren die Hinterlegung des Kapitalbetrages keinen Nachweis des Übergangs des Grundpfandrechts auf den Eigentümer nach § 1163 Abs. 1 S. 2 mit § 1177 BGB nachweisen kann, da der Hinterlegungsgrund des § 372 BGB nicht bewiesen werden kann,[2] bestimmt § 10 GBBerG sogar das Erlöschen des Grundpfandrechts mit Nachweis der Hinterlegung.

B. Voraussetzungen der Hinterlegungsmöglichkeit

I. Betroffenes Grundpfandrecht oder Reallast

§ 10 GBBerG gilt nur im Beitrittsgebiet. Das betroffene Grundpfandrecht muss vor dem 1.7.1990 in das Grundbuch eingetragen worden sein. Die Vorschrift betrifft damit auch sog. Aufbauhypotheken oder Aufbaugrundschulden nach § 456 ZGB.[3]

Der Kapitalbetrag des Rechtes darf umgerechnet 6.000 EUR nicht übersteigen.[4] Die Wertgrenze lehnt sich an § 18 Abs. 1 GBMaßnG an, verdoppelt sie aber. Der Kapitalbetrag ist bei Rechten, die in Mark der DDR eingetragen sind, im Verhältnis 2:1 auf Deutsche Mark und dann im Verhältnis 1,95583:1 auf EUR umzurechnen. Rechte, die in Reichsmark oder Goldmark eingetragen sind, werden ebenso umgerechnet (siehe §§ 1–4 GBBerG Rdn 4 ff.). Bei wertbeständigen Rechte ist die Umstellung nach den §§ 1–3 vorzunehmen (§ 10 Abs. 2 GBBerG). Rückgerechnet darf ein Grundpfandrecht, das in Reichsmark, Goldmark oder Mark der DDR eingetragen ist, höchstens einen Kapitalbetrag von 23.479,96 haben.[5]

Ob der Gläubiger des Rechtes unbekannt oder unbekannten Aufenthalts ist, ist nicht maßgebend. Es kommt nicht auf die Voraussetzungen des Aufgebots nach § 1170 BGB an.[6]

§ 10 GBBerG findet auch auf Reallasten Anwendung. Maßgebend ist dann der nach § 18 Abs. 4 VermG kapitalisierte Wert des Rechtes, der nicht weiter zu erhöhen ist (§ 10 Abs. 1 S. 2 GBBerG).[7]

II. Hinterlegungsbetrag

Zu hinterlegen ist der Kapitalbetrag des Rechtes, erhöht um ein Drittel. Damit sollen pauschal Zinsen und Kosten zugunsten des Gläubigers berücksichtigt werden. Im seltenen Fall einer Höchstbetragsyhypothek (§ 1190 BGB) verbleibt es beim Höchstbetrag, der ja auch nach § 1190 BGB Zinsen und Kosten mit beinhaltet.[8] Die Hinterlegung muss das gesamte Grundpfandrecht erfassen, eine Teilhinterlegung ist von § 10 GBBerG nicht erfasst.[9]

Die Hinterlegung muss unter Verzicht auf die Rücknahme nach § 376 Abs. 2 Nr. 1 BGB erfolgen. Der Leistende muss sich so stellen lassen, als habe er endgültig an den Gläubiger gezahlt.

---

1 Allg. auch *Böhringer*, Rpfleger 1995, 139; *Böhringer*, Rpfleger 2010, 193.
2 BayObLG MittBayNot 1980, 74 = Rpfleger 1980, 186.
3 Zum Erlöschen durch Befriedigung der gesicherten Forderung BGH DNotZ 2022, 855 = NotBZ 2022, 304 mAnm *Böhringer* = Rpfleger 2022, 472.
4 § 10 Abs. 1 S. 1 GBBerG geändert durch Art. 7 Abs. 6 des Gesetzes vom 27.6.2000 (BGBl I S. 897).
5 Eickmann/*Böhringer*, SachenRBerG, § 10 GBBerG Rn 14.
6 KG DNotZ 1996, 561 = Rpfleger 1996, 283; Eickmann/*Böhringer*, SachenRBerG, § 10 GBBerG Rn 16.
7 Zur Bestimmtheit einer Reallast mit dem Inhalt der Leistung einer Roggenrente aus dem Jahre 1879 OLG Brandenburg, NotBZ 2020, 40; zu Erlöschen einer Reallast mit dem Inhalt einer Spanndienstrente aus dem Jahre 1839 OLG Sachsen-Anhalt NotBZ 2019, 73 = Rpfleger 2019, 192.
8 Grüneberg/*Herrler*, BGB, § 1190 Rn 3.
9 Bauer/Schaub/*Maaß*, § 10 GBBerG Rn 20; Eickmann/*Böhringer*, SachenRBerG, § 10 GBBerG Rn 28.

§ 10 GBBerG spricht von einer Hinterlegung des Eigentümers, er muss als Hinterlegender im Antrag auf Hinterlegung und der Annahmeanordnung der Hinterlegungsstelle, die oft als Hinterlegungsschein bezeichnet wird, genannt sein. Bei Miteigentum oder auch Gesamthandseigentum ist nach dem Zweck der Vorschrift jeder Miteigentümer allein zur Hinterlegung berechtigt.[10]

6 Sollte ein höherer Betrag als zur Befriedigung des Gläubigers notwendig hinterlegt sein, wird bspw. das Drittel der Erhöhung zur Befriedigung von Zinsen und Kosten nicht benötigt, kann der Eigentümer vom Gläubiger Zustimmung zur Herausgabe aus der Hinterlegung verlangen (§ 10 Abs. 3 GBBerG).[11] Da aber die Hinterlegung oft erfolgt, weil der Gläubiger nicht mehr zu ermitteln ist, dürfte dieser Fall selten auftreten.

III. Löschung des Rechts im Grundbuch

7 Das Grundpfandrecht oder die Reallast erlöschen mit der Hinterlegung des Geldbetrages. Bei Grundpfandrechten erfolgt mithin kein Übergang auf den Eigentümer nach §§ 117 BGB. Damit wird wesentlich die Löschung erleichtert, weil keine Zustimmung nach § 27 GBO erforderlich wird (§ 27 S. 2 GBO). Die Löschung erfolgt im Wege der Grundbuchberichtigung mit dem Hinterlegungsschein als urkundlichem Nachweis. Der Hinterlegungsschein der Hinterlegungsstelle (Amtsgericht) muss die grundbuchmäßige Angabe des betreffenden Grundpfandrechtes nach § 28 GBO enthalten, nur dann kann er seitens des Grundbuchamtes zugeordnet und als Unrichtigkeitsnachweis für das Erlöschen anerkannt werden.[12]

8 Eine Briefvorlage nach § 41 GBO ist nicht erforderlich, weil der Brief bereits mit der Hinterlegung als dem Zeitpunkt des Erlöschens kraftlos wird (§ 10 Abs. 4 S. 1 GBBerG). Das Grundbuchamt hat aber in Anwendung des § 26 GBMaßnG das Kraftloswerden öffentlich bekanntzumachen (siehe § 26 GBMaßnG Rdn 7 ff.). Zur Herausgabe des hinterlegten Geldbetrages hat der Gläubiger der Hinterlegungsstelle gegenüber den kraftlosen Brief vorzulegen.[13]

Abschnitt 5: Sonstige Erleichterungen

§ 11 Ausnahmen von der Voreintragung des Berechtigten

(1) § 39 Abs. 1 der Grundbuchordnung ist nicht anzuwenden, wenn eine Person aufgrund eines Ersuchens nach § 34 des Vermögensgesetzes einzutragen ist. Er ist ferner nicht anzuwenden, wenn die durch den Bescheid, der dem Ersuchen nach § 34 des Vermögensgesetzes zugrundeliegt, begünstigte Person oder deren Erbe verfügt. Die Sätze 1 und 2 gelten entsprechend für Eintragungen und Verfügungen aufgrund eines Bescheids, der im Verfahren nach § 2 des Vermögenszuordnungsgesetzes ergangen ist, sowie für Verfügungen nach § 8 des Vermögenszuordnungsgesetzes.

(2) Bis zum Ablauf des 31. Dezember 1999 ist in dem in Artikel 3 des Einigungsvertrages genannten Gebiet § 40 Abs. 1 der Grundbuchordnung für Belastungen entsprechend anzuwenden.

A. Allgemeiner Regelungsgehalt .... 1 B. Ausnahmen von der Voreintragung 2

A. Allgemeiner Regelungsgehalt

1 Die Vorschrift regelt Ausnahmen vom Voreintragungsgrundsatz des § 39 GBO, sie erleichtert nicht lediglich überflüssige Schreibarbeit.[1] Abs. 1 hat noch praktische Bedeutung, Abs. 2 ist durch Zeitablauf überholt.[2] Die Frist zur Anwendung des § 40 Abs. 1 GBO auf Eintragung von Belastungen zum 31.12.1999 wurde nicht verlängert.

---

10 Eickmann/*Böhringer*, SachenRBerG, § 10 GBBerG Rn 19 ff.
11 Bauer/Schaub/*Maaß*, § 10 GBBerG Rn 31 ff.
12 Eickmann/*Böhringer*, SachenRBerG, § 10 GBBerG Rn 41.
13 KG NotBZ 2008, 416 = Rpfleger 2008, 478.

1 So aber BT-Drucks 12/5553, 95; Eickmann/*Böhringer*, SachenRBerG, § 11 GBBerG Rn 2.
2 Dazu noch Eickmann/*Böhringer*, SachenRBerG, § 11 GBBerG Rn 23 ff.

B. Ausnahmen von der Voreintragung

Der Voreintragung des Betroffenen bedarf es nach § 11 Abs. 1 GBBerG nicht, wenn ein Ersuchen nach § 34 VermG auf Eintragung eines Rückübertragungsberechtigten zu vollziehen ist. Hiermit soll klargestellt werden, daß das Grundbuchamt den Inhalt des Ersuchens oder des zugrundeliegenden Bescheides nicht dahingehend zu überprüfen hat, ob der im Grundbuch eingetragene Berechtigte auch Betroffener des Rückübertragungsverfahrens ist. Die Regelung ist erforderlich, weil das Ersuchen nach § 38 GBO selbst die Voreintragung nicht entbehrlich macht (§ 38 GBO Rdn 75).

§ 11 Abs. 1 S. 2 GBBerG erweitert die Ausnahme vom Voreintragungsgrundsatz auf Fälle, bei welchen der Rückübertragungsberechtigte oder sein Erbe verfügt, ohne selbst noch in das Grundbuch eingetragen zu werden.[3] Man könnte dies als eine Art unvollkommener Kettenauflassung bezeichnen.

§ 11 Abs. 1 S. 2 GBBerG soll aber auch gelten, wenn die Verfügung in einer Belastung besteht; dann suspendiert die Vorschrift auch § 40 GBO.[4] Dies ist zu kritisieren. Denn zum einen ist § 40 GBO nicht lediglich eine formelle Vorschrift, sie dient auch der Klarheit des Grundbuchs, zum anderen kollidiert die unbefristete Regelung des § 11 Abs. 1 GBBerG mit der befristeten und längst nicht mehr geltenden Regelung des Abs. 2. Warum aber bei der Belastung durch den Restitutionsberechtigten auf die Voreintragung verzichtet werden soll, im Übrigen aber nicht, ist nicht nachvollziehbar. Nachvollziehbar ist die Regelung nur bei Belastungen seitens der nach § 8 VZOG verfügungsbefugten Stelle, die als solche mangels Vermögenszuordnung gerade nicht im Grundbuch eingetragen ist.

Eine Voreintragung ist auch nicht zu prüfen bei dem Vollzug eines Ersuchens nach § 3 VZOG oder der Verfügung der verfügungsbefugten Stelle nach § 8 VZOG.[5]

§ 12 Nachweis der Rechtsnachfolge bei Genossenschaften

(1) Zum Nachweis gegenüber dem Grundbuchamt oder dem Schiffsregistergericht, daß in dem in Artikel 3 des Einigungsvertrages genannten Gebiet ein Recht von einer vor dem 3. Oktober 1990 gegründeten Genossenschaft auf eine im Wege der Umwandlung, Verschmelzung oder Spaltung aus einer solchen hervorgegangenen Kapitalgesellschaft oder eingetragenen Genossenschaft übergegangen ist, genügt unbeschadet anderer entsprechender Vorschriften eine Bescheinigung der das Register für den neuen Rechtsträger führenden Stelle.

(2) Eine Genossenschaft, die am 1. Januar 1990 in einem örtlich abgegrenzten Bereich des in Artikel 3 des Einigungsvertrages genannten Gebietes tätig war, gilt gegenüber dem Grundbuchamt oder dem Schiffsregistergericht als Rechtsnachfolger der Genossenschaften der gleichen Art, die zwischen dem 8. Mai 1945 und dem 31. Dezember 1989 in diesem örtlichen Bereich oder Teilen hiervon tätig waren und nicht mehr bestehen. Fällt der Genossenschaft nach Satz 1 ein Vermögenswert zu, der ihr nicht zukommt, so gelten die Vorschriften des Bürgerlichen Gesetzbuchs über den Ausgleich einer ungerechtfertigten Bereicherung entsprechend.

A. Allgemeiner Regelungsgehalt	1	I. Überleitung und Umwandlung	2
B. Umwandlung und Rechtsnachfolge von Genossenschaften	2	II. Rechtsnachfolgebescheinigung	4
		III. Materielle Rechtslage	5

A. Allgemeiner Regelungsgehalt

Die Vorschrift regelt Erleichterungen des Nachweises der Umwandlung oder Rechtsnachfolge bei Genossenschaften der ehemaligen DDR. Da die Rechtsnachfolge von Genossenschaften uneinheitlich geregelt war, bestanden Probleme des Nachweises der jeweiligen Umwandlung oder einer Rechtsnachfolge im Grundbuchverfahren.

---

[3] Bauer/Schaub/*Maaß*, § 11 GBBerG Rn 5 ff.
[4] Eickmann/*Böhringer*, SachenRBerG, § 11 GBBerG Rn 16 ff.
[5] Bauer/Schaub/*Maaß*, § 11 GBBerG Rn 9, 10.

B. Umwandlung und Rechtsnachfolge von Genossenschaften
I. Überleitung und Umwandlung

2 Genossenschaften waren in der ehemaligen DDR Teil der sozialistischen Ordnung, das genossenschaftliche Eigentum war sozialistisches Eigentum i.S.d. § 20 ZGB. Daher konnten die Genossenschaftlichen nicht lediglich Rechtsträger volkseigenen Vermögens sein sondern auch unmittelbar als Berechtigte im Grundbuch eingetragen sein.

§ 12 gilt für alle Arten von Genossenschaften, zu nennen sind die Landwirtschaftliche Produktionsgenossenschaft (LPG-P oder LPG-T), die gärtnerische Produktionsgenossenschaft (GPG), die Fischereigenossenschaft (PwF), die Produktionsgenossenschaft des Handwerks (PGH), die Arbeiterwohnungsbaugenossenschaft (AWG) und die Konsumgenossenschaft.

3 Für Genossenschaften galt nach dem Beitritt am 3.10.1990 unmittelbar das Genossenschaftsgesetz, soweit nicht Sondervorschriften bestanden. Zu erwähnen ist insbes. die Umwandlung der landwirtschaftlichen Produktionsgenossenschaften. Sie erfolgt nach dem Landwirtschaftsanpassungsgesetz – LAnpG v. 29.6.1990 (GBl I, 642, i.d.F. v. 3.7.1991, BGBl I 1991, 1418). Danach konnten sich die LPGen zunächst teilen oder zusammenschließen (§§ 4 ff., 14 LAnpG). Sie konnten sich dann durch Beschluss der Mitgliederversammlung in jede zulässige Gesellschaftsform umwandeln (§§ 23 ff. LAnpG), und bestehen dann in dieser weiter. Einzelne Mitglieder waren jedoch nicht verpflichtet, in der LPG zu bleiben, sie konnten ausscheiden und erhielten dann eine Abfindung in Höhe des Wertes ihrer Beteiligung an der LPG (§ 44 LAnpG).

Das Treuhandgesetz v. 17.6.1990 (GBl, 300), das die Umwandlung volkseigener Betriebe und Kombinate regelte, galt für Genossenschaften nicht. War eine Genossenschaft Rechtsträger des volkseigenen Vermögens im Grundbuch eingetragen, hatte die Zuordnung nach dem Vermögenszuordnungsgesetz zu erfolgen, bei land- und forstwirtschaftlichen Grundstücken ferner nach der Dritten Durchführungsverordnung zum Treuhandgesetz v. 29.8.1990 (GBl, 1333).

II. Rechtsnachfolgebescheinigung

4 Eine Rechtsnachfolge der jeweiligen Genossenschaft müsste im Grundbuchverfahren nach §§ 22, 29 Abs. 1 S. 2 GBO durch öffentliche Urkunden nachgewiesen werden.[1] Das war oft nicht möglich, insbesondere wenn die Umwandlung keine Eintragung in das Genossenschaftsregister erforderte.

Daher bestimmt § 12 Abs. 1 GBBerG einen erleichterten Nachweis durch Bescheinigung der registerführenden Stelle.[2] Die Bescheinigung muss die Genossenschaft genau bezeichnen sowie ihren oder ihre Rechtsnachfolger nach Umwandlung entsprechend der Eintragung im Genossenschaftsregister.

Die Bescheinigung ist öffentliche Urkunde i.S.d. § 29 Abs. 1 S. 2 GBO, durch welche die Rechtsnachfolge oder Umwandlung nachgewiesen ist. Ob sie auch das Bestehen der eingetragenen Gesellschaft oder Genossenschaft beweist, ist fraglich, wohl aber zu bejahen, da ansonsten der Zweck des § 12 GBBerG verfehlt würde.[3]

III. Materielle Rechtslage

5 § 12 GBBerG gilt nur für das Grundbuchverfahren. Die Bescheinigung begründet für sich keinen Eigentumsübergang und keinen öffentlichen Glauben. Auch die Vermutung des § 12 Abs. 2 GBBerG ist widerleglich, sie ist als solche notwendige Grundlage der Möglichkeit, die Rechtsnachfolge bescheinigen zu können.[4] Es kann daher sein, dass eine Gesellschaft als Berechtigte in das Grundbuch eingetragen wird, obwohl ihre Genossenschaft als Rechtsträgerin nicht wirklich Berechtigte war. Allein hierdurch ist mangels Verkehrsgeschäfts kein gutgläubiger Erwerb erfolgt. Wenn aber die nunmehr eingetragene Gesellschaft verfügt, gilt § 892 BGB.

---

1 Eickmann/*Böhringer*, SachenRBerG, § 12 GBBerG Rn 17.
2 Eickmann/*Böhringer*, SachenRBerG, § 12 GBBerG Rn 8 ff.
3 Eickmann/*Böhringer*, SachenRBerG, § 12 GBBerG Rn 14, 15.
4 Bauer/Schaub/*Maaß*, § 12 GBBerG Rn 10 ff.

Gegenüber dem wahren Berechtigten verweist § 12 Abs. 2 S. 2 GBBerG auf den Bereicherungsausgleich nach BGB. Dies ist selbstverständlich, da schon § 816 BGB den Grundfall des Ausgleichs gutgläubigen Erwerbs regelt.

§ 13 Dingliche Rechte im Flurneuordnungsverfahren

In Verfahren nach dem 8. Abschnitt des Landwirtschaftsanpassungsgesetzes können dingliche Rechte an Grundstücken im Plangebiet und Rechte an einem ein solches Grundstück belastenden Recht aufgehoben, geändert oder neu begründet werden. Die Bestimmung über die Eintragung eines Zustimmungsvorbehalts für Veräußerungen in § 6 Abs. 4 des Bodensonderungsgesetzes ist entsprechend anzuwenden.

A. Allgemeiner Regelungsgehalt	1	I. Änderungsmöglichkeiten	2
B. Begründung und Änderung dinglicher Rechte	2	II. Verfahrensfragen	3
		C. Zustimmungsvorbehalt	4

A. Allgemeiner Regelungsgehalt

Die Vorschrift betrifft das Flurneuordnungsverfahren nach den §§ 53 ff. LAnpG, das insbes. einen sog. freiwilligen Landtausch oder ein Bodenneuordnungsverfahren regelt und an das Flurbereinigungsverfahren angelehnt ist.[1] Mit dem Grundbuchverfahren oder der Grundbuchbereinigung hat die Vorschrift unmittelbar nichts zu tun. § 13 S. 2 GBBerG wurde im Übrigen eingefügt durch Art. 2 § 6 Nr. 4 des Gesetzes vom 21.9.1994 (BGBl I S. 2457).

B. Begründung und Änderung dinglicher Rechte
I. Änderungsmöglichkeiten

Im Rahmen des freiwilligen Landtausches können nach § 13 GBBerG auch beschränkte dingliche Rechte an Grundstücken neu zugeordnet werden, begründet und geändert werden. Dies ist erforderlich, um im Rahmen der Bestimmung neuer Grundstücksgrenzen deren Belastungen angleichen zu können.[2] Die Vorschrift gilt insbes. für Rechte der Abteilung II des Grundbuchs.

§ 13 GBBerG erlaubt auch die Begründung von Grundpfandrechten, wobei die Erklärung der Vollstreckungsunterwerfung nach § 704 Abs. 1 Nr. 5 mit § 800 ZPO nur zu notarieller Urkunde erfolgen kann. Das Amt für den ländlichen Raum als an sich zuständige Behörde besitzt hierzu keine gesetzliche Beurkundungsbefugnis.[3]

II. Verfahrensfragen

Die Änderung von dinglichen Rechten muss sich aus dem Flurneuordnungsbescheid der zuständigen Behörde ergeben. Es müssen dabei die sachenrechtlichen Vorgaben des BGB eingehalten werden. Es können keine Rechte begründet oder inhaltlich geändert werden, die nicht im Einklang mit dem allgemeinen Sachenrecht stehen.

Das Grundbuchamt vollzieht die Änderungen auf Ersuchen nach § 61 Abs. 3 LAnpG. Es hat dabei die Eintragungsfähigkeit des Inhalts der einzutragenden Rechte zu prüfen.

C. Zustimmungsvorbehalt

In Anlehnung an das Bodensonderungsverfahren nach dem Bodensonderungsgesetz v. 20.12.1993 (BGBl I 1993, 2182, 2215) mit § 6 Abs. 4 BoSoG erlaubt § 13 S. 2 GBBerG die Anordnung und Eintragung eines

---

1 Eickmann/*Böhringer*, SachenRBerG, § 13 GBBerG Rn 2, 3.
2 Eickmann/*Böhringer*, SachenRBerG, § 13 GBBerG Rn 4.
3 Eickmann/*Böhringer*, SachenRBerG, § 13 GBBerG Rn 4a.

Zustimmungsvorbehalts. Damit bedarf jede Verfügung bis zum Abschluss des Verfahrens der Zustimmung der Flurneuordnungsbehörde. Die Eintragung des Zustimmungsvorbehalts erfolgt auf Ersuchen der Behörde.

Der im Grundbuch in Abteilung II eingetragene Zustimmungsvorbehalt stellt eine nachträgliche Verfügungsbeeinträchtigung des Grundstückseigentümers dar. Gegenüber rechtsgeschäftlichen Verfügungen gilt insbes. § 878 BGB.

§ 14 Gemeinschaftliches Eigentum von Ehegatten

In den Fällen des Artikels 234 § 4a Abs. 1 Satz 1 des Einführungsgesetzes zum Bürgerlichen Gesetzbuche gelten die §§ 82, 82a Satz 1 der Grundbuchordnung entsprechend. Der für die Berichtigung des Grundbuchs erforderliche Nachweis, daß eine Erklärung nach Artikel 234 § 4 Abs. 2 und 3 des Einführungsgesetzes zum Bürgerlichen Gesetzbuche nicht abgegeben wurde, kann durch Berufung auf die Vermutung nach Artikel 234 § 4a Abs. 3 des Einführungsgesetzes zum Bürgerlichen Gesetzbuche oder durch übereinstimmende Erklärung beider Ehegatten, bei dem Ableben eines von ihnen durch Versicherung des Überlebenden und bei dem Ableben beider durch Versicherung der Erben erbracht werden; die Erklärung, die Versicherung und der Antrag bedürfen nicht der in § 29 der Grundbuchordnung vorgeschriebenen Form. Die Berichtigung ist in allen Fällen des Artikels 234 § 4a des Einführungsgesetzes zum Bürgerlichen Gesetzbuche gebührenfrei.

A. Allgemeiner Regelungsgehalt	1	II. Grundbuchverfahren zur Berichtigung	3
B. Eheliche Vermögensgemeinschaft und gesetzliches Miteigentum	2	III. Besonderheiten bei Bodenreformgrundstücken	5
I. Überleitung der ehelichen Vermögensgemeinschaft	2	IV. Vollstreckungsmaßnahmen	6

A. Allgemeiner Regelungsgehalt

1 Die Vorschrift ergänzt Art. 234 § 4a EGBGB, der die Überleitung des gemeinschaftlichen Eigentums von Ehegatten der ehelichen Vermögensgemeinschaft nach dem Familienrecht des in der ehemaligen DDR geltenden Familiengesetzbuches regelt.

Diese Vorschrift war erforderlich, weil sich die sog. Optionslösung des Art. 234 § 4 EGBGB als nicht praktikabel erwiesen hatte, insbes. weil die Eheleute gegenüber jedem Kreisgericht eine Option zur Weitergeltung der ehelichen Vermögensgemeinschaft hätten abgeben können.

B. Eheliche Vermögensgemeinschaft und gesetzliches Miteigentum
I. Überleitung der ehelichen Vermögensgemeinschaft

2 Nach Art. 234 § 4 EGBGB wurde die eheliche Vermögensgemeinschaft als der gesetzliche und einzige Güterstand des Familienrechts der ehemaligen DDR in die Zugewinngemeinschaft übergeleitet. Die Eheleute hatten aber die Möglichkeit, bis zum Ablauf des 2.10.1992 gegenüber jedem Kreisgericht die Option auf die Weitergeltung der ehelichen Vermögensgemeinschaft zu erklären.[1]

Erfolgte keine Option, hätten die Eheleute das Grundstück als eheliches Vermögen rechtsgeschäftlich auseinandersetzen müssen, da sie in Zugewinngemeinschaft lebten, das Grundbuch aber noch eine Art Gesamthandsgemeinschaft auswies.

Um diese insbes. für Vollstreckungsmaßnahmen gegen einen Ehegatten ungünstige Lage zu klären,[2] schuf der Gesetzgeber mit Art. 234 § 4a EGBGB eine gesetzliche Auseinandersetzung und ordnete hälf-

---

[1] Dazu Eickmann/*Böhringer*, SachenRBerG, § 14 GBBerG Rn 3, 4, 5 ff.; Bauer/Schaub/*Maaß*, § 14 GBBerG Rn 2; *Böhringer*, DNotZ 1991, 223.

[2] Eickmann/*Böhringer*, SachenRBerG, § 14 GBBerG Rn 44 ff.; *Arnold*, DtZ 1991, 80; *Stankewitsch*, NJ 1991, 534; *Wassermann*, FamRZ 1991, 507.

tiges Miteigentum nach Bruchteilen an. Die Eheleute konnten innerhalb von sechs Monaten nach Inkrafttreten dieser Regelung, also bis 24.6.1994,[3] durch Erklärung gegenüber dem Grundbuchamt andere Bruchteile bestimmen.[4]

II. Grundbuchverfahren zur Berichtigung

Nach § 14 S. 1 GBBerG soll das Grundbuchamt im Wege des Grundbuchberichtigungszwangsverfahrens nach §§ 82 ff. GBO die Eheleute zur Berichtigung des Grundbuchs anhalten.[5] Das Verfahren nach §§ 82 ff. GBO soll aber insgesamt nicht vorschnell in Gang gesetzt werden. Besteht kein besonderer Grund für die Notwendigkeit einer Grundbuchberichtigung, kann das Grundbuchamt im Rahmen pflichtgemäßen Ermessens hiervon absehen. Erst recht muss das Grundbuchamt nicht nach Berichtigungsfällen suchen.

Die Berichtigung des Grundbuchs bedarf insgesamt keines urkundlichen Nachweises.[6] Hinsichtlich der Nichterklärung abweichender Anteile nach Art. 234 § 4a Abs. 1 S. 2, 3 EGBGB ist der Inhalt der Grundakte ausreichender Nachweis, hinsichtlich der Nichterklärung einer Option nach Art. 234 § 4 EGBGB verweist § 14 GBBerG auf die gesetzliche Vermutung des Art. 234 § 4a Abs. 3 EGBGB. Insoweit würde das Verfahren nach §§ 82 ff. GBO nur dazu führen, wenigstens einen Ehegatten zur Antragstellung zu bewegen. Dann kann aber auch gleich an eine Berichtigung von Amts wegen nach § 82a GBO gedacht werden.

III. Besonderheiten bei Bodenreformgrundstücken

Bei Grundstücken aus der Bodenreform ist zusätzlich und vorrangig die Eigentumszuweisung des Art. 233 § 11 Abs. 5 EGBGB zu beachten. Danach ist der Ehegatte kraft Gesetzes Miteigentümer zur Hälfte, wenn der eingetragene Berechtigte zu dem nach der Vorschrift maßgeblichen Zeitpunkt verheiratet war.[7]

IV. Vollstreckungsmaßnahmen

Art. 234 § 4a EGBGB wurde gerade auch deshalb eingefügt, um Vollstreckungsmaßnahmen gegen einen Ehegatten nicht zu vereiteln, wenn im Grundbuch noch eheliche Vermögensgemeinschaft eingetragen ist und vollstreckungsrechtlich § 744a ZPO gilt.

Nach der Neuregelung zum hälftigen Miteigentum kann ein Vollstreckungsgläubiger eines Ehegatten über § 14 GBO auch die Grundbuchberichtigung beantragen.[8] Er kann dann in den Miteigentumsanteil seines Schuldners vollstrecken, insbes. die Eintragung einer Sicherungshypothek nach §§ 866, 867 ZPO erwirken oder auch den Auseinandersetzungsanspruch nach §§ 747, 749 BGB pfänden und sich zur Einziehung überweisen lassen, und anschließend die Versteigerung des Grundstücks nach §§ 180 ff. ZVG betreiben.[9]

§ 15 Aufgebotsverfahren nach § 10 Abs. 1 Satz 1 Nr. 7 des Entschädigungsgesetzes

(1) Das in § 10 Abs. 1 Satz 1 Nr. 7 des Entschädigungsgesetzes vorgesehene Aufgebotsverfahren wird von dem Bundesamt für zentrale Dienste und offene Vermögensfragen (nachfolgend: Bundesamt) von Amts wegen als Verwaltungsverfahren durchgeführt.

(2) Das Bundesamt oder die Stelle, die die Vermögenswerte verwahrt, ermittelt deren Eigentümer oder Rechtsinhaber. Können diese nicht mit den zu Gebote stehenden Mitteln gefunden werden, leitet das Bundesamt das Aufgebotsverfahren ein. Hierzu gibt es die Vermögenswerte im Bundesanzeiger bekannt und fordert die Eigentümer oder Rechtsinhaber auf, sich beim Bundesamt zu melden. In

---

3 Art. 234 § 4a EGBG wurde eingefügt durch Art. 13 Nr. 4 RegVBG v. 20.12.1993 (BGBl I 1993, 2182) und ist am 25.12.1993 in Kraft getreten.
4 Eickmann/*Böhringer*, SachenRBerG, § 14 GBBerG Rn 14.
5 *Böhringer*, Rpfleger 1994, 282; *Peters*, DtZ 1994, 399.
6 Eickmann/*Böhringer*, SachenRBerG, § 14 GBBerG Rn 36.
7 Eingehend dazu *Keller*, MittBayNot 1993, 70.
8 Eickmann/*Böhringer*, SachenRBerG, § 12 GBBerG Rn 39, 49 ff.
9 Dazu Stöber/*Kiderlen*, ZVG, § 180 Rn 190, 190a; eingehend Schneider/*Becker*, ZVG, § 180 Rn 81 ff.

der Bekanntmachung wird der Vermögenswert genau bezeichnet sowie das jeweilige Aktenzeichen und der Endzeitpunkt der Aufgebotsfrist angegeben. Bei Grundstücken und grundstücksgleichen Rechten gehören dazu die heutige sowie die Grundbuchbezeichnung im Zeitpunkt der Anordnung der staatlichen Verwaltung.

(3) Meldet sich innerhalb von einem Jahr seit der ersten Veröffentlichung der Aufforderung im Bundesanzeiger der Berechtigte nicht, erläßt das Bundesamt einen Ausschlußbescheid. Wenn erforderlich, kann zuvor eine angemessene Nachfrist gesetzt werden. Der Bescheid ist öffentlich zuzustellen. Auf die öffentliche Zustellung ist § 5 der Hypothekenablöseverordnung entsprechend anzuwenden. Der bestandskräftige Ausschlußbescheid hat die Wirkungen eines rechtskräftigen Ausschließungsbeschlusses. Der Vermögenswert ist an den Entschädigungsfonds abzuführen.

(4) Aufgebote, die von den Amtsgerichten nach § 10 Abs. 1 Satz 1 Nr. 7 des Entschädigungsgesetzes eingeleitet worden sind, gehen in dem Stand, in dem sie sich am Tage nach der Verkündung dieses Gesetzes befinden, auf das Bundesamt über. Aufgebotsverfahren, die am 8. November 2000 anhängig sind, enden spätestens mit Ablauf eines Jahres nach dem 8. November 2000; die Möglichkeit der Nachfristsetzung bleibt unberührt.

A. Allgemeiner Regelungsgehalt	1	I. Veräußerungserlöse und Entschädigungsfonds 2
B. Aufgebotsverfahren für Veräußerungserlöse und Vermögenswerte	2	II. Aufgebotsverfahren 3
		III. Grundbuchberichtigung 4

A. Allgemeiner Regelungsgehalt

1 Die Vorschrift regelt die Zuständigkeit für das Aufgebotsverfahren für Veräußerungserlöse nach § 10 Abs. 1 Nr. 7 EntschG. Ihre Stellung innerhalb des GBBerG ist völlig sachfremd und kann nur mit den Zeitplänen der Gesetzesänderungen erklärt werden, die Vorschrift wurde durch Art. 2 Nr. 17 der 2. Zwangsvollstreckungsnovelle v. 17.12.1997 (BGBl I 1997, 3039) eingefügt.

Nach § 10 Abs. 1 Nr. 7 EntschG sollen Veräußerungserlöse und Vermögenswerte, die unter staatlicher Verwaltung standen, dem Entschädigungsfonds zugeführt werden, wenn sich der Berechtigte im Rahmen eines Aufgebotsverfahrens nicht gemeldet hat.

B. Aufgebotsverfahren für Veräußerungserlöse und Vermögenswerte

I. Veräußerungserlöse und Entschädigungsfonds

2 Grundstücke, Gebäudeeigentum, grundstücksgleiche Rechte oder sonstige Vermögensrechte konnten in staatlicher Verwaltung stehen.[1] Diese endete zum Ablauf des 31.12.1992. Grundlagen staatlicher Verwaltung waren insbes. Verordnungen aus den Jahren 1952 bis 1968, die ausländische Eigentümer betrafen oder Personen, welche die DDR rechtswidrig verlassen haben.[2]

II. Aufgebotsverfahren

3 Die Berechtigten sollen durch Aufgebotsverfahren aufgefordert werden, ihre Ansprüche geltend zu machen. Dies regelt § 15 GBBerG. Zuständige Stelle ist das Bundesamt zur Regelung offener Vermögensfragen und für zentrale Dienste.

Das Bundesamt hat Ermittlungen über den Berechtigen anzustellen. Bleiben diese erfolglos, erfolgt das Aufgebot durch Bekanntmachung im Bundesanzeiger. Der Berechtigte hat ein Jahr Zeit, seine Rechte anzumelden. Erfolgt dies nicht, erlässt das Bundesamt einen Ausschließungsbescheid, nach dessen Bestandskraft der Vermögenswert an den Entschädigungsfonds fällt.

---

1 Eickmann/*Böhringer*, SachenRBerG, § 15 GBBerG Rn 5.   2 Eickmann/*Böhringer*, SachenRBerG, § 15 GBBerG Rn 10 ff.

III. Grundbuchberichtigung

Die Berichtigung des Grundbuchs durch Eintragung des Entschädigungsfonds ist Grundbuchberichtigung nach §§ 22, 29 GBO. Das Bundesamt kann mangels gesetzlicher Vorschrift kein Ersuchen nach § 38 GBO stellen. Grundlage der Grundbuchberichtigung ist aber der bestandskräftige Ausschließungsbescheid nach § 15 Abs. 3 S. 5, 6 GBBerG in beglaubigter Abschrift.[3]

---

[3] Eickmann/*Böhringer*, SachenRBerG, § 15 GBBerG Rn 33; Bauer/Schaub/*Maaß*, § 15 GBBerG Rn 9.

Verordnung zur Durchführung des Grundbuchbereinigungsgesetzes und anderer Vorschriften auf dem Gebiet des Sachenrechts

Sachenrechts-Durchführungsverordnung

vom 20.12.1994 (BGBl. I 1994, 3900)

Eingangsformel

Auf Grund des § 3 Abs. 1 Satz 2, des § 8 Abs. 1 Satz 2 und des § 9 Abs. 8 des Grundbuchbereinigungsgesetzes vom 20. Dezember 1993 (BGBl. I S. 2182, 2192), des § 1 Abs. 4 der Grundbuchordnung in der Fassung der Bekanntmachung vom 26. Mai 1994 (BGBl. I S. 1114), die zuletzt durch Artikel 24 des Einführungsgesetzes zur Insolvenzordnung vom 5. Oktober 1994 (BGBl. I S. 2911) geändert worden ist, des Artikels 18 Abs. 4 Nr. 2 des Registerverfahrenbeschleunigungsgesetzes vom 20. Dezember 1993 (BGBl. I S. 2182) und des Artikels 12 Abs. 1 Nr. 2 des Zweiten Vermögensrechtsänderungsgesetzes vom 14. Juli 1992 (BGBl. I S. 1257) verordnet das Bundesministerium der Justiz und auf Grund des § 9 Abs. 9 und Abs. 11 Satz 2 des Grundbuchbereinigungsgesetzes verordnet die Bundesregierung:

Abschnitt 1 Leitungsrechte

Unterabschnitt 1 Leitungsrechtserstreckung

§ 1 Erstreckung auf wasserwirtschaftliche Anlagen

Die Regelungen des § 9 Abs. 1 bis 7 des Grundbuchbereinigungsgesetzes und der §§ 4 bis 10 dieser Verordnung über Energieanlagen gelten, soweit in dieser Verordnung nichts Abweichendes bestimmt wird, auch für die in § 9 Abs. 9 Satz 1 des Gesetzes bezeichneten wasserwirtschaftlichen Anlagen. § 9 Abs. 1 des Grundbuchbereinigungsgesetzes findet außer in den in § 9 Abs. 2 des Gesetzes bezeichneten Fällen auch keine Anwendung, soweit Kunden und Anschlußnehmer, die Grundstückseigentümer sind, nach der Verordnung über Allgemeine Bedingungen für die Versorgung mit Wasser vom 20. Juni 1980 (BGBl. I S. 750, 1067) zur Duldung von Anlagen verpflichtet sind. Als Versorgungsunternehmen gilt der Betreiber, bei Überlassung der Anlage an Dritte der Inhaber der in § 9 Abs. 9 Satz 1 des Grundbuchbereinigungsgesetzes bezeichneten Anlagen unabhängig von seiner Rechtsform.

§ 2 Geltung des Bescheinigungsverfahrens

Die verwaltungstechnischen Voraussetzungen für das Bescheinigungsverfahren nach § 9 Abs. 4 bis 7 des Grundbuchbereinigungsgesetzes liegen bei den in Absatz 9 Satz 1 dieses Gesetzes bezeichneten Anlagen vor.

§ 3 Behördenzuständigkeit

Zuständig für die Durchführung des Bescheinigungsverfahrens sind bei Anlagen nach § 1 Satz 1, vorbehaltlich einer abweichenden landesrechtlichen Regelung auf Grund des § 9 Abs. 10 des Grundbuchbereinigungsgesetzes, die unteren Wasserbehörden.

Unterabschnitt 2 Inhalt der Rechte und Bescheinigungsverfahren

§ 4 Inhalt der Leitungs- und Anlagenrechte

(1) Die nach § 9 Abs. 1 des Grundbuchbereinigungsgesetzes entstandene beschränkte persönliche Dienstbarkeit umfaßt das Recht, in eigener Verantwortung und auf eigenes Risiko

1. das belastete Grundstück für den Betrieb, die Instandsetzung und Erneuerung einschließlich Neubau von Energieanlagen und Anlagen nach § 1 Satz 1 zu betreten oder sonst zu benutzen,
2. auf dem Grundstück
   a) bei Energieanlagen (§ 9 Abs. 1 des Grundbuchbereinigungsgesetzes)
      aa) die Leitung auf einem Gestänge, auf Masten, Tragkonstruktionen, in einer Rohrleitung, auf einem Sockel, in der Erde, in einem Tunnel oder in einem Kanal zu führen,
      bb) die für die Fortleitung erforderlichen Einrichtungen (Buchstabe aa) einschließlich der Fundamente und Gründungen nebst Zubehör und dazu erforderliche Einrichtungen zur Informationsübermittlung zu halten, zu unterhalten, instandzusetzen, zu betreiben und zu erneuern,

cc) die für die Fortleitung auf dem jeweiligen Grundstück eingerichteten Transformatoren-, Umformer-, Regler- und Pumpstationen, Umspannwerke und vergleichbare bestehende Sonder- und Nebenanlagen und alle sonstigen für Energieumwandlung, Druckregelung und Fortleitung auf dem Grundstück eingerichteten Anlagen zu betreiben, instandzusetzen und zu erneuern,

b) bei Anlagen der öffentlichen Wasserversorgung oder Abwasserbeseitigung (§ 9 Abs. 9 Satz 1 Nr. 1 des Grundbuchbereinigungsgesetzes)
   aa) Wasser oder Abwasser in einer Leitung, einem (Sammel-)Kanal oder in einem Graben zu führen,
   bb) die für die Fortleitung auf dem jeweiligen Grundstück eingerichteten Brunnen, Brunnengalerien, Pumpwerke, Wassertürme, Regenwasserrückhaltebecken, Absturzbauwerke, öffentliche Sammelbecken und ähnliche Sonder- und Nebenanlagen zu betreiben, zu unterhalten, instandzusetzen und zu erneuern,

c) bei Hochwasserrückhaltebecken (§ 9 Abs. 9 Satz 1 Nr. 2 des Grundbuchbereinigungsgesetzes) diese einschließlich der zu ihrer Anlage errichteten Dämme und Deiche und der erforderlichen Entwässerungsgräben und ähnlichen Nebenanlagen zu betreiben, zu unterhalten, zu bepflanzen, soweit dies zum Schutz der Anlage geboten ist, und bei Hochwasser vollständig oder teilweise zu überfluten,

d) bei Schöpfwerken und gewässerkundlichen Meßanlagen (§ 9 Abs. 9 Satz 1 Nr. 2 und 3 des Grundbuchbereinigungsgesetzes) das Schöpfwerk und die gewässerkundliche Meßanlage einschließlich der dafür erforderlichen Leitungen und Datenübertragungsanlagen zu betreiben, zu unterhalten oder zu erneuern.

Die Fortleitung schließt die Förderung und Sammlung mit ein. Für den Inhalt der beschränkten persönlichen Dienstbarkeit sind Art und Umfang der gesicherten Anlage am 3. Oktober 1990 maßgeblich.

(2) Absatz 1 gilt entsprechend gegenüber einem Erbbauberechtigten oder Gebäudeeigentümer.

(3) Die Dienstbarkeit umfaßt ferner das Recht, von dem Grundstückseigentümer, Gebäudeeigentümer und Erbbauberechtigten zu verlangen, daß er keine baulichen oder sonstigen Anlagen errichtet oder errichten läßt und keine Einwirkungen oder Maßnahmen vornimmt, die den ordnungsgemäßen Bestand oder Betrieb der in Absatz 1 genannten Anlagen beeinträchtigen oder gefährden. Bei Energieanlagen umfaßt die Dienstbarkeit insbesondere das Recht, von dem Grundstückseigentümer, Erbbauberechtigten und Gebäudeeigentümer zu verlangen, daß er in einem in der Bescheinigung (§ 7 Abs. 2) zu bezeichnenden Schutzstreifen

1. keine leitungsgefährdenden Stoffe anhäuft,
2. duldet, daß Anpflanzungen und Bewuchs, auch soweit sie nicht in den Schutzstreifen hineinreichen, so gehalten werden, daß sie den Bestand und den Betrieb der Anlage nicht gefährden, und, soweit dies der Fall ist, entfernt werden,
3. das Gelände im Schutzstreifen nicht erhöht oder abträgt und
4. einen auf dem Grundstück befindlichen Wald so bewirtschaftet, daß Betrieb und Nutzung der Anlage nicht gestört werden.

Das Freischneiden von Leitungstrassen kann nicht verlangt werden. Breite und Anordnung des Schutzstreifens bestimmen sich nach den für die Anlage am 3. Oktober 1990 geltenden technischen Normen, wenn solche nicht bestehen, nach sachverständiger Beurteilung. Maßgeblich ist der jeweils bestimmte Mindestumfang. Soweit der Schutzstreifen nach dem 2. Oktober 1990 schmaler sein kann, beschränkt er sich auf diesen Umfang. Ist das Recht bereits im Grundbuch eingetragen, können alle Beteiligten wechselseitig die Anpassung des Schutzstreifens verlangen.

(4) Abweichend von Absatz 3 Satz 1 kann auf Grund der Dienstbarkeit die Beseitigung bestehender baulicher Anlagen nicht verlangt werden, die

1. nach der Energieverordnung vom 1. Juni 1988 (GBl. I Nr. 10 S. 89) sowie den dazu ergangenen Durchführungsbestimmungen,
2. nach dem Wassergesetz vom 2. Juli 1982 (GBl. I Nr. 26 S. 467) insbesondere seinen §§ 30 und 40,

3. der Ersten Durchführungsverordnung zum Wassergesetz vom 2. Juli 1982 (GBl. I Nr. 26 S. 477), die durch die Vierte Durchführungsverordnung zum Wassergesetz vom 25. April 1989 (GBl. I Nr. 11 S. 151) geändert worden ist,
4. der Dritten Durchführungsverordnung zum Wassergesetz (Schutzgebiete und Vorbehaltsgebiete) vom 2. Juli 1982 (GBl. I Nr. 26 S. 487),
5. den Abwassereinleitungsbedingungen vom 22. Dezember 1987 (GBl. 1988 I Nr. 3 S. 27) oder
6. den Wasserversorgungsbedingungen vom 26. Januar 1978 (GBl. I Nr. 6 S. 89), geändert durch die Anordnung zur Änderung der Wasserversorgungsbedingungen vom 15. Januar 1979 (GBl. I Nr. 6 S. 60)

zulässig waren. Der Grundstückseigentümer, Gebäudeeigentümer oder Erbbauberechtigte darf ein ihm gehörendes Gebäude oder eine ihm gehörende Anlage weiterhin in dem am 3. Oktober 1990 zulässigen Rahmen nutzen, instandsetzen und erneuern, soweit eine Leitungsgefährdung nicht zu befürchten ist.

(5) Die Ausübung der Dienstbarkeit richtet sich nach den örtlichen Verhältnissen und kann einem Dritten überlassen werden.

(6) Die Bescheinigung nach § 7 ersetzt die Bescheinigung nach § 1059a Nr. 2 Satz 2 in Verbindung mit § 1092 Abs. 2 des Bürgerlichen Gesetzbuchs.

§ 5 Bestandsschutz

Wenn nach dem 24. Dezember 1993 die Voraussetzungen für eine Verpflichtung zur Duldung von Energieanlagen nach den in § 9 Abs. 2 des Grundbuchbereinigungsgesetzes genannten Bestimmungen eintreten, bleibt die zuvor begründete Dienstbarkeit bestehen. Soweit die Allgemeinen Versorgungsbedingungen dem Versorgungsunternehmen weitergehende Rechte einräumen, sind diese maßgeblich. Die Sätze 1 und 2 gelten für die in § 9 Abs. 9 Satz 1 des genannten Gesetzes bezeichneten Anlagen entsprechend.

§ 6 Antrag auf Erteilung der Leitungs- und Anlagenrechtsbescheinigung

(1) Der Antrag auf Erteilung der Leitungs- und Anlagenrechtsbescheinigung für die Dienstbarkeit gemäß § 9 Abs. 4 des Grundbuchbereinigungsgesetzes muß folgende Angaben enthalten:
1. eine knappe Beschreibung der Anlage (insbesondere Energieträger, Art der Anlage, Leistungsumfang);
2. die grundbuchmäßige Bezeichnung des belasteten Grundstücks oder Rechts.

(2) Mit dem Antrag sind die in § 7 Abs. 2 Nr. 1 und 2 dieser Verordnung genannten Unterlagen vorzulegen.

(3) Ein Antrag kann sich auf mehrere Grundstücke und Rechte beziehen, wenn es sich um eine zusammenhängende Leitungstrasse handelt.

§ 7 Erteilung der Leitungs- und Anlagenrechtsbescheinigung

(1) Die zuständige Behörde macht den Antrag oder den Ort, an dem der Antrag und die ihm beigefügten Unterlagen eingesehen werden können, in ortsüblicher Weise öffentlich bekannt. Hierbei sind die Art der Leitung und die betroffene Kommune anzugeben.

(2) Nach Ablauf von 4 Wochen von dem Tag der Bekanntmachung nach Absatz 1 erteilt die zuständige Behörde die Leitungs- und Anlagenrechtsbescheinigung, wenn
1. in einer auf der Grundlage der amtlichen Flurkarte erstellten Karte
   a) der Verlauf der Leitung einschließlich der Schutzstreifen,
   b) die Standorte aller Transformatoren, Umspannwerke, Pumpwerke, Brunnen, Brunnengalerien, Regenwasserrückhaltebecken, Wassertürme, Absturzbauwerke und vergleichbarer Neben- und Sonderanlagen sowie
   c) die Standorte der Dämme und Deiche, Entwässerungsgräben, Schöpfwerke, gewässerkundlichen Meßanlagen einschließlich der dafür erforderlichen Leitungen und Datenübertragungsanlagen

   so genau dargestellt werden, daß die betroffenen Flurstücke erkennbar sind, und
2. folgende Unterlagen übergeben werden:
   a) eine Liste, aus der sich ergibt, welchen Gesamtinhalt die Dienstbarkeit auf den einzelnen Grundstücken, falls diese aus mehreren Flurstücken bestehen, auf den jeweiligen Flurstücken hat,

b) ein Übersichtsplan, der auch schematisch sein kann, über das Gesamtnetz, zu dem die beantragte Leitung gehört, den Standort der Anlage sowie die für ihren Zustand am 3. Oktober 1990 maßgeblichen Entscheidungen über die Errichtung, den Ausbau oder die Rekonstruktion der Leitung nach § 67 der Energieverordnung vom 1. Juni 1988 (GBl. I Nr. 10 S. 89), zuletzt geändert durch die Verordnung vom 25. Juli 1990 (GBl. I Nr. 46 S. 812), oder vergleichbaren Vorschriften oder, soweit der Plan und die Entscheidungen nicht vorhanden sind, eine Versicherung der Richtigkeit der Liste nach Buchstabe a, die von der technischen Leitung des Unternehmens unterschrieben sein muß, und

3. die bescheinigte Anlage am 3. Oktober 1990 genutzt wurde und
4. das antragstellende Versorgungsunternehmen am 25. Dezember 1993 Betreiber der Anlage war oder Rechtsnachfolger dieses Betreibers ist.

In der Leitungs- und Anlagenrechtsbescheinigung sind solche Grundstücke auszunehmen, auf denen nach § 9 Abs. 2 des Grundbuchbereinigungsgesetzes eine Dienstbarkeit nach § 9 Abs. 1 dieses Gesetzes nicht begründet worden ist.

(3) Bei den in § 4 Abs. 1 Nr. 2 Buchstabe b bis d dieser Verordnung genannten Anlagen und Einrichtungen darf die Bescheinigung nur erteilt werden, wenn die Anlagen und Einrichtungen öffentlichen Zwecken dienen. An die Stelle des in Absatz 2 Satz 1 Nr. 4 genannten Zeitpunkts tritt der 11. Januar 1995.

(4) Ist kein Widerspruch erhoben, so bescheinigt die Behörde, daß auf den in der Liste (Absatz 2 Satz 1 Nr. 2 Buchstabe a) bezeichneten Grundstücken oder Flurstücken zugunsten des antragstellenden Versorgungsunternehmens eine Dienstbarkeit mit dem für das Grundstück jeweils angegebenen Inhalt besteht. Die Bescheinigung soll gemarkungsweise erteilt werden, auch soweit sich der Antrag nicht auf eine Gemarkung beschränkt.

(5) Wird ein Widerspruch rechtzeitig erhoben, so hört die Behörde die Personen oder Stellen an, welche die Nachweise nach Absatz 2 Satz 1 Nr. 1 und 2 angefertigt haben. Wenn danach ein Fehler offenkundig ist, bescheinigt sie die Dienstbarkeit mit den erforderlichen Abweichungen von den zunächst vorgelegten Nachweisen. Ist ein Fehler nicht vorhanden oder nicht offenkundig, so bescheinigt die Behörde die Dienstbarkeit wie beantragt, vermerkt jedoch bei dem Grundstück oder Flurstück, auf das sich der Widerspruch bezieht, den Widerspruch des Eigentümers. Ist der Widerspruch verspätet, so entfällt dieser Vermerk und der Grundstückseigentümer ist auf den ordentlichen Rechtsweg zu verweisen.

§ 8 Grundbuchberichtigung

(1) Auf Antrag des Versorgungsunternehmens, dem eine der Zahl der betroffenen Grundbuchblätter entsprechende Anzahl Kopien der ersten Seite des Antrags beizufügen sind, berichtigt das Grundbuchamt das Grundbuch, indem es das Recht auf Grund der Leitungs- und Anlagenrechtsbescheinigung an rangbereiter Stelle einträgt. Das Grundbuchamt kann verlangen, daß die in § 7 Abs. 2 Nr. 1 bezeichnete Karte vorgelegt wird. Ein Teilvollzug ist zulässig. In der Eintragung ist nach Möglichkeit auf die Bescheinigung unter Angabe der Behörde, ihres Geschäftszeichens und des Ausstellungsdatums Bezug zu nehmen.

(2) Enthält die Bescheinigung einen Vermerk über einen Widerspruch des Grundstückseigentümers, so ist an rangbereiter Stelle ein Widerspruch folgenden Inhalts einzutragen: „Widerspruch gegen die Richtigkeit des Grundbuchs wegen eines nicht eingetragenen Leitungs- und Anlagenrechts gemäß § 9 Abs. 5 Satz 2 GBBerG zu Gunsten von …" unter Angabe des Namens und des Sitzes des Versorgungsunternehmens sowie des Eintragungsdatums.

§ 9 Berichtigungsbewilligung, Verzichtsbescheinigung

(1) Eine Bewilligung, die nach ihrem Inhalt der Berichtigung des Grundbuchs wegen eines Rechtes nach § 9 Abs. 1 des Grundbuchbereinigungsgesetzes oder nach § 1 Satz 1 dieser Verordnung dient, muß mit der Erklärung eines Notars versehen sein, daß die Bewilligung auf einer Vereinbarung mit dem begünstigten Unternehmen beruht oder der Notar von dem Unternehmen innerhalb von drei Monaten seit einer Aufforderung einen Rechtsverzicht nach § 9 Abs. 6 Satz 1 des Grundbuchbereinigungsgesetzes nicht erhalten hat.

(2) Der Antrag eines Versorgungsunternehmens nach § 9 Abs. 6 Satz 1 Halbsatz 2 des Grundbuchbereinigungsgesetzes, ihm den Verzicht auf eine Dienstbarkeit zu bescheinigen, muß das betroffene Grundstück, Gebäudeeigentum oder Erbbaurecht in grundbuchmäßiger Form bezeichnen und die Erklärung enthalten, daß auf das Recht verzichtet werde. Die Behörde bescheinigt, daß das Recht infolge des Verzichts erloschen ist.

§ 10 Erlöschensbescheinigung

Auf Antrag des Versorgungsunternehmens, des Grundstückseigentümers, des Erbbauberechtigten oder des Gebäudeeigentümers bescheinigt die Behörde, daß eine bei Ablauf des 2. Oktober 1990 im Grundbuch eingetragene beschränkte persönliche Dienstbarkeit für Energieanlagen oder die in § 1 Satz 1 bezeichneten Anlagen nicht mehr besteht. In dem Antrag muß die Dienstbarkeit mit ihrer Grundbuchstelle angegeben und die Erklärung des zum Zeitpunkt der Antragstellung zuständigen Versorgungsunternehmens enthalten sein, daß das eingetragene Recht nicht mehr ausgeübt wird und das Unternehmen der Erteilung der Erlöschensbescheinigung zustimmt. Die zuständige Stelle bescheinigt, daß die betreffende Dienstbarkeit erloschen ist.

Unterabschnitt 3 Schlußvorschriften

§ 11 Anwendungsregelung für Energieanlagen

Die §§ 6 bis 10 sind von dem Tage an auf Energieanlagen anzuwenden, an dem in dem jeweiligen Land die Rechtsverordnung nach § 9 Abs. 11 Satz 2 des Grundbuchbereinigungsgesetzes in Kraft tritt.

Abschnitt 2 Wertbeständige Hypotheken, nicht eingetragene Rechte

§ 12 Mittelwerte und Marktpreise bei sonstigen wertbeständigen Grundpfandrechten

Bei wertbeständigen Grundpfandrechten im Sinne des § 3 Abs. 1 Satz 1 und Abs. 2 des Grundbuchbereinigungsgesetzes sind für die jeweils bestimmten Waren oder Leistungen folgende Werte zugrundezulegen:
1. für einen US-Dollar 1,70 Deutsche Mark,
2. für eine Tonne Fettförderkohle des Rheinisch-Westfälischen Kohlesyndikats 285,66 Deutsche Mark,
3. für eine Tonne gewaschene Fettnuß IV des Rheinisch-Westfälischen Kohlesyndikats 314,99 Deutsche Mark,
4. für eine Tonne oberschlesische Flammstückkohle 192,80 Deutsche Mark,
5. für eine Tonne niederschlesische Stückkohle 114,60 Deutsche Mark,
6. für eine Tonne niederschlesische gewaschene Nußkohle I 314,99 Deutsche Mark,
7. für einen Doppelzentner zu 100 kg Kalidüngesalz 40 vom Hundert 23,00 Deutsche Mark.

§ 13 Verlängerung von Fristen

(1) Die Frist des § 8 Abs. 1 Satz 1 und nach § 8 Abs. 3 Satz 3 in Verbindung mit § 8 Abs. 1 Satz 1 des Grundbuchbereinigungsgesetzes wird in den Ländern Berlin, Brandenburg, Mecklenburg-Vorpommern, Sachsen, Sachsen-Anhalt und Thüringen bis zum Ablauf des 31. Dezember 2005, längstens jedoch bis zu dem Tage verlängert, an dem der öffentliche Glaube des Grundbuchs für die in Artikel 233 § 5 Abs. 1 des Einführungsgesetzes zum Bürgerlichen Gesetzbuche bezeichneten beschränkten dinglichen Rechte wieder in vollem Umfang gilt.

(2) In den übrigen Ländern wird die in Absatz 1 bezeichnete Frist bis zum Ablauf des 31. Dezember 1997 verlängert.

Abschnitt 3 Inkrafttreten

§ 14 Inkrafttreten

Diese Verordnung tritt am 11. Januar 1995 in Kraft.

Schlußformel

Der Bundesrat hat zugestimmt.

Teil 7: Gesetz über Maßnahmen auf dem Gebiet des Grundbuchwesens (GBMaßnG) Vom 20.12.1963 (BGBl. I S. 986)

Zuletzt geändert durch: Zehnte Zuständigkeitsanpassungsverordnung v. 31.08.2015 (BGBl. I S. 1474)

Vorbemerkungen

Das Gesetz über Maßnahmen auf dem Gebiete des Grundbuchwesens v. 20.12.1963 (BGBl I 1963, 986) sollte zunächst Besonderheiten des Grundbuchverfahrens im Zusammenhang mit der Währungsreform im Jahre 1948 regeln. Daneben enthält es Regelungen zur Vereinfachung der Löschung von Grundpfandrechten sowie notwendiger Briefvorlage nach § 41 GBO. Nach Einführung des Euro als Währungseinheit wurde es um § 26a GBMaßnG ergänzt, der die Umstellung der Grundpfandrechte im Grundbuch regelt.

§ 28 GBMaßnG enthielt eine Ermächtigung zugunsten der Länder zum Verfahren zur Wiederherstellung zerstörter oder abhanden gekommener Grundakten und Urkunden. Er stand in Fortsetzung der entsprechenden VO v. 26.7.1940 (RGBl I 1940, 1048). § 28 GBMaßnG wurde durch das DaBaGG v. 1.10.2013 (BGBl I 2013, 3719) aufgehoben. Durch § 148 GBO liegt die Zuständigkeit zum Erlass entsprechender Regelungen nun beim Bundesministerium der Justiz.[1] Hierbei ist die VO über die Wiederherstellung zerstörter oder abhanden gekommener Grundbücher und Urkunden v. 26.7.1940 (RGBl I 1940, 1048) als Rechtsverordnung des Bundes fortgeltendes Recht in Ausführung der Ermächtigung des § 148 Abs. 1 GBO anzusehen. Neuere Regelungen sind nicht erlassen (dazu § 148 GBO Rdn 6 ff.).

Nachfolgend sind zusammengefasst kommentiert:

§§ 1–20 GBMaßnG: Umstellung von Hypotheken, Grundschulden, Rentenschulden und Reallasten von Reichsmark auf Deutsche Mark; Umstellungsverfahren, Umstellungsschutzvermerk.

§ 22–25 GBMaßnG: Abgeltungshypotheken und Abgeltungslasten.

§ 26 GBMaßnG: Vereinfachungen zur Erteilung eines neuen Grundpfandrechtsbriefes.

§ 26a GBMaßnG: Umstellung von Geldbeträgen auf Euro.

§ 36a GBMaßnG: Besonderheiten für das Beitrittsgebiet.

Erster Abschnitt: Eintragung der Umstellung

§ 1 [Eintragung Umstellungsbetrag]

Der Antrag, bei einer Hypothek einen Umstellungsbetrag, der sich auf mehr als eine Deutsche Mark für je zehn Reichsmark beläuft, in das Grundbuch einzutragen, kann nach dem Ende des Jahres 1964 nur noch gestellt werden, wenn

a) ein Verfahren nach § 6 der Vierzigsten Durchführungsverordnung zum Umstellungsgesetz, in dem über die Umstellung der Hypothek zu entscheiden ist, (Umstellungsverfahren) vor dem Ende des Jahres 1964 eingeleitet, aber noch nicht durch rechtskräftige Entscheidung oder anderweitig beendet ist oder

b) die Voraussetzungen, unter denen die Umstellung der Hypothek sich nach § 2 Nr. 4 der Vierzigsten Durchführungsverordnung zum Umstellungsgesetz richtet, vorliegen und seit dem Ende des Jahres, in dem sie eingetreten sind, nicht mehr als drei Jahre verstrichen sind.

---

1 BT-Drucks 17/12635, S. 46.

§ 2 [Beschwerdeverfahren]

(1) Weist das Grundbuchamt einen Antrag des in § 1 bezeichneten Inhalts zurück, so ist die Beschwerde nach den Vorschriften des Gesetzes über das Verfahren in Familiensachen und in den Angelegenheiten der freiwilligen Gerichtsbarkeit zulässig. Auf den zur Zustellung bestimmten Ausfertigungen der Verfügung, durch die der Antrag zurückgewiesen wird, soll vermerkt werden, welcher Rechtsbehelf gegen die Verfügung gegeben ist und bei welcher Behörde, in welcher Form und binnen welcher Frist er einzulegen ist.

(2) Gegen die Entscheidung des Beschwerdegerichts ist die Rechtsbeschwerde nach den Vorschriften des Gesetzes über das Verfahren in Familiensachen und in den Angelegenheiten der freiwilligen Gerichtsbarkeit zulässig. Absatz 1 Satz 2 ist entsprechend anzuwenden.

(3) Hat das Grundbuchamt vor dem Inkrafttreten dieses Gesetzes den Antrag zurückgewiesen, so beginnt die Frist für die Beschwerde mit dem Ablauf von drei Monaten nach dem Inkrafttreten dieses Gesetzes, jedoch nicht vor dem Zeitpunkt, an dem die Verfügung dem Beschwerdeführer bekanntgemacht worden ist. Absatz 1 Satz 2 ist nicht anzuwenden.

(4) Hat das Beschwerdegericht vor dem Inkrafttreten dieses Gesetzes eine Beschwerde gegen eine Verfügung zurückgewiesen, durch die das Grundbuchamt den Antrag zurückgewiesen hatte, so findet die Rechtsbeschwerde statt. Für den Beginn der Frist gilt Absatz 3 Satz 1 entsprechend; Absatz 1 Satz 2 ist nicht anzuwenden.

(5) Weist das Beschwerdegericht nach dem Inkrafttreten dieses Gesetzes eine vor diesem Zeitpunkt erhobene Beschwerde der in Absatz 4 bezeichneten Art zurück, so findet die Rechtsbeschwerde statt; Absatz 1 Satz 2 ist entsprechend anzuwenden.

§ 3 [Umstellung nach 1965]

Nach dem Ende des Jahres 1965 darf bei einer Hypothek ein Umstellungsbetrag, der sich auf mehr als eine Deutsche Mark für je zehn Reichsmark beläuft, in das Grundbuch nur eingetragen werden, wenn

a) zur Zeit der Eintragung bei der Hypothek ein Umstellungsschutzvermerk eingetragen ist oder

b) ein nach § 1 Buchstabe b zulässiger Eintragungsantrag gestellt worden ist.

§ 4 [Umstellungsschutzvermerk]

(1) Ein Umstellungsschutzvermerk wird von Amts wegen eingetragen, wenn ein Eintragungsantrag des in § 1 bezeichneten Inhalts vor dem 1. November 1965 nicht erledigt wird. Ist in einem Verfahren über einen Antrag des in § 1 bezeichneten Inhalts oder in einem vor dem Ende des Jahres 1964 eingeleiteten Umstellungsverfahren ein Rechtsmittel oder ein Antrag auf Wiedereinsetzung in den vorigen Stand anhängig und wird über das Rechtsmittel oder den Antrag vor dem 1. November 1965 nicht entschieden, so hat das Gericht das Grundbuchamt um die Eintragung eines Umstellungsschutzvermerkes für den Fall zu ersuchen, daß ein solcher Vermerk bei der Hypothek noch nicht eingetragen ist.

(2) Ein Umstellungsschutzvermerk wird auf Antrag eines Beteiligten in das Grundbuch eingetragen, wenn

a) ein Eintragungsantrag des in § 1 bezeichneten Inhalts vom Grundbuchamt zurückgewiesen ist und die zurückweisende Verfügung noch nicht rechtskräftig ist oder im Falle der Versäumung der Beschwerdefrist über einen Antrag auf Wiedereinsetzung in den vorigen Stand noch nicht rechtskräftig entschieden ist oder

b) ein vor dem Ende des Jahres 1964 eingeleitetes Umstellungsverfahren anhängig oder in einem solchen Verfahren die Entscheidung über die Umstellung noch nicht rechtskräftig oder im Falle der Versäumung der Beschwerdefrist über einen Antrag auf Wiedereinsetzung in den vorigen Stand noch nicht rechtskräftig entschieden ist oder

c) die Voraussetzungen vorliegen oder noch eintreten können, unter denen die Umstellung der Hypothek sich nach § 2 Nr. 4 der Vierzigsten Durchführungsverordnung zum Umstellungsgesetz richtet, es sei denn, daß ein Eintragungsantrag des in § 1 bezeichneten Inhalts keinen Erfolg mehr haben könnte.

Ein Antrag auf Eintragung eines Umstellungsschutzvermerkes darf nicht aus dem Grund zurückgewiesen werden, weil er vor Erledigung eines Eintragungsantrags des in § 1 bezeichneten Inhalts für den Fall der Zurückweisung dieses Antrags gestellt worden ist. [3]Wird vor Erledigung eines Eintragungsantrags des in § 1 bezeichneten Inhalts ein Antrag auf Eintragung eines Umstellungsbetrages, der sich auf eine Deutsche Mark für je zehn Reichsmark beläuft, gestellt, so wird der spätere Antrag erst erledigt, wenn auf den ersten Antrag der Umstellungsbetrag eingetragen oder der erste Antrag rechtskräftig zurückgewiesen worden oder anderweitig erledigt ist.

(3) Zum Nachweis der Voraussetzungen des Absatzes 2 Satz 1 Buchstaben a und b genügt ein Zeugnis des Gerichts, bei dem das Verfahren anhängig ist oder war, in der Form des § 29 Abs. 3 der Grundbuchordnung. Im Falle des Absatzes 2 Satz 1 Buchstabe c bedarf es lediglich des Nachweises, daß der, dem die Hypothek bei Ablauf des 20. Juni 1948 zustand oder zur Sicherung abgetreten oder verpfändet war, Angehöriger der Vereinten Nationen im Sinne des § 13 Abs. 4 des Umstellungsgesetzes in der Fassung des Gesetzes Nr. 55 der ehemaligen Alliierten Hohen Kommission ist.

(4) Wird der Antrag auf Eintragung eines Umstellungsschutzvermerkes zurückgewiesen, so gilt § 2 Abs. 1, 2 entsprechend.

(5) Soweit eine Beschwerde gegen die Eintragung des Umstellungsschutzvermerkes darauf gegründet wird, daß diejenigen Voraussetzungen des Absatzes 2 Satz 1 Buchstabe c, die keines Nachweises bedürfen, nicht gegeben seien, hat der Beschwerdeführer nachzuweisen, daß diese Voraussetzungen nicht vorliegen.

(6) Ein Antrag auf Eintragung des Umstellungsschutzvermerkes kann in den Fällen des Absatzes 2 Satz 1 Buchstaben a und b nur bis zum 31. Oktober 1965 gestellt werden.

(7) Nach dem Ende des Jahres 1965 darf ein Umstellungsschutzvermerk nur noch auf Grund des Absatzes 2 Satz 1 Buchstabe c eingetragen werden.

§ 5 [Löschung des Umstellungsschutzvermerks]

(1) Der Umstellungsschutzvermerk wird von Amts wegen im Grundbuch gelöscht, wenn

a) der Umstellungsbetrag eingetragen wird oder

b) der Antrag des in § 1 bezeichneten Inhalts oder der Antrag auf Wiedereinsetzung in den vorigen Stand zurückgenommen oder rechtskräftig zurückgewiesen worden ist oder

c) das Umstellungsverfahren auf andere Weise als durch die rechtskräftige Entscheidung, daß der Umstellungsbetrag sich auf mehr als eine Deutsche Mark für je zehn Reichsmark beläuft, beendet ist oder der Antrag auf Wiedereinsetzung in den vorigen Stand zurückgenommen oder rechtskräftig zurückgewiesen worden ist, jedoch in den Fällen der Buchstaben b und c nicht, wenn der Umstellungsschutzvermerk auf Grund des § 4 Abs. 2 Satz 1 Buchstabe c eingetragen ist.

(2) Sind die in Absatz 1 Buchstabe c bezeichneten Voraussetzungen eingetreten, so hat das Amtsgericht dies dem Grundbuchamt mitzuteilen.

(3) Ist der Umstellungsschutzvermerk auf Antrag eingetragen worden, so wird er auch auf Antrag dessen gelöscht, der seine Eintragung beantragt hat.

§ 6 [Briefvorlage]

Zur Eintragung oder Löschung des Umstellungsschutzvermerkes bei einer Hypothek, über die ein Brief erteilt ist, bedarf es nicht der Vorlegung des Briefs. ²Die Eintragung und die Löschung werden auf dem Brief nicht vermerkt.

§ 7 [Umrechnung]

(1) Darf gemäß § 3 der dort bezeichnete Umstellungsbetrag nicht mehr eingetragen werden, so besteht die Hypothek nur in Höhe eines Umstellungsbetrags, der sich auf eine Deutsche Mark für je zehn Reichsmark beläuft.

(2) Die durch die Hypothek gesicherte persönliche Forderung wird durch die Vorschrift des Absatzes 1 nicht berührt.

§ 8 [Grundbuchberichtigung nach 1965]

(1) Ist bei der Hypothek ein Umstellungsschutzvermerk nicht eingetragen, so gelten nach dem Ende des Jahres 1965 für die Berichtigung des Grundbuchs durch Eintragung eines Umstellungsbetrags, der sich auf eine Deutsche Mark für je zehn Reichsmark beläuft, die besonderen Vorschriften der Absätze 2 bis 8.

(2) Antragsberechtigt ist auch der Inhaber eines im Grundbuch eingetragenen Rechtes, das der Hypothek im Rang gleichsteht oder nachgeht, sowie derjenige, der auf Grund eines vollstreckbaren Titels die Zwangsvollstreckung in ein solches Recht oder in das belastete Grundstück betreiben kann.

(3) Die Berichtigung kann auch von Amts wegen vorgenommen werden.

(4) Ist für die Hypothek ein Brief erteilt worden, so kann der Antragsberechtigte von dem Gläubiger die Vorlegung des Briefs beim Grundbuchamt und von jedem früheren Gläubiger Auskunft darüber verlangen, was diesem über die Rechtsnachfolge bekannt ist.

(5) Ist der Gläubiger nicht als Berechtigter im Grundbuch eingetragen, so kann der Antragsberechtigte von dem Eigentümer Auskunft darüber verlangen, was diesem über die Rechtsnachfolge bekannt ist.

(6) Die Berichtigung kann ohne die Bewilligung des Gläubigers vorgenommen werden, wenn der Gläubiger nicht innerhalb einer ihm vom Grundbuchamt zu setzenden Frist diesem gegenüber schriftlich oder durch Erklärung zur Niederschrift des Grundbuchamts der Berichtigung widersprochen hat. In diesem Fall bedarf es nicht des Nachweises, daß ein Umstellungsbetrag, der sich auf mehr als eine Deutsche Mark für je zehn Reichsmark beläuft, nach § 3 Buchstabe b nicht mehr eingetragen werden darf. Kann dem Gläubiger keine Gelegenheit zur Äußerung gegeben werden, so ist eine Berichtigung auf Grund dieses Absatzes nicht statthaft.

(7) Die Vorschriften des Absatzes 6 gelten sinngemäß für den Eigentümer.

(8) Ist der Gläubiger nicht als Berechtigter im Grundbuch eingetragen, so kann der Antragsberechtigte von ihm verlangen, die Berichtigung der Eintragung des Berechtigten im Grundbuch zu erwirken. Dies gilt nicht, wenn sich der Gläubiger im Besitz des Hypothekenbriefs befindet und dem Grundbuchamt gegenüber sein Gläubigerrecht nach § 1155 des Bürgerlichen Gesetzbuches nachweist.

(9) Hat der Gläubiger oder der Eigentümer der Berichtigung des Grundbuchs widersprochen, so kann der Antragsberechtigte von ihm verlangen, die Berichtigung des Grundbuchs durch Eintragung des Umstellungsbetrags oder die Eintragung eines Umstellungsschutzvermerkes auf Grund des § 4 Abs. 2 Satz 1 Buchstabe c zu erwirken.

§ 9 [Zulässigkeit Umstellungsverfahren]

(1) Die Zulässigkeit eines Umstellungsverfahrens wird durch die Vorschriften des § 7 Abs. 1 nicht berührt. § 7 Abs. 1 gilt jedoch auch dann, wenn in einem Umstellungsverfahren entschieden worden ist oder entschieden wird, daß der Umstellungsbetrag sich auf mehr als eine Deutsche Mark für je zehn Reichsmark beläuft.
(2) § 7 Abs. 1 gilt nicht als eine Umstellungsvorschrift im Sinne des Lastenausgleichsgesetzes.

§ 10 [Anspruch auf Hypothekenbestellung]

(1) Hat die dem Gläubiger zustehende Hypothek sich auf Grund des § 7 Abs. 1 vermindert, so kann der Gläubiger verlangen, daß der Eigentümer ihm in Höhe der Verminderung eine weitere Hypothek an nächstbereiter Rangstelle bestellt. Ist ein anderer als derjenige, der bei Eintritt der Verminderung der Hypothek Eigentümer gewesen ist, Eigentümer des Grundstücks, so kann jedoch der Anspruch nur geltend gemacht werden
a) im Falle des Erwerbes durch Gesamtrechtsnachfolge oder
b) im Falle des Erwerbes durch Einzelrechtsnachfolge mittels Rechtsgeschäfts, wenn in dem nach § 892 Abs. 2 des Bürgerlichen Gesetzbuches maßgebenden Zeitpunkt der Erwerber das Bestehen des Anspruchs kannte oder die Verminderung der Hypothek noch nicht eingetreten war.
(2) Der Gläubiger hat dem Eigentümer die Auslagen zu erstatten, die mit der Bestellung der weiteren Hypothek verbunden sind.

§ 11 [Grundschulden, Rentenschulden]

Die Vorschriften dieses Abschnitts sind auf Grundschulden und Rentenschulden sowie auf Pfandrechte an Bahneinheiten und auf Schiffshypotheken entsprechend anzuwenden, jedoch gilt § 8 Abs. 3 für Schiffshypotheken nicht.

§ 12 [Reallasten]

Die Vorschriften dieses Abschnitts sind auf Reallasten entsprechend anzuwenden. Im übrigen gelten auch für Reallasten die §§ 5 und 6 der Vierzigsten Durchführungsverordnung zum Umstellungsgesetz.

§ 13 [Eintragungsgebühren]

(1) Für die Eintragung des Umstellungsbetrags wird die Hälfte der in Nummer 14130 des Kostenverzeichnisses zum Gerichts- und Notarkostengesetz bestimmten Gebühr erhoben. Geschäftswert ist der Umstellungsbetrag. Wird die Berichtigung von Amts wegen vorgenommen oder hätte sie auch von Amts wegen vorgenommen werden können, so ist nur der Eigentümer Kostenschuldner.
(2) Die Eintragung und die Löschung des Umstellungsschutzvermerkes sind kostenfrei.

Zweiter Abschnitt: Umstellungsgrundschulden

§ 14 [Eintragung Umstellungsgrundschuld]

(1) Der Antrag, den Übergang einer eingetragenen Umstellungsgrundschuld auf den Eigentümer in das Grundbuch einzutragen, kann nur bis zum Ende des Jahres 1964 gestellt werden. Das gleiche gilt für den Antrag, eine nicht eingetragene Umstellungsgrundschuld, die auf den Eigentümer übergegangen ist, für den Eigentümer in das Grundbuch einzutragen.
(2) In den Fällen des Absatzes 1 gelten die Vorschriften in § 2 sinngemäß.

§ 15 [Erlöschen der Umstellungsgrundschuld]

Ist der Übergang einer eingetragenen Umstellungsgrundschuld auf den Eigentümer im Grundbuch nicht eingetragen und ist die Eintragung bis zum Ende des Jahres 1964 nicht beantragt worden oder eine Verfügung, durch die der Eintragungsantrag zurückgewiesen ist, rechtskräftig geworden, so erlischt die Umstellungsgrundschuld, soweit sie nicht vorher erloschen ist. Die Umstellungsgrundschuld kann von Amts wegen im Grundbuch gelöscht werden. Die Löschung der Umstellungsgrundschuld ist kostenfrei.

§ 16 [Antragsfrist]

Eine im Grundbuch nicht eingetragene Umstellungsgrundschuld, die auf den Eigentümer übergegangen ist, erlischt, wenn der in § 14 Abs. 1 Satz 2 bezeichnete Antrag nicht bis zum Ende des Jahres 1964 gestellt worden ist oder eine Verfügung, durch die der Antrag zurückgewiesen ist, rechtskräftig geworden ist.

§ 17 [Rangänderungen]

Ein durch Rangrücktritt der Umstellungsgrundschuld dem vortretenden Recht eingeräumter Rang geht nicht dadurch verloren, daß die Umstellungsgrundschuld erlischt.

Dritter Abschnitt: Löschung umgestellter Grundpfandrechte und Schiffshypotheken

§ 18 [Ausnahmen von § 29 GBO]

(1) Wird die Löschung einer umgestellten Hypothek oder Grundschuld beantragt, deren Geldbetrag 3 000 EUR nicht übersteigt, so bedürfen die erforderlichen Erklärungen und Nachweise nicht der Form des § 29 der Grundbuchordnung. Bei dem Nachweis einer Erbfolge oder des Bestehens einer fortgesetzten Gütergemeinschaft kann das Grundbuchamt von den in § 35 Abs. 1 und 2 der Grundbuchordnung genannten Beweismitteln absehen und sich mit anderen Beweismitteln, für welche die Form des § 29 der Grundbuchordnung nicht erforderlich ist, begnügen, wenn die Beschaffung des Erbscheins, des Europäischen Nachlasszeugnisses oder des Zeugnisses nach § 1507 des Bürgerlichen Gesetzbuches nur mit unverhältnismäßigem Aufwand an Kosten oder Mühe möglich ist; der Antragsteller kann auch zur Versicherung an Eides Statt zugelassen werden.
(2) Bei Berechnung des Geldbetrags der Hypothek oder Grundschuld ist von dem im Grundbuch eingetragenen Umstellungsbetrag auszugehen. Ist der Umstellungsbetrag nicht eingetragen und lie-

gen die Voraussetzungen vor, unter denen eine Berichtigung des Grundbuchs durch Eintragung eines Umstellungsbetrags, der sich auf eine Deutsche Mark für je zehn Reichsmark beläuft, zulässig ist, so ist von diesem Umstellungsbetrag auszugehen; liegen diese Voraussetzungen nicht vor, so ist von einem Umstellungsbetrag auszugehen, der sich auf eine Deutsche Mark für je eine Reichsmark beläuft.

§ 19 [Rentenschuld, Reallast]

Die Vorschriften des § 18 gelten sinngemäß für eine umgestellte Rentenschuld oder Reallast, deren Jahresleistung 15 EUR nicht übersteigt.

§ 20 [Schiffshypothek]

Die Vorschriften des § 18 gelten für eine umgestellte Schiffshypothek, deren Geldbetrag 3.000 EUR nicht übersteigt, entsprechend mit der Maßgabe, daß statt auf den § 29 und den § 35 Abs. 1 und 2 der Grundbuchordnung auf die §§ 37 und 41 der Schiffsregisterordnung vom 26.5.1951 (Bundesgesetzbl. I S. 360) verwiesen wird.

Vierter Abschnitt: Öffentliche Last der Hypothekengewinnabgabe

§ 21 [Änderungsvorschrift]

Die Vorschrift enthält umfangreiche Änderungen des Lastenausgleichsgesetzes vom 14.8.1952 (BGBl I S. 446); vom Abdruck wurde abgesehen.

A. Allgemeines	1	D. Löschung von Grundpfandrechten	6
B. Umstellungsverfahren	2	I. Geldbetrag nicht über 3.000 EUR	6
I. Antrag auf Umstellung	2	II. Briefvorlage	9
II. Eintragung der Umstellung	3	E. Umstellung im Beitrittsgebiet	10
C. Umstellungsschutzvermerk	4	F. Löschung von Umstellungsgrundschulden	11
I. Bedeutung und Eintragung	4		
II. Fehlende Eintragung	5		

A. Allgemeines

Die §§ 1–20 GBMaßnG regeln das Verfahren zur Umstellung von Geldbeträgen von früherer Reichsmark auf Deutsche Mark nach der Währungsreform des Jahres 1948 durch das Gesetz zur Neuordnung des Geldwesens – Umstellungsgesetz v. 20.6.1948 (WiGBl 1948 Beil. Nr. 5, 13), zul. geänd. d. Art. 9 Nr. 1 des Gesetzes v. 20.12.1982 (BGBl I 1948, 1857). Sie gelten für Hypotheken, Grundschulden, Rentenschulden und Reallasten gleichermaßen (§§ 11, 12 GBMaßnG). 1

Hintergrund der Regelungen insbes. zum Umstellungsverfahren und zur Eintragung eines sog. Umstellungsschutzvermerks nach § 4 ist, dass nach § 16 Abs. 1 UmstG in der Regel eine Umrechnung im Verhältnis 10:1 von Reichsmark auf Deutsche Mark erfolgte, im Ausnahmefall aber auch eine Vollumstellung 1:1 erfolgen konnte (§ 18 UmstG).[1]

---

1 *Schöner/Stöber*, Grundbuchrecht, 13. Aufl. 2004, Rn 4320.

Die Umstellung sollte nach Ablauf des 31.12.1965 abgeschlossen sein. Die Vorschriften haben daher nur mehr rechtshistorischen Charakter.[2] Aktuelle Bedeutung haben sie noch bei der Löschung alter Grundpfandrechte und der Geltung der Erleichterungsregelung des § 18 betreffend die Nachweise der Löschung.[3]

Bemerkenswert ist die Aktualisierung des § 2 GBMaßnG hinsichtlich des Beschwerdeverfahrens mit Verweis auf das FamFG sowie des § 13 GBMaßnG zu den Gebühren der Eintragung nach KV Nr. 1430 GNotKG, sodass der Gesetzgeber auch heute noch von sicherlich sehr wenigen Fällen der Umstellung ausgeht.[4]

B. Umstellungsverfahren

I. Antrag auf Umstellung

2   Der Antrag auf Umstellung eines Geldbetrages konnte bis Ende 1964 gestellt werden (§ 1 GBMaßnG). Die Umstellung auf Antrag sollte insbes. das Ziel haben, eine Vollumstellung herbeizuführen.

II. Eintragung der Umstellung

3   Die Umstellung war bis Ende 1965 im Grundbuch zu vollziehen (§§ 3, 7 GBMaßnG). Ist dies nicht erfolgt, besteht das Recht nur noch im Umstellungsverhältnis 10:1. Ausnahmsweise war und ist auch nach 1965 eine Vollumstellung unter den Voraussetzungen des § 3 GBMaßnG möglich. Verweigert das Grundbuchamt die (Voll-)Umstellung, ist gegen die Entscheidung die Beschwerde nach § 2 GBMaßnG statthaft.

C. Umstellungsschutzvermerk

I. Bedeutung und Eintragung

4   Der in das Grundbuch einzutragende Umstellungsschutzvermerk hatte die Bedeutung, eine nach Ablauf des 31.12.1965 noch nicht vollzogene Vollumstellung zu sichern. Seine Eintragung erfolgte unter den Voraussetzungen des § 4 Abs. 1 GBMaßnG von Amts wegen und in den Fällen des § 4 Abs. 2 GBMaßnG auf Antrag.

Die Löschung des Vermerks erfolgte nach § 5 GBMaßnG mit Eintragung der Umstellung oder rechtskräftiger Entscheidung über den Umstellungsantrag.

II. Fehlende Eintragung

5   War zum Ende des Jahres 1965 kein Umstellungsschutzvermerk eingetragen, erfolgt die Eintragung der Umstellung im Verhältnis Reichsmark zu Deutsche Mark 10:1 unter den Voraussetzungen des § 8 Abs. 2–8 GBMaßnG. Wesentlich konnte die Umstellung auch von Amts wegen eingetragen werden (§ 8 Abs. 3 GBMaßnG) und ohne Bewilligung des Gläubigers,[5] wenn er innerhalb einer ihm gesetzten Frist nicht widersprochen hat (§ 8 Abs. 6 GBMaßnG).

Ist der Gläubiger aber unbekannt oder unbekannten Aufenthalts, kann gegen ihn keine Fristsetzung erfolgen (§ 18 Abs. 6 S. 3 GBMaßnG). Zu seinem Schutz kann dann eine Umstellung im Verhältnis 10:1 nicht erfolgen. Zwar könnte an die Bestellung eines Pflegers nach § 1911 BGB gedacht werden, der Abwesenheitspfleger dürfte einer Umstellung aber im Interesse des von ihm vertretenen Gläubigers nicht zustimmen. Eine Vertreterbestellung, nur um ihm gegenüber die Fristsetzung nach § 18 Abs. 6 GBMaßnG zu

---

2   Eingehend noch *Balser/Dietrich*, Lastenausgleich und Grundbuch, 1953; *Glaser*, Grundbuchwesen, S. 265 ff.; *Feyock*, Rechtsunsicherheit im Grundbuchverfahren, Dt. Notartag 1956, S. 9; *Weber*, DNotZ 1955, 453; *Fischer*, DNotZ 1957, 182; *Epple*, BWNotZ 1964, 45; *Gewaltig*, MittRhNotK 1965, 216; *Seidl*, DNotZ 1964, 67; *Spiegel*, BB 1964, 65.
3   § 18 Abs. 1 S. 1 GBMaßnG geändert durch Art. 3 Abs. 3 Nr. 1 nach Maßgabe der Art. 18 und 19 des Gesetzes vom 20.12.1993 (BGBl I S. 2182) und des Art. 7 Abs. 7 Nr. 1 des Gesetzes vom 27.6.2000 (BGBl I S. 897); § 18 Abs. 1 S. 2 geändert durch Art. 7 des Gesetzes vom 29.6.2015 (BGBl I S. 1042).
4   § 13 Abs. 1 S. 1 geändert durch Art. 15 Nr. 1 des Gesetzes vom 23.7.2013 (BGBl I S. 2586).
5   Dazu *Schöner/Stöber*, Grundbuchrecht, 13. Aufl. 2004, Rn 4327, 4330.

ermöglichen, wäre im Übrigen ein rechtsmissbräuchliches Verfahren.[6] Es bleibt dann nur das Aufgebotsverfahren nach § 1170 BGB.[7]

D. Löschung von Grundpfandrechten
I. Geldbetrag nicht über 3.000 EUR

Zur Löschung eines umgestellten Grundpfandrechts mit einem Kapitalbetrag von umgerechnet nicht mehr als 3.000 EUR bedarf es nach § 18 GBMaßnG nicht der Vorlage der Eintragungsunterlagen in der Form des § 29 GBO. Auch kann das Grundbuchamt bei Vorlage von Erbnachweisen von § 35 Abs. 1 GBO absehen.

Bei der Berechnung des maßgeblichen Betrages ist vom umgestellten Geldbetrag auszugehen und dieser im Verhältnis 1,95583:1 von Deutsche Mark auf EUR umzurechnen. Ist eine Umstellung nicht eingetragen, ist vorher von 10:1 auf Deutsche Mark umzurechnen; wenn die Voraussetzungen der Vollumstellung vorliegen im Verhältnis 1:1 (§ 18 Abs. 2 GBMaßnG). Ein Fall für die Umstellung 1:1 liegt auch heute immer dann vor, wenn der Gläubiger unbekannt oder unbekannten Aufenthalts ist, weil dann die Berichtigung des Grundbuchs durch Umstellung auch unter Berücksichtigung des § 18 Abs. 6 GBMaßnG nicht möglich ist (§ 18 Abs. 6 S. 3 GBMaßnG).[8]

Durch Hinterlegung eines Geldbetrages kann die Löschung des Rechtes ohne Bewilligung des Gläubigers nicht erreicht werden, da der Hinterlegungsgrund durch den Hinterlegungsschein nicht bewiesen werden kann.[9] Allein für das Beitrittsgebiet gilt dafür § 10 GBBerG.

Für Reallasten gilt § 18 GBMaßnG, wenn die Jahresleistung den Betrag von 15 EUR nicht übersteigt (§ 19 GBMaßnG).

II. Briefvorlage

Die Briefvorlage nach § 41 GBO ist grundsätzlich erforderlich. Ist dieser nicht beibringbar, ist er nach § 1162 BGB im Wege des Aufgebotsverfahrens für ungültig zu erklären. Für kriegsbedingtes Abhandenkommen enthält § 26 GBMaßnG eine Erleichterung.

E. Umstellung im Beitrittsgebiet

Im Beitrittsgebiet erfolgte mit Einführung der Mark der Deutschen Notenbank und später der DDR-Mark keine Umrechnung von Reichsmark. Die §§ 1–20 GBMaßnG waren und sind hier nicht anzuwenden. Zur Umrechnung insbes. wertbeständiger Grundpfandrechte vgl. §§ 1–3 GBBerG.

F. Löschung von Umstellungsgrundschulden

Die sog. Umstellungsgrundschuld sollte Währungsgewinne des Grundstückseigentümers zugunsten des Fiskus abschöpfen, die der Eigentümer durch die Umstellung von Reichsmark auf Deutsche Mark möglicherweise erzielt hat. Die Vorschrift des Gesetzes zur Sicherung von Forderungen für den Lastenausgleich v. 2.9.1948 (VOBl BZ, 277) regelte dazu in § 1 GBMaßnG:

> Im Range unmittelbar nach Hypotheken, Grundschulden und Rentenschulden, die auf Grund des § 16 des Dritten Gesetzes zur Neuordnung des Geldwesens (Umstellungsgesetz) umgestellt worden sind, „entstehen" Grundschulden in Höhe des Betrages, um die der Nennbetrag in Reichsmark den Umstellungsbetrag in Deutscher Mark übersteigt. Die Grundschulden bedürfen zu ihrer Entstehung sowie zu ihrer Wirksamkeit Dritten gegenüber nicht der Eintragung in das Grundbuch.

---

[6] Zu fragwürdigen Verfahrensweisen im Zusammenhang mit Lastenausgleich *Schöner/Stöber*, Grundbuchrecht, 13. Aufl. 2004, Rn 4339.
[7] *Schöner/Stöber*, Grundbuchrecht, 13. Aufl. 2004, Rn 4341, 4342.
[8] *Schöner/Stöber*, Grundbuchrecht, 13. Aufl. 2004, Rn 4327, 4337.
[9] BayObLG MittBayNot 1980, 74 = Rpfleger 1980, 186.

Weitere Bestimmungen enthielt die VO v. 7.9.1948 (VOBl BZ, 278) sowie die AVen des Niedersächsischen Ministeriums der Justiz v. 30.8.1948 (Nds. Rpfl. 1948, 186) und v. 11.10.1948 (Nds. Rpfl. 1948, 209).

Die Umstellungsgrundschuld wurde durch das Lastenausgleichsgesetz v. 14.8.1952 (BGBl I 1992, 446) durch die sog. Hypothekengewinnabgabe ersetzt. Die Änderung der Umstellungsgrundschuld wurde in verschiedenen Durchführungsverordnungen geregelt (zuletzt 5. AbgabenDV-LA v. 21.8.1953, BGBl I 1953, 1030).

12 Die §§ 14–17 GBMaßnG regeln dazu die Voraussetzungen zur Löschung einer Umstellungsgrundschuld, wenn sie bis Ende 1964 nicht auf den Eigentümer übergegangen ist.

Die Vorschriften haben ebenso wie die Hypothekengewinnabgabe keine Bedeutung mehr.[10]

Fünfter Abschnitt: Abgeltungshypotheken und Abgeltungslasten

§ 22 [Eintragung Abgeltungshypothek]

Nach dem Ende des Jahres 1964 darf eine Abgeltungshypothek (§ 8 der Verordnung zur Durchführung der Verordnung über die Aufhebung der Gebäudeentschuldungssteuer vom 31. Juli 1942 – Reichsgesetzbl. I S. 503) nicht mehr in das Grundbuch eingetragen werden.

§ 23 [Erlöschen der Abgeltungslast]

Abgeltungslasten (§ 2 Abs. 2 der Verordnung über die Aufhebung der Gebäudeentschuldungssteuer vom 31. Juli 1942 – Reichsgesetzbl. I S. 501) erlöschen mit dem Ende des Jahres 1964, soweit sie nicht vorher erloschen sind.

§ 24 [Löschung der Abgeltungshypothek]

(1) Ist eine Abgeltungshypothek im Grundbuch eingetragen, so kann das Grundbuchamt nach dem Ende des Jahres 1964, jedoch frühestens drei Jahre nach der Eintragung der Abgeltungshypothek in das Grundbuch, den Gläubiger auffordern, binnen einer Frist von drei Monaten bei dem Grundbuchamt eine schriftliche Erklärung einzureichen, ob eine Forderung aus dem Abgeltungsdarlehen noch besteht; in der Aufforderung ist auf die Rechtsfolge ihrer Nichtbeachtung hinzuweisen. Auf einen vor Ablauf der Frist eingegangenen Antrag des Gläubigers kann das Grundbuchamt die Frist auf bestimmte Zeit verlängern. Die Frist beginnt mit der Zustellung der Aufforderung an den, der als Gläubiger der Abgeltungshypothek eingetragen ist.
(2) Ergibt die Erklärung des Gläubigers, daß eine Forderung aus dem Abgeltungsdarlehen nicht mehr besteht, so gilt die Erklärung als Antrag auf Löschung der Abgeltungshypothek.
(3) Reicht der Gläubiger die Erklärung nicht ein, so ist die Abgeltungshypothek nach dem Ablauf der Frist von Amts wegen im Grundbuch zu löschen.
(4) Sind nach Ablauf der Frist die Voraussetzungen für die Löschung der Abgeltungshypothek nicht gegeben, so kann das Grundbuchamt, wenn seit dem Ablauf der Frist drei Jahre verstrichen sind, die Aufforderung wiederholen. Im Falle einer wiederholten Aufforderung gelten die Vorschriften der Absätze 1 bis 3 entsprechend.

---

10 Zur früheren Rechtslage siehe die Verweisungen auf frühere Auflagen bei *Schöner/Stöber*, Grundbuchrecht, 13. Aufl. 2004, Rn 4349.

(5) Mit der Löschung erlischt die Abgeltungshypothek, soweit sie nicht vorher erloschen ist; ein durch Rangrücktritt der Abgeltungshypothek dem vortretenden Recht eingeräumter Rang geht dadurch nicht verloren. Die Löschung ist kostenfrei.

(6) Die Vorschriften der Grundbuchordnung über die Löschung gegenstandsloser Eintragungen bleiben unberührt.

§ 25 [Bestehenbleiben einer Forderung]

Die Forderung aus dem Abgeltungsdarlehen wird nicht dadurch berührt, daß die Abgeltungslast oder die Abgeltungshypothek nach den Vorschriften dieses Abschnitts erlischt.

A. Allgemeines 1	C. Erlöschen der Abgeltungshypothek 4
B. Hauszinssteuer und Gebäudeentschuldungssteuer 2	

A. Allgemeines

Die §§ 22–25 GBMaßnG regeln das Erlöschen der Abgeltungshypotheken. Diese waren Folge der Aufhebung der sog. Gebäudeentschuldungssteuer im Jahre 1942 durch die in § 22 GBMaßnG genannte Verordnung. § 23 GBMaßnG ordnet das Erlöschen der Hypotheken zum Ende des Jahres 1964 an. Die Vorschriften haben damit nurmehr historische Bedeutung. [1]

B. Hauszinssteuer und Gebäudeentschuldungssteuer

Im Zusammenhang mit den Währungsschwankungen der 1920er-Jahre wurde als Ausgleichspflicht für bebaute Grundstücke eine sog. Hauszinssteuerpflicht aufgrund des Reichsgesetzes über den Geldentwertungsausgleich bei bebauten Grundstücken v. 1.6.1926 (RGBl I 1926, 251) i.V.m. der Preußischen Hauszinssteuerverordnung v. 2.7.1926 (GS 1926, 213) eingeführt. Durch sie sollte die Wertbeständigkeit des Grundeigentums gegenüber der Inflation – zulasten des Grundstückseigentümers – ausgeglichen werden. [2]

Durch die Verordnung über die Aufhebung der Gebäudeentschuldungssteuer v. 31.7.1942 wurde diese Steuerpflicht abgeschafft und durch eine sog. Abgeltungslast zugunsten des Fiskus ersetzt. Um diese zu befriedigen, wurden seitens der Kreditinstitute Abgeltungsdarlehen gewährt. Die Darlehensverträge wurden den Grundstückseigentümern zwangsweise auferlegt (§ 6 DVO zur VO zur Aufhebung v. 31.7.1942). Sie zahlten letztlich ein Darlehen zurück, das zur Tilgung der Abgeltungslast an den Fiskus ausgezahlt wurde. Zur Sicherung einer solchen Forderung wurde eine Abgeltungshypothek in das Grundbuch eingetragen (§ 8 DVO).[1] Die Eintragung erfolgte dabei auch unkonventionell durch Aufkleben und Unterschreiben eines Vermerks „Abgeltungshypothek in Höhe von …" auf der Aufschrift (§ 5 GBV) des Grundbuchblattes. [3]

C. Erlöschen der Abgeltungshypothek

Nach § 23 GBMaßnG sind die Abgeltungslasten zum Ende des Jahres 1964 erloschen. Bezüglich der Hypothek regelt § 24 GBMaßnG die Löschung im Grundbuch. Auf Antrag des Eigentümers setzte das Grundbuchamt dem Gläubiger eine Frist zur Erklärung über das Bestehen der Forderung. Erklärte der Gläubiger, dass keine Forderung bestehe, war dies als Antrag auf Löschung anzusehen. Erfolgte keine Erklärung, konnte die Hypothek von Amts wegen gelöscht werden. Erklärte der Gläubiger, dass noch eine Forderung bestehe, konnte nach Ablauf von drei Jahren das Verfahren wiederholt werden (§ 24 Abs. 4 GBMaßnG). [4]

---

1 Eingehend dargestellt bei BGHZ 7, 346.

Sechster Abschnitt: Zusätzliche Vorschriften des Grundbuchrechts

§ 26 [Vereinfachte Kraftloserklärung eines Grundpfandrechtsbriefes]

(1) Einem Antrag des Berechtigten auf Erteilung eines neuen Hypothekenbriefs ist außer in den Fällen des § 67 der Grundbuchordnung auch stattzugeben, wenn der Brief durch Kriegseinwirkung oder im Zusammenhang mit besatzungsrechtlichen oder besatzungshoheitlichen Enteignungen von Banken oder Versicherungen in dem in Artikel 3 des Einigungsvertrages genannten Gebiet vernichtet worden oder abhanden gekommen und sein Verbleib seitdem nicht bekanntgeworden ist. § 68 der Grundbuchordnung gilt auch hier. Die Erteilung des neuen Briefs ist kostenfrei.

(2) Soll die Erteilung des Briefs nachträglich ausgeschlossen oder die Hypothek gelöscht werden, so genügt an Stelle der Vorlegung des Briefs die Feststellung, daß die Voraussetzungen des Absatzes 1 vorliegen. Die Feststellung wird vom Grundbuchamt auf Antrag des Berechtigten getroffen. Mit der Eintragung der Ausschließung oder mit der Löschung wird der Brief kraftlos. Die Feststellung ist kostenfrei.

(3) Das Grundbuchamt hat die erforderlichen Ermittlungen von Amts wegen anzustellen. Es kann das Kraftloswerden des alten Briefs durch Aushang an der für seine Bekanntmachungen bestimmten Stelle oder durch Veröffentlichung in der für seine Bekanntmachungen bestimmten Zeitung bekanntmachen.

(4) Die Vorschriften der Absätze 1 bis 3 gelten für Grundschuld- und Rentenschuldbriefe sinngemäß.

A. Allgemeines 1	III. Abhandenkommen des Briefes 5
I. Regelungszweck 1	1. Kriegseinwirkungen 5
II. Anwendungsbereich 2	2. Besatzungsrechtliche und besatzungshoheitliche Enteignung 6
B. Eintragungen und Voraussetzungen der Erleichterung 3	**C. Verfahren des Grundbuchamtes** 7
I. Erteilung eines neuen Briefes; Eintragungen 3	I. Ermittlungen von Amts wegen 7
II. Erteilung eines neuen Briefes oder Absehen von Briefvorlage 4	II. Entscheidung 10

A. Allgemeines

I. Regelungszweck

1 Die Vorschrift regelt für Briefgrundpfandrechte aus der Zeit vor 1939 vereinfachte Verfahren zur Neuerteilung eines Briefes sowie zur Briefvorlage bei Umwandlung des Grundpfandrechtes oder Löschung.

Der Gesetzgeber trägt damit dem möglichen Umstand Rechnung, dass der Grundpfandrechtsbrief durch Kriegseinwirkung abhandengekommen ist. Im Beitrittsgebiet können auch besatzungsrechtliche oder besatzungshoheitliche Enteignungen von Banken oder Versicherungen Ursachen eines solchen Abhandenkommens sein.

Ergänzend zu § 26 GBMaßnG ist auf das Gesetz über die Kraftloserklärung von Hypotheken-, Grundschuld- und Rentenschuldbriefen in besonderen Fällen v. 18.4.1950 (BGBl I 1950, 88), zul. geänd. durch Gesetz v. 29.4.1960 (BGBl I 1960, 830) hinzuweisen.[1]

II. Anwendungsbereich

2 Die Vorschrift gilt für Hypotheken, Grundschulden und Rentenschulden (§ 26 Abs. 4 GBMaßnG), die vor 1939 in das Grundbuch eingetragen worden sind. In diesen Fällen können die genannten Fälle des Abhandenkommens auftreten. Die Vorschrift gilt für das gesamte Bundesgebiet, für die neuen Bundesländer (Beitrittsgebiet) sogar mit dem weiteren Anwendungsbereich für besatzungsrechtliche oder besatzungshoheitliche Enteignungen.

---

[1] Zur Glaubhaftung beim Aufgebotsverfahren OLG Düsseldorf NJW-RR 2020, 966; zur Vorlage des Ausschließungsbeschlusses zur Kraftloserklärung OLG Hamm, Beschl. v. 18.2.2020 – 15 W 452/19, juris.

B. Eintragungen und Voraussetzungen der Erleichterung
I. Erteilung eines neuen Briefes; Eintragungen

Die Vorschrift gilt für folgende Fälle von Eintragungen oder Maßnahmen:

- Erteilung eines neuen Briefes nach § 67 GBO; hier entbindet § 26 GBMaßnG von dem sonst nach § 1162 BGB notwendigen Aufgebotsverfahren zur Kraftloserklärung des Briefes;
- Nachträglicher Ausschluss des Briefes nach § 1116 Abs. 2 S. 2, 3 BGB;
- Löschung des Briefrechtes.

In all diesen Fällen ist nach § 41 GBO der Grundpfandrechtsbrief vorzulegen (siehe § 41 GBO Rdn 5 ff.).

II. Erteilung eines neuen Briefes oder Absehen von Briefvorlage

Je nach Antrag erfolgt die Feststellung im Rahmen der Erteilung eines neuen Briefes nach §§ 67, 68 GBO, der Eintragung eines nachträglichen Briefausschlusses oder der Löschung des Rechtes. In den letztgenannten Fällen wird der noch existierende, aber eben abhandengekommene Brief mit der Grundbucheintragung kraftlos (§ 26 Abs. 2 S. 3 GBMaßnG).

III. Abhandenkommen des Briefes
1. Kriegseinwirkungen

Von der Vorlage eines rechtskräftige Ausschließungsbeschlusses im Aufgebotsverfahren nach §§ 433 ff., 466 ff. FamFG ist abzusehen, wenn der Brief durch Kriegseinwirkung abhandengekommen ist. Der Begriff des Abhandenkommens ist eher jenem aus § 799 BGB als mit § 935 BGB vergleichbar.[2] Maßgebend ist, dass ausreichend festgestellt wird, dass aufgrund besonderer Umstände beim Gläubiger, denn bei ihm sollte sich der Brief ja befinden, die Vorlage nicht mehr möglich ist.

2. Besatzungsrechtliche und besatzungshoheitliche Enteignung

Im Beitrittsgebiet kann daneben eine Enteignungsmaßnahme bei Banken oder Versicherungen das Abhandenkommen des Briefes begründen. Beschränkt ist der Anwendungsbereich aber auf besatzungsrechtliche und besatzungshoheitliche Maßnahmen. Diese konnten rechtlich nur bis zur Gründung der DDR am 7.10.1949 durchgeführt werden.[3] Spätere Maßnahmen sind keine solchen aufgrund besatzungsrechtlicher Maßnahme. Die Rechtsinhaberschaft an enteigneten Forderungen und Grundpfandrechten regelt Art. 231 § 10 EGBGB.[4] Der Nachweis der Berechtigung an einem Grundpfandrecht wird durch Bescheinigung der Kreditanstalt für Wiederaufbau erbracht (Art. 231 § 10 Abs. 3 S. 1 EGBGB).

C. Verfahren des Grundbuchamtes
I. Ermittlungen von Amts wegen

Das Grundbuchamt hat von Amts wegen zu ermitteln, ob der Brief aufgrund der genannten Fälle abhandengekommen ist (§ 26 Abs. 3 S. 1 GBMaßnG). Die Ermittlungen setzen eine Anregung eines Antragsberechtigten nach § 13 GBO im Zusammenhang mit der konkreten Antragstellung, für die der Brief vorgelegt werden müsste, voraus.

Welche Ermittlungen das Grundbuchamt anstellt, um zur Feststellung der notwendigen Tatsachen zu gelangen, liegt i.R.d. § 26 FamFG in seiner Verantwortung. Eine Ermessensentscheidung liegt nicht vor, denn das Grundbuchamt hat nach Abschluss der Beweiserhebung keinen Spielraum in seiner Entscheidung. Das Grundbuchamt hat vielmehr so lange und so tiefgehend zu ermitteln, bis die Tatbestandsvoraussetzungen zu seiner vollen Überzeugung vorliegen oder auch nicht vorliegen. Die Amtsermittlung und die Auswahl der zu erhebenden Beweise und Nachweise stellen kein Ermessen dar.

---

[2] Staudinger/*Wolfsteiner*, BGB (2019), § 1162 Rn 3.
[3] Eingehend dazu Eickmann/*Böhringer*, SachenRBerG, § 10 GBBerG Rn 87 ff.
[4] Zur früheren Streitfrage Eickmann/*Böhringer*, SachenRBerG, § 10 GBBerG Rn 88a.

8 § 26 Abs. 3 GBMaßnG schlägt mit dem Aushang an der Gerichtstafel oder der Veröffentlichung in der Tageszeitung oder einer sonstigen Zeitung ein vereinfachtes Aufgebotsverfahren vor. Daneben ist durch den Gläubiger schlüssig darzulegen, dass der Brief unter den genannten Voraussetzungen abhandengekommen ist. Der Tatsachenvortrag muss in sich schlüssig sein. Der Gläubiger kann auch an Eides statt versichern, dass der Brief abhandengekommen ist. In ähnlicher Weise verlangt dies § 468 Nr. 2 und 3 FamFG für das Aufgebotsverfahren.[5] Dabei muss aber berücksichtigt werden, dass Tatsachen nur dann an Eides statt versichern kann, wer auch über die Tatsachen Kenntnis haben kann. Bspw. können die Erben des Gläubigers das Abhandenkommen nicht ohne weiteres versichern, wenn sie selbst erst nach 1945 geboren worden sind und der Erbfall ebenfalls später eingetreten ist. Sie könnten dann lediglich eine eidesstattliche Versicherung über das Abhandenkommen vom Hörensagen abgeben. Ob dies dem Grundbuchamt für die notwendige Feststellung ausreicht, ist Frage des konkreten Tatsachenvortrags.[6]

9 In jedem Fall ist der Gläubiger des betreffenden Grundpfandrechtes zu hören. Ein Nachweis des Abhandenkommens allein aufgrund Tatsachenvortrags des Eigentümers, der etwa die Löschung beantragt, genügt nicht. Zu bedenken ist im Übrigen, dass § 26 GBMaßnG lediglich die Briefvorlage des § 41 GBO erleichtert, nicht aber die sonst zur Eintragung erforderlichen Erklärungen ersetzt.[7]

II. Entscheidung

10 Die Feststellung des Abhandenkommens des Briefes muss nicht durch förmlichen Beschluss ausgesprochen werden, sie ergeht im Zusammenhang mit der beantragten Eintragung. Das Grundbuchamt sollte aber in der Grundakte aktenkundig machen, dass es die Voraussetzungen des § 26 GBMaßnG als erfüllt ansieht.

Der alte Brief wird mit Erteilung eines neuen Briefes oder Eintragung der nachträglichen Briefausschlusses oder Löschung des Rechtes kraftlos (§ 26 Abs. 2 S. 3 GBMaßnG).

Das gesamte Verfahren ist kostenfrei (§ 26 Abs. 1 S. 2, Abs. 2 S. 4 GBMaßnG).

11 Sollte sich nachträglich herausstellen, dass der Brief nicht abhandengekommen ist und der Gläubiger, der bspw. die Löschung bewilligt hatte, nicht Gläubiger des gelöschten Rechtes war, ist gegen die Eintragung oder Löschung die Beschwerde nach Maßgabe des § 71 GBO statthaft. Ob gegen die Eintragung oder Löschung des Rechtes die Eintragung eines Amtswiderspruchs nach § 53 Abs. 1 S. 1 GBO verlangt werden kann, ob das Grundbuchamt bei seiner Amtsermittlung sorgfältig genug vorgegangen ist. Ist dies der Fall, ist eine Amtspflichtverletzung, die § 53 Abs. 1 S. 1 GBO verlangt, nicht gegeben.

§ 26a Eintragungen im Zusammenhang mit der Einführung des Euro

(1) Für die Eintragung der Umstellung im Grundbuch eingetragener Rechte und sonstiger Vermerke auf EUR, deren Geldbetrag in der Währung eines Staates bezeichnet ist, der an der einheitlichen europäischen Währung teilnimmt, genügt in der Zeit vom 1. Januar 1999 bis zum 31. Dezember 2001 der Antrag des Grundstückseigentümers oder des Gläubigers oder Inhabers des sonstigen Rechts oder Vermerks, dem die Zustimmung des anderen Teils beizufügen ist; der Antrag und die Zustimmung bedürfen nicht der in § 29 der Grundbuchordnung vorgesehenen Form. Nach dem in Satz 1 bezeichneten Zeitraum kann das Grundbuchamt die Umstellung von Amts wegen bei der nächsten anstehenden Eintragung im Grundbuchblatt vornehmen. Es hat die Umstellung einzutragen, wenn sie vom Eigentümer oder vom eingetragenen Gläubiger oder Inhaber des Rechts oder Vermerks beantragt wird. Das gleiche gilt, wenn bei dem Recht oder Vermerk eine Eintragung mit Ausnahme der Löschung vorzunehmen ist oder das Recht oder der Vermerk auf ein anderes Grundbuchblatt übertragen wird und die Umstellung beantragt wird. In den Fällen der Sätze 2

---

5 Staudinger/*Wolfsteiner*, BGB (2019), § 1162 Rn 12, 13.
6 Allg. zur eidesstattlichen Versicherung auch *Böhringer*, NotBZ 2012, 241.
7 Zur Löschung eines umgestellten Grundpfandrechts nach § 18 GBMaßnG OLG Hamm Rpfleger 1983, 146; BayObLG Rpfleger 1998, 157.

bis 4 bedarf es nicht der Vorlage eines für das Recht erteilten Briefs; die Eintragung wird auf dem Brief nicht vermerkt, es sei denn, der Vermerk wird ausdrücklich beantragt.
(2) Die vorstehenden Vorschriften gelten für die dort genannten Eintragungen in das Schiffsregister, das Schiffsbauregister und das Register für Pfandrechte an Luftfahrzeugen sinngemäß.

Literatur: *Bestelmeyer*, Die grundbuchmäßige Euro-Umstellung von Grundpfandrechten, Rpfleger 1999, 368; *Böhringer*, Auswirkungen des EUR auf den Grundbuchverkehr, DNotZ 1999, 692; *Böhringer*, Die Gesetzesvorgaben zur Euro-Eintragung im Grundbuch, BWNotZ 1999, 137; *Böhringer*, Umstellung von Wert- und Gebührengrenzen im Grundstücksrecht auf EUR, Rpfleger 2000, 433; *von Campe*, Die Umstellung von Grundpfandrechten auf den EUR, NotBZ 2000, 2; *Ottersbach*, Der EUR im Grundbuch, Rpfleger 1999, 51; *Rellermeyer*, Umstellung von Rechten im Grundbuch auf den EUR, Rpfleger 1999, 522.

A. Allgemeines	1	B. Umstellung der Währungseinheit	3
I. Regelungszweck	1	I. Zeitraum bis 31.12.2001	3
II. Deutsche Mark und Euro	2	II. Umstellung seit 1.1.2002	4

A. Allgemeines
I. Regelungszweck

Die Vorschrift regelt die Umstellung eingetragener Geldbeträge von Deutsche Mark auf EUR nach Einführung des EUR als Währungseinheit ab 1.1.1999.[1] Die Einführung des EUR als Bargeldwährung zum 1.1.2002 ist in diesem Zusammenhang nicht von Bedeutung. Ebenso ist es nicht mehr von Bedeutung, dass bis 31.12.2001 die Deutsche Mark als Unterwährungseinheit des EUR weiterhin in Gebrauch war.

§ 26a GBMaßnG wurde eingefügt durch Art. 2 Abs. 4 Nr. 1 des Gesetzes vom 21.7.1999 (BGBl I S. 1642); ein früherer Abs. 2 wurde aufgehoben durch Art. 4 Abs. 1 Nr. 1 Buchst. a und b des Datenbankgrundbuchgesetzes vom 1.10.2013 (BGBl I S. 3719).

Nach 2002 hat die Vorschrift des § 26a GBMaßnG nur noch eingeschränkte Bedeutung, insbes. ist Abs. 1 S. 1 bedeutungslos, es gilt S. 2.

II. Deutsche Mark und Euro

An die Stelle der Deutschen Mark (DEM) ist der Euro (EUR) mit amtlichem Umrechnungskurs 1 EUR:1,95583 DEM getreten.[2] Bei der Umrechnung ist die dritte Nachkommastelle auf den nächsten Cent-Betrag auf- oder abzurunden.[3] Streitig ist, ob hinsichtlich der Umstellung von Grundpfandrechten auch aufgerundet werden darf, denn dann wäre das Grundpfandrecht mit seiner Eintragung um einen aufgerundeten Cent-Betrag von der Einigung der Beteiligten nicht gedeckt.[4] Andererseits ist die Auf- und Abrundungsregel nicht nur kaufmännischer Usus – das wäre nicht maßgebend –, sondern entspricht durch Art. 5 EuroVO I unmittelbar geltendem Recht in den Mitgliedsstaaten. Mit der Aufrundung ordnet damit der Gesetzgeber die mögliche Erhöhung des Grundpfandrechts um einen Euro-Cent an. Dies stellt gegenüber dem betroffenen Eigentümer eine Enteignung dar, die gesetzlich geregelt und verhältnismäßig ist und damit wirtschaftlich wohl zu verschmerzen sein dürfte.

B. Umstellung der Währungseinheit
I. Zeitraum bis 31.12.2001

Bis zum Ablauf des 31.12.2001 sollte die Umstellung des Geldbetrages nur auf Antrag des Eigentümers, des Gläubigers oder eines sonst Berechtigten erfolgen (§ 26a Abs. 1 S. 1 GBMaßnG). Materiell-rechtlich wurde die Umstellung der Währungseinheit als Inhaltsänderung nach §§ 877, 873 BGB verstanden.[5]

---

1 Art. 2 EuroVO II; VO (EG) Nr. 974/98 v. 3.5.1998 (ABl EG L 139/1).
2 VO (EG) Nr. 2866/99 v. 31.12.1998 (ABl EG L 359/1).
3 Art. 5 EuroVO I; VO (EG) Nr. 1103/97 v. 17.6.1997 (ABl EG L 162/1).
4 *Böhringer*, DNotZ 1999, 692; ferner *Böhringer*, BWNotZ 2003, 97.
5 *Schöner/Stöber*, Grundbuchrecht, Rn 4202.

II. Umstellung seit 1.1.2002

4 Seit 1.1.2002 erfolgt die Umstellung von Amts wegen im Rahmen einer bei dem Grundbuchblatt sonst vorzunehmenden Eintragung (§ 26a Abs. 1 S. 2 GBMaßnG). Ob im Einzelfall eine Umstellung erfolgt, entscheidet das Grundbuchamt in eigenem Ermessen. Ist bspw. abzusehen, dass ein Grundpfandrecht demnächst gelöscht wird, insbes. bei Veräußerung mit Lastenfreistellung, kann die Umstellung unterbleiben.[6] Selbstverständlich muss auch keine Umstellung eingetragen werden, wenn das Recht gelöscht werden soll. Bei einer Abtretung und insbes. einer Teilabtretung ist jedoch die Umstellung vorher zu vermerken.[7]

Es kann auch weiterhin die Umstellung beantragt werden, wobei streitig ist, wer antragsberechtigt ist. So wird ein Antragsrecht des Pfandgläubigers oder Nießbrauchers des Grundpfandrechts verneint.[8]

5 Die Eintragung erfolgt in Sp. 5 und 6 der Abteilung III des Grundbuchblattes. Eine Änderung des Nennbetrages des Grundpfandrechtes in Sp. 2 erfolgt nicht.

Auf dem Grundpfandrechtsbrief muss die Umstellung nicht vermerkt werden (§ 26a Abs. 1 S. 5 GBMaßnG); Briefvorlage nach § 41 GBO ist daher nicht erforderlich. Der Brief kann aber zur Eintragung des umgestellten Betrages vorgelegt werden.

§ 27 [Änderungsvorschrift]

1 Die Vorschrift enthält nicht mehr relevante Änderungen der Grundbuchordnung; vom Abdruck wurde abgesehen.

§ 28 [Verordnungsermächtigung]

1 Die Vorschrift ist aufgehoben durch Art. 4 Abs. 1 Nr. 2 des Datenbankgrundbuchgesetzes vom 1.10.2013 (BGBl I S. 3719); sie enthielt eine Ermächtigung an die Länder, durch Rechtsverordnung frühere Vorschriften ändern, ergänzen oder aufheben zu können.

§ 29 [Änderungsvorschrift]

1 Die Vorschrift enthält Änderungen der Verordnung zur Ausführung der Grundbuchordnung vom 8.8.1935 (RGBl. I S. 1089); vom Abdruck wurde abgesehen.

§ 30 [Gesetz über Maßnahmen auf dem Gebiete des Grundbuchwesens (GBMG)]

Aufgehoben werden
1. die §§ 5 bis 10 der Verordnung zur Vereinfachung des Grundbuchverfahrens vom 5. Oktober 1942 (Reichsgesetzbl. I S. 573) und folgende zu ihrer Ergänzung erlassenen Vorschriften:
   a) die Verordnung des Präsidenten des Zentral-Justizamtes für die Britische Zone vom 12. Mai 1947 (Verordnungsblatt für die Britische Zone S. 52),
   b) das Badische Landesgesetz vom 7. Juli 1948 (Badisches Gesetz- und Verordnungsblatt S. 127),
   c) das Gesetz des Landes Württemberg-Hohenzollern vom 6. August 1948 (Regierungsblatt für das Land Württemberg-Hohenzollern S. 93),

---

6 BT-Drucks 14/301, 19.
7 *Schöner/Stöber*, Grundbuchrecht, Rn 4217.
8 *Schöner/Stöber*, Grundbuchrecht, Rn 4212; *Rellermeyer*, Rpfleger 1999, 522.

d) das Rheinland-Pfälzische Landesgesetz vom 8. Oktober 1948 (Gesetz- und Verordnungsblatt der Landesregierung Rheinland-Pfalz S. 369),
e) das Berliner Gesetz vom 11. Dezember 1952 (Gesetz- und Verordnungsblatt für Berlin S. 1075),
f) die Allgemeinen Verfügungen des Reichsministers der Justiz vom 15. Dezember 1942 (Deutsche Justiz S. 823) und vom 7. Januar 1943 (Deutsche Justiz S. 44);
2. die Entscheidung über die sachliche Zuständigkeit für den Erlaß von Verordnungen über die Wiederherstellung von Grundbüchern und die Wiederbeschaffung von grundbuchrechtlichen Urkunden vom 27. Juni 1951 (Bundesgesetzbl. I S. 443).

§ 31 Maßgaben des Rechtspflegergesetzes

Die Vorschrift ist aufgehoben durch Art. 17 des Gesetzes vom 5.12.2012 (BGBl I S. 2418); sie enthielt Maßgaben zur Anwendung des Rechtspflegergesetzes.

§ 32 [Zuständigkeit für Grundbuchführung]

Soweit nach landesrechtlichen Vorschriften für die dem Grundbuchamt obliegenden Verrichtungen andere Behörden als die Amtsgerichte zuständig sind, bleiben die Bestimmungen, wonach die Abänderung einer Entscheidung des Grundbuchamts zunächst bei dem Amtsgericht nachzusuchen ist, unberührt.

Siebenter Abschnitt: Änderung der Zivilprozeßordnung

§ 33 [Änderungsvorschrift]

Die Vorschrift enthält Änderungen der Zivilprozessordnung; vom Abdruck wurde abgesehen.

Achter Abschnitt: Änderung der Kostenordnung

§ 34 [Änderungsvorschrift]

Die Vorschrift enthält in Abs. 1 Änderungen der Kostenordnung, die ihrerseits mit Wirkung vom 1.8.2013 durch das Gesetz über Kosten der freiwilligen Gerichtsbarkeit für Gerichte und Notare (GNotKG) vom 23.7.2013 (BGBl I S. 2586) abgelöst worden ist.

Vom Abdruck wurde abgesehen.

Abs. 2 wurde aufgehoben durch Art. 91 Nr. 2 des Gesetzes vom 19.4.2006 (BGBl I S. 866).

Neunter Abschnitt: Schlußbestimmungen

§ 35 [Vorbehalt für Saarland]

Die Vorschriften des Ersten, des Zweiten, des Dritten und des Vierten Abschnitts gelten nicht im Saarland.

§ 36 [Vorbehalt für Berlin]

1 § 36 wurde aufgehoben durch Art. 91 Nr. 2 des Gesetzes vom 19.4.2006 (BGBl I S. 866).

§ 36a [Maßgaben im Beitrittsgebiet]

In dem in Artikel 3 des Einigungsvertrages genannten Gebiet gelten nur die §§ 18 bis 20 und 22 bis 26a, § 18 Abs. 2 Satz 2 jedoch mit der Maßgabe, daß an die Stelle eines Umrechnungsbetrages von einer Deutschen Mark zu zehn Reichsmark der Umrechnungssatz von einer Deutschen Mark zu zwei Reichsmark oder Mark der Deutschen Demokratischen Republik tritt, und die §§ 22 bis 25 mit der Maßgabe, daß das Jahr 1964 durch das Jahr 1995 ersetzt wird. Die Verjährung am 9. Juli 1995 noch nicht verjährter Forderungen aus Abgeltungsdarlehen (§ 25) ist gehemmt. Das Bundesministerium der Justiz und für Verbraucherschutz wird ermächtigt, durch Rechtsverordnung im Einvernehmen mit dem Bundesministerium der Finanzen das Datum festzulegen, zu dem die Hemmung nach Satz 2 endet.

A. Allgemeines 1	C. Löschung der Abgeltungshypothek 3
B. Umrechnung Reichsmarkbeträge 2	

A. Allgemeines

1 § 36a GBMaßnG regelt besondere Maßgaben zur Anwendung des GBMaßnG für die neuen Bundesländer (Beitrittsgebiet). Die Maßgaben sind ebenso wie in Bezug genommenen Regelungen zu Umstellungshypotheken und Abgeltungshypotheken durch Zeitablauf ohne praktische Bedeutung.

B. Umrechnung Reichsmarkbeträge

2 Da in der sowjetischen Besatzungszone des Jahres 1948 keine Währungsreform mit Umrechnung der Reichsmark in Deutsche Mark stattgefunden hat, wurde die Reichsmark 1:1 auf die Mark der Deutschen Notenbank und später die Mark der DDR umgerechnet.

Die Anordnung der Umrechnung 2:1 folgt der Umrechnung der Mark der DDR in Deutsche Mark zum 1.7.1990 mit Schaffung der Wirtschafts- und Währungsunion. Bedeutsam ist dies für die Löschung alter Grundpfandrechte nach § 18 sowie für die mögliche Anwendung des § 10 GBBerG.

C. Löschung der Abgeltungshypothek

3 Für Abgeltungsdarlehen und Abgeltungshypotheken nach §§ 22 ff. GBMaßnG wurde das Jahr 1964 durch das Jahr 1995 ersetzt. Die Verjährung der Abgeltungsdarlehen sollte zunächst gehemmt werden, um die entsprechenden Fälle erfassen und prüfen zu können.

In Ausführung der Ermächtigung aus S. 3 bestimmte § 1 der Verordnung über die Verjährungshemmung bei Abgeltungsdarlehen v. 2.6.1998 (BGBl I 1998, 1231) den Ablauf der Hemmung auf den 31.12.1999.

Neunter Abschnitt: Schlußbestimmungen

§ 37 [Inkrafttreten]

Dieses Gesetz tritt mit dem Beginn des zweiten Kalendermonats nach der Verkündung in Kraft, jedoch § 21 Nr. 4 mit Wirkung vom Inkrafttreten des Lastenausgleichsgesetzes (§ 375).

Das GBMaßnG ist am 1.1.1964 in Kraft getreten. 1

Teil 8: Anhänge

Anhang 1: Anlage zur Grundbuchordnung

Vorbemerkungen

Die Allgemeine Verfügung zur geschäftlichen Behandlung der Grundbuchsachen vom 25.2.1936 (DJ S. 350; geänd. durch AV v. 23.12.1937, DJ 1938, 33) ist zusammen mit der GBV bekanntgemacht worden und zusammen mit ihr am 1.4.1936 in Kraft getreten. Sie ergänzt die GBV im Hinblick auf Behandlung der Akten oder Mitteilungen an Beteiligte.

Die GeschO ist weitgehend durch landesrechtliche Grundbuch-Geschäftsanweisungen abgelöst worden, teilweise entsprechen sich die Inhalte der Regelungen auch wörtlich. Formal ist die GeschO aber nie außer Kraft getreten.

Ihr nachfolgender Abdruck dient dazu, Zusammenhänge einzelner Regelungen der GBV besser zu verstehen. Daher wird in der Kommentierung der GBV vereinzelt auch auf die GeschO Bezug genommen.

Die Verordnung über die Wiederherstellung zerstörter oder abhanden gekommener Grundbücher und Urkunden vom 26.7.1940 (RGBl I S. 1048) ist als Rechtsverordnung des Bundes fortgeltendes Recht in Ausführung der Ermächtigung des § 148 Abs. 1 GBO. Die zwischenzeitliche Ermächtigung des § 28 GBMaßnG an die Länder, zum Verfahren der Wiederherstellung Regelungen zu erlassen, ist durch das DaBaGG vom 1.10.2013 (BGBl I S. 3719) wieder aufgehoben worden (dazu § 148 GBO Rdn 6 ff.). Die Verordnung aus dem Jahre 1940 ist weiterhin geltendes Recht, sie wurde zuletzt durch Art. 23 des Gesetzes vom 8.12.2010 (BGBl I S. 1864) geändert.

Anhang zur Grundbuchordnung

Durchführung der §§ 67, 69 der Grundbuchverfügung in Preußen.

AV. vom 25. März 1936 (DJ. S. 498).

Die Allgemeine Verfügung vom 27. Februar 1936 (DJ. S. 336) wird dahin geändert, daß zu der in Abschnitt A unter I vorgeschriebenen Angleichung statt des dort vorgeschriebenen Metallstempels auch ein Gummistempel benutzt werden kann.

Durchführung der §§ 67, 69 der Grundbuchverfügung in Preußen.

AV. vom 19. Mai 1936 (DJ. S. 847).

Bei der in Abschnitt B der Allgemeinen Verfügung vom 27. Februar 1936 (DJ. S. 336) angeordneten Umschreibung der Grundbuchblätter darf zur Herstellung des Schließungsvermerks (§ 30 Abs. 2 GbVfg.) ein Stempel benutzt werden.

Durchführung der §§ 67, 69 der Grundbuchverfügung in Preußen.

AV. vom 5. Juli 1937 (DJ. S. 1029).

Bei Umschreibung von Grundbuchblättern gemäß den nach §§ Abs. 2, 69 der Grundbuchverfügung erlassenen Anordnungen, darf zur Herstellung des Verweisungsvermerks in der Aufschrift des neuen Blattes (§30 Abs. 1b der Grundbuchverfügung) ein Stempel benutzt werden.

Geschäftliche Behandlung der Grundbuchsachen.

AV. vom 25. Februar 1936 (DJ. S. 350).

A. Grundbuchamt

I. Bezeichnung des Grundbuchamts; Siegel, Stempel.

§ 1. (1) Das Grundbuchamt führt die Bezeichnung des Amtsgerichts, zu dem es gehört, ohne den Zusatz „Grundbuchamt".

(2) a) Das Grundbuchamt führt Siegel und Stempel des Amtsgerichts.

b) Soweit Siegel vorgeschrieben sind, genügt nicht die Verwendung des Stempels (vgl. insbesondere GBO. §§56, 61, 62, 70; GBVfg. § 50).
c) Für die Herstellung von Siegeln empfiehlt sich statt der Verwendung von Siegellack und Petschaft die Verwendung von Oblaten, auf die ein Stück Papier aufgelegt wird. In den aus der Oblate und dem Papierstück bestehenden Siegelstoff ist das Siegel einzudrücken. Wenn es die vorhandenen Einrichtungen ermöglichen, soll der Siegeleindruck nicht nur auf der Oblate und dem aufgelegten Stück Papier, sondern auch auf der Urkunde selbst deutlich sichtbar sein.

II. Geschäftszeit, Verkehr der Rechtsuchenden.

§ 2. (1) Die Dienststunden des Grundbuchamts sind die gleichen wie die des Amtsgerichts.

(2) a) Für den Verkehr der Rechtsuchenden mit dem Richter und den Geschäftsstellen, insbesondere für die Aufnahme von Anträgen und Erklärungen, können bestimmte Tagesstunden – für die Geschäftsstellen nicht weniger als werktäglich drei – festgesetzt werden. Es können auch besondere Sprechtage eingerichtet werden. Soweit es der Geschäftsgang gestattet oder in dringlichen Fällen sind Anbringen auch außerhalb der festgesetzten Tage und Stunden entgegenzunehmen.
b) Die Anordnungen trifft der Behördenvorstand nach Genehmigung des Landgerichtspräsidenten.
c) Die Anordnungen sind durch Anschläge im Eingangsraum der Geschäftsgebäude und an sonst geeigneten Stellen, insbesondere an den Türen der in Betracht kommenden Geschäftsräume, bekanntzumachen.
d) Die Beschränkung des Verkehrs in der Geschäftsstelle gilt nicht für Rechtsanwälte, Notare und Vertreter öffentlicher Behörden oder öffentlich-rechtlicher Körperschaften und Anstalten. Sie gilt auch nicht für die Einsicht in das Grundbuch oder in die Grundakten.
e) Diese Vorschriften sind auf die ordentlichen Gerichtstage entsprechend anzuwenden.

III. Geschäftsverteilung.

§ 3. (1) Die Verteilung der richterlichen Geschäfte und die Regelung der Richter bestimmt sich nach § 5 der VO. zur einheitlichen Regelung der Gerichtsverfassung vom 20. März 1935 (RGBl. I S. 403). Nach dieser Vorschrift ist auch bei den nur mit einem Richter besetzten Amtsgerichten zu verfahren.

(2) Wegen der Rechtspfleger bewendet es bei den bestehenden Vorschriften (§ 5 der VO. zur Ausführung der GBO. vom 8. August 1935 (RGBl. I S. 1089).

(3) Für die Angelegenheiten der Geschäftsstelle (vgl. insbesondere VO. Ausführung der GBO. vom 8. August 1935 §§ 1 bis 4) weist der Behördenvorstand das erforderliche Personal zu. Er regelt auch durch schriftliche Anordnung die Geschäftsverteilung und die Vertretung. Unberührt bleiben die Vorschriften darüber, welche Gruppen von Beamten oder Angestellten mit den einzelnen Geschäften betraut werden können oder zu betrauen sind.

§ 4. Der Behördenvorstand hat für die Entgegennahme von Eintragungsanträgen und -ersuchen sowie für die Beurkundung des Zeitpunkts ihres Eingangs beim Grundbeamten die – neben dem Richter – zuständigen Beamten der Geschäftsstelle zu bestellen. Ob er einen Beamten für das ganze Grundbuchamt bestellt oder Beamte für die einzelnen Abteilungen, oder ob er beide Möglichkeiten nebeneinander verwendet, richtet sich nach den örtlichen Verhältnissen; doch ist es erwünscht, den Kreis der Beamten möglichst eng zu ziehen. Auf bestimmte Gruppen der Beamten der Geschäftsstelle ist die Auswahl nicht beschränkt; insbesondere ist es nicht erforderlich, den mit der Führung des Grundbuchs, d.h. mit der Unterzeichnung oder Mitunterzeichnung der Eintragungen ins Grundbuch betrauten Beamten zu bestellen. Vielfach wird sich empfehlen, den für die Rechtsuchenden am leichtesten erreichbaren Beamten, insbesondere den Registrator, zu bestellen.

§ 5. In den Geschäftsverteilungsplänen der Amtsgerichte und der Geschäftsstellen ist vorzusehen, daß Eintragungsanträge und -ersuchen, die sich auf mehrere Grundstücke desselben Grundbuchamts beziehen, in ein und derselben Grundbuchabteilung (z.B. derjenigen, zu der das im Antrag oder Ersuchen zuerst genannte Grundbuchblatt gehört) erledigt werden, und zwar sowohl richterlich wie geschäftsstellen- und kanzleimäßig.

B. Grundbuchgeschäfte.

I. Allgemeines.

1. Allgemeine Vorschriften über die Geschäftsbehandlung.

§ 6. Die für das Amtsgericht allgemein bestehenden Vorschriften über die Geschäftsbehandlung (Geschäftsordnungen u. dgl.) gelten auch für die zur Zuständigkeit des Grundbuchamts gehörigen Angelegenheiten, soweit nichts anderes bestimmt ist. Entsprechendes gilt, wenn für die geschäftliche Behandlung der Angelegenheiten der freiwilligen Gerichtsbarkeit allgemeine Vorschriften bestehen.

2. Sammelakten, Generalakten.

§ 7. (1) Bei den gemäß § 1 Abs. 6 der Aktenordnung zu haltenden Sammelakten ist in übersichtlicher Form auch ein Verzeichnis der Beamten (einschließlich ihrer Vertreter) zu halten, die zur Entgegennahme von Eintragungsanträgen und -ersuchen zuständig sind (§ 4). Anzugeben ist dabei der Anfangs- und Endtag der Zuständigkeit sowie, wenn mehrere Abteilungen des Grundbuchamts bestehen, der Geschäftskreis jedes Beamten.

Wegen der Generalakten vgl. die Allgemeine Verfügung vom 18. Dezember 1935 (DJ. S. 1852).

II. Grundbücher und Grundakten.

1. Grundbücher.

§ 8. (1) Die Grundbücher müssen dauerhaft eingebunden sein und sind möglichst mit Sprungrücken zu versehen.

(2) Für die Vordrucke zu den Grundbuchblättern ist Papier der Sorte Normal 2a zu verwenden. Die Vordrucke dürfen, abgesehen von der Aufschrift, liniert sein.

(3) Jeder Grundbuchband beginnt mit einem Titelblatt, auf dem der Name des Amtsgerichts, der Grundbuchbezirks („Grundbuch von …") und beim Vorhandensein mehrerer Bände für den gleichen Grundbuchbezirk seine Nummer anzugeben sind. Außerdem enthält das Titelblatt die Bescheinigung über die Seitenzahl des Bandes (unten Absatz 5).

(4) Auf dem Rücken jedes Bandes ist ein Schild anzubringen, auf dem der Grundbuchbezirk, die Nummer des Bandes und die Nummern der darin enthaltenen Grundbuchblätter angegeben werden.

(5) a) Wird ein neuer Grundbuchband in Benutzung genommen, so sind seine Seiten durch den ganzen Band hindurch an den oberen Ecken mit fortlaufenden Zahlen zu versehen, sofern der Band nicht bereits mit Seitenzahlen geliefert wird. Auf dem Titelblatt ist zu bescheinigen, wie viele Seiten der Band enthält. Die Bescheinigung ist mit Angabe des Tages ihrer Ausstellung mit dem Stempel des Amtsgerichts zu versehen sowie vom Richter und vom Urkundsbeamten der Geschäftsstelle zu unterzeichnen.

Ferner sind alsbald die Grundbuchblätter mit den ihnen zukommenden Blattnummern (§ 3 der GBVfg.) zu versehen. Auf diese Weise wird erreicht, daß im Falle der Führung mehrerer Grundbuchbände für den gleichen Grundbuchbezirk (vgl insbesondere § 3 Abs. 2 der GBVfg.) immer alsbald die Nummer feststeht, die das erste Blatt eines weiteren in Benutzung zu nehmenden Grundbachbandes zu erhalten hat (§ 3 Abs. 1 Satz 2 der GBVfg.).

Ein Nachheften von Einlagebogen in den Grundbuchband ist unzulässig. Ausnahmen bedürfen besonderer Genehmigung des Landgerichtspräsidenten; sie darf nur in Notfällen erteilt werden (vgl. § 10 Abs. 1d Satz 3). Das Nachheften der Einlagebogen ist auf dem Titelblatt in entsprechender Anwendung der Vorschriften in Abs. 5a Satz 2, 3 zu bescheinigen; einzelnen Seiten der Einlagebogen enthalten die Zahl der Seite, hinter der sie eingeheftet sind, unter Hinzufügung lateinischer Buchstaben, z.B. 16 A, 16 B usw.

§ 9. Zu den Vordrucken für die Grundbuchblätter dürfen nur DIN-Formate der Reihe A verwendet werden. Zu verwenden ist regelmäßig das Normformat A 2 = 420×594 mm, aus Rohbogen 430×610 mm, so daß die einzelne Seite des Grundbuchblatts die Größe 297×420 mm hat. Ein anderes Normformat darf nur verwendet werden, wenn die Größe der für die Unterbringung der Grundbücher bestimmten Behältnisse (vgl. § 12) dies nötig macht, ihre Änderung auch nicht oder nur mit unverhältnismäßigen Kosten möglich ist. Dann kann das Normformat A 3 = 297×420 mm, aus Rohbogen 305×430 mm (Seitengröße also 210×297 mm) angewendet werden. Andere Normformate sollen nicht benutzt werden.

§ 10. (1) a) Der Umfang des einzelnen Grundbuchblatts soll im allgemeinen auf 5 Bogen (= 10 Blätter = 20 Seiten) bemessen werden. Die Unterverteilung kann nach den örtlichen Verhältnissen verschieden sein. Es können beispielsweise entfallen 1 Seite auf die Aufschrift, je 4 Seiten auf das Bestandsverzeichnis und die Erste Abteilung, 2 Seiten auf die Zweite Abteilung und 8 Seiten auf die Dritte Abtteilung; doch kann es auch geboten sein, eine Abteilung zugunsten der anderen zu verkürzen. Die letzte Seite bleibt leer.

b) Ist vorauszusehen, daß Grundbuchblätter eines Bezirks – insbesondere nach der Umschreibung – nicht den Umfang von 5 Bogen erfordern werden, so kann der Umfang auf weniger, etwa auf 3 Bogen (= 6 Blätter = 12 Seiten) bemessen werden, wovon beispielsweise auf die Aufschrift 1 Seite, das Bestandsverzeichnis, die Erste und Zweite Abteilung je 2 Seiten und auf die Dritte Abteilung 4 Seiten entfallen. öfter werden jedoch auch Blätter mit einem größeren Umfang ab 5 Bogen vorzusehen sein.

c) Nach § 3 Abs. 2 der Grundbuchverfügung können für einen Grundbuchbezirk mehrere Bände je mit verschiedenem Umfang der darin enthaltenen Grundbuchblätter geführt werden. Von dieser Möglichkeit ist im Bedarfsfall Gebrauch zu machen, indem neben dem regelmäßigen Grundbuch (Abs. 1a) z.B. etwa auch ein Band mit dreibogigen Blättern und ein weiterer mit mehr als 5 Bogen umfassenden Grundbuchblättern angelegt werden; doch muß Rücksicht auf Wirtschaftlichkeit und Raumersparnis genommen werden.

d) Aus letzterem Grunde wird in erweiterter Auslegung des § 3 Abs. 2 die Grundbuchverfügung auch zugelassen, daß mit besonderer Genehmigung des Oberlandgerichtspräsidenten in einem Bande Blätter verschiedenen Umfangs vorgesehen werden. Hiervon soll nur ausnahmsweise und nur dann Gebrauch gemacht werden, wenn die Zahl der Grundbuchblätter, deren Umfang von dem im Grundbuchbezirk sonst üblichen abweicht, voraussichtlich so gering ist, daß die Anlegung besonderer Bände für sie sich wirtschaftlich nicht rechtfertigen läßt. Es ist sorgfältig darauf zu achten, daß der bei diesem Verfahren gegebenenfalls in der Mitte des Bandes zunächst offenbleibende Raum bei der Neuanlegung oder Umschreibung von Grundbuchblättern nachträglich gefüllt wird.

e) Bietet ein Grundbuchblatt für Neueintragungen keinen Raum mehr, so ist es umzuschreiben (§ 23 GBVfg.). Würde auch nach der Umschreibung des bisherigen Blattes oder im Falle einer Neuanlegung eines Grundbuchblatts von vornherein der in den vorhandenen leeren Grundbuchblättern vorgesehene Raum für die Eintragungen nicht genügen, so muß ein neuer Grundbuchband mit ausreichendem Raum angelegt werden; nach § 2 Satz 1 der Grundbuchverfügung besteht für Ausnahmefälle sogar die Möglichkeit, daß ein Band nur ein Grundbuchblatt enthält. Sind die Eintragungen so dringlich, daß die Umschreibung nicht abgewartet werden kann, so ist sofort zu berichten (vgl. § 8 Abs. 5c Satz 2). Soweit der Raummangel das Bestandsverzeichnis betrifft wird diesem vielfach durch das in § 6 Abs. 4 der Grundbuchverfügung vorgesehene Verfahren abgeholfen werden können.

(2) In welcher Weise gedruckte Eintragungen (§ 21 Abs. 1 Satz 4 GBVfg) in den Grundbuchbänden unterzubringen sind, wird bei der Genehmigung der Drucklegung jeweils bestimmt werden. Die Entscheidung über die Genehmigung wird den Oberlandesgerichtspräsidenten übertragen. Werden Grundbucheintragungen gedruckt, so darf auch das Handblatt gedruckt werden.

(3) Die Grundbücher dürfen im Interesse der Haltbarkeit und Handlichkeit nicht zu stark sein. Mehr als 150 Bogen (= 300 Blätter = 600 Seiten sollen die Bände nicht enthalten. Im Regelfall (Absatz 1a) wird somit ein Grundbuchband höchstens 30 Blätter enthalten.

§ 11. (1) Die näheren Bestimmungen über die Beschaffung der Grundbücher und der für die Grundbuchblätter erforderlichen Vordrucke, über das Einbinden der Grundbücher sowie – im Rahmen der §§ 9, 10 – über die Größe und den Umfang der Grundbuchblätter und Grundbuchbände trifft der Oberlandesgerichtspräsident. Hierbei sind bis zu einer allgemeinen Regelung die in den einzelnen Bezirken bisher geltenden Vorschriften zu beachten.

(2) a) Die Vordrucke für die Grundbuchblätter müssen in gleicher Weise, wie es die Muster zur Grundbuchverfügung ergeben, die ganze Breite des aufgeschlagenen Grundbuchs (Bestandsverzeichnis, Zweite und Dritte Abteilung oder nur eine Seite (Aufschrift, Erste Abteilung) einnehmen. Sie müssen auch, wie die Muster, beiderseitig (Vorder- und Rückseite) bedruckt sein.

Der Gestaltung der einzelnen Druckbogen muß sorgfältige Aufmerksamkeit gewidmet werden, damit aus ihnen das Grundbuchblatt richtig zusammengestellt werden kann.

Geringfügige Änderungen an den Mustern können die Oberlandesgerichtspräsidenten bei örtlichem Bedürfnis verfügen, jedoch nur, soweit sie die Breite einzelner Spalten betreffen.

§ 12. (1) Die Grundbuchämter haben die Grundbücher so zu verwahren, daß sie von Unberufenen nicht eingesehen werden können.

(2) Die Grundbücher sollen in einem sicheren Raum, insbesondere feuersicher aufbewahrt werden. Damit bei Feuergefahr ein Eindringen in den Aufbewahrungsraum möglich ist, sollen seine Fenster nicht vergittert und nicht mit eisernen Rolläden verschlossen sein; vorhandene Klappläden (eisern oder eisenummantelte) sollen nach innen schlagen und mit einem Verschluß versehen sein, der bei Anwendung mäßiger Gewalt von außen her nachgibt. Es ist darauf zu achten, daß die Grundbücher nicht an Orten verwahrt werden, wo sie der Feuchtigkeit oder im besonderen Maße der Sonnenhitze, dem Staub oder dem Einfluß der Heizung ausgesetzt sind.

(3) Bei Feuergefahr gehören die Grundbücher zu den wichtigen Stücken, deren Rettung besonders ins Auge zu fassen ist. Zur Rettung sollen starke mit einer Schlinge versehene Hanfschnüre, wie sie für das Binden von Aktenpaketen gebraucht werden, zum eiligen Zusammenschnüren bereitgehalten werden und, wo es eingeführt ist, Rettungssäcke.

(4) Bei dem Umgang mit Feuer und Licht in den Grandbuchabteilungen äußerste Vorsicht anzuwenden.

(5) Die Grundbücher sind pfleglich zu behandeln. Es ist auch bei der Vorlegung an andere darauf zu achten, daß dies geschieht. Die Einsicht darf nur bei Anwesenheit eines Beamten des Grundbuchamts geschehen.

§ 13. Das Grundbuch darf nicht von der Amtsstelle entfernt werden.

2. Grundakten.

§ 14. (1) Die Anlegung und Führung von Grundakten ist in der Aktenordnung (insbesondere in ihrem § 21) geregelt.

Urkunden, die Anlaß zu Eintragungen in das Grundbuch gehen, brauchen einschließlich der darauf ergangenen Verfügungen erst nach Erledigung der Angelegenheit in die Grundakten geheftet zu werden. Über ihren Verbleib ist sorgfältig zu wachen (vgl Aktenordnung § 5 Abs. 1), insbesondre wenn Einsicht in sie begehrt wird (vgl. auch § 16).

Eine Urkunde, auf die sich Eintragungen auf Blättern gründen, soll endgültig zu den Grundakten genommen werden, bei denen sie ihre erste Ordnungsnummer erhalten hat (§ 20 Abs. 2a).

(4) Über ein gemeinschaftliches Grundbuchblatt (GBO. § 4) wird mir ein Grundaktenstück geführt.

§ 15. Von der Schuldurkunde, die nach GBO. § 58 Abs. 1 mit dem Hypothekenbrief verbunden wird, ist eine beglaubigte Abschrift zu den Grundakten I bringen.

§ 16. Die Vorschriften in § 12 Abs. 3 bis 5 sind auch hinsichtlich der Grundakten zu beachten. Die lose bei den Grundakten befindlichen Urkunden (vgl, § 14 Abs. 2) dürfen ebenfalls nur in Gegenwart eines Beamten des Grundbuchamts eingesehen werden.

§ 17. (1) Die Grundakten sollen möglichst in den Geschäftsräumen des Grundbuchamts bleiben; sie dürfen nur nach Maßgabe der nachstehenden Vorschriften herausgegeben werden.

(2) a) An deutsche Justizbehörden können die Grundakten übersandt werden.

Vorschriften, nach denen andere deutsche Stellen ein Recht auf Übersendung der Grundakten haben, bleiben unberührt.

Soweit ein solches Recht nicht ausdrücklich anerkannt ist, sind Übersendungsersuchen von Behörden unter dem Gesichtspunkt zu prüfen, daß die Einheitlichkeit des Staatswesens grundsätzlich die gegenseitige Unterstützung der Justiz- und Verwaltungsbehörden bei der Erledigung der ihnen obliegenden Geschäfte innerhalb ihres Geschäftskreises erfordert.

(3) Die Übersendung der Grundakten an die in Abs. 2 genannten Stellen soll jedoch nach Möglichkeit eingeschränkt werden, da erwartet werden kann, daß die Ersuchen mit Rücksicht auf die Bedeutung der Grundakten und ihre Unentbehrlichkeit für den täglichen Grundbuchverkehr nur in den unbedingten notwendigen Fällen gestellt oder aufrechterhalten werden. Werden Grundakten übersandt, so ist ihre baldige Rücksendung zu fordern und zu überwachen.

(4) Ersuchen um Übersendung der Grundakten sind abzulehnen, wenn und solange durch die Versendung Amtsgeschäfte des Grundbuchamts verzögert würden.

(5) Die Versendung nach auswärts erfolgt als versiegeltes Wertpaket, nach Befinden mit Rückschein (AV. vom 3. Januar 1936 – DJ. S. 57 – B I). Versendung als Eisenbahnfrachtgut ist ausgeschlossen.

(6) Ersuchen ausländischer Behörden um Übersendung von Grundakten sind dem Reichsminister der Justiz vorzulegen.

(7) Zu den Gerichtstagen dürfen Grundakten mitgenommen werden.

III. Einzelne Grundbuchgeschäfte.

1. Behandlung der Eingänge.

§ 18. (1) Die für das Amtsgericht allgemein bestehenden Bestimmungen über die Annahme und Behandlung eingehender Schriftstücke und Sendungen gelten unbeschadet des § 19 auch für die zur Zuständigkeit des Grundbuchamts gehörenden Angelegenheiten.

(2) Ist im Geschäftsgebäude ein Briefkasten zum Einwerfen von Schriftstücken angebracht, so soll seine Aufschrift den Hinweis enthalten, daß Schriftstücke in Grundbuchsachen zur Vermeidung von Nachteilen nicht einzuwerfen, sondern in der Geschäftestelle abzugeben sind.

§ 19. (1) Hinsichtlich der Anträge auf Eintragung in das Grundbuch ist der Zeitpunkt ihres Eingangs beim Grundbuchamt (nicht bei dem Amtsgericht als solchen) von erheblicher rechtlicher Bedeutung. Der Antrag ist bei dem Grundbuchamt eingegangen, wenn er einem zur Entgegennahme zuständigen Beamten vorgelegt ist. Zuständig für die Entgegennahme und für die Beurkundung des Zeitpunkts des Eingangs sind nur der mit der Führung des Grundbuchs über das betroffene Grundstück beauftragte Richter und der vom Behördenvorstand für das ganze Grundbuchamt oder die in Betracht kommende Abteilung bestellte Beamte der Geschäftsstelle. Bezieht sich der Antrag auf mehrere Grundstücke in verschiedenen Geschäftsbereichen desselben Grundbuchamts, so ist jeder nach dem Vorstehenden in Frage kommende Beamte zuständig (§ 13 Abs. 1 GBO.; § 1 VO. z. Ausf. d. GBO. vom 8. August 1935, sowie oben §§ 3, 4).

(2) a) Der erste der nach Abs. 1 zuständigen Beamten, dem der Antrag vorgelegt wird, hat ihn mit dem Eingangsvermerk zu versehen. Der Eingangsvermerk soll neben der Bezeugung des Eingangs beim Grundbuchamt dessen Zeitpunkt nach Tag, Stunde und Minute angeben und von dem Beamten mit dem ausgeschriebenen Namen unterzeichnet werden. Die Verwendung eines Datumstempels ist zulässig; Stunde und Minute sind gegebenenfalls handschriftlich einzufügen.

Entscheidend für den Zeitpunkt des Eingangs ist die Vorlegung bei dem zuständigen Beamten, d.h. der Zeitpunkt, zu dem der Antrag in seinen Besitz kommt. Nicht maßgebend ist danach z.B. der Zeitpunkt, in dem der Beamte eine ihm verschlossen vorgelegte Sendung eröffnet oder von dem Inhalte der Urkunde Kenntnis nimmt oder den Eingangsvermerk anbringt. Mehrere gleichzeitig vorgelegte Anträge erhalten den gleichen Eingangsvermerk. Außerhalb des Dienstes, z.B. in der Wohnung, kann und soll der Beamte die Entgegennahme von Anträgen ablehnen.

b) Der Eingangsvermerk soll auf den Antrag, und zwar möglichst in die rechte obere Ecke der ersten Seite gesetzt werden. Er soll auch, die Zahl etwaiger Beilagen des Antrags angeben.

(3) Wird ein Antrag auf Eintragung ins Grundbuch zur Niederschrift eines nach Abs. 1 zuständigen Beamten gestellt, so ist er mit dem Abschluß der Niederschrift bei dem Grundbuchamt eingegangen (§ 13 Abs. 1 Satz 4 GBO.). Auch in diesem Falle bedarf es des Eingangsvermerks; er hat den Zeitpunkt des völligen Abschlusses der Niederschrift anzugeben, zu dem auch die Unterschrift des aufnehmenden Beamten gehört.

(4) Die vorstehenden Vorschriften gelten entsprechend auch für Ersuchen und Eintragungen in das Grundbuch.

(5) Wird ein Schriftstück, das den Eingangsvermerk trägt, herausgegeben, so ist der Eingangsvermerk auf die zurückbehaltene beglaubigte Abschrift (§ 10 Abs. 1 Satz 2 GBO.) beglaubigt mit zu übertragen.

(6) Gelangen nach den für das Amtsgericht bestehenden allgemeinen Bestimmungen (§ 18) Anträge auf Eintragung in das Grundbuch oder Ersuchen um solche nicht unmittelbar an einen zuständigen Beamten im Sinne des Abs. 1, so sind sie von dem annehmenden Beamten unverzüglich dahin abzugeben. Das gilt entsprechend, wenn in einer gerichtlichen Verhandlung, insbesondere der freiwilligen Gerichtsbarkeit, Anträge auf Eintragung in das Grundbuch gestellt werden oder wenn solche Anträge mit einem in anderer Angelegenheit an das Amtsgericht gerichteten Gesuche verbunden sind.

(7) Bei der Auswahl der auf Gerichtstagen tätigen Beamten ist darauf zu achten, daß möglichst einer der in Abs. 1 genannten Beamten anwesend ist.

§ 20. (1) Nachdem das den Antrag oder das Ersuchen enthaltende Schriftstück mit dem Eingangsvermerk versehen ist (§ 19), ist es unverzüglich vor Eintritt in die sachliche Bearbeitung an den Registrator der zuständigen Grundbuchabteilung abzugeben; die Grundakten sind beizufügen, wenn sie sich etwa bei dem Beamten befinden, der den Eingangsvermerk angebracht hat. Der Registrator stellt – nachdem das Schriftstück die Ordnungsnummer erhalten hat (§ 21 Abs. 1, 2 AO.) – fest, ob noch andere dasselbe Grundstück betreffende Anträge oder Ersuchen eingegangen sind, und macht über die Feststellung einen Vermerk; darüber, in welcher Weise der Registrator diese Feststellung trifft, sowie über Form und Inhalt des Vermerks kann der Oberlandesgerichtspräsident nähere Bestimmungen erlassen. Sodann legt der Registrator alle Anträge und Ersuchen mit den Grundakten oder dem Kontrollblatt (§ 5 Abs. 2 AO.) dem für die Erledigung zuständigen Beamten vor.

(2) a) Bezieht sich der Antrag oder das Ersuchen auf mehrere im Bezirk des Grundbuchamts gelegene Grundstücke, so gibt der Registrator unverzüglich, nachdem das Schriftstück seine Ordnungsnummer bei einem der beteiligten Grundstücke erhalten hat, zu den Grundakten der übrigen Grundstücke Nachricht durch ein Merkblatt, auf dem der Zeitpunkt des Eingangs und der Verbleib des Antrag oder Ersuchens vermerkt ist. Das Merkblatt erhält bei den Grundakten, für die es bestimmt ist, eine besondere Ordnungsnummer. Sodann finden die Vorschriften des Abs. 1 Satz 2, 3 sinngemäß Anwendung. Wegen der Zuständigkeit für die sachliche Bearbeitung vgl. § 5.

b) Das Merkblatt wird bis zur Erledigung des Antrags oder Ersuchens unter dem Deckel der Grundakten, zu denen es gehört, aufbewahrt; danach ist es zu den Grundakten zu heften (vgl. § 14 Abs. 2). Es dient auch zu der Verweisung auf die Grundakten, in denen sich die Eintragungsunterlagen und die Eintragungsverfügung befinden (§ 25 Abs. 3 GBVfg., § 24 Abs. 2).

§ 21 (1) Enthält ein beim Grundbuchamt eingegangenes Schriftstück nur Anträge oder Ersuchen, für die ein anderes Grundbuchamt zuständig ist, so soll unter Benachrichtigung der Beteiligten nach § 8 Abs. 2 der Aktenordnung verfahren werden. Doch bleibt die Befugnis des zuständigen Beamten unberührt, Anträge oder Ersuchen mangels örtlicher Zuständigkeit zurückzuweisen.

(2) a) Enthält ein beim Grundbuchamt eingegangenes Schriftstück Anträge oder Ersuchen, für deren Erledigung neben dem angegangenen Grundbuchamt auch noch ein anderes Grundbuchamt oder mehrere andere Grundbuchämter zuständig sind, so erledigt zunächst das angegangene Grundbuchamt die in seine Zuständigkeit fallenden Anträge oder Ersuchen. Danach übersendet es das Schriftstück, gegebenenfalls eine Ausfertigung oder beglaubigte Abschrift davon, dem anderen oder einem der anderen beteiligten Grundbuchämter; es bleibt seinem Ermessen überlassen, ob es auch eine Abschrift seiner Verfügung mitteilt. Die anderen Grundbuchämter verfahren entsprechend, wie das zuerst angegangene Grundbuchamt. Abs. 1 Satz 2 gilt auch hier.

b) Sofern das Schriftstück nicht ergibt oder sonst nicht bekannt ist, daß die Anträge oder Ersuchen bereits bei jedem beteiligten Grundbuchamt gesondert gestellt sind oder werden, soll das angegangene Grundbuchamt den Antragsteller darauf hinweisen, daß es das unter a vorgesehene Verfahren einschlagen werde.

§ 22 (1) Hat ein Amtsgericht eine Zweigstelle, die Grundbuchsachen bearbeitet und die Grundbücher für ihren Bezirk in Verwahrung hat, so sollen Eintragungen in diese Grundbücher erst erfolgen, nachdem festgestellt ist, daß früher oder gleichzeitig eingegangene Anträge oder Ersuchen bei der Hauptstelle nicht vorhanden sind.

(2) Gehen bei der Hauptstelle Eintragungsanträge oder ersuchen hinsichtlich der auf der Zweigstelle befindlichen Grundbücher ein, so sind sie der Zweigstelle zu übersenden; soweit erforderlich, ist der Eingang und der Zeitpunkt der Zweigstelle auch fernmündlich mitzuteilen. Betrifft der Antrag oder das Ersuchen sowohl Grundstücke, die bei der Hauptstelle, wie solche, die bei der Zweigstelle bearbeitet werden, so ist nach § 20 Abs. 2 zu verfahren.

§ 23. (1) Für die Behandlung und Aufbewahrung von Urkunden, die nicht zu den Grundakten genommen werden, gelten die Vorschriften der Nr. 1, 2, 4–13 und 16 der AV. vom 3. Dezember 1938 (DJ. S. 1933) über die Behandlung der in amtlichen Gewahrsam gelangten Gegenstände.

(2) Dem Einlieferer einer Urkunde, auch z.B. eines Eintragungsantrags ist von der Geschäftsstelle auf Verlangen eine Empfangsbescheinigung zu erteilen, wenn zugleich mit der Urkunde der Entwurf einer solchen, der nur durch Einfügen des Kalendertags und die Unterschrift des Beamten zu ergänzen ist, oder ein entsprechend eingerichtetes Quittungsbuch vorgelegt wird. Bei Personen, die selten und nicht geschäftsmäßig Schriften einliefern, sei die Erteilung der Empfangsbescheinigung nicht von der Vorlage eines Entwurfs abhängig gemacht werden. Wird die Urkunde zurückgegeben, so ist die Rückgabe der Empfangsbescheinigung zu fordern.

2. Eintragungsverfügung.

§ 24. (1) Die Eintragung in das Grundbuch soll der Richter, regelmäßig unter Angabe des Wortlauts, verfügen. Die Vorschriften, nach denen sich der Richter für die Herstellung von Entwürfen der Eintragungsverfügung der Unterstützung durch andere Beamte bedienen kann, bleiben unberührt.

(2) a) Die Eintragungsverfügung ist urschriftlich zu dem die Eintragung veranlassenden Schriftstück, gegebenenfalls seiner beglaubigten Abschrift (§ 10 Abs. 1 Satz 2 GBO.) zu nehmen.

b) Die Angabe des Wortlauts der Eintragung erfolgt entweder in der Eintragungsverfügung oder im Handblatt. Die Angabe der Zeit der Eintragung ist offen zu lassen. Wird der Wortlaut in der Eintragungsverfügung angegeben so ist in ihr auch die Eintragungsstelle genau zu bezeichnen. Erfolgt die Angabe des Wortlauts im Handblatt, so kann sich die Eintragungsverfügung auf die Anordnung beschränken; „Einzutragen … (Bezeichnung der Stelle der vorzunehmenden Eintragung) … wie im Handblatt."

(3) Wird eine Eintragungsvoraussetzung als offenkundig behandelt (§ 29 Abs. 1 Satz 2 GBO), so soll dies aktenkundig gemacht werden.

(4) Ist die Eintragung erfolgt, so ist Ton der Geschäftsstelle das Handblatt zu vervollständige und zu der Eintragungsverfügung der Tag der Eintragung zu vermerken.

§ 25. (1) Wegen der Zuständigkeit für die Sachbearbeitung im Falle der Beteiligung mehrerer Grundstücke des gleichen Grundbuchamts vgl. § 5.

(2) Die Eintragungsverfügung soll für alle beteiligten Blätter zu den Grundakten genommen werden, in denen das die Eintragung veranlassende Schriftstück endgültig verbleibt (vgl. § 14 Abs. 3). Die Eintragungsverfügung durch Bezugnahme auf das Handblatt (§ 24 Abs. 2b Satz 4) ist dann auch hinsichtlich der anderen Grundbuchblätter zulässig. Der Richter ist jedoch nicht gehindert, für jedes einzelne Grundstück eine besondere Eintragungsverfügung zu erlassen und sie zu den zugehörigen Grundakten zu nehmen, sofern dies im Einzelfall zweckmäßig erscheint.

(3) Abschriften der Eintragungsverfügungen sind grundsätzlich zu den Grundakten, in denen sich die Urschrift nicht befindet, nicht zu geben. Es ist aber in diesen Akten auf die Stelle zu verweisen, wo sich die Eintragungsverfügung befindet. Zu dem Hinweis kann gegebenenfalls das Merkblatt (§ 20 Abs. 2) verwendet werden; auf ihm ist auch der Tag der Eintragung zu vermerken (vgl. § 24 Abs. 4),

§ 26. Die Vorschriften der §§ 24, 25 gelten auch für den Urkundsbeamten der Geschäftsstelle in den Fällen des § 4 Abs. 2b, c, d der VO. zur Ausführung der GBO. vom 8. August 1935.

3. Eintragungen.

§ 27. (1) Zu den Eintragungen in das Grundbuch ist eine kräftige, nicht verblassende Tinte zu gebrauchen. Die Schrift ist ohne Anwendung von Löschpapier oder Sand trocknen zu lassen.

(2) Bei Eintragungen mit der Schreibmaschine dürfen nur Farbbänder verwendet werden, die eine haltbare, für Urkunden geeignete Schrift liefern und auf das Vorhandensein dieser Eigenschaft tunlichst von einer dafür zuständigen Behörde geprüft worden sind. Es ist darauf zu halten, daß möglichst frische Farbbänder benutzt werden.

§ 28. (1) Die Eintragungen in das Grundbuch und die Unterzeichnung durch die Grundbuchbeamten sind möglichst zu beschleunigen.

(2) Als Tag der Eintragung in das Grundbuch ist der Tag anzusehen, an dem die Eintragung von den zur Unterzeichnung zuständigen Personen unterschrieben wird. Bei der Einschreibung ist deshalb der Eintragungstag zunächst offen zu lassen.

§ 29. (1) Schreibversehen, die vor dem Unterschreiben bemerkt werden, können mit Genehmigung des Beamten, der die Eintragung verfügt hat, durch Verbesserung des Eintrags berichtigt werden, wenn dadurch der ursprüngliche Eintrag nicht unleserlich oder unübersichtlich wird. Die Berichtigung der Eintragung ist an deren Schlusse als solche zu bezeugen.

(2) Ergibt sich sonst Anlaß zur Berichtigung von Schreibversehen, so ist die Sache dem Richter zur Entscheidung vorzulegen. Das gilt auch, wenn, eine versehentlich erfolgte rote Unterstreichung beseitigt werden soll. Die Beseitigung erfolgt in der Weise, daß der rote Strich durch kleine schwarze Striche durchkreuzt wird.

§ 30. (1) Zur Durchführung der Vorschriften in § 48 der Grundbuchordnung hat das Grandbuchamt, sofern es nicht selbst alle beteiligten Grundbuchblätter bearbeitet, zu den Grundakten der beteiligten Grundstücke jede das mitbelastete Recht betreffende Eintragung mitzuteilen und hierbei auf etwaige Abweichungen zwischen der grundbuchmäßigen Bezeichnung der beteiligten Grundstücke, deren Grundbuchblätter bei ihm geführt werden und ihrer Bezeichnung in den Eintragungsunterlagen hinzuweisen, soweit dies nicht schon geschehen ist. Entsprechendes gilt für Verfügungen, durch die Anträge oder Ersuchen hinsichtlich dieses Rechts zurückgewiesen werden.

(2) a) Bearbeitet das Grundbuchamt nicht selbst alle beteiligten Grundbuchblätter, so soll die Mithaft der Grundstücke, deren Grundbuchblätter es nicht führt, zugleich mit der Eintragung des Rechts auf den von ihm geführten Grundbuchblättern eingetragen werden, ohne Rücksicht darauf, ob die Eintragung auf den anderen Blättern bereits erfolgt ist. Die mitbelasteten Grundstücke sind tunlichst durch Hinweis auf das Grundbuchblatt und Angabe ihrer Nummer im Bestandsverzeichnis zu kennzeichnen.

Das Grundbuchamt soll vor der Eintragung tunlichst bei den anderen Grundbuchämtern anfragen, ob die beteiligten Grundstücke in den Eintragungsunterlagen grundbuchmäßig richtig bezeichnet sind.

Das Grundbuchamt hat die Bezeichnung der mitbelasteten Grundstücke mit den gemäß Abs. 1 eingehenden Mitteilungen zu vergleichen und gegebenenfalls von Amts wegen richtig zu stellen.

Sofern das angegangene Grundbuchamt nicht nach § 21 Abs. 2a verfährt, hat es in geeigneter Weise zu überwachen, ob der Antrag oder das Ersuchen auch bei den anderen beteiligten Grundbuchämtern gestellt wird und gegebenenfalls dem Antragsteller eine angemessene Frist hier zu setzen. Wird der Antrag innerhalb der Frist nicht gestellt, so ist anzunehmen, daß er nicht gestellt werden soll. Vor der Fristsetzung soll das Grundbuchamt mit den anderen beteiligten Grundbuchämtern über das Vorgehen verständigen.

§ 31. (1) Wird nach § 6 Abs. 4 Satz 1, 2 der Grundbuchverfügung fahren, so ist der beglaubigte Auszug aus dem maßgebenden amtlichen Verzeichnis mit dem Handblatt zu verbinden.

Der Urkundsbeamte der Geschäftsstelle hat im Rahmen von § 4 Abs. 3 der Verordnung zur Ausführung der Grundbuchordnung vom 8. August 1936 und von § 6 Abs. 4 der Grundbuchverfügung dafür zu sorgen, daß der Auszug auf dem Laufenden erhalten wird. Nach den insoweit bestehenbleibenden landesrechtlichen Vorschriften richtet sich, ob er hierzu die das Verzeichnis führende Behörde zu ersuchen hat oder ob er selbständig tätig wird, soweit wer die Beglaubigung des Auszugs oder der Nachträge zu bewirken bat.

Enthält ein Grundbuchblatt mehrere Grundstücke (§ 4 GBO.) so ist der beglaubigte Auszug für jedes Grundstück getrennt zu halten.

4. Schließung des Grundbuchblatts

§ 32. Wird ein geschlossenes Grundbuchblatt zur Einrichtung eines neuen Blattes verwendet (§ 37 Abs. 2 GBVfg.), so sind für das neue Blatt neue Grundakten anzulegen.

5. Bekanntmachungen, Mitteilungen.

§ 33. (1) Die Bekanntmachung der Eintragungen (§ 55 GBO, §§ 38–40 GBVfg.) wird vom Richter und im Falle des § 26 von dem Urkundsbeamten der Geschäftsstelle verfügt und von der Geschäftsstelle ausgeführt.

(2) a) Die Bekanntmachung erfolgt durch Übersendung einer Abschrift der Eintragung. Die Abschrift soll neben der Stelle der Eintragung im Grundbuch auch den Namen des Grundstückseigentümers, bei einem Eigentümerwechsel auch den des bisherigen Eigentümers und, sofern bekannt, die Wohnung des neuen Eigentümers angeben.

b) Wird zu der Mitteilung ein Vordruck verwendet, so bedarf keines Entwurfs zu den Grundakten. In jedem Falle ist aber zu den Grundakten zu vermerken, welche Eintragungen bekannt gemacht worden sind, sowie an wen und wann die Bekanntmachung erfolgt ist; bei Verwendung eines Vordrucks ist auch seine Bezeichnung (Nummer) anzugeben.

c) Besondere Vorschriften über die Form der Bekanntmachungen in den Fällen des § 39 Abs. 4 der Grundbuchverfügung bleiben unberührt.

(3) Der Erlaß der Bekanntmachungen ist möglichst zu beschleunigen.

§ 34. Unberührt bleiben die Vorschriften, nach denen das Grundbuchamt Stellen, insbesondere Steuerbehörden, von sonstigen Rechtsvorgängen als von Eintragungen (insbesondere von Beurkundungen) zu benachrichtigen hat. Wegen der Eintragungen vgl. Grundbuchverfügung § 39 Abs. 4.

6. Einsicht in Grundbücher und Grundakten.

§ 35. Anträge von Privatpersonen, ihnen im Verwaltungswege die Einsicht in einzelne bestimmt bezeichnete Grundbücher oder Grundakten oder bestimmte Gruppen von solchen zu gestatten, sind dem Landgerichtspräsidenten zur Entschließung vorzulegen. Dem Antrage kann unter dem Vorbehalt jederzeitigen Widerrufs stattgegeben werden, wenn dargelegt wird, daß dadurch unterstützungswürdige Zwecke, insbesondere Studien geschichtlicher oder volkswirtschaftlicher Art gefordert, die Belange der Grundstückseigentümer oder der sonst Beteiligten nicht beeinträchtigt werden und wenn sichergestellt ist, daß die entnommenen Nachrichten nicht mißbraucht werden. Auch darf der Geschäftsgang des Grundbuchamts nicht ungebührlich belastet werden.

7. Hypotheken-, Grundschuld- und Rentenschuldbriefe.

§ 36. (1) Die Hypotheken-, Grundschuld- und Rentenschuldbriefe sind ihrem vollen Wortlaute nach auf Konzeptpapier zu entwerfen; der Entwurf bleibt bei den Grundakten. Die Übertragung in die Ausfertigung darf erst erfolgen nachdem der Richter den Entwurf zum Zeichen der Billigung mit einem Namenszeichen versehen hat. Entsprechendes gilt für nachträgliche Vermerken auf den Briefen.

2) a) Wegen der für die Ausfertigung zu verwendenden Vordrucke und das Verfahren mit diesen vergleiche § 52 Abs. 2 der Grundbuchverfügung in Verbindung mit den dazu ergehenden Anweisungen des Reichsministers der Justiz.

b) Muß zur Bewirkung der Eintragungen auf dem Briefe mit dem Ausfertigungsvordruck ein besonderer Bogen verbunden werden (vgl. insbesondere § 49 GBVfg.), so steht hierfür die zu den Ausfertigungsvordrucken verwendete Papiersorte nicht zur Verfügung. In diesen Fällen ist für die Ausfertigung der Ein- oder Anlagebogen Papier der Sorte Normal 2a zu verwenden.

(3) Die Geschäftsnummer ist auf den Briefen nicht anzugeben. Auch sind ihnen keine Vermerke über die geschäftlich Erledigung (Absendungsvermerke, Postgebühren u. ä.) anzubringen.

§ 37. (1) Zu der in § 50 der Grundbuchverfügung vorgeschriebenen Verbindung von Urkunden ist Schnur in den Farben Schwarz-Weiß-Rot zu verwenden.

(2) a) Wegen der nach der GBO. § 59 Abs. 2 erforderlichen Verbindung der von den verschiedenen Grundbuchämtern ausgestellten Briefe empfiehlt es sich im allgemeinen, die einzelnen Briefe erst auszustellen, nachdem die Eintragungen auf sämtlichen beteiligten Blättern übereinstimmend vollzogen sind; doch kann im Einzelfall ein anderes Verfahren geboten sein.

b) Darüber, welches Grundbuchamt die Verbindung zu bewirken hat, läßt sich eine allgemeine Regel nicht aufstellen. Die beteiligten Grundbuchämter haben es sich durch gegenseitige Verständigung angelegen sein zu lassen, daß die Verbindung in der dem Einzelfall entsprechenden Weise durchgeführt wird.

c) Wird erst nach der Erteilung des Briefes mit dem Rechte noch ein im Bezirk eines anderen Grundbuchamts liegendes Grundstück belastet, so ist die Verbindung der Briefe von diesem Grundbuchamt vorzunehmen.

(3) Urkunden, die lediglich eine Abtretungserklärung enthalten, werden mit dem Briefe nicht verbunden.

§ 38. Über die Aushändigung der Briefe (§ 60 GBO.) muß sich ein Nachweis bei den Grundakten befinden. Die Aushändigung an der Amtsstelle erhält gegen Quittung, die Übersendung durch die Post als Einschreibesendung gegen Rückschein, die Aushändigung durch Vermittlung des Gerichtswachtmeisters gegen schriftliches Empfangsbekenntnis des Empfängers. Der Umschlag muss die Geschäftsnummer tragen.

C. Schlußbestimmungen.

§ 39. (1) Diese Verfügung tritt am 1. April 1936 in Kraft, soweit sich aus ihr nicht Abweichendes ergibt. Die ihr entsprechenden Landesregelungen erledigen sich mit der gleichen Maßgabe.

(2) Soweit die reichsrechtlichen Grundbuchvorschriften landesrechtliche Regelungen aufrechterhalten, gilt dies auch für besondere Vorschrift über die geschäftliche Behandlung auf diesen Gebieten (vgl. insbesondere Verordnung zur Änderung des Verfahrens in Grundbuchsachen vom 5. August 1935 – RGBl. I S. 1065 – Art. 8;) GBO. § 117; Verordnung zur Ausführung der Grundbuchordnung vom 8. August 1935) §§ 5, 6, 19, 20; Grundbuchverfügung) § 66 Abs. 2, §§ 61–69, 12).

§ 40. Die Oberlandesgerichtspräsidenten sind ermächtigt, ergänzende Vorschriften über die geschäftliche Behandlung der Grundbuchsachen zu erlassen, soweit solche nach den örtlichen Verhältnissen ihrer Bezirke erforderlich sind. Solche Vorschriften sind vor ihrem Erlaß dem Reichsminister der Justiz vorzulegen.

Verordnung über die Wiederherstellung zerstörter oder abhanden gekommener Grundbücher und Urkunden

vom 26.7.1940 (RGBl. I 1940, 1048); zuletzt geändert durch Art. 23 des Gesetzes vom 8.12.2010 (BGBl. I 2010, 1864)

§ 1

(1) [1]Ist ein Grundbuch ganz oder teilweise zerstört oder abhanden gekommen, so hat das Grundbuchamt es von Amts wegen wiederherzustellen. [2]Das gleiche gilt für eine ganz oder teilweise zerstörte oder abhanden gekommene Urkunde, auf die eine Eintragung Bezug nimmt. [3]Urkunden, auf die eine Eintragung sich gründet, ohne auf die Urkunde Bezug zu nehmen, kann das Grundbuchamt wiederherstellen, wenn es dies für angezeigt hält.

(2) (weggefallen)

(3) § 1 des Gesetzes über das Verfahren in Familiensachen und in den Angelegenheiten der freiwilligen Gerichtsbarkeit gilt auch, soweit die Grundbuchführung den Amtsgerichten noch nicht übertragen ist.

Abschnitt 1 Wiederherstellung des Grundbuchs nach den Grundakten oder dem Handblatt

§ 2

Sind die Grundakten oder das Handblatt des zerstörten oder abhanden gekommenen Grundbuchs vorhanden und ergibt sich aus ihnen der Inhalt des Grundbuchs zweifelsfrei, so ist das Grundbuch nach dem Inhalt der Grundakten oder des Handblatts wiederherzustellen.

Abschnitt 2 Wiederherstellung des Grundbuchs in anderen Fällen

§ 3

Kann das Grundbuch nicht nach § 2 wiederhergestellt werden, so ist nach den §§ 4 bis 10 zu verfahren.

§ 4

Das Grundbuchamt hat die zuständige Behörde um Übersendung eines beglaubigten Auszugs aus dem nach § 2 Abs. 2 der Grundbuchordnung für die Bezeichnung der Grundstücke im Grundbuch maßgebenden amtlichen Verzeichnis oder, wenn dieses Verzeichnis vom Grundbuchamt selbst geführt wird, um Übersendung der sonstigen, für die Kennzeichnung des Grundstücks erforderlichen Unterlagen zu ersuchen, soweit ihm der Auszug oder die Unterlagen nicht schon zur Verfügung stehen.

§ 5

(1) Über den Inhalt des Grundbuchblatts ist unbeschadet des § 26 des Gesetzes über das Verfahren in Familiensachen und in den Angelegenheiten der freiwilligen Gerichtsbarkeit schriftlich oder mündlich zu hören,

a) wer in dem im § 4 genannten Verzeichnis oder seinen Unterlagen als Eigentümer vermerkt oder dessen Rechtsnachfolger im Eigentum des Grundstücks ist;
b) wer bei der Ermittlung gemäß Buchstabe a als eingetragener Eigentümer bezeichnet wird oder für wessen Eintragung sonst hinreichender Anhalt besteht;
c) der Eigenbesitzer.

(2) [1]Die Anhörung nach Absatz 1 kann unterbleiben, wenn sie untunlich ist. [2]In diesem Fall sind nach Möglichkeit andere Personen, die über den Inhalt des Grundbuchs Auskunft geben können, zu hören.

(3) Das Grundbuchamt kann dem Besitzer von Urkunden, die für die Wiederherstellung des Grundbuchs von Bedeutung sind, aufgeben, die Urkunden zur Einsicht vorzulegen.

(4) [1]Das Grundbuchamt kann die Beteiligten nach den Vorschriften der Zivilprozessordnung über den Zeugenbeweis vernehmen. [2]Die Beeidigung eines Beteiligten steht, unbeschadet des § 393 der Zivilprozessordnung, im Ermessen des Gerichts.

(5) Zeigt der Eigentümer oder der sonst Betroffene dem Grundbuchamt die Eintragung von beschränkten dinglichen Rechten oder sonstigen Beschränkungen an, so ist der von der Eintragung Begünstigte davon in Kenntnis zu setzen.

§ 6

Nach Abschluß der Ermittlungen kann das Grundbuchamt ein Aufgebot erlassen.

§ 7

In das Aufgebot sind aufzunehmen:

a) die Ankündigung der bevorstehenden Wiederherstellung des Grundbuchs;
b) die Bezeichnung der Lage, der Beschaffenheit und der Größe des Grundstücks gemäß dem nach § 2 Abs. 2 der Grundbuchordnung für die Bezeichnung der Grundstücke im Grundbuch maßgebenden Verzeichnis;
c) die Bezeichnung des Eigenbesitzers;
d) die Aufforderung an die Personen, die nicht gemäß § 5 Abs. 1 als Eigentümer oder Eigenbesitzer gehört oder deren Rechte nicht gemäß § 5 Abs. 5 vom Eigentümer oder dem sonst Betroffenen angezeigt worden sind, Eintragungen, die zu ihren oder ihres Rechtsvorgängers Gunsten im Grundbuch bestanden haben, binnen einer vom Grundbuchamt zu bestimmenden Frist von mindestens sechs Wochen anzumelden und glaubhaft zu machen, widrigenfalls sie Gefahr laufen würden, bei der Wiederherstellung des Grundbuchs nicht berücksichtigt zu werden.

§ 8

(1) ^{1}Das Aufgebot ist an die für den Aushang von Bekanntmachungen des Grundbuchamts bestimmte Stelle anzuheften und einmal in dem für die amtlichen Bekanntmachungen des Grundbuchamts bestimmten Blatt zu veröffentlichen. ^{2}Das Grundbuchamt kann anordnen, daß die Veröffentlichung mehrere Male und noch in anderen Blättern zu erfolgen habe oder, falls das Grundstück nur einen geringen Wert hat, daß sie ganz unterbleibe.

(2) Das Aufgebot ist in der Gemeinde, in deren Bezirk das Grundstück liegt, an der für amtliche Bekanntmachungen bestimmten Stelle anzuheften oder in sonstiger ortsüblicher Weise bekanntzumachen.

§ 9

Das Grundbuch darf, wenn ein Aufgebotsverfahren nicht stattgefunden hat, erst wiederhergestellt werden, nachdem in der Gemeinde, in deren Bezirk das Grundstück liegt, das Bevorstehen der Wiederherstellung und der Name der als Eigentümer oder sonstige Berechtigte Einzutragenden öffentlich bekanntgemacht und seit der Bekanntmachung ein Monat verstrichen ist; die Art der Bekanntmachung bestimmt das Grundbuchamt.

§ 10

(1) Nach Ablauf der Frist des § 7 oder des § 9 und nach Abschluß etwa erforderlicher weiterer Ermittlungen ist das Grundbuch wiederherzustellen.

(2) Als Eigentümer ist in das Grundbuch einzutragen,

a) wer erwiesenermaßen im Grundbuch als Eigentümer eingetragen war;
b) sonst der, dessen frühere Eintragung dem Grundbuchamt nach den Umständen am wahrscheinlichsten erscheint;
c) äußerstenfalls der, dessen jetziges Eigentum nach Lage der Sache dem Grundbuchamt am wahrscheinlichsten erscheint.

(3) ^{1}Beschränkte dingliche Rechte oder sonstige Beschränkungen sind einzutragen, wenn ihre Eintragung im Grundbuch vom Eigentümer oder dem sonst Betroffenen angezeigt ist oder wenn ihre Eintragung beim Grundbuchamt angemeldet und nachgewiesen ist. ^{2}Liegen diese Voraussetzungen nicht vor, so kann das Grundbuchamt sie eintragen, wenn ihre Eintragung glaubhaft gemacht ist.

(4) Das Grundbuchamt kann in den Fällen des Absatzes 2 Buchstaben b und c sowie Absatzes 3 Satz 2 für Beteiligte, deren Rechte nicht oder nicht mit dem in Anspruch genommenen Inhalt oder Rang im Grundbuch eingetragen werden, einen Widerspruch eintragen.

Abschnitt 3 Wiederherstellung von Urkunden

§ 11

(1) Ist eine Urkunde, auf die eine Eintragung Bezug nimmt, ganz oder teilweise zerstört oder abhanden gekommen, so ist die Urkunde an Hand der Urschrift, einer Ausfertigung oder einer beglaubigten Abschrift oder, falls dies nicht möglich ist, auf Grund einer Einigung der Beteiligten wiederherzustellen.

(2) Äußerstenfalls ist die Urkunde mit dem Inhalt wiederherzustellen, den das Grundbuchamt nach dem Ergebnis der Ermittlungen für glaubhaft gemacht hält; das Grundbuchamt kann in geeigneten Fällen für einen Beteiligten einen Widerspruch gegen den Inhalt des Grundbuchs eintragen, soweit er durch die Bezugnahme auf die wiederhergestellte Urkunde wiedergegeben ist.

(3) § 5 Abs. 3 und 4 sind anzuwenden.

(4) Die Wiederherstellung der Urkunde kann unterbleiben, wenn bei Wiederherstellung des Grundbuchs von der Bezugnahme auf die Urkunde abgesehen wird.

§ 12

Für die Wiederherstellung einer Urkunde, auf die eine Eintragung sich gründet, ohne auf die Urkunde Bezug zu nehmen, gilt § 11 Abs. 1, Abs. 2 Halbsatz 1 und Abs. 3 entsprechend.

Abschnitt 4 Kosten, Beschwerde

§ 13

Das Verfahren nach dieser Verordnung ist kostenfrei.

§ 14

[1]Die Beschwerde gegen die Wiederherstellung des Grundbuchblatts ist unzulässig. [2]Im Wege der Beschwerde kann jedoch verlangt werden, daß das Grundbuchamt angewiesen wird, nach § 10 Abs. 4, § 11 Abs. 2 dieser Verordnung oder § 53 der Grundbuchordnung einen Widerspruch einzutragen oder eine Löschung vorzunehmen.

Abschnitt 5 Rechtsverkehr bis zur Wiederherstellung

§ 15

[1]Wird vor der Wiederherstellung des Grundbuchs die Eintragung einer Rechtsänderung beantragt, so erstreckt sich, wenn die Rechtsänderung bei der Wiederherstellung eingetragen wird, die Wirksamkeit der Eintragung auf den Zeitpunkt zurück, den das Grundbuchamt im Einzelfall bestimmt. [2]Dieser Zeitpunkt ist bei der Eintragung im Grundbuch zu vermerken.

§ 16

(1) Die Zwangsversteigerung eines Grundstücks, dessen Grundbuch ganz oder teilweise zerstört oder abhanden gekommen ist, kann vor der Wiederherstellung des Grundbuchs angeordnet werden, wenn durch Urkunden glaubhaft gemacht wird, daß der Schuldner als Eigentümer des Grundstücks eingetragen war oder daß er Erbe des eingetragenen Eigentümers ist.

(2) Im Falle des § 22 Abs. 1 Satz 2 des Gesetzes über die Zwangsversteigerung und die Zwangsverwaltung genügt es, wenn die Eintragung des Versteigerungsvermerks nach der Wiederherstellung des Grundbuchs erfolgt.

(3) Der Versteigerungstermin darf erst nach der Wiederherstellung des Grundbuchblatts bestimmt werden.

Abschnitt 6 Inkrafttreten

§ 17

Die Verordnung tritt am 15. August 1940 in Kraft.

Anhang 2: Verwaltungsvorschrift des Sächsischen Staatsministeriums der Justiz über die Behandlung von Grundbuchsachen (VwV Grundbuchsachen – VwVBGBS)

Vorbemerkungen

Die Geschäftsanweisungen einzelner Länder zur Ausführung der GBO sowie der GBV ergänzen deren Regelungen und ersetzen für diese Länder die Anwendung der GeschO aus dem Jahre 1936.

Die Geschäftsanweisungen der Länder sind in ihren Regelungen unterschiedlich differenzierend und nicht gleichlautend. Umfassend beschreiben die Geschäftsanweisungen für Bayern und Sachsen die einzelnen Grundbuchgeschäfte. Die Geschäftsanweisung des Freistaates Sachsen ist nachfolgend abgedruckt, etwas sperrig, aber der Einheitlichkeit der landesrechtlichen Vorschriften entsprechend trägt sie den Namen „Verwaltungsvorschrift Grundbuchsachen (VwVBGBS).

Als landesrechtliche Grundbuch-Geschäftsanweisungen sind zu nennen:[1]

Bayern: Geschäftsanweisung für die Behandlung der Grundbuchsachen (GBGA) – Bekanntmachung des Bayerischen Staatsministeriums der Justiz vom 16.10.2006, Az. 3851 – I – 8967/2006 (JMBl. S. 182); zuletzt geändert durch Bekanntmachung vom 18.4.2018 (JMBl. S. 22).

Berlin: Allgemeine Verfügung über die geschäftliche Behandlung in Grundbuchsachen, Bekanntmachung vom 5.1.2017, JustVA I B 6 – 1512/3/5/2.

Brandenburg: Geschäftsordnung für die Gerichte und die Staatsanwaltschaften des Landes Brandenburg vom 24.10.1994 (JMBl/94, [Nr. 12], S. 178); geändert durch Allgemeine Verfügung vom 2.12.2002 (JMBl/02, [Nr. 12], S. 157).

Hamburg: Geschäftliche Behandlung der Grundbuchsachen Allgemeine Verfügung der Justizbehörde Nr. 35/06 vom 1.12.2006.

Nordrhein-Westfalen: Geschäftliche Behandlung der Grundbuchsachen (Grundbuchgeschäftsanweisung – GBGA), AV d. JM vom 28.8.2007 (3850 – I. 58) – JMBl. NRW S. 217; geändert durch AV d. JM vom 28.7.2017 – JMBl. NRW S. 209.

Saarland: Geschäftliche Behandlung der Grundbuchsachen (Grundbuchgeschäftsanweisung – GBGA), AV des MdJ Nr. 3/04 vom 16.1.2004 (3851–2).

Sachsen: Verwaltungsvorschrift des Sächsischen Staatsministeriums der Justiz über die Behandlung von Grundbuchsachen (VwV Grundbuchsachen – VwVBGBS) vom 17.5.2023 (SächsJMBl. 2023 Nr. 5, S. 97).

Sachsen-Anhalt: Grundbuchgeschäftsanweisung, AV d. MJ vom 18.11.2010 (JMBl. LSA S. 292); geändert durch AV d. MJ vom 31.5.2011 (JMBl. LSA S. 59).

---

1 Siehe auch *Schöner/Stöber*, Grundbuchrecht, Rn 33 ff.

**Verwaltungsvorschrift
des Sächsischen Staatsministeriums der Justiz und für Demokratie,
Europa und Gleichstellung über die Behandlung von Grundbuchsachen
(VwV Grundbuchsachen – VwVGBS)
Vom 17. Mai 2023**

Inhaltsübersicht

I. Allgemeine Vorschriften
  1. Anwendung der Aktenordnung
  2. Bezeichnung des Grundbuchamts
  3. Begriffsbestimmungen
  4. Unterbringung der Grundbücher und Grundakten
  5. Geschäftsverteilung
  6. Grundbuchbezirke
  7. Änderungen in der Benennung und im Bestand

II. Das Grundbuch
  1. Führung des Grundbuchs
  2. Ersatzgrundbuch

III. Die Grundakten
  1. Führung der Grundakten
  2. Sonderhefte
  3. Äußere Form
  4. Herausgabe der Grundakten an Dritte
  5. Umgang mit elektronischen Anmerkungen
  6. Beschwerdeverfahren

IV. Verzeichnisse
  1. Personenverzeichnis
  2. Sachverzeichnis

V. Allgemeine Grundbuchgeschäfte
  1. Entgegennahme und Behandlung von Anträgen
  2. Registratur und Statistik
  3. Abgabe an ein anderes Grundbuchamt
  4. Empfangsbestätigung

VI. Eintragungen und Mitteilungen
  1. Eintragungsverfügung
  2. Eintragungen zur Bezeichnung der Grundstücke im Bestandsverzeichnis
  3. Eintragung von Gesamtrechten
  4. Mitteilungen

VII. Einsicht in die Grundbücher und Grundakten
  1. Gewährung der Einsicht
  2. Einsicht zu allgemeinen Zwecken
  3. Übermittlung von Grundbuchabschriften per Telefax

VIII. Erhaltung der Übereinstimmung zwischen Grundbuch und Liegenschaftskataster
  1. Datenaustausch
  2. Auszüge aus Fortführungsnachweisen
  3. Vollzug der Veränderungen, Benachrichtigungen

IX. Grundpfandrechtsbriefe
  1. Reinschrift des Briefs
  2. Briefvordrucke
  3. Grundpfandrechtsbriefe bei Gesamtrechten

4. Aushändigung des Briefs
   5. Bestellung der Briefvordrucke
   6. Lieferung der Briefvordrucke
   7. Verwahrungsbedienstete
   8. Nachweisung der Briefvordrucke
   9. Aufbewahrung bereits erteilter Grundpfandrechtsbriefe

X. Entbehrlichkeit der Unbedenklichkeitsbescheinigung
XI. Inkrafttreten, Außerkrafttreten

Anlage

Zuordnung der Wirtschaftsarten im Grundbuch zu den in der Liegenschaftskatastervorschrift geführten Nutzungen

I. Allgemeine Vorschriften

1. Anwendung der Aktenordnung

Die Bestimmungen der VwV Aktenordnung vom 12. Dezember 2022 (SächsJMBl. 2023 S. 2) sind in Grundbuchsachen anzuwenden, soweit diese Verwaltungsvorschrift keine abweichenden Regelungen enthält.

2. Bezeichnung des Grundbuchamts

Das Grundbuchamt führt die Bezeichnung des Amtsgerichts, zu dem es gehört.

3. Begriffsbestimmungen

a) Die Bestimmungen dieser Verwaltungsvorschrift über Eintragungsanträge gelten entsprechend für Ersuchen um Eintragung in das Grundbuch.

b) Die Bestimmungen dieser Verwaltungsvorschrift über Rechtspflegerinnen und Rechtspfleger gelten entsprechend für die Urkundsbeamtinnen und Urkundsbeamten der Geschäftsstelle, soweit sie nach § 12c der Grundbuchordnung zuständig sind.

c) Unterlagen sind Schriftstücke oder elektronische Dokumente.

d) Schriftstücke sind in Papierform vorliegende Dokumente.

e) Elektronische Dokumente sind auf elektronischem Weg nach § 136 der Grundbuchordnung eingegangene oder nach § 138 Absatz 1 der Grundbuchordnung übertragene Dokumente.

4. Unterbringung der Grundbücher und Grundakten

a) Geschlossene Grundbücher sind dauernd aufzubewahren.

b) Erfolgte bisher keine Trennung von den Grundakten, sind diese weiterhin als Bestandteil der Grundakten aufzubewahren.

c) Die geschlossenen Papier-Grundbücher und Papier-Grundakten sind in einem besonderen Raum (Grundbuchraum) unterzubringen und so zu verwahren, dass sie vor Feuchtigkeit, Hitze und anderen schädlichen Einflüssen geschützt sind. In den Räumen dürfen sich weder Abwasser-, Wasser- und Steigleitungen von Heizungen noch Kanalanschlüsse befinden.

d) Grundbuchräume, in denen nicht ständig Bedienstete des Grundbuchamts anwesend sind, sind verschlossen zu halten.

e) Entsprechen die Grundbuchräume nicht den vorstehenden Anforderungen, ist die erforderliche Umgestaltung baldmöglichst vorzunehmen.

5. Geschäftsverteilung

In der Geschäftsverteilung des Grundbuchamts ist sicherzustellen, dass die Erledigung eines Eintragungsantrags, der sich auf mehrere Grundstücke desselben Grundbuchamts bezieht, jeweils derselben für die Grundbuchführung zuständigen Person zugewiesen wird.

6. Grundbuchbezirke

Über die Teilung eines Gemeindebezirkes in mehrere Grundbuchbezirke nach § 1 Absatz 1 Satz 3 der Grundbuchverfügung und die Beibehaltung der bisherigen Grundbuchbezirke nach § 1 Absatz 2 der Grundbuchverfügung entscheidet die Präsidentin oder der Präsident des Oberlandesgerichts Dresden. Die Entscheidung bedarf der Genehmigung des Staatsministeriums der Justiz und für Demokratie, Europa und Gleichstellung.

7. Änderungen in der Benennung und im Bestand

a) Bei Änderungen in der Benennung der Gemeinden werden die Benennungen der Grundbuchbezirke entsprechend geändert.

b) Bei Änderungen der Grenzen der Gemeinden werden die Grundbuchbezirke entsprechend dem neuen Verlauf der Gemeindegrenze gebildet.

c) Die Änderungen sind der oberen Vermessungsbehörde mitzuteilen.

d) Über die Änderungen eines Grundbuchbezirkes entscheidet die Präsidentin oder der Präsident des Oberlandesgerichts Dresden. Die Entscheidung bedarf der Genehmigung des Staatsministeriums der Justiz und für Demokratie, Europa und Gleichstellung.

II. Das Grundbuch

1. Führung des Grundbuchs

Bei den Grundbuchämtern ist das Grundbuch gemäß § 10 Absatz 1 der Sächsischen E-Justizverordnung in der Fassung der Bekanntmachung vom 23. April 2014 (SächsGVBl. S. 291), die zuletzt durch die Verordnung vom 22. März 2023 (SächsGVBl. S. 112) geändert worden ist, in der jeweils geltenden Fassung, in maschineller Form als automatisierte Datei anzulegen.

2. Ersatzgrundbuch

a) Die Anlegung des Ersatzgrundbuchs in Papierform richtet sich nach § 148 Absatz 2 der Grundbuchordnung und § 13 Absatz 1 und 3 der Sächsischen E-Justizverordnung. Das Ersatzgrundbuch in Papierform kann auch ohne Vordruck angelegt werden. Die äußere Form bestimmt sich nach Abschnitt III der Grundbuchverfügung.

b) Die Anlegung des Ersatzgrundbuchs erfolgt gemäß § 69 Absatz 2 der Grundbuchverfügung nur mit dem aktuellen Bestand im Bestandsverzeichnis. In den einzelnen Abteilungen ist nur der aktuelle Stand der eingetragenen Rechtsverhältnisse darzustellen. Die Eintragungen sind gemäß § 44 Absatz 1 der Grundbuchordnung zu unterschreiben. Wird das Ersatzgrundbuch nicht auf den im Freistaat Sachsen festgestellten Vordrucken geführt, so sind alle Seiten mit Siegel zu verbinden. Der in der Aufschrift anzubringende Vermerk richtet sich nach § 92 Absatz 2 der Grundbuchverfügung.

c) Das Ersatzgrundbuch ist bei den Grundakten aufzubewahren.

III. Die Grundakten

1. Führung der Grundakten

a) Die Grundakten werden nach § 5 Absatz 2 der Sächsischen E-Justizverordnung elektronisch geführt.

b) Innerhalb der Grundakte wird jeder verfahrenseinleitenden Unterlage in der Reihenfolge des Eingangs automatisiert eine Ordnungsnummer vergeben, die auch dann weiterzuzählen ist, wenn die Akten bei einem anderen Grundbuchamt fortzuführen sind. Die Anlagen einer Unterlage werden durch dessen Ordnungsnummer mitbestimmt.

c) Eine Urkunde, aufgrund derer Eintragungen in mehreren Grundbuchblättern vorgenommen worden sind, soll in der Regel endgültig zu der Grundakte genommen werden, bei der sie ihre erste Ordnungsnummer erhalten hat.

d) Fortführungsnachweise, die Grundstücke aus mehreren Grundbuchblättern betreffen, sind abweichend von § 31 Absatz 7 Satz 2 Nummer 2 der VwV Aktenordnung zu der elektronischen Grundakte mit der niedrigsten Blattnummer zu nehmen.

e) Eine Schuldurkunde, die nach § 58 Absatz 1 der Grundbuchordnung mit dem Hypothekenbrief verbunden wird, ist in ein elektronisches Dokument zu übertragen und zur elektronischen Grundakte zu nehmen.

f) Für Verwalternachweise gilt § 31 Absatz 8 Satz 2 Nummer 3 und § 31 Absatz 9 Satz 2 der VwV Aktenordnung.

g) Sonstige, sich auf die gesamte Anlage beziehende Urkunden sind in der elektronischen Grundakte mit der niedrigsten Blattnummer der betroffenen Wohnungs- oder Teileigentumsserie aufzubewahren, soweit die Unterlagen nicht bereits im Ausgangsblatt archiviert wurden.

h) Wird ein Grundbuchblatt geschlossen, ist die elektronische Grundakte über die Funktion „Grundakte verschließen" in den Status „verschlossen" zu setzen.

2. Sonderhefte

a) Zur Erhaltung der Übersichtlichkeit sind Schriftstücke von vorübergehender Bedeutung zu separat geführten Sonderheften zu nehmen. Hierfür kommen insbesondere in Betracht:

aa) den Geschäftsgang betreffende Schriftstücke, soweit sie nicht Erklärungen von selbstständiger Bedeutung enthalten,

bb) unbrauchbar gemachte Hypothekenbriefe oder dazugehörige Schuldurkunden, die dem Beteiligten wegen unbekannten Aufenthalts nicht ausgehändigt werden können.

Die für die Grundbuchführung zuständige Person kann einzelne Schriftstücke dieser Art hiervon ausschließen oder andere dafür bestimmen. Urkunden, die mit Rücksicht auf § 10 Absatz 1 der Grundbuchordnung dauernd bei den Grundakten aufzubewahren sind, sowie die auf die Wert- und Kostenberechnung bezüglichen Schriftstücke, soweit sie von dauernder Bedeutung sind, dürfen nicht in die Sonderhefte genommen werden.

b) Sonderhefte, die für die Erfüllung der Aufgaben nicht mehr ständig benötigt werden, sind wegzulegen und nach Ablauf der Aufbewahrungsfrist dem Staatsarchiv zur Übernahme anzubieten. Das Jahr der Weglegung ist in der den Geschäftsgang betreffenden elektronischen Grundakte zu vermerken.

c) Schriftstücke, die nach § 7 der Sächsischen E-Justizverordnung in die elektronische Form übertragen wurden, sind bis zur Entscheidung über den Antrag vorübergehend in Vorgangsordnern oder Vorgangsheften abzulegen. Über die anschließende Rückgabe oder Vernichtung entscheidet die für die Entscheidung über den Antrag zuständige Person.

d) Bei Schriftstücken, die nach der Entscheidung über den Antrag vernichtet werden können, kann die Siegelung vor dem Scannen aufgehoben werden, dies gilt insbesondere bei folgenden Schriftstücken:

aa) beglaubigte Abschriften von notariellen Urkunden,

bb) Ersuchen von Gerichten und Behörden gemäß § 38 der Grundbuchordnung,

cc) Fortführungsnachweise,

dd) Anlagen nach § 7 Absatz 4 des Wohnungseigentumsgesetzes.

3. Äußere Form

a) Elektronische Grundakten sind so anzulegen, dass ihnen das zuständige Amtsgericht, der Grundbuchbezirk und die Nummer des Grundbuchblattes zu entnehmen ist.

b) Soweit bereits eine Grundakte in Papierform vorhanden ist, ist darauf zu vermerken, dass diese als elektronische Akte fortgeführt wird. Auf dem Vorblatt der vorhandenen Papier-Grundakte ist unter der letzten Ordnungsnummer zu vermerken: „Unter dem AZ: (vierstelliges Kürzel – Blattnummer) als elektronische Grundakte fortgeführt seit (Datum des Eingangs des ersten elektronischen Antrags)". Für die Vermerke können Stempel verwendet werden.

4. Herausgabe der Grundakten an Dritte

a) Grundakten dürfen nur an Gerichte und Behörden herausgegeben werden. Einem Ersuchen soll nicht entsprochen werden, wenn durch die Überlassung der Grundakten die Amtsgeschäfte des Grundbuchamts verzögert würden.

b) Die Herausgabe von elektronischen Grundakten ist auch über das elektronische Gerichts- und Verwaltungspostfach zulässig.

c) Die Versendung von Papier-Grundakten auf dem Postweg ist durch Einschreiben oder unversiegelte Wertpakete gegen Rückschein zu bewirken. Werden die Grundakten ohne Inanspruchnahme der Post herausgegeben, sind sie gegen Empfangsbescheinigung auszuhändigen.

d) Die Pflicht zur Vorlage von Grundakten an die Dienstaufsichtsbehörden bleibt unberührt.

e) Werden Papier-Grundakten versandt oder herausgegeben, ist ein Kontrollblatt nach § 5 Absatz 4 der VwV Aktenordnung zu führen. Die Kontrollblätter sind gesammelt für jeden Grundbuchbezirk nach der Ordnung der Grundbücher in einer Sammelakte aufzubewahren.

5. Umgang mit elektronischen Anmerkungen

a) Im elektronischen Aktenviewer können zu elektronischen Dokumenten elektronische Kommentare und Kennzeichnungen als gesonderte temporäre Datei angelegt werden. Die temporären Dateien dürfen frühestens drei Jahre nach deren Anlegung gelöscht werden.

b) Die elektronischen Anmerkungen werden nur dauerhaft aufbewahrt, wenn sie in ein elektronisches Dokument im Dateiformat PDF (Portable Document Format) exportiert und zur elektronischen Grundakte genommen werden.

6. Beschwerdeverfahren

a) Die Beschwerdeschrift nach § 73 Absatz 2 der Grundbuchordnung ist zur elektronischen Grundakte zu nehmen.

b) Im Fall der Nichtabhilfe durch das Grundbuchamt ist die Nichtabhilfeentscheidung unter Bezugnahme auf das betroffene elektronische Grundbuch und die elektronische Grundakte dem Beschwerdegericht elektronisch zu übermitteln.

c) Sollten die beschwerderelevanten Unterlagen noch in der Papier-Grundakte vorliegen, ist die Papier-Grundakte oder die betroffenen Schriftstücke daraus im Original an das Beschwerdegericht zu übersenden.

d) Das Beschwerdegericht nimmt über das Grundbuchabrufverfahren unmittelbar Einsicht in das elektronische Grundbuch und die elektronische Grundakte.

e) Die Entscheidung des Beschwerdegerichts ist dem Grundbuchamt als elektronische Abschrift gemeinsam mit der elektronischen Beschwerdeakte zu übermitteln und in die elektronische Grundakte zu übernehmen.

f) Die Schriftstücke des Beschwerdegerichtes sind beim Grundbuchamt in ein elektronisches Dokument zu übertragen und in dieser Form nach § 97 Absatz 2 der Grundbuchverfügung in die elektronische Grundakte zu übernehmen.

g) Für die Aufbewahrung der Originalunterlagen ist Ziffer III Nummer 2 Buchstabe c anzuwenden. Die Beschwerdeunterlagen können nach der Umsetzung der Entscheidung vernichtet werden.

IV. Verzeichnisse

1. Personenverzeichnis

Für den Bezirk des Grundbuchamts wird ein Verzeichnis der Personen als elektronische Datei geführt, die als Eigentümer von Grundstücken oder Gebäuden, als Wohnungs- oder Teileigentümer oder als Berechtigte grundstücksgleicher Rechte eingetragen sind. Das Verzeichnis soll enthalten:

a) die Bezeichnung der Grundbuchstelle unter Angabe des Grundbuchbezirks und des Grundbuchblattes,

b) Familien- und Vornamen, bei juristischen Personen und Handelsgesellschaften deren genaue Bezeichnung, den Wohnort und die Anschrift des Eigentümers oder des Berechtigten und bei natürlichen Personen das Geburtsdatum, soweit es im Grundbuch eingetragen oder den Eintragungsunterlagen zu entnehmen ist.

2. Sachverzeichnis

Für das Grundstücks- und Gebäudeeigentum, das Wohnungs- und Teileigentum sowie die grundstücksgleichen Rechte ist ein Verzeichnis als elektronische Datei zu führen. In das Verzeichnis sind einzutragen:

a) die Flurstücksbezeichnung unter Angabe der Gemarkung, der Flurstücksnummer und gegebenenfalls der Flur sowie die Grundbuchstelle unter Angabe des Grundbuchbezirks und des Grundbuchblattes,

b) bei Wohnungs- oder Teileigentum auch der Gegenstand des Sondereigentums,

c) bei Gebäudeeigentum und grundstücksgleichen Rechten auch die kurze Bezeichnung des Rechts.

V. Allgemeine Grundbuchgeschäfte

1. Entgegennahme und Behandlung von Anträgen

a) Bei elektronisch eingegangenen Eintragungsanträgen wird der Eingangszeitpunkt automatisiert vermerkt.

b) schriftliche Eintragungsanträge

aa) Bei schriftlichen Eintragungsanträgen hat die für die Entgegennahme eines Eintragungsantrags zuständige Person, der der Antrag zuerst zugeht, das Schriftstück mit dem Eingangsvermerk zu versehen. Im Vermerk ist der Zeitpunkt des Eingangs nach Tag, Stunde und Minute sowie die Zahl etwaiger Anlagen anzugeben. Die Verwendung eines Datumsstempels ist zulässig. Stunde und Minute sind gegebenenfalls handschriftlich einzufügen. Der Eingangsvermerk ist zu unterschreiben.

bb) Der Eingangsvermerk soll in die rechte obere Ecke der ersten Seite des Antrags gesetzt werden.

cc) Unverzüglich nach Anbringung des Eingangsvermerkes ist der Antrag zu scannen und die Falldaten sind in das elektronische System aufzunehmen.

dd) Schriftstücke, in denen mindestens eine Seite ein größeres Format als DIN A3 aufweist, sind in Amtshilfe durch die Grundbuchämter, die über einen A0-Scanner verfügen, für die übrigen Grundbuchämter zu scannen. Dazu sind die Schriftstücke unverzüglich dorthin zu senden. Die zuständige Person des amtshilfeleistenden Grundbuchamts überträgt die Schriftstücke in ein elektronisches Dokument und versieht dieses mit einem Vermerk und einer elektronischen Signatur nach § 97 der Grundbuchverfügung. Der Vermerk muss enthalten, dass die Übertragung in ein elektronisches Dokument im Wege der Amtshilfe erfolgte. Das elektronische Dokument und die Signaturdatei werden anschließend vom zuständigen Grundbuchamt in die entsprechende elektronische Grundakte übernommen. Die Schriftstücke sind an das zuständige Grundbuchamt zurückzusenden und dort nach Ziffer III Nummer 2 Buchstabe c aufzubewahren.

c) Wird ein Antrag auf Eintragung in das Grundbuch zur Niederschrift einer für die Entgegennahme von Anträgen oder Ersuchen zuständigen Person erklärt, ist der Zeitpunkt des Abschlusses der Niederschrift, zu dem auch deren Unterzeichnung gehört, zu vermerken.

d) Gelangen Anträge auf Eintragung in das Grundbuch nicht unmittelbar zu einer für die Entgegennahme zuständigen Person, sind sie einer solchen unverzüglich zuzuleiten. Dies gilt auch, wenn Eintragungsanträge zu Protokoll solcher Bediensteten erklärt werden, die nicht für die Entgegennahme zuständig sind.

e) Wird ein Schriftstück, das einen Eingangsvermerk trägt, herausgegeben, ist der Vermerk in beglaubigter Form auf die zurückzubehaltende beglaubigte Abschrift zu übertragen.

f) Auf dem Briefkasten des Amtsgerichts soll der Hinweis angebracht werden, dass Schriftstücke in Grundbuchsachen zur Vermeidung von Nachteilen nicht einzuwerfen, sondern in der Geschäftsstelle des Grundbuchamts abzugeben sind.

2. Registratur und Statistik

a) Für die Erfassung der Geschäfte in Grundbuchsachen gilt § 3 der Geschäftsübersichten nach Ziffer II Nummer 2 der VwV Geschäftsstatistik der ordentlichen Gerichte und Staatsanwaltschaften vom 19. Dezember 2022 (SächsJMBl. 2023 S. 66), in der jeweils geltenden Fassung. Zur Erfassung ist von der Geschäftsstelle die Eingangsliste im Fachverfahren SolumSTAR (Liste 10) zu führen.

b) Abweichend von § 3 Absatz 8 Satz 3 der Geschäftsübersichten erfolgt die Erfassung der Fortführungsnachweise unter Position 12 02 20 der Anlage 1 der Geschäftsübersichten entsprechend der Anzahl der Fortführungsfälle, unabhängig davon, wer die Eintragung vornimmt.

c) Die für die Grundbuchführung zuständige Person erfasst ihre Erledigung in einem Erhebungsbogen. Die Erfassung der Erledigung in dem Erhebungsbogen wird vorgenommen, nachdem eine Eintragung in das Grundbuch vollzogen oder eine Zurückweisung oder Antragsrücknahme des Eintragungsantrags erfolgt ist. Die Erfassung hat auf dem Vordruck GS 11 der Vordrucksammlung beim Oberlandesgericht Dresden1 in der Tabelle „Erhebungsbogen Monatliche Geschäftsstatistik Grundbuchamt" zu erfolgen.

d) Die Ergebnisse der Zählung werden monatlich in dem Vordruck GS 11 in der Tabelle „Erhebungsbogen Monatliche Geschäftsstatistik Grundbuchamt" zusammengefasst. Die Tabellen sind quartalsweise jeweils bis zum 15. des dem Quartalsende folgenden Monats unter Beteiligung der Landgerichte dem Oberlandesgericht zu übermitteln. Die Übermittlung hat in elektronischer Form als Excel-Datei zu erfolgen. Die Tabellen „Erhebungsbogen Monatliche Geschäftsstatistik Grundbuchamt" (GS 11) verbleiben bei den Amtsgerichten. Beim Oberlandesgericht werden die Meldungen aller Grundbuchämter gesammelt und in dem „Erhebungsbogen Vierteljährliche Geschäftsstatistik Grundbuchämter" (GS 12) der Vordrucksammlung beim Oberlandesgericht Dresden zusammengefasst. Das Oberlandesgericht übermittelt diesen Erhebungsbogen in elektronischer Form als Excel-Datei quartalsweise jeweils bis zum letzten Werktag des dem Quartalsende folgenden Monats an das Staatsministerium der Justiz und für Demokratie, Europa und Gleichstellung.

e) Für das Grundbuchamt ist maschinell ein Verzeichnis der unerledigten Eintragungsanträge mit der Bezeichnung „Fallübersicht" zu führen.

3. Abgabe an ein anderes Grundbuchamt

a) Ist für die Erledigung eines elektronischen Eintragungsantrags ein anderes Grundbuchamt zuständig, sind die Antragstellenden oder die ersuchende Behörde unverzüglich zu benachrichtigen. Eine elektronische Weiterleitung erfolgt nicht.

b) Sind für die Erledigung eines schriftlichen Eintragungsantrags andere Grundbuchämter zuständig, soll der Antrag, vorbehaltlich einer anderen Entscheidung der für die Grundbuchführung zuständigen Person, an diese abgegeben werden. Die Antragstellenden oder die ersuchende Behörde sind von der Abgabe zu benachrichtigen. Erfolgt keine Abgabe, gilt Buchstabe a entsprechend.

c) Ist für die Erledigung eines schriftlichen Eintragungsantrags teilweise ein anderes Grundbuchamt zuständig, erledigt zunächst das Grundbuchamt, bei dem der Antrag eingegangen ist, den Antrag innerhalb seiner Zuständigkeit. Danach übersendet es die erforderlichen Unterlagen dem anderen Grundbuchamt und bewirkt gegebenenfalls die Mitteilung nach Ziffer XVIII Nummer 4 der Verwaltungsvorschrift des Sächsischen Staatsministeriums der Justiz und für Demokratie, Europa und Gleichstellung über Mitteilungen in Zivilsachen vom 6. November 2006 (SächsJMBl. S. 153), die zuletzt durch die Verwaltungsvorschrift vom 20. September 2021 (SächsJMBl. S. 91) geändert worden ist, zuletzt enthalten in der Verwaltungsvorschrift vom 9. Dezember 2021 (SächsABl. SDr. S. S 199). Buchstabe b Satz 2 gilt entsprechend. Dies gilt entsprechend, wenn mehrere andere Grundbuchämter teilweise zuständig sind.

d) Buchstabe c Satz 2 bis 4 ist nicht anzuwenden, wenn sich aus den Schriftstücken ergibt oder sonst bekannt geworden ist, dass der Antrag bereits bei jedem beteiligten Grundbuchamt gesondert gestellt wurde oder gestellt werden wird.

4. Empfangsbestätigung

Der einliefernden Person eines Schriftstücks ist von der Geschäftsstelle auf Verlangen eine Empfangsbestätigung zu erteilen. Ein Schriftstück ist nur gegen eine Empfangsbestätigung oder einen sonstigen Nachweis zurückzugeben.

VI. Eintragungen und Mitteilungen

1. Eintragungsverfügung

a) Die für die Grundbuchführung zuständige Person veranlasst die Eintragung im Fachverfahren SolumSTAR.

b) Jede Eintragung hat den Tag der Eintragung zu enthalten. Tag der Eintragung ist der Tag, an dem die Abspeicherung erfolgt und die Wiedergabefähigkeit eingetreten ist. Auf § 75 der Grundbuchverfügung wird verwiesen.

c) Erledigte Grundbucheintragungen und -löschungen, Empfangsstellen der Eintragungsmitteilungen und Grundbuchausdrucke, Angaben zu Grundpfandrechtsbriefen sowie Kosten und Statistik werden im Erledigungsprotokoll gespeichert. Das elektronische Erledigungsprotokoll wird nach Abschluss des Eintragungsfalls zu den Grundakten genommen. Wird bei Beteiligung mehrerer Grundakten nicht zu jeder Grundakte ein Erledigungsprotokoll erzeugt, ist in den Grundakten, zu denen kein Erledigungsprotokoll gefertigt wird, auf die Stelle hinzuweisen, an der die Ausführung der Eintragung vermerkt ist.

2. Eintragungen zur Bezeichnung der Grundstücke im Bestandsverzeichnis

a) In der Spalte 3 a/b des Bestandsverzeichnisses sind die Bezeichnungen der Gemarkung und darunter die Flurstücksnummern einzutragen. Die Eintragung der Bezeichnung der Gemarkung unterbleibt, wenn diese Bezeichnung mit der Bezeichnung des Grundbuchbezirks übereinstimmt. Soweit Fluren vorhanden sind, wird deren Nummer unter Voranstellung des Wortes „Flur" im Anschluss an die Bezeichnung der Gemarkung angegeben.

b) In Spalte 3 c des Bestandsverzeichnisses sind die Lage und die Wirtschaftsart des Flurstücks einzutragen. Die Lage des Flurstücks ist unter der im Liegenschaftskataster verwendeten Bezeichnung zu übernehmen. Die Zuordnung der Nutzung laut dem Liegenschaftskataster zu der Wirtschaftsart im Grundbuch ergibt sich aus der Anlage. Die Wirtschaftsart ist im Fall einer Änderung auf Grund der Aktualisierung der tatsächlichen Nutzung im Liegenschaftskataster von Amts wegen zu berichtigen, sobald ein Flurstück neu im Bestandsverzeichnis des Grundbuchs einzutragen ist. Hierzu bedarf es nicht der Vorlage eines Fortführungsnachweises. Die Eintragung ist durch Datenübernahme der Flurstücksangaben im Fachverfahren SolumSTAR vorzunehmen.

3. Eintragung von Gesamtrechten

a) Ist das Grundbuchamt bei der Eintragung von Gesamtrechten nicht selbst für die Eintragung bei allen Grundstücken zuständig und wird die Mithaft der Grundstücke, deren Grundbuchblätter es nicht führt, zugleich mit der Eintragung des Rechts vermerkt, soll vorher bei den anderen beteiligten Grundbuchämtern angefragt werden, ob die Grundstücke in den Eintragungsunterlagen grundbuchmäßig richtig bezeichnet sind.

b) Zur Durchführung des § 48 der Grundbuchordnung bewirkt das Grundbuchamt die Mitteilung nach Ziffer XVIII Nummer 4 der Verwaltungsvorschrift des Sächsischen Staatsministeriums der Justiz und für Demokratie, Europa und Gleichstellung über Mitteilungen in Zivilsachen. Im Fall des Buchstaben a ist die Bezeichnung der mitbelasteten Grundstücke mit den eingehenden Mitteilungen der anderen Grundbuchämter zu vergleichen. Ist die Mithaft der anderen Grundstücke noch nicht vermerkt oder ergeben sich Unstimmigkeiten, sind die Mitteilungen der für die Grundbuchführung zuständigen Person vorzulegen.

c) Sofern nicht nach Ziffer V Nummer 3 Buchstabe c zu verfahren ist, ist in geeigneter Weise zu überwachen, ob der Antrag auf Eintragung des Gesamtrechtes auch bei den anderen Grundbuchämtern gestellt wird.

4. Mitteilungen

a) Wird der Eintragungsantrag von einer Notarin oder einem Notar im Namen des Antragsberechtigten gestellt, ist die den Antragstellenden bekannt zu machende Eintragung nur der Notarin oder dem Notar mitzuteilen.

b) Die für die Grundbuchführung zuständige Person ordnet die Mitteilungen an und bezeichnet die Empfangsstellen im Einzelnen.

c) Die Mitteilung hat schriftlich oder elektronisch durch Übermittlung des Eintragungstextes unter Angabe der Eintragungsstelle im Grundbuch zu erfolgen. In der Mitteilung ist die Gemarkung und die Flurstücksnummer, gegebenenfalls auch die Flur des betroffenen Grundstücks, sowie der Name des Eigentümers, bei einem Eigentumswechsel auch der Name des bisherigen Eigentümers, anzugeben. Die Angabe der Gemarkung kann unterbleiben, wenn diese mit dem Grundbuchbezirk übereinstimmt.

d) Bei den Mitteilungen zu steuerlichen Zwecken nach Ziffer XVIII Nummer 5 der Verwaltungsvorschrift des Sächsischen Staatsministeriums der Justiz und für Demokratie, Europa und Gleichstellung über Mitteilungen in Zivilsachen ist zu beachten, dass das Sterbejahr des Erblassers und der Tag des Eingangs des Eintragungsantrags beim Grundbuchamt unmittelbar an das zuständige Finanzamt zu richten sind. Die Anmerkung nach Ziffer XVIII Nummer 5 der Verwaltungsvorschrift des Sächsischen Staatsministeriums der Justiz und für Demokratie, Europa und Gleichstellung über Mitteilungen in Zivilsachen, nach der Mitteilungen über den Staatsbetrieb Geobasisdateninformation und Vermessung Sachsen unter Verwendung des Verfahrens ALKIS zugeleitet werden, gilt hier nicht.

e) Die Empfangsstellen der Eintragungsmitteilungen ergeben sich aus dem Erledigungsprotokoll. Ergänzend dazu ist ein Mitteilungsschreiben mit dem vollständigen Eintragungstext zur Grundakte zu nehmen.

VII. Einsicht in die Grundbücher und Grundakten

1. Gewährung der Einsicht

a) Die Einsicht in das Grundbuch und die Grundakten ist an einem hierfür bestimmten Platz und in ständiger Anwesenheit von Bediensteten des Grundbuchamts zu gewähren.

b) Die Einsicht in das maschinell geführte Grundbuch, in Hilfsverzeichnisse und elektronische Grundakten kann gemäß den §§ 132 und 139 Absatz 2 der Grundbuchordnung auch bei einem anderen als dem Grundbuchamt genommen werden, das dieses Grundbuch führt, wenn die technischen Voraussetzungen dafür vorliegen.

2. Einsicht zu allgemeinen Zwecken

a) Über Anträge von Privatpersonen, ihnen im Verwaltungswege die Einsicht in Grundbücher oder Grundakten zu gestatten, entscheidet die Leitung des Amtsgerichts. Entsprechende Anträge sind ihr mit einer Stellungnahme vorzulegen, ob gegen die Gewährung der Einsicht Bedenken bestehen.

b) Einem Antrag kann unter dem Vorbehalt des jederzeitigen Widerrufs stattgegeben werden, wenn dargelegt wird, dass dadurch unterstützungswürdige Zwecke, insbesondere wissenschaftliche Studien gefördert werden, die Belange der Eigentümer oder sonstiger Beteiligter nicht beeinträchtigt werden und wenn sichergestellt ist, dass mit den gewonnenen Informationen kein Missbrauch getrieben wird. Auch darf der Geschäftsgang des Grundbuchamts nicht unangemessen belastet werden.

3. Übermittlung von Grundbuchabschriften per Telefax

a) Grundbuchabschriften können auf Antrag per Telefax übermittelt werden, wenn die Eilbedürftigkeit dargelegt und der Geschäftsgang des Grundbuchamts nicht unangemessen belastet wird. Ein Anspruch auf Übermittlung einer Grundbuchabschrift per Telefax besteht nicht. Eine Nutzung des UMS Faxdienstes steht der Nutzung des Telefaxes gleich.

b) Bei der Übersendung sind folgende Punkte zu beachten:

aa) Die vom empfangenden Gerät abgegebene Kennung ist sofort zu überprüfen, damit die Verbindung bei Wählfehlern sofort abgebrochen werden kann.

bb) Es ist zu kontrollieren, ob die Übertragung störungsfrei und vollständig die Empfangsstelle erreicht hat.

cc) Die Dokumentationspflicht ist zu beachten. Es ist ein Deckblatt des Grundbuchamts mit Angaben zu Empfangsstelle, Absender, Zahl der zu übertragenden Seiten und weiteren Nachrichten zu verwenden. Das Übersendungsprotokoll ist bei dem Antrag aufzubewahren.

VIII. Erhaltung der Übereinstimmung zwischen Grundbuch und Liegenschaftskataster

1. Datenaustausch

Für die Mitteilungen des Grundbuchamts bei Veränderungen in der Buchung eines Grundstücks im Grundbuch und bei Veränderungen in der ersten Abteilung des Grundbuchs nach Ziffer XVIII Nummer 1 der Verwaltungsvorschrift des Sächsischen Staatsministeriums der Justiz und für Demokratie, Europa und Gleichstellung über Mitteilungen in Zivilsachen gelten die folgenden Besonderheiten:

a) Beim Grundbuchamt wird im Fachverfahren SolumSTAR ein elektronisches Flurstücks- und Eigentümerverzeichnis geführt. Die Veranlassung der Mitteilung von Veränderungen an die Katasterbehörde erfolgt direkt über SolumSTAR. Der Datenaustausch zwischen Grundbuchamt und der katasterführenden Behörde wird durch Datenaustausch über die Zentrale Grundbuchdatenstelle und die obere Vermessungsbehörde abgesichert.

b) Ist ein Datenaustausch nach Buchstabe a nicht möglich, stellt das Grundbuchamt sicher, dass die Mitteilung nachgeholt wird.

2. Auszüge aus Fortführungsnachweisen

a) Das Grundbuchamt erhält von der katasterführenden Behörde laufend Mehrfertigungen von bestandskräftigen Fortführungsnachweisen als elektronische Datei und qualifiziert signiertes elektronisches Dokument, soweit Angaben des Grundbuchs betroffen sind. Aufgrund dieser Unterlagen ändert das Grundbuchamt die Bestandsangaben im Grundbuch.

b) Kann eine Veränderung oder Berichtigung erst nach Beseitigung von Unstimmigkeiten in das Grundbuch übernommen werden, soll das Grundbuchamt in Verbindung mit der katasterführenden Behörde die Sache aufklären und, soweit erforderlich, die Beteiligten unter Hinweis auf ihre Interessen zur Mitwirkung veranlassen.

3. Vollzug der Veränderungen, Benachrichtigungen

a) Die Bestandsangaben sind in der Weise zu ändern oder zu berichtigen, dass das Grundstück mit den neuen Angaben unter einer neuen laufenden Nummer eingetragen wird. § 13 Absatz 1 der Grundbuchverfügung ist entsprechend anzuwenden. Sofern die Übersichtlichkeit und die automatische Rückmeldung über die automatisierte Schnittstelle nicht beeinträchtigt werden, kann die neue Angabe unter oder über der rot zu unterstreichenden bisherigen Angabe eingetragen werden.

b) Von der Veränderung oder Berichtigung ist der Eigentümer in folgenden Fällen zu benachrichtigen: Änderung der Gemarkung, der Flur, der Flurstücksnummer sowie Zerlegungen, Verschmelzungen und Änderungen der Größe.

IX. Grundpfandrechtsbriefe

1. Reinschrift des Briefs

a) Die Reinschrift des Grundpfandrechtsbriefs ist maschinell über das Fachverfahren SolumSTAR zu erstellen. Jeder als Reinschrift hergestellte Grundpfandrechtsbrief und Teilbrief ist nach dem Ausdruck und nach dem Anbringen nachträglicher Vermerke zu scannen und als elektronisches Dokument zur elektronischen Grundakte zu nehmen.

b) Bei Schreibversehen ist nicht zu radieren, sondern ein neuer Vordruck zu verwenden. Schreibversehen in nachträglichen Vermerken auf Briefen sind zu berichtigen. Der ursprüngliche Text muss jedoch leserlich bleiben. Die Berichtigung ist am Schluss des Vermerks zu bescheinigen.

c) Die Geschäftsnummer und sonstige Vermerke über die geschäftliche Erledigung sind nicht auf den Briefen anzubringen.

2. Briefvordrucke

Für die Ausfertigung der Grundpfandrechtsbriefe dürfen nur die bundeseinheitlich gestalteten amtlichen Vordrucke A, B und C von der Bundesdruckerei in Berlin verwendet werden. Der Vordruck C ist insbesondere für die auf den Vordrucken A und B nicht angegebenen Fälle bestimmt, zum Beispiel für Rentenschuldbriefe.

3. Grundpfandrechtsbriefe bei Gesamtrechten

a) Die beteiligten Grundbuchämter haben bei Gesamtrechten Übereinstimmung herbeizuführen, welches Grundbuchamt die einzelnen Briefe miteinander verbindet.

b) Bei Änderungen und Ergänzungen von Briefen, für die mehrere Grundbuchämter zuständig sind, hat in der Regel das Grundbuchamt, bei dem der Brief eingereicht wird, die Verbindung zu lösen und die einzelnen Briefe unter Hinweis auf den Antrag mit einer Bescheinigung der Vollzähligkeit des Gesamtbriefs sowie gegebenenfalls mit den erforderlichen Unterlagen an die beteiligten Grundbuchämter zu übersenden. Diese Grundbuchämter senden nach der Änderung oder Ergänzung der Einzelbriefe diese an das absendende Grundbuchamt zum Zwecke der Wiederherstellung des Gesamtbriefs zurück. Soweit dies zweckmäßig erscheint, insbesondere, wenn nur zwei Grundbuchämter zuständig sind, kann das zuerst mit der Sache befasste Grundbuchamt nach Ergänzung oder Änderung seines Einzelbriefs die Vorgänge ohne Verbindung der Briefe an das andere Grundbuchamt zur weiteren Bearbeitung und Wiederherstellung des Gesamtbriefs senden.

c) Zur vorgeschriebenen Verbindung ist eine Schnur in den Farben Weiß und Grün zu verwenden.

4. Aushändigung des Briefs

a) Über die Aushändigung neuer Grundpfandrechtsbriefe und die Rückgabe eingereichter Briefe muss sich ein Nachweis bei den Grundakten befinden. Wird der Brief in der Amtsstelle oder durch Bedienstete des Grundbuchamts ausgehändigt, hat die empfangende Person den Empfang schriftlich zu bestätigen. Die Übersendung durch die Post erfolgt durch Einschreiben gegen Rückschein. Auf dem Rückschein ist die Geschäftsnummer anzugeben. Ist die Empfangsstelle eine Notarin oder ein Notar, ein Kreditinstitut oder eine Bausparkasse, genügt die Versendung mit Einschreiben oder durch einfachen Brief mit Empfangsbestätigung.

b) Sind der Empfangsstelle mehrere Briefe zu übersenden, können diese zu einer Sendung zusammengefasst werden. Auf dem Rückschein sind sämtliche Geschäftsnummern zu vermerken. Der von der empfangenden Person unterzeichnete Rückschein oder der Beleg für die Versendung mit Einschreiben ist zu den Grundakten eines der beteiligten Grundbuchblätter zu nehmen, in den anderen Grundakten ist auf die Stelle zu verweisen, an der sich der Rückschein befindet.

5. Bestellung der Briefvordrucke

a) Die bundeseinheitlich gestalteten Vordrucke werden von der Bundesdruckerei in Berlin hergestellt. Die Gerichte haben bei der Bestellung der Vordrucke die von der Bundesdruckerei in Berlin zur Verfügung gestellten Bestellscheinsätze zu verwenden. Die Amtsgerichte können bei Bedarf die Vordrucke direkt bei der Bundesdruckerei in Berlin bestellen.

b) Die Bestellungen sind 100-stückweise vorzunehmen, die kleinste Bestellmenge beträgt 100 Stück für jede Gruppe.

6. Lieferung der Briefvordrucke

Die Bundesdruckerei sendet die Vordrucke unter direkter Rechnungslegung unmittelbar an die Amtsgerichte. Nach Eingang sind die Briefvordrucke auf Vollständigkeit und fortlaufende Nummernfolge zu überprüfen.

7. Verwahrungsbedienstete

a) Durch die Leitung des Amtsgerichts sind Bedienstete für die Verwahrung von Grundpfandrechtsbriefen (Verwahrungsbedienstete) zu bestimmen.

b) Die Verwahrungsbediensteten haben den Vordruckbestand und dem Grundbuchamt vorgelegte Grundpfandrechtsbriefe unter sicherem Verschluss zu verwahren.

c) Die Verwahrungsbediensteten haben die Briefvordrucke an Notarinnen oder Notare auszuhändigen, wenn sie von diesen zur Herstellung von Teilbriefen benötigt werden.

8. Nachweisung der Briefvordrucke

a) Der Verbleib eines jeden Briefvordrucks muss in einwandfreier Weise nachgewiesen werden können. Die Briefvordrucke dürfen daher nur den Verwahrungsbediensteten zugänglich sein. Sie dürfen insbesondere nicht summarisch an die einzelnen Grundbuchreferate abgegeben und dort zum allmählichen Verbrauch aufbewahrt werden.

b) Die Verwahrungsbediensteten haben für jede Vordruckart getrennt eine Nachweisung zu führen, die nach den Vordrucken GS 2 (Nachweisung über Eingang von Grundpfandrechtsbriefen) und GS 2 a (Nachweis über Ausgabe von Grundpfandrechtsbriefen) der Vordrucksammlung beim Oberlandesgericht Dresden einzurichten ist. Die Nachweisungen sind dauernd aufzubewahren.

c) Empfangende Person des Briefvordrucks im Sinne der Spalten 6 und 7 des Nachweises über die Ausgabe von Grundpfandrechtsbriefen ist, wenn das Grundbuchamt selbst den Brief erteilt, diejenige Person, der die Herstellung der Reinschrift des Briefs obliegt. Wird ein Teilbrief von einer Notarin oder einem Notar hergestellt, ist diese oder dieser als Empfangsstelle zu bezeichnen. In Spalte 5 ist dann die dortige Geschäftsnummer anzugeben. Statt der Unterzeichnung in Spalte 7 genügt ein schriftliches Empfangsbekenntnis, das zu den Sammelakten zu nehmen ist. In Spalte 7 ist gegebenenfalls auf die Sammelakten zu verweisen.

d) Wird ein Briefvordruck unverwendbar, zum Beispiel wegen Beschmutzung oder Verschreibens, ist er an die Verwahrungsbediensteten zurückzugeben und von diesen unter Beteiligung einer oder eines durch die Leitung des Amtsgerichts bestimmten weiteren Bediensteten alsbald zu vernichten. Die Vernichtung ist in Spalte 7 des Nachweises über die Ausgabe von Grundpfandrechtsbriefen hinter dem Aushändigungsvermerk von beiden Bediensteten zu bescheinigen.

e) Die Nachweisung und die Belege hierzu sind jährlich mindestens einmal durch die Leitung des Amtsgerichts oder deren beauftragten Bediensteten zu prüfen. Die Prüfung hat sich darauf zu erstrecken, ob die Briefvordrucke unter sicherem Verschluss aufbewahrt werden und ob die nach der Nachweisung nicht verausgabten Briefvordrucke als Bestand vorhanden sind.

9. Aufbewahrung bereits erteilter Grundpfandrechtsbriefe

a) Die Verwahrungsbediensteten haben über die Annahme zur Aufbewahrung und die Herausgabe bereits erteilter Grundpfandrechtsbriefe jahrgangsweise eine Aufbewahrungsliste nach dem Vordruck GS 3 (Aufbewahrungsliste für Grundpfandrechtsbriefe) der Vordrucksammlung beim Oberlandesgericht Dresden zu führen. Die Annahme ist in der Aufbewahrungsliste von den Verwahrungsbediensteten und die Herausgabe ist von der empfangenden Person des Grundpfandrechtsbriefs zu unterzeichnen.

b) Die laufende Nummer der Aufbewahrungsliste ist bei der Verfügung in den Grundakten zu vermerken.

c) Die Verwaltung bereits erteilter und wieder in den Geschäftsgang des Grundbuchamts gelangter Grundpfandrechtsbriefe kann auch über die elektronische Briefverwaltung in SolumSTAR erfolgen.

d) Für die Aufbewahrungsliste gilt Ziffer IX Nummer 8 Buchstabe e entsprechend.

X. Entbehrlichkeit der Unbedenklichkeitsbescheinigung

Eigentümer oder Erbbauberechtigte sind in das Grundbuch einzutragen, ohne dass die Unbedenklichkeitsbescheinigung nach § 22 Absatz 1 Satz 1 des Grunderwerbsteuergesetzes in der Fassung der Bekanntmachung vom 26. Februar 1997 (BGBl. I S. 418, 1804), das zuletzt durch Artikel 23 des Gesetzes vom 16. Dezember 2022 (BGBl. I S. 2294) geändert worden ist, vorgelegt wird, wenn

a) sie Alleinerbe oder Miterben des eingetragenen Eigentümers oder Erbbauberechtigten sind und die Erbfolge durch einen Erbschein oder eine öffentlich beurkundete Verfügung von Todes wegen zusammen mit der Niederschrift über die Eröffnung dieser Verfügung nachgewiesen wird,

b) sie Alleinerbe oder Miterben eines verstorbenen Alleinerben oder eines verstorbenen Miterben sind, ohne dass die vorhergegangene Erbfolge in das Grundbuch eingetragen wurde und die Erbfolge durch die in Buchstabe a bezeichneten Urkunden nachgewiesen wird,

c) der Erwerb ein geringwertiges Grundstück, Gebäudeeigentum oder Erbbaurecht betrifft, die Gegenleistung pro Erwerber 2 500 Euro nicht übersteigt und sie ausschließlich in Geld oder durch Übernahme bestehender Hypotheken oder Grundschulden entrichtet wird,

d) das Grundstück zwischen Partnerinnen und Partnern einer Ehe oder Lebenspartnerschaft übertragen wird,

e) das Grundstück zwischen Personen, die in gerader Linie verwandt sind, übertragen wird, den Abkömmlingen stehen die Stiefkinder gleich, den Verwandten in gerader Linie und den Stiefkindern stehen deren Ehegattinnen und Ehegatten oder deren Lebenspartnerinnen und Lebenspartner gleich,

f) der Erwerb nach § 34 des Vermögensgesetzes in der Fassung der Bekanntmachung vom 9. Februar 2005 (BGBl. I S. 205), das zuletzt durch Artikel 15 Absatz 33 des Gesetzes vom 4. Mai 2021 (BGBl. I S. 882) geändert worden ist, durch die berechtigte Person im Sinne von § 34 Absatz 3 des Vermögensgesetzes erfolgt und die Berechtigung nicht durch Abtretung, Verpfändung oder Pfändung erlangt wurde,

g) das Grundstück nach § 6 Absatz 1 des Bundesfernstraßengesetzes in der Fassung der Bekanntmachung vom 28. Juni 2007 (BGBl. I S. 1206), das zuletzt durch Artikel 6 des Gesetzes vom 22. März 2023 (BGBl. 2023 I S. 88) geändert worden ist, § 12 Absatz 1 des Sächsischen Straßengesetzes vom 21. Januar 1993 (SächsGVBl. S. 93), das zuletzt durch Artikel 1 des Gesetzes vom 20. August 2019 (SächsGVBl. S. 762; 2020 S. 29) geändert worden ist, oder § 5 Absatz 2 des Vermögenszuordnungsgesetzes in der Fassung der Bekanntmachung vom 29. März 1994 (BGBl. I S. 709), das zuletzt durch Artikel 3 des Gesetzes vom

3. Juli 2009 (BGBl. I S. 1688) geändert worden ist, in den jeweils geltenden Fassungen, auf eine andere Gebietskörperschaft übertragen wird,

h) sich der Grundstückserwerb aus der Durchführung der §§ 20 bis 24 des Bundeseisenbahnneugliederungsgesetzes vom 27. Dezember 1993 (BGBl. I S. 2378, 1994 I S. 2439), das zuletzt durch Artikel 14 Absatz 2 des Gesetzes vom 28. Juni 2021 (BGBl. I S. 2250) geändert worden ist, in der jeweils geltenden Fassung, ergibt,

i) sich der Grundstückserwerb aus der Durchführung des Landwirtschaftsanpassungsgesetzes in der Fassung der Bekanntmachung vom 3. Juli 1991 (BGBl. I S. 1418), das zuletzt durch Artikel 136 des Gesetzes vom 10. August 2021 (BGBl. I S. 3436) geändert worden ist, ergibt, sofern die Behörde nach § 67 Absatz 2 des Landwirtschaftsanpassungsgesetzes dies bestätigt,

j) der Grundstücksübergang als unmittelbare Rechtsfolge des Zusammenschlusses kommunaler Gebietskörperschaften oder aus Anlass der Aufhebung der Kreisfreiheit einer Gemeinde auf eine andere Gebietskörperschaft erfolgt,

k) der Erwerb eine Grundstücksteilfläche betrifft, für die die Unbedenklichkeitsbescheinigung für den vorläufigen Kaufpreis vorliegt und nach dem Ergebnis der Vermessung eine Ausgleichspflicht einer Vertragspartei entsteht, die pro Erwerber einen Geldbetrag von 2 500 Euro nicht übersteigt.

XI. Inkrafttreten, Außerkrafttreten

Diese Verwaltungsvorschrift tritt am Tag nach der Veröffentlichung in Kraft. Gleichzeitig tritt die VwV Grundbuchsachen vom 31. Januar 2020 (SächsJMBl. S. 10), enthalten in der Verwaltungsvorschrift vom 9. Dezember 2021 (SächsABl. SDr. S. 199), außer Kraft.

Stichwortverzeichnis

fette Zahlen = Paragrafen, magere Zahlen = Randnummern

Abgabe GBV 27a 1 f.
Abgeschlossenheitsbescheinigung Einl. 3 120 ff.
Abhilfe GBO 78 69
– Voraussetzungen GBO 75 7 ff.
Abhilfeentscheidung
– Anfechtung GBO 75 19
Abhilfepflicht GBO 75 4 ff.
Abhilfeverfahren GBO 75 1 ff., 4 ff., 12 ff., 13 ff.
– Abhilfeentscheidung, Form GBO 75 12
– Abhilfeentscheidung, Gerichtsgebühr für Beschwerdeverfahren GBO 75 13
– Abhilfeentscheidung, Inhalt GBO 75 14 ff.
– Abhilfepflicht GBO 75 4 ff.
– Anschlussbeschwerde GBO 75 4
– Mängel des Verfahrens GBO 75 11
– reformatio in peius GBO 75 16
– unzulässige Beschwerde GBO 75 7
– Zeitpunkt der Abhilfe GBO 75 4
– Zuständigkeit GBO 75 10
Ablehnung
– Gründe GBO 81 12
Ablöserecht
– Beitrittsgebiet GBBerG 10 1 ff.
– Hinterlegungsbetrag GBBerG 10 4 ff.
Ablösung Einl. 7 49 ff.
Abrufverfahren GBV 80 1 ff.
– Abruf aufgrund Genehmigung GBO 133 38 ff.
– Abruf aufgrund Verwaltungsvereinbarung GBO 133 42
– Abrufberechtigte, eingeschränkt GBO 133 8 ff., 20 ff.
– Abrufberechtigte, uneingeschränkt GBO 133 5 ff., 17 ff.
– Anforderungen Abrufender GBO 133 36 f.
– Anforderungen Grundbuchamt GBO 133 34 ff.
– Anforderungen, technische GBO 133 34 ff.
– Arten GBV 81 7 ff.
– Aufbewahrung GBV 83 8 ff.
– Auskunftspflicht GBV 83 8 ff.
– automatisiertes GBO 133 1 ff.
– Codezeichen GBV 82 6 ff.
– Darlegungserklärung GBV 82 9 f.
– Einrichtung Verfahren GBV 82 1 ff.
– Einrichtungsvertrag GBV 81 1 ff.
– Gebühren GBO 133 38 ff. GBV 82 12
– Genehmigungsverfahren GBV 81 1 ff.
– Grundakte, elektronische GBO 139 4 ff. GBV 99 5 ff.
– Kontrollablauf GBO 133 32 f.
– Kontrolle GBO 133 26 f. GBV 84 1 ff.
– Kündigung GBV 81 17
– Möglichkeiten, andere GBV 80 13 f.
– Notar GBV 85 1 ff.; 85a 1 ff.

– Nutzerkreis, zugelassener GBO 133 5 ff. GBV 81 4 ff.
– Protokoll, Auswertung GBV 83 8 ff.
– Protokollierung GBV 82 11; 83 1 ff.; 85a 1 ff.
– Protokollierungspflicht GBV 83 5 ff.
– Reichweite GBV 81 13 ff.
– Vorschriften, grundlegende GBO 133 28 ff.
– Zulassung GBO 133 11 ff. GBV 81 7 ff.
– Zulassung, Entzug/Aussetzung der GBV 81 16 ff.
– Zulassungsreichweite GBO 133 24 f.
– Zulassungsvoraussetzungen GBO 133 13 ff. GBV 81 12
– Zuständigkeit GBV 81 10 f.
Abschreibung
– auf Blatt, altem GBV 13 11 f.
– Ausführung GBV 6 23
– Benachrichtigung GBV 25 14
– Bestandsverzeichnis GBV 6 20 ff.
– Datenbankgrundbuch GBV 76a 3
– Eintragung GBV 13 10 ff.
– Grundstücksteil GBO 2 13 GBV 13 15
– Vermerk GBV 71 9
– Zuständigkeit GBV 25 13 ff.
Abschriften/Ausdrucke GBV 44 1 ff.; 85 1 ff.
– Abschrift GBO 12 13 GBV 77 4 ff.
– Arten GBO 131 6 ff.
– Aufbewahrungsfrist GBV 46a 4
– beglaubigte GBO 35 106 GBV 44 1 ff.
– Behörde GBV 43 1 ff.
– Einsicht GBV 77 4 ff.
– Ersatzausdruck GBO 148 16
– Grundbuchverfahren, maschinelles GBO 131 1 ff.
– Interesse, berechtigtes GBV 43 3 ff.
– Kosten GBO 131 14 GBO 78 9
– Notar GBV 43 1 ff.
– Rechtsmittel GBV 44 4
– Urkundsbeamter GBO 12c 3 ff.
Absolutheitsgrundsatz Einl. 2 1
Abstraktionsgrundsatz Einl. 2 1
Abteilung II Einl. 6 1 ff.
– Auffangabteilung Einl. 6 1
– Baulast Einl. 6 170 ff.
– Dauerwohn-/-nutzungsrecht Einl. 3 135 ff.
– Dienstbarkeit, beschränkt-persönliche Einl. 6 143 ff.
– Dienstbarkeiten Einl. 6 98 ff.
– Erbbaurecht Einl. 3 150 ff.
– Grunddienstbarkeit Einl. 6 99 ff.
– Nießbrauch Einl. 6 177 ff.
– Reallast Einl. 6 240 ff.
– Sondernutzungsrecht Einl. 3 110 ff.
– Überblick Einl. 6 1 f.

Stichwortverzeichnis

- Veräußerungs-/Verfügungsbeschränkung **Einl. 3** 85 ff., 180 ff.; **4** 6 ff.; **6** 77 ff.
- Vorkaufsrecht **Einl. 6** 202 ff.
- Vormerkung **Einl. 6** 3 ff.
- Widerspruch **Einl. 6** 57 ff.
- Wiederkaufsrecht **Einl. 6** 203, 228 ff.
- Wohnungs-/Teileigentum **Einl. 3** 14 ff.
- Wohnungsrecht **Einl. 6** 158 ff.

Abteilung III Einl. 7 1 ff.
- Abtretungsvormerkung **Einl. 7** 77
- Grundschuld **Einl. 7** 36 ff.
- Hypothek **Einl. 7** 1 ff.
- Löschungsvormerkung **Einl. 7** 69 ff.
- Wirksamkeitsvermerk **Einl. 7** 80
- Zwangsvollstreckungsunterwerfung **Einl. 7** 78 f.

Abtretung GBV 11 15 ff.
- Abtretungsvormerkung **Einl. 7** 77
- an Eigentümer **GBO 26** 19
- Anwartschaft/Anwartschaftsrecht **Einl. 5** 22
- Auflassungsanspruch **GBO 20** 109 ff.
- Bedingung/Befristung **GBO 26** 17
- Eintragung **GBV 17** 5
- Erklärung **GBO 26** 37 ff.
- Form **GBO 26** 44 ff.
- Grundpfandrechte **GBO 26** 1 ff.
- Grundschuld **Einl. 7** 42
- Inhalt **GBO 26** 46 ff.
- künftige **GBO 26** 20
- Teilabtretung **GBO 26** 15 **GBV 17** 5
- Voraussetzungen **GBO 26** 42 ff.

Abzahlungshypothek Einl. 7 4
AGB-/Inhaltskontrolle Einl. 2 43 ff.; **3** 124, 189
Aktenkundigkeit GBO 29 177 ff.
Aktualitätsnachweis GBV 80 14
Akzessorietät Einl. 6 12; **7** 1 ff.
Altenteil Einl. 6 259 ff.
- Begriff **GBO 49** 1 f.
- Belastung **GBO 49** 14
- Berechtigte, mehrere **GBO 49** 13
- Bezeichnung **GBO 49** 11
- Eintragung **GBO 49** 1 ff. **GBV 10** 9
- Gesamtrecht, Zulässigkeit **GBO 48** 6
- Rückstandsfähigkeit **GBO 23** 20

Amtsberichtigungsverfahren
- Aussichtslosigkeit des Zwangsberichtigungsverfahrens **GBO 82a** 5
- Durchführung **GBO 82a** 6
- Erbenermittlung durch Nachlassgericht **GBO 82a** 7
- Grundbucheintragung **GBO 82a** 10
- Kosten **GBO 82a** 12
- Mitteilungspflicht Nachlassgericht **GBO 83** 1 ff.
- Rechtsmittel **GBO 82a** 11
- Undurchführbarkeit des Zwangsberichtigungsverfahrens **GBO 82a** 4
- Voraussetzungen **GBO 82a** 2 ff.

Amtshaftungsklage GBO Vor 71 17

Amtslöschung GBO 41 16; **53** 38 ff.; **82** 3
- Ankündigung **GBO 87** 4 ff.
- Durchführung **GBO 53** 58 ff.; **85** 1 ff.; **87** 16
- Einleitung **GBO 85** 1 ff.
- Eintragung **GBO 84** 1 ff.
- Eintragungen, betroffene **GBO 53** 39
- Entscheidung **GBO 53** 58 ff.
- erloschene Rechte **GBO 84** 9 ff.
- Fehlende Feststellung des Berechtigten **GBO 84** 18
- Feststellung Gegenstandslosigkeit **GBO 87** 2 ff.
- Feststellungsbeschluss **GBO 87** 13 ff.
- Gegenstandslosigkeit **GBO 84** 5 ff.
- Gegenstandslosigkeit aus Rechtsgründen **GBO 84** 7 ff.
- Gegenstandslosigkeit aus tatsächlichen Gründen **GBO 84** 15 ff.
- inhaltlich unzulässige Rechte **GBO 84** 14
- Kosten **GBO 87** 18
- Nacherbenvermerk **GBO 84** 23
- nicht entstandene Rechte **GBO 84** 8
- Pfändung/Verpfändung **GBO 84** 24
- Rechtsmittel **GBO 53** 62; **84** 26; **87** 19
- Unzulässigkeit, inhaltliche **GBO 53** 40 ff.
- Veränderung der tatsächlichen Gegebenheiten **GBO 84** 17
- Veränderung des Grundstücks **GBO 84** 16
- Verfahren **GBO 53** 55 ff.; **84** 25 f.
- Voraussetzungen **GBO 53** 55 ff.; **84** 3 ff.; **87** 1 ff.
- Vorlegung Brief **GBO 53** 64 ff.
- Vormerkung **GBO 84** 19 ff.
- Widerspruch **GBO 84** 22
- Wirkung **GBO 87** 17

Amtslöschungsankündigung
- Adressat **GBO 87** 8 f.
- Frist **GBO 87** 7
- Inhalt und Form **GBO 87** 6
- Weitere Voraussetzungen **GBO 87** 12
- Widerspruch **GBO 87** 10 f.
- Zustellung **GBO 87** 8 f.; **88** 4

Amtslöschungsverfahren
- Ablehnung der Einleitung **GBO 86** 1 ff.
- Bekanntgabe der Entscheidung **GBO 86** 4 f.
- Beschwerde **GBO 89** 1 ff.
- Durchführung **GBO 85** 5
- Einleitung, Voraussetzung für **GBO 85** 2
- Entscheidung **GBO 85** 4
- Entscheidung Grundbuchamt **GBO 85** 3 ff.
- Entscheidung über Einleitung **GBO 86** 2 f.
- Feststellungsbeschluss **GBO 88** 4 f.
- Kosten **GBO 84** 27
- Löschungsankündigung **GBO 88** 4 f.
- Rechtsmittel **GBO 85** 6 ff.
- Verfahren **GBO 88** 1 ff.
- Vorlegung Briefe/Urkunden, andere **GBO 88** 2

Amtspflichten GBO 20 139 ff.

Stichwortverzeichnis

Amtsverfahren Einl. 2 49 f., 52 GBO 77 7
– Beschwerdeverfahren GBO 74 7
Amtswiderspruch GBO 53 1 ff.
– Anwendungsbereich GBO 53 5 ff.
– Auslegung GBO 53 9 f.
– Beseitigung GBO 53 35 ff.
– Fallgruppen GBO 53 14
– Grundbuchamt, Gesetzesverstoß GBO 53 15 ff.
– Grundbuchs, Unrichtigkeit des GBO 53 20 ff.
– Kausalität GBO 53 23
– Umdeutung GBO 53 11
– Voraussetzungen GBO 53 12 ff.
Anerkenntnis GBO 124 3 ff.
Anfechtung GBO 12c 20; 19 140
Angespannter Wohnungsmarkt GBO 20 170
Anhörungsrüge GBO 81 21 ff.; Vor 71 12
– Entscheidung des Gerichts GBO 81 27 ff.
– Form GBO 81 24 ff.
– Frist GBO 81 23
– Kosten und Gebühren GBO 81 30
– Verfahren GBO 81 21 ff.
– Zwischenentscheidungen GBO 81 22
Ankaufsrecht Einl. 6 203
Anlage GBV 96 1 ff.; 107 1 f.
– Scheinbestandteil GBBerG 9a 2
– Unterhaltungspflicht GBBerG 9a 1 ff.
Anmeldung GBO 124 2
Anordnung, einstweilige GBO 76 1 ff.
– Änderung/Aufhebung Entscheidung GBO 76 19
– Anforderungen an Erlass GBO 76 7 f.
– Antrag GBO 76 16
– Aussetzung Vollziehung GBO 76 14
– Bekanntmachung GBO 76 17
– Entscheidung, über GBO 76 16
– Gericht GBO 76 4
– Grundbuchamt GBO 76 5
– Inhalt GBO 76 9 ff.
– Kosten GBO 76 23
– Löschung Vormerkung/Widerspruch GBO 76 20 f.
– Maßnahmen, sonstige GBO 76 15
– Rechtsbeschwerde GBO 78 73
– Rechtsmittel GBO 76 18
– Verfahren GBO 76 16 ff.
– Vormerkung GBO 76 10 ff.
– Widerspruch GBO 76 10 ff.
– Wirkung, aufschiebende GBO 76 22
– Zeitpunkt für Erlass GBO 76 6
Anschlussbeschwerde GBO 73 22 ff.
– Einlegung GBO 73 24
– Verfahren GBO 73 25
– Verzicht GBO 73 34
– Voraussetzungen GBO 73 23
Anschlussrechtsbeschwerde GBO 78 41 ff.
Antrag
– Antragserledigung, Reihenfolge GBO 17 1 ff.
– Beschränkung GBO 74 8

– Bestandteile, notwendige GBO 18 95
– Einschränkung GBO 18 32
– Erledigung GBO 13 98
– früherer GBO 17 28 f.; 18 116 ff.
– Grundbuchberichtigung GBO 82 1 ff.
– Hindernis GBO 18 8 f.
– Klarstellung GBO 18 32
– mehrere GBO 17 1 ff.
– neu gestellter GBO 18 122
– späterer GBO 17 32 ff.
– unwiderruflicher GBO 13 71
– verbundener GBO 18 15, 32
Antragsberechtigung GBO 13 75 ff.; 18 35 ff.
– Begünstigter/Betroffener GBO 13 78 f.; 14 1 ff.
– Behörde, Grundbuchersuchen der GBO 13 99
– Erledigung GBO 13 98
– Erweiterung GBO 14 1 ff.
– Grundbuchersuchen Behörde GBO 14 14 f.
– Notar GBO 15 1 ff.
– Notwendigkeit Berichtigung GBO 14 13
– Personenmehrheiten GBO 13 87 ff.
– Rechtsschutzbedürfnis GBO 13 76
– Titel, vollstreckbarer GBO 14 7 ff.
– Unrichtigkeit Grundbuch GBO 14 3 f.
– Vereinbarung, schuldrechtliche GBO 13 100
– Vollmacht GBO 13 95 f.; 15 1 ff.
– Vollmachtsvermutung GBO 15 14 ff., 22 ff.
– Voraussetzungen, sonstige GBO 14 20
Antragserledigung, Reihenfolge
– Antrag, früherer GBO 17 28 f.
– Antrag, späterer GBO 17 32 ff.
– Antragsverfahren, Vorliegen GBO 17 2
– Ausnahmen GBO 17 36 ff.
– Berichtigungsantrag, nachfolgender GBO 17 19 ff.
– Erledigungsmöglichkeiten GBO 17 27 ff.
– Grundbuchunrichtigkeit, Kenntnis GBO 17 19 ff.
– Problemfälle GBO 17 19 ff.
– Recht, betroffenes GBO 17 13 ff.
– Schutzlücken GBO 17 2
– Verfügungsbeschränkung, nachfolgende GBO 17 19 ff.
– Verletzung, Rechtsfolgen der GBO 17 40 f.
– Voraussetzungen GBO 17 5 ff.
Antragsgrundsatz Einl. 2 3 GBO 13 3 ff.
– Ausnahmen GBO 13 4 ff.
– Bedeutung GBO 13 9 ff.
– Durchbrechung GBO 48 1
– Eintragung GBO 13 3 ff.
– Grundbuchamt, Ermittlungen des GBO 13 16
– Grundbuchberichtigung GBO 22 169 ff.
– Gutglaubensschutz GBO 13 17
– Ordnungsvorschrift GBO 13 28
– Recht, ausländisches GBO 13 13
– Verfügungsbeschränkung, nachträgliche GBO 13 20

Stichwortverzeichnis

- Vorrangwirkung **GBO 13** 27
- Wirkungen, materielle **GBO 13** 17 ff.

Antragsverfahren Einl. 2 20 ff.
- AGB-/Inhaltskontrolle **Einl. 2** 43 ff.; **3** 124, 189
- Anwendung FamFG **Einl. 2** 52
- Beschwerde **GBO 77** 5
- Beschwerdeverfahren **GBO 74** 6
- Feststellungslast **Einl. 2** 23, 32 f.
- Gehör, rechtliches **Einl. 2** 27 f.
- Grundsatz **Einl. 2** 20
- Hinweispflicht **Einl. 2** 25 f.
- Prüfungspflichten **Einl. 2** 29 ff.
- Rechtsgrundlagen Eintragungspflicht **Einl. 2** 21 f.
- Verwahrungspflichten **Einl. 2** 24
- Wahrung Richtigkeit Grundbuch **Einl. 2** 34 ff.
- Zeitpunkt, maßgeblicher **Einl. 2** 31

Anwartschaft/Anwartschaftsrecht Einl. 5 2
- Abtretung **Einl. 5** 22
- Anwartschaftsschutz **Einl. 5** 26
- aus Auflassung/Vormerkung **Einl. 5** 18 ff.
- Ausnahmen **Einl. 5** 9
- Charakter **Einl. 5** 12 f.
- Erlöschen **Einl. 5** 8
- gesichertes **Einl. 5** 6
- Gutglaubensschutz **Einl. 5** 28
- Pfändung/Verpfändung **Einl. 5** 39 f., 43 ff.
- Recht, gesichertes **Einl. 5** 23 f.
- Rechtsstellung Empfänger **Einl. 5** 5
- Rechtsvorgänge außerhalb Grundbuch **Einl. 5** 30
- Schutz Empfänger **Einl. 5** 25 ff.
- Sicherungshypothek **Einl. 5** 44
- Übertragung **Einl. 5** 10
- unsicheres **Einl. 5** 15 ff.
- Veräußerungsverbot **Einl. 5** 11
- Verfügungsbeschränkung **Einl. 5** 14
- Verkehrsfähigkeit **Einl. 5** 4, 20 f.
- Vermerk **Einl. 5** 29
- Voraussetzungen **Einl. 5** 7

Anwartschaftsrecht GBO 20 108 ff.
- Pfändung **GBO 20** 136 f.
- Verfügung **GBO 20** 129 ff.
- Verpfändung **GBO 20** 132 ff.

Anwendung
- GBO im Beitrittsgebiet **GBO 150** 1 ff.

Anwendung FamFG Einl. 2 51 ff.
- Amtsverfahren **Einl. 2** 52
- Antragsverfahren **Einl. 2** 52
- Beteiligtenbegriff **Einl. 2** 53
- Gehör, rechtliches **Einl. 2** 58 ff.
- Gewinnung Entscheidungsgrundlagen **Einl. 2** 56 f.
- Grundsätze **Einl. 2** 51
- Verfahrensstandschaft **Einl. 2** 53
- Wirksamwerden **Einl. 2** 61 ff.

Anzeigepflicht GBO 93 1 ff.
Arresthypothek GBO 13 25 **GBV 11** 30
Aufbauhypothek Einl. 7 33

Aufbewahrungspflicht GBO 10 8 ff.
Aufgebot GBO 121 1 ff.
Aufgebotsverfahren GBBerG 6 7
- Entschädigungsfonds **GBBerG 15** 1 ff.
- unbekannt Berechtigte **GBBerG 6** 1 ff.
- Veräußerungserlöse **GBBerG 15** 1 ff.

Aufhebung
- Einigung **GBO 20** 10
- Grundpfandrechte **GBO 27** 1 ff.
- Grundschuld **Einl. 7** 48, 55
- Recht **GBO 40** 16 ff.
- Recht, beschränkt dingliches **GBO 21** 1 ff.
- Recht, subjektiv-dingliches **GBO 9** 9 ff.
- Sicherungshypothek **Einl. 5** 48
- Vormerkung **Einl. 6** 11
- Wohnungs-/Teileigentum **GBO 20** 105

Auflassung
- Abtretung **GBO 20** 109 ff.
- Allgemeines zum Erfordernis **GBO 20** 17
- Änderung **GBO 20** 99
- Anwartschaftsrecht **GBO 20** 108 ff.
- Aufhebung **GBO 20** 99
- Auflassungsanspruch **GBO 20** 108 ff.
- Auflassungsgrundstück **GBO 20** 84 ff.
- Auflassungsvormerkung **Einl. 6** 8, 15 ff.
- Berichtigungsbewilligung **GBO 22** 147
- Beurkundung **GBO 20** 94
- Bindung an Einigung **GBO 20** 90
- Eigentumserwerb **GBO 20** 39 f.
- Empfänger **GBO 19** 56 ff.
- Erbrecht **GBO 20** 24 ff.
- Erfordernis Anwesenheit, gleichzeitiger **GBO 20** 97 f.
- Erklärung vor Stelle, zuständiger **GBO 20** 96
- Form **GBO 20** 93 ff.
- Geltungsbereich § 20 GBO **GBO 20** 2 ff.
- Gemeinschaftsverhältnis **GBO 20** 74 ff.
- Grenzfeststellungen **GBO 20** 41
- Grundstück, Weiterveräußerung **GBO 20** 138
- Grundstücke, buchungsfreie **GBO 20** 42
- Güterrecht **GBO 20** 21 f.
- Inhalt **GBO 20** 69 ff.
- Kapitalgesellschaften **GBO 20** 31 ff.
- Kettenauflassung **GBO 20** 138; **39** 18
- Miteigentum nach Bruchteilen **GBO 20** 19
- Nichtigkeitsgründe **GBO 20** 91 f.
- Person, juristische öffentliches Recht **GBO 20** 36 ff.
- Personengesellschaften **GBO 20** 27 ff.
- Rechtsstellung Empfänger **Einl. 5** 1 ff.
- Schutz Empfänger **Einl. 5** 34
- Stiftung **GBO 20** 35
- Überblick **GBO 20** 69
- Übertragung **GBO 20** 73
- unbedingte/unbefristete **GBO 20** 88 f.
- Verein **GBO 20** 34 f.
- Verpfändung **GBO 20** 115 ff.

Stichwortverzeichnis

- Voreintragung **GBO 39** 18
- Vormerkung **GBV 10** 10, 21

Auftragsdatenverarbeitung GBO 126 28 ff. **GBV 90** 1 ff.; **95** 1 ff.

Ausbuchung GBO 3 7 **GBV 13** 16

Ausfertigung, vollstreckbare Einl. 7 67 f.

Aushändigung Brief GBO 60 1 ff.
- Aushändigungssurrogate **GBO 19** 136 f.

Auskunft GBO 12c 5 f.

Auslegung Einl. 2 75 ff.
- Amtspflicht Grundbuchamt **Einl. 2** 89
- Auslegungspflicht **Einl. 2** 76
- Bedeutung **Einl. 2** 75, 84
- Bewilligung **Einl. 2** 89 ff.
- Eintragungsantrag **Einl. 2** 100 f. **GBO 13** 52 ff.
- Eintragungsverfahren **Einl. 2** 90 f.
- Einzelfälle **Einl. 2** 85, 92
- Erklärung, formbedürftige **Einl. 2** 79
- Gesetze **Einl. 2** 82 ff.
- Grundbucheintragungen **Einl. 2** 84 ff.
- Grundbucherklärungen **Einl. 2** 89 ff.
- Grundbuchverfahrensrecht **Einl. 2** 80 ff.
- Grundsätze **Einl. 2** 77 f.
- Heranziehung Umstände, andere **Einl. 2** 88
- Heranziehung Urkunden **Einl. 2** 87
- Hoheitsakt **Einl. 2** 102
- Nachprüfung **Einl. 2** 104 f.
- Unklarheiten **Einl. 2** 86
- Widersprüchlichkeiten **Einl. 2** 86
- Willenserklärung **Einl. 2** 103

Ausschließung
- Gründe **GBO 81** 11

Ausschließung/Ablehnung GBO 11 1 ff.
- Anwendung § 6 FamFG **GBO 11** 2
- Besorgnis der Befangenheit **GBO 11** 4 f.
- durch Beteiligte **GBO 11** 6
- Eintragung **GBO 11** 7
- Entscheidungen, sonstige **GBO 11** 8
- Handlungen **GBO 11** 7 ff.
- kraft Gesetzes **GBO 11** 3
- Rechtsmittel **GBO 81** 17 f.
- Selbstablehnung **GBO 11** 4 f.
- Urkundsbeamter **GBO 12c** 19
- Verfahren **GBO 81** 13 ff.
- Wirkung **GBO 81** 19 f.

Ausschließung/Ablehnung von Gerichtspersonen GBO 81 10 ff.
- Ausschließung/Ablehnung **GBO 81** 10 ff.

Außenwirtschaftsrecht GBO 19 115

Außerordentliche Beschwerde GBO Vor 71 12

Aussetzung
- Beschwerdeentscheidung **GBO 77** 24
- Kosten und Gebühren **GBO 106** 7

Aussetzung, einstweilige
- Berichtigungszwangsverfahren **GBO 82** 20
- Grundbuchberichtigungszwang **GBO 82** 20

Ausübung Einl. 6 157, 195

Ausübungsbereich Einl. 3 165 ff.
Ausübungsbereich Rechte GBO 28 17
Ausübungsbeschränkung GBO 7 36
Auswechslung Forderung Einl. 7 18
Auszahlungsentschädigung Einl. 7 19

Baden-Württemberg
- Zuständigkeit **GBO 72** 5

Bahneinheit Einl. 3 11 **GBO 20** 185

Balkon Einl. 3 35

Bau-/Bodenrecht GBO 19 111; **20** 148 ff.
- Angespannter Wohnungsmarkt **GBO 20** 170
- Enteignungsverfahren **GBO 20** 157
- Entwicklungsbereich **GBO 20** 165
- Erhaltungssatzung **GBO 20** 166
- Fremdenverkehrsgebiet **GBO 20** 149
- Sanierungsgebiet **GBO 20** 158 ff.
- Teilungsgenehmigung **GBO 20** 148
- Umlegung, vereinfachte **GBO 20** 156
- Umlegungsgebiet **GBO 20** 152 ff.

Bauhandwerkersicherungshypothek
- Beschwerde **GBO 71** 3

Baulast Einl. 6 170 ff. **GBO 54** 18
- Abgrenzung zur Dienstbarkeit **Einl. 6** 171
- Eintragung Baulastverzeichnis **Einl. 6** 176
- Gegenstand **Einl. 6** 174 f.
- Inhalt **Einl. 6** 170, 174 f.
- Rechtsbeziehungen Beteiligte **Einl. 6** 172 f.
- Zustandsstörung **Einl. 6** 173

Baulastverzeichnis Einl. 6 176

Bayerisches Almgesetz GBO 20 182

Bedingung GBO 26 17; **29** 81; **44** 35; **45** 12
- Dauerwohn-/nutzungsrecht **Einl. 3** 145, 147
- Erbbaurecht **Einl. 3** 156 f.
- Grundbucheintragung **Einl. 2** 116 ff.
- Grunddienstbarkeit **Einl. 6** 114, 137
- Hypothek **Einl. 7** 23
- Nießbrauch **Einl. 6** 192
- Vormerkung **Einl. 6** 39
- Vormerkungsanspruch **Einl. 6** 23 f., 45, 55
- Wohnungsrecht **Einl. 6** 160, 163

Befristung GBO 26 17; **44** 35; **45** 12
- Erbbaurecht **Einl. 3** 157
- Grunddienstbarkeit **Einl. 6** 114, 137
- Hypothek **Einl. 7** 23
- Nießbrauch **Einl. 6** 192
- Vormerkung **Einl. 6** 39
- Vormerkungsanspruch **Einl. 6** 23 f., 45, 55

Beglaubigung
- Eintragungsbewilligung **GBO 15** 18 ff.
- Form **GBO 29** 150 ff.
- Notar **GBO 15** 18 ff.
- öffentliche **GBO 29** 147 ff.
- Urkunde **GBO 29** 150 ff.
- Zuständigkeit **GBO 12c** 8

Begründung GBO 77 37 ff.

Begünstigter GBO 13 78 ff.; **14** 1 ff.

1745

Stichwortverzeichnis

Behörde
- Beschwerde **GBO 73** 10
- Beschwerdeberechtigung **GBO 71** 83 ff.

Behörde, Grundbuchersuchen GBO 38 1 ff.
- Amtsbefugnisse, Einhaltung der **GBO 29** 108 ff.
- Befugnisse **GBO 38** 14 ff.
- Behördenbegriff **GBO 29** 102 ff.
- Berichtigung **GBO 38** 88 ff.
- Eintragungsantrag **GBO 13** 93, 99; **31** 18
- Eintragungsersuchen **GBO 38** 1 ff.
- Erfordernisse, weitere **GBO 38** 72 ff.
- Erledigung **GBO 38** 90 ff.
- Form **GBO 38** 78
- Grundbuchamt, Prüfungsbefugnisse **GBO 38** 85
- Inhalt **GBO 38** 79 ff.
- Kosten **GBO 38** 97
- Merkmale, weitere **GBO 38** 13
- Rechtsmittel **GBO 38** 96
- Regelungen, entgegenstehende **GBO 38** 74
- Urkunde, öffentliche **GBO 29** 102 ff.
- Verfahren, Abschluss des **GBO 38** 52 ff.
- Vollständigkeit **GBO 38** 70
- Vollstreckungsgericht **GBO 38** 49 ff.
- Voraussetzungen **GBO 38** 2 ff.
- Vorschrift, nach gesetzlicher befugt **GBO 38** 8 ff.
- Widerspruch **GBO 38** 98

Beibringungsgrundsatz GBO 13 12

Beitrittsgebiet
- Vor-/Nacherbschaft **GBO 51** 64

Beitrittsgebiet, Recht
- Behörde, Grundbuchersuchen der **GBO 38** 42

Bekanntgabe
- Ablehnung der Einleitung eines Amtslöschungsverfahrens **GBO 86** 4 f.
- Amtslöschungsankündigung **GBO 88** 4 f.
- Feststellungsbeschluss **GBO 88** 4 f.

Bekanntmachung Einl. 2 63 **GBO 55** 1 ff. **GBV 42** 1
- Abschriften **GBO 55a** 1 ff.
- Anspruch **GBO 55** 3; **55b** 1 f.
- Art **GBO 122** 3
- Aufgebot **GBO 121** 1 ff.
- Blattanlegung, bevorstehende **GBO 122** 1 ff.
- Eintragung **GBV 39** 1 ff.
- Empfänger **GBO 55** 7
- Entscheidung Eintragungsantrag **GBO 15** 74
- Form **GBO 55** 6
- Gebäudegrundbuchverfügung **GGV 13** 1 ff.
- Grundbuchamt, anderes **GBO 55a** 1 ff.
- Inhalt **GBO 55** 5; **122** 2
- Klarstellung Rangverhältnis **GBO 108** 9 ff.
- Mitteilung nach Blattumschreibung **GBV 39** 2 ff.
- Prüfungspflicht **GBO 55** 10
- sonstige **GBO 55** 11
- Verweisung **GBV 39** 1
- Verzicht **GBO 55** 4
- Vollmacht **GBO 55** 12

- Vollziehung **GBO 55** 8
- Zuständigkeitswechsel **GBV 40** 1 f.

Belastung
- Ausübungsbeschränkung **GBO 7** 36
- Belastungsbeschränkung **Einl. 3** 94, 180 ff.
- Belastungserklärung **GBO 26** 37 ff.
- Briefrecht **GBO 26** 23 ff.
- Dauerwohn-/-nutzungsrecht **Einl. 3** 148
- eigener Art **Einl. 4** 22 ff.
- Eigentumsbruchteil **GBO 7** 27 ff.
- Erbbaurecht **Einl. 3** 180 ff.
- Forderung, Haftung Grundpfandrecht **GBO 26** 34 ff.
- Grundpfandrechte **GBO 26** 1 ff.
- Grundstück **GBO 3** 6
- Grundstücksteil **GBO 7** 1 ff., 10 ff. **GBV 10** 11
- Miteigentumsanteil **GBO 7** 25 f.
- Nießbrauch **GBO 7** 28; **26** 23
- Pfandrecht **GBO 26** 23
- Rechtsverhältnis Miteigentümer **Einl. 4** 22 ff.

Belastungsgegenstand
- BGB-Gesellschaftsanteil **Einl. 6** 181
- Dauerwohn-/-nutzungsrecht **Einl. 3** 136, 139
- Dienstbarkeit, beschränkt persönliche **Einl. 6** 144
- Erbbaurecht **Einl. 3** 164
- Erbschaft **Einl. 6** 183
- Erbteil **Einl. 6** 181
- Gebäudeteil **Einl. 6** 185
- Gemeingebrauch **Einl. 6** 102
- Grunddienstbarkeit **Einl. 6** 100 ff.
- Grundschuld **Einl. 6** 181
- Grundstück, buchungsfreies **Einl. 6** 103
- Grundstücke, mehrere **Einl. 6** 101, 180
- Grundstückteil **Einl. 6** 104
- Hypothek **Einl. 7** 8 f.
- Miteigentumsanteil **Einl. 6** 105
- Nießbrauch **Einl. 6** 178 ff.
- Reallast **Einl. 6** 181, 241
- Rentenschuld **Einl. 6** 181
- Teilfläche **Einl. 6** 104
- Vermögen **Einl. 6** 182
- Wohnungs-/Teileigentum **Einl. 6** 105
- Zuschreibung **Einl. 6** 179

Berechtigte
- Anzeigepflicht **GBO 93** 1 ff.
- Bewilligung **GBO 19** 25 ff.
- Bezeichnung **GBV 15** 1 ff.
- BGB-Gesellschaft **GBV 15** 13
- Buchberechtigung **GBO 22** 152
- Dauerwohn-/-nutzungsrecht **Einl. 3** 137 f.
- Dienstbarkeit, beschränkt persönliche **Einl. 6** 145 ff.
- Eintragung **GBO 13** 75 ff. **GBV 15** 1 ff. **GGV 11** 6
- Erbbaurecht **Einl. 3** 162 f.
- Ermittlung Berechtigte, wahre **GBO 94** 1 ff.
- fehlende **GBO 22** 133

1746

Stichwortverzeichnis

- Fiskus **GBV 15** 11
- Grunddienstbarkeit **Einl. 6** 106 ff.
- Grundstücke, mehrere **Einl. 6** 107
- Grundstücksteil **Einl. 6** 107
- Identität Eigentümer **Einl. 6** 109
- Kirchen **GBV 15** 12
- mehrere **Einl. 6** 147 f., 166 f., 186, 212 ff., 245 f.
- Mehrheit von **GBO 13** 87 ff. **GBV 15** 13 ff.
- Nachweis **GBO 13** 94
- Nießbrauch **Einl. 6** 186 f.
- Partnerschaftsgesellschaft **GBV 15** 8
- Person, juristische **GBV 15** 9
- Person, natürliche **GBV 15** 4
- Personengesellschaft **GBV 15** 7
- Reallast **Einl. 6** 242 ff.
- Religionsgemeinschaft **GBV 15** 12
- Sukzessiv-/Alternativberechtigung **Einl. 6** 246
- unbekannte **GBV 15** 3
- Verein, nicht-rechtsfähiger **GBV 15** 10
- verschiedene **Einl. 6** 215 f.
- Voreintragung **GBO 39** 32 ff.
- Vorkaufsrecht **Einl. 6** 209 ff., 212 ff.
- Wechsel **GBO 95** 1 ff.
- Wohnungs-/Teileigentum **GBV 15** 15
- Wohnungsrecht **Einl. 6** 165 ff.
- Zeitpunkt **GBO 13** 97
- Zweifel **GBO 94** 5

Bergwerkseigentum Einl. 3 6 ff.
Berichtigungsbewilligung GBO 22 143 ff.
- Auflassung **GBO 22** 147
- Betroffene, mehrere **GBO 22** 155
- Betroffenheit **GBO 22** 152 ff.
- Bewilligungsbefugnis **GBO 22** 153
- Buchberechtigung **GBO 22** 152
- Buchrecht **GBO 22** 154
- Buchstand, maßgeblicher **GBO 22** 154
- Eintragungen **GBO 22** 145 ff.
- Ersetzung **GBO 22** 151
- Ersuchen **GBO 22** 159
- Form **GBO 22** 156
- Inhalt **GBO 22** 145 ff.
- Löschung **GBO 22** 149 f.
- Prüfung **GBO 22** 158 f.
- Rechtsnatur **GBO 22** 143 f.
- Surrogate **GBO 22** 158 f.
- Wahlmöglichkeit **GBO 22** 171

Berichtigungszwangsverfahren GBO 82 1 ff., 50
- Aussetzung **GBO 82** 20
- Durchführung **GBO 82** 21, 22
- Durchsetzung, zwangsweise **GBO 82** 35 ff.
- Einstellung **GBO 82** 19
- Entscheidung des Grundbuchamts, Form **GBO 82** 32 ff.
- Entscheidung Grundbuchamt **GBO 82** 18 ff.
- Feststellung Unrichtigkeit **GBO 82** 15 ff.
- Gesellschafterwechsel bei GbR **GBO 82** 11
- Gründe, berechtigte **GBO 82** 24 ff.
- Inhalt der Verpflichtung **GBO 82** 26 f.
- Kosten **GBO 82** 42
- Personenkreis, verpflichteter **GBO 82** 28
- Rechtsmittel **GBO 82** 40 f.
- Rechtsübergang außerhalb des Grundbuchs **GBO 82** 13 ff.
- Sachenrechtsbereinigungsverfahren **GBO 82** 43 ff.
- Unrichtigkeit Eigentümereintragung **GBO 82** 7 ff.
- Verfahrenseinleitung **GBO 82** 5 f.
- Voraussetzungen **GBO 82** 5 ff.
- Zurückstellung Berichtigung **GBO 82** 23 ff.

Bescheinigung Notar
- Übergangsregelung **GBO 151** 1

Beschlagnahme Einl. 6 94
Beschlagnahme/Sperre GBO 20 198
Beschränkung GBO 6a 2 ff.
- Amtspflichten GBA **GBO 20** 139 ff.
- Bau-/Bodenrecht **GBO 20** 148 ff.
- Fälle **GBO 23** 4 ff.
- Grundlagen **GBO 23** 1 ff.
- Landwirtschaftsrecht **GBO 20** 173 ff.
- öffentlich-rechtliche **GBO 20** 139 ff.
- Verfügungsrecht **GBV 10** 4
- zeitliche **GBO 24** 1 ff.

Beschränkungen, landesnachbarrechtliche Einl. 3 12 f.
Beschwer GBO 73 21
Beschwerde GBO 71 1 ff., 59
- Abänderung, keine **GBO 77** 52
- Abhilfe **GBO 75** 3
- Abhilfeverfahren **GBO 75** 1 ff.
- Adressat **GBO 73** 3 f.
- Amtslöschungsverfahren **GBO 89** 1 ff.
- Amtsverfahren **GBO 77** 7
- Anhörungsrüge **GBO 81** 21 ff.
- Anordnung, einstweilige **GBO 76** 1 ff.
- Anschlussbeschwerde **GBO 73** 22 ff.
- Antragsverfahren **GBO 77** 5
- Anwaltszwang **GBO 73** 8
- Anwendbarkeit der ZPO **GBO Vor 71** 4 ff.
- Anwendbarkeit des FamFG **GBO Vor 71** 3
- Ausdruck für Beschwerdegericht **GBV 98** 7
- Ausschließung/Ablehnung **GBO 81** 10 ff.
- bedingte **GBO 71** 57
- begründete **GBO 77** 32 ff.
- Begründung **GBO 77** 37 ff.
- Behörde **GBO 73** 10
- Berechtigung **GBO 71** 60 ff.
- Berechtigung, Fälle, besondere **GBO 71** 67 ff.
- Bergwerkseigentum, Anfechtbarkeit von **GBO 71** 32
- Berichtigungszwangsverfahren, Einleitung eines **GBO 71** 37
- Beschwer **GBO 73** 21
- Beschwerdeberechtigung **GBO 77** 28
- Beschwerdefrist **GBO 73** 5

1747

Stichwortverzeichnis

- Beschwerdegericht **GBO 72** 1 ff.
- Beschwerdeschrift **GBO 73** 8 ff.
- Bezugnahme auf Vorentscheidung **GBO 77** 42
- Bindung an Anträge **GBO 77** 6
- Computerfax **GBO 73** 7
- Dienstaufsicht **GBO 71** 56
- Dokumente, elektronische **GBO 81** 32 ff.
- doppelrelevante Tatsachen **GBO 77** 27
- Einlegung **GBO 73** 1 ff., 7
- Einlegung beim Beschwerdegericht **GBO 73** 4
- Einlegung beim unzuständigen Gericht **GBO 73** 3
- Einlegung in elektronischer Form **GBO 73** 14 f.
- Einlegung unter Bedingung **GBO 73** 19
- Eintragung einer Bauhandsicherungshypothek **GBO 71** 3
- Eintragung einer Zwangssicherungshypothek **GBO 71** 2
- Eintragung eines Vermögensarrestes **GBO 71** 3
- Eintragungen **GBO 71** 73 ff.
- Eintragungsverfahren **GBO 71** 26 ff., 68 ff.; **77** 14
- Einzelrichter **GBO 81** 2
- Elektronische Grundakte **GBO 75** 18
- E-Mail **GBO 73** 7
- Entgegennahme **GBO 73** 3 f.
- Entscheidungen **GBO 71** 11 ff.; **77** 1 ff.; **140** 7
- Entscheidungen, bedeutungslose **GBO 71** 55
- Entscheidungen, sonstige **GBO 71** 37 ff.
- Entscheidungen, unanfechtbare **GBO 71** 46 ff.
- Erlass einer Zwischenverfügung **GBO 71** 18
- Erledigung **GBO 71** 43 ff.
- Erledigung des Verfahrens **GBO 77** 25
- Erteilung eines Hypothekenbriefs, Anfechtbarkeit der **GBO 71** 37
- Eventualbeschwerde **GBO 71** 57
- Fassungsbeschwerde **GBO 71** 35
- Fernschreiber **GBO 73** 7
- Feststellungen, tatsächliche **GBO 77** 39
- Feststellungsbeschluss **GBO 89** 1 ff.
- Form **GBO 73** 6 ff.
- Gegenstandslosigkeit einer Eintragung **GBO 71** 37
- Gerichtliches elektronisches Dokument **GBO 73** 35 ff.
- Gerichtsakte, elektronisch geführte **GBO 73** 35 ff.
- Gerichtsbesetzung **GBO 81** 2 ff.
- Geschäftswertfestsetzung **GBO Vor 71** 23 f.
- Grundbuchamt als Vollstreckungsorgan **GBO 71** 2
- Grundbuchauszug **GBO 75** 18
- Grundbuchblatt, Anlegung eines **GBO 71** 30
- Grundbuchblatt, Schließung **GBO 71** 37
- Grundbucheinsicht **GBO 71** 37
- Grundbuchrichter **GBO 71** 5
- innerer Geschäftsbetrieb **GBO 71** 52
- Klarstellung Rangverhältnisse **GBO 110** 1 ff.
- Klarstellungsvermerk **GBO 71** 35
- Kosten **GBO 77** 55 f.
- Kostenansatz **GBO Vor 71** 25 ff.
- Kostenentscheidung **GBO 71** 40 ff.
- Kostenfestsetzung **GBO Vor 71** 28
- Kostenvorschussanforderung **GBO Vor 71** 22
- Mängel bei Begründung/Unterzeichnung **GBO 77** 50
- Meinungsäußerung **GBO 71** 48 ff.
- Mithaftvermerk, Anfechtbarkeit von **GBO 71** 32
- Mitteilungen **GBO 77** 51; **140** 7
- Mitteilungspflicht GBA **GBO 75** 20
- nicht übertragbare Rechte, Anfechtbarkeit von **GBO 71** 32
- Niederschrift **GBO 73** 11 ff.
- Notar, Vertretung des Beschwerdeführers durch **GBO 71** 90 ff.
- Prüfung Zulässigkeit **GBO 77** 26
- Prüfungspflicht Gericht **GBO 77** 2 ff.
- Rangklarstellungsverfahren, Widerspruch im **GBO 71** 37
- Rechtsausführungen **GBO 77** 39
- Rechtsbeschwerde **GBO 78** 1 ff.
- Rechtspfleger **GBO 71** 6 ff.; **Vor 71** 10 f.
- Rechtsschutzbedürfnis **GBO 71** 93
- reformatio in peius **GBO 77** 8 f.
- Rücknahme **GBO 71** 94; **73** 27 ff.
- sofortige **GBO 110** 1 ff.
- Sonderregelungen **GBO Vor 71** 7 f.
- Tätigkeit auf Anweisung des Beschwerdegerichts **GBO 71** 16
- Tätigkeit Grundbuchamt **GBO 77** 53
- tatsächliche Angaben, Anfechtbarkeit von **GBO 71** 34
- Telebrief **GBO 73** 7
- Telefax **GBO 73** 7
- Telegramm **GBO 73** 7
- unbegründete **GBO 77** 30
- Untätigkeit **GBO 71** 56
- Unterschrift **GBO 73** 9
- Unterwerfungsklauseln, Anfechtbarkeit von **GBO 71** 32
- Urkunden, Herausgabe und Verwahrung von **GBO 71** 37
- Urkundsbeamter **GBO 71** 9 f.
- Urkundsbeamter der Geschäftsstelle **GBO Vor 71** 9
- Verfahren **GBO 77** 51 ff.; **150** 10
- Verfahrensbevollmächtigter **GBO 71** 88 ff.
- Verfahrensfähigkeit **GBO 71** 59
- Verfahrensgrundsätze **GBO Vor 71** 2
- Verfahrenskostenhilfe **GBO Vor 71** 19 ff.
- Verfahrensvoraussetzungen **GBO 71** 58 ff.
- Verfügungen **GBO 140** 7
- Verfügungsbeschränkungen, Anfechtbarkeit von **GBO 71** 32
- Verwirkung **GBO 71** 94; **73** 26
- Verzicht **GBO 71** 94; **73** 32 ff.
- Vorbescheid **GBO 71** 53 f.

Stichwortverzeichnis

- Vorbringen, neues **GBO 18** 123; **74** 1 ff., 9 ff.
- Vorlage an das Beschwerdegericht **GBO 75** 18
- Vormerkungen, Anfechtbarkeit von **GBO 71** 32
- Widersprüche, Anfechtbarkeit von **GBO 71** 32
- Wiedereinsetzung in Stand, vorherigen **GBO 110** 5
- Wirksamkeitsvermerk **GBO 71** 35
- Wirkung **GBO 73** 20; **76** 1 ff.
- Wirkung, aufschiebende **GBO 76** 22
- Zeitpunkt der Beschwerdeberechtigung **GBO 71** 65 f.
- Zeitpunkt der Beschwerdeeinlegung **GBO 73** 2
- Zulässigkeit **GBO 71** 1 ff.
- Zurückweisung **GBO 77** 13
- Zurückweisung eines Berichtigungsantrags **GBO 71** 38 ff.
- Zurückweisung eines Eintragungsantrags **GBO 71** 17 ff.
- Zwischenverfügung **GBO 18** 83 ff.; **71** 20 ff.; **77** 15 ff.

Beschwerdeberechtigung **GBO 71** 60 ff.; **77** 28
- Behörde **GBO 71** 83 ff.
- Erben **GBO 71** 63
- Fälle, besondere **GBO 71** 67 ff.
- Insolvenzverwalter **GBO 71** 81
- Nachlassverwalter **GBO 71** 81
- Nachweis **GBO 71** 87
- Notar **GBO 71** 82
- Rechtshängigkeitsvermerk **GBO 71** 76
- Testamentsvollstrecker **GBO 71** 81
- Vertreter **GBO 71** 79 ff.
- Zeitpunkt **GBO 71** 65 f.

Beschwerdeentscheidung
- Aussetzung **GBO 77** 24
- Bindungswirkung **GBO 77** 20
- Erlass **GBO 77** 51
- Rechtliches Gehör **GBO 77** 23
- Unterbrechung **GBO 77** 24
- Wartefrist **GBO 77** 22
- Zeitpunkt der Entscheidung **GBO 77** 24

Beschwerdeführer
- Verfahrensbevollmächtigter **GBO 71** 88 ff.
- Vertretung durch Notar **GBO 71** 90 ff.

Beschwerdegericht **Einl. 2** 14 f.
- fehlende funktionelle Zuständigkeit **GBO 72** 8
- international unzuständiges Gericht **GBO 72** 7
- Rechtsbehelfsbelehrung **GBO 89** 9
- sachlich unzuständiges Gericht **GBO 72** 7
- Sonderfälle **GBO 72** 4
- Überschreitung örtliche Zuständigkeit **GBO 72** 6
- Zuständigkeit **GBO 72** 1, 2, 3

Beschwerderücknahme
- Bedingung **GBO 73** 29
- Folge **GBO 73** 30
- Form **GBO 73** 28
- Gebühren **GBO 73** 31

Beschwerdeschrift **GBO 74** 2
- Antrag **GBO 74** 4 ff.
- Antrag, neuer **GBO 74** 5 ff.
- Begründung **GBO 74** 4
- Einreichung **GBO 73** 8 ff.
- Wartefrist **GBO 74** 4

Beschwerdeverfahren **Einl. 2** 104 **GBO 77** 21 ff.
Bestandsschutz **Einl. 3** 229
Bestandsverzeichnis **GBV 6** 1 ff.
- Anordnung Spalte 3 **GBV 6** 8 ff.
- Berichtigung **GBV 8** 8
- Bezeichnung **GBV 6** 5 f.
- Eintragung Bestand **GBV 6** 17
- Erbbaugrundbuch **GBV 56** 1 ff.
- Gebäudeeigentum **GBV 6** 26
- Gegenstand Bezeichnung **GBV 6** 7
- Grundstück **GBV 6** 2
- Grundstücksgröße **GBV 6** 14
- Löschung **GBV 17a** 1 f.
- Miteigentumsanteil **GBV 6** 20 ff.; **8** 1 ff.
- Rechte, subjektiv-dingliche **GBV 7** 1 ff.
- Spalte 1 **GBV 6** 2
- Spalte 2 **GBV 6** 3
- Spalte 3 **GBV 6** 4 ff.
- Spalte 4 **GBV 6** 14
- Spalte 5 **GBV 6** 15 f.
- Spalte 6 **GBV 6** 17 f.
- Spalte 7 und 8 **GBV 6** 20 ff.
- Unterschrift **GBV 20** 2
- Veränderung Grundstücksbestand **GBV 6** 18 f.
- Wohnungseigentum **GBV 6** 25
- Zu-/Abschreibung **GBV 6** 20 ff.
- Zusammenschreibung **GBV 6** 13

Bestandteile
- Nießbrauch **Einl. 6** 191
- Reallast **Einl. 6** 243
- wesentliche **Einl. 6** 243
- Zuschreibung **Einl. 3** 66

Bestellung Rechte
- Erbbaurecht **GBO 20** 5 f.

Bestimmtheit Erklärungen **GBO 28** 1 ff.
- Anwendungsbereich **GBO 28** 2 ff.
- Fehlerfolgen **GBO 28** 10
- Unanwendbarkeit **GBO 28** 9

Bestimmtheitsgrundsatz **Einl. 2** 1, 7
Beteiligte
- Klarstellung Rangverhältnis **GBO 92** 1 ff.

Beteiligten-/Verfahrensfähigkeit **Einl. 2** 54 f.
Betroffener **GBO 13** 78 ff.; **39** 31
Beurkundung **GBO 15** 18 ff.; **20** 94
Beweis **Einl. 2** 23, 32 f.
- Gegenbeweis **GBO 15** 28

Beweisgrundsatz **Einl. 2** 8
Bewilligung
- Auslegung **Einl. 2** 89 ff.
- Befugnis **GBO 19** 47 ff.; **22** 153
- Berechtigter **Einl. 7** 35

1749

Stichwortverzeichnis

- Bestimmtheit **Einl. 6** 31 ff. **GBO 28** 1 ff.
- Bewilligungsgrundsatz **Einl. 2** 4 **GBO 19** 3 f.; **20** 15 f.; **21** 5
- Bezugnahme auf – **Einl. 2** 113 f.; **3** 127; **6** 40, 224
- Bezugnahme auf Eintragung **GBO 44** 27 ff.
- Bezugnahme bei Umschreibung **GBO 44** 42 f.
- Eigentümerzustimmung **GBO 27** 10 ff.
- Einigung **GBO 20** 12
- Erklärung **GBO 28** 1 ff.
- Hypothek **Einl. 7** 35
- Löschung durch Rechtsnachfolger **GBO 23** 28
- Recht, beschränkt dingliches **GBO 21** 5
- Übereinstimmung mit Antrag **GBO 13** 48 ff.

Bewilligungsberechtigung GBO 19 35 ff.; **22** 54 ff.; **26** 68
- Auflassungsempfänger **GBO 19** 56 ff.
- Bedeutung § 878 BGB **GBO 19** 77 ff.
- Bedeutung im Grundbuchverfahren **GBO 19** 75
- Einschränkung **GBO 19** 75 ff.
- Entziehung **GBO 19** 94
- guter Glaube, Bedeutung **GBO 19** 82 ff.
- Inhaltsänderungen **GBO 19** 65 ff.
- Löschung **GBO 19** 60
- Neueintragung **GBO 19** 59
- Nichtberechtigter **GBO 19** 54 f.
- Rangänderung **GBO 19** 62
- Verfügungen **GBO 19** 61
- Zeitpunkt **GBO 19** 76 ff.

Bewilligungsgrundsatz Einl. 2 4

Bewilligungsmacht
- Zeitpunkt **GBO 19** 52 f.

Bezeichnung Grundstück
- Ausübungsbereich Rechte **GBO 28** 17
- Bezeichnungsarten **GBO 28** 12 ff.
- Gegenstand **GBO 28** 11
- Grundstücke, mehrere **GBO 28** 15
- Grundstücksteile, reale **GBO 28** 16
- Miteigentumsanteile, ideelle **GBO 28** 18
- Sondereigentum **GBO 28** 18
- Verstoß gegen Ordnungsvorschrift **GBO 28** 22

Bezüge, internationale GBO 13 13; **19** 1 ff.
- Datenbankgrundbuch **GBO 126** 13
- Erbschein **GBO 35** 161 ff.
- Testamentsvollstrecker **GBO 35** 161 ff.
- Testamentsvollstreckung **GBO 52** 8

BGB-Gesellschaft GBV 15 13
BGB-Gesellschaftsanteil Einl. 6 181
Bindungswirkung
- Beschwerdeentscheidung **GBO 77** 20

Bodenreform GBO 47 11
Bodensonderungsverfahren GBO 2 9
Brief
- Briefgemeinschaft **GBO 66** 5 f.
- gemeinschaftlicher **GBO 66** 1 ff.
- Inhalt **GBO 68** 1 ff.
- Neuausstellung **GBO 67** 1 ff.
- Umschreibung **GBV 30** 15
- Unbrauchbarmachung **GBO 69** 1 ff.
- Vorlage **GBO 53** 64 ff.; **65** 1 ff.

Briefentwurf GBV 47 3
Briefgrundpfandrecht
- Beitrittsgebiet **GBMaßnG 26** 6
- Briefvorlage **GBMaßnG 26** 1 ff.
- Neuerteilung eines Briefes **GBMaßnG 26** 1 ff.
- Neuerteilung eines Briefes Verfahren **GBMaßnG 26** 7 ff.

Briefgrundschuld GBO 42 1 ff.; **70** 1 f.
Briefhypothek Einl. 7 27 **GBO 41** 1 ff. **GBV 11** 14
- Briefersatz **GBO 41** 20 ff.
- Rechtsfolge, Verletzung der Vorlagepflicht **GBO 41** 29
- Sonderfälle **GBO 41** 16
- Verfahren GBA **GBO 41** 17 ff.
- Vorlegung Brief **GBO 41** 1 ff.
- Vorlegungspflicht **GBO 41** 11 ff.

Briefrecht
- Abtretung **GBO 26** 1 ff.
- Belastung **GBO 26** 23 ff.
- Nachweis Gläubigerrecht **GBO 39** 56 ff.
- Nachweis Übergabezeit **GBO 39** 55
- Übertragung **GBO 26** 8 ff.
- Voreintragung **GBO 39** 53 ff.

Bruchteilsberechtigung GBO 7 27 ff.; **22** 40 ff.; **47** 23
Bruchteilseigentum Einl. 4 10 ff.
- Entstehen **Einl. 4** 13 ff.
- Gesamthandserwerb **Einl. 4** 17
- Grundbucheintragung **Einl. 4** 21
- Rechtsnatur **Einl. 4** 10
- Rechtsverhältnis untereinander **Einl. 4** 11 f., 22 ff.
- Selbstständigkeit Bruchteil **Einl. 4** 18
- Veräußerung **Einl. 4** 19 f.

Bruchteilsgemeinschaft GBO 47 9 ff.
Bücher, bisherige/alte GBO 145 1 ff.; **146** 1 f.; **147** 1 ff.
Buchhypothek Einl. 1 71; **7** 28
Buchrecht Einl. 1 71
- Buchhypothek **GBV 11** 14

Buchungszwang GBO 3 2 ff.
- Bedeutung **GBO 3** 6
- Begriff **GBO 3** 2
- Fälle **GBO 3** 5
- Grundstück, buchungsfreies **GBO 3** 5 ff.
- Miteigentumsanteil, ideeller **GBO 3** 8 ff.
- Realfolium **GBO 3** 3 f.
- Rechtsfolgen **GBO 3** 10 ff.
- Voraussetzungen Freiheit **GBO 3** 8

Büdnerrecht GBV 111 1
Bundesversorgungsgesetz (BVG) GBO 20 195
Bürgschaft GBO 29 84 f.
Bürgschaftsgebühren Einl. 7 19

Dachgarten Einl. 3 35
Darlehenshypothek Einl. 6 73 f.

Daten
- Abruf **GBV 80** 1 ff.; **81** 1 ff.
- Datenaustausch, automatischer **GBO 2** 12
- Datenschutz **GBO 12** 3
- Datenschutzmaßnahmen **GBO 126** 24 **GBV 65** 1 ff.; **66** 1 ff.
- Einrichtungsvertrag **GBV 81** 1 ff.
- Ersetzung **GBV 92** 1 ff.
- Genehmigungsverfahren **GBV 81** 1 ff.
- Verwendung, bestimmungsgemäße **GBV 80** 8 ff.

Datenhoheit
- Datensparsamkeit **Einl. 1** 23

Datenspeicher
- Anforderungen **GBV 62** 1 ff.
- Beschaffenheit, technische **GBV 62** 5 f.
- Bestimmung durch Verfügung **GBV 62** 7 ff.
- Datenträger **GBO 10a** 1 ff.; **136** 6 f.
- Grundbuchverfahren, maschinelles **GBV 62** 5 ff.

Dauerwohn-/-nutzungsrecht Einl. 3 135 ff.
- Bedingung **Einl. 3** 145, 147
- Belastung **Einl. 3** 148
- Belastungsgegenstand **Einl. 3** 136, 139
- Berechtigter **Einl. 3** 137 f.
- Beschränkung **GBO 23** 8
- Besonderheiten **Einl. 3** 147 ff.
- Eigentümerdauerwohnrecht **Einl. 3** 138
- Erbbaurecht **Einl. 3** 213
- Erlöschen **Einl. 3** 149
- Gesamtrecht, Zulässigkeit **GBO 48** 6
- Heimfallvereinbarung **Einl. 3** 143
- Inhalt **Einl. 3** 139 ff.
- Instandhaltungspflicht **Einl. 3** 141
- Übertragung **Einl. 3** 147
- Vereinbarung, schuldrechtliche **Einl. 3** 141
- Verfügungsbeschränkungen **Einl. 6** 86
- Zustimmungspflicht **Einl. 3** 142
- Zwangsversteigerung **Einl. 3** 144

Dienstaufsicht
- Beschwerde **GBO 71** 56

Dienstaufsichtsbeschwerde GBO Vor 71 14 f.

Dienstbarkeit GBO 7 36
- Bruchteilsgemeinschaft **GBO 47** 11
- Gesamtberechtigung nach § 428 BGB **GBO 47** 23
- Gesamthandsgemeinschaft **GBO 47** 19
- Gesamtrecht, Zulässigkeit **GBO 48** 6
- Grundstücksnutzungen, weitere **GBBerG 9** 6 ff.
- Unrichtigkeit altrechtlicher – **GBO 22** 59 ff.

Dienstbarkeit, beschränkt persönliche Einl. 6 143 ff.
- Aufgebot **GBBerG 6** 3
- Ausschluss **GBBerG 9** 24 f.
- Ausschluss Ausübung Rechte **Einl. 6** 155
- Begriff **Einl. 6** 143
- Belastungsgegenstand **Einl. 6** 144
- Berechtigter **Einl. 6** 145 ff.
- Bescheinigungsverfahren **GBBerG 9** 29 ff.
- Beschränkung **GBO 23** 5
- Bezeichnung **Einl. 6** 149

- Eintragung **GBBerG 9** 37 ff.
- Energieanlage **GBBerG 9** 17
- Energieversorgung DDR **GBBerG 9** 1 ff.
- Entschädigungsleistung **GBBerG 9** 26 ff.
- Entstehen **Einl. 6** 156 f.
- Erlöschen **Einl. 6** 156 f.
- Grundstücksnutzung Beitrittsgebiet **GBBerG 9** 11 ff.
- im Bereich, öffentlichen **Einl. 6** 154
- Inhalt **Einl. 6** 151 ff.
- Löschung **GBBerG 5** 1 ff.
- Rückstandsfähigkeit **GBO 23** 20
- Überlassung Ausübung **Einl. 6** 157
- Überleitungsrecht DDR **Einl. 6** 169
- Versorgungsanlagen **GBBerG 9** 18 ff.
- Verzicht **GBBerG 9** 42 f.
- Vorteil **Einl. 6** 150
- Wettbewerbsverbot **Einl. 6** 153
- Widerspruch **GBBerG 9** 40 f.
- Wohnungsrecht **Einl. 6** 158 ff.

Dienstbarkeit, beschränkte persönliche GBV 10 12

Dienstbarkeiten Einl. 6 98 ff.
- Abgrenzung **Einl. 6** 98, 171
- beschränkt persönliche **Einl. 6** 143 ff.
- Definition **Einl. 6** 98
- Erbbaurecht **Einl. 3** 213
- Grenze zum Nießbrauch **Einl. 6** 188
- Grunddienstbarkeit **Einl. 6** 99 ff.
- Nießbrauch **Einl. 6** 177 ff.
- Wohnungs-/Teileigentum **Einl. 3** 79 f.

Dienstbarkeiten, altrechtliche
- Löschung **GBBerG 5** 7

Disagio Einl. 7 19

Dokumente, elektronische GBO 81 32 ff.; **136** 1 ff. **GBV 96** 3 ff.
- Beschwerdeverfahren **GBO 81** 32 ff.
- Eingang **GBO 136** 1 ff.
- Erklärung Behörde **GBO 137** 9
- Form **GBO 137** 1 ff. **GBV 96** 6
- Grundakte, elektronische **GBO 136** 1 ff.
- Grundbuchblatt, Zuordnung zu **GBV 96** 10
- Übermittlung **GBO 136** 3 ff.
- Übertragung **GBO 138** 1 ff. **GBV 97** 1 ff.; **98** 1 ff.
- ungeeignete **GBO 136** 6 f.
- Urkunde, öffentliche/öffentlich beglaubigte **GBO 137** 6 ff.

Doppelbuchung GBV 38 1 ff.

Doppelrelevante Tatsachen GBO 77 27

Doppelsicherung Einl. 6 67

Doppeltatbestände Einl. 2 68 ff.
- Arten **Einl. 1** 47 ff.
- gemischtrechtliche **Einl. 1** 49
- materiell-rechtliche **Einl. 1** 47
- Rechtsnatur **Einl. 1** 51 ff.
- Trennung **Einl. 1** 43 ff.

Drohung GBO 44 21

Durchführung GBV 70 8

Stichwortverzeichnis

EDV GBO 126 18 ff. **GBV 64** 1 ff.
- Authentisierung **GBV 64** 10 ff.
- Berechtigungsprüfung **GBV 64** 14 f.
- Berechtigungsverwaltung **GBV 64** 13
- Beweissicherung **GBV 64** 16
- Datensicherung **GBV 65** 6; **66** 1 ff.
- Datenträger **GBO 10a** 1 ff.
- Datenverlust **GBV 66** 9 f.
- Dienstanweisung **GBV 65** 7 f.
- Feststellung, Geeignetheit der **GBV 64** 8 f.
- Grundfunktionen **GBV 64** 10 ff.
- Hacking **GBV 65** 9 f.
- Hardwareschutz **GBV 65** 3 ff.
- Identifikation **GBV 64** 10 ff.
- Nachweis Übereinstimmung **GBO 10a** 1 ff.
- Schutz Datenfernkommunikation **GBV 65** 9 f.
- Sicherung **GBV 65** 1 ff.; **66** 5 ff.
- Softwareschutz **GBV 65** 6
- Übertragungssicherheit **GBV 64** 20 f.
- Unverfälschtheit **GBV 64** 18
- Verlässlichkeit **GBV 64** 19
- Wiederaufbereitung **GBV 64** 17
- Zugang, Sicherung **GBV 66** 8

Eigentum Einl. 4 1 ff.
- Abteilung I **GBV 9** 1 ff.
- Arten **Einl. 4** 2 ff.
- Berechtigte, mehrere **GGV 8** 1 ff.
- Bezeichnungsarten **Einl. 4** 5
- Bruchteilseigentum **Einl. 4** 10 ff.
- Eigentümerdauerwohnrecht **Einl. 3** 138
- Eigentümergrundschuld **Einl. 7** 36, 56
- Eigentümernießbrauch **Einl. 6** 187
- Eigentümerreallast **Einl. 6** 248 f.
- Eigentumsfeststellungsverfahren **GBO 118** 2 ff.
- Eintragung **GBV 16** 1
- Erwerb **Einl. 5** 25 **GBO 20** 39 f.; **22** 164
- Feststellung **GBO 118** 1 ff.
- Gebäudeeigentum, selbstständiges **GBO 143** 14
- Gesamthandseigentum **Einl. 4** 31 ff.
- gewöhnliches **Einl. 3** 41
- Inhalt **Einl. 4** 1
- mehrerer **Einl. 4** 4
- nach § 459 ZGB **GGV 4** 13 ff.
- Nachweis **GGV 4** 1 ff.
- nutzungsrechtsloses **GGV 3** 11 f.; **4** 8 ff.
- Rötung **GBV 16** 1
- Schutz **Einl. 5** 25 ff., 31 ff.; **7** 64
- Verfügungsbeschränkungen **Einl. 4** 6 ff.
- Vorstufen Grundstück **Einl. 5** 3
- Wechsel **GBV 16** 1
- Wesen **Einl. 4** 1

Eigentum, gemeinschaftliches
- Überleitung **GBBerG 14** 1 ff.

Eigentümer
- Auskunftsrecht **GBV 46a** 3
- Berechtigungszwangsverfahren **GBO 82** 7 ff.
- Einsichtsrecht **GBO 12** 9
- Eintragung **GBO 123** 1 ff.
- Ersteher **GBO 38** 60 ff.
- Erwerber, nicht bekannter/bestimmter **GBO 20** 59 f.
- Grundbuchberichtigungszwang **GBO 82** 7 ff.

Eigentümergrundschuld
- Abtretung **GBV 11** 16, 18
- Beschränkung **GBO 23** 6
- Bruchteilsgemeinschaft **GBO 47** 11
- Pfändung **GBO 39** 50 f.
- Verfügung über entstandene – **GBO 39** 42 ff.
- Verfügung über künftige – **GBO 39** 47 ff.
- Voreintragung **GBO 39** 41 ff.

Eigentümerverzeichnis GBO 12a 3 ff.
- Aktualisierung **GBO 12a** 5 f.
- Auskunft **GBO 12a** 10 f.
- Einsicht **GBO 12a** 12 ff.
- Führung **GBO 12a** 5 f.
- Grundbuchverfahren, maschinelles **GBO 126** 25
- Grundsatz **GBO 12a** 7 ff.
- Zweck **GBO 12a** 3 f.

Eigentumsverzicht
- Eintragung **GBV 16** 2

Eingangsvermerk GBO 13 64
Einheitshypothek GBO 66 2 **GBV 11** 22
Einigung
- Aufhebung **GBO 20** 10
- Auflassung **GBO 20** 2 ff.
- Bewilligungs-/Einigungsprinzip **GBO 20** 15 f.
- Bindung **GBO 20** 90
- Eintragung, Nichtübereinstimmung mit **GBO 22** 32 ff.
- Eintragungsbewilligung **GBO 19** 5 ff.
- Eintragungsvoraussetzung **GBO 20** 11 ff.
- Einzelfälle **GBO 20** 17 ff.
- Erbbaurecht **GBO 20** 5 f.
- Erbbaurechtsbesteller **GBO 20** 45 ff.
- Erbengemeinschaft **GBO 20** 53
- Erwerber **GBO 20** 49 ff., 59 f.
- Erwerbsverbote **GBO 20** 66 ff.
- Geltungsbereich § 20 GBO **GBO 20** 1 ff.
- Nachweis **GBO 20** 11 ff.
- Person, beteiligte **GBO 20** 43 ff.
- Person, juristische ausländische **GBO 20** 64
- Person, juristische in Gründung **GBO 20** 63
- Person, ungeborene **GBO 20** 57
- Person, verstorbene **GBO 20** 52
- Personenhandelsgesellschaft **GBO 20** 62
- Unbedenklichkeitsbescheinigung **GBO 20** 199
- Veräußerer **GBO 20** 45 ff.
- Verträge zugunsten Dritter **GBO 20** 58
- Vertreter **GBO 20** 65
- Wohnungs-/Teileigentum **GBO 20** 7 f.

Einigungsgrundsatz Einl. 1 1 ff.; **2** 1 f.
Einigungsvertrag GBO 150 11
Einreden/Einwendungen GBO 22 173
Einrichtung GBV 113 1 ff.

Einsichtsrecht GBO **12** 4 ff.
– Ausübung GBO **12** 12
– Beschränkung GBO **12** 11
– Dokumentation GBO **12** 18
– Einsicht Verwaltungsweg GBO **12** 8
– Eintragungsantrag GBO **12** 10
– Einzelfälle (alphabetisch) GBO **12** 9
– Grundbuch/Grundakte GBO **12** 10
– Interesse, berechtigtes GBO **12** 5 ff.
– Möglichkeiten GBO **12** 4
– Umfang GBO **12** 10 ff.
– Verfahren/Rechtsbehelfe GBO **12** 14 ff.
– Voraussetzungen GBO **12** 4 ff.
– Zuständigkeit GBO **12** 14 f.
Einstellung GBO **109** 1 ff.
– Berichtigungszwangsverfahren GBO **82** 19
– Grundbuchberichtigungszwang GBO **82** 19
Einstellung Verfahren
– Entscheidung GBO **109** 2
– Rechtsmittel GBO **109** 3
Eintragung Einl. **1** 57 f. GBO **13** 1 ff.
– Abschreibung GBV **13** 10 ff.
– Abteilung I GBV **9** 1 ff.
– Abteilung II Einl. **6** 1 ff. GBV **10** 1 ff.
– Abteilung III Einl. **7** 1 ff.
– Abteilung, dieselbe GBO **45** 17
– Abteilung, verschiedene GBO **45** 18
– Abtretung GBV **17** 5
– Altenteil GBO **49** 1 ff. GBV **10** 9
– Amtswiderspruch GBO **53** 24 ff.
– Angabe Gemeinschaftsverhältnis GBO **47** 34 f.
– Anordnung Beibehaltung GBV **74** 7
– Antragsgrundsatz GBO **13** 3 ff.
– Arten Einl. **1** 30
– aufgrund Berechtigungsbewilligung/Unrichtigkeitsnachweises GBO **22** 54 ff.
– aufgrund Eintragungsunterlagen, fehlerhafter GBO **22** 58
– Ausbuchung GBV **13** 16
– Auslegung/Umdeutung Einl. **2** 84 ff., 95 ff.
– Ausnahmen GBO **47** 4 ff.
– Ausschließung/Ablehnung Grundbuchbeamter GBO **11** 7
– Bedeutung Einl. **1** 27 ff.
– Bedingung Einl. **2** 116 ff. GBO **44** 35
– Befristung GBO **44** 35
– Behörde, Ersuchen der GBO **38** 1 ff.
– bei Hypothek GBO **62** 2
– Bekanntmachung GBV **39** 1 ff.
– Berechtigte GBV **15** 1 ff. GGV **11** 6
– berichtigende Einl. **1** 29
– Berichtigungsbewilligung GBO **22** 145 ff.
– Beschwerde GBO **71** 73 ff.
– Bestand GBV **6** 17 ff.
– Bezeichnung GGV **11** 5
– Bezeichnungsarten Eigentum Einl. **4** 5
– Bezugnahme GBO **10** 3; **44** 27 ff.

– Bruchteilsberechtigte GBO **22** 40 ff.
– Bruchteilseigentum Einl. **4** 21
– Bruchteilsgemeinschaft GBO **47** 9 ff.
– Datenbankgrundbuch GBV **76a** 1 ff.
– Datierung GBO **44** 10 ff.
– Datum GBO **130** 8
– Dauerwohnrecht GBV **10** 13
– Dienstbarkeit GBV **10** 12
– Drohung GBO **44** 21
– Eigentum GBV **16** 1
– Eigentümer GBO **22** 161 ff.; **123** 1 ff.
– Eigentumsbeschränkung, sonstige GBO **124** 1 ff.
– Eigentumsverzicht GBV **9** 10
– Einigung, Nichtübereinstimmung mit GBO **22** 32 ff.
– Eintragungsbedürftigkeit Einl. **1** 64 f.
– Eintragungsgrundsatz Einl. **1** 1 ff.; **2** 1 f.
– Eintragungspflicht Einl. **2** 21 f.
– Eintragungsverbot GBO **54** 6 ff.
– Eintragungsvorschläge WGV **3** 13 ff.
– entbehrliche GBO **39** 65
– Entscheidungskriterien GBO **123** 2 ff.
– Erbbaurecht Einl. **3** 155, 190 ff.
– Erblasser GBO **40** 9 f.
– Ergänzung, nachträgliche GBO **47** 33
– Ersteher GBO **38** 60 ff.
– Ersteintragung WGV **3** 13
– Fassung Einl. **2** 107
– fehlerhafte Einl. **1** 67
– Gebäudegrundbuch Einl. **3** 231 f.
– Gebäudegrundbuchverfügung GGV **5** 1 ff.; **6** 1 ff.
– gegenstandslose GBO **22** 21 f.; **84** 1 ff.
– Gegenstandslosigkeit GBO **84** 5 ff.
– Geldbeträge GBV **17** 1 ff.
– gemeinschaftliche GBO **47** 1 ff.
– Gesamtberechtigung nach § 428 BGB GBO **47** 22 ff.
– Gesamthandsberechtigung nach § 432 BGB GBO **47** 25 ff.
– Gesamthandsgemeinschaft GBO **22** 46 ff.; **47** 14 ff.
– Gesellschaft bürgerlichen Rechts GBO **47** 36 ff., 47, 49
– Glaube, öffentlicher Einl. **1** 10
– Gliederung Einl. **6** 2
– Grundbuch, maschinell geführtes GBV **74** 1 ff.; **76a** 1 ff.
– Grundbuchverfahren, maschinelles GBO **127** 22 f.; **129** 1 ff.; **130** 1 ff.
– Grunddienstbarkeit GBV **10** 19
– Grundlage GBV **9** 7 ff. GGV **11** 7
– Grundsatz GBO **47** 1 f.
– Grundschuld GBO **44** 39 f. GBV **11** 1 ff.
– Grundstück GBV **13** 3 f.
– Grundstücksteil GBV **13** 15 GGV **9** 1 ff.; **10** 1 ff.
– Hauptwirkungen Einl. **1** 10
– Herrschvermerk GBV **9** 11

1753

Stichwortverzeichnis

- Hypotheken **GBO 44** 39 f.; **62** 1 ff. **GBV 11** 1 ff.
- im Rahmen von § 71 Abs. 2 ff. GBO **GBO 71** 26
- im Rechtssinn **Einl. 2** 106
- in Haupt-/Veränderungsspalten **GBO 45** 19 ff.
- Inhalt **Einl. 1** 69; **2** 106 ff. **GBO 44** 1 ff.; **53** 48 f. **GGV 5** 5 f.; **7** 3 ff.
- Konstitutivfunktion **Einl. 1** 10
- Löschung **Einl. 1** 29, 69
- Löschungsvormerkung **Einl. 7** 71
- mehrere **GBO 45** 8
- Minus-Eintragung **GBO 22** 36 f.
- Mitteilung **GBO 127** 22 f.
- Mitwirkung gesetzlich Ausgeschlossener **GBO 11** 1 ff.
- Nacherbe **GBO 51** 1 ff.
- Nachholung **GBO 52** 22
- Nachweis **GBO 29** 1 ff.; **47** 30 ff.
- Nießbrauch **GBV 10** 20
- Nummerierung **GBV 114** 3
- Öffentliche Lasten **GBO 54** 6 ff.
- ohne Belastungserweiterung **GBO 45** 19
- ohne Mindestinhalt, gesetzlich gebotenen **GBO 53** 51
- Ort **GBV 21** 4 f. **GGV 7** 2; **11** 4
- Pfanderstreckung (Mitbelastung, nachträgliche) **GBO 45** 21
- Pfändung **GBV 10** 21 ff.
- Plus-Eintragung **GBO 22** 36 f.
- Prüfung Vereinbarung, schuldrechtliche **Einl. 1** 59 f.
- Reallast **GBV 10** 25
- Recht, beschränkt dingliches **GBO 124** 1 ff.
- Recht, dingliches **Einl. 2** 109 f. **GBO 22** 63 f.
- Recht, sonstiges **Einl. 2** 112
- Recht/Berechtigter, anderer **GBO 22** 34 f.
- rechtsändernde **Einl. 1** 29
- Rechtsscheinwirkung **Einl. 1** 28
- Rentenschuld **GBV 11** 1 ff.
- Richtigkeitsvermutung **Einl. 1** 10
- Sammelbuchung **GBO 44** 22 ff.
- Sicherung **GBV 66** 4 **GGV 7** 1 ff.
- sonstige **GBO 40** 20 ff.
- Spalten, mehrere **GBV 20** 1 f.
- Tagesangabe **GBO 44** 10 ff.; **129** 11 f.
- Tatbestandswirkung **Einl. 1** 28
- Teilung **GBV 13** 9
- trotz Verbots **GBO 18** 37
- Übergangsvorschrift **GBV 114** 1 ff.
- Überprüfung **GBV 74** 8 ff.
- unerledigte **GBV 114** 1 ff.
- Unterbleiben **GBO 51** 25 ff.; **52** 18 f. **GGV 11** 8 ff.
- Unterlagen **GBO 29** 93 ff.; **40** 6
- Unterschrift, elektronische **GBV 75** 1 ff.
- Unterzeichnung **GBO 44** 14 ff.
- unvollständige **Einl. 2** 115 **GBO 22** 40 ff.
- unwirksame **Einl. 1** 66; **2** 120 ff.
- unzulässige **Einl. 2** 130 f. **GBO 22** 100; **45** 12
- Urkunden **GBO 10** 5 f.
- Urkundsnachweis **Einl. 6** 36 ff.
- Veränderungen **GBO 48** 30 ff.
- Veranlassung **GBV 74** 1 ff.
- Vereinigung **GBV 13** 1 ff.
- Verfahren **GBO 10** 10; **71** 68 ff. **GBV 74** 1 ff.
- Verfahrens-/Zuständigkeitsverstoß **Einl. 1** 68
- Verfügungsbeschränkungen **Einl. 6** 82 f., 95
- Vermerk **GBV 10** 4; **17** 4
- Verpflichteter **GBV 15** 16
- von Amts wegen **GBO 51** 24; **52** 1 ff. **GGV 5** 2 ff.
- Voraussetzungen **Einl. 1** 57 f.
- Vorkaufsrecht **Einl. 6** 208, 223 f.
- Vormerkung **Einl. 2** 111; **6** 30 ff.
- Währung, nicht mehr geltende **GBO 28** 20
- Widerspruch **Einl. 2** 111; **6** 68 ff.
- widersprüchliche/unklare **GBO 53** 52
- wirksame fehlerhafte **Einl. 2** 132 ff.
- Wirksamkeit **Einl. 1** 66 **GBO 129** 1 ff.
- Wohnungs-/Teileigentum **GBO 20** 105 ff.; **44** 37
- Wohnungserbbaurecht **Einl. 3** 223 f.
- Wohnungsgrundbuch **Einl. 3** 119 ff., 125 ff.
- Zeitbestimmungen **Einl. 2** 116 ff.
- Zeugnis Nachlass/Gesamtgut **GBO 36** 1 ff.
- Zinserhöhung **GBO 45** 20
- Zuschreibung **GBV 13** 1 ff.
- Zuständigkeitsmängel **GBO 44** 19
- Zwang **GBO 44** 21
- Zwangseintragungen **GBO 47** 32
- Zwischenverfügung **GBO 18** 20 ff.

Eintragungsantrag GBO 13 1 ff.; **14** 16 ff.; **77** 14
- Abschriften **GBO 55a** 1 ff.
- Abtretung/Belastung Grundpfandrecht **GBO 26** 1 ff.
- Aktivbeteiligter **GBO 13** 80, 86
- Antragserledigung, Reihenfolge **GBO 17** 1 ff.
- Antragsrecht, Vereinbarung **GBO 13** 100
- Arresthypothek **GBO 13** 25
- Arten **GBO 13** 37
- Auslegung **GBO 13** 52 ff.
- Ausnahmen **GBO 13** 4
- Bedeutung, formelle **GBO 13** 9 ff.
- Begriff **GBO 13** 36 f., 76
- Behörde, Grundbuchersuchen der **GBO 13** 99
- Bekanntmachung **GBO 15** 74; **55** 1 ff.
- Berechtigte/Berechtigung **GBO 13** 75 ff.
- Bestimmtheit Erklärungen **GBO 28** 1 ff.
- Beteiligter, unmittelbarer **GBO 13** 78 ff.
- Briefersatz **GBO 41** 20 ff.
- Briefgrundschuld **GBO 42** 1 ff.
- Briefhypothek **GBO 41** 1 ff.
- Eingangsvermerk **GBO 13** 64
- Einsichtsrecht **GBO 12** 10
- Eintragungsverbot **GBO 54** 6 ff.
- Erbengemeinschaft **GBO 13** 88
- Erledigung **GBO 13** 98; **15** 62; **16** 5
- Ermittlungen **GBO 13** 13

Stichwortverzeichnis

- Erwerb in Zwangsvollstreckung **GBO 13** 24
- Fälle, sonstige **GBO 15** 76
- Folgerungen **GBO 13** 38 ff.
- Form **GBO 13** 41
- gemischter **GBO 13** 37; **30** 14 ff.
- Grundstücke, mehrere **GBO 13** 61
- Inhalt **GBO 13** 42 ff.
- Kosten **GBO 15** 77
- Löschungsvormerkung **GBO 29a** 1 ff.
- Mehrdeutigkeit **GBO 13** 50
- Mehrheit **GBO 13** 74, 87 ff.
- nach Einigung **GBO 20** 12
- Öffentliche Lasten **GBO 54** 1 ff.
- Ordnungsvorschrift **GBO 13** 28
- Partei kraft Amtes **GBO 13** 88
- Passivbeteiligter **GBO 13** 81, 84
- Recht, beschränkt dingliches **GBO 21** 1 ff.
- Rechtsmittel **GBO 15** 75
- Rechtsnatur **GBO 13** 36 ff.
- Rechtsschutzbedürfnis **GBO 13** 76
- reiner **GBO 13** 36, 63; **30** 4 ff.
- Rentenschuld **GBO 42** 1 ff.
- Rücknahme **GBO 13** 23, 66 ff.; **15** 61; **31** 1 ff.
- Übereinstimmung mit Bewilligung **GBO 13** 48 ff.
- Umdeutung **GBO 13** 57
- unwiderruflicher **GBO 13** 71
- Verletzung Vorschrift durch GBA **GBO 16** 13
- Verzicht **GBO 13** 36
- Vollmacht **GBO 13** 95; **31** 21 ff.
- Voraussetzungen **GBO 41** 1 ff.
- Vorbehalt **GBO 16** 1 ff.
- Vorlage **GBO 13** 58 ff.
- Vornahmezeitpunkt **GBO 13** 26
- Vorrangwirkung **GBO 13** 27
- Widerspruchsrecht **GBO 13** 92
- Wirksamwerden **GBO 13** 58 ff.
- Wirkungen **GBO 13** 16 ff.
- zur Niederschrift **GBO 13** 63
- Zurückweisung **GBO 13** 23; **71** 17 ff.
- Zuschreibung **GBO 13** 82
- Zuständigkeit **GBO 13** 61
- Zwangshypothek **GBO 13** 90
- Zwangsvollstreckung **GBO 13** 23

Eintragungsbewilligung GBO 16 30 ff.; **19** 1 ff.
- Anfechtung/Nichtigkeit/Fehler **GBO 19** 140 f.
- Ansicht, verfahrensrechtliche **GBO 19** 13
- Art **GBO 19** 21 ff.
- Aushändigungssurrogate **GBO 19** 136 f.
- Ausnahmen vom Erfordernis **GBO 19** 173 ff.
- Bedeutung **GBO 19** 1 ff.
- Behörde **GBO 19** 167 f.
- Berechtigter **GBO 19** 25 ff.
- Beurkundung/Beglaubigung Erklärung **GBO 15** 18 ff.
- Bevollmächtigte **GBO 19** 158 ff.
- Bewilligender **GBO 19** 20
- Bewilligung u. Antrag, Übereinstimmung von **GBO 19** 32
- Bewilligung u. Einigung, Übereinstimmung von **GBO 19** 33
- Bewilligungsbefugnis **GBO 19** 47 ff.
- Bewilligungsberechtigung **GBO 19** 35 ff.
- Bewilligungsgrundsatz **GBO 19** 3 f.
- Bezeichnung Berechtigter **GBO 19** 29
- Einigung **GBO 19** 5 ff.
- Eintragung, Voraussetzung für **GBO 19** 1
- Entbehrlichkeit **GBO 19** 173
- Erklärung, verfahrensrechtliche **GBO 19** 11
- Erwerbsfähigkeit **GBO 19** 27
- Erwerbswille **GBO 19** 28
- Form **GBO 19** 34
- Gegenstand Eintragung **GBO 19** 31
- Gestattung, unbedingte **GBO 19** 17 ff.
- Grundbuchfähigkeit **GBO 19** 26
- Grundbuchverfahren **GBO 19** 30
- Grundbuchvorlage **GBO 19** 125 ff.
- Inhalt **GBO 19** 14 ff.
- Notar **GBO 19** 169
- Ordnungsvorschrift **GBO 19** 2
- Recht im Sinne des § 19 GBO **GBO 19** 42 ff.
- Rechtsnatur **GBO 19** 10 ff.
- Rücknahme **GBO 19** 125 ff.
- Surrogate **GBO 19** 174
- Urkunde **GBO 10** 7; **19** 130 ff.
- Urteil, gerichtliches **GBO 19** 164
- Vertretung **GBO 19** 142 ff.
- Vorbehalt **GBO 16** 31 f.
- Wirksamkeit **GBO 19** 118 ff.

Eintragungsfähigkeit Einl. 1 61 ff.; **4** 49, 51
- Bedeutung **Einl. 1** 61
- Eigentum **Einl. 4** 1 ff.
- Eintragungsbedürftigkeit **Einl. 1** 64 f.
- Flurbereinigungsvermerk **Einl. 1** 90
- Gesamthandseigentum **Einl. 4** 32
- Gesellschaft bürgerlichen Rechts **Einl. 4** 47, 52 ff., 56 ff.
- Kapitalgesellschaft, EU-ausländische **Einl. 4** 62
- Klarstellungsvermerk **Einl. 1** 85
- numerus clausus **Einl. 1** 76 ff.
- Partei, politische **Einl. 4** 60
- Rechte, eintragungsfähige **Einl. 1** 63
- Rechtshängigkeitsvermerk **Einl. 1** 90
- Rechtsquellen **Einl. 1** 76 ff.
- Regelungen Gemeinschaftsordnung **Einl. 3** 105, 108
- Schuldverhältnis im Erbbaurecht **Einl. 3** 177 f.
- Sonderfälle **Einl. 4** 52 ff.
- Verein, nicht eingetragener **Einl. 4** 59
- Vereinbarungen im Erbbaurecht **Einl. 3** 179
- Verfügung über Erbanteile **Einl. 4** 36 ff., 41
- Verfügungsbeeinträchtigung **Einl. 1** 81
- Verfügungsbeschränkungen **Einl. 4** 6 ff.; **6** 77 ff., 86, 88 ff.

1755

- Vermerk Rechtsverhältnisse, öffentliche **Einl. 1** 93
- Vermerk sonstiger Art **Einl. 1** 86 ff.
- Vermerk über Lasten, öffentliche **Einl. 1** 91
- Vermerk, sachenrechtlicher **Einl. 1** 83 ff.
- Vermerk, verfahrensrechtlicher **Einl. 1** 88
- Vor-Gesellschaft **Einl. 4** 61
- Vorkaufsrecht **Einl. 1** 92; **6** 233 f., 236 f.
- Vormerkung **Einl. 1** 79
- Wesen **Einl. 1** 76 ff.
- Widerspruch **Einl. 1** 80
- Wirksamkeitsvermerk **Einl. 1** 65, 85
- Wohnungseigentümergemeinschaft **Einl. 4** 57 f.
- Zinsen **Einl. 7** 20
- Zwangsvollstreckungsunterwerfung **Einl. 1** 89

Eintragungshindernisse GBO 18 1 ff.
- Antrag, betroffener **GBO 18** 8 f.
- Antrag, verbundener **GBO 18** 15
- Antragsberechtigung, mangelnde **GBO 18** 35 ff.
- Eintrag **GBO 18** 10
- Heilung, fehlende rückwirkende **GBO 18** 47 f.
- Hindernis **GBO 18** 11 ff.
- Sonderfälle, gesetzlich geregelte **GBO 18** 18
- Tatsachen, eintragungshindernde **GBO 29** 18 ff.
- Unklarheit, formelle **GBO 18** 16
- Unzulässigkeit, inhaltliche **GBO 18** 41 ff.
- Urteil **GBO 18** 37
- Verfügung, einstweilige **GBO 18** 37
- Verfügungsbeschränkung, relative **GBO 18** 36
- Vollstreckungsmängel **GBO 18** 95 ff.
- Vorschriften **GBO 18** 12
- Zeitpunkt, entscheidender **GBO 18** 17
- Zurückweisung, zwingend gebotene **GBO 18** 34 ff.
- Zurückweisungspflicht, Verstoß gegen **GBO 18** 55
- Zwischenverfügung **GBO 18** 20 ff.

Eintragungsverfügung GBO 44 7 ff.; **130** 1 ff.
- Grundsatz **GBO 44** 7
- Inhalt **GBO 44** 8
- Wegfall **GBV 74** 4 ff.

Eintragungsvoraussetzungen GBO 19 1; **20** 11 ff.; **29** 76 ff.; **51** 20 ff.

Einwendungen/Einreden Einl. 7 62 f. **GBO 22** 173

Einzelrichter
- Beschwerde **GBO 81** 2 ff.
- Rechtsbeschwerde **GBO 81** 2 ff.

Einzeltatbestand Einl. 1 45, 50 ff.

Elektronische Akte GBO 78 70

Elektronische Form
- Rechtsbeschwerde **GBO 78** 30

Elektronischer Rechtsverkehr GBO 135 ff. 1 ff.
- Verordnungsermächtigung **GBO 81** 31

Energieversorgung, DDR
- Überleitung **GBBerG 9** 1 ff.

Enteignung GBO 20 157; **38** 39
- Grundpfandrechtsbrief **GBMaßnG 26** 6

Entscheidungen
- Beschwerde **GBO 71** 11 ff.; **140** 7
- Einstellung Verfahren **GBO 109** 2
- Erlass **GBO 140** 2
- fehlende funktionelle Zuständigkeit **GBO 72** 8
- Grundakte, elektronische **GBO 140** 1 ff.
- international unzuständiges Gericht **GBO 72** 7
- Medientransfer **GBO 140** 6
- örtlich unzuständiges Gericht **GBO 72** 6
- Rechtsbehelfsbelehrung **GBO 71** 15
- sachlich unzuständiges Gericht **GBO 72** 7
- Übermittlung **GBO 140** 3 ff.
- Unterschrift **GBO 71** 14

Entscheidungen, bedeutungslose
- Beschwerde **GBO 71** 55

Entscheidungen, sonstige
- Beschwerde **GBO 71** 37 ff.

Entscheidungen, unanfechtbare
- Beschwerde **GBO 71** 46 ff.

Entstehung/Begründung
- Dienstbarkeit, beschränkt persönliche **Einl. 6** 156 f.
- Erbbaurecht **Einl. 3** 216 f.
- Grunddienstbarkeit **Einl. 6** 131 ff.
- Grundschuld **Einl. 7** 43 f.

Entwicklungsbereich GBO 20 165

Erbbaugrundbuch GBV 57 1 f.
- Anwendung Vorschriften, andere **GBV 54** 2 f.
- Aufschrift **GBV 55** 1 f.
- Bestandsverzeichnis **GBV 56** 1 ff.
- bis 21.1.1919 **GBV 60** 1 f.
- Einrichtung **GBV 113** 6
- Eintragung **GBV 57** 1 f.
- Führung **GBV 113** 6
- Hypothekenbrief **GBV 59** 1
- Muster **GBV 58** 1
- Nummernfolge **GBV 55** 1 f.

Erbbaurecht Einl. 3 150 ff. **GBO 7** 36; **20** 100 ff.
- Abgrenzung zum Wohnungs-/Teileigentum **Einl. 3** 26
- AGB-/Inhaltskontrolle **Einl. 3** 189
- altes **GBO 8** 1 ff.
- Ausübungsbereich **Einl. 3** 165 ff.
- Bauwerk **Einl. 3** 172 f.
- Bedingung **Einl. 3** 156 f.
- Befristung **Einl. 3** 157
- Begründung **Einl. 3** 216 f.
- Belastung **Einl. 3** 213
- Belastungsbeschränkung **Einl. 3** 180 ff.
- Belastungsgegenstand **Einl. 3** 164
- Berechtigter **Einl. 3** 162 f.
- Beschränkung **GBO 23** 7; **24** 8
- Besonderheiten, altes **GBO 20** 104
- Bestellung **GBO 20** 5 f., 101
- Bruchteilsgemeinschaft **GBO 47** 11
- Dauer **Einl. 3** 174 f.
- Dauerwohn-/-nutzungsrecht **Einl. 3** 213

- Dienstbarkeit **Einl. 3** 213
- Einigung **Einl. 3** 155 **GBO 20** 45 ff.
- Einschränkung **GBO 6a** 2 ff.
- Einsichtsrecht **GBO 12** 9
- Eintragung **Einl. 3** 155, 190 ff. **GBO 6a** 1 ff.; **20** 100 ff.; **44** 36 **GBV 10** 15 ff.
- Eintragungsverbot **GBO 6a** 2
- Erbbauberechtigter **GBO 22** 161 ff.
- Erbbaugrundstück **Einl. 3** 164
- Erbbaurechtsgrundbuch **Einl. 3** 154, 192 f.
- Erbbauzins **Einl. 3** 196 ff. **GBV 10** 18
- Erlöschen **Einl. 3** 223 ff. **GBO 24** 17 ff.
- Gemeinschaftsverhältnis **Einl. 3** 163
- Gesamtberechtigung nach § 428 BGB **GBO 47** 23
- Gesamterbbaurecht **Einl. 3** 170 **GBO 6a** 3
- Grundstruktur **Einl. 3** 154
- Hypothekenbrief **GBV 59** 1
- Inhalt **Einl. 3** 158 ff.
- Inhaltsänderung **GBO 20** 5 f., 102
- nach dem BGB **GBO 8** 2 ff.
- nach ErbbauRG **GBO 8** 6
- Rangstelle **Einl. 3** 193 f.
- Reallast **GBV 10** 18
- Recht, grundstückgleiches **Einl. 3** 153
- Rechte, subjektiv-dingliche **GBO 9** 12
- Rechtsfolgen Unwirksamkeit **Einl. 3** 195
- Rechtsgrundlagen **Einl. 3** 150
- Rechtsverhältnis Eigentümer/Berechtigter **Einl. 3** 176 ff.
- Rückstandsfähigkeit **GBO 23** 20
- Sachenrecht **Einl. 3** 154
- Schuldverhältnis, gesetzliches **Einl. 3** 154
- Schuldverhältnis/Verdinglichung **Einl. 3** 176 ff.
- Steuerrecht **Einl. 3** 154
- Teilung **GBO 7** 39 **GBV 10** 17
- Übertragung **GBO 20** 5 f., 103
- Untererbbaurecht **Einl. 3** 171 **GBO 6a** 3 **GBV 10** 27
- Veräußerungsbeschränkung **Einl. 3** 180 ff.
- Vereinbarungen, sachenrechtliche **Einl. 3** 155 ff.
- Verfügungsbeschränkungen **Einl. 6** 86
- Vormerkung **Einl. 3** 186
- Wesen **Einl. 3** 151 ff.
- Zeugnis **GBO 36** 1 ff.; **37** 1 ff.
- Zulässigkeit Gesamtrecht **GBO 48** 6

Erbbaurechtsgrundbuch Einl. 3 154, 192 f.
Erbbauzins Einl. 3 196 ff.
- Gleitklausel **Einl. 3** 197 f.
- Neufestsetzung **Einl. 3** 207 f.
- Preisindexklauseln **Einl. 3** 200 ff.
- Reallast **Einl. 3** 197 ff.
- rückwirkender **Einl. 3** 205
- Sicherung **Einl. 3** 197 f.
- Verpflichtung, schuldrechtliche **Einl. 3** 207 f.
- Voraussetzungen **Einl. 3** 200 ff.
- Vormerkung Neufestsetzung **Einl. 3** 209 f.

Erbengemeinschaft GBO 13 88; **20** 53; **52** 8; **82** 29 **GGV 8** 5
Erbfolge
- Ausnahmen **GBO 35** 8 ff.
- Ausschluss, Ausnahmen, weitere **GBO 35** 22 f.
- Begriff **GBO 35** 3 ff.
- Beweismittel, andere **GBO 35** 11
- Ehevertrag **GBO 35** 168
- Erbschein **GBO 35** 38 ff.
- Grundsatz **GBO 35** 7
- Gütergemeinschaft, fortgesetzte **GBO 35** 166 ff.
- Höferecht **GBO 35** 73 ff., 102
- Nachweis **GBO 35** 1 ff.
- Rechtslage vor 1.1.1900 **GBO 35** 13
- Sonderfälle **GBO 35** 6
- Testamentsvollstrecker **GBO 35** 12, 133 ff.
- Überweisungszeugnis **GBO 35** 14
- Umfang **GBO 35** 3 ff.
- Verfügung von Todes wegen/Niederschrift **GBO 35** 91 ff.
- Vollmacht, trans-/postmortale **GBO 35** 26 ff.
- Vorschrift, analoge Anwendung der **GBO 35** 171

Erbpacht GBV 111 1
Erbrecht
- Aufhebung Recht **GBO 40** 16 ff.
- Auflassung **GBO 20** 24 ff.
- Ausnahme von Voreintragung **GBO 39** 12
- Begriff Erbe **GBO 40** 5 ff.
- Eintragungen, sonstige **GBO 40** 20 ff.
- Eintragungsunterlagen, besondere **GBO 40** 21 ff.
- Erbe **GBO 40** 6
- Erbfolge **GBO 40** 5 ff.
- Erblasser **GBO 40** 9 ff.
- Ermittlung Erben **GBO 82a** 7 f.
- Grundschuld **GBO 37** 1 ff.
- Hypothek **GBO 37** 1 ff.
- Löschung Recht **GBO 40** 7
- Nacherbfolge **GBO 40** 7
- Nachlassgericht **GBO 38** 22
- Nachweis Erbfolge **GBO 36** 1 ff.; **94** 3
- Person, verstorbene **GBO 20** 52
- Rentenschuld **GBO 37** 1 ff.
- Titel, vollstreckbarer **GBO 40** 26
- Übertragung Recht **GBO 40** 14 ff.
- Umschreibung **GBO 36** 8 ff.; **37** 1 ff.
- Vor-/Nacherbschaft **GBO 40** 10
- Vorerbschaft **GBO 40** 6
- Zeugnis **GBO 36** 1 ff.; **37** 1 ff.
- Zugehörigkeit zum Nachlass/Gesamtgut **GBO 36** 5 ff.

Erbschaft Einl. 6 183
Erbschein GBO 35 38 ff.
- ausländischer **GBO 35** 163
- Auslandsberührung **GBO 35** 161 ff.
- Begriff **GBO 35** 38 f.
- Fremdrechtserbschein **GBO 35** 162

- Gebrauch, gegenständlich beschränkter **GBO 35** 54
- Gruppenerbschein **GBO 35** 50
- Inhalt, förmlicher **GBO 35** 48 ff.
- Nacherbe **GBO 35** 56 ff.
- Nachlasszeugnis, neues europäisches **GBO 35** 78 ff.
- Prüfungspflicht GBA **GBO 35** 41 ff.
- Rückfrage an Nachlassgericht **GBO 35** 70 ff.
- Teilerbschein **GBO 35** 50 f.
- Testamentsvollstreckung **GBO 35** 55
- Urkunde, ausländische öffentliche **GBO 35** 164 f.
- Vorerbe **GBO 35** 56 ff.
- vorherige Ausschlagung **GBO 35** 129
- Wirkung **GBO 35** 60 f.

Erbteil Einl. 6 181
Erbvertrag Einl. 6 49
Erhaltungssatzung GBO 20 166
Erinnerung
- Rechtspfleger **GBO 71** 10 f.
- Urkundsbeamter **GBO 71** 9

Erklärung
- materiell-rechtliche **GBO 15** 63
- notwendige bei Vereinigung **GBO 5** 23 f.

Erlass
- Beschwerdeentscheidung **GBO 77** 51

Erledigung
- Antrag **GBO 13** 98; **15** 62; **16** 5
- Antragserledigung, Reihenfolge **GBO 17** 1 ff.
- Behörde, Grundbuchersuchen der **GBO 38** 90 ff.
- Beschwerde **GBO 71** 43 ff.
- Beschwerdeverfahren **GBO 77** 25
- Kostenentscheidung **GBO 71** 43 ff.
- Möglichkeiten GBA **GBO 17** 27 ff.
- unvollständige **GGV 12** 10

Erlöschen
- außerhalb Grundbuch **GBO 24** 3 ff.
- Dauerwohn-/-nutzungsrecht **Einl. 3** 149
- Dienstbarkeit, beschränkt persönliche **Einl. 6** 156 f.
- Erbbaurecht **Einl. 3** 223 ff. **GBO 24** 17 ff.
- Erneuerungsvorrecht **Einl. 3** 224 ff.
- Forderung, gesicherte **Einl. 7** 48
- Grunddienstbarkeit **Einl. 6** 135 ff.
- Grundschuld **Einl. 7** 45 f.
- Hypothek **Einl. 7** 7
- Mitbelastung **GBO 48** 27
- Nießbrauch **Einl. 6** 199 ff.
- Recht, dingliches **GBO 22** 66 f.
- Rechtsfolgen **Einl. 3** 223
- Sicherung Entschädigungsforderung **Einl. 3** 224 ff.
- Vorkaufsrecht **Einl. 6** 227
- Vormerkung **GBO 22** 90

Ermittlungen Einl. 2 23, **GBO 13** 13
Erneuerungsvorrecht Einl. 6 203
Ersuchen GBO 25 37

Erwerb
- Erwerbsfähigkeit **GBO 19** 27
- Erwerbsverbote **GBO 20** 66 ff.
- Erwerbswille **GBO 19** 28

Erwerb, gutgläubiger Einl. 6 13, 62 f.
Erwerbsfähigkeit Einl. 4 50
Euro-Umstellung GBO 28 20
Eventualbeschwerde
- Beschwerde **GBO 71** 57

FamFG
- Anwendbarkeit im Beschwerdeverfahren **GBO Vor 71** 3

Familienfideikommissvermerk
- Löschung **GBBerG 5** 8

Fehler GBO 19 140 f.
Feststellungsbeschluss
- Beschwerde **GBO 89** 1 ff.
- Beschwerdefrist **GBO 89** 3 f.
- Rechtsbehelfsbelehrung **GBO 89** 8 ff.
- Rechtsmittel **GBO 110** 1 ff.
- Zustellung **GBO 88** 4 f.

Feststellungslast Einl. 2 23, 32 f.
Fideikommissvermögen GBO 20 194
Finanzamt GBO 38 27
Firma GBO 32 29
Fiskus GBV 15 11
Flurbereinigung Einl. 1 90; **6** 93 **GBO 2** 9; **20** 180; **38** 33
Flurneuordnungsverfahren GBBerG 13 1 ff.
- Zustimmungsvorbehalt **GBBerG 13** 4

Forderung GBO 26 26 ff.
Forderungsbindungsklausel Einl. 7 42
Form
- Anhörungsrüge **GBO 81** 24 ff.
- Auflassung **GBO 20** 93 ff.
- Beglaubigung **GBO 29** 150 ff.
- Behörde, Grundbuchersuchen der **GBO 38** 78
- Bekanntmachung **GBO 55** 6
- Berichtigungsbewilligung **GBO 22** 156
- Beschwerde **GBO 73** 6 ff.
- Eigentümerzustimmung **GBO 27** 11
- Eintragung **GBO 18** 109; **29** 93 ff.; **44** 1 ff. **GBV 21** 1 ff.; **76** 1 ff.
- Eintragungsantrag, Rücknahme **GBO 31** 6 ff.
- Eintragungsbewilligung **GBO 19** 34
- elektronische **GBO 73** 14 f.
- Formgebot aus materiellem Recht **GBO 29** 163
- Formgebot, Ausnahmen **GBO 29** 18 ff.
- Formpflicht, Anwendungsumfang der **GBO 29** 7 ff.
- Hypothekenbrief **GBO 56** 4 f.
- Nachweis **GBO 22** 120 ff.
- Schriftform **GBO 137** 10
- Signatur **GBV 75** 1 ff.
- Unterlagen zum Nachweis **GBO 29** 93 ff.
- Unterschrift, eigenhändige **GBV 75** 1 ff.

Stichwortverzeichnis

- Urkunde **GBO 29** 119 ff.
- Verfügung von Todes wegen/Niederschrift **GBO 35** 106
- Vertretung **GBO 29** 181 ff.
- Vollmacht, Widerruf der **GBO 31** 25
- Vormerkung **GBO 18** 109
- Widerspruch **GBO 18** 109; **23** 33 ff.
- Zeugnis **GBO 36** 12

Freigabe GBV 71 1 ff.
Freigrenzenbestimmungen GBO 20 178
Fremdenverkehrsgebiet GBO 20 149
Fremdwährung GBO 28 21
Frist
- Ablauf **GBO 108** 2
- Anhörungsrüge **GBO 81** 23
- Beschwerde **GBO 73** 5
- Ladungsfrist **GBO 101** 1 ff.
- Rechtsbeschwerde **GBO 78** 32 ff.
- Wiedereinsetzung in den vorigen Stand **GBO 78** 34
- Zwischenverfügung **GBO 18** 70 ff.

Garage Einl. 3 36 f., 115
GBA
- Prüfung **GBO 29** 140
- Prüfungsbescheinigung **GBO 32** 33

GbR
- Grundbuchverfahren **GBO 82** 29

GbR, Gesellschafterwechsel
- Berichtigungszwangsverfahren **GBO 82** 11
- Grundbuchberichtigungszwang **GBO 82** 11

Gebäudeblatt GGV 12 11
Gebäudeeigentum GBV 6 26 **GGV 12** 1 ff.; **14** 8 ff.
Gebäudeeigentum Beitrittsgebiet Einl. 3 227 ff.
- Abgrenzung zum Wohnungs-/Teileigentum **Einl. 3** 26
- Aufhebung **Einl. 3** 234
- Behandlung, rechtliche **Einl. 3** 233
- Bestandsschutz **Einl. 3** 229
- Eintragung Gebäudegrundbuch **Einl. 3** 231 f.
- Neubegründung **Einl. 3** 230
- Nutzungsrecht **Einl. 3** 228
- Recht, geltendes **Einl. 3** 229 ff.
- Rechtszustand, bisheriger **Einl. 3** 227 f.
- Vereinigung mit Grundeigentum **Einl. 3** 235

Gebäudegrundbuch Einl. 3 231 f. **GBO 116** 1; **150** 7
- Gebäudegrundbuchblätter **GGV 3** 1 ff.

Gebäudegrundbuchverfügung GGV 1 1 ff.
- Aufbewahrung Eintragungsunterlagen **GGV 4** 26
- Aufhebung **GGV 12** 1 ff.
- Aufschrift **GGV 3** 3
- Begriffsbestimmungen **GGV 14** 1 ff.
- Bekanntmachungen **GGV 13** 1 ff.
- Berechtigte, andere **GGV 8** 5 ff.
- Berechtigte, mehrere **GGV 8** 1 ff.
- Besitzrecht nach Art. 233 § 2a EGBGB **GGV 4** 17 ff.
- Bestandsverzeichnis **GGV 3** 4 f.
- Colido-Anweisung **GGV 15** 1
- DDR **GGV 1** 2 f.
- Eigentum **GGV 4** 8 ff.; **6** 1 ff.
- Erbengemeinschaft **GGV 8** 5
- Erledigung, unvollständige **GGV 12** 10
- Führung **GGV 3** 1 ff.
- Gebäudeblätter, umfunktionierte **GGV 12** 11
- Gebäudeeigentum, nutzungsrechtloses **GGV 3** 11 f.
- Gebäudeeigentümer **GGV 4** 27 ff.
- Gebäudeeigentumsrechte, mehrere **GGV 3** 8 ff.
- Gebäudegrundbücher **GGV 1** 4 ff.
- Gesamtbelastung **GGV 5** 7 f.
- Gesellschaft bürgerlichen Rechts **GGV 8** 6
- Gestaltung **GGV 3** 1 ff.
- Grundbuch Grundstück **GGV 1** 7 f.
- Grundsatz Grundbuchblätter, vorhandene **GGV 2** 1 f.
- Grundsatz Vermessung/Bodensanierung **GGV 10** 2
- Grundstücksteile, bestimmte **GGV 9** 1 ff.
- Grundstücksteile, unbestimmte **GGV 10** 1 ff.
- Löschung ohne Rechtsgrundlage **GGV 12** 12 ff.
- Nachweis **GGV 4** 1 ff.
- Nummerierung **GGV 3** 2
- Nutzer **GGV 14** 2 ff.
- Nutzungsrecht Art, andere **GGV 3** 10
- Nutzungsrecht, dingliches **GGV 5** 1 ff.
- Rang Nutzungsrechte, mehrere **GGV 14** 5 ff.
- Rechtsverhältnisse, andere **GGV 8** 7 ff.
- Rötungen **GGV 3** 7
- Sicherungsvermerk **GGV 7** 1 ff.
- Teilung **GGV 14** 8 f., 11
- Überleitungsvorschrift **GGV 15** 1
- Verbindung **GGV 14** 10
- Verfahrensverstöße **GGV 12** 10 ff.
- Verhältnis zu Vorschriften, allgemeinen **GGV 1** 10 f.
- Widerspruch **GGV 11** 1 ff.

Gebühren GBO 133 38 ff.
- Beschwerderücknahme **GBO 73** 31

Gegenbeweis GBO 15 28
Gegenstandlosigkeit aus tatsächlichen Gründen
- Fehlende Feststellung des Berechtigten **GBO 84** 18
- Veränderung der tatsächlichen Gegebenheiten **GBO 84** 17
- Veränderung des Grundstücks **GBO 84** 16

Gegenstandslosigkeit GBO 84 5 ff.
Gegenstandslosigkeit aus Rechtsgründen GBO 84 7 ff.
Gegenstandslosigkeit aus tatsächlichen Gründen GBO 84 15 ff.
Gegenvorstellung GBO Vor 71 13
Gehör, rechtliches Einl. 2 27 f., 58 ff.
- Anhörungsrüge **GBO 81** 21 ff.
- Grundbuchberichtigung **GBO 22** 172

1759

Stichwortverzeichnis

Geldbeschaffungskosten Einl. 7 19
Geldbeträge GBO 28 19
Gemeindenutzungsrecht Einl. 3 12 f.
Gemeinschaftseigentum Einl. 3 23, 28 ff.
– aus Sondereigentum Einl. 3 70
– Gemeinschaftseinrichtungen Einl. 3 44 ff.
– Gemeinschaftsräume Einl. 3 45
– Sondereigentum Einl. 3 71
– Sonderfälle Einl. 3 43
– Versorgungsanlagen Einl. 3 42
– zwingendes Einl. 3 41
Gemeinschaftseinrichtungen Einl. 3 44 ff.
Gemeinschaftsordnung Einl. 3 99 ff.
– AGB-/Inhaltskontrolle Einl. 3 124
– Ausnahmen Vertragsfreiheit Einl. 3 106
– Eintragungsfähigkeit Einl. 3 105, 108
– Einzelfälle Einl. 3 108
– Nichtigkeit Einl. 3 106
– Recht, zwingendes Einl. 3 107
– Übersicht Einl. 3 109
– Unterscheidung Vereinbarung/Beschluss Einl. 3 102
– Wohnungsgrundbuch Einl. 3 124
Gemeinschaftsräume Einl. 3 45
Gemeinschaftsverhältnis Einl. 3 163
Genehmigung GBO 19 149 ff.
– Grundbuchverfahren GBO 19 153 ff.
– Verfahren GBO 19 152
Genossenschaft
– Rechtsnachfolgebescheinigung GBBerG 12 4 ff.
– Umwandlung/Rechtsnachfolge GBBerG 12 1 ff.
Gerichtliches elektronisches Dokument GBO 73 35 ff.
Gerichtsakte, elektronisch geführte GBO 73 35 ff.
Gesamtberechtigung nach § 428 BGB GBO 47 22 ff.
– Begriff GBO 47 22
– Eintragung GBO 47 24
– Einzelfälle GBO 47 23 f.
Gesamterbbaurecht Einl. 3 170
Gesamthandsberechtigung nach § 432 BGB GBO 47 25 ff.
– Begriff GBO 47 25
– Eintragung GBO 47 29
– Einzelfälle GBO 47 27
– Erbrecht/Güterrecht GBO 52 8
Gesamthandseigentum Einl. 4 31 ff. GBO 22 46 ff.
– Abgrenzung zum Wohnungs-/Teileigentum Einl. 3 26
– Begriff GBO 47 14
– Bezeichnung Gesamthänder Einl. 4 34 f.
– eheliche Vermögensgemeinschaft Einl. 4 33
– Eintragung GBO 47 20
– Eintragungsfähigkeit Einl. 4 32
– Einzelfälle GBO 47 19
– Gegenstand Einl. 4 35
– Rechtsnatur Einl. 4 31

– Verfügung über Erbanteile Einl. 4 36 ff., 41
– Verfügungsvermerk Einl. 4 39 ff.
Gesamthandserwerb Einl. 4 17
Gesamthypothek Einl. 7 4 GBO 38 56 f.; 64 1 f.
Gesamtrechte GBO 48 6; 127 1 ff.
Gesamtrechtsnachfolge Einl. 6 197
Geschäftsführer GBO 32 19 f.
Geschäftsstelle GBO 73 11 ff.
Geschäftswertfestsetzung
– Beschwerde GBO Vor 71 23 f.
Gesellschaft GBO 32 59 ff.
– ausländische GBO 29 47; 32 58 ff.
– gelöschte GBO 29 87
Gesellschaft bürgerlichen Rechts (GbR) Einl. 4 52 ff. GBO 19 157
– Bezeichnung GBO 47 36 f., 47, 49
– Eintragung GBO 47 36 ff.
– Eintragung nach 1.1.2024 GBO 47 44, 47, 49
– Eintragungsfähigkeit Einl. 4 56
– Erbfolgeregelungen GBO 47 62
– Gebäudegrundbuchverfügung GGV 8 6
– Gesellschafterwechsel GBO 47 61
– Grundbuchberichtigung GBO 47 59
– Nachweis GBO 29 44; 32 40
– Übergangsrecht GBO 47 45, 50
– Voreintragung GBO 39 20
– Vor-Gesellschaft GBO 47 51
– Zwangsvollstreckung GBO 47 54
Glaube, öffentlicher Einl. 1 10; 2 9; 5 28 GBO 2 14 ff.; 12 2
– Angaben tatsächlicher Art GBO 2 16
– Grenzverlauf GBO 2 17
– nach §§ 891, 892 BGB GBO 2 14 f.
Glaubhaftmachung GBO 29a 1 ff.
– Klarstellung Rangverhältnisse GBO 92 8
Gläubiger Einl. 7 10 ff., 35, 39
Gleitklausel Einl. 3 197 f.
GmbH Einl. 4 61
Grundakte
– Aufbewahrung GBV 24 2
– Einsicht GBO 12 10 GBV 46 1 ff.; 77 8
– Grundbuch, maschinell geführtes GBV 73 1 ff.
– Inhalt GBV 24 2 ff.
– Neuanlage GBV 107 1 f.
– Urkunde, aufzubewahrende GBV 24a 1 ff.
– Weiterführung GBV 107 1 f.
Grundakte, elektronische GBO 135 1 ff.
– Abruf GBO 139 4 ff. GBV 99 5 ff.
– Anlegung GBV 96 1 ff.
– Aus-/Abdruck GBO 139 2 f.
– Ausdruck GBV 99 2 f.
– Beschwerdeverfahren GBO 135 16
– Darstellung GBV 62 12 ff.; 63 1 ff.
– Dokumente, ungeeignete GBO 136 6 f.
– Dokumentenübertragung GBO 138 1 ff.
– Einsicht GBO 139 2 f. GBV 99 4
– Entscheidungen GBO 140 1 ff.

Stichwortverzeichnis

- Führung **GBV 96** 2
- Grundbuchverfahren, maschinelles **GBV 95** 1 ff.
- Grundsatz **GBV 94** 1 f.
- Maßgaben, technische/organisatorische **GBV 95** 1 ff.
- Medientransfer **GBO 140** 6
- Mitteilungen **GBO 140** 1 ff.
- Regelungsziele **GBO 135** 2 ff.
- Sicherung **GBV 66** 5 ff.
- Übertragung Inhalt als Papierakte **GBV 96** 8 f.
- Verfügungen **GBO 140** 1 ff.
- Verordnungsermächtigung **GBO 141** 1 ff.
- Wiederherstellung **GBV 100** 1 f.; **100a** 1 f.
- Zulässigkeit **GBO 135** 15
- Zuständigkeit **GBV 100a** 1 f.

Grundbuch Einl. 1 23 **GBO 2** 3 ff. **GBV 1** 1 ff.
- Abbildung Rechte, dingliche **Einl. 1** 9
- Abdruck **GBV 85** 1 ff.
- Abteilung II **Einl. 6** 1 ff.
- Abteilung III **Einl. 7** 1 ff.
- Änderung Inhalt **GBO 57** 5
- Aufbewahrung **GBO 10** 4
- Aufgaben **Einl. 1** 9 ff.
- Ausbuchungsverfahren **GBO 3** 7
- Bedeutung **Einl. 1** 1 ff.
- Berichtigung **GBO 22** 1 ff.
- beschränkte Einsicht **Einl. 1** 17
- Bestandsverzeichnis **GBV 6** 1 ff.
- Bezeichnung **GBV 2** 2; **15** 1 ff.
- Briefvordrucke **GBV 109** 1 ff.
- Bücher, bisherige **GBO 145** 1 ff.
- Buchstand, maßgeblicher **GBO 22** 154
- Darstellung Rang **GBO 45** 17 ff.
- Datenbankgrundbuch **GBV 71a** 1 ff.; **72** 12 f.
- Einigungsprinzip **Einl. 1** 1 ff.
- Einrichtung **GBV 113** 3 ff.
- Einsicht **Einl. 1** 22
- Einsichtsrecht **GBO 12** 10
- Erbbaurechtsgrundbuch **Einl. 3** 192 f.
- Ermächtigung **GBV 110** 1 ff.
- Ersatzgrundbuch **GBO 148** 1 ff. **GBV 92** 5 ff.
- Form, äußere **GBV 2** 1 ff.
- Führung **GBO 59** 2; **126** 2 ff. **GBV 113** 3 ff.
- Funktionen **Einl. 1** 8 ff.
- Gebäudegrundbuch **Einl. 3** 231 f.
- Geldwäsche **Einl. 1** 13, 14, 15
- Glaube, öffentlicher **GBO 2** 14 ff.
- Grundbuchbezirk **GBV 1** 1, 5; **102** 1
- Grundbuchgrundstück **Einl. 1** 8
- Grundstück **GGV 1** 1 ff.
- Inhalt **Einl. 2** 108
- Loseblattgrundbuch **GBV 2** 3; **108** 1 ff.
- mehrere für ein Grundstück **GBO 146** 1 f.
- Muster **GBV 4** 3 ff.
- öffentliches Interesse **Einl. 1** 24
- Papiergrundbuch, Rückkehr zum **GBV 92** 8
- Realfolium **GBV 4** 6

- rechtliche Funktion **Einl. 1** 20
- Rechtsvorgänge außerhalb - **Einl. 5** 30
- Rückkehr zum Papiergrundbuch **GBO 148** 17 f.
- Teilung **GBO 7** 1 ff. **GBV 1** 2
- Transparenz **Einl. 1** 21
- Transparenzregister **Einl. 1** 12, 13
- Übereinstimmung mit Verzeichnis **GBO 2** 10 ff.
- Übergangsregelung **GBV 1** 6
- Umschreibung **GBO 102** 10 **GBV 106** 1
- Vereinigung **GBO 5** 1 ff. **GBV 1** 3 f.
- Verfügung **GBV 1** 1 ff.
- Vermögensregister **Einl. 1** 16
- Vordrucke **GBV 105** 1 f.; **106** 1
- Vorschriften, frühere **GBV 105** 1 f.
- Warn-/Schutzfunktion **Einl. 1** 11, 90
- Wiederherstellung **GBO 148** 1 ff.
- Wohnungs-/Teileigentum **WGV 1** 1 ff.
- Wohnungsgrundbuch **Einl. 3** 119 ff.
- Zerlegung **GBV 1** 3 f.

Grundbuch, maschinell geführtes
- Abruf Daten **GBV 80** 1 ff.
- Abrufbarkeit **GBV 71** 5
- Anlegung **GBV 67** 1 ff.; **68** 1 ff.; **69** 1 ff.; **70** 1 ff.; **71a** 1 ff.
- Ausdruck **GBV 78** 1 ff.
- Datenbankgrundbuch **GBV 71a** 1 ff.; **72** 12 f.; **76a** 1 ff.
- Einsicht **GBV 77** 1 ff.; **79** 1 ff.
- Eintragung **GBV 74** 1 ff.; **76** 1 ff.; **76a** 1 ff.
- Freigabe **GBV 67** 10 f.; **71** 1 ff.
- Grundakte **GBV 73** 1 ff.
- Handblatt **GBV 73** 6 ff.
- Neufassung **GBV 69** 1 ff.; **71a** 4 ff.; **72** 9 f.
- Papiergrundbuch, Rückkehr zum **GBV 92** 8
- Richtigkeit **GBV 71** 4
- Schließung **GBV 67** 12 ff.; **72** 1 ff.
- Signatur **GBV 75** 1 ff.
- Umschreibung **GBV 68** 1 ff.; **72** 3 ff.
- Umstellung **GBV 70** 1 ff.
- Unterschrift, elektronische **GBV 75** 1 ff.
- Vollständigkeit **GBV 71** 4
- Vorschriften, anwendbare **GBV 73** 3 ff.
- Wiedergabefähigkeit **GBV 72** 11
- Wiederherstellung **GBO 148** 10 ff. **GBV 92** 1 ff.
- Zuständigkeitswechsel **GBV 92a** 1 ff.

Grundbuchamt GBO 1 2 ff.
- Anordnung Zustellungsbevollmächtigter **GBO 97** 1 ff.
- Aufbewahrungspflicht Urkunden **GBO 10** 8 ff.
- Beitrittsgebiet **GBO 150** 2
- Beschwerde **GBO 77** 53
- Eingangsvermerk **GBO 13** 64
- Entscheidung **GBO 3** 9; **91** 3 ff.; **108** 3 ff.
- Entscheidung Amtslöschungsverfahren **GBO 85** 3 ff.
- Ermittlungen **GBO 18** 98
- Feststellung Rangordnung, neue **GBO 108** 3 ff.

1761

Stichwortverzeichnis

- Gesetzesverstoß **GBO 53** 15 ff.
- Prüfung **GBO 36** 11 ff.; **38** 85
- Prüfungspflicht **GBO 35** 141, 169; **91** 2
- verschiedene **GBV 13** 6 ff.
- Verzeichnisse **GBO 12a** 1 ff.
- Vorschlag **GBO 103** 1 ff.

Grundbuchamt als Vollstreckungsorgan
- Beschwerde **GBO 71** 2

Grundbuchband GBV 26 1 ff.

Grundbuchbeamter GBO 11 1 ff.

Grundbuchbereinigungsverfahren GBO 82 50 ff.

Grundbuchberichtigung GBO 22 1 ff.; **25** 1 ff.; **127** 1 ff.
- § 22 GBO, Entwicklung des **GBO 22** 161 ff.
- §§ 22–26 GBO, Zusammenhang der **GBO 22** 1
- Ablehnung der Einleitung **GBO 86** 1 ff.
- Antrag, nachfolgender **GBO 17** 19 ff.
- Antragsgrundsatz **GBO 22** 169 ff.
- Anwendungsbereich **GBO 22** 164 ff.
- Bedeutung **GBO 22** 1 ff.
- Behörde, Grundbuchersuchen der **GBO 38** 88 ff.
- Bekanntgabe der Entscheidung **GBO 86** 4 f.
- Belastung/Abtretung Grundpfandrecht **GBO 26** 3 ff.
- Berichtigungsanspruch, materiell-rechtlicher **GBO 22** 2
- Bewilligung **GBO 22** 143 ff.; **25** 35; **26** 68
- Bezeichnung, lediglich unrichtige **GBO 39** 37
- Eigentümer, Eintragung des **GBO 22** 161 ff.
- Eigentumserwerb, originärer **GBO 22** 164
- Einschränkungen **GBO 22** 166
- Einwendungen **GBO 22** 173
- Entscheidung über Einleitung **GBO 86** 2 f.
- Erbbauberechtigung **GBO 22** 161 ff.
- Gehör, rechtliches **GBO 22** 172
- Gründe, berechtigte **GBO 82** 24 ff.
- Nachweis **GBO 25** 30
- Rechte, grundstücksgleiche **GBO 22** 165
- Sicherung, vorläufige **GBO 22** 2
- Systematik **GBO 22** 1 ff.
- Testamentsvollstreckung **GBO 52** 8
- Übertragung Briefrecht **GBO 26** 8 ff.
- Urteil **GBO 22** 167 f.
- Verfahrensrecht **GBO 22** 2
- Verhältnis § 22 GBO zu § 19 GBO **GBO 22** 8
- Verletzung des § 22 GBO, Rechtsfolgen **GBO 22** 175
- Voraussetzungen **GBO 22** 167 ff.; **25** 13 ff., 31
- Wahlmöglichkeit **GBO 22** 171
- Ziel **GBO 22** 4 ff.
- Zurückweisung **GBO 22** 176; **71** 38 ff.

Grundbuchberichtigungsverfahren
- Amtslöschung **GBO 87** 1 ff.
- Einleitung **GBO 84** 25
- Rechtsmittel **GBO 84** 25 f.

Grundbuchberichtigungszwang GBO 82 1 ff.; **82a** 2 ff.; **83** 1 ff.
- Aussetzung **GBO 82** 20
- Aussichtslosigkeit des Zwangsberichtigungsverfahrens **GBO 82a** 5
- Berichtigungszwangsverfahren **GBO 82** 50 ff.
- Durchführung **GBO 82** 21 f.; **82a** 6
- Durchsetzung, zwangsweise **GBO 82** 35 ff.
- eheliche Vermögensgemeinschaft **GBBerG 14** 3 ff.
- Einstellung **GBO 82** 19
- Entscheidung des Grundbuchamts, Form **GBO 82** 32 ff.
- Entscheidung Grundbuchamt **GBO 82** 18 ff.
- Erbenermittlung durch Nachlassgericht **GBO 82a** 7
- Feststellung Unrichtigkeit **GBO 82** 15 ff.
- Gesellschafterwechsel bei GbR **GBO 82** 11
- Grundbuchbereinigungsverfahren **GBO 82** 50 ff.
- Grundbucheintragung **GBO 82a** 10
- Gründe, berechtigte **GBO 82** 24 ff.
- Inhalt der Verpflichtung **GBO 82** 26 f.
- Kosten **GBO 82** 42; **82a** 12
- Mitteilungspflicht Nachlassgericht **GBO 83** 1 ff.
- Personenkreis, verpflichteter **GBO 82** 28
- Rechtsmittel **GBO 82** 40 f.; **82a** 11
- Rechtsübergang außerhalb des Grundbuchs **GBO 82** 13 ff.
- Sachenrechtsbereinigungsverfahren **GBO 82** 43 ff.
- Undurchführbarkeit des Zwangsberichtigungsverfahrens **GBO 82a** 4
- Unrichtigkeit Eigentümereintragung **GBO 82** 7 ff.
- Verfahrenseinleitung **GBO 82** 5 f.
- Verpflichtung zur Antragstellung **GBO 82** 1 ff.
- von Amts wegen **GBO 82a** 1 ff.
- Voraussetzungen **GBO 82** 5 ff.; **82a** 2 ff.
- Zurückstellung Berichtigung **GBO 82** 23 ff.

Grundbuchbezirke GBO 2 1 ff. **GBV 102** 1

Grundbuchblatt
- Beschwerde **GBO 71** 30

Grundbuchblatt/Realfolium GBO 3 1 ff. **GBV 4** 6; **13** 3 f.
- Abgabe **GBV 27a** 1 f.
- Abschreibung **GBV 13** 11 f.
- Abschrift **GBV 45** 1 ff.
- Abteilung I **GBV 9** 1 ff.
- Abteilung II **GBV 10** 1 ff.
- Abteilung III **GBV 11** 1 ff.
- Anlegung **GBO 116** 1 ff.; **144** 3 f.
- Anlegung, bevorstehende **GBO 122** 1 ff.; **125** 1 ff.
- Aufbewahrung Eintragungsunterlagen **GGV 4** 26
- Aufforderung **GBV 35** 3
- Aufschrift **GBV 5** 1 **GGV 3** 3
- Benachrichtigung **GBV 30** 13
- besonderes **GBO 144** 3 f.
- Bestandsverzeichnis **GBV 6** 1 ff. **GGV 3** 4 f.

Stichwortverzeichnis

- bis 21.1.1919 **GBV 60** 1 f.
- Blattanlegung, bewilligte **GGV 11** 8
- Blattteil **GBV 45** 1 ff.
- Buchungszwang **GBO 3** 3 f.
- Dokumente, elektronische, Zuordnung **GBV 96** 10
- Doppelbuchung **GBV 38** 1 ff.
- Einteilung **GBV 4** 1 ff.
- Erbbaugrundbuch **GBV 55** 1 f.
- fortlaufende Nummerierung **GBV 3** 1
- Führung **GGV 3** 1 ff.
- Gebäudeeigentum, nutzungsrechtloses **GGV 3** 11 f.
- Gebäudeeigentumsrechte, mehrere **GGV 3** 8 ff.
- Gebäudegrundbuch **GBO 116** 1
- gemeinschaftliches **GBO 4** 1 ff. **GBV 35** 4 f.
- geschlossenes **GBV 37** 1
- Gestaltung **GBV 30** 1 ff. **GGV 3** 1 ff.
- Grundbuchamt, verschiedene **GBV 13** 6 ff.
- Handblatt **GBV 24** 5; **32** 1 f.
- mehrere **GBV 24** 3
- Miteigentumsanteil **GBV 8** 1 ff.
- neues **GBV 30** 1 ff.
- Nummerierung **GGV 3** 1 ff.
- Nutzungsrecht Art, andere **GGV 3** 10
- Personalfolium **GBO 4** 3 f.
- Realfolium **GBO 3** 1 ff. **GBV 4** 6
- Rechte, subjektiv-dingliche **GBV 7** 1 ff.
- Rötungen **GGV 3** 7
- Umschreibung **GBV 28** 1 ff.
- Unübersichtlichkeit **GBV 33** 1 ff.
- Vereinigung **GBO 5** 1 ff.
- Verweis **GBV 24** 4
- Wiederverwendung **GBV 37** 1
- Wohnungs-/Teileigentum **WGV 1** 3 ff.
- Zusammenschreibung **GBO 4** 1 ff.
- Zuschreibung **GBO 6** 1 ff.
- **Grundbucheinsicht GBO 12** 1 ff. **GBV 79** 10
- Abruf Daten **GBV 80** 1 ff.; **81** 1 ff.
- Aktenversendung **GBO 12c** 7
- Behörde **GBV 43** 1 ff.
- bei Grundbuchamt, anderem **GBV 79** 11 ff.
- Beschwerdegericht **GBV 98** 7
- Bildschirm **GBV 79** 5 ff.
- Datenschutz **GBO 12** 3
- Einsichtsberechtigter, privilegierter **GBV 77** 2 f.
- Grundakte **GBO 139** 2 f. **GBV 46** 1 ff.; **77** 8; **99** 2 f.
- Grundbuch, maschinell geführtes **GBV 77** 1 ff.; **78** 1 ff.; **79** 1 ff.
- Grundbuchverfahren, maschinelles **GBO 131** 1 ff.
- in Ausdruck **GBV 79** 10
- Inhalt **GBV 78** 4
- Interesse, berechtigtes **GBO 133a** 5 f. **GBV 43** 3 ff.
- Interesse, öffentliches **GBO 12** 3
- Maßgaben DSGVO **GBO 12d** 1
- nicht vom Grundbuchamt aufbewahrte Akten **GBO 12b** 1 ff.
- Notar **GBO 133a** 1 ff. **GBV 43** 1 ff.
- Protokoll **GBO 133a** 11 ff. **GBV 46a** 1 ff.
- Publizität Grundbuch **GBO 12** 2
- Rechtsgeschichte **GBO 12** 1 ff.
- Rechtsmittel bei Verweigerung **GBO 133a** 10
- Übermittlung **GBO 131** 9 ff. **GBV 78** 6 ff.
- Umfang **GBV 80** 4 ff.
- Urkundenrückgabe **GBO 12c** 7
- Urkundsbeamter **GBO 12c** 3 ff.
- Verfahren/Rechtsbehelfe **GBO 12** 14 ff.
- Verordnungsermächtigung **GBO 131** 12 f.; **133a** 18
- Verzeichnis **GBO 12c** 5
- Zuständigkeit **GBO 12** 14 f. **GBV 46a** 5
- **Grundbucherklärungen Einl. 1** 31 ff.; **2** 66 ff.
- Abweichungen **Einl. 2** 73
- Auslegung **Einl. 2** 89 ff.
- Bedeutungen **Einl. 2** 66 f.
- Doppeltatbestände **Einl. 1** 43 ff.; **2** 68 ff.
- Einigungsprüfung **Einl. 2** 74
- Einzeltatbestand **Einl. 1** 45, 50 ff.
- Mindestinhalt **Einl. 3** 61 ff.
- Rechtsänderung, dingliche **Einl. 1** 56
- Trennung materielle/formelle **Einl. 1** 34, 49
- Umdeutung **Einl. 2** 93 f.
- Willenserklärung **Einl. 1** 35, 47
- Wirkung, materiell-rechtliche **Einl. 1** 33
- Zustimmung **Einl. 2** 71
- **Grundbuchersuchen, Behörde**
- Befugnisse **GBO 38** 48 ff.
- Bodenordnungsbehörden **GBV 86** 1 ff.
- Dokumente, elektronische **GBO 137** 9
- Eintragungsantrag **GBO 14** 14 f.
- Eintragungsbewilligung **GBO 19** 167 f.
- Erklärungsnachweis **GBO 29** 88 ff.
- Grundbucheinsicht **GBV 43** 1 ff.
- **Grundbuchfähigkeit**
- Eintragungsbewilligung **GBO 19** 26
- **Grundbuchgrundstück Einl. 1** 8
- **Grundbuchlöschung GBO 88** 1 ff.
- **Grundbuchlöschungsverfahren**
- Durchführung **GBO 85** 1 ff., 5
- Einleitung **GBO 85** 1 ff.
- Entscheidung **GBO 85** 4
- Entscheidung Grundbuchamt **GBO 85** 3 ff.
- Rechtsmittel **GBO 85** 6 ff.
- **Grundbuchmitteilung GBV 42** 1
- **Grundbuchrecht GBO 143** 1 ff.
- **Grundbuchrichter GBO 1** 17
- Beschwerde **GBO 71** 5
- Rechtspfleger **GBO 71** 4
- **Grundbuchverfahren GBO 148** 6 ff.
- Ausführungsvorschriften **GBV 101** 1 f.
- Aussetzung **GBO 82** 20; **106** 1 ff.
- Bedeutung § 878 BGB **GBO 19** 77 ff.

1763

Stichwortverzeichnis

- Bestimmtheit Erklärungen **GBO 28** 1 ff.
- Durchführung **GBO 82** 21
- Einigung, Nachweis der **GBO 20** 14
- Einsicht **GBO 132** 1 ff.
- Einstellung **GBO 82** 19
- Eintragungsbewilligung **GBO 19** 30
- Entscheidung Grundbuchamt **GBO 82** 18 ff.
- Fortsetzung **GBO 107** 1 f.
- Genehmigungsverfahren **GBO 19** 153 ff., 162
- Grundstücksbezeichnung **GBO 28** 1 ff.
- guter Glaube, Bedeutung **GBO 19** 82 ff.
- Klarstellung Rangverhältnis **GBO 90** 1 ff.
- Notarbescheinigung **GBO 34** 16 ff.
- Testamentsvollstreckung **GBO 52** 5 ff.
- Verfahrensgrundsätze **GBO 29** 2 ff.
- Verordnungsermächtigung **GBV 93** 1 ff.
- Vor-/Nacherbschaft **GBO 51** 13 ff.
- Vorkaufsrecht **GBO 20** 212
- Währungsbezeichnung **GBO 28** 1 ff.

Grundbuchverfahren, maschinelles GBV 61 1 ff.
- Abrufverfahren, automatisiertes **GBO 133** 1 ff.
- Abschreibung **GBV 76a** 3
- Abschrift **GBO 131** 1 ff.
- Aktualisierung **GBV 76a** 4 ff.
- Anforderungen **GBO 126** 17 ff. **GBV 62** 5 ff.; **64** 1 ff.; **65** 1 ff.
- Anlegung **GBO 128** 1 ff. **GBV 67** 1 ff.
- Archivierung **GBO 10a** 4 f.; **128** 12 f.
- Auftragsdatenvereinbarung **GBO 126** 28 ff. **GBV 90** 1 ff.
- Ausdrucke **GBO 131** 1 ff.
- Ausgestaltung **GBO 134** 1 ff.
- Aussonderung **GBO 10a** 16 ff.; **128** 12 f.
- Begriff **GBV 62** 1 ff.
- Besonderheiten, verfahrensrechtliche **GBO 127** 22 f.
- Bestimmungen, abweichende **GBV 61** 5
- Datenformate **GBO 126** 11 ff.
- Datenschutzmaßnahmen **GBO 126** 24
- Datenträger **GBO 10a** 1 ff.
- Datenverarbeitungsgrundsätze **GBO 126** 18 ff.
- Eigentümer-/Grundstücksverzeichnis **GBO 126** 25
- Einführung **GBO 126** 15 ff.
- Einsicht **GBO 131** 1 ff.; **132** 1 ff.
- Eintragung **GBO 129** 1 ff.; **130** 1 ff. **GBV 76a** 1 ff.
- Eintragungsmitteilung **GBO 127** 22 f.
- Eintragungsverfügung **GBO 130** 1 ff.
- Entstehungsgeschichte **GBO 126** 1 ff.
- Entwicklung **GBO 10a** 19; **126** 8 ff.
- Erfassung Altdatenbestände **GBO 126** 11 ff.
- Fortführung Hefte, bisherige **GBV 103** 1
- Freigabe **GBO 128** 5 ff.
- Gesamtrechte **GBO 127** 1 ff.
- Gestaltung **GBV 63** 1 ff.
- Grundschuldbrief **GBO 127** 22 f.
- Herstellung Bild-/Datenträger **GBO 10a** 12 ff.
- Integration **GBO 127** 1 ff.
- Kontrollmechanismen **GBO 129** 8
- Länderübersicht **GBO 126** 16
- Liegenschaftskataster **GBO 127** 1 ff.
- Löschung **GBV 76a** 7 f.
- Manipulationsschutz **GBO 129** 9 f.
- Migration **GBO 134a** 1 ff.
- Mithaftvermerke, automatisierte **GBV 76a** 9 f.
- Mitteilungspflichten **GBO 127** 21
- Nutzung von Verzeichnissen **GBO 126** 27
- Richtigstellungen **GBO 127** 1 ff.
- Schließung Grundbuch, altes **GBO 128** 10 f.
- Speicherung **GBO 126** 22 f.
- Tag Eintragung **GBO 129** 11 f.
- Übermittlung **GBO 127** 18; **131** 9 ff.; **134a** 1 ff.
- Übernahmefehler **GBO 127** 19 f.
- Umschreibung auf Vordruck, neuen **GBV 104** 1 ff.
- Verfahren, technische **GBO 10a** 6 ff.
- Verordnungsermächtigung **GBO 134** 1 ff. **GBV 63** 1 ff.
- Verzeichnisse **GBO 126** 25 ff.
- Vorratsdatenspeicherung **GBV 64** 22
- Weitergabe **GBO 126** 22 f.

Grundbuchverfahrensrecht Einl. 2 1 ff.
- AGB-/Inhaltskontrolle **Einl. 2** 43 ff.; **3** 124, 189
- Amtshaftung **Einl. 2** 18 f.
- Amtspflichten Grundbuchamt **Einl. 2** 11 ff., 16, 29 ff., 49 f.
- Amtsverfahren **Einl. 2** 49 f.
- Antragsgrundsatz **Einl. 2** 3
- Antragsverfahren **Einl. 2** 20 ff.
- Anwendung FamFG **Einl. 2** 51 ff.
- Auslegung **Einl. 2** 80 ff., 90 f.
- Ausnahmecharakter **Einl. 2** 39
- Begriff **Einl. 1** 5, 7
- Beschwerdegericht **Einl. 2** 14 f.
- Bestimmtheitsgrundsatz **Einl. 2** 7
- Beteiligten-/Verfahrensfähigkeit **Einl. 2** 54 f.
- Beweisgrundsatz **Einl. 2** 8
- Bewilligungsgrundsatz **Einl. 2** 4
- Einigungsprüfung **Einl. 2** 36
- Eintragungsgrundsatz **Einl. 2** 2
- Eintragungsverfahren **Einl. 2** 1 ff.
- Einzelfälle **Einl. 2** 42
- Erbbaurechtsgrundbuch **Einl. 3** 154
- Form **Einl. 1** 42
- Funktion, dienende **Einl. 1** 31 f.
- Gesetzesverletzung **Einl. 2** 41
- Grundbucherklärungen **Einl. 1** 31 ff.; **2** 66 ff.
- Grundsätze **Einl. 2** 1
- Legalitätsgrundsatz **Einl. 2** 10
- Löschung **Einl. 2** 37
- Prioritätsgrundsatz **Einl. 2** 6
- Prozess-/Verfahrenshandlungen **Einl. 1** 36 ff.
- Prüfung Vereinbarung, schuldrechtliche **Einl. 1** 59 f.

- Publizitätsgrundsatz **Einl. 2** 9
- Quittung, löschungsfähige **Einl. 7** 7
- Rechte Grundbuchamt **Einl. 2** 13, 16
- Rechtsfolgen Verstoß **Einl. 1** 68; **2** 17 ff.
- Rechtsgrundlagen **Einl. 2** 12
- Unrichtigkeit, vorübergehende **Einl. 2** 40
- Verfahrensstandschaft **Einl. 2** 53
- Vermerk, verfahrensrechtlicher **Einl. 1** 88
- Verwirklichungsfunktion **Einl. 1** 31 f.
- Voraussetzung Ablehnung Antrag **Einl. 2** 38
- Voreintragungsgrundsatz **Einl. 2** 5
- Vormerkung **Einl. 6** 7
- Wahrung Richtigkeit Grundbuch **Einl. 2** 34 ff.
- Wohnungs-/Teileigentum **Einl. 3** 15

Grunddienstbarkeit Einl. 6 99 ff. **GBO 38** 57
- Aufgebot **GBBerG 6** 5
- Ausschluss Ausübung Nachbarrecht **Einl. 6** 130
- Bedingung/Befristung **Einl. 6** 114, 137
- Belastungsgegenstand **Einl. 6** 100 ff.
- Benutzungsdienstbarkeit **Einl. 6** 116 ff.
- Berechtigter **Einl. 6** 106 ff.
- Eintragung **GBV 10** 19
- Entstehen **Einl. 6** 131 ff.
- Erlöschen **Einl. 6** 135 ff.
- Grundstück, dienendes **Einl. 6** 100 ff.
- Grundstück, herrschendes **Einl. 6** 106 ff.
- Inhalt **Einl. 6** 111 ff., 133 f.
- Nebenpflichten **Einl. 6** 119 f., 129
- Nutzung, tatsächliche **Einl. 6** 113
- Tankstellenrecht **Einl. 6** 124
- Teilung Grundstück **Einl. 6** 140
- Unterhaltungspflicht **Einl. 6** 119 f.
- Verbot Handlungen **Einl. 6** 121 ff.
- Verbotsdienstbarkeit **Einl. 6** 125 ff.
- Verjährung **Einl. 6** 142
- Wettbewerbsbeschränkung **Einl. 6** 123
- Zwangsenteignung **Einl. 6** 141
- Zwangsversteigerung **Einl. 6** 136

Grundpfandrechte
- Abtretung **GBO 26** 1 ff.
- Aufgebot **GBBerG 6** 4
- Aufhebung **GBO 27** 1 ff.
- Belastung **GBO 26** 23 ff.
- Belastung, Forderung **GBO 26** 34 ff.
- Beschränkung **GBO 23** 6
- Eigentümergrundpfandrecht **GBO 40** 13
- Eigentümerzustimmung **GBO 27** 10 ff.
- Forderung, Übertragung der **GBO 26** 26 ff.
- Löschung **GBO 27** 1 ff.; **45** 12
- Löschung durch Hinterlegung Kapitalbetrag **GBBerG 10** 1 ff.
- Löschungsbewilligung **GBO 27** 8 f., 22 ff.
- Öffentliche Lasten **GBO 54** 9 ff.
- Rentenschuld **GBO 42** 1 ff.
- Rückstandsfähigkeit **GBO 23** 20
- Übertragung **GBO 26** 8 ff.

Grundpfandrechtsbrief
- Abhandenkommen **GBMaßnG 26** 1 ff.
- Abhandenkommen durch Kriegseinwirkung **GBMaßnG 26** 5
- Eintragung **GBMaßnG 26** 3 ff.
- Enteignung **GBMaßnG 26** 6
- Neuerteilung **GBMaßnG 26** 3 ff.
- Neuerteilung Verfahren **GBMaßnG 26** 7 ff.

Grundsätze
- Bewilligungsgrundsatz **GBO 19** 3 f.; **20** 15 f.
- Buchungszwang **GBO 3** 2 ff.
- Einigungsprinzip **GBO 20** 15 f.
- Eintragungsgrundsatz **GBO 123** 1 **GGV 11** 7
- Erbfolge **GBO 35** 7
- Gebäudegrundbuchverfügung **GGV 2** 1 f.; **10** 2
- Grundakte, elektronische **GBV 94** 1 f.
- Rechte, subjektiv-dingliche **GBO 9** 2
- Rechtsverkehr, elektronischer **GBV 94** 1 f.

Grundschuld Einl. 7 36 ff. **GBO 27** 27; **37** 1 ff.; **42** 1 ff. **GBV 11** 14
- Ablösung **Einl. 7** 49 ff.
- Abtretung **Einl. 7** 42
- Abtretung mit Zinserhöhung **GBV 11** 17
- Abtretung unter Umwandlung **GBV 11** 15
- Änderung **GBV 11** 20
- Arten **Einl. 7** 36 f.
- Aufhebung **Einl. 7** 48, 55
- Briefgrundschuld **GBO 42** 1 ff.; **70** 1 f.
- Bruchteilsgemeinschaft **GBO 47** 11
- Eigentümergrundschuld **Einl. 7** 36
- Eintragung **GBO 44** 39 f. **GBV 11** 1 ff.
- Einwendungen/Einreden **Einl. 7** 62 f.
- Entstehen **Einl. 7** 43
- Erlöschen **Einl. 7** 45 f.
- Forderung **Einl. 7** 40 **GBV 11** 19
- Forderungsbindungsklausel **Einl. 7** 42
- Gesamtberechtigung nach § 428 BGB **GBO 47** 23
- Gläubiger **Einl. 7** 39
- Inhalt **Einl. 7** 38 f.
- Nebenleistungen **Einl. 7** 41
- Nießbrauch **Einl. 6** 181
- Nur-einmal-Valutierungsklausel **Einl. 7** 42
- Öffentliche Lasten **GBO 54** 16
- Pfändung/Verpfändung **Einl. 7** 54 ff.
- Quittung, löschungsfähige **GBO 27** 27
- Rangvorbehalt **GBV 11** 27
- Rückgewähranspruch **Einl. 7** 48, 55
- Sicherungsgrundschuld **Einl. 7** 35, 47 ff., 59 ff.
- Übergang **Einl. 7** 42
- Übertragung **Einl. 7** 44, 48, 55
- Umstellung auf EUR **GBV 11** 21
- Verzicht **Einl. 7** 46, 48, 55
- Vormerkung **GBV 11** 25
- Wesen **Einl. 7** 36
- Zahlung Eigentümer/Schuldner **Einl. 7** 53
- Zinsen **Einl. 7** 41
- Zinssatzerhöhung **GBV 11** 28

Grundschuldbrief GBO 56 1 **GBV 51** 1
- Ergänzung **GBV 89** 1 f.
- Erteilung **GBV 87** 1 ff.
- Grundbuchverfahren, maschinelles **GBO 127** 22 f.
- Muster/Vordrucke **GBV 52** 1 f.
- Nachtragsvermerk **GBV 49** 1 f.
- Überschrift **GBV 47** 1 f.
- Unbrauchbarmachung **GBV 53** 1 ff.
- Verbindung **GBV 50** 1
- Verfahren **GBV 88** 1 ff.
- Versendung **GBV 49a** 1
- Voreintragung **GBO 39** 22

Grundstück Einl. 1 6 **GBO 7** 1 ff.
- Absolutheitsgrundsatz **Einl. 2** 1
- Abstraktionsgrundsatz **Einl. 2** 1
- auf demselben Blatt **GBV 13** 3
- auf verschiedenen Blättern **GBV 13** 4
- Auflassungsgrundstück **GBO 20** 84 ff.
- Ausbuchung **GBV 13** 16
- Begriff **GBO 2** 4 ff.
- Beitrittsgebiet **GBO 2** 7
- Belastung **GBO 3** 6
- Beschränkung **GBO 23** 6
- Bestand **GBV 6** 17 ff.
- Bestimmtheitsgrundsatz **Einl. 2** 1, 7
- Bezeichnung **GBO 2** 1 ff.; **28** 1 ff.; **147** 1 ff. **GBV 6** 5 f.
- Bruchteilsgemeinschaft **GBO 47** 11
- buchungsfreies **Einl. 6** 103 **GBO 3** 5 ff.
- Doppelbuchung **GBV 38** 1 ff.
- Einigungsgrundsatz **Einl. 2** 1
- Eintragungsantrag **GBO 13** 61
- Eintragungsgrundsatz **Einl. 2** 1, 2
- Erbbaugrundstück **Einl. 3** 164
- Feststellung Eigentum **GBO 118** 1 ff.
- Größe **GBV 6** 14
- Grundbücher, mehrere **GBO 146** 1 f.
- Grundbuchgrundstück **Einl. 1** 8
- Grundsätze **Einl. 2** 1
- Grundstücksblatt **GBV 10** 15
- Grundstücksteil **Einl. 6** 104, 178
- Grundstücksverkehrsgesetz **GBO 20** 173 ff.
- Grundstücksverkehrsrecht **GBO 19** 113
- im Rechtssinne **Einl. 3** 1
- im Sinn, katastertechnischen **GBO 2** 5
- mehrere **Einl. 6** 101, 107 f., 180 **GBO 48** 3 ff.
- Mitbelastung **GBO 48** 1 ff.
- nicht nachweisbares **GBV 35** 1 ff.
- numerus clausus **Einl. 1** 76 ff.; **2** 1
- Prioritätsgrundsatz **Einl. 2** 1
- Publizitätsgrundsatz **Einl. 2** 1
- Rechte, subjektiv-dingliche **GBO 9** 1 ff.
- Teilung **Einl. 6** 243 **GBO 7** 1 ff. **GBV 13** 9 **GGV 14** 11
- Übertragung **GBO 3** 6
- Veräußerung **GBO 39** 44

- Vereinigung **Einl. 6** 107 **GBO 5** 1 ff.
- Zeugnis **GBO 36** 1 ff.; **37** 1 ff.
- Zurückführung Bestandsangaben **GBV 13** 17
- Zuschreibung **GBO 6** 1 ff.

Grundstücksteil Einl. 6 104, 178 **GBO 2** 6 f.
- Abschreibung **GBO 2** 13 **GBV 13** 15
- Belastung **GBO 7** 1 ff. **GBV 10** 11
- Miteigentumsanteile, ideelle **GBO 28** 18
- realer **GBO 28** 16
- Teilung **GBO 7** 1 ff.

Grundstücksverzeichnis GBO 12a 15 ff.
- amtliches **GBO 2** 8 f.
- Übereinstimmung **GBO 2** 10 ff.; **12c** 9 ff.

Gruppenerbschein GBO 35 50

Güterrecht
- Auflassung **GBO 20** 21 f.
- Gütergemeinschaft **GBO 35** 166 ff.
- Güterstand **GBO 19** 109 f.
- Güterstand, gesetzlicher **GBO 19** 95 ff.
- Gütertrennung **GBO 19** 102 f.
- Verfügungsbeschränkungen **GBO 19** 103, 111 ff.

Gutglaubensschutz GBO 13 17
- Gutglaubenserwerb **GBO 51** 8; **52** 1

Handblatt GBV 24 5
- Grundbuch, maschinell geführtes **GBV 73** 6 ff.
- neues nach Umschreibung **GBV 32** 1 f.

Handelsgesellschaften GBO 19 157
Handwerksordnung GBO 20 189
Häuslerrecht GBV 111 1
Heimfallanspruch Einl. 6 203
Heimfallvereinbarung Einl. 3 143
Herrschvermerk GBO 21 6 ff. **GBV 7** 1 ff.; **9** 11
Hinweispflicht Einl. 2 25 f.
Höchstbetragshypothek Einl. 7 3, 14 **GBO 27** 27
Höferecht GBO 35 73 ff.
- Höfeordnung (HöfeO) **GBO 20** 193
- Hofraum, ungetrennter **GBO 2** 7, 9
- Hofvermerk **GBO 22** 20
- Verfügung von Todes wegen/Niederschrift **GBO 35** 102

Hypothek Einl. 7 1 ff. **GBO 37** 1 ff.; **43** 1 ff.
- Abtretung **GBV 11** 15, 17
- Abzahlungshypothek **Einl. 7** 4
- Änderung **GBV 11** 20
- Anspruch, öffentlich-rechtlicher **Einl. 7** 15
- Arresthypothek **GBV 11** 30
- Arten **Einl. 7** 2 ff., 31 ff.
- Aufbauhypothek **Einl. 7** 33
- Auswechslung Forderung **Einl. 7** 18
- Auszahlungsentschädigung **Einl. 7** 19
- Bedingung **Einl. 7** 23
- Befristung **Einl. 7** 23
- Belastungsgegenstand **Einl. 7** 8 f.
- Beschränkung **GBO 23** 6
- Bewilligungsberechtigter **Einl. 7** 35
- Briefhypothek **Einl. 7** 27

Stichwortverzeichnis

- Bruchteilsgemeinschaft **GBO 47** 11
- Buchhypothek **Einl. 7** 28 **GBV 11** 14
- Bürgschaftsgebühren **Einl. 7** 19
- DDR-Recht **Einl. 7** 30 ff.
- Disagio **Einl. 7** 19
- Einheitshypothek **GBO 66** 2 **GBV 11** 22
- Eintragung **GBO 44** 39 f. **GBV 11** 1 ff.
- Entstehen **Einl. 7** 5
- Erlöschen **Einl. 7** 7
- Forderung **GBO 65** 1 ff. **GBV 11** 19
- Forderung, wertgesicherte **Einl. 7** 16
- Forderungsart **Einl. 7** 14 ff.
- Geldbeschaffungskosten **Einl. 7** 19
- Gesamtberechtigung nach § 428 BGB **GBO 47** 23
- Gesamtgläubiger **GBO 27** 28
- Gesamthypothek **Einl. 7** 4
- Gläubiger **Einl. 7** 10 ff., 35
- Höchstbetragshypothek **Einl. 7** 3, 14
- Inhaber-/Orderpapiere **GBO 43** 1 ff.
- Inhalt **Einl. 7** 8 ff., 25
- Kündigungskosten **Einl. 7** 19
- Löschung **GBO 45** 14
- Nebenleistungen **Einl. 7** 19 ff., 24
- Öffentliche Lasten **GBO 54** 11 ff.
- Pfändung **GBV 11** 23
- Pfändung/Verpfändung **Einl. 7** 26 ff.
- Quittung, löschungsfähige **Einl. 7** 7 **GBO 27** 27
- Rangvorbehalt **GBV 11** 27
- Schutz Eigentümer **Einl. 7** 64
- Sicherung, mehrfache **Einl. 7** 17
- Sicherungshypothek **Einl. 5** 38, 41 f., 44; **7** 3
- Teilschuldverschreibung auf Inhaber **GBO 50** 1 ff.
- Tilgungshypothek **Einl. 7** 4
- Übertragung **Einl. 7** 6
- Umstellung auf EUR **GBV 11** 21
- Umwandlung **GBO 65** 1 ff.
- Verkehrshypothek **Einl. 7** 2
- Verteilung **GBV 11** 26
- Vertrag zugunsten Dritter, unechter **Einl. 7** 11
- Verwaltungskostenbeiträge **Einl. 7** 19
- Vorfälligkeitsentschädigung **Einl. 7** 19
- Wahlschuldverhältnis **Einl. 7** 14
- Wertpapierhypothek **Einl. 7** 3
- Wesen **Einl. 7** 1
- Zinsen **Einl. 7** 19 f., 29
- Zinssatzerhöhung **GBV 11** 28
- Zwangshypothek **Einl. 4** 57 f.; **7** 34 **GBV 11** 29

Hypothekenbrief GBO 56 1
- Angaben **GBO 57** 3 f.
- Aushändigung **GBO 60** 1 ff.
- Bestimmungen, abweichende **GBO 60** 3
- Erbbaurecht **GBV 59** 1
- Ergänzung **GBV 89** 1 f.
- Erteilung **GBV 87** 1 ff.
- Form **GBO 56** 4 f.
- Gesamthypothekenbrief **GBV 59** 1 ff.
- Inhalt **GBO 57** 3 ff.; **68** 1 ff.
- Löschung **GBV 48** 1 f.
- Mitbelastung, nachträgliche **GBO 63** 1 f.
- Muster/Vordrucke **GBV 52** 1 f.
- Nachtragsvermerk **GBV 49** 1 f.
- Neuausstellung **GBO 67** 1 ff.
- Nichtigkeit **GBO 56** 6 f.
- Rechtsnatur Herausgabeanspruch **GBO 60** 5
- Rückgabe **GBO 62** 6
- Überschrift **GBV 47** 1 f.
- Unbrauchbarmachung **GBO 69** 1 ff. **GBV 53** 1 ff.
- Verbindung **GBO 58** 1 ff. **GBV 50** 1
- Verfahren **GBV 88** 1 ff.
- Vermerk späterer Eintragungen **GBO 62** 1 ff.
- Versendung **GBV 49a** 1
- Vorlegung **GBO 62** 5
- Zuständigkeit **GBO 56** 3
- Zweck **GBO 57** 2

Inhaber-/Orderpapiere GBO 43 1 ff.
Inhalt
- Abtretungserklärung **GBO 26** 46 ff.
- AGB-/Inhaltskontrolle **Einl. 2** 43 ff.; **3** 124, 189
- Altenteil **Einl. 6** 261 f.
- Anordnung, einstweilige **GBO 76** 9 ff.
- Anspruch **GBO 29a** 3 ff.
- Auflassung **GBO 20** 69 ff.
- ausdrücklicher/auslegungsfähiger **GBO 19** 15 f.
- Baulast **Einl. 6** 170, 174 f.
- Behörde, Grundbuchersuchen der **GBO 38** 79 ff.
- Bekanntmachung **GBO 55** 5; **122** 2
- Berichtigungsbewilligung **GBO 22** 145 ff.
- Brief **GBO 68** 1 ff.
- Dauerwohn-/-nutzungsrecht **Einl. 3** 139 ff.
- Dienstbarkeit, beschränkt persönliche **Einl. 6** 151 ff.
- Eigentum **Einl. 4** 1
- Eigentümerzustimmung **GBO 27** 12
- Eintragung **Einl. 1** 69; **2** 106 ff., 130 f.; **3** 16 ff. **GBO 44** 1 ff.; **53** 48 f. **GGV 5** 5 f.; **7** 3 ff.
- Eintragungsantrag **GBO 13** 42 ff.
- Eintragungsbewilligung **GBO 19** 14 ff., 21 ff.
- Eintragungsverfügung **GBO 44** 8
- Erbbaurecht **Einl. 3** 158 ff.
- Erbschein **GBO 35** 48 ff.
- Grundakte **GBV 24** 1 ff., 2 ff.
- Grundbuch **Einl. 2** 108
- Grundbucheinsicht **GBV 78** 4
- Grunddienstbarkeit **Einl. 6** 111 ff., 133 f.
- Grundschuld **Einl. 7** 38 ff.
- Hypothek **Einl. 7** 8 ff., 25
- Hypothekenbrief **GBO 57** 3 ff.; **68** 1 ff.
- Inhaltsänderung **Einl. 3** 116
- Löschungsbewilligung **GBO 27** 24
- Mindestinhalt Erklärungen **Einl. 3** 61 ff.
- Nießbrauch **Einl. 6** 188 ff.
- Notarbescheinigung **GBO 32** 16

1767

Stichwortverzeichnis

- Protokoll Grundbucheinsicht **GBV 46a** 1 ff.
- Reallast **Einl. 6** 241, 250 ff.
- Sondereigentum **WGV 3** 1 ff.
- Teilhypothekenbrief **GBO 61** 8 f.
- Testamentsvollstreckung **GBO 52** 5
- Titel, vollstreckbarer **GBO 14** 11 f.
- Unzulässigkeit, inhaltliche **GBO 53** 40 ff.
- Urkunde **GBO 29** 150 ff.; **58** 2
- Veräußerungs-/Verfügungsbeschränkung nach § 12 WEG **Einl. 3** 92 f.
- Verfügung von Todes wegen/Niederschrift **GBO 35** 101
- Vor-/Nacherbschaft **GBO 51** 13 ff.
- Voreintragung **GBO 40** 2
- Vorkaufsrecht **Einl. 6** 220 ff.
- Vormerkung **GBV 12** 2 ff.
- Widerspruch **GGV 11** 4 ff.
- Wohnungseigentum **WGV 3** 1 ff.
- Zeugnis **GBO 36** 12
- Zurückweisung **GBO 18** 56 ff.
- Zuschreibung **GBO 6** 1
- Zwischenverfügung **GBO 18** 59 ff.

Inhaltsänderung
- Bewilligungsberechtigung **GBO 19** 65 ff.
- Erbbaurecht **GBO 20** 5 f., 102
- Grundbuch **GBO 57** 5
- Grundschuld **GBV 11** 20
- Recht, beschränkt dingliches **GBO 21** 1 ff.
- Recht, grundstücksgleiches **GBO 20** 9
- Wohnungseigentum **WGV 3** 14

Inkrafttreten GBO 142 3 ff.

Innerer Geschäftsbetrieb
- Beschwerde **GBO 71** 52

Insolvenz GBO 38 19
- Ausnahme von Voreintragung **GBO 39** 13
- Eröffnung **GBV 10** 29
- Nachtragsverteilung **GBV 10** 30
- Verfügungsbeeinträchtigung **GBV 10** 28
- Vermerk **GBO 12c** 12

Insolvenzverwalter
- Beschwerdeberechtigung **GBO 71** 81

Instandhaltungspflicht Einl. 3 141

Integration GBO 127 1 ff.

Interesse, berechtigtes GBO 12 5 ff.; **133a** 5 f. **GBV 43** 3 ff.

Interesse, öffentliches GBO 12 3; **133a** 7

Investmentgesellschaften GBO 20 187 f.

Justizverwaltungsakte
- Anfechtung **GBO Vor 71** 16

Kapitalanlage-/Verwaltungsgesellschaften GBO 20 187 f.

Kapitalgesellschaften GBO 20 31 ff.

Kapitalgesellschaften, EU-ausländische Einl. 4 62

Keller Einl. 3 34

Kettenauflassung GBO 39 18

Kirchen GBO 20 190 **GBV 15** 12

Klarstellung Rangverhältnisse GBO 82 4
- Anfechtbarkeit **GBO 90** 4
- Anlass, besonderer **GBO 90** 3
- Anregung **GBO 90** 4
- Antrag **GBO 90** 4
- Anzeigepflicht Berechtigter **GBO 93** 1 ff.
- Aussetzung Verfahren **GBO 106** 1 ff.
- Bekanntgabe **GBO 91** 5 f.
- Bekanntmachung Entscheidung **GBO 108** 9 ff.
- Bestellung Pfleger **GBO 96** 1 ff.
- Beteiligte **GBO 92** 1 ff.
- Einleitung **GBO 91** 1 ff.
- Einleitungsbeschluss **GBO 91** 4
- Einstellung Verfahren **GBO 109** 1 ff.
- Ermittlung Berechtigter, wahrer **GBO 94** 1 ff.
- Feststellung Rangordnung, neue **GBO 108** 1 ff.
- Feststellungsbeschluss **GBO 110** 1 ff.
- Fortsetzung Verfahren **GBO 107** 1 f.
- Glaubhaftmachung **GBO 92** 8
- Grundbuchvermerk **GBO 91** 8
- Hinweis auf Anzeigepflicht **GBO 93** 5
- Hinzuziehung, Verzicht auf **GBO 92** 9
- Kosten **GBO 90** 6; **111** 6; **114** 1 ff.; **115** 1 ff.
- Ladung zum Verhandlungstermin **GBO 100** 3
- Ladungsfrist **GBO 101** 1 ff.
- Löschung Eintragungsvermerk **GBO 113** 1 f.
- Nichtbeteiligte **GBO 92** 7
- Pfleger **GBO 96** 1 ff.
- Prüfungspflicht Grundbuchamt **GBO 91** 2
- Rangordnung, neue **GBO 112** 1 ff.
- Rechtsbeschwerde **GBO 110** 6
- Rechtsmittel **GBO 91** 7; **108** 12; **110** 1 ff.; **112** 3
- Umschreibung Grundbuch **GBO 102** 10; **111** 1 ff., 5
- Unklarheit **GBO 90** 3
- Unübersichtlichkeit **GBO 90** 3
- Verbot Zustellung, öffentliche **GBO 98** 1 ff.
- Verfahren **GBO 91** 3 ff.
- Verfahrensgrundsätze **GBO 90** 5
- Verhandlungstermin **GBO 100** 1 ff.; **102** 1 ff.
- Verteilung der Kosten **GBO 114** 3
- Voraussetzungen **GBO 90** 1 ff.
- Vorlegung Urkunde **GBO 99** 1 f.
- Vorschlag Grundbuchamt **GBO 103** 1 ff.
- Wechsel Berechtigter **GBO 95** 1 ff.
- Widerspruch Vorschlag **GBO 104** 1 ff.
- Wiedereinsetzung in vorigen Stand **GBO 105** 1 ff.
- Wirkung **GBO 108** 11
- Ziel **GBO 90** 4
- Zustellungsbevollmächtigter **GBO 97** 1 ff.

Klarstellung Sondergesetze GBO 82 5

Klarstellungsvermerk Einl. 1 85 **GBO 22** 19

Kohleabbaugerechtigkeit
- Löschung **GBBerG 5** 6

Kommanditgesellschaft (KG) Einl. 4 61

Konstitutivfunktion Einl. 1 10

Kontrollmechanismen GBO 129 8
Kosten
– Amtsberichtigungsverfahren GBO 82a 12
– Amtslöschungsverfahren GBO 84 27
– Anordnung, einstweilige GBO 76 23
– Ausdruck GBO 131 14 GBV 78 9
– Behörde, Grundbuchersuchen der GBO 38 97
– Beschwerde GBO 77 55 f.
– Eintragungsantrag GBO 15 77
– Eintragungsantrag, Rücknahme des GBO 31 29
– Grundbuchberichtigungszwang GBO 82 42; 82a 12
– Klarstellung Rangverhältnisse GBO 90 6; 114 1 ff.; 115 1 ff.
– Kostenvorschuss, Sicherung GBO 18 32
– Nachlassgericht, Mitteilung GBO 83 8
– Rechtsbeschwerde GBO 78 83 ff.
– Rechtsstreit, erledigter GBO 115 1 ff.
– Rechtsstreit, teilweise erledigter GBO 115 3 ff.
– Umschreibung Grundbuch GBO 111 6
– Vollmacht, Widerruf der GBO 31 29
– Zurückweisung Antrag GBO 18 58
Kostenansatz
– Beschwerde GBO Vor 71 25 ff.
Kostenentscheidung
– Beschwerde GBO 71 40 ff.
– Rechtsbeschwerde GBO 78 81
Kostenfestsetzung
– Beschwerde GBO Vor 71 28
Kostenvorschussanforderung
– Beschwerde GBO Vor 71 22
Kündigungskosten Einl. 7 19

Ladungsfrist
– Klarstellung Rangverhältnisse GBO 101 1 ff.
Länderübersicht
– Grundbuchverfahren, maschinelles GBO 126 16
Landesrecht GBV 110 1 ff.
– Landesgrundbuchrecht GBO 143 1 ff.; 144 1 f.
Landwirtschaftsrecht GBO 19 113
– Bayerisches Almgesetz GBO 20 182
– Flurbereinigungsverfahren GBO 20 180
– Grundstücksverkehrsgesetz GBO 20 173 ff.
Lasten, öffentliche Einl. 1 91, GBV 93b 1 ff.
Legalitätsgrundsatz Einl. 2 10
Leibgeding GBO 23 20; 47 11
Liegenschaftsrecht Einl. 1 4 ff., 73
Liegenschaftsrecht/Teilgebiete
– Liegenschaftskataster GBO 127 1 ff.
Liquidator GBO 32 23
Loggia Einl. 3 35
Löschung Einl. 1 29; 2 125 ff. GBO 45 1 ff. GBV 16 1; 91 1 ff.
– Amtslöschung GBO 53 38 ff.
– Amtswiderspruch GBO 53 35 ff.
– Arten GBO 45 5 ff.
– Behörde, Grundbuchersuchen der GBO 38 36
– bei Ausschluss Rückstände GBO 23 26
– Berichtigungsbewilligung GBO 22 149 f.
– Besonderheiten GBO 45 11 ff.
– Bestandsverzeichnis GBV 17a 1 f.
– Briefhypothek GBO 41 16
– Datenbankgrundbuch GBV 76a 7 f.
– Eigentümerzustimmung GBO 27 10 ff.
– Eintragung GBO 45 5, 12; 113 1 f.
– Erbbaurecht GBO 45 12
– Erleichterung GBO 23 38 ff.; 24 15 f.; 35 21; 45 12
– Fälle, sonstige GBO 45 14
– fälschliche GBO 38 59
– Geltung Eintragungsvorschriften GBO 45 4
– Grundpfandrechte GBO 27 1 ff.; 45 12
– Hypothek GBO 45 14
– Hypothekenbrief GBV 48 1 f.
– in Abteilung II und III GBV 17 1 ff.
– Löschungsvormerkung Einl. 7 69 ff.
– Miteigentumsanteil GBV 13 13 f.
– Nacherbenvermerk GBO 51 41 ff.
– Nichtübertragung GBO 45 7 ff.
– ohne Rechtsgrundlage GGV 12 12 ff.
– Rangvorbehalt GBO 45 36
– Recht GBO 9 10; 23 27 ff.; 24 1 ff., 13; 40 7; 45 3
– Recht, zu Unrecht gelöschtes Einl. 1 74
– Signatur GBV 76a 10
– Sonderregelungen, gesetzliche GBO 45 11 ff.
– Teillöschung GBV 17 6
– teilweise GBV 48 1 f.
– Testamentsvollstreckervermerk GBO 52 27 f.
– unberechtigte GBO 22 107
– Unbrauchbarmachung Brief GBO 69 1 ff.
– unrichtige/Unrichtigkeit GBO 22 50 ff.
– Unrichtigkeitsnachweis GBO 23 29; 51 49 ff.
– unter Verletzung von § 23 GBO GBO 23 51 ff.
– unter Verletzung von § 24 GBO GBO 24 21
– Verfahren GBO 53 55 ff.
– Vermerk GBO 38 53 ff.
– von Amts wegen Einl. 1 69
– Vor-/Nacherbschaft GBO 51 35 f.
– Voraussetzungen GBO 45 3 f.
– Vormerkung GBO 20 123; 25 1 ff.; 45 12; 76 20 f. GBV 12 10; 19 5
– Wahrung Richtigkeit Grundbuch Einl. 2 37
– Widerspruch GBO 22 107; 25 1 ff.; 45 12; 76 20 f. GBV 19 5 GGV 11 16 f.
– Wohnungsrecht Einl. 6 168
– zu Unrecht erfolgte GBO 25 33 f.
– Zwangsverwaltungsverfahren GBO 38 71
Löschungsbewilligung GBO 19 60; 23 28; 25 35
– Gesamtgläubiger GBO 27 28
– Grundpfandrechte GBO 27 8 f., 22 ff.
– Inhalt GBO 27 24
– Quittung, löschungsfähige GBO 27 25 ff.
– Rechtsgrundlage GBO 27 22 f.
Löschungsvormerkung Einl. 7 69 ff. GBO 29a 1 ff.
– Anspruch, gesetzlich vorgemerkter Einl. 7 72 ff.

- Anspruchsinhalt **GBO 29a** 3 ff.
- Eintragung **Einl. 7** 71
- Glaubhaftmachung **GBO 29a** 7 ff.

Loseblattgrundbuch GBV 108 1 ff.
Luftfahrtzeuge Einl. 3 4

Manipulationsschutz GBO 129 9 f.
Maßgaben, technische/organisatorische (TOM) GBV 95 1 ff.
Meinungsäußerung
- Beschwerde **GBO 71** 48 ff.

Mietvertrag Einl. 6 162
Migration GBO 134a 1 ff. **GBV 62** 12 ff.
Minderjährige Einl. 6 186
Mitbelastung
- Antragsgrundsatz, Durchbrechung **GBO 48** 1
- Buchung **GBO 48** 12 ff.
- Doppelsicherung anderer Art **GBO 48** 10
- Erlöschen **GBO 48** 27
- Grundstück **GBO 48** 1 ff.
- Grundstücke, mehrere **GBO 48** 3 ff.
- Veränderungen **GBO 48** 30 ff.
- Verfahren, grundbuchtechnisches **GBO 48** 12 ff.
- Voraussetzungen **GBO 48** 3 ff.
- Zulässigkeit Gesamtrecht **GBO 48** 6

Miteigentum Einl. 3 26, 51 f. **GBO 82** 29
- Rang **GBO 45** 5
- Vereinbarung zwischen Miteigentümern **GBV 10** 34

Miteigentümer Einl. 4 12, 22 ff.
Miteigentumsanteil Einl. 3 68, 73; **6** 105 **GBO 20** 4
- Auflassung **GBO 20** 19
- Belastung **GBO 7** 25 f. **GBV 10** 4
- Bestandsverzeichnis **GBV 6** 20 ff.; **8** 1 ff.
- Buchung **GBO 3** 1 ff.
- Einsichtsrecht **GBO 12** 9
- ideeller **GBO 3** 8 ff.
- Löschung **GBV 13** 13 f.
- Veränderung Anteil **GBO 8** 7 f.
- Wohnungseigentum **WGV 6** 1 ff.
- Zuschreibung **GBO 6** 11

Miterbenanteil GBV 10 23
Mithaftvermerke, automatisierte GBV 76a 9 f.
Mitsondereigentum Einl. 3 47 ff.
Mitteilungen
- Amtsberichtigungsverfahren **GBO 83** 1 ff.
- Beschwerde **GBO 77** 51; **140** 7
- Grundakte, elektronische **GBO 140** 1 ff.
- Grundbuchberichtigungszwang **GBO 83** 1 ff.
- Mitteilungspflichten **GBO 127** 21
- Nachlassgericht **GBO 83** 1 ff.
- Übermittlung **GBO 140** 3 ff.
- Zuständigkeit **GBV 25** 14

Mitteilungspflicht GBA
- Beschwerde **GBO 75** 20

Mitwirkung GBO 11 1 ff.

Nacherbenanwartschaftsrecht GBO 51 7
Nacherbenrecht GBV 10 24
Nacherbenvermerk GBO 51 1 ff., 41 ff.
- Gegenstandslosigkeit **GBO 84** 23

Nachlass
- Auseinandersetzung **GBO 36** 1 ff.; **37** 4 ff.
- Gericht **GBO 35** 70 ff.; **83** 1 ff.
- Spaltung **GBO 35** 100
- Zeugnis **GBO 35** 78 ff.

Nachlassgericht
- Erbenermittlung, durch **GBO 82a** 7
- Mitteilungspflicht **GBO 83** 1 ff.

Nachlassgericht, Mitteilung
- Kosten **GBO 83** 8

Nachlassverwalter
- Beschwerdeberechtigung **GBO 71** 81
- Grundbuchverfahren **GBO 82** 31

Nachtragsvermerk GBV 49 1 f.
Nachweis GBO 29 1 ff.
- Akten, Verweisung auf **GBO 29** 171
- Aktenkundigkeit **GBO 29** 177 ff.
- Ausdruck, amtlicher **GBO 32** 36
- Ausnahmen **GBO 29** 13 ff.
- Bedingungseintritt **GBO 29** 81
- Begrenzung auf Erforderlichkeit **GBO 29** 74 f.
- Berechtigung **GBO 13** 94; **23** 33 ff.
- Besitzrecht nach Art. 233 § 2a EGBGB **GGV 4** 19 ff.
- Bestand **GBO 32** 52
- Beweismittel, andere **GBO 35** 11
- Beweisnot **GBO 29** 37 f.
- Bezugnahme **GBO 32** 38
- Bürgschaft **GBO 29** 84 f.
- Einigung **GBO 20** 11 ff.
- Eintragung, erforderliche Erklärungen zur **GBO 29** 94 ff.
- Eintragung, Erklärungen zur **GBO 29** 49 ff.
- Eintragungsunterlagen **GBO 13** 51, 94; **29** 7 ff.; **40** 21 ff.
- Eintragungsvoraussetzungen **GBO 29** 76 ff.
- Einzelfälle **GBO 29** 40 ff.
- Entgeltlichkeit **GBO 29** 42 f.
- Entscheidungen, gerichtliche/behördliche **GBO 29** 86 f.
- Erbfolge **GBO 35** 1 ff.; **94** 3
- Erfahrungssätze **GBO 29** 32 ff.
- Erklärungen, behördliche **GBO 29** 88 ff.
- Erleichterung **GBO 32** 1 ff.
- Form **GBO 22** 120 ff.; **29** 93 ff., 163
- Formpflicht, Anwendungsumfang der **GBO 29** 7 ff.
- Gebäudeeigentümer **GGV 4** 27 ff.
- Genehmigungen **GBO 29** 56 f.
- Geschäftsfähigkeit **GBO 29** 40
- Gesellschaft bürgerlichen Rechts (GbR) **GBO 29** 44; **32** 40
- Gesellschaft, ausländische **GBO 29** 47; **32** 58 ff.

Stichwortverzeichnis

- Gläubigerrecht **GBO 39** 56 ff.
- Grundschuld **GBO 37** 1 ff.
- Grundstücksteile, unbestimmte **GGV 10** 3 f.
- Handeln nach Bestellung vor Eintragung **GBO 32** 48
- Hypothek **GBO 37** 1 ff.
- Interesse, besonderes **GBO 29** 41
- Kette **GBO 39** 61 ff.
- Möglichkeiten, alternative **GBO 32** 67
- Nachtragsliquidation **GBO 32** 52
- Nebenumstände **GBO 29** 31
- Notarbescheinigung **GBO 32** 13 ff.
- Offenkundigkeit **GBO 22** 129; **29** 174 ff.
- Personengesellschaften **GBO 32** 50
- Recht **GBO 124** 3 ff.
- Rechtsfolge, Eintritt der **GBO 29** 80
- Rechtsinhaberschaft **GBV 112** 1 ff.
- Registerabschrift, beglaubigte **GBO 32** 37
- Rentenschuld **GBO 37** 1 ff.
- Rückabtretungserklärung **GBO 29** 46
- Stiftung **GBO 32** 55
- Tatsachen, eintragungshindernde **GBO 29** 18 ff.
- Testamentsvollstrecker, Verfügungsmacht des **GBO 35** 133 ff.
- Testamentsvollstreckung **GBO 52** 14 ff.
- Titel, vollstreckbarer **GBO 40** 26
- Übergabezeit **GBO 39** 55
- Unterlagen im Einzelnen **GBO 29** 49 ff.
- Urkunde **GBO 29** 52, 97 ff., 165 ff.; **39** 57 ff.
- Urkunden, Beilage von **GBO 29** 172 f.
- Verein **GBO 32** 51
- Verfahrensgrundsätze **GBO 29** 2 ff.
- Verfügung, Verhältnis zur Wirksamkeit der **GBO 29** 6
- Verfügungsberechtigung **GBV 113** 9 ff.
- Vertretungsmacht **GBO 29** 80, 180 ff.; **32** 18 ff.; **34** 1 ff.
- Vollmacht **GBO 29** 53
- Vorgänge, tatsächliche **GBO 29** 77 ff.
- Vor-GmbH **GBO 32** 48
- Wohnungseigentum **GBO 29** 59 ff.
- Zahlung **GBO 29** 80
- Zugang **GBO 29** 79
- Zustimmungserfordernisse **GBO 29** 45

Nasciturus
- Einigung **GBO 20** 57
- Erwerber **GBO 20** 57

Nebenleistungen
- Arten **Einl. 7** 19
- Auszahlungsentschädigung **Einl. 7** 19
- Bürgschaftsgebühren **Einl. 7** 19
- Disagio **Einl. 7** 19
- Geldbeschaffungskosten **Einl. 7** 19
- Grundschuld **Einl. 7** 41
- Hypothek **Einl. 7** 19 ff., 24
- Kündigungskosten **Einl. 7** 19
- Verwaltungskostenbeiträge **Einl. 7** 19
- Vorfälligkeitsentschädigung **Einl. 7** 19
- Zinsen **Einl. 7** 19 f.
- Zusammenfassung **Einl. 7** 24

Nebenraum Einl. 3 34
Nebenrecht GBO 45 7
Neufassung
- Durchführung **GBV 69** 4
- Grundbuch, maschinell geführtes **GBV 69** 1 ff.; **71a** 4 ff.; **72** 9 f.
- Vermerk **GBV 69** 5 ff.

Neufestsetzung Erbbauzins
- Anpassungsanspruch **Einl. 3** 211

Nichtigkeit GBO 19 140 f.
Nichtzulassungsbeschwerde GBO 78 17, 20
Niederschrift GBO 13 63; **73** 11 ff.
- Form **GBO 73** 13
- Rechtspfleger **GBO 73** 12
- Richter **GBO 73** 12
- Urkundsbeamter der Geschäftsstelle **GBO 73** 12

Nießbrauch Einl. 6 177 ff. **GBO 7** 28; **26** 23
- an Forderung **GBO 26** 36
- Aufgebot **GBBerG 6** 3
- Bedingung **Einl. 6** 192
- Befristung **Einl. 6** 192
- Belastungsgegenstand **Einl. 6** 178 ff.
- Berechtigter **Einl. 6** 186 ff.
- Beschränkung **GBO 23** 5
- Bestandteile **Einl. 6** 191
- BGB-Gesellschaftsanteil **Einl. 6** 181
- Bruchteilsgemeinschaft **GBO 47** 11
- Dispositionsnießbrauch **Einl. 6** 189
- Eigentümernießbrauch **Einl. 6** 187
- Einkommensverlagerung **Einl. 6** 177
- Eintragung **GBV 10** 20
- Erbfolge, vorweggenommene **Einl. 6** 177
- Erbschaft **Einl. 6** 183
- Erbteil **Einl. 6** 181
- Erlöschensgründe **Einl. 6** 199 ff.
- Gesamtberechtigung nach § 428 BGB **GBO 47** 23
- Gesamthandsgemeinschaft **GBO 47** 19
- Gesamtrechtsnachfolge **Einl. 6** 197
- Grenze zur Dienstbarkeit **Einl. 6** 188
- Grundschuld **Einl. 6** 181
- Inhalt **Einl. 6** 188 ff.
- mehrere **Einl. 6** 184
- Minderjährige **Einl. 6** 186
- Pfändung **Einl. 6** 194 **GBV 10** 22
- Rang **GBO 45** 41
- Reallast **Einl. 6** 181
- Rentenschuld **Einl. 6** 181
- Rückstandsfähigkeit **GBO 23** 20
- Sicherungsnießbrauch **Einl. 6** 177
- Überlassung Ausübung **Einl. 6** 195
- Übertragung **Einl. 6** 193, 196 ff.
- Unternehmensübertragung **Einl. 6** 198
- Vermögen **Einl. 6** 182
- Versorgungsnießbrauch **Einl. 6** 177

1771

Stichwortverzeichnis

- Zulässigkeit Gesamtrecht **GBO 48** 6
- Zuschreibung **Einl. 6** 179

Normauslegung, korrigierende GBO 18 3

Notar
- Abrufverfahren, automatisiertes **GBO 133** 5 ff.
- Abschriften **GBV 43** 1 ff.
- Antragsberechtigung Eintragungsantrag **GBO 15** 1 ff.
- Aus-/Abdrucke durch – **GBO 133a** 1 ff.
- ausländischer **GBO 32** 65 f.
- Beschwerdeberechtigung **GBO 71** 82
- Beurkundung/Beglaubigung Erklärung **GBO 15** 18 ff.
- deutscher **GBO 15** 15
- Einsicht, zeitnahe **GBO 32** 30 ff.
- Eintragungsbewilligung **GBO 19** 169
- Erklärung, materiell-rechtliche **GBO 15** 63
- Grundbuchabdruck **GBV 85** 1 ff.
- Grundbucheinsicht **GBV 43** 1 ff.
- im Amt **GBO 15** 16
- Nachlassvermittlung **GBO 36** 15 f.
- Notarbescheinigung **GBO 32** 13 ff.
- Protokoll Grundbuchinhalt **GBV 85a** 1 ff.
- Prüfungspflicht **GBO 34** 12
- Rechtsanwaltsnotar **GBO 15** 15
- Rechtsfolgen Antragstellung **GBO 15** 74 ff.
- Rechtsverkehr, elektronischer **GBO 135** 8
- Rücknahme **GBO 13** 68; **31** 7 ff.
- Verfügung, Verhältnis zur Wirksamkeit der **GBO 29** 6
- Vermutung Antragsberechtigung **GBO 15** 22 ff.
- Vertreter **GBO 15** 16

Notarbescheinigung GBO 32 13 ff.
- Bestand der Gesellschaft **GBO 32** 26 f.
- Einsicht, zeitnahe **GBO 32** 30 ff.
- Firma **GBO 32** 29
- Form **GBO 32** 17; **34** 9
- Gesellschaft, ausländische **GBO 32** 61 ff.
- Grundbuchverfahren **GBO 34** 16 ff.
- Inhalt **GBO 32** 16
- Notar, ausländischer **GBO 32** 65 f.
- Prüfungsbescheinigung GBA **GBO 32** 33
- Prüfungspflicht **GBO 34** 12
- Umwandlung **GBO 32** 29
- Vertretung **GBO 34** 1 ff.
- Vertretungsmacht **GBO 32** 18 ff.
- Verwendung wider besseren Wissens **GBO 34** 17
- Widerlegung durch Wissen, besseres **GBO 32** 34

Notarvertreter GBO 15 16
Notarverweser GBO 15 16
Notwegrente Einl. 4 8 f.
Notwendigkeit GBO 14 13
numerus clausus Einl. 1 76 ff.; **2** 1
Nummernfolge GBV 3 1 ff.
Nur-einmal-Valutierungsklausel Einl. 7 42
Nutzung
- Benutzungsdienstbarkeit **Einl. 6** 116 ff.
- Gebäudeeigentum Beitrittsgebiet **Einl. 3** 228
- Gemeindenutzungsrecht **Einl. 3** 12 f.
- Grunddienstbarkeit **Einl. 6** 113
- Sondernutzungsrecht **Einl. 3** 82, 110 ff.
- tatsächliche **Einl. 6** 113

Nutzungsbescheinigung GGV 11 11

Nutzungsrecht
- Art, andere **GGV 3** 10
- Aufhebung **GGV 12** 1 ff.
- Berechtigte, mehrere **GGV 8** 1 ff.
- dingliches **GGV 4** 3 ff.; **5** 1 ff.
- Rang mehrerer **GGV 14** 5 ff.

Offene Handelsgesellschaft (OHG) Einl. 4 61
Offenkundigkeit GBO 22 129; **29** 174 ff.
Öffentliche Lasten GBO 54 1 ff.
- Baulasten **GBO 54** 18
- Begriff **GBO 54** 4 f.
- Eintragungsverbot **GBO 54** 6 ff.
- Entstehungsgeschichte/Normzweck **GBO 54** 1 ff.
- Rechtsfolge **GBO 54** 6 ff.
- Sicherung, dingliche **GBO 54** 9 ff.

Partei, politische Einl. 4 60
Person, juristische GBO 19 157 **GBV 15** 9
Person, natürliche GBO 19 145 ff. **GBV 15** 4
Personengesellschaften GBO 20 27 ff.; **32** 50 **GBV 15** 7, 8
Personenhandelsgesellschaft GBO 20 62
Personenmehrheiten GBO 13 87 ff.
Pfandgläubiger GBO 45 41
Pfandrecht GBO 26 23
- an Forderung **GBO 26** 36
- Beschränkung **GBO 23** 6
- Rückstandsfähigkeit **GBO 23** 20

Pfändung/Verpfändung Einl. 5 35 ff.
- Anspruch, schuldrechtlicher **Einl. 5** 36 ff.
- Anwartschaft/Anwartschaftsrecht **Einl. 5** 39 f., 43 ff.
- Anwartschaftsrecht **GBO 20** 132 ff.
- Auflassungsanspruch **GBO 20** 115 ff.
- Briefhypothek **Einl. 7** 27
- Buchhypothek **Einl. 7** 28
- Eigentümergrundschuld **Einl. 7** 56 **GBO 39** 50 f.
- Erbanteil **Einl. 4** 37
- Gegenstandslosigkeit **GBO 84** 24
- Grundschuld **Einl. 7** 54 ff.
- Hypothek **Einl. 7** 26 ff. **GBV 11** 23
- Miterbenanteil **GBV 10** 23
- Nacherbenrecht **GBV 10** 24
- Nießbrauch **Einl. 6** 194 **GBV 10** 22
- Reallast **Einl. 6** 257 f.
- Recht **GBV 10** 21 ff.
- Sicherungsgrundschuld **Einl. 7** 55
- Sicherungshypothek **Einl. 5** 38, 41 f., 44
- Verbot Doppelsicherung **Einl. 5** 45
- Verpfändungsvermerk **Einl. 5** 37

Stichwortverzeichnis

- Vormerkung **GBV 10** 21
- Zinsen **Einl. 7** 29

Präsentatsbeamter GBO 1 20
Prioritätsgrundsatz Einl. 2 1
Prokurist GBO 32 21
Prozess-/Verfahrenshandlungen Einl. 1 36 ff.
Publizität GBO 12 2
Publizitätsgrundsatz Einl. 2 1
- Eintragungsverfahren **Einl. 2** 9
- Publizität, formelle **Einl. 2** 9

Quittung, löschungsfähige Einl. 7 7 **GBO 27** 25 ff.
Quotenänderung WGV 3 16

Rang
- Änderung **GBO 19** 62; **21** 1 ff.
- Ausnahmen **GBO 45** 14 ff.
- Bestehen Rangverhältnis **GBO 45** 9 ff.
- Bestimmung, abweichende **GBO 45** 22 ff.
- Bewilligungsberechtigung **GBO 19** 62
- Darstellung Rang **GBO 45** 1 ff.
- Erbbaurecht **Einl. 3** 193 f.
- Gleichrang **Einl. 6** 216
- Grundschuld **GBV 11** 27
- Hypotheken **GBV 11** 27
- mehrere untereinander **Einl. 5** 47
- Miteigentum **GBO 45** 5
- Nebenrecht **GBO 45** 7
- Nießbraucher **GBO 45** 41
- Pfandgläubiger **GBO 45** 41
- Rangänderung, nachträgliche **GBO 45** 38 ff.
- Rangregulierung **GBO 45** 43 f.
- Rangschutzvermerk **GBO 18** 99
- Rangverhältnis **GBO 45** 1
- Rangvorbehalt **GBO 45** 29 ff. **GBV 11** 27
- Recht, beschränkt dingliches **GBO 21** 1 ff.
- Regeln **GBO 45** 24 ff.
- Sicherungshypothek **Einl. 5** 46 f.
- Teilrecht **GBO 45** 7, 42
- Vermerk **GBV 18** 1 f.
- Vor-/Nacherbschaft **GBO 51** 18 f.
- Vorkaufsrecht **Einl. 6** 216
- Vormerkung **GBO 45** 4
- Zusammentreffen Rangbestimmungen **GBO 45** 23

Rangordnung, neue
- Rechtsmittel **GBO 112** 3

Reallast Einl. 6 240 ff.
- Belastungsgegenstand **Einl. 6** 241
- Berechtigter **Einl. 6** 242 ff.
- Beschränkung **GBO 23** 6
- Bestandteil, wesentlicher **Einl. 6** 243
- Bruchteilsgemeinschaft **GBO 47** 11
- Eigentümerreallast **Einl. 6** 248 f.
- Eintragung **GBV 10** 25
- Erbbauzins **Einl. 3** 197 ff.
- Gesamtberechtigung nach § 428 BGB **GBO 47** 23
- Inhalt **Einl. 6** 241, 250 ff.
- Landesrecht **Einl. 6** 255
- Leistung, wiederkehrende **Einl. 6** 254
- Leistung, zu erbringende **Einl. 6** 250 ff.
- Löschung durch Hinterlegung Kapitalbetrag **GBBerG 10** 1 ff.
- Nießbrauch **Einl. 6** 181
- Pfändung/Verpfändung **Einl. 6** 257 f.
- Rückstandsfähigkeit **GBO 23** 20
- Sukzessiv-/Alternativberechtigung **Einl. 6** 246
- Teilung Grundstück **Einl. 6** 243
- Übertragbarkeit **Einl. 6** 244
- Umwandlung **Einl. 6** 247
- Unterwerfungsklausel **Einl. 6** 256
- Vererblichkeit **Einl. 6** 244
- Wertsicherungsklausel **Einl. 6** 253
- Wesen **Einl. 6** 240
- Zulässigkeit Gesamtrecht **GBO 48** 6

Recht
- Anerkenntnis **GBO 124** 3 ff.
- betroffenes **GBO 17** 13 ff.
- Eintragung **GBO 124** 1 ff.
- einzutragendes **GBO 47** 1 ff.
- grundbuchgleiches **GBO 22** 165; **144** 1 ff.
- grundstücksgleiches **GBO 20** 9
- Nachweis **GBO 124** 2
- Pfändung **GBV 10** 21 ff.
- Teilrecht **GBO 45** 7, 42
- verdinglichtes **GBO 22** 71 ff.
- Zerlegung **GBO 70** 1 f.
- zum Besitz **GGV 8** 1 ff.

Recht Beitrittsgebiet
- Altanträge **GBO 150** 9
- Anwendung GBO **GBO 150** 1 ff.
- Beschwerdeverfahren **GBO 150** 10
- Einigungsvertrag **GBO 150** 11
- Gebäudegrundbuch **GBO 150** 7
- Grundbuchamt **GBO 150** 2
- Grundstücksbegriff **GBO 2** 4 ff.
- Maßgaben für Anwendung GBV **GBV 113** 1 ff.
- nicht vom Grundbuchamt aufbewahrte Akten **GBO 12b** 1 ff.
- Rechtsanwendung **GBO 150** 8
- Voreintragung **GBO 39** 17
- Zuständigkeit **GBO 1** 30

Recht, beschränkt dingliches
- Änderungen, sonstige **GBO 22** 68 f.
- Aufhebung **GBO 21** 1 ff.
- Beeinträchtigung **GBO 21** 4
- Berechtigte, mehrere **GBO 23** 12 f.
- Bewilligungsgrundsatz **GBO 21** 5
- Definition **GBO 21** 3
- Eintragung **GBO 124** 1 ff.
- Entstehung ohne Eintragung **GBO 22** 63 f.
- Erlöschen **GBO 22** 66 f.
- Inhaltsänderung **GBO 21** 1 ff.
- Rangänderung **GBO 21** 1 ff.

1773

- Rechte aus Abt. II **GBO 21** 12
- Rechtsfolgen Herrschvermerk **GBO 21** 6 ff.
- Übergang **GBO 22** 65
- Versterben als Erlöschensgrund **GBO 23** 14
- Verwertungsrechte **GBO 21** 11
- Zustimmungserfordernis **GBO 21** 9

Recht, dingliches
- Abbildung im Grundbuch **Einl. 1** 9
- Anforderung Grundbucheintragung **Einl. 2** 109 f.
- Buchrecht **Einl. 1** 71
- Entschädigungsforderung **Einl. 3** 226
- i.S.d. BGB **Einl. 1** 70
- i.S.d. GBO **Einl. 1** 72
- Liegenschaftsrechte, öffentliche **Einl. 1** 73
- Löschung **Einl. 1** 29
- numerus clausus **Einl. 1** 76 f.; **2** 1
- Recht, zu Unrecht gelöschtes **Einl. 1** 44
- Unterscheidung Voll-/Buchrecht **Einl. 1** 75
- Wesen **Einl. 1** 77 f.

Recht, grundstückgleiches **Einl. 3** 5, 153
Recht, sonstiges **Einl. 2** 112
Recht, subjektiv-dingliches **GBO 9** 1 ff.
- Aufhebung/Änderung **GBO 9** 9 ff. **GBV 14** 1 ff.
- Bedeutung Vermerk **GBO 9** 13
- Beschränkung **GBO 23** 9
- Bestandsverzeichnis **GBV 7** 1 ff.
- Erbbaurecht **GBO 9** 12
- Grundsatz **GBO 9** 2
- Rechte, betroffene **GBO 9** 2 ff.
- Rechte, objektive-persönliche **GBO 9** 5
- Rechtsverhältnisse, öffentlich-rechtliche **GBO 9** 4
- Rötung **GBV 14** 1 ff.
- Vereinbarung **GBO 9** 3
- Verfahren **GBO 9** 7 ff.
- Voreintragung **GBO 9** 6
- Wohnungseigentum **GBO 9** 11

Rechtliches Gehör
- Beschwerdeentscheidung **GBO 77** 23

Rechtsänderung, dingliche **Einl. 1** 56
Rechtsbehelfsbelehrung
- fehlende Kausalität **GBO 89** 11
- Fehlerhaftigkeit, Unterbleiben einer **GBO 89** 10

Rechtsbehelfsbelehrungen
- Entscheidungen **GBO 71** 15

Rechtsbeschwerde **GBO 78** 1 ff.
- Abhilfe **GBO 78** 69
- Adressat **GBO 78** 31
- Anordnung, einstweilige **GBO 78** 73
- Anschlussrechtsbeschwerde **GBO 78** 41 ff.
- Anweisung, Eintragung vorzunehmen **GBO 78** 9
- Aufhebung Beschwerdeentscheidung **GBO 78** 76 ff.
- Ausschließung/Ablehnung **GBO 81** 10 ff.
- Bedeutung, grundsätzliche **GBO 78** 22
- Begründetheit **GBO 78** 45 ff.
- Begründung **GBO 78** 79
- bei Zurückverweisung an das Grundbuchamt **GBO 78** 11
- Bekanntgabe **GBO 78** 80
- Beruhen auf Verletzung **GBO 78** 56 f.
- Beschwerdeberechtigung **GBO 78** 37 f.
- Bestätigung Zwischenverfügung **GBO 78** 12 ff.
- Bindung **GBO 78** 50 ff.
- Einlegung **GBO 78** 28, 31 ff.
- Eintragung eines Amtswiderspruchs **GBO 78** 9 f.
- Elektronische Form **GBO 78** 30
- Entscheidung **GBO 78** 71 ff.
- Feststellungsbeschluss **GBO 89** 7
- Form der Entscheidung **GBO 78** 79
- Frist **GBO 78** 32 ff.
- Gerichtsbesetzung **GBO 81** 2 ff.
- Grund, absoluter **GBO 78** 58
- Hauptsacherledigung **GBO 78** 63 ff.
- Klarstellung Rangverhältnisse **GBO 110** 6
- Kosten **GBO 78** 83 ff.
- Kostenentscheidung **GBO 78** 81
- Nachholung der Zulassung **GBO 78** 18 f.
- Nichtzulassung **GBO 78** 17
- Nichtzulassungsbeschwerde **GBO 78** 20
- Prüfungsumfang **GBO 78** 71 f.
- Recht **GBO 78** 45 ff.
- Rechtsfortbildung **GBO 78** 23
- Rechtsmittelschrift **GBO 78** 27
- Rechtsprechung, einheitliche **GBO 81** 5
- Rechtsverletzung **GBO 78** 49
- Richtigkeit Ergebnis **GBO 78** 59 f.
- Rücknahme **GBO 78** 39
- Sicherung Rechtsprechung, einheitliche **GBO 78** 24
- Statthaftigkeit **GBO 78** 4 ff.
- Veränderung Tatsachenlage **GBO 78** 61 f.
- Verfahren **GBO 78** 68 ff.
- Verwerfung wegen Unzulässigkeit **GBO 78** 74
- Verzicht **GBO 78** 39
- Wirkung Entscheidung **GBO 78** 82
- Zulässigkeit **GBO 78** 4 ff., 68
- Zulassungsentscheidung **GBO 78** 18 f.
- Zulassungsgründe **GBO 78** 16
- Zulassungshindernis **GBO 78** 21
- Zurückweisung **GBO 78** 75

Rechtsbeschwerdeschrift
- Inhalt **GBO 78** 35 f.

Rechtsfähigkeit **Einl. 4** 42
Rechtsgeschichte **GBO 1** 2
Rechtshängigkeit
- Vermerk **GBV 10** 26

Rechtshängigkeitsvermerk **Einl. 1** 90
Rechtsinhaberschaft **GBV 112** 1 ff.
Rechtsmittel **GBO 108** 12
- Amtsberichtigungsverfahren **GBO 82a** 11
- Amtslöschung **GBO 87** 19
- Amtslöschungsverfahren **GBO 85** 6 ff.
- Beschwerdeberechtigung **GBO 89** 5

- Beschwerdefrist **GBO 89** 3 f.
- Beschwerdeverfahren **GBO 89** 6
- Feststellungsbeschluss **GBO 89** 2 ff., 5 ff.
- Grundbuchberichtigungszwang **GBO 82** 40 f.; **82a** 11
- Klarstellung Rangverhältnisse **GBO 91** 7; **112** 3
- Rechtsbehelfsbelehrung **GBO 89** 8 ff.
- Wiedereinsetzung in vorigen Stand **GBO 105** 1 ff.

Rechtsmittel/Rechtsbehelfe
- Amtslöschung **GBO 53** 62
- Anordnung, einstweilige **GBO 76** 18
- Behörde, Grundbuchersuchen der **GBO 38** 96
- Eintragungsantrag **GBO 15** 75
- Grundbuchblatt, Anlegung **GBO 125** 1 ff.
- Grundbucheinsicht/Abschriften **GBO 12** 16 f.
- Schutzvermerk **GBO 18** 115
- Umschreibung **GBV 30** 14
- Vor-/Nacherbschaft **GBO 51** 62
- Zwischenverfügung **GBO 18** 83 ff.

Rechtsobjekte, sonstige Einl. 3 5 ff.
Rechtspflegererinnerung GBO 71 10 f.
Rechtspfleger GBO 1 18; **71** 6 ff.
- Beschwerde **GBO 71** 6 ff.; **Vor 71** 10 f.
- Rechtsbehelf **GBO 71** 10 f.

Rechtsschutzbedürfnis GBO 71 93
Rechtsstreit, erledigter GBO 115 1 ff.
Rechtsverkehr, elektronischer GBO 135 1 ff.
- Beschwerdeverfahren **GBO 135** 16
- Dokumente, elektronische **GBO 136** 1 ff.
- Dokumente, ungeeignete **GBO 136** 6 f.
- Dokumentenübertragung **GBO 138** 1 ff.
- Einschränkungen **GBO 135** 10 ff.
- Grundsatz **GBV 94** 1 f.
- Regelungsziele **GBO 135** 2 ff.
- Verordnungsermächtigung **GBO 141** 1 ff.
- Vorgaben **GBO 135** 5 ff.

Rechtsverletzung GBO 78 49
reformatio in peius GBO 77 8 f.
- Abhilfeverfahren **GBO 75** 16

Reichsheimstätten GBO 20 192
Reihenfolge Antragserledigung
- Anträge, mehrere **GBO 17** 6 ff.
- zu verschiedenen Zeiten gestellt **GBO 17** 11

Religionsgemeinschaft GBV 15 12
Rentenschuld Einl. 6 181 **GBO 42** 1 ff.
- Eintragung **GBV 11** 1 ff., 24

Rentenschuldbrief GBO 37 1 ff.; **56** 1; **70** 1 f. **GBV 51** 1
- Ergänzung **GBV 89** 1 f.
- Erteilung **GBV 87** 1 ff.
- Muster/Vordrucke **GBV 52** 1 f.
- Nachtragsvermerk **GBV 49** 1 f.
- Überschrift **GBV 47** 1 f.
- Unbrauchbarmachung **GBV 53** 1 ff.
- Verbindung **GBV 50** 1
- Verfahren **GBV 88** 1 ff.
- Versendung **GBV 49a** 1

Richtigkeitsvermutung Einl. 1 10
Risikobegrenzungsgesetz Einl. 7 60 f.
Rötung GBV 16 1; **91** 6
- in Abteilung II und III **GBV 17** 1 ff.
- Recht, subjektiv-dingliches **GBV 14** 1 ff.

Rückabtretungserklärung GBO 29 46
Rückgewähranspruch Einl. 7 48, 55
Rücknahme
- Antrag **GBO 10** 11; **13** 71; **31** 18
- Antrag durch Beteiligten **GBO 31** 16
- Begriff **GBO 31** 3 ff.
- Berechtigte **GBO 13** 67 ff.
- Beschwerde **GBO 71** 94; **73** 27 ff.
- Eintragungsantrag **GBO 13** 23, 66 ff.; **15** 61; **19** 125 ff.; **31** 1 ff.
- Form **GBO 31** 6 ff.
- Kosten **GBO 31** 29
- Notar **GBO 13** 68
- teilweise **GBO 13** 72
- Vertreter **GBO 13** 68
- Wirkung **GBO 13** 73; **31** 20

Rückstandsfähigkeit GBO 23 15 ff.; **24** 11 f.

Sachenrecht Einl. 3 16, 154
- Sachenrechtsbereinigung **Einl. 3** 236 f. **GBO 82** 43 ff.
- Verjährung **Einl. 3** 238

Sanierungsgebiet GBO 20 158 ff.
Schenkungsverbot GBO 51 9
Schiffe/Schiffsbauwerke Einl. 3 2 ff.
Schließung GBV 30 12; **67** 12 ff.
- Grundbuch, maschinell geführtes **GBV 72** 1 ff.
- Grundbuchblatt **GBV 34** 1 ff.; **35** 1 ff.

Schuldverhältnis GBO 22 71 f.
- Erbbaurecht **Einl. 3** 154, 177 f., 207 f.
- gesetzliches **Einl. 3** 154
- Verdinglichung **Einl. 3** 176 ff.
- Vormerkung **Einl. 6** 8
- Wahlschuldverhältnis **Einl. 7** 14

Schutz
- Anwartschaft/Anwartschaftsrecht **Einl. 5** 25 ff.
- Auflassungsempfänger **Einl. 5** 34
- Eigentümer durch Hypothek **Einl. 7** 64
- Käufer **Einl. 5** 32
- Verbot Doppelsicherung **Einl. 5** 45
- Verkäufer **Einl. 5** 31
- Vormerkung **Einl. 6** 3 ff.
- Weg, sicherster **Einl. 5** 34
- Zweiterwerber **Einl. 5** 33

Schutzvermerk GBO 18 103
- Antrag, früherer **GBO 18** 116 ff.
- Eintragung, endgültige **GBO 18** 116 ff.
- Rechtsmittel **GBO 18** 115
- Unterlassung, fehlerhafte **GBO 18** 114
- Wirkung **GBO 18** 110 ff.
- Wirkung Zurückweisung **GBO 18** 119 ff.

Sequestration GBO 38 17

Sicherung, vorläufige GBO 22 2
Sicherungsgrundschuld Einl. 7 35, 47 ff., 59 ff.
– Ablösung **Einl. 7** 49 ff.
– Ausfertigung, vollstreckbare **Einl. 7** 67 f.
– Einwendungen/Einreden **Einl. 7** 62 f.
– Erlöschen Forderung, gesicherte **Einl. 7** 48
– Forderungstilgung **Einl. 7** 47
– Pfändung/Verpfändung **Einl. 7** 55
– Risikobegrenzungsgesetz **Einl. 7** 60 f.
– Rückgewähranspruch **Einl. 7** 48, 55
– Zahlung Eigentümer/Schuldner **Einl. 7** 53
– Zwangsvollstreckung **Einl. 7** 59, 65 ff.
Sicherungshypothek Einl. 7 3 **GBO 38** 64 ff.
– Anspruch, schuldrechtlicher **Einl. 5** 38, 41 f.
– Anwartschaft/Anwartschaftsrecht **Einl. 5** 44
– Aufhebung **Einl. 5** 48
– Höchstbetragshypothek **Einl. 7** 3
– Rang **Einl. 5** 46 f.
– Rang, mehrere untereinander **Einl. 5** 47
– Vollzug **GBO 20** 122
– Wertpapierhypothek **Einl. 7** 3
Sicherungsvermerk GGV 7 1 ff.
Siedlungsrecht GBO 38 34
Signatur GBV 75 1 ff.
– Anwendung im Grundbuch **GBV 75** 13 ff.
– Ausgangssituation **GBV 75** 6 f.
– Begriff **GBV 75** 8
– Codezeichen **GBV 82** 6 ff.
– Funktionsweise **GBV 75** 9 ff.
– Gesetzeslage **GBV 75** 11 f.
– Löschung **GBV 76a** 10
– Praxis **GBV 75** 11 ff.
Soldatenversorgungsgesetz (SVG) GBO 20 195
Sondereigentum Einl. 3 20 f., 31 ff.
– Abgeschlossenheit **Einl. 3** 32
– Abgrenzung Gemeinschafts-/Sondereigentum **Einl. 3** 23
– Abtrennung zu Miteigentumsanteil **Einl. 3** 73
– Änderung **Einl. 3** 24, 70 ff.
– Annexeigentum **Einl. 3** 72
– Aufhebung **Einl. 3** 83 f.
– aus Gemeinschaftseigentum **Einl. 3** 71
– Balkon/Terrasse/Loggia/Dachgarten **Einl. 3** 35
– Einigung/Eintragung im WEG **Einl. 3** 56
– Garage **Einl. 3** 36 f.
– Gemeinschaftseinrichtungen **Einl. 3** 44 ff.
– Gemeinschaftsräume **Einl. 3** 45
– Innenseite Wohneigentum **Einl. 3** 35
– Keller/Speicher/Nebenraum **Einl. 3** 34
– Mitsondereigentum **Einl. 3** 47 ff.
– Räume, nicht zu Wohnzwecken dienende **Einl. 3** 34
– Sonderfälle **Einl. 3** 43
– Teile, konstruktive **Einl. 3** 35, 40
– Teile, nicht konstruktive **Einl. 3** 41
– Teilungserklärung **Einl. 3** 21
– Teilungsplan **Einl. 3** 21

– Versorgungsanlagen **Einl. 3** 42
– vor Gebäudeerrichtung **Einl. 3** 20 f.
– wird Gemeinschaftseigentum **Einl. 3** 70
– Wohnung **Einl. 3** 33 f.
– Wohnungsrecht **Einl. 6** 160
Sondernutzungsrecht Einl. 3 110 ff.
– Abgrenzung zum Wohnungs-/Teileigentum **Einl. 3** 26
– Aufhebung **Einl. 3** 118
– Begriff **Einl. 3** 110
– Begründung **Einl. 3** 112 f.
– Inhaltsänderung **Einl. 3** 116
– Stellplatz/Garage **Einl. 3** 115
– Übertragung **Einl. 3** 117
– Wohnungsgrundbuch **Einl. 3** 126
Sondervermögen Einl. 6 96 **GBO 19** 116
Sozialversicherungsträger GBO 20 186
Speicher Einl. 3 34
Stelle, katasterführende GBV 86 1 ff.
Steuerrecht Einl. 3 154
Stiftung GBO 20 191; **32** 55
Stockwerkseigentum Einl. 3 10, 26
Sukzessivberechtigung GBO 22 39
Surrogationserwerb GBO 51 22

Tankstellenrecht Einl. 6 124
Teileigentum GBO 7 6, 40 ff.
Teilerbschein GBO 35 50 f.
Teilhypothekenbrief GBO 61 1 ff. **GBV 48** 2
– Antrag **GBO 61** 5
– Behandlung Stammbrief **GBO 61** 6
– Inhalt **GBO 61** 8 f.
– Teilung Forderung **GBO 61** 2
– Voraussetzung Bildung **GBO 61** 2 ff.
– Vorhandensein Stammbrief **GBO 61** 3
– Vorlegung Stammbrief **GBO 61** 4
– Zuständigkeit **GBO 61** 7
Teilrecht GBO 45 7, 42
Teilschuldverschreibung GBO 50 1 ff.
Teilung GBO 7 1 ff.
– auf Antrag, ausdrücklichen **GBO 7** 37 f.
– Begriff **GBO 7** 2 ff., 8
– Belastung Grundstück **GBO 7** 4
– Bundesrecht **GBO 7** 45 ff.
– Eintragung **GBV 13** 9
– Erbbaurecht **GBO 7** 5, 39 **GBV 10** 17
– Gebäudeeigentum, selbstständiges **GBO 7** 7
– Genehmigungserfordernisse **GBO 7** 45 ff.
– Grundbuch **GBV 1** 2
– Grunddienstbarkeit **Einl. 6** 140
– Grundstück **Einl. 6** 140, 243 **GBV 13** 9
– im Rechtssinne **GBO 7** 2
– katastertechnische **GBV 13** 9
– Landesrecht **GBO 7** 48
– Miteigentumsanteil **Einl. 3** 68
– notwendige **GBO 7** 8 ff.
– Sonderfälle **GBO 7** 39 ff.

Stichwortverzeichnis

- Teilungsgenehmigung **GBO 20** 148
- Teilungsverbote, gesetzliche **GBO 7** 45 ff.
- Veräußerung Gebäudeteile **GBO 7** 9
- Verfahren **GBO 7** 49
- Wirkung **GBO 7** 50
- Wohnungs-/Teileigentum **GBO 7** 6, 40 ff.
- Zerlegung **GBO 7** 3
- Zulässigkeit **GBO 7** 1

Teilungserklärung Einl. 3 21, 120 ff.
Teilungsplan Einl. 3 21
Terrasse Einl. 3 35
Testament Einl. 6 49
Testamentsvollstrecker
- Auslandsberührung **GBO 35** 161 ff.
- Beschwerdeberechtigung **GBO 71** 81
- Beweiskraft **GBO 35** 142
- Entgeltlichkeit der Verfügung **GBO 35** 143 ff.
- GBA, Prüfungspflicht des **GBO 35** 141
- Grundbuchverfahren **GBO 82** 30
- Nachweis **GBO 35** 12, 133 ff., 143
- unentgeltliche Verfügung **GBO 35** 144
- Zeugnis **GBO 35** 134 ff.

Testamentsvollstreckung GBO 52 1 ff.
- Beendigung **GBO 35** 157 ff.
- Eintragung, Unterbleiben der **GBO 52** 18 f.
- Eintragungsstelle **GBO 52** 6
- Eintragungsvoraussetzungen **GBO 52** 8 ff.
- Erbengemeinschaft **GBO 52** 8
- Erbschein **GBO 35** 55
- Grundbuchberichtigungszwang **GBO 52** 8
- Grundbuchverfahrensrecht **GBO 52** 5 ff.
- Inhalt Vermerk **GBO 52** 5
- Nacherbentestamentsvollstreckung **GBO 52** 8
- Nachholung Eintragung **GBO 52** 22
- Nachweis **GBO 52** 14 ff.
- Rang **GBO 52** 7
- Recht, ausländisches **GBO 52** 8
- Recht, materielles **GBO 52** 2 ff.
- Rechtsbehelfe **GBO 52** 23
- Vermerk, Löschung **GBO 52** 27 f.
- Vor-/Nacherbschaft **GBO 51** 11, 15
- Wirkung Vermerk **GBO 52** 24 ff.
- Zuschreibung **GBO 6** 17

Tilgungshypothek Einl. 7 4
Titel, vollstreckbarer GBO 14 7 ff.

Überbaurente Einl. 4 8 f.
Übergang
- Grundschuld **Einl. 7** 42

Übergangsvorschrift GBV 114 1 ff.
Überleitungsrecht/DDR-Recht
- Dienstbarkeit **Einl. 6** 169
- Hypothek **Einl. 7** 30 ff.

Übermittlung
- Aus-/Abdrucke **GBO 131** 9 ff.
- Datenträger **GBO 136** 6 f.
- Dokumente, elektronische **GBO 136** 3 ff.
- Grundbuchverfahren, maschinelles **GBO 131** 9 ff.; **134a** 1 ff.

Überprüfung GBV 74 8 ff.
Überschrift GBV 47 1 f.
Übersicht GBBerG 6 7
Übertragung
- Briefrecht **GBO 26** 8 ff.
- Dauerwohn-/-nutzungsrecht **Einl. 3** 147
- Erbanteil **Einl. 4** 38
- Erbbaurecht **GBO 20** 5 f., 103
- Forderung, Haftung Grundpfandrecht **GBO 26** 26 ff.
- Grundschuld **Einl. 7** 44, 48, 55
- Grundstück **GBO 3** 6
- Hypothek **Einl. 7** 6
- Nießbrauch **Einl. 6** 193, 196 ff.
- Reallast **Einl. 6** 244
- Recht **GBO 40** 14 ff.

Überweisungszeugnis GBO 35 14
Umdeutung
- Eintragungsantrag **Einl. 2** 100 f. **GBO 13** 57
- Grundbucheintragung **Einl. 2** 95 ff.
- Grundbucherklärungen **Einl. 2** 93 f.

Umlegung
- Umlegungs-/Enteignungsverfahren **GBO 19** 111
- Umlegungs-/Grenzregelungsverfahren **GBO 2** 9
- Umlegungsgebiet **GBO 20** 152 ff.
- vereinfachte **GBO 20** 156

Umschreibung GBV 28 1 ff.
- auf Blätter, maschinelle **GBV 104** 1 ff.
- Begriff **GBV 68** 1 ff.
- Benachrichtigung **GBV 30** 13
- Bezugnahme auf Bewilligung **GBO 44** 42 f.
- Brief **GBV 30** 15
- Durchführung **GBV 68** 5 ff.
- fakultative **GBV 28** 2 f.
- Gebühren **GBO 102** 10
- Grundbuch **GBO 102** 10
- Grundbuch, maschinell geführtes **GBV 68** 1 ff.; **72** 3 ff.
- Grundbuchblatt, neues **GBV 30** 1 ff.
- Grundschuld **GBV 37** 1 ff.
- Handblatt, neues **GBV 32** 1 f.
- Hypothek **GBO 37** 1 ff.
- Klarstellung Rangverhältnisse **GBO 102** 10
- Mitteilung/Bekanntmachung **GBV 39** 2 ff.
- Nachlass/Gesamtgut, Zeugnis **GBO 37** 1 ff.
- Rechtsbehelf **GBV 30** 14
- Rechtsmittel **GBV 28** 4
- Rentenschuld **GBO 37** 1 ff.
- Schließung Blatt, altes **GBV 30** 12
- Verfahren **GBV 28** 5; **29** 1 ff.
- Verhandlung mit Beteiligten **GBV 29** 3
- Vermerk **GBV 68** 9 ff.
- Zeugnis Nachlass/Gesamtgut **GBO 36** 8 ff.
- zwingende **GBV 28** 1

Umstellung GBV 70 1 ff.
- Geldbeträge, eingetragene **GBMaßnG 26a** 1 ff.
- Währungseinheit **GBMaßnG 26a** 3 f.

Umwandlung Einl. 3 74; **6** 247 **GBO 32** 29
- Genossenschaft **GBBerG 12** 1 ff.

Unbedenklichkeitsbescheinigung GBO 20 199; **38** 76

Unbrauchbarmachung GBV 53 1 ff.

Unentgeltliche Verfügung
- Beweiserleichterung **GBO 35** 144
- Veräußerung an Dritte **GBO 35** 144 ff.

Unrichtigkeit GBO 22 9 ff.
- Amtswiderspruch **GBO 53** 20 ff.
- anfängliche **GBO 22** 32 ff.
- Angaben tatsächlicher Art **GBO 22** 12
- Anspruch, Änderung des rechtsgeschäftlichen **GBO 22** 87
- Anspruch, Übergang/Belastung des **GBO 22** 88 f.
- Antragsberechtigung **GBO 14** 3 f.
- Arten **GBO 22** 29 f.
- Begriff **GBO 22** 9 ff.
- Berechtigter, Bezeichnung des **GBO 22** 15 ff.
- Berechtigung, fehlende **GBO 14** 5 f.
- Bruchteilsberechtigte **GBO 22** 40 ff.
- Dienstbarkeiten, altrechtliche **GBO 22** 59 ff.
- Eigentümereintragung **GBO 82** 7 ff.
- Einigung, Eintragung mit **GBO 22** 32 ff.
- Eintragung **GBO 22** 21 f., 40 ff.
- Einzelfälle **GBO 22** 130 ff.
- Entstehungsvoraussetzung, Fehlen/Fortfall der **GBO 22** 101
- Fälle, von § 22 GBO nicht erfasste **GBO 22** 25
- Fassung, ungenaue **GBO 22** 19
- Feststellung **GBO 82** 15 ff.
- Grundstücksrecht, Schuldverhältnis im **GBO 22** 71 f.
- Heilung **GBO 22** 26 f.
- Hofvermerk **GBO 22** 20
- im Sinne des BGB **GBO 22** 9 f.
- Kenntnis **GBO 17** 19 ff.
- Löschung **GBO 22** 50 ff., 93 f.
- mangels Anspruch **GBO 22** 84 ff.
- Minus-Eintragung **GBO 22** 36 f.
- nachträgliche **GBO 22** 62 ff., 135 ff.
- Nichtexistenz des Gläubigers **GBO 22** 25
- Plus-Eintragung **GBO 22** 36 f.
- Recht/Berechtigter, anderer **GBO 22** 34 f.
- Regelung, eingetragene verdinglichte **GBO 22** 71 ff.
- Schreibfehler **GBO 22** 19
- Sukzessivberechtigung **GBO 22** 39
- Testamentsvollstreckervermerk **GBO 52** 31
- Umstellung auf EUR **GBO 22** 24
- Unrichtigkeit **GBO 14** 3 f.
- Unrichtigkeit, Vorgehen bei **GBO 22** 2
- Verfügungsbeschränkungen **GBO 22** 108 ff., 142
- Vermerke, hinweisende **GBO 22** 20
- Vormerkung **GBO 22** 77 ff., 141
- Wegfall **GBO 22** 26 f.
- Widerspruch **GBO 22** 97 ff.
- Wirksamkeitsvermerk **GBO 22** 10

Unrichtigkeitsnachweis GBO 22 57, 114 ff.; **23** 29; **25** 26, 36
- Erklärung, materiell-rechtliche **GBO 26** 37 ff.
- Grundpfandrechte **GBO 27** 20
- Nacherbenvermerk **GBO 51** 49 ff.
- Reichweite **GBO 26** 62 ff.

Untätigkeit
- Beschwerde **GBO 71** 56

Unterbrechung
- Beschwerdeentscheidung **GBO 77** 24

Untererbbaurecht Einl. 3 171

Unterhaltungspflicht Einl. 6 119 f.

Unternehmensübertragung Einl. 6 198

Unterschrift GBO 150 3 f.
- Bestandsverzeichnis **GBV 20** 2
- eigenhändige **GBV 75** 1 ff.
- elektronische **GBV 75** 1 ff.
- Entscheidungen **GBO 71** 14
- Ort **GBV 20** 2

Unübersichtlichkeit GBV 33 1 ff.

Unzulässigkeit, inhaltliche GBO 53 40 ff.
- Beurteilung, Grundlagen der **GBO 53** 41 ff.
- Definition **GBO 53** 40
- Eintragung **GBO 22** 21 f.; **53** 52 ff.
- Fälle, sonstige **GBO 53** 53 f.
- Fallgruppen **GBO 53** 46 ff.
- Inhalt, unerlaubter **GBO 53** 48 f.
- ohne Mindestinhalt, gesetzlich gebotenen **GBO 53** 51
- Rechte, nicht eintragungsfähige **GBO 53** 46 f.
- Rechtsbeschwerde **GBO 78** 74
- Unterlagen **GBO 53** 41
- Zeitpunkt, maßgebender **GBO 53** 42 ff.

Urkunde GBO 29 97 ff.
- Amtsbefugnisse **GBO 29** 131
- Amtslöschungslöschungsverfahren **GBO 88** 2
- Änderung, nachträgliche **GBO 29** 156 ff.
- auf die Eintragung Bezug nimmt **GBO 10** 6
- auf die sich Eintragung gründet **GBO 10** 5
- Aufbewahrung **GBO 10** 1 ff.; **10a** 1 ff.
- Aufbewahrungsort **GBO 10** 12
- Aufbewahrungspflicht Grundbuchamt **GBO 10** 8 ff.
- aufzubewahrende **GBV 24a** 1 ff.
- ausländische **GBO 29** 164; **35** 100, 164 f.
- Beglaubigung Form/Inhalt **GBO 29** 150 ff.
- Begriff **GBO 29** 146
- Begriff, Umfang des **GBO 29** 97 ff.
- Behörde **GBO 29** 102 ff.
- Beilage **GBO 29** 172 f.
- Beweiskraft **GBO 29** 156 ff.
- Bewilligung **GBO 10** 7
- Bezugnahme auf **GBO 10** 3

Stichwortverzeichnis

- Briefrecht **GBO 39** 57 ff.
- Datenträger **GBO 10a** 1 ff.
- Definition **GBO 29** 101
- Eigenurkunde, notarielle **GBO 29** 134 ff.
- Eintragungsbewilligung **GBO 19** 130 ff.
- Fehlen **GBO 58** 3
- Form **GBO 29** 119 ff., 132 f.
- fremdsprachige **GBO 29** 164
- GBA, Prüfungspflicht des **GBO 29** 140
- Grundsatz **GBO 10** 8
- Herausgabe **GBO 10** 12
- Inhalt, anderer **GBO 58** 2
- Klarstellung Rangverhältnis **GBO 99** 1 f.
- Mängel der **GBO 29** 141 ff.
- Offenkundigkeit **GBO 29** 174 ff.
- öffentlich beglaubigte **GBO 29** 146 ff.
- öffentliche **GBO 29** 97 ff., 141 ff. **GBV 97** 6 ff.
- Personen öffentlichen Glaubens **GBO 29** 129 ff.
- Rechtsverhältnis Einreicher-Grundbuchamt **GBO 10** 2
- Rückgabe während Eintragungsverfahren **GBO 10** 10
- über Vorfragen **GBO 29** 52
- Übertragung Papier in Form, elektronische **GBV 97** 6 ff.
- Urteil **GBO 29** 139
- Verbindung mit Hypothekenbrief **GBO 58** 1 ff.
- Verwahrungsvorschriften **GBO 10** 12
- vor Antragstellung **GBO 10** 9
- Vorlage **GBO 38** 77; **88** 2, 3; **99** 1 f.
- Vorlage der **GBO 29** 165 ff.
- Wiederherstellung **GBO 148** 2 ff.
- Zurückweisung/Rücknahme Antrag **GBO 10** 11
- Zuständigkeit **GBO 29** 147 ff.

Urkundsbeamter GBO 1 19
- Abschriftenerteilung **GBO 12c** 3 ff.
- Anfechtung **GBO 12c** 20
- Auskunft **GBO 12c** 5 f.
- Ausschließung/Ablehnung **GBO 12c** 19
- Beglaubigung **GBO 12c** 8
- Berichtigung von Personenbezeichnungen **GBO 12c** 17
- Beschwerde **GBO 71** 9 f.
- Einsichtsgewährung **GBO 12c** 3 ff.
- Erinnerung **GBO 71** 9 f.
- Nachweise nach § 10a Abs. 2 **GBO 12c** 18
- Verfahrensvermerk **GBO 12c** 12 ff.
- Zuständigkeit **GBO 12c** 1 ff.

Urkundsbeamter der Geschäftsstelle GBO 71 4
- Beschwerde **GBO Vor 71** 9

Urteil GBO 18 37; **29** 139

Veräußerung Einl. 4 19 f.
Veräußerungs-/Verfügungsbeschränkung nach § 12 WEG Einl. 3 85 ff.
- Einschränkung/Erweiterung Inhalt, gesetzlicher **Einl. 3** 92 f.

- Erstveräußerung **Einl. 3** 91
- Geschäfte, genehmigungspflichtige **Einl. 3** 90 ff.
- Unterschied zu schuldrechtlicher **Einl. 3** 89
- unwirksame **Einl. 3** 95
- Wirkung **Einl. 3** 88

Veräußerungsbeschränkung
- Erbbaurecht **Einl. 3** 180 ff.
- nach § 12 WEG **Einl. 3** 85 ff.
- Wohnungsgrundbuch **Einl. 3** 126

Veräußerungsverbot Einl. 5 11; **6** 175 **GBV 10** 28 ff.
Verbindung GBV 50 1
Verein, nicht eingetragener Einl. 4 59
Verein, nicht-rechtsfähiger GBV 15 10
Vereinbarung, schuldrechtliche Einl. 3 141 **GBO 13** 100
Vereinigung Einl. 3 66 **GBO 5** 1 ff.
- Beschränkung **GBO 143** 13 f.
- Eigentumsverhältnisse, einheitliche **GBO 5** 12
- Eintragung **GBV 13** 1 ff.
- Erfordernisse, weitere **GBO 5** 22
- Erklärungen, notwendige **GBO 5** 23 f.
- Grundbuch **GBV 1** 3 f.
- Rechte, zugängliche **GBO 5** 3 ff.
- Verfahren **GBO 5** 26
- Verwirrung **GBO 5** 13 ff.
- Voraussetzungen **GBO 5** 3 ff.
- Wiederaufhebung **GBO 5** 28
- Wirkung **GBO 5** 27
- Wohnungseigentum **GBO 5** 9
- Zuständigkeit **GBO 5** 25

Vereinsvorstand GBO 32 25
Verfahren, grundbuchrechtliches GBO 48 12 ff.; **53** 55 ff.
Verfahrensbevollmächtigter GBO 71 88 ff.
- Notar **GBO 71** 90 ff.

Verfahrensfähigkeit GBO 71 59
Verfahrensgrundsätze GBO 29 2 ff.
Verfahrenshandlungen Einl. 1 36 ff.; **2** 100 f.
Verfahrenskostenhilfe
- Beschwerde **GBO Vor 71** 19 ff.

Verfahrensstandschaft Einl. 2 53 ff.
Verfahrensvoraussetzungen
- Beschwerde **GBO 71** 58 ff.

Verfügung GBO 19 61
- Berechtigung **GBO 27** 13 ff.
- Beschwerde **GBO 140** 7
- einstweilige **GBO 18** 37; **25** 1 ff.
- Erlass **GBO 140** 2
- Grundakte, elektronische **GBO 140** 1 ff.
- Medientransfer **GBO 140** 6
- Übermittlung **GBO 140** 3 ff.

Verfügung von Todes wegen/Niederschrift GBO 35 91 ff.
- Abschrift, beglaubigte **GBO 35** 106
- ausländisches **GBO 35** 104
- Auslegung **GBO 35** 115 ff.
- Auslegungsfragen **GBO 35** 107 ff.

1779

- Einzelfälle **GBO 35** 121 ff.
- Erbvertrag **GBO 35** 105
- Eröffnungsniederschrift **GBO 35** 103 ff.
- Feststellung Tatsachen **GBO 35** 119
- Inhalt **GBO 35** 101
- Lückenfüllung **GBO 35** 107 ff.
- Nachlassspaltung, interlokale **GBO 35** 100
- Recht, deutsches **GBO 35** 94
- Testament, ausländisches **GBO 35** 104
- Testament, gemeinschaftliches **GBO 35** 105
- Urkunde, ausländische öffentliche **GBO 35** 100
- Vorlage, Form der **GBO 35** 106
- Wirksamkeit **GBO 35** 109 ff.

Verfügung, einstweilige Einl. 6 93

Verfügungsbeeinträchtigung Einl. 1 81

Verfügungsbeeinträchtigung, altrechtliche
- Löschung **GBBerG 5** 7 f.

Verfügungsbeschränkungen Einl. 4 6 ff.; **6** 77 ff. **GBV 10** 28 ff.
- absolute **GBO 19** 89 f.
- Anwartschaft/Anwartschaftsrecht **Einl. 5** 14; **6** 90
- Arten **Einl. 4** 6
- Außenwirtschaftsrecht **GBO 19** 115
- Bahneinheiten **GBO 20** 185
- Bau-/Bodenrecht **GBO 19** 111
- bedingt Berechtigter **Einl. 6** 90 f.
- Beschlagnahme **Einl. 6** 94 **GBO 20** 198
- Beschränkungen, öffentlich-rechtliche **GBO 20** 139 ff.
- Bewilligungsberechtigung **GBO 19** 75 ff.
- Bundesversorgungsgesetz (BVG) **GBO 20** 195
- Dauerwohn-/-nutzungsrecht **Einl. 6** 86
- Eintragung **GBO 124** 1 ff.
- Eintragungsfähigkeit **Einl. 6** 77 ff., 86, 88 ff.
- Eintragungshindernisse **GBO 18** 36
- Entzug Verfügungsrecht Vorerbe **Einl. 6** 89
- Erbbaurecht **Einl. 6** 86
- Fideikommissvermögen **GBO 20** 194
- Flurbereinigung **Einl. 6** 93
- Gemeinde/Landkreise/Verbände **GBO 20** 183 f.
- Grundbuchbehandlung, von **GBO 19** 89 ff.
- Grundbucheintragung **Einl. 6** 82 f., 95
- güterrechtliche **GBO 19** 95 ff.
- Gütertrennung **GBO 19** 103
- Handwerksordnung **GBO 20** 189
- Hof im Sinne der Höfeordnung (HöfeO) **GBO 20** 193
- Insolvenzvermerk **Einl. 6** 89
- Investmentgesellschaften **GBO 20** 187 f.
- Kapitalanlage-/Verwaltungsgesellschaften **GBO 20** 187 f.
- Kirchen **GBO 20** 190
- Landwirtschaftsrecht **GBO 19** 113
- nach § 12 WEG **Einl. 3** 85 ff.
- Nachbarrecht, privates **Einl. 4** 7
- Nacherbenvermerk **Einl. 6** 91
- nachfolgende **GBO 17** 19 ff.
- Nachlassverwaltung **Einl. 6** 89
- nachträgliche **GBO 13** 20
- nicht eintragungsfähige **Einl. 6** 84
- Notwegrente **Einl. 4** 8 f.
- öffentlich-rechtliche **GBO 19** 111 ff.
- Personen, juristische **GBO 19** 114
- Recht für Sondervermögen **GBO 19** 116
- Recht, öffentliches **Einl. 6** 78
- rechtsgeschäftliche **Einl. 6** 85 ff.
- Reichsheimstätten **GBO 20** 192
- relative **GBO 18** 36; **19** 92 f.
- relative gerichtliche/behördliche **Einl. 6** 93
- relative gesetzliche **Einl. 6** 92
- Soldatenversorgungsgesetz (SVG) **GBO 20** 195
- Sondervermögen **Einl. 6** 96
- sonstige **GBO 19** 117
- Sozialversicherungsträger **GBO 20** 186
- Stiftungen **GBO 20** 191
- Testamentsvollstreckervermerk **Einl. 6** 89
- Überbaurente **Einl. 4** 8 f.
- Unrichtigkeit **GBO 22** 108 ff., 142
- Verfahren, öffentlich-rechtliche **Einl. 6** 97
- Verfügung, einstweilige **Einl. 6** 93
- Verfügungsentziehungen **Einl. 6** 88 f.
- Verfügungsverbote **GBV 10** 31 f.
- Vermögensabschöpfung, strafrechtliche **Einl. 6** 93
- Versicherung **GBO 20** 187 f.
- Vor-/Nacherbschaft **GBO 51** 8 ff.
- Vorkaufsrecht **Einl. 6** 225 f.
- Wirkung **Einl. 6** 87
- Wohnungs-/Teileigentum **Einl. 6** 86
- Zwangsversteigerungsvermerk **Einl. 6** 93

Verfügungsvermerk Einl. 4 39 ff.

Vergrößerung/Verkleinerung Miteigentumsanteil Einl. 3 69

Verhältnis zu Gesetzen, anderen GBO 142 2 ff.

Verhandlungstermin GBO 100 1 ff.
- Beurkundung **GBO 102** 5 f.
- Beurkundung, Gebühren **GBO 102** 7
- Klarstellung Rangverhältnisse **GBO 102** 1 ff.
- Ladung **GBO 100** 3
- Löschung gegenstandsloser Rechte **GBO 102** 6

Verjährung Einl. 3 238; **6** 142

Verkehrshypothek Einl. 7 2

Vermerk
- Abschreibung **GBV 71** 9
- Abschreibung des Rechts **GBV 7** 5
- Anwartschaft/Anwartschaftsrecht **Einl. 5** 29
- auf Antrag **GBO 62** 4
- Bedeutung **GBO 9** 13
- Bodenschutzlast **GBV 93b** 1 ff.
- Eintragung **GBV 10** 4; **17** 4
- Eintragungsvermerk **Einl. 6** 38, 71 **GBO 113** 1 f.
- Entzug Verfügungsrecht Vorerbe **Einl. 6** 89
- Ersteintragung **GBV 7** 1 ff.
- Freigabe **GBV 67** 11; **71** 6 ff.

- Grundbuchvermerk **GBO 91** 8
- hinweisender **GBO 22** 20
- Hofvermerk **GBO 22** 20
- Insolvenzrecht **GBO 12c** 12
- Insolvenzvermerk **Einl. 6** 89
- Klarstellungsvermerk **GBO 22** 19
- Löschungserleichterung **GBO 23** 38 ff.
- Löschungsvermerk **GBO 45** 5
- nach § 30b Vermögensgesetz **GBO 12c** 16
- nach § 9 GBO **Einl. 3** 126
- Nacherbenvermerk **Einl. 6** 91 **GBO 51** 1 ff.
- Nachlassverwaltung **Einl. 6** 89
- Neufassung **GBV 69** 5 ff.
- Rang **GBV 18** 1 f.
- Rangschutzvermerk **GBO 18** 99
- Recht, subjektiv-dingliche **GBO 9** 13 **GBV 7** 1 ff.
- Rechtshängigkeitsvermerk **GBV 10** 26
- Rechtsverhältnisse, öffentliche **Einl. 1** 93
- sachenrechtlicher **Einl. 1** 83 ff.
- Schutzvermerk **GBO 18** 103
- Sondervermögen **Einl. 6** 96
- sonstiger Art **Einl. 1** 86 ff.
- Testamentsvollstreckervermerk **Einl. 6** 89
- Umschreibung **GBV 68** 9 ff.
- Umstellung **GBV 70** 9 ff.
- Veränderungsspalte **GBV 7** 4
- Verfahren, öffentlich-rechtliche **Einl. 6** 97
- verfahrensrechtlicher **Einl. 1** 88
- Verfügungsbeeinträchtigung **GBO 12c** 12
- Verpfändungsvermerk **Einl. 5** 37
- Vor-/Nacherbschaft **GBO 51** 13 ff.
- Wohnungseigentum/Teileigentum **GBV 7** 6
- Zuständigkeit **GBO 12c** 12 ff.
- Zwangsversteigerung-/verwaltung **GBO 12c** 15
- Zwangsversteigerungsvermerk **Einl. 6** 93

Vermittlungsverfahren, notarielles GGV 11 9
Vermögensabschöpfung, strafrechtliche Einl. 6 93
Vermögensarrest
- Beschwerde **GBO 71** 3

Vermögensgemeinschaft, eheliche
- Überleitung **GBBerG 14** 1 ff.

Vermögensnießbrauch Einl. 6 182
Vermutung GBO 15 14 ff., 22 ff.
Verordnungsermächtigung GBO 1 5 **GBV 63** 1 ff.
- elektronischer Rechtsverkehr **GBO 81** 31

Verpflichteter GBV 15 16
Verpflichtung, schuldrechtliche Einl. 3 207 f.
Verpflichtungsgeschäft Einl. 3 129 ff.
Versendung GBV 49a 1
Versicherung GBO 20 187 f.
Versorgungsanlagen Einl. 3 42
Versorgungsunternehmen GBV 86 1 ff.; **86a** 1 ff.
Verteilung GBV 11 26
Vertrag zugunsten Dritter, unechter Einl. 7 11
Vertreter
- Beschwerdeberechtigung **GBO 71** 79 ff.

Vertretung
- abstrakte **GBO 34** 14
- Bevollmächtigte **GBO 19** 158 ff.
- Einigung **GBO 20** 65
- Eintragungsantrag, Rücknahme des **GBO 13** 68
- Eintragungsbewilligung **GBO 19** 142 ff.
- Genehmigungen **GBO 19** 149 ff.; **29** 56 f.
- Geschäftsführer **GBO 32** 19 f.
- Gesellschaft bürgerlichen Rechts (GbR) **GBO 19** 157
- gesetzliche **GBO 19** 145 ff.
- Handelsgesellschaften **GBO 19** 157
- Liquidator **GBO 32** 23
- Nachweis **GBO 29** 80; **34** 1 ff.
- Notarbescheinigung **GBO 32** 18 ff.
- ohne Vertretungsmacht **GBO 19** 172
- Person, juristische **GBO 19** 157
- Person, natürliche **GBO 19** 145 ff.
- Prokurist **GBO 32** 21
- Umfang **GBO 19** 145 ff.
- Vereinsvorstand **GBO 32** 25
- Vorstand **GBO 32** 19 f.
- Widerruf **GBO 29** 184 f.
- Zustellungsbevollmächtigter **GBO 97** 1 ff.

Verwahrungspflichten Einl. 2 24
Verwaltungskostenbeiträge Einl. 7 19
Verwaltungsvereinbarung GBO 133 42
Verweisung GBV 91 3 ff.
Verwirkung GBO 73 26
- Beschwerde, der **GBO 71** 94

Verwirrung GBO 5 13 ff.
Verzeichnisse
- andere **GBO 12a** 15 ff.
- Eigentümerverzeichnis **GBO 12a** 3 ff.
- Grundbuchamt **GBO 12a** 1 ff.
- Grundstücksverzeichnis **GBO 12a** 15 ff.

Verzicht Einl. 7 46, 48, 55 **GBO 13** 36; **55** 4; **73** 32 ff.
- Anschlussbeschwerde **GBO 73** 34
- Beschwerde, auf **GBO 71** 94

Verzögerungsrüge GBO Vor 71 17
Volkseigentum GBV 113 7
Vollmacht GBO 13 95; **19** 158 ff.; **29** 53, 180 ff.
- Antragsberechtigung **GBO 13** 95 f.; **15** 1 ff.
- Bekanntmachung **GBO 55** 12
- Erklärung, materiell-rechtliche **GBO 15** 63
- Formulierung **GBO 15** 64
- Gegenbeweis **GBO 15** 28
- Kosten **GBO 31** 29
- Mitarbeitervollmacht **GBO 15** 69 ff.
- Nachweis **GBO 15** 65
- rechtsgeschäftliche **GBO 15** 64 ff.
- trans-/postmortale **GBO 35** 26 ff.; **39** 19
- Umfang **GBO 15** 30 ff., 66 f.
- Vermutung Antragsberechtigung **GBO 15** 14 ff., 22 ff.
- Vor-/Nacherbschaft **GBO 51** 12

Stichwortverzeichnis

- Voreintragung **GBO 39** 19
- Widerruf **GBO 15** 28; **31** 21 ff.

Vollrecht Einl. 1 75

Vollstreckungsverbot GBO 52 1

Vor-/Nacherbschaft GBO 51 1 ff.
- Bedingungen **GBO 51** 16
- Besonderheiten Beitrittsgebiet **GBO 51** 64
- Eintragung von Amts wegen **GBO 51** 24
- Eintragungsstelle **GBO 51** 18 f.
- Eintragungsvoraussetzung **GBO 51** 20 ff.
- Grundbuchverfahrensrecht **GBO 51** 13 ff.
- Gutglaubenserwerb **GBO 51** 8
- Inhalt Vermerk **GBO 51** 13 ff.
- Löschung **GBO 51** 35 f., 41 ff.
- Nacherbenanwartschaftsrecht **GBO 51** 7
- Nachweis Voraussetzungen **GBO 51** 23
- Rang **GBO 51** 18 f.
- Recht, materielles **GBO 51** 2 ff.
- Rechtsbehelfe **GBO 51** 62
- Rechtsfolgen **GBO 51** 2 f.
- Schenkungsverbot **GBO 51** 9
- Surrogationserwerb **GBO 51** 22
- Testamentsvollstreckung **GBO 51** 11, 15
- Überblick **GBO 51** 1
- Unterbleiben Eintragung **GBO 51** 25 ff.
- Verfügung **GBO 51** 40 f.
- Verfügungsbeschränkung/-befreiung **GBO 51** 8 ff.
- Vollmacht **GBO 51** 12
- Voraussetzungen **GBO 51** 2 f.
- Wirksamkeitsvermerk **GBO 51** 37 ff.
- Wirkung Vermerk **GBO 51** 33 ff.

Vor-/Nacherbschein GBO 35 56 ff.

Vorbehalt GBO 16 1 ff.; **45** 29 ff.
- Baden-Württemberg **GBO 149** 1 ff.
- Begriff **GBO 16** 6 ff.
- Eintragungen, mehrere **GBO 16** 14 ff.
- Eintragungsbewilligung **GBO 16** 31 f.
- Folgen Unzulässigkeit **GBO 16** 12
- Zulässigkeit **GBO 16** 14 ff.

Vorbescheid
- Beschwerde **GBO 71** 53 f.

Vorbringen, neues GBO 18 123; **74** 1 ff., 9 ff.
- Beschwerde **GBO 74** 1 ff.
- Beweise, neue **GBO 74** 13
- Tatsachen, neue **GBO 74** 12
- Wirkung **GBO 74** 14 ff.

Voreintragung GBO 38 75; **39** 1 ff.
- Antragspflicht **GBO 39** 40
- Ausnahmen **GBBerG 11** 1 ff. **GBO 39** 11 ff.; **40** 1 ff.
- Begriff **GBO 39** 25 ff.
- Berechtigter **GBO 39** 32 ff.
- Betroffener **GBO 39** 29 ff.
- Bezeichnung, lediglich unrichtige **GBO 39** 37
- Briefrecht **GBO 39** 53 ff.
- Bundesländer, neue **GBO 39** 17

- Charakter **GBO 39** 24
- Eigentümergrundschuld **GBO 39** 41 ff.
- Eintragungen, sonstige **GBO 40** 20 ff.
- entbehrliche **GBO 39** 65
- Erblasser **GBO 40** 9 ff.
- Erbrecht **GBO 39** 12; **40** 5 ff.
- fehlende **GBO 40** 14 ff.
- Gesamtrechtsnachfolge **GBO 40** 8
- Gesellschaft bürgerlichen Rechts **GBO 39** 20
- Grundschuldbrief **GBO 39** 22
- Inhalt **GBO 40** 2
- Insolvenz **GBO 39** 13
- Kettenauflassung **GBO 39** 18
- Normauslegung **GBO 39** 5 ff.
- Ordnungsvorschrift **GBO 39** 1
- Recht **GBO 39** 15 f., 29 f., 39
- richtige **GBO 39** 32 ff.
- Vollmacht, postmortale **GBO 39** 19
- Zeitpunkt **GBO 39** 52
- Zivilrecht **GBO 39** 14
- Zwangsversteigerung **GBO 39** 13
- Zweck **GBO 39** 2 f.

Vorfälligkeitsentschädigung Einl. 7 19

Vor-GmbH GBO 32 48

Vorkaufsrecht Einl. 6 202 ff. **GBO 7** 36; **20** 204 ff. **GBV 10** 35
- Arten **Einl. 6** 202
- Ausnahmen **GBO 20** 209
- Belastung, dingliche **Einl. 6** 203
- Belastungsgegenstand **Einl. 6** 220 ff.
- Berechtigte, mehrere **Einl. 6** 212 ff.
- Berechtigter **Einl. 6** 209 ff.
- Beschränkung **GBO 23** 5
- Bruchteilsgemeinschaft **GBO 47** 11
- bundes-/landesrechtliche **GBO 20** 213
- Eintragungsfähigkeit **Einl. 1** 92; **6** 233 f., 236 f.
- Entstehung **Einl. 6** 207
- Erlöschen **Einl. 6** 227
- Folgen Ausübung **GBO 20** 210
- gemeindliches **GBO 20** 205 ff.
- Genehmigungsbedürftigkeit **Einl. 6** 225 f.
- Gesamtberechtigung nach § 428 BGB **GBO 47** 23
- Gesamthandsgemeinschaft **GBO 47** 19
- gesetzliches **Einl. 6** 233 ff.
- Gleichrang **Einl. 6** 216
- Grundbucheintragung **Einl. 6** 208, 223 f.
- Grundbuchverfahren **GBO 20** 212
- Grundstückskauf **GBO 20** 208
- Inhalt **Einl. 6** 220 ff.
- nach Landesrecht **Einl. 6** 235
- öffentlich-rechtliches **Einl. 1** 92
- preislimitiertes **GBO 20** 211
- privatrechtliches **GBO 20** 204
- Rechtsformen, verwandte **Einl. 6** 203
- Rechtsgrundlagen **Einl. 6** 204
- Rückstandsfähigkeit **GBO 23** 20
- subjektiv-dingliches **Einl. 6** 210

Stichwortverzeichnis

– subjektiv-persönliches **Einl. 6** 209
– Umwandlung Recht **Einl. 6** 211
– Vereinbarungen, abweichende **Einl. 6** 222
– Verfügungsbeschränkung **Einl. 6** 225 f.
– Vormerkung **Einl. 6** 53
– Vormerkungsfähigkeit **Einl. 6** 237 ff.
– Wesen **Einl. 6** 204 f.
– Wirkungen **Einl. 6** 206
– Zulässigkeit Gesamtrecht **GBO 48** 6
Vormerkung Einl. 6 3 ff., 61
– Abtretungsvormerkung **Einl. 7** 77
– Akzessorietät **Einl. 6** 12
– Anforderung Grundbucheintragung **Einl. 2** 111
– Anordnung, einstweilige **GBO 76** 10 ff.
– Aufhebung **Einl. 6** 11 **GBO 25** 20 ff.
– Auflassung **GBV 10** 10, 21
– Auflassungsvormerkung **Einl. 6** 8, 15 ff.
– Bedingung **Einl. 6** 39
– Befristung **Einl. 6** 39
– Beschränkung **GBO 23** 6, 10
– Bestimmtheit Bewilligung **Einl. 6** 31 ff.
– Bruchteilsgemeinschaft **GBO 47** 11
– Eintragung **GBO 22** 78; **44** 38 **GBV 10** 4, 6, 10, 21; **12** 1 ff.; **19** 1 ff.
– Eintragungsfähigkeit **Einl. 1** 79
– Eintragungsvermerk **Einl. 6** 38
– Einzelfälle **Einl. 6** 43 ff.
– Entstehungsvoraussetzungen, Fortfall der **GBO 22** 79 ff.
– Erbbaurecht **Einl. 3** 186
– Erlöschen **GBO 22** 90
– Erwerb, gutgläubiger **Einl. 6** 13
– Fläche, nicht vermessene **Einl. 6** 43
– Form **GBO 18** 109
– Gegenstandslosigkeit **GBO 84** 19 ff.
– Gesamtberechtigung nach § 428 BGB **GBO 47** 23
– Grundbucheintragung **Einl. 6** 30 ff.
– Grundlagen, gesetzliche **Einl. 6** 5 f.
– Grundschuld **GBV 11** 25
– Halbspalte **GBV 19** 1 ff.
– Inhalt § 12 **GBV 12** 2 ff.
– Löschung **GBO 20** 123; **25** 1 ff.; **45** 12; **76** 20 f. **GBV 12** 10; **19** 5
– Löschungsvormerkung **Einl. 7** 69 ff.
– mehrere **Einl. 6** 41 f.
– Neufestsetzung Erbbauzins **Einl. 3** 209 f.
– Pfändung **GBV 10** 21
– Rang **GBO 45** 4
– Raumeigentum, künftiges **GBV 10** 36
– Recht, gesichertes **Einl. 5** 23 f.
– Rechtsnatur **GBO 18** 108
– Rückstandsfähigkeit **GBO 23** 17 f.
– Schuldverhältnis **Einl. 6** 8
– Sicherungsmittel **Einl. 6** 3
– Sicherungswirkung **Einl. 6** 9 ff.
– Unrichtigkeit **GBO 22** 77 ff.
– Unzulässigkeit **GBO 25** 38

– Voraussetzungen, materielle **Einl. 6** 10
– Vorkaufsrecht **Einl. 6** 237 ff.
– Vormerkungsfähigkeit **Einl. 6** 14 ff.
– Vormerkungsschutz **Einl. 5** 27
– Wesen **Einl. 6** 3 ff.
– Wirkungen **Einl. 6** 3 ff.
– Wohnungs-/Teileigentum **Einl. 3** 129 ff.
– Wohnungserbbaurecht **Einl. 3** 222
– Zwischenverfügung **GBO 18** 103 ff.
Vormerkungsanspruch Einl. 6 8, 14 ff.
– Ankaufsrecht **Einl. 6** 51
– bedingter/befristeter **Einl. 6** 23 f., 45, 55
– künftiger **Einl. 6** 25 f., 47 ff.
– nach Tod Verpflichteter **Einl. 6** 50
– neuer (Wiederauflaudung) **Einl. 6** 29
– Options-/Grunderwerbsrecht **Einl. 6** 52
– Rückübereignungsanspruch **Einl. 6** 54
– Teilung WEG **Einl. 6** 56
– Urkundsnachweis **Einl. 6** 36 ff.
– Vorkaufsrecht **Einl. 6** 53
– wirksamer **Einl. 6** 44, 46
Vornahmezeitpunkt GBO 13 26
Vorrangwirkung GBO 13 27
Vorratsdatenspeicherung GBV 64 22
Vorstand GBO 32 19 f.

Wahrung Richtigkeit Grundbuch Einl. 2 34 ff.
Währungsbezeichnung GBO 28 1 ff.
– Fremdwährung **GBO 28** 21
– Geldbeträge **GBO 28** 19
– Verstoß gegen Ordnungsvorschrift **GBO 28** 22
– Währung, nicht mehr geltende **GBO 28** 20
– Wertbeständigkeitsvereinbarung **GBO 28** 21
Währungsreform
– Umstellung eingetragener Geldbeträge **GBMaßnG 26a** 1 ff.
Wartefrist
– Beschwerdeentscheidung **GBO 77** 22
Wertbeständigkeitsvereinbarung GBO 28 21
Wertpapierhypothek Einl. 7 3
Wertsicherungsklausel Einl. 6 253
Wertsicherungsvereinbarung GBO 28 23 ff.
Wettbewerbsbeschränkung Einl. 6 123
Wettbewerbsverbot Einl. 6 153
Widerruf GBO 15 28; **29** 184 f.; **31** 21 ff.
Widerspruch Einl. 6 57 ff. **GBO Vor 71** 18
– Ablauf Frist **GBO 108** 2
– Amtslöschungsankündigung **GBO 87** 4 ff.
– Amtswiderspruch **Einl. 6** 58
– Anforderung Grundbucheintragung **Einl. 2** 111
– Anlass Eintragung **GGV 11** 2 f.
– Anlegung Grundbuchblatt **GBO 125** 2 f.
– Anordnung, einstweilige **GBO 76** 10 ff.
– Arten, besondere **Einl. 6** 73 ff.
– Aufhebung **GBO 25** 20 ff.
– Begrenzung, zeitliche **GGV 11** 10
– Behörde, Grundbuchersuchen der **GBO 38** 98

1783

Stichwortverzeichnis

- Berechtigung **GBO 23** 32
- Beschränkung **GBO 23** 11, 25
- Blattanlegung, bewilligte **GGV 11** 8
- Briefhypothek **GBO 41** 16
- Darlehenshypotheken **Einl. 6** 73 f.
- Doppelsicherung **Einl. 6** 67
- Eintragbarkeit **GBO 23** 31
- Eintragung **GBO 22** 2; **53** 24 ff. **GBV 10** 4, 6; **19** 1 ff. **GGV 11** 1 ff.
- Eintragungsfähigkeit **Einl. 1** 80
- Eintragungsvermerk **Einl. 6** 71
- Form **GBO 18** 109; **23** 33 ff.
- Gebäudegrundbuchverfügung **GGV 11** 1 ff.
- Gegenstandslosigkeit **GBO 84** 22 **GGV 11** 14 f.
- Geltungsdauer **GGV 11** 14 ff.
- Grundbucheintragung **Einl. 6** 68 ff.
- Halbspalte **GBV 19** 1 ff.
- Inhalt **GGV 11** 4 ff.
- Löschung **GBO 22** 107; **25** 1 ff.; **45** 12; **76** 20 f. **GBV 19** 5 **GGV 11** 16 f.
- nach § 1157 BGB **Einl. 6** 75 f.
- Nachweis Berechtigung **GBO 23** 33 ff.
- Nutzungsbescheinigung **GGV 11** 11
- Recht, zeitlich beschränktes **GBO 24** 14
- Rechtsgrundlagen **Einl. 6** 59
- Rechtsnachfolger **GBO 23** 30 ff.
- Rechtsnatur **GBO 18** 108; **22** 97 ff.; **23** 30
- Rückstandsfähigkeit **GBO 23** 19
- Übergang **GBO 22** 104 ff.
- Unrichtigkeit **GBO 22** 97 ff.
- Unterbleiben Eintragung **GGV 11** 8 ff.
- Unterschied zu anderen Schutzvermerken **GBO 23** 30
- Unzulässigkeit **Einl. 6** 60 **GBO 25** 38
- Vermittlungsverfahren, notarielles **GGV 11** 9
- Voraussetzungen **Einl. 6** 65 ff.
- Vorschlag Klarstellung Rangverhältnis **GBO 104** 1 ff.
- Wesen **Einl. 6** 57 f.
- Widerspruchsrecht **GBO 13** 92
- Wirkung **Einl. 6** 57 f., 62 f. **GBO 23** 36 f.
- Zwischenverfügung **GBO 18** 103 ff.

Wiedereinsetzung in vorigen Stand GBO 105 1 ff.
- Entscheidung, über **GBO 105** 4 ff.
- Kosten und Gebühren **GBO 105** 11
- Rechtsmittel **GBO 105** 7 ff.

Wiederherstellung GBV 100 1 f.; **100a** 1 f.

Wiederkaufsrechte Einl. 6 203

Wiederkaufsrechte, siedlungsrechtliche Einl. 6 228 ff.
- Eigentümer, früherer **Einl. 6** 232
- Grundlage, gesetzliche **Einl. 6** 228
- Rechtsnatur **Einl. 6** 229
- Siedlungsunternehmen **Einl. 6** 231
- Voraussetzungen **Einl. 6** 230

Wiederverwendung GBV 37 1

Willenserklärung Einl. 1 35, 47; **2** 103; **3** 61 ff.

Wirksamkeitsvermerk Einl. 1 65, 85; **7** 80 **GBO 22** 10, 95 f.; **45** 14; **51** 37 ff.

Wirksamwerden Einl. 2 61 ff.

Wirkung
- Feststellungsbeschluss **GBO 108** 11

Wirkung, aufschiebende GBO 76 1 ff., 22

Wohnbesitzberechtigung Einl. 3 26

Wohnrecht GBV 10 37
- Beschränkung **GBO 24** 8
- Bruchteilsgemeinschaft **GBO 47** 11
- Eintragung **GBO 10** 13
- Gesamtberechtigung nach § 428 BGB **GBO 47** 23
- Rückstandsfähigkeit **GBO 23** 20

Wohnungs-/Teileigentum Einl. 3 14 ff. **GBO 7** 40 ff.; **28** 18 **WGV 1** 1 ff.
- Abgrenzung Gemeinschafts-/Sondereigentum **Einl. 3** 23
- Abgrenzungen **Einl. 3** 26
- Änderungen **Einl. 3** 66 ff.
- Aufhebung **GBO 20** 7 f., 105
- aus Wohnungs-/Teileigentum, anderem **Einl. 3** 75
- Begründung **Einl. 3** 54 ff.
- Belastung **Einl. 3** 79 ff.
- Belastungsbeschränkung **Einl. 3** 94
- Belastungsgegenstand **Einl. 6** 105
- Bestandsverzeichnis **GBV 6** 25 **WGV 3** 2
- Bestandteilzuschreibung **Einl. 3** 66
- Bezeichnung **WGV 2** 1 f.
- Bruchteilsgemeinschaft **GBO 47** 11
- Dauerwohn-/-nutzungsrecht **Einl. 3** 135 ff.
- Dienstbarkeit **Einl. 3** 79 f.
- Eigenständigkeit, rechtliche **Einl. 3** 25
- Eigentum, gewöhnliches **Einl. 3** 53
- Eigentümer, beteiligte **Einl. 3** 59
- Einheit Gebäude/Grundstück **Einl. 3** 19
- Einigung/Eintragung im WEG **Einl. 3** 56
- Einräumung **GBO 20** 7 f., 105
- Einsichtsrecht **GBO 12** 9
- Eintragung **GBO 20** 105 ff.; **44** 37 **WGV 3** 13 ff.
- Eintragung im Wohnungsgrundbuch **Einl. 3** 119 ff.
- Erklärung, Nachweis **GBO 29** 59 ff.
- Erstveräußerung **Einl. 3** 91
- Gegenstand **WGV 3** 9
- Gemeinschaftseigentum **Einl. 3** 23
- Gesamtrechte **WGV 4** 1 ff.
- Größen-/Wertverhältnisse **Einl. 3** 22
- Grundbuchblatt/Realfolium **WGV 1** 3 ff.
- Grundbuchverfahrensrecht **Einl. 3** 15
- Grundlagen, gesetzliche **Einl. 3** 14
- Grundlagen, sachenrechtliche **Einl. 3** 16
- Grundpfandrecht **WGV 5** 1 ff.
- Grundstruktur **Einl. 3** 15
- Haftungsregelung **WGV 3** 11
- Hinzuerwerb Grundstücksflächen **Einl. 3** 78
- Hypothekenverteilung **WGV 3** 17
- Inhalt **WGV 3** 1 ff., 9

– Inhaltsänderung ... Einl. 3 61 ff.
– Mindestinhalt Erklärtes Einl. 3 51 f.
– Miteigentum, ab WGV 6 1 ff.
– Miteigentumsanteil Einl. 3 47 ff.
– Mitsondereigentum Räume Einl. 3 76 f.
– Neuerrichtung WGV 3 16
– Quotenänderung dingliche WGV 4 1
– Rechte, bedingliche GBO 9 11
– Rechte Einl. 3 17
– Rechte ... Einl. 3 82
– ... ümer Einl. 3 18
– Son... 7 6
– St... tumsanteil Einl. 3 68
– T... Einl. 3 74
– ... Einl. 3 67
– ... gen WGV 3 12
– ...g Miteigentumsanteil WGV 3 15
– ...gs-/Verfügungsbeschränkung ... ff.
– ...ungsbeschränkung WGV 3 10
– ...ung Einl. 3 66 GBO 5 9
– ...gsbeschränkungen Einl. 6 86
– ...ng/Verkleinerung Einl. 3 69
– ...er Dienstbarkeit WGV 3 6
– ...ungsgeschäft Einl. 3 129 ff.
– ...ung Einl. 3 129 ff.
– ...g, Begriff WGV 2 2
– ...ungseigentümergemeinschaft Einl. 3 96 ff.; ... GBV 15 15
– ...hreibung GBO 6 10
– ...timmungserfordernisse Einl. 3 60, 85 ff.
– ...wangsversteigerung WGV 4 4
– ...hnungseigentümergemeinschaft Einl. 3 96 ff.
Entstehung Einl. 3 97 f.
Gemeinschaftsordnung Einl. 3 99 ff.
– Grundbuchfähigkeit Einl. 4 57 f.
– Zwangshypothek Einl. 4 57 f.
Wohnungserbbaurecht Einl. 3 214 ff.
– Abgrenzung zum Wohnungs-/Teileigentum Einl. 3 26
– Begründung Einl. 3 216 f.
– Eintragung nach Erlöschen Erbbaurecht Einl. 3 223 ff.
– Erneuerungsvorrecht Einl. 3 224 ff.
– Rechtsverhältnis Berechtigte untereinander Einl. 3 218 f.
– Rechtsverhältnis Eigentümer/Berechtigter Einl. 3 215
– Sicherung Entschädigungsforderung Einl. 3 224 ff.
– Sonderform Erbbaurecht Einl. 3 214
– Verpflichtungsgeschäft, schuldrechtliches Einl. 3 220 f.
– Vormerkung Einl. 3 222
Wohnungsgrundbuch Einl. 3 119 ff.
– Abgeschlossenheitsbescheinigung Einl. 3 120 ff.

– Bezugnahme auf Bewilligung Einl. 3 127
– Eintragung Einl. 3 125 ff.
– Eintragungsvoraussetzungen Einl. 3 119 ff.
– Gemeinschaftsordnung Einl. 3 124
– Grundstück, gesamtes Einl. 3 128
– Sondernutzungsrecht Einl. 3 126
– Teilungserklärung Einl. 3 120 ff.
– Veräußerungsbeschränkung Einl. 3 126
– Vermerke nach § 9 GBO Einl. 3 126
Wohnungsrecht Einl. 6 158 ff.
– Ausschluss Eigentümer Einl. 6 161
– Bedingung Einl. 6 160, 163
– Berechtigter Einl. 6 165 ff.
– Bestellung Einl. 6 159
– Gemeinschaftsanlagen Einl. 6 164
– Lasten, laufende Einl. 6 163
– Löschung Einl. 6 168
– Mietvertrag Einl. 6 162
– Sondereigentum Einl. 6 160

Zeitbestimmungen Einl. 2 116 ff.
Zeitpunkt GBO 18 17
Zerlegung GBO 7 3; 70 1 f. GBV 1 3 f.
Zeugnis
– Beweiskraft GBO 36 17 ff.
– Gesamtgut GBO 36 1 ff.
– Nachlassauseinandersetzung GBO 36 1 ff.; 37 1 ff.
– Negativzeugnis GBO 20 143
– Recht Antragsteller GBO 36 3
– Voraussetzungen GBO 36 4 ff.
Zinsen Einl. 7 19 f.
– Eintragungsfähigkeit Einl. 7 20
– Grundschuld Einl. 7 41 GBV 11 28
– Hypothek GBV 11 28
– Pfändung/Verpfändung Einl. 7 29
– Zinserhöhung GBO 45 20 GBV 11 28
ZPO
– Anwendbarkeit im Beschwerdeverfahren GBO Vor 71 4 ff.
Zulässigkeit
– Beschwerde GBO 71 1 ff.; 77 26
– Eintragungen, mehrere GBO 16 14 ff.
– Prüfung GBO 77 26
– Rechtsbeschwerde GBO 78 4 ff.
– Vorbehalt GBO 16 14 ff.
Zulassung GBO 133 11 ff. GBV 81 7 ff.
Zurückweisung
– Antrag GBO 10 11
– Bekanntmachung GBO 18 57
– Berichtigung GBO 71 38 ff.
– Beschluss, schriftlicher GBO 18 56
– Eintragungsantrag GBO 71 17 ff.
– Inhalt GBO 18 56 ff.
– Kosten GBO 18 58
– Rechtsbeschwerde GBO 78 75
– Schutzvermerk GBO 18 119 ff.

1785

- Wirksamkeit **GBO 18** 56 ff.
- Wirkung **GBO 18** 119 ff.
- Zurückweisungspflicht, Verstoß gegen **GBO 18** 55
- zwingend gebotene **GBO 18** 34 ff.

Zusammenschreibung GBO 4 1 ff.
- Bestandsverzeichnis **GBV 6** 13
- Verbundenheit, besondere rechtliche **GBO 4** 10
- Verfahren **GBO 4** 7
- Wirkung **GBO 4** 8 f.

Zuschreibung GBO 6 1 ff.
- Begriff **GBO 6** 2
- Belastungserstreckung **GBO 6** 25 f.
- Berechtigungen **GBO 6** 3 ff.
- Beschränkung **GBO 143** 13 f.
- Bestandsverzeichnis **GBV 6** 20 ff.
- Eigentumsverhältnisse **GBO 6** 12
- Eintragung **GBV 13** 1 ff.
- Eintragungsantrag **GBO 13** 82
- Erklärungen, erforderliche **GBO 6** 20 f.
- Inhalt **GBO 6** 1
- Neubelastung **GBO 6** 27
- Recht, zugängliche **GBO 6** 3 ff.
- Verbote **GBO 6** 14 ff.
- Verfahren **GBO 6** 23
- Verwirrungsgefahr **GBO 6** 13
- Voraussetzungen **GBO 6** 3 ff., 14 ff.
- Wiederaufhebung **GBO 6** 28
- Wirkungen **GBO 6** 24 ff.
- Zuständigkeit **GBO 6** 22

Zuständigkeit GBO 1 2 ff.
- Abrufverfahren **GBV 81** 10 f.
- Abschreibung **GBV 25** 13 ff.
- Auskunft **GBO 12c** 5 f.
- Baden-Württemberg **GBO 72** 5
- Beglaubigung **GBO 12c** 8; **29** 147 ff.
- Begriff **GBO 1** 16
- Benachrichtigung **GBV 25** 14
- Berichtigung von Personenbezeichnungen **GBO 12c** 17
- Beschwerdegericht **GBO 72** 1 ff., 7
- Bestimmung durch Obergericht **GBO 1** 11
- Einsicht in Grundakte **GBV 46** 1 ff.
- Einsichtsrecht **GBO 12** 14 f.
- Eintragung **GBO 13** 61; **44** 19
- fehlende funktionelle Zuständigkeit **GBO 72** 8
- funktionelle **GBO 1** 16 ff.
- Geltungsbereich **GBO 1** 3
- Geschäftsverteilung **GBO 1** 29
- Grundakte, elektronische **GBV 100a** 1 f.
- Grundbuch, maschinell geführtes **GBV 92a** 1 ff.
- Grundbucheinsicht **GBO 12** 14 f. **GBV 46a** 5
- Grundbuchrichter **GBO 1** 17
- Hypothekenbrief **GBO 56** 3
- Konzentration **GBO 1** 13
- Leistung Unterschrift, zweite **GBO 1** 21
- Mangel **GBO 44** 19

- örtliche **GBO 1** 10 ff.
- Präsentatsbeamter **Gb 1**
- Rechtslage Beitrittsgeb. G
- Rechtspfleger **GBO 1** 1 **1** 30
- Regelung, gesetzliche G0 1
- sachliche **GBO 36** 11
- Sonderfälle **GBO 72** 4
- Streit **GBO 1** 12
- Teilhypothekenbrief **GBO 61** 7
- Überschreitung örtliche Zuständigk
- Urkundsbeamter **GBO 1** 19; **12c** 1
- Vereinigung **GBO 5** 25 6
- Verfahrensvermerk **GBO 12c** 12 ff.
- Verletzung **GBO 1** 9, 14 f., 22 ff.
- Vorbehalt Baden-Württemberg **GBO 1**
- Wechsel **GBV 25** 1 ff.; **40** 1 f.; **92a** 1 ff.;

Zuständigkeit, sachliche
- Amtsgericht **GBO 1** 6

Zustellung GBO 97 1 ff.; **98** 1 ff.

Zustimmung
- Adressat **GBO 27** 19
- Ausnahmen **GBO 21** 10 ff.; **27** 20 ff.
- Eigentümerzustimmung **GBO 27** 10 ff.
- Ersetzung **GBO 27** 21
- Form **GBO 27** 11
- Inhalt **GBO 27** 12
- Löschung Grundpfandrecht **GBO 27** 13 ff.
- Recht, beschränkt dingliches **GBO 21** 9
- Rechte aus Abt. II **GBO 21** 12
- Rechtsnatur **GBO 27** 10
- Unrichtigkeitsnachweis **GBO 27** 20
- Verfügungsberechtigung **GBO 27** 13 ff.
- Verwertungsrechte **GBO 21** 11
- Vorerbe **GBO 27** 16
- Vormund/Betreuer **GBO 27** 15
- Wirksamkeit **GBO 27** 19
- Zustimmungsberechtigung **GBO 27** 13 ff.
- Zustimmungserfordernis **GBO 21** 9 ff.

Zustimmungserfordernisse Einl. 2 71
- Dauerwohn-/-nutzungsrecht **Einl. 3** 142
- Erbbaurecht **Einl. 3** 180 ff.
- Wohnungs-/Teileigentum **Einl. 3** 60, 85 ff.

Zwang GBO 44 21

Zwangsenteignung Einl. 6 141

Zwangshypothek Einl. 4 57 f.; **7** 34 **GBO 13** 90 **GBV 11** 29

Zwangssicherungshypothek
- Beschwerde **GBO 71** 2

Zwangsversteigerung
- Dauerwohn-/-nutzungsrecht **Einl. 3** 144
- Grunddienstbarkeit **Einl. 6** 136
- Zwangshypothek **Einl. 4** 57 f.; **7** 34
- Zwangsversteigerungsvermerk **Einl. 6** 93
- Zwangsvollstreckung **Einl. 6** 93

Zwangsversteigerung-/verwaltung GBO 12c 15; **38** 71; **39** 13

Zwangsvollstreckung
- Antrag, Wirkung **GBO 13** 23
- Antragsgrundsatz **GBO 13** 24
- Ausfertigung, vollstreckbare **Einl. 7** 67 f.
- Behörde, Grundbuchersuchen der **GBO 38** 49 ff.
- Eintragungshindernisse **GBO 18** 97
- Erbrecht **GBO 40** 29
- Gesellschaft bürgerlichen Rechts (GbR) **Einl. 4** 55
- Hypothekenbrief **GBO 62** 5
- Reallast **Einl. 6** 256
- Sicherungsgrundschuld **Einl. 7** 59, 65 ff.
- Unterwerfung **GBO 19** 71 f.
- Unterwerfungsklausel **Einl. 6** 256
- Zwangshypothek **Einl. 4** 57 f.; **7** 34
- Zwangsversteigerung **Einl. 3** 144; **6** 93, 136
- Zwangsvollstreckungsunterwerfung **Einl. 1** 89; **7** 78 f.

Zwischenverfügung GBO 18 99; **71** 20 ff.; **77** 15 ff. **GBV 42** 1
- Angabe Hindernisse **GBO 18** 60
- Arten **GBO 18** 83 ff.
- Begriff **GBO 18** 59 ff.
- Behandlungsmöglichkeiten **GBO 18** 63
- Beschwerde **GBO 71** 20 ff.
- Beschwerdeberechtigung **GBO 18** 83 ff.
- Bestätigung **GBO 78** 12 ff.
- Fälle, unstreitige **GBO 18** 31 ff.
- Fristsetzung **GBO 18** 70 f.
- Handlungsmöglichkeiten, alternative **GBO 18** 127 ff.
- Inhalt **GBO 18** 59 ff.
- Kostenvorschuss, Sicherung **GBO 18** 32
- Pflicht zur **GBO 18** 20 ff.
- Prüfvermerk, Beibringung **GBO 18** 32
- Rechtsmittel **GBO 18** 83 ff.
- Stellungnahme **GBO 18** 23 ff.
- Vormerkung **GBO 18** 103 ff.
- Wahlrecht **GBO 18** 21 ff.
- Widerspruch **GBO 18** 103 ff.
- Wirksamwerden **GBO 18** 77
- Wirkung **GBO 18** 80 f.
- Zulässigkeit **GBO 18** 83 ff.

NOTARFORMULARE

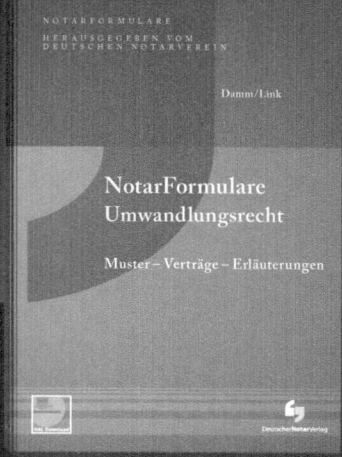

**NotarFormulare
Umwandlungsrecht**
Von Notar Dr. Dr. Matthias Damm
und Notar Stefan Link
1. Auflage 2024, 528 Seiten,
gebunden, mit Muster-Download,
99,00 €
ISBN 978-3-95646-192-7
Erscheint Dezember 2023

Das Nachschlage- und Formularbuch zum Umwandlungsrecht

Am 01.03.2023 trat mit dem Gesetz zur Umsetzung der **Umwandlungsrichtlinie (UmRUG)** die wohl bisher größte Reform des deutschen Umwandlungsrechts in Kraft. Durch die Reform wird das Umwandlungsgesetz (UmwG) **neu strukturiert und wesentlich erweitert.**

In der notariellen Praxis sind die weitreichenden **Änderungen in zahlreichen Gestaltungen** zu beachten. Dabei helfen die NotarFormulare Umwandlungsrecht in dreierlei Hinsicht. Für angehende Notare, Notarassessoren oder Notare, die nur selten Umwandlungsvorgänge betreuen, ist es ein straffes Lehrbuch, dass in kurzer Zeit einen Überblick über das Umwandlungsrecht, sein Herkommen, seine Bedeutung und seine tragenden rechtlichen Grundlagen bietet.

Zweitens stellt es die wichtigsten Formulare zur Verfügung, um die allermeisten Umwandlungsvorgänge, die sich im „normalen" Notariatsbetrieb stellen, rechtssicher abbilden zu können. Die Formulare sind als Download zur Übernahme in die eigene Textverarbeitung enthalten.

Drittens ist das Buch ein Nachschlagewerk für rechtliche Fragen im Einzelfall und gibt Notaren mit Checklisten, Übersichten und Handlungsablaufs-Diagrammen praktische Werkzeuge an die Hand, um sämtliche rechtlichen Fallstricke und Probleme schnell und schematisch lösen zu können. Die Checklisten und Vorgaben für die Handlungsabläufe ermöglichen eine Delegierung von Arbeitsabläufen an spezialisierte Mitarbeiter in der Kanzlei.

Bestellungen bitte an:
service@notarverlag.de
Tel.: 02 28 - 91 91 185
Fax: 02 28 - 91 91 184

DeutscherNotarVerlag